# 民俗風俗図版レファレンス事典

## 衣食住・生活篇

日外アソシエーツ

# Index to Photograph and Figure of Japanese Folk Customs

## Food, Clothing, Shelter, and Other Things about Life

Compiled by
Nichigai Associates, Inc.

©2015 Nichigai Associates, Inc.
Printed in Japan

本書はディジタルデータでご利用いただくことができます。詳細はお問い合わせください。

●編集スタッフ● 松本 裕加／木村 月子／児山 政彦
装 丁：赤田 麻衣子

## 刊行にあたって

　有形・無形の民俗文化財は、文化財保護法において"わが国民の生活の推移の理解のため欠くことのできないもの"と規定されている。特に重要なものは国や地方自治体の指定を受け保護されているが、時代の流れの中で変質や消滅してしまったものも多く、写真などに残された記録自体が貴重な資料であり、レファレンスの現場でも要望の多いテーマである。特に戦前期のものはインターネット検索で目的の画像にたどり着くことは難しく、書籍に掲載されている図版を探す場合にも、解説文はあっても図版がないもの、また同じ名称であっても地域や時代の異なりで求めていた図版と違っていることも多い。

　本書は、図書館・研究室・資料室でよく利用される民俗事典、民具事典、図集・図説・写真集など70種196冊に掲載された衣食住・生活に関する見出しのべ3万1千件の図版索引である。日本各地、地域の特徴に合わせて工夫され受け継がれてきた衣類・食生活・住居や農業・漁業、紡織・染色などの生産・生業、信仰や人の一生にまつわる習俗など、近現代に記録された生活に関する写真や図を種別毎に探すことができる。また、レファレンス・ツールとしての検索性も考慮し、巻末に都道府県別にひける地域別索引、名称索引（五十音順）を付した。

　編集にあたっては誤りのないよう努めたが、膨大な件数を扱っていることから、確認が不十分な点もあるかと思われる。発見された誤りは、今後の改訂の際など正していきたいと考えている。お気づきの点はご教示いただければ幸いである。

　全国各地の生活に関する民俗調査をする際の便利なツールとして大いに活用されることを祈りたい。


2015年9月

日外アソシエーツ

# 総目次

凡　例 ……………………………………………………………………… (6)

収録事典一覧 ……………………………………………………………… (8)

目　次 ……………………………………………………………………… (13)

民俗風俗 図版レファレンス事典　衣食住・生活篇 ……………………… 1

本　文 ……………………………………………………………………… 3

地域別索引 ………………………………………………………………… 853

名称索引 …………………………………………………………………… 973

# 凡　例

1. **本書の内容**

　　本書は、国内の代表的な民俗事典、民具事典、図集・図説・写真集などに掲載されている日本各地の衣食住・生活に関する図版の総索引である。

2. **収録対象**

　(1) 戦後国内で刊行された民俗事典、民具事典、図集・図説・写真集など70種196冊に掲載されている衣食住・生活に関する図版を収録した。詳細は、別掲の「収録事典一覧」を参照されたい。

　(2) 収録件数は、名称見出し22,437件、図版数はのべ31,592点である。

3. **見出し・排列**

　(1) 全体を10の分野に大別し、その下をさらに分類した。分類の内訳は「目次」に示した。

　(2) 分類見出しの下は、名称の五十音順に排列した。

　(3) その際、濁音・半濁音は清音とし、ヂ→シ、ヅ→スとした。促音・拗音は直音とみなし、長音符（音引き）は無視した。

　(4) 名称見出しの下では、図版が掲載された事典や写真集の逆発行年順（新→旧）とし、その中の各図版は掲載ページ、または図版番号順に示した。

4. **記載事項**

　(1) 分類見出し

　(2) 名称見出し

　　1) 名称は原則として各事典・写真集に記載されたとおりとした。ただし、同じ名称について、ひらがな・カタカナ表記の違いのみの場合は、カタカナ表記の見出しの下へまとめた。

　(3) 事典・写真集の書名／巻次または分冊書名／出版者／出版年

　(4) 掲載ページまたは図版番号／〔カラー／白黒〕／地名／撮影者／撮影年月／図版引用元・提供者・所蔵者

　　1) 各事典・写真集における名称が本書の見出しと異なる場合、カラー・白黒識別のあとに（　）に入れて示した。ただし、ひらがな・カタカナ表記の違いは表示を適宜略した。

　　2) 写真以外の図版は〔カラー／白黒〕のデータ末尾の「図」で区別した。

　　3) 地名は原則として各事典・写真集に記載されたとおりとした。

## 5．地域別索引

(1) 名称を都道府県別（概ね北から南の順）に五十音順に排列した。

(2) 排列上、濁音・半濁音は清音とし、ヂ→シ、ヅ→スとした。促音・拗音は直音とみなし、長音符（音引き）は無視した。

## 6．名称索引

(1) 名称を五十音順に排列した。

(2) 排列上、濁音・半濁音は清音とし、ヂ→シ、ヅ→スとした。促音・拗音は直音とみなし、長音符（音引き）は無視した。

(3) 名称の後ろに分類見出しを〔　〕に入れて補記した。

# 収録事典一覧
(衣食住・生活篇)

※事典名五十音順

『あるくみるきく双書 宮本常一とあるいた昭和の日本 19 焼き物と竹細工』農山漁村文化協会 2012.6
『あるくみるきく双書 宮本常一とあるいた昭和の日本 20 祭と芸能』農山漁村文化協会 2012.10
『あるくみるきく双書 宮本常一とあるいた昭和の日本 21 織物と染物』農山漁村文化協会 2011.8
『あるくみるきく双書 宮本常一とあるいた昭和の日本 22 けもの風土記』農山漁村文化協会 2012.5
『あるくみるきく双書 宮本常一とあるいた昭和の日本 23 漆・柿渋と木工』農山漁村文化協会 2012.4
『あるくみるきく双書 宮本常一とあるいた昭和の日本 24 祈りの旅』農山漁村文化協会 2012.8
『いまに伝える　農家のモノ・人の生活館』　柏書房　2004.10
『今は昔　民具など』文芸社　2014.2
『祭礼行事・青森県』桜楓社　1993.7
『祭礼行事・富山県』桜楓社　1991.10
『祭礼行事・岡山県』おうふう　1995.12
『祭礼行事・香川県』桜楓社　1992.5
『祭礼行事・愛媛県』おうふう　1995.6
『祭礼行事・長崎県』おうふう　1997.8
『里山・里海　暮らし図鑑―いまに活かす昭和の知恵』　柏書房　2012.6
『三省堂年中行事事典〈改訂版〉』三省堂　2012.11
『写真集　まつりと子ども　春の行事』さ・え・ら書房　1971.12
『写真集　まつりと子ども　春の行事』さ・え・ら書房　1982.2（改訂版）
『写真でみる日本人の生活全集 1 日本人の食事』日本図書センター 2010.6（底本：岩崎書店 1956）
『写真でみる日本人の生活全集 2 日本人の服装』日本図書センター 2010.6（底本：岩崎書店 1956）
『写真でみる日本人の生活全集 3 日本人のすまい』日本図書センター 2010.6（底本：岩崎書店 1957）
『写真でみる日本人の生活全集 4 日本人の交際・礼儀』日本図書センター 2010.6（底本：岩崎書店 1957）
『写真でみる日本人の生活全集 5 日本人の習俗・迷信』日本図書センター 2010.6（底本：岩崎書店 1958）
『写真でみる日本人の生活全集 6 日本人の一生』日本図書センター 2010.6（底本：岩崎書店 1962）
『写真でみる日本人の生活全集 7 日本人の芸能』日本図書センター 2010.6（底本：岩崎書店 1957）
『写真でみる日本人の生活全集 8 日本人の祭礼』日本図書センター 2010.6（底本：岩崎書店 1957）
『写真でみる日本人の生活全集 9 日本の子供達』日本図書センター 2010.6（底本：岩崎書店 1957）
『写真でみる日本人の生活全集 10 日本の女性』日本図書センター 2010.6（底本：岩崎書店 1958）
『写真でみる日本生活図引　1　たがやす』弘文堂　1989.1
『写真でみる日本生活図引　2　とる・はこぶ』弘文堂　1988.12
『写真でみる日本生活図引　3　あきなう』弘文堂　1988.11
『写真でみる日本生活図引　4　すまう』弘文堂　1988.11
『写真でみる日本生活図引　5　つどう』弘文堂　1989.3
『写真でみる日本生活図引　6　たたずまい』弘文堂　1993.3
『写真でみる日本生活図引　7　まち』弘文堂　1993.3
『写真でみる日本生活図引　8　わざ』弘文堂　1993.9

『写真でみる日本生活図引　別巻　村の一年』　弘文堂　1993.7
『写真で見る農具 民具』　農林統計協会　1988.6
『写真でみる民家大事典』　柏書房　2005.4
『写真　日本文化史　9　民俗資料』　日本評論新社　1955.12
『写真ものがたり昭和の暮らし　1　農村』　農山漁村文化協会　2004.3
『写真ものがたり昭和の暮らし　2　山村』　農山漁村文化協会　2004.6
『写真ものがたり昭和の暮らし　3　漁村と島』　農山漁村文化協会　2004.11
『写真ものがたり昭和の暮らし　4　都市と町』　農村漁村文化協会　2005.3
『写真ものがたり昭和の暮らし　5　川と湖沼』　農山漁村文化協会　2005.8
『写真ものがたり昭和の暮らし　6　子どもたち』　農山漁村文化協会　2006.3
『写真ものがたり昭和の暮らし　7　人生儀礼』　農山漁村文化協会　2006.7
『写真ものがたり昭和の暮らし　8　年中行事』　農山漁村文化協会　2006.11
『写真ものがたり昭和の暮らし　9　技と知恵』　農山漁村文化協会　2007.4
『写真ものがたり昭和の暮らし　10　くつろぎ』　農山漁村文化協会　2007.9
『食の民俗事典』　柊風舎　2011.7
『図説　台所道具の歴史』　日本図書センター　2012.1　（底本：柴田書店 1978）
『図説　日本民俗学』　吉川弘文館　2009.11
『図説　日本民俗学全集　2　ことば・ことわざ　民謡・芸能編』　高橋書店　1971.3
『図説　日本民俗学全集　3　民間信仰・妖怪　風俗・生活編』　高橋書店　1971.4
『図説　日本民俗学全集　4　子ども歳時記・年中行事編』　高橋書店　1971.5
『図説　日本民俗学全集　4　民間信仰・妖怪編』　あかね書房　1960.8
『図説　日本民俗学全集　5　民謡・芸能編』　あかね書房　1960.10
『図説　日本民俗学全集　6　子ども歳時記編』　あかね書房　1960.12
『図説　日本民俗学全集　7　年中行事篇』　あかね書房　1961.2
『図説　日本民俗学全集　8　風俗・生活編』　あかね書房　1961.5
『図説　民俗建築大事典』　柏書房　2001.11
『図説　民俗探訪事典』　山川出版社　1983.4
『図録・民具入門事典』　柏書房　1991.2
『精選　日本民俗辞典』　吉川弘文館　2006.3
『日本を知る事典』　社会思想社　1971.10
『日本郷土　風俗・民芸・芸能図鑑』　日本図書センター　2012.3（底本：「日本郷土図観　風俗・民芸・芸能」東京中央新聞社 1956）
『日本「祭礼行事」総覧』新人物往来社　1999.1
『日本祭礼地図　Ⅳ　冬・新春編』　国土地理協会　1977.3
『日本祭礼地図　Ⅴ　付録・索引編』　国土地理協会　1980.11
『日本社会民俗辞典　1』　日本図書センター　2004.3　（底本：誠文堂新光社 1953）
『日本社会民俗辞典　2』　日本図書センター　2004.3　（底本：誠文堂新光社 1954）
『日本社会民俗辞典　3』　日本図書センター　2004.3　（底本：誠文堂新光社 1957）
『日本社会民俗辞典　4』　日本図書センター　2004.3　（底本：誠文堂新光社 1960）
『日本写真全集　9　民俗と伝統』　小学館　1987.7
『日本宗教民俗図典　1　祈りと救い』　法蔵館　1985.12
『日本宗教民俗図典　2　葬送と供養』　法蔵館　1985.12
『日本宗教民俗図典　3　四季の行事』　法蔵館　1985.12

『日本年中行事辞典』　角川書店　1977.12
『日本の生活環境文化大辞典―受け継がれる暮らしと景観』　柏書房　2010.6
『日本の生活文化財』　第一法規出版　1965.2
『日本の伝統芸能』　錦正社　1990.11
『日本の祭』　旭化学工業　1972.5
『日本の祭り　1　東北・北海道』　講談社　1982.7
『日本の祭り　8　九州・沖縄』　講談社　1984.9
『日本の祭―やまとの心』〔日本地方新聞協会〕　1995.4
『日本の民具　1　町（新装版）』　慶友社　1992.5
『日本の民具　2　農村（新装版）』　慶友社　1992.5
『日本の民具　3　山・漁村（新装版）』　慶友社　1992.5
『日本の民俗　上　祭りと芸能』　クレオ　1997.8
『日本の民俗　下　暮らしと生業』　クレオ　1997.8
『日本の民俗　暮らしと生業（角川ソフィア文庫）』　KADOKAWA　2014.11
『日本の民俗　祭りと芸能（角川ソフィア文庫）』　KADOKAWA　2014.11
『日本の民俗芸能』　鹿島研究所出版会　1968.12
『日本の民俗芸能』　家の光協会　1979.4
『日本民具の造形』　淡交社　2004.7
『日本民俗芸能事典』　第一法規出版　1976.7
『日本民俗事典』　弘文堂　1972.2
『日本民俗写真大系　1　北方世界との交流』　日本図書センター　1999.9
『日本民俗写真大系　2　みちのくの北と南』　日本図書センター　1999.9
『日本民俗写真大系　3　東海と黒潮の道』　日本図書センター　1999.9
『日本民俗写真大系　4　瀬戸内海の東西』　日本図書センター　1999.9
『日本民俗写真大系　5　南方世界との交流』　日本図書センター　2000.4
『日本民俗写真大系　6　東シナ海と西北九州』　日本図書センター　2000.4
『日本民俗写真大系　7　対馬海流と出雲世界』　日本図書センター　2000.4
『日本民俗写真大系　8　北国と日本海』　日本図書センター　2000.4
『日本民俗宗教辞典』　東京堂出版　1998.4
『日本民俗図誌　1　祭礼・祭祀篇』　村田書店　1977.6（再版）
『日本民俗図誌　2　行事・婚姻篇』　村田書店　1977.9（再版）
『日本民俗図誌　3　調度・服飾篇』　村田書店　1977.11（再版）
『日本民俗図誌　4　習俗・飲食篇』　村田書店　1978.2（再版）
『日本民俗図誌　5　農耕・漁撈篇』　村田書店　1978.4（再版）
『日本民俗図誌　7　生業上・下篇』　村田書店　1978.8（再版）
『日本民俗図誌　8　舞楽・童戯篇』　村田書店　1978.9（再版）
『日本民俗図誌　9　住居・運輸篇』　村田書店　1978.9（再版）
『日本民俗大辞典　上』　吉川弘文館　1999.10
『日本民俗大辞典　下』　吉川弘文館　2000.4
『日本民俗文化財事典』　第一法規出版　1979.3（改訂版）
『年中行事図説』　岩崎美術社　1975.10（復刊）
『年中行事大辞典』　吉川弘文館　2009.3
『フォークロアの眼　1　神がかり』　国書刊行会　1977.1

『フォークロアの眼　2　雪国と暮らし』　国書刊行会　1977.2
『フォークロアの眼　3　運ぶ』　国書刊行会　1977.3
『フォークロアの眼　4　子ども組』　国書刊行会　1977.4
『フォークロアの眼　5　獅子の平野』　国書刊行会　1977.5
『フォークロアの眼　6　田の神まつり』　国書刊行会　1977.6
『フォークロアの眼　7　海の暮らしと祭り』　国書刊行会　1977.7
『フォークロアの眼　8　よみがえり』　国書刊行会　1977.8
『フォークロアの眼　9　花祭り』　国書刊行会　1977.9
『仏教民俗辞典　コンパクト版』　新人物往来社　1993.11
『祭・芸能・行事大辞典　上』　朝倉書店　2009.11
『祭・芸能・行事大事典　下』　朝倉書店　2009.11
『宮本常一が撮った昭和の情景　上　昭和30年-昭和39年（1955-64）』毎日新聞社　2009.6
『宮本常一が撮った昭和の情景　下　昭和40年-昭和55年（1965-80）』毎日新聞社　2009.6
『宮本常一　写真・日記集成　上　昭和30-39年（1955-64）』　毎日新聞社　2005.3
『宮本常一　写真・日記集成　下　昭和40-56年（1965-81）』　毎日新聞社　2005.3
『宮本常一　写真・日記集成　別巻　戦前・戦中の写真帳および昭和20-29年(1945-54)の日記』
　　　毎日新聞社　2005.3
『民間信仰辞典』　東京堂出版　1980.12
『民具のみかた―心とかたち』　第一法規出版　1983.6
『民俗学辞典』　東京堂出版　1987.9（改訂版）
『民俗学事典』　丸善出版　2014.12
『民俗芸能辞典』　東京堂出版　1981.9
『民俗資料選集　1　狩猟習俗Ⅰ　―秋田県・山形県・茨城県』　国土地理協会　1973.4
『民俗資料選集　2　木地師の習俗　―新潟県・石川県』　国土地理協会　1974.4
『民俗資料選集　3　紡織習俗Ⅰ　―新潟県・徳島県』　国土地理協会　1975.5
『民俗資料選集　5　中馬の習俗　―長野県』　国土地理協会　1977.4
『民俗資料選集　6　狩猟習俗Ⅱ　―新潟県・宮崎県』　国土地理協会　1978.5
『民俗資料選集　7　年齢階梯制Ⅰ　―東京都・石川県・愛知県』　国土地理協会　1979.5
『民俗資料選集　8　中付駑者の習俗　―福島県』　国土地理協会　1979.5
『民俗資料選集　9　山村の生活と用具　―愛知県津具村』　国土地理協会　1981.3
『民俗資料選集　10　紡織習俗Ⅱ　―島根県・鹿児島県』　国土地理協会　1981.5
『民俗資料選集　11　火鑽習俗　―長野県・愛知県・島根県』　国土地理協会　1981.5
『民俗資料選集　12　振茶の習俗　―新潟・富山・愛知・奈良・島根・愛媛・鹿児島・沖縄』
　　　国土地理協会　1982.4
『民俗資料選集　14　巫女の習俗Ⅰ　―岩手県』　国土地理協会　1985.5
『民俗資料選集　15　巫女の習俗Ⅱ　―青森県』　国土地理協会　1986.6
『民俗資料選集　16　茶堂の習俗Ⅰ　―高知県・愛媛県』　国土地理協会　1989.4
『民俗資料選集　17　若狭の産小屋習俗　―福井県』　国土地理協会　1989.12
『民俗資料選集　20　巫女の習俗Ⅲ　―福島県』　国土地理協会　1992.6
『民俗資料選集　21　巫女の習俗Ⅳ　―秋田県』　国土地理協会　1993.4
『民俗資料選集　22　対馬の釣鉤製作習俗　―長崎県』　国土地理協会　1994.5
『民俗資料選集　23　北上山地の畑作習俗　―岩手県』　国土地理協会　1995.5
『民俗資料選集　25　焼畑習俗　―岐阜県・高知県』　国土地理協会　1997.5

『民俗資料選集　27　年齢階梯制Ⅱ　―徳島県・愛媛県・長崎県』国土地理協会　1999.5
『民俗資料選集　29　茶堂（辻堂）の習俗Ⅱ　―徳島県・香川県』国土地理協会　2001.5
『民俗資料選集　30　焼畑習俗Ⅱ　―山梨県・宮崎県』国土地理協会　2002.5
『民俗資料選集　31　巫女の習俗Ⅴ　―宮城県』国土地理協会　2003.5
『民俗資料選集　33　辻堂の習俗Ⅲ　―広島県・山口県』国土地理協会　2005.6
『民俗資料選集　34　酒造習俗Ⅰ　―岩手県』国土地理協会　2006.5
『民俗資料選集　35　巫女の習俗Ⅵ　―東北地方・山形県』国土地理協会　2007.3
『民俗資料選集　36　酒造習俗Ⅱ　―石川県』国土地理協会　2007.5
『民俗資料選集　38　紡織習俗Ⅲ　―三重県』国土地理協会　2007.6
『民俗資料選集　39　辻堂の習俗Ⅳ　―岡山県』国土地理協会　2009.6
『民俗資料選集　40　辻堂の習俗Ⅴ　―宮崎県』国土地理協会　2009.11
『民俗資料選集　41　豊後の水車習俗　―大分県』国土地理協会　2010.7
『民俗資料叢書　1　田植の習俗1　―岩手県江刺・遠野』平凡社　1965.4
『民俗資料叢書　2　志摩の年齢階梯制』平凡社　1965.5
『民俗資料叢書　5　田植の習俗2　―茨城県・富山県』平凡社　1967.3
『民俗資料叢書　6　正月の行事2　―島根県・岡山県』平凡社　1967.5
『民俗資料叢書　7　木地師の習俗1　―滋賀県・三重県』平凡社　1968.4
『民俗資料叢書　8　田植の習俗3　―秋田県・新潟県・岐阜県』平凡社　1968.4
『民俗資料叢書　9　田植の習俗4　―島根県・広島県』平凡社　1969.5
『民俗資料叢書　10　木地師の習俗2　―愛知県・岐阜県』平凡社　1969.7
『民俗資料叢書　11　田植の習俗5　―高知県・長崎県・鹿児島県』平凡社　1970.6
『民俗資料叢書　14　八郎潟の漁撈習俗』平凡社　1971.5
『民俗資料叢書　15　有明海の漁撈習俗』平凡社　1972.1
『民俗資料叢書　16　伊豆の若者組の習俗』平凡社　1972.3
『民俗小事典　死と葬送』吉川弘文館　2005.12
『民俗小事典　食』吉川弘文館　2013.8
『民俗図録 日本人の暮らし』日本図書センター 2012.4（底本：「日本民俗図録」朝日新聞社 1955）
『民俗の事典』　岩崎美術社　1972.1
『民俗の伝承　日本の祭り　夏』立風書房　1977.8
『民俗の伝承　日本の祭り　秋』立風書房　1977.9
『目でみる民俗神シリーズ　1　山と森の神』東京美術　1988.1
『目でみる民俗神シリーズ　2　豊穣の神と家の神』東京美術　1988.2
『目でみる民俗神シリーズ　3　境と辻の神』東京美術　1988.4
『わたしのアルバム　伝統芸能の系譜　付依代考』錦正社　1986.5

# 目　　次

衣……………………………………… 3
　きるもの……………………………… 3
　かぶるもの………………………… 24
　はきもの…………………………… 32
　手につけるもの…………………… 43
　髪型・化粧………………………… 44
　その他……………………………… 47

食……………………………………… 49
　食べ物・飲み物…………………… 49
　台所道具・食器類………………… 58
　調理・加工・保存………………… 94
　飲食の様子………………………… 110
　振茶の習俗………………………… 115

住……………………………………… 119
　屋敷構え…………………………… 119
　室内の各所………………………… 189
　井戸・水場………………………… 206
　屋根葺き…………………………… 215
　住まいの道具・家具類…………… 218
　その他……………………………… 242

生産・生業…………………………… 252
　農業………………………………… 252
　漁業………………………………… 344
　林業・木材業……………………… 410
　狩猟・鳥獣の捕獲………………… 420
　畜産・飼育………………………… 431

　茶・煙草…………………………… 441
　製塩………………………………… 444
　醸造………………………………… 447
　養蚕………………………………… 456
　紡織・染色………………………… 463
　手工業……………………………… 489
　大工・造船………………………… 520
　鉱業・採石………………………… 525
　炭作り……………………………… 528
　採集・採取………………………… 531
　その他……………………………… 533

交通・交易…………………………… 537
　交通・運輸………………………… 537
　市場………………………………… 554
　商業………………………………… 559
　旅・行楽…………………………… 579
　度量衡……………………………… 583
　運搬………………………………… 585
　中馬・中付駕者…………………… 610
　その他……………………………… 614

社会生活……………………………… 621
　年齢階梯制………………………… 621
　住民生活…………………………… 625
　学校生活…………………………… 639
　街頭………………………………… 645
　戦争に関すること………………… 654
　その他……………………………… 658

**民俗知識**……………………… 664
　医薬・衛生・療法……………… 664
　暦………………………………… 666
　占い・まじない………………… 667
　動物供養………………………… 675
　イレズミ………………………… 676
　その他…………………………… 677

**信　仰**………………………… 680
　神体・偶像類・小祠・神棚…… 680
　奉納物・祈願・縁起物………… 701
　護符・神符……………………… 718
　神事・仏事関係………………… 723
　修験・山伏……………………… 728
　ミコ・オシラ信仰……………… 729
　講・庚申………………………… 742
　祀堂・茶堂・辻堂……………… 746
　巡礼・聖地・霊場……………… 765
　その他…………………………… 770

**芸能・娯楽**…………………… 774
　芸能・音楽・興行……………… 774
　スポーツ・競技………………… 781
　玩具……………………………… 783
　遊ぶ子ども……………………… 794
　趣味・遊技……………………… 804

**人の一生**……………………… 806
　出産・育児……………………… 806
　生児儀礼・初節供・七五三…… 813
　成人・年祝・厄年……………… 817
　結婚……………………………… 819
　葬送・供養……………………… 828

# 民俗風俗 図版レファレンス事典
## 衣食住・生活篇

# 衣
## きるもの

**アカマエダレ**
　「写真でみる日本人の生活全集 2」日本図書センター　2010
　　◇p55〔白黒〕　横浜市　職業用の赤前だれ

**秋田おばこ**
　「日本郷土 風俗・民芸・芸能図鑑」日本図書センター　2012
　　◇写真篇 秋田〔白黒〕　秋田県

**麻上下を着用した姿**
　「民俗資料叢書 7 木地師の習俗1」平凡社　1968
　　◇図103〔白黒〕　木地師の習俗

**麻のキモノ**
　「写真でみる日本人の生活全集 2」日本図書センター　2010
　　◇p42〔白黒〕　東京都下小河内村　狩猟姿。手に明治時代の村田銃　㊞昭和30年

**麻の葉模様の産着**
　「図説 日本民俗学」吉川弘文館　2009
　　◇p8〔白黒〕　埼玉県狭山市　井上浩提供
　「写真ものがたり昭和の暮らし 7」農山漁村文化協会　2006
　　◇p19〔白黒〕（彦帯（幼児用の着物のつけ紐）のある、麻の葉模様の筒袖の着物）　群馬県富士見村　㊞都丸十九一, 昭和30年代
　「精選 日本民俗辞典」吉川弘文館　2006
　　◇p75〔白黒〕　群馬県富士見村　提供 都丸十九一
　「日本民俗大辞典 上」吉川弘文館　1999
　　◇p177〔白黒〕　群馬県勢多郡富士見村　㊞都丸十九一

**あさり捕りをする漁師の身ごしらえ**
　「日本民具の造形」淡交社　2004
　　◇p83〔白黒〕（コシマキカゴ）　千葉県 千葉県立安房博物館所蔵

**足踏み水車によるかんがい作業の着衣**
　「写真で見る農具 民具」農林統計協会　1988
　　◇口絵〔白黒〕（足踏み水車によるかんがい作業）　埼玉県吉川町　㊞昭和47年6月

**アツシ**
　「あるくみるきく双書 宮本常一とあるいた昭和の日本 21」農山漁村文化協会　2011
　　◇p216〔白黒〕（アイヌのアツシを着る）　㊞宮本常一, 昭和39年8月13日
　「宮本常一 写真・日記集成 上」毎日新聞社　2005
　　◇p453〔白黒〕　青森県むつ市関根　100年前にアイヌからもらったという　㊞宮本常一, 1964年8月13日
　「日本民具の造形」淡交社　2004
　　◇p278〔白黒〕（アツシ衣（ルウンペ））　北海道 旭川市博物館所蔵
　「日本の民具 2 農村」慶友社　1992
　　◇図102・103〔白黒〕　新潟県村上市　㊞薗部澄

**アツツシ**
　「日本民俗図誌 3 調度・服飾篇」村田書店　1977
　　◇図122-1〔白黒・図〕　アイヌ使用　『アイヌ芸術』服装篇

**アデコ**
　「写真でみる日本人の生活全集 2」日本図書センター　2010
　　◇p55〔白黒〕　秋田県

**アネコモッペ**
　「写真でみる日本人の生活全集 2」日本図書センター　2010
　　◇p51〔白黒〕　秋田県

**アノラック姿の商人**
　「フォークロアの眼 2 雪国と暮らし」国書刊行会　1977
　　◇図103〔白黒〕　新潟県新井市駅前　㊞中俣正義, 昭和32年1月下旬

**海女が潜水の時に使用する水着**
　「日本民俗図誌 3 調度・服飾篇」村田書店　1977
　　◇図125-1〔白黒・図〕　三重県度会郡五ヶ所浜　白地木綿製シャツ風

**海女の仕事着**
　「写真でみる日本人の生活全集 2」日本図書センター　2010
　　◇口絵〔白黒〕（海女）　三重県志摩郡和具町　胴着とよばれる上着（長袖）と腰衣姿で歩いている
　　◇p67, 69〔白黒〕　三重県志摩半島　上衣はドウギ（胴着）, 下半衣はコシゴロモ（腰衣）　㊞昭和28年
　「写真でみる日本生活図引 8」弘堂　1993
　　◇図130〔白黒〕（乙女）　新潟県佐渡郡外海府　海女。飛白の仕事着　㊞中俣正義, 昭和28年7月

**海女の服装**
　「写真でみる日本人の生活全集 2」日本図書センター　2010
　　◇p43〔白黒〕（海女たちの服装）　選挙演説をきいている風景
　「日本民俗文化財事典（改訂版）」第一法規出版　1979
　　◇図142〔白黒〕　三重県答志島

**海女身支度**
　「日本民具の造形」淡交社　2004
　　◇p83〔白黒〕　三重県 海の博物館所蔵

**雨簑**
　「日本民俗大辞典 上」吉川弘文館　1999
　　◇p40〔白黒〕　山形県庄内地方　致道博物館所蔵

**アンギン**
　「図録・民具入門事典」柏書房　1991
　　◇p13〔白黒〕　新潟県

**田舎の男の服装**
　「写真でみる日本人の生活全集 2」日本図書センター　2010
　　◇p33〔白黒〕　東北地方　和服の仕事着やふだん着。鋳掛屋の親子

**稲作業の仕事着**
　「日本民俗事典」弘文堂　1972
　　◇p307〔白黒〕　関東地方　二枚手拭・ノラジュバン・半巾帯・前カケ・手甲・モモヒキ・ゴムたび

**犬の毛皮を着た人**
　「写真ものがたり昭和の暮らし 9」農山漁村文化協会　2007

◇p157〔白黒〕(編笠に犬の毛皮を着て店の前に立つ人)　青森県弘前市　本も売る文具店　㊥南利夫, 昭和32年

### 稲刈の服装
「日本民具の造形」淡交社　2004
◇p81〔白黒〕(稲刈)　千葉県 市川市立歴史博物館所蔵

### 衣服の改良
「写真ものがたり昭和の暮らし 9」農山漁村文化協会　2007
◇p101〔白黒〕　秋田県能代市栗山　農家の生活改良の啓蒙　㊥南利夫, 昭和30年8月

### 藺蓑
「図録・民具入門事典」柏書房　1991
◇p26〔白黒〕　福岡県　背蓑

### 囲炉裏端での主婦の着衣
「日本民具の造形」淡交社　2004
◇p80〔白黒〕(囲炉裏端)　北海道 北網圏北見文化センター所蔵

### 牛に見送られて田植えに行く
「写真ものがたり昭和の暮らし 9」農山漁村文化協会　2007
◇p82〔白黒〕　秋田県湯沢市深堀　ハネッコマエカケ、スネコデダチ　㊥加賀谷政雄, 昭和36年5月

### 鵜匠の服装
「写真 日本文化史 9」日本評論新社　1955
◇図94〔白黒〕

### 産着
「祭・芸能・行事大辞典 上」朝倉書店　2009
◇p200〔白黒〕　埼玉県美里町　麻の葉の産着を着た赤ん坊　㊥岡本一雄
「いまに伝える 農家のモノ・人の生活館」柏書房　2004
◇p42 写真1〔白黒〕(男子の産着―左から前・後ろ・紐飾り)　埼玉県江南町
◇p42 写真2〔白黒〕(女子の産着―左から襲の上着物・下着物・上下を重ねた状態)　埼玉県江南町
「日本社会民俗辞典 1」日本図書センター　2004
◇p74〔白黒・図〕　鹿児島県高山村

### 馬追い三態
「民俗資料選集 5 中馬の習俗」国土地理協会　1977
◇p67(本文)〔白黒〕　長野県下伊那郡根羽村　㊥昭和31年3月

### 馬追いの着た風合羽
「民俗資料選集 5 中馬の習俗」国土地理協会　1977
◇p27(口絵), p129(本文)〔白黒〕　長野県上伊那郡藤沢村荒町　㊥昭和31年2月

### 海辺の女
「写真でみる日本生活図引 8」弘文堂　1993
◇図103〔白黒〕　三重県志摩郡大王町　海女か。テッポウソデ、帯、イソナカネ、タナカネ　㊥前野隆資, 昭和33年7月12日

### 漆かきの仕事着
「日本民具の造形」淡交社　2004
◇p82〔白黒〕(漆かき)　新潟県 村上市郷土資料館所蔵

### ウワッパリ
「写真でみる日本人の生活全集 2」日本図書センター　2010
◇p37〔白黒〕　東京都 銀座　㊥昭和13・14年頃

### 江戸褄
「いまに伝える 農家のモノ・人の生活館」柏書房　2004
◇p40 写真2〔白黒〕　埼玉県小川町　大正12年

### 江戸浴衣
「日本郷土 風俗・民芸・芸能図鑑」日本図書センター　2012
◇写真篇 東京〔白黒〕　東京都　〔たたまれた状態〕

### 鰄師の服装
「写真でみる日本生活図引 8」弘文堂　1993
◇図105〔白黒〕(湖岸の男)　滋賀県守山市木浜町　鰄師。被り物, ドウブク, コテ, 繃帯　㊥前野隆資, 昭和37年1月14日

### 宴席の次の間で手伝う人の服装
「写真でみる日本人の生活全集 2」日本図書センター　2010
◇p11〔白黒〕(宴席の次の間で)　よそゆき着の人も膳運びを手伝い, 身内に近い人は晴れ着で気軽に手伝っている

### 大島のあんこ
「日本郷土 風俗・民芸・芸能図鑑」日本図書センター　2012
◇写真篇 東京〔白黒〕　東京都

### 沖ぼだ
「民俗学事典」丸善出版　2014
◇p190〔白黒〕(南九州で使用された沖ぼだ)　北九州市立自然史・歴史博物館所蔵

### オトコマエカケ
「図録・民具入門事典」柏書房　1991
◇p17〔白黒〕　東京都新島

### 男前掛け
「日本の民具 2 農村」慶友社　1992
◇図108〔白黒〕　東京都新島本村　㊥薗部澄

### 男物単衣長着
「あるくみるきく双書 宮本常一とあるいた昭和の日本 21」農山漁村文化協会　2011
◇p153〔カラー〕　〔鹿児島県〕上甑村　藍染の縞織り　㊥竹内淳子　村役場蔵

### おばあさんの服装
「写真でみる日本生活図引 8」弘文堂　1993
◇図107〔白黒〕(おばあさん)　高知県高知市上本宮町・鏡川の川原　袷もの, 袖なし, 割烹着, 腕貫ほか　㊥島総一郎, 昭和44年3月頃
「民俗資料選集 6 狩猟習俗Ⅱ」国土地理協会　1978
◇p10(本文)〔白黒〕(奥三面の老婆)　新潟県岩船郡朝日村三面

### 大原女の労働着
「写真でみる日本人の生活全集 2」日本図書センター　2010
◇p65〔白黒〕　頭上運搬

### オビトキの衣装
「いまに伝える 農家のモノ・人の生活館」柏書房　2004
◇p43 写真1〔白黒〕　埼玉県江南町

### オヤマガケ姿
「日本社会民俗辞典 3」日本図書センター　2004
◇p1025〔白黒〕　秋田県男鹿半島

### 織りゲラの表と裏
「日本民俗図誌 3 調度・服飾篇」村田書店　1977
◇図166〔白黒・図〕　青森県南津軽郡大光寺村　『民俗芸術』1-11

### 御嶽道者の登山姿
「日本社会民俗辞典 3」日本図書センター　2004
◇p1025〔白黒〕

### 女たちの服装(野良着・普段着・外出着)
「写真でみる日本生活図引 8」弘文堂　1993
◇図104〔白黒〕(女たち)　滋賀県大津市瀬田町　野良着, 普段着, 外出着の3人　㊥前野隆資, 昭和30年1月13日

### 外衣(毛皮)
「民俗資料選集 1 狩猟習俗Ⅰ」国土地理協会　1973
◇p24(本文)〔白黒〕(外衣)　秋田県北秋田郡阿仁町根子〔マタギが雪よけとして背負った毛皮〕

## 改良着を着る農協の職員
「写真ものがたり昭和の暮らし 10」農山漁村文化協会 2007
　◇p145〔白黒〕　秋田県能代市　㈹南利夫, 昭和33年

## 改良着の発表会
「写真ものがたり昭和の暮らし 10」農山漁村文化協会 2007
　◇p144～145〔白黒〕　秋田県能代市 小学校の体育館　㈹南利夫, 昭和33年

## 改良仕事着
「写真でみる日本人の生活全集 2」日本図書センター 2010
　◇p65〔白黒〕

## 改良仕事着のコンクール
「写真でみる日本人の生活全集 2」日本図書センター 2010
　◇p36〔白黒〕　新潟県酒田市　㈹昭和29年

## 学生の制服
「写真でみる日本人の生活全集 2」日本図書センター 2010
　◇p39〔白黒〕　つめ襟の黒い制服に制帽の男子学生，セーラー服の女子学生たち
「写真でみる日本人の生活全集 10」日本図書センター 2010
　◇口絵〔白黒〕　〔制服姿の女学生〕　㈹植昌之

## 学童服
「民俗学事典」丸善出版 2014
　◇p192〔白黒〕（児島で生産された霜降りの学童服）　昭和初期　カンコー学生服

## 学童服に縞模様の綿入れを重着した少年たち
「写真ものがたり昭和の暮らし 6」農山漁村文化協会 2006
　◇p106〔白黒〕　秋田県横手市　㈹佐藤久太郎, 昭和39年2月

## カクマキ
「写真でみる日本人の生活全集 2」日本図書センター 2010
　◇p89〔白黒〕　山形県米沢市　㈹昭和30年
「日本社会民俗辞典 3」日本図書センター 2004
　◇p1310〔白黒〕（カクマキ姿）　会津若松市
「日本民俗写真大系 1」日本図書センター 1999
　◇p170〔白黒〕（地吹雪が舞うなか、角巻きで身をつつみ、家路を急ぐ）　青森県西津軽郡木造町　㈹1959年
「日本写真全集 9」小学館 1987
　◇図188〔白黒〕　南秋田郡脇本村　㈹三木茂　『雪の民俗』（昭和19年 養徳社刊）
「図説 民俗探訪事典」山川出版社 1983
　◇p20〔白黒〕（カクマキ（角巻））　新潟県
「フォークロアの眼 2 雪国と暮らし」国書刊行会 1977
　◇図99〔白黒〕（娘たちのかくまき姿）　新潟県南魚沼郡六日町坂戸　㈹中俣正義, 昭和45年2月15日
　◇図102〔白黒〕（かくまき姿の婦人）　新潟県小千谷市駅前通り　㈹中俣正義, 昭和33年1月中旬
「民俗の事典」岩崎美術社 1972
　◇p108〔白黒〕　秋田市

## 角巻
「写真でみる日本人の生活全集 2」日本図書センター 2010
　◇口絵〔白黒〕（角巻姿）　秋田県花輪駅から歳市に出かけてきた人たち　㈹昭和30年
「日本民具の造形」淡交社 2004
　◇p92〔白黒〕　北海道 滝川市郷土館所蔵

## 角巻に襟巻きの女の人
「写真ものがたり昭和の暮らし 9」農山漁村文化協会 2007
　◇p102〔白黒〕　新潟県小千谷町（現小千谷市）　㈹中俣正義, 昭和24年12月

## 火事装束
「日本民具の造形」淡交社 2004
　◇p159〔白黒〕　神奈川県 津久井湖記念館所蔵
「日本の生活文化財」第一法規出版 1965
　◇図51・52（衣）〔白黒〕（火事装束（一））　高山市立郷土館所蔵
　◇図53・54（衣）〔白黒〕（火事装束（二））　高山市立郷土館所蔵
　◇図55・56（衣）〔白黒〕（火事装束（三））　高山市立郷土館所蔵
　◇図57・58（衣）〔白黒〕（火事装束（四））　高山市立郷土館所蔵
　◇図59・60（衣）〔白黒〕（火事装束（五））　高山市立郷土館所蔵
　◇図61・62（衣）〔白黒〕（火事装束（六））　致道博物館所蔵（山形県鶴岡市）

## かずき
「日本民俗図誌 2 行事・婚姻篇」村田書店 1977
　◇図155〔白黒・図〕　青森県野辺地方　花嫁が縁家の門前でかつぐ

## 絣着物
「日本民具の造形」淡交社 2004
　◇p86〔白黒〕　広島県 新市町立歴史民俗資料館所蔵

## 絣の長着
「いまに伝える 農家のモノ・人の生活館」柏書房 2004
　◇p30 図5〔白黒・写真/図〕　埼玉県川里町

## 絣の野良着と腰巻姿
「いまに伝える 農家のモノ・人の生活館」柏書房 2004
　◇p36 写真1〔白黒〕　埼玉県所沢市

## 絣のノラジバン
「いまに伝える 農家のモノ・人の生活館」柏書房 2004
　◇p32 図7〔白黒・写真/図〕　埼玉県川里町　昭和初期から第二次世界大戦中に普及
　◇p33 図8〔白黒・写真/図〕　埼玉県庄和町　昭和初期から第二次世界大戦中に普及

## 潟スキーの漁師の着衣
「日本民具の造形」淡交社 2004
　◇p83〔白黒〕（潟スキー）　福岡県 柳川市立歴史民俗資料館所蔵

## カタビラ
「民俗資料選集 3 紡織習俗Ⅰ」国土地理協会 1975
　◇p153（本文）〔白黒〕　新潟県　佐渡のヤマソ紡織習俗　相川郷土博物館所蔵

## カツオバンチャ
「図録・民具入門事典」柏書房 1991
　◇p13〔白黒〕　高知県　沖着物　国立民族学博物館所蔵

## カツギ
「写真でみる日本人の生活全集 2」日本図書センター 2010
　◇p76〔白黒〕　青森県　花嫁
　◇p77〔白黒〕　青森県
　◇p77〔白黒〕　戦前の沖縄那覇附近の葬礼

## 被衣
「日本郷土 風俗・民芸・芸能図鑑」日本図書センター 2012
　◇写真篇 山形〔白黒〕　山形県
　◇写真篇 綜合〔白黒〕

## 割烹着
「写真でみる日本人の生活全集 2」日本図書センター 2010
　◇p40〔白黒〕（カッポウギ（割烹着））　署名運動に大わらわの主婦たち
　◇p64〔白黒〕（ノラギ（野良着）と割烹着）　都市と農村の働く姿が対照をなしている

## カネホリモックラ
「日本民俗図誌 3 調度・服飾篇」村田書店 1977
　◇図155-3〔白黒・図〕　青森県上北郡十和田湖畔休屋

雪の期間　『民族学研究』7-1

### カパラミップ
「日本民俗図誌 3 調度・服飾篇」村田書店　1977
◇図123-2〔白黒・図〕　アイヌ使用　繡衣　『アイヌ芸術』服装篇
◇図124〔白黒・図〕　アイヌ使用　『アイヌ芸術』服装篇

### カパラミブ
「日本民具の造形」淡交社　2004
◇p87〔白黒〕　北海道 幕別町えぞ文化考古館所蔵

### カベの袷長着
「いまに伝える 農家のモノ・人の生活館」柏書房　2004
◇口絵〔カラー〕　埼玉県鳩山町　うち織り
◇p191 写真3〔白黒〕　埼玉県鳩山町

### 蒲ゲラを着たオバコ
「民俗図録 日本人の暮らし」日本図書センター　2012
◇図131〔白黒〕　秋田県仙北郡豊川村　㈹武藤鐵城

### 紙衣
「日本社会民俗辞典 4」日本図書センター　2004
◇p1630〔白黒〕　愛知県長篠

### 紙子
「日本郷土 風俗・民芸・芸能図鑑」日本図書センター　2012
◇写真篇 宮城〔白黒〕　宮城県白石市

### 袢
「日本民具の造形」淡交社　2004
◇p87〔白黒〕　愛知県 小原郷土館所蔵

### カムリカタビラ
「写真でみる日本人の生活全集 2」日本図書センター　2010
◇p77〔白黒〕　伊豆新島

### 狩人衣装
「日本民具の造形」淡交社　2004
◇p82〔白黒〕　栃木県 栃木県立博物館所蔵

### カルサン
「日本社会民俗辞典 2」日本図書センター　2004
◇p535〔白黒〕（カルサン姿）　静岡県田方郡
「日本社会民俗辞典 4」日本図書センター　2004
◇p1505〔白黒〕（カルサン（丙型式山袴））　静岡県上川根村
「日本の民具 2 農村」慶友社　1992
◇図104〔白黒〕　長野県　㈹薗部澄
「図録・民具入門事典」柏書房　1991
◇p16〔白黒〕　静岡県
「日本民俗文化財事典（改訂版）」第一法規出版　1979
◇図14〔白黒〕
「日本民俗図誌 3 調度・服飾篇」村田書店　1977
◇図149〔白黒・図〕（カルサンとその裁方）　茨城県久慈郡大子町
◇図156-1〔白黒・図〕　静岡県榛原郡上川根地方
◇図156-2〔白黒・図〕　秋田県平鹿郡横手町　この地方での俗名「カリサン」
「日本を知る事典」社会思想社　1971
◇図39 (p277)〔白黒・図〕
「日本の生活文化財」第一法規出版　1965
◇図11（概説）〔白黒・図〕
◇図74・75（衣）〔白黒〕　宮本馨太郎所蔵

### 革ズボン
「日本民具の造形」淡交社　2004
◇p84〔白黒〕　三重県 多気町郷土資料館所蔵

### 革羽織
「日本民具の造形」淡交社　2004
◇p34〔白黒〕　宮崎県 宮崎県総合博物館所蔵

### ガンジゲラ
「民俗図録 日本人の暮らし」日本図書センター　2012
◇図128〜129〔白黒〕　秋田県仙北郡上檜木内村　㈹武藤鐵城

### 灌仏会のお祝い着
「写真でみる日本人の生活全集 2」日本図書センター　2010
◇p26〔白黒〕　大阪　仏式のお祝い着の一例

### キゴザ（着茣蓙）
「写真でみる日本人の生活全集 2」日本図書センター　2010
◇p62〔白黒〕　秋田県　雨の日に田植に行く姿

### 着蓙
「日本民俗図誌 5 農耕・漁撈篇」村田書店　1978
◇図22〔白黒・図〕　静岡県各地
◇図23-1〔白黒・図〕　福島県安積郡関戸
◇図23-2〔白黒・図〕　秋田県南秋田郡船川
◇図24〔白黒・図〕　秋田県由利郡西目地方

### 着蓙着用の姿態
「日本民俗図誌 5 農耕・漁撈篇」村田書店　1978
◇図25〔白黒・図〕　秋田県南秋田郡金足村地方　奈良環之助の写生による

### 儀式用下ばきハカマ
「日本民俗図誌 3 調度・服飾篇」村田書店　1977
◇図160-1〔白黒・図〕　沖縄本島

### 木地師の服飾用具
「民俗資料選集 2 木地師の習俗」国土地理協会　1974
◇p209（本文）〔白黒〕（服飾用具）　山着（打越），袖無（打越），股引（真砂），背嚢（大沢），脛巾（打越・真砂），雪草鞋（真砂），足半（真砂）　北陸地方の木地製作用具（椀木地用道具）

### 着だら（日よけ）
「民俗図録 日本人の暮らし」日本図書センター　2012
◇図132〔白黒〕　秋田県仙北郡上檜木内村宮田　㈹武藤鐵城

### 着物姿の少女
「写真でみる日本人の生活全集 10」日本図書センター　2010
◇口絵〔白黒〕　㈹茂木正男, 石田正毅

### 着物姿の女性
「写真でみる日本人の生活全集 10」日本図書センター　2010
◇口絵〔白黒〕　㈹入船繁隆
◇p1〔白黒〕（桜と着物）　㈹佐藤喜美男

### キモノに黒足袋をはいている男
「写真でみる日本人の生活全集 2」日本図書センター　2010
◇口絵〔白黒〕　東京都　真夏

### 着物の男
「写真でみる日本生活図引 8」弘文堂　1993
◇図108〔白黒〕　長野県下伊那郡宮田村　普段着を兼ねる野良着で土間に立つ。シリキリバンテン，ハンテン，サンジャク，タッツケ　㈹向山雅重, 昭和43年1月18日
◇図109〔白黒〕　長野県伊那市新山　背負子を背負い，左肩に鍬をおいている。新しい着物で畑に行くところ，と思われる　㈹向山雅重, 昭和46年10月18日

### 着物のジンジンバショリ
「いまに伝える 農家のモノ・人の生活館」柏書房　2004
◇p292 図2〔白黒・図〕　埼玉県所沢市　大正時代　運動着

### 着物の部分
「日本社会民俗辞典 1」日本図書センター　2004
◇p245〔白黒・図〕

## 衣　きるもの

**旧教徒婦人が使用する木綿のシャツ**
「日本民俗図誌 3 調度・服飾篇」村田書店　1977
◇図125-2〔白黒・図〕　長崎市浦上地方

**宮中服**
「写真でみる日本人の生活全集 2」日本図書センター　2010
◇p6〔白黒〕　皇后様, 妃殿下　㊞昭和24年頃　東京日赤本社

**宮廷の晴れ着**
「写真でみる日本人の生活全集 2」日本図書センター　2010
◇口絵〔白黒〕　順宮厚子内親王の"朝見の儀"の服装　㊞昭和27年

**漁村の仕事着**
「民俗図録 日本人の暮らし」日本図書センター　2012
◇図107〔白黒〕　高知県地方

**漁村の労働服装**
「日本民俗文化財事典(改訂版)」第一法規出版　1979
◇図24〔白黒〕　岡山県児島地方
◇図25〔白黒〕　香川県女木島

**魚皮衣**
「日本民俗写真大系 1」日本図書センター　1999
◇p72〔白黒〕　サハリン　アイヌ　(財)アイヌ文化振興・研究推進機構提供

**漁夫**
「写真でみる日本生活図引 8」弘文堂　1993
◇図106〔白黒〕　新潟県佐渡郡・佐渡島　磯漁を専門とする。カタイレゾンザを着る　㊞中俣正義, 昭和29年

**漁婦たちが着る仕事着**
「日本民俗図誌 3 調度・服飾篇」村田書店　1977
◇図121〔白黒・図〕　沖縄県糸満町　白絣の上布はぎ合わせ

**草刈り姿**
「日本民俗文化財事典(改訂版)」第一法規出版　1979
◇図2〔白黒〕　新潟県新井市

**クズタナシ**
「あるくみるきく双書 宮本常一とあるいた昭和の日本 21」農山漁村文化協会　2011
◇p153〔白黒〕　〔鹿児島県〕下甑島 下甑村　葛布製　㊞竹内淳子　下甑村村立歴史民俗資料館蔵
「民俗資料選集 10 紡織習俗Ⅱ」国土地理協会　1981
◇p20(口絵)〔白黒〕(クズタナシ(葛・絹))　鹿児島県薩摩郡下甑島瀬々野浦　甑島の葛布紡織習俗
◇p78・79(本文)〔白黒〕　鹿児島県 甑島　甑島の葛布紡織習俗

**くびぬき**
「日本の民具 2 農村」慶友社　1992
◇図101〔白黒〕　島根県周吉郡西郷町　㊞薗部澄

**栗拾い姿**
「民俗図録 日本人の暮らし」日本図書センター　2012
◇図91〔白黒〕　岩手県岩手郡　㊞高橋文太郎

**毛皮外套(アイヌ男性用)**
「日本民俗写真大系 1」日本図書センター　1999
◇p73〔白黒〕(男性用毛皮外套)　サハリン　アイヌ　写真提供：萩原眞子

**毛皮の仕事着**
「民俗図録 日本人の暮らし」日本図書センター　2012
◇図89〔白黒〕　岩手県和賀郡沢内村川舟

**ケダイ**
「民俗資料選集 30 焼畑習俗Ⅱ」国土地理協会　2002
◇p67(本文・写真8)〔白黒〕　山梨県南巨摩郡早川町奈良田　スゲで編んだミノ

**ケラ**
「写真でみる日本人の生活全集 2」日本図書センター　2010
◇p61〔白黒〕　秋田県
「写真で見る農具 民具」農林統計協会　1988
◇p294〔白黒〕　秋田県増田町　明治時代から昭和前期まで
「日本民俗図誌 3 調度・服飾篇」村田書店　1977
◇図167〔白黒・図〕(ケラの襟飾り)　岩手県岩手郡御明神村で採図
◇図168〔白黒・図〕　岩手県岩手郡鷲宿で採図
「日本の生活文化財」第一法規出版　1965
◇図11・12(衣)〔白黒〕　文部省史料館所蔵(東京都品川区)

**ゲラをつけたオバコ**
「民俗図録 日本人の暮らし」日本図書センター　2012
◇図133〔白黒〕　秋田県仙北郡豊川村　㊞武藤鐵城

**ケラミノ**
「日本民俗図誌 3 調度・服飾篇」村田書店　1977
◇図163〔白黒・図〕　岩手県九戸郡長内村

**コギン**
「日本民俗図誌 3 調度・服飾篇」村田書店　1977
◇図119〔白黒・図〕　青森県南津軽地方　『民俗芸術』1-11

**コギンザシの着物**
「民具のみかた一心とかたち」第一法規出版　1983
◇p49〔白黒〕(コギンザシ)　青森県津軽地方

**ゴザ**
「民俗資料選集 8 中付駑者の習俗」国土地理協会　1979
◇p227(本文)〔白黒・図〕　福島県田島町針生　雨の日に着用　自家製　馬方の装い

**ござ(ござ蓑)**
「写真で見る農具 民具」農林統計協会　1988
◇p293〔白黒〕(ござ)　兵庫県出石町　昭和35年頃まで

**茣蓙蓑**
「日本民具の造形」淡交社　2004
◇p91〔白黒〕　愛知県 六ツ美民俗資料館所蔵

**こしきり**
「日本の生活文化財」第一法規出版　1965
◇図15・16(衣)〔白黒〕　文部省史料館所蔵(東京都品川区)
◇図19・20(衣)〔白黒〕(こしきり(じばん・さしこ))　致道博物館所蔵(山形県鶴岡市)

**コシギリ**
「写真でみる日本人の生活全集 2」日本図書センター　2010
◇p45〔白黒〕　腰きりの短い仕事着

**腰衣**
「写真でみる日本人の生活全集 2」日本図書センター　2010
◇p71〔白黒〕　胴着なしで腰衣だけの海女

**コシピリ**
「日本民俗図誌 3 調度・服飾篇」村田書店　1977
◇図117〔白黒・図〕　岩手県雫石地方　男もの, 女もの

**コシマイダレ**
「図録・民具入門事典」柏書房　1991
◇p17〔白黒〕　三重県

**コシミノ**
「日本社会民俗辞典 4」日本図書センター　2004
◇p1381〔白黒〕(漁夫のコシミノ)　新潟県藤塚浜

**腰蓑**
「日本民具の造形」淡交社　2004
◇p92〔白黒〕　岩手県 大船渡市立博物館所蔵

きるもの　　　　　　　　　　　　　　　　　衣

「写真でみる日本生活図引 8」弘文堂　1993
　◇図119〔白黒〕(腰簔(ミノマエカケ))　新潟県佐渡郡小木町深浦　アクスイを抜く水路を設ける途中の男　㊤中俣正義、昭和32年5月16日

子供アットゥシ
「日本民具の造形」淡交社　2004
　◇p28〔白黒〕　北海道 旭川市博物館所蔵

子供呪衣
「日本民具の造形」淡交社　2004
　◇p87〔白黒〕　沖縄県 南風原町立南風原文化センター所蔵

子供デンチ
「日本民具の造形」淡交社　2004
　◇p39〔白黒〕　山形県 新庄ふるさと歴史センター所蔵

子供の被布姿
「写真でみる日本人の生活全集 2」日本図書センター　2010
　◇p24〔白黒〕

子供の服装
「写真でみる日本人の生活全集 2」日本図書センター　2010
　◇口絵〔白黒〕(冬じたくの子ども)　岩手県閉下伊郡安家村　ゴム靴、毛糸をつかったセーター、防寒帽など　㊤昭和30年
　◇p30〔白黒〕(都会の子供)　通学にも遊び着にも洋服が多い
　◇p31〔白黒〕(都会の子供)　氏神祭の日
　◇p32〔白黒〕(冬の子供のフダンギ)　大阪市　女の子は下町風(着物)で、男の子は学校通いのオーバー
　◇p33〔白黒〕(田舎の子の服装)　長野県上伊那郡　子供たちのフダン着
「宮本常一が撮った昭和の情景 下」毎日新聞社　2009
　◇p9〔白黒〕(雪かきの小さなスコップを手にした子どもたち)　新潟県新発田市山内　㊤宮本常一、1965年1月25日
「宮本常一 写真・日記集成 下」毎日新聞社　2005
　◇p13〔白黒〕(子どもたちの服装)　新潟県新発田市山内宿　㊤宮本常一、1965年1月25日
「日本写真全集 9」小学館　1987
　◇図187〔白黒〕　南秋田郡外旭川村　㊤三木茂　『雪の民俗』(昭和19年 養徳社刊)
「日本民俗文化財事典(改訂版)」第一法規出版　1979
　◇図21〔白黒〕(子どもの服装)　静岡県伊豆地方

子供の防寒着
「日本社会民俗辞典 3」日本図書センター　2004
　◇p1309〔白黒〕　秋田県上桧木内村

子供用着物
「日本民具の造形」淡交社　2004
　◇p86〔白黒〕　福島県 郡山市開成館所蔵

子供用長着
「日本民具の造形」淡交社　2004
　◇p40〔白黒〕　東京都 ふるさと農具館所蔵

コバカマ
「日本の民具 3 山・漁村」慶友社　1992
　◇図91〔白黒〕　新潟県　㊤薗部澄
「図録・民具入門事典」柏書房　1991
　◇p16〔白黒〕　新潟県
「民俗資料選集 6 狩猟習俗Ⅱ」国土地理協会　1978
　◇p4(口絵)〔白黒〕　新潟県岩船郡朝日村三面　マタギのいでたち

コバカマに印されたハノ(十文字にイチ)
「民俗資料選集 6 狩猟習俗Ⅱ」国土地理協会　1978
　◇p4(口絵)〔白黒〕　新潟県岩船郡朝日村三面　マタギのいでたち

木挽きの服装
「図説 日本民俗学」吉川弘文館　2009
　◇p5〔白黒〕　富山県上市町　宮本記念財団提供
「図録・民具入門事典」柏書房　1991
　◇p28〔白黒〕(木挽の服装)　富山県

紺のヒッカケ
「民俗資料選集 10 紡織習俗Ⅱ」国土地理協会　1981
　◇p20(口絵)〔白黒〕(紺のヒッカケ(葛・木綿))　鹿児島県薩摩郡下甑島瀬々野浦　甑島の葛布紡織習俗

紺木綿のハダコにハネッコハラマキ(前掛け)
「写真ものがたり昭和の暮らし 9」農山漁村文化協会　2007
　◇p96〔白黒〕　秋田県横手市　堆肥を橇で田に運んでもどる　㊤佐藤久太郎、昭和30年代

婚礼衣裳
「写真でみる日本人の生活全集 2」日本図書センター　2010
　◇p14〔白黒〕(ふり袖)　婚礼用の大ふり袖
　◇p19〔白黒〕　振り袖にウチカケ(打ち掛け)
　◇p20〔白黒〕　振り袖姿

宰領の装束
「日本社会民俗辞典 2」日本図書センター　2004
　◇図版ⅩⅥ 中馬(2)〔白黒〕

祭礼に着る婦人の着物
「日本の民具 2 農村」慶友社　1992
　◇図98〔白黒〕　東京都 大島　㊤薗部澄

早乙女
「民俗図録 日本人の暮らし」日本図書センター　2012
　◇図222〔白黒〕　広島県山縣郡壬生町　絣の浴衣に金紗のオタイコ、緑のモスリンの襷、桃色のあご紐、シュスの手負に脚絆　㊤郷田洋文
「写真でみる日本人の生活全集 10」日本図書センター　2010
　◇p77〔白黒〕　田植えはじめを行う　㊤大阪幹枝
「いまに伝える 農家のモノ・人の生活館」柏書房　2004
　◇口絵〔白黒〕　埼玉県行田市
　◇p90 写真2〔白黒〕　埼玉県行田市　㊤昭和31年
「民俗学辞典(改訂版)」東京堂出版　1987
　◇写真版 第四図 民間芸能〔白黒〕　広島県安佐郡安村 民俗学研究所所蔵
「フォークロアの眼 3 運ぶ」国書刊行会　1977
　◇図192〔白黒〕　宮城県刈田郡七ヶ宿町湯原　腰に結んだ籠に稲苗を入れて再び田にはいる　㊤須藤功、昭和43年5月27日

早乙女の服装
「日本民俗文化財事典(改訂版)」第一法規出版　1979
　◇図119〔白黒〕(アワラの田植えの早乙女の仕度)　富山県新川地方
「民俗資料叢書 5 田植の習俗2」平凡社　1967
　◇図16〔白黒〕　茨城県稲敷郡桜川村浮島
　◇図17〔白黒〕　茨城県稲敷郡桜川村浮島　綿の入った袖無し
　◇図53・54〔白黒〕(早乙女の身仕度)　富山県中新川郡上市種　写真提供：宮本馨太郎

酒屋働き出立装束
「民俗資料選集 34 酒造習俗Ⅰ」国土地理協会　2006
　◇p162(本文)〔白黒〕　岩手県　再現、大正時代ころ

サキオリの着物
「民具のみかた一心とかたち」第一法規出版　1983
　◇p35〔白黒〕(サキオリ(裂織り))　新潟県相川町

砂金掘りの仕事着
「日本民具の造形」淡交社　2004
　◇p82〔白黒〕(砂金掘り)　北海道 紋別市立博物館所蔵

**ザクリ**
「図録・民具入門事典」柏書房　1991
　◇p12〔白黒〕　青森県　国立民族学博物館所蔵

**サシコ**
「フォークロアの眼 7 海の暮らしと祭り」国書刊行会　1977
　◇小論20〔白黒〕（サシコ（ボッタ））　神奈川県三浦市城ケ島　㊟田辺悟，昭和50年7月10日
「民俗資料選集 1 狩猟習俗Ⅰ」国土地理協会　1973
　◇p21（口絵）〔白黒〕　山形県西田川郡真室川町関沢　鷹狩りの衣服
「日本の生活文化財」第一法規出版　1965
　◇図41（衣）〔白黒〕　文部省史料館所蔵（東京都品川区）
　◇図42・43（衣）〔白黒〕　致道博物館所蔵（山形県鶴岡市）
　◇図44～48（衣）〔白黒〕（さしこ（ひしざし））〔前垂れ〕　小川原湖博物館所蔵（青森県三沢市）
　◇図49・50（衣）〔白黒〕（さしこ（ひしざし））〔前垂れ〕　小川原湖博物館所蔵（青森県三沢市）

**サシコソデナシ**
「日本民俗文化財事典（改訂版）」第一法規出版　1979
　◇図10〔白黒〕　青森県下北地方

**刺子ヌノ**
「日本社会民俗辞典 2」日本図書センター　2004
　◇p478〔白黒〕　新潟県三面村

**サシコ（刺子）の着物**
「民具のみかた一心とかたち」第一法規出版　1983
　◇p46〔白黒〕（サシコ（刺子））　福島県南郷村

**サシコバンテン**
「写真でみる日本人の生活全集 2」日本図書センター　2010
　◇p38〔白黒〕　皇居前の消防出初式

**サッコ**
「日本の民具 3 山・漁村」慶友社　1992
　◇図97〔白黒〕　愛知県北設楽郡　㊟薗部澄
　◇図99〔白黒〕　新潟県　㊟薗部澄
「民俗資料選集 3 紡織習俗Ⅰ」国土地理協会　1975
　◇p152（本文）〔白黒〕　新潟県　佐渡のヤマソ紡織習俗　相川郷土博物館蔵
　◇p153（本文）〔白黒〕　新潟県　佐渡のヤマソ紡織習俗　相川郷土博物館蔵

**サルコモンペ着用図**
「日本民俗誌 3 調度・服飾篇」村田書店　1977
　◇図155-6〔白黒・図〕　山形県村上地方

**サルッパカマ**
「民俗資料選集 8 中付駑者の習俗」国土地理協会　1979
　◇p221, p222（本文）〔白黒・図〕　福島県　馬方の装い
「日本民俗誌 3 調度・服飾篇」村田書店　1977
　◇図146〔白黒・図〕　福島県耶麻郡姥堂村

**鰭突き漁の仕事着**
「日本民具の造形」淡交社　2004
　◇p83〔白黒〕（鰭突き漁）　鹿児島県 奄美諸島近海所蔵　船上で大きなやすを構える漁師姿（展示）　鹿児島県立歴史資料館黎明館

**山村一家の服装**
「民俗図録 日本人の暮らし」日本図書センター　2012
　◇図103〔白黒〕　富山県東砺波郡上平村　㊟最上孝敬

**じぅさんざくり**
「日本の民具 2 農村」慶友社　1992
　◇図96〔白黒〕　青森県西津軽郡十三村　㊟薗部澄

**塩の荷を運んだ歩荷たちのスタイル**
「食の民俗事典」柊風舎　2011
　◇p508〔白黒・図〕　豪雪地帯の千国街道　無雪期の信越地方の歩荷の身支度，積雪期の信越地方の歩荷　亀井千歩子『塩の道・千国街道』東京新聞出版局よりイラスト：伊藤好一郎

**式服**
「写真でみる日本人の生活全集 2」日本図書センター　2010
　◇p10〔白黒〕　結婚式にでた近親者，年始の紋付袴姿

**仕事着**
「民俗図録 日本人の暮らし」日本図書センター　2012
　◇図95〔白黒〕（佐渡の女の仕事着）　新潟県佐渡郡海府　㊟民俗学研究所
「日本郷土 風俗・民芸・芸能図鑑」日本図書センター　2012
　◇写真篇 香川〔白黒〕（女木島の女）　香川県 女木島　頭上に品物をのせさっぱりした仕事着で働く乙女達
「日本社会民俗辞典 2」日本図書センター　2004
　◇p533〔白黒〕（女の仕事着）　新潟県
　◇図版Ⅰ 仕事着（婦人）（1）〔白黒〕（秋～冬～春の仕事着）　千葉県富崎村相浜一漁村　宮本馨太郎所蔵
　◇図版Ⅰ 仕事着（婦人）（1）〔白黒〕（冬の仕事着）　静岡県南上村毛倉野一農村　宮本馨太郎所蔵
　◇図版Ⅱ 仕事着（婦人）（2）〔白黒〕（秋～春の仕事着）　長崎県豆酸村豆酸一島嶼
「民俗学辞典（改訂版）」東京堂出版　1987
　◇写真版 第七図 仕事着〔白黒〕　神奈川県足柄上郡，福島県耶麻郡，千葉県印旛郡，秋田県男鹿地方　民俗学研究所所蔵
「民具のみかた一心とかたち」第一法規出版　1983
　◇p66〔白黒〕　石川県志賀町
「図説 民俗探訪事典」山川出版社　1983
　◇p9-1〔白黒〕　新潟県佐渡　国立民族学博物館蔵
　◇p9-2〔白黒〕　東北地方
　◇p9-3〔白黒〕
　◇p9-4〔白黒〕　沖縄県久米島　沖縄県立博物館蔵
　◇p9-5〔白黒〕　山形県庄内地方　㊟安岡路洋
「民俗資料選集 10 紡織習俗Ⅱ」国土地理協会　1981
　◇p11（口絵）〔白黒〕（仕事着（平織））　島根県八束郡鹿島町上講武　出雲の藤布紡織習俗
「日本を知る事典」社会思想社　1971
　◇図36（p276）〔白黒〕　福島県須賀川市

**仕事着の着装例**
「図説 民俗探訪事典」山川出版社　1983
　◇p10〔白黒・図〕

**シゴモ（着蓑）**
「日本民俗誌 5 農耕・漁撈篇」村田書店　1978
　◇図26～29〔白黒・図〕　岩手県岩手郡御明神村

**雫石あねこ**
「日本郷土 風俗・民芸・芸能図鑑」日本図書センター　2012
　◇写真篇 岩手〔白黒〕　岩手県　野良着を着ている

**七五三の服装**
「写真でみる日本人の生活全集 2」日本図書センター　2010
　◇p17〔白黒〕（七・五・三の晴れ着）　東京都 明治神宮　㊟昭和27年
　◇p25〔白黒〕（戦時中の七・五・三のお祝い着）　着物の女児，陸軍・海軍の大将服の男児
　◇p25〔白黒〕（7つのお祝い）　東京　着物姿の女児
　◇p25〔白黒〕（3つのお祝い）　東京　着物姿の女児
「日本民俗文化財事典（改訂版）」第一法規出版　1979
　◇図26〔白黒〕　男児
「図説 日本民俗学全集 4」高橋書店　1971
　◇図130〔白黒〕（七五三の祝い）　現代〔1960年以前〕〔着物を着た少女〕
「図説 日本民俗学全集 6」あかね書房　1960
　◇図130〔白黒〕（七五三の祝い）　現代〔1960年以前〕〔着物を着た少女〕

きるもの　　　　　　　　　　　　　　　　　衣

地なしゲラ
　「民俗図録 日本人の暮らし」日本図書センター　2012
　　◇図130〔白黒〕　秋田県仙北郡白岩村中川原　㊙富木友治

シナミノ
　「図録・民具入門事典」柏書房　1991
　　◇p27〔白黒〕　新潟県　胴蓑の一種

ジバン
　「いまに伝える 農家のモノ・人の生活館」柏書房　2004
　　◇pi〔白黒〕（つぎあてをしたジバン）　埼玉県所沢市
　「日本民俗文化財事典（改訂版）」第一法規出版　1979
　　◇図9〔白黒〕　山形県庄内地方

Gパン広告
　「民俗学事典」丸善出版　2014
　　◇p196〔白黒〕　栄光商事株式会社，ミツボシ衣料KK「舶来Gパン」　出典：『読売新聞』1962年11月2日付夕刊

シマタナシ
　「民俗資料選集 10 紡織習俗Ⅱ」国土地理協会　1981
　　◇p20（口絵）〔白黒〕（シマタナシ（葛・木綿））　鹿児島県薩摩郡下甑島瀬々野浦　甑島の葛布紡織習俗

縞木綿のツツボと呼ぶ上衣にモンペ、樫の木枝を背中につける
　「写真ものがたり昭和の暮らし 9」農山漁村文化協会　2007
　　◇p92〔白黒〕　愛知県鳳来町海老（現新城市）　㊙須藤功, 昭和44年8月

シャツ
　「民俗資料選集 8 中付駄者の習俗」国土地理協会　1979
　　◇p217（本文）〔白黒・図〕　福島県南会津郡田島町塩江　昭和20年代まで使用　牛方が使用したもの

襦袢
　「日本民具の造形」淡交社　2004
　　◇p40〔白黒〕　長崎県。世知原町歴史民俗資料館所蔵
　「図説 民俗探訪事典」山川出版社　1983
　　◇p19〔白黒〕（背当てのゴザミノと笠に紺襦袢）　埼玉県

樹皮衣
　「日本民俗写真大系 1」日本図書センター　1999
　　◇p73〔白黒〕　アイヌ　早稲田大学会津八一記念博物館提供

狩猟装束
　「日本民具大辞典 上」吉川弘文館　1999
　　◇p839〔白黒・図〕　新潟県 三面地方

狩猟の服装（背面）
　「民俗資料選集 6 狩猟習俗Ⅱ」国土地理協会　1978
　　◇p19（口絵）〔白黒〕　宮崎県西都市東米良　狩猟のいでたち

棕梠の皮をむきに行く支度
　「宮本常一 写真・日記集成 別巻」毎日新聞社　2005
　　◇図49（p19）〔白黒〕　大阪府・河内・高向村〔河内長野市〕滝畑　カヤの実がほしてある　㊙宮本常一, 1939年〔月日不明〕

棕梠の皮をむきに行く姿
　「宮本常一 写真・日記集成 別巻」毎日新聞社　2005
　　◇図52（p19）〔白黒〕　大阪府・河内・高向村〔河内長野市〕滝畑　㊙宮本常一, 1939年〔月日不明〕

シュロの樹皮を編んだカッパ
　「里山・里海 暮らし図鑑」柏書房　2012
　　◇写14（p230）〔白黒〕　鹿児島県沖永良部島　和泊町歴史民俗資料館展示

しゅろみの
　「写真で見る農具 民具」農林統計協会　1988
　　◇p296〔白黒〕　奈良県西吉野村　昭和23年頃まで

棕櫚蓑
　「日本民具の造形」淡交社　2004
　　◇p92〔白黒〕　岡山県 川上町郷土資料館所蔵

上衣
　「写真で見る農具 民具」農林統計協会　1988
　　◇p290〔白黒〕　秋田県雄和町　水田作業着

上衣・三幅前掛
　「日本民具の造形」淡交社　2004
　　◇p84〔白黒〕　山形県 庄内米歴史資料館所蔵

庄内のむすめ達
　「写真でみる日本人の生活全集 10」日本図書センター　2010
　　◇口絵〔白黒〕　農村の女性が田植えの時に，田の神に仕える巫女の資格をしめして，面を深くつつんだ姿　㊙樋口進 雑誌「オール読物」昭和32年8月号

女子用白木綿製ハカマ
　「日本民俗図誌 3 調度・服飾篇」村田書店　1977
　　◇図160-2〔白黒・図〕　八重山地方

女子労働着
　「写真でみる日本人の生活全集 10」日本図書センター　2010
　　◇p87〔白黒〕　東北地方

女子労働の姿態
　「日本民俗図誌 5 農耕・漁撈篇」村田書店　1978
　　◇図19〔白黒・図〕　山形県飽海郡飛鳥　頭に風呂敷を被り，手には手甲　早川孝太郎の写生による
　　◇図20〔白黒・図〕　山形県置賜地方　頭に風呂敷を被り，手には手甲
　　◇図21〔白黒・図〕　岩手県盛岡　頭に風呂敷を被り，手には手甲
　　◇図30〔白黒・図〕　岩手県岩手郡御明神村
　　◇図31〔白黒・図〕　山形県米沢在小野川　背中に着産、風呂敷包みの弁当、荷縄

ショトメ
　「写真ものがたり昭和の暮らし 9」農山漁村文化協会　2007
　　◇p83〔白黒〕（ショトメ（早乙女））　秋田県川添村水沢（現秋田市）　野良着を着た12歳の少女　㊙早川孝太郎, 昭和31年6月
　「民俗資料叢書 8 田植の習俗3」平凡社　1968
　　◇図19・20〔白黒〕（ショトメの姿（前・後））　秋田県本荘市鮎瀬
　　◇図36〔白黒〕　秋田県河辺郡川添村水沢
　　◇図37〔白黒〕（少女のショトメ）　秋田県河辺郡川添村水沢
　　◇図38〔白黒〕　秋田県河辺郡川添村水沢

ショロミノとタコンガサ姿の女性
　「民俗資料叢書 11 田植の習俗5」平凡社　1970
　　◇図119〔白黒〕（ショロミノとタコンガサ）　長崎県壱岐

シリハショリ
　「写真でみる日本人の生活全集 2」日本図書センター　2010
　　◇p41〔白黒〕

印半纏
　「あるくみるきく双書 宮本常一とあるいた昭和の日本 21」農山漁村文化協会　2011
　　◇p202〔カラー〕　鷲神社の「酉の市」，浅草寺の「羽子板市」　㊙竹内淳子
　「図説 日本民俗学」吉川弘文館　2009
　　◇p7〔白黒〕　埼玉県皆野町　埼玉県立歴史と民俗の博物館提供
　「日本民具の造形」淡交社　2004
　　◇p39〔白黒〕　埼玉県 埼玉県立民俗文化センター所蔵

衣　　　　　　　　　　　　　　　　　　　きるもの

印半天革羽織
　「日本を知る事典」社会思想社　1971
　　◇図37（p277）〔白黒〕

神職の装い
　「祭・芸能・行事大辞典　上」朝倉書店　2009
　　◇口絵〔p2〕〔カラー〕　男性，女性　國學院大學提供

ジンバ
　「民俗資料選集 1 狩猟習俗Ⅰ」国土地理協会　1973
　　◇p108（本文）〔白黒〕　山形県東田川郡朝日村大字大鳥　マタギの装束

ジンベ
　「民俗資料選集 1 狩猟習俗Ⅰ」国土地理協会　1973
　　◇p108（本文）〔白黒〕　山形県東田川郡朝日村大字大鳥　マタギの装束

新郎新婦
　「写真でみる日本人の生活全集 2」日本図書センター　2010
　　◇p1〔白黒〕　東京　新郎はモーニング。新婦は和服

水田作業着
　「日本社会民俗辞典 2」日本図書センター　2004
　　◇図版Ⅱ　仕事着（婦人）（2）〔白黒〕（春の水田作業着）　三重県南海村相賀一農村

水田除草の服装
　「日本社会民俗辞典 2」日本図書センター　2004
　　◇図版Ⅰ　仕事着（婦人）（1）〔白黒〕　岩手県御明神村御明神一農村　宮本馨太郎所蔵

涼しげな装い
　「いまに伝える 農家のモノ・人の生活館」柏書房　2004
　　◇p257　写真4〔白黒〕　埼玉県小川町　橋の上　2人の少女が単物の着物を尻はしょりし日傘を差している　㊟大正12年

スッカ
　「民俗図録 日本人の暮らし」日本図書センター　2012
　　◇図135〔白黒〕（スゲガサとスッカ）　石川県能登地方（珠洲郡）若山村　〔背に藺で編んだ日除けのスッカ〕　㊟平山敏治郎

スネコ・タヅキ
　「日本民俗図誌 3 調度・服飾篇」村田書店　1977
　　◇図150-2〔白黒・図〕　秋田県仙北郡雲沢村　女もの

スネコデタチ
　「日本民俗図誌 3 調度・服飾篇」村田書店　1977
　　◇図153-2〔白黒・図〕　山形地方

スベリガッパ
　「日本民俗文化財事典（改訂版）」第一法規出版　1979
　　◇図15〔白黒〕　秋田県

ズボン型のモンペと改良型の上着
　「いまに伝える 農家のモノ・人の生活館」柏書房　2004
　　◇p101　図4〔白黒・写真/図〕　埼玉県小川町

ズボンの尻当て
　「民俗学事典」丸善出版　2014
　　◇p193〔白黒〕　カンコー学生服

背当て
　「日本民具の造形」淡交社　2004
　　◇p92〔白黒〕　青森県　深浦町歴史民俗資料館所蔵

正装した古老（刺繍単衣）
　「日本社会民俗辞典 1」日本図書センター　2004
　　◇図版Ⅱ　アイヌ（2）〔白黒〕　日高国二風谷の貝沢ウエサナシ翁　㊟木下

盛装せるアイヌ
　「日本社会民俗辞典 1」日本図書センター　2004
　　◇p5〔白黒〕

セナカワ
　「民俗資料選集 6 狩猟習俗Ⅱ」国土地理協会　1978
　　◇p3（口絵）〔白黒〕　新潟県岩船郡朝日村三面　マタギのいでたち

セミノ
　「図録・民具入門事典」柏書房　1991
　　◇p26〔白黒〕　高知県
　「日本民俗図誌 3 調度・服飾篇」村田書店　1977
　　◇図170〔白黒・図〕　福島県会津高田で採図

背守りのついた着物
　「日本民俗宗教辞典」東京堂出版　1998
　　◇p319〔白黒〕　栃木県立博物館提供
　「民具のみかた一心とかたち」第一法規出版　1983
　　◇p67〔白黒〕（セモリ（背守り）のある幼児着）　石川県金沢市
　　◇p67〔白黒〕（セモリ（背守り）のある幼児着）　石川県金沢市

戦時中の国民服
　「写真でみる日本人の生活全集 2」日本図書センター　2010
　　◇p24〔白黒〕

仙台平
　「日本郷土 風俗・民芸・芸能図鑑」日本図書センター　2012
　　◇写真篇　宮城〔白黒〕　宮城県〔箱に入った製品〕

仙台ムジリ
　「日本民俗図誌 3 調度・服飾篇」村田書店　1977
　　◇図113-2〔白黒・図〕　岩手県盛岡在雫石地方
　　◇図116〔白黒・図〕　岩手県雫石地方

船頭外衣
　「日本民具の造形」淡交社　2004
　　◇p28〔白黒〕　宮崎県　天ヶ城歴史民俗博物館所蔵

千歯扱き（脱穀）作業の着衣
　「写真で見る農具 民具」農林統計協会　1988
　　◇口絵〔白黒〕（千歯扱き（脱穀）作業）　岩手県金ヶ崎　㊟昭和30年頃　写真提供 岩手県農業博物館

葬式の着物
　「写真でみる日本生活図引 5」弘文堂　1989
　　◇図44〔白黒〕　新潟県南魚沼郡塩沢町石打関　親族の男は白の裃、袴、女は白の着物と帽子、あるいはカツギ（被衣）といわれる白布を被っている　㊟昭和6年9月　林明男提供

袖合羽
　「日本民俗大辞典　上」吉川弘文館　1999
　　◇p40〔白黒〕　山形県庄内地方 同上所蔵
　「日本の民具 1 町」慶友社　1992
　　◇図219〔白黒〕　㊟薗部澄

ソデナシ
　「写真でみる日本人の生活全集 2」日本図書センター　2010
　　◇p49〔白黒〕　香川県
　「日本民俗文化財事典（改訂版）」第一法規出版　1979
　　◇図28〔白黒〕　山形県庄内地方
　「民俗資料選集 3 紡織習俗Ⅰ」国土地理協会　1975
　　◇p18（口絵）〔白黒〕　新潟県　越後のアンギン紡織
　　◇p89（本文）〔白黒・写真/図〕　新潟県 津南　越後のアンギン紡織
　「日本の生活文化財」第一法規出版　1965
　　◇図23・24（衣）〔白黒〕（そでなし（さしこ））　小川原湖博物館所蔵（青森県三沢市）
　　◇図34・35（衣）〔白黒〕（そでなし（さしこ））　致道博物館所蔵（山形県鶴岡市）
　　◇図36（衣）〔白黒〕（そでなし（そりひき用））　致道博物館所蔵（山形県鶴岡市）

**袖無**
「民具のみかた—心とかたち」第一法規出版　1983
◇p181〔白黒〕（ソデナシ（袖無し））　青森県脇野沢村
「日本民俗図誌 3 調度・服飾篇」村田書店　1977
◇図133-1〔白黒・図〕　青森県上北郡十和田湖地方
◇図133-2〔白黒・図〕　千葉県安房郡白浜地方

**ソデナシ藍染**
「民俗資料選集 3 紡織習俗Ⅰ」国土地理協会　1975
◇p89（本文）〔白黒・写真/図〕　新潟県 津南　越後のアンギン紡織

**ソデナシテンジン**
「写真でみる日本人の生活全集 2」日本図書センター　2010
◇p49〔白黒〕　香川県

**袖なしの着物を着た子ども**
「写真でみる日本人の生活全集 2」日本図書センター　2010
◇p48〔白黒〕（袖なし）〔袖なしの着物を着た子ども〕

**ソデナシバンテン**
「日本民俗文化財事典（改訂版）」第一法規出版　1979
◇図29〔白黒〕　静岡県伊豆地方

**ソデナシ紐付き**
「民俗資料選集 3 紡織習俗Ⅰ」国土地理協会　1975
◇p90（本文）〔白黒・写真/図〕　新潟県東頸城郡松之山町　越後のアンギン紡織

**袖の種類**
「図説 日本民俗学」吉川弘文館　2009
◇p6〔白黒・図〕　袂袖, 元禄袖, 銭丸袖, 角袖, 広袖・平袖, もじり袖, 鉄砲袖, 筒袖
「日本民俗大辞典 上」吉川弘文館　1999
◇p984〔白黒・図〕（袖）　広袖, 半袖, 筒袖, 舟底袖, 鉄砲袖, 巻袖とその折り方

**ソトメの服装**
「民俗資料叢書 8 田植の習俗3」平凡社　1968
◇図99〔白黒〕　岐阜県高山市松之木町字車田

**橇曳きのしごとぎ**
「日本民具の造形」淡交社　2004
◇p82〔白黒〕（橇曳き）　山形県 新庄ふるさと歴史センター所蔵

**大正時代の服装**
「民俗資料選集 23 北上山地の畑作習俗」国土地理協会　1995
◇p65（本文）〔白黒〕　岩手県軽米町鶏飼

**体操着（女子）**
「いまに伝える 農家のモノ・人の生活館」柏書房　2004
◇p293 図3〔白黒・図〕（女子の体操着）　埼玉県所沢市　大正末期に導入

**大漁祝着**
「日本民具の造形」淡交社　2004
◇p87〔白黒〕　鹿児島県 ミュージアム知覧所蔵

**大漁着**
「日本の民具 3 山・漁村」慶友社　1992
◇図232〔白黒〕　東京都 八丈島　[撮]薗部澄
◇図235〔白黒〕（大漁着（部分））　使用地不明　[撮]薗部澄

**田植衣裳**
「写真 日本文化史 9」日本評論新社　1955
◇図46〔白黒〕　岩手県御明神村

**田植作業衣**
「写真で見る農具 民具」農林統計協会　1988
◇口絵〔白黒〕　秋田県大曲市　[撮]昭和34年5月
◇口絵〔白黒〕　秋田県西木村　[撮]昭和34年5月
◇口絵〔白黒〕（東京都農村部の田植作業衣）　東京都葛飾区　[撮]昭和30年6月　写真提供 日浅治枝子
◇口絵〔白黒〕（東京都農村部の田植作業衣）　東京都板橋区徳丸　[撮]昭和32年6月　写真提供 日浅治枝子

**田植姿**
「民俗図録 日本人の暮らし」日本図書センター　2012
◇図221〔白黒〕　青森県西津軽郡深浦町追良瀬　[撮]櫻庭武則
「写真でみる日本生活図引 8」弘文堂　1993
◇図118〔白黒〕　秋田県河辺郡雄和町水沢　女性・女の子（小学生）。ナガテヌグイ・ハンソデほか　[撮]早川孝太郎, 昭和31年6月3日
「日本写真全集 9」小学館　1987
◇図174〔白黒〕（田植姿正面）　南秋田郡外旭川村　[撮]三木茂　『雪の民俗』（昭和19年 養徳社刊）
◇図175〔白黒〕（田植姿背面）　南秋田郡外旭川村　[撮]三木茂　『雪の民俗』（昭和19年 養徳社刊）
「民俗資料叢書 11 田植の習俗5」平凡社　1970
◇図118〔白黒〕　長崎県壱岐

**田植の仕事着**
「民俗図録 日本人の暮らし」日本図書センター　2012
◇図93〔白黒〕　秋田県仙北郡上檜木内村　[撮]武藤鐵城
「写真でみる日本人の生活全集 2」日本図書センター　2010
◇p35〔白黒〕　新潟県岩船郡　スゲガサ, タスキ, タッツケ系の下半衣, テッコウ　[撮]昭和27年

**田植の服装**
「日本民具の造形」淡交社　2004
◇p81〔白黒〕　島根県 瑞穂町郷土館所蔵

**田植えの装い**
「いまに伝える 農家のモノ・人の生活館」柏書房　2004
◇p44 写真1〔白黒〕　埼玉県八潮市
◇p95 写真1〔白黒〕　埼玉県八潮市

**焚木採り姿**
「日本社会民俗辞典 2」日本図書センター　2004
◇図版Ⅱ 仕事着（婦人）(2)〔白黒〕（春の焚木採り姿）　香川県雌雄島村女木—島嶼

**他家を訪問する婦人の身なり**
「写真でみる日本人の生活全集 4」日本図書センター　2010
◇p19〔白黒〕　東京　世間のおちつきとともに, はでになった　[撮]昭和32年

**田仕事の婦人**
「図説 日本民俗学」吉川弘文館　2009
◇p5〔白黒〕　三重県南伊勢町　宮本記念財団提供

**タチアゲ**
「日本の民具 3 山・漁村」慶友社　1992
◇図10〔白黒〕　宮崎県椎葉郡　山袴　[撮]薗部澄
「図録・民具入門事典」柏書房　1991
◇p16〔白黒〕　宮崎県
「民俗資料選集 6 狩猟習俗Ⅱ」国土地理協会　1978
◇p19（口絵）〔白黒〕　宮崎県西都市東米良　狩猟のいでたち
「日本民俗図誌 3 調度・服飾篇」村田書店　1977
◇図157-2〔白黒・図〕　宮崎県西臼杵郡推葉村
「写真 日本文化史 9」日本評論新社　1955
◇図53〔白黒〕　宮崎県

**タチウドの服装**
「民俗資料叢書 8 田植の習俗3」平凡社　1968
◇図100〔白黒〕　岐阜県高山市松之木町字車田

**タチカケという仕事着を着ている老人**
「あるくみるきく双書 宮本常一とあるいた昭和の日本 19」農山漁村文化協会　2012
◇p18〔白黒〕　兵庫県篠山市今田町上立杭　窯職人　[撮]神崎宣武, 〔昭和45年〕

衣　　　　　　　　　　　　　　　　　　　　きるもの

タチツケ
　「日本民俗図誌 3 調度・服飾篇」村田書店　1977
　　◇図152-1〔白黒・図〕　　秋田県平鹿郡横手町
　　◇図157-1〔白黒・図〕　　福岡県宗像郡田島村大島
　「日本を知る事典」社会思想社　1971
　　◇図38（p277）〔白黒・図〕
　「日本の生活文化財」第一法規出版　1965
　　◇図9（概説）〔白黒・図〕
　　◇図70・71（衣）〔白黒〕　　宮本馨太郎所蔵
脱穀の作業をしている婦人の着衣
　「日本民具の造形」淡交社　2004
　　◇p81〔白黒〕（脱穀）　石川県 松任市立博物館所蔵　足踏脱穀機を使って脱穀の作業をしている婦人の着衣
たっつけ
　「日本の民具 3 山・漁村」慶友社　1992
　　◇図96〔白黒〕　　青森県　㊞薗部澄
　「日本の民具 2 農村」慶友社　1992
　　◇図106〔白黒〕　　富山県　㊞薗部澄
ダテケラ（粋な蓑）
　「民具のみかた一心とかたち」第一法規出版　1983
　　◇p52〔白黒〕　　青森県津軽地方
タナシ
　「民俗資料選集 10 紡織習俗Ⅱ」国土地理協会　1981
　　◇p79（本文）〔白黒〕（縞のタナシ）　鹿児島県 甑島　甑島の葛布紡織習俗
　「日本民俗図誌 3 調度・服飾篇」村田書店　1977
　　◇図106-2〔白黒・図〕　　沖縄県　夏着のうちかけ
太布のシャツ
　「いまに伝える 農家のモノ・人の生活館」柏書房　2004
　　◇p13 写真4〔白黒〕　　徳島県木頭村
太布の襦袢
　「いまに伝える 農家のモノ・人の生活館」柏書房　2004
　　◇p13 写真4〔白黒〕　　徳島県木頭村
太布の上衣
　「民俗資料選集 3 紡織習俗Ⅰ」国土地理協会　1975
　　◇p182（本文）〔白黒〕　徳島県那賀郡木頭村　阿波のタフ紡織習俗
田マイダレ
　「日本を知る事典」社会思想社　1971
　　◇図20（p265）〔白黒〕　　神奈川県
タミノとタケガサ
　「民俗図録 日本人の暮らし」日本図書センター　2012
　　◇図134〔白黒〕　　福井県三方郡美浜町新庄　背中にタケガサ　㊞坂田孫一
たもっぺ
　「写真でみる日本人の生活全集 2」日本図書センター　2010
　　◇p52〔白黒〕（タモッペ（田モンペ））　秋田県
　「日本の民具 3 山・漁村」慶友社　1992
　　◇図93〔白黒〕　　秋田県南秋田脇本　㊞薗部澄
袷袖
　「日本民俗図誌 3 調度・服飾篇」村田書店　1977
　　◇図111-1〔白黒・図〕
ダンカベの袷長着
　「いまに伝える 農家のモノ・人の生活館」柏書房　2004
　　◇口絵〔カラー〕　　埼玉県鳩山町　うち織り
　　◇p191 写真4〔白黒〕　　埼玉県鳩山町
丹前姿
　「写真でみる日本人の生活全集 2」日本図書センター　2010
　　◇p147〔白黒〕

チカルカルペ
　「日本民俗図誌 3 調度・服飾篇」村田書店　1977
　　◇図123-1〔白黒・図〕　アイヌ使用　刺繍衣　『アイヌ芸術』服装篇
チチャンコ（花織り）
　「日本民俗写真大系 5」日本図書センター　2000
　　◇p156〔白黒〕　　与那国島　㊞吉村正治, 1960年
茶摘み衣装
　「写真で見る農具 民具」農林統計協会　1988
　　◇p292〔白黒〕（女性の茶摘み衣装）　静岡県川根町　かぶりもの, 腰巻き, 上衣, 帯, 前掛け, 手甲, 脚絆, たすき
茶羽織
　「写真でみる日本人の生活全集 2」日本図書センター　2010
　　◇p23〔白黒〕
チャンチャンコ（米寿祝）
　「いまに伝える 農家のモノ・人の生活館」柏書房　2004
　　◇p44 写真1〔白黒〕（米寿祝のチャンチャンコ）　埼玉県小川町
中年婦人のコート
　「写真でみる日本人の生活全集 2」日本図書センター　2010
　　◇p24〔白黒〕
中馬時代の服装
　「民俗資料選集 5 中馬の習俗」国土地理協会　1977
　　◇p13（口絵）〔白黒〕（昔の中馬時代の服装）　長野県下伊那郡山本村　〔再現〕　㊞昭和31年3月
衣
　「日本民俗図誌 3 調度・服飾篇」村田書店　1977
　　◇図106-1〔白黒・図〕　　沖縄県　黄地朱綾絽織
衣の着付
　「日本民俗図誌 3 調度・服飾篇」村田書店　1977
　　◇図107-1〔白黒・図〕　　沖縄県
つづれ
　「日本の民具 2 農村」慶友社　1992
　　◇図97〔白黒〕　　新潟県岩船郡　刺子の労働着　㊞薗部澄
ツツソデ
　「写真でみる日本人の生活全集 2」日本図書センター　2010
　　◇p47〔白黒〕　　岡山県
筒袖
　「日本民俗図誌 3 調度・服飾篇」村田書店　1977
　　◇図111-3〔白黒・図〕
ツツリ
　「図録・民具入門事典」柏書房　1991
　　◇p13〔白黒〕　　広島県　国立民族学博物館所蔵
ツーリ
　「図説 日本民俗学」吉川弘文館　2009
　　◇p6〔白黒〕（裂織りの上衣（ツーリ））　石川県七尾市　宮本記念財団提供
　「図録・民具入門事典」柏書房　1991
　　◇p14〔白黒〕　　石川県
手織りの木綿縞で仕立てた着物
　「いまに伝える 農家のモノ・人の生活館」柏書房　2004
　　◇p5 写真1〔白黒〕　　埼玉県小川町
　　◇p6 図1〔白黒・写真/図〕　　埼玉県川里町
　　◇p7 図2〔白黒・写真/図〕　　埼玉県川里町
デタチとその裁方
　「日本民俗図誌 3 調度・服飾篇」村田書店　1977
　　◇図151〔白黒・図〕　　秋田県平鹿郡　大人用
テッポ
　「日本民俗図誌 3 調度・服飾篇」村田書店　1977

民俗風俗 図版レファレンス事典（衣食住・生活篇）　**13**

きるもの　　　　　　　　　　　　　　　衣

◇図115-2〔白黒・図〕　岩手県岩手郡御明神村　女子仕事着

**テッポウソデ（鉄砲袖）**
「民具のみかた―心とかたち」第一法規出版　1983
◇p180〔白黒〕　石川県金沢市

**テンジン**
「写真でみる日本人の生活全集 2」日本図書センター　2010
◇p49〔白黒〕　香川県

**デンチ**
「写真でみる日本人の生活全集 2」日本図書センター　2010
◇p49〔白黒〕　香川県
「日本民具の造形」淡交社　2004
◇p85〔白黒〕　愛知県 飛島村郷土資料室所蔵
◇p85〔白黒〕　北海道 中標津町郷土館
「日本民俗図誌 3 調度・服飾篇」村田書店　1977
◇図134-2〔白黒・図〕　京都府愛宕郡途中村

**ドウギ（胴着）**
「写真でみる日本人の生活全集 2」日本図書センター　2010
◇p44〔白黒〕　香川県雌木郡　アイギ

**トウキョウソデ（東京袖）**
「写真でみる日本人の生活全集 2」日本図書センター　2010
◇p47〔白黒〕　岡山県
「写真でみる日本生活図引 2」弘文堂　1988
◇図58、59〔白黒〕（海苔作り）　千葉県浦安市　㊙菊池俊吉、昭和30年

**峠の家族**
「写真ものがたり昭和の暮らし 9」農山漁村文化協会　2007
◇p90〔白黒〕　山形県飯豊町　〔野良着〕　㊙高橋文太郎、昭和8年5月　所蔵・早川孝太郎

**唐人モモヒキ**
「日本民俗図誌 3 調度・服飾篇」村田書店　1977
◇図158-2〔白黒・図〕　長崎市

**道中合羽**
「日本民具の造形」淡交社　2004
◇p150〔白黒〕　愛知県 知立市歴史民俗資料館所蔵

**胴蓑**
「日本民俗文化財事典（改訂版）」第一法規出版　1979
◇図8〔白黒〕　秋田県

**棟梁の服装**
「写真でみる日本生活図引 8」弘文堂　1993
◇図102〔白黒〕（棟梁）　滋賀県甲賀郡信楽町　長袖シャツ、ズボン、地下足袋ほか　㊙前野隆資、昭和32年7月14日

**駕者馬方の装い**
「民俗資料選集 8 中付駕者の習俗」国土地理協会　1979
◇p16（口絵）〔白黒〕　福島県　春・夏・秋用時、合羽着用、冬・綿入はんてん着用
◇p17（口絵）〔白黒〕　福島県　ゴザ着用、休憩

**ドミノ（胴蓑）**
「民具のみかた―心とかたち」第一法規出版　1983
◇p252〔白黒〕　石川県白山麓

**トーロク姿**
「図録・民具入門事典」柏書房　1991
◇p28〔白黒〕　千葉県　片身替りという仕事着の典型的な例

**ドンザ**
「あるくみるきく双書 宮本常一とあるいた昭和の日本 21」農山漁村文化協会　2011
◇p153〔白黒〕（「ニンブ織」のドンザ）〔鹿児島県〕下甑島 下甑村　㊙竹内淳子　村立歴史民俗資料館蔵

「日本民具の造形」淡交社　2004
◇p86〔白黒〕　長崎県 小佐々町郷土資料館所蔵
「日本社会民俗辞典 2」日本図書センター　2004
◇p534〔白黒〕　新潟県糸魚川市
「日本民俗大辞典 下」吉川弘文館　2000
◇p238〔白黒〕（ドンザ 坂手のサシコ）　三重県鳥羽市坂手島　海の博物館所蔵
「日本の民具 3 山・漁村」慶友社　1992
◇図229〔白黒〕　宮崎県　船上で着る　㊙薗部澄
「図録・民具入門事典」柏書房　1991
◇p12〔白黒〕　山形県飛島　国立民族学博物館所蔵
「民俗資料選集 10 紡織習俗Ⅱ」国土地理協会　1981
◇p22（口絵）〔白黒〕（ドンザ（海用））　鹿児島県薩摩郡下甑島瀬々野浦　葛の織布
◇p22（口絵）〔白黒〕（ドンザ（海用））　鹿児島県薩摩郡下甑島瀬々野浦　葛の織布
◇p22（口絵）〔白黒〕（ドンザ（山用））　鹿児島県薩摩郡下甑島瀬々野浦　葛の織布
◇p22（口絵）〔白黒〕（ドンザ（山用））　鹿児島県薩摩郡下甑島瀬々野浦　葛の織布
「日本民俗図誌 3 調度・服飾篇」村田書店　1977
◇図120〔白黒・図〕　山形県飽海郡飛島の漁村　『羽後飛島図誌』
「日本の生活文化財」第一法規出版　1965
◇図8（概説）〔白黒・図〕
◇図17・18（衣）〔白黒〕（どんざ（さしこ））　致道博物館所蔵（山形県鶴岡市）

**長着**
「いまに伝える 農家のモノ・人の生活館」柏書房　2004
◇p31 図6〔白黒・写真/図〕（染め絣の長着）　埼玉県川里町
「日本民具の造形」淡交社　2004
◇p86〔白黒〕　滋賀県 マキノ町郷土文化保存伝習施設所蔵
◇p86〔白黒〕　新潟県 黒崎常民文化史料館
「日本の民具 3 山・漁村」慶友社　1992
◇図88〔白黒〕　新潟県　㊙薗部澄
「図録・民具入門事典」柏書房　1991
◇p13〔白黒〕　青森県　小川原湖博物館所蔵
「民俗資料選集 10 紡織習俗Ⅱ」国土地理協会　1981
◇p21（口絵）〔白黒〕（長着（葛・絹）　鹿児島県薩摩郡下甑島瀬々野浦　甑島の葛布紡織習俗（葛の織布）
◇p79（本文）〔白黒〕（葛布の長着）　鹿児島県 甑島　甑島の葛布紡織習俗

**ながぎ（さしこ）**
「日本の生活文化財」第一法規出版　1965
◇図27〜29（衣）〔白黒〕　小川原湖博物館所蔵（青森県三沢市）

**長着と羽織の名称**
「日本を知る事典」社会思想社　1971
◇図43（p281）〔白黒・図〕

**夏の家着のアッパッパ**
「日本の生活環境文化大辞典」柏書房　2010
◇p327-2〔白黒〕　福岡県大川市　㊙2009年 磯部淳子

**夏の服装**
「写真でみる日本人の生活全集 2」日本図書センター　2010
◇口絵〔白黒〕（ナイロンの夏洋装をした中年のおばさん）　東京都
「写真でみる日本人の生活全集 10」日本図書センター　2010
◇p6〜7〔白黒〕（男と女の夏姿）　東京
「宮本常一 写真・日記集成 上」毎日新聞社　2005
◇p135〔白黒〕（真夏の服装）　新潟県佐渡郡相川町［佐渡市］北片辺→北川内　㊙宮本常一、1959年8月5日

### 南部サシコギン
「日本を知る事典」社会思想社　1971
◇図42（p279）〔白黒〕　青森県

### 南部菱刺法被
「日本民具の造形」淡交社　2004
◇p85〔白黒〕　青森県 三戸町立歴史民俗資料館所蔵

### ニズレ
「民俗資料選集 3 紡織習俗Ｉ」国土地理協会　1975
◇p152（本文）〔白黒〕　新潟県　佐渡のヤマソ紡織習俗　相川郷土博物館蔵

### にぞうに蓑をレインコートがわりに着た子ども
「日本郷土 風俗・民芸・芸能図鑑」日本図書センター　2012
◇写真篇 山形〔白黒〕（雪と子供）　山形県　"にぞう"に蓑をレインコートがわりに着て遊ぶ

### ニンブ
「日本の民具 2 農村」慶友社　1992
◇図100〔白黒〕　鹿児島県薩摩郡下甑村　裂織　[撮]薗部澄
「図録・民具入門事典」柏書房　1991
◇p13〔白黒〕　鹿児島県甑島　国立民族学博物館所蔵
「民俗資料選集 10 紡織習俗Ⅱ」国土地理協会　1981
◇p52（本文）〔白黒〕　鹿児島県下甑村の瀬々之浦地区サシュで作ったもの。甑島の葛布紡織習俗
◇p52（本文）〔白黒〕　鹿児島県下甑村の瀬々之浦地区　甑島の葛布紡織習俗

### ネコ（袖無類）
「日本民俗図誌 3 調度・服飾篇」村田書店　1977
◇図134-1〔白黒・図〕（ネコ）　滋賀県滋賀郡小松村北比良地方　袖無類

### ねまき
「写真でみる日本人の生活全集 2」日本図書センター　2010
◇口絵〔白黒〕　東京　着ふるした赤いチヂミのユカタに着かえさせてもらう少女　[撮]昭和31年7月

### 農作業の衣装
「民俗資料選集 30 焼畑習俗Ⅱ」国土地理協会　2002
◇p81（本文）〔白黒〕　山梨県南巨摩郡早川町奈良田　[撮]昭和30年代

### 農作業用上衣
「写真で見る農具 民具」農林統計協会　1988
◇p291〔白黒〕　秋田県鳥海町

### 農村の仕事着
「図録・民具入門事典」柏書房　1991
◇p15〔白黒〕　三重県

### 農村の労働服装
「日本民俗文化財事典（改訂版）」第一法規出版　1979
◇図22〔白黒〕　三重県
◇図23〔白黒〕　石川県能登地方

### 農夫
「写真でみる日本生活図引 8」弘文堂　1993
◇図124〔白黒〕　滋賀県伊香郡余呉町上丹生　野良へ行く昔の姿の再現。裂織の袖なしほか　[撮]宮畑巳年生，昭和38年8月6日

### 農婦
「民俗資料叢書 8 田植の習俗3」平凡社　1968
◇図21〔白黒〕　秋田県本荘市鮎瀬

### ノラギ
「日本の生活環境文化大辞典」柏書房　2010
◇p327-4〔白黒〕　福岡県大川市　昭和40年代のものを着用して撮影　磯部淳子

### 野良着
「民俗図録 日本人の暮らし」日本図書センター　2012
◇図90〔白黒〕（野良着（1））　岩手県花巻市
◇図94〔白黒〕（野良着（2））　秋田県南秋田郡外旭川村　[撮]三木茂
「写真でみる日本人の生活全集 2」日本図書センター　2010
◇p64〔白黒〕（ノラギ（野良着）と割烹着）　都市と農村の働く姿が対照をなしている
「写真ものがたり昭和の暮らし 9」農山漁村文化協会　2007
◇〔もくじ〕〔白黒〕　[撮]加賀谷政雄
◇p82〔白黒〕（野良着の娘）　秋田県湯沢市山田字切畑　大柄な模様のテッポウハダコ（上衣）の上にハネッコマエカケ　[撮]加賀谷政雄，昭和36年5月
「写真ものがたり昭和の暮らし 7」農山漁村文化協会　2006
◇p82〔白黒〕　秋田県湯沢市山田　[撮]佐藤久太郎，昭和34年5月
「精選 日本民俗辞典」吉川弘文館　2006
◇p428〔白黒・図〕（野良着 ハンキリ）　埼玉県所沢市
「宮本常一 写真・日記集成 上」毎日新聞社　2005
◇p138〔白黒〕　新潟県両津市［佐渡市］両津市大野亀→願　[撮]宮本常一，1959年8月7日
◇p377〔白黒〕（女性の野良着）　青森県下北郡川内町畑　[撮]宮本常一，1963年6月20日
「いまに伝える 農家のモノ・人の生活館」柏書房　2004
◇口絵〔カラー〕　埼玉県所沢市　たくさんのつぎを当てたもの
◇p29 写真1〔白黒〕（女性の野良着姿—長着とオコシ）　埼玉県小川町
◇p29 図2〔白黒・図〕（男性の野良着姿—長着とモモヒキ）　埼玉県
◇p29 図3〔白黒・図〕（男性の野良着姿—ノラジバンとモモヒキ）　埼玉県　大正時代から昭和初期に普及
◇p29 図4〔白黒・図〕（女性の野良着姿—長着とモモヒキ）　埼玉県
◇p34 図9〔白黒・図〕（たくさんのつぎを当てた野良着）　埼玉県所沢市
「日本民具の造形」淡交社　2004
◇p81〔白黒〕（男性野良着）　広島県 府中町歴史民俗資料館所蔵
◇p81〔白黒〕（婦人野良着）　新潟県 潟東村歴史民俗資料館
◇p289〔白黒〕（婦人野良着）　新潟県 聖籠町民俗資料館
「日本社会民俗辞典 2」日本図書センター　2004
◇p533〔白黒〕　新潟県三面村
「写真ものがたり昭和の暮らし 1」農山漁村文化協会　2004
◇p121〔白黒〕（野良着の女性）　秋田県大曲市内小友　[撮]佐藤久太郎，昭和30年10月
「日本民俗大辞典 下」吉川弘文館　2000
◇p330〔白黒・図〕（野良着 ハンキリ）　埼玉県所沢市
「日本写真全集 9」小学館　1987
◇図176〔白黒〕（野良着背面）　鹿角郡大湯村　[撮]三木茂『雪の民俗』（昭和19年 養徳社刊）

### 野良着の下衣を脱ぐ早乙女
「写真ものがたり昭和の暮らし 10」農山漁村文化協会　2007
◇p35〔白黒〕（あがりかまちで野良着の下衣を脱ぐ早乙女）　秋田県大曲市西根（現大仙市）　[撮]大野源二郎，昭和37年

### 海苔採りの仕事着
「日本民具の造形」淡交社　2004
◇p83〔白黒〕（海苔採り）　千葉県 市川市立歴史博物館所蔵　漁労仕事着・着衣

### ハイカーの服装
「写真でみる日本人の生活全集 2」日本図書センター　2010
◇口絵〔白黒〕（東京新宿駅から出かけるハイカーたち）　東京都　[撮]昭和28年7月

### ハカマ
「写真ものがたり昭和の暮らし 9」農山漁村文化協会　2007
◇p18〔白黒〕(洗い干したハカマ)　福島県下郷町大内　[撮]須藤功, 昭和44年8月
「日本社会民俗辞典 4」日本図書センター　2004
◇p1503〔白黒〕(ハカマ、ユキバカマ)　群馬県水上村
「民具のみかた―心とかたち」第一法規出版　1983
◇p179〔白黒〕(ハカマ(袴))　石川県白山麓

### ハギトウジン
「写真ものがたり昭和の暮らし 9」農山漁村文化協会　2007
◇p101〔白黒〕　長崎県厳原町豆酘(現対馬市)　[撮]早川孝太郎, 昭和27年8月
「日本の生活文化財」第一法規出版　1965
◇図32・33(衣)〔白黒〕　文部省史料館所蔵(東京都品川区)

### ハギトージン
「日本の民具 2 農村」慶友社　1992
◇図94・95〔白黒〕　長崎県下県郡厳原町　[撮]薗部澄
「図録・民具入門事典」柏書房　1991
◇p14〔白黒〕　長崎県対馬

### 馬耕をする農夫の着衣
「日本民具の造形」淡交社　2004
◇p81〔白黒〕(馬耕)　北海道 北海道開拓記念館所蔵　農夫の着衣

### 芭蕉衣
「日本民具の造形」淡交社　2004
◇p86〔白黒〕　鹿児島県 原野農芸博物館所蔵

### バショウの布で織った単衣
「写真でみる日本人の生活全集 2」日本図書センター　2010
◇口絵〔白黒〕　東京都 日本橋　沖縄舞踏のけいこの休憩中の沖縄出身の女性たち

### 畑着
「写真 日本文化史 9」日本評論新社　1955
◇図51〔白黒〕　徳島県祖谷山

### 畑仕事着
「日本社会民俗辞典 2」日本図書センター　2004
◇図版Ⅰ 仕事着(婦人)(1)〔白黒〕(夏の畑仕事着)　秋田県宮川村小豆沢―農村　宮本馨太郎所蔵
◇図版Ⅰ 仕事着(婦人)(1)〔白黒〕(春の畑仕事着)　埼玉県金沢村出牛―山村　宮本馨太郎所蔵
◇図版Ⅱ 仕事着(婦人)(2)〔白黒〕(春・夏の畑仕事着)　香川県荘内村字室浜―漁村

### ぱっち
「日本の民具 2 農村」慶友社　1992
◇図99〔白黒〕　島根県周吉郡西郷町　[撮]薗部澄

### ハッピ
「写真でみる日本人の生活全集 2」日本図書センター　2010
◇p49〔白黒〕　秋田県

### 半被
「日本民具の造形」淡交社　2004
◇p85〔白黒〕　北海道 江差町郷土資料館所蔵

### 花婿の衣装
「いまに伝える 農家のモノ・人の生活館」柏書房　2004
◇p39 写真1〔白黒〕　埼玉県小川町　昭和16年頃
◇p41 写真4〔白黒〕(江戸褄の花嫁と紋付羽織袴の花婿)　埼玉県小川町　[撮]昭和28年

### 花嫁衣装
「民俗図録 日本人の暮らし」日本図書センター　2012
◇図486〔白黒〕(花嫁姿(1))　秋田県仙北郡
◇図487〔白黒〕(花嫁姿(2))　山形県山間部
◇図488〔白黒〕(花嫁姿(3))　山形県
◇図489〔白黒〕(花嫁姿(4))　京都市八瀬
「写真でみる日本人の生活全集 10」日本図書センター　2010
◇p145〔白黒〕(結婚式の花嫁衣裳)　神式, 公民館式, 家庭式
「いまに伝える 農家のモノ・人の生活館」柏書房　2004
◇p40 写真3〔白黒〕　埼玉県江南町　江戸褄・白無垢・緋の長襦袢
◇p41 写真4〔白黒〕(江戸褄の花嫁と紋付羽織袴の花婿)　埼玉県小川町　[撮]昭和28年

### ハマグサケラ
「図録・民具入門事典」柏書房　1991
◇p27〔白黒〕　秋田県

### ハラアテ
「写真でみる日本人の生活全集 2」日本図書センター　2010
◇p55〔白黒〕　香川県　胸当て

### ハラガケ
「写真でみる日本人の生活全集 2」日本図書センター　2010
◇p68〔白黒〕　福島の海岸　[撮]昭和27年

### 腹掛
「図説 日本民俗学」吉川弘文館　2009
◇p7〔白黒〕　埼玉県皆野町　埼玉県立歴史と民俗の博物館提供

### 腹掛け
「民俗資料選集 8 中付駑者の習俗」国土地理協会　1979
◇p219(本文)〔白黒・図〕　福島県　明治以前から昭和15・6年ごろまで使用　馬方の装い

### 晴着
「民俗学事典」丸善出版　2014
◇p191〔白黒〕(書籍と蝶の柄が染められた晴着)　北九州市立自然史・歴史博物館所蔵
「写真でみる日本人の生活全集 2」日本図書センター　2010
◇p12〔白黒〕(正月の晴れ着)
「祭・芸能・行事大事典 下」朝倉書店　2009
◇p1461〔白黒〕　埼玉県児玉郡美里町　[撮]岡本一雄
「日本民具の造形」淡交社　2004
◇p87〔白黒〕(女子晴着)　愛媛県 肱川町歴史民俗資料館所蔵

### 晴れ着の女性たち
「写真ものがたり昭和の暮らし 9」農山漁村文化協会　2007
◇p106〔白黒〕(晴れ着)　長野県曾地村(現阿智村)　氏神の祭りの日　〔晴れ着姿の女性たち〕　[撮]熊谷元一, 昭和25年

### はんてん
「日本の民具 3 山・漁村」慶友社　1992
◇図233〔白黒〕　北海道　[撮]薗部澄
「民俗資料選集 9 山村の生活と用具」国土地理協会　1981
◇p4(口絵)〔白黒〕　愛知県北設楽郡津具村
「民俗資料選集 8 中付駑者の習俗」国土地理協会　1979
◇p217(本文)〔白黒・図〕　福島県　馬方の装い
「日本の生活文化財」第一法規出版　1965
◇図21・22(衣)〔白黒〕　致道博物館所蔵(山形県鶴岡市)
◇図25・26(衣)〔白黒〕(はんてん(さしこ))　小川原湖博物館所蔵(青森県三沢市)
◇図30・31(衣)〔白黒〕　文部省史料館所蔵(東京都品川区)

### 半天
「日本民俗図誌 3 調度・服飾篇」村田書店　1977
◇図118〔白黒・図〕(袷の半天)　青森県津軽地方　野良の仕事着　『民俗芸術』1-11
◇図122-2〔白黒・図〕(棒縞の半天)　アイヌ使用　『アイヌ芸術』服装篇

**半纏**
「日本民具の造形」淡交社　2004
◇p85〔白黒〕　北海道 室蘭市民俗資料館所蔵
「日本民俗大辞典 下」吉川弘文館　2000
◇p407〔白黒・図〕　京都府宮津市
「図録・民具入門事典」柏書房　1991
◇p94〔白黒〕　埼玉県　埼玉県立博物館所蔵

**半トウロク**
「日本民具の造形」淡交社　2004
◇p84〔白黒〕　千葉県 御宿町歴史民俗資料館所蔵

**バンドをしめてズボンつりをむきだしにしている人**
「写真でみる日本人の生活全集 2」日本図書センター　2010
◇口絵〔白黒〕　東京都

**半股引**
「日本民具の造形」淡交社　2004
◇p84〔白黒〕　新潟県 阿賀野市笹神村郷土資料館所蔵

**ひしざし**
「日本郷土 風俗・民芸・芸能図鑑」日本図書センター　2012
◇写真篇 青森〔白黒〕　青森県　〔着物〕
「民具のみかた―心とかたち」第一法規出版　1983
◇p48〔白黒〕(ヒシザシ(菱刺し))　青森県南部地方〔前垂れ〕

**ヒシザシのミチカ**
「図録・民具入門事典」柏書房　1991
◇p14〔白黒〕　青森県　小川原湖博物館所蔵

**ヒシザシマエカケ(菱刺し前掛け)**
「民具のみかた―心とかたち」第一法規出版　1983
◇p17〔カラー〕　青森県南部地方

**ヒシサシマエダレ**
「日本民俗文化財事典(改訂版)」第一法規出版　1979
◇図12〔白黒〕　青森県下北地方

**ヒシマエダレ**
「日本の民具 2 農村」慶友社　1992
◇図109〔白黒〕　青森県八戸市　[撮]薗部澄
「図録・民具入門事典」柏書房　1991
◇p17〔白黒〕　青森県
「写真 日本文化史 9」日本評論新社　1955
◇図52〔白黒〕　青森県

**菱前垂**
「日本社会民俗辞典 4」日本図書センター　2004
◇p1349〔白黒〕　青森県三戸地方

**ビータナシ**
「あるくみるきく双書 宮本常一とあるいた昭和の日本 21」農山漁村文化協会　2011
◇p160〔カラー〕　〔鹿児島県〕下甑島 下甑村　[撮]竹内淳子　村立歴史民俗資料館蔵

**ヒッカケ**
「民俗資料選集 10 紡織習俗Ⅱ」国土地理協会　1981
◇p20(口絵)〔白黒〕(ヒッカケ(葛・木綿))　鹿児島県薩摩郡下甑島瀬々野浦　甑島の葛布紡織習俗
◇p21(口絵)〔白黒〕　鹿児島県薩摩郡下甑島瀬々野浦甑島の葛布紡織習俗(葛の織布)
◇p21(口絵)〔白黒〕　鹿児島県薩摩郡下甑島瀬々野浦甑島の葛布紡織習俗(葛の織布)

**ヒデリミノの部分名**
「民具のみかた―心とかたち」第一法規出版　1983
◇p113〔白黒・図〕

**ひねりみの**
「日本の民具 3 山・漁村」慶友社　1992
◇図231〔白黒〕　島根県　[撮]薗部澄

**日みの**
「写真で見る農具 民具」農林統計協会　1988
◇p294〔白黒〕　千葉県八日市場市

**日蓑**
「日本民具の造形」淡交社　2004
◇p27〔白黒〕　茨城県 つくば市立谷田部郷土資料館所蔵

**百色着物**
「写真ものがたり昭和の暮らし 7」農山漁村文化協会　2006
◇p19〔白黒〕　群馬県中里村(現神流町)　[撮]都丸十九一, 昭和30年代

**ヒャクトコテダマ**
「民具のみかた―心とかたち」第一法規出版　1983
◇p9〔カラー〕(ヒャクトコテダマ［背面］)　石川県松任市
◇p51〔白黒〕　石川県金沢市

**日除け**
「写真でみる日本生活図引 8」弘文堂　1993
◇図122〔白黒〕　愛知県南設楽郡鳳来町海老　麦藁帽子(ヒヨケボウシ), 樫の木枝(日除けとして背中につける)　[撮]須藤功, 昭和44年8月18日
◇図123〔白黒〕　宮崎県宮崎市大字内海　笠, フヅツミ, ヒヨケミノ　[撮]相場惣太郎, 昭和30年9月2日

**ヒヨケゲラ**
「写真で見る農具 民具」農林統計協会　1988
◇p291〔白黒〕　秋田県大内町

**ヒヨケミノ**
「写真ものがたり昭和の暮らし 9」農山漁村文化協会　2007
◇p93〔白黒〕(背に蒲の葉で編んだヒヨケミノを着ける)　宮崎県宮崎市内海　[撮]相場惣太郎, 昭和30年9月
「写真でみる日本生活図引 8」弘文堂　1993
◇図123〔白黒〕(日除け)　宮崎県宮崎市大字内海　笠, フヅツミ, ヒヨケミノ　[撮]相場惣太郎, 昭和30年9月2日

**開き袖**
「日本民俗図誌 3 調度・服飾篇」村田書店　1977
◇図113-1〔白黒・図〕　岩手県盛岡在雫石地方

**平袖**
「日本民俗図誌 3 調度・服飾篇」村田書店　1977
◇図111-2〔白黒・図〕

**ビロウのミノ・カサ**
「民俗図録 日本人の暮らし」日本図書センター　2012
◇図136〔白黒〕　鹿児島県宝島　[撮]青井竹三郎

**紅型着物**
「図説 民俗探訪事典」山川出版社　1983
◇p339〔白黒〕　沖縄県立博物館提供

**夫婦の服装**
「写真でみる日本生活図引 8」弘文堂　1993
◇図112〔白黒〕(夫婦)　新潟県十日町市　雪祭りを見た帰り。中折帽, 外套, ヨソユキ, コートほか　[撮]中俣正義, 昭和30年2月14日〜16日

**フゴミモッペ**
「写真でみる日本人の生活全集 2」日本図書センター　2010
◇p51〔白黒〕　秋田県横手町

**フゴミモモヒキ**
「日本民俗図誌 3 調度・服飾篇」村田書店　1977
◇図154-1〔白黒・図〕　青森県中津軽郡船沢村

**フジコソデナシ**
「民俗資料選集 1 狩猟習俗Ⅰ」国土地理協会　1973
◇p14(口絵)〔白黒〕　山形県西田川郡温海町関川

**フシヌケ**
「図録・民具入門事典」柏書房　1991

きるもの　　　　　　　　　　　　　　　衣

◇p16〔白黒〕　秋田県

**婦人の作業姿**
「民俗資料選集 30 焼畑習俗Ⅱ」国土地理協会　2002
　◇p81(本文)〔白黒〕　山梨県南巨摩郡早川町奈良田　奈良田の焼畑習俗　㊨昭和30年代

**ふたのまえだれ**
「日本の民具 2 農村」慶友社　1992
　◇図107〔白黒〕　大分県臼杵市　㊨薗部澄

**フダンギ**
「写真でみる日本人の生活全集 2」日本図書センター　2010
　◇口絵〔白黒〕　東京都　〔東京に住む庶民の服装〕
　◇p27〔白黒〕　福島県　農村の中流家庭の老婆
　◇p28〔白黒〕　中流以上の農家の主婦。ヘチマエリ(糸瓜襟)のウワッパリを着て,毛糸の襟当て
　◇p32〔白黒〕(東京の家庭のフダンギ)　東京
「図説 民俗探訪事典」山川出版社　1983
　◇カバー裏・折込み〔カラー〕(積雪地方のふだん着)　秋田県平鹿郡　㊨萩原秀三郎

**普段着**
「写真でみる日本人の生活全集 2」日本図書センター　2010
　◇p29〔白黒〕(フダン着で)　福島県相馬市の山村　農閑期と思われる頃,一家そろって写真をうつしてもらったところ
「宮本常一 写真・日記集成 上」毎日新聞社　2005
　◇p342〔白黒〕(ゴム草履をはいた普段着のおばあさん)　山口県阿武郡川上村野戸呂　㊨宮本常一,1962年9月6日
「図録・民具入門事典」柏書房　1991
　◇p15〔白黒〕　香川県　縞のテッポノアワセギモン,ソデナシ,ダテマキ,マイカケ

**フトリ**
「いまに伝える 農家のモノ・人の生活館」柏書房　2004
　◇p191 写真7〔白黒〕(柄に染めたフトリ)　埼玉県鳩山町

**フトリジマのいろいろ**
「いまに伝える 農家のモノ・人の生活館」柏書房　2004
　◇p191 写真6〔白黒〕　埼玉県鳩山町

**フトリジマ綿入れ半纏**
「いまに伝える 農家のモノ・人の生活館」柏書房　2004
　◇口絵〔カラー〕　埼玉県鳩山町　うち織り
　◇p191 写真5〔白黒〕　埼玉県鳩山町

**フンゴミ**
「日本民俗図誌 3 調度・服飾篇」村田書店　1977
　◇p155-2〔白黒・図〕　青森県上北郡十和田湖畔休屋　『民族学研究』7-1

**遍路のいでたち**
「日本社会民俗辞典 2」日本図書センター　2004
　◇p649〔白黒〕

**帽子蓑**
「日本の民具 2 農村」慶友社　1992
　◇図92・93〔白黒〕　新潟県　㊨薗部澄

**坊主合羽**
「日本の民具 1 町」慶友社　1992
　◇図221〔白黒〕　㊨薗部澄

**細袖**
「日本民俗図誌 3 調度・服飾篇」村田書店　1977
　◇図112-3〔白黒・図〕

**細袖仕事着**
「日本民俗図誌 3 調度・服飾篇」村田書店　1977
　◇図114-2〔白黒・図〕　東京府 大島　現在〔昭和18年頃〕

**ボタンツキ(ミハバマエダレ)**
「写真でみる日本人の生活全集 10」日本図書センター　2010
　◇p87〔白黒〕　長崎県

**ホメダレ**
「写真でみる日本人の生活全集 2」日本図書センター　2010
　◇p63〔白黒〕　秋田県　冠頭衣

**マイワイ**
「民具のみかた一心とかたち」第一法規出版　1983
　◇p50〔白黒〕(マイワイ―三人童子)　千葉県千倉町
　◇p50〔白黒〕(マイワイ―三人囃子)　千葉県鴨川市
「フォークロアの眼 7 海の暮らしと祭り」国書刊行会　1977
　◇小論21〔白黒〕　神奈川県三浦市三崎　大漁祝い着　㊨田辺悟,昭和50年1月30日

**万祝いの型紙部分**
「フォークロアの眼 7 海の暮らしと祭り」国書刊行会　1977
　◇図1・48〔白黒・図〕　千葉県安房郡白浜町　㊨諸田森二,昭和46年8月30日

**マイワイの裾模様**
「図録・民具入門事典」柏書房　1991
　◇p76〔白黒〕　青森県　小川原湖博物館所蔵
「日本民俗文化財事典(改訂版)」第一法規出版　1979
　◇図157〔白黒〕

**マエアテ**
「日本民俗図誌 5 農耕・漁撈篇」村田書店　1978
　◇図45-1〔白黒・図〕　岩手県岩手郡御明神村
「民俗資料選集 3 紡織習俗Ⅰ」国土地理協会　1975
　◇p20(口絵)〔白黒〕　新潟県　越後のアンギン紡織

**マエアテをつけて畑に行く**
「民俗資料選集 3 紡織習俗Ⅰ」国土地理協会　1975
　◇p20(口絵)〔白黒〕　新潟県　越後のアンギン紡織

**マエカケ(麻の単衣)**
「民俗資料選集 1 狩猟習俗Ⅰ」国土地理協会　1973
　◇p6(口絵)〔白黒〕　秋田県北秋田郡阿仁町根子　マタギの衣服

**前かけ**
「日本民俗図誌 3 調度・服飾篇」村田書店　1977
　◇図126-2〔白黒・図〕　岩手県岩手郡御明神村

**前掛け**
「写真で見る農具 民具」農林統計協会　1988
　◇p290〔白黒〕　秋田県雄和町　水田作業着
　◇p294〔白黒〕　岩手県葛巻町
「日本民俗図誌 3 調度・服飾篇」村田書店　1977
　◇図128-2〔白黒・図〕(前掛)　東京府 大島　明治期
　◇図128-3〔白黒・図〕(前掛)　東京府 大島　現今のもの〔昭和18年頃〕
「民俗資料選集 1 狩猟習俗Ⅰ」国土地理協会　1973
　◇p20(本文)〔白黒・図〕(前掛)　秋田県北秋田郡阿仁町　マタギの衣服

**前かけ別紐付き**
「民俗資料選集 3 紡織習俗Ⅰ」国土地理協会　1975
　◇p90(本文)〔白黒・写真/図〕　新潟県東頸城郡松之山町　越後のアンギン紡織

**前掛蓑**
「日本民具の造形」淡交社　2004
　◇p83〔白黒〕　青森県 八戸市博物館所蔵

**マエソ,コシミノ**
「写真でみる日本人の生活全集 2」日本図書センター　2010
　◇p63〔白黒〕　香川県輿島の鯛網漁

## 衣　きるもの

**マエダレ**
「図録・民具入門事典」柏書房　1991
　◇p27〔白黒〕　石川県　腰蓑
「日本民俗文化財事典（改訂版）」第一法規出版　1979
　◇図13〔白黒〕（マエダレ（腰蓑））　石川県能登地方
「日本民俗図誌 3 調度・服飾篇」村田書店　1977
　◇図130〔白黒・図〕　アイヌ使用
「日本の生活文化財」第一法規出版　1965
　◇原色1〔カラー〕（まえだれ（ひしざし））
　◇図12（概説）〔白黒・図〕（まえだれ（みはば））
　◇図37（衣）〔白黒〕（まえだれ（ひしざし））　小川原湖博物館所蔵（青森県三沢市）
　◇図38（衣）〔白黒〕（まえだれ（さしこ））　致道博物館所蔵（山形県鶴岡市）
　◇図39・40（衣）〔白黒〕（まえだれ（ひしざし））　小川原湖博物館所蔵（青森県三沢市）

**前垂姿**
「日本を知る事典」社会思想社　1971
　◇図41（p278）〔白黒・図〕（働く女の前垂姿）　昭和初期ごろ

**マエブリ**
「日本民具の造形」淡交社　2004
　◇p92〔白黒〕　島根県　頓原町民俗資料館所蔵

**マキソデ**
「写真でみる日本人の生活全集 2」日本図書センター　2010
　◇p46〔白黒〕　香川県
「日本の生活文化財」第一法規出版　1965
　◇図7（概説）〔白黒・図〕

**巻袖**
「民俗資料選集 6 狩猟習俗Ⅱ」国土地理協会　1978
　◇p19（口絵）〔白黒〕　宮崎県西都市東米良　狩猟のいでたち
「日本民俗図誌 3 調度・服飾篇」村田書店　1977
　◇図112-2〔白黒・図〕
　◇図114-1〔白黒・図〕　東京府 大島　明治期までの女子仕事着

**馬子の仕事着**
「日本民具の造形」淡交社　2004
　◇p82〔白黒〕（馬子）　北海道 美唄市郷土史料館所蔵

**マタギ装束図**
「あるくみるきく双書 宮本常一とあるいた昭和の日本 22」農山漁村文化協会　2012
　◇p211〔白黒・図〕　大正から昭和初期にかけて使用

**マタギの装束**
「写真ものがたり昭和の暮らし 2」農山漁村文化協会　2004
　◇p158〔白黒〕（岩手県沢内村のマタギの大正時代の身仕度の再現）　岩手県沢内村　碧祥寺博物館『マタギ狩猟用具』より
「図説 民俗探訪事典」山川出版社　1983
　◇p264〔白黒〕（マタギのいでたち）　新潟県三面部落『新潟県の文化財』より
　◇p264〔白黒・図〕（マタギの服装）　岩手県碧祥寺博物館蔵による
「民俗資料選集 6 狩猟習俗Ⅱ」国土地理協会　1978
　◇p2（口絵）〔白黒〕　新潟県岩船郡朝日村三面
「民俗資料選集 1 狩猟習俗Ⅰ」国土地理協会　1973
　◇p2（口絵）〔白黒〕　秋田県北秋田郡阿仁町

**マタギの身じたく**
「民俗資料選集 6 狩猟習俗Ⅱ」国土地理協会　1978
　◇p4（口絵）〔白黒〕（身じたく）　新潟県岩船郡朝日村三面　〔マタギが足に履くものをつけているところ〕

**マタギバカマ**
「民具のみかた一心とかたち」第一法規出版　1983
　◇p179〔白黒〕　岩手県沢内村

**マッカ・タヅキ**
「日本民俗図誌 3 調度・服飾篇」村田書店　1977
　◇図150-1〔白黒・図〕　秋田県仙北郡雲沢村　男もの

**真夏の服装**
「宮本常一が撮った昭和の情景 上」毎日新聞社　2009
　◇p70〔白黒〕　新潟県佐渡市北片辺から北川内へ　㊞宮本常一, 1959年8月5日

**まわし合羽**
「民俗資料選集 5 中馬の習俗」国土地理協会　1977
　◇p73（本文）〔白黒・図〕　長野県　馬追いの持ちもの

**まわし合羽を着た人**
「民俗資料選集 5 中馬の習俗」国土地理協会　1977
　◇p13（口絵）〔白黒〕　長野県下伊那郡浪合村　〔再現〕馬追いの扮装　㊞昭和31年3月

**真綿のチョッキ**
「いまに伝える 農家のモノ・人の生活館」柏書房　2004
　◇p192 図2〔白黒・図〕　埼玉県所沢市

**まんいわい**
「日本の生活文化財」第一法規出版　1965
　◇図63～66（衣）〔白黒〕　豊漁のお礼参り時に着用する晴着　文部省史料館所蔵（東京都品川区）

**まんだけら**
「日本民具の造形」淡交社　2004
　◇p91〔白黒〕　秋田県　県立博物館所蔵

**ミジカ**
「民具のみかた一心とかたち」第一法規出版　1983
　◇p179〔白黒〕（ミジカ（短か））　青森県脇野沢村　田仕事着
「日本民俗図誌 3 調度・服飾篇」村田書店　1977
　◇図115-1〔白黒・図〕　岩手県岩手郡御明神村　女子仕事着
「民俗資料選集 1 狩猟習俗Ⅰ」国土地理協会　1973
　◇p6（口絵）〔白黒〕（ミジカ（麻布の刺し子））　秋田県北秋田郡阿仁町根子　マタギの衣服

**みじかはんてん**
「日本の民具 3 山・漁村」慶友社　1992
　◇図89〔白黒〕　秋田県　㊞薗部澄

**ミニスカートで街を歩く**
「写真ものがたり昭和の暮らし 4」農村漁村文化協会　2005
　◇p233〔白黒〕　東京都　㊞昭和47年7月　共同通信社提供

**ミノ**
「写真でみる日本人の生活全集 2」日本図書センター　2010
　◇p62〔白黒〕　福島県
「宮本常一 写真・日記集成 別巻」毎日新聞社　2005
　◇図165（p30）〔白黒〕　新潟県岩船郡塩野町村蒲萄［朝日村］　㊞宮本常一, 1940年［11月］
　◇図175（p32）〔白黒〕　新潟県岩船郡中俣村［山北町］　㊞宮本常一, 1940年［11月］
　◇図236（p40）〔白黒〕　高知県土佐郡本川村越裏門　㊞宮本常一, 1941年1月～2月
「日本社会民俗辞典 4」日本図書センター　2004
　◇p1380〔白黒〕　秋田県由利笹子村
　◇p1380〔白黒〕（田の草取用のミノ）　福岡県糸島郡地方
「図録・民具入門事典」柏書房　1991
　◇p27〔白黒〕　栃木県　丸蓑
「写真で見る農具 民具」農林統計協会　1988
　◇p293〔白黒〕　宮崎県串間市　明治時代前期から昭和

きるもの　　　　　　　　　　　　　　衣

　　　　25年頃まで
　　◇p294〔白黒〕　新潟県真野町
　　◇p295〔白黒〕　静岡県川根町　昭和20年代まで
　　◇p295〔白黒〕　京都府美山町
　　◇p295〔白黒〕　宮崎県西都市　大正時代まで
　　◇p296〔白黒〕　東京都奥多摩町　大正時代まで
　　◇p296〔白黒〕　鹿児島県知名町　明治時代まで
　　◇p297〔白黒〕　京都府京都市　昭和40年頃まで
　　◇p297〔白黒〕　愛媛県大西町　昭和初期まで
　　◇p297〔白黒〕　愛媛県広田村
「民俗資料選集 8 中付駑者の習俗」国土地理協会　1979
　　◇p216(本文)〔白黒・図〕　福島県　馬方の装い
　　◇p216(本文)〔白黒・図〕　福島県　馬方の装い
「民俗資料選集 6 狩猟習俗Ⅱ」国土地理協会　1978
　　◇p3 (口絵)〔白黒〕(みの(表・裏))　新潟県岩船郡朝日村三面　マタギのいでたち
「民俗資料叢書 9 田植の習俗4」平凡社　1969
　　◇図46〔白黒〕　島根県邑智郡石見町矢上　コウラという野草で作る
「日本の生活文化財」第一法規出版　1965
　　◇図9・10(衣)〔白黒〕　小川原城博物館所蔵(青森県三沢市)
　　◇図13・14(衣)〔白黒〕　秋田経済大学雪国民俗研究所所蔵(秋田市茨島)

蓑
「今は昔 民具など」文芸社　2014
　　◇p12〔白黒〕　㊞山本富三　河井寛次郎記念館蔵(京都)
「図説 日本民俗学」吉川弘文館　2009
　　◇p5〔白黒〕(身を守る蓑)　愛知県犬山市
「宮本常一が撮った昭和の情景 上」毎日新聞社　2009
　　◇p222〔白黒〕(天狗塚のどこの家にも吊るしてあったミノとカサ)　新潟県佐渡市赤泊天狗塚　㊞宮本常一, 1964年6月21日
「写真ものがたり昭和の暮らし 9」農山漁村文化協会　2007
　　◇p91〔白黒〕(蓑を着て竹製の桑籠を背負う)　福島県大越村(現田村市)　㊞早川孝太郎, 昭和11年11月
「宮本常一 写真・日記集成 上」毎日新聞社　2005
　　◇p436〔白黒〕(どの家でも蓑笠を吊している)　新潟県佐渡郡赤泊村天狗塚〔佐渡市〕　㊞宮本常一, 1964年6月21日
「宮本常一 写真・日記集成 下」毎日新聞社　2005
　　◇p411〔白黒〕(蓑と背中あて)　群馬県片品村土出　㊞宮本常一, 1977年10月30日
「日本民具の造形」淡交社　2004
　　◇p67〔白黒〕　山形県　中山町立歴史民俗資料館所蔵
　　◇p91〔白黒〕　鹿児島県　奄美博物館
　　◇p91〔白黒〕(蓑・笠)　福井県　若狭街道熊川宿宿場館
　　◇p92〔白黒〕　石川県　羽咋市歴史民俗資料館
「写真でみる日本生活図引 8」弘文堂　1993
　　◇図125・126〔白黒〕(蓑(バンドリミノ・マエノミ))　滋賀県高島郡朽木村生杉　雨の日の野良行き姿の男　㊞宮畑巳年生, 昭和38年10月24日頃
「日本の民具 2 農村」慶友社　1992
　　◇図89・90〔白黒〕　山形県　㊞薗部澄
　　◇図91〔白黒〕　東北西部　㊞薗部澄
「図説 民俗探訪事典」山川出版社　1983
　　◇p19〔白黒〕(簑)　福島県桧枝岐地方
「日本民俗図誌 3 調度・服飾篇」村田書店　1977
　　◇図164〔白黒〕　山形県最上地方
　　◇図165〔白黒・図〕　山形県最上郡西小国村　『雪国の蓑』より
　　◇図169〔白黒・図〕　岩手県胆沢郡衣川村増沢で採図
　　◇図171〔白黒・図〕　弘前地方　『工芸』74号より
　　◇図172〔白黒・図〕　宮城地方　『工芸』74号より

「民俗資料叢書 5 田植の習俗2」平凡社　1967
　　◇図20・21〔白黒〕(蓑姿)　茨城県稲敷郡桜川村浮島　背中、横向き

ミノカサ
「日本民俗図誌 3 調度・服飾篇」村田書店　1977
　　◇図174-2〔白黒・図〕　青森県南津軽郡大鰐

ミノゴモ
「図録・民具入門事典」柏書房　1991
　　◇p26〔白黒〕　富山県　背蓑
「写真 日本文化史 9」日本評論新社　1955
　　◇図59〔白黒〕　富山県

簑と笠の着装
「図説 民俗探訪事典」山川出版社　1983
　　◇p19〔白黒〕　山形県

蓑の雪晒し
「写真でみる日本生活図引 1」弘文堂　1989
　　◇図87〔白黒〕　新潟県古志郡山古志村　㊞中俣正義, 昭和35年4月

みのまいだれ
「日本の民具 3 山・漁村」慶友社　1992
　　◇図94〔白黒〕　大分県　㊞薗部澄

ミノマエカケ
「写真でみる日本人の生活全集 2」日本図書センター　2010
　　◇p54〔白黒〕　香川県雌木島　三巾前掛け

ミノマエダレ
「写真でみる日本人の生活全集 2」日本図書センター　2010
　　◇p54〔白黒〕　香川県雄木島
「図録・民具入門事典」柏書房　1991
　　◇p17〔白黒〕　大分県

ミノメエカキ
「民俗資料叢書 11 田植の習俗5」平凡社　1970
　　◇図117〔白黒〕　長崎県壱岐

みの類、笠を着けて
「写真で見る農民 民具」農林統計協会　1988
　　◇口絵〔白黒〕　富山県八尾町　㊞昭和30年8月

ミハバノマエカケ
「図録・民具入門事典」柏書房　1991
　　◇p17〔白黒〕　兵庫県　国立民族学博物館所蔵

三巾前掛
「日本民俗図誌 3 調度・服飾篇」村田書店　1977
　　◇図127-2〔白黒・図〕　滋賀県蒲生郡島村地方
　　◇図128-1〔白黒・図〕　京都府愛宕郡大原村　大原女が用いる

三幅前掛
「民具のみかた一心とかたち」第一法規出版　1983
　　◇p181〔白黒〕(ミハバマエカケ(三幅前掛け))　青森県南部地方
「日本民俗図誌 3 調度・服飾篇」村田書店　1977
　　◇図126-1〔白黒・図〕　青森県八戸地方

宮参り衣
「写真でみる日本人の生活全集 2」日本図書センター　2010
　　◇p16〔白黒〕　東京の下町　㊞昭和10年頃

麦こき姿
「日本社会民俗辞典 2」日本図書センター　2004
　　◇図版Ⅱ 仕事着(婦人)(2)〔白黒〕(春の麦こき姿)　三重県和具村—海女の村

むきみや袖
「日本を知る事典」社会思想社　1971
　　◇図35(p275)〔白黒・図〕

## 衣 / きるもの

### 娘の服装
「宮本常一 写真・日記集成 別巻」毎日新聞社 2005
　◇図317（p52）〔白黒〕　岐阜県美濃・坂内［坂内村］　㊗宮本常一，1941年8月

### ムネアテ
「宮本常一 写真・日記集成 別巻」毎日新聞社 2005
　◇図167（p30）〔白黒〕　新潟県岩船郡塩野町村［朝日村］　㊗宮本常一，1940年［11月］

### 胸当
「民俗資料選集 1 狩猟習俗Ⅰ」国土地理協会 1973
　◇p14（口絵）〔白黒〕　山形県西田川郡温海町関川

### 胸掛
「日本民俗図誌 3 調度・服飾篇」村田書店 1977
　◇図131-1〔白黒・図〕　山形県庄内地方　農村女子が用いる
　◇図131-2〔白黒・図〕　東京府 神津島　女子の仕事着

### ムネマエダレ
「図録・民具入門事典」柏書房 1991
　◇p13〔白黒〕　広島県

### モクタリ
「日本民俗図誌 3 調度・服飾篇」村田書店 1977
　◇図147〔白黒・図〕　栃木県那須郡伊王野村

### モジリソデ（振袖）
「民具のみかた一心とかたち」第一法規出版 1983
　◇p181〔白黒〕　新潟県相川町

### モックラに下駄を履いた女たち
「写真ものがたり昭和の暮らし 9」農山漁村文化協会 2007
　◇p107〔白黒〕　長野県曾地村（現阿智村）　㊗熊谷元一，昭和25年

### 喪服
「日本の民俗 暮らしと生業」KADOKAWA 2014
　◇図13-31〔白黒〕　石川県鳳至郡能登町　㊗芳賀日出男，昭和37年
「あるくみるきく双書 宮本常一とあるいた昭和の日本 20」農山漁村文化協会 2012
　◇p55〔白黒〕（喪服（白））　秋田県平鹿町（現横手市）　㊗佐藤久太郎，昭和30年代
「民俗図録 日本人の暮らし」日本図書センター 2012
　◇図534〔白黒〕（近親の女）　青森県西津軽郡深浦町追良瀬　㊗櫻庭武則
　◇図548〔白黒〕（喪服（1））　香川県三豊郡
　◇図549〔白黒〕（喪服（2））　香川県小豆郡豊島家浦　㊗武田明
「写真でみる日本人の生活全集 2」日本図書センター 2010
　◇p21〔白黒〕（男子の喪服）　モーニング
　◇p21〔白黒〕（婦人の黒喪服）　夏用の絽
　◇p22〔白黒〕（婦人の白喪服）　シロムク（白無垢）とよばれる喪服　㊗昭和10年頃
「民俗小事典 死と葬送」吉川弘文館 2005
　◇p80〔白黒〕（白い喪服）　埼玉県鳩ヶ谷市
「いまに伝える 農家のモノ・人の生活館」柏書房 2004
　◇p45 図1〔白黒・図〕（ソデッカブリの喪服）　埼玉県小川町
「日本民俗大辞典 下」吉川弘文館 2000
　◇p702〔白黒〕（白い喪服）　埼玉県鳩ヶ谷市　鳩ヶ谷市郷土資料館提供
「日本の民俗 下」クレオ 1997
　◇図13-33〔白黒〕　石川県鳳至郡能登町　㊗芳賀日出男，昭和37年

### 籾摺りをしている婦人の着衣
「日本民具の造形」淡交社 2004
　◇p80〔白黒〕（籾摺り）　長崎県 福島町立歴史民俗資料館所蔵　土間で籾摺りをしている婦人の着衣

### 木綿衣
「日本民俗写真大系 1」日本図書センター 1999
　◇p73〔白黒〕　アイヌ　早稲田大学会津八一記念博物館提供

### モモヒキ
「写真でみる日本人の生活全集 2」日本図書センター 2010
　◇p52〔白黒〕　秋田県
「いまに伝える 農家のモノ・人の生活館」柏書房 2004
　◇p28 図1〔白黒・写真/図〕　埼玉県川里町
　◇p102 図1〔白黒・図〕（裾を出すモモヒキ・裾を入れるモンペ）〔埼玉県〕
　◇p292 図1〔白黒・図〕（男子のモモヒキ）　埼玉県所沢市　大正時代　運動着
「日本社会民俗辞典 4」日本図書センター 2004
　◇p1504〔白黒〕（モンペ（乙型式山袴））　福島県大宮村
「日本の民具 3 山・漁村」慶友社 1992
　◇図90〔白黒〕　岩手県　㊗薗部澄
「民俗資料選集 10 紡織習俗Ⅱ」国土地理協会 1981
　◇p11（口絵）〔白黒〕（ももひき（平織））　島根県八束郡鹿島町上講武　出雲の藤布紡織習俗
「民俗資料選集 9 山村の生活と用具」国土地理協会 1981
　◇p4（口絵）〔白黒〕　愛知県北設楽郡津具村
「日本民俗図誌 3 調度・服飾篇」村田書店 1977
　◇図154-2〔白黒・図〕　埼玉県秩父地方　女ものの後の形態
　◇図155-4〔白黒・図〕　栃木地方
　◇図155-5〔白黒・図〕　秋田県鹿角郡小坂地方
　◇図158-1〔白黒・図〕　島根県簸川郡出東村
「日本の生活文化財」第一法規出版 1965
　◇図67（衣）〔白黒〕　秋田経済大学雪国民俗研究所所蔵（秋田市茨島）
　◇図68・69（衣）〔白黒〕（ももひき（さしこ））　小川原湖博物館所蔵（青森県三沢市）

### 股引
「日本民俗大辞典 下」吉川弘文館 2000
　◇p704〔白黒・図〕　京都府舞鶴市
「写真で見る農具 民具」農林統計協会 1988
　◇p291〔白黒〕（農作業用股引（ももひき））　静岡県川根町　江戸時代中期頃から昭和30年頃まで

### 股引の布使い
「民俗学事典」丸善出版 2014
　◇p341〔白黒・図〕

### モモヒキのはき方
「いまに伝える 農家のモノ・人の生活館」柏書房 2004
　◇p35 図1〔白黒・図〕

### 紋付の仕事着を着た老人
「宮本常一が撮った昭和の情景 上」毎日新聞社 2009
　◇p126〔白黒〕　長崎県北松浦郡小値賀町六島郷（六島）　㊗宮本常一，1961年4月23日
「宮本常一 写真・日記集成 上」毎日新聞社 2005
　◇p251〔白黒〕（紋付を着た老人）　長崎県北松浦郡小値賀町 六島　㊗宮本常一，1961年4月23日

### 紋服
「日本民俗図誌 3 調度・服飾篇」村田書店 1977
　◇図101〔白黒・図〕　東京府 大島　三原山御神火詣や農耕の場合に用いた

### モンペ
「いまに伝える 農家のモノ・人の生活館」柏書房 2004
　◇p97 図1〔白黒・写真/図〕（胴を紐で締める袴型のモンペ）　埼玉県江南町
　◇p98 図2〔白黒・写真/図〕（胴と足首にゴムを入れたモンペ）　埼玉県江南町

きるもの　　　　　　　　　　　　　　　　　衣

　　◇p102 図1〔白黒・図〕(裾を出すモモヒキ・裾を入れるモンペ)〔埼玉県〕
「日本民具の造形」淡交社　2004
　　◇p84〔白黒〕　新潟県 黒崎常民文化史料館所蔵
「日本の民具 2 農村」慶友社　1992
　　◇図105〔白黒〕　山形県寒河江市　㊞薗部澄
「図録・民具入門事典」柏書房　1991
　　◇p16〔白黒〕　山形県
「写真で見る農具 民具」農林統計協会　1988
　　◇p290〔白黒〕(下衣(モンペ))　秋田県雄和町　水田作業着
「日本民俗図誌 3 調度・服飾篇」村田書店　1977
　　◇図144-1〔白黒・図〕　北海道夕張郡長沼村　女もの
　　◇図145〔白黒・図〕　福島県耶麻郡姥堂村
　　◇図152-2〔白黒・図〕　秋田県平鹿郡横手町
「フォークロアの眼 2 雪国と暮らし」国書刊行会　1977
　　◇図58〔白黒〕(ミノボウシ、モンペ、ワラグツ姿の雪国のこども)　新潟県南魚沼郡六日町欠之上　㊞中俣正義、昭和28年2月上旬
「日本を知る事典」社会思想社　1971
　　◇図40(p277)〔白黒・図〕
「日本の生活文化財」第一法規出版　1965
　　◇図10(概説)〔白黒・図〕
　　◇図72・73(衣)〔白黒〕　宮本馨太郎所蔵
「写真 日本文化史 9」日本評論新社　1955
　　◇図55〔白黒〕　福島県
　　◇図56〔白黒〕　静岡県

モンペイとその裁方
「日本民俗図誌 3 調度・服飾篇」村田書店　1977
　　◇図148〔白黒・図〕　岡山県御津郡江与味村

モンペに組み合わせるヒョウジュンフク
「いまに伝える 農家のモノ・人の生活館」柏書房　2004
　　◇p99 図3-1〔白黒・写真/図〕　埼玉県江南町
　　◇p100 図3-2〔白黒・写真/図〕　埼玉県江南町

八重山上布(着物)
「図説 民俗探訪事典」山川出版社　1983
　　◇p339〔白黒〕(八重山上布)　沖縄県立博物館提供

山衣装(みじか)
「民俗資料選集 1 狩猟習俗Ⅰ」国土地理協会　1973
　　◇p20(本文)〔白黒・図〕　秋田県北秋田郡阿仁町　マタギの衣服

山へまぐさを刈りに行く姿
「民俗資料選集 5 中馬の習俗」国土地理協会　1977
　　◇p83(本文)〔白黒〕　長野県　中馬の装い

山笠を被りサンパク(山袴)をはいたヤマギ姿
「日本の生活環境文化大辞典」柏書房　2010
　　◇p328-5〔白黒〕　新潟県南魚沼郡湯沢町　㊞1998年 津山正幹

山形デタチ
「日本民俗図誌 3 調度・服飾篇」村田書店　1977
　　◇図153-1〔白黒・図〕　山形地方

ヤマガタモンペ
「日本民俗図誌 3 調度・服飾篇」村田書店　1977
　　◇図155-1〔白黒・図〕　青森県上北郡十和田湖畔休屋
『民族学研究』7-1

山着
「あるくみるきく双書 宮本常一とあるいた昭和の日本 21」農山漁村文化協会　2011
　　◇p97〔白黒〕(フジ布で仕立てた山着)
「日本民具の造形」淡交社　2004
　　◇p82〔白黒〕　北海道 滝上町郷土館所蔵

山仕事の服装
「図説 日本民俗学」吉川弘文館　2009
　　◇p164〔白黒〕(山仕事の身じたく)　山口県岩国市、愛媛県西予市　春、夏
「フォークロアの眼 2 雪国と暮らし」国書刊行会　1977
　　◇図111〔白黒〕　新潟県南魚沼郡六日町欠之上　㊞中俣正義、昭和30年4月上旬

ヤマジバン
「日本社会民俗辞典 2」日本図書センター　2004
　　◇p534〔白黒〕　宮崎県椎葉村
「図録・民具入門事典」柏書房　1991
　　◇p13〔白黒〕　宮崎県　国立民族学博物館所蔵

山襦袢
「日本民具の造形」淡交社　2004
　　◇p84〔白黒〕　島根県　瑞穂町郷土館地区所蔵

山ばかま
「民俗資料選集 1 狩猟習俗Ⅰ」国土地理協会　1973
　　◇p21(口絵)〔白黒〕　山形県西田川郡真室川町関沢　鷹狩りの衣服

山袴
「日本の民具 3 山・漁村」慶友社　1992
　　◇図92〔白黒〕　栃木県　㊞薗部澄
「民俗学辞典(改訂版)」東京堂出版　1987
　　◇図版53(p644)〔白黒〕　(一)モンペ、(二)カルサン、(三)タチツケ　橋浦泰雄画
「民俗資料選集 1 狩猟習俗Ⅰ」国土地理協会　1973
　　◇p21(本文)〔白黒・図〕　秋田県北秋田郡阿仁町　マタギの衣服
　　◇p21(本文)〔白黒・図/写真〕(山袴(麻製の単衣))　秋田県北秋田郡阿仁町根子　マタギの衣服

山畑行の姿
「民俗図録 日本人の暮らし」日本図書センター　2012
　　◇図100～102〔白黒〕(山畑行の姿(1-3))　新潟県西蒲原郡間瀬村　㊞橋浦泰雄

山畑仕事着
「日本社会民俗辞典 2」日本図書センター　2004
　　◇図版Ⅱ 仕事着(婦人)(2)〔白黒〕(春の山畑仕事着)　愛知県富山村大谷―山村

山伏姿(羽黒修験)
「日本社会民俗辞典 2」日本図書センター　2004
　　◇p626〔白黒〕

山焼きに出る服装
「民俗資料選集 25 焼畑習俗」国土地理協会　1997
　　◇p11(口絵)〔白黒〕　高知県池川町椿山

山行着
「民俗図録 日本人の暮らし」日本図書センター　2012
　　◇図105～106〔白黒〕(播磨の山行着)　兵庫県宍粟郡奥谷村原　㊞錦耕三
　　◇図97～98〔白黒〕(山行着―女)　福井県三方郡美浜町新庄　㊞坂田孫一
　　◇図99〔白黒〕(山行着―男)　福井県三方郡美浜町新庄　㊞坂田孫一
「日本社会民俗辞典 2」日本図書センター　2004
　　◇図版Ⅰ 仕事着(婦人)(1)〔白黒〕(秋の山行きの服装)　新潟県三面村布部―農村　宮本馨太郎所蔵

山行支度
「宮本常一 写真・日記集成 別巻」毎日新聞社　2005
　　◇図173(p31)〔白黒〕　山形県東田川郡黒川村[櫛引町]　㊞宮本常一、1940年[11月]

雪かきの服装
「図録・民具入門事典」柏書房　1991
　　◇p11〔白黒〕　広島県

衣　　　　　　　　　　　　　　　きるもの

ユキバカマ
　「日本社会民俗辞典 4」日本図書センター　2004
　　◇p1503〔白黒〕（ハカマ、ユキバカマ）　群馬県水上村
　「図録・民具入門事典」柏書房　1991
　　◇p16〔白黒〕　群馬県
　「日本民俗事典」弘文堂　1972
　　◇p764〔白黒〕　群馬県利根郡水上町　㊥宮本馨太郎
　「写真 日本文化史 9」日本評論新社　1955
　　◇図54〔白黒〕　群馬県

洋装・和装
　「写真でみる日本人の生活全集 10」日本図書センター　2010
　　◇p23〔白黒〕　京都　京都の舞妓さんと現代の流行服を着た京女　㊥臼井喜之介

横テツポ
　「日本民俗図誌 3 調度・服飾篇」村田書店　1977
　　◇図113-3〔白黒・図〕　岩手県盛岡在雫石地方

よそゆき着
　「写真でみる日本人の生活全集 2」日本図書センター　2010
　　◇p8〔白黒〕（都会のよそゆき着）　東京都 銀座　女性の洋服姿
　　◇p9〔白黒〕（地方のよそゆき着）　大正～昭和初期のなつかしい和服姿
　　◇p14〔白黒〕（よそゆき着（農村婦人））　波模様のコシビリ（腰きりのみじかい上半衣）をきて，町へでかける中年婦人の姿
　　◇p31〔白黒〕（都会の子供）　よそゆき着のおばあさんと小学生
　「写真ものがたり昭和の暮らし 9」農山漁村文化協会　2007
　　◇p65〔白黒〕（よそ行きの着物で歩く姑と嫁）　長野県曾地村駒場（現阿智村）　㊥熊谷元一, 昭和25年

ヨツデ
　「日本民俗図誌 3 調度・服飾篇」村田書店　1977
　　◇図135〔白黒・図〕　夏の肌着　宮本勢助「×型衣服考」による

四巾前掛（ヨウノ）
　「日本民俗図誌 3 調度・服飾篇」村田書店　1977
　　◇図127-1〔白黒〕　三重県度会郡五ヶ所浜　海女たちが平常着や野良の仕事着の上にしめる

嫁と姑の服装
　「写真でみる日本生活図引 8」弘文堂　1993
　　◇図111〔白黒〕（嫁と姑）　沖縄県那覇市　「那覇の家庭」　㊥坂本万七, 昭和15年

猟師の服装
　「民俗資料選集 6 狩猟習俗Ⅱ」国土地理協会　1978
　　◇p8（口絵）〔白黒〕　新潟県新発田市滝谷　前面, 背面
　　◇p9（口絵）〔白黒〕　新潟県新発田市滝谷新田　前面, 背面

礼装衣
　「日本民具の造形」淡交社　2004
　　◇p87〔白黒〕　宮城 南方町歴史民俗資料館所蔵　冠婚祝賀などの儀式に出る女性の礼装衣裳

老人
　「写真でみる日本人の生活全集 2」日本図書センター　2010
　　◇口絵〔白黒〕（お祭と老人）　和服にソフト, シャツが混然たる融和を見せている

老人の普段着
　「図説 日本民俗学」吉川弘文館　2009
　　◇p8〔白黒〕　新潟県糸魚川市　〔長着にフンゴミと称する山袴〕

若勢の服装
　「写真ものがたり昭和の暮らし 9」農山漁村文化協会　2007
　　◇p99〔白黒〕（若勢）　秋田県横手市　㊥佐藤久太郎, 昭和35年2月

若者組のハッピ
　「図説 日本民俗学」吉川弘文館　2009
　　◇p139〔白黒〕　新潟県佐渡市　長沢利明提供

綿入れで着ぶくれし, モンペをはいている子ども
　「写真でみる日本人の生活全集 2」日本図書センター　2010
　　◇口絵〔白黒〕　秋田県平鹿郡横手市

綿入テッカエシ
　「日本民具の造形」淡交社　2004
　　◇p88〔白黒〕　北海道 網走市立郷土館所蔵

綿入れのモジリバンテン
　「図説 日本民俗学」吉川弘文館　2009
　　◇p7〔白黒〕　埼玉県秩父市　埼玉県立歴史と民俗の博物館提供

綿入れ半纏
　「日本の生活環境文化大辞典」柏書房　2010
　　◇p327-3〔白黒〕　福岡県大川市　㊥2009年 磯部淳子
　「日本民具の造形」淡交社　2004
　　◇p85〔白黒〕（綿入半纏）　長野県 上田創造館所蔵

渡船を下りて着替えた老人
　「宮本常一 写真・日記集成 上」毎日新聞社　2005
　　◇p332〔白黒〕　五島列島・頭ヶ島　㊥宮本常一, 1962年8月12日

ワラケラ
　「精選 日本民俗辞典」吉川弘文館　2006
　　◇p511〔白黒〕　秋田県北秋田郡　蓑
　「日本民俗大辞典 下」吉川弘文館　2000
　　◇p616〔白黒〕　秋田県北秋田郡比内町扇田　蓑　宮本記念財団提供

ワラスボミノ
　「日本社会民俗辞典 4」日本図書センター　2004
　　◇p1380〔白黒〕　福岡県久留米市

藁で作ったミノ
　「宮本常一 写真・日記集成 下」毎日新聞社　2005
　　◇p81〔白黒〕　青森県むつ市　㊥宮本常一, 1966年8月25日～29日

わらなえ
　「日本民具の造形」淡交社　2004
　　◇p80〔白黒〕　宮崎県 高鍋町歴史総合資料館所蔵

わらみの
　「写真で見る農具 民具」農林統計協会　1988
　　◇p295〔白黒〕　奈良県奈良市　明治時代から昭和40年頃まで

藁蓑や背中当て, 荷縄, 腰籠
　「写真ものがたり昭和の暮らし 9」農山漁村文化協会　2007
　　◇p18〔白黒〕　福島県下郷町大内　門口にかける　㊥須藤功, 昭和44年8月

ワンピースを着せてもらった少女
　「写真ものがたり昭和の暮らし 10」農山漁村文化協会　2007
　　◇p10〔白黒〕（ワンピースを孫に着せる）　長野県曾地村駒場（現阿智村）　㊥熊谷元一, 昭和31年7月
　「写真でみる日本生活図引 別巻」弘文堂　1993
　　◇図38〔白黒〕（新しい服）　長野県下伊那郡阿智村　㊥熊谷元一, 昭和31年7月24日

ワンピースの少女
　「宮本常一が撮った昭和の情景 上」毎日新聞社　2009
　　◇p37〔白黒〕　大分県速見郡日出町　㊥宮本常一, 1957年8月22日

民俗風俗 図版レファレンス事典（衣食住・生活篇）　23

# かぶるもの

赤頭巾（米寿祝）
　「いまに伝える 農家のモノ・人の生活館」柏書房　2004
　　◇p44 写真1〔白黒〕（米寿祝の赤頭巾）　埼玉県小川町
朝市に来る女たちのかぶり物
　「民俗図録 日本人の暮らし」日本図書センター　2012
　　◇図92〔白黒〕（朝市に来る女たち）　秋田県地方　ミゴで編んだウマノツラ、ボアサキなどをかぶる　㊞三木茂
あじろがさ
　「日本の生活文化財」第一法規出版　1965
　　◇図6（衣）〔白黒〕　文部省史料館所蔵（東京都品川区）
網代笠
　「図説 民俗探訪事典」山川出版社　1983
　　◇p19〔白黒〕（笠のいろいろ）　編笠, 雨笠用、網代笠　文部省資料館蔵
アネサンカブリ
　「民俗図録 日本人の暮らし」日本図書センター　2012
　　◇図112〔白黒〕　福井県三方郡美浜町新庄　㊞坂田孫一
　「図説 民俗探訪事典」山川出版社　1983
　　◇p17〔白黒〕（女の手拭いかぶりのいろいろ）　アネサンかぶり（埼玉県）, 手拭かぶり（千葉県）：2枚手拭かぶり（千葉県）, 手拭かぶり（香川県）, オキ手拭（香川県）
姉さん被り
　「日本民具の造形」淡交社　2004
　　◇p76〔白黒〕　兵庫県 稲美町郷土資料館所蔵
海女のかぶりもの
　「図録・民具入門事典」柏書房　1991
　　◇p9〔白黒〕　三重県答志島
海女のテヌグイカブリ
　「日本社会民俗辞典 3」日本図書センター　2004
　　◇p966〔白黒〕　三重県 志摩半島
アマブタ
　「民俗資料選集 1 狩猟習俗Ⅰ」国土地理協会　1973
　　◇p24（本文）〔白黒〕　秋田県北秋田郡阿仁町根子　マタギ笠
アミガサ
　「写真でみる日本人の生活全集 2」日本図書センター　2010
　　◇p88〔白黒〕　岩手県
　「図録・民具入門事典」柏書房　1991
　　◇p10〔白黒〕　宮城県
　「民俗資料選集 8 中付駑者の習俗」国土地理協会　1979
　　◇p214（本文）〔白黒・図〕　製作地は福島県耶麻郡地方　おもに雨天用　馬方の装い
　「日本の生活文化財」第一法規出版　1965
　　◇図4・5（衣）〔白黒〕　文部省史料館所蔵（東京都品川区）
あみ笠
　「写真 日本文化史 9」日本評論新社　1955
　　◇図47〔白黒〕　岩手県 雫石編笠
編笠
　「民俗図録 日本人の暮らし」日本図書センター　2012
　　◇図124〔白黒〕　千葉県印旛郡八生村　㊞三木茂
　「写真でみる日本人の生活全集 2」日本図書センター　2010
　　◇p87〔白黒〕（アミガサ（編笠））　福島県耶麻郡
　「精選 日本民俗辞典」吉川弘文館　2006
　　◇p124〔白黒〕（編み笠）
　「日本民具の造形」淡交社　2004
　　◇p42〔白黒〕　香川県 牛屋口蒐古館所蔵
　　◇p77〔白黒〕　茨城県 龍ヶ崎市歴史民俗資料館
　「日本民俗大辞典 上」吉川弘文館　1999
　　◇p338〔白黒〕（編み笠）　宮城県 宮本記念財団提供
　「日本の民具 2 農村」慶友社　1992
　　◇図80〔白黒〕　宮城県仙台市　㊞薗部澄
　　◇図81〔白黒〕　香川県坂出市　㊞薗部澄
　　◇図82〔白黒〕　福島県 会津　㊞薗部澄
　「図説 民俗探訪事典」山川出版社　1983
　　◇p19〔白黒〕（笠のいろいろ）　編笠, 雨笠用、網代笠　文部省史料館蔵
　「日本民俗文化財事典（改訂版）」第一法規出版　1979
　　◇図5〔白黒〕
　「日本民俗図誌 5 農耕・漁撈篇」村田書店　1978
　　◇図1-1〔白黒・図〕　二つに折りたためる　『静岡県方言誌』
　　◇図1-2〔白黒・図〕　静岡県引佐郡気賀町　竹の心骨を用い、笠の頂に突起がある　『静岡県方言誌』
　　◇図1-3〔白黒・図〕　男子用の一文字笠　『静岡県方言誌』
　　◇図2-1〔白黒・図〕　青森県西津軽郡鮫ヶ沢地方　頂に黒い渋紙、白糸でかがる
　　◇図2-2・3〔白黒・図〕　秋田県仙北郡生保内地方　菅笠。頂には白または黒の四角の布をあて、周辺は白布
　　◇図2-4〔白黒・図〕　秋田県仙北郡生保内地方　笠の台と紐が別
　　◇図3-1〔白黒・図〕　山形県新庄地方
　　◇図3-2〔白黒・図〕　山形県南置賜郡小野川地方
　　◇図3-3〔白黒・図〕　山形近在
　　◇図3-4〔白黒・図〕　秋田県由利郡西目村地
　　◇図3-5〔白黒・図〕　福島県会津高田
　　◇図4-1〔白黒・図〕　宮城県黒川郡富谷村
　　◇図4-2〔白黒・図〕　青森県二戸郡地方　燈心草のようなものでつくる　『工芸』47
　　◇図5-1・2〔白黒・図〕　岩手県岩手郡御明神村　農婦たちが被る菅笠
　　◇図6-2〔白黒・図〕　陸中花巻地方
　「民俗資料選集 1 狩猟習俗Ⅰ」国土地理協会　1973
　　◇p158（本文）〔白黒・図〕（編み笠）　山形県最上郡真室川町関沢　鷹狩りの衣服
　「民俗資料叢書 5 田植の習俗2」平凡社　1967
　　◇図18・19〔白黒〕　茨城県稲敷郡桜川村浮島　表・裏
編帽子
　「日本民具の造形」淡交社　2004
　　◇p79〔白黒〕　広島県 府中市神宮寺郷土資料所蔵
藺草製の笠
　「写真ものがたり昭和の暮らし 9」農山漁村文化協会　2007
　　◇p93〔白黒〕　宮崎県宮崎市内海　㊞相場惣太郎, 昭和

30年9月

### 市女笠
「日本民俗図誌 5 農耕・漁撈篇」村田書店 1978
　◇図1-4〔白黒・図〕（編笠）女子用の市女笠　『静岡県方言誌』
「日本を知る事典」社会思想社 1971
　◇図55（p290）〔白黒〕

### ウマノツラ
「写真でみる日本人の生活全集 2」日本図書センター 2010
　◇p88〔白黒〕　秋田県
「民俗学辞典（改訂版）」東京堂出版 1987
　◇写真版 第八図 被りもの〔白黒〕　秋田県仙北・平鹿地方　民俗学研究所所蔵
「日本の生活文化財」第一法規出版 1965
　◇図2（概説）〔白黒〕

### 運動帽
「いまに伝える 農家のモノ・人の生活館」柏書房 2004
　◇p293 図4〔白黒・図〕　埼玉県所沢市　大正時代には普及

### オカブリ
「日本民俗大辞典 上」吉川弘文館 1999
　◇p386〔白黒〕　新潟県岩船郡三面村　宮本記念財団提供
「図録・民具入門事典」柏書房 1991
　◇p9〔白黒・写真/図〕　新潟県
「日本民俗文化財事典（改訂版）」第一法規出版 1979
　◇図3〔白黒〕　青森県上北地方

### オキテヌグイ
「図説 日本民俗学」吉川弘文館 2009
　◇p4〔白黒〕（手拭）香川県三豊市（オキテヌグイ）　宮本記念財団提供
「日本社会民俗辞典 3」日本図書センター 2004
　◇p967〔白黒〕　香川県志々島
「日本民俗大辞典 上」吉川弘文館 1999
　◇p386〔白黒〕　香川県　宮本記念財団提供
「図録・民具入門事典」柏書房 1991
　◇p8〔白黒〕　香川県
「図説 民俗探訪事典」山川出版社 1983
　◇p17〔白黒〕（女の手拭いかぶりのいろいろ）オキ手拭（香川県）
「日本民俗文化財事典（改訂版）」第一法規出版 1979
　◇図19〔白黒〕　香川県志々島
「日本民俗事典」弘文堂 1972
　◇p162〔白黒〕　香川県三豊郡詫間町志々島　㊟宮本馨太郎

### オキテヌグイ（大原女）
「図録・民具入門事典」柏書房 1991
　◇p8〔白黒〕　京都府　毎日グラフ提供

### 御高祖頭巾
「日本民俗大辞典 上」吉川弘文館 1999
　◇p386〔白黒〕　山形県　宮本記念財団提供
「図録・民具入門事典」柏書房 1991
　◇p9〔白黒〕　山形県　サンデー毎日提供

### おたれがさ
「日本の民具 2 農村」慶友社 1992
　◇図83〔白黒〕　山形県　㊟薗部澄

### おばなぼっち
「日本民俗大辞典 下」吉川弘文館 2000
　◇p524〔白黒〕　防寒着の帽子　致道博物館所蔵

### オリアミガサ
「図録・民具入門事典」柏書房 1991
　◇p10〔白黒〕　新潟県
「民具のみかた一心とかたち」第一法規出版 1983
　◇p177〔白黒〕（盆踊りのオリアミガサ（折編み笠））秋田県羽後町

### 織編菅笠
「日本民具の造形」淡交社 2004
　◇p78〔白黒〕　熊本県 鹿北町文化センター所蔵

### 会葬者のかぶり物
「図説 日本民俗学」吉川弘文館 2009
　◇p5〔白黒〕　埼玉県寄居町

### 懐中笠
「日本の民具 1 町」慶友社 1992
　◇図215〔白黒〕　㊟薗部澄

### カガボシ
「民俗図録 日本人の暮らし」日本図書センター 2012
　◇図123〔白黒〕　山形県東田川郡　㊟戸川安章
「写真ものがたり昭和の暮らし 9」農山漁村文化協会 2007
　◇p86〔白黒〕　山形県立川町（現庄内町）㊟早川孝太郎, 昭和11年11月

### カサ
「宮本常一 写真・日記集成 別巻」毎日新聞社 2005
　◇図165（p30）〔白黒〕　新潟県岩船郡塩野町村蒲萄［朝日村］　㊟宮本常一, 1940年［11月］

### 笠
「宮本常一が撮った昭和の情景 上」毎日新聞社 2009
　◇p222〔白黒〕（天狗塚のどこの家にも吊るしてあったミノとカサ）新潟県佐渡市赤泊天狗塚　㊟宮本常一, 1964年6月21日
「宮本常一 写真・日記集成 上」毎日新聞社 2005
　◇p436〔白黒〕（どの家でも蓑笠を吊している）新潟県佐渡郡赤泊村天狗塚［佐渡市］　㊟宮本常一, 1964年6月21日
「民俗資料選集 30 焼畑習俗Ⅱ」国土地理協会 2002
　◇p67（本文・写真7）〔白黒〕　山梨県南巨摩郡早川町奈良田　山仕事の日よけ・雨よけ。竹で骨組みをした上に木綿布を貼る
「写真でみる日本生活図引 8」弘文堂 1993
　◇図123〔白黒〕（日除け）宮崎県宮崎市大字内海　笠, フヅツミ, ヒヨケミノ　㊟相場惣太郎, 昭和30年9月2日
「日本の民具 2 農村」慶友社 1992
　◇図86〔白黒〕　鹿児島県名瀬市　㊟薗部澄
「写真で見る農具 民具」農林統計協会 1988
　◇口絵〔白黒〕（みの類、笠を着けて）富山県八尾町　㊟昭和30年8月
「図説 民俗探訪事典」山川出版社 1983
　◇p19〔白黒〕（簑と笠の着装）山形県
　◇p19〔白黒〕（背当てのゴザミノと笠に紺襦袢）埼玉県
「日本民俗図誌 5 農耕・漁撈篇」村田書店 1978
　◇図8〔白黒・図〕（笠の種類）円盤形, 円錐形, 円錐台をなすもの, 鉢とツバの二部より成るもの, 円筒形, 半球型, 褄折笠, 頂部円錐形をなすもの, 漏斗形, 円盤形又は低円錐形のものを半月形に二つに折った如き形態をなすもの　『民族学年報』第2巻 宮本馨太郎報告

### 笠を雪中にさらす
「民具のみかた一心とかたち」第一法規出版 1983
　◇p177〔白黒〕　新潟県塩沢町

### 笠着用例
「図録・民具入門事典」柏書房 1991
　◇p10〔白黒〕　新潟県

### 笠のいろいろ
「図説 民俗探訪事典」山川出版社 1983
　◇p19〔白黒〕　編笠, 雨笠用, 網代笠　文部省史料館蔵

かぶるもの　　　　　　　　　　　　　衣

**笠の組織図**
「図録・民具入門事典」柏書房　1991
　◇p10〔白黒〕

**桂巻**
「日本を知る事典」社会思想社　1971
　◇図57（p290）〔白黒〕

**髪あげ**
「境と辻の神 目でみる民俗神シリーズ3」東京美術　1988
　◇p78〔白黒〕　三重県鳥羽市神島　海女のかぶる手拭

**狩人のボウシ（帽子）**
「民具のみかた―心とかたち」第一法規出版　1983
　◇p173〔白黒〕　石川県白山麓

**カンカン帽**
「日本民具の造形」淡交社　2004
　◇p79〔白黒〕　岐阜県 丹生川村民俗資料保存館所蔵

**カンゼボウシ**
「民俗資料選集 8 中付駄者の習俗」国土地理協会　1979
　◇p215（本文）〔白黒・図〕　福島県　自家製で明治の末ごろまで使用　馬方の装い

**カンゼンボウシ（雪帽子）**
「図説 民俗探訪事典」山川出版社　1983
　◇p20〔白黒〕　福島県

**かんぜんぼっち**
「日本の生活文化財」第一法規出版　1965
　◇図1（衣）〔白黒〕　文部省史料館所蔵（東京都品川区）

**ガンニョカブリ**
「民俗図録 日本人の暮らし」日本図書センター　2012
　◇図116〔白黒〕　福島県耶麻郡吾妻村　⓴今野圓輔

**ガンニョブカブリ**
「民俗学辞典（改訂版）」東京堂出版　1987
　◇写真版 第八図 被りもの〔白黒〕　福島県耶麻郡　民俗学研究所所蔵

**くちぇぼっち**
「日本の生活文化財」第一法規出版　1965
　◇図3（衣）〔白黒〕　文部省史料館所蔵（東京都品川区）
「写真 日本文化史 9」日本評論新社　1955
　◇図50〔白黒〕　福島県

**組笠**
「日本民具の造形」淡交社　2004
　◇p77〔白黒〕　三重県 熊野市歴史民俗資料館所蔵

**毛糸の帽子をかぶった老夫婦**
「宮本常一が撮った昭和の情景 下」毎日新聞社　2009
　◇p56〔白黒〕（八千代町土師）　広島県安芸高田市八千代町土師　土師ダム建設予定地の民俗調査　⓴宮本常一、1967年12月12日～18日
「宮本常一 写真・日記集成 下」毎日新聞社　2005
　◇p109〔白黒〕（八千代町土師）　広島県高田郡八千代町土師［安芸高田市］　⓴宮本常一、1967年12月12日～18日

**坑内帽**
「日本民具の造形」淡交社　2004
　◇p79〔白黒〕　福岡県 稲築町ふるさと資料館所蔵

**ゴザニゾ**
「日本民俗図誌 5 農耕・漁撈篇」村田書店　1978
　◇図14-2〔白黒・図〕　山形県置賜地方

**ゴザボウシ**
「写真でみる日本人の生活全集 2」日本図書センター　2010
　◇p92〔白黒〕　長野県　マントみたいなもの
「図説 日本民俗学」吉川弘文館　2009
　◇p4〔白黒〕　新潟県十日町市　天野武提供

**莫蓙帽子**
「日本民具の造形」淡交社　2004
　◇p78〔白黒〕　富山県 利賀村飛翔の里資料館所蔵
　◇p78〔白黒〕　秋田県 大内町歴史民俗資料館
「民具のみかた―心とかたち」第一法規出版　1983
　◇p174〔白黒〕（ゴザボウシ（莫蓙帽子））　新潟県中里村
「日本民俗図誌 3 調度・服飾篇」村田書店　1977
　◇図174-1〔白黒・図〕（呉蓙帽子）　越後地方

**ゴザボーシ**
「宮本常一 写真・日記集成 別巻」毎日新聞社　2005
　◇図171（p31）〔白黒〕　新潟県岩船郡黒川俣村［山北町］　⓴宮本常一、1940年［11月］
「図録・民具入門事典」柏書房　1991
　◇p11〔白黒〕　新潟県
　◇p11〔白黒〕　新潟県

**ゴザボシ**
「民俗図録 日本人の暮らし」日本図書センター　2012
　◇図137〔白黒〕　福井県三方郡美浜町新庄　⓴坂田孫一

**こばがさ**
「日本の民具 2 農村」慶友社　1992
　◇図87〔白黒〕　鹿児島県大島 十島村　⓴薗部澄

**コバ笠**
「精選 日本民俗辞典」吉川弘文館　2006
　◇p124〔白黒〕
「日本民俗大辞典 上」吉川弘文館　1999
　◇p338〔白黒〕（コバ笠（押え笠））　鹿児島県　宮本記念財団提供
「写真 日本文化史 9」日本評論新社　1955
　◇図48〔白黒〕　奄美諸島　ビロウ製

**虚無僧の古ふうな天蓋すがた**
「写真でみる日本人の生活全集 2」日本図書センター　2010
　◇p88〔白黒〕（コムソウ（虚無僧）の古ふうなテンガイ（天蓋）すがた）

**米屋カブリ**
「日本社会民俗辞典 3」日本図書センター　2004
　◇p966〔白黒・図〕（てぬぐいかぶりの型）　米屋カブリ
「図説 民俗探訪事典」山川出版社　1983
　◇p17〔白黒・図〕（鉢巻のいろいろ）　米屋かぶり

**子守りかぶり**
「図説 民俗探訪事典」山川出版社　1983
　◇p17〔白黒〕　愛媛県三崎町

**コンチ**
「日本民具の造形」淡交社　2004
　◇p76〔白黒〕　北海道 松前城資料館所蔵
「日本民俗大辞典 上」吉川弘文館　1999
　◇p665〔白黒〕　アイヌ

**コンベギレ**
「民具のみかた―心とかたち」第一法規出版　1983
　◇p55〔白黒〕　石川県加賀市

**サカボシ**
「日本民俗図誌 5 農耕・漁撈篇」村田書店　1978
　◇図10-1〔白黒・図〕　秋田県鹿角郡七滝村地方　『民族学研究』7-1

**サージを結ぶ神女たち**
「民具のみかた―心とかたち」第一法規出版　1983
　◇p173〔白黒〕　沖縄県久高島

**サルコズキン**
「民俗資料選集 1 狩猟習俗Ⅰ」国土地理協会　1973
　◇p14（口絵）〔白黒〕　山形県西田川郡温海町関川
　◇p108（本文）〔白黒〕　山形県東田川郡朝日村大字大鳥

衣　　　　かぶるもの

　　マタギの装束

**サンドガサ**
「図録・民具入門事典」柏書房　1991
　◇p10〔白黒〕　千葉県

**三度笠**
「精選 日本民俗辞典」吉川弘文館　2006
　◇p124〔白黒〕
「日本民俗大辞典　上」吉川弘文館　1999
　◇p338〔白黒〕（女子用の三度笠）　千葉県　宮本記念財団提供

**しゅるがさ**
「日本の民具 2 農村」慶友社　1992
　◇図85〔白黒〕　鹿児島県大島　喜界島　㊞薗部澄

**シュロボウシ（棕櫚帽子）**
「民具のみかた一心とかたち」第一法規出版　1983
　◇p174〔白黒〕　新潟県湯沢町

**消防頭巾**
「図録・民具入門事典」柏書房　1991
　◇p94〔白黒〕　埼玉県　埼玉県立博物館所蔵

**陣笠**
「日本民俗大辞典　上」吉川弘文館　1999
　◇p338〔白黒〕　福岡県　宮本記念財団提供
「日本を知る事典」社会思想社　1971
　◇図56(p290)〔白黒〕

**じんがさ（消防用）**
「日本の生活文化財」第一法規出版　1965
　◇図7（衣）〔白黒〕　高山市立郷土館所蔵

**頭巾**
「民俗図録 日本人の暮らし」日本図書センター　2012
　◇図122〔白黒〕　秋田市・土崎　㊞三木茂
「日本民具の造形」淡交社　2004
　◇p76〔白黒〕　新潟県 村上市郷土資料館所蔵
　◇p76〔白黒〕　秋田県 秋田経済法科大学雪国民俗研究所

**頭巾姿の娘**
「民俗図録 日本人の暮らし」日本図書センター　2012
　◇図121〔白黒〕　岩手県花巻市近在

**スゲガサ**
「民俗図録 日本人の暮らし」日本図書センター　2012
　◇図135〔白黒〕（スゲガサとスッカ）　石川県能登地方（珠洲郡）若山村　㊞平山敏治郎
「写真でみる日本人の生活全集 2」日本図書センター　2010
　◇p87〔白黒〕（スゲガサと自転車）　アスファルトの道路をスゲガサをかぶった娘さんが元気に走ってゆく
「図録・民具入門事典」柏書房　1991
　◇p10〔白黒〕　東京都
「民具のみかた一心とかたち」第一法規出版　1983
　◇p175〔白黒〕（スゲガサ（縫い笠））　埼玉県秩父地方
「民俗資料選集 8 中付駄者の習俗」国土地理協会　1979
　◇p214（本文）〔白黒・図〕　福島県（製作地は新潟地方）　南会津では昭和40年ごろまで使用　馬方の装い　作業用
「民俗資料選集 5 中馬の習俗」国土地理協会　1977
　◇p68（本文）〔白黒・図〕　長野県　馬追いの服装
「日本の生活文化財」第一法規出版　1965
　◇図4（概説）〔白黒〕

**すげ笠**
「民俗資料選集 6 狩猟習俗Ⅱ」国土地理協会　1978
　◇p3（口絵）〔白黒〕　新潟県岩船郡朝日村三面　マタギのいでたち

**菅笠**
「今は昔 民具など」文芸社　2014
　◇p25〔白黒〕　㊞山本富三　京の田舎民具資料館蔵

「写真でみる日本人の生活全集 2」日本図書センター　2010
　◇p87〔白黒〕（スゲガサ（菅笠））　青森県弘前市
「精選 日本民俗辞典」吉川弘文館　2006
　◇p124〔白黒〕
「宮本常一 写真・日記集成 上」毎日新聞社　2005
　◇p141〔白黒〕（菅笠と背負いカゴに脛巾と草鞋）　新潟県佐渡郡畑野町〔佐渡市〕後山　㊞宮本常一, 1959年8月9日
「日本民具の造形」淡交社　2004
　◇p77〔白黒〕　千葉県 船橋市郷土資料館所蔵
「日本民俗大辞典　上」吉川弘文館　1999
　◇p338〔白黒〕　東京都　宮本記念財団提供
「写真で見る農具 民具」農林統計協会　1988
　◇p293〔白黒〕　兵庫県出石町　昭和35年頃まで　収集地では「桧傘」という
　◇p293〔白黒〕　大阪府池田市　昭和前期まで
「日本民俗文化財事典（改訂版）」第一法規出版　1979
　◇図6〔白黒〕
「写真 日本文化史 9」日本評論新社　1955
　◇図49〔白黒〕　静岡県

**スゲ笠をかぶって雨を除ける**
「里山・里海 暮らし図鑑」柏書房　2012
　◇写13(p230)〔白黒〕　新潟県旧頸城村〔上越市〕

**菅笠の下に冠る手拭**
「日本民俗図誌 3 調度・服飾篇」村田書店　1977
　◇図142〔白黒・図〕　岩手県岩手郡御明神村　若い女たちが野良に出て働く時

**ズザンボウ**
「民俗資料選集 6 狩猟習俗Ⅱ」国土地理協会　1978
　◇p19（口絵）〔白黒〕　宮崎県西都市東米良　狩猟のいでたち

**千人針帽子**
「日本民具の造形」淡交社　2004
　◇p79〔白黒〕　沖縄県 読谷村立歴史民俗資料館所蔵

**宗匠頭巾**
「写真でみる日本人の生活全集 2」日本図書センター　2010
　◇p91〔白黒〕（ヅキン（頭巾））　宗匠頭巾

**ソウメンシボリ**
「日本民俗図誌 3 調度・服飾篇」村田書店　1977
　◇図140-2〔白黒・図〕　東京府 大島　鉢巻用手拭

**葬礼の白布**
「写真でみる日本人の生活全集 2」日本図書センター　2010
　◇p79〔白黒〕　福島県　㊞昭和13年頃

**タカンバッチョ（押さえ笠）**
「民具のみかた一心とかたち」第一法規出版　1983
　◇p176〔白黒〕　鹿児島県鹿児島市

**タケガサ**
「民俗図録 日本人の暮らし」日本図書センター　2012
　◇図134〔白黒〕（タミノとタケガサ）　福井県三方郡美浜町新庄　背中にタケガサ　㊞坂田孫一

**タケノコガサ**
「図録・民具入門事典」柏書房　1991
　◇p10〔白黒〕　千葉県　成田山史料館所蔵

**たけのこ笠**
「日本民具の造形」淡交社　2004
　◇p78〔白黒〕　広島県 三和町歴史民俗資料館所蔵

**竹の子笠**
「日本の民具 1 町」慶友社　1992
　◇図216〔白黒〕　㊞薗部澄

民俗風俗 図版レファレンス事典（衣食住・生活篇）

**たこ帽子**
「日本民具の造形」淡交社　2004
◇p79〔白黒〕　北海道 北海道開拓記念館所蔵

**タコンガサ**
「日本社会民俗辞典 1」日本図書センター　2004
◇p199〔白黒〕(タコンガサ(菅笠))　福岡県大川町
「民俗資料叢書 11 田植の習俗5」平凡社　1970
◇図119〔白黒〕(ショロミノとタコンガサ)　長崎県壱岐

**田上手拭**
「日本民具の造形」淡交社　2004
◇p39〔白黒〕　滋賀県 田上郷土史料館所蔵

**竹皮笠**
「図説 日本民俗学」吉川弘文館　2009
◇p3〔白黒〕　徳島県藍住町

**チュウガタ**
「日本民俗図誌 3 調度・服飾篇」村田書店　1977
◇図139・140-1〔白黒・図〕　東京府新島本村　三角, サヤ型, 亀甲型　鉢巻にしめる手拭

**ツノカクシ**
「写真でみる日本人の生活全集 2」日本図書センター　2010
◇p78〔白黒〕(花嫁のツノカクシ)

**角かくし**
「日本民俗図誌 2 行事・婚姻篇」村田書店　1977
◇図154-2〔白黒・図〕

**角隠し**
「日本民俗大辞典 下」吉川弘文館　2000
◇p136〔白黒〕　埼玉県秩父郡長瀞町　[撮]南良和, 1962年

**テヌグイ(手拭)を結ぶ男**
「民具のみかた—心とかたち」第一法規出版　1983
◇p173〔白黒〕　長崎県福江市

**手拭いかぶり**
「写真でみる日本人の生活全集 2」日本図書センター　2010
◇p87〔白黒〕(手拭いをかぶっている)　福島県耶麻郡
「図説 日本民俗学」吉川弘文館　2009
◇p4〔白黒〕(手拭)　埼玉県さいたま市, 東京都新島村, 香川県三豊市(オキテヌグイ)　宮本記念財団提供
「日本民具の造形」淡交社　2004
◇p76〔白黒〕(手拭い被り)　秋田県 井川町歴史民俗資料館所蔵
「民具のみかた—心とかたち」第一法規出版　1983
◇p172〔白黒〕(テヌグイ(手拭)をかぶる女)　石川県珠洲市
「図説 民俗探訪事典」山川出版社　1983
◇p17〔白黒〕(女の手拭いかぶりのいろいろ)　アネサンかぶり(埼玉県), 手拭かぶり(千葉県):2枚手拭かぶり(千葉県), 手拭かぶり(香川県), オキ手拭(香川県)
「日本民俗文化財事典(改訂版)」第一法規出版　1979
◇図20〔白黒〕(手拭かぶり)　香川県手島
「日本を知る事典」社会思想社　1971
◇図53(p289)〔白黒・図〕(手拭かぶりの庶民)

**テヌグイカブリ(大原女)**
「日本民俗大辞典 上」吉川弘文館　1999
◇p386〔白黒〕　京都市　宮本記念財団提供
「日本民俗図誌 3 調度・服飾篇」村田書店　1977
◇図141〔白黒・図〕(大原女たちが髪の上に拡げてかぶる手拭)　京都府愛宕郡大原村

**てぬぐいかぶりの型**
「日本社会民俗辞典 3」日本図書センター　2004
◇p966〔白黒・図〕　伊豆新島マギモン, 近世のテヌグイカブリ, 米屋カブリ, 秋田県地方のナガタナ

**テヌグイのかぶり方**
「写真でみる日本人の生活全集 2」日本図書センター　2010
◇p84〜85〔白黒〕　福島県耶麻郡吾妻村　さまざまな被り方　[撮]昭和14年

**手拭のかぶり方**
「日本社会民俗辞典 1」日本図書センター　2004
◇p198〔白黒〕　明治期　『世事画報』

**手布姿の農婦**
「図説 民俗探訪事典」山川出版社　1983
◇p17〔白黒〕　秋田県

**トギド**
「日本民俗図誌 5 農耕・漁撈篇」村田書店　1978
◇図14-1〔白黒・図〕　山形県村山地方

**ともこも頭巾**
「日本を知る事典」社会思想社　1971
◇図58(p290)〔白黒〕

**トラボウをかぶったマタギ**
「民具のみかた—心とかたち」第一法規出版　1983
◇p57〔白黒〕　岩手県沢内村

**鳥追笠**
「写真でみる日本生活図引 8」弘文堂　1993
◇図117〔白黒〕　青森県八戸市小中野　化学工場の敷地内にある屋外体育施設の草取りをしたあとの女たち　[撮]和井田登, 昭和32年9月3日
「日本を知る事典」社会思想社　1971
◇図54(p290)〔白黒〕

**ナガタナ**
「日本社会民俗辞典 3」日本図書センター　2004
◇p966〔白黒・図〕(てぬぐいかぶりの型)　秋田県地方のナガタナ

**長てぬぐい**
「写真で見る農具 民具」農林統計協会　1988
◇p290〔白黒〕　秋田県雄和町　昭和30年頃まで　水田作業着

**長手拭**
「民俗学辞典(改訂版)」東京堂出版　1987
◇写真版 第八図 被りもの〔白黒〕　秋田県南秋田郡　民俗学研究所所蔵

**ナガテヌゲ**
「写真でみる日本人の生活全集 2」日本図書センター　2010
◇p81〔白黒〕　秋田県
◇p82〔白黒〕　秋田市土崎港　荷役用に肩当てを強くしている
◇p82〔白黒〕　秋田県
「写真ものがたり昭和の暮らし 9」農山漁村文化協会　2007
◇p86〔白黒〕　秋田県川添村水沢(現秋田市)　[撮]早川孝太郎, 昭和31年6月
「日本民俗図誌 5 農耕・漁撈篇」村田書店　1978
◇図18〔白黒・図〕　秋田県南秋田郡の一部

**ナタギリ**
「日本民俗図誌 5 農耕・漁撈篇」村田書店　1978
◇図9-1〜4〔白黒・図〕　山形県村山地方

**ニゾ**
「日本民俗図誌 5 農耕・漁撈篇」村田書店　1978
◇図11-1〔白黒・図〕　山形県南置賜郡小野川村辺り
◇図12〔白黒・図〕(ニゾ(別様のもの))　山形県南置賜郡小野川村辺り
◇図13〔白黒・図〕　山形県置賜地方　日本民芸館所蔵

**韮山笠**
「日本民具の造形」淡交社　2004
◇p66〔白黒〕　静岡県 韮山町立郷土資料館所蔵

衣　　　　　　　　　　　　　かぶるもの

「日本民俗大辞典 上」吉川弘文館　1999
　◇p338〔白黒〕　東京都　宮本記念財団提供
「図録・民具入門事典」柏書房　1991
　◇p10〔白黒〕　東京都

**ねじりはちまき**
「写真でみる日本人の生活全集 8」日本図書センター　2010
　◇p76〔白黒〕　㊇村田勝喜
「図説 民俗探訪事典」山川出版社　1983
　◇p17〔白黒・図〕（鉢巻のいろいろ）　ねじり

**農作業のかぶりもの**
「日本写真全集 9」小学館　1987
　◇図114〔白黒〕　秋田県象潟　㊇木村伊兵衛, 昭和27年

**バオリ**
「写真ものがたり昭和の暮らし 9」農山漁村文化協会　2007
　◇p87〔白黒〕　青森県十和田村（現十和田市）　㊇生出匡, 昭和20年代　民俗学研究所編『日本民俗図録』より
　◇p87〔白黒〕　青森県八戸市　㊇和井田登, 昭和32年9月
「写真でみる日本生活図引 8」弘文堂　1993
　◇図116〔白黒〕（編笠（バオリ））　青森県上北郡十和田湖町　野良仕事の娘　㊇生出匡, 昭和10年代　民俗学研究所提供
「日本の民具 2 農村」慶友社　1992
　◇図79〔白黒〕　青森県三戸郡五戸町　㊇薗部澄
「日本民俗図誌 5 農耕・漁撈篇」村田書店　1978
　◇図6-1〔白黒・図〕　青森県津軽地方
「日本の生活文化財」第一法規出版　1965
　◇図8〔衣〕〔白黒〕（あみがさ（ばおり））　小川原湖博物館所蔵（青森県三沢市）

**バオリとフルシキ**
「民俗図録 日本人の暮らし」日本図書センター　2012
　◇図120〔白黒〕　青森県上北郡十和田村　バオリ（編笠）の下にフルシキボッチ（風呂敷帽子）　㊇生出匡

**バチ笠**
「民俗図録 日本人の暮らし」日本図書センター　2012
　◇図125〔白黒〕　福井県三方郡美浜町新庄　㊇坂田孫一

**ハチマキ**
「図録・民具入門事典」柏書房　1991
　◇p8〔白黒〕　東京都新島　㊇田原久　至文堂提供

**鉢巻のいろいろ**
「図説 民俗探訪事典」山川出版社　1983
　◇p17〔白黒・図〕　ねじり, むこう, うしろ, よこ, 米屋かぶり

**バッチョー笠**
「日本民具の造形」淡交社　2004
　◇p77〔白黒〕　鹿児島県　高尾野町立郷土館所蔵

**ばっちょ笠**
「写真で見る農具 民具」農林統計協会　1988
　◇p293〔白黒〕　宮崎県串間市　明治時代前期から昭和25年頃まで

**はながお**
「日本の民俗 暮らしと生業」KADOKAWA　2014
　◇図3-16〔白黒〕　秋田県由利郡矢島町　㊇芳賀日出男, 昭和55年
「写真ものがたり昭和の暮らし 9」農山漁村文化協会　2007
　◇p84〔白黒〕　秋田県本荘市石沢（現由利本荘市）　肥料箱を首からさげた女の人　㊇早川孝太郎, 昭和31年6月
「日本の民俗 下」クレオ　1997
　◇図3-19〔白黒〕　秋田県由利郡矢島町　㊇芳賀日出男, 昭和55年
「写真でみる日本生活図引 8」弘文堂　1993
　◇図120〔白黒〕（覆面（フクメンタナ・ハナガオ））　秋田県本荘市石沢　㊇加賀谷政雄, 昭和32年10月24日

**ハナガサ**
「写真でみる日本人の生活全集 2」日本図書センター　2010
　◇p88〔白黒〕　岩手県

**ハナフクベ**
「写真ものがたり昭和の暮らし 1」農山漁村文化協会　2004
　◇p202〔カラー〕　秋田県由利町前郷　㊇須藤功, 昭和45年9月

**鼻フクベ**
「写真で見る農具 民具」農林統計協会　1988
　◇p291〔白黒〕　秋田県大内町

**ハンコタナ**
「写真でみる日本人の生活全集 2」日本図書センター　2010
　◇p83〔白黒〕　山形県飽海郡
「図説 日本民俗学」吉川弘文館　2009
　◇p4〔白黒〕　山形県庄内地方　天野武提供
「日本民俗大辞典 下」吉川弘文館　2000
　◇p404〔白黒〕　山形県　庄内地方のハンコタナ　致道博物館所蔵
「民俗学辞典（改訂版）」東京堂出版　1987
　◇写真版 第八図 被りもの〔白黒〕　山形県庄内　民俗学研究所所蔵
「民具のみかた―心とかたち」第一法規出版　1983
　◇p173〔白黒〕　山形県庄内地方
「日本民俗図誌 5 農耕・漁撈篇」村田書店　1978
　◇図16-1〔白黒・図〕　秋田県, 山形県, 新潟県
　◇図17〔白黒・図〕（男女両用のハンコタナ使用の姿態）庄内地方

**ハンコタナの端の刺繍**
「日本民俗図誌 5 農耕・漁撈篇」村田書店　1978
　◇図16-2〔白黒・図〕　秋田県, 山形県, 新潟県　結び目に文銭などをつけてある

**ハンコタンナ**
「写真ものがたり昭和の暮らし 9」農山漁村文化協会　2007
　◇p85〔白黒〕（ハンコタンナをしている女の人）　山形県温海町越沢（現鶴岡市）　㊇坪井洋文, 昭和30年代
「日本民俗写真大系 8」日本図書センター　2000
　◇p94〔白黒〕（駅前を行くハンコタンナの娘たち）　山形県温海町　㊇薗部澄, 1954年
「図録・民具入門事典」柏書房　1991
　◇p9〔白黒〕　秋田県　㊇田原久　秋田経済大学雪国博物館所蔵　至文堂提供
「写真でみる日本生活図引 1」弘文堂　1989
　◇目次D〔白黒〕　㊇菊池俊吉
「写真で見る農具 民具」農林統計協会　1988
　◇口絵〔白黒〕（はんこたんな姿）　山形県酒田市　㊇昭和42年

**ヒッシュウ**
「日本民俗大辞典 上」吉川弘文館　1999
　◇p386〔白黒〕　東京都新島　宮本記念財団提供
「図録・民具入門事典」柏書房　1991
　◇p8〔白黒〕　東京都新島

**ヒッシュ・ヒッシュラ**
「写真でみる日本人の生活全集 2」日本図書センター　2010
　◇p80〔白黒〕　東京都下大島の葬礼の服装

**火縄の鉢巻**
「民俗図録 日本人の暮らし」日本図書センター　2012
　◇図220〔白黒〕　秋田県仙北郡田沢村玉川　㊇武藤鐵城

**ヒノキガサ**
「日本社会民俗辞典 1」日本図書センター　2004
　◇p199〔白黒〕　岐阜県明智町
「図録・民具入門事典」柏書房　1991
　◇p10〔白黒〕　岐阜県

かぶるもの　　　　　　　　　　　　　衣

「民具のみかた―心とかたち」第一法規出版　1983
　◇p176〔白黒〕（ヒノキガサ（組み笠））　石川県白山麓
「日本民俗事典」弘文堂　1972
　◇p140〔白黒〕　岐阜県恵那郡明知町

**ヒノキ笠**
「精選 日本民俗辞典」吉川弘文館　2006
　◇p124〔白黒〕
「日本民俗大辞典 上」吉川弘文館　1999
　◇p338〔白黒〕　岐阜県　宮本記念財団提供

**檜笠**
「図説 日本民俗学」吉川弘文館　2009
　◇p3〔白黒〕　埼玉県東秩父村
「日本の民具 2 農村」慶友社　1992
　◇図88〔白黒〕　岐阜県大野郡荘川村　㊙薗部澄
「日本民俗文化財事典（改訂版）」第一法規出版　1979
　◇図7〔白黒〕
「日本民俗図誌 5 農耕・漁撈篇」村田書店　1978
　◇図7〔白黒・図〕（木曾の檜笠）　長野県西筑摩郡福島地方　網代編

**日除け**
「写真で見る農具 民具」農林統計協会　1988
　◇p293〔白黒〕　岩手県軽米町

**びろうがさ**
「日本民具の造形」淡交社　2004
　◇p78〔白黒〕　長崎県 大瀬戸町歴史民俗資料館所蔵

**ビロウ笠**
「民俗図録 日本人の暮らし」日本図書センター　2012
　◇図136〔白黒〕（ビロウのミノ・カサ）　鹿児島県宝島　㊙青井竹三郎
「精選 日本民俗辞典」吉川弘文館　2006
　◇p124〔白黒〕
「日本民俗大辞典 上」吉川弘文館　1999
　◇p338〔白黒〕（ビロウ笠（押え笠））　宮崎県　宮本記念財団提供

**蒲葵笠**
「図録・民具入門事典」柏書房　1991
　◇p10〔白黒〕　宮崎県

**ビロウジュ笠**
「民俗図録 日本人の暮らし」日本図書センター　2012
　◇図126〔白黒〕　宮崎県宮崎郡木花村　㊙三木茂

**深編笠**
「日本民具の造形」淡交社　2004
　◇p77〔白黒〕　鹿児島県 薩摩町ふるさと薩摩の館所蔵
「民具のみかた―心とかたち」第一法規出版　1983
　◇p177〔白黒〕（フカアミガサ（深編笠））　石川県七尾市

**フクメンタナ**
「写真でみる日本生活図引 8」弘文堂　1993
　◇図120〔白黒〕（覆面（フクメンタナ・ハナガオ））　秋田県本荘市石沢　㊙加賀谷政雄，昭和32年10月24日

**ブシをかぶる**
「民俗資料選集 6 狩猟習俗Ⅱ」国土地理協会　1978
　◇p3（口絵）〔白黒〕　新潟県岩船郡朝日村三面　マタギのいでたち

**ブシ（表・裏）**
「民俗資料選集 6 狩猟習俗Ⅱ」国土地理協会　1978
　◇p4（口絵）〔白黒〕　新潟県岩船郡朝日村三面　マタギのいでたち

**フロシキ**
「図録・民具入門事典」柏書房　1991
　◇p9〔白黒〕　青森県

**フロシキカブリ**
「日本社会民俗辞典 3」日本図書センター　2004
　◇p1281〔白黒〕　青森県下北半島尻屋

**フロシキボッチ**
「写真でみる日本人の生活全集 2」日本図書センター　2010
　◇p89〔白黒〕　岩手県の町住いの婦人姿　㊙昭和初期
「写真ものがたり昭和の暮らし 9」農山漁村文化協会　2007
　◇p87〔白黒〕　青森県八戸市　㊙和井田登，昭和32年9月
「図説 民俗探訪事典」山川出版社　1983
　◇p17〔白黒〕（フロシキボッチをした婦人）　秋田県
「日本の生活文化財」第一法規出版　1965
　◇図1（概説）〔白黒〕

**ボアサキ**
「民俗資料叢書 14 八郎潟の漁撈習俗」平凡社　1971
　◇図27〔白黒〕　秋田県 八郎潟
　◇第139図(p146)〔白黒・図〕　秋田県 八郎潟

**帽子（アイヌ）**
「日本民俗写真大系 1」日本図書センター　1999
　◇p73〔白黒〕（帽子）　サハリン　アイヌ。削りかけ（イナウ）を撚って編み上げた夏用男子帽　写真提供：萩原眞子

**ホオカブリ**
「民俗図録 日本人の暮らし」日本図書センター　2012
　◇図113〔白黒〕　福井県三方郡美浜町新庄　㊙坂田孫一
　◇図115〔白黒〕　福島県耶麻郡吾妻村　㊙今野圓輔
「日本民俗文化財事典（改訂版）」第一法規出版　1979
　◇図18〔白黒〕　長崎県対馬地方

**ホオカブリの型**
「民俗図録 日本人の暮らし」日本図書センター　2012
　◇図117～119〔白黒〕（ホオカブリの型(1-3)）　京都市八瀬　㊙平山敏治郎

**頬被り**
「日本民具の造形」淡交社　2004
　◇p76〔白黒〕　秋田県 大内町歴史民俗資料館所蔵
「写真でみる日本生活図引 2」弘文堂　1988
　◇目次B〔白黒〕　㊙掛川源一郎

**ホーカブリ**
「日本民俗大辞典 上」吉川弘文館　1999
　◇p386〔白黒〕　香川県　宮本記念財団提供
「図録・民具入門事典」柏書房　1991
　◇p8〔白黒〕　香川県

**ボシ**
「写真でみる日本生活図引 8」弘文堂　1993
　◇図121〔白黒〕（覆面（ボシ））　新潟県岩船郡桑川村付近　㊙中俣正義，昭和48年頃

**ホッカブリのいろいろ**
「図説 民俗探訪事典」山川出版社　1983
　◇p17〔白黒〕　埼玉県，京都府，長崎県，福島県

**ボッチ**
「写真でみる日本人の生活全集 2」日本図書センター　2010
　◇p90〔白黒〕　秋田県　女児用で綿入り
「日本民俗図誌 5 農耕・漁撈篇」村田書店　1978
　◇図10-2〔白黒・図〕　秋田県鹿角郡七滝村地方　『民族学研究』7-1

**ボッチガサ**
「図録・民具入門事典」柏書房　1991
　◇p10〔白黒〕　茨城・千葉県

**マタンプシ（鉢巻）**
「日本民俗図誌 3 調度・服飾篇」村田書店　1977
　◇図143〔白黒・図〕　アイヌ

衣　　　　　　　　　　　　　　かぶるもの

まるぼうし
　「日本の生活文化財」第一法規出版　1965
　　◇図3（概説）〔白黒〕

マルボーシ
　「日本社会民俗辞典 1」日本図書センター　2004
　　◇p198〔白黒〕　山形県

マンジュウガサ
　「図録・民具入門事典」柏書房　1991
　　◇p10〔白黒〕　千葉県　成田山史料館所蔵

マンジュウ笠
　「民俗図録 日本人の暮らし」日本図書センター　2012
　　◇図127〔白黒〕　千葉県東葛飾郡　㊙三木茂

饅頭笠
　「日本民具の造形」淡交社　2004
　　◇p77〔白黒〕　愛知県 稲武郷土館所蔵
　「日本民俗写真大系 8」日本図書センター　2000
　　◇p95〔白黒〕（饅頭笠を被って買い物をする酒田港で働く女沖仲士）　酒田市　㊙薗部澄, 1954年

ミノゲボッチ
　「図録・民具入門事典」柏書房　1991
　　◇p11〔白黒〕　秋田県

蓑帽子
　「日本郷土 風俗・民芸・芸能図鑑」日本図書センター　2012
　　◇写真篇 新潟〔白黒〕　新潟県
　「日本社会民俗辞典 1」日本図書センター　2004
　　◇p198〔白黒〕（簑帽子）　山形県
　「日本民俗図誌 3 調度・服飾篇」村田書店　1977
　　◇図173-1・2〔白黒・図〕　秋田県仙北郡刈和野町　『民俗芸術』1-11

ミノボウシをかぶって
　「フォークロアの眼 2 雪国と暮らし」国書刊行会　1977
　　◇小論4〔白黒〕　新潟県東頸城郡松之山町天水越　㊙中俣正義, 昭和32年1月14日

ミノボウシ姿の子ども
　「写真ものがたり昭和の暮らし 9」農山漁村文化協会　2007
　　◇p197〔白黒〕（ミノボウシ（ユキボッチ）を着けている子ども）　新潟県六日町（現南魚沼市）　㊙中俣正義, 昭和26年
　「フォークロアの眼 2 雪国と暮らし」国書刊行会　1977
　　◇図58〔白黒〕（ミノボウシ, モンペ, ワラグツ姿の雪国のこども）　新潟県南魚沼郡六日町欠之上　㊙中俣正義, 昭和28年2月上旬
　　◇図104〔白黒〕（みのぼうしの娘）　新潟県東頸城郡松之山町天水島　㊙中俣正義, 昭和32年1月15日
　　◇小論15〔白黒〕（雪国の少女）　新潟県南魚沼郡塩沢町〔みのぼうし姿〕　㊙中俣正義, 昭和36年3月上旬

ミノボーシ
　「図録・民具入門事典」柏書房　1991
　　◇p11〔白黒〕　新潟県

ミノボッチ
　「日本社会民俗辞典 3」日本図書センター　2004
　　◇p1309〔白黒〕　新潟県
　「日本の民具 2 農村」慶友社　1992
　　◇図84〔白黒〕　新潟県村上市　㊙薗部澄
　「日本民俗文化財事典（改訂版）」第一法規出版　1979
　　◇図4〔白黒〕
　「日本の生活文化財」第一法規出版　1965

　　◇図2（衣）〔白黒〕　文部省史料館所蔵（東京都品川区）

ムギやビロウの茎葉で作った笠
　「里山・里海 暮らし図鑑」柏書房　2012
　　◇写15（p230）〔白黒〕　鹿児島県沖永良部島　和泊町歴史民俗資料館展示

麦藁帽
　「日本民具の造形」淡交社　2004
　　◇p79〔白黒〕　福島県 大熊町民俗伝承館所蔵
　「写真でみる日本生活図引 8」弘文堂　1993
　　◇図122〔白黒〕（日除け）　愛知県南設楽郡鳳来町海老　麦藁帽子（ヒヨケボウシ）, 樫の木枝（日除けとして背中につける）　㊙須藤功, 昭和44年8月18日

むんじゅる笠
　「写真 日本文化史 9」日本評論新社　1955
　　◇図45〔白黒〕　奄美大島

メアテ
　「日本民俗図誌 5 農耕・漁撈篇」村田書店　1978
　　◇図45-2〔白黒・図〕

ユキオロシ
　「写真でみる日本人の生活全集 2」日本図書センター　2010
　　◇p86〔白黒〕　秋田県北部地方　晴雨両用笠

雪帽子
　「日本民具の造形」淡交社　2004
　　◇p29〔白黒〕　大阪府 国立民族学博物館所蔵

ユキボッチ
　「写真ものがたり昭和の暮らし 9」農山漁村文化協会　2007
　　◇p103〔白黒〕（ユキボッチを被った女の人が雪を踏んでいる）　新潟県松之山町（現十日町市）　雪が激しく降る夜明け前　㊙小見重義, 昭和56年1月

雪ボッチ
　「写真ものがたり昭和の暮らし 6」農山漁村文化協会　2006
　　◇p34〔白黒〕（母と娘が一つのユキボッチ（藁製の帽子）にはいり, 雪の降る道をわが家に帰る）　長野県飯山市　㊙坂元栄治, 昭和37年2月
　「日本民具の造形」淡交社　2004
　　◇p78〔白黒〕　山形県 中山町立歴史民俗資料館所蔵

洋装の花嫁衣裳のベール
　「写真でみる日本人の生活全集 2」日本図書センター　2010
　　◇p79〔白黒〕

ヨコハチマキ
　「民俗図録 日本人の暮らし」日本図書センター　2012
　　◇図114〔白黒〕　福島県耶麻郡吾妻村　㊙今野圓輔

米沢おばことにぞう
　「日本郷土 風俗・民芸・芸能図鑑」日本図書センター　2012
　　◇写真篇 山形〔白黒〕　山形県

綿帽子
　「民俗図録 日本人の暮らし」日本図書センター　2012
　　◇図551〔白黒〕　長崎県北松浦郡志々伎村早福　近親の女の喪装　㊙井之口章次
　「日本民俗図誌 2 行事・婚姻篇」村田書店　1977
　　◇図154-1〔白黒・図〕
　　◇図154-3〔白黒・図〕　青森県野辺地

藁帽子
　「日本民俗図誌 5 農耕・漁撈篇」村田書店　1978
　　◇図15〔白黒・図〕（冬季用の藁帽子）　山形県東田川郡地方　雪兜, 尾花帽子などの名がある　『工芸』108

# はきもの

**アオシシの皮のはきもの**
「民俗資料選集 1 狩猟習俗Ⅰ」国土地理協会　1973
　◇p11（口絵）〔白黒〕　秋田県 仙道地方

**アクトアテ**
「民俗資料選集 1 狩猟習俗Ⅰ」国土地理協会　1973
　◇p108（本文）〔白黒〕　山形県東田川郡朝日村大字大鳥　マタギの装束

**アクトカケ**
「民俗資料選集 1 狩猟習俗Ⅰ」国土地理協会　1973
　◇p22（口絵）〔白黒〕　山形県西田川郡真室川町関沢　鷹狩り用
　◇p159（本文）〔白黒・図〕　山形県最上郡真室川町関沢　鷹狩り用

**あくとがらみ**
「日本の民具 2 農村」慶友社　1992
　◇図119〔白黒〕　岩手県二戸郡浄法寺町　㈹薗部澄

**アグドシベ**
「日本社会民俗辞典 3」日本図書センター　2004
　◇図版ⅩⅡ 履物（2）〔白黒〕　秋田県扇田町　民族学博物館蔵

**アグトヅキのシベ**
「日本民俗図誌 3 調度・服飾篇」村田書店　1977
　◇図184-3〔白黒・図〕　秋田県鹿角郡小坂

**アグドボッチ**
「民俗資料叢書 14 八郎潟の漁撈習俗」平凡社　1971
　◇p41（挿11）〔白黒・図〕　秋田県 八郎潟

**麻裏（草履）**
「図説 民俗探訪事典」山川出版社　1983
　◇p15〔白黒・図〕（下駄のいろいろ）　麻裏（草履）

**アサノジョーリ**
「図録・民具入門事典」柏書房　1991
　◇p20〔白黒〕　東京都伊豆諸島

**足桶**
「日本民俗大辞典 下」吉川弘文館　2000
　◇p347〔白黒・図〕

**足ごしらえの用具**
「民俗資料選集 6 狩猟習俗Ⅱ」国土地理協会　1978
　◇p205（本文）〔白黒〕　新潟県北魚沼郡入広瀬村大白川新田　かんじきとケッペェ、こうかけとハッパキ、かんじきとケッペェ

**足駄**
「日本社会民俗辞典 3」日本図書センター　2004
　◇図版ⅩⅠ 履物（1）〔白黒〕　文部省史料館蔵
「図説 民俗探訪事典」山川出版社　1983
　◇p15〔白黒・図〕（下駄のいろいろ）　足駄（前革つき）
　◇p15〔白黒・図〕（下駄のいろいろ）　足駄（男）
　◇p15〔白黒・図〕（下駄のいろいろ）　足駄（女）

**アシナカ**
「写真でみる日本人の生活全集 2」日本図書センター　2010
　◇p107〔白黒〕

「日本社会民俗辞典 3」日本図書センター　2004
　◇図版ⅩⅡ 履物（2）〔白黒〕　広島県飯宝村　民族学博物館蔵
「日本の民具 2 農村」慶友社　1992
　◇図111〔白黒〕　新潟県佐渡郡相川町　㈹薗部澄
　◇図113〔白黒〕　群馬県館林市　㈹薗部澄
　◇図115〔白黒〕　新潟県佐渡郡相川町　㈹薗部澄
「図録・民具入門事典」柏書房　1991
　◇p21〔白黒〕　広島県
「民具のみかた一心とかたち」第一法規出版　1983
　◇p87〔白黒〕（アシナカ（足半））　石川県白山麓
「日本民俗文化財事典（改訂版）」第一法規出版　1979
　◇図16〔白黒〕　広島県
「日本民俗図誌 3 調度・服飾篇」村田書店　1977
　◇図180-6〔白黒・図〕　群馬県館林町地方
「日本を知る事典」社会思想社　1971
　◇図52（p288）〔白黒・図〕
「日本の生活文化財」第一法規出版　1965
　◇図13（概説）〔白黒〕
　◇図79（衣）〔白黒〕　文部省史料館所蔵（東京都品川区）
「写真 日本文化史 9」日本評論新社　1955
　◇図66〔白黒〕　広島県

**足半**
「図説 日本民俗学」吉川弘文館　2009
　◇p9〔白黒〕　広島市　宮本記念財団提供
「図説 民俗探訪事典」山川出版社　1983
　◇p15〔白黒〕（草履のいろいろ）　国立民族学博物館蔵

**足半草履**
「精選 日本民俗辞典」吉川弘文館　2006
　◇p431〔白黒・図〕（草履類）　草履, 足半草履, 職人製草履
「日本民俗大辞典 下」吉川弘文館　2000
　◇p347〔白黒・図〕（草履類）　職人製草履, 足半草履, 草履

**アシナカゾーリ**
「図録・民具入門事典」柏書房　1991
　◇p21〔白黒〕　群馬県
　◇p21〔白黒〕　静岡県

**足半の構造とはき方**
「精選 日本民俗辞典」吉川弘文館　2006
　◇p11〔白黒・図〕
「日本民俗大辞典 上」吉川弘文館　1999
　◇p22〔白黒・図〕

**アシナカの鼻緒の結び方**
「写真でみる日本人の生活全集 2」日本図書センター　2010
　◇p110〔白黒・写真/図〕　アシナカ（山口県）, アシナカゾウリ（群馬県）, アシナカ（熊本県）, アシナカ（鹿児島県）
　◇p111〔白黒・写真/図〕　オンナノジョリ（東京都三宅島）, ゾウリ（愛知県）, ゴンボゾウリ（岩手県）, アシナカジョウリ（長野県）

衣　　　　　　　　　　　　　　　　　　　　　　　　　　　　　　　はきもの

**吾妻下駄**
「図説 民俗探訪事典」山川出版社　1983
　◇p15〔白黒・図〕（下駄のいろいろ）　吾妻下駄

**あとかく**
「図説 民俗探訪事典」山川出版社　1983
　◇p15〔白黒・図〕（下駄のいろいろ）　あとかく

**あとまる**
「図説 民俗探訪事典」山川出版社　1983
　◇p15〔白黒・図〕（下駄のいろいろ）　あとまる

**銀杏歯足駄**
「日本社会民俗辞典 3」日本図書センター　2004
　◇図版ⅩⅠ 履物(1)〔白黒〕　文部省史料館蔵

**一本歯高下駄**
「日本民具の造形」淡交社　2004
　◇p96〔白黒〕　福岡県 求菩提資料館所蔵

**ウシカンジキ**
「日本民具の造形」淡交社　2004
　◇p289〔白黒〕　新潟県 中之島町立民俗資料館所蔵

**ウソグツ**
「日本民俗図誌 3 調度・服飾篇」村田書店　1977
　◇図183-2〔白黒・図〕　群馬県利根郡東村地方

**ウチカケ**
「写真でみる日本人の生活全集 2」日本図書センター　2010
　◇p59〔白黒〕　東京にきた京都八瀬の大原女　㊞昭和26年

**上草履**
「日本民具の造形」淡交社　2004
　◇p94〔白黒〕　広島県 日本はきもの博物館所蔵

**ウンチャン**
「日本民俗図誌 3 調度・服飾篇」村田書店　1977
　◇図179-1〔白黒・図〕　新潟県佐渡郡赤泊町　辷り下駄

**岡足袋**
「日本民俗大辞典 下」吉川弘文館　2000
　◇p347〔白黒・図〕（足袋類）　甲掛, 襪, 地下足袋, 岡足袋

**オソ**
「日本民俗図誌 3 調度・服飾篇」村田書店　1977
　◇図182-3〔白黒・図〕　新潟県岩船郡粟島

**オソフキ**
「日本民俗図誌 3 調度・服飾篇」村田書店　1977
　◇図184-1〔白黒・図〕　福島県会津高田

**オソフキワラジ**
「民俗資料選集 8 中付駑者の習俗」国土地理協会　1979
　◇p225(本文)〔白黒・図〕　福島県　秋から冬にかけて用いる　馬方の装い

**オタデジンベ**
「写真でみる日本人の生活全集 2」日本図書センター　2010
　◇p101〔白黒〕　新潟県

**男足袋・下駄**
「日本民具の造形」淡交社　2004
　◇p89〔白黒〕　大阪府 東大阪市立郷土博物館所蔵

**オナゴワラジ**
「日本民俗図誌 3 調度・服飾篇」村田書店　1977
　◇図181-3〔白黒・図〕　京都府愛宕郡八瀬村

**表つき黒塗中歯**
「日本の民具 1 町」慶友友社　1992
　◇図228〔白黒〕　㊞薗部澄

**表つきのめり**
「日本の民具 1 町」慶友社　1992
　◇図227〔白黒〕　㊞薗部澄

**オンボ**
「図録・民具入門事典」柏書房　1991
　◇p21〔白黒〕　山口県

**カジカシベ**
「図録・民具入門事典」柏書房　1991
　◇p23〔白黒〕　秋田県

**加治木下駄**
「図説 民俗探訪事典」山川出版社　1983
　◇p15〔白黒・図〕（下駄のいろいろ）　加治木下駄

**カチャッコ**
「図録・民具入門事典」柏書房　1991
　◇p19〔白黒〕　秋田県

**かっちき**
「日本の民具 3 山・漁村」慶友社　1992
　◇図102〔白黒〕　新潟県　㊞薗部澄

**カナカンジキ**
「日本の民具 3 山・漁村」慶友社　1992
　◇図108〔白黒〕　新潟県　㊞薗部澄
「日本民俗図誌 3 調度・服飾篇」村田書店　1977
　◇図200-2〔白黒・図〕

**カネカンジキ**
「図録・民具入門事典」柏書房　1991
　◇p81〔白黒〕　東京都
「日本民俗文化財事典(改訂版)」第一法規出版　1979
　◇図192〔白黒〕

**カネカンジキの着装**
「日本民俗文化財事典(改訂版)」第一法規出版　1979
　◇図191〔白黒〕　東京都西多摩地方

**カネカンジキの着装図**
「図録・民具入門事典」柏書房　1991
　◇p81〔白黒〕

**カネ下駄**
「日本民具の造形」淡交社　2004
　◇p96〔白黒〕　青森県 十和田市郷土館所蔵

**蒲沓**
「日本郷土 風俗・民芸・芸能図鑑」日本図書センター　2012
　◇写真篇 山形〔白黒〕　山形県

**ガマハバキ**
「日本民俗図誌 5 農耕・漁撈篇」村田書店　1978
　◇図41-1〔白黒・図〕　石川県石川郡鶴来町　『工芸』108
　◇図41-2〔白黒・図〕　福島県忍地方　『工芸』108
　◇図42〔白黒・図〕　青森県津軽地方　日本民芸館所蔵

**ガマハンバキ**
「日本民俗図誌 5 農耕・漁撈篇」村田書店　1978
　◇図40-2〔白黒・図〕　秋田県鹿角郡小坂町　『民族学研究』7-1

**カメカンジキ**
「日本民俗図誌 3 調度・服飾篇」村田書店　1977
　◇図197-1〔白黒・図〕　福島県耶麻郡奥川村

**カワグツ**
「民具のみかた一心とかたち」第一法規出版　1983
　◇p188〔白黒〕（カワグツ（皮沓））　新潟県秋山郷
「民俗資料選集 6 狩猟習俗Ⅱ」国土地理協会　1978
　◇p16(口絵)〔白黒〕　新潟県中魚沼郡津南町小赤沢　狩猟の用具

**皮足袋**
「日本民具の造形」淡交社　2004
　◇p34〔白黒〕　静岡県 裾野市立富士山資料館所蔵
「日本の民具 3 山・漁村」慶友社　1992

はきもの / 衣

　　◇図13〔白黒〕　秋田県　㊞薗部澄
　　◇図107〔白黒〕　秋田県　㊞薗部澄

**革脛巾**
「日本民具の造形」淡交社　2004
　　◇p88〔白黒〕　山梨県 早川町歴史民俗資料館所蔵

**橇**
「精選 日本民俗辞典」吉川弘文館　2006
　　◇p156〔白黒・図〕〈輪橇〉単輪型（熊本県泉村），複輪型（青森県弘前市），すだれ編み型（山形県鶴岡市），単輪大型（新潟県塩沢町（南魚沼市）），二枠型（富山県利賀村）
「日本民俗大辞典 上」吉川弘文館　1999
　　◇p440〔白黒・図〕〈輪橇〉単輪型（熊本県泉村），複輪型（青森県弘前市），すだれ編み型（山形県鶴岡市），単輪大型（新潟県塩沢町），二枠型（富山県利賀村），〈鉄橇〉一文字型（長野県），丁字型（岐阜県），十字型（秋田県），米字型（長野県松本市），板型（石川県羽咋郡志賀町），馬用（山梨県）

**カンジキ**
「図説 日本民俗学」吉川弘文館　2009
　　◇p11〔白黒〕（かんじき（2種類））　長野県大町市　平地用のワカン，山地や凍結した雪上で用いるツメカンジキ
「日本民具の造形」淡交社　2004
　　◇p149〔白黒〕　北海道 浜益村郷土資料館所蔵
「日本の民具 3 山・漁村」慶友社　1992
　　◇図101〔白黒〕　岩手県　㊞薗部澄
　　◇図104〔白黒〕　新潟県　㊞薗部澄
　　◇図105〔白黒〕　山形県　㊞薗部澄
　　◇図106〔白黒〕　新潟県　㊞薗部澄
「日本の民具 2 農村」慶友社　1992
　　◇図122〔白黒〕　秋田県大館市　㊞薗部澄
「図録・民具入門事典」柏書房　1991
　　◇p80〔白黒〕　福島県
「写真で見る農具 民具」農林統計協会　1988
　　◇p297〔白黒〕　岩手県軽米町
　　◇p298〔白黒〕　岐阜県徳山村　大正時代前期まで
「民具のみかた―心とかたち」第一法規出版　1983
　　◇p185〔白黒〕（カンジキ（橇））　富山県利賀村
　　◇p185〔白黒〕（カンジキ（橇））　京都府宮津市
「民俗資料選集 6 狩猟習俗Ⅱ」国土地理協会　1978
　　◇p5（口絵）〔白黒〕　新潟県岩船郡朝日村三面　マタギのいでたち
　　◇p9（口絵）〔白黒〕（秋田カンジキ）　新潟県新発田市赤谷郷　猟師のいでたち
　　◇p12（口絵）〔白黒〕　新潟県北魚沼郡入広瀬村大白川　狩猟の用具
　　◇p17（口絵）〔白黒〕　新潟県中魚沼郡津南町大赤沢　狩猟の用具
「日本民俗図誌 3 調度・服飾篇」村田書店　1977
　　◇図188-1・193-1〔白黒・図〕　山形県最上郡大蔵村　高橋文太郎『輪橇』附載の写生図中より
　　◇図189-2・193-2〔白黒・図〕　秋田県由利郡直根村　高橋文太郎『輪橇』附載の写生図中より
　　◇図189-3・193-3〔白黒・図〕　山形県西村山郡大井沢村　高橋文太郎『輪橇』附載の写生図中より
　　◇図190-4・193-4〔白黒・図〕　岩手県下閉伊郡川井村　高橋文太郎『輪橇』附載の写生図中より
　　◇図190-5・193-5〔白黒・図〕　北海道札幌地方　高橋文太郎『輪橇』附載の写生図中より
　　◇図192-9・194-9〔白黒・図〕　青森県東津軽郡奥内村　高橋文太郎『輪橇』附載の写生図中より
　　◇図197-2〔白黒・図〕　新潟県長岡
　　◇図198-1〔白黒・図〕　新潟県中頸城郡桑取村
　　◇図198-2〔白黒・図〕　岐阜県吉城郡上宝村
「フォークロアの眼 2 雪国と暮らし」国書刊行会　1977
　　◇図98〔白黒〕　新潟県南魚沼郡六日町欠之上　㊞中俣正義，昭和30年1月上旬
「民俗資料選集 1 狩猟習俗Ⅰ」国土地理協会　1973
　　◇p22（口絵）〔白黒〕（カンジキとワラグツ）　山形県西田川郡真室川町関沢　鷹狩りの用具
　　◇p89（本文）〔白黒・図〕（カンジキ（真上から見たところ））　秋田県仙道地方　雪のある日の猟で使う
「日本民俗事典」弘文堂　1972
　　◇p180〔白黒〕　福島県南会津郡田島町
「日本の生活文化財」第一法規出版　1965
　　◇図91〔衣〕〔白黒〕　文部省史料館所蔵（東京都品川区）

**カンジキをはくところ**
「民俗資料選集 1 狩猟習俗Ⅰ」国土地理協会　1973
　　◇p89（本文）〔白黒〕　秋田県仙道地方　雪のある日の猟

**橇類**
「日本民俗大辞典 下」吉川弘文館　2000
　　◇p347〔白黒・図〕　鉄橇，輪橇

**キボクリ**
「図録・民具入門事典」柏書房　1991
　　◇p19〔白黒〕　愛知県

**脚絆**
「日本民俗大辞典 上」吉川弘文館　1999
　　◇p478〔白黒・図〕　埼玉県吉川市　吉川市郷土資料館所蔵
「写真で見る農具 民具」農林統計協会　1988
　　◇p290〔白黒〕　秋田県雄和町　昭和40年頃まで　水田作業着
「日本民俗図誌 5 農耕・漁撈篇」村田書店　1978
　　◇図38-1〔白黒・図〕　山形県村山地方
　　◇図38-2〔白黒・図〕　山形県庄内地方

**魚皮沓**
「日本民具の造形」淡交社　2004
　　◇p34〔白黒〕　北海道 北海道立北方民族博物館所蔵

**きんちゃくぐつ**
「日本の生活文化財」第一法規出版　1965
　　◇図14（概説）〔白黒・図〕

**きんべ**
「写真 日本文化史 9」日本評論新社　1955
　　◇図171〔白黒〕　福島県　裏に割り竹をつけて滑る雪下駄

**キンベ（雪下駄）**
「日本社会民俗辞典 3」日本図書センター　2004
　　◇図版ⅩⅠ 履物（1）〔白黒〕　福島県若松市　文部省史料館蔵，民族学博物館蔵

**クギブクリ（釘木履）**
「日本民俗図誌 3 調度・服飾篇」村田書店　1977
　　◇図178-2〔白黒・図〕　飛騨高山　下駄の歯の底に釘をうって氷雪上の滑りをとめる

**櫛形（下駄）**
「図説 民俗探訪事典」山川出版社　1983
　　◇p15〔白黒・図〕（下駄のいろいろ）　櫛形

**クツ**
「図録・民具入門事典」柏書房　1991
　　◇p23〔白黒〕　秋田県

**クツ（沓）**
「写真でみる日本人の生活全集 2」日本図書センター　2010
　　◇p95〔白黒〕　靖国神社の大祭　衣冠束帯の時

**クツ（毛足袋）**
「民俗資料選集 6 狩猟習俗Ⅱ」国土地理協会　1978
　　◇p5（口絵）〔白黒〕　新潟県岩船郡朝日村三面　マタギのいでたち

衣　　　　　　　　　　　　　　　　はきもの

**クツゴメ**
「日本民俗図誌 3 調度・服飾篇」村田書店　1977
◇図183-3〔白黒・図〕　京都府北桑田郡山国村地方

**靴とかんじき**
「日本民俗写真大系 1」日本図書センター　1999
◇p74〔白黒〕　サハリン　アイヌ

**沓類**
「日本民俗大辞典 下」吉川弘文館　2000
◇p347〔白黒・図〕　洋靴, 和沓

**栗野ゲタ**
「あるくみるきく双書 宮本常一とあるいた昭和の日本 19」農山漁村文化協会　2012
◇p121〔白黒〕　鹿児島県栗野町竹迫　㊞工藤貝功

**鍬スベ**
「民俗図録 日本人の暮らし」日本図書センター　2012
◇図140〔白黒〕(ツマゴ草鞋と鍬スベ)　秋田県平鹿郡小友村　㊞武藤鐡城

**毛皮のハンバキ**
「民俗資料選集 1 狩猟習俗Ⅰ」国土地理協会　1973
◇p22(本文)〔白黒〕　秋田県北秋田郡阿仁町根子　マタギの衣服

**下駄**
「日本郷土 風俗・民芸・芸能図鑑」日本図書センター　2012
◇写真篇 特集江戸から東京へ〔白黒〕　東京都　銀座「阿波屋」
「図説 日本民俗学」吉川弘文館　2009
◇p9〔白黒〕　福井県美浜町　公民館の玄関　若狭宇波西神社祭礼
「写真ものがたり昭和の暮らし 9」農山漁村文化協会　2007
◇p65〔白黒〕(下駄と藁草履)　長野県曾地村駒場(現阿智村)　㊞熊谷元一, 昭和27年

**下駄スケート**
「日本民俗大辞典 下」吉川弘文館　2000
◇p347〔白黒・図〕

**ケタビ(毛足袋)**
「民具のみかた一心とかたち」第一法規出版　1983
◇p189〔白黒〕　岩手県沢内村

**けはん**
「日本の民具 2 農村」慶友社　1992
◇p110〔白黒〕　青森県西津軽郡十三村　㊞薗部澄

**ケンベー**
「日本民俗図誌 3 調度・服飾篇」村田書店　1977
◇図182-4〔白黒・図〕　仙北郡地方

**ゲンベ**
「図録・民具入門事典」柏書房　1991
◇p23〔白黒〕　福島県

**ゲンベー**
「日本民俗図誌 3 調度・服飾篇」村田書店　1977
◇図185-3〔白黒・図〕　福島県会津郡檜沢村

**コウカケ**
「日本社会民俗辞典 2」日本図書センター　2004
◇p900〔白黒・図〕　京都の大原女が用いる
◇p900〔白黒・図〕　京都白川の花売が用いる

**コウガケ**
「民俗資料選集 8 中付駑者の習俗」国土地理協会　1979
◇p223(本文)〔白黒・図〕　福島県　秋から春にわたってはいた。自家製で大正初年ごろまで使用　馬方の装い

**甲掛**
「日本民俗大辞典 下」吉川弘文館　2000
◇p347〔白黒・図〕(足袋類)　甲掛, 襪, 地下足袋, 岡足袋

**コウガケの上にオソフキをはく**
「民俗資料選集 8 中付駑者の習俗」国土地理協会　1979
◇p17(口絵), p225(本文)〔白黒〕　福島県　馬方の装い

**コウガケのはき方**
「民俗資料選集 8 中付駑者の習俗」国土地理協会　1979
◇p224(本文)〔白黒〕　福島県　馬方の装い

**降雪期のはきもの**
「民俗の事典」岩崎美術社　1972
◇p110〔白黒・図〕　秋田県

**コーカケ**
「日本民俗図誌 3 調度・服飾篇」村田書店　1977
◇図161-3〔白黒・図〕　京都白川の花売女使用
◇図161-4〔白黒・図〕　京都大原女使用

**ゴシ**
「日本民俗図誌 3 調度・服飾篇」村田書店　1977
◇図191-7・194-7〔白黒・図〕　青森県三戸郡田子町　高橋文太郎『輪樏』附載の写生図中より

**コシナタ**
「民俗資料選集 8 中付駑者の習俗」国土地理協会　1979
◇p230(本文)〔白黒・図〕　福島県　馬喰や馬方が使用

**ゴス**
「日本民俗図誌 3 調度・服飾篇」村田書店　1977
◇図191-6・194-6〔白黒・図〕　秋田県由利郡直根村　高橋文太郎『輪樏』附載の写生図中より

**コド**
「日本民俗図誌 3 調度・服飾篇」村田書店　1977
◇図179-2〔白黒・図〕　秋田県山本郡能代町　辷り下駄
◇図179-3〔白黒・図〕　秋田県山本郡能代町　新型

**コバゾウリ**
「写真でみる日本人の生活全集 2」日本図書センター　2010
◇p108〔白黒〕

**コバゾーリ**
「図録・民具入門事典」柏書房　1991
◇p21〔白黒〕　鹿児島県

**小ハバキ**
「日本民俗図誌 3 調度・服飾篇」村田書店　1977
◇図161-1・2〔白黒・図〕　京都府愛宕郡八瀬村の榮売女たちが用いる

**コハンバキ**
「民俗資料選集 1 狩猟習俗Ⅰ」国土地理協会　1973
◇p22(本文)〔白黒・図/写真〕　秋田県北秋田郡阿仁町根子　マタギの衣服

**駒下駄**
「日本社会民俗辞典 3」日本図書センター　2004
◇図版ⅩⅠ 履物(1)〔白黒〕　文部省史料館蔵
「図説 民俗探訪事典」山川出版社　1983
◇p15〔白黒・図〕(下駄のいろいろ)　駒下駄

**ゴンゾワラジ**
「日本社会民俗辞典 3」日本図書センター　2004
◇p1168〔白黒・図〕　滋賀県朽木村大野
「日本民俗図誌 3 調度・服飾篇」村田書店　1977
◇図181-2〔白黒・図〕　滋賀県高嶋郡栃木村

**コンベ**
「日本民俗図誌 3 調度・服飾篇」村田書店　1977
◇図184-2〔白黒・図〕　岩手県胆沢郡衣川村増沢

**ゴンベ**
「民俗図録 日本人の暮らし」日本図書センター　2012
◇図139〔白黒〕(ゴンベと蟬ガシラ)　秋田県仙北郡西明寺村深尻　足首のあたりまで包むツマゴに似た履き物

[撮]武藤鐵城

**ゴンベイ**
「日本社会民俗辞典 3」日本図書センター　2004
◇図版ＸⅡ 履物（2）〔白黒〕　岩手県見前村　民族学博物館蔵

**サカヌリガッパ**
「図録・民具入門事典」柏書房　1991
◇p18〔白黒〕　秋田県

**刺子足袋**
「日本民具の造形」淡交社　2004
◇p89〔白黒〕　青森県 三戸町立歴史民俗資料館所蔵
◇p89〔白黒〕　福井県 三国町郷土資料館みくに龍翔館

**サシバゲタ（差歯下駄，ゴウケツ）**
「民具のみかた―心とかたち」第一法規出版　1983
◇p184〔白黒〕　千葉県佐原市

**差歯下駄**
「図録・民具入門事典」柏書房　1991
◇p19〔白黒〕　岐阜県

**差歯高下駄**
「精選 日本民俗辞典」吉川弘文館　2006
◇p431〔白黒・図〕（下駄類）　差歯高下駄
「日本民俗大辞典 下」吉川弘文館　2000
◇p347〔白黒・図〕（下駄類）　田下駄，雪下駄，差歯高下駄，差歯低下駄，連歯下駄　差歯高下駄

**サシハナ**
「日本民俗図誌 3 調度・服飾篇」村田書店　1977
◇図180-1〔白黒・図〕　東京府八丈島三根村

**差歯低下駄**
「精選 日本民俗辞典」吉川弘文館　2006
◇p431〔白黒・図〕（下駄類）　差歯低下駄
「日本民俗大辞典 下」吉川弘文館　2000
◇p347〔白黒・図〕（下駄類）　差歯低下駄

**薩摩下駄**
「図説 民俗探訪事典」山川出版社　1983
◇p15〔白黒・図〕（下駄のいろいろ）　薩摩下駄

**サバ**
「日本民具の造形」淡交社　2004
◇p94〔白黒〕 沖縄県 沖縄県立博物館所蔵

**三本爪カナカンジキ**
「民俗資料選集 6 狩猟習俗Ⅱ」国土地理協会　1978
◇p9（口絵）〔白黒〕　新潟県新発田市赤谷郷　猟師のいでたち

**シカグツ**
「図録・民具入門事典」柏書房　1991
◇p25〔白黒〕　栃木県

**地下足袋**
「日本民具の造形」淡交社　2004
◇p89〔白黒〕　神奈川県 江戸民具街道所蔵
「日本民俗大辞典 下」吉川弘文館　2000
◇p347〔白黒・図〕（足袋類）　甲掛，襪，地下足袋，岡足袋

**芝翫**
「図説 民俗探訪事典」山川出版社　1983
◇p15〔白黒・図〕（下駄のいろいろ）　芝翫

**芝翫下駄**
「日本社会民俗辞典 3」日本図書センター　2004
◇図版ＸⅠ 履物（1）〔白黒〕　文部省史料館蔵

**シジケリ**
「日本民具の造形」淡交社　2004
◇p93〔白黒〕　北海道 幕別町えぞ文化考古館所蔵

**ジダシベ**
「日本社会民俗辞典 3」日本図書センター　2004
◇図版ＸⅡ 履物（2）〔白黒〕　秋田県十文字町　民族学博物館蔵
「日本民俗図誌 3 調度・服飾篇」村田書店　1977
◇図186-1〔白黒・図〕　秋田県平鹿郡十文字町

**襪**
「日本民俗大辞典 下」吉川弘文館　2000
◇p347〔白黒・図〕（足袋類）　甲掛，襪，地下足袋，岡足袋
「日本を知る事典」社会思想社　1971
◇図51（p288）〔白黒・図〕

**シブカラミ**
「図録・民具入門事典」柏書房　1991
◇p22〔白黒〕　新潟県

**シベ**
「図録・民具入門事典」柏書房　1991
◇p23〔白黒〕　秋田県

**四本爪カナカンジキ**
「民俗資料選集 6 狩猟習俗Ⅱ」国土地理協会　1978
◇p9（口絵）〔白黒〕　新潟県新発田市赤谷郷　猟師のいでたち

**シンベイ**
「日本社会民俗辞典 3」日本図書センター　2004
◇図版ＸⅡ 履物（2）〔白黒〕　岩手県本宮村　民族学博物館蔵

**甚兵衛（じんべい）**
「写真で見る農具 民具」農林統計協会　1988
◇p299〔白黒〕　山形県長井市　昭和27年頃まで　短いわら靴

**スカリ**
「日本社会民俗辞典 4」日本図書センター　2004
◇図版ＸⅠ 雪（1）〔白黒〕　新潟県直江津市西横山（旧中頚城郡谷浜村字西横山）　[撮]濱谷浩
「日本の民具 3 山・漁村」慶友社　1992
◇図100〔白黒〕　新潟県　[撮]薗部澄
「図録・民具入門事典」柏書房　1991
◇p80〔白黒〕　新潟県　山竹でつくる大型のもの
「日本民俗文化財事典（改訂版）」第一法規出版　1979
◇図162〔白黒〕
「日本民俗図誌 3 調度・服飾篇」村田書店　1977
◇図199-1〔白黒・図〕　新潟県中頸城郡桑取村
「フォークロアの眼 2 雪国と暮らし」国書刊行会　1977
◇図98〔白黒〕　新潟県南魚沼郡六日町欠之上　[撮]中俣正義，昭和30年1月上旬
「日本の生活文化財」第一法規出版　1965
◇図89（衣）〔白黒〕　文部省史料館所蔵（東京都品川区）
◇図90（衣）〔白黒〕　松本市立博物館所蔵
「写真 日本文化史 9」日本評論新社　1955
◇図60〔白黒〕　新潟県

**スケート靴**
「日本民俗大辞典 下」吉川弘文館　2000
◇p347〔白黒・図〕（スケート）

**スケート下駄**
「日本民具の造形」淡交社　2004
◇p96〔白黒〕　秋田県 角館町樺細工伝承館所蔵

**すっぺ**
「写真で見る農具 民具」農林統計協会　1988
◇p300〔白黒〕　新潟県小国町　明治時代から昭和中期

**スネアテ**
「日本社会民俗辞典 3」日本図書センター　2004
◇p1196〔白黒〕　新潟県西頚城郡地方

### 脛当
「日本民具の造形」淡交社　2004
◇p88〔白黒〕　静岡県 さくま郷土遺産保存館所蔵

### スベ
「民俗図録 日本人の暮らし」日本図書センター　2012
◇図143〔白黒〕　青森県上北郡十和田村　[撮]生出匡

### すべりがっぱ
「日本の生活文化財」第一法規出版　1965
◇図96(衣)〔白黒〕　秋田経済大学雪国民俗研究所所蔵(秋田市茨島)

### 滑り止め
「写真で見る農具 民具」農林統計協会　1988
◇p298〔白黒〕　岩手県軽米町

### ズボロ
「民具のみかた―心とかたち」第一法規出版　1983
◇p186〔白黒〕　石川県白山麓

### 雪上の足ごしらえ
「図説 日本民俗学」吉川弘文館　2009
◇p10〔白黒〕　長野県大町市

### 雪上の履物
「民俗図録 日本人の暮らし」日本図書センター　2012
◇図138〔白黒〕　秋田県仙北郡角館町　[撮]武藤鐵城

### 雪駄
「写真で見る農具 民具」農林統計協会　1988
◇p298〔白黒〕　鳥取県河原町

### 雪踏
「日本民具の造形」淡交社　2004
◇p149〔白黒〕　青森県 深浦町歴史民俗資料館所蔵

### 雪踏草履
「図録・民具入門事典」柏書房　1991
◇p20〔白黒〕　山形県　山形大学郷土博物館所蔵

### 蟬ガシラ
「民俗図録 日本人の暮らし」日本図書センター　2012
◇図139〔白黒〕(ゴンベと蟬ガシラ)　秋田県仙北郡西明寺村深尻　普通の藁沓より編掛けが念入りにできている　[撮]武藤鐵城

### センノゲタ
「図録・民具入門事典」柏書房　1991
◇p19〔白黒〕　愛知県

### ゾウリ
「写真で見る農具 民具」農林統計協会　1988
◇p300〔白黒〕　新潟県小国町　明治時代から昭和中期
「フォークロアの眼 2 雪国と暮らし」国書刊行会　1977
◇図116〔白黒〕　新潟県南魚沼郡六日町欠之上　[撮]中俣正義, 昭和30年3月下旬
「日本の生活文化財」第一法規出版　1965
◇図80(衣)〔白黒〕　文部省史料館所蔵(東京都品川区)

### 草履
「図説 日本民俗学」吉川弘文館　2009
◇p9〔白黒〕(草履と草鞋)　埼玉県桶川市　埼玉県立歴史と民俗の博物館提供
「民俗資料選集 34 酒造習俗Ｉ」国土地理協会　2006
◇p127(本文)〔白黒〕　岩手県
「精選 日本民俗辞典」吉川弘文館　2006
◇p431〔白黒・図〕(草履類)　草履, 足半草履, 職人製草履
「日本民俗大辞典 下」吉川弘文館　2000
◇p347〔白黒・図〕(草履類)　職人製草履, 足半草履, 草履
「日本の民具 2 農村」慶友社　1992
◇図112〔白黒〕　新潟県佐渡郡畑野町　[撮]薗部澄
◇図116〔白黒〕　新潟県佐渡郡相川町　[撮]薗部澄
◇図117〔白黒〕　新潟県佐渡郡真野町　[撮]薗部澄
「図説 民俗探訪事典」山川出版社　1983
◇p15〔白黒〕(草履のいろいろ)　国立民族学博物館蔵

### 草履下駄
「図説 民俗探訪事典」山川出版社　1983
◇p15〔白黒・図〕(下駄のいろいろ)　草履下駄

### ゾウリワラジ
「写真でみる日本人の生活全集 2」日本図書センター　2010
◇p109〔白黒〕　京都府

### ゾーリ
「図録・民具入門事典」柏書房　1991
◇p20〔白黒〕　愛知県
◇p20〔白黒〕　東京都

### ゾーリワラジ
「日本民俗図誌 3 調度・服飾篇」村田書店　1977
◇図181-1〔白黒・図〕　京都府愛宕郡大布施村

### 高下駄
「日本民具の造形」淡交社　2004
◇p96〔白黒〕　秋田県 雄物川町郷土資料館所蔵
「民俗資料選集 27 年齢階梯制Ⅱ」国土地理協会　1999
◇p10(口絵)〔白黒〕(継ぎ獅子で用いた高下駄)　愛媛県大西町九王

### 竹かんじき
「日本民具の造形」淡交社　2004
◇p149〔白黒〕　富山県 利賀村飛翔の里資料館所蔵

### タケゲタ
「図録・民具入門事典」柏書房　1991
◇p18〔白黒〕　宮崎県

### 竹下駄
「日本社会民俗辞典 1」日本図書センター　2004
◇p342〔白黒〕　宮崎県福島町
「日本の民具 2 農村」慶友社　1992
◇図125〔白黒〕　新潟県長岡市　[撮]薗部澄
「日本民俗図誌 3 調度・服飾篇」村田書店　1977
◇図176-2〔白黒・図〕

### 竹サンダル
「日本民具の造形」淡交社　2004
◇p25〔白黒〕　静岡県 相良町史料館所蔵

### たけぞうり
「写真 日本文化史 9」日本評論新社　1955
◇図169〔白黒〕　岐阜県　草履に割竹を針金でつけたもの

### 竹草履
「日本民具の造形」淡交社　2004
◇p94〔白黒〕　岐阜県 飛驒民俗村所蔵

### 竹草履バンバン
「日本民具の造形」淡交社　2004
◇p94〔白黒〕　岐阜県 飛驒みやがわ考古民俗館所蔵

### 畳打ち
「日本民具の造形」淡交社　2004
◇p94〔白黒〕　岡山県 高梁市郷土資料館所蔵

### 畳付きの女もの下駄
「日本民俗図誌 3 調度・服飾篇」村田書店　1977
◇図178-1〔白黒・図〕　飛驒高山

### 足袋
「日本社会民俗辞典 2」日本図書センター　2004
◇p899〔白黒・図〕(タツのついている足袋)　東京
「民具のみかた―心とかたち」第一法規出版　1983

はきもの　　　　　　　　　　　　　　　　　衣

◇p188〔白黒〕（タビ（足袋））　石川県金沢市
「日本民俗図誌 3 調度・服飾篇」村田書店　1977
　　◇図162-1〔白黒・図〕(旧制の足袋)　東京

**足袋型**
「日本民具の造形」淡交社　2004
　　◇p44〔白黒〕　福井県　三国町郷土資料館みくに飛翔館所蔵
　　◇p44〔白黒〕　埼玉県　県立民俗文化センター
「日本民俗図誌 3 調度・服飾篇」村田書店　1977
　　◇図162-2〔白黒・図〕(旧制足袋型)　茨城県稲敷郡地方

**タビシキ**
「民俗資料選集 6 狩猟習俗Ⅱ」国土地理協会　1978
　　◇p5（口絵）〔白黒〕　新潟県岩船郡朝日村三面　マタギのいでたち

**チェプケリ**
「写真ものがたり昭和の暮らし 5」農山漁村文化協会　2005
　　◇p153〔白黒〕　北海道平取町二風谷　㊞須藤功、昭和52年3月
「日本民具の造形」淡交社　2004
　　◇p95〔白黒〕　北海道　鳥取百年館所蔵

**竹皮草履**
「日本民具の造形」淡交社　2004
　　◇p94〔白黒〕　鹿児島県 国分市立郷土館所蔵

**ツッカケ**
「日本民俗図誌 3 調度・服飾篇」村田書店　1977
　　◇図182-1〔白黒・図〕　群馬県利根郡湯檜會

**筒下駄**
「日本民俗大辞典 下」吉川弘文館　2000
　　◇p347〔白黒・図〕

**ツナヌキ**
「日本民具の造形」淡交社　2004
　　◇p95〔白黒〕　和歌山県 和歌山県立紀伊風土記の丘所蔵
「日本社会民俗辞典 2」日本図書センター　2004
　　◇p900〔白黒・図〕　大阪府　『民間服飾誌履物篇』
「図録・民具入門事典」柏書房　1991
　　◇p25〔白黒〕　大阪府

**綱貫**
「日本民具の造形」淡交社　2004
　　◇p89〔白黒〕　広島県 日本はきもの博物館所蔵
「日本民俗図誌 3 調度・服飾篇」村田書店　1977
　　◇図162-4〔白黒・図〕(女用ツナヌキ(綱貫))　大和地方

**ツノムスビ長草履**
「日本民俗図誌 3 調度・服飾篇」村田書店　1977
　　◇図180-5〔白黒・図〕　栃木県塩谷郡塩原町

**爪掛**
「日本民具の造形」淡交社　2004
　　◇p93〔白黒〕　兵庫県 千種町立歴史民俗資料館所蔵
　　◇p93〔白黒〕　長野県 軽井沢歴史民俗資料館

**ツマゴ**
「図録・民具入門事典」柏書房　1991
　　◇p22〔白黒〕　広島県
　　◇p22〔白黒〕　岐阜県
　　◇p23〔白黒〕　秋田県
「日本民俗図誌 3 調度・服飾篇」村田書店　1977
　　◇図183-1〔白黒・図〕　島根県簸川郡大社町

**つまご草履**
「日本民具の造形」淡交社　2004
　　◇p93〔白黒〕　宮城県 仙台市歴史民俗資料館所蔵

**ツマゴワラジ**
「日本民俗図誌 3 調度・服飾篇」村田書店　1977
　　◇図182-5〔白黒・図〕　山形県庄内地方

**つまご草鞋**
「民俗図録 日本人の暮らし」日本図書センター　2012
　　◇図140〔白黒〕(ツマゴ草鞋と鍬スベ)　秋田県平鹿郡小友村　㊞武藤鐵城
「日本民具の造形」淡交社　2004
　　◇p93〔白黒〕　秋田県 井川町歴史民俗資料館所蔵

**ツモンゴジョリ**
「写真でみる日本人の生活全集 2」日本図書センター　2010
　　◇p108〔白黒〕

**ツルカンジキ**
「日本民俗図誌 3 調度・服飾篇」村田書店　1977
　　◇図195〔白黒・図〕　福島県耶麻郡奥川村

**テシマ**
「日本民俗大辞典 下」吉川弘文館　2000
　　◇p151〔白黒〕
「日本民俗図誌 3 調度・服飾篇」村田書店　1977
　　◇図200-1〔白黒・図〕　アイヌ使用

**電気スリッパ**
「図説 台所道具の歴史」日本図書センター　2012
　　◇p111-2〔白黒〕　『冨山房百科』・昭和8年刊「家庭電化」

**堂島（下駄）**
「図説 民俗探訪事典」山川出版社　1983
　　◇p15〔白黒・図〕(下駄のいろいろ)　堂島(男), 堂島(女)

**ドコ**
「図録・民具入門事典」柏書房　1991
　　◇p19〔白黒〕　秋田県
「写真 日本文化史 9」日本評論新社　1955
　　◇図170〔白黒〕　秋田県　鉄製のドウガネをつけたすべり下駄

**どっこ（和製のスケート）**
「日本の民具 2 農村」慶友社　1992
　　◇図123〔白黒〕(どっこ)　秋田県大館市　和製のスケート　㊞薗部澄

**どんごろ**
「日本の生活文化財」第一法規出版　1965
　　◇図95(衣)〔白黒〕　文部省史料館所蔵（東京都品川区）

**トンジバナ**
「日本民俗図誌 3 調度・服飾篇」村田書店　1977
　　◇図180-2・3・4・7〔白黒・図〕　八丈島　前鼻緒の結び方を示したもの

**ナカアワカンジキ**
「日本民俗図誌 3 調度・服飾篇」村田書店　1977
　　◇図192-8・194-8〔白黒・図〕　石川県能美郡白峰村　高橋文太郎『輪橇』附載の写生図中より

**長草履**
「図説 民俗探訪事典」山川出版社　1983
　　◇p15〔白黒〕(草履のいろいろ)　国立民族学博物館蔵

**中貫草履**
「日本社会民俗辞典 3」日本図書センター　2004
　　◇図版ⅩⅠ 履物(1)〔白黒〕　文部省史料館蔵

**ニカイゾウリ（二階建て草履）**
「民具のみかた一心とかたち」第一法規出版　1983
　　◇p69〔白黒〕　東京都青ヶ島

**日光下駄**
「日本郷土 風俗・民芸・芸能図鑑」日本図書センター　2012
　　◇写真篇 栃木〔白黒〕　栃木県
「図説 民俗探訪事典」山川出版社　1983

**38**　民俗風俗 図版レファレンス事典（衣食住・生活篇）

◇p15〔白黒・図〕(下駄のいろいろ) 日光下駄
「日本民俗図誌 3 調度・服飾篇」村田書店 1977
◇図178-3・4〔白黒・図〕 栃木県宇都宮

### 庭下駄
「日本民具の造形」淡交社 2004
◇p96〔白黒〕 兵庫県 赤穂市民俗資料館所蔵
「図説 民俗探訪事典」山川出版社 1983
◇p15〔白黒・図〕(下駄のいろいろ) 庭下駄
「日本民俗図誌 3 調度・服飾篇」村田書店 1977
◇図176-1〔白黒・図〕

### ヌックルミ(ケラソッカ)
「民俗資料選集 1 狩猟習俗Ⅰ」国土地理協会 1973
◇p23(本文)〔白黒〕 秋田県北秋田郡阿仁町打当 マタギの衣服

### ヌックルミの中にいれるワラシベ
「民俗資料選集 1 狩猟習俗Ⅰ」国土地理協会 1973
◇p23(本文)〔白黒〕 秋田県北秋田郡阿仁町 マタギの衣服

### 布草履(古着リメイク)
「日本の生活環境文化大辞典」柏書房 2010
◇p329-6〔白黒〕(古着を裂いてリメイクした布草履) 熊本県玉名市 中学生作品 [撮]2009年 磯部淳子

### のめり(下駄)
「図説 民俗探訪事典」山川出版社 1983
◇p15〔白黒・図〕(下駄のいろいろ) のめり

### 履物
「写真でみる日本人の生活全集 2」日本図書センター 2010
◇口絵〔白黒〕(さまざまな履物) ゴムや皮製の長靴, 半長靴, 婦人の皮靴, ゴムのレーン・シューズ, サンダル, 中歯, 駒下駄, 足駄などが見られる ある雨の日に東京の街頭でとらえた夏の履物のさまざま [撮]昭和20年代
「写真でみる日本生活図引 別巻」弘文堂 1993
◇図289〔白黒〕 長野県下伊那郡阿智村 土間に並んだ履物 [撮]熊谷元一, 昭和32年2月25日
「民俗学辞典(改訂版)」東京堂出版 1987
◇図版40(p466)〔白黒・図〕 (一)アシナカ, (二)イタブクリ 広島県, (三)ハマゲタ 新潟県, (四)ユキゲタ・クリノキゲタ 岩手県 橋浦泰雄画

### はこかんじき
「日本の生活文化財」第一法規出版 1965
◇図94(衣)〔白黒〕 文部省史料館所蔵(東京都品川区)

### ハシバゲタ
「日本民俗図誌 3 調度・服飾篇」村田書店 1977
◇図175-4〔白黒・図〕 岩手県岩手郡雫石

### ハダシタビ
「いまに伝える 農家のモノ・人の生活館」柏書房 2004
◇p293 図5〔白黒・図〕 〔埼玉県〕 大正中期以降

### ハナゾーリ
「図録・民具入門事典」柏書房 1991
◇p20〔白黒〕 福岡県

### 羽根虫
「日本民俗図誌 3 調度・服飾篇」村田書店 1977
◇図176-3〔白黒・図〕 男用の柾下駄

### ハバキ
「民俗図録 日本人の暮らし」日本図書センター 2012
◇図141〔白黒〕(ハバキと藁沓) 秋田県平鹿郡・横手市 [撮]三木茂
「宮本常一 写真・日記集成 上」毎日新聞社 2005
◇p17〔白黒〕 広島県山県郡戸河内町[安芸太田町]板ヶ谷 [撮]宮本常一, 1955年8月21日
「宮本常一 写真・日記集成 別巻」毎日新聞社 2005
◇図175(p32)〔白黒〕 新潟県岩船郡中俣村[山北町] [撮]宮本常一, 1940年[11月]
「日本社会民俗辞典 3」日本図書センター 2004
◇p1196〔白黒〕 福島県会津地方
「図録・民具入門事典」柏書房 1991
◇p17〔白黒〕 愛知県
「日本写真全集 9」小学館 1987
◇図192〔白黒〕 平鹿郡横手村 [撮]三木茂 『雪の民俗』(昭和19年 養徳社刊)
「民具のみかた—心とかたち」第一法規出版 1983
◇p182〔白黒〕(ハバキ(脛巾)) 岩手県沢内村
「民俗資料選集 9 山村の生活と用具」国土地理協会 1981
◇p107(本文)〔白黒〕 愛知県北設楽郡津具村 明治初期 紺の木綿製。山仕事のもの
「民俗資料選集 8 中付駑者の習俗」国土地理協会 1979
◇p226(本文)〔白黒・図〕 福島県 秋から春にかけてつける 自家製 馬方の装い
「日本の生活文化財」第一法規出版 1965
◇図76(衣)〔白黒〕 小川原湖博物館所蔵(青森県三沢市)
◇図77(衣)〔白黒〕 文部省史料館所蔵(東京都品川区)

### ハバギ
「写真でみる日本人の生活全集 2」日本図書センター 2010
◇p58〔白黒〕 秋田県 蒲, 杉皮, 稲のミゴ(藁芯)で作ったもの

### 脛巾
「図説 日本民俗学」吉川弘文館 2009
◇p10〔白黒〕(爪掛けの付いた草鞋と脛巾) 長野県白馬村

### はばきをはく
「民俗資料選集 8 中付駑者の習俗」国土地理協会 1979
◇p17(口絵), p226(本文)〔白黒〕 福島県 馬方の装い

### ハマゲタ
「図録・民具入門事典」柏書房 1991
◇p18〔白黒〕 新潟県 前のめりになっている
◇p18〔白黒〕 新潟県

### 浜下駄
「図説 日本民俗学」吉川弘文館 2009
◇p10〔白黒〕 新潟県柏崎市 宮本記念財団提供
「日本社会民俗辞典 1」日本図書センター 2004
◇p342〔白黒〕 新潟県糸魚川町
「日本社会民俗辞典 3」日本図書センター 2004
◇p1166〔白黒・図〕 新潟県糸魚川町
「日本民俗大辞典 下」吉川弘文館 2000
◇p388〔白黒・図〕 前後交換式の浜下駄 上越市立水族博物館所蔵
◇p388〔白黒・図〕 ポックリ式の浜下駄 糸魚川市歴史民俗資料館所蔵
「日本の民具 3 山・漁村」慶友社 1992
◇図210〔白黒〕 新潟県糸魚川 かつて揚浜製塩の行われたところ [撮]薗部澄
「図説 民俗探訪事典」山川出版社 1983
◇p15〔白黒・図〕(下駄のいろいろ) 浜下駄
「日本民俗図誌 3 調度・服飾篇」村田書店 1977
◇図175-1〔白黒・図〕 新潟県西頸城郡糸魚川町

### 浜下駄(子供用)
「日本の民具 3 山・漁村」慶友社 1992
◇図211〔白黒〕(子供の浜下駄) 新潟県糸魚川 かつて揚浜製塩の行われたところ [撮]薗部澄

### ハンバキ(脚半)
「民俗資料選集 6 狩猟習俗Ⅱ」国土地理協会 1978
◇p5(口絵)〔白黒〕 新潟県岩船郡朝日村三面 マタギのいでたち

### ハンバキ（はばき）
「民俗資料選集 1 狩猟習俗Ⅰ」国土地理協会 1973
◇p22（本文）〔白黒・図/写真〕 秋田県北秋田郡阿仁町根子 マタギの衣服

### ヒモタビをはく
「民俗資料選集 8 中付駑者の習俗」国土地理協会 1979
◇p225（本文）〔白黒〕 福島県 馬方の装い

### ヒモタビの底（麻糸のサシコ）
「民俗資料選集 8 中付駑者の習俗」国土地理協会 1979
◇p225（本文）〔白黒〕 福島県 馬方の装い

### 鋲打雪駄
「日本社会民俗辞典 3」日本図書センター 2004
◇図版ＸⅠ 履物（1）〔白黒〕 文部省史料館蔵

### 日和下駄
「図説 民俗探訪事典」山川出版社 1983
◇p15〔白黒・図〕（下駄のいろいろ） 日和下駄（男），日和下駄（女）

### 平スッペ
「フォークロアの眼 2 雪国と暮らし」国書刊行会 1977
◇図117〔白黒〕 新潟県南魚沼郡六日町欠之上 [撮]中俣正義，昭和30年3月下旬

### フカグツ
「日本社会民俗辞典 3」日本図書センター 2004
◇p1169〔白黒・図〕 福井県下庄村中野
◇p1310〔白黒〕 富山県百塚村
「図録・民具入門事典」柏書房 1991
◇p24〔白黒〕 広島県
◇p24〔白黒〕 新潟県
「民具のみかた―心とかたち」第一法規出版 1983
◇p186〔白黒〕（フカグツ（深沓）） 石川県白山麓
「日本民俗図誌 3 調度・服飾篇」村田書店 1977
◇図186-2〔白黒・図〕 富山県婦負郡百塚村
◇図186-3〔白黒・図〕 山形県西田川郡鶴岡地方
◇図187-1〔白黒・図〕 福井県大野郡下庄村
◇図187-2〔白黒・図〕 新潟県中頸城郡名香山村
◇図187-3〔白黒・図〕 福島県北会津郡門田村
「日本の生活文化財」第一法規出版 1965
◇図87・88（衣）〔白黒〕 文部省史料館所蔵（東京都品川区）
「写真 日本文化史 9」日本評論新社 1955
◇図62〔白黒〕 広島県

### 深沓
「日本民具の造形」淡交社 2004
◇p289〔白黒〕 新潟県 柏崎市立博物館所蔵
「日本の民具 2 農村」慶友社 1992
◇図120〔白黒〕 使用地不明 [撮]薗部澄
「日本民俗文化財事典（改訂版）」第一法規出版 1979
◇図17〔白黒〕

### フカスッペ
「フォークロアの眼 2 雪国と暮らし」国書刊行会 1977
◇図118〔白黒〕（深グツ（ワラグツ，フカスッペ）） 新潟県南魚沼郡六日町欠之上 [撮]中俣正義，昭和30年3月下旬

### 婦人下駄
「日本民具の造形」淡交社 2004
◇p96〔白黒〕 高知県 佐川町立民具館所蔵

### 婦人草履
「写真でみる日本人の生活全集 2」日本図書センター 2010
◇p106〔白黒〕 松竹少女歌劇楽屋の上ばき 草履

### ブタグツ
「日本社会民俗辞典 3」日本図書センター 2004
◇p1169〔白黒・図〕 群馬県東村追貝
「図録・民具入門事典」柏書房 1991
◇p25〔白黒〕 群馬県
「日本民俗図誌 3 調度・服飾篇」村田書店 1977
◇図162-3〔白黒・図〕 群馬県利根郡東村

### フミダラ
「図録・民具入門事典」柏書房 1991
◇p81〔白黒〕 秋田県
「日本民俗事典」弘文堂 1972
◇p628〔白黒〕 秋田県仙北郡協和村
「写真 日本文化史 9」日本評論新社 1955
◇図63〔白黒〕 秋田県 新雪をふみつけて路をつける

### 踏み俵
「写真ものがたり昭和の暮らし 9」農山漁村文化協会 2007
◇〔もくじ〕〔白黒〕 [撮]加賀谷政雄

### 踏俵
「民俗図録 日本人の暮らし」日本図書センター 2012
◇図145〔白黒〕 秋田県仙北郡 [撮]武藤鐵城
「日本民俗大辞典 下」吉川弘文館 2000
◇p347〔白黒・図〕
「民具のみかた―心とかたち」第一法規出版 1983
◇p187〔白黒〕（フミダワラ（踏俵）） 秋田県横手市

### フミツマゴ
「日本民俗図誌 3 調度・服飾篇」村田書店 1977
◇図184-4〔白黒・図〕 盛岡地方

### 冬の足ごしらえ
「日本社会民俗辞典 3」日本図書センター 2004
◇図版ＸⅡ 履物（2）〔白黒〕 ゴンゾワラジ，カンジキ，ハバキ，ウゴミ，ウソ等 民族学博物館蔵

### フロリハバキ
「図録・民具入門事典」柏書房 1991
◇p17〔白黒〕 広島県
「写真 日本文化史 9」日本評論新社 1955
◇図57〔白黒〕 広島県

### ヘタラマキ
「日本民俗図誌 5 農耕・漁撈篇」村田書店 1978
◇図44〔白黒・図〕 秋田県由利郡笹子村 『民具問答』

### ヘドロ
「写真でみる日本人の生活全集 2」日本図書センター 2010
◇p93〔白黒〕 秋田県
◇p103〔白黒〕 秋田県
「日本民俗図誌 3 調度・服飾篇」村田書店 1977
◇図182-2〔白黒・図〕 秋田県仙北郡雲沢村

### 朴歯（下駄）
「図説 民俗探訪事典」山川出版社 1983
◇p15〔白黒・図〕（下駄のいろいろ） 朴歯

### ボクリ
「日本民俗図誌 3 調度・服飾篇」村田書店 1977
◇図177-1〔白黒・図〕 東京府 八丈島小島

### ホシ
「日本民俗図誌 5 農耕・漁撈篇」村田書店 1978
◇図39〔白黒・図〕 青森県西津軽郡十三村 脚絆『民具問答』
◇図43〔白黒・図〕 アイヌの脚絆 日本民芸館所蔵

### ポックリ（下駄）
「日本社会民俗辞典 3」日本図書センター 2004
◇図版ＸⅠ 履物（1）〔白黒〕 文部省史料館蔵
「図説 民俗探訪事典」山川出版社 1983
◇p15〔白黒・図〕（下駄のいろいろ） ぽっくり

**マクレ**
「図録・民具入門事典」柏書房　1991
　◇p19〔白黒〕　岩手県　大正時代に使用されていたもの

**万年形（下駄）**
「図説 民俗探訪事典」山川出版社　1983
　◇p15〔白黒・図〕（下駄のいろいろ）　万年形

**ミゴハバキ**
「日本民俗図誌 5 農耕・漁撈篇」村田書店　1978
　◇図40-1〔白黒・図〕　福島県北会津郡門田村　『民具問答』

**ミチシバゾーリ**
「日本社会民俗辞典 3」日本図書センター　2004
　◇図版ⅩⅡ 履物（2）〔白黒〕　長野県栄村　民族学博物館蔵
「図録・民具入門事典」柏書房　1991
　◇p20〔白黒〕　長野県

**道踏**
「日本民具の造形」淡交社　2004
　◇p149〔白黒〕　新潟県　十日町市博物館所蔵

**ムスビゾウリ**
「民俗資料叢書 1 田植の習俗1」平凡社　1965
　◇図37〔白黒〕　岩手県江刺市藤里　田植などに田まではいて行く

**ヤマゾーリ**
「図録・民具入門事典」柏書房　1991
　◇p21〔白黒〕　鹿児島県

**八幡黒中貫草履**
「日本の民具 1 町」慶友社　1992
　◇図226〔白黒〕　㊙薗部澄

**ユキグツ**
「宮本常一 写真・日記集成 別巻」毎日新聞社　2005
　◇図310（p51）〔白黒〕　青森県津軽・板柳［北津軽郡板柳町］　㊙宮本常一, 1941年7月
「日本社会民俗辞典 3」日本図書センター　2004
　◇p1168〔白黒・図〕　群馬県東村老神
「図録・民具入門事典」柏書房　1991
　◇p24〔白黒〕（ユキグツとユキワラジ）　広島県
「民俗資料選集 9 山村の生活と用具」国土地理協会　1981
　◇p109（本文）〔白黒〕　愛知県北設楽郡津具村　ワラ製
「日本民俗図誌 3 調度・服飾篇」村田書店　1977
　◇図185-2〔白黒・図〕　群馬県利根郡東村

**雪ぐつ**
「写真で見る農具 民具」農林統計協会　1988
　◇p298〔白黒〕　愛媛県広田村　江戸時代から
　◇p299〔白黒〕（雪ぐつ, 藁沓）　福島県金山町

**雪沓**
「日本民具の造形」淡交社　2004
　◇p27〔白黒〕　山形県 高畠町郷土資料館所蔵
　◇p88〔白黒〕（藁脛巾・雪沓）　岐阜県 国府町郷土資料館
　◇p95〔白黒〕　岐阜県 飛騨みやがわ考古民俗館
　◇p95〔白黒〕　秋田県 雄物川町郷土資料館
　◇p149〔白黒〕　愛媛県 五十崎町立歴史民俗資料館
　◇p282〔白黒〕　秋田県 田沢湖町郷土資料館
「民俗学辞典（改訂版）」東京堂出版　1987
　◇図版41（p519）〔白黒・図〕　（一）ヘトロ 秋田県仙北・平鹿・雄勝郡地方, （二）ゲンベ 福島県会津地方, （三）フカグツ　橋浦泰雄画
「図説 民俗探訪事典」山川出版社　1983
　◇p15〔白黒〕

**雪靴**
「日本民俗大辞典 下」吉川弘文館　2000
　◇p761〔白黒〕　山形県 庄内地方　庄内地方の雪靴　致道博物館所蔵

**雪靴を棒くいにつるし寒気にさらす**
「写真ものがたり昭和の暮らし 1」農山漁村文化協会　2004
　◇p117〔白黒〕　新潟県松代町　㊙米山孝志, 昭和58年

**ユキゲタ**
「図録・民具入門事典」柏書房　1991
　◇p18〔白黒〕　新潟県
　◇p18〔白黒〕　岩手県
「日本民俗図誌 3 調度・服飾篇」村田書店　1977
　◇図175-2〔白黒・図〕　岩手県西磐井郡厳美村
　◇図175-3〔白黒・図〕　岩手県胆沢郡衣川村増沢
　◇図177-2・3〔白黒・図〕　新潟県中頸城郡名香山村

**雪下駄**
「図説 日本民俗学」吉川弘文館　2009
　◇p10〔白黒〕　新潟県上越市　宮本記念財団提供
「精選 日本民俗辞典」吉川弘文館　2006
　◇p431〔白黒・図〕（下駄類）　雪下駄
「日本民俗大辞典 下」吉川弘文館　2000
　◇p347〔白黒・図〕（下駄類）　雪下駄

**雪下駄, モンペ, ワラグツとかんじき姿の親子**
「フォークロアの眼 2 雪国と暮らし」国書刊行会　1977
　◇図105〔白黒〕　新潟県東頸城郡松之山町天水島　㊙中俣正義, 昭和32年1月14日

**ユキフミ**
「日本社会民俗辞典 4」日本図書センター　2004
　◇p1526〔白黒〕　福島県若松市
「図録・民具入門事典」柏書房　1991
　◇p81〔白黒〕　福島県
「日本の生活文化財」第一法規出版　1965
　◇図86〔衣〕〔白黒〕　文部省史料館所蔵（東京都品川区）
「写真 日本文化史 9」日本評論新社　1955
　◇図64〔白黒〕　福島県　新雪をふみつけて路をつける

**ユキワ**
「図録・民具入門事典」柏書房　1991
　◇p80〔白黒〕　広島県

**雪藁沓**
「日本民具の造形」淡交社　2004
　◇p95〔白黒〕　福島県 長沼町歴史民俗資料館所蔵

**ユキワラジ**
「図録・民具入門事典」柏書房　1991
　◇p24〔白黒〕（ユキグツとユキワラジ）　広島県
「写真 日本文化史 9」日本評論新社　1955
　◇図67〔白黒〕　広島県

**ヨソユキゲタ**
「写真でみる日本人の生活全集 2」日本図書センター　2010
　◇p94〔白黒〕　秋田県

**ヨバイゾウリ（よばい草履）**
「民具のみかた一心とかたち」第一法規出版　1983
　◇p87〔白黒〕　広島県福山市

**ヨメイリゾウリ（嫁入り草履）**
「民具のみかた一心とかたち」第一法規出版　1983
　◇p233〔白黒〕　石川県白山麓

**らいまんげた**
「日本の民具 2 農村」慶友社　1992
　◇図124〔白黒〕　青森県三戸郡新郷村　㊙薗部澄

**両ぐり（下駄）**
「図説 民俗探訪事典」山川出版社　1983

はきもの　　　　　　　　　　　　　　衣

　　◇p15〔白黒・図〕（下駄のいろいろ）　両ぐり
**連歯下駄**
　「精選 日本民俗辞典」吉川弘文館　2006
　　◇p431〔白黒・図〕（下駄類）　連歯下駄
　「日本民俗大辞典 下」吉川弘文館　2000
　　◇p347〔白黒・図〕（下駄類）　連歯下駄
　「図録・民具入門事典」柏書房　1991
　　◇p18〔白黒〕　山形県
**露卯下駄**
　「図録・民具入門事典」柏書房　1991
　　◇p19〔白黒・図〕
**ワカンジキ**
　「日本社会民俗辞典 1」日本図書センター　2004
　　◇p228〔白黒・図〕　『北越雪譜』
　「写真 日本文化史 9」日本評論新社　1955
　　◇図61〔白黒〕　福島県
**輪カンジキ**
　「民俗図録 日本人の暮らし」日本図書センター　2012
　　◇図144〔白黒〕　福井県大野郡五箇村　㊞橋浦泰雄
　「日本民具の造形」淡交社　2004
　　◇p149〔白黒〕　宮城県 秋保民俗資料館所蔵
　「日本の民具 3 山・漁村」慶友社　1992
　　◇p103〔白黒〕　長野県　㊞薗部
　「民俗資料選集 1 狩猟習俗Ⅰ」国土地理協会　1973
　　◇p127(本文)〔白黒・図〕　山形県西田川郡温海町関川　狩猟で雪の深いときに使う，羽黒町手向で使用のもの
**ワカンジキ着装の図**
　「日本社会民俗辞典 1」日本図書センター　2004
　　◇p229〔白黒・図〕　『北越雪譜』
**ワラグチ**
　「図録・民具入門事典」柏書房　1991
　　◇p23〔白黒〕　秋田県
**ワラグツ**
　「写真でみる日本人の生活全集 2」日本図書センター　2010
　　◇p102〔白黒〕　秋田県
　　◇p104〔白黒〕　新潟県
　「日本社会民俗辞典 3」日本図書センター　2004
　　◇図版ⅩⅡ 履物(2)〔白黒〕　新潟県栖吉村　民族学博物館蔵
　「写真で見る農具 民具」農林統計協会　1988
　　◇p299〔白黒〕　岩手県軽米町
　　◇p300〔白黒〕　新潟県小国町　明治時代から昭和中期
　「日本民具図誌 3 調度・服飾篇」村田書店　1977
　　◇図183-4〔白黒・図〕　新潟県中頚城郡名香山村
　　◇図185-1〔白黒・図〕　新潟県中頚城郡名香山村
　「フォークロアの眼 2 雪国と暮らし」国書刊行会　1977
　　◇図58〔白黒〕（ミノボウシ，モンペ，ワラグツ姿の雪国のこども）　新潟県南魚沼郡六日町欠之上　㊞中俣正義，昭和28年2月上旬
　　◇図117〔白黒〕　新潟県南魚沼郡六日町欠之上　㊞中俣正義，昭和30年3月下旬
　　◇図118〔白黒〕（深グツ（ワラグツ，フカスッペ））　新潟県南魚沼郡六日町欠之上　㊞中俣正義，昭和30年3月下旬
　「日本の生活文化財」第一法規出版　1965
　　◇図84(衣)〔白黒〕　文部省史館所蔵（東京都品川区）
　　◇図85(衣)〔白黒〕　秋田経済大学雪国民俗研究所蔵（秋田市茨島）
**わら靴**
　「民俗資料叢書 1 田植の習俗1」平凡社　1965
　　◇図92〔白黒〕（冬期間のわら製品）　岩手県遠野市土淵町 土淵小学校

**藁沓**
　「民俗図録 日本人の暮らし」日本図書センター　2012
　　◇図141〔白黒〕（ハバキと藁沓）　秋田県平鹿郡・横手市　㊞三木茂
　「日本民具の造形」淡交社　2004
　　◇p41〔白黒〕　長野県 大岡村歴史民俗資料館所蔵
　　◇p95〔白黒〕　宮城県 花山御番所民俗資料館
　「日本の民具 2 農村」慶友社　1992
　　◇図78〔白黒〕　使用地不明　㊞薗部澄
　　◇図114〔白黒〕　使用地不明　㊞薗部澄
　　◇図118〔白黒〕　新潟県佐渡郡相川町　㊞薗部澄
　「写真で見る農具 民具」農林統計協会　1988
　　◇p299〔白黒〕（雪ぐつ，藁沓）　福島県金山町
**わらぐつ型（甚兵衛型）**
　「写真で見る農具 民具」農林統計協会　1988
　　◇p299〔白黒〕　山形県長井市　昭和27年頃まで
**わら靴型（ふかぐつ型）**
　「写真で見る農具 民具」農林統計協会　1988
　　◇p299〔白黒〕　山形県長井市　昭和27年頃まで
**ワラグツと子供**
　「民俗図録 日本人の暮らし」日本図書センター　2012
　　◇図142〔白黒〕　福井県今立郡岡本村　㊞平山敏治郎
**ワラグツ，ハッバキ，ミノ姿の猟師**
　「フォークロアの眼 2 雪国と暮らし」国書刊行会　1977
　　◇図100〔白黒〕　新潟県十日町市猿倉　㊞中俣正義，昭和31年1月14日
**藁沓類**
　「精選 日本民俗辞典」吉川弘文館　2006
　　◇p431〔白黒・図〕　爪掛，踵掛，深沓，浅沓，藁沓，爪掛沓
　「日本民俗大辞典 下」吉川弘文館　2000
　　◇p347〔白黒・図〕　爪掛，踵掛，深沓，浅沓，藁沓，爪掛沓
**藁沓類を乾かす**
　「図録・民具入門事典」柏書房　1991
　　◇p24〔白黒〕（濡れた藁沓類を乾かす）　新潟県
**ワラジ**
　「写真ものがたり昭和の暮らし 1」農山漁村文化協会　2004
　　◇p113〔白黒〕　新潟県六日町欠之上　さおに数多くつるしてある田畑の仕事に履くわらじ　㊞中俣正義，昭和29年3月
　「写真で見る農具 民具」農林統計協会　1988
　　◇p300〔白黒〕　新潟県小国町　明治時代から昭和中期
　「民具のみかた一心とかたち」第一法規出版　1983
　　◇p185〔白黒〕（ワラジ（草鞋））　愛媛県城川町
　「民俗資料選集 9 山村の生活と用具」国土地理協会　1981
　　◇p109(本文)〔白黒〕　愛知県北設楽郡津具村　山行き用わらじ
　「民俗資料選集 8 中付駄者の習俗」国土地理協会　1979
　　◇p222(本文)〔白黒・図〕　福島県　馬方用
　「フォークロアの眼 2 雪国と暮らし」国書刊行会　1977
　　◇図116〔白黒〕　新潟県南魚沼郡六日町欠之上　㊞中俣正義，昭和30年3月下旬
　「民俗資料選集 1 狩猟習俗Ⅰ」国土地理協会　1973
　　◇p108(本文)〔白黒〕　山形県東田川郡朝日村大字大鳥　マタギの装束
　「日本の生活文化財」第一法規出版　1965
　　◇図81(衣)〔白黒〕　文部省史館所蔵（東京都品川区）
**草鞋**
　「図説 日本民俗学」吉川弘文館　2009
　　◇p9〔白黒〕（草履と草鞋）　埼玉県桶川市　埼玉県立歴史と民俗の博物館提供

◇p10〔白黒〕(爪掛けの付いた草鞋と脛巾)　長野県白馬村
「精選 日本民俗辞典」吉川弘文館　2006
◇p431〔白黒・図〕(草鞋類)　牛・馬の草鞋, 草鞋
「日本民具の造形」淡交社　2004
◇p93〔白黒〕　三重県 明和町立歴史民俗資料館所蔵
「日本民俗大辞典 下」吉川弘文館　2000
◇p347〔白黒・図〕(草鞋類)　牛・馬の草鞋, 草鞋
◇p838〔白黒・図〕　皮草鞋(山口県阿東町), 縄草鞋(新潟県柏崎市), 雪草鞋(島根県広瀬町), 草履草鞋(徳島県西祖谷山村), 四乳草鞋(三重県青山町), 三乳草鞋(山形県米沢市), 無乳草鞋(沖縄県石垣市), 無乳草鞋(滋賀県朽木村)
「図録・民具入門事典」柏書房　1991
◇p22〔白黒〕
「図説 民俗探訪事典」山川出版社　1983
◇p15〔白黒〕

**ワラジガケ**
「民俗資料選集 30 焼畑習俗Ⅱ」国土地理協会　2002
◇p83(本文・図14)〔白黒・図〕　山梨県南巨摩郡早川町奈良田

**わらじ(ごんぞわらじ)**
「民俗資料選集 5 中馬の習俗」国土地理協会　1977
◇p13(口絵)〔白黒〕　長野県 伊那地方　馬追いがはいたもの

**わらじ(消防用)**
「日本の生活文化財」第一法規出版　1965
◇図82(衣)〔白黒〕　高山市立郷土館所蔵

**草鞋の名所とはき方**
「日本民俗大辞典 下」吉川弘文館　2000
◇p837〔白黒・図〕　東京都青梅市

**わらじばき**
「日本社会民俗辞典 2」日本図書センター　2004
◇図版ＸⅥ 中馬(2)〔白黒〕

**わらすりっぱ**
「写真で見る農具 民具」農林統計協会　1988
◇p300〔白黒〕　新潟県小国町　明治時代から昭和中期

**藁製のスリッパ**
「図説 日本民俗学」吉川弘文館　2009
◇p10〔白黒〕　長野県白馬村

**藁草履**
「写真ものがたり昭和の暮らし 9」農山漁村文化協会　2007
◇p65〔白黒〕(下駄と藁草履)　長野県曾地村駒場(現阿智村)　[撮]熊谷元一, 昭和27年
「いまに伝える農家のモノ・人の生活館」柏書房　2004
◇p67 写真2〔白黒〕　埼玉県江南町

**藁脛巾**
「日本民具の造形」淡交社　2004
◇p88〔白黒〕(藁脛巾・雪沓)　岐阜県 国府町郷土民俗資料館所蔵

# 手につけるもの

**ウデヌキ**
「民俗資料選集 9 山村の生活と用具」国土地理協会　1981
◇p107(本文)〔白黒〕　愛知県北設楽郡津具村　紺の木綿製。山仕事のとき手の保護をする
「日本民俗図誌 3 調度・服飾篇」村田書店　1977
◇図112-1〔白黒・図〕

**皮手袋**
「日本の民具 3 山・漁村」慶友社　1992
◇図12〔白黒〕　新潟県　[撮]薗部澄

**ソデ(マミ皮)**
「民俗資料選集 6 狩猟習俗Ⅱ」国土地理協会　1978
◇p5(口絵)〔白黒〕　新潟県岩船郡朝日村三面　マタギのいでたち

**テウェ**
「写真でみる日本人の生活全集 2」日本図書センター　2010
◇p57〔白黒〕　秋田県

**テウエ**
「日本民俗図誌 5 農耕・漁撈篇」村田書店　1978
◇図33・34〔白黒・図〕　岩手県岩手郡御明神村　女子労働用手甲

**テオイ**
「日本民俗図誌 5 農耕・漁撈篇」村田書店　1978
◇図32〔白黒・図〕　東京府神津島　女子労働用手甲

**テキャシ**
「写真でみる日本人の生活全集 2」日本図書センター　2010
◇p57〔白黒〕　秋田県

**テクンペ**
「日本民俗図誌 5 農耕・漁撈篇」村田書店　1978
◇図37〔白黒・図〕　アイヌ使用の手甲

**テサシ**
「日本の民具 3 山・漁村」慶友社　1992
◇図95〔白黒〕　奈良県　[撮]薗部澄
「民俗資料選集 8 中付駑者の習俗」国土地理協会　1979
◇p217(本文)〔白黒・図〕　福島県　馬方の装い

**テサジ**
「日本民俗図誌 5 農耕・漁撈篇」村田書店　1978
◇図35〔白黒・図〕　奈良県吉野郡十津川村　女子の農作や山働きに使用『民具問答』

**テッカエシ**
「日本民具の造形」淡交社　2004
◇p88〔白黒〕　秋田県 千畑町郷土資料館所蔵

**テッカワ**
「日本民具の造形」淡交社　2004
◇p34〔白黒〕　福島県 福島県立博物館所蔵　狩猟用の手袋。カモシカの皮

**テックリケヤシ**
「民俗資料選集 1 狩猟習俗Ⅰ」国土地理協会　1973
◇p6(口絵)〔白黒〕　秋田県北秋田郡阿仁町根子　かもしかの毛皮の手袋 マタギの衣服

**てっけやし**
「日本の民具 2 農村」慶友社　1992
◇図121〔白黒〕　秋田県仙北郡角館町　藁で編んでつ

くった手袋 [撮]薗部澄

**テッコウ**

「写真でみる日本人の生活全集 2」日本図書センター 2010
◇p56〔白黒〕
◇p57〔白黒〕 香川県

**手甲**

「写真ものがたり昭和の暮らし 7」農山漁村文化協会 2006
◇p95〔白黒〕 北海道平取町二風谷 マキリ(小刀)を受け取ったアイヌの娘が若者に渡す [撮]須藤功, 昭和46年4月
「図録・民具入門事典」柏書房 1991
◇p95〔白黒〕 埼玉県 埼玉県立博物館所蔵
「写真で見る農具 民具」農林統計協会 1988
◇p290〔白黒〕 秋田県雄和町 水田作業着
「民俗資料選集 10 紡織習俗Ⅱ」国土地理協会 1981
◇p11(口絵)〔白黒〕(手甲(平織)) 島根県八束郡鹿島町上講武 出雲の藤布紡織習俗
「日本民俗図誌 5 農耕・漁撈篇」村田書店 1978
◇図36-1〔白黒・図〕 山形県置賜地方
◇図36-2〔白黒・図〕 山形県村山地方
「民俗資料選集 1 狩猟習俗Ⅰ」国土地理協会 1973
◇p22(本文)〔白黒・図/写真〕 秋田県北秋田郡阿仁町根子 マタギの衣服
◇p108(本文)〔白黒〕 山形県東田川郡朝日村大字大鳥 マタギの装束

**てどうら**

「日本の民具 3 山・漁村」慶友社 1992
◇図230〔白黒〕 兵庫県 家島 宮ノ浦 櫓を押すときにはめる手袋 [撮]薗部澄

**テヌキ**

「民俗資料選集 6 狩猟習俗Ⅱ」国土地理協会 1978
◇p19(口絵)〔白黒〕 宮崎県西都市東米良 狩猟のいでたち

**手袋**

「写真でみる日本人の生活全集 2」日本図書センター 2010
◇p131〔白黒〕(アクセサリー 清楚な手袋)

**テワラ**

「写真でみる日本人の生活全集 2」日本図書センター 2010
◇p57〔白黒〕 岡山県
「図録・民具入門事典」柏書房 1991
◇p15〔白黒〕 岡山県 冬季に櫓をこぐ際に用いる〔手袋〕

**ワラテッケエシ**

「日本民具の造形」淡交社 2004
◇p42〔白黒〕 福島県 会津民俗館所蔵

**ワラテブクロ**

「図録・民具入門事典」柏書房 1991
◇p15〔白黒〕 新潟県
「日本民俗文化財事典(改訂版)」第一法規出版 1979
◇図11〔白黒〕 青森県上北地方

**藁手袋**

「日本民具の造形」淡交社 2004
◇p88〔白黒〕 山形県 中山町立歴史民俗資料館所蔵

# 髪型・化粧

**アイヌのひげべら**

「日本社会民俗辞典 1」日本図書センター 2004
◇p9〔白黒〕

**生きていたチョンマゲ**

「写真でみる日本人の生活全集 2」日本図書センター 2010
◇p118〔白黒〕 山形県 [撮]昭和29年

**銀杏返し**

「いまに伝える 農家のモノ・人の生活館」柏書房 2004
◇p304 写真2〔白黒〕 埼玉県小川町
「日本を知る事典」社会思想社 1971
◇図81(p305)〔白黒〕 江戸末期〜明治時代流行

**インボンジリ**

「写真でみる日本人の生活全集 2」日本図書センター 2010
◇p127〔白黒〕 東京都下大島

**インボンジリマキ**

「民俗図録 日本人の暮らし」日本図書センター 2012
◇図111〔白黒〕(伊豆大島のインボンジリマキ) 東京都大島元村 [撮]坂口一雄

**オカッパ**

「写真でみる日本人の生活全集 2」日本図書センター 2010
◇p125〔白黒〕 東京 七・五・三の盛装のオカッパ頭 [撮]昭和30年
◇p125〔白黒〕 3月3日の雛祭りの盛装 [撮]大正末期

**おさげ髪コンクール風景**

「写真でみる日本人の生活全集 2」日本図書センター 2010
◇p120〔白黒〕

**白粉刷毛**

「日本民具の造形」淡交社 2004
◇p129〔白黒〕(手鏡・白粉刷毛) 滋賀県 浅井町歴史民俗資料館所蔵

**鉄漿盥**

「日本の民具 1 町」慶友社 1992
◇図180〔白黒〕 [撮]薗部澄

**オハグロドウグ**

「図録・民具入門事典」柏書房 1991
◇p107〔白黒〕 千葉県 成田山史料館所蔵

**お歯黒道具**

「日本民具の造形」淡交社 2004
◇p129〔白黒〕 兵庫県 白鷹禄水苑所蔵

**オバコの髪**

「民俗図録 日本人の暮らし」日本図書センター 2012
◇図109〔白黒〕 秋田県南秋田郡脇本村 大正時代までワガミ(輪髪) [撮]三木茂

**カツラ屋**

「写真でみる日本人の生活全集 2」日本図書センター 2010
◇p130〔白黒〕

**かねした**

「日本民俗図誌 2 行事・婚姻篇」村田書店 1977
◇図164-8〔白黒・図〕

衣　　　　　　　　　　　　　　　　　　　　　　　髪型・化粧

かね盥とその用具
　「日本民俗図誌 2 行事・婚姻篇」村田書店　1977
　　◇図167-2〔白黒・図〕

鉄漿つけの道具
　「日本を知る事典」社会思想社　1971
　　◇図61 (p295)〔白黒〕

鉄漿道具入
　「日本民俗図誌 2 行事・婚姻篇」村田書店　1977
　　◇図165-12〔白黒・図〕

かね楊子
　「日本民俗図誌 2 行事・婚姻篇」村田書店　1977
　　◇図164-11〔白黒・図〕

カミウケ（髪受・毛受）
　「民具のみかた―心とかたち」第一法規出版　1983
　　◇p190〔白黒〕　石川県輪島市

髪型 オタフク
　「日本民俗文化財事典（改訂版）」第一法規出版　1979
　　◇図31〔白黒〕　三重県志摩地方

髪型 キンコ
　「日本民俗文化財事典（改訂版）」第一法規出版　1979
　　◇図30〔白黒〕　兵庫県家島

髪形のいろいろ
　「図説 民俗探訪事典」山川出版社　1983
　　◇p21〔白黒・図〕　垂髪、島田式垂髪、双まげ、庶民垂髪、束ね髪、唐輪、御所風（寛文頃）、島田、長船、笄まげ、兵庫まげ、投島田まげ、勝山まげ、つぶし島田まげ、夜会巻、結綿、銀杏返し、丸まげ、二百三高地、マーガレット、小銀杏、若衆まげ、諸大夫風、講武所風、ざんぎり

髪型の流行変遷
　「日本社会民俗辞典 1」日本図書センター　2004
　　◇p208～209〔白黒・図〕

簪
　「日本民俗大辞典 上」吉川弘文館　1999
　　◇p438〔白黒〕　東京都 御蔵島　宮本記念財団提供

簪のいろいろ
　「図説 民俗探訪事典」山川出版社　1983
　　◇p23〔白黒・図〕　こうがい、沖縄の耳かんざし、かんざし、花かんざし、びらびらかんざし、玉かんざし、蒔絵入りのかんざし、平打かんざし
　「日本を知る事典」社会思想社　1971
　　◇図66 (p301)〔白黒〕　耳かき、玉簪、平打簪、花簪

金蒔絵両天簪
　「日本の民具 1 町」慶友社　1992
　　◇図189〔白黒〕　㊞薗部澄

櫛
　「日本郷土 風俗・民芸・芸能図鑑」日本図書センター　2012
　　◇写真篇 特集江戸から東京へ〔白黒〕　東京都 浅草「よのや」
　「日本民具の造形」淡交社　2004
　　◇p129〔白黒〕　愛知県 佐屋町郷土資料館所蔵
　「日本の民具 1 町」慶友社　1992
　　◇図182〔白黒〕（金蒔絵櫛）　㊞薗部澄
　　◇図184〔白黒〕（黒塗蒔絵櫛）　㊞薗部澄
　「図説 民俗探訪事典」山川出版社　1983
　　◇p23〔白黒・図〕（櫛の形）　天丸形、山角形、鎌倉形、利休形、京丸形、高原形、牡丹形、魚形、寛政形、品川形
　　◇p23〔白黒〕（櫛の種類）　とかし櫛、びんかき櫛、すき櫛、毛すじ立て櫛、びん出し櫛、びんあげ櫛、びんかき櫛
　「日本を知る事典」社会思想社　1971
　　◇図65 (p300)〔白黒・図〕（櫛のいろいろ）　梳櫛、解櫛、髪解櫛、髪櫛、笓櫛

櫛・簪
　「日本民具の造形」淡交社　2004
　　◇p68〔白黒〕　福井県 清水町立郷土資料館所蔵

櫛・簪・笄
　「いまに伝える 農家のモノ・人の生活館」柏書房　2004
　　◇p304 写真4〔白黒〕　埼玉県小川町

黒塗角盥
　「日本民俗図誌 2 行事・婚姻篇」村田書店　1977
　　◇図166-1〔白黒・図〕

毛受
　「日本の民具 1 町」慶友社　1992
　　◇図91〔白黒〕　㊞薗部澄

ケショウバケ（化粧刷毛）
　「民具のみかた―心とかたち」第一法規出版　1983
　　◇p189〔白黒〕　岐阜県飛騨地方

笄
　「日本民具の造形」淡交社　2004
　　◇p129〔白黒〕　三重県 大山田村郷土資料館所蔵

子どもの髪型
　「図説 日本民俗学」吉川弘文館　2009
　　◇p3〔白黒・図〕（子供たちの髪形）　埼玉県戸田市　1893年（明治26）奉納絵馬
　「写真ものがたり昭和の暮らし 7」農山漁村文化協会　2006
　　◇p48〔白黒・図〕　兵庫県家島　耳の両側に長く残した髪の毛の絵。瀬戸内海東部に浮かぶ家島のカンスと呼ぶ頭髪　澤田四郎作著『山でのことを忘れたか』の口絵写真より　模写・中嶋俊枝

五厘刈り
　「日本を知る事典」社会思想社　1971
　　◇図84 (p306)〔白黒〕

サカシマダ
　「写真でみる日本人の生活全集 2」日本図書センター　2010
　　◇p129〔白黒〕　かつら

ザンギリ頭
　「日本を知る事典」社会思想社　1971
　　◇図83 (p306)〔白黒〕

シカンガケ
　「写真でみる日本人の生活全集 2」日本図書センター　2010
　　◇p129〔白黒〕　かつら

島田（伊豆大島）
　「民俗図録 日本人の暮らし」日本図書センター　2012
　　◇図110〔白黒〕（伊豆大島の島田）　東京都大島元村　㊞坂口一雄

女性の髪形
　「図説 日本民俗学」吉川弘文館　2009
　　◇p3〔白黒〕　埼玉県さいたま市　㊞大正初期の記念写真

女性の髪形の流行
　「写真でみる日本人の生活全集 2」日本図書センター　2010
　　◇p123〔白黒〕　新日本髪、横と後の毛先を全部上へむくようにセットしてブラッシュでアップしたもの、ブーファンスタイル、シニヨンスタイル　山野愛子女史の美容室から
　　◇p124〔白黒〕　外出や通勤に用いる若い人の髪型、外出着にとりいれた若妻むきの髪、長い髪を後頭部で一束にしたポニーテール髪　山野愛子女史の美容室から

すかしぼり簪
　「日本の民具 1 町」慶友社　1992
　　◇図186〔白黒〕　㊞薗部澄

タカシマダ
　「写真でみる日本人の生活全集 2」日本図書センター　2010

髪型・化粧　　　　　　　　　　　　　衣

　　◇p129〔白黒〕　かつら
**高島田に挿す鼈甲の櫛・簪・笄**
　「いまに伝える 農家のモノ・人の生活館」柏書房　2004
　　◇p41 写真7〔白黒〕　埼玉県小川町
**タトゥーステッカー**
　「図説 日本民俗学」吉川弘文館　2009
　　◇p19〔白黒〕
**玉虫色の口紅**
　「写真でみる日本人の生活全集 2」日本図書センター　2010
　　◇p117〔白黒〕
**男子の髪型**
　「写真でみる日本人の生活全集 2」日本図書センター　2010
　　◇p122〔白黒〕　東京　㊿昭和28年
**つけがね**
　「写真ものがたり昭和の暮らし 1」農山漁村文化協会　2004
　　◇p34〔白黒〕　秋田県峰浜村目名潟　㊿南利夫, 昭和34年
　　◇p35〔白黒〕　長野県清内路村　㊿熊谷元一, 昭和27年
　「写真でみる日本生活図引 4」弘文堂　1988
　　◇図114〔白黒〕（歯黒）　長野県下伊那郡清内路村　鉄漿付けをしているおばあさん　㊿熊谷元一, 昭和32年
**つげ櫛**
　「日本の民具 1 町」慶友社　1992
　　◇図183〔白黒〕　㊿薗部澄
**角盥**
　「日本民俗図誌 2 行事・婚姻篇」村田書店　1977
　　◇図168-2〔白黒・図〕
**ツブシシマダ**
　「写真でみる日本人の生活全集 2」日本図書センター　2010
　　◇p129〔白黒〕　かつら
**涅歯用具**
　「日本民俗図誌 2 行事・婚姻篇」村田書店　1977
　　◇図163〔白黒・図〕　明治初期　フシの粉, 口中鏡, おはぐろ壺, かねつけ碗, おはぐろ沸し　『人類学雑誌』16-182
**日本髪の女性**
　「写真でみる日本人の生活全集 6」日本図書センター　2010
　　◇p72〔白黒〕　㊿千種正清
**ハイカラ**
　「いまに伝える 農家のモノ・人の生活館」柏書房　2004
　　◇p304 写真5〔白黒〕　埼玉県小川町
**ピアス**
　「図説 日本民俗学」吉川弘文館　2009
　　◇p19〔白黒〕
**庇髪**
　「日本を知る事典」社会思想社　1971
　　◇図76(p304)〔白黒・図〕　明治時代
**鬢だらい**
　「日本の民具 1 町」慶友社　1992
　　◇図89〔白黒〕　㊿薗部澄
**ふし楊子**
　「日本民俗図誌 2 行事・婚姻篇」村田書店　1977
　　◇図164-9〔白黒・図〕

**鼈甲笄**
　「日本の民具 1 町」慶友社　1992
　　◇図188〔白黒〕　㊿薗部澄
**鼈甲中差**
　「日本の民具 1 町」慶友社　1992
　　◇図187〔白黒〕　㊿薗部澄
**紅猪口**
　「日本民俗図誌 2 行事・婚姻篇」村田書店　1977
　　◇図164-6〔白黒・図〕
**前差櫛**
　「日本の民具 1 町」慶友社　1992
　　◇図185〔白黒〕　㊿薗部澄
**曲物角盥**
　「日本民俗図誌 2 行事・婚姻篇」村田書店　1977
　　◇図166-2〔白黒・図〕
**マルマゲ**
　「写真でみる日本人の生活全集 2」日本図書センター　2010
　　◇p115〔白黒〕
　　◇p129〔白黒〕　かつら
**丸髷**
　「いまに伝える 農家のモノ・人の生活館」柏書房　2004
　　◇p304 写真3〔白黒〕　埼玉県小川町
　「日本民俗大辞典 下」吉川弘文館　2000
　　◇p590〔白黒・図〕
**耳盥**
　「日本民俗図誌 2 行事・婚姻篇」村田書店　1977
　　◇図165-14〔白黒・図〕
　　◇図167-1〔白黒・図〕
　　◇図168-1〔白黒・図〕
**桃割の少女たち**
　「いまに伝える 農家のモノ・人の生活館」柏書房　2004
　　◇p303 写真1〔白黒〕　埼玉県小川町
**離島の髪型**
　「日本社会民俗辞典 1」日本図書センター　2004
　　◇p209〔白黒〕　鹿児島県十島村
**ルージュ**
　「写真でみる日本人の生活全集 2」日本図書センター　2010
　　◇p119〔白黒〕　外出前に棒紅で口紅をぬっているお母さん
**ワガミ（輪髪）**
　「写真でみる日本人の生活全集 2」日本図書センター　2010
　　◇p126〔白黒〕　宮城県仙台市 |04| 明治35年　頼んで結ってもらったもの, 明治35年宮城県仙台の女学生グループ
**ワケガミ（分け髪）**
　「写真でみる日本人の生活全集 2」日本図書センター　2010
　　◇p127〔白黒〕　秋田県
**わたしがね**
　「日本民俗図誌 2 行事・婚姻篇」村田書店　1977
　　◇図165-13〔白黒・図〕
**ワリガノコ**
　「写真でみる日本人の生活全集 2」日本図書センター　2010
　　◇p129〔白黒〕　かつら

# その他

**アイヌ服飾文様**
「図説 民俗探訪事典」山川出版社　1983
　◇p348〔白黒・図〕　児玉作左衛門による

**アツシを縫う女**
「日本社会民俗辞典 1」日本図書センター　2004
　◇p10〔白黒〕

**洗張り**
「写真でみる日本生活図引 4」弘文堂　1988
　◇図97〔白黒〕　新潟県南魚沼郡塩沢町　〔家庭にて〕
　　㋾林明男, 昭和27年

**イヤリングを付けた女性**
「写真でみる日本人の生活全集 2」日本図書センター　2010
　◇p132〔白黒〕(イヤリング)

**衣料切符**
「写真ものがたり昭和の暮らし 9」農山漁村文化協会　2007
　◇p107〔白黒〕　秋田県横手市　昭和24年5月1日から1年間有効(未使用)　㋾須藤功　衣料切符所有・大島正子

**エムシアツ**
「日本民俗大辞典 上」吉川弘文館　1999
　◇p214〔白黒〕　アイヌ　蝦夷太刀を通す刀綬。右肩から掛ける

**おび**
「日本の民具 3 山・漁村」慶友社　1992
　◇図98〔白黒〕　鹿児島県 大島　〔山仕事の仕事着用〕
　　㋾薗部澄

**帯**
「写真で見る農具 民具」農林統計協会　1988
　◇p290〔白黒〕　秋田県雄和町　水田作業着

**帯地**
「写真でみる日本人の生活全集 2」日本図書センター　2010
　◇口絵〔カラー〕(豪華な帯地)　群馬県桐生市　洋装の女性2人が品定め

**折りたたみ式日除け眼鏡**
「日本の民具 1 町」慶友社　1992
　◇図162〔白黒〕　㋾薗部澄

**折りたたみ式老眼鏡**
「日本の民具 1 町」慶友社　1992
　◇図163〔白黒〕　㋾薗部澄

**かけだすき**
「日本社会民俗辞典 2」日本図書センター　2004
　◇p888〔白黒・図〕

**カニクッ**
「日本民具の造形」淡交社　2004
　◇p66〔白黒〕　北海道 北海道大学植物園博物館所蔵　アイヌ女性の帯

**着物の丸洗い**
「いまに伝える 農家のモノ・人の生活館」柏書房　2004
　◇p300 図1〔白黒・図〕　洗濯板使用

**首飾り**
「日本民具の造形」淡交社　2004
　◇p68〔白黒〕　北海道 北海道立北方民族博物館所蔵
　◇p129〔白黒〕　北海道 三石町郷土館

**シトキウシタマサイ**
「日本民俗大辞典 下」吉川弘文館　2000
　◇p62〔白黒〕　アイヌの女性の首飾り

**タスキ**
「写真でみる日本人の生活全集 2」日本図書センター　2010
　◇p60〔白黒〕　伊豆新島　巾広の真田紐を用いる
　◇p61〔白黒〕　徳島県　ふつうのタスキ結び。阿波藍の乾燥した実を集めている

**襷**
「日本社会民俗辞典 2」日本図書センター　2004
　◇p888〔白黒・図〕(伊豆新島の襷)　伊豆新島

**伊達巻**
「日本民具の造形」淡交社　2004
　◇p40〔白黒〕　山形県 寒河江市郷土館所蔵

**畳紙**
「日本の生活環境文化大辞典」柏書房　2010
　◇p332-4〔白黒〕(三つ折りにした長着を包んだ畳紙)　新潟市　㋾2009年

**足袋作り(家庭)**
「写真でみる日本人の生活全集 2」日本図書センター　2010
　◇p98〔白黒〕(家庭での足袋作り)

**足袋の繕い**
「写真ものがたり昭和の暮らし 1」農山漁村文化協会　2004
　◇p59〔白黒〕　長野県阿智村駒場　㋾熊谷元一, 昭和32年1月
「写真でみる日本生活図引 4」弘文堂　1988
　◇図106〔白黒〕(繕い)　長野県下伊那郡阿智村　電燈の下で、炬燵にはいって足袋を繕う　㋾熊谷元一, 昭和32年1月23日

**タマサイ**
「日本民俗大辞典 下」吉川弘文館　2000
　◇p62〔白黒〕　アイヌの女性が盛装に用いる首飾り
「日本宗教民俗図典 2」法蔵館　1985
　◇図424〔白黒〕(タマサイ(玉飾り))　北海道平取町二風谷

**蝶形結びの帯**
「写真でみる日本人の生活全集 2」日本図書センター　2010
　◇p22〔白黒〕　伊豆の大島　被り物はヒッシュ

**紬帯**
「日本民具の造形」淡交社　2004
　◇p40〔白黒〕　福岡県 浮羽町立歴史民俗資料館所蔵

**手持眼鏡**
「日本の民具 1 町」慶友社　1992
　◇図161〔白黒〕　㋾薗部澄

**ネクタイ**
「写真でみる日本人の生活全集 2」日本図書センター　2010
　◇p134〔白黒〕　東京銀座　洋品店のショーウィンドウ

その他　　　　　　　　　　　　　　　　衣

**根付のいろいろ**
「図説 民俗探訪事典」山川出版社　1983
　◇p25〔白黒〕　　東京国立博物館蔵

**ハコセコ**
「日本民俗図誌 2 行事・婚姻篇」村田書店　1977
　◇図161・162〔白黒・図〕　　懐中紙入れ

**馬爪製眼鏡**
「日本の民具 1 町」慶友社　1992
　◇図164〔白黒〕　　㊟薗部澄

**バトウオビ**
「民俗資料選集 3 紡織習俗Ⅰ」国土地理協会　1975
　◇p19（口絵）〔白黒〕　　新潟県　越後のアンギン紡織

**羽二重の半幅帯**
「いまに伝える 農家のモノ・人の生活館」柏書房　2004
　◇口絵〔カラー〕　　埼玉県八潮市　早乙女
　◇p95 写真2〔白黒〕　　埼玉県八潮市　早乙女

**張り板に張った古着の布地**
「写真ものがたり昭和の暮らし 9」農山漁村文化協会　2007
　◇p49〔白黒〕　　岐阜県高山市　㊟須藤功、昭和47年10月

**ハンドバッグ**
「あるくみるきく双書 宮本常一とあるいた昭和の日本 19」農山漁村文化協会　2012
　◇p99〔白黒〕　　新潟県両津市　㊟工藤員功

**ファッション・ショー**
「写真でみる日本人の生活全集 7」日本図書センター　2010
　◇口絵〔白黒〕
「写真でみる日本人の生活全集 10」日本図書センター　2010
　◇口絵〔カラー〕　　東京　㊟大藪達二

**ファッションモデル**
「写真でみる日本人の生活全集 10」日本図書センター　2010
　◇p73〔白黒〕

**婦人の下帯**
「日本社会民俗辞典 1」日本図書センター　2004
　◇図版Ⅳ アイヌ（4）〔白黒〕　　写真：瀬川清子蔵

**鼈甲製眼鏡**
「日本の民具 1 町」慶友社　1992
　◇図159〔白黒〕　㊟薗部澄
　◇図160〔白黒〕　㊟薗部澄

**鼈甲製老眼鏡**
「日本の民具 1 町」慶友社　1992
　◇図158〔白黒〕　㊟薗部澄

**ペンダント**
「写真でみる日本人の生活全集 2」日本図書センター　2010
　◇p137〔白黒〕

**ペンダントの各種**
「写真でみる日本人の生活全集 2」日本図書センター　2010
　◇p138〔白黒〕　　桃の種を使ってしゃれた味、扇型、薬玉のような感じが出ていて、いずれも日本調

**細帯**
「日本民俗図誌 3 調度・服飾篇」村田書店　1977
　◇図138〔白黒・図〕　　北海道アイヌの使用

**細ぶち老眼鏡**
「日本の民具 1 町」慶友社　1992
　◇図166〔白黒〕　㊟薗部澄

**ボロオビ**
「いまに伝える 農家のモノ・人の生活館」柏書房　2004
　◇p8 図3〔白黒・写真/図〕（メリンスの裂き布を織り込んだボロオビ）　埼玉県川里町・江南町
　◇p8 図4〔白黒〕（キリスネを織り込んだボロオビ）　埼玉県江南町

**丸帯の蝶結び**
「いまに伝える 農家のモノ・人の生活館」柏書房　2004
　◇p41 写真6〔白黒〕　　埼玉県小川町　㊟昭和28年

**ミンサー**
「日本民俗図誌 3 調度・服飾篇」村田書店　1977
　◇図137〔白黒・図〕　　沖縄県八重山島　伊達巻様の帯

**虫干し**
「写真でみる日本人の生活全集 2」日本図書センター　2010
　◇口絵〔白黒〕（虫ほし）　春秋2度　和服に風を通す
「いまに伝える 農家のモノ・人の生活館」柏書房　2004
　◇p302 写真1〔白黒〕（ビニールハウスを利用した着物の虫干し）　埼玉県大利根町　民俗調査の際に行われた
「写真でみる日本生活図引 4」弘文堂　1988
　◇図109〔白黒〕　　長野県下伊那郡阿智村　〔着物〕　㊟熊谷元一、昭和31年8月26日

**メカクシ（目隠し）**
「民具のみかた一心とかたち」第一法規出版　1983
　◇p54〔白黒〕　　岩手県沢内村

**メスダレ**
「図録・民具入門事典」柏書房　1991
　◇p61〔白黒〕　　岩手　水田耕作時の顔面保護用
「民具のみかた一心とかたち」第一法規出版　1983
　◇p54〔白黒〕（メスダレ（目簾））　　新潟県秋山郷

**目すだれ**
「日本民俗大辞典 下」吉川弘文館　2000
　◇p686〔白黒〕　　東北地方　ユキメ除けに眼を保護するための遮光具　碧祥寺博物館所蔵

**「やの字」の結び方**
「いまに伝える 農家のモノ・人の生活館」柏書房　2004
　◇p95 図1〔白黒・図〕　　〔早乙女の半幅帯〕

**ヤマオビ**
「民俗資料選集 3 紡織習俗Ⅰ」国土地理協会　1975
　◇p154（本文）〔白黒〕　　新潟県　佐渡のヤマソ紡織習俗　相川郷土博物館蔵

**ユカタオビ（浴衣帯）**
「写真でみる日本人の生活全集 2」日本図書センター　2010
　◇p34〔白黒〕

**ユキメガネ（雪眼鏡）**
「民具のみかた一心とかたち」第一法規出版　1983
　◇p55〔白黒〕　　石川県白山麓

**指輪と眼鏡**
「日本社会民俗辞典 2」日本図書センター　2004
　◇p832〔白黒〕　　明治時代　『東京名物志』

# 食

## 食べ物・飲み物

あいぎょう
「食の民俗事典」柊風舎　2011
　◇p170〔白黒〕　高知県四万十市三里　鮎の口から塩を詰め込み軒下で苦汁を落としたもの　提供：岡村三男

アイヌの酒
「日本宗教民俗図典 1」法蔵館　1985
　◇図399〔白黒〕　北海道平取町二風谷　㈲須藤功

アオサ
「里山・里海 暮らし図鑑」柏書房　2012
　◇写20（p191）〔白黒〕（採取したアオサ）　鹿児島県知名町（沖永良部島）

アケビ
「写真ものがたり昭和の暮らし 2」農山漁村文化協会　2004
　◇p47〔カラー〕　愛知県作手村　㈲須藤功, 平成15年10月

アケビ料理
「食の民俗事典」柊風舎　2011
　◇p103〔白黒〕　山形県西村山郡朝日町上郷

アゲマキ
「民俗資料叢書 15 有明海の漁撈習俗」平凡社　1972
　◇図104〔白黒〕　有明海

アゴガツオ
「食の民俗事典」柊風舎　2011
　◇p349〔白黒〕　島根県隠岐郡隠岐の島町布施

アゴノシル
「食の民俗事典」柊風舎　2011
　◇p349〔白黒〕　鳥取県岩美郡岩美町大羽尾　5月か6月のころ行われる「ナダマツリ」という豊漁祈願祭後、漁村センターで催される宴会（直会）で出される

鯵のなめろう
「食の民俗事典」柊風舎　2011
　◇p142〔白黒〕　千葉県船橋市

明日香鍋
「民俗の伝承 日本の祭り 秋」立風書房　1977
　◇p65-11〔カラー〕　奈良県

小豆飯
「食の民俗事典」柊風舎　2011
　◇p255〔白黒〕　愛知県豊川市

あぶり餅
「日本民俗図誌 4 習俗・飲食篇」村田書店　1978
　◇図134-1〔白黒・図〕　京都市紫野今宮神社東門前の茶店　地方名物

甘酒
「食の民俗事典」柊風舎　2011
　◇p388〔白黒〕（味噌仕込み時につくる甘酒）　滋賀県蒲生郡日野町杣

アマチャ
「食の民俗事典」柊風舎　2011
　◇p405〔白黒〕　徳島県那賀郡那賀町木頭出原

アユのナマナレ
「食の民俗事典」柊風舎　2011
　◇p368〔白黒〕　岐阜市長良

鮎料理
「里山・里海 暮らし図鑑」柏書房　2012
　◇写75（p182）〔白黒〕（ヤナ場での鮎料理）　愛知県豊田市

新巻
「写真でみる日本人の生活全集 1」日本図書センター　2010
　◇p143〔白黒〕（出荷を前にした新巻）　北海道

梨の実
「日本民俗図誌 4 習俗・飲食篇」村田書店　1978
　◇図136-3〔白黒・図〕　新潟　地方名物

粟飯
「食の民俗事典」柊風舎　2011
　◇p24〔白黒〕　山梨県

泡盛
「日本郷土 風俗・民芸・芸能図鑑」日本図書センター　2012
　◇写真篇 沖縄〔白黒〕　沖縄県

アンビン
「日本民俗図誌 4 習俗・飲食篇」村田書店　1978
　◇図136-1〔白黒・図〕　兵庫県伊丹　地方名物

イカナゴの釘煮
「食の民俗事典」柊風舎　2011
　◇p149〔白黒〕　兵庫県神戸市

いがまんじゅう
「食の民俗事典」柊風舎　2011
　◇p416〔白黒〕　滋賀県蒲生郡日野町

いかもち
「日本民俗図誌 4 習俗・飲食篇」村田書店　1978
　◇図140-2〔白黒・図〕　三重県庄野　地方名物

生造り
「日本郷土 風俗・民芸・芸能図鑑」日本図書センター　2012
　◇写真篇 高知〔白黒〕　高知県　生きた鯛の姿をそのままに料理

いきなりだんご
「民俗の伝承 日本の祭り 秋」立風書房　1977
　◇p64-2〔カラー〕　熊本県

石狩鍋
「民俗の伝承 日本の祭り 秋」立風書房　1977
　◇p65-10〔カラー〕　北海道

イダを焼いて乾燥させたもの
「食の民俗事典」柊風舎　2011
　◇p179〔白黒〕　四万十川の支流勝間川

## 食べ物・飲み物　　　　　　　　　　食

一夜酒
　「日本宗教民俗図典 1」法蔵館　1985
　　◇図402〔白黒〕　広島県竹原市田万里　㊞須藤功

いとこ煮
　「民俗の伝承 日本の祭り 秋」立風書房　1977
　　◇p65-14〔カラー〕　山口県

イナゴやバッタ、キリギリス等の佃煮
　「里山・里海 暮らし図鑑」柏書房　2012
　　◇写22(p217)〔白黒〕　長野県松本市

猪の骨
　「食の民俗事典」柊風舎　2011
　　◇p577〔白黒〕　宮崎県東臼杵郡椎葉村 龍神館

イモガラとカラトリイモ
　「食の民俗事典」柊風舎　2011
　　◇p50〔白黒〕(産直店で販売されているイモガラとカラトリイモ)　山形県鶴岡市

イモ団子
　「食の民俗事典」柊風舎　2011
　　◇p55〔白黒〕(イモ団子、イモ団子のお汁粉、ハナネリ(澱粉))　北海道雨竜郡幌加内町添牛内

イモ団子のお汁粉
　「食の民俗事典」柊風舎　2011
　　◇p55〔白黒〕(イモ団子、イモ団子のお汁粉、ハナネリ(澱粉))　北海道雨竜郡幌加内町添牛内

イモ団子用小豆餡
　「食の民俗事典」柊風舎　2011
　　◇p55〔白黒〕　北海道雨竜郡幌加内町添牛内

イモツクネ
　「民俗資料選集 30 焼畑習俗Ⅱ」国土地理協会　2002
　　◇p208(本文)〔白黒〕　宮崎県椎葉村

芋田楽
　「写真でみる日本人の生活全集 1」日本図書センター　2010
　　◇p85〔白黒〕　東京都豊島区雑司ヶ谷鬼子母神境内の茶屋

イモのキリボシ
　「日本民俗文化財事典(改訂版)」第一法規出版　1979
　　◇図35〔白黒〕　長崎県対馬地方

イワナ
　「写真ものがたり昭和の暮らし 2」農山漁村文化協会　2004
　　◇p42〔白黒〕　福島県檜枝岐村　〔柱に刺したイワナを持つ〕　㊞米山孝志, 昭和56年6月

イワナの骨酒
　「食の民俗事典」柊風舎　2011
　　◇p163〔白黒〕　長野県秋山郷

ウグイス餅
　「写真でみる日本人の生活全集 1」日本図書センター　2010
　　◇p104〔白黒〕

鵜戸の飴
　「日本民俗図誌 4 習俗・飲食篇」村田書店　1978
　　◇図141-2〔白黒・図〕　宮崎県鵜戸神宮の社前　地方名物

うなぎ
　「民俗資料叢書 15 有明海の漁撈習俗」平凡社　1972
　　◇図106〔白黒〕　有明海

ウナギご飯
　「里山・里海 暮らし図鑑」柏書房　2012
　　◇写59(p179)〔白黒〕　福井県若狭町ハスプロジェクト推進協議会提供

ウナギの蒲焼き
　「里山・里海 暮らし図鑑」柏書房　2012
　　◇写58(p179)〔白黒〕　福井県若狭町ハスプロジェクト推進協議会提供

ウナギ料理
　「里山・里海 暮らし図鑑」柏書房　2012
　　◇写74(p182)〔白黒〕　福岡県久留米市

ウミタケの干物
　「民俗資料叢書 15 有明海の漁撈習俗」平凡社　1972
　　◇図102〔白黒〕　有明海

ウムムッチー
　「写真でみる日本人の生活全集 1」日本図書センター　2010
　　◇p33〔白黒〕　喜界島　3月3日に食べる田芋のダンゴ

エビの甘露煮
　「里山・里海 暮らし図鑑」柏書房　2012
　　◇写66(p180)〔白黒〕　福井県若狭町ハスプロジェクト推進協議会提供

エラブ汁
　「食の民俗事典」柊風舎　2011
　　◇p216〔白黒〕　沖縄県南城市久高島

宴会の鉢盛料理
　「日本社会民俗辞典 2」日本図書センター　2004
　　◇p693〔白黒〕　高知市

王朝料理
　「写真でみる日本人の生活全集 1」日本図書センター　2010
　　◇p2〔白黒〕　京都　千年前の平安朝の年賀式を模しご馳走を再現　㊞昭和29年頃

沖あがり
　「食の民俗事典」柊風舎　2011
　　◇p213〔白黒〕　静岡県由比港　サクラエビ、豆腐、ネギを醤油、砂糖、酒で煮る

沖縄そば
　「民俗小事典 食」吉川弘文館　2013
　　◇p432〔白黒〕　沖縄県

沖縄の揚げカマボコ
　「食の民俗事典」柊風舎　2011
　　◇p297〔白黒〕　沖縄県那覇市

オクンチのアンビン餅
　「いまに伝える 農家のモノ・人の生活館」柏書房　2004
　　◇p276 写真3〔白黒〕　埼玉県比企郡小川町

オクンチの赤飯と煮しめ
　「いまに伝える 農家のモノ・人の生活館」柏書房　2004
　　◇p267 写真1〔白黒〕　埼玉県比企郡小川町

オネクリ
　「食の民俗事典」柊風舎　2011
　　◇p291〔白黒〕　香川県観音寺市伊吹町

オハヅケ
　「食の民俗事典」柊風舎　2011
　　◇p75〔白黒〕(南蛮と大豆を入れた「オハヅケ」)　長野県野沢温泉村豊郷

おはっすん
　「民俗の伝承 日本の祭り 秋」立風書房　1977
　　◇p64-4〔カラー〕　広島県

オヤキ
　「食の民俗事典」柊風舎　2011
　　◇p276〔白黒〕　鳥取県倉吉市

おやつのアラレと炒った豆
　「写真ものがたり昭和の暮らし 1」農山漁村文化協会　2004
　　◇p157〔白黒〕　㊞昭和31年6月(田植習俗調査時の再現)　早川孝太郎所蔵

食　　食べ物・飲み物

折詰め弁当
　「写真でみる日本人の生活全集 1」日本図書センター　2010
　　◇p81〔白黒〕　㊷昭和28年

オロナミンCの広告
　「民俗小事典 食」吉川弘文館　2013
　　◇p334〔白黒〕　1965年

蚕のサナギの油炒め
　「写真ものがたり昭和の暮らし 2」農山漁村文化協会　2004
　　◇p100〔白黒〕　長野県阿智村　㊷熊谷元一, 昭和27年

カイコの蛹の佃煮、クロスズメバチの幼虫・蛹の佃煮、トビケラの佃煮の盛り合わせ
　「食の民俗事典」柊風舎　2011
　　◇p126〔白黒〕　伊那地方

カキ皮
　「里山・里海 暮らし図鑑」柏書房　2012
　　◇写18 (p216)〔白黒〕（保存調味料となるカキ皮）　和歌山県那智勝浦町色川　市原諭提供

牡蠣雑煮
　「食の民俗事典」柊風舎　2011
　　◇p188〔白黒〕

柿の葉ずし
　「食の民俗事典」柊風舎　2011
　　◇p85〔白黒〕　和歌山県伊都郡かつらぎ町　㊷福本宗治

カキモチ
　「いまに伝える 農家のモノ・人の生活館」柏書房　2004
　　◇p289 写真4〔白黒〕　埼玉県大利根町

柿羊羹
　「日本民俗図誌 4 習俗・飲食篇」村田書店　1978
　　◇図138-1〔白黒・図〕　美濃〔岐阜県〕大垣　地方名物

飾り巻きずし
　「食の民俗事典」柊風舎　2011
　　◇p261〔白黒〕　千葉県東金市

カシの実
　「写真ものがたり昭和の暮らし 2」農山漁村文化協会　2004
　　◇p204〔白黒〕　宮崎県西都市大字銀鏡　㊷須藤功, 昭和44年12月

カシの実ゴンニャク
　「民俗資料選集 30 焼畑習俗Ⅱ」国土地理協会　2002
　　◇p208（本文）〔白黒〕　宮崎県椎葉村や米良地方

菓子パン
　「民俗小事典 食」吉川弘文館　2013
　　◇p244〔白黒〕（キャラクターをデザインした菓子パン）

カジメ
　「食の民俗事典」柊風舎　2011
　　◇p197〔白黒〕　静岡県牧之原市松本

鰹のビンタ（頭）の塩漬け
　「食の民俗事典」柊風舎　2011
　　◇p128〔白黒〕　鹿児島県枕崎市

鰹のホシ（心臓）
　「食の民俗事典」柊風舎　2011
　　◇p129〔白黒〕　宮城県気仙沼市

かっぱえびせん
　「民俗小事典 食」吉川弘文館　2013
　　◇p251〔白黒〕　発売当初（1964年）　カルビー株式会社提供

カップヌードル
　「民俗小事典 食」吉川弘文館　2013
　　◇p77〔白黒〕　1971年発売

カテモノ
　「図説 日本民俗学」吉川弘文館　2009
　　◇p22〔白黒〕　会津只見町『会津只見の民具』より

カニのオヤツ
　「写真でみる日本人の生活全集 1」日本図書センター　2010
　　◇p93〔白黒〕　北海道厚岸地方

カブの浅漬け
　「食の民俗事典」柊風舎　2011
　　◇p379〔白黒〕　山形県新庄市

南瓜
　「写真でみる日本生活図引 別巻」弘文堂　1993
　　◇図116〔白黒〕　長野県下伊那郡阿智村　㊷熊谷元一, 昭和31年10月2日

鴨うどん
　「写真ものがたり昭和の暮らし 5」農山漁村文化協会　2005
　　◇p160〔白黒〕　岐阜県海津町（現海津市）　㊷千葉寛, 昭和63年2月　農山漁村文化協会所蔵

唐菓子
　「日本を知る事典」社会思想社　1971
　　◇図83 (p391)〔白黒〕（奈良春日神社神饌の唐菓子）　二梅枝・串餲飳・三梅枝・高糫・糫・餲飳・菊飳・片糫・柏葉　『あまから』より

カラサ
　「食の民俗事典」柊風舎　2011
　　◇p43〔白黒〕　奈良県大和郡山市小泉町　乾燥豌豆

からすみ
　「日本民俗図誌 4 習俗・飲食篇」村田書店　1978
　　◇図127-1〔白黒・図〕　長崎地方の特産

からすみの加工品
　「食の民俗事典」柊風舎　2011
　　◇p148〔白黒〕　長崎県五島市富江町

川エビの味醂煮
　「里山・里海 暮らし図鑑」柏書房　2012
　　◇写72 (p181)〔白黒〕　千葉県香取市

川越芋の砂糖漬
　「民俗の伝承 日本の祭り 秋」立風書房　1977
　　◇p64-1〔カラー〕　埼玉県

かんころ飯
　「写真でみる日本生活図引 4」弘文堂　1988
　　◇図19〔白黒〕　愛媛県西宇和郡瀬戸町　㊷新田好, 昭和26年

乾燥した牛乳（茶菓子）
　「写真でみる日本生活図引 別巻」弘文堂　1993
　　◇図301〔白黒〕（茶菓子）　長野県下伊那郡阿智村　乾燥した牛乳　㊷熊谷元一, 昭和32年3月7日

雉子
　「食の民俗事典」柊風舎　2011
　　◇p232〔白黒〕　奈良市　春日若宮おん祭り　〔吊された雉〕

黄粉をまぶした団子が朴葉の上に置いてある
　「写真ものがたり昭和の暮らし 9」農山漁村文化協会　2007
　　◇p130〔白黒〕　新潟県松之山町（現十日町市）　㊷小見重義, 昭和60年6月

キリタンポ鍋
　「民俗小事典 食」吉川弘文館　2013
　　◇p318〔白黒〕　秋田県北部中心
　「食の民俗事典」柊風舎　2011
　　◇p288〔白黒〕　秋田県

金時豆の煮豆
　「食の民俗事典」柊風舎　2011

民俗風俗 図版レファレンス事典（衣食住・生活篇）　51

◇p44〔白黒〕　奈良市古市町

**クグシ**
「写真でみる日本人の生活全集 1」日本図書センター　2010
　◇p50〔白黒〕　喜界ヶ島　マツの魚という小魚を竹グシに刺して焼いたもの

**くされ寿司**
「民俗の伝承 日本の祭り 秋」立風書房　1977
　◇p67〔白黒〕　和歌山県

**クズ**
「民俗資料選集 30 焼畑習俗Ⅱ」国土地理協会　2002
　◇p225(本文)〔白黒〕　宮崎県椎葉村松尾・佐土の谷地区　救荒食料

**クーブイリチー**
「食の民俗事典」柊風舎　2011
　◇p193〔白黒〕　沖縄県宜野湾市

**熊鍋**
「食の民俗事典」柊風舎　2011
　◇p502〔白黒〕　山形県西置賜郡小国町

**栗煮**
「食の民俗事典」柊風舎　2011
　◇p91〔白黒〕　長野県飯田市上村中郷

**黒砂糖豆**
「食の民俗事典」柊風舎　2011
　◇p325〔白黒〕　山形県村市山櫛山　鈴木家

**クロスズメバチの巣**
「写真ものがたり昭和の暮らし 2」農山漁村文化協会　2004
　◇p51〔カラー〕(解体したクロスズメバチの巣)　羽を焼いたクロスズメバチ，その幼虫．米と一緒に炊いて「ハチの子飯」にする

**クロスズメバチ幼虫の佃煮**
「里山・里海 暮らし図鑑」柏書房　2012
　◇写87(p151)〔白黒〕　愛知県豊田市

**下宿屋の夕食**
「写真でみる日本人の生活全集 1」日本図書センター　2010
　◇p1〔白黒〕　東京都内　トンカツ，ジャガイモの煮つけ，お新香　㊟昭和28年ごろ

**結婚料理**
「写真でみる日本人の生活全集 1」日本図書センター　2010
　◇p35〔白黒〕　山形県米沢市　"安くあがるモデル結婚式"のご馳走(新生活運動)

**コイの刺身**
「里山・里海 暮らし図鑑」柏書房　2012
　◇写60(p179)〔白黒〕　福井県若狭町ハスプロジェクト推進協議会提供

**コイの味噌汁**
「里山・里海 暮らし図鑑」柏書房　2012
　◇写65(p180)〔白黒〕　福井県若狭町ハスプロジェクト推進協議会提供
「食の民俗事典」柊風舎　2011
　◇p432〔白黒〕(鯉の味噌汁)　滋賀県近江八幡市沖島

**コカ・コーラのビン**
「民俗小事典 食」吉川弘文館　2013
　◇p94〔白黒〕　1957年日本発売　日本コカ・コーラ株式会社提供

**コショウ味噌**
「食の民俗事典」柊風舎　2011
　◇p335〔白黒〕(アジメコショウとコショウ味噌)　岐阜県中津川市福岡町下野

**コッキビダンゴ**
「民俗資料選集 23 北上山地の畑作習俗」国土地理協会　1995
　◇p125(本文)〔白黒〕　岩手県岩泉町

**寿煎餅**
「日本民俗図誌 4 習俗・飲食篇」村田書店　1978
　◇図137-3〔白黒・図〕　越中〔富山県〕井波　地方名物

**五人百姓が売っている飴**
「あるくみるきく双書 宮本常一とあるいた昭和の日本 24」農山漁村文化協会　2012
　◇p196〔白黒〕　香川県琴平町　金刀比羅宮　㊟〔昭和52～53年〕

**五平餅**
「食の民俗事典」柊風舎　2011
　◇p287〔白黒〕　長野県下伊那郡阿南町新野
「写真ものがたり昭和の暮らし 10」農山漁村文化協会　2007
　◇p114〔白黒・図〕　愛知県の草履形, 長野県・岐阜県の団子形　絵・中嶋俊枝

**胡麻**
「食の民俗事典」柊風舎　2011
　◇p341〔白黒〕　奈良県大和郡山市

**胡麻おにぎり**
「里山・里海 暮らし図鑑」柏書房　2012
　◇写1(p268)〔白黒〕　和歌山県田辺市熊野

**米のなる木**
「日本民俗図誌 4 習俗・飲食篇」村田書店　1978
　◇図136-2〔白黒・図〕　岡山　地方名物

**子安餅**
「食の民俗事典」柊風舎　2011
　◇p430〔白黒〕　福岡県糟屋郡宇美町　宇美八幡宮

**ゴーヤチャンプルー**
「民俗小事典 食」吉川弘文館　2013
　◇p432〔白黒〕　沖縄県

**昆布**
「食の民俗事典」柊風舎　2011
　◇p194〔白黒〕　大阪市　とろろ，おぼろ

**婚礼の折詰**
「いまに伝える 農家のモノ・人の生活館」柏書房　2004
　◇p280 図1〔白黒・図〕　埼玉県大利根町OC家の例　大正15年

**災害用保存飲料水**
「図説 台所道具の歴史」日本図書センター　2012
　◇p129-9・10〔白黒〕(現在市販されている災害用保存飲料水)　1970年代

**魚の塩漬**
「図説 台所道具の歴史」日本図書センター　2012
　◇p183-1〔白黒〕　能登・輪島の朝市　㊟GK

**サクラエビのかき揚げ丼**
「食の民俗事典」柊風舎　2011
　◇p213〔白黒〕　静岡県由比港

**サクラエビの味噌汁**
「食の民俗事典」柊風舎　2011
　◇p213〔白黒〕　静岡県由比港

**桜菓子**
「日本民俗図誌 4 習俗・飲食篇」村田書店　1978
　◇図140-1〔白黒・図〕　〔奈良県〕吉野　地方名物

**桜もち**
「日本民俗図誌 4 習俗・飲食篇」村田書店　1978
　◇図137-2〔白黒・図〕　〔島根県〕城山址の松江公園で売る　地方名物

### 笹飴
「日本民俗図誌 4 習俗・飲食篇」村田書店　1978
◇図141-1〔白黒・図〕　越後〔新潟県〕高田　地方名物

### 笹団子
「写真ものがたり昭和の暮らし 9」農山漁村文化協会　2007
◇p131〔白黒〕　新潟県松之山町（現十日町市）　[撮]小見重義，昭和60年7月

### 笹粽
「日本民俗図誌 4 習俗・飲食篇」村田書店　1978
◇図120-2〔白黒・図〕　長野県下高井郡平穏

### ササマキ
「民俗の事典」岩崎美術社　1972
◇p120〔白黒〕　福島県郡山市川田

### サーターアンダギー
「食の民俗事典」柊風舎　2011
◇p418〔白黒〕　沖縄

### サツマイモの葉柄
「里山・里海 暮らし図鑑」柏書房　2012
◇写23（p89）〔白黒〕（食材として販売されるサツマイモの葉柄）　鳥取県鳥取市賀露中央海鮮市場　8月上旬

### 砂糖菓子
「食の民俗事典」柊風舎　2011
◇p326〔白黒〕（内祝いなどに用いられる砂糖菓子）　奈良市

### 里山の薬草・果実酒
「里山・里海 暮らし図鑑」柏書房　2012
◇写27（p138）〔白黒〕　〔瓶詰めの展示〕　福井県自然保護センター展示

### 讃岐うどん
「民俗の伝承 日本の祭り 秋」立風書房　1977
◇p65-9〔カラー〕　香川県

### 皿鉢料理
「写真ものがたり昭和の暮らし 9」農山漁村文化協会　2007
◇p133〔白黒〕　高知県高知市　[撮]昭和49年　所蔵・日本観光文化研究所
「写真ものがたり昭和の暮らし 3」農山漁村文化協会　2004
◇p166〔白黒〕（皿鉢料理のひと皿）　高知県高知市　[撮]須藤功，昭和58年7月

### 皿鉢料理のタイの活造り
「写真ものがたり昭和の暮らし 3」農山漁村文化協会　2004
◇p166〔白黒〕　兵庫県赤穂市　[撮]須藤功，昭和58年7月

### 三角ちまき
「日本民俗図誌 4 習俗・飲食篇」村田書店　1978
◇図121-1〔白黒・図〕　長崎

### サンボダケの味噌漬け
「食の民俗事典」柊風舎　2011
◇p122〔白黒〕　福島県

### 秋刀魚の押しずし
「食の民俗事典」柊風舎　2011
◇p145〔白黒〕　和歌山県新宮市

### 秋刀魚の丸干し
「食の民俗事典」柊風舎　2011
◇p146〔白黒〕　三重県尾鷲市梶賀

### しいたけめし
「民俗の伝承 日本の祭り 秋」立風書房　1977
◇p65-12〔カラー〕　宮崎県

### シカ刺
「食の民俗事典」柊風舎　2011
◇p226〔白黒〕　静岡市井川 民宿「ふるさと」でふるまわれる　レバー，脳味噌，心臓

### しきし餅
「民俗の伝承 日本の祭り 秋」立風書房　1977
◇p67〔白黒〕　大分県　柞原神社の放生会浜の市

### 自給する保存食や野菜で作った里山集落の料理
「里山・里海 暮らし図鑑」柏書房　2012
◇写26（p218）〔白黒〕　福井県越前市土山町の内上家

### 地胡瓜を入れた冷や汁
「食の民俗事典」柊風舎　2011
◇p303〔白黒〕　宮崎県東臼杵郡椎葉村 龍神館

### シシ鍋
「食の民俗事典」柊風舎　2011
◇p223〔白黒〕　宮崎県日向市東郷町

### 七年忌の膳と折詰
「いまに伝える 農家のモノ・人の生活館」柏書房　2004
◇p280 図2〔白黒・図〕　埼玉県大利根町OK家の日記帳より模写

### 自然薯
「食の民俗事典」柊風舎　2011
◇p105〔白黒〕（栽培化された自然薯）　静岡県牧之原市蛭ヶ谷

### 冶部煮
「民俗小事典 食」吉川弘文館　2013
◇p322〔白黒〕（じぶ煮）　石川県
「食の民俗事典」柊風舎　2011
◇p233〔白黒〕　石川県加賀地方

### 凍餅
「写真でみる日本生活図引 4」弘文堂　1988
◇図75〔白黒〕　秋田県雄勝郡稲川町羽籠　[撮]佐藤久太郎，昭和35年2月
◇図76〔白黒〕　秋田県雄勝郡稲川町久保　[撮]佐藤久太郎，昭和36年2月
◇図77〔白黒〕　秋田県湯沢市　[撮]佐藤久太郎，昭和36年1月
「日本民俗図誌 4 習俗・飲食篇」村田書店　1978
◇図116-2〔白黒・図〕　岩手県平泉地方

### シャッパ（しゃこ）
「民俗資料叢書 15 有明海の漁撈習俗」平凡社　1972
◇図107〔白黒〕　有明海　ウキシャッパ

### 蓴菜
「食の民俗事典」柊風舎　2011
◇p581〔白黒〕　山形県村山市

### 正月用白菜の収穫
「写真でみる日本人の生活全集 1」日本図書センター　2010
◇p138〔白黒〕　山形県東置賜郡梨郷村

### 生姜糖
「食の民俗事典」柊風舎　2011
◇p516〔白黒〕　伊勢市おかげ横丁　伊勢神宮のお札を象ったもの

### 焼酎
「食の民俗事典」柊風舎　2011
◇p395〔白黒〕（さまざまな銘柄の焼酎）

### 醤油豆
「食の民俗事典」柊風舎　2011
◇p45〔白黒〕　香川県丸亀市

### しょうゆもち
「民俗の伝承 日本の祭り 秋」立風書房　1977
◇p64-7〔カラー〕　愛媛県

### 食用昆虫分布図
「食の民俗事典」柊風舎　2011
◇p127〔白黒・図〕（日本の食用昆虫分布図）　出典：野

## 食べ物・飲み物　　食

中健一『虫食む人々の暮らし』

**しょっつる鍋**
「民俗小事典 食」吉川弘文館　2013
◇p319〔白黒〕　秋田県

**シラウオの天ぷら**
「里山・里海 暮らし図鑑」柏書房　2012
◇写67(p180)〔白黒〕　福井県若狭町ハスプロジェクト推進協議会提供

**白ちまき**
「日本民俗図誌 4 習俗・飲食篇」村田書店　1978
◇図121-3〔白黒・図〕　長崎

**新生姜と老成生姜**
「食の民俗事典」柊風舎　2011
◇p340〔白黒〕　島根県簸川郡斐川町出西

**ズイキ(サトイモの茎)の漬け物**
「里山・里海 暮らし図鑑」柏書房　2012
◇写10(p215)〔白黒〕　和歌山県那智勝浦町色川　市原論提供

**すくいずし**
「食の民俗事典」柊風舎　2011
◇p262〔白黒〕　静岡県伊豆市原保　箱ずしからちらしずしへの移行期にあたるもの

**酢牛蒡**
「食の民俗事典」柊風舎　2011
◇p63〔白黒〕(牛蒡喰行事の肴・酢牛蒡)　奈良県磯城郡田原本町多・観音講

**葬式の本膳**
「いまに伝える 農家のモノ・人の生活館」柏書房　2004
◇p278 図2〔白黒・図〕　埼玉県小川町
◇p279 図3〔白黒・図〕　埼玉県川里町

**ソウメンのたいたん**
「食の民俗事典」柊風舎　2011
◇p279〔白黒〕　奈良県大和郡山市

**ソテツの澱粉**
「食の民俗事典」柊風舎　2011
◇p98〔白黒〕　沖縄県八重山郡竹富町鳩間島

**ソテツ味噌**
「里山・里海 暮らし図鑑」柏書房　2012
◇写35(p220)〔白黒〕(保存食や救荒食になるソテツ味噌)　鹿児島県名瀬市産　〔ヤマア製商品〕

**ソバネリ**
「食の民俗事典」柊風舎　2011
◇p270〔白黒〕　山形県村山市

**ソバのオヤキ**
「食の民俗事典」柊風舎　2011
◇p30〔白黒〕　長野県松本市奈川

**ソバのワクドー汁**
「食の民俗事典」柊風舎　2011
◇p30〔白黒〕　宮崎県東臼杵郡椎葉村　龍神館

**ソーレン団子**
「民俗図録 日本人の暮らし」日本図書センター　2012
◇図550〔白黒〕　石川県鹿島郡中乃島村　2升の粉で作る。出棺のときに会葬者に配る　㊞平山敏治郎

**太閤出世餅**
「食の民俗事典」柊風舎　2011
◇p516〔白黒〕　三重県伊勢市 伊勢神宮前

**鯛素麺風のランチ**
「食の民俗事典」柊風舎　2011
◇p134〔白黒〕　愛媛県松山市(宇和島)　姿よく煮た大鯛と宇和海の波と渦に見立てた茹で素麺を大鉢に盛る

**駄菓子**
「写真ものがたり昭和の暮らし 9」農山漁村文化協会　2007
◇p155〔カラー〕　広島県広島市南区南段原町 駄菓子屋　㊞須藤功, 昭和59年11月

**高山のこも豆腐**
「民俗の伝承 日本の祭り 秋」立風書房　1977
◇p67〔白黒〕　岐阜県　春と秋の高山祭り

**竹崎がに**
「民俗資料叢書 15 有明海の漁撈習俗」平凡社　1972
◇図105〔白黒〕　太良町竹崎

**竹の子餅**
「日本民俗図誌 4 習俗・飲食篇」村田書店　1978
◇図139-2〔白黒・図〕　群馬県高崎　地方名物

**蛸飯**
「食の民俗事典」柊風舎　2011
◇p253〔白黒〕　石川県七尾市能登島

**タナゴ(グミ)の果実を採る**
「里山・里海 暮らし図鑑」柏書房　2012
◇写62(p145)〔白黒〕　昭和10年頃　島根県隠岐郡西ノ島町役場提供

**ダマコ汁**
「食の民俗事典」柊風舎　2011
◇p290〔白黒〕　秋田県

**溜り味噌**
「日本民俗図誌 4 習俗・飲食篇」村田書店　1978
◇図131〔白黒・図〕　長野県北安曇郡陸郷村地方　『農村の年中行事』

**タワラ(小)**
「民俗資料叢書 8 田植の習俗3」平凡社　1968
◇図26〔白黒〕(サビラキのコビルに出す朴の葉飯とタワラ(小))　秋田県本荘市鮎瀬

**タワラの中身**
「民俗資料叢書 8 田植の習俗3」平凡社　1968
◇図28〔白黒〕　秋田県本荘市鮎瀬　サビラキのコビルに出す

**団子汁**
「食の民俗事典」柊風舎　2011
◇p303〔白黒〕　大分市府内町

**千曲タクアン**
「写真でみる日本人の生活全集 1」日本図書センター　2010
◇p42〔白黒〕　長野県上田市

**馳走**
「写真でみる日本生活図引 別巻」弘文堂　1993
◇図233〔白黒〕　長野県下伊那郡阿智村　叔母の婚家の馳走、届く　㊞熊谷元一, 昭和32年1月4日

**ちまき**
「日本民俗図誌 4 習俗・飲食篇」村田書店　1978
◇図118〔白黒・図〕
◇図122〔白黒・図〕　茨城県久慈郡太田町
◇図123〔白黒・図〕　富山地方
「民俗の事典」岩崎美術社　1972
◇p120〔白黒〕　福島県郡山市川田

**茶の木の実**
「写真ものがたり昭和の暮らし 9」農山漁村文化協会　2007
◇p113〔カラー〕　宮崎県西都市銀鏡　㊞須藤功, 昭和44年12月

**チャノコ**
「民俗小事典 食」吉川弘文館　2013
◇p242〔白黒〕　高知県吾川郡いの町越裏門　増田昭子提供

### 丁子麩の辛子和え
「食の民俗事典」柊風舎　2011
　◇p296〔白黒〕　滋賀県近江八幡市

### 調味料
「写真でみる日本人の生活全集 1」日本図書センター　2010
　◇p56〔白黒〕（さまざまな調味料）　東京都内 酒屋の店頭　マヨネーズ, 味の素, カラシ, カレー粉など　[撮]昭和31年

### ツクシの佃煮
「里山・里海 暮らし図鑑」柏書房　2012
　◇写20（p217）〔白黒〕　大阪府岬町

### つくばね
「日本民俗図誌 4 習俗・飲食篇」村田書店　1978
　◇図135-2〔白黒・図〕　愛知県熱田の名菓　地方名物

### ツワブキ新茎の佃煮
「里山・里海 暮らし図鑑」柏書房　2012
　◇写21（p217）〔白黒〕　大阪府岬町

### テナガエビ素揚げ
「里山・里海 暮らし図鑑」柏書房　2012
　◇写28（p160）〔白黒〕　大阪府阪南市男里川

### 田楽豆腐
「民俗資料選集 23 北上山地の畑作習俗」国土地理協会　1995
　◇p122（本文）〔白黒〕　岩手県岩泉町下有芸

### 唐灰ちまき
「日本民俗図誌 4 習俗・飲食篇」村田書店　1978
　◇図121-2〔白黒・図〕　長崎

### 道喜粽
「日本民俗図誌 4 習俗・飲食篇」村田書店　1978
　◇図120-1〔白黒・図〕　京都市烏丸通蛤御門前 川端道喜という家

### トウキビの茶、マメ茶、ハブ茶（実）
「食の民俗事典」柊風舎　2011
　◇p404〔白黒〕

### 冬期用保存食料（姥百合円盤）
「日本社会民俗辞典 1」日本図書センター　2004
　◇図版Ⅱ アイヌ（2）〔白黒〕　胆振国累標、森本エカシモ翁方にて所見　アイヌ　[撮]1941年

### 藤団子
「日本民俗図誌 4 習俗・飲食篇」村田書店　1978
　◇図135-1〔白黒・図〕　愛知県熱田　地方名物

### 豆腐
「民俗図録 日本人の暮らし」日本図書センター　2012
　◇図186〔白黒〕　沖縄本島浜比嘉　[撮]林義三

### 豆腐田楽
「食の民俗事典」柊風舎　2011
　◇p291〔白黒〕　三重県
「日本宗教民俗図典 1」法蔵館　1985
　◇図397〔白黒〕（豆腐田楽は御酒上げという式のとき食べる）　静岡県水窪町西浦　[撮]須藤功

### 都会の店頭で今も売られている干柿
「写真でみる日本人の生活全集 1」日本図書センター　2010
　◇p98〔白黒〕

### 栃の実
「食の民俗事典」柊風舎　2011
　◇p92〔白黒〕（乾燥させた栃の実）　長野県飯田市上村下栗
「写真ものがたり昭和の暮らし 2」農山漁村文化協会　2004
　◇p46〔カラー〕（トチの実）　静岡県水窪町　[撮]須藤功, 昭和55年2月
「民俗資料選集 9 山村の生活と用具」国土地理協会　1981
　◇p57（本文）〔白黒〕（トチの実）　愛知県北設楽郡津具村

### ドブガイの酒蒸し
「里山・里海 暮らし図鑑」柏書房　2012
　◇写30（p161）〔白黒〕　奈良県田原本町

### ドングリ食の全国分布
「日本民俗大辞典 下」吉川弘文館　2000
　◇p237〔白黒・図〕　辻稜三「わが国における堅果食の分布に関する基礎的研究」（『立命館文学』535）より

### 生寒天とテンツキ
「食の民俗事典」柊風舎　2011
　◇p200〔白黒〕　石川県七尾市能登島町

### 生しらす
「食の民俗事典」柊風舎　2011
　◇p150〔白黒〕　生姜とネギ、醤油で食べる

### ナマズの蒲焼き
「里山・里海 暮らし図鑑」柏書房　2012
　◇写27（p160）〔白黒〕　大阪府阪南市男里川

### 肉屋の店頭にさげたカモ
「写真でみる日本人の生活全集 1」日本図書センター　2010
　◇p150〔白黒〕（鳥肉屋の店頭にぶら下がったカモ）　東京　師走　正月料理用
「写真ものがたり昭和の暮らし 2」農山漁村文化協会　2004
　◇p184〔白黒〕　秋田県能代市　[撮]南利夫, 昭和27年

### ニンニクとタコの和えもの
「民俗の伝承 日本の祭り 秋」立風書房　1977
　◇p64-3〔カラー〕　沖縄県　種子取の祭り

### 糠床の柿の皮
「食の民俗事典」柊風舎　2011
　◇p576〔白黒〕　京都府相楽郡和束町園

### ねじ
「民俗の伝承 日本の祭り 秋」立風書房　1977
　◇p65-13〔カラー〕　長野県　馬曳き祭り

### ネズミタケ
「日本を知る事典」社会思想社　1971
　◇図21（p326）〔白黒〕　山形県米沢の八百屋で

### 根曲竹のタケノコ
「写真ものがたり昭和の暮らし 2」農山漁村文化協会　2004
　◇p41〔白黒〕　福島県檜枝岐村　[撮]小見重義, 昭和54年5月

### 農家の食膳
「民俗資料叢書 8 田植の習俗3」平凡社　1968
　◇図29〔白黒〕　秋田県本荘市鮎瀬

### ノウサギの肉
「里山・里海 暮らし図鑑」柏書房　2012
　◇写75（p149）〔白黒〕（捕獲したノウサギを解体し細切りした調理前の肉）　岡山県鏡野町

### 能衆稗酒
「食の民俗事典」柊風舎　2011
　◇p394〔白黒〕　静岡県　西浦田楽　現在は米のドブロク

### のっぺい汁
「民俗の伝承 日本の祭り 秋」立風書房　1977
　◇p64-5〔カラー〕　広島県　秋祭り

### 麦芽
「写真ものがたり昭和の暮らし 9」農山漁村文化協会　2007
　◇p113〔カラー〕　宮崎県西都市銀鏡　[撮]須藤功, 昭和44年12月

食べ物・飲み物　　　　　　　　食

薄氷
　「日本民俗図誌 4 習俗・飲食篇」村田書店　1978
　　◇図137-4〔白黒・図〕　越中〔富山県〕石動　地方名物

はぜの干物
　「民俗資料叢書 15 有明海の漁撈習俗」平凡社　1972
　　◇図109〔白黒〕　有明海

鉢の木
　「日本民俗図誌 4 習俗・飲食篇」村田書店　1978
　　◇図139-1〔白黒・図〕　群馬県高崎　地方名物

ハチの子飯（ヘボ飯）
　「写真ものがたり昭和の暮らし 2」農山漁村文化協会　2004
　　◇p51〔カラー〕

ハツダケ
　「日本を知る事典」社会思想社　1971
　　◇図20(p326)〔白黒〕　千葉県勝浦の朝市で

初夢
　「日本民俗図誌 4 習俗・飲食篇」村田書店　1978
　　◇図136-4〔白黒・図〕　長野県飯田　地方名物

ハナサキガニの塩茹で
　「食の民俗事典」柊風舎　2011
　　◇p211〔白黒〕

ハナネリ（澱粉）
　「食の民俗事典」柊風舎　2011
　　◇p55〔白黒〕（イモ団子、イモ団子のお汁粉、ハナネリ（澱粉））　北海道雨竜郡幌加内町添牛内

ハヤの飯鮨（すし）つけ
　「図説 日本民俗学」吉川弘文館　2009
　　◇p22〔白黒〕　会津只見町『会津只見の民具』より

ばら鮨（祭りずし）
　「日本民俗写真大系 4」日本図書センター　1999
　　◇p148〔白黒〕　倉敷市　Ⓒ中村昭夫,1984年

馬鈴薯・荏胡麻味噌まぶし
　「食の民俗事典」柊風舎　2011
　　◇p54〔白黒〕　長野県飯田市上村下栗

馬鈴薯のカッチリ
　「食の民俗事典」柊風舎　2011
　　◇p54〔白黒〕　富山県南砺市利賀村

火打焼
　「日本民俗図誌 4 習俗・飲食篇」村田書店　1978
　　◇図133-1〔白黒・図〕　奈良　春日神社の水茶屋のほとりに荷担の茶棚を置いて祭礼の折などに売る

ヒシ
　「写真ものがたり昭和の暮らし 5」農山漁村文化協会　2005
　　◇p230〔白黒〕　北海道平取町二風谷　Ⓒ須藤功,昭和49年5月　アイヌ資料館に展示

ヒシの実
　「里山・里海 暮らし図鑑」柏書房　2012
　　◇写39 (p164)〔白黒〕（ゆがいて食べるヒシの実）　福井県若狭町ハスプロジェクト推進協議会提供

非常用保存飲料水
　「図説 台所道具の歴史」日本図書センター　2012
　　◇p129-11〔白黒〕

平野シャンペンサイダー
　「民俗小事典 食」吉川弘文館　2013
　　◇p94〔白黒〕　1907年発売　アサヒ飲料株式会社提供

広島のお好み焼き
　「民俗小事典 食」吉川弘文館　2013
　　◇p326〔白黒〕　新谷尚紀提供

瓶詰めのしょっつる
　「食の民俗事典」柊風舎　2011
　　◇p320〔白黒〕　秋田県

ふかしパン
　「写真でみる日本生活図引 別巻」弘文堂　1993
　　◇図87〔白黒〕　長野県下伊那郡阿智村　Ⓒ熊谷元一,昭和31年9月3日

蕗俵
　「食の民俗事典」柊風舎　2011
　　◇p259〔白黒〕　奈良県山辺郡山添村大西

豚の肋骨の汁もの
　「食の民俗事典」柊風舎　2011
　　◇p240〔白黒〕　沖縄県国頭郡今帰仁村

フナずし
　「食の民俗事典」柊風舎　2011
　　◇p367〔白黒〕　滋賀県高島市勝野「老舗喜多品」

フナの甘露煮
　「里山・里海 暮らし図鑑」柏書房　2012
　　◇写62 (p180)〔白黒〕　福井県若狭町ハスプロジェクト推進協議会提供

鮒の串ざし
　「日本民俗図誌 4 習俗・飲食篇」村田書店　1978
　　◇図129〔白黒・図〕　高知県高知地方

フナの刺身
　「里山・里海 暮らし図鑑」柏書房　2012
　　◇写61 (p179)〔白黒〕　福井県若狭町ハスプロジェクト推進協議会提供

フナ豆
　「里山・里海 暮らし図鑑」柏書房　2012
　　◇写64 (p180)〔白黒〕　福井県若狭町ハスプロジェクト推進協議会提供

ふりかけ
　「民俗小事典 食」吉川弘文館　2013
　　◇p194〔白黒〕　海苔ふりかけ,ご飯にかけたふりかけ　三島食品株式会社提供

鰤大根
　「食の民俗事典」柊風舎　2011
　　◇p132〔白黒〕　富山市

ヘダラマキ
　「日本社会民俗辞典 3」日本図書センター　2004
　　◇p1196〔白黒〕　秋田県由利郡笹子村

へんば餅
　「写真ものがたり昭和の暮らし 10」農山漁村文化協会　2007
　　◇p123〔白黒〕　三重県小俣町明野（現伊勢市）　Ⓒ須藤功,昭和46年9月

奉書焼き
　「図説 台所道具の歴史」日本図書センター　2012
　　◇p56-3〔白黒〕　Ⓒ矢野正善

ホウトウ
　「民俗小事典 食」吉川弘文館　2013
　　◇p321〔白黒〕
　「食の民俗事典」柊風舎　2011
　　◇p276〔白黒〕　山梨県

ホウの葉に小豆もちを置いた戦前の田植えの昼食
　「写真ものがたり昭和の暮らし 1」農山漁村文化協会　2004
　　◇p157〔白黒〕　秋田県本荘市石沢　Ⓒ昭和31年6月（田植習俗調査時の再現）　早川孝太郎所蔵

朴葉味噌
　「食の民俗事典」柊風舎　2011

◇p370〔白黒〕　岐阜県高山市松之木町

**朴の木の皿**
「写真でみる日本人の生活全集 1」日本図書センター　2010
　◇p107〔白黒〕　南秋田　豆の粉めし（キナコをつけた白飯）を包んで田植のときにたべる

**朴の葉飯**
「民俗資料叢書 8 田植の習俗3」平凡社　1968
　◇図26〔白黒〕（サビラキのコビルに出す朴の葉飯とタワラ（小））　秋田県本荘市鮎瀬
　◇図27〔白黒〕　秋田県本荘市鮎瀬

**干芋**
「里山・里海 暮らし図鑑」柏書房　2012
　◇写15（p216）〔白黒〕　和歌山県田辺市熊野

**乾かれい**
「日本民俗図誌 4 習俗・飲食篇」村田書店　1978
　◇図128〔白黒・図〕　高知県高知地方

**ホッケのツミレ汁**
「食の民俗事典」柊風舎　2011
　◇p298〔白黒〕　石川県七尾市能登島町

**ホットケーキの素**
「民俗小事典 食」吉川弘文館　2013
　◇p246〔白黒〕　1957年発売　森永製菓株式会社提供

**ポテトチップス**
「民俗小事典 食」吉川弘文館　2013
　◇p251〔白黒〕　発売当初　カルビー株式会社提供

**ボンカレー**
「民俗小事典 食」吉川弘文館　2013
　◇p77〔白黒〕　1968年発売

**本膳料理**
「民俗小事典 食」吉川弘文館　2013
　◇p430〔白黒〕　本膳・二の膳・三の膳　熊倉功夫『日本料理の歴史』2007より

**本膳料理三汁七菜の配膳図**
「民俗小事典 食」吉川弘文館　2013
　◇p431〔白黒・図〕　橋本慶子他編『調理と文化』1993より

**マクワウリ型メロンパン**
「民俗小事典 食」吉川弘文館　2013
　◇p243〔白黒〕　兵庫県神戸市　服部比呂美提供

**マスのイズシ**
「食の民俗事典」柊風舎　2011
　◇p369〔白黒〕　北海道小樽市

**松茸の吸いもの**
「食の民俗事典」柊風舎　2011
　◇p120〔白黒〕　長野県飯田市立石

**祭り寿司**
「民俗の伝承 日本の祭り 秋」立風書房　1977
　◇p64-6〔カラー〕　岡山県

**マハゼ唐揚げ**
「里山・里海 暮らし図鑑」柏書房　2012
　◇写29（p160）〔白黒〕　大阪府阪南市男里川

**真腹切**
「日本民俗図誌 4 習俗・飲食篇」村田書店　1978
　◇図142〔白黒・図〕　越後〔新潟県〕糸魚川　木鰤の塩漬 地方名物　『山村小記』

**ママカリ鮨**
「日本民俗写真大系 4」日本図書センター　1999
　◇p149〔白黒〕　倉敷市　㊟中村昭夫, 1984年

**マムシ（ビン詰め）**
「里山・里海 暮らし図鑑」柏書房　2012
　◇写86（p151）〔白黒〕（ビン詰めで寝かせ強壮剤に熟成させるマムシ）　神奈川県横浜市金沢区

**マンボウ鍋**
「食の民俗事典」柊風舎　2011
　◇p153〔白黒〕　高知県室戸市

**身欠ニシンのはいったそば**
「写真ものがたり昭和の暮らし 3」農山漁村文化協会　2004
　◇p79〔白黒〕　北海道清水町　㊟千葉寛, 昭和60年3月

**御門米飴**
「食の民俗事典」柊風舎　2011
　◇p329〔白黒〕　奈良市

**実山椒**
「食の民俗事典」柊風舎　2011
　◇p337〔白黒〕　奈良県五條市西吉野町湯川

**みたらし団子**
「日本民俗図誌 4 習俗・飲食篇」村田書店　1978
　◇図134-2〔白黒・図〕　〔京都〕下鴨神社　地方名物

**ムキタケの干物**
「食の民俗事典」柊風舎　2011
　◇p122〔白黒〕　福島県

**麦焼き**
「写真でみる日本人の生活全集 1」日本図書センター　2010
　◇p29〔白黒〕　福島県相馬地方

**むつごろ**
「日本民俗図誌 4 習俗・飲食篇」村田書店　1978
　◇図127-2〔白黒・図〕　有明湾の特産

**ムツゴロウ**
「民俗資料叢書 15 有明海の漁撈習俗」平凡社　1972
　◇図110〔白黒〕　有明海

**メカジャ**
「民俗資料叢書 15 有明海の漁撈習俗」平凡社　1972
　◇図103〔白黒〕　有明海

**めはりずし**
「民俗の伝承 日本の祭り 秋」立風書房　1977
　◇p64-8〔カラー〕　和歌山県

**モズクの酢のもの**
「食の民俗事典」柊風舎　2011
　◇p201〔白黒〕　沖縄県

**餅の入った力うどん**
「民俗小事典 食」吉川弘文館　2013
　◇p276〔白黒〕

**森永インスタントコーヒーの広告**
「民俗小事典 食」吉川弘文館　2013
　◇p92〔白黒〕

**森永チョコレートの広告**
「民俗小事典 食」吉川弘文館　2013
　◇p248〔白黒〕　1921年

**森永ミルクキャラメル**
「民俗小事典 食」吉川弘文館　2013
　◇p250〔白黒〕　1914年発売当時

**モロコシまんじゅう**
「食の民俗事典」柊風舎　2011
　◇p32〔白黒〕　山梨県

**モロコの甘露煮**
「里山・里海 暮らし図鑑」柏書房　2012
　◇写63（p180）〔白黒〕　福井県若狭町ハスプロジェクト推進協議会提供

### 八重山地方の海で獲れる魚
「写真ものがたり昭和の暮らし 3」農山漁村文化協会　2004
◇p228〔カラー〕　沖縄県竹富町・新城島　ヒブダイ, サザナミヤッコ, モンガラカワハギ, クマドリ, ホシモンガラ, イシガキダイ, ヒブダイ, バラフエダイ　[撮]須藤功, 昭和47年7月

### 焼米
「日本民俗大辞典 下」吉川弘文館　2000
◇p714〔白黒〕

### 焼米と漬けもの
「食の民俗事典」柊風舎　2011
◇p267〔白黒〕(箱膳にのせられた焼米と漬けもの)

### 山羊汁
「食の民俗事典」柊風舎　2011
◇p239〔白黒〕　沖縄県宜野湾市

### 薬酒類の数々
「食の民俗事典」柊風舎　2011
◇p234〔白黒〕　福井県三方郡美浜町丹生　曹洞宗阿弥陀寺でつくられた

### 山イモ
「写真でみる日本人の生活全集 1」日本図書センター　2010
◇p18〔白黒〕　岩手県西磐井郡萩荘村でとれた長い長い山イモ

### 山川
「日本民俗図誌 4 習俗・飲食篇」村田書店　1978
◇図137-1〔白黒・図〕　〔島根県〕出雲松江　地方名物

### 山川漬け
「食の民俗事典」柊風舎　2011
◇p381〔白黒〕　鹿児島県指宿市福元 個人宅

### 山寺(干菓子)
「日本民俗図誌 4 習俗・飲食篇」村田書店　1978
◇図139-3〔白黒・図〕　山形県山寺　地方名物

### ヤマメの粟ずしの祖型
「食の民俗事典」柊風舎　2011
◇p164〔白黒〕(“ヤマメ(アマゴ)”粟ずしの祖型)　静岡市葵区井川

### 由比丼
「食の民俗事典」柊風舎　2011
◇p213〔白黒〕　静岡県由比港　サクラエビとシラス

### 夕餉の食膳
「写真ものがたり昭和の暮らし 1」農山漁村文化協会　2004
◇p48〔白黒〕　秋田県山内村小松川　[撮]佐藤久太郎, 昭和33年2月
「写真でみる日本生活図引 4」弘文堂　1988
◇図30〔白黒〕　秋田県横手市　[撮]佐藤久太郎, 昭和29年12月
◇図31〔白黒〕　長野県下伊那郡阿智村　[撮]熊谷元一, 昭和31年12月22日

### 湯がきワカメ
「里山・里海 暮らし図鑑」柏書房　2012
◇写18(p190)〔白黒〕　大阪府阪南市尾崎浜

### 雪の下の春菜
「写真でみる日本人の生活全集 1」日本図書センター　2010
◇p40〔白黒〕　新潟県南魚沼郡大崎村

### 茹でて売られているトコロ
「食の民俗事典」柊風舎　2011
◇p109〔白黒〕　新潟県五泉市　天然もの, 栽培もの

### 羊羹
「日本民俗図誌 4 習俗・飲食篇」村田書店　1978
◇図138-2〔白黒・図〕　宮崎県佐土原　地方名物

### 四ツ目饅頭
「日本民俗図誌 4 習俗・飲食篇」村田書店　1978
◇図139-4〔白黒・図〕　讃岐〔香川県〕丸亀　地方名物

### ライスカレー
「写真でみる日本人の生活全集 1」日本図書センター　2010
◇p22〔白黒〕　東京の某食堂

### 蘆餅
「日本民俗図誌 4 習俗・飲食篇」村田書店　1978
◇図117-1〔白黒・図〕　和歌山県熊野山間地方　5月初節供

### ワサビの花茎
「食の民俗事典」柊風舎　2011
◇p336〔白黒〕　静岡県有東木のワサビ畑　地元だけに出まわる季節的食材

### ワッパ汁
「日本民俗写真大系 8」日本図書センター　2000
◇p89〔白黒〕　新潟県粟島浦村　粟島名物　[撮]中俣正義, 1968年

### ワニ料理
「食の民俗事典」柊風舎　2011
◇p138〔白黒〕　広島県庄原市口和町「まんさく茶屋」刺身, 湯ぶき

### ワラスボの干物
「民俗資料叢書 15 有明海の漁撈習俗」平凡社　1972
◇図108〔白黒〕　有明海

### ワンカップ(明治時代)
「図説 台所道具の歴史」日本図書センター　2012
◇p197-7〔白黒〕(明治時代のワンカップ)　明治末　会津若松市・此花酒蔵・河野本店の陶製1合瓶　会津若松・会津酒造博物館

# 台所道具・食器類

### あいがめ(染屋焼)
「日本の生活文化財」第一法規出版　1965
◇図104(食)〔白黒〕　上田市立博物館所蔵

### アイスクリーム・フリーザー
「図説 台所道具の歴史」日本図書センター　2012
◇p15-16・p175-5〔写真・カラー/白黒〕　輸出向け日本製　青森市・県立郷土館

### 青土瓶
「日本民俗図誌 4 習俗・飲食篇」村田書店　1978
◇図145-1〔白黒・図〕　島根県八来郡志名

食　　　　　　　　　　　　　　　　　　台所道具・食器類

**秋田焼**
「日本郷土 風俗・民芸・芸能図鑑」日本図書センター　2012
　◇写真篇 秋田〔白黒〕　秋田県　〔だるまの急須と湯のみ〕

**アサカゴ**
「あるくみるきく双書 宮本常一とあるいた昭和の日本 19」農山漁村文化協会　2012
　◇p97〔白黒〕　新潟県佐渡郡畑野町　魚、野菜入れ　㊙工藤員功

**脚付丸折敷**
「日本民俗大辞典 上」吉川弘文館　1999
　◇p258〔白黒〕　武蔵野美術大学民俗資料室所蔵

**足踏搗臼**
「日本民具の造形」淡交社　2004
　◇p105〔白黒〕　兵庫県 春日町歴史民俗資料館所蔵

**圧力釜**
「今は昔 民具など」文芸社　2014
　◇p121〔白黒〕　竈用の圧力釜　㊙山本富三　阪南市歴史資料展示室蔵
「図説 台所道具の歴史」日本図書センター　2012
　◇p90-2・3〔白黒・写真/図〕　図2：昭和初期のもの　北海道・滝川郷土館, 沼畑金四郎著『家庭科図説』岩崎書店・昭和25年

**圧力鍋**
「今は昔 民具など」文芸社　2014
　◇p120〔白黒〕　㊙山本富三　阪南市歴史資料展示室蔵

**アテギ**
「図録・民具入門事典」柏書房　1991
　◇p34〔白黒〕　岐阜県　揺木のこと

**あぶらいれ（丹波焼）**
「日本の生活文化財」第一法規出版　1965
　◇図86〔食〕〔白黒〕　綾部市立丹波焼収蔵庫所蔵（京都府綾部市上野町）

**油しぼり機**
「写真で見る農具 民具」農林統計協会　1988
　◇p156〔白黒〕　愛媛県御荘町　昭和前期から25年頃
　◇p156〔白黒〕　宮崎県門川町　昭和20年代

**油しめ**
「日本の民具 3 山・漁村」慶友社　1992
　◇図83〔白黒〕　岩手県 紫波　㊙薗部澄
　◇図85〔白黒〕　岩手県　㊙薗部澄

**油壺**
「図説 台所道具の歴史」日本図書センター　2012
　◇p12-5〔カラー〕　愛知県・一宮町郷土資料館

**あぶりこ**
「写真で見る農具 民具」農林統計協会　1988
　◇p285〔白黒〕　茨城県水戸市　昭和40年頃まで　いろりに置いて餅などを置くとき使用

**甘酒器**
「図説 台所道具の歴史」日本図書センター　2012
　◇p81-13〔白黒〕　鹿児島市立美術館

**洗い桶**
「図説 台所道具の歴史」日本図書センター　2012
　◇p142-1〔白黒〕　青森県三沢・小川原湖民俗博物館
　◇p142-2〔白黒〕　素木　愛媛県・新居浜市立郷土館
　◇p142-5〔白黒〕（明治末の洗い桶）　女子美術学校の割烹講習会　明治44年『婦人画報』

**アライカゴ**
「写真ものがたり昭和の暮らし 9」農山漁村文化協会　2007
　◇p201〔白黒〕（スイノウ・アライカゴ・コメアゲザル・菅製の弁当入れ）　新潟県松之山町（現十日町市）　使う前に陽にあてている　㊙小見重義, 昭和58年4月

**アラメエツケ**
「あるくみるきく双書 宮本常一とあるいた昭和の日本 19」農山漁村文化協会　2012
　◇p117〔白黒〕　鹿児島県金峰町　魚干しと野菜入れ　㊙工藤員功

**あられ炒り**
「日本民具の造形」淡交社　2004
　◇p102〔白黒〕　広島県 瀬戸田町歴史民俗資料館所蔵

**アルマイト麥湯冷し**
「図説 台所道具の歴史」日本図書センター　2012
　◇p139-14〔白黒〕（魔法瓶とアルマイト麥湯冷し）　昭和13年『婦人画報』8月号

**アルミ鋳物伊予釜**
「図説 台所道具の歴史」日本図書センター　2012
　◇p86-2〔白黒〕　愛媛県・新居浜市立郷土館

**アルミ小鍋**
「図説 台所道具の歴史」日本図書センター　2012
　◇p86-1〔白黒〕（使い古したアルミ小鍋）　北海道・滝川市郷土館

**「アルミニューム」鍋**
「図説 台所道具の歴史」日本図書センター　2012
　◇p85-17〔白黒・図〕　実用新案 明治42年

**粟櫃**
「図説 台所道具の歴史」日本図書センター　2012
　◇p43-8〔白黒〕　青森県三沢・小川原湖民俗博物館
　◇p43-9〔白黒〕（精粟木津（きつ＝櫃））　文久2年（墨書）　青森県三沢・小川原湖民俗博物館

**泡立て器**
「図説 台所道具の歴史」日本図書センター　2012
　◇p176-1〔白黒〕　明治大正をつうじて人気のあった米国製の回転道具　佐渡・小木民俗博物館

**あんこ**
「図説 台所道具の歴史」日本図書センター　2012
　◇p12-1〔カラー〕　素焼き。手あぶりや餅焼きなどに用いる　佐渡・小木民俗博物館
　◇p102-1・2〔白黒〕　手あぶりや餅焼きなどに用いる　愛知県・大府市民俗資料館, 愛知県鳳来町・医王寺民俗資料館

**アンビン**
「日本民俗図誌 4 習俗・飲食篇」村田書店　1978
　◇図144〔白黒・図〕　沖縄県那覇の郊外壺屋で作られる土瓶

**いかき**
「日本民具の造形」淡交社　2004
　◇p110〔白黒〕　岐阜県 丹生川村民俗資料保存館所蔵

**石臼**
「図説 台所道具の歴史」日本図書センター　2012
　◇p47-6〔白黒〕　軟石製　愛媛県西条市・東予民芸館
「日本民具の造形」淡交社　2004
　◇p106〔白黒〕　神奈川県 横須賀市自然人文博物館所蔵
「写真ものがたり昭和の暮らし 1」農山漁村文化協会　2004
　◇p231〔白黒〕（円形の自家用の石うす）　新潟県山古志村小松倉　米をひいて粉にする　㊙須藤功, 昭和45年12月
「日本の民具 3 山・漁村」慶友社　1992
　◇図82〔白黒〕　地域不明　㊙薗部澄
「民具のみかた一心とかたち」第一法規出版　1983
　◇p112〔白黒・図〕（イシウスの部分名）
「日本民俗図誌 4 習俗・飲食篇」村田書店　1978
　◇図167-2〔白黒・図〕　香川県仲多度郡佐柳

民俗風俗 図版レファレンス事典（衣食住・生活篇）　**59**

台所道具・食器類　　　　　　　　　　　食

石臼（茶臼）
　「食の民俗事典」柊風舎　2011
　　◇p523〔白黒〕　福島県河沼郡会津坂下町
石臼と茶壺
　「図説 台所道具の歴史」日本図書センター　2012
　　◇p27-4〔白黒〕
石くどこ
　「日本民具の造形」淡交社　2004
　　◇p97〔白黒〕　広島県 三原歴史民俗資料館所蔵
石製鍋
　「図説 台所道具の歴史」日本図書センター　2012
　　◇p77-10〔白黒〕　愛媛県西条市・東予民芸館
石の挽き臼
　「里山・里海 暮らし図鑑」柏書房　2012
　　◇写28（p91）〔白黒〕　鹿児島県沖永良部島　コムギやマメ、コメを粉にする　知名町中央公民館郷土資料室展示
石鉢
　「日本民具の造形」淡交社　2004
　　◇p30〔白黒〕　茨城県 堺町歴史民俗資料館所蔵
イジョケ
　「あるくみるきく双書 宮本常一とあるいた昭和の日本 19」農山漁村文化協会　2012
　　◇p120〔白黒〕　鹿児島県西桜島村　夏季の飯入れ
　　㊞工藤員功
石綿製むし焼器
　「図説 台所道具の歴史」日本図書センター　2012
　　◇p85-18〔白黒〕　昭和7年『婦人画報』6月号
いずこ
　「写真で見る農具 民具」農林統計協会　1988
　　◇p286〔白黒〕　山形県長井市　昭和27年頃まで
イズミ
　「今は昔 民具など」文芸社　2014
　　◇p37〔白黒〕（藁いづみ）「めしつぐら」「いづめ」とも　㊞山本富三　橿原市今井町屋敷蔵
　「日本民俗大辞典 下」吉川弘文館　2000
　　◇p839〔白黒・図〕　滋賀県高島郡朽木村　釜の保温　藁製
イヅメ
　「民具のみかた一心とかたち」第一法規出版　1983
　　◇p105〔白黒〕　石川県白山麓　曲物製品
イタアシゼン
　「図録・民具入門事典」柏書房　1991
　　◇p41〔白黒〕　東京都
いたあし膳
　「日本民具の造形」淡交社　2004
　　◇p113〔白黒〕　岐阜県 日下部民芸館所蔵
板垣式すき焼鍋
　「図説 台所道具の歴史」日本図書センター　2012
　　◇p30-1〔白黒・図〕　明治43年
一升徳利
　「日本民俗図誌 4 習俗・飲食篇」村田書店　1978
　　◇図151-1〔白黒・図〕
いびりかん
　「図説 台所道具の歴史」日本図書センター　2012
　　◇p59-13〔白黒〕　酒の燗をつける　徳島県石井町・中野民芸考古館、愛媛県・大洲城山郷土館
芋洗い
　「写真ものがたり昭和の暮らし 9」農山漁村文化協会　2007
　　◇p20〔白黒〕　福島県下郷町大内　木枝で作ったもの

　　㊞須藤功, 昭和44年8月
イモアライカゴ
　「あるくみるきく双書 宮本常一とあるいた昭和の日本 19」農山漁村文化協会　2012
　　◇p109〔白黒〕　大分県宇佐市　里芋洗い　㊞工藤員功
芋洗い棒
　「図説 台所道具の歴史」日本図書センター　2012
　　◇p140-1〔白黒〕　福島県田島町・奥会津歴史民俗資料館
芋おろし（芋すり機）
　「図説 台所道具の歴史」日本図書センター　2012
　　◇p37-6〔白黒〕　青森市・県立郷土館
芋鉋
　「図説 台所道具の歴史」日本図書センター　2012
　　◇p37-4〔白黒〕　青森市・県立郷土館
芋車（いもあらい）
　「図説 台所道具の歴史」日本図書センター　2012
　　◇p140-2〔白黒〕　秩父市立民俗博物館
伊予釜
　「日本民具の造形」淡交社　2004
　　◇p99〔白黒〕　愛媛県 愛媛民芸館所蔵
いられかん
　「図説 台所道具の歴史」日本図書センター　2012
　　◇p103-9〔白黒〕　ブリキ製の酒燗器の一種　高知市・大津民館
　　◇p103-10〔白黒〕　高知県・池川郷土館
いりなべ
　「写真で見る農具 民具」農林統計協会　1988
　　◇p285〔白黒〕　石川県金沢市　昭和20年頃まで
煎り鍋
　「図説 台所道具の歴史」日本図書センター　2012
　　◇p72-1～3〔白黒〕　鉄製　愛媛県・新居浜市立郷土館、新潟県村上・磐舟文華博物館
炒り鍋
　「日本民具の造形」淡交社　2004
　　◇p102〔白黒〕　山形県 村山市農村文化保存伝承館所蔵
入れ子桶
　「日本民具の造形」淡交社　2004
　　◇p71〔白黒〕　熊本県 熊本市立熊本博物館所蔵
入れ子曲わっぱ
　「日本民具の造形」淡交社　2004
　　◇p22〔白黒〕　秋田県 大館市立烏潟郷土資料館所蔵
　　◇p114〔白黒〕（入子曲わっぱ）　岩手県 碧祥寺博物館所蔵
岩七厘
　「日本郷土 風俗・民芸・芸能図鑑」日本図書センター　2012
　　◇写真篇 秋田〔白黒〕　秋田県
飲料水貯蔵用水甕
　「図説 台所道具の歴史」日本図書センター　2012
　　◇p134-2・3〔白黒〕　新潟県村上・磐舟文華博物館
うさぎだる
　「日本の生活文化財」第一法規出版　1965
　　◇図37（食）〔白黒〕　致道博物館所蔵（山形県鶴岡市）
兎樽
　「日本の民具 1 町」慶友社　1992
　　◇図171〔白黒〕　㊞薗部澄
　「民具のみかた一心とかたち」第一法規出版　1983
　　◇p44〔白黒〕（ウサギダル（兎樽））　山形県庄内地方
兎の骨を叩くための石皿
　「食の民俗事典」柊風舎　2011

食　　　　　　　　　　　　　　　　　　　台所道具・食器類

　　◇p229〔白黒〕　石川県白山市白峰　長坂吉之助家
**牛の戸鉢**
　「日本郷土 風俗・民芸・芸能図鑑」日本図書センター　2012
　　◇写真篇 鳥取〔白黒〕　鳥取県 牛の戸
**ウス**
　「日本民俗文化財事典（改訂版）」第一法規出版　1979
　　◇図41〔白黒〕　山形県
**臼**
　「民俗図録 日本人の暮らし」日本図書センター　2012
　　◇図176〔白黒〕（臼(1)）　宮崎県西臼杵郡上椎葉村　稗を臼で搗いているところ　㊞白澤文一
　　◇図177〔白黒〕（臼(2)）　岩手県九戸郡山形村荷軽部　テッキギ（手杵）と呼ばれる竪杵とクビリウス。稗搗きなどに使用　㊞大間知篤三
　　◇図178〔白黒〕（臼(3)）　鹿児島県川辺郡西南方村　クビレ臼の一形
　　◇図179〔白黒〕（臼(4)）　鹿児島県指宿市宮ヶ浜　八丈島でタテウスと呼ぶのと同一形式　㊞國分直一
　　◇図180〔白黒〕（臼(5)）　東京都新島　粟などを搗く足踏みの石臼　㊞坂口一雄
　　◇図181〔白黒〕（臼(6)）　東京都新島　餅つき臼　㊞坂口一雄
　「図説 台所道具の歴史」日本図書センター　2012
　　◇p36-1〔白黒〕（臼の群れ）　佐渡・小木民俗博物館の前庭　収容しきれないほど集まった臼　㊞GK
**臼（ニシュウ）**
　「図説 台所道具の歴史」日本図書センター　2012
　　◇p44-4〔白黒〕　釧路・白糠で採集　アイヌの生活用具。稗・粟をつく，澱粉を取る　北海道・釧路市立郷土博物館
**臼と杵**
　「図説 台所道具の歴史」日本図書センター　2012
　　◇p43-10〔白黒〕（白杵）　佐渡・小木民俗博物館
　　◇p163-1〔白黒〕　世田谷ほろ市　㊞GK，昭和49年末
　「民俗資料叢書 1 田植の習俗1」平凡社　1965
　　◇図69〔白黒〕　岩手県江刺市伊手のナゴネ　餅つき用の杵（千本杵）
**臼と竪杵**
　「日本民具の造形」淡交社　2004
　　◇p105〔白黒〕　鹿児島県 坊津町歴史民俗資料館所蔵
**臼と手杵**
　「日本民俗図誌 5 農耕・漁撈篇」村田書店　1978
　　◇図73-4〔白黒・図〕　アイヌ
**臼と横杵**
　「日本民具の造形」淡交社　2004
　　◇p105〔白黒〕（臼・横杵）　新潟県 田上町民俗資料館所蔵
**ウスブタ（臼蓋）**
　「民具のみかた一心とかたち」第一法規出版　1983
　　◇p129〔白黒〕　新潟県秋山郷
**打菓子道具**
　「日本の民具 1 町」慶友社　1992
　　◇図119〔白黒〕　㊞薗部澄
**打菓子の型**
　「日本の民具 1 町」慶友社　1992
　　◇図117〔白黒〕　㊞薗部澄
**内朱遊山弁当箱**
　「あるくみるきく双書 宮本常一とあるいた昭和の日本 23」農山漁村文化協会　2012
　　◇p16-8〔白黒〕　徳島県美馬郡半田町逢坂　㊞竹内久雄　竹内家現存 半田製漆器

**うどん揚げ**
　「日本民具の造形」淡交社　2004
　　◇p107〔白黒〕　富山県 大山町歴史民俗資料館所蔵
**うどんあげ笊**
　「日本を知る事典」社会思想社　1971
　　◇図63(p363)〔白黒・図〕
**うどんこま**
　「図説 台所道具の歴史」日本図書センター　2012
　　◇p34-5〔白黒〕　新潟県村上・磐舟文華博物館
**うどんざる**
　「図説 台所道具の歴史」日本図書センター　2012
　　◇p174-1〔白黒〕　揚げ笊の類　愛知県・東海市立郷土資料館
**ウドンスクイ**
　「図録・民具入門事典」柏書房　1991
　　◇p33〔白黒〕　静岡県　国立民族学博物館所蔵
**うどんづくりの用具**
　「図説 民俗探訪事典」山川出版社　1983
　　◇p33〔白黒〕　埼玉県入間地方
**うどんのあっため籠**
　「図説 民俗探訪事典」山川出版社　1983
　　◇p33〔白黒〕　埼玉県秩父地方
**うどんばし**
　「写真 日本文化史 9」日本評論新社　1955
　　◇図38〔白黒〕　埼玉県，愛知県
**饂飩蒸し籠**
　「日本民俗図誌 4 習俗・飲食篇」村田書店　1978
　　◇図181-1〔白黒・図〕（饂飩蒸しの籠）　三重県上野町　『工芸』47
　　◇図181-2〔白黒・図〕　大分県別府　『工芸』47
　　◇図181-3〔白黒・図〕　富山県神光町　『工芸』47
**うなぎ焼き**
　「日本民具の造形」淡交社　2004
　　◇p97〔白黒〕　島根県 出雲民芸館所蔵
**柄附「スポンヂ」護謨束子**
　「図説 台所道具の歴史」日本図書センター　2012
　　◇p148-8〔白黒・図〕
**エトテップ**
　「日本民俗図誌 4 習俗・飲食篇」村田書店　1978
　　◇図196〔白黒・図〕　アイヌ使用の片口　『工芸』107
**絵土瓶**
　「日本民俗図誌 4 習俗・飲食篇」村田書店　1978
　　◇図146-1〔白黒・図〕　〔滋賀県〕信楽町神山
**柄長杓子**
　「食の民俗事典」柊風舎　2011
　　◇p564〔白黒〕　奈良県生駒郡安堵町
**エビツ**
　「図録・民具入門事典」柏書房　1991
　　◇p42〔白黒〕　青森県　小川原湖博物館所蔵
**エンスイアライカゴ**
　「あるくみるきく双書 宮本常一とあるいた昭和の日本 19」農山漁村文化協会　2012
　　◇p96〔白黒〕　㊞工藤員功
**御祝用御鉢**
　「図説 台所道具の歴史」日本図書センター　2012
　　◇p166-3〔白黒〕　明治41年製作　㊞GK 井草民俗資料館
**扇盆**
　「日本民具の造形」淡交社　2004

# 台所道具・食器類　　　食

◇p72〔白黒〕　群馬県 水上町歴史民俗資料館所蔵

## 大おろし
「図説 台所道具の歴史」日本図書センター　2012
◇p172-4・5〔白黒〕　銅板　福島県会津・旧五十嵐家住宅

## 大釜とこしき
「図説 台所道具の歴史」日本図書センター　2012
◇p78-1〔白黒〕　旧奈良家住宅（秋田県立博物館）

## 大盃
「民俗資料叢書 10 木地師の習俗2」平凡社　1969
◇図48〔白黒〕　岐阜県根尾谷地方〔本巣市〕　木地挽小椋伝次郎と書入れあり

## 大壺
「日本民俗図誌 4 習俗・飲食篇」村田書店　1978
◇図159〔白黒・図〕　日田皿山産　せんべい入れ

## 大鉄瓶
「日本民具の造形」淡交社　2004
◇p101〔白黒〕　広島県 瀬戸田町歴史民俗資料館所蔵

## 大徳利
「図説 台所道具の歴史」日本図書センター　2012
◇p187-6〔白黒〕　鹿児島県・種子島旧南島民俗博物館

## 大鍋
「図説 台所道具の歴史」日本図書センター　2012
◇p80-10〔白黒〕　新潟県新津・北方文化博物館

## おかめせんべいの型
「日本の民具 1 町」慶友社　1992
◇図118〔白黒〕　㈱薗部澄

## オカモチ
「いまに伝える 農家のモノ・人の生活館」柏書房　2004
◇p104 写真2〔白黒〕　埼玉県小川町
「日本の生活文化財」第一法規出版　1965
◇図25・26（食）〔白黒〕　秋田経済大学雪国民俗研究所所蔵（秋田市茨島）

## オキガメ
「日本民俗図誌 4 習俗・飲食篇」村田書店　1978
◇図187-2〔白黒・図〕　静岡県地方　『静岡県方言誌』

## オキベントウ（沖弁当）
「民具のみかた―心とかたち」第一法規出版　1983
◇p59〔白黒〕　石川県舳倉島

## オクル
「図説 台所道具の歴史」日本図書センター　2012
◇p40-2〔白黒〕　アイヌの生活用具。粥をつぶして流す　北海道・白老民俗資料館

## 桶セット
「図説 台所道具の歴史」日本図書センター　2012
◇p27-9〔白黒〕　飯櫃、片手桶、醬油樽、洗い桶（米磨ぎ桶？）、水汲み桶（手桶）

## おしき
「日本の生活文化財」第一法規出版　1965
◇図12（食）〔白黒〕　国学院大学神道学資料室所蔵（東京都渋谷区）

## 折敷膳
「民俗資料叢書 1 田植の習俗1」平凡社　1965
◇図91〔白黒〕　岩手県遠野市小友町鳴沢

## 押寿司器
「日本民具の造形」淡交社　2004
◇p107〔白黒〕　岐阜県 伊自良村歴史民俗資料館所蔵

## 押鮨道具
「図説 台所道具の歴史」日本図書センター　2012
◇p13-9〔カラー〕　新潟県山辺里出　新潟県村上・磐舟文華博物館

## 押鮓箱
「図説 台所道具の歴史」日本図書センター　2012
◇p189-1〔白黒〕　明治時代　愛媛県・新居浜市立郷土館
◇p189-2〔白黒〕　愛知県・東海市立郷土資料館

## 押し抜き
「日本民具の造形」淡交社　2004
◇p44〔白黒〕　岐阜県 旧遠山家民俗館所蔵　報恩講などの仏前供物を造るときに使用　御飯の大きさ・形を揃える

## 押抜鮓の道具
「図説 台所道具の歴史」日本図書センター　2012
◇p189-3・4〔白黒〕　香川県坂出・瀬戸内海歴史民俗資料館

## 押麦機
「写真で見る農具 民具」農林統計協会　1988
◇p157〔白黒〕　愛媛県双海町　明治時代後期　麦の圧扁機

## オージョーケ
「図録・民具入門事典」柏書房　1991
◇p41〔白黒〕　長崎県対馬　竹製の飯籠

## オタマ
「あるくみるきく双書 宮本常一とあるいた昭和の日本 19」農山漁村文化協会　2012
◇p111〔白黒〕　大分県別府市　味噌を漉す　㈱工藤員功

## お茶挽き臼
「図説 台所道具の歴史」日本図書センター　2012
◇p171-12〔白黒〕　愛知県・岡崎市郷土館

## お手塩皿
「図説 台所道具の歴史」日本図書センター　2012
◇p14-8〔カラー〕　愛媛県・道後町　明治時代

## おとうのしるつぎ
「日本の民具 2 農村」慶友社　1992
◇図243〔白黒〕　兵庫県　㈱薗部澄

## 男臼の構造
「日本民俗図誌 5 農耕・漁撈篇」村田書店　1978
◇図74-2〔白黒・図〕

## 踊り鯛
「日本民具の造形」淡交社　2004
◇p257〔白黒〕　神奈川県 江戸民具街道所蔵　落雁を造る型

## おにおろし
「日本の生活文化財」第一法規出版　1965
◇図110（食）〔白黒〕　文部省史料館所蔵（東京都品川区）

## 鬼おろし
「図説 台所道具の歴史」日本図書センター　2012
◇p171-8〔白黒〕　歯は竹製　福島県田島町・奥会津歴史民俗資料館
◇p171-10・11〔白黒〕（自家製の鬼おろし）　杉板に竹を植え込んだもの　佐渡・小木民俗博物館
「民具のみかた―心とかたち」第一法規出版　1983
◇p197〔白黒〕（オニオロシ（鬼おろし））　富山県五箇山

## 鬼の腕徳利
「日本民具の造形」淡交社　2004
◇p117〔白黒〕　鹿児島県 坊津町歴史民俗資料館所蔵

## 尾鷲メッパ
「精選 日本民俗辞典」吉川弘文館　2006
◇p490〔白黒〕（曲物　尾鷲メッパ）
「日本民俗大辞典 下」吉川弘文館　2000

◇p567〔白黒〕(曲物　尾鷲メッパ)

**オハチ**
「いまに伝える　農家のモノ・人の生活館」柏書房　2004
　　◇p233 写真1〔白黒〕　埼玉県小川町
「写真で見る農具 民具」農林統計協会　1988
　　◇p286〔白黒〕　秋田県井川町　昭和20年から30年頃　木製おひつ
「写真 日本文化史 9」日本評論新社　1955
　　◇図42〔白黒〕　鹿児島県　めしびつ

**おはち鍋**
「日本の民具 2 農村」慶友社　1992
　　◇図242〔白黒〕　広島県　薗部澄

**お櫃**
「日本民具の造形」淡交社　2004
　　◇p111〔白黒〕　兵庫県 神戸深江生活文化資料館所蔵

**おひつ入れ**
「写真で見る農具 民具」農林統計協会　1988
　　◇p287〔白黒〕　愛媛県弓削町　昭和25年頃まで
「フォークロアの眼 2 雪国と暮らし」国書刊行会　1977
　　◇図112〔白黒〕　新潟県十日町市諏訪町　藁製　中俣正義、昭和34年1月15日

**お櫃入れ**
「日本民具の造形」淡交社　2004
　　◇p111〔白黒〕　埼玉県 飯能市郷土館所蔵

**御神酒三方**
「日本民具の造形」淡交社　2004
　　◇p176〔白黒〕　高知県 佐川町立民具館所蔵　祝事の際、神に供える酒とそれを載せる三方

**折箱の角の形態**
「いまに伝える　農家のモノ・人の生活館」柏書房　2004
　　◇p281 図3〔白黒・図〕　直角, 角切, 角丸

**オロシ**
「図録・民具入門事典」柏書房　1991
　　◇p37〔白黒〕　青森県　小川原湖博物館所蔵

**おろしがね**
「図説 台所道具の歴史」日本図書センター　2012
　　◇p172-1・2〔白黒〕　薄板銅板の出廻る以前の鍛冶屋の製した武骨なもの　新潟県村上・磐舟文華博物館

**おろし金**
「図説 台所道具の歴史」日本図書センター　2012
　　◇p173-6〔白黒〕(手づくりのおろし金)　札幌市・北海道開拓記念館
　　◇p173-7〔白黒〕(ブリキのおろし金)　佐渡・小木民俗博物館

**おろしき**
「日本民具の造形」淡交社　2004
　　◇p106〔白黒〕　京都府 京都府立丹後郷土資料館所蔵

**おろし皿**
「図説 台所道具の歴史」日本図書センター　2012
　　◇p11-7〔カラー〕(陶製おろし皿)　愛知県鳳来町・医王寺民俗資料館
　　◇p170-4〔白黒〕　徳島県大谷産　愛媛県西条市・東予民芸館

**温水器**
「図説 台所道具の歴史」日本図書センター　2012
　　◇p110-1〔白黒〕　『冨山房百科』・昭和8年刊「家庭電化」

**小鹿田焼**
「日本郷土 風俗・民芸・芸能図鑑」日本図書センター　2012
　　◇口絵〔カラー〕　大分県日田郡大鶴村の窯　「らっきょう甕」　日本民芸館所蔵
　　◇写真篇 大分〔白黒〕　大分県

**オンマサン**
「日本民俗図誌 4 習俗・飲食篇」村田書店　1978
　　◇図173-2〔白黒・図〕　京都府愛宕郡花背村　三徳と茶釜

**貝杓子**
「日本民俗図誌 4 習俗・飲食篇」村田書店　1978
　　◇図182-1〔白黒・図〕

**廻重**
「日本民具の造形」淡交社　2004
　　◇p114〔白黒〕　北海道 松前町郷土資料館所蔵

**会席膳**
「民俗資料選集 2 木地師の習俗」国土地理協会　1974
　　◇p14(口絵)〔白黒〕　石川県　輪島塗 素地アテ材 指物成型
「日本を知る事典」社会思想社　1971
　　◇図54(p359)〔白黒・図〕

**廻転する西洋料理用器具**
「図説 台所道具の歴史」日本図書センター　2012
　　◇p175-7〔白黒〕　上は肉挽機、下はコーヒー挽器　明治39年『婦人画報』9月号

**貝鍋**
「日本民具の造形」淡交社　2004
　　◇p102〔白黒〕　青森県 金木町立歴史民俗資料館所蔵

**皆買式氷水製造機**
「図説 台所道具の歴史」日本図書センター　2012
　　◇p139-15〔白黒〕　昭和初期　奥会津歴史民俗資料館

**改良鍋兼変容式蒸煮器**
「図説 台所道具の歴史」日本図書センター　2012
　　◇p88-6・7〔白黒・図〕(鍋釜発明工夫の1例)　実用新案　昭和5年　改良鍋兼変容式蒸煮器

**鏡樽**
「民具のみかた一心とかたち」第一法規出版　1983
　　◇p43〔白黒〕(カガミダル(鏡樽))　山形県庄内地方
「図説 民俗探訪事典」山川出版社　1983
　　◇p49〔白黒〕　山形・庄内地方　農民が行楽用に酒を入れて運んだもの

**かくぜん**
「日本の生活文化財」第一法規出版　1965
　　◇図15〜17(食)〔白黒〕　秋田経済大学雪国民俗研究所所蔵(秋田市茨島)
　　◇図18〜21(食)〔白黒〕　秋田経済大学雪国民俗研究所所蔵(秋田市茨島)

**角膳**
「図説 台所道具の歴史」日本図書センター　2012
　　◇p11-9〔カラー〕　新潟県村上・磐舟文華博物館
「日本民俗文化財事典(改訂版)」第一法規出版　1979
　　◇図55〔白黒〕

**角湯桶**
「日本民俗図誌 4 習俗・飲食篇」村田書店　1978
　　◇図153-3〔白黒・図〕　長野県西筑摩郡奈良井

**カーゴ**
「写真でみる日本人の生活全集 1」日本図書センター　2010
　　◇p108〔白黒・図〕　愛知県北設楽郡本郷町中本家　宮本馨太郎による
「図録・民具入門事典」柏書房　1991
　　◇p42〔白黒〕　愛知県

**かご**
「日本の生活文化財」第一法規出版　1965
　　◇図64(食)〔白黒〕　文部省史料館所蔵(東京都品川区)

## 台所道具・食器類　　食

**籠櫃**
「食の民俗事典」柊風舎　2011
◇p559〔白黒〕（籠櫃・飯莫蓙）　福井県三方郡美浜町所蔵

**籠櫃（吊り下げ型）**
「食の民俗事典」柊風舎　2011
◇p559〔白黒〕（吊り下げ型）　大分県臼杵市野津町西神野

**傘酒器**
「日本民具の造形」淡交社　2004
◇p118〔白黒〕　宮城県　麹屋コレクション所蔵

**傘徳利**
「日本民具の造形」淡交社　2004
◇p117〔白黒〕　兵庫県 沢の鶴資料館所蔵

**重ね木盃と銚子**
「日本を知る事典」社会思想社　1971
◇図42（p354）〔白黒・図〕

**笠間の蓋附壺**
「日本郷土 風俗・民芸・芸能図鑑」日本図書センター　2012
◇写真篇 茨城〔白黒〕　茨城県 笠間

**飾行器**
「日本民俗図誌 3 調度・服飾篇」村田書店　1977
◇図28〔白黒・図〕　千葉県安房地方　祝い事の時に使用

**菓子器**
「図説 台所道具の歴史」日本図書センター　2012
◇p14-6〔カラー〕　ボンボンを入れる蓋物　鹿児島市立美術館
「日本民具の造形」淡交社　2004
◇p38〔白黒〕　福岡県 久留米市諏訪野町文化財収蔵庫所蔵
「民俗資料叢書 10 木地師の習俗2」平凡社　1969
◇図30〔白黒〕　愛知県北設楽郡稲武町

**菓子型**
「日本民具の造形」淡交社　2004
◇p44〔白黒〕　高知県 土佐町民俗資料館所蔵　落雁の菓子型
◇p257〔白黒〕　鹿児島県 高山町歴史民俗資料館　落雁の型
「図説 民俗探訪事典」山川出版社　1983
◇p35〔白黒・図〕（菓子づくり用の菓子型）　自家用の干菓子づくりの押し型

**菓子櫃**
「日本民俗図誌 4 習俗・飲食篇」村田書店　1978
◇図161〔白黒・図〕（塗物の菓子櫃）　岩手県の盛岡や日詰で売っている　「工芸」47

**菓子椀**
「民俗資料叢書 10 木地師の習俗2」平凡社　1969
◇図31〔白黒〕　愛知県北設楽郡稲武町

**瓦斯竈**
「図説 台所道具の歴史」日本図書センター　2012
◇p113-15〔白黒〕（専売特許瓦斯竈）　明治37年『瓦斯営業案内』
◇p113-16・17〔白黒〕　大正14年『瓦斯器具案内』

**ガス高速レンジ**
「図説 台所道具の歴史」日本図書センター　2012
◇p116-1〔白黒・図〕（電子レンジに対抗したガス高速レンジ）　昭和53年　コンベック　資料提供・大阪ガス

**ガス七輪**
「図説 台所道具の歴史」日本図書センター　2012
◇p16-1〔カラー〕（陶製ガス七厘）　鹿児島市内で入手　第二次大戦中　GK研究所蔵

◇p113-14〔白黒〕（瓦斯七輪）　明治37年『瓦斯営業案内』

**ガス・自動ストップ炊飯器**
「図説 台所道具の歴史」日本図書センター　2012
◇p113-11〔白黒〕　昭和6年「瓦斯器具案内」東京瓦斯KK

**カステラ鍋**
「図説 台所道具の歴史」日本図書センター　2012
◇p84-10〔白黒・図〕　『食道楽』春の巻、柴田書店

**カゼトオシ**
「あるくみるきく双書 宮本常一とあるいた昭和の日本 19」農山漁村文化協会　2012
◇p102〔白黒〕　岩手県一戸町　カゼ（ウニ）の身をふるう　㈹工藤員功

**カタクチ**
「民俗資料選集 9 山村の生活と用具」国土地理協会　1981
◇p116（本文）〔白黒〕　使用者：愛知県北設楽郡津具村・夏目家　製作地：長野県 用途は液体関係容器
◇p117（本文）〔白黒〕　製作者：当郡豊根村川宇連・小椋栄造　年代昭和初期　液体用の容器
「日本民俗文化財事典（改訂版）」第一法規出版　1979
◇図58〔白黒〕
「日本の生活文化財」第一法規出版　1965
◇図75（食）〔白黒〕　綾部市立丹波焼収蔵庫所蔵（京都府綾部市上野町）
◇図76（食）〔白黒〕　致道博物館所蔵（山形県鶴岡市）

**片口**
「日本民具の造形」淡交社　2004
◇p38〔白黒〕　青森県 青森県立郷土館所蔵
「日本の民具 1 町」慶友社　1992
◇図176〔白黒〕　㈹薗部澄
「民具のみかた一心とかたち」第一法規出版　1983
◇p46〔白黒〕（カタクチ（片口））　富山県富山市
「日本民俗図誌 4 習俗・飲食篇」村田書店　1978
◇図160-1〔白黒・図〕　岩手県九戸郡久慈村　久慈焼

**片口木鉢**
「日本民具の造形」淡交社　2004
◇p58〔白黒〕　群馬県 水上町歴史民俗資料館所蔵

**片手口酒樽**
「日本の民具 1 町」慶友社　1992
◇図168〔白黒〕　㈹薗部澄

**鰹節削りの回転道具化**
「図説 台所道具の歴史」日本図書センター　2012
◇p176-4〔白黒〕　愛知県・東海市立郷土資料館
◇p176-5〔白黒・図〕　昭和9年『婦人画報』

**鰹節削機**
「図説 台所道具の歴史」日本図書センター　2012
◇p15-15〔カラー〕　戦前の発明品　愛知県・東海市立郷土資料館

**かてきり**
「日本の民具 3 山・漁村」慶友社　1992
◇図81〔白黒〕　宮城県　㈹薗部澄

**角めんつ**
「日本民俗図誌 4 習俗・飲食篇」村田書店　1978
◇図163-1〔白黒・図〕　長野県西筑摩郡奈良井産　弁当箱

**樺鍋**
「日本民俗図誌 3 調度・服飾篇」村田書店　1977
◇図33-1・2〔白黒・図〕　樺太アイヌ

**カブセハンデエ**
「いまに伝える 農家のモノ・人の生活館」柏書房　2004
◇p104 図1〔白黒・写真／図〕　埼玉県川里町

兜鍋
　「図説 台所道具の歴史」日本図書センター　2012
　　◇p81-11〔白黒〕　徳島県石井町・中野民芸考古館
かぼけ
　「日本の民具 3 山・漁村」慶友社　1992
　　◇図109〔白黒〕　熊本県 八代　山村で茶の葉を入れたもの　㊞薗部澄
かま
　「日本の生活文化財」第一法規出版　1965
　　◇図41（食）〔白黒〕　文部省史料館所蔵（東京都品川区）
釜
　「図説 台所道具の歴史」日本図書センター　2012
　　◇p82-2〔白黒〕　青森県・八戸市立歴史民俗資料館
　「いまに伝える 農家のモノ・人の生活館」柏書房　2004
　　◇p148 写真1〔白黒〕（ごはんを炊く釜）　埼玉県所沢市
　「日本の民具 2 農村」慶友社　1992
　　◇図168〔白黒〕　長野県　㊞薗部澄
かましき
　「日本の民具 2 農村」慶友社　1992
　　◇図172〔白黒〕　東京都　㊞薗部澄
釜（または鍋）シキ
　「フォークロアの眼 2 雪国と暮らし」国書刊行会　1977
　　◇図115〔白黒〕　新潟県十日町市諏訪町　藁製　㊞中俣正義, 昭和34年1月15日
釜敷
　「日本民具の造形」淡交社　2004
　　◇p53〔白黒〕　京都府 京都府立丹後郷土資料館所蔵
　　◇p72〔白黒〕　静岡県 大東町郷土資料館
　　◇p99〔白黒〕　長野県 山形村ふるさと伝承館
釜と尻据え
　「図説 台所道具の歴史」日本図書センター　2012
　　◇p79-10〔白黒〕　会津若松・会津武家屋敷
カマとふた
　「日本民俗文化財事典（改訂版）」第一法規出版　1979
　　◇図43〔白黒〕
ガマハンバキ
　「日本民俗文化財事典（改訂版）」第一法規出版　1979
　　◇図186〔白黒〕
釜磨たわし
　「図説 台所道具の歴史」日本図書センター　2012
　　◇p148-5〔白黒・図〕　煤掻きは鉄線
紙製鍋
　「図説 台所道具の歴史」日本図書センター　2012
　　◇p85-16〔白黒・図〕（鍋の材質変化）　実用新案 昭和4年 紙製鍋
甕
　「日本民具の造形」淡交社　2004
　　◇p109〔白黒〕　島根県 鹿島町立歴史民俗資料館所蔵
かめ（丹波焼）
　「日本の生活文化財」第一法規出版　1965
　　◇図92（食）〔白黒〕　綾部市立丹波焼収蔵庫所蔵（京都府綾部市上野町）
　　◇図102・103（食）〔白黒〕　綾部市立丹波焼収蔵庫所蔵（京都府綾部市上野町）
カメノコザル
　「図録・民具入門事典」柏書房　1991
　　◇p32〔白黒〕　東京都八丈島
亀の子笊
　「日本民俗図誌 4 習俗・飲食篇」村田書店　1978
　　◇図179-2〔白黒・図〕　鶴岡市　米揚げ笊に使用　『工芸』47

通い徳利
　「今は昔 民具など」文芸社　2014
　　◇p68〔白黒〕（酒燗具と通い徳利）　㊞山本富三 五個荘近江商人屋敷蔵
　「日本民具の造形」淡交社　2004
　　◇p118〔白黒〕　岩手県 遠野市伝承館所蔵
カラウス
　「日本民俗図誌 5 農耕・漁撈篇」村田書店　1978
　　◇図78-1〔白黒・図〕　長野県下伊那郡川路村地方
碓
　「図説 台所道具の歴史」日本図書センター　2012
　　◇p46-1〔白黒〕　旧奈良家住宅（秋田県立博物館）
唐臼
　「今は昔 民具など」文芸社　2014
　　◇p110〔白黒〕　㊞山本富三 木治屋蔵（奈良）
唐臼と横杵
　「日本を知る事典」社会思想社　1971
　　◇図57（p360）〔白黒〕
皮製の盆
　「日本民俗図誌 4 習俗・飲食篇」村田書店　1978
　　◇図200-5〔白黒・図〕　アイヌ
カワムキ
　「図録・民具入門事典」柏書房　1991
　　◇p34〔白黒〕　東京都
　「民具のみかた―心とかたち」第一法規出版　1983
　　◇p196〔白黒〕（カワムキ（皮剥き））　新潟県秋山郷 栃の実用
簡易製麺機
　「図説 台所道具の歴史」日本図書センター　2012
　　◇p35-9・10〔白黒〕　大正期　札幌市・北海道開拓記念館
燗器
　「日本民具の造形」淡交社　2004
　　◇p117〔白黒〕　静岡県 春野町歴史民俗資料館所蔵
甘藷切り機
　「写真で見る農具 民具」農林統計協会　1988
　　◇p154〔白黒〕　高知県物部村　昭和16年から20年頃
かんす
　「日本民具の造形」淡交社　2004
　　◇p99〔白黒〕　山口県 由宇町歴史民俗資料館所蔵
かんつけ
　「図説 台所道具の歴史」日本図書センター　2012
　　◇p103-11〔白黒〕　燗徳利が2本入る　高知市・大津民具館
かんてき
　「図説 台所道具の歴史」日本図書センター　2012
　　◇p67-13〔白黒〕　佐渡・小木民俗博物館
燗徳利
　「あるくみるきく双書 宮本常一とあるいた昭和の日本 19」農山漁村文化協会　2012
　　◇p30〔白黒〕（白磁器の燗徳利）　山口県萩市小畑　㊞神崎宣武，〔昭和45年〕
　「日本を知る事典」社会思想社　1971
　　◇図45（p355）〔白黒・図〕
燗徳利の型
　「日本民俗図誌 4 習俗・飲食篇」村田書店　1978
　　◇図151-3～6〔白黒・図〕
かんなぎ
　「日本の民具 3 山・漁村」慶友社　1992

## 台所道具・食器類　　　食

◇図225〔白黒〕　広島県　太田川の川舟乗りが船中の食事で使用する入れ物　㊅薗部澄

**カンナベ**
「図録・民具入門事典」柏書房　1991
◇p38〔白黒〕　石川県

**燗鍋**
「日本を知る事典」社会思想社　1971
◇図48(p356)〔白黒・図〕

**かんぶろ**
「図説 台所道具の歴史」日本図書センター　2012
◇p104-3・4〔白黒〕　超小型瞬間湯沸器　高知市・大津民具館, 種子島旧莇島民俗博物館

**燗風呂**
「日本民具の造形」淡交社　2004
◇p116〔白黒〕　長野県　阿南町歴史民俗資料館所蔵

**桔梗文蓋付桶**
「日本民具の造形」淡交社　2004
◇p67〔白黒〕　熊本県 宇土市網田焼の里資料館所蔵

**キクザル**
「あるくみるきく双書 宮本常一とあるいた昭和の日本 19」農山漁村文化協会　2012
◇p102〔白黒〕　岩手県一戸町　菊ノリを作る　㊅工藤員功

**木具膳**
「民俗資料叢書 1 田植の習俗1」平凡社　1965
◇図126〔白黒〕　岩手県遠野市上郷町佐比内

**菊盆**
「民俗資料叢書 7 木地師の習俗1」平凡社　1968
◇図44〔白黒〕　滋賀県　木地の製品

**きざら**
「民俗資料選集 9 山村の生活と用具」国土地理協会　1981
◇p117(本文)〔白黒〕　菓子器用
◇p119(本文)〔白黒〕　製作者：当郡設楽町神田・原田清三郎　昭和初期　物を盛るのに使用

**木地木鉢**
「日本民俗図誌 3 調度・服飾篇」村田書店　1977
◇図23-1〔白黒・図〕　栗材

**木地の製品**
「民俗資料叢書 10 木地師の習俗2」平凡社　1969
◇図24〔白黒〕(製品)　愛知県北設楽郡稲武町　茶盆, 茶托, 菓子鉢台, 茶盆, なつめ

**木地鉢**
「民俗資料選集 2 木地師の習俗」国土地理協会　1974
◇p8(口絵)〔白黒〕　新潟県糸魚川市大所木地屋

**木杓子**
「日本民俗図誌 4 習俗・飲食篇」村田書店　1978
◇図182-2〔白黒・図〕

**きじゅうろう**
「図説 台所道具の歴史」日本図書センター　2012
◇p169-8〔白黒〕　片口の捏ね鉢　北海道・浦河町立郷土博物館

**木地椀**
「日本の民具 3 山・漁村」慶友社　1992
◇図42〔白黒〕　新潟県西頸城郡　㊅薗部澄

**木磨臼**
「図説 台所道具の歴史」日本図書センター　2012
◇p45-6〔白黒〕　籾摺り用 松材　青森県三沢・小川原湖民俗博物館
◇p45-7・8〔白黒〕　籾摺り用　高知県・東津野村愛郷文化館

◇p45-9〔白黒〕　松材　八戸市立歴史民俗資料館

**キッチンワゴン**
「図説 台所道具の歴史」日本図書センター　2012
◇p178-1〔白黒〕　松下電器　昭和45年「婦人画報」
◇p178-2〔白黒〕　昭和40年 東京タワーショールーム

**きつねあし**
「日本の民具 2 農村」慶友社　1992
◇図199〔白黒〕　東京都西多摩郡　㊅薗部澄

**杵**
「写真で見る農具 民具」農林統計協会　1988
◇p154〔白黒〕　山形県白鷹町　昭和45年頃まで　餅搗用

**木の匙**
「日本民俗図誌 4 習俗・飲食篇」村田書店　1978
◇図199-1・2〔白黒・図〕　アイヌ

**木ノ舟**
「日本民俗図誌 4 習俗・飲食篇」村田書店　1978
◇図187-5〔白黒・図〕　静岡県地方　『静岡県方言誌』

**木の笓**
「日本民俗図誌 4 習俗・飲食篇」村田書店　1978
◇図199-3・4〔白黒・図〕　アイヌ

**キバチ**
「図録・民具入門事典」柏書房　1991
◇p35〔白黒〕　新潟県
「日本の生活文化財」第一法規出版　1965
◇図5(食)〔白黒〕　文部省史料館所蔵(東京都品川区)
◇図7(食)〔白黒〕　文部省史料館所蔵(東京都品川区)
◇図8・9(食)〔白黒〕　秋田経済大学雪国民俗研究所所蔵(秋田市茨島)
「写真 日本文化史 9」日本評論新社　1955
◇図44〔白黒〕

**木鉢**
「図説 台所道具の歴史」日本図書センター　2012
◇p40-5〔白黒〕　カラフトアイヌの生活用具　北海道・旭川郷土博物館
◇p42-4〔白黒〕　柿渋塗り　山形県鶴岡・致道博物館
◇p168-6〔白黒〕　山形県鶴岡・致道博物館
「日本の民具 3 山・漁村」慶友社　1992
◇図77〔白黒〕　岩手県 遠野　㊅薗部澄
「日本民俗図誌 4 習俗・飲食篇」村田書店　1978
◇図187-1〔白黒・図〕　静岡県地方　『静岡県方言誌』

**キャクゼン(一般客人用)**
「食の民俗事典」柊風舎　2011
◇p561〔白黒〕　オヤワン・シルワン・オカサ・ヒラワン・ツボワン　写真提供：糸魚川市教育委員会

**キャラメル鍋**
「図説 台所道具の歴史」日本図書センター　2012
◇p88-1・2〔白黒〕　カルメ焼をつくる道具セット　秋田県・昭和町立歴史民俗資料館

**キャンピング大鍋**
「図説 台所道具の歴史」日本図書センター　2012
◇p91-7〔白黒〕　ホープKK

**急須や土瓶類(会津本郷焼)**
「あるくみるきく双書 宮本常一とあるいた昭和の日本 19」農山漁村文化協会　2012
◇p148〔白黒〕(会津本郷焼の急須や土瓶類)　福島県大沼郡会津美里町本郷　㊅神崎宣武, 〔昭和48～49年〕

**牛鍋**
「図説 台所道具の歴史」日本図書センター　2012
◇p83-13〔白黒〕　明治初期　会津酒造博物館

経木弁当箱
　「日本民具の造形」淡交社　2004
　　◇p73〔白黒〕　山形県　致道博物館所蔵

切溜
　「日本民具の造形」淡交社　2004
　　◇p114〔白黒〕　茨城県　利根町立歴史民俗資料館所蔵

錦地惣盆と八十物
　「あるくみるきく双書 宮本常一とあるいた昭和の日本 23」農山漁村文化協会　2012
　　◇p17-12〔白黒〕　徳島県美馬郡半田町逢坂　㈹竹内久雄　竹内家現存　半田製漆器

食道楽に登場する新式の爐
　「図説 台所道具の歴史」日本図書センター　2012
　　◇p68-4〔白黒・図〕

ぐいのみ
　「日本を知る事典」社会思想社　1971
　　◇図41(p354)〔白黒・図〕(ぐいのみ・土器盃・焼物盃)

櫛差し内黒朱膳
　「あるくみるきく双書 宮本常一とあるいた昭和の日本 23」農山漁村文化協会　2012
　　◇p16-3〔白黒〕　徳島県美馬郡半田町逢坂　㈹吉野洋三　竹内家現存　半田製漆器

櫛差し黒内朱重箱
　「あるくみるきく双書 宮本常一とあるいた昭和の日本 23」農山漁村文化協会　2012
　　◇p7〔白黒〕　徳島県美馬郡半田町　㈹吉野洋三

櫛差し螺鈿重箱
　「あるくみるきく双書 宮本常一とあるいた昭和の日本 23」農山漁村文化協会　2012
　　◇p16-7〔白黒〕　徳島県美馬郡半田町逢坂　㈹吉野洋三　竹内家現存　半田製漆器

串の使い方のいろいろ
　「図説 民具探訪事典」山川出版社　1983
　　◇p30〔白黒・図〕　つま折り、行木ざし、扇ざし、ねえりざし、アユざし、ぬいざし、すくいざし、エビの姿焼き　『日本人の調理器具』より

果物籠
　「日本民具の造形」淡交社　2004
　　◇p110〔白黒〕　京都府　京都府立山城郷土資料館所蔵

口付甕（雲助の類）
　「図説 台所道具の歴史」日本図書センター　2012
　　◇p197-3〔白黒〕　鹿児島産　新潟県村上・磐舟文華博物館

口附徳利
　「日本民俗図誌 4 習俗・飲食篇」村田書店　1978
　　◇図150〔白黒・図〕　大分県日田の小鹿田皿山

くちひろ
　「日本民具の造形」淡交社　2004
　　◇p100〔白黒〕　三重県 東員町郷土資料館所蔵

クッキングカード
　「図説 台所道具の歴史」日本図書センター　2012
　　◇p25-8〔白黒〕　「COOK料理カード」KK千趣会

クビリウシ
　「日本民俗図誌 5 農耕・漁撈篇」村田書店　1978
　　◇図77-2〔白黒・図〕　岩手県岩手郡雫石地方　テキギ（手杵）を使用

くびれ臼
　「精選 日本民俗辞典」吉川弘文館　2006
　　◇p68〔白黒・図〕　山形県鶴岡
　「日本民俗大辞典 上」吉川弘文館　1999
　　◇p164〔白黒・図〕　山形県鶴岡地方

クボウス（竪臼）
　「食の民俗事典」柊風舎　2011
　　◇p518〔白黒〕　福島県南会津郡南会津町

クリドウ（穀入れ）
　「民具のみかた―心とかたち」第一法規出版　1983
　　◇p192〔白黒〕　新潟県秋山郷　米や稗などを貯蔵する

くりぬきの食器
　「日本民俗図誌 4 習俗・飲食篇」村田書店　1978
　　◇図200-6・7〔白黒・図〕　アイヌ

くりぬきばち
　「日本の生活文化財」第一法規出版　1965
　　◇図6(食)〔白黒〕　高山市立飛騨民俗館所蔵
　　◇図10(食)〔白黒〕　文部省史料館所蔵（東京都品川区）

くり鉢
　「図説 台所道具の歴史」日本図書センター　2012
　　◇p42-1〔白黒〕　木鉢　新潟県新津・北方文化博物館

くりへい箸
　「日本民具の造形」淡交社　2004
　　◇p3〔カラー〕　大分県　大分県立歴史博物館所蔵

グリルペット
　「図説 台所道具の歴史」日本図書センター　2012
　　◇p55-1〔白黒〕　焼鳥を焼く　㈹GK

くるみ膳
　「民俗小事典 食」吉川弘文館　2013
　　◇p364〔白黒・図〕　下男・下女用

黒内八寸膳
　「あるくみるきく双書 宮本常一とあるいた昭和の日本 23」農山漁村文化協会　2012
　　◇p7〔白黒〕　徳島県美馬郡半田町　㈹吉野洋三

黒塗酒樽
　「日本の民具 1 町」慶友社　1992
　　◇図169〔白黒〕　㈹薗部澄

黒漆塗りの御器と猪口
　「いまに伝える 農家のモノ・人の生活館」柏書房　2004
　　◇p278 図1〔白黒・写真/図〕　埼玉県川里町

黒ジョカ
　「日本民具の造形」淡交社　2004
　　◇p309〔白黒〕　鹿児島県 長島歴史民俗資料館所蔵

加銚子
　「日本民具の造形」淡交社　2004
　　◇p118〔白黒〕（長柄銚子・加銚子）　静岡県　韮山町旧江川家住宅所蔵

軍隊用パン焼器
　「図説 台所道具の歴史」日本図書センター　2012
　　◇p88-3〔白黒〕　高知県・池川郷土館

けご
　「日本の民具 3 山・漁村」慶友社　1992
　　◇図111〔白黒〕　高知県　㈹薗部澄

けしねびつ
　「図説 台所道具の歴史」日本図書センター　2012
　　◇p43-6〔白黒〕　桐材　山形県鶴岡・致道博物館
　　◇p43-7〔白黒〕　桐材　山形県鶴岡・致道博物館

げじょ
　「図説 台所道具の歴史」日本図書センター　2012
　　◇p80-6〔白黒・図〕

削り節
　「日本民具の造形」淡交社　2004
　　◇p49〔白黒〕　福岡県　志摩町歴史資料館所蔵

台所道具・食器類　　　　　　　　　　食

### 健康鍋
「図説 台所道具の歴史」日本図書センター　2012
　◇p90-4〔白黒・図〕　昭和9年『婦人画報』3月号

### 建水
「精選 日本民俗辞典」吉川弘文館　2006
　◇p490〔白黒〕(曲物　建水)
「日本民俗大辞典 下」吉川弘文館　2000
　◇p567〔白黒〕(曲物　建水)

### 兼用釜
「図説 台所道具の歴史」日本図書センター　2012
　◇p75-18〔白黒〕　蒸し器と飯炊き釜を兼用　福島県田島町・奥会津歴史民俗資料館

### 小臼
「図説 台所道具の歴史」日本図書センター　2012
　◇p165-7〔白黒〕　馬鈴薯などを潰す　北海道・白老民俗資料館
　◇p165-8〔白黒〕　世田谷ぼろ市　㊊GK
　◇p167-6〔白黒〕(石製小臼)　東京都 三宅島　東京都武蔵野郷土館

### 高蒔絵茶盆と茶托
「民俗資料叢書 10 木地師の習俗2」平凡社　1969
　◇図38〔白黒〕　愛知県北設楽郡稲武町

### 合鹿平皿
「民俗資料選集 2 木地師の習俗」国土地理協会　1974
　◇p15(口絵)〔白黒〕　石川県

### 合鹿ひら椀
「民俗資料選集 2 木地師の習俗」国土地理協会　1974
　◇p15(口絵)〔白黒〕　石川県

### 合鹿椀
「民俗資料選集 2 木地師の習俗」国土地理協会　1974
　◇p15(口絵)〔白黒〕　石川県

### 氷かき
「図説 台所道具の歴史」日本図書センター　2012
　◇p15-17〔カラー〕　佐渡・小木民俗博物館

### コガイ
「日本民俗図誌 4 習俗・飲食篇」村田書店　1978
　◇図175-2〔白黒・図〕　長崎地方　手桶

### ゴカゴ
「図説 台所道具の歴史」日本図書センター　2012
　◇p145-7〔白黒〕　洗い物の水切り　青森市・県立郷土館
　◇p145-8〔白黒〕　呉器籠の意か　青森県三沢・小川原湖民俗博物館
「図録・民具入門事典」柏書房　1991
　◇p32〔白黒〕　青森県　小川原湖民俗博物館所蔵

### コキ箸
「民俗の事典」岩崎美術社　1972
　◇p167〔白黒・図〕

### 黒漆椀と皿類
「あるくみるきく双書 宮本常一とあるいた昭和の日本 23」農山漁村文化協会　2012
　◇p17-9〔白黒〕　徳島県美馬郡半田町逢坂　㊊吉野洋三　竹内家現存　半田製漆器

### 穀物貯蔵セイロウ
「食の民俗事典」柊風舎　2011
　◇p554〔白黒〕　岩手県久慈市山形町

### コゲツカズ
「図説 台所道具の歴史」日本図書センター　2012
　◇p88-5〔白黒・図〕　アルミ製　大正元年『婦人画報』9月号

### 小皿
「日本民具の造形」淡交社　2004
　◇p66〔白黒〕　大阪府 高槻市立歴史民俗資料館所蔵

### コシキ
「図録・民具入門事典」柏書房　1991
　◇p33〔白黒〕　富山県　利賀村民俗資料館所蔵
「民俗学辞典(改訂版)」東京堂出版　1987
　◇図版16(p204)〔白黒・図〕　橋浦泰雄画
「日本の生活文化財」第一法規出版　1965
　◇図69・70(食)〔白黒〕　文部省史料館所蔵(東京都品川区)

### 甑
「図説 台所道具の歴史」日本図書センター　2012
　◇p74-4・5〔白黒〕(近代の甑)　やきもの　香川県・瀬戸内海歴史民俗資料館

### 五節句盆
「民俗資料叢書 10 木地師の習俗2」平凡社　1969
　◇図29〔白黒〕　愛知県北設楽郡稲武町

### ゴチョウビツ
「食の民俗事典」柊風舎　2011
　◇p175〔白黒〕　美浜町所蔵

### コップ洗器
「図説 台所道具の歴史」日本図書センター　2012
　◇p148-3〔白黒・図〕(マニラ製コップ洗器)　昭和9年『婦人画報』6月号

### コップ清掃器
「図説 台所道具の歴史」日本図書センター　2012
　◇p148-4〔白黒〕(ゴム製コップ清掃器(クリーナー))　昭和11年『婦人画報』

### コネバチ
「民俗資料選集 25 焼畑習俗」国土地理協会　1997
　◇p7(口絵)〔白黒〕　岐阜県白川村御母衣　木のコブを利用して作成　旧遠山家民俗館蔵
　◇p39(本文)〔白黒・図〕(コネバチ(大小2ケ))　岐阜県白川村御母衣　木のコブなどをくり抜いて作ってある　旧遠山家民俗館蔵
「日本民俗文化財事典(改訂版)」第一法規出版　1979
　◇図57〔白黒〕

### こね鉢
「図説 台所道具の歴史」日本図書センター　2012
　◇p40-1〔白黒〕(こね鉢の一種)　アイヌの生活用具　北海道・白老民俗資料館
　◇p40-3〔白黒〕(こね鉢の一種)　青森県三沢・小川原湖民俗博物館
　◇p41-7〔白黒〕　アイヌの生活用具　北海道・白老民俗資料館
「民俗資料叢書 10 木地師の習俗2」平凡社　1969
　◇図65〔白黒〕　岐阜県 根尾谷地方〔本巣市〕

### 捏ね鉢
「図説 台所道具の歴史」日本図書センター　2012
　◇p168-5〔白黒〕　愛媛県西条市・東予民芸館
　◇p168-7〔白黒〕　拭き漆　愛媛県西条市・東予民芸館
「日本民具の造形」淡交社　2004
　◇p22〔白黒〕　富山県 富山市民俗民芸村所蔵

### コネバチとサハチ
「いまに伝える 農家のモノ・人の生活館」柏書房　2004
　◇p151 写真1〔白黒〕(うどん生地をこねるコネバチとサハチ)　埼玉県小川町

### コバチ
「図録・民具入門事典」柏書房　1991
　◇p42〔白黒〕(セートンゴー・ハシ・コバチ)　長崎県漁村で用いる弁当容器。曲物

「日本の生活文化財」第一法規出版　1965
◇図1（食）〔白黒〕　高山市立飛騨民俗館所蔵

### ごはんちぐら
「日本民具の造形」淡交社　2004
◇p111〔白黒〕　新潟県 水原町ふるさと農業歴史資料館所蔵

### 珈琲炙り器械
「図説 台所道具の歴史」日本図書センター　2012
◇p73-11・12〔白黒〕　『婦人画報』明治39年9月号

### コーヒーメーカー
「図説 台所道具の歴史」日本図書センター　2012
◇p86-6・7〔白黒〕（アルミ製コーヒーメーカー）　[撮]GK　昭和11年『婦人画報』の紹介記事より，現在（1970年代）のシアーズ商品

### コーヒー沸シ
「図説 台所道具の歴史」日本図書センター　2012
◇p110-1〔白黒〕　『冨山房百科』・昭和8年刊「家庭電化」

### コブジャク
「民具のみかた―心とかたち」第一法規出版　1983
◇p102〔白黒〕　石川県白山麓　木のこぶを利用した杓子（刳物製品）

### コブバチ
「民具のみかた―心とかたち」第一法規出版　1983
◇p101〔白黒〕　石川県白山麓　木鉢（刳物製品）

### 胡麻煎り
「図説 台所道具の歴史」日本図書センター　2012
◇p73-7〔白黒〕　徳島県石井町・中野民芸考古館
◇p73-8〔白黒〕　佐渡・小木民俗博物館

### コメアゲザル
「写真ものがたり昭和の暮らし 9」農山漁村文化協会　2007
◇p201〔白黒〕（スイノウ・アライカゴ・コメアゲザル・菅製の弁当入れ）　新潟県松之山町（現十日町市）　使う前に陽にあてている　[撮]小見重義，昭和58年4月

### 米揚笊
「民俗小事典 食」吉川弘文館　2013
◇p358〔白黒〕　埼玉県入間市　武蔵野美術大学民俗資料室所蔵
「あるくみるきく双書 宮本常一とあるいた昭和の日本 19」農山漁村文化協会　2012
◇p180〔白黒〕（鴨居にかけて保管されている米揚げ笊やスイノウ）　宮城県岩出山町　[撮]工藤員功
◇p209〔白黒〕（米揚げザル）　熊本県　[撮]工藤員功
「精選 日本民俗辞典」吉川弘文館　2006
◇p231〔白黒〕　埼玉県入間市　武蔵野美術大学民俗資料室所蔵
「日本民俗大辞典 上」吉川弘文館　1999
◇p713〔白黒〕　埼玉県入間市　武蔵野美術大学民俗資料室所蔵
「日本民俗図誌 4 習俗・飲食篇」村田書店　1978
◇図180-1〔白黒・図〕（米揚げ笊）　岩手県一戸町　『工芸』47

### 米唐櫃
「日本民具の造形」淡交社　2004
◇p111〔白黒〕　滋賀県 近江八幡市立資料館所蔵

### コメザル（タケブチ）
「あるくみるきく双書 宮本常一とあるいた昭和の日本 19」農山漁村文化協会　2012
◇p97〔白黒〕　新潟県佐渡郡畑野町　[撮]工藤員功

### 米搗き
「食の民俗事典」柊風舎　2011
◇p519〔白黒〕　福島県大沼郡金山町

### 米搗き瓶
「図説 台所道具の歴史」日本図書センター　2012
◇p34-1〔白黒〕　二次大戦中　模造・GK　[撮]GK

### 米磨ぎ桶
「図説 台所道具の歴史」日本図書センター　2012
◇p140-5・6〔白黒〕　愛知県鳳来町・医王寺民俗資料館

### 米淅ぎ笊
「図説 台所道具の歴史」日本図書センター　2012
◇p140-3〔白黒〕　佐渡・小木民俗博物館

### コメビツ
「図録・民具入門事典」柏書房　1991
◇p31〔白黒〕　神奈川県　川崎市立日本民家園所蔵

### 米櫃
「日本民具の造形」淡交社　2004
◇p55〔白黒〕　宮崎県 都城歴史資料館所蔵

### 米磨機
「図説 台所道具の歴史」日本図書センター　2012
◇p141-8〔白黒〕　滋賀県東浅井郡浅井町鍛冶屋・セリン館

### 米用けんど
「日本民具の造形」淡交社　2004
◇p110〔白黒〕　徳島県 平家屋敷民俗資料館所蔵

### ゴロガイ
「民具のみかた―心とかたち」第一法規出版　1983
◇p195〔白黒〕　石川県白山麓　稗飯を炊くときすきかえす道具

### コンコ用の竹匙
「食の民俗事典」柊風舎　2011
◇p34〔白黒〕（食事前にトウモロコシのコンコを撥ねこんだ家族各人のコンコ用の竹匙）　高知県高岡郡檮原町奥井桑

### こんろ
「図説 台所道具の歴史」日本図書センター　2012
◇p67-10〔白黒〕　磐舟文華博物館
◇p67-11〔白黒〕　佐渡・小木民俗博物館
◇p67-16〔白黒〕　明治時代　秩父市立民俗博物館
◇p67-18〔白黒〕　薪焚き用　東京・世田谷郷土資料館

### 焜炉
「図説 台所道具の歴史」日本図書センター　2012
◇p68-3〔白黒〕　北海道・浦河町立郷土博物館

### サイメンパ
「民具のみかた―心とかたち」第一法規出版　1983
◇p58〔白黒〕　石川県白山麓

### サカエ重
「食の民俗事典」柊風舎　2011
◇p175〔白黒〕　福井県三方郡美浜町大藪　浅妻家所蔵

### サカズキ
「日本民俗文化財事典（改訂版）」第一法規出版　1979
◇図63〔白黒〕
「日本の生活文化財」第一法規出版　1965
◇図27・28（食）〔白黒〕　秋田経済大学雪国民俗研究所所蔵（秋田市茨島）
◇図30（食）〔白黒〕　秋田経済大学雪国民俗研究所所蔵（秋田市茨島）

### 酒だる
「民俗資料選集 9 山村の生活と用具」国土地理協会　1981
◇p21（口絵）〔白黒〕　愛知県北設楽郡津具村

### 酒樽
「日本の民具 1 町」慶友社　1992
◇図170〔白黒〕　[撮]薗部澄

### サカナカゴ
「日本民俗文化財事典(改訂版)」第一法規出版　1979
◇図47〔白黒〕
「日本の生活文化財」第一法規出版　1965
◇図63(食)〔白黒〕　文部省史料館所蔵(東京都品川区)

### 魚串さし
「日本民俗図誌 4 習俗・飲食篇」村田書店　1978
◇図188・189〔白黒・図〕　静岡地方　『静岡県方言誌』

### 魚貯蔵かご
「写真で見る農具 民具」農林統計協会　1988
◇p288〔白黒〕　宮崎県延岡市　昭和30年頃まで

### 魚屋の庖丁仕事
「図説 台所道具の歴史」日本図書センター　2012
◇p181-7〔白黒〕　[撮]GK　協力・東京豊島・要町魚信

### 酒瓶
「図説 台所道具の歴史」日本図書センター　2012
◇p14-7〔カラー〕　明治・大正時代　ガラス捻子式の栓, 磁器と針金の組合せの栓, コルク栓の輸出用酒瓶　佐渡・小木民俗博物館, 青森市・県立郷土館

### 搾汁器
「図説 台所道具の歴史」日本図書センター　2012
◇p175-6〔白黒〕　明治　搾った肉汁の飲用のためのジューサー　北海道・旭川郷土博物館

### 提げ籠
「日本民俗図誌 3 調度・服飾篇」村田書店　1977
◇図17-1〔白黒・図〕(提籠)　岩手県和賀郡湯本　蓋つきのおかもち風
◇図17-2〔白黒・図〕　松材木地作り

### 酒燗器
「日本民具の造形」淡交社　2004
◇p116〔白黒〕　三重県 白山町郷土資料館所蔵

### サケダル
「図録・民具入門事典」柏書房　1991
◇p31〔白黒〕　青森県　小川原湖博物館所蔵

### 酒壺
「日本民具の造形」淡交社　2004
◇p116〔白黒〕　長崎県 野母崎町郷土資料館所蔵
「日本社会民俗辞典 2」日本図書センター　2004
◇p486〔白黒〕　京都市　『日本産業発達史の研究』

### サケテサゲダル
「図録・民具入門事典」柏書房　1991
◇p31〔白黒〕　青森県　小川原湖博物館所蔵

### 提げ弁当
「日本民具の造形」淡交社　2004
◇p70〔白黒〕　佐賀県 有田町歴史民俗資料館所蔵

### 酒升
「日本社会民俗辞典 4」日本図書センター　2004
◇p1355〔白黒〕　文部省史料館蔵

### ざこうでのなべ
「民俗資料叢書 15 有明海の漁撈習俗」平凡社　1972
◇図116〔白黒〕　有明町百貫

### ササラ
「あるくみるきく双書 宮本常一とあるいた昭和の日本 19」農山漁村文化協会　2012
◇p97〔白黒〕　新潟県　[撮]工藤員功

### 篩
「図説 台所道具の歴史」日本図書センター　2012
◇p146-7〔白黒〕　新潟県村上・磐舟文華博物館
「日本民具の造形」淡交社　2004
◇p61〔白黒〕　群馬県 北橘村歴史民俗資料館所蔵

### 指樽
「日本の民具 1 町」慶友社　1992
◇図167〔白黒〕　[撮]薗部澄
◇図173〔白黒〕　[撮]薗部澄
「民具のみかた―心とかたち」第一法規出版　1983
◇p44〔白黒〕(サシダル(指樽))　山形県庄内地方
「日本民俗図誌 4 習俗・飲食篇」村田書店　1978
◇図152〔白黒・図〕

### サツマイモの蒸かし籠と台
「いまに伝える 農家のモノ・人の生活館」柏書房　2004
◇p160 写真1〔白黒〕　埼玉県所沢市

### さどぞうげ
「写真 日本文化史 9」日本評論新社　1955
◇図41〔白黒〕　新潟県　めしびつ

### さな
「日本の民具 2 農村」慶友社　1992
◇図173〔白黒〕　九州　釜の底に敷く　[撮]薗部澄

### 鮫の皮
「写真で見る農具 民具」農林統計協会　1988
◇p185〔白黒〕　東京都練馬区　明治時代から昭和30年頃まで　漬物用ダイコン洗い

### 皿
「日本の民具 3 山・漁村」慶友社　1992
◇図41〔白黒〕　福島県耶麻郡　[撮]薗部澄

### 皿入れ
「日本民俗大辞典 下」吉川弘文館　2000
◇p839〔白黒・図〕　岐阜県本巣郡本巣町

### 皿洗機
「図説 台所道具の歴史」日本図書センター　2012
◇p110-1〔白黒〕　『冨山房百科』・昭和8年刊「家庭電化」

### ザル
「あるくみるきく双書 宮本常一とあるいた昭和の日本 19」農山漁村文化協会　2012
◇p104〔白黒〕　岩手県一戸町　野菜などの水切り　[撮]工藤員功

### 笊
「図説 台所道具の歴史」日本図書センター　2012
◇p27-10〔白黒〕

### サルコ(猿こ)
「民具のみかた―心とかたち」第一法規出版　1983
◇p194〔白黒〕　石川県白山麓　鍋の傾きを直す石製のおもり

### サルボウ
「図録・民具入門事典」柏書房　1991
◇p30〔白黒〕　千葉県　成田山史料館所蔵

### 山水土瓶
「日本郷土 風俗・民芸・芸能図鑑」日本図書センター　2012
◇写真篇 栃木〔白黒〕(益子焼)　栃木県　山水土瓶
「日本民俗図誌 4 習俗・飲食篇」村田書店　1978
◇図146-2〔白黒・図〕　〔兵庫県〕明石

### 三平皿
「図説 台所道具の歴史」日本図書センター　2012
◇p14-5〔カラー〕　青森市・県立郷土館

### 塩入れ容器
「日本民俗図誌 4 習俗・飲食篇」村田書店　1978
◇図185-1・2〔白黒・図〕　静岡県地方　藁製　『静岡県方言誌』
◇図185-3・4〔白黒・図〕　静岡県地方　竹製　『静岡県方言誌』
◇図186-5〔白黒・図〕　静岡県地方　藁製　『静岡県方

言誌』
◇図186-6〔白黒・図〕　静岡県地方　竹製　『静岡県方言誌』
◇図186-7〔白黒・図〕　静岡県地方　底辺が四角形　『静岡県方言誌』
◇図186-8〔白黒・図〕　静岡県地方　縄紐つきの籠　『静岡県方言誌』

### シオオケ
「図録・民具入門事典」柏書房　1991
◇p30〔白黒〕　愛知県

### 塩桶
「日本民俗図誌 4 習俗・飲食篇」村田書店　1978
◇図177〔白黒・図〕　愛知県北設楽郡富山村　『民具問答』
◇図187-3〔白黒・図〕　静岡県地方　『静岡県方言誌』

### シオカゴ
「図録・民具入門事典」柏書房　1991
◇p31〔白黒〕　高知県　国立民族学博物館所蔵

### 塩籠
「日本民俗図誌 4 習俗・飲食篇」村田書店　1978
◇図184-3〔白黒・図〕　鹿児島　竹製

### シオガメ
「図録・民具入門事典」柏書房　1991
◇p31〔白黒〕　静岡県

### シオケ
「精選 日本民俗辞典」吉川弘文館　2006
◇p231〔白黒〕　京都府加茂町　武蔵野美術大学民俗資料室所蔵
「日本民俗大辞典 上」吉川弘文館　1999
◇p713〔白黒〕　京都府相楽郡加茂町　武蔵野美術大学民俗資料室所蔵

### シオゲ
「図録・民具入門事典」柏書房　1991
◇p31〔白黒〕　青森県　国立民族学博物館所蔵
「写真 日本文化史 9」日本評論新社　1955
◇図39〔白黒〕　青森県　塩を小出しにして台所に吊るし、にがりを切る

### しおたつぼ
「日本の民具 2 農村」慶友社　1992
◇図194〔白黒〕　新潟県　[撮]薗部澄
「日本の生活文化財」第一法規出版　1965
◇図107(食)〔白黒〕　文部省史料館所蔵(東京都品川区)

### 塩タツボ
「日本民俗文化財事典(改訂版)」第一法規出版　1979
◇図33〔白黒〕

### シオツボ
「日本民俗図誌 4 習俗・飲食篇」村田書店　1978
◇図187-4〔白黒・図〕　静岡県地方　『静岡県方言誌』

### 塩手籠
「日本民具の造形」淡交社　2004
◇p25〔白黒〕　鹿児島県 入来町郷土資料館所蔵

### シオテゴ
「あるくみるきく双書 宮本常一とあるいた昭和の日本 19」農山漁村文化協会　2012
◇p120〔白黒〕　鹿児島県伊集院町　塩の苦汁をとる　[撮]工藤員功
「日本の民具 2 農村」慶友社　1992
◇図195〔白黒〕　鹿児島県　[撮]薗部澄

### 塩テゴ
「図説 民俗探訪事典」山川出版社　1983
◇p37〔白黒〕　南九州地方の台所で使われた
「日本を知る事典」社会思想社　1971
◇図62(p363)〔白黒・図〕

### ジガラウス(踏臼)
「日本民俗文化財事典(改訂版)」第一法規出版　1979
◇図39〔白黒〕　長崎県対馬

### シコドチ盆
「民俗資料叢書 7 木地師の習俗1」平凡社　1968
◇図40〔白黒〕　滋賀県　木地の製品

### じざいなべ
「日本の生活文化財」第一法規出版　1965
◇図40(食)〔白黒〕　文部省史料館所蔵(東京都品川区)

### 自在鍋
「日本の民具 2 農村」慶友社　1992
◇図165〔白黒〕　東京都北多摩郡　[撮]薗部澄

### しちりん
「日本の生活文化財」第一法規出版　1965
◇図25(概説)〔白黒〕

### 七厘
「民俗小事典 食」吉川弘文館　2013
◇p350〔白黒〕　武蔵野美術大学民俗資料室所蔵
「図説 台所道具の歴史」日本図書センター　2012
◇p67-12〔白黒〕(石製七厘)　致道博物館
◇p67-14〔白黒〕(七厘の典型)　佐渡・小木民俗博物館

### 七輪
「日本民具の造形」淡交社　2004
◇p97〔白黒〕　大分県 大分市歴史資料館所蔵

### 七厘と焙烙
「図説 台所道具の歴史」日本図書センター　2012
◇p12-2〔カラー〕　新潟県村上・磐舟文華博物館

### 自動式電気釜
「民俗小事典 食」吉川弘文館　2013
◇p348〔白黒〕(東芝の自動式電気釜)　1955年発売
「図説 台所道具の歴史」日本図書センター　2012
◇p112-9〔白黒〕　昭和30年製造開始　国産第1号電気釜　写真提供・東芝

### 自動炊飯器
「図説 台所道具の歴史」日本図書センター　2012
◇p112-10〔白黒〕(秋葉原電気街)　[撮]GK

### しとぎ鍋
「図説 台所道具の歴史」日本図書センター　2012
◇p80-9〔白黒〕　神饌の粢のおさがりを茹でる専用の鍋　青森市・県立郷土館

### 篠原式電化釜
「図説 台所道具の歴史」日本図書センター　2012
◇p109-21〔白黒〕　昭和初年頃　東京電灯製　電気資料館

### シマウシ
「日本民俗図誌 5 農耕・漁撈篇」村田書店　1978
◇図76-2〔白黒・図〕　鹿児島県 沖永良部島　『シマの生活誌』

### シマウス
「日本民俗図誌 5 農耕・漁撈篇」村田書店　1978
◇図75-2〔白黒・図〕　『シマの生活誌』

### しめしばち
「日本の民具 3 山・漁村」慶友社　1992
◇図75〔白黒〕　岩手県　〔米粉団子を作るときの鉢〕　[撮]薗部澄

### 締めどう
「図説 台所道具の歴史」日本図書センター　2012
◇p52-3〔白黒〕　鰯油をとる道具　青森県・八戸市立歴

## 台所道具・食器類　食

　　　史民俗資料館

**シャクシ**
「図録・民具入門事典」柏書房　1991
　◇p40〔白黒〕　愛知県
　◇p40〔白黒〕　愛知県
「日本の生活文化財」第一法規出版　1965
　◇図2・3(食)〔白黒〕　秋田経済大学雪国民俗研究所蔵（秋田市茨島）

**杓子**
「日本の民具 1 町」慶友社　1992
　◇図177〔白黒〕　㊞薗部澄
「民俗資料叢書 7 木地師の習俗1」平凡社　1968
　◇図88〔白黒〕　三重県大杉谷村 小倉信太郎作　戦中製作し現在も使用中のもの　木地師の習俗

**杓子のいろいろ**
「図説 民俗探訪事典」山川出版社　1983
　◇p53〔白黒・図〕　沖縄 大杓子，宮島お玉杓子，あんつめ，みそこね，うどんあげ，貝杓子，ゆくみ，ひしゃく，すいのう（大），すいのう（小），沖縄の杓子，沖縄のひしゃく（ニーブ）

**尺茶盆（木地）**
「民俗資料叢書 10 木地師の習俗2」平凡社　1969
　◇図13〔白黒〕（尺茶盆）　愛知県豊根村　荒木取り，材くり
　◇図13〔白黒〕（尺茶盆）　愛知県豊根村　荒挽き，材くり

**捨口**
「日本民俗図誌 4 習俗・飲食篇」村田書店　1978
　◇図156〔白黒・図〕　日田の皿山産　口附大甕

**ジャコバラ**
「あるくみるきく双書 宮本常一とあるいた昭和の日本 19」農山漁村文化協会　2012
　◇p117〔白黒〕　鹿児島県垂水市久見崎　煮干し魚を干す　㊞工藤員功

**しゃもじ**
「食の民俗事典」柊風舎　2011
　◇p564〔白黒〕（杓文字）　奈良県生駒郡安堵町
「民俗資料選集 9 山村の生活と用具」国土地理協会　1981
　◇p21（口絵）〔白黒〕（横びつ・しゃもじ）　愛知県北設楽郡津具村

**祝儀だる**
「民俗資料選集 9 山村の生活と用具」国土地理協会　1981
　◇p22（口絵）〔白黒〕　愛知県北設楽郡津具村

**祝儀樽**
「日本民具の造形」淡交社　2004
　◇p190〔白黒〕　長野県 白馬村歴史民俗資料館所蔵

**祝儀用米櫃**
「写真で見る農具 民具」農林統計協会　1988
　◇p289〔白黒〕　愛媛県伊予三島市　大正時代まで

**祝儀用の膳**
「写真で見る農具 民具」農林統計協会　1988
　◇p288〔白黒〕　茨城県水戸市　昭和20年頃まで

**しゅうたぶた**
「図説 台所道具の歴史」日本図書センター　2012
　◇p80-1～3〔白黒〕　鹿児島県・種子島旧南島民俗博物館

**10人前組弁当**
「図説 台所道具の歴史」日本図書センター　2012
　◇p12-7〔カラー〕　明治時代　愛知県・半田市郷土資料館

**酒燗具**
「今は昔 民具など」文芸社　2014
　◇p68〔白黒〕（酒燗具と通い徳利）　㊞山本富三　五個荘近江商人屋敷蔵

**酒器**
「日本民具の造形」淡交社　2004
　◇p67〔白黒〕　長野県 多津衛民芸館所蔵

**酒杯と棒酒箸**
「日本民俗図誌 4 習俗・飲食篇」村田書店　1978
　◇図190〔白黒・図〕　アイヌ使用

**棕櫚束子**
「図説 台所道具の歴史」日本図書センター　2012
　◇p27-3〔白黒〕
　◇p146-5〔白黒〕（釜底を磨く棕櫚束子）　東京都内市販品

**瞬間湯沸器の普及**
「図説 台所道具の歴史」日本図書センター　2012
　◇p138-10〔白黒〕　東京都内　㊞GK

**ショイのこだし**
「日本民具の造形」淡交社　2004
　◇p108〔白黒〕　宮崎県 えびの市歴史民俗資料館所蔵　大きな樽からショイ（醤油）を小出ししておく桶

**ショウギ**
「いまに伝える 農家のモノ・人の生活館」柏書房　2004
　◇p151 写真3〔白黒〕（うどんをあげるショウギ）　埼玉県小川町

**じょうご**
「日本の生活文化財」第一法規出版　1965
　◇図11（食）〔白黒〕　文部省史料館所蔵（東京都品川区）

**浄水器各種（50年代）**
「図説 台所道具の歴史」日本図書センター　2012
　◇p137-15～20〔白黒・写真/図〕　図15：16トン処理可能・クリタ，図16：井戸用，図17・18：水道用・松下，図19：卓上浄水器・クリタ，図20：投込式・白元

**浄水器ブームの一環**
「図説 台所道具の歴史」日本図書センター　2012
　◇p137-14〔白黒〕　昭和45年『婦人画報』

**小風呂**
「図説 台所道具の歴史」日本図書センター　2012
　◇p83-11・12〔白黒〕　酒の燗をつける道具　愛知県鳳来町・医王寺民俗資料館, 佐渡・小木民俗博物館

**浄法寺塗り椀**
「日本民具の造形」淡交社　2004
　◇p38〔白黒〕　岩手県 浄法寺町歴史民俗資料館所蔵

**正法寺椀**
「図説 日本民俗学」吉川弘文館　2009
　◇p171〔白黒〕　岩手県奥州市　石川県立歴史博物館提供

**しょうゆいれ（丹波焼）**
「日本の生活文化財」第一法規出版　1965
　◇図85（食）〔白黒〕　綾部市立丹波焼収蔵庫所蔵（京都府綾部市上野町）

**しょうゆ注ぎ**
「民俗資料選集 2 木地師の習俗」国土地理協会　1974
　◇p14（口絵）〔白黒〕　石川県　輪島塗 素地けやき材 挽物成型

**醤油瓶入れ**
「日本民俗図誌 4 習俗・飲食篇」村田書店　1978
　◇図184-1〔白黒・図〕　岩手県稗貫郡湯口地方　藁製
　◇図184-2〔白黒・図〕　長崎県諫早地方　藁製

**食缶**
「図説 台所道具の歴史」日本図書センター　2012
　◇p89-12〔白黒〕　アルミ製軍用大型炊飯器　北海道・

滝川郷土館

**食パン焼**
「図説 台所道具の歴史」日本図書センター　2012
　◇p113-18〔白黒〕　昭和4年「瓦斯器具案内」

**ショーケ**
「図録・民具入門事典」柏書房　1991
　◇p41〔白黒〕　長崎県　飯籠（小ぶりの竹籠）

**シヨタゴ**
「日本民俗図誌 4 習俗・飲食篇」村田書店　1978
　◇図176-1〔白黒・図〕　長崎県壱岐島　潮汲桶

**食器**
「今は昔 民具など」文芸社　2014
　◇p65〔白黒〕　㊙山本富三　五個荘近江商人屋敷組
「写真でみる日本人の生活全集 1」日本図書センター　2010
　◇p109〔白黒〕　東京の家庭　陶器の茶碗, 木椀〔を使った食事風景〕㊙昭和31年

**食器洗い機**
「図説 台所道具の歴史」日本図書センター　2012
　◇p149-21〔白黒〕(GEの食器洗い機)　東京近郊　昭和30年代　㊙GK

**食器・食具のいろいろ**
「写真でみる日本人の生活全集 1」日本図書センター　2010
　◇p113〔白黒〕　リヤカーにおびただしい家庭用品をつんで売り歩く"なんでも10円"の雑貨屋

**食器セット**
「図説 台所道具の歴史」日本図書センター　2012
　◇p27-6〔白黒〕

**食器棚（都会）**
「写真でみる日本人の生活全集 1」日本図書センター　2010
　◇p121〔白黒〕(都会の食器棚)　アルマイトのナベ

**食器戸棚（昭和時代）**
「日本の生活環境文化大辞典」柏書房　2010
　◇p342-4〔白黒・図〕(昭和時代の食器戸棚)　簾戸の食器戸棚（東京都中野区）, 箱膳（長野県伊那市）宮崎玲子

**白樺の柄杓**
「図説 台所道具の歴史」日本図書センター　2012
　◇p136-3〔白黒〕　網走市立郷土博物館

**シリコギ**
「図録・民具入門事典」柏書房　1991
　◇p34〔白黒〕　青森県　擂木　小川原湖博物館所蔵

**シルシ**
「日本民俗図誌 5 農耕・漁撈篇」村田書店　1978
　◇図74-3〔白黒・図〕　鹿児島県 沖永良部島

**シルシの構造**
「日本民俗図誌 5 農耕・漁撈篇」村田書店　1978
　◇図75-1〔白黒・図〕　鹿児島県 沖永良部島　『シマの生活誌』

**シルジャクシ**
「図録・民具入門事典」柏書房　1991
　◇p40〔白黒〕(シルジャクシとメシジャクシ)　岐阜県
「民具のみかた―心とかたち」第一法規出版　1983
　◇p202〔白黒〕(メシジャクシ（飯杓子）とシルジャクシ（汁杓子））　新潟県秋山郷

**汁でんこ**
「日本民具の造形」淡交社　2004
　◇p112〔白黒〕　長野県　大野山岳博物館所蔵

**白い茶碗**
「写真でみる日本人の生活全集 1」日本図書センター　2010
　◇p109〔白黒〕

**ジンギスカン鍋**
「日本民具の造形」淡交社　2004
　◇p33〔白黒〕　北海道 滝川市郷土館所蔵

**真鍮ニッケル製パイプ乾燥棚**
「図説 台所道具の歴史」日本図書センター　2012
　◇p143-8・9〔白黒〕　昭和11年『婦人画報』5月号

**シントコ**
「日本民俗大辞典 上」吉川弘文館　1999
　◇p892〔白黒〕　アイヌの行器　北海道開拓記念館提供

**水筒（冷却器）**
「図説 台所道具の歴史」日本図書センター　2012
　◇p15-12〔カラー〕　愛知県・東海市立郷土資料館

**スイノウ**
「あるくみるきく双書 宮本常一とあるいた昭和の日本 19」農山漁村文化協会　2012
　◇p96〔白黒〕　新潟県佐渡郡畑野町　麺類をすくう　㊙工藤員功
　◇p180〔白黒〕(鴨居にかけて保管されている米揚げ笊やスイノウ)　宮城県岩出山町　㊙工藤員功
「写真ものがたり昭和の暮らし 9」農山漁村文化協会　2007
　◇p201〔白黒〕(スイノウ・アライカゴ・コメアゲザル・菅製の弁当入れ)　新潟県松之山町（現十日町市）　使う前に陽にあてている　㊙小見重義, 昭和58年4月
「図録・民具入門事典」柏書房　1991
　◇p33〔白黒〕　埼玉県　ソバをすくいあげる　埼玉県立博物館所蔵
「日本の生活文化財」第一法規出版　1965
　◇図59（食）〔白黒〕　文部省史料館所蔵（東京都品川区）

**吸物椀**
「民俗資料選集 2 木地師の習俗」国土地理協会　1974
　◇p14（口絵）〔白黒〕　石川県　輪島塗 素地けやき材 挽物成型
「民俗資料叢書 10 木地師の習俗2」平凡社　1969
　◇図31〔白黒〕　愛知県北設楽郡稲武町
　◇図34〔白黒〕(千筋尺盆と吸物椀)　愛知県北設楽郡稲武町

**吸物椀（とろろ用）**
「民俗資料叢書 10 木地師の習俗2」平凡社　1969
　◇図31〔白黒〕　愛知県北設楽郡稲武町

**スカップ**
「日本民俗図誌 4 習俗・飲食篇」村田書店　1978
　◇図197・198〔白黒・図〕　アイヌ使用の匙 北海道アイヌのもの, 樺太アイヌのもの, ギリヤークの作　『工芸』107

**スガメ**
「図録・民具入門事典」柏書房　1991
　◇p31〔白黒〕　青森県　小川原湖博物館所蔵

**すき鍋**
「図説 台所道具の歴史」日本図書センター　2012
　◇p84-2〔白黒・図〕　実用新案 明治41年　耳に猪口を載せる案

**すき焼鍋**
「図説 台所道具の歴史」日本図書センター　2012
　◇p84-4〔白黒・図〕　実用新案 大正2年

**掬い籠**
「日本民俗図誌 4 習俗・飲食篇」村田書店　1978
　◇図181-4〔白黒・図〕　岩手県一戸町　『工芸』47

**スクイザル**
「日本民俗文化財事典（改訂版）」第一法規出版　1979
　◇図45〔白黒〕

## 台所道具・食器類　　　食

### 菅製の弁当入れ
「写真ものがたり昭和の暮らし 9」農山漁村文化協会　2007
　◇p201〔白黒〕（スイノウ・アライカゴ・コメアゲザル・菅製の弁当入れ）　新潟県松之山町（現十日町市）　使う前に陽にあてている　㊙小見重義，昭和58年4月

### 鮓桶
「図説 台所道具の歴史」日本図書センター　2012
　◇p189-5〔白黒〕　薩摩の酒鮓を押す桶　鹿児島市立美術館

### すまし桶
「日本の民具 2 農村」慶友社　1992
　◇図197〔白黒〕　使用地不明　㊙薗部澄

### 澄まし桶と澄まし袋
「図説 台所道具の歴史」日本図書センター　2012
　◇p190-2〔白黒〕　岩手県・二戸市歴史民俗資料館

### スミツカレツキ
「いまに伝える 農家のモノ・人の生活館」柏書房　2004
　◇p268 図2〔白黒・写真/図〕　埼玉県川里町　屈巣S家所蔵（自家製），新井O家所蔵（自家製，市販品）

### 炭火の湯沸し兼燗つけ器
「図説 台所道具の歴史」日本図書センター　2012
　◇p25-5〔白黒〕　徳島県石井町・中野民芸考古館

### 摺臼
「精選 日本民俗辞典」吉川弘文館　2006
　◇p68〔白黒・図〕　東京地方
　◇p68〔白黒・図〕　新潟県佐渡
「日本民具の造形」淡交社　2004
　◇p71〔白黒〕　鹿児島県 笠利町歴史民俗資料館所蔵

### スリカメ
「図録・民具入門事典」柏書房　1991
　◇p34〔白黒〕　青森県　小川原湖博物館所蔵

### スリコギ
「民具のみかた一心とかたち」第一法規出版　1983
　◇p198〔白黒〕（スリコギ（摺り粉木））　青森県川内町
　◇p198〔白黒〕（スリコギ（摺り粉木，鹿の角製））　富山県富山市

### スリバチ
「写真でみる日本人の生活全集 1」日本図書センター　2010
　◇p119〔白黒〕

### 擂鉢
「あるくみるきく双書 宮本常一とあるいた昭和の日本 19」農山漁村文化協会　2012
　◇p138〔白黒〕（益子焼の摺鉢）　㊙工藤員功
「図説 台所道具の歴史」日本図書センター　2012
　◇p42-5〔白黒〕　アイヌの生活用具　北海道・白老民俗資料館
　◇p169-10〔白黒〕（石製擂鉢）　近代のもの　佐渡・小木民俗博物館
　◇p169-11〔白黒〕（木製の擂鉢）　北海道に入植した人が木材で手製したもの　北海道伊達市・開拓記念館
　◇p169-12〔白黒〕（旧型の擂鉢）　鹿児島県・種子島旧南島民俗博物館
　◇p170-2〔白黒〕（軽金属製の擂鉢）　軍需物資活用の一例　北海道・滝川市郷土館

### 擂鉢・油（又は醬油・塩）壺・片口
「図説 台所道具の歴史」日本図書センター　2012
　◇p27-5〔白黒〕

### 擂鉢・擂木
「図説 台所道具の歴史」日本図書センター　2012
　◇p170-1〔白黒〕（典型的な擂鉢と擂木）　愛知県・半田市郷土資料館

### 擂鉢・擂粉木
「食の民俗事典」柊風舎　2011
　◇p549〔白黒〕（擂り鉢と自家製の擂粉木）　福井県三方郡美浜町日向
「日本民具の造形」淡交社　2004
　◇p106〔白黒〕　茨城県 下妻市ふるさと博物館所蔵

### すりばち（染屋焼）
「日本の生活文化財」第一法規出版　1965
　◇図99（食）〔白黒〕　上田市立博物館所蔵

### スルス
「図録・民具入門事典」柏書房　1991
　◇p36〔白黒〕　東京都八丈島
「民俗の事典」岩崎美術社　1972
　◇p130〔白黒〕　福島県郡山市小原田

### スルスの使用図
「図録・民具入門事典」柏書房　1991
　◇p36〔白黒〕　東京都

### セイロ
「図説 台所道具の歴史」日本図書センター　2012
　◇p74-11〔白黒〕　新潟県村上・磐舟文華博物館
「図録・民具入門事典」柏書房　1991
　◇p33〔白黒〕　東京都八丈島

### 蒸籠
「民俗小事典 食」吉川弘文館　2013
　◇p355〔白黒〕（モチ米を蒸す蒸籠）
「図説 台所道具の歴史」日本図書センター　2012
　◇p12-3・p74-12・13〔カラー〕　秋田県 旧奈良家住宅（秋田県立博物館）
「精選 日本民俗辞典」吉川弘文館　2006
　◇p490〔白黒〕（曲物　蒸籠）　青森地方
「日本民具の造形」淡交社　2004
　◇p20〔白黒〕　宮崎県 五ヶ瀬町立民俗資料館所蔵
　◇p103〔白黒〕　長野県 松川町資料館
　◇p103〔白黒〕　鹿児島県 瀬戸内町郷土資料館
「日本民具大辞典 下」吉川弘文館　2000
　◇p567〔白黒〕（曲物　蒸籠）　青森地方
「日本民具大辞典 上」吉川弘文館　1999
　◇p935〔白黒〕（モチ米を蒸す蒸籠）

### セイロウ
「図説 台所道具の歴史」日本図書センター　2012
　◇p75-6〔白黒〕　種子島旧南島民俗博物館
　◇p75-15〔白黒〕　青森市・県立郷土館
　◇p75-17〔白黒〕　アルミ鋳物　佐渡・小木民俗博物館
「日本民俗文化財事典（改訂版）」第一法規出版　1979
　◇図44〔白黒〕

### 井楼
「図説 台所道具の歴史」日本図書センター　2012
　◇p75-16〔白黒〕　銅板製　新潟県新津・北方文化博物館

### 蒸籠竈
「日本民具の造形」淡交社　2004
　◇p103〔白黒〕　鳥取県 若桜町歴史民俗資料館所蔵

### せっかい
「図説 台所道具の歴史」日本図書センター　2012
　◇p190-5〔白黒〕　佐渡・小木民俗博物館

### セートンゴー・ハシ
「図録・民具入門事典」柏書房　1991
　◇p42〔白黒〕（セートンゴー・ハシ・コバチ）　長崎県　漁村で用いる弁当容器。菜入れ

### ぜん
「日本の生活文化財」第一法規出版　1965

◇図23〔食〕〔白黒〕　高山市立飛騨民俗館所蔵

## 膳
「日本民具の造形」淡交社　2004
◇p54〔白黒〕　広島県 三原歴史民俗資料館所蔵

「写真で見る農具 民具」農林統計協会　1988
◇p288〔白黒〕（葬儀用の膳）　茨城県水戸市　昭和20年頃まで

「図説 民俗探訪事典」山川出版社　1983
◇p54〔白黒〕（農家の膳）　山形県

## センオロシ
「日本の民具 2 農村」慶友社　1992
◇図183〔白黒〕　鹿児島県　㊟薗部澄

「図録・民具入門事典」柏書房　1991
◇p37〔白黒〕　鹿児島県硫黄島

「写真 日本文化史 9」日本評論新社　1955
◇図40〔白黒〕　鹿児島県　甘藷をおろす

## 洗滌具
「図説 台所道具の歴史」日本図書センター　2012
◇p148-6〔白黒・図〕

## 千筋尺盆
「民俗資料叢書 10 木地師の習俗2」平凡社　1969
◇図34〔白黒〕（千筋尺盆と吸物椀）　愛知県北設楽郡稲武町

## 膳と椀
「図録・民具入門事典」柏書房　1991
◇p109〔白黒〕　新潟県　塗りが美しい膳椀類。婚礼などに登場することが多い　水原町博物館所蔵

## ゼンバコ
「図録・民具入門事典」柏書房　1991
◇p41〔白黒〕　東京都

「日本民俗事典」弘文堂　1972
◇p387〔白黒〕　東京都西多摩郡奥多摩町　㊟宮本馨太郎

「写真 日本文化史 9」日本評論新社　1955
◇図35〔白黒〕　東京都小河内村

## センバン
「民俗資料叢書 1 田植の習俗1」平凡社　1965
◇図7〔白黒〕　岩手県江刺市藤里　ヤゴメを煎るのに用いる

## 煎餅焼き
「日本民具の造形」淡交社　2004
◇p257〔白黒〕　秋田県 大曲市花館資料館所蔵

## 煎餅焼器
「図説 台所道具の歴史」日本図書センター　2012
◇p56-5・6〔白黒〕　大正～昭和　青森市・県立郷土館
◇p56-7〔白黒〕　戦後　GK研究所蔵

## せんまいおろし
「日本の生活文化財」第一法規出版　1965
◇図112〔食〕〔白黒〕　文部省史料館所蔵（東京都品川区）

## 洗米器附台流シ
「図説 台所道具の歴史」日本図書センター　2012
◇p141-9〔白黒・図〕　実用新案 大正14年

## 洗米器の宣伝広告
「図説 台所道具の歴史」日本図書センター　2012
◇p141-7〔白黒・図〕　明治41年『婦人画報』

## 千枚漬け用鉋
「食の民俗事典」柊風舎　2011
◇p380〔白黒〕　京都市

## ゼン（膳）・ワン（椀）の収納箱
「民具のみかた一心とかたち」第一法規出版　1983

◇p240〔白黒〕　青森県川内町

## 草根・棕櫚
「図説 台所道具の歴史」日本図書センター　2012
◇p148-2〔白黒・図〕　帯金・吊具付

## 僧都（ししおどし）
「図説 台所道具の歴史」日本図書センター　2012
◇p25-4〔白黒〕　飛騨高山　臼を搗くのに用いられた　㊟GK

## 惣盆
「あるくみるきく双書 宮本常一とあるいた昭和の日本 23」農山漁村文化協会　2012
◇p7〔白黒〕　徳島県美馬郡半田町　㊟吉野洋三

## そうめんすくい
「日本の民具 2 農村」慶友社　1992
◇図187〔白黒〕　奈良県　㊟薗部澄

## 宗和膳
「民俗小事典 食」吉川弘文館　2013
◇p364〔白黒・図〕　客用

## 即席オーブン
「図説 台所道具の歴史」日本図書センター　2012
◇p84-7〔白黒・図〕　『日本その日その日』平凡社

## 注ぎ口
「日本民具の造形」淡交社　2004
◇p107〔白黒〕　秋田県 秋田経済法科大学雪国民俗研究所所蔵

## ソデダル
「日本民俗文化財事典（改訂版）」第一法規出版　1979
◇図65〔白黒〕

「日本の生活文化財」第一法規出版　1965
◇図38・39（食）〔白黒〕　致道博物館所蔵（山形県鶴岡市）

## 袖樽
「日本民具の造形」淡交社　2004
◇p108〔白黒〕　新潟県 黒崎常民文化史料館所蔵

## そばがきの桶
「日本の民具 1 町」慶友社　1992
◇図120〔白黒〕　㊟薗部澄

## そばかご
「図説 台所道具の歴史」日本図書センター　2012
◇p174-2〔白黒〕　揚げ笊　佐渡・小木民俗博物館

## 蕎麦切り
「図説 台所道具の歴史」日本図書センター　2012
◇p34-4〔白黒〕　佐渡・小木民俗博物館

## ソバキリホウチョウ
「図録・民具入門事典」柏書房　1991
◇p34〔白黒〕　東京都

「日本民俗文化財事典（改訂版）」第一法規出版　1979
◇図51〔白黒〕（ソバキリホーチョー）　東京都西多摩地方

## 蕎麦切庖丁
「図説 台所道具の歴史」日本図書センター　2012
◇p34-3〔白黒〕　札幌市・北海道開拓記念館

## ソバタメ
「あるくみるきく双書 宮本常一とあるいた昭和の日本 19」農山漁村文化協会　2012
◇p96〔白黒〕　㊟工藤員功

## そばの食用具
「図説 民俗探訪事典」山川出版社　1983
◇p33〔白黒〕　埼玉県秩父地方　そば湯入れ・釜あげ用の容器

台所道具・食器類　食

そば屋の道具
　「日本の民具 1 町」慶友社　1992
　　◇図121〔白黒〕　㊙薗部澄

ダイカイ
　「日本民俗大辞典 下」吉川弘文館　2000
　　◇p535〔白黒〕　神奈川県秦野市

タイコ焼き
　「日本民具の造形」淡交社　2004
　　◇p257〔白黒〕　三重県 川越町郷土資料館所蔵

だいこんおろし
　「日本の生活文化財」第一法規出版　1965
　　◇図111(食)〔白黒〕　綾部市立丹波焼収蔵庫所蔵(京都府綾部市上野町)

大根おろし
　「日本民具の造形」淡交社　2004
　　◇p106〔白黒〕　富山県 民俗資料館村山家住宅所蔵
　「民具のみかた―心とかたち」第一法規出版　1983
　　◇p197〔白黒〕(ダイコンオロシ(大根おろし))　石川県志賀町

大根切り
　「図説 台所道具の歴史」日本図書センター　2012
　　◇p176-3〔白黒〕　東京都下・町田市立博物館

だいこんすり
　「図説 台所道具の歴史」日本図書センター　2012
　　◇p173-10〔白黒〕　香川・高松市にて採集　瀬戸内海歴史民俗資料館

大根突き器
　「日本民具の造形」淡交社　2004
　　◇p107〔白黒〕　愛知県 一宮市博物館所蔵

大正期の進歩的台所セットの一典型
　「図説 台所道具の歴史」日本図書センター　2012
　　◇p32〔白黒・図〕(『家庭日本料理法』の口絵)　大正期の進歩的台所セットの一典型　資料提供・赤堀料理学校(東京・目白)

台所用具
　「今は昔 民具など」文芸社　2014
　　◇p119〔白黒〕　包丁, おろし金, 俎, 笊など　㊙山本富三　阪南市歴史資料展示室蔵
　「写真でみる日本生活図引 4」弘文堂　1988
　　◇図5〔白黒〕　鹿児島県河辺郡川辺町　茶碗籠, 薬罐, 膳, 卸金, 卵焼器, 缶, 笊, 籠, 笊, 羽釜, 棚, 飯盒, 大根, 甕, 桶　㊙小野重朗, 昭和38年
　　◇図6〔白黒〕　長野県下伊那郡阿智村　灰掻き, 団扇, 団扇立て, 七輪, 薬罐, 甑の輪, 金網, 火箸, 鉄器, 金網, 鋸, 鉄器　㊙熊谷元一, 昭和32年5月9日
　　◇図7〔白黒〕　鹿児島県姶良郡粟野町　尾鰭 鯉のもの。贈りものをするとき包の表にそえた　㊙須藤功, 昭和52年11月9日
　　◇図8〔白黒〕　鹿児島県姶良郡牧園町　鑵子 鋳物製、鉄鍋 鋳物製。平底の鉉鍋、鉄鍋 鋳物製。足付きの丸底、鍋 アルマイト製, うどん揚げ 竹製　㊙小野重朗, 昭和46年

台所用塵芥溜
　「図説 台所道具の歴史」日本図書センター　2012
　　◇p209-9〔白黒・図〕　実用新案 明治43年

だいなべ
　「図説 台所道具の歴史」日本図書センター　2012
　　◇p85-11〔白黒〕　琺瑯引き　釧路市立郷土博物館

タイヤキ器
　「日本民具の造形」淡交社　2004
　　◇p257〔白黒〕　北海道 知内町郷土資料館所蔵

代用品時代に復活した土釜
　「図説 台所道具の歴史」日本図書センター　2012
　　◇p87-8・9〔白黒〕　福島県田島町・奥会津歴史民俗資料館, 愛知県鳳来町・医王寺民俗資料館

代用品時代の陶製おろし
　「図説 台所道具の歴史」日本図書センター　2012
　　◇p173-8・9〔白黒〕　佐渡・小木民俗博物館, 香川県坂出市・瀬戸内海歴史民俗資料館

代用品のコンロ
　「図説 台所道具の歴史」日本図書センター　2012
　　◇p115-5〔白黒〕　硬質陶器製, セメントと石綿製　昭和13年『婦人画報』9月号

高足膳
　「日本民具の造形」淡交社　2004
　　◇p113〔白黒〕　福岡県 春日市民俗資料館所蔵
　「日本を知る事典」社会思想社　1971
　　◇図53(p359)〔白黒・図〕

タカアシゼン(僧侶用)
　「食の民俗事典」柊風舎　2011
　　◇p561〔白黒〕　オヤワン・スイモノワン・コシダカオカサ・ヒラワン・ツボワン　写真提供：糸魚川市教育委員会

たかおろし
　「図説 台所道具の歴史」日本図書センター　2012
　　◇p171-9〔白黒〕　歯は堅木製　宮崎県総合博物館

たかおろし(鬼おろし)
　「図説 台所道具の歴史」日本図書センター　2012
　　◇p11-8〔カラー〕　宮崎県総合博物館

卓上七輪
　「図説 台所道具の歴史」日本図書センター　2012
　　◇p115-6〔白黒〕　昭和10年「瓦斯器具案内」より

竹籠
　「日本民具の造形」淡交社　2004
　　◇p67〔白黒〕　京都府 田村資料館所蔵
　　◇p110〔白黒〕　沖縄県 宜野湾市立博物館

竹製重箱
　「日本民具の造形」淡交社　2004
　　◇p114〔白黒〕　鹿児島県 長島町歴史民俗資料館所蔵

竹徳利
　「日本民具の造形」淡交社　2004
　　◇p118〔白黒〕　島根県 広瀬町立歴史民俗資料館所蔵

竹の皮
　「食の民俗事典」柊風舎　2011
　　◇p365〔白黒〕　宮崎県東臼杵郡椎葉村木浦　〔食品を包む竹の皮を乾燥させている〕

竹めんつう
　「日本民俗図誌 4 習俗・飲食篇」村田書店　1978
　　◇図165-1〔白黒・図〕　愛媛県上浮穴郡多度村　竹の曲物　『工芸』47

竹湯沸かし
　「日本民具の造形」淡交社　2004
　　◇p24〔白黒〕　熊本県 新和町立歴史民俗資料館所蔵

ダゴアゲ(ソバアゲ)
　「あるくみるきく双書 宮本常一とあるいた昭和の日本 19」農山漁村文化協会　2012
　　◇p120〔白黒〕　鹿児島県加世田市　㊙工藤員功

タチウスとキネ
　「図録・民具入門事典」柏書房　1991
　　◇p35〔白黒〕　東京都

立臼と立杵
　「日本を知る事典」社会思想社　1971
　　◇図56(p360)〔白黒〕
立臼と手杵
　「日本民俗図誌 4 習俗・飲食篇」村田書店　1978
　　◇図167-1〔白黒・図〕　岡山県小田郡神島外村字小飛鳥
タテウス
　「図録・民具入門事典」柏書房　1991
　　◇p35〔白黒〕　千葉県　成田山史料館所蔵
タテウスとテギネ
　「写真でみる日本人の生活全集 1」日本図書センター　2010
　　◇p117〔白黒〕　岩手県九戸郡山根村
竪臼と手杵
　「日本民俗図誌 5 農耕・漁撈篇」村田書店　1978
　　◇図76-3〔白黒・図〕　東京府八丈島
タテギネ
　「日本民俗文化財事典(改訂版)」第一法規出版　1979
　　◇図40〔白黒〕(ダンゴウスとタテギネ)　東京都御蔵島
　「日本の生活文化財」第一法規出版　1965
　　◇図17(概説)〔白黒〕
竪杵
　「民俗図録 日本人の暮らし」日本図書センター　2012
　　◇図173〔白黒〕(竪杵(1))　鹿児島県　粟を搗いているところ
　　◇図174〔白黒〕(竪杵(2))　島根県簸川郡伊波野村　搗く部分が少し太くなっているだけの棒　㊞山根雅朗
　「日本民俗大辞典 上」吉川弘文館　1999
　　◇p473〔白黒・図〕(竪杵)
竪杵と木桶
　「里山・里海 暮らし図鑑」柏書房　2012
　　◇写27(p91)〔白黒〕(蒸かしダイズをつぶす竪杵と木桶)　大阪府泉南市山田邸
タヌキ
　「日本民具の造形」淡交社　2004
　　◇p58〔白黒〕　和歌山県　温古伝承館所蔵　〔酒器〕
卵茹器
　「図説 台所道具の歴史」日本図書センター　2012
　　◇p110-1〔白黒〕　『冨山房百科』・昭和8年刊「家庭電化」
タマシャクシ
　「日本民俗文化財事典(改訂版)」第一法規出版　1979
　　◇図59〔白黒〕
たまじゃくし
　「日本の生活文化財」第一法規出版　1965
　　◇図4(食)〔白黒〕　秋田経済大学雪国民俗研究所所蔵(秋田市茨島)
たまり壺
　「図説 台所道具の歴史」日本図書センター　2012
　　◇p12-5〔カラー〕　愛知県・一宮町郷土資料館
タラシ
　「あるくみるきく双書 宮本常一とあるいた昭和の日本 19」農山漁村文化協会　2012
　　◇p109〔白黒〕　大分県別府市　野菜や魚の水切り　㊞工藤員功
タワシ
　「図説 台所道具の歴史」日本図書センター　2012
　　◇p148-9〔白黒・図〕(金属「タワシ」)
　「日本民具の造形」淡交社　2004
　　◇p104〔白黒〕　京都府 網野町郷土資料館所蔵
　「日本の民具 2 農村」慶友社　1992
　　◇図193〔白黒〕　岐阜県　㊞薗部澄
束子
　「図説 台所道具の歴史」日本図書センター　2012
　　◇p146-3〔白黒〕　香川県坂出・瀬戸内海歴史民俗資料館
　　◇p146-4〔白黒〕　福島県檜枝岐村　楢の木の裏皮
　　◇p146-9〔白黒〕　山形県鶴岡・致道博物館
　　◇p148-16〔白黒・図〕
　　◇p149-17〔白黒〕(大釜・大桶を洗う束子)　山形県鶴岡・致道博物館構内で実用
束子附鍋墨落シ
　「図説 台所道具の歴史」日本図書センター　2012
　　◇p148-11〔白黒・図〕
束子・刷毛
　「日本民具の造形」淡交社　2004
　　◇p104〔白黒〕　岐阜県 岐阜市歴史博物館所蔵
ダンゴウス
　「図録・民具入門事典」柏書房　1991
　　◇p35〔白黒〕(ダンゴギネとダンゴウス)　東京都
　「日本民俗文化財事典(改訂版)」第一法規出版　1979
　　◇図40〔白黒〕(ダンゴウスとタテギネ)　東京都御蔵島
ダンゴギネ
　「図録・民具入門事典」柏書房　1991
　　◇p35〔白黒〕(ダンゴギネとダンゴウス)　東京都
団子コロガシ
　「民俗資料選集 25 焼畑習俗」国土地理協会　1997
　　◇p39(本文)〔白黒〕　岐阜県白川村御母衣　団子の粉をまぶすのに使用する桶　旧遠山家民俗館蔵
知事形盆
　「民俗資料叢書 10 木地師の習俗2」平凡社　1969
　　◇図31〔白黒〕　愛知県北設楽郡稲武町
茶入
　「日本民具の造形」淡交社　2004
　　◇p119〔白黒〕　福岡県 広瀬資料館所蔵
チャウス
　「図録・民具入門事典」柏書房　1991
　　◇p38〔白黒〕　千葉県　葉茶を抹茶にするための臼
茶臼
　「図説 台所道具の歴史」日本図書センター　2012
　　◇p171-13〔白黒〕　江戸末から明治のもの　愛知県・大府市民俗資料館
　「日本の民具 1 町」慶友社　1992
　　◇図88〔白黒〕　㊞薗部澄
ちゃがま
　「日本の生活文化財」第一法規出版　1965
　　◇図45(食)〔白黒〕　小川原湖博物館所蔵(青森県三沢市)
茶釜
　「今は昔 民具など」文芸社　2014
　　◇p19〔白黒〕　㊞山本富三　愛染倉蔵(京都)
　「食の民俗事典」柊風舎　2011
　　◇p545〔白黒〕(飯釜、鍋、茶釜)　奈良県橿原市今井町河合家住宅　〔竈に置かれている〕
　「日本民具の造形」淡交社　2004
　　◇p99〔白黒〕　滋賀県 湖東町歴史民俗資料館所蔵
　　◇p119〔白黒〕　埼玉県 大井町立郷土資料館
　「図説 民俗探訪事典」山川出版社　1983
　　◇p46〔白黒〕(茶釜と鉄瓶)
茶釜とスエワ
　「食の民俗事典」柊風舎　2011
　　◇p546〔白黒〕　福井県三方郡美浜町所蔵

台所道具・食器類　　　　　　　食

茶器
　「日本民具の造形」淡交社　2004
　　◇p112〔白黒〕　岐阜県　瑞浪陶磁資料館所蔵
　　◇p119〔白黒〕　福島県　郡山市開成館
茶櫃
　「民俗資料叢書 10 木地師の習俗2」平凡社　1969
　　◇図30〔白黒〕　愛知県北設楽郡稲武町
茶杓
　「日本民具の造形」淡交社　2004
　　◇p119〔白黒〕　京都府 京都市立竹の資料館所蔵
茶杓子
　「日本の民具 2 農村」慶友社　1992
　　◇図178〔白黒〕　埼玉県　㊙薗部澄
茶津
　「民俗資料叢書 10 木地師の習俗2」平凡社　1969
　　◇図37〔白黒〕　愛知県北設楽郡稲武町
茶津（木地製品）
　「民俗資料叢書 10 木地師の習俗2」平凡社　1969
　　◇図13〔白黒〕（茶津）　愛知県豊根村　荒挽き，材くり
　　◇図13〔白黒〕（茶津）　愛知県豊根村　上げ挽き，材コセダラ
ちゃづつ
　「日本の生活文化財」第一法規出版　1965
　　◇図24(食)〔白黒〕　文部省史料館所蔵（東京都品川区）
茶筒
　「写真で見る農具 民具」農林統計協会　1988
　　◇p285〔白黒〕　新潟県水原町　明治時代
茶托
　「民俗資料叢書 10 木地師の習俗2」平凡社　1969
　　◇図37〔白黒〕　愛知県北設楽郡稲武町
　　◇図37〔白黒〕　愛知県北設楽郡稲武町
茶樽
　「民俗資料選集 25 焼畑習俗」国土地理協会　1997
　　◇p3(口絵)〔白黒〕　岐阜県白川村荻町　合掌造り生活資料館蔵
　　◇p34(本文)〔白黒・図〕　岐阜県白川村荻町　合掌造り生活資料館蔵
ちゃつ
　「民俗資料選集 9 山村の生活と用具」国土地理協会　1981
　　◇p117(本文)〔白黒〕　製作者：愛知県北設楽郡豊根村川宇連・小椋栄造　神仏に物を供える器。家庭では魚など盛る
ちゃつぼ
　「民俗資料選集 9 山村の生活と用具」国土地理協会　1981
　　◇p119(本文)〔白黒〕　茶入れに使用
　「日本の生活文化財」第一法規出版　1965
　　◇図97(食)〔白黒〕　文部省史料館所蔵（東京都品川区）
茶壺
　「あるくみるきく双書 宮本常一とあるいた昭和の日本 19」農山漁村文化協会　2012
　　◇p140〔白黒〕（笠間焼の茶壺）　㊙神崎宣武
　　◇p140〔白黒〕（信楽焼の茶壺）　㊙神崎宣武
　「日本の民具 2 農村」慶友社　1992
　　◇図198〔白黒〕　使用地不明　㊙薗部澄
茶瓶
　「図説 民俗探訪事典」山川出版社　1983
　　◇p35〔白黒〕
茶ぶね
　「図説 台所道具の歴史」日本図書センター　2012
　　◇p142-3〔白黒〕　宮崎県総合博物館

茶盆
　「日本郷土 風俗・民芸・芸能図鑑」日本図書センター　2012
　　◇写真篇 沖縄〔白黒〕　沖縄県
チャボンヤス
　「図録・民具入門事典」柏書房　1991
　　◇p32〔白黒〕　愛知県　国立民族学博物館所蔵
　「写真 日本文化史 9」日本評論新社　1955
　　◇図43〔白黒〕　愛知県　食器を洗って入れておくざる
チャワンヤス
　「日本民俗図誌 4 習俗・飲食篇」村田書店　1978
　　◇図174〔白黒・図〕　愛知県北設楽郡富山村地方　『民具問答』
チョウアシゼン（蝶足膳）
　「民具のみかた一心とかたち」第一法規出版　1983
　　◇p201〔白黒〕　石川県輪島市
蝶足膳
　「民俗小事典 食」吉川弘文館　2013
　　◇p364〔白黒・図〕　祝儀用
　「日本の民具 1 町」慶友社　1992
　　◇図175〔白黒〕　㊙薗部澄
チョウシ
　「図録・民具入門事典」柏書房　1991
　　◇p38〔白黒〕　新潟県佐渡
　「日本の生活文化財」第一法規出版　1965
　　◇図31(食)〔白黒〕　秋田経済大学雪国民俗研究所所蔵（秋田市茨島）
銚子
　「日本民具の造形」淡交社　2004
　　◇p58〔白黒〕　兵庫県 小野市立考古館所蔵
　　◇p58〔白黒〕　埼玉県 長瀞町郷土資料館
　「日本の民具 1 町」慶友社　1992
　　◇図174〔白黒〕　㊙薗部澄
　「日本を知る事典」社会思想社　1971
　　◇図46(p356)〔白黒・図〕
長ハンボ
　「民俗図録 日本人の暮らし」日本図書センター　2012
　　◇図183〔白黒〕　島根県簸川郡　㊙山根雅郎
調理器具（昭和時代）
　「日本の生活環境文化大辞典」柏書房　2010
　　◇p341-2〔白黒〕（昭和時代の調理器具）　足つきまな板，出刃包丁・菜切包丁，貝サジ，木杓子（オタマ），飯シャモジ，調理専用の菜箸，陶製おろし器，擂鉢とスリコギ，鰹節けずり器，水嚢，ワタシ，焼き網，竹製しゃもじ掛け，カブト鉢，コネ鉢，パン焼き鍋，木箱の電気パン製造器　宮崎玲子
調理具セット（明治時代）
　「図説 台所道具の歴史」日本図書センター　2012
　　◇p190-6〔白黒〕（明治の調理具セット）　わさびおろし，菜箸，焼串，玉杓子，せっかい，貝杓子　松江郷土館
調理用鋏
　「図説 台所道具の歴史」日本図書センター　2012
　　◇p182-1〔白黒〕　東京・合羽橋道具街　手もとではくるみや銀杏を割る
チョカ
　「日本民俗図誌 4 習俗・飲食篇」村田書店　1978
　　◇図143〔白黒・図〕　鹿児島県日置郡下伊集院村苗代川の土瓶
ちょーはんめんつ
　「日本の民具 2 農村」慶友社　1992
　　◇図205〔白黒〕　新潟県　弁当入れ　㊙薗部澄

## 食　　台所道具・食器類

### 衝重（丸三方）
「精選 日本民俗辞典」吉川弘文館　2006
　◇p490〔白黒〕(曲物　衝重（丸三方）)
「日本民俗大辞典 下」吉川弘文館　2000
　◇p567〔白黒〕(曲物　衝重（丸三方）)

### 堆朱盆
「民俗資料叢書 10 木地師の習俗2」平凡社　1969
　◇図30〔白黒〕　愛知県北設楽郡稲武町

### 搗き臼
「図説 台所道具の歴史」日本図書センター　2012
　◇p44-1〔白黒〕　三升搗き　佐渡・小木民俗博物館
　◇p44-2〔白黒〕　欅材　青森県・八戸市立歴史民俗博物館
「日本社会民俗辞典 1」日本図書センター　2004
　◇p70〔白黒・図〕(搗臼)　岩手県山形村

### 搗き臼と杵
「今は昔 民具など」文芸社　2014
　◇p22〔白黒〕　㊞山本富三　愛染倉蔵（京都）

### 漬物樽
「図説 民俗探訪事典」山川出版社　1983
　◇p36〔白黒〕(一般家庭の漬物樽)

### 土鍋子
「日本民俗図誌 3 調度・服飾篇」村田書店　1977
　◇図29〔白黒・図〕　関西地方

### 土摺臼
「食の民俗事典」柊風舎　2011
　◇p521〔白黒〕　福島県耶麻郡猪苗代町

### つのさかずき
「日本の生活文化財」第一法規出版　1965
　◇図29（食）〔白黒〕　文部省史料館所蔵（東京都品川区）

### ツノダル
「図録・民具入門事典」柏書房　1991
　◇p109〔白黒〕　東京都　祝儀用具
「日本民俗文化財事典（改訂版）」第一法規出版　1979
　◇図64〔白黒〕
「日本の生活文化財」第一法規出版　1965
　◇原色2〔カラー〕
　◇図18（概説）〔白黒〕(つのだる（祝儀用）)
　◇図19（概説）〔白黒〕
　◇図35（食）〔白黒〕　高山市立飛騨民俗館所蔵
　◇図36（食）〔白黒〕　致道博物館所蔵（山形県鶴岡市）

### 角樽
「民俗小事典 食」吉川弘文館　2013
　◇p369〔白黒〕　主として御祝儀用
「図説 台所道具の歴史」日本図書センター　2012
　◇p197-4〔白黒〕　江戸末〜明治　愛知県・大府市民民俗資料館
　◇p197-5〔白黒〕　徳島県石井町・中野民芸考古館
「日本民具の造形」淡交社　2004
　◇p177〔白黒〕　新潟県 大島村民俗資料館所蔵
　◇p178〔白黒〕　茨城県 高萩市歴史民俗資料館所蔵
「日本民俗大辞典 下」吉川弘文館　2000
　◇p136〔白黒〕
「日本の民具 1 町」慶友社　1992
　◇図172〔白黒〕　㊞薗部澄
「民具のみかた―心とかたち」第一法規出版　1983
　◇p43〔白黒〕(ツノダル（角樽）)　山形県庄内地方
「図説 民俗探訪事典」山川出版社　1983
　◇p48〔白黒〕
「日本民俗事典」弘文堂　1972
　◇p467〔白黒〕　㊞下野民俗研究会写真部

### 壺
「日本民具の造形」淡交社　2004
　◇p109〔白黒〕　徳島県 松茂町歴史民俗資料館所蔵　小さな注ぎ口付き

### 坪杓子
「食の民俗事典」柊風舎　2011
　◇p564〔白黒〕　奈良県生駒郡安堵町

### つぼ（染屋焼）
「日本の生活文化財」第一法規出版　1965
　◇図96（食）〔白黒〕　上田市立博物館所蔵
　◇図98（食）〔白黒〕　上田市立博物館所蔵

### つぼ（丹波焼）
「日本の生活文化財」第一法規出版　1965
　◇図87〜91（食）〔白黒〕　綾部市立丹波焼収蔵庫所蔵（京都府綾部市上野町）
　◇図93〜95（食）〔白黒〕　綾部市立丹波焼収蔵庫所蔵（京都府綾部市上野町）
　◇図100・101（食）〔白黒〕　綾部市立丹波焼収蔵庫所蔵（京都府綾部市上野町）

### つめ棒
「写真で見る農具 民具」農林統計協会　1988
　◇p156〔白黒〕　佐賀県武雄市　明治時代後期頃まで搾油器具

### つる付きの釜
「日本民俗図誌 4 習俗・飲食篇」村田書店　1978
　◇図173-1〔白黒・図〕　熊本県日奈久

### ておけ
「日本の生活文化財」第一法規出版　1965
　◇図33・34（食）〔白黒〕　秋田経済大学雪国民俗研究所所蔵（秋田市茨島）

### 手杵
「写真でみる日本人の生活全集 1」日本図書センター　2010
　◇p116〔白黒〕　八丈島

### 鉄甕
「日本民具の造形」淡交社　2004
　◇p109〔白黒〕　長崎県 三和町歴史民俗資料館所蔵

### 手附壺
「日本民俗図誌 4 習俗・飲食篇」村田書店　1978
　◇図155〔白黒・図〕　日田の皿山産　水さし

### 鉄鍋
「図説 台所道具の歴史」日本図書センター　2012
　◇p80-7〔白黒〕　愛知県・半田市郷土館
「日本民具の造形」淡交社　2004
　◇p100〔白黒〕　鹿児島県 薩摩町ふるさと薩摩の館所蔵
　◇p100〔白黒〕　山形県 致道博物館
「図説 民俗探訪事典」山川出版社　1983
　◇p46〔白黒〕　自在鍋,ツル鍋
「日本民俗図誌 4 習俗・飲食篇」村田書店　1978
　◇図149-2〔白黒・図〕　熊本　『工芸』47

### 鉄瓶
「図説 台所道具の歴史」日本図書センター　2012
　◇p82-1〔白黒〕　北海道開拓の屯田兵への官給品　北海道・旭川兵村記念館
「日本民具の造形」淡交社　2004
　◇p32〔白黒〕　福島県 三春町歴史民俗資料館所蔵
「図説 民俗探訪事典」山川出版社　1983
　◇p46〔白黒〕(茶釜と鉄瓶)
「日本民俗図誌 4 習俗・飲食篇」村田書店　1978
　◇図148-1〔白黒・図〕(幅広鉄瓶)　山形市銅町　『工芸』47

台所道具・食器類　　　　　　　　　　食

手びねり徳利
　「日本民具の造形」淡交社　2004
　　◇p118〔白黒〕　広島県 府中市神宮寺郷土資料館所蔵

手ぼうき
　「図説 台所道具の歴史」日本図書センター　2012
　　◇p13-12〔カラー〕　愛媛県・東予民芸館

手廻しミキサー
　「図説 台所道具の歴史」日本図書センター　2012
　　◇p176-6〔白黒〕　製品の年次未詳　「UNION MIXER」と表記　高知県・介良民具館

電化釜
　「図説 台所道具の歴史」日本図書センター　2012
　　◇p110-1〔白黒〕　『冨山房百科』・昭和8年刊「家庭電化」

電気釜
　「図説 台所道具の歴史」日本図書センター　2012
　　◇p109-20〔白黒〕（三菱電気釜）　大正〜昭和初期　愛媛県・新居浜市立郷土館
　　◇p114-4〔白黒〕（台所電気竈）　大正11年頃　舶来電気竈　㈱GK　フォード博物館

電気竈
　「図説 台所道具の歴史」日本図書センター　2012
　　◇p112-4〔白黒・図〕　実用新案 大正5年

電気コンロ
　「図説 台所道具の歴史」日本図書センター　2012
　　◇p112-2〔白黒・図〕（誰にも出来る電気コンロ）　昭和20年『婦人画報』11月号

電気炊飯器
　「図説 台所道具の歴史」日本図書センター　2012
　　◇p16-4〔カラー〕　昭和11年頃　木桶の底に蛇の目状の伝熱部を装填したじか炊きの炊飯器　愛知県鳳来町・医王寺民俗資料館
　　◇p112-8〔白黒・図〕　実用新案 昭和21年　発熱体投込式

電気煮炊器
　「図説 台所道具の歴史」日本図書センター　2012
　　◇p112-5〔白黒・図〕　実用新案 大正11年

電気煮炊釜
　「図説 台所道具の歴史」日本図書センター　2012
　　◇p112-7〔白黒・図〕　実用新案 昭和9年　電極式

電気飯焚器
　「図説 台所道具の歴史」日本図書センター　2012
　　◇p112-6〔白黒・図〕　実用新案 昭和2年

電気パン焼器
　「図説 台所道具の歴史」日本図書センター　2012
　　◇p112-3〔白黒・図〕　『家庭科図説』

電気湯沸し
　「図説 台所道具の歴史」日本図書センター　2012
　　◇p109-19〔白黒〕　大正12年『婦人画報』

電気冷蔵機
　「図説 台所道具の歴史」日本図書センター　2012
　　◇p110-1〔白黒〕　『冨山房百科』・昭和8年刊「家庭電化」

電磁誘導加熱・専用鍋を使わない方式
　「図説 台所道具の歴史」日本図書センター　2012
　　◇p117-4・5〔白黒〕　ワゴンにセット，磁石の吸いつく鍋であればよい　資料提供・松下電器

電磁誘導加熱調理器
　「図説 台所道具の歴史」日本図書センター　2012
　　◇p116-2・3〔白黒・写真/図〕　昭和53年頃　専用鍋を使用するタイプ，磁力線による発熱の仕組み　三菱クリーンレンジ　資料提供・三菱電機

電子レンジ
　「写真ものがたり昭和の暮らし 4」農村漁村文化協会　2005
　　◇p219〔白黒〕（東京・晴海の日本電子工業展で披露された東芝の電子レンジ）　東京都　㈱昭和37年9月　共同通信社提供

電燈利用湯沸器
　「図説 台所道具の歴史」日本図書センター　2012
　　◇p109-15〔白黒・図〕　実用新案 大正3年

電熱器兼用天火
　「図説 台所道具の歴史」日本図書センター　2012
　　◇p109-18〔白黒〕　大正15年『婦人画報』10月号

澱粉製造機
　「写真で見る農具 民具」農林統計協会　1988
　　◇p155〔白黒〕　岩手県久慈市

てんもくだい
　「民俗資料選集 9 山村の生活と用具」国土地理協会　1981
　　◇p119（本文）〔白黒〕　仏や僧侶に茶を出すとき使用
　　◇p121（本文）〔白黒〕　献茶用

天目台
　「日本民俗図誌 4 習俗・飲食篇」村田書店　1978
　　◇図154〔白黒・図〕

胴臼
　「精選 日本民俗辞典」吉川弘文館　2006
　　◇p68〔白黒・図〕　関東地方
　「日本民俗大辞典 上」吉川弘文館　1999
　　◇p164〔白黒・図〕　関東地方

鋤焼鍋
　「図説 台所道具の歴史」日本図書センター　2012
　　◇p84-3〔白黒・図〕（倒冠式鋤焼鍋）　実用新案 明治43年
　　◇p87-10〔白黒〕（氷裂焼の優美な鋤焼鍋）　昭和8年から製作されていたもの　「瓦斯器具案内」

銅壺付き電気焜炉
　「図説 台所道具の歴史」日本図書センター　2012
　　◇p112-1〔白黒・図〕　昭和20年代

とうし
　「日本の民具 3 山・漁村」慶友社　1992
　　◇図78〔白黒〕　岩手県 紫波　漏斗　㈱薗部澄
　　◇図79〔白黒〕　岩手県 紫波　漏斗　㈱薗部澄

ドウシ
　「日本民俗図誌 5 農耕・漁撈篇」村田書店　1978
　　◇図77-1〔白黒・図〕　岩手県岩手郡雫石地方　ブチキギ（打杵（横杵））を使用

銅製片手鍋
　「図説 台所道具の歴史」日本図書センター　2012
　　◇p88-4〔白黒〕　新潟県新津・北方文化博物館

陶製御飯蒸
　「図説 台所道具の歴史」日本図書センター　2012
　　◇p87-12〔白黒〕　昭和16年　『婦人画報』

銅製酒注
　「日本民具の造形」淡交社　2004
　　◇p117〔白黒〕　兵庫県 白鷹禄水苑所蔵

陶製弁当
　「図説 台所道具の歴史」日本図書センター　2012
　　◇p13-8〔カラー〕　伊万里焼　愛媛県・大州城山郷土館

道中茶道具箱
　「日本民具の造形」淡交社　2004
　　◇p119〔白黒〕　岐阜県 馬瀬村歴史民俗資料館所蔵

*80*　民俗風俗 図版レファレンス事典（衣食住・生活篇）

## 食 　　　　　　　　　　　　　　　　　　　　　　　　台所道具・食器類

銅鐵製琺瑯焼蒸炊器
　「図説 台所道具の歴史」日本図書センター　2012
　　◇p85-14〔白黒・図〕　実用新案 明治38年

銅鍋
　「図説 台所道具の歴史」日本図書センター　2012
　　◇p81-12〔白黒〕　新潟県新津・北方文化博物館
　　◇p81-15〔白黒〕　新潟県新津・北方文化博物館

トウフカゴ
　「あるくみるきく双書 宮本常一とあるいた昭和の日本 19」農山漁村文化協会　2012
　　◇p102〔白黒〕　岩手県一戸町　㈹工藤員功
　　◇p118〔白黒〕　鹿児島県東市栄町　㈹工藤員功

豆腐作り臼
　「日本民具の造形」淡交社　2004
　　◇p30〔白黒〕　福岡県 春日市民俗資料館所蔵

豆腐のカタバコ（型箱）
　「民具のみかた―心とかたち」第一法規出版　1983
　　◇p199〔白黒〕　石川県白山麓

トウフバコ
　「図録・民具入門事典」柏書房　1991
　　◇p43〔白黒〕　西多摩郡旧小河内村

豆腐箱
　「食の民俗事典」柊風舎　2011
　　◇p292〔白黒〕　福井県三方郡美浜町

豆腐ひき臼
　「写真で見る農具 民具」農林統計協会　1988
　　◇p155〔白黒〕　宮崎県門川町

豆腐挽き道具（石臼・半切り桶・バケツなど）
　「民俗資料選集 23 北上山地の畑作習俗」国土地理協会　1995
　　◇p121（本文）〔白黒〕　岩手県岩泉町下有芸

豆腐屋の臼
　「図説 台所道具の歴史」日本図書センター　2012
　　◇p47-7〔白黒〕　昭和20年代　福島県田島町・奥会津歴史民俗資料館

豆腐枠
　「民俗資料選集 23 北上山地の畑作習俗」国土地理協会　1995
　　◇p16（口絵）〔白黒〕　岩手県岩泉町中居村

豆腐枠のふた
　「民俗資料選集 23 北上山地の畑作習俗」国土地理協会　1995
　　◇p16（口絵）〔白黒〕　岩手県岩泉町中居村

道明寺の乾飯つくり
　「日本を知る事典」社会思想社　1971
　　◇図36（p342）〔白黒〕　『あまから』より

土器盃
　「日本を知る事典」社会思想社　1971
　　◇図41（p354）〔白黒・図〕（ぐいのみ・土器盃・焼物盃）

トクリ
　「図録・民具入門事典」柏書房　1991
　　◇p39〔白黒〕　東京都
　「日本民俗文化財事典（改訂版）」第一法規出版　1979
　　◇図61〔白黒〕

徳利
　「民俗小事典 食」吉川弘文館　2013
　　◇p369〔白黒〕　岩井宏實提供
　「あるくみるきく双書 宮本常一とあるいた昭和の日本 19」農山漁村文化協会　2012
　　◇p32〔白黒〕（須佐焼の徳利類）　山口県阿武郡須佐町　㈹神崎宣武，〔昭和45年〕
　　◇p131〔白黒〕（赤井焼の徳利）　福島県　明治40年代　㈹神崎宣武
　「日本民俗大辞典 下」吉川弘文館　2000
　　◇p204〔白黒〕
　「日本を知る事典」社会思想社　1971
　　◇図44（p355）〔白黒・図〕

トースター
　「図説 台所道具の歴史」日本図書センター　2012
　　◇p110-1〔白黒〕　『冨山房百科』・昭和8年刊「家庭電化」

土磨臼
　「図説 台所道具の歴史」日本図書センター　2012
　　◇p46-2・3〔白黒〕　明治から昭和　籾摺り用　愛知県・一宮町郷土資料館
　　◇p46-4〔白黒〕　1970年代まで使用　岩手県・二戸市歴史民俗資料館
　　◇p46-5〔白黒〕　山形県鶴岡・致道博物館

とちの皮むき（とちへし）
　「図説 台所道具の歴史」日本図書センター　2012
　　◇p25-2〔白黒〕　㈹GK　福井県・大野市郷土資料館

とっくり（大宝寺焼）
　「日本の生活文化財」第一法規出版　1965
　　◇図83・84（食）〔白黒〕　致道博物館所蔵（山形県鶴岡市）

とっくり（丹波焼）
　「日本の生活文化財」第一法規出版　1965
　　◇図78～80（食）〔白黒〕　綾部市立丹波焼収蔵庫所蔵（京都府綾部市上野町）
　　◇図81・82（食）〔白黒〕　綾部市立丹波焼収蔵庫所蔵（京都府綾部市上野町）

トナベ
　「図録・民具入門事典」柏書房　1991
　　◇p32〔白黒〕　青森県　小川原湖博物館所蔵

土鍋
　「日本郷土 風俗・民芸・芸能図鑑」日本図書センター　2012
　　◇写真篇 佐賀〔白黒〕（白石の土鍋）　佐賀県 白石

土堝
　「図説 民俗探訪事典」山川出版社　1983
　　◇p46〔白黒〕

トノクチ
　「あるくみるきく双書 宮本常一とあるいた昭和の日本 19」農山漁村文化協会　2012
　　◇p97〔白黒〕　新潟県佐渡郡真野町　米を入れる漏斗　㈹工藤員功

土瓶
　「日本民具の造形」淡交社　2004
　　◇p101〔白黒〕　群馬県 桐生市郷土資料展示ホール所蔵
　　◇p101〔白黒〕　東京都 あきる野市五日市郷土館
　「日本民俗図誌 4 習俗・飲食篇」村田書店　1978
　　◇図145-2〔白黒・図〕　〔兵庫県〕明石

土瓶の耳の形
　「日本民俗図誌 4 習俗・飲食篇」村田書店　1978
　　◇図147-1～6〔白黒・図〕　角型，山型，明治になってからの型，山蓋の一例，落蓋の一例，平蓋の一例

どぶろくがめ
　「民俗の事典」岩崎美術社　1972
　　◇p126〔白黒〕　福島県郡山市

トーベーザラ
　「図録・民具入門事典」柏書房　1991
　　◇p40〔白黒〕　富山県

台所道具・食器類　　　　　　　　　　　食

鳥型水指
　「民俗資料選集 2 木地師の習俗」国土地理協会　1974
　　◇p18（口絵）〔白黒〕　石川県　山中・真砂系の挽き物　筑城良太郎　昭和5年作

ドロボウロクとカネボウロク
　「いまに伝える 農家のモノ・人の生活譜」柏書房　2004
　　◇p289 図1〔白黒・写真/図〕　埼玉県小川町　アラレを炒った

どんぶり
　「日本民俗図誌 4 習俗・飲食篇」村田書店　1978
　　◇図160-2〔白黒・図〕　岩手県九戸郡久慈村　久慈焼

内耳鍋
　「図説 台所道具の歴史」日本図書センター　2012
　　◇p59-9〔白黒〕　福島県田島町・奥会津歴史民俗資料館
　「日本民具の造形」淡交社　2004
　　◇p100〔白黒〕　長野県 松川町資料館所蔵

内白
　「日本民俗図誌 4 習俗・飲食篇」村田書店　1978
　　◇図158〔白黒・図〕　日田皿山産　大甕

長柄銚子
　「日本民具の造形」淡交社　2004
　　◇p58〔白黒〕　北海道 北海道立北方民族資料館所蔵
　　◇p118〔白黒〕（長柄銚子・加銚子）　静岡県 韮山町旧江川家住宅

長崎ちろり
　「日本民具の造形」淡交社　2004
　　◇p31〔白黒〕　福岡県 北九州市立木屋瀬郷土資料館所蔵

流しまわりの雑具
　「図説 台所道具の歴史」日本図書センター　2012
　　◇p27-11〔白黒〕　〔俎・柄杓・しゃもじ・おろし器など〕

長浜の常喜塗
　「民俗資料叢書 7 木地師の習俗1」平凡社　1968
　　◇図45〔白黒〕　滋賀県　膳や椀類ほか

投込湯沸器
　「図説 台所道具の歴史」日本図書センター　2012
　　◇p110-1〔白黒〕　『冨山房百科』・昭和8年刊「家庭電化」

ナザル
　「あるくみるきく双書 宮本常一とあるいた昭和の日本 19」農山漁村文化協会　2012
　　◇p96〔白黒〕　新潟県佐渡郡畑野町　野菜、魚の水切り　㈲工藤貝功

なしぶたと湯筒（材つき）
　「民俗資料叢書 10 木地師の習俗2」平凡社　1969
　　◇図42〔白黒〕　愛知県北設楽郡富山村

七つくど
　「日本民具の造形」淡交社　2004
　　◇p97〔白黒〕　香川県 小比賀家住宅所蔵

ナビゲー
　「図録・民具入門事典」柏書房　1991
　　◇p40〔白黒〕　沖縄県　汁杓子

ナベ
　「図録・民具入門事典」柏書房　1991
　　◇p32〔白黒〕　埼玉県　埼玉県立博物館所蔵
　「日本民俗文化財事典（改訂版）」第一法規出版　1979
　　◇図42〔白黒〕　青森県下北地方
　「日本の生活文化財」第一法規出版　1965
　　◇図42・43（食）〔白黒〕　小川原湖博物館所蔵（青森県三沢市）
　　◇図44（食）〔白黒〕　文部省史料館所蔵（東京都品川区）

鍋
　「図説 台所道具の歴史」日本図書センター　2012
　　◇p80-8〔白黒〕　耳の孔が五ヶ所。鉉の端が二又　新潟県村上・磐舟文華博物館
　　◇p81-16〔白黒〕　佐渡・小木民俗博物館
　　◇p87-11〔白黒〕（陶磁器製の真白な鍋）　昭和16年『婦人画報』
　　◇p91-10・11〔白黒・図/写真〕（システム化された火の具）　米国製の鍋　資料提供・東京渋谷ロイヤル・プロダクツKK
　「食の民事事典」柊風舎　2011
　　◇p545〔白黒〕（飯釜、鍋、茶釜）　奈良県橿原市今井町河合家住宅　〔竈に置かれている〕
　「日本の生活環境文化大辞典」柏書房　2010
　　◇p340-1〔白黒・図〕（昭和時代の鍋）　吊って用いた鍋、置いて用いた鍋、ハガマ、陶磁器の鍋、アルマイト製の煮物鍋、蒸し鍋（オフカシ、ご飯蒸し）、フライパン、中華鍋、炊飯用文化鍋　宮崎玲子

鍋釜
　「図説 台所道具の歴史」日本図書センター　2012
　　◇p79-8〔白黒〕　鍋は鉄製、釜は銅製　新潟県新津・北方文化博物館

ナベシキ
　「図説 台所道具の歴史」日本図書センター　2012
　　◇p79-12～14〔白黒〕　佐渡・小木民俗博物館, 種子島旧南島民俗博物館
　「日本の民具 2 農村」慶友社　1992
　　◇図175〔白黒〕　新潟県　㊞薗部澄
　　◇図176〔白黒〕　使用地不明　㊞薗部澄
　「図録・民具入門事典」柏書房　1991
　　◇p33〔白黒〕　新潟県
　「フォークロアの眼 2 雪国と暮らし」国書刊行会　1977
　　◇p113〔白黒〕　新潟県十日町市諏訪町　藁製　㊞中俣正義, 昭和34年1月15日
　「日本の生活文化財」第一法規出版　1965
　　◇図36（住）〔白黒〕　秋田経済大学雪国民俗研究所所蔵（秋田市茨島）

鍋敷
　「日本の民具 2 農村」慶友社　1992
　　◇図171〔白黒〕　新潟県　㊞薗部澄

鍋敷き
　「図説 民俗探訪事典」山川出版社　1983
　　◇p47〔白黒〕

なべちー
　「日本の民具 2 農村」慶友社　1992
　　◇図174〔白黒〕　鹿児島県　㊞薗部澄

なべすけ
　「図説 台所道具の歴史」日本図書センター　2012
　　◇p79-11〔白黒〕　鍋敷き、尻据えのこと　宮崎県・都城郷土館
　「日本民具の造形」淡交社　2004
　　◇p70〔白黒〕　鹿児島県 入来町郷土資料館所蔵

ナベツカミ
　「食の民俗事典」柊風舎　2011
　　◇p546〔白黒〕　福井県三方郡美浜町所蔵

鍋つかみ
　「日本の民具 2 農村」慶友社　1992
　　◇図169〔白黒〕　各地にあり　㊞薗部澄
　　◇図170〔白黒〕　奈良県　㊞薗部澄

鍋取り
　「図説 民俗探訪事典」山川出版社　1983
　　◇p47〔白黒〕　沖縄県

### 鍋蓋の工夫（市野式鍋）
「図説 台所道具の歴史」日本図書センター　2012
◇p80-5〔白黒・図〕（鍋蓋の工夫）　市野式鍋

### 鍋物焜炉
「図説 台所道具の歴史」日本図書センター　2012
◇p84-1〔白黒〕　愛知県・東海市立郷土資料館

### 楢岡焼の水甕と茶碗
「日本郷土 風俗・民芸・芸能図鑑」日本図書センター　2012
◇写真篇 秋田〔白黒〕（楢岡焼）　秋田県　水甕と茶碗

### 縄のタワシ
「いまに伝える 農家のモノ・人の生活館」柏書房　2004
◇p301 写真3〔白黒〕　埼玉県大利根町　茶渋などの汚れを落とす

### 軟硬束子
「図説 台所道具の歴史」日本図書センター　2012
◇p148-7〔白黒・図〕

### 南部鍋
「日本民具の造形」淡交社　2004
◇p100〔白黒〕　北海道 三石町郷土館所蔵

### 肉汁絞り器
「図説 台所道具の歴史」日本図書センター　2012
◇p175-9〔白黒〕　明治39年『婦人画報』

### 二合半めんつ
「日本民俗図誌 4 習俗・飲食篇」村田書店　1978
◇図163-2〔白黒・図〕　長野県西筑摩郡奈良井製　弁当箱

### 鯡鉢
「日本郷土 風俗・民芸・芸能図鑑」日本図書センター　2012
◇写真篇 福島〔白黒〕　福島県 会津本郷辺り
「食の民俗事典」柊風舎　2011
◇p152〔白黒〕　福島県会津若松市

### ニス
「日本民具の造形」淡交社　2004
◇p105〔白黒〕　北海道 鳥取百年館所蔵　アイヌ語で臼

### 二度芋潰し
「図説 台所道具の歴史」日本図書センター　2012
◇p176-2〔白黒〕　佐渡・小木民俗博物館

### にのひら
「民俗資料選集 9 山村の生活と用具」国土地理協会　1981
◇p120（本文）〔白黒〕　正月の歳取り膳に使用したものであるが盆の代わりもする

### ニマ
「日本民具の造形」淡交社　2004
◇p105〔白黒〕　北海道 鳥取百年館所蔵　アイヌ語で木鉢

### ニマイアシゼン（二枚足膳）
「民具のみかた―心とかたち」第一法規出版　1983
◇p201〔白黒〕　石川県輪島市

### 煮物鉢
「日本民具の造形」淡交社　2004
◇p112〔白黒〕　長崎県 鹿町町歴史民俗資料館所蔵

### ニンジン
「民具のみかた―心とかたち」第一法規出版　1983
◇p204〔白黒〕　愛媛県五十崎町　燗用具

### 糠味噌笊
「日本を知る事典」社会思想社　1971
◇図61（p363）〔白黒・図〕

### 猫足膳
「民俗小事典 食」吉川弘文館　2013
◇p364〔白黒・図〕　略式用

### 猫足膳と八十椀
「民俗資料叢書 10 木地師の習俗2」平凡社　1969
◇図36〔白黒〕　愛知県北設楽郡稲武町　オヒラ，ツボ，オヤワン（飯用），シルワン

### 根来塗広蓋と平蒔絵生盛皿，平蒔絵猪口
「民俗資料叢書 10 木地師の習俗2」平凡社　1969
◇図35〔白黒〕　愛知県北設楽郡稲武町

### ネズミゼン
「図録・民具入門事典」柏書房　1991
◇p41〔白黒〕　東京都

### ねぶね
「図説 台所道具の歴史」日本図書センター　2012
◇p36-2〔白黒〕　〔蕨の根から澱粉を採取するふね〕岩手県・二戸市歴史民俗資料館

### ねりばち
「民俗資料選集 9 山村の生活と用具」国土地理協会　1981
◇p116（本文）〔白黒〕　製作地：長野県売木

### 農家の食具
「写真でみる日本人の生活全集 1」日本図書センター　2010
◇p122〔白黒〕　南秋田

### 野良の弁当箱
「民俗図録 日本人の暮らし」日本図書センター　2012
◇図184〔白黒〕　島根県簸川郡伊波野村　手提げ式　[撮]山根雅郎

### 海苔ざる
「日本の民具 3 山・漁村」慶友社　1992
◇図208〔白黒〕　東京都〔大田区〕大森　[撮]薗部澄

### 海苔絞り機
「日本民具の造形」淡交社　2004
◇p220〔白黒〕　愛知県 渥美町郷土資料館所蔵

### 海苔すき台
「日本民具の造形」淡交社　2004
◇p220〔白黒〕　福岡県 しかのしま資料館所蔵

### 海苔すき枠
「日本民具の造形」淡交社　2004
◇p220〔白黒〕　岩手県 陸前高田市立博物館所蔵

### ハイ（アク）トオシ
「あるくみるきく双書 宮本常一とあるいた昭和の日本 19」農山漁村文化協会　2012
◇p102〔白黒〕　岩手県一戸町　今はソバの水切り用　[撮]工藤員功

### ハイセン
「図録・民具入門事典」柏書房　1991
◇p39〔白黒〕　長野県　盃洗い　上田市立博物館所蔵

### 盃洗
「日本民具の造形」淡交社　2004
◇p117〔白黒〕　山口県 田布施町郷土館所蔵

### 配膳の例
「図説 民俗探訪事典」山川出版社　1983
◇p54〔白黒・図〕　オヒラ，梅平，坪，吸物椀

### パイレックス第一次日本上陸
「図説 台所道具の歴史」日本図書センター　2012
◇p86-3～5〔白黒〕　ドイツのデュラックス，米国のパイレックス，東京電機テレックス硝子　昭和12年『婦人画報』4月号

### 蠅帳
「民俗小事典 食」吉川弘文館　2013
◇p376〔白黒〕

台所道具・食器類　　　　　　　　　食

「図説 台所道具の歴史」日本図書センター　2012
　　◇p25-3〔白黒〕　香川県高松市・讃岐民芸館
「日本民具の造形」淡交社　2004
　　◇p123〔白黒〕　岐阜県 川島町ふるさと資料館所蔵
　　◇p124〔白黒〕　長野県 箕輪町郷土博物館

博多包丁
「日本民具の造形」淡交社　2004
　　◇p33〔白黒〕　福岡県 須恵町立歴史民俗資料館所蔵

博多目櫛差し重部分
「あるくみるきく双書 宮本常一とあるいた昭和の日本 23」農山漁村文化協会　2012
　　◇p17-15〔白黒〕　徳島県美馬郡半田町逢坂　㈲吉野洋三 竹内家現存 半田製漆器

博多目盆
「あるくみるきく双書 宮本常一とあるいた昭和の日本 23」農山漁村文化協会　2012
　　◇p16-1〔白黒〕　徳島県美馬郡半田町逢坂　㈲吉野洋三 竹内家現存 半田製漆器

ハガマ
「図録・民具入門事典」柏書房　1991
　　◇p32〔白黒〕　埼玉県 埼玉県立博物館所蔵

羽釜
「日本民具の造形」淡交社　2004
　　◇p73〔白黒〕　福島県 郡山市開成館所蔵

羽釜と尻据え
「図説 台所道具の歴史」日本図書センター　2012
　　◇p79-9〔白黒〕　鹿児島市立美術館

羽釜の使用例
「図説 民俗探訪事典」山川出版社　1983
　　◇p44〔白黒・図〕　『日本人の調理器具』より

はこぜん
「日本の生活文化財」第一法規出版　1965
　　◇図16（概説）〔白黒〕
　　◇図22（食）〔白黒〕　秋田経済大学雪国民俗研究所所蔵（秋田市茨島）

箱膳
「民俗小事典 食」吉川弘文館　2013
　　◇p10〔白黒〕
　　◇p364〔白黒〕　岐阜県大野郡白川村　㈲安達浩
「あるくみるきく双書 宮本常一とあるいた昭和の日本 23」農山漁村文化協会　2012
　　◇p16-4〔白黒〕　徳島県美馬郡半田町逢坂　㈲吉野洋三 竹内家現存 半田製漆器
「図説 台所道具の歴史」日本図書センター　2012
　　◇p11-6〔カラー〕　徳島県・中野民芸考古館
「写真でみる日本人の生活全集 1」日本図書センター　2010
　　◇p110〔白黒〕　南秋田地方 主人用箱膳。上流農家の夕食の配膳の例
　　◇p115〔白黒〕（飯櫃と箱膳）　南秋田地方 金足
「図説 日本民俗学」吉川弘文館　2009
　　◇p22〔白黒〕　会津只見町『会津只見の民具』より
「祭・芸能・行事大事典 下」朝倉書店　2009
　　◇p1397〔白黒〕　㈲森隆男
「写真ものがたり昭和の暮らし 4」農村漁村文化協会　2005
　　◇p201〔白黒・図〕　絵・中嶋俊枝
「いまに伝える 農家のモノ・人の生活館」柏書房　2004
　　◇p236 写真1〔白黒〕　埼玉県小川町
「日本民具の造形」淡交社　2004
　　◇p113〔白黒〕　富山県 氷見市立博物館所蔵
「図説 民俗建築大事典」柏書房　2001
　　◇図1(p194)〔白黒・図〕

「日本の民具 2 農村」慶友社　1992
　　◇図201〔白黒〕　愛知県北設楽郡　㈲薗部澄
「民具のみかた一心とかたち」第一法規出版　1983
　　◇p200〔白黒〕（ハコゼン（箱膳））　岩手県浄法寺町
「図説 民俗探訪事典」山川出版社　1983
　　◇p54〔白黒〕　徳島県　徳島県中野民芸考古館蔵
「日本を知る事典」社会思想社　1971
　　◇図52(p359)〔白黒・図〕

箱膳の使い方
「いまに伝える 農家のモノ・人の生活館」柏書房　2004
　　◇p236 図1〔白黒・図〕

ハサミクシ
「図録・民具入門事典」柏書房　1991
　　◇p37〔白黒〕　秋田県 魚の焼串の一種　国立民族学博物館所蔵

箸入れ
「日本の民具 2 農村」慶友社　1992
　　◇図189〔白黒〕　鹿児島県　㈲薗部澄
「日本民俗図誌 3 調度・服飾篇」村田書店　1977
　　◇図42-2・3〔白黒・図〕（竹製箸入れ）　アイヌ使用

箸置き
「図説 台所道具の歴史」日本図書センター　2012
　　◇p14-1〔カラー〕　陶製 香川県高松市・讃岐民芸館

箸立て
「日本民具の造形」淡交社　2004
　　◇p112〔白黒〕　北海道 北海道開拓の村所蔵

箸のいろいろ
「図説 民俗探訪事典」山川出版社　1983
　　◇p51〔白黒〕　象牙に金象嵌、蒔絵、ごま竹、竹箸（ひねり・膝塗り）、家紋入り、銀製折込み、アイヌの"オンコ"、栗の木の箸

はち
「日本の生活文化財」第一法規出版　1965
　　◇図71〜73(食)〔白黒〕　綾部市立丹波焼収蔵庫所蔵（京都府綾部市上野町）
　　◇図74(食)〔白黒〕　秋田経済大学雪国民俗研究所所蔵（秋田市茨島）
　　◇図77(食)〔白黒〕　綾部市立丹波焼収蔵庫所蔵（京都府綾部市上野町）

鉢
「図説 台所道具の歴史」日本図書センター　2012
　　◇p14-4〔カラー〕　福島県・会津酒造博物館
「民俗資料叢書 7 木地師の習俗1」平凡社　1968
　　◇図42〔白黒〕　滋賀県 木地の製品
　　◇図43〔白黒〕　滋賀県 木地の製品
　　◇図78〔白黒〕　三重県宮前村 木地木屋

鉢、浅鉢の例
「図説 台所道具の歴史」日本図書センター　2012
　　◇p168-1〜4〔白黒〕　青森県八戸市・是川考古館

花見酒樽
「日本民具の造形」淡交社　2004
　　◇p116〔白黒〕　神奈川県 江戸民具街道所蔵

花見弁当箱
「日本民具の造形」淡交社　2004
　　◇p38〔白黒〕　長野県 宣公郷土館所蔵

パナリ焼きの壺類
「あるくみるきく双書 宮本常一とあるいた昭和の日本 19」農山漁村文化協会　2012
　　◇p57〔白黒〕　沖縄県石垣市竹富島　㈲伊藤碩男

羽鏨子
「図説 台所道具の歴史」日本図書センター　2012

食　　　　　　　　　　　　　　　　　　　台所道具・食器類

◇p82-3〔白黒〕　銅製　新潟県新津・北方文化博物館

**はまつたー（釜蓋）**
「日本の民具 2 農村」慶友社　1992
　◇図172〔白黒〕　鹿児島県　㊟薗部澄

**浜弁当**
「日本民俗図誌 4 習俗・飲食篇」村田書店　1978
　◇図165-2〔白黒・図〕　酒田市檜物町で売る　楕円形の春慶塗曲物　『工芸』47

**ハマンタ**
「日本民具の造形」淡交社　2004
　◇p100〔白黒〕　沖縄県 今帰仁村歴史文化センター所蔵　鍋蓋

**鱧切り包丁**
「食の民俗事典」柊風舎　2011
　◇p147〔白黒〕

**半切・鮓桶・とめ桶・洗い桶**
「図説 台所道具の歴史」日本図書センター　2012
　◇p133-13〔白黒〕　世田谷ぼろ市　㊟GK

**飯盒**
「図説 台所道具の歴史」日本図書センター　2012
　◇p89-8～11〔白黒〕　軍隊の弁当容器兼炊飯器　佐渡・小木民俗博物館, 愛知県鳳来町・医王寺民俗資料館

**飯盒の原型と改良案**
「図説 台所道具の歴史」日本図書センター　2012
　◇p89-13・14〔白黒・図〕　図13：実用新案 明治39年, 図14：竹製。実用新案 昭和18年

**飯台**
「日本民具の造形」淡交社　2004
　◇p113〔白黒〕　島根県 旭町歴史民俗資料館所蔵

**半田塗りの椀**
「あるくみるきく双書 宮本常一とあるいた昭和の日本 23」農山漁村文化協会　2012
　◇p17-10〔白黒〕（半田塗り）　徳島県美馬郡半田町逢坂〔膳の上に椀が4つ〕　㊟吉野洋三　竹内家現存 半田製漆器

**はんどう**
「日本民俗図誌 4 習俗・飲食篇」村田書店　1978
　◇図157〔白黒・図〕　日田皿山産　水甕

**ハンドル付きの粉篩い器**
「図説 台所道具の歴史」日本図書センター　2012
　◇p175-8〔白黒〕　明治39年『婦人画報』9月号

**ハンボ**
「民俗図録 日本人の暮らし」日本図書センター　2012
　◇図185〔白黒〕（船中のハンボ）　島根県簸川郡大社町　円形のもの　㊟山根雅郎

**パン焼き器**
「図説 台所道具の歴史」日本図書センター　2012
　◇p35-6・7〔白黒〕　終戦直後　北海道・釧路市立郷土博物館, GK研究所蔵
　◇p35-8〔白黒〕　東京池袋・電気資料館

**パン焼器械**
「図説 台所道具の歴史」日本図書センター　2012
　◇p84-8〔白黒・図〕　明治25年『家庭雑誌』

**ヒアゲ**
「図録・民具入門事典」柏書房　1991
　◇p38〔白黒〕　青森県　酒器　小川原湖博物館所蔵

**火起シ器**
「図説 台所道具の歴史」日本図書センター　2012
　◇p30-2〔白黒・図〕　明治44年

**碾き臼**
「今は昔 民具など」文芸社　2014
　◇p42〔白黒〕　㊟山本富三　橿原市今井町屋敷蔵

**挽き臼, 豆腐製造具**
「写真で見る農具 民具」農林統計協会　1988
　◇p155〔白黒〕　北海道下川町　大正初期頃

**挽臼と篩**
「民俗図録 日本人の暮らし」日本図書センター　2012
　◇図182〔白黒〕　山梨県西八代郡上九一色村　製粉用の石の挽き臼

**挽臼のセット**
「図説 民俗探訪事典」山川出版社　1983
　◇p242〔白黒〕　福井県三方郡臥竜院境内

**ヒキバチ**
「図録・民具入門事典」柏書房　1991
　◇p35〔白黒〕　東京都　製粉用の木鉢

**引き曲げ黒内朱膳**
「あるくみるきく双書 宮本常一とあるいた昭和の日本 23」農山漁村文化協会　2012
　◇p16-2〔白黒〕　徳島県美馬郡半田町逢坂　㊟吉野洋三　竹内家現存 半田製漆器

**ひきわり桶と米櫃**
「図説 民俗探訪事典」山川出版社　1983
　◇p29〔白黒〕　台所風景

**挽き割機**
「写真で見る農具 民具」農林統計協会　1988
　◇p157〔白黒〕　高知県物部村　明治時代から大正時代

**魚籠**
「日本を知る事典」社会思想社　1971
　◇図64(p363)〔白黒・図〕

「日本民俗文化財事典（改訂版）」第一法規出版　1979
　◇図62〔白黒〕

**提子**
「日本を知る事典」社会思想社　1971
　◇図47(p356)〔白黒・図〕

**ヒサゴ**
「日本民俗図誌 4 習俗・飲食篇」村田書店　1978
　◇図169-2〔白黒・図〕
「日本を知る事典」社会思想社　1971
　◇図50(p358)〔白黒・図〕

**ヒシャク**
「図録・民具入門事典」柏書房　1991
　◇p33〔白黒〕　青森県　刳物　小川原湖博物館所蔵
　◇p33〔白黒〕　青森県　曲物　小川原湖博物館所蔵
「日本の生活文化財」第一法規出版　1965
　◇図20（概説）〔白黒〕

**柄杓**
「日本民具の造形」淡交社　2004
　◇p57〔白黒〕　福島県　会津民俗館所蔵

**ヒトペラ**
「日本民俗図誌 4 習俗・飲食篇」村田書店　1978
　◇図195〔白黒・図〕　アイヌ　餅をつけるのに用いる箆

**ヒネブリ（指宿ジョケ）**
「あるくみるきく双書 宮本常一とあるいた昭和の日本 19」農山漁村文化協会　2012
　◇p118〔白黒〕　鹿児島県指宿市　野菜の水切り　㊟工藤員功

台所道具・食器類　　　　　　　　　食

日の出たわし
　「図説 台所道具の歴史」日本図書センター　2012
　　◇p148-1〔白黒・図〕

瓢箪柄杓
　「日本民具の造形」淡交社　2004
　　◇p74〔白黒〕　京都府 網野町郷土資料館所蔵

ヒラカゴ（イサクカゴ）
　「あるくみるきく双書 宮本常一とあるいた昭和の日本 19」
　　農山漁村文化協会　2012
　　◇p120〔白黒〕　鹿児島県吹上町　弁当入れ　㈱工藤
　　員功

平膳
　「日本民具の造形」淡交社　2004
　　◇p113〔白黒〕　滋賀県 山東町民俗資料館所蔵

ヒルゲ俵
　「食の民俗事典」柊風舎　2011
　　◇p174〔白黒〕　福井県三方郡美浜町

ヒルット（ゴザ弁当入れ）
　「民具のみかた—心とかたち」第一法規出版　1983
　　◇p204〔白黒〕　石川県小松市

ヒルマギ
　「図録・民具入門事典」柏書房　1991
　　◇p42〔白黒〕　長野県

ビンボウカギ（貧乏鉤）
　「民具のみかた—心とかたち」第一法規出版　1983
　　◇p206〔白黒〕　石川県白山麓

ふうき爐
　「図説 台所道具の歴史」日本図書センター　2012
　　◇p68-2〔白黒〕　コークス用　北海道開拓記念館

夫婦臼
　「日本民具の造形」淡交社　2004
　　◇p105〔白黒〕　奈良県 明日香民俗資料館所蔵

風炉
　「日本民具の造形」淡交社　2004
　　◇p97〔白黒〕　滋賀県 多賀町歴史民俗資料館所蔵

ふかし
　「日本の生活文化財」第一法規出版　1965
　　◇図67・68（食）〔白黒〕　秋田経済大学雪国民俗研究所
　　所蔵（秋田市茨島）

深鍋
　「図説 台所道具の歴史」日本図書センター　2012
　　◇p85-13〔白黒〕　銅製　新潟県新津・北方文化博物館

ふく鉢
　「図説 台所道具の歴史」日本図書センター　2012
　　◇p42-2〔白黒〕　汎用の木鉢　新潟県村上・磐舟文華博
　　物館

富士2号
　「図説 台所道具の歴史」日本図書センター　2012
　　◇p138-8〔白黒〕　昭和12年「瓦斯器具案内」

蓋
　「民俗資料叢書 10 木地師の習俗2」平凡社　1969
　　◇図30〔白黒〕　愛知県北設楽郡稲武町

蓋付御櫃
　「日本民俗大辞典 上」吉川弘文館　1999
　　◇p252〔白黒〕

蓋付籠
　「日本民具の造形」淡交社　2004
　　◇p110〔白黒〕　北海道 山村開発センター郷土資料館
　　所蔵

蓋つき壺
　「日本民俗図誌 4 習俗・飲食篇」村田書店　1978
　　◇図160-3〔白黒・図〕　岩手県九戸郡久慈村　久慈焼

蓋附壷
　「日本郷土 風俗・民芸・芸能図鑑」日本図書センター　2012
　　◇写真篇 福井〔白黒〕　福井県円生郡氷坂窯

二人用箱膳
　「あるくみるきく双書 宮本常一とあるいた昭和の日本 23」
　　農山漁村文化協会　2012
　　◇p16-5〔白黒〕　徳島県美馬郡半田町逢坂　㈱吉野洋三
　　竹内家現存 半田製漆器

葡萄破砕器
　「日本民具の造形」淡交社　2004
　　◇p106〔白黒〕　大阪府 柏原市立歴史資料館所蔵

フードミキサー
　「図説 台所道具の歴史」日本図書センター　2012
　　◇p177-8〜10〔白黒〕　シャープ製　昭和36年『婦人画
　　報』10月号

船徳利
　「日本民具の造形」淡交社　2004
　　◇p117〔白黒〕　熊本県 熊本市立熊本博物館所蔵
　　◇p118〔白黒〕　石川県 北前船の里資料館

フナヤキ（大判焼き）器具
　「食の民俗事典」柊風舎　2011
　　◇p408〔白黒〕（家庭用のフナヤキ（大判焼き）器具）　三
　　重県伊賀市

ふね
　「日本の民具 3 山・漁村」慶友社　1992
　　◇図76〔白黒〕　岩手県　㈱薗部澄

フミウス
　「図録・民具入門事典」柏書房　1991
　　◇p36〔白黒〕　千葉県　搗き臼の一種　成田山史料館
　　所蔵

踏み臼
　「食の民俗事典」柊風舎　2011
　　◇p520〔白黒〕　福島県大沼郡金山町

ブリキ製水漉器
　「図説 台所道具の歴史」日本図書センター　2012
　　◇p137-12〔白黒・図〕　明治27年『家庭雑誌』

フリテボ
　「あるくみるきく双書 宮本常一とあるいた昭和の日本 19」
　　農山漁村文化協会　2012
　　◇p96〔白黒〕　新潟県佐渡郡　うどん等を温める　㈱工
　　藤員功

篩
　「図説 台所道具の歴史」日本図書センター　2012
　　◇p174-3〔白黒〕（藤蔓で編んだ篩）　佐渡・小木民俗博
　　物館
　「日本民俗大辞典 下」吉川弘文館　2000
　　◇p493〔白黒〕　武蔵野美術大学民俗資料室所蔵

文化焜爐
　「図説 台所道具の歴史」日本図書センター　2012
　　◇p69-9〔白黒・図〕　大正11年『婦人画報』2月号

文化自動炊飯器
　「図説 台所道具の歴史」日本図書センター　2012
　　◇p113-12〔白黒〕　昭和6年「瓦斯器具案内」東京瓦斯
　　KK

文化焼物器
　「図説 台所道具の歴史」日本図書センター　2012
　　◇p84-9〔白黒〕　世田谷郷土資料館

文化湯沸
　「図説 台所道具の歴史」日本図書センター　2012
　　◇p69-10〔白黒〕　昭和11年『婦人画報』4月号

文化爐
　「図説 台所道具の歴史」日本図書センター　2012
　　◇p84-5・6〔白黒〕　鉄板製　㊞GK　世田谷区立郷土資料館

噴水「タワシ」
　「図説 台所道具の歴史」日本図書センター　2012
　　◇p148-12〔白黒・図〕

瓶子
　「日本を知る事典」社会思想社　1971
　　◇図43(p355)〔白黒・図〕

へぎぜん
　「日本の生活文化財」第一法規出版　1965
　　◇13〔食〕〔白黒〕　秋田経済大学雪国民俗研究所所蔵（秋田市茨島）

絲瓜食器洗具
　「図説 台所道具の歴史」日本図書センター　2012
　　◇p148-10〔白黒・図〕

へら
　「日本の民具 3 山・漁村」慶友社　1992
　　◇図86〔白黒〕　岩手県　㊞薗部澄
　　◇図87〔白黒〕　岩手県 紫波　㊞薗部澄

弁当（ツゲ）
　「民俗資料叢書 14 八郎潟の漁撈習俗」平凡社　1971
　　◇第102図(p127)〔白黒・図〕　秋田県 八郎潟　秋田杉のまさ（柾）で作ったワッパ，漁師の一食弁当

ベントウイレ
　「写真でみる日本人の生活全集 1」日本図書センター　2010
　　◇p108〔白黒・図〕　長野県上水内郡栄村　宮本馨太郎による
　「図録・民具入門事典」柏書房　1991
　　◇p42〔白黒〕　長野県
　「日本の生活文化財」第一法規出版　1965
　　◇56・57（食）〔白黒〕　秋田経済大学雪国民俗研究所所蔵（秋田市茨島）

弁当入れ
　「日本民具の造形」淡交社　2004
　　◇p114〔白黒〕　新潟県 入広瀬村野山の幸資料館所蔵
　「民具のみかた一心とかたち」第一法規出版　1983
　　◇p57〔白黒〕　山形県庄内地方

弁当かご
　「日本郷土 風俗・民芸・芸能図鑑」日本図書センター　2012
　　◇写真篇 石川〔白黒〕　石川県
　「写真で見る農具 民具」農林統計協会　1988
　　◇p287〔白黒〕　岐阜県大野郡　明治時代から大正時代前期

ベントウゴウリ
　「日本民俗文化財事典（改訂版）」第一法規出版　1979
　　◇図184〔白黒〕

弁当行李
　「日本の民具 1 町」慶友社　1992
　　◇図223〔白黒〕　㊞薗部澄

べんとうごおり
　「日本の生活文化財」第一法規出版　1965
　　◇図46（食）〔白黒〕　文部省史料館所蔵（東京都品川区）

べんとうばこ
　「日本の生活文化財」第一法規出版　1965
　　◇図52・53（食）〔白黒〕　秋田経済大学雪国民俗研究所所蔵（秋田市茨島）

弁当箱
　「今は昔 民具など」文芸社　2014
　　◇p116〔白黒〕　㊞山本富三　河合香艸園蔵（京都）
　「図説 民俗探訪事典」山川出版社　1983
　　◇p55〔白黒〕（弁当箱と行器）
　「日本民俗事典」弘文堂　1972
　　◇p642〔白黒〕　宮崎県西臼杵郡高千穂町（メンパ）　行李弁当，メンパ　㊞宮本馨太郎（メンパ）

弁当箱包み
　「日本民具の造形」淡交社　2004
　　◇p56〔白黒〕　滋賀県 滋賀大学経済学部付属資料館所蔵

べんとうぶくろ
　「民俗資料選集 9 山村の生活と用具」国土地理協会　1981
　　◇p108（本文）〔白黒〕　愛知県北設楽郡津具村　製作年代不明　フジ布製，地元婦人の手織品。山仕事をする人のべんとう入れ

帽子形丸膳とそば椀
　「民俗資料叢書 10 木地師の習俗2」平凡社　1969
　　◇図32〔白黒〕　愛知県北設楽郡稲武町

包丁
　「日本民具の造形」淡交社　2004
　　◇p47〔白黒〕　福岡県 須恵町立歴史民俗資料館所蔵
　　◇p107〔白黒〕（包丁・俎板）　岐阜県 岐阜市歴史博物館
　「日本を知る事典」社会思想社　1971
　　◇図65(p364)〔白黒・図〕（包丁）　菜切・薄刃・刺身・柳葉・出刃・アジキリ

庖丁（煙草切）
　「日本の民具 2 農村」慶友社　1992
　　◇図182〔白黒〕（包丁）　長野県　煙草切　㊞薗部澄

庖丁掛付両用俎
　「図説 台所道具の歴史」日本図書センター　2012
　　◇p180-4〔白黒・図〕　製造発売元・竹中商店　大正2年『婦人画報』1月号

包丁のいろいろ
　「図説 民俗探訪事典」山川出版社　1983
　　◇p50〔白黒・図〕　さしみ（柳刃），さしみ（蛸引き），すいか，パン切り，肉切り（牛刃），豆腐，そば切り，すし切り，菜切り，薄刃，出刃，うなぎ

ボウルの一種（イット）
　「図説 台所道具の歴史」日本図書センター　2012
　　◇p41-6〔白黒〕　オロッコ族の生活用具　北海道・網走市立郷土博物館

琺瑯鍋
　「図説 台所道具の歴史」日本図書センター　2012
　　◇p15-14〔カラー〕　大正時代　愛知県・一宮町郷土資料館

琺瑯引き手鍋
　「図説 台所道具の歴史」日本図書センター　2012
　　◇p85-12〔白黒〕　愛媛県・砥部物産館

琺瑯焼五徳鍋
　「図説 台所道具の歴史」日本図書センター　2012
　　◇p85-15〔白黒・図〕　実用新案 明治39年

ホウロク
　「図録・民具入門事典」柏書房　1991
　　◇p32〔白黒〕　埼玉県　埼玉県立博物館所蔵

焙烙
　「図説 台所道具の歴史」日本図書センター　2012
　　◇p72-4〔白黒〕（炮烙）　愛媛県西条市・東予民芸館
　　◇p73-5〔白黒〕（炮烙）　釧路市立郷土博物館

台所道具・食器類　　　　　　　　　　食

◇p73-6〔白黒〕　会津若松・会津酒造博物館
◇p73-9〔白黒〕(炮烙)　浅い丸底　愛知県・半田市郷土資料館
◇p73-10〔白黒〕(炮烙)
「日本民具の造形」淡交社　2004
◇p37〔白黒〕　兵庫県　西脇市郷土資料館所蔵
◇p102〔白黒〕　東京都　八王子市立郷土資料館

## 炮烙蒸し器
「図説 台所道具の歴史」日本図書センター　2012
◇p75-7〔白黒〕　陶製　香川県・瀬戸内海歴史民俗資料館

## ホカイ
「日本の民具 2 農村」慶友社　1992
◇図240〔白黒〕　東京都北多摩郡　食物を入れて祝儀などのときに贈る　㈲薗部澄
「図説 民俗探訪事典」山川出版社　1983
◇p55〔白黒〕(弁当箱と行器)
「民俗の事典」岩崎美術社　1972
◇p130〔白黒・図〕　木製の容器。食物を家から外へ運ぶのに使う

## ホガチウス(穂搗き臼)
「民具のみかた―心とかたち」第一法規出版　1983
◇p128〔白黒〕　石川県白山麓

## 蒲葵釣瓶
「日本民俗図誌 4 習俗・飲食篇」村田書店　1978
◇図169-1〔白黒・図〕　沖縄県八重山郡与那国島で用いる

## ポケット水漉し
「図説 台所道具の歴史」日本図書センター　2012
◇p137-11〔白黒〕　組立式　昭和13年『婦人画報』

## 保存容器(昭和時代)
「日本の生活環境文化大辞典」柏書房　2010
◇p342-5〔白黒・図〕(昭和時代の保存容器)　木箱型米櫃、ブリキ米櫃、飯櫃、重箱、曲げワッパ、瓶、桶、樽　宮崎玲子

## ボチ
「民俗資料叢書 7 木地師の習俗1」平凡社　1968
◇図75〔白黒〕　三重県柏崎村、沼ガ野木屋　木地師の習俗
◇図76〔白黒〕　石臼をおいたところ

## 鮨の卵巣をとり出すための包丁
「食の民俗事典」柊風舎　2011
◇p148〔白黒〕　長崎県五島市富江町

## ほーろくなべ
「日本の民具 2 農村」慶友社　1992
◇図166〔白黒〕　長野県　㈲薗部澄

## ぽん
「民俗資料選集 9 山村の生活と用具」国土地理協会　1981
◇p117(本文)〔白黒〕　材質カエデ材

## 盆
「日本民具の造形」淡交社　2004
◇p54〔白黒〕　山梨県　勝山村歴史民俗資料館所蔵

## ポンイサツケキ
「日本民具の造形」淡交社　2004
◇p103〔白黒〕　北海道　紋別市立博物館所蔵

## 盆・茶壺・菓子皿・菓子鉢・棗・果物盛ほか
「民俗資料選集 2 木地師の習俗」国土地理協会　1974
◇p18〔口絵〕〔白黒〕(旧西谷村栢野の次郎の作品)　石川県　盆・茶壺・菓子皿・菓子鉢・棗・果物盛ほか(山中・真砂系の挽き物)

## 前挽臼
「日本民俗図誌 5 農耕・漁撈篇」村田書店　1978
◇図74-1〔白黒・図〕　沖縄県八重山郡西表島

## マカイ
「日本郷土 風俗・民芸・芸能図鑑」日本図書センター　2012
◇写真篇 綜合〔白黒〕　沖縄の方言で碗のこと

## 蒔絵惣盆
「あるくみるきく双書 宮本常一とあるいた昭和の日本 23」農山漁村文化協会　2012
◇p7〔白黒〕　徳島県美馬郡半田町　㈲吉野洋三

## マゲエザル
「あるくみるきく双書 宮本常一とあるいた昭和の日本 19」農山漁村文化協会　2012
◇p102〔白黒〕　岩手県一戸町　麺類をすくう　㈲工藤員功

## 曲物
「図説 民俗探訪事典」山川出版社　1983
◇p48〔白黒〕

## 曲物弁当箱
「日本の民具 1 町」慶友社　1992
◇図225〔白黒〕　㈲薗部澄

## 曲ワッパ
「日本民俗図誌 4 習俗・飲食篇」村田書店　1978
◇図164-2・3〔白黒・図〕　秋田県由利郡笹子地方　弁当箱　『民具問答』

## マツウラ
「いまに伝える 農家のモノ・人の生活館」柏書房　2004
◇p233 写真2〔白黒〕　埼玉県所沢市

## 松葉束子
「図説 台所道具の歴史」日本図書センター　2012
◇p148-13〔白黒・図〕
◇p148-14・15〔白黒・図〕

## 俎
「図説 台所道具の歴史」日本図書センター　2012
◇p180-2〔白黒〕　樺太タオス採集　樺太漁撈民ギリヤクの使用したもの　北海道・旭川郷土博物館
◇p181-5〔白黒〕(俎の典型)　明治以来家庭用俎の典型　山形県鶴岡・致道博物館
◇p181-8〔白黒〕(積層俎)　東京・合羽橋道具街　プラスチック俎の一種　㈲GK、昭和53年
「日本民具の造形」淡交社　2004
◇p107〔白黒〕(庖丁・俎板)　岐阜県 岐阜市歴史博物館所蔵

## 俎の脚
「図説 台所道具の歴史」日本図書センター　2012
◇p180-3〔白黒〕　青森県三沢・小川原湖民俗博物館

## 魔法瓶
「図説 台所道具の歴史」日本図書センター　2012
◇p139-14〔白黒〕(魔法瓶とアルマイト麦湯冷し)　昭和13年『婦人画報』8月号

## 魔法湯沸器
「図説 台所道具の歴史」日本図書センター　2012
◇p139-12〔白黒・図〕　昭和9年『婦人画報』

## ままじょうけ
「日本民具の造形」淡交社　2004
◇p1〔カラー〕　福岡県 大野城市歴史資料館所蔵

## マヨナイザー
「図説 台所道具の歴史」日本図書センター　2012
◇p175-10〔白黒〕(ガラス製のマヨナイザー)　昭和11年『婦人画報』

マルカゴ
「あるくみるきく双書 宮本常一とあるいた昭和の日本 19」
農山漁村文化協会　2012
◇p120〔白黒〕　鹿児島県吹上町　夏季の飯入れ　㈱工藤員功

丸型蒸籠
「食の民俗事典」柊風舎　2011
◇p547〔白黒〕　滋賀県長浜市高月町

マルザル
「あるくみるきく双書 宮本常一とあるいた昭和の日本 19」
農山漁村文化協会　2012
◇p101〔白黒〕　岩手県一戸町　キノコ入れにしている　㈱工藤員功

丸ザル
「あるくみるきく双書 宮本常一とあるいた昭和の日本 19」
農山漁村文化協会　2012
◇p96〔白黒〕　新潟県佐渡郡畑野町　あん漉し　㈱工藤員功

丸笊
「日本民俗図誌 4 習俗・飲食篇」村田書店　1978
◇図180-2〔白黒・図〕　岩手県一戸町　店先に穀物など入れておく　『工芸』47

マルゼン
「日本の民具 2 農村」慶友社　1992
◇図202〔白黒〕　愛知県北設楽郡　㈱薗部澄
「図録・民具入門事典」柏書房　1991
◇p41〔白黒〕　愛知県
「民俗資料選集 9 山村の生活と用具」国土地理協会　1981
◇p118(本文)〔白黒〕　使用者：愛知県北設楽郡津具村字能知・夏目家　製作年代江戸時代　客膳として使用
◇p121(本文)〔白黒〕　使用者：愛知県北設楽郡津具村字能知・夏目家　製作年代江戸時代　客用の膳として使用
「日本の生活文化財」第一法規出版　1965
◇図14(食)〔白黒〕　文部省史料館所蔵(東京都品川区)
「写真 日本文化史 9」日本評論新社　1955
◇図36, 37〔白黒〕

丸膳
「日本民俗文化財事典(改訂版)」第一法規出版　1979
◇図54〔白黒〕
「民俗資料叢書 10 木地師の習俗2」平凡社　1969
◇図43〔白黒〕　愛知県北設楽郡富山村

マルベントウ
「図録・民具入門事典」柏書房　1991
◇p42〔白黒〕　富山県

マルボンザル
「あるくみるきく双書 宮本常一とあるいた昭和の日本 19」
農山漁村文化協会　2012
◇p97〔白黒〕　新潟県佐渡郡畑野町　食品入れ　㈱工藤員功

マルワッパ
「写真でみる日本人の生活全集 1」日本図書センター　2010
◇p108〔白黒・図〕　秋田県由利郡笹子村　宮本馨太郎による

ミズイレ(水入れ)
「民具のみかた一心とかたち」第一法規出版　1983
◇p193〔白黒〕　宮城県仙台市　竹筒を利用。外仕事にでる者が携えた

ミズオケ
「いまに伝える 農家のモノ・人の生活館」柏書房　2004
◇p296 写真7〔白黒〕　埼玉県所沢市

水桶
「図説 台所道具の歴史」日本図書センター　2012
◇p132-1〔白黒〕　飲用に水甕から上澄みをとった水の容器　新潟県村上・磐舟文華博物館
「日本民具の造形」淡交社　2004
◇p108〔白黒〕　愛媛県 西条市立郷土博物館所蔵

水を使う道具
「日本の生活環境文化大辞典」柏書房　2010
◇p341-3〔白黒〕　洗い桶, ササラ, 棕櫚刷毛, 藁の束子, 笊, 食器の水切り籠　宮崎玲子

水ガメ
「いまに伝える 農家のモノ・人の生活館」柏書房　2004
◇p241 図4〔白黒・写真/図〕　埼玉県所沢市・小川町
「日本民俗文化財事典(改訂版)」第一法規出版　1979
◇図38〔白黒〕　京都府
「日本の生活文化財」第一法規出版　1965
◇図105(食)〔白黒〕(みずがめ(丹波焼))　綾部市立丹波焼収蔵庫所蔵(京都府綾部市上野町)

水瓶
「日本民具の造形」淡交社　2004
◇p109〔白黒〕　三重県 長島町輪中の里所蔵

水甕
「日本民具の造形」淡交社　2004
◇p37〔白黒〕　三重県 大宮町郷土資料館所蔵　水を貯えた大型の甕。調理、飲用、洗いものに使った

水切
「図説 台所道具の歴史」日本図書センター　2012
◇p142-4〔白黒〕　茶碗や小物の水を切る　佐渡・小木民俗博物館
◇p143-7〔白黒〕(洗ひ物水切り)　青いエナメル製　昭和11年『婦人画報』5月号
◇p143-10〔白黒〕(現代の水切り)　1970年代　㈱GK

水切り笊
「図説 台所道具の歴史」日本図書センター　2012
◇p144-2〔白黒〕　日常用　佐渡・小木民俗博物館
◇p144-4・5〔白黒〕　竹枝編み　愛知県鳳来町・医王寺民俗資料館

水切台
「図説 台所道具の歴史」日本図書センター　2012
◇p145-9〔白黒〕　昭和53年　電子ヒーターからの熱をファンで送るもの。三菱電機

水漉し
「図説 台所道具の歴史」日本図書センター　2012
◇p174-4〔白黒〕　島根県・松江郷土館

水指
「精選 日本民俗辞典」吉川弘文館　2006
◇p490〔白黒〕(曲物　水指)
「日本民俗大辞典 下」吉川弘文館　2000
◇p567〔白黒〕(曲物　水指)

ミズタカンツ(水筒)
「民俗資料選集 30 焼畑習俗II」国土地理協会　2002
◇p161(本文)〔白黒〕　宮崎県西米良村　焼畑へ持っていく

ミズダル
「図録・民具入門事典」柏書房　1991
◇p31〔白黒〕　長崎県対馬　飲料水携帯のための容器

水樽
「日本民具の造形」淡交社　2004
◇p104〔白黒〕　岐阜県 岩村町歴史民俗資料館所蔵

ミズブネ
「図録・民具入門事典」柏書房　1991

台所道具・食器類　　　　　　　　　　　　食

　　　◇p47〔白黒〕　　富山県　利賀村民俗資料館所蔵
水物膳
　「日本民具の造形」淡交社　2004
　　　◇p54〔白黒〕　　千葉県　茂原市立郷土資料館所蔵
味噌甕
　「図説 台所道具の歴史」日本図書センター　2012
　　　◇p190-4〔白黒〕　　青森県・八戸市立歴史民俗資料館
　「写真で見る農具 民具」農林統計協会　1988
　　　◇p289〔白黒〕(味噌がめ)　宮崎県西都市　昭和45年頃まで
ミソコシ
　「図録・民具入門事典」柏書房　1991
　　　◇p37〔白黒〕　　茨城県　国立民族学博物館所蔵
味噌こし
　「日本民俗図誌 4 習俗・飲食篇」村田書店　1978
　　　◇図179-1〔白黒・図〕　　酒出市　『工芸』47
味噌コシザル
　「あるくみるきく双書 宮本常一とあるいた昭和の日本 19」農山漁村文化協会　2012
　　　◇p111〔白黒〕　　大分県別府市　㊞工藤員功
味噌竹筒
　「日本民具の造形」淡交社　2004
　　　◇p112〔白黒〕　　鹿児島県　国分市立郷土館所蔵
味噌たまりをとった道具
　「食の民俗事典」柊風舎　2011
　　　◇p318〔白黒〕　　宮崎県東臼杵郡椎葉村下福良
味噌搗き臼
　「図説 台所道具の歴史」日本図書センター　2012
　　　◇p44-3〔白黒〕　　佐渡・小木民俗博物館
味噌鉢
　「図説 台所道具の歴史」日本図書センター　2012
　　　◇p190-3〔白黒〕　　福島県田島町・奥会津歴史民俗資料館
味噌篦
　「図説 台所道具の歴史」日本図書センター　2012
　　　◇p191-9・10〔白黒〕　　札幌市・北海道開拓記念館，青森県・八戸市立歴史民俗資料館
ミツデカゴ
　「あるくみるきく双書 宮本常一とあるいた昭和の日本 19」農山漁村文化協会　2012
　　　◇p109〔白黒〕　　大分県別府市　野菜、魚入れ　㊞工藤員功
ミニクッカー
　「図説 台所道具の歴史」日本図書センター　2012
　　　◇p91-9〔白黒〕　　ホープKK
ミニコッフェル・セット
　「図説 台所道具の歴史」日本図書センター　2012
　　　◇p91-8〔白黒〕　　8点セット，ホープKK
三升マスザル
　「あるくみるきく双書 宮本常一とあるいた昭和の日本 19」農山漁村文化協会　2012
　　　◇p102〔白黒〕　　岩手県一戸町　米、野菜の水切り　㊞工藤員功
ミルクセーキ製造器
　「図説 台所道具の歴史」日本図書センター　2012
　　　◇p175-11〔白黒〕　　明治39年『婦人画報』
麦つぶし
　「写真で見る農具 民具」農林統計協会　1988
　　　◇p157〔白黒〕　　福島県郡山市　昭和前期から30年代

麦つぶし機
　「図説 台所道具の歴史」日本図書センター　2012
　　　◇p34-2〔白黒〕　　戦中戦後、多くの家に備えられていたもの　佐渡・小木民俗博物館
蒸し窯
　「日本民具の造形」淡交社　2004
　　　◇p103〔白黒〕　　北海道 幕別町ふるさと館所蔵
蒸し器
　「図説 台所道具の歴史」日本図書センター　2012
　　　◇p75-8〔白黒〕　　アルミ鋳物製　東京・世田谷郷土資料館
　　　◇p75-9〔白黒〕　　銅厚板製　秋田県・昭和町立歴史民俗資料館
蒸し器（ごはんむし）
　「図説 台所道具の歴史」日本図書センター　2012
　　　◇p15-13〔カラー〕　　昭和初期以前　秋田県・昭和町立歴史民俗資料館
むしばこ
　「図説 台所道具の歴史」日本図書センター　2012
　　　◇p74-14〔白黒〕　　鹿児島県・種子島旧南島民俗博物館
蒸しわっぱ
　「日本民具の造形」淡交社　2004
　　　◇p103〔白黒〕　　岩手県 盛岡市都南歴史民俗資料館所蔵
ムチンクブサー
　「あるくみるきく双書 宮本常一とあるいた昭和の日本 19」農山漁村文化協会　2012
　　　◇p185〔白黒〕　　沖縄県　餅を蒸す平籠　㊞工藤員功
めご
　「図説 台所道具の歴史」日本図書センター　2012
　　　◇p143-6〔白黒〕　　洗いものを水切りし、そのまま持ちはこぶ　宮崎県・都城郷土館
メゴミソコシ
　「日本を知る事典」社会思想社　1971
　　　◇図60(p363)〔白黒・図〕　　鹿児島県
メザル
　「日本を知る事典」社会思想社　1971
　　　◇図59(p363)〔白黒・図〕　　静岡県
メシカゴ
　「あるくみるきく双書 宮本常一とあるいた昭和の日本 19」農山漁村文化協会　2012
　　　◇p111〔白黒〕　　大分県杵築市　夏季の飯を保存　㊞工藤員功
飯釜
　「食の民俗事典」柊風舎　2011
　　　◇p545〔白黒〕(飯釜、鍋、茶釜)　奈良県橿原市今井町河合家住宅　〔竈に置かれている〕
　「写真でみる日本人の生活全集 1」日本図書センター　2010
　　　◇p105〔白黒〕(釜飯)　一人一食用の小さい釜飯用の飯釜
飯莫蓙
　「食の民俗事典」柊風舎　2011
　　　◇p559〔白黒〕(籠櫃・飯莫蓙)　福井県三方郡美浜町所蔵
メシジャクシ
　「図録・民具入門事典」柏書房　1991
　　　◇p40〔白黒〕(シルジャクシとメシジャクシ)　岐阜県
　「民具のみかた一心とかたち」第一法規出版　1983
　　　◇p202〔白黒〕(メシジャクシ(飯杓子)とシルジャクシ(汁杓子))　新潟県秋山郷
めししょうげ
　「写真で見る農具 民具」農林統計協会　1988

◇p286〔白黒〕　宮崎県延岡市　昭和30年頃まで　竹製の御飯入れ

### めし茶碗
「図説 台所道具の歴史」日本図書センター　2012
◇p14-3〔カラー〕　江戸末から明治時代の印判染付　福島県・会津酒造博物館

### メシツグラ
「民具のみかた―心とかたち」第一法規出版　1983
◇p203〔白黒〕　石川県白山麓

### メシニダラ
「日本民具の造形」淡交社　2004
◇p111〔白黒〕　秋田県 西木村山の幸資料館所蔵

### メシビツ
「図録・民具入門事典」柏書房　1991
◇p41〔白黒〕　鹿児島県
「日本の生活文化財」第一法規出版　1965
◇図106（食）〔白黒〕　秋田経済大学雪国民俗研究所所蔵（秋田市茨島）

### 飯びつ
「写真で見る農具 民具」農林統計協会　1988
◇p286〔白黒〕　京都府美山町　竹製の御飯入れ

### 飯櫃
「図説 台所道具の歴史」日本図書センター　2012
◇p13-13〔カラー〕　黒漆塗　愛媛県・新居浜市立郷土館
「写真でみる日本人の生活全集 1」日本図書センター　2010
◇p115〔白黒〕（飯櫃と箱膳）　南秋田地方 金足
「日本の民具 2 農村」慶友社　1992
◇図200〔白黒〕　長野県　[撮]薗部澄
「民具のみかた―心とかたち」第一法規出版　1983
◇p203〔白黒〕（メシビツ（飯櫃））　富山県富山市
「日本民俗文化財事典（改訂版）」第一法規出版　1979
◇図37〔白黒〕　青森県上北地方
「日本民俗図誌 4 習俗・飲食篇」村田書店　1978
◇図162-1〔白黒・図〕　香川県木田郡木太村の産　藁工品
◇図162-2〔白黒・図〕　山形県南村山地方のもの
◇図162-3・4〔白黒・図〕　静岡県地方　竹製
◇図163-3〔白黒・図〕（三ッ組飯櫃）

### 飯櫃入れ
「日本民具の造形」淡交社　2004
◇p55〔白黒〕　秋田県 大内町歴史民俗資料館所蔵
「日本民俗文化財事典（改訂版）」第一法規出版　1979
◇図56〔白黒〕（保温のための飯櫃入れ）　秋田県

### 飯櫃台
「日本民具の造形」淡交社　2004
◇p54〔白黒〕　滋賀県 五個荘町歴史民俗資料館所蔵

### メシフゴ
「食の民俗事典」柊風舎　2011
◇p559〔白黒〕　福井県三方郡美浜町所蔵

### 飯むろ
「日本郷土 風俗・民芸・芸能図鑑」日本図書センター　2012
◇写真篇 香川〔白黒〕　香川県木田郡木田村

### 飯ゆずみ
「写真で見る農具 民具」農林統計協会　1988
◇p287〔白黒〕　山梨県甲府市　昭和前期まで

### めん打ち機
「図説 台所道具の歴史」日本図書センター　2012
◇p164-4〔白黒〕（東芝めん打ち機）　昭和51年　資料提供・東芝

### めんつい
「民俗資料選集 9 山村の生活と用具」国土地理協会　1981
◇p110（本文）〔白黒〕　愛知県北設楽郡津具村　明治の初期に作って販売　材質ヒノキ材の曲物。山仕事をする者の昼食1回分

### メンバ
「日本民俗文化財事典（改訂版）」第一法規出版　1979
◇図60〔白黒〕　秋田県

### メンパ
「日本社会民俗辞典 3」日本図書センター　2004
◇p1303〔白黒〕（山村のメンパ）　宮崎県椎葉村
「民俗資料選集 30 焼畑習俗Ⅱ」国土地理協会　2002
◇p67（本文・写真10）〔白黒〕　山梨県南巨摩郡早川町奈良田　山入りの昼食を入れる
◇p161（本文）〔白黒〕（メンパ（弁当箱））　宮崎県西米良村　焼畑へ持っていく
「図録・民具入門事典」柏書房　1991
◇p42〔白黒〕　宮崎県
「写真で見る農具 民具」農林統計協会　1988
◇p287〔白黒〕　静岡県川根町　昭和30年頃まで　木製の弁当入れ
「民具のみかた―心とかたち」第一法規出版　1983
◇p58〔白黒〕　石川県白山麓
「民俗資料選集 6 狩猟習俗Ⅱ」国土地理協会　1978
◇p10（口絵）〔白黒〕　新潟県新発田市赤谷郷
◇p20（口絵）〔白黒〕　宮崎県西都市東米良　狩猟の用具
「日本民俗図誌 4 習俗・飲食篇」村田書店　1978
◇図166〔白黒・図〕　新潟県西頸城郡糸魚川町　弁当箱『民具問答』
「日本を知る事典」社会思想社　1971
◇図49（p357）〔白黒〕
「日本の生活文化財」第一法規出版　1965
◇図48（食）〔白黒〕　秋田経済大学雪国民俗研究所所蔵（秋田市茨島）

### メンバチ
「あるくみるきく双書 宮本常一とあるいた昭和の日本 19」農山漁村文化協会　2012
◇p111〔白黒〕　大分県日田市　弁当入れ　[撮]工藤員功

### 木炭湯沸器
「図説 台所道具の歴史」日本図書センター　2012
◇p104-2〔白黒〕　明治時代　真鍮製　世田谷郷土資料館

### 文字徳利
「日本民俗図誌 4 習俗・飲食篇」村田書店　1978
◇図151-2〔白黒・図〕

### もちつき機
「図説 台所道具の歴史」日本図書センター　2012
◇p164-1・2〔白黒・写真/図〕（日立もちつき機）　昭和50年　資料提供・日立製作所
◇p164-3〔白黒〕（東芝もちつき機）　昭和50年11月　資料提供・東芝

### 餅箱
「日本民具の造形」淡交社　2004
◇p111〔白黒〕　兵庫県 播磨町郷土資料館所蔵

### 餅焼き鉄器
「日本民具の造形」淡交社　2004
◇p102〔白黒〕　岐阜県 久々野町歴史民俗資料館所蔵

### もっそう
「写真で見る農具 民具」農林統計協会　1988
◇p288〔白黒〕　高知県土佐山田町　昭和17年頃まで

### 盛盆
「日本民俗図誌 4 習俗・飲食篇」村田書店　1978

台所道具・食器類　　　　　　　　　食

◇図140-3〔白黒・図〕　三重県庄野　春慶塗りの延べ竹「いかもち」の盛盆

**野外クッキング用焜炉**
「図説 台所道具の歴史」日本図書センター　2012
　◇p91-6〔白黒〕　ホープKK

**薬罐**
「日本民具の造形」淡交社　2004
　◇p101〔白黒〕　岡山県　河原邸所蔵
　◇p101〔白黒〕　香川県　多度津町立資料館

**焼あみ（陶製）**
「図説 台所道具の歴史」日本図書センター　2012
　◇p87-13〔白黒〕（陶製の焼あみ）　昭和13年　『婦人画報』

**焼芋釜**
「日本民具の造形」淡交社　2004
　◇p99〔白黒〕　島根県　出雲民芸館所蔵

**焼芋屋の素焼の壺**
「あるくみるきく双書 宮本常一とあるいた昭和の日本 19」農山漁村文化協会　2012
　◇p137〔白黒〕　茨城県 笠間　⑲神崎宣武，〔昭和48〜49年〕

**焼き串類**
「図説 台所道具の歴史」日本図書センター　2012
　◇p57-12〔白黒〕　魚焼の串、魚ぐし、焼豆腐用、うち揚、田楽用、餅・田楽用、うちわ餅用、焼豆腐・餅用、はなっぱし餅（そば餅）用　北海道・白老民俗資料館、佐渡・小木民俗博物館，岩手県・二戸市歴史民俗資料館

**焼き台**
「日本民具の造形」淡交社　2004
　◇p102〔白黒〕　広島県　世羅西町郷土資料館所蔵

**焼物盃**
「日本を知る事典」社会思想社　1971
　◇図41（p354）〔白黒・図〕（ぐいのみ・土器盃・焼物盃）

**ヤグラ**
「日本民俗図誌 5 農耕・漁撈篇」村田書店　1978
　◇図78-2〔白黒・図〕　長野県下伊那郡川路村地方　『民俗芸術』3-6

**薬研**
「図説 台所道具の歴史」日本図書センター　2012
　◇p170-5〔白黒〕（台所でもちいた薬研）　刻りものの薬研　山形県鶴岡・致道博物館
　◇p170-6〔白黒〕　石製　佐渡・小木民俗博物館
　◇p170-7〔白黒〕　山椒の擂木　新潟県村上・磐舟文華博物館
「日本民具の造形」淡交社　2004
　◇p106〔白黒〕　福岡県　広瀬資料館所蔵

**夜行列車の登山家とナベ**
「写真でみる日本人の生活全集 1」日本図書センター　2010
　◇p121〔白黒〕

**柳樽**
「図説 台所道具の歴史」日本図書センター　2012
　◇p197-6〔白黒〕　佐渡・小木民俗博物館
「図説 民俗探訪事典」山川出版社　1983
　◇p49〔白黒〕

**やばせしちりん**
「日本の生活文化財」第一法規出版　1965
　◇図113〜115（食）〔白黒〕　秋田経済大学雪国民俗研究所所蔵（秋田市茨島）

**野弁当籠**
「日本民具の造形」淡交社　2004
　◇p114〔白黒〕　三重県 関まちなみ資料館所蔵

**山形鉄瓶**
「日本郷土 風俗・民芸・芸能図鑑」日本図書センター　2012
　◇写真篇 山形〔白黒〕　山形県

**ヤマトウシ**
「日本民俗図誌 5 農耕・漁撈篇」村田書店　1978
　◇図76-1〔白黒・図〕　鹿児島県 沖永良部島　『シマの生活誌』

**ユウグシザシ**
「民具のみかた―心とかたち」第一法規出版　1983
　◇p198〔白黒〕　石川県寺井町

**湯釜**
「図説 台所道具の歴史」日本図書センター　2012
　◇p81-14〔白黒〕（湯釜（茶釜））　開拓農民の携えてきたもの　北海道・旭川兵村記念館
　◇p82-4〔白黒〕　真鍮製　新潟県新津・北方文化博物館
「日本民俗図誌 4 習俗・飲食篇」村田書店　1978
　◇図148-2〔白黒・図〕　高岡市金屋町　『工芸』47

**湯釜（口釜）**
「日本民俗図誌 4 習俗・飲食篇」村田書店　1978
　◇図149-1〔白黒・図〕　岩手県九戸郡軽米町　『工芸』47

**ゆきひら**
「図説 台所道具の歴史」日本図書センター　2012
　◇p82-5〔白黒〕　高知県・東津野村愛郷文化館
　◇p82-6〔白黒〕　最近〔1970年代〕流通しているもの　新潟県村上・磐舟文華博物館

**行平**
「日本郷土 風俗・民芸・芸能図鑑」日本図書センター　2012
　◇写真篇 福岡〔白黒〕　福岡県 野間の皿山
「図説 民俗探訪事典」山川出版社　1983
　◇p46〔白黒〕

**湯茶用バケツ**
「図説 台所道具の歴史」日本図書センター　2012
　◇p132-8〔白黒〕　鳥取県米子市内　屋外に出された飲料水容器　⑲GK

**ユトー**
「図録・民具入門事典」柏書房　1991
　◇p38〔白黒〕　愛知県　銚子の一種
　◇p109〔白黒〕　長野県　祝儀用具　上田市立博物館所蔵

**ゆとう**
「日本の生活文化財」第一法規出版　1965
　◇図32（食）〔白黒〕　秋田経済大学雪国民俗研究所所蔵（秋田市茨島）

**湯桶**
「あるくみるきく双書 宮本常一とあるいた昭和の日本 23」農山漁村文化協会　2012
　◇p164〔白黒〕（春慶塗調の湯桶）　長野県木曽郡楢川村
「日本の民具 1 町」慶友社　1992
　◇図178〔白黒〕　⑲薗部澄
「日本民俗図誌 4 習俗・飲食篇」村田書店　1978
　◇図153-1〔白黒・図〕　岩手県西磐井郡萩荘村地方
　◇図153-2〔白黒・図〕　愛知県北設楽郡本郷町　『民具問答』
「日本を知る事典」社会思想社　1971
　◇図58（p363）〔白黒〕

**ユナバーキ（米揚げ笊）**
「あるくみるきく双書 宮本常一とあるいた昭和の日本 19」農山漁村文化協会　2012
　◇p186〔白黒〕　沖縄県 伊是名島　泡盛の工場で用いていたもの　⑲工藤員功

### 湯沸
「図説 台所道具の歴史」日本図書センター　2012
◇p138-1〔白黒・図〕　明治37年(推定)　舶来品　『瓦斯営業案内』
◇p138-5～7〔白黒〕　図6：ヴァイラント自動点火湯沸, 図7：銅製呑湯沸　大正14・15年「瓦斯器具案内」

### 湯沸し
「図説 台所道具の歴史」日本図書センター　2012
◇p103-12・13〔白黒〕　遊出用　高知市・大津民具館
「日本民具の造形」淡交社　2004
◇p101〔白黒〕　宮城県 南方町歴史民俗資料館所蔵
◇p108〔白黒〕　青森県 民俗資料館旧笠石家住宅

### 湯沸器のセールスプロモーション
「図説 台所道具の歴史」日本図書センター　2012
◇p138-9〔白黒〕　昭和8年頃

### よぎり
「日本の民具 3 山・漁村」慶友社　1992
◇図112〔白黒〕　宮崎県　水筒　[撮]薗部澄

### 横杵
「民俗図録 日本人の暮らし」日本図書センター　2012
◇図175〔白黒〕　鹿児島県宝島　米を精白しているところ　[撮]小柳春男
「日本民俗大辞典 上」吉川弘文館　1999
◇p473〔白黒・図〕
「民具のみかた—心とかたち」第一法規出版　1983
◇p128〔白黒〕(ヨコギネ(横杵))　新潟県秋山郷

### 横びつ
「民俗資料選集 9 山村の生活と用具」国土地理協会　1981
◇p21(口絵)〔白黒〕(横びつ・しゃもじ)　愛知県北設楽郡津具村

### ヨコメンツ
「写真でみる日本人の生活全集 1」日本図書センター　2010
◇p108〔白黒・図〕　新潟県西頸城郡糸魚川町　宮本馨太郎による

### 螺鈿蒔絵菓子鉢
「あるくみるきく双書 宮本常一とあるいた昭和の日本 23」農山漁村文化協会　2012
◇p17-11〔白黒〕　徳島県美馬郡半田町逢坂　[撮]吉野洋三　竹内家現存 半田製漆器

### 冷却器
「図説 台所道具の歴史」日本図書センター　2012
◇p139-16〔白黒〕　ブリキ製　愛知県鳳来町・医王寺民俗資料館

### 冷蔵庫
「今は昔 民具など」文芸社　2014
◇p118〔白黒〕　氷を上の箱に入れて, 下の箱の中のものを冷やした　[撮]山本富三　阪南市歴史資料展示室蔵

### 冷凍用牛刀
「図説 台所道具の歴史」日本図書センター　2012
◇p29-5〔白黒〕　[撮]GK　合羽橋道具街

### レンゲウス(蓮華臼)
「民具のみかた—心とかたち」第一法規出版　1983
◇p128〔白黒〕　石川県白山麓

### レンヂ
「図説 台所道具の歴史」日本図書センター　2012
◇p110-1〔白黒〕　『冨山房百科』・昭和8年刊「家庭電化」

### 煉炭焜炉
「図説 台所道具の歴史」日本図書センター　2012
◇p106-1〔白黒〕　新居浜駅前食堂　おでんを終日保温している

### 漏斗
「日本民俗図誌 3 調度・服飾篇」村田書店　1977
◇図24-2〔白黒・図〕　弘前在目屋で作ったイタヤ製米屋で使用　『工芸』47

### 六角大臼
「図説 台所道具の歴史」日本図書センター　2012
◇p47-8〔白黒〕　三河地方の精米所から出たもの　愛知県・一宮町郷土資料館

### 炉なべ
「図説 台所道具の歴史」日本図書センター　2012
◇p66-4・5〔白黒〕　炉を塞いだ板に落し込む鍔付のなべ, 炉なべの用例　札幌市・北海道開拓記念館, 旧奈良家住宅(秋田県立博物館)

### 枠(はかま)
「図説 台所道具の歴史」日本図書センター　2012
◇p67-15〔白黒〕　一宮町郷土資料館

### ワッパ
「日本社会民俗辞典 3」日本図書センター　2004
◇p1303〔白黒〕(漁夫のワッパ)　新潟県糸魚川市
「日本民俗文化財事典(改訂版)」第一法規出版　1979
◇図185〔白黒〕
「日本民俗図誌 4 習俗・飲食篇」村田書店　1978
◇図164-1〔白黒・図〕　岩手県上閉伊郡遠野地方　弁当箱　『民具問答』
「民俗の事典」岩崎美術社　1972
◇p129〔白黒・図〕
「日本の生活文化財」第一法規出版　1965
◇図47(食)〔白黒〕　文部省史料館所蔵(東京都品川区)
◇図49(食)〔白黒〕　文部省史料館所蔵(東京都品川区)
◇図50・51(食)〔白黒〕　致道博物館所蔵(山形県鶴岡市)

### ワッフル焼器
「図説 台所道具の歴史」日本図書センター　2012
◇p110-1〔白黒〕　『冨山房百科』・昭和8年刊「家庭電化」

### わらだ
「図説 台所道具の歴史」日本図書センター　2012
◇p80-4〔白黒〕　蒸籠に敷いた　青森県三沢・小川原湖民俗博物館

### ワリウス
「図録・民具入門事典」柏書房　1991
◇p36〔白黒・写真/図〕　東京都　図：三輪茂著「臼」より

### わりご
「精選 日本民俗辞典」吉川弘文館　2006
◇p490〔白黒〕(曲物　木曾のワリゴ)　木曾地方
「日本民俗大辞典 下」吉川弘文館　2000
◇p567〔白黒〕(曲物　ワリゴ)　木曾地方
「日本の民具 2 農村」慶友社　1992
◇図203〔白黒〕　長野県　弁当入れ　[撮]薗部澄
「日本の生活文化財」第一法規出版　1965
◇図54・55(食)〔白黒〕　秋田経済大学雪国民俗研究所所蔵(秋田市茨島)

### 割箸のいろいろ
「図説 民俗探訪事典」山川出版社　1983
◇p52〔白黒・写真/図〕　長六, 利休, 天削, 元禄, 小判

### 椀
「日本民具の造形」淡交社　2004
◇p22〔白黒〕　高知県 葉山村郷土資料館所蔵
「日本の民具 3 山・漁村」慶友社　1992
◇図40〔白黒〕　広島県安佐町　[撮]薗部澄
「民俗資料叢書 7 木地師の習俗1」平凡社　1968

調理・加工・保存

　　◇図77〔白黒〕　三重県大内山村
ワンカゴ
　「日本民俗文化財事典（改訂版）」第一法規出版　1979
　　◇図46〔白黒〕
　「日本の生活文化財」第一法規出版　1965
　　◇図21（概説）〔白黒〕
　　◇図61・62（食）〔白黒〕　文部省史料館所蔵（東京都品川区）
　　◇図65（食）〔白黒〕　秋田経済大学雪国民俗研究所所蔵（秋田市茨島）
椀籠
　「図説 台所道具の歴史」日本図書センター　2012
　　◇p144-1〔白黒〕　葬祭などで大量の椀を洗って水を切る籠　佐渡・小木民俗博物館
　　◇p144-3〔白黒〕　材は羊歯の茎　高知県・東津野村愛郷文化館
　　◇p144-6〔白黒〕　洗い物の水を切って鉤に吊ってかわかす　宮崎県・都城郷土館
　「日本の民具 2 農村」慶友社　1992
　　◇図185〔白黒〕　秋田県　㊦薗部澄
　　◇図188〔白黒〕　大分県　㊦薗部澄
　「日本を知る事典」社会思想社　1971
　　◇図55（p360）〔白黒・図〕
碗・皿
　「日本民具の造形」淡交社　2004
　　◇p112〔白黒〕　北海道 北海道開拓の村所蔵
椀と中蓋（薬味入れ），上蓋（つゆ入れ）
　「民俗資料叢書 10 木地師の習俗2」平凡社　1969
　　◇図33〔白黒〕　愛知県北設楽郡稲武町

# 調理・加工・保存

アオサを干す
　「宮本常一 写真・日記集成 下」毎日新聞社　2005
　　◇p144〔白黒〕　東和町長崎　㊦宮本常一，1968年3月19日～27日
青海苔を綱に干す
　「食の民俗事典」柊風舎　2011
　　◇p204〔白黒〕　高知県四万十市山路
アカガイの身外し
　「里山・里海 暮らし図鑑」柏書房　2012
　　◇写38（p196）〔白黒〕　福岡県柳川市沖端　昭和30～40年　野田種子提供
赤塚大根を洗う
　「写真ものがたり昭和の暮らし 5」農山漁村文化協会　2005
　　◇p97〔白黒〕　新潟県赤塚村（現新潟市）　㊦中俣正義，昭和30年12月
アク水の作り方
　「民俗資料選集 25 焼畑習俗」国土地理協会　1997
　　◇p42（本文）〔白黒・図〕　岐阜県白川村　栃の実のアク抜き
鯵の開き干し
　「写真でみる日本生活図引 6」弘文堂　1993
　　◇図74〔白黒〕（開き干し）　東京都中央区佃島　鯵の開き干し　㊦昭和44年5月30日　東京都提供
アジのみりん干し
　「フォークロアの眼 7 海の暮らしと祭り」国書刊行会　1977
　　◇図44〔白黒〕　静岡県沼津市静浦　㊦諸田森二，昭和47年2月18日
足踏式かんぴょう丸むき機
　「写真で見る農具 民具」農林統計協会　1988
　　◇p196〔白黒〕　栃木県南河内町　昭和10年頃から昭和30年頃まで　かんぴょう用具
小豆を庭に干す
　「写真ものがたり昭和の暮らし 1」農山漁村文化協会　2004
　　◇p61〔白黒〕　群馬県赤城村綾戸　㊦須藤功，昭和42年11月

アナグラ（穴蔵）
　「いまに伝える 農家のモノ・人の生活館」柏書房　2004
　　◇p159 写真4〔白黒〕　埼玉県所沢市 畑の隅や庭先　サツマイモを貯蔵する竪穴
アマサギの照焼き
　「写真ものがたり昭和の暮らし 5」農山漁村文化協会　2005
　　◇p191〔白黒〕　島根県松江市　㊦小倉隆人，平成2年1月　農山漁村文化協会提供
アメつくり
　「写真でみる日本人の生活全集 1」日本図書センター　2010
　　◇p101〔白黒〕　東京都三河島
洗い場でやさいをあらう
　「宮本常一が撮った昭和の情景 上」毎日新聞社　2009
　　◇p28〔白黒〕　愛知県北設楽郡設楽町西納庫川口　㊦宮本常一，1956年11月11日
あらめの型
　「図説 台所道具の歴史」日本図書センター　2012
　　◇p53-5〔白黒〕　あらめ（海草）を大釜で茹で，この型に入れて押しかためた　佐渡・小木民俗博物館
アラメ干し
　「日本民俗写真大系 3」日本図書センター　1999
　　◇p167〔白黒〕　三重県志摩町和具の浜辺　㊦島内英佑，1975年頃
イカをおろす
　「宮本常一 写真・日記集成 下」毎日新聞社　2005
　　◇p367〔白黒〕（洗い場でイカをおろす）　新潟県佐渡市宿根木　㊦宮本常一，1976年7月17日
イカとタコをつるし干す
　「写真ものがたり昭和の暮らし 3」農山漁村文化協会　2004
　　◇p153〔白黒〕　熊本県五和町　ワタ（内臓）を取り去って平べったくした　㊦麦島勝，昭和38年8月
イカの一夜干し
　「日本民俗写真大系 8」日本図書センター　2000
　　◇p52〔白黒〕　山形県温海町　㊦酒井忠明，1980年代
イカの加工
　「日本民俗写真大系 2」日本図書センター　1999
　　◇p32〔白黒〕　岩手県三陸町　㊦田村淳一郎，1968年

### 烏賊のカーテン
「写真でみる日本生活図引 6」弘文堂 1993
◇図75〔白黒〕 青森県八戸市小中野船見町 するめ烏賊の干し場 [撮]和井田登, 昭和30年8月10日

### イカの干場
「宮本常一 写真・日記集成 上」毎日新聞社 2005
◇p405〔白黒〕 長崎県上県郡峰町佐賀［対馬市］ [撮]宮本常一, 1963年11月11日

### イカ干し
「あるくみるきく双書 宮本常一とあるいた昭和の日本 23」農山漁村文化協会 2012
◇p159〔白黒〕(船小屋の軒下に吊るされた干し柿と干しイカ) 京都府宮津市 [撮]森本孝
「あるくみるきく双書 宮本常一とあるいた昭和の日本 21」農山漁村文化協会 2011
◇p166〔白黒〕(干したイカ) 鹿児島県里村里(上甑島) [撮]竹内淳子
「食の民俗事典」柊風舎 2011
◇p208〔白黒〕(ハッテによる乾燥) 新潟県佐渡市姫津〔イカの乾燥〕
◇p208〔白黒〕(串干しによる乾燥) 新潟県佐渡市姫津〔イカの乾燥〕
◇p208〔白黒〕(簀干しによる乾燥) 新潟県佐渡市姫津〔イカの乾燥〕
「写真ものがたり昭和の暮らし 9」農山漁村文化協会 2007
◇p165〔カラー〕(スルメイカを干す) 長崎県勝本町(現壱岐市) [撮]須藤功, 昭和47年10月
「宮本常一 写真・日記集成 上」毎日新聞社 2005
◇p109〔白黒〕(剣先イカを干す) 山口県萩市見島 [撮]宮本常一, 1960年8月3日
◇p200〔白黒〕(イカを干す) 山口県萩市 見島 [撮]宮本常一, 1960年8月2日
◇p200〔白黒〕(建網の干し場・イカも干してある) 山口県萩市 見島 [撮]宮本常一, 1960年8月2日
◇p203〔白黒〕(剣先イカを干す) 山口県萩市 見島 [撮]宮本常一, 1960年8月3日
◇p395〔白黒〕(イカを干す) 青森県下北郡佐井村磯谷 [撮]宮本常一, 1963年8月18日
「宮本常一 写真・日記集成 下」毎日新聞社 2005
◇p38〔白黒〕(イカを干す) 山口県大島郡東和町［周防大島町］(沖家室島) [撮]宮本常一, 1965年8月12日
「写真ものがたり昭和の暮らし 3」農山漁村文化協会 2004
◇もくじ〔p5〕〔白黒〕 [撮]須藤功
「日本民俗写真大系 8」日本図書センター 2000
◇カバー裏〔カラー〕 新潟県佐渡市 加茂湖畔 [撮]中俣正義
◇p8〔カラー〕(漁港いっぱいに簀を広げてイカ干しをする) 新潟県相川町 [撮]中俣正義, 1978年
「日本民俗写真大系 1」日本図書センター 1999
◇p114〔白黒〕(生イカ干し) 青森県大間町 [撮]青山富士夫, 1963年
「写真でみる日本生活図引 2」弘文堂 1988
◇図51〔白黒〕(烏賊干し) 北海道函館市湯の川 [撮]掛川源一郎, 昭和29年8月

### イカ干し(丸ゆでにした)や加工
「日本民俗写真大系 7」日本図書センター 2000
◇p51〔白黒〕 鳥取県岩美町 春 [撮]板垣太子松, 1964年

### 烏賊割り
「写真でみる日本生活図引 2」弘文堂 1988
◇図50〔白黒〕 新潟県佐渡郡相川町姫津 [撮]中俣正義, 昭和32年6月9日

### 石臼で大豆をひく
「写真ものがたり昭和の暮らし 9」農山漁村文化協会 2007
◇p130〔白黒〕 長野県曾地村駒場(現阿智村) [撮]熊谷元一, 昭和24年

### 石臼と呉汁をこす布とザル
「民俗資料選集 23 北上山地の畑作習俗」国土地理協会 1995
◇p16(口絵)〔白黒〕 岩手県岩泉町下有芸 豆腐づくり

### 一升樽
「フォークロアの眼 7 海の暮らしと祭り」国書刊行会 1977
◇小論9〔白黒〕 青森県下北郡東通村日糠 ウニの塩づけを入れる [撮]田辺悟, 昭和47年7月29日

### イモアナ
「食の民俗事典」柊風舎 2011
◇p551〔白黒〕(玄関付近に掘られたイモアナ) 和歌山県日高郡日高町 橋本家
「宮本常一 写真・日記集成 別巻」毎日新聞社 2005
◇図261(p44)〔白黒〕 徳島県・阿波・三好郡三名村［山城町］ [撮]宮本常一, 1941年1月～2月

### 芋洗いで里芋の皮をむく
「写真ものがたり昭和の暮らし 9」農山漁村文化協会 2007
◇p20〔白黒・図〕 絵・中嶋俊枝

### 芋洗いでバケツに入れた里芋の皮むきをする
「写真ものがたり昭和の暮らし 9」農山漁村文化協会 2007
◇p20〔白黒〕 福島県下郷町大内 [撮]須藤功, 昭和44年12月

### イモを貯える穴倉
「日本社会民俗辞典 1」日本図書センター 2004
◇p316〔白黒〕 隠岐島

### イモガラ干し
「いまに伝える 農家のモノ・人の生活館」柏書房 2004
◇p289 写真6〔白黒〕 埼玉県小川町
「図説 民俗探訪事典」山川出版社 1983
◇p29〔白黒〕(かて飯用のいもがら干し)

### いも切り
「写真で見る農具 民具」農林統計協会 1988
◇p154〔白黒〕 鹿児島県川辺町 昭和20年代まで

### 芋切り
「図説 台所道具の歴史」日本図書センター 2012
◇p37-5〔白黒〕 高知市・介良民具館

### いも切り機
「写真で見る農具 民具」農林統計協会 1988
◇p154〔白黒〕 埼玉県狭山市 昭和10年代
◇p154〔白黒〕(いも切機) 愛媛県御荘町 昭和19年頃より昭和30年代

### いも切器
「写真で見る農具 民具」農林統計協会 1988
◇p154〔白黒〕 広島県因島市

### 芋の貯蔵
「民俗図録 日本人の暮らし」日本図書センター 2012
◇図195〔白黒〕 鹿児島県指宿市 [撮]國分直一

### イモ干台
「日本民具の造形」淡交社 2004
◇p216〔白黒〕 静岡県 浜岡町郷土資料館所蔵

### イモ類を保存する床下の芋穴
「里山・里海 暮らし図鑑」柏書房 2012
◇写16(p216)〔白黒〕 和歌山県古座川町 平田隆行提供

### イリコ(アラレ)を炒る
「食の民俗事典」柊風舎 2011
◇p544〔白黒〕(七輪でイリコ(アラレ)を炒る) 奈良県

調理・加工・保存　　　　　　　　　　　食

　　　生駒郡安堵町

### イリコを干す
「宮本常一が撮った昭和の情景 上」毎日新聞社　2009
　　◇p238〔白黒〕　山口県大島郡周防大島町大字浮島江の浦（浮島）　㊄宮本常一, 1964年10月5日
「宮本常一 写真・日記集成 上」毎日新聞社　2005
　　◇p199〔白黒〕（イリコ（煮干）干し）　山口県萩市 萩港口　遠くに尾島、羽島、肥島　㊄宮本常一, 1960年8月1日

### イリコの釜場
「宮本常一 写真・日記集成 上」毎日新聞社　2005
　　◇p150〔白黒〕　愛媛県 由利島　㊄宮本常一, 1959年8月29日

### イリコの乾燥
「日本民俗文化財事典（改訂版）」第一法規出版　1979
　　◇図156〔白黒〕　三重県答志島

### 囲炉裏上における雑魚の燻蒸保存
「里山・里海 暮らし図鑑」柏書房　2012
　　◇写25 (p217)〔白黒〕　広島県庄原市

### 囲炉裏で川魚を立て焼きする
「里山・里海 暮らし図鑑」柏書房　2012
　　◇写23 (p160)〔白黒〕　新潟県村上市

### 囲炉裏で台にもちをのせて焼く
「写真ものがたり昭和の暮らし 1」農山漁村文化協会　2004
　　◇p29〔白黒〕　新潟県松之山町黒倉　㊄小見重義, 昭和54年2月

### 囲炉裏で竹串に刺した豆腐や餅を焼く
「写真ものがたり昭和の暮らし 6」農山漁村文化協会　2006
　　◇p24〔白黒〕（こたつ櫓をはずして囲炉裏にもどし、竹串に刺した豆腐や餅を炭火のまわりに並べて焼いている）　秋田県横手市　㊄佐藤久太郎, 昭和30年代

### 囲炉裏での煮炊きと食事の準備
「里山・里海 暮らし図鑑」柏書房　2012
　　◇写1 (p53)〔白黒〕　福井県三方郡美浜町北田　昭和30年頃　小林一男所蔵, 美浜町役場文化財保護・町誌編纂室提供

### 囲炉裏で焼いた川魚のハヤをわら束に刺し、囲炉裏の上につるす
「写真ものがたり昭和の暮らし 1」農山漁村文化協会　2004
　　◇p27〔白黒〕　新潟県松之山町黒倉　㊄小見重義, 昭和53年5月

### 囲炉裏の上に「いぶりがっこ」にするたくさんの大根が吊るしてある
「写真ものがたり昭和の暮らし 9」農山漁村文化協会　2007
　　◇カバー, p117〔写真・カラー/白黒〕　秋田県山内村字平野沢（現横手市）　㊄加賀谷良助, 昭和50年12月

### 囲炉裏の煙で雑魚を燻す
「里山・里海 暮らし図鑑」柏書房　2012
　　◇写24 (p160)〔白黒〕　広島県庄原市

### 囲炉裏の自在かぎにつるしたなべのコンニャクをかきまぜる
「写真ものがたり昭和の暮らし 1」農山漁村文化協会　2004
　　◇p28〔白黒〕　新潟県松之山町黒倉　㊄小見重義, 昭和50年12月

### 囲炉裏のそばに置かれた竈で煮炊きをする
「写真ものがたり昭和の暮らし 9」農山漁村文化協会　2007
　　◇p39〔白黒〕　長野県曾地村駒場（現阿智村）　㊄熊谷元一, 昭和25年

### イワシを干す
「宮本常一 写真・日記集成 上」毎日新聞社　2005
　　◇p38〔白黒〕　静岡県沼津市我入道　㊄宮本常一, 1956年6月10日
　　◇p149〔白黒〕　愛媛県温泉郡中島町 二神島　㊄宮本常一, 1959年8月29日
　　◇p159〔白黒〕　神奈川県 三浦半島 浦賀（神奈川県横須賀市）→剱崎　㊄宮本常一, 1959年11月8日
　　◇p405〔白黒〕　長崎県上県郡峰町佐賀［対馬市］　㊄宮本常一, 1963年11月11日
「宮本常一 写真・日記集成 下」毎日新聞社　2005
　　◇p89〔白黒〕（浜辺にイワシを干す）　兵庫県御津町柏浜　㊄宮本常一, 1966年11月5日
　　◇p486〔白黒〕　三重県大王町波切　㊄宮本常一, 1980年5月26〜28日

### イワシの加工場
「宮本常一 写真・日記集成 下」毎日新聞社　2005
　　◇p89〔白黒〕　兵庫県赤穂市坂越　㊄宮本常一, 1966年11月5日

### イワナを薪で焼く
「写真ものがたり昭和の暮らし 2」農山漁村文化協会　2004
　　◇p42〔白黒〕　福島県檜枝岐村　㊄米山孝志, 昭和56年6月

### ウツボ干し
「食の民俗事典」柊風舎　2011
　　◇p154〔白黒〕（寒風のウツボ干し）　三重県熊野灘

### 饂飩揚げ
「写真でみる日本生活図引 別巻」弘文堂　1993
　　◇図109〔白黒〕　長野県下伊那郡阿智村　夕食の饂飩揚げ　㊄矢沢昇, 昭和31年9月25日

### うどんを打つ
「いまに伝える 農家のモノ・人の生活館」柏書房　2004
　　◇p151 写真2〔白黒〕　埼玉県鳩山町

### ウドンつくり
「写真でみる日本人の生活全集 1」日本図書センター　2010
　　◇p28〔白黒〕　東京都北多摩郡保谷

### うどんの打ち方
「いまに伝える 農家のモノ・人の生活館」柏書房　2004
　　◇p151 図1〔白黒・図〕

### ウナギの加工
「里山・里海 暮らし図鑑」柏書房　2012
　　◇写70 (p181)〔白黒〕　千葉県香取市

### ウニをさばく
「宮本常一 写真・日記集成 下」毎日新聞社　2005
　　◇p77〔白黒〕　大分県 姫島　㊄宮本常一, 1966年8月3日〜10日

### ウニを割る
「宮本常一 写真・日記集成 下」毎日新聞社　2005
　　◇p212〔白黒〕　沖縄県勝連町 浜比嘉島　㊄宮本常一, 1969年9月30日

### ウニつくり
「民俗図録 日本人の暮らし」日本図書センター　2012
　　◇図373〔白黒〕　長崎県対馬鰐浦

### 烏梅づくり
「食の民俗事典」柊風舎　2011
　　◇p87〔白黒〕　奈良市月ヶ瀬町尾山

### 梅漬樽
「写真で見る農具 民具」農林統計協会　1988
　　◇p192〔白黒〕　和歌山県南部川村　昭和初期から50年頃

### 梅干し漬け
「里山・里海 暮らし図鑑」柏書房　2012
　　◇写9 (p215)〔白黒〕（自家製の梅干し漬け）　和歌山県那智勝浦町色川　市原諭提供

## 裏庭で大根洗い
「写真でみる民家大事典」柏書房　2005
　◇口絵8〔カラー〕　北海道江別市　㈲2003年　刊行委員会

## エゴ草を干す老婆
「宮本常一が撮った昭和の情景 上」毎日新聞社　2009
　◇p201〔白黒〕（エゴ草を干す）　山形県酒田市飛島　㈲宮本常一，1963年8月23日

「宮本常一 写真・日記集成 上」毎日新聞社　2005
　◇p398〔白黒〕　山形県酒田市 飛島　㈲宮本常一，1963年8月23日

## 枝豆を枝からもぎ取っているおばあさん
「写真ものがたり昭和の暮らし 10」農山漁村文化協会　2007
　◇p45〔白黒〕（縁台に座って枝豆を枝からもぎ取っているおばあさん）　東京都中央区佃　夏の夕方　㈲中田和昭，昭和40年代

## 家舟で炊事をする
「宮本常一 写真・日記集成 下」毎日新聞社　2005
　◇p186〔白黒〕（炊事をする）　広島県因島市土生町箱崎〔家舟〕　㈲宮本常一，1969年2月17日〜19日

## おこのみ焼を作る子ども
「写真でみる日本人の生活全集 1」日本図書センター　2010
　◇p90〔白黒〕（おこのみ焼）　オヤツの時間

## オニグルミの天日干し
「里山・里海 暮らし図鑑」柏書房　2012
　◇写43（p141）〔白黒〕　新潟県村上市　10月

## 海藻を干す
「宮本常一 写真・日記集成 下」毎日新聞社　2005
　◇p394〔白黒〕（庭先に海藻を干す）　愛媛県喜多郡長浜町青島　㈲宮本常一，1977年5月24日

## 貝の身出し
「里山・里海 暮らし図鑑」柏書房　2012
　◇写21（p191）〔白黒〕（採取した貝の身出し）　鹿児島県知名町（沖永良部島）

## 柿の皮むき
「あるくみるきく双書 宮本常一とあるいた昭和の日本 23」農山漁村文化協会　2012
　◇p151〔白黒〕（堂上蜂屋柿の皮をむく）　村瀬俊雄家の「御柿屋」にて

「食の民俗事典」柊風舎　2011
　◇p332〔白黒〕　静岡県磐田市下野部

「写真でみる日本生活図引 別巻」弘文堂　1993
　◇図165〔白黒〕（柿の皮剥き）　長野県下伊那郡阿智村　干し柿にする　㈲熊谷元一，昭和31年11月14日

## 柿の木に吊るした三角屋根のついた俵
「写真ものがたり昭和の暮らし 9」農山漁村文化協会　2007
　◇p122〔白黒〕　秋田県稲川町羽龍（現湯沢市）　寒気にさらして凍らせた餅がはいっている　㈲佐藤久太郎，昭和35年2月

## 柿の渋抜き
「食の民俗事典」柊風舎　2011
　◇p85〔白黒〕（渋抜きの様子）　鹿児島県薩摩郡さつま町紫尾温泉　11月上旬　温泉の湯を利用する

## 柿干し
「写真でみる日本生活図引 別巻」弘文堂　1993
　◇図209〔白黒〕　長野県下伊那郡阿智村　すでにできている吊るし柿を、もう一度、陽に当てる　㈲熊谷元一，昭和31年12月23日

## かきむき
「民俗資料叢書 15 有明海の漁撈習俗」平凡社　1972
　◇図100〔白黒〕　鹿島市浜町 カキ小屋

## カキモチを欠く
「食の民俗事典」柊風舎　2011
　◇p414〔白黒〕　奈良県生駒郡安堵町

## カキ餅干
「民俗図録 日本人の暮らし」日本図書センター　2012
　◇図190〔白黒〕　大阪府泉北郡南横山村父鬼　㈲鈴木東一

「食の民俗事典」柊風舎　2011
　◇p414〔白黒〕（土間で干されるカキモチ）　奈良県生駒郡安堵町

## 柿屋の回廊風景
「日本の生活環境文化大辞典」柏書房　2010
　◇p61-7〔白黒〕　和歌山県伊都郡かつらぎ町四郷地区〔串柿作りの乾燥棚〕　㈲1989年　千森督子

## カシノミギャーを作る
「写真ものがたり昭和の暮らし 2」農山漁村文化協会　2004
　◇p205〔白黒〕　宮崎県西都市大字銀鏡　㈲須藤功，昭和44年12月

## 樫の実蒟蒻作り
「写真でみる日本生活図引 4」弘文堂　1988
　◇図83・84〔白黒〕（樫の実蒟蒻）　宮崎県西都市字銀鏡　樫の実，炊いた樫の実　㈲須藤功，昭和44年12月12日

## カシワの葉の保存
「日本民俗文化財事典（改訂版）」第一法規出版　1979
　◇図34〔白黒〕　青森県上北地方

## カタクチイワシを女たちが煮干しに加工する
「写真ものがたり昭和の暮らし 9」農山漁村文化協会　2007
　◇p164〔カラー〕　高知県土佐清水市下ノ加江　㈲須藤功，昭和42年4月

## カタクチイワシの白子
「写真ものがたり昭和の暮らし 3」農山漁村文化協会　2004
　◇p152〔白黒〕（初夏の潮風と日差しの通ったカタクチイワシの白子）　愛知県南知多町・篠島　㈲須藤功，昭和49年5月

## カタクチイワシの煮干しを浜で干す
「写真ものがたり昭和の暮らし 3」農山漁村文化協会　2004
　◇p150〔白黒〕　石川県・能登半島　㈲棚池信行，昭和30年代

## カツオの加工
「宮本常一 写真・日記集成 下」毎日新聞社　2005
　◇p408〔白黒〕　高知県土佐清水市 土佐清水港　㈲宮本常一，1977年10月20日

## 鰹加工工場
「宮本常一が撮った昭和の情景 上」毎日新聞社　2009
　◇p150〜151〔白黒〕（山川漁港付近のカツオブシ加工場）　鹿児島県指宿市　㈲宮本常一，1962年6月14日

「宮本常一 写真・日記集成 上」毎日新聞社　2005
　◇p311〔白黒〕　鹿児島県揖宿郡山川町 山川港　㈲宮本常一，1962年6月14日

## 鰹節つくり
「民俗図録 日本人の暮らし」日本図書センター　2012
　◇図362〔白黒〕　鹿児島県川辺郡枕崎

「写真ものがたり昭和の暮らし 3」農山漁村文化協会　2004
　◇もくじ〔p3〕〔白黒〕（カツオ節作り）　㈲須藤功

## 鰹節の日乾
「食の民俗事典」柊風舎　2011
　◇p346〔白黒〕　静岡県賀茂郡西伊豆町田子

## 鰹節干し場
「日本郷土 風俗・民芸・芸能図鑑」日本図書センター　2012
　◇写真篇 静岡〔白黒〕　静岡県 焼津

**割烹教室における女子商業学校生徒**
「図説 台所道具の歴史」日本図書センター　2012
◇p154-1〔白黒〕　明治40年『婦人画報』11月号

**割烹室**
「図説 台所道具の歴史」日本図書センター　2012
◇p68-6〔白黒〕　目白台 日本女子大学校　明治38年『婦人画報』7月号

**蕪菜漬け**
「写真でみる日本生活図引 別巻」弘文堂　1993
◇図204〔白黒〕　長野県下伊那郡阿智村　[撮]熊谷元一, 昭和31年12月19日

**カブのホシナ(干し菜)**
「食の民俗事典」柊風舎　2011
◇p65〔白黒〕(軒下に吊るしたカブのホシナ(干し菜))　福島県南会津郡南会津町福渡

**釜揚げされたジャコ**
「食の民俗事典」柊風舎　2011
◇p348〔白黒〕　香川県観音寺市伊吹町

**かます(わら製の袋)に入れて30年ほど貯蔵しておいたヒエ穂**
「写真ものがたり昭和の暮らし 2」農山漁村文化協会　2004
◇p63〔カラー〕　宮崎県西米良村小川　[撮]須藤功, 昭和58年10月

**竈で炊く**
「写真でみる日本生活図引 4」弘文堂　1988
◇図9〔白黒〕　長野県下伊那郡阿智村　[撮]熊谷元一, 昭和32年1月3日
◇図10〔白黒〕　長野県下伊那郡阿智村　[撮]熊谷元一, 昭和31年12月16日

**かまどの火かげんを見る**
「写真ものがたり昭和の暮らし 1」農山漁村文化協会　2004
◇p40〔白黒〕　長野県阿智村　[撮]熊谷元一, 昭和32年1月

**カモ肉の部位別の仕分け**
「里山・里海 暮らし図鑑」柏書房　2012
◇写46(p132)〔白黒〕(解体中のカモ肉の部位別の仕分け)　新潟県上越市　12月

**カモの背骨外し**
「里山・里海 暮らし図鑑」柏書房　2012
◇写45(p132)〔白黒〕　新潟県上越市　12月

**カモの調理**
「里山・里海 暮らし図鑑」柏書房　2012
◇写44(p132)〔白黒〕(捕獲したカモの調理)　新潟県上越市　12月

**唐うすでカシの実をついて粉にする**
「写真ものがたり昭和の暮らし 2」農山漁村文化協会　2004
◇p204〔白黒〕(「踏みうす」とも呼ばれる「唐うす」でカシの実をついて粉にする)　宮崎県西都市大字銀鏡　[撮]須藤功, 昭和44年12月

**カレイ干し**
「日本民俗写真大系 7」日本図書センター　2000
◇p140〔白黒〕(冬のカレイ干し)　京都府久美浜町　[撮]板垣太子松, 1973年

**カワナを干す**
「写真ものがたり昭和の暮らし 3」農山漁村文化協会　2004
◇p157〔白黒〕　千葉県千葉市花見川区検見川町　南風で浜に吹き寄せるカワナを集め、潮のこない浜に広げて干す　[撮]林辰雄, 昭和30年　千葉県立中央博物館所蔵

**カワナの地干し**
「写真でみる日本生活図引 6」弘文堂　1993
◇図116〔白黒〕　千葉県千葉市花見川区検見川町　[撮]林辰雄, 昭和30年

**川のりを簀に広げて干す**
「写真ものがたり昭和の暮らし 5」農山漁村文化協会　2005
◇p162〔白黒〕(採った川のりを簀に広げて干す)　東京都奥多摩町　[撮]昭和55年10月　東京都提供

**カワハギの天日干し**
「日本民俗写真大系 6」日本図書センター　2000
◇p159〔白黒〕　熊本県天草町軍ヶ浦　[撮]松本教夫, 1971年

**カンコロ(サツマイモの切干し)**
「宮本常一 写真・日記集成 上」毎日新聞社　2005
◇p210〔白黒〕　和歌山県 紀伊勝浦から新宮あたり　[撮]宮本常一, 1960年9月26日

**カンコロ干し**
「民俗図録 日本人の暮らし」日本図書センター　2012
◇図191〔白黒〕(切干芋)　兵庫県飾磨郡家島　カンコロを天日干しにする
◇図194〔白黒〕(カンコロ干)　長崎県南松浦郡久賀村

**甘藷の団子と切干**
「写真でみる日本人の生活全集 1」日本図書センター　2010
◇p17〔白黒〕　東京都北多摩郡保谷(下保谷字新田)

**乾燥芋**
「写真でみる日本生活図引 4」弘文堂　1988
◇図129〔白黒〕　熊本県天草郡天草町　[撮]白石巌, 昭和48年1月

**乾燥イモ作り**
「写真でみる日本人の生活全集 1」日本図書センター　2010
◇p19〔白黒〕　茨城県那珂郡村松村　12月末〜1月末の農閑期

**乾燥保存したヨモギの葉で餅を作る**
「里山・里海 暮らし図鑑」柏書房　2012
◇写28(p218)〔白黒〕　福井県旧武生市〔越前市〕　昭和50年代はじめ　内上修一提供

**乾燥保存するヨモギの葉**
「里山・里海 暮らし図鑑」柏書房　2012
◇写27(p218)〔白黒〕　和歌山県那智勝浦町色川

**乾燥用の包装**
「図説 民俗探訪事典」山川出版社　1983
◇p31〔白黒〕　福島県　奥会津民俗資料館蔵

**寒天作り**
「写真でみる日本人の生活全集 1」日本図書センター　2010
◇p147〔白黒〕　長野県諏訪地方

**寒天つくり 運搬**
「民俗図録 日本人の暮らし」日本図書センター　2012
◇図393〔白黒〕　長野県諏訪郡茅野町

**寒天つくり 原液採取**
「民俗図録 日本人の暮らし」日本図書センター　2012
◇図391〔白黒〕　長野県諏訪郡茅野町

**寒天つくり 棚さらし**
「民俗図録 日本人の暮らし」日本図書センター　2012
◇図390〔白黒〕　大阪府三島郡耶馬渓附近

**寒天の干場**
「民俗図録 日本人の暮らし」日本図書センター　2012
◇図392〔白黒〕(干場)　長野県諏訪郡茅野町　寒天つくり

**干瓢皮ひき**
「写真で見る農具 民具」農林統計協会　1988
◇p194〔白黒〕　栃木県小山市　大正時代後期から現在　かんぴょう用具

食　　調理・加工・保存

**かんぴょう皮むき機（輪切り手回し式）**
「写真で見る農具 民具」農林統計協会　1988
　◇p195〔白黒〕　茨城県猿島町　大正時代中期から昭和中期まで　かんぴょう用具

**干ぴょう作り**
「写真でみる日本人の生活全集 1」日本図書センター　2010
　◇p44〔白黒〕（カンピョウつくり）　群馬県大間々高校
「日本民俗写真大系 2」日本図書センター　1999
　◇p176〔白黒〕　栃木県南河内町　㊞南良和, 1990年

**干瓢乾し**
「日本を知る事典」社会思想社　1971
　◇図15（p322）〔白黒〕　滋賀県水口にて

**干瓢むき**
「食の民俗事典」柊風舎　2011
　◇p358〔白黒〕　奈良県生駒郡安堵町

**干瓢むき機（手回し式かんぴょう丸むき機）**
「写真で見る農具 民具」農林統計協会　1988
　◇p196〔白黒〕　栃木県石橋町　大正時代後期から昭和20年頃まで　かんぴょう用具

**干瓢むき機（輪切り手回し式かんぴょうむき機）**
「写真で見る農具 民具」農林統計協会　1988
　◇p195〔白黒〕　栃木県　大正時代　かんぴょう用具

**かんぴょうむき手かんな**
「写真で見る農具 民具」農林統計協会　1988
　◇p194〔白黒〕　栃木県上三川町　明治時代中期から大正時代中期まで　かんぴょう用具

**干瓢用包丁**
「日本民具の造形」淡交社　2004
　◇p48〔白黒〕　鳥取県　海とくらしの史料館所蔵

**寒ぼしいも**
「日本民具の造形」淡交社　2004
　◇p115〔白黒〕　青森県 十和田市郷土館所蔵

**木茸の乾燥**
「写真でみる日本生活図引 2」弘文堂　1988
　◇図98〔白黒〕（木茸）　新潟県岩船郡朝日村三面　囲炉裏の炭火でよく乾燥させる　㊞中俣正義, 昭和34年7月

**キャベツや白菜を新聞紙などに包んで台所の一隅につるして貯蔵する**
「フォークロアの眼 2 雪国と暮らし」国書刊行会　1977
　◇小論6〔白黒〕　新潟県南魚沼郡六日町欠之上　㊞中俣正義, 昭和30年12月30日

**『きょうの料理』創刊号〔表紙〕**
「民俗小事典 食」吉川弘文館　2013
　◇p97〔白黒〕　1958年　日本放送出版協会 株式会社NHK出版提供

**切り干しダイコン作り**
「里山・里海 暮らし図鑑」柏書房　2012
　◇写13（p216）〔白黒〕（切干しダイコン作り）　和歌山県有田川町楠本
「食の民俗事典」柊風舎　2011
　◇p357〔白黒〕（軒先で干される切り干し大根）　愛知県豊川市
「いまに伝える 農家のモノ・人の生活館」柏書房　2004
　◇p288 写真2〔白黒〕　埼玉県所沢市
　◇p288 写真3〔白黒〕　埼玉県小川町
「日本民具の造形」淡交社　2004
　◇p115〔白黒〕（大根切干）　青森県 上北町歴史民俗資料館所蔵

**金太郎アメの製造過程**
「写真でみる日本人の生活全集 1」日本図書センター　2010
　◇口絵〔白黒〕

**茎の貯蔵**
「写真でみる日本人の生活全集 1」日本図書センター　2010
　◇p46〔白黒〕　大阪府南河内郡高向村　ズイキの皮をむいたもの, 唐辛子, 大根の千切

**くさや作り**
「写真ものがたり昭和の暮らし 3」農山漁村文化協会　2004
　◇p151〔白黒〕　東京都新島村　竹簀に並べて天日で干す　㊞湊嘉秀, 昭和59年

**クサヤの天日干し**
「日本民俗写真大系 3」日本図書センター　1999
　◇p115〔白黒〕　東京都 新島本村　㊞湊嘉秀, 1984年

**クサヤの干物づくり**
「宮本常一が撮った昭和の情景 上」毎日新聞社　2009
　◇p198〔白黒〕（特産のクサヤの干物づくり）　東京都新島村（新島）　㊞宮本常一, 1963年7月28日
「宮本常一 写真・日記集成 上」毎日新聞社　2005
　◇p389〔白黒〕　東京都 新島？　㊞宮本常一, 1963年7月28日

**串（こんにゃくの生玉乾燥器具）**
「写真で見る農具 民具」農林統計協会　1988
　◇p218〔白黒〕（串）　群馬県下仁田町　昭和30年代まで

**孝行芋をつぶして団子にして並べ、発酵、乾燥させている**
「写真ものがたり昭和の暮らし 9」農山漁村文化協会　2007
　◇p131〔白黒〕　長崎県厳原町久根舎（現対馬市）　㊞西護, 平成17年

**高野豆腐絞り器**
「日本民具の造形」淡交社　2004
　◇p256〔白黒〕　和歌山県 橋本市郷土資料館所蔵

**小エビを干す**
「日本民俗写真大系 4」日本図書センター　1999
　◇p118〔白黒〕　小豆島水江港　㊞薗部澄, 1955年

**小魚を干す**
「宮本常一 写真・日記集成 下」毎日新聞社　2005
　◇p406〔白黒〕　高知県土佐清水市 土佐清水港　㊞宮本常一, 1977年10月18日（農山漁家生活改善技術資料調査）

**五平餅を焼く**
「写真でみる日本生活図引 別巻」弘文堂　1993
　◇図181〔白黒〕（五平餅）　長野県下伊那郡阿智村　五平餅を握り焼く　㊞熊谷元一, 昭和31年11月29日

**米の保存**
「図説 民俗探訪事典」山川出版社　1983
　◇p31〔白黒〕　福井県　旧正月中に1年分の飯米を搗き, 俵につめて台所の梁につるした　『日本民俗図録』より

**コロ柿作り**
「あるくみるきく双書 宮本常一とあるいた昭和の日本 23」農山漁村文化協会　2012
　◇p149〔カラー〕（干し柿用に収穫したコロ柿）　宇治田原町　㊞印南悠子
　◇p154〔白黒〕（コロ柿を干す）　㊞印南悠子
「写真でみる日本人の生活全集 1」日本図書センター　2010
　◇p99〔白黒〕（コロ柿つくり）　京都府綴喜郡田原村附近　㊞昭和29年12月

**コロ柿作りの柿小屋**
「図説 日本民俗学全集 3」高橋書店　1971
　◇図379〔白黒〕　京都府綴喜郡田原村付近
「図説 日本民俗学全集 8」あかね書房　1961
　◇図149〔白黒〕　京都府綴喜郡田原村付近

調理・加工・保存　　　　　　　　　　　　　食

こんにゃく荒粉切り機
　「写真で見る農具 民具」農林統計協会　1988
　　◇p218〔白黒〕　群馬県子持村　大正時代後期から昭和20年代まで

こんにゃく荒粉こき
　「写真で見る農具 民具」農林統計協会　1988
　　◇p219〔白黒〕　群馬県子持村　昭和30年代まで

コンニャク芋を干す
　「写真ものがたり昭和の暮らし 2」農山漁村文化協会　2004
　　◇p81〔白黒〕（輪切りにしたコンニャク芋を干す）　群馬県南牧村大日向　㊟須藤功、昭和46年11月

こんにゃくいもの切干し
　「写真でみる日本人の生活全集 1」日本図書センター　2010
　　◇p44〔白黒〕　茨城県久慈郡

蒟蒻鉋
　「日本民具の造形」淡交社　2004
　　◇p256〔白黒〕　茨城県 山方町立歴史民俗資料館所蔵

蒟蒻玉を干す
　「写真でみる日本生活図引 4」弘文堂　1988
　　◇図127〔白黒〕（縁側に干す蒟蒻玉）　群馬県勢多郡赤城村棚下　㊟須藤功、昭和42年11月9日

蒟蒻玉からコンニャクをつくる
　「食の民俗事典」柊風舎　2011
　　◇p295〔白黒〕

蒟蒻作り
　「写真でみる日本生活図引 別巻」弘文堂　1993
　　◇図213〔白黒〕　長野県下伊那郡阿智村　㊟熊谷元一、昭和31年12月27日

コンニャク作りの様子
　「図説 日本民俗学」吉川弘文館　2009
　　◇p163〔白黒〕　熊本県五木村

ゴンパチの湯戻し
　「里山・里海 暮らし図鑑」柏書房　2012
　　◇写58（p144）〔白黒〕（ゴンパチ（イタドリの若い芽）の湯戻し）　大阪府岬町
　　◇写23（p217）〔白黒〕（ゴンパチ（イタドリの新芽）の湯戻し調理）　大阪府岬町

竿に吊るし干すフカ（鮫）ひれ
　「日本民具写真大系 7」日本図書センター　2000
　　◇p43〔白黒〕　島根県平田市　海に面した漁具小屋　㊟井上喜弘、1958年

魚を干すテラス
　「宮本常一 写真・日記集成 上」毎日新聞社　2005
　　◇p327〔白黒〕（竹で編んだ魚を干すテラス）　加唐島（佐賀県東松浦郡鎮西町）　㊟宮本常一、1962年8月8日

魚をまる干しにする
　「フォークロアの眼 7 海の暮らしと祭り」国書刊行会　1977
　　◇図42〔白黒〕　静岡県沼津市静浦　㊟諸田森二、昭和47年11月4日

魚の加工
　「写真でみる日本生活図引 2」弘文堂　1988
　　◇図49〔白黒〕　新潟県佐渡郡相川町姫津　㊟中俣正義、昭和32年5月9日

魚の乾燥
　「図録・民具入門事典」柏書房　1991
　　◇p30〔白黒〕　東京都三宅島
　「日本民俗文化財事典（改訂版）」第一法規出版　1979
　　◇図36〔白黒〕　東京都三宅島

魚の貯蔵
　「写真でみる日本人の生活全集 1」日本図書センター　2010
　　◇p146〔白黒〕　安芸三津（賀茂郡）　ワチ魚を煮て籠でほして貯蔵する　進藤松司著「安芸三津漁民手記」

魚のひらき干し
　「宮本常一 写真・日記集成 上」毎日新聞社　2005
　　◇p157〔白黒〕　静岡県賀茂郡南伊豆町下賀茂　㊟宮本常一、1959年10月29日

魚の保存加工
　「図説 台所道具の歴史」日本図書センター　2012
　　◇p183-2〔白黒〕　能登・輪島の朝市　燻製、干物、麹漬、糠漬、塩漬　㊟GK

魚の焼き方
　「図説 民俗探訪事典」山川出版社　1983
　　◇p30〔白黒・図〕

魚干し
　「日本の生活環境文化大辞典」柏書房　2010
　　◇p75-3〔白黒〕　福井県上中郡若狭町常神　㊟1989年　河原典史

魚干網
　「日本民具の造形」淡交社　2004
　　◇p297〔白黒〕　三重県 紀伊長島町郷土資料館所蔵

魚干し場
　「図説 台所道具の歴史」日本図書センター　2012
　　◇p53-2〔白黒〕　南佐渡・白木　㊟GK、1971年

魚干し場風景
　「図説 台所道具の歴史」日本図書センター　2012
　　◇p52-1〔白黒〕　島根県・美保関港　㊟GK、1971年

酒饅頭講習会
　「日本の生活環境文化大辞典」柏書房　2010
　　◇p338-3〔白黒〕（公民館の酒饅頭講習会）　神奈川県相模原市　㊟2005年　山崎祐子

サケの吊り干し
　「写真でみる民家大事典」柏書房　2005
　　◇p140-3〔白黒〕　新潟県村上市瀬波　㊟1988年　野本寛一

ざこ干し
　「民俗資料叢書 15 有明海の漁撈習俗」平凡社　1972
　　◇図101〔白黒〕　杵島郡有明町

雑穀を粉食にする
　「図説 日本民俗学」吉川弘文館　2009
　　◇p22〔白黒〕　会津只見町『会津只見の民具』より

サツマイモの蒸かし方
　「いまに伝える 農家のモノ・人の生活館」柏書房　2004
　　◇p160 図1〔白黒・図〕　埼玉県小川町

サトスメ
　「日本民俗写真大系 5」日本図書センター　2000
　　◇p105〔白黒〕　鹿児島県種子島　㊟薗部澄、1974年

サヨリを干す
　「宮本常一 写真・日記集成 下」毎日新聞社　2005
　　◇p332〔白黒〕　広島県 走島　㊟宮本常一、1974年12月13日

サルトリイバラの葉であんこ餅を包んで蒸す
　「里山・里海 暮らし図鑑」柏書房　2012
　　◇写45（p141）〔白黒〕　和歌山県海南市　6月

サワラを干す島の子供
　「民俗図録 日本人の暮らし」日本図書センター　2012
　　◇図358〔白黒〕　鹿児島県宝島　㊟青井竹三郎

サンマを焼く
　「写真でみる日本人の生活全集 1」日本図書センター　2010

食　　調理・加工・保存

　◇口絵〔白黒〕　東京都下谷

## 秋刀魚を焼く
「写真ものがたり昭和の暮らし 9」農山漁村文化協会　2007
　◇p129〔白黒〕（網にはさみ囲炉裏の火で秋刀魚を焼く）長野県曾地村駒場（現阿智村）　㊙熊谷元一, 昭和26年

## シイタケを干す
「里山・里海 暮らし図鑑」柏書房　2012
　◇写68（p147）〔白黒〕（出荷販売用シイタケの天日干し）和歌山県旧大塔村〔田辺市〕熊野　昭和28年　岡田孝男提供

「図説 日本民俗学」吉川弘文館　2009
　◇p163〔白黒〕　静岡県沼津市

## しいたけの大小の選別
「写真ものがたり昭和の暮らし 9」農山漁村文化協会　2007
　◇p113〔カラー〕　宮崎県西都市銀鏡　干ししいたけを作る　㊙須藤功, 昭和44年12月

「写真ものがたり昭和の暮らし 2」農山漁村文化協会　2004
　◇p197〔白黒〕(乾燥機で乾燥したしいたけを大きさによって選別しているところ)　宮崎県西都市大字銀鏡　㊙須藤功, 昭和44年12月

## 椎茸干籠
「日本民具の造形」淡交社　2004
　◇p256〔白黒〕　宮崎県 諸塚村歴史民俗資料館所蔵

## 塩抜き若布
「食の民俗事典」柊風舎　2011
　◇p196〔白黒〕（真水で洗って庭先に干す自家用の塩抜き若布）　香川県坂出市瀬居町　芯（筋）を抜く作業をしている

## 塩引鮭を干す
「里山・里海 暮らし図鑑」柏書房　2012
　◇写26（p160）〔白黒〕（塩引きサケの天日干し）　新潟県村上市

「写真ものがたり昭和の暮らし 5」農山漁村文化協会　2005
　◇p151〔白黒〕（「塩引鮭」を軒下につるし干す）　新潟県村上市　㊙中俣正義, 昭和25年12月

## 塩引鮭作り
「里山・里海 暮らし図鑑」柏書房　2012
　◇写25（p160）〔白黒〕（サケの内臓を取り去り塩引きする）　新潟県柏崎市谷根川

「日本民俗写真大系 8」日本図書センター　2000
　◇p48〔白黒〕（塩引サケ作り）　新潟県山北町　㊙品田悦彦, 1987年

## 蜆を煮る
「写真でみる日本生活図引 2」弘文堂　1988
　◇図53〔白黒〕　滋賀県彦根市三津屋　㊙浅野喜市, 昭和14年4月

## シシャモを天日に干す
「写真ものがたり昭和の暮らし 5」農山漁村文化協会　2005
　◇p137〔白黒〕　北海道平取町二風谷　㊙須藤功, 昭和47年11月

## 静岡の漬物先生
「写真でみる日本人の生活全集 1」日本図書センター　2010
　◇p139〔白黒〕　静岡県駿東郡清水村徳倉　農家の人びとに農作物をほとんどすてさせないで，ザット15種の漬物樽をつくっている

## シトギ搗き
「食の民俗事典」柊風舎　2011
　◇p271〔白黒〕　愛知県北設楽郡東栄町小林

## シバレイモの乾燥
「食の民俗事典」柊風舎　2011
　◇p361〔白黒〕（軒下で雨にあたらぬよう乾燥させている「シバレイモ」）　岩手県下閉伊郡岩泉町安家字大坂本の農家にて

## 渋柿皮むきカンナ
「写真で見る農具 民具」農林統計協会　1988
　◇p191〔白黒〕　岐阜県伊自良村　昭和前期から現在まで

## 渋柿の皮をむきつるしさげたばかりの柿
「写真ものがたり昭和の暮らし 1」農山漁村文化協会　2004
　◇p229〔カラー〕（渋柿ひとつひとつの皮をむき、つるしさげたばかりの柿）　佐賀県背振村　㊙須藤功, 昭和53年11月

## 凍大根
「写真でみる日本生活図引 別巻」弘文堂　1993
　◇図265〔白黒〕　長野県下伊那郡阿智村　㊙熊谷元一, 昭和32年2月1日

## 凍大根を作る
「写真ものがたり昭和の暮らし 9」農山漁村文化協会　2007
　◇p121〔白黒〕　秋田県山内村土淵字板沢（現横手市）　冬の寒気で凍らせて乾燥　㊙加賀谷良助, 昭和40年1月

## 凍豆腐
「民俗資料選集 23 北上山地の畑作習俗」国土地理協会　1995
　◇p121(本文)〔白黒〕　岩手県岩泉町下有芸　〔縁側に吊るす〕

## 凍豆腐をつるす
「写真でみる日本人の生活全集 1」日本図書センター　2010
　◇p142〔白黒〕　長野県 諏訪地方

「写真ものがたり昭和の暮らし 9」農山漁村文化協会　2007
　◇p123〔白黒〕（軒下と物干し竿に吊るした凍豆腐）　群馬県六合村入山　㊙須藤功, 昭和44年3月

## 凍豆腐作り
「里山・里海 暮らし図鑑」柏書房　2012
　◇写14（p216）〔白黒〕（凍み豆腐作り）　長野県旧堀金村〔安曇野市〕

「写真ものがたり昭和の暮らし 1」農山漁村文化協会　2004
　◇p71〔白黒〕（凍豆腐用の豆腐を、わらで七、八個ずつしばり連ねる）　長野県富士見町境　㊙武藤盈, 昭和33年2月

## 凍餅づくり
「食の民俗事典」柊風舎　2011
　◇p359〔白黒〕（凍み餅づくり）　福島県南会津郡只見町

## 凍餅の乾燥具合を見る
「写真ものがたり昭和の暮らし 9」農山漁村文化協会　2007
　◇p122〔白黒〕　秋田県稲川町羽龍（現湯沢市）　㊙佐藤久太郎, 昭和35年2月

## ジャガイモの澱粉作り
「写真ものがたり昭和の暮らし 5」農山漁村文化協会　2005
　◇p100〔白黒〕（川べりでジャガイモの澱粉作りをする）　秋田県山本町小町　㊙南利夫, 昭和31年5月

## ジュンサイの加工所
「写真ものがたり昭和の暮らし 5」農山漁村文化協会　2005
　◇p229〔白黒〕　秋田県森岳村（現山本町）　㊙南利夫, 昭和33年

## じょうさし
「写真で見る農具 民具」農林統計協会　1988
　◇p219〔白黒〕　群馬県下仁田町　こんにゃく精粉の品質検査に使用

## 食用菊の花弁をむしる
「写真でみる日本人の生活全集 1」日本図書センター　2010
　◇p41〔白黒〕（食用菊）　青森県三戸郡平良崎村相内　花弁をむしる

調理・加工・保存　　　　　　　　　　　食

**女子美術学校の料理実習**
「図説 台所道具の歴史」日本図書センター　2012
　◇p68-5〔白黒〕　明治41年『婦人画報』9月号

**白子を干す**
「写真ものがたり昭和の暮らし 3」農山漁村文化協会　2004
　◇p152〔白黒〕　愛知県南知多町・篠島　㊞須藤功, 昭和49年5月

**しらす干し**
「写真ものがたり昭和の暮らし 9」農山漁村文化協会　2007
　◇p164〔カラー〕　愛知県南知多町　㊞須藤功, 昭和48年5月
「日本民俗写真大系 3」日本図書センター　1999
　◇p165〔白黒〕　愛知県南知多町篠島　㊞須藤功, 1974年

**炊飯法の変遷**
「図説 民俗建築大事典」柏書房　2001
　◇図2（p175）〔白黒・図〕

**剥身**
「写真でみる日本生活図引 8」弘文堂　1993
　◇図42〔白黒〕　千葉県浦安市　剥子　㊞昭和20年代　藤森三郎提供
　◇図43〔白黒〕　千葉県千葉市幕張　剥子　㊞林辰雄, 昭和30年代

**すぐき漬け**
「写真ものがたり昭和の暮らし 9」農山漁村文化協会　2007
　◇p118〔白黒〕　京都府京都市北区上賀茂　天秤状の重石をかける　㊞三村幸一, 昭和37年12月

**すぐき菜漬け**
「日本の民俗 暮らしと生業」KADOKAWA　2014
　◇図9-24〔白黒〕　京都府京都市北部　四斗樽に漬ける　㊞芳賀日出男, 昭和56年
「日本の民俗 下」クレオ　1997
　◇図9-28〔白黒〕　京都府京都市北部　四斗樽に漬ける　㊞芳賀日出男, 昭和56年
「写真でみる日本生活図引 8」弘文堂　1993
　◇図38〔白黒〕（酸茎漬け）　京都府京都市北区上賀茂　㊞三村幸一, 昭和37年12月

**スケソウダラのワタ（内臓）を出す**
「写真ものがたり昭和の暮らし 3」農山漁村文化協会　2004
　◇p143〔白黒〕　新潟県相川町姫津（現佐渡市）　㊞中俣正義, 昭和32年5月

**スノコにほされる切り海苔**
「写真でみる日本人の生活全集 1」日本図書センター　2010
　◇p142〔白黒〕　木更津海岸

**「す」まんじゅう作り**
「いまに伝える 農家のモノ・人の生活館」柏書房　2004
　◇p152 写真2〔白黒〕　埼玉県小川町

**赤飯を甑で蒸す**
「写真でみる日本生活図引 別巻」弘文堂　1993
　◇図394〔白黒〕（蒸籠）　長野県下伊那郡阿智村　端午の節句の赤飯を甑で蒸す　㊞熊谷元一, 昭和32年6月4日

**赤飯をたく**
「写真でみる日本人の生活全集 1」日本図書センター　2010
　◇p158〔白黒〕　七五三前夜　母の慈愛のこもった赤飯がたかれた

**雪中でダイコンをモミ殻に埋めて保存**
「里山・里海 暮らし図鑑」柏書房　2012
　◇写12（p215）〔白黒〕　新潟県旧頸城村〔上越市〕

**剪（セン・ツキ）**
「写真で見る農具 民具」農林統計協会　1988
　◇p218〔白黒〕　群馬県下仁田町, 群馬県子持村　大正時代から昭和30年頃まで　こんにゃく玉を荒粉に加工するとき芋の切断に用いた

**船上で食事の準備をする漁師**
「写真ものがたり昭和の暮らし 9」農山漁村文化協会　2007
　◇p163〔白黒〕　富山県氷見市　しんとく弁当　㊞千葉寛, 昭和63年　提供・(社)農山漁村文化協会

**煎餅焼き**
「写真でみる日本生活図引 8」弘文堂　1993
　◇図54〔白黒〕　千葉県香取郡東庄町平山　煎餅屋の煎餅焼きの光景　㊞清野文男, 昭和50年4月

**ゼンマイをゆでて庭に広げもんで天日で干しあげる**
「写真ものがたり昭和の暮らし 9」農山漁村文化協会　2007
　◇p111〔白黒〕　新潟県朝日村三面　㊞中俣正義, 昭和34年7月

**ゼンマイをゆでる**
「写真ものがたり昭和の暮らし 9」農山漁村文化協会　2007
　◇p128〔白黒〕（囲炉裏の自在鉤にかけた鉄鍋でゼンマイをゆでる）　新潟県松之山町（現十日町市）　㊞小見重義, 昭和58年5月
「写真ものがたり昭和の暮らし 2」農山漁村文化協会　2004
　◇p39〔白黒〕（羽がまに湯をわかし、採ってきたゼンマイをサッとゆでる）　福島県檜枝岐村　㊞米山孝志, 昭和56年6月

**ぜんまいの綿取り**
「写真ものがたり昭和の暮らし 2」農山漁村文化協会　2004
　◇p35〔カラー〕（ゼンマイのわたを取る）　新潟県山古志村梶金　㊞須藤功, 昭和46年5月
　◇p39〔白黒〕（ゼンマイのわたを取る）　新潟県松之山町黒倉　㊞小見重義, 昭和53年4月
「日本民俗写真大系 2」日本図書センター　1999
　◇p175〔白黒〕　福島県飯能村大倉　㊞後藤輝夫, 1982年

**ぜんまい干し**
「民俗小事典 食」吉川弘文館　2013
　◇p180〔白黒〕　福島県南会津郡只見町　ゼンマイを干しては揉む　㊞1955年頃　『田子倉』アルバムより
「食の民俗事典」柊風舎　2011
　◇p118〔白黒〕　福島県南会津郡只見
「図説 日本民俗学」吉川弘文館　2009
　◇p163〔白黒〕（ゼンマイを干す）　福島県只見町
「写真ものがたり昭和の暮らし 2」農山漁村文化協会　2004
　◇p40〔白黒〕（ゆでてむしろに広げたばかりのゼンマイ）　新潟県山古志村梶金　㊞須藤功, 昭和46年5月
「写真でみる日本生活図引 8」弘文堂　1993
　◇図31〔薇採り〕　新潟県山古志村　干して間もない薇　㊞須藤功, 昭和46年4月25日
「図説 民俗探訪事典」山川出版社　1983
　◇p31〔白黒〕（ゼンマイの乾燥）　福島県

**ゼンマイを揉む**
「民俗図録 日本人の暮らし」日本図書センター　2012
　◇図192〔白黒〕（ゼンマイ揉み）　秋田県仙北郡檜木内村御座石　㊞武ersten鐵城
「写真ものがたり昭和の暮らし 2」農山漁村文化協会　2004
　◇p40〔白黒〕（ゆでたゼンマイをむしろに広げて干し両手で丹念にもむ）　福島県檜枝岐村　㊞米山孝志, 昭和56年6月
「写真でみる日本生活図引 8」弘文堂　1993
　◇図30〔白黒〕（薇採り）　新潟県北魚沼郡川口町和納津　薇を揉む　㊞中俣正義, 昭和30年5月5日

**そうめん掛け**
「日本の民俗 暮らしと生業」KADOKAWA　2014
　◇図9-30〔白黒〕　奈良県桜井市　㊞芳賀日出男, 昭和59年
「日本の民俗 下」クレオ　1997
　◇図9-35〔白黒〕　奈良県桜井市　㊞芳賀日出男, 昭和

食　　調理・加工・保存

59年

### 麁朶拵え
「日本民俗図誌 7 生業上・下篇」村田書店　1978
　◇図37〔白黒・図〕　東京都　6〜7月頃　『東京採魚採藻図録』収録

### 麁朶立て
「日本民俗図誌 7 生業上・下篇」村田書店　1978
　◇図38〔白黒・図〕　東京都　9月上旬頃から　『東京採魚採藻図録』収録

### ソテツの実を杵で搗く
「里山・里海 暮らし図鑑」柏書房　2012
　◇写34(p220)〔白黒〕　鹿児島県徳之島町徳和瀬　昭和54年　スタジオカガワ提供

### 蘇鉄の実の地干
「民俗図録 日本人の暮らし」日本図書センター　2012
　◇図196〔白黒〕　鹿児島県沖永良部島　㊗林義三

### ソテツの実割り
「里山・里海 暮らし図鑑」柏書房　2012
　◇写33(p220)〔白黒〕（味噌を作るためのソテツの実割り）　鹿児島県徳之島町金見　昭和54年　ソテツ味噌　スタジオカガワ提供
「日本民俗写真大系 5」日本図書センター　2000
　◇p97〔白黒〕　鹿児島県奄美大島　㊗越間誠, 1981年

### ソバ打ち
「民俗資料選集 30 焼畑習俗Ⅱ」国土地理協会　2002
　◇p99(本文)〔白黒〕　山梨県南巨摩郡早川町奈良田　再現風景
「写真でみる日本生活図引 4」弘文堂　1988
　◇図67〔白黒〕　神奈川県海老名市　㊗菊池俊吉, 昭和28年頃
　◇図68〔白黒〕　新潟県中魚沼郡津南町横根　㊗滝沢秀一, 昭和50年5月3日
　◇図69〔白黒〕　鹿児島県姶良郡牧園町　㊗小野重朗, 昭和33年

### そばを天日で乾燥させる
「写真ものがたり昭和の暮らし 9」農山漁村文化協会　2007
　◇p124〔カラー〕　群馬県赤城村（現渋川市）　㊗須藤功, 昭和46年11月

### ソバの製粉
「民俗資料選集 30 焼畑習俗Ⅱ」国土地理協会　2002
　◇p87(本文)〔白黒〕　山梨県南巨摩郡早川町奈良田　再現風景

### ソーメンつくり
「あるくみるきく双書 宮本常一とあるいた昭和の日本 23」農山漁村文化協会　2012
　◇p36〔白黒〕（半田名産のソーメンつくり）　徳島県美馬郡半田町　㊗竹内久雄

### ダイガラ（足踏式精米機）で保存食の寒餅をつく嫁と姑
「日本民俗写真大系 4」日本図書センター　1999
　◇p170〔白黒〕　岩国市　㊗浜本栄, 1965年

### 大根を葉と分けて干す
「食の民俗事典」柊風舎　2011
　◇p357〔白黒〕（葉と大根を分けて干す）　静岡県榛原郡川根本町

### ダイコンツグラ
「民具のみかた一心とかたち」第一法規出版　1983
　◇p193〔白黒〕　新潟県秋山郷

### 大根と柿の皮を干す
「写真ものがたり昭和の暮らし 9」農山漁村文化協会　2007
　◇p112〔カラー〕（細かく切った大根と柿の皮を干す）　宮崎県西都市銀鏡　㊗須藤功, 昭和44年12月

### 大根ニュウのつくり方
「食の民俗事典」柊風舎　2011
　◇p383〔白黒・図〕　福島県南会津郡南会津町

### 大根のサキボシ
「写真でみる日本人の生活全集 1」日本図書センター　2010
　◇p46〔白黒〕　東京都下保谷村

### 大根の漬け込み
「里山・里海 暮らし図鑑」柏書房　2012
　◇写51(p263)〔白黒〕（共同で行う出荷用大根の漬け込み）　福井県旧上中町〔若狭町〕末野　昭和26年　田邉光治所蔵, 若狭町歴史文化館提供

### 大根葉を漬ける
「写真ものがたり昭和の暮らし 1」農山漁村文化協会　2004
　◇p67〔白黒〕　長野県阿智村駒場　㊗熊谷元一, 昭和12年

### 大根葉の乾燥
「里山・里海 暮らし図鑑」柏書房　2012
　◇写11(p215)〔白黒〕（ダイコン葉の乾燥保存）　新潟県旧頸城村〔上越市〕
「写真でみる日本人の生活全集 1」日本図書センター　2010
　◇p20〔白黒〕（ホシバ）　岩手県九戸郡山根村　大根の茎葉の乾燥
「宮本常一 写真・日記集成 上」毎日新聞社　2005
　◇p21〔白黒〕（軒先に干された大根葉）　秋田県北秋田郡上小阿仁村　㊗宮本常一, 1955年11月7日

### 大根干し
「民俗図録 日本人の暮らし」日本図書センター　2012
　◇図188〔白黒〕（大根干）　秋田県南秋田郡脇本村　漬け物にするための大根を木に掛けて干す　㊗三木茂
「食の民俗事典」柊風舎　2011
　◇p61〔白黒〕（軒下に干したダイコン）　福島県喜多方市高郷町
「写真でみる日本人の生活全集 1」日本図書センター　2010
　◇p148〔白黒〕（干大根）　武蔵野　武蔵野風物誌
「日本の生活環境文化大辞典」柏書房　2010
　◇p343-7〔白黒〕（干柿・大根・白菜・豆を干す）　新潟県長岡市小国町　雪国の冬支度　㊗2008年　松川淳子
「写真でみる民家大事典」柏書房　2005
　◇p140-2〔白黒〕　新潟県湯沢町　㊗1952年　樋口新一
「写真でみる日本生活図引 別巻」弘文堂　1993
　◇図183, 184〔白黒〕　長野県下伊那郡阿智村　㊗熊谷元一, 昭和31年11月30日
「図説 民俗探訪事典」山川出版社　1983
　◇p29〔白黒〕（路地の大根干し）　東京都台東区

### 大正初期の模範的家事教室
「図説 台所道具の歴史」日本図書センター　2012
　◇p30-3・4〔白黒〕　大江スミ子著『應用家事精義』大正5年初版、口絵

### 大豆を踏みつぶす
「写真ものがたり昭和の暮らし 9」農山漁村文化協会　2007
　◇p127〔白黒〕　長野県阿智村駒場　㊗熊谷元一, 昭和32年5月
　◇p127〔白黒〕　長野県阿智村駒場　蒸しあがったまだ熱気のある大豆を半切桶に入れ、新しい白足袋に草鞋を履いた足で踏みつぶす　㊗熊谷元一, 昭和32年5月

### 代用食　愛知県の食用野草調理説明
「日本民俗大辞典 下」吉川弘文館　2000
　◇p21〔白黒〕　〔「食用野菜の試食」と題した説明書き〕　名古屋市立博物館所蔵

### 沢庵漬け
「写真でみる日本生活図引 8」弘文堂　1993
　◇図37〔白黒〕　東京都練馬区　大根を漬け込んだ樽　㊗影山光洋, 昭和3年12月

調理・加工・保存　　　　　　　　　　　食

**沢庵用の大根洗い**
「図説 民俗探訪事典」山川出版社　1983
　◇p36〔白黒〕

**たくわん漬にする大根を干す**
「いまに伝える 農家のモノ・人の生活館」柏書房　2004
　◇p287 写真1〔白黒〕(タクワン用のダイコン干し)　埼玉県小川町
「写真ものがたり昭和の暮らし 2」農山漁村文化協会　2004
　◇p82〔白黒〕　長野県阿智村駒場　㊞熊谷元一, 昭和30年

**タケノコを干す**
「宮本常一が撮った昭和の情景 上」毎日新聞社　2009
　◇p153〔白黒〕(干しタケノコ)　熊本県八代市泉町下屋敷　五家荘の重要物産　㊞宮本常一, 1962年6月20日
「写真ものがたり昭和の暮らし 9」農山漁村文化協会　2007
　◇p113〔カラー〕(筍を干して保存する)　宮崎県西都市銀鏡　㊞須藤功, 昭和44年12月
「宮本常一 写真・日記集成 上」毎日新聞社　2005
　◇p316〔白黒〕(干しタケノコは五家荘の重要物産)　五家荘下屋敷(熊本県八代郡泉村〔八代市〕)　㊞宮本常一, 1962年6月20日

**タケノコの調理**
「里山・里海 暮らし図鑑」柏書房　2012
　◇写49(p141)〔白黒〕　大阪府岬町　4月

**タコを干す**
「宮本常一 写真・日記集成 上」毎日新聞社　2005
　◇p344〔白黒〕(干場)　熊本県天草郡五和町 通詞島〔タコを干している〕　㊞宮本常一, 1962年10月7日
　◇p351〔白黒〕(タコ干し)　福岡県北九州市小倉北区馬島　㊞宮本常一, 1962年10月18日
「宮本常一 写真・日記集成 下」毎日新聞社　2005
　◇p76〔白黒〕(海辺の干しタコ)　大分県 姫島　㊞宮本常一, 1966年8月3日～8日
「日本民俗写真大系 6」日本図書センター　2000
　◇p157〔白黒〕(タコ干しに精を出す老夫婦)　熊本県有明町赤崎　初夏の日差しが強い昼下がり　㊞松本教夫, 1981年
「日本民俗写真大系 8」日本図書センター　2000
　◇カバー表〔カラー〕(タコ干し)　酒田市飛島　㊞森本孝
「日本民俗写真大系 4」日本図書センター　1999
　◇p137〔白黒〕　明石市　㊞中村由信, 1961年

**卵苞**
「日本民俗大辞典 下」吉川弘文館　2000
　◇p839〔白黒・図〕　東京都青梅市

**玉味噌**
「食の民俗事典」柊風舎　2011
　◇p315〔白黒〕　京都府南丹市日吉町　〔天井に吊す〕
「日本民具の造形」淡交社　2004
　◇p115〔白黒〕　新潟県 十日町市博物館所蔵　炉の上や竈の傍らに1～2年熟成

**茶粥を炊く**
「民俗小事典 食」吉川弘文館　2013
　◇p31〔白黒〕　奈良県北葛城郡当麻町

**調理**
「写真でみる日本人の生活全集 10」日本図書センター　2010
　◇p118〔白黒〕　東京

**貯蔵用魚の処理**
「写真でみる日本人の生活全集 1」日本図書センター　2010
　◇p41〔白黒〕　北海道厚岸町

**ツクシのハカマ取り**
「里山・里海 暮らし図鑑」柏書房　2012
　◇写19(p217)〔白黒〕　大阪府岬町

**佃煮の職人がアジの開きを天日に干す**
「写真ものがたり昭和の暮らし 4」農山漁村文化協会　2005
　◇p159〔白黒〕　東京都中央区佃　㊞昭和44年5月 東京都提供

**ツケナを洗う**
「宮本常一 写真・日記集成 別巻」毎日新聞社　2005
　◇図333(p54)〔白黒〕　新潟県・越後・〔以下不明〕　㊞宮本常一, 1941年10月

**漬け菜の作業**
「宮本常一 写真・日記集成 下」毎日新聞社　2005
　◇p45〔白黒〕　長野県南安曇郡奈川村神谷→寄合渡　㊞宮本常一, 1965年11月6日

**漬菜干し**
「日本社会民俗辞典 3」日本図書センター　2004
　◇p950〔白黒〕　仙台市郊外

**漬物桶**
「宮本常一 写真・日記集成 上」毎日新聞社　2005
　◇p374〔白黒〕(用水路と漬けもの桶)　神奈川県南足柄市　㊞宮本常一, 1963年5月13日
「写真でみる日本生活図引 別巻」弘文堂　1993
　◇図197〔白黒〕　長野県下伊那郡阿智村　漬物桶洗う　㊞熊谷元一, 昭和31年12月12日

**漬物づくり**
「図説 民俗探訪事典」山川出版社　1983
　◇p36〔白黒〕　飛騨高山　初冬

**漬物にする野沢菜洗い**
「写真でみる民家大事典」柏書房　2005
　◇p145-1〔白黒〕　新潟県十日町市田川町　㊞1955年 十日町情報館

**漬物の漬かり具合を見る**
「写真ものがたり昭和の暮らし 1」農山漁村文化協会　2004
　◇p67〔白黒〕　長野県阿智村駒場　㊞熊谷元一, 昭和24年

**漬物用の大根を干す**
「写真でみる日本人の生活全集 1」日本図書センター　2010
　◇p47〔白黒〕(三浦大根)　神奈川県三浦郡　〔大根を吊るす〕
　◇p137〔白黒〕(漬物用の干し大根)　長野県北佐久郡御代田村
「宮本常一が撮った昭和の情景 下」毎日新聞社　2009
　◇p29〔白黒〕　岡山県高梁市備中町平川から広島県神石郡神石高原町下豊松へ　㊞宮本常一, 1965年12月17日
「宮本常一 写真・日記集成 下」毎日新聞社　2005
　◇p47〔白黒〕(漬物用大根)　平川(備中町〔岡山県高梁市〕)→広島県神石郡豊松村四日市〔神石高原町〕　㊞宮本常一, 1965年12月17日
「写真ものがたり昭和の暮らし 1」農山漁村文化協会　2004
　◇p63〔白黒〕(軒下に漬物にする大根をさげる)　長野県阿智村　㊞熊谷元一, 昭和20年代
「日本社会民俗辞典 4」日本図書センター　2004
　◇p1476〔白黒〕　仙台市外

**吊り干しされる甘藷ナマ切干し**
「食の民俗事典」柊風舎　2011
　◇p53〔白黒〕　静岡県賀茂郡松崎町岩科

**吊し柿**
「日本郷土 風俗・民芸・芸能図鑑」日本図書センター　2012
　◇写真篇 佐賀〔白黒〕(松梅のつるし柿)　佐賀県〔佐賀市大和町松梅地区〕
「写真でみる民家大事典」柏書房　2005
　◇p140-1〔白黒〕(吊るし柿)　埼玉県秩父市白久　㊞1983年　野本寛一

食　　　　　　　　　　　　　　　調理・加工・保存

「宮本常一 写真・日記集成 別巻」毎日新聞社　2005
　◇図160（p29）〔白黒〕　　福島県石城郡草野村［いわき市］　㊟宮本常一，1940年［11月］
「写真でみる日本生活図引 8」弘文堂　1993
　◇図33〔白黒〕（吊柿）　愛知県北設楽郡東栄町月　㊟須藤功，昭和44年11月21日

## 吊し味噌
「日本民俗図誌 4 習俗・飲食篇」村田書店　1978
　◇図130〔白黒・図〕　長野県北安曇郡陸郷村地方　『農村の年中行事』
　◇図132-1〔白黒・図〕　山梨県巨摩郡増富村　『農村の年中行事』
　◇図132-2〔白黒・図〕　長野県筑摩郡里山辺村地方　『農村の年中行事』

## 天草を浜に広げ干す
「写真ものがたり昭和の暮らし 3」農山漁村文化協会　2004
　◇p107〔白黒〕　静岡県南伊豆町下流　テングサの口開けの日　㊟瀬川清子，昭和20年代　民俗学研究所編『日本民俗図録』より

## テングサを干す区画
「写真ものがたり昭和の暮らし 3」農山漁村文化協会　2004
　◇p107〔白黒〕（石で浜を区切ったテングサを干す区画）　東京都三宅村坪田　㊟早川孝太郎，昭和11年8月

## 天草干し
「日本民俗写真大系 3」日本図書センター　1999
　◇p81〔白黒〕　静岡県松崎町雲見　㊟湊嘉秀，1990年

## テングサ干しの共同労働
「図説 日本民俗学」吉川弘文館　2009
　◇p134〔白黒〕　静岡県南伊豆町　長沢利明提供

## 天井から下げ焚火の煙で燻す鮭の燻製
「精選 日本民俗辞典」吉川弘文館　2006
　◇p5〔白黒〕　北海道白老町
「日本民俗大辞典 上」吉川弘文館　1999
　◇p5〔白黒〕　北海道白老町

## 天井から吊されたタワラ（俵）
「民具のみかた一心とかたち」第一法規出版　1983
　◇p192〔白黒〕　広島県芸北町

## 天井で乾燥保存されるトウモロコシ
「食の民俗事典」柊風舎　2011
　◇p34〔白黒〕　宮崎県東臼杵郡椎葉村尾納

## 天然マイタケを炭火焼きする
「里山・里海 暮らし図鑑」柏書房　2012
　◇写66（p146）〔白黒〕　新潟県村上市　10月

## 冬季におけるサツマイモの保存方法の一例
「里山・里海 暮らし図鑑」柏書房　2012
　◇図3（p90）〔白黒・図〕　犬井正『関東地方の平地林』古今書院（1992）から引用

## 豆腐を切る
「民俗資料選集 23 北上山地の畑作習俗」国土地理協会　1995
　◇p17（口絵）〔白黒〕（豆腐）　岩手県岩泉町下有芸　〔できあがった豆腐を切る〕

## 豆腐絞り箱
「日本民具の造形」淡交社　2004
　◇p256〔白黒〕　大阪府 千早赤坂村郷土資料館所蔵

## 豆腐製造
「図録・民具入門事典」柏書房　1991
　◇p43〔白黒〕　西多摩郡旧小河内村

## 豆腐作り
「写真でみる日本人の生活全集 1」日本図書センター　2010
　◇p54〔白黒〕（豆腐づくり）　岩手県下閉伊郡安家村

「写真ものがたり昭和の暮らし 1」農山漁村文化協会　2004
　◇p70〔白黒〕　埼玉県両神村薄　㊟出浦欣一，昭和30年代
「民俗資料選集 25 焼畑習俗」国土地理協会　1997
　◇p22（口絵）〔白黒〕　高知県池川町椿山
「写真でみる日本生活図引 8」弘文堂　1993
　◇図39〔白黒〕　宮崎県西臼杵郡高千穂町　㊟興梠敏夫，昭和40年代
「図説 民俗探訪事典」山川出版社　1983
　◇p34〔白黒〕（豆腐づくり）　埼玉県
「日本民俗文化財事典（改訂版）」第一法規出版　1979
　◇図48～50〔白黒〕（豆腐つくり）　東京都西多摩地方

## 豆腐田楽を焼く
「民俗資料選集 23 北上山地の畑作習俗」国土地理協会　1995
　◇p18（口絵）〔白黒〕（豆腐田楽）　岩手県久慈市山根六郷　〔囲炉裏にさして焼く〕

## 豆腐用具
「日本民具の造形」淡交社　2004
　◇p256〔白黒〕　岐阜県 馬瀬村歴史民俗資料館所蔵

## トウモロコシの皮をむく
「写真ものがたり昭和の暮らし 1」農山漁村文化協会　2004
　◇p62〔白黒〕（縁側に腰かけてトウモロコシの皮をむく）　群馬県保存存片品村登戸　㊟須藤功，昭和42年10月

## トウモロコシの乾燥
「写真でみる日本人の生活全集 1」日本図書センター　2010
　◇p15〔白黒〕　長野県松本地方
「宮本常一 写真・日記集成 下」毎日新聞社　2005
　◇p43〔白黒〕（納屋の壁に干されたトウモロコシ）　広島県神石郡豊松村矢原［神石高原町］　㊟宮本常一，1965年9月12日

## 動力式かんぴょう丸むき機
「写真で見る農具 民具」農林統計協会　1988
　◇p196〔白黒〕　栃木県小山市　昭和30年頃から現在　かんぴょう用具

## ドクダミの乾燥保存
「里山・里海 暮らし図鑑」柏書房　2012
　◇写6（p113）〔白黒〕（採取した薬草ドクダミの乾燥保存）　和歌山県海南市　6月

## 栃・梶を乾かす
「民俗図録 日本人の暮らし」日本図書センター　2012
　◇図189〔白黒〕（栃・梶）　兵庫県宍粟郡奥谷村音水　縁側で栃の実を乾かす。箕の中に梶　㊟鈴木東一

## 栃の皮むき
「民俗資料選集 25 焼畑習俗」国土地理協会　1997
　◇p8（口絵）〔白黒〕　岐阜県白川村荻町　合掌の里蔵

## トチノキの実の天日干し
「里山・里海 暮らし図鑑」柏書房　2012
　◇写41（p140）〔白黒〕　新潟県村上市　10月

## トチの実をもち米の上にのせ一緒に蒸す
「写真ものがたり昭和の暮らし 2」農山漁村文化協会　2004
　◇p46〔カラー〕（灰汁抜きしたトチの実をもち米の上にのせ，一緒に蒸す）　静岡県水窪町　㊟須藤功，昭和55年2月

## 橡の実の皮はぎ
「日本の民具 3 山・漁村」慶友社　1992
　◇図84〔白黒〕　岐阜県掛斐郡　㊟薗部澄

## トチもちを作る
「写真ものがたり昭和の暮らし 2」農山漁村文化協会　2004
　◇p46〔カラー〕　静岡県水窪町　のしもち，あんこトチもち　㊟須藤功，昭和55年2月

### 栃餅作り
「写真でみる日本生活図引 4」弘文堂　1988
◇図81・82〔白黒〕(栃餅)　静岡県磐田郡水窪町西浦　栃の実を蒸す, 餡餅を作る　[撮]須藤功, 昭和55年2月28日

### 飛魚の乾燥
「写真でみる日本人の生活全集 1」日本図書センター　2010
◇p145〔白黒〕　トカラの中島

### 飛魚干し
「民俗図録 日本人の暮らし」日本図書センター　2012
◇図360〔白黒〕　鹿児島県馬毛島
「写真ものがたり昭和の暮らし 3」農山漁村文化協会　2004
◇p147〔白黒〕(トビウオをくし刺しにして干す)　山口県長門市仙崎　[撮]須藤功, 昭和47年9月
「日本民俗写真大系 7」日本図書センター　2000
◇p29〔白黒〕(串刺しにして天日で干す飛魚)　山口県長門市　[撮]須藤功, 1972年

### ドラム罐で作った炭火鉢で焼いた川魚
「写真ものがたり昭和の暮らし 5」農山漁村文化協会　2005
◇p161〔白黒〕　鹿児島県栗野町(現湧水町)　[撮]須藤功, 昭和52年11月

### ドングリのアク抜き
「食の民俗事典」柊風舎　2011
◇p95〔白黒〕　岩手県下閉伊郡岩泉町安家字坂本　鍋の中央にシタミドゥを立てる

### 菜洗い
「写真でみる日本人の生活全集 1」日本図書センター　2010
◇口絵〔白黒〕(飛驒の菜洗い)　岐阜県高山市周辺　11月
「図説 民俗探訪事典」山川出版社　1983
◇p36〔白黒〕　福島県会津地方　漬物づくり

### 菜を洗う婦人
「宮本常一 写真・日記集成 上」毎日新聞社　2005
◇p49〔白黒〕　愛知県北設楽郡設楽町 川口　[撮]宮本常一, 1956年11月11日

### 茄子を漬ける
「写真ものがたり昭和の暮らし 9」農山漁村文化協会　2007
◇p116〔白黒〕(樽にナスを漬ける)　長野県曾地村(現阿智村)　[撮]熊谷元一, 昭和31年8月
「写真でみる日本生活図引 4」弘文堂　1988
◇図66〔白黒〕　長野県下伊那郡阿智村　[撮]熊谷元一, 昭和31年8月31日

### 納豆作り
「写真でみる日本生活図引 8」弘文堂　1993
◇図40・41〔白黒〕　新潟県古志郡山古志村　[撮]須藤功, 昭和46年4月30日

### ナマコを干す島の子供
「民俗図録 日本人の暮らし」日本図書センター　2012
◇図359〔白黒〕　鹿児島県黒島　[撮]林義三

### ナマコ製造
「日本民俗写真大系 4」日本図書センター　1999
◇p171〔白黒〕　山口県橘町　中華料理用のキンコ作り　[撮]浜本栄, 1965年

### なれずしを作る
「写真ものがたり昭和の暮らし 9」農山漁村文化協会　2007
◇p132〔白黒〕　広島県豊松村(現神石高原町)　[撮]昭和49年　所蔵・日本観光文化研究所

### 煮しめにされるリュウキュウカンザンチクの筍
「食の民俗事典」柊風舎　2011
◇p71〔白黒〕　鹿児島郡十島村悪石島

### 煮て薄切りにしたサツマイモと皮をむいた柿を、石置屋根の上で干す
「写真ものがたり昭和の暮らし 2」農山漁村文化協会　2004
◇p27〔カラー〕　長野県上村下栗　[撮]須藤功, 昭和42年12月

### ニボシを干す
「宮本常一 写真・日記集成 上」毎日新聞社　2005
◇p456〔白黒〕　山口県大島郡橘町・浮島・江ノ浦　[撮]宮本常一, 1964年10月5日

### 人参小屋
「写真でみる日本生活図引 8」弘文堂　1993
◇図34・35〔白黒〕(朝鮮人参)　島根県八束郡八束町・大根島　[撮]須藤功, 昭和51年10月9日

### 農家のひさしに挿してあったマムシ
「写真ものがたり昭和の暮らし 5」農山漁村文化協会　2005
◇p84〔白黒〕　滋賀県大津市石山外畑町　二又の木枝でマムシをはさんで獲り、乾燥させた　[撮]前野隆資, 昭和39年2月　琵琶湖博物館提供

### 軒先に干されたゴマとキビ
「宮本常一 写真・日記集成 上」毎日新聞社　2005
◇p343〔白黒〕　熊本県 天草下島・鬼池→御領　[撮]宮本常一, 1962年10月6日

### 海苔を着かせる棚
「図説 台所道具の歴史」日本図書センター　2012
◇p53-4〔白黒〕　南佐渡・白木　岩場にコンクリートを打って均したもの　[撮]GK, 1971年

### 海苔を海苔簀に海苔付けして干す
「写真ものがたり昭和の暮らし 3」農山漁村文化協会　2004
◇p175〔白黒〕(採取した海苔を海苔簀に海苔付けして干す)　神奈川県横浜市　[撮]南利夫, 昭和32年

### 海苔を干す
「写真でみる日本人の生活全集 10」日本図書センター　2010
◇口絵, p80〔白黒〕(のりほし)　千葉県　[撮]茂木正雄
「宮本常一 写真・日記集成 上」毎日新聞社　2005
◇p246〔白黒〕　広島県尾道市 百島・泊　[撮]宮本常一, 1961年2月19日
「日本民具の造形」淡交社　2004
◇p220〔白黒〕(海苔干し)　千葉県 千葉県立上総博物館所蔵
「写真でみる日本生活図引 2」弘文堂　1988
◇図60〔白黒〕(海苔干し)　千葉県浦安市　江戸川河口近く、葛西上空から江戸川をはさんで浦安方面を鳥瞰したもの　[撮]菊池俊吉, 昭和30年

### 海苔切庖丁
「日本の民具 3 山・漁村」慶友社　1992
◇図206〔白黒〕　東京都〔大田区〕大森　[撮]薗部澄

### 海苔付けした海苔簀を簀台に並べて干す
「写真ものがたり昭和の暮らし 3」農山漁村文化協会　2004
◇p177〔白黒〕　静岡県舞阪町　[撮]須藤功, 昭和46年12月

### 海苔作り
「日本郷土 風俗・民芸・芸能図鑑」日本図書センター　2012
◇写真篇 千葉〔白黒〕　千葉県
「日本民俗図誌 7 生業上・下篇」村田書店　1978
◇図40〔白黒・図〕　東京都　海苔を俎の上にのせ、庖丁で細かく打ち刻み、四斗樽に入れ淡水でよく洗う　『東京採魚採藻図録』収録
◇図41〔白黒・図〕　東京都　「流し船」に入れ、簀を張り延べ、枠をのせ、海苔を平均にならす　『東京採魚採藻図録』収録

### 海苔の乾燥
「民俗図録 日本人の暮らし」日本図書センター　2012
◇図367〔白黒〕　静岡県小倉市吉田

食　　　　　　　　　　　　　　調理・加工・保存

海苔の焙炉かけ
　「日本民俗図誌 7 生業上・下篇」村田書店　1978
　　◇図42〔白黒・図〕　東京都　『東京採魚採藻図録』収録

海苔干し場
　「日本郷土 風俗・民芸・芸能図鑑」日本図書センター　2012
　　◇写真篇 熊本〔白黒〕　熊本県
　「写真ものがたり昭和の暮らし 3」農山漁村文化協会　2004
　　◇p176〔白黒〕(海苔干場)　東京都江戸川区東葛西
　　㊟菊池俊吉, 昭和30年

白菜を新聞紙、カボチャをビニールに包んで竿に下げる
　「写真ものがたり昭和の暮らし 1」農山漁村文化協会　2004
　　◇p75〔白黒〕　新潟県松之山町大荒戸　裏口に近い板の間に柱を立てて竹ざおを結び、そこに新聞紙に包んだ白菜、下のさおにはビニールに包んだカボチャがさげてある　㊟小見重義, 昭和54年1月

白菜を干す
　「日本の生活環境文化大辞典」柏書房　2010
　　◇p343-7〔白黒〕(干柿・大根・白菜・豆を干す)　新潟県長岡市小国町　雪国の冬支度　㊟2008年　松川淳子

箱ずしを作る
　「写真ものがたり昭和の暮らし 5」農山漁村文化協会　2005
　　◇p161〔白黒〕　岐阜県海津町(現海津市)　㊟千葉寛, 昭和63年4月　農山漁村文化協会所蔵

ハットウ作りと長いめん棒
　「民俗資料選集 23 北上山地の畑作習俗」国土地理協会　1995
　　◇p127(本文)〔白黒〕　岩手県岩泉町大川地区中居村

ハバノリ干し
　「食の民俗事典」柊風舎　2011
　　◇p198〔白黒〕　千葉県館山市布良

浜で仕事をしているときに作ったワッパ汁
　「写真ものがたり昭和の暮らし 9」農山漁村文化協会　2007
　　◇p162〔白黒〕　新潟県粟島浦村　㊟中俣正義, 昭和43年

浜で昼飯の菜を用意する
　「写真ものがたり昭和の暮らし 10」農山漁村文化協会　2007
　　◇p92〔白黒〕　秋田県能代市　木枝を組んで鉄鍋を吊るし、家で煮てきた魚に火を通している　㊟南利夫, 昭和32年8月

早漬タクアン
　「写真でみる日本人の生活全集 1」日本図書センター　2010
　　◇p43〔白黒〕　新潟県西蒲原地方赤塚村付近

早漬沢庵つくり
　「図説 民俗探訪事典」山川出版社　1983
　　◇p36〔白黒〕　新潟県西蒲原地方　昭和30年ころ

馬鈴薯の乾燥
　「写真でみる日本人の生活全集 1」日本図書センター　2010
　　◇p17〔白黒〕　岩手県九戸郡山根部落

半片作り
　「写真でみる日本生活図引 8」弘文堂　1993
　　◇図44〔白黒〕　島根県岩美郡岩美町田後　㊟板垣太子松, 昭和34年6月8日

雑穀を天井に吊る
　「写真ものがたり昭和の暮らし 9」農山漁村文化協会　2007
　　◇p112〔カラー〕(ひえ、あわ、きび、トウモロコシなどの雑穀)　宮崎県西米良村小川　天井に吊るす　㊟須藤功, 昭和58年10月

稗酒を仕込む
　「日本宗教民俗図典 1」法蔵館　1985
　　◇図401〔白黒〕　静岡県水窪町西浦　桶に入れた後藁火を落とす　㊟須藤功

ヒエ飯 三穀飯を炊く
　「民俗資料選集 30 焼畑習俗Ⅱ」国土地理協会　2002
　　◇p204(本文)〔白黒〕(ヒエ飯)　宮崎県

瓢の芯抜き小刀
　「写真で見る農具 民具」農林統計協会　1988
　　◇p194〔白黒〕　栃木県上三川町　明治時代から大正時代中期まで　かんぴょう用具

瓢(ひさご)輪切り包丁
　「写真で見る農具 民具」農林統計協会　1988
　　◇p194〔白黒〕　栃木県小山市　明治時代中期から昭和前期まで　かんぴょう用具

火棚を利用して川魚の燻製
　「図説 台所道具の歴史」日本図書センター　2012
　　◇p185-1〔白黒〕　山形県田麦俣の移築民家内　山形県鶴岡・致道博物館

干物
　「宮本常一 写真・日記集成 上」毎日新聞社　2005
　　◇p106〔白黒〕　東京都 八丈島　㊟宮本常一, 1958年4月10日

干物作り
　「里山・里海 暮らし図鑑」柏書房　2012
　　◇写39(p196)〔白黒〕(魚をさばき干物を作る)　福岡県柳川市沖端　昭和30～40年　野田種子提供
　　◇写40(p196)〔白黒〕(浜での干物作り)　福井県小浜市田烏の浜　昭和10年　井田家所蔵古写真・福井県立若狭歴史民俗資料館提供
　「写真でみる日本人の生活全集 1」日本図書センター　2010
　　◇p144〔白黒〕(干魚)　トカラ島　サワラを塩漬にしたあと庭で乾して干物にする
　「図説 日本民俗学」吉川弘文館　2009
　　◇p159〔白黒〕(自家用の干物を作る)　新潟県村上市
　「日本民俗写真大系 4」日本図書センター　1999
　　◇p73〔白黒〕　徳島県牟岐町　㊟吉成正一, 1960年

拾い昆布のサオガケ
　「食の民俗事典」柊風舎　2011
　　◇p192〔白黒〕　北海道日高郡新ひだか町三石鳧舞

鮒ずしの発酵
　「日本の民俗 暮らしと生業」KADOKAWA　2014
　　◇図9-26〔白黒〕　滋賀県草津市　㊟芳賀日出男, 昭和47年
　「日本の民俗 下」クレオ　1997
　　◇図9-31〔白黒〕　滋賀県草津市　㊟芳賀日出男, 昭和47年

鮒の内臓をぬく
　「日本の民俗 暮らしと生業」KADOKAWA　2014
　　◇図9-25〔白黒〕　滋賀県草津市　とれたばかりの鮒の内臓をかぎのついた針で引き抜く　㊟芳賀日出男, 昭和47年
　「日本の民俗 下」クレオ　1997
　　◇図9-30〔白黒〕　滋賀県草津市　とれたばかりの鮒の内臓をかぎのついた針で引き抜く　㊟芳賀日出男, 昭和47年

フナの焼き干し保存「ヤキオ」(焼き魚)
　「食の民俗事典」柊風舎　2011
　　◇p159〔白黒〕　福島県三潴郡大木町

ふのり作り
　「日本郷土 風俗・民芸・芸能図鑑」日本図書センター　2012
　　◇写真篇 東京〔白黒〕　東京都 品川附近の海沿い

冬の野菜貯蔵
　「民俗図録 日本人の暮らし」日本図書センター　2012
　　◇図193〔白黒〕　青森県西津軽郡深浦町追良瀬　土中に貯蔵する　㊟櫻庭武則

調理・加工・保存　　　　　　　　　　食

### 古いカミソの黒皮を剝ぐ
「民俗資料選集 25 焼畑習俗」国土地理協会　1997
　◇p18〔口絵〕〔白黒〕　　高知県池川町椿山

### べんけい
「図説 台所道具の歴史」日本図書センター　2012
　◇p185-2〔白黒〕　木製　新潟県村上・磐舟文華博物館
「日本民具の造形」淡交社　2004
　◇p115〔白黒〕　　東京都 あきる野市五日市郷土館所蔵
「写真ものがたり昭和の暮らし 2」農山漁村文化協会　2004
　◇p49〔白黒〕（焼いた川魚をさしたわら束（弁慶））　愛知県東栄町月　曲げて焼いたまむしもさしてある　㊟須藤功, 昭和46年11月
「日本の民具 2 農村」慶友社　1992
　◇図191〔白黒〕　秋田県　㊟薗部澄
「図録・民具入門事典」柏書房　1991
　◇p30〔白黒〕　東京都
「民俗学辞典（改訂版）」東京堂出版　1987
　◇図版22（p288）〔白黒・図〕　福井県大野郡　橋浦泰雄画
「図説 民俗探訪事典」山川出版社　1983
　◇p30〔白黒〕（ベンケイに刺した小魚）
「日本を知る事典」社会思想社　1971
　◇図73（p235）〔白黒〕　東京都西多摩郡
「日本の生活文化財」第一法規出版　1965
　◇図108・109（食）〔白黒〕　竹の串をさして魚を保存する　致道博物館所蔵（山形県鶴岡市）

### ホウトウ作り
「日本の生活環境文化大辞典」柏書房　2010
　◇p338-2〔白黒〕　山梨県南都留郡西桂町　㊟1997年　山崎祐三

### ほうろくによる豆煎り
「図説 民俗探訪事典」山川出版社　1983
　◇p34〔白黒〕　埼玉県

### ホオノハ
「図録・民具入門事典」柏書房　1991
　◇p30〔白黒〕　青森県

### 干しアワビ（乾鮑）
「日本民俗写真大系 2」日本図書センター　1999
　◇p33〔白黒〕　岩手県山田町　㊟北条光陽, 1981年

### ほしアワビを作る
「写真でみる日本人の生活全集 4」日本図書センター　2010
　◇p55〔白黒〕　三陸沿岸　じゅずつなぎにしたアワビを初冬の天日にかわかす

### 干し芋を作る
「写真でみる日本生活図引 4」弘文堂　1988
　◇図80〔白黒〕（干し芋）　長野県下伊那郡上村下栗　屋根の上に芋などを並べて干している　㊟須藤功, 昭和42年12月14日

### 干柿作り
「里山・里海 暮らし図鑑」柏書房　2012
　◇写17（p216）〔白黒〕　和歌山県那智勝浦町色川　市原諭提供
「民俗図録 日本人の暮らし」日本図書センター　2012
　◇図187〔白黒〕（干柿）　宮崎県西臼杵郡上椎葉村　㊟白澤文一
「あるくみるきく双書 宮本常一とあるいた昭和の日本 23」農山漁村文化協会　2012
　◇p148〔カラー〕（干し柿作り）　岐阜県揖斐郡谷汲村
　◇p149〔カラー〕（干し柿作り）　堂上蜂屋柿
　◇p152〔カラー〕（干柿つくり）　佐賀県 背振山地　㊟須藤功
　◇p153〔カラー〕（干し柿をつくる）　群馬県新治村　正月飾り用　㊟須藤功
　◇p159〔白黒〕（船小屋の軒下に吊るされた干し柿と干しイカ）　京都府宮津市　㊟森本孝
「写真でみる日本人の生活全集 1」日本図書センター　2010
　◇口絵〔カラー〕（干柿つくり）　名古屋附近
「日本の生活環境文化大辞典」柏書房　2010
　◇p343-7〔白黒〕（干柿・大根・白菜・豆を干す）　新潟県長岡市小国町　雪国の冬支度　㊟2008年　松川淳子
「写真ものがたり昭和の暮らし 9」農山漁村文化協会　2007
　◇p125〔カラー〕（干柿）　愛知県東栄町月　軒下に吊るし干す　㊟須藤功, 昭和44年11月
「写真ものがたり昭和の暮らし 1」農山漁村文化協会　2004
　◇p63〔白黒〕（軒下に干し柿をつるす）　長野県阿智村　㊟熊谷元一, 昭和20年代
「写真でみる日本生活図引 1」弘文堂　1989
　◇図136〔白黒〕　熊本県下益城郡小川町海東　㊟白石巌, 昭和41年12月
「図説 民俗探訪事典」山川出版社　1983
　◇p35〔白黒〕（干柿づくり）　山梨県塩山市
「民俗資料選集 9 山村の生活と用具」国土地理協会　1981
　◇p6〔口絵〕〔白黒〕（干し柿）　愛知県北設楽郡津具村　㊟昭和40年頃

### 干し菊作り
「写真でみる日本生活図引 8」弘文堂　1993
　◇図45〔白黒〕　青森県上北郡六ヶ所村新納屋　㊟三浦真栄治, 昭和47年10月28日

### 干大根
「宮本常一 写真・日記集成 別巻」毎日新聞社　2005
　◇図342（p55）〔白黒〕　越前・大野［福井県大野市］　㊟宮本常一, 1941年10月

### 干し蛸
「食の民俗事典」柊風舎　2011
　◇p206〔白黒〕（明石の夏の風物詩「干し蛸」）　兵庫県明石市

### 干した玉蜀黍をおろす
「写真でみる日本生活図引 8」弘文堂　1993
　◇図32〔白黒〕（玉蜀黍）　宮崎県西臼杵郡高千穂町　㊟興梠敏夫, 昭和40年代

### 干し鱈
「食の民俗事典」柊風舎　2011
　◇p352〔白黒〕　青森県弘前市大森

### 干していた小豆を取りこんでかごに入れる
「写真ものがたり昭和の暮らし 1」農山漁村文化協会　2004
　◇p60〔白黒〕　群馬県片品村花咲　㊟須藤功, 昭和42年10月

### 干場
「宮本常一 写真・日記集成 上」毎日新聞社　2005
　◇p398〔白黒〕　山形県酒田市飛島 北海岸　㊟宮本常一, 1963年8月23日

### 干しもち
「写真ものがたり昭和の暮らし 1」農山漁村文化協会　2004
　◇p73〔白黒〕　新潟県松之山町黒倉　㊟小見重義, 昭和52年1月

### 保存乾燥の包装
「図説 台所道具の歴史」日本図書センター　2012
　◇p185-3〔白黒〕　高野豆腐や餅を包んで吊した　福島県田島町・奥会津歴史民俗資料館

### ぼたもちを作る
「写真ものがたり昭和の暮らし 1」農山漁村文化協会　2004
　◇p47〔白黒〕（台所でぼたもちを作る）　長野県阿智村駒場　㊟熊谷元一, 昭和31年6月

**牡丹餅作り**
「写真でみる日本生活図引 4」弘文堂　1988
◇図70〔白黒〕　長野県下伊那郡阿智村　[撮]熊谷元一, 昭和31年6月28日

**蛍烏賊のあら出し**
「民俗図録 日本人の暮らし」日本図書センター　2012
◇図361〔白黒〕　富山県魚津市

**「掘川の焼竹輪」つくり**
「写真でみる日本人の生活全集 1」日本図書センター　2010
◇p52〜53〔白黒〕　新潟市柳川町 堀川カマボコ工場

**ポン菓子をつくる**
「食の民俗事典」柊風舎　2011
◇p410〔白黒〕　京都府木津川市木津町宮の内

**ポン踏み**
「写真ものがたり昭和の暮らし 3」農山漁村文化協会　2004
◇p156〔白黒〕　静岡県松崎町雲見　乾燥させたテングサを桶に入れ、足で踏み固める　[撮]菅沼清美, 昭和44年8月

**巻き柿**
「日本民俗大辞典 下」吉川弘文館　2000
◇p839〔白黒・図〕　大分県中津市

**豆を干す**
「日本の生活環境文化大辞典」柏書房　2010
◇p343-7〔白黒〕(干柿・大根・白菜・豆を干す)　新潟県長岡市小国町　雪国の冬支度　[撮]2008年　松川淳子

**マメの脱穀**
「里山・里海 暮らし図鑑」柏書房　2012
◇写26(p91)〔白黒〕　和歌山県和歌山市　7月

**まんじゅうの餡の包み方**
「いまに伝える 農家のモノ・人の生活館」柏書房　2004
◇p152 図1〔白黒・図〕　埼玉県小川町

**身欠鰊の加工**
「写真でみる日本生活図引 2」弘文堂　1988
◇図48〔白黒〕(身欠鰊)　北海道虻田郡豊浦町　身欠鰊の加工　[撮]掛川源一郎, 昭和24年

**みそ玉を作る**
「写真ものがたり昭和の暮らし 1」農山漁村文化協会　2004
◇p69〔白黒〕　長野県阿智村駒場　[撮]熊谷元一, 昭和25年

**みそつくり**
「フォークロアの眼 2 雪国と暮らし」国書刊行会　1977
◇図170〜175〔白黒〕　新潟県南魚沼郡塩沢町清水　みそ釜をしたてて大豆を煮る, 臼に移しみそつきをする, 足に麻布を巻いて踏みつぶす, 足に麻布を巻きつける, 並べられたみそ玉, 天井につるしたみそ玉　[撮]中俣正義, 昭和33年4月13日

**水戸の納豆**
「日本民俗写真大系 2」日本図書センター　1999
◇p174〔白黒〕　水戸市　[撮]藤井正夫, 1965年

**むき**
「日本の民具 2 農村」慶友社　1992
◇図57〔白黒〕　栃木県河内郡河内村　カンピョウの皮むき　[撮]薗部澄

**村井弦斎氏邸割烹所**
「図説 台所道具の歴史」日本図書センター　2012
◇p154-3〔白黒〕　明治39年『婦人画報』9月号

**目刺を干す**
「日本民俗写真大系 7」日本図書センター　2000
◇p48〔白黒〕　島根県美保関町 美保神社の脇の旅館　[撮]品田悦彦, 1965年

**目刺し作り**
「写真でみる日本人の生活全集 1」日本図書センター　2010
◇p48〔白黒〕　北海道 厚岸海岸　チカ, コマイなどの小魚の目刺し

**飯炊き**
「写真でみる日本生活図引 別巻」弘文堂　1993
◇図387〔白黒〕　長野県下伊那郡阿智村　[撮]熊谷元一, 昭和32年5月28日
「写真でみる日本生活図引 7」弘文堂　1993
◇図40〔白黒〕　東京都港区青山「同潤会青山アパート」　[撮]影山光洋, 昭和9年　影山智洋提供

**モガイむき**
「民俗資料叢書 15 有明海の漁撈習俗」平凡社　1972
◇図98〔白黒〕　川副町犬井道

**モガイゆで**
「民俗資料叢書 15 有明海の漁撈習俗」平凡社　1972
◇図99〔白黒〕　川副町犬井道

**餅搗き**
「図説 台所道具の歴史」日本図書センター　2012
◇p167-10〔白黒・図〕(冨家餅搗の図)『風俗画報』
「写真でみる日本人の生活全集 1」日本図書センター　2010
◇p118〔白黒〕(成人の日のモチツキ)　埼玉県入間郡大東村　27年ぶりにモチツキ歌を復活　[撮]昭和30年正月
「写真でみる日本生活図引 4」弘文堂　1988
◇図72〔白黒〕　新潟県南魚沼郡六日町欠之上　[撮]中俣正義, 昭和29年12月30日
◇図73・74〔白黒〕　新潟県南魚沼郡六日町　[撮]中俣正義, 昭和29年12月30日

**餅苞**
「日本民俗大辞典 下」吉川弘文館　2000
◇p839〔白黒・図〕　岐阜県加茂郡八百津町

**餅の乾燥**
「図説 民俗探訪事典」山川出版社　1983
◇p31〔白黒〕　岩手県

**餅の冷蔵**
「図録・民具入門事典」柏書房　1991
◇p30〔白黒〕　秋田県

**焼米作り**
「民俗小事典 食」吉川弘文館　2013
◇p236〔白黒〕　岡山県真庭郡中和村　炒った米を熱いうちに搗いて作るやっこめ(焼米)　太郎良裕子提供
「食の民俗事典」柊風舎　2011
◇p267〔白黒〕(焼米の加工工程)　岡山県真庭市
「精選 日本民俗辞典」吉川弘文館　2006
◇p564〔白黒〕　岡山県真庭郡中和村(真庭市)
「日本民俗大辞典 下」吉川弘文館　2000
◇p714〔白黒〕　岡山県真庭郡中和村

**焼き豆腐を作るところ**
「民俗資料選集 23 北上山地の畑作習俗」国土地理協会　1995
◇p17(口絵)〔白黒〕　岩手県岩泉町下有芸　ハンノキでつくった串

**薬用ニンジンを洗う**
「写真ものがたり昭和の暮らし 3」農山漁村文化協会　2004
◇p218〔白黒〕(特産物の薬用ニンジンを洗う)　島根県八束町・大根島　[撮]須藤功, 昭和51年10月

**野菜貯蔵の大根だて**
「フォークロアの眼 2 雪国と暮らし」国書刊行会　1977
◇図65〔白黒〕　新潟県南魚沼郡六日町欠之上　[撮]中俣正義, 昭和30年12月30日

**山蔭流包丁式（調理師学校入学式）**
「日本を知る事典」社会思想社　1971
◇図30（p334）〔白黒〕（ある調理師学校入学式における山蔭流包丁式）

**ヤマノイモの調理**
「里山・里海 暮らし図鑑」柏書房　2012
◇写36（p140）〔白黒〕　新潟県上越市　1月

**床坐式の調理**
「図説 台所道具の歴史」日本図書センター　2012
◇p154-2〔白黒〕　大正3年『婦人画報』9月号

**ゆでまんじゅう作り**
「いまに伝える 農家のモノ・人の生活館」柏書房　2004
◇p152 写真1〔白黒〕　埼玉県小川町

**湯葉作り**
「日本の民俗 暮らしと生業」KADOKAWA　2014
◇図9-31〔白黒〕（湯葉）　京都府京都市　天井から吊し炭火で乾燥　[撮]芳賀日出男, 昭和57年
「日本の民俗 下」クレオ　1997
◇図9-36〔白黒〕（湯葉）　京都府京都市　天井から吊し炭火で乾燥　[撮]芳賀日出男, 昭和57年

**柚餅子を乾燥させる**
「食の民俗事典」柊風舎　2011
◇p406〔白黒〕（柚餅子を軒下で乾燥させる）　京都市右京区嵯峨越畑

**柚餅子を広げ干しで乾燥させる**
「食の民俗事典」柊風舎　2011
◇p407〔白黒〕　奈良県吉野郡十津川村

**吉野葛**
「写真でみる日本生活図引 8」弘文堂　1993
◇図36〔白黒〕　奈良県高市郡大宇陀町　[撮]三村幸一, 昭和36年1月

**吉野葛を作る**
「写真ものがたり昭和の暮らし 9」農山漁村文化協会　2007
◇p118〔白黒〕　奈良県大宇陀町（現宇陀市）　中庭に並べた桶　[撮]三村幸一, 昭和36年1月

**落花生を干す**
「宮本常一 写真・日記集成 下」毎日新聞社　2005
◇p406〔白黒〕　高知県土佐清水市下ノ加江　[撮]宮本常一, 1977年10月18日（農山漁家生活改善技術資料調査）

**漁が終わると鮮やかな手さばきで料理をつくりはじめる**
「日本民俗写真大系 5」日本図書センター　2000
◇p113〔白黒〕　〔鹿児島県〕下甑村　[撮]小関与四郎, 1962年

**料理学校**
「写真でみる日本人の生活全集 1」日本図書センター　2010
◇p6〔白黒〕　東京都中野区 中野料理学園

**料理講習会**
「写真でみる日本生活図引 7」弘文堂　1993
◇図57〔白黒〕　東京都港区芝浦　東芝（家庭電気器具を作っている）が開催したもの　[撮]中俣正義, 昭和32年頃

**冷却法のノウハウ**
「図説 台所道具の歴史」日本図書センター　2012
◇p139-13〔白黒・図〕　『家庭科図説』

**連（こんにゃくの生玉乾燥器具）**
「写真で見る農具 民具」農林統計協会　1988
◇p218〔白黒〕（連）　群馬県下仁田町　昭和30年代まで

**ワカサギを天ぷらにする**
「写真ものがたり昭和の暮らし 5」農山漁村文化協会　2005
◇p205〔白黒〕（観光客の釣り舟で釣ったワカサギをすぐ天ぷらにする）　長野県諏訪市　[撮]宮坂増雄, 昭和43年

**ワサビを洗う**
「宮本常一 写真・日記集成 上」毎日新聞社　2005
◇p18〔白黒〕　島根県鹿足郡日原町　[撮]宮本常一, 1955年8月28日

**わっぱ煮**
「図説 台所道具の歴史」日本図書センター　2012
◇p57-13〔白黒〕　焼け石を投げ込む　提供・粟島浦村役場

**藁苞**
「日本民俗大辞典 下」吉川弘文館　2000
◇p839〔白黒・図〕　京都府綴喜郡

**わらづと納豆の仕込み**
「写真ものがたり昭和の暮らし 1」農山漁村文化協会　2004
◇p72〔白黒〕　新潟県松之山町黒倉　[撮]小見重義, 昭和54年12月

**藁つとに囲炉裏の火で焼いた串刺しの川魚を刺す**
「写真ものがたり昭和の暮らし 9」農山漁村文化協会　2007
◇p129〔白黒〕　新潟県大和町（現南魚沼市）　[撮]小見重義, 昭和61年

**蕨の乾燥**
「日本民具の造形」淡交社　2004
◇p115〔白黒〕（蕨）　京都府 日吉町郷土資料館所蔵

## 飲食の様子

**アイスキャンディーを食べる**
「写真ものがたり昭和の暮らし 6」農山漁村文化協会　2006
◇p122〔白黒〕　京都府京都市上京区千本通　茶の稽古が終わるころに、お兄さんがアイスキャンデーを持ってやってきた　[撮]須藤功, 昭和45年5月

**アイヌは高杯で酒をのむ**
「フォークロアの眼 3 運ぶ」国書刊行会　1977
◇図182〔白黒〕　北海道沙流郡平取町二風谷　[撮]昭和46年4月8日

**青ヶ島の主人の夕食**
「写真でみる日本人の生活全集 1」日本図書センター　2010
◇p125〔白黒〕（芋酒）　青ヶ島の主人の夕食　サツマイモの焼酎。オカズはタクアン, ふかしたサツマイモは主食　[撮]昭和27年

**朝のパン食**
「民俗小事典 食」吉川弘文館　2013
◇p354〔白黒〕（都市部の団地世帯を中心に広まった朝のパン食）『主婦の友』1967年3月号より 主婦の友社提供

「写真ものがたり昭和の暮らし 4」農村漁村文化協会　2005
　◇p207〔白黒〕（ダイニングキッチンのテーブルで、朝食のパンを食べる子ども）　千葉県松戸市　㊴小櫃亮, 昭和37年1月

## 海女の昼どき
「写真ものがたり昭和の暮らし 3」農山漁村文化協会　2004
　◇p53〔白黒〕　三重県鳥羽市石鏡　㊴須藤功, 昭和42年6月
「写真でみる日本生活図引 5」弘文堂　1989
　◇図26〔白黒〕　三重県鳥羽市石鏡　㊴須藤功, 昭和42年6月22日

## 海士の弁当
「写真でみる日本生活図引 4」弘文堂　1988
　◇図24〔白黒〕　愛媛県西宇和郡三崎町正野　㊴新田好, 昭和25年

## 涼田除草の昼飯
「民俗資料叢書 5 田植の習俗2」平凡社　1967
　◇図66〔白黒〕　富山県中新川郡上市種　写真提供：宮本馨太郎

## イソアガリメシ
「図録・民具入門事典」柏書房　1991
　◇p44〔白黒〕　三重県　アマの昼食風景

## いたこの昼食
「日本の民俗 暮らしと生業」KADOKAWA　2014
　◇図6-6〔白黒〕　青森県むつ市　㊴芳賀日出男, 昭和35年
「日本の民俗 下」クレオ　1997
　◇図6-7〔白黒〕　青森県むつ市 おしら祭りの宿をした家　㊴芳賀日出男, 昭和35年

## 一重一瓶
「日本民俗大辞典 上」吉川弘文館　1999
　◇p100〔白黒〕　鹿児島県大島郡瀬戸内町（加計呂間島）

## 一家団欒の食事
「図説 日本民俗学」吉川弘文館　2009
　◇p61〔白黒〕　石川県珠洲市

## 一服
「写真でみる日本生活図引 別巻」弘文堂　1993
　◇図32〔白黒〕　長野県下伊那郡阿智村　茶と弁当箱の煮物を食す　㊴熊谷元一, 昭和31年7月19日

## 猪肉に舌つずみ
「写真でみる日本人の生活全集 1」日本図書センター　2010
　◇口絵〔白黒〕　小田急沿線の広沢寺温泉で催された名士招待の猪や鹿を食う新年会

## 漆かきの昼食
「あるくみるきく双書 宮本常一とあるいた昭和の日本 23」農山漁村文化協会　2012
　◇p67〔白黒〕　池田達郎制作16ミリカラー記録映画「漆かき―そのしごとと人」コピーDVDより

## 栄養食
「写真でみる日本人の生活全集 1」日本図書センター　2010
　◇p5〔白黒〕　東京のある寄宿舎（食事風景）　十分に栄養を考慮して調理された都会の共同食の例

## 家船の食事
「写真ものがたり昭和の暮らし 3」農山漁村文化協会　2004
　◇p46〔白黒〕（おかずは一品だけの家船の食事）　広島県因島市箱崎　㊴中村由信, 昭和40年
「写真でみる日本生活図引 4」弘文堂　1988
　◇図23〔白黒〕　広島県因島市箱崎　㊴中村由信, 昭和40年

## 宴会
「写真でみる日本人の生活全集 4」日本図書センター　2010
　◇p107, 112〔白黒〕　〔親類と宴会〕

「写真でみる日本人の生活全集 6」日本図書センター　2010
　◇p98〔白黒〕（亭主族ばかりのご宴会）
「写真でみる日本人の生活全集 7」日本図書センター　2010
　◇p86〔白黒〕　㊴三隅治雄
「写真でみる日本人の生活全集 1」日本図書センター　2010
　◇p129〔白黒〕（会社の宴会の盛大な酒もり）

## オカッテでの食事の座
「いまに伝える 農家のモノ・人の生活館」柏書房　2004
　◇p234 図1-1〔白黒・図〕　埼玉県大利根町　〔間取り図〕
　◇p235 図1-2〔白黒・図〕　埼玉県小川町上古寺・木呂子　〔間取り図〕

## 屋外食事
「写真でみる日本人の生活全集 1」日本図書センター　2010
　◇p78〔白黒〕　盛岡市外 農林省の牧場　屋外食事を楽しむ婦人団体　サン・グラフ
　◇p159〔白黒〕　長野県小県郡

## 屋外のむしろの上で食事
「写真ものがたり昭和の暮らし 3」農山漁村文化協会　2004
　◇p18〔白黒〕（子どもたちが、屋外のむしろの上で食事）　愛媛県瀬戸町川之浜　夏の一日の夕暮れ　㊴新田好, 昭和28年

## お茶のひととき
「写真でみる日本人の生活全集 4」日本図書センター　2010
　◇p5〔白黒〕

## お茶やすみ
「日本社会民俗辞典 2」日本図書センター　2004
　◇p919〔白黒〕　仙台市郊外

## おでんを食べる
「写真でみる日本人の生活全集 1」日本図書センター　2010
　◇p80〔白黒〕（おでん）　大阪市内の店

## オヤツを食べる
「写真でみる日本人の生活全集 1」日本図書センター　2010
　◇p91〔白黒〕（オヤツ）　岩手県下閉伊郡安家村　ソバがきを食べるおばあさんと孫　㊴昭和30年
　◇p95〔白黒〕（オヤツ）　めぐまれた家庭
「写真ものがたり昭和の暮らし 6」農山漁村文化協会　2006
　◇p104〔白黒〕（3時のおやつ）　長野県飯山市　味噌をつけた大きなオニギリ　㊴上原信重, 昭和31年6月

## カムイノミ
「日本宗教民俗図典 1」法蔵館　1985
　◇図403〔白黒〕　北海道平取町二風谷　㊴須藤功

## 簡粗な食卓
「写真でみる日本人の生活全集 1」日本図書センター　2010
　◇p4〔白黒〕　東京都江戸川区小岩町　2畳の部屋に親子8人暮し

## 休憩時に山茶で入れたお茶を飲む
「民俗資料選集 30 焼畑習俗Ⅱ」国土地理協会　2002
　◇p22（口絵）〔白黒〕　宮崎県西米良村小川

## 牛鍋屋での食事
「民俗小事典 食」吉川弘文館　2013
　◇p174〔白黒・図〕（明治時代に流行した牛鍋屋）　『安愚楽鍋』より

## 牛乳のオヤツ
「写真でみる日本人の生活全集 1」日本図書センター　2010
　◇p94〔白黒〕　静岡県田方郡函南村丹那部落　牛乳をのむ子供達

## 桑の実を食べる
「写真でみる日本生活図引 別巻」弘文堂　1993
　◇図407〔白黒〕（桑の実）　長野県下伊那郡阿智村　桑の実を食べる　㊴熊谷元一, 昭和32年6月20日

| 飲食の様子 | 食 |

**献酬**
「写真でみる日本人の生活全集 1」日本図書センター　2010
　◇p124〔白黒〕　遅参した者には、左右から盃がさされる

**豪華な宴会食**
「写真でみる日本人の生活全集 1」日本図書センター　2010
　◇p6〔白黒〕　東京都世田谷区　鮎料理の会

**子供の調べた食事の座順**
「日本社会民俗辞典 1」日本図書センター　2004
　◇p179〔白黒・図〕　長野県川島村

**ごはんを口に運ぶ少女**
「フォークロアの眼 3 運ぶ」国書刊行会　1977
　◇図171〔白黒〕　群馬県多野郡上野村乙父　㊃須藤功、昭和48年4月3日

**コビリ**
「民俗資料叢書 8 田植の習俗3」平凡社　1968
　◇図56〔白黒〕　新潟県佐渡市　〔田植え時の昼食〕

**コビリの後始末**
「民俗資料叢書 1 田植の習俗1」平凡社　1965
　◇図39・40〔白黒〕　岩手県江刺市藤里の浅井　コビルを食べたあとの朴の葉と萱の葉

**コビルやすみ**
「日本社会民俗辞典 2」日本図書センター　2004
　◇p538〔白黒〕　仙台市近郊

**五平餅を食べる**
「写真でみる日本生活図引 別巻」弘文堂　1993
　◇図180〔白黒〕(五平餅)　長野県下伊那郡阿智村　㊃熊谷元一、昭和31年11月29日
「写真でみる日本生活図引 4」弘文堂　1988
　◇図71〔白黒〕(五平餅)　長野県下伊那郡阿智村　〔焼いて食べているところ〕　㊃熊谷元一、昭和12年

**五平餅の会**
「写真ものがたり昭和の暮らし 10」農山漁村文化協会　2007
　◇p114〔白黒〕　長野県曾地村（現阿智村）　㊃熊谷元一、昭和24年

**コンブ漁の昼どき**
「写真ものがたり昭和の暮らし 3」農山漁村文化協会　2004
　◇p95〔白黒〕　北海道松前町・松前小島　㊃中村由信、昭和36年8月

**里山でのすき焼き**
「里山・里海 暮らし図鑑」柏書房　2012
　◇写72(p148)〔白黒〕(収穫したマツタケを使った里山でのすき焼き)　大阪府泉南市　昭和20年代　谷口俊博提供

**さびしきカマド**
「写真でみる日本人の生活全集 3」日本図書センター　2010
　◇p94〔白黒〕　東京浅草観音の古銀杏の洞穴にすむ人　㊃昭和26年

**三世代がともに暮らす家族と食事**
「里山・里海 暮らし図鑑」柏書房　2012
　◇写3(p221)〔白黒〕　福井県美浜町上野　昭和38年9月　戸田稔寛所蔵、美浜町役場文化財保護・町誌編纂室提供

**山村の夕食**
「写真でみる日本人の生活全集 1」日本図書センター　2010
　◇口絵〔白黒〕　岩手県九戸郡山根村　カテメシを鍋ごと出して食べる　㊃昭和30年4月

**酒宴**
「写真でみる日本人の生活全集 1」日本図書センター　2010
　◇p128〔白黒〕　会社の温泉での慰安会

**酒豪くらべ**
「写真でみる日本人の生活全集 1」日本図書センター　2010
　◇口絵〔白黒〕　大盃で酒量を競う

**ジュンサイ採りの昼どき**
「写真ものがたり昭和の暮らし 5」農山漁村文化協会　2005
　◇p228〔白黒〕　秋田県森岳村（現山本町）　㊃南利夫、昭和33年

**食事**
「写真でみる日本人の生活全集 1」日本図書センター　2010
　◇口絵〔白黒〕　埼玉県入間郡日高町台滝不動尊の大祭に見られる食物風俗　ダンゴ、赤飯のオムスビ、ニシメ、ヤキイカ、マンジュウ、オデン、ラムネなど　㊃昭和30年4月8日
「写真ものがたり昭和の暮らし 2」農山漁村文化協会　2004
　◇p21〔白黒〕　長野県清内路村 出作りの山地　清内路村下区の人たち　㊃熊谷元一、昭和26年

**食事をとる海女**
「宮本常一 写真・日記集成 下」毎日新聞社　2005
　◇p247〔白黒〕(和具大島での昼休み)　三重県志摩郡志摩町和具〔志摩市〕で海女の調査　〔食事をとる海女〕　㊃宮本常一、1971年4月12日～13日
「フォークロアの眼 3 運ぶ」国書刊行会　1977
　◇図33〔白黒〕　三重県鳥羽市石鏡　㊃須藤功、昭和42年6月22日

**食事の座**
「図説 民俗建築大事典」柏書房　2001
　◇図1(p172)〔白黒・図〕　栃木県芳賀郡芳賀町　『芳賀町史報告書1 芳志戸の民俗』芳賀町・同町史編さん委員会、1997

**食事の座席**
「民俗学辞典（改訂版）」東京堂出版　1987
　◇図版21(p285)〔白黒・図〕　長野県上伊那郡川島村　橋浦泰雄画
「図説 民俗探訪事典」山川出版社　1983
　◇p26〔白黒・図〕　京都府竹野郡大津村、宮城県牡鹿郡大原村、山梨県塩山市小田原、埼玉県大宮市　〔模式図〕　川端豊彦「食事・食器」『日本民俗学大系6』、および『民俗のこころ』などによる

**職場の昼食**
「写真でみる日本人の生活全集 1」日本図書センター　2010
　◇口絵〔白黒〕　盛岡電話局　アルマイト弁当箱の弁当を食べる勤人

**女工の食事**
「写真ものがたり昭和の暮らし 10」農山漁村文化協会　2007
　◇p36〔白黒〕　山梨県都留地方　織物工場　㊃菊池俊吉、昭和28年

**女工の夕食**
「写真でみる日本生活図引 3」弘文堂　1988
　◇図147〔白黒〕　山梨県 都留地方　㊃菊池俊吉、昭和28年

**スイバの茎を食べる男の子**
「写真ものがたり昭和の暮らし 6」農山漁村文化協会　2006
　◇p165〔白黒〕　長野県會地村（現阿智村）　〔若いスイバの茎（スカンポ）を食べる男の子〕　㊃熊谷元一、昭和28年

**煤掃きの日の夕食**
「写真でみる日本生活図引 4」弘文堂　1988
　◇図32〔白黒〕　新潟県南魚沼郡六日町欠之上　㊃中俣正義、昭和26年12月下旬

**炭焼小屋の昼どき**
「写真ものがたり昭和の暮らし 2」農山漁村文化協会　2004
　◇p144〔白黒〕　秋田県横手市沼山　㊃加賀谷良助、昭和40年代

**正座して食べる**
「写真でみる日本生活図引 4」弘文堂　1988
◇図29〔白黒〕　秋田県平鹿郡十文字町　[撮]菊池俊吉, 昭和28年

**製糸工場の昼食**
「写真でみる日本生活図引 4」弘文堂　1988
◇図21〔白黒〕　長野県諏訪郡下諏訪町　[撮]菊池俊吉, 昭和25年

**石油ランプの下での夕食**
「写真ものがたり昭和の暮らし 2」農山漁村文化協会　2004
◇p43〔白黒〕(石油ランプのともる小屋の夜(夕食))　福島県檜枝岐村　魚, キュウリとナスの漬物　[撮]米山孝志, 昭和56年6月
◇p145〔白黒〕(石油ランプの下での夕食、父親が子どもの食事の世話をする)　岩手県岩手町川口南山形 炭窯のそばに建てた小屋　[撮]菊池俊吉, 昭和32年5月

**船上の食事(しゃがんだ姿勢でとる)**
「食の民俗事典」柊風舎　2011
◇p500〔白黒〕　静岡県焼津市　岡田昭八所蔵

**ダイニングテーブルでの食事**
「民俗小事典 食」吉川弘文館　2013
◇p10〔白黒〕　大阪府 金岡団地　[撮]1956年　UR都市機構提供

**田植時の食事と休憩**
「民俗資料叢書 11 田植の習俗5」平凡社　1970
◇図105〔白黒〕(食事と休憩)　長崎県壱岐　田植時

**田植えの昼食**
「いまに伝える 農家のモノ・人の生活館」柏書房　2004
◇p104 写真1〔白黒〕(田植え時の昼飯)　埼玉県川里町　[撮]昭和41年
「写真でみる日本生活図引 1」弘文堂　1989
◇図31, 32〔白黒〕　新潟県西蒲原郡岩室村　早乙女たちが縁側に腰掛けて昼飯をとる　[撮]中俣正義, 昭和30年代

**田植えの昼どき**
「写真ものがたり昭和の暮らし 1」農山漁村文化協会　2004
◇p156〔白黒〕　秋田県湯沢市　[撮]加賀谷政雄, 昭和30年代
◇p156〔白黒〕　秋田県湯沢市　[撮]佐藤久太郎, 昭和38年
◇p157〔白黒〕　新潟県岩室村　田植え時期に遠くからやってくる早乙女　[撮]中俣正義, 昭和30年代

**田植えの昼飯**
「いまに伝える 農家のモノ・人の生活館」柏書房　2004
◇口絵〔白黒〕　埼玉県川里町

**田植えの昼飯接待**
「日本民俗文化財事典(改訂版)」第一法規出版　1979
◇図52〔白黒〕　富山県砺波地方

**立ったまま飯をかきこむ**
「写真ものがたり昭和の暮らし 3」農山漁村文化協会　2004
◇p125〔白黒〕　[撮]平野禎邦, 昭和40年代

**立ったまま飯をかきこむ漁師**
「日本民俗写真大系 8」日本図書センター　2000
◇p62〔白黒〕(漁のちょっとの空き時間に立ったまま飯と汁を腹にかきこむ)　秋田県八森町横間海岸　[撮]南利夫, 1959年

**田の道で昼食**
「日本民俗写真大系 1」日本図書センター　1999
◇p139〔白黒〕　青森県八戸市　[撮]和井田登, 1956年　八戸市博物館提供

**たらいウドンを食べる**
「写真でみる日本人の生活全集 1」日本図書センター　2010
◇p74〔白黒〕(たらいウドン)　徳島県板野郡土成町御所地方

**誕生祝いのごちそう**
「写真でみる日本人の生活全集 1」日本図書センター　2010
◇p95〔白黒〕　デコレーション・ケーキ, 盛り合わせ料理

**茶を馳走になる瞽女の一行**
「写真ものがたり昭和の暮らし 10」農山漁村文化協会　2007
◇p186〔白黒〕(瞽女)　新潟県湯之谷村栃尾又(現魚沼市)　土間のあがりかまちに腰をおろし、茶を馳走になる　[撮]鈴木昭英, 昭和45年7月
「写真でみる日本生活図引 5」弘文堂　1989
◇図58〔白黒〕(茶)　新潟県北魚沼郡湯之谷村栃尾又　瞽女の一行が、玄関で茶を馳走になる　[撮]鈴木昭英, 昭和45年7月18日

**茶を飲みながら歓談する**
「写真ものがたり昭和の暮らし 10」農山漁村文化協会　2007
◇p15〔白黒〕　埼玉県吉田町女形(現秩父市)　日のあたる縁側　[撮]武藤盈, 昭和31年12月

**茶を飲んで一休み**
「写真でみる日本生活図引 別巻」弘文堂　1993
◇図406〔白黒〕(茶)　長野県下伊那郡阿智村　麦刈り。茶を飲んで一休み　[撮]熊谷元一, 昭和32年6月19日

**茶を薬罐の口から直接飲もうとしている少年**
「写真ものがたり昭和の暮らし 6」農山漁村文化協会　2006
◇p103〔白黒〕　秋田県湯沢市山田　[撮]加賀谷政雄, 昭和35年

**茶どき**
「写真でみる日本人の生活全集 1」日本図書センター　2010
◇p90〔白黒〕(野らの茶時)　田圃に茶と食物がはこばれた
「写真でみる日本生活図引 別巻」弘文堂　1993
◇図9〔白黒〕　長野県下伊那郡阿智村　[撮]矢沢昇, 昭和31年6月29日
「写真でみる日本生活図引 4」弘文堂　1988
◇図25〔白黒〕　秋田県平鹿郡大森町川西　[撮]佐藤久太郎, 昭和37年9月1日
◇図26〔白黒〕　長野県下伊那郡阿智村　[撮]熊谷元一, 昭和31年12月16日

**ちゃぶ台で子どもの食事**
「写真ものがたり昭和の暮らし 4」農村漁村文化協会　2005
◇p206〔白黒〕　千葉県松戸市　[撮]小櫃亮, 昭和35年

**チャブ台での食事**
「民俗小事典 食」吉川弘文館　2013
◇p10〔白黒〕　[撮]影山光洋, 1956年
「写真でみる日本人の生活全集 1」日本図書センター　2010
◇p75〔白黒〕(朝食)
「写真ものがたり昭和の暮らし 10」農山漁村文化協会　2007
◇p14〔白黒〕(縁側に置いた円形の卓袱台で昼飯をとる)　熊本県久連子村(現八代市)　[撮]麦島勝, 昭和26年10月
◇p67〔白黒〕(卓袱台での食事)　満洲國大日向郷(現中華人民共和国・吉林省)　[撮]熊谷元一, 昭和18年
「いまに伝える 農家のモノ・人の生活館」柏書房　2004
◇p236 写真3〔白黒〕　埼玉県宮代町　[撮]昭和30年

**チューインガムをふくらませる女の子**
「写真ものがたり昭和の暮らし 6」農山漁村文化協会　2006
◇p108〔白黒〕　秋田県横手市　[撮]佐藤久太郎, 昭和37年9月
「写真でみる日本生活図引 5」弘文堂　1989
◇図114〔白黒〕(ガム)　秋田県横手市　女の子 口でガムを脹らませる　[撮]佐藤久太郎, 昭和37年9月

飲食の様子　　　　　　　　　　　食

昼食
　「写真でみる日本生活図引 別巻」弘文堂　1993
　　◇図52〔白黒〕(食事)　長野県下伊那郡阿智村　少女が一人で昼食　㊟熊谷元一, 昭和31年8月5日
　　◇図128〔白黒〕　長野県下伊那郡阿智村　上がり口でとる　㊟矢沢昇, 昭和31年10月13日

長方形の飯台を囲み夕食をとる家族
　「写真ものがたり昭和の暮らし 9」農山漁村文化協会　2007
　　◇p55〔白黒〕(長方形の飯台を囲み夕食をとる)　秋田県十文字町(現横手市)　㊟菊池俊吉, 昭和28年

チリレンゲで食べる牛鍋
　「民俗小事典 食」吉川弘文館　2013
　　◇p373〔白黒・図〕　『安愚楽鍋』より

弦越しのタブー
　「いまに伝える 農家のモノ・人の生活館」柏書房　2004
　　◇p233 図2〔白黒・図〕　〔埼玉県〕　囲炉裏の自在鉤に掛けた鍋から味噌汁や煮物を盛りつける際、必ず弦の手前から盛る

手づかみで食うインドふう食事
　「写真でみる日本人の生活全集 1」日本図書センター　2010
　　◇口絵〔白黒〕　神田YMCAホテルで　㊟昭和27年6月

出作り農家の夕食
　「写真でみる日本生活図引 4」弘文堂　1988
　　◇図27〔白黒〕　長野県下伊那郡清内路村　㊟熊谷元一, 昭和26年

テーブルを使った食事
　「いまに伝える 農家のモノ・人の生活館」柏書房　2004
　　◇p235 図3〔白黒・図〕(テーブルを使った食事)　埼玉県小川町　〔聞取図〕

杜氏部屋での食事風景
　「民俗資料選集 36 酒造習俗Ⅱ」国土地理協会　2007
　　◇p3(口絵), p183(本文)〔白黒〕　石川県

都会のお茶のひととき
　「写真でみる日本人の生活全集 1」日本図書センター　2010
　　◇p92〔白黒〕　東京都内

土手に座って弁当を食べる少女たち
　「写真ものがたり昭和の暮らし 6」農山漁村文化協会　2006
　　◇p104〔白黒〕　秋田県湯沢市　㊟加賀谷政雄, 昭和30年代

隣りの麦飯
　「写真でみる日本人の生活全集 1」日本図書センター　2010
　　◇p21〔白黒〕　長野県上田市　夏期合宿(食事風景)

どんぶりめし
　「写真でみる日本人の生活全集 1」日本図書センター　2010
　　◇p20〔白黒〕　山形県某中学校合宿場　〔食事風景〕

夏の食事
　「写真でみる日本生活図引 4」弘文堂　1988
　　◇図20〔白黒〕　愛媛県西宇和郡瀬戸町　夏の夕暮れ近く、腹の空いた子供たちだけ先に食事を取る　㊟新田好, 昭和28年

錦鯉の品評会の成果を酒を飲みながら話し合う
　「写真ものがたり昭和の暮らし 10」農山漁村文化協会　2007
　　◇p117〔白黒〕　新潟県山古志村(現長岡市)　会場に設けた食堂　㊟須藤功, 昭和46年10月

農家のコビル
　「民俗小事典 食」吉川弘文館　2013
　　◇p228〔白黒〕　静岡県賀茂郡南伊豆町妻良　㊟芳賀日出男
　「写真でみる日本人の生活全集 1」日本図書センター　2010
　　◇p86〔白黒〕

農作業時の昼食と子育て
　「里山・里海 暮らし図鑑」柏書房　2012
　　◇写1(p58)〔白黒〕　福井県若狭地方　昭和10年代　井田家所蔵古写真・福井県立若狭歴史民俗資料館提供

野らでたべる串団子の味覚
　「写真でみる日本人の生活全集 1」日本図書センター　2010
　　◇p25〔白黒〕

野らの食事
　「写真でみる日本人の生活全集 1」日本図書センター　2010
　　◇口絵〔白黒〕　長野県下伊那郡会地村　家から遠い畑で家内中で食べる昼食

箱膳で食事
　「日本民俗文化財事典(改訂版)」第一法規出版　1979
　　◇図53〔白黒〕　埼玉県

箱膳で夏の夕飯をとる家族
　「写真ものがたり昭和の暮らし 9」農山漁村文化協会　2007
　　◇p54〔白黒〕(箱膳で夏の夕飯をとる親子二代の家族)　新潟県六日町欠之上(現南魚沼市)　中央の薄縁に味噌汁と飯の鉄鍋を置く　㊟中俣正義, 昭和28年

箱膳の家族
　「写真でみる日本生活図引 4」弘文堂　1988
　　◇図28〔白黒〕　新潟県南魚沼郡六日町欠之上　夏の夕食風景　㊟中俣正義, 昭和28年

箸 家族そろってお茶
　「写真でみる日本人の生活全集 1」日本図書センター　2010
　　◇p111〔白黒〕　お茶菓子を出すにも箸が使われている

浜辺での宴
　「日本民俗写真大系 5」日本図書センター　2000
　　◇カバー裏〔カラー〕(与論島浜辺での宴)　与論島　㊟星原昌一

昼どき
　「写真でみる日本生活図引 1」弘文堂　1989
　　◇図52〔白黒〕　秋田県横手市　田繁期の昼食。田小屋　㊟佐藤久太郎, 昭和33年10月10日

蒲団に腹ばいになって飴を食べる少年
　「写真ものがたり昭和の暮らし 9」農山漁村文化協会　2007
　　◇p59〔白黒〕　長野県曾地村駒場(現阿智村)　朝　㊟熊谷元一, 昭和24年

船住まいの人びとの団らん
　「日本民俗写真大系 4」日本図書センター　1999
　　◇p65〔白黒〕　㊟中村由信, 1961年

プロパンガスを持ち込んで浜遊び
　「宮本常一 写真・日記集成 下」毎日新聞社　2005
　　◇p173〔白黒〕　鹿児島県西之表市馬毛島　〔ふ頭で家族が飲食〕　㊟宮本常一, 1968年9月30日

米飯のない農家の食卓
　「写真でみる日本人の生活全集 1」日本図書センター　2010
　　◇口絵〔白黒〕　岩手県西磐井郡厳美村　丸うでの馬鈴薯, カボチャ, 主食のサツマイモ

舳倉島の漁家の夏の夕食
　「写真ものがたり昭和の暮らし 3」農山漁村文化協会　2004
　　◇p17〔白黒〕　石川県輪島市・舳倉島　㊟御園直太郎, 昭和34年8月

弁当を食べながら、カメラマンにウインクを送る少女
　「写真ものがたり昭和の暮らし 6」農山漁村文化協会　2006
　　◇p101〔白黒〕　秋田県横手市　㊟佐藤久太郎, 昭和37年9月

弁当を風呂あがりに食べる日帰りの湯治客
　「写真ものがたり昭和の暮らし 10」農山漁村文化協会　2007
　　◇p131〔白黒〕　秋田県山本町(現三種町)　持参した手

作りの弁当　[撮]南利夫, 昭和31年

### 母子寮の母と子の夕食
「写真ものがたり昭和の暮らし 4」農村漁村文化協会　2005
◇p201〔白黒〕(夫(父)が戦死した母子寮の母と子の夕食)　東京都北区　[撮]昭和32年12月　東京都提供

### 豆を食べる
「写真でみる日本生活図引 別巻」弘文堂　1993
◇図378, 379〔白黒〕　長野県下伊那郡阿智村　大豆を摘み食い　[撮]熊谷元一, 昭和32年5月22日

### 神酒をいただく作法
「日本宗教民俗図典 1」法蔵館　1985
◇図400〔白黒〕　沖縄県与那国町祖内(与那国島)　[撮]須藤功

### 水飲み
「写真でみる日本生活図引 1」弘文堂　1989
◇図47〔白黒〕　秋田県湯沢市山田　稲刈りのとき　田で遊んでいた女の子が薬罐の蓋で水をもらう　[撮]佐藤久太郎, 昭和35年10月

### 蒸しあがった大豆を食べる少女
「写真ものがたり昭和の暮らし 6」農山漁村文化協会　2006
◇p105〔白黒〕　長野県阿智村駒場　[撮]熊谷元一, 昭和32年5月

### 虫送り大会の昼どき
「写真ものがたり昭和の暮らし 6」農山漁村文化協会　2006
◇p19〔白黒〕　青森県五所川原市　[撮]須藤功, 昭和43年8月

### 蒸している大豆を手でつかみ取ろうとしている少女
「写真ものがたり昭和の暮らし 6」農山漁村文化協会　2006
◇p105〔白黒〕　長野県阿智村駒場　[撮]熊谷元一, 昭和32年5月

### メンパの弁当を食べる
「写真でみる日本生活図引 4」弘文堂　1988
◇図22〔白黒〕(メンパの弁当)　愛知県北設楽郡東栄町古戸　鉱山の休憩所で昼飯をとる鉱夫　[撮]須藤功, 昭和42年12月12日

### 盛りソバを食べる
「写真でみる日本人の生活全集 1」日本図書センター　2010
◇p31〔白黒〕(盛りソバ)

### 山小屋での食事
「民俗資料選集 30 焼畑習俗Ⅱ」国土地理協会　2002
◇p102(本文)〔白黒〕　山梨県南巨摩郡早川町奈良田　再現風景　奈良田の焼畑習俗

### 山小屋の昼食
「民俗資料選集 25 焼畑習俗」国土地理協会　1997
◇p15(口絵)〔白黒〕　高知県池川町椿山　アメゴと5日前に捕えたタヌキを焼く。土佐の伐畑習俗

### 夕食
「写真ものがたり昭和の暮らし 2」農山漁村文化協会　2004
◇p95〔白黒〕　長野県阿智村　家族と養蚕の手伝いの人　[撮]熊谷元一, 昭和27年
「写真ものがたり昭和の暮らし 1」農山漁村文化協会　2004
◇p48〔白黒〕　秋田県山内村小松川　[撮]佐藤久太郎, 昭和33年2月
「日本民俗写真大系 2」日本図書センター　1999
◇p169〔白黒〕　宮城県仙台市七郷　田植え後　[撮]小野幹, 1969年
「写真でみる日本生活図引 別巻」弘文堂　1993
◇図75〔白黒〕　長野県下伊那郡阿智村　[撮]熊谷元一, 昭和31年8月23日

### 遊覧船にのって弁当を食べる夫婦
「写真でみる日本人の生活全集 10」日本図書センター　2010
◇口絵〔白黒〕　[撮]喜久田茂

### 洋食が取り入れられた明治時代の家庭生活
「民俗小事典 食」吉川弘文館　2013
◇p41〔白黒・図〕　『欧米魚介新料理』より

### 漁師たちの温かな食事
「日本民俗写真大系 8」日本図書センター　2000
◇p55〔白黒〕　男鹿市 漁小屋　[撮]伊藤碩男, 1967年

### 綿菓子を食べる
「写真でみる日本人の生活全集 9」日本図書センター　2010
◇口絵〔白黒〕

# 振茶の習俗

### 大型茶筅
「民俗資料選集 12 振茶の習俗」国土地理協会　1982
◇p6(口絵)〔白黒〕　沖縄県那覇市

### オチャヅケ(越中五箇山)
「民俗資料選集 12 振茶の習俗」国土地理協会　1982
◇p123(本文)〔白黒〕　富山県 五箇山　ご飯を指でかきあつめて食べる
◇p123(本文)〔白黒〕　富山県 五箇山　茶を飲みながら語る
◇p123(本文)〔白黒〕　富山県 五箇山　番茶で赤く染まった白いご飯

### 黒茶
「民俗資料選集 12 振茶の習俗」国土地理協会　1982
◇p82(本文)〔白黒〕　富山県朝日町蛭谷

### ささら
「日本の民具 2 農村」慶友社　1992
◇図192〔白黒〕　愛知県北設楽郡　三河山中の桶で茶をたてる風習で使用　[撮]薗部澄

### 塩壺
「民俗資料選集 12 振茶の習俗」国土地理協会　1982
◇p99(本文)〔白黒・写真/図〕　新潟県糸魚川市梶屋敷　タテ茶　糸魚川市立歴史民俗資料館提供

### 茶おけ
「写真 日本文化史 9」日本評論新社　1955
◇図31〔白黒〕　愛知県

### 茶桶
「日本の民具 2 農村」慶友社　1992
◇図196〔白黒〕　愛知県北設楽郡　三河地方の桶茶で使用　[撮]薗部澄

## 振茶の習俗　食

「民俗資料選集 12 振茶の習俗」国土地理協会　1982
　◇p125（本文）〔白黒・図〕　鹿児島県徳之島町
　◇p135（本文）〔白黒・図〕　愛知県

「日本民俗図誌 4 習俗・飲食篇」村田書店　1978
　◇図178-1〔白黒・図〕　愛知県北設楽郡豊根村　『民具問答』

### チャオケとチャセン
「図録・民具入門事典」柏書房　1991
　◇p38〔白黒〕　愛知県　振茶の習俗の道具　国立民族学博物館所蔵

### 茶桶と茶筅
「民俗資料選集 12 振茶の習俗」国土地理協会　1982
　◇p24（口絵）〔白黒〕（茶桶と茶筅（クマザサ））　鹿児島県徳之島町
　◇p126（本文）〔白黒〕　鹿児島県徳之島町

### 茶釜
「民俗資料選集 12 振茶の習俗」国土地理協会　1982
　◇p6（口絵）〔白黒〕　奈良県橿原市中曾司
　◇p85（本文）〔白黒・図〕　富山県朝日町蛭谷

### 茶せん
「写真 日本文化史 9」日本評論新社　1955
　◇図31〔白黒〕　長野県

### 茶筌
「日本民俗図誌 4 習俗・飲食篇」村田書店　1978
　◇図178-2〔白黒・図〕　愛知県北設楽郡豊根村　『民具問答』

### 茶筅
「民俗資料選集 12 振茶の習俗」国土地理協会　1982
　◇p47（本文）〔白黒・図〕　鹿児島県徳之島町
　◇p47（本文）〔白黒・図〕　島根県松江市
　◇p47（本文）〔白黒・図〕　奈良県橿原市中曾司
　◇p47（本文）〔白黒・図〕　沖縄県那覇市
　◇p85（本文）〔白黒・図〕　富山県朝日町蛭谷
　◇p101（本文）〔白黒・図〕　新潟県糸魚川市梶屋敷
　◇p111（本文）〔白黒・図〕　島根県松江市奥谷町

### 茶筅づくり
「民俗資料選集 12 振茶の習俗」国土地理協会　1982
　◇p2（口絵）〔白黒〕　富山県朝日町蛭谷　山竹を家の池につけておく
　◇p2（口絵）〔白黒〕　富山県朝日町蛭谷町　茶筅の長さに切る
　◇p2（口絵）〔白黒〕　富山県朝日町蛭谷　表皮を刃物で削り落とす
　◇p2（口絵）〔白黒〕　富山県朝日町蛭谷　湯につけて表皮の汚れをふき取る
　◇p3（口絵）〔白黒〕　富山県朝日町蛭谷　刃物を竹に直角にあてて、うすく竹をそぎとる
　◇p3（口絵）〔白黒〕　富山県朝日町蛭谷　竹の内部を剥ぎとる
　◇p3（口絵）〔白黒〕　富山県朝日町蛭谷　うすくそがれた竹を、爪で割って本数を増やす
　◇p3（口絵）〔白黒〕（竹を十文字に割り、さらに十文字に割って16本に分ける）　富山県朝日町蛭谷
　◇p4（口絵）〔白黒〕　富山県朝日町蛭谷　持つ柄に、2本の竹釘をさすための穴をあける
　◇p4（口絵）〔白黒〕　富山県朝日町蛭谷　竹釘で2本を連結させる
　◇p4（口絵）〔白黒〕　富山県朝日町蛭谷　茶筅ができ上る
　◇p45（本文）〔白黒〕　富山県朝日町蛭谷　湯で竹を煮ると竹の汚れがおとしやすい
　◇p45（本文）〔白黒〕　富山県朝日町蛭谷　二本の竹がすでに組んである
　◇p45（本文）〔白黒〕　富山県朝日町蛭谷　竹を十文字に割っていく
　◇p45（本文）〔白黒〕　富山県朝日町蛭谷　竹の肉質部をとり、穂を一本一本削る
　◇p45（本文）〔白黒〕　富山県朝日町蛭谷　尺棒で茶筅の長さを均一にする

### 茶筅づくりの道具
「民俗資料選集 12 振茶の習俗」国土地理協会　1982
　◇p45（本文）〔白黒〕　富山県朝日町蛭谷

### 茶筅と塩皿
「民俗資料選集 12 振茶の習俗」国土地理協会　1982
　◇p23（口絵）〔白黒〕　島根県松江市奥谷町

### 茶壺
「民俗資料選集 12 振茶の習俗」国土地理協会　1982
　◇p17（口絵）〔白黒〕（家で製した茶を保管する茶壺）　奈良県橿原市中曾司

### 茶の小売り
「民俗資料選集 12 振茶の習俗」国土地理協会　1982
　◇p82（本文）〔白黒〕　富山県朝日町蛭谷　蛭谷農協

### 茶柄杓
「民俗資料選集 12 振茶の習俗」国土地理協会　1982
　◇p5（口絵）〔白黒〕　富山県朝日町蛭谷　柄はサイカツエバラ、合は竹
　◇p101（本文）〔白黒・図〕　新潟県糸魚川市梶屋敷
　◇p135（本文）〔白黒・図〕　愛知県

### 茶碗
「民俗資料選集 12 振茶の習俗」国土地理協会　1982
　◇p85（本文）〔白黒・図〕　富山県朝日町蛭谷
　◇p85（本文）〔白黒・図〕　富山県朝日町蛭谷
　◇p99（本文）〔白黒・写真／図〕　新潟県糸魚川市梶屋敷　糸魚川市立歴史民俗資料館提供
　◇p101（本文）〔白黒・図〕　新潟県糸魚川市梶屋敷
　◇p108（本文）〔白黒・図〕　奈良県橿原市中曾司
　◇p111（本文）〔白黒・図〕　島根県松江市奥谷町
　◇p111（本文）〔白黒・図〕　島根県松江市奥谷町
　◇p113（本文）〔白黒〕（布志名焼の茶碗）　島根県松江市
　◇p120（本文）〔白黒・写真／図〕　愛媛県松山市
　◇p137（本文）〔白黒・図〕　沖縄県那覇市

### 茶碗と茶筅
「民俗資料選集 12 振茶の習俗」国土地理協会　1982
　◇p5（口絵）〔白黒〕　富山県朝日町蛭谷
　◇p5（口絵）〔白黒〕（茶筅と茶碗）　富山県朝日町蛭谷
　◇p6（口絵）〔白黒〕　新潟県糸魚川方面
　◇p6（口絵）〔白黒〕（茶筅と茶碗）　島根県松江市

### 茶碗・抹茶・塩・茶筅
「民俗資料選集 12 振茶の習俗」国土地理協会　1982
　◇p6（口絵）〔白黒〕　奈良県橿原市中曾司

### 鉄瓶
「民俗資料選集 12 振茶の習俗」国土地理協会　1982
　◇p135（本文）〔白黒・図〕　愛知県

### 鉄瓶・茶桶その他
「民俗資料選集 12 振茶の習俗」国土地理協会　1982
　◇p135（本文）〔白黒〕　愛知県　公民館にあつめられたもの

### バタバタ茶（富山県朝日町蛭谷）
「民俗資料選集 12 振茶の習俗」国土地理協会　1982
　◇p1（口絵）〔白黒〕　富山県朝日町蛭谷　よく泡だった振茶　清原為芳提供

◇p80（本文）〔白黒〕　富山県朝日町蛭谷　茶会のもたれるいろり
◇p81（本文）〔白黒〕　富山県朝日町蛭谷　いろり端の茶受け
◇p81（本文）〔白黒〕　富山県朝日町蛭谷　塩を加える
◇p81（本文）〔白黒〕　富山県朝日町蛭谷　茶碗に茶を汲みとる
◇p81（本文）〔白黒〕　富山県朝日町蛭谷　茶筅の滴を碗縁で振りきる
◇p81（本文）〔白黒〕　富山県朝日町蛭谷　茶筅を右手に、茶碗を左手に持つ
◇p81（本文）〔白黒〕　富山県朝日町蛭谷　碗の外側に付着した泡を拭きとる
◇p81（本文）〔白黒〕　富山県朝日町蛭谷　茶筅を振る

## バタバタ茶（富山県入善町吉原）
「民俗資料選集 12 振茶の習俗」国土地理協会　1982
◇p11（口絵）〔白黒〕　富山県入善町吉原　公民館のいろり端には座順はなく、来た順番に坐る
◇p11（口絵）〔白黒〕　富山県入善町吉原　公民館の茶の間に設けられた神棚にサンチャの初穂を供える
◇p11（口絵）〔白黒〕　富山県入善町吉原　思い思いに茶をたてて飲む
◇p12（口絵）〔白黒〕　富山県入善町吉原　なごやかな光景 茶受けをとって、飲んで話をする
◇p12（口絵）〔白黒〕　富山県入善町吉原　飲み終わったら白湯を注いで碗底を洗い流して、いろりの隅へこぼす
◇p12（口絵）〔白黒〕　富山県入善町吉原　客にすすめる場合は碗の外側まで飛んだ泡を、手でふく
◇p12（口絵）〔白黒〕　富山県入善町吉原　思い思いに茶をたてる
◇p12（口絵）〔白黒〕　富山県入善町吉原　泡だちさせた後、茶筅のしずくを碗縁を軽くたたいて振り切る
◇p93（本文）〔白黒〕　富山県入善町吉原　バタバタ茶の飲める茶室を設けた公民館

## バタバタ茶（新潟県糸魚川市）
「民俗資料選集 12 振茶の習俗」国土地理協会　1982
◇p97（本文）〔白黒〕　新潟県糸魚川市　白湯を碗に入れてあたためる
◇p97（本文）〔白黒〕　新潟県糸魚川市　番茶を汲んで塩を入れる
◇p97（本文）〔白黒〕　新潟県糸魚川市　茶筅を振る
◇p97（本文）〔白黒〕　新潟県糸魚川市　茶筅を振る
◇p97（本文）〔白黒〕　新潟県糸魚川市　泡だちしたら、白湯を茶筅に注ぎかける
◇p97（本文）〔白黒〕　新潟県糸魚川市　できあがった茶を客にすすめる

## バタバタ茶（新潟県糸魚川市周辺）
「民俗資料選集 12 振茶の習俗」国土地理協会　1982
◇p14（口絵）〔白黒〕　新潟県糸魚川市周辺　番茶を碗に入れる
◇p14（口絵）〔白黒〕　新潟県糸魚川市周辺　塩を少量入れる
◇p14（口絵）〔白黒〕　新潟県糸魚川市周辺　しだいに泡だってくる
◇p15（口絵）〔白黒〕　新潟県糸魚川市周辺　泡だちしたら、少量の熱い白湯を茶碗に注ぐ
◇p15（口絵）〔白黒〕　新潟県糸魚川市周辺　茶筅で2回碗底をまわして、穂先を中央から抜きとる
◇p16（口絵）〔白黒〕　新潟県糸魚川市周辺　碗についた泡をふきとる
◇p16（口絵）〔白黒〕　新潟県糸魚川市周辺　飲んだ碗を白湯で洗い流して建水にこぼす
◇p16（口絵）〔白黒〕　新潟県糸魚川市周辺　ヨコザで茶を飲む主人

## バタバタ茶の道具
「民具のみかた―心とかたち」第一法規出版　1983
◇p205〔白黒〕　沖縄県那覇市

## 柄杓
「民俗資料選集 12 振茶の習俗」国土地理協会　1982
◇p85（本文）〔白黒・図〕　富山県朝日町蛭谷

## 蛭谷の四十九日法事（バタバタ茶）
「民俗資料選集 12 振茶の習俗」国土地理協会　1982
◇p88～89（本文）〔白黒〕　富山県朝日町蛭谷

## フィチャ（鹿児島県徳之島町）
「民俗資料選集 12 振茶の習俗」国土地理協会　1982
◇p24（口絵）〔白黒〕　鹿児島県徳之島町　番茶を注ぐ
◇p24（口絵）〔白黒〕　鹿児島県徳之島町　茶桶を斜めて茶筅を振る
◇p25（口絵）〔白黒〕　鹿児島県徳之島町　茶桶を斜めにして茶筅を振る
◇p25（口絵）〔白黒〕　鹿児島県徳之島町　しだいに泡だってくる番茶
◇p26（口絵）〔白黒〕　鹿児島県徳之島町　泡だった茶を分配する
◇p26（口絵）〔白黒〕　鹿児島県徳之島町　泡だちの茶を飲む
◇p126（本文）〔白黒〕　鹿児島県徳之島町　桶茶をたてる
◇p126（本文）〔白黒〕　鹿児島県徳之島町　フイチャを飲む

## ブクブク茶（沖縄県那覇市）
「民俗資料選集 12 振茶の習俗」国土地理協会　1982
◇p1（口絵）〔白黒〕　沖縄県那覇市　片膝をたてて大型の茶筅と木鉢を使ってブクブクをたてる ㊿昭和37年 新島正子提供（沖縄県那覇市）
◇p27（口絵）〔白黒〕　沖縄県那覇市　玄米・支那茶・番茶を準備する
◇p27（口絵）〔白黒〕　沖縄県那覇市　玄米を釜で煎る
◇p27（口絵）〔白黒〕（玄米を狐色になるまで煎る。これを湯の中へ入れて煎米湯をつくる）　沖縄県那覇市　玄米を狐色になるまで煎る。これを湯の中へ入れて煎米湯をつくる
◇p27（口絵）〔白黒〕　沖縄県那覇市　煎米湯を土瓶の中の番茶に入れて茶を煮る
◇p28（口絵）〔白黒〕　沖縄県那覇市　煎米湯・支那茶・番茶をつくって土瓶に入れる
◇p28（口絵）〔白黒〕　沖縄県那覇市　木鉢に煎米湯・番茶および支那茶を加える
◇p28（口絵）〔白黒〕　沖縄県那覇市　泡だち加減をみる
◇p28（口絵）〔白黒〕　沖縄県那覇市　泡だちが悪ければ支那茶を足す
◇p29（口絵）〔白黒〕　沖縄県那覇市　じゅうぶんに泡だつまで茶筅で振る
◇p29（口絵）〔白黒〕　沖縄県那覇市　茶碗の泡の上に粉にした南京豆をのせる
◇p29（口絵）〔白黒〕　沖縄県那覇市　茶筅の穂先で泡をすくって茶碗に入れる
◇p29（口絵）〔白黒〕　沖縄県那覇市　泡の茶を口で吸うようにして飲む
◇p29（口絵）〔白黒〕　沖縄県那覇市　盆には煎米湯・番茶・支那茶がそれぞれの土瓶に入れ、その他木鉢・茶筅数個の茶碗を入れて一組とした
◇p139（本文）〔白黒〕　沖縄県那覇市　右膝を立て右肘を膝にのせて茶筅を振る
◇p139（本文）〔白黒〕　沖縄県那覇市　泡を茶筅の先ですくって茶碗に入れる
◇p139（本文）〔白黒〕　沖縄県那覇市　土瓶・木鉢・茶筅が盤にそろう
◇p139（本文）〔白黒〕　沖縄県那覇市　木鉢の裏底

振茶の習俗　　　　　　　　　　　　　　食

◇p139（本文）〔白黒〕　沖縄県那覇市　清明茶、番茶、煎茶
◇p139（本文）〔白黒〕　沖縄県那覇市　盌の中でブクブクをたてる

## ブクブクバーチと茶筅
「民俗資料選集 12 振茶の習俗」国土地理協会　1982
◇p6（口絵）〔白黒〕（桑の木でつくったブクブクバーチと孟宗竹の茶筅）　沖縄県那覇市

## 振茶（奈良県橿原市中曾司）
「民俗資料選集 12 振茶の習俗」国土地理協会　1982
◇p17（口絵）〔白黒〕　奈良県橿原市中曾司　茶臼で茶を挽く
◇p17（口絵）〔白黒〕　奈良県橿原市中曾司　必要なだけ茶をほうじる
◇p18（口絵）〔白黒〕　奈良県橿原市中曾司　振茶の準備がととのう
◇p18（口絵）〔白黒〕　奈良県橿原市中曾司　白湯を汲む
◇p18（口絵）〔白黒〕　奈良県橿原市中曾司　碗に抹茶と塩を入れる
◇p19（口絵）〔白黒〕　奈良県橿原市中曾司　振茶の直前
◇p19（口絵）〔白黒〕　奈良県橿原市中曾司　泡だちが終わる
◇p19（口絵）〔白黒〕　奈良県橿原市中曾司　茶筅で泡だてる
◇p20（口絵）〔白黒〕　奈良県橿原市中曾司　キリコとともに茶を飲む、数品の茶受けもある
◇p20（口絵）〔白黒〕　奈良県橿原市中曾司　キリコを十数個入れる
◇p20（口絵）〔白黒〕　奈良県橿原市中曾司　客にすすめる

## ボテ茶（愛媛県松山市）
「民俗資料選集 12 振茶の習俗」国土地理協会　1982
◇p120（本文）〔白黒〕　愛媛県松山市　茶筅を振って泡だちさせる
◇p120（本文）〔白黒〕　愛媛県松山市　泡だちの中に赤飯を入れる
◇p120（本文）〔白黒〕　愛媛県松山市　たくさんの具がそろっている
◇p120（本文）〔白黒〕　愛媛県松山市　ボテ茶に入れる赤飯と茶筅
◇p120（本文）〔白黒〕　愛媛県松山市　ボテ茶のご膳
◇p120（本文）〔白黒〕　愛媛県松山市　茶漬のようなボテ茶と漬物
◇p120（本文）〔白黒〕　愛媛県松山市　茶筅に塩をつける

## ボテボテ茶（島根県松江市）
「民俗資料選集 12 振茶の習俗」国土地理協会　1982
◇p21（口絵）〔白黒〕　島根県松江市　茶を汲んで碗に入れる
◇p21（口絵）〔白黒〕　島根県松江市　茶筅で泡だちさせる
◇p21（口絵）〔白黒〕　島根県松江市　茶をたてる主人
◇p22（口絵）〔白黒〕　島根県松江市　振茶の途中で塩を茶筅の穂先につける
◇p22（口絵）〔白黒〕　島根県松江市　穂先を中央から抜くと、細かな泡が盛りあがる
◇p22（口絵）〔白黒〕　島根県松江市　泡だった碗へ、主人が赤飯を少量入れて客に手渡す
◇p22（口絵）〔白黒〕　島根県松江市　客は好みのグを選んで碗に入れる
◇p22（口絵）〔白黒〕　島根県松江市　グの味が茶にほどよくまざったら泡のあるうちに飲む
◇p23（口絵）〔白黒〕　島根県松江市　茶を飲んだ後に残ったグを指でかき上げて口に入れる
◇p23（口絵）〔白黒〕　島根県松江市　グを指でかき集めることもする
◇p23（口絵）〔白黒〕　島根県松江市　茶を飲んで碗底にグが残るのを、手の反動で集める
◇p23（口絵）〔白黒〕　島根県松江市　豪華なグのいろいろ
◇p113（本文）〔白黒〕　島根県松江市奥谷町　たくさんの具が準備されている
◇p113（本文）〔白黒〕　島根県松江市奥谷町　小塩の入った番茶を泡だちさせている
◇p113（本文）〔白黒〕　島根県松江市奥谷町　泡だちした茶碗に、まず赤飯を入れる
◇p113（本文）〔白黒〕　島根県松江市奥谷町　つぎに具を入れる
◇p113（本文）〔白黒〕　島根県松江市奥谷町　具の味が茶になじむのをまつ
◇p113（本文）〔白黒〕　島根県松江市奥谷町　茶碗に残った具をあつめて飲む

## 命日の茶会
「民俗資料選集 12 振茶の習俗」国土地理協会　1982
◇p9（口絵）〔白黒〕　富山県朝日町蛭谷　めいめいが勝手に茶を汲み、各自で茶をたてる
◇p9（口絵）〔白黒〕　富山県朝日町蛭谷　茶をたてる
◇p9（口絵）〔白黒〕　富山県朝日町蛭谷　別の家にも茶会に招かれ、中座する主婦
◇p10（口絵）〔白黒〕　富山県朝日町蛭谷　客が飲み終わった茶碗をゆすぎ建水にこぼす
◇p10（口絵）〔白黒〕　富山県朝日町蛭谷　主婦に挨拶して帰る
◇p10（口絵）〔白黒〕　富山県朝日町蛭谷　命日の茶会であったので、仏壇を拝んで帰る

# 住

## 屋敷構え

### 相倉集落
「写真でみる民家大事典」柏書房　2005
◇p264-1〔白黒〕　富山県南砺市五箇山　㊙2004年　佐伯安一

### 相倉の合掌造り
「図説 民俗建築大事典」柏書房　2001
◇写真4（p304）〔白黒〕　富山県平村

### アイヌの家屋（チセ）
「日本社会民俗辞典 1」日本図書センター　2004
◇図版Ⅰ アイヌ（1）〔白黒〕（アイヌ家屋）　日高国沙流郡平取村　㊙久保寺逸彦, 1934年
◇図版Ⅰ アイヌ（1）〔白黒〕（アイヌ家屋）　胆振国穂別　㊙久保寺逸彦, 1941年
「写真ものがたり昭和の暮らし 1」農山漁村文化協会　2004
◇p15〔白黒〕（アイヌチセ）　北海道苫小牧市　レジャーランドの一角に復元　㊙須藤功, 昭和47年4月
「日本宗教民俗図典 1」法蔵館　1985
◇図120〔白黒〕（ほぼ出来上ったアイヌチセ（家））　アイヌ　㊙須藤功
「図説 民俗探訪事典」山川出版社　1983
◇p341〔白黒〕　北海道 日高地方

### アイヌの住居
「写真でみる民家大事典」柏書房　2005
◇p10-1〔白黒〕（アイヌコタン・ユーカラの里の復原建築）　北海道登別市　㊙1993年　小林法道
◇p10-3〔白黒〕（アイヌ文化の森「伝承のコタン」の復原建築）　北海道旭川市　㊙1993年　小林法道
「日本社会民俗辞典 1」日本図書センター　2004
◇p7〔白黒・図〕　東京都保谷市民族博物館内（特設）
「図説 民俗建築大事典」柏書房　2001
◇写真1（p289）〔白黒〕（アイヌ住居（復原住居））　登別アイヌコタン・ユーカラの里, 白老ポロトコタン, アイヌ文化の森「伝承のコタン」, 二風谷アイヌ文化資料館

### アイヌの住居の平面図
「図説 民俗探訪事典」山川出版社　1983
◇p342〔白黒・図〕　日高地方沙流川筋部落　久保寺逸彦原図

### アイヌの高倉の一種
「日本社会民俗辞典 1」日本図書センター　2004
◇図版Ⅰ アイヌ（1）〔白黒〕　写真：石原憲治蔵

### アイヌのチセ（住居）とプ（高倉）
「宮本常一 写真・日記集成 上」毎日新聞社　2005
◇p173〔白黒〕　東京都西東京市保谷 財団法人民族学協会附属博物館の野外展示施設　㊙宮本常一, 1960年2月21日

### 青柳家の店構え
「写真でみる民家大事典」柏書房　2005
◇p215-4〔白黒〕　茨城県土浦市中城町　㊙2004年　松浦正夫

### 青山家の外観
「写真でみる民家大事典」柏書房　2005
◇p200-1〔白黒〕　山形県飽海郡遊佐町青塚　明治23年建築　㊙1993年　御船達雄　重要文化財

### 赤い屋根の町並み
「日本の生活環境文化大辞典」柏書房　2010
◇p449-1〔白黒〕　島根県鹿足郡津和野町　㊙2005年　堤涼子

### アカガーラヤー（赤瓦屋）
「日本民俗大辞典 上」吉川弘文館　1999
◇図11〔別刷図版「沖縄文化」〕〔カラー〕　沖縄県八重山郡与那国町　㊙渡邊欣雄, 1990年

### 赤瓦屋根の民家
「写真ものがたり昭和の暮らし 4」農村漁村文化協会　2005
◇p132〔白黒〕　沖縄県那覇市　祖国に復帰して2ヵ月目の那覇市の中心街　㊙須藤功, 昭和47年7月

### 赤瓦屋根の民家が並ぶ
「写真ものがたり昭和の暮らし 3」農山漁村文化協会　2004
◇p224〔白黒〕　沖縄県糸満市　㊙坂本万七, 昭和15年

### 赤城型の蚕室農家
「宮本常一 写真・日記集成 下」毎日新聞社　2005
◇p69〔白黒〕　群馬県勢多郡赤城村あたり　㊙宮本常一, 1966年4月17日

### 赤城型の農家
「写真ものがたり昭和の暮らし 1」農山漁村文化協会　2004
◇p11〔白黒〕　群馬県富士見村　㊙須藤功, 昭和48年3月

### 赤城型民家
「日本の生活環境文化大辞典」柏書房　2010
◇p54-4〔白黒〕　群馬県前橋市大室　㊙2009年
◇p56-1〔白黒〕　群馬県沼田市白沢町　出現初期　㊙1995年　桑原稔
「写真でみる民家大事典」柏書房　2005
◇p14-1〔白黒〕（19世紀中期頃に建設された赤城型民家）　群馬県伊勢崎市　㊙1980年　桑原稔
「日本民俗大辞典 上」吉川弘文館　1999
◇p11〔白黒〕　群馬県伊勢崎市
「写真でみる日本生活図引 6」弘文堂　1993
◇図9〔白黒〕　群馬県勢多郡富士見村　㊙須藤功, 昭和48年3月19日

### 赤田町・崎山町の家並み
「写真ものがたり昭和の暮らし 9」農山漁村文化協会　2007
◇p35〔白黒〕　沖縄県那覇市首里　㊙坂本万七, 昭和15年

### 明かり取りのある家
「宮本常一 写真・日記集成 上」毎日新聞社　2005
◇p72〔白黒〕　石川県石川郡吉野谷村三ツ谷　㊙宮本常一, 1957年8月18日

屋敷構え　住

赤レンガ館の正面
「写真でみる民家大事典」柏書房　2005
◇p410-1〔白黒〕　佐賀県小城市牛津町　⊛2004年　佐藤正彦

空屋となった屋敷地の石垣
「写真でみる民家大事典」柏書房　2005
◇p397-4〔白黒〕　愛媛県南宇和郡愛南町外泊　⊛1997年　古川修文

空き家になった旧家
「宮本常一 写真・日記集成 下」毎日新聞社　2005
◇p38〔白黒〕　山口県大島郡東和町〔周防大島町〕（沖家室島）　⊛宮本常一, 1965年8月12日

秋山郷にあった民家の茅壁
「写真でみる民家大事典」柏書房　2005
◇p52-1〔白黒〕　長野県栄村（旧所在), 日本民家集落博物館　⊛1991年　網谷りょういち

秋山郷の民家の外観
「写真でみる民家大事典」柏書房　2005
◇p52-2〔白黒〕　長野県栄村（旧所在), 日本民家集落博物館　⊛1987年　網谷りょういち

秋山郷の民家の茅壁内側
「写真でみる民家大事典」柏書房　2005
◇p52-3〔白黒〕　長野県栄村（旧所在), 日本民家集落博物館　⊛1991年　網谷りょういち

秋山の民家
「日本民俗文化財事典（改訂版）」第一法規出版　1979
◇図85〔白黒〕　長野県栄村（旧所在), 日本民家集落博物館
「日本の生活文化財」第一法規出版　1965
◇図1・2（住）〔白黒〕　長野県秋山　日本民家集落博物館所蔵（大阪府豊中市）

上げ下げ窓で飾られた洋風町家の華やかさ
「写真でみる民家大事典」柏書房　2005
◇p62-3〔白黒〕　北海道函館市　⊛2004年　松岡龍介

あげ戸
「図説 民俗探訪事典」山川出版社　1983
◇p303〔白黒〕　埼玉県笹原家　商家

麻布の家
「写真でみる日本生活図引 7」弘文堂　1993
◇図38〔白黒〕　東京都港区西麻布　⊛師岡宏次, 昭和10年

芦田川沿いの集落
「宮本常一 写真・日記集成 下」毎日新聞社　2005
◇p329〔白黒〕　広島県府中市付近 福塩線の車窓から　⊛宮本常一, 1974年8月29日

網代垣
「日本民俗文化財事典（改訂版）」第一法規出版　1979
◇図73〔白黒〕　東京都三宅島

アズマダチの民家
「写真でみる民家大事典」柏書房　2005
◇p261-4〔白黒〕　富山県氷見市大野　⊛1999年　佐伯安一
◇p263-3〔白黒〕　富山県砺波市太田　⊛2002年　佐伯安一

アナヤー（穴屋）
「日本民俗大辞典 上」吉川弘文館　1999
◇図9〔別刷図版「沖縄文化」〕〔カラー〕　沖縄県八重山郡与那国町　⊛渡邊欣雄, 1975年

穴太積の石垣
「図説 民俗探訪事典」山川出版社　1983
◇p62〔白黒〕

アパァト系の文化住宅
「日本の生活環境文化大辞典」柏書房　2010
◇p184-4〔白黒〕　大阪市鶴見区今津北　⊛2006年　早瀬哲恒

網走天都山から望む防風林
「写真でみる民家大事典」柏書房　2005
◇p82-3〔白黒〕　北海道網走市　⊛2004年　松岡龍介

阿武川ダム水没地域・福栄村仮館
「宮本常一 写真・日記集成 下」毎日新聞社　2005
◇p168〔白黒〕　山口県阿武郡「阿武川ダム水没地域民俗資料緊急調査」〔農家遠望〕　⊛宮本常一, 1968年8月6日

油木の町並み
「宮本常一 写真・日記集成 上」毎日新聞社　2005
◇p403〔白黒〕　広島県神石郡油木町〔神石高原町〕　⊛宮本常一, 1963年10月20日

アマの家々
「日本社会民俗辞典 1」日本図書センター　2004
◇p290〔白黒〕　福岡県鐘崎

網元の民家
「写真でみる民家大事典」柏書房　2005
◇p261-2〔白黒〕　富山県氷見市宇波　⊛1996年　佐伯安一

網元の屋敷
「写真でみる民家大事典」柏書房　2005
◇p190-2〔白黒〕（1810年建築の網元の屋敷）　宮城県気仙沼市小々汐　⊛1999年　佐々木徳朗

雨囲いをした土蔵と主屋のウチオロシ・軒天井
「写真でみる民家大事典」柏書房　2005
◇p345-4〔白黒〕　奈良県吉野郡十津川村折立　⊛1998年　千森督子

在原集落の西側
「写真でみる民家大事典」柏書房　2005
◇p318-2〔白黒〕　滋賀県高島市在原　⊛2003年　網谷りょういち

ある民家と縁の変遷
「図説 民俗建築大事典」柏書房　2001
◇図1（p115）〔白黒・図〕　神奈川県秦野市　〔間取り〕

家々の橋
「宮本常一 写真・日記集成 上」毎日新聞社　2005
◇p318〔白黒〕　宮城県岩ヶ崎〔栗原郡栗駒町〕栗駒山麓　⊛宮本常一, 1962年7月17日

家をコの字に囲い風を除ける
「日本民俗写真大系 5」日本図書センター　2000
◇p169〔白黒〕　高知県 沖の島　⊛寺田正, 1954年　高知市民図書館

家印のある土蔵
「宮本常一 写真・日記集成 下」毎日新聞社　2005
◇p30〔白黒〕　長野県南安曇郡安曇村大野田　⊛宮本常一, 1965年6月19日

家と耕地と墓
「宮本常一 写真・日記集成 下」毎日新聞社　2005
◇p42〔白黒〕　広島県神石郡豊松村四日市〔神石高原町〕　⊛宮本常一, 1965年9月11日

家と庭木の雪囲い
「日本民俗大辞典 下」吉川弘文館　2000
◇p760〔白黒〕　新潟県柏崎市藤井

家と屋敷
「図説 民俗探訪事典」山川出版社　1983
◇p57〔白黒〕　岩手県遠野市

住　　　　　　　　　　　　　　　　　　　屋敷構え

家の入口の階段
　「宮本常一 写真・日記集成 下」毎日新聞社　2005
　　◇p261〔白黒〕　滋賀県大津市　㊟宮本常一, 1971年12月26日
家の屋敷配置と母屋の間取り
　「いまに伝える 農家のモノ・人の生活館」柏書房　2004
　　◇p223 図1〔白黒・図〕　埼玉県所沢市　昭和38年（1963）まで存在したある農家
家の雪がこい
　「フォークロアの眼 2 雪国と暮らし」国書刊行会　1977
　　◇小論8〔白黒〕　新潟県南魚沼郡六日町欠之上　㊟中俣正義, 昭和32年12月29日
硫黄山と川湯温泉あたりの家並み
　「宮本常一 写真・日記集成 下」毎日新聞社　2005
　　◇p462〔白黒〕　北海道川上郡弟子屈町　㊟宮本常一, 1979年4月30日
伊香型
　「民俗学辞典（改訂版）」東京堂出版　1987
　　◇写真版 第五図 民家〔白黒〕　滋賀県伊香郡　妻入りに特徴あり　民俗学研究所所蔵
伊香型の前だれ飾り
　「日本民俗事典」弘文堂　1972
　　◇p580〔白黒・図〕
伊香地方の民家
　「日本を知る事典」社会思想社　1971
　　◇口絵14（日本の民家）〔カラー〕　滋賀県伊香郡
壱岐・印通寺浦の町
　「宮本常一 写真・日記集成 上」毎日新聞社　2005
　　◇p325〔白黒〕　長崎県 壱岐・印通寺浦の町　㊟宮本常一, 1962年8月7日
壱岐の村落景観
　「民俗資料叢書 11 田植の習俗5」平凡社　1970
　　◇図90〔白黒〕　長崎県壱岐
壱岐の農家屋敷図
　「民俗資料叢書 11 田植の習俗5」平凡社　1970
　　◇図91〔白黒〕　長崎県壱岐
生垣
　「宮本常一が撮った昭和の情景 下」毎日新聞社　2009
　　◇p52〔白黒〕（見事な生垣）　東京都府中市　植木屋の手が入っている　㊟宮本常一, 1967年1月9日ごろ
　　◇p52〔白黒〕（生垣の続く住宅街）　東京都府中市白糸台　㊟宮本常一, 1967年1月ごろ
　「宮本常一 写真・日記集成 下」毎日新聞社　2005
　　◇p100〔白黒〕（植木屋の手が入った見事な生垣）　東京都府中市　㊟宮本常一, 1967年1月9日ごろ
　　◇p100〔白黒〕　東京都府中市　㊟宮本常一, 1967年1月9日～2月16日
　　◇p100〔白黒〕　東京都府中市白糸台　㊟宮本常一, 1967年1月頃
生垣をめぐらせた家
　「宮本常一 写真・日記集成 下」毎日新聞社　2005
　　◇p432〔白黒〕　東浅井郡浅井町鍛冶屋　土蔵に鍛冶場があった　㊟宮本常一, 1978年7月8日
生垣が美しい農家
　「宮本常一 写真・日記集成 下」毎日新聞社　2005
　　◇p136〔白黒〕　東京都小金井市貫井　㊟宮本常一, 1968年2月27日
池のある旧家の庭
　「宮本常一 写真・日記集成 下」毎日新聞社　2005
　　◇p107〔白黒〕　広島県高田郡八千代町土師［安芸高田市］　㊟宮本常一, 1967年12月12日～18日

生駒型（腰折）
　「図説 民俗建築大事典」柏書房　2001
　　◇写真4（p149）〔白黒〕　京都府京田辺市
石を置いた柿葺屋根
　「写真ものがたり昭和の暮らし 9」農山漁村文化協会　2007
　　◇p28〔白黒〕　長野県上村下栗（現飯田市）　㊟須藤功, 昭和42年11月
石を置いた杉皮葺屋根
　「写真ものがたり昭和の暮らし 9」農山漁村文化協会　2007
　　◇p28〔白黒〕　秋田県山内村（現横手市）　㊟佐藤久太郎, 昭和30年代
石置き屋根
　「宮本常一 写真・日記集成 上」毎日新聞社　2005
　　◇p131〔白黒〕（石置屋根）　静岡県磐田郡水窪町水窪→草木　㊟宮本常一, 1959年7月28日
　　◇p210〔白黒〕　和歌山県 周参見から串本あたり　㊟宮本常一, 1960年9月26日
　「日本民俗写真大系 8」日本図書センター　2000
　　◇p90〔白黒〕（石置屋根）　新潟県粟島浦村内浦　㊟中俣正義, 1955年
　「写真でみる日本生活図引 4」弘文堂　1988
　　◇図154〔白黒〕（石置屋根）　青森県下北郡佐井村　㊟須藤功, 昭和43年3月28日
　「図説 民俗探訪事典」山川出版社　1983
　　◇p75〔白黒〕（石置屋根）　長野県
　「日本民俗文化財事典（改訂版）」第一法規出版　1979
　　◇図71〔白黒〕　愛知県北設楽地方
石置屋根の家
　「宮本常一が撮った昭和の情景 上」毎日新聞社　2009
　　◇p65〔白黒〕　静岡県浜松市天竜区水窪町　㊟宮本常一, 1959年7月28日
　「写真ものがたり昭和の暮らし 3」農山漁村文化協会　2004
　　◇p9〔白黒〕　青森県佐井村矢越　㊟須藤功, 昭和43年3月
石置き屋根の家が並ぶ
　「宮本常一が撮った昭和の情景 上」毎日新聞社　2009
　　◇p132～133〔白黒〕　石川県輪島市海士町舳倉島　㊟宮本常一, 1961年8月1日
　「宮本常一 写真・日記集成 上」毎日新聞社　2005
　　◇p261〔白黒〕（舳倉島）　石川県輪島市 舳倉島　㊟宮本常一, 1961年8月1日
石置き屋根の納屋
　「民俗資料選集 9 山村の生活と用具」国土地理協会　1981
　　◇p60（本文）〔白黒〕　愛知県北設楽郡津具村
石置き屋根の農家
　「宮本常一が撮った昭和の情景 上」毎日新聞社　2009
　　◇p24〔白黒〕　愛知県北設楽郡設楽町 大名倉から西納庫付近　㊟宮本常一, 1956年10月7日
石置屋根の民家
　「宮本常一が撮った昭和の情景 下」毎日新聞社　2009
　　◇p20〔白黒〕　長野県松本市安曇番所　出作小屋から定住化した　㊟宮本常一, 1965年6月20日
　「宮本常一 写真・日記集成 下」毎日新聞社　2005
　　◇p31〔白黒〕（出作小屋から定住の家になった）　長野県南安曇郡安曇村番所　㊟宮本常一, 1965年6月20日
石垣
　「日本の生活環境文化大辞典」柏書房　2010
　　◇p412-5〔白黒〕　和歌山県御坊市　㊟2006年 朴賛弼
　「日本社会民俗辞典 1」日本図書センター　2004
　　◇図版Ⅶ 沖縄(1)〔白黒〕　沖縄本島兼城村兼城　㊟1951年
　「図説 民俗建築大事典」柏書房　2001

◇写真4（p107）〔白黒〕　山口県山口市　野石積み，樵石積み

**石垣、生垣、樹木で構成された諏訪馬場の通り**
「写真でみる民家大事典」柏書房　2005
◇p430-1〔白黒〕　鹿児島県出水市　[撮]2004年　土田充義

**石垣を高く築いた傾斜地の民家**
「宮本常一 写真・日記集成 下」毎日新聞社　2005
◇p467〔白黒〕　山口県大島郡久賀町［周防大島町］　[撮]宮本常一，1979年7月24日～27日

**石垣をめぐらした家々**
「宮本常一が撮った昭和の情景 上」毎日新聞社　2009
◇p96～97〔白黒〕（海沿いの村）　鹿児島県出水郡長島町指江から蔵之元へ（長島）　高い石垣を築き内側に樹木を植えている　[撮]宮本常一，1960年4月22日
「宮本常一 写真・日記集成 上」毎日新聞社　2005
◇p190〔白黒〕　鹿児島県出水郡長島町指江→蔵之元　[撮]宮本常一，1960年4月22日

**石垣が続く奄美大島の集落**
「写真でみる民家大事典」柏書房　2005
◇p87-2〔白黒〕　鹿児島県大和村　[撮]1984年　古川修文

**石垣で護岸した土台に建つ家**
「宮本常一が撮った昭和の情景 下」毎日新聞社　2009
◇p80～81〔白黒〕　山口県萩市大字福井上仮館「阿武川ダム水没地域民俗資料緊急調査」　石垣で護岸した土台に家を建てている　[撮]宮本常一，1968年8月4～5日
「宮本常一 写真・日記集成 下」毎日新聞社　2005
◇p168〔白黒〕（阿武川ダム水没地域・福栄村佐々連）　山口県阿武郡「阿武川ダム水没地域民俗資料緊急調査」　[撮]宮本常一，1968年8月4～5日

**石垣に守られた佐田岬の正野集落**
「写真でみる民家大事典」柏書房　2005
◇p87-1〔白黒〕　愛媛県伊方町　[撮]1988年　津山正幹

**石垣の上に生垣を配した民家**
「宮本常一 写真・日記集成 下」毎日新聞社　2005
◇p469〔白黒〕　山口県大島郡久賀町［周防大島町］　[撮]宮本常一，1979年7月24日～27日

**石垣の上に納屋・土蔵・入母屋茅葺き屋根の曲屋が建つ千葉家**
「写真でみる民家大事典」柏書房　2005
◇p189-3〔白黒〕　岩手県遠野市綾織　[撮]2004年　月舘敏栄

**石垣の村**
「写真でみる日本人の生活全集 3」日本図書センター　2010
◇p15〔白黒〕　倉敷市連島町

**石垣塀の家**
「宮本常一が撮った昭和の情景 上」毎日新聞社　2009
◇p157〔白黒〕　長崎県対馬市厳原町　[撮]宮本常一，1962年8月3日
「宮本常一 写真・日記集成 上」毎日新聞社　2005
◇p323〔白黒〕　長崎県下県郡厳原町［対馬市］　[撮]宮本常一，1962年8月3日

**石神の大家族の家屋**
「図説 日本民俗学」吉川弘文館　2009
◇p59〔白黒・図/写真〕　岩手県八幡平市　竹内芳太郎「屋敷・間取り」『日本民俗学大系』6より

**石倉**
「写真でみる民家大事典」柏書房　2005
◇p93-1〔白黒〕（大谷街道沿いの石倉）　栃木県宇都宮市大谷町（株）屏風岩　[撮]2004年　出口清孝

**石積の護岸が施された水路沿いの家並み**
「宮本常一 写真・日記集成 下」毎日新聞社　2005
◇p362〔白黒〕　広島県三原市本町　[撮]宮本常一，1976年3月26日～28日

**石積みの種類**
「図説 民俗建築大事典」柏書房　2001
◇図2（p107）〔白黒・図〕　間知石，切石布積み，玉石布積み，谷積み，玉石谷積み，切石乱積み　田淵実夫『石垣』法政大学出版局、1975

**石田家主屋梁行断面図**
「図説 民俗建築大事典」柏書房　2001
◇図4（p89）〔白黒・図〕　京都府美山町

**石場建て**
「日本の生活環境文化大辞典」柏書房　2010
◇p439-9〔白黒〕　宮崎市　[撮]2009年　原田聰明
「図説 民俗建築大事典」柏書房　2001
◇図4（p81）〔白黒・図〕　『構造用教材』日本建築学会、1985

**石葺き屋根の例**
「図説 民俗建築大事典」柏書房　2001
◇図5（p122）〔白黒・図〕　長崎県厳原町，東京都新島村　武者英二・吉田尚英編著『屋根のデザイン百科 歴史・かたち・素材・構法・納まり・実例』彰国社、1999を改編

**石棟木の箱棟**
「日本の生活環境文化大辞典」柏書房　2010
◇p451-7〔白黒〕　島根県簸川郡斐川町　[撮]1973年　宮崎勝弘

**石屋根**
「民俗図録 日本人の暮らし」日本図書センター　2012
◇図33〔白黒〕　青森県西津軽郡鰺ヶ沢町　[撮]櫻庭武則
「写真でみる日本人の生活全集 3」日本図書センター　2010
◇p56〔白黒〕　岩手県久慈市山根

**石屋根小屋**
「写真でみる民家大事典」柏書房　2005
◇口絵6〔カラー〕　長崎県対馬市　[撮]1999年　刊行委員会
◇p97-1〔白黒〕　長崎県対馬市　[撮]1999年　永瀬克己

**石屋根棟部分の美しいおさまり**
「写真でみる民家大事典」柏書房　2005
◇p97-3〔白黒〕　長崎県対馬市　[撮]1999年　永瀬克己

**石屋根の石倉**
「写真でみる民家大事典」柏書房　2005
◇p219-5〔白黒〕　栃木県宇都宮市徳次郎西根　[撮]1975年　柏村祐司

**石屋根の妻側立面で石盤の積載状況がわかる**
「写真でみる民家大事典」柏書房　2005
◇p97-2〔白黒〕　長崎県対馬市　[撮]1999年　永瀬克己

**出雲の反り棟**
「日本の生活環境文化大辞典」柏書房　2010
◇p426-4〔白黒〕　島根県出雲市　[撮]1995年

**板壁**
「日本の生活環境文化大辞典」柏書房　2010
◇p437-4〔白黒〕　宮崎市　[撮]2009年　原田聰明

**板壁の邸宅**
「宮本常一 写真・日記集成 下」毎日新聞社　2005
◇p315〔白黒〕　大阪府茨木市宮元町　[撮]宮本常一，1973年11月22日

**板倉**
「写真でみる民家大事典」柏書房　2005
◇p92-1〔白黒〕（横板張りの板倉）　福島県いわき市荷路

夫　㋳1964年　富山博
　　◇p92-3〔白黒〕(縦板張りの板倉)　茨城県茨城町
　　㋳1964年　富山博
「日本民俗文化財事典(改訂版)」第一法規出版　1979
　　◇図90〔白黒〕　埼玉県秩父地方

**板倉群**
「図説 民俗建築大事典」柏書房　2001
　　◇写真1(p66)〔白黒〕(村はずれの板倉群)　福島県檜枝岐村

**板戸を開けたチョンダの入口**
「写真でみる民家大事典」柏書房　2005
　　◇p136-2〔白黒〕　富山県南砺市上梨　㋳1969年　佐伯安一

**板の柵の内部にカヤを束ねて補強したソガキ**
「図説 民俗建築大事典」柏書房　2001
　　◇写真3(p241)〔白黒〕　秋田県本荘市

**板葺き石置き屋根**
「写真でみる民家大事典」柏書房　2005
　　◇p45-1〔白黒〕　黒澤家、群馬県上野村　㋳2004年　家泉博　重要文化財

**板葺石置屋根の土蔵**
「日本社会民俗辞典 1」日本図書センター　2004
　　◇p317〔白黒〕　長野県波多村

**板葺きの屋根**
「日本の生活環境文化大辞典」柏書房　2010
　　◇p450-3〔白黒〕　長野県木曾郡木曾町開田　㋳1976年　宮崎勝弘

**板塀**
「日本の生活環境文化大辞典」柏書房　2010
　　◇p412-4〔白黒〕　新潟県柏崎市　㋳2004年　朴贊弼

**傷みはじめた屋根の家**
「宮本常一 写真・日記集成 下」毎日新聞社　2005
　　◇p38〔白黒〕　山口県大島郡東和町〔周防大島町〕(沖家室島)　㋳宮本常一, 1965年8月12日

**板屋根**
「写真でみる日本人の生活全集 3」日本図書センター　2010
　　◇p56〔白黒〕　福島県石城郡上遠野村大字深山田

**板屋根の重石**
「写真でみる日本人の生活全集 3」日本図書センター　2010
　　◇p50～51〔白黒〕　海岸地帯

**移築された民家**
「写真でみる民家大事典」柏書房　2005
　　◇p184-2〔白黒〕　青森県弘前市清水富田 弘前市りんご公園　㋳2004年　小山連一

**一の坂川にそう古い家並み**
「宮本常一 写真・日記集成 下」毎日新聞社　2005
　　◇p146〔白黒〕　山口市　㋳宮本常一, 1968年3月27日～29日

**市松模様の通し屋根**
「図説 民俗建築大事典」柏書房　2001
　　◇写真2(p135)〔白黒〕　福島県西白河郡

**一列型の間取り**
「日本の生活環境文化大辞典」柏書房　2010
　　◇p422-5〔白黒・図〕　『京都府の民家 調査報告』六より作図

**一列型間取りの変容**
「日本の生活環境文化大辞典」柏書房　2010
　　◇p423-8〔白黒・図〕　『京都府の民家調査報告』六より作図

**五木の民家**
「民俗図録 日本人の暮らし」日本図書センター　2012
　　◇図36〔白黒〕　熊本県球磨郡五木村頭地　㋳岩野俊夫

**五木村の集落**
「図説 日本民俗学」吉川弘文館　2009
　　◇p158〔白黒〕　熊本県五木村

**イッキャと呼ばれる棟押さえをまたがらせ、とんがった屋根が並ぶ島の集落**
「写真でみる民家大事典」柏書房　2005
　　◇p402〔白黒〕　鹿児島県大島郡徳之島町母間　㋳1961年　早瀬哲恒

**一軒の屋敷構え 主屋・釜屋・牛小屋・地倉**
「写真でみる民家大事典」柏書房　2005
　　◇p435-3〔白黒〕　鹿児島県大島郡天城町　㋳1961年　早瀬哲恒

**一般的なくど造り**
「写真でみる民家大事典」柏書房　2005
　　◇p28-1〔白黒〕　佐賀県白石町大字福吉　㋳2004年　原田聰明

**井出家主屋・遠景**
「写真でみる民家大事典」柏書房　2005
　　◇p298-1・2〔白黒〕　静岡県富士宮市狩宿　寛政年間火災後の建築(18世紀末～19世紀初頭)　㋳1970年頃　神村清

**移転後のH家**
「写真でみる民家大事典」柏書房　2005
　　◇p250-2〔白黒〕　新潟県東蒲原郡阿賀町室谷　㋳1994年　古川修文

**移転前の集落**
「写真でみる民家大事典」柏書房　2005
　　◇p250-1〔白黒〕　新潟県東蒲原郡阿賀町室谷　㋳1990年　近藤典夫

**伊藤家住宅**
「図説 民俗建築大事典」柏書房　2001
　　◇写真2(p151)〔白黒〕　熊本県八代郡竜北町

**伊藤家住宅外観**
「日本を知る事典」社会思想社　1971
　　◇口絵6(日本の民家)〔白黒〕　川崎市立日本民家園(川崎市金程から移築)　17世紀後期　重要文化財

**伊藤家住宅平面図**
「図説 民俗建築大事典」柏書房　2001
　　◇図2(p151)〔白黒・図〕

**糸満**
「写真でみる日本生活図引 6」弘文堂　1993
　　◇52, 53〔白黒〕　沖縄県糸満市　㋳坂本万七, 比嘉康雄, 昭和15年, 平成4年8月27日

**糸満漁人の家**
「日本民俗図誌 9 住居・運輸篇」村田書店　1978
　　◇図45〔白黒・図〕　沖縄県 糸満　本山桂川採図

**糸満の家**
「日本民俗図誌 9 住居・運輸篇」村田書店　1978
　　◇図46-1〔白黒・図〕　沖縄県 糸満　本山桂川採図

**稲穂が実る**
「宮本常一 写真・日記集成 下」毎日新聞社　2005
　　◇p346〔白黒〕　秋田県仙北郡西木村桧木内戸沢　道端に草花を植えている　㋳宮本常一, 1975年9月2日～5日

**乾蔵の景観**
「図説 民俗建築大事典」柏書房　2001
　　◇写真11(p309)〔白黒〕　枚方市藤田町

屋敷構え　　　　　　　　　　　　　住

**今西家の帳台構え**
「写真でみる民家大事典」柏書房　2005
◇p341-4〔白黒〕　奈良県橿原市今井町 ㊙2004年　早瀬哲恒

**伊良湖集落の風景**
「写真でみる民家大事典」柏書房　2005
◇p309-3〔白黒〕　愛知県渥美郡渥美町伊良湖　㊙2004年　林哲志

**入江の泊と瓦屋根の家並み**
「宮本常一が撮った昭和の情景　上」毎日新聞社　2009
◇p76〔白黒〕　山口県大島郡周防大島町大字伊保田伊の浦（情島）　㊙宮本常一, 1959年8月28日
「宮本常一 写真・日記集成 上」毎日新聞社　2005
◇p147〔白黒〕（情島・伊の浦）　山口県大島郡東和町［周防大島町］情島 伊の浦㊙宮本常一, 1959年8月28日

**入口脇に小便所（ツボ）のある農家**
「図説 民俗建築大事典」柏書房　2001
◇図4（p18）〔白黒・図〕　山形県山形市　〔間取り〕

**入母屋**
「民俗の事典」岩崎美術社　1972
◇p136〔白黒・図〕

**入母屋型で両角をもった民家の背面**
「写真でみる民家大事典」柏書房　2005
◇p263-5〔白黒〕　富山県砺波市秋元　㊙1953年　佐伯安一

**入母屋角屋造り**
「日本の生活環境文化大辞典」柏書房　2010
◇p417-3〔白黒〕　大阪府豊能郡能勢町　㊙1972年　杉本尚次

**入母屋造り**
「写真でみる民家大事典」柏書房　2005
◇p5-3〔白黒〕　旧目加田家、山口県岩国市　㊙1985年頃　武者英二　重要文化財
◇p5-6〔白黒〕　京都府美山町㊙1994年頃　武者英二
◇口絵10〔カラー〕　広島県北広島町　新雪に映える㊙1999年　刊行委員会

**入母屋造 茅葺き**
「日本民俗大辞典　下」吉川弘文館　2000
◇図21〔別刷図版「民家」〕〔白黒〕　鳥取市 福田家　江戸時代初期建築　外観　㊙1999年　鳥取市教育委員会提供　重要文化財

**入母屋造り、妻入りの建物が連続する竹鶴家**
「写真でみる民家大事典」柏書房　2005
◇p369-5〔白黒〕　広島県竹原市　㊙1976年　河村明植

**入母屋造りの豪壮な山本家**
「写真でみる民家大事典」柏書房　2005
◇p407-5〔白黒〕　福岡県うきは市吉井町立丁 現在は山本歯科医院　㊙2004年　佐藤正彦

**入母屋造りの民家**
「写真でみる民家大事典」柏書房　2005
◇p237-3〔白黒〕　東京都板橋区㊙1984年　宮崎勝弘

**入母屋妻入り**
「民俗学辞典（改訂版）」東京堂出版　1987
◇写真版 第五図 民家〔白黒〕　京都郊外桂　蔵田周忠蔵

**入母屋の重要文化財・箱木千年家**
「日本の生活環境文化大辞典」柏書房　2010
◇p424-2〔白黒〕　兵庫県神戸市　㊙2004年　原田聰明

**入母屋破風**
「日本民俗図誌 9 住居・運輸篇」村田書店　1978
◇図50-3〔白黒・図〕　京都府何鹿郡綾部地方　『日本の民家』

**いろいろな造りの家**
「宮本常一が撮った昭和の情景　下」毎日新聞社　2009
◇p26〔白黒〕（起伏の多い高原の台地に家々が点在する）　広島県神石郡神石高原町上豊松矢原　㊙宮本常一, 1965年9月11日
「宮本常一 写真・日記集成 下」毎日新聞社　2005
◇p42〔白黒〕　広島県神石郡豊松村四日市［神石高原町］㊙宮本常一, 1965年9月11日

**岩瀬家**
「写真でみる民家大事典」柏書房　2005
◇p264-2〔白黒〕　富山県南砺市西赤尾町　㊙2004年 佐伯安一

**石見地方の芸北型玄関中門**
「図説 民俗建築大事典」柏書房　2001
◇写真1（p391）〔白黒〕　島根県邑智郡瑞穂町

**岩村家**
「写真でみる民家大事典」柏書房　2005
◇p176-1〔白黒〕　北海道茅部郡森町　1946年建築㊙2000年　佐藤修

**隠居制の例**
「図説 民俗探訪事典」山川出版社　1983
◇p93〔白黒・図〕　大間知篤三「家族」『日本民俗学大系』3より

**インキョヤ**
「日本を知る事典」社会思想社　1971
◇図3（p45）〔白黒〕　三重県志摩郡

**隠居屋**
「図説 民俗探訪事典」山川出版社　1983
◇p93〔白黒〕　三重県阿児町国府　㊙市原輝士
「民俗の事典」岩崎美術社　1972
◇p23〔白黒・写真/図〕　三重県志摩郡
「民俗資料叢書 2 志摩の年齢階梯制」平凡社　1965
◇図53〔白黒〕　現在は納屋に転用

**隠居家**
「民俗資料選集 27 年齢階梯制Ⅱ」国土地理協会　1999
◇p6（口絵）〔白黒〕　徳島県東祖谷山村

**隠居屋と主屋**
「図説 民俗建築大事典」柏書房　2001
◇写真1（p65）〔白黒〕　福島県郡山市　㊙鹿野正男

**隠居屋と母屋**
「日本社会民俗辞典 1」日本図書センター　2004
◇p58〔白黒・図〕　高知県東豊永村中内

**植木の垣根**
「写真でみる日本人の生活全集 3」日本図書センター　2010
◇p13〔白黒〕　東京都

**上野旧城下町で最古級の町家の寺村家**
「写真でみる民家大事典」柏書房　2005
◇p317-3〔白黒〕　三重県伊賀市　㊙1997年　大場修

**上野原町**
「宮本常一 写真・日記集成 下」毎日新聞社　2005
◇p100〔白黒〕　山梨県北都留郡上野原町　㊙宮本常一, 1967年1月7日〜8日
◇p100〔白黒〕　山梨県北都留郡上野原町　㊙宮本常一, 1967年1月7日〜8日

**上横倉の集落**
「写真でみる民家大事典」柏書房　2005
◇p367-3〔白黒〕　広島県福山市沼隈町　㊙1998年　迫垣内裕

**ウグイスと手打工法による荒壁**
「写真でみる民家大事典」柏書房　2005
◇p91-3〔白黒〕　長野県茅野市　㊙1988年　池浩三

### 牛マヤ
「民俗図録 日本人の暮らし」日本図書センター　2012
◇図46〔白黒〕　長崎県北松浦郡大島村　[撮]井之口章次

### うだちをつけた農家
「日本を知る事典」社会思想社　1971
◇図44 (p216)〔白黒〕　奈良県奈良市

### うだちをつけた町家
「日本を知る事典」社会思想社　1971
◇図43 (p216)〔白黒〕　愛知県津島市

### ウダツ
「日本民俗事典」弘文堂　1972
◇p67〔白黒〕　福井県小浜市内

### 卯建
「精選 日本民俗辞典」吉川弘文館　2006
◇p72〔白黒〕　長野県小県郡東部町（東御市）海野宿の町屋
「日本民俗大辞典 上」吉川弘文館　1999
◇p168〔白黒〕　長野県小県郡東部町 海野宿の町屋

### 卯建、越屋根、海野格子がみられる海野の町並み
「写真でみる民家大事典」柏書房　2005
◇p283-2〔白黒〕　長野県東御市海野　[撮]2004年　石井健郎

### ウダツのある二階建長屋
「宮本常一 写真・日記集成 上」毎日新聞社　2005
◇p160〔白黒〕　大阪市内　[撮]宮本常一, 1959年11月22日

### 卯建の町家
「写真でみる民家大事典」柏書房　2005
◇p77-1〔白黒〕　旧太田脇本陣、岐阜県美濃加茂市　[撮]1988年頃　大場修　重要文化財

### 内からみた押え木のある茅簀の風除け
「写真でみる民家大事典」柏書房　2005
◇p86-2〔白黒〕　新潟県出雲崎町　[撮]2003年　三井田忠明

### 内郷村の農家宅地詳細
「図説 民俗建築大事典」柏書房　2001
◇図1 (p382)〔白黒・図〕　内郷村（現神奈川県津久井郡相模湖町）　1918年調査　今和次郎「相模国津久井郡内郷村」『日本の民家』乾元社、1943

### 内子町八日市の町並み
「写真でみる民家大事典」柏書房　2005
◇p394-1〔白黒〕　愛媛県喜多郡内子町　[撮]2004年　溝渕博彦

### うちむろせがい
「図説 民俗建築大事典」柏書房　2001
◇写真5 (p113)〔白黒〕　大分県臼杵市

### 内門の農家とナエトコ（苗代）
「民俗資料叢書 11 田植の習俗5」平凡社　1970
◇図144〔白黒〕　鹿児島県国分市上井

### 内山東部、上有田の町並み
「写真でみる民家大事典」柏書房　2005
◇p412-1〔白黒〕　佐賀県西松浦郡有田町泉山　[撮]2004年　藤本尚久

### 腕木門
「図説 民俗探訪事典」山川出版社　1983
◇p61〔白黒〕　東京都
「日本を知る事典」社会思想社　1971
◇図59 (p222)〔白黒〕（宿場の町家の門 様式は腕木門）　長野県塩尻市

### 馬追いの家
「民俗資料選集 5 中馬の習俗」国土地理協会　1977
◇p20（口絵）〔白黒〕　長野県下伊那郡平谷村平谷　切妻造り妻入の建築　[撮]昭和31年3月
◇p20（口絵）〔白黒〕　長野県下伊那郡山本村久米　間口8間の本棟造り　[撮]昭和31年3月

### 馬産地の農家
「民俗資料選集 8 中付駑者の習俗」国土地理協会　1979
◇p278〜280（本文）〔白黒・図〕　福島県南会津郡南郷村中小屋　配置図, 平面図, 立面図, 断面図
◇p281〜283（本文）〔白黒・図〕　福島県南会津郡南郷村　配置図, 平面図, 立面図, 断面図
◇p285（本文）〔白黒・図〕　福島県南会津郡下郷町南倉沢　平面図

### 馬乗り張りのなまこ壁
「写真でみる民家大事典」柏書房　2005
◇p54-3〔白黒〕　山梨県南部町　[撮]2004年　小花宰

### 厩
「民俗図録 日本人の暮らし」日本図書センター　2012
◇図42〔白黒〕（津軽の厩(1)）　秋田県仙北郡豊川村　[撮]武藤鐵城
◇図45〔白黒〕（津軽の厩(2)）　青森県西津軽郡深浦町追良瀬　[撮]櫻庭武則
「写真でみる民家大事典」柏書房　2005
◇p429-5〔白黒〕（各家にはかならず堂々とした厩が建てられた）　宮崎県東臼杵郡椎葉村十根川 復原の厩　[撮]2004年　土田充義
「写真でみる日本生活図引 6」弘文堂　1993
◇図8〔白黒〕　青森県八戸市櫛引　[撮]和井田登, 昭和45年9月12日

### 厩を主屋に直列に接合した民家
「写真でみる民家大事典」柏書房　2005
◇p196-2〔白黒〕　秋田県田沢湖町　[撮]1988年　月舘敏栄

### 馬宿をしていた家
「民俗資料選集 9 山村の生活と用具」国土地理協会　1981
◇p7（口絵）〔白黒〕　愛知県北設楽郡津具村 下津具

### うまやと納屋
「写真でみる日本人の生活全集 3」日本図書センター　2010
◇p131〔白黒〕

### 厩とミズヤ（台所）を突出させたT字型の民家
「写真でみる民家大事典」柏書房　2005
◇p197-3〔白黒〕　秋田県美郷町千畑　[撮]1988年　月舘敏栄

### 厩にかぶと造りの茅葺き屋根をもつ曲屋
「写真でみる民家大事典」柏書房　2005
◇p186-2〔白黒〕　岩手県九戸郡野田村日形井　[撮]1993年　月舘敏栄

### 馬屋の肥出し口
「民俗資料選集 8 中付駑者の習俗」国土地理協会　1979
◇p13（口絵）〔白黒〕　福島県下郷町南倉沢　民家

### 海が迫るわずかな土地にたたずむ外浦の典型的な集落
「日本民俗写真大系 8」日本図書センター　2000
◇p76〔白黒〕　珠洲市　[撮]御園直太郎, 1974年

### 海からの強い冬季の季節風を防ぐためのマガキ
「写真でみる民家大事典」柏書房　2005
◇p267-6〔白黒〕　石川県輪島市鵜入　[撮]1971年　島村昇

### 海側から望む倉橋町本浦
「写真でみる民家大事典」柏書房　2005
◇p372-1〔白黒〕　広島県呉市倉橋島　[撮]2004年　迫垣内裕

屋敷構え　　　　　　　　　　　　　　　　　住

### 海沿いに続く町並み
「写真でみる民家大事典」柏書房　2005
　◇p252-2〔白黒〕　新潟県三島郡出雲崎町　㊞2004年　三井田忠明

### 海沿いの家並み
「宮本常一 写真・日記集成 上」毎日新聞社　2005
　◇p48〔白黒〕　島根県八束郡美保関町　㊞宮本常一、1956年11月2日

### 海沿いの民家
「宮本常一 写真・日記集成 下」毎日新聞社　2005
　◇p27〔白黒〕　島根県隠岐郡知夫村（知夫里島）　㊞宮本常一、1965年5月29日

「日本民俗写真大系 7」日本図書センター　2000
　◇p156〔白黒〕　島根県平田市 小伊津　㊞井上喜弘、1958年

### 海辺から望む外泊の集落
「写真でみる民家大事典」柏書房　2005
　◇p396-1〔白黒〕　愛媛県南宇和郡愛南町外泊　㊞1997年　古川修文

### 海辺の集落
「写真でみる日本生活図引 6」弘文堂　1993
　◇図38〔白黒〕　新潟県佐渡郡相川町大字戸中　㊞中俣正義、昭和26年10月

### 海辺の狭い土地に家が並ぶ
「写真ものがたり昭和の暮らし 3」農山漁村文化協会　2004
　◇p192〔白黒〕　山形県酒田市勝浦・飛島　㊞高橋文太郎、昭和6年6月

### 海辺の民家
「日本民俗写真大系 8」日本図書センター　2000
　◇p173〔白黒〕　青森県深浦町　茅屋根に綱が掛けてある　㊞薗部澄、1964年

### 裏口
「図説 民俗建築大事典」柏書房　2001
　◇写真5（p111）〔白黒〕　岡山県岡山市

### 裏通りにある窯業廃材を用いたトンバイ塀
「写真でみる民家大事典」柏書房　2005
　◇p412-2〔白黒〕　佐賀県西松浦郡有田町内山地区上幸平　㊞2004年　藤本尚久

### 裏通りの町並み
「写真でみる民家大事典」柏書房　2005
　◇p348-2〔白黒〕　和歌山県海南市黒江　㊞1982年　千森督子

### 浦の住まい
「写真でみる日本生活図引 2」弘文堂　1988
　◇図31〔白黒〕　静岡県下田市白浜　㊞昭和13年12月25日　平塚市博物館提供

### 浦浜と家
「写真でみる日本生活図引 6」弘文堂　1993
　◇図37〔白黒〕　鳥取県岩美郡岩美町田後　㊞板垣太子松、昭和34年6月7日

### 裏門蔵、裏座敷、土蔵など
「宮本常一 写真・日記集成 下」毎日新聞社　2005
　◇p472〔白黒〕　鳥取県倉吉市東仲町 玉川沿いの町並み　㊞宮本常一、1979年11月20日～21日

### 上板取の番所に至る登り坂に並んで建つ旧増尾家と旧竹沢家
「写真でみる民家大事典」柏書房　2005
　◇p273-5〔白黒〕　福井県南条郡南越前町板取　㊞2004年　福井宇洋

### 運送会社宇野専吉宅
「民俗資料選集 5 中馬の習俗」国土地理協会　1977
　◇p6（口絵）〔白黒〕　愛知県東加茂郡松平村岩倉字平古

### 運送屋（太鼓胴の元締め）
「民俗資料選集 8 中付駑者の習俗」国土地理協会　1979
　◇p271～273（本文）〔白黒・図〕　福島県南会津郡舘岩村八総　一階・二階 平面図, 立面図, 断面図

### 海野宿・千本格子
「宮本常一 写真・日記集成 下」毎日新聞社　2005
　◇p374〔白黒〕　長野県小県郡東部町［東御市］　㊞宮本常一、1976年10月25日

### 海野宿・出張り造りの二階
「宮本常一 写真・日記集成 下」毎日新聞社　2005
　◇p374〔白黒〕　長野県小県郡東部町［東御市］　㊞宮本常一、1976年10月25日

### A型（左側）とB型（右側）の舟屋
「写真でみる民家大事典」柏書房　2005
　◇p323-5〔白黒〕　京都府与謝郡伊根町　㊞1987年　河原典史

### A家の間取りの変遷
「いまに伝える 農家のモノ・人の生活館」柏書房　2004
　◇p229～230 図6-1～2〔白黒・写真/図〕　埼玉県北埼玉郡川里町　昭和16年当時, 平成9年現在　農家

### 越後のイモヤ
「民俗図録 日本人の暮らし」日本図書センター　2012
　◇図79〔白黒〕　新潟県高田市　㊞横山信

### 江の島一丁目（東町）の町並み
「写真でみる民家大事典」柏書房　2005
　◇p244-1〔白黒〕　神奈川県藤沢市江ノ島　㊞1991年　宮崎勝弘

### L型家屋配置の景観
「図説 民俗建築大事典」柏書房　2001
　◇写真10（p309）〔白黒〕　枚方市茄子作

### 縁側
「写真でみる日本人の生活全集 3」日本図書センター　2010
　◇口絵〔カラー〕（農家の縁側）　静岡県賀茂郡
　◇p61〔白黒〕（子供と縁側）　岩手県
「写真でみる民家大事典」柏書房　2005
　◇p139-2〔白黒〕（縁側でくつろぐ主婦たち）　宮城県気仙沼市　㊞1971年　佐々木徳朗

### 縁側にまわした雪囲い
「写真でみる民家大事典」柏書房　2005
　◇p88-2〔白黒〕　新潟県阿賀野市安田町　㊞1983年　小林幹子

### 奥越五箇の民家
「民俗図録 日本人の暮らし」日本図書センター　2012
　◇図9〔白黒〕　福井県大野郡五箇村　㊞橋浦泰雄

### 往時の面影を残す大井川から島田に至る町並み
「写真でみる民家大事典」柏書房　2005
　◇p300-1〔白黒〕　静岡県島田市・榛原郡金谷町　㊞2004年　矢部忠司

### 応用的な屋根形式
「図説 民俗建築大事典」柏書房　2001
　◇図4（p118）〔白黒・図〕　後藤一雄・武者英二著「図解建築構法」彰国社1985改編

### 大井川を渡る人や荷物を管理していた川会所
「写真でみる民家大事典」柏書房　2005
　◇p301-3〔白黒〕　静岡県島田市・榛原郡金谷町　㊞2004年　矢部忠司

### 大岩町字佃の町並み
「写真でみる民家大事典」柏書房　2005
　◇p306-1〔白黒〕　愛知県豊橋市二川　㊞1958年, 現在 豊橋市二川宿本陣資料館

大内集落の全景
　「写真でみる民家大事典」柏書房　2005
　　◇p206-1〔白黒〕　福島県南会津郡下郷町大内　㊥2004年　菅野康二

大内宿・茅葺き屋根の家
　「宮本常一 写真・日記集成 下」毎日新聞社　2005
　　◇p203～207〔白黒〕　福島県南会津郡下郷町　㊥宮本常一、1969年8月3日～4日

大内宿・茅葺き屋根の家が並ぶ
　「宮本常一 写真・日記集成 下」毎日新聞社　2005
　　◇p201〔白黒〕　福島県南会津郡下郷町　㊥宮本常一、1969年8月3日～4日

大内宿・兜造りの藁葺き屋根
　「宮本常一 写真・日記集成 下」毎日新聞社　2005
　　◇p200〔白黒〕　福島県南会津郡下郷町　㊥宮本常一、1969年8月3日～4日

大内宿の家並み
　「写真ものがたり昭和の暮らし 9」農山漁村文化協会　2007
　　◇p23〔白黒〕　福島県下郷町大内　〔雪の積もった屋根〕　㊥須藤功、昭和44年12月

大内宿・ハザ木の壁
　「宮本常一 写真・日記集成 下」毎日新聞社　2005
　　◇p202〔白黒〕　福島県南会津郡下郷町　㊥宮本常一、1969年8月3日～4日

大内の家並
　「写真ものがたり昭和の暮らし 9」農山漁村文化協会　2007
　　◇p8〔白黒〕　福島県下郷町大内　茅葺き屋根の家が整然と並ぶ、煙草葉の日干しの準備　㊥須藤功、昭和44年8月

大型町家の森田家
　「写真でみる民家大事典」柏書房　2005
　　◇p270-2〔白黒〕（三国を代表する大型町家の森田家）　福井県坂井郡三国町　㊥2004年　福井宇洋

大壁造りの農家
　「宮本常一 写真・日記集成 上」毎日新聞社　2005
　　◇p403〔白黒〕　広島県比婆郡東城町 帝釈　㊥宮本常一、1963年10月21日

大壁の土壁
　「日本の生活環境文化大辞典」柏書房　2010
　　◇p437-3〔白黒〕　熊本県玉名郡和水町　㊥2009年　原田聰明

大きな家
　「宮本常一 写真・日記集成 下」毎日新聞社　2005
　　◇p77〔白黒〕　大分県 姫島　㊥宮本常一、1966年8月3日～10日
　　◇p163〔白黒〕　兵庫県赤穂市 寿禄通商店街あたり　㊥宮本常一、1968年7月26日～27日

大きな草葺き屋根の家が多い
　「宮本常一 写真・日記集成 上」毎日新聞社　2005
　　◇p391〔白黒〕　青森県下北郡東通村 鹿橋・東通の一帯　㊥宮本常一、1963年8月12日

大きな庇屋根をもつ妻入商家
　「写真でみる民家大事典」柏書房　2005
　　◇p305-3〔白黒〕　愛知県豊田市足助町　㊥1980年　富山博

大きな曲り屋
　「宮本常一 写真・日記集成 下」毎日新聞社　2005
　　◇p216〔白黒〕　岩手県山形村川井　㊥宮本常一、1969年11月1日～4日

大きな門構えの旧家
　「宮本常一 写真・日記集成 下」毎日新聞社　2005
　　◇p402〔白黒〕　滋賀県大津市伊香立途中町　㊥宮本常一、1977年8月23日

大きな屋敷
　「宮本常一 写真・日記集成 下」毎日新聞社　2005
　　◇p158〔白黒〕（歴史を感じさせる大きな屋敷）　山口県福栄村佐々連　㊥宮本常一、1968年6月29日

大阪堂島の土蔵
　「日本の生活文化財」第一法規出版　1965
　　◇図19（住）〔白黒〕　大阪堂島　日本民家集落博物館所蔵（大阪府豊中市）

大沢家
　「写真でみる民家大事典」柏書房　2005
　　◇p226-2〔白黒〕　埼玉県川越市　㊥1987年　藤島幸彦　重要文化財
　「図説 民俗建築大事典」柏書房　2001
　　◇写真5（p239）〔白黒〕　埼玉県川越市

大庄屋の家
　「民俗図録 日本人の暮らし」日本図書センター　2012
　　◇図26〔白黒〕　兵庫県津名郡浦村白山　㊥宮本常一
　「宮本常一 写真・日記集成 上」毎日新聞社　2005
　　◇p353〔白黒〕　熊本県阿蘇郡一の宮町宮地　㊥宮本常一、1962年11月17日

大杉皮葺の家
　「宮本常一 写真・日記集成 下」毎日新聞社　2005
　　◇p22〔白黒〕　奈良県吉野郡塔村篠原　㊥宮本常一、1965年4月15日

大角家住宅
　「図説 民俗建築大事典」柏書房　2001
　　◇写真1（p25）〔白黒〕　滋賀県栗東市

大角家住宅 平面図
　「図説 民俗建築大事典」柏書房　2001
　　◇図2（p25）〔白黒・図〕　『重要文化財大角家住宅修理工事報告書』滋賀県教育委員会、1970

太田家住宅と同朝宗亭
　「宮本常一 写真・日記集成 下」毎日新聞社　2005
　　◇p300〔白黒〕　広島県福山市鞆　㊥宮本常一、1973年3月26日

大戸を閉めて潜り戸からの出入り
　「写真でみる民家大事典」柏書房　2005
　　◇p55-3〔白黒〕　茨城県三和町　㊥1997年　津山正幹

大戸口と潜り
　「図説 民俗建築大事典」柏書房　2001
　　◇写真3（p111）〔白黒〕　長野県塩尻市

大戸口と式台
　「日本の生活環境文化大辞典」柏書房　2010
　　◇p446-1〔白黒〕　長野県塩尻市 重要文化財堀内家　㊥2002年　冨士田亮子

大戸口（トンボロ）と農作業の出入り口
　「図説 民俗建築大事典」柏書房　2001
　　◇写真4（p111）〔白黒〕　埼玉県所沢市

大戸口の腰高障子
　「図説 民俗建築大事典」柏書房　2001
　　◇写真3（p100）〔白黒〕　岐阜県大垣市

大鳥の民家
　「民俗資料選集 1 狩猟習俗 I」国土地理協会　1973
　　◇p99（本文）〔白黒〕　山形県東田川郡朝日村大字大鳥

大野家
　「写真でみる民家大事典」柏書房　2005
　　◇p177-6〔白黒〕　北海道茅部郡森町　1929年建築　㊥2001年　佐藤修

屋敷構え　　　　　　　　　　　　　　　　　　　　　住

大原の農家のたたずまい
　「宮本常一 写真・日記集成 下」毎日新聞社　2005
　　◇p73〔白黒〕　京都市上京区大原　㊙宮本常一, 1966年5月1日

大平家主屋のチョウナ梁
　「図説 民俗建築大事典」柏書房　2001
　　◇写真4（p91）〔白黒〕　富山県朝日町

大平集落の民家
　「写真でみる民家大事典」柏書房　2005
　　◇p288-2〔白黒〕（無住の集落となって7年目の大平集落）長野県飯田市上飯田大平宿　㊙1982年　大平茂男
　　◇p289-3〔白黒〕（改修直前の大平集落の民家）長野県飯田市上飯田大平宿　㊙1992年　大平茂男

大塀造り
　「日本の生活環境文化大辞典」柏書房　2010
　　◇p423-7〔白黒・図〕　『京都市文化財ブックス第8集 京の住まい』より作図

大棟門
　「図説 民俗探訪事典」山川出版社　1983
　　◇p61〔白黒〕　東京都

大森の町並み
　「写真でみる民家大事典」柏書房　2005
　　◇p358-1〔白黒〕　島根県大田市大森　㊙1998年　和田嘉宥

大谷石の蔵
　「宮本常一 写真・日記集成 下」毎日新聞社　2005
　　◇p208〔白黒〕　福島県南会津郡田島町上町　㊙宮本常一, 1969年8月3日～4日
　　◇p302〔白黒〕　東京都府中市若松町　㊙宮本常一, 1973年4月ごろ（27日以前）

大屋根から突き出した天窓
　「写真でみる民家大事典」柏書房　2005
　　◇p268-1〔白黒〕　金沢市野町　㊙1980年　島村昇

尾形家の店蔵と袖蔵
　「写真でみる民家大事典」柏書房　2005
　　◇p215-3〔白黒〕　土浦市中城町　㊙2004年　松浦正夫

置き石屋根の建物
　「宮本常一 写真・日記集成 下」毎日新聞社　2005
　　◇p84〔白黒〕　㊙宮本常一, 1966年8月30日

沖家室・密度の濃い家並み
　「宮本常一 写真・日記集成 下」毎日新聞社　2005
　　◇p38〔白黒〕　山口県大島郡東和町［周防大島町］（沖家室島）　㊙宮本常一, 1965年8月12日

男木島の民家
　「図説 民俗建築大事典」柏書房　2001
　　◇写真6（p315）〔白黒〕　香川県高松市

置千木
　「日本民俗図誌 9 住居・運輸篇」村田書店　1978
　　◇図25〔白黒・図〕　飛騨の平湯

奥津の茅葺き民家
　「写真でみる民家大事典」柏書房　2005
　　◇p361-4〔白黒〕　岡山県苫田郡鏡野町奥津　㊙2000年　斎部功

沖縄の集落
　「写真でみる日本生活図引 4」弘文堂　1988
　　◇図156〔白黒〕　沖縄県八重山郡与那国町　㊙本田安次, 昭和33年8月
　　◇図157〔白黒〕　沖縄県島尻郡仲里村真謝・久米島　母屋, 炊事屋　㊙上江洲均, 昭和43年

沖縄民家の配置とアシャギの位置
　「日本民俗事典」弘文堂　1972
　　◇p8〔白黒・図〕　沖縄本島石川市字石川　『沖縄の民俗資料』第1集

沖縄民家の防風効果
　「図説 民俗建築大事典」柏書房　2001
　　◇図5（p245）〔白黒・図〕　沖縄県

沖島の家
　「写真でみる日本生活図引 6」弘文堂　1993
　　◇図40〔白黒〕　滋賀県近江八幡市沖島町（沖島）　㊙前野隆資, 昭和30年8月18日

沖島の集落
　「写真でみる日本生活図引 6」弘文堂　1993
　　◇図39〔白黒〕　滋賀県近江八幡市沖島町（沖島）　㊙畑亮夫, 昭和53年12月

置屋根で中塗り仕上げの農家の土蔵
　「写真でみる民家大事典」柏書房　2005
　　◇p90-2〔白黒〕　埼玉県所沢市　㊙1998年　大平茂男

屋中（太い横材）と垂木（細い縦材）、太い縦材は叉首
　「写真でみる民家大事典」柏書房　2005
　　◇p48-1〔白黒〕　茨城県三和町　㊙2004年　田代敦久

オクニワ
　「写真でみる民家大事典」柏書房　2005
　　◇p327-2〔白黒〕　京都府京都市下京区　主屋棟と土蔵に挟まれた座敷庭　㊙村上忠喜, 1999年

奥能登の平入農家
　「写真でみる民家大事典」柏書房　2005
　　◇p267-5〔白黒〕　石川県輪島市寺山　㊙1971年　島村昇

奥能登の平入農家の間取り
　「写真でみる民家大事典」柏書房　2005
　　◇p267-4〔白黒・図〕　石川県輪島市寺山　島村昇作図

奥播磨山村の民家
　「民俗図録 日本人の暮らし」日本図書センター　2012
　　◇図34〔白黒〕　兵庫県宍粟郡奥谷村原　㊙平山敏治郎

奥三面の集落
　「写真ものがたり昭和の暮らし 2」農山漁村文化協会　2004
　　◇p159〔白黒〕　新潟県朝日村三面　㊙中俣正義, 昭和56年4月
　「写真でみる日本生活図引 6」弘文堂　1993
　　◇図5〔白黒〕　新潟県岩船郡朝日村三面　㊙中俣正義, 昭和56年4月9日

小椋家の納戸（へや）
　「図説 民俗建築大事典」柏書房　2001
　　◇図2（p165）〔白黒・図〕　滋賀県神崎郡永源寺町　間取図　川島宙次『滅びゆく民家間取り・構造・内部』主婦と生活社、1973

御師住宅
　「写真でみる民家大事典」柏書房　2005
　　◇p239-3〔白黒〕　東京都青梅市御岳　㊙1985年　山崎弘

御師住宅の屋根
　「写真でみる民家大事典」柏書房　2005
　　◇p239-6〔白黒〕　東京都青梅市御岳　㊙1985年　山崎弘

押し寄せる開発の波
　「図説 日本民俗学」吉川弘文館　2009
　　◇p53〔白黒〕　茨城県つくば市

おだち組
　「写真でみる民家大事典」柏書房　2005
　　◇p34-2〔白黒〕　和歌山県かつらぎ町　㊙2002年　御船

達雄
**おだち組で組んだ屋根**
「写真でみる民家大事典」柏書房　2005
◇p34-3〔白黒〕　京都府美山町　㊙1996年　平山育男

**おだち組と棟札**
「写真でみる民家大事典」柏書房　2005
◇p34-4〔白黒〕　京都府美山町　㊙1996年　平山育男

**おだち組の小屋組を見上げる**
「写真でみる民家大事典」柏書房　2005
◇p34-1〔白黒〕　兵庫県神戸市　㊙1996年　平山育男

**小田邸**
「宮本常一 写真・日記集成 下」毎日新聞社　2005
◇p391〔白黒〕　山口県柳井市柳井津　商家博物館「むろやの園」として公開　㊙宮本常一, 1977年4月4日

**落合家**
「写真でみる民家大事典」柏書房　2005
◇p177-4〔白黒〕　北海道茅部郡森町　1936年建築　㊙2002年　佐藤修

**乙字型屋根の鍵屋の太田家**
「写真でみる民家大事典」柏書房　2005
◇p420-2〔白黒〕　熊本県球磨郡多良木町　㊙1995年　原田聰明　重要文化財

**同じ等高線上に主屋と厩が並ぶ十根川の民家**
「写真でみる民家大事典」柏書房　2005
◇p428-1〔白黒〕　宮崎県東臼杵郡椎葉村十根川　㊙2004年　土田充義

**鬼瓦**
「日本民具の造形」淡交社　2004
◇p37〔白黒〕　京都府　網野町郷土資料館所蔵

**オニユリの咲く屋根**
「写真でみる民家大事典」柏書房　2005
◇p41-3〔白黒〕　宮城県気仙沼市　㊙1972年　佐々木徳朗

**尾道の家並**
「日本民俗写真大系 4」日本図書センター　1999
◇p97〔白黒〕　尾道市　㊙中村昭夫, 1971年

**小幡の町並み**
「写真でみる民家大事典」柏書房　2005
◇p224-1〔白黒〕　群馬県甘楽郡甘楽町小幡　㊙2004年　家泉博

**帯戸**
「写真でみる民家大事典」柏書房　2005
◇p57-1〔白黒〕　千葉県佐倉市　㊙2004年　金田正夫

**帯戸の裏側**
「写真でみる民家大事典」柏書房　2005
◇p57-2〔白黒〕　千葉県佐倉市　㊙2004年　金田正夫

**オモテとナカエを小棟でつなぐ知覧型二つ家**
「写真でみる民家大事典」柏書房　2005
◇p30-2〔白黒〕　折田家、鹿児島県知覧町　㊙1995年　原田聰明

**オモテとナカエの間にテノマを挟んで配置された二つ家**
「写真でみる民家大事典」柏書房　2005
◇p30-1〔白黒〕　二階堂家、鹿児島県高山町　㊙2000年　原田聰明　重要文化財

**表に蔵と納屋をもつアズマダチの民家**
「写真でみる民家大事典」柏書房　2005
◇p263-2〔白黒〕　富山県砺波市秋元　㊙1994年　佐伯安一

**表屋造り**
「日本の生活環境文化大辞典」柏書房　2010
◇p422-6〔白黒・図〕　『まちに住まう』

**表屋造りの町家と幔幕**
「写真でみる民家大事典」柏書房　2005
◇p24-1〔白黒〕　京都府京都市下京区　㊙撮影者不明, 1915年

**オモテヤとトーグラの二棟に分かれた伝統的な民家**
「写真でみる民家大事典」柏書房　2005
◇p435-4〔白黒〕　鹿児島大島郡県住用村川内　㊙1978年　跡見学園女子大学民俗文化研究調査会

**オモヤ**
「宮本常一 写真・日記集成 別巻」毎日新聞社　2005
◇図58(p20)〔白黒〕　島根県美濃郡匹見上村三葛［匹見町］　㊙宮本常一, 1939年［月日不明］

**母屋**
「いまに伝える 農家のモノ・人の生活館」柏書房　2004
◇p224 写真1〔白黒〕　埼玉県所沢市　昭和38年(1963)まで存在したある農家
◇p251 写真1〔白黒〕(O家の母屋)　埼玉県大利根町の農家

**主屋外周の小便所**
「写真でみる民家大事典」柏書房　2005
◇p133-3〔白黒〕　長野県大鹿村中峰　㊙1983年　野本寛一

**主屋と隠居屋**
「日本の生活環境文化大辞典」柏書房　2010
◇p325-4〔白黒・図〕　三重県志摩市船越　〔建物配置図〕　㊙1975年　大間知篤三
◇p325-5〔白黒〕　滋賀県長浜市　㊙2006年　福田アジオ

**母屋と隠居屋**
「図説 日本民俗学」吉川弘文館　2009
◇p61〔白黒〕　三重県志摩市

**主屋と隠居屋・舟屋の位置(模式図)**
「日本の生活環境文化大辞典」柏書房　2010
◇p76-4〔白黒・図〕　京都府宮津市小田宿野　河原典史

**主屋(左端)と牛を飼育しているマヤ(中央)にオクラ**
「写真でみる民家大事典」柏書房　2005
◇p243-3〔白黒〕　東京都八丈町　㊙1982年　山崎弘

**主屋と倉**
「民俗資料選集 8 中付駑者の習俗」国土地理協会　1979
◇p274(本文)〔白黒〕　福島県南会津郡伊南村青柳

**主屋とダイドコロが分かれる別棟造り**
「写真でみる民家大事典」柏書房　2005
◇p16-1〔白黒〕　千葉県富山町　㊙1983年　宮崎勝弘

**主屋とダイドコロの棟が直交する別棟造り**
「写真でみる民家大事典」柏書房　2005
◇p16-2〔白黒〕　千葉県富山町　㊙1983年　宮崎勝弘

**主屋とダイドコロの棟が平行な別棟造り**
「写真でみる民家大事典」柏書房　2005
◇p16-3〔白黒〕　千葉県富山町　㊙1983年　宮崎勝弘

**主屋と納屋が一体化した瓦葺きの民家**
「日本の生活環境文化大辞典」柏書房　2010
◇p431-2〔白黒〕　佐賀県武雄市　㊙1999年　原田聰明

**主屋と付属屋が調和する屋敷**
「写真でみる民家大事典」柏書房　2005
◇p81〔白黒〕　岩手県大東町　㊙1972年　刊行委員会

**主屋と便所**
「宮本常一 写真・日記集成 上」毎日新聞社　2005
◇p437〔白黒〕　新潟県佐渡郡赤泊村徳和［佐渡市］野口家　㊙宮本常一, 1964年6月24日

屋敷構え　　　　　　　　　　　　　　　　　　住

**母屋と棟続きの土壁の納屋**
「宮本常一 写真・日記集成 下」毎日新聞社　2005
　◇p298〔白黒〕　群馬県吾妻郡中之条町大道　㊞宮本常一, 1973年3月5日～6日

**主屋に接して増設された炊事棟**
「写真でみる民家大事典」柏書房　2005
　◇p99-2〔白黒〕　茨城県麻生町　㊞1998年　榎美香

**主屋の縁の下の貯蔵スペース**
「日本の生活環境文化大辞典」柏書房　2010
　◇p27-4〔白黒〕　愛知県田原市野田町　㊞2009年　林哲志

**主屋の戸口**
「民俗資料選集 9 山村の生活と用具」国土地理協会　1981
　◇p7（口絵）〔白黒〕　愛知県北設楽郡津具村　大戸

**主屋の背面に飛び出た後角**
「写真でみる民家大事典」柏書房　2005
　◇p15-3〔白黒〕　右側、埼玉県越谷市　㊞2004年　津山正幹

**母屋の間取り**
「いまに伝える 農家のモノ・人の生活館」柏書房　2004
　◇p226 図1〔白黒・図〕　埼玉県内の農家　右住まいと左住まい
　◇p226 図2〔白黒・図〕　埼玉県内の農家　整形四間取り（田の字型）
　◇p226 図3〔白黒・図〕　埼玉県内の農家　広間型間取り
　◇p226 図4〔白黒・図〕　埼玉県内の農家　鉤型間取り（ツノヤ）

**母屋の間取りと煮炊きの場**
「いまに伝える 農家のモノ・人の生活館」柏書房　2004
　◇p239 図1〔白黒・図〕　埼玉県川里町

**母屋の間取りと名称**
「図説 日本民俗学」吉川弘文館　2009
　◇p47〔白黒・図〕

**主屋の脇に黒漆喰の土蔵を構える竹田家**
「写真でみる民家大事典」柏書房　2005
　◇p311-3〔白黒〕　愛知県名古屋市緑区有松　㊞2002年　谷沢明

**母屋間取り図**
「いまに伝える 農家のモノ・人の生活館」柏書房　2004
　◇p251 図1〔白黒・図〕（O家の母屋間取り図）　埼玉県大利根町の農家　大正15年当時

**母屋横の物置場**
「宮本常一 写真・日記集成 上」毎日新聞社　2005
　◇p207〔白黒〕（榊原家の母屋横の物置場）　新潟県佐渡郡赤泊村［佐渡市］下川茂　〔壁の前の道具類〕　㊞宮本常一, 1960年8月24日

**折置組の柱と梁の接合部**
「写真でみる民家大事典」柏書房　2005
　◇p37-1〔白黒〕　熊本県菊水町　㊞2004年　原田聰明

**海岸集落**
「宮本常一 写真・日記集成 上」毎日新聞社　2005
　◇p269〔白黒〕　山口県萩市浜崎付近　㊞宮本常一, 1961年8月30日

**海岸沿いの家並み**
「宮本常一 写真・日記集成 上」毎日新聞社　2005
　◇p204〔白黒〕　新潟県両津市［佐渡市］岩首　㊞宮本常一, 1960年8月21日

**海岸沿いの集落**
「宮本常一 写真・日記集成 下」毎日新聞社　2005
　◇p197〔白黒〕　広島県三原市幸崎町能地　㊞宮本常一, 1969年7月20日～25日

**海岸近くの民家**
「日本民俗写真大系 5」日本図書センター　2000
　◇p122〔白黒〕　〔鹿児島県〕下甑村　瓦ぶきの平屋　㊞橋口実昭, 1978年

**海岸に近い家**
「あるくみるきく双書 宮本常一とあるいた昭和の日本 21」農山漁村文化協会　2011
　◇p171〔白黒〕　鹿児島県里村里（上甑島）　石垣を高く築く　㊞竹内淳子

**海岸の家**
「宮本常一 写真・日記集成 上」毎日新聞社　2005
　◇p376〔白黒〕　脇野沢（青森県下北郡脇野沢村）　石垣のできる前は木を組んで波除けにしていた　㊞宮本常一, 1963年6月20日

**海岸の家並み**
「宮本常一 写真・日記集成 上」毎日新聞社　2005
　◇p345〔白黒〕　熊本県天草郡五和町 通詞島（あるいは二江）　㊞宮本常一, 1962年10月7日

**海岸の集落**
「宮本常一が撮った昭和の情景 上」毎日新聞社　2009
　◇p72〔白黒〕　新潟県佐渡市立間　㊞宮本常一, 1959年8月12日
「宮本常一 写真・日記集成 上」毎日新聞社　2005
　◇p144〔白黒〕（両津市立間）　新潟県佐渡郡畑野町［佐渡市］　㊞宮本常一, 1959年8月12日

**海岸の家並みと丸太を用いた護岸**
「宮本常一が撮った昭和の情景 上」毎日新聞社　2009
　◇p190～191〔白黒〕　青森県むつ市脇野沢　九学会連合の下北予備調査　㊞宮本常一, 1963年6月20日

**カイコヤ造りの農家**
「いまに伝える 農家のモノ・人の生活館」柏書房　2004
　◇p179 写真1〔白黒〕　埼玉県小川町

**階上村の大家族の家屋**
「図説 日本民俗学」吉川弘文館　2009
　◇p56〔白黒・図〕　大間知篤三「家族」『日本民俗学大系』3より

**海上に張り出した家々**
「宮本常一 写真・日記集成 上」毎日新聞社　2005
　◇p84〔白黒〕　広島県 尾道の桟橋近く　㊞宮本常一, 1957年8月29日

**改装で白漆喰をはぎ取って煉瓦をみせる**
「写真でみる民家大事典」柏書房　2005
　◇p411-3〔白黒〕（1997年の改装で白漆喰をはぎ取って煉瓦をみせる）　佐賀県小城市牛津町　㊞2004年　佐藤正彦

**回漕店・仲買を営んだ妻入り・袖壁の阿波屋**
「写真でみる民家大事典」柏書房　2005
　◇p377-4〔白黒〕　山口県熊毛郡上関町　㊞1973年　谷沢明

**解体される民家**
「宮本常一が撮った昭和の情景 下」毎日新聞社　2009
　◇p49〔白黒〕（ダム予定地の解体される民家）　広島県三原市大和町（王子原）から箱川付近　椋梨ダム水没地区緊急民俗調査　㊞宮本常一, 1966年12月14日～18日
　◇p49〔白黒〕（ダム予定地の解体される民家）　広島県三原市大和町（王子原）から箱川付近　椋梨ダム水没地区緊急民俗調査　㊞宮本常一, 1966年12月14日～18日
　◇p49〔白黒〕（ダム予定地の解体される民家）　広島県三原市大和町（王子原）から箱川付近　椋梨ダム水没地区緊急民俗調査　㊞宮本常一, 1966年12月14日～18日
「宮本常一 写真・日記集成 下」毎日新聞社　2005
　◇p91〔白黒〕　広島県賀茂郡大和町王子原　椋梨ダム水

住　　　　　　　　　　　　　　　　　　　　　　　　　　　　　　　屋敷構え

没地域民俗緊急調査　㊙宮本常一, 1966年12月14日〜18日
　◇p91〔白黒〕　広島県賀茂郡大和町王子原　椋梨ダム水没地域民俗緊急調査　㊙宮本常一, 1966年12月14日〜18日
　◇p91〔白黒〕　広島県賀茂郡大和町王子原　椋梨ダム水没地域民俗緊急調査　㊙宮本常一, 1966年12月14日〜18日
　◇p91〔白黒〕　広島県賀茂郡大和町王子原　椋梨ダム水没地域民俗緊急調査　㊙宮本常一, 1966年12月14日〜18日
　◇p91〔白黒〕　広島県賀茂郡大和町王子原　椋梨ダム水没地域民俗緊急調査　㊙宮本常一, 1966年12月14日〜18日

**開拓地の住まい**
「写真ものがたり昭和の暮らし 2」農山漁村文化協会　2004
　◇p21〔白黒〕　長野県浪合村寒原　かやの粗末な造りの家　㊙熊谷元一, 昭和30年

**開拓地の農家**
「写真でみる日本生活図引 4」弘文堂　1988
　◇図139〔白黒〕　岩手県岩手郡岩手町川口　㊙菊池俊吉, 昭和33年3月

**開拓農家**
「宮本常一 写真・日記集成 上」毎日新聞社　2005
　◇p312〔白黒〕　鹿児島県肝属郡佐多町大中尾→辺塚　㊙宮本常一, 1962年6月15日

**改築型の養蚕民家**
「写真でみる民家大事典」柏書房　2005
　◇p106-2〔白黒〕　埼玉県秩父地方　㊙1978年　坪郷英彦

**改築される家**
「図説 日本民俗学」吉川弘文館　2009
　◇p185〔白黒〕　長野県上田市

**街道側がせがい造りとなっている民家**
「写真でみる民家大事典」柏書房　2005
　◇p289-4〔白黒〕　長野県飯田市上飯田大平宿　㊙2004年　大平茂男

**街道に面した入口**
「写真でみる民家大事典」柏書房　2005
　◇p405-6〔白黒〕　福岡県宗像市赤間　㊙2004年　土田充義

**カイニョとよばれる屋敷林**
「日本の生活環境文化大辞典」柏書房　2010
　◇p410-1〔白黒〕　富山市　㊙2002年　朴賛弼

**家屋**
「日本民俗図誌 9 住居・運輸篇」村田書店　1978
　◇図43-1〔白黒・図〕　岐阜県白川村

**家屋が密集して建っている妻良の集落**
「日本の民俗 下」クレオ　1997
　◇p248〔白黒〕　静岡県賀茂郡南伊豆町　㊙芳賀日出男, 昭和37年

**家屋の構造横断面**
「日本民俗図誌 9 住居・運輸篇」村田書店　1978
　◇図42-2〔白黒・図〕　岐阜県白川村御母衣
　◇図44-1〔白黒・図〕　岐阜県荘川村　藤島彦治郎の採図による
　◇図44-2〔白黒・図〕　富山県東礪波郡大鋸屋村　藤島彦治郎の採図による

**家屋平面図**
「民俗資料選集 30 焼畑習俗Ⅱ」国土地理協会　2002
　◇p218(本文)〔白黒・図〕　宮崎県五ケ瀬町貫原

**家格と屋敷**
「日本社会民俗辞典 4」日本図書センター　2004
　◇p1478〔白黒・図〕　小倉強「東北の民家」による

**加唐島**
「宮本常一 写真・日記集成 上」毎日新聞社　2005
　◇p326〔白黒〕　加唐島(佐賀県東松浦郡鎮西町)　㊙宮本常一, 1962年8月8日

**瓦巻の棟**
「日本の生活環境文化大辞典」柏書房　2010
　◇p452-9〔白黒〕　東京都板橋区　㊙1984年　宮崎勝弘

**垣と塀**
「図説 民俗建築大事典」柏書房　2001
　◇図1(p106)〔白黒・図〕　穂積和夫『日本の建築と町並みを描く』彰国社、1991

**鍵広間型の民家**
「日本の生活環境文化大辞典」柏書房　2010
　◇p16-4〔白黒・図〕　山梨県上野原市富岡　明治27年建築　坂本高雄

**鍵屋の桑原家**
「写真でみる民家大事典」柏書房　2005
　◇p421-4〔白黒〕　熊本県球磨郡錦町　㊙1995年　原田聰明　重要文化財

**鈎屋の民家**
「宮本常一 写真・日記集成 上」毎日新聞社　2005
　◇p314〔白黒〕　熊本県人吉市→五木　㊙宮本常一, 1962年6月19日

**かぐら建ての旧岸名家**
「写真でみる民家大事典」柏書房　2005
　◇p270-3〔白黒〕　福井県坂井郡三国町　㊙2004年　福井宇洋

**かぐら建ての民家**
「写真でみる民家大事典」柏書房　2005
　◇p270-1〔白黒〕(典型的なかぐら建ての民家)　福井県坂井郡三国町　㊙2004年　福井宇洋

**掛桟瓦葺き屋根の各部名称**
「図説 民俗建築大事典」柏書房　2001
　◇図6(p119)〔白黒・図〕　武者英二・吉田尚英編著『屋根のデザイン百科』彰国社、1999を改編

**囲集落**
「写真ものがたり昭和の暮らし 2」農山漁村文化協会　2004
　◇p193〔白黒〕　宮崎県西都市大字銀鏡　稲妻型の道　㊙須藤功, 昭和44年12月

**囲い造り**
「写真でみる民家大事典」柏書房　2005
　◇p26-1〔白黒〕(隣接する囲い造り)　奈良県天理市岩屋　㊙1973年　奈良県立民俗博物館
「図説 民俗建築大事典」柏書房　2001
　◇写真2(p51)〔白黒〕　奈良県大和郡山市

**囲い造りの外観**
「写真でみる民家大事典」柏書房　2005
　◇p26-2〔白黒〕　奈良県大和郡山市豊浦　㊙2004年　早瀬哲恒

**鹿児島の二つ家**
「日本の生活環境文化大辞典」柏書房　2010
　◇p427-6〔白黒〕　鹿児島県伊佐市大口　㊙2001年

**家人専有の後中門をしつらえた民家**
「民俗学事典」丸善出版　2014
　◇p208〔白黒・図〕　新潟県十日町市　出典：津山正幹, 1995『十日町市史資料編8』

**風ヨケ垣**
「宮本常一 写真・日記集成 別巻」毎日新聞社　2005

◇図2（p13）〔白黒〕　島根県八束郡野波村小波［島根町］ [撮]宮本常一, 1939年11月17日

### 風除けの垣根
「宮本常一が撮った昭和の情景 上」毎日新聞社　2009
◇p198〔白黒〕　東京都新島村（新島）　[撮]宮本常一, 1963年7月27日

### 風除けの樹木と垣根
「宮本常一が撮った昭和の情景 上」毎日新聞社　2009
◇p209〔白黒〕　山形県東田川郡庄内町余目　[撮]宮本常一, 1963年11月16日

### 風除けのノロシ
「写真でみる民家大事典」柏書房　2005
◇p213-6〔白黒〕　茨城県猿島郡三和町間中橋　[撮]1997年　津山正幹

### 過疎化で住人があとに残した廃屋
「里山・里海 暮らし図鑑」柏書房　2012
◇写2（p338）〔白黒〕　島根県浜田市

### 片流れ屋根型のホシ小屋
「写真でみる民家大事典」柏書房　2005
◇p107-4〔白黒〕　滋賀県近江町　[撮]1955年　石野博信

### カツオ木
「写真でみる日本人の生活全集 3」日本図書センター　2010
◇p58〔白黒〕　東京都下小河内村

### 合掌作り
「日本郷土 風俗・民芸・芸能図鑑」日本図書センター　2012
◇写真篇 岐阜〔白黒〕　岐阜県

### 合掌造り
「日本民俗大辞典 下」吉川弘文館　2000
◇図2〔別刷図版「民家」〕〔白黒〕（合掌造）　岐阜県大野郡白川村　[撮]1998年　白川村教育委員会提供
「写真でみる日本生活図引 6」弘文堂　1993
◇図12〔白黒〕　岐阜県大野郡白川村保木脇　[撮]早川孝太郎, 昭和12年8月23日
「日本民俗事典」弘文堂　1972
◇p154〔白黒〕（合掌造）　富山県東砺波郡平村, 上平村　[撮]萩原秀三郎

### 合掌造り・中野家主屋梁行断面
「図説 民俗建築大事典」柏書房　2001
◇図6（p90）〔白黒・図〕　岐阜県白川村　宮澤智士編『合掌造りを修復活用する』（財）野外博物館合掌造り民家園、2000

### 合掌造りの外観
「写真でみる民家大事典」柏書房　2005
◇p22-1〔白黒〕　遠山家、岐阜県白川村御母衣　[撮]1990年　佐伯安一　重要文化財

### 合掌作りの農家
「日本郷土 風俗・民芸・芸能図鑑」日本図書センター　2012
◇写真篇 富山〔白黒〕　富山県 五箇山

### 合掌造りの左側妻面
「写真でみる民家大事典」柏書房　2005
◇p22-2〔白黒〕　岩瀬家、富山県南砺市西赤尾　[撮]1969年　佐伯安一　重要文化財

### 合掌造り民家群
「写真でみる民家大事典」柏書房　2005
◇p296-1〔白黒〕　岐阜県大野郡白川村荻町　[撮]1990年　杉本文司

### 合掌造屋根
「精選 日本民俗辞典」吉川弘文館　2006
◇p135〔白黒・図〕　富山県平村（南砺市）
「日本民俗大辞典 上」吉川弘文館　1999
◇p369〔白黒・図〕　富山県東礪波郡平村

### 門口の小便所
「民俗図録 日本人の暮らし」日本図書センター　2012
◇図58〔白黒〕　岐阜県大野郡丹生川村　[撮]橋浦泰雄

### 金森洋物店
「写真でみる民家大事典」柏書房　2005
◇p180-1〔白黒〕　北海道函館市末広町　[撮]1974年　北海道大学建築史意匠学研究室

### 叶木集落
「日本の生活環境文化大辞典」柏書房　2010
◇p346-1〔白黒〕　山口市叶木　茅葺きの農家　[撮]1991年　金谷玲子

### 鹿野川ダム下流の集落
「宮本常一が撮った昭和の情景 上」毎日新聞社　2009
◇p135〔白黒〕　愛媛県肱川町　[撮]宮本常一, 1961年8月7日
「宮本常一 写真・日記集成 上」毎日新聞社　2005
◇p263〔白黒〕（鹿野川ダム周辺）　愛媛県喜多郡肱川町　[撮]宮本常一, 1961年8月7日

### かぶと造
「日本民俗大辞典 下」吉川弘文館　2000
◇図5〔別刷図版「民家」〕〔白黒〕　山形県東田川郡朝日村 旧渋谷家住宅　[撮]小林昌人, 1958年
「日本民俗大辞典 上」吉川弘文館　1999
◇p385〔白黒〕（かぶと造〔民家〕）　山梨県中巨摩郡富沢町

### 兜造り
「宮本常一 写真・日記集成 上」毎日新聞社　2005
◇p67〔白黒〕　神奈川県厚木市 荻野　[撮]宮本常一, 1957年6月2日
「宮本常一 写真・日記集成 下」毎日新聞社　2005
◇p434〔白黒〕　福島県安達郡岩代町小浜　[撮]宮本常一, 1978年7月10日〜13日（農山漁家生活改善技術資料収集調査）

### かぶと造り・多層民家
「図説 民俗建築大事典」柏書房　2001
◇写真1（p12）〔白黒〕　山形県朝日村（致道博物館へ移築）

### 兜造りの家
「宮本常一 写真・日記集成 下」毎日新聞社　2005
◇p308〔白黒〕　福島県南会津郡田島町針生　[撮]宮本常一, 1973年

### かぶと造りの農家
「写真ものがたり昭和の暮らし 1」農山漁村文化協会　2004
◇p11〔白黒〕　山形県朝日村田麦俣　[撮]米山孝志, 昭和52年

### かぶと造りの民家
「写真でみる民家大事典」柏書房　2005
◇p279-6〔白黒〕（頂部を入母屋としたかぶと造りの民家）　山梨県南都留郡富士河口湖町　山梨県南都留郡富士河口湖町根場　[撮]2003年　坂本高雄

### かぶと造りの屋根
「写真でみる民家大事典」柏書房　2005
◇p404-2〔白黒〕（赤間宿の特徴を示すかぶと造りの屋根）　福岡県宗像市赤間　[撮]2004年　土田充義

### 壁の保護のためにとりつけられた雪囲い
「図説 民俗建築大事典」柏書房　2001
◇写真2（p240）〔白黒〕　新潟県南魚沼郡塩沢町　[撮]津山正幹

### 釜小屋
「いまに伝える 農家のモノ・人の生活館」柏書房　2004
◇p244 図1〔白黒・写真/図〕　埼玉県小川町

**竈屋造りの農家**
「写真ものがたり昭和の暮らし 9」農山漁村文化協会　2007
◇p38〔白黒〕　愛知県長篠村富栄(現新城市)　[撮]木川半之丞, 昭和10年3月　所蔵・早川孝太郎

**カマヤ建て**
「日本民俗大辞典 上」吉川弘文館　1999
◇p393〔白黒・図〕　静岡県引佐郡引佐町

**釜屋建て**
「図説 民俗建築大事典」柏書房　2001
◇写真3(p304)〔白黒〕　愛知県新城市 望月家　重要文化財

**釜屋建ての民家**
「図説 台所道具の歴史」日本図書センター　2012
◇p67-20〔白黒〕　唐津のくどづくり　[撮]GK
「写真でみる民家大事典」柏書房　2005
◇p23-2〔白黒〕　望月家、愛知県新城市　[撮]2004年　矢部忠司　重要文化財

**釜屋建ての民家と屋敷**
「写真でみる民家大事典」柏書房　2005
◇p23-1〔白黒〕　静岡県引佐町　[撮]2004年　矢部忠司

**紙障子に映える連子窓**
「写真でみる民家大事典」柏書房　2005
◇p61-1〔白黒〕　千葉県大栄町　[撮]1996年頃　道塚元嘉

**上諏訪地方の農家の間取り**
「図説 民俗建築大事典」柏書房　2001
◇図3(p18)〔白黒・図〕　長野県諏訪市

**上時国家**
「写真でみる民家大事典」柏書房　2005
◇p266-1〔白黒〕　石川県輪島市町野町　[撮]1996年　津山正幹

**上関海峡からみる集落**
「写真でみる民家大事典」柏書房　2005
◇p376-1〔白黒〕　山口県熊毛郡上関町　[撮]1987年頃　谷沢明

**上芳我家東面**
「写真でみる民家大事典」柏書房　2005
◇p395-3〔白黒〕　愛媛県喜多郡内子町　[撮]2004年　溝渕博彦

**上芳我家付近の町並み**
「写真でみる民家大事典」柏書房　2005
◇p395-2〔白黒〕　愛媛県喜多郡内子町　[撮]2004年　溝渕博彦

**上村上町の家並み**
「宮本常一 写真・日記集成 上」毎日新聞社　2005
◇p386〔白黒〕　長野県下伊那郡上村上町　左は宿屋　[撮]宮本常一, 1963年7月8日

**上屋と下屋**
「日本の生活環境文化大辞典」柏書房　2010
◇p433-4〔白黒・図〕　広瀬家断面図・山梨県, 旧森江家構造図・岡山県　吉田靖
「図説 民俗建築大事典」柏書房　2001
◇図2(p82)〔白黒・図〕　『構造用教材』日本建築学会、1985

**カミンニャ**
「図録・民具入門事典」柏書房　1991
◇p54〔白黒〕　東京都三宅島

**亀屋外観**
「日本を知る事典」社会思想社　1971
◇口絵10(日本の民家)〔カラー〕　川崎市鍛治町

**蒲生家隠居屋現状平面図**
「図説 民俗建築大事典」柏書房　2001
◇図2(p64)〔白黒・図〕　福島県滝根町　『滝根町史 民俗編』、1988

**茅(葦)壁**
「日本の生活環境文化大辞典」柏書房　2010
◇p437-5〔白黒〕　佐賀市　[撮]2009年　原田聰明

**茅を使用した雪囲い**
「写真でみる民家大事典」柏書房　2005
◇p319-3〔白黒〕　滋賀県高島市在原　[撮]1987年　網谷りょういち

**茅壁**
「図説 民俗建築大事典」柏書房　2001
◇写真1(p86)〔白黒〕　日本民家集落博物館・〔長野県〕秋山の民家

**茅倉庫**
「写真でみる民家大事典」柏書房　2005
◇p207-5〔白黒〕(1999年に竣工した茅倉庫)　福島県南会津郡下郷町大内　[撮]1999年　菅野康二

**カヤ葺き家屋**
「里山・里海 暮らし図鑑」柏書房　2012
◇写2(p221)〔白黒〕　鹿児島県徳之島町井之川　昭和30年代後半　幸山忠蔵提供

**カヤ葺き家屋、土蔵、牛舎等**
「里山・里海 暮らし図鑑」柏書房　2012
◇写1(p221)〔白黒〕　埼玉県秩父市堀切　昭和30年代はじめ　冨田耕造提供

**茅葺きと越屋根が特徴の主屋の左右に石倉をもつ**
「写真でみる民家大事典」柏書房　2005
◇p93-2〔白黒〕　渡邊家、栃木県宇都宮市大谷町　[撮]2004年　出口清孝

**茅葺きにトタンを被せた民家**
「写真でみる民家大事典」柏書房　2005
◇p275-3〔白黒〕　福井県三方郡美浜町日向西地区　[撮]1990年　津山正幹

**茅葺きの置き屋根**
「図説 民俗建築大事典」柏書房　2001
◇写真3(p238)〔白黒〕　東京都世田谷区 次太夫堀公園・民家園

**茅葺きの民家**
「写真でみる民家大事典」柏書房　2005
◇p203-5〔白黒〕　山形県米沢市芳泉町　[撮]1998年　津山正幹
「写真でみる日本生活図引 6」弘文堂　1993
◇目次A〔白黒〕　[撮]佐藤久太郎

**茅葺きの民家群**
「写真でみる民家大事典」柏書房　2005
◇p42-1〔白黒〕　新潟県津南町上野　[撮]1968年　池田亨

**茅葺きの村**
「写真でみる民家大事典」柏書房　2005
◇p172〔白黒〕　宮城県気仙沼市羽田　[撮]1974年　佐々木徳朗

**茅葺き民家**
「日本の生活環境文化大辞典」柏書房　2010
◇p465-1〔白黒〕　長野県佐久市臼田　[撮]2002年　多田井幸視
「写真でみる民家大事典」柏書房　2005
◇p325-3〔白黒〕　京都府北桑田郡美山町和泉　桜咲く頃　[撮]1984年　早瀬哲恒

**茅葺き民家が環状に並ぶ荻ノ島の集落**
「写真でみる民家大事典」柏書房　2005
◇p256-1〔白黒〕　新潟県柏崎市高柳町荻ノ島　[撮]2004年　三井田忠明

**茅葺き屋根**
「写真でみる民家大事典」柏書房　2005
◇口絵9〔カラー〕　新潟県魚沼市　[撮]2004年　刊行委員会
◇p235-4〔白黒〕(江東区唯一の茅葺き屋根—旧大石家) 現仙台堀川公園内　[撮]2004年　佐志原圭子

**茅葺屋根**
「写真ものがたり昭和の暮らし 5」農山漁村文化協会　2005
◇p12〔白黒〕　山梨県忍野村　水車小屋, 隠居屋, 忍野を代表する大型農家の旧渡邊家住宅　[撮]須藤功, 平成17年4月

**茅葺き屋根を鉄板で覆った鞘掛けの屋根**
「日本の生活環境文化大辞典」柏書房　2010
◇p450-5〔白黒〕　山口市　[撮]2001年　宮崎勝弘

**茅葺き屋根を残したままカラー鉄板で覆った屋根**
「日本の生活環境文化大辞典」柏書房　2010
◇口絵15〔カラー〕　山口市吉敷畑　[撮]2001年　宮崎勝弘

**茅葺き屋根から木羽葺きに改造した家**
「写真でみる民家大事典」柏書房　2005
◇p199-3〔白黒〕　秋田県仙北郡角館町　茅葺き屋根から木羽葺きに改造して明治33年の大火での焼失を免れた岩橋家　[撮]1970年代　坂田泉

**カヤ葺き屋根修理材の備蓄**
「里山・里海 暮らし図鑑」柏書房　2012
◇写12(p225)〔白黒〕　新潟県旧中里村〔十日町市〕

**茅葺き屋根と福木**
「写真でみる民家大事典」柏書房　2005
◇p439-4〔白黒〕　沖縄県八重山郡竹富町　[撮]1992年　朴賛弼

**茅葺屋根の家**
「写真ものがたり昭和の暮らし 9」農山漁村文化協会　2007
◇p33〔白黒〕　宮崎県椎葉村大河内　[撮]早川孝太郎, 昭和9年3月

**茅葺き屋根の主屋と薬医門の表門**
「写真でみる民家大事典」柏書房　2005
◇p198-1〔白黒〕　秋田県仙北郡角館町　茅葺き屋根の主屋と万延元年(1860)に造られた薬医門の表門　[撮]1970年代　坂田泉

**茅葺き屋根の外便所**
「写真でみる民家大事典」柏書房　2005
◇p197-5〔白黒〕　田沢湖町　[撮]1993年　秋田県月舘敏栄

**茅葺屋根の土蔵**
「日本社会民俗辞典 1」日本図書センター　2004
◇p317〔白黒〕　福島県田島町

**茅葺屋根の農家**
「あるくみるきく双書 宮本常一とあるいた昭和の日本 24」農山漁村文化協会　2012
◇p65〔カラー〕　岩手県 早池峯山麓　[撮]須藤功,〔昭和51年〕
「あるくみるきく双書 宮本常一とあるいた昭和の日本 22」農山漁村文化協会　2012
◇p173〔白黒〕　秋田県西木村上檜木内(現仙北市)　[撮]宮本常一

**カヤ葺き屋根の軒下利用**
「里山・里海 暮らし図鑑」柏書房　2012
◇写10(p224)〔白黒〕　和歌山県有田川町楠本

**茅葺き屋根の民家**
「写真でみる民家大事典」柏書房　2005
◇p400-1〔白黒〕　高知県高岡郡檮原町 檮原村上本村　[撮]昭和50年代　溝渕博彦

**茅葺き屋根の民家にある玄関脇の上げ下げ窓**
「写真でみる民家大事典」柏書房　2005
◇p62-1・2〔白黒〕　北海道森町赤井川　[撮]2004年　松岡龍介

**茅葺屋根の民家も残る新島北部の若郷集落**
「写真ものがたり昭和の暮らし 3」農山漁村文化協会　2004
◇p196〔白黒〕　東京都新島村若郷　[撮]坪井洋文, 昭和32年7月

**萱葺民家**
「宮本常一 写真・日記集成 別巻」毎日新聞社　2005
◇図327(p53)〔白黒〕　新潟県・越後・薮神〔南魚沼郡大和町〕　[撮]宮本常一, 1941年10月

**茅干しを兼ねたセイタの風除け**
「写真でみる民家大事典」柏書房　2005
◇p86-1〔白黒〕　新潟県柏崎市西山町　[撮]1995年　三井田忠明

**かや屋根**
「写真ものがたり昭和の暮らし 2」農山漁村文化協会　2004
◇p9〔白黒〕　鳥取県智頭町　[撮]昭和30年代　(社)農山漁村文化協会提供

**萱屋根と本瓦葺きの家**
「宮本常一 写真・日記集成 上」毎日新聞社　2005
◇p344〔白黒〕　熊本県天草郡五和町 通詞島　[撮]宮本常一, 1962年10月7日

**カラス**
「写真でみる民家大事典」柏書房　2005
◇p50-1〔白黒〕　兵庫県神戸市北区八多　置千木上の横材先端　[撮]1982年　加藤厚子

**カラスオドシが載る茅葺き民家**
「写真でみる民家大事典」柏書房　2005
◇p360-1〔白黒〕　岡山県苫田郡鏡野町奥津　[撮]2000年　斎部功

**ガラス障子の家**
「宮本常一 写真・日記集成 上」毎日新聞社　2005
◇p131〔白黒〕　静岡県磐田郡水窪町　[撮]宮本常一, 1959年7月27日

**ガラスはめ込み格子戸の玄関**
「写真でみる民家大事典」柏書房　2005
◇p63-2〔白黒〕　奈良県斑鳩町　[撮]2004年　森田克己

**唐破風をつけた風呂屋形**
「日本を知る事典」社会思想社　1971
◇図57(p221)〔白黒〕　千葉県佐倉市

**唐破風の大屋根**
「写真でみる民家大事典」柏書房　2005
◇p369-7〔白黒〕　広島県竹原市　菱格子塗籠窓の松阪家　[撮]2001年　河村明植

**仮りの住まい**
「写真でみる日本生活図引 6」弘文堂　1993
◇図21〔白黒〕　東京都台東区 隅田公園　戦後、浮浪者の仮小屋　[撮]昭和29年2月11日　東京都提供

**刈屋集落**
「写真でみる民家大事典」柏書房　2005
◇p384-1〔白黒〕　山口県山陽小野田市　[撮]2004年　金谷玲子

**カリヤ通りの町並みを構成する民家**
「写真でみる民家大事典」柏書房　2005
◇p352-1〔白黒〕　鳥取県八頭郡若桜町　[撮]2004年　渡邊一正

**カリヤとなっていた部分まで格子を出した民家**
「写真でみる民家大事典」柏書房　2005
◇p353-5〔白黒〕　鳥取県八頭郡若桜町　[撮]2004年　渡

邊一正

**鹿老渡の集落遠景**
「写真でみる民家大事典」柏書房　2005
◇p373-3〔白黒〕　広島県呉市　[撮]1987年　迫垣内裕

**鹿老渡の町並み**
「写真でみる民家大事典」柏書房　2005
◇p373-5〔白黒〕　広島県呉市　[撮]2004年　迫垣内裕

**川越人夫の住まいや待合所、集会場の建物**
「写真でみる民家大事典」柏書房　2005
◇p301-2〔白黒〕　静岡県島田市・榛原郡金谷町　[撮]2004年　矢部忠司

**川沿いにある白漆喰、なまこ壁の尾花家**
「写真でみる民家大事典」柏書房　2005
◇p407-4〔白黒〕　吉井町鏡田　伝・文久3年建築　[撮]2004年　佐藤正彦

**川沿いに広がる隈町の町並み**
「写真でみる民家大事典」柏書房　2005
◇p425-4〔白黒〕　大分県日田市　[撮]2004年　佐志原圭子

**河内型**
「日本の生活環境文化大辞典」柏書房　2010
◇p430-2〔白黒〕　大阪府南河内郡太子町山田　[撮]2000年　早瀬哲恒

**川に下りる石段のある家**
「宮本常一 写真・日記集成 下」毎日新聞社　2005
◇p157〔白黒〕　山口県福栄村佐々連　[撮]宮本常一, 1968年6月29日

**川に背を向けた家**
「宮本常一 写真・日記集成 上」毎日新聞社　2005
◇p305〔白黒〕　広島県 広島駅南側　[撮]宮本常一, 1962年5月2日

**川に張り出した町家**
「宮本常一 写真・日記集成 下」毎日新聞社　2005
◇p404〔白黒〕　山口県柳井市 柳井津　[撮]宮本常一, 1977年10月12日

**河原町の妻入商家**
「写真でみる民家大事典」柏書房　2005
◇p334-1〔白黒〕　兵庫県篠山市　[撮]2004年　増田史男

**河原町の妻入商家群**
「写真でみる民家大事典」柏書房　2005
◇p334-2〔白黒〕　兵庫県篠山市　[撮]2004年　増田史男

**瓦**
「日本民俗図誌 9 住居・運輸篇」村田書店　1978
◇図13〔白黒・図〕　引掛棧瓦, 袖瓦, 軒瓦, 熨斗瓦, 軒瓦の饅頭唐草瓦, 巴瓦, 棟瓦, 棟先に使う鬼瓦　民家に用いる日本瓦

**瓦をおろし家を解体する**
「宮本常一 写真・日記集成 上」毎日新聞社　2005
◇p344〔白黒〕　熊本県 天草下島・鬼池→御領　[撮]宮本常一, 1962年10月6日

**河原に建てられたバラック建築の住居**
「宮本常一が撮った昭和の情景 上」毎日新聞社　2009
◇p118〔白黒〕　熊本県熊本市　[撮]宮本常一, 1960年11月3日

**河原に立てられた家**
「宮本常一 写真・日記集成 上」毎日新聞社　2005
◇p216〔白黒〕　熊本県熊本市内　[撮]宮本常一, 1960年11月3日

**瓦葺入母屋造りの一例**
「日本民俗図誌 9 住居・運輸篇」村田書店　1978
◇図14-5〔白黒・図〕　島根県能義郡安来町

**瓦葺きの箱棟を載せ、軒が高く右妻側に下屋が付く民家**
「写真でみる民家大事典」柏書房　2005
◇p237-2〔白黒〕　東京都板橋区　[撮]1971年　宮崎勝弘

**瓦葺き屋根**
「図説 民俗建築大事典」柏書房　2001
◇図6(p123)〔白黒・図〕　武者英二・吉田尚英編著『屋根のデザイン百科 歴史・かたち・素材・構法・納まり・実例』彰国社、1999を改編

**瓦葺屋根の土蔵**
「日本社会民俗辞典 1」日本図書センター　2004
◇p317〔白黒〕　長野県波多村

**カワラ屋根**
「写真でみる日本人の生活全集 3」日本図書センター　2010
◇p52〔白黒〕

**瓦屋根を模して風格をもたせようとした例**
「日本の生活環境文化大辞典」柏書房　2010
◇p453-2〔白黒〕　兵庫県丹波地域　屋根の模擬デザイン　[撮]2009年　藤本尚久

**環濠集落**
「図説 民俗建築大事典」柏書房　2001
◇図9(p39)〔白黒・図〕　京都府八幡市川口　〔模式図〕藤岡謙二郎・山崎謹哉・足利健亮『日本歴史地理用語辞典』柏書房、1981
「日本民俗大辞典 上」吉川弘文館　1999
◇p436〔白黒〕　奈良県大和郡山市稗田

**環濠集落の入口**
「日本民俗大辞典 下」吉川弘文館　2000
◇図3〔別刷図版「村境」〕〔カラー〕　奈良県大和郡山市稗田　航空写真　大和郡山市教育委員会提供

**環濠集落の民家の屋敷構え**
「日本の生活環境文化大辞典」柏書房　2010
◇p11-3〔白黒・図〕　奈良県磯城郡川西町結崎　〔敷地内配置図〕　川島宙次「大和の環濠垣内と屋敷『民俗建築』96

**環濠集落の屋敷**
「日本の生活環境文化大辞典」柏書房　2010
◇p11-2〔白黒〕　奈良県磯城郡川西町結崎　[撮]1989年　林哲志

**環濠に姿を映す八棟造りの今西家**
「写真でみる民家大事典」柏書房　2005
◇p341-2〔白黒〕　奈良県橿原市今井町　[撮]2004年　早瀬哲恒　重要文化財

**関西地方の農家の構え**
「写真でみる日本人の生活全集 3」日本図書センター　2010
◇p45〔白黒・図〕

**頑丈な構えの猪窓**
「写真でみる民家大事典」柏書房　2005
◇p60-1〔白黒〕　旧北村家、旧神奈川県秦野市、日本民家園　[撮]1996年頃　道塚元嘉

**鑑賞用中庭**
「日本の生活環境文化大辞典」柏書房　2010
◇p475-8〔白黒〕　京都市　[撮]2003年

**関東大震災後に建てられ東京大空襲の火災を免れた民家**
「写真でみる民家大事典」柏書房　2005
◇p235-5〔白黒〕　東京都江東区福住　[撮]2004年　佐志原圭子

**関東地方の農家の構え**
「写真でみる日本人の生活全集 3」日本図書センター　2010
◇p45〔白黒・図〕

**関東平野の農家**
「図説 民俗建築大事典」柏書房　2001

◇図1 (p60)〔白黒・図〕　埼玉県宮代町

## ガンブリ瓦を載せた茅葺きの民家
「写真でみる民家大事典」柏書房　2005
　　◇p231-3〔白黒〕　千葉県袖ヶ浦市勝　㊞1993年　篠田智章

## 祇園・二階の目隠し
「宮本常一 写真・日記集成 上」毎日新聞社　2005
　　◇p369〔白黒〕　京都　㊞宮本常一, 1963年2月10日

## 気候風土に適応した民家の景観
「図説 民俗建築大事典」柏書房　2001
　　◇図2 (p237)〔白黒・図〕　〔茨城県土浦市〕　『土浦の町並』土浦市教育委員会、1979

## 帰国したハワイ移民の家
「宮本常一が撮った昭和の情景 下」毎日新聞社　2009
　　◇p50〔白黒〕(帰国したハワイ移民のモダンな家)　山口県大島郡周防大島町大字平野　㊞宮本常一, 1966年12月26日
「宮本常一 写真・日記集成 下」毎日新聞社　2005
　　◇p92〔白黒〕　山口県大島郡東和町平野〔周防大島町〕　㊞宮本常一, 1966年12月26日

## 帰国したハワイ移民のモダンな家
「宮本常一 写真・日記集成 上」毎日新聞社　2005
　　◇p428〔白黒〕　山口県大島郡東和町平野〔周防大島郡〕　㊞宮本常一, 1964年4月2日

## 木小屋
「写真でみる民家大事典」柏書房　2005
　　◇p379-2〔白黒〕　山口県山口市　㊞1992年　山口市教育委員会
「図説 民俗建築大事典」柏書房　2001
　　◇写真2 (p70)〔白黒〕　長野県長野市　㊞津山正幹

## 木地師の家
「民俗資料叢書 10 木地師の習俗2」平凡社　1969
　　◇図56〔白黒〕(小椋家)　岐阜県根尾谷地方〔本巣市〕　美濃型の藁ぶきはトタン屋根に替えられている

## 木地師の家の玄関
「民俗資料叢書 10 木地師の習俗2」平凡社　1969
　　◇図76〔白黒〕(小椋家の玄関)　岐阜県 丹生川地方〔高山市丹生川町折敷地〕

## 木地師の住居間取図
「民俗資料選集 2 木地師の習俗」国土地理協会　1974
　　◇p82 (本文)〔白黒・図〕(ナカジマ家間取図)　新潟県 木地師の住居

## 木曽谷の家
「日本郷土 風俗・民芸・芸能図鑑」日本図書センター　2012
　　◇写真篇 岐阜〔白黒〕　岐阜県

## 北側の環濠
「写真でみる民家大事典」柏書房　2005
　　◇p339-2〔白黒〕　奈良県大和郡山市　㊞2004年　早瀬哲恒

## 北集落の俯瞰
「写真でみる民家大事典」柏書房　2005
　　◇p324-1〔白黒〕　京都府北桑田郡美山町北　㊞1998年　早瀬哲恒

## 北前船の廻船問屋の旧家と土蔵（角海家）
「日本民俗写真大系 8」日本図書センター　2000
　　◇p157〔白黒〕　石川県門前町黒島　江戸時代から明治時代前半まで　㊞渋谷利雄, 1999年

## 気抜きのための越屋根
「写真でみる民家大事典」柏書房　2005
　　◇p283-4〔白黒〕　長野県東御市　㊞2004年　石井健郎

## 紀ノ川南岸より橋本の町を望む
「写真でみる民家大事典」柏書房　2005
　　◇p346-2〔白黒〕　和歌山県橋本市　㊞2001年　御船達雄

## 紀ノ川にテラスを張り出す町並み
「写真でみる民家大事典」柏書房　2005
　　◇p347-4〔白黒〕　和歌山県橋本市　㊞2000年　田村収

## 岐阜県東濃地方の商家の太鼓幕
「写真でみる民家大事典」柏書房　2005
　　◇p76-3〔白黒〕　㊞1998年　永瀬克己

## 基本的な屋根形式
「図説 民俗建築大事典」柏書房　2001
　　◇図3 (p117)〔白黒・図〕　後藤一雄・武者英二著「図解建築構法」彰国社1985改編

## 木村家
「写真でみる民家大事典」柏書房　2005
　　◇p293-3〔白黒〕　岐阜県恵那市　問屋で江戸時代末期の建築と推定　㊞1996年　富山博

## 鬼門にあたる北東部の窪み
「写真でみる民家大事典」柏書房　2005
　　◇p339-5〔白黒〕　奈良県大和郡山市　㊞2004年　早瀬哲恒

## 旧石井家（市指定文化財）の移築前のたたずまい
「写真でみる民家大事典」柏書房　2005
　　◇p371-3〔白黒〕　広島県東広島市　㊞1981年　迫垣内裕

## 旧内村家住宅
「図説 民俗建築大事典」柏書房　2001
　　◇写真2 (p153)〔白黒〕　鹿児島県川辺郡知覧町

## 旧内村家住宅平面図
「図説 民俗建築大事典」柏書房　2001
　　◇図2 (p153)〔白黒・図〕

## 旧緒方家住宅
「図説 民俗建築大事典」柏書房　2001
　　◇写真3 (p153)〔白黒〕　熊本県玉名郡菊水町

## 旧緒方家住宅断面図
「図説 民俗建築大事典」柏書房　2001
　　◇図5 (p153)〔白黒・図〕

## 旧緒方家住宅平面図
「図説 民俗建築大事典」柏書房　2001
　　◇図6 (p153)〔白黒・図〕

## 旧緒方家住宅立面図
「図説 民俗建築大事典」柏書房　2001
　　◇図4 (p153)〔白黒・図〕

## 旧家
「宮本常一 写真・日記集成 下」毎日新聞社　2005
　　◇p231〔白黒〕　東京都青梅市成木あたり　㊞宮本常一, 1970年8月14日～17日（青梅市民俗調査）

## 旧金丸家
「写真でみる民家大事典」柏書房　2005
　　◇p177-5〔白黒〕　北海道茅部郡森町　1938年建築　㊞2000年　佐藤修

## 旧家のたたずまい
「宮本常一 写真・日記集成 下」毎日新聞社　2005
　　◇p333〔白黒〕　広島県 倉橋本浦　㊞宮本常一, 1974年12月18日

## 旧家の門構え
「宮本常一 写真・日記集成 下」毎日新聞社　2005
　　◇p303〔白黒〕　大阪府高石市取石　㊞宮本常一, 1973年4月27日

**旧家の屋敷**
「図説 日本民俗学」吉川弘文館　2009
◇p246〔白黒〕　茨城県つくば市　長屋門・藁葺きの家

**旧川打家住宅**
「図説 民俗建築大事典」柏書房　2001
◇写真1（p151）〔白黒〕　佐賀県多久市

**旧川打家住宅平面図**
「図説 民俗建築大事典」柏書房　2001
◇図1（p151）〔白黒・図〕

**旧川筋を示す列状の民家群と埋め立て地を示す散在する民家**
「写真でみる民家大事典」柏書房　2005
◇p357-2〔白黒〕　島根県簸川郡斐川町　[撮]1990年代　伊藤庸一

**旧菊池家住宅**
「図説 民俗建築大事典」柏書房　2001
◇写真2（p140）〔白黒〕　岩手県遠野市　18世紀中期の代表的な曲屋建築　重要文化財

**旧北原家住宅復元平面図**
「図説 民俗建築大事典」柏書房　2001
◇図9（p153）〔白黒・図〕

**旧北原家住宅復元屋根架構図**
「図説 民俗建築大事典」柏書房　2001
◇図11（p153）〔白黒・図〕

**旧北原家住宅平面図**
「図説 民俗建築大事典」柏書房　2001
◇図8（p153）〔白黒・図〕

**旧北原家住宅屋根架構図**
「図説 民俗建築大事典」柏書房　2001
◇図10（p153）〔白黒・図〕

**旧木村家のネダイ**
「写真でみる民家大事典」柏書房　2005
◇p11-3〔白黒〕　北海道浜益村　[撮]1972年　北海道大学建築史意匠学研究室

**急傾斜地に立地している集落**
「日本の生活環境文化大辞典」柏書房　2010
◇口絵6〔カラー〕　長野県飯田市上村下栗 大野の集落　[撮]2007年　林哲志

**急傾斜の屋根**
「写真でみる日本人の生活全集 3」日本図書センター　2010
◇p47〔白黒〕　古い農家

**急勾配に建つ民家**
「写真でみる民家大事典」柏書房　2005
◇p291-4〔白黒〕（転げ落ちそうな急勾配に建つ民家）　長野県下伊那郡上村　[撮]2004年　大平茂男

**旧米谷家の簀の子屋根下地**
「写真でみる民家大事典」柏書房　2005
◇p341-6〔白黒〕　奈良県橿原市　[撮]2004年　早瀬哲恒

**旧米谷家（J）の勾玉型クド**
「写真でみる民家大事典」柏書房　2005
◇p341-5〔白黒〕　奈良県橿原市　[撮]2004年　早瀬哲恒

**旧境家住宅**
「図説 民俗建築大事典」柏書房　2001
◇写真4（p153）〔白黒〕　熊本県菊水町

**旧境家住宅平面図**
「図説 民俗建築大事典」柏書房　2001
◇図7（p153）〔白黒・図〕

**旧山陽道沿いに残る造り酒屋の町家**
「写真でみる民家大事典」柏書房　2005
◇p370-1〔白黒〕　広島県東広島市　[撮]1981年　迫垣内裕

**旧清水家**
「図説 民俗建築大事典」柏書房　2001
◇写真1（p140）〔白黒〕　広島県芸北町　18世紀後半建築　芸北町民俗博物館　重要文化財

**旧社家の台原家**
「写真でみる民家大事典」柏書房　2005
◇p281-5〔白黒〕　山梨県北杜市　[撮]2004年　坂本高雄

**急斜面に建つ板葺きの家と小屋**
「宮本常一 写真・日記集成 下」毎日新聞社　2005
◇p174〔白黒〕　奈良県吉野郡大塔村篠原　[撮]宮本常一，1968年10月26日

**急斜面に建つ小屋**
「宮本常一 写真・日記集成 下」毎日新聞社　2005
◇p174〔白黒〕　奈良県吉野郡大塔村篠原　[撮]宮本常一，1968年10月26日

**急斜面に建つ民家**
「写真でみる民家大事典」柏書房　2005
◇p389-4〔白黒〕　東祖谷山村中上　[撮]2004年　森隆男

**急斜面に建てられた板葺民家の集落**
「宮本常一 写真・日記集成 下」毎日新聞社　2005
◇p455〔白黒〕　群馬県甘楽郡下仁田町　[撮]宮本常一，1979年3月10日～11日

**急斜面に点在する家々**
「宮本常一 写真・日記集成 下」毎日新聞社　2005
◇p22〔白黒〕　奈良県吉野郡大塔村篠原　[撮]宮本常一，1965年4月15日

**急斜面の畑と石垣の民家**
「宮本常一 写真・日記集成 下」毎日新聞社　2005
◇p387〔白黒〕　奈良県吉野郡大塔村篠原　[撮]宮本常一，1977年1月9日

**旧集落（上方）と建設中の新集落**
「写真でみる民家大事典」柏書房　2005
◇p251-3〔白黒〕　新潟県東蒲原郡阿賀町室谷　[撮]1990年　近藤典夫

**旧杉山家の外観**
「写真でみる民家大事典」柏書房　2005
◇p333-2〔白黒〕　大阪府富田林市　土間部は17世紀中期，居住部は宝永（1704～11）頃に新築　[撮]1996年　大場修　重要文化財

**旧竹沢家の正面**
「写真でみる民家大事典」柏書房　2005
◇p273-4〔白黒〕　福井県南条郡南越前町板取　[撮]2004年　福井宇洋

**旧竹添家のオモテとナカエ**
「写真でみる民家大事典」柏書房　2005
◇p431-3〔白黒〕　鹿児島県出水市　[撮]2004年　土田充義　市指定文化財

**旧豊野家入口は滑車とロープで上下する吊り上げ式の二重大戸**
「写真でみる民家大事典」柏書房　2005
◇p336-3〔白黒〕　兵庫県揖保郡御津町室津　[撮]2004年　増田史男

**旧中村家住宅のウダツ**
「図説 民俗建築大事典」柏書房　2001
◇写真8（p239）〔白黒〕　岩手県盛岡市

**旧西川家の外観**
「写真でみる民家大事典」柏書房　2005
◇p321-3〔白黒〕　滋賀県近江八幡市　宝永3年（1706）建築　[撮]1995年頃　大場修　重要文化財

屋敷構え　　　　　　　　　　　　　　住

旧久島家住宅
「図説 民俗建築大事典」柏書房　2001
◇写真3 (p151)〔白黒〕　佐賀県武雄市

旧久島家住宅平面図
「図説 民俗建築大事典」柏書房　2001
◇図5 (p151)〔白黒・図〕

旧宮地家住宅の正面立面図、平面図、横断面図
「図説 民俗建築大事典」柏書房　2001
◇図5 (p138)〔白黒・図〕　滋賀県蒲生郡安土町　1754年(宝暦4)墨書銘　妻入民家　工藤圭章『日本の民家3農家III』学習研究社、1981

旧吉原家正面
「写真でみる民家大事典」柏書房　2005
◇p409-4〔白黒〕　福岡県大川市小保・榎津　㊙2004年　磯部淳子

京格子の店構えと床几
「写真でみる民家大事典」柏書房　2005
◇p75-1〔白黒〕　京都府京都市中京区新町蛸薬師上　㊙2004年　渡邊秀一

京都市中で最古級の町家
「写真でみる民家大事典」柏書房　2005
◇p8-1〔白黒〕　堀井家、京都府京都市上京区下長者町　㊙2000年頃　大場修

京都の町屋
「日本社会民俗辞典 4」日本図書センター　2004
◇p1392〔白黒〕　安政年間建築　駒よけがある

京の家
「写真でみる日本生活図引 6」弘文堂　1993
◇図19〔白黒〕　京都府京都市下京区　㊙浅野喜市、昭和38年

経の巻鬼を据えた現代の住宅
「日本の生活環境文化大辞典」柏書房　2010
◇p449-2〔白黒〕　山形県酒田市　㊙2005年　堤涼子

京の町家平面
「日本の生活環境文化大辞典」柏書房　2010
◇p448-3〔白黒・図〕　『京の町家』

強風に備え民家の造りは低い
「写真でみる民家大事典」柏書房　2005
◇p290-2〔白黒〕　長野県下伊那郡上村下栗　㊙2004年　大平茂男

京町家の影響を受けている町家
「写真でみる民家大事典」柏書房　2005
◇p8-2〔白黒〕　京都府福知山市　㊙2004年　大場修

京呂組と折置組
「図説 民俗建築大事典」柏書房　2001
◇図1 (p82)〔白黒・図〕　『図説木造建築事典』、学芸出版、1995

京呂組の梁と桁の接合部
「写真でみる民家大事典」柏書房　2005
◇p37-3〔白黒〕　熊本県鏡町　㊙2004年　原田聰明

漁家
「日本民俗写真大系 8」日本図書センター　2000
◇p167〔白黒〕　新潟県小木町　㊙戸松清一、1982年
「写真でみる日本生活図引 6」弘文堂　1993
◇図41〔白黒〕　石川県輪島市舳倉島　㊙今村充夫、昭和49年8月

漁家の主屋と納屋
「図説 民俗建築大事典」柏書房　2001
◇図2 (p57)〔白黒・図〕　福井県三方郡美浜町　主屋：江戸期建築、納屋：1917年改築

漁家の間取り（一階）
「民俗学事典」丸善出版　2014
◇p327〔白黒・図〕　佐渡島旧両津市湊地区

漁期に寝泊まりする人家
「写真ものがたり昭和の暮らし 3」農山漁村文化協会　2004
◇p206〔白黒〕　石川県輪島市・御厨島　㊙御園直太郎、昭和40年8月

鋸歯状の町並み
「写真でみる民家大事典」柏書房　2005
◇p349-4〔白黒〕　和歌山県海南市黒江　㊙1982年　千森督子

漁村網元の家
「日本民俗文化財事典（改訂版）」第一法規出版　1979
◇図66〔白黒〕　青森県下北地方

漁村の民家
「図説 民俗建築大事典」柏書房　2001
◇図10 (p297)〔白黒・図〕　青森県東通村

居宅にとりこんだ土蔵
「日本社会民俗辞典 1」日本図書センター　2004
◇p316〔白黒〕　長野県諏訪市

吉良川西丘地区
「写真でみる民家大事典」柏書房　2005
◇p399-2〔白黒〕　高知県室戸市吉良川　㊙昭和50年代　溝渕博彦

吉良川西丘地区の町並み
「写真でみる民家大事典」柏書房　2005
◇p398-1〔白黒〕　高知県室戸市吉良川　㊙昭和50年代　溝渕博彦

吉良川の民家
「図説 民俗建築大事典」柏書房　2001
◇写真11 (p317)〔白黒〕　高知県室戸市

切り上げの中二階をもつ千葉家の主屋と曲屋
「写真でみる民家大事典」柏書房　2005
◇p189-4〔白黒〕　岩手県遠野市綾織　㊙2004年　月舘敏栄

切妻合掌造り集落
「日本の生活環境文化大辞典」柏書房　2010
◇p417-2〔白黒〕　世界遺産, 岐阜県大野郡白川村荻町　㊙1980年　杉本尚次

切妻造り
「写真でみる民家大事典」柏書房　2005
◇p4-1〔白黒〕　岡山県倉敷市　㊙1973年頃　武者英二
◇p5-4〔白黒〕　愛知県岩倉市本町　㊙1983年　武者英二

切妻造り三層の民家
「民俗学辞典（改訂版）」東京堂出版　1987
◇写真版 第五図 民家〔白黒〕　岐阜県大野郡白川村　民俗学研究所所蔵

切妻の破風
「日本民俗図誌 9 住居・運輸篇」村田書店　1978
◇図49-1〔白黒・図〕　甲府盆地勝沼地方
◇図49-2〔白黒・図〕　神奈川県高座郡厚木地方別所
◇図49-3〔白黒・図〕　神奈川県高座郡厚木地方新屋敷

切妻屋根型のホシ小屋
「写真でみる民家大事典」柏書房　2005
◇p107-2〔白黒〕　滋賀県近江町　㊙1955年　石野博信

切妻屋根型のホシ小屋が並ぶ
「写真でみる民家大事典」柏書房　2005
◇p107-1〔白黒〕　滋賀県近江町　㊙1955年　石野博信

切り妻
「民俗の事典」岩崎美術社　1972
◇p135〔白黒・図〕

近畿地方の大規模農家・吉村家
「図説 民俗建築大事典」柏書房　2001
◇図2（p166）〔白黒・図〕　　大阪府羽曳野市　伊藤ていじ『日本の美術21 民家』平凡社、1965

近畿地方の民家形式の平面事例
「図説 民俗建築大事典」柏書房　2001
◇図3（p307）〔白黒・図〕　　大塔・十津川型, 摂丹型, 北山型, 余呉型　林野全孝『近畿の民家』相模書房、1980

金魚の養殖池と民家
「写真でみる民家大事典」柏書房　2005
◇p235-3〔白黒〕　東京都江東区　㊞1914年　江東区教育委員会『下町文化』191号より

近所の奥さんを迎えての接客
「写真でみる民家大事典」柏書房　2005
◇p124-1〔白黒〕　埼玉県秩父市吉田町　㊞1983年　津山正幹

クギを使わぬ門
「写真でみる日本人の生活全集 3」日本図書センター　2010
◇p23〔白黒〕　岩手県北上市国内町　二百数十年前のもの

潜り戸が美しい大戸口
「写真でみる民家大事典」柏書房　2005
◇p55-2〔白黒〕　千葉県大多喜町　㊞1999年　道塚元嘉

潜り戸のついた大戸
「日本を知る事典」社会思想社　1971
◇図63（p224）〔白黒〕　新潟県北蒲原郡

草が生い茂る屋根
「宮本常一が撮った昭和の情景 下」毎日新聞社　2009
◇p36〔白黒〕（藁葺き屋根に草が生い茂る家）　東京都青ヶ島村　㊞宮本常一, 1966年7月27日
「宮本常一 写真・日記集成 下」毎日新聞社　2005
◇p75〔白黒〕　東京都 青ヶ島　㊞宮本常一, 1966年7月27日

草の家
「写真でみる日本人の生活全集 3」日本図書センター　2010
◇p4〔白黒〕　㊞昭和29年

草野本家が残る豆田町の町並み
「写真でみる民家大事典」柏書房　2005
◇p424-1〔白黒〕（元禄期の建築・草野本家が残る豆田町の町並み）　大分県日田市　㊞2000年　佐志原圭子

草葺き屋根断面図
「精選 日本民俗辞典」吉川弘文館　2006
◇p174〔白黒・図〕
「日本民俗大辞典 上」吉川弘文館　1999
◇p524〔白黒・図〕　高知県高岡郡梼原町

草葺入母屋屋根の一例
「日本民俗図誌 9 住居・運輸篇」村田書店　1978
◇図15-1〔白黒・図〕　神奈川県津久井郡地方
◇図15-2〔白黒・図〕　東京府西多摩郡青梅村
◇図15-3〔白黒・図〕　埼玉県児玉郡金屋村宮内　頂に瓦

草葺きの家
「宮本常一 写真・日記集成 下」毎日新聞社　2005
◇p74〔白黒〕　東京都 八丈島　㊞宮本常一, 1966年7月22日～27日

草葺きの家が並ぶ
「宮本常一 写真・日記集成 上」毎日新聞社　2005
◇p160〔白黒〕　広島県山県郡千代田町本地　㊞宮本常一, 1959年11月27日

草葺きの集落
「宮本常一 写真・日記集成 下」毎日新聞社　2005
◇p173〔白黒〕　鹿児島県西之表市馬毛島　㊞宮本常一, 1968年9月30日

草葺きの納屋
「宮本常一 写真・日記集成 上」毎日新聞社　2005
◇p422〔白黒〕　大分県速見郡日出町　㊞宮本常一, 1964年2月6日

草葺の納屋と井戸
「宮本常一 写真・日記集成 下」毎日新聞社　2005
◇p370〔白黒〕　沖縄県 石垣島　㊞宮本常一, 1976年8月20～22日

草葺き屋根の骨格
「宮本常一 写真・日記集成 下」毎日新聞社　2005
◇p68〔白黒〕　鹿児島県西之表市馬毛島　㊞宮本常一, 1966年3月31日～4月10日

草葺き屋根の集落
「宮本常一 写真・日記集成 上」毎日新聞社　2005
◇p381〔白黒〕　青森県下北郡東通村尻労　㊞宮本常一, 1963年6月22日
「宮本常一 写真・日記集成 下」毎日新聞社　2005
◇p68〔白黒〕　鹿児島県西之表市馬毛島　㊞宮本常一, 1966年3月31日～4月10日

草葺き屋根の軒先
「日本の生活環境文化大辞典」柏書房　2010
◇p452-11〔白黒〕　茨城県土浦市　㊞2009年　宮崎勝弘

草葺き屋根の便所の外観と構造図
「図説 民俗探訪事典」山川出版社　1983
◇p74〔白黒・図〕　『大宮市史』より

草葺き屋根の民家
「宮本常一 写真・日記集成 下」毎日新聞社　2005
◇p19〔白黒〕　東京都国分寺市から小平市にかけてのあたり　㊞宮本常一, 1965年4月5日～7日

草葺き屋根の棟
「日本民俗大辞典 下」吉川弘文館　2000
◇p671〔白黒〕　竹簀巻, 芝棟, 置千木, 瓦巻, 笄棟, 針目覆い

草葺屋根の棟飾り
「日本を知る事典」社会思想社　1971
◇図50（p218）〔白黒〕　千葉県安房郡

草葺き屋根の棟仕舞の例
「図説 民俗建築大事典」柏書房　2001
◇図1（p120）〔白黒・図〕　秋田県八竜町, 高知県梼原町　安藤邦廣『茅葺きの民俗学』はる書房、1983

草屋根
「宮本常一 写真・日記集成 下」毎日新聞社　2005
◇p161〔白黒〕　兵庫県赤穂市上仮屋北あたり　㊞宮本常一, 1968年7月26日
「日本社会民俗辞典 4」日本図書センター　2004
◇p1489〔白黒〕　宮城県七ヶ宿村
◇p1489〔白黒〕　岡山県惣社市常盤
「日本民俗図誌 9 住居・運輸篇」村田書店　1978
◇図3〔白黒・図〕　東京府大島元村・岡田村
◇図4〔白黒・図〕　三宅島阿古村, 坪田村, 青ヶ島
◇図16-1・2〔白黒・図〕　御岳山麓三田村二股尾　雄大な千木を載せたもの, 頂にトタン

草屋根の家
「写真ものがたり昭和の暮らし 1」農山漁村文化協会　2004
◇p24〔白黒〕　秋田県横手市大屋　㊞佐藤久太郎, 昭和30年11月

屋敷構え　　　　　　　　　　　　　　住

草屋根の住まい
　「写真ものがたり昭和の暮らし 2」農山漁村文化協会　2004
　　◇p8〔白黒〕　　高知県梼原村　㊟橋浦泰雄, 昭和20年代
　　民俗学研究所編『日本民俗図録』より

草屋根の農家
　「写真ものがたり昭和の暮らし 1」農山漁村文化協会　2004
　　◇p13〔白黒〕　　秋田県山内村　㊟須藤功, 昭和43年7月,
　　昭和59年5月

草屋根の民家
　「宮本常一 写真・日記集成 下」毎日新聞社　2005
　　◇p162〔白黒〕　　兵庫県赤穂市　千種川河口のあたり
　　㊟宮本常一, 1968年7月26日～27日
　「いまに伝える 農家のモノ・人の生活館」柏書房　2004
　　◇pii〔白黒〕　　埼玉県鳩山町
　　◇p47 写真1〔白黒〕　　埼玉県江南町

葛原家の三階倉の外観
　「写真でみる民家大事典」柏書房　2005
　　◇p333-3〔白黒〕　　大阪府富田林市　㊟1987年　大場修

崩れかかった家
　「宮本常一 写真・日記集成 上」毎日新聞社　2005
　　◇p179〔白黒〕　　山口県熊毛郡上関町室津　横町に入る
　　㊟宮本常一, 1960年4月2日

崩れて木舞が出た土壁
　「写真ものがたり昭和の暮らし 9」農山漁村文化協会　2007
　　◇p31〔白黒〕　　福島県下郷町大内　㊟須藤功, 昭和44
　　年8月

ロの字に庭を囲む民家
　「写真でみる民家大事典」柏書房　2005
　　◇p397-3〔白黒〕　　愛媛県南宇和郡愛南町外泊　㊟1997
　　年　古川修文

クドづくり
　「民俗の事典」岩崎美術社　1972
　　◇p137〔白黒・図〕

クド造
　「日本民俗大辞典 上」吉川弘文館　1999
　　◇p534〔白黒〕　　佐賀県杵島郡有明町
　「日本民俗事典」弘文堂　1972
　　◇p223〔白黒・図〕　　ロの字型（四方谷）（佐賀県神埼郡
　　神埼町莞牟田）, コの字型（福岡県柳川市両開）

くど造り
　「写真ものがたり昭和の暮らし 5」農山漁村文化協会　2005
　　◇p69〔白黒・図〕　　絵・中嶋俊枝（佐藤章著『日本の民
　　家 素描お手本集』参照）

くど造りの農家
　「写真ものがたり昭和の暮らし 5」農山漁村文化協会　2005
　　◇p69〔カラー〕　　佐賀県白石町　㊟須藤功, 昭和48年
　　12月

くど造りの民家
　「宮本常一 写真・日記集成 下」毎日新聞社　2005
　　◇p12〔白黒〕（公民館近くの民家）　佐賀県鹿島市久保山
　　公民館近く　クド造り　㊟宮本常一, 1965年1月13日～
　　14日
　「日本を知る事典」社会思想社　1971
　　◇口絵22（日本の民家）〔カラー〕　　佐賀県小城郡芦刈村

くど造り（両鍵）の民家
　「写真でみる民家大事典」柏書房　2005
　　◇口絵7〔カラー〕　　福岡県高田町　㊟2003年　刊行委
　　員会

くど造り様式を残しながら波板金属板葺きにした例
　「日本の生活環境文化大辞典」柏書房　2010
　　◇p453-1〔白黒〕　　福岡県朝倉市　屋根の模擬デザイン

㊟2009年　藤本尚久

クド造りの家
　「宮本常一 写真・日記集成 上」毎日新聞社　2005
　　◇p182〔白黒〕　　福岡県 久留米→大牟田　㊟宮本常一,
　　1960年4月18日

クド屋根
　「民俗学辞典（改訂版）」東京堂出版　1987
　　◇写真版 第五図 民家〔白黒〕　　福岡県筑紫郡　蔵田周
　　忠蔵

国森家
　「写真でみる民家大事典」柏書房　2005
　　◇p374-1〔白黒〕　　山口県柳井市　㊟2003年　谷沢明
　　重要文化財

クネと呼ばれる生垣と後方の屋敷林
　「写真でみる民家大事典」柏書房　2005
　　◇p83-1〔白黒〕　　埼玉県北川辺町　㊟2004年　古川修文

クラ
　「日本民俗図誌 9 住居・運輸篇」村田書店　1978
　　◇図93〔白黒・図〕　　八丈島の宅地の一角　穀物や甘藷
　　等の貯蔵
　　◇図96〔白黒・図〕　　沖縄県八重山郡波照間島

倉
　「民俗学辞典（改訂版）」東京堂出版　1987
　　◇図版14（p180）〔白黒・図〕　　東京都八丈島, 鹿児島県
　　奄美大島　（一）八丈島中ノ郷「おくら」,（二）同断面
　　図,（三）奄美大島名瀬町「高倉」,（四）同笠利村「高
　　倉」　蔵田周忠画

暗い二階を明るくする連子窓
　「写真でみる民家大事典」柏書房　2005
　　◇p61-3〔白黒〕　　山形県米沢市　㊟1994年　道塚元嘉

倉敷川畔に連続する商家
　「図説 民俗建築大事典」柏書房　2001
　　◇写真2（p310）〔白黒〕　　岡山県倉敷市

蔵造り
　「写真でみる民家大事典」柏書房　2005
　　◇口絵12〔カラー〕　　埼玉県川越市　㊟2000年　刊行委
　　員会
　「日本民俗大辞典 上」吉川弘文館　1999
　　◇p545〔白黒〕（蔵造）　埼玉県川越市　大沢家住宅　重要
　　文化財

蔵造りの町家
　「日本を知る事典」社会思想社　1971
　　◇口絵9（日本の民家）〔カラー〕　　川崎市　19世紀末

倉谷宿の屋並み
　「民俗資料選集 8 中付駑者の習俗」国土地理協会　1979
　　◇p2（口絵）〔白黒〕　　福島県南会津郡下郷町栄富

蔵（倉）のいろいろ
　「図説 民俗探訪事典」山川出版社　1983
　　◇p71〔白黒〕　　酒蔵群, 土蔵, 板倉, 高倉, 蒸し倉, 酒造
　　業者の倉, 製糸工場の繭倉

蔵の鍵
　「日本民俗事典」弘文堂　1972
　　◇p133〔白黒〕　　栃木県下都賀郡

蔵の飾り（恵比寿）
　「図説 日本民俗学」吉川弘文館　2009
　　◇p52〔白黒〕　　富山県砺波市　〔恵比寿〕

蔵屋敷
　「日本民俗写真大系 7」日本図書センター　2000
　　◇p184～185〔白黒〕　　鳥取県倉吉市　㊟板垣太子松,
　　1966年

倉吉格子
　「写真でみる民家大事典」柏書房　2005
　　◇p355-5〔白黒〕（特色ある倉吉格子）　鳥取県倉吉市　高田家　㊙2004年　和田嘉宥

倉吉の町並み
　「写真でみる民家大事典」柏書房　2005
　　◇p354-1〔白黒〕　鳥取県倉吉市　㊙2004年　和田嘉宥

栗山家
　「写真でみる民家大事典」柏書房　2005
　　◇p343-3〔白黒〕　奈良県五條市　㊙2004年　御船達雄　重要文化財

車坂町の町並み
　「写真でみる民家大事典」柏書房　2005
　　◇p317-2〔白黒〕　三重県伊賀市　㊙1997年　大場修

車の泥はねで汚れた民家の腰板
　「宮本常一が撮った昭和の情景　上」毎日新聞社　2009
　　◇p120〔白黒〕（自動車の泥はねで汚れた民家の腰板）　茨城県龍ケ崎市から稲敷郡河内町金江津へ　㊙宮本常一，1960年11月23日
　「宮本常一　写真・日記集成　上」毎日新聞社　2005
　　◇p219〔白黒〕　茨城県龍ケ崎市→稲敷郡河内町金江津　㊙宮本常一，1960年11月23日

クルミダテ
　「図説 民俗建築大事典」柏書房　2001
　　◇写真2（p238）〔白黒〕　長野県下諏訪郡下諏訪町

呉地家主屋のシンシ梁
　「図説 民俗建築大事典」柏書房　2001
　　◇写真5（p91）〔白黒〕　東京都稲城市

樺葺き石置き屋根の民家
　「宮本常一　写真・日記集成　下」毎日新聞社　2005
　　◇p31〔白黒〕　長野県南安曇郡安曇村番所　㊙宮本常一，1965年6月20日
　　◇p31〔白黒〕　長野県南安曇郡安曇村番所　㊙宮本常一，1965年6月20日
　　◇p31〔白黒〕　長野県南安曇郡安曇村番所　㊙宮本常一，1965年6月20日

クレ葺き屋根
　「写真でみる民家大事典」柏書房　2005
　　◇p21-1〔白黒〕　岐阜県下呂市矢ケ野　㊙1925年　下呂市教育委員会小坂教育課

クレ葺き屋根の益田造り
　「写真でみる民家大事典」柏書房　2005
　　◇p21-2〔白黒〕　岐阜県下呂市矢ケ野　㊙1925年　下呂市教育委員会小坂教育課

桑畑の上の藁葺農家
　「宮本常一　写真・日記集成　下」毎日新聞社　2005
　　◇p433〔白黒〕　福島県安達郡岩代町小浜　㊙宮本常一，1978年7月10日～13日（農山漁家生活改善技術資料収集調査）

群倉
　「日本の生活環境文化大辞典」柏書房　2010
　　◇p353-3〔白黒〕　長崎県対馬市上対馬町鰐浦　㊙1993年
　　◇p353-4〔白黒〕　長崎県対馬市上対馬町鰐浦　㊙1993年　松永達

群馬県内の各地でみられる養蚕農家の形式
　「図説 民俗建築大事典」柏書房　2001
　　◇図1（p298）〔白黒・図〕　群馬県　切り上げ二階（赤城型民家），突き上げ二階（榛名型民家），前かぶと型民家，妻かぶと型民家

群馬県境町まで
　「宮本常一　写真・日記集成　上」毎日新聞社　2005
　　◇p175〔白黒〕　群馬県佐波郡境町へ向う　㊙宮本常一，1960年3月2日
　　◇p176〔白黒〕　群馬県佐波郡境町へ向う　㊙宮本常一，1960年3月2日

傾斜地につくられた石垣の集落
　「宮本常一　写真・日記集成　下」毎日新聞社　2005
　　◇p341〔白黒〕　福岡県西区 玄界島　㊙宮本常一，1975年3月25日

懸魚
　「日本民俗大辞典　上」吉川弘文館　1999
　　◇p567〔白黒・図〕　広島県福山市草戸町 明王院本堂　『日本建築基礎資料集成』より

懸魚のさがる農家
　「写真でみる民家大事典」柏書房　2005
　　◇p51-1〔白黒〕　京都府美山町　㊙1985年　津山正幹

下段棟部は奥行が浅くニワやマヤに用いる二段棟の民家
　「写真でみる民家大事典」柏書房　2005
　　◇p255-3〔白黒〕　新潟県柏崎市鵜川　㊙1998年　三井田忠明

頁岩で屋根を葺いた高床式倉庫
　「写真ものがたり昭和の暮らし 9」農山漁村文化協会　2007
　　◇p29〔白黒〕　長崎県対馬市厳原町久根田舎　㊙西護，平成17年

ケツンニ構造
　「日本の生活環境文化大辞典」柏書房　2010
　　◇p440-3〔白黒・図〕　『特殊家屋の建築衛生学的調査〈アイヌ住宅調査報告〉』

煙出しをもつ石倉
　「写真でみる民家大事典」柏書房　2005
　　◇p219-4〔白黒〕　栃木県宇都宮市徳次郎西根　㊙1981年　柏村祐司

煙出しをもつ曲屋
　「写真でみる民家大事典」柏書房　2005
　　◇p12-1〔白黒〕　岩手県宮守村下宮寺　㊙2004年　宮崎勝弘

煙出し口のある屋根
　「宮本常一　写真・日記集成　上」毎日新聞社　2005
　　◇p141〔白黒〕　新潟県佐渡郡畑野町［佐渡市］後山　㊙宮本常一，1959年8月9日

煙出しのある芝棟
　「写真でみる民家大事典」柏書房　2005
　　◇p41-1〔白黒〕　宮城県気仙沼市　㊙1971年　佐々木徳朗

煙出しのある屋根
　「宮本常一　写真・日記集成　上」毎日新聞社　2005
　　◇p220〔白黒〕　茨城県稲敷郡河内町金江津　㊙宮本常一，1960年11月23日

煙出しのいろいろ
　「図説 民俗建築大事典」柏書房　2001
　　◇写真13～17（p125）〔白黒〕　櫛形にあけられた煙出し（岩手県盛岡市），据え破風の煙出し（埼玉県飯能市），瓦屋根の軒下息抜き。もじりともいう（長野県上田市），長く連続した越屋根（群馬県前橋市），煙出し櫓。木棟を長くそらした荷倉破風（青森県黒石市）

煙出しのない芝棟
　「写真でみる民家大事典」柏書房　2005
　　◇p41-2〔白黒〕　宮城県気仙沼市　㊙1973年　佐々木徳朗

煙出し
　「図説 民俗建築大事典」柏書房　2001

屋敷構え                                    住

◇写真2 (p62)〔白黒〕　鹿児島県出水市　釜屋
「フォークロアの眼 2 雪国と暮らし」国書刊行会　1977
　◇小論2〔白黒〕　新潟県南魚沼郡塩沢町石打　㊙中俣正義, 昭和35年1月下旬

### 欅垣根の背後に設けた板のカザテ
「写真でみる民家大事典」柏書房　2005
　◇p86-3〔白黒〕　新潟県柏崎市　㊙2004年　三井田忠明

### ケヤキの屋敷林
「日本社会民俗辞典 4」日本図書センター　2004
　◇p1483〔白黒〕　東京都

### ケヤキ林を残す農家と耕地
「宮本常一 写真・日記集成 下」毎日新聞社　2005
　◇p87〔白黒〕　東京都国分寺市→小平市　㊙宮本常一, 1966年10月11日～19日

### ケヤキやシカラシの屋敷林
「里山・里海 暮らし図鑑」柏書房　2012
　◇写5 (p222)〔白黒〕　埼玉県秩父市太田

### ケラバおよび一文字瓦の用法
「日本民俗図誌 9 住居・運輸篇」村田書店　1978
　◇図14-2〔白黒・図〕

### 県営鱒の家旧館
「写真でみる民家大事典」柏書房　2005
　◇p299-4〔白黒〕　富士宮市猪之頭　建築年代不明　㊙2004年　石川薫

### 玄関口の雪がこい
「フォークロアの眼 2 雪国と暮らし」国書刊行会　1977
　◇図62〔白黒〕　新潟県南魚沼郡六日町欠之上　㊙中俣正義, 昭和30年12月30日

### 玄関先の便所小屋
「日本の生活環境文化大辞典」柏書房　2010
　◇p356-7〔白黒〕　新潟県柏崎市谷根　㊙1990年

### 玄関と門
「写真でみる日本人の生活全集 3」日本図書センター　2010
　◇p23〔白黒〕　長野県上伊那郡川島村飯沼沢番外の家　格式ある農家の1例　アチックミューゼアム「川島村郷土史」

### 玄関の雪がこい
「フォークロアの眼 2 雪国と暮らし」国書刊行会　1977
　◇図65〔白黒〕　新潟県南魚沼郡六日町欠之上　㊙中俣正義, 昭和30年12月30日

### 玄関の雪囲い
「写真でみる民家大事典」柏書房　2005
　◇p199-4〔白黒〕　秋田県　秋田県仙北郡角館町 石黒家　㊙2004年　坂田泉

### 玄関横に犬矢来のある町家
「宮本常一が撮った昭和の情景 下」毎日新聞社　2009
　◇p32〔白黒〕　京都府京都市上京区　㊙宮本常一, 1966年4月30日

### 玄関脇の小便所
「写真でみる民家大事典」柏書房　2005
　◇p133-1〔白黒〕　静岡県川根本町千頭　㊙2001年　野本寛一
　◇p133-2〔白黒〕　静岡県雄踏町宇布見　㊙1998年　野本寛一

### 建設初期の多摩ニュータウンと茅葺きの民家
「写真でみる民家大事典」柏書房　2005
　◇p241-5〔白黒〕　東京都多摩市　㊙1975年頃　多摩市教育委員会

### 古隠居全景
「民俗資料選集 27 年齢階梯制Ⅱ」国土地理協会　1999
　◇p5 (口絵)〔白黒〕　徳島県木頭村出原

### 公営住宅51C型
「日本の生活環境文化大辞典」柏書房　2010
　◇p180-1〔白黒・図〕　間取り　『昭和の集合住宅史』

### 郊外住宅の一例
「写真でみる日本人の生活全集 3」日本図書センター　2010
　◇p72〔白黒・図/写真〕　東京都　間取り（平面図）, 全景

### 高札場、土蔵、土塀、長屋門と続く屋敷の表側
「写真でみる民家大事典」柏書房　2005
　◇p331-2〔白黒〕　羽曳野市　1970年　吉村堯　重要文化財

### 格子・束・貫などの直線が斬新な主屋
「写真でみる民家大事典」柏書房　2005
　◇p331-3〔白黒〕　羽曳野市　17世紀初頭の建築　㊙1970年　吉村堯　重要文化財

### 工事であらわになった叉首組
「写真でみる民家大事典」柏書房　2005
　◇p32-2〔白黒〕　茨城県稲敷市新利根町　㊙2001年　平山育男

### 格子戸の町家
「写真でみる民家大事典」柏書房　2005
　◇p63-1〔白黒〕　奈良県斑鳩町　㊙2004年　森田克己

### 郷士の家
「宮本常一が撮った昭和の情景 上」毎日新聞社　2009
　◇p157〔白黒〕(郷士の屋敷)　長崎県上対馬町大浦　㊙宮本常一, 1962年8月4日
「宮本常一 写真・日記集成 上」毎日新聞社　2005
　◇p405〔白黒〕　長崎県上県郡峰町佐賀→比田勝〔対馬市〕　㊙宮本常一, 1963年11月11日
「宮本常一 写真・日記集成 別巻」毎日新聞社　2005
　◇図222 (p39)〔白黒〕　愛媛県・伊予・喜多郡川〔河〕辺村　三角窓アル塀　㊙宮本常一, 1941年1月～2月

### 格子の表構え
「写真でみる民家大事典」柏書房　2005
　◇p321-4〔白黒〕(格子の表構え―新町西川家)　滋賀県近江八幡市　近代に入り格子を付設　㊙1990年頃　大場修

### 格子の入ったサマド
「写真でみる民家大事典」柏書房　2005
　◇p231-5〔白黒〕　千葉県袖ヶ浦市下根岸　㊙1993年　篠田智章

### 格子窓
「写真でみる日本人の生活全集 3」日本図書センター　2010
　◇p62〔白黒〕　東京　中央街

### 豪壮な町並み
「写真でみる民家大事典」柏書房　2005
　◇p387-3〔白黒〕　徳島県美馬市脇町　㊙2003年　溝渕博彦

### 広大な間口を構える岡家
「写真でみる民家大事典」柏書房　2005
　◇p311-4〔白黒〕　愛知県名古屋市緑区有松　二階に縦格子を入れる　㊙2002年　谷沢明

### 豪農の門（東北地方）
「日本社会民俗辞典 4」日本図書センター　2004
　◇p1466〔白黒〕　宮城県玉造郡

### 勾配の緩い入母屋型の民家
「写真でみる民家大事典」柏書房　2005
　◇p260-1〔白黒〕　氷見市森寺　㊙1966年　佐伯安一

### 甲府周辺の家
「宮本常一 写真・日記集成 上」毎日新聞社　2005
　◇p458〔白黒〕　山梨県 甲府周辺　バスで　〔家の門構

坑夫長屋
「日本社会民俗辞典 1」日本図書センター　2004
　◇p396〔白黒〕　福岡県貝島炭坑

五家荘の家
「写真でみる日本人の生活全集 3」日本図書センター　2010
　◇p128〔白黒〕

狐鴨居と柱の仕口
「図説 民俗建築大事典」柏書房　2001
　◇図3(p85)〔白黒・図〕　千葉県富津市 平野家住宅

五箇山の民家
「図説 民俗建築大事典」柏書房　2001
　◇写真1(p147)〔白黒〕　富山県上平村 酒井家

五箇山の民家・羽馬家住宅平面図
「図説 民俗建築大事典」柏書房　2001
　◇図1(p147)〔白黒・図〕　富山県平村　『重要文化財羽馬家住宅修理工事報告書』同修理委員会、1963

穀倉
「民俗図録 日本人の暮らし」日本図書センター　2012
　◇図49〔白黒〕　沖縄本島
「写真でみる民家大事典」柏書房　2005
　◇p95-1〔白黒〕(農家の穀倉)　宮城県蔵王町　㊞1994年 富山博
　◇p213-3〔白黒〕(三階建ての穀倉)　三和町上和田 ㊞1994年 津山正幹

穀箱出入口の仕掛け
「写真でみる民家大事典」柏書房　2005
　◇p95-2〔白黒〕　大分県九重町　㊞1961年 富山博

湖西の民家の間取図
「民俗資料叢書 7 木地師の習俗1」平凡社　1968
　◇p117(挿4)〔白黒・図〕(湖西(木地山・貫井)の民家の間取図)　滋賀県

腰板塀
「図説 民俗探訪事典」山川出版社　1983
　◇p61〔白黒〕　奈良県

腰部に雪除け用の板をめぐらした蔵
「日本の生活環境文化大辞典」柏書房　2010
　◇p350-1〔白黒〕　新潟県南魚沼市早川　㊞1995年 津山正幹

越屋根をもつ町家
「写真でみる民家大事典」柏書房　2005
　◇p283-5〔白黒〕　長野県東御市海野　㊞2004年 石井健郎

五條1丁目の町家
「写真でみる民家大事典」柏書房　2005
　◇p343-4〔白黒〕　奈良県五條市　㊞2004年 御船達雄

古代の里に復原されたアイヌ建築
「日本の生活環境文化大辞典」柏書房　2010
　◇p440-1〔白黒〕　北海道苫前郡苫前町　㊞1996年 小林法道

凝ったデザインの西洋風建築
「宮本常一が撮った昭和の情景 上」毎日新聞社　2009
　◇p234～235〔白黒〕　北海道利尻郡利尻富士町鬼脇(利尻島)　㊞宮本常一、1964年8月5日
「宮本常一 写真・日記集成 上」毎日新聞社　2005
　◇p449〔白黒〕(鬼脇の凝った家)　北海道 利尻島　㊞宮本常一、1964年8月5日

湖東の民家の間取図
「民俗資料叢書 7 木地師の習俗1」平凡社　1968
　◇p114(挿3)〔白黒・図〕(湖東(小椋谷六ヵ畑)の民家の間取図)　滋賀県

木羽葺き石置きの屋根
「日本の生活環境文化大辞典」柏書房　2010
　◇p450-4〔白黒〕　長野県茅野市　㊞1976年 宮崎勝弘

碁盤目状村落
「日本民俗大辞典 上」吉川弘文館　1999
　◇図8〔別刷図版「沖縄文化」〕〔カラー〕　沖縄県石垣市宮良　㊞渡邊欣雄、1990年〔航空写真〕

小ぶりな農家が斜面に積み重なるように並ぶ中横倉の集落
「写真でみる民家大事典」柏書房　2005
　◇p366-1〔白黒〕　広島県福山市沼隈町　㊞1999年 門田悦治

コマヤ
「図説 民俗建築大事典」柏書房　2001
　◇写真4(p113)〔白黒〕　山形県大江町

駒寄せのある町家
「宮本常一 写真・日記集成 下」毎日新聞社　2005
　◇p70〔白黒〕　京都市上京区 ㊞宮本常一、1966年4月30日

コミセとよばれる雁木のある町並み
「日本の生活環境文化大辞典」柏書房　2010
　◇p461-5〔白黒〕　青森県西津軽郡鰺ヶ沢町　㊞1930年 『よみがえる古民家』

コミセのある町屋
「図説 民俗建築大事典」柏書房　2001
　◇図8(p297)〔白黒・図〕　現青森県黒石市　比良野貞彦『奥民図彙』青森県立図書館、1973

米蔵
「写真でみる民家大事典」柏書房　2005
　◇p94-1〔白黒〕(軒飾や洋風意匠もみられる1908年に建築された米蔵)　秋田県大森町　㊞2003年 水野信太郎

コモは便所の入口
「宮本常一 写真・日記集成 下」毎日新聞社　2005
　◇p85〔白黒〕　新潟県佐渡郡小木町江積〔佐渡市〕㊞宮本常一、1966年9月2日

コモ巻のある邸宅
「宮本常一 写真・日記集成 下」毎日新聞社　2005
　◇p295〔白黒〕　新潟県新潟市 磯町通 ㊞宮本常一、1973年3月3日

大火前に建てられた小森商店
「写真でみる民家大事典」柏書房　2005
　◇p181-4〔白黒〕(1907年の大火前に建てられた小森商店)　函館市弁天町　㊞1977年 北海道大学建築史意匠学研究室

小屋
「日本の生活環境文化大辞典」柏書房　2010
　◇p353-2〔白黒〕　長崎県対馬市厳原町椎根　㊞1993年 松永達
「写真でみる日本生活図引 別巻」弘文堂　1993
　◇図96〔白黒〕　長野県下伊那郡阿智村　土蔵と小屋の前 ㊞熊谷元一、昭和31年9月12日

小屋裏
「写真でみる民家大事典」柏書房　2005
　◇p120-1〔白黒〕　新潟県小千谷市　㊞1988年 小林幹子

小屋裏ロオオニカイ(広間の三階)に藁を積む
「写真でみる民家大事典」柏書房　2005
　◇p120-4〔白黒〕　新潟県上越市安塚　㊞1992年 小林幹子

**小屋裏の空間が広く使えるよう工夫された牛梁と登り梁**
「写真でみる民家大事典」柏書房　2005
◇p36-2〔白黒〕　熊本県鏡町　[撮]2004年　原田聰明

**小屋裏の構造**
「写真でみる民家大事典」柏書房　2005
◇p360-2〔白黒〕　岡山県苫田郡鏡野町奥津　[撮]2000年　斎部功

**小屋裏の蓄え**
「写真でみる民家大事典」柏書房　2005
◇p120-3〔白黒〕　新潟県栃尾市　[撮]1995年　小林幹子

**小屋組を支える小屋梁**
「写真でみる民家大事典」柏書房　2005
◇p36-1〔白黒〕　福岡県福津市津屋崎町　[撮]2004年　原田聰明

**小屋組構造図**
「日本民俗大辞典 上」吉川弘文館　1999
◇p650〔白黒・図〕　和風小屋組，洋風小屋組

**小屋組（サス組）**
「図説 民俗建築大事典」柏書房　2001
◇図1（p127）〔白黒・図〕　安藤邦廣『茅葺きの民俗学』はる書房、1983

**小屋組と貫**
「図説 民俗建築大事典」柏書房　2001
◇写真8（p85）〔白黒〕　静岡県韮山町 江川家主屋

**小屋の平面図**
「日本の生活環境文化大辞典」柏書房　2010
◇p353-1〔白黒・図〕　対馬市厳原町椎根　『長崎県文化財指定申請書』

**小屋梁にくくりつけたシュロ縄**
「写真でみる民家大事典」柏書房　2005
◇p103-4〔白黒〕東京都豊島区千早　長屋門の二階　[撮]1997年　豊島区立郷土資料館

**五連家**
「写真ものがたり昭和の暮らし 1」農山漁村文化協会　2004
◇p8～9〔白黒〕　鹿児島県宮之城町折小野　[撮]小野重朗，昭和30年代

**衣川の集落**
「写真ものがたり昭和の暮らし 1」農山漁村文化協会　2004
◇p22，23〔カラー〕　岩手県衣川村　[撮]須藤功，昭和43年11月，平成16年1月

**コンクリートブロック塀**
「日本の生活環境文化大辞典」柏書房　2010
◇p170-1～8〔白黒〕　岡山県，長野県，香川県，岐阜県，石川県，京都府，千葉県，神奈川県

**「ごんぱ」という屋号の家**
「日本の民俗 下」クレオ　1997
◇図4-4〔白黒〕　静岡県賀茂郡南伊豆町　前庭のある家　[撮]芳賀日出男，昭和29年～37年

**災害を免れたかぶと造りの民家**
「写真でみる民家大事典」柏書房　2005
◇p279-4〔白黒〕　山梨県南都留郡富士河口湖町根場　[撮]2003年　坂本高雄

**在郷商人宅**
「民俗資料選集 8 中付駑者の習俗」国土地理協会　1979
◇p274～276（本文）〔白黒・図〕　福島県南会津郡伊南村青柳　配置図，平面図，立面図

**西郷寮**
「宮本常一 写真・日記集成 下」毎日新聞社　2005
◇p25〔白黒〕　島根県隠岐郡西郷町［隠岐の島町］　[撮]宮本常一，1965年5月28日

**最初に改修された民家**
「写真でみる民家大事典」柏書房　2005
◇p288-1〔白黒〕　長野県飯田市上飯田大平宿　[撮]2004年　大平茂男

**再生工事後のザシキ**
「写真でみる民家大事典」柏書房　2005
◇p257-3〔白黒〕　新潟県柏崎市高柳町荻ノ島　[撮]1997年　三井田忠明

**斎藤家正面**
「写真でみる民家大事典」柏書房　2005
◇p380-1〔白黒〕　山口県萩市浜崎　[撮]2004年　坪郷英彦

**材木石の載せられた小屋**
「写真でみる民家大事典」柏書房　2005
◇p46-2〔白黒〕　青森県大間町　[撮]1992年　津山正幹

**材木石の載る屋根**
「写真でみる民家大事典」柏書房　2005
◇p46-3〔白黒〕　青森県大間町　[撮]1992年　津山正幹

**材木石や丸石が載せられた民家**
「写真でみる民家大事典」柏書房　2005
◇p46-1〔白黒〕　青森県佐井村矢越　現在は漁業の作業小屋　[撮]1994年　外崎純一

**酒蔵**
「写真でみる民家大事典」柏書房　2005
◇p205-5〔白黒〕　喜多方市南町　[撮]2003年　鵜川賢一

**酒蔵群が連続した迫力ある町並み**
「写真でみる民家大事典」柏書房　2005
◇p371-5〔白黒〕　広島県東広島市西条　[撮]2004年　迫垣内裕

**佐賀市の家並み**
「宮本常一 写真・日記集成 上」毎日新聞社　2005
◇p456〔白黒〕（佐賀市）　佐賀県佐賀市　[撮]宮本常一，1964年10月9日

**佐賀のくど造り**
「日本の生活環境文化大辞典」柏書房　2010
◇p426-5〔白黒〕　佐賀県杵島郡白石町　[撮]2004年

**坂道に沿った瓦葺きの家並み**
「宮本常一 写真・日記集成 下」毎日新聞社　2005
◇p323〔白黒〕　山口県大島郡久賀町［周防大島町］　[撮]宮本常一，1974年4月1～2日

**坂本のローハ豪商の西江家**
「写真でみる民家大事典」柏書房　2005
◇p363-3〔白黒〕　岡山県高梁市吹屋　[撮]1991年頃　山崎康雄

**相良氏の御仮屋を明治10年に移築した堤家**
「写真でみる民家大事典」柏書房　2005
◇p420-1〔白黒〕　旧新宮家、人吉市　[撮]2004年　原田聰明

**作業用庭**
「日本の生活環境文化大辞典」柏書房　2010
◇p475-7〔白黒〕　新潟県佐渡市　[撮]2004年

**佐倉の町家**
「写真でみる民家大事典」柏書房　2005
◇p233-5〔白黒〕　千葉県佐倉市　[撮]2004年　伊郷吉信

**サクリ板で覆った土蔵**
「写真でみる民家大事典」柏書房　2005
◇p179-3〔白黒〕（サクリ板で覆った旧中村家の土蔵）　北海道檜山郡江差町　[撮]1973年　北海道大学建築史意匠学研究室

ササイタをつくる道具
「写真でみる民家大事典」柏書房　2005
　◇p45-3〔白黒〕　群馬県藤岡市上日野　㊙1978年　桑原稔

笹葺きの屋根
「日本の生活環境文化大辞典」柏書房　2010
　◇p450-1〔白黒〕　京都府与謝郡与謝野町　㊙2002年　早瀬哲恒

笹葺屋根の家にサンゴ礁の石垣
「写真ものがたり昭和の暮らし 3」農山漁村文化協会　2004
　◇p220〔白黒〕　鹿児島県十島村・小宝島　㊙昭和9年5月　早川孝太郎所蔵

叉首を上から見た図
「日本民俗大辞典 上」吉川弘文館　1999
　◇p699〔白黒・図〕

叉首、屋中、垂木が交差する屋根下地
「写真でみる民家大事典」柏書房　2005
　◇p48-2〔白黒〕　埼玉県越谷市　㊙2004年　田代敦久

叉首組
「写真でみる民家大事典」柏書房　2005
　◇p32-1〔白黒〕　山形県遊佐町　㊙1997年　御船達雄
「日本民俗大辞典 下」吉川弘文館　2000
　◇図1〔別刷図版「民家」〕〔白黒〕　旧所在・岐阜県大野郡白川村　㊙1999年　現所在・神奈川県川崎市多摩区日本民家園 旧山下家住宅

叉首組の民家
「精選 日本民俗辞典」吉川弘文館　2006
　◇p517〔白黒・図〕　神奈川県 北村家　『日本列島民家史』より

佐須奈の大浦家
「宮本常一 写真・日記集成 上」毎日新聞社　2005
　◇p324〔白黒〕　長崎県 対馬 佐須奈　㊙宮本常一, 1962年8月4日

サッパと呼ぶ舟も保管するノゴヤと称する農具専用の小屋
「写真でみる民家大事典」柏書房　2005
　◇p100-3・4〔白黒〕　千葉県野田市目吹　㊙1998年　野田市市史編さん担当

里海に連続した集落
「里山・里海 暮らし図鑑」柏書房　2012
　◇写4 (p245)〔白黒〕　福井県高浜町音海　昭和28年　井田家所蔵古写真・福井県立若狭歴史民俗資料館提供

里山に連続した集落
「里山・里海 暮らし図鑑」柏書房　2012
　◇写3 (p245)〔白黒〕　福井県旧上中町〔若狭〕脇袋　昭和20年代　中塚政雄所蔵, 若狭町歴史文化館提供

サの字型民家
「日本民俗大辞典 下」吉川弘文館　2000
　◇p58〔白黒・図〕　〔間取り図〕

さまざまなかぶと造り
「図説 民俗建築大事典」柏書房　2001
　◇図2 (p143)〔白黒・図〕　寄棟に似た妻かぶと（神奈川県津久井郡）, 入母屋風の妻かぶと（山梨県忍野村）, 二重かぶと（東京都檜原村）, 関東風の寄棟に似たかぶと（千葉県富津市）, 屋根の中ほどを切り上げた平かぶと（群馬県大胡町）, 軒全面を切り落とした平かぶと（群馬県前橋市）, 曲り付き民家の寄棟に似たかぶと（茨城県大宮町）, 寄棟に似た妻かぶと（福島県伊達地方）, 田麦俣のタカハッポウ（山形県朝日村）　スケッチ：深沢昌廣, 川島宙次, 川島宙次『民家のきた道』相模書房, 1992

さまざまな屋敷
「図説 日本民俗学」吉川弘文館　2009
　◇p45〔白黒〕　山口県岩国市, 福島県須賀川市, 富山県砺波市

佐目の集落
「写真でみる日本生活図引 6」弘文堂　1993
　◇図6〔白黒〕　滋賀県神崎郡永源寺町佐目　秋　㊙前野隆資, 昭和46年

猿島茶の茶畑と長屋門
「写真でみる民家大事典」柏書房　2005
　◇p213-2〔白黒〕　三和町東諸川　㊙1997年　津山正幹

沢戸集落の景観
「写真でみる民家大事典」柏書房　2005
　◇p228-2〔白黒〕　埼玉県秩父市吉田町石間字沢戸　㊙1987年　大久根茂

3LDK+1LDK（隣居型ペア）
「日本の生活環境文化大辞典」柏書房　2010
　◇p181-2〔白黒・図〕　間取り　『多摩ニュータウン事業誌 市域編I』

三階建て
「写真でみる日本生活図引 7」弘文堂　1993
　◇図138〔白黒〕　秋田県横手市　木造。ホテルだったが、戦後は部屋貸をした　㊙須藤功, 昭和52年1月9日

三階立て文化住宅
「日本の生活環境文化大辞典」柏書房　2010
　◇p184-5〔白黒〕　大阪府門真市一番町　㊙2006年　早瀬哲恒

桟瓦葺の町家
「日本を知る事典」社会思想社　1971
　◇図49 (p218)〔白黒〕　埼玉県川越市

桟瓦葺き屋根
「写真でみる民家大事典」柏書房　2005
　◇p47-2〔白黒〕　熊本県八代市　㊙2002年　山田水城

山間地の屋敷
「日本の生活環境文化大辞典」柏書房　2010
　◇p408-4〔白黒・図〕　宮崎県東臼杵郡椎葉村十根川　『椎葉村十根川地区山村集落』

山間に開かれた村
「宮本常一が撮った昭和の情景 上」毎日新聞社　2009
　◇p135〔白黒〕　愛媛県肱川町付近　㊙宮本常一, 1961年8月6日

山間の集落
「宮本常一 写真・日記集成 下」毎日新聞社　2005
　◇p284〔白黒〕　岩手県山形村関　右手にソバ畑がひろがる　㊙宮本常一, 1972年8月28～30日

山間の茶堂
「写真でみる民家大事典」柏書房　2005
　◇p401-4〔白黒〕　高知県高岡郡檮原町　㊙1990年代　溝渕博彦

山間の民家
「写真でみる日本生活図引 4」弘文堂　1988
　◇図145〔白黒〕　宮城県刈田郡七ヶ宿町稲子　㊙須藤功, 昭和43年5月31日

散居
「図説 民俗建築大事典」柏書房　2001
　◇写真2 (p41)〔白黒〕　富山県砺波平野

珊瑚礁の岩塊壁をもつ小屋
「図説 民俗建築大事典」柏書房　2001
　◇写真1 (p322)〔白黒〕　沖縄県竹富町波照間島　最近まで畑小屋や畜舎、舟小屋等として残存

屋敷構え　　　　　　　　　　　　　　　　住

珊瑚石の石垣とヒンプン
　「写真でみる民家大事典」柏書房　2005
　　◇p439-3〔白黒〕　沖縄県八重山郡竹富町　㊟1992年　朴賛弼

サンゴ石灰岩の石垣とフクギの防風林
　「宮本常一 写真・日記集成 下」毎日新聞社　2005
　　◇p212〔白黒〕　沖縄県勝連町 浜比嘉島　㊟宮本常一、1969年9月30日

サンゴの石垣と福木の防風林に囲まれた屋敷
　「写真でみる民家大事典」柏書房　2005
　　◇p434-2〔白黒〕　瀬戸内町請阿室　㊟1979年　跡見学園女子大学民俗文化研究調査会

蚕室造り
　「宮本常一 写真・日記集成 上」毎日新聞社　2005
　　◇p67〔白黒〕　神奈川県厚木市 荻野　㊟宮本常一、1957年6月2日

山村
　「写真でみる日本生活図引 6」弘文堂　1993
　　◇図3〔白黒〕　新潟県長岡市蓬平　㊟中俣正義、昭和32年4月28日
　「写真でみる日本生活図引 4」弘文堂　1988
　　◇図143〔白黒〕　長野県下伊那郡上村下栗　㊟須藤功、昭和42年11月27日

散村
　「日本の生活環境文化大辞典」柏書房　2010
　　◇p12-1〔白黒〕（砺波平野の散村）　富山県砺波市笹　㊟2007年　佐伯安一
　「精選 日本民俗辞典」吉川弘文館　2006
　　◇p236〔白黒〕　富山県 礪波平野
　「図説 民俗建築大事典」柏書房　2001
　　◇写真1(p40)〔白黒〕　島根県出雲地方　島根県斐川町提供
　　◇図1(p41)〔白黒・図〕　埼玉県北川辺町
　「日本民俗大辞典 上」吉川弘文館　1999
　　◇p729〔白黒〕　富山県 砺波平野
　「図説 民俗探訪事典」山川出版社　1983
　　◇p117〔白黒〕　富山県砺波平野

山村土蔵の雪囲い
　「日本民俗文化財事典（改訂版）」第一法規出版　1979
　　◇図103〔白黒〕　新潟県新井市

山村農家の屋敷構え
　「民俗図録 日本人の暮らし」日本図書センター　2012
　　◇図17〔白黒〕　福井県大野郡五箇村桜久保　㊟橋浦泰雄

山村の垣根
　「民俗図録 日本人の暮らし」日本図書センター　2012
　　◇図19〔白黒〕　宮崎県西臼杵郡上椎葉村　㊟白澤文一

山村の旧家
　「民俗図録 日本人の暮らし」日本図書センター　2012
　　◇図29〔白黒〕　宮崎県西臼杵郡上椎葉村　㊟白澤文一

山村の景観
　「図説 日本民俗学」吉川弘文館　2009
　　◇p158〔白黒〕　宮崎県椎葉村

散村の景観
　「図説 日本民俗学」吉川弘文館　2009
　　◇p108〔白黒〕　富山県砺波市
　「写真でみる民家大事典」柏書房　2005
　　◇p262-1〔白黒〕（砺波平野の散村景観）　富山県砺波市　㊟2002年　佐伯安一

散村の住居
　「図説 日本民俗学」吉川弘文館　2009
　　◇p108〔白黒〕　富山県砺波市

山村の出作り小屋
　「図説 日本民俗学」吉川弘文館　2009
　　◇p52〔白黒〕　熊本県五木村

山村の廃屋
　「図説 日本民俗学」吉川弘文館　2009
　　◇p167〔白黒〕　愛媛県西予市

山村の民家
　「写真でみる民家大事典」柏書房　2005
　　◇口絵3〔カラー〕　京都府美山町　㊟1998年　早瀬哲恒
　「日本民俗文化財事典（改訂版）」第一法規出版　1979
　　◇図69〔白黒〕　埼玉県児玉地方

山村の屋敷がまえ
　「日本社会民俗辞典 4」日本図書センター　2004
　　◇p1477〔白黒〕　宮城県花山村

山村風景
　「宮本常一 写真・日記集成 下」毎日新聞社　2005
　　◇p20〔白黒〕　奈良県吉野郡天川村川合→洞川　㊟宮本常一、1965年4月12日〜13日

山村民家の雪囲い
　「日本民俗文化財事典（改訂版）」第一法規出版　1979
　　◇図104〔白黒〕　新潟県新井市

三棟造りに見える納屋が付属したくど造り
　「日本の生活環境文化大辞典」柏書房　2010
　　◇p431-1〔白黒〕　佐賀県武雄市　㊟1999年　原田聰明

山腹の家
　「写真でみる日本生活図引 6」弘文堂　1993
　　◇図44〔白黒〕　宮崎県西都市中尾字奥畑・中野　㊟須藤功、昭和44年12月9日

山麓の集落
　「写真でみる日本生活図引 6」弘文堂　1993
　　◇図1〔白黒〕　新潟県南魚沼郡六日町山口　民家 雪国に多い茅葺寄棟造り　㊟米山孝志、昭和52年3月

シイタケの原木をたてかけた家
　「宮本常一 写真・日記集成 下」毎日新聞社　2005
　　◇p31〔白黒〕　長野県南安曇郡安曇村桧峠あたり　㊟宮本常一、1965年6月20日

椎葉の民家
　「日本の生活文化財」第一法規出版　1965
　　◇図3〜5(住)〔白黒〕　宮崎県椎葉　日本民家集落博物館所蔵（大阪府豊中市）

椎葉の民家（うまや）
　「日本の生活文化財」第一法規出版　1965
　　◇図6・7(住)〔白黒〕　宮崎県椎葉　日本民家集落博物館所蔵（大阪府豊中市）

塩ふみ蔵入り口の石垣
　「民俗資料選集 5 中馬の習俗」国土地理協会　1977
　　◇p7(口絵)〔白黒〕　長野県下伊那郡浪合村　㊟昭和31年4月

市街地に並ぶ蔵
　「写真でみる民家大事典」柏書房　2005
　　◇p205-3〔白黒〕　喜多方市南小田付　㊟2004年　鵜川賢一

自家用の飯米を吊るし保管する屋内のハサギ
　「写真でみる民家大事典」柏書房　2005
　　◇p255-5〔白黒〕　新潟県柏崎市鵜川　㊟2000年　三井田忠明

式台玄関
　「図説 民俗建築大事典」柏書房　2001
　　◇写真1(p110)〔白黒〕　東京都練馬区　取り壊されて

いる

**式台玄関と内玄関**

「図説 民俗建築大事典」柏書房　2001

◇写真2（p110）〔白黒〕　長野県四賀村

**敷地奥に並び建つ蚕室**

「写真でみる民家大事典」柏書房　2005

◇p283-3〔白黒〕　長野県東御市海野　[撮]2004年　石井健郎

**敷地が道路よりも低く、目の高さが屋根になる**

「写真でみる民家大事典」柏書房　2005

◇p437-5〔白黒・図〕　沖縄県島尻郡渡名喜村　渡名喜島民家実測図

**ジゲグラ（地下蔵）**

「図説 民俗探訪事典」山川出版社　1983

◇p114〔白黒〕　三重県志摩町越賀　[撮]北見俊夫

**士堅家住宅の全景**

「日本の生活環境文化大辞典」柏書房　2010

◇p415-1〔白黒〕　京都市左京区久多　主屋：明治24年再建　[撮]2008年　大場修

**鐚のない「うまのくらづくり」の主屋と長屋**

「写真でみる民家大事典」柏書房　2005

◇p379-5〔白黒〕（鐚（しころ）のない「うまのくらづくり」の主屋（左）と長屋）　山口県山口市叶木　[撮]1992年　山口市教育委員会

**自然石で囲われた茅葺きの牛小屋**

「写真でみる民家大事典」柏書房　2005

◇p98-2〔白黒〕　沖縄県本部町　[撮]1998年　永瀬克己

**自然石の腰壁と重厚な瓦屋根の畜舎**

「写真でみる民家大事典」柏書房　2005

◇p98-3〔白黒〕　沖縄県本部町　[撮]1998年　永瀬克己

**自然木の柱**

「図説 民俗建築大事典」柏書房　2001

◇写真4（p83）〔白黒〕　東京都江戸川区 一之江名主屋敷主屋

**士族の家**

「民俗図録 日本人の暮らし」日本図書センター　2012

◇図28〔白黒〕　長崎県下縣郡仁位村

**下地窓と腰貼り**

「写真でみる民家大事典」柏書房　2005

◇p53-4〔白黒〕　静岡県熱海市　[撮]2003年　矢作英雄

**下町の妻入りの町並み**

「写真でみる民家大事典」柏書房　2005

◇p252-1〔白黒〕　新潟県三島郡出雲崎町　[撮]2004年　三井田忠明

**下町の長屋造り**

「写真ものがたり昭和の暮らし 4」農村漁村文化協会　2005

◇p43〔白黒〕　東京都文京区本郷　[撮]昭和60年　東京都提供

**下町の町並み**

「写真でみる民家大事典」柏書房　2005

◇p284-2〔白黒〕　長野県塩尻市奈良井　[撮]2004年　石井健郎

**下町モダンの旧川合文化住宅**

「写真でみる民家大事典」柏書房　2005

◇p175-2〔白黒〕　小樽市稲穂　昭和初期建築　[撮]1993年　越野武

**漆喰壁・なまこ壁の町家**

「写真でみる民家大事典」柏書房　2005

◇p406-1〔白黒〕　吉井町上町　[撮]2004年　佐藤正彦

**漆喰壁の民家**

「宮本常一が撮った昭和の情景 下」毎日新聞社　2009

◇p50〔白黒〕（漆喰壁の住宅）　山口県大島郡周防大島町大字平野　[撮]宮本常一, 1966年12月26日

◇p50〔白黒〕（漆喰壁の住宅）　山口県大島郡周防大島町大字平野　[撮]宮本常一, 1966年12月26日

◇p50〔白黒〕（漆喰壁の住宅）　山口県大島郡周防大島町大字平野　[撮]宮本常一, 1966年12月26日

「宮本常一 写真・日記集成 下」毎日新聞社　2005

◇p92〔白黒〕　山口県大島郡東和町平野［周防大島町］　[撮]宮本常一, 1966年12月26日

◇p92〔白黒〕　山口県大島郡東和町平野［周防大島町］　[撮]宮本常一, 1966年12月26日

◇p92〔白黒〕　山口県大島郡東和町平野［周防大島町］　[撮]宮本常一, 1966年12月26日

◇p92〔白黒〕　山口県大島郡東和町平野［周防大島町］　[撮]宮本常一, 1966年12月26日

◇p92〔白黒〕　山口県大島郡東和町平野［周防大島町］　[撮]宮本常一, 1966年12月26日

**漆喰で固めた瓦葺き**

「宮本常一 写真・日記集成 下」毎日新聞社　2005

◇p213〔白黒〕　沖縄県勝連町 津堅島　[撮]宮本常一, 1969年9月30日

**漆喰の化粧壁にエアコン**

「宮本常一 写真・日記集成 下」毎日新聞社　2005

◇p102〔白黒〕　広島県深安郡神辺町川北　[撮]宮本常一, 1967年2月ごろ

**自転車は下に置いて石段を上がる**

「写真でみる民家大事典」柏書房　2005

◇p385-4〔白黒〕　山口県山陽小野田市刈屋　[撮]2004年　金谷玲子

**地頭の家**

「日本社会民俗辞典 3」日本図書センター　2004

◇p1062〔白黒〕　岩手県江刈村 村木家

**蔀戸**

「写真でみる民家大事典」柏書房　2005

◇p56-1〔白黒〕　新潟県出雲崎町　[撮]2004年　古川修文

「図説 民俗探訪事典」山川出版社　1983

◇p303〔白黒〕　奈良県旧米谷家　商家

**蔀戸と揚見世**

「図説 民俗建築大事典」柏書房　2001

◇写真2（p26）〔白黒〕　奈良県奈良市 藤岡屋住宅

**品川漁師町**

「日本民俗文化財事典（改訂版）」第一法規出版　1979

◇図147〔白黒〕　東京都品川漁師町

**地場漁業（ニシン漁）が生み出した大規模民家**

「図説 民俗建築大事典」柏書房　2001

◇写真7（p355）〔白黒〕　北海道小樽市　旧田中家住宅 1897年

**芝棟**

「日本民俗大辞典 下」吉川弘文館　2000

◇図20〔別刷図版「民家」〕〔白黒〕　岩手県気仙郡住田町　[撮]安藤邦廣, 1984年

**芝棟の家**

「宮本常一が撮った昭和の情景 上」毎日新聞社　2009

◇p195〔白黒〕　青森県下北郡東通村下田代　[撮]宮本常一, 1963年6月22日

「宮本常一 写真・日記集成 上」毎日新聞社　2005

◇p381〔白黒〕　青森県下北郡東通村下田代　[撮]宮本常一, 1963年6月22日

**渋沢邸の和洋並存**

「図説 民俗建築大事典」柏書房　2001

屋敷構え　　　　　　　　　　　　　　　住

◇写真5（p355）〔白黒〕　青森県三沢市

絞り問屋を営む服部家は卯建を上げた塗籠造り
「写真でみる民家大事典」柏書房　2005
◇p311-2〔白黒〕　愛知県名古屋市緑区有松　㊟2002年　谷沢明

島根の農家
「日本を知る事典」社会思想社　1971
◇口絵15（日本の民家）〔カラー〕　島根県簸川郡

島の集落
「写真でみる日本生活図引 6」弘文堂　1993
◇図35〔白黒〕　東京都新島村若郷　㊟坪井洋文，昭和32年7月

島の農村集落
「日本の生活環境文化大辞典」柏書房　2010
◇p200-3〔白黒〕　沖縄県八重山郡竹富町竹富島　㊟1961年　杉本尚次

縞模様の通し屋根
「図説 民俗建築大事典」柏書房　2001
◇写真3（p135）〔白黒〕　栃木県芳賀郡益子町

清水家主屋の土台
「図説 民俗建築大事典」柏書房　2001
◇写真1（p81）〔白黒〕　新潟県長岡市　1840年建築

下越地方の玄関中門
「図説 民俗建築大事典」柏書房　2001
◇写真2（p391）〔白黒〕　新潟県北蒲原郡笹神村

下時国家
「写真でみる民家大事典」柏書房　2005
◇p266-2〔白黒〕　輪島市町野町　㊟1996年　津山正幹

下葺きがオガラ葺きとなっている医王寺唐門
「写真でみる民家大事典」柏書房　2005
◇p43-2〔白黒〕　栃木県粟野町北半田　㊟2004年　柏村祐司

下屋の出た茅葺き屋根
「図説 民俗建築大事典」柏書房　2001
◇写真7（p359）〔白黒〕

下屋部分、葺き降ろしの垂木を支える軒桁
「写真でみる民家大事典」柏書房　2005
◇p36-3〔白黒〕　兵庫県神戸市北区山田町　㊟2004年　原田聰明

蛇腹（ジャバラ）
「図説 民俗建築大事典」柏書房　2001
◇写真4（p239）〔白黒〕　山形県米沢市

斜面に石垣を築いた集落と畑
「宮本常一が撮った昭和の情景 下」毎日新聞社　2009
◇p12〜13〔白黒〕（急峻な斜面に石垣を築いた集落）　奈良県五條市大塔町篠原　㊟宮本常一，1965年4月15日
「宮本常一 写真・日記集成 下」毎日新聞社　2005
◇p21〔白黒〕　奈良県吉野郡大塔村篠原　㊟宮本常一，1965年4月15日

斜面に建つ家
「宮本常一 写真・日記集成 下」毎日新聞社　2005
◇p20〔白黒〕　奈良県吉野郡天川村川合→洞川　㊟宮本常一，1965年4月12日〜13日

斜面に並んだ草葺き屋根
「写真でみる民家大事典」柏書房　2005
◇p401-2〔白黒〕　高知県高岡郡檮原町　㊟昭和50年代　溝渕博彦

周囲に大根や南蛮を乾し糠釜のあるシンナカに集う家族
「写真でみる民家大事典」柏書房　2005
◇p255-4〔白黒〕　新潟県柏崎市鵜川　㊟2000年　三井田忠明

住居式水屋
「日本の生活環境文化大辞典」柏書房　2010
◇p359-5〔白黒〕　岐阜県大垣市入方　㊟2009年　鏡味明克

住居のイマワリ
「民俗資料選集 30 焼畑習俗Ⅱ」国土地理協会　2002
◇p11（本文）〔白黒〕　山梨県南巨摩郡早川町奈良田

住居の壁と屋根
「民俗資料選集 30 焼畑習俗Ⅱ」国土地理協会　2002
◇p11（本文）〔白黒〕　山梨県南巨摩郡早川町奈良田

住居の付属施設
「民俗資料選集 30 焼畑習俗Ⅱ」国土地理協会　2002
◇p37（本文）〔白黒〕　山梨県南巨摩郡早川町奈良田

修景された民家
「写真でみる民家大事典」柏書房　2005
◇p209-4〔白黒〕　舘岩村前沢　㊟1998年　伊藤庸一

重厚な板戸の大戸口
「写真でみる民家大事典」柏書房　2005
◇p55-1〔白黒〕　山梨県身延町下部　㊟2002年　道塚元嘉

十三湖の民家
「写真でみる日本人の生活全集 3」日本図書センター　2010
◇p145〔白黒〕　㊟伊馬春部

集村の甍
「図説 日本民俗学」吉川弘文館　2009
◇p107〔白黒〕　秋田県湯沢市

集村の代表，環濠集落
「図説 日本民俗学」吉川弘文館　2009
◇p108〔白黒〕　奈良県大和郡山市

集村の一つ，街村
「図説 日本民俗学」吉川弘文館　2009
◇p108〔白黒〕　岡山県高梁市

住宅営団の直営によるバラック
「写真でみる日本人の生活全集 3」日本図書センター　2010
◇p2〔白黒〕　東京都戸山ガ原

住宅街のあふれ出し
「日本の生活環境文化大辞典」柏書房　2010
◇p171-2〔白黒〕　東京都中央区月島　㊟2010年　岸本章

住宅の防犯意識
「宮本常一 写真・日記集成 下」毎日新聞社　2005
◇p230〔白黒〕　大阪市住吉区　〔塀の上に柵，有刺鉄線〕　㊟宮本常一，1970年7月17日

自由な形で組まれたあいかた積みの石垣
「写真でみる民家大事典」柏書房　2005
◇p437-3〔白黒〕　沖縄県島尻郡渡名喜村　㊟2000年　永瀬克己

修復された町家と自動販売機
「写真でみる民家大事典」柏書房　2005
◇p359-2〔白黒〕　島根県大田市大森　㊟1998年　和田嘉宥

集落
「宮本常一が撮った昭和の情景 上」毎日新聞社　2009
◇p136〔白黒〕　新潟県佐渡郡相川町［佐渡市］小田？　㊟宮本常一，1959年8月5日
◇p138〔白黒〕　新潟県両津市［佐渡市］海岸段丘上から北鵜島の集落を見下ろす　㊟宮本常一，1959年8月7日
◇p142〔白黒〕　新潟県佐渡郡小木町［佐渡市］大浦　㊟宮本常一，1959年8月10日

◇p180〔白黒〕　山口県熊毛郡上関町　[撮]宮本常一, 1960年4月2日
◇p182〔白黒〕　福岡県 熊本県八代→鹿児島　[撮]宮本常一, 1960年4月18日
◇p236〔白黒〕　北海道礼文郡礼文町 香深からスコトン岬へ　[撮]宮本常一, 1964年8月6日
◇p252〔白黒〕　長崎県北松浦郡小値賀町 大島　[撮]宮本常一, 1961年4月23日
◇p254〔白黒〕　長崎県 五島列島中通島有川（南松浦郡有川町）［新上五島町］　[撮]宮本常一, 1961年4月24日
◇p263〔白黒〕　愛媛県　[撮]宮本常一, 1961年8月6日
◇p314〔白黒〕　熊本県人吉市→五木・宮園付近　[撮]宮本常一, 1962年6月19日
◇p316〔白黒〕　五家荘下屋敷（熊本県八代郡泉村［八代市］）→二本杉峠　[撮]宮本常一, 1962年6月20日
◇p333〔白黒〕　長崎県南松浦郡有川町［新上五島町］中通島・岩瀬浦　[撮]宮本常一, 1962年8月13日
◇p340〔白黒〕　山口県阿武郡川上村野戸呂　[撮]宮本常一, 1962年9月6日
◇p381〔白黒〕　青森県下北郡東通村尻労→下田代　[撮]宮本常一, 1963年6月22日
◇p450〔白黒〕　北海道礼文郡礼文町元地　[撮]宮本常一, 1964年8月7日
◇p455〔白黒〕　山口県大島郡橘町・浮島・樽見　[撮]宮本常一, 1964年10月5日

「宮本常一 写真・日記集成 下」毎日新聞社　2005
◇p14〔白黒〕　山口県大島郡東和町油宇・鯛峰［周防大島町］　[撮]宮本常一, 1965年2月7日～10日
◇p14〔白黒〕　山口県大島郡東和町外入［周防大島町］　[撮]宮本常一, 1965年2月7日～10日
◇p41〔白黒〕　佐賀県佐賀郡富士町杉山→市川　[撮]宮本常一, 1965年8月25日
◇p145〔白黒〕　山口県大島郡東和町沖家室 対岸に佐連を見る　[撮]宮本常一, 1968年3月19日～27日

「写真ものがたり昭和の暮らし 2」農山漁村文化協会　2004
◇p34〔カラー〕　宮城県七ヶ宿町稲子　[撮]須藤功, 昭和43年5月

「日本写真全集 9」小学館　1987
◇図44〔白黒〕　岐阜県白川村荻町　[撮]平山忠治, 昭和37年　『民家』（昭和37年刊）

「民俗資料選集 6 狩猟習俗Ⅱ」国土地理協会　1978
◇p1（口絵）〔白黒〕　新潟県岩船郡朝日村三面　新潟県の狩猟習俗
◇p11（口絵）〔白黒〕　新潟県北魚沼郡入広瀬村大白川　新潟県の狩猟習俗
◇p15（口絵）〔白黒〕　新潟県中魚沼郡津南町大赤沢　新潟県の狩猟習俗

「フォークロアの眼 2 雪国と暮らし」国書刊行会　1977
◇図180・181〔白黒〕　新潟県古志郡太田村（現在は長岡市）蓬平　[撮]中俣正義, 昭和32年4月上旬

**集落と耕地**

「宮本常一 写真・日記集成 下」毎日新聞社　2005
◇p234〔白黒〕（尾根筋に集落がつくられ、耕地がその下にひろがる）　新潟県山古志村　右下に養殖池が見える　[撮]宮本常一, 1970年9月13日～14日

**集落と墓地**

「宮本常一 写真・日記集成 上」毎日新聞社　2005
◇p188〔白黒〕　鹿児島県川辺郡坊津町久志→大浦　[撮]宮本常一, 1960年4月21日

**集落内の道路と門長屋**

「写真でみる民家大事典」柏書房　2005
◇p309-4〔白黒〕　愛知県渥美郡渥美町伊良湖　[撮]2004年　林哲志

**集落の遠景**

「写真でみる民家大事典」柏書房　2005
◇p378-1〔白黒〕　山口県山口市叶木　[撮]1992年　山口市教育委員会

**集落の外側に集落を囲む形で点在する蔵**

「写真でみる民家大事典」柏書房　2005
◇p429-4〔白黒〕　宮崎県東臼杵郡椎葉村十根川　[撮]2004年　土田充義

**集落の道**

「宮本常一 写真・日記集成 下」毎日新聞社　2005
◇p48〔白黒〕　豊松村（広島県神石郡［神石高原町］）　[撮]宮本常一, 1965年12月18日～19日

**首里金城**

「写真でみる日本生活図引 6」弘文堂　1993
◇図47, 48〔白黒〕　沖縄県那覇市首里金城町　[撮]坂本万七, 比嘉康雄, 昭和15年, 平成4年8月27日

**首里三箇**

「写真でみる日本生活図引 6」弘文堂　1993
◇図49〔白黒〕　沖縄県那覇市首里　[撮]坂本万七, 昭和15年

**順勝寺参道沿いの家並み**

「宮本常一 写真・日記集成 下」毎日新聞社　2005
◇p362〔白黒〕　広島県三原市西町　[撮]宮本常一, 1976年3月26日～28日

**商家の卯建**

「写真でみる民家大事典」柏書房　2005
◇p386-2〔白黒〕　徳島県美馬市　[撮]2002年　溝渕博彦

**商家の構え**

「図説 民俗探訪事典」山川出版社　1983
◇p94〔白黒〕（屋号のみえる商家の構え）　京都市
◇p304〔白黒〕（のれんと看板のみえる商家の構え）　奈良県大和郡山市

**商家の構えと平面図**

「図説 民俗探訪事典」山川出版社　1983
◇p302〔白黒・図/写真〕　奈良県今井町 今西家　復原図　上図は「修理工事報告書」より, 左図は日本建築学会『日本民家』より, 奈良県文化財保存課提供

**商家の格子と卯建**

「写真でみる民家大事典」柏書房　2005
◇p387-4〔白黒〕　徳島県美馬市　[撮]2003年　溝渕博彦

**商家のなまこ壁**

「写真でみる民家大事典」柏書房　2005
◇p54-2〔白黒〕　鈴木家、静岡県下田市　文政元年建築　[撮]2004年　小花宰

**商家の雪がこい**

「フォークロアの眼 2 雪国と暮らし」国書刊行会　1977
◇図61〔白黒〕　新潟県十日町市本町　[撮]中俣正義, 昭和30年2月中旬

**商家町**

「日本の生活環境文化大辞典」柏書房　2010
◇p203-1〔白黒〕　大分県日田市豆田町　[撮]2004年　伊藤則子

**城下町の古い民家**

「宮本常一 写真・日記集成 下」毎日新聞社　2005
◇p162〔白黒〕　兵庫県赤穂市　[撮]宮本常一, 1968年7月26日～27日

**小規模な民家**

「写真でみる民家大事典」柏書房　2005
◇p213-5〔白黒〕　三和町　[撮]1997年　津山正幹

**ジョウグチから見た農家**

「いまに伝える 農家のモノ・人の生活館」柏書房　2004

屋敷構え 住

◇p225 写真2〔白黒〕(前のジョウグチから見たO家)　埼玉県所沢市　昭和38年(1963)まで存在したある農家

**障子戸との組み合わせで使われている舞良戸**
「写真でみる民家大事典」柏書房　2005
◇p57-3〔白黒〕　京都府京都市　㊙2004年　金匠正夫

**常設化した雪棚のある民家**
「写真でみる民家大事典」柏書房　2005
◇p257-2〔白黒〕　新潟県柏崎市高柳町荻ノ島　㊙2004年　三井田忠明

**城之門筋の町並み**
「写真でみる民家大事典」柏書房　2005
◇p332-1〔白黒〕　大阪府富田林市　㊙1996年　大場修

**牆屏**
「日本民俗図誌 9 住居・運輸篇」村田書店　1978
◇図84-1・2・3〔白黒・図〕　民家
◇図85-1〔白黒・図〕　東京府新島本村　民家
◇図85-2・3〔白黒・図〕　神津島　民家
◇図86-1・2〔白黒・図〕　東京府新島本村
◇図86-3〔白黒・図〕　沖縄県島尻郡喜屋武地方
◇図87〔白黒・図〕　東京府新島本村
◇図88〔白黒・図〕　東京府三宅島阿古村
◇図90-1・2〔白黒・図〕　東京府新島本村　抗火石を使用

**小便所**
「写真でみる日本生活図引 別巻」弘文堂　1993
◇図200〔白黒〕　長野県下伊那郡阿智村　〔外便所〕　㊙熊谷元一、昭和31年12月15日

**正面の構え**
「図説 民俗探訪事典」山川出版社　1983
◇p303〔白黒〕　奈良県　南家

**正面の鄙戸と出格子**
「写真でみる民家大事典」柏書房　2005
◇p381-5〔白黒〕　山口県萩市浜崎 松浦家　㊙2004年　坪郷英彦

**庄屋の赤城家の邸**
「宮本常一 写真・日記集成 下」毎日新聞社　2005
◇p394〔白黒〕　愛媛県喜多郡長浜町青島　㊙宮本常一, 1977年5月24日

**醬油蔵の再生**
「写真でみる民家大事典」柏書房　2005
◇p355-4〔白黒〕　鳥取県倉吉市　㊙2004年　和田嘉宥

**醬油醸造元の邸**
「宮本常一 写真・日記集成 下」毎日新聞社　2005
◇p404〔白黒〕　山口県柳井市 柳井津　川に下りる戸口がある　㊙宮本常一, 1977年10月12日

**醬油醸造や肥料商を営んでいた3棟の倉をもつ家**
「写真でみる民家大事典」柏書房　2005
◇p93-3〔白黒〕(江戸時代に醬油醸造や肥料商を営み3棟の倉をもつ旧篠原家)　栃木県宇都宮市　㊙2004年　出口清孝　重要文化財

**昭和初期頃の町の景観**
「写真でみる民家大事典」柏書房　2005
◇p349-3〔白黒〕　和歌山県海南市黒江　黒江小学校

**昭和初期の雁木の町並み**
「写真でみる民家大事典」柏書房　2005
◇p253-6〔白黒〕　新潟県三島郡出雲崎町　㊙1932年頃　柏崎市立図書館

**昭和初期の吉良川の浜地区の町並み**
「写真でみる民家大事典」柏書房　2005
◇p399-3〔白黒〕　高知県室戸市吉良川　㊙撮影者不明

**昭和初期の隈町の町並み**
「写真でみる民家大事典」柏書房　2005
◇p425-5〔白黒〕　大分県日田市　佐志原静子

**昭和初めの漁家の小屋**
「写真でみる民家大事典」柏書房　2005
◇p9-2〔白黒〕　富山県魚津市　『民家図集』第二輯

**昭和初めの町並み**
「写真でみる民家大事典」柏書房　2005
◇p253-3〔白黒〕　新潟県三島郡出雲崎町　『民家図集』第七輯

**ショガキ**
「日本郷土 風俗・民芸・芸能図鑑」日本図書センター　2012
◇写真篇 宮城〔白黒〕(しょがき(雪がこい))　宮城県
「民俗資料叢書 14 八郎潟の漁撈習俗」平凡社　1971
◇図11〔白黒〕　秋田県 八郎潟　冬囲い

**初期の主流型2DK・住宅公団と後年の発展型3LDK**
「日本の生活環境文化大辞典」柏書房　2010
◇p178-4〔白黒・図〕　埼玉県住宅供給公社　間取り　『住宅の計画学 改訂2版』

**植物による象徴的なソーンジャキのある民家**
「写真でみる民家大事典」柏書房　2005
◇p436-1〔白黒〕　沖縄県島尻郡渡名喜村　㊙2003年　永瀬克己

**助命壇**
「日本の生活環境文化大辞典」柏書房　2010
◇p361-10〔白黒〕　岐阜県海津市本阿弥新田　㊙2000年

**白井堰と白壁土蔵造りが連なる町並み**
「写真でみる民家大事典」柏書房　2005
◇p222-1〔白黒〕　群馬県北群馬郡子持村白井　㊙2004年　桑原稔

**白井堰のほとりに立つ道しるべ**
「写真でみる民家大事典」柏書房　2005
◇p223-3〔白黒〕　群馬県北群馬郡子持村白井　㊙2004年　桑原稔

**シラカシと竹垣**
「宮本常一 写真・日記集成 下」毎日新聞社　2005
◇p100〔白黒〕　東京都府中市　㊙宮本常一, 1967年1月9日〜2月16日

**白壁の家並みと路地**
「宮本常一 写真・日記集成 下」毎日新聞社　2005
◇p472〔白黒〕　鳥取県倉吉市東仲町 玉川沿いの町並み　㊙宮本常一, 1979年11月20日〜21日

**白川郷の合掌造り**
「写真でみる日本人の生活全集 3」日本図書センター　2010
◇口絵〔白黒〕　岐阜県大野郡白川村加須良

**白川郷の民家・山下家住宅平面図**
「図説 民俗建築大事典」柏書房　2001
◇図2(p147)〔白黒・図〕　岐阜県白川村　宮澤智士『合掌造りを推理する』白川村・白川村教育委員会、1995

**白川の民家**
「日本民俗文化財事典(改訂版)」第一法規出版　1979
◇図86〔白黒〕　日本民家集落博物館
「日本の生活文化財」第一法規出版　1965
◇図8・9(住)〔白黒〕　岐阜県白川　日本民家集落博物館所蔵(大阪府豊中市)

**白川村の合掌造り**
「写真でみる日本人の生活全集 3」日本図書センター　2010
◇p49〔白黒〕　岐阜県大野郡白川村

**白川村の合掌造り集落**
「図説 日本民俗学」吉川弘文館　2009
◇p57〔白黒〕　岐阜県白川村

**白川村の大家族の家屋**
「図説 日本民俗学」吉川弘文館　2009
◇p58〔白黒・図〕　大間知「婚姻」『日本民俗学大系』3より

**シロッパ葺きの屋根**
「日本の生活環境文化大辞典」柏書房　2010
◇p450-2〔白黒〕　東京都小笠原村　[撮]1979年　宮崎勝弘

**城山からみた岩村の町並み**
「写真でみる民家大事典」柏書房　2005
◇p292-2〔白黒〕　岐阜県恵那市岩村　[撮]2004年　富山博

**新興住宅地**
「宮本常一 写真・日記集成 下」毎日新聞社　2005
◇p426〔白黒〕　北海道紋別郡白滝村→旭川市　[撮]宮本常一, 1978年5月12日
◇p463〔白黒〕　北海道帯広市郊外　[撮]宮本常一, 1979年4月30日

**新集落の高床式住宅**
「日本の生活環境文化大辞典」柏書房　2010
◇p187-3〔白黒〕　新潟県東蒲原郡阿賀町室谷　[撮]1993年　古川修文

**神職の家**
「民俗図録 日本人の暮らし」日本図書センター　2012
◇図11〔白黒〕　島根県簸川郡東村小境　[撮]三木茂

**深大寺付近**
「宮本常一 写真・日記集成 上」毎日新聞社　2005
◇p14〔白黒〕　東京都調布市 深大寺　〔畑と民家〕[撮]宮本常一, 1955年6月5日

**新田開発集落の屋敷**
「日本の生活環境文化大辞典」柏書房　2010
◇p408-5〔白黒・図〕　国分寺市北町　『国分寺市の民家』

**新町の町並み**
「写真でみる民家大事典」柏書房　2005
◇p321-2〔白黒〕　滋賀県近江八幡市　[撮]1990年頃　大場修

**水郷の生活**
「日本民俗写真大系 3」日本図書センター　1999
◇p39〔白黒〕　千葉県佐原市加藤洲　どの農家も水路に桟橋をつくり、小舟がつないである　[撮]薗部澄, 1960年

**水中に支柱を立て海に張り出す形で建てられた漁家の家**
「宮本常一が撮った昭和の情景 上」毎日新聞社　2009
◇p138〔白黒〕　山口県萩市大字浜崎町付近　[撮]宮本常一, 1961年8月30日

**水田のなかの農家**
「宮本常一 写真・日記集成 下」毎日新聞社　2005
◇p170〔白黒〕　山口県 山口→大畠　[撮]宮本常一, 1968年8月14日

**水田の中の藁葺農家**
「宮本常一が撮った昭和の情景 下」毎日新聞社　2009
◇p58〔白黒〕(水田の中の藁葺き屋根の農家)　広島県安芸高田市八千代町土師　土師ダム建設予定地の民俗調査　[撮]宮本常一, 1967年12月12日～18日
「宮本常一 写真・日記集成 下」毎日新聞社　2005
◇p106〔白黒〕　広島県高田郡八千代町土師〔安芸高田市〕　[撮]宮本常一, 1967年12月12日～18日

**水路に面して土蔵群が建ち並ぶ裏通り**
「図説 民俗建築大事典」柏書房　2001
◇写真1(p310)〔白黒〕　鳥取県倉吉市

**水路のある家並み**
「宮本常一 写真・日記集成 下」毎日新聞社　2005
◇p80〔白黒〕　島根県鹿足郡津和野町　[撮]宮本常一, 1966年8月21日

**透かし帯戸**
「図説 民俗建築大事典」柏書房　2001
◇写真2(p99)〔白黒〕　宮城県柴田郡村田町

**菅沼集落**
「写真でみる民家大事典」柏書房　2005
◇p265-3〔白黒〕　富山県南砺市五箇山　[撮]2004年　佐伯安一

**杉皮葺き屋根**
「宮本常一 写真・日記集成 上」毎日新聞社　2005
◇p388〔白黒〕(杉皮葺きの屋根)　東京都 新島村　[撮]宮本常一, 1963年7月28日
◇p446〔白黒〕(杉皮葺きの屋根)　青森県下北郡川内町銀杏木　[撮]宮本常一, 1964年7月26日
「日本民俗大辞典 下」吉川弘文館　2000
◇図12〔別刷図版「民家」〕〔白黒〕　京都府北桑田郡京北町　[撮]安藤邦廣, 1980年

**杉皮葺き屋根の家**
「宮本常一が撮った昭和の情景 上」毎日新聞社　2009
◇p230〔白黒〕　青森県むつ市川内町銀杏木　同じ妻入りの家がほぼおなじような屋敷割で軒を連ねる　[撮]宮本常一, 1964年7月26日
「写真ものがたり昭和の暮らし 5」農山漁村文化協会　2005
◇p87〔白黒〕(移転が終わり空家になった杉皮葺屋根の家)　熊本県芦北町海路迫　[撮]麦島勝, 昭和33年1月

**スギ皮葺き家屋の集落**
「里山・里海 暮らし図鑑」柏書房　2012
◇写14(p226)〔白黒〕　高知県旧窪川町〔四万十町〕日野地　昭和30年代　四万十町役場提供

**スギ皮葺きの家屋の構造**
「里山・里海 暮らし図鑑」柏書房　2012
◇写15(p226)〔白黒〕　三重県熊野市　平田隆行提供

**杉焼板と漆喰の壁**
「宮本常一 写真・日記集成 下」毎日新聞社　2005
◇p472〔白黒〕　鳥取県倉吉市東仲町 玉川沿いの町並み　[撮]宮本常一, 1979年11月20日～21日

**直屋**
「図説 民俗建築大事典」柏書房　2001
◇図7(p296)〔白黒・図〕　青森県十和田湖町 旧笠石家

**直屋が特徴の篠山城下町**
「写真でみる民家大事典」柏書房　2005
◇p335-3〔白黒〕　兵庫県篠山市　[撮]2004年　増田史男

**直屋の茅葺き民家**
「写真でみる民家大事典」柏書房　2005
◇p420-3〔白黒〕(直屋の茅葺き民家である皆越家)　湯前町　[撮]1995年　原田聰明

**雀おどり(棟飾)**
「日本民俗図誌 9 住居・運輸篇」村田書店　1978
◇図64-1・2・5〔白黒・図〕　長野県諏訪郡上諏訪地方
◇図64-3〔白黒・図〕　長野県辰野地方
◇図64-4〔白黒・図〕　長野県茅野地方
◇図65-1・2〔白黒・図〕　山梨県北巨摩郡鳳来村
◇図65-3・4〔白黒・図〕　長野県諏訪郡上諏訪地方

**スズメオドリと懸魚**
「写真でみる民家大事典」柏書房　2005
◇p20-1〔白黒〕　長野県松本市横沢　[撮]1977年　多田井幸視

屋敷構え　　　　　　　　　　　　　住

砂堤に囲まれた漁家
　「写真でみる民家大事典」柏書房　2005
　　◇p201-5〔白黒〕　山形県飽海郡遊佐町青塚　明治23年建築　㊞1993年　御船達雄

住まい周辺の傾斜地を利用する民家
　「写真でみる民家大事典」柏書房　2005
　　◇p389-3〔白黒〕　西祖谷山村尾ノ井ノ内付近　㊞2004年　森隆男

諏訪瀬島の垣根
　「民俗図録 日本人の暮らし」日本図書センター　2012
　　◇図18〔白黒〕　鹿児島県大島郡諏訪瀬島　㊞小久保善吉

諏訪瀬島の民家
　「民俗図録 日本人の暮らし」日本図書センター　2012
　　◇図16〔白黒〕　鹿児島県大島郡諏訪瀬島　㊞小久保善吉

整層積み
　「図説 民俗建築大事典」柏書房　2001
　　◇写真2・3(p107)〔白黒〕　香川県山田町, 滋賀県近江八幡市　田淵実夫『石垣』法政大学出版局, 1975

せいろう倉
　「図説 民俗建築大事典」柏書房　2001
　　◇写真2(p67)〔白黒〕　京都府京北町　調理用具で餅などを作る際に使われる
　　◇写真3(p67)〔白黒〕（特殊なせいろう倉）　福島県檜枝岐村
　「日本を知る事典」社会思想社　1971
　　◇図60(p223)〔白黒〕　長野県南佐久郡

井籠倉
　「写真でみる民家大事典」柏書房　2005
　　◇p92-2〔白黒〕　京都府京都市京北町　㊞1968年　富山博

蒸籠倉
　「日本民俗大辞典 上」吉川弘文館　1999
　　◇p935〔白黒〕　福島県南会津郡檜枝岐村

蒸籠倉の構造
　「日本社会民俗辞典 1」日本図書センター　2004
　　◇p316〔白黒・図〕　京都府黒田村, 福島県檜枝岐村

セガイ造
　「日本民俗大辞典 上」吉川弘文館　1999
　　◇p938〔白黒・図〕

せがい造り
　「写真でみる民家大事典」柏書房　2005
　　◇p38-4〔白黒〕　群馬県沼田市　㊞1993年　村田敬一

せがい造りの農家
　「写真でみる民家大事典」柏書房　2005
　　◇p38-3〔白黒〕　群馬県沼田市　㊞1993年　村田敬一

せがい造りの軒先部分
　「写真でみる民家大事典」柏書房　2005
　　◇p421-5〔白黒〕　湯前町　㊞2004年　原田聰明

石室
　「日本社会民俗辞典 1」日本図書センター　2004
　　◇p226〔白黒〕　壱岐島

狭い傾斜地に石垣を築いて敷地を確保する
　「写真でみる民家大事典」柏書房　2005
　　◇p428-2〔白黒〕　宮崎県東臼杵郡椎葉村十根川　狭い傾斜地に高さ4mを超える城のような石垣を築いて敷地を確保する　㊞2004年　土田充義

狭い敷地いっぱいに建てられた船型の民家
　「写真でみる民家大事典」柏書房　2005
　　◇p259-3〔白黒〕　新潟県佐渡市宿根木　㊞2004年　佐藤利夫

戦後もハネダシがみられた海岸線
　「写真でみる民家大事典」柏書房　2005
　　◇p179-2〔白黒〕　檜山郡江差町　㊞1957年以前　北海道大学建築史意匠学研究室

船主の民家（清九郎家）のオマエ
　「写真でみる民家大事典」柏書房　2005
　　◇p259-5〔白黒〕　新潟県佐渡市宿根木　㊞2004年　佐藤利夫

剪定した黒松
　「写真でみる民家大事典」柏書房　2005
　　◇p85-1〔白黒〕（地盤の弱さから屋根の高さのやや上で剪定した黒松）　島根県斐川町　1989年　刊行委員会
　　◇p85-3〔白黒〕（剪定された黒松の力強さ）　島根県斐川町　1990年代　伊藤庸一

前面に二階を増設した芝棟の家
　「宮本常一 写真・日記集成 上」毎日新聞社　2005
　　◇p391〔白黒〕　青森県下北郡東通村蒲野沢　㊞宮本常一, 1963年8月12日

荘川の民家
　「日本の生活文化財」第一法規出版　1965
　　◇図10(住)〔白黒〕　荘川　高山市立飛騨民俗館所蔵

宗光寺門前の家並み
　「宮本常一 写真・日記集成 下」毎日新聞社　2005
　　◇p362〔白黒〕　広島県三原市本町　㊞宮本常一, 1976年3月26日〜28日

層状の集落景観
　「写真でみる民家大事典」柏書房　2005
　　◇p344-1〔白黒〕　十津川村神下　㊞1998年　千森督子

総二階蚕室型の民家
　「写真でみる民家大事典」柏書房　2005
　　◇p106-1〔白黒〕　埼玉県秩父地方　㊞1989年　坪郷英彦

そぉねったんの屋敷
　「日本の民俗 暮らしと生業」KADOKAWA　2014
　　◇図6-21〔白黒〕　奈良県生駒郡三郷町　㊞芳賀日出男, 昭和34年
　「日本の民俗 下」クレオ　1997
　　◇図6-21〔白黒〕　奈良県生駒郡三郷町　掘に囲まれ土蔵のある大和の農家　㊞芳賀日出男, 昭和34年

側面から前中門と後中門をみる
　「写真でみる民家大事典」柏書房　2005
　　◇p13-2〔白黒〕　新潟県川口町　㊞1990年　小林幹子

側溝
　「写真でみる日本生活図引 別巻」弘文堂　1993
　　◇図110〔白黒〕　長野県下伊那郡阿智村　㊞矢沢昇, 昭和31年9月26日

ソデウダツ 防火壁
　「図説 民俗建築大事典」柏書房　2001
　　◇写真9(p239)〔白黒〕　埼玉県川越市

袖垣
　「日本民俗図誌 9 住居・運輸篇」村田書店　1978
　　◇図89-1〔白黒・図〕　網代組

ソテツやガジュマルの生垣
　「里山・里海 暮らし図鑑」柏書房　2012
　　◇写6(p222)〔白黒〕　鹿児島県沖永良部島　昭和30年代　和泊町歴史民俗資料館提供

外蔵
　「日本民俗写真大系 8」日本図書センター　2000
　　◇p149〔白黒〕　福井県南条郡南越前町河野　北前船主の

住　　　　　　　　　　　　　　　　　　　　屋敷構え

館　右近家

**外泊りの集落景観**
「日本を知る事典」社会思想社　1971
　◇口絵23（日本の民家）〔カラー〕　愛媛県南宇和郡西海町

**外便所**
「里山・里海 暮らし図鑑」柏書房　2012
　◇写7（p97）〔白黒〕（肥溜の小便用外便所）　和歌山県和歌山市
「写真ものがたり昭和の暮らし 1」農山漁村文化協会　2004
　◇p54〔白黒〕　長野県阿智村　大便所、風呂場、小便所　㋛熊谷元一, 昭和30年
「図説 民俗建築大事典」柏書房　2001
　◇写真1（p202）〔白黒〕　大和市市史編纂担当提供、1996
「写真でみる日本生活図引 4」弘文堂　1988
　◇図56〔白黒〕　長野県下伊那郡阿智村　外便所 風呂場と一緒のもの　㋛熊谷元一, 昭和30年

**外便所と便所神の着物**
「写真でみる民家大事典」柏書房　2005
　◇p159-1・2〔白黒〕　群馬県高崎市上小塙町　高崎市市史資料担当

**祖内の家並み**
「写真ものがたり昭和の暮らし 9」農山漁村文化協会　2007
　◇p34〔白黒〕　沖縄県与那国町祖内　天蛇鼻という丘の中腹から見おろす草葺寄棟屋根の造り、二棟造り　㋛本田安次, 昭和33年8月

**租納の集落**
「日本民俗写真大系 5」日本図書センター　2000
　◇p152〔白黒〕　沖縄県与那国町　山陰に防風の垣を造った集落　㋛渡辺良正、1970年

**素朴な茅葺きの畜舎**
「写真でみる民家大事典」柏書房　2005
　◇p98-1〔白黒〕　沖縄県竹富町波照間島　㋛1997年　永瀬克己

**空窓のついた家**
「図説 民俗建築大事典」柏書房　2001
　◇写真1（p19）〔白黒〕　東京都八王子市

**反り棟になっている置き棟**
「写真でみる民家大事典」柏書房　2005
　◇p27-2〔白黒〕　島根県斐川町　㋛2004年　和田嘉宥

**反り棟民家**
「写真でみる民家大事典」柏書房　2005
　◇p27-1〔白黒〕　島根県斐川町　㋛2004年　和田嘉宥

**村落と環境**
「日本民俗大辞典 上」吉川弘文館　1999
　◇図7〔別刷図版「沖縄文化」〕〔カラー〕　沖縄県名護市嘉陽　㋛1977年〔航空写真〕　日本地図センター提供

**大家族制の家**
「写真でみる日本人の生活全集 5」日本図書センター　2010
　◇p8〔白黒〕　ダムができる岐阜県飛騨の白川村から東京に解体移転

**大家族の住む主屋**
「日本の生活環境文化大辞典」柏書房　2010
　◇p324-2〔白黒〕　岩手県八幡平市安代町　㋛1930年代　有賀喜左衛門

**台ヶ原の町並み**
「写真でみる民家大事典」柏書房　2005
　◇p280-1〔白黒〕　山梨県北杜市台ヶ原　右手前が北原家　㋛2004年　坂本高雄
　◇p281-3〔白黒〕　山梨県北杜市台ヶ原　㋛2004年　坂本高雄

**大規模な馬屋**
「日本を知る事典」社会思想社　1971
　◇図3（p195）〔白黒〕　長野県木曾郡

**大規模な葛布商人の山崎家**
「写真でみる民家大事典」柏書房　2005
　◇p303-2〔白黒〕　掛川市南西郷　㋛2004年　矢部忠司

**大規模な民家**
「写真でみる民家大事典」柏書房　2005
　◇p184-1〔白黒〕　弘前市浜の町　㋛2004年　小山連一

**大規模民家・旧大戸家住宅**
「図説 民俗建築大事典」柏書房　2001
　◇図1（p136）〔白黒・図〕　岐阜県大野郡白川村　1833年（天保4）工事開始　大河直躬『日本建築基礎資料集成 21 民家』中央公論美術出版、1976

**大規模民家・那須家住宅正面立面図と平面図**
「図説 民俗建築大事典」柏書房　2001
　◇図2（p136）〔白黒・図〕　宮崎県東臼杵郡椎葉村　19世紀初　宮澤智士『日本の民家4農家Ⅳ』学習研究社、1981

**大州の民家**
「図説 民俗建築大事典」柏書房　2001
　◇写真2（p314）〔白黒〕　愛媛県大州市　江戸時代末期から明治期の商家が建ち並ぶ

**駄板葺きの痕**
「写真でみる民家大事典」柏書房　2005
　◇p245-5〔白黒〕　神奈川県藤沢市江ノ島　㋛1991年　宮崎勝弘

**台地上の集落**
「宮本常一 写真・日記集成 下」毎日新聞社　2005
　◇p50〔白黒〕　油木町（広島県神石郡〔神石高原町〕）　㋛宮本常一, 1965年12月22日

**台地上の畑、石垣でまもられた集落**
「宮本常一 写真・日記集成 上」毎日新聞社　2005
　◇p256〔白黒〕　長崎→博多　手前の水田はナタネ　㋛宮本常一, 1961年4月27日

**台所になる青山家の中門部分**
「写真でみる民家大事典」柏書房　2005
　◇p201-3〔白黒〕　山形県飽海郡遊佐町青塚　明治23年建築　㋛1993年　御船達雄

**第二次世界大戦直後の最小限住宅の設計では一挙に洋風化した**
「図説 民俗建築大事典」柏書房　2001
　◇図7（p354）〔白黒・図〕　増沢洵自邸平面図、1952 間取図　住宅史研究会編『日本住宅史図集』理工図書、1970

**堆肥小屋**
「日本社会民俗辞典 3」日本図書センター　2004
　◇p1073〔白黒〕　新潟県見付地方

**代表的な小屋組**
「図説 民俗建築大事典」柏書房　2001
　◇図1（p88）〔白黒・図〕　和小屋組、おだち組（真束組）、又首組　川島宙次『滅びゆく民家』主婦と生活社、1973

**台風よけの石垣**
「民俗図録 日本人の暮らし」日本図書センター　2012
　◇図21〔白黒〕　長崎県南松浦郡五島黒崎海岸

**高い石垣の水屋**
「図説 民俗建築大事典」柏書房　2001
　◇写真1（p74）〔白黒〕　岐阜県海津町

**高い縁の下**
「図説 民俗建築大事典」柏書房　2001
　◇写真3（p209）〔白黒〕　新潟県糸魚川市

## タカガキ
「図説 民俗建築大事典」柏書房　2001
　◇写真7(p239)〔白黒〕　東京都小平市 小平ふるさと村

## 多角的農家
「写真でみる日本人の生活全集 3」日本図書センター　2010
　◇p44〜45〔白黒〕　栃木県芳賀郡大内村　豚小屋、めんよう、鶏小屋、兎、牛小屋、栗林、納屋、母屋、甘藷苗床、タバコ苗床、落葉、茶

## 高倉
「日本の民俗 暮らしと生業」KADOKAWA　2014
　◇図3-19〔白黒〕　鹿児島県大島郡大和村　㊟芳賀日出男、昭和31年

「里山・里海 暮らし図鑑」柏書房　2012
　◇写9(p224)〔白黒〕(カヤ葺きの高倉)　鹿児島県沖永良部島　昭和30年代　和泊町歴史民俗資料館提供

「民俗図録 日本人の暮らし」日本図書センター　2012
　◇図50〔白黒〕(八丈島の高倉)　東京都八丈島　穀物貯蔵　㊟染木煦
　◇図52〔白黒〕(沖永良部島の高倉)　鹿児島県沖永良部島　㊟林義三
　◇図53〔白黒〕(波照間島の高倉)　沖縄波照間島　㊟林義三

「写真でみる民家大事典」柏書房　2005
　◇p96-1〔白黒〕(四脚柱の高倉)　鹿児島県天城町徳之島西阿木名　㊟1961年　早瀬哲恒
　◇p96-2〔白黒〕　鹿児島県知名町沖永良部島田皆　㊟1961年　早瀬哲恒
　◇p242-1〔白黒〕(四本柱の高倉)　東京都八丈町　㊟1982年　山崎弘
　◇p435-5〔白黒〕(4本柱の高倉)　笠利町城間　㊟1982年　跡見学園女子大学民俗文化研究調査会

「日本社会民俗辞典 1」日本図書センター　2004
　◇p318〔白黒〕　奄美大島
　◇p318〔白黒・図〕(高倉平面図)　八丈島

「図説 民俗建築大事典」柏書房　2001
　◇写真5(p68)〔白黒〕　東京都八丈島

「日本民俗写真大系 5」日本図書センター　2000
　◇p90〜91〔白黒〕　鹿児島県大和村　軒下では農作業　㊟芳賀日出男、1955年

「日本民俗大辞典 下」吉川弘文館　2000
　◇p30〔白黒〕(高倉　鹿児島県大和村の群倉)　鹿児島県大島郡大和村大和浜

「日本民俗写真大系 3」日本図書センター　1999
　◇p103〔白黒〕　東京都 八丈島　㊟安達浩、1977年

「日本の民俗 下」クレオ　1997
　◇図3-22〔白黒〕　鹿児島県大島郡大和村　㊟芳賀日出男、昭和31年

「写真でみる日本生活図引 1」弘文堂　1989
　◇図81〔白黒〕　鹿児島県大島郡大和村　㊟芳賀日出男、昭和30年8月

「図説 民俗探訪事典」山川出版社　1983
　◇p315〔白黒・図〕(八丈島の高倉断面図)　八丈島　川島寅次による

「日本民俗図誌 9 住居・運輸篇」村田書店　1978
　◇図94〔白黒〕　鹿児島県奄美大島　穀物や干物などを貯蔵

「民俗資料叢書 11 田植の習俗5」平凡社　1970
　◇図175〔白黒〕　鹿児島県大島郡瀬戸内町管鈍

「日本の生活文化財」第一法規出版　1965
　◇図15・16(住)〔白黒〕(奄美大島の高倉)　奄美大島　日本民家集落博物館所蔵（大阪府豊中市）

## 高倉の構造
「日本社会民俗辞典 1」日本図書センター　2004
　◇p318〔白黒・図〕(高倉の構造(横断面、縦断面))　八丈島

## 高倉の軒まわり
「民俗図録 日本人の暮らし」日本図書センター　2012
　◇図51〔白黒〕　鹿児島県喜界島　㊟林義三

## 高倉の床下
「写真でみる民家大事典」柏書房　2005
　◇p242-2〔白黒〕　東京都八丈町　㊟1982年　山崎弘

## 高台の邸宅の板谷家
「写真でみる民家大事典」柏書房　2005
　◇p175-3〔白黒〕　北海道小樽市東雲町　1920年代建築　㊟1993年　越野武

## 高千穂の民家
「写真でみる日本生活図引 6」弘文堂　1993
　◇図45〔白黒〕　宮崎県西臼杵郡高千穂町　㊟興梠敏夫、昭和20年代前半
　◇図46〔白黒〕　宮崎県西臼杵郡高千穂町　㊟興梠敏夫、昭和40年代

## 高野家住宅
「日本を知る事典」社会思想社　1971
　◇口絵16〔日本の民家〕〔白黒〕　山梨県塩山市上於曽　18世紀後期　重要文化財

## 高塀造り
「民俗の事典」岩崎美術社　1972
　◇p135〔白黒・図〕

## たかへ造り
「写真でみる民家大事典」柏書房　2005
　◇p25-1〔白黒〕　奈良県榛原町内牧　㊟2004年　早瀬哲恒

## 宝島の民家
「民俗図録 日本人の暮らし」日本図書センター　2012
　◇図10〔白黒〕　鹿児島県大島郡宝島　㊟小久保善吉

## 滝本家の旧住居
「民俗資料選集 25 焼畑習俗」国土地理協会　1997
　◇p20（口絵）〔白黒〕　高知県池川町椿山

## タキモンニカイとも呼ばれている小屋裏
「写真でみる民家大事典」柏書房　2005
　◇p120-2〔白黒〕　新潟県上越市牧　㊟2000年　小林幹子

## 竹を編んで立てた風除け
「日本民俗写真大系 7」日本図書センター　2000
　◇p44〔白黒〕　島根県大社町 日御碕　㊟井上喜弘、1955年

## 竹をこまかくあんだ竹垣
「写真でみる日本人の生活全集 3」日本図書センター　2010
　◇p14〔白黒〕

## 竹製の駒寄せのある家
「写真ものがたり昭和の暮らし 4」農村漁村文化協会　2005
　◇p56〔白黒〕　京都府京都市北区　㊟須藤功、昭和45年4月

## 竹で作られた棟
「日本の生活環境文化大辞典」柏書房　2010
　◇p451-8〔白黒〕　福岡県久留米市　㊟1999年　宮崎勝弘

## 竹で編んだ間垣
「写真ものがたり昭和の暮らし 9」農山漁村文化協会　2007
　◇p26〔白黒〕　石川県富来町(現志賀町)　㊟御園直太郎、昭和47年1月

## 竹と丸太を組んでカヤを密厚に葺いた屋根
「里山・里海 暮らし図鑑」柏書房　2012
　◇写8(p224)〔白黒〕　兵庫県神戸市北区藍那

**竹富島の集落**
「写真でみる民家大事典」柏書房　2005
◇p438-1〔白黒〕 沖縄県八重山郡竹富町 [撮]1992年 朴賛弼

**竹の穂を用いた柴垣**
「図説 民俗探訪事典」山川出版社　1983
◇p62〔白黒〕 京都府

**竹葺き屋根**
「図説 民俗建築大事典」柏書房　2001
◇図4(p122)〔白黒・図〕 京都市大原野, 大分県玖珠町 武者英二・吉田尚英編著『屋根のデザイン百科 歴史・かたち・素材・構法・納まり・実例』彰国社、1999を改編

**竹塀**
「図説 民俗探訪事典」山川出版社　1983
◇p61〔白黒〕 京都府

**出梁造り**
「写真でみる民家大事典」柏書房　2005
◇p38-2〔白黒〕 群馬県玉村町 [撮]1988年 村田敬一

**出梁造りの養蚕農家**
「写真でみる民家大事典」柏書房　2005
◇p38-1〔白黒〕 群馬県沼田市 [撮]1994年 村田敬一

**出梁（だしばり）と呼ぶ張り出しを設けた二階家**
「写真でみる民家大事典」柏書房　2005
◇p229-4〔白黒〕 埼玉県秩父市吉田町石間字沢戸 [撮]2004年 大久根茂

**多層民家**
「図説 民俗建築大事典」柏書房　2001
◇図4(p295)〔白黒・図〕 山形県朝日村 渋谷家（山形県鶴岡市へ移築）

**立花家の土蔵**
「写真でみる民家大事典」柏書房　2005
◇p424-3〔白黒〕 大分県日田市 [撮]2004年 佐志原圭子 日田市景観形成建築物指定

**巽蔵の景観**
「図説 民俗建築大事典」柏書房　2001
◇写真12(p309)〔白黒〕 枚方市茄子作

**建てぐるみの土蔵**
「写真でみる民家大事典」柏書房　2005
◇p91-1〔白黒〕 長野県茅野市 [撮]1988年 池浩三

**建物が連なる町並み**
「写真でみる民家大事典」柏書房　2005
◇p275-2〔白黒〕 日向西地区 [撮]1990年 津山正幹

**建物と間取りの変遷**
「日本の生活環境文化大辞典」柏書房　2010
◇p348-10〔白黒・図〕 江戸時代後期〜明治 金谷玲子・秋山晴子「近世後期以降の農家形態の変化について（1）—山口市の釣屋形式を通して」『福岡教育大学紀要44-5』を改変

**田中家住宅**
「図説 民俗建築大事典」柏書房　2001
◇写真7(p316)〔白黒〕 徳島県名西郡石井町 安政初年頃から敷地の造成にかかり明治20年までに建物が完成 重要文化財

**棚田の石垣と農家の石垣**
「宮本常一が撮った昭和の情景 下」毎日新聞社　2009
◇p83〔白黒〕 山口県萩市大字福井上仮館「阿武川ダム水没地域民俗資料緊急調査」 [撮]宮本常一, 1968年8月6日
「宮本常一 写真・日記集成 下」毎日新聞社　2005
◇p169〔白黒〕 山口県阿武郡 「阿武川ダム水没地域民俗資料緊急調査」 [撮]宮本常一, 1968年8月6日

**谷の底から見上げる沢戸集落**
「写真でみる民家大事典」柏書房　2005
◇p228-1〔白黒〕 埼玉県秩父市吉田町石間字沢戸 [撮]1987年 大久根茂

**谷のところどころに民家**
「宮本常一が撮った昭和の情景 上」毎日新聞社　2009
◇p180〔白黒〕（渓谷のところどころに民家と田畑が点在する） 熊本県上益城郡山都町蘇陽峡 [撮]宮本常一, 1962年10月10日
「宮本常一 写真・日記集成 上」毎日新聞社　2005
◇p348〔白黒〕 熊本県 蘇陽峡 [撮]宮本常一, 1962年10月10日

**谷ふかい農家**
「写真でみる日本人の生活全集 3」日本図書センター　2010
◇p5〔白黒〕 大分県大野郡三国峠に近い谷あい [撮]伊馬春部

**谷間の家**
「写真ものがたり昭和の暮らし 2」農山漁村文化協会　2004
◇p20〔白黒〕 長野県南信濃村 家まわりに田や畑のある一軒家 [撮]須藤功, 昭和42年11月

**谷間の集落**
「写真ものがたり昭和の暮らし 9」農山漁村文化協会　2007
◇p32〔白黒〕 福井県大野市上打波木野 農家は茅葺寄棟造りと入母屋造りが混在 [撮]橋浦泰雄, 昭和20年代 民俗学研究所編『日本民俗図録』より
「写真でみる日本生活図引 4」弘文堂　1988
◇図144〔白黒〕 福井県大野市上打波木野 [撮]橋浦泰雄, 撮影年不明 民俗学研究所提供

**種山手永の総庄屋であった平野家**
「写真でみる民家大事典」柏書房　2005
◇p419-5〔白黒〕 熊本県八代市岡町小路 天保8年（1837）の建築 [撮]1976年 北野隆

**田の字型の間取り**
「写真ものがたり昭和の暮らし 1」農山漁村文化協会　2004
◇p21〔白黒・図〕

**田の字型民家**
「日本民俗大辞典 下」吉川弘文館　2000
◇p58〔白黒・図〕 〔間取り図〕

**煙草生産農家の平面図**
「日本の生活環境文化大辞典」柏書房　2010
◇p68-5〔白黒・図〕 神奈川県秦野市 1885〜1955年の状況 高橋隆博

**タバコの乾燥庫と藁葺納屋**
「宮本常一 写真・日記集成 下」毎日新聞社　2005
◇p324〔白黒〕 長崎県壱岐郡石田町［壱岐市］ 母屋は瓦屋根 [撮]宮本常一, 1974年5月23日

**玉石を積んだ屋敷まわり**
「写真でみる民家大事典」柏書房　2005
◇p243-6〔白黒〕 東京都八丈町 [撮]1982年 山崎弘

**玉石を道路側に積み重ね枝の密集するウコギを植える**
「写真でみる民家大事典」柏書房　2005
◇p203-4〔白黒〕 山形県米沢市芳泉町 [撮]1995年 伊藤庸一

**玉石垣**
「日本民俗写真大系 3」日本図書センター　1999
◇p107〔白黒〕 [撮]島内英佑, 1969年頃

**玉石の代わりに栗材の束を使った民家**
「写真でみる民家大事典」柏書房　2005
◇p183-5〔白黒〕 東通村猿ケ森 [撮]1996年 月舘敏栄

**田麦俣の民家**
「日本を知る事典」社会思想社　1971
◇口絵3（日本の民家）〔カラー〕　山形県東田川郡朝日村

**ダム建設による集団移転によってつくられた集落**
「日本の生活環境文化大辞典」柏書房　2010
◇口絵5〔カラー〕　新潟県東蒲原郡阿賀町室谷　[撮]1992年　旧上川村教育委員会

**垂木と梁の結び方**
「写真でみる民家大事典」柏書房　2005
◇p243-4〔白黒〕　東京都八丈町　[撮]1982年　山崎弘

**炭鉱の住宅**
「写真でみる日本生活図引 4」弘文堂　1988
◇図165・166〔白黒〕　北海道夕張市　[撮]掛川源一郎，昭和37年8月

**丹波の集落**
「写真でみる日本生活図引 4」弘文堂　1988
◇図140〔白黒〕　京都府船井郡丹波町下山　[撮]須藤功，昭和43年6月21日

**小さい入り口を持った土蔵**
「図説 民俗建築大事典」柏書房　2001
◇写真6（p69）〔白黒〕　福島県本宮町

**千木**
「写真でみる日本人の生活全集 3」日本図書センター　2010
◇p58〔白黒〕　福島県南会津郡檜枝岐村

**千木をおく農家**
「日本郷土 風俗・民芸・芸能図鑑」日本図書センター　2012
◇写真篇 宮崎〔白黒〕　宮崎県東臼杵郡地方

**千木のある屋根**
「日本民俗図誌 9 住居・運輸篇」村田書店　1978
◇図21〔白黒・図〕　山梨県西八代郡上九一色村本栖の本栖湖畔の一部

**チセの小屋組**
「図説 民俗建築大事典」柏書房　2001
◇図7（p90）〔白黒・図〕　川島宙次『滅びゆく民家』主婦と生活社、1973

**千葉家住宅**
「日本を知る事典」社会思想社　1971
◇口絵4（日本の民家）〔白黒〕　遠野市綾織字滝沢　19世紀中期

**茶園と家**
「写真でみる日本生活図引 6」弘文堂　1993
◇図10〔白黒〕　滋賀県甲賀郡信楽町朝宮　[撮]前野隆資，昭和41年11月18日

**中国地方の農家の代表的な平面形式**
「図説 民俗建築大事典」柏書房　2001
◇図1（p312）〔白黒・図〕

**中馬追いをした家**
「民俗資料選集 5 中馬の習俗」国土地理協会　1977
◇p23（口絵），p129（本文）〔白黒〕　長野県上伊那郡藤沢村荒町　[撮]昭和31年2月

**中馬追いをした家の平面図**
「民俗資料選集 5 中馬の習俗」国土地理協会　1977
◇p22（口絵）〔白黒〕　長野県上伊那郡藤沢村荒町　明治5年
◇p121（本文）〔白黒・図〕　長野県　明治5年の図面の要部　本田秀明作図
◇p122（本文）〔白黒・図〕　長野県　昭和31年2月 本田秀明実測

**中馬追いの家**
「民俗資料選集 5 中馬の習俗」国土地理協会　1977
◇p92（本文）〔白黒・図〕　長野県　正面図，間取図，大戸と開きの関係
◇p93（本文）〔白黒〕　長野県山本村　[撮]昭和31年3月
◇p93（本文）〔白黒・図〕　長野県平谷村　間取図

**中門づくり**
「民俗の事典」岩崎美術社　1972
◇p137〔白黒・図〕　越後地方

**中門造**
「日本民俗大辞典 下」吉川弘文館　2000
◇図4〔別刷図版「民家」〕〔白黒〕　秋田県秋田市 小野家住宅　[撮]小林昌人，1960年
◇p101〔白黒・図〕　新潟県魚沼地方新潟県教育委員会編『越後の民家—中越編』より

**中門造り**
「写真でみる民家大事典」柏書房　2005
◇p13-1〔白黒〕　新潟県津南町　[撮]2001年　津山正幹
「宮本常一 写真・日記集成 上」毎日新聞社　2005
◇p317〔白黒〕　新潟県岩船郡関川村　[撮]宮本常一，1962年7月15日
「宮本常一 写真・日記集成 下」毎日新聞社　2005
◇p346〔白黒〕　秋田県仙北郡西木村→秋田　[撮]宮本常一，1975年9月2日〜5日
「図説 民俗建築大事典」柏書房　2001
◇図2（p295）〔白黒・図〕　福島県会津坂下町 五十嵐家

**中門造り二階建の農家**
「宮本常一 写真・日記集成 下」毎日新聞社　2005
◇p307〔白黒〕　福島県 田子倉→坂下 只見線の車窓から　[撮]宮本常一，1973年7月23日

**中門造りの家**
「日本の生活環境文化大辞典」柏書房　2010
◇p187-2〔白黒〕（旧集落の中門造りの家）　新潟県東蒲原郡阿賀町室谷　[撮]1992年　古川修文

**中門造りの農家**
「宮本常一 写真・日記集成 下」毎日新聞社　2005
◇p307〔白黒〕　福島県 田子倉→坂下・只見線の車窓から　[撮]宮本常一，1973年7月23日

**中門造りの民家**
「写真でみる民家大事典」柏書房　2005
◇p203-2〔白黒〕　山形県米沢市芳泉町　[撮]1998年　津山正幹
◇p209-3〔白黒〕（3棟並んだ中門造りの民家）　舘岩村水引　[撮]1991年　津山正幹
「宮本常一 写真・日記集成 下」毎日新聞社　2005
◇p343〔白黒〕　秋田県角館→仙北郡西木村西木村　[撮]宮本常一，1975年9月2日〜5日

**中門造り民家**
「写真でみる民家大事典」柏書房　2005
◇p251-4〔白黒〕（移転前の中門造り民家H家）　新潟県東蒲原郡阿賀町室谷　[撮]1990年　古川修文

**中門扉**
「日本民俗図誌 9 住居・運輸篇」村田書店　1978
◇図89-2〔白黒・図〕　網代組

**チューダースタイルを模した住宅**
「日本の生活環境文化大辞典」柏書房　2010
◇p185-1〔白黒〕　京都府相楽郡精華町　[撮]2009年　堤涼子

**直線の交差する柱と壁に対し屋根の丸石が民家のやさしさを生む**
「写真でみる民家大事典」柏書房　2005
◇p31〔白黒〕　新潟県湯沢町　[撮]昭和初め　『民家図集』

**猪窓**
「写真でみる民家大事典」柏書房　2005

### 貯蔵納屋
◇p60-2〔白黒〕　旧作田家、旧千葉県九十九里町、日本民家園　⓴1996年頃　道塚元嘉
◇p60-3〔白黒〕　旧清宮家、旧神奈川県川崎市、日本民家園　⓴1996年頃　道塚元嘉

### 貯蔵納屋
「日本民俗図誌 9 住居・運輸篇」村田書店　1978
◇図95-2〔白黒・図〕　沖縄県宮古島平良町

### チョンダの入口
「写真でみる民家大事典」柏書房　2005
◇p136-1〔白黒〕　富山県南砺市上梨　⓴2004年　佐伯安一

### 築地塀
「図説 民俗探訪事典」山川出版社　1983
◇p61〔白黒〕　奈良県

### 築地塀で囲まれた広大な旧家の邸
「宮本常一が撮った昭和の情景 下」毎日新聞社　2009
◇p58〔白黒〕(広大な岡崎家の屋敷)　広島県安芸高田市八千代町土師　〔築地〕塀に沿って水路が流れる　⓴宮本常一, 1967年12月12日〜18日 (土師ダム建設予定地の民俗調査)

「宮本常一 写真・日記集成 下」毎日新聞社　2005
◇p106〔白黒〕　広島県高田郡八千代町土師〔安芸高田市〕門の入口に橋が架かっている　⓴宮本常一, 1967年12月12日〜18日

### 築地松
「図説 民俗建築大事典」柏書房　2001
◇写真1 (p59)〔白黒〕　島根県簸川地方
「日本民俗大辞典 下」吉川弘文館　2000
◇p116〔白黒〕　島根県簸川郡斐川町
「写真でみる日本生活図引 6」弘文堂　1993
◇図32〔白黒〕　島根県簸川郡斐川町　⓴平成2年11月斐川町役場提供
◇図33, 34〔白黒〕　島根県平田市　⓴須藤功, 昭和53年5月14日
「図説 民俗探訪事典」山川出版社　1983
◇p62〔白黒〕　出雲

### 築地松を背景に築山や樹木で庭園を構成する南側
「写真でみる民家大事典」柏書房　2005
◇p357-3〔白黒〕　島根県簸川郡斐川町　⓴1990年代　伊藤庸一

### 築地松と屋敷
「写真ものがたり昭和の暮らし 9」農山漁村文化協会　2007
◇p25〔白黒〕　島根県平田市 (現出雲市)　散居制　⓴須藤功, 昭和53年5月

### 築地松に守られた反り棟造りの民家
「写真でみる民家大事典」柏書房　2005
◇口絵4〔カラー〕　島根県斐川町　⓴1995年　刊行委員会

### 築地松の屏風
「写真でみる民家大事典」柏書房　2005
◇p85-2〔白黒〕　島根県斐川町　⓴1990年代　伊藤庸一

### 通路と庭
「写真でみる日本人の生活全集 3」日本図書センター　2010
◇p27〔白黒〕　田の中を細く農家の庭に続く

### 津軽地方の庭
「写真でみる日本人の生活全集 3」日本図書センター　2010
◇p24〔白黒〕　太宰治の生家津島家の豪華な庭

### 津軽の屋なみ
「写真でみる日本人の生活全集 3」日本図書センター　2010
◇p144〔白黒〕　青森県北津軽郡　⓴伊馬春部

### 突上げ二階
「日本民俗大辞典 下」吉川弘文館　2000
◇p124〔白黒〕　山梨県山梨市七日市場

### 漬物小屋
「写真でみる民家大事典」柏書房　2005
◇p101-2〔白黒〕　埼玉県越谷市　⓴1987年　津山正幹

### 対馬旧士族の民家
「日本民俗文化財事典 (改訂版)」第一法規出版　1979
◇図70〔白黒〕　長崎県対馬地方

### 対馬市椎根の集落
「写真でみる民家大事典」柏書房　2005
◇p415-4〔白黒〕　長崎県対馬市　⓴1999年　永瀬克己

### 土壁上部の折置組
「写真でみる民家大事典」柏書房　2005
◇p37-2〔白黒〕　熊本県八代市　⓴2004年　原田聰明

### 土壁の蔵とトタン屋根を被せた母屋
「宮本常一 写真・日記集成 下」毎日新聞社　2005
◇p310〔白黒〕　山口県玖珂郡美和町北中山　⓴宮本常一, 1973年8月6日〜10日

### 土田家
「図説 民俗建築大事典」柏書房　2001
◇写真3 (p140)〔白黒〕　秋田県矢島町　17世紀後期の座敷中門　重要文化財

### つのや
「図説 民俗建築大事典」柏書房　2001
◇写真5 (p305)〔白黒〕　福井県丸岡町 重文・坪川家重要文化財

### 角屋造りの民家
「写真でみる民家大事典」柏書房　2005
◇口絵2〔カラー〕　埼玉県越谷市　⓴2004年　刊行委員会

### 椿山集落
「写真ものがたり昭和の暮らし 2」農山漁村文化協会　2004
◇p64〔白黒〕　高知県池川町椿山　山の急斜面にへばりつくように並んだ家と段々畑　⓴須藤功, 昭和50年4月

### 妻入桅
「図説 民俗建築大事典」柏書房　2001
◇写真1 (p303)〔白黒〕　福井県今立町

### 妻入商家
「写真でみる民家大事典」柏書房　2005
◇p305-4〔白黒〕　愛知県豊田市足助町　⓴1980年　富山博

### 妻入商家と蔵
「写真でみる民家大事典」柏書房　2005
◇p315-3〔白黒〕　三重県伊勢市河崎　⓴2003年　鏡味明克

### 妻入りと平入りの町家が混在する中心部の町並み
「写真でみる民家大事典」柏書房　2005
◇p363-4〔白黒〕　岡山県高梁市吹屋　⓴1991年頃　山崎康雄

### 妻入の家
「写真でみる日本生活図引 6」弘文堂　1993
◇図28〔白黒〕　新潟県岩船郡粟島浦村内浦 (粟島)　⓴中俣正義, 昭和31年5月19日

### 妻入りの家が並ぶ
「宮本常一 写真・日記集成 上」毎日新聞社　2005
◇p446〔白黒〕　青森県下北郡川内町銀杏木　⓴宮本常一, 1964年7月26日

### 妻入りの建物が並ぶ上ノ町
「写真でみる民家大事典」柏書房　2005

◇p277-4〔白黒〕　福井県三方上中郡若狭町熊川　[撮]2004年　永江寿夫

**妻入りの農家**
「写真でみる民家大事典」柏書房　2005
◇p6-2〔白黒〕　旧坪川家、福井県丸岡町　[撮]2002年　中川等

**妻入りの町家**
「写真でみる民家大事典」柏書房　2005
◇p6-1〔白黒〕　兵庫県篠山市　[撮]1981年　津山正幹

**妻入りの民家**
「日本民俗写真大系 8」日本図書センター　2000
◇p166〔白黒〕　新潟県出雲崎町　[撮]中俣正義, 1956年

**妻入民家の並ぶ道**
「写真でみる民家大事典」柏書房　2005
◇p178-1〔白黒〕　北海道檜山郡江差町　[撮]1975年　北海道大学建築史意匠学研究室

**妻飾**
「日本民俗図誌 9 住居・運輸篇」村田書店　1978
◇図50-1〔白黒・図〕　福井県吉田郡志比三郷の民家『日本の民家』
◇図62-1・2〔白黒・図〕　岡山県倉敷地方
◇図62-3〔白黒・図〕　岡山県庭瀬地方
◇図62-4〔白黒・図〕　岡山県児島郡天城地方
◇図62-5・6〔白黒・図〕　広島県宮島地方
◇図63-1〜3〔白黒・図〕　京都府愛宕郡大原村
◇図63-4〔白黒・図〕　京都府愛宕郡鞍馬村

**妻かぶと**
「写真でみる民家大事典」柏書房　2005
◇p18-2〔白黒〕　山梨県富士河口湖町西湖　[撮]1971年　坂本高雄
◇p18-3〔白黒〕　山梨県上野原市西原　[撮]1971年　坂本高雄

**妻床**
「図説 民俗建築大事典」柏書房　2001
◇図1(p162)〔白黒・図〕　宮本幹雄家住宅 山口県玖珂郡美和町　間取図　鳥取県・島根県・山口県教育委員会・〔岡山県〕宮澤智士、〔広島県〕追垣内裕編『中国地方の民家』東洋書林、1999

**積み石工法の石倉**
「写真でみる民家大事典」柏書房　2005
◇p218-2〔白黒〕　栃木県宇都宮市徳次郎西根　[撮]2004年　柏村祐司

**ツム板**
「写真でみる民家大事典」柏書房　2005
◇p243-5〔白黒〕　東京都八丈町　[撮]1982年　山崎弘

**吊り上げシトミ戸とはね上げ大戸**
「宮本常一 写真・日記集成 下」毎日新聞社　2005
◇p299〔白黒〕　広島県福山市鞆　[撮]宮本常一, 1973年3月26日

**釣屋形式と台所中門**
「写真でみる民家大事典」柏書房　2005
◇p379-4〔白黒〕　山口県山口市叶木　[撮]1992年　山口市教育委員会

**敦賀の民家**
「日本の生活文化財」第一法規出版　1965
◇図11・12(住)〔白黒〕　日本民家集落博物館所蔵(大阪府豊中市)

**T家の間取り**
「いまに伝える 農家のモノ・人の生活館」柏書房　2004
◇p231 図7〔白黒・写真/図〕　埼玉県北埼玉郡川里町農家

**出入り口の切妻庇と縁庇**
「図説 民俗建築大事典」柏書房　2001
◇写真1(p112)〔白黒〕　秋田県千畑町

**出稼ぎ漁のための長屋**
「宮本常一 写真・日記集成 上」毎日新聞社　2005
◇p150〔白黒〕　愛媛県 由利島　[撮]宮本常一, 1959年8月29日

**出稼ぎ漁の長屋**
「宮本常一が撮った昭和の情景 上」毎日新聞社　2009
◇p78〜79〔白黒〕　愛媛県松山市二神(由利島)　[撮]宮本常一, 1959年8月29日
「宮本常一 写真・日記集成 上」毎日新聞社　2005
◇p150〔白黒〕　愛媛県 由利島　イワシ漁の期間中、二神島から40組あまりの夫婦が来ていた　[撮]宮本常一, 1959年8月29日

**出格子**
「日本の生活環境文化大辞典」柏書房　2010
◇p443-4〔白黒〕　岡山県高梁市成羽町　[撮]2004年　朴賛弼

**出作り小屋**
「写真でみる日本人の生活全集 3」日本図書センター　2010
◇p143〔白黒〕　長野県下伊那郡清内路村
「日本民俗大辞典 下」吉川弘文館　2000
◇p153〔白黒〕　石川県石川郡白峰村

**出作り小屋の間取り**
「日本民俗大辞典 下」吉川弘文館　2000
◇p153〔白黒・図〕　石川県石川郡白峰村　白山麓の出作り小屋

**出作り先の家**
「写真ものがたり昭和の暮らし 2」農山漁村文化協会　2004
◇p86〔白黒〕　長野県清内路村　[撮]熊谷元一, 昭和27年

**出作りの家**
「民俗図録 日本人の暮らし」日本図書センター　2012
◇図37〔白黒〕　福井県大野郡五箇村上打波　[撮]橋浦泰雄

**出羽島の民家**
「図説 民俗建築大事典」柏書房　2001
◇写真9(p316)〔白黒〕　徳島県牟岐町

**寺下の北方向の町並み**
「写真でみる民家大事典」柏書房　2005
◇p287-5・6〔白黒〕　長野県木曽郡南木曽町妻籠　5：1968年 小寺武久・南木曽町博物館蔵, 6：2004年 溝口正人

**寺下の下嵯峨屋**
「写真でみる民家大事典」柏書房　2005
◇p287-7・8〔白黒〕　長野県木曽郡南木曽町妻籠　7：1968年 小寺武久・南木曽町博物館蔵, 8：2004年 溝口正人

**てらしたの枡形下の旧道**
「写真でみる民家大事典」柏書房　2005
◇p287-3・4〔白黒〕(寺下の枡形下の旧道)　長野県木曽郡南木曽町妻籠　3：1968年 小寺武久・南木曽町博物館蔵, 4：2004年 溝口正人

**店側に格子が組まれる大阪障子**
「写真でみる民家大事典」柏書房　2005
◇p58-3〔白黒〕　千葉県佐倉市　[撮]2004年　金田正夫

**伝統的な民家**
「日本の生活環境文化大辞典」柏書房　2010
◇p73-5〔白黒〕　京都市北区中川　[撮]2005年　瀬戸寿一

**テントヤー立面図**
「日本の生活環境文化大辞典」柏書房　2010

住　　　　　　　　　　　　　　　　　　　　屋敷構え

◇p190-2〔白黒・図〕　沖縄県　収容所の生活　永瀬克己

### 天窓のある養蚕農家
「写真でみる民家大事典」柏書房　2005
◇p190-1〔白黒〕　気仙沼市松崎　㊞1987年　佐々木徳朗

### 東京の旧家の間取
「写真でみる日本人の生活全集 3」日本図書センター　2010
◇p64〔白黒〕　東京都世田谷

### 道具類を入れる小屋（インケ）
「日本社会民俗辞典 3」日本図書センター　2004
◇p1073〔白黒〕　鹿児島県十島村竹島

### 峠の家
「写真でみる日本生活図引 6」弘文堂　1993
◇図4〔白黒〕　新潟県東頸城郡松代町諏訪峠　㊞米山孝志, 昭和55年12月

### 陶工の家
「あるくみるきく双書 宮本常一とあるいた昭和の日本 19」農山漁村文化協会　2012
◇p47〔白黒〕　鹿児島県日置郡東市来町美山（苗代川）㊞神崎宣武, 〔昭和46年〕

### 東南側よりみたカイニョ
「写真でみる民家大事典」柏書房　2005
◇p84-2〔白黒〕　富山県砺波市庄川町筏　㊞2002年　佐伯安一

### 東方を海に面した細長い集落
「写真でみる民家大事典」柏書房　2005
◇p434-1〔白黒〕　笠利町用　海上の岩礁が集落を守護する　㊞1983年　福岡直子

### 東北型の間取の一例
「日本社会民俗辞典 4」日本図書センター　2004
◇p1394〔白黒・図〕

### 東北地方の特徴的民家
「図説 民俗建築大事典」柏書房　2001
◇図1（p294）〔白黒・図〕　笠石家, 佐々木家（南部曲家）, 中澤家（名取型）, 大山家（両中門造り）, 渋谷家（多層民家）, 馬家（中門通り）　間取図

### 東北地方の火棚
「写真でみる民家大事典」柏書房　2005
◇p127-2〔白黒〕　青森県東北町上北　㊞1978年　宮崎玲子

### 同棟別竃隠居
「民俗資料選集 27 年齢階梯制 II」国土地理協会　1999
◇p6（口絵）〔白黒〕　徳島県木頭村出原

### 道路から半間下げて犬走りを設けて築地塀を設置している
「写真でみる民家大事典」柏書房　2005
◇p335-5〔白黒〕　安間家史料館　㊞2004年　増田史男

### 道路に直交して建てられた主屋
「写真でみる民家大事典」柏書房　2005
◇p203-3〔白黒〕　山形県米沢市芳泉町　㊞1995年　伊藤庸一

### 道路の曲線が急傾斜を示す下栗集落
「写真でみる民家大事典」柏書房　2005
◇p290-1〔白黒〕　長野県下伊那郡上村下栗　㊞2004年　大平茂男

### 都営住宅
「写真ものがたり昭和の暮らし 4」農村漁村文化協会　2005
◇p200〔白黒〕　東京都江東区　㊞昭和43年4月　東京都提供

「写真でみる日本生活図引 6」弘文堂　1993
◇図25〔白黒〕　東京都北区王子神谷橋　㊞昭和35年9月3日　東京都提供

◇図26〔白黒〕　東京都港区南青山　㊞昭和43年4月12日　東京都提供

### 通り土間がない山側に建つ民家
「写真でみる民家大事典」柏書房　2005
◇p245-3〔白黒〕　神奈川県藤沢市江ノ島　㊞1991年　宮崎勝弘

### 通り土間のある浜側に建つ民家
「写真でみる民家大事典」柏書房　2005
◇p245-2〔白黒〕　神奈川県藤沢市江ノ島　㊞1991年　宮崎勝弘

### 通りに面した町家右側のミセ
「写真でみる民家大事典」柏書房　2005
◇p73-1〔白黒〕　京都府京都市　㊞2004年　西岡裕司

### 通り庭からミセ、吹抜け、明り障子越しの二階、神棚、奥の座敷をみる
「写真でみる民家大事典」柏書房　2005
◇p427-5〔白黒〕　旧矢野家　㊞2004年　米村敦子

### 戸が開け放たれたままの家
「宮本常一が撮った昭和の情景 上」毎日新聞社　2009
◇p134〔白黒〕　石川県輪島市海士町　舳倉島　㊞宮本常一, 1961年8月1日

### 時の鐘と蔵造りの建物
「写真でみる民家大事典」柏書房　2005
◇p227-3〔白黒〕　埼玉県川越市　㊞1987年　藤島幸彦

### 時山集落
「写真ものがたり昭和の暮らし 2」農山漁村文化協会　2004
◇p13〔白黒〕　岐阜県石津町時山　㊞昭和32年　(社)農山漁村文化協会提供

### 徳次郎西根の町並み
「写真でみる民家大事典」柏書房　2005
◇p218-1〔白黒〕　栃木県宇都宮市徳次郎西根　㊞2004年　柏村祐司

### 土佐屋
「写真でみる民家大事典」柏書房　2005
◇p293-4〔白黒〕　岐阜県恵那市岩村　染め物業で、安永9年（1780）頃の建築と推定　㊞1998年　富山博

### 土石流に埋もれる直前の湖側の根場集落
「写真でみる民家大事典」柏書房　2005
◇p278-1〔白黒〕　山梨県南都留郡富士河口湖町根場　㊞1966年　小林昌人

### 土石流に埋もれる直前の山手側の根場集落
「写真でみる民家大事典」柏書房　2005
◇p279-3〔白黒〕　山梨県南都留郡富士河口湖町根場　㊞1966年　小林昌人

### 土蔵
「日本宗教民俗図典 1」法蔵館　1985
◇図8〔白黒〕　山形県河北町谷地　㊞須藤功

「日本民俗文化財事典（改訂版）」第一法規出版　1979
◇図91〔白黒〕（大阪堂島の土蔵）　日本民家集落博物館

### 土蔵が主屋に抱えられている建てぐるみ
「図説 民俗建築大事典」柏書房　2001
◇写真4（p68）〔白黒〕　長野県諏訪郡

### 土蔵構造図
「図説 民俗建築大事典」柏書房　2001
◇図1（p69）〔白黒・図〕　愛知県春日井市

### 土蔵式水屋
「日本の生活環境文化大辞典」柏書房　2010
◇p359-4〔白黒〕　岐阜県大垣市入方　㊞2009年　鏡味明克

「写真でみる民家大事典」柏書房　2005

屋敷構え　　　　　　　　　　　　　住

◇p104-2〔白黒〕　輪中生活館、岐阜県大垣市　㊞2000年　鏡味明克

## 土蔵造り
「宮本常一 写真・日記集成 上」毎日新聞社　2005
◇p319〔白黒〕　宮城県 白石　㊞宮本常一, 1962年7月18日
「図説 民俗建築大事典」柏書房　2001
◇写真6(p372)〔白黒〕　富山県高岡市

## 土蔵造りの店蔵が並ぶ村田の町並み
「写真でみる民家大事典」柏書房　2005
◇p194-1〔白黒〕　宮城県柴田郡村田町　㊞2004年　高橋隆博

## 土蔵造りの見世蔵（店蔵）の軸組
「写真でみる民家大事典」柏書房　2005
◇p90-1〔白黒〕（1875年創建の店舗を土蔵造りとした見世蔵（店蔵）の軸組）　埼玉県所沢市　㊞1998年　大平茂男

## 土蔵と石垣
「宮本常一 写真・日記集成 下」毎日新聞社　2005
◇p457〔白黒〕　愛媛県西予市城川町 龍沢寺境内　㊞宮本常一, 1979年3月15日

## 土蔵のある民家
「宮本常一が撮った昭和の情景 下」毎日新聞社　2009
◇p64〔白黒〕　東京都港区元麻布　㊞宮本常一, 1968年1月25日
「宮本常一 写真・日記集成 下」毎日新聞社　2005
◇p135〔白黒〕　東京都 元麻布3丁目　㊞宮本常一, 1968年1月25日

## 土蔵の構造
「図説 民俗探訪事典」山川出版社　1983
◇p70〔白黒・図〕

## 土台敷き
「図説 民俗建築大事典」柏書房　2001
◇図5(p81)〔白黒・図〕　『構造用教材』日本建築学会、1985

## トタンを被せた藁葺屋根
「宮本常一 写真・日記集成 下」毎日新聞社　2005
◇p306〔白黒〕　岡山県新見市→鳥取県米子市　㊞宮本常一, 1973年4月28日

## トタン屋根に改装した農家
「宮本常一 写真・日記集成 下」毎日新聞社　2005
◇p452〔白黒〕　岡山県小田郡黒忠→三山　㊞宮本常一, 1979年1月3日

## 十津川の集落
「写真でみる日本生活図引 6」弘文堂　1993
◇図36〔白黒〕　奈良県吉野郡十津川村池穴　㊞早川孝太郎, 昭和8年1月

## 十津川の民家と土蔵
「日本の生活文化財」第一法規出版　1965
◇図17・18(住)〔白黒〕　十津川　日本民家集落博物館所蔵（大阪府豊中市）

## 土突き
「日本社会民俗辞典 1」日本図書センター　2004
◇p350〔白黒〕　喜界島

## 渡名喜島民家の断面
「日本の生活環境文化大辞典」柏書房　2010
◇p414-1〔白黒・図〕　武者英二

## 土塀
「図説 民俗建築大事典」柏書房　2001
◇写真1(p106)〔白黒〕　山口県萩市見島

## 土塀をめぐらす囲い造り
「写真でみる民家大事典」柏書房　2005
◇p26-3〔白黒〕　奈良県田原本町北阪手　㊞2004年　早瀬哲恒

## 土塀の家 ガラス格子戸の玄関
「宮本常一 写真・日記集成 下」毎日新聞社　2005
◇p392〔白黒〕　山口県下松市末武上　㊞宮本常一, 1977年5月17日

## 富岡の集落景観
「日本の生活環境文化大辞典」柏書房　2010
◇p16-3〔白黒・図〕（かつての富岡の集落景観）　山梨県上野原市富岡　小川徹「社会形態としての村落景観」

## 豊浜町豊島の家並み
「宮本常一 写真・日記集成 下」毎日新聞社　2005
◇p246〔白黒〕（豊浜町豊島）　広島県豊田郡豊浜町豊島　㊞宮本常一, 1971年4月9〜10日

## 豊松村の家
「宮本常一 写真・日記集成 下」毎日新聞社　2005
◇p253〔白黒〕（豊松村）　広島県神石郡豊松村（［神石高原町］）　㊞宮本常一, 1971年8月11日〜13日

## 鳥追（棟飾）
「日本民俗図誌 9 住居・運輸篇」村田書店　1978
◇図65-5〔白黒・図〕　徳島県美馬郡祖谷地方

## トリまたは土縁と呼ばれる屋内の通路
「写真でみる民家大事典」柏書房　2005
◇p197-6〔白黒〕　角館町　㊞1992年　月舘敏栄

## 内部がヘヤ（隠居部屋）、混納場（作業場）、厩、肥立場に区切られた長屋
「写真でみる民家大事典」柏書房　2005
◇p379-6〔白黒〕　山口県山口市叶木　㊞1992年　山口市教育委員会

## 長いジョウボと生垣をめぐらせた屋敷
「写真でみる民家大事典」柏書房　2005
◇p230-1〔白黒〕　千葉県袖ヶ浦市川原井　㊞1993年　篠田智章

## ナカエとオモテ
「図説 民俗建築大事典」柏書房　2001
◇写真1(p62)〔白黒〕　鹿児島県肝属郡高山町

## 那珂川沿いの奇妙な家
「宮本常一 写真・日記集成 下」毎日新聞社　2005
◇p253〔白黒〕　福岡市住吉　㊞宮本常一, 1971年8月14日

## 中家
「図説 民俗建築大事典」柏書房　2001
◇写真2(p148)〔白黒〕　奈良県安堵町　重要文化財

## 中島町津和地島の家並み
「宮本常一 写真・日記集成 下」毎日新聞社　2005
◇p246〔白黒〕（中島町津和地島）　愛媛県中島町 津和地島　㊞宮本常一, 1971年4月7日

## 中たかへ大和棟
「写真でみる民家大事典」柏書房　2005
◇p25-2〔白黒〕　奈良県明日香村八釣　㊞2004年　早瀬哲恒

## 中町の町並み
「写真でみる民家大事典」柏書房　2005
◇p317-4〔白黒〕　三重県伊賀市　㊞1997年　大場修

## 中庭
「写真でみる日本人の生活全集 3」日本図書センター　2010
◇p19〔白黒〕　東京
「写真でみる民家大事典」柏書房　2005

◇p78-1〔白黒〕　愛知県豊橋市　㊙1998年　永瀬克己

**中庭を望む玄関のしつらえ**
「写真でみる民家大事典」柏書房　2005
◇p78-2〔白黒〕　京都府京都市下京区　㊙1999年　村上忠喜

**中の島の民家**
「日本社会民俗辞典 2」日本図書センター　2004
◇p575〔白黒〕　鹿児島県十島村

**仲間倉実測図（切妻造り）**
「民俗資料選集 30 焼畑習俗Ⅱ」国土地理協会　2002
◇p211（本文）〔白黒・図〕　宮崎県西米良村上中三財

**長屋**
「日本民俗大辞典 下」吉川弘文館　2000
◇p248〔白黒・図〕　九尺二間の裏長屋間取り模式図（部分）

**長屋門**
「日本の生活環境文化大辞典」柏書房　2010
◇p413-6〔白黒〕　茨城県石岡市　㊙2009年　朴贅弼
「写真でみる民家大事典」柏書房　2005
◇p103-2〔白黒〕　東京都豊島区千早　㊙1990年　豊島区立郷土資料館
◇p239-4〔白黒〕　東京都青梅市御岳　㊙1985年　山崎弘
「日本社会民俗辞典 4」日本図書センター　2004
◇p1467〔白黒〕　徳島県
「図説 民俗建築大事典」柏書房　2001
◇図2（p109）〔白黒・図〕　東京都江戸川区　文化財工学研究所『一之江名主屋敷・長屋門・蔵修理工事報告書』1993
「日本民俗大辞典 下」吉川弘文館　2000
◇p249〔白黒〕　宇都宮市　大谷石造り
「図説 民俗探訪事典」山川出版社　1983
◇p61〔白黒〕　埼玉県
「日本民俗文化財事典（改訂版）」第一法規出版　1979
◇図72〔白黒〕　埼玉県
「日本民俗事典」弘文堂　1972
◇p743〔白黒〕　兵庫県三原郡緑町　㊙平山和彦

**長屋門入口**
「図説 民俗建築大事典」柏書房　2001
◇写真3（p109）〔白黒〕　埼玉県所沢市

**長屋門が連なる家並み**
「宮本常一 写真・日記集成 上」毎日新聞社　2005
◇p78〔白黒〕　広島県安芸郡音戸町（倉橋島）倉橋の本浦　㊙宮本常一，1957年8月26日

**長屋門構造図**
「図説 民俗探訪事典」山川出版社　1983
◇p61〔白黒・図〕

**長屋門のある農家**
「宮本常一 写真・日記集成 下」毎日新聞社　2005
◇p274〔白黒〕　京都市西京区桂　㊙宮本常一，1972年2月9日

**長屋門のある農家の庭先**
「宮本常一 写真・日記集成 下」毎日新聞社　2005
◇p304〔白黒〕　大阪府高石市取石　㊙宮本常一，1973年4月27日

**長屋門のある武家屋敷の町並み**
「写真でみる民家大事典」柏書房　2005
◇p419-6〔白黒〕　熊本県八代市西松江城町　㊙1985年頃　原田聰明

**長屋門の家**
「宮本常一 写真・日記集成 上」毎日新聞社　2005
◇p454〔白黒〕　山口県大島郡東和町家室［周防大島町］　㊙宮本常一，1964年10月4日

**長屋門の全景**
「写真でみる民家大事典」柏書房　2005
◇p103-5〔白黒〕　茨城県三和町　㊙1996年　津山正幹

**長屋門の断面**
「写真でみる民家大事典」柏書房　2005
◇p103-3〔白黒〕　東京都豊島区千早　豊島区立郷土資料館

**長屋門、離れ座敷など付属屋をよく残した屋敷構え**
「写真でみる民家大事典」柏書房　2005
◇p367-4〔白黒〕　広島県福山市沼隈町　㊙1998年　迫垣内裕

**中廊下をとる間取りの民家**
「日本の生活環境文化大辞典」柏書房　2010
◇p16-5〔白黒・図〕　山梨県上野原市富岡　平成9年建築　坂本高雄

**中廊下型農家の間取り**
「日本の生活環境文化大辞典」柏書房　2010
◇p423-9〔白黒・図〕　和歌山市直川　昭和36年建築　千森督子

**中廊下式中流住宅に同化している和洋折衷型**
「図説 民俗建築大事典」柏書房　2001
◇図5（p353）〔白黒・図〕　住宅史研究会編『日本住宅史図集』理工図書，1970

**長押の廻る屋敷**
「図説 民俗建築大事典」柏書房　2001
◇写真9（p85）〔白黒〕　奈良県橿原市　森村家別座敷

**夏マヤ**
「宮本常一 写真・日記集成 上」毎日新聞社　2005
◇p207〔白黒〕（榊原家で緬羊を飼う夏マヤ）　新潟県佐渡郡赤泊村［佐渡市］下川茂　㊙宮本常一，1960年8月24日

**夏マヤとハサが並ぶ道**
「宮本常一 写真・日記集成 上」毎日新聞社　2005
◇p407〔白黒〕　新潟県佐渡郡羽茂町［佐渡市］　㊙宮本常一，1963年12月3日

**名取型**
「図説 民俗建築大事典」柏書房　2001
◇図3（p295）〔白黒・図〕　宮城県角田市　佐藤家

**七海家屋敷配置図**
「図説 民俗建築大事典」柏書房　2001
◇図1（p64）〔白黒・図〕　福島県滝根町　『滝根町史 民俗編』、1988

**ナマコ壁の蔵**
「宮本常一 写真・日記集成 下」毎日新聞社　2005
◇p248〔白黒〕　香川県丸亀市　㊙宮本常一，1971年5月1日
◇p250〔白黒〕（港に面したナマコ壁の蔵）　香川県 丸亀港　㊙宮本常一，1971年5月1日

**ナマコ壁の土蔵と藁葺き屋根の母屋**
「宮本常一が撮った昭和の情景 上」毎日新聞社　2009
◇p88〔白黒〕　静岡県賀茂郡南伊豆町下賀茂　㊙宮本常一，1959年10月29日
「宮本常一 写真・日記集成 上」毎日新聞社　2005
◇p156〔白黒〕（ナマコ壁の土蔵）　静岡県賀茂郡南伊豆町下賀茂　㊙宮本常一，1959年10月29日

**なまこ壁の民家**
「写真でみる民家大事典」柏書房　2005
◇p54-1〔白黒〕　静岡県松崎町　㊙2004年　小花宰

## 屋敷構え　住

### 波しぶき除けの漆喰壁と波よけの腰板
「宮本常一 写真・日記集成 下」毎日新聞社　2005
◇p190〔白黒〕　東和町馬ヶ原　4月7日　㊡宮本常一, 1969年4月5日〜10日

### 波除けのため石垣を高く築いた家並み
「宮本常一が撮った昭和の情景 上」毎日新聞社　2009
◇p176〔白黒〕　熊本県天草市五和町二江　㊡宮本常一, 1962年10月7日

### 納屋
「宮本常一 写真・日記集成 上」毎日新聞社　2005
◇p41〔白黒〕　岡山県岡山市新池　㊡宮本常一, 1956年10月4日
◇p252〔白黒〕　長崎県北松浦郡小値賀町 大島　㊡宮本常一, 1961年4月23日
「宮本常一 写真・日記集成 下」毎日新聞社　2005
◇p77〔白黒〕　大分県 姫島　㊡宮本常一, 1966年8月3日〜10日
「図説 民俗建築大事典」柏書房　2001
◇写真1(p70)〔白黒〕　埼玉県幸手市　㊡津山正幹
「民俗資料叢書 2 志摩の年齢階梯制」平凡社　1965
◇図58〔白黒〕

### 納屋を増築してコの字状にした曲屋
「写真でみる民家大事典」柏書房　2005
◇p188-2〔白黒〕　岩手県遠野市砂子沢　㊡1988年　月舘敏栄

### 納屋と祠
「宮本常一 写真・日記集成 下」毎日新聞社　2005
◇p44〔白黒〕　豊松村矢原（広島県神石郡〔神石高原町〕）　㊡宮本常一, 1965年9月12日

### 納屋と墓地
「宮本常一 写真・日記集成 下」毎日新聞社　2005
◇p307〔白黒〕　福島県 広瀬→田子倉 只見線の車窓から　㊡宮本常一, 1973年7月22〜23日

### 奈良家住宅
「日本を知る事典」社会思想社　1971
◇口絵1・2（日本の民家）〔カラー〕　秋田市金足小泉　18世紀中期　重要文化財

### 奈良格子のある家
「宮本常一 写真・日記集成 上」毎日新聞社　2005
◇p50〔白黒〕　愛知県北設楽郡設楽町 奈良　㊡宮本常一, 1956年11月14日

### 奈良田の住居とカイト
「民俗資料選集 30 焼畑習俗Ⅱ」国土地理協会　2002
◇p1（口絵）〔白黒〕　山梨県南巨摩郡早川町奈良田

### 奈良田の集落
「民俗資料選集 30 焼畑習俗Ⅱ」国土地理協会　2002
◇p1（口絵）〔白黒〕　山梨県南巨摩郡早川町奈良田　㊡調査当時：昭和60年度

### 並び分棟型の民家
「図説 民俗建築大事典」柏書房　2001
◇図4(p324)〔白黒・図〕　沖縄県浦添市　法政大学沖縄文化研究所『小湾字誌』浦添市小湾字誌編集委員会, 1995

### 名和家の住居式水屋
「図説 民俗建築大事典」柏書房　2001
◇写真3(p75)〔白黒〕　岐阜県大垣市

### 名和家の土蔵式水屋
「図説 民俗建築大事典」柏書房　2001
◇写真2(p75)〔白黒〕　岐阜県大垣市

### ナンドに設けられた箱床
「写真でみる民家大事典」柏書房　2005
◇p137-2〔白黒〕　福島県南郷村　㊡1965年頃　安藤紫香

### 南部曲屋
「写真でみる日本人の生活全集 3」日本図書センター　2010
◇p131〔白黒〕（南部の曲家）
「日本の生活環境文化大辞典」柏書房　2010
◇p428-1〔白黒〕（現在は盛岡市手づくり村に移築復原された南部曲屋）　岩手県岩手郡雫石町　㊡2001年　瀬川修
◇p428-2〔白黒〕（現在も居住している南部曲屋）　岩手県紫波郡紫波町　㊡2005年　瀬川修
「図説 民俗建築大事典」柏書房　2001
◇図5(p296)〔白黒・図〕　岩手県東和町 小原家
「民俗資料選集 23 北上山地の畑作習俗」国土地理協会　1995
◇p113（本文）〔白黒〕（南部曲り屋）　岩手県岩泉町大川地区中居村
「民俗学辞典（改訂版）」東京堂出版　1987
◇写真版 第五図 民家〔白黒〕（南部の曲屋）　岩手県地方　小倉強蔵

### 二階が蚕室になっている旧家
「宮本常一 写真・日記集成 下」毎日新聞社　2005
◇p455〔白黒〕　群馬県甘楽郡下仁田町　㊡宮本常一, 1979年3月10日〜11日

### 二階建ての大型建物の櫓破風
「写真でみる民家大事典」柏書房　2005
◇p191-4〔白黒〕　気仙沼市赤岩　㊡1974年　佐々木徳朗

### 二階堂家住宅
「図説 民俗建築大事典」柏書房　2001
◇写真1(p153)〔白黒〕　鹿児島県肝属郡高山町

### 二階堂家住宅平面図
「図説 民俗建築大事典」柏書房　2001
◇図1(p153)〔白黒・図〕

### 二階に障子と格子を併用している町家
「日本を知る事典」社会思想社　1971
◇図45(p217)〔白黒〕　長野県木曾郡

### 二階のある農家
「民俗図録 日本人の暮らし」日本図書センター　2012
◇図23〔白黒〕　神奈川県川崎市

### ニグラハフとよばれる煙出し
「日本の生活環境文化大辞典」柏書房　2010
◇p452-13〔白黒〕　岩手県一関市　㊡2005年

### 西岡家
「写真でみる民家大事典」柏書房　2005
◇p389-6〔白黒〕　西祖谷山村東西岡　㊡2004年　溝渕博彦

### 西野川沿いの古い町家
「宮本常一 写真・日記集成 下」毎日新聞社　2005
◇p363〔白黒〕　広島県三原市西町　㊡宮本常一, 1976年3月26日〜28日

### ニシン漁家の近江家と上に見えるのは泊村から移築された旧田中家
「写真でみる民家大事典」柏書房　2005
◇p175-5〔白黒〕　小樽市祝津　近江家：明治初期建築, 田中家：1897年頃建築　㊡2004年　越野武

### ニシン長者の家
「宮本常一が撮った昭和の情景 上」毎日新聞社　2009
◇p194〔白黒〕　青森県下北郡佐井村大字長後福浦　㊡宮本常一, 1963年6月20日
「宮本常一 写真・日記集成 上」毎日新聞社　2005
◇p379〔白黒〕　青森県 福浦　㊡宮本常一, 1963年6月

20日

**二宮尊徳生家のザシキ前の縁**

「図説 民俗建築大事典」柏書房　2001

◇写真1(p114)〔白黒〕　神奈川県小田原市

**日本の民家の屋根の形式分布と間取り概略図**

「図説 民俗探訪事典」山川出版社　1983

◇p68～69〔白黒〕　蔵田周忠による

**入植農家の復元例**

「図説 民俗建築大事典」柏書房　2001

◇写真6(p355)〔白黒〕　北海道札幌市 北海道開拓の村 旧岩間家 1882年

**二列型の間取り**

「日本の生活環境文化大辞典」柏書房　2010

◇p422-4〔白黒・図〕　『今井の建物』より作図

**庭木の雪がこい**

「フォークロアの眼 2 雪国と暮らし」国書刊行会　1977

◇小論7〔白黒〕　新潟県南魚沼郡六日町欠之上　[撮]中俣正義, 昭和32年12月29日

**庭先に脱穀機が置かれている**

「宮本常一 写真・日記集成 上」毎日新聞社　2005

◇p41〔白黒〕　岡山県岡山市新池　[撮]宮本常一, 1956年10月4日

**丹羽地域の妻入り町家**

「日本の生活環境文化大辞典」柏書房　2010

◇p110-7〔白黒〕　京都府京丹波町須知　[撮]2002年

**ニワと馬屋**

「民俗資料選集 8 中付駑者の習俗」国土地理協会　1979

◇p13(口絵)〔白黒〕　福島県下郷町南倉沢

**ニワトリ小屋のある家**

「宮本常一 写真・日記集成 上」毎日新聞社　2005

◇p69〔白黒〕　愛知県幡豆郡一色町 佐久島　[撮]宮本常一, 1957年7月5日

**ヌキヤー(貫屋)**

「日本民俗大辞典 上」吉川弘文館　1999

◇図10〔別刷図版「沖縄文化」〕〔カラー〕　沖縄県八重山郡与那国町　[撮]渡邊欣雄, 1975年

**貫木屋**

「図説 民俗建築大事典」柏書房　2001

◇写真3(p323)〔白黒〕(掛造りの貫木屋)　沖縄県恩納村琉球村

**貫木屋と民家敷地断面図**

「図説 民俗建築大事典」柏書房　2001

◇写真4・図6(p325)〔白黒・写真/図〕　沖縄県渡名喜村 図6:『沖縄渡名喜島における言語・文化の総合的研究』法政大学沖縄文化研究所、1991

**貫木屋の貫と柱の継手仕口**

「図説 民俗建築大事典」柏書房　2001

◇図2(p323)〔白黒・図〕　沖縄県渡名喜村

**塗籠壁の民家**

「図説 民俗建築大事典」柏書房　2001

◇写真2(p303)〔白黒〕　石川県白峰村　白山麓民俗資料館

**塗屋造りの店**

「写真でみる民家大事典」柏書房　2005

◇p195-4〔白黒〕　宮城県柴田郡村田町　[撮]2004年　高橋隆博

**根継ぎ**

「民俗学事典」丸善出版　2014

◇p213〔白黒〕

**ネマに半紙大のはめ殺し窓をもつ民家**

「写真でみる民家大事典」柏書房　2005

◇p182-2〔白黒〕　東通村鹿橋　[撮]1996年　月舘敏栄

**農家**

「日本の民俗 暮らしと生業」KADOKAWA　2014

◇図1-2〔白黒〕　福島県いわき市上釜戸　[撮]芳賀日出男, 昭和28年

「あるくみるきく双書 宮本常一とあるいた昭和の日本 24」農山漁村文化協会　2012

◇p76〔カラー〕　岩手県稗貫郡大迫町岳　[撮]昭和42年

「写真ものがたり昭和の暮らし 9」農山漁村文化協会　2007

◇p33〔白黒〕　宮崎県高千穂町石原　茅葺屋根に千木　[撮]早川孝太郎, 昭和9年3月

「写真ものがたり昭和の暮らし 5」農山漁村文化協会　2005

◇p75〔白黒〕　長野県富士見町立沢　〔鉄砲水で流されてきた〕　[撮]武藤盈, 昭和34年8月

「宮本常一 写真・日記集成 上」毎日新聞社　2005

◇p207〔白黒〕　新潟県佐渡郡羽茂町小泊あたり　前はタンボ、後は杉林　[撮]宮本常一, 1960年8月25日

◇p368〔白黒〕　東京都国分寺市東元町　[撮]宮本常一, 1963年1月5日

「宮本常一 写真・日記集成 下」毎日新聞社　2005

◇p29〔白黒〕　[撮]宮本常一, 1965年5月31日

◇p72〔白黒〕　京都市上京区一乗寺あたり　[撮]宮本常一, 1966年5月1日

◇p87〔白黒〕　東京都小平市・鎌倉街道に沿う　[撮]宮本常一, 1966年10月11日～19日

◇p150〔白黒〕　東京都府中市人見　[撮]宮本常一, 1968年5月28日

◇p150〔白黒〕　東京都府中市人見　[撮]宮本常一, 1968年5月28日

◇p151〔白黒〕　島根県隠岐郡西郷町上西［隠岐の島町］　[撮]宮本常一, 1968年5月31日～6月2日

◇p231〔白黒〕　東京都青梅市成木　[撮]宮本常一, 1970年8月14日～17日(青梅市民俗調査)

◇p275〔白黒〕　京都市西京区桂　[撮]宮本常一, 1972年2月9日

「写真ものがたり昭和の暮らし 2」農山漁村文化協会　2004

◇p14〔白黒〕　愛知県津具村字柿ノ沢宇連　江戸時代のなかごろから100年余の間、自分の家の畑で作る作物を記録しつづけた愛知県津具村の村松家　[撮]早川孝太郎, 昭和6年1月

「図説 民俗建築大事典」柏書房　2001

◇写真2(p47)〔白黒〕　島根県出雲地方

「日本民俗写真大系 6」日本図書センター　2000

◇p134〔白黒〕　長崎県壱岐郷ノ浦町 ゆるやかな丘陵地帯　[撮]芳賀日出男, 1962年

「日本の民俗 下」クレオ　1997

◇図1-2〔白黒〕　福島県いわき市上釜戸　[撮]芳賀日出男, 昭和28年

「民俗資料叢書 8 田植の習俗3」平凡社　1968

◇図72〔白黒〕　新潟県佐渡市

◇図75〔白黒〕　新潟県佐渡市 北鵜島の旧家

◇図83〔白黒〕　新潟県佐渡市大倉の土豪

**農家ウマヤの窓**

「日本民俗文化財事典(改訂版)」第一法規出版　1979

◇図168〔白黒〕　新潟県

**農家に風よけの囲い**

「宮本常一 写真・日記集成 下」毎日新聞社　2005

◇p12〔白黒〕　新潟県豊栄市 福島潟あたり　[撮]宮本常一, 1965年1月21日～22日

**農家に見る悠紀殿風の千木**

「日本民俗図誌 9 住居・運輸篇」村田書店　1978

◇図24-2〔白黒・図〕　京都府山科字御陵

| 屋敷構え | 住 |

農家の入口
　「民俗図録 日本人の暮らし」日本図書センター　2012
　　◇図15〔白黒〕　　秋田県仙北郡豊岡村　㊟武藤鐵城

農家の母屋
　「図説 民俗探訪事典」山川出版社　1983
　　◇p65〔白黒〕　　埼玉県秩父市

農家の家相図
　「日本を知る事典」社会思想社　1971
　　◇図62(p224)〔白黒・図〕　　群馬県勢多郡　㊟明治4年

農家の構え
　「民俗資料叢書 9 田植の習俗4」平凡社　1969
　　◇図14〔白黒〕　　島根県邑智郡石見町矢上

農家の蔵
　「写真でみる民家大事典」柏書房　2005
　　◇p205-4〔白黒〕　　喜多方市杉山　㊟2003年　鵜川賢一
　「宮本常一 写真・日記集成 下」毎日新聞社　2005
　　◇p302〔白黒〕　　東京都府中市若松町　㊟宮本常一,1973年4月ごろ(27日以前)

農家の外便所
　「日本社会民俗辞典 3」日本図書センター　2004
　　◇p1301〔白黒〕　　岩手県摺沢町
　「図説 民俗探訪事典」山川出版社　1983
　　◇p74〔白黒〕　　埼玉県与野市

農家のたたずまい
　「宮本常一 写真・日記集成 上」毎日新聞社　2005
　　◇p368〔白黒〕　　神奈川県南足柄市関本→矢倉沢　㊟宮本常一,1963年1月15日
　　◇p436〔白黒〕　　新潟県佐渡郡赤泊村天狗塚〔佐渡市〕　㊟宮本常一,1964年6月21日

農家の土間と牛小屋
　「写真ものがたり昭和の暮らし 5」農山漁村文化協会　2005
　　◇p83〔白黒〕　　滋賀県大津市石山外畑町　㊟前野隆資,昭和39年2月　琵琶湖博物館提供

農家の流し場
　「図説 民俗探訪事典」山川出版社　1983
　　◇p44〔白黒〕　　福井県小浜市
　　◇p44〔白黒〕　　岐阜県高山市飛騨民俗村

農家のナヤ
　「日本民俗文化財事典(改訂版)」第一法規出版　1979
　　◇図94〔白黒〕　　石川県能登地方

農家の庭先
　「あるくみるきく双書 宮本常一とあるいた昭和の日本 19」農山漁村文化協会　2012
　　◇p217〔白黒〕　　熊本県球磨郡錦町　㊟工藤員功

農家の上りハナ
　「図説 民俗探訪事典」山川出版社　1983
　　◇p65〔白黒〕

農家の平面の移り変わり
　「日本の生活環境文化大辞典」柏書房　2010
　　◇p447-2〔白黒・図〕　　広島県灰塚ダムで水没したA家　昭和33年(1958)以前、昭和50年(1975)頃、平成5年(1993)頃　『灰塚ダム湖とその周辺の生活』

農家の松の防風林
　「写真ものがたり昭和の暮らし 9」農山漁村文化協会　2007
　　◇p27〔白黒〕　　福島県郡山市郊外の開墾地　㊟早川孝太郎,昭和13年6月

農家の間取り
　「日本を知る事典」社会思想社　1971
　　◇図1(p39)〔白黒〕　　長野県上伊那郡朝日村平出　『有賀喜左衛門著作集V』未来社刊(1968)による

農家の間取り(秋山の民家)
　「日本の生活文化財」第一法規出版　1965
　　◇図22・23(概説)〔白黒・図〕

農家のマヤ
　「日本民俗文化財事典(改訂版)」第一法規出版　1979
　　◇図93〔白黒〕　　青森県上北地方

農家のまわりのカイニョ
　「写真でみる民家大事典」柏書房　2005
　　◇p84-1〔白黒〕　　富山県砺波市　㊟2002年　佐伯安一

農家の物置
　「民俗図録 日本人の暮らし」日本図書センター　2012
　　◇図48〔白黒〕　　沖縄本島

農家の屋敷
　「日本の生活環境文化大辞典」柏書房　2010
　　◇p406-1〔白黒・図〕　　東京都稲城市　『稲城市の民家建築』
　「宮本常一が撮った昭和の情景 上」毎日新聞社　2009
　　◇p116〔白黒〕(歴史を感じさせる農家の屋敷)　熊本県上益城郡御船町　瓦葺きの下屋をつけた藁葺き屋根の納屋、右端に母屋　㊟宮本常一,1960年10月31日
　　◇p148〔白黒〕(武蔵野の面影を色濃く残す農家の屋敷)　東京都西東京市　㊟宮本常一,1962年2月4日
　　◇p153〔白黒〕　　熊本県八代市泉町久連子　㊟宮本常一,1962年6月19日
　「写真ものがたり昭和の暮らし 1」農山漁村文化協会　2004
　　◇p20〔白黒〕　　宮城県仙台市付近　㊟菊池俊吉,昭和30年代
　「写真でみる日本生活図引 4」弘文堂　1988
　　◇図138〔白黒〕　　宮城県仙台付近　㊟菊池俊吉,昭和30年

農家の屋敷構
　「日本を知る事典」社会思想社　1971
　　◇図51(p219)〔白黒〕　　千葉県市原市

農家の雪がこい
　「フォークロアの眼 2 雪国と暮らし」国書刊行会　1977
　　◇図60〔白黒〕　　新潟県南魚沼郡六日町欠之上　㊟中俣正義,昭和30年12月30日

農家風外観をもつ町家
　「写真でみる民家大事典」柏書房　2005
　　◇p333-4〔白黒〕　　大阪府富田林市 奥谷家　㊟1983年　大場修

能地の間取りの分類と平面図
　「図説 民俗建築大事典」柏書房　2001
　　◇図2(p23)〔白黒・図〕　　広島県三原市

農村
　「宮本常一 写真・日記集成 上」毎日新聞社　2005
　　◇p302〔白黒〕　　東京都西東京市保谷　武蔵野のたたずまい　㊟宮本常一,1962年2月4日

農村の集落
　「写真でみる日本生活図引 6」弘文堂　1993
　　◇図29〔白黒〕　　埼玉県比企郡川島町上狢　㊟畑亮夫,昭和51年10月

農村の民家
　「日本民俗文化財事典(改訂版)」第一法規出版　1979
　　◇図67〔白黒〕　　青森県上北地方
　　◇図68〔白黒〕　　富山県砺波地方
　　◇図82〔白黒〕　　新潟県十日町市
　　◇図83〔白黒〕　　新潟県十日町市

農村民家の雪囲い
　「日本民俗文化財事典(改訂版)」第一法規出版　1979
　　◇図102〔白黒〕　　新潟県新井市

農村民家間取り事例
　「図説 民俗建築大事典」柏書房　2001
　　◇図1（p73）〔白黒・図〕　福島県猪苗代町　杉浦直『東北の農村家屋』大明堂、1988

農人町の町並み
　「写真でみる民家大事典」柏書房　2005
　　◇p316-1, p317-5〔白黒〕　三重県伊賀市　㊙1997年　大場修

軒を支える見事な持送り
　「写真でみる民家大事典」柏書房　2005
　　◇p404-3〔白黒〕　福岡県宗像市赤間　㊙2004年　土田充義

軒先納まり名称（一文字掛桟瓦）
　「図説 民俗建築大事典」柏書房　2001
　　◇図1（p116）〔白黒・図〕　武者英二・吉田尚英編著『屋根のデザイン百科』彰国社、1999を改編

軒先納まり名称（桟瓦葺き）
　「図説 民俗建築大事典」柏書房　2001
　　◇図2（p116）〔白黒・図〕　武者英二・吉田尚英編著『屋根のデザイン百科』彰国社、1999を改編

軒下にみえる雲の意匠
　「写真でみる民家大事典」柏書房　2005
　　◇p295-3〔白黒〕　岐阜県飛騨市古川町　1954年頃からはやりだしたもの

軒下の竿にモチキビをかけ干す石屋根の倉庫
　「写真ものがたり昭和の暮らし 9」農山漁村文化協会　2007
　　◇p29〔白黒〕　長崎県厳原町阿連（現対馬市）　㊙千葉寛, 昭和59年　提供・（社）農山漁村文化協会

軒の高い漏斗谷造り
　「写真でみる民家大事典」柏書房　2005
　　◇p29-4〔白黒〕　原家、佐賀県川副町　㊙2004年　原田聰明

能勢の民家
　「日本の生活文化財」第一法規出版　1965
　　◇図13（住）〔白黒〕　日本民家集落博物館所蔵（大阪府豊中市）

能登の草屋根
　「日本社会民俗辞典 4」日本図書センター　2004
　　◇p1488〔白黒〕　石川県和歌山村黒丸

野村家の店蔵と袖蔵
　「写真でみる民家大事典」柏書房　2005
　　◇p215-5〔白黒〕　土浦市中城町　㊙2004年　松浦正夫

廃屋
　「宮本常一 写真・日記集成 上」毎日新聞社　2005
　　◇p372〔白黒〕　鹿児島県出水郡長島町 獅子島　鹿児島ならではの竹壁　㊙宮本常一, 1963年3月11日
　「宮本常一 写真・日記集成 下」毎日新聞社　2005
　　◇p253〔白黒〕　広島県神石郡豊松村［神石高原町］　㊙宮本常一, 1971年8月10日か

灰小屋
　「日本の生活環境文化大辞典」柏書房　2010
　　◇p356-6〔白黒〕（土壁の灰小屋）　新潟県柏崎市安田　㊙1990年

排水をコイやクワイ池へと流し浄化する
　「里山・里海 暮らし図鑑」柏書房　2012
　　◇写8（p206）〔白黒〕　新潟県旧中里村〔十日町市〕

稗倉
　「写真でみる日本人の生活全集 3」日本図書センター　2010
　　◇p127〔白黒〕　東京都下保谷村　アチックミューゼアム

稗倉の遺構
　「日本社会民俗辞典 3」日本図書センター　2004
　　◇p1207〔白黒〕　東京都下南大泉町

灰納屋
　「民俗図録 日本人の暮らし」日本図書センター　2012
　　◇図40〔白黒〕　富山県中新川郡白萩村　農作に使う肥料の灰を貯える　㊙民俗学研究所
　「写真でみる民家大事典」柏書房　2005
　　◇p108-1〔白黒〕　富山県富山市　㊙1991年　山岸智香
　　◇p108-2〔白黒〕（押縁下見板張りの灰納屋）　富山県砺波市　㊙1991年　山岸智香
　　◇p108-3〔白黒〕（簡素な灰納屋）　新潟県佐渡市　㊙1987年　古川修文
　「図録・民具入門事典」柏書房　1991
　　◇p61〔白黒〕　富山県

背面から俯瞰したかぐら建て
　「写真でみる民家大事典」柏書房　2005
　　◇p271-4〔白黒〕　福井県坂井郡三国町　㊙2004年　福井宇洋

羽方家の下屋庇
　「写真でみる民家大事典」柏書房　2005
　　◇p215-2〔白黒〕　土浦市真鍋町　㊙2004年　松浦正夫

箱木家主屋梁行断面図
　「図説 民俗建築大事典」柏書房　2001
　　◇図3（p89）〔白黒・図〕　兵庫県神戸市　平山育男『近畿農村の住まい』、INAX出版、1994

箱棟型の大和棟〈銅板被せ〉
　「日本の生活環境文化大辞典」柏書房　2010
　　◇p430-1〔白黒〕　奈良県五条町　㊙2009年　早瀬哲恒

柱の外側に厚く壁土を塗りつけた構造
　「日本を知る事典」社会思想社　1971
　　◇図42（p215）〔白黒〕　石川県石川郡

旅籠形式の町家
　「写真でみる民家大事典」柏書房　2005
　　◇p283-6〔白黒〕　長野県東御市海野　㊙2004年　石井健郎

秦野の民家
　「写真でみる日本生活図引 4」弘文堂　1988
　　◇目次A〔白黒〕　㊙菊池俊吉

八丈島の家
　「写真でみる日本生活図引 6」弘文堂　1993
　　◇図11〔白黒〕　東京都八丈島町中之郷　㊙坪井洋文, 昭和33年7月

八丈島の一家族の屋敷内の建物
　「写真ものがたり昭和の暮らし 3」農山漁村文化協会　2004
　　◇p198〔白黒〕　東京都八丈町中之郷　高倉, 隠居屋, 母屋　㊙坪井洋文, 昭和33年7月

八丈島の母屋と隠居屋
　「図説 民俗探訪事典」山川出版社　1983
　　◇p317〔白黒〕　八丈島　坪井洋文「互助協同」『日本民俗学大系』4より

八丈島の屋敷図
　「図説 民俗探訪事典」山川出版社　1983
　　◇p318〔白黒・図〕　八丈町中之郷　1961年　山本勝巳・川島寅次・小林昌人『関東地方の民家』より

ハチマキ
　「図説 民俗建築大事典」柏書房　2001
　　◇写真6（p239）〔白黒〕　東京都府中市 府中の森博物館

八間取りの主屋
　「写真でみる民家大事典」柏書房　2005
　　◇p213-4〔白黒〕　三和町上和田　㊙1996年　津山正幹

### 八幡堀の景観
「写真でみる民家大事典」柏書房　2005
◇p320-1〔白黒〕　滋賀県近江八幡市　[撮]1990年頃　大場修

### 波照間島民家の竹簀の子床
「写真でみる民家大事典」柏書房　2005
◇p67-1〔白黒〕　沖縄県竹富町　[撮]1996年　永瀬克己

### ハドと呼ぶ石べいを積んだ家
「日本民俗写真大系 3」日本図書センター　1999
◇p80〔白黒〕　〔千葉県〕下永井浜　[撮]小関与四郎, 1963年

### ハナカミ柱とヘッツイ
「図説 民俗建築大事典」柏書房　2001
◇写真7(p84)〔白黒〕　奈良県安堵村 中家主屋

### 花田家番屋
「写真でみる民家大事典」柏書房　2005
◇p11-1〔白黒〕(改修前の花田家番屋)　北海道小平町　[撮]1971年　北海道大学建築史意匠学研究室
◇p11-2〔白黒〕(改修後の花田家番屋)　北海道小平町　[撮]1981年　モーリ写真工芸
「図説 民俗建築大事典」柏書房　2001
◇図1(p293)〔白黒・図〕(番屋建築の代表格花田家平面図)　北海道小平町鬼鹿　1905年以前建築
◇写真7(p293)〔白黒〕(荒廃していた花田家)　北海道小平町鬼鹿　1905年以前建築　[撮]1971年　重要文化財
◇写真8(p293)〔白黒〕(花田家の現況)　北海道小平町鬼鹿　1905年以前建築　国宝文化財

### 花の咲く草屋根
「民俗図録 日本人の暮らし」日本図書センター　2012
◇図31〔白黒〕　青森県上北郡十和田村　[撮]生出匡

### 花の咲く屋根
「写真でみる日本人の生活全集 3」日本図書センター　2010
◇p54〔白黒〕　熊本県五家荘

### 跳ね出し縁
「図説 民俗建築大事典」柏書房　2001
◇写真2(p114)〔白黒〕　岩手県住田町

### ハネダシの建物
「日本民俗写真大系 1」日本図書センター　1999
◇p89〔白黒〕　北海道江差町姥神町海岸　[撮]津山正順, 大正中期

### 幅広の板床が敷き詰められた居室
「写真でみる民家大事典」柏書房　2005
◇p68-1〔白黒〕　旧中沢家、宮城県名取市　[撮]1994年　永瀬克己

### 羽原川河口沿いの町並み
「宮本常一 写真・日記集成 下」毎日新聞社　2005
◇p286〔白黒〕　広島県福山市松永町 羽原町　[撮]宮本常一, 1972年12月15日～17日

### 破風
「日本民俗大辞典 下」吉川弘文館　2000
◇p386〔白黒〕　山形県東田川郡朝日村田麦俣
「日本民俗図誌 9 住居・運輸篇」村田書店　1978
◇図48-1〔白黒・図〕　京都府南桑田郡大井村字並河　草葺入母屋四方錣　『続京郊民家譜』
◇図48-2〔白黒・図〕　京都府船井郡西本梅村字八田　草屋根破風　『続京郊民家譜』
◇図48-3〔白黒・図〕　京都府船井郡摩気村字宍人　つのやの一形式　『続京郊民家譜』
◇図50-2〔白黒・図〕　富山県下新川郡畑町大屋　『日本の民家』
◇図51-1〔白黒・図〕　埼玉県入間川地方
◇図51-2〔白黒・図〕　埼玉県入間郡豊岡町
◇図51-3〔白黒・図〕　埼玉県入間郡豊岡町黒須
◇図51-4〔白黒・図〕　東京府西多摩郡吉野村　破風には籠目造りの竹格子
◇図52-1・3・4〔白黒・図〕　京都府船井郡世木村
◇図52-2〔白黒・図〕　京都府船井郡保津村
◇図53-1〔白黒・図〕　岩手県胆沢郡折居　破風の板に雲形模様の切込み
◇図53-2〔白黒・図〕　岩手県の花巻に近い大沢　破風の格子の腰に框をはめてある
◇図53-3〔白黒・図〕　岩手県胆沢郡折居地方　切妻に雨戸を立て、手摺がつけてある
◇図54-1～4〔白黒・図〕　千葉県東葛飾郡新川村
◇図54-5〔白黒・図〕　静岡県富士郡白糸村
◇図55-1〔白黒・図〕　埼玉県入間川町
◇図55-2～8〔白黒・図〕　千葉県東葛飾郡福田村三ツ堀地方
◇図56-1〔白黒・図〕　滋賀県神崎郡北五箇庄村小幡
◇図56-2〔白黒・図〕　滋賀県伊香郡塩津村
◇図56-3〔白黒・図〕　滋賀県伊香郡那古保村字柳野
◇図57-1〔白黒・図〕　京都府愛宕郡大原村
◇図57-2〔白黒・図〕　奈良県添上郡柳生　針目覆は杉皮
◇図57-3〔白黒・図〕　甲斐大島〔山梨県南巨摩郡身延町大島〕
◇図57-4〔白黒・図〕　富山県婦負郡網入村蟹寺
◇図58-1～3〔白黒・図〕　埼玉県入間郡高麗村
◇図59-1～4〔白黒・図〕　東京府西多摩郡吉野村地方
◇図60-1〔白黒・図〕　滋賀県木ノ本町
◇図60-2〔白黒・図〕　滋賀県高島郡今津町下弘部
◇図60-3〔白黒・図〕　京都市右京区浄土寺真如町
◇図60-4〔白黒・図〕　京都府愛宕郡大原村
◇図61-1〔白黒・図〕　滋賀県高島郡折木村岩瀬
◇図61-2〔白黒・図〕　滋賀県高島郡安芸村田中
◇図61-3〔白黒・図〕　滋賀県木ノ本町
◇図61-4〔白黒・図〕　兵庫県 鶴ヶ岡
◇図61-5〔白黒・図〕　京都府愛宕郡鞍馬村
◇図61-6〔白黒・図〕　福井県 志比

### 破風板を延長した雀おどり
「日本の生活環境文化大辞典」柏書房　2010
◇p452-10〔白黒〕　長野県茅野市　[撮]1985年　宮崎勝弘

### 破風飾りのいろいろ
「図説 民俗建築大事典」柏書房　2001
◇写真9～12(p125)〔白黒〕　蓑甲の曲線がえぐったように深い破風口(神奈川県横浜市), 火灯窓のついた破風口を飾るちょうな茅と鰭付き懸魚を飾った破風口(岐阜県荘川村), 斜め木桟組。前板包みに定紋を配した破風口(滋賀県余呉町), 破風板の拝み部分には鰭付き飾り懸魚(長野県塩尻市)

### 破風の煙出し
「写真でみる日本人の生活全集 3」日本図書センター　2010
◇p58〔白黒〕

### 羽馬家
「写真でみる民家大事典」柏書房　2005
◇p265-4〔白黒〕　富山県南砺市五箇山田向　[撮]1969年　佐伯安一

### 浜崎地区の町並み
「写真でみる民家大事典」柏書房　2005
◇p380-2〔白黒〕　山口県萩市浜崎　[撮]2004年　坪郷英彦

### 浜と大地をつなぐ世捨小屋
「写真でみる民家大事典」柏書房　2005
◇p259-2〔白黒〕　新潟県佐渡市宿根木　[撮]2004年　佐藤利夫

### 浜松市郊外の集落
「写真ものがたり昭和の暮らし 9」農山漁村文化協会　2007

◇p24〔白黒〕　静岡県浜松市西畑屋　茅葺屋根の農家, 屋敷林　[撮]須藤功, 昭和39年2月

### 張り石工法の石倉
「写真でみる民家大事典」柏書房　2005
◇p218-3〔白黒〕　栃木県宇都宮市徳次郎西根　[撮]2004年　柏村祐司

### 張り出した庭
「宮本常一 写真・日記集成 下」毎日新聞社　2005
◇p175〔白黒〕　奈良県吉野郡大塔村篠原　[撮]宮本常一, 1968年10月26日

### 張り出した軒
「宮本常一 写真・日記集成 下」毎日新聞社　2005
◇p176〔白黒〕　奈良県吉野郡大塔村篠原　たわわなキビ、その下はマメとサツマイモ　[撮]宮本常一, 1968年10月26日

### 張り出しのある納屋
「宮本常一 写真・日記集成 上」毎日新聞社　2005
◇p205〔白黒〕　新潟県両津市豊岡　[撮]宮本常一, 1960年8月21日

### 針目覆い
「日本の生活環境文化大辞典」柏書房　2010
◇p451-6〔白黒〕　奈良市　[撮]1973年　宮崎勝弘

### 針目覆いと置千木とが混在する棟
「写真でみる民家大事典」柏書房　2005
◇p50-2〔白黒〕　兵庫県三木市　[撮]1982年　加藤厚子

### 針目覆いに横材を置いた棟
「写真でみる民家大事典」柏書房　2005
◇p50-3〔白黒〕　兵庫県三木市　[撮]1982年　加藤厚子

### 春田打のすんだ水田
「宮本常一 写真・日記集成 上」毎日新聞社　2005
◇p424〔白黒〕　新潟県佐渡郡羽茂町上山田［佐渡市］　[撮]宮本常一, 1964年3月3日

### 榛名型民家
「写真でみる民家大事典」柏書房　2005
◇p14-2〔白黒〕(19世紀中期頃に建設された榛名型民家)　群馬県榛名町　[撮]1980年　桑原稔

### 半切妻屋根の農家
「日本を知る事典」社会思想社　1971
◇図36(p212)〔白黒〕　山形県東田川郡田麦俣

### 番所側から見る板取の集落
「写真でみる民家大事典」柏書房　2005
◇p272-1〔白黒〕　福井県南条郡南越前町板取　[撮]2004年　福井宇洋

### ハンヤ
「宮本常一が撮った昭和の情景 下」毎日新聞社　2009
◇p58〔白黒〕(瓦葺きのハンヤ(灰屋))　広島県安芸高田市八千代町土師　土師ダム建設予定地の民俗調査　[撮]宮本常一, 1967年12月12日～18日
「宮本常一 写真・日記集成 下」毎日新聞社　2005
◇p110〔白黒〕　広島県高田郡八千代町土師［安芸高田市］　[撮]宮本常一, 1967年12月12日～18日
◇p110〔白黒〕　広島県高田郡八千代町土師［安芸高田市］　[撮]宮本常一, 1967年12月12日～18日
◇p110〔白黒〕(ハンヤ(灰屋))　広島県高田郡八千代町土師［安芸高田市］　[撮]宮本常一, 1967年12月12日～18日
◇p328〔白黒〕(ハンヤ(灰屋))　広島県世羅郡世羅町　[撮]宮本常一, 1974年8月24日～27日(農山漁家生活改善技術資料収集調査)

### 灰屋
「日本の生活環境文化大辞典」柏書房　2010
◇p30-1〔白黒〕(肥料を蓄える灰屋)　福岡県筑紫野市山家　[撮]1997年　佐藤正彦
「宮本常一が撮った昭和の情景 下」毎日新聞社　2009
◇p49〔白黒〕(解体される灰屋)　広島県三原市大和町(王子原)から箱川付近　椋梨ダム水没地区緊急民俗調査　[撮]宮本常一, 1966年12月14日～18日
◇p54～55〔白黒〕(焼土をつくった灰屋(ハンヤ))　広島県安芸高田市八千代町土師　土師ダム建設予定地の民俗調査　[撮]宮本常一, 1967年12月12日～18日
「宮本常一 写真・日記集成 下」毎日新聞社　2005
◇p91〔白黒〕(解体される灰屋)　広島県賀茂郡大和町王子原 椋梨ダム水没地域民俗緊急調査　[撮]宮本常一, 1966年12月14日～18日

### 番屋建築
「図説 民俗建築大事典」柏書房　2001
◇写真6(p292)〔白黒〕　北海道寿都町歌棄 佐藤家　1891年頃　北海道指定文化財

### 稗田環濠集落の中の大和棟の民家
「写真でみる民家大事典」柏書房　2005
◇p339-3〔白黒〕　奈良県大和郡山市稗田　[撮]2004年　早瀬哲恒

### 東小路の町並み
「写真でみる民家大事典」柏書房　2005
◇p390-1〔白黒〕　香川県丸亀市塩飽本島町笠島　[撮]2004年　青山賢信

### 東山中型
「図説 民俗建築大事典」柏書房　2001
◇写真3(p148)〔白黒〕　奈良県都祁村

### 東通村尻屋
「宮本常一 写真・日記集成 上」毎日新聞社　2005
◇p429〔白黒〕　青森県下北郡東通村尻屋　[撮]宮本常一, 1964年4月15日

### 東山手の賃貸住宅
「写真でみる民家大事典」柏書房　2005
◇p416-1〔白黒〕(1897年頃建築の東山手の賃貸住宅)　長崎県長崎市南山手・東山手　[撮]1985年頃　土田充義

### 引込み戸を多く用いる農家
「日本を知る事典」社会思想社　1971
◇図46(p217)〔白黒〕　石川県石川郡

### 引き違い格子戸
「写真でみる民家大事典」柏書房　2005
◇p63-3〔白黒〕　奈良県斑鳩町　[撮]2004年　森田克己

### 樋口家の広間とワウノウチ造り
「図説 民俗建築大事典」柏書房　2001
◇写真1(p290)〔白黒〕　札幌市厚別から北海道開拓の村へ移築　1900年頃

### 低めの二階・白漆喰・小さな窓の建物
「写真でみる民家大事典」柏書房　2005
◇p413-4〔白黒〕(天保2年(1831)建築の建物)　有田町内山地区中原　低めの二階、白漆喰、小さな窓　[撮]2004年　藤本尚久

### 庇の下に「がんぎ板」のみられる商家
「写真でみる民家大事典」柏書房　2005
◇p315-5〔白黒〕　三重県伊勢市河崎　[撮]2003年　鏡味明克

### 備讃瀬戸に臨む下津井の一本釣り漁村
「写真でみる民家大事典」柏書房　2005
◇p9-3〔白黒〕　岡山県倉敷市下津井　[撮]2003年　谷沢明

### ヒズミたかへ形態の大和棟
「写真でみる民家大事典」柏書房　2005
◇p25-3〔白黒〕　奈良県明日香村小原　[撮]2004年　早瀬哲恒

**美星町八日市**
「宮本常一 写真・日記集成 下」毎日新聞社　2005
◇p252〔白黒〕　岡山県小田郡美星町八日市　[撮]宮本常一, 1971年8月8日

**飛騨型の低い家屋**
「民俗資料叢書 10 木地師の習俗2」平凡社　1969
◇図75〔白黒〕(折敷地付近の飛騨型の低い家屋)　岐阜県 丹生川地方〔高山市丹生川町折敷地〕

**飛騨白川村遠山家**
「図説 民俗建築大事典」柏書房　2001
◇図1(p385)〔白黒・図〕　〔外観図〕　竹内芳太郎『年輪の記』相模書房、1978

**火棚の下の家人**
「写真でみる民家大事典」柏書房　2005
◇p127-1〔白黒〕　新潟県南魚沼市六日町　[撮]1970年　池田亨

**左勝手の民家**
「写真でみる民家大事典」柏書房　2005
◇p261-3〔白黒〕　氷見市白川　[撮]1997年　佐伯安一

**左側面に突き出た前中門**
「写真でみる民家大事典」柏書房　2005
◇p13-3〔白黒〕　新潟県川口町　[撮]1983年　小林幹子

**火伏医院主屋**
「写真でみる民家大事典」柏書房　2005
◇p346-3〔白黒〕(年代の判明する町家で県内最古の火伏医院主屋)　和歌山県橋本市橋本　[撮]2001年　御船達雄

**百軒長屋**
「写真でみる日本生活図引 6」弘文堂　1993
◇図20〔白黒〕　青森県八戸市吹上　[撮]和井田登, 昭和34年4月29日

**桧山の民家群**
「写真でみる民家大事典」柏書房　2005
◇p216-1〔白黒〕　栃木県芳賀郡茂木町桧山　[撮]1976年　柏村祐司

**日向山村の屋根**
「民俗図録 日本人の暮らし」日本図書センター　2012
◇図35〔白黒〕　宮崎県西臼杵郡岩戸村　[撮]三木茂

**表面に杉皮もみえる屋根**
「写真でみる民家大事典」柏書房　2005
◇p44-1〔白黒〕　埼玉県飯能市久須美　[撮]2002年　津山正幹

**日除けのカシグネ**
「図説 民俗探訪事典」山川出版社　1983
◇p75〔白黒〕　埼玉県

**開いた蔀戸と床几**
「写真でみる民家大事典」柏書房　2005
◇p75-2〔白黒〕　京都府京都市左京区山端　[撮]2005年　渡邊秀一

**平入商家**
「写真でみる民家大事典」柏書房　2005
◇p426-2〔白黒〕(上町の明治時代の平入商家)　宮崎県日向市美々津　1884〜85年建築の旧矢野家と旧近藤家　[撮]2004年　米村敦子

**平入りと妻入りの蔵が並ぶ**
「写真でみる民家大事典」柏書房　2005
◇p205-2〔白黒〕　喜多方市南小田付　[撮]2003年　鵜川賢一

**平入りと妻入りの建物が並ぶ中ノ町**
「写真でみる民家大事典」柏書房　2005
◇p277-5〔白黒〕　福井県三方上中郡若狭町熊川　[撮]2004年　永江寿夫

**平入りの建物と土蔵が並ぶ中ノ町**
「写真でみる民家大事典」柏書房　2005
◇p277-3〔白黒〕　福井県三方上中郡若狭町熊川　[撮]2004年　永江寿夫

**平入の二階建の家**
「宮本常一が撮った昭和の情景 下」毎日新聞社　2009
◇p21〔白黒〕(平入二階建の民家)　長野県松本市奈川川浦　昔は野麦峠を往来する旅人を泊めた　[撮]宮本常一, 1965年7月19日〜22日
「宮本常一 写真・日記集成 下」毎日新聞社　2005
◇p34〔白黒〕　長野県奈川村川浦　昔は野麦峠を往来する旅人を泊めた　[撮]宮本常一, 1965年7月19日〜22日

**平入りの農家**
「写真でみる民家大事典」柏書房　2005
◇p7-1〔白黒〕　旧箱木家、兵庫県神戸市北区衡原　[撮]1996年　中川等

**平入りの町家**
「写真でみる民家大事典」柏書房　2005
◇p7-2〔白黒〕　京都府京都市伏見区　[撮]1993年　津山正幹
◇p405-7〔白黒〕　福岡県宗像市赤間　[撮]2004年　土田充義

**平入町屋の吉井家**
「写真でみる民家大事典」柏書房　2005
◇p369-4〔白黒〕　広島県竹原市　[撮]1976年　河村明植

**平かぶと**
「写真でみる民家大事典」柏書房　2005
◇p18-1〔白黒〕　埼玉県小川町　[撮]1930年頃　『民家図集』第九輯

**平瓦と丸瓦の使途**
「日本民俗図誌 9 住居・運輸篇」村田書店　1978
◇図14-3〔白黒・図〕

**平屋建て木造住宅**
「宮本常一が撮った昭和の情景 下」毎日新聞社　2009
◇p64〔白黒〕(道路に挟まれた平屋建て木造住宅)　東京都港区元麻布　[撮]宮本常一, 1968年1月25日
「宮本常一 写真・日記集成 下」毎日新聞社　2005
◇p135〔白黒〕(角地の小さな木造家屋)　東京都 元麻布2丁目〜3丁目　[撮]宮本常一, 1968年1月25日

**広間型の変容**
「日本の生活環境文化大辞典」柏書房　2010
◇p420-1〔白黒・図〕　神奈川県秦野市　高橋隆博

**広間型民家**
「日本民俗大辞典 下」吉川弘文館　2000
◇p449〔白黒・図〕　福島県白河　〔間取り図〕
◇p449〔白黒・図〕　青森付近　寝間付き広間型民家〔間取り図〕

**ヒンプン**
「日本の生活環境文化大辞典」柏書房　2010
◇p413-7〔白黒〕(サンゴ石で作られた主屋正面のヒンプン)　沖縄県八重山郡竹富町竹富島　[撮]2007年　朴賛弼
「宮本常一 写真・日記集成 下」毎日新聞社　2005
◇p213〔白黒〕(漆喰で固めた瓦葺き。手前は目隠しのビンプン(屏風))　沖縄県勝連町 津堅島　[撮]宮本常一, 1969年9月30日
「図説 民俗建築大事典」柏書房　2001
◇写真4(p109)〔白黒〕(網代に編んだヒンプン)　沖縄県国頭村
「日本民俗大辞典 下」吉川弘文館　2000
◇p451〔白黒〕　沖縄県島尻郡仲里村儀間

「日本民俗大辞典 上」吉川弘文館　1999
　◇図36〔別刷図版「沖縄文化」〕〔カラー〕（ヒンプン（屏風））　沖縄県名護市屋部　[撮]渡邊欣雄, 1992年

### 風垣
「宮本常一 写真・日記集成 上」毎日新聞社　2005
　◇p105〔白黒〕　茨城県稲敷郡桜川村 浮島　3月なのに注連縄と門松　[撮]宮本常一, 1958年3月1日

### 葺き替えを待つ藁葺屋根
「宮本常一 写真・日記集成 下」毎日新聞社　2005
　◇p399〔白黒〕　滋賀県高島郡朽木村小入谷　[撮]宮本常一, 1977年8月22日

### 吹抜けとなった上部の太い小屋組
「写真でみる民家大事典」柏書房　2005
　◇p352-2〔白黒〕　鳥取県八頭郡若桜町　[撮]2004年　渡邊一正

### 福岡県久留米市の商家
「写真でみる民家大事典」柏書房　2005
　◇p76-2〔白黒〕　[撮]1998年　永瀬克己

### 復元されたアイヌの住居
「宮本常一 写真・日記集成 下」毎日新聞社　2005
　◇p466〔白黒〕　北海道沙流郡平取町二風谷（萱野茂 二風谷資料館）　[撮]宮本常一, 1979年5月2日

### 復原された土座住まい
「写真でみる民家大事典」柏書房　2005
　◇p121-3〔白黒〕　旧長野県栄村、大阪府豊中市に移築　[撮]2000年　日本民家集落博物館

### 複式隠居家
「民俗資料選集 27 年齢階梯制Ⅱ」国土地理協会　1999
　◇p5（口絵）〔白黒〕　徳島県木頭村出原　主家・中隠居・古隠居

### 武家屋敷にみられる生垣
「図説 民俗探訪事典」山川出版社　1983
　◇p62〔白黒〕　鹿児島県知覧

### 武家屋敷の築地塀
「宮本常一が撮った昭和の情景 上」毎日新聞社　2009
　◇p36〔白黒〕　大分県速見郡日出町　[撮]宮本常一, 1957年8月22日
「宮本常一 写真・日記集成 上」毎日新聞社　2005
　◇p74〔白黒〕（武家町）　大分県速見郡日出町　[撮]宮本常一, 1957年8月22日

### 藤田家
「写真でみる民家大事典」柏書房　2005
　◇p176-2〔白黒〕　北海道茅部郡森町　1921年建築　[撮]2000年　佐藤修
　◇p177-3〔白黒〕　北海道茅部郡森町　1936年建築　[撮]2001年　佐藤修

### 武士の住いの屋敷構
「日本を知る事典」社会思想社　1971
　◇図54（p220）〔白黒〕　長野県松代市

### 襖の裏に貼られた唐紙
「写真でみる民家大事典」柏書房　2005
　◇p59-3〔白黒〕　小林家、京都府山城町　[撮]2004年　桐浴邦夫

### 二江漁港の集落
「宮本常一 写真・日記集成 上」毎日新聞社　2005
　◇p344〔白黒〕　熊本県 天草下島・五和町　[撮]宮本常一, 1962年10月7日

### 二川町字新橋町の町並み
「写真でみる民家大事典」柏書房　2005
　◇p306-2〔白黒〕　愛知県豊橋市二川　[撮]1959年　豊橋市二川宿本陣資料館

### 二棟造
「日本民俗大辞典 下」吉川弘文館　2000
　◇図6〔別刷図版「民家」〕〔白黒〕　沖縄県竹富島 重要伝統的建造物群保存地区　[撮]1998年　竹富町教育委員会提供
　◇p472〔白黒〕　旧・茨城県笠間市所在 太田家住宅, 現・神奈川県 川崎市立日本民家園所在　重要文化財

### 二棟造り
「宮本常一 写真・日記集成 下」毎日新聞社　2005
　◇p12〔白黒〕（農村部の道をめぐる。二棟造り）　佐賀県山内町　[撮]宮本常一, 1965年1月13日～14日
「図説 民俗建築大事典」柏書房　2001
　◇写真1（p401）〔白黒〕　静岡県引佐郡引佐町

### 二棟造りの民家の模型
「図説 民俗探訪事典」山川出版社　1983
　◇p59〔白黒〕　沖縄県竹富島　国立民族学博物館蔵

### 太い角格子とウマツナギが残る豊田家
「写真でみる民家大事典」柏書房　2005
　◇p341-3〔白黒〕　奈良県橿原市今井町　[撮]2004年　早瀬哲恒　重要文化財

### 太いヨコダルキとよばれる屋中と細い垂木が交差する
「写真でみる民家大事典」柏書房　2005
　◇p48-3〔白黒〕　茨城県三和町　[撮]2004年　田代敦久

### 船板で作った塀
「宮本常一 写真・日記集成 下」毎日新聞社　2005
　◇p192〔白黒〕　東和町外入　[撮]宮本常一, 1969年4月8日

### 船板塀の商家
「宮本常一 写真・日記集成 下」毎日新聞社　2005
　◇p194〔白黒〕　滋賀県長浜市朝日町　[撮]宮本常一, 1969年4月13日

### 舟型屋敷見取図
「日本民俗大辞典 下」吉川弘文館　2000
　◇p483〔白黒・図〕　静岡県榛原郡金谷町

### 舟小屋のある農家
「民俗図録 日本人の暮らし」日本図書センター　2012
　◇図47〔白黒〕　福井県三方郡三方町海山　[撮]錦耕三

### 船大工の民家（金子屋）のオマエ
「写真でみる民家大事典」柏書房　2005
　◇p259-4〔白黒〕　新潟県佐渡市宿根木　[撮]2004年　佐藤利夫

### 冬は消雪池に変わる主屋裏のタネ
「写真でみる民家大事典」柏書房　2005
　◇p254-2〔白黒〕　新潟県柏崎市鵜川　[撮]2000年　三井田忠明

### ブリキの棟飾り
「日本写真全集 9」小学館　1987
　◇図45〔白黒〕　山梨県塩山　[撮]平山忠治, 昭和37年『民家』（昭和37年刊）

### 古い家
「民俗資料選集 9 山村の生活と用具」国土地理協会　1981
　◇p7（口絵）〔白黒〕　愛知県北設楽郡津具村 下津具

### 古い家並み
「宮本常一 写真・日記集成 上」毎日新聞社　2005
　◇p89〔白黒〕　広島県佐伯郡宮島町　[撮]宮本常一, 1957年11月5日

### 古井家主屋梁行断面図
「図説 民俗建築大事典」柏書房　2001
　◇図5（p90）〔白黒・図〕　兵庫県安富町　平山育男『近畿農村の住まい』、INAX出版、1994

### 古井家住宅の立面図、平面図、横断面図
「図説 民俗建築大事典」柏書房　2001

屋敷構え　　　　　　　　　　　　　住

◇図4（p137）〔白黒・図〕　　兵庫県宍粟郡安富町　中世末―近世初　平入り民家　持田武史『日本建築基礎資料集成21 民家』中央公論美術出版、1976

### 古い住宅街によくみられる和洋折衷型住宅の外観
「図説 民俗建築大事典」柏書房　2001
　◇写真1（p354）〔白黒〕　　大阪府東大阪市

### 古い町並み
「宮本常一 写真・日記集成 下」毎日新聞社　2005
　◇p372〔白黒〕　　岡山県備前市 大多府島　㊕宮本常一，1976年9月6～7日

### 古い町家
「宮本常一 写真・日記集成 上」毎日新聞社　2005
　◇p433〔白黒〕　　長崎県 大村市　㊕宮本常一，1964年5月16日
「宮本常一 写真・日記集成 下」毎日新聞社　2005
　◇p88〔白黒〕　　兵庫県赤穂市　㊕宮本常一，1966年11月4日～5日

### 古い港町のたたずまい
「宮本常一 写真・日記集成 下」毎日新聞社　2005
　◇p16〔白黒〕　　広島県福山市鞆　㊕宮本常一，1965年2月13日

### 風呂小屋
「写真でみる民家大事典」柏書房　2005
　◇p131-2〔白黒〕　　愛媛県西条市丹原町　㊕2004年　四之宮康晃

### 文化住宅
「日本の生活環境文化大辞典」柏書房　2010
　◇p184-1〔白黒〕　　大阪府門真市東田町　㊕2006年　早瀬哲恒
　◇p184-2〔白黒〕　　大阪府豊中市庄内幸町　㊕2006年　早瀬哲恒
　◇p184-3〔白黒〕　　大阪府大東市諸福　㊕2006年　早瀬哲恒

### 文化住宅間取り図
「日本民俗大辞典 下」吉川弘文館　2000
　◇p500〔白黒・図〕　　平和博出品住宅（1921年），中廊下住宅（同潤会建設），洋風住宅（1925年）

### 分家・隠居制の分布
「図説 民俗探訪事典」山川出版社　1983
　◇p93〔白黒・図〕　　坪井洋文「互助協同」『日本民俗学大系』4 より

### 分棟型民家
「写真でみる民家大事典」柏書房　2005
　◇p99-1〔白黒〕　　千葉県三芳村　㊕1995年　榎美香

### 米軍政府指導により仲座久雄が設計した規格住宅平面図
「日本の生活環境文化大辞典」柏書房　2010
　◇p191-3〔白黒・図〕　　仲座久雄

### 平行二棟造り
「写真でみる民家大事典」柏書房　2005
　◇p30-3〔白黒〕　　村田家、熊本県熊本市土河原　㊕1991年　原田聰明

### 平床
「図説 民俗建築大事典」柏書房　2001
　◇図1（p162）〔白黒・図〕　　日下正佐家住宅 徳島県那賀郡鷲敷町　間取図　徳島県・香川県・愛媛県・高知県教育委員会編『四国地方の民家』東洋書林、1998

### 平面屋根
「写真でみる日本人の生活全集 3」日本図書センター　2010
　◇p48〔白黒〕　　東京都 渋谷駅近くにできた高層ビル

### 舳倉島の家
「写真ものがたり昭和の暮らし 3」農山漁村文化協会　2004

　◇p16〔白黒〕　　石川県輪島市・舳倉島　板葺屋根にびっしり石が置いてある　㊕宮本常一，昭和30年代

### 舳倉島の家並み
「日本の民俗 暮らしと生業」KADOKAWA　2014
　◇図5-3〔白黒〕（舳倉島）　石川県輪島市　㊕芳賀日出男，昭和37年
「宮本常一 写真・日記集成 上」毎日新聞社　2005
　◇p261〔白黒〕（舳倉島・家並み）　石川県輪島市 舳倉島　㊕宮本常一，1961年8月1日
「日本の民俗 下」クレオ　1997
　◇図5-3〔白黒〕（舳倉島）　石川県輪島市　浜にむかって切妻屋根の家がならぶ　㊕芳賀日出男，昭和37年

### 舳倉島の漁家
「写真でみる民家大事典」柏書房　2005
　◇p267-3〔白黒〕　　輪島市舳倉島　㊕1971年　島村昇

### 別棟の便所
「宮本常一 写真・日記集成 下」毎日新聞社　2005
　◇p431〔白黒〕　　滋賀県東浅井郡浅井町鍛冶屋　㊕宮本常一，1978年7月8日

### 別棟の水仕事場
「日本の生活環境文化大辞典」柏書房　2010
　◇p384-1〔白黒〕　　神奈川県藤沢市　㊕1990年　宮崎玲子

### 別棟別竈隠居
「民俗資料選集 27 年齢階梯制Ⅱ」国土地理協会　1999
　◇p7（口絵）〔白黒〕　　徳島県西祖谷山村重末

### ベンガラ豪商の中町の長尾家
「写真でみる民家大事典」柏書房　2005
　◇p362-1〔白黒〕　　本長尾　㊕1991年頃　山崎康雄

### ベンガラ塗りの格子戸
「あるくみるきく双書 宮本常一とあるいた昭和の日本 23」農山漁村文化協会　2012
　◇p163〔白黒〕

### ベンガラ塗りの民家
「あるくみるきく双書 宮本常一とあるいた昭和の日本 23」農山漁村文化協会　2012
　◇p156〔カラー〕　　福井県鯖江市　㊕森本孝

### 便所と手水鉢
「宮本常一 写真・日記集成 上」毎日新聞社　2005
　◇p201〔白黒〕　　山口県萩市 見島　㊕宮本常一，1960年8月3日

### 防火用の石垣
「図説 民俗探訪事典」山川出版社　1983
　◇p75〔白黒〕　　愛媛県南宇和郡

### 房総の二棟造りの屋敷
「図説 民俗建築大事典」柏書房　2001
　◇図5（p18）〔白黒・図〕　　千葉県館山市　〔配置図〕

### 防風石
「写真ものがたり昭和の暮らし 9」農山漁村文化協会　2007
　◇p27〔白黒〕　　愛媛県西海町外泊（現愛南町）　高い石垣を築いた集落　㊕須藤功，昭和42年5月

### 防風垣
「宮本常一 写真・日記集成 上」毎日新聞社　2005
　◇p388〔白黒〕　　東京都 新島村　㊕宮本常一，1963年7月27日
　◇p405〔白黒〕　　山形県東田川郡余目町　㊕宮本常一，1963年11月16日
「宮本常一 写真・日記集成 下」毎日新聞社　2005
　◇p456〔白黒〕　　群馬県甘楽郡下仁田町→富岡市　㊕宮本常一，1979年3月10日～11日
「図説 民俗建築大事典」柏書房　2001

◇写真6（p305）〔白黒〕　石川県能登地方

**防風用の卯建**
「図説 民俗探訪事典」山川出版社　1983
◇p76〔白黒〕　福井県小浜地方

**防風林で囲まれた旧家**
「宮本常一 写真・日記集成 上」毎日新聞社　2005
◇p36〔白黒〕　千葉県野田市川間　[撮]宮本常一, 1956年5月19日

**防風林で囲まれた旧家の屋敷と麦畑**
「宮本常一が撮った昭和の情景 上」毎日新聞社　2009
◇p19〔白黒〕　千葉県野田市中里（川間）　[撮]宮本常一, 1956年5月19日

**ホウライチクの竹垣**
「日本民俗写真大系 5」日本図書センター　2000
◇p181〔白黒〕　都井岬　[撮]薗部澄, 1959年

**北斜面に展開する中横倉の集落遠景**
「写真でみる民家大事典」柏書房　2005
◇p366-2〔白黒〕　広島県福山市沼隈町　[撮]1999年　門田悦治

**北集落の遠望**
「写真でみる民家大事典」柏書房　2005
◇p324-2〔白黒〕　美山町北　[撮]1998年　早瀬哲恒

**北西からみる在原**
「写真でみる民家大事典」柏書房　2005
◇p318-1〔白黒〕　滋賀県高島市在原　[撮]1987年　網谷りょういち

**蒲財政を支えた葛布問屋の旧松本家**
「写真でみる民家大事典」柏書房　2005
◇p303-3〔白黒〕　掛川市掛川　[撮]2004年　矢部忠司

**細い街路と屋敷**
「写真でみる民家大事典」柏書房　2005
◇p194-2〔白黒〕　宮城県柴田郡村田町　[撮]2004年　高橋隆博

**枘組みの例**
「図説 民俗探訪事典」山川出版社　1983
◇p63〔白黒・図〕

**細長い主屋の山側に設けられる戸棚には土砂災害を防ぐ意図も感じとれる**
「写真でみる民家大事典」柏書房　2005
◇p429-6〔白黒〕　宮崎県東臼杵郡椎葉村十根川　[撮]2004年　土田充義

**北海道アイヌ住居の小屋組（ケツンニ構造）**
「図説 民俗建築大事典」柏書房　2001
◇図1（p286）〔白黒・図〕　昭和時代　清原潔・西田一『特殊家屋の建築衛生学的調査<アイヌ住宅調査報告>』

**北海道アイヌ住居の平面図**
「図説 民俗建築大事典」柏書房　2001
◇図5（p287）〔白黒・図〕

**北海道アイヌ住居の骨組**
「図説 民俗建築大事典」柏書房　2001
◇図2（p286）〔白黒・図〕　昭和時代　鷹部屋福平『アイヌ住居の研究』北海道帝国大学北方文化研究室、1939

**北海道アイヌ住居平面図**
「図説 民俗建築大事典」柏書房　2001
◇図4（p287）〔白黒・図〕　昭和時代　鷹部屋福平『アイヌ住居の研究』北海道帝国大学北方文化研究室、1939, 清原潔・西田一『特殊家屋の建築衛生学的調査<アイヌ住宅調査報告>』

**掘立柱と礎板**
「図説 民俗建築大事典」柏書房　2001
◇図1（p80）〔白黒・図〕　山田幸一『図解日本建築の構成』彰国社、1986

**歩道の役目も果たしている雁木通り**
「写真でみる民家大事典」柏書房　2005
◇p79-2〔白黒〕　新潟県上越市　[撮]2004年　金田文男

**堀内家住宅正面外観**
「図説 民俗建築大事典」柏書房　2001
◇写真1（p144）〔白黒〕　長野県塩尻市

**堀内家住宅断面図**
「図説 民俗建築大事典」柏書房　2001
◇図2（p145）〔白黒・図〕　宮沢智士編『日本の民家2・農家II』学習研究社、1980

**堀内家住宅平面図**
「図説 民俗建築大事典」柏書房　2001
◇図1（p145）〔白黒・図〕　宮沢智士編『日本の民家2・農家II』学習研究社、1980

**堀川を挟む明治時代の川端通り**
「写真でみる民家大事典」柏書房　2005
◇p349-5〔白黒〕　和歌山県海南市黒江　船津写真館

**堀内家住宅**
「日本を知る事典」社会思想社　1971
◇口絵13（日本の民家）〔カラー〕　長野県塩尻市堀内　18世紀中期

**ポロとコタンの復原建築**
「写真でみる民家大事典」柏書房　2005
◇p10-2〔白黒〕　北海道白老町　[撮]1993年　小林法道

**本浦の海岸西端に残る造船場跡**
「写真でみる民家大事典」柏書房　2005
◇p373-2〔白黒〕　広島県呉市倉橋島　[撮]2004年　迫垣内裕

**本浦の集落**
「宮本常一 写真・日記集成 上」毎日新聞社　2005
◇p245〔白黒〕　山口県大島郡東和町［周防大島町］情島　[撮]宮本常一, 1961年2月16日

**本瓦葺が多い**
「宮本常一 写真・日記集成 上」毎日新聞社　2005
◇p337〔白黒〕　岡山県小田郡矢掛町　[撮]宮本常一, 1962年8月24日

**本瓦葺の農家**
「宮本常一 写真・日記集成 下」毎日新聞社　2005
◇p17〔白黒〕　大阪府堺市鳳　[撮]宮本常一, 1965年2月14日

**本瓦葺の町家**
「日本を知る事典」社会思想社　1971
◇図48（p218）〔白黒〕　奈良県五条市

**本瓦葺き屋根の町並み**
「写真でみる民家大事典」柏書房　2005
◇p368-1〔白黒〕　広島県竹原市　[撮]1976年　河村明植

**本郷館**
「写真ものがたり昭和の暮らし 4」農村漁村文化協会　2005
◇p80〔白黒〕　東京都文京区本郷　[撮]昭和60年10月　東京都提供
「写真でみる日本生活図引 6」弘文堂　1993
◇図23, 24〔白黒〕　東京都文京区本郷　[撮]昭和60年10月9日　東京都提供

**本郷館の出入口の下駄箱**
「写真ものがたり昭和の暮らし 4」農村漁村文化協会　2005
◇p80〔白黒〕　東京都文京区本郷　[撮]昭和60年10月　東京都提供

**ポンチセの屋根を組む**
「写真ものがたり昭和の暮らし 1」農山漁村文化協会　2004
◇p14〔白黒〕　北海道苫小牧市　[撮]須藤功, 昭和47年4月

**ポンチセの屋根を四すみの柱にのせる**
「写真ものがたり昭和の暮らし 1」農山漁村文化協会　2004
◇p14〔白黒〕　北海道苫小牧市　[撮]須藤功, 昭和47年4月

**本町通りの町並み**
「写真でみる民家大事典」柏書房　2005
◇p369-3〔白黒〕　広島県竹原市　[撮]1976年　河村明植

**本町2丁目から五條1丁目をみる**
「写真でみる民家大事典」柏書房　2005
◇p342-2〔白黒〕　奈良県五條市　[撮]2004年　御船達雄

**本町2丁目の町家**
「写真でみる民家大事典」柏書房　2005
◇p342-1〔白黒〕　奈良県五條市　[撮]2004年　御船達雄

**本棟造り**
「日本の生活環境文化大辞典」柏書房　2010
◇p55-5〔白黒〕　長野県塩尻市塩尻町　[撮]1988年

**本棟造りの細部名称**
「図説 民俗建築大事典」柏書房　2001
◇図3(p145)〔白黒・図〕　小林昌人「信州の棟造り・本棟造り・破風屋の比較研究」『民俗建築』92, 1987

**ほんまち商店街の町並み**
「写真でみる民家大事典」柏書房　2005
◇p346-1〔白黒〕　和歌山県橋本市橋本　[撮]2000年　臼村収

**ホンムネ**
「写真でみる民家大事典」柏書房　2005
◇p20-2〔白黒〕　長野県塩尻市郷原　[撮]1989年　多田井幸視

**本棟造**
「日本民俗大辞典 下」吉川弘文館　2000
◇p557〔白黒〕　長野県東筑摩郡山形村

**ホンムネの裏側**
「写真でみる民家大事典」柏書房　2005
◇p20-3〔白黒〕　長野県松本市和田殿　[撮]1987年　多田井幸視

**本屋**
「民俗資料叢書 2 志摩の年齢階梯制」平凡社　1965
◇図60〔白黒〕

**本来のクネである屋敷前面を囲む低木の垣根**
「写真でみる民家大事典」柏書房　2005
◇p83-2〔白黒〕　山形県米沢市芳泉町　[撮]1998年　古川修文

**真新しいオガラ葺きの屋根**
「写真でみる民家大事典」柏書房　2005
◇p43-1〔白黒〕　栃木県西方町　[撮]1976年　柏村祐司

**前角をもつ角屋造りの民家**
「写真でみる民家大事典」柏書房　2005
◇p15-2〔白黒〕　埼玉県さいたま市　[撮]1966年　大谷勝治郎

**前かぶと型養蚕民家**
「日本の生活環境文化大辞典」柏書房　2010
◇p57-3〔白黒〕　群馬県吾妻郡中之条町 旧富沢家住宅 19世紀初期　桑原稔　重要文化財

**前田と背戸山の畑・山林**
「図説 日本民俗学」吉川弘文館　2009
◇p113〔白黒〕　岡山県新見市　山懐に抱かれるように居を構える

**前土間形式の町家**
「写真でみる民家大事典」柏書房　2005
◇p281-2〔白黒〕　山梨県北杜市台ヶ原　[撮]2004年　坂本高雄

**マエニワ**
「写真でみる日本人の生活全集 3」日本図書センター　2010
◇p25〔白黒〕　農家の仕事場

**前庭をもつ屋敷構え**
「図説 民俗建築大事典」柏書房　2001
◇図1(p16)〔白黒・図〕　神奈川県藤沢市

**マガキ**
「日本の生活環境文化大辞典」柏書房　2010
◇p411-3〔白黒〕　新潟県柏崎市　[撮]2004年　朴賛弼
◇p460-4〔白黒〕　新潟県柏崎市　[撮]2004年　永瀬克己

**曲がった集落内の道**
「写真でみる民家大事典」柏書房　2005
◇p433-4〔白黒〕　鹿児島県川辺郡知覧町　[撮]1995年　朴賛弼

**真壁の構造**
「図説 民俗建築大事典」柏書房　2001
◇図1(p87)〔白黒・図〕　川島宙次『滅びゆく民家』主婦と生活社、1973

**曲り家**
「民俗図録 日本人の暮らし」日本図書センター　2012
◇図25〔白黒〕　秋田県南秋田郡　[撮]三木茂

**マガリをもつ民家**
「写真でみる民家大事典」柏書房　2005
◇p217-3〔白黒〕　栃木県芳賀郡茂木町桧山　[撮]1976年　柏村祐司

**マガリを脇からみる**
「写真でみる民家大事典」柏書房　2005
◇p217-4〔白黒〕　栃木県芳賀郡茂木町桧山　[撮]1976年　柏村祐司

**曲屋**
「写真でみる民家大事典」柏書房　2005
◇p186-1〔白黒〕　岩手県九戸郡野田村日形井　春　[撮]1991年　月舘敏栄
◇p187-4〔白黒〕(アジア民族造形館として使われている曲屋)　岩手県九戸郡野田村日形井　[撮]1995年　月舘敏栄
「写真ものがたり昭和の暮らし 1」農山漁村文化協会　2004
◇p12〔白黒〕　岩手県遠野市土淵　[撮]須藤功, 昭和42年5月
「写真でみる日本生活図引 6」弘文堂　1993
◇図7〔白黒〕　岩手県遠野市土淵　[撮]須藤功, 昭和42年5月9日
「民俗学辞典(改訂版)」東京堂出版　1987
◇図版42(p533)〔白黒・図〕　岩手県南部地方　橋浦泰雄画

**曲家**
「精選 日本民俗辞典」吉川弘文館　2006
◇p488〔白黒〕　岩手県北上市 民俗村　本屋, 馬屋
「日本民俗大辞典 下」吉川弘文館　2000
◇図3〔別刷図版「民家」〕〔白黒〕　岩手県遠野市　[撮]小林昌人, 1979年　遠野市立博物館提供
◇p560〔白黒〕　岩手県北上市 民俗村　本屋, 馬屋
「日本民俗事典」弘文堂　1972
◇p664〔白黒〕　東北地方, 旧南部藩領内　[撮]竹田旦

**曲屋が散在する山間の集落**
「写真でみる民家大事典」柏書房　2005
◇p188-1〔白黒〕　岩手県遠野市砂子沢　[撮]1990年　月舘敏栄

**曲屋造の屋根**
「日本社会民俗辞典 4」日本図書センター　2004
◇p1489〔白黒〕　秋田県神代村

**曲屋の原型的民家**
「写真でみる民家大事典」柏書房　2005
◇p12-2〔白黒〕　青森県黒石市六郷　[撮]1930年頃　『民家図集』第六輯

**曲家の間取り**
「精選 日本民俗辞典」吉川弘文館　2006
◇p488〔白黒・図〕岩手県上郷村（遠野市）
◇p488〔白黒・図〕　岩手県矢巾町
「日本民俗大辞典 下」吉川弘文館　2000
◇p561〔白黒・図〕　岩手県遠野市上郷町
◇p561〔白黒・図〕　岩手県紫波郡矢巾町

**間口30メートルの家**
「宮本常一が撮った昭和の情景 上」毎日新聞社　2009
◇p195〔白黒〕（間口が30メートルもある家）　青森県下北郡東通村目名　[撮]宮本常一, 1963年6月21日
「宮本常一 写真・日記集成 上」毎日新聞社　2005
◇p380〔白黒〕　青森県下北郡東通村目名　[撮]宮本常一, 1963年6月21日

**馬籠の村**
「図説 民俗探訪事典」山川出版社　1983
◇p111〔白黒〕　長野県　1960年ころ

**増田家（内国通運会社波合分社）旧建物配置図**
「民俗資料選集 5 中馬の習俗」国土地理協会　1977
◇p54（本文）〔白黒・図〕　長野県下伊那郡浪合村　宮下操作図

**益田造りが残る町の景観**
「写真でみる民家大事典」柏書房　2005
◇p21-3〔白黒〕　岐阜県下呂市矢々野　[撮]1925年　下呂市教育委員会小坂教育課

**股木柱**
「図説 民俗建築大事典」柏書房　2001
◇写真3（p83）〔白黒〕　福井県池田町 堀口家主屋

**マダケを壁の芯に使い、強度を高める**
「里山・里海 暮らし図鑑」柏書房　2012
◇写24（p232）〔白黒〕　奈良県五條市

**町井家主屋断面図**
「図説 民俗建築大事典」柏書房　2001
◇図2（p89）〔白黒・図〕　三重県上野市　平山育男『近畿農村の住まい』、INAX出版、1994

**町場の民家**
「写真でみる民家大事典」柏書房　2005
◇p185-3〔白黒〕　石場家、弘前市亀甲町　[撮]1990年　津山正幹

**町屋**
「日本民俗事典」弘文堂　1972
◇p670〔白黒〕　[撮]萩原秀三郎

**町家**
「写真でみる民家大事典」柏書房　2005
◇p261-5〔白黒〕　氷見市中央町　[撮]1996年　佐伯安一
「図説 民俗建築大事典」柏書房　2001
◇図2（p49）〔白黒・図〕　京都市中京区百足屋町　〔間取り図〕

**町家の裏庭**
「図説 民俗建築大事典」柏書房　2001
◇写真5（p49）〔白黒〕　〔京都市〕

**町家の奥庭**
「写真でみる民家大事典」柏書房　2005
◇p24-2〔白黒〕　京都府京都市下京区　弦楽器の合奏をしている　[撮]撮影者不明, 明治末期

**町家の家相図**
「日本を知る事典」社会思想社　1971
◇図61（p223）〔白黒・図〕　千葉県夷隅郡

**町家の蔵**
「写真でみる民家大事典」柏書房　2005
◇p225-5〔白黒〕　群馬県甘楽郡甘楽町小幡　[撮]2004年　家泉博

**町家の格子**
「写真でみる民家大事典」柏書房　2005
◇p281-4〔白黒〕　山梨県北杜市台ヶ原　[撮]2004年　坂本高雄

**町屋の造り**
「図説 日本民俗学」吉川弘文館　2009
◇p52〔白黒〕　石川県金沢市

**町家の坪庭**
「日本の生活環境文化大辞典」柏書房　2010
◇p475-9〔白黒〕　茨城県石岡市　[撮]2009年

**町家の庇**
「図説 民俗建築大事典」柏書房　2001
◇写真3（p112）〔白黒〕　岩手県藤沢町

**町家の屋敷**
「日本の生活環境文化大辞典」柏書房　2010
◇p407-3〔白黒・図〕　和歌山県橋本市　『橋本の町と町屋』

**松江の家並み**
「日本民俗写真大系 7」日本図書センター　2000
◇p143〔白黒〕　島根県松江市　[撮]薗部澄, 1972年

**松をめぐらせた出作小屋と防風林**
「宮本常一 写真・日記集成 上」毎日新聞社　2005
◇p325〔白黒〕（一面にひろがる田畑。松をめぐらせた出作小屋とその向こうに防風林）　長崎県 壱岐・妻ヶ島　[撮]宮本常一, 1962年8月7日

**マッチョ筋東端と背後の中世の城跡の東山**
「写真でみる民家大事典」柏書房　2005
◇p391-4〔白黒〕　香川県丸亀市塩飽本島町笠島　[撮]2004年　青山賢信

**窓が少ない瓦葺きの民家**
「宮本常一 写真・日記集成 上」毎日新聞社　2005
◇p309〔白黒〕　鹿児島県 種子島　奥に高倉　[撮]宮本常一, 1962年6月11日

**間取**
「日本民俗図誌 9 住居・運輸篇」村田書店　1978
◇図66-1〔白黒・図〕　東京府 大島の民家
◇図66-2〔白黒・図〕　東京府新島本村の民家
◇図67-1・2〔白黒・図〕　東京府 新島の民家
◇図68〔白黒・図〕　東京府 御蔵島の民家
◇図69-1〔白黒・図〕　埼玉県入間郡入間川町寄之木の民家
◇図69-2〔白黒・図〕　埼玉県入間郡高麗村
◇図70-1〔白黒・図〕　埼玉県秩父郡大滝村落合の民家
◇図70-2〔白黒・図〕　埼玉県秩父郡秩父町大畑の民家
◇図71-1〔白黒・図〕　岩手県上閉伊郡土淵村の民家　曲り家　『日本民家史』
◇図71-2〔白黒・図〕　岩手県江刺郡藤里村横瀬の民家　『日本民家史』
◇図72-1〔白黒・図〕　岐阜県大野郡白川村御母衣　大家族民家の階下間取
◇図72-2〔白黒・図〕　岐阜県大野郡白川村保木脇　階下間取
◇図73〔白黒・図〕　岐阜県大野郡白川村鳩谷

屋敷構え　　　　　　　　　　　　　　　　住

◇図74〔白黒・図〕　富山県東礪波郡東山見村陽山の民家
◇図75-1〔白黒・図〕　長野県上水内郡南小川村夏相の民家
◇図75-2〔白黒・図〕　長野県小県郡中塩村八木沢の民家
◇図76-1〔白黒・図〕　岡山県英田郡巨勢村下倉敷の民家
◇図76-2〔白黒・図〕　島根県飯石郡吉田村の民家
◇図77〔白黒・図〕　鹿児島県日置郡伊作町の民家

間取り
「日本民俗事典」弘文堂　1972
　◇p673〔白黒・図〕　原始形，二室型，三間型，田の字型，広間型，併列型，喰違型
「民俗の事典」岩崎美術社　1972
　◇p138〔白黒・図〕　サの字型六間通り，四間通り（右勝手）

間取り　広間型三間取り
「精選 日本民俗辞典」吉川弘文館　2006
　◇p498〔白黒・図〕
「日本民俗大辞典 下」吉川弘文館　2000
　◇p581〔白黒・図〕　旧神奈川県秦野市所在

間取り　摂丹型
「精選 日本民俗辞典」吉川弘文館　2006
　◇p498〔白黒・図〕
「日本民俗大辞典 下」吉川弘文館　2000
　◇p581〔白黒・図〕　旧大阪府豊中市所在

間取り　前座敷三間取り
「精選 日本民俗辞典」吉川弘文館　2006
　◇p498〔白黒・図〕
「日本民俗大辞典 下」吉川弘文館　2000
　◇p581〔白黒・図〕　奈良県添上郡月ヶ瀬村

間取り　北山型
「精選 日本民俗辞典」吉川弘文館　2006
　◇p498〔白黒・図〕
「日本民俗大辞典 下」吉川弘文館　2000
　◇p581〔白黒・図〕　京都府北桑田郡美山町

間取り　北船井型
「精選 日本民俗辞典」吉川弘文館　2006
　◇p498〔白黒・図〕
「日本民俗大辞典 下」吉川弘文館　2000
　◇p581〔白黒・図〕　京都府船井郡丹波町

間取り　琉球の民家の間取り
「精選 日本民俗辞典」吉川弘文館　2006
　◇p498〔白黒・図〕　沖縄県
「日本民俗大辞典 下」吉川弘文館　2000
　◇p581〔白黒・図〕　沖縄県島尻郡伊是名村

間取りの変化からみた町家の改変
「日本の生活環境文化大辞典」柏書房　2010
　◇p192-1〔白黒〕　宮城県，山口県　大正4年，昭和初年，明治中期か，明治初期か

間取り（右勝手）の型
「民俗学辞典（改訂版）」東京堂出版　1987
　◇図版44（p543）〔白黒・図〕　1.小農家の基本型，2.東北型広間型，3.全国型，四間通，四ツ目，田字型，4.3の変形，六間通ともいうべきもの　橋浦泰雄画

間取り例
「民俗資料選集 2 木地師の習俗」国土地理協会　1974
　◇p167（本文）〔白黒・図〕　菅谷・下谷・栢野
　◇p167（本文）〔白黒・図〕　岡谷・我谷・大内・片谷・坂下
　◇p167（本文）〔白黒・図〕　生水・九谷・小杉・真砂

マヤ（牛舎）が接続式作業舎または別棟作業舎に移行し

た農村民家事例
「図説 民俗建築大事典」柏書房　2001
　◇図3（p73）〔白黒・図〕　岩手県遠野市　杉浦直『東北の農村家屋』大明堂、1988

丸太材の墨に沿って手斧で削り取る
「写真でみる民家大事典」柏書房　2005
　◇p40-2〔白黒〕　千葉県松戸市　㊙2005年　篠田智章

丸太で雪囲いの準備をする寄棟型茅葺きの民家
「写真でみる民家大事典」柏書房　2005
　◇p263-4〔白黒〕　砺波市苗加　㊙1969年　佐伯安一

まるぶき
「写真ものがたり昭和の暮らし 1」農山漁村文化協会　2004
　◇p19〔白黒〕　新潟県松之山町天水越　㊙小見重義, 昭和54年4月

丸葺き
「図説 民俗建築大事典」柏書房　2001
　◇写真1（p127）〔白黒〕　福島県下郷町大内宿

丸屋根型のホシ小屋
「写真でみる民家大事典」柏書房　2005
　◇p107-3〔白黒〕　滋賀県近江町　㊙1955年　石野博信

マンションを背に堂々と存在を主張する民家
「写真でみる民家大事典」柏書房　2005
　◇口絵17〔カラー〕　新潟県湯沢町　㊙1998年　刊行委員会

三重県伊賀市上野の商家
「写真でみる民家大事典」柏書房　2005
　◇p76-1〔白黒〕　㊙1995年　永瀬克己

ミカン農家の屋敷
「日本の生活環境文化大辞典」柏書房　2010
　◇p58-1〔白黒〕　和歌山県有田市糸賀町　㊙2009年　千森督子

ミカン農家屋敷配置図
「日本の生活環境文化大辞典」柏書房　2010
　◇p59-2〔白黒・図〕　『日本農民建築』
　◇p59-3〔白黒・図〕　和歌山県有田市糸賀町　『和歌山県の近代和風建築』

ミカン畑に囲まれた石垣と瓦屋根の集落
「宮本常一 写真・日記集成 下」毎日新聞社　2005
　◇p469〔白黒〕　山口県大島郡久賀町［周防大島町］　㊙宮本常一, 1979年7月24日〜27日

ミカン畑のなかの家並み
「宮本常一 写真・日記集成 下」毎日新聞社　2005
　◇p483〔白黒〕　山口県大島郡久賀町椋野［周防大島町］　㊙宮本常一, 1980年4月28日〜29日

右側にマガリをもつ主屋正面
「写真でみる民家大事典」柏書房　2005
　◇p217-2〔白黒〕　栃木県芳賀郡茂木町桧山　㊙1976年　柏村祐司

右妻側が深く葺き降ろしになった民家
「写真でみる民家大事典」柏書房　2005
　◇p237-4〔白黒〕　東京都板橋区　㊙1975年　宮崎勝弘

見事なむくり屋根と軒先に敷瓦、小屋裏換気口に十字の花崗岩
「写真でみる民家大事典」柏書房　2005
　◇p410-2〔白黒〕　佐賀県小城市牛津町　㊙2004年　佐藤正彦

見事に再生された罹災町家
「写真でみる民家大事典」柏書房　2005
　◇p355-2〔白黒〕　鳥取県倉吉市　倉都家　㊙2004年　和田嘉宥

**岬の家**
「写真でみる日本生活図引 6」弘文堂　1993
◇図43〔白黒〕　島根県八束郡島根町沖泊　[撮]坪井洋文, 昭和30年代

**見島**
「宮本常一 写真・日記集成 上」毎日新聞社　2005
◇p271〔白黒〕　山口県萩市 見島　[撮]宮本常一, 1961年9月5日
◇p272〔白黒〕　山口県萩市 見島　[撮]宮本常一, 1961年9月5日

**ミズクラ**
「民俗学事典」丸善出版　2014
◇p335〔白黒〕(信濃川下流地域のミズクラ)　新潟県新潟市

**水塚**
「日本の生活環境文化大辞典」柏書房　2010
◇p359-2・3〔白黒〕(利根川流域の水塚)　埼玉県加須市北川辺町　[撮]2002年　鏡味明克
「写真でみる民家大事典」柏書房　2005
◇p105-1〔白黒〕(1910年の大水を経験した水塚)　千葉県栄町　[撮]2004年　十川百合子
◇p105-2〔白黒〕(河川側は大木で覆われ玉石で築かれた水塚)　埼玉県志木市　[撮]2004年　十川百合子

**水塚の上の家**
「図説 民俗探訪事典」山川出版社　1983
◇p75〔白黒〕　埼玉県大宮市

**水塚の遠景**
「写真でみる民家大事典」柏書房　2005
◇p105-4〔白黒〕　埼玉県志木市　[撮]2004年　十川百合子

**水辺を楽しむ町家のたたずまい**
「宮本常一 写真・日記集成 上」毎日新聞社　2005
◇p401〔白黒〕　山口県柳井市　[撮]宮本常一, 1963年10月17日

**水屋**
「写真でみる民家大事典」柏書房　2005
◇p104-1〔白黒〕　岐阜県海津市　[撮]2000年　鏡味明克
「図説 民俗建築大事典」柏書房　2001
◇写真1(p248)〔白黒〕　海津町福江

**水屋をもつ屋敷**
「日本の生活環境文化大辞典」柏書房　2010
◇p358-1〔白黒〕(3棟の水屋をもつ屋敷)　岐阜県大垣市万石　[撮]2009年　鏡味明克

**水屋景観**
「日本の生活環境文化大辞典」柏書房　2010
◇p361-9〔白黒〕　岐阜県大垣市釜笛　[撮]2009年

**水屋と主屋をつなぐドンド橋**
「日本の生活環境文化大辞典」柏書房　2010
◇p360-7〔白黒〕　岐阜県大垣市浅草　[撮]2009年

**見世蔵**
「図説 民俗建築大事典」柏書房　2001
◇写真5(p372)〔白黒〕　埼玉県川越市　明治26年の大火以降

**店蔵**
「日本の生活環境文化大辞典」柏書房　2010
◇p125-6〔白黒〕(本通りの店蔵)　福島県喜多方市小荒井　[撮]2009年
「写真でみる民家大事典」柏書房　2005
◇p226-1〔白黒〕(亀屋(山崎家)の店蔵)　埼玉県川越市　[撮]1987年　藤島幸彦

**店蔵から居住部分をみる**
「写真でみる民家大事典」柏書房　2005
◇p195-5〔白黒〕　宮城県柴田郡村田町　[撮]2004年　高橋隆博

**店部分から座敷、庭を望む**
「写真でみる民家大事典」柏書房　2005
◇p381-4〔白黒〕　山口県萩市浜崎 林家　[撮]2004年　坪郷英彦

**味噌倉**
「写真でみる民家大事典」柏書房　2005
◇p101-1〔白黒〕　新潟県十日町市　[撮]1989年　津山正幹

**味噌小屋**
「いまに伝える 農家のモノ・人の生活館」柏書房　2004
◇p245 図2〔白黒・写真/図〕　埼玉県小川町

**ミタニナナシギ屋根模式図**
「図説 民俗建築大事典」柏書房　2001
◇図3(p151)〔白黒・図〕

**密集した家並**
「写真ものがたり昭和の暮らし 2」農山漁村文化協会　2004
◇p86〔白黒〕　長野県清内路村下区　[撮]熊谷元一, 昭和27年

**港近くの昔ながらの町並み**
「宮本常一 写真・日記集成 下」毎日新聞社　2005
◇p425〔白黒〕　山口県光市室積　[撮]宮本常一, 1978年4月23日

**港町**
「日本の生活環境文化大辞典」柏書房　2010
◇p203-3〔白黒〕　長崎市東山手　[撮]2005年

**南側の環濠**
「写真でみる民家大事典」柏書房　2005
◇p339-4〔白黒〕　奈良県大和郡山市稗田　[撮]2004年　早瀬哲恒

**南側よりみた100年を超す杉もあるカイニョ**
「写真でみる民家大事典」柏書房　2005
◇p84-3〔白黒〕　富山県砺波市庄川町筏　[撮]2002年　佐伯安一

**南九州の二つ家の分類**
「図説 民俗建築大事典」柏書房　2001
◇図3(p153)〔白黒・図〕

**宮崎県椎葉の民家の変容**
「日本の生活環境文化大辞典」柏書房　2010
◇p421-3〔白黒・図〕　『椎葉村十根川地区山村集落』より作図

**宮ノ下から箱根湯本へ歩く**
「宮本常一 写真・日記集成 下」毎日新聞社　2005
◇p24〔白黒〕　神奈川県箱根町　〔民家の囲いと屋根〕　[撮]宮本常一, 1965年5月7日

**美和町坂上付近**
「宮本常一 写真・日記集成 下」毎日新聞社　2005
◇p256〔白黒〕　山口県玖珂郡美和町坂上付近　[撮]宮本常一, 1971年8月24日～30日

**美和町杉ヶ瀬**
「宮本常一 写真・日記集成 下」毎日新聞社　2005
◇p256〔白黒〕　山口県玖珂郡美和町杉ヶ瀬　[撮]宮本常一, 1971年8月24日～30日

**民家**
「あるくみるきく双書 宮本常一とあるいた昭和の日本 23」農山漁村文化協会　2012
◇p195〔白黒〕　一乗谷付近
「写真でみる日本人の生活全集 3」日本図書センター　2010

◇p131〔白黒〕　東京都世田谷　母屋のうしろに倉がくっついている
「写真でみる民家大事典」柏書房　2005
◇口絵1〔カラー〕　京都府北桑田郡美山町　厳寒の季節　[撮]2003年　早瀬哲恒
◇口絵5〔カラー〕　岐阜県白川村　朝　[撮]2002年　的場弘
「宮本常一 写真・日記集成 上」毎日新聞社　2005
◇p25〔白黒〕　宮城県栗原郡栗駒町 栗駒山麓　[撮]宮本常一, 1955年11月14日
◇p26〔白黒〕　宮城県栗原郡栗駒町 栗駒山麓　[撮]宮本常一, 1955年11月14日
◇p35〔白黒〕　大阪市中央区谷町　[撮]宮本常一, 1956年4月3日
◇p37〔白黒〕　茨城県つくば市 筑波駅近く　[撮]宮本常一, 1956年5月29日
◇p41〔白黒〕　岡山県岡山市新池　[撮]宮本常一, 1956年10月4日
◇p42〔白黒〕　愛知県北設楽郡設楽町 名倉→清水　[撮]宮本常一, 1956年10月7日
◇p42〔白黒〕　愛知県北設楽郡設楽町 名倉→清水　[撮]宮本常一, 1956年10月7日
◇p44〔白黒〕　愛知県北設楽郡設楽町 名倉→清水　[撮]宮本常一, 1956年10月7日
◇p44〔白黒〕　愛知県幡豆郡一色町 佐久島　[撮]宮本常一, 1956年10月10日
◇p64〔白黒〕　神奈川県川崎市麻生区 柿生→石川　[撮]宮本常一, 1957年4月21日
◇p72〔白黒〕　石川県石川郡吉野谷村三ツ谷　[撮]宮本常一, 1957年8月18日
◇p72〔白黒〕　石川県石川郡吉野谷村三ツ谷　[撮]宮本常一, 1957年8月18日
◇p72〔白黒〕　石川県石川郡吉野谷村三ツ谷　[撮]宮本常一, 1957年8月18日
◇p125〔白黒〕　兵庫県加東郡社町　[撮]宮本常一, 1959年2月4日
◇p126〔白黒〕　山口県大島郡東和町［周防大島町］情島　[撮]宮本常一, 1959年4月20日
◇p127〔白黒〕　神奈川県横浜市港北区日吉→茌田　[撮]宮本常一, 1959年6月2日
◇p130〔白黒〕(高野町)　広島県比婆郡高野町　[撮]宮本常一, 1959年6月24日
◇p130〔白黒〕(兵庫県姫路・姫新線車窓から)　[撮]宮本常一, 1959年6月26日
◇p132〔白黒〕　静岡県磐田郡水窪町水窪→西浦　[撮]宮本常一, 1959年7月29日
◇p132〔白黒〕　静岡県磐田郡水窪町西浦→青崩峠　[撮]宮本常一, 1959年7月29日
◇p133〔白黒〕　静岡県磐田郡水窪町有本　[撮]宮本常一, 1959年7月31日
◇p134〔白黒〕　愛知県 田口　[撮]宮本常一, 1959年8月1日
◇p135〔白黒〕　新潟県佐渡郡相川町［佐渡市］北片辺→北川内　[撮]宮本常一, 1959年8月5日
◇p138〔白黒〕　新潟県両津市［佐渡市］北鵜島付近　[撮]宮本常一, 1959年8月7日
◇p157〔白黒〕　静岡県賀茂郡南伊豆町下賀茂→下田　[撮]宮本常一, 1959年10月29日
◇p182〔白黒〕　福岡県 大牟田→八代　[撮]宮本常一, 1960年4月18日
◇p182〔白黒〕　福岡県 大牟田→八代　[撮]宮本常一, 1960年4月18日
◇p182〔白黒〕　福岡県 熊本県八代→鹿児島　[撮]宮本常一, 1960年4月18日
◇p189〔白黒〕　鹿児島県川内市［薩摩川内市］→阿久根市　[撮]宮本常一, 1960年4月22日
◇p205〔白黒〕　新潟県両津市豊岡　[撮]宮本常一, 1960年8月21日
◇p214〔白黒〕　熊本県上益城郡御船町　[撮]宮本常一, 1960年10月31日
◇p220〔白黒〕　茨城県稲敷郡河内町金江津　[撮]宮本常一, 1960年11月23日
◇p242〔白黒〕　滋賀県 土山→鈴鹿峠 バスの車窓　[撮]宮本常一, 1961年1月15日
◇p242〔白黒〕　滋賀県 土山→鈴鹿峠 バスの車窓　[撮]宮本常一, 1961年1月15日
◇p258〔白黒〕　広島県千代田町 川東　[撮]宮本常一, 1961年5月22日
◇p262〔白黒〕　近江路？　[撮]宮本常一, 1961年8月3日
◇p267〔白黒〕　柱島(山口県岩国市)　[撮]宮本常一, 1961年8月26日
◇p305〔白黒〕　佐賀県杵島郡山内町→武雄 車窓から　[撮]宮本常一, 1962年4月28日
◇p305〔白黒〕　佐賀県杵島郡山内町→武雄 車窓から　[撮]宮本常一, 1962年4月28日
◇p305〔白黒〕　山口県防府市植松　鯉のぼりの季節　[撮]宮本常一, 1962年4月29日
◇p315〔白黒〕　熊本県 五家荘久連子　[撮]宮本常一, 1962年6月19日
◇p317〔白黒〕　新潟県岩船郡関川村　[撮]宮本常一, 1962年7月15日
◇p322〔白黒〕(壱岐・郷ノ浦・本居)　長崎県壱岐郡郷ノ浦町［壱岐市］〔洗濯物を干す〕　[撮]宮本常一, 1962年8月3日
◇p350〔白黒〕(藍島)　福岡県北九州市小倉北区藍島　[撮]宮本常一, 1962年10月17日
◇p372〔白黒〕　鹿児島県出水郡長島町 獅子島　[撮]宮本常一, 1963年3月11日
◇p422〔白黒〕　大分県速見郡日出町　[撮]宮本常一, 1964年2月6日
◇p424〔白黒〕　新潟県佐渡郡羽茂町上山田［佐渡市］　[撮]宮本常一, 1964年3月3日
◇p455〔白黒〕　山口県大島郡周防大島町 笠佐島　[撮]宮本常一, 1964年10月4日
「宮本常一 写真・日記集成 下」毎日新聞社　2005
◇p31〔白黒〕　長野県安曇郡奈川温泉→黒川渡の左岸　[撮]宮本常一, 1965年6月20日
◇p69〔白黒〕　群馬県勢多郡赤城村あたり　[撮]宮本常一, 1966年4月17日
◇p84〔白黒〕　[撮]宮本常一, 1966年8月30日
◇p100〔白黒〕　山梨県北都留郡上野原町　[撮]宮本常一, 1967年1月7日～8日
◇p188〔白黒〕　埼玉県 飯能→吾野 西武秩父線の車窓から　[撮]宮本常一, 1969年3月22日
◇p193〔白黒〕　山口県 車窓から　[撮]宮本常一, 1969年4月12日
◇p198〔白黒〕　広島県三原市幸崎町能地　[撮]宮本常一, 1969年7月20日～25日
◇p198〔白黒〕　広島県三原市幸崎町能地　[撮]宮本常一, 1969年7月20日～25日
◇p211〔白黒〕　山口県阿武郡旭村佐々並→川上村藤蔵　[撮]宮本常一, 1969年8月17日～24日(山口県阿武川民俗資料緊急第二次調査)
◇p216〔白黒〕　岩手県山形村戸呂町　[撮]宮本常一, 1969年11月1日～4日
◇p229〔白黒〕　香川県, 徳島県　[撮]宮本常一, 1970年7月15日～16日
◇p229〔白黒〕　香川県, 徳島県　[撮]宮本常一, 1970年7月15日～16日
◇p229〔白黒〕　徳島県東祖谷山村　[撮]宮本常一, 1970年7月15日～16日
◇p246〔白黒〕　広島県豊田郡豊浜町斎島　[撮]宮本常一,

1971年4月9日
　◇p457〔白黒〕　高知県吾川郡池川町下土居 池川神社あたり　㊣宮本常一, 1979年3月14日
「宮本常一 写真・日記集成 別巻」毎日新聞社　2005
　◇図26 (p15)〔白黒〕(邑智郡の民家)　島根県邑智郡川平村田原〔江津市〕　㊣宮本常一, 1939年11月20日
　◇図89 (p23)〔白黒〕　鹿児島県・屋久島・原〔屋久町〕　㊣宮本常一, 1940年1月27日〜2月10日
　◇図92 (p23)〔白黒〕　鹿児島県・種子島・熊野〔中種子町〕　㊣宮本常一, 1940年1月27日〜2月10日
　◇図100 (p24)〔白黒〕　宮崎県・日向・南那賀〔珂〕郡北方村下弓田〔串間市〕　㊣宮本常一, 1940年2月11日〜3月7日
　◇図146 (p28)〔白黒〕(中俣ノ民家)　新潟県・岩船郡山北町〕　㊣宮本常一, 1940年〔11月〕
　◇図149 (p28)〔白黒〕　岩手県気仙郡赤崎村長崎〔大船渡市〕　㊣宮本常一, 1940年〔11月〕
　◇図150 (p28)〔白黒〕(村ノ民家)　新潟県岩船郡塩野町村〔朝日村〕　㊣宮本常一, 1940年〔11月〕
　◇図155 (p29)〔白黒〕　山形県東田川郡大泉村大鳥〔朝日村〕　㊣宮本常一, 1940年〔11月〕
　◇図156 (p29)〔白黒〕　青森県西津軽郡十三村〔北津軽郡市浦村〕　㊣宮本常一, 1940年〔11月〕
　◇図159 (p29)〔白黒〕　青森県西津軽郡鳴沢村出来島〔木造町〕　㊣宮本常一, 1940年〔11月〕
　◇図225 (p39)〔白黒〕　高知県・土佐・高岡郡檮原村〔檮原町〕　㊣宮本常一, 1941年1月〜2月
　◇図229 (p40)〔白黒〕　愛媛県・伊予・北宇和郡土居村　㊣宮本常一, 1941年1月〜2月
　◇図238 (p40)〔白黒〕(長沢、民家)　高知県土佐郡本川村長沢　㊣宮本常一, 1941年1月〜2月
　◇図239 (p40)〔白黒〕(越裏門ノ民家)　高知県土佐郡本川村　㊣宮本常一, 1941年1月〜2月
　◇図240 (p40)〔白黒〕(越裏門ノ民家)　高知県〔土佐郡本川村〕　㊣宮本常一, 1941年1月〜2月
　◇図330 (p53)〔白黒〕　新潟県・越後・上郷〔中魚沼郡津南町〕　㊣宮本常一, 1941年10月
　◇図332 (p54)〔白黒〕　新潟県・越後・入広瀬〔北魚沼郡入広瀬村〕　㊣宮本常一, 1941年10月
「日本社会民俗辞典 1」日本図書センター　2004
　◇p108〔白黒〕　沖縄
「日本社会民俗辞典 2」日本図書センター　2004
　◇p863〔白黒〕　飛驒白川村
「民俗資料選集 30 焼畑習俗II」国土地理協会　2002
　◇p217 (本文)〔白黒〕　宮崎県五ヶ瀬町
「民俗学辞典 (改訂版)」東京堂出版　1987
　◇写真版 第五図 民家〔白黒〕　山形県最上郡　蔵田周忠蔵
　◇写真版 第五図 民家〔白黒〕　埼玉県川越地方　蔵田周忠蔵
　◇写真版 第五図 民家〔白黒〕　長野県諏訪郡　民俗学研究所所蔵
　◇写真版 第五図 民家〔白黒〕　香川県木田郡前田村　石原憲治蔵
「日本写真全集 9」小学館　1987
　◇図43〔白黒〕　富山県越中桂　㊣二川幸夫, 昭和33年『日本の民家』(昭和32〜34年刊)
「民俗資料選集 8 中付駑者の習俗」国土地理協会　1979
　◇p13 (口絵)〔白黒〕　福島県下郷町南倉沢　明治初年の火災後の建物
「日本民俗図誌 9 住居・運輸篇」村田書店　1978
　◇図47-1〔白黒・図〕　沖縄県 嘉手納　本山桂川採図
　◇図47-2〔白黒・図〕　沖縄県那覇市外　本山桂川採図
「民俗資料選集 6 狩猟習俗II」国土地理協会　1978
　◇p1 (口絵)〔白黒〕　新潟県岩船郡朝日村三面　新潟県の狩猟習俗
「フォークロアの眼 7 海の暮らしと祭り」国書刊行会　1977
　◇図5〔白黒〕　新潟県三島郡出雲崎町　北国街道を挟んで建つ　㊣諸田森二, 昭和47年8月15日
　◇図7〔白黒〕　三重県鳥羽市神島町　海から山へせりあがって建つ　㊣諸田森二, 昭和48年2月3日
「フォークロアの眼 2 雪国と暮らし」国書刊行会　1977
　◇図72〔白黒〕　新潟県東頸城郡松之山村 (現在は松之山町) 天水島　降りしきる雪の中　㊣中俣正義, 昭和30年1月中旬
「民俗資料叢書 10 木地師の習俗2」平凡社　1969
　◇図70〔白黒〕　岐阜県 丹生川地方
「民俗資料叢書 2 志摩の年齢階梯制」平凡社　1965
　◇図52〔白黒〕

### 民家各部の名称
「写真でみる民家大事典」柏書房　2005
　◇〔凡例挿図〕〔白黒・図〕　立川市教育委員会『砂川の民家』(1983年)を改変

### 民家が立ち並ぶ
「日本民俗写真大系 4」日本図書センター　1999
　◇p27〔白黒〕　宇和島市日振・沖の島　㊣原田政章, 1968年

### 民家が風景の一部になる
「写真でみる民家大事典」柏書房　2005
　◇口絵11〔カラー〕　北海道恵庭市　㊣2004年 松岡龍介

### 民家と温室
「宮本常一 写真・日記集成 上」毎日新聞社　2005
　◇p420〔白黒〕　東京都大島町差木地 (伊豆大島)　㊣宮本常一, 1964年1月22日

### 民家とカヤノ
「宮本常一 写真・日記集成 別巻」毎日新聞社　2005
　◇図55 (p20)〔白黒〕　山口県玖珂郡高根村道立野〔錦町〕　㊣宮本常一, 1939年12月3日

### 民家と畑
「宮本常一 写真・日記集成 別巻」毎日新聞社　2005
　◇図243 (p40)〔白黒〕(寺川ノ民家ト畑)　高知県〔土佐郡本川村寺川〕　㊣宮本常一, 1941年1月〜2月
　◇図247 (p40)〔白黒〕〔寺川ノ民家ト畑〕　高知県・同前〔土佐郡本川村寺川〕　キリハタ　㊣宮本常一, 1941年1月〜2月

### 民家と防風林
「写真でみる民家大事典」柏書房　2005
　◇p82-1〔白黒〕　北海道上川町日東　㊣2004年 松岡龍介

### 民家におけるヒトの動き
「図説 日本民俗学」吉川弘文館　2009
　◇p48〔白黒・図〕

### 民家に見る千木
「日本民俗図誌 9 住居・運輸篇」村田書店　1978
　◇図23-1〜5〔白黒・図〕　徳島県美馬郡祖谷地方, 岡山県, 岡山県岡山地方, 福島県双葉郡富岡地方, 秋田県北秋田郡大館地方

### 民家の石垣
「宮本常一 写真・日記集成 下」毎日新聞社　2005
　◇p387〔白黒〕　奈良県吉野郡大塔村篠原　後方の屋根はトタンに葺き替えている　㊣宮本常一, 1977年1月9日

### 民家の入口まわり
「写真でみる民家大事典」柏書房　2005
　◇p361-3〔白黒〕　岡山県苫田郡鏡野町奥津　㊣2000年 斎部功

## 民家の大戸口
「日本民俗文化財事典（改訂版）」第一法規出版　1979
◇図95〔白黒〕　新潟県十日町市

## 民家の母屋の基本的間取り
「図説 民俗探訪事典」山川出版社　1983
◇p65〔白黒・図〕　原始型、三間型、広間型、田の字型、併列型、喰違型

## 民家の外観
「写真でみる民家大事典」柏書房　2005
◇p319-4〔白黒〕　滋賀県高島市在原　㊙1987年　網谷りょういち

## 民家の各部名称
「図説 民俗建築大事典」柏書房　2001
◇p55〔白黒・図〕　『砂川の民家』立川市教育委員会、1983を改編（山崎弘）

## 民家の基本的間取り
「写真でみる民家大事典」柏書房　2005
◇p415-5〔白黒・図〕　長崎県対馬市

## 民家の構造と叉首
「日本民俗大辞典 上」吉川弘文館　1999
◇p699〔白黒・図〕

## 民家の軸組
「日本の生活環境文化大辞典」柏書房　2010
◇p432-1〔白黒・図〕　千葉県　『旧平野家住宅解体調査概要』

## 民家の軸部架構図
「日本の生活環境文化大辞典」柏書房　2010
◇p467-1〔白黒・図〕　日塔和彦

## 民家の軸部模型
「日本の生活環境文化大辞典」柏書房　2010
◇p467-2〔白黒〕　千葉大学学生製作

## 民家の前面
「日本の生活環境文化大辞典」柏書房　2010
◇p348-7〔白黒〕　山口市叶木　主屋、釣屋、長屋　㊙1991年　金谷玲子

## 民家の千木
「日本民俗図誌 9 住居・運輸篇」村田書店　1978
◇図24-1〔白黒・図〕　京都府北桑田郡山国村地方

## 民家の軒先
「宮本常一 写真・日記集成 下」毎日新聞社　2005
◇p27〔白黒〕　島根県隠岐郡知夫村（知夫里島）　㊙宮本常一、1965年5月29日

## 民家の背面
「日本の生活環境文化大辞典」柏書房　2010
◇p348-8〔白黒〕　山口市叶木　木小屋、長屋、台所中門、主屋　㊙1991年　金谷玲子

## 民家の復原立面図
「日本の生活環境文化大辞典」柏書房　2010
◇p348-9〔白黒・図〕　主屋、釣屋、長屋　金谷玲子作図、山口市教育委員会『叶木かやぶき農村集落伝統的建造物群保存対策調査報告書』

## 民家の部材の名称
「日本の生活環境文化大辞典」柏書房　2010
◇p432-2〔白黒・図〕　『民家のみかた調べかた』
「図説 民俗探訪事典」山川出版社　1983
◇p63〔白黒・図〕

## 民家の窓ガラス
「日本の生活環境文化大辞典」柏書房　2010
◇p389-1〔白黒〕　福岡県久留米市　昭和初期頃建築　㊙1993年　水野信太郎

## 民家の間取り
「民俗学辞典（改訂版）」東京堂出版　1987
◇折り込み〔白黒・図〕　1 青森県三戸郡、2 岩手県紫波郡、3 長野県北安曇郡、4 茨城県稲敷郡、5 東京都八丈島、6 奈良県南葛城郡、7 宮崎県児湯郡、8 鹿児島県肝属郡、9 佐賀県小城郡、10 京都府愛宕郡、11 滋賀県伊香郡、12 岐阜県大野郡、13 新潟県中頸城郡　蔵田周忠画

## 民家の屋敷囲い
「図説 民俗建築大事典」柏書房　2001
◇写真1・図2（p244）〔白黒・写真/図〕　高知県室戸市高岡集落　図2：断面図

## 民家の屋敷林
「図説 民俗建築大事典」柏書房　2001
◇図1（p58）〔白黒・図〕　東京都武蔵野市

## 民家の屋根
「日本民俗図誌 9 住居・運輸篇」村田書店　1978
◇図17〔白黒・図〕　埼玉県入間郡高麗村
◇図18-1〔白黒・図〕　神奈川県愛甲郡小鮎村市道　切妻に雨戸をとざし、破風に煙出し、棟上に草を植える

## 民家の脇に築かれた石垣と石段
「写真でみる民家大事典」柏書房　2005
◇p396-2〔白黒〕　愛媛県南宇和郡愛南町外泊　㊙1997年　古川修文

## 民家平面図
「民俗資料選集 30 焼畑習俗Ⅱ」国土地理協会　2002
◇p218（本文）〔白黒・図〕　宮崎県五ケ瀬町赤谷

## 昔ながらの家並み
「宮本常一 写真・日記集成 下」毎日新聞社　2005
◇p301〔白黒〕　広島県福山市鞆　㊙宮本常一、1973年3月26日

## 昔ながらの端正さを残す集落のたたずまい
「宮本常一が撮った昭和の情景 上」毎日新聞社　2009
◇p238〔白黒〕（昔ながらの端正さを残す集落）　山口県大島郡周防大島町大字東安下庄立島　㊙宮本常一、1964年10月2日
「宮本常一 写真・日記集成 上」毎日新聞社　2005
◇p453〔白黒〕　周防大島・橘町立島　㊙宮本常一、1964年10月2日

## むき出しになった土壁
「宮本常一 写真・日記集成 下」毎日新聞社　2005
◇p276〔白黒〕　奈良市法蓮町→近鉄奈良駅付近　㊙宮本常一、1972年2月9日

## 麦わらぶきの屋根の家
「写真ものがたり昭和の暮らし 1」農山漁村文化協会　2004
◇p10〔白黒〕　埼玉県両神村薄　㊙出浦欣一、昭和30年代

## 麦藁屋根と石壁の家
「宮本常一 写真・日記集成 上」毎日新聞社　2005
◇p278〔白黒〕　長崎県松浦市 青島　㊙宮本常一、1961年9月19日

## 椋梨ダム建設予定地の家
「宮本常一 写真・日記集成 下」毎日新聞社　2005
◇p79〔白黒〕（椋梨ダム建設予定地）　広島県賀茂郡大和町和木 椋梨ダム建設予定地の調査　〔民家〕　㊙宮本常一、1966年8月11日〜14日

## むくりのある屋根の民家
「写真でみる民家大事典」柏書房　2005
◇p315-6〔白黒〕　三重県伊勢市河崎　㊙2003年　鏡味明克

## むくり破風をつけた式台玄関の例
「日本を知る事典」社会思想社　1971
◇図17（p200）〔白黒〕　長野県松本市

むくり破風を付した玄関
「写真でみる民家大事典」柏書房　2005
◇p199-2〔白黒〕　秋田県仙北郡角館町　河原田家　㊞1970年代　坂田泉

武蔵野の散開型の一例
「民俗学辞典（改訂版）」東京堂出版　1987
◇図版51（p632）〔白黒・図〕〔屋敷a〕　武蔵野の散開型の一例、見取と配置　蔵田周忠画

武蔵野の防風林
「写真でみる日本人の生活全集 3」日本図書センター　2010
◇p14〔白黒〕

虫籠窓
「写真でみる民家大事典」柏書房　2005
◇p377-2〔白黒〕（港町の面影を残す町並みの中の虫籠窓は大胆な意匠）　山口県熊毛郡上関町　㊞1973年　谷沢明

虫籠窓、出格子、バンコ、マツラをもつ町家
「写真でみる民家大事典」柏書房　2005
◇p427-4〔白黒〕　宮崎県日向市美々津　㊞2004年　米村敦子

無象庵
「写真でみる民家大事典」柏書房　2005
◇p299-5〔白黒〕　静岡県富士宮市麓　建築年代不明　㊞1994年　建部恭宣

むつ市高梨の家並み
「宮本常一 写真・日記集成 上」毎日新聞社　2005
◇p425〔白黒〕（むつ市高梨）　青森県むつ市高梨　㊞宮本常一，1964年3月6日

棟束構造の民家
「精選 日本民俗辞典」吉川弘文館　2006
◇p517〔白黒・図〕　兵庫県 箱木家　『日本列島民家史』より

棟持柱
「図説 民俗建築大事典」柏書房　2001
◇写真5（p83）〔白黒〕　静岡県韮山町 上野家主屋

棟を支えるおだち柱
「写真でみる民家大事典」柏書房　2005
◇p325-5〔白黒〕　美山民俗資料館　㊞2002年　早瀬哲恒

棟飾を破風につけた家
「宮本常一 写真・日記集成 別巻」毎日新聞社　2005
◇図328（p53）〔白黒〕　新潟県・越後・入広瀬〔北魚沼郡入広瀬村〕　㊞宮本常一，1941年10月

棟飾りのいろいろ
「図説 民俗建築大事典」柏書房　2001
◇写真1〜4（p124）〔白黒〕　兵庫県上月町新，埼玉県飯能市，福岡県太宰府市，静岡県豊田町　心竹を交差させた針目覆いを置く棟飾り（兵庫県上月町新），合掌と呼ばれる置千木（埼玉県飯能市），目わらの頂点に尖らした竹を差した棟飾り（福岡県太宰府市），丸みがなく切り立った棟丁部をもつ竹簀巻き（静岡県豊田町）

棟瓦、巴瓦などの使途
「日本民俗図誌 9 住居・運輸篇」村田書店　1978
◇図14-4〔白黒・図〕

棟先端部屋根見取図
「図説 民俗建築大事典」柏書房　2001
◇図4（p151）〔白黒・図〕

棟の反りに特徴を持つ
「民俗学辞典（改訂版）」東京堂出版　1987
◇写真版 第五図 民家〔白黒〕　島根県大原郡　民俗学研究所所蔵

棟端飾りのいろいろ
「図説 民俗建築大事典」柏書房　2001
◇写真5〜8（p124）〔白黒〕　棟の両側から突き出る鋭角的なみんのす（佐賀県江北町），巨大な越後系雀踊り（長野県塩尻市），雀踊りをつけた諏訪平の農家（長野県茅野市），鯱型の鳥衾（とりぶすま）（徳島県西祖谷山村）

棟門
「図説 民俗建築大事典」柏書房　2001
◇写真1（p108）〔白黒〕　山口県萩市

村上家
「写真でみる民家大事典」柏書房　2005
◇p265-5〔白黒〕　富山県南砺市五箇山上梨　㊞2004年　佐伯安一

室谷地区の旧集落
「日本の生活環境文化大辞典」柏書房　2010
◇p186-1〔白黒〕　新潟県東蒲原郡阿賀町室谷　㊞1980年頃　旧上川村教育委員会

室津の町並み
「宮本常一 写真・日記集成 上」毎日新聞社　2005
◇p179〔白黒〕　山口県熊毛郡上関町室津　㊞宮本常一，1960年4月2日

室津の町並み景観
「写真でみる民家大事典」柏書房　2005
◇p337-4〔白黒〕　兵庫県揖保郡御津町室津　㊞2004年　増田史男

明治期早期の洋館の外観
「図説 民俗建築大事典」柏書房　2001
◇図2（p352）〔白黒・図〕　一條邸・片山東熊設計、1891　太田博太郎『建築学大系1 日本住宅史』彰国社、1954

明治期の和館部と洋館部をもつ大邸宅の例
「図説 民俗建築大事典」柏書房　2001
◇図1（p352）〔白黒・図〕　間取図　越本辰三郎著『和洋住宅間取実例図集』建築書院、1907

明治期まで絞り問屋を営んでいた小塚家
「写真でみる民家大事典」柏書房　2005
◇p310-1〔白黒〕　愛知県名古屋市緑区有松　㊞2002年　谷沢明

明治後期から大正初期の建物の屋根伏せ図
「日本の生活環境文化大辞典」柏書房　2010
◇p349-11〔白黒・図〕　山口市教育委員会『叶木かやぶき農村集落伝統的建造物群保存対策調査報告書』

明治初期の住宅平面図と復原平面図
「図説 民俗建築大事典」柏書房　2001
◇図1（p63）〔白黒・図〕　鹿児島県薩摩郡入来町

明治中期の平柳河岸
「写真でみる民家大事典」柏書房　2005
◇p220-2〔白黒・図〕　栃木県栃木市　1890年『大日本博覧図栃木県之部』

明治調の商家
「宮本常一 写真・日記集成 下」毎日新聞社　2005
◇p166〔白黒〕　大分県日田市豆田町　㊞宮本常一，1968年8月2日

目隠し塀
「図説 民俗探訪事典」山川出版社　1983
◇p61〔白黒〕　奈良県

目隠し塀をもつ出入口
「写真でみる民家大事典」柏書房　2005
◇p89-1〔白黒〕　沖縄県渡名喜村　㊞2000年　永瀬克己

女木島のオーテ
「図説 民俗建築大事典」柏書房　2001
◇写真5（p315）〔白黒〕　香川県高松市

**妻良の集落**
「日本の民俗 暮らしと生業」KADOKAWA　2014
◇図4-2〔白黒〕　静岡県賀茂郡南伊豆町　[撮]芳賀日出男, 昭和29年～37年
「日本の民俗 下」クレオ　1997
◇図4-2〔白黒〕　静岡県賀茂郡南伊豆町　[撮]芳賀日出男, 昭和29年～37年

**木造三階建の家屋**
「宮本常一 写真・日記集成 下」毎日新聞社　2005
◇p360〔白黒〕　広島県三原市東町　[撮]宮本常一, 1976年3月25日

**木造二階建の民家**
「宮本常一 写真・日記集成 下」毎日新聞社　2005
◇p456〔白黒〕　群馬県甘楽郡富岡市七日市付近 街道沿い　[撮]宮本常一, 1979年3月10日～11日

**木造四階建の町家**
「宮本常一が撮った昭和の情景 上」毎日新聞社　2009
◇p40〔白黒〕　広島県上島町木江　[撮]宮本常一, 1957年8月27日
「宮本常一 写真・日記集成 上」毎日新聞社　2005
◇p81〔白黒〕（木造四階建て）　広島県 大崎上島・木江　[撮]宮本常一, 1957年8月27日

**モックレ（芝棟）に横板張り外壁の民家**
「写真でみる民家大事典」柏書房　2005
◇p182-1〔白黒〕　東通村古野牛川　[撮]1996年　月舘敏栄

**木骨石造商家の旧早川支店**
「写真でみる民家大事典」柏書房　2005
◇p175-4〔白黒〕　小樽市色内　1905年建築　現川又商店　[撮]2004年　越野武

**木骨煉瓦造商店の旧共成株式会社**
「写真でみる民家大事典」柏書房　2005
◇p174-1〔白黒〕　小樽市住吉町　1912年建築　現小樽オルゴール堂　[撮]2004年　越野武

**元櫛問屋の中村家**
「写真でみる民家大事典」柏書房　2005
◇p285-5〔白黒〕　長野県塩尻市奈良井　[撮]2004年　石井健郎

**元地主層の屋敷配置図兼主屋平面図**
「日本の生活環境文化大辞典」柏書房　2010
◇p60-6〔白黒・図〕　大阪府和泉市小川　千森督子

**もと杉皮葺きの漁家**
「写真でみる民家大事典」柏書房　2005
◇p201-4〔白黒〕（服部興野にあるもと杉皮葺きの漁家）　山形県飽海郡遊佐町青塚　明治23年建築　[撮]1993年　御船達雄

**物置**
「写真でみる日本人の生活全集 3」日本図書センター　2010
◇p136〔白黒〕　東京都世田谷区深沢町 植木職の家

**物置の全景と内部**
「写真でみる民家大事典」柏書房　2005
◇p100-1・2〔白黒〕　千葉県野田市今上　[撮]1994年　野田市市史編さん担当

**物置の軒下に吊るされている揚げ舟**
「写真でみる民家大事典」柏書房　2005
◇p105-3〔白黒〕　埼玉県志木市　[撮]2004年　十川百合子

**森から平野にかけての風景**
「宮本常一 写真・日記集成 上」毎日新聞社　2005
◇p128〔白黒〕　周防大島〔宮本常一〕自宅付近　[撮]宮本常一, 1959年6月16日

**森になった集落**
「写真ものがたり昭和の暮らし 2」農山漁村文化協会　2004
◇p16, 17〔白黒・図/写真〕　愛知県東栄町大入　愛知県園村（昭和31年に合併して東栄町）大入の復元図（全戸ではない）, かつての家の石垣には草が生え、離村後に植えた杉も大きくなった, 残した家の前庭から望む山並み, 残した家の日の当たる前庭で、針仕事をしていたおばあさん　[撮]須藤功, 昭和43年11月, 昭和41年5月　絵・中嶋俊枝（p16）

**門**
「写真でみる民家大事典」柏書房　2005
◇p345-3〔白黒〕　十津川村小原　[撮]1994年　千森督子
「日本民俗大辞典 下」吉川弘文館　2000
◇p708〔白黒・図〕　長屋門, 冠木門, 棟門, 四脚門, 腕木門

**門が併設された町並み**
「図説 民俗建築大事典」柏書房　2001
◇写真3（p45）〔白黒〕　宮城県村田町

**門構えと目隠しの屏風**
「写真でみる民家大事典」柏書房　2005
◇p432-1〔白黒〕　鹿児島県川辺郡知覧町　[撮]1995年　朴賛弼

**門前町の町屋の縁台**
「日本民俗文化財事典（改訂版）」第一法規出版　1979
◇図88〔白黒〕　京都市

**門と玄関**
「写真でみる日本人の生活全集 3」日本図書センター　2010
◇p74〔白黒〕

**八重山の家**
「写真でみる日本生活図引 6」弘文堂　1993
◇図54〔白黒〕　沖縄県石垣市登野城　[撮]須藤功, 昭和48年8月12日

**八重山の民家**
「図説 日本民俗学」吉川弘文館　2009
◇p251〔白黒〕　沖縄県竹富町　[撮]1973年

**野外民族博物館リトルワールドに復原されたアイヌ建築**
「日本の生活環境文化大辞典」柏書房　2010
◇p440-2〔白黒〕　愛知県犬山市　[撮]1996年　小林法道

**焼印のあるリュウトスイ（龍吐水）**
「民具のみかた―心とかたち」第一法規出版　1983
◇p240〔白黒〕　岐阜県高山市

**薬医門**
「日本を知る事典」社会思想社　1971
◇図58（p222）〔白黒〕（農家の門 様式は薬医門）　岩手県北上市

**薬医門（本陣表門）**
「図説 民俗建築大事典」柏書房　2001
◇図1（p108）〔白黒・図〕　埼玉県桶川市　安田工務店実測、1985

**矢口家の店蔵と袖蔵**
「写真でみる民家大事典」柏書房　2005
◇p214-1〔白黒〕　土浦市中城町　[撮]2004年　松浦正夫

**役に立たなくなった敷石**
「図説 日本民俗学」吉川弘文館　2009
◇p52〔白黒〕　福島県須賀川市

**屋号表札**
「図説 日本民俗学」吉川弘文館　2009
◇p68〔白黒〕　福井県美浜町

**野菜の納屋**
「写真でみる日本人の生活全集 3」日本図書センター　2010

◇p129〔白黒〕　岩手県久慈市在滝　⊕昭和29年

**屋敷構**
「日本を知る事典」社会思想社　1971
◇図52(p219)〔白黒〕　岐阜県白川村
◇図53(p219)〔白黒〕　鹿児島県沖永良部島　南西諸島

**屋敷がまえの全景**
「写真でみる日本人の生活全集 3」日本図書センター　2010
◇p18〔白黒〕　福島県相馬市坪田池上の豪農の屋敷　主屋,土蔵2つ,廐,湯殿

**ヤシキギ(屋敷林)をもつ曲屋**
「写真でみる民家大事典」柏書房　2005
◇p196-1〔白黒〕　田沢湖町　⊕1993年　月舘敏栄

**屋敷周囲の雪囲い**
「写真でみる民家大事典」柏書房　2005
◇p88-1〔白黒〕　新潟県中条町　⊕1976年　小林幹子

**屋敷と家の見取図**
「図説 民俗探訪事典」山川出版社　1983
◇p59〔白黒・図〕　富山県砺波市　昭和初期　『庄下村史誌』より

**屋敷と石垣**
「写真でみる日本人の生活全集 3」日本図書センター　2010
◇p19〔白黒〕　大和飛鳥の里

**屋敷と田圃**
「写真でみる日本人の生活全集 3」日本図書センター　2010
◇p22〔白黒〕　千葉県君津郡

**屋敷と間取り**
「民俗資料叢書 2 志摩の年齢階梯制」平凡社　1965
◇p81(挿10)〔白黒・図〕　三重県 船越六地区山際実氏宅　本屋(ホンヤ)　図：中村喜亮
◇p82(挿11)〔白黒・図〕　船越 山際こと氏宅　隠居屋　図：中村喜亮
◇p83(挿12)〔白黒・図〕　船越 山際新栄門(本屋),山際浅次郎(隠居屋)氏宅　本屋と隠居屋が同じ屋敷にある例　図：中村喜亮

**屋敷どり**
「民俗図録 日本人の暮らし」日本図書センター　2012
◇図13〔白黒〕　山口県阿武郡嘉年村　⊕橋浦泰雄

**屋敷取り**
「図説 民俗建築大事典」柏書房　2001
◇写真1(p50)〔白黒〕　京都府山城町　天井川北岸

**屋敷どりと母屋平面図**
「民俗資料選集 9 山村の生活と用具」国土地理協会　1981
◇p61(本文)〔白黒・図〕　愛知県北設楽郡津具村　江戸時代(年号不詳)の建物を明治20年に移築、昭和33年まで使用　村松信三郎作図

**屋敷内の配置と主屋平面図**
「図説 民俗建築大事典」柏書房　2001
◇図1(p250)〔白黒・図〕　千葉県野田市　『三ヶ尾・瀬戸・三ツ堀・木野崎の民俗(野田市民俗調査報告書2)』野田市、1997

**屋敷西側に風を防ぐ築地松を南西隅に墓を設置**
「写真でみる民家大事典」柏書房　2005
◇p356-1〔白黒〕　島根県簸川郡斐川町　⊕1990年代　伊藤庸一

**屋敷の裏側**
「写真でみる日本人の生活全集 3」日本図書センター　2010
◇p132〔白黒〕　福島県相馬市の農家　杉のエグネにかこまれた味噌小屋
「写真でみる民家大事典」柏書房　2005
◇p194-3〔白黒〕　宮城県柴田郡村田町　⊕2004年　高橋隆博

**屋敷の裏手の屋敷林**
「日本の生活環境文化大辞典」柏書房　2010
◇p410-2〔白黒〕　岩手県遠野市　⊕2006年　朴賛弼

**屋敷の裏に蔵が並ぶ蔵通り**
「写真でみる民家大事典」柏書房　2005
◇p353-3〔白黒〕　鳥取県八頭郡若桜町　⊕2004年　渡邊一正

**屋敷の家屋配置図**
「図説 日本民俗学」吉川弘文館　2009
◇p46〔白黒・図〕　山口県岩国市,東京都立川市,福島県会津若松市

**屋敷の型**
「民俗学辞典(改訂版)」東京堂出版　1987
◇図版51(p633)〔白黒・図〕(屋敷c 屋敷の型)　(1)山村個別型、(2)散村(開放)型、(3)集合(閉鎖)型、(4)町家(街村)型　蔵田周忠画

**屋敷のタイプ**
「図説 民俗探訪事典」山川出版社　1983
◇p58〔白黒・図〕　柳田国男監修『民俗学事典』より

**屋敷の谷側にハザを作る**
「写真でみる民家大事典」柏書房　2005
◇p291-3〔白黒〕　長野県下伊那郡上村下栗　⊕2004年　大平茂男

**屋敷の出入口に使われる道**
「写真でみる民家大事典」柏書房　2005
◇p89-2〔白黒〕　埼玉県幸手市　⊕1994年　津山正幹

**屋敷の納屋と井戸小屋**
「日本の生活環境文化大辞典」柏書房　2010
◇p355-1〔白黒〕　新潟県柏崎市堀　⊕1990年　三井田忠明

**屋敷の間取りと暮らしの利用法**
「里山・里海 暮らし図鑑」柏書房　2012
◇図1(p223)〔白黒・図〕　埼玉県川里町　昭和16年当時　大舘勝治・宮本八惠子『いまに伝える農家のモノ・人の生活館』柏書房(2004)から引用

**屋敷配置図**
「精選 日本民俗辞典」吉川弘文館　2006
◇p568〔白黒・図〕　福島県田村郡滝根町(田村市)　桜田家　『滝根町史』3より
「日本民俗大辞典 下」吉川弘文館　2000
◇p721〔白黒・図〕　福島県田村郡滝根町　桜田家　『滝根町史』3より
「図説 民俗探訪事典」山川出版社　1983
◇p60〔白黒・図〕　埼玉県浦和市深井家　1918年(大正7)『浦和市史』より

**屋敷配置と移築当時の母屋の間取り**
「いまに伝える 農家のモノ・人の生活館」柏書房　2004
◇p227 図5〔白黒・図〕(A家の屋敷配置と移築当時の母屋の間取り)　埼玉県北埼玉郡川里町　明治40年ごろ行田より移築　農家

**屋敷林**
「民俗図録 日本人の暮らし」日本図書センター　2012
◇図12〔白黒〕　島根県簸川郡伊波野村　⊕山根雅郎
「写真でみる日本生活図引 6」弘文堂　1993
◇図31〔白黒〕　静岡県浜松市西畑屋　⊕須藤功、昭和39年2月22日

**屋敷林を背景につくられた庭**
「図説 民俗建築大事典」柏書房　2001
◇写真3(p47)〔白黒〕

**屋敷林(ついじ)**
「日本社会民俗辞典 4」日本図書センター　2004
◇p1483〔白黒〕　島根県斐川村

屋敷構え　　　　　　　　　　　　　　住

### 屋代川河口に並ぶ町屋の裏側
「宮本常一が撮った昭和の情景 下」毎日新聞社 2009
　◇p62〔白黒〕　山口県大島郡周防大島町大字小松開作
　㊙宮本常一，1967年12月20日〜23日

「宮本常一 写真・日記集成 下」毎日新聞社 2005
　◇p114〔白黒〕（屋代川河口の小松開作）　山口県大島郡大島町小松［周防大島］　㊙宮本常一，1967年12月20日〜23日

### 柳井川のほとりの美しい町家のたたずまい
「宮本常一が撮った昭和の情景 上」毎日新聞社 2009
　◇p204〜205〔白黒〕　山口県柳井市柳井津付近　㊙宮本常一，1963年10月17日

### 屋根
「日本民俗図誌 9 住居・運輸篇」村田書店 1978
　◇図1-1・2・4・5〔白黒・図〕　東京府下吉祥寺所見　棟に丸竹を並べたもの、熨斗瓦で覆ったもの
　◇図1-3〔白黒・図〕　杉並区成宗2丁目所見　熨斗瓦で覆い妻には藁の小口をそろえて蕪模様を浮出
　◇図5-1・2〔白黒・図〕　千葉県東葛飾郡新川村　棟上に丸竹をならべる
　◇図5-3〔白黒・図〕　千葉県東葛飾郡新川村　棟上の中央に煙出しの小屋根
　◇図6-1〔白黒・図〕　大分県那賀渓地方　千木の上に丸竹
　◇図6-2〔白黒・図〕　豊後海岸臼杵地方
　◇図6-3〔白黒・図〕　別府地方　頂に4枚の平瓦
　◇図6-4〔白黒・図〕　浅海井附近　頂に青苔らしいものが植えてある
　◇図6-5〔白黒・図〕　鹿児島県伊集院地方
　◇図7-1・2〔白黒・図〕　岩手県下閉伊郡千徳村　曲り家の屋根
　◇図7-3〔白黒・図〕　岩手県胆沢郡折居
　◇図8-1〔白黒・図〕　神奈川県藤沢附近
　◇図8-2〔白黒・図〕　神奈川県大磯地方
　◇図8-3〔白黒・図〕　馬入川東岸地方
　◇図9-1・2〔白黒・図〕　千葉県東葛飾郡松戸地方　草屋根の頂上に瓦を用いる
　◇図10〔白黒・図〕　下総八幡（千葉県市川市）の千葉街道に面した家　草屋根に瓦とトタンを併用
　◇図11〔白黒・図〕　下総八幡（千葉県市川市）
　◇図12-1・2〔白黒・図〕　東京府大島元村
　◇図12-3・4〔白黒・図〕　静岡県初島
　◇図18-2〔白黒・図〕　富山県東礪波郡東山見村地方　甹式の切妻
　◇図19-1〔白黒・図〕　高知県安芸郡石井村　草葺と瓦葺の二段屋根
　◇図19-2〔白黒・図〕　福島県石城郡平地方
　◇図20-1〔白黒・図〕　鹿児島県肝属郡小根占村　破風にふくらみの多い巻藁
　◇図20-2・3〔白黒・図〕　島根県美濃郡吉田村中吉地方　棟に茅мет又は瓦葺の腰屋根
　◇図22-1〔白黒・図〕　東京府西多摩郡三田村二股尾地方
　◇図22-2〔白黒・図〕　島根県那賀郡石見村の民家　高い屋根に5本の千木、三段葺
　◇図26-1・2・4〔白黒・図〕　兵庫県陸地方，兵庫県赤穂郡若狭野村入野地　巻茅の頂に竹串　高田十郎採図並に報告
　◇図26-3〔白黒・図〕　広島県白石地方　千木が扁平な板で出来ている　高田十郎採図並に報告
　◇図28-1・2〔白黒・図〕　岡山県上房郡河面　民家
　◇図28-3〔白黒・図〕　岡山県井倉地方　民家
　◇図28-4〔白黒・図〕　岡山県浅口郡大島村　民家
　◇図29-1〔白黒・図〕　東京府三宅島伊豆村
　◇図29-2〔白黒・図〕　東京府三宅島坪田村
　◇図30-1・2〔白黒・図〕　大分県中津町
　◇図33-1〔白黒・図〕　奈良県生駒郡椚ノ木峠　針目覆は藁
　◇図33-2〔白黒・図〕　奈良県添上郡法華寺地方　針目覆は桜皮、棟上の竹は根付き
　◇図33-3〔白黒・図〕　奈良県山辺郡丹波市辺り　針目覆に杉皮使用
　◇図33-4〔白黒・図〕　奈良県生駒郡椚ノ木峠辺り　屋根上に小松が植えられている
　◇図34-1〔白黒・図〕　京都府愛宕郡大原地方　棟上に根付の大竹
　◇図34-2〔白黒・図〕　島根県大原郡河田村地方　棟上に根付の大竹
　◇図34-3〔白黒・図〕　京都市左京区浄土寺真如町　棟上に根付の大竹
　◇図35-1〔白黒・図〕　島根県邑智郡相下村　高田十郎による
　◇図35-2〔白黒・図〕　京都府久世郡長池地方　破風の煙出しは竹格子　高田十郎による
　◇図35-3〔白黒・図〕　兵庫県明石附近　高田十郎による
　◇図35-4〔白黒・図〕　加西郡網引辺り　屋根の正面の棟が弧線　高田十郎による
　◇図36-1〔白黒・図〕　京都府松井郡園部町字小山　草葺入母屋造
　◇図36-2〔白黒・図〕　京都市右京区上嵯峨鳥居本町　煙出し窓
　◇図37-1〔白黒・図〕　京都府愛宕郡岩倉村字木野　明治初年に今の構造に改修　草葺、四方鎧の東南隅を切り込んで煙出し櫓が突き出ている　『続京郊民家譜』
　◇図37-2〔白黒・図〕　京都市右京区嵯峨釈迦堂　四阿屋造　『続京郊民家譜』
　◇図38-1・2〔白黒・図〕　山梨県東八代郡勝沼地方　草屋根の農家
　◇図39〔白黒・図〕　山梨県東八代郡勝沼地方　草屋根の中央をくりぬいて二階
　◇図40〔白黒・図〕　山梨県東八代郡勝沼地方　切妻の窓の障子、庭の日覆
　◇図41〔白黒・図〕　岐阜県大野郡白川村
　◇図42-1〔白黒・図〕　岐阜県白川村荻町
　◇図43-2〔白黒・図〕　富山県東礪波郡大鋸屋村

「写真 日本文化史 9」日本評論新社 1955
　◇図8〔白黒〕　長野県　ほんむねづくりとよばれ、板葺き石置きのキリヅマ形
　◇図9〔白黒〕　長野県　栗材の板屋根に石をおいたほんむねづくりの屋根
　◇図10〔白黒〕　長野県　ほんむねづくりで、スズメオドリとよばれる棟飾りをつけたもの
　◇図11〔白黒〕　神奈川県　かぶとづくりとよばれるイリモヤ形の一種
　◇図12〔白黒〕　大分県　広島葺きとよばれるヨセムネ形

### 屋根板はぎ
「日本社会民俗辞典 4」日本図書センター 2004
　◇p1491〔白黒〕　長野県川島村

### 屋根裏と地下の名称
「図説 民俗建築大事典」柏書房 2001
　◇写真1(p208)〔白黒〕　新潟県糸魚川市

### 屋根裏の利用
「図説 民俗建築大事典」柏書房 2001
　◇図1(p142)〔白黒・図〕　東京都奥多摩町　入母屋風かぶと造り

### 屋根が隠れるまで伸ばした生垣の築地松
「日本民俗写真大系 7」日本図書センター 2000
　◇p154〜155〔白黒〕　島根県斐川町　㊙薗部澄，1974年

### 屋根型
「精選 日本民俗辞典」吉川弘文館 2006
　◇p577〔白黒・図〕　寄せ棟，切り妻，入母屋，かぶと屋根

### 屋根型の分類
「日本の生活環境文化大辞典」柏書房　2010
◇p425-3〔白黒・図〕　原田聰明

### 屋根茅葺きの状況
「図説 民俗建築大事典」柏書房　2001
◇写真2 (p369)〔白黒〕　栃木県茂木町 旧羽石家住宅

### 屋根形態別にみた民家型と変遷
「図説 民俗建築大事典」柏書房　2001
◇図3 (p323)〔白黒・図〕

### 屋根に大きな石を敷きつめた粟島の漁家
「写真ものがたり昭和の暮らし 3」農山漁村文化協会　2004
◇p194〔白黒〕　新潟県粟島浦村　㊙中俣正義, 昭和30年

### 屋根に物干場を置いている木造家屋
「写真ものがたり昭和の暮らし 4」農山漁村文化協会　2005
◇p82〔白黒〕　愛知県名古屋市西区　㊙須藤功, 昭和48年3月

### 屋根のいろいろ
「図説 民俗探訪事典」山川出版社　1983
◇p67〔白黒〕

### 屋根のエビ
「日本民俗図誌 9 住居・運輸篇」村田書店　1978
◇図31-1〔白黒・図〕　筑後地方
◇図31-2～4〔白黒・図〕　福岡県豊前市宇ノ島
◇図32-1〔白黒・図〕　別府温泉地八幡地獄附近
◇図32-2〔白黒・図〕　別府温泉地本坊主地獄附近
◇図32-3〔白黒・図〕　別府温泉地新鬼石地獄
◇図32-4〔白黒・図〕　耶馬渓立畑地方

### 屋根の鬼瓦に付いた鳥衾
「日本の生活環境文化大辞典」柏書房　2010
◇p452-12〔白黒〕　愛媛県松山市　㊙1989年　宮崎勝弘

### 屋根の形
「日本民俗事典」弘文堂　1972
◇p756〔白黒・図〕　切り妻、葺下ろし、方形、寄せ棟、片流、二重雨落、入母屋、招き、腰折、しころぶき、寄せ棟

### 屋根の基本形態
「日本の生活環境文化大辞典」柏書房　2010
◇p424-1〔白黒・図〕　原田聰明

### 屋根の形式
「図説 民俗探訪事典」山川出版社　1983
◇p66〔白黒・図〕　寄せ棟、入母屋、切り妻、錣（しころ）葺、寄せ棟、葺下ろし、片流、招き、二重雨落、方形、腰折（マンサード）

### 屋根の構成美
「写真でみる日本人の生活全集 3」日本図書センター　2010
◇p39〔白黒〕　破風の白い壁と古風な屋根の対照

### 屋根の勾配
「写真でみる日本人の生活全集 3」日本図書センター　2010
◇p48〔白黒〕　組立式家屋

### 屋根のツノ
「民俗図録 日本人の暮らし」日本図書センター　2012
◇図30〔白黒〕　兵庫県飾磨郡菅野村四辻　㊙平山敏治郎

### 屋根の破風と破風の飾り
「図説 民俗探訪事典」山川出版社　1983
◇p66〔白黒・図〕　『大宮市史』より

### 屋根の部位名と民家にみられる屋根伏形式名
「図説 民俗建築大事典」柏書房　2001
◇図5 (p118)〔白黒・図〕　後藤一雄・武者英二著「図解建築構法」彰国社1985改編

### 山あいの集落
「宮本常一が撮った昭和の情景 上」毎日新聞社　2009
◇p188～189〔白黒〕（山間の集落）　神奈川県南足柄市矢倉沢　NHK TV「良太の村」の舞台　㊙宮本常一, 1963年5月13日
「宮本常一 写真・日記集成 上」毎日新聞社　2005
◇p374〔白黒〕　神奈川県南足柄市　NHK TV「良太の村」の舞台　㊙宮本常一, 1963年5月13日

### 山家
「写真でみる日本生活図引 6」弘文堂　1993
◇図13〔白黒〕　滋賀県大津市外畑町　㊙前野隆資, 昭和39年2月22日
◇図14〔白黒〕　滋賀県大津市外畑町　現在の外畑町　㊙須藤功, 平成4年8月23日

### 山口市下竪小路あたりの家並み
「宮本常一 写真・日記集成」毎日新聞社　2005
◇p147〔白黒〕（家並み）　山口市 下竪小路あたり　㊙宮本常一, 1968年3月27日～29日

### 山小屋
「写真でみる日本人の生活全集 3」日本図書センター　2010
◇p125〔白黒〕

### 山崎家別邸
「写真でみる民家大事典」柏書房　2005
◇p227-4〔白黒〕　川越市松江町　㊙1987年　藤島幸彦

### 山崎家別邸の桂写しのある数寄屋造りの和室
「写真でみる民家大事典」柏書房　2005
◇p227-5〔白黒〕　川越市松江町　㊙1987年　藤島幸彦

### 山仕事の住まい
「図説 民俗建築大事典」柏書房　2001
◇図6 (p19)〔白黒・図〕　埼玉県秩父郡大滝村　〔間取り, 屋敷周辺図〕

### 山すそに並ぶ茅葺きの民家
「写真でみる民家大事典」柏書房　2005
◇p208-1〔白黒〕　舘岩村前沢　㊙1998年　伊藤庸一

### 山裾の集落
「宮本常一 写真・日記集成 下」毎日新聞社　2005
◇p198〔白黒〕　広島県三原市幸崎町能地　㊙宮本常一, 1969年7月20日～25日

### 山沿いの海辺に立地した伊根の集落
「写真でみる民家大事典」柏書房　2005
◇p323-4〔白黒〕　京都府与謝郡伊根町　㊙1998年　谷沢明

### 山田家主屋の掘立柱
「図説 民俗建築大事典」柏書房　2001
◇図2 (p80)〔白黒・図〕　長野県栄村　大野敏『民家村の旅』、INAX出版、1993

### 大和の集落
「写真でみる日本生活図引 6」弘文堂　1993
◇図30〔白黒〕　奈良県磯城郡田原本町阿部田　㊙畑亮夫, 昭和54年2月

### 大和の閉鎖型の一例
「民俗学辞典（改訂版）」東京堂出版　1987
◇図版51 (p633)〔白黒・図〕（屋敷b）　大和（平地）の閉鎖型の一例　蔵田周忠画

### 大和棟
「民俗図録 日本人の暮らし」日本図書センター　2012
◇図32〔白黒〕　奈良県大和平野　㊙民俗学研究所
「図説 民俗建築大事典」柏書房　2001
◇図1 (p149)〔白黒・図〕　早瀬哲恒「大和棟の分布とその系譜」『人文地理』10-4、1958

屋敷構え　　　　　　　　　　　　　住

「日本民俗大辞典 下」吉川弘文館　2000
　◇p746〔白黒〕　奈良県天理市
「民俗学辞典（改訂版）」東京堂出版　1987
　◇写真版 第五図 民家〔白黒〕　奈良県磯城郡　蔵田周忠蔵
「日本民俗事典」弘文堂　1972
　◇p762〔白黒・図〕　奈良県地方　市原輝士（画）

大和棟の基本型
「図説 民俗建築大事典」柏書房　2001
　◇図2（p149）〔白黒・図〕　早瀬哲恒「大和棟の分布とその系譜」『人文地理』10-4、1958

大和棟の主要諸形態
「図説 民俗建築大事典」柏書房　2001
　◇図3（p149）〔白黒・図〕　早瀬哲恒「大和棟の分布とその系譜」『人文地理』10-4、1958

大和棟の民家
「写真でみる民家大事典」柏書房　2005
　◇p312〔白黒〕　奈良県奈良市都祁　㊞2002年　早瀬哲恒

山の上御師住宅の式台付き玄関
「写真でみる民家大事典」柏書房　2005
　◇p238-1〔白黒〕　東京都青梅市御岳　㊞1985年　山崎弘

山の上御師の屋敷構え
「写真でみる民家大事典」柏書房　2005
　◇p239-5〔白黒〕　東京都青梅市御岳　㊞1985年　山崎弘

山の急斜面に点在する家
「写真ものがたり昭和の暮らし 2」農山漁村文化協会　2004
　◇p26〔カラー〕　長野県上村下栗　㊞須藤功, 昭和42年11月

山の斜面に広がる集落
「写真でみる民家大事典」柏書房　2005
　◇p388-1〔白黒〕　東祖谷山村落合　㊞2004年　森隆男

山の中腹にある入会草刈場と根場集落
「写真でみる民家大事典」柏書房　2005
　◇p279-5〔白黒〕（右手山の中腹にある入会草刈場と根場集落）　山梨県南都留郡富士河口湖町根場　㊞2003年　坂本高雄

山肌にへばりつく民家
「写真でみる民家大事典」柏書房　2005
　◇p388-2〔白黒〕　西祖谷山村　㊞1984年　津山正幹

山本家の整型四間取り
「図説 民俗建築大事典」柏書房　2001
　◇図1（p166）〔白黒・図〕　大阪府河内長野市　川島宙次『滅びゆく民家間取り・構造・内部』主婦と生活社、1973

山本屋（元運送店）の全景
「民俗資料選集 8 中付駑者の習俗」国土地理協会　1979
　◇p10（口絵）〔白黒〕　福島県舘岩村八総

雄瓦と雌瓦を組み合わせた本瓦葺き屋根
「写真でみる民家大事典」柏書房　2005
　◇p47-1〔白黒〕　沖縄県久米島町　㊞1981年　山田水城

湧水地から運んだ水を溜めて使う壺
「里山・里海 暮らし図鑑」柏書房　2012
　◇写11（p207）〔白黒〕　鹿児島県徳之島町井之川　昭和33年　スタジオカガワ提供

融雪のための小川の流れ
「写真でみる民家大事典」柏書房　2005
　◇p297-3〔白黒〕　岐阜県大野郡白川村　㊞1987年　杉本文司

夕張社光地区炭鉱住宅
「日本の生活環境文化大辞典」柏書房　2010
　◇p172-2〔白黒〕　北海道夕張市　㊞1981年　駒木定正

雪がこい
「民俗図録 日本人の暮らし」日本図書センター　2012
　◇図20〔白黒〕　秋田県南秋田郡脇本村　㊞三木茂
「写真でみる日本人の生活全集 3」日本図書センター　2010
　◇p21〔白黒〕　福島県猪苗代湖畔の農家
「図説 民俗探訪事典」山川出版社　1983
　◇p76〔白黒〕　秋田県南秋田郡
「フォークロアの眼 2 雪国と暮らし」国書刊行会　1977
　◇図64〔白黒〕　新潟県南魚沼郡六日町欠之上　㊞中俣正義, 昭和30年12月30日

雪囲い
「写真ものがたり昭和の暮らし 1」農山漁村文化協会　2004
　◇p76〔白黒〕　秋田県大森町八沢木　手前の板壁はキビ殻で、窓ガラスのあるところは板で囲っている農家　㊞須藤功, 昭和43年11月

雪囲いをした民家
「写真でみる民家大事典」柏書房　2005
　◇p88-5〔白黒〕（降雪に耐える雪囲いをした民家）　新潟県阿賀町上川　㊞1975年　津山正幹

雪国の雁木
「図説 民俗探訪事典」山川出版社　1983
　◇p76〔白黒〕　新潟県中魚沼郡

雪国の炭坑村
「写真でみる日本人の生活全集 9」日本図書センター　2010
　◇p47〔白黒〕　㊞小笠原敬三

雪景色
「写真でみる日本生活図引 別巻」弘文堂　1993
　◇図269〔白黒〕　長野県下伊那郡阿智村　㊞熊谷元一, 昭和32年2月5日

雪景色の集落
「宮本常一 写真・日記集成 下」毎日新聞社　2005
　◇p387〔白黒〕　奈良県吉野郡大塔村篠原　㊞宮本常一, 1977年1月9日

雪棚をもつ一般的な民家
「写真でみる民家大事典」柏書房　2005
　◇p254-1〔白黒〕　新潟県柏崎市鵜川　㊞2000年　三井田忠明

雪棚作り
「写真でみる民家大事典」柏書房　2005
　◇p88-4〔白黒〕　新潟県十日町市中里　㊞1985年　小林幹子

雪棚の骨組
「写真でみる民家大事典」柏書房　2005
　◇p88-3〔白黒〕　新潟県十日町中里　㊞1984年　小林幹子

由岐町阿部の町並み
「民俗資料選集 27 年齢階梯制Ⅱ」国土地理協会　1999
　◇p5（本文）〔白黒〕　徳島県由岐町阿部

雪に埋もれた集落
「フォークロアの眼 2 雪国と暮らし」国書刊行会　1977
　◇図73〔白黒〕　新潟県東頸城郡松之山村（現在は松之山町）天水島　㊞中俣正義, 昭和29年1月中旬

雪の板取の集落
「写真でみる民家大事典」柏書房　2005
　◇p273-3〔白黒〕　福井県南条郡南越前町板取　㊞1977年　網谷りょういち

雪の集落
「フォークロアの眼 2 雪国と暮らし」国書刊行会　1977

◇小論10〔白黒〕　新潟県東頸城郡松之山町天水越 [撮]中俣正義, 昭和32年1月14日

**雪の積もった麦畑**
「写真ものがたり昭和の暮らし 2」農山漁村文化協会　2004
◇p30〔白黒〕　長野県上村下栗　[撮]須藤功, 昭和44年1月

**雪の通り**
「宮本常一 写真・日記集成 下」毎日新聞社　2005
◇p47〔白黒〕(雪の中を歩く)　平川(備中町[岡山県高梁市])→広島県神石郡豊松村四日市[神石高原町] [撮]宮本常一, 1965年12月17日
「写真でみる日本生活図引 別巻」弘文堂　1993
◇図302〔白黒〕　長野県 三州街道　[撮]熊谷元一, 昭和32年3月8日

**雪晴れの八海山と麓の集落**
「写真ものがたり昭和の暮らし 1」農山漁村文化協会　2004
◇p108～109〔白黒〕　新潟県六日町山口　[撮]米山孝志, 昭和52年3月

**雪室**
「写真でみる民家大事典」柏書房　2005
◇p102-2〔白黒〕　新潟県十日町市　[撮]1955年　十日町市博物館

**雪室から出した雪を運ぶ**
「写真でみる民家大事典」柏書房　2005
◇p102-3〔白黒〕　新潟県十日町市　[撮]1955年　大関義男、十日町市博物館蔵

**雪室づくり**
「写真でみる民家大事典」柏書房　2005
◇p102-1〔白黒〕　新潟県十日町市　[撮]1955年　大関義男、十日町市博物館蔵

**ユキワリと呼ぶ置千木上の横材**
「写真でみる民家大事典」柏書房　2005
◇p50-4〔白黒〕　京都府美山町　[撮]1984年　加藤厚子

**ゆたの家**
「日本の民俗 下」クレオ　1997
◇図6-29〔白黒〕　鹿児島県大島郡和泊町　珊瑚礁の岩からなる塀にかこまれている　[撮]芳賀日出男, 昭和32年

**温泉津(温泉)の町並み**
「写真でみる民家大事典」柏書房　2005
◇p359-5〔白黒〕　島根県大田市大森　[撮]1998年　和田嘉宥

**緩やかな丘陵に開かれた村**
「宮本常一 写真・日記集成 下」毎日新聞社　2005
◇p452〔白黒〕　岡山県小田郡黒忠→三山　林を背に、田畑を見下ろす　[撮]宮本常一, 1979年1月3日

**ゆるやかに湾曲した榎津の通り**
「写真でみる民家大事典」柏書房　2005
◇p408-2〔白黒〕　福岡県大川市榎津　左側が高橋家 [撮]2004年　磯部淳子

**洋館に敷かれた畳**
「写真でみる民家大事典」柏書房　2005
◇p69-2〔白黒〕　新島襄邸、京都府京都市　[撮]2003年　桐浴邦夫

**養蚕家屋の例**
「図説 民俗建築大事典」柏書房　2001
◇図1(p29)〔白黒・図〕　かぶと造り(妻かぶと), 出桁造り・出梁造り, 榛名型, 赤城型, かぶと造り(平かぶと), 競進社模範蚕室, かぶと造り(二重かぶと), 櫓造り, かぶと造り(タカハッポウ), 本棟造り, 塗籠造り, 合掌造り, 建て上げ造り, 土壁造り　小林昌人「民家の経済とのかゝわりと生業への適応」『民俗建築』85, 1984

**養蚕専用住宅**
「日本の生活環境文化大辞典」柏書房　2010
◇p55-6〔白黒〕　長野市松代　[撮]2006年

**養蚕地帯の箱棟**
「日本の生活環境文化大辞典」柏書房　2010
◇p452-14〔白黒〕　群馬県伊勢崎市　[撮]2009年

**養蚕農家**
「民俗図録 日本人の暮らし」日本図書センター　2012
◇図22〔白黒〕　群馬県北甘楽郡下仁田町　[撮]三木茂
「写真ものがたり昭和の暮らし 2」農山漁村文化協会　2004
◇p88〔白黒〕　長野県阿智村　[撮]熊谷元一, 昭和27年
「民俗学辞典(改訂版)」東京堂出版　1987
◇写真版 第五図 民家〔白黒〕　山梨県東山梨郡　民俗学研究所所蔵
「日本民俗文化財事典(改訂版)」第一法規出版　1979
◇図84〔白黒〕　長野県上田市

**養蚕農家の入口**
「民俗図録 日本人の暮らし」日本図書センター　2012
◇図14〔白黒〕　山梨県東山梨郡菱山村東林山

**養蚕農家の外観**
「日本を知る事典」社会思想社　1971
◇図35(p211)〔白黒〕　群馬県佐波郡

**養蚕農家の外観形式**
「日本の生活環境文化大辞典」柏書房　2010
◇p57-2〔白黒・図〕　群馬県　赤城型民家(キリアゲニケエ), 榛名型民家(ツキアゲニケエ), 前かぶと型民家, 妻かぶと型民家　桑原稔

**養蚕農家の断面図**
「図説 民俗建築大事典」柏書房　2001
◇図1(p13)〔白黒・図〕　今和次郎・竹内芳太郎『養蚕技術の変遷に伴う家屋の変化』、1936

**養蚕のため二階建てに改造した家が並ぶ**
「宮本常一が撮った昭和の情景 上」毎日新聞社　2009
◇p65〔白黒〕　静岡県浜松市天竜区水窪町　[撮]宮本常一, 1959年7月27日

**洋式インテリアから和式インテリアへの移行部**
「図説 民俗建築大事典」柏書房　2001
◇写真2(p354)〔白黒〕　三重県桑名市　旧諸戸邸：J.コンドル設計、1913

**用水の便利を考えた住居**
「写真でみる日本人の生活全集 3」日本図書センター　2010
◇p4〔白黒〕　東京都葛飾区新宿町

**洋風建築**
「写真でみる民家大事典」柏書房　2005
◇p413-5〔白黒〕(1876年建造の洋風建築)　有田町内山地区幸平　[撮]2004年　藤本尚久

**洋風防火造町家の金森船具店**
「写真でみる民家大事典」柏書房　2005
◇p181-5〔白黒〕　函館市末広町　[撮]1977年　北海道大学建築史意匠学研究室

**洋風町家の典型ともいえる藤野社宅街**
「写真でみる民家大事典」柏書房　2005
◇p181-2〔白黒〕　函館市元町　[撮]1960年　北海道大学建築史意匠学研究室

**横須賀海軍工廠全景**
「日本社会民俗辞典 1」日本図書センター　2004
◇図版ＸＩ 工業〔白黒〕　明治16年「横須賀明細一覧図」による

**横並びの主屋と付属屋**
「写真でみる民家大事典」柏書房　2005
◇p345-2〔白黒〕　十津川村神下　[撮]1999年　千森督子

横山家外観
　「図説 民俗建築大事典」柏書房　2001
　　◇写真2(p291)〔白黒〕　江差　1884年頃　北海道指定有形民俗文化財

吉島家住宅
　「日本を知る事典」社会思想社　1971
　　◇口絵12（日本の民家）〔カラー〕　高山市大新町　20世紀初期　重要文化財

ヨシ葺きの家
　「精選 日本民俗辞典」吉川弘文館　2006
　　◇p4〔白黒〕　北海道長万部町
　「日本民俗大辞典 上」吉川弘文館　1999
　　◇p5〔白黒〕（北海道南部に広く見られるヨシ葺きの家）北海道長万部町

吉村家住宅
　「日本を知る事典」社会思想社　1971
　　◇口絵19・20・21（日本の民家）〔白黒〕　羽曳野市島泉　17世紀前期　重要文化財

与次郎組
　「図説 民俗建築大事典」柏書房　2001
　　◇写真2(p89)〔白黒〕　東京都江戸川区　一之江名主屋敷蔵

与次郎組の小屋組
　「写真でみる民家大事典」柏書房　2005
　　◇p33-2〔白黒〕　東京都江戸川区春江町　㊚1991年　平山育男

吉原家
　「写真でみる民家大事典」柏書房　2005
　　◇p408-1〔白黒〕　福岡県大川市小保・榎津　㊚2004年　磯部淳子

寄棟造り
　「写真でみる民家大事典」柏書房　2005
　　◇p4-2〔白黒〕　沖縄県竹富町黒島　㊚1996年　武者英二
　　◇p5-5〔白黒〕　高知県高知市　㊚1997年　武者英二

寄棟造りの民家
　「写真でみる民家大事典」柏書房　2005
　　◇p236-1〔白黒〕　東京都板橋区　㊚2004年　宮崎勝弘

寄棟民家
　「日本の生活環境文化大辞典」柏書房　2010
　　◇p417-1〔白黒〕　長崎県壱岐市三浦町　㊚1982年　杉本尚次
　「写真 日本文化史 9」日本評論新社　1955
　　◇図4, 5〔白黒・写真/図〕　宮崎県椎葉村　全景, 母屋の正面, 母屋の間取り図
　　◇図6, 7〔白黒〕　徳島県東祖谷山村

四つ建て造りの室内
　「写真でみる民家大事典」柏書房　2005
　　◇p35-2〔白黒〕　愛知県春日井市　㊚1972年　富山博

四つ建て造りの梁組
　「写真でみる民家大事典」柏書房　2005
　　◇p35-1〔白黒〕　山内家、愛知県藤岡村　㊚1974年　富山博

四つ建て民家の外観
　「写真でみる民家大事典」柏書房　2005
　　◇p35-3〔白黒〕　岐阜県瀬戸市　㊚1972年　富山博

四間取り（田の字型）の例
　「日本の生活環境文化大辞典」柏書房　2010
　　◇p418-4〔白黒・図〕　三重県伊賀市阿山町　1973年　川島宙次原図, 杉本尚次補充

与那原の民家
　「日本民俗図誌 9 住居・運輪篇」村田書店　1978
　　◇図46-2〔白黒・図〕　沖縄県 与那原　本山桂川採図

米倉
　「写真でみる日本人の生活全集 3」日本図書センター　2010
　　◇p130〔白黒〕　福島県相馬市の大農家

ヨマ
　「写真でみる日本人の生活全集 6」日本図書センター　2010
　　◇p108〔白黒〕　対馬豊崎町　隠居屋　㊚山芳正

洛北の民家
　「民俗図録 日本人の暮らし」日本図書センター　2012
　　◇図24〔白黒〕　京都市大原　㊚平山敏治郎

藍師の家
　「あるくみるきく双書 宮本常一とあるいた昭和の日本 21」農山漁村文化協会　2011
　　◇p25〔白黒〕

乱積みの石垣の列
　「写真でみる民家大事典」柏書房　2005
　　◇p397-5〔白黒〕　愛媛県南宇和郡愛南町外泊　㊚1997年　古川修文

陸運廻漕会社 磯谷猪太郎宅
　「民俗資料選集 5 中馬の習俗」国土地理協会　1977
　　◇p6（口絵）〔白黒〕　愛知県東加茂郡松平村字平古

陸前北西部の玄関中門
　「図説 民俗建築大事典」柏書房　2001
　　◇写真3(p391)〔白黒〕　宮城県加美郡宮崎町

琉球畳を使用した茶室
　「写真でみる民家大事典」柏書房　2005
　　◇p69-1〔白黒〕　閑雲亭、長崎県平戸市　㊚2003年　桐浴邦夫

両鍵民家
　「写真でみる民家大事典」柏書房　2005
　　◇p418-1〔白黒〕（両鍵民家の田川家）　熊本県八代市岡町谷川　㊚1999年頃　原田聰明
　　◇p418-2〔白黒〕（両鍵民家の元島家）　熊本県八代市岡町谷川　㊚2003年　原田聰明
　　◇p418-3〔白黒〕（両鍵民家の伊藤家）　八代郡竜北町網道　㊚2003年　原田聰明　県指定文化財
　　◇p419-4〔白黒〕（両鍵民家の寺本家）　熊本県八代市妙見町　㊚1999年　原田聰明

両角の民家
　「写真でみる民家大事典」柏書房　2005
　　◇p15-1〔白黒〕　埼玉県さいたま市　㊚1967年　さいたま市教育委員会

両側に鍵屋が突き出たくど造り民家
　「写真でみる民家大事典」柏書房　2005
　　◇p28-2〔白黒〕　佐賀県白石町有明　㊚1999年　原田聰明

漁師長屋の共同便所
　「日本社会民俗辞典 3」日本図書センター　2004
　　◇p1300〔白黒〕　船橋市

両中門
　「図説 民俗建築大事典」柏書房　2001
　　◇写真4(p141)〔白黒〕　秋田県矢島町

両中門造り
　「日本の生活環境文化大辞典」柏書房　2010
　　◇p429-1〔白黒・図〕（両中門造りの重要文化財の奈良家）　秋田市　月舘敏栄　重要文化財
　「図説 民俗建築大事典」柏書房　2001
　　◇図6(p296)〔白黒・図〕　秋田県秋田市　奈良家　重要文化財

煉瓦蔵
「日本の生活環境文化大辞典」柏書房　2010
◇p352-3〔白黒〕　福島県喜多方市　㊞2010年　津山正幹
「写真でみる民家大事典」柏書房　2005
◇p94-2〔白黒〕（1956年に建築された煉瓦蔵）　岩手県軽米町　㊞1999年　水野信太郎
◇p94-3〔白黒〕（1902年に建築された煉瓦蔵）　愛媛県大洲市新谷　㊞2002年　水野信太郎
◇p204-1〔白黒〕　喜多方市三津谷　㊞2003年　鵜川賢一

煉瓦造壁体の上を漆喰で仕上げた金森洋物店
「図説 民俗建築大事典」柏書房　2001
◇写真3(p291)〔白黒〕　北海道函館市　1880年　現市立函館博物館郷土資料館　北海道指定有形文化財

連子窓
「写真でみる民家大事典」柏書房　2005
◇p61-2〔白黒〕（竹の連子が美しい連子窓）　茨城県かすみがうら市　㊞2003年　道塚元嘉

連子窓, 格子戸
「日本の生活環境文化大辞典」柏書房　2010
◇p442-1〔白黒〕　京都府八幡市　㊞2003年　朴賛弼

連接した3つの黒い蔵
「写真でみる民家大事典」柏書房　2005
◇p314-1〔白黒〕　三重県伊勢市河崎　㊞2003年　鏡味明克

漏斗造り
「図説 民俗建築大事典」柏書房　2001
◇写真3(p12)〔白黒〕　佐賀県川副町

漏斗谷造りの外観
「写真でみる民家大事典」柏書房　2005
◇p29-2〔白黒〕　山口家、佐賀県川副町　㊞2004年　原田聰明

漏斗谷造り俯瞰
「写真でみる民家大事典」柏書房　2005
◇p29-1〔白黒〕　佐賀県川副町　㊞2004年　原田聰明

路地奥の家
「宮本常一 写真・日記集成 下」毎日新聞社　2005
◇p349〔白黒〕　大阪府堺市柳之町　㊞宮本常一, 1975年11月9日

路地に沿った家並
「宮本常一 写真・日記集成 下」毎日新聞社　2005
◇p296〔白黒〕（路地）　新潟県新潟市栄町付近　㊞宮本常一, 1973年3月3日
◇p475〔白黒〕　山口県大島郡東和町沖家室［周防大島町］　㊞宮本常一, 1979年12月14日

路地に密集する漁家
「写真でみる民家大事典」柏書房　2005
◇p9-1〔白黒〕　岡山県倉敷市　㊞2003年　谷沢明

ロージの庇
「図説 民俗建築大事典」柏書房　2001
◇写真2(p112)〔白黒〕　山形県大石田町

櫓造り
「写真でみる民家大事典」柏書房　2005
◇p19-2〔白黒〕　山梨県山梨市川浦　㊞1969年　坂本高雄
「図説 民俗建築大事典」柏書房　2001
◇写真2(p12)〔白黒〕　山梨県塩山市

櫓造りの代表的形式
「写真でみる民家大事典」柏書房　2005
◇p19-1〔白黒〕　山梨県笛吹市春日居町熊野堂　㊞1969年　坂本高雄

櫓破風
「写真でみる民家大事典」柏書房　2005
◇p190-3〔白黒〕（巨大な櫓破風）　気仙沼市小芦　㊞2000年　佐々木徳朗

若郷の子どもと茅葺屋根民家
「写真ものがたり昭和の暮らし 3」農山漁村文化協会　2004
◇p196〔白黒〕　東京都新島村若郷　㊞坪井洋文, 昭和32年7月

和歌山県北部農家の間取り発展模式図
「日本の生活環境文化大辞典」柏書房　2010
◇p421-2〔白黒・図〕　千森智子
◇p423-10〔白黒・図〕　千森督子

湧原川に張り出した町家
「宮本常一 写真・日記集成 下」毎日新聞社　2005
◇p360〔白黒〕　広島県三原市旭町　背景は新幹線の高架　㊞宮本常一, 1976年3月24日

和小屋組
「写真でみる民家大事典」柏書房　2005
◇p33-1〔白黒〕　和歌山県橋本市　㊞2002年　御船達雄
「図説 民俗建築大事典」柏書房　2001
◇写真1(p88)〔白黒〕（長大な和小屋組）　大阪府東大阪市 鴻池新田会所

輪中の水屋と母屋
「写真ものがたり昭和の暮らし 5」農山漁村文化協会　2005
◇p77〔カラー〕　岐阜県海津市　㊞千葉寛, 昭和63年2月

渡辺家
「写真でみる民家大事典」柏書房　2005
◇p299-3〔白黒〕　静岡県富士宮市半野　享保3年(1718)建築　㊞1970年頃　神村清

渡邊家住宅前身建物平面図
「図説 民俗建築大事典」柏書房　2001
◇図3(p80)〔白黒・図〕　京都府丹波町　『重要文化財渡邊家住宅修理工事報告書』京都府教育委員会、1978

和風防火造町家の太刀川米穀店
「写真でみる民家大事典」柏書房　2005
◇p181-3〔白黒〕　函館市弁天町　㊞1966年　北海道大学建築史意匠学研究室

和風・洋風を特徴づける壁の構法
「図説 民俗建築大事典」柏書房　2001
◇図4(p353)〔白黒・図〕　日本建築学会編著『構造用教材』日本建築学会、1985をもとにして作成

和洋折衷住宅設計案
「図説 民俗建築大事典」柏書房　2001
◇図3(p353)〔白黒・図〕　北田九一「和洋折衷住家」『日本建築学会建築雑誌』144, 1899

和洋折衷の田中仙太郎商店
「図説 民俗建築大事典」柏書房　2001
◇写真4(p291)〔白黒〕　函館　1901年　現小森家住宅店舗

わらと長木を収納したタカ
「図説 民俗建築大事典」柏書房　2001
◇写真2(p208)〔白黒〕　新潟県糸魚川市

ワラニオ
「宮本常一 写真・日記集成 下」毎日新聞社　2005
◇p452〔白黒〕　岡山県小田郡黒忠→三山　㊞宮本常一, 1979年1月3日

藁葺にトタンをかぶせた屋根
「宮本常一 写真・日記集成 下」毎日新聞社　2005
◇p399〔白黒〕　滋賀県高島郡朽木村生杉　㊞宮本常一, 1977年8月22日

屋敷構え　　　　　　　　　　　　　　　住

## 藁葺きの家
「宮本常一が撮った昭和の情景 上」毎日新聞社　2009
◇p35〔白黒〕（三ツ谷は焼き畑、養蚕、鍬棒づくりが盛んだった）　石川県白山市白峰三ツ谷　㊙宮本常一、1957年8月18日
◇p35〔白黒〕　石川県白山市白峰三ツ谷　㊙宮本常一、1957年8月18日
「宮本常一 写真・日記集成 上」毎日新聞社　2005
◇p72〔白黒〕　石川県石川郡吉野谷村三ツ谷　㊙宮本常一、1957年8月18日
「宮本常一 写真・日記集成 下」毎日新聞社　2005
◇p211〔白黒〕　山口県阿武郡福栄村上深草あたり　㊙宮本常一、1969年8月17日～24日（山口県阿武川民俗資料緊急第二次調査）

## 藁葺きの隠居家
「宮本常一 写真・日記集成 上」毎日新聞社　2005
◇p252〔白黒〕　長崎県北松浦郡小値賀町 大島　㊙宮本常一、1961年4月23日

## 藁葺の旧家
「宮本常一 写真・日記集成 下」毎日新聞社　2005
◇p322〔白黒〕　東京都羽村市小作　㊙宮本常一、1974年3月14日（農山漁家生活改善技術資料収集調査）

## 藁葺きの納屋
「宮本常一が撮った昭和の情景 下」毎日新聞社　2009
◇p58〔白黒〕　広島県安芸高田市八千代町土師　土師ダム建設予定地の民俗調査　㊙宮本常一、1967年12月12日～18日
「宮本常一 写真・日記集成 下」毎日新聞社　2005
◇p110〔白黒〕（トウミが置いてある）　広島県高田郡八千代町土師［安芸高田市］　㊙宮本常一、1967年12月12日～18日

## 藁葺きの納屋と母屋
「宮本常一が撮った昭和の情景 上」毎日新聞社　2009
◇p127〔白黒〕　長崎県北松浦郡小値賀町大島郷（大島）　㊙宮本常一、1961年4月23日
「宮本常一が撮った昭和の情景 上」毎日新聞社　2009
◇p28〔白黒〕（藁葺き屋根の母屋と右は納屋）　広島県神石郡神石高原町笹尾奴留田　㊙宮本常一、1965年12月18日
「宮本常一 写真・日記集成 下」毎日新聞社　2005
◇p47〔白黒〕（雪に埋もれた村）　豊松村奴留田（広島県神石郡［神石高原町］）　㊙宮本常一、1965年12月18日

## 藁葺きの納屋とハサ
「宮本常一 写真・日記集成 下」毎日新聞社　2005
◇p470〔白黒〕　新潟県佐渡郡 羽茂本郷→大崎　㊙宮本常一、1979年9月25日

## 藁葺の民家
「あるくみるきく双書 宮本常一とあるいた昭和の日本 19」農山漁村文化協会　2012
◇p163〔白黒〕（藁葺民家）　熊本県上益城郡山都町 蘇陽峡の谷底　㊙宮本常一、昭和37年10月
「宮本常一 写真・日記集成 下」毎日新聞社　2005
◇p388〔白黒〕　新潟県両津市強清水［佐渡市］　㊙宮本常一、1977年3月17日

## 藁葺屋根と桑畑の雪景色
「宮本常一 写真・日記集成 下」毎日新聞社　2005
◇p298〔白黒〕　群馬県吾妻郡中之条町大道　㊙宮本常一、1973年3月5日～6日

## 藁葺屋根とトタン屋根と
「宮本常一 写真・日記集成 下」毎日新聞社　2005
◇p401〔白黒〕　滋賀県高島郡朽木村古屋　㊙宮本常一、1977年8月23日

## 藁葺き屋根
「宮本常一 写真・日記集成 下」毎日新聞社　2005
◇p251〔白黒〕　岡山県小田郡美星町黒忠あたり　妻側が葺き下げられている　㊙宮本常一、1971年8月6日～10日

## 藁葺き屋根が残る通り
「宮本常一が撮った昭和の情景 下」毎日新聞社　2009
◇p75〔白黒〕（藁葺き屋根が残る）　兵庫県赤穂市上仮屋北付近　㊙宮本常一、1968年7月26日

## 藁葺屋根と石垣
「宮本常一 写真・日記集成 下」毎日新聞社　2005
◇p457〔白黒〕　高知県高岡郡梼原町付近　㊙宮本常一、1979年3月14～15日

## 藁葺屋根に瓦葺の下屋を設けた民家
「宮本常一 写真・日記集成 下」毎日新聞社　2005
◇p431〔白黒〕　滋賀県東浅井郡浅井町鍛冶屋　㊙宮本常一、1978年7月8日

## 藁葺き屋根の家
「宮本常一が撮った昭和の情景 上」毎日新聞社　2009
◇p198〔白黒〕（防風のため屋根を竹で押さえている）　東京都新島村（新島）　竹で押さえている　㊙宮本常一、1963年7月27日
「宮本常一 写真・日記集成 上」毎日新聞社　2005
◇p388〔白黒〕　東京都 新島村　防風のため竹で押さえている　㊙宮本常一、1963年7月27日

## 藁葺き屋根の家と本瓦葺きの家
「宮本常一が撮った昭和の情景 上」毎日新聞社　2009
◇p176〔白黒〕　熊本県天草市五和町二江　㊙宮本常一、1962年10月7日

## 藁葺き屋根の家並み
「宮本常一 写真・日記集成 下」毎日新聞社　2005
◇p234〔白黒〕　新潟県山古志村梶金　雪が深いため、二階から出入りする構造になっている　㊙宮本常一、1970年9月13日～14日
◇p251〔白黒〕　岡山県小田郡美星町八日市　㊙宮本常一、1971年8月8日

## 藁葺き屋根の家屋に加え別棟で瓦葺き二階建てを増築した農家
「宮本常一が撮った昭和の情景 上」毎日新聞社　2009
◇p173〔白黒〕　㊙宮本常一、1962年9月6日
「宮本常一 写真・日記集成 下」毎日新聞社　2005
◇p340〔白黒〕（山口県川上村野戸呂）　山口県阿武郡川上村野戸呂　㊙宮本常一、1962年9月6日

## 藁葺屋根の旧家
「宮本常一 写真・日記集成 下」毎日新聞社　2005
◇p322〔白黒〕　東京都西多摩郡日の出町　㊙宮本常一、1974年3月14日（農山漁家生活改善技術資料収集調査）
◇p328〔白黒〕　広島県世羅郡世羅町　㊙宮本常一、1974年8月24日～27日（農山漁家生活改善技術資料収集調査）

## 藁葺き屋根の集落
「宮本常一が撮った昭和の情景 下」毎日新聞社　2009
◇p40～41〔白黒〕　青森県内（青森県むつ市から新潟県新潟市へ 列車の車窓から）　㊙宮本常一、1966年8月29日
「宮本常一 写真・日記集成 下」毎日新聞社　2005
◇p83〔白黒〕（列車で田名部→秋田・弘前以南）　㊙宮本常一、1966年8月29日
◇p308〔白黒〕　福島県南会津郡田島町付近　㊙宮本常一、1973年
◇p430〔白黒〕　岡山県和気郡吉永町加賀美 八塔寺門前　㊙宮本常一、1978年7月7日

## 藁葺屋根の寺と墓地
「宮本常一 写真・日記集成 下」毎日新聞社　2005
　◇p306〔白黒〕　鳥取県米子市→岡山県高梁市　㊙宮本常一, 1973年4月30日

## 藁葺き屋根の農家
「宮本常一が撮った昭和の情景 上」毎日新聞社　2009
　◇p24〔白黒〕　愛知県北設楽郡設楽町 大名倉から西納庫付近　㊙宮本常一, 1956年10月7日
　◇p60～61〔白黒〕　岡山県新見市から大阪へ 新幹線の車窓から見た 庭いっぱいに筵を敷きつめ麦を干している　㊙宮本常一, 1959年6月26日
　◇p184〔白黒〕　東京都国分寺市東元町　㊙宮本常一, 1963年1月5日
「宮本常一 写真・日記集成 上」毎日新聞社　2005
　◇p355〔白黒〕　神奈川県伊勢原市 七沢温泉あたり　㊙宮本常一, 1962年12月14日
「宮本常一 写真・日記集成 下」毎日新聞社　2005
　◇p81〔白黒〕(藁葺き農家)　青森県むつ市奥内　㊙宮本常一, 1966年8月25日～29日
　◇p275〔白黒〕　京都市西京区桂　㊙宮本常一, 1972年2月9日
　◇p307〔白黒〕　福島県 田子倉→坂下・只見線の車窓から　㊙宮本常一, 1973年7月23日
　◇p308〔白黒〕　福島県 田島→会津若松 会津鉄道の車窓から　㊙宮本常一, 1973年7月25日

## 藁葺き屋根の農家と耕地
「宮本常一が撮った昭和の情景 上」毎日新聞社　2009
　◇p16〔白黒〕　宮城県栗駒市　㊙宮本常一, 1955年11月14日
　◇p16〔白黒〕　宮城県栗原市　㊙宮本常一, 1955年11月14日
「宮本常一 写真・日記集成 上」毎日新聞社　2005
　◇p25〔白黒〕(栗駒山麓)　宮城県栗原郡栗駒町 栗駒山麓　㊙宮本常一, 1955年11月14日

## 藁葺き屋根の民家
「あるくみるきく双書 宮本常一とあるいた昭和の日本 23」農山漁村文化協会　2012
　◇p216〔白黒〕　羽村市小作　㊙宮本常一
「宮本常一が撮った昭和の情景 上」毎日新聞社　2009
　◇p19〔白黒〕(筑波駅付近の藁葺き屋根の民家)　茨城県つくば市　㊙宮本常一, 1956年5月29日
「宮本常一が撮った昭和の情景 下」毎日新聞社　2009
　◇p33〔白黒〕(大原には藁葺き屋根の民家が残っていた)　京都府京都市左京区　㊙宮本常一, 1966年5月1日
　◇p34～35〔白黒〕　東京都八丈町(八丈島)　㊙宮本常一, 1966年7月22日～27日
「宮本常一 写真・日記集成 下」毎日新聞社　2005
　◇p72〔白黒〕(大原の里)　京都市上京区　㊙宮本常一, 1966年5月1日
　◇p72〔白黒〕(大原の里)　京都市上京区　㊙宮本常一, 1966年5月1日
　◇p345〔白黒〕　秋田県仙北郡西木村桧木内戸沢　㊙宮本常一, 1975年9月2日～5日
　◇p346〔白黒〕　秋田県仙北郡西木村桧木内戸沢　㊙宮本常一, 1975年9月2日～5日

## 藁屋根と障子
「写真でみる日本人の生活全集 3」日本図書センター　2010
　◇p43〔白黒〕　東京都の郊外 農家

# 室内の各所

## アイヌのいろり(アペオイ)
「写真 日本文化史 9」日本評論新社　1955
　◇図14〔白黒〕

## アイランド(島)・タイプの台所
「図説 台所道具の歴史」日本図書センター　2012
　◇p161-7〔白黒〕　写真提供・伊勢丹研究所インダストリアルデザイン研究室

## 明りとりの窓
「図説 民俗探訪事典」山川出版社　1983
　◇p86〔白黒〕　京都府　丸窓と扇形の窓を並べた民家
　◇p86〔白黒〕　佐賀県　母屋のアラカベを井桁にあけた窓

## 足を入れてくつろぐ踏み込み炉
「写真でみる民家大事典」柏書房　2005
　◇p125-2〔白黒〕　福島県田村市滝根町　㊙1980年代 滝根町

## 足を置く板がまわる炉の内側
「写真でみる民家大事典」柏書房　2005
　◇p125-1〔白黒〕　福島県平田村　㊙1974年　津山正幹

## 網代天井
「日本の生活環境文化大辞典」柏書房　2010
　◇p439-8〔白黒〕　熊本県阿蘇郡小国町　㊙1996年　原田聰明
「写真でみる民家大事典」柏書房　2005
　◇p66-1〔白黒〕(葭材で網んだ網代天井)　山梨県南アルプス市　㊙1967年　坂本高雄
　◇p66-3〔白黒〕　千葉県船橋市　㊙1996年　宮崎勝弘

## 網代天井で開閉式の煙出し窓のある玄関からみた土間
「写真でみる民家大事典」柏書房　2005
　◇p365-3〔白黒〕　広島県福山市鞆 太田家　㊙2004年　藤原美樹

## アマ(火棚)
「日本民俗図誌 9 住居・運輸篇」村田書店　1978
　◇図79-1〔白黒・図〕　京都府愛宕郡花脊村大字大布施『続京郊民家譜』
　◇図80-1〔白黒・図〕　京都府愛宕郡百井の農家

## 石かまど
「図説 台所道具の歴史」日本図書センター　2012
　◇p67-9〔白黒〕　佐渡・小木民俗博物館

## 板敷のニワ
「民俗資料選集 8 中付駑者の習俗」国土地理協会　1979
　◇p278(本文)〔白黒〕　福島県南会津郡南郷村中小屋 馬産地の農家

## 板床にある炉のゴトク
「写真でみる民家大事典」柏書房　2005
　◇p126-1〔白黒〕　京都府丹波町　㊙1984年　早瀬哲恒

**板床の連なる座敷**
「写真でみる民家大事典」柏書房　2005
◇p72-3〔白黒〕　福岡県福岡市　[撮]1999年　永瀬克己

**板間に畳を入れた居間**
「写真ものがたり昭和の暮らし 9」農山漁村文化協会　2007
◇p67〔白黒〕　秋田県平鹿町醍醐（現横手市）　[撮]加賀谷良助, 昭和50年1月

**板間の居間**
「写真ものがたり昭和の暮らし 9」農山漁村文化協会　2007
◇p66〔白黒〕　埼玉県秩父地方　[撮]武藤盈, 昭和30年

**板張りと畳の床**
「図説 民俗探訪事典」山川出版社　1983
◇p78〔白黒〕　埼玉県大宮市

**1号炊事台**
「図説 台所道具の歴史」日本図書センター　2012
◇p114-3〔白黒〕　昭和4年「瓦斯器具案内」

**五つべっつい**
「図説 台所道具の歴史」日本図書センター　2012
◇p61-10〔白黒〕　徳島県石井町・武智邸
「図説 民俗探訪事典」山川出版社　1983
◇p45〔白黒〕　徳島県

**伊藤家住宅内部**
「日本を知る事典」社会思想社　1971
◇口絵7・8（日本の民家）〔白黒〕

**居間**
「写真でみる日本生活図引 別巻」弘文堂　1993
◇図358〔白黒〕　長野県下伊那郡阿智村　夕食後　[撮]熊谷元一, 昭和32年5月3日
「写真でみる日本生活図引 4」弘文堂　1988
◇図40〔白黒〕　岩手県九戸郡山形村来内　[撮]菊池俊吉, 昭和32年5月
◇図41〔白黒〕　岩手県九戸郡山形村来内　[撮]菊池俊吉, 昭和32年5月

**居間への出入口**
「日本を知る事典」社会思想社　1971
◇図16（p200）〔白黒〕　千葉県館山市

**囲炉**
「図説 台所道具の歴史」日本図書センター　2012
◇p64-2〔白黒〕　旧奈良家住宅（秋田県立博物館）
◇p64-3〔白黒〕　輪島市立民俗資料館

**囲炉と焜炉**
「図説 台所道具の歴史」日本図書センター　2012
◇p66-6〔白黒〕　大正15年『婦人画報』

**囲炉に羽釜を掛ける巧妙な工夫**
「図説 台所道具の歴史」日本図書センター　2012
◇p65-15・16〔白黒〕　宮崎県・都城郷土館

**囲炉の鉤**
「図説 台所道具の歴史」日本図書センター　2012
◇p64-5・6〔白黒〕　山用のもの　岩手県・二戸市歴史民俗資料館
◇p64-7・8〔白黒〕　木地師などの山小屋でもちいる単純なもの　福島県田島町・奥会津歴史民俗資料館
◇p64-9〔白黒〕　自転車のペダルを転用　福島県田島町・奥会津歴史民俗資料館
◇p64-10〔白黒〕　北向鮒のついたもの　福島県田島町・奥会津歴史民俗資料館
◇p65-11・12〔白黒〕　商家の華美なもの　函館博物館・分館郷土室
◇p65-13〔白黒〕　岩手県柴波町・旧工藤家住宅　鋸歯形の段によって高さを調節するもの　[撮]GK　移築先：川崎市立民家園
◇p65-17〔白黒〕　アイヌ人の使用したもの　釧路市立郷土博物館

**囲炉の典型**
「図説 台所道具の歴史」日本図書センター　2012
◇p64-1〔白黒〕　山形県田麦俣民家　火棚　山形県鶴岡・致道博物館

**いろり**
「民俗の事典」岩崎美術社　1972
◇p142〔白黒〕
「日本の生活文化財」第一法規出版　1965
◇図63（住）〔白黒〕　高山市立飛騨民俗館所蔵
「写真 日本文化史 9」日本評論新社　1955
◇図13〔白黒〕（いろり（ヒジロ））

**囲炉裏**
「今は昔 民具など」文芸社　2014
◇p18〔白黒〕　[撮]山本富三　愛染倉蔵（京都）
「食の民俗事典」柊風舎　2011
◇p537〔白黒〕　富山県南砺市相倉 池端家
「祭・芸能・行事大辞典 上」朝倉書店　2009
◇p158〔白黒〕（囲炉裏　竈の脇に3本の鉤が下がった土間の炉）　埼玉県越谷市　[撮]津山正幹
「精選 日本民俗辞典」吉川弘文館　2006
◇p59〔白黒〕　徳島県東祖谷山村　提供 福田アジオ
「いまに伝える 農家のモノ・人の生活館」柏書房　2004
◇口絵〔白黒〕　埼玉県所沢市
「日本社会民俗辞典 1」日本図書センター　2004
◇p56〔白黒〕　新潟県三面村
「写真ものがたり昭和の暮らし 1」農山漁村文化協会　2004
◇p26〔白黒〕　埼玉県小鹿野町　暖をとる父と子　[撮]武藤盈, 昭和30年12月
「民俗資料選集 30 焼畑習俗Ⅱ」国土地理協会　2002
◇p210（本文）〔白黒〕　宮崎県西米良地方
「日本民俗大辞典 下」吉川弘文館　2000
◇図7〔別刷図版「民家」〕〔白黒〕　富山県東礪波郡上平村 岩瀬家住宅　[撮]薗部澄, 1981年　日本写真機光学機器検査協会（JCII）所蔵
「日本民俗大辞典 上」吉川弘文館　1999
◇p142〔白黒〕　徳島県三好郡東祖谷山村　[撮]福田アジオ
「民俗資料選集 25 焼畑習俗」国土地理協会　1997
◇p79（本文）〔白黒〕　岐阜県 荘川の里民俗資料館
「写真でみる日本生活図引 4」弘文堂　1988
◇図35〔白黒〕　群馬県利根郡新治村東峯須川　[撮]須藤功, 昭和42年12月27日
◇図36〔白黒〕　新潟県古志郡山古志村梶金　[撮]須藤功, 昭和46年1月20日
◇図37〔白黒〕　秋田県雄勝郡東成瀬村　[撮]加賀谷政雄, 昭和35年
「民俗学辞典（改訂版）」東京堂出版　1987
◇図版5（p47）〔白黒・図〕（囲爐裏）　岩手県盛岡地方　橋浦泰雄画

**囲炉裏を囲む一家**
「写真ものがたり昭和の暮らし 1」農山漁村文化協会　2004
◇p31〔白黒〕　新潟県六日町欠之上　[撮]中俣正義, 昭和30年12月

**囲炉裏を囲む時山集落の家族**
「写真ものがたり昭和の暮らし 2」農山漁村文化協会　2004
◇p13〔白黒〕　岐阜県石津町時山　[撮]昭和32年　（社）農山漁村文化協会提供

**囲炉裏をまもる主婦**
「図説 民俗探訪事典」山川出版社　1983
◇p82〔白黒〕　『秩父っ言葉と民俗』より

**囲炉裏・自在鉤**
「日本民具の造形」淡交社　2004
◇p52〔白黒〕　栃木県 高根沢歴史民俗資料館所蔵

**イロリと家族**
「図説 日本民俗学」吉川弘文館　2009
◇p54〔白黒〕　宮城県河北町　萩原秀三郎提供

**イロリとカマド**
「図録・民具入門事典」柏書房　1991
◇p46〔白黒〕　長崎県
「日本を知る事典」社会思想社　1971
◇図74（p236）〔白黒〕　長崎県対馬

**囲炉裏と竈**
「写真でみる日本生活図引 4」弘文堂　1988
◇図1〔白黒〕　長野県下伊那郡阿智村　[撮]熊谷元一, 昭和24年6月23日

**囲炉裏と自在鉤**
「日本民俗文化財事典（改訂版）」第一法規出版　1979
◇図97〔白黒〕　東京都八王子地方

**囲炉裏と食事**
「民俗小事典 食」吉川弘文館　2013
◇p26〔白黒〕　新潟県岩船郡朝日村三面　[撮]中俣正義

**囲炉裏と流し台**
「日本民俗文化財事典（改訂版）」第一法規出版　1979
◇図98〔白黒〕　長崎県対馬地方

**囲炉裏に下げたカギッツルシ**
「いまに伝える 農家のモノ・人の生活館」柏書房　2004
◇p248 写真2〔白黒〕　埼玉県所沢市

**囲炉裏のある生活**
「いまに伝える 農家のモノ・人の生活館」柏書房　2004
◇p207 写真2〔白黒〕　埼玉県所沢市　[撮]昭和30年代

**囲炉裏の上のランプ**
「写真でみる日本人の生活全集 3」日本図書センター　2010
◇p4〔白黒〕

**囲炉裏の煙でいぶされた屋根の茅**
「写真ものがたり昭和の暮らし 9」農山漁村文化協会　2007
◇p15〔白黒〕　福島県下郷町大内　[撮]須藤功, 昭和44年8月

**囲炉裏の縁に腹ばいになって、口で吹いて火をおこす**
「写真ものがたり昭和の暮らし 9」農山漁村文化協会　2007
◇p14〔白黒〕　福島県下郷町大内　[撮]須藤功, 昭和44年8月

**囲炉裏の間**
「日本民俗大辞典 下」吉川弘文館　2000
◇図24〔別刷図版「民家」〕〔白黒〕　鳥取市 福田家　江戸時代初期建築　[撮]1999年　鳥取市教育委員会提供　重要文化財

**囲炉裏のまわりに集う**
「写真ものがたり昭和の暮らし 6」農山漁村文化協会　2006
◇p25〔白黒〕　新潟県松之山町天水越（現十日町市）　左奥に台所、背後に鶏小屋もある部屋　[撮]中俣正義, 昭和31年1月

**囲炉裏のまわりの家族**
「写真ものがたり昭和の暮らし 6」農山漁村文化協会　2006
◇p8〔白黒〕　秋田県横手市百万刈　[撮]佐藤久太郎, 昭和31年12月

**囲炉裏のまわりの鉄棒で作った枠**
「写真ものがたり昭和の暮らし 6」農山漁村文化協会　2006
◇p8〔白黒〕　秋田県横手市百万刈　[撮]佐藤久太郎, 昭和31年12月

**イロリバタ**
「図説 台所道具の歴史」日本図書センター　2012
◇p13-10〔カラー〕　近代まで残っていた形式　復元・宮崎県総合博物館
「図録・民具入門事典」柏書房　1991
◇p46〔白黒〕　東京都
「日本の生活文化財」第一法規出版　1965
◇図24（概説）〔白黒〕

**囲炉裏端**
「図説 民俗探訪事典」山川出版社　1983
◇カバー表・折込み〔カラー〕　群馬県利根郡　[撮]萩原秀三郎
◇p1〔白黒〕　岐阜県高山市　[撮]細江光洋

**内風呂に入る親子**
「写真ものがたり昭和の暮らし 9」農山漁村文化協会　2007
◇p56〔白黒〕　新潟県朝日村三面　石製の湯槽　[撮]中俣正義, 昭和34年7月

**馬の湯を沸すかまど**
「民俗資料選集 8 中付駑者の習俗」国土地理協会　1979
◇p13（口絵）〔白黒〕　福島県下郷町南倉沢　民家

**鱗状の手斧の刃跡のある柱**
「写真でみる民家大事典」柏書房　2005
◇p40-1〔白黒〕　千葉県袖ヶ浦市　[撮]1993年　篠田智章

**縁側**
「写真でみる日本人の生活全集 3」日本図書センター　2010
◇p76〔白黒〕（農家の縁側）　東京都世田谷区など　縁側をみがく, はりかえた障子
「日本の生活環境文化大辞典」柏書房　2010
◇p445-9〔白黒〕　熊本県八代市　[撮]2003年　朴賛弼
「写真でみる日本生活図引 別巻」弘文堂　1993
◇図400, 401〔白黒〕　長野県下伊那郡阿智村　[撮]熊谷元一, 昭和32年6月15日
「写真でみる日本生活図引 4」弘文堂　1988
◇図126〔白黒〕　秋田県湯沢市山田　[撮]佐藤久太郎, 昭和35年5月
「図説 民俗探訪事典」山川出版社　1983
◇p81〔白黒〕　東京都五日市街道

**縁側が付き床の間をしつらえた座敷**
「写真でみる民家大事典」柏書房　2005
◇p135-1〔白黒〕（脇に縁側が付き床の間をしつらえた座敷）　新潟県阿賀野市　[撮]1997年　津山正幹

**縁側に入る障子戸**
「写真でみる民家大事典」柏書房　2005
◇p58-1〔白黒〕　東京都多摩市　[撮]1993年　津山正幹

**円窓**
「日本の生活環境文化大辞典」柏書房　2010
◇p442-2〔白黒〕　福岡県柳川市　[撮]2003年　朴賛弼

**応接間**
「写真でみる日本人の生活全集 3」日本図書センター　2010
◇口絵〔白黒〕　東京都世田谷区等々力町　東京の旧家

**「オエノイルリ」の上に吊された「ヒアマ」**
「日本民俗図誌 9 住居・運輸篇」村田書店　1978
◇図80-2〔白黒・図〕　富山県上新川郡大弓村の農家の居間

**大竈**
「写真でみる民家大事典」柏書房　2005
◇p129-1〔白黒〕　京都府八幡市　[撮]2005年　早瀬哲恒

**オオクドと二つ口のクド**
「食の民俗事典」柊風舎　2011
◇p540〔白黒〕　奈良県山辺郡山添村室津 吉谷家

室内の各所　　　　　　　　　　　　　　　　住

## 大隈伯爵邸の台所
「図説 台所道具の歴史」日本図書センター　2012
　◇p30-5〔白黒〕　明治35年の造営　明治39年『婦人画報』9月号
　◇p155-4〔白黒〕(伯爵大隈重信邸の厨房)　西洋台所道具を導入　明治40年『婦人画報』

## 大戸口
「図説 民俗探訪事典」山川出版社　1983
　◇p303〔白黒〕　奈良県豊田家　商家　奈良県文化財保存課提供
「日本を知る事典」社会思想社　1971
　◇図14(p199)〔白黒〕(農家の大戸口)　奈良県大三輪町付近

## 大引天井
「写真でみる民家大事典」柏書房　2005
　◇p64-3〔白黒〕　群馬県新田町　㊙2004年　金井淑幸

## オカ竈
「図説 民俗建築大事典」柏書房　2001
　◇写真8(p177)〔白黒〕　三重県桑名郡長島町

## オクド
「日本民具の造形」淡交社　2004
　◇p97〔白黒〕　香川県 大川町立歴史民俗資料館所蔵

## 奥の居住部分からみた通り土間
「写真でみる民家大事典」柏書房　2005
　◇p74-2〔白黒〕　京都府京都市　㊙2005年　西岡裕司

## オクノマ
「日本民俗大辞典 下」吉川弘文館　2000
　◇図25〔別刷図版「民家」〕〔白黒〕　鳥取県鳥取市 福田家　江戸時代初期建築　㊙1999年　鳥取市教育委員会提供　重要文化財

## 筬欄間と障子の種類
「図説 民俗建築大事典」柏書房　2001
　◇図2(p163)〔白黒・図〕　山片三郎『新版和室造作集成』学芸出版社、1979

## 押板
「写真でみる民家大事典」柏書房　2005
　◇p70-2〔白黒〕(広間に面した上総地方の民家に残る押板)　千葉県木更津市　㊙1992年　日塔和彦
　◇p70-3〔白黒〕(安房地方の民家に残る押板)　千葉県富山町　㊙1968年　日塔和彦
「図説 民俗建築大事典」柏書房　2001
　◇写真1(p103)〔白黒〕　神奈川県秦野市 北村家住宅 日本民家園
「日本民俗大辞典 上」吉川弘文館　1999
　◇p257〔白黒・図〕　旧神奈川県秦野市所在 北村家住宅

## 押板形式の床の間
「日本を知る事典」社会思想社　1971
　◇図23(p203)〔白黒〕　千葉県茂原市　農家の居間

## 押入
「図説 民俗建築大事典」柏書房　2001
　◇写真1(p210)〔白黒〕(今西家押入)　奈良県文化財保存事務所『重要文化財今西家住宅修理工事報告書』1962

## 押入れと床の間
「日本の生活環境文化大辞典」柏書房　2010
　◇p445-8〔白黒〕　岡山県高梁市成羽町　㊙2004年　朴賛弼

## 押入内に設けられた階段
「図説 民俗建築大事典」柏書房　2001
　◇写真2(p211)〔白黒〕　京都府京都市

## 御師住宅の内部
「写真でみる民家大事典」柏書房　2005
　◇p238-2〔白黒〕　東京都青梅市御岳　㊙1985年　山崎弘

## オメエ
「民俗資料選集 8 中付駑者の習俗」国土地理協会　1979
　◇p274(本文)〔白黒〕　福島県南会津郡伊南村青柳
　◇p281(本文)〔白黒〕　福島県南会津郡南郷村　馬産地の農家

## 主屋下手の居室の板床
「写真でみる民家大事典」柏書房　2005
　◇p68-2〔白黒〕　新潟県十日町市　㊙1991年　津山正幹

## 改善された農家台所
「日本社会民俗辞典 2」日本図書センター　2004
　◇p869〔白黒〕　仙台市七郷

## 改良かまど
「図説 台所道具の歴史」日本図書センター　2012
　◇p71-9・10〔白黒〕　愛知県新城町豊津・西川家

## 改良竈
「図説 台所道具の歴史」日本図書センター　2012
　◇p69-14〔白黒・図〕(初期の改良竈)　明治30年『家庭雑誌』7月号
　◇p70-4〔白黒・図〕　「日経新聞」昭和27年
　◇p71-8〔白黒〕　昭和33年にタイル張りの改良竈にかえた　愛知県鳳来町・医王寺民俗資料館
「日本の生活環境文化大辞典」柏書房　2010
　◇p369-3〔白黒〕　岩手県一関市　表面をタイル張りにして足元を煉瓦でかさ上げ　㊙2003年　狩野敏次

## 改良竈事例
「図説 民俗建築大事典」柏書房　2001
　◇写真4(p358)〔白黒〕　農林水産省編のスライド

## 改良竈その後
「図説 台所道具の歴史」日本図書センター　2012
　◇p71-12〔白黒〕　東京近郊農家にて　㊙GK, 昭和48年

## 改良されてゆく農家のかまど
「写真でみる日本人の生活全集 3」日本図書センター　2010
　◇口絵〔白黒〕　千葉県安房郡吉尾村

## 改良便所
「写真でみる日本人の生活全集 3」日本図書センター　2010
　◇p123〔白黒〕　東京都　東京都青山の住宅便所,地方農家が東京のまねをした改良便所

## 角風呂
「写真でみる日本人の生活全集 3」日本図書センター　2010
　◇p122〔白黒〕　東京都

## 籠風呂
「精選 日本民俗辞典」吉川弘文館　2006
　◇p468〔白黒・図〕(風呂 籠風呂)
「日本民俗大辞典 下」吉川弘文館　2000
　◇p496〔白黒・図〕(風呂 籠風呂)　中桐確太郎「風呂」より

## 瓦斯風呂の配管
「図説 台所道具の歴史」日本図書センター　2012
　◇p138-4〔白黒〕　昭和10年『婦人画報』5月号

## 片引きの雨戸と障子
「図説 民俗建築大事典」柏書房　2001
　◇写真1(p99)〔白黒〕　兵庫県宍粟郡安富町 古井家住宅

## かって
「日本の生活文化財」第一法規出版　1965
　◇図119(食)〔白黒〕　小川原湖博物館所蔵(青森県三沢市)

## カッテの戸棚
「写真でみる日本生活図引 別巻」弘文堂　1993

◇p139〔白黒〕 長野県下伊那郡阿智村 ㈳熊谷元一, 昭和32年5月26日

**勝手場**
「民俗資料叢書 2 志摩の年齢階梯制」平凡社 1965
◇図54〔白黒〕
◇図55〔白黒〕

**カナワを使う炉**
「図説 民俗建築大事典」柏書房 2001
◇写真2(p170)〔白黒〕 滋賀県マキノ町

**カマド**
「写真でみる日本人の生活全集 3」日本図書センター 2010
◇p92〔白黒〕(南秋田のカマド) 秋田県 燃料が藁
「写真ものがたり昭和の暮らし 5」農山漁村文化協会 2005
◇p84〔白黒〕(水没する農家が代々使ってきたかまど) 滋賀県大津市石山外畑町 大釜、釜、五升鍋、茶釜 ㈳前野隆資, 昭和39年2月 琵琶湖博物館提供
「いまに伝える 農家のモノ・人の生活館」柏書房 2004
◇piii〔白黒〕 埼玉県大利根町
◇p148 写真2〔白黒〕(ごはんを炊くかまど) 埼玉県江南町
「日本社会民俗辞典 1」日本図書センター 2004
◇p203〔白黒〕(農家のカマド) 鹿児島県十島村硫黄島
「図録・民具入門事典」柏書房 1991
◇p47〔白黒〕 東京都
「日本民俗文化財事典（改訂版）」第一法規出版 1979
◇図101〔白黒〕 埼玉県
「民俗資料叢書 15 有明海の漁撈習俗」平凡社 1972
◇図115〔白黒〕 太良町多良
「日本を知る事典」社会思想社 1971
◇図10 (p198)〔白黒〕(関西の町家のかまど) 奈良県橿原市
◇図11 (p198)〔白黒〕(かまど（南西諸島）) 鹿児島県与論島
◇図12 (p198)〔白黒〕(関西の農家のかまど) 京都府船井郡
「日本の生活文化財」第一法規出版 1965
◇図64・65(住)〔白黒〕 日本民家集落博物館所蔵（大阪府豊中市）
◇図66(住)〔白黒〕 日本民家集落博物館所蔵（大阪府豊中市）

**竈**
「今は昔 民具など」文芸社 2014
◇p44〔白黒〕 ㈳山本富三 橿原市今井町屋敷蔵
◇p56〔白黒〕 昭和 ㈳山本富三 北名古屋市歴史民俗資料館蔵
「民俗小事典 食」吉川弘文館 2013
◇p345〔白黒〕 茨城県つくば市 宮内貴久提供
「里山・里海 暮らし図鑑」柏書房 2012
◇写3 (p54)〔白黒〕(出作り畑の小屋で使われた竈) 鹿児島県大島郡伊仙町喜念（徳之島） 昭和53年 スタジオカガワ提供
「精選 日本民俗辞典」吉川弘文館 2006
◇p138〔白黒〕 茨城県つくば市 提供 宮内貴久
「図説 民俗建築大事典」柏書房 2001
◇写真7 (p176)〔白黒〕(沖縄の竈) 沖縄県国頭郡恩納村
「日本民俗大辞典 下」吉川弘文館 2000
◇図23〔別刷図版「民家」〕〔白黒〕 鳥取市 福田家 江戸時代初期建築 ㈳1999年 鳥取市教育委員会提供 重要文化財
「日本民俗大辞典 上」吉川弘文館 1999
◇p391〔白黒〕 茨城県つくば市 ㈳宮内貴久
「写真でみる日本生活図引 6」弘文堂 1993
◇図15〔白黒〕 滋賀県大津市外畑町 ㈳前野隆資, 昭和39年2月22日

「写真でみる日本生活図引 4」弘文堂 1988
◇図12〔白黒〕(沖縄の竈) 沖縄県那覇市 ㈳坂本万七, 昭和14年

**竈で火吹き竹を使う**
「写真でみる民家大事典」柏書房 2005
◇p128-2〔白黒〕 神奈川県川崎市 ㈳1966年 小林昌人

**かまどといろり**
「いまに伝える 農家のモノ・人の生活館」柏書房 2004
◇p240 図2〔白黒・図〕 埼玉県川里町

**かまどと大釜**
「民俗資料選集 23 北上山地の畑作習俗」国土地理協会 1995
◇p121 (本文)〔白黒〕 岩手県岩泉町下有芸

**カマドとガスレンジ**
「宮本常一 写真・日記集成 下」毎日新聞社 2005
◇p470〔白黒〕 新潟県佐渡郡赤泊村徳和［佐渡市］ ㈳宮本常一, 1979年9月24日

**かまどと荒神様**
「図説 民俗探訪事典」山川出版社 1983
◇p45〔白黒〕 埼玉県 正月 ㈳清水武甲

**竈と炉**
「図説 民俗建築大事典」柏書房 2001
◇写真2 (p357)〔白黒〕(煙たい竈と炉) 農林水産省編のスライド

**カマドのある台所**
「宮本常一 写真・日記集成 下」毎日新聞社 2005
◇p402〔白黒〕 京都府左京区大原古知平町→市場 ㈳宮本常一, 1977年8月24日

**竈の進化**
「図説 台所道具の歴史」日本図書センター 2012
◇p69-8〔白黒〕 明治時代 新潟県新津・北方文化博物館

**竈の使い方**
「図説 台所道具の歴史」日本図書センター 2012
◇p61-13〔白黒・図〕 文部省著『中等家事』昭和19年

**カマド柱**
「日本社会民俗辞典 3」日本図書センター 2004
◇p1179〔白黒〕 栃木県古里村 右上はオカマサマ, 小正月の餅花をカマド柱に飾る

**竈塗り**
「図説 台所道具の歴史」日本図書センター 2012
◇p68-1〔白黒・図〕 『風俗画報』

**カマヤの内部**
「写真でみる民家大事典」柏書房 2005
◇p99-3〔白黒〕 埼玉県松伏町 ㈳1983年 津山正幹

**神棚のある土間と台所**
「宮本常一 写真・日記集成 下」毎日新聞社 2005
◇p330〔白黒〕 広島県比和町 ㈳宮本常一, 1974年8月30日

**神棚の下に仏壇をしつらえたチャノマと呼ばれる居間**
「写真でみる民家大事典」柏書房 2005
◇p134-2〔白黒〕 新潟県湯沢町 ㈳2000年 津山正幹

**鉋で仕上げた大黒柱**
「写真でみる民家大事典」柏書房 2005
◇p40-4〔白黒〕 山梨県富士吉田市 ㈳1985年 津山正幹

**木小屋の内部**
「写真でみる民家大事典」柏書房 2005
◇p379-3〔白黒〕 山口県山口市 ㈳1992年 山口市教

室内の各所　　　　　　　　　　　　　　住

育委員会

**北側3間分が畳敷きの二階内部**
「写真でみる民家大事典」柏書房　2005
　◇p411-5〔白黒〕　佐賀県小城市牛津町　㋴2004年　佐藤正彦

**キッチンセット**
「図説 台所道具の歴史」日本図書センター　2012
　◇p114-1〔白黒〕(東京瓦斯KKのキッチンセット)　昭和2年「瓦斯器具案内」
　◇p158-3〔白黒〕(サンウエーブ・キッチンセット)　同社展示室　昭和40年　㋴GK

**客間**
「写真でみる日本人の生活全集 3」日本図書センター　2010
　◇口絵〔白黒〕　東京都世田谷区等々力町　東京の旧家

**客用蒸風呂**
「日本の生活環境文化大辞典」柏書房　2010
　◇p392-6〔白黒〕　奈良県生駒郡 中家　㋴1985年

**旧太田家住宅内部**
「図説 民俗探訪事典」山川出版社　1983
　◇p77〔白黒〕　茨城県笠間市　17世紀後半　現在川崎市立民家園に移築

**旧金子家住宅の土間と炉**
「図説 民俗建築大事典」柏書房　2001
　◇写真1(p172)〔白黒〕　富士見市立難波田城資料館提供　富士見市指定有形文化財

**旧境家住宅内部(谷樋部分)**
「図説 民俗建築大事典」柏書房　2001
　◇写真5(p153)〔白黒〕　熊本県菊水町

**旧嶋屋二階座敷腰掛け縁**
「写真でみる民家大事典」柏書房　2005
　◇p336-2〔白黒〕　兵庫県揖保郡御津町室津　㋴2004年　増田史男

**旧武宮家の座敷飾り**
「写真でみる民家大事典」柏書房　2005
　◇p431-4〔白黒〕　鹿児島県出水市　㋴2004年　土田充義

**狭小をものともしない台所改善の提案**
「図説 台所道具の歴史」日本図書センター　2012
　◇p158-7〔白黒・図〕　椅子式　昭和29年『婦人画報』

**狭小なキッチンユニットをはみ出して**
「図説 台所道具の歴史」日本図書センター　2012
　◇p160-6〔白黒〕　㋴GK

**居住部分との境に暖簾を吊るした通り土間**
「写真でみる民家大事典」柏書房　2005
　◇p74-1〔白黒〕　京都府京都市　㋴2004年　西岡裕司

**近代(大正時代)の床の間**
「図説 民俗建築大事典」柏書房　2001
　◇写真3(p105)〔白黒〕　和歌山県橋本市 池永家離れ座敷

**くぐり戸をつけた大戸**
「日本を知る事典」社会思想社　1971
　◇図15(p199)〔白黒〕　長野県塩尻市

**草刈鎌掛け**
「写真ものがたり昭和の暮らし 9」農山漁村文化協会　2007
　◇p16〔白黒〕　福島県下郷町大内　風呂場脇の柱　㋴須藤功、昭和44年8月

**クド**
「民俗図録 日本人の暮らし」日本図書センター　2012
　◇図74〔白黒〕(大和のクド)　奈良県生駒郡伏見町大寺　㋴島田凱史
「図説 台所道具の歴史」日本図書センター　2012
　◇p61-12〔白黒〕　旧奈良家住宅 秋田県立博物館分館
「食の民俗事典」柊風舎　2011
　◇p248〔白黒〕　奈良県五篠市中原
　◇p540〔白黒〕(クド(一つ口))　奈良県橿原市今井町 今井まちや館＝復元
　◇p540〔白黒〕(クド(五つ口))　奈良県橿原市今井町 旧米谷家住宅
「日本民俗事典」弘文堂　1972
　◇p164〔白黒〕　香川県香川郡塩江町　㋴市原輝士

**汲み取式の大便所**
「写真ものがたり昭和の暮らし 1」農山漁村文化協会　2004
　◇p54〔白黒〕(農家の汲み取式の大便所)　群馬県片品村　㋴都丸十九一、昭和30年

**蔵座敷**
「図説 民俗建築大事典」柏書房　2001
　◇図3(p163)〔白黒・図〕　福島県喜多方市　間取図　太田博太郎ほか編『図説 日本の町並2 南東北編』第一法規、1982

**蔵の入口(室内)**
「写真でみる日本人の生活全集 3」日本図書センター　2010
　◇口絵〔白黒〕(クラ)　東京都世田谷区等々力町　東京の旧家 室内にある蔵の入口

**クラの天井裏の明りとり**
「写真でみる日本人の生活全集 3」日本図書センター　2010
　◇口絵〔白黒〕　東京都世田谷区等々力町　東京の旧家

**刳り貫き型の流し**
「写真でみる民家大事典」柏書房　2005
　◇p183-4〔白黒〕　東通村尻労　㋴1995年　月舘敏栄

**栗の丸太を手斧ではつった大黒柱**
「写真でみる民家大事典」柏書房　2005
　◇p39-1〔白黒〕　岡山県高梁市備中町　㋴1960年頃　鶴藤鹿忠

**下駄箱**
「写真ものがたり昭和の暮らし 1」農山漁村文化協会　2004
　◇p41〔白黒〕　長野県阿智村　㋴熊谷元一、昭和32年5月
「写真でみる日本生活図引 4」弘文堂　1988
　◇図50〔白黒〕　長野県下伊那郡阿智村　㋴熊谷元一、昭和32年5月9日

**煙出し窓がみえる炊事場**
「写真でみる民家大事典」柏書房　2005
　◇p365-4〔白黒〕　太田家　㋴2004年　藤原美樹

**玄関**
「写真でみる日本人の生活全集 3」日本図書センター　2010
　◇口絵〔白黒〕　東京都世田谷区等々力町　東京の旧家
「日本民俗大辞典 下」吉川弘文館　2000
　◇図22〔別刷図版「民家」〕〔白黒〕　鳥取市 福田家　江戸時代初期建築　㋴1999年　鳥取市教育委員会提供　重要文化財

**玄関わきの子供部屋**
「写真でみる日本人の生活全集 3」日本図書センター　2010
　◇p75〔白黒〕

**現代の数寄屋座敷**
「写真でみる民家大事典」柏書房　2005
　◇p135-2〔白黒〕　井心亭、東京都三鷹市　㋴1988年　小町和義

**五右衛門風呂**
「日本の生活環境文化大辞典」柏書房　2010
　◇p390-1〔白黒〕　岐阜県高山市 松本家　㋴2007年　大場修
　◇p390-2〔白黒〕　京都府京丹後市大宮町　㋴2004年
「精選 日本民俗辞典」吉川弘文館　2006

◇p468〔白黒・図〕(風呂 五右衛門風呂)
「写真でみる民家大事典」柏書房 2005
　◇p131-1〔白黒〕　愛媛県西条市丹原町　㊤2004年　四之宮康晃
　◇p131-3〔白黒〕(五右衛門風呂の焚口)　愛媛県西条市丹原町　㊤2004年　四之宮康晃
「日本民俗大辞典 下」吉川弘文館 2000
　◇p496〔白黒・図〕(風呂 五右衛門風呂)　『新鍋膝栗毛』(池田英泉画)より

## 五口竈
「図説 民俗建築大事典」柏書房 2001
　◇写真1(p180)〔白黒〕(旧臼井家の五口竈)　奈良県高市郡高取町

## 炬燵を上げた部屋
「写真でみる日本生活図引 別巻」弘文堂 1993
　◇図375〔白黒〕　長野県下伊那郡阿智村　炬燵を上げた部屋　㊤熊谷元一, 昭和32年5月18日

## 炬燵にて
「写真でみる日本人の生活全集 3」日本図書センター 2010
　◇口絵〔白黒〕　岩手県久慈市山根　主婦は炬燵をいれても, 自らは藁仕事の夜業に精を出す

## 子供部屋
「写真でみる日本人の生活全集 3」日本図書センター 2010
　◇口絵〔白黒〕　東京都世田谷区等々力町　東京の旧家

## 焜炉と竈の中間型
「図説 台所道具の歴史」日本図書センター 2012
　◇p66-7〔白黒〕　佐渡・小木民俗博物館

## 竿縁天井
「図説 民俗建築大事典」柏書房 2001
　◇写真1(p92)〔白黒〕　和歌山県和歌山市　中筋家住宅

## 嵯峨家住宅の廐中門の内部
「図説 民俗建築大事典」柏書房 2001
　◇写真6(p141)〔白黒〕　秋田県秋田市　18世紀前期の両中門建築　重要文化財

## 差鴨居
「図説 民俗建築大事典」柏書房 2001
　◇写真2(p97)〔白黒〕　大阪府富田林市　杉山家住宅

## 座敷
「民俗図録 日本人の暮らし」日本図書センター 2012
　◇図76〔白黒〕　宮崎県西臼杵郡椎葉村　鶴富屋敷　㊤白澤文一

## ザシキにある仏壇と神棚の下のトコ
「写真でみる民家大事典」柏書房 2005
　◇p230-2〔白黒〕　千葉県袖ヶ浦市久保田　㊤1993年　篠田智章

## 座敷に増築された床の間
「図説 民俗建築大事典」柏書房 2001
　◇図2(p104)〔白黒・図〕　青森県新郷村　〔間取り〕

## 座敷の穴蔵
「図説 民俗建築大事典」柏書房 2001
　◇写真4(p209)〔白黒〕　新潟県北蒲原郡中条町

## 座敷の意匠
「写真でみる民家大事典」柏書房 2005
　◇p331-4〔白黒〕(変化に富む座敷の意匠)　大阪府羽曳野市島泉　㊤1970年　吉村堯　重要文化財

## ザシキの床の間と付書院
「写真でみる民家大事典」柏書房 2005
　◇p199-5〔白黒〕　秋田県仙北郡角館町 石黒家　㊤1980年代　坂田泉

## サロンストーブ
「図説 台所道具の歴史」日本図書センター 2012
　◇p69-11〔白黒〕　会津若松・会津酒造博物館

## 3号タイル張調理台
「図説 台所道具の歴史」日本図書センター 2012
　◇p114-2〔白黒〕　昭和4年「瓦斯器具案内」

## 山村民家の室内
「日本の生活環境文化大辞典」柏書房 2010
　◇p418-5〔白黒〕(中国山地の山村民家)　岡山県新見市上吉川　〔こたつを囲む家族〕　㊤1970年

## ジザイカギ
「民具のみかた一心とかたち」第一法規出版 1983
　◇p47〔白黒〕(ジザイカギ(自在鉤))　石川県小松市
「日本の生活文化財」第一法規出版 1965
　◇図26(概説)〔白黒・図〕
　◇図59(住)〔白黒〕　文部省史料館所蔵(東京都品川区)
　◇図60(住)〔白黒〕　小川原湖博物館所蔵(青森県三沢市)
　◇図61・62(住)〔白黒〕　文部省史料館所蔵(東京都品川区)

## 自在カギ
「写真でみる日本人の生活全集 3」日本図書センター 2010
　◇p87〔白黒〕　〔宝船の意匠〕
「写真で見る農具 民具」農林統計協会 1988
　◇p282〔白黒〕　山形県長井市　昭和35年頃まで
　◇p282〔白黒〕　山形県長井市　昭和38年頃まで
　◇p282〔白黒〕　福島県金山町
　◇p283〔白黒〕　福島県郡山市　大正時代前期から
　◇p283〔白黒〕　鳥取県鳥取市

## 自在鉤
「日本民具の造形」淡交社 2004
　◇p52〔白黒〕　青森県 野辺地町立歴史民俗資料館所蔵
　◇p122〔白黒〕　鹿児島県 入来町郷土資料館
　◇p122〔白黒〕　鹿児島県 財部町郷土館
　◇p122〔白黒〕　大分県 大分県立歴史博物館
「日本民俗大辞典 上」吉川弘文館 1999
　◇p758〔白黒〕(自在鉤)　穴明き銭を吊した自在鉤, 自在鉤
「日本の民具 2 農村」慶友社 1992
　◇図150・161〔白黒〕(自在鉤)　長野県下高井郡　㊤薗部澄
　◇図162〔白黒〕(自在鉤)　長野県　㊤薗部澄
　◇図163〔白黒〕(自在鉤)　新潟県　㊤薗部澄
　◇図164〔白黒〕(自在鉤)　新潟県　㊤薗部澄
「図録・民具入門事典」柏書房 1991
　◇p47〔白黒〕　埼玉県　埼玉県立博物館所蔵
「図説 民俗探訪事典」山川出版社 1983
　◇p47〔白黒・図〕(自在鉤のいろいろ)
「日本民俗図誌 3 調度・服飾篇」村田書店 1977
　◇図50〔白黒・図〕　東京府西多摩郡松原村の山小屋　『民俗芸術』1-11
　◇図51〔白黒・図〕　埼玉県秩父郡浦山村　『民俗芸術』1-11
　◇図52-1〔白黒・図〕　埼玉県秩父郡浦山村　『民俗芸術』1-11
　◇図52-2〔白黒・図〕　埼玉県入間郡柳瀬村　『民俗芸術』1-11
　◇図53〔白黒・図〕　埼玉県入間郡柳瀬村　『民俗芸術』1-11
　◇図54-1〔白黒・図〕　長野県北安曇郡此城村　『民俗芸術』1-11
　◇図54-2〔白黒・図〕　長野県北安曇郡小谷村　『民俗芸術』1-11
　◇図55-1〔白黒・図〕　神奈川県津久井郡内郷村　『民俗芸術』1-11

◇図55-2〔白黒・図〕　静岡県富士郡白糸村　『民俗芸術』1-11
◇図56〔白黒・図〕　青森県南津軽郡大光寺村
◇図58-1〔白黒・図〕　岐阜県一ノ宮
◇図58-2〔白黒・図〕(鉤鼻の鯛の彫刻)
◇図59〔白黒・図〕　岐阜県高山
◇図60〔白黒・図〕　岩手県和賀郡湯本村
◇図61〔白黒・図〕　アイヌ
「日本を知る事典」社会思想社　1971
◇図72(p234)〔白黒〕　神奈川県川崎市 日本民家園

**自在鉤に鉄瓶を掛けた炉**
「日本の生活環境文化大辞典」柏書房　2010
◇p362-1〔白黒〕　福島県石川郡平田村　[撮]1974年　津山正幹

**自在鉤の種類**
「図説 民俗建築大事典」柏書房　2001
◇図3(p170)〔白黒・図〕(主な自在鉤の種類)　アイヌの自在鉤, 東北南部地方のガッタン鉤, 筒型自在鉤, 鉄製自在鉤

**自在鉤の吊るされた炉に薪をくべる**
「写真でみる民家大事典」柏書房　2005
◇口絵20〔カラー〕　岡山県西粟倉村　[撮]1997年　刊行委員会

**システムキッチン**
「日本の生活環境文化大辞典」柏書房　2010
◇p387-6〔白黒〕　東京都町田市　[撮]2009年　神かほり

**システムキッチン志向・量産ユニット**
「図説 台所道具の歴史」日本図書センター　2012
◇p162-3〔白黒〕　資料提供・ナスステンレスKK

**シタのオカッテ**
「いまに伝える 農家のモノ・人の生活館」柏書房　2004
◇p246 図3〔白黒・写真/図〕　埼玉県大利根町　母屋から切り離し別棟とした炊き場

**市販の土製のかまどに薪をくべる**
「写真ものがたり昭和の暮らし 1」農山漁村文化協会　2004
◇p45〔白黒〕　秋田県十文字町　[撮]菊池俊吉, 昭和28年5月

**下座敷のふすま**
「民俗資料選集 8 中付鷲者の習俗」国土地理協会　1979
◇p261(本文)〔白黒〕　福島県南会津郡田島町 山王峠下山王茶屋

**下台所**
「日本社会民俗辞典 3」日本図書センター　2004
◇p1062〔白黒〕　岩手県二戸郡荒沢村石神 齋藤家

**蛇口**
「図説 台所道具の歴史」日本図書センター　2012
◇p134-7〔白黒〕(ホースを切って足した蛇口)　新潟県村上・磐舟文華博物館展示場片隅の雑用流し
◇p134-6A〔白黒・図〕　大正～昭和20年代　井戸ポンプの先につけた砂漉し用さらし袋
◇p134-6B〔白黒・図〕　大正～昭和20年代　金網入りの水漉し
◇p134-6C〔白黒・図〕　大正～昭和20年代　自在螺旋管
◇p134-6D〔白黒・図〕　大正～昭和20年代　シャワーヘッド(蓮の実と俗称)
◇p134-6E〔白黒・図〕　水はね防止・濾過・音の消去をかねる 栗田高槻製作所
◇p134-6F〔白黒・図〕　レバーでシャワーとストレートに水流を変える 栗田高槻製作所
◇p134-6G・H〔白黒・図〕　湯沸器用 栗田高槻製作所

**十一竈**
「図説 民俗建築大事典」柏書房　2001
◇写真6(p176)〔白黒〕　奈良県生駒郡安堵町

**什器の収納棚**
「今は昔 民具など」文芸社　2014
◇p64〔白黒〕　[撮]山本富三　五個荘近江商人屋敷蔵

**主婦と台所**
「写真でみる日本人の生活全集 1」日本図書センター　2010
◇p115〔白黒〕　葬儀の後片づけをする

**春慶塗で仕上げられた青山家の下座敷**
「写真でみる民家大事典」柏書房　2005
◇p201-2〔白黒〕　山形県飽海郡遊佐町青塚　明治23年建築　[撮]1993年　御船達雄

**書院と床の間**
「写真でみる民家大事典」柏書房　2005
◇p197-4〔白黒〕　田沢湖町　[撮]1992年　月舘敏栄

**小竈**
「図説 台所道具の歴史」日本図書センター　2012
◇p60-5・6〔白黒〕　佐渡・小木民俗博物館

**焼却炉型薪竈**
「図説 台所道具の歴史」日本図書センター　2012
◇p70-3〔白黒・図〕　昭和25年 沼畑金四郎著『家庭科図説』

**小便器と風呂場**
「宮本常一が撮った昭和の情景 上」毎日新聞社　2009
◇p32〔白黒〕　愛知県北設楽郡設楽町　[撮]宮本常一, 1957年5月14日
「宮本常一 写真・日記集成 上」毎日新聞社　2005
◇p66〔白黒〕(男子用便器と風呂場)　愛知県北設楽郡設楽町 名倉　[撮]宮本常一, 1957年5月14日

**小便所**
「図説 民俗建築大事典」柏書房　2001
◇写真2(p203)〔白黒〕　川崎市立日本民家園

**小便所の位置**
「図説 民俗建築大事典」柏書房　2001
◇図2(p203)〔白黒・図〕(祖谷山地方の小便所の位置)　武田明『祖谷山民俗誌』古今書院、1950

**庄屋を務めた旧家の竈**
「写真でみる民家大事典」柏書房　2005
◇p130-1〔白黒〕　奈良県五條市　[撮]1930年頃　緑草会編『民家図集』第八輯

**昭和30年代以来の典型的台所風景**
「図説 台所道具の歴史」日本図書センター　2012
◇p162-1〔白黒〕　[撮]GK

**食卓**
「今は昔 民具など」文芸社　2014
◇p57〔白黒〕　昭和初期　[撮]山本富三　北名古屋市歴史民俗資料館蔵

**書斎**
「写真でみる日本人の生活全集 3」日本図書センター　2010
◇口絵〔白黒〕　東京都世田谷区等々力町　東京の旧家
◇p74〔白黒〕

**白川の民家の建具**
「日本民俗文化財事典(改訂版)」第一法規出版　1979
◇図87〔白黒〕　日本民家集落博物館

**ジロ(台所)**
「民俗資料選集 2 木地師の習俗」国土地理協会　1974
◇p83(本文)〔白黒〕　新潟県　木地師の住居

**寝室**
「写真でみる日本人の生活全集 3」日本図書センター　2010
◇p65〔白黒〕　東京
◇p75〔白黒〕　昼は客間にしている座敷

### 神聖視される東側の窓
「日本宗教民俗図典 1」法蔵館　1985
- ◇図125〔白黒〕　アイヌ　㊃須藤功

### 炊事場
「図説 台所道具の歴史」日本図書センター　2012
- ◇p68-7〔白黒〕　明治40年『婦人画報』11月号

### 炊事場の煮炊きに使われた竈
「里山・里海 暮らし図鑑」柏書房　2012
- ◇写2(p53)〔白黒〕　広島県庄原市

### 水平排水の流し
「図説 台所道具の歴史」日本図書センター　2012
- ◇p152-2〔白黒〕　神奈川県秦野市堀山下 旧北村家　約290年前の住宅　床上垂り流し　㊃GK　川崎市立民家園
- ◇p152-3〔白黒〕　川崎市金程 旧伊藤家　280年前の住宅　㊃GK　川崎市立民家園
- ◇p152-4〔白黒〕　茨城県笠間市片庭 旧太田家　約300年前の住宅　㊃GK　川崎市立民家園
- ◇p152-5〔白黒〕　排水樋　㊃GK　川崎市立民家園
- ◇p153-6〔白黒〕　福島市松川町 旧鈴木家　約150年前の馬宿　㊃GK　川崎市立民家園

### 据風呂
「日本民俗大辞典 下」吉川弘文館　2000
- ◇p496〔白黒・図〕(風呂 据風呂)　モース『日本人の住まい』より

「日本を知る事典」社会思想社　1971
- ◇図56(p221)〔白黒〕(土間の一隅の据風呂)　長野県下水内郡

### 数寄屋造り
「写真でみる日本人の生活全集 3」日本図書センター　2010
- ◇p63〔白黒〕　東京　市川猿之助の家の間取

### 数寄屋造りの客座敷
「日本を知る事典」社会思想社　1971
- ◇図29(p208)〔白黒〕　大阪府羽曳野市 重要文化財吉村邸

### 数寄屋風の廊下
「写真でみる日本人の生活全集 3」日本図書センター　2010
- ◇p77〔白黒〕　東京都渋谷区青山

### 須子家の店および土間部分
「写真でみる民家大事典」柏書房　2005
- ◇p381-3〔白黒〕　山口県萩市浜崎　㊃2004年　坪郷英彦

### すすがこびりついた天井裏の柱
「写真ものがたり昭和の暮らし 1」農山漁村文化協会　2004
- ◇p29〔白黒〕　福島県下郷町大内　㊃須藤功, 昭和44年8月

### ストーブが入った炉
「日本の生活環境文化大事典」柏書房　2010
- ◇p364-4〔白黒〕　新潟県十日町市　㊃1990年

### 坐り流し
「日本の生活環境文化大事典」柏書房　2010
- ◇p386-4〔白黒〕　山梨県見延町 門西家　㊃2005年　宮崎玲子

### 座り流し
「写真でみる民家大事典」柏書房　2005
- ◇p122-1〔白黒〕　山梨県西八代郡　㊃1985年　宮崎玲子

「日本民具の造形」淡交社　2004
- ◇p104〔白黒〕　東京都 江東区深川江戸資料館所蔵
- ◇p104〔白黒〕　東京都 羽村市郷土博物館

「図説 民俗建築大事典」柏書房　2001
- ◇写真7・8(p197)〔白黒〕(先端を外に出した座り流し)　山梨県西八代郡下部町

### 生活感の変化
「図説 日本民俗学」吉川弘文館　2009
- ◇p53〔白黒〕　沖縄県名護市　〔ガスレンジとお札, 台所に火の神〕

### 石油廚炉
「図説 台所道具の歴史」日本図書センター　2012
- ◇p69-12〔白黒・図〕　石油瓦斯「ヒチリン」　明治31年『家庭雑誌』広告

### 増築された床の間
「図説 民俗建築大事典」柏書房　2001
- ◇写真2(p104)〔白黒〕　青森県新郷村

### ソトカマド
「日本民俗文化財事典(改訂版)」第一法規出版　1979
- ◇図100〔白黒〕　東京都八王子地方

### 空鉤
「日本民具の造形」淡交社　2004
- ◇p122〔白黒〕　富山県 武田家住宅民俗館所蔵

### 大黒柱
「写真でみる日本人の生活全集 3」日本図書センター　2010
- ◇p81〔白黒〕　東京都小河内村　爐と火棚が見える
- ◇p83〔白黒〕　東京都世田谷区深沢町の農家　㊃昭和31年冬

「日本民俗大辞典 下」吉川弘文館　2000
- ◇p7〔白黒〕　山梨県塩山市

### 大黒柱と差物
「図説 民俗建築大事典」柏書房　2001
- ◇写真6(p84)〔白黒〕　東京都稲城市 長坂家主屋

### 大小の梁を直交させ空間を形成した主屋の土間
「写真でみる民家大事典」柏書房　2005
- ◇p330-1〔白黒〕　大阪府羽曳野市　㊃1970年　吉村堯　重要文化財

### 大小便兼用の汽車式一穴便器
「日本の生活環境文化大事典」柏書房　2010
- ◇p397-4〔白黒・図〕　『トイレ考現』

### ダイドコロ
「食の民俗事典」柊風舎　2011
- ◇p478〔白黒〕　長崎県対馬市 佐護家

### 台所
「あるくみるきく双書 宮本常一とあるいた昭和の日本 19」農山漁村文化協会　2012
- ◇p186〔白黒〕(沖縄の民家の台所)　沖縄県 伊是名島籠　㊃工藤員功

「図説 台所道具の歴史」日本図書センター　2012
- ◇p120-1〔白黒〕(大正期の台所)　復元・札幌市・北海道開拓記念館
- ◇p120-2～4〔白黒・図〕(大正初期の模範的台所)　大正5年 大江スミ子著『應用家事精義』東京寶文堂
- ◇p160-1〔白黒〕(昭和30年代の完璧な台所)　㊃GK
- ◇p160-4・5〔白黒〕(小住宅のほぼ満足な台所)　㊃GK

「写真でみる日本人の生活全集 1」日本図書センター　2010
- ◇p114〔白黒〕(もっとも近代的な台所)　東京高島屋デパート　㊃昭和25年
- ◇p122〔白黒〕(一般家庭の台所)　東京　食具類のほとんどがアルマイト製品　㊃昭和30年

「写真でみる日本人の生活全集 3」日本図書センター　2010
- ◇p96〔白黒〕(都会の台所)　石油コンロにヤカンをかけて湯をわかしている主婦

「写真ものがたり昭和の暮らし 9」農山漁村文化協会　2007
- ◇p37〔白黒〕　京都府京都市　流しの脇に釣瓶井戸がある　㊃黒川翠山, 昭和5年　所蔵・京都府立総合資料館

室内の各所　　　　　　　　　　　　　住

「写真ものがたり昭和の暮らし 2」農山漁村文化協会　2004
　◇p195〔白黒〕　宮崎県西都市大字銀鏡　土間のかまど
　㈹須藤功, 昭和44年12月
「写真ものがたり昭和の暮らし 1」農山漁村文化協会　2004
　◇p36〔白黒〕　長野県阿智村駒場　食事に使う道具類
　が置いてある　㈹熊谷元一, 昭和24年
「写真でみる日本生活図引 別巻」弘文堂　1993
　◇図364, 365〔白黒〕　長野県下伊那郡阿智村　㈹熊谷
　元一, 昭和32年5月9日
「図録・民具入門事典」柏書房　1991
　◇p44〔白黒〕　東京都
「写真でみる日本生活図引 4」弘文堂　1988
　◇図3・4〔白黒〕　秋田県平鹿郡十文字町　㈹菊池俊吉,
　昭和28年5月
　◇図14〔白黒〕(東京の台所)　東京都港区赤坂　㈹杉山
　孫之助, 大正11年　神野善治提供
　◇図15〔白黒〕(山村の台所)　新潟県岩船郡朝日村三面
　㈹中俣正義, 昭和34年
　◇図16〔白黒〕(漁村の台所)　新潟県佐渡郡小木町宿根
　木　㈹中俣正義, 昭和30年頃
　◇図18〔白黒〕(農家の台所)　福島県南会津郡下郷町大
　内　㈹須藤功, 昭和44年8月5日
「図説 民俗探訪事典」山川出版社　1983
　◇p27〔白黒〕(農家の台所)　宮城県桃生郡個人宅　㈹萩
　原秀三郎
　◇p43〔白黒〕(大正期の台所)　北海道　大正時代　北海
　道開拓記念館

### 台所改善
「図説 台所道具の歴史」日本図書センター　2012
　◇p70-2〔白黒・図〕(農家の台所改善)　改良竈　昭和25
　年 沼畑金四郎著『家庭科図説』
「図説 民俗建築大事典」柏書房　2001
　◇写真5 (p358)〔白黒〕(初期の台所改善)　農林水産省編
　のスライド

### 台所改善例
「図説 民俗建築大事典」柏書房　2001
　◇写真9 (p359)〔白黒〕(快適で働きやすい台所改善例)
　1960年頃以降

### 台所と囲炉裏のある居間
「写真ものがたり昭和の暮らし 9」農山漁村文化協会　2007
　◇p15〔白黒〕　福島県下郷町大内　㈹須藤功, 昭和44
　年8月

### 台所に設置した手押しポンプで井戸水を汲みあげる
「写真ものがたり昭和の暮らし 9」農山漁村文化協会　2007
　◇p37〔白黒〕　秋田県大森町川西(現横手市)　㈹佐藤
　久太郎, 昭和37年

### 台所の改善
「写真でみる日本生活図引 4」弘文堂　1988
　◇図17〔白黒〕　山形県酒田市　㈹菊池俊吉, 昭和30年

### 台所のかまど
「写真ものがたり昭和の暮らし 3」農山漁村文化協会　2004
　◇p224〔白黒〕　沖縄県那覇市　㈹坂本万七, 昭和14年

### 台所のカマ柱
「フォークロアの眼 8 よみがえり」国書刊行会　1977
　◇図118〔白黒〕　宮城県桃生郡河北町小福地　カマ神が
　かかっている　㈹萩原秀三郎, 昭和50年12月28日～翌
　年1月2日

### 台所の煙出し
「図説 台所道具の歴史」日本図書センター　2012
　◇p67-19〔白黒〕　上田市沓掛　㈹GK

### 台所の再現
「民具のみかた―心とかたち」第一法規出版　1983

　◇p274〔白黒〕　石川県金沢市

### 台所の鳥居柱
「フォークロアの眼 8 よみがえり」国書刊行会　1977
　◇図118〔白黒〕　宮城県桃生郡河北町小福地　㈹萩原秀
　三郎, 昭和50年12月28日～翌年1月2日

### 台所の流し
「写真ものがたり昭和の暮らし 1」農山漁村文化協会　2004
　◇p37〔白黒〕　長野県阿智村駒場　㈹熊谷元一, 昭和
　24年

### 台所の配管配線
「図説 台所道具の歴史」日本図書センター　2012
　◇p138-11〔白黒〕　東京都内　㈹GK

### 台所の美化と合理化
「図説 台所道具の歴史」日本図書センター　2012
　◇p157-9〔白黒・図〕　昭和11年『婦人画報』

### 台所の様子
「図録・民具入門事典」柏書房　1991
　◇p44〔白黒〕　群馬県

### 台所付近
「日本民俗事典」弘文堂　1972
　◇p417〔白黒〕　岡山県川上郡備中町

### 台所用具と流し
「写真ものがたり昭和の暮らし 2」農山漁村文化協会　2004
　◇p195〔白黒〕　宮崎県西都市大字銀鏡　㈹須藤功, 昭
　和44年12月

### ダイニングキッチン
「写真ものがたり昭和の暮らし 4」農村漁村文化協会　2005
　◇p206〔白黒〕　千葉県松戸市　常盤平団地に住むある
　家族の昭和37年の2DKの俯瞰図を復元　松戸市立博物
　館提供

### タイル張りのかまど
「いまに伝える 農家のモノ・人の生活館」柏書房　2004
　◇p240 写真2〔白黒〕　埼玉県宮代町

### タイル貼りの流し
「図説 台所道具の歴史」日本図書センター　2012
　◇p156-1〔白黒〕　新潟県新津　大正初期

### 高島屋オリジナル・カウンター・スタイル
「図説 台所道具の歴史」日本図書センター　2012
　◇p158-4〔白黒〕　昭和40年　㈹GK

### タキバ
「日本民俗文化財事典(改訂版)」第一法規出版　1979
　◇図99〔白黒〕(タキバ(炊事場))　千葉県安房地方

### 多口竈
「写真でみる民家大事典」柏書房　2005
　◇p130-2〔白黒〕　奈良県安堵町 中家　㈹1996年　森隆
　男　重要文化財

### 竹が美しい天井
「写真でみる民家大事典」柏書房　2005
　◇p65-2〔白黒〕　群馬県松井田町　㈹2004年　金井淑幸

### 竹自在
「日本民俗図誌 3 調度・服飾篇」村田書店　1977
　◇図57〔白黒・図〕　琉球

### 竹自在鉤
「日本民具の造形」淡交社　2004
　◇p24〔白黒〕　鹿児島県 財部町郷土館所蔵

### 竹簀の子天井
「写真でみる民家大事典」柏書房　2005
　◇p65-1〔白黒〕　群馬県前橋市宮城　㈹2004年　金井
　淑幸

竹簀子天井
　「日本の生活環境文化大辞典」柏書房　2010
　　◇p439-7〔白黒〕（竹簀の子天井）　福岡県みやま市　㊡2003年　原田聰明
　「日本民俗大辞典 下」吉川弘文館　2000
　　◇図10〔別刷図版〕「民家」〔白黒〕　旧所在・神奈川県秦野市　1687年（貞享4）　㊡1999年　現所在・神奈川県川崎市多摩区 日本民家園 旧北村家住宅　重要文化財

竹簀の子床
　「日本の生活環境文化大辞典」柏書房　2010
　　◇p439-6〔白黒〕　宮崎市　㊡2009年　原田聰明
　「写真でみる民家大事典」柏書房　2005
　　◇p67-2〔白黒〕　沖縄県竹富町　㊡1996年　永瀬克己
　「図説 民俗建築大事典」柏書房　2001
　　◇写真3（p94）〔白黒〕（竹簀子床）　神奈川県川崎市 伊藤家住宅 日本民家園

竹村家内部
　「図説 民俗探訪事典」山川出版社　1983
　　◇p77〔白黒〕　長野県駒ケ根

畳床が框一段分ずつ上がっている、居蔵の館の座敷
　「写真でみる民家大事典」柏書房　2005
　　◇p407-3〔白黒〕　吉井町立丁　大正初期建築　㊡2004年　佐藤正彦

畳に切られた炉にあるゴトク
　「写真でみる民家大事典」柏書房　2005
　　◇p126-3〔白黒〕　京都府美山町　㊡1984年　早瀬哲恒

立ち流しと坐式の台所
　「日本の生活環境文化大辞典」柏書房　2010
　　◇p386-5〔白黒〕　東京都八王子市　㊡1941年　淵上明

建具のないニワとダイドコ（広間）の境
　「写真でみる民家大事典」柏書房　2005
　　◇p187-3〔白黒〕　岩手県九戸郡野田村日形井　㊡1993年　月舘敏雄

棚
　「写真でみる日本生活図引 4」弘文堂　1988
　　◇図42〔白黒〕　長野県下伊那郡阿智村　㊡熊谷元一、昭和32年5月9日

タンクレスの便器
　「日本の生活環境文化大辞典」柏書房　2010
　　◇p397-5〔白黒〕（2009年に登場したタンクレスの便器）『NEO REST』

段差を付けた板床
　「図説 民俗建築大事典」柏書房　2001
　　◇写真2（p94）〔白黒〕　長野県八千穂村 佐々木家住宅 日本民家園

チセ内部
　「写真ものがたり昭和の暮らし 1」農山漁村文化協会　2004
　　◇p15〔白黒・図〕

チセの内部
　「写真ものがたり昭和の暮らし 7」農山漁村文化協会　2006
　　◇p100〔白黒・図〕（チセ（アイヌの家）の内部）　北海道平取町二風谷　絵・中嶋俊枝
　「精選 日本民俗辞典」吉川弘文館　2006
　　◇p353〔白黒・図〕　『アイヌ民俗調査』1より

チセの内部構造図
　「日本民俗大辞典 下」吉川弘文館　2000
　　◇p84〔白黒・図〕　北海道教育委員会編『アイヌ民俗調査』1より

千葉家の床の間と違い棚
　「写真でみる民家大事典」柏書房　2005
　　◇p189-5〔白黒〕　岩手県遠野市綾織　㊡2004年　月舘敏栄

茶の間
　「写真でみる日本人の生活全集 3」日本図書センター　2010
　　◇p73〔白黒〕　東京都世田谷区　掘炬燵による茶の間のオヤツ

茶の間にて
　「写真でみる日本人の生活全集 3」日本図書センター　2010
　　◇口絵〔白黒〕　東京都杉並区 近代的数寄屋づくりの茶の間　あたらしい畳の上に白足袋の主婦がすわって抹茶をたてている

茶盆棚
　「民俗図録 日本人の暮らし」日本図書センター　2012
　　◇図78〔白黒〕　長崎県平戸町度島　㊡井之口章次

注連を張った味噌部屋
　「食の民俗事典」柊風舎　2011
　　◇p552〔白黒〕　山梨県中央市

長州風呂
　「写真でみる日本人の生活全集 3」日本図書センター　2010
　　◇p122〔白黒〕　東京都　㊡昭和31年

チョンダの内部
　「写真でみる民家大事典」柏書房　2005
　　◇p136-3〔白黒〕　富山県南砺市上梨　㊡2004年　佐伯安一

造り付けの棚
　「図説 民俗建築大事典」柏書房　2001
　　◇写真1（p214）〔白黒〕　宮崎県椎葉村 日本民家集落博物館

付書院
　「日本民俗大辞典 上」吉川弘文館　1999
　　◇p843〔白黒〕　山口県萩市 旧熊谷家住宅　重要文化財

付書院を備えた床の間
　「写真でみる民家大事典」柏書房　2005
　　◇p71-2〔白黒〕　千葉県栄町　㊡1992年　日塔和彦

対馬のヨマ（隠居室）
　「日本民俗文化財事典（改訂版）」第一法規出版　1979
　　◇図96〔白黒〕　長崎県対馬地方

吊二階
　「民俗図録 日本人の暮らし」日本図書センター　2012
　　◇図77〔白黒〕　福岡県甘木市　㊡佐々木滋寛

出入口に入る障子戸
　「写真でみる民家大事典」柏書房　2005
　　◇p58-2〔白黒〕　新潟県塩沢町　㊡1994年　津山正幹

出入り口付近に便所を設けた例
　「図説 民俗建築大事典」柏書房　2001
　　◇図3（p203）〔白黒・図〕　福島県南会津郡南郷村　会津民俗研究会『奥会津南郷の民俗』南郷村教育委員会、1971

鉄砲風呂
　「日本の生活環境文化大辞典」柏書房　2010
　　◇p390-3〔白黒〕（釜を仕組んだ改良型の鉄砲風呂）　旧杉原家 旧所在地は石川県白山市桑島：現在は白山ろく民俗資料館へ移築保存　㊡2009年　石川県指定有形文化財
　「日本民具の造形」淡交社　2004
　　◇p142〔白黒〕　鳥取県　米子市立山陰歴史館所蔵
　「精選 日本民俗辞典」吉川弘文館　2006
　　◇p468〔白黒・図〕（風呂 鉄砲風呂）
　「日本民俗大辞典 下」吉川弘文館　2000
　　◇p496〔白黒・図〕（風呂 鉄砲風呂）　モース『日本人の住まい』より

## 室内の各所　住

**手拭掛け（土間の壁）**
「写真でみる日本生活図引 別巻」弘文堂　1993
◇図361〔白黒〕　長野県下伊那郡阿智村　土間の壁側に細い竹を渡し、手拭を掛ける　㊙熊谷元一, 昭和32年5月6日

**デパートの文化流し**
「図説 台所道具の歴史」日本図書センター　2012
◇p157-10～12〔白黒・図〕　昭和11年『婦人画報』5月号

**天井**
「写真でみる日本人の生活全集 3」日本図書センター　2010
◇p84〔白黒〕　東京都世田谷区等々力町の旧家
「図説 民俗探訪事典」山川出版社　1983
◇p77〔白黒〕　埼玉県大宮市

**天窓**
「日本の生活環境文化大辞典」柏書房　2010
◇p443-3〔白黒〕　茨城県石岡市　㊙2009年　朴贊弼

**銅壺型竃**
「図説 台所道具の歴史」日本図書センター　2012
◇p70-1〔白黒〕　上田市　戦前　㊙GK

**陶製ながし**
「図説 台所道具の歴史」日本図書センター　2012
◇p13-11〔カラー〕　1974年頃まで使用（製作明治時代頃）　愛知県・一宮町郷土資料館

**トゥナ**
「日本民俗大辞典 下」吉川弘文館　2000
◇p188〔白黒〕　アイヌ語で火棚・炉棚　アイヌ民族博物館提供

**トウリ**
「民俗資料選集 8 中付駑者の習俗」国土地理協会　1979
◇p281（本文）〔白黒〕　福島県南会津郡南郷村　馬産地の農家

**通り土間と表二階の階段**
「写真でみる民家大事典」柏書房　2005
◇p253-4〔白黒〕　新潟県三島郡出雲崎町　㊙2004年　三井田忠明

**通り庭に設けられた台所**
「日本を知る事典」社会思想社　1971
◇図4（p195）〔白黒〕　奈良県橿原市

**戸口の小便所**
「図説 民俗建築大事典」柏書房　2001
◇写真3（p51）〔白黒〕　京都府加悦町

**床に神棚を設けた簡素な客座敷**
「日本を知る事典」社会思想社　1971
◇図28（p207）〔白黒〕　奄美大島

**床の間**
「祭・芸能・行事大事典 下」朝倉書店　2009
◇p1235〔白黒〕　奈良県平群町　氏神を迎えて祀った床の間
「精選 日本民俗辞典」吉川弘文館　2006
◇p388〔白黒・図〕　三重県 町井家　重要文化財（町井家）
「日本民俗大辞典 下」吉川弘文館　2000
◇p206〔白黒・図〕　三重県上野市　町井家住宅　重要文化財（町井家）
「民俗資料選集 8 中付駑者の習俗」国土地理協会　1979
◇p261（本文）〔白黒〕　福島県南会津郡田島町　山王峠下山王茶屋

**床の間位置の転換**
「図説 民俗建築大事典」柏書房　2001
◇図3（p105）〔白黒・図〕　茨城県三和町

**床の間および屋根裏**
「日本を知る事典」社会思想社　1971
◇口絵17・18（日本の民家）〔白黒〕（高野家住宅床の間および屋根裏）

**床の間の網代天井**
「写真でみる民家大事典」柏書房　2005
◇p66-2〔白黒〕　千葉県船橋市　㊙1996年　宮崎勝弘

**床の間まわりの名称**
「図説 民俗建築大事典」柏書房　2001
◇図1（p102）〔白黒・図〕

**土座造**
「日本民俗大辞典 下」吉川弘文館　2000
◇図11〔別刷図版〕「民家」〔白黒〕　旧所在・長野県下水内郡栄村　江戸時代後期建築　㊙1991年　現所在・大阪府豊中市　日本民家集落博物館　旧山田家住宅　重要文化財

**土座住まいの居間でくつろぐ夫婦**
「写真でみる民家大事典」柏書房　2005
◇p134-1〔白黒〕　新潟県南魚沼市　㊙1971年　池田亨

**土座床**
「図説 民俗建築大事典」柏書房　2001
◇写真4（p95）〔白黒〕　山梨県塩山市　広瀬家住宅　日本民家園

**土座の居室と土間との境**
「写真でみる民家大事典」柏書房　2005
◇p121-2〔白黒〕　山形県山形市　㊙1979年　津山正幹

**土座の居室のある民家**
「写真でみる民家大事典」柏書房　2005
◇p121-1〔白黒〕　山形県山形市　㊙1979年　津山正幹

**土佐屋の内部**
「写真でみる民家大事典」柏書房　2005
◇p293-5〔白黒〕　岐阜県恵那市岩村　㊙2004年　富山博

**とだな**
「日本の生活文化財」第一法規出版　1965
◇図116・117（食）〔白黒〕　高山市立飛騨民俗館所蔵

**土間**
「写真でみる民家大事典」柏書房　2005
◇p118-1〔白黒〕（細かな凹凸ができた土間）　埼玉県幸手市　㊙1989年　大久根茂
「宮本常一 写真・日記集成 下」毎日新聞社　2005
◇p394〔白黒〕（草履が並ぶ土間）　愛媛県喜多郡長浜町青島　㊙宮本常一, 1977年5月24日
「写真ものがたり昭和の暮らし 1」農山漁村文化協会　2004
◇p41〔白黒〕　長野県阿智村　七輪を置いた台ほか　㊙熊谷元一, 昭和32年5月
「日本を知る事典」社会思想社　1971
◇図1（p194）〔白黒〕（農家の土間）　岩手県北上市

**土間（物置）**
「写真ものがたり昭和の暮らし 1」農山漁村文化協会　2004
◇p42〔白黒〕　群馬県東村座間　㊙都丸十九一, 昭和40年8月

**土間上の天井**
「写真でみる民家大事典」柏書房　2005
◇p65-3〔白黒〕　埼玉県幸手市　㊙1994年　津山正幹

**土間を仕切って設けた馬屋**
「写真ものがたり昭和の暮らし 1」農山漁村文化協会　2004
◇p88〔白黒〕　青森県八戸市櫛引　㊙和井田登, 昭和45年9月

**土間から居間をみる**
「写真でみる民家大事典」柏書房　2005

## 住　室内の各所

◇p212-1〔白黒〕　三和町諸川　㈲1993年　三和町

### 土間境の大黒柱
「日本の生活環境文化大辞典」柏書房　2010
◇p436-1〔白黒〕　熊本県玉名郡和水町　㈲2009年　原田聰明

### 土間住いの農家
「日本を知る事典」社会思想社　1971
◇図39（p213）〔白黒〕　滋賀県伊香郡

### 土間と居間
「写真でみる日本生活図引 4」弘文堂　1988
◇図2〔白黒〕　岡山県川上郡備中町　㈲上井卓治, 昭和38年12月

### 土間とかまど
「日本を知る事典」社会思想社　1971
◇図5（p196）〔白黒〕（農家の土間とかまど）　奈良県天理市

### 土間と台所
「写真でみる日本生活図引 4」弘文堂　1988
◇図46〔白黒〕　新潟県佐渡郡佐和田町石田　㈲中俣正義, 昭和30年頃

### 土間と出居
「民俗図録 日本人の暮らし」日本図書センター　2012
◇図71〔白黒〕　静岡県榛原郡中川根村　㈲横山信

### 土間にある囲炉裏
「民俗図録 日本人の暮らし」日本図書センター　2012
◇図73〔白黒〕　東京都保谷町下保谷　㈲高橋文太郎

### 土間にあるカマド
「民俗図録 日本人の暮らし」日本図書センター　2012
◇図75〔白黒〕　青森県三戸郡下長苗代村　㈲横山信

### 土間に打たれた長押
「図説 民俗建築大事典」柏書房　2001
◇写真1（p96）〔白黒〕　神奈川県川崎市 伊藤家住宅　日本民家園

### 土間に設けられた牛小屋
「日本を知る事典」社会思想社　1971
◇図2（p194）〔白黒〕　滋賀県大津市

### 土間の囲炉
「図説 台所道具の歴史」日本図書センター　2012
◇p64-4〔白黒〕　旧奈良家住宅（秋田県立博物館）

### 土間のカマド
「写真でみる日本人の生活全集 3」日本図書センター　2010
◇p96〔白黒〕

### 土間の荒神柱
「日本の生活環境文化大辞典」柏書房　2010
◇p436-2〔白黒〕　佐賀市　㈲2009年　原田聰明

### 土間の独立柱
「図説 民俗建築大事典」柏書房　2001
◇写真2（p83）〔白黒〕　宮城県蔵王町 我妻家主屋

### 土間の補修
「写真でみる日本生活図引 4」弘文堂　1988
◇図49〔白黒〕　長野県下伊那郡阿智村　㈲熊谷元一, 昭和31年12月28日

### 土間の炉
「図説 民俗建築大事典」柏書房　2001
◇写真1（p168）〔白黒〕　東京都清瀬市

### 土間の炉と竈
「写真でみる民家大事典」柏書房　2005
◇p123-1〔白黒〕　埼玉県越谷市　㈲1987年　津山正幹

### 土間の炉に集う家族
「写真でみる民家大事典」柏書房　2005
◇p123-2〔白黒〕　埼玉県日高市　㈲1931年頃　『民家図集』第九輯

### ドラム缶の風呂
「写真ものがたり昭和の暮らし 2」農山漁村文化協会　2004
◇p43〔白黒〕（ドラム缶の風呂で汗を流す）　福島県檜枝岐村　㈲米山孝志, 昭和56年6月
「日本民俗写真大系 1」日本図書センター　1999
◇p125〔白黒〕（開拓地の風呂）　北海道長万部町平里 ドラム缶　㈲掛川源一郎, 1956年
「写真でみる日本生活図引 4」弘文堂　1988
◇図52〔白黒〕（入浴）　北海道山越郡長万部町平里　開拓地のドラム罐の風呂　㈲掛川源一郎, 昭和31年4月

### 泥のヘッツイと釜
「いまに伝える 農家のモノ・人の生活館」柏書房　2004
◇p239 写真1〔白黒〕　埼玉県所沢市

### 流し
「図説 台所道具の歴史」日本図書センター　2012
◇p27-7〔白黒〕（台所・もうひとつの象徴）　隅を斜めに切っただけで往事の流しの表現になった
◇p156-4〜8〔白黒〕　直立の姿勢で使う流し, 食器流しと雑用流しを分離したもの,「流しと水切り臺と補助臺を最も合理的に結合」したもの, 椅子に坐って流しを使おうという提案の早期のもの　昭和10年『婦人画報』
「日本民具の造形」淡交社　2004
◇p104〔白黒〕　宮崎県　西都原資料館所蔵

### 流し台
「図説 台所道具の歴史」日本図書センター　2012
◇p154-5〜7〔白黒・図〕（大正時代の教材にみる流し台）木製「流臺」,「鉄網コンクリート製, 盛臺兼調理臺 大正5年、大江スミ子著『應用家事精義』東京寶文館

### 流しに立つ母と歩行器の子ども
「写真ものがたり昭和の暮らし 4」農山漁村文化協会　2005
◇p207〔白黒〕　千葉県松戸市　㈲小櫃亮, 昭和35年

### 流しの分類
「図説 台所道具の歴史」日本図書センター　2012
◇p158-9〜159-10〜21〔白黒・図〕

### 流し場
「図説 台所道具の歴史」日本図書センター　2012
◇p151-10〔白黒〕　石の舟, 木の舟　旧奈良家住宅（秋田県立博物館）
「写真でみる日本生活図引 4」弘文堂　1988
◇図13〔白黒〕（沖縄の流し場）　沖縄県島尻郡伊平屋村・野甫島　㈲上江洲均, 昭和45年

### ナカノマ
「日本民俗大辞典 下」吉川弘文館　2000
◇図25〔別刷図版「民家」〕〔白黒〕　鳥取県鳥取市 福田家　江戸時代初期建築　㈲1999年　鳥取市教育委員会提供　重要文化財

### ナス・シルバークィン
「図説 台所道具の歴史」日本図書センター　2012
◇p158-1〔白黒〕　昭和40年　流し下は開放
◇p158-2〔白黒〕　東京人形町ショールーム　昭和40年　前面にガラス戸　㈲GK

### ナス4点セットG型
「図説 台所道具の歴史」日本図書センター　2012
◇p158-5〔白黒〕　東京人形町　昭和40年　㈲GK

### 鍋・釜のふたつべっつい
「図説 台所道具の歴史」日本図書センター　2012
◇p27-2〔白黒〕　台所の象徴

## 室内の各所　住

縄のれんのかかる家の中
　「図説 民俗探訪事典」山川出版社　1983
　　◇p81〔白黒〕　島根県邇摩郡

軟石製の流し
　「図説 台所道具の歴史」日本図書センター　2012
　　◇p153-7〔白黒〕　佐渡・小木民俗博物館

二階の炉
　「図説 台所道具の歴史」日本図書センター　2012
　　◇p66-2・3〔白黒〕　山形県田麦俣の民家　山形県鶴岡・致道博物館

荷物の出し入れに便利な二階への広い階段
　「写真でみる民家大事典」柏書房　2005
　　◇p411-4〔白黒〕　佐賀県小城市牛津町　㊟2004年　佐藤正彦

ニワ（土間）の奥に設けた台所
　「写真ものがたり昭和の暮らし 9」農山漁村文化協会　2007
　　◇p36〔白黒〕　新潟県朝日村三面　㊟中俣正義, 昭和34年

鶏も一緒の台所
　「写真でみる日本生活図引 4」弘文堂　1988
　　◇図45〔白黒〕　新潟県東頸城郡松之山町天水越　㊟中俣正義, 昭和32年1月

ヌカカマド
　「いまに伝える 農家のモノ・人の生活館」柏書房　2004
　　◇p240 写真3〔白黒〕　埼玉県大利根町

塗りくど
　「図説 台所道具の歴史」日本図書センター　2012
　　◇p61-11〔白黒〕　徳島県石井町・武智邸　明治時代の築造

ネカギ（大黒）
　「民具のみかた―心とかたち」第一法規出版　1983
　　◇p47〔白黒〕　石川県内浦町　自在鉤を固定させる

根太天井
　「写真でみる民家大事典」柏書房　2005
　　◇p64-2〔白黒〕　群馬県中之条町　㊟2004年　金井淑幸

根太天井を用いた町家の店の間
　「日本を知る事典」社会思想社　1971
　　◇図41〔白黒〕　群馬県佐波郡

根太天井の広がり
　「写真でみる民家大事典」柏書房　2005
　　◇p64-1〔白黒〕　群馬県松井田町　㊟2004年　金井淑幸

寝間の入口
　「日本を知る事典」社会思想社　1971
　　◇図25（p205）〔白黒〕（関西の町家の古い寝間の入口）奈良県橿原市
　　◇図26（p205）〔白黒〕（農家の寝間の入口）京都府船井郡

寝間のしきり
　「日本社会民俗辞典 3」日本図書センター　2004
　　◇p1106〔白黒〕　福島県大野町

農家の板床
　「写真でみる民家大事典」柏書房　2005
　　◇p72-2〔白黒〕　岐阜県恵那市明智町　㊟1998年　永瀬克己

農家の居間
　「日本を知る事典」社会思想社　1971
　　◇図19（p201）〔白黒〕（古い形式の農家の居間）静岡県安倍郡

農家の簀の子天井
　「日本を知る事典」社会思想社　1971
　　◇図34（p211）〔白黒〕　愛知県名古屋市

農家の簀の子床
　「日本を知る事典」社会思想社　1971
　　◇図40（p214）〔白黒〕　沖縄県石垣島　南西諸島

農家の坐り流し
　「日本を知る事典」社会思想社　1971
　　◇図8（p197）〔白黒〕　神奈川県足柄上郡

農家の立ち流し
　「日本を知る事典」社会思想社　1971
　　◇図7（p196）〔白黒〕　滋賀県甲賀郡

農家の梁と自在鉤
　「里山・里海 暮らし図鑑」柏書房　2012
　　◇写4（p222）〔白黒〕　石川県珠洲市

農家の水屋
　「写真でみる日本人の生活全集 1」日本図書センター　2010
　　◇p121〔白黒〕　新潟県北蒲原郡松浦村　ずらりとならんだハガマ, 鉄ナベ

農村の生活改善（台所）
　「図説 台所道具の歴史」日本図書センター　2012
　　◇p71-11〔白黒〕（農村の生活改善）岡山県南部地帯　台所　昭和28年『婦人画報』5月号

野天風呂
　「民俗図録 日本人の暮らし」日本図書センター　2012
　　◇図55〔白黒〕　長崎県北松浦郡獅子村春日　㊟井之口章次

排水のわずかな床上流し
　「図説 台所道具の歴史」日本図書センター　2012
　　◇p151-12・13〔白黒〕　札幌市　琴似屯田兵村兵屋

箱階段
　「図説 民俗建築大事典」柏書房　2001
　　◇写真3（p211）〔白黒〕　京都府京都市
　「日本を知る事典」社会思想社　1971
　　◇口絵11（日本の民家）〔カラー〕（佐藤家箱階段）山形市十日町

箱階段と戸棚が据えられた居蔵の館
　「写真でみる民家大事典」柏書房　2005
　　◇p407-2〔白黒〕（見事な箱階段と戸棚が据えられた居蔵の館）吉井町立丁　㊟2004年　佐藤正彦

箱床で寝る主人
　「写真でみる民家大事典」柏書房　2005
　　◇p137-1〔白黒〕　福島県南郷村　㊟1965年頃　安藤紫香

八角の大黒柱
　「民俗図録 日本人の暮らし」日本図書センター　2012
　　◇図72〔白黒〕　宮城県伊具郡筆甫村　㊟橋浦泰雄

花柴を供えたオヨジ（便所）
　「民俗図録 日本人の暮らし」日本図書センター　2012
　　◇図57〔白黒〕　福井県三方郡美浜町日向　便所　㊟錦耕三

羽根付き火鉢の流し版
　「図説 台所道具の歴史」日本図書センター　2012
　　◇p158-8〔白黒・図〕　昭和25年 沼畑金四郎著『家庭科図説』岩崎書店

梁
　「図説 日本民俗学」吉川弘文館　2009
　　◇p162〔白黒〕　愛知県東栄町

梁組み
　「日本民俗大辞典 下」吉川弘文館　2000
　　◇p397〔白黒・図〕（梁組）梁組構造図
　「日本写真全集 9」小学館　1987

◇図42〔白黒〕　岐阜県高山市　[撮]二川幸夫, 昭和33年『日本の民家』(昭和32〜34年刊)

### 梁先端の叉首穴
「写真でみる民家大事典」柏書房　2005
◇p32-3〔白黒〕　茨城県稲敷市新利根町　[撮]2002年　平山育男

### 梁の上に筵を載せたマコモ天井
「写真でみる民家大事典」柏書房　2005
◇p231-4〔白黒〕　千葉県袖ヶ浦市吉野田　[撮]1993年　篠田智章

### 半帖台所
「図説 台所道具の歴史」日本図書センター　2012
◇p160-2・3〔白黒〕(もっとも狭小な、半帖台所)　[撮]GK

### 火あま
「日本民具の造形」淡交社　2004
◇p122〔白黒〕　富山県 利賀村飛翔の里資料館所蔵

### 低い二階座敷をもつ町家
「日本を知る事典」社会思想社　1971
◇図33(p210)〔白黒〕　長野県木曽郡

### ひけしかご
「日本の生活文化財」第一法規出版　1965
◇図27(概説)〔白黒〕

### ヒジロ
「図録・民具入門事典」柏書房　1991
◇p47〔白黒〕　東京都

### ヒジロバタ
「図録・民具入門事典」柏書房　1991
◇p46〔白黒〕　東京都

### 火棚
「写真でみる日本人の生活全集 3」日本図書センター　2010
◇p88〔白黒〕　長野県上伊那郡川島村
「日本民具の造形」淡交社　2004
◇p122〔白黒〕　秋田県 草彅家住宅所蔵
「日本民俗大辞典 下」吉川弘文館　2000
◇p425〔白黒〕
「日本民俗図誌 9 住居・運輸篇」村田書店　1978
◇図78〔白黒・図〕　もと秩父の山間にあった農家(京都市嵯峨町臨川寺境内に移設)

### ヒトツカマドの呼称をもつ大竈
「写真でみる民家大事典」柏書房　2005
◇p129-2〔白黒〕　奈良県橿原市今井町　[撮]1994年　森隆男

### 火の子返し
「日本民俗図誌 9 住居・運輸篇」村田書店　1978
◇図79-2〔白黒・図〕　京都府　『続京郊民家譜』

### 広い作業空間の土間
「写真でみる民家大事典」柏書房　2005
◇p118-2〔白黒〕　埼玉県長瀞町　[撮]2004年　大久根茂

### ふご風呂
「日本の生活環境文化大辞典」柏書房　2010
◇p391-4〔白黒〕　三重県伊賀市　[撮]1985年

### 襖
「日本の生活環境文化大辞典」柏書房　2010
◇p444-6〔白黒〕　山梨県北杜市　[撮]2004年　朴賛弼

### 普通の便利なお台所
「図説 台所道具の歴史」日本図書センター　2012
◇p156-3〔白黒〕　立流し　昭和7年『婦人画報』1月号

### ふみこみのいろり
「日本を知る事典」社会思想社　1971
◇図21(p202)〔白黒〕　群馬県勢多郡

### 踏み込み炉
「写真でみる民家大事典」柏書房　2005
◇口絵19〔カラー〕　栃木県宇都宮市　[撮]1979年　柏村祐司

### 冬は土間に置いて沸かす風呂を、夏は庭に出してはいる
「写真ものがたり昭和の暮らし 6」農山漁村文化協会　2006
◇p129〔白黒〕　長野県富士見町池之袋　[撮]武藤盈, 昭和36年9月

### 風呂
「写真でみる日本生活図引 4」弘文堂　1988
◇図53〔白黒〕　新潟県岩船郡朝日村三面　[撮]中俣正義, 昭和34年7月
◇図54〔白黒〕　福島県南会津郡下郷町大内　石製の風呂　[撮]須藤功, 昭和44年8月5日

### 風呂桶
「日本民具の造形」淡交社　2004
◇p142〔白黒〕　富山県 立山町風土記丘資料館所蔵
「日本社会民俗辞典 3」日本図書センター　2004
◇p1278〔白黒〕(くり木づくりの風呂桶)　奄美大島

### 風呂おけに水を運び入れる
「写真ものがたり昭和の暮らし 1」農山漁村文化協会　2004
◇p43〔白黒〕(風呂おけに小さなバケツで水を運び入れる)　長野県阿智村駒場　[撮]熊谷元一, 昭和25年

### 風呂をわかす
「写真ものがたり昭和の暮らし 1」農山漁村文化協会　2004
◇p43〔白黒〕　長野県阿智村駒場　[撮]熊谷元一, 昭和24年

### 風呂の内部図
「写真ものがたり昭和の暮らし 1」農山漁村文化協会　2004
◇p43〔白黒・図〕

### 風呂場
「写真ものがたり昭和の暮らし 9」農山漁村文化協会　2007
◇p16〔白黒〕　福島県下郷町大内　薪を燃やす木桶の風呂　[撮]須藤功, 昭和44年8月

### 文化竈
「図説 民俗建築大事典」柏書房　2001
◇写真4(p176)〔白黒〕(床上に置かれたタイル貼りの文化竈)　滋賀県高島郡マキノ町

### フンゴミロ
「図説 民俗建築大事典」柏書房　2001
◇図2(p169)〔白黒・図〕　埼玉県秩父地方

### 臍風呂
「精選 日本民俗辞典」吉川弘文館　2006
◇p468〔白黒・図〕(風呂 臍風呂)
「日本民俗大辞典 下」吉川弘文館　2000
◇p496〔白黒・図〕(風呂 臍風呂)　モース『日本人の住まい』より

### へっつい
「図説 台所道具の歴史」日本図書センター　2012
◇p62-2〔白黒〕　滋賀県東浅井郡・セリン館
◇p62-3〔白黒〕　東京近郊農家

### 別棟の風呂
「写真でみる日本人の生活全集 3」日本図書センター　2010
◇p116〔白黒〕　福島県相馬市坪田
◇p117〔白黒〕　宮城県 弥治郎　風呂場が独立〔別棟〕

### ベンガラスス塗りの長押
「写真でみる民家大事典」柏書房　2005
◇p362-2〔白黒〕　岡山県高梁市吹屋 西江家　[撮]1990年頃　山崎康雄

室内の各所　　　　　　　　　　　　　　　住

便器
「図説 民俗建築大事典」柏書房　2001
　　◇写真1（p204）〔白黒〕　便壺に板を渡したもの　川崎市立日本民家園

便所
「民俗図録 日本人の暮らし」日本図書センター　2012
　　◇図56〔白黒〕（農家の便所）　静岡県安倍郡大川村井川　杉の皮による大きな屋根　㊞酒井卯作
　　◇図59〔白黒〕（東北地方の便所）　岩手県九戸郡山形村川井　わずかに雨露を防ぐ屋根　㊞大間知篤三
「写真でみる日本生活図引 4」弘文堂　1988
　　◇図57〔白黒〕　青森県十和田市　簀木,簀木箱　㊞生出匡,撮影年不明
　　◇図58〔白黒〕　愛知県北設楽郡東栄町月　小便器　㊞須藤功,昭和44年11月21日
　　◇図59〔白黒〕　岡山県阿哲郡哲多町　小便穴　㊞長谷川明,昭和46年3月
「日本民俗文化財事典（改訂版）」第一法規出版　1979
　　◇図89〔白黒〕　長崎県対馬地方

便所模式図
「精選 日本民俗辞典」吉川弘文館　2006
　　◇p474〔白黒・図〕　福島県南会津郡檜枝岐村
「日本民俗大辞典 下」吉川弘文館　2000
　　◇p516〔白黒・図〕　福島県南会津郡檜枝岐村

勾玉型クド
「図説 民俗建築大事典」柏書房　2001
　　◇写真1（p148）〔白黒〕　奈良県安堵町 中家

町家内部の小屋組
「写真でみる民家大事典」柏書房　2005
　　◇p285-4〔白黒〕　長野県塩尻市奈良井　㊞2004年 石井健郎

町家の居間
「日本を知る事典」社会思想社　1971
　　◇図20（p202）〔白黒〕　奈良県橿原市

町屋の居間と階段
「図説 民俗探訪事典」山川出版社　1983
　　◇p81〔白黒〕　埼玉県春日部市

町屋の縁台
「図説 民俗探訪事典」山川出版社　1983
　　◇p81〔白黒〕　福井県小浜市

町家のカマド
「日本社会民俗辞典 1」日本図書センター　2004
　　◇p202〔白黒〕　福岡市

町家の客座敷
「日本を知る事典」社会思想社　1971
　　◇図27（p207）〔白黒〕　千葉県夷隅郡　幕末

町屋の台所
「写真でみる日本生活図引 7」弘文堂　1993
　　◇図39〔白黒〕　京都府京都市　㊞黒川翠山,昭和5年　京都府立総合資料館提供

町家の台所
「日本社会民俗辞典 2」日本図書センター　2004
　　◇p869〔白黒〕　京都市　棚に荒神,柱に愛宕様を祭る

町家の台所と神棚
「写真でみる民家大事典」柏書房　2005
　　◇p155-2〔白黒〕　京都府京都市　㊞2003年 森隆男

町家の通り土間に置かれた銅板張りの台所
「写真でみる民家大事典」柏書房　2005
　　◇p122-3〔白黒〕　京都府京都市　㊞1990年 宮崎玲子

町家の土間
「図説 民俗建築大事典」柏書房　2001
　　◇図3（p167）〔白黒・図〕　京都府京都市 木村家　島村昇・鈴鹿幸雄ほか『京の町家』鹿島出版会、1971

町家の上りハナ
「図説 民俗探訪事典」山川出版社　1983
　　◇p78〔白黒〕　滋賀県日野町

松梁を生かした民家再生
「民俗学事典」丸善出版　2014
　　◇p213〔白黒〕　〔室内〕

卍敷きの畳
「写真でみる民家大事典」柏書房　2005
　　◇p69-3〔白黒〕　愛知県津島市　㊞1990年頃 桐浴邦夫

万年流しの広告
「図説 台所道具の歴史」日本図書センター　2012
　　◇p151-11〔白黒〕　若林源三編『左官実用宝典』ヤブ原商店出版部、昭和27年

水まわり（江戸末～明治）
「図説 台所道具の歴史」日本図書センター　2012
　　◇p152-1〔白黒・図〕（江戸末—明治の水まわり）　明治31年 平出鏗二郎著『東京風俗志』八坂書房

みずや
「日本の生活文化財」第一法規出版　1965
　　◇図118（食）〔白黒〕　高山市立飛騨民俗館所蔵

水屋
「日本社会民俗辞典 1」日本図書センター　2004
　　◇p388〔白黒〕　輪中　『輪中聚楽地誌』

ミニマム台所
「図説 台所道具の歴史」日本図書センター　2012
　　◇p23-3〔白黒〕　「日本建築学会設計計画パンフレット6」彰国社

民家の居間の様子
「今は昔 民具など」文芸社　2014
　　◇p27〔白黒〕　㊞山本富三 京の田舎民具資料館蔵

民家の押入
「日本を知る事典」社会思想社　1971
　　◇図31（p209）〔白黒〕　千葉県安房郡

民家の隅柱
「日本社会民俗辞典 3」日本図書センター　2004
　　◇p1178〔白黒〕　喜界島

民家の台所
「宮本常一 写真・日記集成 下」毎日新聞社　2005
　　◇p231〔白黒〕　東京都青梅市小曽木あたり　㊞宮本常一, 1970年8月14日～17日（青梅市民俗調査）

民家の内部（炉端）
「写真でみる民家大事典」柏書房　2005
　　◇p117〔白黒〕（民家）　岐阜県白川村　〔炉端に座る〕　㊞昭和初め　『民家図集』

民家の欄間
「日本を知る事典」社会思想社　1971
　　◇図30（p209）〔白黒〕　千葉県安房郡

ミンジャ
「図録・民具入門事典」柏書房　1991
　　◇p47〔白黒〕　新潟県　水屋

むぎ風呂
「日本の生活環境文化大辞典」柏書房　2010
　　◇p391-5〔白黒〕　滋賀県近江八幡市　㊞1990年

麦風呂
「精選 日本民俗辞典」吉川弘文館　2006

◇p468〔白黒・図〕（風呂 麦風呂）　籠風呂の一種
　「日本民俗大辞典 下」吉川弘文館　2000
　　　◇p496〔白黒・図〕（風呂 麦風呂）　籠風呂の一種　中桐確太郎「風呂」より

**蒸し竈**
　「図説 台所道具の歴史」日本図書センター　2012
　　　◇p70-5・6〔白黒〕　奥会津歴史民俗資料館，愛媛県・新居浜市立郷土館

**蒸し竈各種**
　「図説 台所道具の歴史」日本図書センター　2012
　　　◇p70-7〔白黒・図〕　昭和25年 沼畑金四郎著『家庭科図説』

**蒸し風呂**
　「写真でみる民家大事典」柏書房　2005
　　　◇p132-1〔白黒〕　奈良県安堵町 中家　蒸し風呂，温室内の床板，床板下の銅製釜，釜下の竈焚口　㊞2001年 田村直基

**無排水コンポストトイレ**
　「図説 台所道具の歴史」日本図書センター　2012
　　　◇p212-1・2〔白黒・図/写真〕　コンポスト開発研究会提供

**明治期創建の商家の大阪障子**
　「図説 民俗建築大事典」柏書房　2001
　　　◇写真4（p101）〔白黒〕　大阪府柏原市
　　　◇写真5（p101）〔白黒〕　東京都文京区

**木製の流し**
　「いまに伝える 農家のモノ・人の生活館」柏書房　2004
　　　◇p241 図3〔白黒・図〕　埼玉県

**木製ブリキ板張り流し**
　「写真でみる民家大事典」柏書房　2005
　　　◇p122-2〔白黒〕　東京都清瀬市　㊞1983年　宮崎玲子

**モダン台所**
　「図説 台所道具の歴史」日本図書センター　2012
　　　◇p156-2〔白黒〕　昭和12年　『婦人画報』

**モダンな台所**
　「写真でみる日本人の生活全集 3」日本図書センター　2010
　　　◇p71〔白黒〕

**望月家の内部**
　「写真でみる民家大事典」柏書房　2005
　　　◇p23-3〔白黒〕　愛知県新城市　㊞2004年　矢部忠司

**山田家の土座**
　「図説 民俗建築大事典」柏書房　2001
　　　◇図1（p164）〔白黒・図〕　長野県下水内郡栄村　間取図　川島宙次『滅びゆく民家間取り・構造・内部』主婦と生活社、1973

**山本屋（元運送店）の客間**
　「民俗資料選集 8 中付駑者の習俗」国土地理協会　1979
　　　◇p10（口絵）〔白黒〕　福島県舘岩村八総

**床上と屋外の両方から使える農家の便所**
　「日本を知る事典」社会思想社　1971
　　　◇図55（p221）〔白黒〕　滋賀県甲賀郡

**床下に作った野菜の室**
　「写真ものがたり昭和の暮らし 1」農山漁村文化協会　2004
　　　◇p74〔白黒〕　新潟県松之山町黒倉　㊞小見重義，昭和52年1月

**床脇に天袋を設けた床の間**
　「写真でみる民家大事典」柏書房　2005
　　　◇p71-3〔白黒〕　千葉県木更津市　㊞1992年　日塔和彦

**雪国の外部に面した障子**
　「日本を知る事典」社会思想社　1971
　　　◇図47（p217）〔白黒〕　富山県婦負郡

**ユルリ**
　「民俗資料選集 9 山村の生活と用具」国土地理協会　1981
　　　◇p60（本文）〔白黒〕　愛知県北設楽郡津具村　囲炉裏

**養蚕農家の二階の内部**
　「日本を知る事典」社会思想社　1971
　　　◇図32（p210）〔白黒〕　群馬県伊勢崎市

**洋和折衷竈**
　「図説 台所道具の歴史」日本図書センター　2012
　　　◇p69-13〔白黒・図〕　明治27年『家庭雑誌』4月号

**吉原家の内部**
　「写真でみる民家大事典」柏書房　2005
　　　◇p409-3〔白黒〕　福岡県大川市小保・榎津　㊞2004年 磯部淳子

**四つ竈**
　「写真ものがたり昭和の暮らし 9」農山漁村文化協会　2007
　　　◇p39〔白黒〕　京都府京都市　㊞黒川翠山，昭和5年　所蔵・京都府立総合資料館

**蘭引**
　「図説 台所道具の歴史」日本図書センター　2012
　　　◇p187-1〔白黒〕　花の香料の蒸溜器　愛媛県・新居浜市立郷土館

**離島の台所**
　「日本社会民俗辞典 2」日本図書センター　2004
　　　◇p869〔白黒〕　鹿児島県硫黄島

**レンガ造りの銅壺が付いた竈**
　「図説 民俗建築大事典」柏書房　2001
　　　◇写真5（p176）〔白黒〕　静岡県周智郡森町

**連クド**
　「日本民俗大辞典 下」吉川弘文館　2000
　　　◇図8〔別刷図版「民家」〕〔白黒〕　奈良県生駒郡安堵町 中家住宅　江戸時代中期建築　㊞岩田恒雄，1977年 中寧提供　重要文化財

**炉**
　「図説 民俗建築大事典」柏書房　2001
　　　◇写真1（p179）〔白黒〕（中国山地の炉）　岡山県苫田郡阿波村
　　　◇写真1（p182）〔白黒〕　宮本馨太郎編『図録 民具入門事典』柏書房、1991
　「日本民俗図誌 9 住居・運輸篇」村田書店　1978
　　　◇図78〔白黒・図〕　もと秩父の山間にあった農家（京都市嵯峨町臨川寺境内に移設）
　　　◇図79-3〔白黒・図〕　京都府愛宕郡大原村字尾越

**炉を囲む家**
　「図説 民俗建築大事典」柏書房　2001
　　　◇図1（p168）〔白黒・図〕

**炉を囲んでの家族の団らん**
　「写真でみる民家大事典」柏書房　2005
　　　◇p124-2〔白黒〕　新潟県十日町市　㊞1955年頃　十日町市市史編さん室

**炉から炬燵に代わった居間でのくつろぎ**
　「写真でみる民家大事典」柏書房　2005
　　　◇p134-3〔白黒〕　山梨県富士吉田市　㊞1986年　津山正幹

**炉からコタツへの変化**
　「日本の生活環境文化大辞典」柏書房　2010
　　　◇p365-5〔白黒〕　山梨県富士吉田市　㊞1986年

**ロッジ〈やどかり〉の最小限台所**
　「図説 台所道具の歴史」日本図書センター　2012
　　　◇p23-4〔白黒〕　日光化成KK デザイン・GK

## 炉で使われる器具
「図説 民俗建築大事典」柏書房　2001
　◇図4（p171）〔白黒・図〕　ワタシアミ、ヒバシ、ハイナラシ、ジュウノウ、ヒフキダケ

## 炉で火吹き竹を使う
「写真でみる民家大事典」柏書房　2005
　◇p128-1〔白黒〕　新潟県柏崎市　㊙2004年　古川修文

## 炉と竃
「写真でみる民家大事典」柏書房　2005
　◇p319-5〔白黒〕　滋賀県高島市在原　㊙1983年　網谷りょういち

## 炉と竃の併用
「図説 民俗建築大事典」柏書房　2001
　◇写真3（p175）〔白黒〕　埼玉県越谷市

## 爐と食事
「写真でみる日本人の生活全集 3」日本図書センター　2010
　◇p89〔白黒〕　東京都下保谷村の炉辺　自在カギに鍋
　◇p89〔白黒〕　東京　畳の居間に炉を切り食卓にも机にも利用

## 炉と流し台
「図説 民俗建築大事典」柏書房　2001
　◇写真1（p194）〔白黒〕　青森県三戸町

## 炉の座
「日本の生活環境文化大辞典」柏書房　2010
　◇p364-3〔白黒・図〕

## 炉の周囲に張られた板床
「写真でみる民家大事典」柏書房　2005
　◇p68-3〔白黒〕　旧阿久沢家、群馬県前橋市宮城　㊙1994年　永瀬克己

## 炉端
「民俗の事典」岩崎美術社　1972
　◇p143〔白黒・図〕　岩手県盛岡地方

## 爐ばた
「写真でみる日本人の生活全集 3」日本図書センター　2010
　◇p85〔白黒〕　岩手県下閉伊郡安家村　巨大なマキと古風な自在カギ

## 炉端に敷かれた置畳
「写真でみる民家大事典」柏書房　2005
　◇p69-4〔白黒〕　静岡県伊豆の国市韮山町　㊙1990年頃　桐浴邦夫

## 炉辺にて
「写真でみる日本人の生活全集 3」日本図書センター　2010
　◇口絵〔白黒〕　主婦は家にあって食事を管理する。野ら仕事をする男衆が土足のまま腰かけて食事している

## 炉辺の火
「写真でみる日本人の生活全集 3」日本図書センター　2010
　◇口絵〔白黒〕　山陰地方　炉の火をたやさぬ主婦、雪靴を炉であたためる

## 枠の内造りの組み立て
「写真でみる民家大事典」柏書房　2005
　◇p17-2〔白黒〕　富山県砺波市　㊙1976年　佐伯安一

## 枠の内造りの大黒柱とヒラモン、帯戸
「写真でみる民家大事典」柏書房　2005
　◇p17-3〔白黒〕　富山県砺波市　㊙1996年　佐伯安一

## 枠の内造りの天井と小壁
「写真でみる民家大事典」柏書房　2005
　◇p17-1〔白黒〕　富山県砺波市　㊙2003年　佐伯安一

# 井戸・水場

## 藍場川の洗い場
「宮本常一が撮った昭和の情景 上」毎日新聞社　2009
　◇p145〔白黒〕　山口県萩市　㊙宮本常一、1961年9月6日
「宮本常一 写真・日記集成 上」毎日新聞社　2005
　◇p274〔白黒〕　山口県萩市　㊙宮本常一、1961年9月6日

## 朝の湖岸
「写真でみる日本生活図引 6」弘文堂　1993
　◇図99〔白黒〕　滋賀県近江八幡市沖島町（沖島）　「井戸シモト」と呼ぶ桟橋のような洗い場　㊙前野隆資、昭和31年8月5日
　◇図100〔白黒〕　滋賀県近江八幡市沖島町（沖島）　顔を洗う子ども　㊙宮畑巳年生、昭和31年8月

## 雨水受けの桶
「写真でみる民家大事典」柏書房　2005
　◇p29-3〔白黒〕　佐賀県川副町　㊙2004年　原田聰明

## 雨水を受ける軒下の水槽
「里山・里海 暮らし図鑑」柏書房　2012
　◇写17（p210）〔白黒〕　鹿児島県伊仙町阿権（徳之島）　平家屋敷

## 雨水を流下させ、貯蔵するタンク
「里山・里海 暮らし図鑑」柏書房　2012
　◇写16（p210）〔白黒〕　奈良県大和郡山市

## 洗い場
「民俗図録 日本人の暮らし」日本図書センター　2012
　◇図70〔白黒〕　沖縄本島
「食の民俗事典」柊風舎　2011
　◇p534〔白黒〕　岐阜県高山市 飛騨民俗村
「写真ものがたり昭和の暮らし 5」農山漁村文化協会　2005
　◇p94〔白黒〕　青森県八戸市白銀町三島 清水川　㊙和井田登、昭和34年4月
「宮本常一 写真・日記集成 上」毎日新聞社　2005
　◇p341〔白黒〕　山口県阿武郡川上村野戸呂　㊙宮本常一、1962年9月6日
　◇p381〔白黒〕　青森県下北郡東通村尻労　㊙宮本常一、1963年6月22日
　◇p385〔白黒〕　長野県下伊那郡上村上町　㊙宮本常一、1963年7月8日
　◇p393〔白黒〕　青森県下北郡川内町湯野川　㊙宮本常一、1963年8月14日
　◇p400〔白黒〕　鹿児島県熊毛郡中種子町（種子島）　㊙宮本常一、1963年10月16日
「写真でみる日本生活図引 6」弘文堂　1993
　◇図103〔白黒〕　青森県八戸市白銀町三島　湧水の流れ。通称「清水川」　㊙和井田登、昭和34年4月12日
「写真でみる日本生活図引 4」弘文堂　1988

◇図95〔白黒〕　秋田県横手市金沢字立石　用水路 セキ ㊙佐藤久太郎、昭和30年
「日本民俗文化財事典（改訂版）」第一法規出版　1979
　　◇図79〔白黒〕　東京都八王子市

## 洗い場で遊ぶ子ども
「宮本常一 写真・日記集成 上」毎日新聞社　2005
　　◇p338〔白黒〕　山口県萩市見島 宇津　㊙宮本常一、1962年8月29日

## 洗い場の流し台
「日本民俗文化財事典（改訂版）」第一法規出版　1979
　　◇図78〔白黒〕　東京都八王子市

## 家の前を流れる堰で羽釜を洗う
「写真ものがたり昭和の暮らし 9」農山漁村文化協会　2007
　　◇p44〔白黒〕　長野県曾地村駒場（現阿智村）　㊙熊谷元一、昭和24年

## 石置き屋根の温泉宿と掛樋で水を引いた洗い場
「宮本常一が撮った昭和の情景 下」毎日新聞社　2009
　　◇p18〔白黒〕　長野県松本市安曇白骨温泉　パイロット林道調査　㊙宮本常一、1965年6月21日
「宮本常一 写真・日記集成 下」毎日新聞社　2005
　　◇p32〔白黒〕（石置き屋根と掛樋）　長野県南安曇郡安曇村 白骨温泉　㊙宮本常一、1965年6月21日

## 泉
「日本社会民俗辞典 1」日本図書センター　2004
　　◇p33〔白黒・図〕　鹿児島県竹島

## 泉と洗場
「日本社会民俗辞典 1」日本図書センター　2004
　　◇p33〔白黒〕　福島県白河

## 泉の洗い場
「日本民俗写真大系 5」日本図書センター　2000
　　◇p89〔白黒〕　鹿児島県沖永良部島　㊙越間誠、1977年

## 井戸
「民俗図録 日本人の暮らし」日本図書センター　2012
　　◇図66〔白黒〕　東京都大島　㊙坂口一雄
「食の民俗事典」柊風舎　2011
　　◇p531〔白黒〕　滋賀県東近江市伊庭の自噴井戸
「図説 日本民俗学」吉川弘文館　2009
　　◇p245〔白黒〕　茨城県つくば市、山形市、滋賀県栗東市
「写真でみる民家大事典」柏書房　2005
　　◇p365-5〔白黒〕　太田家　㊙2004年　藤原美樹
「宮本常一 写真・日記集成 上」毎日新聞社　2005
　　◇p260〔白黒〕　石川県輪島市 舳倉島　㊙宮本常一、1961年8月1日
　　◇p276〔白黒〕　長崎県平戸市 的山大島　㊙宮本常一、1961年9月18日
「宮本常一 写真・日記集成 下」毎日新聞社　2005
　　◇p312〔白黒〕　香川県坂出市与島　㊙宮本常一、1973年8月17日～18日
「図録・民具入門事典」柏書房　1991
　　◇p54〔白黒〕　富山県
　　◇p54〔白黒〕　東京都
「写真でみる日本生活図引 4」弘文堂　1988
　　◇図90〔白黒〕　鹿児島県大島郡笠利町　撥釣瓶　㊙上江洲均、昭和35年
　　◇図91〔白黒〕　秋田県雄勝郡羽後町貝沢　釣瓶井戸 ㊙佐藤久太郎、昭和37年9月
　　◇図92〔白黒〕　福島県郡山市高柴　手押しポンプ ㊙須藤功、昭和45年11月1日
「日本民俗図誌 9 住居・運輸篇」村田書店　1978
　　◇図82-1〔白黒・図〕　沖縄県八重山郡与那国島

## 井戸車
「図説 台所道具の歴史」日本図書センター　2012

◇p124-6〔白黒〕　陶製　愛知県鳳来町・医王寺民俗資料館
◇p124-7〔白黒〕　鋳鉄製　岩手県・二戸市歴史民俗資料館
◇p124-8〔白黒〕　欅製　岩手県・二戸市歴史民俗資料館
「写真で見る農具 民具」農林統計協会　1988
　　◇p117〔白黒〕　兵庫県日高町　明治から大正時代

## 井戸さぐり
「日本民具の造形」淡交社　2004
　　◇p142〔白黒〕　広島県 熊野郷土館所蔵

## 井戸シモト
「写真ものがたり昭和の暮らし 5」農山漁村文化協会　2005
　　◇p90〔白黒〕　滋賀県近江八幡市・沖島　㊙前野隆資、昭和31年8月　琵琶湖博物館提供

## イドッカワと呼ばれる街道に沿って流れる生活用水
「写真でみる民家大事典」柏書房　2005
　　◇p289-5〔白黒〕　長野県飯田市上飯田大平宿　㊙2004年　大平茂男

## 井戸と洗い場
「宮本常一 写真・日記集成 下」毎日新聞社　2005
　　◇p186〔白黒〕　広島県因島市土生町箱崎　㊙宮本常一、1969年2月17日～19日

## 井戸と水神
「宮本常一 写真・日記集成 上」毎日新聞社　2005
　　◇p322〔白黒〕（壱岐・郷ノ浦・本居）　長崎県壱岐郡郷ノ浦町〔壱岐市〕郷ノ浦（壱岐島）〔井戸と水神〕 ㊙宮本常一、1962年8月3日

## 井戸のタイプ
「図説 民俗探訪事典」山川出版社　1983
　　◇p73〔白黒・図〕　ハネツルベ，車井戸，堀井戸

## 井戸堀の水きき
「日本社会民俗辞典 3」日本図書センター　2004
　　◇p951〔白黒・図〕　『風俗画報』

## 井戸ポンプ
「図説 台所道具の歴史」日本図書センター　2012
　　◇p110-1〔白黒〕（（井戸）ポンプ）　『冨山房百科』・昭和8年刊「家庭電化」
「日本民具の造形」淡交社　2004
　　◇p142〔白黒〕　茨城県 八千代町歴史民俗資料館所蔵

## 井戸ポンプに濾過機を備える工夫
「図説 台所道具の歴史」日本図書センター　2012
　　◇p137-13〔白黒〕　実用新案 昭和9年

## 井戸水を汲む
「写真でみる日本生活図引 4」弘文堂　1988
　　◇図11〔白黒〕　秋田県平鹿郡大森町川西　手押ポンプ ㊙佐藤久太郎、昭和37年9月1日

## 井戸水浄化装置
「図説 台所道具の歴史」日本図書センター　2012
　　◇p136-10〔白黒・図〕（自家製の井戸水浄化装置）　沼畑金四郎著『家庭科図説』岩崎書店、昭和25年

## 井戸水による炊事
「里山・里海 暮らし図鑑」柏書房　2012
　　◇写1（p202）〔白黒〕　昭和31年　㊙横田文雄　高浜町郷土資料館提供

## 上から見た水車のしくみ
「図説 民俗建築大事典」柏書房　2001
　　◇図2（p77）〔白黒・図〕　「水車と製粉業」『練馬の産業I』練馬区教育委員会、1984

## 臼井戸
「日本の生活環境文化大辞典」柏書房　2010
　　◇p383-4〔白黒〕　神奈川県秦野市　㊙2009年　山崎

祐子

**歌い洗う**
「日本民俗写真大系 2」日本図書センター　1999
　◇p74〔白黒〕　八戸市　湧水のまわりで、女たちが唄いながら洗い物をする　㊞和井田登, 1959年　八戸市博物館蔵

**上掛け水車**
「図説 民俗建築大事典」柏書房　2001
　◇写真2（p76）〔白黒〕　福島県南郷村

**大内宿・道路両側の用水路**
「宮本常一 写真・日記集成 下」毎日新聞社　2005
　◇p201〔白黒〕　福島県南会津郡下郷町　元はひとつで道の中央を流れていた　㊞宮本常一, 1969年8月3日～4日

**大内宿・用水路と干場**
「宮本常一 写真・日記集成 下」毎日新聞社　2005
　◇p200, 204～207〔白黒〕　福島県南会津郡下郷町　軒下でタバコの葉を乾燥させている　㊞宮本常一, 1969年8月3日～4日

**大物川の雌トドロ**
「民俗資料叢書 11 田植の習俗5」平凡社　1970
　◇図89〔白黒〕　高知県宿毛市山奈町山田

**小川で鉄鍋の底を洗う**
「写真ものがたり昭和の暮らし 5」農山漁村文化協会　2005
　◇p95〔白黒〕　秋田県横手市金沢　㊞佐藤久太郎, 昭和33年2月

**小川のほとりで洗濯をする女の人**
「写真ものがたり昭和の暮らし 5」農山漁村文化協会　2005
　◇p93〔白黒〕　秋田県大森町川西　㊞佐藤久太郎, 昭和37年9月

**小川の水場**
「写真ものがたり昭和の暮らし 9」農山漁村文化協会　2007
　◇p45〔白黒〕　秋田県湯沢町　野菜を洗う、洗濯物のすすぎをする　㊞加賀谷政雄, 昭和30年代

**沖縄の井戸**
「写真でみる日本生活図引 4」弘文堂　1988
　◇図93〔白黒〕　沖縄県島尻郡仲里村字江城　㊞上江洲均, 昭和38年

**屋外に出された流し**
「図説 台所道具の歴史」日本図書センター　2012
　◇p153-10〔白黒〕　琵琶湖のほとりの村　アルマイトの大盥、タイル貼りの流し　㊞GK

**屋外に設けられた流し**
「日本を知る事典」社会思想社　1971
　◇図9（p197）〔白黒〕　千葉県東葛飾郡

**屋外の下流し**
「図説 台所道具の歴史」日本図書センター　2012
　◇p153-8〔白黒〕　旧奈良家住宅（秋田県立博物館）の構外　㊞GK

**屋外の台所**
「写真でみる日本人の生活全集 3」日本図書センター　2010
　◇p71〔白黒〕　福島県南会津郡檜枝岐村の水屋

**屋外の流し**
「図説 民俗建築大事典」柏書房　2001
　◇写真3（p195）〔白黒〕　神奈川県海老名市

**降り井**
「写真でみる日本人の生活全集 3」日本図書センター　2010
　◇p12〔白黒〕　鹿児島県から南の宝島

**オリカハ**
「民俗学辞典（改訂版）」東京堂出版　1987

　◇図版2（p34）〔白黒・図〕　長崎県南松浦郡奈留島　橋浦泰雄画

**カー**
「民俗図録 日本人の暮らし」日本図書センター　2012
　◇図64〔白黒〕　沖縄宮古島　井戸　㊞林義三

**崖下の水汲場**
「図説 台所道具の歴史」日本図書センター　2012
　◇p122-5・6〔白黒〕　山形県湯の浜、加茂台地裾に沿う村　㊞GK

**海岸にある共同井戸**
「写真ものがたり昭和の暮らし 3」農山漁村文化協会　2004
　◇p16〔白黒〕　石川県輪島市・舳倉島　㊞宮本常一, 昭和30年代

**海岸の井戸**
「宮本常一が撮った昭和の情景 上」毎日新聞社　2009
　◇p201〔白黒〕（海岸の共同井戸）　山形県酒田市飛島　㊞宮本常一, 1963年8月23日
「宮本常一 写真・日記集成 上」毎日新聞社　2005
　◇p398〔白黒〕　山形県酒田市 飛島　㊞宮本常一, 1963年8月23日

**掛樋**
「宮本常一が撮った昭和の情景 上」毎日新聞社　2009
　◇p71〔白黒〕　新潟県佐渡市北鵜島から願へ　㊞宮本常一, 1959年8月7日

**掛樋で山から水を引く**
「宮本常一が撮った昭和の情景 下」毎日新聞社　2009
　◇p57〔白黒〕（山から水を引く掛樋）　広島県安芸高田市八千代町土師　土師ダム建設予定地の民俗調査　㊞宮本常一, 1967年12月12日～18日
「宮本常一 写真・日記集成 下」毎日新聞社　2005
　◇p109〔白黒〕　広島県高田郡八千代町土師［安芸高田市］　㊞宮本常一, 1967年12月12日～18日

**筧で山の水を引く**
「図説 台所道具の歴史」日本図書センター　2012
　◇p121-5・6〔白黒〕　山形県田麦俣の民家　裏の土堤を流れる水を筧で引き込んでいるところ，その内側の流し場　山形県鶴岡・致道博物館（移築）

**懸樋で湧水を引く**
「日本の生活環境文化大事典」柏書房　2010
　◇p385-2〔白黒〕　東京都八王子市　流し　㊞2009年神かほり

**上総掘り**
「図説 民俗建築大事典」柏書房　2001
　◇写真1（p192）〔白黒〕　千葉県袖ケ浦市
「日本民俗写真大系 3」日本図書センター　1999
　◇p38〔白黒〕　千葉県小貝川町　㊞薗部澄, 1960年

**上総掘りの井戸**
「宮本常一が撮った昭和の情景 上」毎日新聞社　2009
　◇p120〔白黒〕（上総掘りの装置）　茨城県稲敷郡河内町金江津　㊞宮本常一, 1960年11月23日
「宮本常一 写真・日記集成 上」毎日新聞社　2005
　◇p220〔白黒〕　茨城県稲敷郡河内町金江津　㊞宮本常一, 1960年11月23日
「日本民俗大辞典 上」吉川弘文館　1999
　◇p349〔白黒〕　千葉県君津市　㊞大正2年頃　大島暁雄提供

**上総掘りの用具と名称**
「図説 民俗建築大事典」柏書房　2001
　◇図2（p193）〔白黒・図〕

**かつての井戸**
「写真でみる民家大事典」柏書房　2005
　◇p229-5〔白黒〕　埼玉県秩父市吉田町石間字沢戸

[撮]2004年　大久根茂

**カバタ**

「日本の生活環境文化大辞典」柏書房　2010

◇p388-2〔白黒〕　滋賀県高島市新旭町針江　[撮]2009年　大場修

**カバタで鯉を飼う**

「日本の生活環境文化大辞典」柏書房　2010

◇p385-3〔白黒〕　滋賀県高島市針江地区　[撮]2008年　宮崎玲子

**カリヤ通りの家々の玄関脇に設けられた洗い場**

「写真でみる民家大事典」柏書房　2005

◇p353-4〔白黒〕　鳥取県八頭郡若桜町　[撮]2004年　渡邊一正

**カワ**

「あるくみるきく双書 宮本常一とあるいた昭和の日本 21」農山漁村文化協会　2011

◇p171〔白黒〕　鹿児島県里村里（上甑島）　[撮]竹内淳子

**川棚**

「いまに伝える 農家のモノ・人の生活館」柏書房　2004

◇p301 写真2〔白黒〕　埼玉県江南町　洗濯のほか米とぎや野菜洗いを行う

**川で洗い物**

「宮本常一 写真・日記集成 上」毎日新聞社　2005

◇p379〔白黒〕（福浦→佐井・長後）　青森県 福浦→佐井・長後　[撮]宮本常一, 1963年6月20日

**川の洗い場**

「宮本常一が撮った昭和の情景 上」毎日新聞社　2009

◇p157〔白黒〕　長崎県対馬市厳原町　[撮]宮本常一, 1962年8月3日

「宮本常一 写真・日記集成 上」毎日新聞社　2005

◇p323〔白黒〕　長崎県下県郡厳原町［対馬市］　[撮]宮本常一, 1962年8月3日

**川の井戸**

「日本社会民俗辞典 1」日本図書センター　2004

◇p41〔白黒・図〕　伊豆神津島寺

**川の水で髪を洗った少女ふたり**

「写真ものがたり昭和の暮らし 5」農山漁村文化協会　2005

◇p91〔白黒〕　秋田県二ツ井町　[撮]南利夫, 昭和30年

**川端の水汲場**

「図説 台所道具の歴史」日本図書センター　2012

◇p122-1・2〔白黒〕　九州柳川　北原白秋・田中善徳著『水の構図』アルス

**河原の洗い場**

「宮本常一が撮った昭和の情景 上」毎日新聞社　2009

◇p52～53〔白黒〕　大分県日田郡天瀬町 天ヶ瀬温泉　電気洗濯機が置かれ3人の女たちが洗濯している　[撮]宮本常一, 1958年7月7日

**河原の洗濯場**

「宮本常一 写真・日記集成 上」毎日新聞社　2005

◇p108〔白黒〕　大分県日田郡天瀬町 天ヶ瀬温泉　[撮]宮本常一, 1958年7月7日

**給水管の保温**

「図説 台所道具の歴史」日本図書センター　2012

◇p128-5〔白黒〕　奥会津　[撮]GK

**行水**

「写真ものがたり昭和の暮らし 6」農山漁村文化協会　2006

◇p26〔白黒〕　秋田県横手市　〔たらいで幼い子どもを行水させる〕　[撮]佐藤久太郎, 昭和30年8月

「写真でみる日本生活図引 4」弘文堂　1988

◇図55〔白黒〕　秋田県横手市　[撮]佐藤久太郎, 昭和30年

**共同井戸**

「里山・里海 暮らし図鑑」柏書房　2012

◇写3（p202）〔白黒〕（生活水を汲み上げる共同井戸）　福井県小浜市後瀬　昭和34年　井田家所蔵古写真・福井県立若狭歴史民俗資料館提供

「図説 台所道具の歴史」日本図書センター　2012

◇p125-12〔白黒〕　島根県美保関　手押しポンプにかわる　[撮]GK

◇p125-14〔白黒〕　知多半島・内海町内　井戸枠は陶製

「日本の生活環境文化大辞典」柏書房　2010

◇p382-2〔白黒〕　静岡県沼津市浮島　[撮]2007年　山崎祐子

「宮本常一が撮った昭和の情景 上」毎日新聞社　2009

◇p25〔白黒〕　愛知県北設楽郡設楽町 大名倉から西納庫付近　[撮]宮本常一, 1956年10月7日

「精選 日本民俗辞典」吉川弘文館　2006

◇p41〔白黒〕　千葉県館山市

「宮本常一 写真・日記集成 上」毎日新聞社　2005

◇p83〔白黒〕　愛媛県弓削町［上島町］弓削島 下弓削　[撮]宮本常一, 1957年8月29日

◇p86〔白黒〕　岡山県笠岡市 真鍋島 岩坪　[撮]宮本常一, 1957年8月31日

◇p321〔白黒〕　長崎県 壱岐島・勝本浦　[撮]宮本常一, 1962年8月2日

「宮本常一 写真・日記集成 下」毎日新聞社　2005

◇p38〔白黒〕　山口県大島郡東和町沖家室［周防大島町］　[撮]宮本常一, 1965年8月12日

◇p213〔白黒〕　沖縄県勝連町 浜比嘉島　[撮]宮本常一, 1969年9月30日

◇p314〔白黒〕　香川県坂出市櫃石島　[撮]宮本常一, 1973年8月18日

「写真ものがたり昭和の暮らし 3」農山漁村文化協会　2004

◇p212〔白黒〕　香川県高松市・男木島　[撮]永見武久, 昭和36年

「日本民具の造形」淡交社　2004

◇p142〔白黒〕　東京都 江東区深川江戸資料館所蔵

「日本民俗写真大系 7」日本図書センター　2000

◇p124〔白黒〕　京都府丹後町　魚の処理をする　[撮]森本孝, 1979年

「日本民俗大辞典 上」吉川弘文館　1999

◇p110〔白黒〕　千葉県館山市　宮本記念財団提供

「日本民俗写真大系 2」日本図書センター　1999

◇p40〔白黒〕　宮城県女川町江ノ島　[撮]薗部澄, 1958年

「図録・民具入門事典」柏書房　1991

◇p53〔白黒〕　千葉県

「日本民俗図誌 9 住居・運輸篇」村田書店　1978

◇図82-2〔白黒・図〕　東京府新島本村

**共同井戸と洗い場**

「宮本常一が撮った昭和の情景 上」毎日新聞社　2009

◇p156〔白黒〕　長崎県壱岐市郷ノ浦町　[撮]宮本常一, 1962年8月2日

**共同井戸と水神様**

「宮本常一 写真・日記集成 上」毎日新聞社　2005

◇p331〔白黒〕　宇久（長崎県北松浦郡宇久町）　[撮]宮本常一, 1962年8月10日

**共同水道**

「図説 台所道具の歴史」日本図書センター　2012

◇p127-11〔白黒〕　鋳鉄製の水栓　明治32年『風俗画報』

**共同湧水地（カク）での洗濯と野菜洗い**

「里山・里海 暮らし図鑑」柏書房　2012

◇写2（p202）〔白黒〕　福井県小浜市泊　昭和30年代　山崎一枝提供

井戸・水場　　　　　　　　　　　　　　　住

漁村の井戸
　「図説 民俗探訪事典」山川出版社　1983
　　◇p73〔白黒〕　千葉県房総地方
　「日本民俗文化財事典（改訂版）」第一法規出版　1979
　　◇図76〔白黒〕　千葉県

ロノ島の井戸
　「民俗図録 日本人の暮らし」日本図書センター　2012
　　◇図69〔白黒〕　鹿児島県ロノ島

クバの釣瓶
　「民俗図録 日本人の暮らし」日本図書センター　2012
　　◇図65〔白黒〕　沖縄波照間島　民俗学研究所

くみ上げポンプの井戸
　「宮本常一 写真・日記集成 上」毎日新聞社　2005
　　◇p211〔白黒〕　三重県鳥羽市 答志島桃取　㊻宮本常一, 1960年9月27日

暗河
　「日本民俗写真大系 5」日本図書センター　2000
　　◇p88〔白黒〕　鹿児島県知名町　㊻芳賀日出男, 1956年

暗川
　「里山・里海 暮らし図鑑」柏書房　2012
　　◇写12 (p207)〔白黒〕（洞窟のなかの共同湧水地、暗川）鹿児島県沖永良部島　昭和30年代　和泊町歴史民俗資料館提供

クルマイド
　「いまに伝える 農家のモノ・人の生活館」柏書房　2004
　　◇p294 写真1〔白黒〕　埼玉県所沢市・中富民俗資料館
　「図録・民具入門事典」柏書房　1991
　　◇p53〔白黒〕　東京都
　「日本の生活文化財」第一法規出版　1965
　　◇図31（概説）〔白黒・図〕

車井戸
　「精選 日本民俗辞典」吉川弘文館　2006
　　◇p41〔白黒〕　京都府京都市北区紫野大徳寺町
　「宮本常一 写真・日記集成 上」毎日新聞社　2005
　　◇p272〔白黒〕　山口県萩市 見島　㊻宮本常一, 1961年9月5日
　「図説 民俗建築大事典」柏書房　2001
　　◇写真3 (p191)〔白黒〕　神奈川県藤沢市 新林公園
　「日本民俗大辞典 上」吉川弘文館　1999
　　◇p110〔白黒〕　京都府京都市北区紫野大徳寺町　宮本記念財団提供

クルマイドの構造
　「いまに伝える 農家のモノ・人の生活館」柏書房　2004
　　◇p294 図1〔白黒・図〕　埼玉県所沢市

車井戸の釣瓶
　「日本民具の造形」淡交社　2004
　　◇p142〔白黒〕（車井戸釣瓶）　三重県 多気町郷土資料館所蔵
　「日本民俗大辞典 下」吉川弘文館　2000
　　◇p143〔白黒〕　宮本記念財団提供

黒島の井戸
　「民俗図録 日本人の暮らし」日本図書センター　2012
　　◇図68〔白黒〕　鹿児島県黒島

現代の井戸端
　「図説 台所道具の歴史」日本図書センター　2012
　　◇p129-12〔白黒〕　愛知県新城郊外　農家では洗濯機を軒下などに置いて使う

現代の筧
　「図説 台所道具の歴史」日本図書センター　2012
　　◇p122-3・4〔白黒〕　越前大野 宝慶寺付近　㊻GK

現代の給水配管
　「図説 台所道具の歴史」日本図書センター　2012
　　◇p129-13・14〔白黒〕　東京, 八戸市　㊻GK

子井戸
　「日本の生活環境文化大辞典」柏書房　2010
　　◇p388-1〔白黒〕（町家の通り土間裏手の流し脇に据えられた子井戸）滋賀県長浜市　㊻1993年 大場修

コンクリート造りの水溜
　「日本民俗図誌 9 住居・運輸篇」村田書店　1978
　　◇図83〔白黒・図〕　東京府三宅島坪田村　雨水を貯蔵する

棹釣瓶
　「図説 台所道具の歴史」日本図書センター　2012
　　◇p124-9〔白黒〕　明治～大正時代　愛知県・一宮町郷土資料館

境川で洗う
　「写真でみる日本生活図引 6」弘文堂　1993
　　◇図96, 97〔白黒〕　千葉県浦安市猫実　㊻林辰雄, 昭和20年代末

坂道の下の共同井戸
　「宮本常一 写真・日記集成 上」毎日新聞社　2005
　　◇p299〔白黒〕　長崎県 平戸 坂道の下　㊻宮本常一, 1962年1月11日

誘い合わせて河原で洗濯をする女たち
　「宮本常一が撮った昭和の情景 上」毎日新聞社　2009
　　◇p66～67〔白黒〕　新潟県佐渡市北片辺から北川内付近　㊻宮本常一, 1959年8月5日

誘い合わせて洗濯日和
　「宮本常一 写真・日記集成 上」毎日新聞社　2005
　　◇p135〔白黒〕　新潟県佐渡郡相川町[佐渡市]北片辺→北川内　㊻宮本常一, 1959年8月5日

里川の洗い場
　「里山・里海 暮らし図鑑」柏書房　2012
　　◇口絵〔白黒〕　福井県高浜町子生川　昭和30年　㊻横田文雄　高浜町郷土資料館提供

里川の洗い場と洗濯
　「里山・里海 暮らし図鑑」柏書房　2012
　　◇口絵〔白黒〕　福井県高浜町　昭和30年6月　㊻横田文雄　高浜町郷土資料館提供

沢水で洗濯
　「宮本常一 写真・日記集成 上」毎日新聞社　2005
　　◇p135〔白黒〕　新潟県佐渡郡相川町[佐渡市]北川内→小田　㊻宮本常一, 1959年8月5日

山村の井戸
　「図説 民俗探訪事典」山川出版社　1983
　　◇p73〔白黒〕　東京都西多摩地方
　「日本民俗文化財事典（改訂版）」第一法規出版　1979
　　◇図74〔白黒〕　東京都西多摩地方
　　◇図77〔白黒〕　山梨県都留地方

自宅前の堰で洗い物をする
　「写真ものがたり昭和の暮らし 9」農山漁村文化協会　2007
　　◇p19〔白黒〕　福島県下郷町大内　㊻須藤功, 昭和44年8月

重連（三連式）水車
　「図説 民俗建築大事典」柏書房　2001
　　◇写真1 (p76)〔白黒〕　福岡県朝倉町　民俗有形文化財

宿場の中央を流れる川
　「図説 民俗建築大事典」柏書房　2001
　　◇図2 (p195)〔白黒・図〕　群馬県甘楽郡甘楽町　洗い場

銀鏡川で洗濯物のすすぎをする
　「写真ものがたり昭和の暮らし 2」農山漁村文化協会　2004

◇p207〔白黒〕　宮崎県西都市大字銀鏡　[撮]須藤功，昭和48年12月

### 水害に備え石垣を積んだ井戸

「写真でみる民家大事典」柏書房　2005
　◇p144-2〔白黒〕　福島県いわき市　[撮]2002年　山崎祐子

### 水槽

「写真ものがたり昭和の暮らし 3」農山漁村文化協会　2004
　◇p223〔白黒〕　沖縄県竹富町・新城島 家の庭　屋根の水を雨樋を通して貯める　[撮]須藤功，昭和47年7月

### 水槽付き流し

「図説 民俗建築大事典」柏書房　2001
　◇写真5（p196）〔白黒〕　青森県東津軽郡平舘村

### 水道

「図説 台所道具の歴史」日本図書センター　2012
　◇p27-8〔白黒〕　桶に水を溜め上澄みを汲んで流しへ運んだ

### 水路で洗い物

「日本民俗写真大系 6」日本図書センター　2000
　◇p156〔白黒〕　長崎県島原市湊町　[撮]中村由信，1981年

### 水路の洗い場

「写真でみる日本生活図引 6」弘文堂　1993
　◇図98〔白黒〕　秋田県雄勝郡稲川町川連　水田に入れる水を利用した洗い場　[撮]加賀谷政雄，昭和36年4月

### 炭焼小屋の水場

「写真ものがたり昭和の暮らし 2」農山漁村文化協会　2004
　◇p145〔白黒〕　岩手県岩手町川口南山形　サツマイモを洗っている　[撮]菊池俊吉，昭和32年5月

### 生活に使う沢水の受水槽

「里山・里海 暮らし図鑑」柏書房　2012
　◇写4（p204）〔白黒〕　和歌山県那智勝浦町色川

### セキと呼ぶ用水路の洗い場

「写真ものがたり昭和の暮らし 5」農山漁村文化協会　2005
　◇p96〔白黒〕　秋田県横手市金沢　[撮]佐藤久太郎，昭和30年

### 洗濯

「写真でみる日本生活図引 別巻」弘文堂　1993
　◇図69〔白黒〕　長野県下伊那郡阿智村　[撮]熊谷元一，昭和31年8月17日
「写真でみる日本生活図引 4」弘文堂　1988
　◇図98〔白黒〕　秋田県平鹿郡大森町川西　[撮]佐藤久太郎，昭和37年9月1日
　◇図99〔白黒〕　青森県下北郡大畑町　[撮]須藤功，昭和43年3月27日
「フォークロアの眼 2 雪国と暮らし」国書刊行会　1977
　◇図151〔白黒〕　新潟県南魚沼郡塩沢町石打　〔川で洗濯をする主婦たち〕　[撮]中俣正義，昭和34年2月下旬

### 洗濯板で洗う

「写真ものがたり昭和の暮らし 1」農山漁村文化協会　2004
　◇p56〔白黒〕　長野県阿智村駒場　[撮]熊谷元一，昭和32年5月

### 洗濯板で洗濯

「写真でみる日本生活図引 4」弘文堂　1988
　◇図96〔白黒〕　長野県下伊那郡阿智村　[撮]熊谷元一，昭和32年5月9日

### 洗濯のすすぎをする

「写真ものがたり昭和の暮らし 5」農山漁村文化協会　2005
　◇p89〔白黒〕　滋賀県志賀町 琵琶湖　[撮]前野隆資，昭和35年10月　琵琶湖博物館提供

### 洗濯のたらい

「宮本常一 写真・日記集成 上」毎日新聞社　2005
　◇p272〔白黒〕　山口県萩市 見島　[撮]宮本常一，1961年9月5日

### 洗濯場

「宮本常一が撮った昭和の情景 上」毎日新聞社　2009
　◇p157〔白黒〕　長崎県対馬市厳原町　[撮]宮本常一，1962年8月3日
「宮本常一 写真・日記集成 上」毎日新聞社　2005
　◇p323〔白黒〕　長崎県下県郡厳原町［対馬市］　[撮]宮本常一，1962年8月3日
「宮本常一 写真・日記集成 下」毎日新聞社　2005
　◇p109〔白黒〕　広島県高田郡八千代町土師［安芸高田市］　[撮]宮本常一，1967年12月12日～18日

### 洗濯物をすすぐ

「日本民俗写真大系 8」日本図書センター　2000
　◇p100〔白黒〕（子どもを背にした母親が洗濯物をすすぐ）　男鹿市 海に注ぐ小さな流れ　[撮]伊藤碩男，1967年

### 洗濯物をため池ですすぐ

「写真ものがたり昭和の暮らし 1」農山漁村文化協会　2004
　◇p56〔白黒〕　長野県阿智村駒場　[撮]熊谷元一，昭和24年5月

### 洗面

「写真でみる日本生活図引 別巻」弘文堂　1993
　◇図362〔白黒〕　長野県下伊那郡阿智村　[撮]熊谷元一，昭和32年5月7日

### 外カバタ

「日本の生活環境文化大辞典」柏書房　2010
　◇p388-3〔白黒〕　滋賀県高島市新旭町針江　[撮]2008年　大場修

### 外カバタの内部

「日本の生活環境文化大辞典」柏書房　2010
　◇p388-4〔白黒〕　滋賀県高島市新旭町針江　[撮]2008年　大場修

### 竹を半分に割ったといをつないで山の水を引く

「写真ものがたり昭和の暮らし 2」農山漁村文化協会　2004
　◇p194〔白黒〕　宮崎県西都市大字銀鏡　[撮]須藤功，昭和44年12月

### 谷から掛樋で引いてきた用水

「宮本常一が撮った昭和の情景 上」毎日新聞社　2009
　◇p200〔白黒〕（谷から掛樋で水を引いた洗い場）　青森県下北郡佐井村大字佐井磯谷　[撮]宮本常一，1963年8月18日
「宮本常一 写真・日記集成 上」毎日新聞社　2005
　◇p396〔白黒〕　青森県下北郡佐井村磯谷　[撮]宮本常一，1963年8月18日

### 種井戸

「民俗資料叢書 1 田植の習俗1」平凡社　1965
　◇図103〔白黒〕　岩手県遠野市松崎町宮代　共同用

### タライを洗う

「宮本常一 写真・日記集成 上」毎日新聞社　2005
　◇p150〔白黒〕（由利島）　愛媛県 由利島　[撮]宮本常一，1959年8月29日

### タライで洗濯をする

「写真ものがたり昭和の暮らし 9」農山漁村文化協会　2007
　◇p44〔白黒〕　長野県會地村駒場（現阿智村）　[撮]熊谷元一，昭和24年

### 地下水を利用した共同の水洗施設

「日本の生活環境文化大辞典」柏書房　2010
　◇口絵16〔カラー〕　愛知県豊川市平井町　[撮]2007年　林哲志

### チセ（家）の前に古井戸が残っている

「日本民俗写真大系 1」日本図書センター　1999

◇p59〔白黒〕(コタンの一景。チセ(家)の前に古井戸が残っている)　アイヌ　[撮]掛川源一郎, 1954年

**辻井戸**
「写真でみる民家大事典」柏書房　2005
◇p405-4〔白黒〕(赤間宿に設けられた辻井戸)　福岡県宗像市赤間　[撮]2004年　土田充義

**津原川の洗い場**
「宮本常一が撮った昭和の情景 上」毎日新聞社　2009
◇p102〔白黒〕(石段をつくり洗い場に利用した津原川)　山口県大島郡周防大島町大字久賀　[撮]宮本常一, 1960年4月29日
「宮本常一 写真・日記集成 上」毎日新聞社　2005
◇p193〔白黒〕　山口県大島郡久賀町[周防大島町]　[撮]宮本常一, 1960年4月29日

**ツリオケ**
「いまに伝える 農家のモノ・人の生活館」柏書房　2004
◇p295 写真2〔白黒〕　埼玉県所沢市

**ツリとハネツルベ**
「いまに伝える 農家のモノ・人の生活館」柏書房　2004
◇p295 図3〔白黒・図〕　埼三県川里町

**釣瓶**
「日本民具の造形」淡交社　2004
◇p142〔白黒〕　北海道 斜理町立知床博物館所蔵
「写真で見る農具 民具」農林統計協会　1988
◇p120〔白黒〕　大阪府池田市　昭和前期まで

**釣瓶井戸**
「宮本常一 写真・日記集成 下」毎日新聞社　2005
◇p377〔白黒〕　広島県三原市宗郷町　井戸枠は焼物製　[撮]宮本常一, 1976年12月25日

**つるべ井戸の水をくむ**
「写真ものがたり昭和の暮らし 1」農山漁村文化協会　2004
◇p38〔白黒〕　秋田県羽後町貝沢　[撮]佐藤久太郎, 昭和37年9月

**釣瓶井戸の水を汲んだ桶を横にして水を飲んでいる少女**
「写真ものがたり昭和の暮らし 6」農山漁村文化協会　2006
◇p102〔白黒〕　秋田県二ツ井町(現能代市)　[撮]南利夫, 昭和30年

**釣瓶桶**
「今は昔 民具など」文芸社　2014
◇p26〔白黒〕　[撮]山本富三　京の田舎民具資料館蔵
「写真で見る農具 民具」農林統計協会　1988
◇p120〔白黒〕　大阪府池田市　昭和前期まで

**つるべ, 滑車**
「写真で見る農具 民具」農林統計協会　1988
◇p284〔白黒〕　京都府美山町

**ツルベ用滑車**
「写真で見る農具 民具」農林統計協会　1988
◇p117〔白黒〕　宮崎県延岡市　昭和10年代まで

**手押しポンプ**
「写真ものがたり昭和の暮らし 4」農村漁村文化協会　2005
◇p58〔白黒〕　京都府京都市上京区の道路端　[撮]須藤功, 昭和45年5月
「写真ものがたり昭和の暮らし 1」農山漁村文化協会　2004
◇p36〔白黒〕　長野県阿智村駒場　[撮]熊谷元一, 昭和24年

**手押しポンプの井戸**
「図説 民俗建築大事典」柏書房　2001
◇写真2(p190)〔白黒〕　横浜市戸塚区 舞岡公園内

**手押しポンプの井戸とコンクリートの流し**
「いまに伝える 農家のモノ・人の生活館」柏書房　2004
◇p295 写真3〔白黒〕　埼玉県江南町

**手押しポンプの共同井戸**
「写真ものがたり昭和の暮らし 9」農山漁村文化協会　2007
◇p47〔白黒〕　福島県郡山市高柴　米を研ぐ, 子どもがバケツに水を汲む　[撮]須藤功, 昭和45年11月

**電化した共同井戸**
「宮本常一 写真・日記集成 下」毎日新聞社　2005
◇p280〔白黒〕　香川県坂出市岩黒島　[撮]宮本常一, 1972年8月14日〜18日

**電動井戸ポンプ設置状況**
「図説 台所道具の歴史」日本図書センター　2012
◇p128-4〔白黒〕　石川県羽咋郡押水町内農家　[撮]GK

**電動井戸ポンプによる異変**
「図説 台所道具の歴史」日本図書センター　2012
◇p128-6〔白黒〕　奈良県寺内町今井　井戸屋の美意識が水道屋の美学にふみにじられている　[撮]GK

**陶製井戸ポンプ**
「図説 台所道具の歴史」日本図書センター　2012
◇p126-2〔白黒〕(代用品時代の陶製井戸ポンプ)　[撮]GK　山口県大島・久賀歴史民俗資料館

**陶製井戸枠**
「図説 台所道具の歴史」日本図書センター　2012
◇p125-13〔白黒〕　〔東京都〕佃島　[撮]GK

**銅板製ポンプ**
「図説 台所道具の歴史」日本図書センター　2012
◇p126-1〔白黒〕　近在の業者が半量産した手づくり製品　愛知県・東海市立郷土資料館

**道路脇の堰で洗い物をする**
「写真ものがたり昭和の暮らし 9」農山漁村文化協会　2007
◇p46〔白黒〕　秋田県横手市金沢立石　野菜を洗うまわりに子どもや野良帰りの人が寄り集まる　[撮]佐藤久太郎, 昭和30年

**流れに沿って続く洗い場**
「写真でみる民家大事典」柏書房　2005
◇p145-2〔白黒〕　新潟県佐渡市宿根木　[撮]1993年　津山正幹

**縄釣瓶**
「図説 台所道具の歴史」日本図書センター　2012
◇p124-10・11〔白黒〕　明治〜大正時代　愛知県・一宮町郷土資料館

**野井戸とハネ釣瓶**
「宮本常一 写真・日記集成 上」毎日新聞社　2005
◇p87〔白黒〕　香川県丸亀市 本島(塩飽本島)　[撮]宮本常一, 1957年8月31日

**農村の井戸**
「日本民俗文化財事典(改訂版)」第一法規出版　1979
◇図75〔白黒〕　青森県上北地方

**軒先の釣瓶井戸**
「宮本常一 写真・日記集成 下」毎日新聞社　2005
◇p278〔白黒〕　山口県大島郡東和町沖家室　[撮]宮本常一, 1972年4月1日

**八丈島の井戸跡と水神**
「図説 民俗探訪事典」山川出版社　1983
◇p315〔白黒〕　八丈島

**ハネツルベ**
「いまに伝える 農家のモノ・人の生活館」柏書房　2004
◇p295 図2〔白黒・図〕　埼玉県小川町
「日本の生活文化財」第一法規出版　1965
◇図30(概説)〔白黒・図〕

## 井戸・水場

**ハネ釣瓶**
「写真ものがたり昭和の暮らし 5」農山漁村文化協会　2005
　◇p167〔白黒〕　滋賀県大津市柳ヶ崎　㈹前野隆資、昭和31年8月　琵琶湖博物館所蔵
「宮本常一 写真・日記集成 上」毎日新聞社　2005
　◇p143〔白黒〕　新潟県佐渡郡畑野町［佐渡市］松ヶ崎　㈹宮本常一、1959年8月11日
「図説 民俗建築大事典」柏書房　2001
　◇写真4（p191）〔白黒〕　横浜市鶴見区 建功寺境内
「日本民俗図誌 9 住居・運輸篇」村田書店　1978
　◇図81-2・3・4〔白黒・図〕　千葉県東葛飾郡稲毛地方

**桔ねつるべ**
「図説 台所道具の歴史」日本図書センター　2012
　◇p119-1〔白黒〕　福島県石井町

**跳ね釣瓶**
「民俗資料選集 41 豊後の水車習俗」国土地理協会　2010
　◇p3（本文）〔白黒〕　大分県　五十川千代見提供

**撥釣瓶**
「写真でみる日本生活図引 6」弘文堂　1993
　◇図150〔白黒〕　滋賀県大津市尾花川町　冬〔畑の中にある井戸〕　㈹前野隆資、昭和35年

**跳ね釣瓶井戸**
「日本民俗大辞典 下」吉川弘文館　2000
　◇p143〔白黒〕　青森県上北郡六ヶ所村　宮本記念財団提供

**はね釣瓶式の井戸**
「日本民俗図誌 9 住居・運輸篇」村田書店　1978
　◇図81-1〔白黒・図〕　各地の農山漁村

**はねつるべで堀井戸の水を汲む**
「写真ものがたり昭和の暮らし 1」農山漁村文化協会　2004
　◇p38〔白黒〕　青森県佐井村　㈹須藤功、昭和44年3月

**ハネツルベと新しい二階家**
「宮本常一 写真・日記集成 上」毎日新聞社　2005
　◇p391〔白黒〕　青森県下北郡東通村石持　㈹宮本常一、1963年8月12日

**ハネ釣瓶の共同井戸**
「宮本常一が撮った昭和の情景 上」毎日新聞社　2009
　◇p73〔白黒〕　新潟県佐渡市松ヶ崎　㈹宮本常一、1959年8月11日

**浜辺の井戸**
「宮本常一 写真・日記集成 上」毎日新聞社　2005
　◇p261〔白黒〕　石川県輪島市 舳倉島　㈹宮本常一、1961年8月1日

**浜辺の井戸と洗い場**
「宮本常一が撮った昭和の情景 上」毎日新聞社　2009
　◇p134〔白黒〕　石川県輪島市海士町 舳倉島　㈹宮本常一、1961年8月1日

**針返し**
「日本民俗大辞典 下」吉川弘文館　2000
　◇図17〔別刷図版「民家」〕〔白黒〕　富山県礪波郡平村　㈹安藤邦廣、1980年

**引き水**
「写真ものがたり昭和の暮らし 2」農山漁村文化協会　2004
　◇p194〔白黒〕　宮崎県西都市大字銀鏡　コンクリート製の水槽　㈹須藤功、昭和44年12月

**引き水と外流し**
「図説 民俗建築大事典」柏書房　2001
　◇写真4（p195）〔白黒〕　栃木県日光市

**日立第1号電動井戸ポンプ**
「図説 台所道具の歴史」日本図書センター　2012
　◇p128-3〔白黒〕　大正7年（写真は昭和7年。3FP型）

昭和52年新聞広告より

**冬には井戸に屋根をつける**
「宮本常一 写真・日記集成 上」毎日新聞社　2005
　◇p426〔白黒〕　青森県むつ市近川　㈹宮本常一、1964年3月7日

**部落共同の井戸**
「日本社会民俗辞典 1」日本図書センター　2004
　◇図版Ⅶ 沖縄（1）〔白黒〕　沖縄本島兼城村潮平　㈹1951年

**風呂の流し場を再利用した水槽跡**
「里山・里海 暮らし図鑑」柏書房　2012
　◇写7（p206）〔白黒〕　鹿児島県伊仙町阿権（徳之島）平家屋敷

**分岐した農業水路での野菜洗い**
「里山・里海 暮らし図鑑」柏書房　2012
　◇写6（p204）〔白黒〕　福井県美浜町新庄　昭和30年代　北川幸三所蔵,美浜町役場文化財保護・町誌編纂室提供

**防災井戸**
「日本の生活環境文化大辞典」柏書房　2010
　◇p383-3〔白黒〕　東京都台東区　㈹2009年　山崎祐子

**ポンプ**
「写真で見る農具 民具」農林統計協会　1988
　◇p120〔白黒〕　大阪府池田市　昭和前期まで　井戸水を揚水するための手押しポンプ

**ポンプ井戸と水神さま**
「宮本常一 写真・日記集成 下」毎日新聞社　2005
　◇p299〔白黒〕　広島県福山市鞆　㈹宮本常一、1973年3月26日

**ポンプがこわれバケツで吊る共同井戸**
「宮本常一 写真・日記集成 下」毎日新聞社　2005
　◇p268〔白黒〕　山口県岩国市 端島　㈹宮本常一、1961年8月26日

**ポンプの井戸と地蔵堂**
「宮本常一 写真・日記集成 下」毎日新聞社　2005
　◇p362〔白黒〕　広島県三原市西町　㈹宮本常一、1976年3月26日〜28日

**ポンプのついた井戸**
「宮本常一が撮った昭和の情景 上」毎日新聞社　2009
　◇p134〔白黒〕　石川県輪島市海士町 舳倉島　㈹宮本常一、1961年8月1日

**マイマイズイド**
「図録・民具入門事典」柏書房　1991
　◇p53〔白黒〕　東京都

**マイマイズ井戸**
「日本の生活環境文化大辞典」柏書房　2010
　◇p382-1〔白黒〕　東京都羽村市　㈹2006年　岸本章
「精選 日本民俗辞典」吉川弘文館　2006
　◇p41〔白黒〕　東京都羽村市五の神
「図説 民俗建築大事典」柏書房　2001
　◇写真1（p190）〔白黒〕　東京都羽村市 神明社境内
「日本民俗大辞典 上」吉川弘文館　1999
　◇p110〔白黒〕　東京都羽村市五の神　宮本記念財団提供

**水洗い場**
「宮本常一 写真・日記集成 下」毎日新聞社　2005
　◇p35〔白黒〕　長野県南安曇郡奈川村古宿　池には鯉　㈹宮本常一、1965年7月25日

**水洗場**
「宮本常一 写真・日記集成 別巻」毎日新聞社　2005
　◇図143（p27）〔白黒〕　東京都・八王子［八王子市］　㈹宮本常一、1940年［月日不明］

井戸・水場　　　　　　　　　　　　　　住

### 水落しの日
「宮本常一が撮った昭和の情景　上」毎日新聞社　2009
　◇p169〔白黒〕　山口県萩市見島宇津　溜めた池の水を落とす。女たちが水の落ち口に集まり洗濯をし子どもたちは水遊びに興じる　㊙宮本常一、1962年8月29日

### 水汲み場
「民俗図録 日本人の暮らし」日本図書センター　2012
　◇図63〔白黒〕（水汲場）　長崎県北松浦郡大島村神浦　㊙井之口章次

「宮本常一 写真・日記集成　上」毎日新聞社　2005
　◇p246〔白黒〕（水くみ場）　広島県尾道市 百島・泊　㊙宮本常一、1961年2月19日
　◇p389〔白黒〕（水くみ場）　青森県むつ市田名部　㊙宮本常一、1963年8月7日

「写真ものがたり昭和の暮らし 1」農山漁村文化協会　2004
　◇p38〔白黒〕　秋田県横手市（旧上野台町）　㊙須藤功、昭和29年4月

「写真でみる日本生活図引 4」弘文堂　1988
　◇図87〔白黒〕（水汲場）　秋田県横手市上野台町　㊙須藤功、昭和29年4月

### 水汲み場の分布（八丈島大賀郷）
「図説 民俗探訪事典」山川出版社　1983
　◇p313〔白黒・図〕（大賀郷の水汲み場の分布）　八丈島　1960年　青野・尾留川編『日本地誌』東京都、大村肇原図による

### 水の具は玄関まで
「図説 台所道具の歴史」日本図書センター　2012
　◇p128-7〔白黒〕　東京・新宿区内　洗濯機の排水　㊙GK

### 水場
「写真ものがたり昭和の暮らし 2」農山漁村文化協会　2004
　◇p12〔白黒〕　愛知県東栄町古戸　上はたらい下は木おけ　㊙須藤功、昭和42年12月
　◇p20〔白黒〕　長野県南信濃村　㊙須藤功、昭和42年11月

「写真でみる日本生活図引 6」弘文堂　1993
　◇図105〔白黒〕　鹿児島県大島郡知名町瀬利覚（沖永良部島）　㊙渡部雄吉、昭和33年9月

### 水舟と下流し
「図説 台所道具の歴史」日本図書センター　2012
　◇p151-9〔白黒〕　㊙GK　越前大野・宝慶寺境内の移築山村民家

### ミズヤ
「宮本常一 写真・日記集成　別巻」毎日新聞社　2005
　◇図322（p52）〔白黒〕　滋賀県・近江・湖北〔東浅井郡湖北町か〕　㊙宮本常一、1941年8月

### 道端のポンプ井戸
「宮本常一 写真・日記集成　下」毎日新聞社　2005
　◇p452〔白黒〕　岡山県小田郡黒忠→三山　㊙宮本常一、1979年1月3日

### 港近くの井戸と水神様の祠
「宮本常一 写真・日記集成　下」毎日新聞社　2005
　◇p341〔白黒〕　福岡県西区 玄界島　㊙宮本常一、1975年3月25日

### 港近くの共同井戸と洗い場
「宮本常一 写真・日記集成　下」毎日新聞社　2005
　◇p395〔白黒〕　愛媛県喜多郡長浜町青島　㊙宮本常一、1977年5月24日

### 武蔵野型水車の構造概念図
「図説 民俗建築大事典」柏書房　2001
　◇図3（p77）〔白黒・図〕　三鷹市史編さん委員会『三鷹市史』三鷹市、1970

### ムラの洗い場
「図説 日本民俗学」吉川弘文館　2009
　◇p120〔白黒〕　静岡県沼津市

### 村の水槽
「写真でみる日本人の生活全集 3」日本図書センター　2010
　◇p11〔白黒〕　群馬県勢多郡東村　台所となり洗い場ともなる

### 木製井戸ポンプ
「図説 台所道具の歴史」日本図書センター　2012
　◇p126-3〔白黒〕　大正～昭和初期のもの　新潟県村上・磐舟文華博物館

### 屋敷への沢水の導水と利用
「里山・里海 暮らし図鑑」柏書房　2012
　◇図2（p205）〔白黒・図〕　埼玉県小川町　大舘勝治・宮本八惠子『いまに伝える農家のモノ・人の生活館』柏書房（2004）から引用
　◇図3（p205）〔白黒・図〕　埼玉県小川町　大舘勝治・宮本八惠子『いまに伝える農家のモノ・人の生活館』柏書房（2004）から引用

### 山から水を引く
「写真でみる民家大事典」柏書房　2005
　◇p144-1〔白黒〕　東京都八王子市　㊙2004年　山崎祐子

### 山から湧き水を引く
「宮本常一 写真・日記集成　下」毎日新聞社　2005
　◇p400〔白黒〕　滋賀県高島郡朽木村古屋　㊙宮本常一、1977年8月23日

### 山の湧水をもちいた地域内簡易水道
「図説 台所道具の歴史」日本図書センター　2012
　◇p128-2〔白黒〕　那須高原　㊙GK

### 山の湧水の引き方と使い方
「いまに伝える 農家のモノ・人の生活館」柏書房　2004
　◇p242～243 図5〔白黒・写真/図〕　埼玉県小川町上古寺

### 湧水の洗い場で洗濯する母親とその傍らで遊ぶ子どもたち
「宮本常一が撮った昭和の情景　上」毎日新聞社　2009
　◇p202〔白黒〕　鹿児島県熊毛郡中種子町から南種子町へ（種子島）　㊙宮本常一、1963年10月16日

### 輸入品手押しポンプ
「図説 台所道具の歴史」日本図書センター　2012
　◇p126-4〔白黒〕　米国西部の深井戸用　函館博物館・分館郷土室

### 用水路の洗い場
「宮本常一 写真・日記集成　下」毎日新聞社　2005
　◇p468〔白黒〕　山口県大島郡久賀町〔周防大島町〕　石段を築いている　㊙宮本常一、1979年7月24日～27日

### 旅館の井戸の滑車ツルベ
「宮本常一 写真・日記集成　上」毎日新聞社　2005
　◇p375〔白黒〕　神奈川県足柄下郡湯河原町福浦　㊙宮本常一、1963年5月14日

### 路地に残るポンプ井戸
「写真でみる民家大事典」柏書房　2005
　◇p144-3〔白黒〕　東京都台東区　㊙2004年　山崎祐子

### 六角井戸
「宮本常一 写真・日記集成　上」毎日新聞社　2005
　◇p345〔白黒〕　熊本県天草郡五和町 通詞島　消防ホースがハネツルベと地蔵堂に干してある　㊙宮本常一、1962年10月7日

### 六角形の共同井戸
「宮本常一 写真・日記集成　上」毎日新聞社　2005

◇p258〔白黒〕　生口島（広島県豊田郡瀬戸田町）　[撮]宮本常一, 1961年5月21日

**若狭田烏の川戸**

「民俗図録 日本人の暮らし」日本図書センター　2012

◇図67〔白黒〕　福井県小浜市田烏（舊遠敷郡内外海村）　[撮]錦耕三

**湧き井戸**

「図説 民俗探訪事典」山川出版社　1983

◇p73〔白黒〕　鹿児島県伊集院

**わき水の井戸**

「宮本常一 写真・日記集成 下」毎日新聞社　2005

◇p329〔白黒〕（家の前の小屋はわき水の井戸）　広島県府中市河佐→上下 福塩線の車窓から　[撮]宮本常一, 1974年8月29日

**湧水の共同井戸で洗濯をする**

「写真ものがたり昭和の暮らし 9」農山漁村文化協会　2007

◇p44〔白黒〕　青森県大畑町（現むつ市）　[撮]須藤功, 昭和43年3月

**湧き水の利用 奈良井宿**

「図説 民俗建築大事典」柏書房　2001

◇写真2（p194）〔白黒〕　長野県楢川村

# 屋根葺き

**赤瓦の葺き方**

「図説 民俗建築大事典」柏書房　2001

◇図5（p325）〔白黒・図〕　『沖縄大百科事典』沖縄タイムス社、1983に加筆

**秋田の屋根フキ**

「写真でみる日本人の生活全集 3」日本図書センター　2010

◇p42〔白黒〕　秋田県男鹿地方　ヤナウといって屋根をふく準備, カヤ屋根ふきをしているところ

**石置き屋根から平石ふきこみへの移行**

「日本民俗大辞典 下」吉川弘文館　2000

◇図13〔別刷図版「民家」〕〔白黒〕　長野県茅野市　[撮]安藤邦廣, 1981年

**石置屋根道具**

「日本民具の造形」淡交社　2004

◇p141〔白黒〕　長野県 高遠歴史博物館所蔵

**板壁に縄を掛け下ろして荒壁の下地を造る**

「写真でみる民家大事典」柏書房　2005

◇p91-2〔白黒〕　長野県茅野市　[撮]1988年　池浩三

**板屋根ふきのユイ**

「日本社会民俗辞典 4」日本図書センター　2004

◇p1512〔白黒〕　長野県川島村

**エツリの取り付け**

「写真でみる民家大事典」柏書房　2005

◇p49-1〔白黒〕　埼玉県富士見市　[撮]1999年　杉原バーバラ

**落し針**

「図説 民俗建築大事典」柏書房　2001

◇図2（p132）〔白黒・図〕　菅野康二『茅葺きの文化と伝統』歴史春秋社、2000

**オトリモチで行う新築住宅における瓦の運び上げ**

「里山・里海 暮らし図鑑」柏書房　2012

◇写33（p258）〔白黒〕　福井県高浜町　昭和33年4月　[撮]横田文雄　高浜町郷土資料館提供

**合掌造りの葺き替え作業**

「日本の生活環境文化大辞典」柏書房　2010

◇口絵2〔カラー〕　岐阜県大野郡白川村　白川村役場

**茅を叩き揃える**

「写真でみる民家大事典」柏書房　2005

◇p49-3〔白黒〕　埼玉県富士見市　[撮]1999年　杉原バーバラ

**カヤグロ**

「日本の生活環境文化大辞典」柏書房　2010

◇p37-4〔白黒〕　岡山県美作市後山　〔屋根葺き用の茅〕　[撮]2009年

**茅の上に杉皮を葺き込んでいく**

「写真でみる民家大事典」柏書房　2005

◇p44-2〔白黒〕　東京都八王子市　[撮]1976年　小林昌人

**茅の確保のための茅立て**

「写真でみる民家大事典」柏書房　2005

◇p325-4〔白黒〕　美山町北　[撮]1998年　早瀬哲恒

**カヤの屋根ふき**

「写真でみる日本人の生活全集 3」日本図書センター　2010

◇p40〔白黒〕　アサヒ写真ブック昭和29年5月10日づけ「十和田の四季」

**茅場**

「日本の生活環境文化大辞典」柏書房　2010

◇p454-1〔白黒〕　奈良県曾爾高原　〔屋根葺き用の茅〕　[撮]2001年　日塔和彦

**萱運び**

「民俗図録 日本人の暮らし」日本図書センター　2012

◇図86〔白黒〕　青森県上北郡十和田村　[撮]生出匡

**茅葺き工事**

「日本の生活環境文化大辞典」柏書房　2010

◇p456-2〔白黒〕　福島県重要文化財恵隆寺観音堂　[撮]1962年　日塔和彦

**茅葺き叩き**

「日本民具の造形」淡交社　2004

◇p46〔白黒〕　富山県 小矢部ふるさと博物館所蔵

**カヤ普請による屋根の葺き替え作業**

「里山・里海 暮らし図鑑」柏書房　2012

◇口絵〔白黒〕　福井県美浜町新庄　昭和30年代　小林一男所蔵, 美浜町役場文化財保護・町誌編纂室提供

**かや屋根のふき替え**

「写真ものがたり昭和の暮らし 1」農山漁村文化協会　2004

◇p18〔白黒〕　新潟県松之山町天水越　かやをしばり上げる　[撮]小見重義, 昭和54年4月

**かや屋根のふき替え作業**

「写真ものがたり昭和の暮らし 1」農山漁村文化協会　2004

◇p7〔白黒〕　新潟県松之山町黒倉　[撮]小見重義, 昭和52年4月

## 屋根葺き　　　　　　　　　　住

### 茅屋根の補修
「写真でみる日本生活図引 4」弘文堂　1988
　◇図123〔白黒〕　新潟県南魚沼塩沢町上田　㊙林明男, 昭和40年代

### 刈り込み
「写真でみる民家大事典」柏書房　2005
　◇p49-4〔白黒〕　埼玉県富士見市　㊙1999年　杉原バーバラ

### 瓦屋根の屋根替え
「図説 日本民俗学」吉川弘文館　2009
　◇p136〔白黒〕　長崎県対馬市　長沢利明提供

### 瓦屋根葺き
「写真でみる日本生活図引 8」弘文堂　1993
　◇図94〔白黒〕　愛知県北設楽郡津具村字能知　三州瓦　㊙夏目重彦, 昭和35年4月

### がんぎ（屋根葺き道具）
「日本民具の造形」淡交社　2004
　◇p141〔白黒〕（がんぎ）　岩手県 花巻市歴史民俗資料館所蔵　屋根葺きの藁の根を揃えつき上げる道具

### 関東地方における会津茅手の出稼ぎ先
「図説 民俗探訪事典」山川出版社　1983
　◇p290〔白黒・図〕　会津地方　1910～1970年ころ　菅野康二「会津地方における草屋根葺き職人（茅手）の出稼ぎ」『人文地理』29-3より

### 草屋根の工程
「日本民俗図誌 9 住居・運輸篇」村田書店　1978
　◇図2〔白黒・図〕　八重山地方　宮良当壮『南島叢考』

### コテ
「図説 民俗建築大事典」柏書房　2001
　◇写真4（p130）〔白黒〕　東京都町田市
　◇写真6（p131）〔白黒〕　三重県名張市, 宮崎県西臼杵郡高千穂町

### さし
「写真で見る農具 民具」農林統計協会　1988
　◇p302〔白黒〕　富山県大門町

### 差茅補修
「日本の生活環境文化大辞典」柏書房　2010
　◇p457-4〔白黒〕　山形県上山市　重要文化財旧尾形家　㊙1983年　日塔和彦

### さし屋根
「図説 民俗建築大事典」柏書房　2001
　◇写真2（p128）〔白黒〕　福島県郡山市
　◇写真3（p128）〔白黒〕　山形県高畠町

### さし屋根（さし茅）をする茅手
「図説 民俗建築大事典」柏書房　2001
　◇写真1（p133）〔白黒〕　福島県いわき市

### さし屋根の道具（サシ杭）
「図説 民俗建築大事典」柏書房　2001
　◇図3（p128）〔白黒・図〕　ツッカケ棒（越後）＜木材＞, サシ杭（福島県）＜木材＞, サシ杭（福島県）＜真竹＞

### 桟棧瓦の葺き方
「日本民俗図誌 9 住居・運輸篇」村田書店　1978
　◇図14-1〔白黒・図〕

### 柴小屋
「民俗図録 日本人の暮らし」日本図書センター　2012
　◇図44〔白黒〕　長崎県五島　屋根葺の萱や藁を貯える　㊙井之口章次

### しめ板
「写真で見る農具 民具」農林統計協会　1988
　◇p302〔白黒〕　富山県大門町

### 杉皮づくり
「日本社会民俗辞典 4」日本図書センター　2004
　◇p1491〔白黒〕　栃木県加蘇村　板屋根職人

### 杉の皮はぎ
「日本社会民俗辞典 4」日本図書センター　2004
　◇p1492〔白黒〕　福島県大野村　板屋根職人

### 段葺き
「日本の生活環境文化大辞典」柏書房　2010
　◇p456-3〔白黒〕　富山県上平村, 川崎市立日本民家園移築　重要文化財旧江向家　㊙1999年　日塔和彦

### トタンで被覆していた民家の屋根を茅葺きに葺き替える
「写真でみる民家大事典」柏書房　2005
　◇p207-4〔白黒〕　福島県南会津郡下郷町大内　㊙2004年　菅野康二

### トバさし
「図説 民俗建築大事典」柏書房　2001
　◇図4（p128）〔白黒・図〕　会津盆地

### 軒先を整える
「写真でみる民家大事典」柏書房　2005
　◇p49-5〔白黒〕　埼玉県富士見市　㊙1999年　杉原バーバラ

### 針返し
「図説 民俗建築大事典」柏書房　2001
　◇図1（p132）〔白黒・図〕　菅野康二『茅葺きの文化と伝統』歴史春秋社、2000

### ハリトリの手順
「いまに伝える 農家のモノ・人の生活館」柏書房　2004
　◇p53 図4〔白黒・図〕　埼玉県川里町

### ヒラ（平）の葺き方
「図説 民俗建築大事典」柏書房　2001
　◇図2（p127）〔白黒・図〕　厚葺き, 薄葺き, 胴切り茅

### 平葺き（外観）
「日本民俗大辞典 下」吉川弘文館　2000
　◇図15〔別刷図版「民家」〕〔白黒〕　京都府北桑田郡美山町　㊙安藤邦廣, 1980年

### 平葺き針刺し
「日本民俗大辞典 下」吉川弘文館　2000
　◇図16〔別刷図版「民家」〕〔白黒〕　東京都西多摩郡奥多摩町　㊙安藤邦廣, 1980年

### 葺きあがった草屋根
「いまに伝える 農家のモノ・人の生活館」柏書房　2004
　◇p63 写真4〔白黒〕　埼玉県川里町

### 葺き替えたばかりの藁葺屋根
「宮本常一 写真・日記集成 下」毎日新聞社　2005
　◇p346〔白黒〕　秋田県仙北郡西木村桧木内戸沢　㊙宮本常一, 1975年9月2日～5日

### 葺き替えるカヤを束ねる組の主婦たち
「里山・里海 暮らし図鑑」柏書房　2012
　◇写31（p257）〔白黒〕　福井県旧武生市〔越前市〕曾原　昭和56年3月　堀江照夫提供

### ホコ締め
「写真でみる民家大事典」柏書房　2005
　◇p49-2〔白黒〕　埼玉県富士見市　㊙1999年　杉原バーバラ

### 曲屋の屋根修理
「図説 民俗建築大事典」柏書房　2001
　◇写真5（p141）〔白黒〕　秋田県角館町　能美家

### 棟押さえ
「日本民俗大辞典 下」吉川弘文館　2000
　◇図18〔別刷図版「民家」〕〔白黒〕　茨城県新治郡八郷

## 屋根板はぎの老人
「写真でみる日本人の生活全集 3」日本図書センター　2010
◇p41〔白黒〕

## 屋根替え
「日本民俗大辞典 下」吉川弘文館　2000
◇p736〔白黒〕　岐阜県大野郡白川村

## 屋根刈り込み
「日本民俗大辞典 下」吉川弘文館　2000
◇図19〔別刷図版「民家」〕〔白黒〕　秋田県由利郡矢島町　㈹安藤邦廣，1980年

## 屋根漆喰
「日本民俗大辞典 下」吉川弘文館　2000
◇図14〔別刷図版「民家」〕〔白黒〕　愛媛県南宇和郡西海町　㈹安藤邦廣，1980年

## 屋根職の屋根ふき
「写真でみる日本人の生活全集 3」日本図書センター　2010
◇p52〔白黒〕　東京郊外

## 屋根として使うスギ皮の乾燥
「里山・里海 暮らし図鑑」柏書房　2012
◇写16 (p226)〔白黒〕　三重県熊野市　平田隆行提供

## 屋根に使うかやを刈りに来た「かやむじん」の仲間
「写真ものがたり昭和の暮らし 1」農山漁村文化協会　2004
◇p16〔白黒〕　長野県富士見町広原　㈹武藤盈，昭和33年11月

## 屋根の葺きかえ
「図説 民俗探訪事典」山川出版社　1983
◇p133〔白黒〕　富山県五箇山地方　『ふるさと紀行―日本の街道』より

## 屋根の葺き替え作業
「写真でみる民家大事典」柏書房　2005
◇p208-2〔白黒〕　舘岩村前沢　㈹1988年　伊藤庸一

## 屋根鋏
「写真で見る農具 民具」農林統計協会　1988
◇p302〔白黒〕　高知県土佐山田町

## ヤネバサミでの刈り込み
「いまに伝える 農家のモノ・人の生活館」柏書房　2004
◇p63 写真3〔白黒〕　埼玉県川里町

## 屋根葺き
「民俗図録 日本人の暮らし」日本図書センター　2012
◇図80～84〔白黒〕（屋根葺）　青森県西津軽郡深浦町追良瀬　㈹櫻庭武則
◇図88〔白黒〕（屋根ふき）　秋田県北秋田郡荒瀬村　㈹橋浦泰雄
「写真でみる日本人の生活全集 3」日本図書センター　2010
◇p41〔白黒〕（屋根ふき）
「図説 日本民俗学」吉川弘文館　2009
◇p135〔白黒〕　群馬県みどり市　長沢利明提供
「宮本常一 写真・日記集成 下」毎日新聞社　2005
◇p84〔白黒〕　列車で余目→新潟・新潟県内　㈹宮本常一，1966年8月30日
「日本社会民俗辞典 1」日本図書センター　2004
◇p349〔白黒〕（屋根葺）　静岡県伊豆地方
「写真でみる日本生活図引 8」弘文堂　1993
◇図90～93〔白黒〕　広島県高田郡向原町有保　芸州流の職人による茅葺屋根の葺き替え　㈹幸田光温，昭和46年11月19日
「日本民俗文化財事典（改訂版）」第一法規出版　1979
◇図81〔白黒〕　埼玉県秩父地方

## 屋根葺き祝いで集まった人々
「図説 民俗建築大事典」柏書房　2001
◇写真2 (p224)〔白黒〕　新潟県南魚沼郡湯沢町　1952、南雲国利提供

## 屋根葺き祝いでの餅撒き
「図説 民俗建築大事典」柏書房　2001
◇写真1 (p224)〔白黒〕　宮城県気仙沼市　㈹佐々木徳朗，1968年

## 屋根葺師の師匠の碑
「日本社会民俗辞典 4」日本図書センター　2004
◇p1491〔白黒〕　宮城県花山村

## 屋根葺き職人
「図説 日本民俗学」吉川弘文館　2009
◇p176〔白黒〕　会津只見町『会津只見の民具』

## 屋根葺き道具
「写真でみる日本人の生活全集 3」日本図書センター　2010
◇p41〔白黒〕（屋根ふき道具）　ハリ（竹針），ハサミ，サスガ，ガンギ
「日本社会民俗辞典 4」日本図書センター　2004
◇p1490〔白黒〕　竹ハリ・ハサミ・サスガ・ガンギ
「図説 民俗建築大事典」柏書房　2001
◇写真1 (p130)〔白黒〕（屋根葺き道具1）　静岡県浜北市　カマ，ハリ，ハサミ，コテ
◇写真2 (p130)〔白黒〕（屋根葺き道具2）　島根県隠岐郡五箇村　コテ，カエルマタ
◇写真5 (p131)〔白黒〕（屋根葺き道具3）　新潟県佐渡郡畑野町　コテ，ハリほか

## 屋根葺きに用意されたカヤ
「写真でみる民家大事典」柏書房　2005
◇p42-2〔白黒〕　新潟県湯沢町　㈹1999年　津山正幹

## 屋根葺きの工程
「いまに伝える 農家のモノ・人の生活館」柏書房　2004
◇p48 図1〔白黒・写真/図〕（屋根葺きの道具）　埼玉県川里町　ガンギ・カマ・ハサミ
◇p49 図2〔白黒・写真/図〕（屋根葺きの道具）　埼玉県所沢市　ガギ・サスガ・ハサミ
◇p50 図3-1〔白黒・写真/図〕（屋根葺きの工程―屋根の骨組み）〔埼玉県〕
◇p50 図3-2〔白黒・写真/図〕（屋根葺きの工程―ヌキバ葺き）〔埼玉県〕
◇p51 図3-3〔白黒・写真/図〕（屋根葺きの工程―葺き上げの準備）〔埼玉県〕
◇p51 図3-4〔白黒・写真/図〕（屋根葺きの工程―葺き始めの処理）〔埼玉県〕
◇p52 図3-5〔白黒・写真/図〕（屋根葺きの工程―葺き上げる）〔埼玉県〕
◇p53～62 図5-1～10〔白黒・写真/図〕（屋根葺きの工程―グシ作り）〔埼玉県〕
◇p62 図5-11〔白黒・図〕（屋根葺きの工程―段の刈りつけ）〔埼玉県〕
「図説 民俗探訪事典」山川出版社　1983
◇p291〔白黒〕　奈良県立民俗博物館提供

## 屋根葺きの互助共同作業
「図説 日本民俗学」吉川弘文館　2009
◇p136〔白黒・図〕　山口県下関市　〔模式図〕

## 屋根葺きのために用意された杉皮
「写真でみる民家大事典」柏書房　2005
◇p44-3〔白黒〕　埼玉県飯能市唐竹　㈹2002年　津山正幹

## 屋根葺きのようす
「写真でみる民家大事典」柏書房　2005
◇p45-2〔白黒〕　群馬県上野村　㈹1982年　上野村教育委員会

屋根葺き鋏
　「日本民具の造形」淡交社　2004
　　◇p141〔白黒〕　　北海道 当別町開拓郷土館所蔵
ヨコバサミ
　「図説 民俗建築大事典」柏書房　2001
　　◇写真3（p130）〔白黒〕　　和歌山県橋本市

# 住まいの道具・家具類

アイヌの工芸品
　「図説 民俗探訪事典」山川出版社　1983
　　◇p347〔白黒〕　　北海道　キセル入れとキザミ煙草入れ，アイヌ文様のみられる盆
アイヨパッチ
　「日本民俗図誌 3 調度・服飾篇」村田書店　1977
　　◇図33-3〔白黒・図〕　　アイヌ　片口型の木鉢
アイロン
　「図説 台所道具の歴史」日本図書センター　2012
　　◇p111-2〔白黒〕　　『冨山房百科』・昭和8年刊「家庭電化」
アイロン機
　「図説 台所道具の歴史」日本図書センター　2012
　　◇p110-1〔白黒〕　　『冨山房百科』・昭和8年刊「家庭電化」
青竹の柄杓
　「図説 台所道具の歴史」日本図書センター　2012
　　◇p136-5〔白黒〕　　出雲・神魂神社
明り障子の衝立
　「日本を知る事典」社会思想社　1971
　　◇図64（p226）〔白黒〕　　伊豆利島
足付盥
　「図説 台所道具の歴史」日本図書センター　2012
　　◇p132-7〔白黒〕　　佐渡・小木民俗博物館
阿多タンコの三つ揃い
　「図説 民俗探訪事典」山川出版社　1983
　　◇p48〔白黒〕　　南薩摩
孔あき煉炭製造機
　「図説 台所道具の歴史」日本図書センター　2012
　　◇p106-2〔白黒〕　　大正末から昭和15年頃まで使用　養蚕の暖房用煉炭を自家製造するため　愛知県・一宮町郷土資料館
油さしと油皿
　「写真 日本文化史 9」日本評論新社　1955
　　◇図19〔白黒〕（陶製の油さしと油皿）
油差しと燈台
　「図録・民具入門事典」柏書房　1991
　　◇p50〔白黒〕　　長野県　上田市立博物館所蔵
油皿
　「日本民俗図誌 3 調度・服飾篇」村田書店　1977
　　◇図85～100〔白黒・図〕　　明治30年頃まで使用　図85・86：長野県松本市 丸山太郎蔵, 図87～100：倉橋藤郎編 陶器図録『油皿』より採録
アブラデンコ
　「図録・民具入門事典」柏書房　1991
　　◇p50〔白黒〕　　長野県

油デンコ
　「日本民俗図誌 3 調度・服飾篇」村田書店　1977
　　◇図80〔白黒・図〕　　長野県松本市　檜製の曲物に和紙を張り塗を引いた丸桶
油燈台
　「写真 日本文化史 9」日本評論新社　1955
　　◇図18〔白黒〕
あらいおけ
　「日本の生活文化財」第一法規出版　1965
　　◇図29（概説）〔白黒〕
洗張板
　「日本民具の造形」淡交社　2004
　　◇p61〔白黒〕　　兵庫県 北淡町歴史民俗資料館所蔵
アリアケアンドン
　「図録・民具入門事典」柏書房　1991
　　◇p50〔白黒〕　　長野県　上田市立博物館所蔵
　　◇p50〔白黒〕　　長野県　上田市立博物館所蔵
有明あんどん
　「写真 日本文化史 9」日本評論新社　1955
　　◇図23, 24〔白黒〕
有明行灯
　「日本民具の造形」淡交社　2004
　　◇p133〔白黒〕　　岐阜県 松井屋酒造資料館所蔵
　「図説 民俗建築大事典」柏書房　2001
　　◇写真3（p185）〔白黒〕　　秩父市立民俗博物館蔵
　「日本の民具 1 町」慶友社　1992
　　◇図141〔白黒〕（有明行燈）　㊞薗部澄
　　◇図142〔白黒〕（有明行燈）　㊞薗部澄
　　◇図143〔白黒〕（有明行燈）　㊞薗部澄
　「日本民俗文化財事典（改訂版）」第一法規出版　1979
　　◇図108〔白黒〕
アルミ鋳物の火消壺
　「図説 台所道具の歴史」日本図書センター　2012
　　◇p101-16〔白黒〕　　秋田県・昭和町立歴史民俗資料館
アンカ
　「図録・民具入門事典」柏書房　1991
　　◇p48〔白黒〕　　山梨県
　　◇p48〔白黒〕　　青森県　小川原湖博物館所蔵
　「民具のみかた一心とかたち」第一法規出版　1983
　　◇p213〔白黒〕（アンカ（行火））　愛知県一宮市
　「図説 民俗探訪事典」山川出版社　1983
　　◇p84〔白黒・図〕（あんか（行火））
行火
　「今は昔 民具など」文芸社　2014
　　◇p109〔白黒〕　㊞山本富三　木治屋蔵（奈良）
　「日本民具の造形」淡交社　2004
　　◇p73〔白黒〕　　福岡県 筑後市郷土資料館所蔵

◇p130〔白黒〕　山口県　美和町歴史民俗資料館
◇p130〔白黒〕　高知県　檮原町歴史民俗資料館
◇p130〔白黒〕　山口県　橘町民俗資料館
「図説 民俗建築大事典」柏書房　2001
　　◇写真6 (p183)〔白黒〕　宮本馨太郎編『図録 民具入門事典』柏書房、1991
「日本を知る事典」社会思想社　1971
　　◇図68 (p230)〔白黒〕　山梨県北都留郡

### アンカイシ（行火石）
「民具のみかた―心とかたち」第一法規出版　1983
　　◇p213〔白黒〕　富山県利賀村

### 行火具のいろいろ
「図説 民俗探訪事典」山川出版社　1983
　　◇p85〔白黒・図〕　ひで鉢，灯台，菊灯台，短けい，切灯台，結灯台，雪洞手燭，手燭，丸行灯，角行灯，有明行灯，手提げ行灯，蠟燭，松脂蠟燭，紙燭，筥提灯，弓張提灯，小田原提灯，高張提灯，岐阜提灯，深川提灯，浅草提灯，ホオズキ提灯，ブラ提灯，ガラス提灯，松明，車松明，篝（かがり），カンテラ，がんとう，ランプ

### アンギン袋
「民俗資料選集 3 紡織習俗Ⅰ」国土地理協会　1975
　　◇p20（口絵）〔白黒〕　新潟県　越後のアンギン紡織

### 安全炬燵
「日本民具の造形」淡交社　2004
　　◇p130〔白黒〕　鳥取県　倉吉歴史民俗資料館所蔵

### アンドン
「写真でみる日本人の生活全集 3」日本図書センター　2010
　　◇p99〔白黒〕　「日本民俗」2巻4号
「宮本常一 写真・日記集成 別巻」毎日新聞社　2005
　　◇図31 (p16)〔白黒〕　島根県邑智郡田所村鱒渕〔邑南町〕　㊇宮本常一，1939年［月日不明］　森脇太一郎寄贈
「民具のみかた―心とかたち」第一法規出版　1983
　　◇p210〔白黒〕（アンドン（行灯））　長野県北信地方

### 行灯
「今は昔 民具など」文芸社　2014
　　◇p8〔白黒〕　㊇山本富三　河井寬次郎記念館蔵（京都）
　　◇p29〔白黒〕　㊇山本富三　京の田舎民具資料館蔵
「図説 台所道具の歴史」日本図書センター　2012
　　◇p12-6〔カラー〕（行燈）　愛知県・半田市郷土資料館
「宮本常一 写真・日記集成 上」毎日新聞社　2005
　　◇p49〔白黒〕　愛知県北設楽郡設楽町 川口　〔行灯を持つ少年〕　㊇宮本常一，1956年11月11日
「いまに伝える 農家のモノ・人の生活館」柏書房　2004
　　◇p249 写真6〔白黒〕　埼玉県所沢市
「日本民具の造形」淡交社　2004
　　◇p133〔白黒〕　秋田県　秋田経済法科大学雪国民俗研究所所蔵

### 衣桁
「日本民俗大辞典 上」吉川弘文館　1999
　　◇p76〔白黒・図〕　鳥居型の衣桁，屏風型の衣桁，上から釣る衣桁

### 衣桁屏風
「日本民俗図誌 2 行事・婚姻篇」村田書店　1977
　　◇図169〔白黒・図〕

### 石製の火消壺
「図説 台所道具の歴史」日本図書センター　2012
　　◇p101-10〔白黒〕　福島県田島町・奥会津歴史民俗資料館

### 石製火打筥（燧箱）
「図説 台所道具の歴史」日本図書センター　2012
　　◇p95-7〔白黒〕　佐渡・小木民俗博物館

### 意志伝達用具として使われたコシキ（木鋤）
「民具のみかた―心とかたち」第一法規出版　1983
　　◇p36〔白黒〕　石川県尾口村

### 意志伝達用具としての使用（除雪具）
「民具のみかた―心とかたち」第一法規出版　1983
　　◇p243〔白黒〕（意志伝達用具としての使用）　福井県勝山市　除雪具
　　◇p243〔白黒〕（意志伝達用具としての使用）　新潟県広神村　除雪具

### 板状煉炭
「図説 台所道具の歴史」日本図書センター　2012
　　◇p108-10〔白黒・図〕　昭和10年

### いたや籠
「図説 台所道具の歴史」日本図書センター　2012
　　◇p131-12〔白黒〕　水汲み用。いたや細工　青森県・八戸市立歴史民俗資料館

### 一閑貼ちりとり
「図説 民俗探訪事典」山川出版社　1983
　　◇p79〔白黒〕　香川県

### 一斗樽に入れた百合の花
「写真でみる日本生活図引 別巻」弘文堂　1993
　　◇図31〔白黒〕（百合）　長野県下伊那郡阿智村　一斗樽に入れた花，桑摘籠，炭俵，檜笠，バケツ　㊇熊谷元一，昭和31年7月18日

### 移動可能な戸棚
「日本を知る事典」社会思想社　1971
　　◇図24 (p204)〔白黒〕　岩手県北上市

### イナイテゴ
「あるくみるきく双書 宮本常一とあるいた昭和の日本 19」農山漁村文化協会　2012
　　◇p118〔白黒〕　鹿児島県吹上町　魚売り用　㊇工藤員功

### いぬずき
「日本の民具 3 山・漁村」慶友社　1992
　　◇図74〔白黒〕　地域不明　㊇薗部澄

### 鋳物の手燭
「日本民俗図誌 3 調度・服飾篇」村田書店　1977
　　◇図62〔白黒・図〕　長野県松本市 丸山太郎所蔵

### 色絵八角壺
「日本民具の造形」淡交社　2004
　　◇p66〔白黒〕　佐賀県 伊万里市歴史民俗資料館所蔵

### 囲炉隅の消壺
「図説 台所道具の歴史」日本図書センター　2012
　　◇p101-11〔白黒〕　瓦器　新潟県新津・北方文化博物館

### 囲炉裏と松明台の松明の火
「写真ものがたり昭和の暮らし 9」農山漁村文化協会　2007
　　◇p53〔カラー〕　静岡県水窪町奥領家（現浜松市）　夜の明かりを再現したもの　㊇須藤功，昭和42年11月

### 印鑑入れ
「写真で見る農具 民具」農林統計協会　1988
　　◇p214〔白黒〕　兵庫県日高町　江戸時代中期から昭和前期まで　杞柳工芸品

### インロウ
「図録・民具入門事典」柏書房　1991
　　◇p87〔白黒〕
　　◇p87〔白黒〕　東京都

### 印籠
「日本民具の造形」淡交社　2004
　　◇p140〔白黒〕　石川県 北前船の里資料館所蔵

住まいの道具・家具類　　　　　　　　　住

**ヴァイブレーター**
「図説 台所道具の歴史」日本図書センター　2012
　◇p111-2〔白黒〕　　『冨山房百科』・昭和8年刊「家庭電化」

**植木鉢にした火鉢**
「日本の生活環境文化大辞典」柏書房　2010
　◇p377-8〔白黒〕　東京都豊島区　㊞2004年　豊島区立郷土資料館

**うがい碗**
「日本民俗図誌 2 行事・婚姻篇」村田書店　1977
　◇図164-7〔白黒・図〕

**内暖簾**
「日本民俗大辞典 下」吉川弘文館　2000
　◇p333〔白黒〕

**団扇**
「日本民具の造形」淡交社　2004
　◇p4〔カラー〕　三重県 鈴鹿市稲生民俗資料館所蔵
　◇p35〔白黒〕　愛知県 春日井市民文化センター
「日本民俗図誌 3 調度・服飾篇」村田書店　1977
　◇図46-2〔白黒・図〕　徳島

**雲龍文柄鏡**
「日本の民具 1 町」慶友社　1992
　◇図193〔白黒〕　㊞薗部澄

**エリミネーター・ラジオ**
「今は昔 民具など」文芸社　2014
　◇p70〔白黒〕　1925年頃から　㊞山本富三　五個荘近江商人屋敷蔵

**円座**
「日本民具の造形」淡交社　2004
　◇p53〔白黒〕　兵庫県 御津町立室津民俗資料館所蔵
　◇p63〔白黒〕　佐賀県 西有田町歴史民俗資料館

**宴席に用いる燭台と蠟燭の芯切り道具**
「日本民俗図誌 2 行事・婚姻篇」村田書店　1977
　◇図151-3・4〔白黒・図〕

**円火鉢**
「図説 民俗建築大事典」柏書房　2001
　◇写真2（p182）〔白黒〕

**大団扇**
「日本民具の造形」淡交社　2004
　◇p98〔白黒〕　岡山県 河原邸所蔵

**大団扇（元黒）**
「日本民俗図誌 3 調度・服飾篇」村田書店　1977
　◇図46-1〔白黒・図〕　香川県琴平　産地は丸亀の塩屋

**大阪衝立**
「日本民俗図誌 3 調度・服飾篇」村田書店　1977
　◇図4-2〔白黒・図〕

**おおど**
「日本の生活文化財」第一法規出版　1965
　◇図20・21（住）〔白黒〕　高山市立飛騨民俗館所蔵

**大風呂敷の中に籠**
「あるくみるきく双書 宮本常一とあるいた昭和の日本 19」農山漁村文化協会　2012
　◇p176〔白黒〕　宮城県岩出山町　行商人が仕入れたものか　㊞工藤員功

**おきあんどん**
「日本の生活文化財」第一法規出版　1965
　◇図53（住）〔白黒〕　文部省史料館所蔵（東京都品川区）
　◇図54（住）〔白黒〕　致道博物館所蔵（山形県鶴岡市）

**置行灯**
「日本民具の造形」淡交社　2004
　◇p133〔白黒〕　長野県 小布施町立歴史民俗資料館所蔵
「図録・民具入門事典」柏書房　1991
　◇p50〔白黒〕（置行燈）　長野県　上田市立博物館所蔵

**置炬燵**
「図説 民俗建築大事典」柏書房　2001
　◇図1（p183）〔白黒・図〕　岩井宏實監修『日本の生活道具百科2 住まう道具』河出書房新社、1998

**オキタルンペ**
「日本民具の造形」淡交社　2004
　◇p53〔白黒〕　北海道 旭川市博物館所蔵

**オキバチ（燠鉢）**
「民具のみかた一心とかたち」第一法規出版　1983
　◇p208〔白黒〕　石川県白山麓

**置ランプ**
「日本民俗大辞典 下」吉川弘文館　2000
　◇p795〔白黒〕

**おけ**
「日本の生活文化財」第一法規出版　1965
　◇図28（概説）〔白黒〕

**桶のいろいろ**
「図説 民俗探訪事典」山川出版社　1983
　◇p293〔白黒・図〕　手桶, 小桶, 米とぎ桶, 半切桶, 岡持, にない桶

**押台**
「日本民俗図誌 2 行事・婚姻篇」村田書店　1977
　◇図126-1〔白黒・図〕

**お煙草盆**
「日本を知る事典」社会思想社　1971
　◇図82（p306）〔白黒・図〕　江戸時代～明治時代

**小田原ぢょうちん**
「民俗資料選集 8 中付駑者の習俗」国土地理協会　1979
　◇p230（本文）〔白黒・図〕　福島県　昭和10年ごろまで使用　馬方の携行品。田島町のちょうちん屋から購入したもの

**小田原提灯**
「日本民具の造形」淡交社　2004
　◇p134〔白黒〕　兵庫県 春日町歴史民俗資料館所蔵
「日本民俗大辞典 下」吉川弘文館　2000
　◇p107〔白黒〕（小田原提燈（懐中提燈））
「日本民俗図誌 3 調度・服飾篇」村田書店　1977
　◇図82〔白黒・図〕
「写真 日本文化史 9」日本評論新社　1955
　◇図28〔白黒〕

**小田原提燈**
「写真ものがたり昭和の暮らし 9」農山漁村文化協会　2007
　◇p51〔白黒〕　㊞須藤功, 平成19年2月
「日本の民具 1 町」慶友社　1992
　◇図205〔白黒〕　㊞薗部澄
　◇図206〔白黒〕　㊞薗部澄

**小田原提灯（ローソク入）**
「日本社会民俗辞典 3」日本図書センター　2004
　◇図版Ⅲ 灯火（1）〔白黒〕　民族学博物館及び日本実業史博物館蔵

**おもてぐち**
「日本の生活文化財」第一法規出版　1965
　◇図22（住）〔白黒〕　高山市立飛騨民俗館所蔵

**折りたたみ式すどおし**
「日本の民具 1 町」慶友社　1992
　◇図165〔白黒〕　㊞薗部澄

住　　　　　　　　　　　　　住まいの道具・家具類

**折りたたみ枕**
「日本民具の造形」淡交社　2004
◇p127〔白黒〕　福岡県 北九州市立木屋瀬郷土資料館所蔵

**女持黒蛇の目**
「日本民俗図誌 7 生業上・下篇」村田書店　1978
◇図152-2〔白黒・図〕　〔上から見た図〕

**がいずばる**
「日本の民具 2 農村」慶友社　1992
◇図207〔白黒〕　琉球　㈳薗部澄

**搔巻**
「日本民具の造形」淡交社　2004
◇p126〔白黒〕　愛媛県 肱川町歴史民俗資料館所蔵
◇p126〔白黒〕　新潟県 松之山郷土民俗資料館

**カイモノカゴ**
「あるくみるきく双書 宮本常一とあるいた昭和の日本 19」農山漁村文化協会　2012
◇p99〔白黒〕　新潟県佐渡郡佐和田町　㈳工藤員功

**カイモノカゴ（ヤミカゴ）**
「あるくみるきく双書 宮本常一とあるいた昭和の日本 19」農山漁村文化協会　2012
◇p118〔白黒〕　鹿児島県加世田市　㈳工藤員功

**懐炉と懐炉灰**
「日本の生活環境文化大辞典」柏書房　2010
◇p374-2〔白黒〕　東京都豊島区　㈳2005年 豊島区教育委員会

**篝**
「日本の生活環境文化大辞典」柏書房　2010
◇p370-1〔白黒〕　さいたま市氷川神社　㈳2007年 大谷勝治郎

**かぎ**
「日本の民具 1 町」慶友社　1992
◇図129〔白黒〕　㈳薗部澄
◇図130〔白黒〕　㈳薗部澄
◇図131〔白黒〕　㈳薗部澄
◇図132〔白黒〕　㈳薗部澄
◇図133〔白黒〕　㈳薗部澄

**花器**
「日本郷土 風俗・民芸・芸能図鑑」日本図書センター　2012
◇写真篇 京都〔白黒〕　京都府〔竹製〕

**角あんどん**
「写真 日本文化史 9」日本評論新社　1955
◇図22〔白黒〕

**角行灯**
「日本の生活環境文化大辞典」柏書房　2010
◇p371-4〔白黒〕　㈳2009年
「精選 日本民俗辞典」吉川弘文館　2006
◇p276〔白黒〕（角行燈）
「日本社会民俗辞典 3」日本図書センター　2004
◇図版Ⅴ 灯火(3)〔白黒〕
「日本民俗大辞典 上」吉川弘文館　1999
◇p857〔白黒〕（角行燈）
「日本の民具 1 町」慶友社　1992（角行燈）
◇図139〔白黒〕（角行燈）　㈳薗部澄

**角形有明行灯**
「日本民俗図誌 3 調度・服飾篇」村田書店　1977
◇図74〔白黒・図〕　寝室等に用いた

**角形手提行灯**
「日本社会民俗辞典 3」日本図書センター　2004
◇図版Ⅲ 灯火(1)〔白黒〕　民族学博物館及び日本実業史博物館蔵

**蚊くすべ**
「日本民具の造形」淡交社　2004
◇p138〔白黒〕　宮崎県 日向市歴史民俗資料館所蔵

**角火鉢**
「いまに伝える 農家のモノ・人の生活館」柏書房　2004
◇p248 写真3〔白黒〕　埼玉県所沢市
「図説 民俗建築大事典」柏書房　2001
◇写真3(p182)〔白黒〕

**かけあんどん**
「日本の生活文化財」第一法規出版　1965
◇図49(住)〔白黒〕　致道博物館所蔵（山形県鶴岡市）

**かけしょく**
「日本の生活文化財」第一法規出版　1965
◇図55(住)〔白黒〕　致道博物館所蔵（山形県鶴岡市）

**掛燭台**
「日本の民具 1 町」慶友社　1992
◇図154〔白黒〕　㈳薗部澄

**掛提燈**
「日本の民具 1 町」慶友社　1992
◇図148〔白黒〕　㈳薗部澄

**花月文字入懐中鏡**
「日本の民具 1 町」慶友社　1992
◇図191〔白黒〕　㈳薗部澄

**カケドーロー**
「図録・民具入門事典」柏書房　1991
◇p51〔白黒〕　新潟県

**掛蒲団**
「図説 民俗探訪事典」山川出版社　1983
◇p13〔白黒・図〕

**かごぢょうちん**
「日本の生活文化財」第一法規出版　1965
◇図50(住)〔白黒〕　文部省史料館所蔵（東京都品川区）

**籠提灯**
「日本社会民俗辞典 3」日本図書センター　2004
◇図版Ⅲ 灯火(1)〔白黒〕　秋田県角館町　民族学博物館及び日本実業史博物館蔵
「写真 日本文化史 9」日本評論新社　1955
◇図25〔白黒〕

**傘**
「図説 民俗探訪事典」山川出版社　1983
◇p20〔白黒〕　奴傘, 蛇の目, 番傘

**傘立て**
「日本民具の造形」淡交社　2004
◇p124〔白黒〕　三重県 関宿旅篭玉屋資料館所蔵

**傘提灯**
「日本民具の造形」淡交社　2004
◇p71〔白黒〕　愛媛県 愛媛県立歴史民俗資料館所蔵
◇p134〔白黒〕　長野県 日本のあかり博物館

**鍛冶製品**
「写真でみる日本生活図引 3」弘文堂　1988
◇図23〔白黒〕　秋田県雄勝郡羽後町　平鍬の刃, 鉈, 魚庖丁, 出刃庖丁, 菜切庖丁, 小庖丁, 斧, 三本鍬, 四本鍬, 串, 押切りの刃, 莚針, 自在鉤の鉤, 俵縫針, 魚焼網, 餅焼網, 金火箸, 卸金, 灰均, 熊手, 鉄器, 五徳, 金梃, 繫環, 引網掛, 馬橇用引手　㈳佐藤久太郎, 昭和34年1月25日

**鍛冶屋が打った製品**
「写真ものがたり昭和の暮らし 9」農山漁村文化協会　2007
◇p213〔白黒〕　福島県三春町　草刈鎌, 菜切庖丁, 金鍬の刃, 押切, 金鍬, 草取鍬, 三本鍬, 平鍬の刃など　㈳須藤功, 昭和45年10月

**ガスコンロ・石油コンロ**
「写真ものがたり昭和の暮らし 4」農村漁村文化協会　2005
◇p219〔白黒〕　長野県阿智村駒場　[撮]熊谷元一, 昭和35年

**ガス火鉢用チューブ**
「図説 台所道具の歴史」日本図書センター　2012
◇p113-19〔白黒〕　大正14年「瓦斯器具案内」

**ガスボンベ**
「図説 台所道具の歴史」日本図書センター　2012
◇p115-10〔白黒〕　福島県の山小屋にて　[撮]GK

**ガスボンベの効用**
「図説 台所道具の歴史」日本図書センター　2012
◇p115-9〔白黒〕　昭和40年頃　プリムス・スーツケースレンジ・日本　GK調査室（当時）資料

**ガス籠形火鉢**
「図説 台所道具の歴史」日本図書センター　2012
◇p113-20〔白黒〕　昭和4年「瓦斯器具案内」

**風立て**
「日本民具の造形」淡交社　2004
◇p62〔白黒〕　群馬県 水上町歴史民俗資料館所蔵

**肩叩き**
「日本民具の造形」淡交社　2004
◇p74〔白黒〕　愛知県 設楽町立奥三河郷土館所蔵

**片手桶**
「日本民俗大辞典 上」吉川弘文館　1999
◇p252〔白黒〕
「日本の民具 1 町」慶友社　1992
◇図138〔白黒〕　[撮]薗部澄

**かたばみ文懐中鏡**
「日本の民具 1 町」慶友社　1992
◇図190〔白黒〕　[撮]薗部澄

**瓦灯**
「日本民具の造形」淡交社　2004
◇p136〔白黒〕　長野県 日本のあかり博物館所蔵

**かなだらい**
「図説 台所道具の歴史」日本図書センター　2012
◇p132-3〔白黒〕　銅製　愛知県・東海市立郷土資料館
◇p132-4〔白黒〕　真鍮製　高知県・梼原民具博物館
◇p132-5〔白黒〕　銅製　愛媛県・新居浜市立郷土館

**鉄輪**
「図説 台所道具の歴史」日本図書センター　2012
◇p65-18・19〔白黒〕　福島県田島町・奥会津歴史民俗資料館

**鹿沼箒**
「日本民俗図誌 3 調度・服飾篇」村田書店　1977
◇図31-3〔白黒・図〕　栃木県上都賀郡鹿沼　長箒『工芸』47

**可燃瓦斯点火器**
「図説 台所道具の歴史」日本図書センター　2012
◇p99-13〔白黒・図〕　実用新案 昭和4年

**壁にかけられた道具**
「宮本常一 写真・日記集成 上」毎日新聞社　2005
◇p66〔白黒〕　愛知県北設楽郡設楽町 名倉　[撮]宮本常一, 1957年5月14日

**壁につるし下げてある「じねんじょ」、なた、わらかご**
「写真ものがたり昭和の暮らし 1」農山漁村文化協会　2004
◇p30〔白黒〕　新潟県山古志村梶金　囲炉裏のそば　[撮]須藤功, 昭和46年2月

**南瓜炭籠**
「日本民具の造形」淡交社　2004
◇p132〔白黒〕　三重県 白山町郷土資料館所蔵

**かみしも行李**
「写真で見る農具 民具」農林統計協会　1988
◇p214〔白黒〕　兵庫県出石町　江戸時代中期から　杞柳工芸品

**紙巻炭**
「図説 台所道具の歴史」日本図書センター　2012
◇p108-8〔白黒・図〕　明治44年　一名座敷炭

**亀の子束子**
「図説 台所道具の歴史」日本図書センター　2012
◇p147-10〔白黒・図〕　大正7年の広告『婦人画報』8月号
◇p147-11〔白黒〕（使い古した亀の子たわし）　佐渡・小木民俗博物館構内の屋外雑用流し脇の寸景
◇p147-12・13〔白黒・図〕　実用新案 明治41年・44年

**蚊屋**
「日本民具の造形」淡交社　2004
◇p126〔白黒〕　福岡県 志摩町歴史資料館所蔵

**蚊帳を吊るしたようす**
「いまに伝える 農家のモノ・人の生活館」柏書房　2004
◇p258 写真1〔白黒〕　埼玉県　富士見市立難波田城資料館提供

**蚊帳を張った寝室**
「写真ものがたり昭和の暮らし 9」農山漁村文化協会　2007
◇p61〔白黒〕　長野県會地村駒場（現阿智村）　[撮]熊谷元一, 昭和30年

**茅で編んだ蓋つきの籠**
「あるくみるきく双書 宮本常一とあるいた昭和の日本 19」農山漁村文化協会　2012
◇p190〔白黒〕　沖縄県八重山黒島　[撮]工藤員功

**カラカサ**
「写真でみる日本人の生活全集 2」日本図書センター　2010
◇p66〔白黒〕　長野県小県郡青木村
「日本民具の造形」淡交社　2004
◇p71〔白黒〕　滋賀県 高島町歴史民俗資料館所蔵

**唐傘**
「日本民具の造形」淡交社　2004
◇p91〔白黒〕　岐阜県 美並ふるさと館所蔵

**唐草模様藍染蒲団かわ**
「あるくみるきく双書 宮本常一とあるいた昭和の日本 21」農山漁村文化協会　2011
◇p207〔カラー〕　中国地方　明治時代　木綿　[撮]竹内淳子

**唐草模様蒲団かわ**
「あるくみるきく双書 宮本常一とあるいた昭和の日本 21」農山漁村文化協会　2011
◇p207〔カラー〕　島根県　木綿　[撮]竹内淳子

**ガラス提灯**
「日本民具の造形」淡交社　2004
◇p137〔白黒〕　福岡県 芦屋町歴史民俗資料館所蔵

**からと**
「図説 民俗探訪事典」山川出版社　1983
◇p12〔白黒〕　埼玉県

**唐櫃**
「日本民俗大辞典 上」吉川弘文館　1999
◇p421〔白黒〕　福島県南会津郡桧枝岐村

**革財布**
「日本の民具 1 町」慶友社　1992
◇図61〔白黒〕　[撮]薗部澄

革座布団
　「日本民具の造形」淡交社　2004
　　◇p34〔白黒〕　静岡県　榛原町郷土資料館所蔵

革製巾着
　「日本社会民俗辞典 3」日本図書センター　2004
　　◇p1238〔白黒〕　文部省資料館蔵

革製銭袋
　「日本社会民俗辞典 3」日本図書センター　2004
　　◇p1238〔白黒〕　文部省史料館蔵

革製手提鞄
　「日本社会民俗辞典 3」日本図書センター　2004
　　◇p1239〔白黒〕　文部省史料館蔵

革製紋尽手提鞄
　「日本の民具 1 町」慶友社　1992
　　◇図212〔白黒〕　㊔薗部澄

換気扇
　「図説 台所道具の歴史」日本図書センター　2012
　　◇p110-1〔白黒〕　『冨山房百科』・昭和8年刊「家庭電化」

かんこ
　「日本の民具 2 農村」慶友社　1992
　　◇図154〔白黒〕　福井県大野郡　㊔薗部澄

かんたろ（松明の台）
　「写真でみる日本人の生活全集 3」日本図書センター　2010
　　◇p99〔白黒〕　「日本民俗」2巻4号

カンテラ
　「今は昔 民具など」文芸社　2014
　　◇p32〔白黒〕（算盤とカンテラ）　㊔山本富三　京の田舎民具資料館蔵
　「宮本常一 写真・日記集成 別巻」毎日新聞社　2005
　　◇図32(p16)〔白黒〕　島根県邑智郡田所村鱒渕〔邑南町〕　㊔宮本常一, 1939年〔月日不明〕　森脇太一寄贈
　「日本民具の造形」淡交社　2004
　　◇p73〔白黒〕　鹿児島県　原野農芸博物館所蔵
　　◇p135〔白黒〕　長野県　阿南町歴史民俗資料館
　「日本の民具 1 町」慶友社　1992
　　◇図155〔白黒〕　㊔薗部澄

ガンドウ
　「図録・民具入門事典」柏書房　1991
　　◇p51〔白黒〕（ガンドウ）　長野県　ロウソク用携行探照具　上田市立博物館所蔵
　「民具のみかた―心とかたち」第一法規出版　1983
　　◇p211〔白黒〕　長野県北信地方
　「写真 日本文化史 9」日本評論新社　1955
　　◇図29, 30〔白黒〕（ガンドウ）

龕灯
　「今は昔 民具など」文芸社　2014
　　◇p36〔白黒〕　㊔山本富三　橿原市今井町屋敷田
　「日本民具の造形」淡交社　2004
　　◇p135〔白黒〕　岡山県 和気町歴史民俗資料館所蔵
　　◇p135〔白黒〕　島根県 伯太町歴史民俗資料館

雁皮の焚き付け
　「図説 台所道具の歴史」日本図書センター　2012
　　◇p100-6〔白黒〕　北海道・浦河町立郷土博物館

菊燈台
　「日本の民具 1 町」慶友社　1992
　　◇図153〔白黒〕　㊔薗部澄

刻み煙草入れ
　「日本民具の造形」淡交社　2004
　　◇p120〔白黒〕　福岡県 飯塚市歴史資料館所蔵

煙管
　「今は昔 民具など」文芸社　2014
　　◇p33〔白黒〕　雁首, 吸い口, 羅宇　㊔山本富三　京の田舎民具資料館蔵
　「日本郷土 風俗・民芸・芸能図鑑」日本図書センター　2012
　　◇写真篇 特集江戸から東京へ〔白黒〕　東京都　神田村田屋
　「日本民具の造形」淡交社　2004
　　◇p120〔白黒〕　東京都 たばこと塩の博物館所蔵
　　◇p120〔白黒〕　徳島県 上板町立歴史民俗資料館

煙管筒
　「日本民具の造形」淡交社　2004
　　◇p34〔白黒〕　愛媛県 東予市立郷土館所蔵

煙管と煙草入れ
　「写真ものがたり昭和の暮らし 10」農山漁村文化協会　2007
　　◇p27〔白黒・図〕　絵・中嶋俊枝

キヌバンとキンヅチ
　「日本民俗図誌 3 調度・服飾篇」村田書店　1977
　　◇図27-1〔白黒・図〕　京都府愛宕郡愛宕地方

木箱の灼
　「図説 台所道具の歴史」日本図書センター　2012
　　◇p136-6〔白黒〕　大型のもの　新潟県村上・磐舟文華博物館
　　◇p136-7〔白黒〕　奥会津田島町内

木彫煙草入
　「日本民俗図誌 3 調度・服飾篇」村田書店　1977
　　◇図21〔白黒・図〕　アイヌ製作

木枕
　「日本の民具 1 町」慶友社　1992
　　◇図195〔白黒〕　㊔薗部澄

客火鉢
　「日本民具の造形」淡交社　2004
　　◇p70〔白黒〕　福島県 本宮町立歴史民俗資料館所蔵

脚立
　「日本民俗図誌 3 調度・服飾篇」村田書店　1977
　　◇図34〔白黒・図〕　山形県酒田市檜物町の家具屋で販売　『工芸』47

給水タンクとして用いている常滑の陶器製の大きな水瓶
　「あるくみるきく双書 宮本常一とあるいた昭和の日本 19」農山漁村文化協会　2012
　　◇p72〔カラー〕　愛知県常滑市　㊔神崎宣武,〔昭和47年〕

脇息
　「今は昔 民具など」文芸社　2014
　　◇p9〔白黒〕　㊔山本富三　河井寛次郎記念館蔵（京都）

鏡台
　「日本民具の造形」淡交社　2004
　　◇p129〔白黒〕　京都府 日吉町郷土資料館所蔵
　「日本の民具 1 町」慶友社　1992
　　◇図179〔白黒〕　㊔薗部澄

清め手桶
　「日本民俗図誌 4 習俗・飲食篇」村田書店　1978
　　◇図175-1〔白黒・図〕　愛知県北設楽郡下川村地方

キラウシバッチ
　「日本民俗図誌 3 調度・服飾篇」村田書店　1977
　　◇図39〔白黒・図〕　アイヌの角盥

切子灯籠
　「日本民具の造形」淡交社　2004
　　◇p133〔白黒〕　石川県 輪島市立民俗資料館所蔵

## 住まいの道具・家具類　　　　　　住

**キリダメ**
「図録・民具入門事典」柏書房　1991
　◇p39〔白黒〕　愛知県
「写真 日本文化史 9」日本評論新社　1955
　◇図33〔白黒〕　たばこを入れておく桶（自家用）

**きりだめ（桶）**
「日本の民具 2 農村」慶友社　1992
　◇図182〔白黒〕　愛知県　煙草をたくわえる　㊙薗部澄

**きりだんす**
「日本の生活文化財」第一法規出版　1965
　◇図28（住）〔白黒〕　小川原湖博物館所蔵（青森県三沢市）

**桐箪笥**
「図説 民俗探訪事典」山川出版社　1983
　◇p11〔白黒〕　青森県
「日本民俗文化財事典（改訂版）」第一法規出版　1979
　◇図114〔白黒〕　青森県下北地方

**金札行李, 文庫**
「写真で見る農具 民具」農林統計協会　1988
　◇p214〔白黒〕　兵庫県出石町　金札行李：江戸時代中期から昭和10年代まで, 文庫：大正時代後期から昭和前期まで　杞柳工芸品

**銀製菊花文マッチ入**
「日本の民具 1 町」慶友社　1992
　◇図210〔白黒〕　㊙薗部澄

**銀製鶴梅文マッチ入**
「日本の民具 1 町」慶友社　1992
　◇図211〔白黒〕　㊙薗部澄

**銀杏寺銘経机**
「日本民俗図誌 3 調度・服飾篇」村田書店　1977
　◇図5-2〔白黒・図〕

**空気ランプ**
「日本社会民俗辞典 3」日本図書センター　2004
　◇図版Ⅵ 灯火（4）〔白黒〕(笠をはずした空気ランプ（石油を使用した吊ランプ）)

**括枕**
「日本民具の造形」淡交社　2004
　◇p127〔白黒〕　岐阜県 国府町郷土民俗資料館所蔵

**草花の絵が施された襖障子**
「写真でみる民家大事典」柏書房　2005
　◇p59-2〔白黒〕　新島襄邸、京都府京都市　㊙2003年 桐浴邦夫

**屑入れ**
「日本民具の造形」淡交社　2004
　◇p124〔白黒〕　岐阜県 明宝村立博物館所蔵

**クズカゴ**
「あるくみるきく双書 宮本常一とあるいた昭和の日本 19」農山漁村文化協会　2012
　◇p113〔白黒〕　大分県大分市　㊙工藤員功
「日本の生活文化財」第一法規出版　1965
　◇図32（住）〔白黒〕　小川原湖博物館所蔵（青森県三沢市）

**葛で編んだ蓋つきの籠**
「あるくみるきく双書 宮本常一とあるいた昭和の日本 19」農山漁村文化協会　2012
　◇p190〔白黒〕　沖縄県宮古島平良　㊙工藤員功

**九谷焼の壺**
「日本郷土 風俗・民芸・芸能図鑑」日本図書センター　2012
　◇写真篇 石川〔白黒〕（九谷焼）　石川県

**下り藤文箱枕**
「日本の民具 1 町」慶友社　1992
　◇図197〔白黒〕　㊙薗部澄

**クバうちわ**
「日本民具の造形」淡交社　2004
　◇p125〔白黒〕　鹿児島県 大隅町郷土館所蔵

**熊手**
「日本民具の造形」淡交社　2004
　◇p60〔白黒〕　新潟県 亀田町郷土資料館所蔵

**熊彫**
「日本郷土 風俗・民芸・芸能図鑑」日本図書センター　2012
　◇写真篇 北海道〔白黒〕　北海道

**蔵鍵**
「日本民具の造形」淡交社　2004
　◇p125〔白黒〕　秋田県 井川町歴史民俗資料館所蔵

**鞍掛**
「日本民具の造形」淡交社　2004
　◇p63〔白黒〕　京都府 城陽歴史民俗資料館所蔵　踏み台, 腰掛け

**蔵提灯**
「日本民具の造形」淡交社　2004
　◇p135〔白黒〕　長野県 日本のあかり博物館所蔵

**蔵提燈**
「日本民俗大辞典 下」吉川弘文館　2000
　◇p107〔白黒〕

**蔵の中の家具**
「写真でみる日本人の生活全集 3」日本図書センター　2010
　◇p151〜152〔白黒〕　東京都世田谷区等々力町の旧家

**刳物火鉢**
「今は昔 民具など」文芸社　2014
　◇p67〔白黒〕　㊙山本富三　五個荘近江商人屋敷蔵

**車箪笥**
「図説 民俗探訪事典」山川出版社　1983
　◇p11〔白黒〕　長野県

**クルマナガモチ**
「図録・民具入門事典」柏書房　1991
　◇p52〔白黒〕　千葉県　成田山史料館所蔵

**車長持**
「日本民具の造形」淡交社　2004
　◇p123〔白黒〕　愛媛県 旧石丸家住宅所蔵
「日本民俗文化財事典（改訂版）」第一法規出版　1979
　◇図115〔白黒〕　山形県庄内地方
「日本を知る事典」社会思想社　1971
　◇図75（p237）〔白黒〕　神奈川県川崎市 日本民家園

**胡桃膳**
「日本民具の造形」淡交社　2004
　◇p140〔白黒〕　愛知県 美和町歴史民俗資料館所蔵

**黒天鵞絨縫取巾着**
「日本社会民俗辞典 3」日本図書センター　2004
　◇p1238〔白黒〕　文部省史料館蔵

**経済練炭**
「図説 台所道具の歴史」日本図書センター　2012
　◇p108-7〔白黒・図〕　明治43年

**携帯用日時計**
「日本民具の造形」淡交社　2004
　◇p158〔白黒〕　福岡県 北九州市立木屋瀬郷土資料館所蔵

**軽便枕**
「日本の民具 1 町」慶友社　1992

## 住まいの道具・家具類

　　　　◇図196〔白黒〕　　㊟薗部澄

### 消炭と消壺
「里山・里海 暮らし図鑑」柏書房　2012
　　　　◇写5 (p54)〔白黒〕　長野県旧堀金村〔安曇野市〕

### コウドケイ
「図録・民具入門事典」柏書房　1991
　　　　◇p101〔白黒〕　千葉県　成田山史料館所蔵

### 香時計
「日本民具の造形」淡交社　2004
　　　　◇p158〔白黒〕　長崎県　榊原郷土史料館所蔵
「日本の民具 1 町」慶友社　1992
　　　　◇図200〔白黒〕　㊟薗部澄

### コウリ
「あるくみるきく双書 宮本常一とあるいた昭和の日本 19」農山漁村文化協会　2012
　　　　◇p102〔白黒〕　岩手県一戸町　㊟工藤員功

### 行李
「今は昔 民具など」文芸社　2014
　　　　◇p108〔白黒〕　㊟山本富三　木治屋蔵（奈良）
「日本民具の造形」淡交社　2004
　　　　◇p128〔白黒〕　三重県 長島町輪中の里所蔵
「図録・民具入門事典」柏書房　1991
　　　　◇p52〔白黒〕　茨城県　川崎市立日本民家園所蔵

### 氷で冷やす冷蔵庫
「いまに伝える 農家のモノ・人の生活館」柏書房　2004
　　　　◇p257 写真3〔白黒〕　埼玉県所沢市

### 小型煉炭
「図説 台所道具の歴史」日本図書センター　2012
　　　　◇p108-11〔白黒・図〕　昭和14年

### 茣蓙
「日本の民具 2 農村」慶友社　1992
　　　　◇図209〔白黒〕　敷物　㊟薗部澄

### ゴザとワラウダ
「図説 民俗探訪事典」山川出版社　1983
　　　　◇p13〔白黒〕　秋田県旧奈良家住宅

### 腰掛
「図説 台所道具の歴史」日本図書センター　2012
　　　　◇p62-5〔白黒〕（腰掛け）　かまどにつきっきりの主婦が腰を休めたもの　神奈川県立博物館
「日本民具の造形」淡交社　2004
　　　　◇p63〔白黒〕　兵庫県 上郡町郷土資料館所蔵

### コシキ
「日本民俗大辞典 下」吉川弘文館　2000
　　　　◇p762〔白黒〕　新潟県地方　雪鋤　十日町市博物館所蔵

### 腰提胴
「日本社会民俗辞典 3」日本図書センター　2004
　　　　◇p1238〔白黒〕　文部省史料館蔵

### コスキ（木鋤）
「写真でみる民家大事典」柏書房　2005
　　　　◇p146-3〔白黒〕（雪掘り用のコスキ）　新潟県南魚沼市六日町　㊟1994年　小林幹子
「写真で見る農具 民具」農林統計協会　1988
　　　　◇p302〔白黒〕（こすき）　新潟県湯之谷村　江戸時代から昭和前期まで　雪かき用の木鋤（こすき）
「民具のみかた―心とかたち」第一法規出版　1983
　　　　◇p217〔白黒〕　福島県会津地方
「フォークロアの眼 2 雪国と暮らし」国書刊行会　1977
　　　　◇図95〔白黒〕　新潟県中魚沼郡津南町小島　用水堀などを除雪する　㊟中俣正義, 昭和49年2月中旬

　　　　◇図98〔白黒〕（コスキ）　新潟県南魚沼郡六日町欠之上　㊟中俣正義, 昭和30年1月上旬

### 炬燵を組む
「写真でみる日本生活図引 別巻」弘文堂　1993
　　　　◇図129〔白黒〕　長野県下伊那郡阿智村　㊟熊谷元一, 昭和31年10月14日

### 炬燵櫓
「日本民具の造形」淡交社　2004
　　　　◇p130〔白黒〕　青森県 六戸町立郷土資料館所蔵

### コダンス
「図録・民具入門事典」柏書房　1991
　　　　◇p52〔白黒〕　千葉県　成田山史料館所蔵
「日本の生活文化財」第一法規出版　1965
　　　　◇図27(住)〔白黒〕　文部省史料館所蔵（東京都品川区）

### 鏝
「写真でみる日本生活図引 別巻」弘文堂　1993
　　　　◇図256〔白黒〕　長野県下伊那郡阿智村　古布を伸ばす　㊟熊谷元一, 昭和32年1月23日

### ゴトク
「写真でみる民家大事典」柏書房　2005
　　　　◇p126-2〔白黒〕　岡山県鏡野町上斎原　㊟1991年　鶴藤鹿忠

### 五徳
「今は昔 民具など」文芸社　2014
　　　　◇p125〔白黒〕　㊟山本富三　美山民俗資料館蔵
「写真で見る農具 民具」農林統計協会　1988
　　　　◇p283〔白黒〕　鳥取県河原町

### 五徳と火鉢
「日本民俗大辞典 上」吉川弘文館　1999
　　　　◇p633〔白黒〕　武蔵野美術大学民俗資料室所蔵

### 粉袋
「日本民具の造形」淡交社　2004
　　　　◇p56〔白黒〕　山形県 舟形町歴史民俗資料館所蔵

### 小引き出し
「今は昔 民具など」文芸社　2014
　　　　◇p11〔白黒〕　㊟山本富三　河井寛次郎記念館蔵（京都）

### こまさらえ
「図説 台所道具の歴史」日本図書センター　2012
　　　　◇p63-9〔白黒〕　宮崎県総合博物館

### 菰
「日本の民具 2 農村」慶友社　1992
　　　　◇図212〔白黒〕　敷物　㊟薗部澄

### 小物入れ
「日本民具の造形」淡交社　2004
　　　　◇p125〔白黒〕　岐阜県 岩村町歴史民俗資料館所蔵
　　　　◇p125〔白黒〕　山形県 高畠町昭和ミニ資料館5号館

### 財布
「日本民具の造形」淡交社　2004
　　　　◇p56〔白黒〕　山口県 柳井民俗資料館むろやの園所蔵
「日本の民具 1 町」慶友社　1992
　　　　◇p60〔白黒〕　㊟薗部澄

### 裁縫箱
「今は昔 民具など」文芸社　2014
　　　　◇p38〔白黒〕　㊟山本富三　橿原市今井町屋敷蔵

### さげあんどん
「日本の生活文化財」第一法規出版　1965
　　　　◇図48(住)〔白黒〕　致道博物館所蔵（山形県鶴岡市）
　　　　◇図52(住)〔白黒〕　致道博物館所蔵（山形県鶴岡市）

住まいの道具・家具類　　　　　　　　　　住

提行灯
　「日本社会民俗辞典 3」日本図書センター　2004
　　◇図版Ⅳ 灯火 (2)〔白黒〕(提行灯(土蔵用))
　「日本の民具 1 町」慶友社　1992
　　◇図144〔白黒〕(堤行燈)　㊣薗部澄

提煙草盆
　「日本民俗図誌 3 調度・服飾篇」村田書店　1977
　　◇図18-3〔白黒・図〕　松材製

提げ灯籠
　「日本民俗図誌 3 調度・服飾篇」村田書店　1977
　　◇図72-2〔白黒・図〕　群馬県勢多郡南橘村　屋外に携帯　『民俗芸術』2-1

里山の樹木で作る雑貨
　「里山・里海 暮らし図鑑」柏書房　2012
　　◇写46 (p141)〔白黒〕　福井県自然保護センター展示

座屏
　「日本民俗図誌 3 調度・服飾篇」村田書店　1977
　　◇図5-1〔白黒・図〕　松材木地

さまざまな暖房具
　「日本の生活環境文化大辞典」柏書房　2010
　　◇p374-1〔白黒〕　東京都豊島区　湯たんぽ,足温器,行火,回転式炬燵,ねこあんか　㊣2005年 豊島区教育委員会

さまざまな火鉢
　「日本の生活環境文化大辞典」柏書房　2010
　　◇p375-3〔白黒〕　東京都豊島区　㊣2005年 豊島区教育委員会

醒井木彫
　「日本郷土 風俗・民芸・芸能図鑑」日本図書センター　2012
　　◇写真篇 滋賀〔白黒〕　滋賀県　たぬき,がま蛙

ざる
　「日本の生活文化財」第一法規出版　1965
　　◇図58 (食)〔白黒〕　高山市立飛騨民俗館所蔵
　　◇図60 (食)〔白黒〕　秋田経済大学雪国民俗研究所所蔵(秋田市茨島)
　　◇図66 (食)〔白黒〕　文部省史料館所蔵(東京都品川区)

三角ジョウケ
　「あるくみるきく双書 宮本常一とあるいた昭和の日本 19」農山漁村文化協会　2012
　　◇p219〔白黒〕　熊本県　㊣杉本喜世恵

敷物
　「日本民具の造形」淡交社　2004
　　◇p53〔白黒〕　北海道 北海道開拓の村所蔵

ジグチアンドン
　「図録・民具入門事典」柏書房　1991
　　◇p50〔白黒〕　東京都

磁石付日時計
　「日本の民具 1 町」慶友社　1992
　　◇図229〔白黒〕　㊣薗部澄
　　◇図230〔白黒〕　㊣薗部澄

したみ
　「日本の民具 2 農村」慶友社　1992
　　◇図186〔白黒〕　山口県　㊣薗部澄

下向き小型ガスランプ
　「図説 民俗建築大事典」柏書房　2001
　　◇写真9 (p187)〔白黒〕　がす資料館『ガスとくらしの一世紀』1997

七厘
　「日本民俗大辞典 上」吉川弘文館　1999
　　◇p777〔白黒〕　武蔵野美術大学民俗資料室所蔵

湿潤器兼吸入器
　「図説 台所道具の歴史」日本図書センター　2012
　　◇p111-2〔白黒〕　『冨山房百科』・昭和8年刊「家庭電化」

室内温度自動調節スウィッチ
　「図説 台所道具の歴史」日本図書センター　2012
　　◇p111-2〔白黒〕　『冨山房百科』・昭和8年刊「家庭電化」

室内の収納
　「写真でみる民家大事典」柏書房　2005
　　◇p138-3〔白黒〕　東京都国分寺市戸倉　㊣1990年 津山正幹

実用炭
　「図説 台所道具の歴史」日本図書センター　2012
　　◇p108-1〔白黒・図〕　明治38年

シデとシデバチ
　「図録・民具入門事典」柏書房　1991
　　◇p50〔白黒〕　東京都
　「日本民俗事典」弘文堂　1972
　　◇p597〔白黒〕　東京都西多摩郡奥多摩町　㊣宮本馨太郎

シデバチ
　「日本の民具 2 農村」慶友社　1992
　　◇図151〔白黒〕　東京都西多摩郡奥多摩町　肥松をたく　㊣薗部澄
　「写真 日本文化史 9」日本評論新社　1955
　　◇図15〔白黒〕(石製のシデバチ)　東京都小河内村

シベブトン
　「写真でみる日本人の生活全集 2」日本図書センター　2010
　　◇p145〔白黒〕　秋田県　シベで作ったワラブトン

四方囲い角行灯
　「日本民俗図誌 3 調度・服飾篇」村田書店　1977
　　◇図69〔白黒・図〕　中国地方

蛇口付きの桶
　「図説 台所道具の歴史」日本図書センター　2012
　　◇p134-5〔白黒・図〕　E・S・モース著『日本その日その日』平凡社

尺時計
　「日本社会民俗辞典 3」日本図書センター　2004
　　◇図版Ⅶ 時計：(国立科学博物館提供)〔白黒〕

蛇の目傘
　「日本民具の造形」淡交社　2004
　　◇p36〔白黒〕　東京都 清瀬市郷土博物館所蔵
　「日本民俗図誌 7 生業上・下篇」村田書店　1978
　　◇図151-2〔白黒・図〕

シュウトウシカゴ
　「あるくみるきく双書 宮本常一とあるいた昭和の日本 19」農山漁村文化協会　2012
　　◇p97〔白黒〕　新潟県佐渡郡真野町　炭もふるう　㊣工藤員功

十能
　「今は昔 民具など」文芸社　2014
　　◇p10〔白黒〕　㊣山本富三 河井寛次郎記念館蔵(京都)
　「図説 台所道具の歴史」日本図書センター　2012
　　◇p63-14〔白黒〕(素焼きの十能)　佐渡・小木民俗博物館
　　◇p63-16〔白黒〕　新潟県村上・磐舟文華博物館
　「日本民具の造形」淡交社　2004
　　◇p132〔白黒〕　千葉県 成東町歴史民俗資料館所蔵

朱塗角行灯
　「日本民俗図誌 3 調度・服飾篇」村田書店　1977
　　◇図71〔白黒・図〕　長野県松本地方

住　　　　　　　　　　　　　　　住まいの道具・家具類

## しゅろ帚
「日本郷土 風俗・民芸・芸能図鑑」日本図書センター　2012
　◇写真篇 徳島〔白黒〕　徳島県

## 棕櫚箒
「日本民具の造形」淡交社　2004
　◇p60〔白黒〕　宮崎県 西米良村歴史民俗資料館所蔵
「日本民俗図誌 3 調度・服飾篇」村田書店　1977
　◇図31-1〔白黒・図〕　徳島県徳島　『工芸』47

## 錠
「日本の民具 1 町」慶友社　1992
　◇図122〔白黒〕　㊙薗部澄
　◇図123〔白黒〕　㊙薗部澄
　◇図124〔白黒〕　㊙薗部澄
　◇図125〔白黒〕　㊙薗部澄

## 消火壺
「図説 台所道具の歴史」日本図書センター　2012
　◇p27-3〔白黒〕

## 床几
「日本民俗大辞典 上」吉川弘文館　1999
　◇p846〔白黒・図〕　折りたためるもの

## しょうじ
「日本の生活文化財」第一法規出版　1965
　◇図23(住)〔白黒〕　小川原湖博物館所蔵(青森県三沢市)

## 障子
「日本の生活環境文化大辞典」柏書房　2010
　◇p443-5〔白黒〕　京都府八幡市　㊙2003年　朴賛弼

## 障子衝立
「日本民具の造形」淡交社　2004
　◇p304〔白黒〕　山口県 服部屋敷所蔵

## 庄内箪笥
「図説 民俗建築大事典」柏書房　2001
　◇写真3(p215)〔白黒〕　小泉和子『和家具』小学館、1996

## 小文庫
「あるくみるきく双書 宮本常一とあるいた昭和の日本 19」農山漁村文化協会　2012
　◇p102〔白黒〕　岩手県一戸町　針箱に使う　㊙工藤員功

## 錠前
「日本の民具 1 町」慶友社　1992
　◇図126〔白黒〕　㊙薗部澄
　◇図127〔白黒〕　㊙薗部澄
　◇図128〔白黒〕　㊙薗部澄

## 照明具
「今は昔 民具など」文芸社　2014
　◇p71〔白黒〕　石油ランプ, 角形のランプ, 陶器のランプ, カンテラ　㊙山本富三　五個荘近江商人屋敷蔵

## 昭和10年代の保存庫
「日本の生活環境文化大辞典」柏書房　2010
　◇p343-6〔白黒〕　蠅帳, 氷使用の冷蔵庫　宮崎玲子

## 初期のアイロン
「図説 民俗探訪事典」山川出版社　1983
　◇p18〔白黒〕

## 初期のテレビ
「写真ものがたり昭和の暮らし 4」農村漁村文化協会　2005
　◇p208〔白黒〕　千葉県松戸市　㊙小櫃亮, 昭和36年12月

## 初期の木製テーブルタップ
「図説 台所道具の歴史」日本図書センター　2012
　◇p109-16・17〔白黒〕　三口用　電気資料館

## ショクダイ
「図録・民具入門事典」柏書房　1991
　◇p51〔白黒〕　山形県
　◇p51〔白黒〕　愛知県
　◇p51〔白黒〕　長野県　上田市立博物館所蔵
「民具のみかた一心とかたち」第一法規出版　1983
　◇p211〔白黒〕(ショクダイ(燭台))　長野県北信地方

## 燭台
「図説 台所道具の歴史」日本図書センター　2012
　◇p25-6〔白黒〕　愛媛県・大洲城山郷土館
「日本民具の造形」淡交社　2004
　◇p136〔白黒〕　大阪府 日本民家集落博物館所蔵
　◇p136〔白黒〕　埼玉県 秩父市立民俗博物館
　◇p136〔白黒〕(折たたみ燭台)　神奈川県 江戸民具街道
「図説 民俗建築大事典」柏書房　2001
　◇写真4(p185)〔白黒〕　秩父市立民俗博物館蔵

## 白樺の水入れ
「図説 台所道具の歴史」日本図書センター　2012
　◇p131-14〔白黒〕　アイヌ人の使用したもの　網走市立郷土館

## シリケレケレブ
「日本民具の造形」淡交社　2004
　◇p74〔白黒〕　北海道 北海道大学植物園博物館所蔵

## 眞空掃除機
「図説 台所道具の歴史」日本図書センター　2012
　◇p111-2〔白黒〕　『冨山房百科』・昭和8年刊「家庭電化」

## 信玄袋
「日本民具の造形」淡交社　2004
　◇p56〔白黒〕　福井県 大野市歴史民俗資料館所蔵

## 新婚家庭の調度
「写真でみる日本人の生活全集 6」日本図書センター　2010
　◇p87〔白黒〕　総桐三重タンスほか

## 伸子
「日本民具の造形」淡交社　2004
　◇p61〔白黒〕　京都府 美山町民俗資料館所蔵
　◇p90〔白黒〕(洗い張り伸子)　大阪府 東大阪市立郷土博物館

## 水銀太陽燈
「図説 台所道具の歴史」日本図書センター　2012
　◇p111-2〔白黒〕　『冨山房百科』・昭和8年刊「家庭電化」

## すえらんぷ
「宮本常一 写真・日記集成 別巻」毎日新聞社　2005
　◇図32(p16)〔白黒〕　島根県邑智郡田所村鱒渕〔邑南町〕　㊙宮本常一, 1939年〔月日不明〕　森脇太一寄贈

## ススキボウキ
「図説 民俗探訪事典」山川出版社　1983
　◇p79〔白黒〕　沖縄県

## 硯
「日本郷土 風俗・民芸・芸能図鑑」日本図書センター　2012
　◇写真篇 鳥取〔白黒〕　鳥取県
「日本民具の造形」淡交社　2004
　◇p30〔白黒〕　栃木県 藤岡町歴史民俗資料館所蔵

## 硯と水滴
「今は昔 民具など」文芸社　2014
　◇p60〔白黒〕　㊙山本富三　五個荘近江商人屋敷蔵

## 硯箱
「日本民具の造形」淡交社　2004
　◇p140〔白黒〕　静岡県 新居関所資料館所蔵

住まいの道具・家具類　　　　　　　　住

すだれ障子
　「日本民具の造形」淡交社　2004
　　◇p62〔白黒〕　鳥取県　高田家住宅所蔵
ストーブ各種
　「写真でみる日本生活図引 3」弘文堂　1988
　　◇図76〔白黒〕　北海道室蘭市　薪ストーブ, ストーブ台, 石炭ストーブ, 薪ストーブを見る人　㋶掛川源一郎, 昭和38年
スベ箒
　「日本民俗図誌 3 調度・服飾篇」村田書店　1977
　　◇図31-2〔白黒・図〕　香川県綾歌郡川津村　『工芸』47
炭入れ
　「図説 台所道具の歴史」日本図書センター　2012
　　◇p105-11〔白黒〕　干瓢の表皮　函館博物館・分館郷土室
　「日本民具の造形」淡交社　2004
　　◇p22〔白黒〕　兵庫県 香寺民俗資料館所蔵
　　◇p132〔白黒〕（炭入）　栃木県 芳賀町郷土資料館所蔵
　　◇p132〔白黒〕（炭入）　愛知県 蒲郡市博物館
　「民具のみかた一心とかたち」第一法規出版　1983
　　◇p208〔白黒〕（スミイレ（炭入れ））　石川県白山麓
墨絵が施された襖障子
　「写真でみる民家大事典」柏書房　2005
　　◇p59-1〔白黒〕　京都府山城町　㋶2004年　桐浴邦夫
炭桶
　「日本民具の造形」淡交社　2004
　　◇p35〔白黒〕　和歌山県　御坊市立歴史民俗資料館所蔵
角切葵文柄鏡
　「日本の民具 1 町」慶友社　1992
　　◇図194〔白黒〕　㋶薗部澄
スミトリ
　「あるくみるきく双書 宮本常一とあるいた昭和の日本 19」農山漁村文化協会　2012
　　◇p113〔白黒〕　大分県大分市　炭を入れる　㋶工藤員功
　「図説 台所道具の歴史」日本図書センター　2012
　　◇p104-8〔白黒〕　佐渡・小木民俗博物館
　　◇p105-10〔白黒〕　内部に鉄板　愛知県・東海市立郷土資料館
　　◇p105-12〔白黒〕　本体銅製　愛媛県道後町・湯築小学校
　　◇p105-13〔白黒〕　佐渡・小木民俗博物館
炭とり
　「日本民具の造形」淡交社　2004
　　◇p29〔白黒〕　栃木県 壬生町立歴史民俗資料館所蔵
炭取り
　「日本民具の造形」淡交社　2004
　　◇p132〔白黒〕　福岡県 筑紫野市立歴史民俗資料館所蔵
炭斗
　「日本民俗図誌 3 調度・服飾篇」村田書店　1977
　　◇図22-3〔白黒・図〕　栗材
炭火アイロン
　「日本民具の造形」淡交社　2004
　　◇p90〔白黒〕　福井県 河野村民俗資料館所蔵
炭火種
　「図説 台所道具の歴史」日本図書センター　2012
　　◇p108-4〔白黒・図〕　明治40年
石炭箱
　「図説 台所道具の歴史」日本図書センター　2012
　　◇p100-4〔白黒〕　大正期　札幌市・北海道開拓記念館

堰止め団扇
　「日本民俗図誌 3 調度・服飾篇」村田書店　1977
　　◇図48-1〔白黒・図〕　鹿児島産
石油ランプ
　「日本民具の造形」淡交社　2004
　　◇p137〔白黒〕　広島県 佐伯町歴史民俗資料館所蔵
銭袋
　「日本の民具 1 町」慶友社　1992
　　◇図62〔白黒〕　㋶薗部澄
扇子
　「日本民具の造形」淡交社　2004
　　◇p36〔白黒〕　京都府 山中家京町屋文化館所蔵
洗濯板
　「日本民具の造形」淡交社　2004
　　◇p61〔白黒〕　北海道 美唄市郷土史料館所蔵
　　◇p61〔白黒〕　長野県 富士見町歴史民俗資料館
洗濯機
　「図説 台所道具の歴史」日本図書センター　2012
　　◇p110-1〔白黒〕　『冨山房百科』・昭和8年刊「家庭電化」
　「写真でみる日本生活図引 別巻」弘文堂　1993
　　◇図395〔白黒〕　長野県下伊那郡阿智村　電気洗濯機　㋶熊谷元一, 昭和32年6月7日
宣徳火鉢
　「日本民具の造形」淡交社　2004
　　◇p131〔白黒〕　青森県 六戸町立郷土資料館所蔵
洗面所に誂える湯沸
　「図説 台所道具の歴史」日本図書センター　2012
　　◇p138-3〔白黒〕　大正13年『婦人画報』6月号
洗面湯沸
　「図説 台所道具の歴史」日本図書センター　2012
　　◇p138-2〔白黒・図〕　舶来品　『瓦斯営業案内』
足温器
　「図説 台所道具の歴史」日本図書センター　2012
　　◇p111-2〔白黒〕　『冨山房百科』・昭和8年刊「家庭電化」
足継
　「日本民具の造形」淡交社　2004
　　◇p20〔白黒〕　大阪府 柏原市立歴史資料館所蔵
台十能
　「図説 台所道具の歴史」日本図書センター　2012
　　◇p63-15〔白黒〕　北海道・浦河町立郷土博物館
ダイセンバ（オキバチ）
　「民具のみかた一心とかたち」第一法規出版　1983
　　◇p102〔白黒〕　石川県白山麓　木製の十能（剖物製品）
たいまつ
　「写真で見る農具 民具」農林統計協会　1988
　　◇p283〔白黒〕　愛媛県広田村　江戸時代以前から
松明
　「日本民具の造形」淡交社　2004
　　◇p136〔白黒〕　愛媛県 愛媛県立歴史民俗資料館所蔵
代用品時代の火起し
　「図説 台所道具の歴史」日本図書センター　2012
　　◇p105-14〔白黒〕　竹や陶製　昭和16年『婦人画報』12月号
代用品時代の残影（植木鉢にされた釜）
　「図説 台所道具の歴史」日本図書センター　2012
　　◇p87-14〔白黒〕　知多半島・内海町内　〔植木鉢にされた釜〕　㋶GK

## 住まいの道具・家具類

**台ランプ**
「図説 民俗建築大事典」柏書房 2001
◇写真8(p186)〔白黒〕　秩父市立民俗博物館蔵
「日本民俗大辞典 下」吉川弘文館 2000
◇p795〔白黒〕

**高火鉢**
「日本民具の造形」淡交社 2004
◇p131〔白黒〕　岐阜県 日下部民芸館所蔵

**高箒で座敷を掃く**
「写真ものがたり昭和の暮らし 9」農山漁村文化協会 2007
◇p57〔白黒・図〕　長野県曾地村駒場（現阿智村）　長居の客に帰ってもらいたいときに立てた　㊟熊谷元一，昭和24年　絵・中嶋俊枝

**高蒔絵硯箱**
「民俗資料叢書 10 木地師の習俗2」平凡社 1969
◇図28〔白黒〕　愛知県北設楽郡稲武町

**焚付瓦斯器**
「図説 台所道具の歴史」日本図書センター 2012
◇p99-14〔白黒・図〕　「薪炭石炭コークス竈風呂釜」用　出典、『瓦斯営業案内』明治37年（推定）東京瓦斯会社パンフレット、ガス資料館48年復刻版より

**卓上灯**
「日本民具の造形」淡交社 2004
◇p137〔白黒〕　山梨県 豊富村郷土資料館所蔵

**卓上ランプ**
「日本民具の造形」淡交社 2004
◇p137〔白黒〕　群馬県 甘楽町歴史民俗資料館所蔵

**竹編みの衣裳入れ**
「日本民俗図誌 3 調度・服飾篇」村田書店 1977
◇図7〔白黒・図〕　『工芸』47

**竹編み枕**
「日本民具の造形」淡交社 2004
◇p23〔白黒〕　岡山県 山手村郷土館所蔵

**竹花器**
「日本民具の造形」淡交社 2004
◇p308〔白黒〕　大分県 別府市美術館所蔵

**竹カゴ**
「宮本常一 写真・日記集成 上」毎日新聞社 2005
◇p271〔白黒〕　山口県萩市 見島　㊟宮本常一，1961年9月5日

**竹行李**
「日本民俗大辞典 上」吉川弘文館 1999
◇p606〔白黒〕　武蔵美術大学民俗資料室所蔵
「図説 民俗探訪事典」山川出版社 1983
◇p12〔白黒〕　東京都　調布市郷土博物館蔵

**竹床几**
「日本民具の造形」淡交社 2004
◇p63〔白黒〕　千葉県 千葉県立博物館房総のむら所蔵

**竹火鉢**
「日本民具の造形」淡交社 2004
◇p131〔白黒〕　三重県 海の博物館所蔵

**タシロ**
「日本民俗図誌 3 調度・服飾篇」村田書店 1977
◇図40・41〔白黒・図〕　アイヌ　小刀

**ダツイカゴ**
「あるくみるきく双書 宮本常一とあるいた昭和の日本 19」農山漁村文化協会 2012
◇p121〔白黒〕　鹿児島県伊集院町　脱衣を入れる
㊟工藤員功

**炭団**
「図説 台所道具の歴史」日本図書センター 2012
◇p108-3〔白黒・図〕　明治39年
「日本の生活環境文化大辞典」柏書房 2010
◇p376-5〔白黒〕　東京都豊島区　㊟2005年 豊島区教育委員会

**店内の暖簾**
「日本を知る事典」社会思想社 1971
◇図65(p226)〔白黒〕　新潟県北蒲原郡

**種子桶**
「日本の民具 2 農村」慶友社 1992
◇図180〔白黒〕　岐阜県　㊟薗部澄

**煙草入・灰皿**
「日本民具の造形」淡交社 2004
◇p121〔白黒〕　山口県 本郷村歴史民俗資料館所蔵

**タバコイレ**
「図録・民具入門事典」柏書房 1991
◇p39〔白黒〕　新潟県

**たばこ入れ**
「民具のみかた―心とかたち」第一法規出版 1983
◇p206〔白黒〕　石川県白山麓
「写真 日本文化史 9」日本評論新社 1955
◇図32〔白黒〕

**煙草入**
「日本民俗図誌 3 調度・服飾篇」村田書店 1977
◇図20-1〔白黒・図〕　岩手県胆沢郡愛宕村
◇図20-2〔白黒・図〕　山形県南置賜郡小野川村

**煙草入と煙管**
「日本民具の造形」淡交社 2004
◇p120〔白黒〕　新潟県 燕市産業資料館所蔵
◇p120〔白黒〕　群馬県 赤城村歴史資料館

**煙草切台**
「日本の民具 2 農村」慶友社 1992
◇図182〔白黒〕　愛知県　㊟薗部澄

**たばこの葉をきざむ小刀とその台**
「写真 日本文化史 9」日本評論新社 1955
◇図34〔白黒〕　〔自家用〕

**煙草パイプ**
「日本民具の造形」淡交社 2004
◇p120〔白黒〕　和歌山県 国城原農具民具資料館所蔵

**タバコボン**
「図録・民具入門事典」柏書房 1991
◇p39〔白黒〕　長野県　上田市立博物館所蔵
◇p39〔白黒〕　長野県　上田市立博物館所蔵
「民具のみかた―心とかたち」第一法規出版 1983
◇p205〔白黒〕（タバコボン（煙草盆））　石川県志賀町

**煙草盆**
「今は昔 民具など」文芸社 2014
◇p40〔白黒〕　火入れ，灰落とし（灰吹き），煙草入れ
㊟山本富三　橿原市今井町屋敷蔵
「日本民具の造形」淡交社 2004
◇p121〔白黒〕　新潟県 和島歴史民俗資料館所蔵
◇p121〔白黒〕　岡山県 勝山郷土館
◇p121〔白黒〕　鹿児島県 東串良町郷土研究会
◇p121〔白黒〕　栃木県 大平町歴史民俗資料館
「日本民俗図誌 3 調度・服飾篇」村田書店 1977
◇図19-1〔白黒・図〕　宮良当社の撮影による

**タビチョーチン**
「図録・民具入門事典」柏書房 1991
◇p51〔白黒〕　新潟県

## 住まいの道具・家具類　住

**太布の畳縁**
「いまに伝える 農家のモノ・人の生活館」柏書房　2004
◇p13 写真4〔白黒〕　徳島県木頭村

**盥・洗濯板**
「日本民具の造形」淡交社　2004
◇p61〔白黒〕　長崎県 多良見町のぞみ歴史民俗資料館所蔵

**タライと洗濯板**
「日本の生活環境文化大辞典」柏書房　2010
◇p330-1〔白黒〕　新潟県東蒲原郡阿賀町　㊙長井久美子, 2003年 津川郷土資料館所蔵

**ダルモンジョケ**
「あるくみるきく双書 宮本常一とあるいた昭和の日本 19」農山漁村文化協会　2012
◇p109〔白黒〕　大分県大分市　収穫物、エサ入れ　㊙工藤員功

**暖気樽**
「日本民俗大辞典 上」吉川弘文館　1999
◇p252〔白黒〕

**タンク付機械マッチ**
「図説 台所道具の歴史」日本図書センター　2012
◇p99-12〔白黒・図〕　実用新案 大正6年

**たんけい**
「日本の民具 1 町」慶友社　1992
◇図147〔白黒〕　㊙薗部澄

**短檠**
「精選 日本民俗辞典」吉川弘文館　2006
◇p276〔白黒〕
「日本民俗大辞典 上」吉川弘文館　1999
◇p857〔白黒〕

**たんす**
「日本の生活文化財」第一法規出版　1965
◇図25〔住〕〔白黒〕　高山市立飛騨民俗館所蔵

**箪笥**
「写真でみる民家大事典」柏書房　2005
◇p138-2〔白黒〕　福島県いわき市　㊙2004年 山崎祐子
「民具のみかた一心とかたち」第一法規出版　1983
◇p214〔白黒〕（タンス（箪笥））　宮城県仙台市
「図説 民俗探訪事典」山川出版社　1983
◇p11〔白黒・図〕（箪笥金具の各部名称）

**箪笥の引手のいろいろ**
「図説 民俗探訪事典」山川出版社　1983
◇p11〔白黒・図〕　小泉和子『家具』〈日本史小百科〉より

**丹波焼の壺**
「日本郷土 風俗・民芸・芸能図鑑」日本図書センター　2012
◇写真篇 兵庫〔白黒〕（丹波焼）　兵庫県

**煖房器**
「図説 台所道具の歴史」日本図書センター　2012
◇p111-2〔白黒〕　『冨山房百科』・昭和8年刊「家庭電化」

**暖房具**
「今は昔 民具など」文芸社　2014
◇p72〔白黒〕　手焙り, 鋳物製の木炭ストーブ　㊙山本富三　五個荘近江商人屋敷蔵

**暖房具のいろいろ**
「図説 民俗探訪事典」山川出版社　1983
◇p83〔白黒〕　桐製の火桶, あんか, 籐火鉢, 長火鉢

**蓄音機**
「図説 日本民俗学全集 2」高橋書店　1971
◇図388〔白黒〕（初期の蓄音機）　明治36年頃輸入
「図説 日本民俗学全集 5」あかね書房　1960
◇図124〔白黒〕（初期の蓄音機）　明治36年頃輸入

**チニヌイペ**
「日本民俗図誌 3 調度・服飾篇」村田書店　1977
◇図35-1・2〔白黒・図〕　男用の枕, 女用の枕

**ちぶくろ**
「日本民具の造形」淡交社　2004
◇p125〔白黒〕　長野県 大町山岳博物館所蔵

**チャブダイ**
「図説 民俗探訪事典」山川出版社　1983
◇p55〔白黒・図〕（チャブダイ（茶袱台））
「日本を知る事典」社会思想社　1971
◇図51(p359)〔白黒・図〕

**ちゃぶ台**
「いまに伝える 農家のモノ・人の生活館」柏書房　2004
◇p236 写真2〔白黒〕　埼玉県所沢市

**卓袱台**
「日本民具の造形」淡交社　2004
◇p54〔白黒〕　兵庫県 赤穂市立民俗資料館所蔵
◇p113〔白黒〕　愛知県 師勝町歴史民俗資料館

**ちゃぶ台（角形）**
「食の民俗事典」柊風舎　2011
◇p478〔白黒〕　滋賀県立琵琶湖博物館

**チュウギ**
「民俗図録 日本人の暮らし」日本図書センター　2012
◇図60〔白黒〕　青森県上北郡十和田村　㊙生出匡
「写真ものがたり昭和の暮らし 9」農山漁村文化協会　2007
◇p63〔白黒〕（チュウギ（カキギ））　青森県十和田村（現十和田市）　上の箱が使用前、下の箱が使用したもの　㊙生出匡, 昭和20年代　民俗学研究所編『日本民俗図録』より

**鋳鉄製の火消壺**
「図説 台所道具の歴史」日本図書センター　2012
◇p101-15〔白黒〕　磐舟文華博物館

**手水桶**
「日本民俗大辞典 上」吉川弘文館　1999
◇p252〔白黒〕

**チョウズダライ**
「日本民俗図誌 3 調度・服飾篇」村田書店　1977
◇図37〔白黒・図〕　鹿児島地方　木地造りで高い三本脚

**チョウチン（提灯）**
「民具のみかた一心とかたち」第一法規出版　1983
◇p211〔白黒〕　富山県富山市

**提燈**
「写真ものがたり昭和の暮らし 9」農山漁村文化協会　2007
◇p51〔白黒〕（薄暮の道を息子と行く母親は、手に蠟燭をともした提燈を持っている）　秋田県東成瀬村　長押に掛ける金具のついた細長い作りの上等な提燈　㊙加賀谷政雄, 昭和30年代

**提灯の各種形態**
「日本民俗図誌 3 調度・服飾篇」村田書店　1977
◇図81〔白黒・図〕（在来の提灯の各種形態）　馬乗提灯, 高張, ぶら提灯, 長提灯, 弓張提灯

**提灯箱**
「日本民具の造形」淡交社　2004
◇p55〔白黒〕　和歌山県 和歌山県立紀伊風土記の丘所蔵
「図説 民俗建築大事典」柏書房　2001

## 帳箱
「日本民俗大辞典 下」吉川弘文館　2000
　◇p110〔白黒〕　大阪市福島区海老江

## 帳場格子
「日本民具の造形」淡交社　2004
　◇p62〔白黒〕　広島県 旧吉田家住宅所蔵

## 塵籠
「日本の民具 2 農村」慶友社　1992
　◇図184〔白黒〕　各地　㊞薗部澄

## 塵取り
「日本民具の造形」淡交社　2004
　◇p29〔白黒〕　島根 金城町歴史民俗資料館所蔵
「日本を知る事典」社会思想社　1971
　◇図78(p240)〔白黒〕(塵取)　新潟県岩船郡

## ついたて
「日本の生活文化財」第一法規出版　1965
　◇図24(住)〔白黒〕　文部省史料館所蔵(東京都品川区)

## 衝立
「日本民具の造形」淡交社　2004
　◇p62〔白黒〕　三重県 河芸町郷土資料館所蔵
「日本の民具 2 農村」慶友社　1992
　◇図159〔白黒〕　愛知県北設楽郡東栄町　㊞薗部澄
　◇図160〔白黒〕　使用地不明　㊞薗部澄
「日本民俗図誌 3 調度・服飾篇」村田書店　1977
　◇図4-1〔白黒・図〕

## 衝立(障子)
「図説 民俗探訪事典」山川出版社　1983
　◇p80〔白黒〕　文部省史料館蔵

## 衝立式の衣桁
「日本民俗図誌 2 行事・婚姻篇」村田書店　1977
　◇図170-1〔白黒・図〕

## 通風筒
「図説 台所道具の歴史」日本図書センター　2012
　◇p104-5〔白黒〕　着火補助用　佐渡・小木民俗博物館

## ツエ(杖)
「民具のみかた―心とかたち」第一法規出版　1983
　◇p35〔白黒〕　富山県利賀村

## 継接の着物
「写真でみる日本生活図引 4」弘文堂　1988
　◇p102〔白黒〕　岩手県下閉伊郡岩泉町安家　掛蒲団の一種　㊞菊池俊吉、昭和32年6月

## ツケギ
「図録・民具入門事典」柏書房　1991
　◇p49〔白黒〕　長野県

## つけ木
「図説 台所道具の歴史」日本図書センター　2012
　◇p98-1・2〔白黒〕　福島県田島町・奥会津歴史民俗資料館

## 付木
「日本民具の造形」淡交社　2004
　◇p98〔白黒〕　新潟県 亀田町郷土資料館所蔵

## 附木削り鉋台
「図説 台所道具の歴史」日本図書センター　2012
　◇p98-6・7〔白黒〕　6:新潟県村上・神林村　6:磐舟文華博物館、7:『風俗画報』

## 附木さし
「日本民俗図誌 3 調度・服飾篇」村田書店　1977
　◇図22-1・2〔白黒・図〕　木製(栗材・松材)

## 附木たて
「図説 台所道具の歴史」日本図書センター　2012
　◇p98-3・4〔白黒〕　新潟県村上・磐舟文華博物館

## 漬け物桶健在(植木鉢として再利用)
「図説 台所道具の歴史」日本図書センター　2012
　◇p198-1〔白黒〕　東京 目白　〔植木鉢として再利用〕　㊞GK

## ツヅラ
「図録・民具入門事典」柏書房　1991
　◇p52〔白黒〕　神奈川県　神奈川県立博物館所蔵
「日本の生活文化財」第一法規出版　1965
　◇図29(住)〔白黒〕　小川原湖博物館所蔵(青森県三沢市)

## 葛籠
「日本民具の造形」淡交社　2004
　◇p128〔白黒〕　青森県 三戸町立歴史民俗資料館所蔵
「日本民俗大辞典 下」吉川弘文館　2000
　◇p134〔白黒〕　竹の網代に一貫張りをした葛籠
「図説 民俗探訪事典」山川出版社　1983
　◇p12〔白黒〕　青森県 小川原湖博物館所蔵
「日本民俗文化財事典(改訂版)」第一法規出版　1979
　◇図113〔白黒〕　青森県下北地方

## 堤焼のくどと五徳
「日本民俗図誌 3 調度・服飾篇」村田書店　1977
　◇図38〔白黒・図〕　仙台市堤町で焼かれる　『工芸』47

## 釣衣桁
「日本民俗図誌 2 行事・婚姻篇」村田書店　1977
　◇図170-2〔白黒・図〕

## つりらんぷ
「日本の生活文化財」第一法規出版　1965
　◇図58(住)〔白黒〕　致道博物館所蔵(山形県鶴岡市)

## 吊りランプ
「日本民具の造形」淡交社　2004
　◇p137〔白黒〕　福岡県 志摩町歴史資料館(個人蔵)所蔵
「図説 民俗建築大事典」柏書房　2001
　◇写真7(p186)〔白黒〕　秩父市立民俗博物館蔵
「日本民俗大辞典 下」吉川弘文館　2000
　◇p795〔白黒〕
「図録・民具入門事典」柏書房　1991
　◇p51〔白黒〕　長野県　上田市立博物館所蔵

## 吊ランプの図
「日本の生活環境文化大辞典」柏書房　2010
　◇p373-7〔白黒・図〕　鰭崎英朋画,幸田露伴『天うつ浪』(1906年)

## 鶴松梅文柄鏡
「日本の民具 1 町」慶友社　1992
　◇図192〔白黒〕　㊞薗部澄

## てあらいおけ
「日本の生活文化財」第一法規出版　1965
　◇図33(住)〔白黒〕　文部省史料館所蔵(東京都品川区)

## 手行灯
「日本民具の造形」淡交社　2004
　◇p135〔白黒〕　岐阜県 小坂町郷土館所蔵

## 手桶
「図説 台所道具の歴史」日本図書センター　2012
　◇p130-8〔白黒〕　松江・武家屋敷　井戸から台所へ水を運ぶ　㊞GK
「いまに伝える 農家のモノ・人の生活館」柏書房　2004
　◇p296 写真4〔白黒〕　埼玉県小川町　水を汲んで運ぶ

### 手桶とつけ木
「図説 台所道具の歴史」日本図書センター　2012
◇p98-5〔白黒〕　新潟県村上・磐舟文華博物館

### 手鏡
「今は昔 民具など」文芸社　2014
◇p31〔白黒〕　[撮]山本富三　京の田舎民具資料館蔵
「日本民具の造形」淡交社　2004
◇p129〔白黒〕(手鏡・白粉刷毛)　滋賀県 浅井町歴史民俗資料館所蔵
◇p178〔白黒〕(鏡)　福井県 敦賀郷土博物館　花嫁にとって生涯大切な手鏡。寿の文字

### 手提行灯
「日本民具の造形」淡交社　2004
◇p307〔白黒〕　佐賀県 塩田町歴史民俗資料館所蔵

### 手さげ桶
「図説 台所道具の歴史」日本図書センター　2012
◇p131-13〔白黒〕　飲料水を船などに携行する　佐渡・小木民俗博物館

### てしょく
「日本の生活文化財」第一法規出版　1965
◇図44・45(住)〔白黒〕　秋田経済大学雪国民俗研究所所蔵(秋田市茨島)
◇図46・47(住)〔白黒〕　致道博物館所蔵(山形県鶴岡市)

### 手燭
「日本の生活環境文化大辞典」柏書房　2010
◇p372-5〔白黒〕　[撮]2009年
「日本民具の造形」淡交社　2004
◇p135〔白黒〕　高知県 幡多郷土資料館所蔵
「日本社会民俗辞典 3」日本図書センター　2004
◇図版Ⅳ 灯火(2)〔白黒〕
「図録・民具入門事典」柏書房　1991
◇p51〔白黒〕　長野県　上田市立博物館所蔵
「日本民俗文化財事典(改訂版)」第一法規出版　1979
◇図109〔白黒〕
◇図110〔白黒〕

### テツアミ
「図録・民具入門事典」柏書房　1991
◇p47〔白黒〕　栃木県　栃木県立郷土資料館所蔵

### 鉄行灯
「日本民俗図誌 3 調度・服飾篇」村田書店　1977
◇図76-1・2〔白黒・図〕

### 鉄打物提行灯
「日本民俗図誌 3 調度・服飾篇」村田書店　1977
◇図78・79〔白黒・図〕　丸型, 角型　長野県松本市 丸山太郎所蔵

### 鉄打物の鉤灯籠
「日本民俗図誌 3 調度・服飾篇」村田書店　1977
◇図77〔白黒・図〕　長野県松本市 丸山太郎所蔵

### 鉄製の灯籠
「日本民俗図誌 3 調度・服飾篇」村田書店　1977
◇図64-1〔白黒・図〕

### 鉄の懸手燭
「日本民俗図誌 3 調度・服飾篇」村田書店　1977
◇図63-2〔白黒・図〕

### 手火鉢
「図説 民俗建築大事典」柏書房　2001
◇写真5(p183)〔白黒〕

### テープレコーダーとダイヤル式黒電話を組み合わせた留守番電話
「写真ものがたり昭和の暮らし 4」農村漁村文化協会　2005
◇p217〔白黒〕　東京都　[撮]昭和33年1月　共同通信社提供

### 手箒
「図説 民俗探訪事典」山川出版社　1983
◇p79〔白黒〕　宮城県

### テレビのある家庭
「写真でみる日本人の生活全集 10」日本図書センター　2010
◇p45〔白黒〕　東京

### テレビ・レコードを聞くステレオ
「写真ものがたり昭和の暮らし 4」農村漁村文化協会　2005
◇p208〔白黒〕　千葉県松戸市　[撮]小櫃亮, 昭和45年5月

### 電気温灸器
「図説 台所道具の歴史」日本図書センター　2012
◇p111-2〔白黒〕　『冨山房百科』・昭和8年刊「家庭電化」

### 電気温湿布
「図説 台所道具の歴史」日本図書センター　2012
◇p111-2〔白黒〕　『冨山房百科』・昭和8年刊「家庭電化」

### 電気炬燵
「図説 台所道具の歴史」日本図書センター　2012
◇p111-2〔白黒〕　『冨山房百科』・昭和8年刊「家庭電化」

### 電気扇
「図説 台所道具の歴史」日本図書センター　2012
◇p111-2〔白黒〕　『冨山房百科』・昭和8年刊「家庭電化」

### 電気洗濯機
「写真ものがたり昭和の暮らし 4」農村漁村文化協会　2005
◇p218〔白黒〕(手動式の脱水用ゴムローラーがついた電気洗濯機)　新潟県　昭和28年8月発売　[撮]中俣正義, 昭和32年11月
「写真でみる日本生活図引 4」弘文堂　1988
◇目次C〔白黒〕　[撮]中俣正義

### 電気洗濯機(国産第一号)
「写真ものがたり昭和の暮らし 4」農村漁村文化協会　2005
◇p218〔白黒・図〕(国産第一号の電気洗濯機)　芝浦製作所(現東芝)が昭和5年に発売　絵・中嶋俊枝

### 電気洗濯機が届いた農家
「写真ものがたり昭和の暮らし 4」農村漁村文化協会　2005
◇p218〔白黒〕　長野県阿智村駒場　この農家の家庭電化製品第一号となった電気洗濯機が届いた　[撮]熊谷元一, 昭和32年6月

### 電気タオル(温風による)
「図説 台所道具の歴史」日本図書センター　2012
◇p110-1〔白黒〕　『冨山房百科』・昭和8年刊「家庭電化」

### 電気時計
「図説 台所道具の歴史」日本図書センター　2012
◇p111-2〔白黒〕　『冨山房百科』・昭和8年刊「家庭電化」

### 電気蒲団
「図説 台所道具の歴史」日本図書センター　2012
◇p111-2〔白黒〕　『冨山房百科』・昭和8年刊「家庭電化」

### 電球型電気ストーブ
「図説 台所道具の歴史」日本図書センター　2012
◇p109-14〔明治末〕　GE製　東京池袋・電気資料館

### 天井コロラマ照明(反射模様のこと)
「図説 台所道具の歴史」日本図書センター　2012

住　　　　　　　　　　　　　　　　　住まいの道具・家具類

　　◇p111-2〔白黒〕　　『冨山房百科』・昭和8年刊「家庭電化」

## 天水溜の甕
「民俗図録 日本人の暮らし」日本図書センター　2012
　　◇図61〔白黒〕（天水溜の甕（1））　沖縄宮古島　㊞林義三
　　◇図62〔白黒〕（天水溜の甕（2））　東京都大島元村　㊞坂口一雄

## 電灯
「図説 民俗建築大事典」柏書房　2001
　　◇写真10（p187)〔白黒〕　新潟県新発田市 市島邸

## 電燈あんか
「図説 台所道具の歴史」日本図書センター　2012
　　◇p118-1〔白黒〕　東京池袋・電気資料館

## 電燈笠
「図説 台所道具の歴史」日本図書センター　2012
　　◇p16-3〔カラー〕　戦時中の燈火管制用、ボール紙製

## 籐椅子
「日本民具の造形」淡交社　2004
　　◇p63〔白黒〕　山口県 大島町歴史民俗資料館所蔵

## 燈火
「民俗学辞典（改訂版）」東京堂出版　1987
　　◇図版30（p397)〔白黒・図〕　秋田県雄勝郡、東京都西多摩郡　提げ行燈、秋田県雄勝郡の松脂ロウソク、東京都西多摩郡のヒデバチとヒデ　橋浦泰雄画

## 灯火具
「日本民俗図誌 3 調度・服飾篇」村田書店　1977
　　◇図73〔白黒・図〕　群馬県勢多郡南橘村　『民俗芸術』2-1

## 灯火台
「日本の民具 1 町」慶友社　1992
　　◇図151〔白黒〕（燈火台）　㊞薗部澄
　　◇図152〔白黒〕（燈火台）　㊞薗部澄

## 籐製火鉢
「図説 台所道具の歴史」日本図書センター　2012
　　◇p102-6〔白黒〕（籐製）〔火鉢〕中に素焼きの火皿　愛媛県・新居浜市立郷土館

## とうだい
「日本の生活文化財」第一法規出版　1965
　　◇図42・43（住)〔白黒〕　文部省史料館所蔵（東京都品川区）

## 灯台
「図説 台所道具の歴史」日本図書センター　2012
　　◇p66-8〔白黒〕（燈台）　輪島市立民俗資料館
「日本の生活環境文化大辞典」柏書房　2010
　　◇p371-3〔白黒〕　㊞2007年　中尊寺蔵
「日本社会民俗辞典 3」日本図書センター　2004
　　◇図版Ⅲ 灯火（1)〔白黒〕（燈台）　民族学博物館及び日本実業史博物館蔵
　　◇図版Ⅴ 灯火（3)〔白黒〕
　　◇図版Ⅴ 灯火（3)〔白黒〕
「日本の民具 2 農村」慶友社　1992
　　◇図152〔白黒〕　愛知県北設楽郡東栄町　㊞薗部澄
「図録・民具入門事典」柏書房　1991
　　◇p50〔白黒〕（燈台）　青森県　小川原湖博物館所蔵
「民具のみかた―心とかたち」第一法規出版　1983
　　◇p210〔白黒〕（トウダイ（灯台））　石川県白山麓
「日本民俗文化財事典（改訂版）」第一法規出版　1979
　　◇p107〔白黒〕
「日本民俗図誌 3 調度・服飾篇」村田書店　1977
　　◇図63-1〔白黒・図〕　愛知県北設楽郡下川村　明治30年前後まで使用
　　◇図67-1〔白黒・図〕　秋田県雄勝郡湯沢町　〔明治20年代頃まで使用〕　『民具問答』

## 道中提灯
「日本民具の造形」淡交社　2004
　　◇p134〔白黒〕　奈良県 天理大学付属天理参考館所蔵

## 陶火鉢
「日本民具の造形」淡交社　2004
　　◇p131〔白黒〕　滋賀県 石部町歴史民俗資料館所蔵

## 陶枕
「日本民具の造形」淡交社　2004
　　◇p127〔白黒〕　愛知県 刈谷市郷土資料館所蔵
「図説 民俗探訪事典」山川出版社　1983
　　◇p14〔白黒〕

## 籐枕
「図説 民俗探訪事典」山川出版社　1983
　　◇p14〔白黒〕

## 灯明皿
「図説 民俗建築大事典」柏書房　2001
　　◇写真2（p185)〔白黒〕　秩父市立民俗博物館蔵
「日本民俗図誌 3 調度・服飾篇」村田書店　1977
　　◇図64-2〔白黒・図〕（鉄製の灯明皿）

## 灯油壺
「日本民具の造形」淡交社　2004
　　◇p133〔白黒〕　滋賀県 石部町歴史民俗資料館所蔵

## 徳用燃料
「図説 台所道具の歴史」日本図書センター　2012
　　◇p108-2〔白黒・図〕　明治39年

## 時計仕掛の蝿取器・ハイトリック
「図説 台所道具の歴史」日本図書センター　2012
　　◇p25-1〔白黒〕　大正時代、名古屋商事時計部製　新潟県村上・磐舟文華博物館

## 年桶（麻桶）
「日本民俗大辞典 上」吉川弘文館　1999
　　◇p252〔白黒〕

## 土間の生活用具
「写真でみる日本生活図引 4」弘文堂　1988
　　◇図47〔白黒〕　群馬県勢多郡東村座間　鎌、鉄具類、麦藁帽子、大鎌、鋸、桶、紙袋、桶、籠、障子、罐、穀櫃、一斗罐、一升瓶、樽、焜炉、バケツ、一斗罐、薪、木箱、長靴、籠、地下足袋　㊞都丸十九一、昭和40年8月
　　◇図48〔白黒〕　島根県隠岐郡西郷町　唐臼、唐臼の杵、木臼、臼、臼の蓋、莚、盥、石臼、長靴、梯子、立棒、腕木、竪杵、篩、箕、箒　㊞石塚尊俊、昭和42年頃

## 虎と竹の蒔絵火鉢
「あるくみるきく双書 宮本常一とあるいた昭和の日本 23」農山漁村文化協会　2012
　　◇p17-14〔白黒〕　徳島県美馬郡半田町逢坂　㊞吉野洋三　竹内家現存 半田製漆器

## 名入り番傘
「日本民俗図誌 7 生業上・下篇」村田書店　1978
　　◇図152-1〔白黒・図〕　〔上から見た図〕

## ナガカキ
「あるくみるきく双書 宮本常一とあるいた昭和の日本 19」農山漁村文化協会　2012
　　◇p98〔白黒〕　新潟県佐渡郡畑野町　松葉やゴミ集め　㊞工藤員功

## 長火鉢
「日本民具の造形」淡交社　2004
　　◇p131〔白黒〕　広島県 広島市郷土資料館所蔵
「図説 民俗建築大事典」柏書房　2001
　　◇写真4（p183)〔白黒〕

民俗風俗 図版レファレンス事典（衣食住・生活篇）　233

住まいの道具・家具類　　　　　　　　　　　住

「図録・民具入門事典」柏書房　1991
　◇p48〔白黒〕　　長野県　川崎市立日本民家園所蔵
　◇p48〔白黒〕　　神奈川県　川崎市立日本民家園所蔵
「民具のみかた一心とかたち」第一法規出版　1983
　◇p212〔白黒〕（ナガヒバチ（長火鉢））　宮城県仙台市

長火鉢型煙草盆
「今は昔 民具など」文芸社　2014
　◇p16〔白黒〕　㊨山本富三　愛染倉蔵（京都）

ながもち
「日本の生活文化財」第一法規出版　1965
　◇図26（住）〔白黒〕　致道博物館所蔵（山形県鶴岡市）

長持
「今は昔 民具など」文芸社　2014
　◇p66〔白黒〕　㊨山本富三　五個荘近江商人屋敷蔵
「写真でみる民家大事典」柏書房　2005
　◇p138-1〔白黒〕　福島県いわき市　㊨2004年　山崎祐子
「図説 民俗探訪事典」山川出版社　1983
　◇p12〔白黒〕　山形県　致道博物館蔵

なた
「図説 台所道具の歴史」日本図書センター　2012
　◇p100-2〔白黒〕　青梅市上成木　㊨GK

なで
「図説 台所道具の歴史」日本図書センター　2012
　◇p146-8〔白黒〕　庭（土間）を掃く　山形県鶴岡・致道博物館

なで（あしだかたわし）
「図説 台所道具の歴史」日本図書センター　2012
　◇p146-1〔白黒〕　庭（土間）を掃くもの　山形県鶴岡・致道博物館

なで、たわし
「図説 台所道具の歴史」日本図書センター　2012
　◇p146-2〔白黒〕　新潟県村上・磐舟文華博物館

鍋（灯火用）
「日本の民具 2 農村」慶友社　1992
　◇図153〔白黒〕　岩手県　鍋を灯台に代用したもの　㊨薗部澄

ナワザル
「あるくみるきく双書 宮本常一とあるいた昭和の日本 19」農山漁村文化協会　2012
　◇p97〔白黒〕　新潟県佐渡郡真野町　重ねたナワカゴのフタ　㊨工藤員功

縄のれん
「日本民具の造形」淡交社　2004
　◇p62〔白黒〕　岡山県　旧矢掛本陣石井家住宅蔵

縄撚り具
「日本民具の造形」淡交社　2004
　◇p22〔白黒〕　茨城県 霞ヶ浦町郷土資料館所蔵

二梃振り天府櫓時計
「日本社会民俗辞典 3」日本図書センター　2004
　◇図版Ⅶ 時計：（国立科学博物館提供）〔白黒〕

布籠
「日本民俗図誌 3 調度・服飾篇」村田書店　1977
　◇図12-1〔白黒・図〕　江州地方〔滋賀県〕

布縄
「日本の生活環境文化大辞典」柏書房　2010
　◇p331-3〔白黒〕（端切れを寄せ集めて編んだ布縄）　新潟県南魚沼郡湯沢町　㊨長井久美子, 2001年

ねこあんかとよばれる行火の一使用例
「日本の生活環境文化大辞典」柏書房　2010
　◇p376-6〔白黒〕　東京都豊島区　㊨2005年　豊島区教育委員会

猫つぐら
「日本民具の造形」淡交社　2004
　◇p124〔白黒〕　長野県 小諸市立郷土資料館所蔵

ネコヒバチ
「いまに伝える 農家のモノ・人の生活館」柏書房　2004
　◇p248 図1〔白黒・図〕　埼玉県

ネズミタンケイ（ねずみ短檠）
「民具のみかた一心とかたち」第一法規出版　1983
　◇p210〔白黒〕　長野県北信地方

鼠燈台
「図録・民具入門事典」柏書房　1991
　◇p50〔白黒〕　京都府

鼠とり
「日本民具の造形」淡交社　2004
　◇p138〔白黒〕　岐阜県 荘川の里資料館所蔵
　◇p138〔白黒〕　山口県 東和町立瀬戸内民俗館

燃料の薪チップ
「里山・里海 暮らし図鑑」柏書房　2012
　◇写8（p348）〔白黒〕　大阪府泉南市

農家の一隅（平スッペ, カサ, ミノ, セナコウジ, ワラジ, スキ袋, 荷ナワ）
「フォークロアの眼 2 雪国と暮らし」国書刊行会　1977
　◇図110〔白黒〕　新潟県南魚沼郡六日町欠之上　㊨中俣正義, 昭和30年3月下旬

納涼団扇車
「写真ものがたり昭和の暮らし 4」農村漁村文化協会　2005
　◇p216〔白黒〕　東京都　明治時代のゼンマイ仕掛け　㊨昭和3年　共同通信社提供

のれん
「日本の生活環境文化大辞典」柏書房　2010
　◇p444-7〔白黒〕　京都府八幡市　㊨2003年　朴贊弼
「日本民具の造形」淡交社　2004
　◇p62〔白黒〕　秋田県 松倉家住宅所蔵

灰かき
「図説 台所道具の歴史」日本図書センター　2012
　◇p63-10〔白黒〕　北海道・白老民俗資料館

灰皿
「日本民具の造形」淡交社　2004
　◇p33〔白黒〕　沖縄県 石川市立歴史民俗資料館所蔵

灰均し
「図説 台所道具の歴史」日本図書センター　2012
　◇p63-11～13〔白黒〕　福島県・奥会津歴史民俗資料館

葉団扇
「日本民具の造形」淡交社　2004
　◇p29〔白黒〕　沖縄県 宜野湾市立博物館所蔵

蝿とり器
「日本民具の造形」淡交社　2004
　◇p138〔白黒〕　長野県 千国の庄史料館所蔵

蝿取器
「日本民具の造形」淡交社　2004
　◇p305〔白黒〕　高知県 土佐町民俗資料館所蔵

ばえぶり
「日本民具の造形」淡交社　2004
　◇p301〔白黒〕　鳥取県 若桜町歴史民俗資料館所蔵

バケツ
「日本民具の造形」淡交社　2004
　◇p141〔白黒〕　愛知県 稲武郷土館所蔵

**はこぢょうちん**
「日本の生活文化財」第一法規出版　1965
◇図57(住)〔白黒〕　致道博物館所蔵(山形県鶴岡市)

**箱提灯**
「精選 日本民俗辞典」吉川弘文館　2006
◇p276〔白黒〕(箱提燈)
「日本社会民俗辞典 3」日本図書センター　2004
◇図版Ⅳ 灯火(2)〔白黒〕
◇図版Ⅳ 灯火(2)〔白黒〕(箱提灯(大形))
「日本民俗大辞典 上」吉川弘文館　1999
◇p857〔白黒〕(箱提燈)
「日本の民具 1 町」慶友社　1992
◇図146〔白黒〕(箱提燈)　[撮]薗部澄
「写真 日本文化史 9」日本評論新社　1955
◇図26〔白黒〕

**箱段**
「日本民具の造形」淡交社　2004
◇p123〔白黒〕　大阪府 柏原市立歴史資料館所蔵
◇p123〔白黒〕　茨城県 水戸市立博物館

**筥提灯**
「日本民俗文化財事典(改訂版)」第一法規出版　1979
◇図112〔白黒〕

**箱葛籠**
「日本民具の造形」淡交社　2004
◇p128〔白黒〕　静岡県 三島市郷土館所蔵

**箱灯台**
「日本の民具 2 農村」慶友社　1992
◇図157〔白黒〕　使用地不明　[撮]薗部澄

**箱火鉢と鉄瓶**
「今は昔 民具など」文芸社　2014
◇p39〔白黒〕　[撮]山本富三　橿原市今井町屋敷蔵

**箱枕**
「図説 民俗探訪事典」山川出版社　1983
◇p14〔白黒〕

**柱時計**
「日本民具の造形」淡交社　2004
◇p158〔白黒〕　岐阜県 平湯民俗館所蔵

**ハゼの実の蠟燭**
「写真ものがたり昭和の暮らし 9」農山漁村文化協会　2007
◇p52〔カラー〕(火をともすハゼの実の蠟燭)　愛媛県内子町　[撮]須藤功, 昭和42年5月

**八間(または八方)**
「日本を知る事典」社会思想社　1971
◇図70(p232)〔白黒〕

**八畳用の紙帳**
「いまに伝える 農家のモノ・人の生活館」柏書房　2004
◇p259 図1〔白黒・図〕

**発火具**
「図録・民具入門事典」柏書房　1991
◇p49〔白黒〕　東京都

**八間**
「日本社会民俗辞典 3」日本図書センター　2004
◇図版Ⅵ 灯火(4)〔白黒〕
「写真 日本文化史 9」日本評論新社　1955
◇図21〔白黒〕

**八方行灯**
「日本民具の造形」淡交社　2004
◇p31〔白黒〕　福岡県 芦屋町歴史民俗資料館所蔵

**花生け**
「日本民具の造形」淡交社　2004
◇p68〔白黒〕　兵庫県 永富家住宅所蔵

**ハナカゴ**
「あるくみるきく双書 宮本常一とあるいた昭和の日本 19」農山漁村文化協会　2012
◇p113〔白黒〕　大分県大分市　花をいける　[撮]工藤員功

**花籠**
「日本民具の造形」淡交社　2004
◇p68〔白黒〕　宮城県 麹屋コレクション所蔵

**鼻紙袋**
「日本社会民俗辞典 3」日本図書センター　2004
◇p1238〔白黒〕　文部省史料館蔵

**はなたて**
「日本の生活文化財」第一法規出版　1965
◇図34(住)〔白黒〕　文部省史料館所蔵(東京都品川区)

**羽根付火鉢**
「図説 台所道具の歴史」日本図書センター　2012
◇p115-7・8〔白黒〕　昭和4年「瓦斯器具案内」

**羽根箒**
「日本民具の造形」淡交社　2004
◇p60〔白黒〕　群馬県 北橘村歴史民俗資料館所蔵

**ハブが出たときに使う棒**
「あるくみるきく双書 宮本常一とあるいた昭和の日本 22」農山漁村文化協会　2012
◇p58〔白黒〕　加計呂麻島

**浜火鉢**
「図説 台所道具の歴史」日本図書センター　2012
◇p102-3・4〔白黒〕　船上生活用具　高知市・大津民具館

**歯磨楊子**
「日本民俗図誌 2 行事・婚姻篇」村田書店　1977
◇図164-10〔白黒・図〕

**早道**
「日本の民具 1 町」慶友社　1992
◇図63〔白黒〕　[撮]薗部澄

**バラ**
「あるくみるきく双書 宮本常一とあるいた昭和の日本 19」農山漁村文化協会　2012
◇p115〔白黒〕　鹿児島県出水市　[撮]工藤員功

**針入れ**
「日本民俗写真大系 1」日本図書センター　1999
◇p72〔白黒〕　サハリン　アイヌ　写真提供：萩原眞子

**針箱**
「日本民具の造形」淡交社　2004
◇p90〔白黒〕　滋賀県 石部町歴史民俗資料館所蔵
「日本を知る事典」社会思想社　1971
◇図45(p282)〔白黒・図〕

**針箱と裁縫用具**
「いまに伝える 農家のモノ・人の生活館」柏書房　2004
◇p34 写真2〔白黒〕　埼玉県小川町

**針坊主**
「日本民具の造形」淡交社　2004
◇p90〔白黒〕　群馬県 月夜野町郷土歴史資料館所蔵

**番傘**
「今は昔 民具など」文芸社　2014
◇p34〔白黒〕　[撮]山本富三　京の田舎民具資料館蔵
「日本民具の造形」淡交社　2004

住まいの道具・家具類　　　　　　　　　住

　　　◇p91〔白黒〕　　鹿児島県 松山町歴史民俗資料館所蔵
　「日本民俗図誌 7 生業上・下篇」村田書店　1978
　　　◇図151-3〔白黒・図〕

番傘の頭
　「日本民俗図誌 7 生業上・下篇」村田書店　1978
　　　◇図151-4〔白黒・図〕

はんぞ
　「日本郷土 風俗・民芸・芸能図鑑」日本図書センター　2012
　　　◇写真篇 熊本〔白黒〕　　熊本県　曲物

はんぞう
　「図説 台所道具の歴史」日本図書センター　2012
　　　◇p132-6〔白黒〕　　洗面・手洗いなどに広くもちいられ
　　　た　愛知県・半田市郷土資料館

はんぞだらい
　「日本の民具 2 農村」慶友社　1992
　　　◇図181〔白黒〕　　岐阜県　㊞薗部澄

バンドウ
　「食の民俗事典」柊風舎　2011
　　　◇p535〔白黒〕　　沖縄県八重山郡竹富町字黒島　〔満潮
　　　時に井戸の水を溜めておく水甕〕

火打ち石
　「日本民俗大辞典 下」吉川弘文館　2000
　　　◇p412〔白黒・図〕

燧石
　「写真でみる日本人の生活全集 3」日本図書センター　2010
　　　◇p99〔白黒〕　　「日本民俗」2巻4号

火打石で煙草をつける
　「日本社会民俗辞典 3」日本図書センター　2004
　　　◇p1187〔白黒〕　　新潟県桑取谷

火打器
　「日本の民具 1 町」慶友社　1992
　　　◇図207〔白黒〕　　㊞薗部澄
　　　◇図208〔白黒〕　　㊞薗部澄

火打鎌
　「図説 台所道具の歴史」日本図書センター　2012
　　　◇p94-1〔白黒〕　　青森県三沢・小川原湖民俗博物館
　　　◇p94-3〔白黒〕　　高知市・大津民具館
　　　◇p94-4〔白黒〕　　新潟県村上・磐舟文華博物館

火打鎌と火打石
　「図説 台所道具の歴史」日本図書センター　2012
　　　◇p94-2〔白黒〕　　宮崎県総合博物館

火打ち金
　「日本民俗大辞典 下」吉川弘文館　2000
　　　◇p412〔白黒・図〕

火打具セット
　「図説 台所道具の歴史」日本図書センター　2012
　　　◇p94-5〔白黒〕　　愛知県・大府市民俗資料館

ヒウチバコ
　「図録・民具入門事典」柏書房　1991
　　　◇p49〔白黒〕　　愛知県

火打箱
　「日本社会民俗辞典 3」日本図書センター　2004
　　　◇p1187〔白黒〕

火打筥
　「図説 台所道具の歴史」日本図書センター　2012
　　　◇p95-6〔白黒〕　　山形県　㊞GK

火打筥（燧箱）
　「図説 台所道具の歴史」日本図書センター　2012
　　　◇p95-8〔白黒〕　　新潟県村上・磐舟文華博物館

ひうちぶくろ
　「日本の生活文化財」第一法規出版　1965
　　　◇図39(住)〔白黒〕　　文部省史料館所蔵（東京都品川区）

火打袋
　「図説 台所道具の歴史」日本図書センター　2012
　　　◇p96-2〔白黒〕　　輪島市野町・市立民俗資料館
　　　◇p96-3〔白黒〕　　輪島市野町・市立民俗資料館
　　　◇p96-4〔白黒〕　　輪島市野町・市立民俗資料館
　「日本社会民俗辞典 3」日本図書センター　2004
　　　◇p1186〔白黒〕
　「日本の民具 2 農村」慶友社　1992
　　　◇図158〔白黒〕　　岩手県　㊞薗部澄

火打嚢図譜
　「図説 台所道具の歴史」日本図書センター　2012
　　　◇p97-6〔白黒・図〕　　『風俗画報』大川通久執筆記事

火打袋の典型
　「図説 台所道具の歴史」日本図書センター　2012
　　　◇p96-1〔白黒〕　　北海道・旭川兵村記念館

ヒウチフドー
　「図録・民具入門事典」柏書房　1991
　　　◇p49〔白黒〕　　鹿児島県

火打用具
　「日本民具の造形」淡交社　2004
　　　◇p98〔白黒〕　　長野県 中条村歴史民俗資料館所蔵

抽出つき莨盆
　「日本民俗図誌 3 調度・服飾篇」村田書店　1977
　　　◇図18-1・2〔白黒・図〕

ひきり
　「日本の生活文化財」第一法規出版　1965
　　　◇図37・38(住)〔白黒〕　　和鋼記念館所蔵（島根県安来
　　　市）
　　　◇図40(住)〔白黒〕　　国学院大学神道学資料室所蔵（東京
　　　都渋谷区）

火鑽
　「日本民俗文化財事典（改訂版）」第一法規出版　1979
　　　◇図105〔白黒〕

火鑽板
　「日本民具の造形」淡交社　2004
　　　◇p98〔白黒〕　　島根県 和鋼博物館所蔵

火鑽杵
　「図説 台所道具の歴史」日本図書センター　2012
　　　◇p92-1〔白黒〕　　家庭で、種火を起こすのにもちいられ
　　　ていたもの　高知県・梼原民具博物館

火鑽具
　「日本民具の造形」淡交社　2004
　　　◇p22〔白黒〕　　滋賀県 山東町民俗資料館所蔵

火鑽の使い方
　「日本民俗文化財事典（改訂版）」第一法規出版　1979
　　　◇図106〔白黒〕

火消し壺
　「図説 台所道具の歴史」日本図書センター　2012
　　　◇p101-12・13〔白黒〕(火消壺)　　佐渡・小木民俗博物館
　　　◇p101-14〔白黒〕(火消壺)　　愛媛県西条市・東予民芸館
　「日本民具の造形」淡交社　2004
　　　◇p98〔白黒〕(火消壺)　　長野県 松川町資料館所蔵
　「日本民俗大辞典 下」吉川弘文館　2000
　　　◇p419〔白黒〕　　山梨県山梨市　大型の火消し壺

火消壺の発明工夫
　「図説 台所道具の歴史」日本図書センター　2012
　　　◇p101-17〔白黒・図〕　　実用新案 明治43年　可動化試案

## 住まいの道具・家具類

◇p101-18〔白黒・図〕 実用新案 昭和29年 七厘をそのまま消壺にもちいる案

**柄杓**
「日本民俗大辞典 上」吉川弘文館 1999
　◇p252〔白黒〕

**火棚**
「写真で見る農具 民具」農林統計協会 1988
　◇p282〔白黒〕 福島県金山町

**ヒデバチ**
「図録・民具入門事典」柏書房 1991
　◇p50〔白黒〕 埼玉県 埼玉県立博物館所蔵
「日本の生活文化財」第一法規出版 1965
　◇図41(住)〔白黒〕 文部省史料館所蔵（東京都品川区）

**火出鉢**
「日本民具の造形」淡交社 2004
　◇p136〔白黒〕 愛知県 設楽町立奥三河郷土館所蔵

**ヒデ鉢**
「日本民俗大辞典 下」吉川弘文館 2000
　◇p428〔白黒〕

**火のし**
「日本民俗大辞典 下」吉川弘文館 2000
　◇p435〔白黒〕 鳩ヶ谷市郷土資料館提供
「図説 民俗探訪事典」山川出版社 1983
　◇p18〔白黒〕

**火熨斗**
「日本民具の造形」淡交社 2004
　◇p90〔白黒〕 栃木県 小山市立博物館所蔵

**日の出団扇**
「日本民俗図誌 3 調度・服飾篇」村田書店 1977
　◇図47〔白黒・図〕 島根県簸川郡塩谷村馬場八幡

**日出団扇**
「日本郷土 風俗・民芸・芸能図鑑」日本図書センター 2012
　◇写真篇 島根〔白黒〕 島根県簸川郡塩冶村

**火の用心と蠟燭入**
「日本の民具 1 町」慶友社 1992
　◇図204〔白黒〕 ⓜ薗部澄

**火箸**
「日本郷土 風俗・民芸・芸能図鑑」日本図書センター 2012
　◇写真篇 岩手〔白黒〕 岩手県

**火鉢**
「図説 台所道具の歴史」日本図書センター 2012
　◇p102-5〔白黒〕 桐材くりぬき 佐渡・小木民俗博物館
「日本の生活環境文化大辞典」柏書房 2010
　◇p375-4〔白黒〕 東京都豊島区 明治中期頃製作 ⓜ2005年 豊島区教育委員会
「いまに伝える 農家のモノ・人の生活館」柏書房 2004
　◇p248 写真4〔白黒〕 埼玉県所沢市 人寄せ時に使用する
「日本民具の造形」淡交社 2004
　◇p21〔白黒〕 岐阜県 小坂町郷土館所蔵
　◇p73〔白黒〕 新潟県 村松町郷土資料館
　◇p74〔白黒〕 兵庫県 養父町民俗資料館
　◇p131〔白黒〕 福井県 美山民俗資料館
「民俗資料選集 2 木地師の習俗」国土地理協会 1974
　◇p14〔口絵〕〔白黒〕 石川県 輪島塗 素地アテ材 曲物成型

**ヒフキダケ**
「図録・民具入門事典」柏書房 1991
　◇p49〔白黒〕 東京都

**火吹竹**
「図説 台所道具の歴史」日本図書センター 2012
　◇p63-6〔白黒〕 愛媛県道後町・湯築小学校
　◇p63-7〔白黒〕 佐渡・小木民俗博物館
　◇p63-8〔白黒〕 焼印「吐月峰」

**ひょうそく**
「日本の生活文化財」第一法規出版 1965
　◇図51(住)〔白黒〕 致道博物館所蔵（山形県鶴岡市）

**秉燭**
「民具のみかた―心とかたち」第一法規出版 1983
　◇p210〔白黒〕(ヒョウソク(秉燭)) 長野県北信地方
「写真 日本文化史 9」日本評論新社 1955
　◇図20〔白黒〕(陶製の秉燭)

**氷冷庫**
「写真ものがたり昭和の暮らし 4」農村漁村文化協会 2005
　◇p219〔白黒・図〕 絵・中嶋俊枝

**平籠**
「あるくみるきく双書 宮本常一とあるいた昭和の日本 19」農山漁村文化協会 2012
　◇p184〔白黒〕 鹿児島, 沖縄県 ⓜ工藤員功

**ひるまぎ**
「日本の民具 2 農村」慶友社 1992
　◇図204〔白黒〕 長野県 ⓜ薗部澄

**蒲葵団扇**
「日本民俗図誌 3 調度・服飾篇」村田書店 1977
　◇図49〔白黒・図〕 沖縄県那覇

**紅形ののれん**
「日本郷土 風俗・民芸・芸能図鑑」日本図書センター 2012
　◇写真篇 沖縄〔白黒〕(紅形) 沖縄県 〔のれん〕

**びんびら（熊手）**
「図説 民俗探訪事典」山川出版社 1983
　◇p79〔白黒〕(越後下関のびんびら（熊手）) 新潟県

**フォノラディオ（ラジオ受信機）**
「図説 台所道具の歴史」日本図書センター 2012
　◇p111-2〔白黒〕 『冨山房百科』・昭和8年刊「家庭電化」

**河豚提灯**
「日本民具の造形」淡交社 2004
　◇p134〔白黒〕 長野県 大町郷土玩具博物館所蔵

**藤籠**
「日本民俗図誌 3 調度・服飾篇」村田書店 1977
　◇図24-1〔白黒・図〕 岡山市富田町 野々口仙八製作 『工芸』47

**富士山溶岩火鉢**
「日本民具の造形」淡交社 2004
　◇p295〔白黒〕 静岡県 裾野市立富士山資料館所蔵

**附子箱**
「日本の民具 1 町」慶友社 1992
　◇図181〔白黒〕 ⓜ薗部澄

**藤枕**
「日本民具の造形」淡交社 2004
　◇p127〔白黒〕 福島県 白河市歴史民俗資料館所蔵

**ふしゃく**
「日本の民具 2 農村」慶友社 1992
　◇図177〔白黒〕 新潟県 水を汲んだり下肥を汲む ⓜ薗部澄

**婦人用小箱**
「日本民具の造形」淡交社 2004
　◇p125〔白黒〕 福井県 清水町立郷土資料館所蔵

**文机**
「日本民具の造形」淡交社　2004
◇p54〔白黒〕 神奈川県 南足柄市郷土資料館所蔵
◇p140〔白黒〕 福島県 福島市資料展示室
「民俗資料選集 2 木地師の習俗」国土地理協会　1974
◇p14(口絵)〔白黒〕 石川県　輪島塗 素地アテ材 指物成型

**襖の構造**
「図説 民俗探訪事典」山川出版社　1983
◇p80〔白黒・図〕

**ふだれ**
「日本の民具 2 農村」慶友社　1992
◇図179〔白黒〕 琉球　コバの葉をつかって作った水汲杓　[撮]薗部澄

**蒲団側縫い**
「写真でみる日本生活図引 別巻」弘文堂　1993
◇図176〔白黒〕 長野県下伊那郡阿智村　[撮]熊谷元一, 昭和31年11月25日

**布団一組を包んだ大風呂敷**
「日本の生活環境文化大辞典」柏書房　2010
◇p331-2〔白黒〕 新潟市　[撮]長井久美子, 2009年

**布団・枕・掻巻**
「日本民具の造形」淡交社　2004
◇p126〔白黒〕 新潟県 下田村郷土資料館所蔵

**舟形木鉢**
「日本民俗図誌 3 調度・服飾篇」村田書店　1977
◇図23-2〔白黒・図〕 松材

**船底木枕**
「今は昔 民具など」文芸社　2014
◇p41〔白黒〕 [撮]山本富三　橿原市今井町屋敷蔵

**舟底枕**
「日本民具の造形」淡交社　2004
◇p127〔白黒〕 茨城県 友部町立歴史民俗資料館所蔵
「図説 民俗探訪事典」山川出版社　1983
◇p14〔白黒〕

**文箱**
「日本を知る事典」社会思想社　1971
◇図79(p241)〔白黒〕 伊豆八丈島

**踏み台**
「図説 台所道具の歴史」日本図書センター　2012
◇p25-7〔白黒〕 [撮]GK　神奈川県立博物館

**ブラ**
「日本民俗図誌 3 調度・服飾篇」村田書店　1977
◇図68-2〔白黒・図〕 群馬県駒形町　酒造場の暗い酒倉に入る時使用　『民俗芸術』2-1

**ブリキの大盥**
「図説 台所道具の歴史」日本図書センター　2012
◇p132-2〔白黒〕 [撮]GK　山形県鶴岡・致道博物館

**風呂敷**
「日本民具の造形」淡交社　2004
◇p39〔白黒〕 和歌山県 御坊市立歴史民俗資料館所蔵
◇p56〔白黒〕 北海道 函館市立函館博物館郷土金森資料館

**文具箱**
「今は昔 民具など」文芸社　2014
◇p32〔白黒〕 [撮]山本富三　京の田舎民具資料館蔵

**ブンコ**
「あるくみるきく双書 宮本常一とあるいた昭和の日本 19」農山漁村文化協会　2012
◇p113〔白黒〕 大分県大分市　書類入れ　[撮]工藤員功

**文庫**
「あるくみるきく双書 宮本常一とあるいた昭和の日本 19」農山漁村文化協会　2012
◇p99〔白黒〕 新潟県両津市　書類入れ　[撮]工藤員功

**文鎮**
「日本郷土 風俗・民芸・芸能図鑑」日本図書センター　2012
◇写真篇 岩手〔白黒〕 岩手県

**鼈甲製マッチ入**
「日本の民具 1 町」慶友社　1992
◇図209〔白黒〕 [撮]薗部澄

**ヘトイ瓶**
「日本民具の造形」淡交社　2004
◇p31〔白黒〕 鹿児島県 入来町郷土資料館所蔵

**ヘヤ・アイロン**
「図説 台所道具の歴史」日本図書センター　2012
◇p11-2〔白黒〕 『冨山房百科』・昭和8年刊「家庭電化」

**ヘヤ・ドライヤー**
「図説 台所道具の歴史」日本図書センター　2012
◇p111-2〔白黒〕 『冨山房百科』・昭和8年刊「家庭電化」

**帚**
「日本郷土 風俗・民芸・芸能図鑑」日本図書センター　2012
◇写真篇 栃木〔白黒〕 栃木県

**箒**
「日本民具の造形」淡交社　2004
◇p60〔白黒〕 福岡県 北九州市立歴史博物館所蔵

**ボウズ**
「日本民具の造形」淡交社　2004
◇p130〔白黒〕 埼玉県 長瀞町郷土資料館所蔵

**火口**
「図説 台所道具の歴史」日本図書センター　2012
◇p95-9〔白黒〕 硝焔などの薬剤を添加して着火をよくした商品(大和・松井喜一商店)　高知市・大津民具館

**ボテ**
「日本民具の造形」淡交社　2004
◇p55〔白黒〕 京都府 美山町民俗資料館所蔵

**本箱**
「日本民具の造形」淡交社　2004
◇p123〔白黒〕 長崎県 榊原郷土資料館所蔵

**雪洞**
「日本の民具 1 町」慶友社　1992
◇図145〔白黒〕 [撮]薗部澄

**雪洞燭台**
「精選 日本民俗辞典」吉川弘文館　2006
◇p276〔白黒〕
「日本民俗大辞典 上」吉川弘文館　1999
◇p857〔白黒〕

**舞い錐**
「民俗資料選集 11 火鑽習俗」国土地理協会　1981
◇p87〔白黒・図〕 長野県下高井郡山ノ内町　重要無形民俗文化財(信濃及び周辺地域の灯火用具)

**舞い錐とモミ台**
「民俗資料選集 11 火鑽習俗」国土地理協会　1981
◇p87〔白黒〕 長野県下高井郡山ノ内町　重要無形民俗文化財(信濃及び周辺地域の灯火用具)

**舞錐による火モミ用具**
「民俗資料選集 11 火鑽習俗」国土地理協会　1981
◇p85〔白黒・図〕 長野県下高井郡山ノ内町　重要無形民俗文化財(信濃及び周辺地域の灯火用具)

## 舞い錐発火具 木の錐
「民俗資料選集 11 火鑽習俗」国土地理協会　1981
　◇p89〔白黒〕　長野県下高井郡山ノ内町　重要無形民俗文化財（信濃及び周辺地域の灯火用具）

## 薪ストーブ
「里山・里海 暮らし図鑑」柏書房　2012
　◇写9 (p348)〔白黒〕　長野県安曇野市

## 薪チップによる暖房
「里山・里海 暮らし図鑑」柏書房　2012
　◇写7 (p348)〔白黒〕（雑木林から採取した薪チップによる暖房）　大阪府泉南市

## マキリ
「日本民俗図誌 3 調度・服飾篇」村田書店　1977
　◇図42-1〔白黒・図〕　樺太アイヌ

## 曲げもののすみとり
「図説 台所道具の歴史」日本図書センター　2012
　◇p104-9〔白黒〕　香川県高松市・讃岐民芸館

## マツダイ
「日本民俗図誌 3 調度・服飾篇」村田書店　1977
　◇図66-1〔白黒・図〕　岩手県水沢町地方　『早稲田建築学報2』

## マツダイ石 富士山の溶岩製
「日本を知る事典」社会思想社　1971
　◇図69 (p231)〔白黒〕　山梨県 河口湖

## マッチ入れ
「図説 台所道具の歴史」日本図書センター　2012
　◇p99-8〔白黒〕　山仕事用。ブリキ製　高知県・梼原民具博物館
　◇p99-9〔白黒〕　孟宗竹製　種子島旧南島民俗博物館

## マッチで点火するオガライト
「図説 台所道具の歴史」日本図書センター　2012
　◇p108-12〔白黒・図〕　昭和44年

## マッチ煉炭
「図説 台所道具の歴史」日本図書センター　2012
　◇p108-6〔白黒・図〕　明治43年

## 松燈台
「写真 日本文化史 9」日本評論新社　1955
　◇図16〔白黒〕（鉄製の松燈台）

## マツヤニ蠟燭
「日本民俗図誌 3 調度・服飾篇」村田書店　1977
　◇図67-2〔白黒・図〕　灯台や提灯に用いる　『民具問答』

## 松脂蠟燭
「日本社会民俗辞典 3」日本図書センター　2004
　◇図版Ⅲ 灯火 (1)〔白黒〕　秋田県湯沢町　民族学博物館及び日本実業史博物館蔵
「日本の民具 2 農村」慶友社　1992
　◇図155〔白黒〕　秋田県　㊍薗部澄

## 松脂蠟燭灯台
「日本社会民俗辞典 3」日本図書センター　2004
　◇図版Ⅲ 灯火 (1)〔白黒〕　秋田県湯沢町　民族学博物館及び日本実業史博物館蔵

## マツヤニローソクとショクダイ
「図録・民具入門事典」柏書房　1991
　◇p51〔白黒〕　山形県

## 松やにローソクとその台
「写真 日本文化史 9」日本評論新社　1955
　◇図17〔白黒〕　秋田県採集

## まねきねこの貯金箱
「写真でみる日本人の生活全集 10」日本図書センター　2010
　◇p55〔白黒〕　東京

## 豆炭
「日本の生活環境文化大辞典」柏書房　2010
　◇p376-5〔白黒〕　東京都豊島区　㊍2005年 豊島区教育委員会

## 馬艦船宝蔵（木製煙草入れ）
「日本民俗図誌 3 調度・服飾篇」村田書店　1977
　◇図19-2〔白黒・図〕　沖縄県八重山郡波照間島　木枕に兼用　宮良当社の撮影による

## 丸あんどん
「宮本常一 写真・日記集成 別巻」毎日新聞社　2005
　◇図32 (p16)〔白黒〕　島根県邑智郡田所村鱒渕〔邑南町〕　㊍宮本常一, 1939年〔月日不明〕　森脇太一寄贈

## 丸行灯
「日本民具の造形」淡交社　2004
　◇p133〔白黒〕　長野県 楢川村歴史民俗資料館所蔵
「日本社会民俗辞典 3」日本図書センター　2004
　◇図版Ⅴ 灯火 (3)〔白黒〕
「日本の民具 1 町」慶友社　1992
　◇図140〔白黒〕　㊍薗部澄
「日本民俗図誌 3 調度・服飾篇」村田書店　1977
　◇図70〔白黒・図〕　長野県松本地方

## 円型煙草盆
「日本民具の造形」淡交社　2004
　◇p121〔白黒〕　長野県 望月町歴史民俗資料館所蔵

## 丸亀団扇
「日本郷土 風俗・民芸・芸能図鑑」日本図書センター　2012
　◇写真篇 香川〔白黒〕　香川県

## 丸提灯・提灯箱
「日本民具の造形」淡交社　2004
　◇p134〔白黒〕　愛知県 一宮町歴史民俗資料館所蔵

## 饅頭籠
「日本民具の造形」淡交社　2004
　◇p128〔白黒〕　福井県 大野市郷土歴史館所蔵

## 万年床
「写真ものがたり昭和の暮らし 1」農山漁村文化協会　2004
　◇p51〔白黒〕　群馬県片品村花咲　㊍都丸十九一, 昭和29年3月
「写真でみる日本生活図引 4」弘文堂　1988
　◇図43〔白黒〕　岩手県岩手郡葛巻町田部　㊍菊池俊吉, 昭和32年
　◇図44〔白黒〕　群馬県利根郡片品村花咲　㊍都丸十九一, 昭和29年3月

## ミジハミ
「食の民俗事典」柊風舎　2011
　◇p535〔白黒〕　沖縄県八重山郡竹富町字黒島　壺状の水甕

## 水桶
「日本民俗大辞典 上」吉川弘文館　1999
　◇p252〔白黒〕
「図録・民具入門事典」柏書房　1991
　◇p83〔白黒〕　東京都御蔵島

## 水甕
「図説 台所道具の歴史」日本図書センター　2012
　◇p134-1〔白黒〕　愛知県新城町豊津・西川家

## 水瓶などの陶器を日常に使っている沖縄の農村
「あるくみるきく双書 宮本常一とあるいた昭和の日本 19」農山漁村文化協会　2012
　◇p57〔白黒〕（沖縄の農村では、水瓶などの陶器がまだ日常に使われていた）　沖縄県　㊍西山昭宣, 伊藤碩男

## 住まいの道具・家具類　　　住

水くみ桶
　「写真で見る農具 民具」農林統計協会　1988
　　◇p285〔白黒〕　宮崎県西都市　昭和25年から50年頃
水汲桶
　「日本民具の造形」淡交社　2004
　　◇p28〔白黒〕　佐賀県 佐賀県農業試験研究センター所蔵
水汲桶とかねた棒
　「図説 台所道具の歴史」日本図書センター　2012
　　◇p130-4〔白黒〕　輪島市野町・市立民俗資料館
水汲み用
　「図説 台所道具の歴史」日本図書センター　2012
　　◇p136-4〔白黒〕　北海道・白老民俗資料館
水汲用の竹籠
　「図説 台所道具の歴史」日本図書センター　2012
　　◇p131-11〔白黒〕　青森市・県立郷土館
水屋棚
　「図説 民俗建築大事典」柏書房　2001
　　◇写真2（p214）〔白黒〕　小泉和子『和家具』小学館、1996
みの、背中あて、荷縄などを雪にさらす
　「写真ものがたり昭和の暮らし 1」農山漁村文化協会　2004
　　◇p116〔白黒〕　新潟県松之山町黒倉　㊞小見重義, 昭和52年3月
都形煉炭
　「図説 台所道具の歴史」日本図書センター　2012
　　◇p108-5〔白黒・図〕　明治41年
虫の屋
　「図説 台所道具の歴史」日本図書センター　2012
　　◇p14-2〔カラー〕　こおろぎ、鈴虫などを飼ったもの　福島県・会津酒造博物館
莚
　「日本の民具 2 農村」慶友社　1992
　　◇図211〔白黒〕　㊞薗部澄
ムンヌイエプ
　「日本民俗大辞典 下」吉川弘文館　2000
　　◇p683〔白黒〕　アイヌ　アイヌ語で箸
メカゴ
　「あるくみるきく双書 宮本常一とあるいた昭和の日本 19」農山漁村文化協会　2012
　　◇p96〔白黒〕　魚を入れる, 消し炭をふるう　㊞工藤員功
　「精選 日本民俗辞典」吉川弘文館　2006
　　◇p123〔白黒〕　武蔵野美術大学民俗資料室所蔵
眼鏡箱
　「日本の民具 1 町」慶友社　1992
　　◇図93〔白黒〕　㊞薗部澄
木製のバケツと洗桶
　「図説 台所道具の歴史」日本図書センター　2012
　　◇p133-9〔白黒〕　代用品時代のバケツ　昭和16年『婦人画報』12月号
木炭活用の極致
　「図説 台所道具の歴史」日本図書センター　2012
　　◇p103-14・15〔白黒〕　遊山用　徳島県石井町・中野民芸考古館
木炭購入通帳（家庭用）
　「図説 台所道具の歴史」日本図書センター　2012
　　◇p104-7〔白黒〕　戦時中　佐渡・小木民俗博物館
モータランマー
　「図説 台所道具の歴史」日本図書センター　2012
　　◇p111-2〔白黒〕　『冨山房百科』・昭和8年刊「家庭電化」
モッコバリ
　「民具のみかた一心とかたち」第一法規出版　1983
　　◇p191〔白黒〕　石川県白山麓
物干台
　「写真でみる日本生活図引 7」弘文堂　1993
　　◇図41〔白黒〕　大阪府大阪市中央区東横堀川　㊞大正時代末から昭和時代初期　大阪城天守閣所蔵
紅葉傘
　「日本民俗図誌 7 生業上・下篇」村田書店　1978
　　◇図151-1〔白黒・図〕
紅葉傘の頭
　「日本民俗図誌 7 生業上・下篇」村田書店　1978
　　◇図151-5〔白黒・図〕
紋付夜具
　「日本社会民俗辞典 2」日本図書センター　2004
　　◇p710〔白黒〕　新潟県桑取谷
夜着
　「日本の生活環境文化大辞典」柏書房　2010
　　◇p332-5〔白黒〕（夜着の後側）　新潟県南魚沼郡湯沢町　㊞2001年 雪国館所蔵
　　◇p332-6〔白黒・図〕（夜着の前側）
　「日本民具の造形」淡交社　2004
　　◇p126〔白黒〕　新潟県 板倉町郷土館所蔵
焼筥
　「日本民具の造形」淡交社　2004
　　◇p90〔白黒〕　長野県 豊丘村歴史民俗資料館所蔵
夜具
　「いまに伝える 農家のモノ・人の生活館」柏書房　2004
　　◇p237 写真1〔白黒〕　埼玉県所沢市・江南町
夜具一式
　「日本民具の造形」淡交社　2004
　　◇p126〔白黒〕　三重県 関宿旅籠玉屋資料館所蔵
夜具地
　「いまに伝える 農家のモノ・人の生活館」柏書房　2004
　　◇p238 写真2〔白黒〕　埼玉県大利根町
櫓時計
　「日本民具の造形」淡交社　2004
　　◇p158〔白黒〕　滋賀県 豊会館所蔵
　「日本の民具 1 町」慶友社　1992
　　◇図198〔白黒〕　㊞薗部澄
　　◇図199〔白黒〕　㊞薗部澄
安松笊
　「あるくみるきく双書 宮本常一とあるいた昭和の日本 19」農山漁村文化協会　2012
　　◇p167〔白黒〕　埼玉県所沢市上安松　㊞工藤員功,〔昭和49年〕
奴蛇の目
　「日本民俗図誌 7 生業上・下篇」村田書店　1978
　　◇図152-3〔白黒・図〕　〔上から見た図〕
柳行李
　「日本民具の造形」淡交社　2004
　　◇p128〔白黒〕　佐賀県 基山町歴史民俗資料館所蔵
　「日本民具大辞典 上」吉川弘文館　1999
　　◇p606〔白黒〕　武蔵美術大学民俗資料室所蔵
　「民具のみかた一心とかたち」第一法規出版　1983
　　◇p263〔白黒〕　富山県富山市
ヤマザクラの樹皮製袋型容器
　「日本民具大辞典 上」吉川弘文館　1999
　　◇p832〔白黒・図〕　青森県三戸郡南郷村　名久井文明

## 住まいの道具・家具類

『樹皮の文化史』より

**山柴箒**
「日本民具の造形」淡交社　2004
　◇p60〔白黒〕　栃木県　栃木県立博物館所蔵

**大和団扇**
「日本郷土 風俗・民芸・芸能図鑑」日本図書センター　2012
　◇写真篇 奈良〔白黒〕　奈良県

**ヤラスウ**
「日本民俗図誌 3 調度・服飾篇」村田書店　1977
　◇図32〔白黒・図〕　アイヌの製作　白樺の皮で細工した水桶と杓子

**雪鋤**
「日本の民具 2 農村」慶友社　1992
　◇図216〜217〔白黒〕　㈳薗部澄

**湯たんぽ**
「図説 民俗建築大事典」柏書房　2001
　◇写真7(p183)〔白黒〕
「日本の生活文化財」第一法規出版　1965
　◇図35(住)〔白黒〕(ゆたんぽ(丹波焼))　綾部市立丹波焼収蔵庫所蔵(京都府綾部市上野町)

**弓張り**
「写真 日本文化史 9」日本評論新社　1955
　◇図27〔白黒〕

**ゆみはりぢょうちん**
「日本の生活文化財」第一法規出版　1965
　◇図56(住)〔白黒〕　致道博物館所蔵(山形県鶴岡市)

**弓張提灯**
「日本民具の造形」淡交社　2004
　◇p134〔白黒〕　兵庫県 養父町民俗資料館所蔵
「図説 民俗建築大事典」柏書房　2001
　◇写真5(p186)〔白黒〕　秩父市立民俗博物館蔵
「日本民俗文化財事典(改訂版)」第一法規出版　1979
　◇図111〔白黒〕

**ユミハリチョーチン**
「図録・民具入門事典」柏書房　1991
　◇p51〔白黒〕　東京都

**ユルワ**
「民具のみかた一心とかたち」第一法規出版　1983
　◇p105〔白黒〕　福井県勝山市　曲物製品

**洋灯の各種**
「日本民俗図誌 3 調度・服飾篇」村田書店　1977
　◇図83〔白黒・図〕　吊ランプ，空気ランプ，据ランプ，竹ランプ，豆ランプ

**ヨゴザ・キャクザの背面に置いた屏風**
「図説 民俗建築大事典」柏書房　2001
　◇写真3(p171)〔白黒〕　岐阜県吉城郡上宝村

**よじろう**
「宮本常一 写真・日記集成 別巻」毎日新聞社　2005
　◇図32(p16)〔白黒〕　島根県邑智郡田所村鱒渕〔邑南町〕　㈳宮本常一，1939年〔月日不明〕　森脇太一寄贈

**吉原五徳**
「日本民俗図誌 3 調度・服飾篇」村田書店　1977
　◇図30-2〔白黒・図〕　山形市　長火鉢に使用　『工芸』47

**呼鈴**
「日本の民具 1 町」慶友社　1992
　◇図201〔白黒〕　㈳薗部澄
　◇図202〔白黒〕　㈳薗部澄

**夜ぶすま**
「写真ものがたり昭和の暮らし 9」農山漁村文化協会　2007
　◇p60〔白黒〕　岩手県岩泉町安家　袖がある掛蒲団の一種　㈳菊池俊吉，昭和32年6月

**ラシャ製鼻紙袋**
「日本の民具 1 町」慶友社　1992
　◇図220〔白黒〕　㈳薗部澄

**ランプ**
「宮本常一 写真・日記集成 別巻」毎日新聞社　2005
　◇図32(p16)〔白黒〕　島根県邑智郡田所村鱒渕〔邑南町〕　㈳宮本常一，1939年〔月日不明〕　森脇太一寄贈
「いまに伝える 農家のモノ・人の生活館」柏書房　2004
　◇p249 写真5〔白黒〕　埼玉県所沢市
「日本民具の造形」淡交社　2004
　◇p137〔白黒〕　山梨県 増穂町民俗資料館所蔵
「日本社会民俗辞典 3」日本図書センター　2004
　◇図版Ⅴ 灯火(3)〔白黒〕
　◇図版Ⅵ 灯火(4)〔白黒〕

**ランプ掃除**
「写真でみる日本人の生活全集 3」日本図書センター　2010
　◇p103〔白黒〕

**両用ランプ**
「図説 台所道具の歴史」日本図書センター　2012
　◇p113-13〔白黒・図〕　明治37年『瓦斯営業案内』

**鈴**
「日本民具の造形」淡交社　2004
　◇p64〔白黒〕　北海道 旭川兵村記念館所蔵　戸口などに吊す

**ルンペンストーブ**
「図説 台所道具の歴史」日本図書センター　2012
　◇p100-5〔白黒〕　北海道・浦河町立郷土博物館

**冷蔵庫(上に電気釜とミキサーを置く)と六畳間**
「写真ものがたり昭和の暮らし 4」農山漁村文化協会　2005
　◇p207〔白黒〕　千葉県松戸市　松戸市立博物館提供

**レジスター前の足元に置かれた小さなやぐらこたつ**
「日本の生活環境文化大辞典」柏書房　2010
　◇p377-7〔白黒〕　東京都豊島区　㈳2002年　豊島区郷土資料館

**煉炭**
「図説 台所道具の歴史」日本図書センター　2012
　◇p108-9〔白黒・図〕　昭和10年

**練炭**
「日本の生活環境文化大辞典」柏書房　2010
　◇p376-5〔白黒〕　東京都豊島区　㈳2005年　豊島区教育委員会

**煉炭造り器**
「日本民具の造形」淡交社　2004
　◇p132〔白黒〕　岡山県 川上町郷土資料館所蔵

**煉炭挟み**
「図説 台所道具の歴史」日本図書センター　2012
　◇p107-6・7〔白黒〕　三河地方　大正末〜昭和40年代まで　愛知県・一宮町郷土資料館

**煉炭火鉢**
「図説 台所道具の歴史」日本図書センター　2012
　◇p108-13〔白黒〕　㈳GK

**煉炭用の火起し**
「図説 台所道具の歴史」日本図書センター　2012
　◇p107-8〔白黒〕　素焼き　佐渡・小木民俗博物館

**蠟燭台**
「日本民具の造形」淡交社　2004
　◇p74〔白黒〕　奈良県 安堵町歴史民俗資料館所蔵

その他　　　　　　　　　　　　　　住

蠟燭たて
　「日本の民具 1 町」慶友社　1992
　　◇図149〔白黒〕　㊞薗部澄
　　◇図150〔白黒〕　㊞薗部澄

蠟燭時計
　「日本社会民俗辞典 3」日本図書センター　2004
　　◇図版Ⅶ 時計：(国立科学博物館提供)〔白黒〕

炉金
　「日本民具図誌 3 調度・服飾篇」村田書店　1977
　　◇図30-1〔白黒・図〕　弘前市土手町　『工芸』47

六畳間に置いたプラスチック製の玩具がいっぱいのベビーサークル
　「写真ものがたり昭和の暮らし 4」農村漁村文化協会　2005
　　◇p208〔白黒〕　千葉県松戸市　㊞小櫃亮, 昭和35年7月

ローゼットとコード吊り
　「図説 台所道具の歴史」日本図書センター　2012
　　◇p16-2〔カラー〕　明治末〜大正時代　ローゼット：東京池袋・電気資料館, コード吊り：北海道・滝川市郷土館

ローソク立
　「日本社会民俗辞典 3」日本図書センター　2004
　　◇図版Ⅴ 灯火(3)〔白黒〕

ロッポウ
　「日本民具図誌 3 調度・服飾篇」村田書店　1977
　　◇図72-1〔白黒・図〕　石川県輪島　携帯用灯火具　『民俗芸術』2-1

炉とヒデバチ
　「図説 民俗建築大事典」柏書房　2001
　　◇写真1(p184)〔白黒〕　檜原郷土資料館蔵

若水桶
　「図説 台所道具の歴史」日本図書センター　2012
　　◇p136-2〔白黒〕　秩父市立民俗博物館

わしづかみ
　「日本民具の造形」淡交社　2004
　　◇p2〔カラー〕　三重県 白山町郷土資料館所蔵

和室の建築化照明（照明器具埋込方式をいう）
　「図説 台所道具の歴史」日本図書センター　2012
　　◇p111-2〔白黒〕　『冨山房百科』・昭和8年刊「家庭電化」

わたし
　「日本の民具 2 農村」慶友社　1992
　　◇図167〔白黒〕　使用地不明　イロリの火のそばにおき、魚などをのせて焼く　㊞薗部澄

藁を敷いた箱床とよばれる寝床
　「日本の生活環境文化大辞典」柏書房　2010
　　◇p333-8〔白黒〕　群馬県利根郡みなかみ町藤原　㊞2001年 雲越家住宅資料館所蔵

藁座
　「日本民具の造形」淡交社　2004
　　◇p53〔白黒〕　長野県 小川村歴史民俗資料館所蔵

藁座布団
　「日本民具の造形」淡交社　2004
　　◇p26〔白黒〕　長野県 長野市立博物館所蔵

藁の敷物
　「日本の民具 2 農村」慶友社　1992
　　◇図210〔白黒〕　熊本県　㊞薗部澄

藁布団
　「日本の生活環境文化大辞典」柏書房　2010
　　◇p333-7〔白黒〕　新潟県加茂市　㊞2006年 加茂市民俗資料館所蔵

藁箒
　「日本民具の造形」淡交社　2004
　　◇p141〔白黒〕　沖縄県 南国原町立南風原文化センター所蔵

藁枕
　「日本民具の造形」淡交社　2004
　　◇p127〔白黒〕　宮城県 丸森町斉理屋敷所蔵

和蠟燭
　「日本民具の造形」淡交社　2004
　　◇p66〔白黒〕　兵庫県 伊丹市立博物館所蔵

# その他

赤羽台団地
　「民俗学事典」丸善出版　2014
　　◇p215〔白黒〕　東京都北区　2000年に建て替え事業が開始された　左側が1963年に建設された住棟.右側が2006年に竣工した新しい住棟

上げ舟
　「日本の生活環境文化大辞典」柏書房　2010
　　◇p360-6〔白黒〕　岐阜県大垣市入方　㊞2009年

アパート
　「写真でみる日本生活図引 6」弘文堂　1993
　　◇図27〔白黒〕　東京都荒川区三河島　㊞宮本常一, 昭和35年5月18日

家の解体
　「図説 日本民俗学」吉川弘文館　2009
　　◇p176〔白黒〕　静岡県浜松市

家の角に石を置く
　「宮本常一 写真・日記集成 下」毎日新聞社　2005
　　◇p315〔白黒〕　大阪府茨木市宮元町→上泉町　㊞宮本常一, 1973年11月22日

家の外に積まれた薪
　「民俗資料選集 23 北上山地の畑作習俗」国土地理協会　1995
　　◇p113(本文)〔白黒〕　岩手県岩泉町下有芸

家の前で母親に後頭部の毛を剃ってもらっている
　「写真ものがたり昭和の暮らし 6」農山漁村文化協会　2006
　　◇p33〔白黒〕　秋田県横手市　㊞佐藤久太郎, 昭和30年代

石神の大家族
　「図説 日本民俗学」吉川弘文館　2009
　　◇p66〔白黒〕　岩手県八幡平市

椅子にすわる
　「日本を知る事典」社会思想社　1971
　　◇図45〜48（p441）〔白黒〕

一の橋交差点に建設中の東京都住宅公社アパート
　「宮本常一が撮った昭和の情景　上」毎日新聞社　2009
　　◇p55〔白黒〕　東京都港区麻布十番㊞宮本常一,1958年9月11日
　「宮本常一　写真・日記集成　上」毎日新聞社　2005
　　◇p110〔白黒〕　東京　麻布十番　㊞宮本常一,1958年9月11日

一番座間取り図
　「日本民俗大辞典　上」吉川弘文館　1999
　　◇p102〔白黒・図〕　沖縄県　『浦添市史』民俗編より

一般的な座の名称
　「図説　民俗建築大事典」柏書房　2001
　　◇図2（p173）〔白黒・図〕　炉の座名

移動住宅
　「写真でみる日本人の生活全集 3」日本図書センター　2010
　　◇p149〔白黒〕　昭和26年6月頃発売　畳1枚敷のトロッコ式移動住宅

イロリと座順
　「図説　民俗探訪事典」山川出版社　1983
　　◇p92〔白黒・図/写真〕　埼玉県秩父郡　『埼玉の民俗』より

イロリの客
　「写真でみる日本人の生活全集 4」日本図書センター　2010
　　◇p39〔白黒〕

イロリの座
　「民俗資料選集 30 焼畑習俗Ⅱ」国土地理協会　2002
　　◇p12（本文・図3）〔白黒・図〕　山梨県南巨摩郡早川町奈良田

イロリの座順
　「日本社会民俗辞典 1」日本図書センター　2004
　　◇p179〔白黒・図〕　長野県本郷村

囲炉裏のまわりの鉄棒の枠におしめをかけ干す
　「写真ものがたり昭和の暮らし 6」農山漁村文化協会　2006
　　◇p8〔白黒〕　秋田県横手市百万刈　㊞佐藤久太郎,昭和31年12月

うずたかく積まれた薪
　「宮本常一　写真・日記集成　下」毎日新聞社　2005
　　◇p298〔白黒〕　群馬県吾妻郡中之条町大道　㊞宮本常一,1973年3月5〜6日

うたた寝する少女
　「写真ものがたり昭和の暮らし 10」農山漁村文化協会　2007
　　◇p13〔白黒〕（うたた寝）　長野県曾地村駒場（現阿智村）　小学生の少女　㊞熊谷元一,昭和31年5月
　「写真でみる日本生活図引 別巻」弘文堂　1993
　　◇図388〔白黒〕　長野県下伊那郡阿智村　うたたねする少女　㊞熊谷元一,昭和32年5月29日

打ち水をする
　「宮本常一が撮った昭和の情景　上」毎日新聞社　2009
　　◇p42〜43〔白黒〕　広島県豊田郡大崎木江（大崎上島）　㊞宮本常一,1957年8月27日
　「宮本常一　写真・日記集成　上」毎日新聞社　2005
　　◇p81〔白黒〕　広島県　大崎上島・木江　㊞宮本常一,1957年8月27日

家船の夜のひととき
　「日本民俗写真大系 4」日本図書センター　1999
　　◇p66〔白黒〕　釣り具の手入れ、編み物、漫画の読書　㊞1961年

円満なる家庭
　「写真でみる日本人の生活全集 10」日本図書センター　2010
　　◇p147〔白黒〕　　光ケ丘　若夫婦

大内宿・洗濯物
　「宮本常一　写真・日記集成　下」毎日新聞社　2005
　　◇p202, 204〜205〔白黒〕　福島県南会津郡下郷町　㊞宮本常一,1969年8月3日〜4日

大山祇神社の奉納のぼりを日除けにしている
　「宮本常一が撮った昭和の情景　上」毎日新聞社　2009
　　◇p46〔白黒〕（大山祇神社の幟。日除けに使っている）　愛媛県越智郡大三島町　㊞宮本常一,1957年8月28日
　「宮本常一　写真・日記集成　上」毎日新聞社　2005
　　◇p82〔白黒〕　愛媛県越智郡大三島町 宮浦　㊞宮本常一,1957年8月28日

おくどさんの末路
　「図説　台所道具の歴史」日本図書センター　2012
　　◇p71-13〔白黒〕　〔捨てられたかまど〕　㊞GK

お手伝い
　「写真でみる日本人の生活全集 10」日本図書センター　2010
　　◇p40〔白黒〕　年末にお飾りを作る母親のそばで, 子供が手伝っているところ　㊞青江明

落とし板を入れたコミセ
　「写真でみる民家大事典」柏書房　2005
　　◇p80-1〔白黒〕　高橋家、青森県黒石市中町　㊞2004年　外崎純一　重要文化財

落とし板を入れた状態のコミセ
　「図説　民俗建築大事典」柏書房　2001
　　◇写真4（p241）〔白黒〕　青森県黒石市中町　黒石市教育委員会提供

落とし板の上半部が障子になっている造り酒屋とコミセ
　「写真でみる民家大事典」柏書房　2005
　　◇p80-2〔白黒〕　青森県黒石市中町　㊞2004年　外崎純一

温室
　「写真でみる日本人の生活全集 3」日本図書センター　2010
　　◇p115〔白黒〕

会社の寮生活
　「写真でみる日本人の生活全集 4」日本図書センター　2010
　　◇p139〔白黒〕

階上村の大家族
　「図説　日本民俗学」吉川弘文館　2009
　　◇p56〔白黒・図〕　増谷達之輔「青森県に於ける大家族制に就て」『社会学雑誌』54より作成

解体される納屋
　「宮本常一が撮った昭和の情景　下」毎日新聞社　2009
　　◇p49〔白黒〕　広島県三原市大和町（王子原）から箱川付近　椋梨ダム水没地区緊急民俗調査　㊞宮本常一,1966年12月14日〜18日
　「宮本常一　写真・日記集成　下」毎日新聞社　2005
　　◇p91〔白黒〕　広島県賀茂郡大和町王子原 椋梨ダム水没地域民俗緊急調査　㊞宮本常一,1966年12月14日〜18日

搔巻や布団を干す
　「いまに伝える 農家のモノ・人の生活館」柏書房　2004
　　◇p238 写真3〔白黒〕　埼玉県大利根町

傘を干す
　「写真でみる日本生活図引 4」弘文堂　1988
　　◇図110〔白黒〕（干す）　長野県下伊那郡阿智村　傘を干す　㊞熊谷元一,昭和31年7月24日

### 風邪をひく
「写真ものがたり昭和の暮らし 9」農山漁村文化協会　2007
◇p58〔白黒〕(風邪を引いたおばあさんが、片足を立てて寝ている)　長野県阿智村駒場　薄い掛蒲団を掛けている　[撮]熊谷元一, 昭和32年1月
「写真でみる日本生活図引 別巻」弘文堂　1993
◇図255〔白黒〕(風邪)　長野県下伊那郡阿智村　[撮]熊谷元一, 昭和32年1月22日
◇図260〔白黒〕(祖母風邪)　長野県下伊那郡阿智村　[撮]熊谷元一, 昭和32年1月27日

### 家族
「写真でみる日本生活図引 別巻」弘文堂　1993
◇図408〔白黒〕　長野県下伊那郡阿智村　[撮]熊谷元一, 昭和32年6月20日

### 家族3代勢ぞろい
「図説 民俗探訪事典」山川出版社　1983
◇p89〔白黒〕　[撮]風間孝次

### 肩叩き
「写真でみる日本生活図引 別巻」弘文堂　1993
◇図376〔白黒〕　長野県下伊那郡阿智村　[撮]熊谷元一, 昭和32年5月19日

### 合掌造の下の大家族
「精選 日本民俗辞典」吉川弘文館　2006
◇p333〔白黒〕　岐阜県白川村
「日本民俗大辞典 下」吉川弘文館　2000
◇p4〔白黒〕　岐阜県大野郡白川村

### 門口に積んだ薪
「民俗資料選集 23 北上山地の畑作習俗」国土地理協会　1995
◇p176(本文)〔白黒〕　岩手県 早池峰山西麓山村

### 髪を洗う
「写真ものがたり昭和の暮らし 1」農山漁村文化協会　2004
◇p58〔白黒〕　長野県阿智村駒場　農家の裏庭　[撮]熊谷元一, 昭和32年4月

### 髪を梳く
「写真でみる日本生活図引 別巻」弘文堂　1993
◇図238〔白黒〕　長野県下伊那郡阿智村　[撮]熊谷元一, 昭和32年1月8日

### 神棚と電気掃除機
「写真でみる日本人の生活全集 5」日本図書センター　2010
◇p164〔白黒〕(神棚と電気掃除機)〔鴨居を掃除している〕　「毎日グラフ」昭和32年

### 髪にブラシをかける
「写真でみる日本生活図引 別巻」弘文堂　1993
◇図36〔白黒〕(鏡台)　長野県下伊那郡阿智村　髪に刷子(ブラシ)をかける　[撮]矢沢昇, 昭和31年7月22日

### ガンギ
「宮本常一 写真・日記集成 別巻」毎日新聞社　2005
◇図326(p53)〔白黒〕　新潟県・越後・小出［北魚沼郡小出町］　[撮]宮本常一, 1941年10月
「日本社会民俗辞典 4」日本図書センター　2004
◇p1526〔白黒〕　高田市

### 雁木
「写真ものがたり昭和の暮らし 9」農山漁村文化協会　2007
◇p102〔白黒〕　新潟県小千谷町(現小千谷市)　角巻に襟巻きの女の人が立っている, 藁蓑が下っている　[撮]中俣正義, 昭和24年12月
「写真でみる民家大事典」柏書房　2005
◇p79-1〔白黒〕(通りの町並みに沿って続く雁木)　新潟県栃尾市　[撮]2004年　金田文男
「宮本常一 写真・日記集成 上」毎日新聞社　2005
◇p34〔白黒〕　新潟県新津市　[撮]宮本常一, 1956年3月18日
「写真でみる日本生活図引 4」弘文堂　1988
◇図118〔白黒〕　新潟県南魚沼郡六日町中町　小店と呼ぶ小屋根をつけた廊下状の建物(雁木)を道路面に出している　[撮]中俣正義, 昭和30年頃
「フォークロアの眼 2 雪国と暮らし」国書刊行会　1977
◇図82～84〔白黒〕　新潟県十日町市本町　[撮]中俣正義, 昭和36年2月15日
◇図85〔白黒〕　新潟県南魚沼郡浦佐村浦佐(現在は大和町浦佐)　[撮]中俣正義, 昭和27年2月下旬

### 企業団地
「日本民俗写真大系 4」日本図書センター　1999
◇p202〔白黒〕　水島石油コンビナートのまわり　[撮]中村昭夫, 1967年

### 客
「写真でみる日本生活図引 別巻」弘文堂　1993
◇図153〔白黒〕　長野県下伊那郡阿智村　〔自宅で来客応対〕　[撮]矢沢昇, 昭和31年11月6日

### 急傾斜地に中層, テラスハウス, 戸建分譲宅地を混合して開発した団地
「日本の生活環境文化大辞典」柏書房　2010
◇p178-3〔白黒〕　大阪府　[撮]2009年　藤本尚久

### 近代アパートの集落
「日本社会民俗辞典 2」日本図書センター　2004
◇p618〔白黒〕　東京都戸山原

### 汲取り
「写真でみる日本生活図引 4」弘文堂　1988
◇図60〔白黒〕　長野県下伊那郡阿智村　屎尿を汲出す男　[撮]熊谷元一, 昭和31年9月5日

### 怪我をした足をみる
「写真でみる日本生活図引 別巻」弘文堂　1993
◇図203〔白黒〕(怪我)　長野県下伊那郡阿智村　怪我をした足をみる　[撮]熊谷元一, 昭和31年12月18日

### 玄関の客
「写真でみる日本人の生活全集 4」日本図書センター　2010
◇p38〔白黒〕　東京

### 建築中の近代アパート
「写真でみる日本人の生活全集 3」日本図書センター　2010
◇p2〔白黒〕　東京都戸山ガ原

### 皇居脇の占領軍ハウス
「宮本常一 写真・日記集成 上」毎日新聞社　2005
◇p110〔白黒〕　東京　[撮]宮本常一, 1958年8月1日

### 洪水時にそなえた船
「図説 民俗探訪事典」山川出版社　1983
◇p75〔白黒〕　埼玉県浦和市　納屋の天井に船をつるす

### 洪水に備えて軒下につるしさげた川舟
「写真ものがたり昭和の暮らし 5」農山漁村文化協会　2005
◇p77〔カラー〕　福岡県北野町(現久留米市)　[撮]千葉寛, 昭和60年11月

### 五畳半の住まい
「写真でみる日本生活図引 7」弘文堂　1993
◇図35〔白黒〕　東京都中野区　木賃アパート　[撮]渡部雄吉, 昭和40年4月

### 鏝で布地の皺を伸ばす
「写真ものがたり昭和の暮らし 9」農山漁村文化協会　2007
◇p48〔白黒〕　長野県阿智村駒場　[撮]熊谷元一, 昭和32年1月

### 子供たちの昼寝風景
「写真でみる日本人の生活全集 2」日本図書センター　2010
◇p143〔白黒〕

**ごみ空気輸送システム**
「図説 台所道具の歴史」日本図書センター　2012
◇p213-7・8〔白黒・図/写真〕　森之宮団地　資料提供・大成建設

**コミセの内部**
「写真でみる民家大事典」柏書房　2005
◇p80-3〔白黒〕　青森県黒石市中町　[撮]2004年　外崎純一
「図説 民俗建築大事典」柏書房　2001
◇写真5(p241)〔白黒〕　青森県黒石市中町　黒石市教育委員会提供

**孤立農家**
「日本社会民俗辞典 2」日本図書センター　2004
◇p856〔白黒〕　礪波平野の散村

**裁縫**
「写真でみる日本生活図引 別巻」弘文堂　1993
◇図318〔白黒〕　長野県下伊那郡阿智村　縁側で針仕事　[撮]熊谷元一, 昭和32年3月24日

**座布団にすわる**
「日本を知る事典」社会思想社　1971
◇図41〜44(p441)〔白黒〕

**ザリ**
「宮本常一 写真・日記集成 別巻」毎日新聞社　2005
◇図88(p23)〔白黒〕　鹿児島県・屋久島［種子島］・熊野［中種子町］　[撮]宮本常一, 1940年1月27日〜2月10日

**山村**
「図説 民俗探訪事典」山川出版社　1983
◇p116〔白黒〕　山形県東田川郡田麦俣　[撮]二川幸夫

**散村の空間を埋める住宅団地や高層建物**
「日本の生活環境文化大辞典」柏書房　2010
◇p12-2〔白黒〕　富山県砺波市五郎丸　[撮]2009年　佐伯安一

**シデ**
「写真ものがたり昭和の暮らし 3」農山漁村文化協会　2004
◇p223〔白黒〕　東京都大島町元町　樹木を伝わる雨水を、縄を通じてつぼに貯める　[撮]湊嘉秀, 昭和59年10月

**氏名を記したヤネツクシ**
「民具のみかた―心とかたち」第一法規出版　1983
◇p239〔白黒〕　山形県金山町

**住居に貯えられたモシモノ**
「民俗資料選集 30 焼畑習俗Ⅱ」国土地理協会　2002
◇p1(口絵)〔白黒〕　山梨県南巨摩郡早川町奈良田

**集合住宅**
「宮本常一 写真・日記集成 下」毎日新聞社　2005
◇p39〔白黒〕　岩手県釜石市　[撮]宮本常一, 1965年8月22日
◇p295〔白黒〕　新潟県新潟市入船町付近　[撮]宮本常一, 1973年3月3日
◇p375〔白黒〕　神奈川県小田原市付近　[撮]宮本常一, 1976年11月15日

**障子洗い**
「写真でみる日本生活図引 4」弘文堂　1988
◇図94〔白黒〕　鹿児島県鹿児島市下伊敷町　[撮]昭和39年11月　鶴添泰蔵提供

**障子貼り**
「写真でみる日本生活図引 別巻」弘文堂　1993
◇図210〔白黒〕　長野県下伊那郡阿智村　[撮]熊谷元一, 昭和31年12月24日

**消雪作業**
「日本社会民俗辞典 4」日本図書センター　2004
◇図版ＸＩ 雪(1)〔白黒〕　新潟県直江津市西横山(旧中頸城郡谷浜村字西横山)　[撮]濱谷浩

**消雪パイプ**
「フォークロアの眼 2 雪国と暮らし」国書刊行会　1977
◇図78〔白黒〕　新潟県長岡市坂之上　[撮]中俣正義, 昭和39年1月上旬

**小便枠の中に入れる杉の葉を取り替える**
「写真ものがたり昭和の暮らし 9」農山漁村文化協会　2007
◇p63〔白黒〕　長野県阿智村駒場　[撮]熊谷元一, 昭和31年12月

**除雪**
「フォークロアの眼 2 雪国と暮らし」国書刊行会　1977
◇図74・77〔白黒〕　新潟県高田市(現在は上越市)本町　そりが活躍　[撮]中俣正義, 昭和36年1月12日
◇図75〔白黒〕　新潟県高田市(現在は上越市)本町　街の通り　[撮]中俣正義, 昭和36年1月12日
◇小論9〔白黒〕　新潟県東頸城郡松之山町天水越　[撮]中俣正義, 昭和32年1月14日

**除雪を手伝う子供たち**
「里山・里海 暮らし図鑑」柏書房　2012
◇写24(p275)〔白黒〕　福井県高浜町　昭和40年代頃　[撮]横田文雄　高浜町郷土資料館提供

**除雪作業**
「写真でみる日本生活図引 4」弘文堂　1988
◇図122〔白黒〕　新潟県南魚沼塩沢町石打　日を定め、組中総出で雪割り　[撮]中俣正義, 昭和30年代後半

**除雪風景**
「民具のみかた―心とかたち」第一法規出版　1983
◇p216〔白黒〕　広島県芸北町

**除雪用具をそろえた玄関口**
「フォークロアの眼 2 雪国と暮らし」国書刊行会　1977
◇図97〔白黒〕　新潟県南魚沼郡六日町欠之上　[撮]中俣正義, 昭和30年1月上旬

**白川村の大家族**
「図説 日本民俗学」吉川弘文館　2009
◇p57〔白黒・図〕　大間知「家族」より作成

**白い洗い物がまぶしい夏の村**
「写真でみる民家大事典」柏書房　2005
◇p350〔白黒〕　広島県北広島町八幡原　[撮]1983年　刊行委員会

**スカリで道ふみ**
「フォークロアの眼 2 雪国と暮らし」国書刊行会　1977
◇図68〔白黒〕　新潟県南魚沼郡中之島村(現在は塩沢町)姥島　[撮]中俣正義, 昭和29年2月中旬

**スカリで道ふみをする**
「写真でみる日本生活図引 4」弘文堂　1988
◇図117〔白黒〕(スカリ)　新潟県東頸城郡松之山町天水島　雪を踏み固める　[撮]中俣正義, 昭和30年1月13日
「フォークロアの眼 2 雪国と暮らし」国書刊行会　1977
◇図70〔白黒〕　新潟県東頸城郡松之山村(現在は松之山町)天水島　大雪の朝　[撮]中俣正義, 昭和30年1月13日

**杉の葉**
「写真でみる日本生活図引 4」弘文堂　1988
◇図61〔白黒〕　長野県下伊那郡阿智村　小便枠に入れた杉の葉, 杉の葉を伐りそろえる男　[撮]熊谷元一, 昭和31年12月11日

**炭俵**
「宮本常一 写真・日記集成 上」毎日新聞社　2005
◇p340〔白黒〕　山口県阿武郡川上村野戸呂　〔家の軒下に積まれている〕　[撮]宮本常一, 1962年9月6日

**洗濯物**
「宮本常一 写真・日記集成 上」毎日新聞社　2005

◇p134〔白黒〕　新潟県佐渡郡相川町［佐渡市］北狄　[撮]宮本常一, 1959年8月5日
◇p398〔白黒〕　山形県酒田市 飛島　[撮]宮本常一, 1963年8月23日
「写真でみる日本生活図引 別巻」弘文堂　1993
◇図19〔白黒〕　長野県下伊那郡阿智村　[撮]熊谷元一, 昭和31年7月7日

### 洗濯物を河原に干す
「宮本常一 写真・日記集成 上」毎日新聞社　2005
◇p208〔白黒〕　新潟県佐渡郡相川町［佐渡市］入川 入川河口　[撮]宮本常一, 1960年8月27日

### 洗濯物を干す
「宮本常一 写真・日記集成 上」毎日新聞社　2005
◇p395〔白黒〕（洗濯物も干します）　青森県下北郡佐井村磯谷　〔イカ干しの竿で〕　[撮]宮本常一, 1963年8月18日
「写真でみる日本生活図引 別巻」弘文堂　1993
◇図259〔白黒〕（干す）　長野県下伊那郡阿智村　〔洗濯物〕　[撮]熊谷元一, 昭和32年1月26日
「写真でみる日本生活図引 4」弘文堂　1988
◇図101〔白黒〕　新潟県南魚沼郡塩沢町姥島　雪晴れの日　[撮]中俣正義, 昭和29年2月中旬
「フォークロアの眼 2 雪国と暮らし」国書刊行会　1977
◇図69〔白黒〕　新潟県南魚沼郡中之島村（現在は塩沢町）姥島　雪晴れの朝　[撮]中俣正義, 昭和29年2月中旬

### 洗濯物が干された路地
「宮本常一 写真・日記集成 下」毎日新聞社　2005
◇p350〔白黒〕　大阪府堺市柳之町→錦之町　[撮]宮本常一, 1975年11月9日

### 洗濯物とエゴ草
「宮本常一が撮った昭和の情景 上」毎日新聞社　2009
◇p201〔白黒〕　山形県酒田市飛島　[撮]宮本常一, 1963年8月23日

### 占領軍のカマボコハウス
「宮本常一が撮った昭和の情景 上」毎日新聞社　2009
◇p54〔白黒〕　東京都千代田区隼町　自治会館にあった全国離島振興協議会の事務局から見た　[撮]宮本常一, 1958年8月1日

### 掃除
「写真でみる日本生活図引 別巻」弘文堂　1993
◇図275〔白黒〕　長野県下伊那郡阿智村　[撮]熊谷元一, 昭和32年2月11日

### 外のカマド
「写真でみる日本人の生活全集 3」日本図書センター　2010
◇p95〔白黒〕　宮城県刈田郡弥治郎

### 祖母と孫
「写真でみる日本生活図引 別巻」弘文堂　1993
◇図247〔白黒〕　長野県下伊那郡阿智村　[撮]熊谷元一, 昭和32年1月15日

### 祖母の髪結いを手伝う少女
「里山・里海 暮らし図鑑」柏書房　2012
◇写21（p274）〔白黒〕　和歌山県旧大塔村〔田辺市〕熊野　昭和30年代　岡田孝男提供

### 大家族
「日本の生活環境文化大辞典」柏書房　2010
◇p324-3〔白黒〕（一つの主屋に住む31人の大家族）　岩手県八幡平市安代町　[撮]1930年代　有賀喜左衛門
「日本社会民俗辞典 2」日本図書センター　2004
◇p862〔白黒〕　岩手県二戸郡浅沢村齋藤家の家族　[撮]昭和9年
「日本民俗文化財事典（改訂版）」第一法規出版　1979
◇図213〔白黒〕（石神斎藤家の大家族）　岩手県

### 大便のトイレットペーパーの代用になった海藻、モク
「里山・里海 暮らし図鑑」柏書房　2012
◇図6（p101）〔白黒・図〕　平塚淳一・山室真澄・石飛裕『里湖モク採り物語』生物研究社（2006）から編集、引用

### 太陽熱を利用した屋根の温水器
「里山・里海 暮らし図鑑」柏書房　2012
◇写40（p238）〔白黒〕　福井県美浜町大藪　昭和33年　山口覺所蔵, 美浜町役場文化財保護・町誌編纂室提供

### 焚きつけに使う細い木枝などを用意する
「写真ものがたり昭和の暮らし 9」農山漁村文化協会　2007
◇p40〔カラー〕　岩手県大迫町大償（現花巻市）　[撮]須藤功, 昭和42年5月

### 竹のさくにかけ干した継ぎ接ぎだらけの布団と子どもの寝巻き
「写真ものがたり昭和の暮らし 1」農山漁村文化協会　2004
◇p57〔白黒〕　長野県阿智村駒場　[撮]熊谷元一, 昭和25年

### 畳を干す
「写真でみる日本生活図引 別巻」弘文堂　1993
◇図369〔白黒〕（畳干し）　長野県下伊那郡阿智村　大掃除。畳を上げて干す　[撮]熊谷元一, 昭和32年5月13日
「写真でみる日本生活図引 4」弘文堂　1988
◇図111〔白黒〕（干す）　福島県いわき市平上高久　畳を干す　[撮]草野日出雄, 昭和48年12月

### 畳蔵
「日本民俗写真大系 1」日本図書センター　1999
◇p89〔白黒〕（上ノ国の畳蔵）　北海道上ノ国町　[撮]津山正順, 1986年

### 谷の村に下りるハシゴ
「宮本常一が撮った昭和の情景 上」毎日新聞社　2009
◇p178〔白黒〕　熊本県上益城郡山都町蘇陽峡　[撮]宮本常一, 1962年10月10日

### タネに雪を入れて融かす
「図説 民俗建築大事典」柏書房　2001
◇写真1（p240）〔白黒〕　新潟県南魚沼郡塩沢町　[撮]津山正幹

### 溜桶式の便所での汲み取り
「写真ものがたり昭和の暮らし 9」農山漁村文化協会　2007
◇p62〔白黒〕　長野県會地村駒場（現阿智村）　肥桶に汲み取る　[撮]熊谷元一, 昭和31年9月

### タライ・洗濯板・固形石鹸
「いまに伝える 農家のモノ・人の生活館」柏書房　2004
◇p300 写真1〔白黒〕　埼玉県所沢市

### 男子用便所とトリ小屋
「宮本常一 写真・日記集成 下」毎日新聞社　2005
◇p46〔白黒〕　平川（備中町［岡山県高梁市］）→広島県神石郡豊松村四日市［神石高原町］　[撮]宮本常一, 1965年12月17日

### 団地
「民俗学事典」丸善出版　2014
◇p186〔白黒〕　福岡県福岡市南区 弥永団地
「図説 日本民俗学」吉川弘文館　2009
◇p189〔白黒〕　東京都八王子市
「宮本常一 写真・日記集成 上」毎日新聞社　2005
◇p126〔白黒〕　東京都中央区晴海　[撮]宮本常一, 1959年5月13日
「写真でみる日本生活図引 6」弘文堂　1993
◇目次B〔白黒〕　東京都提供

### 反物
「写真でみる日本生活図引 別巻」弘文堂　1993
◇図337〔白黒〕　長野県下伊那郡阿智村　もらった反物

を見る [撮]熊谷元一, 昭和32年4月13日

### 反物を巻く
「写真でみる日本生活図引 別巻」弘文堂 1993
◇図371〔白黒〕 長野県下伊那郡阿智村 大掃除。終わって反物を陽に当てて巻く [撮]熊谷元一, 昭和32年5月15日

### 父と子
「写真でみる日本生活図引 別巻」弘文堂 1993
◇図94〔白黒〕 長野県下伊那郡阿智村 夜、高校生の弟は椅子に座って勉強、向かい合って父は区の事務 [撮]熊谷元一, 昭和31年9月10日

### 駐車スペースになった牛小屋
「日本の生活環境文化大辞典」柏書房 2010
◇p65-2〔白黒〕 茨城県石岡市 [撮]2009年 堤涼子

### 貯水漕
「宮本常一 写真・日記集成 下」毎日新聞社 2005
◇p27〔白黒〕 島根県隠岐郡知夫村(知夫里島) [撮]宮本常一, 1965年5月29日

### 貯水槽のタタキ
「日本の生活環境文化大辞典」柏書房 2010
◇p31-2〔白黒〕 愛知県田原市高松町 [撮]2006年 林哲志

### 治療
「写真でみる日本生活図引 別巻」弘文堂 1993
◇図357〔白黒〕 長野県下伊那郡阿智村 〔自分で〕足治療 [撮]熊谷元一, 昭和32年5月2日

### 繕い
「写真でみる日本生活図引 別巻」弘文堂 1993
◇図272〔白黒〕 長野県下伊那郡阿智村 炬燵で繕い [撮]熊谷元一, 昭和32年2月8日
「写真でみる日本生活図引 4」弘文堂 1988
◇図105〔白黒〕 岩手県九戸郡山形村来内 ランプのもとで野良着のようなものを繕う [撮]菊池俊吉, 昭和32年5月

### つくろいもの
「日本民俗文化財事典(改訂版)」第一法規出版 1979
◇図32〔白黒〕(日陰でつくろいもの) 三重県答志島

### 積まれた柴木
「写真でみる民家大事典」柏書房 2005
◇p141-2〔白黒〕 新潟県栃尾市栗山沢 [撮]1980年 池田亨

### 積み上げた薪
「宮本常一 写真・日記集成 上」毎日新聞社 2005
◇p19〔白黒〕 秋田県北秋田郡上小阿仁村 [撮]宮本常一, 1955年11月7日

### 手紙を書く
「写真でみる日本生活図引 別巻」弘文堂 1993
◇図214〔白黒〕 長野県下伊那郡阿智村 炬燵で手紙を書く [撮]熊谷元一, 昭和31年12月28日

### テレビを見る
「写真ものがたり昭和の暮らし 4」農村漁村文化協会 2005
◇p221〔白黒〕(母親と息子がこたつにはいって熱心にテレビを見ている) 秋田県横手市栄 [撮]佐藤久太郎, 昭和37年3月

### テレビと家族
「写真でみる日本生活図引 4」弘文堂 1988
◇図39〔白黒〕 秋田県横手市栄 [撮]佐藤久太郎, 昭和37年3月

### 電車が走る家
「写真でみる日本生活図引 7」弘文堂 1993
◇図32〔白黒〕 東京都渋谷区・東横線渋谷駅 東横線ガード下に積み上げた住まい [撮]渡部雄吉, 昭和40年4月

### 天水をためて飲料水とする
「フォークロアの眼 3 運ぶ」国書刊行会 1977
◇図65〔白黒〕 沖縄県八重山郡竹富町新城島 [撮]須藤功, 昭和47年7月29日

### 東京都住宅公社アパート
「宮本常一 写真・日記集成 上」毎日新聞社 2005
◇p221〔白黒〕 東京 三田→永田町・一の橋付近 [撮]宮本常一, 1960年12月23日

### 冬期用の薪置場
「図説 台所道具の歴史」日本図書センター 2012
◇p100-7・8〔白黒〕 青梅市上成木 8：薪割り用のうま(台) [撮]GK

### 同潤会青山アパート
「宮本常一が撮った昭和の情景 上」毎日新聞社 2009
◇p124〔白黒〕 東京都渋谷区神宮前 [撮]宮本常一, 1961年3月18日
「宮本常一 写真・日記集成 上」毎日新聞社 2005
◇p247〔白黒〕 東京都 表参道 [撮]宮本常一, 1961年3月18日

### 燈台守の洗濯物
「写真ものがたり昭和の暮らし 3」農山漁村文化協会 2004
◇p186〔白黒〕 石川県珠洲市狼煙 禄剛崎燈台 [撮]御園直太郎, 昭和33年12月

### 東北の農村
「写真でみる日本生活図引 4」弘文堂 1988
◇図137〔白黒〕 岩手県西磐井郡平泉町 胆沢地方の散村 [撮]須藤功, 昭和43年11月2日

### 都営辰巳団地と子どもたちの遊び場
「写真ものがたり昭和の暮らし 4」農村漁村文化協会 2005
◇p199〔白黒〕 東京都江東区 [撮]昭和48年4月 東京都提供

### 常盤平団地の2DK俯瞰図
「写真ものがたり昭和の暮らし 4」農村漁村文化協会 2005
◇p205〔白黒・図〕 千葉県松戸市 ある家族の昭和37年(1962)の2DKの俯瞰図 松戸市立博物館提供

### 土蔵の前に洗濯物を干す庭先
「宮本常一 写真・日記集成 下」毎日新聞社 2005
◇p432〔白黒〕 滋賀県東浅井郡浅井町鍛冶屋 [撮]宮本常一, 1978年7月8日

### 戸棚
「写真でみる日本生活図引 別巻」弘文堂 1993
◇図281〔白黒〕 長野県下伊那郡阿智村 戸棚掃除 [撮]熊谷元一, 昭和32年2月15日

### 止石
「日本民具の造形」淡交社 2004
◇p152〔白黒〕 兵庫県 永富家住宅所蔵

### 長いツララ(シガ)を払い落とす
「写真ものがたり昭和の暮らし 9」農山漁村文化協会 2007
◇p22〔白黒〕 福島県下郷町大内 [撮]須藤功, 昭和44年12月

### ナデを用いて神棚を清掃する
「日本の生活環境文化大辞典」柏書房 2010
◇p214-6〔白黒〕 新潟県新発田市板山 [撮]2009年

### 那覇の婦人
「日本写真全集 9」小学館 1987
◇図89〔白黒〕 [撮]坂本万七, 昭和15年

### 鍋の墨落とし
「写真でみる日本生活図引 4」弘文堂 1988
◇図100〔白黒〕 新潟県南魚沼郡六日町余川 [撮]中俣正

その他　　　　　　　　　　　　　　　住

　　　義，昭和29年12月30日
**二段化粧うだつ**
「宮本常一 写真・日記集成 下」毎日新聞社　2005
　　◇p249〔白黒〕(銘菓店宝月堂の二段化粧うだつ)　香川県丸亀市米屋町 銘菓店宝月堂　㊙宮本常一，1971年5月1日

**庭の水撒き**
「いまに伝える 農家のモノ・人の生活館」柏書房　2004
　　◇p256 写真1〔白黒〕　埼玉県所沢市

**年数を経ると緑樹環境が見事になる典型的な中層住宅団地の棟間空間**
「日本の生活環境文化大辞典」柏書房　2010
　　◇p179-5〔白黒〕　福岡県大野城市　㊙2009年

**農家の動線**
「いまに伝える 農家のモノ・人の生活館」柏書房　2004
　　◇p253 図1〔白黒・図〕(動線1—起床から農作業に出かけるまで)　埼玉県大利根町の農家　間取りは大正15年当時のもの
　　◇p253 図2〔白黒・図〕(動線2—昼に帰って午後の農作業に出かけるまで)　埼玉県大利根町の農家　間取りは大正15年当時のもの
　　◇p255 図3〔白黒・図〕(動線3—夕方に帰って寝るまで)　埼玉県大利根町の農家　間取りは大正15年当時のもの

**農家の猫**
「写真ものがたり昭和の暮らし 1」農山漁村文化協会　2004
　　◇p85〔白黒〕　秋田県湯沢市　㊙加賀谷政雄，昭和30年代

**軒先でのツバメ営巣**
「里山・里海 暮らし図鑑」柏書房　2012
　　◇写2(p112)〔白黒〕　愛知県豊田市　7月

**軒先の鳥カゴと井戸**
「宮本常一 写真・日記集成 下」毎日新聞社　2005
　　◇p475〔白黒〕　山口県大島郡東和町沖家室〔周防大島町〕　㊙宮本常一，1979年12月14日

**軒下での農具の保管**
「里山・里海 暮らし図鑑」柏書房　2012
　　◇写11(p225)〔白黒〕　和歌山県有田川町楠本

**軒下に積まれた薪**
「里山・里海 暮らし図鑑」柏書房　2012
　　◇写34(p52)〔白黒〕(軒下での薪の保管)　新潟県旧中里村〔十日町市〕
「日本社会民俗辞典 3」日本図書センター　2004
　　◇p1115〔白黒〕　岐阜県徳山村
「写真ものがたり昭和の暮らし 1」農山漁村文化協会　2004
　　◇p44〔白黒〕　岐阜県徳山村　㊙櫻田勝徳，昭和11年10月
「民俗の事典」岩崎美術社　1972
　　◇p145〔白黒〕(たきぎ)　山梨県南都留郡忍野村

**軒下につるしたみのと荷縄**
「写真ものがたり昭和の暮らし 1」農山漁村文化協会　2004
　　◇p117〔白黒〕　新潟県高柳町　㊙米山孝志，昭和56年

**軒下に番傘**
「宮本常一 写真・日記集成 上」毎日新聞社　2005
　　◇p66〔白黒〕　愛知県北設楽郡設楽町 名倉　㊙宮本常一，1957年5月14日

**軒下の利用**
「写真でみる日本生活図引 6」弘文堂　1993
　　◇図18〔白黒〕　岐阜県吉城郡上宝村　二階軒下は洗濯の干し場に，階下は出入口に近いところに生活用具をおいている　㊙坪井洋文，昭和30年代
「写真でみる日本生活図引 4」弘文堂　1988
　　◇図128〔白黒〕(軒下)　長野県下伊那郡清内路村　葉煙草，薪　㊙熊谷元一，昭和32年

**軒にキビを干す家**
「民俗図録 日本人の暮らし」日本図書センター　2012
　　◇図27〔白黒〕　兵庫県宍粟郡奥谷村音水　㊙平山敏治郎

**歯を磨く**
「写真でみる日本生活図引 4」弘文堂　1988
　　◇図51〔白黒〕　長野県下伊那郡阿智村　㊙熊谷元一，昭和31年7月22日

**ハサに洗濯物を干している**
「宮本常一が撮った昭和の情景 上」毎日新聞社　2009
　　◇p111〔白黒〕　新潟県佐渡市岩首　㊙宮本常一，1960年8月22日
「宮本常一 写真・日記集成 上」毎日新聞社　2005
　　◇p206〔白黒〕(ハサのある家)　新潟県両津市〔佐渡市〕岩首　背後にはマダケの林　㊙宮本常一，1960年8月22日

**バスの家**
「写真でみる日本生活図引 7」弘文堂　1993
　　◇図31〔白黒〕　東京都新宿区戸山ヶ原　ボンネットバスのボンネットを切り落とし，客席が住まいになっている　㊙渡部雄吉，昭和22年頃

**畑仕事から帰ってきて一息入れる**
「写真ものがたり昭和の暮らし 6」農山漁村文化協会　2006
　　◇p43〔白黒〕　石川県・能登半島　孫と祖父母たち　㊙棚池信行，昭和30年代

**八丈小島における天水の採水**
「図説 民俗探訪事典」山川出版社　1983
　　◇p310〔白黒〕　八丈島

**八丈島の位置と集落分布の変化**
「図説 民俗探訪事典」山川出版社　1983
　　◇p312〔白黒・図〕　八丈島　1960年　青野・尾留川編『日本地誌』東京都，大村肇原図による

**花を活ける**
「写真でみる日本生活図引 別巻」弘文堂　1993
　　◇図299〔白黒〕　長野県下伊那郡阿智村　㊙熊谷元一，昭和32年3月5日
　　◇図324〔白黒〕(花)　長野県下伊那郡阿智村　〔活ける〕　㊙熊谷元一，昭和32年3月29日

**母親が女の子の髪にバリカンをあてて，おかっぱ頭の髪を切っている**
「写真ものがたり昭和の暮らし 6」農山漁村文化協会　2006
　　◇p32〔白黒〕　秋田県山内村小松川(現横手市)　㊙佐藤久太郎，昭和33年2月

**バリカンで頭を刈る**
「写真ものがたり昭和の暮らし 10」農山漁村文化協会　2007
　　◇p25〔白黒〕(妻がバリカンで夫の頭を刈る)　熊本県上松求麻村(現八代市)出入口の土間　㊙麦島勝，昭和25年4月
「写真ものがたり昭和の暮らし 1」農山漁村文化協会　2004
　　◇p58〔白黒〕(頭をバリカンで刈る)　長野県阿智村駒場 農家の裏庭　㊙熊谷元一，昭和32年4月
「写真でみる日本生活図引 別巻」弘文堂　1993
　　◇図349〔白黒〕(散髪)　長野県下伊那郡阿智村　頭をバリカンで刈る　㊙熊谷元一，昭和32年4月24日
「写真でみる日本生活図引 4」弘文堂　1988
　　◇図113〔白黒〕(散髪)　熊本県阿蘇郡小国町　㊙白石巌，昭和46年9月

**針仕事**
「写真でみる日本人の生活全集 9」日本図書センター　2010

◇p45〔白黒〕(小舟の上で針仕事をしている子供) 撮伊藤英
「日本民具の造形」淡交社 2004
◇p80〔白黒〕 愛知県 大府市歴史民俗資料館所蔵
「写真ものがたり昭和の暮らし 1」農山漁村文化協会 2004
◇p32〔白黒〕(ランプを手元に寄せて針仕事) 岩手県山形村来内 撮菊池俊吉, 昭和32年5月
◇p51〔白黒〕(掛布団を広げて針仕事をする) 寝具改良の様子を記録した写真 撮昭和34年2月 (社)農山漁村文化協会提供

## 髭剃り
「写真でみる日本生活図引 別巻」弘文堂 1993
◇図66〔白黒〕 長野県下伊那郡阿智村 撮矢沢昇, 昭和31年8月14日

## ひじろを中心に
「写真でみる日本人の生活全集 3」日本図書センター 2010
◇p91〔白黒・写真/図〕 ご飯の時の並び方 アチックミューゼアムの中の「上伊那郡川島村郷土誌」に記録されたもの

## 飛騨白川村遠山家の家族構成と間取り
「図説 民俗探訪事典」山川出版社 1983
◇p91〔白黒・図〕 上図は『日本民俗学講座』, 下図は江馬三枝子『白川村の大家族』より

## 日だまりを楽しむ
「宮本常一 写真・日記集成 上」毎日新聞社 2005
◇p246〔白黒〕 広島県尾道市 百島・泊〔民家の縁側〕 撮宮本常一, 1961年2月19日

## 日向ぼっこ
「写真ものがたり昭和の暮らし 10」農山漁村文化協会 2007
◇p9〔白黒〕 秋田県山内村小松川(現横手市) 屋根の上 撮佐藤久太郎, 昭和33年2月
◇p15〔白黒〕(子どもたちが縁側に座って日向ぼっこ) 熊本県佐敷町(現芦北町) 撮麦島勝, 昭和27年2月下旬
「写真でみる日本生活図引 5」弘文堂 1989
◇図65〔白黒〕 秋田県平鹿郡山内村小松川 屋根上で日向ぼっこ 撮佐藤久太郎, 昭和33年2月23日

## 火吹竹で燃えやすい桑の小枝に火をつける
「写真ものがたり昭和の暮らし 1」農山漁村文化協会 2004
◇p25〔白黒〕 群馬県新治村 撮須藤功, 昭和42年12月

## 表札
「日本の生活環境文化大辞典」柏書房 2010
◇p471-1〔白黒〕(代々の戸主を複数掲げた表札) 茨城県つくば市 齋藤重
◇p471-2〔白黒〕(裏口の表札) 東京都文京区 齋藤重
◇p471-3〔白黒〕(現代の表札) 茨城県牛久市 齋藤重

## 平足場のしくみ
「図説 民俗建築大事典」柏書房 2001
◇図1(p192)〔白黒・図〕 上総掘り

## 昼寝
「写真ものがたり昭和の暮らし 10」農山漁村文化協会 2007
◇p12〔白黒〕 新潟県両津市藻浦(現佐渡市) 真夏の昼さがり祖母が納屋の日陰で寝入る 撮中俣正義, 昭和32年
「写真ものがたり昭和の暮らし 6」農山漁村文化協会 2006
◇p28〔白黒〕 秋田県大森町川西(現横手市) 風通しのよい納屋にござを敷き、子ども用の布団を延べて昼寝をする 撮佐藤久太郎, 昭和37年9月
◇p69〔白黒〕(耕耘機の音を子守歌に, 畔にうつ伏せになって眠る男の子) 秋田県横手市婦気 撮佐藤久太郎, 昭和34年5月
◇p118〔白黒〕 石川県金沢市 風のよく通る路地に畳を置き、さらに薄縁(縁をつけたござ)を敷いて少年は昼寝をする 撮棚池信行, 昭和20年代
「写真ものがたり昭和の暮らし 3」農山漁村文化協会 2004
◇p213〔白黒〕 香川県高松市・男木島 撮永見武久, 昭和36年
「写真でみる日本生活図引 4」弘文堂 1988
◇図130〔白黒〕 新潟県両津市藻浦 老婆 夏の昼さがり、納屋の日影で昼寝をする 撮中俣正義, 昭和32年
◇図131〔白黒〕 秋田県平鹿郡平鹿町醍醐 男 戸口の敷居を枕に昼寝をむさぼる 撮加賀谷ထ雄, 昭和28年6月
◇図132〔白黒〕(納屋で添寝) 秋田県平鹿郡大森町川西 撮佐藤久太郎, 昭和37年9月1日

## 昼寝をする子
「写真ものがたり昭和の暮らし 6」農山漁村文化協会 2006
◇p29〔白黒〕 長野県富士見町池之袋 撮武藤盈, 昭和31年8月

## 豚便所(フール)
「図説 民俗建築大事典」柏書房 2001
◇写真1(p207)〔白黒〕(沖縄の豚便所(フール)) 沖縄県中頭郡北中城村

## 豚便所の模型
「日本の生活環境文化大辞典」柏書房 2010
◇p396-3〔白黒〕 撮秋山晴子, 1985年 伊奈製陶〈現・INAX〉が行った厠まんだら展

## 蒲団の綿入れ
「写真ものがたり昭和の暮らし 9」農山漁村文化協会 2007
◇p58〔白黒〕(綿を入れる縞木綿の蒲団地の綿入れ口を折る) 長野県阿智村駒場 手拭い被りのおばあさん 撮熊谷元一, 昭和31年12月
「写真でみる日本生活図引 4」弘文堂 1988
◇図103〔白黒〕 長野県下伊那郡阿智村 撮熊谷元一, 昭和31年12月30日
◇図104〔白黒〕 秋田県秋田市金足 撮三木茂, 昭和15年頃 民俗学研究所提供

## 布団干し
「宮本常一 写真・日記集成 上」毎日新聞社 2005
◇p276〔白黒〕 長崎県平戸市 的山大島 撮宮本常一, 1961年9月18日

## 船住まい
「写真でみる日本生活図引 7」弘文堂 1993
◇図33・34〔白黒〕 東京都 撮渡部雄吉, 昭和29年

## 舟つなぎの木
「図説 民俗建築大事典」柏書房 2001
◇写真2(p248)〔白黒〕 大垣市 輪中生活館保管公開 旧名和家住宅の柿の木

## 古着をほぐす
「写真ものがたり昭和の暮らし 9」農山漁村文化協会 2007
◇p49〔白黒〕 埼玉県両神村今神(現小鹿野町) 撮武藤盈, 昭和30年12月

## 風呂場で洗濯
「写真でみる日本生活図引 別巻」弘文堂 1993
◇図103〔白黒〕 長野県下伊那郡阿智村 撮熊谷元一, 昭和31年9月19日

## ぼろ炭を炭箱に移す
「写真でみる日本生活図引 別巻」弘文堂 1993
◇図246〔白黒〕(ぼろ炭) 長野県下伊那郡阿智村 炭箱に移す 撮熊谷元一, 昭和32年1月14日

## 本家の長老をかこんで一族のつどい
「写真でみる日本人の生活全集 4」日本図書センター 2010
◇p118〔白黒〕

## 本家・分家集団の呼称
「図説 民俗探訪事典」山川出版社 1983

◇p96〔白黒・図〕　蒲生正男「家族」『日本民俗学大系』3より

**本家・分家の関係図**

「図説 民俗探訪事典」山川出版社　1983
◇p97〔白黒・図〕　新潟県十日町市中条

**撒水**

「写真でみる日本生活図引 4」弘文堂　1988
◇図163〔白黒〕　鹿児島県肝属郡大根占町　道路に水を撒く　[撮]鶴添泰蔵, 昭和36年

**窓に「勉強中」**

「宮本常一 写真・日記集成 上」毎日新聞社　2005
◇p398〔白黒〕　山形県酒田市 飛島　[撮]宮本常一, 1963年8月23日

**見送り**

「写真でみる日本生活図引 別巻」弘文堂　1993
◇図336〔白黒〕　長野県下伊那郡阿智村　〔玄関先で旅行の見送り〕　[撮]熊谷元一, 昭和32年4月12日

**三河島アパート**

「宮本常一が撮った昭和の情景 上」毎日新聞社　2009
◇p103〔白黒〕(三河島アパート(三河島共同住宅))　東京都荒川区荒川7丁目　[撮]宮本常一, 1960年5月18日

「宮本常一 写真・日記集成 上」毎日新聞社　2005
◇p195〔白黒〕　東京都荒川区三河島　[撮]宮本常一, 1960年5月18日
◇p195〔白黒〕　東京都荒川区三河島　[撮]宮本常一, 1960年5月18日

**岬の家族**

「写真でみる日本生活図引 4」弘文堂　1988
◇目次B〔白黒〕　[撮]新田好

**ミシン**

「写真でみる日本生活図引 4」弘文堂　1988
◇図107〔白黒〕　新潟県南魚沼郡塩沢町　アメリカのシンガー社製。手廻式　[撮]日露戦争後　林明男提供
◇図108〔白黒〕　山形県東田川郡余目町　ミシン掛けをする。足踏み式　[撮]菊池俊吉, 昭和30年10月

**水につかった森林軌道の線路脇で洗濯**

「宮本常一 写真・日記集成 上」毎日新聞社　2005
◇p393〔白黒〕　青森県下北郡川内町畑→川内　[撮]宮本常一, 1963年8月15日

**道ふみのスカリ, カンジキや除雪用具をそろえた土間**

「フォークロアの眼 2 雪国と暮らし」国書刊行会　1977
◇図96〔白黒〕　新潟県南魚沼郡六日町欠之上　[撮]中俣正義, 昭和30年1月上旬

**木賃アパート**

「写真ものがたり昭和の暮らし 4」農村漁村文化協会　2005
◇p202〔白黒〕　東京都中野区　[撮]渡部雄吉, 昭和40年4月

**木鳰を積んで笠をかける**

「写真でみる民家大事典」柏書房　2005
◇p141-3〔白黒〕　新潟県南魚沼市大和町　[撮]1981年　池田亨

**物置に積まれた枝や落ち葉**

「いまに伝える 農家のモノ・人の生活館」柏書房　2004
◇p247 写真1〔白黒〕　埼玉県川越市

**物干し**

「写真でみる日本生活図引 別巻」弘文堂　1993
◇図342〔白黒〕　長野県下伊那郡阿智村　洗濯物を干す　[撮]熊谷元一, 昭和32年4月17日

**物干しざおにおしめを干す**

「写真ものがたり昭和の暮らし 4」農村漁村文化協会　2005
◇p48〔白黒〕　東京都中央区佃　向き合った棟の屋根に斜めに伸びた物干しざおに、おしめが干してある　[撮]石井彰一, 昭和26年

**物干竿に洗濯物**

「写真ものがたり昭和の暮らし 10」農山漁村文化協会　2007
◇p223〔白黒〕　東京都中央区佃　夏の朝　[撮]中田和昭, 昭和38年7月

**屋根に石を乗せている**

「日本民俗写真大系 2」日本図書センター　1999
◇p42〔白黒〕　宮城県女川町　[撮]薗部澄, 1958年

**屋根に積もった灰降ろし**

「日本民俗写真大系 5」日本図書センター　2000
◇p185〔白黒〕　鹿児島市 桜島　[撮]橋口実昭, 1987年

**屋根の雪おろし**

「写真でみる民家大事典」柏書房　2005
◇口絵14〔カラー〕　新潟県湯沢町　[撮]2000年　刊行委員会

「フォークロアの眼 2 雪国と暮らし」国書刊行会　1977
◇図69〔白黒〕(屋根の雪下し)　新潟県南魚沼郡中之島村(現在は塩沢町)姥島　雪晴れの朝　[撮]中俣正義, 昭和29年2月中旬
◇小論11〔白黒〕　新潟県南魚沼郡六日町　[撮]中俣正義, 昭和32年1月中旬
◇小論12〔白黒〕　新潟県南魚沼郡塩沢町駅前　「トヨ」を使っておろす　[撮]中俣正義, 昭和36年2月20日

**夕食後**

「写真でみる日本生活図引 5」弘文堂　1989
◇図69〔白黒〕　福島県いわき市・常磐炭鉱　[撮]渡部雄吉, 昭和27年

**夕食後のひととき**

「写真でみる日本生活図引 4」弘文堂　1988
◇図38〔白黒〕　岩手県花巻市高木　[撮]菊池俊吉, 昭和13年頃

**雪オロシ**

「日本社会民俗辞典 4」日本図書センター　2004
◇p1526〔白黒〕　秋田県神代村

「写真でみる日本生活図引 4」弘文堂　1988
◇図101〔白黒〕　新潟県南魚沼郡塩沢町姥島　雪晴れの日　洗濯物を干す, 雪おろしをする　[撮]中俣正義, 昭和29年2月中旬
◇図115〔白黒〕　新潟県古志郡山古志村梶金　茅葺屋根の「雪掘り」をする　[撮]須藤功, 昭和46年2月6日

「フォークロアの眼 2 雪国と暮らし」国書刊行会　1977
◇図92〔白黒〕　新潟県南魚沼郡六日町田中　大屋根の雪おろし　[撮]中俣正義, 昭和36年1月下旬
◇図93〔白黒〕　新潟県高田市(現在は上越市)信越線高田駅　駅構内のトヨをつかった除雪　[撮]中俣正義, 昭和36年1月中旬
◇図94〔白黒〕　新潟県南魚沼郡塩沢町中町　トヨをつかった大屋根の雪おろし　[撮]中俣正義, 昭和29年2月中旬

**雪かき**

「写真で見る農具 民具」農林統計協会　1988
◇p302〔白黒〕　山梨県早川町　昭和前期まで

**雪かきをする子どもたち**

「宮本常一 写真・日記集成 下」毎日新聞社　2005
◇p13〔白黒〕　新潟県新発田市山内宿　[撮]宮本常一, 1965年1月25日

**雪囲いを兼ねた柴の保管**

「里山・里海 暮らし図鑑」柏書房　2012
◇写36(p52)〔白黒〕　福井県三方郡美浜町竹波　昭和35年頃　今立汎所蔵, 美浜町役場文化財保護・町誌編纂室提供

## ユキグワ（雪鍬）
「民具のみかた—心とかたち」第一法規出版　1983
　◇p217〔白黒〕　富山県利賀村

## 雪消し作業
「フォークロアの眼 2 雪国と暮らし」国書刊行会　1977
　◇小論22〔白黒〕　新潟県南魚沼郡塩沢町石打　春先　㊙中俣正義, 昭和32年4月19日

## 雪踏みをする
「写真ものがたり昭和の暮らし 9」農山漁村文化協会　2007
　◇p103〔白黒〕（ユキボッチを被った女の人が雪を踏んでいる）　新潟県松之山町（現十日町市）　雪が激しく降る夜明け前　㊙小見重義, 昭和56年1月
「写真でみる日本生活図引 4」弘文堂　1988
　◇図116〔白黒〕　秋田県雄勝郡雄勝町院内　踏俵で自家の前の雪踏みをする　㊙佐藤久太郎, 昭和35年2月

## 雪掘り
「写真でみる民家大事典」柏書房　2005
　◇p146-1〔白黒〕（1934年の大雪での雪掘り）　新潟県十日町市　十日町市博物館
　◇p146-2〔白黒〕（民家の雪掘り）　新潟県十日町市川西町室島　㊙1985年　小林幹子
「写真でみる日本生活図引 6」弘文堂　1993
　◇図2〔白黒〕　新潟県中魚沼郡津南町上野　㊙米山孝志, 昭和56年2月

## 雪室
「写真でみる日本生活図引 3」弘文堂　1988
　◇図116・117〔白黒〕　秋田県横手市　㊙M.M.スマイザー, 大正6年　鶴岡功子提供

## 雪わりをする女性
「あるくみるきく双書 宮本常一とあるいた昭和の日本 22」農山漁村文化協会　2012
　◇p219〔白黒〕

## 嫁は囲炉裏からかなり離れて縫物をしている
「写真ものがたり昭和の暮らし 7」農山漁村文化協会　2006
　◇p135〔白黒〕　秋田県湯沢市　北国の冬の農家　㊙佐藤久太郎, 昭和36年1月

## ラジオを聞く
「写真ものがたり昭和の暮らし 10」農山漁村文化協会　2007
　◇p29〔白黒〕　熊本県山江村　㊙麦島勝, 昭和35年2月

## 旅行のフィルムを見る
「写真でみる日本生活図引 別巻」弘文堂　1993
　◇図348〔白黒〕（フィルムを見る）　長野県下伊那郡阿智村　旅行のフィルムを見る　㊙熊谷元一, 昭和32年4月23日

# 生産・生業

## 農　業

### 藍植鍬
「日本の民具 2 農村」慶友社　1992
◇図25〔白黒〕　埼玉県大里郡豊里村　[撮]薗部澄

### アイカゴ
「日本民俗図誌 5 農耕・漁撈篇」村田書店　1978
◇図47-3〔白黒・図〕　静岡県小笠郡地方

### 藍の種畑
「あるくみるきく双書 宮本常一とあるいた昭和の日本 21」農山漁村文化協会　2011
◇p177〔白黒〕　[撮]竹内淳子

### アイの葉モギ
「民俗資料選集 23 北上山地の畑作習俗」国土地理協会　1995
◇p12（口絵）〔白黒〕　岩手県久慈市山根六郷

### 藍畑
「あるくみるきく双書 宮本常一とあるいた昭和の日本 21」農山漁村文化協会　2011
◇p183〔白黒〕　北海道伊達市　[撮]竹内淳子

### 青刈りのトウモロコシ
「宮本常一 写真・日記集成 下」毎日新聞社　2005
◇p284〔白黒〕　岩手県野田村　[撮]宮本常一, 1972年8月28～30日

### 青豇豆の乾燥
「日本民俗写真大系 1」日本図書センター　1999
◇p132〔白黒〕（乾燥）　北海道足寄町　8月に青刈りする青豇豆、家族総出で高く積んで乾燥させる　[撮]関口哲也, 1959年

### 青菜のつみとり
「フォークロアの眼 2 雪国と暮らし」国書刊行会　1977
◇図152・153〔白黒〕　新潟県南魚沼郡大和町芦田, 南魚沼郡大和町大崎　雪の中　[撮]中俣正義, 昭和48年3月3月, 昭和43年3月中旬

### 秋コバキリ
「民俗資料選集 30 焼畑習俗Ⅱ」国土地理協会　2002
◇p162（本文）〔白黒〕　宮崎県　9月中旬から10月中旬

### 秋コバの火入れ
「日本宗教民俗図典 1」法蔵館　1985
◇図297〔白黒〕　宮崎県西米良村木浦　[撮]須藤功

### 秋の稲田
「写真でみる日本生活図引 1」弘文堂　1989
◇図58〔白黒〕　秋田県湯沢市山田　[撮]佐藤久太郎, 昭和35年10月
◇図59〔白黒〕　秋田県横手市　[撮]昭和32年10月16日 横手市役所提供

### 秋の稲刈りに水口近くに刈り残された三株の稲
「フォークロアの眼 8 よみがえり」国書刊行会　1977
◇小論16〔白黒〕　佐賀県佐賀郡富士町畑瀬　[撮]昭和50年11月2日

### アクスイ（悪水）と呼ぶ冷たい泥水を抜く作業をする
「写真ものがたり昭和の暮らし 9」農山漁村文化協会　2007
◇p97〔白黒〕（腰蓑を着けて、アクスイ（悪水）と呼ぶ冷たい泥水を抜く作業をする）　新潟県小木町深浦（現佐渡市）　[撮]中俣正義, 昭和32年5月

### アゲドコ式苗代
「民俗資料叢書 11 田植の習俗5」平凡社　1970
◇図26〔白黒〕　高知県高岡郡葉山村葉山

### アゲナワシロの苗代作り
「いまに伝える 農家のモノ・人の生活館」柏書房　2004
◇p83 写真2〔白黒〕　埼玉県越生町

### 麻の収穫
「民俗資料選集 23 北上山地の畑作習俗」国土地理協会　1995
◇p14（口絵）〔白黒〕　岩手県久慈市山根六郷

### 麻の種とり
「民俗資料選集 23 北上山地の畑作習俗」国土地理協会　1995
◇p13（口絵）〔白黒〕　岩手県久慈市山根六郷
◇p32（本文）〔白黒〕（麻の種採り）　岩手県久慈市山根六郷　9月9日頃

### 麻の種播き
「民俗資料選集 23 北上山地の畑作習俗」国土地理協会　1995
◇p13（口絵）〔白黒〕　岩手県久慈市山根六郷

### 麻の葉打ち
「民俗資料選集 23 北上山地の畑作習俗」国土地理協会　1995
◇p14（口絵）〔白黒〕　岩手県久慈市山根六郷

### 麻畑のスキ踏み
「民俗資料選集 23 北上山地の畑作習俗」国土地理協会　1995
◇p13（口絵）〔白黒〕　岩手県久慈市山根六郷

### 麻袋に入れた種もみを棒にかけてため池の流水口にさげる
「写真ものがたり昭和の暮らし 1」農山漁村文化協会　2004
◇p126〔白黒〕　秋田県大曲市高畑　[撮]大野源二郎, 昭和41年

### アジカ
「写真 日本文化史 9」日本評論新社　1955
◇図73〔白黒〕　飛騨高山　田畑の除草用具

### アシタカ
「民俗資料叢書 8 田植の習俗3」平凡社　1968
◇図35〔白黒〕　秋田県河辺郡川添村水沢

### 足踏式水車
「民俗資料叢書 5 田植の習俗2」平凡社　1967
◇図8〔白黒〕　茨城県稲敷郡桜川村浮島

生産・生業　　　　　　　　　　　　　　　　　　　　　　　　　　　　　　農業

**足踏式水車で田に水をそそぐ**
「民俗資料叢書 5 田植の習俗2」平凡社　1967
　◇図9〔白黒〕　茨城県稲敷郡桜川村浮島

**足踏み水車**
「民俗資料選集 41 豊後の水車習俗」国土地理協会　2010
　◇p172(本文)〔白黒〕　大分県国東町上国東下成仏　国東町歴史民俗資料館
　◇p175(本文)〔白黒〕　大分県豊後高田市 呉崎公民館　昭和23年製作
「日本民俗写真大系 2」日本図書センター　1999
　◇p167〔白黒〕　茨城県新利根村　㊟薗部澄, 1962年

**足踏扇風機**
「写真で見る農具 民具」農林統計協会　1988
　◇p146〔白黒〕　佐賀県神崎町　昭和前期まで

**足踏脱穀機**
「今は昔 民具など」文芸社　2014
　◇p124〔白黒〕(足踏脱穀機, 唐箕)　㊟山本富三　美山民俗資料館蔵
「日本民具の造形」淡交社　2004
　◇p213〔白黒〕　山形県 庄内米歴史資料館所蔵
「写真ものがたり昭和の暮らし 1」農山漁村文化協会　2004
　◇p217〔白黒〕　秋田県湯沢市山田　㊟佐藤久太郎, 昭和38年10月
「日本民俗大辞典 上」吉川弘文館　1999
　◇p23〔白黒〕(足踏み脱穀機)　仙台市歴史民俗資料館所蔵
「写真で見る農具 民具」農林統計協会　1988
　◇p135〔白黒〕　岩手県久慈市　昭和前期製作
　◇p135〔白黒〕　愛媛県吉海町　昭和前期から現在まで
　◇p135〔白黒〕　秋田県鷹巣町　昭和前期まで
　◇p135〔白黒〕　茨城県総和町　昭和10年頃製作
　◇p135〔白黒〕　群馬県粕川町　昭和20年代前半
　◇p136〔白黒〕　宮崎県日之影町　昭和前期まで
　◇p136〔白黒〕　岩手県大野村　昭和20年代
　◇p136〔白黒〕　秋田県横手市　昭和前期から20年代まで　2人用の足踏脱穀機
「図説 民俗探訪事典」山川出版社　1983
　◇p233〔白黒〕　埼玉県大宮市

**足踏み脱穀機による作業**
「里山・里海 暮らし図鑑」柏書房　2012
　◇写78(p80)〔白黒〕　福井県美浜町　昭和30年頃　小林一男所蔵, 美浜町役場文化財保護・町誌編纂室提供

**足踏み輪転機**
「いまに伝える 農家のモノ・人の生活館」柏書房　2004
　◇p115 写真2〔白黒〕　埼玉県飯能市　㊟昭和59年
　◇p119 写真1〔白黒〕(古い形の足踏み輪転機)　〔埼玉県〕
　◇p119 写真2〔白黒〕(チヨダ式の足踏み輪転機)　〔埼玉県〕

**足踏み輪転機での麦の脱穀**
「いまに伝える 農家のモノ・人の生活館」柏書房　2004
　◇p119 写真4〔白黒〕(足踏み輪転機での麦の脱穀)　埼玉県飯能市
　◇p141 写真3〔白黒〕　埼玉県小鹿野町　㊟昭和59年

**小豆こなし**
「図説 民俗探訪事典」山川出版社　1983
　◇p34〔白黒〕　埼玉県　ハレの日用に小豆飯や赤飯を使いわけた

**小豆の豆打ち**
「民俗資料選集 23 北上山地の畑作習俗」国土地理協会　1995
　◇p12(口絵)〔白黒〕　岩手県久慈市山根六郷

**アズキ畑**
「宮本常一 写真・日記集成 上」毎日新聞社　2005
　◇p325〔白黒〕　長崎県 壱岐・妻ヶ島　㊟宮本常一, 1962年8月7日

**小豆蒔き**
「写真でみる日本生活図引 別巻」弘文堂　1993
　◇図13〔白黒〕　長野県下伊那郡阿智村　㊟矢沢昇, 昭和31年7月2日

**畔**
「写真でみる日本生活図引 別巻」弘文堂　1993
　◇図403・404〔白黒〕　長野県下伊那郡阿智村　麦刈りを終えた裏田の畔作り, 堆肥を裏田に運んで撒く　㊟熊谷元一, 昭和32年6月17日

**畦肩鎮圧器**
「写真で見る農具 民具」農林統計協会　1988
　◇p109〔白黒〕　富山県入善町

**畦切り**
「里山・里海 暮らし図鑑」柏書房　2012
　◇写28(p66)〔白黒〕

**畦切り鍬**
「写真で見る農具 民具」農林統計協会　1988
　◇p38〔白黒〕　佐賀県白石町

**畦立て**
「民俗資料叢書 11 田植の習俗5」平凡社　1970
　◇図19〔白黒〕　高知県室戸市室津郷

**畦立機**
「写真で見る農具 民具」農林統計協会　1988
　◇p70〔白黒〕　茨城県岩瀬村
　◇p71〔白黒〕　茨城県水府村　明治時代後期から昭和前期まで
　◇p71〔白黒〕　宮崎県串間市　大正時代中期から昭和20年代後半
　◇p72〔白黒〕　岐阜県海津町

**畦立縄・作立縄**
「写真で見る農具 民具」農林統計協会　1988
　◇p217〔白黒〕　群馬県下仁田町　大正時代から現在まで　こんにゃく畑の畦立て

**畦ぬり**
「里山・里海 暮らし図鑑」柏書房　2012
　◇写30(p67)〔白黒〕(畦塗り)　福井県美浜町　昭和30年代　小林一男所蔵, 美浜町役場文化財保護・町誌編纂室提供
「民俗図録 日本人の暮らし」日本図書センター　2012
　◇図205〔白黒〕(畦塗り)　鳥取県東伯郡小鹿村
「日本社会民俗辞典 1」日本図書センター　2004
　◇図版V 稲作(1)〔白黒〕(田の畔ぬり)　東北地方
「日本民俗大辞典 下」吉川弘文館　2000
　◇図5〔別刷図版「野良仕事」〕〔白黒〕(畦塗り)　山口県玖珂郡錦町　㊟湯川洋司, 平成8年
「写真でみる日本生活図引 1」弘文堂　1989
　◇目次B〔白黒〕(畔塗り)　㊟加賀谷政雄
「写真で見る農具 民具」農林統計協会　1988
　◇口絵〔白黒〕(みのを着て水田のあぜ塗り作業)　岩手県下　㊟昭和30年頃　写真提供 岩手県農業博物館
「民俗資料叢書 11 田植の習俗5」平凡社　1970
　◇図30〔白黒〕(畦塗り)　高知県高岡郡葉山村葉山
　◇図97〔白黒〕(畦塗り)　長崎県壱岐
「民俗資料叢書 1 田植の習俗1」平凡社　1965
　◇図108・109〔白黒〕　岩手県遠野市鳴沢

**あぜぬりぐわ**
「写真で見る農具 民具」農林統計協会　1988
　◇p17〔白黒〕　栃木県大田原市　大正時代から現在まで

農業　　　　　　　　　　　　生産・生業

あぜの床じめ
　「日本の民俗　下」クレオ　1997
　　◇図3-7〔白黒〕　鹿児島県大島郡和泊町　㈲芳賀日出男, 昭和32年

畦のモグラ等の穴埋め
　「里山・里海 暮らし図鑑」柏書房　2012
　　◇写29（p66）〔白黒〕　和歌山県和歌山市

アゼマメ
　「日本民俗大辞典　上」吉川弘文館　1999
　　◇p27〔白黒〕　神奈川県横須賀市平作

あぜ豆植え機
　「写真で見る農具 民具」農林統計協会　1988
　　◇p78〔白黒〕　愛媛県小田町　明治時代から昭和30年頃

畦マメ栽培
　「里山・里海 暮らし図鑑」柏書房　2012
　　◇写90（p83）〔白黒〕　長野県松本市

アゼモト
　「民俗資料叢書 8 田植の習俗3」平凡社　1968
　　◇図47〔白黒〕　新潟県佐渡市

アゼモリ
　「日本民俗図誌 5 農耕・漁撈篇」村田書店　1978
　　◇図54-1〔白黒・図〕　徳島県　『工芸』47

厚鎌
　「日本民俗図誌 5 農耕・漁撈篇」村田書店　1978
　　◇図48-1〔白黒・図〕　青森県南津軽郡黒石

アトツケ
　「民俗資料叢書 11 田植の習俗5」平凡社　1970
　　◇図59〔白黒〕　高知県幡多郡大方町出口　正条植えに使う

アトツケとえぶり
　「民俗資料叢書 11 田植の習俗5」平凡社　1970
　　◇図58〔白黒〕　高知県幡多郡大方町出口　並み木植えに使う

アトツケによる田植
　「民俗資料叢書 11 田植の習俗5」平凡社　1970
　　◇図81〔白黒〕　高知県宿毛市山奈町山田

アトミナクチ
　「民俗資料叢書 5 田植の習俗2」平凡社　1967
　　◇図42〔白黒〕　富山県中新川郡上市種　写真提供：宮本馨太郎

穴つき棒
　「写真で見る農具 民具」農林統計協会　1988
　　◇p79〔白黒〕　福井県三国町

アナに入った図
　「民俗資料叢書 5 田植の習俗2」平凡社　1967
　　◇p160（挿22）〔黒白・図〕　富山県中新川郡上市種　田植時に早乙女の間で行なわれる一種の制裁

アブノマナコ（虻の眼）
　「民俗資料叢書 1 田植の習俗1」平凡社　1965
　　◇図104〔白黒〕　岩手県遠野市桑田　この地域で最初に開かれたと伝える虻の眼付近の現況

油さし
　「民俗資料叢書 11 田植の習俗5」平凡社　1970
　　◇図115〔白黒〕　長崎県壱岐　油徳利, 竹製油さし, トタン製油さし〔稲の害虫を駆除するために田の水面に油をたらすのに使う〕

油障子
　「写真で見る農具 民具」農林統計協会　1988
　　◇p180〔白黒〕　京都府京都市　大正時代より昭和30年まで

アブラナ畑
　「里山・里海 暮らし図鑑」柏書房　2012
　　◇写25（p91）〔白黒〕　神奈川県厚木市　昭和52年4月

アマ（亜麻）
　「写真でみる日本人の生活全集 2」日本図書センター　2010
　　◇p2〔白黒〕　北海道十勝岳山麓　苅り取り後の乾燥

アマボシ
　「日本民俗大辞典　上」吉川弘文館　1999
　　◇p37〔白黒〕　石川県石川郡白峰村
　「図説 民俗探訪事典」山川出版社　1983
　　◇p241〔白黒〕　石川県白峰村　国立歴史民俗博物館提供

アマボシガエシ
　「民具のみかた―心とかたち」第一法規出版　1983
　　◇p128〔白黒〕　石川県白山麓

アマボシダイ
　「民具のみかた―心とかたち」第一法規出版　1983
　　◇p127〔白黒〕　石川県白山麓

網かんじき
　「写真ものがたり昭和の暮らし 1」農山漁村文化協会　2004
　　◇p144〔白黒〕　山形県南陽市赤湯　㈲錦三郎, 昭和35年5月

網ローラ
　「写真で見る農具 民具」農林統計協会　1988
　　◇p82〔白黒〕　秋田県横手市　昭和20年代まで

洗い桶・洗棒
　「写真で見る農具 民具」農林統計協会　1988
　　◇p185〔白黒〕　京都府京都市　昭和前期から昭和50年まで　野菜の土を洗い流す

あらおこし
　「日本民俗大辞典　下」吉川弘文館　2000
　　◇図6〔別刷図版「野良仕事」〕〔白黒〕　高知県土佐清水市松尾　㈲田辺寿男, 昭和46年

荒起こし
　「日本の民俗 暮らしと生業」KADOKAWA　2014
　　◇図3-8〔白黒〕　鹿児島県大島郡和泊町　㈲芳賀日出男, 昭和31年
　「日本の民俗　下」クレオ　1997
　　◇図3-9〔白黒〕　鹿児島県大島郡和泊町　㈲芳賀日出男, 昭和31年

荒起こし前の株つぶし
　「里山・里海 暮らし図鑑」柏書房　2012
　　◇写31（p67）〔白黒〕

アラガキ
　「日本民俗大辞典　下」吉川弘文館　2000
　　◇図7〔別刷図版「野良仕事」〕〔白黒〕　高知県高岡郡東津野村　㈲田辺寿男, 昭和40年頃
　「民俗資料叢書 11 田植の習俗5」平凡社　1970
　　◇p43（挿2・挿3）〔白黒・図〕（アラガキ（タッグワ））　高知県高岡郡葉山村下半山　牛馬を使用する場合
　　◇p43（挿4・挿5）〔白黒・図〕（アラガキ（ヨコグワ））　高知県高岡郡葉山村下半山　牛馬を使用する場合

荒掻き馬鍬
　「民俗資料叢書 9 田植の習俗4」平凡社　1969
　　◇図80〔白黒〕　広島県山県郡

粗皮剝り
　「写真で見る農具 民具」農林統計協会　1988
　　◇p193〔白黒〕　鳥取県鳥取市　昭和前期　梨樹の害虫駆除用具

アラキ跡
　「民俗資料選集 23 北上山地の畑作習俗」国土地理協会

生産・生業　　　　　　　　　　　　　　　　　　　　　　　　　　　　　　　　　　　　　農業

　　　1995
　　　　◇p8（本文）〔白黒〕　　岩手県久慈市山根六郷

**アラギオコシの様式（模式図）**
　　「民俗資料選集 23 北上山地の畑作習俗」国土地理協会
　　　1995
　　　　◇p93（本文）〔白黒・図〕　　岩手県

**アラキスキ**
　　「民俗資料選集 23 北上山地の畑作習俗」国土地理協会
　　　1995
　　　　◇p139（本文）〔白黒・図〕　　岩手県岩泉町安家地区　焼畑の農具

**アラギスキ（荒起鋤）**
　　「民俗資料選集 23 北上山地の畑作習俗」国土地理協会
　　　1995
　　　　◇p55（本文）〔白黒〕　　岩手県軽米町鵜飼
　　　　◇p55（本文）〔白黒〕　　岩手県軽米町鵜飼

**アラキスキの種類**
　　「民俗資料選集 23 北上山地の畑作習俗」国土地理協会
　　　1995
　　　　◇p85（本文）〔白黒〕　　岩手県軽米町

**アラキ踏み**
　　「民俗資料選集 23 北上山地の畑作習俗」国土地理協会
　　　1995
　　　　◇p1（口絵）〔白黒〕　　岩手県軽米町鶴飼
　　　　◇p93（本文）〔白黒〕（アラキフミ）　岩手県軽米町

**アラキ用のスキ**
　　「民俗資料選集 23 北上山地の畑作習俗」国土地理協会
　　　1995
　　　　◇p11（本文）〔白黒〕　　岩手県久慈市山根六郷

**アラクから常畑となり、戦後に水田となった例**
　　「民俗資料選集 23 北上山地の畑作習俗」国土地理協会
　　　1995
　　　　◇p194（本文）〔白黒〕　　岩手県気仙郡住田町 下大股折壁

**アラクの中心地であった判官山**
　　「民俗資料選集 23 北上山地の畑作習俗」国土地理協会
　　　1995
　　　　◇p5（口絵）〔白黒〕　　岩手県住田町下大股

**アラク畑**
　　「民俗資料選集 23 北上山地の畑作習俗」国土地理協会
　　　1995
　　　　◇p5（口絵）〔白黒〕　　岩手県住田町下大股　輪作3年目で大豆を栽培した

**アラジキ**
　　「民俗資料叢書 11 田植の習俗5」平凡社　1970
　　　　◇図164〔白黒〕　　鹿児島県大島郡瀬戸内町管鈍

**荒代**
　　「民俗資料叢書 9 田植の習俗4」平凡社　1969
　　　　◇図4〔白黒〕　　島根県邑智郡石見町日貫青笹

**アラスキされた田**
　　「民俗資料叢書 11 田植の習俗5」平凡社　1970
　　　　◇図13〔白黒〕　　高知県室戸市室津郷

**アラワクをせず馬ですく**
　　「民俗資料叢書 11 田植の習俗5」平凡社　1970
　　　　◇図165〔白黒〕　　鹿児島県 竜勝村大勝

**粟を蒔く**
　　「写真でみる日本生活図引 1」弘文堂　1989
　　　　◇図128〔白黒〕　　鹿児島県姶良郡牧園町　㊞小野重朗、昭和46年

**アワトオシ**
　　「あるくみるきく双書 宮本常一とあるいた昭和の日本 19」農山漁村文化協会　2012
　　　　◇p101〔白黒〕　　岩手県一戸町　キノコをふるってゴミをより分けるのにもつかわれる　㊞工藤員功
　　　　◇p102〔白黒〕　　岩手県一戸町　㊞工藤員功

**粟ふみ**
　　「民俗図録 日本人の暮らし」日本図書センター　2012
　　　　◇図246〔白黒〕　　兵庫県宍粟郡奥谷村音水　㊞錦耕三

**粟播器**
　　「写真で見る農具 民具」農林統計協会　1988
　　　　◇p74〔白黒〕　　神奈川県横浜市

**涼田**
　　「民俗資料叢書 5 田植の習俗2」平凡社　1967
　　　　◇図29〔白黒・図〕（種部落と涼田）　富山県中新川郡上市種

**涼田乾田化のための排水工事**
　　「民俗資料叢書 5 田植の習俗2」平凡社　1967
　　　　◇図60〔白黒〕　　富山県中新川郡上市種　写真提供：宮本馨太郎

**涼竹と苗桶**
　　「民俗資料叢書 5 田植の習俗2」平凡社　1967
　　　　◇図40〔白黒〕　　富山県中新川郡上市種　写真提供：宮本馨太郎

**涼田除草の身仕度**
　　「民俗資料叢書 5 田植の習俗2」平凡社　1967
　　　　◇図64〔白黒〕　　富山県中新川郡上市種　写真提供：宮本馨太郎

**涼田の稲刈り**
　　「民俗資料叢書 5 田植の習俗2」平凡社　1967
　　　　◇図68〔白黒〕　　富山県中新川郡上市種　写真提供：宮本馨太郎

**涼田の除草**
　　「民俗資料叢書 5 田植の習俗2」平凡社　1967
　　　　◇図65〔白黒〕　　富山県中新川郡上市種　写真提供：宮本馨太郎

**涼田の代掻き**
　　「民俗資料叢書 5 田植の習俗2」平凡社　1967
　　　　◇図57〔白黒〕　　富山県中新川郡上市種　写真提供：宮本馨太郎

**涼田の全景**
　　「民俗資料叢書 5 田植の習俗2」平凡社　1967
　　　　◇図28〔白黒〕　　富山県中新川郡上市種　田植後1カ月　写真提供：宮本馨太郎

**涼田の田植**
　　「民俗資料叢書 5 田植の習俗2」平凡社　1967
　　　　◇図56〔白黒〕（涼田の田植全景）　富山県中新川郡上市種　写真提供：宮本馨太郎
　　　　◇図58〔白黒〕　　富山県中新川郡上市種

**涼にできた小畔**
　　「民俗資料叢書 5 田植の習俗2」平凡社　1967
　　　　◇図51〔白黒〕　　富山県中新川郡上市種

**あわらの田植え**
　　「写真でみる日本人の生活全集 10」日本図書センター　2010
　　　　◇口絵〔白黒〕　　富山県　㊞森秀雄
　　　　◇p52〔白黒〕　　富山県中新川郡上市町種　㊞森秀雄
　　「日本社会民俗辞典 2」日本図書センター　2004
　　　　◇p873〔白黒〕（アワラの田植）　富山県白萩村
　　「図説 民俗探訪事典」山川出版社　1983
　　　　◇p221〔白黒〕（アワラ（涼）の田植）　富山県上市町　英映画社提供
　　「日本民俗文化財事典（改訂版）」第一法規出版　1979
　　　　◇図120〔白黒〕　　富山県新川地方
　　　　◇図121〔白黒〕　　富山県新川地方

農業　　　　　　　　　　　　　　　　生産・生業

アワラの田の収穫
　「日本民俗文化財事典（改訂版）」第一法規出版　1979
　　◇図126〔白黒〕　富山県新川地方

潟のなかでの肢体のいろいろ
　「民俗資料叢書　5　田植の習俗2」平凡社　1967
　　◇p154（挿20）〔白黒・図〕　富山県中新川郡上市種

潟の排水口
　「民俗資料叢書　5　田植の習俗2」平凡社　1967
　　◇図43〔白黒〕　富山県中新川郡上市種

あんきょ作業をする
　「写真ものがたり昭和の暮らし　1」農山漁村文化協会　2004
　　◇p232〔白黒〕　秋田県仙南村石神　㊞佐藤久太郎，昭和34年11月

暗渠造り
　「写真でみる日本生活図引　1」弘文堂　1989
　　◇図84〔白黒〕（暗渠）　秋田県仙北郡仙南村石神　夫婦で暗渠造り　水田の排水　㊞佐藤久太郎，昭和34年11月

暗渠排水
　「宮本常一 写真・日記集成　上」毎日新聞社　2005
　　◇p405〔白黒〕（水田の暗渠排水）　山形県東田川郡余目町　㊞宮本常一，1963年11月16日
　「日本社会民俗辞典　3」日本図書センター　2004
　　◇p1127〔白黒〕　仙台市外

暗渠排水工事
　「宮本常一が撮った昭和の情景　上」毎日新聞社　2009
　　◇p208〔白黒〕（湿田を乾田に改良するための暗渠排水工事）　山形県東田川郡庄内町余目　㊞宮本常一，1963年11月16日
　「宮本常一 写真・日記集成　上」毎日新聞社　2005
　　◇p405〔白黒〕　山形県東田川郡余目町　㊞宮本常一，1963年11月16日

藺草刈り
　「民俗図録　日本人の暮らし」日本図書センター　2012
　　◇図252〔白黒〕　岡山県倉敷市外

イグサの頭刈り
　「日本民俗写真大系　4」日本図書センター　1999
　　◇p161〔白黒〕　倉敷市　5月　㊞中村昭夫，1956年

イグサの草取り
　「宮本常一 写真・日記集成　上」毎日新聞社　2005
　　◇p182〔白黒〕　福岡県　大牟田→熊本県　八代　うしろは菜の花畑　㊞宮本常一，1960年4月18日

イグサ干し
　「宮本常一が撮った昭和の情景　上」毎日新聞社　2009
　　◇p37〔白黒〕　大分県速見郡日出町　㊞宮本常一，1957年8月21日
　「宮本常一 写真・日記集成　上」毎日新聞社　2005
　　◇p73〔白黒〕　速見郡日出町　㊞宮本常一，1957年8月21日

鋳鍬
　「日本民俗図誌　5　農耕・漁撈篇」村田書店　1978
　　◇図58-1〔白黒・図〕　栃木県佐野町　帝国農会編『日本農具図説』

池川町椿山集落と伐畑
　「民俗資料選集　25　焼畑習俗」国土地理協会　1997
　　◇p9（口絵）〔白黒〕

石臼
　「いまに伝える　農家のモノ・人の生活館」柏書房　2004
　　◇p148 図1〔白黒・図〕　〔埼玉県〕
　「民俗資料選集　30　焼畑習俗Ⅱ」国土地理協会　2002
　　◇p73（本文・写真23）〔白黒〕　山梨県南巨摩郡早川町奈良田

「民俗資料選集　25　焼畑習俗」国土地理協会　1997
　　◇p7（口絵）〔白黒〕　岐阜県白川村荻町　合掌造り生活資料館蔵
　　◇p39（本文）〔白黒・図〕　岐阜県白川村荻町　合掌造り生活資料館蔵

石臼，杵，台
　「写真で見る農具　民具」農林統計協会　1988
　　◇p151〔白黒〕　広島県河内町

石臼による籾ずり
　「写真で見る農具　民具」農林統計協会　1988
　　◇口絵〔白黒〕　岩手県　昭和30年代　写真提供　岩手県立農業博物館

石臼の引手，石臼の目立鎚
　「写真で見る農具　民具」農林統計協会　1988
　　◇p152〔白黒〕　鳥取県河原町　昭和10年頃

石起し
　「写真で見る農具　民具」農林統計協会　1988
　　◇p179〔白黒〕　鹿児島県東町

石垣苺の畑作業
　「日本郷土　風俗・民芸・芸能図鑑」日本図書センター　2012
　　◇写真篇　静岡〔白黒〕（石垣苺）　静岡県

石垣を積んだ棚田
　「宮本常一 写真・日記集成　下」毎日新聞社　2005
　　◇p424〔白黒〕　広島県千代田町本地→安佐町鈴張　㊞宮本常一，1978年3月24日

石垣と畑
　「民俗資料選集　9　山村の生活と用具」国土地理協会　1981
　　◇p5（本文）〔白黒〕　愛知県北設楽郡富山村漆島

石垣の棚田
　「宮本常一 写真・日記集成　下」毎日新聞社　2005
　　◇p452〔白黒〕　岡山県小田郡黒忠→三山　㊞宮本常一，1979年1月3日

石垣の段畑
　「宮本常一 写真・日記集成　上」毎日新聞社　2005
　　◇p370〔白黒〕（見事な石垣の段畑）　愛媛県宇和島市　戸島　㊞宮本常一，1963年3月3日

石鋤
　「日本民俗図誌　5　農耕・漁撈篇」村田書店　1978
　　◇図61-4ロ〔白黒・図〕

石積みの棚田
　「日本の生活環境文化大辞典」柏書房　2010
　　◇p23-2〔白黒〕　宮崎県日南市坂元　㊞2002年

イシビキ
　「民俗資料叢書　11　田植の習俗5」平凡社　1970
　　◇図181〔白黒〕　鹿児島県大島郡与論町
　　◇p313（挿16）〔白黒・図〕　鹿児島県大島郡　与論島　地ならし

石拾い
　「写真でみる日本生活図引　別巻」弘文堂　1993
　　◇図133〔白黒〕　長野県下伊那郡阿智村　河原田の石拾い　㊞熊谷元一，昭和31年10月18日

石包丁と使用例
　「図説　民俗探訪事典」山川出版社　1983
　　◇p227〔白黒・図〕　石毛直道『日本の稲作の系譜』より

移植型
　「写真で見る農具　民具」農林統計協会　1988
　　◇p78〔白黒〕　岩手県軽米町　昭和30年頃

石割り
　「写真で見る農具　民具」農林統計協会　1988
　　◇p179〔白黒〕　愛媛県肱川町　明治時代後期から大正

生産・生業　　　　　　　　　　　　　　　　　　　　　農業

石割まご
　「写真で見る農具 民具」農林統計協会　1988
　　◇p179〔白黒〕　宮崎県日之影町　昭和10年代まで

イズキ
　「民俗資料叢書 11 田植の習俗5」平凡社　1970
　　◇図107〔白黒〕　長崎県壱岐

井堰
　「宮本常一 写真・日記集成 下」毎日新聞社　2005
　　◇p108〔白黒〕　広島県高田郡八千代町土師〔安芸高田市〕　㊞宮本常一, 1967年12月12日～18日

磯野犂
　「民俗資料叢書 9 田植の習俗4」平凡社　1969
　　◇図79〔白黒〕　広島県山県郡

板鍬
　「日本民具の造形」淡交社　2004
　　◇p204〔白黒〕　長崎県 森山町郷土資料館所蔵
　「写真で見る農具 民具」農林統計協会　1988
　　◇p17〔白黒〕　広島県因島市
　「日本民俗事典」弘文堂　1972
　　◇p230〔白黒〕　熊本県葦北郡

板レーキによる田土の均平作業
　「里山・里海 暮らし図鑑」柏書房　2012
　　◇写39（p68）〔白黒〕

苺畑
　「写真でみる日本人の生活全集 1」日本図書センター　2010
　　◇p99〔白黒〕　横浜市港北区日吉　苺畑を有料で開放して苺をつませる　㊞昭和10年頃

一条用スキ
　「写真で見る農具 民具」農林統計協会　1988
　　◇p48〔白黒〕　群馬県伊勢崎市　明治時代から大正時代

一番草を取る
　「写真ものがたり昭和の暮らし 1」農山漁村文化協会　2004
　　◇p173〔白黒〕　長野県阿智村　㊞熊谷元一, 昭和24年

一木づくりのクワ台
　「民俗資料選集 23 北上山地の畑作習俗」国土地理協会　1995
　　◇p165（本文）〔白黒〕　岩手県 早池峰山西麓山村　ウネキリ・ウネタテ用のヒラクワ

五ツ鍬
　「写真で見る農具 民具」農林統計協会　1988
　　◇p25〔白黒〕　富山県砺波市　昭和30年頃から現在も使用

五つ又鍬
　「日本民俗図誌 5 農耕・漁撈篇」村田書店　1978
　　◇図53-4〔白黒・図〕　高知県高知

一本鍬
　「写真で見る農具 民具」農林統計協会　1988
　　◇p20〔白黒〕　群馬県下仁田町　明治30年代から昭和10年代まで

井出
　「民俗資料叢書 9 田植の習俗4」平凡社　1969
　　◇図82〔白黒〕　広島県山県郡

イデさらえ
　「写真ものがたり昭和の暮らし 5」農山漁村文化協会　2005
　　◇p99〔白黒〕　熊本県八代市松高町　㊞麦島勝, 昭和25年5月

イ田に水揚げ作業
　「日本民俗写真大系 4」日本図書センター　1999
　　◇p160〔白黒〕　倉敷市中庄地区　足踏み水車　㊞中村昭夫, 1961年

稲入れ
　「写真でみる日本生活図引 別巻」弘文堂　1993
　　◇図167〔白黒〕　長野県下伊那郡阿智村　稲運び入れ　㊞矢沢昇, 昭和31年11月16日

イナギ切り
　「写真で見る農具 民具」農林統計協会　1988
　　◇p35〔白黒〕　静岡県大井川町　昭和20年頃まで

稲扱千刃
　「日本民具の造形」淡交社　2004
　　◇p213〔白黒〕　鳥取県 倉吉博物館・歴史民俗資料館所蔵

稲子積
　「宮本常一 写真・日記集成 上」毎日新聞社　2005
　　◇p217〔白黒〕　熊本県 阿蘇山麓 火口原の阿蘇谷東部水田地帯　㊞宮本常一, 1960年11月3日

稲作のサイクル
　「図説 日本民俗学」吉川弘文館　2009
　　◇p145〔白黒・図〕　新潟県五泉市

稲作風景
　「民俗資料選集 34 酒造習俗Ⅰ」国土地理協会　2006
　　◇p23（本文）〔白黒〕　岩手県

稲積み
　「宮本常一 写真・日記集成 上」毎日新聞社　2005
　　◇p24〔白黒〕（稲積）　宮城県栗原郡栗駒町　㊞宮本常一, 1955年11月14日
　　◇p25〔白黒〕（栗駒山麓）　宮城県栗原郡栗駒町 栗駒山麓〔稲積〕　㊞宮本常一, 1955年11月14日
　「日本社会民俗辞典 1」日本図書センター　2004
　　◇図版Ⅵ 稲作（2）〔白黒〕　東北地方

稲田
　「写真でみる日本生活図引 6」弘文堂　1993
　　◇図140〔白黒〕（動く稲田）　新潟県北魚沼郡入広瀬村　㊞米山孝志, 昭和55年9月

いなにおと地干しが整然と並ぶ秋の田
　「写真ものがたり昭和の暮らし 1」農山漁村文化協会　2004
　　◇p205〔白黒〕　秋田県湯沢市山田　㊞佐藤久太郎, 昭和35年10月

イナマキ
　「民俗資料叢書 11 田植の習俗5」平凡社　1970
　　◇図116〔白黒〕　長崎県壱岐

イナムラ
　「日本民俗図誌 5 農耕・漁撈篇」村田書店　1978
　　◇図79〔白黒・図〕　千葉県東葛飾郡馬橋地方
　　◇図80〔白黒・図〕　岩手県稗貫郡大沢地方
　　◇図81-1〔白黒・図〕　岩手県西磐井郡平泉地方
　　◇図81-2・3〔白黒・図〕　秋田県横手附近
　　◇図82〔白黒・図〕　長崎県壱岐郡大島
　　◇図83〔白黒・図〕　埼玉県入間郡高麗地方
　　◇図84〔白黒・図〕　千葉県東葛飾郡梅郷地方
　　◇図85-1〔白黒・図〕　秋田県河辺郡四ッ小屋地方
　　◇図85-2〔白黒・図〕　岩手県岩手郡小岩井地方

稲藁
　「写真でみる日本生活図引 別巻」弘文堂　1993
　　◇図162〔白黒〕　長野県下伊那郡阿智村　㊞矢沢昇, 昭和31年11月12日

稲藁積
　「宮本常一が撮った昭和の情景 下」毎日新聞社　2009
　　◇p59〔白黒〕（収穫後の藁の円形積）　広島県安芸高田市八千代町土師　土師ダム建設予定地の民俗調査　㊞宮本常一, 1967年12月12日～18日

民俗風俗 図版レファレンス事典（衣食住・生活篇）　**257**

「宮本常一 写真・日記集成 下」毎日新聞社　2005
◇p111〔白黒〕　広島県高田郡八千代町土師［安芸高田市］　[撮]宮本常一, 1967年12月12日〜18日

## 稲ワラの天日干し
「里山・里海 暮らし図鑑」柏書房　2012
◇写86（p81）〔白黒〕　和歌山県旧大塔村〔田辺市〕熊野　昭和34年頃　岡田孝男提供

## 稲をいなにおにのくいからはずす
「写真ものがたり昭和の暮らし 1」農山漁村文化協会　2004
◇p177〔白黒〕　秋田県横手市　[撮]昭和32年10月　横手市役所提供

## 稲を束ねる
「写真でみる日本生活図引 1」弘文堂　1989
◇図50〔白黒〕　山形県米沢市　[撮]加藤治郎, 昭和34年10月
◇図51〔白黒〕　秋田県由利郡矢島町　[撮]須藤功, 昭和45年9月21日

## 稲を積む
「写真でみる日本生活図引 別巻」弘文堂　1993
◇図131〔白黒〕（積む）　長野県下伊那郡阿智村　隣家の稲刈り手伝い　[撮]矢沢昇, 昭和31年10月16日

## 稲を運ぶ
「いまに伝える 農家のモノ・人の生活館」柏書房　2004
◇p102 写真1〔白黒〕（モンペ姿での稲運び）　埼玉県川里町
「日本民俗写真大系 1」日本図書センター　1999
◇p137〔白黒〕（体に稲穂がずっしりとのしかかる）　北海道大野町　秋　[撮]大和谷正夫, 1967年
「フォークロアの眼 3 運ぶ」国書刊行会　1977
◇図162〔白黒〕（刈り取った稲をハザまで抱えて運ぶ）　群馬県利根郡片品村土出　[撮]須藤功, 昭和42年10月8日

## 稲かけ
「日本社会民俗辞典 1」日本図書センター　2004
◇図版Ⅵ 稲作（2）〔白黒〕　東北地方

## 稲株切り
「日本民具の造形」淡交社　2004
◇p212〔白黒〕　三重県 多気町郷土資料館所蔵

## 稲鎌
「日本の民具 2 農村」慶友社　1992
◇図42〔白黒〕　富山県婦負郡　[撮]薗部澄

## 稲刈り
「日本の民俗 暮らしと生業」KADOKAWA　2014
◇図3-15〔白黒〕　三重県伊勢市　[撮]芳賀日出男, 昭和57年
「里山・里海 暮らし図鑑」柏書房　2012
◇写65〜68（p77〜78）〔白黒〕
「図説 日本民俗学」吉川弘文館　2009
◇p147〔白黒〕　新潟県五泉市
「宮本常一 写真・日記集成 下」毎日新聞社　2005
◇p405〔白黒〕　愛媛県松山付近　[撮]宮本常一, 1977年10月17日
「いまに伝える 農家のモノ・人の生活館」柏書房　2004
◇p73〔白黒〕　埼玉県
「日本社会民俗辞典 1」日本図書センター　2004
◇図版Ⅵ 稲作（2）〔白黒〕　東北地方
「写真ものがたり昭和の暮らし 1」農山漁村文化協会　2004
◇p202〔カラー〕　秋田県由利町前郷　[撮]須藤功, 昭和45年9月
◇p203〔カラー〕　群馬県片品村土出　[撮]須藤功, 昭和42年10月
◇p208〔白黒〕（開拓地の陸稲の稲刈り）　秋田県能代市磐　[撮]南利夫, 昭和34年
「日本の民俗 下」クレオ　1997
◇図3-18〔白黒〕　三重県伊勢市　[撮]芳賀日出男, 昭和57年
「写真でみる日本生活図引 別巻」弘文堂　1993
◇図127〔白黒〕　長野県下伊那郡阿智村　[撮]熊谷元一, 昭和31年10月12日
「写真でみる日本生活図引 1」弘文堂　1989
◇図48〔白黒〕　新潟県古志郡山古志村　[撮]須藤功, 昭和46年9月30日
◇図49〔白黒〕　山形県鶴岡市大山　[撮]菊池俊吉, 昭和30年10月
「日本写真全集 9」小学館　1987
◇図183〔白黒〕（家中が野良へ引越しての稲刈り）　南秋田郡金足村　[撮]三木茂　『雪の民俗』（昭和19年 養徳社刊）

## 稲刈鎌
「日本民具の造形」淡交社　2004
◇p212〔白黒〕　北海道 上富良野町郷土館所蔵
「日本の民具 2 農村」慶友社　1992
◇図43〔白黒〕　福島県若松市　[撮]薗部澄
◇図44〔白黒〕　広島県比婆郡西城町　[撮]薗部澄
「日本民俗図誌 5 農耕・漁撈篇」村田書店　1978
◇図49-1〔白黒・図〕　長野地方　染木煦の採図による
◇図49-5〔白黒・図〕　中国地方　染木煦の採図による

## 稲刈機
「日本民具の造形」淡交社　2004
◇p212〔白黒〕　和歌山県 橋本市郷土資料館所蔵
「写真で見る農具 民具」農林統計協会　1988
◇p125〔白黒〕　新潟県柏崎市　昭和20年代後期から昭和30年代後期

## 稲刈り実習
「里山・里海 暮らし図鑑」柏書房　2012
◇写4（p347）〔白黒〕　奈良県大和郡山市矢田　里山自然環境整備士取得のため

## 稲刈りのすんだ田を起こして麦畑にする
「写真ものがたり昭和の暮らし 1」農山漁村文化協会　2004
◇p209〔白黒〕　長野県阿智村　[撮]熊谷元一, 昭和30年

## 稲刈りの手伝い
「里山・里海 暮らし図鑑」柏書房　2012
◇口絵〔白黒〕　福井県小浜市湯岡　昭和17年　遠敷農林学校勤労奉仕　井田家所蔵古写真・福井県立若狭歴史民俗資料館提供

## イネクジリ
「写真 日本文化史 9」日本評論新社　1955
◇図73〔白黒〕　飛驒高山　田畑の除草用具

## 稲こき
「日本社会民俗辞典 1」日本図書センター　2004
◇図版Ⅵ 稲作（2）〔白黒〕　東北地方

## 稲扱き
「いまに伝える 農家のモノ・人の生活館」柏書房　2004
◇p73〔白黒〕　埼玉県

## イネコギハシ
「宮本常一 写真・日記集成 別巻」毎日新聞社　2005
◇図24（p17）〔白黒〕　島根県邑智郡田所村鱒渕［邑南町］　[撮]宮本常一, 1939年［月日不明］　森脇太一寄贈

## 稲束
「日本民俗文化財事典（改訂版）」第一法規出版　1979
◇図127〔白黒〕　新潟県蒲原地方

## 稲苗
「写真でみる日本生活図引 別巻」弘文堂　1993
◇図351〔白黒〕　長野県下伊那郡阿智村　[撮]熊谷元一, 昭和32年4月26日

生産・生業　　　　　　　　　　　　　　　　　　　　　　　　　　　　農業

**イネ苗からヒエ類を取り除く**
「里山・里海 暮らし図鑑」柏書房　2012
　◇写51(p71)〔白黒〕

**イネ苗の積み込み**
「里山・里海 暮らし図鑑」柏書房　2012
　◇写42(p69)〔白黒〕(運搬カゴへのイネ苗の積み込み)

**イネ苗の根土を落とす**
「里山・里海 暮らし図鑑」柏書房　2012
　◇写41(p69)〔白黒〕

**稲につくウンカを防ぐための消毒**
「写真ものがたり昭和の暮らし 1」農山漁村文化協会　2004
　◇p174〔白黒〕　長野県穂高町松野　Ⓒ昭和33年　(社)農山漁村文化協会提供

**稲抜機**
「写真で見る農具 民具」農林統計協会　1988
　◇p134〔白黒〕　高知県大豊町　第二次大戦後　農林省統計調査の収量調査用

**稲の乾燥**
「写真でみる日本人の生活全集 1」日本図書センター　2010
　◇p13〔白黒〕　新潟県北蒲原郡神山村

**稲の乾燥法**
「日本民俗写真大系 1」日本図書センター　1999
　◇p135〔白黒〕(北海道の稲の乾燥法 架干し稲架の設定)　北海道端町　Ⓒ稲野藤一郎, 1975年
　◇p135〔白黒〕(北海道の稲の乾燥法 積干方式の舟形積)　北海道音更町　Ⓒ稲野藤一郎, 1972年
　◇p135〔白黒〕(北海道の稲の乾燥法 地干方式の株干し)　北海道音更町　Ⓒ稲野藤一郎, 1969年

**稲の脱穀**
「宮本常一 写真・日記集成 下」毎日新聞社　2005
　◇p215〔白黒〕　新潟市 鳥屋野潟周辺　Ⓒ宮本常一, 1969年10月7日

**稲の脱穀作業中の一服（一休み）**
「写真ものがたり昭和の暮らし 6」農山漁村文化協会　2006
　◇p20〔白黒〕　秋田県湯沢市山田深堀　Ⓒ加賀谷政雄, 昭和36年10月

**稲の種まき**
「日本の民俗 暮らしと生業」KADOKAWA　2014
　◇図3-1〔白黒〕　愛知県海部郡大治町　Ⓒ芳賀日出男, 昭和31年
「日本の民俗 下」クレオ　1997
　◇図3-1〔白黒〕　愛知県海部郡大治町　Ⓒ芳賀日出男, 昭和31年

**稲の地干し**
「日本の民俗 暮らしと生業」KADOKAWA　2014
　◇図3-17〔白黒〕　鹿児島県名瀬市　Ⓒ芳賀日出男, 昭和31年
「日本の民俗 下」クレオ　1997
　◇図3-20〔白黒〕　鹿児島県名瀬市　Ⓒ芳賀日出男, 昭和31年

**稲の苗を田に運ぶ少年**
「写真ものがたり昭和の暮らし 6」農山漁村文化協会　2006
　◇p74〔白黒〕(指の割れた長靴を履いた少年は, 稲の苗を田に運ぶ)　新潟県山古志村梶金（現長岡市）　Ⓒ須藤功, 昭和46年6月

**稲のボッチの作り方**
「いまに伝える 農家のモノ・人の生活館」柏書房　2004
　◇p113 図1〔白黒・図〕　埼玉県川里町

**稲の籾干し**
「写真でみる民家大事典」柏書房　2005
　◇p143-1〔白黒〕　東京都多摩市　Ⓒ1965年頃　田中登

**稲干し**
「日本の生活環境文化大辞典」柏書房　2010
　◇p267-3〔白黒〕　山形県 甲府盆地　Ⓒ2009年
「図説 日本民俗学」吉川弘文館　2009
　◇p148〔白黒〕　神奈川県平塚市
「写真ものがたり昭和の暮らし 1」農山漁村文化協会　2004
　◇p206〔白黒〕(稲を干す)　青森県八戸市　地干し, くいを三つ股に組んで穂を上に向けて積み重ねたもの, いなにお　Ⓒ和井田登, 昭和31年

**稲麦刈取機**
「写真で見る農具 民具」農林統計協会　1988
　◇p124〔白黒〕　神奈川県平塚市　昭和30年代前半

**稲モミの芽出し作業**
「里山・里海 暮らし図鑑」柏書房　2012
　◇写6(p61)〔白黒〕　新潟県旧頸城村（上越市頸城区）玄僧　伝統的稲作の知恵と技

**猪を捕える仕掛け**
「民俗資料選集 25 焼畑習俗」国土地理協会　1997
　◇p16(口絵)〔白黒〕　高知県池川町椿山

**猪に根こそぎ食い荒らされたサツマイモ畑**
「写真ものがたり昭和の暮らし 2」農山漁村文化協会　2004
　◇p173〔白黒〕　愛知県東栄町御園　Ⓒ須藤功, 平成4年4月

**猪除けの古着**
「あるくみるきく双書 宮本常一とあるいた昭和の日本 22」農山漁村文化協会　2012
　◇p57〔カラー〕　加計呂麻島の畑

**イノメテゴ**
「民俗資料選集 30 焼畑習俗II」国土地理協会　2002
　◇p171(本文)〔白黒〕　腰につけて穂ヒエを入れる

**イブシ**
「日本民俗図誌 5 農耕・漁撈篇」村田書店　1978
　◇図100-1・2〔白黒・図〕　静岡県　田畑で働くとき細竹の先に布縄を括って火をつけ, 腰帯に差したり, 地面に立てたりする　『静岡県方言誌』

**イブリ使用の場面**
「民具のみかた一心とかたち」第一法規出版　1983
　◇p74〔白黒〕　石川県白山麓

**イブリ(棒)**
「図説 民俗探訪事典」山川出版社　1983
　◇p241〔白黒〕　石川県白峰村　国立歴史民俗博物館提供

**イモ洗い**
「日本民具の造形」淡交社　2004
　◇p216〔白黒〕　大分県 日本竹の博物館所蔵

**芋洗い桶**
「写真で見る農具 民具」農林統計協会　1988
　◇p185〔白黒〕　愛媛県瀬戸町　江戸時代中期から昭和30年代まで

**芋洗い車**
「民俗資料選集 41 豊後の水車習俗」国土地理協会　2010
　◇p16(口絵)〔白黒〕　大分県天瀬町桜竹
　◇p207(本文)〔白黒・図〕　大分県日田市岩美町岩下　里芋の皮をむく

**芋鉋（馬鈴薯細断機）**
「図説 台所道具の歴史」日本図書センター　2012
　◇p37-7〔白黒〕　東北・北海道に流通　製造元・盛岡市川原町毛藤長次郎, と焼印　函館博物館・分館郷土室

**芋車**
「写真で見る農具 民具」農林統計協会　1988
　◇p180〔白黒〕　京都府京都市　昭和前期まで　里芋植

農業　　　　　　　　　　　　　　　　生産・生業

付農具

**芋鍬**
「写真で見る農具 民具」農林統計協会　1988
　◇p15〔白黒〕　東京都奥多摩町　大正時代後期頃

**イモの段畑**
「宮本常一 写真・日記集成 上」毎日新聞社　2005
　◇p150〔白黒〕　愛媛県 由利島　㊞宮本常一, 1959年8月29日

**イモのムロか**
「宮本常一 写真・日記集成 上」毎日新聞社　2005
　◇p105〔白黒〕（イモのムロか？）　茨城県稲敷郡桜川村浮島　㊞宮本常一, 1958年3月1日

**芋畑**
「宮本常一 写真・日記集成 上」毎日新聞社　2005
　◇p45〔白黒〕　愛知県幡豆郡一色町 佐久島　㊞宮本常一, 1956年10月10日
「日本民俗写真大系 6」日本図書センター　2000
　◇p14〔カラー〕（芋の畑）　長崎県五島中通島　㊞木下陽一, 1984年

**芋畑のカベ**
「宮本常一 写真・日記集成 別巻」毎日新聞社　2005
　◇図17(p14)〔白黒〕　島根県八束郡江[恵]曇村片句[鹿島町]　㊞宮本常一, 1939年11月18日

**いもほり**
「日本の生活文化財」第一法規出版　1965
　◇図16～18（生産・運搬・交易）〔白黒〕　文部省史料館所蔵（東京都品川区）

**イモ掘り**
「宮本常一 写真・日記集成 上」毎日新聞社　2005
　◇p345〔白黒〕　熊本県 天草下島・五和町・手野→二江　㊞宮本常一, 1962年10月7日

**芋掘り**
「宮本常一 写真・日記集成 別巻」毎日新聞社　2005
　◇図6(p13)〔白黒〕　島根県八束郡御津村[鹿島町]　㊞宮本常一, 1939年11月17日

**芋掘具**
「日本の民具 2 農村」慶友社　1992
　◇図32〔白黒〕　鹿児島県 奄美大島　㊞薗部澄

**芋掘鍬**
「写真で見る農具 民具」農林統計協会　1988
　◇p183〔白黒〕　京都府京都市　大正期から戦前まで

**いも掘万能**
「写真で見る農具 民具」農林統計協会　1988
　◇p27〔白黒〕　千葉県君津市　昭和30年頃まで

**インターネットを使って市場情報を読み，ツマモノの出荷をする農家の女性**
「民俗学事典」丸善出版　2014
　◇p381〔白黒〕

**インヤシ**
「民俗資料選集 30 焼畑習俗Ⅱ」国土地理協会　2002
　◇p67(本文・写真9)〔白黒〕　山梨県南巨摩郡早川町奈良田　ブユや蚊よけに火をつけていぶす布縄

**植エシロスキ**
「民俗資料叢書 11 田植の習俗5」平凡社　1970
　◇図99〔白黒〕　長崎県壱岐

**植付け鍬**
「写真で見る農具 民具」農林統計協会　1988
　◇p198〔白黒〕　静岡県天城湯ヶ島町　明治時代から

わさび用具
　◇p198〔白黒〕　静岡県天城湯ヶ島町　明治時代から

**植付定規**
「写真で見る農具 民具」農林統計協会　1988
　◇p220〔白黒〕　富山県入善町　昭和30年頃考案　花卉

**植付用唐鍬**
「写真で見る農具 民具」農林統計協会　1988
　◇p21〔白黒〕　岡山県久世町

**植えられた苗（直幹法）**
「いまに伝える 農家のモノ・人の生活館」柏書房　2004
　◇口絵〔カラー〕　埼玉県所沢市　サツマイモ栽培

**ウシ**
「いまに伝える 農家のモノ・人の生活館」柏書房　2004
　◇p109 図1〔白黒・図〕　埼玉県所沢市　田舟の代用品
　◇p109 写真2〔白黒〕　埼玉県所沢市　田舟の代用品

**ウシグワ**
「民俗資料叢書 11 田植の習俗5」平凡社　1970
　◇図33〔白黒〕　高知県高岡郡葉山村葉山　昭和10～30年頃まで
　◇図34〔白黒〕　高知県高岡郡葉山村葉山　昭和10～30年頃まで〔使用しているところ〕

**牛グワ**
「民俗資料叢書 11 田植の習俗5」平凡社　1970
　◇図61〔白黒〕　高知県幡多郡大方町出口

**牛で代かき**
「写真ものがたり昭和の暮らし 1」農山漁村文化協会　2004
　◇p141〔白黒〕　長野県阿智村　㊞熊谷元一, 昭和28年5月

**牛で田を鋤返す**
「宮本常一が撮った昭和の情景 上」毎日新聞社　2009
　◇p32〔白黒〕　愛知県北設楽郡設楽町　㊞宮本常一, 1957年5月14日
「宮本常一 写真・日記集成 上」毎日新聞社　2005
　◇p66〔白黒〕（名倉）　愛知県北設楽郡設楽町 名倉　㊞宮本常一, 1957年5月14日

**牛による代掻きを手伝う少女たち**
「里山・里海 暮らし図鑑」柏書房　2012
　◇口絵〔カラー〕　和歌山県那智勝浦町口色川　和歌山県農林水産政策局農業農村整備課提供

**牛による田かき**
「民俗資料叢書 11 田植の習俗5」平凡社　1970
　◇図31〔白黒〕　高知県高岡郡葉山村葉山

**臼**
「写真で見る農具 民具」農林統計協会　1988
　◇p152〔白黒〕　愛媛県丹原町　あわ・きび等の製粉

**うす・きね**
「民俗資料選集 9 山村の生活と用具」国土地理協会　1981
　◇p20(口絵)〔白黒〕　愛知県北設楽郡津具村

**臼と杵**
「図説 民俗探訪事典」山川出版社　1983
　◇p237〔白黒〕　横杵, 堅杵

**臼と手杵**
「民俗資料選集 23 北上山地の畑作習俗」国土地理協会　1995
　◇p169(本文)〔白黒〕　岩手県 早池峰山西麓山村

**ウスヒキ**
「宮本常一 写真・日記集成 別巻」毎日新聞社　2005
　◇図30(p16)〔白黒〕　島根県邑智郡田所村鱒渕[邑南町]　㊞宮本常一, 1939年[月日不明]　森脇太一寄贈

**うずみべら**
「日本の民具 2 農村」慶友社　1992

◇図10〔白黒〕　琉球　㊿薗部澄
◇図36〔白黒〕　鹿児島県 大島 十島村　㊿薗部澄
◇図37〔白黒〕　鹿児島県 大島 十島村　㊿薗部澄

**ウセ桶**
「民俗資料叢書 11 田植の習俗5」平凡社　1970
◇図110〔白黒〕　長崎県壱岐

**ウチオケ（振り釣瓶）**
「民俗資料選集 41 豊後の水車習俗」国土地理協会　2010
◇p3（本文）〔白黒〕　大分県南海部郡弥生町堤内

**打ち棒**
「民俗資料選集 23 北上山地の畑作習俗」国土地理協会　1995
◇p140（本文）〔白黒・図〕（脱穀用具 打ち棒）　岩手県岩泉町安家地区　焼畑の農具

**ウチワ（団扇）**
「民俗資料選集 30 焼畑習俗Ⅱ」国土地理協会　2002
◇p73（本文・写真24）〔白黒〕　山梨県南巨摩郡早川町奈良田　焼畑の用具 アラクのヤブヤキのとき、火の勢いを強めるためにあおぐ

**ウチワでの風送り**
「民俗資料選集 30 焼畑習俗Ⅱ」国土地理協会　2002
◇p7（口絵）〔白黒〕　山梨県南巨摩郡早川町奈良田　ソバの脱穀（再現風景）

**ウッツリで水を掻い出す**
「いまに伝える 農家のモノ・人の生活館」柏書房　2004
◇p93 写真1〔白黒〕　埼玉県

**ウドバでのソバの脱穀**
「民俗資料選集 30 焼畑習俗Ⅱ」国土地理協会　2002
◇p7（口絵）〔白黒〕　山梨県南巨摩郡早川町奈良田　ウドバ（焼畑の中に設けた作業場）で、コジュウチと呼ぶサスマタの木の枝でソバを叩いて、実を落とした（再現風景）

**ウナイ**
「民俗資料選集 30 焼畑習俗Ⅱ」国土地理協会　2002
◇p4（口絵）〔白黒〕　山梨県南巨摩郡早川町奈良田　種子を播いて土をかぶせる（再現風景）

**畝子作業「雁づれ」**
「民俗資料選集 23 北上山地の畑作習俗」国土地理協会　1995
◇p137（本文）〔白黒・図〕　岩手県稗貫郡大迫町　焼畑の作業

**畝子の大カマ**
「民俗資料選集 23 北上山地の畑作習俗」国土地理協会　1995
◇p139（本文）〔白黒・図〕　岩手県岩泉町安家地区　焼畑の農具

**うねに大根の種をまいて棒で鎮圧して、じょうろで水をやる**
「写真ものがたり昭和の暮らし 2」農山漁村文化協会　2004
◇p76〔白黒〕　岩手県大迫町外川目　㊿須藤功、昭和42年8月

**ウネヒキ**
「いまに伝える 農家のモノ・人の生活館」柏書房　2004
◇p86 写真2〔白黒〕　埼玉県さいたま市（旧大宮市内）　ウネヒキという道具を田の縦横に引いて筋をつける
◇p86 写真3〔白黒〕　埼玉県さいたま市（旧大宮市内）

**畝引**
「図録・民具入門事典」柏書房　1991
◇p57〔白黒〕　埼玉県　埼玉県立博物館所蔵

**馬押し**
「写真でみる日本生活図引 1」弘文堂　1989
◇図14〔白黒〕　岩手県岩手郡葛巻町小屋瀬　㊿菊池俊吉, 昭和32年6月

**ウマガ**
「民俗資料叢書 11 田植の習俗5」平凡社　1970
◇図180〔白黒〕　鹿児島県大島郡与論町

**馬が切る畝に肥料が出て、そこに農具で小豆、大豆、大正金時などを植える**
「日本民俗写真大系 1」日本図書センター　1999
◇p28〔白黒〕　北海道鹿追町　㊿関口哲也, 1960年頃

**馬による改良オンガを用いた田うない**
「いまに伝える 農家のモノ・人の生活館」柏書房　2004
◇p76 写真4〔白黒〕　埼玉県行田市

**馬による犂耕**
「図説 民俗探訪事典」山川出版社　1983
◇p213〔白黒〕　宮城県仙台市　1970年ころ

**馬の代掻き**
「写真ものがたり昭和の暮らし 1」農山漁村文化協会　2004
◇p140〔白黒〕（馬で代かき）　秋田県湯沢市山田　㊿佐藤久太郎, 昭和35年5月
「日本民俗大辞典 下」吉川弘文館　2000
◇図8〔別刷図版「野良仕事」〕〔白黒〕　岩手県岩手郡葛巻町小屋瀬　㊿菊池俊吉, 昭和32年　菊池徳子提供

**馬まわし**
「民俗資料叢書 1 田植の習俗1」平凡社　1965
◇図111〔白黒〕　岩手県遠野市上郷町

**瓜切鎌**
「写真で見る農具 民具」農林統計協会　1988
◇p182〔白黒〕　京都府京都市

**瓜の棚**
「写真でみる日本生活図引 別巻」弘文堂　1993
◇図102〔白黒〕　長野県下伊那郡阿智村 隼人瓜の棚補修　㊿熊谷元一, 昭和31年9月18日

**ウルイ（ギボウシ）の半栽培**
「里山・里海 暮らし図鑑」柏書房　2012
◇写3（p113）〔白黒〕　愛知県豊田市　5月

**鱗田**
「民俗資料叢書 5 田植の習俗2」平凡社　1967
◇図34〔白黒〕　富山県中新川郡上市種

**上掛け水車**
「民俗資料選集 41 豊後の水車習俗」国土地理協会　2010
◇p183（本文）〔白黒・図〕　大分県　〔模式図〕

**ウワシロ（上代）カキ**
「民俗資料叢書 1 田植の習俗1」平凡社　1965
◇図23〔白黒〕　岩手県江刺市藤里　エンブリでならす

**ウンカ防除用器具**
「写真で見る農具 民具」農林統計協会　1988
◇p115〔白黒〕　広島県竹原市　明治30年頃から昭和23年頃まで

**エゴ**
「民俗資料選集 25 焼畑習俗」国土地理協会　1997
◇p102（本文）〔白黒・図〕　岐阜県高鷲村

**越前鎌**
「日本民俗図誌 5 農耕・漁撈篇」村田書店　1978
◇図49-2〔白黒・図〕　染木煦の採図による

**X型脚唐箕**
「日本民具の造形」淡交社　2004
◇p215〔白黒〕　神奈川県 川崎市市民ミュージアム所蔵

**えひら**
「民俗資料叢書 7 木地師の習俗1」平凡社　1968
◇図74〔白黒〕　平鍬の柄と平（木部），鍬先（鉄部）木

地師の習俗

### エブザル
「図録・民具入門事典」柏書房　1991
◇p61〔白黒〕　秋田県

### エブリ
「宮本常一 写真・日記集成 別巻」毎日新聞社　2005
◇図35(p17)〔白黒〕　島根県邑智郡地方　[撮]宮本常一,1939年[月日不明]　森脇太一寄贈
「いまに伝える 農家のモノ・人の生活館」柏書房　2004
◇p81 写真5〔白黒〕　埼玉県所沢市
「日本民俗大辞典 上」吉川弘文館　1999
◇p211〔白黒〕　青森県三戸郡倉石村
「日本の民俗 下」クレオ　1997
◇図3-11〔白黒〕　福島県耶麻郡熱塩加納村　[撮]芳賀日出男, 昭和36年
「民俗資料選集 25 焼畑習俗」国土地理協会　1997
◇p100(本文)〔白黒・図〕　岐阜県高鷲村
「日本の民具 2 農村」慶友社　1992
◇図34〔白黒〕　使用地不明　[撮]薗部澄
「図録・民具入門事典」柏書房　1991
◇p57〔白黒〕　埼玉県　埼玉県立博物館所蔵
「写真で見る農具 民具」農林統計協会　1988
◇p84〔白黒〕　秋田県横手市　大正時代末期頃まで
「日本民俗図誌 5 農耕・漁撈篇」村田書店　1978
◇図46-1〔白黒・図〕　静岡県志田郡相川村　『民具問答』
◇図46-4〔白黒・図〕　埼玉県入間郡高麗村　『民具問答』

### 柄振
「日本民具の造形」淡交社　2004
◇p207〔白黒〕　福岡県 宇美町立歴史民俗資料館所蔵

### 杁
「図説 民俗探訪事典」山川出版社　1983
◇p217〔白黒〕　青森県三戸郡

### 柄振押し
「写真でみる日本生活図引 1」弘文堂　1989
◇図18〔白黒〕　秋田県湯沢市山田　[撮]佐藤久太郎, 昭和36年5月27日

### エブリ実測図
「いまに伝える 農家のモノ・人の生活館」柏書房　2004
◇p81 図3〔白黒・図〕　埼玉県所沢市

### えぶりとエブリツキ
「民俗資料叢書 11 田植の習俗5」平凡社　1970
◇図74〔白黒〕　高知県宿毛市山奈町山田

### エブリによるシロカキ
「いまに伝える 農家のモノ・人の生活館」柏書房　2004
◇p81 写真4〔白黒〕　埼玉県所沢市　[撮]昭和46年

### エボリ
「日本民俗図誌 5 農耕・漁撈篇」村田書店　1978
◇図46-3〔白黒・図〕　静岡附近　『民具問答』『静岡県方言誌』

### エンガ
「いまに伝える 農家のモノ・人の生活館」柏書房　2004
◇p200 写真3〔白黒〕　埼玉県皆野町　[撮]昭和59年
◇p200 写真4〔白黒〕　〔埼玉県〕
◇p200 写真5〔白黒〕(エンガ(部分))　〔埼玉県〕

### 柄鍬
「写真で見る農具 民具」農林統計協会　1988
◇p41〔白黒〕　群馬県子持村
「図説 民俗探訪事典」山川出版社　1983
◇p239〔白黒・図〕(三浦の柄鍬)　神奈川県立博物館蔵, 中村たかを「鋤の諸形態」『文部省史料館紀要』より
◇p239〔白黒・図〕(武蔵の柄鍬)　東京都立武蔵野郷土館蔵, 中村たかを「鋤の諸形態」『文部省史料館紀要』より

### エンガを使って畑をうない起す
「日本民俗大辞典 下」吉川弘文館　2000
◇図23〔別刷図版「野良仕事」〕〔白黒〕　埼玉県秩父郡荒川村下日野　[撮]内田賢作, 昭和49(1974)年

### エンガフミ
「いまに伝える 農家のモノ・人の生活館」柏書房　2004
◇p199 写真1〔白黒〕　埼玉県行田市

### エンガフミによる畑の耕起
「里山・里海 暮らし図鑑」柏書房　2012
◇写2(p84)〔白黒〕　埼玉県皆野町　昭和59年　大舘勝治提供

### 塩水選
「写真ものがたり昭和の暮らし 1」農山漁村文化協会　2004
◇p126〔白黒〕　長野県阿智村　塩水に入れて浮いた種もみをすくって捨てる　[撮]熊谷元一, 昭和31年
「写真でみる日本生活図引 別巻」弘文堂　1993
◇図134〔白黒〕　長野県下伊那郡阿智村　[撮]熊谷元一,昭和31年10月19日

### 塩水選にてシイナの除去
「里山・里海 暮らし図鑑」柏書房　2012
◇写5(p61)〔白黒〕　新潟県旧頸城村(上越市頸城区)玄僧　伝統的稲作の知恵と技

### 塩水選用かご
「写真で見る農具 民具」農林統計協会　1988
◇p90〔白黒〕　福井県丸岡町　大正時代後期まで

### 塩水選用種籾ふるい
「写真で見る農具 民具」農林統計協会　1988
◇p90〔白黒〕　兵庫県出石町　大正時代から昭和前期

### 豌豆の棚こわし
「写真でみる日本生活図引 別巻」弘文堂　1993
◇図111〔白黒〕(棚こわし)　長野県下伊那郡阿智村　豌豆の棚こわし　[撮]熊谷元一, 昭和31年9月27日

### エンドウ畑
「宮本常一 写真・日記集成 上」毎日新聞社　2005
◇p420〔白黒〕　東京都大島町差木地(伊豆大島)　[撮]宮本常一, 1964年1月22日

### 燕麦刈り
「写真でみる日本生活図引 別巻」弘文堂　1993
◇図393〔白黒〕　長野県下伊那郡阿智村　[撮]熊谷元一,昭和32年6月3日

### 燕麦蒔き
「写真でみる日本生活図引 別巻」弘文堂　1993
◇図320〔白黒〕　長野県下伊那郡阿智村　[撮]熊谷元一,昭和32年3月26日

### オーアシで代こしらえをする
「日本社会民俗辞典 2」日本図書センター　2004
◇p880〔白黒〕　長野県上伊那郡川島村

### オウゲタ
「宮本常一 写真・日記集成 別巻」毎日新聞社　2005
◇図34(p17)〔白黒〕　島根県邑智郡地方　[撮]宮本常一,1939年[月日不明]　森脇太一寄贈

### オオアシ
「写真でみる日本人の生活全集 2」日本図書センター　2010
◇p105〔白黒〕　長野県上伊那郡　金属製の田下駄
「いまに伝える 農家のモノ・人の生活館」柏書房　2004
◇p111 図1〔白黒・図〕　埼玉県越谷市
◇p111 写真1〔白黒〕　埼玉県越谷市・越生町

「図録・民具入門事典」柏書房　1991
　◇p59〔白黒〕　千葉県　田下駄の一種で輪檪型
「民具のみかた一心とかたち」第一法規出版　1983
　◇p135〔白黒〕　新潟県外海府地方
「民俗資料叢書 8 田植の習俗3」平凡社　1968
　◇図46〔白黒〕　新潟県佐渡市　使わないときあぜに上げて互いに立てかける
　◇図111〔白黒〕　岐阜県高山市松之木町字車田
　◇図112〔白黒〕　岐阜県高山市松之木町字車田
「民俗資料叢書 1 田植の習俗1」平凡社　1965
　◇図21〔白黒〕　岩手県江刺市伊手の館下
　◇図22〔白黒〕　岩手県江刺市田原の小田代
　◇図105〔白黒〕　岩手県遠野市土淵町土淵小学校
「日本の生活文化財」第一法規出版　1965
　◇図93(衣)〔白黒〕　文部省史料館所蔵(東京都品川区)

## 大足
「民俗図録 日本人の暮らし」日本図書センター　2012
　◇図208〔白黒〕　福井県大野郡
「日本民具の造形」淡交社　2004
　◇p208〔白黒〕　福島県 猪苗代湖南民俗館所蔵
「日本民俗大辞典 上」吉川弘文館　1999
　◇p232〔白黒・図〕
「日本の民俗 下」クレオ　1997
　◇図3-12〔白黒〕　静岡県賀茂郡南伊豆町　㊞芳賀日出男, 昭和37年
「日本の民具 2 農村」慶友社　1992
　◇図4〔白黒〕(大足(田下駄))　静岡県引佐郡三ヶ日町　㊞薗部澄
　◇図5〔白黒〕(大足(田下駄))　岩手県和賀郡沢内村　㊞薗部澄
「写真でみる日本生活図引 1」弘文堂　1989
　◇図15〔白黒〕　新潟県佐渡郡・国仲平野　㊞中俣正義, 昭和32年5月
「写真で見る農具 民具」農林統計協会　1988
　◇p83〔白黒〕　秋田県横手市　明治時代から昭和20年頃まで
　◇p83〔白黒〕　秋田県大内町　昭和20年頃まで
　◇p83〔白黒〕　新潟県相川町
　◇p84〔白黒〕　千葉県八日市場市　昭和30年頃まで
「図説 民俗探訪事典」山川出版社　1983
　◇p218〔白黒・図〕(田下駄と大足)
「日本民俗事典」弘文堂　1972
　◇p94〔白黒〕　長野県上伊那地方　㊞竹内利美
「民俗資料叢書 9 田植の習俗4」平凡社　1969
　◇図43〔白黒〕　島根県邑智郡石見町中野

## 大足踏み
「民俗資料叢書 9 田植の習俗4」平凡社　1969
　◇図85〔白黒〕　広島県山県郡千代田町南方
　◇図86〔白黒〕　広島県山県郡芸北町移原

## 大うちわ
「写真で見る農具 民具」農林統計協会　1988
　◇p146〔白黒〕　山梨県早川町　昭和中期まで

## 大鎌
「日本民俗図誌 5 農耕・漁撈篇」村田書店　1978
　◇図48-5〔白黒・図〕　福島県筑紫郡水城村
　◇図48-10〔白黒・図〕　熊本県阿蘇郡内牧町

## 大鍬
「写真で見る農具 民具」農林統計協会　1988
　◇p16〔白黒〕　和歌山県和歌山市　明治時代から昭和前期

## オオザル
「いまに伝える 農家のモノ・人の生活館」柏書房　2004
　◇p87 写真5〔白黒〕　埼玉県さいたま市(旧大宮市内)　種籾を入れるザル

## 大玉掘り
「写真で見る農具 民具」農林統計協会　1988
　◇p44〔白黒〕　群馬県子持村　昭和15年頃まで

## おおち
「写真で見る農具 民具」農林統計協会　1988
　◇p146〔白黒〕　愛媛県西条市　明治時代から大正時代

## おおとうが
「写真で見る農具 民具」農林統計協会　1988
　◇p20〔白黒〕　山梨県早川町

## 大ふご
「写真で見る農具 民具」農林統計協会　1988
　◇p177〔白黒〕　大阪府池田市　大正時代から現在

## 大馬鍬
「日本民具の造形」淡交社　2004
　◇p205〔白黒〕　岡山県 政田民俗資料館所蔵

## 大箕
「日本民俗図誌 3 調度・服飾篇」村田書店　1977
　◇図26-2〔白黒・図〕　木皮造り

## 大麦
「写真でみる日本生活図引 別巻」弘文堂　1993
　◇図306〔白黒〕　長野県下伊那郡阿智村　㊞熊谷元一, 昭和32年3月13日

## 大麦干し
「いまに伝える 農家のモノ・人の生活館」柏書房　2004
　◇p149 写真1〔白黒〕　埼玉県所沢市

## 陸稲
「里山・里海 暮らし図鑑」柏書房　2012
　◇写8(p85)〔白黒〕　埼玉県寄居町　7月

## 陸稲跡地の犂による馬耕
「写真で見る農具 民具」農林統計協会　1988
　◇口絵〔白黒〕　関東東山農試(鴻巣)ほ場　㊞昭和28年頃　写真提供 佐藤清美

## 沖縄の畑
「写真でみる日本生活図引 6」弘文堂　1993
　◇図145〔白黒〕　沖縄県国頭郡国頭村安田　甘藷, 砂糖黍　㊞須藤功, 昭和48年8月6日

## オグソ取り(オヒキ)
「民俗資料選集 23 北上山地の畑作習俗」国土地理協会　1995
　◇p32(本文)〔白黒〕　岩手県久慈市山根六郷　麻糸づくり

## おこぎばし
「日本の民具 2 農村」慶友社　1992
　◇図59〔白黒〕　広島県安佐郡可部町　㊞薗部澄

## オコシ(すき)
「民俗資料叢書 11 田植の習俗5」平凡社　1970
　◇図147〔白黒〕　鹿児島県国分市上井

## オコシスキ
「民俗資料叢書 11 田植の習俗5」平凡社　1970
　◇図155〔白黒〕　鹿児島県国分市上井

## 尾崎式改良窓鍬
「日本民俗図誌 5 農耕・漁撈篇」村田書店　1978
　◇図53-3〔白黒・図〕　島根県飯石郡三刀屋村

## オサバイサマ
「民俗資料叢書 11 田植の習俗5」平凡社　1970
　◇図86〔白黒〕　高知県宿毛市山奈町山田　手前はふきの葉
　◇図87〔白黒〕　高知県宿毛市山奈町山田　斎串の根元に植えた12クラの苗

◇図88〔白黒〕　高知県宿毛市山奈町山田　栗・竹をたばねたわらの12の節

**オサバイサマと病虫害よけの立て札**
「民俗資料叢書 11 田植の習俗5」平凡社　1970
◇図41〔白黒〕　高知県高岡郡葉山村葉山

**オサバイサン**
「民俗資料叢書 11 田植の習俗5」平凡社　1970
◇図51〔白黒〕　高知県幡多郡大方町出口　供えたカタシの枝が根付き、オイノベカズラが大きな葉をつけている
◇図54〔白黒〕(苗取り後のオサバイサン)　高知県幡多郡大方町出口　12クラの苗が植えてある

**オサバイサンに供えた椿の枝**
「民俗資料叢書 11 田植の習俗5」平凡社　1970
◇図50〔白黒〕　高知県幡多郡大方町出口

**オシギリ**
「宮本常一 写真・日記集成 別巻」毎日新聞社　2005
◇図24(p17)〔白黒〕　島根県邑智郡田所村鱒渕[邑南町]　[撮]宮本常一, 1939年[月日不明]　森脇太一寄贈

**押持立犂**
「日本民俗図誌 5 農耕・漁撈篇」村田書店　1978
◇図61-5ロ〔白黒・図〕

**オ田ノ神ヲ休マセル**
「民俗資料叢書 1 田植の習俗1」平凡社　1965
◇図41〔白黒〕　岩手県江刺市田原の紺野家　初田植の昼休み前にニワにマンガン, 苗を供えてオ田ノ神ヲ休マセル
◇図44〔白黒〕　岩手県江刺市藤里の山内家　昼休み前に田の中央に苗を方形に植え, まわりに苗株を横たえ, マンガン, サセザオ, 供え物を供えて拝む
◇図47～50〔白黒〕　岩手県江刺市伊手のナゴネ　田の土手際の朴の木の下に3把苗, 供え物を供えて拝む, 朴の葉にのせた供え物, 供え物を食べたのち, 朴の葉を腰にはさんでおく
◇p48(挿8)〔白黒・図〕　岩手県江刺市田原の紺野家
◇p50(挿10)〔白黒・図〕　岩手県江刺市藤里のヒラシミズ
◇p51(挿11)〔白黒・図〕　岩手県江刺市藤里の小沢家
◇p52(挿12)〔白黒・図〕　岩手県江刺市藤里の山内家

**オ田ノ神ノ田**
「民俗資料叢書 1 田植の習俗1」平凡社　1965
◇図54〔白黒〕　岩手県江刺市伊手のスイズンギ

**落葉の堆肥づくり**
「日本社会民俗辞典 3」日本図書センター　2004
◇p1226〔白黒〕　栃木県板荷村

**落穂ひろい**
「写真ものがたり昭和の暮らし 6」農山漁村文化協会　2006
◇p51〔白黒〕(孫をおぶって祖父は落穂拾いをする)　秋田県二ツ井町　[撮]南利夫, 昭和30年10月
「日本社会民俗辞典 1」日本図書センター　2004
◇図版Ⅵ 稲作(2)〔白黒〕　東北地方

**オドシ**
「民俗図録 日本人の暮らし」日本図書センター　2012
◇図232〔白黒〕(里芋に羽をつけたオドシ)　千葉県東葛飾郡布佐村　[撮]三木茂
「宮本常一 写真・日記集成 上」毎日新聞社　2005
◇p17〔白黒〕　広島県山県郡戸河内町[安芸太田町]板ヶ谷　[撮]宮本常一, 1955年8月21日
「民俗資料叢書 9 田植の習俗4」平凡社　1969
◇図69〔白黒〕(死鳥をつるしたオドシ)　広島県山県郡
◇図71〔白黒〕(絵だこのオドシ)　広島県山県郡

**鬼ぐるま**
「写真で見る農具 民具」農林統計協会　1988
◇p62〔白黒〕　茨城県境町　大正時代から昭和20年代の前半

**鬼歯**
「写真で見る農具 民具」農林統計協会　1988
◇p128〔白黒〕　静岡県大井川町　大正時代から昭和20年代前期
◇p128〔白黒〕　鹿児島県蒲生町　昭和初期まで

**親子で農場へ**
「写真でみる日本人の生活全集 10」日本図書センター　2010
◇p77〔白黒〕

**オンガ(大鍬)**
「いまに伝える 農家のモノ・人の生活館」柏書房　2004
◇p197 写真1〔白黒〕　埼玉県東秩父村　明治末期か大正末期に、小川町の金物店から歯先を購入し、自分の家の山の木を使って自家で作ったもの

**温室**
「宮本常一が撮った昭和の情景 上」毎日新聞社　2009
◇p212〔白黒〕(温室栽培)　東京都大島町差木地　[撮]宮本常一, 1964年1月22日
「宮本常一 写真・日記集成 上」毎日新聞社　2005
◇p420〔白黒〕　東京都大島町差木地(伊豆大島)　[撮]宮本常一, 1964年1月22日

**温室を利用した最先端の施設園芸地域**
「日本の生活環境文化大辞典」柏書房　2010
◇口絵9〔カラー〕　愛知県田原市伊良湖町　[撮]2005年林哲志

**温床**
「写真でみる日本生活図引 1」弘文堂　1989
◇図111〔白黒〕　新潟県長岡市蓬平　[撮]中俣正義, 昭和32年4月

**温床つくり**
「フォークロアの眼 2 雪国と暮らし」国書刊行会　1977
◇図185〔白黒〕　新潟県古志郡太田村(現在は長岡市)蓬平　[撮]中俣正義, 昭和32年4月28日

**温床苗代**
「民俗資料叢書 9 田植の習俗4」平凡社　1969
◇図5〔白黒〕　島根県邑智郡石見町日貫青笹

**温床に種芋を伏せる**
「里山・里海 暮らし図鑑」柏書房　2012
◇写21(p88)〔白黒〕　埼玉県鳩山町　大舘勝治提供

**女だけの農業**
「写真でみる日本人の生活全集 10」日本図書センター　2010
◇p148〔白黒〕　大分県　「アサヒグラフ」より

**海岸沿いの見事な畑の景観**
「宮本常一 写真・日記集成 下」毎日新聞社　2005
◇p408〔白黒〕　高知県須崎市安和→土佐新荘　[撮]宮本常一, 1977年10月20日～21日

**海岸で収穫物を乾かす**
「日本民俗写真大系 8」日本図書センター　2000
◇p77〔白黒〕　糸魚川市　[撮]大久保一男, 1955年頃

**開墾鍬**
「写真で見る農具 民具」農林統計協会　1988
◇p24〔白黒〕　兵庫県日高町

**開墾地**
「宮本常一 写真・日記集成 別巻」毎日新聞社　2005
◇図75(p22)〔白黒〕(小島付近ノ開墾地)　鹿児島県・屋久島・小島[屋久町]　[撮]宮本常一, 1940年1月27日～2

月10日
　　◇図77(p22)〔白黒〕(開墾地方ノ開墾地)　鹿児島県・屋久島　㊕宮本常一, 1940年1月27日〜2月10日
　　◇図151(p28)〔白黒〕　山形県・月山山麓　㊕宮本常一, 1940年〔11月〕

## 開墾　焼畑
「宮本常一 写真・日記集成 別巻」毎日新聞社　2005
　　◇図73・74(p22)〔白黒〕　鹿児島県・屋久島・〔屋久町〕　㊕宮本常一, 1940年1月27日〜2月10日

## 開作
「宮本常一 写真・日記集成 上」毎日新聞社　2005
　　◇p77〔白黒〕　広島県 宗崎海岸　㊕宮本常一, 1957年8月25日

## 開拓民に与えられた土地
「日本民俗写真大系 1」日本図書センター　1999
　　◇p122〜123〔白黒〕　北海道長万部町平里　㊕掛川源一郎, 1957年

## 害虫駆除
「写真でみる日本生活図引 1」弘文堂　1989
　　◇図40〔白黒〕　新潟県佐渡郡畑野町　㊕明治末頃　池田哲夫提供

## 害虫捕虫瓶
「写真で見る農具 民具」農林統計協会　1988
　　◇p115〔白黒〕　鳥取県鳥取市　昭和20年代後半より数年間

## 開田作業
「写真ものがたり昭和の暮らし 2」農山漁村文化協会　2004
　　◇p74〔白黒〕　栃木県那須町　初冬　㊕昭和29年　独立行政法人 農業・生物系特定産業技術研究機構提供

## 回転式球根粉衣消毒機
「写真で見る農具 民具」農林統計協会　1988
　　◇p219〔白黒〕　富山県入善町　昭和40年代前期から50年代前期まで

## 回転式脱穀機
「民具のみかた―心とかたち」第一法規出版　1983
　　◇p141〔白黒〕　石川県金沢市

## 回転式中耕除草機
「里山・里海 暮らし図鑑」柏書房　2012
　　◇写54(p71)〔白黒〕　鹿児島県溝辺町

## 回転定規
「写真で見る農具 民具」農林統計協会　1988
　　◇p220〔白黒〕　富山県入善町　昭和35年考案　花卉

## 回転脱穀棒
「写真で見る農具 民具」農林統計協会　1988
　　◇p128〔白黒〕　千葉県八街町　明治時代から昭和10年代まで

## カイト(垣内)に植えられたトウモロコシ
「民俗資料選集 30 焼畑習俗Ⅱ」国土地理協会　2002
　　◇p37(本文)〔白黒〕　山梨県南巨摩郡早川町奈良田

## カイボリをするとき沼の魚をとる
「いまに伝える 農家のモノ・人の生活館」柏書房　2004
　　◇p93 写真3〔白黒〕(沼の魚をとる)　埼玉県　ホッツケ田

## 改良エンガ
「いまに伝える 農家のモノ・人の生活館」柏書房　2004
　　◇p199 写真2〔白黒〕(二挺並んだ改良エンガ)　埼玉県 小鹿野町　㊕昭和59年

## 改良オンガ
「いまに伝える 農家のモノ・人の生活館」柏書房　2004
　　◇p76 写真5〔白黒〕　〔埼玉県〕　単用犂
　　◇p76 写真6〔白黒〕　〔埼玉県〕　「日の本号」両用犂
　　◇p197 写真2〔白黒〕　〔埼玉県〕　「日の本号」

## 改良すき
「民俗資料叢書 11 田植の習俗5」平凡社　1970
　　◇図178〔白黒〕　鹿児島県大島郡与論町

## 改良平鍬
「日本民俗図誌 5 農耕・漁撈篇」村田書店　1978
　　◇図53-6〔白黒・図〕　新潟県魚沼郡松長村

## 抱持立犂
「写真で見る農具 民具」農林統計協会　1988
　　◇p46〔白黒〕　佐賀県川副町　明治時代初期から

## カカシ
「写真ものがたり昭和の暮らし 1」農山漁村文化協会　2004
　　◇p127〔白黒〕　新潟県松之山町浦田　雪の田に立ちつくして冬を越した　㊕米山孝志, 昭和56年
「民俗資料選集 30 焼畑習俗Ⅱ」国土地理協会　2002
　　◇p6(口絵)〔白黒〕　山梨県南巨摩郡早川町奈良田　竹の棒の上に人の髪の毛やイノシシの毛を焦がして縛りつけたもの(再現風景)
　　◇p71(本文・写真18)〔白黒〕(カカシ(案山子))　山梨県南巨摩郡早川町奈良田　竹の棒の上に人の髪の毛を火で焦がして縛りつけ匂いで害獣を追い払う
「図録・民具入門事典」柏書房　1991
　　◇p61〔白黒〕　東京都
「民俗学辞典(改訂版)」東京堂出版　1987
　　◇図版11(p94)〔白黒・図〕　静岡県周智郡　橋浦泰雄画
「日本民俗図誌 5 農耕・漁撈篇」村田書店　1978
　　◇図91-1〔白黒・図〕　青森県弘前附近
　　◇図91-2〔白黒・図〕　青森県津軽川辺り
　　◇図91-3〔白黒・図〕　岩手県岩手郡角館附近
　　◇図91-4〔白黒・図〕　津軽板柳地方
　　◇図92・93〔白黒・図〕　青森附近
　　◇図94〔白黒・図〕　京都府愛宕郡愛宕附近
　　◇図95-1・2〔白黒・図〕　宮城県松島地方
　　◇図95-3〔白黒・図〕　岐阜県国府附近
　　◇図96-1〔白黒・図〕　木曾福島附近
　　◇図96-2〜4〔白黒・図〕　甲府附近
　　◇図96-5・6〔白黒・図〕　宮城県松島附近
　　◇図98〔白黒・図〕　静岡県　竹製のプロペラ式のもの『静岡県方言誌』
　　◇図99-1〔白黒・図〕　千葉県市川附近　藁を束ね紙の頭をつけて鳥の形に作ったもの
　　◇図99-2〔白黒・図〕　岩手県小岩井附近　鳥の死屍を吊す
　　◇図99-3〔白黒・図〕　鳥の死屍の片羽
　　◇図99-4〔白黒・図〕　三重県四日市附近　藁の燃え残りを十字に束ねて吊す
　　◇図99-5〔白黒・図〕　弘前附近　藁束の一端の燃え残りを棒にさして田の方々に立てる
「民俗資料叢書 9 田植の習俗4」平凡社　1969
　　◇図70〔白黒〕　広島県山県郡

## 案山子
「宮本常一 写真・日記集成 下」毎日新聞社　2005
　　◇p437〔白黒〕(稲田の案山子)　東京都八丈町三根(八丈島)　㊕宮本常一, 1978年7月25日〜29日
「日本民具の造形」淡交社　2004
　　◇p211〔白黒〕　長野県 坂北村歴史民俗資料館所蔵
「写真でみる日本生活図引 1」弘文堂　1989
　　◇図43〔白黒〕　島根県簸川郡斐川町　㊕石塚尊俊, 昭和29年
「写真で見る農具 民具」農林統計協会　1988
　　◇口絵〔白黒〕　岩手　昭和30年代　写真提供 片岡千治
「図説 民俗探訪事典」山川出版社　1983
　　◇p226〔白黒〕(ダルマを利用した案山子)　栃木県

**鹿驚**

「写真でみる日本生活図引 1」弘文堂　1989

◇図106〔白黒〕　鹿児島県大島郡瀬戸内町・加計呂麻島　[撮]須藤功, 昭和52年12月19日

**かかしや古着、カジメなどの猪鹿除け**

「写真ものがたり昭和の暮らし 2」農山漁村文化協会　2004

◇p61〔白黒〕　宮崎県西米良村小川　焼畑のヒエ　[撮]須藤功, 昭和59年10月(記録映画撮影のために焼畑を再現)

**柿の人工授粉器**

「写真で見る農具 民具」農林統計協会　1988

◇p191〔白黒〕　岐阜県巣南町　昭和16年頃から現在まで

**掛け落とし灌漑**

「里山・里海 暮らし図鑑」柏書房　2012

◇写59(p74)〔白黒〕　福井県美浜町新庄　昭和32年6月　小林一男所蔵, 美浜町役場文化財保護・町誌編纂室提供

**カゲジ「ヒノウラ」**

「民俗資料選集 25 焼畑習俗」国土地理協会　1997

◇p10(口絵)〔白黒〕(椿山集落向いのカゲジ「ヒノウラ」)　高知県池川町椿山　植林部分が昔の伐畑

**掛け干しのハサと収穫後の水田**

「宮本常一が撮った昭和の情景 上」毎日新聞社　2009

◇p11〔白黒〕　秋田県北秋田郡上小阿仁村　[撮]宮本常一, 1955年11月7日

**篭**

「写真で見る農具 民具」農林統計協会　1988

◇p187〔白黒〕　京都府京都市　江戸時代から昭和30年代まで　セリ収穫の際に用いる竹籠

**火口原の水田を見る**

「宮本常一 写真・日記集成 下」毎日新聞社　2005

◇p165〔白黒〕(阿蘇外輪山から火口原の水田を見る)　大分県 城山展望所から一の宮へ下る　[撮]宮本常一, 1968年8月1日

**籠鋤簾**

「日本民具の造形」淡交社　2004

◇p207〔白黒〕　岡山県 政田民俗資料館所蔵

**かごの中にワラ**

「宮本常一 写真・日記集成 上」毎日新聞社　2005

◇p40〔白黒〕　岡山県　[撮]宮本常一, 1956年10月4日

**風車**

「日本の生活環境文化大辞典」柏書房　2010

◇p31-1〔白黒〕　愛知県田原市中山町　風車による灌漑　[撮]1935年前後　田原市博物館

**風車と担桶**

「写真でみる日本生活図引 6」弘文堂　1993

◇図152〔白黒〕　大阪府堺市石津付近　砂地の畑作地域でみられた水撒きの風景　[撮]昭和20年代　大阪府農業会議提供

**風ぐるまと水ぐるま**

「民俗図録 日本人の暮らし」日本図書センター　2012

◇図225〔白黒〕　大阪府南河内郡貴志村附近

**カシキフミ**

「民俗資料叢書 11 田植の習俗5」平凡社　1970

◇図77〔白黒〕　高知県宿毛市山奈町山田

**貸鍬慣行の分布**

「図説 民俗探訪事典」山川出版社　1983

◇p287〔白黒・図〕　新潟県　1968年調査, 大島暁雄「新潟県下の貸鍬慣行」『物質文化』28号より

**果実運搬篭**

「写真で見る農具 民具」農林統計協会　1988

◇p191〔白黒〕　奈良県西吉野村　大正前期から昭和10年頃まで

**果実袋の塗油機**

「写真で見る農具 民具」農林統計協会　1988

◇p193〔白黒〕　鳥取県鳥取市　昭和27年～40年頃まで　梨樹の害虫駆除用具

**カジメ**

「民俗資料選集 30 焼畑習俗Ⅱ」国土地理協会　2002

◇p169(本文)〔白黒〕　宮崎県

**果樹支柱**

「写真でみる日本生活図引 別巻」弘文堂　1993

◇図325〔白黒〕　長野県下伊那郡阿智村　梨の木に支柱　[撮]熊谷元一, 昭和32年3月31日

**カズサ**

「図録・民具入門事典」柏書房　1991

◇p56〔白黒・図〕　東京都

「写真で見る農具 民具」農林統計協会　1988

◇p197〔白黒〕　東京都奥多摩町　明治時代中期から現在　わさび用具

**上総唐箕**

「図説 民俗探訪事典」山川出版社　1983

◇p234〔白黒〕　関東型　千葉県立上総博物館蔵

**ガス鉄砲**

「写真で見る農具 民具」農林統計協会　1988

◇p113〔白黒〕　愛媛県広見町　昭和前期～戦時中(昭和15～20年)に使用　乳熟期の穂を加害する鳥類を追い払う

**カスリ**

「写真で見る農具 民具」農林統計協会　1988

◇p116〔白黒〕　佐賀県神崎町　昭和35年頃まで　泥土揚げ用具

**肩掛式半自動噴霧機**

「写真で見る農具 民具」農林統計協会　1988

◇p110〔白黒〕　群馬県富岡市　昭和30年代まで

**片栗郡落**

「食の民俗事典」柊風舎　2011

◇p116〔白黒〕　福島県大沼郡三島町

**型田植**

「民俗資料叢書 1 田植の習俗1」平凡社　1965

◇図124〔白黒〕　岩手県遠野市鳴沢　早乙女だけで植えている

◇図125〔白黒〕　田舟の小さなものを使う

**かたつけ**

「写真で見る農具 民具」農林統計協会　1988

◇p79〔白黒〕　鹿児島県川辺町　昭和初期から32年頃まで

**型付け**

「日本の民俗 暮らしと生業」KADOKAWA　2014

◇図3-11〔白黒〕　福島県耶麻郡熱塩加納村　[撮]芳賀日出男, 昭和36年

「日本の民俗 下」クレオ　1997

◇図3-13〔白黒〕　福島県耶麻郡熱塩加納村　[撮]芳賀日出男, 昭和36年

**片鶴嘴**

「写真で見る農具 民具」農林統計協会　1988

◇p179〔白黒〕　大阪府池田市　大正時代初期から現在まで

**片手小鍬**

「写真で見る農具 民具」農林統計協会　1988

◇p38〔白黒〕　福岡県大野城市　大正時代から昭和20年代まで

**滑車**
「写真で見る農具 民具」農林統計協会　1988
◇p117〔白黒〕　愛媛県東予市　昭和30年頃まで

**カッチキ**
「民俗資料叢書 1 田植の習俗1」平凡社　1965
◇図17〔白黒〕　岩手県江刺市伊手

**カッチャ**
「民俗資料選集 23 北上山地の畑作習俗」国土地理協会　1995
◇p139(本文)〔白黒・図〕　岩手県岩泉町安家地区　焼畑の農具

**かつてのアラキバ**
「民俗資料選集 23 北上山地の畑作習俗」国土地理協会　1995
◇p90(本文)〔白黒〕　岩手県軽米町

**カトウガ(小唐鍬)**
「民俗資料選集 30 焼畑習俗Ⅱ」国土地理協会　2002
◇p69(本文・写真15)〔白黒〕　山梨県南巨摩郡早川町奈良田　ヤマハタの耕起に用いる
◇p77(本文・図13)〔白黒・図〕(カトウガの刃先)　山梨県南巨摩郡早川町奈良田　すりへった状態,修繕後の状態　ウナイ道具
「写真で見る農具 民具」農林統計協会　1988
◇p20〔白黒〕　山梨県早川町

**金鍬**
「写真で見る農具 民具」農林統計協会　1988
◇p22〔白黒〕　大阪府池田市　大正時代から昭和前期まで

**金鍬鑱床部の変化と角度及び柄長との関係**
「日本民俗図誌 5 農耕・漁撈篇」村田書店　1978
◇図52〔白黒・図〕　帝国農会編『日本農具図説』による

**カナコ**
「民俗資料叢書 11 田植の習俗5」平凡社　1970
◇図60〔白黒〕　高知県幡多郡大方町出口

**金ごき**
「写真で見る農具 民具」農林統計協会　1988
◇p131〔白黒〕　茨城県茎崎町　昭和10年代まで
◇p134〔白黒〕　茨城県猿島町

**金扱**
「民俗資料叢書 5 田植の習俗2」平凡社　1967
◇図2〔白黒〕　茨城県稲敷郡桜川村浮島

**金ブルイ**
「民俗資料選集 25 焼畑習俗」国土地理協会　1997
◇p39(本文)〔白黒・図〕　岐阜県白川村荻町　合掌造り生活資料館蔵

**カノガリ(下刈り)のナタカマ**
「民俗資料選集 23 北上山地の畑作習俗」国土地理協会　1995
◇p162(本文)〔白黒〕　岩手県 早池峰山西麓山村　キリカエバタケ

**カビ**
「民俗資料選集 30 焼畑習俗Ⅱ」国土地理協会　2002
◇p12(口絵)〔白黒〕　宮崎県西米良村小川　農作業時に腰につける虫よけ
◇p169(本文)〔白黒〕　宮崎県　カブサを芯にして麦カラを巻いたもの
「民俗資料選集 25 焼畑習俗」国土地理協会　1997
◇p3(口絵)〔白黒〕　明宝村立歴史民俗資料館蔵
◇p99(本文)〔白黒・図〕　岐阜県高鷲村　藁製 焼畑火入れの火種に使用
◇p102(本文)〔白黒・図〕　岐阜県高鷲村　ヨモギまたは布および藁製 ブヨ防除
「日本の民具 2 農村」慶友社　1992
◇図156〔白黒〕　使用地不明　[撮]薗部澄
「図録・民具入門事典」柏書房　1991
◇p61〔白黒〕　宮崎県

**蚊火**
「写真ものがたり昭和の暮らし 9」農山漁村文化協会　2007
◇p12〔白黒〕　福島県下郷町大内　[撮]須藤功,昭和44年8月
「写真でみる日本生活図引 8」弘文堂　1993
◇図25〔白黒〕　長野県下伊那郡阿智村　稲藁をきつく束ね縛り、下方に火をつけて煙を出す　[撮]熊谷元一,昭和26年7月
「民具のみかた—心とかたち」第一法規出版　1983
◇p139〔白黒〕(蚊火を着装する女)　青森県川内町　蚊火に点火し額に前結びで着装

**カブ**
「図録・民具入門事典」柏書房　1991
◇p61〔白黒〕　石川県

**株掻除草器**
「写真で見る農具 民具」農林統計協会　1988
◇p101〔白黒〕(株掻除草機)　秋田県太田町
◇p102〔白黒〕　奈良県天理市

**株切り**
「写真で見る農具 民具」農林統計協会　1988
◇p35〔白黒〕　富山県大門町　明治時代後期から昭和30年代前期まで

**株切り鍬**
「写真で見る農具 民具」農林統計協会　1988
◇p35〔白黒〕　兵庫県但東町　昭和40年頃まで
◇p35〔白黒〕　愛媛県御荘町　大正時代中期から昭和20年代まで
◇p35〔白黒〕　兵庫県出石町　昭和40年頃まで

**カブやキャベツの採苗用の畑**
「日本民俗写真大系 7」日本図書センター　2000
◇p115〔白黒〕　京都府伊根町　[撮]森本孝,1978年

**カベ**
「日本民具の造形」淡交社　2004
◇p138〔白黒〕　長野県 小谷村郷土館所蔵　田植えなどのときに使う蚊いぶし器

**カボチャビク**
「日本民俗図誌 5 農耕・漁撈篇」村田書店　1978
◇図47-4〔白黒・図〕　静岡県　『静岡県方言誌』

**カマ**
「民俗資料選集 23 北上山地の畑作習俗」国土地理協会　1995
◇p173(本文)〔白黒〕　岩手県 早池峰山西麓山村　ソバの刈り取り用
「日本の生活文化財」第一法規出版　1965
◇図14(生産・運搬・交易)〔白黒〕　文部省史料館所蔵(東京都品川区)
◇図15(生産・運搬・交易)〔白黒〕　文部省史料館所蔵(東京都品川区)

**鎌**
「日本民具の造形」淡交社　2004
◇p212〔白黒〕　愛知県 鳳来町山びこ民俗伝承館所蔵
「日本の民具 2 農村」慶友社　1992
◇図39〔白黒〕　広島県比婆郡西城町　[撮]薗部澄
「図録・民具入門事典」柏書房　1991
◇p62〔白黒〕

**叺に入れた籾種を水に浸す**
「日本民俗写真大系 8」日本図書センター　2000
◇p100〔白黒〕　男鹿市 海に注ぐ小さな流れ　[撮]伊藤碩

農業　　　　　　　　　　　　　　　　　　生産・生業

男，1967年

### 鎌研ぎ
「写真でみる日本生活図引 別巻」弘文堂　1993
◇図81〔白黒〕　長野県下伊那郡阿智村　⑩矢沢昇，昭和31年8月29日

### カマとクワ
「宮本常一 写真・日記集成 下」毎日新聞社　2005
◇p400〔白黒〕　滋賀県高島郡朽木村古屋　⑩宮本常一，1977年8月23日

### 釜とシャクシ
「民俗資料選集 25 焼畑習俗」国土地理協会　1997
◇p108（本文）〔白黒・図〕　岐阜県高鷲村　稗を精白する

### 鎌とニカホ
「民俗資料叢書 9 田植の習俗4」平凡社　1969
◇図39〔白黒〕　島根県邑智郡石見町中野

### 鎌による稲刈り
「写真で見る農具 民具」農林統計協会　1988
◇口絵〔白黒〕　岩手県　昭和30年代　写真提供 岩手県立農業博物館

### 鎌の型
「図説 民俗探訪事典」山川出版社　1983
◇p228〔白黒・図〕（おもな鎌の型）　伊賀型、三日月型、津山型、伯州型、松原型、加世田型、土佐型、久留里型、信州型、庄内型、米沢型、羽生型、表鋼広型（南部型）、元広型（津軽型）、大幅広型〔奥羽型〕、昆布刈鎌　中村忠次郎原図より

### 鎌の産地と銘柄の分布と盛衰
「図説 民俗探訪事典」山川出版社　1983
◇p228〔白黒・図〕　『日本の鎌・鍬・犂』より，産地・集散地とも一部省略した

### 鎌の収納
「図録・民具入門事典」柏書房　1991
◇p62〔白黒〕　東京都

### 天牛駆除器
「写真で見る農具 民具」農林統計協会　1988
◇p114〔白黒〕　奈良県天理市　昭和21年考案

### カミサンダの田植
「民俗資料叢書 8 田植の習俗3」平凡社　1968
◇図68～71〔白黒〕　新潟県佐渡市
◇図73・74〔白黒〕　新潟県佐渡市

### 剃刀形鎌
「日本民俗図誌 5 農耕・漁撈篇」村田書店　1978
◇図48-8〔白黒・図〕　大阪府堺

### 亀鍬
「日本民俗図誌 5 農耕・漁撈篇」村田書店　1978
◇図53-1〔白黒・図〕　福井県坂井郡金津町

### 茅の刈取り
「民俗資料選集 25 焼畑習俗」国土地理協会　1997
◇p8（口絵）〔白黒〕　岐阜県荘川村三尾河

### 茅葺き農家と通し苗代
「宮本常一が撮った昭和の情景 上」毎日新聞社　2009
◇p11〔白黒〕　秋田県北秋田郡上小阿仁村　⑩宮本常一，1955年11月7日

### 蚊遣
「日本民俗図誌 5 農耕・漁撈篇」村田書店　1978
◇図100-3～5〔白黒・図〕　静岡県　田畑で働くとき竹筒に布縄を入れて腰にさげる　『静岡県方言誌』

### カライモ畑の草取り
「あるくみるきく双書 宮本常一とあるいた昭和の日本 21」農山漁村文化協会　2011

◇p174〔白黒〕　鹿児島県里村里（上甑島）　⑩竹内淳子

### カラウス
「いまに伝える 農家のモノ・人の生活館」柏書房　2004
◇p117 写真5〔白黒〕　〔埼玉県〕
「日本民俗大辞典 上」吉川弘文館　1999
◇p921〔白黒〕　東京都杉並区　井草八幡宮民俗資料館所蔵
「日本民俗図誌 4 習俗・飲食篇」村田書店　1978
◇図168〔白黒・図〕（カラウス（唐臼））　東京都下伊豆新島その他　麦・粟などの脱穀に用いられる

### 唐臼
「写真でみる民家大事典」柏書房　2005
◇p428-3〔白黒〕（各家の土間隅に設けられて米や稗を搗いた唐臼）　宮崎県東臼杵郡椎葉村十根川　⑩2004年土田充義
「日本民俗大辞典 上」吉川弘文館　1999
◇p417〔白黒・図〕
「写真でみる日本生活図引 1」弘文堂　1989
◇図72〔白黒〕　宮崎県西都市字銀鏡　⑩須藤功，昭和47年12月10日

### カラウス小屋
「民俗資料選集 25 焼畑習俗」国土地理協会　1997
◇p79（本文）〔白黒〕　岐阜県 荘川の里民俗資料館

### 唐臼小屋
「民俗資料選集 25 焼畑習俗」国土地理協会　1997
◇p5（口絵）〔白黒〕　岐阜県白川村平瀬

### カラウス小屋内部
「民俗資料選集 25 焼畑習俗」国土地理協会　1997
◇p79（本文）〔白黒〕　岐阜県 荘川の里民俗資料館

### カラクワ
「民俗資料選集 23 北上山地の畑作習俗」国土地理協会　1995
◇p196（本文）〔白黒〕　岩手県気仙郡住田町世田米、大股　アラクの農具

### カラサオ
「日本民俗写真大系 1」日本図書センター　1999
◇p32〔白黒〕（カラサオ（唐竿））　北海道 十勝地方　竿の先のついた棒を回転させながら叩き、大豆を莢から落とす　⑩関口哲也，1950年代前半
「日本の民具 2 農村」慶友社　1992
◇図54〔白黒〕　使用地不明　⑩薗部澄

### から竿
「写真で見る農具 民具」農林統計協会　1988
◇p129〔白黒〕　奈良県奈良市　明治以降第二次大戦末期頃まで

### 唐竿
「日本民具の造形」淡交社　2004
◇p46〔白黒〕　山梨県 上野原町歴史資料室所蔵
「日本民俗大辞典 上」吉川弘文館　1999
◇p418〔白黒・図〕　数本回転型，一本回転型，数本垂下型，一本垂下型　小野重朗「南九州の民具」より
「写真で見る農具 民具」農林統計協会　1988
◇p129〔白黒〕　兵庫県春日町　明治時代から昭和前期まで
◇p129〔白黒〕　鳥取県河原町
◇p130〔白黒〕　愛媛県吉海町　明治時代から昭和35年頃まで
◇p130〔白黒〕　愛媛県小田町　明治初期～現在
◇p130〔白黒〕　鹿児島県喜界町　昭和30年代前半まで
◇p130〔白黒〕　鹿児島県川辺町　昭和40年頃まで

### 唐棹
「日本民具の造形」淡交社　2004

◇p213〔白黒〕　茨城県 石岡市民俗資料館所蔵
「図録・民具入門事典」柏書房　1991
◇p62〔白黒〕　東京都

**唐棹使用図**
「図録・民具入門事典」柏書房　1991
◇p62〔白黒〕　埼玉県　埼玉県立博物館所蔵

**唐竿で豆を打つ**
「宮本常一 写真・日記集成 下」毎日新聞社　2005
◇p256〔白黒〕　山口県玖珂郡美和町黒瀬　[撮]宮本常一, 1971年8月24日～30日

**カラサワで打つ**
「民俗資料選集 25 焼畑習俗」国土地理協会　1997
◇p17(口絵)〔白黒〕　高知県池川町椿山

**カラスキ**
「日本民俗写真大系 6」日本図書センター　2000
◇p126〔白黒〕(人が引くカラスキ)　長崎県対馬 庭先の野菜畑　[撮]山田梅雄, 1983年
「民俗資料叢書 11 田植の習俗5」平凡社　1970
◇図133〔白黒〕　長崎県 対馬豆酘

**唐犂**
「写真で見る農具 民具」農林統計協会　1988
◇p47〔白黒〕　大阪府池田市

**唐犂(はだあげ)**
「写真で見る農具 民具」農林統計協会　1988
◇p50〔白黒〕　大阪府堺市　大正後期ごろまで

**苧畑の野焼き**
「民俗資料選集 3 紡織習俗Ⅰ」国土地理協会　1975
◇p21(口絵)〔白黒〕　新潟県　越後縮の紡織習俗

**苧畑の防風垣**
「民俗資料選集 3 紡織習俗Ⅰ」国土地理協会　1975
◇p21(口絵)〔白黒〕　新潟県　越後のアンギン紡織

**刈入れ後の車田**
「民俗資料叢書 8 田植の習俗3」平凡社　1968
◇図89〔白黒〕　岐阜県高山市松之木町字車田　[撮]昭和31年11月

**カリカケ**
「いまに伝える 農家のモノ・人の生活館」柏書房　2004
◇p139 写真12〔白黒〕　埼玉県両神村　麦刈りに先立ち、地紙にカリカケを供えて豊作を感謝する　[撮]昭和59年

**カリキリ**
「いまに伝える 農家のモノ・人の生活館」柏書房　2004
◇p139 写真13〔白黒〕　埼玉県三芳町　麦刈り後、カマをきれいに洗い、まんじゅう、うどん、お神酒を供えて、麦の収穫を感謝する　[撮]昭和59年

**刈り草の結束**
「里山・里海 暮らし図鑑」柏書房　2012
◇写62(p75)〔白黒〕　兵庫県養父市和田

**刈敷**
「写真ものがたり昭和の暮らし 1」農山漁村文化協会　2004
◇p144〔白黒〕(草木を刈って田に入れた刈敷)　静岡県水窪町奥領家　[撮]須藤功, 昭和44年5月
「写真でみる日本生活図引 1」弘文堂　1989
◇図12, 13〔白黒〕　岩手県九戸郡山形村来内　[撮]菊池俊吉, 昭和32年5月

**刈敷を田へひろげる**
「日本社会民俗辞典 3」日本図書センター　2004
◇p1226〔白黒〕　長野県川島村

**刈敷を田土に混ぜ埋め込む作業を手伝う中学生たち**
「里山・里海 暮らし図鑑」柏書房　2012
◇写26(p275)〔白黒〕　福井県旧三方町〔若狭町〕鳥浜　昭和16年　清水明幸・高橋善正所蔵, 若狭町歴史文化館提供

**刈り取った早期米を家族総出で海岸の防波堤に干す**
「日本民俗写真大系 5」日本図書センター　2000
◇p117〔白黒〕　鹿児島県里村里(上甑島)　[撮]橋口実昭, 1978年

**刈り取り後の田で作業中**
「宮本常一 写真・日記集成 上」毎日新聞社　2005
◇p458〔白黒〕　山梨県富士吉田→甲府 バスで　[撮]宮本常一, 1964年11月8日

**カリ肥料として保存した木灰**
「里山・里海 暮らし図鑑」柏書房　2012
◇写13(p105)〔白黒〕　広島県庄原市

**刈り干し**
「日本民俗大辞典 下」吉川弘文館　2000
◇図27〔別刷図版「野良仕事」〕〔白黒〕　宮崎県西臼杵郡高千穂町　[撮]芥川仁, 昭和51(1976)年

**カルチベータ**
「写真で見る農具 民具」農林統計協会　1988
◇p106〔白黒〕　岩手県久慈市
◇p106〔白黒〕　栃木県宇都宮市
◇p107〔白黒〕　群馬県前橋市　昭和20年代
◇p107〔白黒〕　愛媛県広見町　昭和20年代
◇p107〔白黒〕　宮崎県串間市　昭和25～37年

**カルチベーター**
「いまに伝える 農家のモノ・人の生活館」柏書房　2004
◇p107 写真2〔白黒〕　〔埼玉県〕

**枯れたナシの木を利用したハヤトウリの棚**
「写真ものがたり昭和の暮らし 1」農山漁村文化協会　2004
◇p190〔白黒〕　長野県阿智村駒場　[撮]熊谷元一, 昭和31年9月

**簡易覆土器**
「写真で見る農具 民具」農林統計協会　1988
◇p80〔白黒〕　鹿児島県根占町
◇p80〔白黒〕　鹿児島県大隅町

**灌漑水路**
「宮本常一が撮った昭和の情景 下」毎日新聞社　2009
◇p57〔白黒〕(灌漑用の水路)　広島県安芸高田市八千代町土師　土師ダム建設予定地の民俗調査　[撮]宮本常一, 1967年12月12日～18日
「宮本常一 写真・日記集成 上」毎日新聞社　2005
◇p37〔白黒〕　茨城県土浦市　[撮]宮本常一, 1956年5月30日
「宮本常一 写真・日記集成 下」毎日新聞社　2005
◇p108〔白黒〕(井堰横の灌漑水路)　広島県高田郡八千代町土師[安芸高田市]　[撮]宮本常一, 1967年12月12日～18日
◇p309〔白黒〕(灌漑の水路)　山口県玖珂郡美和町　右はハス田　[撮]宮本常一, 1973年8月6日～10日

**灌漑水路が家の前を通る**
「宮本常一 写真・日記集成 下」毎日新聞社　2005
◇p107〔白黒〕　広島県高田郡八千代町土師[安芸高田市]　[撮]宮本常一, 1967年12月12日～18日

**灌漑水路の分水施設**
「宮本常一 写真・日記集成 上」毎日新聞社　2005
◇p37〔白黒〕　茨城県土浦市　[撮]宮本常一, 1956年5月30日

**灌漑の水車**
「宮本常一が撮った昭和の情景 下」毎日新聞社　2009
◇p57〔白黒〕(灌漑用の水あげ用水車)　広島県安芸高田

市八千代町土師　土師ダム建設予定地の民俗調査 [撮]宮本常一, 1967年12月12日〜18日

「宮本常一 写真・日記集成 下」毎日新聞社　2005

◇p108〔白黒〕　広島県高田郡八千代町土師［安芸高田市］ [撮]宮本常一, 1967年12月12日〜18日

### 灌漑用の水上輪

「宮本常一 写真・日記集成 上」毎日新聞社　2005

◇p141〔白黒〕　新潟県佐渡郡畑野町［佐渡市］後山　金山用のものが普及　[撮]宮本常一, 1959年8月9日

### 灌漑用の溜池

「図説 日本民俗学」吉川弘文館　2009

◇p114〔白黒〕　奈良県橿原市　5月5日のノガミ祭り

### ガンギ（穂取り）

「民具のみかた—心とかたち」第一法規出版　1983

◇p126〔白黒〕（ガンギ）　石川県白山麓　稗・粟の穂取り

### カンコロ

「民具のみかた—心とかたち」第一法規出版　1983

◇p127〔白黒〕　石川県白山麓　アマボシダイにとりつける火勢調整具

### カンジキ（田下駄）

「いまに伝える 農家のモノ・人の生活館」柏書房　2004

◇p110 写真5〔白黒〕（カンジキ）　埼玉県桶川市

「日本民具の造形」淡交社　2004

◇p208〔白黒〕（かんじき）　北海道 沼田町農業資料館所蔵　田下駄

「日本の民具 2 農村」慶友社　1992

◇図6〔白黒〕（かんじき（田下駄））　新潟県西蒲原郡潟東村　[撮]薗部澄

「図録・民具入門事典」柏書房　1991

◇p59〔白黒〕（カンジキ）　千葉県　田下駄の一種

◇p59〔白黒〕（カンジキ）　山形県　簾編型田下駄　山形大学郷土博物館所蔵

### カンジキを使用しての稲刈り

「いまに伝える 農家のモノ・人の生活館」柏書房　2004

◇p110 写真4〔白黒〕　埼玉県桶川市

### 乾式予察灯

「写真で見る農具 民具」農林統計協会　1988

◇p112〔白黒〕　鳥取県郡家町　昭和40年代まで

### 甘蔗畑

「宮本常一 写真・日記集成 別巻」毎日新聞社　2005

◇図78（p22）〔白黒〕　鹿児島県・屋久島・原［屋久町］ [撮]宮本常一, 1940年1月27日〜2月10日

### 甘藷畑

「写真でみる日本生活図引 1」弘文堂　1989

◇図108〔白黒〕　広島県安芸郡倉橋町・倉橋島　[撮]菊池俊吉, 昭和22年

### 甘藷掘り

「写真でみる日本生活図引 別巻」弘文堂　1993

◇図145〔白黒〕　長野県下伊那郡阿智村　[撮]熊谷元一, 昭和31年10月30日

「写真でみる日本生活図引 1」弘文堂　1989

◇図107〔白黒〕　鹿児島県川内市高城　[撮]鶴添泰蔵, 昭和38年11月4日

### ガンヅメ

「日本民俗大辞典 上」吉川弘文館　1999

◇p866〔白黒〕　仙台市歴史民俗資料館所蔵

「写真で見る農具 民具」農林統計協会　1988

◇p92〔白黒〕　宮崎県延岡市　大正時代後期まで

「民俗資料叢書 11 田植の習俗5」平凡社　1970

◇図159〔白黒〕　鹿児島県国分市上井

「日本の生活文化財」第一法規出版　1965

◇図9（生産・運搬・交易）〔白黒〕　文部省史料館所蔵（東京都品川区）

### ガン爪

「写真で見る農具 民具」農林統計協会　1988

◇p92〔白黒〕　大阪府池田市　大正時代から昭和前期まで

### 雁爪

「日本の民具 2 農村」慶友社　1992

◇図1〔白黒〕　山口県大島 東和町　[撮]薗部澄

「写真で見る農具 民具」農林統計協会　1988

◇p91〔白黒〕　京都府美山町

◇p91〔白黒〕　宮崎県串間市

◇p91〔白黒〕　鹿児島県川辺町　大正時代末期から昭和初期に使用

◇p91〔白黒〕　大阪府松原市

◇p91〔白黒〕　大阪府松原市

◇p92〔白黒〕　兵庫県竜野市

◇p92〔白黒〕　鹿児島県川辺町　大正時代後期から昭和前期まで

◇p93〔白黒〕　佐賀県武雄市　明治時代から大正初期まで

◇p93〔白黒〕　鹿児島県祁答院町　昭和25年頃まで

◇p93〔白黒〕　鹿児島県宮之城町　昭和20年代まで

◇p93〔白黒〕　鹿児島県阿久根市　昭和25年頃まで

◇p93〔白黒〕　鹿児島県川辺町　大正時代末期から昭和初期まで

◇p93〔白黒〕　鹿児島県祁答院町　昭和25年頃まで

### 乾田の田植え

「日本民俗文化財事典（改訂版）」第一法規出版　1979

◇図117〔白黒〕　富山県新川地方

◇図118〔白黒〕　富山県砺波地方

### 乾田の種播き

「民俗資料叢書 11 田植の習俗5」平凡社　1970

◇図9〔白黒〕　高知県室戸市室津郷

### 乾田播きの終了後

「民俗資料叢書 11 田植の習俗5」平凡社　1970

◇図10〔白黒〕　高知県室戸市室津郷

### カンバ

「民俗資料選集 25 焼畑習俗」国土地理協会　1997

◇p100（本文）〔白黒・図〕　岐阜県高鷲村

### カンピョ

「写真で見る農具 民具」農林統計協会　1988

◇p116〔白黒〕　佐賀県神崎町　昭和35年頃まで　泥土揚げ用具

### カンピョウエ

「写真で見る農具 民具」農林統計協会　1988

◇p116〔白黒〕　佐賀県大町町　昭和35年頃まで　泥土揚げ用具

### 甘藍植え

「写真でみる日本生活図引 別巻」弘文堂　1993

◇図151〔白黒〕　長野県下伊那郡阿智村　[撮]矢沢昇, 昭和31年11月5日

### 管理作業用具

「写真で見る農具 民具」農林統計協会　1988

◇p109〔白黒〕　鹿児島県宮之城町　昭和25年頃まで

### 木オロシ

「写真ものがたり昭和の暮らし 2」農山漁村文化協会　2004

◇p57〔白黒〕　宮崎県西米良村小川　[撮]須藤功, 昭和58年10月（記録映画撮影のために焼畑を再現）

「民俗資料選集 30 焼畑習俗Ⅱ」国土地理協会　2002

◇p11（口絵）〔白黒〕　宮崎県西米良村小川　ツク（竹

生産・生業　　　　　　　　　　　　　　　　　　　　　農業

竿)を利用して木に登る
　　◇p11（口絵）〔白黒〕　宮崎県西米良村小川　次の木にツクを利用して移る（「竿をすむ」）

**キオロシザオを渡す**
「写真ものがたり昭和の暮らし 2」農山漁村文化協会　2004
　　◇p58〔カラー〕　宮崎県西米良村小川　㊥須藤功, 昭和58年10月（記録映画撮影のために焼畑を再現）

**キオロシザオのカギ**
「写真ものがたり昭和の暮らし 2」農山漁村文化協会　2004
　　◇p57〔白黒〕（キオロシザオの先に結びつけたカギ）　宮崎県西米良村小川　㊥須藤功, 昭和58年10月（記録映画撮影のために焼畑を再現）
「民具のみかた一心とかたち」第一法規出版　1983
　　◇p124〔白黒〕（キオロシザオ（木おろし竿）のカギ（鉤））　宮崎県西米良村

**木オロシ作業に使うツク（竹竿）**
「民俗資料選集 30 焼畑習俗Ⅱ」国土地理協会　2002
　　◇p12（口絵）〔白黒〕　宮崎県西米良村小川

**木オロシ竿（ツク）の先端部分**
「民俗資料選集 30 焼畑習俗Ⅱ」国土地理協会　2002
　　◇p163（本文）〔白黒〕　宮崎県

**木おろしと並行して、山の斜面の細い木やつる草、雑草などを刈りとる**
「写真ものがたり昭和の暮らし 2」農山漁村文化協会　2004
　　◇p57〔白黒〕　宮崎県西米良村小川　㊥須藤功, 昭和58年10月（記録映画撮影のために焼畑を再現）

**機械化される農業**
「図説 日本民俗学」吉川弘文館　2009
　　◇p186〔白黒〕　長野県安曇野市

**木ぐわ**
「写真で見る農具 民具」農林統計協会　1988
　　◇p148〔白黒〕　愛媛県中山町　明治時代から昭和30年代

**木鍬**
「写真で見る農具 民具」農林統計協会　1988
　　◇p34〔白黒〕　大阪府池田市　昭和前期頃まで
　　◇p34〔白黒〕　大阪府豊中市　大正時代から昭和初期まで

**キザネヤキ**
「民俗資料選集 30 焼畑習俗Ⅱ」国土地理協会　2002
　　◇p178（本文）〔白黒〕　宮崎県　1回目の火入れの翌日

**紀州蜜柑**
「日本郷土 風俗・民芸・芸能図鑑」日本図書センター　2012
　　◇写真篇 和歌山〔白黒〕　和歌山県

**木摺臼**
「写真で見る農具 民具」農林統計協会　1988
　　◇p138〔白黒〕　岩手県軽米町

**きね**
「写真で見る農具 民具」農林統計協会　1988
　　◇p150〔白黒〕　秋田県増田町　昭和前期まで
　　◇p150〔白黒〕　岐阜県海津市　昭和前期頃まで

**杵**
「写真で見る農具 民具」農林統計協会　1988
　　◇p153〔白黒〕　山形県長井市　昭和7年頃まで使用, 昭和20年頃には笹の実を搗くのに利用　手杵。米・大豆の製粉

**木の実鎌**
「日本民俗図誌 5 農耕・漁撈篇」村田書店　1978
　　◇図49-3〔白黒・図〕　秋田地方　染木煕の採図による

**木のモッコ**
「民俗資料選集 23 北上山地の畑作習俗」国土地理協会　1995
　　◇p140（本文）〔白黒・図〕　岩手県岩泉町安家地区　焼畑の農具

**キビの脱穀**
「食の民俗事典」柊風舎　2011
　　◇p25〔白黒〕（黍の脱穀）　徳島県
「民俗資料選集 23 北上山地の畑作習俗」国土地理協会　1995
　　◇p12（口絵）〔白黒〕　岩手県久慈市山根六郷

**キビの穂を小刀で刈って肩からさげた竹かごに入れる**
「写真ものがたり昭和の暮らし 2」農山漁村文化協会　2004
　　◇p73〔白黒〕　埼玉県吉田町女部田　㊥武藤盈, 昭和32年10月

**木焼き**
「民俗資料選集 30 焼畑習俗Ⅱ」国土地理協会　2002
　　◇p14（口絵）〔白黒〕　宮崎県西米良村小川　コバヤキで燃え残った木を集めて焼く

**客土を馬橇で運ぶ**
「日本民俗写真大系 1」日本図書センター　1999
　　◇p124〔白黒〕（客土）　北海道長万部町平里　雪のある時期に馬橇で田の上に運んでおく　㊥掛川源一郎, 1957年

**キャベツ栽培**
「写真ものがたり昭和の暮らし 4」農村漁村文化協会　2005
　　◇p155〔白黒〕　東京都練馬区　㊥昭和57年11月　東京都提供

**牛耕**
「民俗図録 日本人の暮らし」日本図書センター　2012
　　◇図245〔白黒〕　沖縄 波照間島　㊥林義三
「日本の生活環境文化大辞典」柏書房　2010
　　◇p29-8〔白黒〕　愛知県渥美郡福江町（現・田原市西山町）　㊥昭和20年代後半　田原市博物館
「図説 日本民俗学」吉川弘文館　2009
　　◇p252〔白黒〕（八重山の牛耕）　沖縄県竹富町　㊥1973年
「宮本常一が撮った昭和の情景 下」毎日新聞社　2009
　　◇p16〔白黒〕（赤牛を使い田起こしをする）　島根県隠岐郡隠岐の島町（島後）　㊥宮本常一, 1965年5月28日
「宮本常一 写真・日記集成 下」毎日新聞社　2005
　　◇p26〔白黒〕　島根県隠岐郡西郷町［隠岐の島町］　㊥宮本常一, 1965年5月28日
「日本民俗大辞典 下」吉川弘文館　2000
　　◇図3〔別刷図版「野良仕事」〕〔白黒〕　新潟県佐渡郡相川町戸地　㊥柳平則子, 昭和50年
「写真でみる日本生活図引 1」弘文堂　1989
　　◇図113〔白黒〕　京都府亀岡市　唐犂で畑を耕す　㊥一瀬政雄, 昭和11年
　　◇図114〔白黒〕　沖縄県八重山郡竹富町・波照間島　芋畑の整地　㊥林義三, 撮影年不明　民俗学研究所提供
「民俗資料叢書 9 田植の習俗4」平凡社　1969
　　◇図116〔白黒〕　広島県神石郡　苗取り後の苗代

**牛耕による荒起こし**
「里山・里海 暮らし図鑑」柏書房　2012
　　◇写33（p67）〔白黒〕　昭和40年代　大阪府東大阪市立郷土博物館提供

**牛耕による代掻き**
「里山・里海 暮らし図鑑」柏書房　2012
　　◇写38（p68）〔白黒〕　鹿児島県徳之島町轟木　昭和33年秋　スタジオカガワ提供

**牛耕のスキ**
「日本社会民俗辞典 2」日本図書センター　2004

農業　　　　　　　　　　　　　生産・生業

　　　◇p772〔白黒〕　宮城県
**牛耕の方法**
　「民俗資料叢書 11 田植の習俗5」平凡社　1970
　　　◇p318（挿18～21）〔白黒・図〕　鹿児島県大島郡 与論島
**急勾配の畑の青々とした作物**
　「宮本常一 写真・日記集成 下」毎日新聞社　2005
　　　◇p21〔白黒〕　奈良県吉野郡大塔村篠原　㊞宮本常一，
　　　1965年4月15日
**牛耕用犂**
　「写真で見る農具 民具」農林統計協会　1988
　　　◇p49〔白黒〕　愛知県田原町　昭和10～20年代
**球根植付定規**
　「写真で見る農具 民具」農林統計協会　1988
　　　◇p220〔白黒〕　富山県福野町　昭和20年代から40年代
　　　初期まで　花卉
　　　◇p220〔白黒〕　富山県入善町　昭和32年頃から40年代
　　　初期まで　花卉
**球根植付筋立て器**
　「写真で見る農具 民具」農林統計協会　1988
　　　◇p219〔白黒〕　富山県砺波市　昭和30年代後期から50
　　　年代後期まで
**球根掘取器**
　「写真で見る農具 民具」農林統計協会　1988
　　　◇p221〔白黒〕　富山県高岡市　昭和35～36年頃　花卉
**球根掘取用フォーク**
　「写真で見る農具 民具」農林統計協会　1988
　　　◇p221〔白黒〕　富山県　昭和10年頃から50年代まで
　　　花卉
**球根水洗機**
　「写真で見る農具 民具」農林統計協会　1988
　　　◇p221〔白黒〕　富山県高岡市　昭和36年頃から50年代
　　　後期まで　花卉
**球根選別機**
　「写真で見る農具 民具」農林統計協会　1988
　　　◇p222〔白黒〕　富山県砺波市　昭和37年から現在
　　　花卉
**球根数読器**
　「写真で見る農具 民具」農林統計協会　1988
　　　◇p222〔白黒〕　富山県　昭和20年代末期から30年代前
　　　半　花卉
　　　◇p222〔白黒〕　富山県砺波市　昭和20年代後期から現
　　　在　花卉
**急斜面を開いた耕地**
　「宮本常一 写真・日記集成 下」毎日新聞社　2005
　　　◇p175〔白黒〕　奈良県吉野郡大塔村篠原　㊞宮本常一，
　　　1968年10月26日
**牛糞堆厩肥の投入**
　「里山・里海 暮らし図鑑」柏書房　2012
　　　◇写36（p68）〔白黒〕　和歌山県和歌山市
**牛糞の堆厩肥による水田元肥の施用**
　「里山・里海 暮らし図鑑」柏書房　2012
　　　◇写5（p96）〔白黒〕　広島県庄原市
**牛糞の発酵ずみ堆厩肥**
　「里山・里海 暮らし図鑑」柏書房　2012
　　　◇写3（p96）〔白黒〕　和歌山県和歌山市
**胡瓜と茄子**
　「写真でみる日本生活図引 別巻」弘文堂　1993
　　　◇図59〔白黒〕　長野県下伊那郡阿智村　㊞熊谷元一，
　　　昭和31年8月10日

**胡瓜採り**
　「写真でみる日本生活図引 別巻」弘文堂　1993
　　　◇図51〔白黒〕　長野県下伊那郡阿智村　㊞熊谷元一，
　　　昭和31年8月4日
**供出米を運ぶ**
　「宮本常一が撮った昭和の情景 上」毎日新聞社　2009
　　　◇p209〔白黒〕（牛に荷馬車を引かせ米の供出をする）
　　　山形県東田川郡庄内町余目　㊞宮本常一，1963年11月
　　　19日
　「写真ものがたり昭和の暮らし 9」農山漁村文化協会　2007
　　　◇p183〔白黒〕（雪ぞりに供出する米俵を積んで運ぶ）
　　　新潟県小出町（現魚沼市）　㊞中俣正義，昭和30年代
　「宮本常一 写真・日記集成 上」毎日新聞社　2005
　　　◇p407〔白黒〕（牛車で米の供出）　山形県東田川郡余目
　　　町　㊞宮本常一，1963年11月19日
　「写真ものがたり昭和の暮らし 1」農山漁村文化協会　2004
　　　◇p224～225〔白黒〕　秋田県湯沢市山田　リヤカーで
　　　米俵を運ぶ　㊞佐藤久太郎，昭和39年
　　　◇p224〔白黒〕　新潟県相川町姫津　供出米の重い俵を
　　　背にするおばあさん　㊞中俣正義，昭和32年
　「写真でみる日本生活図引 1」弘文堂　1989
　　　◇図77〔白黒〕（供出）　新潟県北蒲原郡豊浦町　自家の
　　　割り当て供出米を運んできた馬車　㊞中俣正義，昭和
　　　20年代
**供出米の検査**
　「写真でみる日本生活図引 1」弘文堂　1989
　　　◇図78〔白黒〕（供出）　新潟県新潟市中野小屋　米穀検
　　　査　㊞中俣正義，昭和20年代
**供出米の山**
　「写真でみる日本人の生活全集 1」日本図書センター　2010
　　　◇p8〔白黒〕　新潟県穀倉地帯の農業共同組合倉庫
**京鋤**
　「日本の民具 2 農村」慶友社　1992
　　　◇図29〔白黒〕　㊞薗部澄
**京野菜畑**
　「食の民俗事典」柊風舎　2011
　　　◇p79〔白黒〕　京都府 桂川の河川敷　九条葱畑ほか
**漁村の狭い畑**
　「日本社会民俗辞典 3」日本図書センター　2004
　　　◇p1138〔白黒〕　高知県幡多郡
**漁村の麦こなし**
　「日本社会民俗辞典 3」日本図書センター　2004
　　　◇p1250〔白黒〕　宮城県大島
**キリカエバタケのウネタテ**
　「民俗資料選集 23 北上山地の畑作習俗」国土地理協会
　　　1995
　　　◇p165（本文）〔白黒・図〕　岩手県 早池峰山西麓山村
**キリクワ**
　「民俗資料叢書 8 田植の習俗3」平凡社　1968
　　　◇図110〔白黒〕　岐阜県高山市松之木町字車田
**キリハタ**
　「宮本常一 写真・日記集成 別巻」毎日新聞社　2005
　　　◇図252（p43）〔白黒〕　高知県土佐郡本川村　㊞宮本常
　　　一，1941年1月～2月
**伐畑を焼く**
　「民俗資料選集 25 焼畑習俗」国土地理協会　1997
　　　◇p12（口絵）〔白黒〕　高知県池川町椿山
**伐畑から集落を望む**
　「民俗資料選集 25 焼畑習俗」国土地理協会　1997
　　　◇p15（口絵）〔白黒〕　高知県池川町椿山

伐畑に向う
「民俗資料選集 25 焼畑習俗」国土地理協会 1997
◇p208（本文）〔白黒〕 高知県池川町椿山 ヤマキリの日 ㊙昭和62年11月16日

義呂池の水路の泥さらい
「民俗資料叢書 8 田植の習俗3」平凡社 1968
◇図117〔白黒〕 岐阜県海津町字福江義呂池

義呂池の田植
「民俗資料叢書 8 田植の習俗3」平凡社 1968
◇図115・116〔白黒〕 岐阜県海津町字福江義呂池 大形の備中で掘り返す

義呂池の排水
「民俗資料叢書 8 田植の習俗3」平凡社 1968
◇図118〔白黒〕 岐阜県海津町字福江義呂池

金肥（化学肥料）まき
「写真で見る農具 民具」農林統計協会 1988
◇口絵〔白黒〕 岩手県 昭和30年代 写真提供 岩手県立農業博物館

金平鍬
「写真で見る農具 民具」農林統計協会 1988
◇p17〔白黒〕 群馬県下仁田町

クイ
「写真で見る農具 民具」農林統計協会 1988
◇p39〔白黒〕 鹿児島県和泊町

クサカキ
「図録・民具入門事典」柏書房 1991
p60〔白黒〕 東京都
p60〔白黒〕 東京都

クサガキ
「写真で見る農具 民具」農林統計協会 1988
◇p109〔白黒〕 鹿児島県根占町
◇p109〔白黒〕 鹿児島県大隅町

草かき
「写真で見る農具 民具」農林統計協会 1988
◇p34〔白黒〕 埼玉県深谷市 明治時代末期から現在

草搔き
「写真でみる日本生活図引 別巻」弘文堂 1993
◇図370〔白黒〕 長野県下伊那郡阿智村 ㊙熊谷元一, 昭和32年5月14日
「日本民俗事典」弘文堂 1972
◇p216〔白黒〕（草搔き（ヘラ、クイ）） 奄美大島

草刈りをするお婆さん
「宮本常一 写真・日記集成 上」毎日新聞社 2005
◇p138〔白黒〕 新潟県両津市［佐渡市］大野亀 ㊙宮本常一, 1959年8月7日

草刈りカマ
「民俗資料選集 23 北上山地の畑作習俗」国土地理協会 1995
◇p196（本文）〔白黒〕（草刈りカマ（小）） 岩手県気仙郡住田町

草刈りガマ
「民俗資料選集 25 焼畑習俗」国土地理協会 1997
◇p30（本文）〔白黒・図〕 岐阜県白川村飯島

草刈鎌
「写真で見る農具 民具」農林統計協会 1988
◇p123〔白黒〕 奈良県五条市 昭和30年代 果樹園の草刈用
「日本民俗図誌 5 農耕・漁撈篇」村田書店 1978
◇図48-6〔白黒・図〕 熊本県上益城郡中島村
◇図49-4〔白黒・図〕 中国地方 染木煕の採図による

草刈鎌を見る宮本常一
「写真ものがたり昭和の暮らし 9」農山漁村文化協会 2007
◇p9〔白黒〕 福島県下郷町大内 ㊙須藤功, 昭和44年8月

草刈鎌使用図
「図録・民具入門事典」柏書房 1991
◇p62〔白黒〕

草刈鎌の柄の長さの決め方
「図録・民具入門事典」柏書房 1991
◇p62〔白黒〕 東京都

草刈りガマ刃先部分（片刃）
「民俗資料選集 25 焼畑習俗」国土地理協会 1997
◇p30（本文）〔白黒・図〕 岐阜県白川村飯島

草刈り小屋
「宮本常一 写真・日記集成 上」毎日新聞社 2005
◇p348〔白黒〕 熊本県 蘇陽町馬見原 ㊙宮本常一, 1962年10月10日

クサキリテゴ
「あるくみるきく双書 宮本常一とあるいた昭和の日本 19」農山漁村文化協会 2012
◇p117〔白黒〕 鹿児島県吹上町 苗を運ぶ ㊙工藤員功

草けずり
「写真で見る農具 民具」農林統計協会 1988
◇p37〔白黒〕 広島県因島市

草取り
「日本民具の造形」淡交社 2004
◇p47〔白黒〕（草とり） 大阪府 国立民族学博物館所蔵
「日本社会民俗辞典 4」日本図書センター 2004
◇p1509〔白黒〕（ゆいの草とり） 宮城県大島
「民俗資料選集 30 焼畑習俗Ⅱ」国土地理協会 2002
◇p5（口絵）〔白黒〕 山梨県南巨摩郡早川町奈良田 再現風景
◇p57（本文）〔白黒〕 山梨県南巨摩郡早川町奈良田 再現風景
◇p57（本文）〔白黒〕 山梨県南巨摩郡早川町奈良田 再現風景
「民俗資料選集 23 北上山地の畑作習俗」国土地理協会 1995
◇p139（本文）〔白黒・図〕（草とり） 岩手県岩泉町安家地区 焼畑の農具
「写真でみる日本生活図引 別巻」弘文堂 1993
◇図309〔白黒〕 長野県下伊那郡阿智村 麦の草取り ㊙熊谷元一, 昭和32年3月16日
「写真でみる日本生活図引 1」弘文堂 1989
◇図38〔白黒〕 長野県下伊那郡阿智村 水田の草取り ㊙熊谷元一, 昭和31年7月10日
「写真で見る農具 民具」農林統計協会 1988
◇p102〔白黒〕（草取） 千葉県光町 大正時代から昭和10年頃
「日本民俗文化財事典（改訂版）」第一法規出版 1979
◇図224〔白黒〕（ユイの草取り） 宮城県

草取鍬を使う女の人
「写真ものがたり昭和の暮らし 9」農山漁村文化協会 2007
◇p92〔白黒〕（縞木綿のツツボと呼ぶ上衣にモンペをはき、長柄の草取鍬を使う女の人） 愛知県鳳来町海老（現新城市） 樫の木枝を背中につける ㊙須藤功, 昭和44年8月

草取爪と雁爪
「図説 民俗探訪事典」山川出版社 1983
◇p224〔白黒・図〕

**草むしり**
「写真でみる日本生活図引 別巻」弘文堂　1993
◇図47〔白黒〕　長野県下伊那郡阿智村　甘藷畑の除草　[撮]熊谷元一, 昭和31年8月1日

**葛カズラを殺す作業**
「民俗資料選集 25 焼畑習俗」国土地理協会　1997
◇p13（口絵）〔白黒〕　高知県池川町椿山

**クズハキ**
「里山・里海 暮らし図鑑」柏書房　2012
◇写19（p88）〔白黒〕　埼玉県中部　サツマイモ苗などの温床や堆肥を作る落葉を掻き集める　大舘勝治提供
「図録・民具入門事典」柏書房　1991
◇p60〔白黒〕　東京都

**クーダ**
「日本民具の造形」淡交社　2004
◇p51〔白黒〕　沖縄県 沖縄県立博物館所蔵

**クダ（管）**
「民具のみかた―心とかたち」第一法規出版　1983
◇p139〔白黒〕　沖縄県竹富島　脱穀時の用具

**クマデ**
「民俗資料叢書 8 田植の習俗3」平凡社　1968
◇図109〔白黒〕　岐阜県高山市松之木町字車田

**熊手**
「写真で見る農具 民具」農林統計協会　1988
◇p24〔白黒〕　京都府京都市　大正時代後期まで
◇p30〔白黒〕　兵庫県村岡町
◇p30〔白黒〕　兵庫県出石町
◇p30〔白黒〕　兵庫県日高町
◇p30〔白黒〕　宮崎県日之影町
◇p31〔白黒〕　岩手県葛巻町

**汲取用肥料桶**
「写真で見る農具 民具」農林統計協会　1988
◇p73〔白黒〕　京都府長岡京市　昭和30年代前半まで

**くらがえしまんが**
「写真で見る農具 民具」農林統計協会　1988
◇p69〔白黒〕　愛知県鳳来町　昭和20年

**栗いが剝機**
「写真で見る農具 民具」農林統計協会　1988
◇p191〔白黒〕　岐阜県中津川市　昭和45年から現在まで

**栗選果機**
「写真で見る農具 民具」農林統計協会　1988
◇p192〔白黒〕　岐阜県恵那市　昭和43年から57年頃

**栗選果ふるい**
「写真で見る農具 民具」農林統計協会　1988
◇p192〔白黒〕　岐阜県中津川市　昭和30年から40年代

**栗の選別**
「写真でみる民家大事典」柏書房　2005
◇p119-1〔白黒〕（土間で行う栗の選別）　東京都多摩市　[撮]昭和40年代　田中登

**車田**
「図説 日本民俗学」吉川弘文館　2009
◇p151〔白黒〕　岐阜県高山市
「日本民俗大辞典 上」吉川弘文館　1999
◇p548〔白黒〕　新潟県両津市
「日本民俗事典」弘文堂　1972
◇p228〔白黒〕　両津市北鵜島　[撮]青木重孝
「民俗資料叢書 8 田植の習俗3」平凡社　1968
◇p180（挿3）〔白黒・図〕　岐阜県　『斐太後風土記』巻之二
◇p194（挿7）〔白黒・図〕（車田の現況）　岐阜県高山市松之木町　昭和31年
「写真 日本文化史 9」日本評論新社　1955
◇図75〔白黒〕　佐渡外海府村

**車田植え**
「いまに伝える 農家のモノ・人の生活館」柏書房　2004
◇p91 写真9〔白黒〕（佐渡の車田植え）　新潟県両津市北鵜島　[撮]平成13年5月
「日本民俗大辞典 下」吉川弘文館　2000
◇図12〔別刷図版「野良仕事」〕〔白黒〕（車田植え風景）　新潟県両津市北鵜島　[撮]佐藤和彦, 昭和51年
「民具のみかた―心とかたち」第一法規出版　1983
◇p137〔白黒〕（車田植）　新潟県両津市北鵜島
「民俗資料叢書 8 田植の習俗3」平凡社　1968
◇図40〔白黒〕（車田植全景）　新潟県佐渡市 鵜島　[撮]昭和21年
「民俗資料叢書 1 田植の習俗1」平凡社　1965
◇図51〜53〔白黒〕（クルマダウエ（車田植））　岩手県江刺市伊手のナゴネ
◇p53（挿14）〔白黒・図〕（クルマダウエ）　岩手県江刺市館下のナゴネ

**車田に植える苗**
「民俗資料叢書 8 田植の習俗3」平凡社　1968
◇図103〔白黒〕　岐阜県高山市松之木町字車田　[撮]昭和31年

**車田のある洞田**
「民俗資料叢書 8 田植の習俗3」平凡社　1968
◇図90〔白黒〕　岐阜県高山市松之木町字車田

**車田の植え方**
「民俗資料叢書 8 田植の習俗3」平凡社　1968
◇p182（挿4）〔白黒・図〕　岐阜県高山市松之木町　『郷土誌』（謄写版）昭和5、6年ごろ大賀村小学校で編纂
◇p185（挿5）〔白黒・図〕　岐阜県　昔の植え方, 今の植え方

**車田の田植**
「民俗資料叢書 8 田植の習俗3」平凡社　1968
◇図55〔白黒〕（クルマダの田植）　新潟県佐渡市　サンバナエを受けとったソウトメ
◇図57〜67〔白黒〕（クルマダの田植）　新潟県佐渡市
◇図92〜97〔白黒〕　岐阜県高山市松之木町字車田
◇図98〔白黒〕　岐阜県高山市松之木町字車田　[撮]昭和33年6月

**車田の田植型諸相**
「民俗資料叢書 8 田植の習俗3」平凡社　1968
◇p191（挿6のA）〔白黒・図〕　岐阜県高山市松之木町　1：『郷土誌』の中の田植型, 2〜5：「車田採訪記」の中の田植型, 2：左渦巻型。菅笠の縫目と同じ, 3：右渦巻型。菅笠の縫目と逆　片野温作図
◇p192（挿6のB）〔白黒・図〕　岐阜県高山市松之木町　6〜8：昭和31〜33年調査の車田刈りあとの稲株の配列図, 9・10：『車田沿革史』の中の田植型, 7：同心円の間隔は1尺で横だち, 同心円上の苗と苗の間隔は5寸で竪だちという　片野温作図

**車田の田植前の筋つけ**
「民俗資料叢書 8 田植の習俗3」平凡社　1968
◇図91〔白黒〕　岐阜県高山市松之木町字車田　[撮]昭和32年6月

**くるり**
「写真で見る農具 民具」農林統計協会　1988
◇p129〔白黒〕　神奈川県津久井町

**クルリと呼ぶ棒でたたき、大豆を脱穀する**
「写真ものがたり昭和の暮らし 2」農山漁村文化協会　2004
◇p78〔白黒〕　群馬県片品村花咲　[撮]須藤功, 昭和42年

生産・生業　　　　　　　　　　　　　　　　　農業

10月

**クルリボウ（くるり棒）**
「民具のみかた―心とかたち」第一法規出版　1983
◇p141〔白黒〕　鹿児島県川辺郡　麦類の脱穀に利用

**クルリ棒と鬼歯**
「図説 民俗探訪事典」山川出版社　1983
◇p240〔白黒・図〕　東京農業大学『古農機具類写真目録』より

**クルリ棒による棒打ち**
「写真でみる民家大事典」柏書房　2005
◇p143-4〔白黒〕　東京都多摩市　㊞1967年頃　田中登

**クルリボウ（フリボウ）**
「いまに伝える 農家のモノ・人の生活館」柏書房　2004
◇p142 図1〔白黒・図〕　〔埼玉県〕　回転棒が自然木製
◇p142 図2〔白黒・図〕　〔埼玉県〕　回転棒がエゴの木に縄を編みこんだもの
◇p143 図3〔白黒・図〕　〔埼玉県〕　回転棒が割り竹製
◇p143 図4〔白黒・図〕　〔埼玉県〕　回転棒が丸太製

**クレウチ**
「図録・民具入門事典」柏書房　1991
◇p57〔白黒〕　埼玉県　埼玉県立博物館所蔵
「写真で見る農具 民具」農林統計協会　1988
◇p60〔白黒〕　山梨県韮崎市
「民具のみかた―心とかたち」第一法規出版　1983
◇p134〔白黒〕　埼玉県行田市　耕起した土塊を細かくする

**くれうち・くるち**
「写真で見る農具 民具」農林統計協会　1988
◇p31〔白黒〕　埼玉県深谷市　大正時代後期から昭和15年頃まで

**畔鍬**
「日本の民具 2 農村」慶友社　1992
◇図16〔白黒〕　東京都北多摩郡保谷町　㊞薗部澄

**クロツケ**
「いまに伝える 農家のモノ・人の生活館」柏書房　2004
◇p79 写真1〔白黒〕　埼玉県所沢市　前年のクロを修理する
◇p79 図1〔白黒・図〕　〔埼玉県〕　ハラへ泥を押しつける
◇p79 図1〔白黒・図〕　〔埼玉県〕　クロの叩き方となで方

**クロヌリ**
「民俗資料叢書 1 田植の習俗1」平凡社　1965
◇図10〔白黒〕　岩手県江刺市伊手

**クロの草刈り**
「民俗資料叢書 1 田植の習俗1」平凡社　1965
◇図9〔白黒〕　岩手県江刺市伊手

**クワ**
「宮本常一が撮った昭和の情景 上」毎日新聞社　2009
◇p135〔白黒〕（これだけ多種類のクワが必要だった）　愛媛県肱川町　㊞宮本常一, 1961年8月7日
「宮本常一 写真・日記集成 上」毎日新聞社　2005
◇p263〔白黒〕（これだけ多種類のクワが必要だった）　愛媛県喜多郡肱川町汗生　㊞宮本常一, 1961年8月7日
「宮本常一 写真・日記集成 下」毎日新聞社　2005
◇p109〔白黒〕　広島県高田郡八千代町土師［安芸高田市］　㊞宮本常一, 1967年12月12日〜18日
「民俗資料選集 23 北上山地の畑作習俗」国土地理協会　1995
◇p199（本文）〔白黒〕　岩手県
「民俗資料叢書 11 田植の習俗5」平凡社　1970
◇図156〔白黒〕　鹿児島県国分市上井

「日本の生活文化財」第一法規出版　1965
◇図4・5（生産・運搬・交易）〔白黒〕　文部省史料館所蔵（東京都品川区）
◇図8（生産・運搬・交易）〔白黒〕　文部省史料館所蔵（東京都品川区）

**鍬**
「民俗図録 日本人の暮らし」日本図書センター　2012
◇図261〔白黒〕　沖縄池間島　㊞林義三
「図説 日本民俗学」吉川弘文館　2009
◇p152〔白黒〕（さまざまな鍬）　埼玉県さいたま市
「精選 日本民俗辞典」吉川弘文館　2006
◇p180〔白黒・図〕　石まじりの土地で使う、引き鍬, 打ち鍬, かがんだ姿勢で使う鍬（九州地方）, 万能（草削）, 備中鍬, ておの鍬（筋切り）, 金鍬
「日本社会民俗辞典 1」日本図書センター　2004
◇p318〔白黒〕　長野県川中島地方
「日本民俗大辞典 上」吉川弘文館　1999
◇p553〔白黒〕　打ち鍬, 石まじりの土地で使う金鍬, 引き鍬, 金鍬, 万能（草削）, ておの鍬（筋切り）, かがんだ姿勢で使う鍬（九州地方）, 備中鍬
「民俗資料選集 25 焼畑習俗」国土地理協会　1997
◇p20（口絵）〔白黒〕（鍬の種類（コヅル・トウグワ・ツル・フタツグワ・ツルグワ・ミツグワ））　高知県池川町椿山
「民俗資料選集 23 北上山地の畑作習俗」国土地理協会　1995
◇p38（本文）〔白黒・図〕　岩手県久慈市山根町端神　製作年代：1960（昭和35）年頃, 使用年代：1960年頃〜1985年使用中　名久井芳枝『実況図のすすめ』一革社
「日本の民具 2 農村」慶友社　1992
◇図17〔白黒〕　使用地不明　㊞薗部澄
◇図19〔白黒〕　長野県塩尻市　㊞薗部澄
◇図24〔白黒〕　東北地方西部　㊞薗部澄
「写真で見る農具 民具」農林統計協会　1988
◇p13〔白黒〕　千葉県富里村
◇p13〔白黒〕（普通鍬）　岐阜県岐阜市
◇p14〔白黒〕　鳥取県鳥取市
◇p14〔白黒〕　岩手県軽米町
◇p15〔白黒〕　秋田県増田町　大正時代から昭和年代
◇p15〔白黒〕　兵庫県出石町　明治時代から昭和10年代
◇p18〔白黒〕　岩手県久慈市
◇p18〔白黒〕　宮崎県延岡市　昭和20年代まで
◇p18〔白黒〕　岩手県軽米町
◇p19〔白黒〕　千葉県君津市　明治時代から昭和10年頃まで
◇p21〔白黒〕　兵庫県出石町　明治時代から昭和10年代まで
◇p26〔白黒〕　兵庫県出石町　昭和30年代まで
◇p28〔白黒〕　静岡県大井川町　大正時代初期より昭和10年頃まで
「日本民俗文化財事典（改訂版）」第一法規出版　1979
◇図123〔白黒〕
「日本民俗誌 5 農耕・漁撈篇」村田書店　1978
◇図50-1〔白黒・図〕　秋田県角館地方　染木煦の採図による
◇図50-2〔白黒・図〕　関東地方一帯　染木煦の採図による
◇図50-3〔白黒・図〕　静岡県　染木煦の採図による
◇図50-4〔白黒・図〕　新潟県　染木煦の採図による
◇図50-5〔白黒・図〕　長崎県　染木煦の採図による
◇図50-6〔白黒・図〕　福岡県　染木煦の採図による
「民俗資料叢書 9 田植の習俗4」平凡社　1969
◇図40〔白黒〕（鍬のいろいろ）　島根県邑智郡石見町矢上後原
◇図76〔白黒〕　広島県山県郡

農業　　　　　　　　　　　　生産・生業

「民俗資料叢書 5 田植の習俗2」平凡社　1967
　　◇図6〔白黒〕　茨城県稲敷郡桜川村浮島　畑用と日用

**慈姑熊手**
「写真で見る農具 民具」農林統計協会　1988
　　◇p183〔白黒〕　京都府京都市　昭和40年頃まで

**クワイレ（鍬入れ）**
「いまに伝える 農家のモノ・人の生活館」柏書房　2004
　　◇p76 写真7〔白黒〕　埼玉県行田市　㊟昭和48年1月

**鍬を手にした少年**
「宮本常一が撮った昭和の情景 上」毎日新聞社　2009
　　◇p91〔白黒〕　山口県大島郡周防大島町下田から船越付近　㊟宮本常一, 1960年1月8日
「宮本常一 写真・日記集成 上」毎日新聞社　2005
　　◇p172〔白黒〕（下田→船越）　山口県大島郡東和町〔周防大島町〕下田→船越　㊟宮本常一, 1960年1月8日

**鍬を振って畑を拓く**
「写真ものがたり昭和の暮らし 10」農山漁村文化協会　2007
　　◇p148〔白黒〕　長野県浪合村（現阿智村）　敗戦によって外地からもどった人たち　㊟熊谷元一, 昭和31年

**鍬台**
「日本の民具 2 農村」慶友社　1992
　　◇図15〔白黒〕　秋田県男鹿市　㊟薗部澄

**クワとクワ先**
「宮本常一 写真・日記集成 上」毎日新聞社　2005
　　◇p325〔白黒〕　長崎県 壱岐・妻ヶ島　㊟宮本常一, 1962年8月7日

**鍬による畑の耕耘**
「里山・里海 暮らし図鑑」柏書房　2012
　　◇写5（p85）〔白黒〕　埼玉県中部　昭和50年代　大舘勝治提供

**鍬鑱床部の形状の変化と角度および柄長との関係**
「日本民俗図誌 5 農耕・漁撈篇」村田書店　1978
　　◇図51〔白黒・図〕　帝国農会編『日本農具図説』による

**鍬柄**
「写真で見る農具 民具」農林統計協会　1988
　　◇p34〔白黒〕　福島県郡山市

**傾斜畑と農家**
「宮本常一が撮った昭和の情景 上」毎日新聞社　2009
　　◇p65〔白黒〕（急勾配の傾斜畑と農家）　静岡県浜松市天竜区水窪町地頭方有本　㊟宮本常一, 1959年7月31日

**ケンドン**
「民俗資料選集 25 焼畑習俗」国土地理協会　1997
　　◇p6（口絵）〔白黒〕　岐阜県白川村荻町　合掌造り生活資料館蔵

**ケンドン（フルイ）**
「民俗資料選集 25 焼畑習俗」国土地理協会　1997
　　◇p37（本文）〔白黒・図〕　岐阜県白川村荻町　合掌の里蔵

**玄米をはかり、俵詰めにする**
「写真ものがたり昭和の暮らし 1」農山漁村文化協会　2004
　　◇p221〔白黒〕　新潟県新潟市中野小屋　㊟中俣正義, 昭和29年10月

**ゴイオケ**
「写真で見る農具 民具」農林統計協会　1988
　　◇p116〔白黒〕　佐賀県神崎町　昭和35年頃まで　泥土揚げ用具

**こいかきだし**
「日本の生活文化財」第一法規出版　1965
　　◇図1・2（生産・運搬・交易）〔白黒〕　文部省史料館所蔵（東京都品川区）

　　◇図10（生産・運搬・交易）〔白黒〕　文部省史料館所蔵（東京都品川区）

**耕運機くる**
「写真でみる日本生活図引 別巻」弘文堂　1993
　　◇図313〔白黒〕　長野県下伊那郡阿智村　㊟熊谷元一, 昭和32年3月20日

**耕運機試運転**
「写真でみる日本生活図引 別巻」弘文堂　1993
　　◇図314〔白黒〕　長野県下伊那郡阿智村　㊟熊谷元一, 昭和32年3月21日

**耕運機修理**
「写真でみる日本生活図引 別巻」弘文堂　1993
　　◇図399〔白黒〕　長野県下伊那郡阿智村　㊟熊谷元一, 昭和32年6月14日

**耕運機での代掻きを依頼**
「写真でみる日本生活図引 別巻」弘文堂　1993
　　◇図392〔白黒〕（耕運機依頼）　長野県下伊那郡阿智村　耕運機での代掻きを依頼する　㊟熊谷元一, 昭和32年6月2日

**耕運機の売りこみ**
「日本民俗写真大系 2」日本図書センター　1999
　　◇p170〔白黒〕　岩手県一戸町　㊟田村淳一郎, 1962年

**耕運機の検討**
「写真でみる日本生活図引 別巻」弘文堂　1993
　　◇図290, 291〔白黒〕（耕運機検討）　長野県下伊那郡阿智村　㊟熊谷元一, 昭和32年2月26日

**耕運機の掃除**
「写真でみる日本生活図引 別巻」弘文堂　1993
　　◇図354〔白黒〕（耕運機掃除）　長野県下伊那郡阿智村　㊟熊谷元一, 昭和32年4月29日

**耕耘用トラクター**
「日本社会民俗辞典 3」日本図書センター　2004
　　◇p1122〔白黒〕　北海道月寒

**耕起**
「写真でみる日本生活図引 別巻」弘文堂　1993
　　◇図1〔白黒〕　長野県下伊那郡阿智村　裏田を起こす　㊟熊谷元一, 昭和31年6月21日

**耕作風景**
「日本民俗大辞典 下」吉川弘文館　2000
　　◇図2〔別刷図版「野良仕事」〕〔白黒〕　岐阜県揖斐郡旧徳山村　㊟増山たづ子, 昭和59年

**耕作放棄水田の復田実習**
「里山・里海 暮らし図鑑」柏書房　2012
　　◇写5（p347）〔白黒〕　奈良県大和郡山市　平成24年1月　一般社団法人里山自然農法協会

**耕作放棄地**
「里山・里海 暮らし図鑑」柏書房　2012
　　◇写3（p338）〔白黒〕（住民が流出したあとの耕作放棄地）　大阪府茨木市

**耕作放棄地整地後の耕耘作業**
「里山・里海 暮らし図鑑」柏書房　2012
　　◇写3（p346）〔白黒〕　和歌山県有田川町

**耕作放棄地の開墾**
「里山・里海 暮らし図鑑」柏書房　2012
　　◇写2（p346）〔白黒〕（若者たちによる耕作放棄地の開墾）　和歌山県有田川町

**耕種**
「写真でみる日本人の生活全集 10」日本図書センター　2010
　　◇p34〔白黒〕　北海道江別市　㊟島次由雄

生産・生業　　　　　　　　　　　　　　　　　　　　　　　　　　　　　　　農業

**江州鋤**
「精選 日本民俗辞典」吉川弘文館　2006
　◇p292〔白黒〕　滋賀県 湖東地方
「日本民俗大辞典 上」吉川弘文館　1999
　◇p907〔白黒〕　滋賀県 湖東地方

**広大なソバ畑**
「写真でみる日本人の生活全集 1」日本図書センター　2010
　◇p30〔白黒〕　長野県上田地方

**耕地を耕す人と馬**
「日本民俗写真大系 2」日本図書センター　1999
　◇p178～179〔白黒〕　岩手県滝沢村一本木 岩手山麓　㊙薗部澄, 1957年

**耕地整理のすんだ水田**
「宮本常一 写真・日記集成 下」毎日新聞社　2005
　◇p424〔白黒〕　広島県千代田町本地→安佐町鈴張　㊙宮本常一, 1978年3月24日

**耕地と牛を連れた人**
「宮本常一 写真・日記集成 上」毎日新聞社　2005
　◇p334〔白黒〕（五島列島・岐宿→寄神貝塚）　五島列島・岐宿（長崎県南松浦郡岐宿町［五島市］）→寄神貝塚　㊙宮本常一, 1962年8月15日

**耕地防風林**
「写真でみる民家大事典」柏書房　2005
　◇口絵13〔カラー〕（農地を守る防風林）　北海道興部町　㊙2004年 松岡龍介
　◇p82-2〔白黒〕　北海道網走市卯原内　冬期の落葉した耕地防風林　㊙2004年 松岡龍介

**香水配分計**
「写真で見る農具 民具」農林統計協会　1988
　◇p121〔白黒〕　愛媛県伊予三島市　明治前期から大正時代後期まで

**肥桶**
「宮本常一 写真・日記集成 下」毎日新聞社　2005
　◇p45〔白黒〕（肥桶か）　宮城県仙台市青葉区柏木2丁目あたり　㊙宮本常一, 1965年10月16日
「写真でみる日本生活図引 別巻」弘文堂　1993
　◇図141〔白黒〕　長野県下伊那郡阿智村　空の肥桶を担ぐ　㊙矢沢昇, 昭和31年10月26日
「写真で見る農具 民具」農林統計協会　1988
　◇p73〔白黒〕　千葉県佐倉市　明治時代後期から昭和20年代中頃
　◇p74〔白黒〕　高知県物部村　大正時代後期から昭和30年代

**肥桶・肥柄杓**
「日本民具の造形」淡交社　2004
　◇p211〔白黒〕　京都府 京都府立山城郷土資料館所蔵

**コエカギ（肥鍵）**
「民俗資料選集 23 北上山地の畑作習俗」国土地理協会　1995
　◇p139（本文）〔白黒・図〕　岩手県岩泉町安家地区　焼畑の農具

**肥かき**
「日本の民具 2 農村」慶友社　1992
　◇図18〔白黒〕　使用地不明　㊙薗部澄
　◇図60〔白黒〕　岩手県　㊙薗部澄

**肥がき**
「写真で見る農具 民具」農林統計協会　1988
　◇p29〔白黒〕　岩手県軽米町
　◇p30〔白黒〕　岩手県九戸村

**コエカゴ**
「フォークロアの眼 3 運ぶ」国書刊行会　1977
　◇図146〔白黒〕（ビニールひもで作ったコエカゴ）　広島県神石郡豊松村　㊙須藤功, 昭和47年5月27日
　◇図147〔白黒〕（ビニールひもで作ったコエカゴ）　新潟県古志郡山古志村虫亀　㊙須藤功, 昭和45年11月8日
　◇図148〔白黒〕（草のツルで作ったコエカゴ）　新潟県古志郡山古志村虫亀　㊙須藤功, 昭和45年11月8日

**肥籠**
「日本の民具 2 農村」慶友社　1992
　◇図68〔白黒〕　使用地不明　堆肥運搬のために使用　㊙薗部澄

**肥甕**
「あるくみるきく双書 宮本常一とあるいた昭和の日本 19」農山漁村文化協会　2012
　◇p66〔白黒〕　〔埼玉県〕　東京の近郊農村の畑の隅に埋められた常滑産の肥甕　㊙神崎宣武,〔昭和46～47年〕

**肥しゃく**
「写真で見る農具 民具」農林統計協会　1988
　◇p73〔白黒〕　広島県因島市

**コエジョケ**
「あるくみるきく双書 宮本常一とあるいた昭和の日本 19」農山漁村文化協会　2012
　◇p109〔白黒〕　大分県大分市　肥料入れ　㊙工藤員功
　◇p117〔白黒〕　鹿児島県加世田市　肥料入れ　㊙工藤員功

**こえぞり**
「日本の生活文化財」第一法規出版　1965
　◇図80（生産・運搬・交易）〔白黒〕　文部省史料館所蔵（東京都品川区）
「写真 日本文化史 9」日本評論新社　1955
　◇図100〔白黒〕　岩手県　雪の上から施肥するための堆肥を運ぶ

**肥橇**
「日本の民具 2 農村」慶友社　1992
　◇図73〔白黒〕　岩手県　㊙薗部澄

**こえたご・こえびしゃく（桶と曲げもの）**
「民俗資料叢書 11 田植の習俗5」平凡社　1970
　◇図111, 112〔白黒〕　長崎県壱岐

**肥出し**
「日本民俗大辞典 下」吉川弘文館　2000
　◇図28〔別刷図版「野良仕事」〕〔白黒〕　秋田県横手市　㊙千葉禎介, 昭和35(1960)年　千葉禎子提供
「写真でみる日本生活図引 1」弘文堂　1989
　◇図1〔白黒〕　秋田県仙北郡六郷町　㊙千葉禎介, 昭和35年3月
　◇図2〔白黒〕　秋田県平鹿郡山内村小松川　㊙佐藤久太郎, 昭和33年2月23日

**肥だし鍬**
「宮本常一が撮った昭和の情景 上」毎日新聞社　2009
　◇p199〔白黒〕　青森県下北郡東通村大字猿ケ森下田代　九学会連合の下北総合調査　㊙宮本常一, 1963年8月9日
「宮本常一 写真・日記集成 上」毎日新聞社　2005
　◇p390〔白黒〕　青森県下北郡東通村下田代　㊙宮本常一, 1963年8月9日

**肥溜め**
「里山・里海 暮らし図鑑」柏書房　2012
　◇写6(p97)〔白黒〕（肥溜）　愛知県豊田市　人糞尿を発酵させ下肥を作る
「宮本常一 写真・日記集成 上」毎日新聞社　2005
　◇p36〔白黒〕　千葉県野田市川間　㊙宮本常一, 1956年5月19日
「宮本常一 写真・日記集成 下」毎日新聞社　2005

◇p157〔白黒〕　山口県福栄村佐々連　[撮]宮本常一，1968年6月29日

「日本社会民俗辞典 3」日本図書センター　2004
　◇p1225〔白黒〕(改良された肥溜)　仙台市郊外

### 肥溜めとキャベツ畑
「宮本常一 写真・日記集成 上」毎日新聞社　2005
　◇p45〔白黒〕　愛知県幡豆郡一色町 佐久島　[撮]宮本常一，1956年10月10日

### 肥タンゴ
「写真で見る農具 民具」農林統計協会　1988
　◇p74〔白黒〕　大阪府羽曳野市　大正時代後期から昭和30年代

### 肥取り
「写真でみる日本生活図引 7」弘文堂　1993
　◇図48〔白黒〕　高知県高知市鴨部上　[撮]昭和16年　高知市民図書館寺田文庫提供
　◇図49〔白黒〕　高知県高知市帯屋町　[撮]昭和24年4月　高知新聞社提供

### コエバラ
「あるくみるきく双書 宮本常一とあるいた昭和の日本 19」農山漁村文化協会　2012
　◇p117〔白黒〕　鹿児島県金峰町　小さい肥料入れ　[撮]工藤員功

### 肥引かご
「日本民具の造形」淡交社　2004
　◇p211〔白黒〕　秋田県 井川町歴史民俗資料館所蔵

### コエヒキソリ
「写真で見る農具 民具」農林統計協会　1988
　◇p167〔白黒〕　秋田県大内町　昭和10～20年頃

### コエヒキゾリ
「図録・民具入門事典」柏書房　1991
　◇p89〔白黒〕　群馬県

### こかご
「日本の生活文化財」第一法規出版　1965
　◇図21(生産・運搬・交易)〔白黒〕　小川原湖博物館所蔵(青森県三沢市)

### 小鎌
「民俗資料選集 23 北上山地の畑作習俗」国土地理協会　1995
　◇p139(本文)〔白黒・図〕(小カマ)　岩手県岩泉町安家地区　焼畑の農具

「日本の民具 2 農村」慶友社　1992
　◇図40〔白黒〕　新潟県佐渡郡新穂村　[撮]薗部澄

### 五箇村の開拓地
「宮本常一 写真・日記集成 下」毎日新聞社　2005
　◇p151〔白黒〕　島根県隠岐郡五箇村　[撮]宮本常一，1968年5月31日～6月2日
　◇p151〔白黒〕　島根県隠岐郡五箇村　[撮]宮本常一，1968年5月31日～6月2日

### 扱櫛
「写真で見る農具 民具」農林統計協会　1988
　◇p126〔白黒〕　大阪府羽曳野市　昭和30年代まで

### 扱き箸
「図説 台所道具の歴史」日本図書センター　2012
　◇p38-1〔白黒〕　沖縄県立博物館蔵，『博物館あんない』所載

「民俗資料叢書 5 田植の習俗2」平凡社　1967
　◇p117(挿14)〔白黒・図〕　富山県中新川郡上市種

### コキビをカラ竿で打って実をおとす
「宮本常一が撮った昭和の情景 上」毎日新聞社　2009
　◇p76〔白黒〕　愛媛県松山市怒和島　[撮]宮本常一，1959年8月28日

「宮本常一 写真・日記集成 上」毎日新聞社　2005
　◇p148〔白黒〕(コキビをカラ竿でこなす)　愛媛県温泉郡中島町 怒和島　[撮]宮本常一，1959年8月28日

### コキビ畑
「民俗資料選集 25 焼畑習俗」国土地理協会　1997
　◇p19(口絵)〔白黒〕　高知県池川町椿山

### ゴキリ
「民俗資料叢書 11 田植の習俗5」平凡社　1970
　◇p256(挿14)〔白黒・図〕　鹿児島県国分市上井

### 穀打台
「写真で見る農具 民具」農林統計協会　1988
　◇p131〔白黒〕　福井県丸岡町　昭和30年頃まで

### 穀打棒
「写真で見る農具 民具」農林統計協会　1988
　◇p126〔白黒〕　山形県長井市　昭和23年頃まで

### 穀物たたき
「写真で見る農具 民具」農林統計協会　1988
　◇p127〔白黒〕　愛媛県大西町　明治時代から昭和前期まで

### 小鍬
「写真で見る農具 民具」農林統計協会　1988
　◇p15〔白黒〕　京都府京都市　大正時代後期頃まで

### 小鍬又は草けずり
「写真で見る農具 民具」農林統計協会　1988
　◇p34〔白黒〕　和歌山県貴志川町　昭和初期から現在

### ココミ(クサソテツ)の半栽培
「里山・里海 暮らし図鑑」柏書房　2012
　◇写4(p113)〔白黒〕

### 小作料の大豆
「写真でみる日本生活図引 別巻」弘文堂　1993
　◇p95〔白黒〕　長野県下伊那郡阿智村　[撮]熊谷元一，昭和31年12月24日

### 腰籠をつけて畑へ行く女の人
「写真ものがたり昭和の暮らし 9」農山漁村文化協会　2007
　◇p18〔白黒〕　福島県下郷町大内　手拭い被りに割烹着、ハカマをはく　[撮]須藤功，昭和44年8月

### 腰籠にはゴミをいれる
「フォークロアの眼 3 運ぶ」国書刊行会　1977
　◇図197〔白黒〕　愛知県北設楽郡東栄町古戸　[撮]須藤功，昭和42年12月11日

### 腰籠の稲苗を一束ずつ手にして植えていく
「フォークロアの眼 3 運ぶ」国書刊行会　1977
　◇図196〔白黒〕　宮城県刈田郡七ヶ宿町湯原　[撮]須藤功，昭和43年5月27日

### 漉し器
「日本民具の造形」淡交社　2004
　◇p59〔白黒〕　岩手県 北上市立博物館みちのく民俗村所蔵

### こし土を施した上にヤキスリヌカをまく
「民俗資料叢書 11 田植の習俗5」平凡社　1970
　◇図7〔白黒〕　高知県室戸市室津郷

### コシノコ(腰鋸)
「民俗資料選集 30 焼畑習俗Ⅱ」国土地理協会　2002
　◇p65(本文・写真3)〔白黒〕　山梨県南巨摩郡早川町奈良田　焼畑の用具

### コジュウチ(小地打ち)
「民俗資料選集 30 焼畑習俗Ⅱ」国土地理協会　2002
　◇p71(本文・写真20)〔白黒〕(脱穀用具―コジュウチ(小地打ち))　山梨県南巨摩郡早川町奈良田　アワ・ソバ・大豆・小豆などの実を落とす道具

木鋤で耕作する女
　「日本社会民俗辞典 1」日本図書センター　2004
　　◇図版Ⅲ アイヌ(3)〔白黒〕　胆振国白老　㊟木下

コヅクリ（小作り）
　「民俗資料選集 30 焼畑習俗Ⅱ」国土地理協会　2002
　　◇p2（口絵），p53（本文）〔白黒〕　山梨県南巨摩郡早川町奈良田　4月中旬ころ　前年の秋に伐採したハンノキの倒木の枝を切り払い、耕地全体に置いて、火入れの際、まんべんなく火が回るようにする（再現風景）

小槌
　「写真で見る農具 民具」農林統計協会　1988
　　◇p127〔白黒〕　岩手県軽米町　大正時代から昭和前期まで

コズ焼き風景
　「民俗資料選集 25 焼畑習俗」国土地理協会　1997
　　◇p13（口絵）〔白黒〕　高知県池川町椿山

木立の間に丸太を立てる方法
　「いまに伝える 農家のモノ・人の生活館」柏書房　2004
　　◇p121 図3〔白黒・図〕　〔埼玉県〕　藁を積む木立

ゴチャウエ
　「民俗資料叢書 11 田植の習俗5」平凡社　1970
　　◇p91（挿10）〔白黒・図〕　高知県宿毛市山奈町山田　明治の終わり頃までか　田の植え方

五丁鎌
　「写真で見る農具 民具」農林統計協会　1988
　　◇p124〔白黒〕　福井県丸岡町

ゴットンブルイ概念図
　「民俗資料選集 41 豊後の水車習俗」国土地理協会　2010
　　◇p215（本文）〔白黒・図〕　大分県

コッペラ
　「民具のみかた―心とかたち」第一法規出版　1983
　　◇p126〔白黒〕　石川県白山麓　稗・粟の穂取り

コテイタ
　「民俗資料叢書 11 田植の習俗5」平凡社　1970
　　◇図27〔白黒〕　高知県高岡郡葉山村葉山　アゲドコ式苗代をならす

コナエウチ
　「民俗資料叢書 8 田植の習俗3」平凡社　1968
　　◇図23〔白黒〕　秋田県本荘市鮎瀬

コナシ小屋
　「宮本常一 写真・日記集成 別巻」毎日新聞社　2005
　　◇図4（p13）〔白黒〕　島根県八束郡野波村小波［島根町］　㊟宮本常一, 1939年11月17日
　　◇図8（p13）〔白黒〕　島根県八束郡野波村沖泊［島根町］　㊟宮本常一, 1939年11月17日
　　◇図9（p13）〔白黒〕　島根県八束郡野波村小波［島根町］　㊟宮本常一, 1939年11月17日

コナッパリ（小縄張り）
　「民俗資料叢書 1 田植の習俗1」平凡社　1965
　　◇図122〔白黒〕　岩手県遠野市土淵町本宿

粉ひき臼
　「写真で見る農具 民具」農林統計協会　1988
　　◇p152〔白黒〕　兵庫県出石町　昭和20年代まで

コバ大根の間引き
　「民俗資料選集 30 焼畑習俗Ⅱ」国土地理協会　2002
　　◇p23（口絵）〔白黒〕　宮崎県西米良村竹原

コバヤキ
　「民俗資料選集 30 焼畑習俗Ⅱ」国土地理協会　2002
　　◇p13（口絵）〔白黒〕　宮崎県西米良村小川　日照・風向・乾燥の具合を見て慎重に火を入れる

コバ焼き
　「民俗資料選集 30 焼畑習俗Ⅱ」国土地理協会　2002
　　◇p164（本文）〔白黒〕　宮崎県

湖畔の畑
　「写真でみる日本生活図引 6」弘文堂　1993
　　◇図147〔白黒〕　滋賀県大津市柳ヶ崎　高畦, 菜種畑　㊟前野隆資, 昭和34年5月

コヒキバラ
　「あるくみるきく双書 宮本常一とあるいた昭和の日本 19」農山漁村文化協会　2012
　　◇p115〔白黒〕　鹿児島県　裏面　㊟工藤員功

ごぼう洗い
　「写真で見る農具 民具」農林統計協会　1988
　　◇p184〔白黒〕　埼玉県狭山市　昭和前期まで

ごぼう起こし
　「写真で見る農具 民具」農林統計協会　1988
　　◇p181〔白黒〕（ごぼう起こし 1本刃）　京都府京都市　昭和30年頃まで

ごぼう起こし 2本刃
　「写真で見る農具 民具」農林統計協会　1988
　　◇p181〔白黒〕　京都府京都市　昭和30年頃まで

牛蒡掘り
　「日本民具の造形」淡交社　2004
　　◇p216〔白黒〕　東京都 世田谷区立郷土資料館所蔵

ゴボウ掘万能
　「写真で見る農具 民具」農林統計協会　1988
　　◇p23〔白黒〕　千葉県富里村

ごぼう掘棒
　「写真で見る農具 民具」農林統計協会　1988
　　◇p182〔白黒〕　埼玉県狭山市　大正年代から昭和前期まで

コマザラ
　「写真で見る農具 民具」農林統計協会　1988
　　◇p33〔白黒〕　岐阜県岐阜市　明治時代から昭和40年代前半

ゴミ汲み具
　「日本の生活環境文化大辞典」柏書房　2010
　　◇p103-6〔白黒・図〕　『管内農具図』（明治13年調べ）より

小麦干し
　「食の民俗事典」柊風舎　2011
　　◇p18〔白黒〕　静岡県磐田市豊岡

米を搗く
　「日本民俗写真大系 5」日本図書センター　2000
　　◇p153〔白黒〕　沖縄県 西表島　臼と杵で脱穀　㊟吉村正治, 1960年

米をつくる人
　「写真でみる日本人の生活全集 6」日本図書センター　2010
　　◇p133〔白黒〕　「雪国の民俗」

米集積所
　「写真ものがたり昭和の暮らし 1」農山漁村文化協会　2004
　　◇p226〔白黒〕（収納所に運びこまれた供出米）　秋田県仙南村　㊟佐藤久太郎, 昭和33年10月
　「写真でみる日本生活図引 1」弘文堂　1989
　　◇図79, 80〔白黒〕　秋田県仙北郡仙南村　米穀検査を受けるために運んできた供出米　㊟佐藤久太郎, 昭和33年10月31日

米作りの相談
　「写真ものがたり昭和の暮らし 1」農山漁村文化協会　2004
　　◇p226〔白黒〕　秋田県仙南村　供出米の集積所前

農業　　　　　　　　　　　　　　　生産・生業

㊉佐藤久太郎, 昭和33年10月

**米俵**
「日本民具の造形」淡交社　2004
◇p26〔白黒〕　香川県 三野町立民俗資料館所蔵
「写真でみる日本生活図引 別巻」弘文堂　1993
◇図177〔白黒〕　長野県下伊那郡阿智村　㊉熊谷元一, 昭和31年11月26日

**米つき臼および杵**
「写真で見る農具 民具」農林統計協会　1988
◇p150〔白黒〕　秋田県大内町　明治30年代

**コメトオシ**
「あるくみるきく双書 宮本常一とあるいた昭和の日本 19」農山漁村文化協会　2012
◇p115〔白黒〕　鹿児島県金峰町　㊉工藤員功

**米通し**
「食の民俗事典」柊風舎　2011
◇p528〔白黒〕　福島県南会津郡只見町

**コメトーシ**
「図録・民具入門事典」柏書房　1991
◇p63〔白黒〕　東京都

**米の供出**
「宮本常一 写真・日記集成 上」毎日新聞社　2005
◇p24〔白黒〕　宮城県栗原郡栗駒町　㊉宮本常一, 1955年11月14日
「写真でみる日本生活図引 別巻」弘文堂　1993
◇図166〔白黒〕(米供出)　長野県下伊那郡阿智村　㊉矢沢昇, 昭和31年11月15日

**米の検査**
「写真ものがたり昭和の暮らし 1」農山漁村文化協会　2004
◇p227〔白黒〕　長野県富士見町　米刺しで、米俵から抜き取った米を検査用の皿に入れ調べる　㊉武藤盈, 昭和32年11月

**米の出荷**
「写真で見る農具 民具」農林統計協会　1988
◇口絵〔白黒〕　岩手県　昭和30年代　写真提供 岩手県立農業博物館

**米の調製**
「写真でみる日本人の生活全集 1」日本図書センター　2010
◇p7〔白黒〕　千葉県北佐原　箕から空中におどる早場米

**米畚**
「写真で見る農具 民具」農林統計協会　1988
◇p174〔白黒〕　岐阜県大野町　江戸時代から昭和20年頃まで

**こも編台**
「写真で見る農具 民具」農林統計協会　1988
◇p161〔白黒〕　福島県郡山市

**小屋掛け**
「民俗資料選集 30 焼畑習俗Ⅱ」国土地理協会　2002
◇p21（口絵）〔白黒〕　宮崎県西米良村小川　ヨケゴヤを造る

**コヤシにタテグイを立てる**
「民俗資料選集 25 焼畑習俗」国土地理協会　1997
◇p220（本文）〔白黒〕　高知県池川町椿山　㊉昭和62年

**コヤシの作物（タイモ）**
「民俗資料選集 25 焼畑習俗」国土地理協会　1997
◇p217（本文）〔白黒〕　高知県池川町椿山

**コヤシの作物（白菜）**
「民俗資料選集 25 焼畑習俗」国土地理協会　1997
◇p217（本文）〔白黒〕　高知県池川町椿山

**小屋と稲ニオ**
「宮本常一 写真・日記集成 上」毎日新聞社　2005
◇p159〔白黒〕(三浦半島・浦賀→剱崎)　神奈川県 三浦半島 浦賀（神奈川県横須賀市）→剱崎　㊉宮本常一, 1959年11月8日

**小屋稲架**
「日本民俗大辞典 上」吉川弘文館　1999
◇p122〔白黒〕　岩手県岩手郡松尾村寄木

**五老滝と棚田**
「宮本常一 写真・日記集成 上」毎日新聞社　2005
◇p215〔白黒〕　熊本県上益城郡矢部町　㊉宮本常一, 1960年10月31日

**コロガシ**
「図録・民具入門事典」柏書房　1991
◇p58〔白黒〕　神奈川県　川崎市立日本民家園所蔵
「民具のみかた一心とかたち」第一法規出版　1983
◇p137〔白黒〕　石川県珠洲市　大正期以降

**コロバシ**
「日本民具の造形」淡交社　2004
◇p209〔白黒〕　千葉県 鎌ヶ谷市郷土資料館所蔵
「民俗資料叢書 11 田植の習俗5」平凡社　1970
◇図57〔白黒〕　高知県幡多郡大方町出口

**コンニャク栽培**
「日本民俗大辞典 下」吉川弘文館　2000
◇図26〔別刷図版「野良仕事」〕〔白黒〕（コンニャク作り）　埼玉県秩父郡両神村薄　畑の仕事　㊉内田賢作, 昭和49(1974)年
「日本民俗写真大系 2」日本図書センター　1999
◇p176〔白黒〕　茨城県那賀郡山方町　㊉南良和, 1990年

**コンニャク畑**
「図説 日本民俗学」吉川弘文館　2009
◇p163〔白黒〕　栃木県鹿沼市
「写真ものがたり昭和の暮らし 2」農山漁村文化協会　2004
◇p80〔白黒〕　群馬県南牧村勧能　伸び始めたコンニャクの消毒　㊉須藤功, 昭和52年6月

**コンニャク掘取機**
「写真で見る農具 民具」農林統計協会　1988
◇p44〔白黒〕　群馬県下仁田町

**菜園化した城の掘**
「宮本常一 写真・日記集成 下」毎日新聞社　2005
◇p361〔白黒〕　広島県三原市本町　㊉宮本常一, 1976年3月26日～28日

**採収袋**
「写真で見る農具 民具」農林統計協会　1988
◇p189〔白黒〕　愛媛県今治市　かんきつ類収納容器

**砕土**
「写真でみる日本生活図引 1」弘文堂　1989
◇図9〔白黒〕　宮城県仙台市中田　㊉加藤治郎, 昭和34年3月

**砕土機**
「日本民具の造形」淡交社　2004
◇p205〔白黒〕　長野県 駒ケ根市民俗資料館所蔵
「写真で見る農具 民具」農林統計協会　1988
◇p60〔白黒〕(砕土器)　群馬県館林市
◇p60〔白黒〕　群馬県高崎市　明治時代から昭和20年代前半まで
◇p60〔白黒〕　静岡県大井川町
◇p67〔白黒〕　愛媛県小田町　昭和20年代から30年代の前半まで
◇p68〔白黒〕　兵庫県但東町　昭和初期から30年代の前半まで

**竿入れ**
「民俗資料選集 30 焼畑習俗Ⅱ」国土地理協会　2002
◇p17（口絵）〔白黒〕　宮崎県西米良村小川　竿を入れて押し倒し穂つみをする

**サオキビの摺臼**
「日本民俗大辞典 上」吉川弘文館　1999
◇p921〔白黒〕　東京都西多摩郡小河内村　宮本記念財団提供

**早乙女**
「図説 民俗探訪事典」山川出版社　1983
◇p103〔白黒〕　広島県大朝町　[撮]渡辺伸夫

**早乙女たち**
「民俗資料叢書 5 田植の習俗2」平凡社　1967
◇図52〔白黒〕　富山県中新川郡上市種　写真提供：宮本馨太郎

**早乙女と苗を運ぶ手車**
「民俗資料叢書 9 田植の習俗4」平凡社　1969
◇図9〔白黒〕　島根県邑智郡石見町日貫青笹

**境縄**
「民俗資料叢書 1 田植の習俗1」平凡社　1965
◇図107〔白黒〕　岩手県遠野市遠野町　籾の種別を示す

**佐賀平野の耕地**
「写真ものがたり昭和の暮らし 5」農山漁村文化協会　2005
◇p68〔カラー〕　佐賀県神埼町姉川　[撮]昭和50年代　佐賀県土つくり本部農山漁村課提供

**先刈鎌**
「写真で見る農具 民具」農林統計協会　1988
◇p203〔白黒〕　広島県福山市　昭和30年から50年頃まで　藺草

**作業小屋**
「写真でみる日本生活図引 8」弘文堂　1993
◇図19〔白黒〕　秋田県横手市根田　細めの藁縄を綯う，藁打機で藁を打つ　[撮]佐藤久太郎，昭和31年12月24日

**サク切り**
「いまに伝える 農家のモノ・人の生活館」柏書房　2004
◇p132 写真1〔白黒〕　埼玉県嵐山町　麦の間作を植えるため　[撮]昭和59年4月

**サク切り（中耕）**
「いまに伝える 農家のモノ・人の生活館」柏書房　2004
◇p125〔白黒〕　〔埼玉県〕

**作小屋**
「民俗資料選集 30 焼畑習俗Ⅱ」国土地理協会　2002
◇p212（本文）〔白黒・図〕　宮崎県西米良村大字村所字広瀬　明治前期～中期　厩平面図，作小屋平面図

**作小屋の全景**
「民俗資料選集 30 焼畑習俗Ⅱ」国土地理協会　2002
◇p20（口絵）〔白黒〕　宮崎県西米良村升原　この小屋で焼畑を行い、その合間に田・畑を開いた

**作条機**
「写真で見る農具 民具」農林統計協会　1988
◇p71〔白黒〕　山形県新庄市　昭和前期から30年代前半

**桜島大根の出荷**
「写真でみる日本生活図引 2」弘文堂　1988
◇図152，153〔白黒〕　鹿児島県鹿児島郡桜島町　[撮]小野重朗，昭和35年，昭和40年

**サクリグワ**
「図録・民具入門事典」柏書房　1991
◇p56〔白黒〕　東京都

**サコンタ**
「民俗資料選集 41 豊後の水車習俗」国土地理協会　2010
◇p5（本文）〔白黒〕　大分県南海部郡宇目町　[撮]昭和29年
「写真でみる日本人の生活全集 3」日本図書センター　2010
◇p118〔白黒〕　大分県南海部郡宇目村　水の流れを利用して米などをつく仮小屋　[撮]伊馬春部

**サコンタ（水車）跡**
「民俗資料選集 41 豊後の水車習俗」国土地理協会　2010
◇p124（本文）〔白黒〕　大分県竹田市神原

**豇豆収穫**
「写真でみる日本生活図引 別巻」弘文堂　1993
◇図60〔白黒〕　長野県下伊那郡阿智村　[撮]熊谷元一，昭和31年8月11日

**豇豆脱穀**
「写真でみる日本生活図引 別巻」弘文堂　1993
◇図61〔白黒〕　長野県下伊那郡阿智村　[撮]熊谷元一，昭和31年8月12日

**笹竹**
「写真でみる日本生活図引 別巻」弘文堂　1993
◇図300〔白黒〕　長野県下伊那郡阿智村　稲架に使う笹竹を担いでくる　[撮]熊谷元一，昭和32年3月6日

**ササボウキ**
「民俗資料選集 25 焼畑習俗」国土地理協会　1997
◇p102（本文）〔白黒・図〕　岐阜県高鷲村　クマザサ製　焼畑に使用した農具

**サシ**
「日本民具の造形」淡交社　2004
◇p50〔白黒〕　静岡県 山西郷土資料館所蔵　米の品質検査の道具

**さし鍬**
「写真で見る農具 民具」農林統計協会　1988
◇p38〔白黒〕　佐賀県神崎町

**サタグルマによるサトウキビ搾り**
「里山・里海 暮らし図鑑」柏書房　2012
◇写32（p92）〔白黒〕　鹿児島県沖永良部島　昭和30年代　鹿児島県知名町教育委員会提供

**雑穀入**
「写真で見る農具 民具」農林統計協会　1988
◇p178〔白黒〕　千葉県八日市場市

**雑穀栽培**
「民俗学事典」丸善出版　2014
◇p204〔白黒〕　静岡県静岡市葵区井川　ダレキビ，粟　[撮]2010年

**雑穀のゴミをふるう**
「宮本常一が撮った昭和の情景 上」毎日新聞社　2009
◇p46〔白黒〕　岡山県笠岡市真鍋島　[撮]宮本常一，1957年8月30日
「宮本常一 写真・日記集成 上」毎日新聞社　2005
◇p85〔白黒〕　岡山県笠岡市 真鍋島　[撮]宮本常一，1957年8月30日

**サツマイモを掘る**
「宮本常一が撮った昭和の情景 上」毎日新聞社　2009
◇p176〔白黒〕　熊本県天草市五和町　[撮]宮本常一，1962年10月7日

**サツマイモ蔓挿し作業**
「日本の生活環境文化大辞典」柏書房　2010
◇p26-2〔白黒〕　愛知県渥美郡渥美町（現・田原市）　[撮]昭和30年代前半　田原市博物館

**サツマイモの育苗温床**
「里山・里海 暮らし図鑑」柏書房　2012
◇写22（p89）〔白黒〕　埼玉県三芳町立歴史民俗資料館展示複写

**サツマイモの苗を移植する**
「写真ものがたり昭和の暮らし 2」農山漁村文化協会　2004
◇p77〔白黒〕　長野県阿智村駒場　[撮]熊谷元一, 昭和31年6月

**サツマイモの苗さし**
「いまに伝える 農家のモノ・人の生活館」柏書房　2004
◇p155 写真4〔白黒〕　〔埼玉県〕　サツマイモ栽培

**サツマイモの苗の直挿し方法とイモの着き方**
「里山・里海 暮らし図鑑」柏書房　2012
◇図2(p90)〔白黒・図〕　坂井健吉『さつまいも一ものと人間の文化史』法政大学出版局(1999)から引用

**サツマイモ畑の風で揺れる古着の猪おどし**
「写真ものがたり昭和の暮らし 2」農山漁村文化協会　2004
◇p173〔白黒〕　鹿児島県瀬戸内町・加計呂麻島　[撮]須藤功, 昭和52年

**サツマイモ用苗床の断面**
「里山・里海 暮らし図鑑」柏書房　2012
◇図1(p89)〔白黒・図〕　埼玉県三芳町上富二区　犬井正『関東地方の平地林』古今書院(1992)から引用

**サツマ掘り**
「いまに伝える 農家のモノ・人の生活館」柏書房　2004
◇口絵〔カラー〕　埼玉県所沢市　サツマイモ栽培
◇p157 写真1〔白黒〕　埼玉県所沢市

**さでみ**
「写真で見る農具 民具」農林統計協会　1988
◇p197〔白黒〕　東京都奥多摩町　明治時代中期から　わさび用具

**里芋洗い**
「日本民具の造形」淡交社　2004
◇p284〔白黒〕　栃木県 西那須野郷土資料館所蔵

**サトイモを掘り起こす**
「日本民俗写真大系 5」日本図書センター　2000
◇p187〔白黒〕(火山ガスと降灰の被害を受けた畑でサトイモを掘り起こす)　鹿児島市 桜島　[撮]橋口実昭, 1990年

**里芋の植え付け**
「図説 日本民俗学」吉川弘文館　2009
◇p153〔白黒〕　神奈川県平塚市

**さとうきび刈取り鍬**
「写真で見る農具 民具」農林統計協会　1988
◇p225〔白黒〕　鹿児島県知名町　昭和20年代から　さとうきびの収穫

**さとうきび脱葉鎌**
「写真で見る農具 民具」農林統計協会　1988
◇p226〔白黒〕　鹿児島県知名町　昭和30年代から

**サトウキビの刈り入れ**
「写真ものがたり昭和の暮らし 3」農山漁村文化協会　2004
◇p226〔白黒〕　沖縄県石垣市川平　[撮]須藤功, 昭和57年1月

**サトウキビの収穫**
「里山・里海 暮らし図鑑」柏書房　2012
◇写31(p92)〔白黒〕(結い組によるサトウキビの収穫)　鹿児島県徳之島 伊仙町西目手久　昭和30年代後半　幸山忠蔵提供

**サトウキビの収穫作業**
「日本民俗大辞典 上」吉川弘文館　1999
◇図12〔別刷図版「沖縄文化」〔カラー〕　沖縄県島尻郡東風平町　[撮]大城弘明, 1988年

**サトウキビ畑**
「宮本常一 写真・日記集成 下」毎日新聞社　2005
◇p68〔白黒〕　鹿児島県西之表市(種子島)　[撮]宮本常一, 1966年3月31日～4月10日

**さとうきび伐採鎌**
「写真で見る農具 民具」農林統計協会　1988
◇p226〔白黒〕　鹿児島県徳之島町　昭和20年代から

**里山自然農法協会の早乙女による田植え**
「里山・里海 暮らし図鑑」柏書房　2012
◇写25(p358)〔白黒〕　奈良県大和郡山市矢田　平成23年6月　NPO法人アートアイビーインターナショナル坂本勉提供

**里山に牧畑を作り自給畑を拡張**
「里山・里海 暮らし図鑑」柏書房　2012
◇写5(p20)〔白黒〕　昭和30年代　島根県隠岐郡西ノ島町役場提供

**里山や干潟に田畑を拡張**
「里山・里海 暮らし図鑑」柏書房　2012
◇写4(p19)〔白黒〕　昭和42年　島根県隠岐郡海士町役場提供

**さらえ**
「写真で見る農具 民具」農林統計協会　1988
◇p36〔白黒〕　大阪府堺市　昭和35年頃まで
◇p36〔白黒〕　大阪府池田市　明治時代から大正時代まで

**ザル**
「写真で見る農具 民具」農林統計協会　1988
◇p75〔白黒〕　佐賀県三日月町　袋に入った種子や肥料の携帯用の容器

**ざるあみ**
「写真で見る農具 民具」農林統計協会　1988
◇p39〔白黒〕　秋田県大内町　昭和初期から同15年頃まで

**三角定規植え**
「民俗資料叢書 5 田植の習俗2」平凡社　1967
◇図15〔白黒〕　茨城県稲敷郡桜川村浮島

**三角田**
「写真ものがたり昭和の暮らし 1」農山漁村文化協会　2004
◇p143〔白黒〕　宮崎県西都市銀鏡　[撮]須藤功, 昭和44年12月
◇p143〔白黒〕　新潟県山古志村中野　[撮]米山孝志, 昭和55年5月
「写真でみる日本生活図引 6」弘文堂　1993
◇図135〔白黒〕　宮崎県西都市中尾　[撮]須藤功, 昭和44年12月9日

**さんかくつつ**
「日本の民具 2 農村」慶友社　1992
◇図52〔白黒〕　岩手県二戸郡安代町　[撮]薗部澄

**三角ハロー**
「写真で見る農具 民具」農林統計協会　1988
◇p66〔白黒〕　岩手県山田町　昭和前期より20年代後半まで

**三角枠**
「民俗資料叢書 9 田植の習俗4」平凡社　1969
◇図88〔白黒〕　広島県山県郡芸北町川小田

**山間の稲田**
「写真でみる日本生活図引 6」弘文堂　1993
◇図134〔白黒〕　新潟県三島郡出雲崎町もしくは刈羽郡西山町　[撮]中俣正義, 撮影年月日不詳

**山間の稲田のたたずまい**
「宮本常一 写真・日記集成 下」毎日新聞社　2005
◇p345〔白黒〕　秋田県仙北郡西木村桧木内戸沢　手前は通し苗代　[撮]宮本常一, 1975年9月2日～5日

**山間の集落と水田**
「宮本常一 写真・日記集成 下」毎日新聞社　2005
◇p167〔白黒〕　大分県 日田→田川後藤寺　[撮]宮本常一, 1968年8月2日

**山間の田**
「民俗資料叢書 9 田植の習俗4」平凡社　1969
◇図115〔白黒〕　広島県神石郡

**サンゴーズキ**
「図録・民具入門事典」柏書房　1991
◇p57〔白黒〕　長崎県対馬

**3条用作溝機による溝切り作業**
「写真で見る農具 民具」農林統計協会　1988
◇口絵〔白黒〕　[撮]昭和28年頃　写真提供 佐藤清美

**三層のミカン蔵**
「日本の生活環境文化大辞典」柏書房　2010
◇p60-4〔白黒〕　大阪府和泉市小川　[撮]2002年　千森督子

**山村の傾斜畑**
「図説 日本民俗学」吉川弘文館　2009
◇p116〔白黒〕　奈良県十津川村

**山村の畑**
「写真でみる日本生活図引 1」弘文堂　1989
◇図104〔白黒〕　岩手県九戸郡山形村来内　[撮]菊池俊吉, 昭和32年5月

**山村の屋敷畑**
「図説 日本民俗学」吉川弘文館　2009
◇p152〔白黒・図〕　奈良県上北山村　『国立歴史民俗博物館研究報告』第18集より

**サンバイ**
「民俗資料叢書 9 田植の習俗4」平凡社　1969
◇図92〔白黒〕　広島県山県郡筒賀村井仁

**サンバナエ**
「民俗資料叢書 8 田植の習俗3」平凡社　1968
◇図51〔白黒〕(床の間にすえられたサンバナエ)　新潟県佐渡市

**サンバナエと握り飯**
「民俗資料叢書 8 田植の習俗3」平凡社　1968
◇図52〔白黒〕　新潟県佐渡市

**サンバナエの握り飯**
「民俗資料叢書 8 田植の習俗3」平凡社　1968
◇図50〔白黒〕(家の外の石にすえられたサンバナエの握り飯)　新潟県佐渡市

**散粉機**
「写真で見る農具 民具」農林統計協会　1988
◇p111〔白黒〕　岩手県軽米町　昭和20～40年頃
◇p112〔白黒〕　石川県金沢市　昭和40年代

**サンボングワ**
「いまに伝える 農家のモノ・人の生活館」柏書房　2004
◇p157 写真3〔白黒〕　埼玉県比企郡　サツマイモを掘る

**三本ぐわを打ちこんで田を起こす女たち**
「写真ものがたり昭和の暮らし 1」農山漁村文化協会　2004
◇p136〔白黒〕　新潟県巻町　[撮]中俣正義, 昭和30年5月

**三本鍬による本田の荒起こし**
「里山・里海 暮らし図鑑」柏書房　2012
◇写32(p67)〔白黒〕

**三本クワ(万能)**
「民俗資料選集 23 北上山地の畑作習俗」国土地理協会　1995
◇p196(本文)〔白黒〕　岩手県気仙郡住田町世田米、大股　田及び畑作に使用

**三本備中**
「写真で見る農具 民具」農林統計協会　1988
◇p24〔白黒〕　岐阜県岐阜市　明治時代から昭和40年代まで

**三本備中鍬**
「写真で見る農具 民具」農林統計協会　1988
◇p23〔白黒〕　群馬県子持村　昭和10年代まで

**三輪トラクター**
「写真ものがたり昭和の暮らし 2」農山漁村文化協会　2004
◇p75〔白黒〕　栃木県那須町　[撮]昭和30年5月　独立行政法人 農業・生物系特定産業技術研究機構提供

**三連水車**
「民俗資料選集 41 豊後の水車習俗」国土地理協会　2010
◇p160(本文)〔白黒〕　福岡県朝倉

**仕上げ鍬または土入れ鍬**
「写真で見る農具 民具」農林統計協会　1988
◇p20〔白黒〕　富山県砺波市

**シイタケ栽培**
「里山・里海 暮らし図鑑」柏書房　2012
◇写53(p263)〔白黒〕　福井県美浜町　昭和34年2月　山口光寿所蔵, 美浜町役場文化財保護・町誌編纂室提供
「宮本常一 写真・日記集成 下」毎日新聞社　2005
◇p452〔白黒〕(林のなかのシイタケ栽培)　岡山県小田郡黒忠→三山　[撮]宮本常一, 1979年1月3日

**しいたけたねいれ**
「民俗資料選集 9 山村の生活と用具」国土地理協会　1981
◇p111(本文)〔白黒〕　愛知県北設楽郡津具村　使用年代昭和15年ごろ　しいたけのほだ木にくさびを入れる斧

**椎茸つくり**
「民俗図録 日本人の暮らし」日本図書センター　2012
◇図280〔白黒〕　大分県

**しいたけの栽培**
「写真ものがたり昭和の暮らし 2」農山漁村文化協会　2004
◇p196〔白黒〕　宮崎県西都市大字銀鏡　原木にコマと呼ぶ種菌を打ちこんでいる　[撮]須藤功, 昭和44年12月

**シイタケの生産**
「民俗資料選集 30 焼畑習俗Ⅱ」国土地理協会　2002
◇p160(本文)〔白黒〕　宮崎県西米良村

**塩叺**
「写真で見る農具 民具」農林統計協会　1988
◇p177〔白黒〕　和歌山県南部川村　昭和40年代後半まで

**ジガラ(地唐)**
「民具のみかた―心とかたち」第一法規出版　1983
◇p146〔白黒〕　神奈川県川崎市

**じき樽**
「民俗資料選集 23 北上山地の畑作習俗」国土地理協会　1995
◇p204(本文)〔白黒〕　岩手県気仙郡住田町世田米 下大股

**自給畑**
「里山・里海 暮らし図鑑」柏書房　2012
◇写24(p91)〔白黒〕　神奈川県伊勢原市　7月　キュウリやトマト、ダイズなど

**ジグザグ式の土かけ作業**
「民俗資料選集 30 焼畑習俗Ⅱ」国土地理協会　2002
◇p59(本文・図12)〔白黒・図〕　山梨県南巨摩郡早川町奈良田

**地車による麦束の運搬作業**
「里山・里海 暮らし図鑑」柏書房　2012
◇写13(p86)〔白黒〕　埼玉県北部　昭和30～40年　大舘勝治提供

**仕事を終えて**
「写真でみる日本生活図引 6」弘文堂　1993
◇図104〔白黒〕　秋田県湯沢市　[撮]佐藤久太郎, 昭和34年5月23日

**仕事の合い間に**
「日本民俗大辞典 下」吉川弘文館　2000
◇図17〔別刷図版「野良仕事」〕〔白黒〕　山口県阿武郡福栄村押原　[撮]下瀬武雄, 昭和20年代後半

**猪追小屋**
「日本社会民俗辞典 2」日本図書センター　2004
◇p545〔白黒・図〕　『飛騨後風土記』

**猪威し**
「あるくみるきく双書 宮本常一とあるいた昭和の日本 22」農山漁村文化協会　2012
◇p61〔カラー〕(風で揺れて鳴る猪威し)　三重県鳥羽市河内

**シシガキ**
「日本民俗大辞典 上」吉川弘文館　1999
◇p123〔白黒〕(石のシシガキ)　滋賀県 湖西　[撮]高橋春成
◇p123〔白黒〕(土塁のシシガキ)　香川県 小豆島　[撮]高橋春成

**シシ垣**
「宮本常一 写真・日記集成 下」毎日新聞社　2005
◇p309〔白黒〕　山口県玖珂郡美和町　[撮]宮本常一, 1973年8月6日～10日

**猪垣**
「あるくみるきく双書 宮本常一とあるいた昭和の日本 22」農山漁村文化協会　2012
◇p61〔カラー〕(田のまわりに延々とめぐらした猪垣)　三重県鳥羽市河内
◇p64〔カラー〕　三重県鳥羽市河内 棚田と林の間
「民俗図録 日本人の暮らし」日本図書センター　2012
◇図297〔白黒〕　山口県
「図説 日本民俗学」吉川弘文館　2009
◇p116〔白黒〕　奈良県天川村
「写真ものがたり昭和の暮らし 2」農山漁村文化協会　2004
◇p174〔白黒〕(伊勢神宮の森と田の境につづく猪垣)　三重県鳥羽市　[撮]須藤功, 昭和55年5月
「日本社会民俗辞典 2」日本図書センター　2004
◇p544〔白黒〕　兵庫県鴨川村
「写真でみる日本生活図引 8」弘文堂　1993
◇図10, 11〔白黒〕　三重県鳥羽市河内　[撮]須藤功, 昭和55年4月19日
「写真でみる日本生活図引 1」弘文堂　1989
◇図105〔白黒〕　三重県鳥羽市河内　[撮]須藤功, 昭和55年4月19日
「民俗資料選集 9 山村の生活と用具」国土地理協会　1981
◇p13(口絵)〔白黒〕　愛知県北設楽郡津具村

**猪垣と陥穴の再現展示**
「写真ものがたり昭和の暮らし 2」農山漁村文化協会　2004
◇p175〔白黒〕(徳島県脇町にあった猪垣と陥穴を再現して展示)　香川県高松市屋島・四国民家博物館　[撮]須藤功, 昭和60年3月

**猪垣に古着をおいて猪が近よらないようにする**
「あるくみるきく双書 宮本常一とあるいた昭和の日本 22」農山漁村文化協会　2012
◇p60〔カラー〕　三重県鳥羽市河内　石積みの猪垣にさらに古着のシャツをおいて、猪が近よらないようにしている

**シシ垣のある田**
「宮本常一 写真・日記集成 上」毎日新聞社　2005
◇p130〔白黒〕　広島県比婆郡高野町奥三沢　[撮]宮本常一, 1959年6月24日

**猪柵(猪垣)**
「あるくみるきく双書 宮本常一とあるいた昭和の日本 22」農山漁村文化協会　2012
◇p61〔カラー〕(猪が川をのぼらないようにした柵)　三重県鳥羽市河内
「図説 民俗探訪事典」山川出版社　1983
◇p269〔白黒〕　『茨城の民俗』より

**下掛け水車**
「民俗資料選集 41 豊後の水車習俗」国土地理協会　2010
◇p183(本文)〔白黒・図〕　大分県　〔模式図〕

**湿田の稲刈り**
「いまに伝える 農家のモノ・人の生活館」柏書房　2004
◇p109 写真1〔白黒〕　埼玉県さいたま市(旧大宮市内)　田舟を用いる
「写真でみる日本生活図引 1」弘文堂　1989
◇図54〔白黒〕　福井県小浜市上根来　[撮]永江秀雄, 昭和39年9月13日

**湿田の稲運び**
「写真でみる日本生活図引 1」弘文堂　1989
◇図55〔白黒〕　新潟県中蒲原郡亀田町　[撮]中俣正義, 昭和25年

**湿田の草取り**
「写真ものがたり昭和の暮らし 1」農山漁村文化協会　2004
◇p172〔白黒〕　山形県南陽市赤湯　[撮]錦三郎, 昭和30年代

**湿田の田植え**
「写真でみる日本生活図引 1」弘文堂　1989
◇図24〔白黒〕　静岡県沼津市・浮島ヶ原　[撮]昭和初期　沼津市原小学校提供
◇図25〔白黒〕　山形県赤湯市・白龍湖付近　[撮]加藤治郎, 昭和33年5月

**シッペイ組立図(精米用水車)**
「民俗資料選集 41 豊後の水車習俗」国土地理協会　2010
◇p182(本文)〔白黒・図〕　大分県日田市鈴連町下小竹

**自転揚水車**
「民俗資料選集 41 豊後の水車習俗」国土地理協会　2010
◇p2(口絵)〔白黒〕　大分県緒方町下自在
◇p2(口絵)〔白黒〕　大分県緒方町下自在
◇p3(口絵)〔白黒〕　大分県緒方町柚木
◇p3(口絵)〔白黒〕　大分県緒方町柚木
◇p4(口絵)〔白黒〕　大分県九重町茅原小野
◇p5(口絵)〔白黒〕　大分県天瀬町上釣
◇p6(口絵)〔白黒〕　大分県天瀬町上釣
◇p6(口絵)〔白黒〕　大分県天瀬町上釣
◇p7(口絵)〔白黒〕　大分県本耶馬渓町冠石野　休止中
◇p7(口絵)〔白黒〕　大分県本耶馬渓町冠石野
◇p158(本文)〔白黒・図〕　大分県緒方町下自在
◇p159(本文)〔白黒〕　大分県緒方町下自在
◇p160(本文)〔白黒〕　大分県緒方町下自在
◇p161(本文)〔白黒・図〕　大分県緒方町柚木
◇p162(本文)〔白黒〕　大分県緒方町柚木
◇p165(本文)〔白黒〕　大分県九重町茅原小野
◇p166(本文)〔白黒〕　大分県天瀬町上釣
◇p166(本文)〔白黒〕　大分県天瀬町上釣
◇p167(本文)〔白黒・図〕　大分県本耶馬渓町, 天瀬町上釣, 九重町茅原小野

◇p171（本文）〔白黒〕　大分県本耶馬渓町冠石野　休止中
◇p173（本文）〔白黒・図〕　大分県国東町上国東下成仏，中津市

**自転揚水車と防御柵**
「民俗資料選集 41 豊後の水車習俗」国土地理協会　2010
◇p5（口絵）〔白黒〕　大分県九重町茅原小野

**自転揚水車の収納風景**
「民俗資料選集 41 豊後の水車習俗」国土地理協会　2010
◇p172（本文）〔白黒〕　大分県本耶馬渓町冠石野

**自転揚水車のヒノアシ接合法**
「民俗資料選集 41 豊後の水車習俗」国土地理協会　2010
◇p164（本文）〔白黒・図〕　大分県天瀬町上釣

**自転揚水車の輪竹接合法**
「民俗資料選集 41 豊後の水車習俗」国土地理協会　2010
◇p164（本文）〔白黒・図〕　大分県天瀬町上釣，緒方町柚木他

**自動耕耘器**
「日本社会民俗辞典 3」日本図書センター　2004
◇p1126〔白黒〕　仙台市外

**自動脱穀機**
「写真で見る農具 民具」農林統計協会　1988
◇p137〔白黒〕　宮崎県門川町　昭和30年代まで

**地ならし**
「民俗資料叢書 8 田植の習俗3」平凡社　1968
◇図15〔白黒〕　秋田県本荘市鮎瀬

**地主の田植え**
「写真でみる日本生活図引 1」弘文堂　1989
◇図30〔白黒〕　岩手県岩手郡葛巻町小屋瀬　[撮]菊池俊吉，昭和32年6月

**柴刈りガマ（両刃）**
「民俗資料選集 25 焼畑習俗」国土地理協会　1997
◇p30（本文）〔白黒・図〕　岐阜県白川村飯島

**しびふんづけ**
「写真ものがたり昭和の暮らし 1」農山漁村文化協会　2004
◇p144〔白黒〕　山形県南陽市赤湯　[撮]錦三郎，昭和35年5月

**ジブチ（地打ち）**
「民俗資料選集 30 焼畑習俗Ⅱ」国土地理協会　2002
◇p71（本文・写真19）〔白黒〕（脱穀用具―ジブチ（地打ち））　山梨県南巨摩郡早川町奈良田　麦の穂を打つ木槌

**渋抜機**
「写真で見る農具 民具」農林統計協会　1988
◇p204〔白黒〕　広島県福山市　昭和10年代から　藺草

**四本熊手鍬**
「写真で見る農具 民具」農林統計協会　1988
◇p32〔白黒〕　福井県丸岡町　明治時代から大正時代，明治時代から昭和45年頃まで

**シマダクワ**
「民俗資料選集 23 北上山地の畑作習俗」国土地理協会　1995
◇p11（本文）〔白黒〕　岩手県久慈市山根六郷

**締木**
「写真で見る農具 民具」農林統計協会　1988
◇p84〔白黒〕　茨城県水戸市　昭和30年代まで

**下肥**
「写真でみる日本生活図引 別巻」弘文堂　1993
◇図186〔白黒〕　長野県下伊那郡阿智村　[撮]熊谷元一，昭和31年12月1日

**下肥おけを背負子で背負い田に行く**
「写真ものがたり昭和の暮らし 1」農山漁村文化協会　2004
◇p138〔白黒〕　長野県阿智村　[撮]熊谷元一，昭和24年

**下肥をやる**
「写真でみる日本生活図引 1」弘文堂　1989
◇図127〔白黒〕　長野県下伊那郡清内路村　[撮]熊谷元一，昭和32年

**下肥と桶**
「写真でみる日本生活図引 1」弘文堂　1989
◇図11〔白黒〕　宮城県仙台市七郷　[撮]加藤治郎，昭和30年5月

**しゃく**
「写真で見る農具 民具」農林統計協会　1988
◇p73〔白黒〕　大阪府堺市

**シャクシ**
「民俗資料選集 23 北上山地の畑作習俗」国土地理協会　1995
◇p141（本文）〔白黒〕　岩手県岩泉町安家地区　焼畑の農具

**シャクシ（三角のクワ）**
「民俗資料選集 23 北上山地の畑作習俗」国土地理協会　1995
◇p139（本文）〔白黒・図〕　岩手県岩泉町安家地区　焼畑の農具

**シャクシの使い方**
「民俗資料選集 23 北上山地の畑作習俗」国土地理協会　1995
◇p141（本文）〔白黒〕　岩手県岩泉町安家地区　焼畑の農具，土を掘る

**尺竹による田植**
「民俗資料叢書 11 田植の習俗5」平凡社　1970
◇図151〔白黒〕　鹿児島県国分市上井

**尺棒**
「写真で見る農具 民具」農林統計協会　1988
◇p217〔白黒〕　群馬県下仁田町　大正時代から現在まで　こんにゃく畑の畦幅・株間を一定にする

**蛇腹による揚水**
「日本社会民俗辞典 1」日本図書センター　2004
◇図版Ⅴ 稲作（1）〔白黒〕　東北地方

**シャレヒキ**
「民俗資料選集 30 焼畑習俗Ⅱ」国土地理協会　2002
◇p15（口絵）〔白黒〕　宮崎県西米良村小川　シャレ木をひき、作土の流れを止める

**収穫**
「写真でみる日本人の生活全集 1」日本図書センター　2010
◇p3〔カラー〕　新潟県坂町　稲を収穫する喜び

**収穫篭**
「写真で見る農具 民具」農林統計協会　1988
◇p190〔白黒〕　愛媛県三崎町　江戸時代から昭和50年頃まで　かんきつ類収穫かご

**収穫された蒟蒻芋**
「食の民俗事典」柊風舎　2011
◇p60〔白黒〕　長野県下伊那郡天竜村
「写真ものがたり昭和の暮らし 2」農山漁村文化協会　2004
◇p80〔白黒〕（掘りあげた3年目のコンニャク芋）　長野県阿智村駒場　[撮]熊谷元一，昭和31年10月

**収穫直前の麻**
「民俗資料選集 23 北上山地の畑作習俗」国土地理協会　1995
◇p32（本文）〔白黒〕　岩手県久慈市山根六郷　盆前頃

### 収穫の家族労働
「図説 日本民俗学」吉川弘文館　2009
◇p61〔白黒〕　群馬県月夜野町

### 重鎌
「日本民俗図誌 5 農耕・漁撈篇」村田書店　1978
◇図48-9〔白黒・図〕　山口県豊浦郡小目村

### 十条田植機による田植え
「日本民俗大辞典 下」吉川弘文館　2000
◇図11〔別刷図版「野良仕事」〕〔白黒〕　宮城県登米郡南方町　[撮]長埜正光, 平成10年

### 手臼を曳く
「民俗資料選集 25 焼畑習俗」国土地理協会　1997
◇p22（口絵）〔白黒〕　高知県池川町椿山

### 種子入れ
「日本民具の造形」淡交社　2004
◇p210〔白黒〕　岡山県 三德園農業展示館所蔵

### 種子ふり（摘み田）
「日本民俗大辞典 下」吉川弘文館　2000
◇図9〔別刷図版「野良仕事」〕〔白黒〕　埼玉県上尾市　[撮]木部良樹　内田賢作

### 種子蒔き機
「日本民具の造形」淡交社　2004
◇p210〔白黒〕　北海道 砂川市郷土資料館所蔵
◇p210〔白黒〕　北海道 本別町歴史民俗資料館

### 取水堰
「図説 日本民俗学」吉川弘文館　2009
◇p150〔白黒・図〕　平塚市博物館編刊『相模川流域の自然と文化』より

### 出荷されるカタクリ
「里山・里海 暮らし図鑑」柏書房　2012
◇写50（p142）〔白黒〕　新潟県旧松代町〔十日町市〕昭和58年4月

### 出荷する大根
「写真でみる日本生活図引 1」弘文堂　1989
◇図134〔白黒〕　鹿児島県鹿児島郡桜島町　漬物用の大根, カツネンカズラを裂く女　[撮]小野重朗, 昭和36年

### 手動圧力噴霧機
「写真で見る農具 民具」農林統計協会　1988
◇p110〔白黒〕　山梨県甲府市　昭和20年より30年代

### 手動式扇風機
「日本民具の造形」淡交社　2004
◇p215〔白黒〕　長野県 山形村ふるさと伝承館所蔵

### 手動扇風機
「写真で見る農具 民具」農林統計協会　1988
◇p146〔白黒〕　鳥取県鳥取市

### 手動揚水機
「写真で見る農具 民具」農林統計協会　1988
◇p117〔白黒〕　秋田県八竜町　明治時代中期まで

### 定規による田植
「民俗資料叢書 11 田植の習俗5」平凡社　1970
◇図82〔白黒〕　高知県宿毛市山奈町山田

### 定規枠
「民俗資料叢書 9 田植の習俗4」平凡社　1969
◇図89〔白黒〕　広島県山県郡芸北町小原

### 障子まんが
「写真で見る農具 民具」農林統計協会　1988
◇p65〔白黒〕　栃木県田沼町　昭和初期から20年代後半まで

### 消毒
「民俗図録 日本人の暮らし」日本図書センター　2012
◇図200〔白黒〕　秋田県南秋田郡　湯を乾いた種籾にかけ発芽を早める　[撮]三木茂

### 条播器による条播と鎮圧器による種籾の鎮圧
「写真で見る農具 民具」農林統計協会　1988
◇口絵〔白黒〕　岩手県　昭和30年代　写真提供 岩手県立農業博物館

### 常畑
「民俗資料選集 23 北上山地の畑作習俗」国土地理協会 1995
◇p2（口絵）〔白黒〕　岩手県久慈市山根六郷木売内
◇p3（口絵）〔白黒〕（家の周りの常畑）　岩手県久慈市山根六郷木売内
◇p3（口絵）〔白黒〕（家の周りの常畑）　岩手県久慈市山根六郷深田

### 常畑のスキ踏み
「民俗資料選集 23 北上山地の畑作習俗」国土地理協会 1995
◇p2（口絵）〔白黒〕　岩手県久慈市山根六郷

### 常畑用のスキ
「民俗資料選集 23 北上山地の畑作習俗」国土地理協会 1995
◇p11（本文）〔白黒〕　岩手県久慈市山根六郷

### 条播苗代中耕除草機
「写真で見る農具 民具」農林統計協会　1988
◇p102〔白黒〕　兵庫県日高町　昭和30年代まで

### 条播用のハシュキ（播種機）
「いまに伝える 農家のモノ・人の生活館」柏書房　2004
◇p129 図2〔白黒・図〕　〔埼玉県〕　埼玉県立博物館蔵

### 条引き
「民俗資料叢書 5 田植の習俗2」平凡社　1967
◇図12〔白黒〕　茨城県稲敷郡桜川村浮島

### 条引きの田植
「民俗資料叢書 5 田植の習俗2」平凡社　1967
◇図13〔白黒〕　茨城県稲敷郡桜川村浮島

### 小便つぎ
「民俗資料選集 23 北上山地の畑作習俗」国土地理協会 1995
◇p204（本文）〔白黒〕　岩手県気仙郡住田町世田米、下大股

### 条里田
「宮本常一 写真・日記集成 下」毎日新聞社　2005
◇p323〔白黒〕　近江盆地 新幹線車窓から　[撮]宮本常一, 1974年5月6日

### 除草
「日本民俗写真大系 1」日本図書センター　1999
◇p128〔白黒〕　北海道本別町奥仙美里　カルチベーターで除草する　[撮]関口哲也, 1964年
「写真でみる日本生活図引 別巻」弘文堂　1993
◇図57〔白黒〕　長野県下伊那郡阿智村　甘藷畑除草　[撮]熊谷元一, 昭和31年8月8日

### 除草を終えた涙田
「民俗資料叢書 5 田植の習俗2」平凡社　1967
◇図67〔白黒〕　富山県中新川郡上市種　写真提供：宮本馨太郎

### 除草機
「日本民具の造形」淡交社　2004
◇p206〔白黒〕　静岡県 豊岡村農村民俗資料館所蔵
「写真で見る農具 民具」農林統計協会　1988
◇p96〔白黒〕　愛媛県大西町
◇p96〔白黒〕　石川県金沢市　昭和20年頃

生産・生業　　　　　　　　　　　　　　　　　　　　　　　　　　　農業

◇p96〔白黒〕　石川県金沢市
◇p97〔白黒〕　秋田県横手市
◇p98〔白黒〕　山梨県甲府市
◇p98〔白黒〕　山梨県甲府市
◇p99〔白黒〕　大阪府池田市　昭和初期まで
◇p99〔白黒〕　高知県物部村　昭和18年頃まで
◇p101〔白黒〕　茨城県水府村
◇p101〔白黒〕　福井県丸岡町　大正10年頃から昭和40年頃まで
◇p101〔白黒〕　山梨県高根町　昭和40年頃
「図説 民俗探訪事典」山川出版社　1983
　◇p224〔白黒・図〕
「民俗資料叢書 11 田植の習俗5」平凡社　1970
　◇図42〔白黒〕　高知県高岡郡葉山村葉山
　◇図160〔白黒〕　鹿児島県国分市上井

### 除草機による草とり
「日本社会民俗辞典 3」日本図書センター　2004
　◇p1122〔白黒〕　盛岡市外

### 除草具
「日本の民具 2 農村」慶友社　1992
　◇図23〔白黒〕　長崎県下県郡厳原町　㈱薗部澄

### 除草具（亀の子）
「民俗資料叢書 5 田植の習俗2」平凡社　1967
　◇図24〔白黒〕　茨城県稲敷郡桜川村浮島

### 除草鍬
「写真で見る農具 民具」農林統計協会　1988
　◇p21〔白黒〕　京都府京都市　大正時代後期まで
　◇p34〔白黒〕　京都府長岡京市　昭和初期まで

### 除草下駄
「写真で見る農具 民具」農林統計協会　1988
　◇p83〔白黒〕　秋田県太田町　昭和30年から25年頃まで
　◇p83〔白黒〕　秋田県横手市

### 除草まえの涼田
「民俗資料叢書 5 田植の習俗2」平凡社　1967
　◇図63〔白黒〕　富山県中新川郡上市種　田植後1カ月半　写真提供：宮本馨太郎

### 除草用熊手
「写真で見る農具 民具」農林統計協会　1988
　◇p33〔白黒〕　奈良県月ヶ瀬村
　◇p33〔白黒〕　広島県因島市

### 除草用網面
「図録・民具入門事典」柏書房　1991
　◇p60〔白黒〕　富山県

### 除虫菊を道端で干す
「日本民俗写真大系 4」日本図書センター　1999
　◇p2〔カラー〕　岡山県真鍋島　㈱島内英佑, 1973年

### 除虫菊の畑
「写真でみる日本人の生活全集 10」日本図書センター　2010
　◇口絵〔白黒〕　㈱上村昭治
「日本民俗写真大系 4」日本図書センター　1999
　◇p3〔カラー〕　広島県因島　㈱中村昭夫, 1961年
「写真でみる日本生活図引 1」弘文堂　1989
　◇図110〔白黒〕（除虫菊畑）　広島県因島市重井　㈱中村由信, 昭和38年5月

### ショトメの昼上がり
「民俗資料叢書 8 田植の習俗3」平凡社　1968
　◇図39〔白黒〕　秋田県河辺郡川添村水沢　〔足を小川で洗う〕

### ジョレン
「日本の民具 2 農村」慶友社　1992
　◇図31〔白黒〕　長野県塩尻市　㈱薗部澄
「図録・民具入門事典」柏書房　1991
　◇p60〔白黒〕
「写真で見る農具 民具」農林統計協会　1988
　◇p36〔白黒〕　大阪府豊中市　明治時代から大正時代
　◇p37〔白黒〕　愛媛県伊予三島市　昭和25年頃まで
　◇p37〔白黒〕　大阪府羽曳野市　昭和30年頃まで
　◇p37〔白黒〕　富山県大門町　明治時代中期から昭和20年代前半まで
　◇p103〔白黒〕　岩手県軽米町
　◇p104〔白黒〕　佐賀県大町町　昭和35年頃まで
　◇p197〔白黒〕　東京都奥多摩町　明治時代中期から昭和前期　わさび用具

### 鋤簾
「写真で見る農具 民具」農林統計協会　1988
　◇p104〔白黒〕　群馬県粕川村
　◇p105〔白黒〕　群馬県粕川村

### じょれん鍬
「写真で見る農具 民具」農林統計協会　1988
　◇p20〔白黒〕　大阪府豊中市
　◇p36〔白黒〕　宮崎県延岡市

### 白葉枯病にかかった稲
「写真ものがたり昭和の暮らし 1」農山漁村文化協会　2004
　◇p194〔白黒〕　埼玉県白岡町　㈱昭和32年7月　（社）農山漁村文化協会提供

### シロカキ
「いまに伝える 農家のモノ・人の生活館」柏書房　2004
　◇p80 図2〔白黒・図〕〔埼玉県〕　牛にマンガを引かせる
「日本社会民俗辞典 1」日本図書センター　2004
　◇図版V 稲作(1)〔白黒〕　東北地方

### 代かき
「日本の民俗 暮らしと生業」KADOKAWA　2014
　◇図3-9〔白黒〕　福島県耶麻郡熱塩加納村　㈱芳賀日出男, 昭和36年
「いまに伝える 農家のモノ・人の生活館」柏書房　2004
　◇p72〔白黒〕　埼玉県
「日本の民俗 下」クレオ　1997
　◇図3-10〔白黒〕　福島県耶麻郡熱塩加納村　㈱芳賀日出男, 昭和36年
「民俗資料叢書 11 田植の習俗5」平凡社　1970
　◇図100〔白黒〕　長崎県壱岐

### 代搔
「宮本常一 写真・日記集成 別巻」毎日新聞社　2005
　◇図134(p26)〔白黒〕　山梨県・甲斐・東桂村〔都留市〕　㈱宮本常一, 1940年4月

### 代搔き
「日本民俗写真大系 1」日本図書センター　1999
　◇p33〔白黒〕　北海道音更町　㈱関口哲也, 1950年代前半
「写真でみる日本生活図引 1」弘文堂　1989
　◇図16〔白黒〕　新潟県・越後平野　㈱中俣正義, 昭和29年4月
　◇図17〔白黒〕　岩手県岩手郡葛巻町小屋瀬　㈱菊池俊吉, 昭和32年6月
「民俗資料叢書 8 田植の習俗3」平凡社　1968
　◇図14〔白黒〕　秋田県本荘市鮎瀬

### 代かき板
「写真で見る農具 民具」農林統計協会　1988
　◇p85〔白黒〕　静岡県大井川町　昭和20年代後半から

民俗風俗 図版レファレンス事典（衣食住・生活篇）　**287**

農業　　　　　　　　　　　　　　　生産・生業

代かき機
　「写真で見る農具 民具」農林統計協会　1988
　　◇p63〔白黒〕　栃木県宇都宮市

代かき砕土機
　「写真で見る農具 民具」農林統計協会　1988
　　◇p66〔白黒〕　栃木県宇都宮市　大正時代中期から昭和20年代後半まで

代掻きの各種
　「民俗資料叢書 9 田植の習俗4」平凡社　1969
　　◇p76〜77（挿12）〔白黒・図〕　〔島根県邑智郡石見町日貫青笹〕『青笹上大江子本田唄集』より
　　◇p150（挿15）〔白黒・図〕　広島県 芸北地方　ヨコグワ、タテグワ、ヨコカタグワ、タテカタグワ

代かき馬鍬
　「写真で見る農具 民具」農林統計協会　1988
　　◇p66〔白黒〕　栃木県芳賀町　大正時代中期から昭和20年代後半まで

代カキマンガ
　「日本社会民俗辞典 3」日本図書センター　2004
　　◇p1125〔白黒〕（素朴な代カキマンガ）　岐阜県徳山村　馬の代りに人がひく

代ごしらえ用具
　「民俗資料叢書 1 田植の習俗1」平凡社　1965
　　◇図112〔白黒〕（最近の代ごしらえ用具）　岩手県遠野市鳴沢

代ならし器
　「写真で見る農具 民具」農林統計協会　1988
　　◇p86〔白黒〕　宮崎県門川町

代の掻き方
　「民俗資料叢書 9 田植の習俗4」平凡社　1969
　　◇p56（挿3）〔白黒・図〕　島根県鹿足郡日原町地方

親植え式
　「民俗資料叢書 5 田植の習俗2」平凡社　1967
　　◇p44（挿4）〔白黒・図〕　茨城県稲敷郡桜川村浮島

新開拓の水田
　「日本社会民俗辞典 3」日本図書センター　2004
　　◇p1137〔白黒〕　霞ガ浦湖畔

深耕鍬
　「写真で見る農具 民具」農林統計協会　1988
　　◇p44〔白黒〕　静岡県川根町　昭和31年頃から普及

深層施肥器
　「写真で見る農具 民具」農林統計協会　1988
　　◇p75〔白黒〕　愛媛県吉海町

しんどう
　「写真で見る農具 民具」農林統計協会　1988
　　◇p187〔白黒〕　京都府京都市　江戸時代から昭和30年頃まで　ナスの出荷容器で野市への往復容器

新米を半切桶に移す
　「写真でみる日本生活図引 別巻」弘文堂　1993
　　◇図171〔白黒〕（新米）　長野県下伊那郡阿智村　箕にはいっていた新米を、半切桶に移す　㊟矢沢昇, 昭和31年11月20日

新米の調製
　「写真でみる日本人の生活全集 1」日本図書センター　2010
　　◇p10〔白黒〕　埼玉県北葛飾郡早稲田村　早生稲地帯

人力稲刈機
　「写真で見る農具 民具」農林統計協会　1988
　　◇p124〔白黒〕　山形県白鷹町
　　◇p124〔白黒〕　富山県福野町　昭和29年頃

人力耕起用すき
　「写真で見る農具 民具」農林統計協会　1988
　　◇p45〔白黒〕　岐阜県海津町　昭和前期考案

人力穀粒選別機
　「写真で見る農具 民具」農林統計協会　1988
　　◇p146〔白黒〕　宮崎県串間市　終戦直後

人力除草機
　「写真で見る農具 民具」農林統計協会　1988
　　◇p97〔白黒〕　茨城県鹿島町　昭和20年代まで
　　◇p100〔白黒〕　茨城県鹿島町　昭和35年頃まで

人力しろかき機
　「写真で見る農具 民具」農林統計協会　1988
　　◇p62〔白黒〕　山形県長井市　大正時代から昭和20年代の前半まで

人力鋤
　「写真で見る農具 民具」農林統計協会　1988
　　◇p70〔白黒〕　愛媛県弓削町　明治時代から昭和30年代

人力中耕機
　「写真で見る農具 民具」農林統計協会　1988
　　◇p108〔白黒〕　茨城県波崎町　使用年代不明

人力で苗を補植（山間部の田植え）
　「精選 日本民俗辞典」吉川弘文館　2006
　　◇p336〔白黒〕　山口県　㊟湯川洋司

人力による代掻き
　「里山・里海 暮らし図鑑」柏書房　2012
　　◇写37（p68）〔白黒〕　福井県美浜町新庄　昭和33年6月2日　小林一男所蔵, 美浜町役場文化財保護・町誌編纂室提供

人力播種機
　「写真で見る農具 民具」農林統計協会　1988
　　◇p81〔白黒〕　兵庫県日高町

人力用回転中耕除草機による除草
　「写真で見る農具 民具」農林統計協会　1988
　　◇口絵〔白黒〕　岩手県　昭和30年代　写真提供 岩手県立農業博物館

人力用鋤
　「写真で見る農具 民具」農林統計協会　1988
　　◇p43〔白黒〕（人力用すき）　岐阜県海津町　昭和前期から中期まで
　　◇p70〔白黒〕　愛媛県吉海町　昭和10年から30年頃

人力用土壌消毒機
　「写真で見る農具 民具」農林統計協会　1988
　　◇p112〔白黒〕　群馬県下仁田町　昭和36〜40年

人力用麦播種機
　「写真で見る農具 民具」農林統計協会　1988
　　◇p76〔白黒〕　茨城県波崎町　昭和20年頃まで

水牛と農民
　「日本民俗写真大系 5」日本図書センター　2000
　　◇p144〜145〔白黒〕　石垣市　㊟渡辺良正, 1969年

水牛による田おこし作業
　「日本民俗大辞典 上」吉川弘文館　1999
　　◇図13〔別刷図版「沖縄文化」〕〔カラー〕　沖縄県八重山郡竹富町　㊟大城弘明, 1984年

水郷の刈入れ
　「民俗図録 日本人の暮らし」日本図書センター　2012
　　◇図234〔白黒〕　千葉県佐原地方

吸子（スッポン）
　「図説 民俗探訪事典」山川出版社　1983
　　◇p225〔白黒〕　青森県北津軽郡

288　民俗風俗 図版レファレンス事典（衣食住・生活篇）

**水車**

「民俗資料選集 41 豊後の水車習俗」国土地理協会　2010
　◇p15(口絵)〔白黒〕　大分県日田市日向野　製材所の大輪
「図説 日本民俗学」吉川弘文館　2009
　◇p143〔白黒〕　岩手県遠野市
「写真ものがたり昭和の暮らし 5」農山漁村文化協会　2005
　◇p57〔カラー〕　愛知県東栄町古戸　凍りついている　[撮]須藤功, 昭和42年12月
　◇p103〔白黒〕(円形の水車)　栃木県那須町　[撮]昭和29年　農山漁村文化協会提供
「いまに伝える 農家のモノ・人の生活館」柏書房　2004
　◇p73〔白黒〕　埼玉県
「日本民具の造形」淡交社　2004
　◇p202〔白黒〕　栃木県 今市市歴史民俗資料館所蔵
「写真ものがたり昭和の暮らし 1」農山漁村文化協会　2004
　◇p146〔白黒〕　高知県中村市　手製の水揚用　[撮]須藤功, 昭和49年5月
「図録・民具入門事典」柏書房　1991
　◇p63〔白黒〕　愛知県
「写真でみる日本生活図引 1」弘文堂　1989
　◇図75〔白黒〕　秋田県平鹿郡山内村黒沢　[撮]佐藤久太郎, 昭和25年3月
　◇図76〔白黒〕　愛知県北設楽郡設楽町川向　[撮]須藤功, 昭和42年11月20日
「民俗学辞典(改訂版)」東京堂出版　1987
　◇図版23(p304)〔白黒・図〕　高知県, 鳥取県　高知県ソウヅ, 鳥取県バッタン　橋浦泰雄画
「日本民俗事典」弘文堂　1972
　◇p368〔白黒〕　岩手県胆沢郡衣川村　[撮]萩原秀三郎

**水車 アリホゾの図解(ヒノアシ接合法)**

「民俗資料選集 41 豊後の水車習俗」国土地理協会　2010
　◇p164(本文)〔白黒・図〕　大分県

**水車を足で踏みまわす**

「写真ものがたり昭和の暮らし 5」農山漁村文化協会　2005
　◇p107〔白黒〕　茨城県東村(現稲敷市)　[撮]昭和36年　農山漁村文化協会提供

**水車小屋**

「民俗資料選集 41 豊後の水車習俗」国土地理協会　2010
　◇p1(口絵)〔白黒〕　大分県山国町曽木市場　[撮]大正末年頃
　◇p9(口絵)〔白黒〕　大分県日田市岩下
　◇p11(口絵)〔白黒〕　大分県玖珠町下園
　◇p176(本文)〔白黒〕　大分県日田市鈴連町下小竹
　◇p186(本文)〔白黒〕(集落と水車小屋)　大分県日田市岩美町岩下
　◇p190(本文)〔白黒〕　大分県日田市岩美町岩下
　◇p192(本文)〔白黒〕　大分県玖珠町山浦下園
「宮本常一 写真・日記集成 上」毎日新聞社　2005
　◇p17〔白黒〕　広島県山県郡戸河内町[安芸太田町]板ヶ谷　[撮]宮本常一, 1955年8月21日
　◇p48〔白黒〕　愛知県北設楽郡設楽町 名倉→川口　[撮]宮本常一, 1956年11月8日
「図説 民俗建築大事典」柏書房　2001
　◇写真3(p77)〔白黒〕　東京都三鷹市　1969年河川改修工事で取り壊し、建て替えられた　三鷹市提供
「図説 民俗探訪事典」山川出版社　1983
　◇カバー裏・表紙〔カラー〕　岩手県遠野市　[撮]萩原秀三郎
　◇p237〔白黒〕　山梨県塩山市
「写真 日本文化史 9」日本評論新社　1955
　◇図3〔白黒〕　神奈川県

**水車小屋あと**

「民俗資料選集 23 北上山地の畑作習俗」国土地理協会　1995
　◇p213(本文)〔白黒〕(地区共同の水車小屋あと)　岩手県気仙郡住田町世田米荷沢峠の山麓

**水車小屋とクルマイデ**

「民俗資料選集 41 豊後の水車習俗」国土地理協会　2010
　◇p190(本文)〔白黒〕　大分県日田市岩美町岩下

**水車小屋とサブタ**

「民俗資料選集 41 豊後の水車習俗」国土地理協会　2010
　◇p13(口絵)〔白黒〕　大分県天瀬町桜竹

**水車小屋と水路**

「民俗資料選集 41 豊後の水車習俗」国土地理協会　2010
　◇p9(口絵)〔白黒〕　大分県日田市岩下
　◇p194(本文)〔白黒〕　大分県天瀬町桜竹

**水車小屋と大輪**

「民俗資料選集 41 豊後の水車習俗」国土地理協会　2010
　◇p13(口絵)〔白黒〕　大分県天瀬町桜竹

**水車小屋内部(製粉機)**

「民俗資料選集 41 豊後の水車習俗」国土地理協会　2010
　◇p193(本文)〔白黒〕　大分県玖珠町山浦下園

**水車小屋内部(精米機)**

「民俗資料選集 41 豊後の水車習俗」国土地理協会　2010
　◇p193(本文)〔白黒〕　大分県玖珠町山浦下園

**水車小屋の臼**

「民俗資料選集 25 焼畑習俗」国土地理協会　1997
　◇p22(口絵)〔白黒〕　高知県池川町椿山

**水車小屋の精米機**

「民俗資料選集 41 豊後の水車習俗」国土地理協会　2010
　◇p191(本文)〔白黒〕　大分県日田市岩美町岩下

**水車小屋の精米機(フルイと昇降機)**

「民俗資料選集 41 豊後の水車習俗」国土地理協会　2010
　◇p193(本文)〔白黒〕　大分県玖珠町山浦下園

**水車小屋の内部**

「写真ものがたり昭和の暮らし 1」農山漁村文化協会　2004
　◇p230〔白黒〕　宮崎県高千穂町　[撮]須藤功, 昭和44年11月

**水車小屋の番帳**

「民俗資料選集 41 豊後の水車習俗」国土地理協会　2010
　◇p180(本文)〔白黒〕　大分県日田市鈴連町下小竹

**水車とかやぶき屋根の水車小屋**

「写真ものがたり昭和の暮らし 1」農山漁村文化協会　2004
　◇p230〔白黒〕　岡山県奈義町皆木　[撮]土井卓治, 昭和31年8月

**水車(二連)**

「民具のみかた―心とかたち」第一法規出版　1983
　◇p138〔白黒〕　福岡県朝倉町

**水車のサブタ**

「民俗資料選集 41 豊後の水車習俗」国土地理協会　2010
　◇p12(口絵)〔白黒〕　大分県玖珠町下園

**水車の精米機**

「民俗資料選集 41 豊後の水車習俗」国土地理協会　2010
　◇p12(口絵)〔白黒〕　大分県玖珠町下園

**水車の精米小屋**

「里山・里海 暮らし図鑑」柏書房　2012
　◇写82(p81)〔白黒〕　福井若狭町河内　昭和28年　井田家所蔵古写真・福井県立若狭歴史民俗資料館提供

**水車踏み**

「日本民俗大辞典 下」吉川弘文館　2000

農業　　　　　　　　　　　　　　生産・生業

　　　　◇図14〔別刷図版「野良仕事」〕〔白黒〕　　新潟県中蒲原郡
　　　　　横越町藤山　㋷山口賢俊, 昭和37年　山口多美子提供
**水車用石臼**
　　「民俗資料選集 41 豊後の水車習俗」国土地理協会　2010
　　　　◇p214(本文)〔白黒〕　　大分県緒方町
**水車揚水**
　　「里山・里海 暮らし図鑑」柏書房　2012
　　　　◇写60 (p74)〔白黒〕　福井県旧三方町〔若狭町〕岩屋
　　　　　昭和30年代　高橋善正所蔵, 若狭町歴史文化館提供
**水車(路車)の利用**
　　「図説 民俗探訪事典」山川出版社　1983
　　　　◇p225〔白黒〕　　『日本化学技術史』より
**水田**
　　「宮本常一 写真・日記集成 下」毎日新聞社　2005
　　　　◇p211〔白黒〕　山口県阿武郡　㋷宮本常一, 1969年8月
　　　　　17日〜24日 (山口県阿武川民俗資料緊急第二次調査)
**水田砕土機**
　　「写真で見る農具 民具」農林統計協会　1988
　　　　◇p68〔白黒〕　　岐阜県海津町　大正時代後期から昭和
　　　　　20年代後半まで
**水田除草機**
　　「日本民具の造形」淡交社　2004
　　　　◇p206〔白黒〕　　北海道 清水町郷土資料館所蔵
　　「写真で見る農具 民具」農林統計協会　1988
　　　　◇p94〔白黒〕　　和歌山県下津町　大正時代から昭和20
　　　　　年代
　　　　◇p94〔白黒〕　　佐賀県鳥栖市　昭和10年頃まで　ガメ
　　　　◇p95〔白黒〕　　兵庫県日高町　大正時代から昭和前期
　　　　　まで
　　　　◇p95〔白黒〕　　大阪府松原市　昭和28年頃まで
　　　　◇p95〔白黒〕　　大阪府富田林市　昭和28年頃まで
　　　　◇p95〔白黒〕　　宮崎県宮崎市　昭和10年より40年まで
　　　　◇p98〔白黒〕　　千葉県茂原市
　　　　◇p98〔白黒〕　　愛媛県岩城村　大正時代から昭和20年頃
　　　　◇p99〔白黒〕　　大阪府松原市　昭和28年頃まで
　　　　◇p99〔白黒〕　　岐阜県大垣市
　　　　◇p99〔白黒〕　　奈良県天理市
　　　　◇p100〔白黒〕　　栃木県芳賀町
**水田除草用雁爪**
　　「写真で見る農具 民具」農林統計協会　1988
　　　　◇p92〔白黒〕　　静岡県大井川町
　　　　◇p92〔白黒〕　　静岡県静岡市　昭和前期から20年頃まで
**水田人力除草機**
　　「写真で見る農具 民具」農林統計協会　1988
　　　　◇p94〔白黒〕　　岐阜県海津町　明治時代から大正時代
**水田水路**
　　「日本民俗写真大系 1」日本図書センター　1999
　　　　◇p134〔白黒〕　　北海道上ノ国町中須田　㋷津山正順,
　　　　　1985年
**水田双用除草機**
　　「写真で見る農具 民具」農林統計協会　1988
　　　　◇p94〔白黒〕　　奈良県奈良市　昭和28年頃まで
**水田中耕除草機**
　　「写真で見る農具 民具」農林統計協会　1988
　　　　◇p97〔白黒〕　　福島県郡山市
　　　　◇p98〔白黒〕　　岐阜県海津町
　　　　◇p99〔白黒〕　　愛知県新城市　昭和25年頃まで
　　　　◇p100〔白黒〕　　佐賀県大町町　昭和38年頃まで
　　　　◇p101〔白黒〕　　福島県郡山市

**水田中耕用備中鍬**
　　「写真で見る農具 民具」農林統計協会　1988
　　　　◇p25〔白黒〕　　奈良県天理市　昭和28年頃まで
　　　　◇p25〔白黒〕　　奈良県天理市
**水田中干し溝掘機**
　　「写真で見る農具 民具」農林統計協会　1988
　　　　◇p103〔白黒〕　　兵庫県日高町　昭和35年から45年頃
　　　　　まで
**水田で栽培したセリをつむ**
　　「写真ものがたり昭和の暮らし 5」農山漁村文化協会　2005
　　　　◇p164〔白黒〕　　秋田県湯沢市三関　冬　㋷加賀谷政雄,
　　　　　昭和34年
**水田の荒起こし**
　　「民俗資料叢書 9 田植の習俗4」平凡社　1969
　　　　◇図2〔白黒〕　　島根県邑智郡石見町日貫青笹
**水田の暗渠排水工事**
　　「宮本常一が撮った昭和の情景 上」毎日新聞社　2009
　　　　◇p209〔白黒〕　　山形県東田川郡庄内町余目　㋷宮本常
　　　　　一, 1963年11月16日
**水田の形**
　　「宮本常一 写真・日記集成 下」毎日新聞社　2005
　　　　◇p307〔白黒〕　福島県 広瀬→田子倉 只見線の車窓か
　　　　　ら　㋷宮本常一, 1973年7月22〜23日
**水田の耕起**
　　「民俗資料叢書 11 田植の習俗5」平凡社　1970
　　　　◇図176〔白黒〕　　鹿児島県大島郡与論町
**水田のひろがるムラ**
　　「図説 日本民俗学」吉川弘文館　2009
　　　　◇p144〔白黒〕　　栃木県塩谷町
**水田培土機**
　　「写真で見る農具 民具」農林統計協会　1988
　　　　◇p103〔白黒〕　　奈良県奈良市　昭和27年頃まで
**水田風景**
　　「日本を知る事典」社会思想社　1971
　　　　◇図9 (p123)〔白黒〕　　東北地方
**水田防除用器具**
　　「写真で見る農具 民具」農林統計協会　1988
　　　　◇p115〔白黒〕　　鹿児島県蒲生町　明治30年頃から昭和
　　　　　23年頃まで
**水田防除用注滴器**
　　「写真で見る農具 民具」農林統計協会　1988
　　　　◇p115〔白黒〕　　宮崎県西都市　明治30年頃から昭和23
　　　　　年頃まで
**水田用砕土機**
　　「写真で見る農具 民具」農林統計協会　1988
　　　　◇p69〔白黒〕　　愛知県田原町　昭和10年から30年代まで
**水稲回転除草機**
　　「写真で見る農具 民具」農林統計協会　1988
　　　　◇p96〔白黒〕　　宮崎県延岡市　大正時代後期まで
**水稲畦間中耕用作業機**
　　「写真で見る農具 民具」農林統計協会　1988
　　　　◇p96〔白黒〕　　茨城県藤代町　大正時代後期から昭和
　　　　　前期
**水稲検見**
　　「写真でみる日本生活図引 別巻」弘文堂　1993
　　　　◇図121〔白黒〕　長野県下伊那郡阿智村　共済組合の水
　　　　　稲検見　㋷熊谷元一, 昭和31年10月6日
**水稲除草用雁爪**
　　「写真で見る農具 民具」農林統計協会　1988
　　　　◇p91〔白黒〕　　静岡県大井川町

生産・生業　　　　　　　　　　　　　　　　　　　　　　　　農業

**水稲直播器**
「写真で見る農具 民具」農林統計協会　1988
◇p81〔白黒〕　山形県新庄市　昭和40〜42年

**水門の開扉による引水**
「日本民俗大辞典 上」吉川弘文館　1999
◇p905〔白黒〕　群馬県群馬郡榛名町　榛名湖長野堰水門の開扉による引水

**水力によるモミの杵つき精米**
「里山・里海 暮らし図鑑」柏書房　2012
◇写83（p81）〔白黒〕　鹿児島県溝辺町

**透し**
「日本民具の造形」淡交社　2004
◇p59〔白黒〕　千葉県 鎌ヶ谷市郷土資料館所蔵

**透し杓子**
「日本民具の造形」淡交社　2004
◇p59〔白黒〕　青森県 青森県立郷土館所蔵

**スカブ（火株）**
「民俗資料叢書 5 田植の習俗2」平凡社　1967
◇図48〔白黒〕　富山県中新川郡上市種

**スキ**
「宮本常一 写真・日記集成 別巻」毎日新聞社　2005
◇図30（p16）〔白黒〕　島根県邑智郡田所村鱒渕〔邑南町〕㊞宮本常一、1939年〔月日不明〕　森脇太一寄贈
「日本社会民俗辞典 2」日本図書センター　2004
◇p771〔白黒〕（北上山地のスキ）　岩手県田野畑村
「民俗資料選集 23 北上山地の畑作習俗」国土地理協会　1995
◇p55（本文）〔白黒〕　岩手県軽米町鵜飼
◇p139（本文）〔白黒・図〕　岩手県岩泉町安家地区　焼畑の農具
◇p141（本文）〔白黒〕（普通のスキ）　岩手県岩泉町安家地区　焼畑の農具
「図録・民具入門事典」柏書房　1991
◇p57〔白黒〕　東京都
「写真で見る農具 民具」農林統計協会　1988
◇p45〔白黒〕　岐阜県岐阜市　明治時代から昭和45年頃まで
「民具のみかた一心とかたち」第一法規出版　1983
◇p133〔白黒〕（スキ（犂））　福島県会津地方
「民俗資料叢書 11 田植の習俗5」平凡社　1970
◇図179〔白黒〕（在来すき）　鹿児島県大島郡与論町　畑・水田ともに使用
「民俗資料叢書 9 田植の習俗4」平凡社　1969
◇図41〔白黒〕　島根県邑智郡石見町中野
◇図120〔白黒〕　広島県神石郡
「民俗資料叢書 1 田植の習俗1」平凡社　1965
◇図86〔白黒〕　岩手県遠野市小友町鳴沢
「日本の生活文化財」第一法規出版　1965
◇図3（生産・運搬・交易）〔白黒〕　文部省史料館所蔵（東京都品川区）
◇図33・34（概説）〔白黒・図〕
「写真 日本文化史 9」日本評論新社　1955
◇図68〔白黒〕　岩手県　一木づくりの踏鋤

**すき（こがら犂）**
「写真で見る農具 民具」農林統計協会　1988
◇p50〔白黒〕　宮崎県高千穂町　昭和10年代まで
◇p50〔白黒〕　岐阜県大垣市　明治時代

**鋤**
「民俗図録 日本人の暮らし」日本図書センター　2012
◇図262〔白黒〕　青森県上北郡十和田村　フミスキ　㊞生出匡
「宮本常一 写真・日記集成 別巻」毎日新聞社　2005
◇図226（p39）〔白黒〕　愛媛県喜多郡川〔河〕辺村　㊞宮本常一、1941年1月〜2月
「日本民具の造形」淡交社　2004
◇p203〔白黒〕　滋賀県 近江八幡市立資料館所蔵
「民俗資料選集 23 北上山地の畑作習俗」国土地理協会　1995
◇p37（本文）〔白黒・図〕　岩手県久慈市山根町端神　製作年代：1960（昭和35）年頃、使用年代：1960年代　名久井芳枝『実況図のすすめ』一革社
「写真で見る農具 民具」農林統計協会　1988
◇p42〔白黒〕　岩手県軽米町
◇p43〔白黒〕　大阪府豊中市　大正時代
◇p70〔白黒〕　広島県因島市
「図説 民俗探訪事典」山川出版社　1983
◇p239〔白黒・図〕（魚沼の鋤）　新潟県魚沼郡津南町　中村たかを「鋤の諸形態」『文部省史料館紀要』より
◇p239〔白黒・図〕（南部の鋤）　岩手県下閉伊郡普代村　中村たかを「鋤の諸形態」『文部省史料館紀要』より
「日本民俗文化財事典（改訂版）」第一法規出版　1979
◇図124〔白黒〕

**犂**
「精選 日本民俗辞典」吉川弘文館　2006
◇p290〔白黒・図〕　埼玉県、兵庫県、大阪府、佐賀県　有床化した長体無床犂（埼玉）、近代短床犂、直轅長床犂（兵庫）、曲轅長床犂（大阪）、短体無床犂（佐賀県の抱持立犂）
「日本民具の造形」淡交社　2004
◇p203〔白黒〕　熊本県 山鹿市立博物館所蔵
◇p203〔白黒〕　北海道 上ノ国町郷土館
◇p203〔白黒〕　福島県 大信村ふるさと文化伝承館
「日本民俗大辞典 上」吉川弘文館　1999
◇p906〔白黒〕　持込無床犂、松葉型無床型有床犂、曲轅長床犂、直轅長床犂、近代短床犂
「日本の民具 2 農村」慶友社　1992
◇図9〔白黒〕（犂）　使用地不明　㊞薗部澄
◇図11〔白黒〕（犂）　岩手県　㊞薗部澄
◇図33〔白黒〕（犂）　愛媛県西条市　㊞薗部澄
「写真で見る農具 民具」農林統計協会　1988
◇p48〔白黒〕　佐賀県鎮西町
◇p49〔白黒〕　兵庫県篠山町　昭和20〜30年代始め頃
◇p50〔白黒〕　千葉県君津市　明治時代末期から大正時代
◇p51〔白黒〕　秋田県大内町　昭和15〜25年頃
◇p51〔白黒〕　秋田県横手市
◇p52〔白黒〕　栃木県小川町
◇p52〔白黒〕　福井県丸岡町　昭和20年以前
◇p52〔白黒〕　兵庫県出石町
◇p53〔白黒〕　高知県土佐山田町　昭和前期から20年頃
◇p53〔白黒〕　宮崎県西都市　昭和30年代中頃まで
◇p54〔白黒〕　秋田県中仙町　折衷型、日の本式6号
◇p58〔白黒〕　佐賀県肥前町　昭和20年代後半から30年代の初め
「日本民俗図誌 5 農耕・漁撈篇」村田書店　1978
◇図59-1〔白黒・図〕　島根県海土郡海士町
◇図59-2〔白黒・図〕　三重県名張町産
◇図60-1〔白黒・図〕　和歌山県那賀郡南野上村
◇図60-2〔白黒・図〕　土佐在来
◇図61〔白黒・図〕

**犂（畦立犂）**
「写真で見る農具 民具」農林統計協会　1988
◇p51〔白黒〕　鳥取県鳥取市

**スキアゲ**
「日本民具の造形」淡交社　2004

農業　　　　　　　　　　　　　　生産・生業

◇p203〔白黒〕　　山口県 東和町民俗資料収蔵庫所蔵

**すき方**
「民俗資料叢書 11 田植の習俗5」平凡社　1970
　◇p85（挿7）〔白黒・図〕　高知県宿毛市山奈町山田　耕土法

**スキ・クワ・シャクシ**
「民俗資料選集 23 北上山地の畑作習俗」国土地理協会　1995
　◇p11（口絵）〔白黒〕　岩手県岩泉町上有芸

**スキとカマ**
「民俗資料選集 23 北上山地の畑作習俗」国土地理協会　1995
　◇p141（本文）〔白黒〕　岩手県岩泉町安家地区　焼畑の農具

**スキ踏ミによる土の移動**
「民俗資料選集 23 北上山地の畑作習俗」国土地理協会　1995
　◇p11（本文）〔白黒・図〕　岩手県久慈市山根六郷

**スキワケ**
「民俗資料叢書 11 田植の習俗5」平凡社　1970
　◇p85（挿8）〔白黒・図〕　高知県宿毛市山奈町山田　耕土法

**すぐり鋏**
「日本民具の造形」淡交社　2004
　◇p216〔白黒〕　北海道 平岸郷土史料館所蔵

**スザル**
「民俗資料叢書 11 田植の習俗5」平凡社　1970
　◇図113〔白黒〕　長崎県壱岐　苗運搬具

**条切鍬**
「日本の民具 2 農村」慶友社　1992
　◇図27〔白黒〕　使用地不明　㊣薗部澄

**スジ付け**
「里山・里海 暮らし図鑑」柏書房　2012
　◇写45（p70）〔白黒〕　植え付け位置を田土に印す田植え定規による
　◇写46（p70）〔白黒〕　香川県まんのう町　定規を置き、株の位置を決めて田植えする

**筋つけの道具**
「民俗資料叢書 8 田植の習俗3」平凡社　1968
　◇図106〔白黒〕　岐阜県高山市松之木町字車田

**スジ（種もみ）の選別**
「写真ものがたり昭和の暮らし 1」農山漁村文化協会　2004
　◇p126〔白黒〕　新潟県長岡市蓬平　㊣中俣正義, 昭和32年4月

**筋引き**
「写真ものがたり昭和の暮らし 1」農山漁村文化協会　2004
　◇p150〔白黒〕　新潟県新潟市中野小屋　棒定規を、一列ごとにずらしてうしろ向きに植える　㊣中俣正義, 昭和29年5月
　◇p150〔白黒〕　新潟県山古志村　六角形の枠を転がして筋をつける　㊣須藤功, 昭和46年6月
　◇p150〔白黒〕　宮城県七ヶ宿町湯原　割竹を等間隔に並べて板に打ちつけたスジヒキ　㊣須藤功, 昭和43年5月

**スズメ追い**
「写真ものがたり昭和の暮らし 1」農山漁村文化協会　2004
　◇p198〔白黒〕　秋田県大曲市西根　石油缶をガンガンたたき、「ホーイ、ホーイ」と大きな声で叫びながら追い払う　㊣大野源二郎, 昭和38年
「日本写真全集 9」小学館　1987
　◇図182〔白黒〕（雀追い）　南秋田郡金足村　㊣三木茂『雪の民俗』（昭和19年 養徳社刊）

**スッポン**
「日本民具の造形」淡交社　2004
　◇p202〔白黒〕　静岡県 相良町立史料館所蔵
「写真で見る農具 民具」農林統計協会　1988
　◇p119〔白黒〕　高知県土佐山田町　昭和前期　木製の灌水用具

**すどり**
「写真で見る農具 民具」農林統計協会　1988
　◇p176〔白黒〕　岩手県大野村

**スミグワイ**
「民俗資料叢書 11 田植の習俗5」平凡社　1970
　◇p85（挿6）〔白黒・図〕　高知県宿毛市山奈町山田　耕土法

**スミグワのかき方**
「民俗資料叢書 11 田植の習俗5」平凡社　1970
　◇p87（挿9）〔白黒・図〕　高知県宿毛市山奈町山田〔かき方〕

**すり臼**
「民俗資料叢書 11 田植の習俗5」平凡社　1970
　◇図174〔白黒〕　鹿児島県大島郡瀬戸内町管鈍

**摺臼**
「日本民具の造形」淡交社　2004
　◇p214〔白黒〕　鹿児島県 笠利町歴史民俗資料館所蔵
　◇p214〔白黒〕　千葉県 下総史料館
「日本民俗大辞典 上」吉川弘文館　1999
　◇p164〔白黒・図〕　東京地方
　◇p164〔白黒・図〕　新潟県佐渡地方
「写真で見る農具 民具」農林統計協会　1988
　◇p139〔白黒〕　鹿児島県瀬戸内町　昭和30年頃まで
「民具のみかた一心とかたち」第一法規出版　1983
　◇p125〔白黒〕（スリウス（摺り臼））　石川県白山麓
　◇p142〔白黒〕（スリウス（摺り臼））　新潟県秋山郷

**すりぬか（摺糠）を焼く**
「民俗資料叢書 11 田植の習俗5」平凡社　1970
　◇図12〔白黒〕　高知県室戸市室津郷

**するす**
「写真ものがたり昭和の暮らし 1」農山漁村文化協会　2004
　◇p219〔白黒〕　長野県阿智村　土するす, 改良されたするす　㊣熊谷元一, 昭和12年

**生産農家の写真を貼り出した販売所**
「民俗小事典 食」吉川弘文館　2013
　◇p403〔白黒〕　島根県邑南町

**整地用砕土機**
「写真で見る農具 民具」農林統計協会　1988
　◇p67〔白黒〕　鳥取県鳥取市　大正時代中期から昭和20年代後半

**精米機**
「写真で見る農具 民具」農林統計協会　1988
　◇p151〔白黒〕　鳥取県鳥取市

**精米水車小屋**
「民俗資料選集 41 豊後の水車習俗」国土地理協会　2010
　◇p8（口絵）〔白黒〕　大分県日田市下小竹
　◇p8（口絵）〔白黒〕　大分県日田市下小竹　竹曲げ弁当で米をすくう
　◇p179（本文）〔白黒・図〕（精米水車小屋（断面図・平面図））　大分県日田市鈴連町下小竹

**精米水車小屋周辺**
「民俗資料選集 41 豊後の水車習俗」国土地理協会　2010
　◇p178（本文）〔白黒・図〕　大分県日田市鈴連町下小竹

**精米水車内部**
「民俗資料選集 41 豊後の水車習俗」国土地理協会　2010
◇p194（本文）〔白黒〕　大分県天瀬町桜竹

**精米水車の製粉機**
「民俗資料選集 41 豊後の水車習俗」国土地理協会　2010
◇p10（口絵）〔白黒〕　大分県日田市岩下

**精米水車の大輪**
「民俗資料選集 41 豊後の水車習俗」国土地理協会　2010
◇p189（本文）〔白黒・図〕（精米水車大輪）　大分県日田市岩美町岩下
◇p194（本文）〔白黒〕　大分県天瀬町桜竹

**精米水車の大輪とサブタ**
「民俗資料選集 41 豊後の水車習俗」国土地理協会　2010
◇p10（口絵）〔白黒〕　大分県日田市岩下

**精米水車の二階にあるプーリー**
「民俗資料選集 41 豊後の水車習俗」国土地理協会　2010
◇p191（本文）〔白黒〕　大分県日田市岩美町岩下

**精米水車の歯車とプーリー**
「民俗資料選集 41 豊後の水車習俗」国土地理協会　2010
◇p10（口絵）〔白黒〕　大分県日田市岩下

**精米精麦機**
「写真で見る農具 民具」農林統計協会　1988
◇p151〔白黒〕　茨城県岩瀬町　昭和前期から20年代まで

**精米用水車の製粉用石臼**
「民俗資料選集 41 豊後の水車習俗」国土地理協会　2010
◇p181（本文）〔白黒・図〕　大分県日田市鈴連町下小竹

**精米用水車構造図**
「民俗資料選集 41 豊後の水車習俗」国土地理協会　2010
◇p185（本文）〔白黒・図〕　大分県日田市鈴連町下小竹　アイソメトリックス図法による立体製図

**精米用水車小屋とその周辺**
「民俗資料選集 41 豊後の水車習俗」国土地理協会　2010
◇p187（本文）〔白黒・図〕　大分県日田市岩美町岩下

**精米用水車小屋（平面図・断面図）**
「民俗資料選集 41 豊後の水車習俗」国土地理協会　2010
◇p188（本文）〔白黒・図〕　大分県日田市岩美町岩下

**精米用のジカラウス**
「里山・里海 暮らし図鑑」柏書房　2012
◇写84（p81）〔白黒〕　大阪府泉南市山田邸

**セイロヅミ**
「いまに伝える 農家のモノ・人の生活館」柏書房　2004
◇p121 図1〔白黒・図〕　〔埼玉県〕
◇p121 写真1〔白黒〕　埼玉県庄和町　藁のミゴを木立に縛りつける

**背負篭**
「写真で見る農具 民具」農林統計協会　1988
◇p186〔白黒〕　京都府京都市　昭和初期から現在までナスなどの収穫

**背負式動力散粉機**
「写真で見る農具 民具」農林統計協会　1988
◇p111〔白黒〕　秋田県中仙町　昭和30～40年頃

**背負ダスターによる粉剤散布**
「写真で見る農具 民具」農林統計協会　1988
◇口絵〔白黒〕　岩手県　昭和30年代　写真提供 岩手県立農業博物館

**背負もっこで堆肥を本田に運ぶ**
「写真で見る農具 民具」農林統計協会　1988
◇口絵〔白黒〕（背負もっこで本田に運ぶ）　岩手県　昭和30年代　写真提供 岩手県立農業博物館

**折衷播きの総作業終了後ビニールをかける**
「民俗資料叢書 11 田植の習俗5」平凡社　1970
◇図8〔白黒〕　高知県室戸市室津郷

**折衷播きの前の短冊形の畝作り**
「民俗資料叢書 11 田植の習俗5」平凡社　1970
◇図3・4〔白黒〕　高知県室戸市室津郷

**折衷播きの籾播き**
「民俗資料叢書 11 田植の習俗5」平凡社　1970
◇図5〔白黒〕　高知県室戸市室津郷

**施肥**
「民俗資料叢書 1 田植の習俗1」平凡社　1965
◇図16〔白黒〕　岩手県江刺市藤里の浅井　田のクロに積んでおく

**せり出した溶岩の近くで荒れ果てた畑を耕す**
「日本民俗写真大系 5」日本図書センター　2000
◇p186〔白黒〕　鹿児島市 桜島　[撮]橋口実昭, 1989年

**線香水**
「写真ものがたり昭和の暮らし 1」農山漁村文化協会　2004
◇p170〔白黒〕　長野県阿智村　線香が燃えつきるまで、一軒の家の5畝の田に水を送る　[撮]熊谷元一, 昭和12年

**センゴク**
「民俗資料選集 30 焼畑習俗Ⅱ」国土地理協会　2002
◇p87（本文）〔白黒〕　山梨県南巨摩郡早川町奈良田

**千石**
「図説 台所道具の歴史」日本図書センター　2012
◇p38-4〔白黒〕　愛知県・一宮町郷土資料館

**千石とうし**
「日本民具の造形」淡交社　2004
◇p214〔白黒〕　福井県 福井市おさごえ民家園所蔵

**千石透し**
「日本民具の造形」淡交社　2004
◇p59〔白黒〕　愛知県 春日井市民文化センター所蔵

**センゴクドオシ**
「民具のみかた―心とかたち」第一法規出版　1983
◇p147〔白黒〕（センゴクドオシ（千石篵））　石川県富来町

**千石どおし**
「日本民俗大辞典 上」吉川弘文館　1999
◇p953〔白黒〕　新松戸郷土資料館所蔵
「日本民俗事典」弘文堂　1972
◇p388〔白黒〕

**千石篵**
「図説 民俗探訪事典」山川出版社　1983
◇p236〔白黒〕　奈良県立民俗博物館蔵

**全自動脱穀機**
「写真で見る農具 民具」農林統計協会　1988
◇p137〔白黒〕　秋田県増田町　昭和35年頃

**前進植え**
「民俗図録 日本人の暮らし」日本図書センター　2012
◇図213〔白黒〕　福井県三方郡美浜町安江
「民俗資料叢書 9 田植の習俗4」平凡社　1969
◇図11〔白黒〕　島根県邑智郡石見町日貫青笹

**センバ**
「宮本常一 写真・日記集成 別巻」毎日新聞社　2005
◇図30（p16）〔白黒〕　島根県邑智郡田所村鱒渕［邑南町］　[撮]宮本常一, 1939年［月日不明］　森脇太一寄贈
「日本の生活文化財」第一法規出版　1965
◇図11（生産・運搬・交易）〔白黒〕　松本市立博物館所蔵

千歯
「民俗図録 日本人の暮らし」日本図書センター　2012
◇図263〔白黒〕　新潟県南蒲原郡福島村浦新田　[撮]福島惣一郎
「民俗資料選集 30 焼畑習俗Ⅱ」国土地理協会　2002
◇p73（本文・写真22）〔白黒〕（脱穀用具―センバ（千歯））山梨県南巨摩郡早川町奈良田　麦の脱穀に用いる
「写真で見る農具 民具」農林統計協会　1988
◇p132〔白黒〕　愛知県平和町　江戸時代から明治時代
◇p133〔白黒〕　愛媛県日吉町　昭和25年頃まで
◇p133〔白黒〕　愛媛県弓削町　昭和25年頃まで
◇p134〔白黒〕　佐賀県塩田町
◇p224〔白黒〕　広島県因島市　除虫菊の収穫

センバコキ
「いまに伝える 農家のモノ・人の生活館」柏書房　2004
◇p141 写真1〔白黒〕（篠竹製のセンバコキ）〔埼玉県〕
「図録・民具入門事典」柏書房　1991
◇p62〔白黒〕　三重県
「民具のみかた―心とかたち」第一法規出版　1983
◇p140〔白黒〕（センバコキ（千歯扱））　岡山県笠岡市
「日本民俗文化財事典（改訂版）」第一法規出版　1979
◇図125〔白黒〕
「民俗の事典」岩崎美術社　1972
◇p167〔白黒・図〕

千歯こき
「日本の民俗 暮らしと生業」KADOKAWA　2014
◇図3-18〔白黒〕　鹿児島県大島郡宇検村　[撮]芳賀日出男，昭和32年
「写真ものがたり昭和の暮らし 1」農山漁村文化協会　2004
◇p216〔白黒〕　長野県阿智村駒場　[撮]熊谷元一，昭和12年ころ
「日本の民俗 下」クレオ　1997
◇図3-21〔白黒〕　鹿児島県大島郡宇検村　[撮]芳賀日出男，昭和32年

千歯扱き
「図説 台所道具の歴史」日本図書センター　2012
◇p38-2〔白黒〕　[撮]GK　輪島市立民俗資料館
「図説 日本民俗学」吉川弘文館　2009
◇p153〔白黒〕　神奈川県平塚市
「日本民俗大辞典 上」吉川弘文館　1999
◇p963〔白黒〕　新松戸郷土資料館所蔵
「写真でみる日本生活図引 1」弘文堂　1989
◇図64〔白黒〕　長野県下伊那郡阿智村　[撮]熊谷元一，昭和12年頃
「写真で見る農具 民具」農林統計協会　1988
◇p132〔白黒〕　茨城県総和町　第二次大戦中製作　竹製
◇p132〔白黒〕　茨城県総和町　第二次大戦中製作　竹製
◇p132〔白黒〕　茨城県総和町
◇p132〔白黒〕　奈良県山添村　明治から大正時代
◇p133〔白黒〕　奈良県天理市　明治時代から昭和20年頃
「日本民俗事典」弘文堂　1972
◇p391〔白黒〕（稲用の千歯扱き）

千歯扱で稲モミを採取する
「里山・里海 暮らし図鑑」柏書房　2012
◇口絵〔カラー〕　和歌山県旧大塔村〔田辺市〕熊野　昭和40年頃　岡田孝男提供

センバコキでの稲扱き
「いまに伝える 農家のモノ・人の生活館」柏書房　2004
◇p115 写真1〔白黒〕　埼玉県行田市

千歯扱きによる脱穀
「里山・里海 暮らし図鑑」柏書房　2012
◇写77（p80）〔白黒〕（千歯扱による脱穀）　福井県美浜町新庄　昭和30年頃　小林一男所蔵，美浜町役場文化財保護・町誌編纂室提供
「写真で見る農具 民具」農林統計協会　1988
◇口絵〔白黒〕　岩手県　昭和30年代　写真提供 岩手県立農業博物館

センバコキによる麦扱き（大麦）
「いまに伝える 農家のモノ・人の生活館」柏書房　2004
◇p141 写真2〔白黒〕　埼玉県小鹿野町　[撮]昭和59年7月

センバコキの使い方
「いまに伝える 農家のモノ・人の生活館」柏書房　2004
◇p115 図1〔白黒・図〕

千歯の使用例
「図説 民俗探訪事典」山川出版社　1983
◇p232〔白黒〕　奈良県三宅町

千枚田
「日本の生活環境文化大辞典」柏書房　2010
◇p23-4〔白黒・図〕　石川県輪島市白米
「写真ものがたり昭和の暮らし 1」農山漁村文化協会　2004
◇p143〔白黒〕　新潟県輪島市白米町　[撮]御園直太郎，昭和43年5月
「日本民俗写真大系 7」日本図書センター　2000
◇p114〔白黒〕　京都府伊根町 新井崎　[撮]森本孝，1978年
「日本民俗大辞典 上」吉川弘文館　1999
◇p964〔白黒〕　高知県高岡郡檮原町

千枚田の下の田を耕す
「日本民俗写真大系 8」日本図書センター　2000
◇p7〔カラー〕（波浪が迫る千枚田の下の田を耕す）　輪島市　[撮]御園直太郎，1972年

ソウズ
「民俗資料叢書 9 田植の習俗4」平凡社　1969
◇図74〔白黒〕　広島県山県郡

添水唐臼
「食の民俗事典」柊風舎　2011
◇p530〔白黒〕　岐阜県大野郡白川村御母衣
「写真ものがたり昭和の暮らし 5」農山漁村文化協会　2005
◇p102〔白黒・図〕　絵・中嶋俊枝
「写真でみる日本生活図引 1」弘文堂　1989
◇図73〔白黒〕　岩手県岩手郡葛巻町小屋瀬　[撮]菊池俊吉，昭和32年5月
◇図74〔白黒〕　岩手県岩手郡葛巻町田部　[撮]菊池俊吉，昭和32年5月

添水唐臼の小屋と外に出ている水槽
「写真ものがたり昭和の暮らし 5」農山漁村文化協会　2005
◇p102〔白黒〕　愛知県設楽町名倉　[撮]須藤功，昭和42年11月

ソウズ小屋
「民俗図録 日本人の暮らし」日本図書センター　2012
◇図38〔白黒〕（ソウズ小屋（1））　高知県高岡郡梼原村越知面　[撮]橋浦泰雄
◇図41〔白黒〕（ソウズ小屋（2））　高知県高岡郡梼原村四万川　共同の水車小屋　[撮]橋浦泰雄

双用一段犂による牛耕
「写真で見る農具 民具」農林統計協会　1988
◇口絵〔白黒〕　岩手県　昭和30年代　写真提供 岩手県立農業博物館

双用犂
「写真で見る農具 民具」農林統計協会　1988
◇p55〔白黒〕（双用犂―松山式）　山梨県甲府市　昭和20

◇p55〔白黒〕(双用犂—高北式国富号)　茨城県水府村　大正13年頃より
◇p55〔白黒〕(双用犂—高北式国富号)　埼玉県花園町　昭和20年代
◇p56〔白黒〕(双用犂—上田犂)　茨城県水戸市
◇p56〔白黒〕(双用犂—上田犂)　山梨県長坂町
◇p56〔白黒〕(双用犂—深見式初風号)　神奈川県横浜市
◇p56〔白黒〕(双用犂—日の本号両用犂)　岐阜県池田町　昭和前中期
◇p57〔白黒〕　栃木県芳賀町
◇p57〔白黒〕(双用犂—高北式畑用犂)　佐賀県鎮西町　昭和20年代末から30年代の始め
◇p57〔白黒〕(双用犂—高北式畑用犂)　茨城県常北町　昭和20年代末から30年代の始め
◇p57〔白黒〕(双用犂—両手犂)　茨城県常北町　明治後期から昭和10年代まで

## 双用二段耕犂
「写真で見る農具 民具」農林統計協会　1988
◇p58〔白黒〕　富山県大門町　昭和20年代後半から30年代の初め

## 双用二段犂による馬耕
「写真で見る農具 民具」農林統計協会　1988
◇口絵〔白黒〕　岩手県　昭和30年代　写真提供 岩手県立農業博物館

## 造林カマ(大)
「民俗資料選集 23 北上山地の畑作習俗」国土地理協会　1995
◇p196(本文)〔白黒〕　岩手県気仙郡住田町

## ソケ
「民俗資料叢書 11 田植の習俗5」平凡社　1970
◇図173〔白黒〕　鹿児島県大島郡瀬戸内町管鈍　農器具

## 蕎麦
「写真でみる日本生活図引 1」弘文堂　1989
◇図93〔白黒〕　宮崎県西都市字銀鏡　コバに蒔いた蕎麦が花を咲かせる　㊞須藤功, 昭和58年10月15日
◇図94〔白黒〕　宮崎県東臼杵郡椎葉村　焼畑 コバ, 蕎麦の束　㊞須藤功, 昭和44年11月6日

## ソバを刈っている親子
「写真ものがたり昭和の暮らし 2」農山漁村文化協会　2004
◇p70〜71〔カラー〕　宮崎県椎葉村大久保　㊞須藤功, 昭和44年11月

## ソバ掛け
「民俗資料選集 30 焼畑習俗II」国土地理協会　2002
◇p196(本文)〔白黒〕　宮崎県　手前は大根コバ

## ソバたたき
「日本民俗写真大系 6」日本図書センター　2000
◇p112〔白黒〕　長崎県対馬の西海岸　㊞山田梅雄, 1984年

## ソバの収穫
「民俗資料選集 30 焼畑習俗II」国土地理協会　2002
◇p6(口絵)〔白黒〕　山梨県南巨摩郡早川町奈良田　再現風景
◇p62(本文)〔白黒〕　山梨県南巨摩郡早川町奈良田　再現風景
◇p182(本文)〔白黒〕　宮崎県　1週間くらいかけ乾かす
「日本民俗写真大系 2」日本図書センター　1999
◇p181〔白黒〕　岩手県玉山村　㊞北条光陽, 1975年

## ソバの脱穀
「民俗資料選集 30 焼畑習俗II」国土地理協会　2002
◇p90(本文)〔白黒〕　山梨県南巨摩郡早川町奈良田　再現風景

## ソバの脱稃
「民俗資料選集 30 焼畑習俗II」国土地理協会　2002
◇p87(本文)〔白黒〕　山梨県南巨摩郡早川町奈良田　再現風景

## ソバフルイ
「民俗資料選集 30 焼畑習俗II」国土地理協会　2002
◇p7(口絵)〔白黒〕　山梨県南巨摩郡早川町奈良田　実とゴミをより分けた(再現風景)

## ソバヤボ
「民俗資料選集 30 焼畑習俗II」国土地理協会　2002
◇p182(本文)〔白黒〕　宮崎県　8月20日ころ

## 空豆の実を取る農婦
「日本民俗写真大系 5」日本図書センター　2000
◇p96〔白黒〕　鹿児島県喜界島　㊞越間誠, 1963年

## ソーリ
「民俗資料選集 23 北上山地の畑作習俗」国土地理協会　1995
◇p5(口絵)〔白黒〕　岩手県住田町下大股　焼畑を行い5年目から放置された畑

## 田
「宮本常一 写真・日記集成 別巻」毎日新聞社　2005
◇図227(p39)〔白黒〕　愛媛県東宇和郡惣川村[野村町]　㊞宮本常一, 1941年1月〜2月

## 田油さし
「日本民具の造形」淡交社　2004
◇p58〔白黒〕　鹿児島県 高尾野町立郷土館所蔵

## タイ
「民俗資料選集 30 焼畑習俗II」国土地理協会　2002
◇p69(本文・写真14)〔白黒〕　山梨県南巨摩郡早川町奈良田　アラクのヤブヤキに用いるタイマツ

## 堆厩肥などを運ぶ畚
「里山・里海 暮らし図鑑」柏書房　2012
◇写4(p96)〔白黒〕　和歌山県海南市

## 堆厩肥の発酵場所
「里山・里海 暮らし図鑑」柏書房　2012
◇写2(p95)〔白黒〕　広島県庄原市　水田の片隅

## 大根が育つ
「写真でみる日本生活図引 別巻」弘文堂　1993
◇図91〔白黒〕(大根)　長野県下伊那郡阿智村　大根育つ　㊞熊谷元一, 昭和31年9月7日

## 大根コバでの間引き
「民俗資料選集 30 焼畑習俗II」国土地理協会　2002
◇p160(本文)〔白黒〕　宮崎県西米良村

## 大根コバの大根
「民俗資料選集 30 焼畑習俗II」国土地理協会　2002
◇p23(口絵)〔白黒〕　宮崎県西米良村竹原

## 大根畑
「写真でみる日本生活図引 別巻」弘文堂　1993
◇図319〔白黒〕　長野県下伊那郡阿智村　時無大根を蒔き, 下肥を入れる　㊞熊谷元一, 昭和32年3月25日

## 大根引き
「写真でみる日本生活図引 別巻」弘文堂　1993
◇図178〔白黒〕　長野県下伊那郡阿智村　㊞熊谷元一, 昭和31年11月27日

## 大根掘出し
「写真でみる日本生活図引 別巻」弘文堂　1993
◇図258〔白黒〕　長野県下伊那郡阿智村　㊞熊谷元一, 昭和32年1月25日

## 大根ヤボ
「民俗資料選集 30 焼畑習俗II」国土地理協会　2002

農業　　　　　　　　　　　　　　　　生産・生業

　　◇p187（本文）〔白黒〕　宮崎県　8月下旬
**大根若葉**
　「写真でみる日本生活図引 別巻」弘文堂　1993
　　◇図76〔白黒〕　長野県下伊那郡阿智村　㊞熊谷元一、昭和31年8月24日
**大豆をカラサオにて打つ**
　「宮本常一 写真・日記集成 別巻」毎日新聞社　2005
　　◇図272（p46）〔白黒〕　徳島県・阿波・西祖谷山［三好郡西祖谷山村］　㊞宮本常一、1941年12月
**大豆脱穀**
　「写真でみる日本生活図引 別巻」弘文堂　1993
　　◇図172〔白黒〕　長野県下伊那郡阿智村　㊞矢沢昇、昭和31年11月21日
**大豆抜き**
　「写真でみる日本生活図引 別巻」弘文堂　1993
　　◇図140〔白黒〕　長野県下伊那郡阿智村　㊞熊谷元一、昭和31年10月25日
**大豆の莢取り**
　「図説 台所道具の歴史」日本図書センター　2012
　　◇p38-5〔白黒〕　明治44年『婦人画報』7月号
**大豆の収穫**
　「民俗資料選集 23 北上山地の畑作習俗」国土地理協会　1995
　　◇p97（本文）〔白黒〕　岩手県軽米町
**大豆稲架**
　「写真でみる日本生活図引 別巻」弘文堂　1993
　　◇図139〔白黒〕　長野県下伊那郡阿智村　㊞矢沢昇、昭和31年10月24日
**大豆畑**
　「写真でみる日本生活図引 6」弘文堂　1993
　　◇図153〔白黒〕　岩手県下閉伊郡岩泉町三本松　㊞三上信夫、昭和34年8月4日
**大豆用千歯**
　「写真で見る農具 民具」農林統計協会　1988
　　◇p134〔白黒〕　千葉県八日市場市
**台地上の水田**
　「宮本常一 写真・日記集成 上」毎日新聞社　2005
　　◇p424〔白黒〕　新潟県佐渡郡羽茂町小泊　㊞宮本常一、1964年3月2日
**太一車**
　「日本民俗大辞典 上」吉川弘文館　1999
　　◇p866〔白黒・図〕　明峰正夫『最新農具論』より
**タイ作り**
　「民俗資料選集 30 焼畑習俗Ⅱ」国土地理協会　2002
　　◇p55（本文）〔白黒〕　山梨県南巨摩郡早川町奈良田　再現風景
**第二次世界大戦前の地主層の出荷風景**
　「日本の生活環境文化大辞典」柏書房　2010
　　◇p60-5〔白黒〕　『和泉市史紀要八』
**堆肥**
　「図説 日本民俗学」吉川弘文館　2009
　　◇p152〔白黒〕　神奈川県平塚市
　「写真でみる日本生活図引 別巻」弘文堂　1993
　　◇図62〔白黒〕　長野県下伊那郡阿智村　籠で運んできた、堆肥に混ぜる枯葉　㊞熊谷元一、昭和31年8月12日
**堆肥運搬用橇**
　「民俗学辞典（改訂版）」東京堂出版　1987
　　◇図版8（p67）〔白黒・図〕（逗搬）　青森県三戸町の堆肥運搬用橇　橋浦泰雄画

**堆肥選び**
　「写真でみる日本生活図引 別巻」弘文堂　1993
　　◇図347〔白黒〕　長野県下伊那郡阿智村　㊞熊谷元一、昭和32年4月21日
**堆肥をショイコに積む**
　「宮本常一が撮った昭和の情景 上」毎日新聞社　2009
　　◇p32〔白黒〕　愛知県北設楽郡設楽町　㊞宮本常一、1957年5月14日
　「宮本常一 写真・日記集成 上」毎日新聞社　2005
　　◇p66〔白黒〕　愛知県北設楽郡設楽町 名倉　㊞宮本常一、1957年5月14日
**堆肥をすくう道具**
　「民俗資料叢書 9 田植の習俗4」平凡社　1969
　　◇図45〔白黒〕　島根県邑智郡石見町中野
**堆肥を橇で田に運んでもどる**
　「写真ものがたり昭和の暮らし 9」農山漁村文化協会　2007
　　◇p96〔白黒〕　秋田県横手市　㊞佐藤久太郎、昭和30年代
**堆肥を積んだそり**
　「写真ものがたり昭和の暮らし 1」農山漁村文化協会　2004
　　◇p122〔白黒〕（カタユキの上を、堆肥を積んだそりが行く）　秋田県横手市　㊞佐藤久太郎、昭和30年代
**堆肥を運ぶ**
　「民俗図録 日本人の暮らし」日本図書センター　2012
　　◇図201〔白黒〕（堆肥運び）　上越国境
　「写真ものがたり昭和の暮らし 2」農山漁村文化協会　2004
　　◇p54〔白黒〕（堆肥かごで畑に堆肥を運ぶ）　岩手県大迫町大償　㊞須藤功、昭和43年5月
　「写真でみる日本生活図引 2」弘文堂　1988
　　◇図118〔白黒〕　岩手県稗貫郡大迫町大償 女 ショイモッコで堆肥を運ぶ　㊞須藤功、昭和43年5月6日
　　◇図122〔白黒〕（手舂）　秋田県平鹿郡十文字町　夫婦で堆肥運び　㊞菊池俊吉、昭和28年
　「フォークロアの眼 3 運ぶ」国書刊行会　1977
　　◇図150〔白黒〕（麦畑に堆肥を運ぶ）　岩手県稗貫郡大迫町大償　ナシの花の咲くころ　㊞須藤功、昭和43年5月6日
**堆肥を運ぶ牛**
　「宮本常一 写真・日記集成 上」毎日新聞社　2005
　　◇p404〔白黒〕　長崎県上県郡峰町佐賀［対馬市］　㊞宮本常一、1963年11月10日
**堆肥切返し**
　「写真でみる日本生活図引 別巻」弘文堂　1993
　　◇図360〔白黒〕　長野県下伊那郡阿智村　㊞熊谷元一、昭和32年5月5日
**堆肥作り**
　「写真でみる日本生活図引 1」弘文堂　1989
　　◇図112〔白黒〕　長野県下伊那郡阿智村　㊞熊谷元一、昭和31年8月12日
**堆肥俵**
　「日本民具の造形」淡交社　2004
　　◇p211〔白黒〕　山形県 山形県立博物館所蔵
**堆肥の運搬**
　「日本民俗文化財事典（改訂版）」第一法規出版　1979
　　◇図187〔白黒〕　栃木県今市地方
**堆肥の山**
　「日本社会民俗辞典 3」日本図書センター　2004
　　◇p1225〔白黒〕　岡山県上刑部村
**堆肥万能**
　「写真で見る農具 民具」農林統計協会　1988
　　◇p29〔白黒〕　千葉県君津市　明治時代から現在まで

### 堆肥撒き
「写真でみる日本生活図引 別巻」弘文堂　1993
◇図135〔白黒〕　長野県下伊那郡阿智村　[撮]熊谷元一, 昭和31年10月20日

### ダイホウ
「民俗資料選集 25 焼畑習俗」国土地理協会　1997
◇p195（本文）〔白黒〕　高知県池川町椿山　茅をクロに積み上げる場所

### 大麻中耕機
「写真で見る農具 民具」農林統計協会　1988
◇p200〔白黒〕　栃木県鹿沼市

### 大麻播種機
「写真で見る農具 民具」農林統計協会　1988
◇p200〔白黒〕　栃木県鹿沼市

### タイモを保存する穴
「民俗資料選集 25 焼畑習俗」国土地理協会　1997
◇p221（本文）〔白黒〕　高知県池川町椿山　[撮]昭和62年

### 田植え
「日本の民俗 暮らしと生業」KADOKAWA　2014
◇図3-12〔白黒〕　福島県耶麻郡熱塩加納村　[撮]芳賀日出男, 昭和36年
「あるくみるきく双書 宮本常一とあるいた昭和の日本 20」農山漁村文化協会　2012
◇p186〔白黒〕　新潟県山古志村（現長岡市）　卯木の花の咲くころ　[撮]須藤功
「里山・里海 暮らし図鑑」柏書房　2012
◇写47（p70）〔白黒〕　和歌山県和歌山市　綱に印した植え位置にイネ苗を植える
◇写48（p70）〔白黒〕（結い組による田植え）　昭和30年代　島根県隠岐郡海士町役場提供
◇写49（p71）〔白黒〕　イネ苗の植え付け方
◇写27（p255）〔白黒〕（結い組による田植え作業）　埼玉県秩父市堀切　昭和30年代　冨田耕造提供
「写真でみる日本人の生活全集 10」日本図書センター　2010
◇p76〔白黒〕（田植）
「図説 日本民俗学」吉川弘文館　2009
◇p147〔白黒〕（田植）　神奈川県平塚市
「宮本常一が撮った昭和の情景 上」毎日新聞社　2009
◇p31〔白黒〕（宮本家の田植）　山口県大島郡周防大島町大字西方長崎　[撮]宮本常一, 1957年5月8日
「写真ものがたり昭和の暮らし 6」農山漁村文化協会　2006
◇p68～69〔白黒〕（総勢20人ほどで田植えをする）　長野県富士見町池之袋　年長者が下の子の子守をする, イズミのなかの子は眠っている　[撮]武藤盈, 昭和31年6月
「宮本常一 写真・日記集成 上」毎日新聞社　2005
◇p67〔白黒〕（田植）　茨城県稲敷郡桜川村浮島　[撮]宮本常一, 1957年5月24日
◇p314〔白黒〕　熊本県人吉市→五木　[撮]宮本常一, 1962年6月19日
「宮本常一 写真・日記集成 下」毎日新聞社　2005
◇p29〔白黒〕　[撮]宮本常一, 1965年5月31日
「いまに伝える 農家のモノ・人の生活館」柏書房　2004
◇p72〔白黒〕　埼玉県
「日本社会民俗辞典 1」日本図書センター　2004
◇図版V 稲作（1）〔白黒〕（田植）　東北地方
「日本社会民俗辞典 2」日本図書センター　2004
◇p874〔白黒〕（田植）　宮城県
「写真ものがたり昭和の暮らし 1」農山漁村文化協会　2004
◇p152～153〔白黒〕　秋田県大曲市内小友　ワクを転がして筋をつけた田を、前に進みながら植える早乙女　[撮]大野源二郎, 昭和30年
◇p154～155〔白黒〕　秋田県湯沢市山田　三人の少年　[撮]加賀谷政雄, 昭和38年5月
◇p151〔白黒〕　岩手県岩手町西法寺　株間の目印をつけた横縄を張り、一列ごとにうしろにさがりながら植える　[撮]田村淳一郎, 昭和32年5月
◇p151〔白黒〕　秋田県横手市三本柳　[撮]佐藤久太郎, 昭和34年5月
「日本民俗大辞典 下」吉川弘文館　2000
◇図10〔別刷図版「野良仕事」〕〔白黒〕（田植え（植え田））　岐阜県大野郡白川村　白川村教育委員会提供
◇p24〔白黒〕（田植え　人力で苗を補植（山間部の田植え））　山口県　[撮]湯川洋司
「日本民俗写真大系 2」日本図書センター　1999
◇p11〔カラー〕（夕映えの中の田植え）　福島県北会津村　[撮]薗部澄, 1979年
◇p168〔白黒〕　宮城県仙台市七郷　[撮]小野幹, 1969年
「日本の民俗 下」クレオ　1997
◇図3-15〔白黒〕　福島県耶麻郡熱塩加納村　[撮]芳賀日出男, 昭和36年
「写真でみる日本生活図引 別巻」弘文堂　1993
◇図3〔白黒〕　長野県下伊那郡阿智村　[撮]熊谷元一, 昭和31年6月23日
「図録・民具入門事典」柏書房　1991
◇p58〔白黒〕（田植作業）　富山県　ナエカゴを腰に付けている
「写真でみる日本生活図引 1」弘文堂　1989
◇図21〔白黒〕　秋田県仙北郡仙南村金沢西根　[撮]千葉禎介, 昭和30年6月
◇図22〔白黒〕　秋田県横手市三本柳　[撮]佐藤久太郎, 昭和34年5月
◇図23〔白黒〕　岩手県二戸市金田一　[撮]加藤治郎, 昭和34年6月
「日本写真全集 9」小学館　1987
◇図179〔白黒〕　南秋田郡脇本村　[撮]三木茂　『雪の民俗』（昭和19年 養徳社刊）
「図説 民俗探訪事典」山川出版社　1983
◇p133〔白黒〕（ユイによる田植）　越後平野　『ふるさと紀行―日本の街道』より
「民俗資料選集 9 山村の生活と用具」国土地理協会　1981
◇p14（口絵）〔白黒〕　愛知県北設楽郡津具村
「民俗資料叢書 11 田植の習俗5」平凡社　1970
◇図23〔白黒〕（田植）　高知県室戸市室津郷
◇図104〔白黒〕　長崎県壱岐郡石田村筒城
◇図172〔白黒〕（田植）　鹿児島県大島郡瀬戸内町管鈍
◇図177〔白黒〕（田植）　鹿児島県大島郡与論町　ゆいで行なう
「民俗資料叢書 8 田植の習俗3」平凡社　1968
◇図22〔白黒〕（田植）　秋田県本荘市鮎瀬　右は女の子のコナエウチ
◇図25〔白黒〕（田植）　秋田県本荘市鮎瀬
「民俗資料叢書 1 田植の習俗1」平凡社　1965
◇口絵〔白黒〕（田植）　岩手県江刺市藤里 山内家
◇図45〔白黒〕（田植）　岩手県江刺市藤里 山内家
◇図46〔白黒〕（田植）　岩手県江刺市藤里 山内家

### 田植後の田のミナクロ
「民俗資料叢書 11 田植の習俗5」平凡社　1970
◇図153〔白黒〕　鹿児島県国分市上井

### 田植糸枠と基準竹
「写真で見る農具 民具」農林統計協会　1988
◇p88〔白黒〕　福井県坂井町　昭和45年頃まで

### 田植稲運び
「日本民具の造形」淡交社　2004
◇p209〔白黒〕　宮崎県 天ヶ城歴史民俗資料館所蔵

### 田植歌を歌う老女
「民俗資料叢書 8 田植の習俗3」平凡社　1968

◇図61〔白黒〕　新潟県佐渡市

**田植歌の歌い方形式分布図**
「民俗資料叢書 9 田植の習俗4」平凡社　1969
◇p45（挿2）〔白黒・図〕　島根県

**田植えの早乙女**
「写真ものがたり昭和の暮らし 1」農山漁村文化協会　2004
◇p159〔白黒〕　秋田県湯沢市　[撮]加賀谷政雄, 昭和30年代

**田植えを終えた女性たち**
「写真ものがたり昭和の暮らし 9」農山漁村文化協会　2007
◇p81〔白黒〕　秋田県湯沢市山田字深堀　テッポウハダコ, スネコダチ　[撮]加賀谷政雄, 昭和33年5月

**田植えをする女性**
「図説 日本民俗学」吉川弘文館　2009
◇p2〔白黒〕（田植をする女性）　埼玉県さいたま市　埼玉県立文書館提供
「精選 日本民俗辞典」吉川弘文館　2006
◇p336〔白黒〕　茨城県　提供 湯川洋司
「日本民俗大辞典 下」吉川弘文館　2000
◇p24〔白黒〕（田植え　田植えをする女性）　茨城県　[撮]湯川洋司
「日本写真全集 9」小学館　1987
◇図110〔白黒〕（田植女）　富山県中新川白萩　[撮]濱谷浩, 昭和30年

**田植え オッツケ**
「いまに伝える 農家のモノ・人の生活館」柏書房　2004
◇p89 図2〔白黒・図〕

**田植え カケアガリ**
「いまに伝える 農家のモノ・人の生活館」柏書房　2004
◇p89 図1〔白黒・図〕

**田植型框**
「写真で見る農具 民具」農林統計協会　1988
◇p87〔白黒〕　秋田県大内町　大正10年頃まで
◇p87〔白黒〕　秋田県琴丘町　昭和前期まで

**田植型付器**
「写真で見る農具 民具」農林統計協会　1988
◇p87〔白黒〕　宮崎県門川町　昭和40年代まで

**田植框**
「写真で見る農具 民具」農林統計協会　1988
◇p89〔白黒〕　奈良県西吉野村　大正時代から昭和45年頃まで

**田植え機による苗入れ（山間部の田植え）**
「精選 日本民俗辞典」吉川弘文館　2006
◇p336〔白黒〕　山口県　[撮]湯川洋司
「日本民俗大辞典 下」吉川弘文館　2000
◇p24〔白黒〕（田植え　田植え機による苗入れ（山間部の田植え））　山口県　[撮]湯川洋司

**田植機の実演**
「日本民俗写真大系 2」日本図書センター　1999
◇p170〔白黒〕　宮城県仙台市七郷　[撮]小野幹, 1967年

**田植計測綱**
「日本民具の造形」淡交社　2004
◇p209〔白黒〕　山口県 橘町民俗資料館所蔵

**田植さし**
「写真で見る農具 民具」農林統計協会　1988
◇p89〔白黒〕　大阪府池田市　昭和前期まで

**田植時の野良帰り**
「民俗資料叢書 8 田植の習俗3」平凡社　1968
◇図24〔白黒〕　秋田県本荘市鮎瀬

**田植え準備**
「里山・里海 暮らし図鑑」柏書房　2012
◇写22～27（p65～66）〔白黒〕　荒おこし, 畦草刈り, 畦の補修, 沢の澪筋の補修, 温水路の補修, 沢の取水口の補修, 補修後の畦、温水路、沢の流れ

**田植定規**
「日本民具の造形」淡交社　2004
◇p70〔白黒〕　鳥取県 日南町郷土資料館所蔵
「日本民俗大辞典 下」吉川弘文館　2000
◇p26〔白黒・図〕（田植え定規）『御殿場市史』別巻1より
「写真で見る農具 民具」農林統計協会　1988
◇p86〔白黒〕　茨城県麻生町　昭和20年代から昭和40年代まで
◇p86〔白黒〕　兵庫県竹野町　大正時代から昭和
◇p87〔白黒〕　千葉県君津市　昭和10年頃から40年頃まで
◇p87〔白黒〕　神奈川県平塚市
◇p89〔白黒〕　茨城県水戸市　昭和30年頃まで
◇p89〔白黒〕　福岡県大野城市　明治時代末期ごろに考案 昭和前期まで

**田植（定規植え）**
「民俗資料叢書 11 田植の習俗5」平凡社　1970
◇図38〔白黒〕　高知県高岡郡葉山村葉山

**田植・代掻き**
「宮本常一 写真・日記集成 上」毎日新聞社　2005
◇p65〔白黒〕　周防大島 宮本〔常一〕家　[撮]宮本常一, 1957年5月8日

**田植姿**
「写真でみる日本人の生活全集 1」日本図書センター　2010
◇p107〔白黒〕　南秋田

**田植え綱**
「日本民俗大辞典 下」吉川弘文館　2000
◇p26〔白黒・図〕　『韮山町の民具』より
「写真で見る農具 民具」農林統計協会　1988
◇p88〔白黒〕（田植綱）　愛媛県弓削町　大正時代から昭和30年頃まで

**田植え前後の水位調整**
「里山・里海 暮らし図鑑」柏書房　2012
◇写52（p71）〔白黒〕

**田植え・田を牛で鋤く**
「宮本常一 写真・日記集成 上」毎日新聞社　2005
◇p127〔白黒〕　周防大島〔宮本常一〕自宅付近　我が家の田植え　[撮]宮本常一, 1959年6月15日

**田植え直後の水田**
「里山・里海 暮らし図鑑」柏書房　2012
◇写53（p71）〔白黒〕

**田植直前, えぶりをついて泥ならし**
「民俗資料叢書 11 田植の習俗5」平凡社　1970
◇図18〔白黒〕　高知県室戸市室津郷

**田植え・苗を取る**
「宮本常一 写真・日記集成 上」毎日新聞社　2005
◇p127〔白黒〕　周防大島〔宮本常一〕自宅付近　[撮]宮本常一, 1959年6月15日

**田植・並木植**
「宮本常一 写真・日記集成 上」毎日新聞社　2005
◇p65〔白黒〕　周防大島 宮本〔常一〕家　[撮]宮本常一, 1957年5月8日

**田植・ならす**
「宮本常一 写真・日記集成 上」毎日新聞社　2005
◇p65〔白黒〕　周防大島 宮本〔常一〕家　[撮]宮本常一,

田植縄
　「図録・民具入門事典」柏書房　1991
　　◇p58〔白黒〕　東京都

田植（縄引き植え）
　「民俗資料叢書 11 田植の習俗5」平凡社　1970
　　◇図37〔白黒〕　高知県高岡郡葉山村葉山

田植縄利用
　「写真で見る農具 民具」農林統計協会　1988
　　◇口絵〔白黒〕　岩手県　昭和30年代　写真提供 岩手県立農業博物館

田植に使う力棒
　「民俗資料叢書 5 田植の習俗2」平凡社　1967
　　◇図38〔白黒〕　富山県中新川郡上市種　写真提供：宮本馨太郎

田植に出かけるところ
　「民俗資料叢書 5 田植の習俗2」平凡社　1967
　　◇図55〔白黒〕　富山県中新川郡上市種　溧着物を着て力棒を持つ，溧竹と苗桶を運ぶ　写真提供：宮本馨太郎

田植の合図に使った木笛
　「民俗資料叢書 8 田植の習俗3」平凡社　1968
　　◇図33〔白黒〕　秋田県河辺郡川添村水沢

田植のアトツケ
　「民俗資料叢書 11 田植の習俗5」平凡社　1970
　　◇図80〔白黒〕　高知県宿毛市山奈町山田

田植えの後の泥落とし
　「写真ものがたり昭和の暮らし 10」農山漁村文化協会　2007
　　◇p34〔白黒〕（田植えを終えて湖の渚で泥足を洗う）　秋田県田沢村（現仙北市）　㊙加賀谷政雄，昭和30年
　「日本民俗写真大系 3」日本図書センター　1999
　　◇p41〔白黒〕　千葉県東金市の小川　5月　㊙芳賀日出男, 1962年

田植えの祝い
　「いまに伝える 農家のモノ・人の生活館」柏書房　2004
　　◇口絵〔カラー〕　埼玉県川里町

田植の植え方
　「民俗資料叢書 5 田植の習俗2」平凡社　1967
　　◇p143（挿16）〔白黒・図〕　富山県中新川郡上市種　廻り植え「植えかえり」
　　◇p143（挿17）〔白黒・図〕　富山県中新川郡上市種　S字形に植える
　　◇p144（挿18）〔白黒〕　富山県中新川郡上市種　U字形とS字形の折衷方法
　　◇p144（挿19）〔白黒〕　富山県中新川郡上市種　まっすぐに植える

田植のコシヤスミ
　「日本社会民俗辞典 2」日本図書センター　2004
　　◇p538〔白黒・図〕

田植えの少年
　「写真でみる日本生活図引 1」弘文堂　1989
　　◇図26〔白黒〕　秋田県湯沢市山田　㊙佐藤久太郎, 昭和38年5月
　　◇図27〔白黒〕　秋田県湯沢市山田　㊙加賀谷政雄, 昭和35年

田植の手伝い
　「図説 日本民俗学」吉川弘文館　2009
　　◇p60〔白黒〕　『焼津市史』より
　「写真でみる日本生活図引 1」弘文堂　1989
　　◇図20〔白黒〕（田植え手伝い）　秋田県雄勝郡雄勝町　㊙加藤治郎, 昭和34年6月　1957年5月8日

田植えの昼どきの昼寝
　「写真ものがたり昭和の暮らし 10」農山漁村文化協会　2007
　　◇p33〔白黒〕（田植えの昼どきのうつ伏せの昼寝）　秋田県大曲市西根（現大仙市）　㊙大野源二郎, 昭和37年
　「写真ものがたり昭和の暮らし 1」農山漁村文化協会　2004
　　◇p158〔白黒〕（昼寝）　岩手県岩手町西法寺　田植えのとき　㊙田村淳一郎, 昭和36年5月
　「写真でみる日本生活図引 1」弘文堂　1989
　　◇図35〔白黒〕（道ική昼寝）　岩手県岩手郡葛巻町小屋瀬　田植え時の休息　㊙菊池俊吉, 昭和32年6月

田植の方向
　「民俗資料叢書 1 田植の習俗1」平凡社　1965
　　◇p52（挿13）〔白黒・図〕　岩手県江刺市藤里の山内家

田植 背後では麦刈り
　「宮本常一が撮った昭和の情景 上」毎日新聞社　2009
　　◇p94～95〔白黒〕（田植え）　鹿児島県南さつま市坊津町から大浦町へ　左手の畑には刈り取った麦が地干しされ奥では麦刈りをしている　㊙宮本常一, 1960年4月21日
　「宮本常一 写真・日記集成 上」毎日新聞社　2005
　　◇p187〔白黒〕　鹿児島県川辺郡坊津町久志→大浦　㊙宮本常一, 1960年4月21日

田植え 一休み
　「宮本常一が撮った昭和の情景 上」毎日新聞社　2009
　　◇p31〔白黒〕（宮本家の田植）　山口県大島郡周防大島町大字西方長崎　一休みしてくつろぐ　㊙宮本常一, 1957年5月8日

田植え風景
　「いまに伝える 農家のモノ・人の生活館」柏書房　2004
　　◇口絵〔白黒〕　〔埼玉県〕
　「日本民俗写真大系 1」日本図書センター　1999
　　◇p138〔白黒〕　青森県八戸市　㊙和井田登, 1959年　八戸市博物館提供

田植え前に肥料を施す
　「宮本常一 写真・日記集成 下」毎日新聞社　2005
　　◇p306〔白黒〕　岡山県新見市→鳥取県米子市　㊙宮本常一, 1973年4月28日

田植前の牛による耕耘
　「民俗資料叢書 11 田植の習俗5」平凡社　1970
　　◇図16〔白黒〕　高知県室戸市室津郷

田植前の馬による耕耘
　「民俗資料叢書 11 田植の習俗5」平凡社　1970
　　◇図15〔白黒〕　高知県室戸市室津郷

田植前のオオアシヒキ
　「民俗資料叢書 8 田植の習俗3」平凡社　1968
　　◇図45〔白黒〕　新潟県佐渡市 クルマダ

田植前の耕耘
　「民俗資料叢書 11 田植の習俗5」平凡社　1970
　　◇図14〔白黒〕　高知県室戸市室津郷

田植え前の代掻き
　「里山・里海 暮らし図鑑」柏書房　2012
　　◇写28 (p256)〔白黒〕（結い組による田植え前の代掻き）　高知県旧窪川町〔四万十町〕日野地　昭和30年頃　四万十町役場提供

田植まくら
　「日本民具の造形」淡交社　2004
　　◇p209〔白黒〕　島根県　横田郷土資料館所蔵

田植・休み時間
　「宮本常一 写真・日記集成 上」毎日新聞社　2005
　　◇p65〔白黒〕　周防大島 宮本〔常一〕家　㊙宮本常一, 1957年5月8日

農業　　　　　　　　　　　　　　　　　生産・生業

**田植用横ヨマ**
「民俗資料叢書 11 田植の習俗5」平凡社　1970
　◇図114〔白黒〕　長崎県壱岐　7寸ヨマ、6寸5分ヨマ

**田植ワク**
「写真で見る農具 民具」農林統計協会　1988
　◇p87〔白黒〕　鹿児島県入来町　昭和43年から45年

**田植枠**
「写真で見る農具 民具」農林統計協会　1988
　◇p89〔白黒〕　愛媛県弓削町
「図説 民俗探訪事典」山川出版社　1983
　◇p221〔白黒〕　青森県田舎館村
「民俗資料叢書 9 田植の習俗4」平凡社　1969
　◇図47〔白黒〕（田植の枠）　島根県邑智郡桜江町市山
　◇図48〔白黒〕（田植の枠）　島根県邑智郡桜江町

**田植え（枠植え）**
「日本郷土 風俗・民芸・芸能図鑑」日本図書センター　2012
　◇写真篇 新潟〔白黒〕　新潟県

**田植枠利用**
「写真で見る農具 民具」農林統計協会　1988
　◇口絵〔白黒〕　岩手県　昭和30年代　写真提供 岩手県立農業博物館

**田歌集**
「民俗資料叢書 9 田植の習俗4」平凡社　1969
　◇図49～66〔白黒〕　島根県　江戸～明治頃　図49～51：青笹上大江子本田唄集（邑智郡石見町日貫）、図52～53：中野有久本田歌集（邑智郡石見町中野）、図54～55：小笠原近重流御免田植歌本（邑智郡川本町三谷）、図56：後藤弥三右衛門殿鼓日之由来并田植歌覚書（邑智郡川本町三谷）、図57：源元重御家一流（邑智郡桜江町市山）、図58：源元重御家一流（邑智郡桜江町市山市山）、図59：井野串崎本田唄集（那賀郡三隅町井野）、図60：井野串崎本田唄集（那賀郡三隅町井野）、図61～62：綱一本拾弐鍬（那賀郡三隅町井野）、図63～66：志路本（那賀郡三隅町黒沢）

**田打ち**
「民俗資料叢書 11 田植の習俗5」平凡社　1970
　◇p43（挿1）〔白黒・図〕　高知県高岡郡葉山村下半山　牛馬を使用する場合
「民俗資料叢書 1 田植の習俗1」平凡社　1965
　◇図11〔白黒〕　岩手県江刺市梁川

**田打車**
「写真で見る農具 民具」農林統計協会　1988
　◇p96〔白黒〕　鹿児島県川辺町　大正時代から昭和30年代
　◇p96〔白黒〕　千葉県光町　使用年代不明
　◇p97〔白黒〕　秋田県大内町　昭和前期頃
　◇p98〔白黒〕　神奈川県横浜市
　◇p98〔白黒〕　神奈川県平塚市　昭和前期から

**田打鍬**
「写真で見る農具 民具」農林統計協会　1988
　◇p25〔白黒〕　愛媛県吉海町　昭和21～35年頃使用

**田打ち，田かきに使用する鍬**
「民俗資料叢書 11 田植の習俗5」平凡社　1970
　◇図32〔白黒〕　高知県高岡郡葉山村葉山

**田打ちの方向**
「民俗資料叢書 1 田植の習俗1」平凡社　1965
　◇p24（挿3）〔白黒・図〕　岩手県江刺市

**田打ちの方法**
「民俗資料叢書 1 田植の習俗1」平凡社　1965
　◇p24（挿4）〔白黒・図〕　岩手県江刺市

**田うない（人力）**
「いまに伝える 農家のモノ・人の生活館」柏書房　2004
　◇p72〔白黒〕　埼玉県

**田うない（畜力）**
「いまに伝える 農家のモノ・人の生活館」柏書房　2004
　◇p72〔白黒〕　埼玉県

**タウナイに使われる馬**
「いまに伝える 農家のモノ・人の生活館」柏書房　2004
　◇p195 写真3〔白黒〕　埼玉県行田市

**田起こし**
「宮本常一 写真・日記集成 上」毎日新聞社　2005
　◇p187〔白黒〕　鹿児島県川辺郡坊津町久志→大浦　㊟宮本常一，1960年4月21日
「写真でみる日本生活図引 別巻」弘文堂　1993
　◇図195〔白黒〕　長野県下伊那郡阿智村　㊟熊谷元一，昭和31年12月10日
　◇図339〔白黒〕　長野県下伊那郡阿智村　㊟熊谷元一，昭和32年4月15日

**田起こしのころ**
「写真でみる日本生活図引 1」弘文堂　1989
　◇目次A〔白黒〕　㊟千葉禎介

**田を耕す**
「日本民俗写真大系 5」日本図書センター　2000
　◇p95〔白黒〕　鹿児島県奄美大島　「ユイワク」の共同作業　㊟越間誠，1967年

**倒れた稲**
「写真でみる日本生活図引 6」弘文堂　1993
　◇図141〔白黒〕　秋田県横手市境町　㊟佐藤久太郎，昭和33年9月20日

**高畦**
「写真でみる日本生活図引 1」弘文堂　1989
　◇図115〔白黒〕　島根県簸川郡斐川町　㊟石塚尊俊，昭和20年代

**田返し**
「民俗資料叢書 1 田植の習俗1」平凡社　1965
　◇図12〔白黒〕　岩手県江刺市伊手

**田かき**
「日本民具の造形」淡交社　2004
　◇p204〔白黒〕　青森県 深浦町歴史民俗資料館所蔵
　◇p206〔白黒〕　福島県 双葉町歴史民俗資料館

**田掻き（牛）**
「民俗資料叢書 1 田植の習俗1」平凡社　1965
　◇図13〔白黒〕　岩手県江刺市伊手

**田掻車**
「日本の民具 2 農村」慶友社　1992
　◇図21〔白黒〕　埼玉県大里郡豊里村　㊟薗部澄

**田かき手伝い**
「写真でみる日本人の生活全集 9」日本図書センター　2010
　◇p27〔白黒〕　山口県三本松田　農村の子供

**タカザル**
「あるくみるきく双書 宮本常一とあるいた昭和の日本 19」農山漁村文化協会　2012
　◇p167〔白黒〕（上安松で作られたタカザル）　関東の野菜畑で使用されているところ　㊟工藤員功，〔昭和49年〕

**田かじ鍬**
「写真で見る農具 民具」農林統計協会　1988
　◇p92〔白黒〕　奈良県西吉野村　大正時代から昭和30年頃まで

## 高梁川農業干拓地
「日本民俗写真大系 4」日本図書センター 1999
　◇p199〔白黒〕　ネコ車で土を運んで整備　㊞中村昭夫，1959年

## たかみ
「日本の民具 2 農村」慶友社 1992
　◇図72〔白黒〕　新潟県佐渡郡畑野町　堆肥を厩から出すときに用いる　㊞薗部澄

## 竹カゴ
「写真で見る農具 民具」農林統計協会 1988
　◇p188〔白黒〕　大阪府池田市　昭和前期まで　野菜収穫運搬用

## 竹こぎばし
「日本民具の造形」淡交社 2004
　◇p4〔カラー〕　香川県 三野町立民俗資料館所蔵

## 竹千歯
「図説 民俗探訪事典」山川出版社 1983
　◇p233〔白黒〕　さきたま資料館蔵

## タゲタ
「写真でみる日本人の生活全集 2」日本図書センター 2010
　◇p105〔白黒〕　新潟県北蒲原郡　㊞昭和29年
「民具のみかた―心とかたち」第一法規出版 1983
　◇p135〔白黒〕（タゲタ（田下駄））　青森県八戸市
「日本の生活文化財」第一法規出版 1965
　◇図92（衣）〔白黒〕　文部省史料館所蔵（東京都品川区）

## 田下駄
「里山・里海 暮らし図鑑」柏書房 2012
　◇写74（p79）〔白黒〕　福井県美浜町坂尻　昭和30年代 小林一男所蔵，美浜町役場文化財保護・町誌編纂室提供
「日本の生活環境文化大辞典」柏書房 2010
　◇p103-8〔白黒〕（田植えに使う下駄）　㊞立平進，2009年 諫早干拓資料館所蔵
「図説 日本民俗学」吉川弘文館 2009
　◇p11〔白黒〕　埼玉県上尾市　埼玉県立歴史と民俗の博物館提供
　◇p151〔白黒・図〕　茨城県龍ヶ崎市　『龍ヶ崎市民俗調査報告書』Ⅱより
「精選 日本民俗辞典」吉川弘文館 2006
　◇p341〔白黒・図〕　広島県比婆郡高野町（庄原市），徳島県那賀郡木頭村（那賀町），静岡県富士市，東京都板橋区，千葉県成田市，新潟県豊栄市（新潟市），新潟県西蒲原郡黒埼町（新潟市）　枠型（広島県比婆郡高野町（庄原市）），箱型（徳島県那賀郡木頭村（那賀町）），板型（静岡県富士市），輪檩型（東京都板橋区），下駄型（千葉県成田市），すだれ型（新潟県豊栄市（新潟市）），台型（新潟県西蒲原郡黒埼町（新潟市））
「いまに伝える 農家のモノ・人の生活館」柏書房 2004
　◇p110 写真6〔白黒〕　埼玉県さいたま市（旧大宮市内）
「日本民具の造形」淡交社 2004
　◇p21〔白黒〕　千葉県 千葉県立大利根博物館所蔵
　◇p208〔白黒〕（桶型田下駄）　鹿児島県 原野農芸博物館
　◇p208〔白黒〕（丸田下駄）　茨城県 堺町歴史民俗資料館
　◇p208〔白黒〕　長野県 小谷村郷土館
「日本社会民俗辞典 2」日本図書センター 2004
　◇p879〔白黒〕　岐阜県高山市
「日本民俗大辞典 下」吉川弘文館 2000
　◇p38〔白黒・図〕　広島県比婆郡高野町，徳島県那賀郡木頭村，静岡県富士市，東京都板橋区，千葉県成田市，新潟県豊栄市，新潟県西蒲原郡黒埼町　枠型（広島県比婆郡高野町），箱型（徳島県那賀郡木頭村），板型（静岡県富士市），輪檩型（東京都板橋区），下駄型（千葉県成田市），すだれ型（新潟県豊栄市），台型（新潟県西蒲原郡黒埼町）
　◇p347〔白黒・図〕

「図録・民具入門事典」柏書房 1991
　◇p59〔白黒〕　秋田県　角館高等学校
「写真で見る農具 民具」農林統計協会 1988
　◇p84〔白黒〕　兵庫県但東町
「民俗学辞典（改訂版）」東京堂出版 1987
　◇図版26（p350）〔白黒・図〕　新潟県西蒲原郡，長野県上伊那郡　新潟県西蒲原郡カンジキ，長野県上伊那郡オホアシ　橋浦泰雄画
「図説 民俗探訪事典」山川出版社 1983
　◇p218〔白黒・図〕（田下駄と大足）
「日本民俗文化財事典（改訂版）」第一法規出版 1979
　◇図122〔白黒〕（アワラの田下駄）　富山県新川地方
「日本民俗事典」弘文堂 1972
　◇p425〔白黒・図〕　新潟県北蒲原郡　上，カンジキ（新潟県北蒲原郡），下，ハコカンジキ（新潟県北蒲原郡）
「民俗の事典」岩崎美術社 1972
　◇p167〔白黒・図〕　長野県上伊那郡
「民俗資料叢書 9 田植の習俗4」平凡社 1969
　◇図67〔白黒〕　広島県山県郡芸北町移原
「民俗資料叢書 5 田植の習俗2」平凡社 1967
　◇図41〔白黒〕　富山県中新川郡上市種　写真提供：宮本馨太郎

## 田下駄ナンバ
「日本民具の造形」淡交社 2004
　◇p208〔白黒〕　茨城県 下妻市ふるさと博物館所蔵

## 田下駄の使用
「日本社会民俗辞典 2」日本図書センター 2004
　◇p879〔白黒〕　山形県置賜盆地

## 田下駄の着装
「里山・里海 暮らし図鑑」柏書房 2012
　◇写75（p79）〔白黒〕　福井県美浜町坂尻　昭和30年代 小林一男所蔵，美浜町役場文化財保護・町誌編纂室提供

## 竹の歯の千歯扱き
「図説 日本民俗学」吉川弘文館 2009
　◇p153〔白黒〕　埼玉県行田市

## 竹曲げ弁当の蓋（精白した米を臼からすくう際使用）
「民俗資料選集 41 豊後の水車習俗」国土地理協会 2010
　◇p182（本文）〔白黒・図〕　大分県日田市鈴連町下小竹の精米用水車　〔精白した米を臼からすくう際使用〕

## 竹箕
「日本民具の造形」淡交社 2004
　◇p59〔白黒〕　岐阜県 加子母村郷土館所蔵
「民俗資料選集 25 焼畑習俗」国土地理協会 1997
　◇p6（口絵）〔白黒〕（竹製の箕）　岐阜県白川村鳩谷　中脇美栄蔵
「写真で見る農具 民具」農林統計協会 1988
　◇p144〔白黒〕　大阪府池田市　昭和前期まで

## 竹や木枝を半円形にして両端を土に差したカジメ
「あるくみるきく双書 宮本常一とあるいた昭和の日本 22」農山漁村文化協会 2012
　◇p60〔カラー〕　宮崎県西米良村

## 田ごしらえ
「民俗資料叢書 11 田植の習俗5」平凡社 1970
　◇図73〔白黒〕　高知県宿毛市山奈町山田

## 田ごて
「写真で見る農具 民具」農林統計協会 1988
　◇p85〔白黒〕　兵庫県出石町　明治時代から

## タコロガシ
「いまに伝える 農家のモノ・人の生活館」柏書房 2004
　◇p91 写真7〔白黒〕　埼玉県小川町　田植え後、稲の株間うぃ転がして田の泥をかき混ぜる

農業　　　　　　　　　　　　　　　生産・生業

　　◇p91 写真8〔白黒〕　〔埼玉県〕
**田スリ**
「民俗資料叢書 11 田植の習俗5」平凡社　1970
　　◇図135〔白黒〕　長崎県 対馬豆酘
**たたき棒**
「写真で見る農具 民具」農林統計協会　1988
　　◇p127〔白黒〕　山梨県甲府市　昭和20年すぎまで
　　◇p127〔白黒〕　山梨県甲府市　昭和20年頃まで
**たたつぼ**
「写真で見る農具 民具」農林統計協会　1988
　　◇p126〔白黒〕（調製用具）　鹿児島県大根占町　昭和40年頃まで　豆たたき
**タチウスと竪杵（手杵）で精麦**
「里山・里海 暮らし図鑑」柏書房　2012
　　◇写18（p87）〔白黒〕　埼玉県旧大滝村〔秩父市〕　昭和30〜40年　大舘勝治提供
**立鍬**
「写真で見る農具 民具」農林統計協会　1988
　　◇p14〔白黒〕　鹿児島県知名町
**脱穀**
「民俗図録 日本人の暮らし」日本図書センター　2012
　　◇図240〔白黒〕（脱穀（1））　秋田県南秋田郡脇本村　㊧三木茂
　　◇図241〔白黒〕（脱穀（2））　石川県能登地方
「日本民俗大辞典 下」吉川弘文館　2000
　　◇図21〔別刷図版「野良仕事」〕〔白黒〕　山口県萩市土原　㊧下瀬武雄, 昭和20年代後半
「写真でみる日本生活図引 1」弘文堂　1989
　　◇図66, 67〔白黒〕　秋田県湯沢市山田　㊧佐藤久太郎, 昭和38年10月20日, 昭和34年10月
「民俗学辞典（改訂版）」東京堂出版　1987
　　◇図版27（p353）〔白黒・図〕　コキ箸（農業全書所載）, センバコキ（農家慣行所載）　橋浦泰雄画
「日本民俗事典」弘文堂　1972
　　◇p428〔白黒〕　日向地方
**脱穀をする子供**
「写真でみる日本人の生活全集 4」日本図書センター　2010
　　◇p17〔白黒〕
**脱穀機**
「図録・民具入門事典」柏書房　1991
　　◇p63〔白黒〕　東京都
「写真で見る農具 民具」農林統計協会　1988
　　◇p137〔白黒〕　大阪府松原市　昭和30年代まで
**脱穀器具**
「写真で見る農具 民具」農林統計協会　1988
　　◇p126〔白黒〕　鹿児島県三島村
**脱穀した大豆**
「写真ものがたり昭和の暮らし 2」農山漁村文化協会　2004
　　◇p78〔白黒〕　群馬県片品村花咲　㊧昭和42年10月
**脱穀した種籾をヨソリ（箕）で小さなゴミを飛ばす**
「写真ものがたり昭和の暮らし 9」農山漁村文化協会　2007
　　◇p114〔白黒〕　宮崎県西米良村小川　㊧須藤功, 昭和58年10月
**脱穀したムギを篩に通し選別**
「里山・里海 暮らし図鑑」柏書房　2012
　　◇写16（p87）〔白黒〕　埼玉県旧両神村〔小鹿野町〕　昭和59年　大舘勝治提供
**脱穀したムギのモミをジガラウスで搗く**
「里山・里海 暮らし図鑑」柏書房　2012
　　◇写17（p87）〔白黒〕　埼玉県旧両神村〔小鹿野町〕　昭和59年　大舘勝治提供

**脱穀用具**
「民俗資料選集 30 焼畑習俗Ⅱ」国土地理協会　2002
　　◇p87（本文）〔白黒〕　山梨県南巨摩郡早川町奈良田
「民俗資料選集 23 北上山地の畑作習俗」国土地理協会　1995
　　◇p140（本文）〔白黒・図〕　岩手県岩泉町安家地区　焼畑の農具
**脱進機**
「日本社会民俗辞典 3」日本図書センター　2004
　　◇p1021〔白黒・図〕
**脱ぼう器**
「写真で見る農具 民具」農林統計協会　1988
　　◇p126〔白黒〕　山梨県高根町
**タツミ**
「いまに伝える 農家のモノ・人の生活館」柏書房　2004
　　◇p87 写真4〔白黒〕　埼玉県さいたま市（旧大宮市内）　ウネヒキで筋を引いたあと、種籾を摘む
**たてうす**
「日本の生活文化財」第一法規出版　1965
　　◇図22（生産・運搬・交易）〔白黒〕　致道博物館所蔵（山形県鶴岡市）
**たてうす・たてぎね**
「日本の生活文化財」第一法規出版　1965
　　◇図23（生産・運搬・交易）〔白黒〕　致道博物館所蔵（山形県鶴岡市）
**縦畝の田んぼ**
「いまに伝える 農家のモノ・人の生活館」柏書房　2004
　　◇p107 写真1〔白黒〕（東西に長い縦畝の田んぼ）　埼玉県川里町
**竪杵**
「日本の民具 2 農村」慶友社　1992
　　◇図47〔白黒〕　愛知県岡崎市　㊧薗部澄
　　◇図48〔白黒〕　愛知県岡崎市　㊧薗部澄
**竪杵で粟の脱穀**
「写真ものがたり昭和の暮らし 3」農山漁村文化協会　2004
　　◇p221〔白黒〕　鹿児島県三島村・黒島　㊧早川孝太郎, 昭和9年10月
**タテグイに干した大豆・小豆**
「民俗資料選集 25 焼畑習俗」国土地理協会　1997
　　◇p220（本文）〔白黒〕　高知県池川町椿山　㊧昭和62年
**田と用水路**
「宮本常一 写真・日記集成 下」毎日新聞社　2005
　　◇p83〔白黒〕　㊧宮本常一, 1966年8月30日
**棚田**
「民俗学事典」丸善出版　2014
　　◇p163〔白黒〕（棚田「あらぎ島」）　和歌山県有田郡有田川町
「里山・里海 暮らし図鑑」柏書房　2012
　　◇写24（p358）〔白黒〕（年月をかけ築き上げた棚田）　和歌山県旧清水町〔有田川町〕あらぎ島　昭和50年頃　中谷武雄提供
「あるくみるきく双書 宮本常一とあるいた昭和の日本 22」農山漁村文化協会　2012
　　◇p103〔白黒〕　奥三河
「日本の生活環境文化大辞典」柏書房　2010
　　◇口絵8〔カラー〕　千葉県鴨川市大山千枚田　㊧2004年 岸本章
　　◇p23-3〔白黒〕（土坡の棚田）　千葉県鴨川市大山千枚田　㊧1999年
　　◇p41-3〔白黒〕　大阪府豊能郡豊能町　㊧2003年
「宮本常一が撮った昭和の情景 下」毎日新聞社　2009
　　◇p23〔白黒〕（芸術的な棚田は農民の苦労の証）　新潟県

佐渡市羽茂大崎　[撮]宮本常一, 1965年8月4日
「宮本常一 写真・日記集成 上」毎日新聞社　2005
◇p171〔白黒〕　周防大島〔宮本常一〕自宅 城山小学校付近　[撮]宮本常一, 1960年1月5日
◇p207〔白黒〕　新潟県佐渡郡赤泊村［佐渡市］下川茂→佐渡郡羽茂町［佐渡市］大崎 羽茂川沿い　[撮]宮本常一, 1960年8月25日
◇p422〔白黒〕　大分県速見郡日出町　[撮]宮本常一, 1964年2月6日
「宮本常一 写真・日記集成 下」毎日新聞社　2005
◇p36〔白黒〕（芸術的な棚田は農民の苦労の証）　新潟県佐渡郡羽茂町大崎［佐渡市］　[撮]宮本常一, 1965年8月4日
◇p165〔白黒〕　大分県 湯布院手前の山間　[撮]宮本常一, 1968年8月1日
◇p310〔白黒〕　山口県玖珂郡美和町　[撮]宮本常一, 1973年8月6日～10日
◇p483〔白黒〕（尾根まで至る棚田）　山口県大島郡久賀町［周防大島町］　手前はミカン畑になっている　[撮]宮本常一, 1980年4月28日～29日
「宮本常一 写真・日記集成 別巻」毎日新聞社　2005
◇図271（p46）〔白黒〕　高知県・土佐・東豊永［長岡郡大豊町］　[撮]宮本常一, 1941年12月
「写真ものがたり昭和の暮らし 1」農山漁村文化協会　2004
◇p196〔白黒〕　新潟県入広瀬村　[撮]米山孝志, 昭和55年9月
「日本民俗大辞典 下」吉川弘文館　2000
◇p51〔白黒〕　高知県吾北郡吾北村津賀谷
「日本民俗宗教辞典」東京堂出版　1998
◇p474〔白黒〕（英彦山宿坊跡の棚田）　[撮]長野覺
「写真でみる日本生活図引 6」弘文堂　1993
◇図139〔白黒〕　滋賀県大津市仰木町　[撮]前野隆資, 昭和36年6月上旬

**棚田と海**
「宮本常一 写真・日記集成 下」毎日新聞社　2005
◇p227〔白黒〕　新潟県佐渡郡小木町犬神［佐渡市］　中央の頭をのぞかせているのが犬神岩　[撮]宮本常一, 1970年5月2日～6日

**棚田と集落**
「里山・里海 暮らし図鑑」柏書房　2012
◇口絵〔白黒〕　和歌山県旧清水町〔有田川町〕沼　昭和40年頃　中谷武雄提供

**棚田と段畑が美しい帝釈峡付近の集落**
「宮本常一が撮った昭和の情景 上」毎日新聞社　2009
◇p206～207〔白黒〕　広島県庄原市東城町　[撮]宮本常一, 1963年10月21日
「宮本常一 写真・日記集成 上」毎日新聞社　2005
◇p403〔白黒〕（集落）　広島県比婆郡東城町 帝釈　[撮]宮本常一, 1963年10月21日

**棚田と段畑の雪景色**
「宮本常一が撮った昭和の情景 下」毎日新聞社　2009
◇p30〔白黒〕（雪景色の棚田と段畑を一望する）　広島県神石郡神石高原町笹尾奴留田から下豊松四日市へ　[撮]宮本常一, 1965年12月19日
「宮本常一 写真・日記集成 下」毎日新聞社　2005
◇p49〔白黒〕（棚田の雪景色）　豊松村（広島県神石郡［神石高原町］）　[撮]宮本常一, 1965年12月19日

**棚田の石垣**
「宮本常一 写真・日記集成 上」毎日新聞社　2005
◇p188〔白黒〕　鹿児島県川辺郡大浦あたり　[撮]宮本常一, 1960年4月21日

**棚田の石垣と灌漑用横井戸**
「宮本常一 写真・日記集成 上」毎日新聞社　2005
◇p423〔白黒〕　大分県速見郡日出町　[撮]宮本常一, 1964年2月6日

**棚田の石垣補修**
「里山・里海 暮らし図鑑」柏書房　2012
◇写19（p355）〔白黒〕　和歌山県那智勝浦町色川　平成22年3月

**棚田の石積とスイドウ**
「宮本常一 写真・日記集成 下」毎日新聞社　2005
◇p467〔白黒〕　山口県大島郡久賀町［周防大島町］　[撮]宮本常一, 1979年7月24日～27日

**棚田の稲刈り・稲運び**
「いまに伝える 農家のモノ・人の生活館」柏書房　2004
◇p107 写真3〔白黒〕　埼玉県皆野町

**棚田の代かき**
「宮本常一 写真・日記集成 下」毎日新聞社　2005
◇p324〔白黒〕　長崎県壱岐郡郷ノ浦町岳ノ辻界隈　[撮]宮本常一, 1974年5月23日

**棚田のスイドウ**
「宮本常一 写真・日記集成 下」毎日新聞社　2005
◇p474〔白黒〕　山口県大島郡久賀町［周防大島町］　ミカン畑に転換されている　[撮]宮本常一, 1979年11月25日

**棚田のスイドウの横穴**
「宮本常一 写真・日記集成 下」毎日新聞社　2005
◇p474〔白黒〕　山口県大島郡久賀町［周防大島町］　[撮]宮本常一, 1979年11月25日

**棚田の田植え**
「いまに伝える 農家のモノ・人の生活館」柏書房　2004
◇p90 写真5〔白黒〕　埼玉県皆野町　[撮]昭和59年6月

**棚田の田小屋**
「日本の生活環境文化大辞典」柏書房　2010
◇p355-2〔白黒〕　新潟県柏崎市谷根　[撮]1990年　三井田忠明

**田に積まれたダヤゴエ**
「民俗資料叢書 9 田植の習俗4」平凡社　1969
◇図83〔白黒〕　広島県山県郡

**田に苗を植付ける区画の形をつけるもの**
「日本民俗図誌 5 農耕・漁撈篇」村田書店　1978
◇図62〔白黒・図〕　秋田県男鹿郡福川村, 秋田県河辺郡西目村

**谷の水田**
「宮本常一 写真・日記集成 上」毎日新聞社　2005
◇p424〔白黒〕　新潟県佐渡郡羽茂町小泊　[撮]宮本常一, 1964年3月2日
◇p424〔白黒〕　新潟県佐渡郡羽茂町小泊　[撮]宮本常一, 1964年3月2日

**谷間の稲田**
「宮本常一が撮った昭和の情景 上」毎日新聞社　2009
◇p153〔白黒〕（川辺川沿いの谷間を切り開いた集落と田畑）　熊本県球磨郡五木村宮園付近　[撮]宮本常一, 1962年6月19日
「宮本常一 写真・日記集成 上」毎日新聞社　2005
◇p314〔白黒〕　熊本県 五木→五家荘・宮園付近　吊橋は昭和のもの　[撮]宮本常一, 1962年6月19日

**種芋伏せ**
「いまに伝える 農家のモノ・人の生活館」柏書房　2004
◇口絵〔カラー〕　埼玉県鳩山町　サツマイモ栽培
◇p155 写真1〔白黒〕　埼玉県鳩山町　サツマイモ栽培
◇p155 写真2〔白黒〕　〔埼玉県〕　サツマイモ栽培 床土を被せる

**種を振る場所を鍬でなでる**
「いまに伝える 農家のモノ・人の生活館」柏書房　2004

農業　　　　　　　　　　　　　　　　生産・生業

◇p83 写真3〔白黒〕　埼玉県越生町

種籠
「日本民俗図誌 5 農耕・漁撈篇」村田書店　1978
　◇図47-2〔白黒・図〕　静岡県各地
　◇図47-5〔白黒・図〕　岩手県岩手郡小岩井村
　◇図47-6〔白黒・図〕　秋田県仙北郡生保内
　◇図47-7〔白黒・図〕　秋田県仙北郡角館地方

種かし
「民俗資料叢書 11 田植の習俗5」平凡社　1970
　◇図106〔白黒〕　長崎県壱岐

種浸け
「民俗資料叢書 8 田植の習俗3」平凡社　1968
　◇図13〔白黒〕　秋田県秋田市金足小泉潟

タネダラ
「民俗資料叢書 1 田植の習俗1」平凡社　1965
　◇図1〔白黒〕（タネダラ（種俵））　岩手県江刺市田原の小田代　種籾を入れて保存する
　◇図2〔白黒〕　岩手県江刺市藤里　種まきが終ったあとは土蔵の前につるして乾かす

種俵
「民俗図録 日本人の暮らし」日本図書センター　2012
　◇図197〔白黒〕　秋田県南秋田郡　㊙三木茂
「民俗資料叢書 8 田植の習俗3」平凡社　1968
　◇図12〔白黒〕　秋田県本荘市鮎瀬
「民俗資料叢書 5 田植の習俗2」平凡社　1967
　◇図3〔白黒〕　茨城県稲敷郡桜川村浮島
　◇図31〔白黒〕　富山県中新川郡上市種

種俵を干す
「民俗図録 日本人の暮らし」日本図書センター　2012
　◇図199〔白黒〕（つけた種俵を干す）　青森県西津軽郡深浦町追良瀬　㊙櫻庭武則

種つけ
「民俗資料叢書 11 田植の習俗5」平凡社　1970
　◇図161〔白黒〕　鹿児島県大島郡瀬戸内町管鈍
　◇図162〔白黒〕　鹿児島県名瀬市根瀬部の用水路
　◇図163〔白黒〕　鹿児島県名瀬市朝仁　樽の中に種籾を入れ, わらをかぶせる

種子浸け
「日本民俗大辞典 下」吉川弘文館　2000
　◇p53〔白黒〕　青森県西津軽郡深浦町追良瀬　㊙桜庭武則　成城大学民俗学研究所提供

種漬け
「民俗資料叢書 1 田植の習俗1」平凡社　1965
　◇図102〔白黒〕　岩手県遠野市遠野町

種半切り
「民俗資料叢書 1 田植の習俗1」平凡社　1965
　◇図101〔白黒〕　岩手県遠野市鳴沢　種つけ終了後、日かげで乾燥

種浸し
「民俗資料叢書 9 田植の習俗4」平凡社　1969
　◇図1〔白黒〕　島根県邑智郡石見町矢上

種振り
「いまに伝える 農家のモノ・人の生活館」柏書房　2004
　◇p72〔白黒〕　埼玉県

種まき
「日本の民俗 暮らしと生業」KADOKAWA　2014
　◇図3-4〔白黒〕　愛知県海部郡大治町　㊙芳賀日出男, 昭和31年
「写真ものがたり昭和の暮らし 1」農山漁村文化協会　2004
　◇p129〔白黒〕　新潟県山古志村梶金　㊙須藤功, 昭和46年5月

◇p129〔白黒〕　新潟県山古志村梶金　㊙須藤功, 昭和46年5月
「日本の民俗 下」クレオ　1997
　◇図3-4〔白黒〕　愛知県海部郡大治町　㊙芳賀日出男, 昭和31年
「日本写真全集 9」小学館　1987
　◇図178〔白黒〕（種蒔き）　南秋田郡脇本村　㊙三木茂
　『雪の民俗』(昭和19年 養徳社刊)
「民俗資料叢書 11 田植の習俗5」平凡社　1970
　◇図28〔白黒〕（種播き）　高知県高岡郡葉山村葉山
　◇図167〔白黒〕（種播き）　鹿児島県大島郡瀬戸内町管鈍
　◇図168〔白黒〕（種播き）　鹿児島県大島郡瀬戸内町管鈍

種播きに使用する山鍬
「民俗資料選集 30 焼畑習俗Ⅱ」国土地理協会　2002
　◇p166(本文)〔白黒〕　宮崎県

種もみ
「日本の民俗 暮らしと生業」KADOKAWA　2014
　◇図3-3〔白黒〕　愛知県海部郡大治町　㊙芳賀日出男, 昭和31年
「写真ものがたり昭和の暮らし 1」農山漁村文化協会　2004
　◇p74〔白黒〕　新潟県松之山町黒倉　㊙小見重義, 昭和52年3月
　◇p233〔白黒〕　山口県阿東町篠目　㊙牛尾三千夫, 昭和43年4月
「日本の民俗 下」クレオ　1997
　◇図3-3〔白黒〕　愛知県海部郡大治町　㊙芳賀日出男, 昭和31年

種籾を振るザルの持ち方
「いまに伝える 農家のモノ・人の生活館」柏書房　2004
　◇p83 図1〔白黒・図〕　〔埼玉県〕

種もみを保存するモミガラト
「祭・芸能・行事大辞典 上」朝倉書店　2009
　◇p647〔白黒〕　高島市伊井　㊙金田久璋

種子籾囲い
「精選 日本民俗辞典」吉川弘文館　2006
　◇p346〔白黒・図〕　琵琶湖岸 志賀町小野, 志賀町八屋戸, 今津町伊井(高島市)　琵琶湖岸の種籾囲い
「日本民俗大辞典 下」吉川弘文館　2000
　◇p55〔白黒・図〕　滋賀県今津町伊井, 志賀町八屋戸・小野

種籾囲い
「写真でみる日本生活図引 1」弘文堂　1989
　◇図88〔白黒〕　山口県阿武郡阿東町篠目　㊙牛尾三千夫, 昭和43年4月

種籾鎮圧機
「写真で見る農具 民具」農林統計協会　1988
　◇p82〔白黒〕　兵庫県出石市　昭和初期まで
　◇p82〔白黒〕　兵庫県竹野町　昭和初期まで
　◇p82〔白黒〕　兵庫県日高町　昭和30年代まで

種籾つけ
「民俗資料叢書 11 田植の習俗5」平凡社　1970
　◇図25〔白黒〕　高知県高岡郡葉山村葉山

種もみの交換
「写真ものがたり昭和の暮らし 1」農山漁村文化協会　2004
　◇p120〔白黒〕　長野県阿智村駒場　㊙熊谷元一, 昭和32年1月

種籾の選別
「写真でみる日本生活図引 1」弘文堂　1989
　◇図4〔白黒〕　新潟県長岡市蓬平　スジツケをした後の種籾の選別　㊙中俣正義, 昭和32年4月28日

種籾の保存
「図説 民俗探訪事典」山川出版社　1983

◇p219〔白黒〕　宮城県岩沼市

### 種籾の水浸し
「図説 民俗探訪事典」山川出版社　1983
◇p219〔白黒〕　佐賀県三日月町　[撮]仏坂勝男

### 種用の雑穀は天井に竿を通して吊り下げ保存する
「民俗資料選集 30 焼畑習俗Ⅱ」国土地理協会　2002
◇p19(口絵)〔白黒〕　宮崎県西米良村小川

### 田の石拾い
「写真でみる日本生活図引 1」弘文堂　1989
◇図10〔白黒〕　岩手県岩手郡葛巻町小屋瀬　[撮]菊池俊吉, 昭和32年6月

### 田の草とり
「民俗図録 日本人の暮らし」日本図書センター　2012
◇図228〔白黒〕(田の草とり(3))　青森県西津軽郡深浦町追良瀬　[撮]櫻庭武則

### 田の草取り
「里山・里海 暮らし図鑑」柏書房　2012
◇写55(p72)〔白黒〕　香川県まんのう町　中耕除草機による草採り
◇写56(p72)〔白黒〕　手で除草する
◇写57(p72)〔白黒〕　除草した草
◇写58(p72)〔白黒〕　除草した草を丸め、緑肥として田土に埋め込む
「民俗図録 日本人の暮らし」日本図書センター　2012
◇図226〔白黒〕(田の草とり(1))　神戸市須磨区白川
◇図227〔白黒〕(田の草とり(2))　島根県八束郡森山村　[撮]三木茂
「日本社会民俗辞典 1」日本図書センター　2004
◇図版Ⅴ 稲作(1)〔白黒〕　東北地方
「日本民俗大辞典 下」吉川弘文館　2000
◇図15〔別刷図版「野良仕事」〕〔白黒〕　福島県耶麻郡猪苗代町　[撮]橋本武　橋本勝雄提供
「民俗資料叢書 11 田植の習俗5」平凡社　1970
◇図152〔白黒〕　鹿児島県国分市上井　わら製のミノマブリをつけている

### 田の草取り用お面
「日本民具の造形」淡交社　2004
◇p206〔白黒〕　山梨県 大泉村歴史民俗資料館所蔵

### 田の形態
「民俗資料叢書 1 田植の習俗1」平凡社　1965
◇図24〔白黒〕　岩手県江刺市伊手の和野
◇図25〔白黒〕　岩手県江刺市藤里の浅井
◇図26〔白黒〕　岩手県江刺市伊手の岩明
◇図27〔白黒〕　岩手県江刺市伊手の館下　小さな田のなかに大きな石

### 田のすみに放置された余り苗
「民俗資料叢書 11 田植の習俗5」平凡社　1970
◇図39〔白黒〕　高知県高岡郡葉山村葉山

### 田のなかに積んだ堆肥に大小便をかける
「写真ものがたり昭和の暮らし 1」農山漁村文化協会　2004
◇p55〔白黒〕　長野県阿智村駒場　[撮]熊谷元一, 昭和13年

### たばこ(農作業の間の休憩)
「写真でみる日本生活図引 1」弘文堂　1989
◇図28〔白黒〕(たばこ)　秋田県湯沢市大島　農作業の間の休憩のこと　[撮]佐藤久太郎, 昭和34年

### 田びえを抜く
「写真ものがたり昭和の暮らし 1」農山漁村文化協会　2004
◇p197〔白黒〕　岩手県前沢町　[撮]須藤功, 昭和42年8月

### 田舟
「日本の民具 2 農村」慶友社　1992
◇図7〔白黒〕　使用地不明　[撮]薗部澄
「写真で見る農具 民具」農林統計協会　1988
◇p166〔白黒〕(舟)　岐阜県平田町　江戸時代から昭和30年頃まで　田舟
◇p167〔白黒〕　兵庫県柏原町　昭和前期まで
「民俗資料叢書 5 田植の習俗2」平凡社　1967
◇図36〔白黒〕　富山県中新川郡上市種　写真提供：宮本馨太郎
「民俗資料叢書 1 田植の習俗1」平凡社　1965
◇図115〔白黒〕　岩手県遠野市遠野町　保温折衷苗代

### タブネ(田舟)を使った稲刈り
「いまに伝える 農家のモノ・人の生活館」柏書房　2004
◇p110 写真3〔白黒〕　埼玉県所沢市　[撮]昭和42年

### 田舟によるイネの搬送
「里山・里海 暮らし図鑑」柏書房　2012
◇口絵〔白黒〕(イネの田舟による搬送)　福井県高浜町汐入　昭和31年11月　[撮]横田文雄　高浜町郷土資料館提供

### 田舟による刈稲の搬出
「里山・里海 暮らし図鑑」柏書房　2012
◇写76(p79)〔白黒〕　福井県美浜町坂尻　昭和30年代　小林一男所蔵, 美浜町役場文化財保護・町誌編纂室提供

### 田舟による苗運び
「写真ものがたり昭和の暮らし 1」農山漁村文化協会　2004
◇p149〔白黒〕(田舟)　新潟県西川町曽根　二人の少年が苗を積んで運ぶ　[撮]中俣正義, 昭和37年5月
「民俗資料叢書 5 田植の習俗2」平凡社　1967
◇図59〔白黒〕　富山県中新川郡上市種　写真提供：宮本馨太郎

### 田舟の利用
「図説 民俗探訪事典」山川出版社　1983
◇p219〔白黒〕　奈良県月ヶ瀬村

### 田舟や田下駄を使ってイネを収穫
「里山・里海 暮らし図鑑」柏書房　2012
◇写89(p82)〔白黒〕　福井県美浜町坂尻　昭和30年代　今立汎所蔵, 美浜町役場文化財保護・町誌編纂室提供

### タベラボー
「日本民俗図誌 5 農耕・漁撈篇」村田書店　1978
◇図46-2〔白黒・図〕　静岡県志田郡六合村　『民具問答』

### 田ホドキ
「民俗資料叢書 11 田植の習俗5」平凡社　1970
◇図96〔白黒〕　長崎県壱岐

### タマネギの出荷
「宮本常一 写真・日記集成 下」毎日新聞社　2005
◇p314〔白黒〕　兵庫県三原町　[撮]宮本常一, 1973年8月21日

### 田水見
「写真でみる日本生活図引 別巻」弘文堂　1993
◇図43〔白黒〕　長野県下伊那郡阿智村　水の流れ具合を見る　[撮]熊谷元一, 昭和31年7月28日

### ため池
「写真ものがたり昭和の暮らし 1」農山漁村文化協会　2004
◇p168〔白黒〕　奈良県田原本町　田に水を送るとともに日照りに備えた　[撮]須藤功, 昭和47年6月

### 溜池
「図説 日本民俗学」吉川弘文館　2009
◇p148〔白黒〕　福島県喜多方市
「宮本常一 写真・日記集成 下」毎日新聞社　2005
◇p440〔白黒〕　新潟県古志郡山古志村　[撮]宮本常一, 1978年8月28日～31日

### 溜池の施工実習
「里山・里海 暮らし図鑑」柏書房　2012
◇写6（p347）〔白黒〕　奈良県大和郡山市矢田

### ダヤゴエ（駄屋肥）運び
「民俗資料叢書 9 田植の習俗4」平凡社　1969
◇図75〔白黒〕　広島県山県郡芸北町八幡

### たろみ
「写真で見る農具 民具」農林統計協会　1988
◇p142〔白黒〕　大阪府羽曳野市　昭和25年頃まで
◇p142〔白黒〕　奈良県奈良市　第二次大戦の終り頃まで

### たわら
「写真で見る農具 民具」農林統計協会　1988
◇p171〔白黒〕　愛媛県三崎町　明治時代前期から現在　甘藷や夏柑などを畑から運搬する容器

### 俵じめ
「日本民具の造形」淡交社　2004
◇p217〔白黒〕　鹿児島県 末吉町立歴史民俗資料館所蔵

### 俵しめ用手鉤（搔・掛）鎌
「日本民具の造形」淡交社　2004
◇p212〔白黒〕　広島県 総領町郷土資料館所蔵

### 俵詰め
「写真でみる日本生活図引 別巻」弘文堂　1993
◇図163〔白黒〕　長野県下伊那郡阿智村　[撮]矢沢昇, 昭和31年11月13日

### 段崖の上を開いた野菜畑
「宮本常一が撮った昭和の情景 下」毎日新聞社　2009
◇p82〔白黒〕　山口県萩市大字福井上佐々連「阿武川ダム水没地域民俗資料緊急調査」　[撮]宮本常一, 1968年8月4～5日
「宮本常一 写真・日記集成 下」毎日新聞社　2005
◇p169〔白黒〕（阿武川ダム水没地域・福栄村佐々連）　山口県阿武郡 「阿武川ダム水没地域民俗資料緊急調査」　[撮]宮本常一, 1968年8月4～5日

### タンゴ
「写真で見る農具 民具」農林統計協会　1988
◇p119〔白黒〕　大阪府堺市　昭和40年頃まで
◇p120〔白黒〕　大阪府堺市　昭和40年頃まで
◇p188〔白黒〕　大阪府羽曳野市　昭和10年頃まで

### 短冊型の田
「写真ものがたり昭和の暮らし 1」農山漁村文化協会　2004
◇p196〔白黒〕　秋田県鳥海町上笹子　[撮]須藤功, 昭和45年9月

### 短冊苗代
「写真でみる日本生活図引 1」弘文堂　1989
◇図5〔白黒〕　宮城県志田郡鹿島台町　[撮]加藤治郎, 昭和16年4月

### 男爵芋の畑作業
「日本民俗写真大系 1」日本図書センター　1999
◇p15〔カラー〕　北海道上磯町当別　[撮]南良和, 1990年

### 短床犂
「図説 民俗探訪事典」山川出版社　1983
◇p215〔白黒・図〕（近代の短床犂）
◇p215〔白黒・図〕（近代の短床犂）

### 短床犂と各部の名称
「図説 民俗探訪事典」山川出版社　1983
◇p215〔白黒・図〕

### 短床の有底犂
「日本民俗図誌 5 農耕・漁撈篇」村田書店　1978
◇図61-6ロ〔白黒・図〕

### 段々畑
「民俗図録 日本人の暮らし」日本図書センター　2012
◇図243〔白黒〕　長崎県対馬
「あるくみるきく双書 宮本常一とあるいた昭和の日本 21」農山漁村文化協会　2011
◇p157〔カラー〕　〔鹿児島県〕下甑島 下甑村　[撮]竹内淳子
「宮本常一 写真・日記集成 下」毎日新聞社　2005
◇p229〔白黒〕　徳島県東祖谷山村　[撮]宮本常一, 1970年7月15日～16日
「写真ものがたり昭和の暮らし 3」農山漁村文化協会　2004
◇p20〔白黒〕（佐田岬半島の段々畑）　愛媛県三崎町　[撮]新田好, 昭和27年
「日本社会民俗辞典 3」日本図書センター　2004
◇p1137〔白黒〕（山村の段々畑）　愛知県富山村
「図説 民俗探訪事典」山川出版社　1983
◇p313〔白黒〕（八丈小島の段々畑）　八丈島　1960年ころ

### 段々畑を耕す
「写真ものがたり昭和の暮らし 3」農山漁村文化協会　2004
◇p21〔白黒〕　愛媛県津島町成　[撮]原田政章, 昭和30年代
「日本民俗写真大系 4」日本図書センター　1999
◇p182〔白黒〕（段々畑の耕作）　由良半島　[撮]原田政章, 1960年

### 段々畑と水田
「あるくみるきく双書 宮本常一とあるいた昭和の日本 21」農山漁村文化協会　2011
◇p167〔白黒〕　鹿児島県里村里（上甑島）　[撮]竹内淳子

### 段畑
「宮本常一が撮った昭和の情景 上」毎日新聞社　2009
◇p186〔白黒〕（海岸から尾根まで続く段畑）　愛媛県宇和島市戸島　[撮]宮本常一, 1963年3月3日
「宮本常一 写真・日記集成 上」毎日新聞社　2005
◇p62〔白黒〕（尾根添いの松と段畑）　山口県 周防大島　[撮]宮本常一, 1957年3月18日
◇p132〔白黒〕　静岡県磐田郡水窪町水窪→草木　[撮]宮本常一, 1959年7月28日
◇p370〔白黒〕　愛媛県宇和島市 戸島　[撮]宮本常一, 1963年3月3日
「宮本常一 写真・日記集成 下」毎日新聞社　2005
◇p408〔白黒〕　高知県高岡郡檮原町→須崎市　[撮]宮本常一, 1977年10月20日～21日
◇p409〔白黒〕（頂上まで段畑が続く）　高知県高岡郡檮原町→須崎市　[撮]宮本常一, 1977年10月20日～21日
「日本民俗写真大系 4」日本図書センター　1999
◇p122～123〔白黒〕（伊予の段畑）　宇和島市沖の九島　[撮]迫幸一, 1963年
「写真でみる日本生活図引 6」弘文堂　1993
◇図143〔白黒〕　愛媛県西宇和郡三瓶町周木　[撮]新田好, 昭和27年2月
「写真でみる日本生活図引 1」弘文堂　1989
◇図109〔白黒〕　愛媛県西宇和郡三瓶町長早　[撮]新田好, 昭和28年

### 段畑と農家
「宮本常一が撮った昭和の情景 上」毎日新聞社　2009
◇p65〔白黒〕（急勾配の山麓を開いた段畑と農家）　静岡県浜松市天竜区水窪町地頭方　[撮]宮本常一, 1959年7月28日

### 段畑の地割
「宮本常一が撮った昭和の情景 上」毎日新聞社　2009
◇p80～81〔白黒〕（海上から見事な地割の段畑を見る）　広島県呉市倉橋町横島　[撮]宮本常一, 1959年8月30日
「宮本常一 写真・日記集成 上」毎日新聞社　2005

◇p151〔白黒〕　広島県安芸郡倉橋町横島　[撮]宮本常一, 1959年8月30日

**田んぼにたたずむ軽トラック**
「日本の生活環境文化大辞典」柏書房　2010
◇p65-1〔白黒〕　新潟県佐渡市　[撮]2005年　堤涼子

**単用一段鋤**
「写真で見る農具 民具」農林統計協会　1988
◇p51〔白黒〕　愛媛県小田町

**単用犂・両用犂のうない方**
「いまに伝える 農家のモノ・人の生活館」柏書房　2004
◇p77 図1〔白黒・図〕　〔埼玉県〕

**畜力中耕機**
「写真で見る農具 民具」農林統計協会　1988
◇p67〔白黒〕　愛媛県川之江市　大正時代中期から昭和30年代前半

**畜力による整地**
「写真で見る農具 民具」農林統計協会　1988
◇口絵〔白黒〕　[撮]昭和28年頃　写真提供 佐藤清美

**畜力用作畦培土機**
「写真で見る農具 民具」農林統計協会　1988
◇p72〔白黒〕　栃木県宇都宮市

**畜力用犂（いも犂）**
「写真で見る農具 民具」農林統計協会　1988
◇p47〔白黒〕（畜力用犂―いも犂）　広島県因島市

**畜力用ズリ馬鍬**
「写真で見る農具 民具」農林統計協会　1988
◇p65〔白黒〕　群馬県館林市　明治時代から昭和30年代前半まで

**畜力用中耕除草機**
「写真で見る農具 民具」農林統計協会　1988
◇p100〔白黒〕　栃木県宇都宮市　昭和15年頃から同25年頃

**畜力用中耕除草機による除草**
「写真で見る農具 民具」農林統計協会　1988
◇口絵〔白黒〕　埼玉県鴻巣市　昭和30年代　写真提供 佐藤清美

**畜力用土入機**
「写真で見る農具 民具」農林統計協会　1988
◇p105〔白黒〕　群馬県前橋市　昭和30年頃まで

**畜力用麦打ち機**
「写真で見る農具 民具」農林統計協会　1988
◇p138〔白黒〕　茨城県岩瀬町　昭和前期

**畜力用輪転土入機による麦の土入れ作業**
「写真で見る農具 民具」農林統計協会　1988
◇口絵〔白黒〕　関東東山農試（鴻巣）ほ場　[撮]昭和28年頃　写真提供 佐藤清美

**畜力用レーキ**
「写真で見る農具 民具」農林統計協会　1988
◇p65〔白黒〕　群馬県前橋市　昭和前期から20年代後半まで

**竹輪ブクリ**
「民俗資料叢書 9 田植の習俗4」平凡社　1969
◇図68〔白黒〕　広島県山県郡千代田町南方

**中鍬**
「写真で見る農具 民具」農林統計協会　1988
◇p15〔白黒〕　京都府京都市　大正時代後期まで

**中耕機**
「写真で見る農具 民具」農林統計協会　1988
◇p102〔白黒〕　大阪府堺市

**中耕鍬**
「写真で見る農具 民具」農林統計協会　1988
◇p33〔白黒〕　愛媛県小松町　大正時代前期から現在まで

**中耕除草機**
「写真で見る農具 民具」農林統計協会　1988
◇p97〔白黒〕　兵庫県篠山町　昭和20年代まで
◇p99〔白黒〕　愛知県田原町　昭和20～30年代
◇p100〔白黒〕　石川県金沢市　昭和30年頃まで
◇p100〔白黒〕　福井県丸岡町　昭和20年頃から同38年頃まで

**中耕培土器**
「写真で見る農具 民具」農林統計協会　1988
◇p38〔白黒〕　鹿児島県加治木町　昭和30年代まで

**中耕用鍬**
「写真で見る農具 民具」農林統計協会　1988
◇p21〔白黒〕　岡山県久世町

**中床犂**
「写真で見る農具 民具」農林統計協会　1988
◇p49〔白黒〕　奈良県奈良市

**鳥害防止の網がかけられたコッキビ**
「民俗資料選集 23 北上山地の畑作習俗」国土地理協会　1995
◇p125（本文）〔白黒〕　岩手県岩泉町

**チョウサミ**
「写真で見る農具 民具」農林統計協会　1988
◇p44〔白黒〕　石川県金沢市　昭和30年頃まで

**長床犂**
「写真で見る農具 民具」農林統計協会　1988
◇p47〔白黒〕　静岡県豊田町　第二次大戦中まで
「図説 民俗探訪事典」山川出版社　1983
◇p215〔白黒・図〕
「民俗資料叢書 9 田植の習俗4」平凡社　1969
◇図78〔白黒〕（長床犁）　広島県山県郡芸北町八幡

**朝鮮犂**
「日本民俗図誌 5 農耕・漁撈篇」村田書店　1978
◇図59-3〔白黒・図〕　在来のもの

**長底犂**
「日本民俗図誌 5 農耕・漁撈篇」村田書店　1978
◇図61-6イ〔白黒・図〕　中国地方

**直幹法による苗の植え方**
「いまに伝える 農家のモノ・人の生活館」柏書房　2004
◇p155 写真5〔白黒〕　埼玉県所沢市　サツマイモ栽培

**貯蔵カゴ**
「写真で見る農具 民具」農林統計協会　1988
◇p190〔白黒〕　和歌山県那賀町　昭和30～40年代　ネーブルオレンジ貯蔵容器

**チョーチンビク**
「日本民俗図誌 5 農耕・漁撈篇」村田書店　1978
◇図47-4〔白黒・図〕　静岡県　農作用具　『静岡県方言誌』

**追肥**
「写真でみる日本生活図引 別巻」弘文堂　1993
◇図39〔白黒〕　長野県下伊那郡阿智村　桑園追肥　[撮]熊谷元一, 昭和31年7月25日

**ツキトウミ**
「民具のみかた―心とかたち」第一法規出版　1983
◇p145〔白黒〕　愛知県津具村

**ツキフネ**
「写真で見る農具 民具」農林統計協会　1988

農業　　　　　　　　　　　　　　生産・生業

◇p116〔白黒〕　宮崎県延岡市　昭和10年頃まで　水を掬って潅水する

**ツキボウ**
「図録・民具入門事典」柏書房　1991
◇p57〔白黒・図〕　新潟県

**ツキ棒**
「写真で見る農具 民具」農林統計協会　1988
◇p89〔白黒〕　広島県福山市　明治時代から昭和40年頃まで

**搗物をする女達**
「日本社会民俗辞典 1」日本図書センター　2004
◇図版Ⅲ アイヌ(3)〔白黒〕　日高国二風谷　㊊1936年

**ツキヤ(バッタリ)**
「民俗資料選集 6 狩猟習俗Ⅱ」国土地理協会　1978
◇p229(本文)〔白黒〕　新潟県中魚沼郡津南町 秋成郷

**搗輪**
「写真で見る農具 民具」農林統計協会　1988
◇p150〔白黒〕　山梨県高根町　昭和25年頃まで
「民具のみかた―心とかたち」第一法規出版　1983
◇p146〔白黒〕(ツキワ(搗き輪))　神奈川県大和市

**ツク**
「写真で見る農具 民具」農林統計協会　1988
◇p89〔白黒〕　広島県福山市　明治時代から昭和40年頃まで

**ツクリコミ**
「あるくみるきく双書 宮本常一とあるいた昭和の日本 19」農山漁村文化協会　2012
◇p171〔白黒〕　埼玉県所沢市上安松　桑摘みのほか、野菜や草を入れるのに用いる　㊊工藤員功

**槌**
「写真でみる日本生活図引 別巻」弘文堂　1993
◇図315〔白黒〕　長野県下伊那郡阿智村　㊊熊谷元一、昭和32年3月22日
「日本の民具 2 農村」慶友社　1992
◇図51〔白黒〕　広島県比婆郡口和町　㊊薗部澄

**槌(土砕用)**
「日本の民具 2 農村」慶友社　1992
◇図46〔白黒〕　東京都西多摩郡　㊊薗部澄

**土入れ**
「いまに伝える 農家のモノ・人の生活館」柏書房　2004
◇p133 写真2〔白黒〕　埼玉県飯能市　前進型のフリコミジョレン　㊊昭和49年
◇p133 写真5〔白黒〕　〔埼玉県〕　後進型のフリコミジョレン
「日本民具の造形」淡交社　2004
◇p207〔白黒〕　鹿児島県 川辺町郷土科学館所蔵
「写真で見る農具 民具」農林統計協会　1988
◇p103〔白黒〕　福島県郡山市

**土入機**
「写真で見る農具 民具」農林統計協会　1988
◇p103〔白黒〕(土入れ機)　岩手県久慈市
◇p104〔白黒〕(土入器)　鹿児島県川辺町　昭和20年代まで
◇p104〔白黒〕　高知県物部村
◇p104〔白黒〕　岐阜県大垣市
◇p104〔白黒〕　高知県物部村　昭和10年頃まで

**土臼**
「写真で見る農具 民具」農林統計協会　1988
◇p139〔白黒〕　秋田県藤里町　昭和初期まで
◇p139〔白黒〕　大阪府松原市　昭和10年頃まで
◇p139〔白黒〕　広島県芸北町

**土を手でほぐす**
「写真ものがたり昭和の暮らし 1」農山漁村文化協会　2004
◇p128〔白黒〕　長野県阿智村駒場　㊊熊谷元一、昭和35年

**土摺臼と木摺臼**
「図説 民俗探訪事典」山川出版社　1983
◇p235〔白黒〕　青森県三戸郡

**ツチハダケ**
「民俗資料選集 25 焼畑習俗」国土地理協会　1997
◇p101(本文)〔白黒〕　岐阜県高鷲村　岐阜県立博物館蔵
◇p102(本文)〔白黒・図〕　岐阜県高鷲村

**ツチモチオイコ**
「宮本常一 写真・日記集成 別巻」毎日新聞社　2005
◇図34(p17)〔白黒〕　島根県邑智郡地方　㊊宮本常一、1939年〔月日不明〕　森脇太一寄贈

**つちろく**
「日本民具の造形」淡交社　2004
◇p217〔白黒〕　大分県 別府市美術館所蔵

**つちんぼう**
「日本の民具 2 農村」慶友社　1992
◇図49〔白黒〕(つちんぼー)　愛知県北設楽郡東栄町　㊊薗部澄
「写真 日本文化史 9」日本評論新社　1955
◇図71〔白黒〕　愛知県、豆、胡麻などの種物をたたく

**綱植え**
「民俗資料叢書 9 田植の習俗4」平凡社　1969
◇図87〔白黒〕　広島県山県郡芸北町米沢

**椿油用に実の収穫をする老夫婦**
「日本民俗写真大系 5」日本図書センター　2000
◇p189〔白黒〕　鹿児島市 桜島　㊊橋口実昭、1990年

**ツマミ菜の採取**
「写真ものがたり昭和の暮らし 4」農山漁村文化協会　2005
◇p154〔白黒〕　東京都江戸川区　㊊昭和52年6月　東京都提供

**摘田**
「図説 日本民俗学」吉川弘文館　2009
◇p151〔白黒〕　横浜市緑区　小林梅次提供
「いまに伝える 農家のモノ・人の生活館」柏書房　2004
◇口絵〔白黒〕　埼玉県さいたま市
「写真でみる日本生活図引 1」弘文堂　1989
◇図60～62〔白黒〕　埼玉県大宮市宮ヶ谷塔　㊊大館勝治、大塚和義、昭和46年

**摘田の稲刈り**
「写真でみる日本生活図引 1」弘文堂　1989
◇図63〔白黒〕　埼玉県大宮市宮ヶ谷塔　㊊大館勝治、昭和46年

**つみ取った穂ヒエをトラに入れて家に運ぶ**
「民俗資料選集 30 焼畑習俗Ⅱ」国土地理協会　2002
◇p171(本文)〔白黒〕　宮崎県

**詰めごも**
「写真で見る農具 民具」農林統計協会　1988
◇p73〔白黒〕　京都府長岡京市

**ツリアゼ(用水用)**
「民俗資料叢書 11 田植の習俗5」平凡社　1970
◇図78〔白黒〕　高知県宿毛市山奈町山田

**つるはし**
「写真で見る農具 民具」農林統計協会　1988
◇p179〔白黒〕　岩手県軽米町　大正時代初期から現在まで

ツンブリ
「民俗資料叢書 5 田植の習俗2」平凡社　1967
◇図35〔白黒〕　富山県中新川郡上市種　写真提供：宮本馨太郎

手畔
「民俗資料叢書 5 田植の習俗2」平凡社　1967
◇図44〔白黒〕　富山県中新川郡上市種　写真提供：宮本馨太郎

テアゼ作り
「民俗資料叢書 11 田植の習俗5」平凡社　1970
◇図98〔白黒〕　長崎県壱岐

泥肥
「里山・里海 暮らし図鑑」柏書房　2012
◇写14(p105)〔白黒〕　奈良県大和郡山市山田　水田の元肥にした溜池の沈澱土

ティル
「民俗資料叢書 11 田植の習俗5」平凡社　1970
◇図173〔白黒〕　鹿児島県大島郡瀬戸内町管鈍　農器具

手桶
「写真で見る農具 民具」農林統計協会　1988
◇p75〔白黒〕　大阪府堺市　施肥容器

手押除草機
「日本民具の造形」淡交社　2004
◇p206〔白黒〕(手押し除草機)　山形県 庄内米歴史資料館所蔵
「日本民俗大辞典 上」吉川弘文館　1999
◇p866〔白黒〕　仙台市歴史民俗資料館所蔵

手押除草機を入れた桶を背負って田へ行く
「日本民俗写真大系 2」日本図書センター　1999
◇p186〔白黒〕(田へ行く)　岩手県一戸町　野良着に簑を着け、2台の手押除草機を入れた桶を負い縄で背にする　㊉田村淳一郎, 1957年

手押除草機で除草
「写真ものがたり昭和の暮らし 1」農山漁村文化協会　2004
◇p172〔白黒〕　秋田県横手市　㊉佐藤久太郎, 昭和30年代
「写真でみる日本生活図引 1」弘文堂　1989
◇図39〔白黒〕(手押除草機)　秋田県横手市境町　水田の草取り。手押除草機を手で持って方向転換させる男　㊉佐藤久太郎, 昭和38年6月

手押水田除草機
「写真で見る農具 民具」農林統計協会　1988
◇p95〔白黒〕　静岡県静岡市　昭和前期まで

手押しの稲刈り機による稲刈り
「日本民俗大辞典 下」吉川弘文館　2000
◇図19〔別刷図版「野良仕事」〕〔白黒〕　宮城県登米郡南方町　㊉長埜正光, 平成10年

手押し噴霧機
「写真で見る農具 民具」農林統計協会　1988
◇p110〔白黒〕　愛媛県大三島町　昭和10年頃より同35年頃

手鍬
「日本の民具 2 農村」慶友社　1992
◇図26〔白黒〕　東京都青ヶ島村　㊉薗部澄
「写真で見る農具 民具」農林統計協会　1988
◇p37〔白黒〕　広島県竹原市

手籠
「日本民具の造形」淡交社　2004
◇p27〔白黒〕　栃木県 大平町歴史民俗資料館所蔵
「写真で見る農具 民具」農林統計協会　1988
◇p186〔白黒〕(手篭)　京都府長岡京市　昭和10年頃から現在まで　切り取ったナスを入れる

手鎌
「日本の民具 2 農村」慶友社　1992
◇図38〔白黒〕　山梨県北巨摩郡武川村　㊉薗部澄

手刈りの稲刈り
「日本民俗大辞典 下」吉川弘文館　2000
◇図18〔別刷図版「野良仕事」〕〔白黒〕　福島県郡山市湖南町　㊉橋本武　橋本勝雄提供

手がんづめ
「写真で見る農具 民具」農林統計協会　1988
◇p93〔白黒〕　佐賀県大和町　大正時代から昭和初期まで

手杵
「写真で見る農具 民具」農林統計協会　1988
◇p153〔白黒〕　福島県金山町　粟・稗などを搗く(精白)

手くだ
「日本の民俗 暮らしと生業」KADOKAWA　2014
◇図3-21〔白黒〕　鹿児島県大島郡宇検村　㊉芳賀日出男, 昭和32年
「日本の民俗 下」クレオ　1997
◇図3-24〔白黒〕　鹿児島県大島郡宇検村　㊉芳賀日出男, 昭和32年

手管の収穫
「日本の民俗 下」クレオ　1997
◇p246〔白黒〕　鹿児島県　右手に2本の竹の管を握り、稲穂をはさんで種もみを取る　㊉芳賀日出男, 昭和32年

テグワ
「図録・民具入門事典」柏書房　1991
◇p56〔白黒〕　東京都三宅島

テコ (シャモジ)
「民俗資料選集 25 焼畑習俗」国土地理協会　1997
◇p7(口絵)〔白黒〕(テコ)　岐阜県白川村御母衣　木製のシャモジ　旧遠山家民俗館蔵
◇p37(本文)〔白黒・図〕　岐阜県白川村御母衣　旧遠山家民俗館蔵

テスキ
「いまに伝える 農家のモノ・人の生活館」柏書房　2004
◇p79 写真3〔白黒〕　〔埼玉県〕

出作り小屋での乾燥
「図説 日本民俗学」吉川弘文館　2009
◇p164〔白黒〕　熊本県五木村

テヅラ
「民具のみかた一心とかたち」第一法規出版　1983
◇p131〔白黒〕　山形県米沢市　鍬の補助用具

鉄製風呂形鍬
「日本民俗図誌 5 農耕・漁撈篇」村田書店　1978
◇図58-3〔白黒・図〕　神戸産　帝国農会編『日本農具図説』

鉄製丸棒千歯
「図説 民俗探訪事典」山川出版社　1983
◇p233〔白黒〕　刈田民俗館蔵

手伝い
「写真でみる日本生活図引 別巻」弘文堂　1993
◇図168〔白黒〕　長野県下伊那郡阿智村　脱穀する　㊉熊谷元一, 昭和31年11月17日
「写真でみる日本生活図引 1」弘文堂　1989
◇図57〔白黒〕　秋田県湯沢市山田　女の子 稲束を背負う母親の荷綱を引いて手伝う　㊉佐藤久太郎, 昭和36年

農業　　　　　　　　　　　　　　　生産・生業

**鉄砲桶と鉄砲釜**
「写真で見る農具 民具」農林統計協会　1988
　◇p201〔白黒〕　栃木県鹿沼市

**鉄砲釜**
「写真で見る農具 民具」農林統計協会　1988
　◇p201〔白黒〕　栃木県田沼町

**鉄砲水で川のようになってしまった田**
「写真ものがたり昭和の暮らし 1」農山漁村文化協会　2004
　◇p194〔白黒〕　長野県富士見町　㊟武藤盈, 昭和34年9月

**テドリ**
「日本の民具 2 農村」慶友社　1992
　◇図22〔白黒〕　石川県鳳至郡能都町　㊟薗部澄
「民具のみかた一心とかたち」第一法規出版　1983
　◇p131〔白黒〕　石川県能登地方　鍬の補助用具

**手取り除草**
「写真で見る農具 民具」農林統計協会　1988
　◇口絵〔白黒〕　岩手県　昭和30年代　写真提供 岩手県立農業博物館

**テノコ**
「民俗資料選集 25 焼畑習俗」国土地理協会　1997
　◇p98(本文)〔白黒・図〕　岐阜県高鷲村
　◇p98(本文)〔白黒〕　岐阜県高鷲村　明宝村立歴史民俗資料館蔵

**手ノコ**
「民俗資料選集 25 焼畑習俗」国土地理協会　1997
　◇p30(本文)〔白黒・図〕　岐阜県白川村御母衣

**手ノコとナタの着装**
「民俗資料選集 25 焼畑習俗」国土地理協会　1997
　◇p2(口絵)〔白黒〕　岐阜県明宝村水沢上

**手振馬鍬**
「日本の民具 2 農村」慶友社　1992
　◇図35〔白黒〕　埼玉県大里郡豊里村　㊟薗部澄

**手箆と掘植え棒**
「民俗資料叢書 5 田植の習俗2」平凡社　1967
　◇p48(挿5)〔白黒・図〕　茨城県稲敷郡桜川村浮島

**手馬鍬による人力代かき**
「写真で見る農具 民具」農林統計協会　1988
　◇口絵〔白黒〕　岩手県　昭和30年代　写真提供 岩手県立農業博物館

**手マンガン**
「民俗資料叢書 1 田植の習俗1」平凡社　1965
　◇図15〔白黒〕　岩手県江刺市伊手

**手箕**
「日本民具の造形」淡交社　2004
　◇p215〔白黒〕　山口県　山口市歴史民俗資料館所蔵

**伝統的な田んぼ作りと暮らしを伝える**
「里山・里海 暮らし図鑑」柏書房　2012
　◇写1(p344)〔白黒〕　和歌山県和歌山市　大正14年生まれの人　稲束をつくる

**点播用のタネフリザル**
「いまに伝える 農家のモノ・人の生活館」柏書房　2004
　◇p128 図1〔白黒・図〕　〔埼玉県〕　埼玉県立さきたま資料館蔵

**天秤棒と2つの畚による苗運び**
「里山・里海 暮らし図鑑」柏書房　2012
　◇写43(p69)〔白黒〕　福井県美浜町　昭和30年代　小林一男所蔵, 美浜町役場文化財保護・町誌編纂室提供

**樋**
「写真で見る農具 民具」農林統計協会　1988
　◇p119〔白黒〕　新潟県金井町　昭和27年頃まで　潅水用具

**トウス**
「図録・民具入門事典」柏書房　1991
　◇p36〔白黒〕　埼玉県　籾摺用　埼玉県立博物館所蔵

**ドウス(胴臼)と手杵**
「民俗資料選集 23 北上山地の畑作習俗」国土地理協会　1995
　◇p212(本文)〔白黒〕　岩手県気仙郡住田町世田米, 下大股　稗の精白

**東京農業大学三鷹農場**
「宮本常一 写真・日記集成 上」毎日新聞社　2005
　◇p40〔白黒〕　東京都調布市仙川　㊟宮本常一, 1956年7月18日

**唐鍬**
「写真で見る農具 民具」農林統計協会　1988
　◇p19〔白黒〕　岩手県軽米町
　◇p19〔白黒〕　群馬県下仁田町
　◇p19〔白黒〕　埼玉県深谷市　大正時代中期から現在まで
　◇p21〔白黒〕　和歌山県和歌山市　大正時代から昭和30年頃まで
　◇p22〔白黒〕　佐賀県三日月町
　◇p31〔白黒〕　岩手県山田町

**とうし**
「写真で見る農具 民具」農林統計協会　1988
　◇p141〔白黒〕　岩手県久慈市

**トウス**
「宮本常一 写真・日記集成 別巻」毎日新聞社　2005
　◇図24 (p17)〔白黒〕　島根県邑智郡田所村鱒渕〔邑南町〕　㊟宮本常一, 1939年〔月日不明〕　森脇太一寄贈

**とうば**
「写真 日本文化史 9」日本評論新社　1955
　◇図72〔白黒〕　奄美諸島　急傾斜の山畑につかう鍬

**トウミ**
「いまに伝える 農家のモノ・人の生活館」柏書房　2004
　◇p116 図2〔白黒・図〕(トウミ(唐箕))　埼玉県所沢市
　◇p116 写真3〔白黒〕　埼玉県所沢市
「写真ものがたり昭和の暮らし 1」農山漁村文化協会　2004
　◇p220〔白黒〕　岩手県湯田町　㊟大野源二郎, 昭和34年
「図録・民具入門事典」柏書房　1991
　◇p63〔白黒〕　青森県
「民具のみかた一心とかたち」第一法規出版　1983
　◇p144〔白黒〕(トウミ(唐箕))　岐阜県明方村
　◇p238〔白黒〕(墨書のあるトウミ(唐箕))　埼玉県秩父市
「民俗資料選集 9 山村の生活と用具」国土地理協会　1981
　◇p19(口絵)〔白黒〕(とうみ(唐箕))　愛知県北設楽郡津具村

**唐箕**
「今は昔 民具など」文芸社　2014
　◇p124〔白黒〕(足踏脱穀機, 唐箕)　㊟山本富三　美山民俗資料館蔵
「食の民俗事典」柊風舎　2011
　◇p529〔白黒〕　福島県河沼郡湯川村
「精選 日本民俗辞典」吉川弘文館　2006
　◇p384〔白黒・図〕　西日本型, 東日本型
「日本民具の造形」淡交社　2004
　◇p215〔白黒〕　兵庫県 揖保川町文化センター所蔵
　◇p215〔白黒〕　奈良県 奈良県立民俗博物館
「日本民俗大辞典 下」吉川弘文館　2000
　◇p192〔白黒・図〕　西日本型, 東日本型

生産・生業　　農業

「日本民俗写真大系 1」日本図書センター　1999
　◇p133〔白黒〕　北海道帯広市　脱穀した大豆の殻やごみを風を送って取り除く　㊙関口哲也, 1960年代前半
「日本の民俗 下」クレオ　1997
　◇図3-25〔白黒〕　鹿児島県大島郡宇検村　㊙芳賀日出男, 昭和32年
「民俗資料選集 25 焼畑習俗」国土地理協会　1997
　◇p37(本文)〔白黒・図〕(唐箕(トウミ・トミ))　岐阜県白川村荻町　合掌の里蔵
「民俗資料選集 23 北上山地の畑作習俗」国土地理協会　1995
　◇p169(本文)〔白黒〕　岩手県　早池峰山西麓山村
「写真でみる日本生活図引 1」弘文堂　1989
　◇図69〔白黒〕　秋田県平鹿郡山内村　㊙佐藤久太郎, 昭和37年10月28日
「写真で見る農具 民具」農林統計協会　1988
　◇p147〔白黒〕　秋田県大雄村　昭和前期
　◇p147〔白黒〕　茨城県牛久町　昭和13年購入
　◇p147〔白黒〕　和歌山県下津町　昭和10年代まで
　◇p147〔白黒〕　福島県只見町
　◇p147〔白黒〕　群馬県玉村町　昭和35年頃
　◇p147〔白黒〕　鳥取県鳥取市　大正後期から現在
「図説 民俗探訪事典」山川出版社　1983
　◇p234〔白黒〕　明和4年(1767)　西日本型　京都府立総合資料館蔵
「日本民俗図誌 5 農耕・漁撈篇」村田書店　1978
　◇図72〔白黒・図〕

唐箕によって芒や枝梗などの異物を除去
　「里山・里海 暮らし図鑑」柏書房　2012
　◇写80(p80)〔白黒〕　10月

唐箕による籾の選別
　「写真で見る農具 民具」農林統計協会　1988
　◇口絵〔白黒〕　岩手県　昭和30年代　写真提供 岩手県立農業博物館

とう苗
　「民俗資料叢書 1 田植の習俗1」平凡社　1965
　◇図121〔白黒〕　岩手県遠野市鳴沢

玉蜀黍刈り
　「写真でみる日本生活図引 別巻」弘文堂　1993
　◇図45〔白黒〕　長野県下伊那郡阿智村　㊙矢沢昇, 昭和31年7月30日

トウモロコシの茎の塚
　「あるくみるきく双書 宮本常一とあるいた昭和の日本 19」農山漁村文化協会　2012
　◇p159〔白黒〕　熊本県上益城郡山都町馬見原　㊙宮本常一, 昭和37年10月

動力式の精米機
　「里山・里海 暮らし図鑑」柏書房　2012
　◇写85(p81)〔白黒〕　和歌山県海南市森脇邸

動力脱穀
　「里山・里海 暮らし図鑑」柏書房　2012
　◇写79(p80)〔白黒〕　福井県旧三方郡〔若狭町〕鳥浜　昭和40年代　清水明幸所蔵, 若狭町歴史文化館提供

動力脱穀機
　「写真で見る農具 民具」農林統計協会　1988
　◇p137〔白黒〕　山梨県甲府市　昭和25年頃から昭和40年まで
　◇p137〔白黒〕　鳥取県河原町　昭和30年前期まで

動力脱穀機による脱穀
　「写真で見る農具 民具」農林統計協会　1988
　◇口絵〔白黒〕　岩手県　昭和30年代　写真提供 岩手県立農業博物館

動力脱穀機や唐箕の作業
　「写真でみる民家大事典」柏書房　2005
　◇p143-3〔白黒〕　東京都多摩市　㊙1966年頃　田中登

動力味噌引機
　「写真で見る農具 民具」農林統計協会　1988
　◇p153〔白黒〕　山梨県高根町　昭和26年購入

動力用粉砕機
　「写真で見る農具 民具」農林統計協会　1988
　◇p153〔白黒〕　千葉県光市　昭和20年代前半から40年頃

動力落花生脱粒機
　「写真で見る農具 民具」農林統計協会　1988
　◇p198〔白黒〕　千葉県富里村　昭和20年代から昭和30年代まで

道路が農作業の作業場と干場に
　「宮本常一 写真・日記集成 下」毎日新聞社　2005
　◇p76〔白黒〕　大分県 姫島　㊙宮本常一, 1966年8月3日～10日

とおし
　「写真で見る農具 民具」農林統計協会　1988
　◇p141〔白黒〕　高知県土佐山田町　昭和25年頃まで

通し苗代
　「あるくみるきく双書 宮本常一とあるいた昭和の日本 22」農山漁村文化協会　2012
　◇p175〔白黒〕　秋田県西木村上檜木内(現仙北市)　㊙宮本常一
　「宮本常一 写真・日記集成 上」毎日新聞社　2005
　◇p19〔白黒〕　秋田県北秋田郡上小阿仁村　㊙宮本常一, 1955年11月7日

通し苗代のある風景
　「宮本常一 写真・日記集成 上」毎日新聞社　2005
　◇p20〔白黒〕　秋田県北秋田郡上小阿仁村　㊙宮本常一, 1955年11月7日

土塊粉砕器
　「写真で見る農具 民具」農林統計協会　1988
　◇p60〔白黒〕　和歌山県吉備町

トガリビュラヘラ
　「図録・民具入門事典」柏書房　1991
　◇p60〔白黒〕　鹿児島県

トーグワ
　「図録・民具入門事典」柏書房　1991
　◇p56〔白黒〕　群馬県

トグワ
　「図録・民具入門事典」柏書房　1991
　◇p56〔白黒〕　東京都

ドグワ
　「図説 民俗探訪事典」山川出版社　1983
　◇p241〔白黒〕　石川県白峰村　国立歴史民俗博物館提供

土手修復
　「写真でみる日本生活図引 別巻」弘文堂　1993
　◇図252〔白黒〕　長野県下伊那郡阿智村　上御道田(棚田)の土手　㊙熊谷元一, 昭和32年1月19日

土手修復作業
　「写真でみる日本生活図引 別巻」弘文堂　1993
　◇図262〔白黒〕(土手)　長野県下伊那郡阿智村　土手修復作業　㊙熊谷元一, 昭和32年1月29日

土手修復作業で打込む杭作り
　「写真でみる日本生活図引 別巻」弘文堂　1993
　◇図251〔白黒〕(杭作り)　長野県下伊那郡阿智村　〔土

手修復作業で打込む〕 [撮]熊谷元一, 昭和32年1月18日

**土手突き**
「写真でみる日本生活図引 別巻」弘文堂 1993
◇図264〔白黒〕 長野県下伊那郡阿智村 土手修復 [撮]熊谷元一, 昭和32年1月31日

**土手にコウゾやサンショウを刈り残して半栽培**
「里山・里海 暮らし図鑑」柏書房 2012
◇写23（p127）〔白黒〕 和歌山県有田川町 7月

**土手に山菜のミョウガやゼンマイ等を刈り残し育成**
「里山・里海 暮らし図鑑」柏書房 2012
◇写24（p127）〔白黒〕 新潟県十日町市 6月

**土手に半栽培される救荒食のヒガンバナの開花**
「里山・里海 暮らし図鑑」柏書房 2012
◇写22（p127）〔白黒〕 奈良県五條市 10月

**土手の草刈りの際、野生のフキを刈り残して育成**
「里山・里海 暮らし図鑑」柏書房 2012
◇写7（p113）〔白黒〕

**土手の作業**
「写真でみる日本生活図引 別巻」弘文堂 1993
◇図257〔白黒〕（土） 長野県下伊那郡阿智村 土手の作業 [撮]熊谷元一, 昭和32年1月24日

**土手崩壊し補修**
「写真でみる日本生活図引 別巻」弘文堂 1993
◇図71〔白黒〕（土手崩壊） 長野県下伊那郡阿智村 上御道田（棚田）の土手崩壊し補修 [撮]熊谷元一, 昭和31年8月19日

**土手崩壊の田**
「写真でみる日本生活図引 別巻」弘文堂 1993
◇図130〔白黒〕 長野県下伊那郡阿智村 [撮]熊谷元一, 昭和31年10月15日

**トーバ**
「図録・民具入門事典」柏書房 1991
◇p56〔白黒〕 鹿児島県

**ドーハ**
「日本民俗図誌 9 住居・運輸篇」村田書店 1978
◇図175-1〔白黒・図〕 富山県婦負郡百塚村 茶摘、桑摘などに用いる

**トビナタ**
「民俗資料選集 30 焼畑習俗Ⅱ」国土地理協会 2002
◇p65（本文・写真2）〔白黒〕（トビナタ（鳶鉈）） 山梨県南巨摩郡早川町奈良田 焼畑の用具
「民俗資料選集 25 焼畑習俗」国土地理協会 1997
◇p98（本文）〔白黒・図〕 岐阜県高鷲村
◇p98（本文）〔白黒〕 岐阜県高鷲村 明宝村立歴史民俗資料館蔵

**ドブッタ**
「図説 日本民俗学」吉川弘文館 2009
◇p149〔白黒〕 奈良県田原本町

**トマトの収穫後、その茎や未成熟の実を埋める**
「民俗資料選集 25 焼畑習俗」国土地理協会 1997
◇p19（口絵）〔白黒〕 高知県池川町椿山

**トマトのハウス栽培**
「民俗小事典 食」吉川弘文館 2013
◇p118〔白黒〕 栃木県芳賀郡市貝町 小森瑞男提供

**留木**
「民俗資料選集 25 焼畑習俗」国土地理協会 1997
◇p13（口絵）〔白黒〕 高知県池川町椿山

**富山犂の部分名**
「民具のみかた―心とかたち」第一法規出版 1983
◇p133〔白黒・図〕 出典 本庄清志「クワガラ屋と富山スキ」（『とやま民俗』8所収, 昭和51年）

**土用干しした麦穂を臼でついて脱穀**
「写真ものがたり昭和の暮らし 3」農山漁村文化協会 2004
◇p23〔白黒〕 愛媛県内海村魚神山 7月から8月にかけての暑い日 [撮]原田政章, 昭和30年代

**トラ**
「民俗資料選集 30 焼畑習俗Ⅱ」国土地理協会 2002
◇p171（本文）〔白黒〕 宮崎県 穂ヒエを運んだり保存しておくときに使用する

**とりいれ**
「写真でみる日本人の生活全集 7」日本図書センター 2010
◇p27〔白黒〕 [撮]押田良久

**取入れ**
「民俗図録 日本人の暮らし」日本図書センター 2012
◇図237〜239〔白黒〕（取入れ（1-3）） 秋田県南秋田郡 [撮]三木茂

**鳥追い**
「写真でみる日本生活図引 1」弘文堂 1989
◇図44〔白黒〕 秋田県平鹿郡平鹿町醍醐 [撮]千葉禎介, 昭和10年代
◇図45〔白黒〕 奈良県北葛城郡当麻町 [撮]須藤功, 昭和44年10月9日

**鳥追小屋**
「写真でみる日本生活図引 5」弘文堂 1989
◇図125〔白黒〕 秋田県湯沢市森嶽の下 [撮]加賀谷政雄, 昭和32年9月

**鳥追いの鳴子**
「宮本常一が撮った昭和の情景 下」毎日新聞社 2009
◇p59〔白黒〕（ブリキの缶を利用した鳥追いの鳴子） 広島県安芸高田市八千代町土師 土師ダム建設予定地の民俗調査 [撮]宮本常一, 1967年12月12日〜18日
「宮本常一 写真・日記集成 下」毎日新聞社 2005
◇p111〔白黒〕 広島県高田郡八千代町土師［安芸高田市］ [撮]宮本常一, 1967年12月12日〜18日

**鳥おどし**
「民俗図録 日本人の暮らし」日本図書センター 2012
◇図229〜230〔白黒〕（鳥おどし（1）） 奈良県大和平野 [撮]民俗学研究所
◇図231〔白黒〕（鳥おどし（2）） 香川県地方
◇図233〔白黒〕（鴨の鳥おどし） 千葉県印旛郡八生村 [撮]三木茂
「日本社会民俗辞典 1」日本図書センター 2004
◇図版Ⅴ 稲作（1）〔白黒〕 東北地方

**鳥おどしと収穫した小豆**
「民俗資料選集 25 焼畑習俗」国土地理協会 1997
◇p16（口絵）〔白黒〕 高知県池川町椿山

**鳥形案山子**
「精選 日本民俗辞典」吉川弘文館 2006
◇p117〔白黒〕（シュロ皮で作った鳥形案山子） 静岡県
◇p117〔白黒〕（ナスで作った鳥形案山子） 静岡県
「日本民俗大辞典 上」吉川弘文館 1999
◇p316〔白黒〕（シュロ皮で作った鳥形案山子） 静岡県
◇p316〔白黒〕（ナスで作った鳥形案山子） 静岡県

**鳥の死骸を用いた案山子**
「図説 民俗探訪事典」山川出版社 1983
◇p226〔白黒〕 埼玉県

**鳥除けにカラスをつるす**
「民俗資料叢書 1 田植の習俗1」平凡社 1965
◇図116〔白黒〕 岩手県遠野市鳴沢

**鳥除けの網をかけた粟畑**
「食の民俗事典」柊風舎 2011

生産・生業　　　　　　　　　　　　　　　　　　　　　　　　　　　　農業

◇p23〔白黒〕　山梨県

**ドロアゲ**
「いまに伝える 農家のモノ・人の生活館」柏書房　2004
　◇p93 写真4〔白黒〕　埼玉県　沼底にたまった泥を田に上げる

**泥揚げ鍬**
「写真で見る農具 民具」農林統計協会　1988
　◇p20〔白黒〕　京都府京都市

**泥落とし**
「日本の民俗 暮らしと生業」KADOKAWA　2014
　◇図3-13〔白黒〕　千葉県東金市　㈹芳賀日出男, 昭和37年
「日本の民俗 下」クレオ　1997
　◇図3-16〔白黒〕　千葉県東金市　㈹芳賀日出男, 昭和37年

**泥つき**
「日本民具の造形」淡交社　2004
　◇p207〔白黒〕　茨城県 鹿島市大野潮騒はまなす郷土資料館所蔵

**泥土揚げ桶**
「写真で見る農具 民具」農林統計協会　1988
　◇p117〔白黒〕　佐賀県川副町　明治時代から昭和10年代まで

**ドロノシ**
「いまに伝える 農家のモノ・人の生活館」柏書房　2004
　◇p93 写真5〔白黒〕　埼玉県　田に上げた泥を平らに伸ばす

**泥歯臼**
「日本民具の造形」淡交社　2004
　◇p214〔白黒〕　島根県 横田郷土資料館所蔵

**泥除鍬**
「日本民具の造形」淡交社　2004
　◇p204〔白黒〕　秋田県 横山民俗資料館所蔵

**トンガ**
「民俗資料選集 25 焼畑習俗」国土地理協会　1997
　◇p102（本文）〔白黒・図〕　岐阜県高鷲村

**トンガ（猫の舌ベラ）**
「民俗資料選集 25 焼畑習俗」国土地理協会　1997
　◇p32（本文）〔白黒・図〕　岐阜県白川村飯島

**ドンジ**
「日本民具の造形」淡交社　2004
　◇p46〔白黒〕　鹿児島県 長島町歴史民俗資料館所蔵

**トンビ鍬**
「民俗資料叢書 5 田植の習俗2」平凡社　1967
　◇p29（挿3）〔白黒・図〕　茨城県稲敷郡桜川村浮島

**トンベナタとナタカゴ**
「民俗資料選集 25 焼畑習俗」国土地理協会　1997
　◇p30（本文）〔白黒・図〕　岐阜県白川村飯島

**ナイカゴ**
「民俗資料叢書 5 田植の習俗2」平凡社　1967
　◇図37〔白黒〕　富山県中新川郡上市種

**苗をいれるアジカ**
「民俗資料叢書 8 田植の習俗3」平凡社　1968
　◇図105〔白黒〕　岐阜県高山市松之木町字車田

**苗を植える溝をつける**
「写真ものがたり昭和の暮らし 2」農山漁村文化協会　2004
　◇p77〔白黒〕　長野県阿智村駒場　㈹熊谷元一, 昭和31年6月

**ナエカゴ**
「図録・民具入門事典」柏書房　1991
　◇p58〔白黒〕　富山県
　◇p58〔白黒〕　富山県

**苗かご**
「写真で見る農具 民具」農林統計協会　1988
　◇p171〔白黒〕　兵庫県出石町　昭和40年代の前半
「民俗資料叢書 9 田植の習俗4」平凡社　1969
　◇図44〔白黒〕　島根県邑智郡石見町中野
「民俗資料叢書 1 田植の習俗1」平凡社　1965
　◇図120〔白黒〕　岩手県遠野市鳴沢

**苗籠**
「いまに伝える 農家のモノ・人の生活館」柏書房　2004
　◇p90 写真4〔白黒〕（ナエカゴ（苗籠））〔埼玉県〕
「図説 民俗探訪事典」山川出版社　1983
　◇p219〔白黒〕　宮城県利府町

**苗カゴから水田への苗投げ**
「里山・里海 暮らし図鑑」柏書房　2012
　◇写44（p70）〔白黒〕

**苗籠とえぶり**
「民俗資料叢書 9 田植の習俗4」平凡社　1969
　◇図122〔白黒〕　広島県神石郡

**苗さし**
「いまに伝える 農家のモノ・人の生活館」柏書房　2004
　◇口絵〔カラー〕　埼玉県鳩山町　サツマイモ栽培

**苗じるし**
「民俗資料叢書 1 田植の習俗1」平凡社　1965
　◇図5〔白黒〕　岩手県江刺市伊手　さかさに立てておき苗取りの際に正しく立てなおす
　◇図106〔白黒〕　岩手県遠野市鳴沢

**苗じるしを立てる**
「民俗図録 日本人の暮らし」日本図書センター　2012
　◇図204〔白黒〕　青森県西津軽郡深浦町追良瀬　㈹櫻庭武則

**ナエシロゴテ**
「図録・民具入門事典」柏書房　1991
　◇p58〔白黒〕　愛知県
「日本民俗図誌 5 農耕・漁撈篇」村田書店　1978
　◇図63〔白黒・図〕　愛知県北設楽郡下川村　『民具問答』

**ナエスカリ**
「あるくみるきく双書 宮本常一とあるいた昭和の日本 19」農山漁村文化協会　2012
　◇p109〔白黒〕　大分県大分市　苗を運ぶ　㈹工藤員功

**苗背負い樽**
「民俗資料叢書 1 田植の習俗1」平凡社　1965
　◇図118〔白黒〕　岩手県遠野市鳴沢

**苗船**
「民俗資料叢書 9 田植の習俗4」平凡社　1969
　◇図81〔白黒〕　広島県山県郡

**苗塚**
「民俗資料叢書 1 田植の習俗1」平凡社　1965
　◇図36〔白黒〕　岩手県江刺市伊手
　◇図127〔白黒〕　岩手県遠野市綾織町向

**ナエトコの立て札**
「民俗資料叢書 11 田植の習俗5」平凡社　1970
　◇図146〔白黒〕　鹿児島県国分市上井

**苗取り**
「日本の民俗 暮らしと生業」KADOKAWA　2014
　◇図3-10〔白黒〕　福島県耶麻郡熱塩加納村　㈹芳賀日出男, 昭和36年
「いまに伝える 農家のモノ・人の生活館」柏書房　2004

農業　　　　　　　　　　　　　　　　　　生産・生業

　　◇口絵〔カラー〕　埼玉県鳩山町　サツマイモ栽培
　　◇p90 写真3〔白黒〕　埼玉県皆野町　㊥昭和59年6月
　　◇p155 写真3〔白黒〕　〔埼玉県〕　サツマイモ栽培
「写真ものがたり昭和の暮らし 1」農山漁村文化協会　2004
　　◇p148〔白黒〕　秋田県湯沢市　㊥佐藤久太郎, 昭和38年6月
「日本民俗大辞典 下」吉川弘文館　2000
　　◇p242〔白黒〕　山口県　㊥湯川洋司
「日本民俗写真大系 2」日本図書センター　1999
　　◇p168〔白黒〕（苗とり）　宮城県仙台市七郷　㊥小野幹, 1966年
「日本の民俗 下」クレオ　1997
　　◇図3-14〔白黒〕　福島県耶麻郡熱塩加納村　㊥芳賀日出男, 昭和36年
「写真でみる日本生活図引 別巻」弘文堂　1993
　　◇図390〔白黒〕　長野県下伊那郡阿智村　㊥熊谷元一, 昭和32年5月31日
「写真でみる日本生活図引 1」弘文堂　1989
　　◇図19〔白黒〕　秋田県仙北郡仙南村金沢西根　㊥千葉禎介, 昭和30年6月
「日本民俗文化財事典（改訂版）」第一法規出版　1979
　　◇図116〔白黒〕　富山県新川地方
「民俗資料叢書 11 田植の習俗5」平凡社　1970
　　◇図20〔白黒〕　高知県室戸市室津郷
　　◇図35〔白黒〕　高知県高岡郡葉山村葉山
　　◇図52〔白黒〕　高知県幡多郡大方町出口
　　◇図53〔白黒〕　高知県幡多郡大方町出口
　　◇図75〔白黒〕　高知県宿毛市山奈町山田
　　◇図101〔白黒〕　長崎県壱岐
　　◇図102〔白黒〕　長崎県壱岐
　　◇図149〔白黒〕　鹿児島県国分市上井
　　◇図171〔白黒〕　鹿児島県大島郡瀬戸内町管鈍
「民俗資料叢書 9 田植の習俗4」平凡社　1969
　　◇図7・8〔白黒〕　島根県邑智郡石見町日貫青笹
　　◇図119〔白黒〕　広島県神石郡
「民俗資料叢書 8 田植の習俗3」平凡社　1968
　　◇図18〔白黒〕　秋田県本荘市鮎瀬
「民俗資料叢書 5 田植の習俗2」平凡社　1967
　　◇図11〔白黒〕　茨城県稲敷郡桜川村浮島
　　◇図45〔白黒〕　富山県中新川郡上市種　写真提供：宮本馨太郎
「民俗資料叢書 1 田植の習俗1」平凡社　1965
　　◇図114〔白黒〕　岩手県遠野市　境縄の付近の苗は残す

**苗取りをする女たち**
「写真ものがたり昭和の暮らし 9」農山漁村文化協会　2007
　　◇p106〔白黒〕　長野県曾地村（現阿智村）　㊥熊谷元一, 昭和24年

**苗とり腰掛**
「日本民具の造形」淡交社　2004
　　◇p42〔白黒〕　埼玉県 秩父市立民俗博物館所蔵

**苗とり台**
「日本民具の造形」淡交社　2004
　　◇p209〔白黒〕　群馬県 藪塚本町歴史民俗資料館所蔵

**苗取りの手を休めて笑顔を見せる**
「写真ものがたり昭和の暮らし 10」農山漁村文化協会　2007
　　◇p32〔白黒〕　群馬県北橘村（現渋川市）　㊥須藤功, 昭和43年6月

**苗取りのノドワラ**
「民俗資料叢書 8 田植の習俗3」平凡社　1968
　　◇図107〔白黒〕　岐阜県高山市松之木町字車田

**苗の植え付け**
「里山・里海 暮らし図鑑」柏書房　2012
　　◇写29（p256）〔白黒〕（結いによる苗の植え付け）　高知県旧窪川町〔四万十町〕日野地　昭和30年頃　四万十町役場提供

**苗運び**
「民俗資料叢書 8 田植の習俗3」平凡社　1968
　　◇図34〔白黒〕　秋田県河辺郡川添村水沢
「民俗資料叢書 5 田植の習俗2」平凡社　1967
　　◇図39〔白黒〕　富山県中新川郡上市種　涼竹をスキーのように足にはき, 苗桶を杖のかわりに両手に持って運ぶ　写真提供：宮本馨太郎
　　◇図46〔白黒〕　富山県中新川郡上市種　ツンブリを使用　写真提供：宮本馨太郎
「民俗資料叢書 1 田植の習俗1」平凡社　1965
　　◇図33〔白黒〕　岩手県江刺市伊手　苗かごとかつぎ棒

**苗運び籠**
「日本民具の造形」淡交社　2004
　　◇p209〔白黒〕　栃木県 矢板市立郷土資料館所蔵

**苗運びのモッコウ**
「民俗資料叢書 11 田植の習俗5」平凡社　1970
　　◇図36〔白黒〕　高知県高岡郡葉山村葉山

**苗運び舎**
「日本民具の造形」淡交社　2004
　　◇p145〔白黒〕　滋賀県 湖東町歴史民俗資料館所蔵

**苗ばわら**
「民俗資料叢書 1 田植の習俗1」平凡社　1965
　　◇図116〔白黒〕　岩手県遠野市鳴沢　畦においておく

**苗舟**
「写真で見る農具 民具」農林統計協会　1988
　　◇p166〔白黒〕　秋田県十文字町　明治時代

**ナエモッコ**
「民俗資料叢書 11 田植の習俗5」平凡社　1970
　　◇図158〔白黒〕　鹿児島県国分市上井

**長い棒で田をならす**
「写真ものがたり昭和の暮らし 1」農山漁村文化協会　2004
　　◇p145〔白黒〕　秋田県本荘市石沢　㊥昭和31年6月 早川孝太郎所蔵

**ナガシロ（苗代）**
「民俗資料叢書 8 田植の習俗3」平凡社　1968
　　◇図102〔白黒〕　岐阜県高山市松之木町字車田

**ナガヅル**
「民俗資料叢書 8 田植の習俗3」平凡社　1968
　　◇図108〔白黒〕　岐阜県高山市松之木町字車田

**ナグリバイ（豆打ち棒）**
「民具のみかた一心とかたち」第一法規出版　1983
　　◇p142〔白黒〕　石川県珠洲市

**梨の収穫**
「民俗小事典 食」吉川弘文館　2013
　　◇p262〔白黒〕　栃木県芳賀郡市貝町　小森瑞男提供

**梨の出荷**
「民俗小事典 食」吉川弘文館　2013
　　◇p263〔白黒〕　栃木県芳賀郡市貝町　小森瑞男提供

**茄子切鎌**
「写真で見る農具 民具」農林統計協会　1988
　　◇p182〔白黒〕　京都府長岡京市　昭和10年頃から40年頃まで

**ナスに鶏の羽をつけた作り物の鳥を稲の上につるす**
「写真ものがたり昭和の暮らし 1」農山漁村文化協会　2004
　　◇p199〔白黒〕　奈良県明日香村　㊥須藤功, 昭和44年10月

菜種植え
　「写真でみる日本生活図引 別巻」弘文堂　1993
　　◇図147〔白黒〕　長野県下伊那郡阿智村　㊙熊谷元一，昭和31年11月1日

ナタネカブキリ
　「図録・民具入門事典」柏書房　1991
　　◇p60〔白黒〕　福岡県

菜種脱穀
　「写真でみる日本生活図引 別巻」弘文堂　1993
　　◇図11〔白黒〕　長野県下伊那郡阿智村　㊙熊谷元一，昭和31年6月30日

なたねとうし
　「写真で見る農具 民具」農林統計協会　1988
　　◇p142〔白黒〕　岐阜県大垣市

菜種蒔き
　「写真でみる日本生活図引 別巻」弘文堂　1993
　　◇図144〔白黒〕　長野県下伊那郡阿智村　㊙熊谷元一，昭和31年10月29日

縄っ張り田植
　「民俗資料叢書 1 田植の習俗1」平凡社　1965
　　◇図123〔白黒〕　岩手県遠野市土淵町本宿

夏ヤボの木焼き
　「民俗資料選集 30 焼畑習俗Ⅱ」国土地理協会　2002
　　◇p14（口絵）〔白黒〕　宮崎県西米良村竹原

ナデグワ
　「民俗資料叢書 11 田植の習俗5」平凡社　1970
　　◇図156〔白黒〕　鹿児島県国分市上井

ナバ
　「図録・民具入門事典」柏書房　1991
　　◇p59〔白黒〕　茨城県　田下駄
　「写真 日本文化史 9」日本評論新社　1955
　　◇図65〔白黒〕　茨城県　田下駄

ナバ山
　「民俗図録 日本人の暮らし」日本図書センター　2012
　　◇図281〔白黒〕　大分県玖珠郡玖珠町　㊙関敬吾

生子拾い四ツ子
　「写真で見る農具 民具」農林統計協会　1988
　　◇p218〔白黒〕　群馬県子持村　昭和20年代まで　こんにゃく栽培用農具

並み木植えころがし枠
　「民俗資料叢書 9 田植の習俗4」平凡社　1969
　　◇図91〔白黒〕　広島県山県郡

ならし板
　「写真で見る農具 民具」農林統計協会　1988
　　◇p148〔白黒〕　大阪府池田市　大正・昭和前期

ならし機具
　「写真で見る農具 民具」農林統計協会　1988
　　◇p86〔白黒〕　鹿児島県川辺町　明治時代から

ならし板使用の耕耘
　「民俗資料叢書 11 田植の習俗5」平凡社　1970
　　◇図17〔白黒〕　高知県室戸市室津郷

ナラシボウ
　「いまに伝える 農家のモノ・人の生活館」柏書房　2004
　　◇p86 図1〔白黒・図〕　埼玉県所沢市　埼玉県立さきたま資料館蔵

鳴子
　「日本民具の造形」淡交社　2004
　　◇p64〔白黒〕　広島県 神辺町歴史民俗資料館所蔵
　「写真ものがたり昭和の暮らし 1」農山漁村文化協会　2004
　　◇p199〔白黒・図〕　絵・中嶋俊枝

　「写真で見る農具 民具」農林統計協会　1988
　　◇p113〔白黒〕　愛媛県広田村　明治時代
　「図説 民俗探訪事典」山川出版社　1983
　　◇p226〔白黒〕　香川県　『日本民俗図録』より
　「日本民俗図誌 5 農耕・漁撈篇」村田書店　1978
　　◇図97-1・2・3〔白黒・図〕　静岡地方
　　◇図97-4・5・6〔白黒・図〕　奈良地方
　「民俗資料叢書 9 田植の習俗4」平凡社　1969
　　◇図72〔白黒〕　広島県山県郡

鳴子式の鳥追の案山子
　「図説 日本民俗学全集 4」高橋書店　1971
　　◇図495〔白黒〕　「案山子考」
　「図説 日本民俗学全集 7」あかね書房　1961
　　◇図227〔白黒〕　「案山子考」

縄植え
　「民俗図録 日本人の暮らし」日本図書センター　2012
　　◇図211〔白黒〕（縄植え(1)）　長崎県下縣郡豆酘村
　　◇図212〔白黒〕（縄植え(2)）　鹿児島県種子島
　　◇図217〔白黒〕（縄植え(3)）　大阪府北河内郡四條町龍間

苗代
　「図説 日本民俗学」吉川弘文館　2009
　　◇p147〔白黒〕　愛知県犬山市
　「宮本常一 写真・日記集成 下」毎日新聞社　2005
　　◇p427〔白黒〕　青森県　㊙宮本常一，1978年5月13日
　「写真でみる日本生活図引 別巻」弘文堂　1993
　　◇図334〔白黒〕　長野県下伊那郡阿智村　焼籾殻を撒く　㊙熊谷元一，昭和32年4月9日
　「民俗学辞典（改訂版）」東京堂出版　1987
　　◇図版34（p428）〔白黒・図〕　長野県上伊那郡地方　苗代の水口に立てた粥掻棒と焼米　橘浦泰雄画

苗代を作るために除雪する
　「写真ものがたり昭和の暮らし 1」農山漁村文化協会　2004
　　◇p125〔白黒〕　新潟県松代町清水　㊙小見重義，昭和56年4月

苗代かき
　「民俗図録 日本人の暮らし」日本図書センター　2012
　　◇図203〔白黒〕　青森県西津軽郡深浦町追良瀬　㊙櫻庭武則

苗代からあげたばかりの苗を田へ運ぶ
　「写真ものがたり昭和の暮らし 1」農山漁村文化協会　2004
　　◇p149〔白黒〕　京都市左京区大原　㊙須藤功，昭和45年5月

苗代から本田への天びん棒で苗運び
　「写真で見る農具 民具」農林統計協会　1988
　　◇口絵〔白黒〕　岩手県　昭和30年代　写真提供 岩手県立農業博物館

苗代鏝
　「日本の民具 2 農村」慶友社　1992
　　◇図8〔白黒〕　愛知県北設楽郡東栄町　㊙薗部澄

苗代じめ
　「民俗図録 日本人の暮らし」日本図書センター　2012
　　◇図657〔白黒〕　千葉県長生郡一宮町　種降しの日に水口に立てる　㊙郷田洋文

苗代づくり
　「日本写真全集 9」小学館　1987
　　◇図177〔白黒〕　南秋田郡脇本村　㊙三木茂　『雪の民俗』（昭和19年 養徳社刊）

ナワシロスダレを踏む
　「いまに伝える 農家のモノ・人の生活館」柏書房　2004
　　◇p79 写真2〔白黒〕　埼玉県行田市　田の表面を平らに整地する　㊙昭和45年頃

農業　　　　　　　　　　　　　　　　生産・生業

苗代整地板
　「写真で見る農具 民具」農林統計協会　1988
　　◇p85〔白黒〕　兵庫県日高町　昭和30年代
苗代田
　「民俗資料叢書 11 田植の習俗5」平凡社　1970
　　◇図169〔白黒〕　鹿児島県大島郡瀬戸内町管鈍
　「民俗資料叢書 5 田植の習俗2」平凡社　1967
　　◇図32〔白黒〕　富山県中新川郡上市種　写真提供：宮本馨太郎
苗代田とオゥドゥシ
　「民俗資料叢書 11 田植の習俗5」平凡社　1970
　　◇図170〔白黒〕　鹿児島県大島郡瀬戸内町管鈍
苗代田に植える種もみの消毒
　「フォークロアの眼 2 雪国と暮らし」国書刊行会　1977
　　◇図183〔白黒〕　新潟県古志郡太田村（現在は長岡市）蓬平　㊞中俣正義，昭和32年4月28日
苗代田の除雪
　「写真でみる日本生活図引 1」弘文堂　1989
　　◇図3〔白黒〕　新潟県長岡市蓬平　㊞中俣正義，昭和32年4月28日
苗代田の種まき
　「民俗資料叢書 9 田植の習俗4」平凡社　1969
　　◇図6〔白黒〕　島根県邑智郡石見町日貫青笹
苗代作り
　「写真ものがたり昭和の暮らし 1」農山漁村文化協会　2004
　　◇p123〔白黒〕　秋田県湯沢市樋　雪を掘って堆肥を入れる　㊞佐藤久太郎，昭和36年3月
　「日本の民俗 下」クレオ　1997
　　◇図3-2〔白黒〕　愛知県海部郡大治町　㊞芳賀日出男，昭和31年
　「民俗資料叢書 11 田植の習俗5」平凡社　1970
　　◇図166〔白黒〕　鹿児島県大島郡瀬戸内町管鈍
苗代と稲架
　「写真でみる日本生活図引 6」弘文堂　1993
　　◇図137〔白黒〕　滋賀県伊香郡余呉町　㊞前野隆資，昭和43年4月21日
苗代ならし板
　「写真で見る農具 民具」農林統計協会　1988
　　◇p85〔白黒〕　宮崎県門川町
苗代のエジキ
　「民俗資料叢書 1 田植の習俗1」平凡社　1965
　　◇図3〔白黒〕　岩手県江刺市梁川
苗代の風除け
　「民俗資料叢書 8 田植の習俗3」平凡社　1968
　　◇図17〔白黒〕　秋田県本荘市鮎瀬
苗代の種まき
　「日本社会民俗辞典 1」日本図書センター　2004
　　◇図版V 稲作(1)〔白黒〕　東北地方
苗代の鳥除け
　「民俗資料叢書 8 田植の習俗3」平凡社　1968
　　◇図16〔白黒〕　秋田県本荘市鮎瀬
苗代播種機
　「写真で見る農具 民具」農林統計協会　1988
　　◇p81〔白黒〕　佐賀県武雄市　昭和46年まで
苗代場にあるイケス
　「民俗資料叢書 5 田植の習俗2」平凡社　1967
　　◇図4〔白黒〕　茨城県稲敷郡桜川村浮島
縄通し
　「写真で見る農具 民具」農林統計協会　1988
　　◇p177〔白黒〕　福井県福井市　昭和35年頃まで

縄張り植え
　「民俗資料叢書 5 田植の習俗2」平凡社　1967
　　◇図14〔白黒〕　茨城県稲敷郡桜川村浮島
　　◇p44(挿4)〔白黒・図〕　茨城県稲敷郡桜川村浮島
縄張り植えの植え方
　「民俗資料叢書 5 田植の習俗2」平凡社　1967
　　◇p94(挿13)〔白黒・図〕　茨城県 旧川根村　昭和10年代以降
縄張り田植
　「民俗資料叢書 1 田植の習俗1」平凡社　1965
　　◇図31〔白黒〕　岩手県江刺市藤里
縄巻
　「写真で見る農具 民具」農林統計協会　1988
　　◇p88〔白黒〕　鳥取県河原町
縄巻き機
　「日本民具の造形」淡交社　2004
　　◇p217〔白黒〕　埼玉県 大宮市立博物館所蔵
ナワメ（ナラメ）
　「民俗資料叢書 11 田植の習俗5」平凡社　1970
　　◇図157〔白黒〕　鹿児島県国分市上井　ナデグワ。竹・板でつくる
ナンバ
　「写真で見る農具 民具」農林統計協会　1988
　　◇p183〔白黒〕(履桶)　京都府京都市　昭和初期から昭和35年まで使用　地方名なんば。水の中で野菜を洗う際に履く
　「民具のみかた―心とかたち」第一法規出版　1983
　　◇p136〔白黒〕　福島県猪苗代湖北地方　緑肥などを踏み込むのに利用
稲積
　「宮本常一が撮った昭和の情景 上」毎日新聞社　2009
　　◇p16〔白黒〕　宮城県栗原市　㊞宮本常一，1955年11月14日
　　◇p114～115〔白黒〕(稲刈りあとの水田の稲積)　熊本県阿蘇市一の宮坂梨　㊞宮本常一，1960年11月3日
稲積（イネマヅン）
　「民俗学辞典（改訂版）」東京堂出版　1987
　　◇図版35(p430)〔白黒・図〕　沖縄県　橋浦泰雄画
稲積（ホニヨとその景観）
　「民俗学辞典（改訂版）」東京堂出版　1987
　　◇図版35(p430)〔白黒・図〕　秋田県南秋田郡地方　橋浦泰雄画
荷鉤
　「日本民具の造形」淡交社　2004
　　◇p50〔白黒〕　秋田県 仙北町民俗資料館所蔵
二化めい虫被害茎切り鎌
　「写真で見る農具 民具」農林統計協会　1988
　　◇p113〔白黒〕　兵庫県出石町　明治40年代より昭和23年頃
二期作の田植え
　「日本民俗大辞典 下」吉川弘文館　2000
　　◇図13〔別刷図版「野良仕事」〕〔白黒〕　高知県南国市岡豊　㊞田辺寿男，昭和47年
二段耕犂
　「写真で見る農具 民具」農林統計協会　1988
　　◇p54〔白黒〕　広島県河内町　ねり木型，深見式
　　◇p54〔白黒〕　栃木県宇都宮市　特殊型，高北式3号
　　◇p58〔白黒〕　栃木県宇都宮市　昭和20年代後半から30年代の初め
ニナイオケ
　「民俗資料叢書 8 田植の習俗3」平凡社　1968

生産・生業　　　　　　　　　　　　　　　　　　農業

　　◇図113〔白黒〕　岐阜県高山市松之木町字車田

担い桶
　「写真で見る農具 民具」農林統計協会　1988
　　◇p119〔白黒〕　大阪府池田市　灌水用具

担い樽
　「民俗資料叢書 1 田植の習俗1」平凡社　1965
　　◇図119〔白黒〕　岩手県遠野市上郷町佐比内

二番うない
　「いまに伝える 農家のモノ・人の生活館」柏書房　2004
　　◇p75 写真3〔白黒〕　埼玉県東村山市　マンガで土の塊を細かくする。キリカエシ・キッコウシなどという　㊞昭和46年

二番草の除草作業
　「日本社会民俗辞典 3」日本図書センター　2004
　　◇p1126〔白黒〕　仙台市外

二番耕
　「写真でみる日本生活図引 1」弘文堂　1989
　　◇図8〔白黒〕　新潟県西蒲原郡巻町　㊞中俣正義, 昭和30年5月14日

二番除草
　「日本写真全集 9」小学館　1987
　　◇図180〔白黒〕　南秋田郡脇本村　㊞三木茂　『雪の民俗』（昭和19年 養徳社刊）

二本ガンヅメ
　「写真で見る農具 民具」農林統計協会　1988
　　◇p30〔白黒〕　鳥取県河原町

二本熊手鍬
　「写真で見る農具 民具」農林統計協会　1988
　　◇p29〔白黒〕　福井県今庄町　昭和20年頃まで

二本備中鍬
　「写真で見る農具 民具」農林統計協会　1988
　　◇p23〔白黒〕　群馬県下仁田町

ニホンマンガ
　「図録・民具入門事典」柏書房　1991
　　◇p56〔白黒〕　東京都

二毛作の麦を刈る
　「写真ものがたり昭和の暮らし 1」農山漁村文化協会　2004
　　◇p162〔白黒〕　長野県阿智村　㊞熊谷元一, 昭和25年

2, 4-D散布器
　「写真で見る農具 民具」農林統計協会　1988
　　◇p114〔白黒〕　兵庫県春日町　昭和20年代

庭での乾燥（脱穀後の籾）
　「いまに伝える 農家のモノ・人の生活館」柏書房　2004
　　◇p117 写真4〔白黒〕　埼玉県行田市　ホシモノガエシで籾を広げる

ヌイモノビク（縫い物魚籠）
　「民俗資料選集 30 焼畑習俗Ⅱ」国土地理協会　2002
　　◇p71（本文・写真17）〔白黒〕　山梨県南巨摩郡早川町奈良田　小型の竹カゴ。山小屋生活に持って行く携帯用の針箱のようなもの

沼田の田植
　「民俗図録 日本人の暮らし」日本図書センター　2012
　　◇図218～219〔白黒〕（沼田の田植(1-2)）　富山県中新川郡白萩村
　「民俗資料叢書 5 田植の習俗2」平凡社　1967
　　◇図50〔白黒〕　富山県中新川郡上市種

沼輪
　「民俗資料叢書 9 田植の習俗4」平凡社　1969
　　◇p71（挿10）〔白黒・図〕　島根県鹿足郡蔵木村（現・六日町市）

ヌルメ
　「図説 日本民俗学」吉川弘文館　2009
　　◇p149〔白黒〕　奈良県田原本町

ねうちづち
　「日本の生活文化財」第一法規出版　1965
　　◇図13（生産・運搬・交易）〔白黒〕　文部省史料館所蔵（東京都品川区）

ねうちつつ
　「日本の民具 2 農村」慶友社　1992
　　◇図50〔白黒〕　岩手県岩手郡雫石町　㊞薗部澄

葱篭
　「写真で見る農具 民具」農林統計協会　1988
　　◇p186〔白黒〕　京都府京都市　昭和50年代まで

葱収穫鎌
　「写真で見る農具 民具」農林統計協会　1988
　　◇p182〔白黒〕　京都府京都市

葱苗を売る
　「写真でみる日本生活図引 別巻」弘文堂　1993
　　◇図367〔白黒〕　長野県下伊那郡阿智村　㊞熊谷元一, 昭和32年5月11日

禰宜にホウジョウと呼ぶ虫を祓ってもらう
　「写真ものがたり昭和の暮らし 2」農山漁村文化協会　2004
　　◇p61〔白黒〕　宮崎県西米良村小川　ヒエが伸びて焼畑が薄緑に覆われるころ　㊞須藤功, 昭和59年7月（記録映画撮影のために焼畑を再現）

葱の種取り
　「写真でみる日本生活図引 別巻」弘文堂　1993
　　◇図4〔白黒〕　長野県下伊那郡阿智村　㊞熊谷元一, 昭和31年6月24日

野稲（陸稲）伝承地
　「日本宗教民俗図典 1」法蔵館　1985
　　◇図283〔白黒〕　宮崎県西都市中尾　㊞須藤功

農家とまわりの田畑の図
　「写真ものがたり昭和の暮らし 2」農山漁村文化協会　2004
　　◇p15〔白黒・図〕　愛知県津具村字柿ノ沢宇連　早川孝太郎が描いた愛知県津具村字柿ノ沢宇連の村松家とまわりの田畑の図　早川孝太郎校註『村松家作物覚帳』アチック・ミューゼアム昭和11年(1936)刊

農家の玄関先に備えられた農具の一式
　「里山・里海 暮らし図鑑」柏書房　2012
　　◇写1(p84)〔白黒〕　9月　埼玉県三芳町立歴史民俗資料館展示

農休日の表示
　「図説 日本民俗学」吉川弘文館　2009
　　◇p155〔白黒〕　神奈川県平塚市

農業共済組合の台風による被害状況の調査
　「写真ものがたり昭和の暮らし 1」農山漁村文化協会　2004
　　◇p195〔白黒〕　秋田県横手市境町　㊞佐藤久太郎, 昭和33年9月

農業協同組合より配給品
　「写真でみる日本生活図引 別巻」弘文堂　1993
　　◇図98〔白黒〕（配給）　長野県下伊那郡阿智村　農業協同組合より配給品　㊞矢沢昇, 昭和31年9月14日

『農業記録』
　「写真でみる日本生活図引 別巻」弘文堂　1993
　　◇p52〔白黒〕　長野県下伊那郡阿智村　小池興重志が毎日書いた　㊞熊谷元一, 昭和

農協総会
　「写真でみる日本生活図引 別巻」弘文堂　1993
　　◇図352〔白黒〕　長野県下伊那郡阿智村　㊞熊谷元一, 昭和32年4月27日

農業　　　　　　　　　　　　　　　　　　生産・生業

## 農具
「写真でみる日本生活図引 別巻」弘文堂　1993
　◇図389〔白黒〕　長野県下伊那郡阿智村　農具に耕運機も加わる　㈹熊谷元一, 昭和32年5月30日
「日本写真全集 9」小学館　1987
　◇図124〔カラー〕　埼玉県秩父郡両神村浦島　㈹南良和, 昭和51年　『秩父』(昭和53年刊)

## 農具をかつぐ
「写真ものがたり昭和の暮らし 1」農山漁村文化協会　2004
　◇p138〔白黒〕　石川県金沢市郊外　朝飯前のひと仕事を終えてのもどり　㈹棚池信行, 昭和30年代

## 農具のいろいろ
「民俗図録 日本人の暮らし」日本図書センター　2012
　◇図264〔白黒〕　新潟県南蒲原郡本成寺村山崎　マルホソ・鎌四種・芋ホリ・カナゴシキ・イタホソ　㈹福島惣一郎

## 農機具の型録を見る
「写真でみる日本生活図引 別巻」弘文堂　1993
　◇図138〔白黒〕(型録)　長野県下伊那郡阿智村　農機具の型録を見る　㈹熊谷元一, 昭和31年10月23日

## 農小屋
「宮本常一 写真・日記集成 別巻」毎日新聞社　2005
　◇図94(p23)〔白黒〕(神山小学校ノ農小屋)　鹿児島県・屋久島[屋久町]　㈹宮本常一, 1940年1月27日〜2月10日

## 農作業に使う軽トラック
「日本の生活環境文化大辞典」柏書房　2010
　◇p65-3〔白黒〕　愛知県田原市　㈹2009年　林哲志

## 農事相談
「写真でみる日本生活図引 別巻」弘文堂　1993
　◇図22〔白黒〕　長野県下伊那郡阿智村　農事相談会。稲作研究などについて　㈹熊谷元一, 昭和31年7月10日

## 農村にみられる老婆の姿
「写真でみる日本人の生活全集 10」日本図書センター　2010
　◇口絵〔白黒〕　猫をだいて, みをもっている　㈹増井経好

## 農村の主婦の座
「写真でみる日本人の生活全集 10」日本図書センター　2010
　◇p96〔白黒〕　鍬で残った稲株を処理するために掘り起す作業　㈹酒井常平
　◇p97〔白黒〕　堆肥を平均にまきちらしていく, 真黒い肥料をまく　㈹酒井常平
　◇p98〔白黒〕　夫と語りながら昼食, 昼食の用意をするために一足先に家に帰る　㈹酒井常平
　◇p99〔白黒〕　オヤツの時間　㈹酒井常平

## ノウダテ田の田植
「民俗資料叢書 8 田植の習俗3」平凡社　1968
　◇図80〜82〔白黒〕　新潟県佐渡市

## ノウダテナエ
「民俗資料叢書 8 田植の習俗3」平凡社　1968
　◇図77〔白黒〕　新潟県佐渡市高瀬　ならの枝を立てて三把の苗をすえ, 小豆飯をのせる

## 農繁休暇でリヤカーを運搬する小学生
「里山・里海 暮らし図鑑」柏書房　2012
　◇写27(p276)〔白黒〕　福井県美浜町北田　昭和41年頃　野崎貢所蔵, 美浜町役場文化財保護・町誌編纂室提供

## 農夫
「日本写真全集 9」小学館　1987
　◇図173〔白黒〕　鹿角郡大湯村　㈹三木茂　『雪の民俗』(昭和19年 養徳社刊)

## 農用扇風機
「日本民具の造形」淡交社　2004
　◇p215〔白黒〕　山梨県 長坂町郷土資料館所蔵

## 芒落とし
「写真でみる日本生活図引 1」弘文堂　1989
　◇図71〔白黒〕　鹿児島県揖宿郡山川町　㈹小野重朗, 昭和43年

## ノキナシ
「民俗資料選集 25 焼畑習俗」国土地理協会　1997
　◇p105(本文)〔白黒〕　岐阜県高鷲村　穂刈りされた稗を入れる真竹やナラのヒデ(剥片)で編んだカゴ　明宝村立歴史民俗資料館蔵

## ノコギリガマ
「図録・民具入門事典」柏書房　1991
　◇p62〔白黒〕　東京都

## 鋸鎌
「日本民俗大辞典 下」吉川弘文館　2000
　◇p326〔白黒・図〕
「日本民俗図誌 5 農耕・漁撈篇」村田書店　1978
　◇図48-2〔白黒・図〕　大阪府堺

## 鋸鎌の構造と各部名称
「図説 民俗探訪事典」山川出版社　1983
　◇p227〔白黒・図〕　中村忠次郎原図より

## ノタリと三本鍬
「民俗資料叢書 1 田植の習俗1」平凡社　1965
　◇図8〔白黒〕　岩手県江刺市伊手

## ノデワラで束ねた苗
「民俗資料叢書 5 田植の習俗2」平凡社　1967
　◇図47〔白黒〕　富山県中新川郡上市種　写真提供：宮本馨太郎

## 伸びる稲
「写真でみる日本生活図引 別巻」弘文堂　1993
　◇図35〔白黒〕　長野県下伊那郡阿智村　㈹熊谷元一, 昭和31年7月21日
「日本写真全集 9」小学館　1987
　◇図181〔白黒〕　南秋田郡脇本村　㈹三木茂　『雪の民俗』(昭和19年 養徳社刊)

## 野山から採取した刈敷と海や湖から取り上げた藻肥の鋤込み
「里山・里海 暮らし図鑑」柏書房　2012
　◇写35(p67)〔白黒〕　福井県美浜町新庄　昭和30年代　小林一男所蔵, 美浜町役場文化財保護・町誌編纂室提供

## 野良へ行く娘
「写真でみる日本生活図引 3」弘文堂　1988
　◇目次D〔白黒〕　㈹佐藤久太郎

## 野良帰り
「日本民俗大辞典 下」吉川弘文館　2000
　◇図29〔別刷図版「野良仕事」〕〔白黒〕　福島県南会津郡南郷村　㈹薗部澄, 昭和45(1970)年　日本写真機光学機器検査協会(JCII)所蔵

## 野良から家路につく
「写真でみる日本生活図引 6」弘文堂　1993
　◇図64〔白黒〕(家路)　宮崎県西臼杵郡高千穂町　母親と幼な子が野良から家路につく　㈹興梠敏夫, 昭和30年代

## 野良仕事
「宮本常一 写真・日記集成 上」毎日新聞社　2005
　◇p379〔白黒〕　青森県下北郡佐井村あたり　㈹宮本常一, 1963年6月21日

## ノレン(暖簾)
「民俗資料選集 30 焼畑習俗Ⅱ」国土地理協会　2002

生産・生業　　　　　　　　　　　　　　　　　　　　　　　　　　農業

◇p73（本文・写真25）〔白黒〕　山梨県南巨摩郡早川町奈良田　脱穀作業場の周りに張って囲み実が外に飛ばないようにする

**排水用三本鍬**
「日本民俗図誌 5 農耕・漁撈篇」村田書店　1978
◇図57-2〔白黒・図〕　秋田地方　帝国農会編『日本農具図説』

**灰出し鍬**
「写真で見る農具 民具」農林統計協会　1988
◇p35〔白黒〕　福井県今庄町　昭和20年頃まで

**培土機**
「写真で見る農具 民具」農林統計協会　1988
◇p102〔白黒〕　秋田県太田町　昭和30年代後半
◇p102〔白黒〕　福井県三国町　昭和28年頃

**培土プラウ**
「写真で見る農具 民具」農林統計協会　1988
◇p108〔白黒〕　岩手県久慈市　大正時代から
◇p108〔白黒〕　山形県新庄市　大正時代から

**ハイブルイ（灰篩）**
「いまに伝える 農家のモノ・人の生活館」柏書房　2004
◇p87 写真7〔白黒〕　埼玉県さいたま市（旧大宮市内）

**ハイブルイ（灰篩）による選別**
「いまに伝える 農家のモノ・人の生活館」柏書房　2004
◇p87 写真6〔白黒〕　埼玉県さいたま市（旧大宮市内）

**はうち**
「写真 日本文化史 9」日本評論新社　1955
◇図70〔白黒〕　岩手県　麻の葉を落すたたき棒

**刃鎌（三日月型）の構造と各部名称**
「図説 民俗探訪事典」山川出版社　1983
◇p227〔白黒・図〕　中村忠次郎原図より

**爆音機**
「写真で見る農具 民具」農林統計協会　1988
◇p113〔白黒〕　兵庫県出石町　昭和30年頃　雀を追い払う

**白菜の移植**
「日本社会民俗辞典 3」日本図書センター　2004
◇p1180〔白黒〕　神奈川県茅ヶ崎

**刃車型回転砕土機による畜力代かき**
「写真で見る農具 民具」農林統計協会　1988
◇口絵〔白黒〕　岩手県　昭和30年代　写真提供 岩手県立農業博物館

**刃鍬**
「写真で見る農具 民具」農林統計協会　1988
◇p22〔白黒〕　広島県因島市

**馬耕**
「民俗図録 日本人の暮らし」日本図書センター　2012
◇図202〔白黒〕　福井県吉田郡河合村
「写真ものがたり昭和の暮らし 1」農山漁村文化協会　2004
◇p137〔白黒〕　岩手県平泉町　㊞須藤功, 昭和42年5月
「日本民俗写真大系 2」日本図書センター　1999
◇p166〔白黒〕　宮城県仙台市若林区荒井　㊞小野幹, 1964年

**箱植え**
「民俗資料叢書 5 田植の習俗2」平凡社　1967
◇p142（挿15）〔白黒・図〕　富山県中新川郡上市種

**播溝切り**
「写真で見る農具 民具」農林統計協会　1988
◇p70〔白黒〕　大阪府堺市

**馬耕による田起こし**
「里山・里海 暮らし図鑑」柏書房　2012
◇写34（p67）〔白黒〕　鹿児島県徳之島町花徳　昭和35年秋　スタジオカガワ提供

**箱カンジキ**
「日本民俗図誌 5 農耕・漁撈篇」村田書店　1978
◇図64〔白黒・図〕　新潟県西蒲原郡四ッ合村　『民具問答』

**箱水車**
「民俗資料選集 41 豊後の水車習俗」国土地理協会　2010
◇p14（口絵）〔白黒〕　大分県日田市梛野
◇p195（本文）・196（本文）〔白黒・写真/図〕　大分県日田市鈴連町梛野

**箱備中鍬**
「日本民俗図誌 5 農耕・漁撈篇」村田書店　1978
◇図53-8〔白黒・図〕　山形県米沢

**箱ふるい**
「写真で見る農具 民具」農林統計協会　1988
◇p153〔白黒〕　千葉県富里村　大正時代から昭和10年代

**ハサ**
「宮本常一 写真・日記集成 上」毎日新聞社　2005
◇p20〔白黒〕　秋田県北秋田郡上小阿仁村　㊞宮本常一, 1955年11月7日
◇p20〔白黒〕　秋田県北秋田郡上小阿仁村　㊞宮本常一, 1955年11月7日
◇p137〔白黒〕（道ぎわのハサ）　新潟県佐渡郡相川町［佐渡市］岩谷口　㊞宮本常一, 1959年8月6日
「宮本常一 写真・日記集成 下」毎日新聞社　2005
◇p283〔白黒〕　岩手県山形村　㊞宮本常一, 1972年8月28〜30日

**ハザ**
「日本民俗文化財事典（改訂版）」第一法規出版　1979
◇図129〔白黒〕　新潟県蒲原地方

**稲架**
「民俗図録 日本人の暮らし」日本図書センター　2012
◇図235〔白黒〕　徳島県小松島市日峯山附近
「宮本常一 写真・日記集成 上」毎日新聞社　2005
◇p405〔白黒〕（峰町佐賀）　長崎県上県郡峰町佐賀［対馬市］　㊞宮本常一, 1963年11月11日
「宮本常一 写真・日記集成 下」毎日新聞社　2005
◇p28〔白黒〕　島根県隠岐郡西ノ島町浦郷→別府　㊞宮本常一, 1965年5月30日
「写真ものがたり昭和の暮らし 1」農山漁村文化協会　2004
◇p206〔白黒〕　長野県阿智村　㊞熊谷元一, 昭和35年
◇p207〔白黒〕（段重ねの稲架）　愛知県設楽町田峰　㊞須藤功, 昭和41年10月
「日本民俗大辞典 下」吉川弘文館　2000
◇図20〔別刷図版「野良仕事」〕〔白黒〕　新潟県西蒲原郡分水町　㊞斎藤文夫, 昭和35年
「写真でみる日本生活図引 6」弘文堂　1993
◇図107〔白黒〕（湖岸の稲架）　滋賀県近江八幡市沖島町（沖島）　㊞宮畑巳年生, 昭和31年10月
「写真でみる日本生活図引 1」弘文堂　1989
◇図56〔白黒〕　新潟県西蒲原郡分水町佐善　㊞斎藤文夫, 昭和35年9月
「日本民俗図誌 5 農耕・漁撈篇」村田書店　1978
◇図86-1〔白黒・図〕　岩手県和賀郡湯本地方
◇図86-2〔白黒・図〕　秋田県仙北郡刈和野地方

**ハザ穴堀機**
「写真で見る農具 民具」農林統計協会　1988
◇p125〔白黒〕　石川県金沢市　昭和30年頃まで

**ハサ掛け**
「里山・里海 暮らし図鑑」柏書房　2012

農業　　　　　　　　　　　　　　　　　生産・生業

◇写69 (p78)〔白黒〕(ハサ掛け イナキ小屋)　高知県旧十和村〔四万十町〕　ハサに使う竹や丸太を保存する
◇写70 (p78)〔白黒〕(ハサ掛け 高ハサで天日に干した刈り取りイネを下ろす)　福井県美浜町　昭和30年頃　小林一男所蔵, 美浜町役場文化財保護・町誌編纂室提供
◇写71 (p78)〔白黒〕(ハサ掛け ハサ掛けの仕方)
◇写72 (p79)〔白黒〕(ハサ掛け 一段のハサ掛け)　奈良県五條市
◇写73 (p79)〔白黒〕(ハサ掛け 一本支柱による刈り取った稲束のハサ掛け)　山形県鶴岡市温海
「日本の生活環境文化大辞典」柏書房　2010
◇p20-3〔白黒〕(稲のはざ掛け)　愛知県田原市　四半世紀前の景観　Ⓟ1984年　林哲志
「図説 日本民俗学」吉川弘文館　2009
◇p148〔白黒〕(稲のハザ掛け)　新潟県五泉市
「宮本常一 写真・日記集成 上」毎日新聞社　2005
◇p210〔白黒〕(稲のハサ掛け)　天王寺→鳥羽　Ⓟ宮本常一, 1960年9月26日
「民俗資料叢書 5 田植の習俗2」平凡社　1967
◇図69〔白黒〕(稲をハサに掛けて乾かす)　富山県中新川郡上市種　写真提供：宮本馨太郎

### ハサ掛の並木
「宮本常一が撮った昭和の情景 上」毎日新聞社　2009
◇p210〔白黒〕　新潟県佐渡市畑野　Ⓟ宮本常一, 1963年12月7日

### ハサ木
「日本民俗大辞典 下」吉川弘文館　2000
◇p354〔白黒〕　新潟県西蒲原郡岩室町

### ハザ木
「宮本常一 写真・日記集成 下」毎日新聞社　2005
◇p215〔白黒〕　新潟市 鳥屋野潟周辺　Ⓟ宮本常一, 1969年10月7日

### ハサ木が並ぶ田植えを終えたばかりの水田
「宮本常一 写真・日記集成 下」毎日新聞社　2005
◇p485〔白黒〕　越後平野　Ⓟ宮本常一, 1980年5月12日

### ハザ木にかけた稲
「宮本常一 写真・日記集成 下」毎日新聞社　2005
◇p215〔白黒〕　新潟市 鳥屋野潟周辺　Ⓟ宮本常一, 1969年10月7日

### 稲架杭をしまう
「写真でみる日本生活図引 別巻」弘文堂　1993
◇図189〔白黒〕　長野県下伊那郡阿智村　Ⓟ熊谷元一, 昭和31年12月4日

### 稲架杭作り
「写真でみる日本生活図引 別巻」弘文堂　1993
◇図286〔白黒〕　長野県下伊那郡阿智村　Ⓟ熊谷元一, 昭和32年2月22日

### 稲架収納
「写真でみる日本生活図引 別巻」弘文堂　1993
◇図173〔白黒〕　長野県下伊那郡阿智村　Ⓟ熊谷元一, 昭和31年11月22日

### ハザ (稲架) 作り
「日本民俗文化財事典 (改訂版)」第一法規出版　1979
◇図128〔白黒〕　新潟県蒲原地方

### 稲架にかけて干した稲を家族総出で取りはずしている
「写真ものがたり昭和の暮らし 6」農山漁村文化協会　2006
◇p75〔白黒〕　岩手県一戸町浪打　Ⓟ田村淳一郎, 昭和32年ごろ

### ハサに掛けられた麦と道端で遊ぶ子供たち
「宮本常一 写真・日記集成 上」毎日新聞社　2005
◇p435〔白黒〕　新潟県佐渡郡赤泊村天狗塚〔佐渡市〕Ⓟ宮本常一, 1964年6月21日

### 稲架による乾燥
「写真で見る農具 民具」農林統計協会　1988
◇口絵〔白黒〕(稲架 (はさ・はぜ) による乾燥)　岩手県　昭和30年代　写真提供 岩手県立農業博物館

### 稲架のある風景
「いまに伝える 農家のモノ・人の生活館」柏書房　2004
◇p113 写真2〔白黒〕　埼玉県都幾川村

### ハサのための並木を配した村の道
「宮本常一 写真・日記集成 上」毎日新聞社　2005
◇p408〔白黒〕　新潟県佐渡郡畑野町後山〔佐渡市〕Ⓟ宮本常一, 1963年12月7日

### 稲架の列
「いまに伝える 農家のモノ・人の生活館」柏書房　2004
◇p113 写真1〔白黒〕　埼玉県鳩山町

### ハジハジの田搔き
「民俗資料叢書 1 田植の習俗1」平凡社　1965
◇p25 (挿6)〔白黒・図〕　岩手県江刺市

### 播種
「民俗資料選集 30 焼畑習俗Ⅱ」国土地理協会　2002
◇p15 (口絵)〔白黒〕　宮崎県椎葉村・平家焼畑継承会　ホーキで土を掛ける

### 播種穴あけ機
「写真で見る農具 民具」農林統計協会　1988
◇p181〔白黒〕　岐阜県岐阜市　昭和30年頃試作

### 播種器
「写真で見る農具 民具」農林統計協会　1988
◇p81〔白黒〕　山形県新庄市　昭和30年頃から39年頃
◇p82〔白黒〕　兵庫県篠山町　昭和22年から25年頃

### 播種機
「写真で見る農具 民具」農林統計協会　1988
◇p76〔白黒〕　岩手県山田町　大正時代前期から現在
◇p76〔白黒〕　岩手県山田町　昭和20年頃まで
◇p77〔白黒〕　大阪府堺市　昭和35年頃まで
◇p78〔白黒〕　愛媛県広見町　昭和36年から38年頃

### ハシュキ (播種機) による麦蒔き
「いまに伝える 農家のモノ・人の生活館」柏書房　2004
◇p129 写真3〔白黒〕　埼玉県嵐山町　Ⓟ昭和51年

### 播種台
「写真で見る農具 民具」農林統計協会　1988
◇p82〔白黒〕　兵庫県篠山町　昭和22年から25年頃

### 播種床鎮圧具
「写真で見る農具 民具」農林統計協会　1988
◇p180〔白黒〕　京都府京都市　明治期以前から大正前期まで　苗床の床面鎮圧具

### 蓮掘り万能
「日本民具の造形」淡交社　2004
◇p204〔白黒〕　茨城県 霞ヶ浦町郷土資料館所蔵

### 架木小屋
「民俗資料選集 23 北上山地の畑作習俗」国土地理協会　1995
◇p207 (本文)〔白黒〕　岩手県気仙郡住田町世田米、大股

### はぜ実入箋
「写真で見る農具 民具」農林統計協会　1988
◇p215〔白黒〕　福岡県高田町

### はぜ実収穫用大かぎ
「写真で見る農具 民具」農林統計協会　1988
◇p215〔白黒〕　愛知県御荘町　明治時代より現在
◇p215〔白黒〕　福岡県高田町　明治時代より現在

**畑へ**
「写真でみる日本生活図引 別巻」弘文堂　1993
◇図355〔白黒〕　長野県下伊那郡阿智村　[撮]熊谷元一, 昭和32年4月30日

**畑を耕す**
「写真でみる日本生活図引 1」弘文堂　1989
◇図102〔白黒〕　岩手県九戸郡山形村来内　[撮]菊池俊吉, 昭和32年5月

**畑を耕す老齢の女性**
「写真でみる日本人の生活全集 10」日本図書センター　2010
◇口絵〔白黒〕　[撮]上村昭治

**畑から食べる分の野菜を採ってきた帰り**
「写真でみる日本生活図引 別巻」弘文堂　1993
◇図23〔白黒〕(野菜)　長野県下伊那郡阿智村　[撮]熊谷元一, 昭和31年7月11日

**畑耕うん・管理用三本備中鍬**
「写真で見る農具 民具」農林統計協会　1988
◇p27〔白黒〕　千葉県富里村

**畑小屋**
「日本の生活環境文化大辞典」柏書房　2010
◇p355-3〔白黒〕(丘陵の畑小屋)　新潟県柏崎市緑町　[撮]1990年　三井田忠明
「宮本常一 写真・日記集成 上」毎日新聞社　2005
◇p171〔白黒〕　周防大島〔宮本常一〕自宅付近 城山へ登る道端　まだ桑畑がある　[撮]宮本常一, 1960年1月5日

**ハタケスキ**
「民俗資料選集 23 北上山地の畑作習俗」国土地理協会　1995
◇p55(本文)〔白黒〕　岩手県軽米町鵜飼
◇p55(本文)〔白黒〕(ハタケスキ(普通のスキ))　岩手県軽米町鵜飼

**畑犂(もぐら犂)**
「写真で見る農具 民具」農林統計協会　1988
◇p46〔白黒〕　佐賀県肥前町

**畑に霜除けの笹を立てる**
「宮本常一が撮った昭和の情景 下」毎日新聞社　2009
◇p65〔白黒〕(霜と風を除けるための笹竹)　東京都小金井市貫井南町　[撮]宮本常一, 1968年2月27日
「宮本常一 写真・日記集成 下」毎日新聞社　2005
◇p136〔白黒〕　東京都小金井市貫井南町　[撮]宮本常一, 1968年2月27日

**畑の仕事を終えて家に帰る**
「写真ものがたり昭和の暮らし 6」農山漁村文化協会　2006
◇p22〔白黒〕　埼玉県・秩父地方　大八車に乗る女の子　[撮]武藤盈, 昭和32年1月

**畑麦乾燥調整施設**
「宮本常一 写真・日記集成 下」毎日新聞社　2005
◇p462〔白黒〕　北海道斜里郡清里町　[撮]宮本常一, 1979年4月30日

**畑用鍬(大型), 田鍬, 三本コ万能**
「民俗資料叢書 5 田植の習俗2」平凡社　1967
◇p28(挿2)〔白黒・図〕　茨城県稲敷郡桜川村浮島

**畑用犂**
「写真で見る農具 民具」農林統計協会　1988
◇p48〔白黒〕　鹿児島県天城町
◇p48〔白黒〕　鹿児島県喜界町

**畑作農具**
「民俗資料選集 23 北上山地の畑作習俗」国土地理協会　1995
◇p11(口絵)〔白黒〕　岩手県岩泉町安泉

**畑作の作業小屋**
「民俗資料選集 23 北上山地の畑作習俗」国土地理協会　1995
◇p144(本文)〔白黒〕　岩手県岩泉町上有芸

**畑作風景**
「宮本常一が撮った昭和の情景 上」毎日新聞社　2009
◇p8〔白黒〕(深大寺付近)　東京都調布市　[撮]宮本常一, 1955年6月5日
「宮本常一 写真・日記集成 上」毎日新聞社　2005
◇p15〔白黒〕(深大寺付近)　東京都調布市 深大寺〔畑作業〕　[撮]宮本常一, 1955年6月5日
◇p246〔白黒〕(百島・泊)　広島県尾道市 百島・泊〔畑仕事〕　[撮]宮本常一, 1961年2月19日
「日本民俗大辞典 下」吉川弘文館　2000
◇図4〔別刷図版「野良仕事」〕〔白黒〕　広島県因島市大浜　[撮]薗部澄, 昭和56年　日本写真機光学機器検査協会(JCII)所蔵

**畑作物の苗床**
「図説 日本民俗学」吉川弘文館　2009
◇p152〔白黒〕　神奈川県平塚市

**畑仕事の後片付けをし耕運機で家路につく**
「宮本常一が撮った昭和の情景 上」毎日新聞社　2009
◇p230〔白黒〕　青森県むつ市大字田名部斗南丘　[撮]宮本常一, 1964年7月24日

**バタリ**
「図説 台所道具の歴史」日本図書センター　2012
◇p45-5〔白黒〕　青森県三沢・小川原湖民俗博物館

**バーチカルポンプ**
「写真で見る農具 民具」農林統計協会　1988
◇p118〔白黒〕　山梨県甲府市　昭和40年頃まで

**バチ備中鍬**
「写真で見る農具 民具」農林統計協会　1988
◇p32〔白黒〕　岐阜県岐阜市　明治時代から昭和40年代前半

**撥熊手**
「日本民俗図誌 5 農耕・漁撈篇」村田書店　1978
◇図54-3〔白黒・図〕　徳島県　起耕用窓鍬　『工芸』47

**ばった(ばったり)**
「民俗資料選集 23 北上山地の畑作習俗」国土地理協会　1995
◇p38(本文)〔白黒・図〕　岩手県久慈市山根町端神　製作年代：1968(昭和43)年5月15日, 使用年代：1968年頃～1985年使用中　名久井芳枝『実況図のすすめ』一草社

**バッタ小屋**
「民俗資料選集 23 北上山地の畑作習俗」国土地理協会　1995
◇p9(口絵)〔白黒〕　岩手県久慈市山根六郷端神

**バッタ内部の杵と臼**
「民俗資料選集 23 北上山地の畑作習俗」国土地理協会　1995
◇p9(口絵)〔白黒〕　岩手県久慈市山根六郷端神

**バッタリ**
「写真でみる日本人の生活全集 3」日本図書センター　2010
◇p138〔白黒〕　岩手県久慈市山根
「日本社会民俗辞典 3」日本図書センター　2004
◇p1010〔白黒〕(素朴な水力利用, バッタリによる搗臼)　栃木県上都賀郡北方
「民俗資料叢書 9 田植の習俗4」平凡社　1969
◇図73〔白黒〕　広島県山県郡

農業　　　　　　　　　　　　　　　生産・生業

バッタリ（米つき機）
「宮本常一 写真・日記集成 上」毎日新聞社　2005
　　◇p43〔白黒〕　愛知県北設楽郡設楽町 名倉→清水　㊕宮本常一, 1956年10月7日

八反車による中耕除草
「日本民俗大辞典 下」吉川弘文館　2000
　　◇図16〔別刷図版「野良仕事」〕〔白黒〕　埼玉県秩父郡長瀞町野上　㊕内田賢作, 昭和43年

八反ずり
「写真で見る農具 民具」農林統計協会　1988
　　◇p94〔白黒〕　愛媛県伊予市

発根・発芽した播種前の種モミ
「里山・里海 暮らし図鑑」柏書房　2012
　　◇写7（p61）〔白黒〕　新潟県旧頸城村（上越市頸城区）玄僧　伝統的稲作の知恵と技

初雪の下になった大根を掘り出す
「写真ものがたり昭和の暮らし 2」農山漁村文化協会　2004
　　◇p85〔白黒〕　群馬県水上町大戸　㊕須藤功, 昭和42年11月

ハナケウナイ
「民俗資料選集 30 焼畑習俗Ⅱ」国土地理協会　2002
　　◇p58（本文）〔白黒〕　山梨県南巨摩郡早川町奈良田　再現風景

鼻取りで道産子馬を引きまわしながら田を起こす
「日本民俗写真大系 1」日本図書センター　1999
　　◇p136〔白黒〕　北海道函館市亀尾町　㊕大和谷正夫, 1967年

ババ引キ
「民俗資料叢書 9 田植の習俗4」平凡社　1969
　　◇図90〔白黒〕　広島県山県郡芸北町雄鹿原
　　◇図118〔白黒〕　広島県神石郡

ババフキ
「民俗図録 日本人の暮らし」日本図書センター　2012
　　◇図210〔白黒〕　島根県簸川郡東村　田に筋をつける道具　㊕三木茂

刃物の修理用具 砥石
「民俗資料選集 30 焼畑習俗Ⅱ」国土地理協会　2002
　　◇p65（本文・写真4）〔白黒〕（刃物の修理用具―砥石）山梨県南巨摩郡早川町奈良田　焼畑の用具

刃物の修理用具 ハヅチ
「民俗資料選集 30 焼畑習俗Ⅱ」国土地理協会　2002
　　◇p65（本文・写真6）〔白黒〕（刃物の修理用具―ハヅチ）山梨県南巨摩郡早川町奈良田　焼畑の用具

刃物の修理用具 ヤスリ
「民俗資料選集 30 焼畑習俗Ⅱ」国土地理協会　2002
　　◇p65（本文・写真5）〔白黒〕（刃物の修理用具―ヤスリ）山梨県南巨摩郡早川町奈良田　焼畑の用具

バラ
「図説 民俗探訪事典」山川出版社　1983
　　◇p236〔白黒〕　熊本県五木地方

春焼きの準備
「民俗資料選集 25 焼畑習俗」国土地理協会　1997
　　◇p11（口絵）〔白黒〕　高知県池川町椿山　雑木林を伐り井型に積む

馬鈴薯植え
「写真でみる日本生活図引 1」弘文堂　1989
　　◇図129〔白黒〕　北海道虻田郡真狩村　㊕掛川源一郎, 昭和39年
　　◇図130〔白黒〕　北海道虻田郡真狩村　㊕掛川源一郎, 昭和39年

馬鈴薯を半分に切って切り口に灰をつけ畑の窪みに落とし植え、軽く土をかぶせる
「日本民俗写真大系 1」日本図書センター　1999
　　◇p29〔白黒〕　北海道真狩村　㊕掛川源一郎, 1960年

馬鈴薯を掘る
「日本民俗写真大系 1」日本図書センター　1999
　　◇p125〔白黒〕　北海道長万部町平里　春がきて、土で囲っておいた馬鈴薯を掘り出す　㊕掛川源一郎, 1960年
「写真でみる日本生活図引 別巻」弘文堂　1993
　　◇図53〔白黒〕（馬鈴薯掘り）　長野県下伊那郡阿智村　㊕熊谷元一, 昭和31年8月6日

馬鈴薯畑作り
「写真でみる日本生活図引 別巻」弘文堂　1993
　　◇図331〔白黒〕（馬鈴薯畑）　長野県下伊那郡阿智村　馬鈴薯畑作り　㊕熊谷元一, 昭和32年4月6日

ハロー
「日本民具の造形」淡交社　2004
　　◇p205〔白黒〕　兵庫県 芦屋市立美術博物館所蔵
「写真で見る農具 民具」農林統計協会　1988
　　◇p65〔白黒〕　岩手県軽米町　明治時代から昭和30年代前半まで

バンギ
「民俗資料選集 25 焼畑習俗」国土地理協会　1997
　　◇p103（本文）〔白黒〕　岐阜県高鷲村

番小屋
「写真でみる日本生活図引 1」弘文堂　1989
　　◇図103〔白黒〕　岩手県下閉伊郡・岩泉周辺　㊕菊池俊吉, 昭和32年6月

番小屋につめる娘が鳴子で鳥を追っている
「写真ものがたり昭和の暮らし 2」農山漁村文化協会　2004
　　◇p174〔白黒〕　岩手県岩泉町　番小屋につめる娘が、縄の先につけた鳴子を引き鳴らし、鳥を追っている　㊕菊池俊吉, 昭和32年6月

半自動脱穀機
「いまに伝える 農家のモノ・人の生活館」柏書房　2004
　　◇p119 写真3〔白黒〕　〔埼玉県〕

ハントウミ（半唐箕）
「民具のみかた一心とかたち」第一法規出版　1983
　　◇p145〔白黒〕　福島県会津地方

ハンドブラザー
「写真で見る農具 民具」農林統計協会　1988
　　◇p111〔白黒〕　富山県入善町　昭和20〜30年代

万能
「写真で見る農具 民具」農林統計協会　1988
　　◇p26〔白黒〕　千葉県君津市
　　◇p26〔白黒〕　千葉県茂原市
　　◇p26〔白黒〕　千葉県茂原市
　　◇p26〔白黒〕　千葉県富里村
　　◇p27〔白黒〕　埼玉県狭山市　大正時代から昭和前期まで
　　◇p27〔白黒〕　千葉県白子町　大正時代から昭和10年代まで
　　◇p27〔白黒〕　千葉県茂原市　大正時代から昭和10年代まで

万能鍬
「写真で見る農具 民具」農林統計協会　1988
　　◇p25〔白黒〕　鳥取県鳥取市

火入れ
「民俗資料選集 30 焼畑習俗Ⅱ」国土地理協会　2002
　　◇p3（口絵）, p54（本文）〔白黒〕　山梨県南巨摩郡早川町奈良田　5月中旬ころ　ヤブヤキともいう（再現風景）

◇p13（口絵）〔白黒〕　宮崎県椎葉村・平家焼畑継承会

**火入れを行いマクリをしたまま放置された焼畑**
「民俗資料選集 23 北上山地の畑作習俗」国土地理協会　1995
◇p196（本文）〔白黒〕　岩手県気仙郡住田町 下大股

**ヒウチドウグ**
「民俗資料選集 25 焼畑習俗」国土地理協会　1997
◇p99（本文）〔白黒・図〕　岐阜県高鷲村　火口, 火打石, 木綿の袋, 打ひも　焼畑火入れの火種

**稗打機**
「写真で見る農具 民具」農林統計協会　1988
◇p138〔白黒〕　岩手県軽米町　昭和24年特許

**ひえを足で踏んで脱穀**
「写真ものがたり昭和の暮らし 9」農山漁村文化協会　2007
◇p114〔白黒〕（よく干したひえを足で踏んで脱穀）　宮崎県西米良村小川　再現　[撮]須藤功, 昭和58年10月

**ひえを入れたトーラ**
「写真ものがたり昭和の暮らし 2」農山漁村文化協会　2004
◇p57〔白黒〕　宮崎県西米良村小川　[撮]須藤功, 昭和58年10月（記録映画撮影のために焼畑を再現）

**ヒエを碾臼でする**
「民俗資料選集 30 焼畑習俗 II」国土地理協会　2002
◇p172（本文）〔白黒〕（釜で炒ったヒエを碾臼でする）　宮崎県

**ヒエカチボウ**
「民俗資料選集 25 焼畑習俗」国土地理協会　1997
◇p106（本文）〔白黒・図〕　岐阜県高鷲村　ヒノキ製

**ヒエ刈り**
「写真ものがたり昭和の暮らし 2」農山漁村文化協会　2004
◇p83〔白黒〕　青森県階上町田代　[撮]和井田登, 昭和58年9月

**稗刈り**
「民俗資料選集 23 北上山地の畑作習俗」国土地理協会　1995
◇p7（口絵）〔白黒〕　岩手県軽米町鶴飼

**ヒエ作農家**
「日本民俗写真大系 2」日本図書センター　1999
◇p180〔白黒〕　岩手県軽米町　[撮]南良和, 1990年

**稗シマ**
「民俗資料選集 23 北上山地の畑作習俗」国土地理協会　1995
◇p8（口絵）〔白黒〕　岩手県軽米町鶴飼

**稗島**
「日本民俗大辞典 下」吉川弘文館　2000
◇p413〔白黒〕　岩手県九戸郡山形村
「写真でみる日本生活図引 6」弘文堂　1993
◇図144〔白黒〕　岩手県岩手郡葛巻町江刈　[撮]三上信夫, 昭和34年9月26日

**稗シマを作る**
「民俗資料選集 23 北上山地の畑作習俗」国土地理協会　1995
◇p8（口絵）〔白黒〕　岩手県軽米町鶴飼

**ヒエシマと種播き**
「民俗資料選集 23 北上山地の畑作習俗」国土地理協会　1995
◇p210（本文）〔白黒〕　岩手県気仙郡住田町世田米、大股

**稗シマの作り方**
「民俗資料選集 23 北上山地の畑作習俗」国土地理協会　1995
◇p59（本文）〔白黒・図〕　岩手県軽米町鵜飼

**ヒエ島（ヘシマ）**
「写真ものがたり昭和の暮らし 2」農山漁村文化協会　2004
◇p83〔白黒〕　岩手県一戸町　[撮]田村淳一郎, 昭和35年

**ヒエチギリ**
「民俗資料選集 30 焼畑習俗 II」国土地理協会　2002
◇p16（口絵）〔白黒〕　宮崎県西米良村小川　ヒエの穂をつむ

**ヒエチギリ包丁**
「民俗資料選集 30 焼畑習俗 II」国土地理協会　2002
◇p16（口絵）〔白黒〕　宮崎県西米良村村所

**稗つき**
「民俗図録 日本人の暮らし」日本図書センター　2012
◇図172〔白黒〕　宮崎県西臼杵郡上椎葉村合戦原　[撮]白澤文一

**ヒエトオシ**
「あるくみるきく双書 宮本常一とあるいた昭和の日本 19」農山漁村文化協会　2012
◇p102〔白黒〕　岩手県一戸町　[撮]工藤員功

**稗抜き**
「写真でみる日本生活図引 別巻」弘文堂　1993
◇図72〔白黒〕　長野県下伊那郡阿智村　[撮]熊谷元一, 昭和31年8月20日
「写真でみる日本生活図引 1」弘文堂　1989
◇図42〔白黒〕　岩手県胆沢郡前沢町　[撮]須藤功, 昭和42年8月26日

**稗の収穫**
「民俗図録 日本人の暮らし」日本図書センター　2012
◇図250〔白黒〕　宮崎県西臼杵郡上椎葉村　[撮]白澤文一

**ヒエの穂を天日で乾燥する**
「民俗資料選集 30 焼畑習俗 II」国土地理協会　2002
◇p172（本文）〔白黒〕　宮崎県

**稗の穂刈り**
「写真でみる日本生活図引 1」弘文堂　1989
◇図91〔白黒〕　宮崎県児湯郡西米良村木浦　[撮]須藤功, 昭和59年10月21日

**ヒエの籾を釜で煎る**
「民俗資料選集 30 焼畑習俗 II」国土地理協会　2002
◇p172（本文）〔白黒〕　宮崎県

**稗碾き**
「民俗資料選集 25 焼畑習俗」国土地理協会　1997
◇p17（口絵）〔白黒〕（稗を搗く）　高知県池川町椿山
「写真でみる日本生活図引 1」弘文堂　1989
◇図92〔白黒〕　宮崎県児湯郡西米良村木浦　[撮]須藤功, 昭和58年10月24日

**稗播き**
「民俗資料選集 23 北上山地の畑作習俗」国土地理協会　1995
◇p6（口絵）〔白黒〕　岩手県軽米町鶴飼　中央がボッタ穴
◇p6（口絵）〔白黒〕　岩手県軽米町鶴飼　ボッタマキ
◇p6（口絵）〔白黒〕　岩手県軽米町鶴飼　土を踏む
◇p7（口絵）〔白黒〕　岩手県軽米町鶴飼　土をかける

**稗播き（ボッタマキ）**
「民俗資料選集 23 北上山地の畑作習俗」国土地理協会　1995
◇p58（本文）〔白黒〕　岩手県軽米町鵜飼

**稗・麦・ソバなどの架木**
「民俗資料選集 23 北上山地の畑作習俗」国土地理協会　1995
◇p207（本文）〔白黒〕　岩手県気仙郡住田町世田米、大股

**稗ムロ**
「民俗資料選集 23 北上山地の畑作習俗」国土地理協会 1995
◇p10（口絵）〔白黒〕　岩手県久慈市山根六郷端神

**稗室**
「民俗資料選集 23 北上山地の畑作習俗」国土地理協会 1995
◇p39（本文）〔白黒・図〕　岩手県久慈市山根町端神　製作年代：1938（昭和13）年頃，使用年代：1938年頃～1956年頃まで使用　名久井芳枝『実測図のすすめ』一芦舎

**稗ムロの焚き口**
「民俗資料選集 23 北上山地の畑作習俗」国土地理協会 1995
◇p10（口絵）〔白黒〕　岩手県久慈市山根六郷端神

**稗ムロの内部**
「民俗資料選集 23 北上山地の畑作習俗」国土地理協会 1995
◇p10（口絵）〔白黒〕　岩手県久慈市山根六郷端神　トウカが並ぶ

**稗籾を石臼でひいて籾殻を取る**
「写真ものがたり昭和の暮らし 9」農山漁村文化協会　2007
◇p115〔白黒〕　宮崎県西米良村小川　[撮]須藤功，昭和58年10月

**稗籾を大きな鉄鍋で炒る**
「写真ものがたり昭和の暮らし 9」農山漁村文化協会　2007
◇p114〔白黒〕　宮崎県西米良村小川　[撮]須藤功，昭和58年10月

**ヒエリアゼと占有標**
「民俗資料叢書 11 田植の習俗5」平凡社　1970
◇図85〔白黒〕　高知県宿毛市山奈町山田

**日置箕**
「あるくみるきく双書 宮本常一とあるいた昭和の日本 19」農山漁村文化協会　2012
◇p119〔白黒〕　鹿児島県日置市日吉町柿の谷　[撮]工藤員功

**干潟での人力による水田の拡張**
「里山・里海 暮らし図鑑」柏書房　2012
◇写7（p20）〔白黒〕　昭和30年代　島根県隠岐郡海士町役場提供

**ひきうす**
「写真で見る農具 民具」農林統計協会　1988
◇p152〔白黒〕　石川県金沢市

**碾臼と半切桶**
「民俗資料選集 23 北上山地の畑作習俗」国土地理協会 1995
◇p207（本文）〔白黒〕　岩手県気仙郡住田町世田米、大股

**ひきうす（八石）**
「民俗資料選集 9 山村の生活と用具」国土地理協会　1981
◇p20（口絵）〔白黒〕　愛知県北設楽郡津具村

**ヒキギ（曳き木）**
「民具のみかた―心とかたち」第一法規出版　1983
◇p136〔白黒〕　京都府弥栄町

**引樋**
「写真で見る農具 民具」農林統計協会　1988
◇p118〔白黒〕　茨城県牛久町　昭和30年頃まで

**ビク**
「民俗資料選集 30 焼畑習俗Ⅱ」国土地理協会　2002
◇p69（本文・写真16）〔白黒〕（ビク（魚籠））　山梨県南巨摩郡早川町奈良田　種子播きに使う竹カゴ
「民俗資料叢書 5 田植の習俗2」平凡社　1967
◇p88（挿11）〔白黒・図〕　茨城県 旧川根村　ツケ馬時代に用いられたもの　堆肥の運搬用

**飛行機馬鍬**
「写真で見る農具 民具」農林統計協会　1988
◇p68〔白黒〕　愛媛県大西町

**ヒコーキマンガ**
「日本民具の造形」淡交社　2004
◇p205〔白黒〕　福岡県 飯塚市歴史資料館所蔵

**肥後鍬**
「日本民俗図誌 5 農耕・漁撈篇」村田書店　1978
◇図58-4～6〔白黒・図〕　熊本県八代郡高田村産　帝国農会編『日本農具図説』

**ひしゃく**
「写真で見る農具 民具」農林統計協会　1988
◇p119〔白黒〕　京都府京都市　灌水用具

**ヒジロとオカギ**
「民俗資料選集 30 焼畑習俗Ⅱ」国土地理協会　2002
◇p8（口絵）〔白黒〕　山梨県南巨摩郡早川町奈良田 山小屋の内部　再現風景

**ヒタタキ**
「民俗資料選集 25 焼畑習俗」国土地理協会　1997
◇p101（本文）〔白黒〕　岐阜県高鷲村　岐阜県立博物館蔵
「図説 民俗探訪事典」山川出版社　1983
◇p241〔白黒〕　石川県白峰村　国立歴史民俗博物館提供

**ビチャビチャ**
「民俗資料叢書 5 田植の習俗2」平凡社　1967
◇p21（挿1）〔白黒・図〕　茨城県稲敷郡桜川村浮島　まき代のときに用いる道具

**ヒッキリとマエビキ**
「日本民俗事典」弘文堂　1972
◇p555〔白黒〕　神奈川県津久井郡津久井町

**ビッコキ**
「民具のみかた―心とかたち」第一法規出版　1983
◇p139〔白黒〕　石川県白山麓　脱穀時の用具

**備中鍬**
「日本民俗大辞典 下」吉川弘文館　2000
◇p427〔白黒〕
「日本の民具 2 農村」慶友社　1992
◇図20〔白黒〕　使用地不明　[撮]薗部澄
「写真で見る農具 民具」農林統計協会　1988
◇p29〔白黒〕　岩手県軽米町
◇p31〔白黒〕　広島県因島市
◇p32〔白黒〕　富山県大門町
◇p45〔白黒〕　岐阜県岐阜市　明治時代から昭和45年頃まで
「日本民俗図誌 5 農耕・漁撈篇」村田書店　1978
◇図57-1〔白黒・図〕　帝国農会編『日本農具図説』

**一株の植え付け苗数**
「里山・里海 暮らし図鑑」柏書房　2012
◇写50（p71）〔白黒〕

**一仕事終えて**
「写真でみる日本生活図引 1」弘文堂　1989
◇図33，34〔白黒〕　秋田県湯沢市深堀　午前中の田植えを終えて昼食のために家に帰る　[撮]加賀谷政雄，昭和33年5月，昭和37年5月

**ヒナワ**
「日本民俗図誌 5 農耕・漁撈篇」村田書店　1978
◇図100-1・2〔白黒・図〕　静岡県　田畑で働くとき細竹の先に布縄を括って火をつけ、腰帯に差したり、地面に立てたりする　『静岡県方言誌』

生産・生業　　　　　　　　　　　　　　　　　　　　　　　　　　農業

ビニールを被せた苗代
　「写真でみる日本生活図引 別巻」弘文堂　1993
　　◇図338〔白黒〕　長野県下伊那郡阿智村　㊞熊谷元一、昭和32年4月14日

ビニールハウス
　「宮本常一 写真・日記集成 上」毎日新聞社　2005
　　◇p182〔白黒〕（筑紫平野のビニールハウス）　福岡県久留米→大牟田　㊞宮本常一、1960年4月18日
　「宮本常一 写真・日記集成 下」毎日新聞社　2005
　　◇p411〔白黒〕（トマト栽培のビニールハウス）　群馬県榛名町本郷　㊞宮本常一、1977年11月25日（農山漁家生活改善技術資料収集調査）

ビニール張りの苗床
　「宮本常一 写真・日記集成 下」毎日新聞社　2005
　　◇p306〔白黒〕　岡山県新見市→鳥取県米子市　㊞宮本常一、1973年4月28日

ピパ
　「日本民俗大辞典 下」吉川弘文館　2000
　　◇p435〔白黒〕　㊞古原敏弘　静内郷土館所蔵

ヒミチを掃くホウキ
　「民俗資料選集 25 焼畑習俗」国土地理協会　1997
　　◇p2（口絵）〔白黒〕　岐阜県白川村木谷

ヒョータン
　「図録・民具入門事典」柏書房　1991
　　◇p59〔白黒〕　富山県　種子入れに用いている

ヒョータンカゴ
　「日本民俗誌 5 農耕・漁撈篇」村田書店　1978
　　◇図47-1〔白黒・図〕　静岡県榛原郡地頭方村

ひょっとこ
　「写真で見る農具 民具」農林統計協会　1988
　　◇p73〔白黒〕　東京都練馬区　大正時代後期から昭和20年代前半

ビラグイ
　「写真で見る農具 民具」農林統計協会　1988
　　◇p39〔白黒〕　鹿児島県宇検村

ヒラグワ
　「いまに伝える 農家のモノ・人の生活館」柏書房　2004
　　◇p157 写真2〔白黒〕　埼玉県所沢市　サツマイモを掘る
　「図録・民具入門事典」柏書房　1991
　　◇p56〔白黒〕　東京都

平鍬
　「写真で見る農具 民具」農林統計協会　1988
　　◇p13〔白黒〕　鹿児島県入来町
　　◇p16〔白黒〕　鹿児島県川辺町　大正時代から現在
　　◇p16〔白黒〕　岩手県久慈市
　　◇p17〔白黒〕　群馬県子持村
　　◇p18〔白黒〕　愛知県渥美町　大正時代から昭和10年頃
　　◇p22〔白黒〕　千葉県富里村
　「日本民俗誌 5 農耕・漁撈篇」村田書店　1978
　　◇図56〔白黒・図〕　秋田県横手町　帝国農会編『日本農具図説』

平すき
　「写真で見る農具 民具」農林統計協会　1988
　　◇p43〔白黒〕　大阪府堺市

ヒラタケの半栽培
　「里山・里海 暮らし図鑑」柏書房　2012
　　◇写10（p114）〔白黒〕　埼玉県東松山市　庭先にて　12月

肥料
　「写真でみる日本生活図引 別巻」弘文堂　1993
　　◇図374〔白黒〕　長野県下伊那郡阿智村　土間に置いた肥料　㊞熊谷元一、昭和32年5月17日

肥料桶
　「民俗資料選集 23 北上山地の畑作習俗」国土地理協会　1995
　　◇p204（本文）〔白黒〕　岩手県気仙郡住田町世田米、下大股
　「写真で見る農具 民具」農林統計協会　1988
　　◇p74〔白黒〕　東京都練馬区　大正時代後期から昭和30年代
　　◇p74〔白黒〕　岩手県久慈市

肥料小屋と砥石台
　「宮本常一 写真・日記集成 上」毎日新聞社　2005
　　◇p258〔白黒〕　広島県千代田町川東　㊞宮本常一、1961年5月22日

肥料散布桶
　「日本民具の造形」淡交社　2004
　　◇p211〔白黒〕　愛知県　愛知県農業民俗資料館所蔵

肥料届く
　「写真でみる日本生活図引 別巻」弘文堂　1993
　　◇図321〔白黒〕（肥料くる）　長野県下伊那郡阿智村　農業協同組合から肥料届く　㊞熊谷元一、昭和32年3月27日

肥料にする鶏糞をソリで運ぶ
　「フォークロアの眼 3 運ぶ」国書刊行会　1977
　　◇図199〔白黒〕　新潟県古志郡山古志村梶金　㊞須藤功、昭和45年12月30日

肥料箱を首からさげた女の人
　「写真ものがたり昭和の暮らし 9」農山漁村文化協会　2007
　　◇p84〔白黒〕　秋田県本荘市石沢（現由利本荘市）　ハナガオをしている　㊞早川孝太郎、昭和31年6月

ヒルバ
　「民俗資料叢書 11 田植の習俗5」平凡社　1970
　　◇図173〔白黒〕　鹿児島県大島郡瀬戸内町管鈍　農器具

ヒロ備中鍬
　「写真で見る農具 民具」農林統計協会　1988
　　◇p28〔白黒〕　京都府京都市　大正時代後期まで

ふいごで田に水をあげる
　「写真ものがたり昭和の暮らし 1」農山漁村文化協会　2004
　　◇p147〔白黒〕（少女が「ふいご」で田に水をあげる）　秋田県大曲市笑ノ口　㊞大野源二郎、昭和35年

風車利用の揚水
　「日本社会民俗辞典 3」日本図書センター　2004
　　◇p1011〔白黒〕　三重県

風選
　「あるくみるきく双書 宮本常一とあるいた昭和の日本 19」農山漁村文化協会　2012
　　◇p182〔カラー〕（穀物の風選風景）　沖縄県国頭地方　㊞工藤員功
　「写真ものがたり昭和の暮らし 1」農山漁村文化協会　2004
　　◇p218〔白黒〕　長野県富士見町　㊞武藤盈、昭和32年11月
　「民俗資料選集 25 焼畑習俗」国土地理協会　1997
　　◇p17（口絵）〔白黒〕（搗いた稗を箕で風選する）　高知県池川町椿山
　「写真でみる日本生活図引 1」弘文堂　1989
　　◇図123〔白黒〕（麦の風選）　京都府京都市・洛北　㊞一瀬政雄、昭和10年

フゴ
　「宮本常一が撮った昭和の情景 上」毎日新聞社　2009
　　◇p41〔白黒〕（ムギワラで作ったフゴ）　岡山県笠岡市北木島町大浦（北木島）　中にはコムギが入っている

[撮]宮本常一, 1957年8月30日
「宮本常一 写真・日記集成 上」毎日新聞社　2005
◇p85〔白黒〕(麦藁で作ったフゴ)　岡山県笠岡市 北木島大浦　小麦が入っている　[撮]宮本常一, 1957年8月30日

### フサオリ
「民俗資料選集 30 焼畑習俗Ⅱ」国土地理協会　2002
◇p19(口絵)〔白黒〕　宮崎県西米良村小川　結実のよいものを選び、種用として保存する

### ふずみ通し器
「写真で見る農具 民具」農林統計協会　1988
◇p178〔白黒〕　宮崎県門川町　昭和20年代まで

### 伏田
「民俗資料叢書 9 田植の習俗4」平凡社　1969
◇p69(挿8)〔白黒・図〕　島根県那賀郡金城村七条の旧家三浦家　大田植の日のはしま出に円形の田で行なわれた

### フタドリ
「民俗資料叢書 11 田植の習俗5」平凡社　1970
◇p101(挿11)〔白黒・図〕　高知県宿毛市山奈町山田

### フタマタ
「民俗資料叢書 11 田植の習俗5」平凡社　1970
◇図173〔白黒〕　鹿児島県大島郡瀬戸内町管鈍　農器具

### ブックルミ
「民俗資料叢書 1 田植の習俗1」平凡社　1965
◇図18〔白黒〕(ブックルミ(馬))　岩手県江刺市伊手　カッチキを馬にふみこませる
◇図19〔白黒〕(ブックルミ(人))　岩手県江刺市伊手　杖をついてふむ
◇図20〔白黒〕　岩手県江刺市伊手　オオアシをはいてふみこむ
◇p27(挿7)〔白黒・図〕(ブックルミ(カリシキのふみ方))　岩手県江刺市

### 舟と堀
「民俗資料叢書 8 田植の習俗3」平凡社　1968
◇図114〔白黒〕　岐阜県海津町字福江義呂池　田植え

### フブキ
「民俗資料叢書 11 田植の習俗5」平凡社　1970
◇p311(挿15)〔白黒・図〕　鹿児島県大島郡 与論島

### 踏み臼
「民俗資料選集 30 焼畑習俗Ⅱ」国土地理協会　2002
◇p18(口絵)〔白黒〕　宮崎県西米良村上米良　米・ヒエ・トウキビなどを精製
「図説 民俗探訪事典」山川出版社　1983
◇p237〔白黒〕(踏臼)　宮城県唐桑町

### 踏切
「民俗図録 日本人の暮らし」日本図書センター　2012
◇図209〔白黒〕　島根県簸川郡伊波野村　高畦をつくるために窓鍬で掘り上げる目安をつける道具　[撮]山根雅郎

### 踏車
「日本民具の造形」淡交社　2004
◇p202〔白黒〕　大阪府 高槻市立歴史民俗資料館所蔵
「写真ものがたり昭和の暮らし 1」農山漁村文化協会　2004
◇p171〔白黒〕　秋田県横手市八橋　[撮]佐藤久太郎, 昭和33年6月
「日本民俗大辞典 下」吉川弘文館　2000
◇p773〔白黒・図〕　奈良県大和高田市土庫　実測図　芳井敬郎「龍骨車・踏車研究」(『日本歴史民俗学論集』2)より
「写真で見る農具 民具」農林統計協会　1988
◇p117〔白黒〕　岐阜県海津町　明治～大正時代
◇p118〔白黒〕　大阪府堺市　昭和10年代まで

### 踏鍬
「写真で見る農具 民具」農林統計協会　1988
◇p42〔白黒〕　千葉県君津市
◇p42〔白黒〕　東京都練馬区　大正時代後期から昭和前期まで
◇p42〔白黒〕　福井県坂井町　昭和20年頃まで

### 踏み簀
「民俗資料叢書 11 田植の習俗5」平凡社　1970
◇図11〔白黒〕　高知県室戸市室津郷　水播きに使用する

### 踏みすき
「写真ものがたり昭和の暮らし 2」農山漁村文化協会　2004
◇p72〔白黒〕　埼玉県両神村薄　[撮]出浦欣一, 昭和30年代

### 踏鋤
「日本民具の造形」淡交社　2004
◇p203〔白黒〕　福井県 三方町立縄文博物館所蔵
「日本の民具 2 農村」慶友社　1992
◇図30〔白黒〕　岩手県下閉伊郡普代村　[撮]薗部澄
「写真でみる日本生活図引 1」弘文堂　1989
◇図101〔白黒〕　岩手県下閉伊郡・岩泉周辺　[撮]菊池俊吉, 昭和32年6月
「写真で見る農具 民具」農林統計協会　1988
◇p41〔白黒〕　岩手県軽米町
◇p41〔白黒〕　岩手県葛巻町
◇p41〔白黒〕　埼玉県小鹿野町　昭和20年頃まで
「民具のみかた―心とかたち」第一法規出版　1983
◇p132〔白黒〕(フミスキ(踏み鋤))　岩手県岩泉町

### 踏鋤とその使用例
「図説 民俗探訪事典」山川出版社　1983
◇p238〔白黒〕　青森県　南部型

### プラウ
「写真で見る農具 民具」農林統計協会　1988
◇p59〔白黒〕　岩手県久慈市　昭和28年購入
◇p59〔白黒〕　山形県新庄市

### ふりうち棒
「写真で見る農具 民具」農林統計協会　1988
◇p128〔白黒〕　茨城県眞壁町　明治時代から昭和30年頃まで

### 振り馬鍬
「写真で見る農具 民具」農林統計協会　1988
◇p61〔白黒〕　山梨県甲府市　明治時代から昭和20年代後半まで
◇p61〔白黒〕　山梨県高根町

### ブリキ露斗
「写真で見る農具 民具」農林統計協会　1988
◇p178〔白黒〕　大阪府池田市　大正時代から昭和10年頃

### フリコミジョレン
「いまに伝える 農家のモノ・人の生活館」柏書房　2004
◇p133 図1〔白黒・図〕(前進型のフリコミジョレン)〔埼玉県〕
◇p133 図2〔白黒・図〕(後進型のフリコミジョレン)〔埼玉県〕
◇p133 写真3〔白黒〕(前進型のフリコミジョレン)〔埼玉県〕
◇p133 写真4〔白黒〕(後進型のフリコミジョレン)〔埼玉県〕

### フリコミジョレンによる麦畑への土入れ
「里山・里海 暮らし図鑑」柏書房　2012
◇写11(p86)〔白黒〕　埼玉県飯能市　昭和49年　大舘勝治提供

生産・生業　　　　　　　　　　　　　　　　　　　　　　　　　　農業

**ふりまぐわ**
「写真で見る農具 民具」農林統計協会　1988
　◇p62〔白黒〕　群馬県高崎市　大正時代から昭和30年代の前半
　◇p62〔白黒〕　群馬県高崎市　昭和30年代の前半まで

**フリマンガ（一人用）**
「里山・里海 暮らし図鑑」柏書房　2012
　◇写4（p84）〔白黒〕（一人用フリマンガ）　埼玉県秩父市
「いまに伝える 農家のモノ・人の生活館」柏書房　2004
　◇p201 写真6〔白黒〕（一人用のフリマンガ）　埼玉県嵐山町　㊙昭和60年
　◇p201 写真8〔白黒〕　〔埼玉県〕

**フリマンガ（二人用）**
「いまに伝える 農家のモノ・人の生活館」柏書房　2004
　◇p201 写真7〔白黒〕（二人用のフリマンガ）　埼玉県皆野町　㊙昭和59年
　◇p201 写真9〔白黒〕　〔埼玉県〕

**フリマンガによる畑の耕耘**
「里山・里海 暮らし図鑑」柏書房　2012
　◇写3（p84）〔白黒〕　埼玉県皆野町　昭和59年　大舘勝治提供

**フリマングワ**
「写真で見る農具 民具」農林統計協会　1988
　◇p61〔白黒〕　群馬県安中市

**フルイ**
「いまに伝える 農家のモノ・人の生活館」柏書房　2004
　◇p145 写真9〔白黒〕　埼玉県所沢市　小麦を脱穀したあと実とゴミとを選別する金網のフルイ
「民俗資料選集 30 焼畑習俗Ⅱ」国土地理協会　2002
　◇p71（本文・写真21）〔白黒〕（脱穀用具―フルイ）　山梨県南巨摩郡早川町奈良田
「日本の民俗 下」クレオ　1997
　◇図3-26〔白黒〕　鹿児島県大島郡竜郷村　㊙芳賀日出男，昭和30年
「図録・民具入門事典」柏書房　1991
　◇p63〔白黒〕　青森県　小川原湖博物館所蔵
　◇p63〔白黒〕　東京都
「写真で見る農具 民具」農林統計協会　1988
　◇p141〔白黒〕　愛媛県広田村　大正時代
　◇p142〔白黒〕　千葉県佐倉市
　◇p142〔白黒〕　山梨県豊富村　昭和前期
「民具のみかた―心とかたち」第一法規出版　1983
　◇p147〔白黒〕（フルイ（篩））　京都府宮津市

**篩**
「写真で見る農具 民具」農林統計協会　1988
　◇p143〔白黒〕　福井県丸岡町　昭和30年頃まで
「図説 民俗探訪事典」山川出版社　1983
　◇p236〔白黒〕　宮城県中新田町地方
「日本民俗図誌 3 調度・服飾篇」村田書店　1977
　◇図25〔白黒・図〕　穀物をふるう

**フルイコミ（土入れ）**
「いまに伝える 農家のモノ・人の生活館」柏書房　2004
　◇p124〔白黒〕　〔埼玉県〕

**フルイでの選別**
「いまに伝える 農家のモノ・人の生活館」柏書房　2004
　◇p145 写真7〔白黒〕　埼玉県小鹿野町　㊙昭和59年7月

**フルイでヒエを精製する**
「民俗資料選集 30 焼畑習俗Ⅱ」国土地理協会　2002
　◇p172（本文）〔白黒〕　宮崎県

**フルイにかける**
「いまに伝える 農家のモノ・人の生活館」柏書房　2004
　◇p126〔白黒〕　〔埼玉県〕

**振る柄**
「写真で見る農具 民具」農林統計協会　1988
　◇p126〔白黒〕　新潟県金井町

**風呂鍬**
「日本民俗大辞典 下」吉川弘文館　2000
　◇p497〔白黒・図〕
　◇p637〔白黒・図〕　実測図
「写真で見る農具 民具」農林統計協会　1988
　◇p13〔白黒〕　福井県今庄町
「日本民俗図誌 5 農耕・漁撈篇」村田書店　1978
　◇図53-5〔白黒・図〕　東京市板橋区練馬
　◇図53-7〔白黒・図〕　山形県米沢
　◇図58-2〔白黒・図〕　兵庫県西宮　帝国農会編『日本農具図説』

**分家への耕地の分け方**
「民俗資料選集 30 焼畑習俗Ⅱ」国土地理協会　2002
　◇p40（本文・図8）〔白黒・図〕　山梨県南巨摩郡早川町奈良田

**フンゴミ**
「日本の民俗 暮らしと生業」KADOKAWA　2014
　◇図3-7〔白黒〕　鹿児島県大島郡和泊町　㊙芳賀日出男，昭和32年
「いまに伝える 農家のモノ・人の生活館」柏書房　2004
　◇p85 写真1〔白黒〕　埼玉県さいたま市（旧大宮市内）古い稲の切り株を足で踏み込む
「日本の民俗 下」クレオ　1997
　◇図3-8〔白黒〕　鹿児島県大島郡和泊町　㊙芳賀日出男，昭和32年

**噴霧機**
「写真で見る農具 民具」農林統計協会　1988
　◇p110〔白黒〕　岩手県軽米町　大正末期より
　◇p110〔白黒〕　奈良県西吉野村　昭和10年頃より同35年頃
　◇p111〔白黒〕　静岡県藤枝市　昭和20～30年代

**米軍のレタス畑での収穫**
「民俗小事典 食」吉川弘文館　2013
　◇p65〔白黒〕　東京都調布市　㊙1947年　毎日新聞社提供

**米選機**
「写真で見る農具 民具」農林統計協会　1988
　◇p144〔白黒〕　兵庫県出石町　昭和前期より40年代まで

**米麦貯蔵容器**
「写真で見る農具 民具」農林統計協会　1988
　◇p177〔白黒〕　宮崎県延岡市　大正時代後期から現在まで

**平野の稲田**
「写真でみる日本生活図引 6」弘文堂　1993
　◇図133〔白黒〕　新潟県新発田市付近　㊙中俣正義，撮影年月日不詳

**ヘエグワ**
「民俗資料叢書 11 田植の習俗5」平凡社　1970
　◇図109〔白黒〕　長崎県壱岐　壱岐の最も古い鍬

**ヘゴ**
「図説 民俗探訪事典」山川出版社　1983
　◇p241〔白黒〕　石川県白峰村　焼畑の道具　国立歴史民俗博物館提供

**紅花つくり**
「日本社会民俗辞典 3」日本図書センター　2004
　◇p1297〔白黒〕　山形県最上郡

**ヘラ**
「図録・民具入門事典」柏書房　1991
◇p60〔白黒〕　鹿児島県
「写真 日本文化史 9」日本評論新社　1955
◇図69〔白黒〕　奄美諸島　草かきに使う

**ヘラ(ピラ)**
「図説 民俗探訪事典」山川出版社　1983
◇p323〔白黒〕　宮古島

**ヘリコプターによる農薬撒布実験**
「写真でみる日本人の生活全集 5」日本図書センター　2010
◇p165〔白黒〕　[撮]昭和29年4月

**ヘンコ**
「民俗資料選集 25 焼畑習俗」国土地理協会　1997
◇p3(口絵)〔白黒〕　岐阜県白川村平瀬　竹製の種播き用種子入

**ヘンコ(ヒゲコ)**
「民俗資料選集 25 焼畑習俗」国土地理協会　1997
◇p32(本文)〔白黒・図〕　岐阜県白川村平瀬

**ホー**
「写真で見る農具 民具」農林統計協会　1988
◇p34〔白黒〕　岩手県軽米町　古くから現在も使用草はだけ鎌

**ホウキ**
「民俗資料選集 25 焼畑習俗」国土地理協会　1997
◇p31(本文)〔白黒〕　岐阜県白川村　ヒミチを掃く時に使用する即製のホウキ

**ホウキ(柴製)**
「民俗資料選集 25 焼畑習俗」国土地理協会　1997
◇p30(本文)〔白黒・図〕　岐阜県白川村木谷　焼畑に使用した農具　新谷忠孝作成

**放棄された棚田を再生**
「里山・里海 暮らし図鑑」柏書房　2012
◇写20(p355)〔白黒〕(地元民と移住者が放棄された棚田を再生)　和歌山県那智勝浦町色川　平成22年3月

**豊作を願って立てたハラミバシとカユカキボウ**
「写真ものがたり昭和の暮らし 1」農山漁村文化協会　2004
◇p130〔白黒〕　群馬県北橘村三原田　[撮]須藤功, 昭和44年5月

**防除用器具(イナゴ捕り機)**
「写真で見る農具 民具」農林統計協会　1988
◇p115〔白黒〕　鹿児島県蒲生町　大正時代より昭和10年頃まで

**坊主鍬**
「写真で見る農具 民具」農林統計協会　1988
◇p23〔白黒〕　福井県今庄町
◇p28〔白黒〕　福井県今庄町　昭和35年頃まで

**防草機**
「写真で見る農具 民具」農林統計協会　1988
◇p68〔白黒〕　秋田県男鹿市　昭和24年頃

**ボウチボー**
「日本民俗図誌 5 農耕・漁撈篇」村田書店　1978
◇図65〔白黒・図〕　栃木県河内郡古里村　『民具問答』

**包中被害除去器具**
「写真で見る農具 民具」農林統計協会　1988
◇p114〔白黒〕(包中被害除去器具(女性用))　福井県丸岡町
◇p114〔白黒〕(包中被害除去器具(男性用))　福井県丸岡町

**ホウヤ**
「里山・里海 暮らし図鑑」柏書房　2012
◇写88(p82)〔白黒〕(横長に積むホウヤ)　和歌山県橋本市

**ホウヤ積みで保存する稲ワラ**
「里山・里海 暮らし図鑑」柏書房　2012
◇写87(p82)〔白黒〕　和歌山県旧大塔村〔田辺市〕熊野　昭和34年頃　岡田孝男提供
◇写2(p227)〔白黒〕(ワラをホウヤ積みで保管)　昭和40年代　大阪府東大阪市立郷土博物館提供

**菠薐草蒔き**
「写真でみる日本生活図引 別巻」弘文堂　1993
◇図114〔白黒〕　長野県下伊那郡阿智村　[撮]熊谷元一, 昭和31年9月30日

**保温折衷苗代**
「写真ものがたり昭和の暮らし 1」農山漁村文化協会　2004
◇p130〔白黒〕　新潟県松之山町浦田　[撮]米山孝志, 昭和56年

**保温折衷苗代を考案した荻野豊次**
「写真ものがたり昭和の暮らし 1」農山漁村文化協会　2004
◇p131〔白黒〕　長野県穂高町松野にて　[撮]昭和30年代　(社)農山漁村文化協会提供

**保温折衷苗代作り**
「里山・里海 暮らし図鑑」柏書房　2012
◇写9(p62)〔白黒〕(隣組が共同で行った保温折衷苗代作り)　昭和30年代　島根県隠岐郡海士町役場提供

**保温折衷苗代の覆い**
「写真ものがたり昭和の暮らし 1」農山漁村文化協会　2004
◇p131〔白黒〕　長野県穂高町松野　[撮]昭和33年4月　(社)農山漁村文化協会提供

**保温のビニールをはった苗代田**
「フォークロアの眼 2 雪国と暮らし」国書刊行会　1977
◇図182〔白黒〕　新潟県古志郡太田村(現在は長岡市)蓬平　[撮]中俣正義, 昭和32年4月28日

**穂掛け**
「日本民俗事典」弘文堂　1972
◇p651〔白黒〕　兵庫県淡路島　[撮]竹田旦

**穂刈り**
「民俗図録 日本人の暮らし」日本図書センター　2012
◇図236〔白黒〕　沖縄八重山列島宮古島　[撮]林義三

**穂刈り用カマ**
「民俗資料選集 25 焼畑習俗」国土地理協会　1997
◇p106(本文)〔白黒・図〕　岐阜県高鷲村

**牧草鎌**
「写真で見る農具 民具」農林統計協会　1988
◇p123〔白黒〕　奈良県西吉野村　昭和30年代　果樹園の下草刈り

**穂積カゴ**
「写真で見る農具 民具」農林統計協会　1988
◇p187〔白黒〕　大阪府羽曳野市　昭和30年頃まで

**ホタギ**
「民俗資料選集 9 山村の生活と用具」国土地理協会　1981
◇p12(口絵)〔白黒〕　愛知県北設楽郡津具村　しい茸栽培

**ホタギ積み(天然)**
「民俗資料選集 9 山村の生活と用具」国土地理協会　1981
◇p12(口絵)〔白黒〕　愛知県北設楽郡津具村　しい茸栽培

**ぼったかき棒**
「写真で見る農具 民具」農林統計協会　1988
◇p74〔白黒〕　岩手県軽米町

**ホッタテ小屋**
「写真でみる日本人の生活全集 3」日本図書センター　2010

◇p133〔白黒〕　米の産地に建てられた物見小屋

**ボッタマキのタゴ**
「民俗資料選集 23 北上山地の畑作習俗」国土地理協会　1995
◇p140（本文）〔白黒・図〕　岩手県岩泉町安家地区　焼畑の農具, 人糞尿・灰・水・種など入れ攪拌したものを入れる

**ホップ花乾燥機**
「写真で見る農具 民具」農林統計協会　1988
◇p223〔白黒〕　山形県白鷹町　昭和39年頃から45年頃まで　ホップ花乾燥機・乾燥箱

**ホップ花乾燥箱**
「写真で見る農具 民具」農林統計協会　1988
◇p223〔白黒〕　山形県白鷹町　昭和39年頃から45年頃まで　ホップ花乾燥機・乾燥箱

**ホップ花乾燥用送風機**
「写真で見る農具 民具」農林統計協会　1988
◇p223〔白黒〕　山形県白鷹町　昭和39年頃から45年頃まで　ホップ花乾燥機・乾燥箱

**ホップ花採取機**
「写真で見る農具 民具」農林統計協会　1988
◇p223〔白黒〕（TN式ホップ花採取機）　山形県白鷹町　昭和34ねんから38年頃まで

**ホップ花摘式**
「写真で見る農具 民具」農林統計協会　1988
◇p223〔白黒〕　山形県白鷹町　昭和38年から42年頃まで

**ホップ花の乾燥用火炉**
「写真で見る農具 民具」農林統計協会　1988
◇p224〔白黒〕　山形県白鷹町　昭和46年から55年頃

**保床山山麓の神田**
「民俗資料叢書 11 田植の習俗5」平凡社　1970
◇図126〔白黒〕　長崎県 対馬豆酘

**ホトリガマ**
「図説 民俗探訪事典」山川出版社　1983
◇p241〔白黒〕　石川県白峰村　国立歴史民俗博物館提供

**ホトリベラ**
「図説 民俗探訪事典」山川出版社　1983
◇p241〔白黒〕　石川県白峰村　国立歴史民俗博物館提供

**ホニョの列**
「日本写真全集 9」小学館　1987
◇図184〔白黒〕　南秋田郡外旭川村　㊞三木茂　『雪の民俗』（昭和19年 養徳社刊）

**穂ヒエの保存**
「民俗資料選集 30 焼畑習俗Ⅱ」国土地理協会　2002
◇p171（本文）〔白黒〕　宮崎県

**穂ヒエはトラに入れてツツンカシラ（天井）に保存する**
「民俗資料選集 30 焼畑習俗Ⅱ」国土地理協会　2002
◇p18（口絵）〔白黒〕　宮崎県西米良村竹原

**掘串（アサンガニ）**
「図説 民俗探訪事典」山川出版社　1983
◇p323〔白黒〕　沖縄本島北部

**掘串（ティブク）**
「図説 民俗探訪事典」山川出版社　1983
◇p323〔白黒〕　久米島

**掘り出された甘藷**
「写真でみる日本生活図引 別巻」弘文堂　1993
◇図148〔白黒〕（甘藷）　長野県下伊那郡阿智村　㊞矢沢昇, 昭和31年11月2日

**掘り出した牛蒡**
「写真でみる日本生活図引 別巻」弘文堂　1993
◇図188〔白黒〕（牛蒡）　長野県下伊那郡阿智村　㊞熊谷元一, 昭和31年12月3日

**掘舟**
「民俗資料選集 23 北上山地の畑作習俗」国土地理協会　1995
◇p142（本文）〔白黒・図〕　岩手県　雨宿（出小屋）での飲み水用に雨水をためておく

**掘棒**
「日本民俗大辞典 下」吉川弘文館　2000
◇p549〔白黒・図〕　木下忠『日本農耕技術の起源と伝統』より

**ボロカビ（ぼろ蚊火）**
「民具のみかた―心とかたち」第一法規出版　1983
◇p139〔白黒〕　石川県白山麓

**ボロッカゴ**
「いまに伝える 農家のモノ・人の生活館」柏書房　2004
◇p163 写真2〔白黒〕　埼玉県所沢市

**本田のエジキ**
「民俗資料叢書 1 田植の習俗1」平凡社　1965
◇図4〔白黒〕　岩手県江刺市梁川

**本田の大足踏み**
「民俗資料叢書 9 田植の習俗4」平凡社　1969
◇図3〔白黒〕　島根県邑智郡石見町日貫青笹

**舞田**
「民俗資料叢書 9 田植の習俗4」平凡社　1969
◇p69（挿9）〔白黒・図〕　島根県那賀郡金城村七条の旧家三浦家　大田植の日のはしま出に円形の田で行なわれた

**まいた種に土をかぶせる**
「写真ものがたり昭和の暮らし 2」農山漁村文化協会　2004
◇p60〔白黒〕　宮崎県西米良村小川　焼畑の火入れ後のヒエの種まき　㊞須藤功, 昭和59年5月（記録映画撮影のために焼畑を再現）

**前庭の畑にまいた野菜がいっせいに芽を出した**
「写真ものがたり昭和の暮らし 1」農山漁村文化協会　2004
◇p66〔白黒〕　長野県清内路村　㊞熊谷元一, 昭和29年

**マガ**
「民俗資料叢書 11 田植の習俗5」平凡社　1970
◇図108〔白黒〕　長崎県壱岐　牛にひかせる

**馬加**
「写真で見る農具 民具」農林統計協会　1988
◇p64〔白黒〕　佐賀県大和町

**マガネの使用**
「民俗資料叢書 11 田植の習俗5」平凡社　1970
◇図22〔白黒〕　高知県室戸市室津郷

**マキジルシ**
「民俗資料叢書 11 田植の習俗5」平凡社　1970
◇p315（挿17）〔白黒・図〕　鹿児島県大島郡 与論島　播きつけ

**牧畑**
「里山・里海 暮らし図鑑」柏書房　2012
◇写11（p22）〔白黒〕（宇賀の牧畑）　昭和3年頃　㊞村尾富夫　島根県隠岐郡西ノ島町役場提供
◇写12（p22）〔白黒〕（国賀の牧畑。冬の空山）　島根県隠岐郡西ノ島町　昭和36年頃　㊞井谷勲　島根県隠岐郡西ノ島町役場提供

「日本社会民俗辞典 4」日本図書センター　2004
◇p1350〔白黒〕　隠岐島前

「写真でみる日本生活図引 6」弘文堂　1993

農業　　　　　　　　　　　　　　　生産・生業

　　　◇図142〔白黒〕　　島根県隠岐郡西ノ島町鯛の浦　㊞早川孝太郎, 昭和9年5月24日

**牧畑の開墾**
「里山・里海 暮らし図鑑」柏書房　2012
　　　◇写6 (p20)〔白黒〕(共同作業による牧畑の開墾)　昭和11年頃　島根県隠岐郡西ノ島町役場提供

**牧畑の共同開墾**
「里山・里海 暮らし図鑑」柏書房　2012
　　　◇口絵〔白黒〕　昭和11年頃　島根県隠岐郡西ノ島町役場提供

**牧畑の輪転方式**
「日本社会民俗辞典 4」日本図書センター　2004
　　　◇p1349〔白黒・図〕(隠岐牧畑の輪転方式)

**マグワ**
「宮本常一 写真・日記集成 別巻」毎日新聞社　2005
　　　◇図35 (p17)〔白黒〕　　島根県邑智郡地方　㊞宮本常一, 1939年〔月日不明〕　森脇太一寄贈
「民俗資料叢書 11 田植の習俗5」平凡社　1970
　　　◇図134〔白黒〕　長崎県 対馬豆酘

**馬鍬**
「日本民具の造形」淡交社　2004
　　　◇p205〔白黒〕　宮城県 迫町歴史博物館所蔵
「写真で見る農具 民具」農林統計協会　1988
　　　◇p61〔白黒〕　佐賀県北茂安町
　　　◇p63〔白黒〕　秋田県横手市
　　　◇p63〔白黒〕　福島県郡山市
　　　◇p64〔白黒〕　高知県土佐山田町
　　　◇p64〔白黒〕　佐賀県肥前町　大正時代から昭和20年代の前半まで
　　　◇p66〔白黒〕　栃木県芳賀町　大正時代中期から昭和20年代後半まで
　　　◇p69〔白黒〕　兵庫県西紀町　昭和10〜20年代
「図説 民俗探訪事典」山川出版社　1983
　　　◇p216〜217〔白黒・図〕(各種の馬鍬)　一般の馬鍬, 谷馬鍬, 薬研馬鍬, 車馬鍬
「民俗資料叢書 9 田植の習俗4」平凡社　1969
　　　◇図42〔白黒〕　島根県邑智郡石見町中野
　　　◇図121〔白黒〕　広島県神石郡
「民俗資料叢書 5 田植の習俗2」平凡社　1967
　　　◇図7〔白黒〕　茨城県稲敷郡桜川村浮島

**馬鍬かけ**
「民俗資料叢書 1 田植の習俗1」平凡社　1965
　　　◇図110〔白黒〕　岩手県遠野市上郷町佐比内

**馬鍬による代掻き**
「図説 民俗探訪事典」山川出版社　1983
　　　◇p217〔白黒〕　奈良県添上郡　1970年ころ

**マタイブリ**
「民具のみかた一心とかたち」第一法規出版　1983
　　　◇p73〔白黒〕　石川県白山麓　焼畑火入れ時の道具

**股木で落葉を掻き落す**
「民俗資料選集 25 焼畑習俗」国土地理協会　1997
　　　◇p11（口絵）〔白黒〕　高知県池川町椿山

**マタグワ**
「図録・民具入門事典」柏書房　1991
　　　◇p56〔白黒〕　東京都

**股鍬**
「日本民具の造形」淡交社　2004
　　　◇p204〔白黒〕　鹿児島県 高尾町立郷土館所蔵

**又鍬**
「写真で見る農具 民具」農林統計協会　1988
　　　◇p24〔白黒〕　兵庫県出石町

　　　◇p24〔白黒〕　兵庫県豊岡市
　　　◇p28〔白黒〕　兵庫県出石町　昭和10年代まで

**マダケを使った農具作り**
「里山・里海 暮らし図鑑」柏書房　2012
　　　◇写22 (p232)〔白黒〕　和歌山県橋本市山内

**マダケの林を焼いてソバを栽培するタカヤボ**
「日本民俗写真大系 5」日本図書センター　2000
　　　◇p66〔白黒〕　宮崎県椎葉村　㊞1997年　川野和昭

**マドグワ**
「いまに伝える 農家のモノ・人の生活館」柏書房　2004
　　　◇p157 写真5〔白黒〕　〔埼玉県〕　サツマイモを掘る
「図録・民具入門事典」柏書房　1991
　　　◇p56〔白黒〕　東京都

**窓鍬**
「日本民具の造形」淡交社　2004
　　　◇p204〔白黒〕　栃木県 西那須野郷土資料館所蔵
「日本民俗図誌 5 農耕・漁撈篇」村田書店　1978
　　　◇図53-2〔白黒・図〕　北海道上川郡二条町
　　　◇図54-2〔白黒・図〕　愛媛県喜多郡洲町　『工芸』47
　　　◇図54-4〔白黒・図〕　富山県　『工芸』47

**マトリ**
「民具のみかた一心とかたち」第一法規出版　1983
　　　◇p116〔白黒〕　青森県田子町　豆類の莢を叩く二又の棒

**マドリ**
「民俗資料選集 23 北上山地の畑作習俗」国土地理協会　1995
　　　◇p170（本文）〔白黒〕　岩手県 早池峰山西麓山村　マドリウチ（脱穀）
「写真で見る農具 民具」農林統計協会　1988
　　　◇p126〔白黒〕　岩手県久慈市
　　　◇p126〔白黒〕　岩手県軽米町

**間とり**
「民俗資料選集 23 北上山地の畑作習俗」国土地理協会　1995
　　　◇p139（本文）〔白黒・図〕　岩手県岩泉町安家地区　焼畑の農具

**マトリマッカ**
「図録・民具入門事典」柏書房　1991
　　　◇p62〔白黒〕　岩手県

**まどり（まといり）**
「民俗資料選集 23 北上山地の畑作習俗」国土地理協会　1995
　　　◇p37（本文）〔白黒・図〕　岩手県久慈市山根町端神　製作年代：1975（昭和50）年, 使用年代：1975年頃〜1985年使用中　名久井芳枝『実況図のすすめ』一革社

**マネシキ**
「写真で見る農具 民具」農林統計協会　1988
　　　◇p34〔白黒〕　埼玉県深谷市　大正初期から使用

**間引きと草取り（麻づくり）**
「民俗資料選集 23 北上山地の畑作習俗」国土地理協会　1995
　　　◇p14（口絵）〔白黒〕　岩手県久慈市山根六郷　麻づくり

**マメウエボウ（豆植棒）**
「民具のみかた一心とかたち」第一法規出版　1983
　　　◇p11〔カラー〕　石川県能登地方ほか
　　　◇p65〔白黒〕　新潟県上越市
　　　◇p132〔白黒〕　石川県金沢市
　　　◇p132〔白黒〕　石川県富来町

**豆植棒　ガーガメ**
「日本民俗大辞典 下」吉川弘文館　2000

生産・生業　　　　　　　　　　　　　　　　　　　　　　　　　　農業

　　◇p587〔白黒〕　石川県白山麓
**豆植棒　ホグセボ**
「日本民俗大辞典 下」吉川弘文館　2000
　　◇p587〔白黒〕　石川県羽咋郡富来町
**豆打ち**
「写真でみる日本生活図引 1」弘文堂　1989
　　◇図132〔白黒〕　新潟県南魚沼郡六日町欠之上　㈱中俣正義, 昭和30年10月25日
　　◇図133〔白黒〕　群馬県利根郡片品村花咲　㈱須藤功, 昭和42年10月31日
**豆打ち棒**
「日本民具の造形」淡交社　2004
　　◇p46〔白黒〕　青森県　板柳町立郷土資料館所蔵
「日本民俗大辞典 下」吉川弘文館　2000
　　◇p587〔白黒〕（豆打棒）　山形県庄内地方　致道博物館所蔵
**豆をタテる**
「宮本常一が撮った昭和の情景 上」毎日新聞社　2009
　　◇p33〔白黒〕　愛知県幡豆郡一色町大字佐久島　㈱宮本常一, 1957年7月5日
**マメカチボウ**
「民俗資料選集 25 焼畑習俗」国土地理協会　1997
　　◇p105（本文）〔白黒〕　岐阜県高鷲村　明宝村立歴史民俗資料館蔵
**マメカツボウ**
「民俗資料選集 25 焼畑習俗」国土地理協会　1997
　　◇p106（本文）〔白黒・図〕　岐阜県高鷲村　ヒノキ製
**豆殻をタテる（風選する）**
「宮本常一 写真・日記集成 上」毎日新聞社　2005
　　◇p68〔白黒〕　愛知県幡豆郡一色町 佐久島　㈱宮本常一, 1957年7月5日
**豆扱き**
「写真でみる日本生活図引 1」弘文堂　1989
　　◇図131〔白黒〕　新潟県南魚沼郡塩沢町上田　㈱林明男, 昭和時代
**豆コキバシ**
「日本社会民俗辞典 3」日本図書センター　2004
　　◇p1120〔白黒〕　福岡県糟屋郡地方
**豆叩き**
「宮本常一 写真・日記集成 上」毎日新聞社　2005
　　◇p68〔白黒〕　愛知県幡豆郡一色町 佐久島　㈱宮本常一, 1957年7月5日
**豆玉けずり**
「写真で見る農具 民具」農林統計協会　1988
　　◇p75〔白黒〕　福島県郡山市　昭和10年代の後半
**円篭**
「写真で見る農具 民具」農林統計協会　1988
　　◇p186〔白黒〕　京都府京都市　明治時代から大正末期まで
**マルボッチ**
「いまに伝える 農家のモノ・人の生活館」柏書房　2004
　　◇p121 図2〔白黒・図〕　〔埼玉県〕
　　◇p121 写真2〔白黒〕（マルボッチ—木吊るし）　埼玉県庄和町
**廻しバカ植え**
「民俗資料叢書 5 田植の習俗2」平凡社　1967
　　◇p44（挿2）〔白黒・図〕　茨城県稲敷郡桜川村浮島
**マワリ田植**
「民俗資料叢書 1 田植の習俗1」平凡社　1965
　　◇図29〔白黒〕　岩手県江刺市田原

**廻り田植**
「民俗資料叢書 1 田植の習俗1」平凡社　1965
　　◇図42, 43〔白黒〕　岩手県江刺市田原の紺野家
　　◇p49（挿9）〔白黒・図〕　岩手県江刺市田原の紺野家
**廻り田打ち**
「民俗資料叢書 1 田植の習俗1」平凡社　1965
　　◇p23（挿1）〔白黒・図〕　岩手県江刺市　クロネ, ムコナカセ
**マンガ**
「いまに伝える 農家のモノ・人の生活館」柏書房　2004
　　◇p75 図1〔白黒・図〕　埼玉県所沢市　埼玉県立さきたま資料館蔵
　　◇p75 写真1〔白黒〕（マンガと呼ばれる万能）　埼玉県所沢市
「図録・民具入門事典」柏書房　1991
　　◇p56〔白黒〕　東京都
　　◇p57〔白黒〕　東京都
「民具のみかた—心とかたち」第一法規出版　1983
　　◇p135〔白黒〕（マンガ（馬鍬））　埼玉県行田市
**マンガでの田うない**
「いまに伝える 農家のモノ・人の生活館」柏書房　2004
　　◇p75 写真2〔白黒〕　埼玉県所沢市　㈱昭和46年
**マンガン**
「民俗資料叢書 1 田植の習俗1」平凡社　1965
　　◇図14〔白黒〕　岩手県江刺市伊手　一時代前のもの
**万石**
「いまに伝える 農家のモノ・人の生活館」柏書房　2004
　　◇p117 写真6〔白黒〕（マンゴク（万石））　埼玉県
「写真で見る農具 民具」農林統計協会　1988
　　◇p145〔白黒〕　秋田県横手市　明治から大正時代
　　◇p145〔白黒〕　千葉県富里村　江戸後期（文政）から昭和10年代まで
　　◇p145〔白黒〕　奈良県奈良市
**万石とおし**
「写真で見る農具 民具」農林統計協会　1988
　　◇p145〔白黒〕　大阪府池田市　昭和初期
**万石通し**
「写真で見る農具 民具」農林統計協会　1988
　　◇p145〔白黒〕　山梨県甲府市　昭和40年頃まで
**万石による選別**
「写真でみる民家大事典」柏書房　2005
　　◇p143-2〔白黒〕　東京都多摩市　㈱1965年頃　田中登
「写真で見る農具 民具」農林統計協会　1988
　　◇口絵〔白黒〕（万石による玄米の選別）　岩手県　昭和30年代　写真提供 岩手県立農業博物館
**万石籠**
「写真で見る農具 民具」農林統計協会　1988
　　◇p145〔白黒〕　大阪府堺市　昭和10年代まで
**万石箕**
「図録・民具入門事典」柏書房　1991
　　◇p63〔白黒〕　埼玉県　埼玉県立博物館所蔵
**まんのう**
「日本の生活文化財」第一法規出版　1965
　　◇図6・7（生産・運搬・交易）〔白黒〕　文部省史料館所蔵（東京都品川区）
**マンノウグワ**
「図録・民具入門事典」柏書房　1991
　　◇p56〔白黒〕　東京都
**ミ**
「あるくみるきく双書 宮本常一とあるいた昭和の日本 19」

農業　　　　　　　　　　　　　　　　　生産・生業

農山漁村文化協会　2012
　　◇p104〔白黒〕　岩手県一戸町　㊙工藤員功
「図録・民具入門事典」柏書房　1991
　　◇p63〔白黒〕　東京都
　　◇p63〔白黒〕　東京都
「日本の生活文化財」第一法規出版　1965
　　◇図20（生産・運搬・交易）〔白黒〕　文部省史料館所蔵（東京都品川区）

箕
「今は昔 民具など」文芸社　2014
　　◇p112〔白黒〕　㊙山本富三　木治屋蔵（奈良）
「あるくみるきく双書 宮本常一とあるいた昭和の日本 19」農山漁村文化協会　2012
　　◇p104〔白黒〕（イタヤで編んだ箕）　岩手県一戸町面岸　㊙工藤員功
「精選 日本民俗辞典」吉川弘文館　2006
　　◇p503〔白黒〕　新松戸郷土資料館所蔵
「日本民具の造形」淡交社　2004
　　◇p25〔白黒〕　新潟県 水原町ふるさと農業歴史資料館所蔵
　　◇p215〔白黒〕　鹿児島県 ミュージアム知覧
「日本民俗大辞典 下」吉川弘文館　2000
　　◇p595〔白黒〕　新松戸郷土資料館所蔵
「民俗資料選集 25 焼畑習俗」国土地理協会　1997
　　◇p6（口絵）〔白黒〕（樺の革の箕）　岐阜県白川村荻町 合掌造り生活資料館蔵
「民俗資料選集 23 北上山地の畑作習俗」国土地理協会　1995
　　◇p211（本文）〔白黒〕　岩手県気仙郡住田町世田米、大股
「日本の民具 2 農村」慶友社　1992
　　◇図55〔白黒〕　岐阜県吉城郡国府村　㊙薗部澄
「写真で見る農具 民具」農林統計協会　1988
　　◇p143〔白黒〕　秋田県河辺町
　　◇p143〔白黒〕　秋田県横手市
　　◇p144〔白黒〕　秋田県横手市
「図説 民俗探訪事典」山川出版社　1983
　　◇p236〔白黒〕　弘前市
「日本民俗文化財事典（改訂版）」第一法規出版　1979
　　◇図132〔白黒〕
「日本民俗図誌 3 調度・服飾篇」村田書店　1977
　　◇図26-1〔白黒・図〕　東京府下狭山地方の茶園で使用
「日本民俗事典」弘文堂　1972
　　◇p680〔白黒〕　薩摩半島

みかん運搬篭
「写真で見る農具 民具」農林統計協会　1988
　　◇p190〔白黒〕　愛媛県川之江市　昭和25年頃から40年

ミカン採取ハサミ
「写真で見る農具 民具」農林統計協会　1988
　　◇p189〔白黒〕（採取ハサミ）　静岡県清水市　明治時代前期から昭和前期　ミカン用

ミカン収穫篭
「写真で見る農具 民具」農林統計協会　1988
　　◇p189〔白黒〕　静岡県清水市　大正時代末期から昭和20年代

ミカンの選果場
「宮本常一 写真・日記集成 下」毎日新聞社　2005
　　◇p375〔白黒〕　山口県大島郡東和町西方［周防大島町］　㊙宮本常一, 1976年12月12日

ミカンの段畑
「宮本常一 写真・日記集成 上」毎日新聞社　2005
　　◇p255〔白黒〕　長崎→博多　㊙宮本常一, 1961年4月27日

ミカン畑
「宮本常一 写真・日記集成 上」毎日新聞社　2005
　　◇p178〔白黒〕　周防大島〔宮本常一〕自宅付近　水田をミカン畑にした　㊙宮本常一, 1960年4月1日
　　◇p178〔白黒〕（宮本家ミカン畑）　周防大島〔宮本常一〕自宅付近　㊙宮本常一, 1960年4月1日
　　◇p374〔白黒〕　神奈川県南足柄市　㊙宮本常一, 1963年5月13日
　　◇p422〔白黒〕　大分県速見郡日出町陣ノ辻あたり　㊙宮本常一, 1964年2月5日
「宮本常一 写真・日記集成 下」毎日新聞社　2005
　　◇p191〔白黒〕（水田がミカン畑に）　東和町下田　㊙宮本常一, 1969年4月8日
　　◇p375〔白黒〕　山口県大島郡東和町長浜［周防大島町］　㊙宮本常一, 1976年12月12日

ミカン畑となったかつての水田
「写真ものがたり昭和の暮らし 3」農山漁村文化協会　2004
　　◇p219〔白黒〕　山口県久賀町（現周防大島町）　㊙宮本常一, 昭和30年代

みかん船
「日本民俗写真大系 4」日本図書センター　1999
　　◇p1〔カラー〕　広島県豊町　〔畑仕事をするための農作業用の船〕　㊙島内英佑, 1980年

みかん容器
「写真で見る農具 民具」農林統計協会　1988
　　◇p189〔白黒〕　和歌山県下津町　大正時代から昭和40年前期まで　温州みかん・夏みかん運搬用

岬の稲田
「写真でみる日本生活図引 6」弘文堂　1993
　　◇図136〔白黒〕　京都府与謝郡伊根町・蒲屋海岸　㊙板垣太子松, 昭和37年10月21日

水揚げ
「写真でみる日本生活図引 1」弘文堂　1989
　　◇図36〔白黒〕　秋田県横手市八幡　踏車　㊙佐藤久太郎, 昭和33年6月15日

水揚げ水車
「宮本常一 写真・日記集成 上」毎日新聞社　2005
　　◇p109〔白黒〕　大分県玖珠郡玖珠町森→中津市　㊙宮本常一, 1958年7月7日
「宮本常一 写真・日記集成 下」毎日新聞社　2005
　　◇p210〔白黒〕（水揚げの水車）　山口県阿武郡旭村佐々並→川上村藤蔵　㊙宮本常一, 1969年8月17日〜24日（山口県阿武川民俗資料緊急第二次調査）
「写真でみる日本生活図引 1」弘文堂　1989
　　◇図37〔白黒〕（水揚水車）　高知県土佐中村市　㊙須藤功, 昭和49年5月17日

水落とし
「民俗資料叢書 11 田植の習俗5」平凡社　1970
　　◇図40〔白黒〕　高知県高岡郡葉山村葉山　上段から下段の田へ水を落とす所にさした杉の枝

ミズグルマ（水車）
「いまに伝える 農家のモノ・人の生活館」柏書房　2004
　　◇p91 写真6〔白黒〕　埼玉県北川辺町　㊙昭和45年

水ぐるま
「民俗図録 日本人の暮らし」日本図書センター　2012
　　◇図224〔白黒〕　京都府山城地方

ミズグルマ（水車）で泥の水をあげる
「いまに伝える 農家のモノ・人の生活館」柏書房　2004
　　◇p93 写真2〔白黒〕　埼玉県さいたま市（旧大宮市内）　㊙昭和52年

水田犂
「写真で見る農具 民具」農林統計協会　1988

生産・生業　　　　　　　　　　　　　　　　　　　　　　　　　　　　　　　　　　　　農業

　　◇p49〔白黒〕　佐賀県川副町　大正時代から昭和10年代

**水菜挿し**
「写真で見る農具 民具」農林統計協会　1988
　　◇p181〔白黒〕　京都府長岡京市　昭和10年頃から

**水苗代清掃用器**
「写真で見る農具 民具」農林統計協会　1988
　　◇p39〔白黒〕　秋田県大内町　昭和25年頃まで
　　◇p39〔白黒〕　秋田県天王町　昭和20年頃まで

**水苗代での育苗**
「里山・里海 暮らし図鑑」柏書房　2012
　　◇写10～21 (p63～64)〔白黒〕　荒起こし, 溝掘り, 代掻き, 荒く整形, 水深の調整, 土面を均し水平に調整, 取水口, 本田から水苗代への水回し, モミ掻き, 播種直後の種モミと播種密度, ヒエ類採り, イネ苗とヒエ類との識別

**水苗代でのイネの苗取り**
「里山・里海 暮らし図鑑」柏書房　2012
　　◇写40 (p69)〔白黒〕

**ミズナワシロでの種振り**
「いまに伝える 農家のモノ・人の生活館」柏書房　2004
　　◇p83 写真1〔白黒〕　埼玉県

**水苗代での苗生育**
「里山・里海 暮らし図鑑」柏書房　2012
　　◇写8 (p62)〔白黒〕　和歌山県和歌山市北別所

**水苗代に追肥**
「写真でみる日本生活図引 1」弘文堂　1989
　　◇図7〔白黒〕　宮城県仙台市七郷　㊞加藤治郎, 昭和16年5月

**水苗代の種まき**
「写真ものがたり昭和の暮らし 1」農山漁村文化協会　2004
　　◇p132〔白黒〕　秋田県湯沢市三関　㊞佐藤久太郎, 昭和36年4月
「写真でみる日本生活図引 1」弘文堂　1989
　　◇図6〔白黒〕（水苗代の種蒔）　秋田県湯沢市三関　㊞佐藤久太郎, 昭和36年4月23日

**水苗代の平面模式**
「里山・里海 暮らし図鑑」柏書房　2012
　　◇図3 (p64)〔白黒・図〕　養父志乃夫『田んぼビオトープ入門』農山漁村文化協会（2005）から引用

**水につける（籾つけ）**
「民俗図録 日本人の暮らし」日本図書センター　2012
　　◇図198〔白黒〕　青森県西津軽郡深浦町追良瀬　㊞櫻庭武則

**水温め**
「写真ものがたり昭和の暮らし 9」農山漁村文化協会　2007
　　◇p12〔白黒〕　福島県下郷町大内　㊞須藤功, 昭和44年8月
「写真ものがたり昭和の暮らし 1」農山漁村文化協会　2004
　　◇p174〔白黒〕　福島県下郷町大内　㊞須藤功, 昭和44年8月

**水ぬくめの溝**
「宮本常一 写真・日記集成 下」毎日新聞社　2005
　　◇p310〔白黒〕　山口県玖珂郡美和町北中山　㊞宮本常一, 1973年8月6日～10日

**水ぬるまし**
「民俗資料叢書 1 田植の習俗1」平凡社　1965
　　◇図129〔白黒〕　岩手県遠野市山谷

**水ぬるましの田**
「民俗資料叢書 1 田植の習俗1」平凡社　1965
　　◇図55〔白黒〕　岩手県江刺市伊手のスイズンギ

**水の配水時間を測る線香を焚く木箱**
「里山・里海 暮らし図鑑」柏書房　2012
　　◇写1 (p27)〔白黒〕　香川県仲多度郡まんのう町吉野

**水ひき**
「民俗図録 日本人の暮らし」日本図書センター　2012
　　◇図223〔白黒〕　大阪府三島郡味生村

**水まき器**
「写真で見る農具 民具」農林統計協会　1988
　　◇p120〔白黒〕　愛媛県大洲市　昭和前期から30年代まで

**箕選**
「写真でみる日本生活図引 1」弘文堂　1989
　　◇図68〔白黒〕　秋田県横手市金沢町石神　㊞佐藤久太郎, 昭和41年11月15日

**溝切り播種機**
「写真で見る農具 民具」農林統計協会　1988
　　◇p77〔白黒〕　愛媛県御荘町　昭和初期から20年代後半まで

**溝掘器**
「写真で見る農具 民具」農林統計協会　1988
　　◇p40〔白黒〕　福井県三国町　昭和25年頃まで

**三つ鍬と平鍬**
「民俗資料叢書 5 田植の習俗2」平凡社　1967
　　◇図33〔白黒〕　富山県中新川郡上市種

**ミツマタ（農具）**
「民俗資料叢書 11 田植の習俗5」平凡社　1970
　　◇図156〔白黒〕（左からくわ, ナデグワ, ミツマタ）　鹿児島県国分市上井

**みつまた収穫用鎌**
「写真で見る農具 民具」農林統計協会　1988
　　◇p217〔白黒〕　岡山県久世町　明治時代中期から

**三椏畑**
「写真でみる日本生活図引 1」弘文堂　1989
　　◇図96〔白黒〕　高知県吾川郡池川町椿山　㊞須藤功, 昭和50年4月9日

**ミツマタ・ヒノキ・小豆・大豆・大根などが同居する焼畑**
「民俗資料選集 25 焼畑習俗」国土地理協会　1997
　　◇p14〔口絵〕〔白黒〕　高知県池川町椿山

**みとり**
「日本の民具 2 農村」慶友社　1992
　　◇図126〔白黒〕　岡山県 真鍋島　綿の実をとる道具　㊞薗部澄

**箕による籾の選別**
「写真で見る農具 民具」農林統計協会　1988
　　◇口絵〔白黒〕　岩手県　昭和30年代　写真提供 岩手県立農業博物館

**箕の一種（ムイ）**
「図説 台所道具の歴史」日本図書センター　2012
　　◇p41-8〔白黒〕　アイヌの生活用具　北海道・白老民俗資料館

**箕の使い方**
「図録・民具入門事典」柏書房　1991
　　◇p63〔白黒〕（箕使用図）　長崎県

**実ったヒエ**
「写真ものがたり昭和の暮らし 2」農山漁村文化協会　2004
　　◇p62〔カラー〕　宮崎県西米良村小川　㊞須藤功, 昭和59年10月

**耳附板鍬**
「日本民俗図誌 5 農耕・漁撈篇」村田書店　1978

農業　　　　　　　　　　　　　　　　生産・生業

◇図55〔白黒・図〕　長野県南佐久郡西田町　帝国農会編『日本農具図説』

## 耳鋼式千歯
「図説 民俗探訪事典」山川出版社　1983
◇p233〔白黒〕　栃木県立博物館蔵

## みょうどの田植えを手伝う人々
「フォークロアの眼 9 花祭り」国書刊行会　1977
◇図187〔白黒〕　愛知県北設楽郡東栄町下粟代　⑩昭和37年5月6日

## ムカゴ取り
「写真ものがたり昭和の暮らし 2」農山漁村文化協会　2004
◇p47〔カラー〕　鳥取県河原町　⑩須藤功、昭和43年10月

## 麦
「写真でみる日本生活図引 別巻」弘文堂　1993
◇図366〔白黒〕　長野県下伊那郡阿智村　穂の出た麦　⑩熊谷元一、昭和32年5月10日

## 麦上げ
「いまに伝える 農家のモノ・人の生活館」柏書房　2004
◇口絵〔白黒〕　埼玉県横瀬町
◇p125〔白黒〕　〔埼玉県〕
◇p136 写真6〔白黒〕　埼玉県 北埼玉地方　ヤリボウに麦束を刺して運ぶ

## 麦入れ
「写真でみる日本生活図引 別巻」弘文堂　1993
◇図25〔白黒〕　長野県下伊那郡阿智村　麦を家へ運ぶ　⑩矢沢昇、昭和31年7月13日

## 麦打ち
「民俗図録 日本人の暮らし」日本図書センター　2012
◇図249〔白黒〕　大阪府豊能郡能勢口
「写真でみる日本人の生活全集 1」日本図書センター　2010
◇p27〔白黒〕（麦打）　東京都北多摩郡保谷（下保谷字新田・上保谷字上宿）　⑩昭和初年
「いまに伝える 農家のモノ・人の生活館」柏書房　2004
◇p126〔白黒〕　〔埼玉県〕　小麦の脱穀。ムギウチサナ
◇p144 写真4〔白黒〕　埼玉県立さきたま資料館での再現風景　小麦の脱穀にムギウチサナ（麦打ち台）を用いる
◇p144 写真5〔白黒〕　埼玉県小鹿野町　ムギウチサナによる小麦の脱穀　⑩昭和59年7月
「日本社会民俗辞典 3」日本図書センター　2004
◇p1250〔白黒〕
「日本社会民俗辞典 4」日本図書センター　2004
◇p1428〔白黒〕　仙台市近郊
「写真でみる日本生活図引 1」弘文堂　1989
◇図121〔白黒〕　神奈川県平塚市・馬入川河口　⑩昭和5年　平塚市博物館提供

## ムギウチサナ（麦打ち台）
「民具のみかた―心とかたち」第一法規出版　1983
◇p141〔白黒〕　埼玉県行田市

## 麦打ち台
「写真で見る農具 民具」農林統計協会　1988
◇p131〔白黒〕　群馬県群馬町　明治時代から
「図説 民俗探訪事典」山川出版社　1983
◇p240〔白黒・図〕　京都市伏見区
「日本民俗事典」弘文堂　1972
◇p429〔白黒〕　大隈地方

## 麦打ち台（サナ）によるコムギの脱穀
「里山・里海 暮らし図鑑」柏書房　2012
◇写15（p87）〔白黒〕　埼玉県旧両神村〔小鹿野町〕　昭和59年　大舘勝治提供

## 麦を束ねる
「いまに伝える 農家のモノ・人の生活館」柏書房　2004
◇p135 写真2〔白黒〕　埼玉県鳩山町

## 麦刈り
「宮本常一 写真・日記集成 下」毎日新聞社　2005
◇p154〔白黒〕　上野→土浦 車窓から　⑩宮本常一、1968年6月22日
「いまに伝える 農家のモノ・人の生活館」柏書房　2004
◇口絵〔白黒〕　埼玉県鳩山町
◇p125〔白黒〕　〔埼玉県〕
◇p135 写真1〔白黒〕　埼玉県鳩山町
「写真でみる日本生活図引 別巻」弘文堂　1993
◇図405〔白黒〕　長野県下伊那郡阿智村　⑩熊谷元一、昭和32年6月18日

## 麦刈りを終え脱穀後の藁を焼いて後始末する
「宮本常一が撮った昭和の情景 下」毎日新聞社　2009
◇p74〔白黒〕　東京都府中市南町（芝間）　⑩宮本常一、1968年6月18日
「宮本常一 写真・日記集成 下」毎日新聞社　2005
◇p153〔白黒〕（麦わらの後始末）　東京都府中市柴間　⑩宮本常一、1968年6月18日

## むぎこき
「図説 台所道具の歴史」日本図書センター　2012
◇p38-3〔白黒〕　⑩GK　秩父市立民俗博物館

## 麦こき
「民俗図録 日本人の暮らし」日本図書センター　2012
◇図248〔白黒〕　東京都西多摩郡保谷町上保谷
「いまに伝える 農家のモノ・人の生活館」柏書房　2004
◇p126〔白黒〕（麦扱き）　〔埼玉県〕　大麦の脱穀。センバコキ
「日本社会民俗辞典 4」日本図書センター　2004
◇p1429〔白黒〕（麦扱）　東京都保谷町
「日本の民具 2 農村」慶友社　1992
◇図56〔白黒〕　埼玉県大里郡豊里村　⑩薗部澄
「写真でみる日本生活図引 1」弘文堂　1989
◇図122〔白黒〕（麦扱き）　愛媛県西宇和郡三崎町正野　⑩須藤功、昭和42年5月31日

## 麦こぎ
「宮本常一 写真・日記集成 上」毎日新聞社　2005
◇p39〔白黒〕（共同の麦こぎ）　山口県大島郡東和町長崎〔周防大島町〕　⑩宮本常一、1956年6月15日

## 麦こぎにかかる
「宮本常一 写真・日記集成 上」毎日新聞社　2005
◇p40〔白黒〕　山口県大島郡東和町長崎〔周防大島町〕　⑩宮本常一、1956年6月15日

## ムギコナシ
「いまに伝える 農家のモノ・人の生活館」柏書房　2004
◇p197 写真3〔白黒〕　埼玉県行田市

## 麦種子まき機
「写真で見る農具 民具」農林統計協会　1988
◇p77〔白黒〕　群馬県太田市　昭和初期から

## 麦除草
「写真でみる日本生活図引 別巻」弘文堂　1993
◇図327〔白黒〕　長野県下伊那郡阿智村　⑩熊谷元一、昭和32年4月2日

## 麦すり石
「図説 民俗探訪事典」山川出版社　1983
◇p324〔白黒〕　沖縄

## 麦すり器
「写真で見る農具 民具」農林統計協会　1988
◇p138〔白黒〕　岐阜県大垣市　昭和20～30年以前

**麦叩き台**
「日本民具の造形」淡交社　2004
◇p213〔白黒〕　福岡県 八女民俗資料館所蔵

**麦束の運搬**
「いまに伝える 農家のモノ・人の生活館」柏書房　2004
◇p136 写真4〔白黒〕　埼玉県横瀬町　ショイタで麦束を運ぶ　[撮]昭和59年
◇p136 写真5〔白黒〕　埼玉県横瀬村　モノグサグルマ（ジグル）　[撮]昭和59年6月

**麦束の収納**
「いまに伝える 農家のモノ・人の生活館」柏書房　2004
◇p138 写真8〔白黒〕　埼玉県所沢市　軒下　[撮]昭和30年代
◇p138 写真9〔白黒〕　埼玉県小鹿野町　軒下　[撮]昭和59年7月

**麦田溝上げ**
「写真でみる日本生活図引 別巻」弘文堂　1993
◇図132〔白黒〕　長野県下伊那郡阿智村　[撮]熊谷元一, 昭和31年10月17日

**麦たれまき盤台**
「写真で見る農具 民具」農林統計協会　1988
◇p74〔白黒〕　群馬県松井田町

**麦中耕**
「写真でみる日本生活図引 別巻」弘文堂　1993
◇図312〔白黒〕　長野県下伊那郡阿智村　[撮]熊谷元一, 昭和32年3月19日

**麦つき**
「民俗資料叢書 9 田植の習俗4」平凡社　1969
◇p68（挿6）〔白黒・図〕　島根県那賀郡金城村七条の旧家三浦家　大田植の日のはしま出に円形の田で行なわれた
◇p69（挿7）〔白黒・図〕　島根県那賀郡金城村七条の旧家三浦家　大田植の日のはしま出に円形の田で行なわれた

**麦搗き**
「いまに伝える 農家のモノ・人の生活館」柏書房　2004
◇p145 写真6〔白黒〕　埼玉県小鹿野町　ジガラウスで実に落とす　[撮]昭和59年
◇p145 写真8〔白黒〕　埼玉県大滝村　槌で粒に落とす　[撮]昭和39年10月
「写真でみる日本生活図引 1」弘文堂　1989
◇図124〔白黒〕　福井県坂井郡三国町梶　[撮]菊池俊吉, 昭和15年

**麦土入れ**
「写真でみる日本生活図引 別巻」弘文堂　1993
◇図174〔白黒〕　長野県下伊那郡阿智村　[撮]熊谷元一, 昭和31年11月23日
◇図329〔白黒〕　長野県下伊那郡阿智村　[撮]熊谷元一, 昭和32年4月4日
「写真で見る農具 民具」農林統計協会　1988
◇p103〔白黒〕（麦の土入れ機）　山梨県韮崎市
◇p104〔白黒〕　茨城県猿島町
◇p105〔白黒〕（麦の土入れ機）　山梨県甲府市
◇p105〔白黒〕　茨城県猿島町

**麦土入機**
「写真で見る農具 民具」農林統計協会　1988
◇p103〔白黒〕　宮崎県串間市
◇p103〔白黒〕　愛媛県小田町
◇p104〔白黒〕　山梨県長坂町
◇p104〔白黒〕　愛媛県小田町　大正時代前期から昭和30年代まで

**麦土かけ**
「日本民具の造形」淡交社　2004
◇p207〔白黒〕　静岡県 龍洋町郷土資料館所蔵

**麦にくわで土入れをする**
「写真ものがたり昭和の暮らし 2」農山漁村文化協会　2004
◇p27〔カラー〕（伸び始めた麦にくわで土入れをする）　長野県上村下栗　[撮]須藤功, 昭和42年12月

**麦の植えられた棚田と段畑**
「宮本常一 写真・日記集成 上」毎日新聞社　2005
◇p371〔白黒〕　鹿児島県出水郡長島町　[撮]宮本常一, 1963年3月10日

**ムギの刈り取り**
「里山・里海 暮らし図鑑」柏書房　2012
◇写12（p86）〔白黒〕　埼玉県鳩山町　昭和30〜40年　大舘勝治提供

**麦の収穫の作業場**
「日本民俗写真大系 4」日本図書センター　1999
◇p185〔白黒〕　愛媛県三崎町の浜　脱穀する人も干す人も声をかけ合いながら明るく働く　[撮]浜本栄, 1965年

**麦の除草用具**
「写真で見る農具 民具」農林統計協会　1988
◇p108〔白黒〕　岐阜県海津町　昭和20〜30年頃

**麦の脱穀**
「民俗図録 日本人の暮らし」日本図書センター　2012
◇図247〔白黒〕　長崎県南松浦郡日ノ島村　[撮]井之口章次
「写真でみる日本生活図引 別巻」弘文堂　1993
◇図28〔白黒〕（麦脱穀）　長野県下伊那郡阿智村　[撮]矢沢昇, 昭和31年7月15日

**麦の脱粒作業 ボーチ**
「いまに伝える 農家のモノ・人の生活館」柏書房　2004
◇p142 図5〔白黒・図〕〔埼玉県〕

**麦の中耕除草機**
「写真で見る農具 民具」農林統計協会　1988
◇p108〔白黒〕　宮崎県延岡市　昭和初期まで

**麦の取り込み**
「図説 台所道具の歴史」日本図書センター　2012
◇p38-6〔白黒〕　明治44年『婦人画報』7月号

**麦の穂刈り**
「写真でみる日本生活図引 1」弘文堂　1989
◇図119〔白黒〕　沖縄県宮古郡・宮古島　[撮]林義三, 撮影年不明　民俗学研究所提供

**麦稲架の竹をしまう**
「写真でみる日本生活図引 別巻」弘文堂　1993
◇図40〔白黒〕（竹をしまう）　長野県下伊那郡阿智村　麦稲架の竹をしまう　[撮]熊谷元一, 昭和31年7月26日

**麦播種機**
「写真で見る農具 民具」農林統計協会　1988
◇p76〔白黒〕　宮崎県延岡市　昭和20年代初期まで
◇p77〔白黒〕　鳥取県河原町　昭和20年頃から30年頃
◇p77〔白黒〕　鳥取県河原町　昭和30年頃

**麦畑**
「里山・里海 暮らし図鑑」柏書房　2012
◇写7（p85）〔白黒〕　三重県多気町　4月
「写真でみる日本生活図引 6」弘文堂　1993
◇図146〔白黒〕　愛媛県八幡浜市津羽井山　[撮]新田好, 昭和25年5月頃

**麦畑を田にもどす**
「写真ものがたり昭和の暮らし 1」農山漁村文化協会　2004

農業　　　　　　　　　　　　　　　生産・生業

◇p163〔白黒〕　埼玉県両神村薄　㈱武藤盈, 昭和33年7月

**麦畑に土入れをする**
「写真ものがたり昭和の暮らし 2」農山漁村文化協会　2004
◇p55〔白黒〕　長野県清内路村　㈱熊谷元一, 昭和25年

**麦播種形付器**
「写真で見る農具 民具」農林統計協会　1988
◇p79〔白黒〕　宮崎県延岡市　昭和10年代まで

**麦ぶち**
「図説 日本民俗学」吉川弘文館　2009
◇p153〔白黒〕　神奈川県平塚市　㈱1930年

**ムギブチス**
「図録・民具入門事典」柏書房　1991
◇p62〔白黒〕　神奈川県

**麦ふみ**
「フォークロアの眼 9 花祭り」国書刊行会　1977
◇図181〔白黒〕（冬の畑で麦ふみをする村人たち）　愛知県北設楽郡東栄町下粟代　㈱昭和35年1月6日

**麦踏み**
「里山・里海 暮らし図鑑」柏書房　2012
◇写10 (p86)〔白黒〕　埼玉県嵐山町　昭和30〜40年　大舘勝治提供
「いまに伝える 農家のモノ・人の生活館」柏書房　2004
◇p124〔白黒〕　〔埼玉県〕
◇p130 写真1〔白黒〕　埼玉県嵐山町
◇p131 写真3〔白黒〕　埼玉県嵐山町
「日本社会民俗辞典 3」日本図書センター　2004
◇p1181〔白黒〕（麦ふみ）　仙台市外
「写真ものがたり昭和の暮らし 1」農山漁村文化協会　2004
◇p91〔白黒〕　神奈川県秦野市　㈱菊池俊吉, 昭和25年ころ
「日本民俗大辞典 下」吉川弘文館　2000
◇図24〔別刷図版「野良仕事」〕〔白黒〕　神奈川県秦野市　㈱菊池俊吉, 昭和25 (1950) 年ころ　菊池德子提供
「写真でみる日本生活図引 1」弘文堂　1989
◇図118〔白黒〕　神奈川県秦野市　㈱菊池俊吉, 昭和25年頃

**麦踏ローラ**
「写真で見る農具 民具」農林統計協会　1988
◇p106〔白黒〕　群馬県館林市
◇p106〔白黒〕（麦ふみローラ）　群馬県伊勢崎市　昭和10〜25年頃

**麦踏みローラーによる麦踏み**
「いまに伝える 農家のモノ・人の生活館」柏書房　2004
◇p131 写真2〔白黒〕　埼玉県嵐山町　㈱昭和59年

**ムギ干し**
「宮本常一 写真・日記集成 上」毎日新聞社　2005
◇p318〔白黒〕　宮城県栗原郡栗駒町 栗駒山麓 遠くにムギ干し　㈱宮本常一, 1962年7月17日

**麦干し**
「写真でみる日本生活図引 1」弘文堂　1989
◇図120〔白黒〕　鹿児島県大島郡喜界町志戸桶　㈱北見俊夫, 昭和31年

**麦蒔き**
「いまに伝える 農家のモノ・人の生活館」柏書房　2004
◇p124〔白黒〕　〔埼玉県〕
◇p128 写真1〔白黒〕　埼玉県皆野町　㈱昭和57年
◇p128 写真2〔白黒〕　埼玉県都幾川村　㈱昭和57年
「日本社会民俗辞典 3」日本図書センター　2004
◇p1180〔白黒〕（麦まき）　仙台市外
「写真でみる日本生活図引 別巻」弘文堂　1993
◇図136〔白黒〕　長野県下伊那郡阿智村　㈱熊谷元一, 昭和31年10月21日
「写真でみる日本生活図引 1」弘文堂　1989
◇図116, 117〔白黒〕　東京都練馬区大泉　㈱菊池俊吉, 昭和25年頃

**麦播き機**
「写真で見る農具 民具」農林統計協会　1988
◇p77〔白黒〕　愛媛県砥部町　昭和前期から30年代

**麦搗きに用いるジガラウス**
「いまに伝える 農家のモノ・人の生活館」柏書房　2004
◇p146 写真11〔白黒〕　埼玉県大滝村

**麦搗きに用いるタチウスと竪杵**
「いまに伝える 農家のモノ・人の生活館」柏書房　2004
◇p146 写真10〔白黒〕　埼玉県大滝村

**ムギヤキ (麦焼き)**
「いまに伝える 農家のモノ・人の生活館」柏書房　2004
◇p138 写真10〔白黒〕　埼玉県両神村　㈱昭和59年6月

**麦藁積み**
「あるくみるきく双書 宮本常一とあるいた昭和の日本 22」農山漁村文化協会　2012
◇p7〔白黒〕　千葉県千葉市桜木町　㈱須藤功, 昭和47年6月

**ムグリ**
「図録・民具入門事典」柏書房　1991
◇p57〔白黒〕　埼玉県　埼玉県立博物館所蔵

**虫取機**
「写真で見る農具 民具」農林統計協会　1988
◇p114〔白黒〕　福井県丸岡町　昭和10年頃まで

**無床犂 (抱持立犂)**
「図説 民俗探訪事典」山川出版社　1983
◇p215〔白黒・図〕　福岡県　明治前期

**むしろ**
「写真で見る農具 民具」農林統計協会　1988
◇p149〔白黒〕　宮崎県門川町

**ムツゴ**
「写真で見る農具 民具」農林統計協会　1988
◇p32〔白黒〕　埼玉県深谷市　大正時代後期から昭和20年代まで

**ムネアテ (木オロシ作業用)**
「民俗資料選集 30 焼畑習俗Ⅱ」国土地理協会　2002
◇p163 (本文)〔白黒〕　宮崎県

**胸掛け水車**
「民俗資料選集 41 豊後の水車習俗」国土地理協会　2010
◇p183 (本文)〔白黒・図〕　大分県　〔模式図〕

**室入れ**
「写真でみる日本生活図引 別巻」弘文堂　1993
◇図146〔白黒〕　長野県下伊那郡阿智村 甘藷の室入れ　㈱矢沢昇, 昭和31年10月31日

**螟中被害茎切取鎌**
「写真で見る農具 民具」農林統計協会　1988
◇p113〔白黒〕　福井県今庄町　明治40年代より昭和23年頃

**夫婦犂**
「写真で見る農具 民具」農林統計協会　1988
◇p46〔白黒〕　山梨県須玉町　明治時代から大正時代まで

**メグリ棒**
「民俗資料選集 30 焼畑習俗Ⅱ」国土地理協会　2002
◇p172 (本文)〔白黒〕　宮崎県　ヒエの穂を叩き実を落とす

**メグリボウで打ってヒエを脱穀する**
「写真ものがたり昭和の暮らし 2」農山漁村文化協会　2004
◇p63〔カラー〕　宮崎県西米良村小川　[撮]須藤功, 昭和58年10月
「民俗資料選集 30 焼畑習俗Ⅱ」国土地理協会　2002
◇p17(口絵)〔白黒〕(メグリ棒でヒエの穂を叩き実を落とす)　宮崎県西米良村小川

**メットロクの田植**
「民俗資料叢書 1 田植の習俗1」平凡社　1965
◇図30〔白黒〕　岩手県江刺市伊手

**目ぬきとおし**
「写真で見る農具 民具」農林統計協会　1988
◇p177〔白黒〕　茨城県牛久町　昭和25年頃まで

**米良で初めて米が作られたという田**
「日本宗教民俗図典 1」法蔵館　1985
◇図282〔白黒〕　宮崎県西都市銀鏡　[撮]須藤功

**メリー・テーラー(耕運機)のデモンストレーション**
「宮本常一が撮った昭和の情景 上」毎日新聞社　2009
◇p32〔白黒〕　愛知県北設楽郡設楽町　[撮]宮本常一, 1957年5月14日
「宮本常一 写真・日記集成 上」毎日新聞社　2005
◇p66〔白黒〕　愛知県北設楽郡設楽町 名倉　[撮]宮本常一, 1957年5月14日

**めんずき**
「写真で見る農具 民具」農林統計協会　1988
◇p116〔白黒〕　茨城県鹿島町　昭和30年頃まで　水路の泥さらえ

**面取り**
「写真で見る農具 民具」農林統計協会　1988
◇p188〔白黒〕　京都府京都市　大正10年頃から現在まで　スグキの形を整える器具

**面とり刀**
「写真で見る農具 民具」農林統計協会　1988
◇p183〔白黒〕　京都府京都市

**モアのある風景**
「日本民俗写真大系 1」日本図書センター　1999
◇p119〔白黒〕　北海道瀬棚郡北檜山町　[撮]津山正順, 1986年

**もくしずめ**
「写真で見る農具 民具」農林統計協会　1988
◇p84〔白黒〕　山形県白鷹町

**木製自転揚水車復元図**
「民俗資料選集 41 豊後の水車習俗」国土地理協会　2010
◇p161(本文)〔白黒・図〕　大分県緒方町下自在

**木製スコップ**
「写真で見る農具 民具」農林統計協会　1988
◇p44〔白黒〕　秋田県横手市　明治時代から大正時代

**モク採り鈎**
「民俗資料叢書 5 田植の習俗2」平凡社　1967
◇図10〔白黒〕　茨城県稲敷郡桜川村浮島

**モッコ**
「日本民俗図誌 5 農耕・漁撈篇」村田書店　1978
◇図67〔白黒・図〕　岩手県岩手郡御明神村, 岩手郡小岩井地方のもの

**モッタテ犂**
「宮本常一が撮った昭和の情景 上」毎日新聞社　2009
◇p46〔白黒〕　愛媛県今治市伯方町(伯方島)　[撮]宮本常一, 1957年8月28日
「宮本常一 写真・日記集成 上」毎日新聞社　2005
◇p83〔白黒〕　愛媛県 伯方島　[撮]宮本常一, 1957年8月28日

**持っ立て犂**
「民俗資料叢書 9 田植の習俗4」平凡社　1969
◇図77〔白黒〕　広島県山県郡

**モトツ(縄)とゴンボケラ**
「民俗資料叢書 1 田植の習俗1」平凡社　1965
◇図38〔白黒〕　岩手県江刺市藤里

**籾あせり**
「写真で見る農具 民具」農林統計協会　1988
◇p148〔白黒〕　福岡県大野城市

**籾打棒**
「日本民俗大辞典 下」吉川弘文館　2000
◇p702〔白黒・図〕　山形県置賜地方　農村文化研究所附設置賜民俗資料館所蔵

**籾おさえ機**
「写真で見る農具 民具」農林統計協会　1988
◇p82〔白黒〕　兵庫県篠山町　昭和22年から25年頃まで

**籾押さえ転がし**
「日本民具の造形」淡交社　2004
◇p210〔白黒〕　宮城県 山元町歴史民俗資料館所蔵

**籾かき**
「写真で見る農具 民具」農林統計協会　1988
◇p148〔白黒〕　大阪府池田市　大正時代から昭和初期

**モミ殻を積み野生のウドを半栽培**
「里山・里海 暮らし図鑑」柏書房　2012
◇写9(p114)〔白黒〕　畑に近い林縁

**もみ殻を焼く**
「写真ものがたり昭和の暮らし 1」農山漁村文化協会　2004
◇p232〔白黒〕　秋田県横手市上境　[撮]佐藤久太郎, 昭和33年11月

**籾米**
「写真でみる日本生活図引 別巻」弘文堂　1993
◇図169〔白黒〕　長野県下伊那郡阿智村　[撮]矢沢昇, 昭和31年11月18日

**籾消毒**
「写真でみる日本生活図引 別巻」弘文堂　1993
◇図330〔白黒〕　長野県下伊那郡阿智村　種籾を消毒する　[撮]熊谷元一, 昭和32年4月5日

**もみすり**
「日本の民俗 暮らしと生業」KADOKAWA　2014
◇図3-20〔白黒〕　鹿児島県大島郡宇検村　[撮]芳賀日出男, 昭和32年
「日本の民俗 下」クレオ　1997
◇図3-23〔白黒〕　鹿児島県大島郡宇検村　[撮]芳賀日出男, 昭和32年
「日本の生活文化財」第一法規出版　1965
◇図24(生産・運搬・交易)〔白黒〕　日本民家集落博物館所蔵(大阪府豊中市)

**籾摺り**
「写真でみる日本生活図引 別巻」弘文堂　1993
◇図152〔白黒〕　長野県下伊那郡阿智村　[撮]矢沢昇, 昭和31年11月6日
「日本の民具 2 農村」慶友社　1992
◇図58〔白黒〕　鹿児島県大島郡宇検村　[撮]薗部澄
「日本民俗文化財事典(改訂版)」第一法規出版　1979
◇図131〔白黒〕

**もみすり機**
「写真ものがたり昭和の暮らし 1」農山漁村文化協会　2004
◇p221〔白黒〕　新潟県新潟市中野小屋　[撮]中俣正義, 昭和29年10月

**籾摺機**
「写真で見る農具 民具」農林統計協会　1988

農業　　　　　　　　　　　　　　　生産・生業

　　◇p140〔白黒〕　神奈川県横浜市　昭和初期製作
　　◇p140〔白黒〕　大阪府堺市　昭和30年代まで
　　◇p140〔白黒〕　茨城県結城市　昭和30年代
　　◇p140〔白黒〕　福井県丸岡町　昭和20年頃まで　岩田式

## モミすり用の木ずり臼
「里山・里海 暮らし図鑑」柏書房　2012
　　◇写81 (p81)〔白黒〕　鹿児島県天城町（徳之島）結いの館

## 籾たたき棒
「民俗資料選集 25 焼畑習俗」国土地理協会　1997
　　◇p6（口絵）〔白黒〕　岐阜県白川村荻町　合掌造り生活資料館蔵
　　◇p32（本文）〔白黒・図〕　岐阜県白川村荻町　合掌の里蔵

## もみつき
「日本の民俗 下」クレオ　1997
　　◇図3-27〔白黒〕　鹿児島県大島郡宇検村　⑰芳賀日出男, 昭和32年

## 籾搗き杵
「写真で見る農具 民具」農林統計協会　1988
　　◇p150〔白黒〕　山梨県甲府市　大正時代

## もみとうし
「写真で見る農具 民具」農林統計協会　1988
　　◇p141〔白黒〕　秋田県河辺町　昭和中期頃

## モミトオシ
「あるくみるきく双書 宮本常一とあるいた昭和の日本 19」農山漁村文化協会　2012
　　◇p115〔白黒〕　鹿児島県加世田市　⑰工藤員功
　　◇p115〔白黒〕　鹿児島県加世田市　⑰工藤員功
「宮本常一 写真・日記集成 別巻」毎日新聞社　2005
　　◇図24 (p17)〔白黒〕　島根県邑智郡田所村鱒渕［邑南町］　⑰宮本常一, 1939年［月日不明］　森脇太一寄贈

## もみどおし
「日本の民具 2 農村」慶友社　1992
　　◇図53〔白黒〕　新潟県佐渡郡畑野町　⑰薗部澄

## 籾とおし
「日本民具の造形」淡交社　2004
　　◇p214〔白黒〕　新潟県 下田村郷土資料館所蔵

## モミトオシ（マメトオシ）
「あるくみるきく双書 宮本常一とあるいた昭和の日本 19」農山漁村文化協会　2012
　　◇p98〔白黒〕　新潟県佐渡郡真野町　⑰工藤員功

## もみならし
「写真で見る農具 民具」農林統計協会　1988
　　◇p148〔白黒〕　愛媛県弓削町　昭和34・5年頃まで

## 籾抜出し
「日本民具の造形」淡交社　2004
　　◇p217〔白黒〕　埼玉県 坂戸市立歴史民俗資料館所蔵

## 籾の交換
「写真でみる日本生活図引 別巻」弘文堂　1993
　　◇図241〔白黒〕　長野県下伊那郡阿智村　⑰熊谷元一, 昭和32年1月11日

## 籾の選別
「写真でみる日本生活図引 1」弘文堂　1989
　　◇図65〔白黒〕　沖縄県国頭郡大宜味村喜如嘉　⑰上江洲均, 昭和45年

## 籾干し
「いまに伝える 農家のモノ・人の生活館」柏書房　2004
　　◇p73〔白黒〕　埼玉県

「日本民俗文化財事典（改訂版）」第一法規出版　1979
　　◇図130〔白黒〕　埼玉県

## 籾干し用攪拌器
「写真で見る農具 民具」農林統計協会　1988
　　◇p148〔白黒〕　兵庫県日高町　昭和40年頃まで

## 籾蒔き
「写真でみる日本生活図引 別巻」弘文堂　1993
　　◇図333〔白黒〕　長野県下伊那郡阿智村　⑰熊谷元一, 昭和32年4月9日

## 籾播き終了後，その上にこし土をまく
「民俗資料叢書 11 田植の習俗5」平凡社　1970
　　◇図6〔白黒〕　高知県室戸市室津郷

## 籾・麦乾燥機
「写真で見る農具 民具」農林統計協会　1988
　　◇p149〔白黒〕　静岡県大井川町　昭和35〜40年代初期まで

## 桃の交配
「日本民俗写真大系 4」日本図書センター　1999
　　◇p158〔白黒〕　倉敷市　⑰中村昭夫, 1957年

## モリヤ（出作小屋）
「宮本常一 写真・日記集成 別巻」毎日新聞社　2005
　　◇図257 (p44)〔白黒〕　徳島県三好郡三名村［山城町］　⑰宮本常一, 1941年1月〜2月

## ヤキ畑（キリハタ）
「日本社会民俗辞典 4」日本図書センター　2004
　　◇p1473〔白黒〕　高知県寺川

## 焼畑
「民俗図録 日本人の暮らし」日本図書センター　2012
　　◇図244〔白黒〕　静岡県周智郡水窪町門桁　⑰橘浦泰雄
「図説 日本民俗学」吉川弘文館　2009
　　◇p135〔白黒〕　長野県栄村　長沢利明提供
　　◇p164〔白黒〕　熊本県五木村
「宮本常一 写真・日記集成 別巻」毎日新聞社　2005
　　◇図267 (p45)〔白黒〕　高知県　⑰宮本常一, 1941年12月
「写真でみる日本生活図引 1」弘文堂　1989
　　◇図89〔白黒〕　宮崎県児湯郡西米良村木浦　鉈で木おろしをする　⑰須藤功, 昭和58年10月25日 記録映画撮影のため再現
　　◇図90〔白黒〕　宮崎県西都市字銀鏡　⑰須藤功, 昭和58年9月5日
　　◇図99〔白黒〕（東北の焼畑）　秋田県北秋田郡阿仁町根子　⑰山口弥一郎, 昭和13年
　　◇図100〔白黒〕（東北の焼畑）　岩手県胆沢郡胆沢町若柳　⑰山口弥一郎, 昭和18年
「山と森の神 目でみる民俗神シリーズ1」東京美術　1988
　　◇p42〜43〔白黒〕（白山麓の焼畑）　石川県 白山麓　4月中旬〜5月10日までの間

## 焼畑跡地と米や雑穀を干すハゼ
「民俗資料選集 23 北上山地の畑作習俗」国土地理協会　1995
　　◇p4（口絵）〔白黒〕　岩手県岩泉町下有芸

## 焼畑跡の造林（アカマツ）
「民俗資料選集 23 北上山地の畑作習俗」国土地理協会　1995
　　◇p109（本文）〔白黒〕　岩手県

## 焼畑を埋めつくしたミツマタの花
「写真ものがたり昭和の暮らし 2」農山漁村文化協会　2004
　　◇p66〔カラー〕　高知県池川町椿山　⑰須藤功, 昭和50年4月

## 焼畑で収穫した温海蕪の選別
「日本の生活環境文化大辞典」柏書房　2010

◇p33-3〔白黒〕　山形県鶴岡市菅野代　[撮]2008年

**焼畑で収穫したひえ**
「写真ものがたり昭和の暮らし 9」農山漁村文化協会　2007
◇p114〔白黒〕　宮崎県西米良村小川　[撮]須藤功, 昭和58年10月

**焼畑での農作業**
「民俗資料選集 23 北上山地の畑作習俗」国土地理協会　1995
◇p1（口絵）〔白黒〕　岩手県軽米町鶴飼

**焼畑に火をつける**
「写真ものがたり昭和の暮らし 2」農山漁村文化協会　2004
◇p66〔カラー〕　高知県池川町椿山　[撮]須藤功, 昭和50年4月

**焼畑にまくヒエの種**
「写真ものがたり昭和の暮らし 2」農山漁村文化協会　2004
◇p60〔白黒〕　宮崎県西米良村小川　[撮]須藤功, 昭和59年5月

**焼畑の跡地**
「民俗資料選集 25 焼畑習俗」国土地理協会　1997
◇p2（口絵）〔白黒〕（焼畑跡地）　岐阜県白川村野ヶ島
「民俗資料選集 23 北上山地の畑作習俗」国土地理協会　1995
◇p4（口絵）〔白黒〕　岩手県岩泉町中居村
◇p114（本文）〔白黒〕　岩手県岩泉町大川地区中居村

**焼畑のサイクル**
「図説 日本民俗学」吉川弘文館　2009
◇p146〔白黒・図〕　宮崎県西米良村　民族文化映像研究所編『西米良の焼畑』西米良村教育委員会刊による

**焼畑の種播き**
「民俗資料選集 25 焼畑習俗」国土地理協会　1997
◇p1（口絵）〔白黒〕　岐阜県白鳥町石徹白　白鳥町歴史民俗資料館蔵

**焼畑の火入れ**
「日本の生活環境文化大辞典」柏書房　2010
◇p33-2〔白黒〕　石川県小松市小原　[撮]1980年
「図説 日本民俗学」吉川弘文館　2009
◇p116〔白黒〕　山梨県早川町
「精選 日本民俗辞典」吉川弘文館　2006
◇p565〔白黒〕　石川県小松市小原
「写真ものがたり昭和の暮らし 2」農山漁村文化協会　2004
◇p59〔カラー〕　宮崎県西米良村小川　[撮]須藤功, 昭和59年4月（記録映画撮影のために焼畑を再現）
「日本民俗大辞典 下」吉川弘文館　2000
◇図22〔別刷図版「野良仕事」〕〔白黒〕　高知県吾川郡池川町椿山　[撮]田辺寿男, 昭和62（1987）年
◇p715〔白黒〕　石川県小松市小原
「民俗資料選集 25 焼畑習俗」国土地理協会　1997
◇p1（口絵）〔白黒〕　岐阜県白鳥町石徹白　白鳥町歴史民俗資料館蔵
「図説 民俗探訪事典」山川出版社　1983
◇p241〔白黒〕　高知県椿山地方　[撮]須藤功

**焼畑用具**
「民具のみかた―心とかたち」第一法規出版　1983
◇p122〔白黒・図/写真〕（焼畑耕作用具）　石川県白山麓

**焼畑用具（アラキスキ・クワ・フクベ・カマ）**
「民俗資料選集 23 北上山地の畑作習俗」国土地理協会　1995
◇p92（本文）〔白黒〕　岩手県軽米町　スキの踏み込み, 反転の時の介添え, スキフミ三丁

**やぎゅう**
「日本の生活文化財」第一法規出版　1965
◇図19（生産・運搬・交易）〔白黒〕　文部省史料館所蔵（東京都品川区）

**薬剤散布ポンプ**
「写真で見る農具 民具」農林統計協会　1988
◇p111〔白黒〕　鳥取県郡家町　昭和20～30年代

**やぐら（木製），杵，木臼**
「写真で見る農具 民具」農林統計協会　1988
◇p151〔白黒〕　愛媛県小田町　明治前期から昭和30年代まで

**焼けて穂首から落ちた麦の穂**
「いまに伝える 農家のモノ・人の生活館」柏書房　2004
◇p138 写真11〔白黒〕〔埼玉県〕

**やさい育苗用わら鉢作り機**
「写真で見る農具 民具」農林統計協会　1988
◇p180〔白黒〕　埼玉県長瀞町　昭和30年代前期考案、35年頃まで

**野菜鋤**
「写真で見る農具 民具」農林統計協会　1988
◇p43〔白黒〕　京都府京都市

**野菜の収穫**
「民俗図録 日本人の暮らし」日本図書センター　2012
◇図254〔白黒〕　大阪府吹田市附近

**屋敷畑**
「図説 日本民俗学」吉川弘文館　2009
◇p113〔白黒〕　岡山県倉敷市

**屋敷周りの畑**
「里山・里海 暮らし図鑑」柏書房　2012
◇写6（p85）〔白黒〕　高知県旧十和村〔四万十町〕　7月　サツマイモやトウモロコシ、カボチャなど

**野州鍬**
「写真で見る農具 民具」農林統計協会　1988
◇p14〔白黒〕　栃木県上三川町

**野生のミツバやフキを育成**
「里山・里海 暮らし図鑑」柏書房　2012
◇写8（p114）〔白黒〕

**谷津田**
「図説 日本民俗学」吉川弘文館　2009
◇p148〔白黒〕　東京都多摩市

**谷津田（谷あいの田）の田植え**
「いまに伝える 農家のモノ・人の生活館」柏書房　2004
◇p89 写真1〔白黒〕

**ヤナギバ**
「写真で見る農具 民具」農林統計協会　1988
◇p224〔白黒〕　広島県因島市　除虫菊植付機

**ヤビロイ（野拾い）**
「民俗資料選集 30 焼畑習俗Ⅱ」国土地理協会　2002
◇p4（口絵），p56（本文）〔白黒〕　山梨県南巨摩郡早川町奈良田　ヤブヤキ後、燃え残った枝を集めて積み上げる（再現風景）

**ヤブキリガマ（藪切り鎌）**
「民俗資料選集 30 焼畑習俗Ⅱ」国土地理協会　2002
◇p65（本文・写真1）〔白黒〕　山梨県南巨摩郡早川町奈良田　焼畑の用具

**ヤボキリ**
「民俗資料選集 30 焼畑習俗Ⅱ」国土地理協会　2002
◇p178（本文）〔白黒〕　宮崎県　7月23日

**山を焼く**
「宮本常一が撮った昭和の情景 上」毎日新聞社　2009
◇p153〔白黒〕　熊本県八代市泉町椎原　焼畑の2年目　[撮]宮本常一, 1962年6月19日

農業　　　　　　　　　　　　　　生産・生業

「宮本常一 写真・日記集成 上」毎日新聞社　2005
　◇p315〔白黒〕(五木→五家荘・山を焼く)　熊本県　焼畑の2年目　㈳宮本常一, 1962年6月19日

**山鎌**
「日本の民具 2 農村」慶友社　1992
　◇図41〔白黒〕　岡山県邑久郡牛窓町　㈳薗部澄

**ヤマギリ**
「民俗資料選集 25 焼畑習俗」国土地理協会　1997
　◇p103(本文)〔白黒〕　岐阜県高鷲村

**山伐りした跡**
「民俗資料選集 25 焼畑習俗」国土地理協会　1997
　◇p10(口絵)〔白黒〕　高知県池川町椿山

**山ぎわの畑から青菜をつんできた女性**
「写真ものがたり昭和の暮らし 3」農山漁村文化協会　2004
　◇p9〔白黒〕　青森県風間浦村下風呂の網干場　㈳須藤功, 昭和43年3月

**山小屋**
「民俗資料選集 25 焼畑習俗」国土地理協会　1997
　◇p34(本文)〔白黒・図〕　岐阜県白川村荻町・鳩谷　荻町：大洞武夫, 鳩谷：中脇美栄 聞きとりによる作図

**山小屋造り**
「民俗資料選集 30 焼畑習俗Ⅱ」国土地理協会　2002
　◇p57(本文)〔白黒〕　山梨県南巨摩郡早川町奈良田　再現風景
　◇p105(本文)〔白黒〕　山梨県南巨摩郡早川町奈良田　壁葺(再現風景)

**山小屋とヤマハタ**
「民俗資料選集 30 焼畑習俗Ⅱ」国土地理協会　2002
　◇p8(口絵)〔白黒〕　山梨県南巨摩郡早川町奈良田　再現風景

**山小屋に造られた棚**
「民俗資料選集 30 焼畑習俗Ⅱ」国土地理協会　2002
　◇p106(本文)〔白黒〕　山梨県南巨摩郡早川町奈良田　再現風景

**山小屋のカンジョ**
「民俗資料選集 30 焼畑習俗Ⅱ」国土地理協会　2002
　◇p107(本文・図16)〔白黒・図〕　山梨県南巨摩郡早川町奈良田

**山小屋の組み立て**
「民俗資料選集 30 焼畑習俗Ⅱ」国土地理協会　2002
　◇p8(口絵)〔白黒〕　山梨県南巨摩郡早川町奈良田　再現風景

**山小屋の内部(模型)**
「民俗資料選集 25 焼畑習俗」国土地理協会　1997
　◇p127(本文)〔白黒〕　岐阜県白鳥町歴史民俗資料館

**山小屋の配置**
「民俗資料選集 30 焼畑習俗Ⅱ」国土地理協会　2002
　◇p105(本文・図15)〔白黒・図〕　山梨県南巨摩郡早川町奈良田

**山小屋の水置き場**
「民俗資料選集 30 焼畑習俗Ⅱ」国土地理協会　2002
　◇p105(本文)〔白黒〕　山梨県南巨摩郡早川町奈良田　再現風景

**山小屋の屋根材**
「民俗資料選集 30 焼畑習俗Ⅱ」国土地理協会　2002
　◇p105(本文)〔白黒〕　山梨県南巨摩郡早川町奈良田　再現風景

**山小屋平面図**
「民俗資料選集 25 焼畑習俗」国土地理協会　1997
　◇p34(本文)〔白黒・図〕(「山小屋」平面図 その1)　岐阜県白川村鳩谷　中脇美栄聞きとり
　◇p34(本文)〔白黒・図〕(「山小屋」平面図 その2)　岐阜県白川村荻町　大洞武夫聞きとり

**山里の風景**
「宮本常一 写真・日記集成 下」毎日新聞社　2005
　◇p331〔白黒〕(芦峅寺付近の山里の風景)　富山県中新川郡立山町　〔稲架や畑〕　㈳宮本常一, 1974年10月17日

**山ナタ**
「民俗資料選集 25 焼畑習俗」国土地理協会　1997
　◇p128(本文)〔白黒〕　岐阜県白鳥町石徹白地区　焼畑時の伐採用具

**山の斜面に開かれた水田**
「図説 日本民俗学」吉川弘文館　2009
　◇p144〔白黒〕　長野県富士見町

**山の斜面の畑**
「写真ものがたり昭和の暮らし 3」農山漁村文化協会　2004
　◇p22〔白黒〕　愛媛県内海村魚神山　㈳原田政章, 昭和30年代

**山の田**
「写真ものがたり昭和の暮らし 1」農山漁村文化協会　2004
　◇p142〔白黒〕　新潟県松代町清水　㈳米山孝志, 昭和54年12月
　◇p142〔白黒〕　新潟県入広瀬村横根　㈳米山孝志, 昭和53年

**山畑**
「日本社会民俗辞典 3」日本図書センター　2004
　◇p1137〔白黒〕　奈良県吉野山中

**ヤマハタの境界**
「民俗資料選集 30 焼畑習俗Ⅱ」国土地理協会　2002
　◇p52(本文・図9)〔白黒・図〕　山梨県南巨摩郡早川町奈良田

**山畑の松飾り**
「日本社会民俗辞典 3」日本図書センター　2004
　◇p1182〔白黒〕　岐阜県御岳村

**ヤマハタの山側・谷側の境界**
「民俗資料選集 30 焼畑習俗Ⅱ」国土地理協会　2002
　◇p52(本文・図10)〔白黒・図〕　山梨県南巨摩郡早川町奈良田

**山畑夜守**
「民俗資料選集 25 焼畑習俗」国土地理協会　1997
　◇p5(口絵)〔白黒・図〕　『斐太後風土記』より

**山部鎌**
「日本民俗図誌 5 農耕・漁撈篇」村田書店　1978
　◇図48-7〔白黒・図〕　秋田県仙北郡強首村

**山焼き**
「民俗資料選集 30 焼畑習俗Ⅱ」国土地理協会　2002
　◇p54(本文)〔白黒〕　山梨県南巨摩郡早川町奈良田　再現風景
「写真でみる日本生活図引 1」弘文堂　1989
　◇図95〔白黒〕　高知県吾川郡池川町椿山　チカヤマの山焼き　㈳須藤功, 昭和50年4月10日

**ヤリ**
「写真で見る農具 民具」農林統計協会　1988
　◇p45〔白黒〕　岐阜県岐阜市　明治時代から昭和45年頃まで　守口大根用

**やり枡**
「写真で見る農具 民具」農林統計協会　1988
　◇p176〔白黒〕　岩手県軽米町　穀物をすくう

**やんぎゅう**
「日本の民具 2 農村」慶友社　1992
　◇図28〔白黒〕　山梨県中巨摩郡田富村　㈳薗部澄

誘蛾灯
「日本民具の造形」淡交社　2004
◇p211〔白黒〕　福岡県 三輪町歴史民俗資料館所蔵
「写真ものがたり昭和の暮らし 1」農山漁村文化協会　2004
◇p175〔白黒〕　長野県阿智村　[撮]熊谷元一, 昭和25年
「写真でみる日本生活図引 1」弘文堂　1989
◇図41〔白黒〕(誘蛾燈)　長野県下伊那郡阿智村　[撮]熊谷元一, 昭和25年8月
「写真で見る農具 民具」農林統計協会　1988
◇p112〔白黒〕　岐阜県大野町

ユウゴフクベ
「日本民具の造形」淡交社　2004
◇p210〔白黒〕　新潟県 川西町歴史民俗資料館所蔵

有床犁
「図録・民具入門事典」柏書房　1991
◇p57〔白黒〕　東京都

遊星式刈取機
「写真で見る農具 民具」農林統計協会　1988
◇p125〔白黒〕　群馬県新田町　昭和30年後期

夕焼の下で農作業に精を出す
「日本民俗写真大系 1」日本図書センター　1999
◇p176～177〔白黒〕　青森県西津軽郡稲垣村　晩秋　[撮]1959年

雪を除いて作る苗代
「写真ものがたり昭和の暮らし 1」農山漁村文化協会　2004
◇p127〔白黒〕　新潟県松代町寺田　[撮]米山孝志, 昭和56年

雪を割って苗代田つくり
「フォークロアの眼 2 雪国と暮らし」国書刊行会　1977
◇図184〔白黒〕　新潟県古志郡太田村(現在は長岡市)蓬平　[撮]中俣正義, 昭和32年4月28日

雪型(サギの首・山の字形・いかり形)
「写真ものがたり昭和の暮らし 1」農山漁村文化協会　2004
◇p133〔白黒・写真/図〕　[撮]斉藤義信, 昭和50年5月

雪形(爺ヶ岳の種子播き爺さん)
「精選 日本民俗辞典」吉川弘文館　2006
◇p588〔白黒〕　長野県大町より見えるもの　提供 渡辺逸雄
「日本民俗大辞典 下」吉川弘文館　2000
◇p761〔白黒〕　長野県大町市　[撮]渡辺逸雄

雪型(種まき入道)
「写真ものがたり昭和の暮らし 1」農山漁村文化協会　2004
◇p132〔白黒・写真/図〕　新潟県村松町　[撮]斉藤義信, 昭和50年5月

雪形(白馬岳の代かき馬)
「精選 日本民俗辞典」吉川弘文館　2006
◇p587〔白黒〕　長野県白馬村より見えるもの　提供 渡辺逸雄
「日本民俗大辞典 下」吉川弘文館　2000
◇p761〔白黒〕　長野県北安曇郡白馬村　[撮]渡辺逸雄

雪に埋もれた田畑と納屋
「宮本常一が撮った昭和の情景 下」毎日新聞社　2009
◇p28〔白黒〕　岡山県高梁市備中町平川から広島県神石郡神石高原町下豊松へ　[撮]宮本常一, 1965年12月17日
「宮本常一 写真・日記集成 下」毎日新聞社　2005
◇p47〔白黒〕(平川→四日市)　平川(備中町[岡山県高梁市])→広島県神石郡豊松村四日市[神石高原町]　[撮]宮本常一, 1965年12月17日

ユスリ
「民俗図録 日本人の暮らし」日本図書センター　2012
◇図242〔白黒〕　青森県西津軽郡水元村田ノ尻　[撮]井之口章次

ユリオケ(ゆり桶)とユリイタ(ゆり板)
「民具のみかた—心とかたち」第一法規出版　1983
◇p144〔白黒〕　福島県会津地方

ゆり箱
「写真で見る農具 民具」農林統計協会　1988
◇p143〔白黒〕　大阪府松原市　昭和10年頃まで

揚水機
「図説 民俗探訪事典」山川出版社　1983
◇p225〔白黒・図/写真〕(近代の揚水機)　福岡県朝倉地方　朝倉町提供

揚水車
「宮本常一 写真・日記集成 上」毎日新聞社　2005
◇p41〔白黒〕　岡山県岡山市新池　[撮]宮本常一, 1956年10月4日
「写真で見る農具 民具」農林統計協会　1988
◇p118〔白黒〕　佐賀県川副町　昭和19年頃まで

揚水水車
「精選 日本民俗辞典」吉川弘文館　2006
◇p287〔白黒〕　福岡県朝倉町
「日本民俗大辞典 上」吉川弘文館　1999
◇p901〔白黒〕　福岡県朝倉郡朝倉町

用水堰
「図説 日本民俗学」吉川弘文館　2009
◇p149〔白黒〕　神奈川県平塚市

用水の分岐
「図説 日本民俗学」吉川弘文館　2009
◇p150〔白黒〕　神奈川県平塚市

揚水用水車
「民俗資料選集 41 豊後の水車習俗」国土地理協会　2010
◇p1(口絵)〔白黒〕　大分県九重町

用水路から水車によるかんがい
「写真で見る農具 民具」農林統計協会　1988
◇口絵〔白黒〕　岩手県　昭和30年代　写真提供 岩手県立農業博物館

用水路の掃除
「写真ものがたり昭和の暮らし 1」農山漁村文化協会　2004
◇p134〔白黒〕　新潟県松之山町天水島　[撮]小見重義, 昭和55年6月
◇p135〔白黒〕　熊本県熊本市　[撮]白石巌, 昭和50年代

用水路分水板
「日本民具の造形」淡交社　2004
◇p302〔白黒〕　岡山県 政田民俗資料館所蔵

洋梨の採入れ
「日本民俗写真大系 4」日本図書センター　1999
◇p159〔白黒〕　岡山市御社地区　10月　[撮]中村昭夫, 1972年

ヨケゴヤ
「民俗資料選集 30 焼畑習俗Ⅱ」国土地理協会　2002
◇p20(口絵)〔白黒〕　宮崎県西米良村小川　焼畑作業に先立って造られる休憩小屋

横杵
「日本の民具 2 農村」慶友社　1992
◇図45〔白黒〕　東京都北多摩郡保谷町　[撮]薗部澄

横ゴザ
「民俗資料叢書 8 田植の習俗3」平凡社　1968
◇図104〔白黒〕　岐阜県高山市松之木町字車田

横づち
「写真で見る農具 民具」農林統計協会　1988
◇p159〔白黒〕　新潟県湯之谷村　昭和前期まで

農業　　　　　　　　　　　　　　　　生産・生業

横槌
　「日本民俗大辞典 下」吉川弘文館　2000
　　◇p132〔白黒・図〕　豆打ち用　岩井宏實他編『民具研究ハンドブック』より
　「写真で見る農具 民具」農林統計協会　1988
　　◇p159〔白黒〕　大阪府池田市　大正時代から昭和前期まで

ヨコ槌を使って脱穀
　「宮本常一が撮った昭和の情景 上」毎日新聞社　2009
　　◇p77〔白黒〕(少量の脱穀にはヨコ槌を使う)　愛媛県松山市怒和島　㊙宮本常一, 1959年8月28日
　「宮本常一 写真・日記集成 上」毎日新聞社　2005
　　◇p148〔白黒〕(脱穀にはヨコ槌も使う)　愛媛県温泉郡中島町 怒和島　㊙宮本常一, 1959年8月28日

横槌でアズキのさやを脱穀する
　「宮本常一 写真・日記集成 上」毎日新聞社　2005
　　◇p83〔白黒〕　愛媛県弓削町[上島町] 弓削島 下弓削　㊙宮本常一, 1957年8月29日

ヨコタテの田掻き
　「民俗資料叢書 1 田植の習俗1」平凡社　1965
　　◇p25(挿5)〔白黒・図〕　岩手県江刺市

横ツチで豆を脱穀する
　「宮本常一 写真・日記集成 下」毎日新聞社　2005
　　◇p76〔白黒〕　大分県 姫島　㊙宮本常一, 1966年8月3日～10日

寄せ打ちの概念図
　「民俗資料選集 30 焼畑習俗Ⅱ」国土地理協会　2002
　　◇p195(本文)〔白黒・図〕　宮崎県

ヨセカケ(寄せ掛け)
　「民俗資料選集 30 焼畑習俗Ⅱ」国土地理協会　2002
　　◇p56(本文・図11)〔白黒・図〕　山梨県南巨摩郡早川町奈良田　ヤブヤキの終わった耕地の斜面にヨセを設けて土止めにする

ヨソリでサビリ
　「民俗資料選集 30 焼畑習俗Ⅱ」国土地理協会　2002
　　◇p172(本文)〔白黒〕　宮崎県　ゴミや籾を取り除く

四つ手
　「写真で見る農具 民具」農林統計協会　1988
　　◇p31〔白黒〕　茨城県総和町　大正時代後期から昭和15年頃まで

四つ手網
　「写真ものがたり昭和の暮らし 5」農山漁村文化協会　2005
　　◇p139〔白黒〕　石川県輪島市河原田川　㊙御園直太郎, 昭和48年3月
　　◇p140〔白黒〕　秋田県羽後町鵜の巣 雄物川　㊙加賀谷政雄, 昭和34年10月
　　◇p141〔白黒〕　石川県穴水町乙ヶ崎の用水路　㊙御園直太郎, 昭和41年3月

四ツ又稲架
　「日本民俗大辞典 上」吉川弘文館　1999
　　◇p122〔白黒〕　島根県邇摩郡温泉津町西田

淀車
　「日本民具の造形」淡交社　2004
　　◇p202〔白黒〕　香川県 香川県農業試験場資料館所蔵

夜業で田作り
　「写真ものがたり昭和の暮らし 1」農山漁村文化協会　2004
　　◇p163〔白黒〕　長野県阿智村　㊙熊谷元一, 昭和31年6月
　「写真でみる日本生活図引 別巻」弘文堂　1993
　　◇図2〔白黒〕(夜業)　長野県下伊那郡阿智村　桑畑を田にする　㊙矢沢昇, 昭和31年6月22日

ヨミカタ(代かき)
　『民俗資料叢書 11 田植の習俗5」平凡社　1970
　　◇図148〔白黒〕　鹿児島県国分市上井

ヨモギヲツク女
　「宮本常一 写真・日記集成 別巻」毎日新聞社　2005
　　◇図130(p26)〔白黒〕　静岡県田子村[賀茂郡西伊豆町]　㊙宮本常一, 1940年4月15日～26日

ヨンホングワ
　「いまに伝える 農家のモノ・人の生活館」柏書房　2004
　　◇p157 写真4〔白黒〕　〔埼玉県〕　サツマイモを掘る

螺旋水車
　「日本民具の造形」淡交社　2004
　　◇p202〔白黒〕(螺線水車)　富山県 砺波郷土資料館所蔵
　「写真で見る農具 民具」農林統計協会　1988
　　◇p12〔白黒〕　富山県砺波市　大正10年前後から昭和20年代後半

らちうち
　「日本民具の造形」淡交社　2004
　　◇p206〔白黒〕　石川県 辰口町立博物館所蔵

落花生脱莢機
　「写真で見る農具 民具」農林統計協会　1988
　　◇p198〔白黒〕　千葉県白子町　昭和22年頃から

落花生脱粒機
　「写真で見る農具 民具」農林統計協会　1988
　　◇p198〔白黒〕　千葉県八街町
　　◇p199〔白黒〕　千葉県富里村　昭和21～22年頃開発、昭和20年代後期まで

落花生万能
　「写真で見る農具 民具」農林統計協会　1988
　　◇p29〔白黒〕　千葉県富里村

隆起珊瑚礁の島の水田は漏水がひどく干割れになる
　「日本の民俗 下」クレオ　1997
　　◇p245〔白黒〕　鹿児島県　㊙芳賀日出男, 昭和31年

竜骨車
　「日本民俗大辞典 下」吉川弘文館　2000
　　◇p801〔白黒〕　江戸時代～昭和初期　滋賀大学経済学部附属史料館所蔵

龍骨水車
　「日本民具の造形」淡交社　2004
　　◇p202〔白黒〕　京都府 京の田舎民具資料館所蔵

緑肥
　「図説 日本民俗学」吉川弘文館　2009
　　◇p151〔白黒〕　横浜市緑区　小林梅次提供

リンゴ箱にリンゴを詰める
　「写真ものがたり昭和の暮らし 1」農山漁村文化協会　2004
　　◇p191〔白黒〕　岩手県一戸町　㊙田村淳一郎, 昭和32年

輪転式麦土入機
　「写真で見る農具 民具」農林統計協会　1988
　　◇p105〔白黒〕　神奈川県平塚市　昭和30年頃まで

輪転土入機
　「写真で見る農具 民具」農林統計協会　1988
　　◇p105〔白黒〕　群馬県群馬町　昭和30年頃まで

レーキ
　「写真で見る農具 民具」農林統計協会　1988
　　◇p40〔白黒〕　富山県高岡市　昭和30年から
　　◇p40〔白黒〕　埼玉県狭山市　昭和前期まで

レタスの植えつけ
　「写真ものがたり昭和の暮らし 2」農山漁村文化協会　2004
　　◇p75〔白黒〕　岩手県一戸町中山宇別　㊙田村淳一郎,

342　民俗風俗 図版レファレンス事典(衣食住・生活篇)

昭和45年

**レロハキ**

「あるくみるきく双書 宮本常一とあるいた昭和の日本 19」農山漁村文化協会　2012
◇p98〔白黒〕　新潟県佐渡郡真野町　稲の虫をとる　[撮]工藤員功

**レンゲ刈り鎌**

「写真で見る農具 民具」農林統計協会　1988
◇p123〔白黒〕　富山県大門町　第二次大戦後
◇p124〔白黒〕　兵庫県日高町　昭和20年代

**蓮華草刈り**

「写真ものがたり昭和の暮らし 1」農山漁村文化協会　2004
◇p137〔白黒〕(レンゲ草を刈り取り田の肥料にする)　長野県阿智村駒場　[撮]熊谷元一, 昭和32年5月
「写真でみる日本生活図引 別巻」弘文堂　1993
◇図381〔白黒〕　長野県下伊那郡阿智村　[撮]熊谷元一, 昭和32年5月24日

**蓮華草蒔き**

「写真ものがたり昭和の暮らし 1」農山漁村文化協会　2004
◇p200〔白黒〕(稲刈り前の田にレンゲ草の種をまく)　長野県阿智村　[撮]熊谷元一, 昭和31年9月
「写真でみる日本生活図引 別巻」弘文堂　1993
◇p53〔白黒〕　長野県下伊那郡阿智村　[撮]熊谷元一, 昭和31年9月8日

**蓮根計り**

「日本民具の造形」淡交社　2004
◇p216〔白黒〕　大阪府 門真市立歴史資料館所蔵

**レンコン掘り**

「食の民俗事典」柊風舎　2011
◇p69〔白黒〕(蓮根掘り)　奈良県大和郡山市筒井町　9月
「写真ものがたり昭和の暮らし 5」農山漁村文化協会　2005
◇p222〔白黒〕　長野県諏訪市高島公園　初冬　[撮]宮坂増雄, 昭和31年
◇p223〔白黒〕　熊本県熊本市(旧飽田町の小島)　9月初め　[撮]千葉寛, 昭和61年7月
「民具のみかた―心とかたち」第一法規出版　1983
◇p276〔白黒〕　佐賀県福富町

**漏戸**

「写真で見る農具 民具」農林統計協会　1988
◇p178〔白黒〕　兵庫県氷上町　明治時代から　穀物を俵や叺に入れる

**六尺ヤモト植え**

「民俗資料叢書 5 田植の習俗2」平凡社　1967
◇p44(挿4)〔白黒・図〕　茨城県稲敷郡桜川村浮島

**稆先鍬**

「写真で見る農具 民具」農林統計協会　1988
◇p16〔白黒〕　愛媛県吉海町

**わかんじき(田下駄)**

「日本の民具 2 農村」慶友社　1992
◇図2〔白黒〕　千葉県香取市津　[撮]薗部澄
◇図3〔白黒〕　東京都世田谷区奥沢町　[撮]薗部澄

**ワク**

「写真で見る農具 民具」農林統計協会　1988
◇p87〔白黒〕　石川県金沢市　昭和30年代まで

**枠植え**

「民俗図録 日本人の暮らし」日本図書センター　2012
◇図214〔白黒〕(枠植え(1))　徳島県小松島市附近
◇図216〔白黒〕(枠植え(2))　兵庫県神戸市兵庫区有野町

**枠ころがし**

「民俗資料叢書 9 田植の習俗4」平凡社　1969
◇図117〔白黒〕　広島県神石郡

**ワクころがし(丘田)**

「民俗資料叢書 5 田植の習俗2」平凡社　1967
◇図49〔白黒〕　富山県中新川郡上市種

**枠田植**

「民俗資料叢書 1 田植の習俗1」平凡社　1965
◇図32〔白黒〕　岩手県江刺市伊手

**わさび鍬**

「写真で見る農具 民具」農林統計協会　1988
◇p197〔白黒〕　静岡県中伊豆町　明治時代後期から現在　わさび用具

**山葵栽培**

「民俗図録 日本人の暮らし」日本図書センター　2012
◇図282〔白黒〕(山葵)　山形県最上郡安楽城村　[撮]山口貞夫

**ワサビ園**

「写真ものがたり昭和の暮らし 5」農山漁村文化協会　2005
◇p163〔白黒〕　長野県穂高町御法田　[撮]平成17年4月　農山漁村文化協会提供

**ワサビ田でのワサビの花茎(花軸)摘み**

「食の民俗事典」柊風舎　2011
◇p336〔白黒〕　静岡県有東木のワサビ畑

**ワサビ田の構造図**

「日本民俗大辞典 下」吉川弘文館　2000
◇p829〔白黒・図〕

**ワサビ・ドクダミ・ミツバ等の半栽培**

「里山・里海 暮らし図鑑」柏書房　2012
◇写5(p113)〔白黒〕

**ワサビの収穫**

「日本民俗写真大系 3」日本図書センター　1999
◇p95〔白黒〕(伊豆のワサビの収穫)　静岡県河津市筏場　[撮]湊嘉秀, 1993年

**綿籠**

「日本民具の造形」淡交社　2004
◇p267〔白黒〕　大阪府 交野市立教育文化会館民具のへや所蔵

**綿切り**

「写真で見る農具 民具」農林統計協会　1988
◇p199〔白黒〕　新潟県笹神村　明治時代から昭和20年頃まで

**綿種子取り器**

「写真で見る農具 民具」農林統計協会　1988
◇p199〔白黒〕　広島県沼隈町　昭和10年代まで

**綿摘籠**

「日本民具の造形」淡交社　2004
◇p299〔白黒〕　大阪府 八尾市立歴史民俗資料館所蔵

**綿摘みと乾燥**

「写真でみる日本人の生活全集 2」日本図書センター　2010
◇p5〔白黒〕　10月頃

**綿の種取り機**

「写真で見る農具 民具」農林統計協会　1988
◇p199〔白黒〕　山梨県甲府市　明治時代から昭和20年頃まで

**綿畑**

「写真でみる日本人の生活全集 2」日本図書センター　2010
◇p4〔白黒〕　鳥取県米子市

**ワッパ**

「民俗資料叢書 11 田植の習俗5」平凡社　1970

◇図79〔白黒〕　高知県宿毛市山奈町山田

**ワノー田**

「民俗資料叢書 11 田植の習俗5」平凡社　1970

◇図103〔白黒〕　長崎県壱岐郡芦辺町諸吉

**わらぐら**

「日本民俗写真大系 4」日本図書センター　1999

◇p177〔白黒〕　阿南市　[撮]吉成正一, 1957年

**わらごえ**

「民俗資料叢書 11 田植の習俗5」平凡社　1970

◇図43〔白黒〕　高知県高岡郡葉山村葉山　脱穀後田の表面にまく

**藁腰掛**

「日本民具の造形」淡交社　2004

◇p26〔白黒〕　香川県 高瀬町立朝日山資料館所蔵　田植えや稲刈りの時の一時休息用

**ワラシナコギ**

「日本民俗図誌 5 農耕・漁撈篇」村田書店　1978

◇図46-5〔白黒・図〕　岩手県岩手郡雫石村　『民具問答』

**ワラスグリ**

「写真で見る農具 民具」農林統計協会　1988

◇p158〔白黒〕　福井県丸岡町　昭和20～30年代

◇p158〔白黒〕　鹿児島県田代町　昭和6～7年頃製作

◇p158〔白黒〕　山梨県韮崎市

◇p158〔白黒〕　鹿児島県川辺町　昭和40年代後半まで

「民具のみかた―心とかたち」第一法規出版　1983

◇p82〔白黒〕　埼玉県行田市

**ワラスグリ使用**

「民具のみかた―心とかたち」第一法規出版　1983

◇p82〔白黒〕　埼玉県行田市

**藁積み**

「宮本常一 写真・日記集成 上」毎日新聞社　2005

◇p41〔白黒〕　岡山県岡山市新池　[撮]宮本常一, 1956年10月4日

◇p45〔白黒〕　愛知県幡豆郡一色町 佐久島　[撮]宮本常一, 1956年10月10日

**藁鳰**

「写真ものがたり昭和の暮らし 1」農山漁村文化協会　2004

◇p223〔白黒〕(わらにお)　秋田県横手市大屋　[撮]佐藤久太郎, 昭和37年10月

「写真でみる日本生活図引 1」弘文堂　1989

◇図82〔白黒〕　秋田県横手市大屋中里　[撮]佐藤久太郎, 昭和37年10月

◇図83〔白黒〕　沖縄県石垣市新川　[撮]本田安次, 昭和33年

**ワラの地干し**

「里山・里海 暮らし図鑑」柏書房　2012

◇写1(p227)〔白黒〕　和歌山県旧大塔村〔田辺市〕熊野　昭和34年頃　岡田孝男提供

**蕨叩き棒**

「日本民具の造形」淡交社　2004

◇p213〔白黒〕　岩手県 陸前高田市立博物館所蔵

**藁芒皮取り**

「写真で見る農具 民具」農林統計協会　1988

◇p158〔白黒〕　大阪府池田市　昭和前期

**ワラ混じりの牛の糞尿**

「里山・里海 暮らし図鑑」柏書房　2012

◇写1(p95)〔白黒〕　和歌山県那智勝浦町　堆厩肥の元

**割り竹で火を移す**

「民俗資料選集 25 焼畑習俗」国土地理協会　1997

◇p12(口絵)〔白黒〕　高知県池川町椿山

**ワリバサミ**

「日本民具の造形」淡交社　2004

◇p213〔白黒〕　山口県 小野田市歴史民俗資料館所蔵

# 漁　業

**あいかご**

「日本の民具 3 山・漁村」慶友社　1992

◇図188〔白黒〕　三重県　筌　[撮]薗部澄

**アイノコ**

「日本民俗図誌 5 農耕・漁撈篇」村田書店　1978

◇図117-4〔白黒・図〕　鹿児島県 古仁屋　『シマの生活誌』

**アウトリガーの舟**

「宮本常一 写真・日記集成 下」毎日新聞社　2005

◇p437〔白黒〕　東京都八丈町三根(八丈島)　[撮]宮本常一, 1978年7月25日～29日

**あお**

「日本の民具 3 山・漁村」慶友社　1992

◇図185〔白黒〕　鹿児島県 大島 喜界島　筌　[撮]薗部澄

**アオサとり**

「日本民具の造形」淡交社　2004

◇p218〔白黒〕　沖縄県 読谷村立歴史民俗資料館所蔵

**青海苔かき**

「食の民俗事典」柊風舎　2011

◇p204〔白黒〕　高知県四万十市山路

**アオノリの仕分け**

「里山・里海 暮らし図鑑」柏書房　2012

◇写36(p195)〔白黒〕　福岡県柳川市沖端　昭和30～40年　野田種子提供

**赤網を下す**

「民俗図録 日本人の暮らし」日本図書センター　2012

◇図327〔白黒〕　東京都神津島　[撮]吉川勇一

**赤貝をむき身にする**

「フォークロアの眼 7 海の暮らしと祭り」国書刊行会　1977

◇図43〔白黒〕　千葉県東葛飾郡浦安町　[撮]諸田森二, 昭和47年2月10日

**赤貝(サルボウ)の水揚げ**

「里山・里海 暮らし図鑑」柏書房　2012

◇写10(p188)〔白黒〕　福岡県柳川市沖端　昭和30～40年　野田種子提供

**アカガイの仕分け**
「里山・里海 暮らし図鑑」柏書房　2012
◇写37(p195)〔白黒〕　福岡県柳川市沖端　昭和30～40年　野田種子提供

**明石港口**
「写真でみる日本生活図引 2」弘文堂　1988
◇図1〔白黒〕　兵庫県明石市　[撮]大正時代　黒田義隆提供

**アカトリ**
「日本の民具 3 山・漁村」慶友社　1992
◇図221〔白黒〕　千葉県　[撮]薗部澄
「図録・民具入門事典」柏書房　1991
◇p66〔白黒〕　東京都
「民俗資料叢書 14 八郎潟の漁撈習俗」平凡社　1971
◇第6図(p69)〔白黒・図〕　秋田県 八郎潟　潟舟
「日本の生活文化財」第一法規出版　1965
◇図36(生産・運搬・交易)〔白黒〕　船底にたまる海水を汲み出す柄杓　文部省史料館所蔵(東京都品川区)

**垢取り**
「日本郷土 風俗・民芸・芸能図鑑」日本図書センター　2012
◇写真篇 沖縄〔白黒〕　沖縄県 糸満

**燈りをともしてシラスウナギを箱のような漁具ですくい獲る**
「写真ものがたり昭和の暮らし 5」農山漁村文化協会　2005
◇p154〔白黒〕　佐賀県下野町 筑後川のほとり　[撮]篠原眞, 昭和37年

**阿久根港**
「宮本常一 写真・日記集成 上」毎日新聞社　2005
◇p189〔白黒〕　鹿児島県阿久根市 阿久根港　[撮]宮本常一, 1960年4月22日

**揚繰網**
「図説 民俗探訪事典」山川出版社　1983
◇p251〔白黒・図〕

**揚繰船**
「日本民俗写真大系 3」日本図書センター　1999
◇カバー表〔カラー〕　九十九里浜　[撮]小関与四郎

**アゲザル**
「日本民俗図誌 5 農耕・漁撈篇」村田書店　1978
◇図138-1〔白黒・図〕　房総地方　掬いダマで水揚げした鰯をこれに入れて一ヶ所にあつめる　『房総水産図誌・九十九里旧地曳網漁業』

**アゲマキツリ**
「民俗資料叢書 15 有明海の漁撈習俗」平凡社　1972
◇図27〔白黒〕　佐賀郡の地先　アゲマキ(二枚貝)を釣る

**アゲマキ掘り**
「日本民俗写真大系 6」日本図書センター　2000
◇p65〔白黒〕　長崎県高来町小江沖 有明海諫早湾干潟　[撮]中尾勘悟, 1983年

**アゴアミの渋かけ(共同作業)**
「日本民俗文化財事典(改訂版)」第一法規出版　1979
◇図140〔白黒〕　長崎県対馬地方

**赤穂港あたり**
「宮本常一 写真・日記集成 下」毎日新聞社　2005
◇p163〔白黒〕　兵庫県赤穂市　[撮]宮本常一, 1968年7月26日～27日

**アコヤガイに核を入れる玉入れ作業**
「写真ものがたり昭和の暮らし 3」農山漁村文化協会　2004
◇p172〔白黒〕　三重県志摩町御座(現志摩市)　[撮]須藤功, 昭和42年6月

**麻糸網作り**
「日本民俗図誌 7 生業上・下篇」村田書店　1978
◇図1〔白黒・図〕

**浅草海苔**
「写真でみる日本人の生活全集 1」日本図書センター　2010
◇p142〔白黒〕　千葉県船橋市三田浜附近　ノリの胞子がいっぱいついた網をどろ海にたてる, ベカとよぶ小舟にのって採取

**朝の魚市場に入荷したゴマサバ**
「写真ものがたり昭和の暮らし 3」農山漁村文化協会　2004
◇p69〔白黒〕　高知県高知市　大型の竿秤で目方を量る　[撮]菊池俊吉, 昭和30年ごろ

**朝早くスケソウダラ漁からもどり、次の漁の準備をする親のそばで遊ぶ子どもたち**
「写真ものがたり昭和の暮らし 3」農山漁村文化協会　2004
◇p115〔白黒〕　新潟県両津市　[撮]中俣正義, 昭和23年5月

**朝夕に大謀網をしめる妻良の漁労**
「日本の民俗 下」クレオ　1997
◇p249〔白黒〕　静岡県賀茂郡南伊豆町　[撮]芳賀日出男, 昭和37年

**アサリをかきあげる浜名湖の漁師**
「写真ものがたり昭和の暮らし 5」農山漁村文化協会　2005
◇p195〔白黒〕　静岡県舞阪町(現浜松市)　クマザラあるいはナガエという貝をかく漁具を使う　[撮]須藤功, 昭和44年3月

**あさりかき**
「日本の民具 3 山・漁村」慶友社　1992
◇図192〔白黒〕　東京都　[撮]薗部澄

**アサリ採取**
「日本民俗写真大系 4」日本図書センター　1999
◇p199〔白黒〕　高梁川河口の西岸に広がる遠浅の海　[撮]中村昭夫, 1960年

**あさり取り**
「民俗資料叢書 15 有明海の漁撈習俗」平凡社　1972
◇図79〔白黒〕　有明海　養殖したあさり
◇図80〔白黒〕　有明海　養殖したあさり

**アサリとりの帰り**
「宮本常一 写真・日記集成 上」毎日新聞社　2005
◇p77〔白黒〕　広島県江田島町 宮ノ原の港　[撮]宮本常一, 1957年8月25日

**アサリ・ハマグリ採り**
「日本民俗写真大系 3」日本図書センター　1999
◇p39〔白黒〕　千葉県千葉市 東京湾の干潟　[撮]薗部澄, 1960年

**あさり船への積み込み**
「民俗資料叢書 15 有明海の漁撈習俗」平凡社　1972
◇図81〔白黒〕　有明海　養殖したあさり
◇図82〔白黒〕　有明海　養殖したあさり

**浅蜊掘り**
「写真でみる日本生活図引 6」弘文堂　1993
◇図111〔白黒〕　千葉県千葉市幕張　[撮]林辰雄, 昭和31年
◇図112〔白黒〕　千葉県千葉市幕張　[撮]林辰雄, 昭和30年

**アシ方の編成**
「民俗資料叢書 14 八郎潟の漁撈習俗」平凡社　1971
◇第124図(p139)〔白黒・図〕　秋田県 八郎潟
◇第126図(p141)〔白黒・図〕　秋田県 八郎潟

**アシ方の編成図**
「民俗資料叢書 14 八郎潟の漁撈習俗」平凡社　1971

◇第109図(p134)〔白黒・図〕　秋田県 八郎潟
◇第118図(p137)〔白黒・図〕　秋田県 八郎潟

**アシ方の編成例**
「民俗資料叢書 14 八郎潟の漁撈習俗」平凡社　1971
◇第99図(p127)〔白黒・図〕　秋田県 八郎潟

**アシ方編成**
「民俗資料叢書 14 八郎潟の漁撈習俗」平凡社　1971
◇第114図(p136)〔白黒・図〕　秋田県 八郎潟
◇第116図(p137)〔白黒・図〕　秋田県 八郎潟

**アシ方編成図**
「民俗資料叢書 14 八郎潟の漁撈習俗」平凡社　1971
◇第112図(p136)〔白黒・図〕　秋田県 八郎潟
◇第121図(p139)〔白黒・図〕　秋田県 八郎潟

**アジ・サバの夜焚釣の釣方**
「日本民俗図誌 5 農耕・漁撈篇」村田書店　1978
◇図129〔白黒・図〕

**アジ釣の鉤**
「日本民俗図誌 5 農耕・漁撈篇」村田書店　1978
◇図132-4〜6〔白黒・図〕　周防大島　宮本常一〔提供〕
◇図132-7〔白黒・図〕　周防大島　宮本常一〔提供〕

**アテ**
「写真ものがたり昭和の暮らし 3」農山漁村文化協会　2004
◇p56〔白黒〕　三重県阿児町志島(現志摩市)　網を仕掛ける漁船の向こうに小さく見える山　[撮]須藤功, 昭和55年7月

**アナゴカゴ**
「民俗資料叢書 15 有明海の漁撈習俗」平凡社　1972
◇図34〔白黒〕　有明海

**アナゴの延縄**
「宮本常一 写真・日記集成 上」毎日新聞社　2005
◇p147〔白黒〕　山口県大島郡東和町［周防大島町］情島　[撮]宮本常一, 1959年8月27日

**アバ**
「宮本常一 写真・日記集成 別巻」毎日新聞社　2005
◇図237(p40)〔白黒〕(エビス アバ)　愛媛県南宇和郡西外海村［西海町］〔エビス社の前にアバと少年〕[撮]宮本常一, 1941年1月〜2月
「日本民俗写真大系 1」日本図書センター　1999
◇p95〔白黒〕　北海道羽幌町・天売島　鰊漁の巨大な網を浮かせておく樽の浮き　[撮]樋口英夫, 1976年
「図録・民具入門事典」柏書房　1991
◇p68〔白黒〕　神奈川県

**アバ(網のウキ)**
「宮本常一 写真・日記集成 下」毎日新聞社　2005
◇p189〔白黒〕　東和町両源田　[撮]宮本常一, 1969年4月7日

**アバ網の口**
「民俗資料叢書 15 有明海の漁撈習俗」平凡社　1972
◇図56〔白黒〕　藤津郡太良町多良

**アバ網の張り網**
「民俗資料叢書 15 有明海の漁撈習俗」平凡社　1972
◇図55〔白黒〕　藤津郡太良町多良

**アバ方の編成**
「民俗資料叢書 14 八郎潟の漁撈習俗」平凡社　1971
◇第123図(p139)〔白黒・図〕　秋田県 八郎潟

**アバ方の編成例**
「民俗資料叢書 14 八郎潟の漁撈習俗」平凡社　1971
◇第98図(p127)〔白黒・図〕　秋田県 八郎潟

**アバ方編成図**
「民俗資料叢書 14 八郎潟の漁撈習俗」平凡社　1971
◇第108図(p134)〔白黒・図〕　秋田県 八郎潟
◇第120図(p139)〔白黒・図〕　秋田県 八郎潟

**アバタナの編成(千鳥かけ)**
「民俗資料叢書 14 八郎潟の漁撈習俗」平凡社　1971
◇第32図(p85)〔白黒・図〕　秋田県 八郎潟

**アバに投網を打つ**
「写真ものがたり昭和の暮らし 5」農山漁村文化協会　2005
◇p145〔白黒〕　鹿児島県樋脇町(現薩摩川内市)川内川　[撮]須藤功, 昭和52年11月

**網針**
「日本民具の造形」淡交社　2004
◇p227〔白黒〕　静岡県 沼津市歴史民俗資料館所蔵
「日本の民具 3 山・漁村」慶友社　1992
◇図197〔白黒〕　千葉県　[撮]薗部澄
「日本民俗図誌 7 生業上・下篇」村田書店　1978
◇図4-2〔白黒・図〕　漁網の手編み

**アバ漁**
「写真でみる日本生活図引 2」弘文堂　1988
◇図67〔白黒〕　鹿児島県薩摩郡樋脇町　[撮]須藤功, 昭和57年9月29日

**アバ漁小屋**
「写真ものがたり昭和の暮らし 5」農山漁村文化協会　2005
◇p144〔白黒〕　宮崎県高岡町　[撮]相場惣太郎, 昭和30年

**アビ漁**
「日本民俗写真大系 4」日本図書センター　1999
◇p48〔白黒〕　広島県豊田郡豊浜町の豊島　[撮]中村由信, 1967年
◇p50〜51〔白黒〕　広島県豊田郡豊浜町の豊島　[撮]中村由信, 1967年

**アブラコ篭**
「日本民俗図誌 7 生業上・下篇」村田書店　1978
◇図16〔白黒・図〕　北海道渡島尻辺村

**阿部の海女**
「日本民俗写真大系 4」日本図書センター　1999
◇p74〔白黒〕　徳島県海部郡由岐町阿部　磯の幸をとる　[撮]吉成正一, 1974年
◇p75〔白黒〕　徳島県海部郡由岐町阿部　[撮]中村由信
◇p76〔白黒〕　徳島県海部郡由岐町阿部　フゴを用いる　[撮]中村由信, 1974年
◇p77〔白黒〕　徳島県海部郡由岐町阿部　素潜り漁　[撮]中村由信, 1974年

**阿部の港**
「民俗資料選集 27 年齢階梯制Ⅱ」国土地理協会　1999
◇p2(口絵), p10(本文)〔白黒〕　徳島県由岐町阿部

**網干場**
「民俗図録 日本人の暮らし」日本図書センター　2012
◇図325〔白黒〕　長崎県五島奈良尾港　[撮]岩野俊夫

**網干場から船へ運ぶ**
「フォークロアの眼 7 海の暮らしと祭り」国書刊行会　1977
◇図21〔白黒〕　石川県珠洲郡内浦　[撮]諸田森二, 昭和47年1月21日

**アマ**
「日本社会民俗辞典 1」日本図書センター　2004
◇p18〔白黒・図〕　三重県 志摩
◇p18〔白黒・図〕　三重県 志摩　[撮]明治年代　『三重県漁業図解』
「日本民俗大辞典 上」吉川弘文館　1999
◇p37〔白黒〕　宮崎県東臼杵郡椎葉村

**海士**
「写真ものがたり昭和の暮らし 3」農山漁村文化協会　2004

生産・生業　　　　　　　　　　　　　　　　　　　　　　　漁業

　　　◇p102〔白黒〕（若い海士）　石川県輪島市・舳倉島
　　　　〔女性のアマ〕　㊄御園直太郎, 昭和35年8月
　　「日本民俗写真大系 4」日本図書センター　1999
　　　◇p85〔白黒〕　愛媛県三崎町　㊄新田好, 1958年
　　　◇p93〔白黒〕　愛媛県三崎町　㊄1958年
　　　◇p94〜95〔白黒〕　大分県北海部郡佐賀関町　㊄中村由信, 1970年
　　「写真でみる日本生活図引 2」弘文堂　1988
　　　◇図13〔白黒〕（一休みする海士）　愛媛県西宇和郡三崎町正野　㊄新田好, 昭和27年
　　　◇図14〔白黒〕　愛媛県西宇和郡三崎町　㊄新田好, 昭和29年
　　「フォークロアの眼 7 海の暮らしと祭り」国書刊行会　1977
　　　◇小論6〔白黒〕　鹿児島県大島郡瀬戸内町古仁屋　エビを捕える　㊄田辺悟, 昭和48年11月7日

**海女**
　　「写真でみる日本人の生活全集 6」日本図書センター　2010
　　　◇p21〔白黒〕　舳倉島
　　「写真でみる日本人の生活全集 10」日本図書センター　2010
　　　◇口絵〔白黒〕　㊄田中幸弘, 茂木正男
　　　◇p36〔白黒〕　松島
　　　◇p80〔白黒〕　海藻やあわびとりをする
　　「宮本常一 写真・日記集成 上」毎日新聞社　2005
　　　◇p351〔白黒〕　福岡県北九州市小倉北区馬島　㊄宮本常一, 1962年10月18日
　　「日本民俗写真大系 6」日本図書センター　2000
　　　◇p27〔白黒〕　福岡県玄海町鐘崎　綿のカスリ地のイソジュバンにブルマーで桶をかたげて磯へ　㊄1966年 北川千里
　　　◇p28〔白黒〕　福岡県玄海町鐘崎　仕事を終え、迎えにきた子どもと家路につく　㊄横田明, 1955年 福岡市総合図書館
　　　◇p29〔白黒〕　福岡県玄海町鐘崎　陸にあがると寒く流木を集め暖をとる　㊄1958年 北川千里
　　　◇p29〔白黒〕　福岡県玄海町鐘崎　経験の浅い海女は桶を抱えて磯伝いに海に入る　㊄橋本すえこ
　　　◇p30〔白黒〕　長崎県厳原町曲　体が冷えれば舟の上で焚き火をし暖をとる　㊄中村由信, 1958年
　　　◇p31〔白黒〕　長崎県厳原町曲　獲物をさがしながら、一直線に潜っていく　㊄中村由信, 1958年
　　　◇p32〔白黒〕　長崎県厳原町曲　岩陰のサザエやアワビをさがして潜水を続ける　㊄中村由信, 1958年
　　　◇p34〔白黒〕　長崎県壱岐　樽をもち休息をとる　㊄中村由信, 1972年
　　　◇p35〔白黒〕　長崎県壱岐　船にもどる　㊄中村由信, 1972年
　　「日本民俗写真大系 8」日本図書センター　2000
　　　◇p5〔カラー〕　輪島市（舳倉島）　腰にアワビガネを挟んで一気に潜る　㊄中村由信, 1960年
　　　◇p35〔白黒〕　輪島市（舳倉島）　船上にいる夫が妻の海女を引き揚げる　㊄中村由信, 1960年
　　　◇p36〔白黒〕　村上市早川　ハンゾという大きなタライを浮かべる　㊄中村由信, 1974年
　　　◇p37〔白黒〕　村上市早川　潜る場所へ家からイソギ姿で出かける　㊄中村由信, 1974年
　　「日本民俗写真大系 2」日本図書センター　1999
　　　◇p27〔白黒〕（岩手県）　㊄中村由信, 1973年
　　「日本民俗写真大系 3」日本図書センター　1999
　　　◇p138〜139〔白黒〕　千葉県白浜町　磯場　浮樽で休憩　㊄薗部白澄, 1955年
　　　◇p134〔白黒〕　千葉県御宿町　焚き火を囲んで食事をしながら談笑　㊄中村由信, 1961年
　　　◇p136〔白黒〕　千葉県御宿町　沖の漁場へ　㊄中村由信, 1961年
　　　◇p142〔白黒〕　三重県鳥羽市国崎町　〔浜辺でお祓いを受ける〕　㊄1961年
　　　◇p143〔白黒〕　三重県鳥羽市国崎町　潜水用眼鏡を使用、タンポンに身を寄せる　㊄1961年
　　「写真でみる日本生活図引 6」弘文堂　1993
　　　◇図125〔白黒〕（体を洗う海女）　千葉県夷隅郡御宿町岩和田田尻　㊄林辰雄, 昭和30年8月20日
　　「写真でみる日本生活図引 2」弘文堂　1988
　　　◇図11〔白黒〕　石川県輪島市・舳倉島　㊄中村由信, 昭和35年7月
　　　◇図12〔白黒〕　長崎県下県郡厳原町曲・対馬　㊄中村由信, 昭和33年7月
　　「図説 民俗探訪事典」山川出版社　1983
　　　◇p258〔白黒〕　石川県輪島市舳倉島
　　「フォークロアの眼 7 海の暮らしと祭り」国書刊行会　1977
　　　◇小論5〔白黒〕　韓国済州道西浦　採鮑のために海草をわけて潜る　㊄田辺悟, 昭和48年4月30日
　　「フォークロアの眼 3 運ぶ」国書刊行会　1977
　　　◇図28〔白黒〕　三重県鳥羽市石鏡　アワビのはいったタンポ〔を舟に揚げる〕　㊄須藤功, 昭和42年6月22日
　　　◇図29〔白黒〕　三重県鳥羽市石鏡　海幸のたくさんはいったタンポも水の中では楽に運べる　㊄須藤功, 昭和42年6月22日
　　　◇図36〔白黒〕　三重県鳥羽市菅島　しろんご祭りの日ホラ貝の合図でいっせいに海にはいりアワビをとる　㊄須藤功, 昭和47年7月29日
　　「民俗の事典」岩崎美術社　1972
　　　◇p189〔白黒〕　三重県鳥羽市菅島

**海女・海士**
　　「日本民俗事典」弘文堂　1972
　　　◇p14〔白黒〕　三重県鳥羽市答志島和具　㊄北見俊夫

**海人**
　　「宮本常一が撮った昭和の情景 上」毎日新聞社　2009
　　　◇p166〔白黒〕（80歳をこえる海人岩本五郎翁）　長崎県佐世保市宇久町（宇久島）　首から獲物を入れる網、腰のまわりに貝起こし、手には水中眼鏡などの海人の道具　㊄宮本常一, 1962年8月11日
　　「宮本常一 写真・日記集成 上」毎日新聞社　2005
　　　◇p331〔白黒〕（宇久島・岩本五郎翁）　五島列島宇久島（長崎県北松浦郡宇久町）　㊄宮本常一, 1962年8月11日

**海士・海女の分布図**
　　「図説 民俗探訪事典」山川出版社　1983
　　　◇p257〔白黒・図〕（おもな海士・海女の分布）　田辺悟原図による

**海女・海士の分布図**
　　「日本民俗大辞典 上」吉川弘文館　1999
　　　◇p38〔白黒・図〕（主な海女・海士の分布図）

**海女が獲ったサザエ**
　　「日本民俗写真大系 3」日本図書センター　1999
　　　◇p177〔白黒〕　㊄1972年

**アマサギを移す**
　　「写真ものがたり昭和の暮らし 5」農山漁村文化協会　2005
　　　◇p191〔白黒〕（他の魚と分けたアマサギを別の箱に移す）　島根県松江市千鳥町　㊄佐々木典政, 昭和60年

**アマシ（海士）**
　　「写真ものがたり昭和の暮らし 3」農山漁村文化協会　2004
　　　◇p103〔白黒〕　愛媛県三崎町正野　㊄新田好, 昭和27年

**海女たちは伝馬船で沖に出て家族らとオキュウトグサなどもとった**
　　「日本民俗写真大系 6」日本図書センター　2000
　　　◇p26〔白黒〕　福岡県玄海町　㊄1960年　西日本新聞社

漁業　　　　　　　　　　　　　　　　　　　生産・生業

**海女とコンブ舟**
「日本民俗写真大系 1」日本図書センター　1999
◇p105〔白黒〕　北海道松前町赤神　夏　出稼ぎ海女　㊞中村由信, 1964年

**海女と舟**
「フォークロアの眼 3 運ぶ」国書刊行会　1977
◇図30〔白黒〕　三重県鳥羽市石鏡　一仕事おえて浜に帰ってきたところ　㊞須藤功, 昭和42年6月22日

**海女のアワビ漁**
「民俗小事典 食」吉川弘文館　2013
◇p162〔白黒〕　三重県神島　㊞昭和30年代　池田お文提供

**海女の漁具**
「民俗図録 日本人の暮らし」日本図書センター　2012
◇図338, 340, 341〔白黒〕（海女の漁具（1））　静岡県賀茂郡南崎村　㊞瀬川清子
◇図339〔白黒〕（海女の漁具（2））　大分県北海部郡佐賀関町　㊞瀬川清子

**海女の島渡り**
「日本の民俗 暮らしと生業」KADOKAWA　2014
◇図5-1〔白黒〕　石川県輪島市　㊞芳賀日出男, 昭和37年6月中旬の早朝
「日本の民俗 下」クレオ　1997
◇図5-1〔白黒〕　石川県輪島市　㊞芳賀日出男, 昭和37年6月中旬の早朝

**海女の出漁**
「日本民俗文化財事典（改訂版）」第一法規出版　1979
◇図143〔白黒〕　三重県志摩地方

**海女の少女**
「あるくみるきく双書 宮本常一とあるいた昭和の日本 24」農山漁村文化協会　2012
◇p5〔白黒〕（海女）　三重県鳥羽市国崎　〔少女〕　㊞宮本常一, 昭和37年8月

**海女の姿**
「図説 日本民俗学」吉川弘文館　2009
◇p159〔白黒〕　山口県下関市　現代の海女

**海女の背中**
「日本の民俗 暮らしと生業」KADOKAWA　2014
◇図5-8〔白黒〕　石川県輪島市　㊞芳賀日出男, 昭和37年
「日本の民俗 下」クレオ　1997
◇図5-9〔白黒〕　石川県輪島市 舳倉島　㊞芳賀日出男, 昭和37年

**海女の潜水作業**
「日本の民俗 暮らしと生業」KADOKAWA　2014
◇図5-5〔白黒〕（潜水作業）　石川県輪島市　㊞芳賀日出男, 昭和37年
「日本の民俗 下」クレオ　1997
◇図5-6〔白黒〕（潜水作業）　石川県輪島市 舳倉島　㊞芳賀日出男, 昭和37年

**海女の潜水道具**
「日本の民俗 暮らしと生業」KADOKAWA　2014
◇図5-6〔白黒〕　石川県輪島市　㊞芳賀日出男, 昭和37年
「日本の民俗 下」クレオ　1997
◇図5-8〔白黒〕　石川県輪島市　㊞芳賀日出男, 昭和37年

**海女の道具**
「民俗の事典」岩崎美術社　1972
◇p195〔白黒〕　三重県鳥羽市菅島

**海女の道具と磯桶**
「民俗の事典」岩崎美術社　1972
◇p189〔白黒・図〕

**海女の夫婦**
「日本の民俗 暮らしと生業」KADOKAWA　2014
◇図5-4〔白黒〕　石川県輪島市　㊞芳賀日出男, 昭和37年
「日本の民俗 下」クレオ　1997
◇図5-5〔白黒〕　石川県輪島市 舳倉島　㊞芳賀日出男, 昭和37年

**海女の船**
「日本の民俗 暮らしと生業」KADOKAWA　2014
◇図5-2〔白黒〕　石川県輪島市 舳倉島へ　㊞芳賀日出男, 昭和37年
「日本民俗写真大系 8」日本図書センター　2000
◇p34〔白黒〕　輪島市の浜　㊞芳賀日出男, 1962年
「日本の民俗 下」クレオ　1997
◇図5-2〔白黒〕　石川県輪島市 舳倉島へ　小船に全家族が乗り込む　㊞芳賀日出男, 昭和37年

**海女の労働**
「日本社会民俗辞典 3」日本図書センター　2004
◇p1252〔白黒〕

**海女船**
「写真でみる日本生活図引 6」弘文堂　1993
◇図117〔白黒〕　三重県鳥羽市国崎　㊞前野隆資, 昭和36年8月31日

**海女舟を陸に引き上げる**
「日本民俗写真大系 3」日本図書センター　1999
◇p135〔白黒〕　千葉県御宿町　㊞中村由信, 1961年

**海女船の炉**
「日本の民俗 下」クレオ　1997
◇図5-11〔白黒〕　石川県輪島市　㊞芳賀日出男, 昭和37年

**あみ**
「日本の民具 3 山・漁村」慶友社　1992
◇図186〔白黒〕　鹿児島県 大島　㊞薗部澄

**網あげを終えて一服する北転船の漁船員**
「写真ものがたり昭和の暮らし 3」農山漁村文化協会　2004
◇p140〔白黒〕　㊞平野禎邦, 昭和40年代

**網揚げの漁師たち**
「日本民俗写真大系 6」日本図書センター　2000
◇カバー表〔カラー〕　㊞木下陽一

**糠魚網**
「日本民俗図誌 5 農耕・漁撈篇」村田書店　1978
◇図156（下）〔白黒・図〕　7月頃の昼

**網いっぱいのサザエやアワビを運ぶ海士**
「日本民俗写真大系 4」日本図書センター　1999
◇p86〔白黒〕　愛媛県三崎町　㊞1958年

**網糸**
「日本民俗図誌 7 生業上・下篇」村田書店　1978
◇図4-1〔白黒・図〕　漁網の手編み

**網を操るカコ衆（漁師）**
「日本民俗写真大系 8」日本図書センター　2000
◇p32～33〔白黒〕　石川県能都町　㊞御園直太郎, 1963年

**アミを獲る**
「写真ものがたり昭和の暮らし 5」農山漁村文化協会　2005
◇p216〔白黒〕　秋田県森岳村（現山本町）　寒中の角助沼にはいり、氷をかき分けてアミを獲る　㊞南利夫, 昭和33年
◇p226〔白黒〕　秋田県森岳村（現山本町）　㊞南利夫, 昭和33年

**網を沈めるおもり**
「図説 台所道具の歴史」日本図書センター　2012
◇p51-7〔白黒〕　愛媛県・川之江港　[撮]GK, 1971年

**網を整理する**
「フォークロアの眼 7 海の暮らしと祭り」国書刊行会 1977
◇図23〔白黒〕　千葉県銚子市銚子港　[撮]諸田森二, 昭和49年1月7日

**網を繕う**
「宮本常一 写真・日記集成 下」毎日新聞社　2005
◇p372〔白黒〕　岡山県備前市 大多府島　[撮]宮本常一, 1976年9月6〜7日
「フォークロアの眼 7 海の暮らしと祭り」国書刊行会 1977
◇図16〔白黒〕(海風をよけて網を繕う)　三重県鳥羽市神島町　[撮]諸田森二, 昭和47年6月17日
◇図18〔白黒〕　石川県珠洲郡内浦　船の上でも, 破れたらすぐ繕う　[撮]諸田森二, 昭和47年1月21日

**網を繕う少年**
「宮本常一 写真・日記集成 下」毎日新聞社　2005
◇p423〔白黒〕　島根県隠岐郡都万村　[撮]宮本常一, 1978年3月23日

**網を煮るカマ**
「宮本常一 写真・日記集成 下」毎日新聞社　2005
◇p189〔白黒〕　東和町外入　4月8日　腐蝕を防ぐため　[撮]宮本常一, 1969年4月5日〜10日

**網を引き揚げる**
「宮本常一 写真・日記集成 下」毎日新聞社　2005
◇p342〔白黒〕　福岡県西区 小呂島　[撮]宮本常一, 1975年3月26日

**網おろしの会**
「日本民俗写真大系 4」日本図書センター　1999
◇p45〔白黒〕　タイのシバリ網の新調　[撮]中村由信, 1957年

**網から伊勢エビをはずす**
「写真ものがたり昭和の暮らし 3」農山漁村文化協会　2004
◇p114〔白黒〕　三重県鳥羽市・答志島 和具漁港　[撮]須藤功, 昭和41年12月30日の朝

**網から魚をはずす女性たち**
「日本民俗写真大系 1」日本図書センター　1999
◇p103〔白黒〕　利尻島鬼脇港　[撮]八木下弘, 1960年

**網切り鋏**
「日本の民具 3 山・漁村」慶友社　1992
◇図198〔白黒〕　千葉県 西岬　[撮]薗部澄

**網具**
「日本民俗事典」弘文堂　1972
◇p18〔白黒・図〕　サデ網, 投網(日本水産捕採誌), 土佐の棒受網(日本水産捕採誌), 駿河カツオ揚繰網(静岡県水産誌)

**網小屋**
「宮本常一 写真・日記集成 上」毎日新聞社　2005
◇p105〔白黒〕　茨城県稲敷郡桜川村浮島 霞ヶ浦沿いの網小屋か？　[撮]宮本常一, 1958年3月1日

**網シキ箱**
「民俗資料叢書 14 八郎潟の漁撈習俗」平凡社　1971
◇第8図(p71)〔白黒・図〕　秋田県 八郎潟　潟舟

**網修理**
「民俗資料叢書 15 有明海の漁撈習俗」平凡社　1972
◇図75〔白黒〕　太良町多良海岸

**網ぞり**
「民俗資料叢書 14 八郎潟の漁撈習俗」平凡社　1971
◇図28〔白黒〕　秋田県 八郎潟
◇第132図(p146)〔白黒・図〕　秋田県 八郎潟

**あみつくろい**
「写真でみる日本人の生活全集 9」日本図書センター　2010
◇p29〔白黒〕　父のあみのつくろいを手伝う少年　[撮]酒井今朝夫

**網つくろい**
「写真でみる日本人の生活全集 3」日本図書センター　2010
◇p144〔白黒〕　青森県北津軽郡　[撮]伊馬春部

**網納屋**
「写真でみる日本人の生活全集 3」日本図書センター　2010
◇p135〔白黒〕　東京都 新島の海岸地帯

**網につける錘**
「図説 台所道具の歴史」日本図書センター　2012
◇p48-4〔白黒〕　愛媛県・川之江港　[撮]GK

**網の施設**
「日本の生活環境文化大辞典」柏書房　2010
◇p85-3〔白黒・図〕　香川県三豊市仁尾町　位置図

**網の修繕**
「フォークロアの眼 7 海の暮らしと祭り」国書刊行会 1977
◇図17〔白黒〕　三重県鳥羽市神島町　[撮]諸田森二, 昭和47年6月17日

**網の修理をする夫婦**
「図説 日本民俗学」吉川弘文館　2009
◇p159〔白黒〕　山口県下関市

**網の繕い**
「日本民俗写真大系 8」日本図書センター　2000
◇p87〔白黒〕　新潟県山北町　[撮]戸松清一, 1981年

**網の繕いをする夫婦**
「日本民俗写真大系 8」日本図書センター　2000
◇p49〔白黒〕　村上市　[撮]戸松清一, 1976年

**網の手入れ**
「写真ものがたり昭和の暮らし 5」農山漁村文化協会　2005
◇p193〔白黒〕　静岡県細江町寸座(現浜松市)　サッパ　[撮]須藤功, 昭和44年3月

**網の手入れをする漁夫**
「日本民俗写真大系 4」日本図書センター　1999
◇p41〔白黒〕　福山市(仙酔島)　[撮]迫幸一, 1953年頃

**網の手入れの手伝い**
「写真ものがたり昭和の暮らし 7」農山漁村文化協会　2006
◇p84〔白黒〕　三重県鳥羽市・答志島　[撮]須藤功, 昭和41年12月

**網の点検**
「フォークロアの眼 7 海の暮らしと祭り」国書刊行会 1977
◇図20〔白黒〕　石川県珠洲郡内浦　母と子で　[撮]諸田森二, 昭和47年1月21日

**網の補修風景**
「日本民俗写真大系 5」日本図書センター　2000
◇p37〔白黒〕　赤水の漁具倉庫前の網干場　[撮]高橋ミサ子, 2000年

**網のほつれなどを直す**
「写真ものがたり昭和の暮らし 3」農山漁村文化協会　2004
◇p62〔白黒〕(次の漁のために網のほつれなどを直す)　新潟県能生町筒石の浜　タイの地曳網漁　[撮]室川右京, 昭和33年2月

**網針入れ**
「日本民具の造形」淡交社　2004
◇p230〔白黒〕　千葉県 白浜海洋美術館所蔵

漁業　　　　　　　　　　　　　　　　　　生産・生業

**あみ曳網の構造**
「民俗資料叢書 14 八郎潟の漁撈習俗」平凡社　1971
　◇第81図(p119)〔白黒・図〕　秋田県 八郎潟

**網びく**
「日本民具の造形」淡交社　2004
　◇p41〔白黒〕　神奈川県 葉山しおさい博物館所蔵

**網船**
「宮本常一 写真・日記集成 上」毎日新聞社　2005
　◇p309〔白黒〕　鹿児島県 種子島 熊野浦　㊟宮本常一, 1962年6月11日
　◇p375〔白黒〕(5丁櫓を使うペアの網船)　神奈川県足柄下郡真鶴町 真鶴の港　㊟宮本常一, 1963年5月14日

**網船が網を囲んで網を揚げる**
「日本民俗写真大系 5」日本図書センター　2000
　◇p36〔白黒〕　〔鰤漁〕　㊟1960年頃　日高宏彌

**網干し**
「宮本常一 写真・日記集成 下」毎日新聞社　2005
　◇p89〔白黒〕(網を干す)　兵庫県御津町柏浜　イカナゴ網か　㊟宮本常一, 1966年11月5日
「写真でみる日本生活図引 2」弘文堂　1988
　◇図36〔白黒〕　愛媛県西宇和郡三崎町大佐田　㊟新田好, 昭和28年
「日本民俗文化財事典(改訂版)」第一法規出版　1979
　◇図141〔白黒〕　千葉県安房地方
「フォークロアの眼 7 海の暮らしと祭り」国書刊行会　1977
　◇図19〔白黒〕(網を干す)　石川県珠洲郡内浦　女の仕事　㊟諸田森二, 昭和47年1月21日
「民俗資料叢書 14 八郎潟の漁撈習俗」平凡社　1971
　◇図10〔白黒〕(網干し(ハサがけ))　秋田県 八郎潟

**網干しや雑魚干し作業**
「日本民俗写真大系 7」日本図書センター　2000
　◇p121〔白黒〕(一家総出で網干しや雑魚干し作業をする)　京都府丹後町　秋の浜辺　㊟板垣太子松, 1954年

**網元と網子が食事をともにしながら網おろしを語り合う**
「写真ものがたり昭和の暮らし 3」農山漁村文化協会　2004
　◇p72〔白黒〕　香川県直島町宮の浦　㊟中村由信, 昭和32年

**鮎生かし**
「日本民具の造形」淡交社　2004
　◇p224〔白黒〕　鹿児島県 出水市歴史民俗資料館所蔵

**鮎籠**
「日本民具の造形」淡交社　2004
　◇p224〔白黒〕　広島県 広島市郷土資料館所蔵

**鮎釣り**
「日本の民俗 下」クレオ　1997
　◇図7-8〔白黒〕　徳島県三好郡一円 吉野川　真夏　人形遣い。真夏の暑い季節は仕事を休んで鮎釣りなどをして過ごす　㊟芳賀日出男, 昭和36～7年

**アユの刺し網漁**
「里山・里海 暮らし図鑑」柏書房　2012
　◇写5(p157)〔白黒〕　大阪府阪南市男里川

**鮎の投網漁**
「里山・里海 暮らし図鑑」柏書房　2012
　◇口絵〔白黒〕　福井県小浜市　昭和初期　井田家所蔵　古写真・福井県立若狭歴史民俗資料館提供

**アユ漁に適した刺し網**
「里山・里海 暮らし図鑑」柏書房　2012
　◇写2(p153)〔白黒〕　和歌山県海南市

**アラメを道沿いに設けた干し竿に掛け干す**
「日本民俗写真大系 7」日本図書センター　2000
　◇p59〔白黒〕　島根県五箇村　㊟菅沼清美, 1970年

**アラメ採り用具**
「日本民俗図誌 7 生業上・下篇」村田書店　1978
　◇図30-4〔白黒・図〕　陸奥地方

**ありよ**
「日本の民具 3 山・漁村」慶友社　1992
　◇図187〔白黒〕　鹿児島県 大島　㊟薗部澄

**鮑**
「日本の民俗 下」クレオ　1997
　◇図5-12〔白黒〕　石川県輪島市 舳倉島　〔カゴの中の獲った鮑〕　㊟芳賀日出男, 昭和37年

**鮑起し**
「日本民俗図誌 7 生業上・下篇」村田書店　1978
　◇図27-4〔白黒・図〕

**アワビオコシの実測図**
「民俗資料選集 22 対馬の釣鉤製作習俗」国土地理協会　1994
　◇p14(本文)〔白黒・図〕　長崎県　アオビカギ(ドンブリ海女用)・五寸カギ・アオビカギ 長崎県下県郡厳原町曲, ヨゴ・アオツカン 長崎県北松浦郡宇久町平, イソガネ 長崎県下県郡厳原町豆酸, アオカギ・アオカギ 長崎県北松浦郡小値賀町笛吹

**アワビ鉤**
「日本民具大辞典 上」吉川弘文館　1999
　◇p319〔白黒・図〕　『日本水産博覧会目録』より

**あわび籠**
「日本民具の造形」淡交社　2004
　◇p225〔白黒〕　千葉県 鴨川市郷土資料館所蔵

**鮑籠**
「日本民具の造形」淡交社　2004
　◇p24〔白黒〕　千葉県 鴨川市郷土資料館所蔵

**鮑突**
「日本民俗図誌 7 生業上・下篇」村田書店　1978
　◇図27-5〔白黒・図〕　筑前地方

**アワビとり**
「宮本常一 写真・日記集成 上」毎日新聞社　2005
　◇p336〔白黒〕　国崎(三重県鳥羽市)　㊟宮本常一, 1962年8月21日

**鮑獲り具**
「日本民具の造形」淡交社　2004
　◇p226〔白黒〕　茨城県 北茨木市歴史民俗資料館所蔵

**鮑取具**
「日本民具の造形」淡交社　2004
　◇p284〔白黒〕　茨城県 北茨城市歴史民俗資料館所蔵

**アワビ取引**
「宮本常一 写真・日記集成 上」毎日新聞社　2005
　◇p337〔白黒〕　国崎(三重県鳥羽市)　㊟宮本常一, 1962年8月21日

**アワビ取引きに向かう海女たち**
「宮本常一が撮った昭和の情景 上」毎日新聞社　2009
　◇p168〔白黒〕(海から上がりアワビの取引きに向かう海女たち)　三重県鳥羽市国崎町　㊟宮本常一, 1962年8月21日
「宮本常一 写真・日記集成 上」毎日新聞社　2005
　◇p337〔白黒〕　国崎(三重県鳥羽市)　㊟宮本常一, 1962年8月21日

**アワビやウニをとる**
「日本民俗写真大系 6」日本図書センター　2000
　◇p126〔白黒〕　長崎県上対馬町鰐浦　春の磯　㊟山田梅雄, 1986年

生産・生業　　　　　　　　　　　　　　　　　　　　　漁業

**アワビ漁にでているサッパ舟**
「写真でみる日本人の生活全集 4」日本図書センター　2010
　◇p55〔白黒〕　釜石地区

**鮑漁の口開けの日**
「日本民俗写真大系 5」日本図書センター　2000
　◇p111〔白黒〕　中甑村　海辺にたらいを担いだ漁師たちが並び時間を待っていた　㊞星原昌一, 1973年

**あんこ**
「日本の民具 3 山・漁村」慶友社　1992
　◇図228〔白黒〕　新潟県 佐渡　船上の火床　㊞薗部澄

**あんこう**
「日本民俗写真大系 2」日本図書センター　1999
　◇p55〔白黒〕　茨城県北茨城市　㊞藤井正夫, 1973年

**アンコウ網用の木製いかり**
「民俗資料叢書 15 有明海の漁撈習俗」平凡社　1972
　◇図76〔白黒〕　有明海

**アントクモ**
「日本民俗図誌 7 生業上・下篇」村田書店　1978
　◇図29-1〔白黒・図〕　大分県南部郡地方　和布を採る

**アンドンビシ**
「図録・民具入門事典」柏書房　1991
　◇p67〔白黒〕　神奈川県

**飯蛸壺**
「日本民具の造形」淡交社　2004
　◇p221〔白黒〕　岡山県 備前市歴史民俗資料館所蔵
　◇p300〔白黒〕　兵庫県 御津町立室津民俗資料館

**飯蛸用貝殻**
「日本民具の造形」淡交社　2004
　◇p221〔白黒〕　佐賀県 太良町歴史民俗資料館所蔵

**イカをとるための小屋**
「宮本常一が撮った昭和の情景 下」毎日新聞社　2009
　◇p17〔白黒〕（由良比女神社前の小屋）　島根県隠岐郡西ノ島町浦郷（西ノ島）　イカをとるための小屋　㊞宮本常一, 1965年5月29日
「宮本常一 写真・日記集成 下」毎日新聞社　2005
　◇p27〔白黒〕（隠岐島前・西ノ島・浦郷）　島根県隠岐郡西ノ島町浦郷　㊞宮本常一, 1965年5月29日

**イカカケ**
「日本民俗図誌 5 農耕・漁撈篇」村田書店　1978
　◇図134-3〔白黒・図〕　周防大島　宮本常一〔提供〕

**イカ籠（バカ籠）**
「日本民俗写真大系 6」日本図書センター　2000
　◇p84〔白黒〕　長崎県国見町多比良地先 有明海島原半島沖　㊞1986年

**イカガタ**
「日本民俗図誌 5 農耕・漁撈篇」村田書店　1978
　◇図134-1・2〔白黒・図〕　周防大島　宮本常一〔提供〕

**イカヅノ**
「図録・民具入門事典」柏書房　1991
　◇p67〔白黒〕　神奈川県

**イカダブネ（筏舟）とサオ（棹）**
「民具のみかた一心とかたち」第一法規出版　1983
　◇p170〔白黒〕　長崎県対馬

**いかつり**
「日本の民具 3 山・漁村」慶友社　1992
　◇図153〔白黒〕　鹿児島県 大島　㊞薗部澄

**いか釣機**
「日本民具の造形」淡交社　2004
　◇p226〔白黒〕　鳥取県 海とくらしの史料館所蔵

**イカ釣りの漁火**
「写真ものがたり昭和の暮らし 3」農山漁村文化協会　2004
　◇p70〔白黒〕　新潟県両津市北鵜島（現佐渡市）　㊞中俣正義, 昭和32年5月

**いか釣のえぎ**
「日本の民具 3 山・漁村」慶友社　1992
　◇図156〔白黒〕　鹿児島県 大島　㊞薗部澄

**いか釣の鉤**
「日本の民具 3 山・漁村」慶友社　1992
　◇図161〔白黒〕　新潟県 佐渡　㊞薗部澄

**イカ釣りの竿**
「宮本常一 写真・日記集成 下」毎日新聞社　2005
　◇p186〔白黒〕　広島県因島市土生町箱崎　㊞宮本常一, 1969年2月17日～19日

**イカツリバリ（烏賊釣針）**
「民具のみかた一心とかたち」第一法規出版　1983
　◇p164〔白黒〕　山形県庄内地方

**イカテングリ舟と漁具**
「民俗図録 日本人の暮らし」日本図書センター　2012
　◇図326〔白黒〕　熊本県天草郡御所浦町與一浦　㊞鈴木東一

**イカナゴ網**
「日本民俗図誌 7 生業上・下篇」村田書店　1978
　◇図7〔白黒・図〕　淡路近海

**イカナゴの準備**
「日本民俗写真大系 4」日本図書センター　1999
　◇p49〔白黒〕　広島県豊田郡豊浜町の豊島　アビ漁につかう　㊞中村由信, 1967年

**イカナゴ漁**
「宮本常一 写真・日記集成 下」毎日新聞社　2005
　◇p197〔白黒〕　広島県三原市幸崎町能地　㊞宮本常一, 1969年7月21日
　◇p197〔白黒〕　広島県三原市幸崎町能地　㊞宮本常一, 1969年7月21日

**烏賊の鉤針**
「図説 民俗探訪事典」山川出版社　1983
　◇p255〔白黒・図〕　青森県地方　『青森県の漁具』より

**イカの釣り糸を手動式のドラムで巻きあげる**
「写真ものがたり昭和の暮らし 3」農山漁村文化協会　2004
　◇p129〔白黒〕　知床半島の羅臼沖　㊞平野禎邦, 昭和45年11月

**イカバリ**
「日本民俗図誌 5 農耕・漁撈篇」村田書店　1978
　◇図133-3〔白黒・図〕　周防大島　宮本常一〔提供〕

**いかり（潟舟）**
「民俗資料叢書 14 八郎潟の漁撈習俗」平凡社　1971
　◇第13図（p71）〔白黒・図〕　秋田県 八郎潟　潟舟

**碇**
「日本の民具 3 山・漁村」慶友社　1992
　◇図216〔白黒〕　東京都 江戸川　㊞薗部澄

**錨**
「日本民具の造形」淡交社　2004
　◇p229〔白黒〕　広島県 倉橋町立歴史民俗資料館所蔵

**いかり網**
「民俗資料叢書 14 八郎潟の漁撈習俗」平凡社　1971
　◇第90図（p123）〔白黒・図〕　秋田県 八郎潟

**碇を作る**
「日本の民俗 下」クレオ　1997
　◇図5-4〔白黒〕　石川県輪島市 舳倉島　㊞芳賀日出男, 昭和37年

**生き餌の取引**
「日本民俗写真大系 5」日本図書センター　2000
◇p25〔白黒〕　網代　鰹漁　[撮]多田信, 1983年

**壱岐の海女**
「日本民俗写真大系 6」日本図書センター　2000
◇p33〔白黒〕　長崎県壱岐　[撮]中村由信, 1972年

**イクリ網を使い川舟で遡上するサケをとる**
「日本民俗写真大系 8」日本図書センター　2000
◇p46～47〔白黒〕　村上市 三面川のサケ漁　[撮]中俣正義, 1950年

**生け簀**
「民俗図録 日本人の暮らし」日本図書センター　2012
◇図351〔白黒〕(生簀のいろいろ(1))　鹿児島県肝属郡外之浦　[撮]國分直一
◇図352〔白黒〕(生簀のいろいろ(2))　愛知県知多郡日間賀島村　[撮]瀬川清子
◇図353〔白黒〕(生簀のいろいろ(3))　鹿児島県揖宿郡生見村　[撮]國分直一
「宮本常一 写真・日記集成 上」毎日新聞社　2005
◇p258〔白黒〕　生口島(広島県豊田郡瀬戸田町)　[撮]宮本常一, 1961年5月21日

**イケスカゴ**
「あるくみるきく双書 宮本常一とあるいた昭和の日本 19」農山漁村文化協会　2012
◇p117〔白黒〕　鹿児島県垂水市　カツオ漁の餌を運ぶ　[撮]工藤員功

**イケス籠**
「日本民俗図誌 5 農耕・漁撈篇」村田書店　1978
◇図148〔白黒・図〕　神奈川県葉山地方
◇図149〔白黒・図〕　青森県八戸市湊地方
◇図150〔白黒・図〕　静岡県伊東地方

**生簀籠を積んだ運搬船**
「日本の生活環境文化大辞典」柏書房　2010
◇p86-1〔白黒〕　熊本県天草市横浦島　タレクチイワシ捕り漁業者　[撮]2009年　橋村修

**生簀での給餌**
「日本民俗写真大系 6」日本図書センター　2000
◇p85〔白黒〕　鹿児島県東町薄井　稚魚からブリになるまで　[撮]土本典昭, 1985年

**イケスに使う大きな丸カゴが路地にならぶ**
「宮本常一が撮った昭和の情景 上」毎日新聞社　2009
◇p177〔白黒〕　熊本県天草市五和町二江　[撮]宮本常一, 1962年10月7日

**生簀にも使える大きなビクが路地にならぶ**
「宮本常一 写真・日記集成 上」毎日新聞社　2005
◇p346〔白黒〕　熊本県 天草下島・五和町二江　[撮]宮本常一, 1962年10月7日

**生簀箱**
「日本民具の造形」淡交社　2004
◇p225〔白黒〕　新潟県 紫雲寺町立漁村民俗資料館所蔵

**イケス舟**
「民俗資料叢書 15 有明海の漁撈習俗」平凡社　1972
◇図45〔白黒〕　有明海　捕獲した魚類を生きたまま運ぶ

**イサリに用いるカナツキ**
「日本民俗図誌 5 農耕・漁撈篇」村田書店　1978
◇図139-1～4〔白黒・図〕　周防大島　宮本常一〔提供〕

**イサリノミ**
「日本民俗図誌 7 生業上・下篇」村田書店　1978
◇図28-1〔白黒・図〕　阿波地方

**石をぽんぽんと放り投げ魚を追い込む原始的な漁法**
「日本民俗写真大系 5」日本図書センター　2000
◇p38〔白黒〕　鹿児島県根占町　[撮]星原昌一, 1967年

**石垣港**
「宮本常一 写真・日記集成 下」毎日新聞社　2005
◇p369〔白黒〕　沖縄県 石垣島　[撮]宮本常一, 1976年8月20～22日

**石グロの上に網をかぶせる**
「食の民俗事典」柊風舎　2011
◇p177〔白黒〕　高知県四万十市山路

**石積の波止堤防と出漁する船**
「宮本常一 写真・日記集成 下」毎日新聞社　2005
◇p394〔白黒〕　愛媛県喜多郡長浜町青島　[撮]宮本常一, 1977年5月24日

**石積の防波堤で囲まれた漁港**
「宮本常一 写真・日記集成 下」毎日新聞社　2005
◇p342〔白黒〕　福岡県西区 小呂島　[撮]宮本常一, 1975年3月26日

**石日干といわれる有明海のスクイ**
「日本の生活環境文化大辞典」柏書房　2010
◇p104-9〔白黒〕　長崎県諫早市森山町　[撮]2009年　立平進

**イセエビ漁**
「日本民俗写真大系 3」日本図書センター　1999
◇p94〔白黒〕　静岡県下田市田牛　[撮]湊嘉秀, 1994年

**伊勢湾でタコ漁をする神島の漁師**
「フォークロアの眼 7 海の暮らしと祭り」国書刊行会　1977
◇図32〔白黒〕　三重県鳥羽市神島沖　[撮]諸田森二, 昭和48年2月3日

**イソ桶**
「日本民俗図誌 5 農耕・漁撈篇」村田書店　1978
◇図141-2〔白黒・図〕　志摩の蜑女たちが用いる　『志摩の蜑女』
◇図141-3〔白黒・図〕　千葉県大原・白浜あたり

**イソガネ**
「日本民俗図誌 7 生業上・下篇」村田書店　1978
◇図26〔白黒・図〕　三重県 志摩地方, 筑前, 肥後, 安房地方, 陸前地方　海人が鮑捕に使用
「日本民俗図誌 5 農耕・漁撈篇」村田書店　1978
◇図143-1～3〔白黒・図〕　福岡県鐘崎, 佐賀県呼子, 福岡県宗像郡大島　蜑が海中において鮑などをおこす　桜田勝徳〔提供〕

**磯金**
「図説 民俗探訪事典」山川出版社　1983
◇p258〔白黒・図〕　千葉県, 三重県　『日本水産捕採誌』より

**磯釣り生簀**
「日本民具の造形」淡交社　2004
◇p225〔白黒〕　和歌山県 下津町歴史民俗資料館所蔵

**磯釣りの人たち**
「宮本常一 写真・日記集成 下」毎日新聞社　2005
◇p425〔白黒〕　山口県光市室積　[撮]宮本常一, 1978年4月23日

**磯タコ漁**
「日本民俗写真大系 8」日本図書センター　2000
◇カバー背〔カラー〕　酒田市飛島　[撮]森本孝

**イソドリ**
「民俗学事典」丸善出版　2014
◇p172〔白黒〕　神奈川県横須賀市佐島

磯ネギの道具
「宮本常一が撮った昭和の情景 上」毎日新聞社 2009
◇p72〔白黒〕 新潟県佐渡市小木大浦 ㊙宮本常一, 1959年8月10日
「宮本常一 写真・日記集成 上」毎日新聞社 2005
◇p142〔白黒〕 新潟県佐渡郡小木町[佐渡市]大浦 ㊙宮本常一, 1959年8月10日

磯ねぎ漁
「図説 台所道具の歴史」日本図書センター 2012
◇p49-9〔白黒〕 南佐渡・白木 ㊙GK, 1971年

磯の口明け
「日本の民俗 暮らしと生業」KADOKAWA 2014
◇図4-5〔白黒〕 静岡県賀茂郡南伊豆町 ㊙芳賀日出男, 昭和29年〜37年
「日本の民俗 下」クレオ 1997
◇図4-8〔白黒〕 静岡県賀茂郡南伊豆町 ㊙芳賀日出男, 昭和29年〜37年

いそのみ
「日本の民具 3 山・漁村」慶友社 1992
◇図149〔白黒〕 三重県 志摩 ㊙薗部澄

磯ノリを搔く人
「フォークロアの眼 7 海の暮らしと祭り」国書刊行会 1977
◇図36〔白黒〕 静岡県西伊豆 ㊙諸田森二

磯の漁
「日本民俗写真大系 3」日本図書センター 1999
◇p44〜45〔白黒〕 千葉県九十九里浜 ㊙薗部澄, 1958年

いそばこ
「日本の生活文化財」第一法規出版 1965
◇図35(生産・運搬・交易)〔白黒〕 文部省史料館所蔵(東京都品川区)

磯引網ロクロ
「日本民具の造形」淡交社 2004
◇p291〔白黒〕 福井県 高浜町漁村文化伝承館所蔵

イソブネ
「日本社会民俗辞典 4」日本図書センター 2004
◇p1363〔白黒〕 青森県下北郡岩屋

磯舟
「宮本常一 写真・日記集成 上」毎日新聞社 2005
◇p449〔白黒〕 北海道 利尻島 鴛泊あたり ㊙宮本常一, 1964年8月4日

磯ホコ
「日本民俗図誌 7 生業上・下篇」村田書店 1978
◇図28-5・6〔白黒・図〕

イソ眼鏡
「日本民俗図誌 5 農耕・漁撈篇」村田書店 1978
◇図142-1〜4〔白黒・図〕 志摩の蜑女たちが使用 図3:鼻出し, 図4:鼻かくし 『志摩の蜑女』
◇図142-5〔白黒・図〕 鹿児島地方 カツギが使用 桜田勝徳〔提供〕

磯漁に使われる櫓漕ぎのタライ舟
「日本民俗写真大系 8」日本図書センター 2000
◇p80〔白黒〕 新潟県小木町 ㊙中村由信, 1974年

イダキ
「日本民俗図誌 7 生業上・下篇」村田書店 1978
◇図18-2〔白黒・図〕 伊予地方

板鍬
「民俗資料叢書 15 有明海の漁撈習俗」平凡社 1972
◇図20〔白黒〕 有明海 干潟のムツゴロウなどを捕える

板附船
「日本社会民俗辞典 3」日本図書センター 2004
◇p1273〔白黒〕 奄美大島

イタツケ
「日本民俗図誌 5 農耕・漁撈篇」村田書店 1978
◇図117-2〔白黒・図〕 鹿児島県 沖永良部島 『シマの生活誌』
◇図117-3〔白黒・図〕 鹿児島県 古仁屋 『シマの生活誌』

いたつけの模型
「日本の民具 3 山・漁村」慶友社 1992
◇図213〔白黒〕(いたつけ) 鹿児島県 大島 模型 ㊙薗部澄

イタツケブネ
「日本社会民俗辞典 1」日本図書センター 2004
◇p282〔白黒〕 喜界島

一色港
「宮本常一 写真・日記集成 上」毎日新聞社 2005
◇p45〔白黒〕 愛知県幡豆郡一色町 佐久島 ㊙宮本常一, 1956年10月10日

一斉に船がウニ島に向かう
「日本民俗写真大系 6」日本図書センター 2000
◇p46〔白黒〕 長崎県対馬 鰐浦 ㊙山田梅雄, 1986年

イッチョメガネ
「日本民俗写真大系 4」日本図書センター 1999
◇p93〔白黒〕 愛媛県三崎町 潜水具 ㊙1958年

一本釣りしたメバチマグロ幼魚
「里山・里海 暮らし図鑑」柏書房 2012
◇写28(p193)〔白黒〕 鹿児島県徳之島伊仙町西犬田布

一本釣りで釣りあげた鰤
「日本民俗写真大系 6」日本図書センター 2000
◇p47〔白黒〕 対馬沖 ㊙山田梅雄, 1986年

一本釣りの漁船
「宮本常一が撮った昭和の情景 下」毎日新聞社 2009
◇p16〔白黒〕 島根県隠岐郡西ノ島町大字別府(西ノ島)から知夫村(知夫里島)へ ㊙宮本常一, 1965年5月29日
「宮本常一 写真・日記集成 下」毎日新聞社 2005
◇p26〔白黒〕(一本釣り) 島根県隠岐郡西ノ島町別府(西ノ島)→知夫(知夫里島 知夫村) ㊙宮本常一, 1965年5月29日

一本釣りの漁師
「日本民俗写真大系 4」日本図書センター 1999
◇p64〔白黒〕 因島市箱崎 ㊙中村由信, 1961年

一本釣りの漁師たち
「宮本常一 写真・日記集成 下」毎日新聞社 2005
◇p171〔白黒〕 山口県大島郡東和町沖家室[周防大島町] ㊙宮本常一, 1968年8月23日

一本ミヨシになる以前の佐渡の磯船
「日本民俗大辞典 上」吉川弘文館 1999
◇p96〔白黒・図〕 新潟県佐渡郡

いどううらばっく
「写真 日本文化史 9」日本評論新社 1955
◇図98〔白黒〕 鹿児島県喜界島 釣餌いれの籠

イトマン漁船
「宮本常一 写真・日記集成 別巻」毎日新聞社 2005
◇図63(p21)〔白黒〕 島根県・隠岐[隠岐島] ㊙宮本常一, 1939年[月日不明]

イトマン漁夫
「宮本常一 写真・日記集成 別巻」毎日新聞社 2005

◇図66(p21)〔白黒〕　島根県・隠岐［隠岐島］　[撮]宮本常一, 1939年［月日不明］

**糸満漁夫の網染め作業**
「日本社会民俗辞典 1」日本図書センター　2004
◇p290〔白黒〕　隠岐島所見

**イトマン漁民**
「宮本常一 写真・日記集成 別巻」毎日新聞社　2005
◇図65(p21)〔白黒〕　島根県・［隠岐島］　[撮]宮本常一, 1939年［月日不明］

**糸満の漁夫と女**
「図説 民俗探訪事典」山川出版社　1983
◇p327〔白黒〕　沖縄　[撮]吉村正治

**糸満の刳舟**
「民俗図録 日本人の暮らし」日本図書センター　2012
◇図305〔白黒〕　沖縄本島

**イトマン漁**
「宮本常一 写真・日記集成 別巻」毎日新聞社　2005
◇図64(p21)〔白黒〕　島根県・［隠岐島］　[撮]宮本常一, 1939年［月日不明］

**イナ釣道具**
「日本民俗図誌 5 農耕・漁撈篇」村田書店　1978
◇図192〔白黒・図〕

**伊根浦の景観**
「日本の生活環境文化大辞典」柏書房　2010
◇p82-1〔白黒〕　京都府与謝郡伊根町　舟屋　[撮]2003年 日向進

**伊根浦の捕鯨**
「写真でみる日本生活図引 2」弘文堂　1988
◇図20〔白黒〕　京都府与謝郡伊根町　[撮]大正2年　落合英夫提供

**伊根ブリの養殖生簀**
「日本の生活環境文化大辞典」柏書房　2010
◇p90-1〔白黒〕　京都府与謝郡伊根町　[撮]2008年　河村明植

**イヨゾケ**
「あるくみるきく双書 宮本常一とあるいた昭和の日本 19」農山漁村文化協会　2012
◇p118〔白黒〕　鹿児島県坊津町久志博多　小魚入れ　[撮]工藤員功

**イヨテゴ**
「あるくみるきく双書 宮本常一とあるいた昭和の日本 19」農山漁村文化協会　2012
◇p118〔白黒〕　鹿児島県坊津町久志博多　魚を運ぶ　[撮]工藤員功

**入り江**
「宮本常一 写真・日記集成 上」毎日新聞社　2005
◇p210〔白黒〕(紀伊浦神から下里あたり)　和歌山県 紀伊浦神から下里あたり　[撮]宮本常一, 1960年9月26日
◇p262〔白黒〕(大阪・能登沿岸？)　石川県 能登沿岸？　[撮]宮本常一, 1961年8月3日

**入り江の舟**
「宮本常一 写真・日記集成 上」毎日新聞社　2005
◇p275〔白黒〕(佐賀平野→長崎)　佐賀平野→長崎　[撮]宮本常一, 1961年9月13日

**入江の船だまりと養殖場**
「宮本常一 写真・日記集成 下」毎日新聞社　2005
◇p372〔白黒〕　岡山県備前市 大多府島　[撮]宮本常一, 1976年9月6～7日

**西之表港**
「宮本常一 写真・日記集成 下」毎日新聞社　2005
◇p67〔白黒〕　鹿児島県西之表市(種子島)〔漁船〕　[撮]宮本常一, 1966年3月31日～4月10日
◇p173〔白黒〕　鹿児島県西之表市(種子島) 西之表港〔漁船〕　[撮]宮本常一, 1968年9月30日

**入浜式塩田**
「図説 民俗探訪事典」山川出版社　1983
◇p262〔白黒〕　香川県坂出市　昭和20年代　たばこと塩の博物館提供

**イルカ追いこみ漁**
「日本民俗写真大系 3」日本図書センター　1999
◇p88～90〔白黒〕　静岡県賀茂村安良里　[撮]青山富士夫, 1959年

**イルカをしとめて船上で一部、解体する**
「日本民俗写真大系 3」日本図書センター　1999
◇p126〔白黒〕　和歌山県太地町　[撮]中村由信, 1967年

**イルカ漁の漁具**
「民俗図録 日本人の暮らし」日本図書センター　2012
◇図334〔白黒〕　沖縄本島名護

**いれこ**
「日本の民具 3 山・漁村」慶友社　1992
◇図219〔白黒〕　千葉県　[撮]薗部澄

**イワ(船の錘)**
「日本民俗図誌 5 農耕・漁撈篇」村田書店　1978
◇図137-5〔白黒・図〕　房総地方　『房総水産図誌・九十九里旧地曳網漁業』

**祝い餅投げ**
「日本民俗写真大系 5」日本図書センター　2000
◇p26〔白黒〕　高知県佐賀町 佐賀漁港　新船ができたとき　[撮]奈路広, 1989年

**岩国市黒島**
「宮本常一 写真・日記集成 下」毎日新聞社　2005
◇p245〔白黒〕　岩国市岩国市黒島　[撮]宮本常一, 1971年4月5日

**鰯アグリ網漁業**
「日本社会民俗辞典 1」日本図書センター　2004
◇図版X 漁業(2)〔白黒〕　三重県　[撮]明治時代　『三重県漁業図解』

**鰯網**
「民俗図録 日本人の暮らし」日本図書センター　2012
◇図322〔白黒〕　大阪府
「日本民俗図誌 5 農耕・漁撈篇」村田書店　1978
◇図166〔白黒・図〕　6月から8月頃 昼の漁

**イワシを生け簀からイケブネ(出荷用船)に入れる**
「食の民俗事典」柊風舎　2011
◇p135〔白黒〕　和歌山県日高郡日高町産湯　提供：和歌山県立紀伊風土記の丘

**鰯を乾すための棚**
「宮本常一 写真・日記集成 別巻」毎日新聞社　2005
◇図102(p24)〔白黒〕(海岸一帯ノ棚ハ鰯ヲ乾スタメノモノ)　鹿児島県・大隅・佐多村大泊［肝属郡佐多町］　[撮]宮本常一, 1940年2月11日～3月7日

**イワシ籠**
「写真ものがたり昭和の暮らし 9」農山漁村文化協会　2007
◇p203〔白黒〕　熊本県水俣市　〔船に積まれている〕　[撮]麦島勝, 平成18年12月

**イワシ籠を作る**
「写真ものがたり昭和の暮らし 9」農山漁村文化協会　2007
◇p203〔白黒〕　熊本県水俣市　[撮]麦島勝, 平成18年12月

**鰯大謀網**
「日本民俗図誌 5 農耕・漁撈篇」村田書店　1978
◇図119〔白黒・図〕　宮崎県油津地方

**イワシ流網**
「図説 民俗探訪事典」山川出版社　1983
◇p253〔白黒・図〕

**イワシ縫切網**
「図説 民俗探訪事典」山川出版社　1983
◇p251〔白黒・図〕　長崎県

**イワシの地曳網**
「写真ものがたり昭和の暮らし 3」農山漁村文化協会　2004
◇p64〔白黒〕　新潟県能生町能生　[撮]室川右京，昭和28年9月

**鰯の水揚げ**
「日本民俗写真大系 7」日本図書センター　2000
◇p34〜35〔白黒〕　島根県浜田市　厳冬期　[撮]永見武久，1952年

**イワシ漁**
「日本民俗写真大系 4」日本図書センター　1999
◇p54〔白黒〕　山口県橘町　かぐらさんを巻いた網を引き揚げる　[撮]浜本栄，1961年

**岩海苔を採る**
「写真ものがたり昭和の暮らし 3」農山漁村文化協会　2004
◇p108〔白黒〕　石川県・能登半島　[撮]棚池信行，昭和30年代
◇p108〔白黒〕　石川県門前町深見　[撮]御園直太郎，昭和46年1月

**岩海苔を採る女性**
「日本民俗写真大系 2」日本図書センター　1999
◇p37〔白黒〕　宮城県志津川町長清水　[撮]薗部澄，1958年

**岩海苔摘み**
「日本民俗写真大系 7」日本図書センター　2000
◇p119〔白黒〕　京都府丹後町 経ヶ岬　[撮]森本孝，1979年

**岩海苔採り**
「日本民俗写真大系 7」日本図書センター　2000
◇p45〔白黒〕　島根県鹿島町〔現・松江市〕　[撮]井上喜弘，1967年2月
「写真でみる日本生活図引 2」弘文堂　1988
◇図55〔白黒〕　新潟県西蒲原郡巻町角海浜　[撮]斎藤文夫，昭和32年2月

**ウエ**
「宮本常一 写真・日記集成 別巻」毎日新聞社　2005
◇図233（p40）〔白黒〕　愛媛県北宇和郡日吉村　[撮]宮本常一，1941年1月〜2月

**魚集め**
「写真でみる日本生活図引 2」弘文堂　1988
◇図46〔白黒〕　三重県鳥羽市安楽島町　[撮]昭和30年代　野村史隆提供

**うおがた**
「日本の民具 3 山・漁村」慶友社　1992
◇図154〔白黒〕　長崎県 平戸　[撮]薗部澄

**魚座**
「日本民具の造形」淡交社　2004
◇p222〔白黒〕　広島県 神辺町歴史民俗資料館所蔵

**魚突き**
「日本郷土 風俗・民芸・芸能図鑑」日本図書センター　2012
◇写真篇 千葉〔白黒〕　千葉県

**魚捕り部（口またはハネコミ）の構造**
「民俗資料叢書 14 八郎潟の漁撈習俗」平凡社　1971
◇第56図（p100）〔白黒・図〕　秋田県 八郎潟

**魚見小屋**
「図説 日本民俗学」吉川弘文館　2009
◇p160〔白黒〕　静岡県伊東市
「図説 民俗建築大事典」柏書房　2001
◇写真2（p261）〔白黒〕　静岡県伊東市

**魚見だる**
「写真ものがたり昭和の暮らし 3」農山漁村文化協会　2004
◇p90〔白黒〕　和歌山県太地町　[撮]中村由信，昭和42年

**鵜飼い**
「写真ものがたり昭和の暮らし 5」農山漁村文化協会　2005
◇p157〔白黒〕　愛媛県大洲市 肱川　[撮]須藤功，昭和42年6月
「民俗の事典」岩崎美術社　1972
◇p207〔白黒〕　神奈川県相模原市田名

**鵜飼い漁業**
「日本社会民俗辞典 1」日本図書センター　2004
◇図版X 漁業（2）〔白黒〕　福井県金塚村　『日本捕魚図志』

**鵜飼サッパ**
「写真ものがたり昭和の暮らし 5」農山漁村文化協会　2005
◇p24〔白黒〕　静岡県佐久間町（現浜松市）　[撮]明治時代　平賀孝晴提供

**鵜飼の鵜をウカゴに入れ櫂の天秤棒で船まで運ぶ**
「フォークロアの眼 3 運ぶ」国書刊行会　1977
◇図57〔白黒〕　岐阜県岐阜市長良川　[撮]須藤功，昭和51年5月28日

**鵜飼の用具**
「宮本常一 写真・日記集成 別巻」毎日新聞社　2005
◇図344（p55）〔白黒〕　越前・大野［福井県大野市］　[撮]宮本常一，1941年10月

**鵜籠**
「写真 日本文化史 9」日本評論新社　1955
◇図93〔白黒〕　明治時代に鵜を運んだヨツザシ（鵜4羽をいれる）の鵜籠

**うき**
「日本の民具 3 山・漁村」慶友社　1992
◇図193〔白黒〕　千葉県　[撮]薗部澄

**浮子**
「日本民具の造形」淡交社　2004
◇p31〔白黒〕　福井県 北前船資料館旧右近家住宅所蔵

**浮子（あば）**
「日本民俗写真大系 2」日本図書センター　1999
◇p56〔白黒〕　茨城県那珂川　浮子を持って仕掛けた鮭漁の網を手繰り寄せる　[撮]藤井正夫，1964年

**浮かし樽**
「民俗資料叢書 14 八郎潟の漁撈習俗」平凡社　1971
◇第93図（p123）〔白黒・図〕　秋田県 八郎潟　曳網漁業打瀬網

**浮刺網**
「図録・民具入門事典」柏書房　1991
◇p68〔白黒・図〕

**うきだる**
「写真 日本文化史 9」日本評論新社　1955
◇図96〔白黒〕　千葉県　海女が天草採取にもちいるもの

**浮樽ランプ**
「日本民具の造形」淡交社　2004
◇p228〔白黒〕　兵庫県 洲本市立淡路文化資料館所蔵

**浮子と沈子**
「図説 民俗探訪事典」山川出版社　1983

漁業　　　　　　　　　　　　　　　生産・生業

◇p249〔白黒〕　青森県　『青森県の漁具』より

**うぐい**
「日本の民具 3 山・漁村」慶友社　1992
　　◇図170〔白黒〕　宮崎県　㊙薗部澄

**うぐいもじ**
「日本民具の造形」淡交社　2004
　　◇p223〔白黒〕　岡山県 英田町歴史民俗資料館所蔵

**ウケ**
「日本民俗文化財事典（改訂版）」第一法規出版　1979
　　◇図155〔白黒〕
「日本民俗図誌 5 農耕・漁撈篇」村田書店　1978
　　◇図147-16〔白黒・図〕　栃木県河内郡古里村
「日本の生活文化財」第一法規出版　1965
　　◇図28（生産・運搬・交易）〔白黒〕　文部省史料館所蔵（東京都品川区）

**筌**
「日本民具の造形」淡交社　2004
　　◇p29〔白黒〕　北海道 平取町立二風谷アイヌ文化博物館所蔵
「日本民具大辞典 上」吉川弘文館　1999
　　◇p156〔白黒〕　武蔵野美術大学民俗資料室所蔵
「民具のみかた―心とかたち」第一法規出版　1983
　　◇p156〔白黒〕（ウケ（筌））　埼玉県嵐山町
「日本民俗図誌 5 農耕・漁撈篇」村田書店　1978
　　◇図145～147〔白黒・図〕　静岡県各地　鰻捕用、蟹捕用、オーモジリ、両コシなど　『静岡県方言誌』

**筌を作る**
「写真ものがたり昭和の暮らし 9」農山漁村文化協会　2007
　　◇p202〔白黒〕　千葉県佐倉市大佐倉　㊙清野文男, 昭和49年8月

**筌作り**
「写真でみる日本生活図引 8」弘文堂　1993
　　◇図4〔白黒〕　千葉県佐倉市大佐倉　㊙清野文男, 昭和49年8月

**ウケテボ**
「あるくみるきく双書 宮本常一とあるいた昭和の日本 19」農山漁村文化協会　2012
　　◇p111〔白黒〕　大分県大分市　魚のビク　㊙工藤員功

**筌にはいったアユとワタリガニ**
「写真ものがたり昭和の暮らし 5」農山漁村文化協会　2005
　　◇p142〔カラー〕　鹿児島県樋脇町（現薩摩川内市）　㊙須藤功, 昭和54年9月

**筌のいろいろ**
「図説 民俗探訪事典」山川出版社　1983
　　◇p247〔白黒・図〕

**筌（モンドリ）の仕かけ**
「図説 民俗探訪事典」山川出版社　1983
　　◇p247〔白黒〕　奈良県東吉野村

**筌漁**
「日本民俗図誌 5 農耕・漁撈篇」村田書店　1978
　　◇図196〔白黒・図〕

**筌漁の竹籠**
「日本民俗図誌 5 農耕・漁撈篇」村田書店　1978
　　◇図197〔白黒・図〕

**羽後飛島蛸穴図**
「写真ものがたり昭和の暮らし 3」農山漁村文化協会　2004
　　◇p193〔白黒・図〕　山形県酒田市・飛島　早川孝太郎著『羽後飛島図誌』（大正14年刊）挿入図を合成

**ウサツキ**
「日本民俗図誌 7 生業上・下篇」村田書店　1978

◇図18-1〔白黒・図〕　肥後地方

**牛と鋤で貝を掘る島の人たち**
「民俗図録 日本人の暮らし」日本図書センター　2012
　　◇図372〔白黒〕　長崎県五島

**牛根海岸の生簀**
「民俗図録 日本人の暮らし」日本図書センター　2012
　　◇図350〔白黒〕　鹿児島県肝属郡

**打瀬網漁船**
「日本民俗図誌 5 農耕・漁撈篇」村田書店　1978
　　◇図112〔白黒・図〕　九州、瀬戸内海、伊勢湾、三河湾、東京湾など

**打瀬網の構造**
「民俗資料叢書 14 八郎潟の漁撈習俗」平凡社　1971
　　◇第92図（p123）〔白黒・図〕　秋田県 八郎潟

**打瀬網の操業**
「民俗資料叢書 14 八郎潟の漁撈習俗」平凡社　1971
　　◇第96図（p125）〔白黒・図〕　秋田県 八郎潟

**打瀬網の編成**
「民俗資料叢書 14 八郎潟の漁撈習俗」平凡社　1971
　　◇第95図（p125）〔白黒・図〕　秋田県 八郎潟　大正5年八郎湖水面利用調査報告から

**打瀬網漁**
「写真でみる日本生活図引 2」弘文堂　1988
　　◇図25〔白黒〕　鹿児島県出水市　㊙撮影者不明, 昭和29年頃

**うたせぶね**
「日本社会民俗辞典 3」日本図書センター　2004
　　◇p1272〔白黒〕　横浜市子安

**打瀬船**
「宮本常一 写真・日記集成 上」毎日新聞社　2005
　　◇p88〔白黒〕（停泊中の打瀬船）　香川県丸亀市 本島（塩飽本島）→岡山県倉敷市下津井　㊙宮本常一, 1957年9月1日
「写真ものがたり昭和の暮らし 3」農山漁村文化協会　2004
　　◇p40〔白黒〕　福井県小浜市　愛知県型の打瀬舟で、正月祝いに小浜湾に集合したもの　㊙井田米蔵, 大正時代　福井県立若狭歴史民俗資料館提供
　　◇p41〔白黒〕　鹿児島県出水市　㊙田島秀隆, 昭和29年ごろ
　　◇p44〔白黒〕（埋立前の東京湾に浮かぶ打瀬船）　東京湾　㊙菊池俊吉, 昭和30年
　　◇p45〔白黒〕（大帆だけで桁と呼ぶ漁具を引いている打瀬船）　東京湾　㊙菊池俊吉, 昭和30年
「日本民俗写真大系 6」日本図書センター　2000
　　◇p3〔カラー〕　熊本県芦北町 八代海（不知火海）　㊙土本典昭, 1982年
「日本民俗写真大系 8」日本図書センター　2000
　　◇p146～147〔白黒〕（愛知県型打瀬船）　小浜市 小浜湾の正月を祝う風景　㊙井田米蔵, 大正時代
「日本民俗写真大系 3」日本図書センター　1999
　　◇p50〔白黒〕　千葉県千葉市検見川　㊙新井英夫, 1956年
「写真でみる日本生活図引 6」弘文堂　1993
　　◇図114, 115〔白黒〕（浜の打瀬船）　千葉県千葉市花見川区検見川町　ケープネと呼ばれる帆走漁船　㊙新井英夫, 林辰雄, 昭和35年5月1日, 昭和35年12月18日
「写真でみる日本生活図引 2」弘文堂　1988
　　◇図23, 24〔白黒〕（東京湾の打瀬船）　東京湾・横浜沖　㊙菊池俊吉, 昭和30年3月

**ウチカギ**
「日本民俗図誌 5 農耕・漁撈篇」村田書店　1978
　　◇図139-6〔白黒・図〕　周防大島　魚の頭に打込んで魚

を殺す　宮本常一〔提供〕

**打チカキ（チャーラギとり）**
「民俗資料叢書 15 有明海の漁撈習俗」平凡社　1972
　◇図32〔白黒〕　有明海

**ウツボかごを修理する**
「写真ものがたり昭和の暮らし 3」農山漁村文化協会　2004
　◇p115〔白黒〕　三重県大王町波切　㊤三村幸一, 昭和35年6月

**鱛籠作り**
「写真でみる日本生活図引 8」弘文堂　1993
　◇図3〔白黒〕　三重県志摩郡大王町波切　㊤三村幸一, 昭和35年6月

**うなぎあめっく**
「日本の民具 3 山・漁村」慶友社　1992
　◇図175〔白黒〕　鹿児島県 大島　㊤薗部澄

**ウナギイレビク**
「あるくみるきく双書 宮本常一とあるいた昭和の日本 19」農山漁村文化協会　2012
　◇p111〔白黒〕　大分県大分市　ウナギを入れる　㊤工藤員功

**うなぎうけ**
「日本の民具 3 山・漁村」慶友社　1992
　◇図176〔白黒〕　茨城県　㊤薗部澄

**鰻筌**
「日本民俗図誌 5 農耕・漁撈篇」村田書店　1978
　◇図190〔白黒・図〕　4月から9月頃まで

**ウナギを捕獲するツヅ（筒）漁**
「里山・里海 暮らし図鑑」柏書房　2012
　◇写53（p177）〔白黒〕　福井県三方湖　昭和30年代　若狭三方縄文博物館提供

**ウナギカキ**
「民俗資料叢書 15 有明海の漁撈習俗」平凡社　1972
　◇図23〔白黒〕　有明海　うなぎをとる
　◇図24〔白黒〕　有明海　うなぎをとる

**鰻搔**
「日本民具の造形」淡交社　2004
　◇p32〔白黒〕　愛知県 弥富町歴史民俗資料館所蔵
　◇p218〔白黒〕　香川県 詫間町立民俗資料館

**ウナギ搔き具**
「日本の生活環境文化大辞典」柏書房　2010
　◇p105-10〔白黒〕(有明海のウナギ搔き具)　㊤2009年 川内知子

**うなぎかご**
「日本の民具 3 山・漁村」慶友社　1992
　◇図177〔白黒〕　高知県　㊤薗部澄

**ウナギカゴの生産と修理**
「里山・里海 暮らし図鑑」柏書房　2012
　◇写76（p182）〔白黒〕　福岡県柳川市沖端　昭和30〜40年　野田種子提供

**鰻鎌**
「日本民俗図誌 5 農耕・漁撈篇」村田書店　1978
　◇図188〔白黒・図〕

**ウナギス**
「あるくみるきく双書 宮本常一とあるいた昭和の日本 19」農山漁村文化協会　2012
　◇p117〔白黒〕　鹿児島県加世田市　ウナギをとる　㊤工藤員功

**鰻抄いの漁具**
「日本民俗図誌 5 農耕・漁撈篇」村田書店　1978
　◇図189-3〔白黒・図〕

**うなぎづつ**
「日本の民具 3 山・漁村」慶友社　1992
　◇図178〔白黒〕　高知県 室戸　㊤薗部澄

**鰻筒**
「日本民俗図誌 5 農耕・漁撈篇」村田書店　1978
　◇図189-1・2〔白黒・図〕　4月より9月頃まで

**鰻叩き**
「日本民具の造形」淡交社　2004
　◇p226〔白黒〕　宮崎県 天ヶ城歴史民俗資料館所蔵

**鰻突き**
「日本民具の造形」淡交社　2004
　◇p50〔白黒〕　福岡県 前原市立伊都民俗資料館所蔵

**鰻釣竿**
「図説 民俗探訪事典」山川出版社　1983
　◇p245〔白黒・図〕　『湖川沼漁略図』より

**うなぎど**
「日本の民具 3 山・漁村」慶友社　1992
　◇図174〔白黒〕　福島県　㊤薗部澄

**ウナギニギリ**
「民俗資料叢書 15 有明海の漁撈習俗」平凡社　1972
　◇図25〔白黒〕　有明海　うなぎを手でさぐり捕える
　◇図26〔白黒〕　有明海　うなぎを手でさぐり捕える

**鰻の珠数釣道具**
「日本民俗図誌 5 農耕・漁撈篇」村田書店　1978
　◇図194〔白黒・図〕

**ウナギバサミ**
「民俗資料叢書 15 有明海の漁撈習俗」平凡社　1972
　◇図26〔白黒〕　有明海　うなぎをとる

**鰻はさみ**
「日本民具の造形」淡交社　2004
　◇p51〔白黒〕　大分県 中津市歴史民俗資料館所蔵

**鵜縄網**
「日本民俗図誌 5 農耕・漁撈篇」村田書店　1978
　◇図178〔白黒・図〕

**ウニとり**
「日本民俗写真大系 6」日本図書センター　2000
　◇p158〔白黒〕　熊本県天草町大江　4月から初夏まで　㊤松本教夫, 1978年

**雲丹採り**
「日本郷土 風俗・民芸・芸能図鑑」日本図書センター　2012
　◇写真篇 福井〔白黒〕　福井県越前町四ヵ浦海岸

**ウニ漁**
「日本民俗写真大系 2」日本図書センター　1999
　◇p29〔白黒〕　岩手県三陸町　㊤北条光陽, 1982年

**ウニ漁の解禁日**
「日本民俗写真大系 6」日本図書センター　2000
　◇p46〔白黒〕　長崎県対馬 鰐浦　㊤山田梅雄, 1986年

**ウニ漁の小舟や納屋**
「日本民俗写真大系 1」日本図書センター　1999
　◇p112〔白黒〕　青森県東通村尻労の入江　㊤島内英佑, 1970年

**ウバガイ漁**
「写真ものがたり昭和の暮らし 3」農山漁村文化協会　2004
　◇p106〔白黒〕　青森県八戸市　㊤和井田登, 昭和33年2月

**うびく**
「日本の民具 3 山・漁村」慶友社　1992
　◇図163〔白黒〕　高知県　㊤薗部澄

**馬で巻く**
「写真でみる日本生活図引 2」弘文堂　1988
◇図29〔白黒〕　北海道伊達市　胴海船の引揚げにカグラサンを馬でまわす　[撮]掛川源一郎, 昭和35年11月

**海の男**
「写真ものがたり昭和の暮らし 3」農山漁村文化協会　2004
◇もくじ〔p4〕〔白黒〕　[撮]平野禎邦

**海辺の作業小屋**
「宮本常一 写真・日記集成 下」毎日新聞社　2005
◇p461〔白黒〕　北海道網走市付近　[撮]宮本常一, 1979年4月29日

**浦賀港**
「宮本常一 写真・日記集成 上」毎日新聞社　2005
◇p306〔白黒〕　神奈川県横須賀市 浦賀港　[撮]宮本常一, 1962年5月5日

**浦郷港**
「宮本常一 写真・日記集成 下」毎日新聞社　2005
◇p28〔白黒〕　島根県隠岐郡西ノ島町浦郷　[撮]宮本常一, 1965年5月30日

**浦の佇い**
「写真でみる日本生活図引 2」弘文堂　1988
◇図2〔白黒〕　撮影場所不明　[撮]大正4年　平塚市博物館提供

**浦浜**
「写真でみる日本生活図引 6」弘文堂　1993
◇図131〔白黒〕　鳥取県岩美郡岩美町浦富　[撮]板垣太子松, 昭和34年6月8日

**浦浜と納屋**
「写真でみる日本生活図引 4」弘文堂　1988
◇図160〔白黒〕　北海道内浦湾　[撮]菊池俊吉, 昭和30年

**エギ**
「図録・民具入門事典」柏書房　1991
◇p67〔白黒〕　鹿児島県

**餌木**
「日本民俗大辞典 上」吉川弘文館　1999
◇p200〔白黒・図〕　『日本水産博覧会目録』より

**江切りの網にかかった大きなスズキを持つ少年**
「日本民俗写真大系 6」日本図書センター　2000
◇p61〔白黒〕(江切りの網にかかった大きなスズキ)　長崎県国見町多比良 有明海沿岸　[撮]中尾勘悟, 1986年

**江切り漁**
「日本民俗写真大系 6」日本図書センター　2000
◇p60〔白黒〕　長崎県国見町多比良 有明海沿岸島原半島　[撮]中尾勘悟, 1986年

**エグリブネ**
「民具のみかた―心とかたち」第一法規出版　1983
◇p170〔白黒〕　秋田県男鹿市

**エゴをのぼる漕ぎ船**
「民俗資料叢書 15 有明海の漁撈習俗」平凡社　1972
◇図49〔白黒〕　有明海

**エゴスキ**
「民俗資料叢書 15 有明海の漁撈習俗」平凡社　1972
◇図63〔白黒〕　鹿島市鹿島町

**えごとり**
「図説 台所道具の歴史」日本図書センター　2012
◇p50-4〔白黒〕(えごとり（ぐりぐり））　[撮]GK, 1971年　山形県鶴岡・致道博物館
◇p50-5〔白黒〕　[撮]GK, 1971年　山形県鶴岡・致道博物館

**エゴ採りを見る**
「宮本常一 写真・日記集成 下」毎日新聞社　2005
◇p367〔白黒〕　新潟県佐渡市沢崎　[撮]宮本常一, 1976年7月18日

**エゴにつないだ船**
「民俗資料叢書 15 有明海の漁撈習俗」平凡社　1972
◇図48〔白黒〕　有明海

**えごねじり**
「図説 台所道具の歴史」日本図書センター　2012
◇p50-1〔白黒〕　青森市・県立郷土館

**エゴのミオ木**
「民俗資料叢書 15 有明海の漁撈習俗」平凡社　1972
◇図50〔白黒〕　有明海

**越後地方の川漁**
「民俗図録 日本人の暮らし」日本図書センター　2012
◇図378〔白黒〕　新潟県野積橋際

**越後のドブネ**
「民俗図録 日本人の暮らし」日本図書センター　2012
◇図307〔白黒〕　新潟県中頸城郡湯町村　[撮]橋浦泰雄

**えってご**
「日本の民具 3 山・漁村」慶友社　1992
◇図184〔白黒〕　鹿児島県　[撮]薗部澄

**可愛川1日入漁券の販売所**
「宮本常一 写真・日記集成 下」毎日新聞社　2005
◇p111〔白黒〕　広島県高田郡八千代町土師［安芸高田市］　[撮]宮本常一, 1967年12月12日～18日

**エビ網**
「民俗資料叢書 2 志摩の年齢階梯制」平凡社　1965
◇図46〔白黒〕

**えびこぎのいわ**
「日本の民具 3 山・漁村」慶友社　1992
◇図195〔白黒〕　香川県　[撮]薗部澄

**エビたつべ**
「日本民具の造形」淡交社　2004
◇p223〔白黒〕　滋賀県 マキノ町郷土文化保存伝習館所蔵

**蝦竹瓮作り**
「写真でみる日本生活図引 8」弘文堂　1993
◇図2〔白黒〕　滋賀県近江八幡市沖島町・沖島　[撮]宮畑巳年生, 昭和35年8月10日

**蝦筒**
「日本民俗図誌 7 生業上・下篇」村田書店　1978
◇図20〔白黒・図〕　陸前地方で使用される

**エビテゴ・アミテゴ**
「あるくみるきく双書 宮本常一とあるいた昭和の日本 19」農山漁村文化協会　2012
◇p118〔白黒〕　鹿児島県加世田市　磯釣用餌入れ　[撮]工藤員功

**エビド**
「日本の民具 3 山・漁村」慶友社　1992
◇図179〔白黒〕　秋田県　[撮]薗部澄
「民俗資料叢書 14 八郎潟の漁撈習俗」平凡社　1971
◇第166図(p169)〔白黒・図〕(エビド その1)　秋田県八郎潟
◇第168図(p169)〔白黒・図〕(エビド その2)　秋田県八郎潟

**エビド操業の図**
「民俗資料叢書 14 八郎潟の漁撈習俗」平凡社　1971
◇第167図(p169)〔白黒・図〕　秋田県 八郎潟

**エビド布設図**
「民俗資料叢書 14 八郎潟の漁撈習俗」平凡社　1971
◇第169図（p171）〔白黒・図〕　秋田県 八郎潟

**エビ捕りを楽しむ子供たち**
「里山・里海 暮らし図鑑」柏書房　2012
◇写8（p157）〔白黒〕　鹿児島県天城町三京（徳之島）昭和52年　スタジオカガワ提供

**鰕流し網**
「日本民俗図誌 5 農耕・漁撈篇」村田書店　1978
◇図155〔白黒・図〕

**エビの柴漬け漁**
「里山・里海 暮らし図鑑」柏書房　2012
◇写51（p177）〔白黒〕　福井県三方湖　昭和50年代　若狭三方縄文博物館提供

**蝦八田網**
「日本民俗図誌 5 農耕・漁撈篇」村田書店　1978
◇図165〔白黒・図〕　9月頃 昼の漁

**海老万牙漁**
「写真でみる日本生活図引 2」弘文堂　1988
◇図19〔白黒〕　愛知県知多市　[撮]杉崎章, 昭和30年代後半

**FRP漁船**
「日本の生活環境文化大辞典」柏書房　2010
◇p88-2〔白黒〕　広島県福山市鞆　[撮]2008年　堤涼子

**FRP製たらい舟**
「日本の生活環境文化大辞典」柏書房　2010
◇p88-1〔白黒〕　新潟県佐渡市　[撮]2005年　堤涼子

**家船**
「写真ものがたり昭和の暮らし 3」農山漁村文化協会　2004
◇p46〔白黒〕（箱崎港に停泊する家船）　広島県因島市箱崎　[撮]宮本常一, 昭和20年代　民俗学研究所編『日本民俗図録』より
「日本民俗写真大系 4」日本図書センター　1999
◇p55〔白黒〕　尾道市 吉和漁港　旧正月に母港に帰ってきた　[撮]中村昭夫, 1958年
「写真でみる日本生活図引 6」弘文堂　1993
◇図42〔白黒〕　広島県因島市箱崎　[撮]昭和20年代　民俗学研究所提供

**家船でくらす家族**
「図説 民俗探訪事典」山川出版社　1983
◇p298〔白黒〕　尾道市吉和　[撮]中村由信, 昭和40年代

**家船の生活**
「民俗図録 日本人の暮らし」日本図書センター　2012
◇図347〜349〔白黒〕　長崎県西彼杵郡瀬戸町

**家船の内部**
「民俗図録 日本人の暮らし」日本図書センター　2012
◇図343〔白黒〕（家船の内部（1））　広島県因ノ島市箱崎　[撮]宮本常一
◇図344〔白黒〕（家船の内部（2））　広島県尾道市吉和町　[撮]郷田洋文

**家船のモヤイ**
「民俗図録 日本人の暮らし」日本図書センター　2012
◇図342〔白黒〕　広島県因ノ島市箱崎　[撮]宮本常一

**エリ**
「写真ものがたり昭和の暮らし 5」農山漁村文化協会　2005
◇p170〔白黒〕　滋賀県湖北町尾上　細目エリ, 粗目エリ　[撮]前野隆資, 昭和30年7月　琵琶湖博物館所蔵
◇p171〔白黒〕　滋賀県大津市雄琴　傘形のエリ　[撮]前野隆資, 昭和37年　琵琶湖博物館所蔵

**魞**
「日本民俗大辞典 上」吉川弘文館　1999
◇p215〔白黒〕　滋賀県草津市下物町　用田政晴

**魞構造図**
「日本民俗大辞典 上」吉川弘文館　1999
◇p215〔白黒・図〕

**魞作り**
「写真でみる日本生活図引 8」弘文堂　1993
◇図1〔白黒〕　滋賀県守山市木浜町　[撮]前野隆資, 昭和37年1月14日

**エリツボにはいった魚をさで網ですくいあげるエリカキ**
「写真ものがたり昭和の暮らし 5」農山漁村文化協会　2005
◇p171〔白黒〕　滋賀県大津市柳ヶ崎　[撮]前野隆資, 昭和32年7月　琵琶湖博物館所蔵

**魞に入った魚を水揚げする**
「里山・里海 暮らし図鑑」柏書房　2012
◇写48（p176）〔白黒〕　福井県三方湖　昭和40年代12月　若狭三方縄文博物館提供

**魞漁**
「里山・里海 暮らし図鑑」柏書房　2012
◇写47（p176）〔白黒〕　福井県美浜町久々子湖　昭和30年11月15日　北田所蔵, 美浜町役場文化財保護・町誌編纂室提供

**沿岸でのタイの一本釣り**
「里山・里海 暮らし図鑑」柏書房　2012
◇写27（p193）〔白黒〕　昭和30年代　島根県隠岐郡海士町役場提供

**沿岸でのノリ養殖**
「里山・里海 暮らし図鑑」柏書房　2012
◇写26（p192）〔白黒〕　和歌山県海南市黒江湾　昭和20年代　和歌山県海南市教育委員会提供

**遠洋鰹漁出漁の別れ**
「日本民俗写真大系 5」日本図書センター　2000
◇p27〔白黒〕　高知県佐賀町　[撮]奈路広, 1989年

**遠洋漁船の船内**
「写真ものがたり昭和の暮らし 3」農山漁村文化協会　2004
◇p124〔白黒〕　[撮]平野禎邦, 昭和40年代

**オーアミ（鮭の曳網）**
「日本社会民俗辞典 1」日本図書センター　2004
◇p289〔白黒〕　新潟県松カ崎

**追網漁業操業の図**
「民俗資料叢書 14 八郎潟の漁撈習俗」平凡社　1971
◇第157図（p160）〔白黒・図〕　秋田県 八郎潟

**追網の構造**
「民俗資料叢書 14 八郎潟の漁撈習俗」平凡社　1971
◇第154図（p159）〔白黒・図〕　秋田県 八郎潟　大正5年「八郎湖水面利用調査報告書」から

**追網の構造例**
「民俗資料叢書 14 八郎潟の漁撈習俗」平凡社　1971
◇第155図（p159）〔白黒・図〕（現存する追網の構造例）　秋田県 八郎潟

**追網連結の図**
「民俗資料叢書 14 八郎潟の漁撈習俗」平凡社　1971
◇第156図（p160）〔白黒・図〕　秋田県 八郎潟

**追い込み網漁**
「日本民俗写真大系 5」日本図書センター　2000
◇p42〜43〔白黒〕　糸満　[撮]中村由信, 1958年

**追込網漁**
「写真でみる日本生活図引 2」弘文堂　1988
◇図15〔白黒〕　鹿児島県大島郡瀬戸内町　[撮]中村由信, 昭和33年7月

**追込み用の石(スルチカー石)**
「図説 民俗探訪事典」山川出版社　1983
◇p327〔白黒〕　沖縄

**追い込み漁**
「日本民俗写真大系 5」日本図書センター　2000
◇p4〜5〔白黒〕　奄美大島龍郷町　[撮]浜田太, 1989年

**追込漁**
「写真ものがたり昭和の暮らし 3」農山漁村文化協会　2004
◇p85〔白黒〕　鹿児島県瀬戸内町古仁屋　[撮]中村由信, 昭和33年7月

**追いサデ**
「日本民俗図誌 7 生業上・下篇」村田書店　1978
◇図34-1・2〔白黒・図〕　琵琶湖地方で使用

**オイサデ漁**
「写真ものがたり昭和の暮らし 5」農山漁村文化協会　2005
◇p172〔白黒〕　滋賀県滋賀町近江舞子　春先の湖岸　[撮]前野隆資, 昭和37年4月　琵琶湖博物館所蔵

**オイサデ漁の丸子舟**
「写真ものがたり昭和の暮らし 5」農山漁村文化協会　2005
◇p173〔白黒〕　滋賀県マキノ町海津(現高島市)　[撮]前野隆資, 昭和46年4月　琵琶湖博物館所蔵

**大アバ**
「民俗資料叢書 14 八郎潟の漁撈習俗」平凡社　1971
◇第87図(p121)〔白黒・図〕　秋田県 八郎潟

**大イカを釣る鉤**
「日本民俗図誌 5 農耕・漁撈篇」村田書店　1978
◇図133-2〔白黒・図〕　周防大島　宮本常一〔提供〕

**大生簀**
「日本民具の造形」淡交社　20C4
◇p225〔白黒〕　静岡県 焼津市歴史民俗資料館所蔵

**大浦の海女**
「民俗図録 日本人の暮らし」日本図書センター　2012
◇図337〔白黒〕　山口県大津郡向津具村

**大型定置網の網しめ**
「フォークロアの眼 7 海の暮らしと祭り」国書刊行会　1977
◇小論3〔白黒〕　新潟県両津市椎泊　[撮]田辺悟, 昭和47年10月2日

**大きな魚をあげる**
「写真ものがたり昭和の暮らし 3」農山漁村文化協会　2004
◇p140〔白黒〕　[撮]平野禎邦, 昭和40年代

**大きな魚籠が置いてある漁船専用の桟橋**
「写真ものがたり昭和の暮らし 5」農山漁村文化協会　2005
◇p177〔白黒〕　滋賀県大津市　[撮]前野隆資, 昭和31年　琵琶湖博物館所蔵

**大口、ニベなどを釣るに用いる二本かけ鉤**
「日本民俗図誌 5 農耕・漁撈篇」村田書店　1978
◇図133-5〔白黒・図〕　周防大島　宮本常一〔提供〕

**オオゲ**
「図説 民俗探訪事典」山川出版社　1983
◇p246〔白黒〕　千葉県立大利根博物館蔵

**大敷網**
「民俗資料選集 27 年齢階梯制Ⅱ」国土地理協会　1999
◇p2(口絵)〔白黒〕　徳島県由岐町阿部
「図説 民俗探訪事典」山川出版社　1983
◇p253〔白黒・図〕　宮本秀明『漁具漁法学』より

**大敷網船進水式**
「図説 日本民俗学」吉川弘文館　2009
◇p167〔白黒〕　山口県萩市　清水満幸提供

**大敷網でのブリ漁**
「日本民俗写真大系 8」日本図書センター　2000
◇p22〔白黒〕　氷見灘浦地先　[撮]1960年代以前　提供 氷見市立博物館

**大敷網の身網に入ったブリ船上に引き揚げる**
「日本民俗写真大系 8」日本図書センター　2000
◇p23〔白黒〕　氷見沖　[撮]1960年代以前　提供 氷見市立博物館

**大敷網漁**
「写真でみる日本生活図引 2」弘文堂　1988
◇図10〔白黒〕　京都府与謝郡伊根町　[撮]板垣太子松, 昭和28年12月28日

**大島の港**
「宮本常一 写真・日記集成 下」毎日新聞社　2005
◇p340〔白黒〕　福岡県宗像市 大島　[撮]宮本常一, 1975年3月24〜25日

**大ぞり**
「民俗資料叢書 14 八郎潟の漁撈習俗」平凡社　1971
◇第131図(p145)〔白黒・図〕　秋田県 八郎潟　氷上漁業 氷下曳網

**大鰤を頭上運搬によって水揚げする**
「フォークロアの眼 7 海の暮らしと祭り」国書刊行会　1977
◇小論11〔白黒〕　三重県熊野市大泊　[撮]田辺悟, 昭和37年3月31日

**大巻きでとったハマグリを河岸の問屋へ上げる**
「日本民俗写真大系 3」日本図書センター　1999
◇p51〔白黒〕　千葉県浦安市境川の河岸　[撮]藤森三郎, 昭和20年代

**大間崎の破船**
「日本民俗写真大系 1」日本図書センター　1999
◇p115〔白黒〕　青森県大間町　[撮]島内英佑, 1970年

**大メガホン**
「日本民具の造形」淡交社　2004
◇p152〔白黒〕　三重県 海山町郷土資料館所蔵

**大やな**
「日本の生活文化財」第一法規出版　1965
◇図37(概説)〔白黒〕

**沖笊**
「日本民俗図誌 5 農耕・漁撈篇」村田書店　1978
◇図138-4〔白黒・図〕　房総地方　鑿や大鉋丁を入れる道具　『房総水産図誌・九十九里旧地曳網漁業』

**沖縄式追込網漁業**
「日本民俗大辞典 上」吉川弘文館　1999
◇p226〔白黒・図〕　沖縄県　文化庁編『漁具図集』より

**隠岐の浦郷港に水揚げする日本海でとれた鮫**
「日本民俗写真大系 7」日本図書センター　2000
◇p54〔白黒〕　島根県西ノ島町　[撮]井上喜弘, 1960年

**小木の港の内澗**
「宮本常一 写真・日記集成 下」毎日新聞社　2005
◇p86〔白黒〕　新潟県佐渡郡小木町小木［佐渡市］　敷石が並ぶ　[撮]宮本常一, 1966年9月2日

**オキ箱**
「民俗資料叢書 14 八郎潟の漁撈習俗」平凡社　1971
◇第7図(p69)〔白黒・図〕　秋田県 八郎潟　潟舟

**沖箱**
「日本の民具 3 山・漁村」慶友社　1992
◇図223〔白黒〕　高知県 室戸　[撮]薗部澄

**オキバリ**
「民俗資料叢書 14 八郎潟の漁撈習俗」平凡社　1971

◇第177図（p175）〔白黒・図〕　秋田県 八郎潟

**オキバリ使用図**
「民俗資料叢書 14 八郎潟の漁撈習俗」平凡社　1971
◇第179図（p175）〔白黒・図〕　秋田県 八郎潟

**おきやす**
「日本の民具 3 山・漁村」慶友社　1992
◇図150〔白黒〕　福島県南会津町田子倉　㋿薗部澄

**桶漬漁法の用具**
「日本民俗図誌 7 生業上・下篇」村田書店　1978
◇図22-1〔白黒・図〕　肥後の加勢川上流・白川・坪井川・緑川など　夏季

**小桁**
「日本民俗図誌 5 農耕・漁撈篇」村田書店　1978
◇図159〔白黒・図〕　桁網漁

**おけにつかまって漁をするタライアマ**
「写真ものがたり昭和の暮らし 3」農山漁村文化協会　2004
◇p102〔白黒〕　石川県輪島市・舳倉島　㋿御園直太郎, 昭和35年8月

**苧桶**
「日本民俗図誌 7 生業上・下篇」村田書店　1978
◇図2-1〔白黒・図〕　麻糸網作り

**起ノミ**
「日本民俗図誌 7 生業上・下篇」村田書店　1978
◇図27-1〔白黒・図〕

**押し網**
「日本の生活環境文化大辞典」柏書房　2010
◇p105-15〔白黒〕（有明海の押し網）　㋿2009年　川内知子
「日本民俗写真大系 6」日本図書センター　2000
◇p70〔白黒〕　長崎県小長井町長里地先 有明海諫早湾沿岸　㋿1984年

**押網漁**
「写真ものがたり昭和の暮らし 5」農山漁村文化協会　2005
◇p220〔白黒〕（デンチ漁と呼ばれた「押網漁」）　京都府久御山町　㋿黒川翠山, 昭和初期　京都府立総合資料館所蔵

**押シ板, 押シ桶, 板鍬, テボ**
「民俗資料叢書 15 有明海の漁撈習俗」平凡社　1972
◇図14〔白黒〕　有明海

**押シ板にのってムツゴロウ・ワラスボの生息孔をさがす**
「民俗資料叢書 15 有明海の漁撈習俗」平凡社　1972
◇図5〔白黒〕　有明海

**押し板の上の桶やコンテナに獲物を満載して沖の干潟から戻る**
「日本民俗写真大系 6」日本図書センター　2000
◇p64〔白黒〕　長崎県諫早市小野島地先 有明海諫早湾干潟　㋿中尾勘悟, 1982年

**押シ桶, テボ**
「民俗資料叢書 15 有明海の漁撈習俗」平凡社　1972
◇図17〔白黒〕　有明海

**オシダシ操業の図**
「民俗資料叢書 14 八郎潟の漁撈習俗」平凡社　1971
◇第165図（p165）〔白黒・図〕　秋田県 八郎潟

**オシダシの構造**
「民俗資料叢書 14 八郎潟の漁撈習俗」平凡社　1971
◇第164図（p165）〔白黒・図〕　秋田県 八郎潟

**オシタモ（チョナ網）操業の図**
「民俗資料叢書 14 八郎潟の漁撈習俗」平凡社　1971
◇第162図（p165）〔白黒・図〕　秋田県 八郎潟

**オシタモの構造**
「民俗資料叢書 14 八郎潟の漁撈習俗」平凡社　1971
◇第163図（p165）〔白黒・図〕　秋田県 八郎潟

**落ちアユを捕獲するヤナ**
「里山・里海 暮らし図鑑」柏書房　2012
◇写6（p157）〔白黒〕　愛知県旧足助町〔豊田市〕巴川

**オチョロ船**
「宮本常一が撮った昭和の情景 上」毎日新聞社　2009
◇p40〔白黒〕（大正の石炭船の造船ブームのころよく使われた「オチョロ船」）　広島県大崎上島町木江　㋿宮本常一, 1957年8月27日

**オッペシ**
「写真ものがたり昭和の暮らし 3」農山漁村文化協会　2004
◇p42〔白黒〕　千葉県野栄町・堀川浜　漁場からもどった木造船を後押しする　㋿小関与四郎, 昭和38年ごろ
「日本民俗写真大系 3」日本図書センター　1999
◇p61〔白黒〕（大波の海へ船を押すオッペシ）〔千葉県〕堀川浜　㋿小関与四郎, 1962年

**オッペシの女たち**
「日本民俗写真大系 3」日本図書センター　1999
◇p60〔白黒〕〔千葉県〕堀川浜　漁船を砂浜から磯辺に押し出す　㋿小関与四郎, 1963年

**オトイタカヅツ**
「日本民具の造形」淡交社　2004
◇p224〔白黒〕　鹿児島県 川内市歴史資料館所蔵

**落としぶたのついたタコ壺**
「宮本常一 写真・日記集成 上」毎日新聞社　2005
◇p375〔白黒〕　神奈川県足柄下郡真鶴町　㋿宮本常一, 1963年5月14日

**オドシ棒**
「日本民俗図誌 5 農耕・漁撈篇」村田書店　1978
◇図189-4〔白黒・図〕

**大人も子供も魚捕りを楽しむ**
「里山・里海 暮らし図鑑」柏書房　2012
◇写34（p163）〔白黒〕　鹿児島県徳之島町徳和瀬　昭和53年8月　スタジオカガワ提供

**囮釣り**
「日本民具の造形」淡交社　2004
◇p226〔白黒〕　沖縄県 宜野座村立博物館所蔵

**尾上港**
「写真でみる日本生活図引 6」弘文堂　1993
◇図82〔白黒〕　滋賀県東浅井郡湖北町　㋿前野隆資, 昭和30年7月10日

**オービガネ（貝金）**
「民具のみかた一心とかたち」第一法規出版　1983
◇p161〔白黒〕　石川県舳倉島　アワビ起こし用の貝金

**オホーツク海とニシン漁の網船ホツ（保津）**
「宮本常一 写真・日記集成 下」毎日新聞社　2005
◇p461〔白黒〕　北海道網走市付近　㋿宮本常一, 1979年4月29日

**オモリ**
「民具のみかた一心とかたち」第一法規出版　1983
◇p170〔白黒〕　山形県庄内地方
「民俗資料叢書 14 八郎潟の漁撈習俗」平凡社　1971
◇第94図（p123）〔白黒・図〕　秋田県 八郎潟　曳網漁業 打瀬網

**親方船に乗って漁場に向かう網元**
「写真ものがたり昭和の暮らし 3」農山漁村文化協会　2004
◇p73〔白黒〕　香川県直島町　朝もやをついて出漁する10隻のタイ縛網漁の船団　㋿中村由信, 昭和39年

### カイ
「図録・民具入門事典」柏書房　1991
◇p89〔白黒〕　秋田県　クリブネの櫂
「民俗資料叢書 14 八郎潟の漁撈習俗」平凡社　1971
◇第5図（p69）〔白黒・図〕　秋田県 八郎潟　潟舟

### 貝を採る朝
「日本民俗写真大系 2」日本図書センター　1999
◇p69〔白黒〕　八戸市　2月下旬、北寄貝（ウバガイ）漁解禁　[撮]和井田登, 1958年　八戸市博物館蔵

### 貝をとる打瀬船
「フォークロアの眼 7 海の暮らしと祭り」国書刊行会　1977
◇図29～31〔白黒〕　北海道野付郡別海町　[撮]諸田森二, 昭和47年6月17日

### 貝掻き
「写真でみる日本生活図引 2」弘文堂　1988
◇図52〔白黒〕　静岡県浜名郡舞阪町　[撮]須藤功, 昭和46年11月16日

### 貝金
「日本の民俗 下」クレオ　1997
◇図5-7〔白黒〕　石川県輪島市　海女が鮑をおこす道具　[撮]芳賀日出男, 昭和37年

### 貝殻で埋め立てた堅田漁港の祖父と孫たちのひととき
「写真ものがたり昭和の暮らし 5」農山漁村文化協会　2005
◇p180〔白黒〕　滋賀県大津市本堅田　ドンベカゴに入れた孫を見ながら、エビタツベの手入れをしていた祖父。母親　[撮]前野隆資, 昭和52年6月　琵琶湖博物館所蔵

### 海岸沿いの漁村
「宮本常一が撮った昭和の情景 上」毎日新聞社　2009
◇p70〔白黒〕　新潟県佐渡市小日から岩谷口　[撮]宮本常一, 1959年8月6日

### 海岸の納屋
「宮本常一が撮った昭和の情景 上」毎日新聞社　2009
◇p195〔白黒〕（段丘の海岸には納屋が並ぶ）　青森県下北郡東通村尻労　[撮]宮本常一, 1963年6月22日
「宮本常一 写真・日記集成 上」毎日新聞社　2005
◇p382〔白黒〕　青森県下北郡東通村尻労　[撮]宮本常一, 1963年6月22日
「宮本常一 写真・日記集成 下」毎日新聞社　2005
◇p464〔白黒〕　北海道幌泉郡えりも町 えりも町付近　[撮]宮本常一, 1979年5月1日

### カイケタ
「民俗資料叢書 15 有明海の漁撈習俗」平凡社　1972
◇図39〔白黒〕（カイケタ（貝桁））　有明海　サルボウ（貝）をとる
◇図40〔白黒〕（新型のカイケタ）　有明海

### 貝桁網
「日本民俗図誌 5 農耕・漁撈篇」村田書店　1978
◇図158-1〔白黒・図〕　桁網漁

### 海藻ヲヒロフ女
「宮本常一 写真・日記集成 別巻」毎日新聞社　2005
◇図128（p26）〔白黒〕　静岡県仁科村［賀茂郡西伊豆町］　[撮]宮本常一, 1940年4月15日～26日

### 海藻・貝類の採取具
「図説 民俗探訪事典」山川出版社　1983
◇p256〔白黒・図〕　『日本水産捕採誌』より

### 海藻採取
「日本民俗写真大系 3」日本図書センター　1999
◇p137〔白黒〕　千葉県御宿町　[撮]中村由信, 1961年

### 海藻採集運搬の姿態
「日本民俗図誌 9 住居・運輸篇」村田書店　1978
◇図106-3〔白黒・図〕　東京府 神津島前浜

### 海藻とり
「日本民俗写真大系 3」日本図書センター　1999
◇p139〔白黒〕　千葉県白浜町　[撮]薗部澄, 1955年
「日本の民具 3 山・漁村」慶友社　1992
◇図145, 146, 147〔白黒〕　名称, 使用地とも不明　[撮]薗部澄

### 海藻取り
「宮本常一 写真・日記集成 上」毎日新聞社　2005
◇p372〔白黒〕　鹿児島県出水郡長島町 獅子島　[撮]宮本常一, 1963年3月11日

### 海藻類を港にあげる漁師
「日本民俗写真大系 6」日本図書センター　2000
◇p56〔白黒〕（あつめた海藻類を港にあげる漁師）　長崎県対馬の漁港　[撮]山田梅雄, 1986年

### 解体されるコイワシクジラ
「写真ものがたり昭和の暮らし 3」農山漁村文化協会　2004
◇p93〔カラー〕　岩手県山田町大沢 日東捕鯨の缶詰工場　[撮]須藤功, 昭和44年6月

### 海中を一気に潜りくだる舳倉島の海士
「写真ものがたり昭和の暮らし 3」農山漁村文化協会　2004
◇p101〔白黒〕　石川県輪島市・舳倉島　[撮]中村由信, 昭和35年

### 海中でアワビを獲る舳倉島の海士
「写真ものがたり昭和の暮らし 3」農山漁村文化協会　2004
◇p99〔白黒〕　石川県輪島市・舳倉島　[撮]御園直太郎, 昭和34年8月

### 貝突き
「日本民俗図誌 7 生業上・下篇」村田書店　1978
◇図27-1〔白黒・図〕
◇図27-3〔白黒・図〕（貝突）　三重県 志摩地方

### カイデ
「日本民俗図誌 5 農耕・漁撈篇」村田書店　1978
◇図136-1〔白黒・図〕　周防大島　漁船用の錨　宮本常一〔提供〕

### 海底に溜ったヘドロの浚渫作業
「里山・里海 暮らし図鑑」柏書房　2012
◇写8（p33）〔白黒〕　昭和40年代　大分県佐伯市上浦公民館提供

### 貝採り
「里山・里海 暮らし図鑑」柏書房　2012
◇写11（p188）〔白黒〕（干上がった河口部での貝採り）　福岡県柳川市沖端　昭和30～40年　野田種子提供

### カイビキ
「日本民具の造形」淡交社　2004
◇p218〔白黒〕　石川県 加賀市歴史民俗資料館所蔵

### 貝拾いに出た村娘たち
「民俗図録 日本人の暮らし」日本図書センター　2012
◇図370〔白黒〕　鹿児島県揖宿郡長崎鼻

### 貝掘り
「写真ものがたり昭和の暮らし 3」農山漁村文化協会　2004
◇p112〔白黒〕　千葉県千葉市花見川区幕張　[撮]林辰雄, 昭和31年　千葉県立中央博物館提供

### 貝類採集用具（ガンヅメとハンギー）
「民俗資料叢書 15 有明海の漁撈習俗」平凡社　1972
◇図36〔白黒〕　有明海

### 蛙股の編み方
「日本民俗図誌 7 生業上・下篇」村田書店　1978
◇図4-7〔白黒・図〕　漁網の手編み

蛙股の結び裏
「日本民俗図誌 7 生業上・下篇」村田書店 1978
　◇図4-9〔白黒・図〕 漁網の手編み

蛙股の結び方
「日本民俗図誌 7 生業上・下篇」村田書店 1978
　◇図4-8〔白黒・図〕 漁網の手編み

カガミ
「日本民俗図誌 5 農耕・漁撈篇」村田書店 1978
　◇図139-5〔白黒・図〕 周防大島 木枠の底に硝子を張り海中をのぞき見る 宮本常一〔提供〕

かがら
「日本の民具 3 山・漁村」慶友社 1992
　◇図160〔白黒〕 島根県 ㊙薗部澄

篝火の台
「日本の民具 3 山・漁村」慶友社 1992
　◇図217〔白黒〕 使用地・名称・用途とも不明。海上の漁船で用いられたもの ㊙薗部澄

カギ
「日本民俗図誌 7 生業上・下篇」村田書店 1978
　◇図29-2〔白黒・図〕 和歌山県北牟婁郡二郷村 石花菜採りの具
「民俗資料叢書 14 八郎潟の漁撈習俗」平凡社 1971
　◇第137図(p146)〔白黒・図〕 秋田県 八郎潟 氷上漁業 氷下曳網

カキ打ち
「写真ものがたり昭和の暮らし 3」農山漁村文化協会 2004
　◇p145〔白黒〕 岡山県日生町・頭島 カキの身をかぎ型の道具を使って貝から取り出す ㊙写友「すっぽん」、昭和40年代
「日本民俗写真大系 4」日本図書センター 1999
　◇p167〔白黒〕 広島県江田島町 ㊙迫幸一、1985年頃

カキ打ち小屋
「日本民俗写真大系 4」日本図書センター 1999
　◇p198〔白黒〕 乙島地区の海で養殖したカキ ㊙中村昭夫、1959年

カキ棚とカキ筏
「日本民俗写真大系 4」日本図書センター 1999
　◇p166～167〔白黒〕 広島県江田島町 ㊙迫幸一、1988年頃

カキの貝殻で埋まった浜
「写真ものがたり昭和の暮らし 3」農山漁村文化協会 2004
　◇p144〔白黒〕 岡山県日生町・頭島 ㊙写友「すっぽん」、昭和40年代

鉤ノミ
「日本民俗図誌 5 農耕・漁撈篇」村田書店 1978
　◇図143-7〔白黒・図〕 『志摩の蜑女』

カキの水揚げ
「日本民俗写真大系 4」日本図書センター 1999
　◇p166〔白黒〕 広島県江田島町 ㊙迫幸一、1975年頃

カキの養殖
「写真ものがたり昭和の暮らし 5」農山漁村文化協会 2005
　◇p197〔白黒〕 新潟県両津市(現佐渡市) ㊙中俣正義、昭和33年1月
「写真ものがたり昭和の暮らし 3」農山漁村文化協会 2004
　◇p144〔白黒〕 岡山県日生町・頭島 冬場に朝早くカキが引きあげられる ㊙写友「すっぽん」、昭和40年代
「日本民俗写真大系 2」日本図書センター 1999
　◇p38〔白黒〕 宮城県気仙沼市 ㊙薗部澄、1958年

カキの養殖イカダ
「宮本常一 写真・日記集成 上」毎日新聞社 2005
　◇p213〔白黒〕 広島 山陽本線・宮島付近 ㊙宮本常一、1960年10月21日
　◇p376〔白黒〕(筏はカキの養殖か？) 香川県高松市生島 ㊙宮本常一、1963年6月7日

カキの養殖場
「宮本常一 写真・日記集成 下」毎日新聞社 2005
　◇p441〔白黒〕 広島県安芸郡音戸町 ㊙宮本常一、1978年10月19日
「民俗資料叢書 15 有明海の漁撈習俗」平凡社 1972
　◇図83〔白黒〕 有明海

蠣挟み
「日本民俗図誌 5 農耕・漁撈篇」村田書店 1978
　◇図184〔白黒・図〕

カキ剥具
「図説 民俗探訪事典」山川出版社 1983
　◇p256〔白黒・図〕 鳥取県 『日本水産捕採誌』より

鉤銛による川猟
「日本社会民俗辞典 1」日本図書センター 2004
　◇図版Ⅲ アイヌ(3)〔白黒〕 胆振国白老の宮本イカシマトク翁 魚を突く ㊙木下

カキ養殖
「宮本常一 写真・日記集成 下」毎日新聞社 2005
　◇p258〔白黒〕 山口県大島郡東和町長崎・真宮島[周防大島町] ㊙宮本常一、1971年12月23日

カキ養殖筏
「日本の生活環境文化大辞典」柏書房 2010
　◇p91-2〔白黒〕(大野瀬戸に浮かぶカキ養殖筏) 広島県廿日市市 ㊙2009年 河村明植

カキ養殖のためのホタテの貝殻
「宮本常一 写真・日記集成 下」毎日新聞社 2005
　◇p137〔白黒〕 静岡県浜名郡舞阪町 カキの種を植え込む ㊙宮本常一、1968年3月4日

カキ漁
「日本民俗写真大系 8」日本図書センター 2000
　◇カバー表〔カラー〕 新潟県佐渡市 加茂湖 ㊙中俣正義

カクおよびフクロの構造(ぼら建網)
「民俗資料叢書 14 八郎潟の漁撈習俗」平凡社 1971
　◇第31図(p85)〔白黒・図〕 秋田県 八郎潟

各種漁網略図
「日本の生活環境文化大辞典」柏書房 2010
　◇p84-1〔白黒・図〕 香川県三豊市仁尾町 縛網、ジャコビキ、桝網、パッチ網、ジビキ

角立て
「写真ものがたり昭和の暮らし 5」農山漁村文化協会 2005
　◇p192〔白黒〕 静岡県細江町寸座(現浜松市) チョロと呼ぶ漁船でやってきた浜名湖の漁師、「角立て」と呼ぶ定置網の前の石油ランプに火を燈し、ガラスのふたを閉める ㊙須藤功、昭和44年3月

カクの口の構造例
「民俗資料叢書 14 八郎潟の漁撈習俗」平凡社 1971
　◇第48図(p93)〔白黒・図〕 秋田県 八郎潟 建網漁業 しらうおカク網

カクの構造(わかさぎ建網)
「民俗資料叢書 14 八郎潟の漁撈習俗」平凡社 1971
　◇第28図(p82)〔白黒・図〕 秋田県 八郎潟

カクの正面図
「民俗資料叢書 14 八郎潟の漁撈習俗」平凡社 1971
　◇第43図(p90)〔白黒・図〕 秋田県 八郎潟 建網漁業 機械網

カクブネ(角舟)
「民俗資料叢書 15 有明海の漁撈習俗」平凡社 1972

漁業　　　　　　　　　　　　　　生産・生業

◇図44〔白黒〕　有明海　干潟上の運搬用

**カクラサン**
「写真でみる日本生活図引 2」弘文堂　1988
　◇図30〔白黒〕　愛知県常滑市　地曳網の曳網を巻く　㊤大正時代　古川恕提供

**神楽桟をまわして地曳網を引きあげる**
「写真ものがたり昭和の暮らし 5」農山漁村文化協会　2005
　◇p187〔白黒〕　滋賀県近江八幡市　㊤前野隆資, 昭和31年8月

**カケダマ**
「図録・民具入門事典」柏書房　1991
　◇p68〔白黒〕　香川県
「写真 日本文化史 9」日本評論新社　1955
　◇図97〔白黒〕　香川県　釣餌入れの網袋

**掛漁帆**
「日本の民具 3 山・漁村」慶友社　1992
　◇図234〔白黒〕　千葉県　白浜　船の先端を飾る　㊤薗部澄

**河口漁船**
「日本民俗写真大系 2」日本図書センター　1999
　◇p70〔白黒〕　八戸市　㊤和井田登, 1955年　八戸市博物館蔵

**河口でのシジミ採り**
「里山・里海 暮らし図鑑」柏書房　2012
　◇写13 (p158)〔白黒〕　愛知県矢作川河口　2月

**河口に並ぶ漁の納屋**
「宮本常一 写真・日記集成 下」毎日新聞社　2005
　◇p407〔白黒〕　高知県土佐清水市窪津　㊤宮本常一, 1977年10月19日

**河口に設けた漁の仕掛け**
「宮本常一 写真・日記集成 下」毎日新聞社　2005
　◇p427〔白黒〕　青森県　下北半島　㊤宮本常一, 1978年5月14日〜15日

**かごどう**
「日本民具の造形」淡交社　2004
　◇p222〔白黒〕　秋田県　大曲市花館資料館所蔵

**カザグルマ（海藻採り）**
「民具のみかた―心とかたち」第一法規出版　1983
　◇p159〔白黒〕　山形県庄内地方

**鰍押し**
「民俗図録 日本人の暮らし」日本図書センター　2012
　◇図379〔白黒〕　秋田県仙北郡角館町檜木内川　㊤武藤鐵城

**カジカ漁**
「民俗図録 日本人の暮らし」日本図書センター　2012
　◇図382〔白黒〕　青森県西津軽郡深浦町追良瀬　㊤櫻庭武則

**カジキ曳縄釣の鉤**
「日本民俗図誌 5 農耕・漁撈篇」村田書店　1978
　◇図125-7・8〔白黒・図〕

**カジキ漁の銛先（銛頭）**
「日本民俗大辞典 下」吉川弘文館　2000
　◇p706〔白黒〕　神奈川県　神奈川県のカジキ漁の銛先（銛頭）

**鹿島の漁**
「日本民俗写真大系 3」日本図書センター　1999
　◇p24〔白黒〕　茨城県　㊤藤井正夫, 1963年

**霞ヶ浦の帆曳網漁**
「図説 民俗探訪事典」山川出版社　1983
　◇p246〔白黒〕　1981年　土浦市観光課提供

**家族で長期間長距離の出漁をする家舟**
「宮本常一が撮った昭和の情景 下」毎日新聞社　2009
　◇p87〔白黒〕　広島県尾道市因島土生町箱崎　㊤宮本常一, 1968年8月26日〜29日
「宮本常一 写真・日記集成 下」毎日新聞社　2005
　◇p172〔白黒〕　広島県因島市土生町箱崎　㊤宮本常一, 1968年8月26日〜29日

**カタギイテゴ**
「日本民俗写真大系 5」日本図書センター　2000
　◇p68〔白黒〕　鹿児島県宮之城町　鹿児島県歴史資料センター黎明館蔵

**カタギイテゴと刺網の鮎漁**
「日本民俗写真大系 5」日本図書センター　2000
　◇p68〔白黒〕（腰のカタギイテゴと刺網の鮎漁）　鹿児島県蒲生町　㊤1997年

**カタキリ**
「あるくみるきく双書 宮本常一とあるいた昭和の日本 19」農山漁村文化協会　2012
　◇p118〔白黒〕　鹿児島県加世田市　投網用のビク　㊤工藤貝功

**カタクチイワシの定置網漁**
「里山・里海 暮らし図鑑」柏書房　2012
　◇口絵〔白黒〕　福井県小浜市泊　昭和40年代　山崎一枝提供
　◇写55 (p264)〔白黒〕　福井県小浜市泊　昭和40年代　山崎一枝提供

**潟スキー**
「日本の生活環境文化大辞典」柏書房　2010
　◇p105-14〔白黒〕（有明海の潟スキー）　㊤2009年　川内知子

**堅田漁港を埋める貝殻**
「写真ものがたり昭和の暮らし 5」農山漁村文化協会　2005
　◇p179〔白黒〕　滋賀県大津市本堅田　㊤前野隆資, 昭和52年6月　琵琶湖博物館所蔵

**カタバ**
「民俗資料叢書 14 八郎潟の漁撈習俗」平凡社　1971
　◇第49図 (p93)〔白黒・図〕　秋田県　八郎潟　建網漁業しらうおカク網

**かたぱーふじょう**
「日本の民具 3 山・漁村」慶友社　1992
　◇図226〔白黒〕　沖縄県　㊤薗部澄

**潟舟 側面図**
「民俗資料叢書 14 八郎潟の漁撈習俗」平凡社　1971
　◇第1図 (p69)〔白黒・図〕　秋田県　八郎潟

**潟舟の横断面図**
「民俗資料叢書 14 八郎潟の漁撈習俗」平凡社　1971
　◇第3図 (p69)〔白黒・図〕　秋田県　八郎潟

**潟舟 平面図**
「民俗資料叢書 14 八郎潟の漁撈習俗」平凡社　1971
　◇第2図 (p69)〔白黒・図〕　秋田県　八郎潟

**カチッピキ（二人曳ふな曳網）の構造**
「民俗資料叢書 14 八郎潟の漁撈習俗」平凡社　1971
　◇第78図 (p117)〔白黒・図〕　秋田県　八郎潟　明治40年ころまで行われて絶えた

**カチッピキ（徒歩引き）の図**
「民俗資料叢書 14 八郎潟の漁撈習俗」平凡社　1971
　◇第79図 (p117)〔白黒・図〕　秋田県　八郎潟　明治40年ころまで行われて絶えた

**カチド（徒歩）**
「写真ものがたり昭和の暮らし 3」農山漁村文化協会　2004
　◇p96〔白黒〕　三重県大王町畔名（現志摩市）　㊤須藤

功, 昭和57年7月

**徒人（カチド）**
「日本民俗写真大系 3」日本図書センター　1999
◇p141〔白黒〕　三重県鳥羽市神島　[撮]薗部澄, 1968年

**カチドがアワビの寸法を計る**
「写真ものがたり昭和の暮らし 3」農山漁村文化協会　2004
◇p97〔白黒〕　三重県大王町畔名（現志摩市）　[撮]須藤功, 昭和57年7月

**鰹一本釣**
「写真でみる日本生活図引 2」弘文堂　1988
◇図26, 27〔白黒〕　三重県浜島町　図27：帰港中の朝食風景　[撮]昭和40年　野村史隆提供

**鰹一本釣り**
「日本民俗写真大系 5」日本図書センター　2000
◇p21, 23〔白黒〕　三陸沖　[撮]多田信, 1983年

**鰹一本釣り漁船の出漁式**
「日本民俗写真大系 5」日本図書センター　2000
◇p26〔白黒〕　高知県佐賀町 船主の家　出漁の当日　[撮]奈路広, 1993年

**鰹漁船**
「日本民俗写真大系 5」日本図書センター　2000
◇p24〔白黒〕　八重山沖　[撮]多田信, 1986年

**かつをづの**
「日本の民具 3 山・漁村」慶友社　1992
◇図155〔白黒〕　東京都 新島　[撮]薗部澄

**カツオ釣**
「日本社会民俗辞典 1」日本図書センター　2004
◇p287〔白黒・図〕　『静岡県水産誌』

**鰹釣り漁業の図**
「日本社会民俗辞典 1」日本図書センター　2004
◇図版X 漁業（2）〔白黒〕　[撮]明治時代　『三重県漁業図解』

**カツオの一本釣り**
「日本民俗写真大系 3」日本図書センター　1999
◇p92〔白黒〕　「追補、焼津漁業史」より

**カツオの餌のイワシを運ぶイケス籠**
「あるくみるきく双書 宮本常一とあるいた昭和の日本 19」農山漁村文化協会　2012
◇p114〔白黒〕　鹿児島県 西桜島　[撮]工藤員功

**カツオの擬餌針**
「日本民俗写真大系 3」日本図書センター　1999
◇p92〔白黒〕　最近のもの　静岡県沼津市歴史民俗資料館提供

**鰹の釣具**
「図説 民俗探訪事典」山川出版社　1983
◇p254〔白黒・図〕

**カツオの水揚げ**
「宮本常一 写真・日記集成 下」毎日新聞社　2005
◇p408〔白黒〕　高知県土佐清水市 土佐清水港　[撮]宮本常一, 1977年10月20日
「フォークロアの眼 7 海の暮らしと祭り」国書刊行会　1977
◇図45・46〔白黒〕　鹿児島県鹿児島市鹿児島港　[撮]諸田森二, 昭和49年4月27日

**鰹の水揚げ**
「日本民俗写真大系 5」日本図書センター　2000
◇p25〔白黒〕　銚子港　[撮]多田信, 1985年

**カツオ漁用の餌イワシを入れる生簀**
「あるくみるきく双書 宮本常一とあるいた昭和の日本 19」農山漁村文化協会　2012
◇p221〔白黒〕　高知県須崎市　〔竹細工〕

**カッコ**
「日本民具の造形」淡交社　2004
◇p280〔白黒〕　青森県 みちのく北方漁船博物館所蔵

**勝本港**
「民俗資料選集 27 年齢階梯制Ⅱ」国土地理協会　1999
◇p12（口絵）〔白黒〕　長崎県勝本町勝本浦本浦

**カナギの覗漁**
「日本社会民俗辞典 1」日本図書センター　2004
◇p286〔白黒〕　隠岐島

**カナギ漁**
「里山・里海 暮らし図鑑」柏書房　2012
◇写23（p191）〔白黒〕　昭和40年代　島根県隠岐郡海士町役場提供
「写真でみる日本生活図引 2」弘文堂　1988
◇図7〔白黒〕　島根県隠岐郡西ノ島町国賀　[撮]石塚尊俊, 昭和33年8月

**カナツキ（ヤス）でイタ（ウグイ）を突き獲る**
「写真ものがたり昭和の暮らし 2」農山漁村文化協会　2004
◇p206〔白黒〕　宮崎県西都市大字銀鏡　[撮]須藤功, 昭和48年12月

**カナドウを担ぎ出漁する**
「日本民俗写真大系 3」日本図書センター　1999
◇p48〔白黒〕　千葉県千葉市黒砂　[撮]林辰雄, 1956年頃　千葉県立中央博物館蔵

**カニ網あげ**
「民俗資料叢書 15 有明海の漁撈習俗」平凡社　1972
◇図65〔白黒〕　藤津郡太良町竹崎

**カニを捕るもん採りなどを作るカゴ屋**
「里山・里海 暮らし図鑑」柏書房　2012
◇写48（p199）〔白黒〕　福岡県柳川市沖端　昭和30～40年　野田種子提供

**蟹籠**
「日本民具の造形」淡交社　2004
◇p42〔白黒〕　千葉県 鴨川市郷土資料館所蔵

**カニカゴあげ**
「民俗資料叢書 15 有明海の漁撈習俗」平凡社　1972
◇図64〔白黒〕　藤津郡太良町竹崎

**カニカゴの修理**
「里山・里海 暮らし図鑑」柏書房　2012
◇写49（p199）〔白黒〕　福岡県柳川市沖端　昭和30～40年　野田種子提供

**ガニテボ**
「あるくみるきく双書 宮本常一とあるいた昭和の日本 19」農山漁村文化協会　2012
◇p111〔白黒〕　大分県宇佐市　魚やカニをとる　[撮]工藤員功

**カニテボ, テボ, 押シ板, 押シ桶**
「民俗資料叢書 15 有明海の漁撈習俗」平凡社　1972
◇図15〔白黒〕　有明海

**カニトリ**
「日本民具の造形」淡交社　2004
◇p222〔白黒〕　大分県 日本竹の博物館所蔵

**鐘崎漁港**
「宮本常一 写真・日記集成 下」毎日新聞社　2005
◇p340〔白黒〕　福岡県宗像市鐘崎　[撮]宮本常一, 1975年3月24日

**カーバイト**
「日本民具の造形」淡交社　2004
◇p228〔白黒〕　茨城県 土浦市立博物館所蔵

漁業　　　　　　　　　　　　　　　　生産・生業

カーバイトライト集魚灯
　「日本民具の造形」淡交社　2004
　　◇p228〔白黒〕　福井県 河野村民俗資料館所蔵
カバタにヨコ着けされている漁船
　「写真でみる民家大事典」柏書房　2005
　　◇p275-4〔白黒〕　福井県三方郡美浜町日向東地区
　　　㊞1989年　河原典史
掩せ網（投網）
　「日本民俗大辞典 上」吉川弘文館　1999
　　◇p385〔白黒・図〕
カマ
　「図録・民具入門事典」柏書房　1991
　　◇p69〔白黒〕　神奈川県
鎌を用いて刈る藻刈法
　「日本民俗図誌 5 農耕・漁撈篇」村田書店　1978
　　◇図199〔白黒・図〕　6・7月頃　河川の藻刈法
亀捕り
　「写真ものがたり昭和の暮らし 3」農山漁村文化協会　2004
　　◇p85〔白黒〕　鹿児島県瀬戸内町古仁屋　海亀を素潜りで捕る　㊞中村由信, 昭和33年7月
　「日本民俗写真大系 5」日本図書センター　2000
　　◇p44～45〔白黒〕　沖縄から奄美・薩南諸島にかけて　㊞中村由信, 1958年
かも刺網の構造
　「民俗資料叢書 14 八郎潟の漁撈習俗」平凡社　1971
　　◇第122図(p139)〔白黒・図〕　秋田県 八郎潟
ガラ
　「日本民俗図誌 7 生業上・下篇」村田書店　1978
　　◇図3-2〔白黒・図〕　網糸作り
仮泊中の漁船
　「宮本常一 写真・日記集成 下」毎日新聞社　2005
　　◇p196〔白黒〕　広島県三原市幸崎町能地　㊞宮本常一, 1969年7月20日～25日
刈屋漁港
　「写真でみる民家大事典」柏書房　2005
　　◇p384-2〔白黒〕　山口県山陽小野田市　㊞1936年　小野田市歴史民俗資料館
カレイ漁船
　「写真ものがたり昭和の暮らし 3」農山漁村文化協会　2004
　　◇p123〔白黒〕　北海道雄武町沖　オホーツク海の漁場に向う　㊞平野禎邦, 昭和48年3月
ガワ網上縁の構造
　「民俗資料叢書 14 八郎潟の漁撈習俗」平凡社　1971
　　◇第47図(p90)〔白黒・図〕　秋田県 八郎潟
川エビを捕る
　「里山・里海 暮らし図鑑」柏書房　2012
　　◇写7(p157)〔白黒〕　鹿児島県天城町三京（徳之島）　昭和52年　スタジオカガワ提供
カワカゴ
　「あるくみるきく双書 宮本常一とあるいた昭和の日本 19」農山漁村文化協会　2012
　　◇p97〔白黒〕　新潟県佐渡郡畑野町　ビク　㊞工藤員功
川床に石を積んだ魚の産卵床
　「宮本常一 写真・日記集成 下」毎日新聞社　2005
　　◇p403〔白黒〕　山口県柳井市 柳井津　㊞宮本常一, 1977年10月12日
川の瀬干しによる魚捕り
　「里山・里海 暮らし図鑑」柏書房　2012
　　◇写9(p158)〔白黒〕　岡山県岡山市北区旭川

川のりを採る
　「写真ものがたり昭和の暮らし 5」農山漁村文化協会　2005
　　◇p162〔白黒〕　東京都奥多摩町　㊞昭和55年10月　東京都提供
鱒魚釣に使用するもの
　「日本民俗図誌 7 生業上・下篇」村田書店　1978
　　◇図13-1〔白黒・図〕　安芸地方　縒糸, 鉛製の沈子, 餌かけ鉤, 釣鉤
　　◇図13-2〔白黒・図〕（鱒魚釣に使用するもの（大型のもの））　安芸地方　縒糸, 沈糸, 餌鉤, 大鉤
　　◇図13-3〔白黒・図〕　安芸地方
川船
　「日本社会民俗辞典 3」日本図書センター　2004
　　◇p1268〔白黒〕　新潟県三面川
川舟 ナガフネ
　「日本社会民俗辞典 3」日本図書センター　2004
　　◇p1270〔白黒〕　新潟県見附町
川舟の繋留風景
　「民具のみかた一心とかたち」第一法規出版　1983
　　◇p168〔白黒〕　石川県能登島町
川船の諸型
　「日本社会民俗辞典 3」日本図書センター　2004
　　◇p1268〔白黒・図〕　『風俗画報』
川もぐり・ますの鍵ビキの掛け軸
　「民俗資料選集 6 狩猟習俗 II」国土地理協会　1978
　　◇p11（口絵）〔白黒〕　新潟県北魚沼郡入広瀬村大白川
川漁
　「図説 日本民俗学」吉川弘文館　2009
　　◇p162〔白黒〕　宮崎県椎葉村
川漁の祈り
　「図説 民俗探訪事典」山川出版社　1983
　　◇p346〔白黒〕　北海道 千歳川筋におけるペッ・カムイ・ノミ
河漁用延縄標
　「日本民俗図誌 7 生業上・下篇」村田書店　1978
　　◇図14-3〔白黒・図〕　筑前地方
ガンガリ
　「日本民俗図誌 7 生業上・下篇」村田書店　1978
　　◇図29-3〔白黒・図〕　三重県志摩郡布施田地方　石花菜採り具
岩礁のコンブ採集
　「日本民俗文化財事典（改訂版）」第一法規出版　1979
　　◇図144〔白黒〕　青森県下北地方
ガンヅメ
　「民俗資料叢書 15 有明海の漁撈習俗」平凡社　1972
　　◇図41〔白黒〕　有明海　メカジャ（シャミセンガイ）をとる, あさりをかき集める
ガンタ（滑車）
　「民俗資料叢書 14 八郎潟の漁撈習俗」平凡社　1971
　　◇第11図(p71)〔白黒・図〕　秋田県 八郎潟
カンテラ
　「図録・民具入門事典」柏書房　1991
　　◇p66〔白黒〕　東京都八丈島
甲板いっぱいのスケソウダラ
　「写真ものがたり昭和の暮らし 3」農山漁村文化協会　2004
　　◇p136〔白黒〕　北転船　㊞平野禎邦, 昭和40年代
キイカリ
　「図録・民具入門事典」柏書房　1991
　　◇p66〔白黒〕　神奈川県

生産・生業　　　　　　　　　　　　　　　　　　　　　　漁業

木錨
「日本民俗図誌 5 農耕・漁撈篇」村田書店　1978
　◇図136-4〔白黒・図〕　周防大島　メバル釣の漁船によく使う錨　宮本常一〔提供〕

機械網
「民俗資料叢書 14 八郎潟の漁撈習俗」平凡社　1971
　◇第42図（p90）〔白黒・図〕　秋田県 八郎潟

機械網布設図
「民俗資料叢書 14 八郎潟の漁撈習俗」平凡社　1971
　◇第44図（p90）〔白黒・図〕　秋田県 八郎潟

擬餌
「日本民俗図誌 5 農耕・漁撈篇」村田書店　1978
　◇図126-3～7〔白黒・図〕
　◇図127-5～10〔白黒・図〕

キズコ漕縄釣の鉤と餌
「日本民俗図誌 5 農耕・漁撈篇」村田書店　1978
　◇図128-4〔白黒・図〕

キズコ漕縄釣の漁法
「日本民俗図誌 5 農耕・漁撈篇」村田書店　1978
　◇図128-2・3〔白黒・図〕

鱚釣り
「写真でみる日本生活図引 6」弘文堂　1993
　◇目次D〔白黒〕（干潟の沖合いでの鱚釣り）　㋶林辰雄

帰船
「日本民俗写真大系 3」日本図書センター　1999
　◇p63〔白黒〕（日暮れて帰船を迎える）〔千葉県〕堀川浜　夜の海に合図のカンテラ振り　㋶小関与四郎，1964年

北前船の係船
「日本民俗写真大系 1」日本図書センター　1999
　◇p88〔白黒〕　北海道 江差港　弁財船、帆前船、合子船など　㋶明治30年代　辻仁提供

きっつ
「日本の生活文化財」第一法規出版　1965
　◇図37（生産・運搬・交易）〔白黒〕　秋田経済大学雪国民俗研究所蔵（秋田市茨島）

木箱に入れたハタハタをテツナギ（手繋）で持って運ぶ
「日本民俗写真大系 8」日本図書センター　2000
　◇p60～61〔白黒〕　秋田県八森町下椿海岸　㋶南利夫，1961年

帰帆
「写真でみる日本生活図引 6」弘文堂　1993
　◇図113〔白黒〕　千葉県浦安市・境川河口　浦安の漁師たちの帰り船　㋶林辰雄，昭和30年代

キャシャギデンマ
「日本民具の造形」淡交社　2004
　◇p287〔白黒〕　千葉県　千葉県立安房博物館所蔵

休日の漁港
「日本民俗写真大系 7」日本図書センター　2000
　◇p120〔白黒〕　京都府丹後町　㋶板垣太子松，1965年

休漁（ドンタク）の日
「宮本常一が撮った昭和の情景 上」毎日新聞社　2009
　◇p40〔白黒〕　広島県呉市長浜　停泊中の釣り船　㋶宮本常一，1957年8月26日
「宮本常一 写真・日記集成 上」毎日新聞社　2005
　◇p79〔白黒〕（釣り舟も今日はドンタク（休漁））　広島県呉市長浜　㋶宮本常一，1957年8月26日

魚介出荷用のトロ箱作り
「里山・里海 暮らし図鑑」柏書房　2012
　◇写57（p264）〔白黒〕　昭和30年代　島根県隠岐郡海士町役場提供

漁獲網の網目から押し出されたスケソウダラの尻尾と頭
「写真ものがたり昭和の暮らし 3」農山漁村文化協会　2004
　◇p139〔白黒〕　㋶平野禎邦，昭和40年代

漁獲を受取る糸満の女
「民俗図録 日本人の暮らし」日本図書センター　2012
　◇図356〔白黒〕　沖縄本島

漁期に使う小屋
「日本民俗写真大系 8」日本図書センター　2000
　◇p63〔白黒〕　輪島市　㋶御園直太郎，1965年

漁業期節
「里山・里海 暮らし図鑑」柏書房　2012
　◇写3（p32）〔白黒〕（漁師の憲法「漁業期節」）　明治37年～昭和20年　㋶行平真也　大分県漁業協同組合姫島支店提供

漁具
「民俗図録 日本人の暮らし」日本図書センター　2012
　◇図328〔白黒〕（漁具（1））　広島県下蒲刈島　㋶北見俊夫
　◇図329〔白黒〕（漁具（2））　島根県簸川郡大社町　㋶山根雅郎
　◇図330〔白黒〕（漁具（3））　鹿児島県揖宿郡生見村　㋶國分直一
　◇図331〔白黒〕（漁具（4））　島根県簸川郡大社町稲佐浜　㋶山根雅郎

漁具をつくろう若者たち
「民俗図録 日本人の暮らし」日本図書センター　2012
　◇図470〔白黒〕　山口県萩市玉江浦　若者宿での夜なべ
「写真でみる日本生活図引 8」弘文堂　1993
　◇図129〔白黒〕（裸）　山口県萩市玉江浦　若者宿の前で、男たちが裸で漁具の用意をしているところ　㋶昭和10年代　民俗学研究所提供

漁具と漁法の一例
「里山・里海 暮らし図鑑」柏書房　2012
　◇図1（p156）〔白黒・図〕　〔滋賀県高島市〕マキノ町海津・西浜　琵琶湖沿岸　滋賀県教育委員会「湖西の漁撈習俗」琵琶湖総合開発地域民俗文化財特別調査報告書4（1981）から引用

漁具とビク
「宮本常一 写真・日記集成 上」毎日新聞社　2005
　◇p69〔白黒〕　愛知県幡豆郡一色町 佐久島　㋶宮本常一，1957年7月5日

漁具、モンドリの仕掛け方
「里山・里海 暮らし図鑑」柏書房　2012
　◇図2（p156）〔白黒・図〕　〔滋賀県高島市〕マキノ町知内川　滋賀県教育委員会「湖西の漁撈習俗」琵琶湖総合開発地域民俗文化財特別調査報告書4（1981）から引用

漁港
「日本の生活環境文化大辞典」柏書房　2010
　◇口絵10〔カラー〕　兵庫県たつの市室津　〔護岸工事がされた漁港〕　㋶2009年 岸本章
「日本民俗写真大系 3」日本図書センター　1999
　◇p168〔白黒〕　三重県鳥羽市答志島　㋶品田悦彦，1984年
「民俗資料選集 27 年齢階梯制II」国土地理協会　1999
　◇p154（本文）〔白黒〕　長崎県豊玉村千尋藻
「フォークロアの眼 7 海の暮らしと祭り」国書刊行会　1977
　◇図2〔白黒〕　岡山県倉敷市下津井港　㋶諸田森二，昭和47年5月21日
　◇図3〔白黒〕　静岡県沼津市静浦　㋶諸田森二，昭和47年1月20日
　◇図4〔白黒〕　新潟県三島郡出雲崎町　㋶諸田森二，昭

漁業　　　　　　　　　　　　　　　　　生産・生業

　　　　和47年8月15日
　　◇図6〔白黒〕　　岡山県倉敷市下津井港　㈳諸田森二，昭
　　　　和47年5月21日
　　◇図8・10〔白黒〕　　静岡県沼津市静浦　㈳諸田森二，昭
　　　　和47年1月10日
　　◇図9〔白黒〕　　静岡県沼津市江ノ浦　㈳諸田森二，昭和
　　　　47年1月10日

### 漁港での魚の仕分け
「里山・里海　暮らし図鑑」柏書房　2012
　　◇写35 (p195)〔白黒〕　　福井県若狭高浜港　昭和31年4
　　　　月　㈳横田文雄　高浜町郷土資料館提供

### 漁港に水揚げされたサザエ
「民俗小事典　食」吉川弘文館　2013
　　◇p161〔白黒〕　　三重県神島　関沢まゆみ提供

### 魚場跡
「日本民俗写真大系　1」日本図書センター　1999
　　◇p93〔白黒〕（西積丹に残る魚場跡）　北海道神威内町
　　　　手前は煮て鰊粕を作った跡。向こうの煉瓦造りの建物
　　　　は鰊倉　㈳掛川源一郎，1964年

### 魚場跡の番屋
「日本民俗写真大系　1」日本図書センター　1999
　　◇p94〔白黒〕　　北海道浜益郡幌　㈳樋口英夫，1977年

### 漁場の女
「写真でみる日本人の生活全集　10」日本図書センター
　　2010
　　◇口絵〔カラー〕　　千葉　㈳大藪達二

### 漁場の見える町
「写真でみる日本人の生活全集　9」日本図書センター　2010
　　◇p26〔白黒〕

### 漁場めざして出港
「フォークロアの眼　7　海の暮らしと祭り」国書刊行会
　　1977
　　◇図28〔白黒〕　　岩手県宮古市宮古湾　㈳諸田森二，昭
　　　　和48年7月15日

### 漁船
「宮本常一　写真・日記集成　上」毎日新聞社　2005
　　◇p106〔白黒〕（干物と漁船）　東京都 八丈島　㈳宮本常
　　　　一，1958年4月10日
「宮本常一　写真・日記集成　下」毎日新聞社　2005
　　◇p372〔白黒〕　　岡山県備前市　㈳宮本常一，1976年9
　　　　月7日
「宮本常一　写真・日記集成　別巻」毎日新聞社　2005
　　◇図25 (p15)〔白黒〕　　島根県八束郡江曇村片句 [鹿島
　　　　町]　スイタ〔簀板の代〕り）に竹をあんだものがしい
　　　　てある　㈳宮本常一，1939年〔月日不明〕
「写真でみる日本生活図引　6」弘文堂　1993
　　◇図79〔白黒〕　　静岡県引佐郡細江町寸座（浜名湖）
　　　　動力船定置網漁　㈳須藤功，昭和44年3月23日
「図録・民具入門事典」柏書房　1991
　　◇p66〔白黒〕　　東京都三宅島
「写真でみる日本生活図引　2」弘文堂　1988
　　◇図3，4〔白黒〕　　神奈川県平塚市須賀　㈳昭和5年9月
　　　　13日　平塚市博物館提供
「日本民俗図誌　5　農耕・漁撈篇」村田書店　1978
　　◇図103〔白黒・図〕　　山口県大島内浦島外浦　宮本常一
　　　　『周防大島を中心とする海の生活誌』
　　◇図110〔白黒・図〕　　新潟県旧岩船郡三面川において使
　　　　用　通信博物館蔵『古船集』

### 漁船（ハエナワ）
「宮本常一　写真・日記集成　別巻」毎日新聞社　2005
　　◇図216 (p38)〔白黒〕　　広島県豊田郡・豊島 [豊浜町]
　　　　㈳宮本常一，1941年9月

### 漁船を砂上から海中に押出す時に使う丸太敷
「日本民俗図誌　5　農耕・漁撈篇」村田書店　1978
　　◇図137-3〔白黒〕　　房総地方　『房総水産図誌・九
　　　　十九里旧地曳網漁業』

### 漁船を引揚げた浜に洗濯物も並ぶ
「写真ものがたり昭和の暮らし　3」農山漁村文化協会　2004
　　◇p12〔白黒〕　　新潟県能生町小泊　㈳室川右京，昭和30
　　　　年1月

### 漁船を船置場まで引き揚げる
「写真ものがたり昭和の暮らし　9」農山漁村文化協会　2007
　　◇p189〔白黒〕　　三重県大王町（現志摩市）　㈳須藤功，
　　　　昭和41年12月

### 漁船を舟屋内に引き上げる場合とそうでない場合がみられる
「写真でみる民家大事典」柏書房　2005
　　◇p322-2〔白黒〕　　京都府与謝郡伊根町　㈳1987年　河
　　　　原典史

### 漁船トモブト
「日本民俗写真大系　7」日本図書センター　2000
　　◇p138〔白黒〕　　京都府宮津市　地曳網を曳いてシラス
　　　　やカエリ（どちらも鰯の幼名）をとる　㈳森本孝，
　　　　1979年

### 漁船の一形式
「日本民俗図誌　5　農耕・漁撈篇」村田書店　1978
　　◇図108〔白黒・図〕　　千葉県夷隅郡大原小浜
　　◇図109〔白黒・図〕　　千葉県夷隅郡一ノ宮

### 漁船の形態および部分名称
「日本民俗図誌　5　農耕・漁撈篇」村田書店　1978
　　◇図104〔白黒・図〕　　長崎県壱岐島　『壱岐島民俗誌』

### 漁船の諸型
「日本社会民俗辞典　1」日本図書センター　2004
　　◇p280〔白黒・図〕　　三枚船・地曳網船・沖合釣船・サ
　　　　ワラ釣船・伝馬船（イカ漁用）・ヤンノー船（カツオ釣
　　　　用）・天当船（小漁用）　㈳明治30年代　『静岡県水
　　　　産誌』

### 漁船の入港風景
「図録・民具入門事典」柏書房　1991
　　◇p66〔白黒〕　　三重県答志島

### 漁船の船下し
「日本社会民俗辞典　3」日本図書センター　2004
　　◇p1265〔白黒〕　　宮城県牡鹿半島新山浜

### 漁船の船着場
「宮本常一が撮った昭和の情景　上」毎日新聞社　2009
　　◇p134〔白黒〕　　石川県輪島市海士町 舳倉島　㈳宮本常
　　　　一，1961年8月1日
「宮本常一　写真・日記集成　上」毎日新聞社　2005
　　◇p260〔白黒〕（舳倉島）　石川県輪島市 舳倉島　㈳宮本
　　　　常一，1961年8月1日

### 漁船のミヨシ形態図
「日本民俗図誌　5　農耕・漁撈篇」村田書店　1978
　　◇図105〔白黒・図〕　　ノカマミヨシ（熊本県天草のテン
　　　　ウト船のミヨシ），サツマガタ（クロミヨシ），天草牛深
　　　　造り不知火のクロミヨシ，ゾウバナミヨシ，阿波造りの
　　　　ミヨシ　『漁村民俗誌』

### 漁船の櫓とその名称
「日本民俗図誌　5　農耕・漁撈篇」村田書店　1978
　　◇図136-5〔白黒・図〕　　周防大島　宮本常一〔提供〕

### 漁船の陸揚げ
「日本民俗写真大系　1」日本図書センター　1999
　　◇p102〔白黒〕　　仙法志灯台の下の港　㈳酒井憲太郎，
　　　　1998年

**魚倉がスケソウで満杯となった北転船**
「日本民俗写真大系 1」日本図書センター　1999
◇p86～87〔白黒〕　カムチャツカ沖　[撮]1974年

**漁村**
「宮本常一 写真・日記集成 上」毎日新聞社　2005
◇p198〔白黒〕　山口県萩市鶴江　[撮]宮本常一, 1960年8月1日
「写真ものがたり昭和の暮らし 3」農山漁村文化協会　2004
◇p8〔白黒〕　石川県珠洲市高屋　[撮]御園直太郎, 昭和37年8月
「日本社会民俗辞典 1」日本図書センター　2004
◇p284〔白黒〕(山陰の漁村)　島根県片江村七類
「日本民俗写真大系 6」日本図書センター　2000
◇p152〔白黒〕　長崎県平島　[撮]野口武徳, 1969年
「図説 民俗探訪事典」山川出版社　1983
◇p116〔白黒〕　香川県男木島(瀬戸内海)　観光資源保護財団提供
「フォークロアの眼 7 海の暮らしと祭り」国書刊行会　1977
◇小論1〔白黒〕　徳島県海部郡由岐町伊左利　[撮]田辺悟, 昭和48年7月9日
◇小論2〔白黒〕　山口県長門市青梅島通浦　[撮]田辺悟, 昭和47年6月14日

**漁村集落**
「日本の生活環境文化大辞典」柏書房　2010
◇p200-2〔白黒〕　京都府与謝郡伊根町伊根浦　[撮]1973年　杉本尚次

**漁村の乙女たち**
「写真でみる日本人の生活全集 10」日本図書センター　2010
◇p82〔白黒〕　水あげされた小漁をザルにわけ入れる

**漁村の女達の礒掃除**
「日本社会民俗辞典 4」日本図書センター　2004
◇p1465〔白黒〕　岩手県越喜来村崎浜

**漁村の女の舟曳上げ**
「日本社会民俗辞典 3」日本図書センター　2004
◇p1252〔白黒〕

**漁村の休日**
「写真でみる日本生活図引 5」弘文堂　1989
◇図27〔白黒〕　高知県土佐清水市下ノ加江　[撮]須藤功, 昭和42年4月1日

**漁村の景観**
「図説 日本民俗学」吉川弘文館　2009
◇p157〔白黒〕　山口県長門市　清水満幸提供

**漁村の生活**
「写真でみる日本人の生活全集 10」日本図書センター　2010
◇p41〔白黒〕　静かな漁村の朝の風景　[撮]松田繁美

**漁村の路地**
「写真でみる日本生活図引 4」弘文堂　1988
◇図158〔白黒〕(路地)　新潟県佐渡郡　漁村の路地　[撮]中俣正義, 撮影年不明
◇図159〔白黒〕(路地)　愛媛県西宇和郡瀬戸町川之浜　漁村の路地　[撮]新田好, 昭和26年

**漁夫**
「日本民俗写真大系 8」日本図書センター　2000
◇p28～29〔白黒〕　石川県羽咋市　[撮]薗部澄, 1955年頃
「フォークロアの眼 7 海の暮らしと祭り」国書刊行会　1977
◇図24〔白黒〕　岩手県宮古市宮古港　これから自分の船に乗り込むところ　[撮]諸田森二, 昭和48年7月15日

**キヨメ網を引きあげる**
「写真ものがたり昭和の暮らし 5」農山漁村文化協会　2005
◇p206〔白黒〕　長野県諏訪市有賀沖　[撮]宮坂増雄, 昭和36年

**漁網**
「日本民俗写真大系 1」日本図書センター　1999
◇p82～83〔白黒〕　スケソウ漁　[撮]1974年
「図録・民具入門事典」柏書房　1991
◇p68〔白黒〕　沖縄県

**魚網**
「今は昔 民具など」文芸社　2014
◇p112〔白黒〕　[撮]山本富三　木治屋蔵(奈良)

**魚網の上でうたた寝をする男の子**
「宮本常一が撮った昭和の情景 上」毎日新聞社　2009
◇p170～171〔白黒〕　山口県萩市見島宇津　[撮]宮本常一, 1962年8月30日
「宮本常一 写真・日記集成 上」毎日新聞社　2005
◇p339〔白黒〕(魚網の上〔で寝る少年〕)　山口県萩市見島 宇津　[撮]宮本常一, 1962年8月30日

**漁網の洗濯**
「里山・里海 暮らし図鑑」柏書房　2012
◇写9(p206)〔白黒〕(里川での漁網の洗濯)　福井県高浜町子生川　昭和31年2月　[撮]横田文雄　高浜町郷土資料館提供

**漁網のつくろい**
「宮本常一が撮った昭和の情景 上」毎日新聞社　2009
◇p46〔白黒〕(漁網を繕う)　愛媛県越智郡上島町弓削(弓削島)　[撮]宮本常一, 1957年8月29日
「宮本常一 写真・日記集成 上」毎日新聞社　2005
◇p83〔白黒〕　愛媛県弓削町［上島町］弓削島　[撮]宮本常一, 1957年8月29日

**漁網の繕い**
「宮本常一 写真・日記集成 上」毎日新聞社　2005
◇p388〔白黒〕　東京都 新島村　[撮]宮本常一, 1963年7月28日

**魚網の繕い**
「精選 日本民俗辞典」吉川弘文館　2006
◇p4〔白黒〕　北海道白老町
「日本民俗大辞典 上」吉川弘文館　1999
◇p5〔白黒〕　北海道白老町

**漁網の手編み**
「日本民俗図誌 7 生業上・下篇」村田書店　1978
◇図4-4〔白黒・図〕(本目の編み方)　漁網の手編み
◇図4-5〔白黒・図〕(本目の結び方)　漁網の手編み
◇図4-6〔白黒・図〕(本目結びの裏)　漁網の手編み

**漁網の手入れ**
「日本民俗写真大系 7」日本図書センター　2000
◇p43〔白黒〕　島根県平田市 海に面した漁具小屋　[撮]井上喜弘, 1958年

**魚網の手入れをする**
「宮本常一 写真・日記集成 下」毎日新聞社　2005
◇p441〔白黒〕　広島県佐伯郡能美町付近　[撮]宮本常一, 1978年10月20日

**魚網(モジ織)**
「民俗資料選集 10 紡織習俗Ⅱ」国土地理協会　1981
◇p11(口絵)〔白黒〕　島根県八束郡鹿島町上講武　出雲の藤布紡織習俗

**帰漁(魚の水揚げ)**
「日本民俗文化財事典(改訂版)」第一法規出版　1979
◇図139〔白黒〕　三重県答志島

漁業　　　　　　　　　　　　　　　生産・生業

近海タラ延縄船
　「日本民俗写真大系 1」日本図書センター　1999
　　◇p85〔白黒〕　㊥1973年

巾着網
　「図説 民俗探訪事典」山川出版社　1983
　　◇p251〔白黒・図〕

巾着網を引き揚げる
　「日本民俗写真大系 7」日本図書センター　2000
　　◇p23〔白黒〕(鯵のはいった巾着網を引き揚げる)　響灘
　　　㊥中村昭夫, 1963年

巾着網漁船の出港
　「里山・里海 暮らし図鑑」柏書房　2012
　　◇写1 (p183)〔白黒〕　福井県小浜市田島　昭和10年
　　　井田家所蔵古写真・福井県立若狭歴史民俗資料館提供

巾着網船団
　「日本民俗写真大系 7」日本図書センター　2000
　　◇p24〔白黒〕　山口県下関市 下関港　㊥中村昭夫,
　　　1963年

巾着網の準備をする
　「日本民俗写真大系 7」日本図書センター　2000
　　◇p22〔白黒〕(出漁に備え巾着網の準備をする)　山口県
　　　下関市　㊥中村昭夫, 1963年

巾着網船の漁場での操業
　「日本民俗写真大系 6」日本図書センター　2000
　　◇p41〔白黒〕　対馬海峡東方海上　㊥中村昭夫, 1963年

巾着舟の集結
　「民俗図録 日本人の暮らし」日本図書センター　2012
　　◇図321〔白黒〕　長崎県対馬厳原港

鯨うち
　「日本民俗写真大系 3」日本図書センター　1999
　　◇p122〔白黒〕　和歌山県太地町　発射の瞬間　㊥中村
　　　由信, 1967年
　　◇p124〔白黒〕　和歌山県太地町　もりが撃ちこまれる
　　　と、鯨は海中に逃げようとする　㊥中村由信, 1967年
　　◇p125〔白黒〕　和歌山県太地町　撃たれた鯨を船に引
　　　き寄せる　㊥中村由信, 1967年

鯨うちの砲手
　「日本民俗写真大系 3」日本図書センター　1999
　　◇p122〔白黒〕　和歌山県太地町　㊥中村由信, 1967年

鯨の解体
　「日本民俗写真大系 6」日本図書センター　2000
　　◇p53〔白黒〕　長崎県五島荒川　㊥高原至, 1973年　ナ
　　　ガサキ・フォト・サービス

鯨の水揚げ
　「日本民俗写真大系 3」日本図書センター　1999
　　◇p127〔白黒〕　和歌山県太地町　㊥中村由信, 1967年

鯨の群
　「民俗図録 日本人の暮らし」日本図書センター　2012
　　◇図316〔白黒〕　和歌山県太地港内

鯨庖丁
　「日本の民具 3 山・漁村」慶友社　1992
　　◇図200〔白黒〕　使用地不明　㊥薗部澄

クチゾコ押シ, 漁場へ向かう
　「民俗資料叢書 15 有明海の漁撈習俗」平凡社　1972
　　◇図62〔白黒〕　藤津郡太良町多良

国崎の海女
　「日本民俗写真大系 3」日本図書センター　1999
　　◇p3〔白黒〕　三重県鳥羽市国崎町　㊥中村由信, 1961年

球磨川が八代海に注ぐ河口の汽水域では、海の魚、川の

魚が混じって獲れた
　「写真ものがたり昭和の暮らし 5」農山漁村文化協会　2005
　　◇p131〔白黒〕　熊本県八代市新港町　㊥麦島勝, 昭和
　　　40年3月

蔵之元港
　「宮本常一 写真・日記集成 上」毎日新聞社　2005
　　◇p189〔白黒〕　鹿児島県出水郡長島町指江→蔵之元
　　　㊥宮本常一, 1960年4月22日

蔵之元港へ
　「宮本常一 写真・日記集成 上」毎日新聞社　2005
　　◇p189〔白黒〕　鹿児島県出水郡長島町指江→蔵之元
　　　㊥宮本常一, 1960年4月22日

クリ網の手法
　「民俗資料叢書 14 八郎潟の漁撈習俗」平凡社　1971
　　◇第129図 (p145)〔白黒・図〕　秋田県 八郎潟

クリヅナ先端の図
　「民俗資料叢書 14 八郎潟の漁撈習俗」平凡社　1971
　　◇第140図 (p149)〔白黒・図〕　秋田県 八郎潟

クリフネ
　「民俗学辞典(改訂版)」東京堂出版　1987
　　◇写真版 第六図 漁船〔白黒〕　奄美大島十島村　民俗
　　　学研究所所蔵

クリブネ
　「日本社会民俗辞典 1」日本図書センター　2004
　　◇p281〔白黒〕　口之島
　「図録・民具入門事典」柏書房　1991
　　◇p89〔白黒〕　秋田県仙北郡田沢湖

クリ舟
　「民俗図録 日本人の暮らし」日本図書センター　2012
　　◇図437〔白黒〕　鹿児島県大島郡口之島　鰹釣り, 貨物
　　　の運搬, 嫁取りにくい出すのにも使う
　「宮本常一 写真・日記集成 別巻」毎日新聞社　2005
　　◇図70 (p21)〔白黒〕　鹿児島県・種子島・熊野〔中種子
　　　町〕　㊥宮本常一, 1940年1月27日～2月10日

刳舟
　「民俗図録 日本人の暮らし」日本図書センター　2012
　　◇図304〔白黒〕　島根県海岸　㊥三木茂
　「宮本常一 写真・日記集成 下」毎日新聞社　2005
　　◇p67〔白黒〕(刳り舟)　鹿児島県西之表市(種子島)
　　　㊥宮本常一, 1966年3月31日～4月10日

刳船
　「日本民俗事典」弘文堂　1972
　　◇p227〔白黒〕　奄美大島宇検村　㊥北見俊夫

くりぶねとはぎぶね
　「日本の生活文化財」第一法規出版　1965
　　◇図41 (概説)〔白黒〕

クルマエビ養殖施設
　「宮本常一 写真・日記集成 上」毎日新聞社　2005
　　◇p376〔白黒〕　香川県高松市生島　㊥宮本常一, 1963
　　　年6月7日

鯢鯨合戦絵巻
　「図説 民俗探訪事典」山川出版社　1983
　　◇p259〔白黒・図〕　明治初期 鯨とりの様子　国立歴
　　　史民俗博物館蔵

鯨体処理場跡
　「日本の生活環境文化大辞典」柏書房　2010
　　◇p95-1〔白黒〕　和歌山県太地町　㊥2009年　元田茂充

ゲタ
　「民俗資料叢書 14 八郎潟の漁撈習俗」平凡社　1971
　　◇第80図 (p117)〔白黒・図〕　秋田県 八郎潟　水中には
　　　いって深いところを押したり曳網したりするのにはく

生産・生業　　　　　　　　　　　　　　　　　　　　　　　　　　　　　漁業

桁網
　「写真ものがたり昭和の暮らし 3」農山漁村文化協会　2004
　　◇p45〔白黒・図〕　　東京湾　絵・中嶋俊枝

桁網漁
　「日本民俗図誌 5 農耕・漁撈篇」村田書店　1978
　　◇図157〔白黒・図〕　　手繰漁の一種

けだことり
　「図説 台所道具の歴史」日本図書センター　2012
　　◇p51-9〔白黒〕　　小型の蛸壺　　㈹GK, 1971年　山形県鶴岡・致道博物館

ケナ・スダレの構造例
　「民俗資料叢書 14 八郎潟の漁撈習俗」平凡社　1971
　　◇第55図（p100）〔白黒・図〕　　秋田県 八郎潟

毛針
　「日本民具の造形」淡交社　2004
　　◇p226〔白黒〕　　兵庫県 西脇市郷土資料館所蔵

源五郎鮒
　「日本の民俗 下」クレオ　1997
　　◇図9-29〔白黒〕　　滋賀県草津市 琵琶湖　〔網にかかった鮒〕　㈹芳賀日出男, 昭和47年

ゲンシキ網
　「民俗資料叢書 15 有明海の漁撈習俗」平凡社　1972
　　◇図70〔白黒〕　　佐賀郡諸富町

コ網
　「民俗資料叢書 14 八郎潟の漁撈習俗」平凡社　1971
　　◇第145図（p153）〔白黒・図〕　　秋田県 八郎潟

小網
　「日本民俗図誌 5 農耕・漁撈篇」村田書店　1978
　　◇図160〔白黒・図〕

コアミと呼ぶ小型の地曳網を引いてモロコを獲る
　「写真ものがたり昭和の暮らし 5」農山漁村文化協会　2005
　　◇p176〔白黒〕　　滋賀県高島町鵜川（現高島市）　㈹前野隆資, 昭和44年11月　琵琶湖博物館所蔵

鯉筌
　「日本民俗図誌 7 生業上・下篇」村田書店　1978
　　◇図17-2・3〔白黒・図〕　　千葉県香取郡小見川村の利根川に臨んだ地方で使用

コイの捕獲
　「里山・里海 暮らし図鑑」柏書房　2012
　　◇写46（p175）〔白黒〕　　福井県旧三方町〔若狭町〕三方湖　昭和40年代　㈹原氏　若狭三方縄文博物館提供

コイやフナを獲るモンドリと呼んでいる筌
　「写真ものがたり昭和の暮らし 5」農山漁村文化協会　2005
　　◇p177〔白黒〕　　滋賀県大津市大津　㈹前野隆資, 昭和31年2月　琵琶湖博物館所蔵

航海灯
　「日本民具の造形」淡交社　2004
　　◇p228〔白黒〕　　徳島県 那賀川町立歴史民俗資料館所蔵

糠魚流し網
　「日本民俗図誌 5 農耕・漁撈篇」村田書店　1978
　　◇図156（上）〔白黒・図〕

神津島港
　「日本民俗写真大系 3」日本図書センター　1999
　　◇p112〔白黒〕　　㈹湊嘉秀, 1990年

神湊
　「宮本常一 写真・日記集成 下」毎日新聞社　2005
　　◇p340〔白黒〕　　福岡県宗像市神湊　㈹宮本常一, 1975年3月25日

小貝桁
　「日本民俗図誌 5 農耕・漁撈篇」村田書店　1978
　　◇図158-2〔白黒・図〕　　桁網漁

小型漁船の船だまり
　「宮本常一 写真・日記集成 下」毎日新聞社　2005
　　◇p405〔白黒〕　　高知県土佐清水市 清水漁港　㈹宮本常一, 1977年10月17日

小型定置の袖網
　「宮本常一 写真・日記集成 下」毎日新聞社　2005
　　◇p197〔白黒〕　　広島県三原市幸崎町能地　㈹宮本常一, 1969年7月20日～25日

小型捕鯨船
　「日本社会民俗辞典 3」日本図書センター　2004
　　◇p1327〔白黒〕　　宮城県鮎川港

こぎ網
　「写真でみる日本生活図引 2」弘文堂　1988
　　◇図35〔白黒〕　　広島県沼隈郡内海町・田島　㈹宮本常一, 昭和36年

漕ぎ船の上
　「民俗資料叢書 15 有明海の漁撈習俗」平凡社　1972
　　◇図47〔白黒〕　　有明海

ゴザッポ（ござ帆）
　「民俗資料叢書 14 八郎潟の漁撈習俗」平凡社　1971
　　◇第12図（p71）〔白黒・図〕　　秋田県 八郎潟

コシ網
　「民俗資料叢書 14 八郎潟の漁撈習俗」平凡社　1971
　　◇第148図（p156）〔白黒・図〕　　秋田県 八郎潟

コシテボ
　「あるくみるきく双書 宮本常一とあるいた昭和の日本 19」農山漁村文化協会　2012
　　◇p111〔白黒〕　　大分県大分市　アユなどを入れる　㈹工藤員功

コシビキで網を引く漁夫
　「写真ものがたり昭和の暮らし 5」農山漁村文化協会　2005
　　◇p213, 215〔白黒〕　　青森県上北町（現東北町）　㈹野坂千之助, 昭和30年代

腰曳縄
　「日本民俗図誌 5 農耕・漁撈篇」村田書店　1978
　　◇図137-7〔白黒・図〕　　房総地方　岡者が曳網を曳く『房総水産図誌・九十九里旧地曳網漁業』

腰巻籠
　「日本民俗図誌 5 農耕・漁撈篇」村田書店　1978
　　◇図175-2〔白黒・図〕　　貝巻

腰巻漁法
　「日本民俗図誌 5 農耕・漁撈篇」村田書店　1978
　　◇図174-2〔白黒・図〕　　貝巻

湖上の舟
　「写真ものがたり昭和の暮らし 5」農山漁村文化協会　2005
　　◇p231〔白黒〕　　熊本県鏡町新地 大江湖　9月に1日だけ町民に開放される　〔魚を獲る〕　㈹麦島勝, 昭和40年9月

小袖の海女
　「日本民俗写真大系 2」日本図書センター　1999
　　◇p24, 25〔白黒〕　　岩手県 小袖　㈹中村由信, 1973年

小台網の小屋
　「宮本常一 写真・日記集成 別巻」毎日新聞社　2005
　　◇図98（p24）〔白黒〕　　鹿児島県佐多村竹之浦［肝属郡佐多町］　㈹宮本常一, 1940年2月11日～3月7日

五智網漁
　「日本民俗写真大系 5」日本図書センター　2000
　　◇p40〔白黒〕　　鹿児島県阿久根　㈹森田米雄, 1987年

民俗風俗 図版レファレンス事典（衣食住・生活篇）　　**371**

漁業　　　　　　　　　　　生産・生業

小泊港
　「日本民俗写真大系 8」日本図書センター　2000
　　◇p16〔カラー〕　青森県小泊村　㊡北条光陽, 1988年

古浜港のあたり
　「宮本常一 写真・日記集成 下」毎日新聞社　2005
　　◇p347〔白黒〕　広島県三原市　㊡宮本常一, 1975年10月29日

小舟
　「日本社会民俗辞典 1」日本図書センター　2004
　　◇図版Ⅶ 沖縄 (1)〔白黒〕　沖縄本島大宜味村塩屋附近　㊡1951年

コブネ（チャンコ）の形態および部分名称
　「日本民俗図誌 5 農耕・漁撈篇」村田書店　1978
　　◇図102〔白黒・図〕　山口県大島内浦　宮本常一『周防大島を中心とする海の生活誌』

小舟に乗って四つ手網を広げ白魚をとる
　「日本民俗写真大系 7」日本図書センター　2000
　　◇p15〔カラー〕　山口県萩市 松本川　早春から春にかけて　㊡渡辺良正, 1969年

コマイ漁
　「日本民俗写真大系 1」日本図書センター　1999
　　◇p110〔白黒〕　北海道根室市 温根沼　㊡中谷吉隆, 1975年

コマザライ
　「民俗資料叢書 14 八郎潟の漁撈習俗」平凡社　1971
　　◇図33〔白黒〕　秋田県 八郎潟

コマザライ操業の図
　「民俗資料叢書 14 八郎潟の漁撈習俗」平凡社　1971
　　◇第159図 (p164)〔白黒・図〕　秋田県 八郎潟

コマザライの構造
　「民俗資料叢書 14 八郎潟の漁撈習俗」平凡社　1971
　　◇第158図 (p164)〔白黒・図〕　秋田県 八郎潟

米揚げざるに入れた角助沼のアミ
　「写真ものがたり昭和の暮らし 5」農山漁村文化協会　2005
　　◇p226〔白黒〕　秋田県森岳村（現山本町）, 昭和33年　㊡南利夫

ゴリド網の構造
　「民俗資料叢書 14 八郎潟の漁撈習俗」平凡社　1971
　　◇第33図 (p87)〔白黒・図〕　秋田県 八郎潟　フクロ網・ソデ網・テ網とも全部モジ網

ゴリド網布設平面図
　「民俗資料叢書 14 八郎潟の漁撈習俗」平凡社　1971
　　◇第38図 (p87)〔白黒・図〕　秋田県 八郎潟

ゴリドフクロ網・タガ（ワ竹）の構成例
　「民俗資料叢書 14 八郎潟の漁撈習俗」平凡社　1971
　　◇第36図 (p87)〔白黒・図〕　秋田県 八郎潟

ゴリドフクロロの構造
　「民俗資料叢書 14 八郎潟の漁撈習俗」平凡社　1971
　　◇第34図 (p87)〔白黒・図〕　秋田県 八郎潟

ゴリドフクロじりの構造例
　「民俗資料叢書 14 八郎潟の漁撈習俗」平凡社　1971
　　◇第39図 (p89)〔白黒・図〕　秋田県 八郎潟

ごり曳網の構造
　「民俗資料叢書 14 八郎潟の漁撈習俗」平凡社　1971
　　◇第97図 (p127)〔白黒・図〕　秋田県 八郎潟

ごり曳網の操業図
　「民俗資料叢書 14 八郎潟の漁撈習俗」平凡社　1971
　　◇第101図 (p127)〔白黒・図〕　秋田県 八郎潟

ごり曳きざる
　「民俗資料叢書 14 八郎潟の漁撈習俗」平凡社　1971
　　◇図21〔白黒〕　秋田県 八郎潟

小漁のてんま船
　「宮本常一 写真・日記集成 上」毎日新聞社　2005
　　◇p107〔白黒〕　山口県大島郡大島町小松〔周防大島町〕　㊡宮本常一, 1958年4月24日

コンガリ突き
　「日本民俗図誌 7 生業上・下篇」村田書店　1978
　　◇図28-2〔白黒・図〕　阿波地方

根釧原野で釣をする人たち
　「宮本常一 写真・日記集成 下」毎日新聞社　2005
　　◇p463〔白黒〕　北海道川上郡弟子屈町→釧路　㊡宮本常一, 1979年4月30日

コンニャク舟
　「民俗資料叢書 15 有明海の漁撈習俗」平凡社　1972
　　◇図43〔白黒〕　有明海　角舟

コンブを自家の乾燥場に運ぶ
　「日本民俗写真大系 1」日本図書センター　1999
　　◇p25〔白黒〕　北海道釧路町昆布森　㊡関口哲也, 1950年代後半

昆布を運ぶ籠
　「図説 日本民俗学」吉川弘文館　2009
　　◇p160〔白黒〕　北海道釧路町

コンブを拾う
　「あるくみるきく双書 宮本常一とあるいた昭和の日本 19」農山漁村文化協会　2012
　　◇p7〔白黒〕　青森県 下北半島六ヶ所村泊　㊡森本孝, 昭和51年8月

コンブ採集舟の彫刻
　「日本民俗文化財事典（改訂版）」第一法規出版　1979
　　◇図149〔白黒〕　青森県下北地方

コンブ採り
　「写真ものがたり昭和の暮らし 3」農山漁村文化協会　2004
　　◇p95〔白黒〕　北海道松前町・松前小島　舳倉島のアマ　㊡中村由信, 昭和36年8月
　「日本民俗写真大系 1」日本図書センター　1999
　　◇p108〔白黒〕　北海道稚内市　㊡島内英佑, 1969年

昆布採り
　「写真でみる日本生活図引 2」弘文堂　1988
　　◇図41〔白黒〕　北海道目梨郡羅臼町　㊡菊池俊吉, 昭和29年7月
　　◇図42, 43〔白黒〕　北海道幌泉郡えりも町　㊡掛川源一郎, 昭和28年, 昭和35年8月

昆布採り具
　「日本民俗図誌 7 生業上・下篇」村田書店　1978
　　◇図32-1～3〔白黒・図〕　徳島県　マッカの一種, テンジンマッカ, 柴マッカ

コンブとりの舟
　「宮本常一 写真・日記集成 上」毎日新聞社　2005
　　◇p451〔白黒〕　青森県下北郡風間浦村蛇浦　㊡宮本常一, 1964年8月10日

コンブ干し
　「日本郷土 風俗・民芸・芸能図鑑」日本図書センター　2012
　　◇写真篇 北海道〔白黒〕（こんぶ）　北海道 〔浜で干す〕
　「写真でみる日本人の生活全集 1」日本図書センター　2010
　　◇p141〔白黒〕　北海道厚岸海岸
　「写真でみる日本人の生活全集 10」日本図書センター　2010
　　◇口絵〔白黒〕（こんぶほし）　北海道襟裳岬　㊡田中幸弘, 茂木正男
　「精選 日本民俗辞典」吉川弘文館　2006
　　◇p4〔白黒〕　北海道八雲町

「宮本常一 写真・日記集成 上」毎日新聞社 2005
　◇p451〔白黒〕(防波堤の上にもコンブを干す)　青森県下北郡大間町 大間港　㊐宮本常一, 1964年8月10日
「日本民俗大辞典 上」吉川弘文館 1999
　◇p5〔白黒〕　北海道八雲町
「日本民俗文化財事典(改訂版)」第一法規出版 1979
　◇図145〔白黒〕(海女のコンブ干し)　青森県下北地方

### 昆布干し
「図説 日本民俗学」吉川弘文館 2009
　◇p160〔白黒〕　北海道釧路町

### コンブ干しの浜辺
「宮本常一が撮った昭和の情景 上」毎日新聞社 2009
　◇p237〔白黒〕(空き地という空き地をコンブ干場にする)　青森県下北郡大間町大字大間　㊐宮本常一, 1964年8月10日
「宮本常一 写真・日記集成 上」毎日新聞社 2005
　◇p451〔白黒〕　青森県下北郡大間町　㊐宮本常一, 1964年8月10日

### コンブ干し場
「宮本常一 写真・日記集成 上」毎日新聞社 2005
　◇p451〔白黒〕(各家の前のコンブ干し場)　青森県下北郡大間町　㊐宮本常一, 1964年8月10日

### コンブ漁
「日本民俗写真大系 2」日本図書センター 1999
　◇p28〔白黒〕　岩手県久慈市　㊐北条光陽, 1977年

### コンブ漁が解禁される
「日本民俗写真大系 1」日本図書センター 1999
　◇p106～107〔白黒〕　北海道浜中町霧多布　6月 樟前コンブを目あてに何百隻の小型船が集まる　㊐平野禎邦, 1977年

### ハッキリ
「民俗資料叢書 14 八郎潟の漁撈習俗」平凡社 1971
　◇第59図(p106)〔白黒・図〕(最近の小規模なハッキリ)　秋田県 八郎潟　建網漁業 ハッキリ網・ケナ

### 西郷町中村から西村のあたり
「宮本常一 写真・日記集成 下」毎日新聞社 2005
　◇p151〔白黒〕　島根県隠岐郡西郷町[隠岐の島町]〔舟や舟小屋〕　㊐宮本常一, 1968年5月31日～6月2日

### 西郷町の漁港
「宮本常一 写真・日記集成 下」毎日新聞社 2005
　◇p25〔白黒〕　島根県隠岐郡西郷町[隠岐の島町]　㊐宮本常一, 1965年5月28日

### サイジ
「民具のみかた一心とかたち」第一法規出版 1983
　◇p161〔白黒〕　石川県舳倉島　潜水用褌

### 採集区域設定
「民俗資料叢書 15 有明海の漁撈習俗」平凡社 1972
　◇図78〔白黒〕　川副町犬井道

### 採藻用具
「日本民俗図誌 7 生業上・下篇」村田書店 1978
　◇図36-1～6〔白黒・図〕　琵琶湖地方で使用

### 採貝する海女
「里山・里海 暮らし図鑑」柏書房 2012
　◇写22(p191)〔白黒〕　福井県高浜町　昭和30年代　高浜町郷土資料館提供

### サオ(ネジリ)
「日本民俗図誌 7 生業上・下篇」村田書店 1978
　◇図32-4〔白黒・図〕

### 佐賀漁港
「宮本常一 写真・日記集成 上」毎日新聞社 2005
　◇p404〔白黒〕　長崎県上県郡峰町佐賀[対馬市]　㊐宮本常一, 1963年11月11日

### 魚入れ
「あるくみるきく双書 宮本常一とあるいた昭和の日本 19」農山漁村文化協会 2012
　◇p185〔白黒〕(工事用バーキ(魚入れにする))　沖縄県　㊐工藤員功
「日本の民具 3 山・漁村」慶友社 1992
　◇図166〔白黒〕　長野県　㊐薗部澄

### 魚桶(船樽)
「日本民俗大辞典 上」吉川弘文館 1999
　◇p252〔白黒〕

### 魚ダシ
「日本民具の造形」淡交社 2004
　◇p41〔白黒〕　秋田県 西木村山の幸資料館所蔵

### 魚とりの筌
「民俗の事典」岩崎美術社 1972
　◇p207〔白黒・図〕

### 魚のとりはずし
「民俗資料叢書 14 八郎潟の漁撈習俗」平凡社 1971
　◇図25〔白黒〕　秋田県 八郎潟
　◇図26〔白黒〕　秋田県 八郎潟

### 魚の荷揚げ
「宮本常一 写真・日記集成 上」毎日新聞社 2005
　◇p278〔白黒〕　長崎県平戸市　㊐宮本常一, 1961年9月19日

### 砂丘に引き上げられた漁船
「宮本常一 写真・日記集成 上」毎日新聞社 2005
　◇p387〔白黒〕　東京都 新島村　㊐宮本常一, 1963年7月27日

### 桜島と漁船
「日本民俗写真大系 5」日本図書センター 2000
　◇p182～183〔白黒〕　㊐木下陽一, 1996年

### 鮭網漁
「日本民俗写真大系 2」日本図書センター 1999
　◇p31〔白黒〕　岩手県山田町　㊐田村淳一郎, 1968年

### サケを突く
「日本民俗写真大系 1」日本図書センター 1999
　◇p64〔白黒〕　北海道白老町　マレップ(自在銛)で川を溯るサケを突くアイヌの長老　㊐掛川源一郎, 1972年

### サケをヤスにはさんで持ち上げる川漁師
「写真ものがたり昭和の暮らし 5」農山漁村文化協会 2005
　◇p150〔白黒〕　新潟県村上市　㊐中俣正義, 昭和25年11月

### さけ建網
「民俗資料叢書 14 八郎潟の漁撈習俗」平凡社 1971
　◇第40図(p89)〔白黒・図〕　秋田県 八郎潟　大正5年八郎湖水面利用調査報告から

### さけ建網布設場所
「民俗資料叢書 14 八郎潟の漁撈習俗」平凡社 1971
　◇第41図(p89)〔白黒・図〕　秋田県 八郎潟

### 鮭の人工孵化
「写真ものがたり昭和の暮らし 5」農山漁村文化協会 2005
　◇p151〔白黒〕(人工孵化)　新潟県村上市　㊐中俣正義, 昭和25年11月

### サケの定置網漁
「日本民俗写真大系 1」日本図書センター 1999
　◇p22～23〔白黒〕　北海道羅臼町　㊐中谷吉隆, 1973年

### サゲフネ
「民俗学辞典(改訂版)」東京堂出版 1987

漁業　　　　　　　　　　　　　生産・生業

◇写真版 第六図 漁船〔白黒〕　和歌山市雑賀崎　民俗学研究所所蔵

## サケ漁
「写真ものがたり昭和の暮らし 5」農山漁村文化協会　2005
　◇p149〔白黒〕　新潟県村上市 三面川下流　㊞中俣正義, 昭和25年12月

## 鮭漁
「日本民俗写真大系 2」日本図書センター　1999
　◇p27〔白黒〕　岩手県宮古市　㊞島内英佑, 1972年頃
「写真でみる日本生活図引 2」弘文堂　1988
　◇図76〔白黒〕　新潟県村上市・三面川下流　㊞中俣正義, 昭和25年12月

## 雑魚タッペ
「日本民俗図誌 7 生業上・下篇」村田書店　1978
　◇図19-2〔白黒・図〕
　◇図19-3〔白黒・図〕

## 雑魚捕り
「写真でみる日本生活図引 2」弘文堂　1988
　◇図72〔白黒〕　秋田県潟沢市山田　㊞佐藤久太郎, 昭和39年1月20日
　◇図73, 74〔白黒〕　秋田県横手市・大屋沼　㊞佐藤久太郎, 昭和35年11月9日

## ササ入れ漁
「写真でみる日本生活図引 2」弘文堂　1988
　◇図75〔白黒〕　沖縄県島尻郡仲里村銭田・久米島　㊞上江洲均, 昭和43年

## サザエ、アワビの漁場
「日本民俗写真大系 4」日本図書センター　1999
　◇p84〔白黒〕　佐田岬の先端に立つ燈台付近　㊞新田好一, 1957年7月5日

## サザエツキ
「図録・民具入門事典」柏書房　1991
　◇p69〔白黒〕　神奈川県

## さざえとり
「日本の民具 3 山・漁村」慶友社　1992
　◇図144〔白黒〕　山口県　㊞薗部澄

## サザエ採り
「民具のみかた一心とかたち」第一法規出版　1983
　◇p159〔白黒〕　石川県能登島町

## 刺し網
「里山・里海 暮らし図鑑」柏書房　2012
　◇写1 (p153)〔白黒〕　和歌山県海南市
「宮本常一 写真・日記集成 下」毎日新聞社　2005
　◇p407〔白黒〕　高知県土佐清水市下ノ加江　㊞宮本常一, 1977年10月18日 (農山漁家生活改善技術資料調査)

## 刺網を干す
「宮本常一 写真・日記集成 上」毎日新聞社　2005
　◇p189〔白黒〕　鹿児島県出水郡長島町指江→蔵之元　㊞宮本常一, 1960年4月22日

## 刺網が干してある板壁の家並み
「宮本常一が撮った昭和の情景 上」毎日新聞社　2009
　◇p33〔白黒〕(板壁に刺網を干す)　愛知県幡豆郡一色町大字佐久島　㊞宮本常一, 1957年7月9日
「宮本常一 写真・日記集成 上」毎日新聞社　2005
　◇p70〔白黒〕　愛知県幡豆郡一色町 佐久島　㊞宮本常一, 1957年7月9日

## 刺網つくり
「宮本常一が撮った昭和の情景 上」毎日新聞社　2009
　◇p33〔白黒〕(刺網をつくる)　愛知県幡豆郡一色町大字佐久島　㊞宮本常一, 1957年7月5日
「宮本常一 写真・日記集成 上」毎日新聞社　2005
　◇p69〔白黒〕　愛知県幡豆郡一色町 佐久島　㊞宮本常一, 1957年7月5日

刺網で、網に刺さったスケソウダラが次々にあがってくる
「写真ものがたり昭和の暮らし 3」農山漁村文化協会　2004
　◇p135〔白黒〕　知床半島の羅臼の前浜 (根室海峡)　㊞平野禎邦, 昭和40年代

## 刺網でカニを獲る
「写真ものがたり昭和の暮らし 3」農山漁村文化協会　2004
　◇p133〔白黒〕　三角海域　㊞平野禎邦, 昭和47年6月

## 刺網で鰊漁
「日本民俗写真大系 1」日本図書センター　1999
　◇p97〜98〔白黒〕　北海道浜益町 石狩湾　㊞樋口英夫, 1977年

## 刺し網にかかり次々と引き揚げられるキビナゴ
「日本民俗写真大系 5」日本図書センター　2000
　◇p41〔白黒〕　鹿児島県坊津町　㊞橋口実昭, 1997年

## 刺網のさし方
「民俗資料叢書 14 八郎潟の漁撈習俗」平凡社　1971
　◇第106図 (p134)〔白黒・図〕　秋田県 八郎潟

## 刺網漁
「日本民俗写真大系 5」日本図書センター　2000
　◇p1〔カラー〕　沖縄県小浜島　㊞森田米雄, 1975年

## 刺網漁の水揚げ
「日本民俗写真大系 1」日本図書センター　1999
　◇p98〔白黒〕　北海道浜益町　㊞樋口英夫, 1977年

## サシオイ (アゲマキのあなあけ)
「民俗資料叢書 15 有明海の漁撈習俗」平凡社　1972
　◇図28〔白黒〕　川井町犬井道あたり　アゲマキ (二枚貝) をとる

## 刺漁
「日本写真全集 9」小学館　1987
　◇図104〔白黒〕　北海道積丹岬　㊞濱谷浩, 昭和32年

## 指江の港
「宮本常一 写真・日記集成 上」毎日新聞社　2005
　◇p189〔白黒〕(指江の港?)　鹿児島県出水郡長島町指江→蔵之元　㊞宮本常一, 1960年4月22日

## サセン
「あるくみるきく双書 宮本常一とあるいた昭和の日本 19」農山漁村文化協会　2012
　◇p118〔白黒〕　鹿児島県鹿児島市西桜島　岩海苔をとる　㊞工藤員功

## 佐多岬の漁
「日本民俗写真大系 5」日本図書センター　2000
　◇p39〔白黒〕　鹿児島県佐多町　㊞渡辺良正, 1973年2月

## サッパ舟
「日本民俗写真大系 3」日本図書センター　1999
　◇p16〔カラー〕　千葉県佐原市 加藤洲十二橋　㊞小関与四郎, 1978年

## サデ
「日本の民具 3 山・漁村」慶友社　1992
　◇図190〔白黒〕　宮崎県　㊞薗部澄
「図録・民具入門事典」柏書房　1991
　◇p68〔白黒〕　千葉県　成田山史料館所蔵
「民俗資料選集 10 紡織習俗Ⅱ」国土地理協会　1981
　◇p133 (本文)〔白黒・図〕　鹿児島県　小魚をすくう手網 (芭蕉布)
「日本民俗図誌 7 生業上・下篇」村田書店　1978
　◇図34-3〔白黒・図〕　琵琶湖地方で使用

## サデ網 (石アバに使う)
「民俗資料叢書 15 有明海の漁撈習俗」平凡社　1972

◇図67〔白黒〕　鹿島町七浦町

### サデ網の構造
「民俗資料叢書 14 八郎潟の漁撈習俗」平凡社　1971
◇第161図(p164)〔白黒・図〕　秋田県 八郎潟

### サデツキ操業の図
「民俗資料叢書 14 八郎潟の漁撈習俗」平凡社　1971
◇第160図(p164)〔白黒・図〕　秋田県 八郎潟

### サバニ
「日本の生活環境文化大辞典」柏書房　2010
◇p89-1〔白黒〕　沖縄県　[撮]1984年　武者英二
「写真ものがたり昭和の暮らし 3」農山漁村文化協会　2004
◇p50〔白黒〕　沖縄県糸満市　[撮]坂本万七, 昭和15年
「日本民俗大辞典 上」吉川弘文館　1999
◇図14〔別刷図版「沖縄文化」〕〔カラー〕　沖縄県平良市　[撮]萩原秀三郎, 1976年
◇p709〔白黒〕　沖縄県　沖縄県立博物館所蔵
「写真でみる日本生活図引 6」弘文堂　1993
◇図120〔白黒〕　沖縄県糸満市　糸満の浅いジョーグヮーでの網の積込み風景　[撮]坂本万七, 昭和15年
「図説 民俗探訪事典」山川出版社　1983
◇p327〔白黒〕　久高島　[撮]萩原秀三郎
「日本の生活文化財」第一法規出版　1965
◇図45(生産・運搬・交易)〔白黒〕　沖縄県　糸満漁夫の愛用した漁船　美保神社社務所所蔵(島根県八束郡美保関町)

### サバニが並ぶ浜
「宮本常一 写真・日記集成 下」毎日新聞社　2005
◇p212〔白黒〕　沖縄県勝連町 津堅島　[撮]宮本常一, 1969年9月30日

### サバニが浜へ戻る
「日本民俗写真大系 5」日本図書センター　2000
◇p51〔白黒〕(漁を終えたサバニが浜へ戻る)　沖縄県伊江村 伊江島の浜　暑い夏の日暮れどき　[撮]渡辺良正, 1970年

### サバニ漁船
「図説 日本民俗学」吉川弘文館　2009
◇p252〔白黒〕　沖縄

### サバニーの模型
「日本の民具 3 山・漁村」慶友社　1992
◇図212〔白黒〕(糸満の舟)　沖縄県　サバニーの模型　[撮]薗部澄

### サバネ
「日本民俗図誌 5 農耕・漁撈篇」村田書店　1978
◇図117-1〔白黒・図〕　沖縄県糸満　『シマの生活誌』

### 鮫莚縄鉢
「日本民俗図誌 7 生業上・下篇」村田書店　1978
◇図11-5〔白黒・図〕　筑前地方

### さより刺網の構造
「民俗資料叢書 14 八郎潟の漁撈習俗」平凡社　1971
◇第117図(p137)〔白黒・図〕　秋田県 八郎潟

### 鱵小網
「日本民俗図誌 5 農耕・漁撈篇」村田書店　1978
◇図163〔白黒・図〕

### サラビク
「あるくみるきく双書 宮本常一とあるいた昭和の日本 19」農山漁村文化協会　2012
◇p97〔白黒〕　新潟県佐渡郡真野町　ビク　[撮]工藤員功

### サワラ
「民俗図録 日本人の暮らし」日本図書センター　2012
◇図355〔白黒〕　鹿児島県宝島　[撮]青井竹三郎

### 鰆網
「日本民俗図誌 5 農耕・漁撈篇」村田書店　1978
◇図177〔白黒・図〕　6月より8月頃までの夜漁に用いる

### サワラ釣の鉤
「日本民俗図誌 5 農耕・漁撈篇」村田書店　1978
◇図132-1〔白黒・図〕　周防大島　宮本常一〔提供〕

### サワラ曳縄釣の鉤
「日本民俗図誌 5 農耕・漁撈篇」村田書店　1978
◇図126-1・2〔白黒・図〕

### 三角帆をあげた漁船
「宮本常一 写真・日記集成 上」毎日新聞社　2005
◇p159〔白黒〕　神奈川県 三浦半島 劔崎港　[撮]宮本常一, 1959年11月8日

### さんぱ
「日本民俗大辞典 上」吉川弘文館　1999
◇p733〔白黒・図〕　越中・越後・庄内地方

### 桟橋に水揚げされた鰤
「日本民俗写真大系 5」日本図書センター　2000
◇p37〔白黒〕　赤水の日高邸内の魚揚げ　[撮]1960年頃　日高宏彌

### 三方湖の浜
「里山・里海 暮らし図鑑」柏書房　2012
◇写41(p172)〔白黒〕　福井県旧三方町〔若狭町〕岩屋　竹や木杭を水底に打ち込んで囲いを作った魞がみえる　高橋善正所蔵, 若狭町歴史文化館提供

### 三本びし
「日本民具の造形」淡交社　2004
◇p50〔白黒〕　三重県 海の博物館所蔵

### 三枚網の構造例
「民俗資料叢書 14 八郎潟の漁撈習俗」平凡社　1971
◇第127図(p141)〔白黒・図〕　秋田県 八郎潟

### サンマデンマ
「民俗図録 日本人の暮らし」日本図書センター　2012
◇図308〔白黒〕　鹿児島県揖宿郡生見村　[撮]國分直一

### サンマ漁を終えた朝 甲板で晩酌・晩飯
「写真ものがたり昭和の暮らし 3」農山漁村文化協会　2004
◇p140〔白黒〕　[撮]平野禎邦, 昭和40年代

### 飼育籠
「日本民具の造形」淡交社　2004
◇p225〔白黒〕　新潟県 燕市産業資料館所蔵

### シイラヅケ
「民具のみかた―心とかたち」第一法規出版　1983
◇p168〔白黒〕　石川県舳倉島　柴漬け漁法

### シイラ漬
「日本民俗図誌 7 生業上・下篇」村田書店　1978
◇図23-2〔白黒・図〕　山陰・北陸各地

### 潮打瀬船
「写真ものがたり昭和の暮らし 3」農山漁村文化協会　2004
◇p211〔白黒〕　香川県高松市・男木島　[撮]永見武久, 昭和36年
◇p211〔白黒・図〕　絵・中嶋俊枝

### 汐を見る漁師
「日本民俗写真大系 2」日本図書センター　1999
◇p68〔白黒〕　八戸市　[撮]和井田登, 1956年　八戸市博物館蔵

### 潮が引いた浜名湖の海苔ひびの間でアサリを獲る
「写真ものがたり昭和の暮らし 5」農山漁村文化協会　2005
◇p195〔白黒〕　静岡県舞阪町(現浜松市)　[撮]須藤功, 昭和44年3月

**塩釜港内**
「宮本常一 写真・日記集成 上」毎日新聞社　2005
◇p319〔白黒〕　宮城県 松島湾　[撮]宮本常一, 1962年7月18日

**潮干狩り**
「宮本常一が撮った昭和の情景 上」毎日新聞社　2009
◇p40〔白黒〕　広島県江田島市能美町高田(能美島)　[撮]宮本常一, 1957年8月25日
「宮本常一 写真・日記集成 上」毎日新聞社　2005
◇p77〔白黒〕　広島県 高田　[撮]宮本常一, 1957年8月25日
◇p152〔白黒〕　広島県 呉線・安芸津町・三津湾　[撮]宮本常一, 1959年9月4日

**シガ曳漁**
「写真ものがたり昭和の暮らし 5」農山漁村文化協会　2005
◇p214〔白黒〕　青森県上北町(現東北町)　[撮]野坂千之助, 昭和30年代

**シガ曳漁の網を積んだ雪橇を引いて漁場に向かう8人の漁夫**
「写真ものがたり昭和の暮らし 5」農山漁村文化協会　2005
◇p212〔白黒〕　青森県上北町(現東北町) 雪の積もった湖上　[撮]野坂千之助, 昭和30年代

**しきあみ**
「日本の生活文化財」第一法規出版　1965
◇図25(生産・運搬・交易)〔白黒〕　文部省史料館所蔵(東京都品川区)

**敷網　碇止四艘張網漁業**
「日本民俗大辞典 上」吉川弘文館　1999
◇p750〔白黒〕　漁業文化庁編『漁具図集』より

**敷網 八艘張網**
「日本社会民俗辞典 1」日本図書センター　2004
◇p285〔白黒・図〕　『静岡県水産誌』

**シキズエ**
「日本民俗事典」弘文堂　1972
◇p396〔白黒〕　熱海市網代町　[撮]萩原秀三郎

**時化で浜に打ち揚げられた鰊の大群**
「写真ものがたり昭和の暮らし 3」農山漁村文化協会　2004
◇p78〔白黒〕(時化で打ち上げられたニシン)　北海道余市町　[撮]大正10年ころ　林満提供
「日本民俗写真大系 1」日本図書センター　1999
◇p92〔白黒〕　北海道余市町　[撮]林満, 1921年頃

**仕事に専念する海女**
「フォークロアの眼 7 海の暮らしと祭り」国書刊行会　1977
◇図38〔白黒〕　三重県鳥羽市神島　[撮]萩原秀三郎, 昭和47年6月17日

**仕事場に着いた海女たち**
「フォークロアの眼 7 海の暮らしと祭り」国書刊行会　1977
◇図37〔白黒〕　三重県鳥羽市神島　[撮]諸田森二, 昭和47年6月17日

**シジミをふるいで選別**
「写真ものがたり昭和の暮らし 5」農山漁村文化協会　2005
◇p191〔白黒〕　島根県松江市西浜佐陀町　[撮]佐々木典政, 昭和60年

**シジミかきをする**
「写真ものがたり昭和の暮らし 5」農山漁村文化協会　2005
◇p178〔白黒〕　滋賀県大津市瀬田 瀬田川　[撮]前野隆資, 昭和30年7月　琵琶湖博物館所蔵

**シジミかきの舟**
「写真ものがたり昭和の暮らし 5」農山漁村文化協会　2005
◇p190〔白黒〕　島根県松江市西浜佐陀町　[撮]佐々木典政, 昭和60年

**蜆透し**
「日本民具の造形」淡交社　2004
◇p59〔白黒〕　秋田県 八郎潟漁撈用具収蔵庫所蔵

**シジミ採り**
「日本民俗写真大系 1」日本図書センター　1999
◇p111〔白黒〕　北海道網走市 濤琴湖　[撮]中谷吉隆, 1972年

**蜆採**
「日本民俗図誌 5 農耕・漁撈篇」村田書店　1978
◇図183〔白黒・図〕　冬から春にかけて

**しじみの俵詰め**
「民俗資料叢書 14 八郎潟の漁撈習俗」平凡社　1971
◇図32〔白黒〕　秋田県 八郎潟

**しじみのトシ(通し)**
「民俗資料叢書 14 八郎潟の漁撈習俗」平凡社　1971
◇第174図(p172)〔白黒・図〕　秋田県 八郎潟

**シジミ漁**
「里山・里海 暮らし図鑑」柏書房　2012
◇写55(p178)〔白黒〕　福井県三方湖　昭和50年代　福井県若狭町ハスプロジェクト推進協議会提供
「食の民俗事典」柊風舎　2011
◇p185〔白黒〕　鳥取県東伯郡湯梨浜町・東郷湖

**四艘張網**
「図説 民俗探訪事典」山川出版社　1983
◇p252〔白黒・図〕

**下掛け水車**
「図説 民俗建築大事典」柏書房　2001
◇図1(p76)〔白黒・図〕　三鷹市『水車屋ぐらし』、2000

**仕留められたミンク鯨**
「日本民俗写真大系 2」日本図書センター　1999
◇p64～65〔白黒〕　釧路沖　[撮]1987年

**シバ(柴)**
「民俗資料叢書 14 八郎潟の漁撈習俗」平凡社　1971
◇第135図(p146)〔白黒・図〕　秋田県 八郎潟　氷上漁業 氷下曳網

**柴浸漁**
「日本民俗大辞典 上」吉川弘文館　1999
◇p789〔白黒・図〕　金田禎之『日本の漁具・漁法図説』より

**柴漬け漁**
「里山・里海 暮らし図鑑」柏書房　2012
◇写49(p176)〔白黒〕(柴漬け漁(ヌクミ漁、カチ網漁))　福井県三方湖　昭和30年代　若狭町役場提供

**柴漬け漁でシバヅケ網に入った鰻**
「食の民俗事典」柊風舎　2011
◇p177〔白黒〕　高知県四万十市井沢

**柴漬け漁の漁獲**
「里山・里海 暮らし図鑑」柏書房　2012
◇写50(p176)〔白黒〕　福井県三方湖　昭和30年代　若狭三方縄文博物館提供

**シビ編み台**
「図録・民具入門事典」柏書房　1991
◇p69〔白黒〕

**シビ網で鯵の子をとって放流する**
「日本民俗写真大系 7」日本図書センター　2000
◇p129〔白黒〕(日本海沖でシビ網で鯵の子をとって久美浜湾に放流する)　京都府網野町　春　[撮]板垣太子松, 1960年

生産・生業　　　　　　　　　　　　　　　　　　　　　　　　　　　　　　　漁業

**シビ網にかかった大きな魚を手にする若い漁師**
「日本民俗写真大系 7」日本図書センター　2000
　◇p128〔白黒〕　京都府網野町　㈱板垣太子松, 1960年

**地曳**
「日本民俗写真大系 3」日本図書センター　1999
　◇p68〔白黒〕　〔千葉県〕吉崎浜　㈱小関与四郎, 1966年

**地引網**
「図説 日本民俗学」吉川弘文館　2009
　◇p137〔白黒〕　愛知県幡豆町　長沢利明提供
「宮本常一 写真・日記集成 下」毎日新聞社　2005
　◇p37〔白黒〕(地引き網)　山口県大島郡東和町和田〔周防大島町〕　㈱宮本常一, 1965年8月9日

**地曳き網**
「民俗図録 日本人の暮らし」日本図書センター　2012
　◇図318〔白黒〕　宮崎県兒湯郡富田村日置川　㈱倉田一郎
「写真ものがたり昭和の暮らし 3」農山漁村文化協会　2004
　◇p62〔白黒・図〕　絵・中嶋俊枝
「日本民俗写真大系 5」日本図書センター　2000
　◇p32〜33〔白黒〕　土佐市新居　㈱薗部澄, 1954年
「日本民俗写真大系 3」日本図書センター　1999
　◇p69〔白黒〕　〔千葉県〕吉崎浜　㈱小関与四郎, 1966年
「図録・民具入門事典」柏書房　1991
　◇p68〔白黒・図〕(地曳き網)
「日本民俗図誌 5 農耕・漁撈篇」村田書店　1978
　◇図123〔白黒・図〕　『房総水産図誌・九十九里旧地曳網漁業』
　◇図137-4〔白黒・図〕　房総地方　『房総水産図誌・九十九里旧地曳網漁業』

**地曳網**
「写真ものがたり昭和の暮らし 3」農山漁村文化協会　2004
　◇p66〔白黒〕(九十九里浜の地曳網)　千葉県八日市場市・吉崎浜　㈱小関与四郎, 昭和41年
「日本民俗写真大系 8」日本図書センター　2000
　◇p41〔白黒〕　新潟県能生町　㈱大久保一男, 1965年頃

**地曳網漁船**
「日本民俗図誌 5 農耕・漁撈篇」村田書店　1978
　◇図101〔白黒・図〕　房総地方　『房総水産図誌・九十九里旧地曳漁業』より

**地曳網作業**
「日本民俗写真大系 3」日本図書センター　1999
　◇p21〔白黒〕　茨城県鹿島灘　㈱藤井正夫, 1963年

**地曳網であがったばかりのタイ**
「写真ものがたり昭和の暮らし 3」農山漁村文化協会　2004
　◇p63〔白黒〕　新潟県能生町能生　㈱室川右京, 昭和30年5月

**地曳網にはいったマイワシ**
「写真ものがたり昭和の暮らし 3」農山漁村文化協会　2004
　◇p67〔白黒〕(九十九里浜の地曳網にはいったマイワシ)　千葉県旭市・神宮寺浜　㈱小関与四郎, 昭和41年ごろ

**地曳網船の両船に一つずつ使う錨**
「日本民俗図誌 5 農耕・漁撈篇」村田書店　1978
　◇図137-1〔白黒・図〕　房総地方　『房総水産図誌・九十九里旧地曳網漁業』

**地曳網漁**
「日本民俗写真大系 8」日本図書センター　2000
　◇p25〜26〔白黒〕　黒部市　㈱金山正夫, 1970年頃
「写真でみる日本生活図引 2」弘文堂　1988
　◇図16, 17〔白黒〕　愛知県常滑市・苅屋海岸　㈱大正初期　古川恕提供

**地曳小屋**
「民俗図録 日本人の暮らし」日本図書センター　2012
　◇図317〔白黒〕　宮崎県亘理郡荒浜村　㈱倉田一郎

**地曳船**
「日本民俗写真大系 3」日本図書センター　1999
　◇p57〔白黒〕　〔千葉県〕神宮寺浜　㈱小関与四郎, 1966年

**絞られた網の中は魚、魚(イワシ)でいっぱい**
「日本民俗写真大系 6」日本図書センター　2000
　◇p44〔白黒〕　対馬海峡東方海上　㈱中村昭夫, 1963年

**シマイハギと呼ぶ磯舟に座る子どもたち**
「写真ものがたり昭和の暮らし 3」農山漁村文化協会　2004
　◇p9〔白黒〕　青森県風間浦村下風呂の網干場　㈱須藤功, 昭和43年3月

**志摩の海女**
「民俗図録 日本人の暮らし」日本図書センター　2012
　◇図336〔白黒〕　三重県志摩郡長岡村相差ノ磯
「日本郷土 風俗・民芸・芸能図鑑」日本図書センター　2012
　◇写真篇 三重〔白黒〕　三重県

**島原の港**
「日本民俗写真大系 6」日本図書センター　2000
　◇p4〜5〔カラー〕　長崎県島原市 有明海沿岸　㈱中尾勘悟, 1988年

**志摩半島の漁村**
「日本社会民俗辞典 1」日本図書センター　2004
　◇p282〔白黒〕　三重県和具町

**シメ縄**
「日本民俗図誌 5 農耕・漁撈篇」村田書店　1978
　◇図137-6〔白黒・図〕　房総地方 大漁の際陸へ曳き上げる　『房総水産図誌・九十九里旧地曳網漁業』

**下津井漁港**
「日本の生活環境文化大辞典」柏書房　2010
　◇p128-1〔白黒〕　岡山県倉敷市下津井　㈱2009年 藤島幸彦

**シャコを獲る**
「写真ものがたり昭和の暮らし 3」農山漁村文化協会　2004
　◇p110〔白黒〕(干潟でシャコを獲る)　熊本県八代市　㈱麦島勝, 昭和30年

**集魚灯**
「日本民具の造形」淡交社　2004
　◇p228〔白黒〕　熊本県 五和町歴史民俗資料館所蔵

**集魚燈(電燈)をともして操業するイカ釣り船**
「写真ものがたり昭和の暮らし 3」農山漁村文化協会　2004
　◇p70〔白黒〕　新潟県両津市(現佐渡市)　㈱池田哲夫, 昭和45年

**十三港**
「日本民俗写真大系 8」日本図書センター　2000
　◇p143〔白黒〕　青森県市浦村　㈱北条光陽, 1982年

**収納網**
「日本民具の造形」淡交社　2004
　◇p227〔白黒〕　北海道 北海道開拓の村所蔵

**出荷するウナギを選別する**
「写真ものがたり昭和の暮らし 5」農山漁村文化協会　2005
　◇p196〔白黒〕　静岡県舞阪町(現浜松市)　㈱須藤功, 昭和44年3月

**出港準備**
「フォークロアの眼 7 海の暮らしと祭り」国書刊行会　1977
　◇図25・26〔白黒〕　千葉県銚子市銚子港　㈱諸田森二, 昭和49年1月7日

民俗風俗 図版レファレンス事典(衣食住・生活篇)　**377**

漁業　　　　　　　　　　　　　　　生産・生業

**出航する船団**
「日本民俗写真大系 7」日本図書センター　2000
　◇p49〔白黒〕　島根県美保関町の片江船団　㊙井上喜弘, 1958年

**出港する独航船**
「写真ものがたり昭和の暮らし 3」農山漁村文化協会　2004
　◇p119〔白黒〕（日章旗を高く掲げ、大漁旗をなびかせて出港する独航船）　青森県八戸市　㊙田村淳一郎, 昭和33年4月

**出船**
「日本民俗写真大系 2」日本図書センター　1999
　◇p67〔白黒〕　八戸市　㊙和井田登, 1958年　八戸市博物館蔵

**出発前の船の上**
「民俗資料叢書 15 有明海の漁撈習俗」平凡社　1972
　◇図52〔白黒〕　有明海

**出漁**
「民俗図録 日本人の暮らし」日本図書センター　2012
　◇図439〔白黒〕　鹿児島県諏訪瀬島
「日本民俗写真大系 2」日本図書センター　1999
　◇p55〔白黒〕　茨城県大洗町磯浜　㊙藤井正夫, 1963年
「写真でみる日本生活図引 6」弘文堂　1993
　◇図122〔白黒〕　岩手県九戸郡種市町玉川　細海布（ホソコンブ）の「組合採り」と呼ぶ共同採取の日の出漁風景　㊙和井田登, 昭和32年8月23日

**出漁（網の積み込み）**
「日本民俗文化財事典（改訂版）」第一法規出版　1979
　◇図138〔白黒〕　三重県答志島

**出漁を見合わせていた漁船**
「宮本常一 写真・日記集成 上」毎日新聞社　2005
　◇p328〔白黒〕　加唐島（佐賀県東松浦郡鎮西町）　㊙宮本常一, 1962年8月9日

**出漁することができず海を見つめる漁師たち**
「日本民俗写真大系 8」日本図書センター　2000
　◇p171〔白黒〕　男鹿市　㊙伊藤碩男, 1969年

**出漁にそなえて準備をする**
「日本民俗写真大系 6」日本図書センター　2000
　◇p7〔カラー〕　長崎県壱岐芦辺町　㊙芳賀日出男, 1962年

**出漁のイカ釣り船**
「宮本常一が撮った昭和の情景 上」毎日新聞社　2009
　◇p237〔白黒〕（大畑漁港から出漁するイカ釣り漁船）　青森県下北郡大畑町 大畑港　㊙宮本常一, 1964年8月12日
「宮本常一 写真・日記集成 上」毎日新聞社　2005
　◇p452〔白黒〕　青森県下北郡大畑町 大畑港　㊙宮本常一, 1964年8月12日

**出漁の仕度 刺網**
「宮本常一 写真・日記集成 下」毎日新聞社　2005
　◇p333〔白黒〕　広島県 走島　㊙宮本常一, 1974年12月13日

**出漁の準備をする**
「宮本常一 写真・日記集成 下」毎日新聞社　2005
　◇p395〔白黒〕　愛媛県喜多郡長浜町青島　㊙宮本常一, 1977年5月24日

**出漁の見送り**
「写真でみる日本人の生活全集 4」日本図書センター　2010
　◇p5〔白黒〕

**出漁前に揚げる旗**
「日本民俗写真大系 5」日本図書センター　2000
　◇カバー表〔カラー〕　㊙多田信

**出漁前の網の積みこみ作業の漁師たち**
「日本民俗写真大系 7」日本図書センター　2000
　◇p109〔白黒〕　京都府宮津市 新浜海岸の網干場　㊙板垣太子松, 1950年

**出漁前の見送り**
「里山・里海 暮らし図鑑」柏書房　2012
　◇写54(p200)〔白黒〕　福井県若狭高浜港　昭和32年6月　㊙横田文雄　高浜町郷土資料館提供

**小地引網**
「日本民俗図誌 5 農耕・漁撈篇」村田書店　1978
　◇図161・162〔白黒・図〕

**小地曳網**
「日本社会民俗辞典 1」日本図書センター　2004
　◇p285〔白黒・図〕　『静岡県水産誌』

**少年海士**
「写真ものがたり昭和の暮らし 3」農山漁村文化協会　2004
　◇p103〔白黒〕　愛媛県三崎町　㊙新田好, 昭和28年
「写真でみる日本生活図引 2」弘文堂　1988
　◇目次D〔白黒〕　㊙新田好

**職住一体の漁船**
「宮本常一 写真・日記集成 下」毎日新聞社　2005
　◇p196〔白黒〕　広島県三原市幸崎町能地→竹原市忠海町　㊙宮本常一, 1969年7月21日

**ジョレン**
「民俗資料叢書 15 有明海の漁撈習俗」平凡社　1972
　◇図37〔白黒〕　有明海　モガイをとる

**ジョレンの構造**
「民俗資料叢書 14 八郎潟の漁撈習俗」平凡社　1971
　◇第170図(p171)〔白黒・図〕　秋田県 八郎潟　採貝漁業

**シラ**
「日本民俗図誌 9 住居・運輸篇」村田書店　1978
　◇図95-1〔白黒・図〕　沖縄県与那国島

**しらうおカク網のカクの構造**
「民俗資料叢書 14 八郎潟の漁撈習俗」平凡社　1971
　◇第46図(p90)〔白黒・図〕　秋田県 八郎潟

**しらうおカク網布設図**
「民俗資料叢書 14 八郎潟の漁撈習俗」平凡社　1971
　◇第45図(p90)〔白黒・図〕　秋田県 八郎潟

**しらうお刺網の構造**
「民俗資料叢書 14 八郎潟の漁撈習俗」平凡社　1971
　◇第125図(p141)〔白黒・図〕　秋田県 八郎潟

**白魚抄い網**
「日本民俗図誌 5 農耕・漁撈篇」村田書店　1978
　◇図173〔白黒・図〕　1月から5月頃まで

**しらうお簀立テ網魚捕りの側面図**
「民俗資料叢書 14 八郎潟の漁撈習俗」平凡社　1971
　◇第74図(p110)〔白黒・図〕　秋田県 八郎潟

**しらうお簀立テ網魚捕りの平面図**
「民俗資料叢書 14 八郎潟の漁撈習俗」平凡社　1971
　◇第75図(p110)〔白黒・図〕　秋田県 八郎潟

**しらうお簀立テ網のモチ網**
「民俗資料叢書 14 八郎潟の漁撈習俗」平凡社　1971
　◇第73図(p110)〔白黒・図〕　秋田県 八郎潟

**白魚建網**
「日本民俗図誌 5 農耕・漁撈篇」村田書店　1978
　◇図171〔白黒・図〕　1月から5月頃まで昼夜ともに行う

**白魚四ツ手網**
「日本民俗図誌 5 農耕・漁撈篇」村田書店　1978
　◇図172〔白黒・図〕

生産・生業　　　　　　　　　　　　　　　　　　漁業

シラウオ漁
　「里山・里海 暮らし図鑑」柏書房　2012
　　◇写11（p158）〔白黒〕　福井県小浜市北川大手橋　昭和初期　井田家所蔵古写真・福井県立若狭歴史民俗資料館提供

シラスやカエリ（鰯の幼名）を氷詰めで出荷する
　「日本民俗写真大系 7」日本図書センター　2000
　　◇p139〔白黒〕　京都府宮津市　㊙森本孝, 1979年

白子漁
　「写真でみる日本生活図引 6」弘文堂　1993
　　◇図118〔白黒〕　新潟県村上市・三面川河口　㊙中俣正義, 昭和34年

白浜の海女
　「日本郷土 風俗・民芸・芸能図鑑」日本図書センター　2012
　　◇写真篇 千葉〔白黒〕　千葉県

知床のウニ漁
　「日本民俗写真大系 1」日本図書センター　1999
　　◇p1〔カラー〕　北海道羅臼町　㊙渡辺良正, 1968年

白い海女の着物と黒っぽいテングサの広がる石鏡の浜
　「フォークロアの眼 3 運ぶ」国書刊行会　1977
　　◇図31〔白黒〕　三重県鳥羽市石鏡　㊙須藤功, 昭和42年6月22日

白い浮子
　「日本民俗写真大系 3」日本図書センター　1999
　　◇p149〔白黒〕　三重県鳥羽市　㊙1977年

真珠貝の検査
　「民俗図録 日本人の暮らし」日本図書センター　2012
　　◇図374〔白黒〕　三重県志摩郡

真珠養殖イカダ
　「宮本常一 写真・日記集成 上」毎日新聞社　2005
　　◇p192〔白黒〕（真珠筏か？）　熊本県 富岡城跡からの風景　㊙宮本常一, 1960年4月24日
　　◇p454〔白黒〕　山口県大島郡東和町和田［周防大島町］　㊙宮本常一, 1964年10月3日
　「宮本常一 写真・日記集成 下」毎日新聞社　2005
　　◇p235〔白黒〕　三重県志摩郡阿児町賢島あたり［志摩市］　㊙宮本常一, 1970年11月25日

真珠養殖籠
　「日本民具の造形」淡交社　2004
　　◇p291〔白黒〕　福井県 大飯町郷土資料館所蔵

真珠養殖場のある真宮島に渡る作業用竹橋
　「宮本常一が撮った昭和の情景 上」毎日新聞社　2009
　　◇p182〔白黒〕　山口県大島郡周防大島町大字西方長崎　㊙宮本常一, 1962年11月18日

真珠養殖のための作業用竹橋
　「宮本常一 写真・日記集成 上」毎日新聞社　2005
　　◇p355〔白黒〕　山口県大島郡東和町長崎 真宮島［周防大島町］　㊙宮本常一, 1962年11月18日

真珠養殖場へ渡る女性たち
　「宮本常一 写真・日記集成 上」毎日新聞社　2005
　　◇p83〔白黒〕　愛媛県越智郡岩城村［上島町］岩城島本浦　㊙宮本常一, 1957年8月28日

人力での舟出し
　「里山・里海 暮らし図鑑」柏書房　2012
　　◇写2（p184）〔白黒〕　福井県高浜町塩土浜　昭和31年4月　㊙横田文雄　高浜町郷土資料館提供

ズ
　「図録・民具入門事典」柏書房　1991
　　◇p69〔白黒〕　千葉県 成田山史料館所蔵

スアバと筌用のアバ
　「写真ものがたり昭和の暮らし 5」農山漁村文化協会　2005
　　◇p143〔カラー〕　鹿児島県樋脇町（現薩摩川内市）　㊙須藤功, 昭和52年11月

スアンバ（簀編場）でエリの簀を編む
　「写真ものがたり昭和の暮らし 5」農山漁村文化協会　2005
　　◇p169〔白黒〕　滋賀県守山市木浜町　冬　㊙前野隆資, 昭和37年1月　琵琶湖博物館所蔵

水産物市場付近の船だまり
　「宮本常一 写真・日記集成 下」毎日新聞社　2005
　　◇p295〔白黒〕　新潟県新潟市 万代島　㊙宮本常一, 1973年3月3日

水深計量り
　「日本民具の造形」淡交社　2004
　　◇p229〔白黒〕　佐賀県 鹿島市民俗資料館所蔵

水中眼鏡
　「日本民具の造形」淡交社　2004
　　◇p219〔白黒〕　静岡県 焼津漁業資料館所蔵

水中眼鏡（ミーカガン）
　「図説 民俗探訪事典」山川出版社　1983
　　◇p327〔白黒〕　沖縄

水田漁撈をしていた地域の図
　「日本の生活環境文化大辞典」柏書房　2010
　　◇p96-1〔白黒・図〕　滋賀県守山市木浜　昭和初期のある専業農家の男性が描いた水辺の村　安室知 2003年

水面
　「日本民具の造形」淡交社　2004
　　◇p219〔白黒〕　長野県 朝日村立歴史民俗資料館所蔵

すかり（海女の道具）
　「日本の民具 3 山・漁村」慶友社　1992
　　◇図148〔白黒〕（すかり）　三重県〔志摩市〕志摩町和具　海女が腰にさげる獲物を入れる容れ物　㊙薗部澄
　「写真 日本文化史 9」日本評論新社　1955
　　◇図96〔白黒〕（すかり）　千葉県　海女が天草採取にもちいるもの

スキィ
　「日本民俗大辞典 上」吉川弘文館　1999
　　◇p84〔白黒〕　長崎県北高来郡高来町　石干見漁の有明海での呼称

すくい
　「写真でみる日本生活図引 8」弘文堂　1993
　　◇目次D〔白黒〕　㊙中尾勘悟

掬い網
　「日本民俗大辞典 上」吉川弘文館　1999
　　◇p909〔白黒・図〕　金田禎之「和文英文日本の漁業と漁法」より
　「日本民俗誌 5 農耕・漁撈篇」村田書店　1978
　　◇図124〔白黒・図〕　千葉県東葛飾郡松戸地方

抄網
　「日本民具の造形」淡交社　2004
　　◇p227〔白黒〕　北海道 砂原町郷土館所蔵

抄網によるナマコとり
　「図説 民俗探訪事典」山川出版社　1983
　　◇p253〔白黒・図〕　讃州（香川県）　『日本山海名産図会』より

スクイダマ
　「日本民俗図誌 5 農耕・漁撈篇」村田書店　1978
　　◇図138-2〔白黒・図〕　房総地方　鰯を水揚げする時に用いる　『房総水産図誌・九十九里旧地曳網漁業』

すくい（石干見）の石積み
　「日本民俗写真大系 6」日本図書センター　2000

◇p57〔白黒〕　長崎県高来町水の浦地先 有明海諫早湾沿岸　[撮]中尾勘悟, 1984年

### すくいのおろぐち（水抜き）に集った魚やエビをすくいとる
「日本民俗写真大系 6」日本図書センター　2000
◇p72〔白黒〕　長崎県高来町水の浦地先 有明海諫早湾沿岸　[撮]1983年

### スケソウ漁船
「日本民俗写真大系 1」日本図書センター　1999
◇p77〔白黒〕　北海道 羅臼　[撮]平野禎邦, 1977年

### スケソウダラを獲る北転船
「写真ものがたり昭和の暮らし 3」農山漁村文化協会　2004
◇p131〔白黒〕　カムチャッカ半島南端のオゼルノフ沖　[撮]平野禎邦, 昭和51年2月

### スケソウダラの刺網をあげるために、流氷に全速力であたりながら前進する漁船
「写真ものがたり昭和の暮らし 3」農山漁村文化協会　2004
◇p130〔白黒〕　根室海峡　[撮]平野禎邦, 昭和52年2月

### ズジ桶
「日本民俗図誌 5 農耕・漁撈篇」村田書店　1978
◇図141-1〔白黒・図〕　鹿児島県出水郡長島　桜田勝徳〔提供〕

### 簀立テモッパ
「民俗資料叢書 14 八郎潟の漁撈習俗」平凡社　1971
◇図16〔白黒〕　秋田県 八郎潟
◇図17〔白黒〕　秋田県 八郎潟

### 砂にうもれた船首を押し上げ出漁の準備
「日本民俗写真大系 3」日本図書センター　1999
◇p64〔白黒〕　〔千葉県〕堀川浜　[撮]小関与四郎, 1962年

### 砂浜から直接海へ船を出す
「日本民俗写真大系 8」日本図書センター　2000
◇p21〔白黒〕（砂浜から直接海へ）　糸魚川市　〔船を出す〕　[撮]大久保一男, 1960年頃

### スナモグリの採取
「里山・里海 暮らし図鑑」柏書房　2012
◇写8（p186）〔白黒〕（干潟でのステモグリの採取）　大阪府阪南市尾崎浜

### すばり
「日本の民具 3 山・漁村」慶友社　1992
◇図218〔白黒〕　千葉県　[撮]薗部澄

### 簀引網
「日本民俗図誌 5 農耕・漁撈篇」村田書店　1978
◇図167〔白黒・図〕

### すべりどめ
「民俗資料叢書 14 八郎潟の漁撈習俗」平凡社　1971
◇第136図（p146）〔白黒・図〕　秋田県 八郎潟　氷上漁業 氷下曳網

### スボカキ
「民俗資料叢書 15 有明海の漁撈習俗」平凡社　1972
◇図12〔白黒〕　有明海　ワラスボの捕獲
◇図13〔白黒〕　有明海　ワラスボの捕獲
◇図22〔白黒〕　有明海　ワラスボの捕獲

### 素潜り漁
「日本民俗写真大系 5」日本図書センター　2000
◇p108〜109〔白黒〕　鹿児島県上甑村　モリで魚を突き上げる漁師　[撮]橋口実昭, 1989年

### 諏訪湖のヤッカ
「民俗図録 日本人の暮らし」日本図書センター　2012
◇図384〔白黒〕　長野県諏訪湖

### せいご刺網
「民俗資料叢書 14 八郎潟の漁撈習俗」平凡社　1971
◇第110図（p136）〔白黒・図〕　秋田県 八郎潟

### セキと呼ぶ用水路で魚を獲る
「写真ものがたり昭和の暮らし 5」農山漁村文化協会　2005
◇p158〔白黒〕　秋田県湯沢市山田　[撮]佐藤久太郎, 昭和39年1月

### セコガニの箱詰め作業
「日本民俗写真大系 7」日本図書センター　2000
◇p127〔白黒〕　鳥取県岩美町　[撮]板垣太子松, 1943年

### セコ船の形態
「日本民俗図誌 5 農耕・漁撈篇」村田書店　1978
◇図107〔白黒・図〕　九州　『漁村民俗誌』

### せせり
「日本民具の造形」淡交社　2004
◇p218〔白黒〕　愛知県 稲武郷土館所蔵
「日本の民具 3 山・漁村」慶友社　1992
◇図189〔白黒〕　長野県　[撮]薗部澄
「民俗資料選集 9 山村の生活と用具」国土地理協会　1981
◇p22（口絵）〔白黒〕　愛知県北設楽郡津具村

### セッカ打ち
「日本民俗写真大系 6」日本図書センター　2000
◇p71〔白黒〕　長崎県瑞穂町古部地先 有明海諫早湾沿岸　11月から3月まで　[撮]1982年

### 瀬戸内の漁村
「日本社会民俗辞典 1」日本図書センター　2004
◇p283〔白黒〕　兵庫県家島坊勢

### 瀬干しで魚を捕る
「里山・里海 暮らし図鑑」柏書房　2012
◇写10（p158）〔白黒〕　岡山県岡山市北区旭川

### セボシ漁・セバリ漁
「里山・里海 暮らし図鑑」柏書房　2012
◇図3（p157）〔白黒・図〕　小川直之「相模川における溯上・降河魚の漁法について」平塚市博物館年報第2号（1978）から引用

### 船首飾り
「日本民具の造形」淡交社　2004
◇p67〔白黒〕　千葉県 白浜海洋美術館所蔵

### 船上から投網を打つ
「写真ものがたり昭和の暮らし 5」農山漁村文化協会　2005
◇p175〔白黒〕　滋賀県大津市膳所　[撮]前野隆資, 昭和58年　琵琶湖博物館所蔵

### 船上でいき綱を引くアマの夫
「写真ものがたり昭和の暮らし 3」農山漁村文化協会　2004
◇p98〔白黒〕　石川県輪島市・舳倉島　[撮]御園直太郎, 昭和34年8月

### 潜水靴
「日本民具の造形」淡交社　2004
◇p230〔白黒〕　千葉県 千葉県立安房博物館所蔵

### 船倉の点検, ビルジの排水をする乗組員
「フォークロアの眼 7 海の暮らしと祭り」国書刊行会　1977
◇図22〔白黒〕　千葉県銚子市銚子港　[撮]諸田森二, 昭和49年1月7日

### 全速力で群に近づく鰹船
「日本民俗写真大系 5」日本図書センター　2000
◇p22〔白黒〕　八重山沖　[撮]多田信, 1986年

### 藻貝とり
「民俗図録 日本人の暮らし」日本図書センター　2012
◇図371〔白黒〕　秋田県南秋田郡南磯村　[撮]武藤鐵城

**造船**
「日本民俗写真大系 2」日本図書センター　1999
◇p70〔白黒〕　八戸市　磯船を造る　[撮]和井田登, 1957年　八戸市博物館蔵

**早朝の漁獲を選別する漁婦**
「日本民俗写真大系 8」日本図書センター　2000
◇p45〔白黒〕　両津市　[撮]戸松清一, 1982年

**掻網**
「日本民俗図誌 7 生業上・下篇」村田書店　1978
◇図33-1〔白黒・図〕　琵琶湖地方　タモ
◇図33-2〔白黒・図〕　琵琶湖地方　魞壷で魚を抄いとる
◇図33-3〔白黒・図〕　琵琶湖地方　雑魚とり
◇図33-4〔白黒・図〕　琵琶湖地方　湖岸で小鮎をとるもの
◇図33-5〔白黒・図〕　琵琶湖地方　池洲内の魚を抄う

**底入枡建網**
「日本民俗図誌 5 農耕・漁撈篇」村田書店　1978
◇図120〔白黒・図〕　宮崎県油津地方

**底刺網**
「図録・民具入門事典」柏書房　1991
◇p68〔白黒・図〕
「図説 民俗探訪事典」山川出版社　1983
◇p253〔白黒・図〕

**底刺網漁業**
「日本民俗大辞典 上」吉川弘文館　1999
◇p696〔白黒・図〕　漁業文化庁編『漁具図集』より

**底曳網を風の力で引く打瀬船(帆打瀬)**
「写真ものがたり昭和の暮らし 3」農山漁村文化協会　2004
◇p44〔白黒・図〕　絵・中嶋俊枝

**底曳網の修理**
「写真ものがたり昭和の暮らし 3」農山漁村文化協会　2004
◇p128〔白黒〕　択捉島沖　[撮]平野禎邦, 昭和44年3月

**甕染漬**
「日本民俗図誌 7 生業上・下篇」村田書店　1978
◇図23-1〔白黒・図〕(甕染漬)　出雲宍道湖

**ソデ網アシ方の編成**
「民俗資料叢書 14 八郎潟の漁撈習俗」平凡社　1971
◇第88図(p121)〔白黒・図〕(ソデ網アシ方の編成 その1)　秋田県 八郎潟

**ソデ網アシ方の編成例**
「民俗資料叢書 14 八郎潟の漁撈習俗」平凡社　1971
◇第89図(p122)〔白黒・図〕(ソデ網アシ方の編成例 その2)　秋田県 八郎潟

**ソデ網アバ方の編成例**
「民俗資料叢書 14 八郎潟の漁撈習俗」平凡社　1971
◇第85図(p121)〔白黒・図〕(ソデ網アバ方の編成例 その1)　秋田県 八郎潟
◇第86図(p121)〔白黒・図〕(ソデ網アバ方の編成例 その2)　秋田県 八郎潟

**ソデ網前部の図**
「民俗資料叢書 14 八郎潟の漁撈習俗」平凡社　1971
◇第104図(p129)〔白黒・図〕　秋田県 八郎潟

**ソデ網辺縁の構造例**
「民俗資料叢書 14 八郎潟の漁撈習俗」平凡社　1971
◇第82図(p119)〔白黒・図〕　秋田県 八郎潟

**外ノ浦港**
「日本民俗写真大系 7」日本図書センター　2000
◇p32〔白黒〕　島根県浜田市　[撮]永見武久, 1950年

**そりこ**
「日本の生活文化財」第一法規出版　1965
◇図41(生産・運搬・交易)〔白黒〕　美保神社社務所所蔵(島根県八束郡美保関町)
◇図42(概説)〔白黒〕
◇図43(生産・運搬・交易)〔白黒〕　美保神社社務所所蔵(島根県八束郡美保関町)

**ソリコ舟**
「日本民具の造形」淡交社　2004
◇p148〔白黒〕　島根県 島根県立博物館所蔵
「日本民俗写真大系 7」日本図書センター　2000
◇p170〔白黒〕　島根県八束町 中海　[撮]井上喜弘, 1959年

**ソリコ船**
「日本民俗図誌 5 農耕・漁撈篇」村田書店　1978
◇図111〔白黒・図〕　島根県

**ソ連の監視船に拿捕され、刑期を終えて帰ってきた漁船員**
「写真ものがたり昭和の暮らし 3」農山漁村文化協会　2004
◇p141〔白黒〕　[撮]平野禎邦, 昭和40年代

**タイ網**
「日本民俗写真大系 4」日本図書センター　1999
◇p42～43〔白黒〕　備讃瀬戸　[撮]中村由信, 1957年

**台網**
「民具のみかた―心とかたち」第一法規出版　1983
◇p167〔白黒・図〕　石川県七尾市江泊町

**タイ網を引き揚げる**
「日本民俗写真大系 8」日本図書センター　2000
◇p54〔白黒〕　男鹿市 男鹿半島の沖　[撮]伊藤碩男, 1967年

**鯛網のオオダマアバ**
「フォークロアの眼 7 海の暮らしと祭り」国書刊行会　1977
◇小論14〔白黒〕　香川県三豊郡詫間町　[撮]高橋克夫, 昭和48年5月30日

**タイ網漁にむかう**
「日本民俗写真大系 4」日本図書センター　1999
◇p44〔白黒〕　直島・宮の浦村のタイ網船団とその網元　[撮]中村由信, 1964年

**台網漁風景**
「民具のみかた―心とかたち」第一法規出版　1983
◇p166〔白黒〕　富山県氷見灘浦

**太鼓ドウ**
「日本民俗図誌 7 生業上・下篇」村田書店　1978
◇図17-1〔白黒・図〕　千葉県印旛沼その他で使用

**間人漁港**
「日本民俗写真大系 7」日本図書センター　2000
◇p122～123〔白黒〕　京都府丹後町　[撮]森本孝, 1979年

**タイ縛網**
「図説 民俗探訪事典」山川出版社　1983
◇p251〔白黒・図〕　瀬戸内海

**タイ縛網の引き上げ**
「写真ものがたり昭和の暮らし 3」農山漁村文化協会　2004
◇p74〔白黒〕　香川県・直島近海　網子たちが威勢のよいかけ声で引きあげ、網幅を狭めているところ　[撮]中村由信, 昭和32年5月

**タイ縛網漁**
「写真ものがたり昭和の暮らし 3」農山漁村文化協会　2004
◇p74〔白黒・図〕　絵・中嶋俊枝

**鯛地曳網**
「日本民俗写真大系 8」日本図書センター　2000
◇p40〔白黒〕　新潟県能生町 能生浜　[撮]室川右京,

1951年

**大長網**

「日本民俗図誌 5 農耕・漁撈篇」村田書店　1978
◇図168〔白黒・図〕

**鯛釣の鉤**

「日本民俗図誌 5 農耕・漁撈篇」村田書店　1978
◇図132-3〔白黒・図〕　周防大島　宮本常一〔提供〕

**タイ釣りの好漁場**

「宮本常一 写真・日記集成 上」毎日新聞社　2005
◇p62〔白黒〕　山口県 大畠瀬戸　[撮]宮本常一, 1957年3月18日
◇p147〔白黒〕　山口県大島郡東和町［周防大島町］情島　情の瀬戸　生簀がならぶ　[撮]宮本常一, 1959年8月27日

**タイドプールでの雑魚のすくい捕り**

「里山・里海 暮らし図鑑」柏書房　2012
◇写14（p189）〔白黒〕　鹿児島県徳之島町徳和瀬　昭和58年梅雨明け頃　スタジオカガワ提供

**鯛の地曳**

「民俗図録 日本人の暮らし」日本図書センター　2012
◇図319〔白黒〕　富山県魚津町

**タイの地曳網を曳きに行く女たち**

「写真ものがたり昭和の暮らし 9」農山漁村文化協会　2007
◇p88〔白黒〕　青森県十三村（現五所川原市）　[撮]酒井仁, 昭和6年6月　所蔵・早川孝太郎

**タイの大漁でにぎわう木浦浜**

「日本民俗写真大系 8」日本図書センター　2000
◇p38～39〔白黒〕　新潟県能生町　[撮]伊藤助右ヱ門, 1935年頃

**鯛の手釣の釣方**

「日本民俗図誌 5 農耕・漁撈篇」村田書店　1978
◇図130〔白黒・図〕

**鯛延縄の目印に立てられたボンデン**

「フォークロアの眼 7 海の暮らしと祭り」国書刊行会　1977
◇小論7〔白黒〕　石川県輪島市舳倉島　[撮]田辺悟, 昭和48年6月14日

**台風を見極めようとする漁師たち**

「宮本常一が撮った昭和の情景 上」毎日新聞社　2009
◇p160～161〔白黒〕（出漁の待機をしながら台風を見極めようとする漁師たち）　佐賀県唐津市鎮西町加唐島　[撮]宮本常一, 1962年8月9日
「宮本常一 写真・日記集成 上」毎日新聞社　2005
◇p328〔白黒〕　加唐島（佐賀県東松浦郡鎮西町）　[撮]宮本常一, 1962年8月9日

**台風（時化）が接近すると、小さい漁港の漁民たちは漁港に集って漁船の避難をする**

「日本民俗写真大系 5」日本図書センター　2000
◇p31〔白黒〕　高知県大方町　[撮]奈路広, 1983年

**台風にそなえ網を陸揚げする改良大テンマ船**

「宮本常一 写真・日記集成 上」毎日新聞社　2005
◇p326〔白黒〕　加唐島の港（佐賀県東松浦郡鎮西町）　[撮]宮本常一, 1962年8月8日

**大謀網**

「写真ものがたり昭和の暮らし 3」農山漁村文化協会　2004
◇p61〔白黒・図〕　絵・中嶋俊枝
「図説 民俗探訪事典」山川出版社　1983
◇p253〔白黒・図〕　宮本秀明『漁具漁法学』より

**大謀網を作る**

「日本の民俗 暮らしと生業」KADOKAWA　2014
◇図4-6〔白黒〕　静岡県賀茂郡南伊豆町　[撮]芳賀日出男, 昭和29年～37年
「日本の民俗 下」クレオ　1997
◇図4-9〔白黒〕　静岡県賀茂郡南伊豆町　[撮]芳賀日出男, 昭和29年～37年

**大謀網を引き上げる**

「写真ものがたり昭和の暮らし 3」農山漁村文化協会　2004
◇p60〔白黒〕　新潟県粟島浦村　[撮]中俣正義, 昭和33年

**大謀網で獲れた大きな魚を持つ男性**

「日本民俗写真大系 8」日本図書センター　2000
◇p51〔白黒〕　新潟県粟島浦村　[撮]中俣正義, 1958年

**大謀網の完成**

「日本の民俗 暮らしと生業」KADOKAWA　2014
◇図4-8〔白黒〕　静岡県賀茂郡南伊豆町　[撮]芳賀日出男, 昭和29年～37年
「日本の民俗 下」クレオ　1997
◇図4-14〔白黒〕　静岡県賀茂郡南伊豆町　[撮]芳賀日出男, 昭和29年～37年

**大謀網のタイのなかに混じって、入っていた大きなイシナギ（オヨ）を持ち上げる**

「写真ものがたり昭和の暮らし 3」農山漁村文化協会　2004
◇p61〔白黒〕（大謀網のタイのなかに混じって、入っていた大きなイシナギ（オヨ））　新潟県粟島浦村　[撮]中俣正義, 昭和33年

**大謀網漁**

「日本民俗写真大系 2」日本図書センター　1999
◇p36〔白黒〕　宮城県女川町　[撮]薗部澄, 1958年

**大宝漁協**

「宮本常一 写真・日記集成 上」毎日新聞社　2005
◇p333〔白黒〕　五島列島　[撮]宮本常一, 1962年8月13日

**大巻籠**

「日本民俗図誌 5 農耕・漁撈篇」村田書店　1978
◇図175-1〔白黒・図〕　貝巻

**大巻漁法**

「日本民俗図誌 5 農耕・漁撈篇」村田書店　1978
◇図174-1〔白黒・図〕　貝巻

**タイラ貝漁**

「日本民俗図誌 5 農耕・漁撈篇」村田書店　1978
◇図186〔白黒・図〕

**タイラ貝漁の探り棒**

「日本民俗図誌 5 農耕・漁撈篇」村田書店　1978
◇図187-3〔白黒・図〕

**タイラ貝漁の捕貝棒**

「日本民俗図誌 5 農耕・漁撈篇」村田書店　1978
◇図187-4〔白黒・図〕

**大漁**

「日本の民俗 暮らしと生業」KADOKAWA　2014
◇図4-9〔白黒〕　静岡県賀茂郡南伊豆町　[撮]芳賀日出男, 昭和29年～37年
「日本民俗写真大系 3」日本図書センター　1999
◇p82～83〔白黒〕　静岡県南伊豆町　大謀網　[撮]芳賀日出男, 1957年
「日本の民俗 下」クレオ　1997
◇図4-15〔白黒〕　静岡県賀茂郡南伊豆町　[撮]芳賀日出男, 昭和29年～37年

**大漁祝い**

「日本民俗事典」弘文堂　1972
◇p419〔白黒〕　帰港のさいの大漁祝い　[撮]萩原秀三郎

**大漁祈願**

「日本民俗写真大系 1」日本図書センター　1999
◇p100〔白黒〕　北海道北檜山町新成　鰊場で欠かさなかった大漁と安全操業の祈願　[撮]樋口英夫, 1977年

「日本民俗写真大系 2」日本図書センター 1999
◇p60～61〔白黒〕 宮城県牡鹿町鮎川沖 ミンク鯨漁 [撮]樋口英夫, 1987年

大漁のぼりのイワシ網船
「宮本常一 写真・日記集成 上」毎日新聞社 2005
◇p149〔白黒〕 愛媛県温泉郡中島町 二神島 [撮]宮本常一, 1959年8月29日

タカツポ
「民俗資料叢書 15 有明海の漁撈習俗」平凡社 1972
◇図19〔白黒〕 有明海 ムツゴロウの捕獲

タカッポの取り上げ
「民俗資料叢書 15 有明海の漁撈習俗」平凡社 1972
◇図10〔白黒〕 有明海

手繰網（ウタセ）の働き方
「日本民俗図誌 5 農耕・漁撈篇」村田書店 1978
◇図151・152〔白黒・図〕

手繰りの働き方
「日本民俗図誌 5 農耕・漁撈篇」村田書店 1978
◇図153〔白黒・図〕

手繰漁の旧法
「日本民俗図誌 5 農耕・漁撈篇」村田書店 1978
◇図154〔白黒・図〕

竹材でツヅを手作りする
「里山・里海 暮らし図鑑」柏書房 2012
◇写3（p153）〔白黒〕 新潟県上越市

竹ハジ
「民俗資料叢書 15 有明海の漁撈習俗」平凡社 1972
◇図73〔白黒〕 太良町多良
◇図74〔白黒〕 太良町多良

鮹莚縄鉢
「日本民俗図誌 7 生業上・下篇」村田書店 1978
◇図10-1～3〔白黒・図〕 房州地方, 相模地方

タコカギ
「図録・民具入門事典」柏書房 1991
◇p69〔白黒〕 東京都八丈島

タコガメ（蛸瓶）
「民具のみかた―心とかたち」第一法規出版 1983
◇p158〔白黒〕 石川県能都町

たこつぼ
「日本の生活文化財」第一法規出版 1965
◇図27（生産・運搬・交易）〔白黒〕 文部省史料館所蔵（東京都品川区）

タコツボ（蛸壺）
「宮本常一 写真・日記集成 上」毎日新聞社 2005
◇p338〔白黒〕（タコツボ） 相ノ島（福岡県糟屋郡新宮町） [撮]宮本常一, 1962年8月28日
「民具のみかた―心とかたち」第一法規出版 1983
◇p158〔白黒〕 山形県庄内地方
「民俗資料叢書 15 有明海の漁撈習俗」平凡社 1972
◇図35〔白黒〕（タコツボ） 太良町竹崎

蛸壺
「民俗図録 日本人の暮らし」日本図書センター 2012
◇図333〔白黒〕 広島県下蒲刈島 [撮]北見俊夫
「図説 台所道具の歴史」日本図書センター 2012
◇p48-5〔白黒〕 川之江港 [撮]GK
「日本民具の造形」淡交社 2004
◇p221〔白黒〕 広島県 広島市郷土資料館所蔵
◇p221〔白黒〕 愛知県 日間賀島郷土資料館
「日本民俗大辞典 下」吉川弘文館 2000
◇p41〔白黒〕 山口県大島郡大島町
「日本の民具 3 山・漁村」慶友社 1992
◇図138〔白黒〕 千葉県 [撮]薗部澄
◇図168〔白黒〕 広島県 [撮]薗部澄
◇図169〔白黒〕 地域不明 [撮]薗部澄
「日本民俗図誌 5 農耕・漁撈篇」村田書店 1978
◇図135-2〔白黒・図〕 宮崎県福島地方
「フォークロアの眼 7 海の暮らしと祭り」国書刊行会 1977
◇小論4〔白黒〕 岡山県倉敷市下津井 [撮]田辺悟, 昭和45年6月11日

鮹壺
「日本民俗図誌 7 生業上・下篇」村田書店 1978
◇図25〔白黒・図〕 備後地方, 阿波, 播磨, 周防, 薩摩地方

タコ壺網のある風景
「日本民俗写真大系 4」日本図書センター 1999
◇p52～53〔白黒〕 山口県久賀町 [撮]浜本栄, 1975年

タコ壺を海に投げこみ産卵前のタコをとる
「日本民俗写真大系 4」日本図書センター 1999
◇p46〔白黒〕 香川県小手島 [撮]中村由信, 1957年

タコつぼをタコの漁場へ投げ入れる
「写真ものがたり昭和の暮らし 3」農山漁村文化協会 2004
◇p76〔白黒〕 香川県丸亀市・小手島 [撮]中村由信, 昭和37年

蛸壺による蛸の捕り方
「日本民俗図誌 5 農耕・漁撈篇」村田書店 1978
◇図135-1〔白黒・図〕 宮崎県福島地方

蛸壺の仕かけ
「図説 民俗探訪事典」山川出版社 1983
◇p256〔白黒・図〕 宮本秀明『漁具漁法学』より

タコツボの修理をする
「宮本常一 写真・日記集成 上」毎日新聞社 2005
◇p44〔白黒〕 愛知県幡豆郡一色町 佐久島 [撮]宮本常一, 1956年10月10日

タコツボの準備
「里山・里海 暮らし図鑑」柏書房 2012
◇写32（p194）〔白黒〕 福井県常神半島 昭和50年 若狭町役場提供

タコツボの掃除
「民俗小事典 食」吉川弘文館 2013
◇p158〔白黒〕 三重県神島 関沢まゆみ提供

タコ壺の屋号
「宮本常一 写真・日記集成 上」毎日新聞社 2005
◇p350〔白黒〕 大分県東国東郡姫島村 [撮]宮本常一, 1962年10月16日

蛸壺漁
「写真でみる日本生活図引 2」弘文堂 1988
◇図18〔白黒〕 香川県丸亀市・小手島 [撮]中村由信, 昭和37年5月

たこ釣
「日本の民具 3 山・漁村」慶友社 1992
◇図162〔白黒〕 広島県 [撮]薗部澄

タコ釣具
「日本民俗大辞典 下」吉川弘文館 2000
◇p39〔白黒・図〕 神奈川県三浦半島, 三重県神島, 宮城県唐桑半島 辻井善弥『磯漁の話』より

蛸釣に用いる釣具
「日本民俗図誌 5 農耕・漁撈篇」村田書店 1978
◇図133-1〔白黒・図〕 周防大島 宮本常一〔提供〕

タコ縄漁
「日本民俗写真大系 6」日本図書センター 2000

◇p81〔白黒〕　長崎県大村市杭出津地先 大村湾沿岸
㊙1999年

**蛸の一本釣**
「民俗図録 日本人の暮らし」日本図書センター　2012
◇図313〔白黒〕　大阪府泉南郡尾崎町

**タコの1本釣り**
「日本民俗写真大系 4」日本図書センター　1999
◇p47〔白黒〕　倉敷市　㊙中村昭夫, 1959年

**鮹延縄の浮標**
「日本民俗図誌 7 生業上・下篇」村田書店　1978
◇図14-6〔白黒・図〕

**鮹延縄浮標の使用方法**
「日本民俗図誌 7 生業上・下篇」村田書店　1978
◇図14-8〔白黒・図〕

**タコ漁**
「日本民俗写真大系 3」日本図書センター　1999
◇p177〔白黒〕　三重県鳥羽市神島　㊙萩原秀三郎, 1972年

**タタキ**
「民俗資料叢書 14 八郎潟の漁撈習俗」平凡社　1971
◇第143図(p149)〔白黒・図〕　秋田県 八郎潟　氷上漁業 氷下曳網

**タタキ網漁**
「里山・里海 暮らし図鑑」柏書房　2012
◇写44(p174)〔白黒〕　福井県三方湖　昭和50年代　若狭三方縄文博物館提供

**タタキ網漁の仕掛けに使う刺し網**
「里山・里海 暮らし図鑑」柏書房　2012
◇写45(p175)〔白黒〕　福井県若狭町鳥浜

**太刀魚釣の鉤**
「日本民俗図誌 5 農耕・漁撈篇」村田書店　1978
◇図133-4〔白黒・図〕　周防大島　宮本常一〔提供〕

**ダッコちゃん（潜水服）**
「日本民俗写真大系 4」日本図書センター　1999
◇p92〔白黒〕　愛媛県三崎町　㊙1960年

**タッペ**
「日本民俗図誌 7 生業上・下篇」村田書店　1978
◇図19-1〔白黒・図〕　琵琶湖地方で使用　大正5年頃霞ヶ浦使用のものを摸した

**建網を入れてとったハタハタを、4人で漕ぐ船で浜へ運ぶ**
「日本民俗写真大系 8」日本図書センター　2000
◇p58〔白黒〕　秋田県八森町　㊙南利夫, 1958年

**建網の布設図**
「民俗資料叢書 14 八郎潟の漁撈習俗」平凡社　1971
◇第21図(p80)〔白黒・図〕　秋田県 八郎潟

**建網の干し場**
「宮本常一 写真・日記集成 上」毎日新聞社　2005
◇p200〔白黒〕(建網の干し場・イカも干してある)　山口県萩市 見島　㊙宮本常一, 1960年8月2日

**建網引揚機**
「日本民具の造形」淡交社　2004
◇p24〔白黒〕　福岡県 しかのしま資料館所蔵

**建網布設中（竹杭を立てる）**
「民俗資料叢書 14 八郎潟の漁撈習俗」平凡社　1971
◇図12〔白黒〕　秋田県 八郎潟

**タテボシ網**
「民俗資料叢書 15 有明海の漁撈習俗」平凡社　1972
◇図60〔白黒〕　佐賀郡川副町

**タテボシ網の取り付け（ハンギーの上から）**
「民俗資料叢書 15 有明海の漁撈習俗」平凡社　1972
◇図61〔白黒〕　有明海

**タナ網（口網）の編成例**
「民俗資料叢書 14 八郎潟の漁撈習俗」平凡社　1971
◇第58図(p106)〔白黒・図〕　秋田県 八郎潟

**タナジブ**
「民俗資料叢書 15 有明海の漁撈習俗」平凡社　1972
◇図57〔白黒〕　鹿島市七浦町

**棚じゅぶ**
「日本民俗写真大系 6」日本図書センター　2000
◇p86〔白黒〕　佐賀県鹿島市飯田箱崎 有明海沿岸　櫓を組んだ大型の四つ手網　㊙1987年

**タナワの製作**
「写真 日本文化史 9」日本評論新社　1955
◇図92〔白黒〕　鵜を結わえる

**タブ**
「民俗資料叢書 15 有明海の漁撈習俗」平凡社　1972
◇図41〔白黒〕　有明海　カムチャムツ（ネコムツ）を獲る

**溜池から捕獲したコイ**
「里山・里海 暮らし図鑑」柏書房　2012
◇写35(p163)〔白黒〕　新潟県津南町　10月

**溜池での魚介捕り**
「里山・里海 暮らし図鑑」柏書房　2012
◇写33(p163)〔白黒〕　鹿児島県徳之島町徳和瀬　昭和53年8月　スタジオカガワ提供

**溜池落水後に捕りやすくなるタニシ**
「里山・里海 暮らし図鑑」柏書房　2012
◇写36(p163)〔白黒〕　大阪府八尾市　3月

**タモ**
「民俗資料叢書 14 八郎潟の漁撈習俗」平凡社　1971
◇第142図(p149)〔白黒・図〕　秋田県 八郎潟

**タモ網**
「民俗資料叢書 14 八郎潟の漁撈習俗」平凡社　1971
◇第60図(p106)〔白黒・図〕　秋田県 八郎潟

**タモ網と鵜竿**
「日本民俗大辞典 上」吉川弘文館　1999
◇p35〔白黒〕　香川県立瀬戸内海歴史民俗資料館所蔵

**タライオケ（盥桶）とオービガネ（貝金）**
「民具のみかた一心とかたち」第一法規出版　1983
◇p162〔白黒〕　石川県舳倉島

**タライブネ（盥舟）**
「民具のみかた一心とかたち」第一法規出版　1983
◇p160〔白黒〕　新潟県小木町

**たらい舟**
「図説 台所道具の歴史」日本図書センター　2012
◇p49-6〔白黒〕　南佐渡・小木港　磯ねぎ漁　㊙GK, 1971年
◇p49-7〔白黒〕　南佐渡羽茂町　製作中の寸景　㊙GK, 1971年
◇p49-8〔白黒〕　南佐渡・白木　右手で櫂をあやつる　㊙GK, 1971年

**たらい船**
「宮本常一 写真・日記集成 上」毎日新聞社　2005
◇p143〔白黒〕　新潟県佐渡郡小木町［佐渡市］沢崎　㊙宮本常一, 1959年8月10日
「宮本常一 写真・日記集成 下」毎日新聞社　2005
◇p227〔白黒〕　新潟県佐渡郡小木町江積［佐渡市］　㊙宮本常一, 1970年5月2日〜6日

### 盥舟
「写真でみる日本生活図引 2」弘文堂　1988
◇図8〔白黒〕　新潟県佐渡郡小木町沢崎　[撮]中俣正義,昭和29年

### タライ舟に乗って水中メガネを使いサザエやアワビを採る
「フォークロアの眼 7 海の暮らしと祭り」国書刊行会　1977
◇図33〔白黒〕　新潟県佐渡郡小木町小木湾　[撮]諸田森二, 昭和48年8月28日

### タライ船に乗り漁をする
「宮本常一が撮った昭和の情景 上」毎日新聞社　2009
◇p68～69〔白黒〕　新潟県佐渡市沢崎　[撮]宮本常一,1959年8月10日

### タラ延縄船
「写真ものがたり昭和の暮らし 3」農山漁村文化協会　2004
◇p120〔白黒〕　北方海上　釧路港を出て北千島の漁場に三昼夜かけて向かう　[撮]平野禎邦, 昭和48年小正月(1月15日)の前日

### ダルマウケ
「日本の民具 3 山・漁村」慶友社　1992
◇図181〔白黒〕　栃木県　[撮]薗部澄
「図録・民具入門事典」柏書房　1991
◇p69〔白黒〕　栃木県　栃木県立郷土資料館所蔵

### ダンブル(魚倉)いっぱいのスケソウダラ
「写真ものがたり昭和の暮らし 3」農山漁村文化協会　2004
◇p137〔白黒〕　[撮]平野禎邦, 昭和49年

### ダンベ イケス用の船
「日本社会民俗辞典 1」日本図書センター　2004
◇p281〔白黒〕　兵庫県飾磨港

### タンポン
「日本民俗図誌 5 農耕・漁撈篇」村田書店　1978
◇図140〔白黒・図〕　浮桶　『志摩の蜑女』

### 血貝とり
「日本民俗写真大系 7」日本図書センター　2000
◇p141〔白黒〕　京都府久美浜町　[撮]板垣太子松, 1971年

### ちきり
「日本の生活文化財」第一法規出版　1965
◇図43(概説)〔白黒〕　木造船の建造に用いる部材

### チナ漁
「あるくみるきく双書 宮本常一とあるいた昭和の日本 24」農山漁村文化協会　2012
◇p6〔白黒〕　三重県鳥羽市国崎　[撮]宮本常一, 昭和37年8月

### チバリの刈り取り
「写真ものがたり昭和の暮らし 9」農山漁村文化協会　2007
◇p198〔白黒〕　新潟県能生町(現糸魚川市)　[撮]室川右京, 昭和33年8月

### 着岸した帰り船
「民俗資料叢書 15 有明海の漁撈習俗」平凡社　1972
◇図53〔白黒〕　有明海

### 着氷した船上のワイヤーロープ
「写真ものがたり昭和の暮らし 3」農山漁村文化協会　2004
◇p126〔白黒〕　択捉島湾内　[撮]平野禎邦, 昭和43年2月

### 中型ゴリドのソデ網およびフクロロの展開図
「民俗資料叢書 14 八郎潟の漁撈習俗」平凡社　1971
◇第37図(p87)〔白黒・図〕　秋田県 八郎潟

### 潮間帯での突き刺し漁
「里山・里海 暮らし図鑑」柏書房　2012
◇写15(p189)〔白黒〕　鹿児島県沖永良部島　昭和30年代　和泊町歴史民俗資料館提供

### 釣漁
「日本民俗図誌 5 農耕・漁撈篇」村田書店　1978
◇図191〔白黒・図〕

### 銚子から来た漁船
「宮本常一 写真・日記集成 下」毎日新聞社　2005
◇p435〔白黒〕　静岡県熱海市 網代　御船曳祭　大漁旗を揚げている　[撮]宮本常一, 1978年7月20日

### 長ノミ
「日本民俗図誌 7 生業上・下篇」村田書店　1978
◇図27-1〔白黒・図〕

### チョットスキ
「民俗資料叢書 15 有明海の漁撈習俗」平凡社　1972
◇図66〔白黒〕　有明海　麻製の網を張った三角網

### チョロ船
「宮本常一 写真・日記集成 上」毎日新聞社　2005
◇p81〔白黒〕(大正の石炭船ブームで使われた「チョロ船」)　広島県 大崎上島・木江　[撮]宮本常一, 1957年8月27日

### ちんかご
「日本の民具 3 山・漁村」慶友社　1992
◇図183〔白黒〕　宮崎県　[撮]薗部澄

### 青島港と港に面した家並み
「宮本常一 写真・日記集成 下」毎日新聞社　2005
◇p393〔白黒〕　愛媛県喜多郡長浜町青島　[撮]宮本常一,1977年5月24日

### つかご
「日本民具の造形」淡交社　2004
◇p25〔白黒〕　宮城県 迫町歴史博物館所蔵

### 津軽の漁村
「日本民俗写真大系 8」日本図書センター　2000
◇カバー裏〔カラー〕　青森県　[撮]北条光陽

### 築磯活動
「里山・里海 暮らし図鑑」柏書房　2012
◇写7(p33)〔白黒〕　昭和40年代　大分県佐伯市上浦公民館提供

### ツキゴミ・ツッコミ
「民俗資料叢書 14 八郎潟の漁撈習俗」平凡社　1971
◇第22図(p80)〔白黒・図〕　秋田県 八郎潟

### ツキザオ
「民俗資料叢書 14 八郎潟の漁撈習俗」平凡社　1971
◇第138図(p146)〔白黒・図〕　秋田県 八郎潟

### 突き漁
「日本民俗写真大系 5」日本図書センター　2000
◇p46〔白黒〕　奄美大島　[撮]中村由信, 1958年
「日本民俗写真大系 2」日本図書センター　1999
◇p30〔白黒〕　岩手県山田町　[撮]田村淳一郎, 1968年

### 突きん棒船と網船
「宮本常一 写真・日記集成 上」毎日新聞社　2005
◇p158〔白黒〕　静岡県 下田港　[撮]宮本常一, 1959年10月29日

### 突きん棒の漁船
「宮本常一が撮った昭和の情景 上」毎日新聞社　2009
◇p20～21〔白黒〕　静岡県沼津市我入道 新生活運動協会の旧暦実態調査　船から揚げているのは流し網だろうか　[撮]宮本常一, 1956年6月10日

### 突きん棒の船
「宮本常一 写真・日記集成 上」毎日新聞社　2005
◇p39〔白黒〕　静岡県沼津市我入道　船から揚げているのは流し網か　[撮]宮本常一, 1956年6月10日
◇p106〔白黒〕　東京都 八丈島　[撮]宮本常一, 1958年4

月10日
　　◇p306〔白黒〕　千葉県 富崎漁港　㊙宮本常一, 1962年5月5日

**ツキンボ（突き棒）**
「図説 民俗探訪事典」山川出版社　1983
　　◇p256〔白黒〕　奄美諸島　『日本民俗図録』

**ツケシバ**
「民俗資料叢書 14 八郎潟の漁撈習俗」平凡社　1971
　　◇第180図 (p175)〔白黒・図〕(ツケシバ その1)　秋田県 八郎潟
　　◇第181図 (p175)〔白黒・図〕(ツケシバ その2)　秋田県 八郎潟
　　◇第182図 (p175)〔白黒・図〕(ツケシバ その3)　秋田県 八郎潟

**突サデ**
「日本民俗図誌 7 生業上・下篇」村田書店　1978
　　◇図35〔白黒・図〕　琵琶湖地方で使用

**対馬の海女**
「日本民俗写真大系 6」日本図書センター　2000
　　◇p21〔白黒〕　長崎県厳原町曲　㊙中村由信, 1958年

**対馬の"材木船"**
「日本民俗写真大系 6」日本図書センター　2000
　　◇p113〔白黒〕　長崎県上県町佐護　早春の磯 海藻や貝をとる　㊙1970年代 永留久恵

**ツヅ**
「日本民具の造形」淡交社　2004
　　◇p222〔白黒〕　新潟県 十日町市博物館所蔵

**豆酘港**
「民俗資料叢書 11 田植の習俗5」平凡社　1970
　　◇p127〔白黒〕　長崎県 対馬豆酘

**土崎港**
「日本民俗写真大系 8」日本図書センター　2000
　　◇p170〔白黒〕　秋田市　㊙伊藤碩男, 1967年

**つのいか**
「日本の民具 3 山・漁村」慶友社　1992
　　◇図152〔白黒〕　東京都 八丈　㊙薗部澄

**つのざお**
「日本の民具 3 山・漁村」慶友社　1992
　　◇図159〔白黒〕　新潟県 佐渡　㊙薗部澄

**つの箱**
「日本の民具 3 山・漁村」慶友社　1992
　　◇図224〔白黒〕　静岡県 御前崎　㊙薗部澄

**ツボ網**
「宮本常一が撮った昭和の情景 上」毎日新聞社　2009
　　◇p180〔白黒〕(別府湾のツボ網 (定置網) 漁)　大分県速見郡日出町　㊙宮本常一, 1962年10月13日
「宮本常一 写真・日記集成 上」毎日新聞社　2005
　　◇p348〔白黒〕　日出 (大分県速見郡日出町)　㊙宮本常一, 1962年10月13日

**ツボ網 (タル網) にはいった魚を網ですくい漁船に移す漁師**
「写真ものがたり昭和の暮らし 4」農村漁村文化協会　2005
　　◇p158〔白黒〕　東京都大田区　㊙昭和44年10月 東都提供

**妻が漕ぎ夫が魚を突く**
「民俗図録 日本人の暮らし」日本図書センター　2012
　　◇図346〔白黒〕　長崎県西彼杵郡瀬戸町

**積み上げられたカキ殻**
「宮本常一 写真・日記集成 上」毎日新聞社　2005
　　◇p213〔白黒〕　広島 山陽本線・宮島付近　㊙宮本常一, 1960年10月21日

**釣鈎**
「日本民俗文化財事典 (改訂版)」第一法規出版　1979
　　◇図150〔白黒〕
　　◇図151〔白黒〕

**釣鈎**
「日本の民具 3 山・漁村」慶友社　1992
　　◇図157〔白黒〕　長崎県 対馬　㊙薗部澄

**釣具類**
「図説 民俗探訪事典」山川出版社　1983
　　◇p245〔白黒・図〕　『熊本県漁業誌』より

**釣竿**
「図説 民俗探訪事典」山川出版社　1983
　　◇p245〔白黒・図〕　『湖川沼漁略図』より

**つりばり**
「日本の生活文化財」第一法規出版　1965
　　◇図29 (生産・運搬・交易)〔白黒〕　文部省史料館所蔵 (東京都品川区)
　　◇図31 (生産・運搬・交易)〔白黒〕　文部省史料館所蔵 (東京都品川区)

**ツリバリ (釣針)**
「民具のみかた―心とかたち」第一法規出版　1983
　　◇p162〔白黒〕　長崎県厳原町

**釣り船の様々な道具**
「宮本常一が撮った昭和の情景 上」毎日新聞社　2009
　　◇p26〔白黒〕　愛知県幡豆郡一色町大字佐久島　㊙宮本常一, 1956年10月10日

**つり船の装備**
「宮本常一 写真・日記集成 上」毎日新聞社　2005
　　◇p45〔白黒〕　愛知県幡豆郡一色町 佐久島　㊙宮本常一, 1956年10月10日

**釣船の群**
「日本社会民俗辞典 3」日本図書センター　2004
　　◇p1271〔白黒〕　東京月島

**突ン棒**
「民俗図録 日本人の暮らし」日本図書センター　2012
　　◇図315〔白黒〕　宮崎県沖津

**テ網辺縁の編成例**
「民俗資料叢書 14 八郎潟の漁撈習俗」平凡社　1971
　　◇第35図 (p87)〔白黒・図〕　秋田県 八郎潟

**定置網　大謀漁業**
「日本民俗大辞典 下」吉川弘文館　2000
　　◇p146〔白黒・図〕　文化庁編『漁業図集』より

**定置網を引き揚げる**
「日本民俗写真大系 2」日本図書センター　1999
　　◇p3〔カラー〕　岩手県三陸町吉浜 小壁漁場　㊙須藤功, 1967年

**定置網を引きあげる漁師たち**
「写真ものがたり昭和の暮らし 3」農山漁村文化協会　2004
　　◇p134〔白黒〕　北海道別海町 野付半島付近　㊙平野禎邦, 昭和40年代

**定置網漁**
「写真ものがたり昭和の暮らし 5」農山漁村文化協会　2005
　　◇p165〔白黒〕　静岡県細江町寸座 (現浜松市) 浜名湖　㊙須藤功
「写真ものがたり昭和の暮らし 3」農山漁村文化協会　2004
　　◇p59〔白黒〕　岩手県三陸町吉浜〔運搬船の魚槽に魚を入れる〕　㊙須藤功, 昭和42年8月
「日本民俗写真大系 7」日本図書センター　2000
　　◇p14〔カラー〕　京都府伊根町　㊙森本孝, 1978年
「日本民俗写真大系 8」日本図書センター　2000

◇p44〔白黒〕　両津市（椎泊沖）　[撮]近藤金蔵, 1968年
「日本民俗写真大系 3」日本図書センター　1999
◇p6〔白黒〕　三重県鳥羽市相差　[撮]島内英佑, 1975年
「写真でみる日本生活図引 2」弘文堂　1988
◇図9〔白黒〕　北海道斜里郡斜里町宇登呂　[撮]菊池俊吉, 昭和29年

**定置網漁の番屋**
「日本の生活環境文化大辞典」柏書房　2010
◇p81-8〔白黒〕　新潟県村上市脇川　[撮]2007年　池田孝博

**定置漁業（八郎湖）えりやな類 ケナ**
「民俗資料叢書 14 八郎潟の漁撈習俗」平凡社　1971
◇第53図（p99）〔白黒・図〕　秋田県南秋田郡船越村字中瀬

**定置漁業（八郎湖）えりやな類 ハッキリ**
「民俗資料叢書 14 八郎潟の漁撈習俗」平凡社　1971
◇第52図（p99）〔白黒・図〕　南秋田郡船越村字堂ノ前

**定置漁場位置見取り図**
「民俗資料叢書 14 八郎潟の漁撈習俗」平凡社　1971
◇第51図（p97）〔白黒・図〕　秋田県 八郎潟　男鹿市船越支所のもので明治中期ごろのものと推定

**定置モッパ布設例**
「民俗資料叢書 14 八郎潟の漁撈習俗」平凡社　1971
◇第72図（p110）〔白黒・図〕（明治期の定置モッパ布設例）　秋田県 八郎潟

**手押シ網**
「民俗資料叢書 15 有明海の漁撈習俗」平凡社　1972
◇図58〔白黒〕　有明海
◇図59〔白黒〕　有明海

**手押し網漁**
「日本民俗写真大系 6」日本図書センター　2000
◇p59〔白黒〕　長崎県高来町泉地先 有明海諫早湾沿岸　[撮]中尾勘悟, 1983年

**手形庖丁**
「日本の民具 3 山・漁村」慶友社　1992
◇図201〔白黒〕　高知県 室戸　鯨漁で使用　[撮]薗部澄

**テグスビキ（天蚕糸びき）**
「民具のみかた―心とかたち」第一法規出版　1983
◇p163〔白黒〕　兵庫県洲本市

**テグス船**
「民俗学事典」丸善出版　2014
◇p362〔白黒〕　徳島県鳴門市堂浦　徳島県立博物館所蔵

**テジカラ（潟鍬）**
「民俗資料叢書 14 八郎潟の漁撈習俗」平凡社　1971
◇第133図（p146）〔白黒・図〕　秋田県 八郎潟

**テシロ**
「日本民俗図誌 7 生業上・下篇」村田書店　1978
◇図2-4〔白黒・図〕　麻糸網作り

**てつもんかい**
「図説 台所道具の歴史」日本図書センター　2012
◇p50-3〔白黒〕　[撮]GK, 1971年　山形県鶴岡・致道博物館

**テル（魚籠）**
「精選 日本民俗辞典」吉川弘文館　2006
◇p123〔白黒〕　武蔵野美術大学民俗資料室所蔵
「日本民俗大辞典 上」吉川弘文館　1999
◇p337〔白黒〕　武蔵野美術大学民俗資料室所蔵

**テングサ掻き**
「図説 民俗探訪事典」山川出版社　1983
◇p256〔白黒・図〕『日本水産捕採誌』より

**テングサの口あけ**
「民俗図録 日本人の暮らし」日本図書センター　2012
◇図365〔白黒〕　静岡県賀茂郡南崎村下流　[撮]瀬川清子

**テント船が朝日を背に浜に帰ってくる**
「写真ものがたり昭和の暮らし 3」農山漁村文化協会　2004
◇p116〔白黒〕　石川県輪島市大沢　[撮]御園直太郎, 昭和40年8月

**天然の岩を利用した港**
「日本民俗写真大系 8」日本図書センター　2000
◇p165〔白黒〕　新潟県能生町　船の出し入れにスジ（平）ゴロ（丸）を使う　[撮]大久保一男, 1965年頃

**テンバ**
「民俗図録 日本人の暮らし」日本図書センター　2012
◇図310〔白黒〕　島根県簸川郡大社町稲佐浜　[撮]山根雅郎

**伝馬船で沖に出る**
「日本民俗写真大系 6」日本図書センター　2000
◇p27〔白黒〕　福岡県玄海町　[撮]横田明, 1955年　福岡市総合図書館

**ど**
「日本の民具 3 山・漁村」慶友社　1992
◇図180〔白黒〕　新潟県　[撮]薗部澄

**ド（鯉筬）**
「民具のみかた―心とかたち」第一法規出版　1983
◇p157〔白黒〕　山形県村山市
◇p157〔白黒〕　山形県酒田市

**ドアバ**
「民俗資料叢書 14 八郎潟の漁撈習俗」平凡社　1971
◇第100図（p127）〔白黒・図〕　秋田県 八郎潟

**投網**
「日本民具の造形」淡交社　2004
◇p227〔白黒〕　茨城県 土浦市立博物館所蔵
「日本民俗写真大系 6」日本図書センター　2000
◇p62～63〔白黒〕　長崎県島原沖 有明海沿岸　[撮]中尾勘悟, 1987年
「写真でみる日本生活図引 6」弘文堂　1993
◇目次C〔白黒〕　[撮]前野隆資
「図録・民具入門事典」柏書房　1991
◇p68〔白黒・図〕
「日本民俗図誌 5 農耕・漁撈篇」村田書店　1978
◇図180〔白黒・図〕

**投網塚**
「民俗資料叢書 15 有明海の漁撈習俗」平凡社　1972
◇図77〔白黒〕　太良町多良　投ゲ網漁用の魚巣

**投網で獲ったアユを網からはずす**
「写真ものがたり昭和の暮らし 5」農山漁村文化協会　2005
◇p145〔白黒〕　鹿児島県樋脇町（現薩摩川内市）　[撮]須藤功, 昭和52年11月

**投網で捕獲されたアユ**
「里山・里海 暮らし図鑑」柏書房　2012
◇写14（p159）〔白黒〕　愛知県旧足助町〔豊田市〕

**投網漁**
「図説 民俗探訪事典」山川出版社　1983
◇p246〔白黒〕『日本補魚図説』より
「日本民俗図誌 5 農耕・漁撈篇」村田書店　1978
◇図179〔白黒・図〕

**ドウマル**
「あるくみるきく双書 宮本常一とあるいた昭和の日本 19」農山漁村文化協会　2012

◇p111〔白黒〕 大分県下毛郡佐知 魚用の生簀 [撮]工藤員功

**動力しらうお曳網操業の図**
「民俗資料叢書 14 八郎潟の漁撈習俗」平凡社 1971
◇第105図(p129)〔白黒・図〕 秋田県 八郎潟

**動力しらうお曳網の構造**
「民俗資料叢書 14 八郎潟の漁撈習俗」平凡社 1971
◇第103図(p129)〔白黒・図〕 秋田県 八郎潟

**動力船**
「宮本常一が撮った昭和の情景 上」毎日新聞社 2009
◇p37〔白黒〕(動力船が増えた) 大分県速見郡日出町 [撮]宮本常一, 1957年8月21日
「宮本常一 写真・日記集成 上」毎日新聞社 2005
◇p73〔白黒〕 速見郡日出町 [撮]宮本常一, 1957年8月21日

**動力二艘曳**
「民俗資料叢書 14 八郎潟の漁撈習俗」平凡社 1971
◇図19〔白黒〕 秋田県 八郎潟

**動力船に曳航されて大謀網漁に向かう漁師たち**
「日本民俗写真大系 8」日本図書センター 2000
◇p50〔白黒〕 新潟県粟島浦村 [撮]中俣正義, 1958年

**毒草を入れたザルをサンゴ礁の窪みに数回つける**
「日本民俗写真大系 5」日本図書センター 2000
◇p50〔白黒〕 沖縄県黒島 数分後に小魚が浮く [撮]森田米雄, 1975年

**土佐の生簀籠**
「日本民具の造形」淡交社 2004
◇p225〔白黒〕 大分県 日本竹の博物館所蔵

**土佐の一本釣り**
「写真ものがたり昭和の暮らし 3」農山漁村文化協会 2004
◇p68〔白黒〕 岩手県・三陸沖 [撮]多田信, 昭和58年
「日本民俗写真大系 5」日本図書センター 2000
◇p7〔カラー〕(土佐の鰹一本釣り漁) 金華山沖 [撮]多田信, 1985年

**土佐の鰹の一本釣り**
「図説 民俗探訪事典」山川出版社 1983
◇p254〔白黒・図〕 『日本山海名産図会』より

**どじょううけ**
「日本の民具 3 山・漁村」慶友社 1992
◇図182〔白黒〕 茨城県 [撮]薗部澄

**泥鰌筌**
「日本民俗図誌 5 農耕・漁撈篇」村田書店 1978
◇図147-17〔白黒・図〕 岩手県和賀郡湯田川

**ドジョウカゴ**
「あるくみるきく双書 宮本常一とあるいた昭和の日本 19」農山漁村文化協会 2012
◇p97〔白黒〕 新潟県佐渡郡真野町 ドジョウをとる [撮]工藤員功

**泥鰌籠**
「日本民具の造形」淡交社 2004
◇p224〔白黒〕 香川県 飯山町郷土資料館所蔵

**ドジョウスクイ**
「あるくみるきく双書 宮本常一とあるいた昭和の日本 19」農山漁村文化協会 2012
◇p111〔白黒〕 大分県下毛郡佐知 [撮]工藤員功

**泥鰌筬**
「日本民具の造形」淡交社 2004
◇p222〔白黒〕 東京都 立川市歴史民俗資料館所蔵

**どじょうとりかご**
「日本の生活文化財」第一法規出版 1965
◇図26(生産・運搬・交易)〔白黒〕 文部省史料館所蔵(東京都品川区)

**トジン**
「日本民俗図誌 5 農耕・漁撈篇」村田書店 1978
◇図136-2〔白黒・図〕 周防大島 渡海船用の錨 宮本常一〔提供〕

**独航船の出港を見送る家族**
「写真ものがたり昭和の暮らし 3」農山漁村文化協会 2004
◇p118〔白黒〕 北海道函館市 [撮]平野禎邦, 昭和50年5月

**獲ったアワビの量を浜ではかる**
「あるくみるきく双書 宮本常一とあるいた昭和の日本 24」農山漁村文化協会 2012
◇p6〔白黒〕 三重県鳥羽市国崎 [撮]宮本常一, 昭和37年8月

**とった魚を下関港に運ぶ運搬船**
「日本民俗写真大系 7」日本図書センター 2000
◇p21〔白黒〕 山口県 [撮]中村昭夫, 1963年

**トツタリ**
「日本民俗図誌 5 農耕・漁撈篇」村田書店 1978
◇図137-8〔白黒・図〕 房総地方 嚢口をくくりしめる 『房総水産図誌・九十九里旧地曳網漁業』

**トバジ(船着場)**
「民俗資料叢書 14 八郎潟の漁撈習俗」平凡社 1971
◇図7〔白黒〕 南秋田郡昭和町新関
◇図8〔白黒〕 天王町江川部落

**飛魚**
「民俗図録 日本人の暮らし」日本図書センター 2012
◇図357〔白黒〕 鹿児島県中ノ島

**トビウオを桶や竹ざるに移して運ぶ**
「写真ものがたり昭和の暮らし 3」農山漁村文化協会 2004
◇p146〔白黒〕 鹿児島県西之表市・馬毛島 男たちが獲ってきたトビウオを加工するために女たちが漁船から大小の桶や竹ざるに移して浜に運ぶ [撮]昭和20年代 民俗学研究所編『日本民俗図録』より

**トビウオの仕分け**
「里山・里海 暮らし図鑑」柏書房 2012
◇写56(p264)〔白黒〕 昭和30年代 島根県隠岐郡海士町役場提供

**飛魚の陸上げ**
「民俗図録 日本人の暮らし」日本図書センター 2012
◇図354〔白黒〕 鹿児島県熊毛郡馬毛島

**飛魚枡網**
「日本民俗図誌 5 農耕・漁撈篇」村田書店 1978
◇図121〔白黒・図〕 宮崎県都井地方

**ドブネ**
「宮本常一が撮った昭和の情景 上」毎日新聞社 2009
◇p85〔白黒〕(堂島川を通う典型的なドブネ) 大阪府大阪市北区西天満1丁目付近 [撮]宮本常一, 1959年10月13日
「宮本常一 写真・日記集成 上」毎日新聞社 2005
◇p155〔白黒〕 大阪 西天満1丁目と堂島川 [撮]宮本常一, 1959年10月13日
「日本社会民俗辞典 3」日本図書センター 2004
◇図版XIII 船(1)〔白黒〕 富山県氷見市 文化財保護委員会提供
「日本民俗大辞典 下」吉川弘文館 2000
◇p227〔白黒〕 石川県羽咋市 邑知潟のどぶね
「民俗学辞典(改訂版)」東京堂出版 1987
◇写真版 第六図 漁船〔白黒〕 新潟県中頸城郡郡潟町村 民俗学研究所所蔵

ドブネ型の船が行く
「宮本常一 写真・日記集成 上」毎日新聞社 2005
　◇p180〔白黒〕　山口県熊毛郡上関町室津→上関　㊙宮本常一, 1960年4月2日

胴舟の上で焚火をしながらバンコの仲間のそろうのを待つ
「日本民俗写真大系 8」日本図書センター 2000
　◇p30〜31〔白黒〕　石川県能都町　時雨模様の午後　㊙御園直太郎, 1964年

苫
「日本民具の造形」淡交社 2004
　◇p229〔白黒〕　三重県 海の博物館所蔵

苫屋根の家舟
「宮本常一 写真・日記集成 下」毎日新聞社 2005
　◇p186〔白黒〕　広島県因島市土生町箱崎　古い形　㊙宮本常一, 1969年2月17日〜19日

トマリエガイの装備
「写真 日本文化史 9」日本評論新社 1955
　◇図95〔白黒〕　鵜飼の漁期外に餌をもとめて泊りがけで飼育に行く

泊漁港
「宮本常一 写真・日記集成 下」毎日新聞社 2005
　◇p340〔白黒〕　福岡県宗像市 地島　㊙宮本常一, 1975年3月24日

ドーマル生簀
「日本民具の造形」淡交社 2004
　◇p23〔白黒〕　香川県 瀬戸内海歴史民俗資料館所蔵

トモド
「日本社会民俗辞典 3」日本図書センター 2004
　◇図版XⅢ 船(1)〔白黒〕　文化財保護委員会提供, 島根県隠岐焼火神社所有　重要民俗資料
「民俗学辞典(改訂版)」東京堂出版 1987
　◇写真版 第六図 漁船〔白黒〕　隠岐島浦郷　民俗学研究所蔵
「民具のみかた一心とかたち」第一法規出版 1983
　◇p169〔白黒〕　島根県美保関町　丸木舟(剣船)
「日本の生活文化財」第一法規出版 1965
　◇図44(生産・運搬・交易)〔白黒〕
「写真 日本文化史 9」日本評論新社 1955
　◇図110〔白黒・図〕(ともど)(断面図)　隠岐島　おもき舟
　◇図111〔白黒〕　隠岐島　おもき舟

トモドによるカナギ漁
「日本民俗写真大系 7」日本図書センター 2000
　◇p55〔白黒〕　島根県西ノ島町　新造後間もないトモドを使ってしていたカナギ風景　㊙石塚尊俊, 1958年

トモドの船尾
「日本社会民俗辞典 3」日本図書センター 2004
　◇p1267〔白黒〕　隠岐島

トモド舟
「写真ものがたり昭和の暮らし 3」農山漁村文化協会 2004
　◇p49〔白黒〕　島根県西ノ島町国賀　船尾に座り、漁師が左手で握る箱眼鏡をのぞきながら櫂を操っている　㊙石塚尊俊, 昭和33年8月

トモ(船尾)またはミヨシ(船首)から繫留されている漁船
「写真でみる民家大事典」柏書房 2005
　◇p274-1〔白黒〕　日向西地区　㊙1989年　河原典史

鳥屋野潟
「宮本常一 写真・日記集成 下」毎日新聞社 2005
　◇p215〔白黒〕　新潟市　㊙宮本常一, 1969年10月7日

トロール漁
「日本民俗写真大系 1」日本図書センター 1999
　◇p84〔白黒〕　択捉島沖の海域　沖合で操業中の沖底船　㊙1969年

トンネル状のフナヒキバ
「日本の生活環境文化大辞典」柏書房 2010
　◇p81-10〔白黒〕　新潟県長岡市寺泊山田　㊙2007年 池田孝博

那珂川に設けたアユ簗
「写真ものがたり昭和の暮らし 5」農山漁村文化協会 2005
　◇p156〔白黒〕　栃木県烏山町滝田　㊙野沢見, 平成14年8月

那珂川の鮭
「日本民俗写真大系 2」日本図書センター 1999
　◇p57〔白黒〕　茨城県那珂川　〔漁〕　㊙藤井正夫, 1964年

魚垣の概略図
「図説 民俗探訪事典」山川出版社 1983
　◇p326〔白黒・図〕　比嘉松吉原図より

ナガコンブを浜に広げ干す
「写真ものがたり昭和の暮らし 3」農山漁村文化協会 2004
　◇p154〔白黒〕　北海道釧路市　㊙平野禎邦, 昭和40年代

流し網
「民俗資料叢書 15 有明海の漁撈習俗」平凡社 1972
　◇図69〔白黒〕　有明海

中島町津和地島の浜辺
「宮本常一 写真・日記集成 下」毎日新聞社 2005
　◇p245〔白黒〕(中島町津和地島)　愛媛県中島町 津和地島　㊙宮本常一, 1971年4月7日

中島町野惣那島の浜辺
「宮本常一 写真・日記集成 下」毎日新聞社 2005
　◇p246〔白黒〕(中島町野惣那島)　愛媛県中島町 野惣那島　〔浜に揚げられている船〕　㊙宮本常一, 1971年4月8日

流れてきて簗に落ちたアユを子供が手づかみで獲る
「写真ものがたり昭和の暮らし 5」農山漁村文化協会 2005
　◇p156〔白黒〕　栃木県烏山町滝田　㊙野沢見, 平成14年8月

流れ藻をとる藻搔き
「日本民俗図誌 7 生業上・下篇」村田書店 1978
　◇図31-2〔白黒・図〕

なさし
「図説 台所道具の歴史」日本図書センター 2012
　◇p50-6〔白黒〕　山形県鶴岡・致道博物館

海鼠網
「日本民俗図誌 7 生業上・下篇」村田書店 1978
　◇図5〔白黒・図〕　筑前地方
　◇図6-1〔白黒・図〕　広島県安芸郡吉浦村
　◇図6-2〔白黒・図〕　広島県佐伯郡

ナマコとり目鏡
「日本民具の造形」淡交社 2004
　◇p219〔白黒〕　愛知県 日間賀郷土資料館所蔵

ナマコヒキ
「日本民具の造形」淡交社 2004
　◇p230〔白黒〕　福井県 福井県立若狭歴史民俗資料館所蔵

ナマコ漁
「日本民俗写真大系 6」日本図書センター 2000
　◇p81〔白黒〕　長崎県大村市古賀島地先 大村湾沿岸　㊙1998年

漁業　　　　　　　　　　　　　生産・生業

ナマズバリ
　「民俗資料叢書 14 八郎潟の漁撈習俗」平凡社　1971
　　◇第178図（p175）〔白黒・図〕　秋田県 八郎潟

納屋
　「日本民俗図誌 9 住居・運輸篇」村田書店　1978
　　◇図91・92〔白黒・図〕　東京府新島本村 前浜の海辺 漁具入れ

納屋集落
　「日本民俗大辞典 下」吉川弘文館　2000
　　◇p263〔白黒・図〕　千葉県山武郡成東町　『青野寿郎著作集』1より

納屋とコンブ干し
　「宮本常一 写真・日記集成 上」毎日新聞社　2005
　　◇p382〔白黒〕　青森県下北郡東通村尻労　㋷宮本常一, 1963年6月22日

ナワカゴ
　「あるくみるきく双書 宮本常一とあるいた昭和の日本 19」農山漁村文化協会　2012
　　◇p97〔白黒〕　延縄漁　㋷工藤員功

ナワバチ
　「図録・民具入門事典」柏書房　1991
　　◇p67〔白黒〕　神奈川県　横須賀市博物館所蔵

縄船
　「日本民俗図誌 5 農耕・漁撈篇」村田書店　1978
　　◇図169・170〔白黒・図〕

南紀のサンマ干し
　「日本民俗写真大系 3」日本図書センター　1999
　　◇p7〔白黒〕　和歌山県串本町　㋷島内英佑, 1965年

仁位港
　「宮本常一 写真・日記集成 上」毎日新聞社　2005
　　◇p323〔白黒〕　長崎県 対馬 浅茅湾　㋷宮本常一, 1962年8月3日

ニカラクリ
　「日本民俗図誌 7 生業上・下篇」村田書店　1978
　　◇図28-4〔白黒・図〕　北海道

和布採りの用具
　「日本民俗図誌 7 生業上・下篇」村田書店　1978
　　◇図30-1〜3〔白黒・図〕　鳥取県赤島・平島等, 三重県志摩郡・度会郡・紀伊の北牟婁郡地方, 安芸・備後地方

鍊釜
　「日本民俗写真大系 1」日本図書センター　1999
　　◇p95〔白黒〕　北海道積丹町美国　㋷樋口英夫, 1977年

ニシン漁
　「日本民俗大辞典 下」吉川弘文館　2000
　　◇p276〔白黒・図〕〔明治時代〕　「北海道鍊大漁概況之図」（部分）
　　◇p276〔白黒〕　『古平鍊漁十態』より

ニベの手釣法
　「日本民俗図誌 5 農耕・漁撈篇」村田書店　1978
　　◇図131〔白黒・図〕　『宮崎県漁具図譜』

ヌキノ
　「民俗資料叢書 15 有明海の漁撈習俗」平凡社　1972
　　◇図33〔白黒〕　有明海　〔チョットスキの漁でとれた魚を腰にはさんで運ぶ道具〕

ねごろどりうぐい
　「日本の民具 3 山・漁村」慶友社　1992
　　◇図171〔白黒〕　宮崎県　㋷薗部澄

ネジボウ（ウミタケとり）
　「民俗資料叢書 15 有明海の漁撈習俗」平凡社　1972
　　◇図29〔白黒〕　有明海

　　◇図30〔白黒〕　有明海

ネジボウ（ウミタケとり, 大型）
　「民俗資料叢書 15 有明海の漁撈習俗」平凡社　1972
　　◇図31〔白黒〕　有明海

ネパ（枕）
　「民俗資料叢書 14 八郎潟の漁撈習俗」平凡社　1971
　　◇第15図（p75）〔白黒・図〕　秋田県 八郎潟

能生町筒石の延縄漁の船中の役割
　「写真ものがたり昭和の暮らし 3」農山漁村文化協会　2004
　　◇p65〔白黒・図〕　昭和30年代　『磯部郷郷土誌稿』（『能生町史』掲載）より

軒下から下がる漁具
　「宮本常一 写真・日記集成 上」毎日新聞社　2005
　　◇p252〔白黒〕　長崎県北松浦郡小値賀町 大島　㋷宮本常一, 1961年4月23日

野田港
　「宮本常一 写真・日記集成 下」毎日新聞社　2005
　　◇p284〔白黒〕　岩手県野田村　㋷宮本常一, 1972年8月28〜30日

野伏港
　「宮本常一 写真・日記集成 上」毎日新聞社　2005
　　◇p388〔白黒〕　東京都 式根島　㋷宮本常一, 1963年7月28日

ノミと小ノミ
　「日本民俗図誌 5 農耕・漁撈篇」村田書店　1978
　　◇図143-4〜6〔白黒・図〕　志摩の蜑女が用いる　『志摩の蜑女』

乗り合いの船で漁場に出るカチドの海女
　「宮本常一 写真・日記集成 下」毎日新聞社　2005
　　◇p247〔白黒〕　三重県志摩郡志摩町和具（［志摩市］）で海女の調査　㋷宮本常一, 1971年4月12日〜13日

海苔鑑札
　「日本の民具 3 山・漁村」慶友社　1992
　　◇図205〔白黒〕　東京都 江戸川　㋷薗部澄

ノリ漁場
　「日本民俗大辞典 下」吉川弘文館　2000
　　◇p330〔白黒〕　東京都大田区 大森海岸　㋷大正時代

海苔切庖丁
　「図説 台所道具の歴史」日本図書センター　2012
　　◇p185-4〔白黒〕　昭和初〜20年頃まで使用　㋷GK 江戸川区立郷土資料館

ノリゲタ
　「図録・民具入門事典」柏書房　1991
　　◇p69〔白黒〕

海苔下駄
　「日本民具の造形」淡交社　2004
　　◇p220〔白黒〕　三重県 明和町立歴史民俗資料館所蔵
　　◇p297〔白黒〕　三重県 明和町立歴史民俗資料館
　「日本の民具 3 山・漁村」慶友社　1992
　　◇図202〔白黒〕　東京都〔大田区〕大森　㋷薗部澄
　　◇図203〔白黒〕　使用地不明　㋷薗部澄
　　◇図204〔白黒〕　使用地不明　㋷薗部澄
　「民具のみかた—心とかたち」第一法規出版　1983
　　◇p183〔白黒〕（ノリゲタ（海苔下駄））　東京都大田区 海苔の採取の折使用

ノリスキダイ
　「図録・民具入門事典」柏書房　1991
　　◇p69〔白黒〕

ノリ製造場に海水を送るタンク
　「日本の生活環境文化大辞典」柏書房　2010

生産・生業　　漁業

◇p93-2〔白黒〕　熊本県宇土市住吉　㊞2009年　橋村修

### 海苔種付けの日
「日本民俗写真大系 6」日本図書センター　2000
◇p2〔カラー〕　長崎県高来街深海沖　有明海諫早湾干潟　㊞中尾勘悟, 1983年

### ノリ摘み
「里山・里海 暮らし図鑑」柏書房　2012
◇写19 (p190)〔白黒〕　福井県高浜町　昭和30年1月　㊞横田文雄　高浜町郷土資料館提供

### 海苔摘みに行く人々
「日本民俗写真大系 7」日本図書センター　2000
◇カバー表〔カラー〕　〔京都府丹後町〕　㊞森本孝

### 海苔摘みの岩場に向かう
「日本民俗写真大系 7」日本図書センター　2000
◇p118〔白黒〕(集落総出で海苔摘みの岩場に向かう)　京都府丹後町　㊞森本孝, 1979年

### ノリトリ
「図録・民具入門事典」柏書房　1991
◇p69〔白黒〕

### 海苔採り
「民俗図録 日本人の暮らし」日本図書センター　2012
◇図366〔白黒〕　東京都大森海岸
「写真でみる日本生活図引 1」弘文堂　1988
◇図56〔白黒〕　愛知県知多市　㊞杉崎章, 昭和28年
「日本民俗図誌 7 生業上・下篇」村田書店　1978
◇図39〔白黒・図〕　東京都　12月上旬から　『東京採魚採藻図録』収録

### ノリ採りのおばさん
「フォークロアの眼 7 海の暮らしと祭り」国書刊行会　1977
◇図35〔白黒〕　山形県飽海郡遊佐町吹浦　㊞諸田森二, 昭和49年2月18日

### ノリ採り風景
「日本民俗写真大系 3」日本図書センター　1999
◇p40〔白黒〕　千葉県富浦海岸　冬　㊞安達浩, 1967年

### 海苔の採取からもどった若者
「写真ものがたり昭和の暮らし 3」農山漁村文化協会　2004
◇p175〔白黒〕　神奈川県横浜市　㊞南利夫, 昭和32年

### ノリのジゴバ
「日本民俗文化財事典（改訂版）」第一法規出版　1979
◇図146〔白黒〕　東京都品川沖

### 海苔の種付け
「民俗図録 日本人の暮らし」日本図書センター　2012
◇図368〔白黒〕　熊本県玉名郡大浜村滑石沖

### ノリの摘採作業
「日本民俗大辞典 下」吉川弘文館　2000
◇p331〔白黒〕　宮城県 松島湾　現代　全国ノリ貝類協同組合連合会提供

### 海苔の養殖
「写真ものがたり昭和の暮らし 3」農山漁村文化協会　2004
◇p171〔カラー〕　三重県浜島町（現志摩市）　㊞須藤功, 昭和56年
◇p173〔白黒〕　熊本県玉名市・滑石沖　竹ひびを海中に立てる作業　㊞昭和20年代　民俗学研究所編『日本民俗図録』より

### のりの養殖場
「民俗資料叢書 15 有明海の漁撈習俗」平凡社　1972
◇図85〔白黒〕　有明海　浅草のり

### ノリ培養施設内部
「日本の生活環境文化大辞典」柏書房　2010
◇p92-1〔白黒〕　熊本県宇土市住吉　㊞2009年　橋村修

### 海苔ひびを離れて流れた海苔を拾う
「写真ものがたり昭和の暮らし 3」農山漁村文化協会　2004
◇p174〔白黒〕　神奈川県横浜市本牧埠頭付近　㊞南利夫, 昭和32年

### ノリひびの干潟
「日本民俗写真大系 4」日本図書センター　1999
◇p164〔白黒〕　広島市五日市　㊞明田弘司, 1958年

### ノリひび風景
「日本民俗写真大系 4」日本図書センター　1999
◇p165〔白黒〕　広島市五日市　㊞明田弘司, 1958年

### 海苔拾い
「写真でみる日本生活図引 6」弘文堂　1993
◇図110〔白黒〕　千葉県市川市行徳・行徳海岸　ケタツビキ　㊞林辰雄, 昭和35年頃

### ノリ養殖のヒビ
「宮本常一 写真・日記集成 上」毎日新聞社　2005
◇p255〔白黒〕　長崎→博多　㊞宮本常一, 1961年4月27日

### バイ籠
「日本民俗写真大系 6」日本図書センター　2000
◇p83〔白黒〕　長崎県国見町土黒地先　有明海島原半島沖　㊞1985年
「日本民俗図誌 7 生業上・下篇」村田書店　1978
◇図24-1〔白黒・図〕(バイ篭)　鳥取県気高郡賀露
◇図24-2〔白黒・図〕(バイ篭)　土佐地方

### 延縄
「宮本常一 写真・日記集成 下」毎日新聞社　2005
◇p189〔白黒〕　東和町雨振　㊞宮本常一, 1969年4月5日～10日

### 延縄を繰る
「写真でみる日本生活図引 2」弘文堂　1988
◇図34〔白黒〕　新潟県佐渡郡相川町姫津　㊞中俣正義, 昭和32年5月

### 延縄を天日に干す準備
「写真ものがたり昭和の暮らし 6」農山漁村文化協会　2006
◇p80〔白黒〕(使った延縄を天日に干す準備)　新潟県相川町姫津（現佐渡市）　㊞中俣正義, 昭和32年5月

### ハエナワカゴ（延縄籠）
「民具のみかた一心とかたち」第一法規出版　1983
◇p164〔白黒〕　鳥取県美保関町

### 延縄漁船の装備
「宮本常一 写真・日記集成 上」毎日新聞社　2005
◇p147〔白黒〕　山口県大島郡東和町［周防大島町］情島　㊞宮本常一, 1959年8月27日

### 延縄に使用する沈子
「日本民俗図誌 7 生業上・下篇」村田書店　1978
◇図15-1～4〔白黒・図〕　延縄の碇, 同手石

### 延縄の一例
「民俗資料叢書 14 八郎潟の漁撈習俗」平凡社　1971
◇第153図 (p157)〔白黒・図〕　秋田県 八郎潟

### ハエナワのコシキ
「宮本常一 写真・日記集成 別巻」毎日新聞社　2005
◇図10 (p13)〔白黒〕　島根県八束郡御津村［鹿島町］　㊞宮本常一, 1939年11月18日
◇図18 (p14)〔白黒〕　島根県八束郡江[恵]曇村片句[鹿島町]　㊞宮本常一, 1939年11月19日

### 延縄の図解
「図説 民俗探訪事典」山川出版社　1983
◇p254〔白黒・図〕　宮本秀明『漁具漁法学』より

**延縄の手入れ**
「写真ものがたり昭和の暮らし 3」農山漁村文化協会　2004
◇p206〔白黒〕　石川県輪島市・御厨島の浜　[撮]御園直太郎, 昭和40年8月

**延縄の手入れをする裸の少年たち**
「写真ものがたり昭和の暮らし 6」農山漁村文化協会　2006
◇p81〔白黒〕　山口県萩市玉江浦　[撮]昭和20年代　民俗学研究所編『日本民俗図録』より転載

**延縄の鉢作り**
「宮本常一 写真・日記集成 下」毎日新聞社　2005
◇p333〔白黒〕　広島県 宮盛　[撮]宮本常一, 1974年12月17日

**延縄の浮標**
「日本民俗図誌 7 生業上・下篇」村田書店　1978
◇図14-1・2〔白黒・図〕

**延縄の補強作業**
「民俗図録 日本人の暮らし」日本図書センター　2012
◇図332〔白黒〕　広島県下蒲刈島三之瀬　[撮]北見俊夫

**はえなわばち**
「日本の生活文化財」第一法規出版　1965
◇図38・39（概説）〔白黒・図〕

**延縄や筒で捕獲された天然ウナギ**
「里山・里海 暮らし図鑑」柏書房　2012
◇写54（p177）〔白黒〕　福井県若狭町鳥浜

**延縄用釣鉤**
「図録・民具入門事典」柏書房　1991
◇p67〔白黒〕　神奈川県　横須賀市博物館所蔵

**延縄漁**
「フォークロアの眼 7 海の暮らしと祭り」国書刊行会　1977
◇小論8〔白黒〕　石川県輪島市舳倉島　[撮]田辺悟, 昭和48年6月14日

**延縄漁の縄と釣り針**
「里山・里海 暮らし図鑑」柏書房　2012
◇写52（p177）〔白黒〕　福井県若狭町鳥浜

**ハガツオ手釣の餌のつけ方**
「日本民俗図誌 5 農耕・漁撈篇」村田書店　1978
◇図128-6・7〔白黒・図〕

**ハガツオ手釣の漁法**
「日本民俗図誌 5 農耕・漁撈篇」村田書店　1978
◇図128-5〔白黒・図〕

**萩港沖の帆かけ漁船**
「宮本常一 写真・日記集成 上」毎日新聞社　2005
◇p274〔白黒〕　山口県萩市 見島→萩　[撮]宮本常一, 1961年9月6日

**萩の漁港**
「宮本常一 写真・日記集成 上」毎日新聞社　2005
◇p270〔白黒〕　山口県萩市　[撮]宮本常一, 1961年8月30日

**ハゲ突き**
「日本社会民俗辞典 1」日本図書センター　2004
◇図版X 漁業（2）〔白黒〕　瀬戸内海地方　[撮]明治時代『日本捕魚図志』

**箱型蛸壺**
「日本民具の造形」淡交社　2004
◇p221〔白黒〕　山口県 平生町民具館所蔵

**箱ガラス**
「日本民俗大辞典 下」吉川弘文館　2000
◇p353〔白黒・図〕　辻井善弥『磯漁の話』より

**箱船**
「写真ものがたり昭和の暮らし 3」農山漁村文化協会　2004
◇p48〔白黒〕　神奈川県大磯町　[撮]昭和5年6月　平塚市博物館提供

**ハコメガネ（箱眼鏡）**
「民具のみかた―心とかたち」第一法規出版　1983
◇p158〔白黒〕　山形県庄内地方

**箱メガネ**
「宮本常一 写真・日記集成 上」毎日新聞社　2005
◇p378〔白黒〕　青森県 福浦　船べりに掛けてアゴで支える　[撮]宮本常一, 1963年6月20日
「日本民具の造形」淡交社　2004
◇p219〔白黒〕　青森県 みちのく北方漁船博物館所蔵

**箱メガネを口でくわえ車櫂を足で操りコンブをとる**
「宮本常一が撮った昭和の情景 上」毎日新聞社　2009
◇p236〔白黒〕（コンブとり）　北海道 利尻島 鴛泊あたり　箱メガネを口でくわえながら車櫂を足で操る　[撮]宮本常一, 1964年8月4日
「宮本常一 写真・日記集成 上」毎日新聞社　2005
◇p449〔白黒〕　北海道 利尻島 鴛泊あたり　[撮]宮本常一, 1964年8月4日

**箱眼鏡を口にくわえ、先端に鎌をつけ竿を右手に持ち、左手でカジをとりながらワカメをとる**
「日本民俗写真大系 7」日本図書センター　2000
◇p132〔白黒〕　京都府網野町　[撮]板垣太子松, 1955年

**ハジ網**
「民俗資料叢書 15 有明海の漁撈習俗」平凡社　1972
◇図72〔白黒〕　川副町大詫間

**ハジ網の設置**
「民俗資料叢書 15 有明海の漁撈習俗」平凡社　1972
◇図54〔白黒〕　杵島郡有明町

**ハジ漁**
「写真ものがたり昭和の暮らし 5」農山漁村文化協会　2005
◇p146, 147〔白黒〕　鹿児島県栗野町（現湧水町）　[撮]須藤功, 昭和52年11月
「写真でみる日本生活図引 2」弘文堂　1988
◇図69, 70〔白黒〕　鹿児島県始良郡栗野町田原尾　[撮]須藤功, 昭和52年11月9日・14日

**沙魚壺**
「日本民具の造形」淡交社　2004
◇p37〔白黒〕　岡山県 玉島歴史民俗海洋資料館所蔵

**はぜ刺網**
「民俗資料叢書 14 八郎潟の漁撈習俗」平凡社　1971
◇第115図（p137）〔白黒・図〕　秋田県 八郎潟

**沙魚雑魚網**
「日本民俗図誌 5 農耕・漁撈篇」村田書店　1978
◇図181・182〔白黒・図〕　図182：抄い網とオドシ縄

**はぜ壺**
「図説 台所道具の歴史」日本図書センター　2012
◇p48-1〔白黒〕　香川県高松市・讃岐民芸館
◇p48-2〔白黒〕　香川県高松市・讃岐民芸館

**ハゼ釣り**
「里山・里海 暮らし図鑑」柏書房　2012
◇写12（p158）〔白黒〕　福井県美浜町久々子湖　昭和30年9月　北田茂所蔵, 美浜町役場文化財保護・町誌編纂室提供

**ハゼ釣り船**
「写真ものがたり昭和の暮らし 5」農山漁村文化協会　2005
◇p138〔白黒〕　東京都江戸川区 江戸川の河口　[撮]昭和52年9月　東京都提供

生産・生業　　　　　　　　　　　　　　　　　　　　漁業

旗
　「日本の民具 3 山・漁村」慶友社　1992
　　◇図191〔白黒〕　東京都 江戸川　㊙薗部澄
　「日本民俗図誌 5 農耕・漁撈篇」村田書店　1978
　　◇図138-5〔白黒・図〕　房総地方　木綿でつくって網主の家紋などを染めぬく　『房総水産図誌・九十九里旧地曳網漁業』

裸で働くオッペシ
　「日本民俗写真大系 3」日本図書センター　1999
　　◇p65〔白黒〕　〔千葉県〕堀川浜　㊙小関与四郎, 1962年

ハタハタを積んで帰ってきた木造船
　「写真ものがたり昭和の暮らし 3」農山漁村文化協会　2004
　　◇p81〔白黒〕　秋田県八森町岩館　㊙南利夫, 昭和33年

ハタハタの水揚げ
　「写真ものがたり昭和の暮らし 3」農山漁村文化協会　2004
　　◇p82〔白黒〕　秋田県八森町横間　㊙南利夫, 昭和35年

ハタハタ漁
　「日本民俗写真大系 8」日本図書センター　2000
　　◇p56〔白黒〕　秋田県八森町の沖合　12月5〜21日　㊙南利夫, 1958年

働く女性
　「日本の民俗 下」クレオ　1997
　　◇図4-10〔白黒〕　静岡県賀茂郡南伊豆町　大謀網作りを手伝う。砂をつめた土俵を運ぶ　㊙芳賀日出男, 昭和29年〜37年

ハチコ
　「日本民俗図誌 5 農耕・漁撈篇」村田書店　1978
　　◇図144-1〔白黒・図〕　筑前鐘崎蟹の使用するもの　『漁村民俗誌』
　　◇図144-2〔白黒・図〕　肥前呼子　『漁村民俗誌』

八丈島の船あげ場
　「日本民俗写真大系 3」日本図書センター　1999
　　◇p102〔白黒〕　東京都 八丈島中之郷藍ガ江港　㊙島内英佑, 1969年

ハッカ
　「日本民俗図誌 5 農耕・漁撈篇」村田書店　1978
　　◇図139-7〔白黒・図〕　周防大島　宮本常一〔提供〕

ハッキリ網の口
　「民俗資料叢書 14 八郎潟の漁撈習俗」平凡社　1971
　　◇図15〔白黒〕　秋田県 八郎潟

ハッキリ網のハネコミを設置する
　「民俗資料叢書 14 八郎潟の漁撈習俗」平凡社　1971
　　◇図14〔白黒〕　船越湖口部

ハッキリ・ケナ平面図
　「民俗資料叢書 14 八郎潟の漁撈習俗」平凡社　1971
　　◇第54図(p100)〔白黒・図〕　秋田県 八郎潟

ハッシャク
　「民俗資料叢書 14 八郎潟の漁撈習俗」平凡社　1971
　　◇図30〔白黒〕　秋田県 八郎潟

ハッシャク操業の図
　「民俗資料叢書 14 八郎潟の漁撈習俗」平凡社　1971
　　◇第173図(p172)〔白黒・図〕　秋田県 八郎潟

ハッシャクの構造
　「民俗資料叢書 14 八郎潟の漁撈習俗」平凡社　1971
　　◇第172図(p171)〔白黒・図〕　秋田県 八郎潟

八丁櫓の漁船
　「民俗資料叢書 16 伊豆の若者組の習俗」平凡社　1972
　　◇p106 (図11)〔白黒・図〕　静岡県

バッテラ
　「日本民具の造形」淡交社　2004
　　◇p229〔白黒〕　青森県 みちのく北方漁船博物館所蔵

発動機漁船の船首模様
　「日本民俗図誌 5 農耕・漁撈篇」村田書店　1978
　　◇p106〔白黒・図〕　青森県八戸市湊

発動機船に曳行されて漁場に向かう網船と小型の指揮船
　「日本民俗写真大系 5」日本図書センター　2000
　　◇p35〔白黒〕　㊙高橋ミサ子, 1960年頃　日高宏彌

ハナカゴ
　「あるくみるきく双書 宮本常一とあるいた昭和の日本 19」農山漁村文化協会　2012
　　◇p117〔白黒〕　鹿児島県　イケスカゴの先端につける　㊙工藤員功

跳ね板
　「日本民俗写真大系 6」日本図書センター　2000
　　◇p66〔白黒〕　長崎県森山町地先 諫早湾干潟　㊙1983年

ハネコミの一部
　「民俗資料叢書 14 八郎潟の漁撈習俗」平凡社　1971
　　◇第57図 (p106)〔白黒・図〕　秋田県 八郎潟

ハネコミの構造
　「民俗資料叢書 14 八郎潟の漁撈習俗」平凡社　1971
　　◇第150図 (p156)〔白黒・図〕　秋田県 八郎潟

ハネコミ布設場所
　「民俗資料叢書 14 八郎潟の漁撈習俗」平凡社　1971
　　◇第63図 (p106)〔白黒・図〕　秋田県 八郎潟　建網漁業 ハネコミ

ハネコミ部の構造（ハッキリと同じ）
　「民俗資料叢書 14 八郎潟の漁撈習俗」平凡社　1971
　　◇第62図 (p106)〔白黒・図〕　秋田県 八郎潟　建網漁業 ハネコミ

ハネコミ 平面図一例
　「民俗資料叢書 14 八郎潟の漁撈習俗」平凡社　1971
　　◇第61図 (p106)〔白黒・図〕　秋田県 八郎潟　建網漁業 ハネコミ

波浮港
　「宮本常一 写真・日記集成 上」毎日新聞社　2005
　　◇p299〔白黒〕　東京都大島町波浮（伊豆大島）　㊙宮本常一, 1962年1月19日

バフンウニ漁
　「日本民俗写真大系 8」日本図書センター　2000
　　◇p6〔カラー〕　福井県越廼村 越前海岸　㊙森本孝, 1980年

浜揚げ
　「日本民俗写真大系 2」日本図書センター　1999
　　◇p54〔白黒〕　茨城県大洗町磯浜　㊙藤井正夫, 1963年

蛤採り
　「日本社会民俗辞典 1」日本図書センター　2004
　　◇図版X 漁業(2)〔白黒〕　愛知県浅海地帯　『日本捕魚図志』

浜小屋
　「日本の生活環境文化大辞典」柏書房　2010
　　◇p80-5〔白黒〕(休息型の浜小屋)　新潟県胎内市荒井浜　㊙2007年　池田孝博
　　◇p80-6〔白黒〕(防砂土手の内側で道路に寄せられた浜小屋)　新潟市北区太夫浜　㊙2007年　池田孝博
　　◇p356-5〔白黒〕(広い砂浜の浜小屋)　新潟県柏崎市荒浜　㊙1990年
　「日本民俗図誌 9 住居・運輸篇」村田書店　1978
　　◇図97-2〔白黒・図〕　東京府神津島前浜　脱衣場兼海草貯蔵など

漁業　　　　　　　　　　　　　　　　　　生産・生業

浜小屋の屋内
　「日本の生活環境文化大辞典」柏書房　2010
　　◇p81-7〔白黒〕　新潟市北区太夫浜　稀に宿泊する
　　　㊞2007年　三井田忠明

浜小屋の窓からハタハタの来遊を見張る
　「写真ものがたり昭和の暮らし 3」農山漁村文化協会　2004
　　◇p80〔白黒〕　秋田県八森町横間　㊞南利夫, 昭和35年

浜田の港
　「日本民俗写真大系 7」日本図書センター　2000
　　◇p33, 37〔白黒〕　島根県浜田市　㊞井上喜弘, 1962年

ハマチ釣の鈎
　「日本民俗図誌 5 農耕・漁撈篇」村田書店　1978
　　◇図132-2〔白黒・図〕　周防大島　宮本常一〔提供〕

ハマチ養殖場
　「宮本常一 写真・日記集成 上」毎日新聞社　2005
　　◇p352〔白黒〕　香川県香川郡直島町 積浦　㊞宮本常一, 1962年11月14日

浜で網をつくろう
　「日本民俗写真大系 6」日本図書センター　2000
　　◇p133〔白黒〕　長崎県壱岐島芦部　㊞芳賀日出男, 1962年

浜でウニの食用にする部分を取り出す
　「写真ものがたり昭和の暮らし 3」農山漁村文化協会　2004
　　◇p106〔白黒〕　岩手県種市町八木浜　㊞田村淳一郎, 昭和34年

ハマテゴ・ノリテゴ
　「あるくみるきく双書 宮本常一とあるいた昭和の日本 19」農山漁村文化協会　2012
　　◇p118〔白黒〕　鹿児島県加世田市　海苔摘みや貝とり　㊞工藤員功

浜名湖の定置網にかかった魚
　「写真ものがたり昭和の暮らし 5」農山漁村文化協会　2005
　　◇p193〔白黒〕　静岡県細江町寸座（現浜松市）　㊞須藤功, 昭和44年3月

浜名湖の海苔養殖
　「宮本常一 写真・日記集成 上」毎日新聞社　2005
　　◇p124〔白黒〕　静岡県 浜名湖 バス車窓から　㊞宮本常一, 1959年1月11日

浜納屋
　「民俗図録 日本人の暮らし」日本図書センター　2012
　　◇図39〔白黒〕　東京都伊豆新島　網や漁具を入れる納屋　㊞坂口一雄
　「日本社会民俗辞典 3」日本図書センター　2004
　　◇p1073〔白黒〕　伊豆新島

浜に揚げられた舟
　「宮本常一 写真・日記集成 上」毎日新聞社　2005
　　◇p351〔白黒〕　福岡県北九州市小倉北区馬島　㊞宮本常一, 1962年10月18日

浜の朝
　「写真でみる日本生活図引 2」弘文堂　1988
　　◇図33〔白黒〕　新潟県佐渡郡相川町姫津　㊞中俣正義, 昭和32年5月9日

浜の男 船方
　「日本民俗写真大系 3」日本図書センター　1999
　　◇p67〔白黒〕　〔千葉県〕中谷里浜　㊞小関与四郎, 1963年

浜の親子
　「写真でみる日本生活図引 6」弘文堂　1993
　　◇図121〔白黒〕　新潟県両津市　延縄の手入れをする母親と幼児　㊞中俣正義, 昭和23年5月下旬

浜辺と船
　「宮本常一 写真・日記集成 上」毎日新聞社　2005
　　◇p210〔白黒〕　和歌山県 紀伊富田あたり　㊞宮本常一, 1960年9月26日

浜辺に船
　「宮本常一 写真・日記集成 上」毎日新聞社　2005
　　◇p263〔白黒〕　愛媛県　㊞宮本常一, 1961年8月6日

浜行き
　「日本民俗写真大系 6」日本図書センター　2000
　　◇カバー裏〔カラー〕　㊞中尾勘悟

ハモを採る籠
　「日本民俗写真大系 2」日本図書センター　1999
　　◇p39〔白黒〕　宮城県鳴瀬町東名　㊞薗部澄, 1955年

ハライにある茅葺屋根の住まいと網干し場、道具小屋、船揚場
　「写真ものがたり昭和の暮らし 3」農山漁村文化協会　2004
　　◇p7〔白黒〕　静岡県下田市白浜　㊞昭和13年12月 平塚市博物館提供

針いれ
　「日本の民具 3 山・漁村」慶友社　1992
　　◇図196〔白黒〕　千葉県 西岬　㊞薗部澄

ハリヅツ
　「日本民俗図誌 5 農耕・漁撈篇」村田書店　1978
　　◇図139-8〔白黒・図〕　周防大島　宮本常一〔提供〕

鈎磨り
　「日本の民具 3 山・漁村」慶友社　1992
　　◇図142〔白黒〕　千葉県 石浜　㊞薗部澄

ハリとハリヅツ
　「宮本常一 写真・日記集成 別巻」毎日新聞社　2005
　　◇図119 (p25)〔白黒〕　静岡県内浦村長浜〔沼津市〕　㊞宮本常一, 1940年4月15日〜26日

ハリビシ
　「日本民俗図誌 7 生業上・下篇」村田書店　1978
　　◇図27-2〔白黒・図〕　三重県 志摩地方

春潟網操業図
　「民俗資料叢書 14 八郎潟の漁撈習俗」平凡社　1971
　　◇第77図 (p113)〔白黒・図〕　秋田県 八郎潟　明治30年ごろには消滅

春潟網の構造
　「民俗資料叢書 14 八郎潟の漁撈習俗」平凡社　1971
　　◇第76図 (p113)〔白黒・図〕　秋田県 八郎潟　明治30年ごろには消滅

バン
　「日本民俗図誌 5 農耕・漁撈篇」村田書店　1978
　　◇図137-2〔白黒・図〕　房総地方　船を海から陸に曳き上げる時船の台とするもの　『房総水産図誌・九十九里旧地曳網漁業』

ハンギーと舟
　「民俗資料叢書 15 有明海の漁撈習俗」平凡社　1972
　　◇図18〔白黒〕　有明海

番小屋
　「写真でみる日本生活図引 2」弘文堂　1988
　　◇図38〔白黒〕　北海道松前郡松前町・小島　㊞中村由信, 昭和36年8月

番小屋の前に運んだハタハタを、13kgずつ木箱に入れる
　「日本民俗写真大系 8」日本図書センター　2000
　　◇p59〔白黒〕　秋田県八森町　㊞南利夫, 1960年

番小屋の前の炊事場で朝飯後のかたづけをする
　「写真ものがたり昭和の暮らし 3」農山漁村文化協会　2004

◇p94〔白黒〕　北海道松前町・松前小島　㋴中村由信, 昭和36年8月

**番屋**
「日本民俗大辞典 下」吉川弘文館　2000
◇p409〔白黒〕　北海道留萌郡小平町 花田番屋　㋴明治38（1905）年建立　重要文化財
「写真でみる日本生活図引 2」弘文堂　1988
◇図37〔白黒〕　北海道目梨郡羅臼町　㋴菊池俊吉, 昭和29年7月

**番屋の屋内**
「日本の生活環境文化大辞典」柏書房　2010
◇p81-9〔白黒〕　新潟県村上市脇川　㋴2007年　池田孝博

**番屋の漁師**
「写真でみる日本生活図引 2」弘文堂　1988
◇図39〔白黒〕　北海道目梨郡羅臼町　早朝の一仕事を終えて朝食をとった後、休憩　㋴菊池俊吉, 昭和29年7月
◇図40〔白黒〕　新潟県三島郡寺泊町　ワカイシュウ。就寝中　㋴中俣正義, 昭和32年5月23日

**稗の刈穂**
「写真でみる日本人の生活全集 1」日本図書センター　2010
◇p16〔白黒〕　岩手県九戸郡山根部落

**干潟上の漕ぎ船（三枚板）**
「民俗資料叢書 15 有明海の漁撈習俗」平凡社　1972
◇図46〔白黒〕　有明海

**曳かれ船、延縄船**
「宮本常一 写真・日記集成 上」毎日新聞社　2005
◇p86〔白黒〕　岡山県笠岡市 真鍋島→香川県仲多度郡多度津　㋴宮本常一, 1957年8月31日

**引き上げられたスケソウダラで大きくふくらんだ底曳網のコットン（漁獲網）**
「写真ものがたり昭和の暮らし 3」農山漁村文化協会　2004
◇p138〔白黒〕　㋴平野禎邦, 昭和49年

**引き網　地曳き網漁業**
「日本民俗大辞典 下」吉川弘文館　2000
◇p416〔白黒・図〕　文化庁編『漁具図集』より

**地曳網を引く**
「写真ものがたり昭和の暮らし 3」農山漁村文化協会　2004
◇p63〔白黒〕（木浦浜で地曳網を引く）　新潟県能生町木浦　㋴室川右京, 昭和35年6月

**曳網漁業あみ曳網　操業の図**
「民俗資料叢書 14 八郎潟の漁撈習俗」平凡社　1971
◇第83図(p119)〔白黒・図〕　秋田県 八郎潟

**曳網船**
「図説 日本民俗学」吉川弘文館　2009
◇p159〔白黒〕　「和船」『技術と民俗』上

**曳網操業中**
「民俗資料叢書 14 八郎潟の漁撈習俗」平凡社　1971
◇図20〔白黒〕　秋田県 八郎潟

**引(曳)網のいろいろ**
「図説 民俗探訪事典」山川出版社　1983
◇p250〔白黒・図〕　地引網, 帆引網, 底引網

**引汐の浜**
「写真でみる日本生活図引 6」弘文堂　1993
◇p109〔白黒〕　千葉県千葉市・登戸海岸　㋴林辰雄, 昭和35年頃

**曳縄**
「日本の民具 3 山・漁村」慶友社　1992
◇図151〔白黒〕　東京都　㋴薗部澄

**ビク**
「日本の民具 3 山・漁村」慶友社　1992
◇図165〔白黒〕　鹿児島県 大島 沖永良部　㋴薗部澄
◇図167〔白黒〕　山形県　㋴薗部澄
「図録・民具入門事典」柏書房　1991
◇p87〔白黒〕　千葉県　成田山史料館所蔵

**魚籠**
「日本民具の造形」淡交社　2004
◇p224〔白黒〕　東京都 立川市歴史民俗資料館所蔵
「写真でみる日本生活図引 2」弘文堂　1988
◇図119〔白黒〕　青森県下北郡佐井村矢越　海岸に岩海苔を採りに行くところ　㋴須藤功, 昭和43年3月28日

**ビクや腰籠を結び岩ノリをとる**
「フォークロアの眼 3 運ぶ」国書刊行会　1977
◇図194〔白黒〕　青森県下北郡佐井村矢越　㋴須藤功, 昭和43年3月28日

**ヒコイタの図**
「民俗資料叢書 14 八郎潟の漁撈習俗」平凡社　1971
◇第141図(p149)〔白黒・図〕　秋田県 八郎潟　氷上漁業 氷下曳網

**ヒザギ**
「日本民俗誌 7 生業上・下篇」村田書店　1978
◇図2-3〔白黒・図〕　麻糸網作り

**ビシ・ブリツリ・タコイシ・タイコナマリ**
「図録・民具入門事典」柏書房　1991
◇p67〔白黒〕　神奈川県

**比田勝港**
「宮本常一 写真・日記集成 下」毎日新聞社　2005
◇p324〔白黒〕　長崎県上対馬町　㋴宮本常一, 1974年5月23日

**日高の昆布とり**
「日本民俗写真大系 1」日本図書センター　1999
◇カバー表〔カラー〕　㋴関口哲也

**ヒツ**
「日本民具の造形」淡交社　2004
◇p222〔白黒〕　鹿児島県 ミュージアム知覧所蔵

**一休み**
「写真でみる日本生活図引 6」弘文堂　1993
◇図132〔白黒〕　千葉県千葉市黒砂　女たち 仲間どうし貝掘りにきて、赤ちゃんの乳のすむのを待つ　㋴林辰雄, 昭和31年10月

**ヒビ**
「日本民俗誌 7 生業上・下篇」村田書店　1978
◇図18-3〔白黒・図〕　肥後地方の筌

**日干し魚越しにみる港と明神岬**
「写真でみる民家大事典」柏書房　2005
◇p337-5〔白黒〕　兵庫県揖保郡御津町室津　㋴2004年 増田史男

**氷下網**
「日本社会民俗辞典 1」日本図書センター　2004
◇p418〔白黒〕　秋田県 八郎潟

**氷下網（魚をとらえたところ）**
「民俗資料叢書 14 八郎潟の漁撈習俗」平凡社　1971
◇図24〔白黒〕　秋田県 八郎潟

**氷下網（操業中）**
「民俗資料叢書 14 八郎潟の漁撈習俗」平凡社　1971
◇図22〔白黒〕　秋田県 八郎潟
◇図23〔白黒〕　秋田県 八郎潟

**氷下漁業バワリ図**
「民俗資料叢書 14 八郎潟の漁撈習俗」平凡社　1971

◇p47（挿12）〔白黒・図〕（冬期氷下漁業バワリ図）　山本郡八龍村川尻久米岡安戸六地区
◇p48（挿14・15）〔白黒・図〕（冬期氷下漁業バワリ図）　山本郡八龍村, 琴丘町

**氷下刺網漁業の一例**
「民俗資料叢書 14 八郎潟の漁撈習俗」平凡社　1971
◇第144図（p153）〔白黒・図〕　秋田県 八郎潟

**氷下曳網の操業図（場取り）**
「民俗資料叢書 14 八郎潟の漁撈習俗」平凡社　1971
◇第128図（p145）〔白黒・図〕　秋田県 八郎潟

**氷下曳網 曳場略図**
「民俗資料叢書 14 八郎潟の漁撈習俗」平凡社　1971
◇第130図（p145）〔白黒・図〕（昭和30年ごろの曳場略図）　秋田県 八郎潟　氷上漁業 氷下曳網

**氷下漁**
「日本民俗写真大系 1」日本図書センター　1999
◇p109〔白黒〕　北海道佐呂間町 サロマ湖　[撮]中谷吉隆, 1975年
「日本の生活文化財」第一法規出版　1965
◇図40（概説）〔白黒〕

**氷上漁業 ヤマのくみかた一例**
「民俗資料叢書 14 八郎潟の漁撈習俗」平凡社　1971
◇第146図（p153）〔白黒・図〕　秋田県 八郎潟

**漂着コンブを拾う人たち**
「宮本常一 写真・日記集成 下」毎日新聞社　2005
◇p464〔白黒〕　北海道幌泉郡えりも町 エリモ海岸　[撮]宮本常一, 1979年5月1日

**ヒラメ刺し網**
「日本民俗写真大系 6」日本図書センター　2000
◇p82〔白黒〕　長崎県島原市枯木地先 有明海島原半島沖　[撮]1987年

**琵琶湖のエリ**
「民俗図録 日本人の暮らし」日本図書センター　2012
◇図385～386〔白黒〕（琵琶湖のエリ（1-2））　滋賀県琵琶湖

**V型のアバ**
「写真ものがたり昭和の暮らし 5」農山漁村文化協会　2005
◇p142〔白黒〕　鹿児島県樋脇町（現薩摩川内市）　[撮]須藤功, 昭和54年9月

**福浦港**
「日本民俗写真大系 8」日本図書センター　2000
◇p152～153〔白黒〕　石川県富来町　[撮]御園直太郎, 1971年

**福徳丸の模型（北前船）**
「日本民俗事典」弘文堂　1972
◇p188〔白黒〕　兵庫県城崎郡竹野町

**フグのセリが始まる前**
「日本民俗写真大系 7」日本図書センター　2000
◇p25〔白黒〕　山口県下関市 下関魚市場　[撮]中村由信, 1978年

**ふぐばり**
「図説 台所道具の歴史」日本図書センター　2012
◇p50-2〔白黒〕　青森市・県立郷土館

**フクベ**
「民俗資料叢書 14 八郎潟の漁撈習俗」平凡社　1971
◇第19図（p78）〔白黒・図〕　秋田県 八郎潟　大正年間建網漁業：フクベ（瓢）網　八郎湖水面利用調査報告から

**フクベ網主要部**
「民俗資料叢書 14 八郎潟の漁撈習俗」平凡社　1971
◇第18図（p78）〔白黒・図〕　秋田県 八郎潟　建網漁業：フクベ（瓢）網

**フクロ網**
「民俗資料叢書 14 八郎潟の漁撈習俗」平凡社　1971
◇図13〔白黒〕　秋田県 八郎潟

**袋網**
「日本の民俗 下」クレオ　1997
◇図4-13〔白黒〕　静岡県賀茂郡南伊豆町　[撮]芳賀日出男, 昭和29年～37年

**袋網に魚の群れを追い込む**
「日本民俗写真大系 5」日本図書センター　2000
◇p47〔白黒〕　沖縄県波照間島　[撮]森田米雄, 1976年

**フコケと呼ぶタライ舟で漁をする**
「写真ものがたり昭和の暮らし 3」農山漁村文化協会　2004
◇p109〔白黒〕　石川県内浦町鹿泊　[撮]御園直太郎, 昭和47年11月

**藤籠**
「日本民具の造形」淡交社　2004
◇p110〔白黒〕　東京都 奥多摩郷土資料館所蔵　川魚漁獲の魚籠

**浮上**
「日本の民俗 下」クレオ　1997
◇図5-10〔白黒〕　石川県輪島市 舳倉島　命綱で急上昇してきた海女　[撮]芳賀日出男, 昭和37年

**二神島漁港**
「日本民俗写真大系 4」日本図書センター　1999
◇p32〔白黒〕　愛媛県温泉郡中島町（二神島）　愛媛県温泉郡中島町役場

**ふたのあるテボ**
「民俗資料叢書 15 有明海の漁撈習俗」平凡社　1972
◇図16〔白黒〕　有明海

**フーチャ**
「民俗資料叢書 15 有明海の漁撈習俗」平凡社　1972
◇図38〔白黒〕　有明海

**物資を山積みにして風待ちのため碇泊する北前船**
「日本民俗写真大系 8」日本図書センター　2000
◇p145〔白黒〕　小浜市　[撮]井田米蔵, 大正時代

**船揚機**
「写真ものがたり昭和の暮らし 3」農山漁村文化協会　2004
◇p43〔白黒〕　青森県八戸市沼館　[撮]和井田登, 昭和32年2月

**船揚場にあるのはすべて櫓舟**
「宮本常一が撮った昭和の情景 上」毎日新聞社　2009
◇p139〔白黒〕（船揚場。すべて櫓舟）　山口県萩市相島　[撮]宮本常一, 1961年8月30日
「宮本常一 写真・日記集成 上」毎日新聞社　2005
◇p270〔白黒〕　山口県萩市 相島　[撮]宮本常一, 1961年8月30日

**フナアマと呼ばれる海女たちが、乗って出たサンメイハギと呼ぶ海女船を浜に引き揚げる**
「写真ものがたり昭和の暮らし 3」農山漁村文化協会　2004
◇p43〔白黒〕　千葉県御宿町・大波月海岸　[撮]林辰雄, 昭和30年8月　千葉県立中央博物館提供

**船方の労働 網をたぐる**
「日本民俗写真大系 3」日本図書センター　1999
◇p66〔白黒〕　〔千葉県〕　[撮]小関与四郎, 1962年

**船越港**
「民俗資料叢書 2 志摩の年齢階梯制」平凡社　1965
◇図45〔白黒〕

**舟小屋**
「日本の生活環境文化大辞典」柏書房　2010

生産・生業　　　　　　　　　　　　　　　　　　　　　　　漁業

　◇p80-3〔白黒〕（単体型の舟小屋）　新潟県柏崎市西山町大崎　㊞2007年　池田孝博
　◇p80-4〔白黒〕（狭隘海岸の舟小屋）　新潟県糸魚川市筒石　㊞2007年　三井田忠明
　◇p355-4〔白黒〕（海岸の舟小屋）　新潟県佐渡市虫谷　㊞2007年　三井田忠明
「宮本常一 写真・日記集成 下」毎日新聞社　2005
　◇p389〔白黒〕　新潟県両津市水津　㊞宮本常一, 1977年3月17日
「写真ものがたり昭和の暮らし 3」農山漁村文化協会　2004
　◇p12〔白黒〕（かやぶき屋根の舟小屋）　新潟県能生町筒石　㊞室川右京, 昭和33年2月
「日本民俗写真大系 7」日本図書センター　2000
　◇p58〔白黒〕（石置屋根の舟小屋）　島根県布施村　㊞菅沼清美, 1970年
「写真でみる日本生活図引 6」弘文堂　1993
　◇図130〔白黒〕　石川県珠洲郡内浦町市之瀬　㊞前野隆資, 昭和38年11月6日
「日本民俗文化財事典（改訂版）」第一法規出版　1979
　◇図92〔白黒〕（海岸の舟小屋）　新潟県佐渡地方
「フォークロアの眼 7 海の暮らしと祭り」国書刊行会　1977
　◇図14〔白黒〕　新潟県佐渡郡小木町　㊞諸田森二, 昭和48年8月28日
　◇図15〔白黒〕　福井県三方郡三方町伊良積　㊞萩原秀三郎, 昭和48年2月4日
「写真 日本文化史 9」日本評論新社　1955
　◇図2〔白黒〕　新潟県

## 船小屋
「宮本常一が撮った昭和の情景 下」毎日新聞社　2009
　◇p15〔白黒〕（木羽葺き石置き屋根の船小屋）　島根県隠岐郡隠岐の島町（島後）　㊞宮本常一, 1965年5月28日
　◇p42～43〔白黒〕（谷の奥に設けられた船小屋）　新潟県佐渡市小木元小木　㊞宮本常一, 1966年9月2日
「写真でみる民家大事典」柏書房　2005
　◇p109-1〔白黒〕　新潟県佐渡市元小木　㊞2000年　佐藤利夫
　◇p109-2〔白黒〕（地回り船の船着場にある船小屋）　新潟県佐渡市東佐渡　㊞1996年　佐藤利夫
　◇p109-3〔白黒〕（3棟並んだ船小屋）　新潟県佐渡市大川　㊞1993年　津山正幹
「宮本常一 写真・日記集成 上」毎日新聞社　2005
　◇p379〔白黒〕　青森県 福浦→佐井・長後　㊞宮本常一, 1963年6月20日
「宮本常一 写真・日記集成 下」毎日新聞社　2005
　◇p25〔白黒〕（木羽葺き石置き屋根の船小屋）　島根県隠岐郡西郷町中村から西村のあたり［隠岐の島町］　㊞宮本常一, 1965年5月28日
　◇p85〔白黒〕（入江（澗）の奥に建てられた船小屋）　新潟県佐渡郡小木町虫谷［佐渡市］　㊞宮本常一, 1966年9月2日
　◇p86〔白黒〕（澗の奥に設けられた船小屋）　新潟県佐渡郡小木町元小木［佐渡市］　㊞宮本常一, 1966年9月2日
　◇p189〔白黒〕　東和町片添ヶ浜　㊞宮本常一, 1969年4月5日～10日
「写真でみる日本生活図引 2」弘文堂　1988
　◇図32〔白黒〕　新潟県両津市虫崎　㊞中俣正義, 昭和32年5月7日
「日本民俗図誌 9 住居・運輸篇」村田書店　1978
　◇図98-1〔白黒・図〕　東京府新島本村 海岸の砂地
　◇図98-2〔白黒・図〕　長崎港外土井ノ首

## 船小屋と漁船
「日本社会民俗辞典 3」日本図書センター　2004
　◇p1269〔白黒〕　石川県河北潟

## 舟小屋とテント舟
「宮本常一 写真・日記集成 上」毎日新聞社　2005
　◇p436〔白黒〕　新潟県佐渡郡赤泊村赤泊［佐渡市］　㊞宮本常一, 1964年6月21日

## 船小屋と船
「宮本常一が撮った昭和の情景 上」毎日新聞社　2009
　◇p194〔白黒〕（船小屋と引き揚げられた船）　青森県下北郡佐井村大字長後牛滝　㊞宮本常一, 1963年6月20日
「宮本常一 写真・日記集成 上」毎日新聞社　2005
　◇p378〔白黒〕　青森県下北郡佐井村牛滝　㊞宮本常一, 1963年6月20日

## 舟小屋の外観と内部
「フォークロアの眼 7 海の暮らしと祭り」国書刊行会　1977
　◇図12・13〔白黒〕　新潟県両津市願　㊞諸田森二, 昭和47年6月15日

## ふな刺網の構造
「民俗資料叢書 14 八郎潟の漁撈習俗」平凡社　1971
　◇第107図(p134)〔白黒・図〕　秋田県 八郎潟

## 船出し
「日本民俗写真大系 2」日本図書センター　1999
　◇p69〔白黒〕　岩手県種市町　細布コンブを採る積廻船を浜から押し出す漁師　㊞和井田登, 1957年　八戸市博物館蔵

## ふな建網（建網・ジャコ網）
「民俗資料叢書 14 八郎潟の漁撈習俗」平凡社　1971
　◇第20図(p80)〔白黒・図〕　秋田県 八郎潟

## ふな建網の構造
「民俗資料叢書 14 八郎潟の漁撈習俗」平凡社　1971
　◇第24図(p80)〔白黒・図〕　秋田県 八郎潟

## ふな建網の布設図
「民俗資料叢書 14 八郎潟の漁撈習俗」平凡社　1971
　◇第23図(p80)〔白黒・図〕　秋田県 八郎潟 大正5年八郎湖水面利用調査報告から

## 船着場
「宮本常一 写真・日記集成 上」毎日新聞社　2005
　◇p350〔白黒〕　福岡県北九州市小倉北区藍島　㊞宮本常一, 1962年10月17日

## 船着場の網干し場
「宮本常一 写真・日記集成 上」毎日新聞社　2005
　◇p372〔白黒〕　鹿児島県出水郡長島町 伊唐島　㊞宮本常一, 1963年3月11日

## 舟出浮網
「写真ものがたり昭和の暮らし 5」農山漁村文化協会　2005
　◇p132〔白黒〕　熊本県八代市　㊞麦島勝, 昭和25年3月
　◇p133〔白黒〕　熊本県八代市蛇籠港付近　㊞麦島勝, 昭和40年3月

## 船出を送る
「日本民俗写真大系 3」日本図書センター　1999
　◇p59〔白黒〕　（千葉県）堀川浜　出漁の手助けを終えたオッペシの女たち　㊞小関与四郎, 1962年

## 舟出を手伝う女達
「写真でみる日本人の生活全集 10」日本図書センター　2010
　◇p79〔白黒〕　㊞茂木正雄

## フナドは夫婦で呼吸のあった作業をする
「日本民俗写真大系 3」日本図書センター　1999
　◇p176〔白黒〕（フナ（ネ）ド〈船人〉は夫婦で呼吸のあった作業をする）　三重県鳥羽市神島　㊞1972年

## 鮒などを捕る漁具
「日本民俗図誌 7 生業上・下篇」村田書店　1978

◇図17-4〔白黒・図〕　石川県津和野川、吉野川その他の池沼等で使用

**フナ(ネ)ド**
「日本民俗写真大系 3」日本図書センター　1999
◇p140〔白黒〕　三重県鳥羽市相差　[撮]薗部澄, 1966年

**船曳網の構造例**
「民俗資料叢書 14 八郎潟の漁撈習俗」平凡社　1971
◇第84図(p121)〔白黒・図〕　秋田県 八郎潟

**船曳網の操業**
「民俗資料叢書 14 八郎潟の漁撈習俗」平凡社　1971
◇第91図(p122)〔白黒・図〕　秋田県 八郎潟

**船引き場**
「日本民俗写真大系 7」日本図書センター　2000
◇p50〔白黒〕　鳥取県岩美町 浦富海岸　[撮]板垣太子松, 1964年

**船縁から海に飛びこもうとしている海女**
「写真ものがたり昭和の暮らし 3」農山漁村文化協会　2004
◇p100〔白黒〕　長崎県厳原町曲(現対馬市)　[撮]中村由信, 昭和33年

**舟屋**
「日本の生活環境文化大辞典」柏書房　2010
◇口絵11〔カラー〕　京都府与謝郡伊根町　舟屋に曳き上げられず海上に係留されるFRP船　[撮]1998年　河原典史
「日本民俗写真大系 7」日本図書センター　2000
◇p130～131〔白黒〕(藁葺屋根の舟屋)　京都府久美浜町　[撮]板垣太子松, 1962年
◇p42〔白黒〕　島根県平田市　[撮]井上喜弘, 1958年
◇p2～3〔カラー〕(二階建の舟屋)　京都府伊根町　[撮]薗部澄, 1971年

**舟屋一階部分における4類型の事例**
「写真でみる民家大事典」柏書房　2005
◇p322-3〔白黒・図〕　京都府与謝郡伊根町　伊根町役場資料より作成

**舟屋群**
「図説 民俗建築大事典」柏書房　2001
◇写真4(p48)〔白黒〕　京都府伊根町

**船屋群**
「日本民俗大辞典 下」吉川弘文館　2000
◇p486〔白黒〕　京都府与謝郡伊根町

**舟屋と漁船**
「写真でみる民家大事典」柏書房　2005
◇p322-1〔白黒〕(さまざまなタイプの舟屋と漁船が連なる)　京都府与謝郡伊根町　[撮]1987年　河原典史

**舟屋の建ち並ぶ伊根浦**
「日本の生活環境文化大辞典」柏書房　2010
◇p74-1〔白黒〕　京都府与謝郡伊根町　[撮]1987年　河原典史

**舟屋の内部からのぞく舟屋群**
「日本の生活環境文化大辞典」柏書房　2010
◇p83-2〔白黒〕　京都府与謝郡伊根町　[撮]2003年　日向進

**舟漁具**
「宮本常一 写真・日記集成 上」毎日新聞社　2005
◇p47〔白黒〕　島根県八束郡宍道町 宍道湖　[撮]宮本常一, 1956年11月1日

**舟**
「民俗資料叢書 14 八郎潟の漁撈習俗」平凡社　1971
◇図9〔白黒〕　秋田県天王町羽立

**船**
「宮本常一 写真・日記集成 上」毎日新聞社　2005
◇p77〔白黒〕　広島県安芸郡音戸町(倉橋島)→上蒲刈島・田戸　[撮]宮本常一, 1957年8月26日

**船揚げ**
「写真でみる日本生活図引 6」弘文堂　1993
◇図124〔白黒〕　千葉県夷隅郡御宿町・大波月海岸　海女たちで船を浜へ引き上げる　[撮]林辰雄, 昭和30年8月20日
「写真でみる日本生活図引 2」弘文堂　1988
◇図28〔白黒〕　新潟県西蒲原郡巻町浦浜　ロクロを使って引き揚げ　[撮]斎藤文夫, 昭和40年8月

**船を漕ぐ**
「写真でみる日本生活図引 2」弘文堂　1988
◇図5〔白黒〕　神奈川県平塚市・馬入川河口　漁船 オオブネ　[撮]昭和5年6月1日　平塚市博物館提供
◇図6〔白黒〕　神奈川県大磯町　箱船　[撮]昭和5年6月15日　平塚市博物館提供

**船を止めて氷を落とす**
「写真ものがたり昭和の暮らし 3」農山漁村文化協会　2004
◇p127〔白黒〕　択捉島湾内　[撮]平野禎邦, 昭和43年2月

**舟ヲノボス人タチ**
「宮本常一 写真・日記集成 別巻」毎日新聞社　2005
◇図127(p26)〔白黒〕　静岡県仁科村［賀茂郡西伊豆町］テングサトリカラカヘッテ来タトコロ　[撮]宮本常一, 1940年4月15日～26日

**舟を寄せ, 網をしぼったところ**
「フォークロアの眼 7 海の暮らしと祭り」国書刊行会　1977
◇図34〔白黒〕　石川県珠洲郡内浦　[撮]諸田森二, 昭和47年1月21日

**船を陸にひきあげる**
「フォークロアの眼 3 運ぶ」国書刊行会　1977
◇図198〔白黒〕　三重県志摩郡大王町　1年の終りの日　[撮]須藤功, 昭和41年12月31日

**船が帰るといっぱいになる港**
「宮本常一 写真・日記集成 上」毎日新聞社　2005
◇p80〔白黒〕　広島県豊田郡豊浜町 豊島　[撮]宮本常一, 1957年8月27日

**船が戻るのを浜で待つ家族**
「日本民俗写真大系 8」日本図書センター　2000
◇p57〔白黒〕　秋田県八森町中浜　[撮]南利夫, 1959年

**舟からウナギを集荷する漁師**
「里山・里海 暮らし図鑑」柏書房　2012
◇写68(p181)〔白黒〕　福岡県柳川市沖端　昭和30～40年　野田種子提供

**船からの引き上げロープで深く潜るフナドの海女**
「宮本常一 写真・日記集成 下」毎日新聞社　2005
◇p247〔白黒〕　三重県志摩郡志摩町和具([志摩市])で海女の調査　[撮]宮本常一, 1971年4月12日～13日

**舟タデをする**
「民俗図録 日本人の暮らし」日本図書センター　2012
◇図311〔白黒〕(舟たで)　長崎県南松浦郡若松村荒川　[撮]井之口章次
「宮本常一が撮った昭和の情景 上」毎日新聞社　2009
◇p33〔白黒〕(船タデをする)　愛知県幡豆郡一色町大字佐久島　[撮]宮本常一, 1957年7月5日
◇p165〔白黒〕(麦藁で船タデをしている横では麦藁帽子の子どもが遊んでいる)　長崎県北松浦郡小値賀町藪路木島郡(藪路木島)　[撮]宮本常一, 1962年8月11日
「宮本常一が撮った昭和の情景 下」毎日新聞社　2009
◇p84～85〔白黒〕(船タデをする漁師)　広島県尾道市因

生産・生業　　　　　　　　　　　　　　　　　　　　　　　　　　　漁業

島土生町箱崎「家船民俗資料緊急調査」　㊙宮本常一, 1968年8月26日～29日

「宮本常一 写真・日記集成 上」毎日新聞社　2005
　◇p69〔白黒〕（船底をいぶす船タデ）　愛知県幡豆郡一色町 佐久島　㊙宮本常一, 1957年7月5日

「宮本常一 写真・日記集成 下」毎日新聞社　2005
　◇p172〔白黒〕　広島県因島市土生町箱崎　㊙宮本常一, 1968年8月26日～29日

## 船だまり

「宮本常一 写真・日記集成 上」毎日新聞社　2005
　◇p26〔白黒〕　東京都 東京港　㊙宮本常一, 1955年11月22日
　◇p44〔白黒〕　愛知県幡豆郡一色町 佐久島　㊙宮本常一, 1956年10月10日
　◇p126〔白黒〕　山口県大島郡東和町［周防大島町］情島　㊙宮本常一, 1959年4月20日
　◇p181〔白黒〕　山口県 下関→福岡県 戸畑　㊙宮本常一, 1960年4月18日
　◇p246〔白黒〕　広島県尾道市 百島・泊　㊙宮本常一, 1961年2月19日

「宮本常一 写真・日記集成 下」毎日新聞社　2005
　◇p77〔白黒〕　大分県 姫島　㊙宮本常一, 1966年8月3日～10日
　◇p114〔白黒〕　山口県大島郡東和町長崎［周防大島町］　㊙宮本常一, 1967年12月20日～23日
　◇p186〔白黒〕　広島県因島市土生町箱崎　㊙宮本常一, 1969年2月17日～19日
　◇p246〔白黒〕　広島県豊田郡豊浜町豊島　㊙宮本常一, 1971年4月9日～10日
　◇p312〔白黒〕　香川県坂出市櫃石島　㊙宮本常一, 1973年8月18日

「写真でみる日本生活図引 6」弘文堂　1993
　◇図93〔白黒〕（船溜まり）　東京都品川区東品川　㊙昭和38年11月26日　東京都提供

## 船だまり 釣漁船の群

「宮本常一 写真・日記集成 上」毎日新聞社　2005
　◇p211〔白黒〕（二階から見下ろす船だまり。釣漁船の群）　三重県鳥羽市坂手（坂手島）　㊙宮本常一, 1960年9月27日

## 船だまりのてんま船

「宮本常一 写真・日記集成 上」毎日新聞社　2005
　◇p38〔白黒〕　静岡県沼津市我入道　㊙宮本常一, 1956年6月10日

## 船と番屋

「日本民俗写真大系 1」日本図書センター　1999
　◇p99〔白黒〕　北海道積丹町幌武意　㊙樋口英夫, 1976年

## 船のジロ

「民俗資料叢書 15 有明海の漁撈習俗」平凡社　1972
　◇図114〔白黒〕　有明海　土製のかまど

## 船の巻き上げ機

「宮本常一 写真・日記集成 上」毎日新聞社　2005
　◇p338〔白黒〕　相ノ島（福岡県糟屋郡新宮町）　㊙宮本常一, 1962年8月28日

## 舟の屋根に苫をかけるのは古い形

「宮本常一が撮った昭和の情景 下」毎日新聞社　2009
　◇p86〔白黒〕（出漁前のひととき）　広島県因島市土生町箱崎　［舟の屋根に苫］　㊙宮本常一, 1968年8月26日～29日

「宮本常一 写真・日記集成 下」毎日新聞社　2005
　◇p172〔白黒〕（屋根に苫をかけるのは古い形）　広島県因島市土生町箱崎　㊙宮本常一, 1968年8月26日～29日

## 布海苔を採る

「日本民俗写真大系 1」日本図書センター　1999
　◇p116〔白黒〕（荒波の岩の布海苔を採る）　青森県三厩村竜飛　㊙渡辺良正, 1968年

## 海蘿とり

「民俗図録 日本人の暮らし」日本図書センター　2012
　◇図369〔白黒〕　鹿児島県熊毛郡馬毛島

## 布帆

「民俗資料叢書 14 八郎潟の漁撈習俗」平凡社　1971
　◇第9図(p71)〔白黒・図〕　秋田県 八郎潟

## 浮標

「日本民俗図誌 7 生業上・下篇」村田書店　1978
　◇図14-4〔白黒・図〕　箱根芦ノ湖使用
　◇図14-5〔白黒・図〕　能登地方
　◇図14-7〔白黒・図〕　琵琶湖で使用

## 父母兄姉とともに地引きかつぎを手伝う

「写真でみる日本人の生活全集 9」日本図書センター　2010
　◇p48〔白黒〕　㊙下田俊一

## 冬の竜飛崎

「日本民俗写真大系 1」日本図書センター　1999
　◇p113〔白黒〕　青森県東津軽郡三厩村　㊙薗部澄, 1992年

## 冬の広尾港

「日本民俗写真大系 1」日本図書センター　1999
　◇カバー表〔カラー〕　㊙関口哲也

## 鰤大敷

「民俗図録 日本人の暮らし」日本図書センター　2012
　◇図323〔白黒〕　紀州熊野海岸

## ぶり大謀網

「日本民俗図誌 5 農耕・漁撈篇」村田書店　1978
　◇図118〔白黒・図〕　宮崎県都井地方

## ブリなどの定置網漁

「里山・里海 暮らし図鑑」柏書房　2012
　◇写29 (p193)〔白黒〕　福井県若狭地方　昭和10年　井田家所蔵古写真・福井県立若狭歴民俗資料館提供

## ブリの刺網

「あるくみるきく双書 宮本常一とあるいた昭和の日本 23」農山漁村文化協会　2012
　◇p161〔白黒〕　京都府伊根町　明治27年の銘　㊙森本孝

## ブリの水揚げ

「日本民俗写真大系 6」日本図書センター　2000
　◇p6〔カラー〕　長崎県五島三井楽　㊙高原至, 1967年　ナガサキ・フォト・サービス

## 鰤の水揚げ

「日本民俗写真大系 5」日本図書センター　2000
　◇p38〔白黒〕　鹿児島県内之浦町　㊙星原昌一, 1962年

## ブリの陸揚げ

「里山・里海 暮らし図鑑」柏書房　2012
　◇写33 (p194)〔白黒〕　福井県美浜町早瀬　昭和30年頃　中畑繁雄所蔵, 美浜町役場文化財保護・町誌編纂室提供

## 振棒

「日本の民具 3 山・漁村」慶友社　1992
　◇図207〔白黒〕　東京都〔大田区〕大森　海苔養殖　㊙薗部澄

## ブリ養殖日本一の生簀群

「日本民俗写真大系 6」日本図書センター　2000
　◇p85〔白黒〕　鹿児島県東町薄井　㊙土木典昭, 1985年

## 不漁の日の浜

「日本民俗写真大系 3」日本図書センター　1999

◇p78～79〔白黒〕　〔千葉県〕堀川浜　船揚げ用のエンジ場、地元網元の持船、合図用の板木と網元衆　[撮]小関与四郎, 1960年

**古い型の刺網漁船**

「宮本常一 写真・日記集成 上」毎日新聞社　2005

◇p251〔白黒〕　長崎県北松浦郡小値賀町 六島　[撮]宮本常一, 1961年4月23日

**古いタイプのチンカラ網**

「宮本常一 写真・日記集成 上」毎日新聞社　2005

◇p260〔白黒〕　石川県輪島市 輪島漁港　[撮]宮本常一, 1961年7月31日

**べか舟**

「写真ものがたり昭和の暮らし 3」農山漁村文化協会　2004

◇p45〔白黒〕　千葉県浦安市　海苔養殖場から今川澪を帰る　[撮]菊池俊吉, 昭和30年

「写真でみる日本生活図引 2」弘文堂　1988

◇図57〔白黒〕　千葉県浦安市　[撮]菊池俊吉, 昭和30年

**舳倉島の海女**

「民俗図録 日本人の暮らし」日本図書センター　2012

◇図335〔白黒〕　石川県鳳至郡舳倉島

**ベニズワイガニの網漁**

「日本民俗写真大系 7」日本図書センター　2000

◇p13〔カラー〕　日本海　[撮]森田米雄, 1989年

**棒受網**

「図説 民俗探訪事典」山川出版社　1983

◇p252〔白黒・図〕

**棒受網漁業**

「日本社会民俗辞典 1」日本図書センター　2004

◇図版X 漁業（2）〔白黒〕　千葉県　[撮]明治時代　『房総水産図誌』

**防寒帽のあご紐をしっかり縛ってやる**

「写真ものがたり昭和の暮らし 3」農山漁村文化協会　2004

◇p140〔白黒〕　[撮]平野禎邦, 昭和40年代

**謀計網**

「日本民俗図誌 7 生業上・下篇」村田書店　1978

◇図8〔白黒・図〕　土佐地方

**紡車**

「日本民俗図誌 7 生業上・下篇」村田書店　1978

◇図3-1〔白黒・図〕　網糸作り

**房州高瀬船**

「日本民俗図誌 5 農耕・漁撈篇」村田書店　1978

◇図113〔白黒・図〕　逓信博物館蔵『古船集』

**房州茶船**

「日本民俗図誌 5 農耕・漁撈篇」村田書店　1978

◇図114〔白黒・図〕　逓信博物館蔵『古船集』

**北条市安居島**

「宮本常一 写真・日記集成 下」毎日新聞社　2005

◇p246〔白黒〕　愛媛県北条市安居島　[撮]宮本常一, 1971年4月8～9日

**紡針**

「日本民俗図誌 7 生業上・下篇」村田書店　1978

◇図2-2〔白黒・図〕　麻糸網作り

**防府市野島**

「宮本常一 写真・日記集成 下」毎日新聞社　2005

◇p245〔白黒〕　山口県防府市野島　[撮]宮本常一, 1971年4月6日

**豊漁の船団が帰港し、ごった返す卸市場**

「日本民俗写真大系 1」日本図書センター　1999

◇p26～27〔白黒〕　北海道釧路市浜町　[撮]表優臣, 1966年

**帆を張る漁船**

「宮本常一が撮った昭和の情景 上」毎日新聞社　2009

◇p144〔白黒〕　山口県萩市見島から萩へ　[撮]宮本常一, 1961年9月6日

**捕獲した鯨を五島荒川の捕鯨基地に運ぶ**

「日本民俗写真大系 6」日本図書センター　2000

◇p52〔白黒〕　長崎県五島の沖合　[撮]高原至, 1973年　ナガサキ・フォト・サービス

**捕獲したフカの頭を槌でたたいて殺す**

「写真ものがたり昭和の暮らし 3」農山漁村文化協会　2004

◇p71〔白黒〕　熊本県苓北町富岡　[撮]麦島勝, 昭和30年7月

**捕獲したフカの引き上げ**

「写真ものがたり昭和の暮らし 3」農山漁村文化協会　2004

◇p71〔白黒〕　熊本県苓北町富岡　[撮]麦島勝, 昭和30年7月

**北越海岸の漁村**

「日本社会民俗辞典 1」日本図書センター　2004

◇p283〔白黒〕

**北転船**

「写真ものがたり昭和の暮らし 3」農山漁村文化協会　2004

◇p121〔白黒〕　北方海上　カムチャッカ半島のタラの漁場に向かう　[撮]平野禎邦, 昭和45年5月

◇p126〔白黒〕（凍りついた北転船）　択捉島湾内　[撮]平野禎邦, 昭和43年2月

「日本民俗写真大系 1」日本図書センター　1999

◇p79〔白黒〕（カムチャツカ半島オゼルナヤ沖に向かう北転船）　[撮]平野禎邦, 1970年

**北転船スケソウ漁**

「日本民俗写真大系 1」日本図書センター　1999

◇p80～81〔白黒〕　[撮]平野禎邦, 1974年

**北洋サケ・マス船団の出漁する港で見送る家族との別れを惜しむ**

「日本民俗写真大系 1」日本図書センター　1999

◇p78〔白黒〕　北海道 函館　[撮]平野禎邦, 1975年

**北洋に出港の朝、しばしの別れとなる家族とひとときを過ごす**

「写真ものがたり昭和の暮らし 3」農山漁村文化協会　2004

◇p117〔白黒〕　北海道函館市　[撮]平野禎邦, 昭和50年5月

**捕鯨銃**

「日本民具の造形」淡交社　2004

◇p230〔白黒〕　千葉県 黒汐資料館所蔵

**捕鯨船**

「宮本常一 写真・日記集成 下」毎日新聞社　2005

◇p178〔白黒〕　宮城県石巻市 鮎川港　[撮]宮本常一, 1968年12月23日

**捕鯨の間に捕獲したシャチ**

「写真ものがたり昭和の暮らし 3」農山漁村文化協会　2004

◇p91〔白黒〕　和歌山県太地町　[撮]中村由信, 昭和42年

**捕鯨の事業場**

「日本社会民俗辞典 3」日本図書センター　2004

◇p1327〔白黒〕　宮城県鮎川港

**捕鯨砲を放つ**

「写真ものがたり昭和の暮らし 3」農山漁村文化協会　2004

◇p89〔白黒〕　和歌山県太地町　[撮]中村由信, 昭和42年

**捕鯨母船上の鯨体処理**

「日本社会民俗辞典 3」日本図書センター　2004

◇p1327〔白黒〕　太洋漁業株式会社

**捕鯨用具のいろいろ**
「図説 民俗探訪事典」山川出版社　1983
◇p259〔白黒・図〕『日本捕鯨彙考』

**銛**
「民俗図録 日本人の暮らし」日本図書センター　2012
◇図314〔白黒〕　鹿児島県大島郡宝島　[撮]青井竹三郎

**歩行網**
「日本民俗図誌 5 農耕・漁撈篇」村田書店　1978
◇図176〔白黒・図〕

**銛つき**
「民俗図録 日本人の暮らし」日本図書センター　2012
◇図324〔白黒〕　沖縄本島

**干し終えた身欠ニシンを箱に詰める**
「写真ものがたり昭和の暮らし 3」農山漁村文化協会　2004
◇p148〔白黒〕　北海道豊浦町　[撮]掛川源一郎, 昭和24年

**干したコンブをとり入れる父子**
「宮本常一が撮った昭和の情景 上」毎日新聞社　2009
◇p232～233〔白黒〕(海岸に干したコンブをとり込む父子)　北海道利尻郡利尻町(利尻島)　[撮]宮本常一, 1964年8月3日
「宮本常一 写真・日記集成 上」毎日新聞社　2005
◇p448〔白黒〕　北海道 利尻島一周 鬼脇→沓形　[撮]宮本常一, 1964年8月3日

**墓所あたりの海岸**
「宮本常一 写真・日記集成 下」毎日新聞社　2005
◇p243〔白黒〕　広島県佐伯郡大野町赤崎　[撮]宮本常一, 1971年3月25日(宮島(広島県佐伯郡宮島町)民俗調査)

**ホソコンブ漁の男たちの休息**
「写真でみる日本生活図引 6」弘文堂　1993
◇図123〔白黒〕(休息)　岩手県九戸郡種市町玉川　細海布(ホソコンブ)漁の男たち　[撮]和井田登, 昭和32年8月12日

**ホソメコンブを浜に広げ干す女たち**
「写真ものがたり昭和の暮らし 3」農山漁村文化協会　2004
◇p105〔白黒〕　岩手県種市町有家　[撮]和井田登, 昭和32年8月

**ホソメコンブ漁の日、カッコと呼ぶ木造船を押し出す**
「写真ものがたり昭和の暮らし 3」農山漁村文化協会　2004
◇p104〔白黒〕　岩手県種市町有家　「組合採り」という共同採取日の日の船出し　[撮]和井田登, 昭和32年8月

**蛍烏賊の網上げ**
「民俗図録 日本人の暮らし」日本図書センター　2012
◇図320〔白黒〕　富山県魚津町

**北海シマエビ漁**
「日本民俗写真大系 1」日本図書センター　1999
◇p24〔白黒〕　北海道別海町 尾岱沼　[撮]中谷吉隆, 1972年

**帆に風を受けて小浜港へ入港する北前型弁才船**
「日本民俗写真大系 8」日本図書センター　2000
◇p144〔白黒〕　小浜市　[撮]井田米蔵, 大正時代

**帆柱**
「民俗資料叢書 14 八郎潟の漁撈習俗」平凡社　1971
◇第10図(p71)〔白黒・図〕　秋田県 八郎潟

**帆曳船**
「日本民俗写真大系 3」日本図書センター　1999
◇p22～23〔白黒〕　〔茨城県〕北浦　[撮]藤井正夫, 1965年

**ぼら刺網**
「民俗資料叢書 14 八郎潟の漁撈習俗」平凡社　1971
◇第113図(p136)〔白黒・図〕　秋田県 八郎潟

**ボラ敷網**
「図説 民俗探訪事典」山川出版社　1983
◇p252〔白黒・図〕

**ボラ施刺網**
「日本民俗図誌 5 農耕・漁撈篇」村田書店　1978
◇図122〔白黒・図〕　宮崎県延岡地方『宮崎県漁具図譜』による

**ぼら建網布設図**
「民俗資料叢書 14 八郎潟の漁撈習俗」平凡社　1971
◇第30図(p85)〔白黒・図〕　一日市地方

**鯔楯漁**
「写真でみる日本生活図引 2」弘文堂　1988
◇図21, 22〔白黒〕　三重県鳥羽市小浜町　[撮]昭和7年頃　野村史隆提供

**鯔釣道具**
「日本民俗図誌 5 農耕・漁撈篇」村田書店　1978
◇図195〔白黒・図〕　浮き釣

**ボラ待ちやぐら**
「写真ものがたり昭和の暮らし 3」農山漁村文化協会　2004
◇もくじ〔p3〕〔白黒〕　[撮]御園直太郎

**掘りあげたムツゴロウ**
「民俗資料叢書 15 有明海の漁撈習俗」平凡社　1972
◇図8〔白黒〕　有明海

**ほりかぎ**
「日本の生活文化財」第一法規出版　1965
◇図30(生産・運搬・交易)〔白黒〕　小川原湖博物館所蔵(青森県三沢市)

**ホリと田舟**
「日本の生活環境文化大辞典」柏書房　2010
◇p96-2〔白黒〕　滋賀県守山市木浜　[撮]1958年当時, 2002年のホリ　北村孝, 牧野厚史

**ホリムツの様子**
「日本の生活環境文化大辞典」柏書房　2010
◇p105-13〔白黒〕(有明海のホリムツの様子)　[撮]2009年 川内知子

**本船と魚の運搬船の間に網が絞られる**
「日本民俗写真大系 6」日本図書センター　2000
◇p42～43〔白黒〕　対馬海峡東方海上　[撮]中村昭夫, 1963年

**ポンポラガケ**
「日本民俗図誌 5 農耕・漁撈篇」村田書店　1978
◇図134-4〔白黒・図〕　周防大島　宮本常一〔提供〕

**マイカ曳縄に用いる海老型擬餌**
「日本民俗図誌 5 農耕・漁撈篇」村田書店　1978
◇図128-1〔白黒・図〕

**前田式五連発の捕鯨砲と砲手**
「写真ものがたり昭和の暮らし 3」農山漁村文化協会　2004
◇p88〔白黒〕　和歌山県太地町　[撮]中村由信, 昭和42年

**マカジキを引きあげる**
「写真ものがたり昭和の暮らし 3」農山漁村文化協会　2004
◇p132〔白黒〕　[撮]平野禎邦, 昭和40年代

**旋網漁業**
「民俗資料叢書 14 八郎潟の漁撈習俗」平凡社　1971
◇第151図(p157)〔白黒・図〕　秋田県 八郎潟　昭和23年頃
◇第152図(p157)〔白黒・図〕(本来の旋網漁業)　秋田県 八郎潟

**旋網漁業におけるカキ網**
「民俗資料叢書 14 八郎潟の漁撈習俗」平凡社　1971
◇第147図(p156)〔白黒・図〕　秋田県 八郎潟

漁業　　　　　　　　　　　　　　　　　　生産・生業

旋網漁業におけるハッキリ網（タナ網）
　「民俗資料叢書 14 八郎潟の漁撈習俗」平凡社　1971
　　　◇第149図（p156）〔白黒・図〕　秋田県 八郎潟　昭和23年ごろから

巻かごを引いてアサリを獲る
　「写真ものがたり昭和の暮らし 3」農山漁村文化協会　2004
　　　◇p113〔白黒〕　千葉県千葉市花見川区幕張　㊡林辰雄、昭和30年代　千葉県立中央博物館提供

巻き籠を曳きアサリなどを採る
　「日本民俗写真大系 3」日本図書センター　1999
　　　◇p49〔白黒〕　千葉県千葉市幕張　㊡林辰雄, 1955年頃　千葉県立中央博物館蔵

巻き籠の柄をゆすり、籠に入る砂を振るい落としながら曳く
　「日本民俗写真大系 3」日本図書センター　1999
　　　◇p50〔白黒〕　江戸川河口　㊡長沼雄太, 1955年

枕崎港
　「宮本常一 写真・日記集成 上」毎日新聞社　2005
　　　◇p184〔白黒〕　鹿児島県枕崎市 枕崎港　㊡宮本常一, 1960年4月20日

マクラバコ
　「宮本常一 写真・日記集成 別巻」毎日新聞社　2005
　　　◇図5（p13）〔白黒〕　島根県八束郡御津村〔鹿島町〕　㊡宮本常一, 1939年11月18日

枕箱
　「図録・民具入門事典」柏書房　1991
　　　◇p66〔白黒〕　東京都
　「民俗学辞典（改訂版）」東京堂出版　1987
　　　◇図版43（p534）〔白黒・図〕　鳥取県岩美郡　橋浦泰雄画
　「民俗資料叢書 15 有明海の漁撈習俗」平凡社　1972
　　　◇図113〔白黒〕　有明海　たばこ道具、網の修理道具

マグロ建網
　「図説 民俗探訪事典」山川出版社　1983
　　　◇p253〔白黒・図〕　宮本秀明『漁具漁法学』より

マグロ建切網漁撈図絵馬
　「日本民俗写真大系 3」日本図書センター　1999
　　　◇p93〔白黒・図〕　静岡県沼津市　1907（明治40）年に大漁を祝って金桜神社に奉納された絵馬　㊡湊嘉秀

マグロ建切網漁
　「日本社会民俗辞典 1」日本図書センター　2004
　　　◇p287〔白黒〕　静岡県内浦

マグロの一本釣り
　「日本民俗写真大系 1」日本図書センター　1999
　　　◇p115〔白黒〕　青森県大間町 津軽海峡大間崎の沖合　㊡青山富士夫, 1963年

マグロの立釣
　「日本社会民俗辞典 1」日本図書センター　2004
　　　◇p286〔白黒・図〕　『静岡県水産誌』

マグロ延縄
　「図録・民具入門事典」柏書房　1991
　　　◇p67〔白黒・図〕

マグロ曳縄釣に用いる鉤につける餌のつけ方
　「日本民俗誌 5 農耕・漁撈篇」村田書店　1978
　　　◇図125-1〜6〔白黒・図〕

孫を負ぶって北洋に出漁する漁船員の息子を見送る
　「写真ものがたり昭和の暮らし 3」農山漁村文化協会　2004
　　　◇p118〔白黒〕　青森県八戸市　㊡田村淳一郎、昭和33年4月

ます取りの手鍵
　「民俗資料選集 6 狩猟習俗Ⅱ」国土地理協会　1978
　　　◇p11（口絵）〔白黒〕　新潟県北魚沼郡入広瀬村 大白川

マダケで編んだウケ
　「あるくみるきく双書 宮本常一とあるいた昭和の日本 19」農山漁村文化協会　2012
　　　◇p179〔カラー〕　宮城県中新田町　㊡工藤員功

マダコ漁
　「日本民俗写真大系 8」日本図書センター　2000
　　　◇p98〔白黒〕　酒田市飛島　島周囲の磯まわりをする人　㊡森本孝, 1985年
　　　◇p99〔白黒〕　酒田市飛島　箱眼鏡で覗きながら鉤でひっかけてとる　㊡森本孝, 1985年

マチアミ
　「日本民俗文化財事典（改訂版）」第一法規出版　1979
　　　◇図154〔白黒〕

待ち網（抄網の一例）
　「民具のみかた一心とかたち」第一法規出版　1983
　　　◇p165〔白黒〕　佐賀県鹿島市

マッカ
　「民俗資料叢書 14 八郎潟の漁撈習俗」平凡社　1971
　　　◇第14図（p75）〔白黒・図〕　秋田県 八郎潟
　　　◇第134図（p146）〔白黒・図〕　秋田県 八郎潟

松葉ガニの1日漁のセリ場
　「日本民俗写真大系 7」日本図書センター　2000
　　　◇p126〔白黒〕　京都府久美浜町　㊡板垣太子松, 1971年

祭に帰って来た家船の群
　「民俗図録 日本人の暮らし」日本図書センター　2012
　　　◇図345〔白黒〕　長崎県西彼杵郡瀬戸町

マデ網の構造
　「民俗資料叢書 14 八郎潟の漁撈習俗」平凡社　1971
　　　◇第50図（p93）〔白黒・図〕　秋田県 八郎潟

マリップ
　「日本民俗図誌 7 生業上・下篇」村田書店　1978
　　　◇図12〔白黒・図〕　アイヌ　鮭や鱒の漁獲に使用される鉤

マルカゴ
　「あるくみるきく双書 宮本常一とあるいた昭和の日本 19」農山漁村文化協会　2012
　　　◇p97〔白黒〕　新潟県佐渡郡畑野町　ノリ摘み　㊡工藤員功

マルキ
　「民俗図録 日本人の暮らし」日本図書センター　2012
　　　◇図309〔白黒〕　新潟県西蒲原郡間瀬村　㊡橋浦泰雄

丸木底の磯舟
　「宮本常一 写真・日記集成 上」毎日新聞社　2005
　　　◇p392〔白黒〕　青森県下北郡東通村尻労　㊡宮本常一, 1963年8月13日

マルキとチョロ
　「民俗図録 日本人の暮らし」日本図書センター　2012
　　　◇図306〔白黒〕　石川県鹿島郡能登島　㊡平山敏治郎

マルキブネ
　「日本社会民俗辞典 4」日本図書センター　2004
　　　◇p1363〔白黒〕　男鹿半島
　「日本の生活文化財」第一法規出版　1965
　　　◇図38（生産・運搬・交易）〔白黒〕　小川原湖博物館所蔵（青森県三沢市）

丸木舟
　「日本社会民俗辞典 3」日本図書センター　2004
　　　◇図版ⅩⅢ 船（1）〔白黒〕　秋田県男鹿半島　文化財保

護委員会提供
◇図版XⅢ 船(1)〔白黒〕(丸木舟(小舟)) 秋田県田沢湖 文化財保護委員会提供
「日本民俗写真大系 5」日本図書センター 2000
◇p104〔白黒〕(種子島最後の丸木舟) 魚を捕るために沖へ漕いで行く [撮]上村俊雄, 1988年7月30日
「図説 民俗探訪事典」山川出版社 1983
◇p248〔白黒〕 鹿児島県種子島(西之表市)

### 丸木船
「日本民俗写真大系 8」日本図書センター 2000
◇p101〔白黒〕 男鹿市 [撮]伊藤碩男, 1967年

### 丸木舟に乗り櫓漕ぎで磯漁をする
「日本民俗写真大系 8」日本図書センター 2000
◇p54〔白黒〕 男鹿市 [撮]伊藤碩男, 1967年

### まるた船
「日本社会民俗辞典 3」日本図書センター 2004
◇p1273〔白黒〕 諏訪湖

### マルブネ(木舟)による肥料藻の採取
「里山・里海 暮らし図鑑」柏書房 2012
◇写10(p99)〔白黒〕 福井県小浜市大島 昭和34年 井田家所蔵古写真・福井県立若狭歴史民俗資料館提供

### マワシ網
「日本社会民俗辞典 1」日本図書センター 2004
◇p285〔白黒・図〕 『静岡県水産誌』
「図録・民具入門事典」柏書房 1991
◇p68〔白黒・図〕

### 廻し打ち
「日本郷土 風俗・民芸・芸能図鑑」日本図書センター 2012
◇写真篇 高知〔白黒〕 高知県

### マワシ叩網
「日本社会民俗辞典 1」日本図書センター 2004
◇p288〔白黒・図〕 『静岡県水産誌』

### 馬渡船
「日本民俗図誌 5 農耕・漁撈篇」村田書店 1978
◇図115〔白黒・図〕 逓信博物館蔵『古船集』

### マングワ(しじみかき)
「民俗資料叢書 14 八郎潟の漁撈習俗」平凡社 1971
◇図29〔白黒〕 秋田県 八郎潟

### マングワの構造
「民俗資料叢書 14 八郎潟の漁撈習俗」平凡社 1971
◇第171図(p171)〔白黒・図〕 秋田県 八郎潟

### 満潮時の海床路
「日本の生活環境文化大辞典」柏書房 2010
◇p93-3〔白黒〕 熊本県宇土市住吉 [撮]2009年 橋村修

### 万棒
「日本民具の造形」淡交社 2004
◇p230〔白黒〕 北海道 利尻富士町郷土資料館所蔵

### ミエ網
「民俗資料叢書 15 有明海の漁撈習俗」平凡社 1972
◇図71〔白黒〕 有明海

### 見送りの群衆
「日本民俗写真大系 2」日本図書センター 1999
◇p23〔白黒〕 岩手県宮古市 秋のサンマ漁に出る漁師、その船団の見送りにやってきた人々 [撮]小野幹, 1962年

### 三崎港
「日本民俗写真大系 3」日本図書センター 1999
◇p53〔白黒〕 神奈川県 [撮]薗部澄, 1955年

### 水揚げされた鰹
「日本民俗写真大系 5」日本図書センター 2000
◇p8〜9〔カラー〕 鹿児島県 山川港 [撮]相場惣太郎, 1956年

### 水揚げされたたくさんのスケソウダラ
「写真ものがたり昭和の暮らし 3」農山漁村文化協会 2004
◇p142〔白黒〕 青森県八戸市 第二市場 [撮]和井田登, 昭和42年2月

### 水揚げされたマグロ
「フォークロアの眼 7 海の暮らしと祭り」国書刊行会 1977
◇図47〔白黒〕 宮城県塩釜市塩釜港 [撮]諸田森二, 昭和49年8月4日

### 水揚げされる鰯
「日本民俗写真大系 7」日本図書センター 2000
◇p12〔カラー〕 鳥取県境港市 [撮]須藤功, 1974年

### 水揚げしたアワビの殻はぎ
「写真でみる日本人の生活全集 4」日本図書センター 2010
◇p55〔白黒〕 三陸海岸

### 水揚げしたイカを、セリにかけるために発砲スチールの箱に詰める
「日本民俗写真大系 7」日本図書センター 2000
◇p56〔白黒〕 島根県西ノ島町 浦郷の魚市場 [撮]薗部澄, 1986年

### 水揚げしたタイを買い取る出買船
「写真ものがたり昭和の暮らし 3」農山漁村文化協会 2004
◇p75〔白黒〕 香川県・直島近海 [撮]中村由信, 昭和32年

### 水揚げどきに多忙な海の婦人
「写真でみる日本人の生活全集 10」日本図書センター 2010
◇p37〔白黒〕 [撮]茂木

### 水揚げの浜
「写真でみる日本生活図引 2」弘文堂 1988
◇図44, 45〔白黒〕 新潟県新潟市五十嵐 [撮]中俣正義, 昭和20年代

### 水揚げや運ぶときなどに落ちたハタハタを拾う子どもたち
「写真ものがたり昭和の暮らし 3」農山漁村文化協会 2004
◇p83〔白黒〕 秋田県八森町中浜 [撮]南利夫, 昭和33年

### 水樽
「日本民具の造形」淡交社 2004
◇p55〔白黒〕 神奈川県 大磯町郷土資料館所蔵

### 道網
「日本の民俗 暮らしと生業」KADOKAWA 2014
◇図4-7〔白黒〕 静岡県賀茂郡南伊豆町 [撮]芳賀日出男, 昭和29年〜37年
「日本の民俗 下」クレオ 1997
◇図4-12〔白黒〕 静岡県賀茂郡南伊豆町 [撮]芳賀日出男, 昭和29年〜37年

### 道網作り
「日本民俗写真大系 3」日本図書センター 1999
◇p84〔白黒〕(道網作り) 静岡県南伊豆町 [撮]芳賀日出男, 1962年
「日本の民俗 下」クレオ 1997
◇図4-11〔白黒〕 静岡県賀茂郡南伊豆町 [撮]芳賀日出男, 昭和29年〜37年

### 見突漁
「日本民俗図誌 5 農耕・漁撈篇」村田書店 1978
◇図185〔白黒・図〕 春 アカエイ、ヨコサ等を捕獲

漁業　　　　　　　　　　　　　　　　　　生産・生業

見突漁に用いる見突銛
　「日本民俗図誌 5 農耕・漁撈篇」村田書店　1978
　　◇図187-1・2〔白黒・図〕

満山釣　アラ釣用
　「民俗資料選集 22 対馬の釣鉤製作習俗」国土地理協会
　　1994
　　◇p3（本文）〔白黒〕　長崎県

満山釣　サワラ釣用
　「民俗資料選集 22 対馬の釣鉤製作習俗」国土地理協会
　　1994
　　◇p3（本文）〔白黒〕　長崎県

満山釣　シイラ釣用
　「民俗資料選集 22 対馬の釣鉤製作習俗」国土地理協会
　　1994
　　◇p4（本文）〔白黒〕　長崎県

満山釣　タイ釣用
　「民俗資料選集 22 対馬の釣鉤製作習俗」国土地理協会
　　1994
　　◇p4（本文）〔白黒〕　長崎県

満山釣　ブリ釣用
　「民俗資料選集 22 対馬の釣鉤製作習俗」国土地理協会
　　1994
　　◇p4（本文）〔白黒〕　長崎県

港
　「宮本常一 写真・日記集成 上」毎日新聞社　2005
　　◇p69〔白黒〕　愛知県幡豆郡一色町佐久島　㈹宮本常一，1957年7月5日
　「宮本常一 写真・日記集成 下」毎日新聞社　2005
　　◇p68〔白黒〕　鹿児島県西之表市（種子島）　㈹宮本常一，1966年3月31日〜4月10日

港と宮崎山
　「宮本常一 写真・日記集成 上」毎日新聞社　2005
　　◇p199〔白黒〕　山口県萩市 見島　㈹宮本常一，1960年8月1日

港に引き揚げられた漁船
　「宮本常一 写真・日記集成 下」毎日新聞社　2005
　　◇p389〔白黒〕　新潟県両津市水津　㈹宮本常一，1977年3月17日

港町の海岸沿い
　「日本民俗写真大系 8」日本図書センター　2000
　　◇p164〔白黒〕　新潟県能生町　㈹室川右京，1961年

水俣港
　「宮本常一 写真・日記集成 上」毎日新聞社　2005
　　◇p431〔白黒〕　熊本県 水俣　㈹宮本常一，1964年5月14日

見張り台
　「日本民俗写真大系 3」日本図書センター　1999
　　◇p120〔白黒〕　和歌山県太地町　マストからの探鯨　㈹中村由信，1967年

宮窪の漁浦
　「宮本常一 写真・日記集成 上」毎日新聞社　2005
　　◇p83〔白黒〕　愛媛県越智郡 越智大島・宮窪　㈹宮本常一，1957年8月28日

宮古漁場
　「日本民俗写真大系 2」日本図書センター　1999
　　◇p21〔白黒〕　岩手県宮古市　㈹小野幹，1962年

ミンク鯨を仕留める沿岸小型捕鯨船
　「日本民俗写真大系 2」日本図書センター　1999
　　◇p62〔白黒〕　釧路沖　㈹1987年

ミンク鯨漁解禁日を前に金華山黄金山神社へ大漁祈願に向かう沿岸小型捕鯨船団
　「日本民俗写真大系 2」日本図書センター　1999
　　◇p59〔白黒〕　宮城県牡鹿町鮎川沖　㈹樋口英夫，1987年

昔からの浜のある能生
　「写真ものがたり昭和の暮らし 3」農山漁村文化協会　2004
　　◇p14〔白黒〕　新潟県能生町　石垣は築かれているが，漁船も並んでいれば洗濯物も干されている　㈹室川右京，昭和36年3月

昔の港を残した内港
　「宮本常一 写真・日記集成 上」毎日新聞社　2005
　　◇p200〔白黒〕　山口県萩市 見島　㈹宮本常一，1960年8月2日

莚縄を支める容器
　「日本民俗図誌 7 生業上・下篇」村田書店　1978
　　◇図9-1〜3〔白黒・図〕　関東地方，房州地方

莚縄鉢
　「日本民俗図誌 7 生業上・下篇」村田書店　1978
　　◇図11-1〜4〔白黒・図〕　越前能登地方，出雲地方，石見地方，長門地方

霧中号角
　「日本民具の造形」淡交社　2004
　　◇p152〔白黒〕　徳島県 那賀川町立歴史民俗資料館所蔵

ムツカケ
　「日本の生活環境文化大辞典」柏書房　2010
　　◇p105-11〔白黒〕（有明海のムツカケ）　㈹立平進，2009年　諫早干拓資料館所蔵
　　◇p105-12〔白黒〕（有明海のムツカケ）　㈹立平進，2009年　諫早干拓資料館所蔵

ムツ掛け
　「日本民俗写真大系 6」日本図書センター　2000
　　◇p68〜69〔白黒〕　長崎県諫早湾干潟　㈹中村由信，1972年

ムツカケと呼ぶムツゴロウ漁
　「写真ものがたり昭和の暮らし 3」農山漁村文化協会　2004
　　◇p111〔白黒〕　長崎県・諫早湾　㈹中村由信，昭和47年

ムツゴロウ釣り
　「民俗資料叢書 15 有明海の漁撈習俗」平凡社　1972
　　◇図11〔白黒〕　有明海

ムツゴロウとりのタカッポの取り付け
　「民俗資料叢書 15 有明海の漁撈習俗」平凡社　1972
　　◇図9〔白黒〕　有明海

鯥五郎捕り膝当
　「日本民具の造形」淡交社　2004
　　◇p218〔白黒〕　長崎県 森山町郷土資料館所蔵

ムツゴロウ掘り
　「民俗資料叢書 15 有明海の漁撈習俗」平凡社　1972
　　◇図7〔白黒〕　有明海

ムツゴロウ掘り（板鍬で）
　「民俗資料叢書 15 有明海の漁撈習俗」平凡社　1972
　　◇図6〔白黒〕　有明海

ムツゴロウ掘りに出かける（テボと板鍬）
　「民俗資料叢書 15 有明海の漁撈習俗」平凡社　1972
　　◇図4〔白黒〕　有明海

ムツツリ
　「民俗資料叢書 15 有明海の漁撈習俗」平凡社　1972
　　◇図21〔白黒〕　有明海　ムツゴロウ釣り

霧笛
　「日本民具の造形」淡交社　2004
　　◇p229〔白黒〕　北海道 オホーツクミュージアムえさし

生産・生業　　　　　　　　　　　　　　　　　　　　　漁業

所蔵

**ムロアジの追込漁**
「図説 民俗探訪事典」山川出版社　1983
　◇p316〔白黒・図〕　東京都教育委員会『文化財の保護』第6号より

**室津漁港**
「宮本常一 写真・日記集成 上」毎日新聞社　2005
　◇p180〔白黒〕(室津の漁港)　山口県熊毛郡上関町室津　㊟宮本常一, 1960年4月2日
　◇p180〔白黒〕(室津の漁港で)　山口県熊毛郡上関町室津　〔舟上で作業〕　㊟宮本常一, 1960年4月2日
「宮本常一 写真・日記集成 下」毎日新聞社　2005
　◇p314〔白黒〕　兵庫県津名郡北淡町　㊟宮本常一, 1973年8月19〜20日

**室津の浦**
「宮本常一 写真・日記集成 下」毎日新聞社　2005
　◇p89〔白黒〕　兵庫県御津町室津　㊟宮本常一, 1966年11月5日

**室津湊**
「日本民俗写真大系 4」日本図書センター　1999
　◇p98〔白黒〕　兵庫県御津町　黒瓦葺屋根の家並　㊟中村昭夫, 1960年

**目板**
「日本民俗図誌 7 生業上・下篇」村田書店　1978
　◇図4-3〔白黒・図〕　漁網の手編み

**メガネ**
「宮本常一 写真・日記集成 別巻」毎日新聞社　2005
　◇図230 (p40)〔白黒〕　高知県・土佐・幡多郡大正村〔大正町〕〔箱メガネ〕　㊟宮本常一, 1941年1月〜2月

**妻良の漁師**
「日本の民俗 暮らしと生業」KADOKAWA　2014
　◇図4-1〔白黒〕　静岡県賀茂郡南伊豆町　㊟芳賀日出男, 昭和29年〜37年
「日本の民俗 下」クレオ　1997
　◇図4-1〔白黒〕　静岡県賀茂郡南伊豆町　㊟芳賀日出男, 昭和29年〜37年

**モガイの養殖場**
「民俗資料叢書 15 有明海の漁撈習俗」平凡社　1972
　◇図84〔白黒〕　有明海

**もかき**
「日本の生活文化財」第一法規出版　1965
　◇図36(概説)〔白黒・図〕

**モガキ**
「日本民俗図誌 5 農耕・漁撈篇」村田書店　1978
　◇図138-3〔白黒・図〕　房総地方　船中から物を海中に落した時、それを取る道具　『房総水産図誌・九十九里旧地曳網漁業』

**藻掻き**
「図説 民俗探訪事典」山川出版社　1983
　◇p256〔白黒・図〕　広島県　『日本水産捕採誌』より

**藻刈り**
「日本民俗図誌 5 農耕・漁撈篇」村田書店　1978
　◇図198-1〔白黒・図〕　10月から翌年3月頃迄　マングワ藻刈と称するもの
　◇図198-2〔白黒・図〕　4・5月および9月頃　藻切り竹を使用するもの

**藻刈マングワ**
「日本民俗図誌 5 農耕・漁撈篇」村田書店　1978
　◇図200-1〔白黒・図〕

**藻切り鎌**
「日本民俗図誌 5 農耕・漁撈篇」村田書店　1978
　◇図200-3〔白黒・図〕

**藻切り竹**
「日本民俗図誌 5 農耕・漁撈篇」村田書店　1978
　◇図200-2〔白黒・図〕

**目鏡**
「日本民具の造形」淡交社　2004
　◇p219〔白黒〕　栃木県 壬生町立歴史民俗資料館所蔵

**木造船が曳航されて漁場に向かう**
「写真ものがたり昭和の暮らし 3」農山漁村文化協会　2004
　◇p58〔白黒〕(二隻の木造船が小壁丸に曳航されて小壁漁場に向かう)　岩手県三陸町吉浜　㊟須藤功, 昭和42年8月

**モクトリ作業の図**
「民俗資料叢書 14 八郎潟の漁撈習俗」平凡社　1971
　◇第176図 (p175)〔白黒・図〕　秋田県 八郎潟

**モクトリハサミの図**
「民俗資料叢書 14 八郎潟の漁撈習俗」平凡社　1971
　◇第175図 (p175)〔白黒・図〕　秋田県 八郎潟

**藻桁**
「日本民俗図誌 7 生業上・下篇」村田書店　1978
　◇図31-1〔白黒・図〕　鳥取県

**モザメの水揚げ**
「日本民俗写真大系 8」日本図書センター　2000
　◇p97〔白黒〕　酒田市飛島　㊟森本孝, 1986年

**もじ**
「日本の民具 3 山・漁村」慶友社　1992
　◇図172〔白黒〕　東京都 調布　㊟薗部澄

**モジ網(あみ取り)**
「民俗資料叢書 15 有明海の漁撈習俗」平凡社　1972
　◇図68〔白黒〕　有明海

**もじはやとり**
「日本の民具 3 山・漁村」慶友社　1992
　◇図173〔白黒〕　徳島県　㊟薗部澄

**モズクとりのせまき**
「日本民具の造形」淡交社　2004
　◇p218〔白黒〕　山形県 致道博物館所蔵

**持ち網漁(狙い)**
「日本民俗写真大系 6」日本図書センター　2000
　◇p1〔カラー〕　長崎県高来街深海沖 有明海諫早湾　㊟中尾勘悟, 1985年

**モッコを背負ったまま傾け、なかのニシンを木箱に移し入れる**
「写真ものがたり昭和の暮らし 3」農山漁村文化協会　2004
　◇p79〔白黒〕　北海道余市町　㊟大正6年か10年　よいち水産博物館

**モッパ魚捕り部平面図**
「民俗資料叢書 14 八郎潟の漁撈習俗」平凡社　1971
　◇第65図 (p107)〔白黒・図〕　秋田県 八郎潟

**モッパ(簀立テ網)の布設例**
「民俗資料叢書 14 八郎潟の漁撈習俗」平凡社　1971
　◇第64図 (p107)〔白黒・図〕　秋田県 八郎潟　その一 (フクロ網を用いる場合)

**モッパのオトシ(マヤともいう)**
「民俗資料叢書 14 八郎潟の漁撈習俗」平凡社　1971
　◇第70図 (p110)〔白黒・図〕　秋田県 八郎潟

**モッパの簀**
「民俗資料叢書 14 八郎潟の漁撈習俗」平凡社　1971
　◇第66図 (p107)〔白黒・図〕　秋田県 八郎潟

**モッパのタモ網（魚汲み用）**
「民俗資料叢書 14 八郎潟の漁撈習俗」平凡社　1971
　◇第71図（p107）〔白黒・図〕　秋田県 八郎潟

**モッパのフクロ網一例**
「民俗資料叢書 14 八郎潟の漁撈習俗」平凡社　1971
　◇第68図（p107）〔白黒・図〕　秋田県 八郎潟

**モッパの布設例**
「民俗資料叢書 14 八郎潟の漁撈習俗」平凡社　1971
　◇第69図（p107）〔白黒・図〕　秋田県 八郎潟　その二（竹簀でオトシを設ける場合）

**モッパの四ツ手網**
「民俗資料叢書 14 八郎潟の漁撈習俗」平凡社　1971
　◇第67図（p107）〔白黒・図〕　秋田県 八郎潟　建網漁業簀立テ網

**元地漁港**
「宮本常一 写真・日記集成 上」毎日新聞社　2005
　◇p450〔白黒〕　北海道礼文郡礼文町　[撮]宮本常一, 1964年8月7日

**藻の占有標**
「民俗図録 日本人の暮らし」日本図書センター　2012
　◇図364〔白黒〕　山口県阿武郡見島村　[撮]瀬川清子

**藻の天日干し**
「里山・里海 暮らし図鑑」柏書房　2012
　◇写11（p99）〔白黒〕　三重県松阪市松名瀬　村上達哉提供

**藻場の藻揚げ道具と使い方**
「里山・里海 暮らし図鑑」柏書房　2012
　◇図5（p101）〔白黒・図〕　福井県内水面漁業協同組合連合会『三十年のあゆみ』（1982）から引用

**モヤイ綱を結ぶ木造のイカ釣船**
「日本民俗写真大系 7」日本図書センター　2000
　◇p62〔白黒〕（隠岐の港にモヤイ綱を結ぶ木造のイカ釣船）　島根県西郷町　[撮]菅沼清美, 1970年

**モヤイ舟**
「図説 日本民俗学」吉川弘文館　2009
　◇p137〔白黒〕　福井県伊根町

**銛**
「日本の民具 3 山・漁村」慶友社　1992
　◇図139〔白黒〕　使用地及び用途不明　[撮]薗部澄

**もり突漁**
「写真ものがたり昭和の暮らし 3」農山漁村文化協会　2004
　◇p84〔白黒〕　鹿児島県瀬戸内町古仁屋　[撮]中村由信, 昭和33年7月

**モンドリ**
「日本民具の造形」淡交社　2004
　◇p223〔白黒〕　愛知県 佐屋町郷土資料館所蔵
　◇p223〔白黒〕　和歌山県 御坊市立歴史民俗資料館
「日本民俗図誌 7 生業上・下篇」村田書店　1978
　◇図21〔白黒・図〕　琵琶湖地方で使用

**もん捕り**
「里山・里海 暮らし図鑑」柏書房　2012
　◇写4（p153）〔白黒〕　岐阜県揖斐川町

**もん捕りで捕獲した川魚**
「里山・里海 暮らし図鑑」柏書房　2012
　◇写15（p159）〔白黒〕　香川県まんのう町

**家裏の舟引き揚げ場**
「宮本常一 写真・日記集成 上」毎日新聞社　2005
　◇p142〔白黒〕　新潟県佐渡郡真野町［佐渡市］豊田　[撮]宮本常一, 1959年8月10日

**焼玉エンジンの漁船**
「写真ものがたり昭和の暮らし 5」農山漁村文化協会　2005
　◇p194〔白黒〕　静岡県舞阪町（現浜松市）　[撮]須藤功, 昭和44年3月

**簎**
「日本民具の造形」淡交社　2004
　◇p223〔白黒〕　山形県 村山市農村文化保存伝承館所蔵
　◇p226〔白黒〕　北海道 中標津町郷土館

**ヤス**
「日本の民具 3 山・漁村」慶友社　1992
　◇図140〔白黒〕　新潟県 糸魚川海岸　[撮]薗部澄
　◇図141〔白黒〕　山形県　[撮]薗部澄
　◇図143〔白黒〕　山形県　[撮]薗部澄
「図録・民具入門事典」柏書房　1991
　◇p69〔白黒〕　神奈川県
「日本民俗文化財事典（改訂版）」第一法規出版　1979
　◇図152〔白黒〕
　◇図153〔白黒〕
「日本の生活文化財」第一法規出版　1965
　◇図32～34（生産・運搬・交易）〔白黒〕　小川原湖博物館所蔵（青森県三沢市）

**ヤス（魚扠）**
「民具のみかた—心とかたち」第一法規出版　1983
　◇p159〔白黒〕　山形県庄内地方

**ヤスツキ（鮎とり）**
「民俗図録 日本人の暮らし」日本図書センター　2012
　◇図383〔白黒〕　紀和国境北山峡

**ヤスツキ（鱒とり）**
「民俗図録 日本人の暮らし」日本図書センター　2012
　◇図381〔白黒〕　青森県西津軽郡深浦町追良瀬　[撮]櫻庭武則

**やすの類**
「図説 台所道具の歴史」日本図書センター　2012
　◇p51-8〔白黒〕　[撮]GK, 1971年　山形県鶴岡・致道博物館

**矠（銛）**
「図説 民俗探訪事典」山川出版社　1983
　◇p255〔白黒・図〕

**ヤッカ漁**
「写真ものがたり昭和の暮らし 5」農山漁村文化協会　2005
　◇p202, 203〔白黒〕　長野県諏訪市大和下沖　[撮]宮坂増雄, 昭和33年ごろ

**八ッ目筒**
「日本民俗図誌 7 生業上・下篇」村田書店　1978
　◇図22-2〔白黒・図〕　新潟信濃川末流その他

**宿船**
「日本民俗図誌 9 住居・運輸篇」村田書店　1978
　◇図99〔白黒・図〕　東京市と千葉県の境を流れる江戸川
　◇図100〔白黒・図〕　東京市の隅田川の上流鐘ヶ淵辺

**ヤナ**
「民俗図録 日本人の暮らし」日本図書センター　2012
　◇図380〔白黒〕　青森県西津軽郡深浦町追良瀬　[撮]櫻庭武則

**簗**
「日本民俗大辞典 下」吉川弘文館　2000
　◇p732〔白黒・図〕　農商務省水産局編『日本水産捕採誌』より

**ヤナバ**
「宮本常一 写真・日記集成 別巻」毎日新聞社　2005
　◇図334（p54）〔白黒〕　新潟県・越後・広瀬［北魚沼郡広神村］　[撮]宮本常一, 1941年10月

**八幡浜港**
「宮本常一 写真・日記集成 上」毎日新聞社　2005
◇p370〔白黒〕　愛媛県八幡浜市　背後の山は当時麦畑　[撮]宮本常一, 1963年3月4日

**遊漁者の群**
「日本社会民俗辞典 4」日本図書センター　2004
◇p1522〔白黒〕　東京湾羽田海岸

**夕暮れどきナブラを追って**
「日本民俗写真大系 5」日本図書センター　2000
◇カバー表〔カラー〕　[撮]多田信

**油宇集落**
「写真ものがたり昭和の暮らし 3」農山漁村文化協会　2004
◇p11〔白黒〕　山口県東和町油宇(現周防大島町)　[撮]宮本常一, 昭和30年代

**ゆーとい**
「日本の民具 3 山・漁村」慶友社　1992
◇図222〔白黒〕　沖縄県　船底にたまる海水を汲み出す柄杓　[撮]薗部澄

**ゆとり**
「日本の民具 3 山・漁村」慶友社　1992
◇図220〔白黒〕　鹿児島県 大島　船底にたまる海水を汲み出す柄杓　[撮]薗部澄

**ユラ**
「日本民具の造形」淡交社　2004
◇p227〔白黒〕　宮崎県 門川町中央公民館民俗資料室所蔵

**ゆわ**
「日本の民具 3 山・漁村」慶友社　1992
◇図194〔白黒〕　広島県　[撮]薗部澄

**夜明けの浜で暖をとる**
「日本民俗写真大系 3」日本図書センター　1999
◇p62〔白黒〕　〔千葉県〕堀川浜　[撮]小関与四郎, 1963年

**夜網のびく**
「日本の民具 3 山・漁村」慶友社　1992
◇図164〔白黒〕　石川県　[撮]薗部澄

**養殖**
「日本民俗写真大系 6」日本図書センター　2000
◇p73〔白黒〕　長崎県瑞穂町大正地先 有明海諫早湾沿岸　樫の木の棒を立てる　[撮]1984年
「日本民俗写真大系 4」日本図書センター　1999
◇p78～79〔白黒〕　宇和海　ハマチ、タイ、ヒラメ、スズキ、フグ　[撮]原田政章, 1970年, 1980年

**養殖貝取りの用具**
「民俗資料叢書 15 有明海の漁撈習俗」平凡社　1972
◇図44〔白黒〕　有明海

**養殖かきを取る用具**
「民俗資料叢書 15 有明海の漁撈習俗」平凡社　1972
◇図42〔白黒〕　有明海

**養殖したコイをたも網ですくいあげ出荷する**
「写真ものがたり昭和の暮らし 5」農山漁村文化協会　2005
◇p201〔白黒〕　長野県下諏訪町高浜　湖に張った網で養殖したコイを、雪がくる前にたも網ですくいあげ出荷する　[撮]宮坂増雄, 昭和43年

**養殖の種付け用帆立貝**
「宮本常一が撮った昭和の情景 上」毎日新聞社　2009
◇p155〔白黒〕(港の岸壁に山のように積まれた養殖の種付け用ホタテ貝)　宮城県塩竈市　[撮]宮本常一, 1962年7月18日
「宮本常一 写真・日記集成 上」毎日新聞社　2005
◇p319〔白黒〕　宮城県 松島湾 浦戸諸島　[撮]宮本常一, 1962年7月18日

**養殖場の干潟風景**
「民俗資料叢書 15 有明海の漁撈習俗」平凡社　1972
◇図2〔白黒〕　有明海

**夜川網**
「日本民具の造形」淡交社　2004
◇p2〔カラー〕　岐阜県 岐阜市歴史博物館所蔵

**横浜港**
「日本社会民俗辞典 3」日本図書センター　2004
◇p1305〔白黒・図〕　[撮]明治初期

**ヨコワ曳縄釣に用いる鉤と餌のつけ方**
「日本民俗図誌 5 農耕・漁撈篇」村田書店　1978
◇図127〔白黒・図〕

**ヨシの茂みが切れたところに投網を打つ**
「写真ものがたり昭和の暮らし 5」農山漁村文化協会　2005
◇p174〔白黒〕　滋賀県近江八幡市円山町　[撮]前野隆資, 昭和32年1月　琵琶湖博物館所蔵

**四ツ手網**
「民俗資料叢書 14 八郎潟の漁撈習俗」平凡社　1971
◇図18〔白黒〕　秋田県飯田川町飯塚地先

**四手網**
「図説 民俗探訪事典」山川出版社　1983
◇p252〔白黒・図〕

**四つ手網を沈めて遡上するイサザを待ち受ける**
「日本民俗写真大系 8」日本図書センター　2000
◇p73〔白黒〕　石川県穴水町　早春　[撮]御園直太郎, 1966年

**四つ手網を使い、フナなどを獲る**
「写真ものがたり昭和の暮らし 5」農山漁村文化協会　2005
◇p200～201〔白黒〕　長野県諏訪市大和下沖　[撮]宮坂増雄, 昭和43年

**四ツ手網漁**
「里山・里海 暮らし図鑑」柏書房　2012
◇写57(p178)〔白黒〕　福井県三方湖　昭和50年代　シラウオやワカサギをすくいとる　若狭三方縄文博物館提供
「日本民俗写真大系 7」日本図書センター　2000
◇p187〔白黒〕　鳥取県東郷町　[撮]板垣太子松, 1952年
「写真でみる日本生活図引 2」弘文堂　1988
◇図71〔白黒〕　秋田県雄勝郡羽後町鵜の巣　[撮]加賀谷政雄, 昭和34年10月

**ヨツメ**
「日本民俗図誌 5 農耕・漁撈篇」村田書店　1978
◇図136-3〔白黒・図〕　周防大島　黒船用の錨　宮本常一〔提供〕

**淀江漁港の背後に雪の大山**
「宮本常一 写真・日記集成 上」毎日新聞社　2005
◇p427〔白黒〕　鳥取県西伯郡淀江町　[撮]宮本常一, 1964年3月18日

**四枚はぎ構造の大型漁船テントの各部名称**
「日本民俗大辞典 上」吉川弘文館　1999
◇p505〔白黒・図〕　吉田好博作図

**ヨリメヒロイ**
「日本民俗文化財事典(改訂版)」第一法規出版　1979
◇図223〔白黒〕　青森県　ムラブレで出る

**羅針盤**
「日本民具の造形」淡交社　2004
◇p229〔白黒〕　鹿児島県 坊津町歴史民俗資料館所蔵

**ラッキョウビク**
「あるくみるきく双書 宮本常一とあるいた昭和の日本 19」農山漁村文化協会　2012

漁業　　　　　　　　　　　　　　　生産・生業

　　　◇p111〔白黒〕　大分県豊後高田市　子供の魚とり用
　　　　⓴工藤員功

### 陸あげされたタコつぼからはい出てきたタコ
　「写真ものがたり昭和の暮らし 3」農山漁村文化協会　2004
　　　◇p77〔白黒〕　兵庫県明石市　⓴小倉隆人, 平成2年10月

### 陸あげした生簀
　「宮本常一が撮った昭和の情景　上」毎日新聞社　2009
　　　◇p176〔白黒〕　熊本県天草市五和町二江　⓴宮本常一, 1962年10月7日
　「宮本常一 写真・日記集成　上」毎日新聞社　2005
　　　◇p345〔白黒〕　熊本県天草郡五和町 通詞島　⓴宮本常一, 1962年10月7日

### 陸揚げした漁船とトタン屋根の漁家
　「宮本常一が撮った昭和の情景　上」毎日新聞社　2009
　　　◇p51〔白黒〕　東京都 八丈島　干物が干してある
　　　　⓴宮本常一, 1958年4月10日

### 陸揚げした舟と納屋
　「宮本常一が撮った昭和の情景　上」毎日新聞社　2009
　　　◇p195〔白黒〕　青森県下北郡東通村尻労　砂浜ではコンブを干す　⓴宮本常一, 1963年6月22日

### 陸に引き揚げられた大小の漁船
　「宮本常一 写真・日記集成　上」毎日新聞社　2005
　　　◇p369〔白黒〕　沖縄県平良市（宮古島）　⓴宮本常一, 1976年8月19～20日

### 漁から帰ってきた漁船
　「あるくみるきく双書 宮本常一とあるいた昭和の日本 21」農山漁村文化協会　2011
　　　◇p166〔白黒〕　鹿児島県里村里（上甑島）　⓴竹内淳子

### 漁小屋
　「日本民俗写真大系 8」日本図書センター　2000
　　　◇p101〔白黒〕　男鹿市　⓴伊藤碩男, 1967年

### 漁師
　「日本民俗写真大系 6」日本図書センター　2000
　　　◇p45〔白黒〕　対馬沖　⓴山田梅雄, 1986年
　「写真でみる日本生活図引 2」弘文堂　1988
　　　◇目次A〔白黒〕　⓴掛川源一郎

### 漁師が舟にご飯のおひつを運ぶ
　「里山・里海 暮らし図鑑」柏書房　2012
　　　◇写30 (p194)〔白黒〕　福岡県柳川市沖端　昭和30～40年　野田種子提供

### 漁師小屋
　「民俗資料叢書 14 八郎潟の漁撈習俗」平凡社　1971
　　　◇図6〔白黒〕　秋田県天王町塩口金木鼻

### 漁師と子供
　「写真でみる日本生活図引 6」弘文堂　1993
　　　◇図87〔白黒〕　滋賀県大津市堅田町　⓴前野隆資, 昭和52年6月5日

### 漁師の家の裏
　「写真ものがたり昭和の暮らし 5」農山漁村文化協会　2005
　　　◇p175〔白黒〕　滋賀県大津市瀬田　洗濯物と投網の網が一緒に干してある　⓴前野隆資, 昭和42年7月　琵琶湖博物館所蔵

### 漁師の子ら
　「写真でみる日本人の生活全集 9」日本図書センター　2010
　　　◇p26〔白黒〕　沖あいの漁場の方向を見定めている
　　　　⓴酒井今朝夫

### 漁師の暖取りと情報交換
　「里山・里海 暮らし図鑑」柏書房　2012
　　　◇写31 (p194)〔白黒〕　福岡県柳川市沖端　昭和30～40年　野田種子提供

### 漁に使う様々な籠
　「宮本常一が撮った昭和の情景　上」毎日新聞社　2009
　　　◇p138〔白黒〕　山口県萩市羽島　⓴宮本常一, 1961年8月30日
　「宮本常一 写真・日記集成　上」毎日新聞社　2005
　　　◇p269〔白黒〕（カゴ類）　山口県萩市 羽島　⓴宮本常一, 1961年8月30日

### 漁の上がりを待つ女衆
　「里山・里海 暮らし図鑑」柏書房　2012
　　　◇写34 (p194)〔白黒〕　福岡県柳川市沖端　昭和30～40年　野田種子提供

### 牢屋
　「日本民具の造形」淡交社　2004
　　　◇p71〔白黒〕　長野県 上伊那郷土館所蔵

### 老漁師
　「日本民俗写真大系 4」日本図書センター　1999
　　　◇p54〔白黒〕　山口県東和町　⓴浜本栄, 1965年

### 老漁師と孫
　「写真ものがたり昭和の暮らし 3」農山漁村文化協会　2004
　　　◇p201〔白黒〕（夏の老漁師と孫）　新潟県相川町姫津（現佐渡市）　⓴中俣正義, 昭和30年ごろ

### 六人網
　「日本民俗図誌 5 農耕・漁撈篇」村田書店　1978
　　　◇図164〔白黒・図〕

### ロクロ
　「日本民具の造形」淡交社　2004
　　　◇p230〔白黒〕　高知県 芸西村文化資料館所蔵
　「民俗資料叢書 14 八郎潟の漁撈習俗」平凡社　1971
　　　◇第16図 (p75)〔白黒・図〕（ロクロ（足踏み用））　秋田県 八郎潟
　　　◇第17図 (p75)〔白黒・図〕（ロクロ（手巻き用））　秋田県 八郎潟

### ロクロまき
　「民俗資料叢書 14 八郎潟の漁撈習俗」平凡社　1971
　　　◇図31〔白黒〕　秋田県 八郎潟

### 櫓漕ぎ船で浜辺を目指す
　「日本民俗写真大系 5」日本図書センター　2000
　　　◇p110〔白黒〕　〔鹿児島県〕下甑村　⓴小関与四郎, 1962年

### 路地で網を繕う人
　「日本民俗写真大系 6」日本図書センター　2000
　　　◇p80〔白黒〕　長崎県島原市有馬船津 有明海沿岸　⓴1986年

### ローフー
　「民具のみかた一心とかたち」第一法規出版　1983
　　　◇p166〔白黒〕　静岡県沼津市　地曳き網漁用具

### ワカサギを釣る
　「写真ものがたり昭和の暮らし 5」農山漁村文化協会　2005
　　　◇p207〔白黒〕　長野県下諏訪町高木沖　母親と、それを見守る子と夫　⓴宮坂増雄, 昭和35年

### わかさぎ刺網の構造
　「民俗資料叢書 14 八郎潟の漁撈習俗」平凡社　1971
　　　◇第119図 (p139)〔白黒・図〕　秋田県 八郎潟

### わかさぎ建網
　「民俗資料叢書 14 八郎潟の漁撈習俗」平凡社　1971
　　　◇第29図 (p82)〔白黒・図〕（初期のわかさぎ建網）　秋田県 八郎潟　大正5年八郎潟湖水面利用調査報告から

### わかさぎ建網陥入部立体図
　「民俗資料叢書 14 八郎潟の漁撈習俗」平凡社　1971
　　　◇第26図 (p82)〔白黒・図〕　秋田県 八郎潟

生産・生業　　　　　　　　　　　　　　　　　　　　　　　　　漁業

### わかさぎ建網の布設図（一例）
「民俗資料叢書 14 八郎潟の漁撈習俗」平凡社　1971
　　◇第25図（p82）〔白黒・図〕　秋田県 八郎潟

### わかさぎ建網　布設の順序
「民俗資料叢書 14 八郎潟の漁撈習俗」平凡社　1971
　　◇第27図（p82）〔白黒・図〕（布設の順序（一例））　秋田県八郎潟　建網漁業 わかさぎ建網（チカ網、チカ建網）

### わかさぎつり
「日本郷土 風俗・民芸・芸能図鑑」日本図書センター　2012
　　◇写真篇 山梨〔白黒〕　山梨県

### ワカメを浜一帯に広げ干す
「日本民俗写真大系 7」日本図書センター　2000
　　◇p45〔白黒〕　島根県大社町　㋑井上喜弘, 1959年5月

### ワカメを真水で洗い、しぼり器で水を切る
「日本民俗写真大系 7」日本図書センター　2000
　　◇p135〔白黒〕　京都府網野町　㋑板垣太子松, 1956年

### わかめとり
「日本民具の造形」淡交社　2004
　　◇p301〔白黒〕　鳥取県 海とくらしの資料館所蔵

### ワカメ採り
「日本民俗写真大系 3」日本図書センター　1999
　　◇p52〔白黒〕（根府川海岸のワカメ採り）　神奈川県小田原市　㋑薗部広澄, 1955年

### 若布拾い
「写真でみる日本生活図引 6」弘文堂　1993
　　◇図119〔白黒〕　岩手県下閉伊郡田畑村島越　㋑三上信夫, 昭和33年10月20日

### ワカメ干し
「里山・里海 暮らし図鑑」柏書房　2012
　　◇写17（p190）〔白黒〕　昭和50年代　和歌山県海南市教育委員会提供
「民俗図録 日本人の暮らし」日本図書センター　2012
　　◇図363〔白黒〕　京都府丹後海岸
「宮本常一 写真・日記集成 上」毎日新聞社　2005
　　◇p252〔白黒〕　長崎県北松浦郡小値賀町 大島　㋑宮本常一, 1961年4月23日
「写真ものがたり昭和の暮らし 3」農山漁村文化協会　2004
　　◇p155〔白黒〕（堤防の上に簀を敷いてワカメを干す）　石川県珠洲市高屋　自家用　㋑御園直太郎, 昭和40年4月
「日本民俗写真大系 4」日本図書センター　1999
　　◇p71〔白黒〕　鳴門市　㋑吉成正一, 1956年
「写真でみる日本生活図引 2」弘文堂　1988
　　◇図54〔白黒〕（若布干し）　新潟県両津市願　㋑中俣正義, 昭和32年5月8日
「フォークロアの眼 7 海の暮らしと祭り」国書刊行会　1977
　　◇図39・40〔白黒〕　新潟県両津市願 佐渡の外海府　㋑諸田森二, 昭和46年6月15日
　　◇図41〔白黒〕　島根県太田市久手町　㋑諸田森二, 昭和42年5月20日

### ワカメ干しをする海女姿の老女
「日本民俗写真大系 7」日本図書センター　2000
　　◇p125〔白黒〕　京都府丹後町　春の浜辺　㋑板垣太子松, 1954年

### ワカメ干しのハサ木
「宮本常一が撮った昭和の情景 上」毎日新聞社　2009
　　◇p71〔白黒〕（ワカメ干しのハサ木が並ぶ）　新潟県佐渡市鷲崎藻浦　㋑宮本常一, 1959年8月7日
「宮本常一 写真・日記集成 上」毎日新聞社　2005
　　◇p139〔白黒〕　新潟県両津市〔佐渡市〕藻浦　㋑宮本常一, 1959年8月7日

### ワカメ干し場
「日本民俗写真大系 7」日本図書センター　2000
　　◇p134〔白黒〕　京都府網野町の浜　「サンバク」に並べられたワカメを1日で干し上げる　㋑板垣太子松, 1956年

### 若者の協同作業
「写真でみる日本人の生活全集 4」日本図書センター　2010
　　◇p33〔白黒〕　漁村

### 枠
「日本民俗図誌 7 生業上・下篇」村田書店　1978
　　◇図3-4〔白黒・図〕　網糸作り

### 和具大島での昼休み
「宮本常一 写真・日記集成 下」毎日新聞社　2005
　　◇p247〔白黒〕　三重県志摩郡志摩町和具〔志摩市〕で海女の調査　〔濡れた物を干す海女〕　㋑宮本常一, 1971年4月12日～13日

### 輪島漁港
「宮本常一 写真・日記集成 上」毎日新聞社　2005
　　◇p260〔白黒〕　石川県輪島市　㋑宮本常一, 1961年7月31日

### 和船
「宮本常一 写真・日記集成 下」毎日新聞社　2005
　　◇p155〔白黒〕　土浦市川口・霞ヶ浦 車窓から　舳先のとがったのはベカ舟、まるいのがヒラタ舟　㋑宮本常一, 1968年6月22日

### 和船（磯船）の構造と各部名称
「図説 民俗探訪事典」山川出版社　1983
　　◇p249〔白黒・図〕　『南佐渡の漁撈習俗』より

### 和船の面影を残す機帆船
「宮本常一 写真・日記集成 上」毎日新聞社　2005
　　◇p350〔白黒〕　福岡県北九州市小倉北区藍島　㋑宮本常一, 1962年10月17日

### 和船の基本的構造
「日本社会民俗辞典 3」日本図書センター　2004
　　◇p1273〔白黒・図〕

### 渡船
「日本民俗写真大系 2」日本図書センター　1999
　　◇p70〔白黒〕　八戸市　人だけではなく馬も乗せて渡した　㋑和井田登, 1957年　八戸市博物館蔵

### ワッカケプ
「日本民具の造形」淡交社　2004
　　◇p67〔白黒〕　北海道 弟子屈町屈斜路コタンアイヌ民俗資料館所蔵

### 稚内港
「宮本常一 写真・日記集成 上」毎日新聞社　2005
　　◇p448〔白黒〕　北海道稚内市　㋑宮本常一, 1964年8月2日

### ワラスボ掻き
「日本民俗写真大系 6」日本図書センター　2000
　　◇p67〔白黒〕　長崎県高来町小江地先 有明海諫早湾干潟　㋑1984年

# 林業・木材業

アバ
　「写真ものがたり昭和の暮らし 5」農山漁村文化協会　2005
　　◇p36〜37〔白黒〕　静岡県佐久間町西度（現浜松市）水窪川　㋹大正時代　平賀孝晴提供
あらがく
　「日本の民具 3 山・漁村」慶友社　1992
　　◇図39〔白黒〕　福島県耶麻郡　㋹薗部澄
筏流し
　「民俗図録 日本人の暮らし」日本図書センター　2012
　　◇図276〔白黒〕　奈良県吉野郡北山川
　「写真ものがたり昭和の暮らし 5」農山漁村文化協会　2005
　　◇p38〔白黒〕（「山室の滝」といわれた激流を渡る筏）静岡県佐久間町山室（現浜松市）　㋹昭和初期　平賀孝晴提供
　「日本社会民俗辞典 4」日本図書センター　2004
　　◇p1586〔白黒〕（筏流）　北上川
　「写真でみる日本生活図引 6」弘文堂　1993
　　◇図88〔白黒〕（筏）　京都府京都市右京区・保津川　大堰川の筏流し　㋹黒川翠山、明治時代　京都府立総合資料館所蔵
　「写真でみる日本生活図引 2」弘文堂　1988
　　◇図92〔白黒〕　静岡県磐田郡佐久間町西渡　㋹大正時代　平賀孝晴提供
　　◇図93〔白黒〕　静岡県磐田郡佐久間町山室　㋹昭和初期　平賀孝晴提供
　「図説 民俗探訪事典」山川出版社　1983
　　◇p275〔白黒〕　東京都羽村町　宮崎延提供
いかだに組まれた材木をいかだ師のさおさばきで材木店に運ぶ
　「写真ものがたり昭和の暮らし 4」農村漁村文化協会　2005
　　◇p189〔白黒〕　神奈川県横浜市　㋹五十嵐英壽, 昭和40年
筏のドバ
　「民俗図録 日本人の暮らし」日本図書センター　2012
　　◇図274〔白黒〕　奈良県吉野郡川上村上多胡
いかだ舟
　「写真ものがたり昭和の暮らし 3」農山漁村文化協会　2004
　　◇p50〔白黒〕　長崎県上県町佐護（現対馬市）・佐護港〔材木を運ぶ〕　㋹北見俊夫, 昭和25年7月
筏舟
　「写真でみる日本生活図引 2」弘文堂　1988
　　◇図149〔白黒〕　長崎県上県郡上県町佐護・佐護湊　材木を運ぶ　㋹北見俊夫, 昭和25年7月
いたへぎぼう
　「日本の民具 3 山・漁村」慶友社　1992
　　◇図31〔白黒〕　長野県　㋹薗部澄
移動製材所
　「日本社会民俗辞典 4」日本図書センター　2004
　　◇p1584〔白黒〕（山中の移動製材所）　宮城県七ヵ宿村
いれぎわ
　「民俗資料選集 9 山村の生活と用具」国土地理協会　1981
　　◇p104（本文）〔白黒〕　愛知県北設楽郡津具村　板などをけずって、細部の仕上げに使用
植えてから42年目の杉
　「写真ものがたり昭和の暮らし 2」農山漁村文化協会　2004
　　◇p108〜109〔白黒〕　静岡県二俣町西雲名　㋹昭和32年12月　（社）農山漁村文化協会提供
うず高く積まれた薪
　「宮本常一が撮った昭和の情景 上」毎日新聞社　2009
　　◇p195〔白黒〕　青森県下北郡佐井村大字佐井〔線路脇〕　㋹宮本常一, 1963年6月21日
　「宮本常一 写真・日記集成 上」毎日新聞社　2005
　　◇p379〔白黒〕　青森県下北郡佐井村　㋹宮本常一, 1963年6月21日
うちぐり
　「写真で見る農具 民具」農林統計協会　1988
　　◇p273〔白黒〕　奈良県天川村
うちぐりかま
　「写真で見る農具 民具」農林統計協会　1988
　　◇p273〔白黒〕　奈良県天川村
内せん
　「写真で見る農具 民具」農林統計協会　1988
　　◇p272〔白黒〕　奈良県天川村
柄鎌
　「写真で見る農具 民具」農林統計協会　1988
　　◇p266〔白黒〕　高知県物部村
枝うち
　「民俗図録 日本人の暮らし」日本図書センター　2012
　　◇図265〔白黒〕　高知県
枝打ちを終えた杉林
　「写真ものがたり昭和の暮らし 2」農山漁村文化協会　2004
　　◇p108〜109〔白黒〕　島根県智頭町　㋹昭和30年代　（社）農山漁村文化協会提供
枝打ち鎌
　「写真で見る農具 民具」農林統計協会　1988
　　◇p271〔白黒〕　愛媛県弓削町
枝打ち鉈
　「写真で見る農具 民具」農林統計協会　1988
　　◇p265〔白黒〕　岐阜県関ヶ原町
枝打ちのとき、杉皮も少しけずる
　「写真ものがたり昭和の暮らし 2」農山漁村文化協会　2004
　　◇p109〔白黒〕　島根県智頭町　㋹昭和30年代　（社）農山漁村文化協会提供
えふいた
　「民俗資料選集 9 山村の生活と用具」国土地理協会　1981
　　◇p105（本文）〔白黒〕　愛知県北設楽郡津具村　製材した板や柱材に商標をつける
　　◇p106（本文）〔白黒〕　愛知県北設楽郡津具村　製材した板や柱材に商標をつける
おおが（大鋸）
　「写真ものがたり昭和の暮らし 2」農山漁村文化協会　2004
　　◇もくじ〔p4〕〔白黒〕　㋹南利夫

## 生産・生業　　　林業・木材業

**大鎌**
「写真で見る農具 民具」農林統計協会　1988
　◇p122〔白黒〕　東京都奥多摩町

**大鳶**
「日本民具の造形」淡交社　2004
　◇p233〔白黒〕　静岡県 さくま郷土遺産保存館所蔵

**大とび（とび口）**
「写真で見る農具 民具」農林統計協会　1988
　◇p268〔白黒〕　東京都奥多摩町

**大挽鋸**
「日本民具の造形」淡交社　2004
　◇p232〔白黒〕　東京都 江東区深川江戸資料館所蔵

**大鋸**
「日本民具の造形」淡交社　2004
　◇p48〔白黒〕　高知県 大豊町立民俗資料館所蔵
「日本の民具 3 山・漁村」慶友社　1992
　◇図18〔白黒〕　長野県南佐久郡　㈹薗部澄

**おけまる**
「民俗資料選集 9 山村の生活と用具」国土地理協会　1981
　◇p111（本文）〔白黒〕　愛知県北設楽郡津具村　材質はスギ材。桶の材料

**尾根部での薪乾燥**
「里山・里海 暮らし図鑑」柏書房　2012
　◇写30 (p51)〔白黒〕　奈良県東吉野村

**オノ（斧）**
「民具のみかた―心とかたち」第一法規出版　1983
　◇p92〔白黒〕　高知県大正町　伐採用具

**斧とその仲間**
「精選 日本民俗辞典」吉川弘文館　2006
　◇p107〔白黒・図〕　マサカリ、切り斧、削り（ハツリ）斧，鷹ノ羽（削り斧），削り斧（改良型）
「日本民俗大辞典 上」吉川弘文館　1999
　◇p275〔白黒・図〕　マサカリ、切り斧、削り（ハツリ）斧，鷹ノ羽（削り斧），削り斧（改良型）

**外せん**
「写真で見る農具 民具」農林統計協会　1988
　◇p272〔白黒〕　奈良県天川村

**カギカン**
「日本民具の造形」淡交社　2004
　◇p233〔白黒〕　大分県 臼杵市民俗資料館所蔵

**角廻し**
「写真で見る農具 民具」農林統計協会　1988
　◇p268〔白黒〕　岐阜県坂内村

**かじんかな**
「日本の民具 3 山・漁村」慶友社　1992
　◇図32〔白黒〕　琉球 八重山　㈹薗部澄

**カスガイ**
「写真で見る農具 民具」農林統計協会　1988
　◇p270〔白黒〕　奈良県黒滝村
「民俗資料選集 9 山村の生活と用具」国土地理協会　1981
　◇p101（本文）〔白黒〕　愛知県北設楽郡津具村　木馬に木材を積むときに使用
　◇p103（本文）〔白黒〕　愛知県北設楽郡津具村　木挽が材料を挽く時、木材を固定するのに使用

**架線による出材**
「民俗資料選集 9 山村の生活と用具」国土地理協会　1981
　◇p10（口絵）〔白黒〕　愛知県北設楽郡津具村

**滑車**
「写真で見る農具 民具」農林統計協会　1988
　◇p269〔白黒〕　岐阜県坂内村　木材等の運搬用

**鎌**
「日本の民具 3 山・漁村」慶友社　1992
　◇図21〔白黒〕　宮崎県高千穂町　㈹薗部澄
　◇図22〔白黒〕　宮崎県高千穂町　㈹薗部澄
「写真で見る農具 民具」農林統計協会　1988
　◇p122〔白黒〕　岩手県山田町
　◇p122〔白黒〕　岩手県軽米町
　◇p122〔白黒〕　岩手県軽米町

**カマ・ヨキの柄の焼印**
「民具のみかた―心とかたち」第一法規出版　1983
　◇p241〔白黒〕　福井県池田町ほか

**カラマツを植林した焼畑跡地**
「民俗資料選集 23 北上山地の畑作習俗」国土地理協会　1995
　◇p144（本文）〔白黒〕　岩手県岩泉町上有芸

**皮はぎ**
「写真で見る農具 民具」農林統計協会　1988
　◇p270〔白黒〕　高知県土佐山田町

**かわむき**
「民俗資料選集 9 山村の生活と用具」国土地理協会　1981
　◇p110（本文）〔白黒〕　愛知県北設楽郡津具村　使用年代大正時代　細丸太の皮をむく

**皮むき**
「写真で見る農具 民具」農林統計協会　1988
　◇p267〔白黒〕　山形県長井市

**かわむきがま**
「民俗資料選集 9 山村の生活と用具」国土地理協会　1981
　◇p98（本文）〔白黒〕　愛知県北設楽郡津具村　伐木した木の皮をむく

**カン**
「写真で見る農具 民具」農林統計協会　1988
　◇p175〔白黒〕　岩手県軽米町　木材を地引する際に使用

**官行造林事業所**
「里山・里海 暮らし図鑑」柏書房　2012
　◇写4 (p269)〔白黒〕（松葉川の官行造林事業所）　高知県旧窪川町〔四万十町〕　昭和30年代　四万十町役場提供

**かんな**
「日本の民具 3 山・漁村」慶友社　1992
　◇図30〔白黒〕　秋田県仙北郡　㈹薗部澄

**機械化されはじめた頃の搬出作業**
「日本民俗写真大系 1」日本図書センター　1999
　◇p153〔白黒〕　北海道上士幌町三股　㈹八木下弘，1960年

**木こりの青年**
「写真でみる日本人の生活全集 6」日本図書センター　2010
　◇p62〔白黒〕　㈹深海幸一郎

**木印**
「日本社会民俗辞典 2」日本図書センター　2004
　◇p828〔白黒・図〕　隠岐知夫里島
「日本民俗大辞典 上」吉川弘文館　1999
　◇p461〔白黒・図〕　伐採する立木への木印、木銘（『木曽式伐木運材図会』より），伐採年度を示す木印（『桴（いかだ）』より），伐採年度を示す木印（『桴（いかだ）』より），木刈り・山子・杣人の木印
「民俗学辞典（改訂版）」東京堂出版　1987
　◇図版13 (p135)〔白黒・図〕　岐阜県大野郡有巣村　橋浦泰雄画
「日本民俗事典」弘文堂　1972
　◇p187〔白黒・図〕　柳田国男『北小浦民俗誌』

**木曽筏の基本形**
「写真ものがたり昭和の暮らし 5」農山漁村文化協会　2005
◇p39〔白黒・図〕　絵・中嶋俊枝

**木流し**
「民俗図録 日本人の暮らし」日本図書センター　2012
◇図271〔白黒〕　青森県西津軽郡深浦町追良瀬　[撮]櫻庭武則

**木の伐り方をならっている子供たち**
「写真でみる日本人の生活全集 9」日本図書センター　2010
◇口絵〔白黒〕　宮城県栗原郡栗駒町

**木場**
「写真でみる日本生活図引 7」弘文堂　1993
◇目次B〔白黒〕　東京都提供
「写真でみる日本生活図引 6」弘文堂　1993
◇図94〔白黒〕　東京都江東区　[撮]昭和35年7月12日 東京都提供

**桐の皮切り鎌**
「写真で見る農具 民具」農林統計協会　1988
◇p267〔白黒〕　京都府京都市

**きんま**
「民俗資料選集 9 山村の生活と用具」国土地理協会　1981
◇p102(本文)〔白黒〕　愛知県北設楽郡津具村

**木馬**
「日本民俗大辞典 上」吉川弘文館　1999
◇p517〔白黒・図〕
「写真でみる日本生活図引 2」弘文堂　1988
◇図91〔白黒〕　熊本県上益城郡矢部町白糸　[撮]林田倫夫, 大正9年10月

**木馬から丸太材をおろす**
「日本社会民俗辞典 4」日本図書センター　2004
◇p1584〔白黒〕　栃木県加蘇村

**木馬出し**
「図説 民俗探訪事典」山川出版社　1983
◇p274〔白黒〕　奈良県大滝村

**木馬で材木を運ぶ**
「フォークロアの眼 3 運ぶ」国書刊行会　1977
◇図200〔白黒〕(下に丸太を敷き, 木馬で材木を運ぶ)　愛知県北設楽郡東栄町月　[撮]須藤功, 昭和46年11月18日

**キンマとキンマミチ**
「民俗資料選集 9 山村の生活と用具」国土地理協会　1981
◇p39(本文)〔白黒〕　愛知県北設楽郡津具村

**木馬に材木を積み木馬道を引く**
「写真ものがたり昭和の暮らし 2」農山漁村文化協会　2004
◇p103〔白黒〕　埼玉県両神村　[撮]出浦欣一, 昭和30年代

**木馬に材木を積んで木馬道をくだる**
「写真ものがたり昭和の暮らし 2」農山漁村文化協会　2004
◇p124〔白黒〕　埼玉県両神村　[撮]出浦欣一, 昭和30年代

**きんまによる運材**
「民俗資料選集 9 山村の生活と用具」国土地理協会　1981
◇p10(口絵)〔白黒〕(きんま(木馬)による運材)　愛知県北設楽郡津具村

**キンマ道**
「図説 日本民俗学」吉川弘文館　2009
◇p161〔白黒〕　栃木県鹿沼市

**木馬道**
「日本社会民俗辞典 4」日本図書センター　2004
◇p1585〔白黒〕(運材の木馬道)　栃木県加蘇村

**クァン**
「日本民具の造形」淡交社　2004
◇p233〔白黒〕　鹿児島県 奄美博物館所蔵

**管流のための留柵の図**
「日本社会民俗辞典 4」日本図書センター　2004
◇p1586〔白黒・図〕

**クチヤ(口楔)**
「民具のみかた―心とかたち」第一法規出版　1983
◇p97〔白黒〕　岐阜県飛驒地方

**クビナガ(首長)**
「民具のみかた―心とかたち」第一法規出版　1983
◇p98〔白黒〕　岐阜県飛驒地方

**くりそぎ**
「民俗資料選集 9 山村の生活と用具」国土地理協会　1981
◇p112(本文)〔白黒〕　愛知県北設楽郡津具村　屋根ふき用の板(加工品)

**くりぬきちょんの**
「写真で見る農具 民具」農林統計協会　1988
◇p271〔白黒〕　奈良県奈良市

**傾斜地の苗畑**
「日本の生活環境文化大辞典」柏書房　2010
◇p71-2〔白黒〕　京都市北区中川　[撮]2004年　瀬戸寿一

**軽量チェンソー**
「図説 台所道具の歴史」日本図書センター　2012
◇p29-4〔白黒〕　製造・KK共立。デザイン・寺島デザイン研究所

**こくいん**
「民俗資料選集 9 山村の生活と用具」国土地理協会　1981
◇p104(本文)〔白黒〕　愛知県北設楽郡津具村　木材や製品に押す印

**刻印**
「写真で見る農具 民具」農林統計協会　1988
◇p270〔白黒〕　福井県福井市　昭和40年頃まで

**こくいんつぼ**
「民俗資料選集 9 山村の生活と用具」国土地理協会　1981
◇p104(本文)〔白黒〕　愛知県北設楽郡津具村　刻印に使う墨を入れる桶

**こけら**
「民俗資料選集 9 山村の生活と用具」国土地理協会　1981
◇p113(本文)〔白黒〕　愛知県北設楽郡津具村　大正元年　製作地：当村堀之元・福田柳蔵作 棟用のこけらで大型

**こけら・こけらわく**
「民俗資料選集 9 山村の生活と用具」国土地理協会　1981
◇p112(本文)〔白黒〕　愛知県北設楽郡津具村　スギの良材をまさ目にはぐ。こけらわくに入れ、荷造りをして商品として販売

**こけらづち**
「民俗資料選集 9 山村の生活と用具」国土地理協会　1981
◇p103(本文)〔白黒〕　愛知県北設楽郡津具村　こけらぼうちょうの背をたたく

**こけらぼうちょう**
「民俗資料選集 9 山村の生活と用具」国土地理協会　1981
◇p106(本文)〔白黒〕　愛知県北設楽郡津具村　製作地：京都 コナシを割る

**こけらわく**
「民俗資料選集 9 山村の生活と用具」国土地理協会　1981
◇p106(本文)〔白黒〕　愛知県北設楽郡津具村　コケラの荷作り用

**腰あて**
「日本社会民俗辞典 2」日本図書センター　2004
◇p531〔白黒〕(山仕事の女達の腰あて)　奈良県十津

生産・生業　　　　　　　　　　　　　　　　　　　林業・木材業

　川村

コシナタとサヤ
「図録・民具入門事典」柏書房　1991
　◇p65〔白黒〕　東京都

コシナタとサヤ（枝払い用）
「図録・民具入門事典」柏書房　1991
　◇p65〔白黒〕　東京都

コシノコ
「図録・民具入門事典」柏書房　1991
　◇p64〔白黒〕　東京都

小羽割鉈
「写真で見る農具 民具」農林統計協会　1988
　◇p265〔白黒〕　福井県福井市

こびき
「写真ものがたり昭和の暮らし 2」農山漁村文化協会　2004
　◇p129〔白黒〕　秋田県能代市　おがを入れ始めたところ　㊟南利夫,昭和56年9月
　◇p129〔白黒〕　秋田県能代市　木目を見ながら次にどのようひくか検討する　㊟南利夫,昭和55年9月

木挽作業の光景
「図説 民俗探訪事典」山川出版社　1983
　◇p276〔白黒・図〕　明治時代　『吉野林業全書』より

こびきのこ
「日本の生活文化財」第一法規出版　1965
　◇図82（生産・運搬・交易）〔白黒〕　文部省史料館所蔵（東京都品川区）

木挽鋸
「日本民具の造形」淡交社　2004
　◇p48〔白黒〕　北海道　網走市立郷土館所蔵
「図説 民俗探訪事典」山川出版社　1983
　◇p276〔白黒〕（木挽用の鋸）　青森県下北郡　『青森県の山樵具』より

こわりなた
「写真で見る農具 民具」農林統計協会　1988
　◇p265〔白黒〕　奈良県西吉野村

さあぶゆき
「日本の民具 3 山・漁村」慶友社　1992
　◇図33〔白黒〕　琉球 国領　㊟蘭部澄

材木
「写真でみる日本生活図引 6」弘文堂　1993
　◇図89〔白黒〕　京都府京都市右京区中ノ島町　材木浜　㊟一瀬政雄,昭和11年10月頃

材木を牛に曳かせる
「写真ものがたり昭和の暮らし 9」農山漁村文化協会　2007
　◇p169〔白黒〕（くくった材木に紐をつけて牛に曳かせる）　群馬県新治村東峰須（現みなかみ町）　㊟須藤功,昭和46年12月

ざいもくづる
「民俗資料選集 9 山村の生活と用具」国土地理協会　1981
　◇p101（本文）〔白黒〕　愛知県北設楽郡津具村　製作地：土佐　大丸太を移動させる

材木の加工
「宮本常一 写真・日記集成 上」毎日新聞社　2005
　◇p147〔白黒〕（情島）　山口県大島郡東和町［周防大島町］情島　㊟宮本常一,1959年8月27日

材木浜
「写真ものがたり昭和の暮らし 5」農山漁村文化協会　2005
　◇p40〔白黒〕　京都市右京区嵐山　㊟黒川翠山,明治時代　京都府立総合資料館蔵

材木屋
「宮本常一 写真・日記集成 下」毎日新聞社　2005
　◇p20〔白黒〕（古い市場町で吉野杉の木箸が名産）　奈良県吉野郡下市町　㊟宮本常一,1965年4月12日～13日

さきやまのこ
「写真で見る農具 民具」農林統計協会　1988
　◇p264〔白黒〕　奈良県天川村　大正時代から昭和前期

索道
「写真ものがたり昭和の暮らし 2」農山漁村文化協会　2004
　◇p28〔白黒〕　長野県上村下栗　㊟須藤功,昭和42年11月
「写真でみる日本生活図引 2」弘文堂　1988
　◇図140, 141〔白黒〕　新潟県北魚沼郡湯之谷村　湯之谷村鷹の巣の奥只見ダム近辺の川に架かっていた索道　㊟中俣正義,昭和26年6月

索道に作業員が乗る
「写真ものがたり昭和の暮らし 2」農山漁村文化協会　2004
　◇p123〔白黒〕　埼玉県両神村　㊟出浦欣一,昭和30年代

ササハダイギリ（笹葉状鋸）
「民具のみかた—心とかたち」第一法規出版　1983
　◇p93〔白黒〕　岐阜県飛騨地方　伐採用具

さし
「民俗資料選集 9 山村の生活と用具」国土地理協会　1981
　◇p100（本文）〔白黒〕　愛知県北設楽郡津具村　丸太にかぎを引っ掛けてその直径を計測する

敷皮
「民俗図録 日本人の暮らし」日本図書センター　2012
　◇図104〔白黒〕　兵庫県宍粟郡奥谷村音水　木寄せや運材夫に必要なもの　㊟錦耕三

したばらいがま
「民俗資料選集 9 山村の生活と用具」国土地理協会　1981
　◇p98（本文）〔白黒〕　愛知県北設楽郡津具村　使用年代：明治

柴鉈
「民俗図録 日本人の暮らし」日本図書センター　2012
　◇図269〔白黒〕　福井県大野郡五箇村　㊟橋浦泰雄

鉈鞘
「日本民具の造形」淡交社　2004
　◇p28〔白黒〕　岐阜県 飛騨みやがわ考古民俗館所蔵

シュラ出し
「民俗図録 日本人の暮らし」日本図書センター　2012
　◇図270〔白黒〕　奈良県吉野郡
　◇図273〔白黒〕　大分県湯平高原
「日本民俗文化財事典（改訂版）」第一法規出版　1979
　◇図136〔白黒〕　埼玉県

消防林
「写真でみる日本生活図引 別巻」弘文堂　1993
　◇図41, 42〔白黒〕　長野県下伊那郡阿智村　会地村消防団の山,山の下刈り作業　㊟熊谷元一,昭和31年7月27日

植林
「宮本常一 写真・日記集成 上」毎日新聞社　2005
　◇p314〔白黒〕（焼畑あとの杉の植林）　熊本県 五木→五家荘　パルプ材を切り出したあとで土砂崩れが生じた　㊟宮本常一,1962年6月19日
「写真でみる日本生活図引 別巻」弘文堂　1993
　◇図335〔白黒〕　長野県下伊那郡阿智村　杉苗200本植える　㊟熊谷元一,昭和32年4月11日
　◇図359〔白黒〕（区の植林）　長野県下伊那郡阿智村　㊟熊谷元一,昭和32年5月4日
「図説 民俗探訪事典」山川出版社　1983

◇p272〔白黒〕（植林（山植え））　奈良県川上村

**植林した杉**

「写真ものがたり昭和の暮らし 2」農山漁村文化協会　2004
◇p108〔白黒〕　宮崎県五ヶ瀬町　[撮]須藤功, 昭和44年11月

**植林の手入**

「民俗図録 日本人の暮らし」日本図書センター　2012
◇図266〔白黒〕　福井県足羽郡上宇坂村朝谷　[撮]錦耕三

**植林の山**

「民俗資料選集 9 山村の生活と用具」国土地理協会　1981
◇p11（口絵）〔白黒〕　愛知県北設楽郡津具村　年次別の状況は手前1年生、左前方2年生、その向う5年生

**しりあて**

「民俗資料選集 9 山村の生活と用具」国土地理協会　1981
◇p108（本文）〔白黒〕　愛知県北設楽郡津具村　きこりが山仕事をする際尻の下に敷く
◇p110（本文）〔白黒〕　愛知県北設楽郡津具村　イノシシの皮製。きこりが材木の伐木の際尻に敷いて作業した

**しりかけいた**

「民俗資料選集 9 山村の生活と用具」国土地理協会　1981
◇p113（本文）〔白黒〕　愛知県北設楽郡津具村　製作年代明治初期　製作地：愛知県北設楽郡津具村字能知・夏目家 壁板として使用

**森林軌道**

「宮本常一が撮った昭和の情景 上」毎日新聞社　2009
◇p194〔白黒〕　青森県むつ市川内町畑　奥地への伝言を機関士にたのむ　[撮]宮本常一, 1963年6月20日
◇p231〔白黒〕　青森県むつ市川内町畑　住民たちも奥地への往来にはこの軌道を利用した　[撮]宮本常一, 1964年7月28日
「宮本常一 写真・日記集成 上」毎日新聞社　2005
◇p377〔白黒〕　青森県下北郡川内町畑　[撮]宮本常一, 1963年6月20日
◇p447〔白黒〕（森林軌道はなんでも運んだ）　青森県下北郡川内町畑　[撮]宮本常一, 1964年7月28日
「写真ものがたり昭和の暮らし 2」農山漁村文化協会　2004
◇p126, 127〔白黒〕（金木戸森林軌道）　岐阜県上宝村　[撮]岡村誼, 昭和36年

**森林軌道駅構内の材木**

「宮本常一 写真・日記集成 上」毎日新聞社　2005
◇p21〔白黒〕　秋田県北秋田郡上小阿仁村　[撮]宮本常一, 1955年11月7日

**森林軌道小阿仁線の駅**

「宮本常一が撮った昭和の情景 上」毎日新聞社　2009
◇p12～13〔白黒〕　秋田県北秋田郡上小阿仁村　山村経済実態調査　[撮]宮本常一, 1955年11月7日

**森林軌道の駅・国有林から伐り出された秋田スギ**

「宮本常一 写真・日記集成 上」毎日新聞社　2005
◇p21〔白黒〕　秋田県北秋田郡上小阿仁村　[撮]宮本常一, 1955年11月7日

**森林組合**

「宮本常一 写真・日記集成 上」毎日新聞社　2005
◇p25〔白黒〕　宮城県栗原郡栗駒町 栗駒山麓　[撮]宮本常一, 1955年11月14日

**水車製材所**

「民俗資料選集 41 豊後の水車習俗」国土地理協会　2010
◇p204（本文）〔白黒〕　大分県日田市上諸留町日向野　明治39年造

**水車製材所内部**

「民俗資料選集 41 豊後の水車習俗」国土地理協会　2010
◇p204（本文）〔白黒〕　大分県日田市上諸留町日向野　明治39年造

**水車製材所内部（鋸台）**

「民俗資料選集 41 豊後の水車習俗」国土地理協会　2010
◇p204（本文）〔白黒〕　大分県日田市上諸留町日向野　明治39年造

**水路を使っての材木の運搬**

「写真でみる民家大事典」柏書房　2005
◇p234-1〔白黒〕　江東区木場　[撮]1955年　江東区教育委員会

**杉材を積んで貯木場まで滑りおろした雪ぞりを山のうえまで背負って運びあげる**

「写真ものがたり昭和の暮らし 9」農山漁村文化協会　2007
◇p167〔白黒〕　秋田県西木村（現仙北市）　[撮]須藤功, 昭和44年2月

**杉苗を、地ごしらえをした山に植える**

「写真ものがたり昭和の暮らし 2」農山漁村文化協会　2004
◇p106〔白黒〕　岐阜県清見村・池本山国有林　[撮]岡村誼, 昭和53年4月

**杉苗取り**

「写真でみる日本生活図引 1」弘文堂　1989
◇図135〔白黒〕　秋田県湯沢市須川　[撮]加賀谷政雄, 昭和34年

**杉苗の植えつけ**

「写真ものがたり昭和の暮らし 2」農山漁村文化協会　2004
◇p107〔白黒〕　岐阜県清見村・池本山国有林　[撮]岡村誼, 昭和39年7月
「フォークロアの眼 9 花祭り」国書刊行会　1977
◇図184〔白黒〕（山で杉の苗を植えるみょうど）　愛知県北設楽郡東栄町下粟代　[撮]昭和37年5月28日

**杉のさし木のさし穂作り**

「写真ものがたり昭和の暮らし 2」農山漁村文化協会　2004
◇p105〔白黒〕　岐阜県飛騨市古川町・大洞平苗畑　[撮]岡村誼, 昭和38年4月

**杉のさしつけ作業**

「写真ものがたり昭和の暮らし 2」農山漁村文化協会　2004
◇p105〔白黒〕（飫肥杉のさしつけ作業）　宮崎県日南市飫肥町　[撮]須藤功, 昭和47年2月

**杉の造林**

「日本社会民俗辞典 4」日本図書センター　2004
◇p1581〔白黒〕　栃木県加蘇村

**杉の大木に受口を入れる**

「写真ものがたり昭和の暮らし 2」農山漁村文化協会　2004
◇p120〔白黒〕　秋田県二ツ井町・仁鮒国有林　[撮]南利夫, 昭和29年2月

**杉の種**

「写真ものがたり昭和の暮らし 2」農山漁村文化協会　2004
◇p104〔白黒〕（よく乾燥させて、選んだ杉の種）　奈良県・吉野林業　[撮]昭和30年代　（社）農山漁村文化協会提供

**杉の母樹から種を採る**

「写真ものがたり昭和の暮らし 2」農山漁村文化協会　2004
◇p104〔白黒〕　奈良県・吉野林業　[撮]昭和30年代　（社）農山漁村文化協会提供

**スギの落葉落枝による焚き付け着火**

「里山・里海 暮らし図鑑」柏書房　2012
◇写37（p52）〔白黒〕　奈良県宇陀市

**スギ林になった棚田**

「日本の生活環境文化大辞典」柏書房　2010
◇p24-5〔白黒〕　島根県浜田市都川　[撮]2001年

**すみつぼ**

「民俗資料選集 9 山村の生活と用具」国土地理協会　1981

生産・生業　　　　　　　　　　　　　　　　　　　　　　林業・木材業

　　◇p102（本文）〔白黒〕　愛知県北設楽郡津具村　杣が角材をけずるとき、木挽が板をひく時使用
　　◇p106（本文）〔白黒〕　愛知県北設楽郡津具村　ハンドル鉄・ソギをへぐ際木取りに使用

**墨壺**
「日本の民具 3 山・漁村」慶友社　1992
　　◇図35〔白黒〕　長野県 諏訪　㊟薗部澄
　　◇図37〔白黒〕　青森県　㊟薗部澄
　　◇図38〔白黒〕　地域不明　㊟薗部澄

**墨壺入**
「日本の民具 3 山・漁村」慶友社　1992
　　◇図36〔白黒〕　岩手県雫石町　㊟薗部澄

**製材所**
「宮本常一 写真・日記集成 上」毎日新聞社　2005
　　◇p18〔白黒〕　島根県鹿足郡日原町　㊟宮本常一、1955年8月28日
「宮本常一 写真・日記集成 下」毎日新聞社　2005
　　◇p231〔白黒〕　東京都青梅市成木入平　㊟宮本常一、1970年8月14日〜17日（青梅市民俗調査）

**製材所に積まれた大小の材木**
「あるくみるきく双書 宮本常一とあるいた昭和の日本 23」農山漁村文化協会　2012
　　◇p94〔白黒〕　㊟小林淳

**製材用水車**
「民俗資料選集 41 豊後の水車習俗」国土地理協会　2010
　　◇p205（本文）〔白黒・図〕　大分県日田市上諸留町日向野
「宮本常一 写真・日記集成 下」毎日新聞社　2005
　　◇p67〔白黒〕　大分県日田市　㊟宮本常一、1966年3月26日

**製材用水車大輪**
「民俗資料選集 41 豊後の水車習俗」国土地理協会　2010
　　◇p206（本文）〔白黒・図〕　大分県日田市上諸留町日向野

**製板工場**
「民俗資料選集 9 山村の生活と用具」国土地理協会　1981
　　◇p38（本文）〔白黒〕　愛知県北設楽郡津具村

**背負梯子によるツゲ材の搬出**
「図録・民具入門事典」柏書房　1991
　　◇p86〔白黒〕　東京都御蔵島

**せん**
「民俗資料選集 9 山村の生活と用具」国土地理協会　1981
　　◇p105（本文）〔白黒〕　愛知県北設楽郡津具村　コナシの木口の一方・両方の木端をけずるときの道具

**造材**
「写真でみる日本生活図引 2」弘文堂　1988
　　◇図89〔白黒〕　熊本県上益城郡矢部町白糸　㊟林田倫夫、大正9年10月

**そぎぼうちょう**
「民俗資料選集 9 山村の生活と用具」国土地理協会　1981
　　◇p103（本文）〔白黒〕　愛知県北設楽郡津具村　カシ材の柄付、屋根ふき用のソギをへぐのに用いた

**杣小屋**
「写真でみる日本生活図引 2」弘文堂　1988
　　◇図94〔白黒〕　岩手県下閉伊郡岩泉町安家　㊟菊池俊吉、昭和32年6月
　　◇図95〔白黒〕　北海道山越郡長万部町茶屋川　㊟掛川源一郎、昭和32年2月

**そま小屋のそま夫**
「写真ものがたり昭和の暮らし 2」農山漁村文化協会　2004
　　◇p122〔白黒〕　岩手県岩泉町安家　朝食をすませて、山へ行く前の寮内でのひととき　㊟菊池俊吉、昭和32年6月

**杣小屋の夜景**
「日本社会民俗辞典 4」日本図書センター　2004
　　◇p1589〔白黒・図〕

**杣職人**
「図説 日本民俗学」吉川弘文館　2009
　　◇p7〔白黒〕（絵馬に描かれた杣職人）　埼玉県飯能市　1902年（明治35）奉納　〔印半纏に股引の姿〕

**ソマと道具**
「日本を知る事典」社会思想社　1971
　　◇図25（p148）〔白黒〕　奈良県吉野郡

**杣の用具**
「日本社会民俗辞典 4」日本図書センター　2004
　　◇p1583〔白黒・図〕

**橇**
「図説 民俗探訪事典」山川出版社　1983
　　◇p275〔白黒〕　青森県西津軽郡地方　『青森県の山樵具』より

**ソリで木材を運ぶ**
「フォークロアの眼 3 運ぶ」国書刊行会　1977
　　◇図212〔白黒〕　青森県下北郡川内町畑　㊟須藤功、昭和43年3月29日

**だいぎりのこ**
「民俗資料選集 9 山村の生活と用具」国土地理協会　1981
　　◇p99（本文）〔白黒〕　愛知県北設楽郡津具村　製作年代：江戸時代

**竹とび**
「写真で見る農具 民具」農林統計協会　1988
　　◇p268〔白黒〕　奈良県天川村　明治・大正時代

**竹割鉈**
「写真で見る農具 民具」農林統計協会　1988
　　◇p264〔白黒〕　福井県福井市　昭和35年頃まで

**立木を搬送する筏流し**
「里山・里海 暮らし図鑑」柏書房　2012
　　◇写39（p238）〔白黒〕（里山で伐採した立木を搬送する筏流し）　福井県小浜市南川　昭和初期　井田家所蔵古写真・福井県立若狭歴史民俗資料館資料提供

**タテビキノコ（縦挽き鋸）**
「民具のみかた―心とかたち」第一法規出版　1983
　　◇p93〔白黒〕　岐阜県飛騨地方　伐採用具

**タテヤ（縦楔）**
「民具のみかた―心とかたち」第一法規出版　1983
　　◇p97〔白黒〕　岐阜県飛騨地方

**玉切り**
「いまに伝える 農家のモノ・人の生活館」柏書房　2004
　　◇p209 写真5〔白黒〕　埼玉県嵐山町

**たる丸をけずる**
「写真ものがたり昭和の暮らし 2」農山漁村文化協会　2004
　　◇p135〔白黒〕　秋田県能代市木材町　外側をソトセンでけずる　㊟南利夫、昭和38年9月

**樽丸づくり**
「図説 民俗探訪事典」山川出版社　1983
　　◇p283〔白黒〕　奈良県大淀町

**樽まるつくり**
「民俗図録 日本人の暮らし」日本図書センター　2012
　　◇図394〔白黒〕　奈良県吉野郡山中

**たる丸の出荷作業**
「写真ものがたり昭和の暮らし 2」農山漁村文化協会　2004
　　◇p134〔白黒〕　秋田県二ツ井町仁鮒町　しょうゆだる用　㊟南利夫、昭和29年5月

林業・木材業　　　　　　　　　　　生産・生業

チェーンソーによるエゾマツの伐採
　「日本民俗写真大系 1」日本図書センター　1999
　　◇p149〔白黒〕　北海道南富良野町幾寅　㈳八木下弘，1960年

ちょうな
　「民俗資料選集 9 山村の生活と用具」国土地理協会　1981
　　◇p104(本文)〔白黒〕　愛知県北設楽郡津具村　江戸時代のもの　角材などの仕上げ用に用う

チョーナ
　「図録・民具入門事典」柏書房　1991
　　◇p64〔白黒〕　東京都

貯木場
　「宮本常一が撮った昭和の情景 上」毎日新聞社　2009
　　◇p194〔白黒〕　青森県むつ市川内町畑　㈳宮本常一，1963年6月20日
　「写真ものがたり昭和の暮らし 5」農山漁村文化協会　2005
　　◇p41〔白黒〕　秋田県能代市 米代川支流の檜山川　㈳南利夫，昭和38年8月
　「宮本常一 写真・日記集成 上」毎日新聞社　2005
　　◇p301〔白黒〕(輸入材の貯木場)　東京都 品川駅→水産大学あたり　㈳宮本常一，1962年1月25日
　　◇p377〔白黒〕　青森県下北郡川内町　㈳宮本常一，1963年6月20日
　「宮本常一 写真・日記集成 下」毎日新聞社　2005
　　◇p286〔白黒〕(運河沿いの貯木場)　広島県福山市松永町　㈳宮本常一，1972年12月15日～17日

つきやすり
　「民俗資料選集 9 山村の生活と用具」国土地理協会　1981
　　◇p100(本文)〔白黒〕　愛知県北設楽郡津具村　土地のカジヤ作。のこりぎの歯が切れなくなったとき歯をする

つりかん
　「写真で見る農具 民具」農林統計協会　1988
　　◇p269〔白黒〕　岐阜県坂内村　大正時代から昭和

ツル
　「写真で見る農具 民具」農林統計協会　1988
　　◇p268〔白黒〕　高知県物部村

つるがま
　「民俗資料選集 9 山村の生活と用具」国土地理協会　1981
　　◇p98(本文)〔白黒〕　愛知県北設楽郡津具村　使用年代：明治期　製作地：越前　しば刈り用に使用

ておの
　「日本の生活文化財」第一法規出版　1965
　　◇図83(生産・運搬・交易)〔白黒〕　文部省史料館所蔵(東京都品川区)

手斧
　「日本民具の造形」淡交社　2004
　　◇p231〔白黒〕　静岡県 松崎町岩科郷土資料館所蔵

手ぞりで山から材木を運び出す
　「図説 日本民俗学」吉川弘文館　2009
　　◇p172〔白黒〕　石川県白山市　石川県立歴史博物館提供

鉄砲堰
　「民俗図録 日本人の暮らし」日本図書センター　2012
　　◇図275〔白黒〕　奈良県吉野郡十津川村　㈳鈴木東一
　「写真ものがたり昭和の暮らし 5」農山漁村文化協会　2005
　　◇p39〔白黒・図〕　絵・中嶋俊枝
　「日本民俗大辞典 下」吉川弘文館　2000
　　◇p154〔白黒〕　埼玉県秩父郡大滝村大山沢

テノコ(手鋸)とサヤ(鞘)
　「民具のみかた一心とかたち」第一法規出版　1983
　　◇p95〔白黒〕　岐阜県飛騨地方　伐採用具

てびきいた
　「民俗資料選集 9 山村の生活と用具」国土地理協会　1981
　　◇p113(本文)〔白黒〕　愛知県北設楽郡津具村　木挽がまえびきで挽いた板

手よき
　「民俗資料選集 9 山村の生活と用具」国土地理協会　1981
　　◇p101(本文)〔白黒〕　愛知県北設楽郡津具村　伐木の枝打ち，かすがいの打込みやなたに代る作業など

といしぶくろ
　「民俗資料選集 9 山村の生活と用具」国土地理協会　1981
　　◇p101(本文)〔白黒〕　愛知県北設楽郡津具村　昭和20年頃まで使用　わら製

トバシ
　「写真で見る農具 民具」農林統計協会　1988
　　◇p269〔白黒〕　奈良県川上村　木材等の運搬用

トビ
　「写真で見る農具 民具」農林統計協会　1988
　　◇p268〔白黒〕　高知県土佐山田町
　「民俗資料選集 9 山村の生活と用具」国土地理協会　1981
　　◇p101(本文)〔白黒〕　愛知県北設楽郡津具村　木材の搬出運搬などすべてに使用

鳶口
　「日本民俗大辞典 下」吉川弘文館　2000
　　◇p225〔白黒・図〕　ツバクロトビ系コトビ，カラストビ系

とびなた
　「民俗資料選集 9 山村の生活と用具」国土地理協会　1981
　　◇p98(本文)〔白黒〕　愛知県北設楽郡津具村

泥さし
　「写真ものがたり昭和の暮らし 2」農山漁村文化協会　2004
　　◇p105〔白黒〕　岐阜県飛騨市古川町　杉のさしつけ作業　㈳岡村誼，昭和37年

苗畑に杉の種をまき、くわの羽裏で押さえる
　「写真ものがたり昭和の暮らし 2」農山漁村文化協会　2004
　　◇p104〔白黒〕　奈良県・吉野林業　㈳昭和30年代(社)農山漁村文化協会提供

流し木
　「宮本常一 写真・日記集成 別巻」毎日新聞社　2005
　　◇図336(p54)〔白黒〕　新潟県・越後・上條［北魚沼郡守門村］　㈳宮本常一，1941年10月

薙鎌
　「写真で見る農具 民具」農林統計協会　1988
　　◇p266〔白黒〕　高知県物部村

なた
　「写真で見る農具 民具」農林統計協会　1988
　　◇p265〔白黒〕　岩手県軽米町
　「民俗資料選集 9 山村の生活と用具」国土地理協会　1981
　　◇p99(本文)〔白黒〕　愛知県北設楽郡津具村　製作者：土地のカジヤ村松太七 柿が木の枝を払うのに使用 俗にナゲ首
　「日本の生活文化財」第一法規出版　1965
　　◇図84(生産・運搬・交易)〔白黒〕　文部省史料館所蔵(東京都品川区)

直鉈
　「日本民俗大辞典 下」吉川弘文館　2000
　　◇p253〔白黒・図〕　秋田県、山形県、茨城県、千葉県、新潟県、長野県、島根県、大分県　秋田県、山形県、茨城県、千葉県、新潟県、長野県、島根県、大分県のナバ鉈　朝岡康二『鍛冶の民俗技術』(1984)より

## 生産・生業　　　　　　　　　　　　　　　　　　　　　　　　林業・木材業

鉈
　「日本民具の造形」淡交社　2004
　　◇p231〔白黒〕　愛知県 鳳来町山びこ民俗伝承館所蔵
　「日本の民具 3 山・漁村」慶友社　1992
　　◇図19〔白黒〕　愛知県　㊥薗部澄
　　◇図23〔白黒〕　愛知県　㊥薗部澄
　　◇図24〔白黒〕　愛知県　㊥薗部澄
　「写真で見る農具 民具」農林統計協会　1988
　　◇p265〔白黒〕　山梨県早川町

なたうん
　「日本の民具 3 山・漁村」慶友社　1992
　　◇図34〔白黒〕　鹿児島県 大島　㊥薗部澄

ナタガマの種類
　「図録・民具入門事典」柏書房　1991
　　◇p65〔白黒〕　長崎県対馬

ナタテゴ
　「日本民俗図誌 5 農耕・漁撈篇」村田書店　1978
　　◇図90-1〔白黒・図〕　富山県婦負郡八尾町

鉈のさや
　「日本の民具 3 山・漁村」慶友社　1992
　　◇図27〔白黒〕　岩手県　㊥薗部澄

なたぶくろ
　「日本の民具 3 山・漁村」慶友社　1992
　　◇図26〔白黒〕　新潟県　㊥薗部澄

ねこかん
　「写真で見る農具 民具」農林統計協会　1988
　　◇p271〔白黒〕　奈良県吉野町

ねじや
　「民俗資料選集 9 山村の生活と用具」国土地理協会　1981
　　◇p105（本文）〔白黒〕　愛知県北設楽郡津具村　加工する材料の間に差し入れ、すき間をつくる

鋸
　「写真で見る農具 民具」農林統計協会　1988
　　◇p263〔白黒〕　千葉県君津市　大正時代後期まで
　　◇p263〔白黒〕　富山県大門町　縦挽鋸
　　◇p263〔白黒〕　富山県大門町　江戸時代後期から　横挽鋸
　　◇p264〔白黒〕　高知県物部村
　「図説 民俗探訪事典」山川出版社　1983
　　◇p273〔白黒〕　『青森県の山樵具』より

ノコ（大鋸）の部分名
　「民具のみかた―心とかたち」第一法規出版　1983
　　◇p94〔白黒・図〕　伐採用具

ノコギリ
　「図録・民具入門事典」柏書房　1991
　　◇p64〔白黒〕　長崎県対馬
　「写真で見る農具 民具」農林統計協会　1988
　　◇p263〔白黒〕　岐阜県久瀬村　大正時代から昭和年代

鋸目立用具
　「写真で見る農具 民具」農林統計協会　1988
　　◇p267〔白黒〕　宮崎県門川町

馬そりで材木を運ぶ
　「写真ものがたり昭和の暮らし 2」農山漁村文化協会　2004
　　◇p125〔白黒〕　岐阜県荘川村新淵　㊥岡村誼, 昭和38年

馬そりによる搬出作業
　「日本民俗写真大系 1」日本図書センター　1999
　　◇p148〔白黒〕（伐倒した材木の中間集積地山土場へ向かう馬ソリ）　北海道南富良野町幾寅　㊥八木下弘, 1960年
　　◇p152〔白黒〕　北海道南富良野町幾寅　㊥八木下弘, 1960年

伐採
　「里山・里海 暮らし図鑑」柏書房　2012
　　◇写16（p46）〔白黒〕（追い口から受け口に切り込みを入れ立木を伐倒）　埼玉県比企郡嵐山町　昭和30～40年　大舘勝治提供
　「宮本常一 写真・日記集成 上」毎日新聞社　2005
　　◇p312〔白黒〕（原生林の伐採）　鹿児島県 打詰→大浦　㊥宮本常一, 1962年6月16日
　「いまに伝える 農家のモノ・人の生活館」柏書房　2004
　　◇p210 図1〔白黒・図〕（木の伐採）〔埼玉県〕
　　◇p209 写真1～4〔白黒〕（木の伐採）　埼玉県嵐山町
　「写真ものがたり昭和の暮らし 2」農山漁村文化協会　2004
　　◇p128〔白黒〕（杉の大木を墨がけをして、おがでひく）　秋田県能代市中和通り　㊥南利夫, 昭和35年5月
　「写真でみる日本生活図引 別巻」弘文堂　1993
　　◇図288〔白黒〕　長野県下伊那郡阿智村　上御道山で木伐り　㊥熊谷元一, 昭和32年2月24日
　「写真でみる日本生活図引 2」弘文堂　1988
　　◇図88〔白黒〕　熊本県上益城郡矢部町白糸　㊥林田倫夫, 大正9年10月
　「図説 民俗探訪事典」山川出版社　1983
　　◇p272〔白黒〕　奈良県川上村
　「民俗資料選集 9 山村の生活と用具」国土地理協会　1981
　　◇p9（口絵）〔白黒〕　愛知県北設楽郡津具村
　「フォークロアの眼 9 花祭り」国書刊行会　1977
　　◇図185〔白黒〕（木材の伐採に立ち会っているみょうど）　愛知県北設楽郡東栄町下粟代　㊥昭和37年11月13日

伐採小屋
　「日本社会民俗辞典 4」日本図書センター　2004
　　◇p1584〔白黒〕　栃木県加蘇村

伐採したクヌギを乾燥
　「里山・里海 暮らし図鑑」柏書房　2012
　　◇写10（p43）〔白黒〕　奈良県宇陀市

伐採した雑木の集積場
　「あるくみるきく双書 宮本常一とあるいた昭和の日本 23」農山漁村文化協会　2012
　　◇p5〔白黒〕　奈良県吉野郡大塔村　㊥宮本常一, 昭和43年10月

伐採したスギの皮むき
　「宮本常一が撮った昭和の情景 上」毎日新聞社　2009
　　◇p64〔白黒〕（伐採したスギの皮をむく）　静岡県浜松市天竜区水窪町地頭方草木付近　㊥宮本常一, 1959年7月31日
　「宮本常一 写真・日記集成 上」毎日新聞社　2005
　　◇p133〔白黒〕　静岡県磐田郡水窪町草木あたり　㊥宮本常一, 1959年7月31日

伐採道具
　「民俗資料選集 2 木地師の習俗」国土地理協会　1974
　　◇p202（本文）〔白黒〕　石川県　山よき（大沢）、まさかり（温見）、大鋸（打越）、目貫鋸（温見）、鋸背板（温見）、腰鋸（打越・温見）、山鉈（打越）

伐採用の斧
　「日本社会民俗辞典 4」日本図書センター　2004
　　◇p1583〔白黒〕　栃木県今市市小来川

伐木道具
　「民俗図録 日本人の暮らし」日本図書センター　2012
　　◇図268〔白黒〕　兵庫県宍粟郡奥谷村音水　㊥平山敏治郎

伐木の修羅出し
　「図説 民俗探訪事典」山川出版社　1983
　　◇p274〔白黒・図/写真〕　奈良県吉野郡　『日本民俗図

録』より

### はつりよき
「写真で見る農具 民具」農林統計協会　1988
◇p266〔白黒〕　奈良県吉野町

### ハナ付鉈
「日本民俗大辞典 下」吉川弘文館　2000
◇p253〔白黒・図〕　栃木県, 神奈川県, 大分県, 熊本県　朝岡康二『鍛冶の民俗技術』(1984) より

### ハババヒロ(幅広)
「民具のみかた―心とかたち」第一法規出版　1983
◇p99〔白黒〕　石川県珠洲市　伐採用具

### ハビロ
「図録・民具入門事典」柏書房　1991
◇p64〔白黒〕　東京都
「民俗資料選集 9 山村の生活と用具」国土地理協会　1981
◇p98(本文)〔白黒〕　愛知県北設楽郡津具村　製作年代明治期　丸太材を角材にするときに使用

### 刃広まさかり
「写真で見る農具 民具」農林統計協会　1988
◇p266〔白黒〕　岩手県久慈市

### パルプ用材の架線集材の土場
「宮本常一が撮った昭和の情景 上」毎日新聞社　2009
◇p153〔白黒〕　熊本県八代市泉町椎原付近　[撮]宮本常一, 1962年6月20日
「宮本常一 写真・日記集成 上」毎日新聞社　2005
◇p316〔白黒〕　五家荘椎原(熊本県八代郡泉村[八代市])→下屋敷　[撮]宮本常一, 1962年6月20日

### 搬出されたパルプ材
「宮本常一 写真・日記集成 下」毎日新聞社　2005
◇p176〔白黒〕　奈良県吉野郡大塔村篠原　[撮]宮本常一, 1968年10月26日

### ひしやすり
「民俗資料選集 9 山村の生活と用具」国土地理協会　1981
◇p100(本文)〔白黒〕　愛知県北設楽郡津具村　まえびきのこりぎの刃先に三角の切込をつけるためのもの

### 桧皮包丁
「日本民具の造形」淡交社　2004
◇p231〔白黒〕　滋賀県 水口町立歴史民俗資料館所蔵

### 苗圃で働く人たち
「宮本常一 写真・日記集成 上」毎日新聞社　2005
◇p91〔白黒〕　宮崎県日向市　〔林業用〕　[撮]宮本常一, 1957年11月13日

### 二人挽き大鋸
「日本民具の造形」淡交社　2004
◇p232〔白黒〕　和歌山県 新宮市立歴史民俗資料館所蔵

### 二人挽鋸
「日本民具の造形」淡交社　2004
◇p232〔白黒〕　高知県 大豊町立民俗資料館所蔵
「民具のみかた―心とかたち」第一法規出版　1983
◇p96〔白黒〕(フタリビキノコ(二人挽き鋸))　岐阜県飛騨地方　伐採用具

### フタリビキノコの使用
「民具のみかた―心とかたち」第一法規出版　1983
◇p96〔白黒〕　岐阜県飛騨地方　伐採用具

### ふたわり庖丁
「写真で見る農具 民具」農林統計協会　1988
◇p272〔白黒〕　奈良県黒滝村

### ふとび
「写真で見る農具 民具」農林統計協会　1988
◇p268〔白黒〕　岐阜県坂内村　明治・大正時代

### ブナ材を手ぞりで運びおろす
「写真ものがたり昭和の暮らし 2」農山漁村文化協会　2004
◇p120～121〔白黒〕　岐阜県白川村　[撮]岡村誼, 昭和40年

### へぎ庖丁
「写真で見る農具 民具」農林統計協会　1988
◇p272〔白黒〕　奈良県黒滝村

### 弁甲流し
「日本民俗写真大系 5」日本図書センター　2000
◇p178〔白黒〕　日南市油津材木町、堀川運河(アーチ形石橋)附近　[撮]福田芳俊, 1956年
◇p179〔白黒〕　日南市 堀川上流　[撮]福田芳俊, 1947年

### 本仕込の様子
「日本の生活環境文化大辞典」柏書房　2010
◇p72-3〔白黒〕　京都市北区中川　北山杉林業の伝統技法　[撮]2004年　中田治

### マエビキ
「図録・民具入門事典」柏書房　1991
◇p64〔白黒〕　東京都
「民俗資料選集 9 山村の生活と用具」国土地理協会　1981
◇p104(本文)〔白黒〕　愛知県北設楽郡津具村　明治期使用　別名「掛塚鋸」

### マキノコの目立て
「いまに伝える 農家のモノ・人の生活館」柏書房　2004
◇p210 写真7〔白黒〕　埼玉県嵐山町

### まさかり
「写真で見る農具 民具」農林統計協会　1988
◇p266〔白黒〕　和歌山県和歌山市　明治時代から昭和30年まで

### 鉞
「日本民具の造形」淡交社　2004
◇p231〔白黒〕　青森県 六ヶ所村立郷土館所蔵　杣の道具

### マサカリで伐倒方向になる受け口を切り込む
「里山・里海 暮らし図鑑」柏書房　2012
◇写15(p46)〔白黒〕　埼玉県比企郡嵐山町　昭和30～40年　大舘勝治提供

### マサカリ(ヨキ)
「図説 民俗探訪事典」山川出版社　1983
◇p273〔白黒〕　『青森県の山樵具』より

### マダの皮はぎ
「日本社会民俗辞典 4」日本図書センター　2004
◇p1580〔白黒〕　宮城県七ヵ宿町

### マドノコ
「日本民具の造形」淡交社　2004
◇p47〔白黒〕　秋田県 西木村山の幸資料館所蔵

### 窓鋸
「写真で見る農具 民具」農林統計協会　1988
◇p264〔白黒〕　山形県長井市　昭和20年代より

### 丸太材の積出
「日本社会民俗辞典 4」日本図書センター　2004
◇p1585〔白黒〕　福島県館岩村

### 丸太のはい積み作業
「日本民俗写真大系 1」日本図書センター　1999
◇p151〔白黒〕　北海道南富良野町幾寅　[撮]八木下弘, 1960年

### 丸太は虫害を防ぐため二方向側面の皮をはぎとる
「日本民俗写真大系 1」日本図書センター　1999
◇p150〔白黒〕　北海道南富良野町幾寅　[撮]八木下弘, 1960年

生産・生業　　　　　　　　　　　　　　　　　　　　　林業・木材業

丸太磨き
　「日本民具の造形」淡交社　2004
　　◇p298〔白黒〕　京都府 北山杉資料館所蔵

廻し
　「写真で見る農具 民具」農林統計協会　1988
　　◇p267〔白黒〕　山形県長井市

まんりき
　「写真で見る農具 民具」農林統計協会　1988
　　◇p269〔白黒〕　岐阜県坂内村

マンリキ（万力）
　「民具のみかた―心とかたち」第一法規出版　1983
　　◇p97〔白黒〕　岐阜県飛騨地方　伐採用具

港へ搬出
　「民俗図録 日本人の暮らし」日本図書センター　2012
　　◇図277〔白黒〕　長崎県対馬　坑木の松材を運ぶ

めくみ
　「民俗資料選集 9 山村の生活と用具」国土地理協会　1981
　　◇p100（本文）〔白黒〕　愛知県北設楽郡津具村　のこぎりの歯並びの角度を変える

メヌキダイギリ（目抜きのある鋸）
　「民具のみかた―心とかたち」第一法規出版　1983
　　◇p93〔白黒〕　岐阜県飛騨地方　伐採用具

木材を架線で集める土場
　「日本民俗大辞典 上」吉川弘文館　1999
　　◇p353〔白黒〕　奈良県吉野郡下北山村　下北山村教育委員会提供

木材を保管する納屋
　「日本の生活環境文化大辞典」柏書房　2010
　　◇p73-4〔白黒〕　京都市北区中川　㊞2005年　瀬戸寿一

木材皮むき器
　「写真で見る農具 民具」農林統計協会　1988
　　◇p267〔白黒〕　岐阜県坂内村

木材積出し
　「民俗図録 日本人の暮らし」日本図書センター　2012
　　◇図438〔白黒〕　鹿児島県大島郡口之島

木材の船積み
　「日本民俗写真大系 6」日本図書センター　2000
　　◇p160〔白黒〕　熊本県河浦町崎津　㊞松本教夫, 1983年

木材搬出
　「民俗図録 日本人の暮らし」日本図書センター　2012
　　◇図272〔白黒〕　鹿児島県中ノ島

もろどこせん
　「写真で見る農具 民具」農林統計協会　1988
　　◇p272〔白黒〕　奈良県天川村

や（楔）
　「日本の民具 3 山・漁村」慶友社　1992
　　◇図28〔白黒〕　地域不明　㊞薗部澄
　「民俗資料選集 9 山村の生活と用具」国土地理協会　1981
　　◇p99（本文）〔白黒〕（や）　愛知県北設楽郡津具村　立木を倒すとき、のこぎりの切り口に打ち込む

焼畑の山の杉林
　「写真ものがたり昭和の暮らし 2」農山漁村文化協会　2004
　　◇p110〔カラー〕　宮崎県西都市銀鏡　㊞須藤功, 昭和44年12月

やすりいれ
　「民俗資料選集 9 山村の生活と用具」国土地理協会　1981
　　◇p111（本文）〔白黒〕　愛知県北設楽郡津具村　材質はケヤキの皮

ヤスリ入筒
　「写真で見る農具 民具」農林統計協会　1988
　　◇p267〔白黒〕　岩手県軽米町

やたて
　「民俗資料選集 9 山村の生活と用具」国土地理協会　1981
　　◇p103（本文）〔白黒〕　愛知県北設楽郡津具村　山樵用具 けい帯用筆記用具

矢立
　「写真で見る農具 民具」農林統計協会　1988
　　◇p270〔白黒〕　奈良県天川村　昭和初期まで

ヤブギリガマ
　「日本民具の造形」淡交社　2004
　　◇p231〔白黒〕　山梨県 早川町歴史民俗資料館所蔵　杣

山刀および山刀鞘
　「日本民俗図誌 5 農耕・漁撈篇」村田書店　1978
　　◇図88〔白黒・図〕　群馬県利根郡沼田町

山刀鞘
　「日本民俗図誌 5 農耕・漁撈篇」村田書店　1978
　　◇図87-1〔白黒・図〕（山刀の鞘）　野州産
　　◇図87-2〔白黒・図〕（山刀の鞘）　飛騨産
　　◇図89-1〔白黒・図〕　山形県庄内地方
　　◇図89-2〔白黒・図〕　飛騨高山の産
　　◇図90-2〔白黒・図〕　山形県東置賜郡小松町

山国筏
　「写真ものがたり昭和の暮らし 5」農山漁村文化協会　2005
　　◇p40〔白黒〕　京都市右京区　㊞黒川翠山, 明治時代　京都府立総合資料館所蔵

山出し道具
　「民俗資料選集 2 木地師の習俗」国土地理協会　1974
　　◇p203（本文）〔白黒〕　石川県　鳶口（温見）, 鳶口（温見）, 一本ぞり（温見）, 二本ぞり（温見）, 山かご（温見）
　　◇p204（本文）〔白黒〕　石川県　背板（温見）, 荷杖（温見）, 背中当て（大所）, 背中当て（勝山）

山土場から営林署の貯木場へ運ばれ、積み上げられる丸太
　「日本民俗写真大系 1」日本図書センター　1999
　　◇p153〔白黒〕　北海道南富良野町幾寅　㊞八木下弘, 1960年

やまなじ
　「日本の民具 3 山・漁村」慶友社　1992
　　◇図25〔白黒〕　琉球　㊞薗部澄

山鉈
　「日本の民具 3 山・漁村」慶友社　1992
　　◇図20〔白黒〕　東京都八丈島　㊞薗部澄

山の神の木として切らずに残した松の木
　「写真ものがたり昭和の暮らし 2」農山漁村文化協会　2004
　　◇p111〔カラー〕（幹が二股になっていることから、山の神の木として切らずに残した松の木）　宮崎県西都市銀鏡　㊞須藤功, 昭和44年12月

山の境界
　「写真でみる日本生活図引 別巻」弘文堂　1993
　　◇図332〔白黒〕　長野県下伊那郡阿智村　〔杉苗を植える〕　㊞熊谷元一, 昭和32年4月7日

山鋸
　「日本民具の造形」淡交社　2004
　　◇p232〔白黒〕　北海道 上仁頃美里郷土博物館所蔵
　　◇p283〔白黒〕　山形県 真室川町立歴史民俗資料館

山よき
　「日本民具の造形」淡交社　2004
　　◇p300〔白黒〕　和歌山県 大塔村歴史民俗資料館所蔵

民俗風俗 図版レファレンス事典（衣食住・生活篇）　**419**

**雪橇を利用した木材搬出**
「図説 日本民俗学」吉川弘文館　2009
◇p161〔白黒〕　福島県南会津村

**雪ぞりに木材を積んで貯木場まで運ぶ**
「写真ものがたり昭和の暮らし 9」農山漁村文化協会　2007
◇p182〔白黒〕　青森県川内町（現むつ市）　[撮]須藤功, 昭和43年3月

**輸入材の貯木場**
「宮本常一が撮った昭和の情景 上」毎日新聞社　2009
◇p148〔白黒〕（運河を利用した輸入材の貯木場）　東京都 品川駅から水産大学あたり　[撮]宮本常一, 1962年1月25日

**ヨキ**
「民具のみかた―心とかたち」第一法規出版　1983
◇p92〔白黒〕（ヨキ（斧））　神奈川県愛川町　伐採用具
「民俗資料選集 9 山村の生活と用具」国土地理協会　1981
◇p99（本文）〔白黒〕　愛知県北設楽郡津具村　杣が伐木するときに使用

**斧（よき）**
「日本民具の造形」淡交社　2004
◇p48〔白黒〕（斧）　静岡県 松崎町岩科郷土資料館所蔵

**与岐**
「日本民具の造形」淡交社　2004
◇p231〔白黒〕　神奈川県 森の民話館所蔵

**ヨコビキ**
「図録・民具入門事典」柏書房　1991
◇p64〔白黒〕　東京都
「民俗資料選集 9 山村の生活と用具」国土地理協会　1981
◇p99（本文）〔白黒〕　愛知県北設楽郡津具村　製作地：愛知県新城市二見屋 木材を横に挽くのに用いる

**ヨコビキノコ（横挽き鋸）**
「民具のみかた―心とかたち」第一法規出版　1983
◇p93〔白黒〕　岐阜県飛騨地方　伐採用具

**横挽鋸**
「日本民具の造形」淡交社　2004
◇p232〔白黒〕　愛知県 鳳来町山びこ民俗伝承館所蔵

**ヨコヤ（横楔）**
「民具のみかた―心とかたち」第一法規出版　1983
◇p97〔白黒〕　岐阜県飛騨地方　伐採用具

**吉野杉の製材**
「民俗図録 日本人の暮らし」日本図書センター　2012
◇図267〔白黒〕　奈良県吉野郡

**寄木**
「写真でみる日本生活図引 2」弘文堂　1988
◇図90〔白黒〕　熊本県下益城郡砥用町柏川　[撮]林田倫夫, 明治43年10月

**流木を大鋸で板にひく**
「宮本常一が撮った昭和の情景 上」毎日新聞社　2009
◇p72〔白黒〕　新潟県佐渡市鷲崎から見立へ　[撮]宮本常一, 1959年8月8日
「宮本常一 写真・日記集成 上」毎日新聞社　2005
◇p139〔白黒〕　新潟県両津市［佐渡市］鷲崎→見立　[撮]宮本常一, 1959年8月8日

**両刃なた**
「民俗資料選集 9 山村の生活と用具」国土地理協会　1981
◇p98（本文）〔白黒〕　愛知県北設楽郡津具村　杣が木の枝を払うときに使用する

**林業用種子の貯蔵庫の風穴**
「日本民俗図誌 9 住居・運輸篇」村田書店　1978
◇図97-1〔白黒・図〕　岩手県稗貫郡松倉

**林業用苗圃**
「宮本常一 写真・日記集成 上」毎日新聞社　2005
◇p91〔白黒〕（綾部氏の林業用苗圃）　宮崎県日向市　[撮]宮本常一, 1957年11月13日

**林尺**
「日本民具の造形」淡交社　2004
◇p233〔白黒〕　高知県 馬路村郷土館所蔵

**環**
「日本民具の造形」淡交社　2004
◇p233〔白黒〕　福島県 大熊町民俗伝承館所蔵

**わんこ**
「日本民具の造形」淡交社　2004
◇p233〔白黒〕　和歌山県 中津村立郷土文化保存伝承館所蔵

# 狩猟・鳥獣の捕獲

**アオシシメタテ（目立て）順序**
「民俗資料選集 6 狩猟習俗Ⅱ」国土地理協会　1978
◇p56（本文）〔白黒・図〕　新潟県岩船郡朝日村三面

**アオマタギ**
「民俗図録 日本人の暮らし」日本図書センター　2012
◇図301〔白黒〕　青森県西津軽郡深浦町追良瀬　[撮]櫻庭武則

**アシコとハシカケの略図**
「民俗資料選集 1 狩猟習俗Ⅰ」国土地理協会　1973
◇p201（本文）〔白黒・図〕　茨城県多賀郡十王町伊師浜

**圧殺罠**
「日本民俗図誌 7 生業上・下篇」村田書店　1978
◇図197-23・24〔白黒・図〕　『静岡県方言誌』

**アナグマ・タヌキワナ**
「民俗資料選集 6 狩猟習俗Ⅱ」国土地理協会　1978
◇p257（本文）〔白黒〕　宮崎県西都市東米良地区　動物のわな

**イカダ（型）と火打ち道具**
「民俗資料選集 6 狩猟習俗Ⅱ」国土地理協会　1978
◇p10（口絵）〔白黒〕　新潟県新発田市赤谷郷　猟師のいでたち

**息栖御鴨場の設計図**
「民俗資料選集 1 狩猟習俗Ⅰ」国土地理協会　1973
◇p192（本文）〔白黒・図〕　茨城県神栖市息栖

**息栖鴨猟場**
「民俗資料選集 1 狩猟習俗Ⅰ」国土地理協会　1973

◇p191（本文）〔白黒・図〕　茨城県神栖市息栖

**イザラ**
「民俗資料選集 6 狩猟習俗Ⅱ」国土地理協会　1978
◇p10（口絵）〔白黒〕　新潟県新発田市赤谷郷　猟師のいでたち

**いたち捕り**
「日本民具の造形」淡交社　2004
◇p235〔白黒〕　北海道　滝上町郷土館所蔵

**いたち箱**
「日本民具の造形」淡交社　2004
◇p235〔白黒〕　栃木県　栃木県立博物館所蔵

**䶐箱**
「日本民俗図誌 7 生業上・下篇」村田書店　1978
◇図199-30～33〔白黒・図〕　『静岡県方言誌』

**イタチワナ**
「民俗資料選集 6 狩猟習俗Ⅱ」国土地理協会　1978
◇p257（本文）〔白黒〕　宮崎県西都市東米良地区　動物のわな

**イチイ製弓矢**
「日本民具の造形」淡交社　2004
◇p235〔白黒〕　北海道　留萌市海のふるさと館所蔵

**射止めた大きな月輪熊を雪の上を滑らせて里まで運ぶ**
「写真ものがたり昭和の暮らし 2」農山漁村文化協会　2004
◇p160〔白黒〕　山形県小国町金目　㊞中村由信, 昭和40年代

**射止めた熊**
「写真でみる日本生活図引 2」弘文堂　1988
◇図79〔白黒〕　秋田県横手市　3人の猟師, 月輪熊　㊞昭和34年11月17日　横手市役所提供

**射止めた月輪熊を見せる**
「写真ものがたり昭和の暮らし 2」農山漁村文化協会　2004
◇p155〔白黒〕　秋田県横手市　㊞昭和34年11月　横手市役所提供

**猪尾**
「日本宗教民俗図典 1」法蔵館　1985
◇図316〔白黒〕　熊本県錦町一武本別府　猪を獲った猟師が奉納した　㊞須藤功

**猪を解体する**
「あるくみるきく双書 宮本常一とあるいた昭和の日本 22」農山漁村文化協会　2012
◇p85〔カラー〕　宮崎県西都市一ノ瀬

**猪を背負う**
「写真でみる日本生活図引 2」弘文堂　1988
◇図110〔白黒〕　宮崎県西都市銀鏡　射止めた猪を一人で背負って運ぶ　㊞須藤功, 昭和44年12月14日

**猪を背負って**
「日本宗教民俗図典 1」法蔵館　1985
◇図318〔白黒〕　宮崎県西都市一ノ瀬　㊞須藤功

**猪を捕獲する柵わな**
「写真ものがたり昭和の暮らし 2」農山漁村文化協会　2004
◇p175〔白黒〕　愛知県東栄町下粟代　㊞須藤功, 昭和49年

**猪をみつけよく追ってくれた犬に、肉の切れ端を与える**
「写真ものがたり昭和の暮らし 2」農山漁村文化協会　2004
◇p211〔白黒〕　宮崎県西都市大字銀鏡　㊞須藤功, 昭和44年12月

**猪解体前に毛と一緒にダニを焼く**
「写真ものがたり昭和の暮らし 2」農山漁村文化協会　2004
◇p210〔白黒〕　宮崎県西都市大字銀鏡　㊞須藤功, 昭和44年12月

**猪が通るウジにワイヤー罠を仕掛ける**
「あるくみるきく双書 宮本常一とあるいた昭和の日本 22」農山漁村文化協会　2012
◇p80〔白黒〕　大分県佐伯市

**猪から取り出した肝臓（クロフク）を七切に切ってくしにさし、山の神にささげる**
「写真ものがたり昭和の暮らし 2」農山漁村文化協会　2004
◇p211〔白黒〕　宮崎県西都市大字銀鏡　㊞須藤功, 昭和44年12月

**イノシシ狩り**
「日本民俗写真大系 3」日本図書センター　1999
◇p96〔白黒〕（伊豆のイノシシ狩り）　静岡県天城湯ヶ島町　㊞島内英佑, 1964年

**猪の足跡をたどりながら山にはいる**
「あるくみるきく双書 宮本常一とあるいた昭和の日本 22」農山漁村文化協会　2012
◇p105〔白黒〕　㊞形岡瑛

**猪の落し穴**
「あるくみるきく双書 宮本常一とあるいた昭和の日本 22」農山漁村文化協会　2012
◇p99〔白黒〕　愛知県東栄町下粟代

**イノシシの解体**
「食の民俗事典」柊風舎　2011
◇p224〔白黒〕　宮崎県美郷町南郷区水清谷

**猪の解体**
「写真ものがたり昭和の暮らし 2」農山漁村文化協会　2004
◇p211〔白黒〕　宮崎県西都市大字銀鏡　㊞須藤功, 昭和44年12月
「写真でみる日本生活図引 2」弘文堂　1988
◇図83, 84〔白黒〕　宮崎県西都市銀鏡　㊞須藤功, 昭和44年12月14日

**猪の子に石を投げつけて獲る**
「写真ものがたり昭和の暮らし 2」農山漁村文化協会　2004
◇p191〔白黒〕　宮崎県西都市大字銀鏡　㊞須藤功, 昭和54年12月

**猪の尻尾**
「あるくみるきく双書 宮本常一とあるいた昭和の日本 22」農山漁村文化協会　2012
◇p89〔カラー〕（山の神に奉納した猪の尻尾）　熊本県錦町

**猪の巣**
「写真でみる日本生活図引 8」弘文堂　1993
◇図9〔白黒〕　宮崎県西都市字上場　㊞須藤功, 昭和58年9月5日

**祈る猟師**
「日本宗教民俗図典 1」法蔵館　1985
◇図317〔白黒〕　大分県野津川町西神野　猪権現　㊞須藤功

**いろりの席順**
「民俗資料選集 6 狩猟習俗Ⅱ」国土地理協会　1978
◇p44（本文）〔白黒・図〕　新潟県岩船郡朝日村三面　スノヤマの小屋での生活

**ウサギ狩**
「写真でみる日本人の生活全集 1」日本図書センター　2010
◇p49〔白黒〕　青森県弘前営林署　㊞昭和28年3月

**兎の首締め罠**
「日本民俗図誌 7 生業上・下篇」村田書店　1978
◇図196-20～22〔白黒・図〕　『静岡県方言誌』

**ウサギワナ**
「民俗資料選集 6 狩猟習俗Ⅱ」国土地理協会　1978
◇p257（本文）〔白黒〕　宮崎県西都市東米良地区　動物

狩猟・鳥獣の捕獲　　　　　　　　　生産・生業

のわな

打当におけるクマ狩りの領域
「あるくみるきく双書 宮本常一とあるいた昭和の日本 22」
農山漁村文化協会　2012
◇p197〔白黒・図〕　秋田県　昭和63年4月打当マタギのクマ狩りに同行したコースを描いたもの

打当のシカリ
「あるくみるきく双書 宮本常一とあるいた昭和の日本 22」
農山漁村文化協会　2012
◇p193〔カラー〕　秋田県北秋田郡阿仁町

打当マタギのシカリ
「民俗資料選集 1 狩猟習俗Ⅰ」国土地理協会　1973
◇p3（口絵）〔白黒〕　秋田県北秋田郡阿仁町

海オコゼ
「民俗資料選集 6 狩猟習俗Ⅱ」国土地理協会　1978
◇p20（口絵）〔白黒〕　宮崎県西都市東米良　狩猟の用具

えさ箱
「民俗資料選集 1 狩猟習俗Ⅰ」国土地理協会　1973
◇p22（口絵）〔白黒〕　山形県西田川郡真室川町関沢　鷹狩りの用具
◇p159（本文）〔白黒・図〕　山形県最上郡真室川町関沢　鷹狩りの用具

餌箱
「民俗資料選集 1 狩猟習俗Ⅰ」国土地理協会　1973
◇p195（本文）〔白黒〕　茨城県神栖市息栖　鴨猟

餌箱と香木
「民俗資料選集 1 狩猟習俗Ⅰ」国土地理協会　1973
◇p195（本文）〔白黒・図〕　茨城県神栖市息栖　鴨猟

獲物入れ
「民俗資料選集 1 狩猟習俗Ⅰ」国土地理協会　1973
◇p195（本文）〔白黒〕　茨城県神栖市息栖　鴨猟

獲物をおさえた鷹
「民俗資料選集 1 狩猟習俗Ⅰ」国土地理協会　1973
◇p12（口絵）〔白黒〕　秋田県　仙道地方

獲物を捕らえるとクマタカは固くしっかり押さえつけて鷹匠がくるのを待っている
「写真ものがたり昭和の暮らし 2」農山漁村文化協会　2004
◇p164〔白黒〕　山形県真室川町関沢　㊞相場惣太郎, 昭和30年1月

獲物と猟師
「あるくみるきく双書 宮本常一とあるいた昭和の日本 22」
農山漁村文化協会　2012
◇p104〔白黒〕（ある日の獲物と猟師）〔吊られた猪〕

獲物の一部を鷹へ餌に与える
「民俗資料選集 1 狩猟習俗Ⅰ」国土地理協会　1973
◇p12（口絵）〔白黒〕（獲物の一部を餌に与える）　秋田県　仙道地方

鉛玉入れ・煙硝入れ
「日本の民具 3 山・漁村」慶友社　1992
◇図6〔白黒〕　地域不明　㊞薗部澄
◇図7〔白黒〕　秋田県　㊞薗部澄
◇図8〔白黒〕　愛知県北設楽郡冨山　㊞薗部澄

鉛玉入れと硝煙入れ
「日本を知る事典」社会思想社　1971
◇図21（p143）〔白黒〕　愛知県北設楽郡設楽町

鉛玉を作る鋳皿と鋳型のヤットコ
「日本を知る事典」社会思想社　1971
◇図20（p143）〔白黒〕　愛知県北設楽郡設楽町

エンシュイレ
「民俗資料選集 6 狩猟習俗Ⅱ」国土地理協会　1978
◇p20（口絵）〔白黒〕　宮崎県西都市東米良　狩猟の用具

煙硝入れ
「日本の民具 3 山・漁村」慶友社　1992
◇図9〔白黒〕　秋田県　㊞薗部澄
「日本民俗文化財事典（改訂版）」第一法規出版　1979
◇図161〔白黒〕　東京都西多摩地方

奥山の罠
「あるくみるきく双書 宮本常一とあるいた昭和の日本 22」
農山漁村文化協会　2012
◇p207〔白黒・図〕

オコゼ
「日本社会民俗辞典 2」日本図書センター　2004
◇p639〔白黒〕（オコゼ（狩の祈願に用いる呪物））
「日本の民具 3 山・漁村」慶友社　1992
◇図136〔白黒〕　秋田県北秋田郡荒瀬村根子の旧家に保存　マタギが魔除けとして持参したもの　㊞薗部澄
「民俗資料選集 1 狩猟習俗Ⅰ」国土地理協会　1973
◇p13（口絵）〔白黒〕　山形県東田川郡朝日村大鳥

オコゼと猪尾
「日本宗教民俗図典 1」法蔵館　1985
◇図306〔白黒〕　宮崎県椎葉村　㊞松永薫

オコゼの干物
「民俗資料選集 1 狩猟習俗Ⅰ」国土地理協会　1973
◇p13（口絵）〔白黒〕　山形県西田川郡温海町関川　猟がたくさんあるようにとのお守り

オコゼの乾魚と猪の尻尾
「山と森の神 目でみる民俗神シリーズ1」東京美術　1988
◇p34〔白黒〕　宮崎県東臼杵郡椎葉村　尻尾は猪を射獲ったとき山の神に供える

オスグマを捕った時、その場でクマをまつる御幣
「宮本常一 写真・日記集成 上」毎日新聞社　2005
◇p394〔白黒〕　青森県下北郡佐井村川目　㊞宮本常一, 1963年8月17日

オタツゴヤ平面図
「民俗資料選集 6 狩猟習俗Ⅱ」国土地理協会　1978
◇p235（本文）〔白黒・図〕　新潟県中魚沼郡津南町　秋成郷

おとり籠
「図録・民具入門事典」柏書房　1991
◇p71〔白黒〕　東京都
「日本民俗文化財事典（改訂版）」第一法規出版　1979
◇図160〔白黒〕　東京都西多摩地方

おとり笛
「図録・民具入門事典」柏書房　1991
◇p71〔白黒〕　東京都
「日本民俗文化財事典（改訂版）」第一法規出版　1979
◇図159〔白黒〕　東京都西多摩地方

御鴨猟場
「民俗資料選集 1 狩猟習俗Ⅰ」国土地理協会　1973
◇p25（口絵）〔白黒〕　茨城県鹿島郡神栖町息栖　建設中の鴨猟場（昭和17年）、完成した鴨猟場（昭和18年）

解体して取り出した内臓や肉を銀鏡川で洗う猟師
「写真ものがたり昭和の暮らし 2」農山漁村文化協会　2004
◇p207〔白黒〕　宮崎県西都市大字銀鏡　㊞須藤功, 昭和51年12月

解体中は用のない猟銃を川原の石に立てかける
「写真ものがたり昭和の暮らし 2」農山漁村文化協会　2004
◇p207〔白黒〕　宮崎県西都市大字銀鏡　㊞須藤功, 昭和51年12月

解体場所にあつめられた熊
「民俗資料選集 1 狩猟習俗Ⅰ」国土地理協会　1973

生産・生業　　　　　　　　　　　　　　　　　　狩猟・鳥獣の捕獲

◇p5（口絵）〔白黒〕　秋田県北秋田郡阿仁町

**解体前に猪の毛を焼く**
「あるくみるきく双書 宮本常一とあるいた昭和の日本 22」農山漁村文化協会　2012
◇p85〔カラー〕　宮崎県西都市一ノ瀬

**カエスキ**
「民俗資料選集 1 狩猟習俗Ⅰ」国土地理協会　1973
◇p159（本文）〔白黒・図〕　山形県最上郡真室川町関沢　鷹狩りの用具

**篭伏せ罠**
「日本民俗図誌 7 生業上・下篇」村田書店　1978
◇図193〔白黒・図〕　『静岡県方言誌』
◇図194-12・13〔白黒・図〕　『静岡県方言誌』

**かすみ網とおとりの鳥を入れた鳥かご**
「写真ものがたり昭和の暮らし 2」農山漁村文化協会　2004
◇p185〔白黒〕　栃木県田沼市　㊟倉田一郎　民俗学研究所編『日本民俗図録』より

**カスミ網による猟でとったツグミを腰のまわりにぶらさげている**
「宮本常一が撮った昭和の情景 上」毎日新聞社　2009
◇p28〔白黒〕　愛知県北設楽郡設楽町西納庫川口　㊟宮本常一、1956年11月11日

**霞網猟**
「写真でみる日本生活図引 2」弘文堂　1988
◇図85〔白黒〕　栃木県安蘇郡　㊟倉田一郎, 撮影年不明　民俗学研究所提供
◇図86〔白黒〕　愛知県北設楽郡設楽町名倉　㊟宮本常一, 昭和31年

**カスミとオトリの籠**
「民俗図録 日本人の暮らし」日本図書センター　2012
◇図295〔白黒〕　栃木県安蘇郡野上村　㊟倉田一郎

**紙の着物を着せた山の神に奉納した猪の尻尾**
「写真ものがたり昭和の暮らし 2」農山漁村文化協会　2004
◇p179〔白黒〕　熊本県錦町・山の神社　㊟須藤功, 昭和56年1月

**カモをおとりで捕獲する**
「里山・里海 暮らし図鑑」柏書房　2012
◇写43（p132）〔白黒〕　新潟県上越市　12月

**鴨をすくうサデ**
「民俗資料選集 1 狩猟習俗Ⅰ」国土地理協会　1973
◇p195（本文）〔白黒・図〕　茨城県神栖市息栖　鴨猟

**鴨場**
「民俗資料選集 1 狩猟習俗Ⅰ」国土地理協会　1973
◇p26（口絵）〔白黒〕　茨城県鹿島郡神栖町
◇p194（本文）〔白黒〕　茨城県神栖市息栖

**火薬入れ**
「民具のみかた一心とかたち」第一法規出版　1983
◇p154〔白黒〕　宮崎県椎葉村
「民俗資料選集 6 狩猟習俗Ⅱ」国土地理協会　1978
◇p206（本文）〔白黒・図〕　新潟県北魚沼郡入広瀬村大白川新田

**狩人**
「あるくみるきく双書 宮本常一とあるいた昭和の日本 22」農山漁村文化協会　2012
◇p73〔白黒〕　場所、年代不明　民俗学者・瀬川清子蒐集写真
「日本社会民俗辞典 1」日本図書センター　2004
◇p220〔白黒〕　山形県朝日岳山麓
「山と森の神 目でみる民俗神シリーズ1」東京美術　1988
◇p35〔白黒〕　宮崎県東臼杵郡椎葉村　現代

**狩人の談合**
「日本社会民俗辞典 2」日本図書センター　2004
◇p644〔白黒〕　山形県朝日岳山麓

**カリカセザオ**
「民俗資料選集 6 狩猟習俗Ⅱ」国土地理協会　1978
◇p206（本文）〔白黒・図〕　新潟県北魚沼郡入広瀬村大白川新田

**カワタチ**
「民俗資料選集 1 狩猟習俗Ⅰ」国土地理協会　1973
◇p44（本文）〔白黒・図〕　秋田県北秋田郡阿仁町

**皮なめし**
「民俗図録 日本人の暮らし」日本図書センター　2012
◇図296〔白黒〕　秋田県仙北郡角館町下町　㊟武藤鐵城

**川に設けた猪除けの柵**
「写真ものがたり昭和の暮らし 2」農山漁村文化協会　2004
◇p174〔白黒〕　三重県鳥羽市　㊟須藤功, 昭和55年5月

**皮はぎの順序**
「民俗資料選集 6 狩猟習俗Ⅱ」国土地理協会　1978
◇p213（本文）〔白黒・図〕　新潟県北魚沼郡入広瀬村大白川新田

**乾燥板**
「民具のみかた一心とかたち」第一法規出版　1983
◇p244〔白黒〕（乾燥板としての使用）　石川県白山麓　皮張り用。除雪具を利用

**きせる入れ**
「民俗資料選集 6 狩猟習俗Ⅱ」国土地理協会　1978
◇p9（口絵）〔白黒〕　新潟県新発田市赤谷郷　猟師のいでたち

**弓猟**
「日本社会民俗辞典 1」日本図書センター　2004
◇図版Ⅲ アイヌ（3）〔白黒〕　胆振国白老の熊坂シタツビレ翁　㊟木下

**共同でイノシシを捕獲・解体し、肉を平等配分する**
「里山・里海 暮らし図鑑」柏書房　2012
◇写73（p149）〔白黒〕　愛知県豊田市　2月

**ククリワナ**
「日本民俗大辞典 下」吉川弘文館　2000
◇p834〔白黒・図〕　諸岡青人「房総の「わな」」（日本民具学会編『山と民具』）より

**くくり罠**
「図説 民俗探訪事典」山川出版社　1983
◇p267〔白黒・図〕

**熊をかこんで全員が配置についたところ**
「民俗資料選集 1 狩猟習俗Ⅰ」国土地理協会　1973
◇p131（本文）〔白黒・図〕　山形県西田川郡温海町関川

**熊狩り**
「図説 日本民俗学」吉川弘文館　2009
◇p168〔白黒〕　石川県白山市　石川県立歴史博物館提供
「日本民俗大辞典 上」吉川弘文館　1999
◇p537〔白黒〕　秋田県北秋田郡阿仁町　毛皮を傷めないように捕獲した熊をシバ橇で曳く

**熊狩用三角槍**
「図録・民具入門事典」柏書房　1991
◇p70〔白黒〕　新潟県

**クマタカの一日の働きを背負って帰る**
「写真ものがたり昭和の暮らし 2」農山漁村文化協会　2004
◇p165〔白黒〕　山形県真室川町関沢　㊟相場惣太郎, 昭和30年1月

狩猟・鳥獣の捕獲　　　　　　　　生産・生業

**クマトリヤリ**
『山と森の神 目でみる民俗神シリーズ1』東京美術　1988
◇p44〔白黒〕　石川県能美郡新丸村　熊をとる

**熊肉のかつぎ方**
『民俗資料選集 6 狩猟習俗Ⅱ』国土地理協会　1978
◇p69(本文)〔白黒・図〕　新潟県岩船郡朝日村三面

**クマ肉の分配**
『あるくみるきく双書 宮本常一とあるいた昭和の日本 22』農山漁村文化協会　2012
◇p204〔白黒〕　秋田県北秋田郡阿仁町

**熊の絵を的に鉄砲の腕を競い、それを絵馬にして山の神をまつる十二神社に奉納した**
『写真ものがたり昭和の暮らし 2』農山漁村文化協会　2004
◇p188〔白黒〕　群馬県新治村赤谷　昭和38年4月10日実施　㊽須藤功, 昭和61年4月

**熊の皮**
『民俗資料選集 6 狩猟習俗Ⅱ』国土地理協会　1978
◇p17(口絵)〔白黒〕　新潟県中魚沼郡津南町小赤沢　狩猟の用具

**熊の皮を切る順序**
『民俗資料選集 6 狩猟習俗Ⅱ』国土地理協会　1978
◇p69(本文)〔白黒・図〕　新潟県岩船郡朝日村三面

**熊の皮張り**
『民俗資料選集 6 狩猟習俗Ⅱ』国土地理協会　1978
◇p10(口絵)〔白黒〕　新潟県新発田市滝谷　裏側, 表毛皮

**熊の皮張り縄張り**
『民俗資料選集 6 狩猟習俗Ⅱ』国土地理協会　1978
◇p10(口絵)〔白黒〕　新潟県新発田市滝谷新田

**熊の肝をはさむケタとひも**
『民俗資料選集 6 狩猟習俗Ⅱ』国土地理協会　1978
◇p13(口絵)〔白黒〕　新潟県北魚沼郡入広瀬村大白川　熊の肝つくりの用具

**熊の肝を干す箱**
『民俗資料選集 6 狩猟習俗Ⅱ』国土地理協会　1978
◇p13(口絵)〔白黒〕　新潟県北魚沼郡入広瀬村大白川　熊の肝つくりの用具

**熊の頭骨**
『民俗資料選集 1 狩猟習俗Ⅰ』国土地理協会　1973
◇p5(口絵)〔白黒〕　秋田県北秋田郡阿仁町

**クマの巻き方図**
『あるくみるきく双書 宮本常一とあるいた昭和の日本 22』農山漁村文化協会　2012
◇p194〔白黒・図〕　秋田県　昭和60年4月に行なわれた、比立内の猟場「天狗又沢」でのノボリマキの様子

**熊用のオソ**
『日本民俗大辞典 上』吉川弘文館　1999
◇p261〔白黒〕　新潟県岩船郡朝日村

**クラゲヤ**
『民俗図録 日本人の暮らし』日本図書センター　2012
◇図291〔白黒〕　秋田県仙北郡上檜内村浦子内　㊽武藤鐵城

**クラマキの図**
『図説 民俗探訪事典』山川出版社　1983
◇p265〔白黒・図〕　新潟県教育委員会「狩猟習俗調査報告書」より

**クラマキの配置図**
『民俗資料選集 6 狩猟習俗Ⅱ』国土地理協会　1978
◇p54(本文)〔白黒・図〕　新潟県岩船郡朝日村三面

**クラマキ配置図**
『民俗資料選集 6 狩猟習俗Ⅱ』国土地理協会　1978
◇p140(本文)〔白黒・図〕　新潟県新発田市赤谷郷
◇p143(本文)〔白黒・図〕　新潟県新発田市赤谷郷
図：森谷氏「熊狩記」の巻狩配備図にもとづき作製

**ケエシキ**
『民俗資料選集 1 狩猟習俗Ⅰ』国土地理協会　1973
◇p14(口絵)〔白黒〕　山形県西田川郡温海町関川

**ケボカイ**
『写真ものがたり昭和の暮らし 2』農山漁村文化協会　2004
◇p161〔白黒〕　新潟県新発田市赤谷　獲った熊の毛皮をはぎ、狩りの頭が「千匹、万匹」といいながら、毛皮をはいだ熊の上で毛皮を三回振る　民俗学研究所編『日本民俗図録』より
『日本民俗大辞典 下』吉川弘文館　2000
◇図3〔別刷図版「山の神」〕〔カラー〕(マタギのケボカイ)　秋田県北秋田郡阿仁町　松崎時幸提供
『民俗資料選集 1 狩猟習俗Ⅰ』国土地理協会　1973
◇p43(本文)〔白黒〕　秋田県北秋田郡阿仁町打当　射ち取った熊の皮をはいで、シカリが唱え言葉をする

**ケボカイの儀式**
『あるくみるきく双書 宮本常一とあるいた昭和の日本 22』農山漁村文化協会　2012
◇p203〔白黒〕　秋田県北秋田郡阿仁町

**毛ボカヒ**
『民俗図録 日本人の暮らし』日本図書センター　2012
◇図298〜299〔白黒〕(毛ボカヒ(1))　秋田県仙北郡上檜木内村戸沢　マタギが熊や羚羊を捕った時に行う作法　㊽武藤鐵城
◇図300〔白黒〕(毛ボカヒ(2))　新潟県西蒲原郡赤谷村　この地方の狩人は毛ボカヒという言葉は使わないが作法は秋田マタギと同じ

**毛祭り**
『写真でみる日本生活図引 2』弘文堂　1988
◇図80〔白黒〕　新潟県新発田市赤谷　㊽撮影年不明　民俗学研究所提供

**獣道**
『日本民俗大辞典 上』吉川弘文館　1999
◇p576〔白黒〕　秋田県北秋田郡阿仁町

**コアシナワをつけた鷹**
『民俗資料選集 1 狩猟習俗Ⅰ』国土地理協会　1973
◇p152(本文)〔白黒・図〕　山形県最上郡真室川町関沢　鷹狩り

**格子の落し罠**
『図説 民俗探訪事典』山川出版社　1983
◇p267〔白黒・図〕

**コケラとコケラワク**
『日本を知る事典』社会思想社　1971
◇図24(p147)〔白黒〕　愛知県北設楽郡

**コシアミ(越網)**
『民具のみかた一心とかたち』第一法規出版　1983
◇p152〔白黒〕　宮崎県佐土原町　鳥類捕獲具

**腰にさげた、猟期が終わってはずしたワイヤー罠**
『あるくみるきく双書 宮本常一とあるいた昭和の日本 22』農山漁村文化協会　2012
◇p78〔白黒〕　大分県佐伯市

**小・中型獣用のウッチョウ**
『日本民俗大辞典 上』吉川弘文館　1999
◇p261〔白黒〕　秋田県北秋田郡阿仁町

**コテに据わる訓練**
『民俗資料選集 1 狩猟習俗Ⅰ』国土地理協会　1973

◇p153（本文）〔白黒〕　山形県最上郡真室川町関沢　コテを見ると、鷹は落ちつかない、コテに止って羽ばたく鷹　鷹狩り

**小鳥の首締め罠**
「日本民俗図誌 7 生業上・下篇」村田書店　1978
◇図195-17〜19〔白黒・図〕　『静岡県方言誌』

**小鳥捕獲のための罠**
「日本民俗図誌 7 生業上・下篇」村田書店　1978
◇図200-34〜36〔白黒・図〕　『静岡県方言誌』

**小鳥ワナ**
「図説 民俗探訪事典」山川出版社　1983
◇p267〔白黒〕（小鳥罠）　千葉県君津郡
「民俗資料選集 6 狩猟習俗Ⅱ」国土地理協会　1978
◇p258（本文）〔白黒〕　宮崎県西都市東米良地区　鳥類のわな

**首打罠**
「日本民俗図誌 7 生業上・下篇」村田書店　1978
◇図192〔白黒・図〕　『静岡県方言誌』

**コヨリ**
「民俗資料選集 1 狩猟習俗Ⅰ」国土地理協会　1973
◇p25（本文）〔白黒〕　秋田県北秋田郡阿仁町根子　マタギの用具

**再現した新潟県朝日村三面の猟師の身仕度**
「写真ものがたり昭和の暮らし 2」農山漁村文化協会　2004
◇p158〔白黒〕　㊙昭和8年5月　早川孝太郎所蔵

**サギイヤ**
「日本民具の造形」淡交社　2004
◇p50〔白黒〕　沖縄県　沖縄県立博物館蔵

**柵罠**
「あるくみるきく双書 宮本常一とあるいた昭和の日本 22」農山漁村文化協会　2012
◇p98〔白黒〕
◇p154〔白黒〕　滋賀県木之本町杉野

**柵罠の仕掛け**
「あるくみるきく双書 宮本常一とあるいた昭和の日本 22」農山漁村文化協会　2012
◇p98〔白黒・図〕　絵・富田清子

**柵わな**
「写真ものがたり昭和の暮らし 2」農山漁村文化協会　2004
◇p190〔白黒〕　滋賀県木之本町杉野中　㊙須藤功、昭和56年5月

**座敷に並ぶクマの毛皮**
「あるくみるきく双書 宮本常一とあるいた昭和の日本 22」農山漁村文化協会　2012
◇p213〔白黒〕　商品で、売買の行商に歩く人たちが注文を取ってくる

**サッテ（雪べら）**
「民俗資料選集 1 狩猟習俗Ⅰ」国土地理協会　1973
◇p7（口絵）〔白黒〕　秋田県北秋田郡阿仁町打当

**雑木をかきわけて、猪のネガマを探す**
「あるくみるきく双書 宮本常一とあるいた昭和の日本 22」農山漁村文化協会　2012
◇p129〔白黒〕　山口県

**サツマイモ畑を食い荒らして柵わなにかかった猪**
「写真ものがたり昭和の暮らし 2」農山漁村文化協会　2004
◇p175〔白黒〕　愛知県東栄町御園　㊙須藤功、平成4年4月

**里山の罠**
「あるくみるきく双書 宮本常一とあるいた昭和の日本 22」農山漁村文化協会　2012
◇p206〔白黒・図〕

**シカ皮を敷物に使う**
「里山・里海 暮らし図鑑」柏書房　2012
◇写78（p150）〔白黒〕　和歌山県海南市

**仕掛弓**
「日本民具の造形」淡交社　2004
◇p235〔白黒〕　北海道 美唄市郷土史料館所蔵

**仕掛けわな**
「写真ものがたり昭和の暮らし 2」農山漁村文化協会　2004
◇p177〔白黒・図〕　大分県佐伯市

**仕掛罠**
「写真でみる日本生活図引 2」弘文堂　1988
◇図81、82〔白黒〕　大分県佐伯市　㊙須藤功、昭和56年1月25日、昭和55年2月14日

**仕掛けわなのワサシキにかかった鹿**
「写真ものがたり昭和の暮らし 2」農山漁村文化協会　2004
◇p183〔白黒〕　大分県佐伯市　㊙須藤功、昭和55年2月

**シカの解体**
「食の民俗事典」柊風舎　2011
◇p225〔白黒〕　宮崎県東臼杵郡美郷町南郷区水清谷

**鹿の玉**
「民俗資料選集 6 狩猟習俗Ⅱ」国土地理協会　1978
◇p20（口絵）〔白黒〕　宮崎県西都市東米良　狩猟の用具

**鹿笛**
「図説 民俗探訪事典」山川出版社　1983
◇p271〔白黒・図〕
「民俗資料選集 6 狩猟習俗Ⅱ」国土地理協会　1978
◇p20（口絵）〔白黒〕　宮崎県西都市東米良　狩猟の用具
「日本を知る事典」社会思想社　1971
◇図19（p141）〔白黒〕

**猪狩り**
「写真でみる日本人の生活全集 1」日本図書センター　2010
◇p49〔白黒〕　伊豆達磨山（静岡県田方郡）　巻狩りで射とめられたイノシシ　㊙昭和27年12月

**猪権現**
「写真ものがたり昭和の暮らし 2」農山漁村文化協会　2004
◇p178〔白黒〕　大分県野津町西神野　㊙須藤功、昭和50年1月
「日本宗教民俗図典 1」法蔵館　1985
◇図314〔白黒〕　大分県野津川町西神野　猪の頭骨などを奉納　㊙須藤功

**猪権現に登る鉄鎖**
「あるくみるきく双書 宮本常一とあるいた昭和の日本 22」農山漁村文化協会　2012
◇p87〔白黒〕（岸壁の上にある猪権現に登る鉄鎖）　大分県野津町西神野（現臼杵市）

**猪権現の案内板**
「あるくみるきく双書 宮本常一とあるいた昭和の日本 22」農山漁村文化協会　2012
◇p87〔白黒〕　大分県野津町西神野（現臼杵市）

**猪権現の洞窟に奉納された猪の頭や頭骨、下顎など**
「あるくみるきく双書 宮本常一とあるいた昭和の日本 22」農山漁村文化協会　2012
◇p88〔カラー〕　大分県野津町西神野（現臼杵市）

**猪権現の洞窟の山の神像に豊猟と安全を願う狩人**
「あるくみるきく双書 宮本常一とあるいた昭和の日本 22」農山漁村文化協会　2012
◇p88〔カラー〕　大分県野津町西神野（現臼杵市）

**シシ山小屋**
「民俗資料選集 6 狩猟習俗Ⅱ」国土地理協会　1978
◇p208（本文）〔白黒・図〕　新潟県北魚沼郡入広瀬村大

狩猟・鳥獣の捕獲　　　　　　　　　　　　　　　生産・生業

　　　白川新田

**シシロウ**
「日本を知る事典」社会思想社　1971
　◇図17（p140）〔白黒〕　愛知県東加茂郡（矢作ダム水没地域）

**シシワナ（イノシシワナ）**
「民俗資料選集 6 狩猟習俗Ⅱ」国土地理協会　1978
　◇p257（本文）〔白黒〕　宮崎県西都市東米良地区　動物のわな

**仕留めたクマを柴ゾリに乗せて村へ運ぶ**
「あるくみるきく双書 宮本常一とあるいた昭和の日本 22」農山漁村文化協会　2012
　◇p200～201〔カラー〕　秋田県北秋田郡阿仁町

**仕留められたキツネ**
「里山・里海 暮らし図鑑」柏書房　2012
　◇写79（p150）〔白黒〕　新潟県上越市

**四方固めのときの唱えごと**
「民俗資料選集 6 狩猟習俗Ⅱ」国土地理協会　1978
　◇p6（口絵）〔白黒〕　新潟県岩船郡朝日村三面　マタギの唱えごとの書き付け

**銃を撃つ構え**
「あるくみるきく双書 宮本常一とあるいた昭和の日本 22」農山漁村文化協会　2012
　◇p104〔白黒〕

**シュータ**
「民具のみかた一心とかたち」第一法規出版　1983
　◇p149〔白黒〕　石川県白山麓　小鳥獣捕獲具

**狩猟犬**
「民俗資料選集 6 狩猟習俗Ⅱ」国土地理協会　1978
　◇p2（口絵）〔白黒〕（三面の犬）　新潟県岩船郡朝日村三面

**少年が仕掛けたわな**
「写真ものがたり昭和の暮らし 2」農山漁村文化協会　2004
　◇p184〔白黒・図〕　絵・中嶋俊枝

**尻皮**
「民俗資料選集 6 狩猟習俗Ⅱ」国土地理協会　1978
　◇p19（口絵）〔白黒〕　宮崎県西都市東米良　狩猟のいでたち
　◇p20（口絵）〔白黒〕（尻皮とテゴ）　宮崎県西都市東米良　狩猟の用具

**シリズイ**
「民俗資料選集 6 狩猟習俗Ⅱ」国土地理協会　1978
　◇p9（口絵）〔白黒〕　新潟県新発田市赤谷郷　猟師のいでたち

**雀捕り**
「写真でみる日本生活図引 別巻」弘文堂　1993
　◇図267〔白黒〕　長野県下伊那郡阿智村　仕掛けた罠に餌を撒く　㋿熊谷元一、昭和32年2月3日

**雀のワナ**
「民俗図録 日本人の暮らし」日本図書センター　2012
　◇図524〔白黒〕　青森県西津軽郡深浦町追良瀬　㋿櫻庭武則

**スノウマ（駒型）**
「民俗資料選集 6 狩猟習俗Ⅱ」国土地理協会　1978
　◇p6（口絵）〔白黒〕　新潟県岩船郡朝日村三面　マタギの唱えごとの書き付け

**すのやまの唱えごと**
「民俗資料選集 6 狩猟習俗Ⅱ」国土地理協会　1978
　◇p6（口絵）〔白黒〕　新潟県岩船郡朝日村三面　マタギの唱えごとの書き付け

**関川の熊狩り**
「民俗資料選集 1 狩猟習俗Ⅰ」国土地理協会　1973
　◇p128（本文）〔白黒〕　山形県西田川郡温海町関川　ナリコンでいる（熊を追っている）姿

**ぜんぶくろ**
「日本の民具 3 山・漁村」慶友社　1992
　◇図11〔白黒〕　秋田県仙北郡檜木内　㋿薗部澄

**槍杖**
「民俗資料選集 1 狩猟習俗Ⅰ」国土地理協会　1973
　◇p14（口絵）〔白黒〕　山形県西田川郡温海町関川

**雑物入れのゼン袋**
「民俗資料選集 1 狩猟習俗Ⅰ」国土地理協会　1973
　◇p7（口絵）〔白黒〕　秋田県北秋田郡阿仁町根子

**タカウソ**
「民俗資料選集 6 狩猟習俗Ⅱ」国土地理協会　1978
　◇p20（口絵）〔白黒〕　宮崎県西都市東米良　狩猟の用具

**鷹を捕獲する図**
「民俗資料選集 1 狩猟習俗Ⅰ」国土地理協会　1973
　◇p83（本文）〔白黒・図〕　秋田県仙道地方

**鷹狩り**
「民俗資料選集 1 狩猟習俗Ⅰ」国土地理協会　1973
　◇p16～19（口絵）〔白黒〕　山形県西田川郡真室川町関沢

**鷹狩りへ出立**
「民俗資料選集 1 狩猟習俗Ⅰ」国土地理協会　1973
　◇p15（口絵）〔白黒〕　山形県西田川郡真室川町関沢　毛皮を背に編み笠をかぶりカイシキ（雪べら）をつく

**鷹狩中の鷹匠と鷹**
「日本民俗大辞典 下」吉川弘文館　2000
　◇p29〔白黒〕　山形県最上郡真室川町　山形県立博物館提供

**鷹狩りのための衣服・猟具・装具類**
「民俗資料選集 1 狩猟習俗Ⅰ」国土地理協会　1973
　◇p20（口絵）〔白黒〕　山形県西田川郡真室川町関沢

**鷹狩りの配置図**
「民俗資料選集 1 狩猟習俗Ⅰ」国土地理協会　1973
　◇p92（本文）〔白黒・図〕　秋田県仙道地方

**鷹匠**
「写真ものがたり昭和の暮らし 2」農山漁村文化協会　2004
　◇p164〔白黒〕（すぐれた鷹匠だった沓沢朝治）　山形県真室川町関沢　㋿相場惣太郎、昭和30年1月
「日本社会民俗辞典 2」日本図書センター　2004
　◇p875〔白黒〕　千葉県鴨猟場
「写真でみる日本生活図引 2」弘文堂　1988
　◇図77〔白黒〕　秋田県雄勝郡羽後町仙道　鷹狩りに行く鷹使い　㋿佐藤久太郎、昭和47年2月
「民俗資料選集 1 狩猟習俗Ⅰ」国土地理協会　1973
　◇p11（口絵）〔白黒〕　秋田県　仙道地方
　◇p11（口絵）〔白黒〕　秋田県　仙道地方　獲物を背負って帰途につく
　◇p20（口絵）〔白黒〕　山形県西田川郡真室川町関沢
　◇p23（口絵）〔白黒〕　茨城県鹿島郡神栖町
　◇p23（口絵）〔白黒〕　茨城県鹿島郡神栖町　㋿昭和11年

**鷹匠宅付近**
「民俗資料選集 1 狩猟習俗Ⅰ」国土地理協会　1973
　◇p25（口絵）〔白黒〕　茨城県鹿島郡神栖町

**鷹匠の用具**
「民俗資料選集 1 狩猟習俗Ⅰ」国土地理協会　1973
　◇p187（本文）〔白黒〕　茨城県神栖市　クジリ、イギリトウシ、フセギヌ、足皮、ヒョウツナ、ユガケ、ブチ、オオ（太緒）

タカワナ
「民俗資料選集 6 狩猟習俗Ⅱ」国土地理協会　1978
◇p258（本文）〔白黒〕　宮崎県西都市東米良地区　鳥類のわな

タケチャンボウ
「民具のみかた―心とかたち」第一法規出版　1983
◇p150〔白黒〕　石川県白山麓　獣用罠

タス
「民俗資料選集 6 狩猟習俗Ⅱ」国土地理協会　1978
◇p16（口絵）〔白黒〕　新潟県中魚沼郡津南町小赤沢　狩猟の用具

タテ（熊槍）をかまえるマタギ
「民俗資料選集 1 狩猟習俗Ⅰ」国土地理協会　1973
◇p2（口絵）〔白黒〕　秋田県北秋田郡阿仁町根子

タヌキの毛皮
「里山・里海 暮らし図鑑」柏書房　2012
◇写77（p150）〔白黒〕　高知県旧十和村〔四万十町〕

たばこ入れ
「民俗資料選集 6 狩猟習俗Ⅱ」国土地理協会　1978
◇p9（口絵）〔白黒〕　新潟県新発田市赤谷郷　猟師のいでたち

玉入れ袋
「民俗資料選集 6 狩猟習俗Ⅱ」国土地理協会　1978
◇p206（本文）〔白黒・図〕　新潟県北魚沼郡入広瀬村大白川新田

玉作りの道具
「民俗資料選集 6 狩猟習俗Ⅱ」国土地理協会　1978
◇p206（本文）〔白黒・図〕　新潟県北魚沼郡入広瀬村大白川新田

弾丸入れ
「日本民具の造形」淡交社　2004
◇p296〔白黒〕　愛知県 長久手郷土資料館所蔵

丹沢山で射った鹿を山の神に供えて山のサチを感謝する人びと
「写真でみる日本人の生活全集 5」日本図書センター　2010
◇p87〔白黒〕　㊟昭和28年1月

小さな猪だとひとりで背負って下山する
「フォークロアの眼 3 運ぶ」国書刊行会　1977
◇図152〔白黒〕　宮崎県西都市銀鏡　㊟須藤功, 昭和44年12月14日

ツグミ猟を終えて
「宮本常一 写真・日記集成 上」毎日新聞社　2005
◇p49〔白黒〕　愛知県北設楽郡設楽町 川口　〔獲ったツグミを持つ, 腰に付ける〕　㊟宮本常一, 1956年11月11日

テカ
「民俗資料選集 1 狩猟習俗Ⅰ」国土地理協会　1973
◇p90（本文）〔白黒・図/写真〕　秋田県仙道地方　鷹狩り用具

テゴ
「民俗資料選集 6 狩猟習俗Ⅱ」国土地理協会　1978
◇p20（口絵）〔白黒〕　宮崎県西都市東米良　狩猟の用具

デジシトリ配置図
「民俗資料選集 6 狩猟習俗Ⅱ」国土地理協会　1978
◇p67（本文）〔白黒・図〕　新潟県岩船郡朝日村三面

手槍
「日本民俗大辞典 下」吉川弘文館　2000
◇p158〔白黒〕（手槍 カモシカ用フクロナガサとクマヤリ）　秋田県北秋田郡阿仁町打当　秋田県阿仁町の手槍 打当ふるさとセンター所蔵
◇p158〔白黒〕（手槍 柄付きナガサ）　秋田県北秋田郡阿仁町比立内
「民俗資料選集 6 狩猟習俗Ⅱ」国土地理協会　1978
◇p206（本文）〔白黒・図〕　新潟県北魚沼郡入広瀬村大白川新田

手槍の穂先
「民俗資料選集 6 狩猟習俗Ⅱ」国土地理協会　1978
◇p12（口絵）〔白黒〕　新潟県北魚沼郡入広瀬村大白川　狩猟の用具
◇p206（本文）〔白黒〕　新潟県北魚沼郡入広瀬村大白川新田　現在のもの
◇p206（本文）〔白黒〕　新潟県北魚沼郡入広瀬村大白川新田

テンを獲る挟みわな
「写真ものがたり昭和の暮らし 2」農山漁村文化協会　2004
◇p168〔白黒〕　大分県佐伯市　㊟須藤功, 昭和56年1月

テンが通りやすいようにわなまで道をつける
「写真ものがたり昭和の暮らし 2」農山漁村文化協会　2004
◇p168〔白黒〕　大分県佐伯市　㊟須藤功, 昭和56年1月

ドウツキ
「山と森の神 目でみる民俗神シリーズ1」東京美術　1988
◇p44〔白黒〕　石川県能美郡新丸村　イタチをとる

どうらん
「日本の民具 3 山・漁村」慶友社　1992
◇図1〔白黒〕　愛知県北設楽郡本郷　鉛玉入れ　㊟薗部澄

兎追い輪
「日本民具の造形」淡交社　2004
◇p235〔白黒〕　秋田県 千畑町郷土資料館所蔵

獲った猪を背負って山をおりる
「写真ものがたり昭和の暮らし 2」農山漁村文化協会　2004
◇p209〔白黒〕　宮崎県西都市大字銀鏡　㊟須藤功, 昭和44年12月

獲ったカモをさばくために毛をむしる
「写真ものがたり昭和の暮らし 5」農山漁村文化協会　2005
◇p160〔白黒〕　岐阜県海津町（現海津市）　㊟千葉寛, 昭和63年2月　農山漁村文化協会所蔵

獲った熊を運ぶ打当のマタギ
「民俗資料選集 1 狩猟習俗Ⅰ」国土地理協会　1973
◇p5（口絵）〔白黒〕　秋田県北秋田郡阿仁町

獲ってきた渡り鳥のツグミ
「写真ものがたり昭和の暮らし 2」農山漁村文化協会　2004
◇p185〔白黒〕　愛知県設楽町納庫　㊟宮本常一, 昭和31年

トバ付近の略図
「民俗資料選集 1 狩猟習俗Ⅰ」国土地理協会　1973
◇p200（本文）〔白黒・図〕　茨城県多賀郡十王町伊師浜

止り木の鷹
「民俗資料選集 1 狩猟習俗Ⅰ」国土地理協会　1973
◇p149（本文）〔白黒〕　山形県最上郡真室川町関沢　鷹狩り

鳥屋
「民俗図録 日本人の暮らし」日本図書センター　2012
◇図294〔白黒〕　栃木県安蘇郡野上村　㊟倉田一郎
「日本民俗大辞典 下」吉川弘文館
◇p229〔白黒〕　栃木県安蘇郡田沼町　㊟倉田一郎 成城大学民俗学研究所提供

捕らえたウサギの皮をはぐ
「写真ものがたり昭和の暮らし 2」農山漁村文化協会　2004
◇p166〔白黒〕　新潟県松之山町西の前　㊟小見重義, 昭和53年3月

**虎バサミ**
「里山・里海 暮らし図鑑」柏書房　2012
◇写83(p151)〔白黒〕　岡山県鏡野町　タヌキなどを捕る

**ドーラン**
「図録・民具入門事典」柏書房　1991
◇p70〔白黒〕　愛知県
◇p71〔白黒〕　東京都

**トリダシバイ**
「山と森の神 目でみる民俗神シリーズ1」東京美術　1988
◇p44〔白黒〕　石川県能美郡新丸村　タヌキをとる

**黐つき竹**
「日本民俗図誌 7 生業上・下篇」村田書店　1978
◇図194-14～16〔白黒・図〕　『静岡県方言誌』

**鳥ワナ**
「民俗学辞典(改訂版)」東京堂出版　1987
◇図版20(p275)〔白黒・図〕　鳥取県岩美郡地方のテンジヨウコブツ　橋浦泰雄画
「民俗の事典」岩崎美術社　1972
◇p181〔白黒・図〕　鳥取県岩美郡

**鳥罠**
「図説 民俗探訪事典」山川出版社　1983
◇p267〔白黒〕　埼玉地方

**ナガサ(山刀)**
「民俗資料選集 1 狩猟習俗Ⅰ」国土地理協会　1973
◇p7(口絵)〔白黒〕　秋田県北秋田郡阿仁町打当

**長押に並ぶカマゲタ**
「あるくみるきく双書 宮本常一とあるいた昭和の日本 22」農山漁村文化協会　2012
◇p221〔白黒〕　宮崎県椎葉村 狩人の家　[撮]須藤功, 平成23年

**ナメ**
「民具のみかた—心とかたち」第一法規出版　1983
◇p153〔白黒〕　岩手県沢内村　除雪具の柄に槍先を取りつけたもの
「民俗資料選集 6 狩猟習俗Ⅱ」国土地理協会　1978
◇p2(口絵)〔白黒〕(ナメ(熊とりの槍))　新潟県岩船郡朝日村三面　マタギのいでたち

**鼠罠**
「日本民俗図誌 7 生業上・下篇」村田書店　1978
◇図198-29〔白黒・図〕　『静岡県方言誌』

**ノサ**
「民俗資料選集 1 狩猟習俗Ⅰ」国土地理協会　1973
◇p102(本文)〔白黒・図〕　山形県東田川郡朝日村大字大鳥　正月2日の朝早くに作る

**ノサカケ**
「民俗資料選集 1 狩猟習俗Ⅰ」国土地理協会　1973
◇p102(本文)〔白黒〕　山形県東田川郡朝日村大字大鳥　正月2日の朝 ヤマイリ　部落の鎮守である水上神社の裏手のぶなの木にかける

**野宿ガケの時の炉**
「民俗資料選集 1 狩猟習俗Ⅰ」国土地理協会　1973
◇p128(本文)〔白黒〕　山形県西田川郡温海町関川

**ノボリ巻キの略図**
「民俗資料選集 1 狩猟習俗Ⅰ」国土地理協会　1973
◇p38(本文)〔白黒・図〕　秋田県北秋田郡阿仁町

**バイ(棒)**
「民具のみかた—心とかたち」第一法規出版　1983
◇p65〔白黒〕　岩手県沢内村

**バイウチ**
「山と森の神 目でみる民俗神シリーズ1」東京美術　1988
◇p44〔白黒〕　石川県能美郡新丸村　ウサギをすくませる

**バイウチ(雪中に兎をとる)**
「日本社会民俗辞典 4」日本図書センター　2004
◇図版ＸⅡ 雪(2)〔白黒〕

**はいだウサギの毛皮を板張りにしてなめす**
「写真ものがたり昭和の暮らし 2」農山漁村文化協会　2004
◇p167〔白黒〕　秋田県西木村　[撮]須藤功, 昭和44年2月

**バエ(棒)**
「民具のみかた—心とかたち」第一法規出版　1983
◇p149〔白黒〕　秋田県羽後町　狩猟具

**化穴**
「民俗資料選集 1 狩猟習俗Ⅰ」国土地理協会　1973
◇p106(本文)〔白黒〕　山形県東田川郡朝日村大字大鳥　大鳥猟場にある

**ハサミ(挟)**
「民具のみかた—心とかたち」第一法規出版　1983
◇p151〔白黒〕　石川県白山麓　獣用罠

**ハサミにかかった狐**
「民俗図録 日本人の暮らし」日本図書センター　2012
◇図302〔白黒〕　青森県西津軽郡深浦町追良瀬　[撮]櫻庭武則

**挟みわなにかかったテン**
「写真ものがたり昭和の暮らし 2」農山漁村文化協会　2004
◇p169〔白黒〕　大分県佐伯市　[撮]須藤功, 昭和56年1月

**ハトワナ**
「民俗資料選集 6 狩猟習俗Ⅱ」国土地理協会　1978
◇p258(本文)〔白黒〕　宮崎県西都市東米良地区　鳥類のわな

**鼻にかかったワイヤー罠を一度はずしたが、また同じワイヤー罠にかかった猪**
「あるくみるきく双書 宮本常一とあるいた昭和の日本 22」農山漁村文化協会　2012
◇p81〔白黒〕　大分県佐伯市

**はやぶさを輸送する箱**
「民俗資料選集 1 狩猟習俗Ⅰ」国土地理協会　1973
◇p177(本文)〔白黒〕　茨城県神栖市　はやぶさ捕り

**はやぶさ捕りの用具**
「民俗資料選集 1 狩猟習俗Ⅰ」国土地理協会　1973
◇p176(本文)〔白黒〕　茨城県神栖市　モチゲ, コッペイ, フセギヌ, 置き縄, モチハゴ筒, モチハゴ, とめくし

**ハリイタ(張り板)**
「民具のみかた—心とかたち」第一法規出版　1983
◇p155〔白黒〕　新潟県秋山郷　獣皮の皮張り用具

**火打ち**
「民俗資料選集 6 狩猟習俗Ⅱ」国土地理協会　1978
◇p20(口絵)〔白黒〕　宮崎県西都市東米良　狩猟の用具

**火打ち石**
「民俗資料選集 6 狩猟習俗Ⅱ」国土地理協会　1978
◇p9(口絵)〔白黒〕　新潟県新発田市赤谷郷　猟師のいでたち
◇p20(口絵)〔白黒〕　宮崎県西都市東米良　狩猟の用具

**火打ち金**
「民俗資料選集 6 狩猟習俗Ⅱ」国土地理協会　1978
◇p9(口絵)〔白黒〕　新潟県新発田市赤谷郷　猟師のいでたち

**ひきぼり**
「民俗資料選集 1 狩猟習俗Ⅰ」国土地理協会　1973

生産・生業　　　　　　　　　　　　　　　　　　　　　　　狩猟・鳥獣の捕獲

◇p193（本文）〔白黒・図〕　茨城県神栖市息栖

**比立内マタギのシカリ**
「民俗資料選集 1 狩猟習俗Ⅰ」国土地理協会　1973
◇p3（口絵）〔白黒〕　秋田県北秋田郡阿仁町

**ヒナワジュウ（火縄銃）**
「民具のみかた―心とかたち」第一法規出版　1983
◇p153〔白黒〕　秋田県西木村

**火縄銃**
「日本の民具 3 山・漁村」慶友社　1992
◇図5〔白黒〕　山形県　㊙薗部澄
「図録・民具入門事典」柏書房　1991
◇p70〔白黒〕　東京都
「民俗資料選集 1 狩猟習俗Ⅰ」国土地理協会　1973
◇p14（口絵）〔白黒〕　山形県西田川郡温海町関川

**火縄銃と短筒**
「民俗資料選集 6 狩猟習俗Ⅱ」国土地理協会　1978
◇p12（口絵）〔白黒〕　新潟県北魚沼郡入広瀬村大白川　狩猟の用具

**火縄銃の付属品**
「民俗資料選集 1 狩猟習俗Ⅰ」国土地理協会　1973
◇p10（口絵）〔白黒〕　秋田県北秋田郡阿仁超　マタギの猟具：火筒 火縄入れ，火薬袋 ドグスリツボ，タマ袋 別名カラス口，火ブタの口薬入れ

**火縄銃（部分）**
「日本の民具 3 山・漁村」慶友社　1992
◇図4〔白黒〕　山形県　㊙薗部澄

**ヒラヤリ**
「民俗資料選集 6 狩猟習俗Ⅱ」国土地理協会　1978
◇p8（口絵）〔白黒〕　新潟県新発田市赤谷郷　猟師のいでたち

**ブイブイ**
「民具のみかた―心とかたち」第一法規出版　1983
◇p150〔白黒〕　鳥取県智頭町　狩猟具

**フジカ（山親方）**
「民俗資料選集 6 狩猟習俗Ⅱ」国土地理協会　1978
◇p15（本文）〔白黒〕（奥三面でただ一人のフジカ）　新潟県岩船朝日村三面

**ブッチメ**
「里山・里海 暮らし図鑑」柏書房　2012
◇写82（p151）〔白黒〕　福井県美浜町新庄　昭和30年代　小鳥を捕獲するための仕掛け　小林一男所蔵，美浜町役場文化財保護・町誌編纂室提供

**ブットリ網**
「民俗資料選集 1 狩猟習俗Ⅰ」国土地理協会　1973
◇p27～28（口絵）〔白黒〕　茨城県鹿島郡神栖町奥谷
◇p198（本文）〔白黒・図〕　茨城県神栖市

**ブットリ網の用具**
「民俗資料選集 1 狩猟習俗Ⅰ」国土地理協会　1973
◇p197（本文）〔白黒〕　茨城県神栖市　支え網，杭，支え網，引き網，網

**踏外し罠**
「日本民俗図誌 7 生業上・下篇」村田書店　1978
◇図197-25〔白黒・図〕　『静岡県方言誌』

**ほうちょう**
「民俗資料選集 1 狩猟習俗Ⅰ」国土地理協会　1973
◇p25（本文）〔白黒〕　秋田県北秋田郡阿仁町根子　マタギの用具

**放鷹**
「民俗資料選集 1 狩猟習俗Ⅰ」国土地理協会　1973
◇p24（口絵）〔白黒〕　茨城県鹿島郡神栖町　鷹をすえたときのかまえ，ユガケ・先皮・足皮などを結んだところ

**放鷹の広告**
「民俗資料選集 1 狩猟習俗Ⅰ」国土地理協会　1973
◇p24（口絵）〔白黒〕　茨城県鹿島郡神栖町

**捕獲されたキジバトとヤマドリ**
「里山・里海 暮らし図鑑」柏書房　2012
◇写81（p151）〔白黒〕（捕獲され副食に供されるキジバトとヤマドリ）

**捕獲されたテン**
「里山・里海 暮らし図鑑」柏書房　2012
◇写80（p150）〔白黒〕　和歌山県海南市　有本智提供

**捕殺されたイノシシ**
「宮本常一 写真・日記集成 上」毎日新聞社　2005
◇p355〔白黒〕　神奈川県伊勢原市 七沢温泉　㊙宮本常一，1962年12月14日

**ホンゴヤ**
「民俗資料選集 6 狩猟習俗Ⅱ」国土地理協会　1978
◇p137（本文）〔白黒・図〕　新潟県新発田市赤谷郷

**巻狩り　ヨコマキの略図**
「日本民俗大辞典 下」吉川弘文館　2000
◇p562〔白黒・図〕　『民俗資料選集』1より

**マキ山の部署**
「民俗資料選集 6 狩猟習俗Ⅱ」国土地理協会　1978
◇p210（本文）〔白黒・図〕　新潟県北魚沼郡入広瀬村大白川新田

**巻き山の略図**
「民俗資料選集 1 狩猟習俗Ⅰ」国土地理協会　1973
◇p113（本文）〔白黒・図〕　山形県東田川郡朝日村大字大鳥

**またぎ**
「民俗の事典」岩崎美術社　1972
◇p178〔白黒・図〕

**マタギ網 背負い袋**
「民俗資料選集 1 狩猟習俗Ⅰ」国土地理協会　1973
◇p7（口絵）〔白黒〕　秋田県北秋田郡阿仁町根子

**マタギたちが猟場へ向かう**
「あるくみるきく双書 宮本常一とあるいた昭和の日本 22」農山漁村文化協会　2012
◇p176～177〔白黒〕　秋田県北秋田郡阿仁町　早朝　㊙田口洋美

**マタギの狩姿**
「日本社会民俗辞典 1」日本図書センター　2004
◇p219〔白黒〕　新潟県三面村

**マタギの供物用オコゼ**
「日本民俗大辞典 上」吉川弘文館　1999
◇p255〔白黒〕　秋田県北秋田郡阿仁町
「民俗の事典」岩崎美術社　1972
◇p188〔白黒・図〕（オコゼ）　山の神の供物

**マタギの新旧**
「民俗資料選集 1 狩猟習俗Ⅰ」国土地理協会　1973
◇p4（口絵）〔白黒〕　秋田県北秋田郡阿仁町

**マタギの持つ神像**
「日本社会民俗辞典 2」日本図書センター　2004
◇p647〔白黒〕　秋田県上桧木内村

**マタギ秘巻 山達由来之事（高野派）**
「民俗資料選集 1 狩猟習俗Ⅰ」国土地理協会　1973
◇p8（口絵）〔白黒〕　秋田県北秋田郡阿仁町打当　明治時代　個人蔵

狩猟・鳥獣の捕獲　　　　　　　　生産・生業

マタギ秘巻 山達根本之巻（日光派）
「民俗資料選集 1 狩猟習俗Ⅰ」国土地理協会　1973
　◇p9（口絵）〔白黒〕　秋田県北秋田郡阿仁町根子　明治時代　個人蔵

マタギ部落の分布
「日本社会民俗辞典 1」日本図書センター　2004
　◇p219〔白黒・図〕

マルゴヤ
「民俗資料選集 6 狩猟習俗Ⅱ」国土地理協会　1978
　◇p7（口絵）〔白黒〕　新潟県新発田市赤谷郷　山小屋

ムナアテとセナカワの裏
「民俗資料選集 6 狩猟習俗Ⅱ」国土地理協会　1978
　◇p21（本文）〔白黒〕　新潟県岩船郡朝日村三面

メス（小さいの二丁）
「あるくみるきく双書 宮本常一とあるいた昭和の日本 22」農山漁村文化協会　2012
　◇p137〔白黒〕

もぐら捕り
「日本民具の造形」淡交社　2004
　◇p235〔白黒〕　山口県 岩国学校教育資料館所蔵

土竜捕りの管
「日本民俗図誌 7 生業上・下篇」村田書店　1978
　◇図198-26〜28〔白黒・図〕『静岡県方言誌』

モトヤマの巻物
「図説 日本民俗学」吉川弘文館　2009
　◇p165〔白黒〕　福島県只見町

モリコ
「民具のみかた一心とかたち」第一法規出版　1983
　◇p154〔白黒〕　秋田県出羽地方
「民俗資料選集 1 狩猟習俗Ⅰ」国土地理協会　1973
　◇p90（本文）〔白黒・図/写真〕　秋田県仙道地方　鷹狩り用具

ヤマウサギ
「食の民俗事典」柊風舎　2011
　◇p229〔白黒〕　新潟県東蒲原郡阿賀町上川　〔吊るされているヤマウサギ〕

山刀・ワナ
「民俗図録 日本人の暮らし」日本図書センター　2012
　◇図293〔白黒〕　宮崎県児湯郡西米良村　㊞倉田一郎

山ガラシ
「民俗資料選集 6 狩猟習俗Ⅱ」国土地理協会　1978
　◇p20（口絵）〔白黒〕　宮崎県西都市東米良　狩猟の用具

山小屋の骨組とその平面図
「民俗資料選集 1 狩猟習俗Ⅰ」国土地理協会　1973
　◇p111（本文）〔白黒・図〕　山形県東田川郡朝日村大字大鳥

ヤマドリワナ
「民俗資料選集 6 狩猟習俗Ⅱ」国土地理協会　1978
　◇p258（本文）〔白黒〕　宮崎県西都市東米良地区　鳥類のわな

やり
「日本の生活文化財」第一法規出版　1965
　◇図35（概説）〔白黒〕　狩猟

槍
「あるくみるきく双書 宮本常一とあるいた昭和の日本 22」農山漁村文化協会　2012
　◇p171〔白黒〕（熊狩りに使った槍）　秋山郷（長野県・新潟県）
「日本社会民俗辞典 4」日本図書センター　2004
　◇p1506〔白黒〕（マタギの槍）　秋田県上桧木内村

「日本の民具 3 山・漁村」慶友社　1992
　◇図2〔白黒〕　山形県小国　㊞薗部澄
　◇図3〔白黒〕（槍（熊狩用三角槍））　新潟県北魚沼郡湯ノ谷　㊞薗部澄

ヤリ（槍），タテ，ナガエガマ（長柄鎌）
「民具のみかた一心とかたち」第一法規出版　1983
　◇p152〔白黒〕　岩手県沢内村

雪のなかにウサギを見つけて、わらで編んだワラダを飛ばす
「写真ものがたり昭和の暮らし 2」農山漁村文化協会　2004
　◇p163〔白黒〕　岩手県沢内村　碧祥寺博物館『マタギ狩猟用具』より

雪ベラ
「民俗資料選集 6 狩猟習俗Ⅱ」国土地理協会　1978
　◇p9（口絵）〔白黒〕　新潟県新発田市赤谷郷　猟師のいでたち

ゆとがけの唱えと三妙ししをまつるときの唱え
「民俗資料選集 6 狩猟習俗Ⅱ」国土地理協会　1978
　◇p6（口絵）〔白黒〕　新潟県岩船郡朝日村三面　マタギの唱えごとの書き付け

ヨコ巻キの略図
「民俗資料選集 1 狩猟習俗Ⅰ」国土地理協会　1973
　◇p37（本文）〔白黒・図〕　秋田県北秋田郡阿仁町

呼子笛
「日本を知る事典」社会思想社　1971
　◇図18（p141）〔白黒〕

猟を終えて反省とつぎの猟の打合せをする
「あるくみるきく双書 宮本常一とあるいた昭和の日本 22」農山漁村文化協会　2012
　◇p205〔白黒〕（猟を終えて村に帰る途中、庚申様の前で、この日の反省とつぎの猟の打合せをする）　秋田県北秋田郡阿仁町

猟具
「民俗資料選集 1 狩猟習俗Ⅰ」国土地理協会　1973
　◇p10（口絵）〔白黒〕　秋田県北秋田郡阿仁町　マタギの猟具：コナガイ かもしか猟具，ワカンジキ，テックリケヤシ かもしかの毛皮の手袋，火縄銃と付属品
　◇p13（口絵）〔白黒〕　山形県西田川郡温海町関川　コウチ椀 熊汁を盛る椀，火薬入れ，シミ餅入れ，薬入れ 熊の胆入れ，タマ入れ 先端はかもしかの角，山刀

猟犬
「あるくみるきく双書 宮本常一とあるいた昭和の日本 22」農山漁村文化協会　2012
　◇p121〔白黒〕　山口県 雲霞山南面　猪道の臭いをたどる

猟師
「写真でみる日本生活図引 2」弘文堂　1988
　◇図78〔白黒〕　新潟県岩船郡朝日村三面　㊞中俣正義，昭和34年7月

猟師の用いるゴヘイ
「日本社会民俗辞典 1」日本図書センター　2004
　◇p438〔白黒〕　福島県桧枝岐村　一本ベイ，明神ベイ

猟銃
「民俗資料選集 6 狩猟習俗Ⅱ」国土地理協会　1978
　◇p206（本文）〔白黒〕　新潟県北魚沼郡入広瀬村大白川新田　現在のもの

猟銃各種
「民俗資料選集 1 狩猟習俗Ⅰ」国土地理協会　1973
　◇p7（口絵）〔白黒〕　秋田県北秋田郡阿仁町根子

リョウタミノ（狩猟用背負袋）
「民具のみかた一心とかたち」第一法規出版　1983

◇p155〔白黒〕　石川県白山麓

**猟場にはいる直前に最終の打合せをする**
「あるくみるきく双書 宮本常一とあるいた昭和の日本 22」農山漁村文化協会　2012
　　◇p192〔白黒〕　秋田県北秋田郡阿仁町

**ワイヤーが鼻にかかったが、運よくはずれて一度は命拾いをした猪**
「写真ものがたり昭和の暮らし 2」農山漁村文化協会　2004
　　◇p176〔白黒〕　大分県佐伯市　㊞須藤功, 昭和55年2月

**ワイヤーの仕掛け罠の動き**
「あるくみるきく双書 宮本常一とあるいた昭和の日本 22」農山漁村文化協会　2012
　　◇p79〔白黒・図/写真〕

**ワイヤー罠にかかった鹿**
「あるくみるきく双書 宮本常一とあるいた昭和の日本 22」農山漁村文化協会　2012
　　◇p78〔白黒〕　大分県佐伯市

**ワイヤー罠にかかって息絶えた猪**
「あるくみるきく双書 宮本常一とあるいた昭和の日本 22」農山漁村文化協会　2012
　　◇p78〔白黒〕　大分県佐伯市

**ワサシキ**
「写真ものがたり昭和の暮らし 2」農山漁村文化協会　2004
　　◇p176〔白黒〕　大分県佐伯市　㊞須藤功, 昭和55年2月

**ワサシキの仕掛け部分**
「写真ものがたり昭和の暮らし 2」農山漁村文化協会　2004
　　◇p177〔白黒〕　大分県佐伯市　㊞須藤功, 昭和55年2月

**ワダラ**
「民具のみかた一心とかたち」第一法規出版　1983
　　◇p148〔白黒〕　新潟県秋山郷　小鳥獣捕獲具
「民俗資料選集 6 狩猟習俗Ⅱ」国土地理協会　1978
　　◇p16（口絵）〔白黒〕　新潟県中魚沼郡津南町大赤沢　狩猟の用具

**ワッパ罠作り**
「里山・里海 暮らし図鑑」柏書房　2012
　　◇写84（p151）〔白黒〕　福井県越前市　小型獣を捕獲する

**罠**
「写真でみる日本生活図引 8」弘文堂　1993
　　◇図5〔白黒〕　大分県佐伯市　貂の挟罠を仕掛ける　㊞須藤功, 昭和56年1月14日
　　◇図6〔白黒〕　大分県佐伯市　挟罠　㊞須藤功, 昭和56年1月14日
　　◇図8〔白黒〕　大分県佐伯市　猪の仕掛罠に懸かった鹿　㊞須藤功, 昭和56年1月14日

**罠に使うワイヤーロープとトラップ**
「あるくみるきく双書 宮本常一とあるいた昭和の日本 22」農山漁村文化協会　2012
　　◇p137〔白黒〕

**わな猟師**
「写真ものがたり昭和の暮らし 2」農山漁村文化協会　2004
　　◇もくじ〔p5〕〔白黒〕　㊞須藤功

**罠猟と集落の関係の概略図**
「あるくみるきく双書 宮本常一とあるいた昭和の日本 22」農山漁村文化協会　2012
　　◇p206～207〔白黒・図〕　秋田県 阿仁の集落をモデルとする

**ワラダ**
「民俗図録 日本人の暮らし」日本図書センター　2012
　　◇図292〔白黒〕　秋田県仙北郡上檜木内村戸沢　㊞武藤鐵城
「民具のみかた一心とかたち」第一法規出版　1983
　　◇p13〔カラー〕　山形県真室川町
　　◇p148〔白黒〕　山形県真室川町　小鳥獣捕獲具
「民俗資料選集 1 狩猟習俗Ⅰ」国土地理協会　1973
　　◇p7（口絵）〔白黒〕　秋田県北秋田郡阿仁町打当

# 畜産・飼育

**虻除け**
「日本民具の造形」淡交社　2004
　　◇p246〔白黒〕　山梨県 大泉村歴史民俗資料館所蔵

**アラジョケ**
「あるくみるきく双書 宮本常一とあるいた昭和の日本 19」農山漁村文化協会　2012
　　◇p117〔白黒〕　鹿児島県金峰町　家畜の餌入れ　㊞工藤員功

**アンゴラ兎の毛刈り**
「写真でみる日本生活図引 別巻」弘文堂　1993
　　◇図79〔白黒〕（毛刈り）　長野県下伊那郡阿智村　アンゴラ兎の毛を刈る　㊞矢沢昇, 昭和31年8月27日

**アンゴラ兎の仔**
「写真でみる日本生活図引 別巻」弘文堂　1993
　　◇図287〔白黒〕（仔兎）　長野県下伊那郡阿智村　アンゴラ兎の仔、育つ　㊞熊谷元一, 昭和32年2月23日

**アンゴラ兎の小屋**
「写真ものがたり昭和の暮らし 1」農山漁村文化協会　2004
　　◇p79〔白黒〕（アンゴラウサギの小屋）　長野県阿智村駒場　㊞熊谷元一, 昭和32年1月
「写真でみる日本生活図引 別巻」弘文堂　1993
　　◇図261〔白黒〕（兎）　長野県下伊那郡阿智村　アンゴラ兎の小屋　㊞熊谷元一, 昭和32年1月28日

**家々での養鶏**
「里山・里海 暮らし図鑑」柏書房　2012
　　◇写2（p106）〔白黒〕　長野県信濃町

**芋切鎌**
「写真で見る農具 民具」農林統計協会　1988
　　◇p228〔白黒〕　高知県土佐山田町　昭和45年頃まで　飼料調整用機具

**入会牧野における放牧**
「里山・里海 暮らし図鑑」柏書房　2012
　　◇写3（p15）〔白黒〕　岡山県旧奥津村〔鏡野町〕明王寺　昭和30年代　鈴木陳夫提供

**牛**
「写真でみる日本生活図引 別巻」弘文堂　1993

畜産・飼育　　　　　　　　　　　生産・生業

　　◇図274〔白黒〕　長野県下伊那郡阿智村　出産近い牛をみる　㊙熊谷元一, 昭和32年2月10日

牛市の日
「日本民俗写真大系 2」日本図書センター　1999
　　◇p185〔白黒〕　岩手県遠野市白岩 牛小屋　牛市は牧場で育った子牛が売られてゆく日である。家族そろって弁当をひろげ、主人はコップで別れ酒　㊙浦田穂一, 1970年

牛・馬の草鞋
「精選 日本民俗辞典」吉川弘文館　2006
　　◇p431〔白黒・図〕（草鞋類）　牛・馬の草鞋、草鞋
「日本民俗大辞典 下」吉川弘文館　2000
　　◇p347〔白黒・図〕（草鞋類）　牛・馬の草鞋、草鞋

牛を連れた男性
「宮本常一 写真・日記集成 下」毎日新聞社　2005
　　◇p235〔白黒〕　㊙宮本常一, 1970年11月7日

牛を引いてきた女の子
「写真ものがたり昭和の暮らし 6」農山漁村文化協会　2006
　　◇p39〔白黒〕　秋田県横手市　㊙加賀谷政雄, 昭和30年代

牛を水浴びさせる農夫
「日本民俗写真大系 6」日本図書センター　2000
　　◇p161〔白黒〕（優しく牛をいたわる農夫）　熊本県天草町高浜　田植え時期　〔水浴び〕　㊙松本教夫, 1975年

牛飼桶
「写真で見る農具 民具」農林統計協会　1988
　　◇p229〔白黒〕　大阪府池田市　昭和前期

牛鞍
「今は昔 民具など」文芸社　2014
　　◇p111〔白黒〕　㊙山本富三　木治屋蔵（奈良）
「写真で見る農具 民具」農林統計協会　1988
　　◇p7〔白黒〕　高知県土佐山田町　昭和20～30年頃　農耕用
　　◇p8〔白黒〕　大阪府池田市　大正から昭和前期
　　◇p8〔白黒〕　鹿児島県知名町　耕鞍

牛小屋
「宮本常一 写真・日記集成 別巻」毎日新聞社　2005
　　◇図85 (p23)〔白黒〕　鹿児島県・屋久島・原〔屋久町〕　㊙宮本常一, 1940年1月27日～2月10日

牛つなぎ石
「図説 民俗探訪事典」山川出版社　1983
　　◇p39〔白黒〕　松本市　㊙亀井千歩子

牛と記念撮影
「里山・里海 暮らし図鑑」柏書房　2012
　　◇写11 (p109)〔白黒〕　島根県隠岐郡知夫村　昭和30年代　川本厳提供

牛と農夫
「日本民俗写真大系 5」日本図書センター　2000
　　◇p94〔白黒〕　鹿児島県徳之島　一仕事を終えて牛の泥を洗い流す農夫　㊙越間誠, 1971年

牛に乗る
「写真ものがたり昭和の暮らし 1」農山漁村文化協会　2004
　　◇p86〔白黒〕　秋田県横手市郊外　冬の運動として牛を走らせる　㊙佐藤久太郎, 昭和30年代

牛の運動
「写真でみる日本生活図引 別巻」弘文堂　1993
　　◇図266〔白黒〕　長野県下伊那郡阿智村　出産近い牛の運動　㊙熊谷元一, 昭和32年2月2日

牛の親仔
「写真でみる日本生活図引 別巻」弘文堂　1993
　　◇図311〔白黒〕　長野県下伊那郡阿智村　㊙熊谷元一, 昭和32年3月18日
「写真でみる日本生活図引 6」弘文堂　1993
　　◇図61〔白黒〕　秋田県仙北郡飯詰町　㊙佐藤久太郎, 昭和30年1月

牛の口籠
「日本民具の造形」淡交社　2004
　　◇p243〔白黒〕　岡山県 賀陽町歴史民俗資料館所蔵

牛の首木
「日本民具の造形」淡交社　2004
　　◇p147〔白黒〕　三重県 海山町郷土資料館所蔵

牛の鞍
「日本民具の造形」淡交社　2004
　　◇p147〔白黒〕　広島県 久井町歴史民俗資料館所蔵

牛のくらすき
「日本民具の造形」淡交社　2004
　　◇p246〔白黒〕　岡山県 里庄町歴史民俗資料館所蔵

牛の毛並みを整える
「里山・里海 暮らし図鑑」柏書房　2012
　　◇写8 (p108)〔白黒〕　島根県隠岐郡知夫村　昭和30年代　川本厳提供

牛の毛焼
「里山・里海 暮らし図鑑」柏書房　2012
　　◇写10 (p109)〔白黒〕　福井県美浜町竹波　昭和30年代　今立汎所蔵, 美浜町役場文化財保護・町誌編纂室提供

牛の飼育
「里山・里海 暮らし図鑑」柏書房　2012
　　◇写1 (p106)〔白黒〕　高知県旧十和村〔四万十町〕

牛の出産
「写真でみる日本生活図引 別巻」弘文堂　1993
　　◇図277～279〔白黒〕　長野県下伊那郡阿智村　㊙熊谷元一, 昭和32年2月13日

牛の競市
「写真でみる日本生活図引 1」弘文堂　1989
　　◇図146〔白黒〕　愛媛県西宇和郡瀬戸町大久　㊙新田好, 昭和32年頃

牛の世話
「写真でみる日本生活図引 別巻」弘文堂　1993
　　◇図276〔白黒〕　長野県下伊那郡阿智村　㊙熊谷元一, 昭和32年2月12日

牛の世話をする子供達
「写真でみる日本人の生活全集 9」日本図書センター　2010
　　◇p3〔白黒〕　青ケ島

牛の爪そぎ
「日本民具の造形」淡交社　2004
　　◇p247〔白黒〕　静岡県 島田市博物館所蔵

牛の手入れ
「写真でみる日本生活図引 別巻」弘文堂　1993
　　◇図44〔白黒〕　長野県下伊那郡阿智村　牛の体に刷子を掛ける　㊙熊谷元一, 昭和31年7月29日

牛の背当
「日本民具の造形」淡交社　2004
　　◇p42〔白黒〕　福岡県 豊前苅田木村民俗資料館所蔵

牛の鼻ぐい
「日本民具の造形」淡交社　2004
　　◇p243〔白黒〕　鹿児島県 川辺町郷土科学館所蔵

牛の鼻通しに使用するもの
「日本民俗図誌 5 農耕・漁撈篇」村田書店　1978
　　◇図68-1〔白黒・図〕　兵庫県飾摩郡塩置村地方　鹿角を削り、これで犢の鼻壁に孔をあけ、鼻鐶を通す『兵庫県民俗資料3』

**牛の鼻鐶**
「日本民俗図誌 5 農耕・漁撈篇」村田書店　1978
◇図68-2〔白黒・図〕『兵庫県民俗資料3』

**牛の鼻輪と鼻抜き棒**
「図録・民具入門事典」柏書房　1991
◇p73〔白黒〕　東京都

**牛の放牧**
「宮本常一 写真・日記集成 上」毎日新聞社　2005
◇p253〔白黒〕　長崎県 五島列島小値賀島（北松浦郡小値賀町）牛の塔付近　[撮]宮本常一, 1961年4月24日

**牛の耳印**
「民俗学辞典（改訂版）」東京堂出版　1987
◇図版46（p562）〔白黒・図〕　新潟県佐渡郡内海府村　橋浦泰雄画

**牛の枠**
「民俗図録 日本人の暮らし」日本図書センター　2012
◇図255〔白黒〕　長崎県北松浦郡大島村西宇土　[撮]井之口章次

**牛の草鞋**
「日本民具の造形」淡交社　2004
◇p244〔白黒〕　奈良県 橿原市千塚資料館所蔵

**牛部屋と蒼前さま**
「日本社会民俗辞典 1」日本図書センター　2004
◇p65〔白黒〕　岩手県田野畑村

**牛用の木戸**
「宮本常一が撮った昭和の情景 上」毎日新聞社　2009
◇p71〔白黒〕（放牧した牛用の木戸）　新潟県佐渡市真更川から北鵜島へ　[撮]宮本常一, 1959年8月7日
「宮本常一 写真・日記集成 上」毎日新聞社　2005
◇p137〔白黒〕　新潟県両津市［佐渡市］真更川→北鵜島　[撮]宮本常一, 1959年8月7日

**売った牛**
「日本民俗写真大系 4」日本図書センター　1999
◇p89〔白黒〕　愛媛県瀬戸町　[撮]1952年

**馬**
「写真でみる日本生活図引 1」弘文堂　1989
◇図151〔白黒〕　秋田県平鹿郡山内村皿木　厩, 馬に草を与える男の子　[撮]佐藤久太郎, 昭和26年5月
◇図152〔白黒〕　長野県下伊那郡阿智村　伊那で徴発された馬を飼主が名古屋まで送って行くところ　[撮]熊谷元一, 昭和12年8月

**馬を洗う**
「日本民俗写真大系 2」日本図書センター　1999
◇カバー表, p86〔写真・カラー/白黒〕　岩手県遠野市河童淵　[撮]及川純子, 1981年

**馬を引く娘**
「図録・民具入門事典」柏書房　1991
◇p73〔白黒〕　長崎県

**馬が群れをなして遊び悠々と草を食む牧場**
「宮本常一が撮った昭和の情景 上」毎日新聞社　2009
◇p118〔白黒〕　熊本県阿蘇市 坊中から阿蘇中岳へ　[撮]宮本常一, 1960年11月3日

**馬鞍**
「写真で見る農具 民具」農林統計協会　1988
◇p9〔白黒〕　宮崎県延岡市
「日本民俗図誌 5 農耕・漁撈篇」村田書店　1978
◇図70-2〔白黒・図〕　秋田県河辺郡四ッ小屋　白木を山形に編んだ下に、桟俵式の藁の輪を左右につけた

**馬小屋**
「宮本常一 写真・日記集成 上」毎日新聞社　2005
◇p423〔白黒〕　大分県速見郡日出町　[撮]宮本常一, 1964年2月6日

**馬刺しの針**
「民俗資料叢書 1 田植の習俗1」平凡社　1965
◇図128〔白黒〕　岩手県遠野市土淵町本宿

**馬で畑へ行く島の娘**
「民俗図録 日本人の暮らし」日本図書センター　2012
◇図257〔白黒〕（馬で畑へ行く島の娘（1））　鹿児島県大島郡口永良部島
◇図258〔白黒〕（馬で畑へ行く島の娘（2））　長崎県対馬

**馬と牛の放牧**
「日本民俗写真大系 2」日本図書センター　1999
◇p4～5〔カラー〕　岩手県遠野市 貞任高原　[撮]浦田穂一, 1973年

**馬と男の子**
「日本民俗写真大系 2」日本図書センター　1999
◇p88〔白黒〕　岩手県遠野市　[撮]浦田穂一, 1971年

**馬の運動**
「写真ものがたり昭和の暮らし 9」農山漁村文化協会　2007
◇p170〔白黒〕（夕方の馬の運動）　秋田県湯沢市　上半身ハネッコハラマキ一枚の若い男がまたがる　[撮]加賀谷政雄, 昭和30年代

**馬の蚊えぶし**
「日本民具の造形」淡交社　2004
◇p247〔白黒〕　愛知県 祖父江町郷土資料館所蔵

**馬のかんじき**
「日本民具の造形」淡交社　2004
◇p43〔白黒〕　新潟県 阿賀野市笹神地区郷土資料館所蔵
◇p244〔白黒〕　長野県 本城村民俗資料館

**ウマノクツ**
「図録・民具入門事典」柏書房　1991
◇p73〔白黒〕　埼玉県

**馬の口籠**
「日本民具の造形」淡交社　2004
◇p243〔白黒〕　青森県 蓬田村民俗資料館所蔵

**馬の鈴**
「日本民具の造形」淡交社　2004
◇p245〔白黒〕　北海道 清水町郷土資料館所蔵

**馬の蹄鉄をうつ場所**
「日本民俗文化財事典（改訂版）」第一法規出版　1979
◇図270〔白黒〕　新潟県新井地方

**馬の手入れ**
「日本民俗写真大系 1」日本図書センター　1999
◇p162〔白黒〕（手入れ）　北海道釧路市大楽毛　育てた馬をセリ市に出すため　[撮]表優臣, 1957年

**馬の腹掛**
「日本民俗図誌 5 農耕・漁撈篇」村田書店　1978
◇図71〔白黒・図〕　福島県石城郡草野村

**馬の埋葬**
「日本民俗写真大系 2」日本図書センター　1999
◇p89〔白黒〕　岩手県遠野市　[撮]浦田穂一, 1980年

**馬の守り札**
「日本民具の造形」淡交社　2004
◇p247〔白黒〕　長野県 立科町歴史民俗資料館所蔵

**馬の耳袋**
「日本民俗図誌 5 農耕・漁撈篇」村田書店　1978
◇図69〔白黒・図〕　山形県東田川郡渡前村
◇図70-1〔白黒・図〕　福島県会津高田町

畜産・飼育　　　　　　　　　　　　生産・生業

馬の草鞋
　「日本民具の造形」淡交社　2004
　　◇p244〔白黒〕　北海道　紋別市立博物館所蔵

馬冷やし
　「写真ものがたり昭和の暮らし 9」農山漁村文化協会　2007
　　◇p96〔白黒〕　秋田県湯沢市　よく働いてくれた馬を小川の水に入れて疲れを取りながら、体を洗ってやる　㊟佐藤久太郎, 昭和38年6月

馬屋
　「図録・民具入門事典」柏書房　1991
　　◇p73〔白黒〕　東京都

馬用かんじき
　「日本民具の造形」淡交社　2004
　　◇p244〔白黒〕　北海道 オホーツクミュージアムえさし所蔵

馬用フグツ
　「図録・民具入門事典」柏書房　1991
　　◇p73〔白黒〕　福島県

生まれた子豚を見る飼い主
　「写真ものがたり昭和の暮らし 1」農山漁村文化協会　2004
　　◇p80〔白黒〕　新潟県松代町室野　㊟小見重義, 昭和54年6月

生まれたばかりの子牛の体をふいてやる家族
　「写真ものがたり昭和の暮らし 1」農山漁村文化協会　2004
　　◇p81〔白黒〕　長野県阿智村駒場　㊟熊谷元一, 昭和26年

ウムゲー
　「日本民具の造形」淡交社　2004
　　◇p246〔白黒〕　沖縄県 沖縄県立博物館所蔵

運動のために走らせる馬に、雪遊びの子どもたちが驚いている
　「写真ものがたり昭和の暮らし 1」農山漁村文化協会　2004
　　◇p89〔白黒〕　秋田県横手市　㊟佐藤久太郎, 昭和30年代

えさを食べる子牛の様子を見る
　「写真ものがたり昭和の暮らし 1」農山漁村文化協会　2004
　　◇p84〔白黒〕　秋田県湯沢市　㊟加賀谷政雄, 昭和30年代

餌用のワラや刈り草の保管小屋
　「里山・里海 暮らし図鑑」柏書房　2012
　　◇写5 (p107)〔白黒〕　高知県旧十和村〔四万十町〕

えびすくら
　「日本民具の造形」淡交社　2004
　　◇p246〔白黒〕　島根県 金城町歴史民俗資料館所蔵　泥落としの祭の時牛の背に飾りものをする鞍

隠岐（島前）の牧の分布と牧畑面積の推移
　「図説 民俗探訪事典」山川出版社　1983
　　◇p311〔白黒・図〕　三橋時雄『隠岐牧畑の歴史的研究』より

隠岐国賀の放牧場
　「日本民俗写真大系 7」日本図書センター　2000
　　◇カバー裏〔カラー〕　島根県　㊟島内英佑

隠岐の牧畑
　「図説 民俗探訪事典」山川出版社　1983
　　◇p311〔白黒〕　1950年

隠岐の牧畑の変化
　「図説 民俗探訪事典」山川出版社　1983
　　◇p311〔白黒・図〕　島根県教育委員会編『隠岐島の民俗』より

押切り
　「写真で見る農具 民具」農林統計協会　1988
　　◇p227〔白黒〕　広島県因島市　飼料調整用機具

檻の中の仔熊に餌を入れてあたえる道具
　「あるくみるきく双書 宮本常一とあるいた昭和の日本 22」農山漁村文化協会　2012
　　◇p156〔白黒〕　北海道平取町二風谷

カイバオケ
　「日本民具の造形」淡交社　2004
　　◇p242〔白黒〕　大阪府 日本民家集落博物館所蔵
　「図録・民具入門事典」柏書房　1991
　　◇p73〔白黒〕　青森県
　「日本民俗文化財事典（改訂版）」第一法規出版　1979
　　◇図173〔白黒〕　青森県上北地方

飼葉桶
　「写真で見る農具 民具」農林統計協会　1988
　　◇p229〔白黒〕　秋田県横手市　昭和初期

飼葉切り
　「写真で見る農具 民具」農林統計協会　1988
　　◇p227〔白黒〕　高知県物部村　大正時代中期から昭和30年の前半まで

飼葉藁切り
　「日本民具の造形」淡交社　2004
　　◇p242〔白黒〕　長野県 富士見町歴史民俗資料館所蔵

蚊いぶし器（牛馬用）
　「写真で見る農具 民具」農林統計協会　1988
　　◇p231〔白黒〕（蚊いぶし器）　愛知県田原町　大正時代から昭和20年代の後半まで　牛馬用

柿の木（禅寺丸）の下で乳牛が遊ぶ
　「宮本常一 写真・日記集成 上」毎日新聞社　2005
　　◇p64〔白黒〕　神奈川県川崎市麻生区 柿生あたり　㊟宮本常一, 1957年4月21日

学童服に雨合羽を着た少年が、放牧する牛を引いて阿蘇山頂へ通じる道を横断している
　「写真ものがたり昭和の暮らし 6」農山漁村文化協会　2006
　　◇p84〔白黒〕　熊本県・阿蘇山上　㊟麦島勝, 昭和45年4月

貸し牛
　「日本民俗写真大系 4」日本図書センター　1999
　　◇p121〔白黒〕　男木島からの牛船　農閑期　㊟中村由信, 1956年

家畜の餌用にカマで茅を刈る
　「日本民俗写真大系 5」日本図書センター　2000
　　◇p184〔白黒〕　鹿児島市 桜島　㊟橋口実昭, 1988年

家畜もひなたぼっこ
　「フォークロアの眼 2 雪国と暮らし」国書刊行会　1977
　　◇図190〔白黒〕　新潟県古志郡太田村（現在は長岡市）蓬平　㊟中俣正義, 昭和32年4月28日

各戸での豚の解体
　「里山・里海 暮らし図鑑」柏書房　2012
　　◇口絵〔白黒〕　鹿児島県沖永良部島　昭和30年代　和泊町歴史民俗資料館提供

かつての牧
　「宮本常一が撮った昭和の情景 上」毎日新聞社　2009
　　◇p195〔白黒〕（このあたりにはかつて牧があった）　青森県下北郡大間町大字奥戸　㊟宮本常一, 1963年6月21日
　「宮本常一 写真・日記集成 上」毎日新聞社　2005
　　◇p380〔白黒〕（奥戸あたりにはかつて牧があった）　青森県下北郡佐井村→大間町　㊟宮本常一

## 生産・生業　　　　　　　　　　　　　　　　　　　畜産・飼育

**金櫛**
「日本民具の造形」淡交社　2004
　◇p32〔白黒〕　北海道 沼田町農業資料館所蔵

**金ブラシ**
「日本民具の造形」淡交社　2004
　◇p247〔白黒〕　福島県 西郷村歴史民俗資料館所蔵

**かぶ切り**
「写真で見る農具 民具」農林統計協会　1988
　◇p228〔白黒〕　岩手県軽米町　大正時代前期から昭和30年代前半まで　飼料調整用機具

**蕪切り**
「日本民具の造形」淡交社　2004
　◇p48〔白黒〕　福島県 西郷村歴史民俗資料館所蔵

**蕪菁切り**
「写真で見る農具 民具」農林統計協会　1988
　◇p228〔白黒〕　兵庫県篠山市　大正時代前期から昭和30年代前半まで　飼料調整用機具

**かんしょ切断器**
「写真で見る農具 民具」農林統計協会　1988
　◇p228〔白黒〕　宮崎県延岡市　大正時代前期から昭和30年代前半まで　飼料調整用機具

**牛桶**
「日本民具の造形」淡交社　2004
　◇p242〔白黒〕　兵庫県 福崎町立神崎郡歴史民俗資料館所蔵

**牛耕**
「宮本常一 写真・日記集成 上」毎日新聞社　2005
　◇p64〔白黒〕　神奈川県川崎市麻生区 柿生→石川　㊴宮本常一, 1957年4月21日

**牛舎**
「写真でみる日本生活図引 別巻」弘文堂　1993
　◇図196〔白黒〕　長野県下伊那郡阿智村　㊴熊谷元一, 昭和31年12月11日

**牛舎の牛**
「宮本常一 写真・日記集成 上」毎日新聞社　2005
　◇p132〔白黒〕　静岡県磐田郡水窪町草木　㊴宮本常一, 1959年7月28日

**牛沓**
「日本民具の造形」淡交社　2004
　◇p244〔白黒〕　山形県 真室川町立歴史民俗資料館所蔵

**牛乳置場**
「写真でみる日本生活図引 1」弘文堂　1989
　◇図150〔白黒〕　北海道山越郡八雲町　㊴掛川源一郎, 昭和34年

**牛乳罐**
「日本民具の造形」淡交社　2004
　◇p55〔白黒〕　北海道 清水町郷土資料館所蔵
「写真でみる日本生活図引 別巻」弘文堂　1993
　◇図292〔白黒〕　長野県下伊那郡阿智村　牛乳運搬用の罐を洗う　㊴熊谷元一, 昭和32年2月27日

**牛乳運び**
「写真でみる日本生活図引 別巻」弘文堂　1993
　◇図305〔白黒〕　長野県下伊那郡阿智村　自転車で牛乳を集乳所に運ぶ　㊴熊谷元一, 昭和32年3月11日

**牛馬のわらじ**
「写真で見る農具 民具」農林統計協会　1988
　◇p12〔白黒〕　新潟県長岡市
　◇p12〔白黒〕　栃木県芳賀町

**共同酪農のプラウ**
「宮本常一 写真・日記集成 上」毎日新聞社　2005
　◇p309〔白黒〕　鹿児島県 種子島　㊴宮本常一, 1962年6月11日

**草をはむ牛馬**
「里山・里海 暮らし図鑑」柏書房　2012
　◇写59(p145)〔白黒〕　島根県知夫村(知夫里島)　12月

**草切り**
「日本民具の造形」淡交社　2004
　◇p242〔白黒〕　三重県 度会町郷土資料館所蔵

**草払鎌**
「写真で見る農具 民具」農林統計協会　1988
　◇p123〔白黒〕　鹿児島県東町　第二次大戦後から　飼料作物の刈取りに使用

**櫛(牛馬の手入れ用)**
「写真で見る農具 民具」農林統計協会　1988
　◇p230〔白黒〕(櫛)　岩手県軽米町　牛馬の手入れ用

**クチカゴ**
「図録・民具入門事典」柏書房　1991
　◇p73〔白黒〕　岩手県

**口かご**
「写真で見る農具 民具」農林統計協会　1988
　◇p11〔白黒〕　新潟県真野町
　◇p11〔白黒〕　岩手県久慈市

**口縄**
「日本民具の造形」淡交社　2004
　◇p243〔白黒〕　秋田県 千畑町郷土資料館所蔵

**くちもっこ**
「日本の民具 3 山・漁村」慶友社　1992
　◇図49〔白黒〕　秋田県仙北郡　㊴薗部澄

**くつご**
「日本の民具 3 山・漁村」慶友社　1992
　◇図50〔白黒〕　広島県安芸郡　㊴薗部澄

**首木**
「写真で見る農具 民具」農林統計協会　1988
　◇p8〔白黒〕　大阪府池田市　大正から昭和前期
　◇p10〔白黒〕　新潟県真野町
　◇p10〔白黒〕　岩手県軽米町

**頸環**
「写真で見る農具 民具」農林統計協会　1988
　◇p10〔白黒〕　千葉県君津市

**熊の飼育**
「精選 日本民俗辞典」吉川弘文館　2006
　◇p4〔白黒〕　北海道旭川市
「日本民俗大辞典 上」吉川弘文館　1999
　◇p5〔白黒〕　北海道旭川市

**鞍**
「写真で見る農具 民具」農林統計協会　1988
　◇p8〔白黒〕(鞍と腹帯)　秋田県横手市

**クラオイ**
「民俗資料叢書 11 田植の習俗5」平凡社　1970
　◇p104(挿13)〔白黒・図〕　高知県宿毛市山奈町山田〔牛の鞍〕

**鞍と引木**
「写真で見る農具 民具」農林統計協会　1988
　◇p10〔白黒〕　山形県新庄市

**鶏舎**
「写真でみる日本生活図引 別巻」弘文堂　1993
　◇図191〔白黒〕　長野県下伊那郡阿智村　㊴熊谷元一, 昭和31年12月7日
「写真でみる日本生活図引 6」弘文堂　1993

◇図17〔白黒〕　青森県八戸市沼館　[撮]和井田登, 昭和32年4月14日

**小岩井農場**
「日本民俗写真大系 2」日本図書センター　1999
◇p7〔カラー〕　岩手県雫石市　牛や緬羊がゆったりと草を食む　[撮]島内英佑, 1975年

**耕起用馬鞍**
「写真ものがたり昭和の暮らし 9」農山漁村文化協会　2007
◇p188〔白黒〕(材木を積んだ木馬を木馬道を曳いて運ぶ)　愛知県東栄町月　[撮]須藤功, 昭和46年11月
「写真で見る農具 民具」農林統計協会　1988
◇p9〔白黒〕　新潟県京ケ瀬村

**耕鞍**
「写真で見る農具 民具」農林統計協会　1988
◇p8〔白黒〕(鞍)　栃木県宇都宮市　耕鞍の一種
◇p9〔白黒〕　群馬県館林市

**仔牛**
「写真でみる日本生活図引 別巻」弘文堂　1993
◇図307〔白黒〕　長野県下伊那郡阿智村　[撮]熊谷元一, 昭和32年3月15日

**子牛が親牛の乳を飲むのを見ている子ども**
「写真ものがたり昭和の暮らし 6」農山漁村文化協会　2006
◇p39〔白黒〕　秋田県飯詰村(現美郷町)　[撮]佐藤久太郎, 昭和30年1月

**仔牛に乳をやる**
「写真でみる日本生活図引 別巻」弘文堂　1993
◇図284〔白黒〕(哺乳)　長野県下伊那郡阿智村　仔牛に乳をやる　[撮]熊谷元一, 昭和32年2月18日

**広大な牧場**
「日本の生活環境文化大辞典」柏書房　2010
◇p49-1〔白黒〕　北海道江別市　[撮]2004年　水野信太郎

**こうばさみ**
「日本の民具 3 山・漁村」慶友社　1992
◇図48〔白黒〕　愛知県北設楽郡　[撮]薗部澄

**黒牛**
「写真ものがたり昭和の暮らし 3」農山漁村文化協会　2004
◇p214〔白黒〕　香川県高松市・男木島　共有の放牧場から連れもどすと家の前庭で飼った　[撮]永見武久, 昭和36年

**根釧のパイロットファームの酪農**
「日本民俗写真大系 1」日本図書センター　1999
◇p127〔白黒〕　根室の別海村の開拓パイロットファーム　[撮]薗部澄, 1960年

**採草地の火入れ**
「民俗学事典」丸善出版　2014
◇p152〔白黒〕　岩手県岩泉町安家地区

**サイロ**
「写真でみる日本人の生活全集 3」日本図書センター　2010
◇p126〔白黒〕　北海道　乾草用
「宮本常一 写真・日記集成 下」毎日新聞社　2005
◇p81〔白黒〕　青森県むつ市斗南丘　[撮]宮本常一, 1966年8月25日〜29日
「日本民俗写真大系 1」日本図書センター　1999
◇p117〔白黒〕　北海道 ニセコ　[撮]安達浩, 1969年

**サイロに玉蜀黍を詰める**
「写真でみる日本生活図引 別巻」弘文堂　1993
◇図46〔白黒〕(サイロ)　長野県下伊那郡阿智村　雨合羽を着てサイロにはいり、玉蜀黍を詰める　[撮]矢沢昇, 昭和31年7月31日

**サイロのある酪農家**
「宮本常一 写真・日記集成 上」毎日新聞社　2005
◇p445〔白黒〕　青森県むつ市斗南丘　[撮]宮本常一, 1964年7月23日

**作業中に牛に餌を与える**
「里山・里海 暮らし図鑑」柏書房　2012
◇写9(p108)〔白黒〕　福井県高浜町　昭和31年11月　[撮]横田文雄　高浜町郷土資料館提供

**搾乳**
「日本民俗写真大系 1」日本図書センター　1999
◇p118〔白黒〕　北海道
「写真でみる日本生活図引 別巻」弘文堂　1993
◇図282〔白黒〕　長野県下伊那郡阿智村　[撮]熊谷元一, 昭和32年2月16日

**サラブレッドの牧場**
「宮本常一 写真・日記集成 下」毎日新聞社　2005
◇p465〔白黒〕　北海道様似郡様似町　[撮]宮本常一, 1979年5月1日

**自家用の食用豚**
「里山・里海 暮らし図鑑」柏書房　2012
◇写4(p107)〔白黒〕　鹿児島県徳之島町母間　昭和30年　スタジオカガワ提供

**餌切り**
「日本民具の造形」淡交社　2004
◇p242〔白黒〕　神奈川県 細山郷土資料館所蔵

**脂肪検査**
「写真でみる日本生活図引 別巻」弘文堂　1993
◇図297〔白黒〕　長野県下伊那郡阿智村　脂肪検査用の牛乳を採取　[撮]熊谷元一, 昭和32年3月3日

**種雄豚を散歩させる**
「日本民俗写真大系 5」日本図書センター　2000
◇p114〔白黒〕　鹿児島県里村里(上甑島)　[撮]橋口実昭, 1979年

**飼料槽**
「写真で見る農具 民具」農林統計協会　1988
◇p230〔白黒〕　秋田県琴丘町　大正時代から現在まで

**飼料配合**
「写真でみる日本生活図引 別巻」弘文堂　1993
◇図211〔白黒〕　長野県下伊那郡阿智村　[撮]熊谷元一, 昭和31年12月25日

**飼料用カッター**
「写真で見る農具 民具」農林統計協会　1988
◇p227〔白黒〕　神奈川県横浜市

**森林軌道の線路傍らの牛**
「宮本常一が撮った昭和の情景 上」毎日新聞社　2009
◇p194〔白黒〕　青森県下北郡川内町野平　[撮]宮本常一, 1963年6月20日
「宮本常一 写真・日記集成 上」毎日新聞社　2005
◇p377〔白黒〕(開拓地)　青森県下北郡川内町野平　[撮]宮本常一, 1963年6月20日

**水田地帯にそびえる農協のサイロ**
「日本の生活環境文化大辞典」柏書房　2010
◇口絵7〔カラー〕　岩手県花巻市石鳥谷　[撮]2006年　岸本章

**犂鞍**
「写真で見る農具 民具」農林統計協会　1988
◇p9〔白黒〕　宮崎県日南市　昭和前期から昭和36年頃まで

**巣箱を手作りし野生ニホンミツバチを養蜂**
「里山・里海 暮らし図鑑」柏書房　2012
◇写1(p112)〔白黒〕　和歌山県橋本市

**巣箱から巣を切り取る**
「日本の生活環境文化大辞典」柏書房　2010

◇p39-1〔白黒〕　静岡市葵区田代　[撮]2008年　山崎祐子

**雑木林で育つ若牛**

「里山・里海 暮らし図鑑」柏書房　2012

◇写10(p21)〔白黒〕　島根県隠岐郡海士町家督山

**竹網口籠**

「日本民具の造形」淡交社　2004

◇p243〔白黒〕　岩手県 遠野市立博物館所蔵

**立川食肉(株式会社)の作業場**

「写真ものがたり昭和の暮らし 4」農村漁村文化協会　2005

◇p161〔白黒〕　東京都立川市　豚肉の内臓を処理している　[撮]昭和62年8月　東京都提供

**立聞輪**

「日本民具の造形」淡交社　2004

◇p245〔白黒〕　長野県 穂高町郷土資料館所蔵

**たてがみすき**

「日本民具の造形」淡交社　2004

◇p247〔白黒〕　愛知県 稲武郷土館所蔵

**タワーサイロ**

「日本の生活環境文化大辞典」柏書房　2010

◇p51-3〔白黒〕　北海道江別市 北海道立図書館前　[撮]2001年　水野信太郎

**タワーサイロと牛舎**

「日本の生活環境文化大辞典」柏書房　2010

◇p50-2〔白黒〕　北海道江別市　[撮]2001年　水野信太郎

**畜産共進会に出品された牛**

「宮本常一 写真・日記集成 下」毎日新聞社　2005

◇p216〔白黒〕　岩手県山形村　[撮]宮本常一, 1969年11月1日〜4日

**畜産センター**

「宮本常一 写真・日記集成 下」毎日新聞社　2005

◇p152〔白黒〕　島根県隠岐郡西郷町有木［隠岐の島町］[撮]宮本常一, 1968年5月31日〜6月2日

**畜産用粉砕機**

「写真で見る農具 民具」農林統計協会　1988

◇p228〔白黒〕　鳥取県鳥取市　大正時代前期から昭和30年代前半まで　飼料調整用機具

**竹壁の牛小屋**

「宮本常一が撮った昭和の情景 上」毎日新聞社　2009

◇p152〔白黒〕　鹿児島県肝属郡肝付町大浦付近　[撮]宮本常一, 1962年6月16日

「宮本常一 写真・日記集成 上」毎日新聞社　2005

◇p312〔白黒〕　鹿児島県 大浦あたり　[撮]宮本常一, 1962年6月16日

**乳搾り**

「写真でみる日本生活図引 1」弘文堂　1989

◇図149〔白黒〕　宮城県刈田郡七ヶ宿町湯原　[撮]須藤功, 昭和43年5月27日

**血取り場**

「民俗図録 日本人の暮らし」日本図書センター　2012

◇図256〔白黒〕　新潟県東蒲原郡東川村　[撮]最上孝敬

**ツクライ場**

「民俗資料選集 8 中付駑者の習俗」国土地理協会　1979

◇p31(口絵)〔白黒〕　福島県南会津郡田島町田部　馬ツクライをした

**ツクライバリ**

「民俗資料選集 8 中付駑者の習俗」国土地理協会　1979

◇p31(口絵)〔白黒〕(馬のツクライバリ)　福島県　馬のツクライ

◇p202(本文)〔白黒・図〕　福島県

**ツクライバリの持ち方**

「民俗資料選集 8 中付駑者の習俗」国土地理協会　1979

◇p31(口絵)〔白黒〕　福島県　馬のツクライ

**つめ切り鎌**

「写真で見る農具 民具」農林統計協会　1988

◇p230〔白黒〕　兵庫県村岡町　削蹄用具一式

**つめ切りなた**

「写真で見る農具 民具」農林統計協会　1988

◇p230〔白黒〕　兵庫県村岡町　削蹄用具一式

**つめの掃除具**

「写真で見る農具 民具」農林統計協会　1988

◇p230〔白黒〕　兵庫県村岡町　削蹄用具一式

**蹄鉄**

「日本民具の造形」淡交社　2004

◇p244〔白黒〕　北海道 斜理町立知床博物館所蔵

**蹄鉄工(金靴屋)の仕事場**

「民俗資料選集 8 中付駑者の習俗」国土地理協会　1979

◇p32(口絵)〔白黒〕　福島県南会津郡田島町針生

**蹄鉄の装鉄用具**

「民俗資料選集 8 中付駑者の習俗」国土地理協会　1979

◇p32(口絵)〔白黒〕　福島県

**蹄鉄屋**

「日本民俗写真大系 1」日本図書センター　1999

◇p157〔白黒〕　北海道伊達市有珠　[撮]掛川源一郎, 1955年

「写真でみる日本生活図引 3」弘文堂　1988

◇図121〔白黒〕　北海道伊達市有珠　[撮]掛川源一郎, 昭和30年4月

◇図122〔白黒〕　北海道美唄市　[撮]丹地輝一, 昭和55年2月

**電気蚊取器(豚舎用)**

「写真で見る農具 民具」農林統計協会　1988

◇p231〔白黒〕(電気蚊取器)　鳥取県鳥取市　豚舎で使用

**田橋農場の牧牛**

「宮本常一 写真・日記集成 下」毎日新聞社　2005

◇p396〔白黒〕　長崎県南松浦郡富江町［五島市］　[撮]宮本常一, 1977年8月4日〜5日

**豆札牧場**

「宮本常一 写真・日記集成 上」毎日新聞社　2005

◇p217〔白黒〕　熊本県 阿蘇外輪山　[撮]宮本常一, 1960年11月3日

**とうらく(頭絡)**

「写真で見る農具 民具」農林統計協会　1988

◇p11〔白黒〕　岩手県久慈市

**長尾鶏**

「日本社会民俗辞典 3」日本図書センター　2004

◇p1099〔白黒〕　高知県　養鶏

**鳴輪**

「日本民具の造形」淡交社　2004

◇p245〔白黒〕　岩手県 遠野市立博物館所蔵

**なたたたき棒**

「写真で見る農具 民具」農林統計協会　1988

◇p230〔白黒〕　兵庫県村岡町　削蹄用具一式

**肉牛の飼育**

「日本民俗写真大系 4」日本図書センター　1999

◇p15〔カラー〕　愛媛県佐田岬 砂浜　[撮]原田政章, 1960年

**荷ぐらをつけた馬が、引いてきた学生服姿の子にあまえ**

るように、顔をなでられている
「写真ものがたり昭和の暮らし 1」農山漁村文化協会 2004
◇p77〔白黒〕 秋田県能代市道地 [撮]南利夫, 昭和33年

**乳牛**
「写真でみる日本生活図引 1」弘文堂 1989
◇図148〔白黒〕 岩手県下閉伊郡岩泉町有芸 放牧地から牛舎に帰る [撮]菊池俊吉, 昭和32年6月

**乳牛飼育**
「写真でみる日本人の生活全集 1」日本図書センター 2010
◇p94〔白黒〕 静岡県田方郡函南村丹那部落

**乳牛のホルスタインの品評会**
「日本民俗写真大系 1」日本図書センター 1999
◇p160〔白黒〕(品評会) 北海道帯広市 乳牛のホルスタインの品評会 [撮]関口哲也, 1958年

**乳牛牧場**
「日本を知る事典」社会思想社 1971
◇図26(p330)〔白黒・図〕 鳥取県米子 『山陰商工便覧』明治20年版より

**庭先で遊ぶニワトリ**
「宮本常一 写真・日記集成 下」毎日新聞社 2005
◇p330〔白黒〕 広島県比和町 [撮]宮本常一, 1974年8月30日

**鶏**
「写真でみる日本生活図引 別巻」弘文堂 1993
◇図24〔白黒〕 長野県下伊那郡阿智村 鶏の世話 [撮]熊谷元一, 昭和31年7月12日
「写真でみる日本生活図引 4」弘文堂 1988
◇図86〔白黒〕 長野県下伊那郡阿智村 [撮]熊谷元一, 昭和31年7月12日

**鶏と山羊**
「写真でみる日本生活図引 4」弘文堂 1988
◇図85〔白黒〕 新潟県南魚沼郡六日町欠之上 [撮]中俣正義, 昭和29年8月

**鶏のえさを刻む**
「写真ものがたり昭和の暮らし 1」農山漁村文化協会 2004
◇p90〔白黒〕 新潟県松之山町黒倉 [撮]小見重義, 昭和54年

**鶏用給水器**
「写真で見る農具 民具」農林統計協会 1988
◇p231〔白黒〕 愛知県西尾市 昭和の前期

**農家の少年が牛をひっぱって農場に行く**
「写真でみる日本人の生活全集 9」日本図書センター 2010
◇p28〔白黒〕 [撮]藤井正之

**農耕牛を連れた若い女性**
「宮本常一が撮った昭和の情景 上」毎日新聞社 2009
◇p174～175〔白黒〕 佐賀県東松浦郡玄海町 [撮]宮本常一, 1962年10月2日
「宮本常一 写真・日記集成 上」毎日新聞社 2005
◇p343〔白黒〕(開拓地の光景) 玄海町(佐賀県東松浦郡) [撮]宮本常一, 1962年10月2日

**農作業を助け元肥に使う堆厩肥を生産する牛**
「里山・里海 暮らし図鑑」柏書房 2012
◇口絵〔白黒〕 福井県旧三方町〔若狭町〕岩屋 高橋善正所蔵, 若狭町歴史文化館提供

**農道を行く馬**
「宮本常一 写真・日記集成 上」毎日新聞社 2005
◇p183〔白黒〕 鹿児島付近 [撮]宮本常一, 1960年4月18日

**馬具の名所**
「日本民俗大辞典 下」吉川弘文館 2000
◇p349〔白黒・図〕(馬具 馬具の名所)

**伯楽と売手**
「写真でみる日本生活図引 1」弘文堂 1989
◇図154〔白黒〕 秋田県平鹿郡浅舞町 [撮]佐藤久太郎, 昭和34年11月

**伯楽用鋏**
「図録・民具入門事典」柏書房 1991
◇p73〔白黒〕 愛知県

**破砕器**
「写真で見る農具 民具」農林統計協会 1988
◇p228〔白黒〕 山梨県高根町 大正時代前期から昭和30年代前半まで 飼料調整用機具

**櫨蠟しぼり**
「日本社会民俗辞典 3」日本図書センター 2004
◇p1177〔白黒〕 松江市

**畑作農家が始めた酪農**
「日本民俗写真大系 1」日本図書センター 1999
◇p126〔白黒〕(牛を追う春) 北海道上士幌町 畑作農家が、生活の向上を目指して始めた酪農 [撮]関口哲也, 1954年

**ハチ洞**
「写真ものがたり昭和の暮らし 2」農山漁村文化協会 2004
◇p53〔白黒〕 宮崎県西米良村 [撮]須藤功, 昭和58年10月

**蜂洞**
「写真でみる日本生活図引 8」弘文堂 1993
◇図46〔白黒〕 宮崎県児湯郡西米良村小川 [撮]須藤功, 昭和58年10月23日

**ハチの巣を遠心分離器に入れてハチミツを分離**
「写真ものがたり昭和の暮らし 2」農山漁村文化協会 2004
◇p53〔白黒〕 長野県阿智村駒場 [撮]熊谷元一, 昭和32年6月

**ハチの巣箱から巣(巣板)を取り出す**
「写真ものがたり昭和の暮らし 2」農山漁村文化協会 2004
◇p53〔白黒〕 長野県阿智村駒場 [撮]熊谷元一, 昭和32年6月

**蜂蜜分離器**
「日本民具の造形」淡交社 2004
◇p249〔白黒〕 長崎県 吾妻町ふるさと歴史民俗資料館所蔵

**鼻環**
「写真で見る農具 民具」農林統計協会 1988
◇p11〔白黒〕 岩手県軽米町

**はなぎ**
「日本の民具 3 山・漁村」慶友社 1992
◇図44〔白黒〕 兵庫県洲本市 [撮]薗部澄
◇図46〔白黒〕 滋賀県甲賀市 [撮]薗部澄

**鼻木**
「写真で見る農具 民具」農林統計協会 1988
◇p11〔白黒〕 大阪府富田林市
◇p11〔白黒〕 兵庫県村岡町

**はなぐし**
「日本の民具 3 山・漁村」慶友社 1992
◇図45〔白黒〕 鹿児島県山川町 [撮]薗部澄

**放し飼いの鶏に、少年が米あげざるに入れたえさをやっている**
「写真ものがたり昭和の暮らし 1」農山漁村文化協会 2004
◇p78〔白黒〕 秋田県二ツ井町 [撮]南利夫, 昭和30年

**鼻ネジリ**
「日本民具の造形」淡交社 2004
◇p247〔白黒〕 岩手県 遠野市立博物館所蔵

生産・生業　　　　　　　　　　　　　　　　　　　　　　　　　　畜産・飼育

浜に放たれた三崎牛と呼ぶ黒和牛
　「写真ものがたり昭和の暮らし 3」農山漁村文化協会　2004
　　◇p18〔白黒〕　愛媛県瀬戸町川之浜　㊙新田好, 昭和28年

浜に放つ牛
　「日本民俗写真大系 4」日本図書センター　1999
　　◇p88〔白黒〕　愛媛県瀬戸町　㊙1956年

浜の放牧
　「写真でみる日本生活図引 1」弘文堂　1989
　　◇図145〔白黒〕　愛媛県西宇和郡瀬戸町川之浜　㊙新田好, 昭和28年

浜辺で牛に水浴びさせる
　「宮本常一が撮った昭和の情景 下」毎日新聞社　2009
　　◇p38〔白黒〕（土用の丑の日に浜辺で牛に水浴びをさせる）　大分県東国東郡姫島村（姫島）　㊙宮本常一, 1966年8月3日〜10日
　「宮本常一 写真・日記集成 下」毎日新聞社　2005
　　◇p78〔白黒〕（土用の丑の日に浜辺で牛に水浴びさせる）　大分県 姫島　㊙宮本常一, 1966年8月3日〜10日

ハミ桶
　「写真で見る農具 民具」農林統計協会　1988
　　◇230〔白黒〕　宮崎県延岡市　昭和前期から20年代まで　個別飼養用

はみ, 口輪, くつわ
　「写真で見る農具 民具」農林統計協会　1988
　　◇p11〔白黒〕　福井県丸岡町

ハモ
　「日本民具の造形」淡交社　2004
　　◇p246〔白黒〕　石川県 松任市立博物館所蔵

腹帯
　「写真で見る農具 民具」農林統計協会　1988
　　◇p7〔白黒〕　高知県土佐山田町　昭和20〜30年頃　農耕用
　　◇p8〔白黒〕（鞍と腹帯）　秋田県横手市

馬鈴
　「日本民具の造形」淡交社　2004
　　◇p33〔白黒〕　北海道 上富良野町郷土館所蔵
　　◇p245〔白黒〕　岐阜県 奥美濃おもだか家民芸館
　　◇p245〔白黒〕　長野県 下諏訪歴史民俗資料館
　　◇p245〔白黒〕（鈴）　岩手県 碧祥寺博物館　馬につける
　「写真で見る農具 民具」農林統計協会　1988
　　◇p12〔白黒〕（鈴）　岩手県久慈市　〔牛馬の頸や鞍から下げる〕
　　◇p12〔白黒〕（鈴）　愛媛県東予市　〔牛馬の頸や鞍から下げる〕

引木
　「写真で見る農具 民具」農林統計協会　1988
　　◇p10〔白黒〕　茨城県水戸市
　　◇p10〔白黒〕　栃木県宇都宮市
　　◇p10〔白黒〕　富山県大門町

病気の鶏
　「写真でみる日本生活図引 別巻」弘文堂　1993
　　◇図58〔白黒〕　長野県下伊那郡阿智村　心配そうに鶏の様子を見る　㊙熊谷元一, 昭和31年8月9日

肥料とした養蚕の糞やクワの食べ残しコクソ
　「里山・里海 暮らし図鑑」柏書房　2012
　　◇写12 (p105)〔白黒〕　埼玉県秩父市

船に積まれる黒牛
　「写真ものがたり昭和の暮らし 3」農山漁村文化協会　2004
　　◇p215〔白黒〕　香川県高松市・男木島の浜　㊙中村由信, 昭和31年

放牧
　「日本民俗写真大系 2」日本図書センター　1999
　　◇p182〔白黒〕　岩手県住田町 種山高原　㊙田村淳一郎, 1953年

放牧された牛
　「宮本常一 写真・日記集成 上」毎日新聞社　2005
　　◇p324〔白黒〕　長崎県壱岐郡 郷ノ浦→勝本浦→芦辺浦→八幡浦のどこか　㊙宮本常一, 1962年8月6日

放牧される牛
　「日本民俗写真大系 5」日本図書センター　2000
　　◇p115〔白黒〕　〔鹿児島県〕下甑村 東シナ海が一望できる高台の牧草地　㊙橋口実昭, 1978年

放牧地の短角牛
　「民俗学事典」丸善出版　2014
　　◇p153〔白黒〕　岩手県岩泉町安家地区

牧場, サイロ
　「宮本常一 写真・日記集成 下」毎日新聞社　2005
　　◇p283〔白黒〕（札幌→登別・室蘭本線の車窓から）　北海道　㊙宮本常一, 1972年8月27日

牧草を刈る
　「日本民俗写真大系 1」日本図書センター　1999
　　◇p129〔白黒〕　北海道中札内村　㊙関口哲也, 1963年

干草
　「写真でみる日本生活図引 1」弘文堂　1989
　　◇図147〔白黒〕　熊本県阿蘇郡南小国町　牛舎飼いに必要な干草を牛の背中につけて運ぶ　㊙白石巌, 昭和40年10月

干草ヅンボ
　「民俗資料選集 9 山村の生活と用具」国土地理協会　1981
　　◇p11(口絵)〔白黒〕　愛知県北設楽郡津具村

北海道開拓使時代の七重牧牛場の様子
　「日本民俗写真大系 1」日本図書センター　1999
　　◇p118〔白黒〕　北海道 七重牧牛場　㊙1880年頃　函館市立函館図書館蔵

牧を区画する石垣
　「里山・里海 暮らし図鑑」柏書房　2012
　　◇写9 (p21)〔白黒〕　島根県隠岐郡知夫村

牧ノ垣
　「宮本常一 写真・日記集成 別巻」毎日新聞社　2005
　　◇図69 (p21)〔白黒〕　中国山地　㊙宮本常一, 1939年〔月日不明〕

牧畑
　「宮本常一 写真・日記集成 別巻」毎日新聞社　2005
　　◇図67 (p21)〔白黒〕　中国山地　㊙宮本常一, 1939年〔月日不明〕
　　◇図68 (p21)〔白黒〕　中国山地　㊙宮本常一, 1939年〔月日不明〕

牧畑間の牛の移動・駄追い
　「里山・里海 暮らし図鑑」柏書房　2012
　　◇写8 (p21)〔白黒〕　戦前　島根県隠岐郡西ノ島町役場提供

秣作り
　「写真でみる日本生活図引 1」弘文堂　1989
　　◇図153〔白黒〕　秋田県平鹿郡十文字町　㊙菊池俊吉, 昭和28年

丸々と太った白豚の散歩を見守る、野良仕事から帰った父親と遊んでいた子どもたち
　「写真ものがたり昭和の暮らし 6」農山漁村文化協会　2006
　　◇p38〔白黒〕　秋田県湯沢市　夏の夕方　㊙加賀谷政雄, 昭和30年代

畜産・飼育　　　　　　　　　　　　　　　　生産・生業

道端につながれた牛と麦藁屋根の集落
　「宮本常一 写真・日記集成 上」毎日新聞社　2005
　　◇p277〔白黒〕　長崎県平戸市 的山大島　㊙宮本常一,
　　1961年9月18日

道行く牛
　「宮本常一 写真・日記集成 上」毎日新聞社　2005
　　◇p278〔白黒〕　長崎県平戸市 度島　㊙宮本常一, 1961
　　年9月19日

耳印
　「日本民俗大辞典 下」吉川弘文館　2000
　　◇p618〔白黒〕　長野県南安曇郡奈川村保平
　「日本民俗事典」弘文堂　1972
　　◇p692〔白黒・図〕　隠岐, 佐渡, 伊豆諸島, 石垣島　ト
　　ジカネ, キリコミ, コズルシ, オオスジ, ツキガタキリ
　　トリ, ミミガサヤマガタ, 両マンザシ, ヤマガタキリア
　　ゲ　柳田国男『北小浦民俗誌』
　「民俗の事典」岩崎美術社　1972
　　◇p8〔白黒・図〕　新潟県佐渡郡相川町片辺, 新潟県両
　　津市真更川, 新潟県両津市北小浦

耳袋
　「日本の民具 3 山・漁村」慶友社　1992
　　◇図47〔白黒〕　福島県会津若松市七日町　㊙薗部澄

綿羊にえさをやる少年
　「写真ものがたり昭和の暮らし 6」農山漁村文化協会　2006
　　◇p84〔白黒〕　長野県浪合村(現阿智村)　綿羊の飼育
　　小屋　㊙熊谷元一, 昭和30年1月

めん羊の毛を刈る
　「写真でみる日本人の生活全集 2」日本図書センター　2010
　　◇p3〔白黒〕(めん羊)　北海道大黒島　毛をかっている
　　ところ

緬羊鋏
　「日本民具の造形」淡交社　2004
　　◇p47〔白黒〕　長野県 阿南町歴史民俗資料館所蔵

ヤギを連れた子どもたち
　「日本の民俗 下」クレオ　1997
　　◇図4-3〔白黒〕(妻良の浜)　静岡県賀茂郡南伊豆町
　　〔ヤギを連れた子どもたち〕　㊙芳賀日出男, 昭和29年
　　～37年

山羊を引いて子どもたちと田へ行く
　「写真ものがたり昭和の暮らし 1」農山漁村文化協会　2004
　　◇p82〔白黒〕　秋田県湯沢市　㊙佐藤久太郎, 昭和37
　　年5月
　「写真でみる日本生活図引 6」弘文堂　1993
　　◇図63〔白黒〕(山羊も一緒)　秋田県湯沢市　子供と山
　　羊の親仔を連れ, 田仕事に行く母親　㊙佐藤久太郎,
　　昭和37年5月20日

ヤギと軍艦
　「宮本常一が撮った昭和の情景 上」毎日新聞社　2009
　　◇p231〔白黒〕　青森県むつ市大字大湊　㊙宮本常一,
　　1964年7月30日

山羊の乳を搾る
　「写真ものがたり昭和の暮らし 1」農山漁村文化協会　2004
　　◇p83〔白黒〕　新潟県六日町 欠之上　㊙中俣正義, 昭和
　　29年8月

屋敷で飼育する山羊
　「里山・里海 暮らし図鑑」柏書房　2012
　　◇3 (p106)〔白黒〕　鹿児島県徳之島町母間　昭和41
　　年　スタジオカガワ提供

やすり
　「写真で見る農具 民具」農林統計協会　1988
　　◇p230〔白黒〕　兵庫県村岡町　削蹄用具一式

ヤダマダカ
　「写真で見る農具 民具」農林統計協会　1988
　　◇p229〔白黒〕　岩手県葛巻町　昭和10年代まで　飼料
　　調整用機具

山内町
　「宮本常一 写真・日記集成 上」毎日新聞社　2005
　　◇p304〔白黒〕　佐賀県杵島郡山内町　㊙宮本常一,
　　1962年4月27日

雪印乳業田名部工場
　「宮本常一 写真・日記集成 上」毎日新聞社　2005
　　◇p445〔白黒〕　青森県むつ市斗南丘　㊙宮本常一,
　　1964年7月23日

雪の中を踏んばる乳牛
　「写真でみる民家大事典」柏書房　2005
　　◇p187-5〔白黒〕　岩手県九戸郡野田村日形井　㊙1994
　　年　月舘敏栄

雪の農家とサイロ
　「日本郷土 風俗・民芸・芸能図鑑」日本図書センター　2012
　　◇写真篇 北海道〔白黒〕　北海道

幼牛と牛頭観世音の石塔
　「宮本常一 写真・日記集成 下」毎日新聞社　2005
　　◇p302〔白黒〕　東京都府中市若松町　㊙宮本常一,
　　1973年4月ごろ(27日以前)

養鶏施設
　「宮本常一 写真・日記集成 上」毎日新聞社　2005
　　◇p384〔白黒〕　長野県下伊那郡高森町市田　㊙宮本常
　　一, 1963年7月4日

幼児の乗った手作りの箱ぞりに近づく牛
　「写真ものがたり昭和の暮らし 1」農山漁村文化協会　2004
　　◇p87〔白黒〕　秋田県横手市郊外　㊙佐藤久太郎, 昭和
　　30年代

養蜂
　「写真でみる日本生活図引 8」弘文堂　1993
　　◇図47・48〔白黒〕　長野県下伊那郡阿智村駒場　㊙熊
　　谷元一, 昭和32年6月

養蜂の道具　ウッポウ
　「日本民俗大辞典 下」吉川弘文館　2000
　　◇p773〔白黒・図〕　島根県鹿足郡柿木村

養蜂の道具　円筒型のミツドウ
　「日本民俗大辞典 下」吉川弘文館　2000
　　◇p773〔白黒・図〕　島根県鹿足郡柿木村

養蜂の道具　箱筒積み重ね型のミツドウ
　「日本民俗大辞典 下」吉川弘文館　2000
　　◇p773〔白黒・図〕　島根県那賀郡弥栄町

養蜂の道具　ハチトリテボ
　「日本民俗大辞典 下」吉川弘文館　2000
　　◇p773〔白黒・図〕　長崎県対馬地方

養蜂の道具　ミツトリの道具
　「日本民俗大辞典 下」吉川弘文館　2000
　　◇p773〔白黒・図〕　島根県鹿足郡柿木村

羊毛かき
　「写真で見る農具 民具」農林統計協会　1988
　　◇p200〔白黒〕　高知県物部村　昭和16年から23年頃

羊毛刈鋏
　「写真で見る農具 民具」農林統計協会　1988
　　◇p231〔白黒〕　愛媛県今治市　昭和20年から30年代

酪農集落
　「宮本常一 写真・日記集成 上」毎日新聞社　2005
　　◇p445〔白黒〕　青森県むつ市斗南丘　㊙宮本常一,
　　1964年7月24日

ロールベールの運搬
「日本の生活環境文化大辞典」柏書房　2010
　◇p21-5〔白黒〕　秋田県南秋田郡大潟村　中央幹線排水路付近　〔トラックで運ぶ〕　㊞2001年　林哲志
藁切り
「写真で見る農具 民具」農林統計協会　1988

　◇p227〔白黒〕　福岡県大野城市　明治時代後期から昭和20年頃まで　飼料調整用機具
わら切機
「写真で見る農具 民具」農林統計協会　1988
　◇p227〔白黒〕　秋田県天王町　飼料調整用機具
　◇p228〔白黒〕　岩手県九戸村　昭和前期から30年代前半　飼料調整用機具

# 茶・煙草

宇治製茶之図
「日本社会民俗辞典 2」日本図書センター　2004
　◇p918〔白黒・図〕　㊞明治初年　「大日本物産図会」
エビラ（茶もみザル）
「あるくみるきく双書 宮本常一とあるいた昭和の日本 19」農山漁村文化協会　2012
　◇p209〔白黒〕　熊本県　㊞工藤員功
かつての煙草生産農家
「日本の生活環境文化大辞典」柏書房　2010
　◇p68-4〔白黒〕　神奈川県秦野市　黄緑種乾燥室、在来種乾燥室　㊞2010年　高橋隆博
釜炒り茶の茶揉み
「食の民俗事典」柊風舎　2011
　◇p397〔白黒〕　奈良県吉野郡下北山村池峰
かんぶり
「写真で見る農具 民具」農林統計協会　1988
　◇p208〔白黒〕　奈良県山添村　焙炉の炭火の残り火を消す器具
黒茶の製造
「民俗資料選集 12 振茶の習俗」国土地理協会　1982
　◇p72（本文）〔白黒〕　富山県小杉町　97度の高温で十分間蒸される
　◇p72（本文）〔白黒〕　富山県小杉町　カンレーシャをかけ、コモでおおう
　◇p72（本文）〔白黒〕　富山県小杉町　ゆがいた葉茶を醗酵枠に詰め込む
　◇p72（本文）〔白黒〕　富山県小杉町　数日放置して醗酵をまつ
　◇p72（本文）〔白黒〕　富山県小杉町　葉茶がベルトで蒸し機に送られる
黒茶の製茶をやめた十村の茶畑
「民俗資料選集 12 振茶の習俗」国土地理協会　1982
　◇p64（本文）〔白黒〕　福井県三潟町江崎
黒布「寒冷紗」の覆下
「日本の生活環境文化大辞典」柏書房　2010
　◇p63-5〔白黒〕　京都府綴喜郡宇治田原町南　㊞2009年
小型動力茶摘機
「写真で見る農具 民具」農林統計協会　1988
　◇p205〔白黒〕　静岡県川根町　昭和40年代から
国分たばこの畑
「国分郷土 風俗・民芸・芸能図鑑」日本図書センター　2012
　◇写真篇 鹿児島〔白黒〕〔国分たばこ〕　鹿児島県
さましかご
「写真で見る農具 民具」農林統計協会　1988
　◇p208〔白黒〕　奈良県山添村　明治時代から大正時代

三平蒸籠
「日本民具の造形」淡交社　2004
　◇p250〔白黒〕　埼玉県 入間市立博物館所蔵
自家用の一番茶をつむ
「フォークロアの眼 3 運ぶ」国書刊行会　1977
　◇図193〔白黒〕　広島県神石郡豊松村　良い葉を選び腰籠にいれる　㊞須藤功、昭和47年5月27日
自家用の茶畑
「写真でみる日本人の生活全集 1」日本図書センター　2010
　◇p91〔白黒〕　東京都豊島区
自然茶を摘む
「民俗資料選集 25 焼畑習俗」国土地理協会　1997
　◇p21（口絵）〔白黒〕　高知県池川町椿山
自動化された現在の製茶風景
「食の民俗事典」柊風舎　2011
　◇p400〔白黒〕　三重県亀山市安坂山町池山
蒸葉かご
「写真で見る農具 民具」農林統計協会　1988
　◇p208〔白黒〕　奈良県山添村　明治時代から大正時代
ジョダン
「日本民具の造形」淡交社　2004
　◇p251〔白黒〕　茨城県 水戸市立博物館所蔵
白栖茶共同
「日本の生活環境文化大辞典」柏書房　2010
　◇p64-11〔白黒〕　京都府相楽郡和束町白栖　㊞1999年
製茶小屋
「民俗資料選集 12 振茶の習俗」国土地理協会　1982
　◇p64（本文）〔白黒〕　福井県三潟町江崎　黒茶の製造
製茶用手回し粗揉機
「写真で見る農具 民具」農林統計協会　1988
　◇p209〔白黒〕　静岡県静岡市　明治31年発明
蒸籠
「写真で見る農具 民具」農林統計協会　1988
　◇p207〔白黒〕　静岡県川根町　昭和時代
背負篭
「民俗資料選集 12 振茶の習俗」国土地理協会　1982
　◇p66（本文）〔白黒〕　福井県三潟町江崎　黒茶の製造
煎茶園
「日本の生活環境文化大辞典」柏書房　2010
　◇p63-4〔白黒〕　京都府相楽郡和束町原山　㊞2009年
タバコ植穴あけ
「写真で見る農具 民具」農林統計協会　1988
　◇p79〔白黒〕　兵庫県篠山町　昭和20〜30年頃

茶・煙草　　　　　　　　　　　　　　　生産・生業

タバコ乾燥庫
　「宮本常一 写真・日記集成 上」毎日新聞社　2005
　　◇p437〔白黒〕　新潟県佐渡郡赤泊村徳和［佐渡市］野口家　㊙宮本常一、1964年6月24日

煙草刻み包丁
　「図録・民具入門事典」柏書房　1991
　　◇p39〔白黒〕　東京都

煙草切薬研
　「日本の民具 1 町」慶友社　1992
　　◇図87〔白黒〕　㊙薗部澄

煙草栽培
　「写真ものがたり昭和の暮らし 9」農山漁村文化協会　2007
　　◇p10〔白黒〕　福島県下郷町大内　㊙須藤功、昭和44年8月

煙草在来種の乾燥室
　「日本の生活環境文化大辞典」柏書房　2010
　　◇p68-3〔白黒〕　神奈川県秦野市　1928年建築　㊙2010年　高橋隆博

たばこ定植用定規
　「写真で見る農具 民具」農林統計協会　1988
　　◇p225〔白黒〕　愛媛県丹原町　昭和初期から

煙草の乾燥
　「日本の生活環境文化大辞典」柏書房　2010
　　◇p68-6〔白黒・図〕　神奈川県秦野市　雨天が続くとザシキまで連縄を吊る、屋根裏は幹干をする場合の様子　高橋隆博

タバコの乾燥庫
　「宮本常一 写真・日記集成 上」毎日新聞社　2005
　　◇p368〔白黒〕　神奈川県南足柄市関本→矢倉沢　㊙宮本常一、1963年1月15日

タバコの収穫・乾燥の互助共同作業
　「図説 日本民俗学」吉川弘文館　2009
　　◇p136〔白黒・図〕　山口県下関市　〔模式図〕

煙草の葉を吊るし干す
　「写真ものがたり昭和の暮らし 9」農山漁村文化協会　2007
　　◇p11〔白黒〕（家の外壁に煙草の葉を吊るし干す）　福島県下郷町大内　㊙須藤功、昭和44年8月

煙草の葉を採る
　「写真ものがたり昭和の暮らし 1」農山漁村文化協会　2004
　　◇p186〔白黒〕　福島県下郷町大内　松川種の煙草　㊙須藤功、昭和44年8月

煙草の葉を広げる
　「写真ものがたり昭和の暮らし 9」農山漁村文化協会　2007
　　◇p10〔白黒〕　福島県下郷町大内　㊙須藤功、昭和44年8月

煙草の葉をわら縄に連ねて干す
　「写真ものがたり昭和の暮らし 1」農山漁村文化協会　2004
　　◇p187〔白黒〕　岩手県岩手町大田　㊙田村淳一郎、昭和36年

タバコの葉の乾燥庫
　「宮本常一が撮った昭和の情景 上」毎日新聞社　2009
　　◇p186〔白黒〕（納屋の奥にタバコの乾燥庫）　熊本県天草市五和町　㊙宮本常一、1963年3月7日
　「宮本常一 写真・日記集成 上」毎日新聞社　2005
　　◇p370〔白黒〕　熊本県天草郡五和町　㊙宮本常一、1963年3月7日

タバコ畑
　「宮本常一が撮った昭和の情景 上」毎日新聞社　2009
　　◇p72〔白黒〕　新潟県佐渡郡小木金田新田　㊙宮本常一、1959年8月10日
　「宮本常一 写真・日記集成 上」毎日新聞社　2005
　　◇p142〔白黒〕　新潟県佐渡郡小木町［佐渡市］金田新田　㊙宮本常一、1959年8月10日

煙草葉の天日乾燥
　「日本社会民俗辞典 2」日本図書センター　2004
　　◇p895〔白黒〕　岩手県千厩地方

茶臼（抹茶用）
　「写真で見る農具 民具」農林統計協会　1988
　　◇p212〔白黒〕　京都府宇治市　大正時代後期まで
　「日本民俗事典」弘文堂　1972
　　◇p117〔白黒・図〕（苧桶）

茶園と茶摘女
　「日本社会民俗辞典 2」日本図書センター　2004
　　◇p918〔白黒〕　静岡県

茶を煎る
　「民俗資料選集 25 焼畑習俗」国土地理協会　1997
　　◇p21（口絵）〔白黒〕　高知県池川町椿山

茶を切る剪定鋏
　「民俗資料選集 12 振茶の習俗」国土地理協会　1982
　　◇p71（本文）〔白黒〕　富山県小杉町

茶を揉む
　「民俗資料選集 25 焼畑習俗」国土地理協会　1997
　　◇p21（口絵）〔白黒〕　高知県池川町椿山

茶甕
　「いまに伝える 農家のモノ・人の生活館」柏書房　2004
　　◇p169 図7〔白黒・写真/図〕　埼玉県所沢市

茶刈り鋏
　「日本民具の造形」淡交社　2004
　　◇p250〔白黒〕　静岡県 浜岡町郷土資料館所蔵
　「写真で見る農具 民具」農林統計協会　1988
　　◇p205〔白黒〕　奈良県月ヶ瀬村　大正時代から

茶切鋏
　「日本民具の造形」淡交社　2004
　　◇p47〔白黒〕　静岡県 山西郷土資料館所蔵
　　◇p295〔白黒〕　静岡県 磐田市埋蔵文化財センター

茶小屋
　「日本の生活環境文化大辞典」柏書房　2010
　　◇p64-8〔白黒〕　京都府相楽郡和束町原山　2階は摘子宿　㊙2009年

チャゼエロ
　「いまに伝える 農家のモノ・人の生活館」柏書房　2004
　　◇p165 図1〔白黒・図〕　埼玉県所沢市　茶葉蒸し専用の蒸籠

茶つぼ
　「写真で見る農具 民具」農林統計協会　1988
　　◇p211〔白黒〕　奈良県山添村　茶葉の貯蔵保管用

茶壺
　「日本民具の造形」淡交社　2004
　　◇p251〔白黒〕　京都府 宇治市歴史資料館所蔵　茶葉を品種や等級別にわけて貯蔵したり運搬に用いる
　「民具のみかた一心とかたち」第一法規出版　1983
　　◇p193〔白黒〕（チャッポ（茶壺））　静岡県天龍市　お茶を貯蔵する

茶摘み
　「日本郷土 風俗・民芸・芸能図鑑」日本図書センター　2012
　　◇写真篇 静岡〔白黒〕　静岡県
　「写真でみる日本人の生活全集 1」日本図書センター　2010
　　◇p86〔白黒〕　静岡県駿東郡富岡村富士茶園
　「いまに伝える 農家のモノ・人の生活館」柏書房　2004
　　◇p163 写真3〔白黒〕（茶摘み風景）　埼玉県所沢市
　「日本民俗大辞典 下」吉川弘文館　2000

◇図25〔別刷図版「野良仕事」〕〔白黒〕　埼玉県入間市宮寺　㊙昭和52（1977）年
「民俗資料選集 27 年齢階梯制Ⅱ」国土地理協会　1999
◇p24（本文）〔白黒〕　徳島県 祖谷山
「民俗資料選集 12 振茶の習俗」国土地理協会　1982
◇p71（本文）〔白黒〕　富山県小杉町

## 茶摘女
「日本社会民俗辞典 3」日本図書センター　2004
◇p1251〔白黒〕

## 茶摘籠
「民俗資料選集 12 振茶の習俗」国土地理協会　1982
◇p66（本文）〔白黒〕　福井県三潟町江崎　黒茶の製造

## チャツミザル
「いまに伝える 農家のモノ・人の生活館」柏書房　2004
◇p163 写真1〔白黒〕　埼玉県所沢市

## 茶摘み鋏
「写真で見る農具 民具」農林統計協会　1988
◇p205〔白黒〕　静岡県川根町　大正時代中期から昭和30年代後半頃まで

## 茶摘用かご
「日本民具の造形」淡交社　2004
◇p250〔白黒〕（茶摘籠）　福岡県 大野城市歴史資料館所蔵
「写真で見る農具 民具」農林統計協会　1988
◇p206〔白黒〕（茶摘み用籠）　静岡県川根町
◇p206〔白黒〕　静岡県静岡市　江戸時代から現在まで

## 茶どうし
「写真で見る農具 民具」農林統計協会　1988
◇p211〔白黒〕　奈良県山添村
◇p211〔白黒〕　奈良県山添村　江戸時代後期から昭和20年頃まで

## 茶農家の作業小屋
「日本の生活環境文化大辞典」柏書房　2010
◇p64-10〔白黒〕　京都府相楽郡和束町原山　㊙2009年

## 茶の運搬に用いる箕
「民俗資料選集 12 振茶の習俗」国土地理協会　1982
◇p71（本文）〔白黒〕　富山県小杉町

## 茶の加工用蒸器の蒸気発生器
「写真で見る農具 民具」農林統計協会　1988
◇p207〔白黒〕　静岡県川根町　大正時代から昭和30年代前期まで

## 茶の小箕
「写真で見る農具 民具」農林統計協会　1988
◇p210〔白黒〕　奈良県奈良市　大正時代から

## 茶の箕
「写真で見る農具 民具」農林統計協会　1988
◇p210〔白黒〕　奈良県山添村　江戸時代から

## 茶葉を計量するカケダイ
「いまに伝える 農家のモノ・人の生活館」柏書房　2004
◇p163 図1〔白黒・図〕　埼玉県所沢市

## 茶畑
「宮本常一 写真・日記集成 別巻」毎日新聞社　2005
◇図82(p22)〔白黒〕　鹿児島県・屋久島・原〔屋久町〕　㊙宮本常一、1940年1月27日～2月10日

## 茶畑から摘んだ茶を運ぶドウワ
「民俗資料選集 12 振茶の習俗」国土地理協会　1982
◇p71（本文）〔白黒〕　富山県小杉町

## 茶畑と苗取り
「写真でみる日本生活図引 6」弘文堂　1993
◇図138〔白黒〕　滋賀県甲賀郡信楽町朝宮　㊙前野隆資, 昭和34年5月14日

## チャビツの種類
「いまに伝える 農家のモノ・人の生活館」柏書房　2004
◇p169 図8〔白黒・図〕　埼玉県所沢市　エンロとダビツ

## チャブカシ
「図録・民具入門事典」柏書房　1991
◇p38〔白黒〕　東京都　茶の葉を蒸す蒸籠

## チャブルイ
「図録・民具入門事典」柏書房　1991
◇p38〔白黒〕　埼玉県　抹茶用　埼玉県立博物館所蔵

## 茶篩
「日本民具の造形」淡交社　2004
◇p251〔白黒〕　岡山県 英田町歴史民俗資料館所蔵

## チャブルイの使い方
「いまに伝える 農家のモノ・人の生活館」柏書房　2004
◇p168 図5〔白黒・図〕　埼玉県所沢市

## チャベロ
「あるくみるきく双書 宮本常一とあるいた昭和の日本 19」農山漁村文化協会　2012
◇p117〔白黒〕　鹿児島県加世田市　茶の乾燥　㊙工藤員功

## 茶焙炉
「写真でみる日本生活図引 別巻」弘文堂　1993
◇図386〔白黒〕　長野県下伊那郡阿智村　㊙熊谷元一, 昭和32年5月27日

## 茶坊主
「日本民具の造形」淡交社　2004
◇p251〔白黒〕　宮崎県 椎葉民俗芸能博物館所蔵　茶の葉を蒸す蒸籠

## チャミ
「いまに伝える 農家のモノ・人の生活館」柏書房　2004
◇p169 図6〔白黒・図〕　埼玉県所沢市

## 茶蒸器
「日本民具の造形」淡交社　2004
◇p250〔白黒〕　岐阜県 美並ふるさと館所蔵

## 茶むし器とむしせいろ
「写真で見る農具 民具」農林統計協会　1988
◇p207〔白黒〕　奈良県奈良市　大正時代から昭和20年頃まで

## 茶揉み
「写真でみる日本生活図引 別巻」弘文堂　1993
◇図385〔白黒〕　長野県下伊那郡阿智村　㊙熊谷元一, 昭和32年5月26日

## 茶揉み作業
「里山・里海 暮らし図鑑」柏書房　2012
◇写29(p91)〔白黒〕　福井県旧三方町〔若狭町〕岩屋　昭和15年　高橋善正蔵, 若狭町歴史文化館提供

## 茶揉みの工程
「いまに伝える 農家のモノ・人の生活館」柏書房　2004
◇p167 写真1〔白黒〕　埼玉県所沢市　㊙山畑寿雄

## 茶もみバラ
「写真で見る農具 民具」農林統計協会　1988
◇p209〔白黒〕　宮崎県門川町　明治から大正年代

## 茶選籠
「日本民俗図誌 3 調度・服飾篇」村田書店　1977
◇図13-1〔白黒・図〕　宇治

## 摘んだ茶を釜で炒める
「食の民俗事典」柊風舎　2011
◇p397〔白黒〕　奈良県吉野郡上北山村河合

テ
「いまに伝える 農家のモノ・人の生活館」柏書房 2004
◇p165 図2〔白黒・図〕 埼玉県所沢市 茶葉蒸し専用に作られたフォーク状の箸

生葉一時貯留用平かご
「写真で見る農具 民具」農林統計協会 1988
◇p206〔白黒〕 静岡県川根町 江戸時代から昭和40年代まで

生葉かご
「写真で見る農具 民具」農林統計協会 1988
◇p206〔白黒〕 奈良県山添村 明治初年から昭和30年頃まで

箱付き茶臼
「日本民具の造形」淡交社 2004
◇p251〔白黒〕 愛知県 祖父江町郷土資料館所蔵

バスケ（パスケ）
「写真で見る農具 民具」農林統計協会 1988
◇p210〔白黒〕 静岡県小笠町 江戸時代後期から

葉煙草の出荷
「日本民具写真大系 2」日本図書センター 1999
◇p174〔白黒〕（葉煙草） 福島県飯能村大倉 乾燥させた葉煙草の傷を見て選別、きちんと枚数を数えて出荷する ㊙後藤輝夫,1977年

葉たばこ根切器
「写真で見る農具 民具」農林統計協会 1988
◇p225〔白黒〕 愛媛県土居町 昭和25年頃から

葉タバコの乾燥
「写真でみる日本人の生活全集 1」日本図書センター 2010
◇p132〔白黒〕 山形県米沢地方

葉たばこの調製
「写真でみる日本人の生活全集 1」日本図書センター 2010
◇p133〔白黒〕 長野県下伊那郡情内路村

醗酵した茶を切り替える備中鍬
「民俗資料選集 12 振茶の習俗」国土地理協会 1982
◇p66（本文）〔白黒〕 福井県三潟町江崎 黒茶の製造

初摘み
「日本の生活環境文化大辞典」柏書房 2010
◇p64-9〔白黒〕 京都府京田辺市普賢寺 ㊙2009年

ハリじようけ
「写真で見る農具 民具」農林統計協会 1988
◇p209〔白黒〕 宮崎県日之影村 明治時代前期から大正時代 釜炒り茶製造の器具

火所のある煙草乾燥小屋
「日本の生活環境文化大辞典」柏書房 2010
◇p356-8〔白黒〕 新潟県柏崎市南下 ㊙1990年

篩
「写真で見る農具 民具」農林統計協会 1988
◇p210〔白黒〕 静岡県川根町 江戸時代から現在まで 製茶用具

焙炉
「日本民具の造形」淡交社 2004
◇p250〔白黒〕 兵庫県 青垣町郷土民俗資料館所蔵
◇p251〔白黒〕 静岡 相良町史料館
「写真で見る農具 民具」農林統計協会 1988
◇p208〔白黒〕 静岡県川根町 江戸時代中期～昭和20年代初めまで使用

ホイロでの手揉み製茶
「食の民俗事典」柊風舎 2011
◇p400〔白黒〕 提供：社団法人京都府茶業会議所

焙炉と助炭の設置方法
「いまに伝える 農家のモノ・人の生活館」柏書房 2004
◇p166 図3〔白黒・図〕 埼玉県所沢市

防霜扇と筋園
「日本の生活環境文化大辞典」柏書房 2010
◇p63-7〔白黒〕 京都府相楽郡和束町木屋峠 ㊙2009年

ぼてこ
「写真で見る農具 民具」農林統計協会 1988
◇p211〔白黒〕 奈良県山添村 明治時代から

盆（ぼん）
「写真で見る農具 民具」農林統計協会 1988
◇p209〔白黒〕 静岡県川根町 明治時代前期から昭和30年代 焙炉で手揉みした荒茶を入れる竹かご

本簀栽培
「日本の生活環境文化大辞典」柏書房 2010
◇p63-6〔白黒〕 京都府宇治市五ヶ庄 ㊙2009年

箕
「民俗資料選集 12 振茶の習俗」国土地理協会 1982
◇p72（本文）〔白黒〕 富山県小杉町 黒茶の製造

宮村式蒸機
「写真で見る農具 民具」農林統計協会 1988
◇p207〔白黒〕 静岡県浜岡町 大正12年特許

蒸し釜
「民俗資料選集 12 振茶の習俗」国土地理協会 1982
◇p66（本文）〔白黒〕 福井県三潟町江崎 黒茶の製造

山茶茶壺
「日本民具の造形」淡交社 2004
◇p43〔白黒〕 愛媛県 新宮村郷土館所蔵

山の斜面の茶畑
「図説 日本民俗学」吉川弘文館 2009
◇p144〔白黒〕 神奈川県相模原市

# 製　塩

揚げ浜塩田
「宮本常一 写真・日記集成 上」毎日新聞社 2005
◇p259〔白黒〕 石川県 仁江 ㊙宮本常一,1961年7月30日

揚浜塩田
「写真ものがたり昭和の暮らし 3」農山漁村文化協会 2004
◇p158〔白黒〕 石川県珠洲市仁江 「しこけ」に運び入れた海水を、「おちょけ」と呼ぶ桶にくんで塩田にまく ㊙御園直太郎,昭和46年7月

◇p158〔白黒〕　石川県輪島市大川浜　「いぶり」という道具を使い、海水をまいた砂をかき集める　㊟御園直太郎、昭和34年7月

「日本民俗写真大系 8」日本図書センター　2000
　◇p75〔白黒〕　輪島市　㊟御園直太郎, 1959年

### 揚げ浜塩田・潮汲み
「宮本常一 写真・日記集成 上」毎日新聞社　2005
　◇p259〔白黒〕　石川県 仁江　㊟宮本常一, 1961年7月30日

### 揚浜式・入浜式・流下式塩田の断面図
「図説 民俗探訪事典」山川出版社　1983
　◇p261〔白黒・図〕　藤岡謙二郎編『最新地理学辞典』より

### 揚浜の製塩作業
「日本社会民俗辞典 2」日本図書センター　2004
　◇p524〔白黒〕　新潟県糸魚川市

### 赤穂塩田風景
「日本の生活環境文化大辞典」柏書房　2010
　◇p99-4〔白黒〕　絵葉書, 個人蔵

### イオン交換樹脂膜法
「写真ものがたり昭和の暮らし 3」農山漁村文化協会　2004
　◇p164〔白黒〕　兵庫県赤穂市　㊟山本正二, 昭和40年代

### 伊勢神宮の塩づくり
「日本民俗写真大系 3」日本図書センター　1999
　◇p180〜181〔白黒〕　三重県二見町　㊟品田悦彦, 1976年

### 入浜塩田
「写真ものがたり昭和の暮らし 3」農山漁村文化協会　2004
　◇p160〔白黒〕　兵庫県赤穂市・西浜塩田　入浜塩田の塩分を含んだ砂を、長方形の枠が二つ並ぶ沼井のまわりに集める作業　㊟山本正二, 昭和初期

「写真でみる日本生活図引 2」弘文堂　1988
　◇p64, 65〔白黒〕　兵庫県赤穂市　㊟図65：山本正二, 昭和10年頃, 昭和初期　図64：廣山堯道提供

### 入り浜塩田の跡
「宮本常一 写真・日記集成 上」毎日新聞社　2005
　◇p245〔白黒〕　広島県尾道市 百島・福田　㊟宮本常一, 1961年2月19日

### 入浜式塩田
「里山・里海 暮らし図鑑」柏書房　2012
　◇写1 (p211)〔白黒〕(入り浜式塩田)　昭和初期 愛媛県新居浜市立多喜浜公民館提供

「日本民俗写真大系 4」日本図書センター　1999
　◇p140〔白黒〕　赤穂市西浜塩田　㊟山本正二, 1940年頃
　◇p141〔白黒〕　今治市波止浜　㊟渡部章正, 1950年
　◇p142〔白黒〕　鳴門市撫養町　㊟津田幸好, 1954年

### 入浜式塩田作業の様子
「日本の生活環境文化大辞典」柏書房　2010
　◇p101-9〔白黒〕　富浜(現・尾道市)　㊟土本壽美, 昭和20〜30年代　『ふるさと いまむかし』

### 入浜式製塩用具のかずかず
「日本民俗写真大系 4」日本図書センター　1999
　◇p141〔白黒〕　受箱, 万鍬, にない桶, 初釜提燈, 指樽, 塩枡

### 宇多津塩田
「宮本常一 写真・日記集成 下」毎日新聞社　2005
　◇p247〔白黒〕　香川県坂出市 常盤公園から見下ろす　㊟宮本常一, 1971年4月30日

### 打桶で海水を霧のように撒き広げる
「日本民俗写真大系 8」日本図書センター　2000
　◇p74〔白黒〕　珠洲市 揚浜塩田　㊟薗部澄, 1962年

### 塩田
「日本郷土 風俗・民芸・芸能図鑑」日本図書センター　2012
　◇写真篇 兵庫〔白黒〕　兵庫県

「宮本常一 写真・日記集成 上」毎日新聞社　2005
　◇p107〔白黒〕　山口県大島郡大島町小松[周防大島町]　㊟宮本常一, 1958年4月24日

「日本社会民俗辞典 2」日本図書センター　2004
　◇p784〔白黒〕　岡山県児島市味野

「写真でみる日本生活図引 2」弘文堂　1988
　◇図63〔白黒〕　兵庫県赤穂市　㊟山本正二, 昭和初期

### 塩田跡
「宮本常一が撮った昭和の情景 下」毎日新聞社　2009
　◇p75〔白黒〕(廃止になった塩田跡)　兵庫県赤穂市　㊟宮本常一, 1968年7月27日

「宮本常一 写真・日記集成 下」毎日新聞社　2005
　◇p162〔白黒〕(水のたまった塩田跡)　兵庫県赤穂市　㊟宮本常一, 1968年7月27日

### 塩田のかん水用の大桶
「宮本常一が撮った昭和の情景 上」毎日新聞社　2009
　◇p51〔白黒〕(流下式塩田のかん水用大桶)　山口県大島郡周防大島町大字小松　㊟宮本常一, 1958年4月24日

「宮本常一 写真・日記集成 上」毎日新聞社　2005
　◇p107〔白黒〕　山口県大島郡大島町小松[周防大島町]　㊟宮本常一, 1958年4月24日

### 塩田の作業
「日本民俗文化財事典(改訂版)」第一法規出版　1979
　◇図158〔白黒〕　香川県沙弥島

### 塩田の枝条架
「宮本常一 写真・日記集成 下」毎日新聞社　2005
　◇p314〔白黒〕　岡山県倉敷市児島　㊟宮本常一, 1973年8月18日

### 塩田の展望
「民俗図録 日本人の暮らし」日本図書センター　2012
　◇図375〔白黒〕　岡山県兒島市味堅　㊟緑川洋一

### 塩田風景
「宮本常一 写真・日記集成 上」毎日新聞社　2005
　◇p146〔白黒〕　広島県豊田郡瀬戸田町 生口島瀬戸田 向上寺の丘から　㊟宮本常一, 1959年8月23日

### 塩田用水車
「図説 台所道具の歴史」日本図書センター　2012
　◇p54-4〔白黒〕　徳島県・鳴門郷土館

### 大蔵省赤穂塩務局庁舎
「宮本常一 写真・日記集成 下」毎日新聞社　2005
　◇p163〔白黒〕　兵庫県赤穂市　現在は赤穂市民俗資料館として保存　㊟宮本常一, 1968年7月26日〜27日

### 海岸で天日により濃縮した海水を煮詰め、塩を生成する
「里山・里海 暮らし図鑑」柏書房　2012
　◇写4 (p212)〔白黒〕　鹿児島県伊仙町西犬田布(徳之島)　水本美恵子提供

### ケンケラ(杓)
「日本民具の造形」淡交社　2004
　◇p248〔白黒〕　香川 坂出市塩業資料館所蔵

### 桜井精塩株式会社
「宮本常一が撮った昭和の情景 上」毎日新聞社　2009
　◇p86〜87〔白黒〕　静岡県賀茂郡南伊豆町下賀茂　㊟宮本常一, 1959年10月29日

### 塩集め
「日本民具の造形」淡交社　2004
　◇p248〔白黒〕　山口県 平生町民具館所蔵

### 塩を煮詰める釜屋内部
「日本の生活環境文化大辞典」柏書房　2010

製塩　　　　　　　　　　　　　　　　　　　　　生産・生業

◇p100-8〔白黒〕(復原された塩を煮詰める「釜屋」内部)　㈹藤原美樹，2009年　赤穂海洋科学館所蔵

### 塩かけ
「日本社会民俗辞典 2」日本図書センター　2004
　◇p785〔白黒〕　岡山県児島市味野

### 潮汲み
「写真でみる日本人の生活全集 1」日本図書センター　2010
　◇p64〔白黒〕　石川県鳳至郡曽々木海岸

### 塩作り
「写真でみる日本生活図引 2」弘文堂　1988
　◇図61，62〔白黒〕　沖縄県島尻郡豊見城村与根　㈹上江洲均，昭和46年

### 塩とり鍬
「日本民具の造形」淡交社　2004
　◇p20〔白黒〕　福島県 双葉町歴史民俗資料館所蔵

### 塩取箱
「日本民具の造形」淡交社　2004
　◇p248〔白黒〕　山口県 防府市立海洋民俗資料収蔵庫所蔵

### 塩浜
「写真でみる日本人の生活全集 1」日本図書センター　2010
　◇p58〜59〔白黒〕　石川県能登半島曽々木海岸

### 塩水を大釜で煮詰めて結晶にする釜屋の作業
「写真ものがたり昭和の暮らし 3」農山漁村文化協会　2004
　◇p162〔白黒〕　宮城県女川町・渡波塩田　㈹小野幹，昭和30年

### 塩水を運ぶ
「日本民俗写真大系 2」日本図書センター　1999
　◇p48〔白黒〕　宮城県女川町　㈹小野幹，1955年

### 塩焼釜
「日本民具の造形」淡交社　2004
　◇p248〔白黒〕　愛知県 吉良町歴史民俗資料館所蔵

### 枝条架がびっしり並んだ流下式塩田の最盛期
「写真ものがたり昭和の暮らし 3」農山漁村文化協会　2004
　◇p161〔白黒〕　兵庫県赤穂市・東浜塩田　㈹山本正二，昭和34年ごろ

### 枝条架製塩
「日本社会民俗辞典 2」日本図書センター　2004
　◇p784〔白黒〕　岡山県児島市味野

### 枝条架流下式塩田
「里山・里海 暮らし図鑑」柏書房　2012
　◇写2(p211)〔白黒〕　昭和29年　愛媛県新居浜市立多喜浜公民館提供
「宮本常一 写真・日記集成 上」毎日新聞社　2005
　◇p107〔白黒〕(枝条架法の流下式塩田)　山口県大島郡大島町小松〔周防大島町〕　㈹宮本常一，1958年4月24日

### 垂下式製塩の棚の行列
「塩を知る事典」社会思想社　1971
　◇図34(p336)〔白黒〕　広島県生口島にて　㈹昭和41年

### 砂寄せ
「写真でみる日本人の生活全集 1」日本図書センター　2010
　◇p59〔白黒〕　石川県能登半島曽々木海岸

### 製塩工場
「写真でみる日本人の生活全集 1」日本図書センター　2010
　◇p61〔白黒〕　福島県磐城市　蒸気加圧式
「宮本常一 写真・日記集成 下」毎日新聞社　2005
　◇p163〔白黒〕　兵庫県赤穂市　㈹宮本常一，1968年7月26日〜27日

### 製塩所
「宮本常一 写真・日記集成 上」毎日新聞社　2005
　◇p156〔白黒〕　静岡県賀茂郡南伊豆町下賀茂　㈹宮本常一，1959年10月29日

### 製塩場のポスター
「図説 台所道具の歴史」日本図書センター　2012
　◇p54-6〔白黒〕　明治時代　徳島県・鳴門郷土館

### 製塩鋤
「日本の民具 3 山・漁村」慶友社　1992
　◇図209〔白黒〕　広島県　㈹薗部澄

### ダイとコツボなど
「民俗図録 日本人の暮らし」日本図書センター　2012
　◇図376〔白黒〕　宮城県牡鹿郡渡波町

### つと
「日本民具の造形」淡交社　2004
　◇p248〔白黒〕　静岡県 大東町郷土資料館所蔵

### 煮る
「日本民俗写真大系 2」日本図書センター　1999
　◇p49〔白黒〕　宮城県女川町　〔製塩〕　㈹小野幹，1955年

### はねき鍬，にない桶
「日本の生活環境文化大辞典」柏書房　2010
　◇p100-6〔白黒〕　『赤穂の製塩道具』

### 東浜塩田跡
「写真ものがたり昭和の暮らし 3」農山漁村文化協会　2004
　◇p165〔白黒〕　兵庫県赤穂市　㈹山本正二，昭和47年ごろ
　◇p165〔白黒〕　兵庫県赤穂市　㈹山本正二，昭和55年ごろ

### 復原された流下式塩田・枝条架
「日本の生活環境文化大辞典」柏書房　2010
　◇p100-5〔白黒〕　㈹藤原美樹，2009年　赤穂海洋科学館所蔵

### マグワをひく人
「民俗図録 日本人の暮らし」日本図書センター　2012
　◇図377〔白黒〕　宮城県牡鹿郡渡波町

### 真塩俵
「日本民具の造形」淡交社　2004
　◇p248〔白黒〕　兵庫県 赤穂市歴史博物館所蔵

### 真塩俵，塩叺
「日本の生活環境文化大辞典」柏書房　2010
　◇p100-7〔白黒〕　『赤穂の製塩道具』

### 山の斜面を利用した枝条架式製塩
「宮本常一が撮った昭和の情景 上」毎日新聞社　2009
　◇p181〔白黒〕　香川県香川郡直島町(直島)　㈹宮本常一，1962年11月14日

### 流下式塩田
「宮本常一 写真・日記集成 上」毎日新聞社　2005
　◇p320〔白黒〕　徳島県撫養(鳴戸市)　㈹宮本常一，1962年7月29日
「日本民俗写真大系 4」日本図書センター　1999
　◇p142〔白黒〕　香川県宇多津　㈹薗部澄，1955年
「図説 民俗探訪事典」山川出版社　1983
　◇p262〔白黒〕　岡山県邑久郡　昭和30年代　たばこと塩の博物館提供

### 流下式塩田枝条架
「写真でみる日本生活図引 2」弘文堂　1988
　◇図66〔白黒〕　兵庫県赤穂市　㈹山本正二，昭和30年代

### 流下式塩田の枝条架
「写真ものがたり昭和の暮らし 3」農山漁村文化協会　2004
　◇p161〔白黒〕　兵庫県赤穂市・東浜塩田　㈹山本正二，昭和31年ごろ

生産・生業　醸造

流下式製塩
「宮本常一 写真・日記集成 上」毎日新聞社　2005
　◇p352〔白黒〕　香川県香川郡直島町　㋶宮本常一, 1962年11月14日
　◇p353〔白黒〕　香川県香川郡直島町　㋶宮本常一, 1962年11月14日

流下式に転換された木太塩田
「宮本常一 写真・日記集成 下」毎日新聞社　2005
　◇p247〔白黒〕　香川県高松市木太　㋶宮本常一, 1971年4月29日

隆起珊瑚礁上の凹みに海水を投げ入れ濃縮する
「里山・里海 暮らし図鑑」柏書房　2012
　◇写3（p212）〔白黒〕　鹿児島県伊仙町西犬田布（徳之島）　水本美恵子提供

## 醸　造

秋洗い
「民俗資料選集 36 酒造習俗Ⅱ」国土地理協会　2007
　◇p52・53（本文）〔白黒〕　石川県　秋洗いされる大小の桶類, 熱湯で洗われる用具

足駄（酒造用）
「民俗資料選集 34 酒造習俗Ⅰ」国土地理協会　2006
　◇p46（本文）〔白黒〕　岩手県　桶洗い用

足踏み米研ぎ
「民俗資料選集 34 酒造習俗Ⅰ」国土地理協会　2006
　◇p47（本文）〔白黒〕　岩手県　再現

泡消し
「民俗資料選集 34 酒造習俗Ⅰ」国土地理協会　2006
　◇p104（本文）〔白黒〕　岩手県

泡盛
「写真でみる日本生活図引 8」弘文堂　1993
　◇図52・53〔白黒〕　沖縄県石垣市川平　ほとんど手作業だったころの酒造所の風景　㋶須藤功, 昭和51年10月14日

泡盛を注入した三合瓶に, ネジ式の蓋をする
「写真ものがたり昭和の暮らし 9」農山漁村文化協会　2007
　◇p211〔白黒〕　沖縄県石垣市川平　㋶須藤功, 昭和51年10月

泡盛づくり
「日本民具の造形」淡交社　2004
　◇p254〔白黒〕　沖縄県　諸見民芸館所蔵

泡盛の酒造所
「写真ものがたり昭和の暮らし 9」農山漁村文化協会　2007
　◇p210〔白黒〕　沖縄県石垣市川平　蒸留の進み具合を見る男の人　㋶須藤功, 昭和51年10月

泡盛用の米を蒸す釜
「あるくみるきく双書 宮本常一とあるいた昭和の日本 19」農山漁村文化協会　2012
　◇p58〔白黒〕　㋶西山昭宣

育成器からの汲み掛け
「民俗資料選集 36 酒造習俗Ⅱ」国土地理協会　2007
　◇p7（口絵）〔白黒〕　石川県
　◇p97（本文）〔白黒〕　石川県

一升壜打栓機
「民俗資料選集 34 酒造習俗Ⅰ」国土地理協会　2006
　◇p15（口絵）〔白黒〕　岩手県　南部杜氏の酒造用具

一斗樽
「民俗資料選集 34 酒造習俗Ⅰ」国土地理協会　2006
　◇p14（口絵）〔白黒〕　岩手県　南部杜氏の酒造用具

ウグイス
「民俗資料選集 34 酒造習俗Ⅰ」国土地理協会　2006
　◇p116（本文）〔白黒〕　岩手県　木呑の一種。イタヤ材

打瀬から膨れを待つ
「民俗資料選集 36 酒造習俗Ⅱ」国土地理協会　2007
　◇p98（本文）〔白黒〕　石川県

煙突
「民俗資料選集 34 酒造習俗Ⅰ」国土地理協会　2006
　◇p49（本文）〔白黒〕　岩手県　酒造

大櫂
「民俗資料選集 34 酒造習俗Ⅰ」国土地理協会　2006
　◇p16（口絵）〔白黒〕　岩手県　南部杜氏の酒造用具

大櫂入れ
「民俗資料選集 34 酒造習俗Ⅰ」国土地理協会　2006
　◇p52（本文）〔白黒〕　岩手県　再現

大釜
「民俗資料選集 34 酒造習俗Ⅰ」国土地理協会　2006
　◇p88（本文）〔白黒〕　岩手県　蒸米用

大甕
「日本民具の造形」淡交社　2004
　◇p109〔白黒〕　神奈川県 平塚市博物館所蔵　〔酒造用〕

大槌
「民俗資料選集 34 酒造習俗Ⅰ」国土地理協会　2006
　◇p77（本文）〔白黒〕　岩手県

大盤
「民俗資料選集 34 酒造習俗Ⅰ」国土地理協会　2006
　◇p106（本文）〔白黒〕　岩手県

沖縄焼酎（泡盛）を仕込む壺
「あるくみるきく双書 宮本常一とあるいた昭和の日本 19」農山漁村文化協会　2012
　◇p58〔白黒〕　㋶西山昭宣

桶洗い
「民俗資料選集 34 酒造習俗Ⅰ」国土地理協会　2006
　◇p45（本文）〔白黒〕　岩手県　再現

桶直し
「民俗資料選集 34 酒造習俗Ⅰ」国土地理協会　2006
　◇p10（口絵）〔白黒〕　岩手県
　◇p44（本文）〔白黒〕　岩手県
　◇p44（本文）〔白黒〕　岩手県　槌を使って締木をはめる
　◇p44（本文）〔白黒〕　岩手県　篦と槌を使ってタガをはめていく

醸造　　　　　　　　　　　　　　　　　　生産・生業

鬼櫂
　「民俗資料選集 34 酒造習俗Ⅰ」国土地理協会　2006
　　◇p12（口絵）〔白黒〕　　岩手県　南部杜氏の酒造用具
　　◇p16（口絵）〔白黒〕　　岩手県　南部杜氏の酒造用具

鬼蓋
　「民俗資料選集 34 酒造習俗Ⅰ」国土地理協会　2006
　　◇p89（本文）〔白黒〕　　岩手県

櫂
　「民俗資料選集 36 酒造習俗Ⅱ」国土地理協会　2007
　　◇p118（本文）〔白黒〕　　石川県

形型
　「民俗資料選集 34 酒造習俗Ⅰ」国土地理協会　2006
　　◇p72（本文）〔白黒〕　　岩手県

櫂棒
　「日本民具の造形」淡交社　2004
　　◇p253〔白黒〕　　岐阜県 松井屋酒造資料館所蔵　酒造

角長醤油店仕込蔵内部
　「日本の生活環境文化大辞典」柏書房　2010
　　◇p139-3〔白黒〕　　和歌山県有田郡湯浅町　㊙1999年
　　　千森督子

角長醤油店配置図
　「日本の生活環境文化大辞典」柏書房　2010
　　◇p139-2〔白黒・図〕　　和歌山県有田郡湯浅町　『紀州
　　　湯浅の町並み』

粕切
　「民俗資料選集 34 酒造習俗Ⅰ」国土地理協会　2006
　　◇p129（本文）〔白黒〕　　岩手県

カスリ
　「日本民具の造形」淡交社　2004
　　◇p57〔白黒〕　　岐阜県 松井屋酒造資料館所蔵

学校の味噌作り
　「写真でみる日本人の生活全集 1」日本図書センター　2010
　　◇p65〔白黒〕　　長野県諏訪郡 富士見高校

釜据えと甑の据え付
　「民俗資料選集 36 酒造習俗Ⅱ」国土地理協会　2007
　　◇p5（口絵），p110（本文）〔白黒〕　　石川県

かまど
　「民俗資料選集 34 酒造習俗Ⅰ」国土地理協会　2006
　　◇p49（本文）〔白黒〕　　岩手県　酒造

釜の水漲り
　「民俗資料選集 36 酒造習俗Ⅱ」国土地理協会　2007
　　◇p110（本文）〔白黒〕　　石川県

釜場
　「民俗資料選集 34 酒造習俗Ⅰ」国土地理協会　2006
　　◇p8（口絵）〔白黒〕　　岩手県

からし場風景
　「民俗資料選集 34 酒造習俗Ⅰ」国土地理協会　2006
　　◇p45（本文）〔白黒〕　　岩手県　手前は酛卸桶、後ろは五
　　　尺桶　㊙昭和10年ころ

川に面した積み出し口のある醬油工場
　「宮本常一 写真・日記集成 上」毎日新聞社　2005
　　◇p456〔白黒〕　　佐賀県佐賀市　㊙宮本常一，1964年10
　　　月9日

看板
　「民俗資料選集 34 酒造習俗Ⅰ」国土地理協会　2006
　　◇p121（本文）〔白黒〕　　岩手県　大正初年ころ　酒造店
　　　が自店の特約店の開店祝いとして贈呈した

機械化の進んだ添作業
　「民俗資料選集 36 酒造習俗Ⅱ」国土地理協会　2007
　　◇p11（口絵），p73～74（本文）〔白黒〕　　石川県

機械堰
　「民俗資料選集 34 酒造習俗Ⅰ」国土地理協会　2006
　　◇p15（口絵）〔白黒〕　　岩手県　南部杜氏の酒造用具

木槌
　「民俗資料選集 34 酒造習俗Ⅰ」国土地理協会　2006
　　◇p78（本文）〔白黒〕　　岩手県
　　◇p119（本文）〔白黒〕　　岩手県

キツネオケ
　「日本民具の造形」淡交社　2004
　　◇p254〔白黒〕　　青森県 板柳町立郷土資料館所蔵　酒造

狐台
　「民俗資料選集 34 酒造習俗Ⅰ」国土地理協会　2006
　　◇p109（本文）〔白黒〕　　岩手県

木呑
　「民俗資料選集 34 酒造習俗Ⅰ」国土地理協会　2006
　　◇p115（本文）〔白黒〕　　岩手県　杉材

共同での味噌作り
　「いまに伝える 農家のモノ・人の生活館」柏書房　2004
　　◇p284 写真3〔白黒〕　　埼玉県小川町

切返しを待つ蒸米
　「民俗資料選集 36 酒造習俗Ⅱ」国土地理協会　2007
　　◇p67（本文）〔白黒〕　　石川県

吟醸酒用米の米洗い作業
　「民俗資料選集 36 酒造習俗Ⅱ」国土地理協会　2007
　　◇p4（口絵），p108（本文）〔白黒〕　　石川県

金属製洗米機
　「民俗資料選集 36 酒造習俗Ⅱ」国土地理協会　2007
　　◇p15（口絵）〔白黒〕　　石川県　昭和初期

球磨焼酎の製造
　「日本を知る事典」社会思想社　1971
　　◇図72（p379）〔白黒〕

熊手
　「民俗資料選集 34 酒造習俗Ⅰ」国土地理協会　2006
　　◇p94（本文）〔白黒〕　　岩手県

汲み出し
　「民俗資料選集 34 酒造習俗Ⅰ」国土地理協会　2006
　　◇p10（口絵）〔白黒〕　　岩手県　再現

蔵出しの日
　「写真でみる日本生活図引 3」弘文堂　1988
　　◇図85〔白黒〕　　栃木県足利市通 中森酒店　㊙大正5年
　　　頃　中森三千緒提供

黒酢の入ったさつま焼の大壺がならぶ
　「日本民俗写真大系 5」日本図書センター　2000
　　◇p10〔カラー〕　　鹿児島県福山町坂本醸造場　㊙木下陽
　　　一，1996年

桑田醤油製造所
　「宮本常一 写真・日記集成 下」毎日新聞社　2005
　　◇p472〔白黒〕　　鳥取県倉吉市東仲町 玉川沿いの町並み
　　　㊙宮本常一，1979年11月20日～21日

堅式精米機
　「民俗資料選集 36 酒造習俗Ⅱ」国土地理協会　2007
　　◇p48（本文）〔白黒〕　　石川県　昭和5年ころ発明された

麹つくり
　「日本を知る事典」社会思想社　1971
　　◇図67（p373）〔白黒〕　　満州にて　㊙昭和15年頃

糀作り
　「写真でみる日本生活図引 別巻」弘文堂　1993

◇図372〔白黒〕　長野県下伊那郡阿智村　味噌作りに必要な糀を作る　[撮]熊谷元一, 昭和32年5月15日

**麹蓋**
「日本民具の造形」淡交社　2004
◇p253〔白黒〕　兵庫県 菊正宗酒造記念館所蔵　酒造
◇p255〔白黒〕　京都府 須田家旧松葉屋資料館

**麹分司**
「民俗資料選集 34 酒造習俗Ⅰ」国土地理協会　2006
◇p95（本文）〔白黒〕　岩手県

**麹室への麹用蒸し米の搬入**
「民俗資料選集 34 酒造習俗Ⅰ」国土地理協会　2006
◇p50（本文）〔白黒〕　岩手県　再現

**麹室前の莚の上で蒸米を放冷する**
「民俗資料選集 36 酒造習俗Ⅱ」国土地理協会　2007
◇p6（口絵）〔白黒〕　石川県

**甑**
「民俗資料選集 34 酒造習俗Ⅰ」国土地理協会　2006
◇p13（口絵）〔白黒〕　岩手県　南部杜氏の酒造用具

**甑置き**
「民俗資料選集 36 酒造習俗Ⅱ」国土地理協会　2007
◇p115（本文）〔白黒〕　石川県

**甑置き終了**
「民俗資料選集 36 酒造習俗Ⅱ」国土地理協会　2007
◇p111（本文）〔白黒〕　石川県

**甑からの切り出し**
「民俗資料選集 36 酒造習俗Ⅱ」国土地理協会　2007
◇p8（口絵）, p115（本文）〔白黒〕　石川県

**甑倒し**
「民俗資料選集 34 酒造習俗Ⅰ」国土地理協会　2006
◇p148（本文）〔白黒〕　岩手県　再現

**甑倒し後の記念写真**
「民俗資料選集 34 酒造習俗Ⅰ」国土地理協会　2006
◇p148（本文）〔白黒〕　岩手県　[撮]昭和23年ころ

**甑倒し終了後の宴席**
「民俗資料選集 34 酒造習俗Ⅰ」国土地理協会　2006
◇p7（口絵）, p148（本文）〔白黒〕　岩手県　大正5年ころの500石の酒屋を想定したもの

**甑倒し終了後の記念撮影**
「民俗資料選集 34 酒造習俗Ⅰ」国土地理協会　2006
◇p7（口絵）〔白黒〕　岩手県　[撮]昭和17～18年ころ

**甑倒しのお膳**
「民俗資料選集 34 酒造習俗Ⅰ」国土地理協会　2006
◇p148（本文）〔白黒〕　岩手県

**甑と漬米**
「民俗資料選集 36 酒造習俗Ⅱ」国土地理協会　2007
◇p114（本文）〔白黒〕　石川県

**甑の蒸気穴にサルが取り付けられる**
「民俗資料選集 36 酒造習俗Ⅱ」国土地理協会　2007
◇p111（本文）〔白黒〕　石川県

**漉布**
「日本民具の造形」淡交社　2004
◇p299〔白黒〕　兵庫県 沢の鶴資料館所蔵

**小判桶**
「日本民具の造形」淡交社　2004
◇p254〔白黒〕　京都府 月桂冠酒造資料大倉記念館所蔵　酒造

**独楽**
「民俗資料選集 34 酒造習俗Ⅰ」国土地理協会　2006
◇p90（本文）〔白黒〕　岩手県

**こみ桶**
「民俗資料選集 34 酒造習俗Ⅰ」国土地理協会　2006
◇p11（口絵）〔白黒〕　岩手県　南部杜氏の酒造用具

**込桶**
「民俗資料選集 34 酒造習俗Ⅰ」国土地理協会　2006
◇p110（本文）〔白黒〕　岩手県

**込み栓付き醬油樽**
「図説 台所道具の歴史」日本図書センター　2012
◇p134-4〔白黒〕　福井県・大野市郷土資料館

**米カセ**
「日本民具の造形」淡交社　2004
◇p253〔白黒〕　兵庫県 山崎町郷土館所蔵　酒造

**米糀作り**
「いまに伝える 農家のモノ・人の生活館」柏書房　2004
◇p283 写真2〔白黒〕　埼玉県宮代町

**米俵**
「民俗資料選集 34 酒造習俗Ⅰ」国土地理協会　2006
◇p84（本文）〔白黒〕　岩手県

**米搗き**
「民俗資料選集 34 酒造習俗Ⅰ」国土地理協会　2006
◇p46（本文）〔白黒〕　岩手県　再現

**米とぎ**
「民俗図録 日本人の暮らし」日本図書センター　2012
◇図388〔白黒〕　大阪府池田市　酒造

**米運び**
「民俗資料選集 34 酒造習俗Ⅰ」国土地理協会　2006
◇p47（本文）〔白黒〕　岩手県　再現

**『酒桶丈量手扣帳』**
「民俗資料選集 34 酒造習俗Ⅰ」国土地理協会　2006
◇p66（本文）〔白黒〕　岩手県　明治時代　部分

**酒蔵掃除用の手掃を作るホウキクサ**
「民俗資料選集 36 酒造習俗Ⅱ」国土地理協会　2007
◇p54（本文）〔白黒〕（掃除用の手掃を作るホウキクサ）石川県

**酒蔵に保存されている酒造用具**
「民俗資料選集 36 酒造習俗Ⅱ」国土地理協会　2007
◇p14（口絵）, p46（本文）〔白黒〕　石川県　旧佐藤醸造店

**酒袋**
「民俗資料選集 34 酒造習俗Ⅰ」国土地理協会　2006
◇p111（本文）〔白黒〕　岩手県　木綿製

**酒桝**
「民俗資料選集 34 酒造習俗Ⅰ」国土地理協会　2006
◇p15（口絵）〔白黒〕　岩手県　南部杜氏の酒造用具

**酒づくり**
「写真でみる日本人の生活全集 1」日本図書センター　2010
◇口絵〔白黒〕　八王子市八木町「桑の都」醸造元

**酒造り**
「写真でみる日本生活図引 3」弘文堂　1988
◇図83〔白黒〕　大阪府池田市　精米した白米を桶に移すところを演出して写したもの　[撮]撮影年不明　民俗学研究所提供
◇図84〔白黒〕　大阪府池田市　酒造唄に合わせて櫂を動かす（演出）　[撮]撮影年不明　民俗学研究所提供

**酒の出荷**
「民俗資料選集 34 酒造習俗Ⅰ」国土地理協会　2006
◇p54（本文）〔白黒〕（出荷）　岩手県　再現

**酒司**
「民俗資料選集 34 酒造習俗Ⅰ」国土地理協会　2006

醸造　　　　　　　　　　　　　　　　　　　生産・生業

　　◇p5(口絵)〔白黒〕(明治四十年頃の酒司)　岩手県　松尾神社碑前にて

酒杓
　「民俗資料選集 34 酒造習俗Ⅰ」国土地理協会　2006
　　◇p113(本文)〔白黒〕　岩手県

冷まし
　「民俗資料選集 34 酒造習俗Ⅰ」国土地理協会　2006
　　◇p49(本文)〔白黒〕　岩手県　再現　蒸した米をかすりで取り、筵に広げて冷ます

笊載せ掛場
　「民俗資料選集 34 酒造習俗Ⅰ」国土地理協会　2006
　　◇p88(本文)〔白黒〕　岩手県

桟木
　「民俗資料選集 34 酒造習俗Ⅰ」国土地理協会　2006
　　◇p107(本文)〔白黒〕　岩手県

自家製造用の味噌づくりセット
　「図説 台所道具の歴史」日本図書センター　2012
　　◇p191-7〔白黒〕　高知市・介良民具館

自家用味噌づくり具
　「図説 民俗探訪事典」山川出版社　1983
　　◇p40〔白黒〕　高知市介良民具館蔵

試験室
　「民俗資料選集 36 酒造習俗Ⅱ」国土地理協会　2007
　　◇p10(口絵)〔白黒〕　石川県

しずち
　「日本民具の造形」淡交社　2004
　　◇p116〔白黒〕　鹿児島県 樋脇町郷土資料館所蔵　蒸留酒焼酎の容器

四段掛の水添
　「民俗資料選集 36 酒造習俗Ⅱ」国土地理協会　2007
　　◇p101(本文)〔白黒〕　石川県

四段掛用 仕込みの保温作業
　「民俗資料選集 36 酒造習俗Ⅱ」国土地理協会　2007
　　◇p10(口絵), p101(本文)〔白黒〕　石川県

四斗樽
　「民俗資料選集 34 酒造習俗Ⅰ」国土地理協会　2006
　　◇p14(口絵)〔白黒〕　岩手県　南部杜氏の酒造用具
　「いまに伝える 農家のモノ・人の生活館」柏書房　2004
　　◇p282 写真1〔白黒〕　埼玉県小川町　自家製の味噌作り

締木
　「民俗資料選集 34 酒造習俗Ⅰ」国土地理協会　2006
　　◇p107(本文)〔白黒〕　岩手県　締木と六尺桶、支点となる男柱　石掛式

杓
　「民俗資料選集 34 酒造習俗Ⅰ」国土地理協会　2006
　　◇p16(口絵)〔白黒〕　岩手県　南部杜氏の酒造用具

杓子
　「図説 台所道具の歴史」日本図書センター　2012
　　◇p191-8〔白黒〕(刳り物の杓子)　味噌や豆腐などの製造にもちいる　鹿児島市立美術館

酒造唄
　「民俗図録 日本人の暮らし」日本図書センター　2012
　　◇図389〔白黒〕　大阪府池田市

酒造祈願棟札
　「民俗資料選集 34 酒造習俗Ⅰ」国土地理協会　2006
　　◇p150(本文)〔白黒〕　岩手県　石鳥谷町平沢酒造店

酒造業をいとなんでいた旧家
　「宮本常一 写真・日記集成 上」毎日新聞社　2005
　　◇p180〔白黒〕　山口県熊毛郡上関町室津　㊞宮本常一, 1960年4月2日

酒造工程で使われる桶
　「民俗資料選集 34 酒造習俗Ⅰ」国土地理協会　2006
　　◇p35(本文)〔白黒〕　岩手県　南部杜氏の酒造用具

『酒造秘伝書』
　「民俗資料選集 34 酒造習俗Ⅰ」国土地理協会　2006
　　◇p3(口絵), p69～71(本文)〔白黒〕　岩手県稗貫郡石鳥谷町好地　明治26年　鎌田伊代治杜氏記録 部分　鎌田隆提供

『酒造夫共蓄社連名簿』
　「民俗資料選集 34 酒造習俗Ⅰ」国土地理協会　2006
　　◇p3(口絵), p150(本文)〔白黒〕　岩手県　明治34年

「酒造方法綴」表紙
　「民俗資料選集 36 酒造習俗Ⅱ」国土地理協会　2007
　　◇p16(口絵)〔白黒〕　石川県　明治25年　白谷家酒造文書

酒造米搬入
　「民俗資料選集 34 酒造習俗Ⅰ」国土地理協会　2006
　　◇p45(本文)〔白黒〕　岩手県　再現
　　◇p45(本文)〔白黒〕　岩手県　現在　共同精米工場へ

酒造元
　「日本郷土 風俗・民芸・芸能図鑑」日本図書センター　2012
　　◇写真篇 兵庫〔白黒〕　兵庫県 灘

手動ポンプ
　「民俗資料選集 34 酒造習俗Ⅰ」国土地理協会　2006
　　◇p113(本文)〔白黒〕　岩手県

ショイダル(醤油樽)
　「いまに伝える 農家のモノ・人の生活館」柏書房　2004
　　◇p286 写真2〔白黒〕　埼玉県小川町

蒸気に運搬用の飯試を当てる
　「民俗資料選集 36 酒造習俗Ⅱ」国土地理協会　2007
　　◇p112(本文)〔白黒〕　石川県

小規模味噌づくりの終焉
　「図説 台所道具の歴史」日本図書センター　2012
　　◇p192-1〔白黒〕　佐渡・小木民俗博物館構内　放り出された味噌樽と半切類

正直台
　「民俗資料選集 34 酒造習俗Ⅰ」国土地理協会　2006
　　◇p74(本文)〔白黒〕　岩手県

上槽後、木製樽に詰められ貯蔵熟成される三年酒
　「民俗資料選集 36 酒造習俗Ⅱ」国土地理協会　2007
　　◇p14(口絵), p174(本文)〔白黒〕　石川県

上槽の作業
　「民俗資料選集 36 酒造習俗Ⅱ」国土地理協会　2007
　　◇p11～13(口絵), p125～129(本文)〔白黒〕　石川県

焼酎入
　「日本民俗図誌 4 習俗・飲食篇」村田書店　1978
　　◇図176-2〔白黒・図〕　長崎県壱岐島

焼酎入れの黒物
　「あるくみるきく双書 宮本常一とあるいた昭和の日本 19」農山漁村文化協会　2012
　　◇p52〔白黒〕　鹿児島県日置郡東市来町美山(苗代川)　㊞神崎宣武,〔昭和46年〕

焼酎を入れて売った壺
　「あるくみるきく双書 宮本常一とあるいた昭和の日本 19」農山漁村文化協会　2012
　　◇p58〔白黒〕　㊞神崎宣武,〔昭和46年〕

焼酎甕
「日本民俗図誌 4 習俗・飲食篇」村田書店　1978
　◇図183-2〔白黒・図〕　鹿児島県黒島　『古代村落の研究』

焼酎蒸溜器
「図説 台所道具の歴史」日本図書センター　2012
　◇p187-2〔白黒〕　島根県・広瀬町収蔵庫
　◇p187-3〔白黒〕　高知県・梼原民具博物館
「日本民具の造形」淡交社　2004
　◇p254〔白黒〕　鹿児島県 原野農芸博物館所蔵

醬油桶
「日本民俗大辞典 上」吉川弘文館　1999
　◇p252〔白黒〕

醬油漉しかご
「写真で見る農具 民具」農林統計協会　1988
　◇p156〔白黒〕　福井県丸岡町　大正後期頃まで

醬油小出し甕
「図説 台所道具の歴史」日本図書センター　2012
　◇p195-11・12〔白黒〕　採集地高山地方　明治時代　千葉県・野田市郷土博物館

醬油絞り器
「日本民具の造形」淡交社　2004
　◇p255〔白黒〕　静岡県 富士宮市立郷土資料館所蔵

醬油搾りに用いるフネ
「いまに伝える 農家のモノ・人の生活館」柏書房　2004
　◇p286 写真1〔白黒〕　埼玉県宮代町　昭和22年新調

醬油搾りの手順
「いまに伝える 農家のモノ・人の生活館」柏書房　2004
　◇p285 図1〔白黒・図〕

醬油絞り袋
「日本民具の造形」淡交社　2004
　◇p255〔白黒〕　岡山県 高梁市商家資料館所蔵

醬油しぼりふね
「写真で見る農具 民具」農林統計協会　1988
　◇p156〔白黒〕　兵庫県春日町　昭和10年代まで

醬油醸造
「写真でみる日本生活図引 8」弘文堂　1993
　◇図51〔白黒〕　長野県下伊那郡阿智村　㊞熊谷元一，昭和25年7月

醬油醸造の栖原家配置図
「日本の生活環境文化大辞典」柏書房　2010
　◇p139-1〔白黒・図〕　和歌山県有田郡湯浅町　『紀州湯浅の街並み』

醬油造桶
「日本民具の造形」淡交社　2004
　◇p255〔白黒〕　和歌山県 橋本市郷土資料館所蔵

醬油づくり具
「図説 民俗探訪事典」山川出版社　1983
　◇p41〔白黒〕　愛媛県新居浜市立郷土館蔵

醬油づくりセット
「図説 台所道具の歴史」日本図書センター　2012
　◇p192-2・3〔白黒〕　明治時代　愛媛県・新居浜市立郷土館，神奈川県立博物館

醬油樽と踏み臼
「宮本常一 写真・日記集成 下」毎日新聞社　2005
　◇p429〔白黒〕　山口県大島郡久賀町 郷土資料館　㊞宮本常一, 1978年6月16日

醬油つくり
「民俗図録 日本人の暮らし」日本図書センター　2012
　◇図168〔白黒〕　東京都三宅島　醬油麹をつくっているところ　㊞最上孝敬

醬油てんこ(担い桶)
「図説 台所道具の歴史」日本図書センター　2012
　◇p193-6〔白黒〕　明治中期　新潟県村上・磐舟文華博物館

醬油徳利
「図説 台所道具の歴史」日本図書センター　2012
　◇p195-10〔白黒〕　採集地：松江・高山地方　明治時代　千葉県・野田市郷土博物館

ショウユのス
「あるくみるきく双書 宮本常一とあるいた昭和の日本 19」農山漁村文化協会　2012
　◇p120〔白黒〕　鹿児島県加世田市　㊞工藤員功

醬油もろみかくはん棒
「写真で見る農具 民具」農林統計協会　1988
　◇p156〔白黒〕　宮崎県門川町

初期の硝子製醬油壜
「図説 台所道具の歴史」日本図書センター　2012
　◇p195-9〔白黒〕　千葉県・野田市郷土博物館

次郎箒
「日本民具の造形」淡交社　2004
　◇p60〔白黒〕　岩手県 南部杜氏伝承館所蔵　酒造の樽掃除

親桶
「日本民具の造形」淡交社　2004
　◇p253〔白黒〕　大阪府 池田市立歴史民俗資料館所蔵　酒造

水嚢
「民俗資料選集 34 酒造習俗Ⅰ」国土地理協会　2006
　◇p111(本文)〔白黒〕　岩手県　ナイロン製網

酢甕
「日本民具の造形」淡交社　2004
　◇p109〔白黒〕　長崎県 多良見町のぞみ歴史民俗資料館所蔵

杉の葉を集めて丸めた箒
「民俗資料選集 34 酒造習俗Ⅰ」国土地理協会　2006
　◇p5(本文)〔白黒〕　岩手県　南部杜氏の酒造用具

潰米取り
「民俗資料選集 34 酒造習俗Ⅰ」国土地理協会　2006
　◇p48(本文)〔白黒〕　岩手県　再現

潰米の水切具
「民俗資料選集 36 酒造習俗Ⅱ」国土地理協会　2007
　◇p78(本文)〔白黒〕　石川県

潰米水切り
「民俗資料選集 34 酒造習俗Ⅰ」国土地理協会　2006
　◇p48(本文)〔白黒〕　岩手県　再現

積槽
「民俗資料選集 36 酒造習俗Ⅱ」国土地理協会　2007
　◇p12(口絵), p127(本文)〔白黒〕　石川県

責槽後、槽から搾袋を取り出し粕をはなす
「民俗資料選集 36 酒造習俗Ⅱ」国土地理協会　2007
　◇p13(口絵), p127(本文)〔白黒〕　石川県

瀬戸暖気樽
「民俗資料選集 34 酒造習俗Ⅰ」国土地理協会　2006
　◇p99(本文)〔白黒〕　岩手県　陶器製(一部金属)

瀬戸樽
「民俗資料選集 34 酒造習俗Ⅰ」国土地理協会　2006
　◇p14(口絵)〔白黒〕　岩手県　南部杜氏の酒造用具

醸造　　　　　　　　　　　　　生産・生業

洗浄作業
　「民俗資料選集 36 酒造習俗Ⅱ」国土地理協会　2007
　　◇p3（口絵）〔白黒〕　石川県　初冬
洗米機で洗米する
　「民俗資料選集 36 酒造習俗Ⅱ」国土地理協会　2007
　　◇p108（本文）〔白黒〕　石川県
洗米・水漬工程で米の吸水率を調べる杜氏
　「民俗資料選集 36 酒造習俗Ⅱ」国土地理協会　2007
　　◇p4（口絵）〔白黒〕　石川県
搔桶・搔棒
　「日本民具の造形」淡交社　2004
　　◇p255〔白黒〕　神奈川県　海老名市温古館所蔵　醬油造り
槽掛け
　「民俗資料選集 34 酒造習俗Ⅰ」国土地理協会　2006
　　◇p53（本文）〔白黒〕　岩手県　再現
槽二個
　「民俗資料選集 36 酒造習俗Ⅱ」国土地理協会　2007
　　◇p15（口絵）〔白黒〕　石川県　天平酒造店
添え仕込み
　「民俗資料選集 34 酒造習俗Ⅰ」国土地理協会　2006
　　◇p52（本文）〔白黒〕　岩手県　再現
添の準備作業
　「民俗資料選集 36 酒造習俗Ⅱ」国土地理協会　2007
　　◇p8（口絵），114（本文）〔白黒〕　石川県　定量の麹が布に包まれ，タンクの前に運ばれる
速醸酛の保温作業
　「民俗資料選集 36 酒造習俗Ⅱ」国土地理協会　2007
　　◇p94（本文）〔白黒〕　石川県
速醸酛の酛立 水麹の測定
　「民俗資料選集 36 酒造習俗Ⅱ」国土地理協会　2007
　　◇p94（本文）〔白黒〕　石川県
試載せ掛場
　「民俗資料選集 34 酒造習俗Ⅰ」国土地理協会　2006
　　◇p92（本文）〔白黒〕　岩手県
試桶
　「民俗資料選集 34 酒造習俗Ⅰ」国土地理協会　2006
　　◇p11（口絵）〔白黒〕　岩手県　南部杜氏の酒造用具
　　◇p13（口絵）〔白黒〕　岩手県　南部杜氏の酒造用具
　　◇p102（本文）〔白黒〕　岩手県
樽詰め
　「民俗資料選集 34 酒造習俗Ⅰ」国土地理協会　2006
　　◇p54（本文）〔白黒〕　岩手県　再現
樽詰漏斗
　「民俗資料選集 34 酒造習俗Ⅰ」国土地理協会　2006
　　◇p81（本文）〔白黒〕　岩手県
暖気樽
　「民俗資料選集 34 酒造習俗Ⅰ」国土地理協会　2006
　　◇p12（口絵），p158（本文）〔白黒〕　岩手県　南部杜氏の酒造用具
　　◇p99（本文）〔白黒〕　岩手県
　「日本民具の造形」淡交社　2004
　　◇p254〔白黒〕　兵庫県　沢の鶴資料館所蔵　酒造
暖気樽抜き
　「民俗資料選集 34 酒造習俗Ⅰ」国土地理協会　2006
　　◇p51（本文）〔白黒〕　岩手県　再現
暖気抜き仕舞い
　「民俗資料選集 34 酒造習俗Ⅰ」国土地理協会　2006
　　◇p147（本文）〔白黒〕　岩手県　再現，酛卸から、暖気樽の使用終了となる行事

月の輪
　「民俗資料選集 34 酒造習俗Ⅰ」国土地理協会　2006
　　◇p89（本文）〔白黒〕　岩手県
搗輪
　「民俗資料選集 34 酒造習俗Ⅰ」国土地理協会　2006
　　◇p84（本文）〔白黒〕　岩手県
漬米かすり
　「民俗資料選集 34 酒造習俗Ⅰ」国土地理協会　2006
　　◇p12（口絵）〔白黒〕　岩手県　南部杜氏の酒造用具
　　◇p87（本文）〔白黒〕　岩手県　浸漬・水切りされた米を蒸すために、漬桶から取り出すときに使用する小桶
つまご
　「民俗資料選集 34 酒造習俗Ⅰ」国土地理協会　2006
　　◇p91（本文）〔白黒〕　岩手県
釣瓶
　「民俗資料選集 34 酒造習俗Ⅰ」国土地理協会　2006
　　◇p80（本文）〔白黒〕　岩手県
手洗い米研ぎ
　「民俗資料選集 34 酒造習俗Ⅰ」国土地理協会　2006
　　◇p47（本文）〔白黒〕　岩手県　再現
手洗い米研ぎ準備
　「民俗資料選集 34 酒造習俗Ⅰ」国土地理協会　2006
　　◇p47（本文）〔白黒〕　岩手県　再現
手洗水溜桶
　「民俗資料選集 34 酒造習俗Ⅰ」国土地理協会　2006
　　◇p123（本文）〔白黒〕　岩手県　木部杉材。タガはカラ竹。蛇口は真鍮
手洗水溜桶蓋
　「民俗資料選集 34 酒造習俗Ⅰ」国土地理協会　2006
　　◇p123（本文）〔白黒〕　岩手県
出麹の品質検査
　「民俗資料選集 36 酒造習俗Ⅱ」国土地理協会　2007
　　◇p6（口絵）〔白黒〕　石川県
出麹の放冷
　「民俗資料選集 36 酒造習俗Ⅱ」国土地理協会　2007
　　◇p71（本文）〔白黒〕　石川県
手摺り櫂
　「民俗資料選集 34 酒造習俗Ⅰ」国土地理協会　2006
　　◇p96（本文）〔白黒〕　岩手県
手間溜
　「民俗資料選集 34 酒造習俗Ⅰ」国土地理協会　2006
　　◇p112（本文）〔白黒〕　岩手県　槽掛手間溜
手元俵
　「民俗資料選集 34 酒造習俗Ⅰ」国土地理協会　2006
　　◇p79（本文）〔白黒〕　岩手県
添米の冷却作業
　「民俗資料選集 36 酒造習俗Ⅱ」国土地理協会　2007
　　◇p8（口絵）〔白黒〕　石川県
杜氏（酒のモロミ仕込）
　「日本社会民俗辞典 3」日本図書センター　2004
　　◇p1030〔白黒〕　西宮市
杜氏のホソ桶洗い
　「民俗図録 日本人の暮らし」日本図書センター　2012
　　◇図387〔白黒〕　大阪府池田市
陶製醬油瓶
　「図説 台所道具の歴史」日本図書センター　2012
　　◇p194-3〔白黒〕　提供・キッコーマン醬油KK

◇p195-5〔白黒〕 [撮]GK　千葉県・野田市郷土博物館

### 陶製輸出向け醤油瓶
「図説 台所道具の歴史」日本図書センター　2012
◇p195-4〔白黒〕 提供・キッコーマン醤油KK

### とこもみ
「日本の民俗 暮らしと生業」KADOKAWA　2014
◇図9-28〔白黒〕 茨城県石岡市　[撮]芳賀日出男, 昭和42年
「日本の民俗 下」クレオ　1997
◇図9-33〔白黒〕 茨城県石岡市　[撮]芳賀日出男, 昭和42年

### 床もみ
「民俗資料選集 34 酒造習俗Ⅰ」国土地理協会　2006
◇p50(本文)〔白黒〕 岩手県　再現, 現在　現在でも人力である

### 床揉
「民俗資料選集 36 酒造習俗Ⅱ」国土地理協会　2007
◇p6(口絵)〔白黒〕 石川県

### 徳利
「民俗資料選集 34 酒造習俗Ⅰ」国土地理協会　2006
◇p15(口絵)〔白黒〕 岩手県　南部杜氏の酒造用具

### 胴蓋(鬼蓋)
「民俗資料選集 34 酒造習俗Ⅰ」国土地理協会　2006
◇p106(本文)〔白黒〕 岩手県

### 留添後の櫂入れ
「民俗資料選集 36 酒造習俗Ⅱ」国土地理協会　2007
◇p9(口絵), p115(本文)〔白黒〕 石川県

### 夏囲い蔵
「民俗資料選集 34 酒造習俗Ⅰ」国土地理協会　2006
◇p54(本文)〔白黒〕 岩手県

### 夏囲い用囲い桶・春
「民俗資料選集 34 酒造習俗Ⅰ」国土地理協会　2006
◇p54(本文)〔白黒〕 岩手県

### 南部杜氏協会
「民俗資料選集 34 酒造習俗Ⅰ」国土地理協会　2006
◇p8(口絵)〔白黒〕 岩手県

### 荷担桶
「民俗資料選集 34 酒造習俗Ⅰ」国土地理協会　2006
◇p13(口絵)〔白黒〕 岩手県　南部杜氏の酒造用具

### 荷担棒
「民俗資料選集 34 酒造習俗Ⅰ」国土地理協会　2006
◇p81(本文)〔白黒〕 岩手県

### 二番櫂
「民俗資料選集 36 酒造習俗Ⅱ」国土地理協会　2007
◇p97(本文)〔白黒〕 石川県

### 野田醬油醸造之図
「図説 台所道具の歴史」日本図書センター　2012
◇p193-5〔白黒〕 明治10年　キッコーマン醬油株式会社提供
◇p194-1・2〔白黒・図〕 明治10年　キッコーマン醬油株式会社提供

### 呑口
「民俗資料選集 34 酒造習俗Ⅰ」国土地理協会　2006
◇p122(本文)〔白黒〕 岩手県

### 配達樽
「民俗資料選集 34 酒造習俗Ⅰ」国土地理協会　2006
◇p14(口絵)〔白黒〕 岩手県　南部杜氏の酒造用具

### 秤に載せられた粕
「民俗資料選集 36 酒造習俗Ⅱ」国土地理協会　2007
◇p127(本文)〔白黒〕 石川県

### 箱呑(親呑と子呑)
「民俗資料選集 34 酒造習俗Ⅰ」国土地理協会　2006
◇p117(本文)〔白黒〕 岩手県

### ばす
「民俗資料選集 34 酒造習俗Ⅰ」国土地理協会　2006
◇p98(本文)〔白黒〕 岩手県

### 破精落防止器
「民俗資料選集 34 酒造習俗Ⅰ」国土地理協会　2006
◇p95(本文)〔白黒〕 岩手県

### 醱酵の最盛期を経て地玉に移行した醪
「民俗資料選集 36 酒造習俗Ⅱ」国土地理協会　2007
◇p123(本文)〔白黒〕 石川県

### 醱酵の最盛期に傘を付けたタンク
「民俗資料選集 36 酒造習俗Ⅱ」国土地理協会　2007
◇p123(本文)〔白黒〕 石川県

### 張棒
「民俗資料選集 34 酒造習俗Ⅰ」国土地理協会　2006
◇p99(本文)〔白黒〕 岩手県

### 半切
「民俗資料選集 34 酒造習俗Ⅰ」国土地理協会　2006
◇p96(本文)〔白黒〕 岩手県

### 火入れ
「民俗資料選集 34 酒造習俗Ⅰ」国土地理協会　2006
◇p53(本文)〔白黒〕 岩手県　再現, 4月上旬から5月ころ

### 火入蛇管
「民俗資料選集 34 酒造習俗Ⅰ」国土地理協会　2006
◇p114(本文)〔白黒〕 岩手県

### ひねり餅つくり
「民俗資料選集 34 酒造習俗Ⅰ」国土地理協会　2006
◇p91(本文)〔白黒〕 岩手県　再現

### 火呑(親呑と子呑)
「民俗資料選集 34 酒造習俗Ⅰ」国土地理協会　2006
◇p116(本文)〔白黒〕 岩手県

### 火呑栓
「民俗資料選集 34 酒造習俗Ⅰ」国土地理協会　2006
◇p116(本文)〔白黒〕 岩手県

### 蒸かしかすり
「民俗資料選集 34 酒造習俗Ⅰ」国土地理協会　2006
◇p11(口絵)〔白黒〕 岩手県　南部杜氏の酒造用具

### 蒸しかすり
「民俗資料選集 34 酒造習俗Ⅰ」国土地理協会　2006
◇p92(本文)〔白黒〕 岩手県

### 踏研桶
「民俗資料選集 34 酒造習俗Ⅰ」国土地理協会　2006
◇p13(口絵)〔白黒〕 岩手県　南部杜氏の酒造用具

### 分司
「民俗資料選集 34 酒造習俗Ⅰ」国土地理協会　2006
◇p92(本文)〔白黒〕 岩手県

### 分析
「民俗資料選集 36 酒造習俗Ⅱ」国土地理協会　2007
◇p10(口絵), p117(本文)〔白黒〕 石川県　「踊り」の末期から杜氏は分析を重ねて品質管理を行なう

### 分析用試料採取用水杓
「民俗資料選集 36 酒造習俗Ⅱ」国土地理協会　2007
◇p117(本文)〔白黒〕 石川県

醸造　　　　　　　　　　　　　　　　生産・生業

細高桶と搔桶
　「民俗資料選集 36 酒造習俗Ⅱ」国土地理協会　2007
　　◇p14（口絵），p45（本文）〔白黒〕　石川県　天平酒造店

本仕込み
　「民俗資料選集 34 酒造習俗Ⅰ」国土地理協会　2006
　　◇p52（本文）〔白黒〕　岩手県　再現

巻いた
　「民俗資料選集 34 酒造習俗Ⅰ」国土地理協会　2006
　　◇p109（本文）〔白黒〕　岩手県

槙酛立後の撹拌
　「民俗資料選集 36 酒造習俗Ⅱ」国土地理協会　2007
　　◇p7（口絵）〔白黒〕　石川県

豆柿絞器
　「民俗資料選集 34 酒造習俗Ⅰ」国土地理協会　2006
　　◇p79（本文）〔白黒〕　岩手県

水漬けから引き上げた米を水切りする
　「民俗資料選集 36 酒造習俗Ⅱ」国土地理協会　2007
　　◇p4（口絵），p109（本文）〔白黒〕　石川県

味噌桶
　「食の民俗事典」柊風舎　2011
　　◇p557〔白黒〕（板目の板でつくられた味噌桶）　京都府南丹市園部町法京
　「民具のみかた一心とかたち」第一法規出版　1983
　　◇p192〔白黒〕（ミソオケ（味噌桶））　新潟県秋山郷　味噌を仕込み貯蔵する

味噌桶とタマリとり籠
　「民俗資料選集 25 焼畑習俗」国土地理協会　1997
　　◇p44（本文）〔白黒・図〕　岐阜県白川村御母衣　旧遠山家民俗館蔵

味噌を発酵中の樽
　「里山・里海 暮らし図鑑」柏書房　2012
　　◇写8（p213）〔白黒〕　長野県松本市

味噌を保存発酵させる味噌蔵
　「里山・里海 暮らし図鑑」柏書房　2012
　　◇写7（p213）〔白黒〕　長野県松本市

味噌蔵の内部
　「図説 民俗探訪事典」山川出版社　1983
　　◇p40〔白黒〕　山形県中山町柏倉家

味噌仕込み
　「写真でみる日本生活図引 別巻」弘文堂　1993
　　◇図382～384〔白黒〕　長野県下伊那郡阿智村　㊙熊谷元一，昭和32年5月25日

味噌、醬油づくりの釜
　「図説 台所道具の歴史」日本図書センター　2012
　　◇p193-7〔白黒〕　自家づくり，大豆を煮る釜　東京都調布市郷土博物館

味噌づくり
　「写真でみる日本人の生活全集 1」日本図書センター　2010
　　◇p66〔白黒〕　長野県上伊那郡川島村

味噌作り
　「写真でみる日本生活図引 4」弘文堂　1988
　　◇図62～64〔白黒〕　長野県下伊那郡阿智村　㊙熊谷元一，昭和32年5月22日

味噌玉
　「里山・里海 暮らし図鑑」柏書房　2012
　　◇写6（p213）〔白黒〕（ダイズを発酵させる酵母菌を付着させる味噌玉）　奈良県大和郡山市矢田　中崎義已提供
　「写真でみる日本生活図引 別巻」弘文堂　1993
　　◇図380〔白黒〕　長野県下伊那郡阿智村　㊙熊谷元一，昭和32年5月23日

　「写真でみる日本生活図引 4」弘文堂　1988
　　◇図65〔白黒〕　群馬県利根郡新治村東峯須川　㊙須藤功，昭和47年3月27日
　「フォークロアの眼 2 雪国と暮らし」国書刊行会　1977
　　◇図174・175〔白黒〕（みそ玉）　新潟県南魚沼郡塩沢町清水　㊙中俣正義，昭和33年4月13日

味噌玉を作る
　「写真ものがたり昭和の暮らし 9」農山漁村文化協会　2007
　　◇p127〔白黒〕　長野県阿智村駒場　㊙熊谷元一，昭和32年5月

味噌玉の乾燥
　「写真でみる日本人の生活全集 1」日本図書センター　2010
　　◇p67〔白黒〕　長野県上伊那郡川島村

味噌つき
　「民俗図録 日本人の暮らし」日本図書センター　2012
　　◇図169～171〔白黒〕　青森県西津軽郡深浦町追良瀬　図169：味噌つき棒で味噌つきをしているところ，図170：ついた味噌をコガ（大桶）まで小桶で運ぶところ，図171：味噌豆を子供に食べさせているところ　㊙櫻庭武則

味噌豆を蒸す
　「写真ものがたり昭和の暮らし 9」農山漁村文化協会　2007
　　◇p126〔白黒〕（庭に臨時に築いた竈で味噌豆を蒸す）　長野県阿智村駒場　㊙熊谷元一，昭和32年5月

味噌用ダイズの大釜による炊き込み
　「里山・里海 暮らし図鑑」柏書房　2012
　　◇写5（p213）〔白黒〕　長野県松本市　小松芳郎提供

味噌用の大豆を煮る　注水
　「写真でみる日本生活図引 別巻」弘文堂　1993
　　◇図377〔白黒〕（注水）　長野県下伊那郡阿智村　味噌用の大豆を煮る　㊙熊谷元一，昭和32年5月21日

蒸米
　「日本の民俗 暮らしと生業」KADOKAWA　2014
　　◇図9-27〔白黒〕　茨城県石岡市　㊙芳賀日出男，昭和42年
　「日本の民俗 下」クレオ　1997
　　◇図9-32〔白黒〕　茨城県石岡市　㊙芳賀日出男，昭和42年

蒸米を麹室前へ運ぶ
　「民俗資料選集 36 酒造習俗Ⅱ」国土地理協会　2007
　　◇p64（本文）〔白黒〕　石川県

蒸米取り
　「民俗資料選集 34 酒造習俗Ⅰ」国土地理協会　2006
　　◇p9（口絵）〔白黒〕　岩手県　再現

蒸米の切り出し
　「民俗資料選集 36 酒造習俗Ⅱ」国土地理協会　2007
　　◇p5（口絵）〔白黒〕　石川県
　　◇p113（本文）〔白黒〕　石川県

莚の上で放冷
　「民俗資料選集 36 酒造習俗Ⅱ」国土地理協会　2007
　　◇p65（本文）〔白黒〕　石川県

ムスビ
　「日本民俗図誌 4 習俗・飲食篇」村田書店　1978
　　◇図183-3〔白黒・図〕　鹿児島県黒島　焼酎醸造の際に笹の葉を結んで麴の上に挿す　『古代村落の研究』

名手酒造の酒蔵
　「日本の生活環境文化大辞典」柏書房　2010
　　◇p141-8〔白黒〕　和歌山県海南市黒江　㊙2008年　千森督子

名手酒造配置図
　「日本の生活環境文化大辞典」柏書房　2010

◇p141-7〔白黒・図〕　和歌山県海南市黒江　千森督子

**めかい**
「民俗資料選集 34 酒造習俗Ⅰ」国土地理協会　2006
◇p104(本文)〔白黒〕　岩手県

**目張紙**
「民俗資料選集 34 酒造習俗Ⅰ」国土地理協会　2006
◇p115(本文)〔白黒〕　岩手県

**木製洗米機**
「民俗資料選集 36 酒造習俗Ⅱ」国土地理協会　2007
◇p15(口絵)〔白黒〕　石川県　昭和初期

**酛卸桶**
「民俗資料選集 34 酒造習俗Ⅰ」国土地理協会　2006
◇p97(本文)〔白黒〕　岩手県

**酛卸桶に筵をかぶせ縄で縛る**
「民俗資料選集 34 酒造習俗Ⅰ」国土地理協会　2006
◇p51(本文)〔白黒〕　岩手県　再現　下にばすが敷いてある

**酛卸筒**
「民俗資料選集 34 酒造習俗Ⅰ」国土地理協会　2006
◇p103(本文)〔白黒〕　岩手県

**酛摺り**
「民俗資料選集 34 酒造習俗Ⅰ」国土地理協会　2006
◇p51(本文)〔白黒〕　岩手県　再現

**酛摺櫂棒**
「民俗資料選集 34 酒造習俗Ⅰ」国土地理協会　2006
◇p16(口絵)〔白黒〕　岩手県　南部杜氏の酒造用具

**酛摺櫂棒(さてい櫂)**
「民俗資料選集 34 酒造習俗Ⅰ」国土地理協会　2006
◇p12(口絵)〔白黒〕　岩手県　南部杜氏の酒造用具

**酛立の水麹の測定**
「民俗資料選集 36 酒造習俗Ⅱ」国土地理協会　2007
◇p7(口絵)〔白黒〕　石川県

**酛突き**
「民俗資料選集 34 酒造習俗Ⅰ」国土地理協会　2006
◇p51(本文)〔白黒〕　岩手県　再現
◇p51(本文)〔白黒〕　岩手県　再現

**酛箒**
「民俗資料選集 34 酒造習俗Ⅰ」国土地理協会　2006
◇p100(本文)〔白黒〕　岩手県

**酛箒で暖気樽に付着した酛を払い落とす**
「民俗資料選集 34 酒造習俗Ⅰ」国土地理協会　2006
◇p51(本文)〔白黒〕　岩手県　再現

**もりつけ**
「民俗資料選集 34 酒造習俗Ⅰ」国土地理協会　2006
◇p50(本文)〔白黒〕　岩手県　再現

**もろみを搾り機で圧搾する**
「写真ものがたり昭和の暮らし 1」農山漁村文化協会　2004
◇p68〔白黒〕　長野県阿智村駒場　自家製のしょうゆ　[撮]熊谷元一, 昭和24年

**醪仕込みのため予め熱湯で殺菌洗浄が行われる**
「民俗資料選集 36 酒造習俗Ⅱ」国土地理協会　2007
◇p7(口絵)〔白黒〕　石川県

**もろみの仕込み**
「日本の民俗 暮らしと生業」KADOKAWA　2014
◇図9-29〔白黒〕　茨城県石岡市　[撮]芳賀日出男, 昭和42年
「日本の民俗 下」クレオ　1997
◇図9-34〔白黒〕　茨城県石岡市　[撮]芳賀日出男, 昭和42年

**八重巻車**
「民俗資料選集 34 酒造習俗Ⅰ」国土地理協会　2006
◇p108(本文)〔白黒〕　岩手県

**八重巻車と締木**
「民俗資料選集 34 酒造習俗Ⅰ」国土地理協会　2006
◇p108(本文)〔白黒〕　岩手県

**湯かすり**
「民俗資料選集 34 酒造習俗Ⅰ」国土地理協会　2006
◇p11(口絵)〔白黒〕　岩手県　南部杜氏の酒造用具

**湯がすり**
「民俗資料選集 34 酒造習俗Ⅰ」国土地理協会　2006
◇p83(本文)〔白黒〕　岩手県

**輸出用醤油壺**
「図説 台所道具の歴史」日本図書センター　2012
◇p195-8〔白黒〕　長崎製　[撮]GK　千葉県・野田市郷土博物館

**慾たかり**
「民俗資料選集 34 酒造習俗Ⅰ」国土地理協会　2006
◇p88(本文)〔白黒〕　岩手県

**らんびき**
「日本民具の造形」淡交社　2004
◇p254〔白黒〕　沖縄県 諸見民芸館所蔵　酒造

**冷却した添米をタンクに投入**
「民俗資料選集 36 酒造習俗Ⅱ」国土地理協会　2007
◇p9(口絵), p115(本文)〔白黒〕　石川県

**漏斗置**
「民俗資料選集 34 酒造習俗Ⅰ」国土地理協会　2006
◇p15(口絵)〔白黒〕　岩手県　南部杜氏の酒造用具

**濾過圧搾機**
「民俗資料選集 36 酒造習俗Ⅱ」国土地理協会　2007
◇p13(口絵), p129(本文)〔白黒〕　石川県　最新のもの

**六尺桶**
「民俗資料選集 34 酒造習俗Ⅰ」国土地理協会　2006
◇p101(本文)〔白黒〕　岩手県　夏囲い用

**六方サル**
「日本民具の造形」淡交社　2004
◇p253〔白黒〕　兵庫県 白鹿記念酒造博物館所蔵　酒造

**脇釜**
「民俗資料選集 34 酒造習俗Ⅰ」国土地理協会　2006
◇p89(本文)〔白黒〕　岩手県　湯沸し用

**湧原川沿いの酒造工場**
「宮本常一 写真・日記集成 下」毎日新聞社　2005
◇p376～377〔白黒〕　広島県三原市東町　[撮]宮本常一, 1976年12月25日

**草鞋(槽掛け用具)**
「民俗資料選集 34 酒造習俗Ⅰ」国土地理協会　2006
◇p106(本文)〔白黒〕　岩手県

# 養　蚕

網入れ繭もり
　「日本民具の造形」淡交社　2004
　　◇p239〔白黒〕　岐阜県 美並ふるさと館所蔵

イカダ蔟
　「写真で見る農具 民具」農林統計協会　1988
　　◇p246〔白黒〕　群馬県妙義町　大正時代から昭和10年まで

板の間に棚を置き、円形の蚕座で蚕を飼う
　「写真ものがたり昭和の暮らし 9」農山漁村文化協会　2007
　　◇p13〔白黒〕　福島県下郷町大内　㊟須藤功、昭和44年8月

運搬（壮蚕用）
　「写真で見る農具 民具」農林統計協会　1988
　　◇口絵〔白黒〕　山梨県三珠町　㊟昭和35年5月 写真提供 丸山新太郎

大村式種繭雌雄鑑別器
　「写真で見る農具 民具」農林統計協会　1988
　　◇p236〔白黒〕　福島県梁川町　大正時代

お蚕さま
　「日本写真全集 9」小学館　1987
　　◇図123〔カラー〕　埼玉県秩父市寺尾　㊟南良和、昭和50年　『秩父』（昭和53年刊）

蚕網
　「図録・民具入門事典」柏書房　1991
　　◇p72〔白黒〕　埼玉県　埼玉県立博物館所蔵
　「写真で見る農具 民具」農林統計協会　1988
　　◇p241〔白黒〕　福島県金山町　明治年代以降
　　◇p241〔白黒〕　山梨県長坂町　明治年代以降

蚕網編器
　「日本民具の造形」淡交社　2004
　　◇p238〔白黒〕　愛知県 愛知県農業民俗資料館所蔵

蚕への桑葉やり
　「里山・里海 暮らし図鑑」柏書房　2012
　　◇写26（p233）〔白黒〕　埼玉県秩父市太田

蚕を蚕座の上に置いたわら製のまぶしの枠に一匹ずつ入れる
　「写真ものがたり昭和の暮らし 1」農山漁村文化協会　2004
　　◇p184〔白黒〕　長野県阿智村　㊟熊谷元一、昭和12年

蚕を拾う
　「写真でみる日本生活図引 別巻」弘文堂　1993
　　◇図99〔白黒〕　長野県下伊那郡阿智村　㊟矢沢昇、昭和31年9月15日

カイコカゴ
　「いまに伝える 農家のモノ・人の生活館」柏書房　2004
　　◇p171 写真1〔白黒〕　埼玉県小川町
　「民具のみかた―心とかたち」第一法規出版　1983
　　◇p91〔白黒〕（カイコカゴ（蚕籠））　埼玉県秩父地方

蚕籠
　「日本民具の造形」淡交社　2004
　　◇p239〔白黒〕　福岡県 豊前苅田木村民俗資料館所蔵

蚕飼育用丸はじ
　「写真で見る農具 民具」農林統計協会　1988
　　◇p238〔白黒〕　佐賀県三日月町　明治時代から昭和前期

蚕棚
　「写真でみる日本生活図引 別巻」弘文堂　1993
　　◇図97〔白黒〕　長野県下伊那郡阿智村　㊟矢沢昇、昭和31年9月13日
　「日本の民具 3 山・漁村」慶友社　1992
　　◇図114〔白黒〕　東京都 保谷　㊟薗部澄
　　◇図115〔白黒〕　東京都 保谷　㊟薗部澄
　　◇図117〔白黒〕　東京都 保谷　㊟薗部澄
　「写真で見る農具 民具」農林統計協会　1988
　　◇p240〔白黒〕　千葉県八街町　昭和10年から30年

蚕棚の組み方
　「いまに伝える 農家のモノ・人の生活館」柏書房　2004
　　◇p173 図3〔白黒・写真/図〕　埼玉県小川町

蚕種を風穴から出す
　「写真ものがたり昭和の暮らし 2」農山漁村文化協会　2004
　　◇p90〔白黒〕　長野県清内路村　㊟熊谷元一、昭和27年

蚕に与える桑を採る
　「写真ものがたり昭和の暮らし 1」農山漁村文化協会　2004
　　◇p185〔白黒〕　長野県阿智村　㊟熊谷元一、昭和26年

蚕の一生
　「いまに伝える 農家のモノ・人の生活館」柏書房　2004
　　◇p179 図1〔白黒・図〕

蚕の蛾と卵
　「写真ものがたり昭和の暮らし 2」農山漁村文化協会　2004
　　◇p90〔白黒〕　長野県清内路村　㊟熊谷元一、昭和26年

カイコの掃き立て枠と羽箒
　「日本民俗文化財事典（改訂版）」第一法規出版　1979
　　◇図165〔白黒〕

蚕の露地飼い
　「宮本常一 写真・日記集成 下」毎日新聞社　2005
　　◇p203〔白黒〕　福島県南会津郡下郷町 大内宿　㊟宮本常一、1969年8月3日～4日

カイコバラ
　「あるくみるきく双書 宮本常一とあるいた昭和の日本 19」農山漁村文化協会　2012
　　◇p117〔白黒〕　鹿児島県金峰町　蚕が小さい時に飼う　㊟工藤員功

蚕平飼い
　「日本民具の造形」淡交社　2004
　　◇p239〔白黒〕　鳥取県 日吉津村民俗資料館所蔵

回転まぶし
　「写真ものがたり昭和の暮らし 1」農山漁村文化協会　2004
　　◇p185〔白黒〕　群馬県富士見村　㊟須藤功、昭和48年9月

回転蔟
　「日本の生活環境文化大辞典」柏書房　2010
　　◇p53-2〔白黒〕　長野市松代　㊟2009年　多田井幸視

「日本民具の造形」淡交社　2004
◇p239〔白黒〕　山梨県 豊富村郷土資料館所蔵
「日本民俗大辞典 下」吉川弘文館　2000
◇p585〔白黒〕　上田市立博物館提供
「写真でみる日本生活図引 別巻」弘文堂　1993
◇p17〔白黒〕　長野県下伊那郡阿智村　[撮]熊谷元一, 昭和31年8月5日
「図録・民具入門事典」柏書房　1991
◇p72〔白黒〕　埼玉県　埼玉県立博物館所蔵

**回転マブシを使った上蔟**
「いまに伝える 農家のモノ・人の生活館」柏書房　2004
◇p183 写真2〔白黒〕　埼玉県所沢市

**回転蔟, 回転蔟収繭器**
「写真で見る農具 民具」農林統計協会　1988
◇p248〔白黒〕　群馬県前橋市　昭和4年市販。大正15年に発明

**回転蔟から収繭作業**
「写真で見る農具 民具」農林統計協会　1988
◇口絵〔白黒〕　長野県下諏訪町　[撮]昭和33年7月

**回転蔟の営繭状況**
「写真で見る農具 民具」農林統計協会　1988
◇口絵〔白黒〕　山梨県三珠町　[撮]昭和32年6月

**回転蔟の前で休息**
「写真でみる日本生活図引 別巻」弘文堂　1993
◇図48〔白黒〕(休息)　長野県下伊那郡阿智村　〔回転蔟の前で休息〕　[撮]熊谷元一, 昭和31年8月2日

**回転マブシの繭掻き**
「いまに伝える 農家のモノ・人の生活館」柏書房　2004
◇p183 図4〔白黒・図〕　埼玉県小川町

**回転蔟枠**
「図録・民具入門事典」柏書房　1991
◇p72〔白黒〕　埼玉県　埼玉県立博物館所蔵

**改良蔟**
「写真で見る農具 民具」農林統計協会　1988
◇p247〔白黒〕　群馬県沼田市　大正時代終期に発明

**改良マブシの作り方**
「いまに伝える 農家のモノ・人の生活館」柏書房　2004
◇p182 図3〔白黒・写真/図〕　埼玉県小川町

**改良わらまぶしの営繭状況**
「写真で見る農具 民具」農林統計協会　1988
◇口絵〔白黒〕　長野県茅野市　[撮]昭和33年9月　写真提供 丸山新太郎

**蛾匡**
「日本民具の造形」淡交社　2004
◇p238〔白黒〕　長野県 岡谷蚕糸博物館所蔵

**カヤ蔟結束器**
「写真で見る農具 民具」農林統計協会　1988
◇p249〔白黒〕　群馬県子持村　明治時代から昭和前期

**カルトン**
「図録・民具入門事典」柏書房　1991
◇p72〔白黒〕　栃木県　栃木県立郷土資料館所蔵

**簡易ハウスによる平飼い**
「写真で見る農具 民具」農林統計協会　1988
◇口絵〔白黒〕　群馬県富士見村　写真提供 農林水産省蚕糸試験場

**木鉢**
「写真で見る農具 民具」農林統計協会　1988
◇p241〔白黒〕　群馬県子持村　大正時代から昭和20年代まで

**給桑**
「写真ものがたり昭和の暮らし 2」農山漁村文化協会　2004
◇p93〔白黒〕　長野県阿智村　[撮]熊谷元一, 昭和26年

**給桑篭**
「写真で見る農具 民具」農林統計協会　1988
◇p244〔白黒〕　山梨県長坂町　明治時代より

**給桑ざる**
「写真で見る農具 民具」農林統計協会　1988
◇p243〔白黒〕　群馬県子持村　大正5年から昭和20年代

**給桑のようす**
「いまに伝える 農家のモノ・人の生活館」柏書房　2004
◇p171 写真2〔白黒〕　埼玉県江南町

**給桑用篩**
「写真で見る農具 民具」農林統計協会　1988
◇p244〔白黒〕　埼玉県荒川村　明治時代

**競進社模範蚕室正面図・二階平面図・一階平面図**
「図説 民俗建築大事典」柏書房　2001
◇図2(p30)〔白黒・図〕　『競進社模範蚕室修理工事報告書』埼玉県教育委員会、1981

**桑運搬機**
「写真で見る農具 民具」農林統計協会　1988
◇p165〔白黒〕　埼玉県皆野町　大正時代　条桑の運搬

**桑を枝ごと背負う**
「写真でみる日本生活図引 別巻」弘文堂　1993
◇図49〔白黒〕(背負う)　長野県下伊那郡阿智村　桑を枝ごと背負う　[撮]熊谷元一, 昭和31年8月2日

**桑を運ぶザマカゴ**
「いまに伝える 農家のモノ・人の生活館」柏書房　2004
◇p177 写真4〔白黒〕　埼玉県小川町

**桑カケ笊**
「日本民具の造形」淡交社　2004
◇p237〔白黒〕　福島県 鹿島町歴史民俗資料館所蔵

**クワカゴ**
「あるくみるきく双書 宮本常一とあるいた昭和の日本 19」農山漁村文化協会　2012
◇p117〔白黒〕　鹿児島県加世田市　桑の葉を運ぶ　[撮]工藤員功

**桑籠**
「日本民具の造形」淡交社　2004
◇p42〔白黒〕　富山県 村上家住宅民俗資料館所蔵
◇p145〔白黒〕　愛知県 幡豆町歴史民俗資料館
「写真でみる日本生活図引 別巻」弘文堂　1993
◇図95〔白黒〕　長野県下伊那郡阿智村　雨の中で桑摘み　[撮]熊谷元一, 昭和31年9月11日

**桑株伐り**
「写真でみる日本生活図引 別巻」弘文堂　1993
◇図304〔白黒〕　長野県下伊那郡阿智村　[撮]熊谷元一, 昭和32年3月10日

**桑木の古い萌芽枝を切除し柔らかい新芽を萌芽させる桑畑**
「里山・里海 暮らし図鑑」柏書房　2012
◇写25(p233)〔白黒〕　埼玉県寄居町　養蚕

**桑切鎌**
「写真で見る農具 民具」農林統計協会　1988
◇p232〔白黒〕　山梨県豊富村
「日本民俗図誌 5 農耕・漁撈篇」村田書店　1978
◇図48-3〔白黒・図〕　熊本県八代郡高田村
◇図48-4〔白黒・図〕　山形県米沢

**桑切鋏**
「写真で見る農具 民具」農林統計協会　1988

養蚕　　　　　　　　　　　　　　　生産・生業

　　◇p234〔白黒〕　鳥取県鳥取市
**桑切包丁**
「図説 台所道具の歴史」日本図書センター　2012
　　◇p29-3〔白黒〕(桑切庖丁)　産業用の庖丁　㈱GK 会津民俗館
「日本民具の造形」淡交社　2004
　　◇p237〔白黒〕　長野県 大桑村歴史民俗資料館所蔵
「日本民俗大辞典 上」吉川弘文館　1999
　　◇p554〔白黒〕(桑切り庖丁)　上田市立博物館所蔵
「写真で見る農具 民具」農山統計協会　1988
　　◇p236〔白黒〕　群馬県尾島町　明治時代から大正時代
　　◇p236〔白黒〕　山梨県長坂町
　　◇p236〔白黒〕　鳥取県鳥取市

**桑切り庖丁とまな板**
「いまに伝える 農家のモノ・人の生活館」柏書房　2004
　　◇p171 図2〔白黒・写真/図〕　埼玉県江南町

**桑くれ台**
「写真で見る農具 民具」農林統計協会　1988
　　◇p240〔白黒〕　埼玉県荒川村　明治時代から現在まで

**桑こき**
「写真で見る農具 民具」農林統計協会　1988
　　◇p232〔白黒〕　群馬県子持村　大正〜昭和20年頃

**桑こぎ**
「日本の民具 3 山・漁村」慶友社　1992
　　◇図118〔白黒〕　埼玉県　㈱薗部澄

**桑扱大箕**
「日本民具の造形」淡交社　2004
　　◇p237〔白黒〕　長野県 小布施町立歴史民俗資料館所蔵

**桑こき機**
「写真で見る農具 民具」農林統計協会　1988
　　◇p233〔白黒〕　埼玉県東秩父村　明治時代後期から昭和前期まで

**桑扱器**
「日本民具の造形」淡交社　2004
　　◇p237〔白黒〕　群馬県 榛名町歴史民俗資料館所蔵

**桑扱台**
「図録・民具入門事典」柏書房　1991
　　◇p72〔白黒〕　埼玉県　埼玉県立博物館所蔵

**桑摘み**
「写真でみる日本生活図引 別巻」弘文堂　1993
　　◇図88〔白黒〕　長野県下伊那郡阿智村　㈱熊谷元一, 昭和31年9月4日
「写真で見る農具 民具」農林統計協会　1988
　　◇口絵〔白黒〕　長野県上高井郡村山(現須坂市)　大正末期　写真提供 丸山新太郎

**桑摘み(一瀬桑)**
「写真で見る農具 民具」農林統計協会　1988
　　◇口絵〔白黒〕　長野県茅野市　㈱昭和31年7月　写真提供 丸山新太郎

**桑摘み籠**
「日本郷土 風俗・民芸・芸能図鑑」日本図書センター　2012
　　◇写真篇 富山〔白黒〕　富山県 五箇山
「日本民具の造形」淡交社　2004
　　◇p237〔白黒〕(桑摘籠)　長野県 堀金村歴史民俗資料館所蔵
「写真で見る農具 民具」農林統計協会　1988
　　◇p233〔白黒〕(桑摘み篭)　奈良県山添村　大正時代後期から昭和10年頃
「日本民俗図誌 3 調度・服飾篇」村田書店　1977
　　◇図12-2〔白黒・図〕(桑摘籠)

**桑摘みザルとその使い方**
「いまに伝える 農家のモノ・人の生活館」柏書房　2004
　　◇p177 図3〔白黒・写真/図〕　埼玉県小川町

**桑摘み爪**
「日本民具の造形」淡交社　2004
　　◇p285〔白黒〕　群馬県 下仁田町ふるさとセンター歴史民俗資料館所蔵
「写真で見る農具 民具」農林統計協会　1988
　　◇p232〔白黒〕(桑摘爪)　群馬県子持村　昭和15年頃
　　◇p232〔白黒〕　山梨県韮崎市　昭和15年頃

**桑苗畑**
「あるくみるきく双書 宮本常一とあるいた昭和の日本 21」農山漁村文化協会　2011
　　◇p67〔白黒〕　鬼怒川流域　㈱登勝昭

**桑苗掘取用犂**
「写真で見る農具 民具」農林統計協会　1988
　　◇p58〔白黒〕　栃木県石橋町

**桑の木**
「写真でみる日本生活図引 6」弘文堂　1993
　　◇図149〔白黒〕　群馬県富岡市　桑園　㈱須藤功, 昭和46年12月14日

**桑の耕転**
「民俗図録 日本人の暮らし」日本図書センター　2012
　　◇図251〔白黒〕(桑の手入れ)　福井県　桑の耕転をしている

**桑の仕立て方**
「いまに伝える 農家のモノ・人の生活館」柏書房　2004
　　◇p176 図1〔白黒・図〕

**桑の葉**
「宮本常一 写真・日記集成 下」毎日新聞社　2005
　　◇p211〔白黒〕　山口県阿武郡川上村筏場　㈱宮本常一, 1969年8月17日〜24日(山口県阿武川民俗資料緊急第二次調査)

**桑の葉を入れた竹かごを背負い、桑畑から帰る**
「写真ものがたり昭和の暮らし 2」農山漁村文化協会　2004
　　◇p95〔白黒〕　長野県阿智村　㈱熊谷元一, 昭和27年

**桑の葉を摘む**
「写真ものがたり昭和の暮らし 2」農山漁村文化協会　2004
　　◇p92〔白黒〕　長野県阿智村　共同の飼育所の桑畑　㈱熊谷元一, 昭和27年

**桑畑**
「日本の生活環境文化大辞典」柏書房　2010
　　◇p53-3〔白黒〕　群馬県前橋市大室　㈱2008年　多田井幸視

**桑畑が続く白い道**
「宮本常一 写真・日記集成 下」毎日新聞社　2005
　　◇p396〔白黒〕　長崎県南松浦郡富江町[五島市]　㈱宮本常一, 1977年8月4日〜5日

**桑畑の手入れ**
「写真ものがたり昭和の暮らし 2」農山漁村文化協会　2004
　　◇もくじ〔p3〕〔白黒〕　㈱熊谷元一

**桑篩**
「日本民具の造形」淡交社　2004
　　◇p237〔白黒〕　群馬県 下仁田町ふるさとセンター歴史民俗資料館所蔵

**桑干し機**
「写真で見る農具 民具」農林統計協会　1988
　　◇p244〔白黒〕　群馬県境町　明治40年代

**桑箕**
「日本の民具 3 山・漁村」慶友社　1992

生産・生業　　　　　　　　　　　　　　　　　　　　　　　　　　　養蚕

◇図116〔白黒〕　　長野県 上田　養蚕専用の竹箕　㊙薗部澄

**桑もぎ機**
「写真で見る農具 民具」農林統計協会　1988
　◇p233〔白黒〕　埼玉県花園村　大正〜昭和時代

**ケゴ秤，比重計，秤量器，蚕種枡，斗かき**
「写真で見る農具 民具」農林統計協会　1988
　◇p278〔白黒〕　福島県梁川町　蚕種の量及び品質の管理に使用

**毛羽取機**
「いまに伝える 農家のモノ・人の生活館」柏書房　2004
　◇p184 写真3〔白黒〕(毛羽取り機)　埼玉県小川町
「日本民具の造形」淡交社　2004
　p240〔白黒〕　群馬県　榛名町歴史民俗資料館所蔵
「写真で見る農具 民具」農林統計協会　1988
　◇p249〔白黒〕　愛知県設楽町　大正時代
　◇p250〔白黒〕　群馬県新田町　大正時代から昭和前期まで
　◇p250〔白黒〕　愛知県設楽町　大正時代
　◇p250〔白黒〕　岐阜県美濃加茂市　使用年代不明
　◇p250〔白黒〕　群馬県伊勢崎市　昭和前期
　◇p251〔白黒〕　神奈川県横浜市　大正時代後期から昭和前期
　◇p251〔白黒〕　群馬県太田市　昭和10年から30年代
　◇p251〔白黒〕　高知県物部村　昭和10年頃

**毛羽取りのようす**
「いまに伝える 農家のモノ・人の生活館」柏書房　2004
　◇p184 写真4〔白黒〕　埼玉県江南町　㊙昭和42年頃
　◇p185 写真5〔白黒〕　埼玉県江南町　㊙平成6年頃

**蚕飼い**
「写真でみる日本生活図引 別巻」弘文堂　1993
　◇図5〔白黒〕　長野県下伊那郡阿智村　㊙熊谷元一, 昭和31年6月25日

**小型桑切機**
「写真で見る農具 民具」農林統計協会　1988
　◇p237〔白黒〕　埼玉県荒川村　明治時代

**こがねまぶし**
「写真で見る農具 民具」農林統計協会　1988
　◇p247〔白黒〕　群馬県渋川市　昭和10年代

**コノメ**
「あるくみるきく双書 宮本常一とあるいた昭和の日本 19」農山漁村文化協会　2012
　◇p170〔白黒〕(農家の土蔵の軒下のコノメ(蚕籠))　埼玉県所沢市上安松　㊙工藤員功
　◇p171〔白黒〕(養蚕農家で使われたコノメ)　埼玉県所沢市上安松　㊙工藤員功

**剉桑機**
「写真で見る農具 民具」農林統計協会　1988
　◇p237〔白黒〕　群馬県子持村　大正前期から

**サネクリ**
「日本民具の造形」淡交社　2004
　◇p240〔白黒〕　福島県 岩瀬村民俗資料館所蔵

**蚕繭とり**
「日本民具の造形」淡交社　2004
　◇p241〔白黒〕　福岡県 八女民俗資料館所蔵

**蚕室**
「写真でみる日本生活図引 別巻」弘文堂　1993
　◇図398〔白黒〕　長野県下伊那郡阿智村　㊙熊谷元一, 昭和32年6月13日

**蚕室で昼寝**
「写真でみる日本生活図引 1」弘文堂　1989
　◇図142〔白黒〕　長野県下伊那郡阿智村　㊙熊谷元一, 昭和31年7月1日

**蚕室用の火**
「写真でみる日本生活図引 別巻」弘文堂　1993
　◇図396〔白黒〕　長野県下伊那郡阿智村　㊙熊谷元一, 昭和32年6月8日

**蚕種紙**
「日本民具の造形」淡交社　2004
　◇p238〔白黒〕　茨城県 霞ヶ浦町郷土資料館所蔵

**蚕種催青器**
「日本民具の造形」淡交社　2004
　◇p238〔白黒〕　岩手県 盛岡市都南歴史民俗資料館所蔵

**蚕種催青箱**
「写真で見る農具 民具」農林統計協会　1988
　◇p235〔白黒〕　群馬県境町　明治40年代

**蚕種催青用箱**
「写真で見る農具 民具」農林統計協会　1988
　◇p235〔白黒〕　岐阜県白川町　昭和10年から20年頃まで

**蚕種貯蔵箱**
「写真で見る農具 民具」農林統計協会　1988
　◇p234〔白黒〕　群馬県沼田市
　◇p235〔白黒〕　群馬県片品村　明治20年代前期

**サンバク**
「図録・民具入門事典」柏書房　1991
　◇p72〔白黒〕　栃木県　栃木県立郷土資料館所蔵

**蚕箔**
「写真で見る農具 民具」農林統計協会　1988
　◇p238〔白黒〕　山形県長井市　昭亜35年まで
　◇p238〔白黒〕　福島県金山町　昭和10年から30年頃
　◇p239〔白黒〕　山梨県高根町

**蚕箔洗い**
「写真ものがたり昭和の暮らし 2」農山漁村文化協会　2004
　◇p89〔白黒〕(蚕箔を洗う)　長野県阿智村　㊙熊谷元一, 昭和12年
「写真でみる日本生活図引 別巻」弘文堂　1993
　◇図90〔白黒〕　長野県下伊那郡阿智村　㊙矢沢昇, 昭和31年9月6日

**蚕箔繕い**
「写真でみる日本生活図引 8」弘文堂　1993
　◇図26〔白黒〕　長野県下伊那郡阿智村　㊙熊谷元一, 昭和12年

**飼育空間の増加模式図**
「図説 民俗建築大事典」柏書房　2001
　◇図3(p31)〔白黒・図〕　坪887英彦「皆野町の住居と職人」『皆野町誌資料編5 民俗』皆野町教育委員会、1986

**飼育棚**
「写真で見る農具 民具」農林統計協会　1988
　◇p239〔白黒〕　山形県長井市　昭和35年頃まで

**雌蛾の産卵**
「写真で見る農具 民具」農林統計協会　1988
　◇口絵〔白黒〕　㊙昭和33年9月　写真提供 丸山新太郎

**自然上蔟器**
「写真で見る農具 民具」農林統計協会　1988
　◇p248〔白黒〕　群馬県前橋市　昭和35年販売　フカシロー式

**自動式の座桑機による桑切り作業**
「写真で見る農具 民具」農林統計協会　1988

養蚕　　　　　　　　　　　　　　　　生産・生業

　　◇口絵〔白黒〕　　長野県原村　㊙昭和32年7月　写真提供　丸山新太郎

**島田蔟**
「写真で見る農具 民具」農林統計協会　1988
　　◇p246〔白黒〕　　群馬県妙義町　明治時代から昭和前期

**島田蔟折機**
「写真で見る農具 民具」農林統計協会　1988
　　◇p249〔白黒〕　　群馬県安中市　昭和前期

**収穫した春蚕繭**
「日本の生活環境文化大辞典」柏書房　2010
　　◇p52-1〔白黒〕　　長野市松代　㊙2009年　多田井幸視

**集荷場に運ばれてきた各家の繭の量をはかる**
「写真ものがたり昭和の暮らし 2」農山漁村文化協会　2004
　　◇p99〔白黒〕　　長野県阿智村　㊙熊谷元一, 昭和32年

**住居内での蚕架利用の箆飼い**
「写真で見る農具 民具」農林統計協会　1988
　　◇口絵〔白黒〕　　写真提供 農林水産省蚕糸試験場
　　◇口絵〔白黒〕　　長野県原村　㊙昭和34年8月　写真提供　丸山新太郎

**住居内での平飼い**
「写真で見る農具 民具」農林統計協会　1988
　　◇口絵〔白黒〕　　山梨県塩山市　㊙昭和34年6月　写真提供　丸山新太郎

**収繭**
「日本社会民俗辞典 4」日本図書センター　2004
　　◇p1531〔白黒〕　　宮城県丸森町

**収繭作業**
「写真で見る農具 民具」農林統計協会　1988
　　◇口絵〔白黒〕（家族全員による収繭作業）　山梨県塩山市　㊙昭和34年6月

**修理**
「写真でみる日本生活図引 別巻」弘文堂　1993
　　◇図21〔白黒〕　　長野県下伊那郡阿智村　かごろじ（蚕箔）の修理　㊙矢沢昇, 昭和31年7月9日

**熟蚕をひろう**
「三省堂年中行事事典〈改訂版〉」三省堂　2012
　　◇p446〔白黒〕　　群馬県前橋市　㊙板橋春夫, 1997年

**出荷前の繭**
「里山・里海 暮らし図鑑」柏書房　2012
　　◇写29 (p234)〔白黒〕　　埼玉県秩父市太田

**手動剉桑機**
「写真で見る農具 民具」農林統計協会　1988
　　◇p237〔白黒〕　　埼玉県上里町　大正前期に購入、第二次大戦後まで

**条桑刈り**
「写真で見る農具 民具」農林統計協会　1988
　　◇口絵〔白黒〕　　山梨県塩山市　㊙昭和36年9月　写真提供　丸山新太郎

**上蔟**
「写真ものがたり昭和の暮らし 2」農山漁村文化協会　2004
　　◇p97〔白黒〕　　長野県阿智村　㊙熊谷元一, 昭和27年
「写真でみる日本生活図引 別巻」弘文堂　1993
　　◇図7〔白黒〕　　長野県下伊那郡阿智村　㊙熊谷元一, 昭和31年6月27日

**上蔟の作業**
「いまに伝える 農家のモノ・人の生活館」柏書房　2004
　　◇口絵〔カラー〕　　埼玉県所沢市

**除沙（栃木式）**
「写真で見る農具 民具」農林統計協会　1988
　　◇口絵〔白黒〕　　写真提供 農林水産省蚕糸試験場

**人工孵化用バット**
「写真で見る農具 民具」農林統計協会　1988
　　◇p236〔白黒〕　　群馬県沼田市　大正時代

**新芽が伸びた春のクワバラ**
「いまに伝える 農家のモノ・人の生活館」柏書房　2004
　　◇p176 写真3〔白黒〕　　埼玉県所沢市

**水盤育器具一式**
「写真で見る農具 民具」農林統計協会　1988
　　◇p244〔白黒〕　　群馬県子持村　大正5年から昭和20年代

**製蔟器**
「写真で見る農具 民具」農林統計協会　1988
　　◇p249〔白黒〕　　岐阜県美濃加茂市　昭和10年頃　ぐんぜもず用

**成長した蚕のカゴ分け**
「里山・里海 暮らし図鑑」柏書房　2012
　　◇写27 (p233)〔白黒〕　　福井県美浜町新庄　昭和34年　小林一男所蔵, 美浜町役場文化財保護・町誌編纂室提供

**背負籠**
「写真で見る農具 民具」農林統計協会　1988
　　◇p233〔白黒〕　　山梨県長坂町

**全令協業養蚕（共同飼育・二段式）**
「写真で見る農具 民具」農林統計協会　1988
　　◇口絵〔白黒〕　　山梨県富沢町　㊙昭和38年5月　写真提供　丸山新太郎

**桑園**
「写真でみる日本生活図引 6」弘文堂　1993
　　◇図148〔白黒〕　　群馬県渋川市・八木原駅近く　㊙須藤功, 昭和47年5月7日

**桑園草搔き**
「写真でみる日本生活図引 別巻」弘文堂　1993
　　◇図343〔白黒〕　　長野県下伊那郡阿智村　桑園除草　㊙熊谷元一, 昭和32年4月18日

**桑園除草**
「写真でみる日本生活図引 別巻」弘文堂　1993
　　◇図29〔白黒〕　　長野県下伊那郡阿智村　㊙熊谷元一, 昭和31年7月16日

**壮蚕専用蚕室での平飼い条桑育**
「写真で見る農具 民具」農林統計協会　1988
　　◇口絵〔白黒〕　　山梨県双葉町　㊙昭和33年6月　写真提供　丸山新太郎

**壮蚕用わら網**
「写真で見る農具 民具」農林統計協会　1988
　　◇p241〔白黒〕　　群馬県高崎市　明治時代から昭和20年代まで

**桑室**
「写真でみる日本生活図引 別巻」弘文堂　1993
　　◇図397〔白黒〕　　長野県下伊那郡阿智村　㊙熊谷元一, 昭和32年6月9日

**繰糸鍋**
「日本民具の造形」淡交社　2004
　　◇p241〔白黒〕　　長野県 望月町歴史民俗資料館所蔵

**大安蔟**
「写真で見る農具 民具」農林統計協会　1988
　　◇p248〔白黒〕　　宮崎県小林市　昭和20年代

**代表的な養蚕農家**
「図説 日本民俗学」吉川弘文館　2009
　　◇p44〔白黒〕　　群馬県伊勢崎市

**竹蚕箔**
「写真で見る農具 民具」農林統計協会　1988
　　◇p239〔白黒〕　　群馬県沼田市　大正時代から昭和30

年代

**竹蔟**
「写真で見る農具 民具」農林統計協会　1988
◇p246〔白黒〕　群馬県妙義町　大正時代から昭和20年代

**種紙**
「写真で見る農具 民具」農林統計協会　1988
◇p235〔白黒〕　埼玉県小鹿野町　明治42年頃

**種紙枠**
「写真で見る農具 民具」農林統計協会　1988
◇p235〔白黒〕　群馬県子持村

**種繭円筒籠**
「日本民具の造形」淡交社　2004
◇p240〔白黒〕　長野県 須坂市立博物館所蔵

**暖炉**
「写真で見る農具 民具」農林統計協会　1988
◇p242〔白黒〕　埼玉県荒川村　昭和前期

**稚蚕協同飼育のための桑園の共同作業**
「宮本常一 写真・日記集成 上」毎日新聞社　2005
◇p383〔白黒〕　長野県下伊那郡高森町下市田　[撮]宮本常一, 1963年7月4日

**稚蚕飼育の棚と壮蚕飼育の縁台を設置する場所**
「いまに伝える 農家のモノ・人の生活館」柏書房　2004
◇p174 図4〔白黒・図〕　埼玉県小川町　〔間取図〕

**稚蚕飼育箱**
「写真で見る農具 民具」農林統計協会　1988
◇p245〔白黒〕　群馬県新田町　昭和10年代

**稚蚕飼育用深箱**
「写真で見る農具 民具」農林統計協会　1988
◇p245〔白黒〕　福井県上中町　大正時代後期から昭和10年頃

**稚蚕の飼育**
「日本社会民俗辞典 4」日本図書センター　2004
◇p1531〔白黒〕　長野県川島村

**稚蚕の世話**
「日本民俗大辞典 下」吉川弘文館　2000
◇p770〔白黒〕

**稚蚕用糸網**
「写真で見る農具 民具」農林統計協会　1988
◇p240〔白黒〕　群馬県高崎市　大正時代から昭和40年頃まで

**稚蚕用貯桑缶**
「写真で見る農具 民具」農林統計協会　1988
◇p245〔白黒〕　群馬県子持村　大正5年から昭和20年代まで

**ツメで葉を摘む方法**
「いまに伝える 農家のモノ・人の生活館」柏書房　2004
◇p177 図2〔白黒・写真/図〕　埼玉県江南町

**摘んだ桑の共同飼育所への運搬**
「写真で見る農具 民具」農林統計協会　1988
◇口絵〔白黒〕　長野県原村　[撮]昭和32年7月　写真提供 丸山新太郎

**摘桑篭**
「写真で見る農具 民具」農林統計協会　1988
◇p233〔白黒〕　宮崎県延岡市　明治・大正時代

**出作り先の家へ行く**
「写真ものがたり昭和の暮らし 2」農山漁村文化協会　2004
◇p87〔白黒〕(山へ行く)　長野県清内路村　出作り先の家へ行く　[撮]熊谷元一, 昭和27年

「写真でみる日本生活図引 1」弘文堂　1989
◇図137, 138〔白黒〕(山へ行く)　長野県下伊那郡清内路村　養蚕農家の出作り　[撮]熊谷元一, 昭和32年

**出作りの地**
「写真ものがたり昭和の暮らし 2」農山漁村文化協会　2004
◇p86〔白黒〕　長野県清内路村　[撮]熊谷元一, 昭和27年

**出作りの村**
「写真でみる日本人の生活全集 3」日本図書センター　2010
◇p142～143〔白黒〕　長野県下伊那郡清内路村　一家そろって本村へ出作り小屋からかえるところ

**縄まぶし**
「写真で見る農具 民具」農林統計協会　1988
◇p247〔白黒〕　埼玉県荒川村　大正時代から昭和前期

**2令時の給桑作業(1箱に4人の共同作業)**
「写真で見る農具 民具」農林統計協会　1988
◇口絵〔白黒〕　長野県原村　[撮]昭和32年7月　写真提供 丸山新太郎

**2令の起除沙作業**
「写真で見る農具 民具」農林統計協会　1988
◇口絵〔白黒〕　長野県原村　[撮]昭和32年7月　写真提供 丸山新太郎

**配蚕**
「写真でみる日本生活図引 別巻」弘文堂　1993
◇図33〔白黒〕　長野県下伊那郡阿智村　[撮]熊谷元一, 昭和31年7月20日

**掃き立て**
「いまに伝える 農家のモノ・人の生活館」柏書房　2004
◇p171 図1〔白黒・図〕
「写真ものがたり昭和の暮らし 2」農山漁村文化協会　2004
◇p91〔白黒〕(掃立て)　長野県阿智村　[撮]熊谷元一, 昭和27年
「写真で見る農具 民具」農林統計協会　1988
◇口絵〔白黒〕(掃立て作業)　長野県原村　[撮]昭和32年7月　写真提供 丸山新太郎

**葉こき**
「写真で見る農具 民具」農林統計協会　1988
◇p232〔白黒〕　高知県物部村　昭和7～8年頃

**抜根機**
「写真で見る農具 民具」農林統計協会　1988
◇p234〔白黒〕　埼玉県小鹿野町　昭和20年頃まで
◇p234〔白黒〕　神奈川県横浜市　大正時代中期から現在

**羽箒**
「図録・民具入門事典」柏書房　1991
◇p72〔白黒〕　埼玉県

**春にカラギリした桑**
「いまに伝える 農家のモノ・人の生活館」柏書房　2004
◇p176 写真2〔白黒〕　埼玉県江南町

**春に切り揃えた桑**
「いまに伝える 農家のモノ・人の生活館」柏書房　2004
◇p176 写真1〔白黒〕　埼玉県小川町

**火鉢**
「写真で見る農具 民具」農林統計協会　1988
◇p242〔白黒〕　埼玉県荒川村　昭和20年代まで　養蚕用
◇p242〔白黒〕　埼玉県吉田町　昭和前期　養蚕用
◇p242〔白黒〕　山梨県高根町　養蚕用
◇p242〔白黒〕　山梨県小渕沢町　昭和20年代　養蚕用

**保温器**
「日本民具の造形」淡交社　2004

養蚕　　　　　　　　　　　　　　　　　生産・生業

　　◇p238〔白黒〕　山梨県 豊富村郷土資料館所蔵

**ぼて**
「日本の民具 3 山・漁村」慶友社　1992
　　◇図119〔白黒〕　長野県 下高井　桑つみ用の竹篭　㈹薗部澄

**埋薪**
「写真でみる日本生活図引 別巻」弘文堂　1993
　　◇図89〔白黒〕　長野県下伊那郡阿智村　㈹熊谷元一、昭和31年9月5日

**まぶし**
「日本の民具 3 山・漁村」慶友社　1992
　　◇図120〔白黒〕　東京都 保谷　㈹薗部澄

**蔟**
「写真で見る農具 民具」農林統計協会　1988
　　◇p247〔白黒〕　埼玉県秩父市　昭和前期から昭和40年頃

**蔟織機**
「日本民具の造形」淡交社　2004
　　◇p239〔白黒〕　東京都 武蔵村山市立歴史民俗資料館所蔵

**蔟鈎**
「写真で見る農具 民具」農林統計協会　1988
　　◇p245〔白黒〕　群馬県妙義町　大正時代から昭和15年代まで

**間もなく繭を作り始める蚕**
「写真ものがたり昭和の暮らし 2」農山漁村文化協会　2004
　　◇p96〔白黒〕　長野県阿智村　㈹熊谷元一、昭和27年

**繭糸とり**
「日本民具の造形」淡交社　2004
　　◇p297〔白黒〕　滋賀県 浅井町歴史民俗資料館所蔵

**繭かき**
「写真ものがたり昭和の暮らし 2」農山漁村文化協会　2004
　　◇p98〔白黒〕　長野県阿智村　㈹熊谷元一、昭和27年

**繭掻き**
「写真でみる日本生活図引 別巻」弘文堂　1993
　　◇図14〔白黒〕　長野県下伊那郡阿智村　㈹熊谷元一、昭和31年7月3日
「写真でみる日本生活図引 1」弘文堂　1989
　　◇図140〔白黒〕　長野県下伊那郡清内路村　㈹熊谷元一、昭和32年

**マユカキ手伝い**
「写真でみる日本人の生活全集 9」日本図書センター　2010
　　◇p37〔白黒〕　長野県　学校の休日

**繭釜**
「日本民具の造形」淡交社　2004
　　◇p241〔白黒〕　福島県 葛尾村郷土文化保存伝承館所蔵

**繭乾燥器**
「日本民具の造形」淡交社　2004
　　◇p240〔白黒〕　群馬県 藪塚本町歴史民俗資料館所蔵

**繭繰り**
「写真でみる日本生活図引 別巻」弘文堂　1993
　　◇図105〔白黒〕　長野県下伊那郡阿智村　㈹矢沢昇、昭和31年9月21日

**繭杓子・繭桶**
「日本民具の造形」淡交社　2004
　　◇p241〔白黒〕　長野県 岡谷蚕糸博物館所蔵

**繭出荷**
「写真でみる日本生活図引 別巻」弘文堂　1993
　　◇図15, 16〔白黒〕　長野県下伊那郡阿智村　㈹熊谷元一、昭和31年7月4日

「写真で見る農具 民具」農林統計協会　1988
　　◇口絵〔白黒〕（農協へ繭出荷）　長野県阿智村　㈹昭和34年頃

**繭すくい**
「日本民具の造形」淡交社　2004
　　◇p33〔白黒〕　長野県 須坂市立博物館所蔵

**繭整形器**
「日本民具の造形」淡交社　2004
　　◇p240〔白黒〕　岐阜県 穂積町郷土資料館所蔵

**繭鍋**
「図説 台所道具の歴史」日本図書センター　2012
　　◇p29-2〔白黒〕　高知県・東津野村愛郷文化館
　　◇p78-6〔白黒〕　石綿成型品　愛知県鳳来町・医王寺民俗資料館

**繭の買入**
「日本社会民俗辞典 4」日本図書センター　2004
　　◇p1532〔白黒〕　宮城県白石市

**繭の乾燥小屋**
「民俗図録 日本人の暮らし」日本図書センター　2012
　　◇図43〔白黒〕　埼玉県秩父郡倉尾村合角　㈹井之口章次

**繭の出荷日の集荷場前**
「写真ものがたり昭和の暮らし 2」農山漁村文化協会　2004
　　◇p99〔白黒〕　長野県阿智村　㈹熊谷元一、昭和32年

**繭の選別**
「いまに伝える 農家のモノ・人の生活館」柏書房　2004
　　◇p185 写真6〔白黒〕　埼玉県江南町　㈹平成6年頃
「写真でみる日本生活図引 1」弘文堂　1989
　　◇図141〔白黒〕　長野県下伊那郡阿智村　㈹熊谷元一、昭和31年8月9日

**繭の選別をする子供**
「里山・里海 暮らし図鑑」柏書房　2012
　　◇写28 (p233)〔白黒〕（できあがった繭の選別）　福井県旧三方町〔若狭町〕岩屋　昭和30年代　子供も手伝った　高橋善正所蔵, 若狭町歴史文化館提供

**繭の標本**
「日本民俗大辞典 下」吉川弘文館　2000
　　◇p587〔白黒〕　上田市博物館提供

**まゆます**
「日本の生活文化財」第一法規出版　1965
　　◇図86（生産・運搬・交易）〔白黒〕　小川原湖博物館所蔵（青森県三沢市）

**繭升**
「日本社会民俗辞典 4」日本図書センター　2004
　　◇p1355〔白黒〕　文部省史料館蔵

**繭用紙枡**
「写真で見る農具 民具」農林統計協会　1988
　　◇p279〔白黒〕　埼玉県小鹿野町　明治時代から大正時代　携帯用折畳紙製枡

**繭用三斗枡**
「写真で見る農具 民具」農林統計協会　1988
　　◇p279〔白黒〕　群馬県沼田市　明治時代後期

**真綿取り**
「写真でみる日本生活図引 8」弘文堂　1993
　　◇図27〔白黒〕　長野県下伊那郡阿智村　㈹熊谷元一、昭和27年3月

**真綿鍋**
「日本民具の造形」淡交社　2004
　　◇p241〔白黒〕　長野県 坂井村歴史民俗資料館所蔵

みごはけ
「日本民具の造形」淡交社　2004
　◇p238〔白黒〕　長野県 大町市民俗資料館所蔵

道端に干されたマブシ（カイコの巣）
「フォークロアの眼 2 雪国と暮らし」国書刊行会　1977
　◇図188〔白黒〕　新潟県古志郡太田村（現在は長岡市）蓬平　㋾中俣正義, 昭和32年4月28日

網杓
「日本民具の造形」淡交社　2004
　◇p57〔白黒〕　東京都 八王子市立郷土資料館所蔵

焼糠散布器, 焼糠入れ篭
「写真で見る農具 民具」農林統計協会　1988
　◇p243〔白黒〕　群馬県境町　昭和30年代まで

ヤキヌカの作り方
「いまに伝える 農家のモノ・人の生活館」柏書房　2004
　◇p175 図1〔白黒・写真/図〕　埼玉県小川町

屋敷内の木桑
「日本社会民俗辞典 4」日本図書センター　2004
　◇p1531〔白黒〕　宮城県七ヶ宿町横川

養蚕
「日本民俗写真大系 2」日本図書センター　1999
　◇p189〔白黒〕　岩手県一戸町小島谷　㋾田村淳一郎, 1957年
「写真でみる日本生活図引 1」弘文堂　1989
　◇図139〔白黒〕　福島県南会津郡下郷町大内　養蚕台で飼っていた蚕を、一匹ずつ丁寧に養蚕籠に移す女　㋾須藤功, 昭和44年8月10日

養蚕乾燥室
「日本民俗文化財事典（改訂版）」第一法規出版　1979
　◇図164〔白黒〕　東京都南多摩地方

養蚕棚
「図録・民具入門事典」柏書房　1991
　◇p72〔白黒〕　長野県
「日本民俗文化財事典（改訂版）」第一法規出版　1979
　◇図166〔白黒〕　埼玉県

養蚕に必要な竹製の桑かご、桑つみかごなどを売りにくる
「写真ものがたり昭和の暮らし 2」農山漁村文化協会　2004
　◇p89〔白黒〕　長野県阿智村　㋾熊谷元一, 昭和27年

養蚕農家の造り
「図説 日本民俗学」吉川弘文館　2009
　◇p45〔白黒〕　茨城県勝田市

養蚕用具の日干し
「民俗資料選集 9 山村の生活と用具」国土地理協会　1981
　◇p13（本文）〔白黒〕　愛知県北設楽郡津具村

養蚕用火鉢
「写真で見る農具 民具」農林統計協会　1988
　◇p242〔白黒〕　群馬県富岡市　昭和10年から昭和20年代

煉炭焜炉（養蚕用）
「図説 台所道具の歴史」日本図書センター　2012
　◇p106, 107-4・5〔白黒〕（煉炭焜炉）　大正初～昭和10年代まで　養蚕用の大型のもの　愛知県・一宮町郷土資料館

練炭燃焼器
「写真で見る農具 民具」農林統計協会　1988
　◇p243〔白黒〕　愛知県渥美町　昭和初期　養蚕用

練炭火鉢
「写真で見る農具 民具」農林統計協会　1988
　◇p243〔白黒〕　埼玉県荒川村　昭和前期から中期　養蚕用

蠟燭かけ（蚕架用）
「日本民俗図誌 3 調度・服飾篇」村田書店　1977
　◇図68-1〔白黒・図〕　群馬県勢多郡南橘口　蚕架に懸ける　『民俗芸術』2-1

ワカメを干す
「日本民俗写真大系 7」日本図書センター　2000
　◇p133〔白黒〕（養蚕に使用する「サンパク」を用いてワカメを天日干しにする）　京都府久美浜町　㋾板垣太子松, 1955年

わく
「日本の生活文化財」第一法規出版　1965
　◇図46（概説）〔白黒〕　織る・編む道具

輪まぶし
「写真で見る農具 民具」農林統計協会　1988
　◇p248〔白黒〕　埼玉県小鹿野町　昭和20年代

わら製の波形のマブシ
「写真ものがたり昭和の暮らし 2」農山漁村文化協会　2004
　◇p96〔白黒〕　長野県阿智村　㋾熊谷元一, 昭和26年

ワラマブシ
「日本民俗大辞典 下」吉川弘文館　2000
　◇p585〔白黒〕　上田市立博物館提供

わらまぶしから収繭と毛羽取器による整繭作業
「写真で見る農具 民具」農林統計協会　1988
　◇口絵〔白黒〕　長野県原村　㋾昭和32年9月　写真提供 丸山新太郎

ワラマブシの作り方
「いまに伝える 農家のモノ・人の生活館」柏書房　2004
　◇p180 図2-1〔白黒・写真/図〕　埼玉県小川町
　◇p181 図2-2〔白黒・写真/図〕　埼玉県川里町

# 紡織・染色

藍を染める
「あるくみるきく双書 宮本常一とあるいた昭和の日本 21」農山漁村文化協会　2011
　◇p8〔白黒〕　茨城県筑波郡　㋾杉本喜世恵　写真提供 三木文庫

あいがめ
「民俗資料選集 38 紡織習俗Ⅲ」国土地理協会　2007
　◇p97（本文）〔白黒〕　三重県　松阪市立歴史民俗資料館蔵

藍甕を攪拌する
「あるくみるきく双書 宮本常一とあるいた昭和の日本 21」

### 藍切り庖丁
「日本の民具 3 山・漁村」慶友社　1992
　　◇図121〔白黒〕　埼玉県　㊞薗部澄
「写真で見る農具 民具」農林統計協会　1988
　　◇p224〔白黒〕（藍切庖丁）　京都府京都市　明治時代から大正10年頃

### 藍こなし
「日本郷土 風俗・民芸・芸能図鑑」日本図書センター　2012
　　◇写真篇 徳島〔白黒〕　徳島県
「日本民俗写真大系 4」日本図書センター　1999
　　◇p179〔白黒〕　徳島県藍住町　㊞吉成正一, 1961年

### 藍粉成し
「あるくみるきく双書 宮本常一とあるいた昭和の日本 21」農山漁村文化協会　2011
　　◇p21〔白黒〕　㊞明治時代　写真提供 三木文庫

### 藍こなしの様子
「あるくみるきく双書 宮本常一とあるいた昭和の日本 21」農山漁村文化協会　2011
　　◇p20〔白黒〕　㊞明治時代　写真提供 三木文庫

### 藍粉成し用具
「あるくみるきく双書 宮本常一とあるいた昭和の日本 21」農山漁村文化協会　2011
　　◇p21〔白黒・図〕　藍切鉈（あいきりなた），唐竿（からさお），藍摺（あいすり）二人用・一人用

### 藍栽培製造の一幅
「あるくみるきく双書 宮本常一とあるいた昭和の日本 21」農山漁村文化協会　2011
　　◇p35〔白黒・図〕　明治43年に描かれた掛軸　写真提供 三木文庫

### 藍作地方之図
「あるくみるきく双書 宮本常一とあるいた昭和の日本 21」農山漁村文化協会　2011
　　◇p15〔白黒・図〕　阿波　明治5年

### 藍師、藍問屋の藍蔵
「あるくみるきく双書 宮本常一とあるいた昭和の日本 21」農山漁村文化協会　2011
　　◇p36〔白黒〕　徳島市寺島浜之町（現藍場町）　㊞戦前　写真提供 三木文庫

### 藍染
「あるくみるきく双書 宮本常一とあるいた昭和の日本 21」農山漁村文化協会　2011
　　◇p195〔カラー〕（千葉よしのさんの藍染）　㊞竹内淳子

### 藍染め
「日本の民俗 暮らしと生業」KADOKAWA　2014
　　◇図9-9〔白黒〕　島根県出雲市　藍染めの嫁入り風呂敷を作る　㊞芳賀日出男, 昭和42年
「あるくみるきく双書 宮本常一とあるいた昭和の日本 21」農山漁村文化協会　2011
　　◇p30〜31〔白黒〕（藍染）　糸染, 藍の華, 布染　写真提供 三木文庫
「日本民具の造形」淡交社　2004
　　◇p268〔白黒〕　三重県 明和町立歴史民俗資料館所蔵　竹の棒で染めた糸を絞る
「日本民俗写真大系 4」日本図書センター　1999
　　◇p181〔白黒〕　徳島市　㊞吉成正一, 1966年
「日本の民俗 下」クレオ　1997
　　◇図9-11〔白黒〕　島根県出雲市　藍染めの嫁入り風呂敷を作る　㊞芳賀日出男, 昭和42年
「写真でみる日本生活図引 8」弘文堂　1993
　　◇図76〔白黒〕　滋賀県野洲郡野洲町　藍で染めた糸束に棒を通し絞る。国指定無形文化財・森卯一　㊞前野隆資, 昭和44年11月9日

### 藍染（反物）
「日本郷土 風俗・民芸・芸能図鑑」日本図書センター　2012
　　◇写真篇 静岡〔白黒〕（藍染）　静岡県

### 藍染の布を干す
「あるくみるきく双書 宮本常一とあるいた昭和の日本 21」農山漁村文化協会　2011
　　◇p195〔カラー〕　宮城県登米市石越町　千葉あやのさん　㊞竹内淳子, 昭和50年頃

### 藍染の宮古上布を織る
「あるくみるきく双書 宮本常一とあるいた昭和の日本 21」農山漁村文化協会　2011
　　◇p209〔白黒〕　沖縄県　㊞竹内淳子

### 藍玉
「あるくみるきく双書 宮本常一とあるいた昭和の日本 21」農山漁村文化協会　2011
　　◇p11〔白黒〕　蒅を搗いたもの　写真提供 三木文庫
「豊穣の神と家の神 目でみる民俗神シリーズ2」東京美術　1988
　　◇p118〔白黒〕

### あいだま（藍玉）大きめのもの
「民俗資料選集 38 紡織習俗Ⅲ」国土地理協会　2007
　　◇p57（本文）〔白黒〕　三重県

### 藍玉をつくる
「あるくみるきく双書 宮本常一とあるいた昭和の日本 21」農山漁村文化協会　2011
　　◇p27〔白黒〕　現在　土練機を使って蒅を練る　写真提供 三木文庫

### 藍搗き
「あるくみるきく双書 宮本常一とあるいた昭和の日本 21」農山漁村文化協会　2011
　　◇p26〔白黒〕　㊞明治時代　写真提供 三木文庫

### 藍で染めた糸を干す
「あるくみるきく双書 宮本常一とあるいた昭和の日本 21」農山漁村文化協会　2011
　　◇p200〔白黒〕（紺屋 藍で染めた糸を干す）　埼玉県羽生市　㊞竹内淳子

### 藍で染めた布を干す
「あるくみるきく双書 宮本常一とあるいた昭和の日本 21」農山漁村文化協会　2011
　　◇p33〔カラー〕　茨城県筑波郡　㊞杉本喜世恵　写真提供 三木文庫

### 藍苗床・藍畑用の用具
「あるくみるきく双書 宮本常一とあるいた昭和の日本 21」農山漁村文化協会　2011
　　◇p19〔白黒〕　塊割（くれわり），唐犂（からすき），柄振（えぶり），種子入（たねいれ），転（ころ），玉（たま）　スケッチ・赤井夕美子

### 藍の栽培
「あるくみるきく双書 宮本常一とあるいた昭和の日本 21」農山漁村文化協会　2011
　　◇p19〔白黒〕　畑ごしらえ, 苗の移植, 施肥, 収穫　写真提供 三木文庫

### 藍の種子
「あるくみるきく双書 宮本常一とあるいた昭和の日本 21」農山漁村文化協会　2011
　　◇p11〔白黒〕　写真提供 三木文庫

### 藍の苗床に間引いて残ったものを本畑に移植している様子
「あるくみるきく双書 宮本常一とあるいた昭和の日本 21」農山漁村文化協会　2011

生産・生業　　　　　　　　　　　　　　　　　　　紡織・染色

　　◇p18〔白黒〕　㊟明治時代　写真提供 三木文庫

## 藍の葉を手でする
「写真 日本文化史 9」日本評論新社　1955
　　◇図79〔白黒〕　藍玉づくり

## 藍の華
「あるくみるきく双書 宮本常一とあるいた昭和の日本 21」農山漁村文化協会　2011
　　◇p194〔カラー〕　藍染　㊟竹内淳子

## 藍の水
「日本民俗写真大系 4」日本図書センター　1999
　　◇180〔白黒〕　徳島県藍住町　藍染め　㊟吉成正一, 1959年

## アオソボシ
「民俗資料選集 3 紡織習俗Ⅰ」国土地理協会　1975
　　◇p22(口絵)〔白黒〕　新潟県　越後縮の紡織習俗(苧績みから糸くりまで)

## アカソ(オロ)
「民俗資料選集 3 紡織習俗Ⅰ」国土地理協会　1975
　　◇p62(本文)〔白黒〕　新潟県　越後のアンギン紡織

## 灰汁煮釜
「日本民具の造形」淡交社　2004
　　◇p268〔白黒〕　富山県 平村郷土館所蔵

## 揚げ枠
「あるくみるきく双書 宮本常一とあるいた昭和の日本 21」農山漁村文化協会　2011
　　◇p51〔白黒〕　㊟登勝昭

## 麻糸を紡ぐ
「図説 日本民俗学」吉川弘文館　2009
　　◇p170〔白黒〕　石川県白山市　石川県立歴史博物館提供

## 麻糸をまく竹籠製のガワ
「写真でみる日本人の生活全集 10」日本図書センター　2010
　　◇p32〔白黒〕　岩手県二戸郡

## 麻打機
「写真で見る農具 民具」農林統計協会　1988
　　◇p203〔白黒〕　神奈川県横浜市

## 麻桶と麻かきべら
「日本社会民俗辞典 4」日本図書センター　2004
　　◇p1545〔白黒〕　長野県川島村

## 麻織りの仕上げ(干し)
「民俗資料選集 23 北上山地の畑作習俗」国土地理協会　1995
　　◇p35(本文)〔白黒〕(仕上げ(干し))　岩手県久慈市山根六郷　麻織り

## 麻刀
「写真で見る農具 民具」農林統計協会　1988
　　◇p201〔白黒〕　栃木県粟野町

## 麻皮の乾燥
「民俗資料選集 23 北上山地の畑作習俗」国土地理協会　1995
　　◇p15(口絵)〔白黒〕　岩手県久慈市山根六郷

## 麻つむき桶と麻糸原料
「写真で見る農具 民具」農林統計協会　1988
　　◇p202〔白黒〕　京都府美山町

## 麻の乾燥
「民俗資料選集 23 北上山地の畑作習俗」国土地理協会　1995
　　◇p15(口絵)〔白黒〕(乾燥)　岩手県久慈市山根六郷　麻づくり

## 麻の反物
「民俗資料選集 9 山村の生活と用具」国土地理協会　1981
　　◇p55(本文)〔白黒〕　愛知県北設楽郡津具村

## 麻挽き箱, 麻挽き台, 挽き子
「写真で見る農具 民具」農林統計協会　1988
　　◇p202〔白黒〕　栃木県鹿沼市

## 麻布
「日本の民具 3 山・漁村」慶友社　1992
　　◇図126〔白黒〕　新潟県　㊟薗部澄

## 麻風呂と内桶
「写真で見る農具 民具」農林統計協会　1988
　　◇p201〔白黒〕　栃木県粟野町

## 麻蒸し
「日本民具の造形」淡交社　2004
　　◇p267〔白黒〕　大阪府 日本民家集落博物館所蔵
「民俗資料選集 23 北上山地の畑作習俗」国土地理協会　1995
　　◇p15(口絵)〔白黒〕　岩手県久慈市山根六郷

## アザリガエシ
「民俗資料選集 3 紡織習俗Ⅰ」国土地理協会　1975
　　◇p38(本文)〔白黒・図〕　新潟県岩船郡山北町雷　越後のシナ布紡織習俗

## アザリ棒・ハタクサ・シシヅメ・オネゴ竹・ヌノマキ・ヒ・コクリ棒
「民俗資料選集 3 紡織習俗Ⅰ」国土地理協会　1975
　　◇p12(口絵)〔白黒〕　新潟県　越後のしな布の紡織習俗

## 足利織物
「日本郷土 風俗・民芸・芸能図鑑」日本図書センター　2012
　　◇写真篇 栃木〔白黒〕　栃木県

## アシヒキナワ
「民俗資料選集 3 紡織習俗Ⅰ」国土地理協会　1975
　　◇p13(口絵)〔白黒〕　新潟県　越後のしな布の紡織習俗

## 足ふみ
「フォークロアの眼 2 雪国と暮らし」国書刊行会　1977
　　◇図119〔白黒〕　新潟県小千谷市千谷川　越後ちぢみ　㊟中俣正義, 昭和32年2月上旬

## 足ぶみ
「日本の民俗 暮らしと生業」KADOKAWA　2014
　　◇図9-4〔白黒〕　新潟県小千谷市　小千谷縮　㊟芳賀日出男, 昭和58年
「日本の民俗 下」クレオ　1997
　　◇図9-4〔白黒〕　新潟県小千谷市　小千谷縮　㊟芳賀日出男, 昭和58年

## アゼ糸つくり
「民俗資料選集 10 紡織習俗Ⅱ」国土地理協会　1981
　　◇p18(口絵)〔白黒〕　鹿児島県薩摩郡下甑島瀬々野浦　甑島の葛布紡織習俗

## アソビカケ
「民俗資料選集 3 紡織習俗Ⅰ」国土地理協会　1975
　　◇p40(本文)〔白黒・図〕　新潟県岩船郡山北町雷　越後のシナ布紡織習俗

## アディワーシ棒を通す
「民俗資料選集 10 紡織習俗Ⅱ」国土地理協会　1981
　　◇p30(口絵), p104(本文)〔白黒〕　鹿児島県奄美本島　芭蕉布の紡織習俗

## アトゥシを織る老婆とアトゥシ
「図説 民俗探訪事典」山川出版社　1983
　　◇p344〔白黒〕　北海道

## アトゥシカラペ
「日本民俗大辞典 上」吉川弘文館　1999

紡織・染色　　　　　　　　　　生産・生業

　　◇p31〔白黒〕　アイヌ
アマタテ
　「民俗資料選集 3 紡織習俗Ⅰ」国土地理協会　1975
　　◇p5（口絵）〔白黒〕　新潟県　越後のしな布の紡織習俗
綾織
　「日本民俗図誌 7 生業上・下篇」村田書店　1978
　　◇図125-3〔白黒・図〕
アヤオリ・カケ糸つり
　「写真で見る農具 民具」農林統計協会　1988
　　◇p261〔白黒〕　福島県郡山市
あやとり
　「写真で見る農具 民具」農林統計協会　1988
　　◇p261〔白黒〕　茨城県真壁町
アンギン編み コモヅチに糸をつける
　「民俗資料選集 3 紡織習俗Ⅰ」国土地理協会　1975
　　◇p67（本文）〔白黒・図〕　新潟県　越後のアンギン紡織
アンギン編み タテ糸をケタにさげた断面図
　「民俗資料選集 3 紡織習俗Ⅰ」国土地理協会　1975
　　◇p68（本文）〔白黒・図〕　新潟県　越後のアンギン紡織
アンギン編み タテ糸の動き
　「民俗資料選集 3 紡織習俗Ⅰ」国土地理協会　1975
　　◇p72（本文）〔白黒・図〕　新潟県　越後のアンギン紡織
アンギン編みの編み方
　「民俗資料選集 3 紡織習俗Ⅰ」国土地理協会　1975
　　◇p69〜71（本文）〔白黒〕　新潟県　越後のアンギン紡織
アンギン編み ヨコ糸の動き
　「民俗資料選集 3 紡織習俗Ⅰ」国土地理協会　1975
　　◇p71（本文）〔白黒・図〕　新潟県　越後のアンギン紡織
アンギンソデナシの編み終りのサシ
　「民俗資料選集 3 紡織習俗Ⅰ」国土地理協会　1975
　　◇p76（本文）〔白黒〕　新潟県　越後のアンギン紡織
アンギンソデナシの編み終わりのさし方
　「民俗資料選集 3 紡織習俗Ⅰ」国土地理協会　1975
　　◇p76（本文）〔白黒・図〕　新潟県　越後のアンギン紡織
アンギンソデナシのえりかたあき
　「民俗資料選集 3 紡織習俗Ⅰ」国土地理協会　1975
　　◇p75（本文）〔白黒〕　新潟県　越後のアンギン紡織
アンギンソデナシのえりかたあきのつくり方
　「民俗資料選集 3 紡織習俗Ⅰ」国土地理協会　1975
　　◇p75（本文）〔白黒・図〕　新潟県　越後のアンギン紡織
アンギンソデナシの脇のとじ方（千鳥がけ）
　「民俗資料選集 3 紡織習俗Ⅰ」国土地理協会　1975
　　◇p75（本文）〔白黒・図〕　新潟県　越後のアンギン紡織
アンギンの編み目
　「民俗資料選集 3 紡織習俗Ⅰ」国土地理協会　1975
　　◇p68（本文）〔白黒〕　新潟県　越後のアンギン紡織
アンギンの編み目組織
　「民俗資料選集 3 紡織習俗Ⅰ」国土地理協会　1975
　　◇p68（本文）〔白黒・図〕　新潟県　越後のアンギン紡織
イカニカシンチルを結びつける
　「民俗資料選集 10 紡織習俗Ⅱ」国土地理協会　1981
　　◇p31（口絵）〔白黒〕　鹿児島県奄美本島　芭蕉布の紡織習俗（はた織りの準備）
いざり機にかけるために縦糸を「筬」に通す
　「写真ものがたり昭和の暮らし 9」農山漁村文化協会　2007
　　◇p229〔白黒〕　新潟県六日町（現南魚沼市）　越後上布　㊙小見重義, 昭和58年1月

イザリバタ
　「日本民俗文化財事典（改訂版）」第一法規出版　1979
　　◇図177〔白黒〕　埼玉県
　「日本民俗図誌 7 生業上・下篇」村田書店　1978
　　◇図120-1〔白黒・図〕
　「民俗資料選集 3 紡織習俗Ⅰ」国土地理協会　1975
　　◇p13（口絵）〔白黒〕　新潟県　昔のハタゴ　越後のしな布の紡織習俗
イザリ機
　「図説 日本民俗学」吉川弘文館　2009
　　◇p170〔白黒〕　石川県白山市　石川県立歴史博物館提供
　「フォークロアの眼 2 雪国と暮らし」国書刊行会　1977
　　◇図121〜123〔白黒〕　新潟県南魚沼郡塩沢町長崎　越後ちぢみ　㊙中俣正義, 昭和32年3月上旬
イザリバタ実測図
　「民俗資料選集 3 紡織習俗Ⅰ」国土地理協会　1975
　　◇p118（本文）〔白黒・図〕　新潟県　越後縮の紡織習俗　新潟県文化財年報第3『妻有郷』より, 製図・磯貝勇
イザリバタで織る
　「民俗資料選集 3 紡織習俗Ⅰ」国土地理協会　1975
　　◇p23（口絵）〔白黒〕　新潟県　越後縮の紡織習俗（縮織りと雪さらし）
いざり機で上布を織る
　「写真ものがたり昭和の暮らし 9」農山漁村文化協会　2007
　　◇p231〔白黒〕　新潟県六日町（現南魚沼市）　越後上布　㊙小見重義, 昭和58年1月
いざりフレーム
　「写真で見る農具 民具」農林統計協会　1988
　　◇p259〔白黒〕　群馬県安中市　明治時代前期
出雲の筒引
　「あるくみるきく双書 宮本常一とあるいた昭和の日本 21」農山漁村文化協会　2011
　　◇p34〔白黒〕　㊙神崎宣武
伊勢型紙 小本
　「あるくみるきく双書 宮本常一とあるいた昭和の日本 21」農山漁村文化協会　2011
　　◇p135〔白黒〕　J字鮫（錐彫），梨割りの蔭（道具彫）　㊙近山雅人　喜田寅蔵作
伊勢型紙（縞）
　「あるくみるきく双書 宮本常一とあるいた昭和の日本 21」農山漁村文化協会　2011
　　◇p142〔白黒〕　児玉博彫り, 城ノ口みえ糸入れ　㊙近山雅人　伊勢型紙彫刻組合所蔵
伊勢型紙の地紙づくり用の柿渋
　「あるくみるきく双書 宮本常一とあるいた昭和の日本 23」農山漁村文化協会　2012
　　◇p160〔カラー〕　㊙近山雅人
板場の隅の道具類
　「あるくみるきく双書 宮本常一とあるいた昭和の日本 21」農山漁村文化協会　2011
　　◇p114〔白黒〕　東京都 新小岩の板場（作業場）　江戸小紋　㊙近山雅人
一方の端をマキチャに通す
　「民俗資料選集 10 紡織習俗Ⅱ」国土地理協会　1981
　　◇p31（口絵）〔白黒〕　鹿児島県奄美本島　芭蕉布の紡織習俗（はた織りの準備）
糸揚げ
　「あるくみるきく双書 宮本常一とあるいた昭和の日本 21」農山漁村文化協会　2011
　　◇p70〔白黒〕　結城紬　㊙登勝昭・芳子

## 生産・生業　　　紡織・染色

**糸あげ器**
「写真で見る農具 民具」農林統計協会　1988
◇p257〔白黒〕　埼玉県吉田町　使用年代不明

**糸入れをするための木枠**
「あるくみるきく双書 宮本常一とあるいた昭和の日本 21」農山漁村文化協会　2011
◇p140〔カラー〕　三重県鈴鹿市　伊勢型紙　㊞近山雅人　伝統産業会館にて

**糸入れ用の絹糸**
「あるくみるきく双書 宮本常一とあるいた昭和の日本 21」農山漁村文化協会　2011
◇p139〔白黒〕　伊勢型紙, 城ノ口みえ使用　㊞近山雅人

**糸うみ**
「民俗資料選集 10 紡織習俗Ⅱ」国土地理協会　1981
◇p4(口絵)〔白黒〕　島根県八束郡鹿島町上講武　出雲の藤布紡織習俗
◇p14(口絵)〔白黒〕　鹿児島県薩摩郡下甑島瀬々野浦　甑島の葛布紡織習俗

**糸を染める**
「あるくみるきく双書 宮本常一とあるいた昭和の日本 21」農山漁村文化協会　2011
◇p198〔カラー〕　滋賀県野州市　藍染　㊞竹内淳子

**糸をちきりと呼ぶ筒状のものに巻き取る**
「写真ものがたり昭和の暮らし 9」農山漁村文化協会　2007
◇p230（本文）　新潟県六日町（現南魚沼市）　越後上布箴に通した糸をいざり機にかけるため、一反分の糸を延ばして「ちきり」と呼ぶ筒状のものに巻き取る　㊞小見重義, 昭和58年1月

**糸を紡ぐ**
「写真ものがたり昭和の暮らし 9」農山漁村文化協会　2007
◇〔もくじ〕〔白黒〕　㊞小野重朗

**糸をぬかと塩でもむ**
「民俗資料選集 10 紡織習俗Ⅱ」国土地理協会　1981
◇p30(口絵)〔白黒〕（ぬかと塩でもむ）　鹿児島県奄美本島　芭蕉布の紡織習俗

**糸を柱にはったところ**
「民俗資料選集 10 紡織習俗Ⅱ」国土地理協会　1981
◇p106（本文）〔白黒〕　鹿児島県　奄美の芭蕉布紡織習俗

**糸をへる**
「民俗資料選集 3 紡織習俗Ⅰ」国土地理協会　1975
◇p8(口絵)〔白黒〕　新潟県　越後のしな布の紡織習俗

**糸折りかえし機**
「写真で見る農具 民具」農林統計協会　1988
◇p257〔白黒〕　埼玉県吉田町

**糸口さがし**
「写真で見る農具 民具」農林統計協会　1988
◇p253〔白黒〕　群馬県甘楽町　明治時代中期

**糸くり**
「民俗資料選集 10 紡織習俗Ⅱ」国土地理協会　1981
◇p65（本文）〔白黒〕　鹿児島県 甑島　甑島の葛布紡織習俗
「民俗資料選集 3 紡織習俗Ⅰ」国土地理協会　1975
◇p22(口絵)〔白黒〕　新潟県　越後縮の紡織習俗

**糸繰り**
「民俗の事典」岩崎美術社　1972
◇p101〔白黒〕　岐阜県大野郡神岡町

**いとくりき**
「日本の生活文化財」第一法規出版　1965
◇図46（生産・運搬・交易）〔白黒〕　文部省史料館所蔵（東京都品川区）

**糸くり機**
「写真で見る農具 民具」農林統計協会　1988
◇p262〔白黒〕　福島県郡山市　昭和前期

**糸くりばた**
「写真で見る農具 民具」農林統計協会　1988
◇p252〔白黒〕　宮崎県串間市　大正時代から昭和20年頃

**糸ぐるま**
「民俗資料選集 38 紡織習俗Ⅲ」国土地理協会　2007
◇p6(口絵)〔白黒〕　三重県　松阪市立歴史民俗資料館蔵

**糸車**
「今は昔 民具など」文芸社　2014
◇p28〔白黒〕　㊞山本富三　京の田舎民具資料館蔵
「あるくみるきく双書 宮本常一とあるいた昭和の日本 21」農山漁村文化協会　2011
◇p51〔白黒〕　㊞登勝昭
「日本民具の造形」淡交社　2004
◇p267〔白黒〕　岡山県 加茂川町歴史民俗資料館所蔵
「日本民俗大辞典 上」吉川弘文館　1999
◇p111〔白黒・図〕　新潟県佐渡郡相川町
「写真で見る農具 民具」農林統計協会　1988
◇p251〔白黒〕　群馬県太田市　明治時代から大正時代
◇p252〔白黒〕　福島県郡山市　明治30年頃から
◇p252〔白黒〕　新潟県京ヶ瀬村　大正時代から昭和前期
「民俗資料選集 10 紡織習俗Ⅱ」国土地理協会　1981
◇p5(口絵)〔白黒〕　島根県八束郡鹿島町上講武　出雲の藤布紡織習俗
「民俗資料選集 3 紡織習俗Ⅰ」国土地理協会　1975
◇p175（本文）〔白黒・図〕　徳島県那賀郡木頭村　阿波のタフ紡織習俗
「日本民俗事典」弘文堂　1972
◇p44〔白黒〕
「民俗の事典」岩崎美術社　1972
◇p101〔白黒〕　岡山県阿哲郡哲西町

**糸車によるヨリカケ**
「民俗資料選集 3 紡織習俗Ⅰ」国土地理協会　1975
◇p140（本文）〔白黒〕　新潟県相川町戸中　作業中のものはシナであるが、ヤマソも同じやり方。佐渡のヤマソ紡織習俗

**糸車の構造とツルベの作り方**
「いまに伝える 農家のモノ・人の生活館」柏書房　2004
◇p11 図4〔白黒・図〕　埼玉県川里町

**糸晒し**
「民俗資料選集 3 紡織習俗Ⅰ」国土地理協会　1975
◇p22(口絵)〔白黒〕　新潟県　越後縮の紡織習俗（苧績みから糸くりまで）

**糸績み**
「民俗資料選集 3 紡織習俗Ⅰ」国土地理協会　1975
◇p17(口絵)〔白黒〕　新潟県　越後のアンギン紡織

**糸束を藍液に浸し藍で染める**
「あるくみるきく双書 宮本常一とあるいた昭和の日本 21」農山漁村文化協会　2011
◇表紙写真：表〔白黒〕　茨城県筑波郡の紺屋の甕場　㊞杉本喜世恵, 昭和51年

**糸つむぎ**
「写真でみる日本人の生活全集 10」日本図書センター　2010
◇p43〔白黒〕　岐阜県　飛騨の女

**糸紡ぎ車**
「日本の民具 2 農村」慶友社　1992

紡織・染色　　　　　　　　　　　　　生産・生業

　　　◇図137〔白黒〕　使用地不明　㊙薗部澄

**糸紡ぎの手順**
　「いまに伝える 農家のモノ・人の生活館」柏書房　2004
　　　◇p11 図3〔白黒・図〕

**糸とり**
　「あるくみるきく双書 宮本常一とあるいた昭和の日本 21」農山漁村文化協会　2011
　　　◇p37〔カラー〕　栃木県下野市仁良川　結城紬　㊙登勝昭
　　　◇p69〔白黒〕　結城紬　㊙登勝昭・芳子

**糸取り**
　「写真でみる日本生活図引 別巻」弘文堂　1993
　　　◇図74〔白黒〕　長野県下伊那郡阿智村　縁側で玉繭から糸取り　㊙矢沢昇, 昭和31年8月22日

**糸とり器**
　「写真で見る農具 民具」農林統計協会　1988
　　　◇p254〔白黒〕　宮崎県串間市　大正時代中期から昭和10年頃まで
　　　◇p255〔白黒〕　福島県郡山市　昭和30年まで
　　　◇p255〔白黒〕　福島県郡山市　使用年代不明

**糸とり機**
　「日本民具の造形」淡交社　2004
　　　◇p241〔白黒〕　愛知県　根羽村歴史民俗資料館所蔵

**糸とり機, なべ**
　「写真で見る農具 民具」農林統計協会　1988
　　　◇p255〔白黒〕　愛媛県日吉村　昭和5年頃から30年頃まで

**糸によりをかける**
　「民俗資料選集 10 紡織習俗Ⅱ」国土地理協会　1981
　　　◇p15（口絵）〔白黒〕　鹿児島県薩摩郡下甑島瀬々野浦　甑島の葛布紡織習俗

**糸のかけ方**
　「民俗資料選集 3 紡織習俗Ⅰ」国土地理協会　1975
　　　◇p28（本文）〔白黒・図〕　新潟県岩船郡山北町雷　越後のシナ布紡織習俗

**糸の整理**
　「民俗資料選集 10 紡織習俗Ⅱ」国土地理協会　1981
　　　◇p31（口絵）, p107（本文）〔白黒〕　鹿児島県奄美本島　芭蕉布の紡織習俗（はた織りの準備）

**糸のたま**
　「民俗資料選集 10 紡織習俗Ⅱ」国土地理協会　1981
　　　◇p4（口絵）〔白黒〕　島根県八束郡鹿島町上講武　出雲の藤布紡織習俗

**糸のつなぎ方**
　「民俗資料選集 10 紡織習俗Ⅱ」国土地理協会　1981
　　　◇p95（本文）〔白黒・図〕　鹿児島県　奄美の芭蕉布紡織習俗

**糸延べ**
　「写真ものがたり昭和の暮らし 9」農山漁村文化協会　2007
　　　◇p228〔白黒〕　新潟県六日町（現南魚沼市）　越後上布　㊙小見重義, 昭和58年1月

**糸延べの用意をする**
　「写真ものがたり昭和の暮らし 9」農山漁村文化協会　2007
　　　◇p227〔白黒〕　新潟県六日町（現南魚沼市）　越後上布　㊙小見重義, 昭和58年1月

**糸ひき車**
　「写真で見る農具 民具」農林統計協会　1988
　　　◇p256〔白黒〕　千葉県八日市場市

**いとひきわく**
　「日本の生活文化財」第一法規出版　1965
　　　◇図50（生産・運搬・交易）〔白黒〕　文部省史料館所蔵（東京都品川区）

**糸挽き枠**
　「日本の民具 2 農村」慶友社　1992
　　　◇図138〔白黒〕　栃木県河内郡河内村　㊙薗部澄

**糸まき**
　「写真で見る農具 民具」農林統計協会　1988
　　　◇p253〔白黒〕　福島県郡山市　昭和30年代まで

**糸巻**
　「日本民具の造形」淡交社　2004
　　　◇p267〔白黒〕　群馬県 黒保根村歴史民俗資料館所蔵

**糸巻き台と糸枠**
　「図録・民具入門事典」柏書房　1991
　　　◇p75〔白黒〕　長崎県

**糸撚り**
　「民俗資料選集 23 北上山地の畑作習俗」国土地理協会　1995
　　　◇p35（本文）〔白黒〕　岩手県久慈市山根六郷　麻糸づくり
　「写真でみる日本生活図引 1」弘文堂　1989
　　　◇図144〔白黒〕　群馬県勢多郡北橘村八崎　㊙須藤功, 昭和44年4月4日
　「写真でみる日本生活図引 3」弘文堂　1988
　　　◇図140〔白黒〕　新潟県北魚沼郡小出町干溝　㊙林明男, 昭和30年代

**いとわく**
　「日本の生活文化財」第一法規出版　1965
　　　◇図47（生産・運搬・交易）〔白黒〕　文部省史料館所蔵（東京都品川区）

**糸わく**
　「写真で見る農具 民具」農林統計協会　1988
　　　◇p253〔白黒〕　福島県郡山市

**糸枠とヘグイ**
　「民俗資料選集 10 紡織習俗Ⅱ」国土地理協会　1981
　　　◇p27（本文）〔白黒〕　島根県八束郡鹿島町大字上講武　出雲の藤布紡織習俗

**伊那の組合製糸工場天龍社**
　「宮本常一 写真・日記集成 上」毎日新聞社　2005
　　　◇p383〔白黒〕　長野県下伊那郡高森町　㊙宮本常一, 1963年7月4日

**伊波メンサー**
　「日本民具の造形」淡交社　2004
　　　◇p269〔白黒〕　沖縄県 石川市立歴史民俗資料館所蔵

**芋桶**
　「日本の民具 2 農村」慶友社　1992
　　　◇図135〔白黒〕　新潟県古志郡山古志村　㊙薗部澄

**伊予絣**
　「日本郷土 風俗・民芸・芸能図鑑」日本図書センター　2012
　　　◇写真篇 愛媛〔白黒〕　愛媛県

**いらくさ各種**
　「民俗資料選集 3 紡織習俗Ⅰ」国土地理協会　1975
　　　◇p16（口絵）〔白黒〕　新潟県　イラ, アオソ, オロ　越後のアンギン紡織

**ヴウミ**
　「民俗資料選集 10 紡織習俗Ⅱ」国土地理協会　1981
　　　◇p28（口絵）〔白黒〕　鹿児島県奄美本島　芭蕉布の紡織習俗

**ウシクビとザグリで糸取りをするようす**
　「いまに伝える 農家のモノ・人の生活館」柏書房　2004
　　　◇p189 図1〔白黒・図〕　〔埼玉県〕

## 生産・生業　　　　　　　　　　　　　　　　　　　　　　　　　　　　　紡織・染色

**ヴチンギ**
「民俗資料選集 10 紡織習俗Ⅱ」国土地理協会　1981
◇p28（口絵），p96（本文）〔白黒〕　鹿児島県奄美本島　芭蕉布の紡織習俗

**ウミオケ**
「写真 日本文化史 9」日本評論新社　1955
◇図89〔白黒〕　岩手県　うんだ糸をたぐっていれるもの

**績んだ糸を「つむ」をまわして撚りをかけて巻き取る**
「写真ものがたり昭和の暮らし 9」農山漁村文化協会　2007
◇p225〔白黒〕　新潟県六日町（現南魚沼市）　越後上布　㊞小見重義, 昭和58年2月

**績んだ糸を8字形に巻いてツグリをつくる**
「あるくみるきく双書 宮本常一とあるいた昭和の日本 21」農山漁村文化協会　2011
◇p101〔白黒〕　静岡県掛川市

**績んだカジの糸を綛に巻き取る**
「あるくみるきく双書 宮本常一とあるいた昭和の日本 21」農山漁村文化協会　2011
◇p91〔白黒〕　徳島県木頭村　太布を復元する企画

**越後上布の雪ざらし**
「フォークロアの眼 2 雪国と暮らし」国書刊行会　1977
◇図125〔白黒〕　新潟県南魚沼郡塩沢町十日市　㊞中俣正義, 昭和32年3月上旬

**越後縮の奉納幡**
「民俗資料選集 3 紡織習俗Ⅰ」国土地理協会　1975
◇p24（口絵）〔白黒〕　新潟県　越後縮の紡織習俗（縮織りと雪さらし）

**江戸小紋の反物をみる**
「あるくみるきく双書 宮本常一とあるいた昭和の日本 21」農山漁村文化協会　2011
◇p108〔白黒〕　呉服問屋「岡巳」　㊞近山雅人

**オウミ**
「民俗資料選集 3 紡織習俗Ⅰ」国土地理協会　1975
◇p22（口絵）〔白黒〕　新潟県　越後縮の紡織習俗（苧績みから糸くりまで）
◇p140（本文）〔白黒〕　新潟県相川町戸中　うんでいるのはチョマ　佐渡のヤマソ紡織習俗

**苧うみ**
「民俗図録 日本人の暮らし」日本図書センター　2012
◇図151〔白黒〕　福井県今立郡岡本村　麻つくり　㊞平山敏治郎

**苧績**
「日本の民俗 下」クレオ　1997
◇図9-3〔白黒〕　新潟県小千谷市　小千谷縮　㊞芳賀日出男, 昭和58年

**麻績み**
「民俗資料選集 3 紡織習俗Ⅰ」国土地理協会　1975
◇p23（本文）〔白黒〕　新潟県岩船郡山北町雷　越後のシナ布紡織習俗

**近江絹糸の女工**
「写真でみる日本人の生活全集 10」日本図書センター　2010
◇p66〔白黒〕

**緒桶**
「写真で見る農具 民具」農林統計協会　1988
◇p202〔白黒〕　高知県物部村　大正時代

**大島紬の内機**
「日本の民俗 暮らしと生業」KADOKAWA　2014
◇図9-7〔白黒〕　鹿児島県大島郡笠利町　大島紬　㊞芳賀日出男, 昭和31年

「日本民俗写真大系 5」日本図書センター　2000
◇p93〔白黒〕　鹿児島県笠利町　㊞芳賀日出男, 1955年
「日本の民俗 下」クレオ　1997
◇図9-9〔白黒〕　鹿児島県大島郡笠利町　高倉の下で大島紬を高機で織る農家の主婦　㊞芳賀日出男, 昭和31年

**大島紬の調整**
「日本の民俗 暮らしと生業」KADOKAWA　2014
◇図9-8〔白黒〕　鹿児島県名瀬市　㊞芳賀日出男, 昭和31年
「日本の民俗 下」クレオ　1997
◇図9-10〔白黒〕　鹿児島県名瀬市　㊞芳賀日出男, 昭和31年

**大島紬の織括り**
「日本民俗図誌 7 生業上・下篇」村田書店　1978
◇図125-4〔白黒・図〕　奄

**オカキ**
「民俗資料選集 3 紡織習俗Ⅰ」国土地理協会　1975
◇p17（口絵）〔白黒〕　新潟県 秋山　越後のアンギン紡織

**屋外での機織や刺繍**
「精選 日本民俗辞典」吉川弘文館　2006
◇p4〔白黒〕　北海道平取町
「日本民俗大辞典 上」吉川弘文館　1999
◇p5〔白黒〕　北海道平取町

**オケ**
「写真 日本文化史 9」日本評論新社　1955
◇図87〔白黒〕　新潟県　うんだ糸をたぐっていれるもの

**オゴケ**
「図録・民具入門事典」柏書房　1991
◇p75〔白黒〕　長崎県
「民俗資料選集 3 紡織習俗Ⅰ」国土地理協会　1975
◇p175（本文）〔白黒・図〕　徳島県那賀郡木頭村　一般のもの。阿波のタフ紡織習俗

**オサ**
「民俗資料選集 3 紡織習俗Ⅰ」国土地理協会　1975
◇p45（本文）〔白黒・図〕　新潟県岩船郡山北町雷　越後のシナ布紡織習俗
◇p142（本文）〔白黒〕　新潟県　シナ・ヤマソに使われた。佐渡のヤマソ紡織習俗　相川郷土博物館蔵

**梭（おさ）**
「写真で見る農具 民具」農林統計協会　1988
◇p260〔白黒〕（梭）　岐阜県大野町　明治時代から昭和20年代まで
◇p260〔白黒〕（梭）　宮崎県門川町

**筬**
「民俗資料選集 38 紡織習俗Ⅲ」国土地理協会　2007
◇p7（口絵）〔白黒〕　三重県　松阪市立歴史民俗資料館蔵
「日本民俗大辞典 上」吉川弘文館　1999
◇p256〔白黒〕　上田市立博物館所蔵
「日本の民具 2 農村」慶友社　1992
◇図142〔白黒〕　長野県南佐久郡川上村　㊞薗部澄
「写真で見る農具 民具」農林統計協会　1988
◇p260〔白黒〕　高知県物部村　昭和時代前期
「日本民俗図誌 7 生業上・下篇」村田書店　1978
◇図120-3〔白黒・図〕

**オサザシ**
「民俗資料選集 3 紡織習俗Ⅰ」国土地理協会　1975
◇p35（本文）〔白黒〕　新潟県岩船郡山北町雷　越後のシナ布紡織習俗

紡織・染色　　　　　　　　　　　　　　　　　生産・生業

オサザにおさめたオサ
　「民俗資料選集 3 紡織習俗Ⅰ」国土地理協会　1975
　　◇p9（口絵）〔白黒〕　新潟県　越後のしな布の紡織習俗

筬製造機
　「民俗資料選集 38 紡織習俗Ⅲ」国土地理協会　2007
　　◇p94（本文）〔白黒〕　三重県松阪市上川町　明治中期のもの　手動式

オサ通し
　「民俗資料選集 10 紡織習俗Ⅱ」国土地理協会　1981
　　◇p34（本文）〔白黒〕　島根県八束郡鹿島町大字上講武　出雲の藤布紡織習俗

筬通し
　「あるくみるきく双書 宮本常一とあるいた昭和の日本 21」農山漁村文化協会　2011
　　◇p71〔白黒〕　結城紬　⦿登勝昭・芳子

押し切り
　「写真で見る農具 民具」農林統計協会　1988
　　◇p201〔白黒〕　栃木県鹿沼市

オシボリ、管に巻いたもの、績んだもの、裂いたもの、柔らげた皮
　「民俗資料選集 3 紡織習俗Ⅰ」国土地理協会　1975
　　◇p176（本文）〔白黒〕　徳島県那賀郡木頭村　阿波のタフ紡織習俗

小千谷縮を織る
　「日本郷土 風俗・民芸・芸能図鑑」日本図書センター　2012
　　◇写真篇 新潟〔白黒〕（小千谷縮）　新潟県

おったて
　「日本の民具 2 農村」慶友社　1992
　　◇図128〔白黒〕　新潟県北魚沼郡湯之谷村　⦿薗部澄
　「写真 日本文化史 9」日本評論新社　1955
　　◇図91〔白黒〕　新潟県　糸を巻きとるのに使う

織った布を水槽に入れて足で踏む
　「写真ものがたり昭和の暮らし 9」農山漁村文化協会　2007
　　◇p232〔白黒〕　新潟県小千谷市千谷川　縮　⦿中俣正義、昭和32年2月

オツムギ（苧紡ぎ）
　「民俗資料選集 3 紡織習俗Ⅰ」国土地理協会　1975
　　◇p177（本文）〔白黒〕　徳島県那賀郡木頭村　績んだ糸に撚りをかける。阿波のタフ紡織習俗

オネゴダケとヌノマキ
　「民俗資料選集 3 紡織習俗Ⅰ」国土地理協会　1975
　　◇p39（本文）〔白黒・図〕　新潟県岩船郡山北町雷　越後のシナ布紡織習俗

オネゴ竹とヌノマキ
　「民俗資料選集 3 紡織習俗Ⅰ」国土地理協会　1975
　　◇p12（口絵）〔白黒〕　新潟県　越後のしな布の紡織習俗

苧ビキ
　「日本民俗写真大系 5」日本図書センター　2000
　　◇p136〔白黒〕　⦿坂本万七、1940年
　「民俗資料選集 3 紡織習俗Ⅰ」国土地理協会　1975
　　◇p21（口絵）〔白黒〕　新潟県　越後縮の紡織習俗

オヒキイタ
　「写真でみる日本人の生活全集 10」日本図書センター　2010
　　◇p32〔白黒〕

オヒキノコ
　「写真でみる日本人の生活全集 10」日本図書センター　2010
　　◇p32〔白黒〕

オヒョウの糸で布を織る
　「あるくみるきく双書 宮本常一とあるいた昭和の日本 21」農山漁村文化協会　2011
　　◇p102〔白黒〕　北海道平取町二風谷　⦿須藤功

オヒョウの皮で績んだ糸の整経
　「あるくみるきく双書 宮本常一とあるいた昭和の日本 21」農山漁村文化協会　2011
　　◇p78〔カラー〕　北海道平取町二風谷　⦿須藤功

オヒョウの木の皮をはぐ
　「あるくみるきく双書 宮本常一とあるいた昭和の日本 21」農山漁村文化協会　2011
　　◇p73〔白黒〕　北海道平取町二風谷　⦿須藤功

オフキダイと木製のオフキ
　「写真でみる日本人の生活全集 10」日本図書センター　2010
　　◇p32〔白黒〕　新潟県北魚沼郡

オフキとオフキダイ
　「図録・民具入門事典」柏書房　1991
　　◇p74〔白黒〕　青森県　小川原湖博物館所蔵
　「写真 日本文化史 9」日本評論新社　1955
　　◇図84〔白黒〕　新潟県

麻舟
　「写真で見る農具 民具」農林統計協会　1988
　　◇p202〔白黒〕　栃木県粟野町

オボケ
　「あるくみるきく双書 宮本常一とあるいた昭和の日本 21」農山漁村文化協会　2011
　　◇p51〔白黒〕　⦿登勝昭
　「日本民具の造形」淡交社　2004
　　◇p267〔白黒〕　山形県　山形県立博物館所蔵
　　◇p290〔白黒〕　富山県　相倉民俗館
　「日本の民具 2 農村」慶友社　1992
　　◇図131〔白黒〕　新潟県直江津市　⦿薗部澄
　「民俗資料選集 3 紡織習俗Ⅰ」国土地理協会　1975
　　◇p23（本文）〔白黒〕　新潟県岩船郡山北町雷　越後のシナ布紡織習俗

オボケ（苧桶）
　「図説 民俗探訪事典」山川出版社　1983
　　◇p48〔白黒〕　国文学史料館蔵

苧桶
　「日本民俗大辞典 上」吉川弘文館　1999
　　◇p281〔白黒・図〕　新潟県佐渡郡相川町
　「民具のみかた一心とかたち」第一法規出版　1983
　　◇p252〔白黒〕（オボケ（苧桶））　新潟県秋山郷

オボケとツム
　「民俗資料選集 10 紡織習俗Ⅱ」国土地理協会　1981
　　◇p5（本文）〔白黒・図〕　島根県八束郡鹿島町古浦

オミカゴ
　「民俗図録 日本人の暮らし」日本図書センター　2012
　　◇図259〔白黒〕（オミカゴその他）　岐阜県揖斐郡徳山村塚　タチ臼の上にオミカゴ（苧をうむに用いた竹籠）、臼の前にテンゴ（背負籠）　⦿櫻田勝徳

オミ方
　「民俗資料選集 3 紡織習俗Ⅰ」国土地理協会　1975
　　◇p25（本文）〔白黒・図〕　新潟県岩船郡山北町雷　越後のシナ布紡織習俗

織り
　「あるくみるきく双書 宮本常一とあるいた昭和の日本 21」農山漁村文化協会　2011
　　◇p58～59〔カラー〕　栃木県下野市仁良川　結城紬　⦿登勝昭

◇p72〔白黒〕　居坐機 結城紬　㊗登勝昭・芳子
「民俗資料選集 10 紡織習俗Ⅱ」国土地理協会　1981
　　◇p70（本文）〔白黒〕　鹿児島県 甑島　オサで横糸を打ち込む。甑島の葛布紡織習俗

**織りあがったしな布**
「民俗資料選集 3 紡織習俗Ⅰ」国土地理協会　1975
　　◇p15（口絵）〔白黒〕　新潟県　越後のしな布の紡織習俗

**織りあがった太布**
「いまに伝える 農家のモノ・人の生活館」柏書房　2004
　　◇p13 写真3〔白黒〕　徳島県木頭村

**織り上がり 切りとり**
「民俗資料選集 10 紡織習俗Ⅱ」国土地理協会　1981
　　◇p10（口絵）〔白黒〕　島根県八束郡鹿島町上講武　出雲の藤布紡織習俗
　　◇p40（本文）〔白黒〕　島根県八束郡鹿島町大字上講武　出雲の藤布紡織習俗

**織機にかける**
「民俗資料選集 10 紡織習俗Ⅱ」国土地理協会　1981
　　◇p69（本文）〔白黒・図/写真〕　鹿児島県 甑島　縦糸が織機にかけられ、下糸が上がった状態。甑島の葛布紡織習俗

**オリキリ（織り切り）**
「民俗資料選集 10 紡織習俗Ⅱ」国土地理協会　1981
　　◇p118（本文）〔白黒・図〕　鹿児島県　奄美の芭蕉布紡織習俗

**織布**
「民俗資料選集 3 紡織習俗Ⅰ」国土地理協会　1975
　　◇p142（本文）〔白黒〕　新潟県相川町戸中　経糸はチョマ、緯糸はシナ。佐渡のヤマソ紡織習俗

**織物**
「日本郷土 風俗・民芸・芸能図鑑」日本図書センター　2012
　　◇写真篇 沖縄〔白黒〕　沖縄県

**織物機**
「写真でみる日本人の生活全集 10」日本図書センター　2010
　　◇p33〔白黒〕

**織るときに座る位置とクシギョ**
「民俗資料選集 10 紡織習俗Ⅱ」国土地理協会　1981
　　◇p113（本文）〔白黒〕　鹿児島県　奄美の芭蕉布紡織習俗

**おんけ**
「日本社会民俗辞典 1」日本図書センター　2004
　　◇p17〔白黒〕　愛知県本郷町　つむぎ麻を入れる器

**鏡立**
「あるくみるきく双書 宮本常一とあるいた昭和の日本 21」農山漁村文化協会　2011
　　◇p19〔白黒〕　釣瓶をつけて井戸の水を汲み藍畑にまく 写真提供 三木文庫

**掻き取った苧麻の繊維（青苧）**
「写真ものがたり昭和の暮らし 9」農山漁村文化協会　2007
　　◇p222〔白黒〕　福島県昭和村　越後上布　㊗小見重義、昭和54年7月

**カケ糸**
「写真で見る農具 民具」農林統計協会　1988
　　◇p261〔白黒〕　福島県郡山市　使用年代不明

**掛糸かけ**
「あるくみるきく双書 宮本常一とあるいた昭和の日本 21」農山漁村文化協会　2011
　　◇p72〔白黒〕　結城紬　㊗登勝昭・芳子

**かごわく**
「日本の生活文化財」第一法規出版　1965
　　◇図49（生産・運搬・交易）〔白黒〕　文部省史料館所蔵（東京都品川区）

**かざり（綜絖）**
「民俗資料選集 38 紡織習俗Ⅲ」国土地理協会　2007
　　◇p91（本文）〔白黒〕　三重県

**カシ（かせ）**
「民俗資料選集 10 紡織習俗Ⅱ」国土地理協会　1981
　　◇p102（本文）〔白黒・図〕　鹿児島県　奄美の芭蕉布紡織習俗

**カシ糸をはずす**
「民俗資料選集 10 紡織習俗Ⅱ」国土地理協会　1981
　　◇p102（本文）〔白黒〕　鹿児島県　アディをひもで結ぶ、糸のはしをはずす、巻きとった糸をはずして取る　奄美の芭蕉布紡織習俗

**カジウミ**
「民俗資料選集 3 紡織習俗Ⅰ」国土地理協会　1975
　　◇p176（本文）〔白黒〕　徳島県那賀郡木頭村　カジ皮を裂く。阿波のタフ紡織習俗
　　◇p176（本文）〔白黒〕　徳島県那賀郡木頭村　カジ皮を繋んでタバに入れる。阿波のタフ紡織習俗

**カジ績み**
「あるくみるきく双書 宮本常一とあるいた昭和の日本 21」農山漁村文化協会　2011
　　◇p90〔白黒〕　徳島県木頭村　太布を復元する企画

**カジ穀で鬼皮を削る**
「民俗資料選集 3 紡織習俗Ⅰ」国土地理協会　1975
　　◇p173（本文）〔白黒〕　徳島県那賀郡木頭村　阿波のタフ紡織習俗

**カジ皮を槌で打って柔らげる**
「民俗資料選集 3 紡織習俗Ⅰ」国土地理協会　1975
　　◇p173（本文）〔白黒〕　徳島県那賀郡木頭村　阿波のタフ紡織習俗

**カジ皮を踏んで柔らげる**
「民俗資料選集 3 紡織習俗Ⅰ」国土地理協会　1975
　　◇p173（本文）〔白黒〕　徳島県那賀郡木頭村　阿波のタフ紡織習俗

**カジ皮の乾燥**
「民俗資料選集 3 紡織習俗Ⅰ」国土地理協会　1975
　　◇p173（本文）〔白黒〕　徳島県那賀郡木頭村　阿波のタフ紡織習俗

**カシケーイ（かせ掛け）**
「民俗資料選集 10 紡織習俗Ⅱ」国土地理協会　1981
　　◇p29（口絵）,p99（本文）〔白黒〕　鹿児島県　ワクからカシに巻き移す。奄美の芭蕉布紡織習俗

**カジ断ち作業**
「あるくみるきく双書 宮本常一とあるいた昭和の日本 21」農山漁村文化協会　2011
　　◇p86〔白黒〕　徳島県木頭村　太布を復元する企画

**カジの皮を灰汁で煮る**
「あるくみるきく双書 宮本常一とあるいた昭和の日本 21」農山漁村文化協会　2011
　　◇p89〔白黒〕　徳島県木頭村　太布を復元する企画

**かじのき**
「民俗資料選集 3 紡織習俗Ⅰ」国土地理協会　1975
　　◇p170（本文）〔白黒〕　徳島県那賀郡木頭村　阿波のタフ紡織習俗

**かじのきの皮はぎ**
「民俗資料選集 3 紡織習俗Ⅰ」国土地理協会　1975
　　◇p173（本文）〔白黒〕　徳島県那賀郡木頭村　阿波のタフ紡織習俗

紡織・染色　　　　　　　　　　　　　　　　　　　生産・生業

かじのきの荒皮を取る
　「民俗資料選集 3 紡織習俗Ⅰ」国土地理協会　1975
　　◇p173（本文）〔白黒〕　徳島県那賀郡木頭村　阿波のタフ紡織習俗

カシンチルを結びつけたところ
　「民俗資料選集 10 紡織習俗Ⅱ」国土地理協会　1981
　　◇p112（本文）〔白黒・図〕　鹿児島県　奄美の芭蕉布紡織習俗

カシンチルキリ
　「民俗資料選集 10 紡織習俗Ⅱ」国土地理協会　1981
　　◇p116（本文）〔白黒・図〕　鹿児島県　奄美の芭蕉布紡織習俗

絣括り
　「あるくみるきく双書 宮本常一とあるいた昭和の日本 21」農山漁村文化協会　2011
　　◇p43〔白黒〕　結城紬　㊙登勝昭

絣づくり
　「日本写真全集 9」小学館　1987
　　◇図88〔白黒〕　新潟小千谷　㊙濱谷浩, 昭和31年

カセ
　「図録・民具入門事典」柏書房　1991
　　◇p76〔白黒〕　長崎県対馬

カセをナカテに掛けて棒にとる
　「民俗資料選集 3 紡織習俗Ⅰ」国土地理協会　1975
　　◇p178（本文）〔白黒〕　徳島県那賀郡木頭村　機織りの準備。阿波のタフ紡織習俗

カセグルマ
　「民俗資料選集 3 紡織習俗Ⅰ」国土地理協会　1975
　　◇p175（本文）〔白黒・図〕　徳島県那賀郡木頭村　阿波のタフ紡織習俗

綛車
　「日本民俗事典」弘文堂　1972
　　◇p146〔白黒〕

かせぞろえ
　「民俗資料選集 3 紡織習俗Ⅰ」国土地理協会　1975
　　◇p11（口絵）〔白黒〕　新潟県　越後のしな布の紡織習俗

カセトリ
　「図録・民具入門事典」柏書房　1991
　　◇p76〔白黒〕　長崎県対馬

型置きした布を染める
　「あるくみるきく双書 宮本常一とあるいた昭和の日本 21」農山漁村文化協会　2011
　　◇p199〔カラー〕　東京都八王子市　藍染　㊙竹内淳子

型付
　「あるくみるきく双書 宮本常一とあるいた昭和の日本 21」農山漁村文化協会　2011
　　◇p112〔白黒〕　東京都 新小岩の板場（作業場）　江戸小紋　㊙近山雅人

型付をする染師
　「あるくみるきく双書 宮本常一とあるいた昭和の日本 21」農山漁村文化協会　2011
　　◇p107〔白黒〕　東京都 新小岩の板場（作業場）　江戸小紋　㊙近山雅人

型付したあと豆を引く
　「あるくみるきく双書 宮本常一とあるいた昭和の日本 21」農山漁村文化協会　2011
　　◇p201〔白黒〕　東京都八王子市　藍染　㊙竹内淳子

型付の糊
　「あるくみるきく双書 宮本常一とあるいた昭和の日本 21」農山漁村文化協会　2011
　　◇p110〔白黒〕　東京都 新小岩の板場（作業場）　江戸

小紋　㊙近山雅人

家内織物
　「写真でみる日本生活図引 3」弘文堂　1988
　　◇図145〔白黒〕　山梨県・都留地方　㊙菊池俊吉, 昭和28年
　　◇図146〔白黒〕　山梨県・都留地方　㊙菊池俊吉, 昭和28年

カナゴという刃物を使ってからむしの外皮をとる
　「あるくみるきく双書 宮本常一とあるいた昭和の日本 21」農山漁村文化協会　2011
　　◇p80〔白黒〕　福島県昭和村　㊙登勝昭

カニヨーでつるのまま家に背負って帰る
　「民俗資料選集 10 紡織習俗Ⅱ」国土地理協会　1981
　　◇p13（口絵）〔白黒〕　鹿児島県薩摩郡下甑島瀬々野浦　甑島の葛布紡織習俗

鐘淵紡績工場全景
　「日本社会民俗辞典 1」日本図書センター　2004
　　◇図版ⅩⅠ 工業〔白黒・図〕　㊙明治28年　明治初年の工場（日本実業史博物館蔵錦絵より）

鐘淵紡績工場内部（精紡機の図）
　「日本社会民俗辞典 1」日本図書センター　2004
　　◇図版ⅩⅠ 工業〔白黒・図〕　明治初年の工場（日本実業史博物館蔵錦絵より）

甕に石灰を入れる
　「あるくみるきく双書 宮本常一とあるいた昭和の日本 21」農山漁村文化協会　2011
　　◇p193〔白黒〕　藍染　㊙竹内淳子

甕場
　「あるくみるきく双書 宮本常一とあるいた昭和の日本 21」農山漁村文化協会　2011
　　◇p211〔白黒〕　茨城県真壁郡真壁町　紺屋　㊙小林稔

がら
　「日本の民具 2 農村」慶友社　1992
　　◇図129〔白黒〕　千葉県館山市　㊙薗部澄

ガライレ
　「民俗資料選集 10 紡織習俗Ⅱ」国土地理協会　1981
　　◇p117（本文）〔白黒・図〕　鹿児島県　奄美の芭蕉布紡織習俗

がらぬき
　「写真で見る農具 民具」農林統計協会　1988
　　◇p259〔白黒〕　茨城県真壁町

がらぬき台
　「写真で見る農具 民具」農林統計協会　1988
　　◇p259〔白黒〕　茨城県真壁町

からむし
　「民俗図録 日本人の暮らし」日本図書センター　2012
　　◇図153〔白黒〕　青森県西津軽郡深浦町追良瀬　麻つくり　㊙櫻庭武則

苧麻
　「写真ものがたり昭和の暮らし 9」農山漁村文化協会　2007
　　◇p223〔白黒・図〕　上布の原料　絵・中嶋俊枝

苧麻を績む
　「写真ものがたり昭和の暮らし 9」農山漁村文化協会　2007
　　◇p224～226〔白黒〕　新潟県六日町（現南魚沼市）　越後上布　㊙小見重義, 昭和58年1月

苧麻織
　「日本郷土 風俗・民芸・芸能図鑑」日本図書センター　2012
　　◇写真篇 福井〔白黒〕（苧麻）　福井県　〔反物〕

からむしの刈り取り
　「あるくみるきく双書 宮本常一とあるいた昭和の日本 21」

農山漁村文化協会　2011
◇p79〔カラー〕　福島県昭和村　[撮]竹内淳子
「民俗資料選集 3 紡織習俗Ⅰ」国土地理協会　1975
◇p21(口絵)〔白黒〕　新潟県　越後縮の紡織習俗

**カラムシの皮をはいで繊維を作る**
「図説 日本民俗学」吉川弘文館　2009
◇p163〔白黒〕　福島県昭和村

**からむしの皮はぎ**
「民俗資料選集 3 紡織習俗Ⅰ」国土地理協会　1975
◇p21(口絵)〔白黒〕　新潟県　越後縮の紡織習俗

**からむしの繊維を干す**
「あるくみるきく双書 宮本常一とあるいた昭和の日本 21」農山漁村文化協会　2011
◇p79〔カラー〕(からむしの繊維を陰干しにする)　福島県昭和村　[撮]竹内淳子
「写真ものがたり昭和の暮らし 9」農山漁村文化協会　2007
◇p223〔白黒〕(苧麻の繊維を屋内に吊るし干す)　福島県昭和村　越後上布　[撮]小見重義, 昭和54年8月

**からむしの畑**
「あるくみるきく双書 宮本常一とあるいた昭和の日本 21」農山漁村文化協会　2011
◇p6〔白黒〕　福島県昭和村　[撮]登勝昭

**苧麻の表皮をはぎ繊維を掻き取る**
「写真ものがたり昭和の暮らし 9」農山漁村文化協会　2007
◇p222〔白黒〕　福島県昭和村　越後上布　[撮]小見重義, 昭和54年7月

**苧麻畑**
「民俗資料選集 3 紡織習俗Ⅰ」国土地理協会　1975
◇p124(本文)〔白黒〕　新潟県相川町　第2次大戦中栽培したもの　佐渡のヤマソ紡織習俗

**カリサオ打ち**
「写真 日本文化史 9」日本評論新社　1955
◇図77〔白黒〕　藍玉づくり

**刈り取ったからむしを水に浸ける**
「あるくみるきく双書 宮本常一とあるいた昭和の日本 21」農山漁村文化協会　2011
◇p79〔カラー〕　福島県昭和村　[撮]竹内淳子

**カワ**
「民俗資料選集 38 紡織習俗Ⅲ」国土地理協会　2007
◇p6(口絵)〔白黒〕　三重県　明治22年

**ガワ**
「日本民俗文化財事典(改訂版)」第一法規出版　1979
◇図175〔白黒〕
「写真 日本文化史 9」日本評論新社　1955
◇図90〔白黒〕　岩手県　たて糸を巻く

**皮をむく**
「民俗資料選集 10 紡織習俗Ⅱ」国土地理協会　1981
◇p13(口絵)〔白黒〕　鹿児島県薩摩郡下甑島瀬々野浦　甑島の葛布紡織習俗

**川で洗う**
「民俗資料選集 10 紡織習俗Ⅱ」国土地理協会　1981
◇p3(口絵)〔白黒〕　島根県八束郡鹿島町上講武　出雲の藤布紡織習俗

**川でよく洗いながらアマ皮をおとす**
「民俗資料選集 3 紡織習俗Ⅰ」国土地理協会　1975
◇p20(本文)〔白黒〕　新潟県岩船郡山北町雷　越後のシナ布紡織習俗(繊維の採取)

**ガワとガワマキ**
「図録・民具入門事典」柏書房　1991
◇p75〔白黒〕　青森県　小川原湖博物館所蔵

**ガワマキ**
「図録・民具入門事典」柏書房　1991
◇p75〔白黒〕　青森県　小川原湖博物館所蔵
「日本民俗文化財事典(改訂版)」第一法規出版　1979
◇図174〔白黒〕
◇図176〔白黒〕　青森県上北地方

**皮むき**
「民俗図録 日本人の暮らし」日本図書センター　2012
◇図150〔白黒〕　栃木県下都賀郡赤津村　麻つくり　[撮]武田静澄

**神麻続機殿神社八尋殿**
「民俗資料選集 38 紡織習俗Ⅲ」国土地理協会　2007
◇p8(口絵)〔白黒〕　三重県松阪市井口中町

**カンジロウ**
「民俗資料選集 10 紡織習俗Ⅱ」国土地理協会　1981
◇p62(本文)〔白黒〕　鹿児島県 甑島　採取した葛を背負う。甑島の葛布紡織習俗

**完成した地紙**
「あるくみるきく双書 宮本常一とあるいた昭和の日本 21」農山漁村文化協会　2011
◇p137〔カラー〕　三重県鈴鹿市　伊勢型紙　[撮]近山雅人

**乾燥**
「日本の民俗 暮らしと生業」KADOKAWA　2014
◇図9-11〔白黒〕　島根県出雲市　藍染めの嫁入り風呂敷を作る　[撮]芳賀日出男, 昭和42年
「日本の民俗 下」クレオ　1997
◇図9-14〔白黒〕　島根県出雲市　藍染めの嫁入り風呂敷を作る　[撮]芳賀日出男, 昭和42年
「民俗資料選集 10 紡織習俗Ⅱ」国土地理協会　1981
◇p3(口絵)〔白黒〕　島根県八束郡鹿島町上講武　出雲の藤布紡織習俗

**生糸を巻いたザグリの糸枠**
「いまに伝える 農家のモノ・人の生活館」柏書房　2004
◇p189 写真2〔白黒〕　埼玉県江南町, 小川町

**生糸の出荷前の綛の状況**
「写真で見る農具 民具」農林統計協会　1988
◇口絵〔白黒〕　[撮]昭和54年3月　写真提供 村野圭市

**生糸のよりかけ器**
「写真で見る農具 民具」農林統計協会　1988
◇p252〔白黒〕　埼玉県東秩父村　昭和前期

**キガワ(枠)**
「民俗資料選集 3 紡織習俗Ⅰ」国土地理協会　1975
◇p181(本文)〔白黒〕　徳島県那賀郡木頭村　阿波のタフ紡織習俗

**砧**
「日本民具の造形」淡交社　2004
◇p46〔白黒〕　岐阜県 奥美濃おもだか家民芸館所蔵　紺屋のつや出し槌
「日本民俗大辞典 上」吉川弘文館　1999
◇p472〔白黒〕　武蔵野美術大学民俗資料室所蔵
「日本の民具 2 農村」慶友社　1992
◇図148〔白黒〕　愛知県北設楽郡東栄町　[撮]薗部澄
「民俗学辞典(改訂版)」東京堂出版　1987
◇図版48(p582)〔白黒〕　橋浦泰雄画

**絹の絞りを染める藍の甕場**
「あるくみるきく双書 宮本常一とあるいた昭和の日本 21」農山漁村文化協会　2011
◇p193〔白黒〕　藍染　[撮]竹内淳子

**木灰をまぶす**
「民俗資料選集 10 紡織習俗Ⅱ」国土地理協会　1981

紡織・染色　　　　　　　　　　　生産・生業

　　　◇p13（口絵）〔白黒〕　鹿児島県薩摩郡下甑島瀬々野浦
　　　甑島の葛布紡織習俗

**黄八丁**
　「日本郷土 風俗・民芸・芸能図鑑」日本図書センター　2012
　　　◇写真篇 東京〔白黒〕　　東京都 大島　〔反物〕
　「日本民俗写真大系 3」日本図書センター　1999
　　　◇p104〔白黒〕　東京都 八丈島　㊞島内英佑, 1971年頃

**旧式の糸引枠とその附属器具**
　「日本民俗図誌 7 生業上・下篇」村田書店　1978
　　　◇図119〔白黒・図〕　栃木県河内郡古里村地方使用
　　　『民具問答』

**牛首, 糸巻枠, 糸巻**
　「写真で見る農具 民具」農林統計協会　1988
　　　◇p253〔白黒〕　鳥取県鳥取市

**御衣の奉織**
　「民俗資料選集 38 紡織習俗Ⅲ」国土地理協会　2007
　　　◇p8（口絵）, p8（本文）〔白黒〕　三重県松阪市井口中町
　　　神麻続機殿

**京都織物会社**
　「宮本常一 写真・日記集成 下」毎日新聞社　2005
　　　◇p72〔白黒〕（明治22年竣工の「京都織物会社」）　京都
　　　市左京区　現在は京大東南アジア研究センター　㊞宮
　　　本常一, 1966年4月30日～5月1日

**漁網用麻糸の製造用具**
　「民俗資料選集 10 紡織習俗Ⅱ」国土地理協会　1981
　　　◇p6（本文）〔白黒・図〕　ツム, テシロ, ヒサギ　『日本
　　　水産捕採誌』（農商務省水産局編）より

**キリアイ**
　「写真 日本文化史 9」日本評論新社　1955
　　　◇図78〔白黒〕　藍玉づくり

**錐彫をする**
　「あるくみるきく双書 宮本常一とあるいた昭和の日本 21」
　　　農山漁村文化協会　2011
　　　◇p124〔白黒〕　三重県鈴鹿市　伊勢型紙　㊞近山雅人

**錐彫の道具**
　「あるくみるきく双書 宮本常一とあるいた昭和の日本 21」
　　　農山漁村文化協会　2011
　　　◇p124〔白黒〕　三重県鈴鹿市　伊勢型紙　㊞近山雅人

**木ワク**
　『民俗資料選集 38 紡織習俗Ⅲ」国土地理協会　2007
　　　◇p6（口絵）〔白黒〕　三重県

**クシギョ**
　「民俗資料選集 10 紡織習俗Ⅱ」国土地理協会　1981
　　　◇p116（本文）〔白黒〕　鹿児島県　奄美の芭蕉布紡織
　　　習俗

**葛を切る**
　「民俗資料選集 10 紡織習俗Ⅱ」国土地理協会　1981
　　　◇p12（口絵）〔白黒〕　鹿児島県薩摩郡下甑島瀬々野浦
　　　甑島の葛布紡織習俗

**葛タナシ（生地表面）**
　「民俗資料選集 10 紡織習俗Ⅱ」国土地理協会　1981
　　　◇p74（本文）〔白黒・図/写真〕（葛タナシ）　鹿児島県 甑
　　　島　〔生地表面〕　甑島の葛布紡織習俗

**くずと木綿糸との交織の縦じま**
　「民俗資料選集 10 紡織習俗Ⅱ」国土地理協会　1981
　　　◇p20（口絵）〔白黒〕　鹿児島県薩摩郡下甑島瀬々野浦
　　　甑島の葛布紡織習俗

**葛採り**
　「民俗資料選集 10 紡織習俗Ⅱ」国土地理協会　1981
　　　◇p12（口絵）〔白黒〕　鹿児島県薩摩郡下甑島瀬々野浦
　　　甑島の葛布紡織習俗

**クズの皮を川で洗う**
　「あるくみるきく双書 宮本常一とあるいた昭和の日本 21」
　　　農山漁村文化協会　2011
　　　◇p100〔白黒〕　静岡県掛川市

**葛の採取**
　「民俗資料選集 10 紡織習俗Ⅱ」国土地理協会　1981
　　　◇p61（本文）〔白黒〕　鹿児島県 甑島　葛布用。甑島の
　　　葛布紡織習俗

**葛の繊維をもみほぐす**
　「民俗資料選集 10 紡織習俗Ⅱ」国土地理協会　1981
　　　◇p64（本文）〔白黒〕　鹿児島県 甑島　甑島の葛布紡織
　　　習俗

**葛のつるの皮をむく**
　「民俗資料選集 10 紡織習俗Ⅱ」国土地理協会　1981
　　　◇p61（本文）〔白黒〕　鹿児島県 甑島　葛布用。甑島の
　　　葛布紡織習俗

**葛布反物（生地表面）**
　「民俗資料選集 10 紡織習俗Ⅱ」国土地理協会　1981
　　　◇p73（本文）〔白黒・図/写真〕（葛布反物）　鹿児島県 甑
　　　島　甑島の葛布紡織習俗

**クダ作り**
　「民俗資料選集 10 紡織習俗Ⅱ」国土地理協会　1981
　　　◇p27（口絵）〔白黒〕　鹿児島県奄美本島　芭蕉布の紡織
　　　習俗

**クダの構造**
　「民俗資料選集 10 紡織習俗Ⅱ」国土地理協会　1981
　　　◇p92（本文）〔白黒〕　鹿児島県　奄美の芭蕉布紡織習俗

**クダマキ**
　「民俗資料選集 10 紡織習俗Ⅱ」国土地理協会　1981
　　　◇p98（本文）〔白黒・図〕　鹿児島県　奄美の芭蕉布紡織
　　　習俗
　「民俗資料選集 3 紡織習俗Ⅰ」国土地理協会　1975
　　　◇p7（口絵）〔白黒〕（くだ巻き）　新潟県　越後のしな布
　　　の紡織習俗
　　　◇p31（本文）〔白黒〕　新潟県岩船郡山北町雷　越後のシ
　　　ナ布紡織習俗
　　　◇p31（本文）〔白黒・図〕　新潟県岩船郡山北町雷　越後
　　　のシナ布紡織習俗

**管巻き**
　「あるくみるきく双書 宮本常一とあるいた昭和の日本 21」
　　　農山漁村文化協会　2011
　　　◇p69〔白黒〕　結城紬　㊞登勝昭・芳子

**クダマキグルマとツム**
　「いまに伝える 農家のモノ・人の生活館」柏書房　2004
　　　◇p12 写真1〔白黒〕　埼玉県小川町

**クマデ**
　『民俗資料選集 3 紡織習俗Ⅰ」国土地理協会　1975
　　　◇p64（本文）〔白黒〕　新潟県東頸城郡松之山町　越後の
　　　アンギン紡織

**繰糸機**
　「写真で見る農具 民具」農林統計協会　1988
　　　◇p257〔白黒〕　千葉県茂原市

**クリダイ**
　「いまに伝える 農家のモノ・人の生活館」柏書房　2004
　　　◇p9 図1〔白黒・写真/図〕　埼玉県川里町

**クリダイを使って綿の種を取るようす**
　「いまに伝える 農家のモノ・人の生活館」柏書房　2004
　　　◇p10 図2〔白黒・写真/図〕　埼玉県川里町

**傾斜機を織る老婆**
　「写真 日本文化史 9」日本評論新社　1955
　　　◇図83〔白黒〕　兵庫県

元紺屋 斎藤家
　「民俗資料選集 38 紡織習俗Ⅲ」国土地理協会　2007
　　◇p77（本文）〔白黒〕　三重県松阪市船江町　明治10年頃まで紺染めをしていた　外観, 内部 棒ハカリを吊り下げる棚, 内部 二階の糸貯蔵室への登り口, 内部 右上部に染めた糸を干す竿かけがある

検査
　「あるくみるきく双書 宮本常一とあるいた昭和の日本 21」農山漁村文化協会　2011
　　◇p72〔白黒〕　結城紬検査協会の検査　㊙登勝昭・芳子

梭（ご）
　「日本の民具 2」慶友社　1992
　　◇図139〔白黒〕（梭）　長野県南佐久郡川上村　〔高機の道具〕　㊙薗部澄

こいて汚れを落としたフジの中皮を米糠に数分間浸して絞る
　「あるくみるきく双書 宮本常一とあるいた昭和の日本 21」農山漁村文化協会　2011
　　◇p98〔白黒〕

鯉幟の寒ざらし
　「写真ものがたり昭和の暮らし 5」農山漁村文化協会　2005
　　◇p105〔白黒〕　岐阜県郡上八幡町（現郡上市）　㊙北川廣, 平成12年1月

こうぞ
　「民俗資料選集 3 紡織習俗Ⅰ」国土地理協会　1975
　　◇p170（本文）〔白黒〕　徳島県那賀郡木頭村　阿波のタフ紡織習俗

こうぞを蒸すハタソリとコシキ
　「民俗資料選集 3 紡織習俗Ⅰ」国土地理協会　1975
　　◇p171（本文）〔白黒・図〕　徳島県那賀郡木頭村　阿波のタフ紡織習俗

こうぞの皮はぎ
　「民俗資料選集 3 紡織習俗Ⅰ」国土地理協会　1975
　　◇p171（本文）〔白黒〕　徳島県那賀郡木頭村　阿波のタフ紡織習俗

こうぞの蒸煮場
　「民俗資料選集 3 紡織習俗Ⅰ」国土地理協会　1975
　　◇p170（本文）〔白黒〕　徳島県那賀郡木頭村　阿波のタフ紡織習俗

コウゾの繊維を川の流れにさらす
　「あるくみるきく双書 宮本常一とあるいた昭和の日本 21」農山漁村文化協会　2011
　　◇p5〔白黒〕　徳島県木頭村　㊙竹内淳子, 昭和57年1月

楮の繊維から糸を績む
　「いまに伝える 農家のモノ・人の生活館」柏書房　2004
　　◇p13 写真2〔白黒〕　徳島県木頭村

コウゾ（カジ）の繊維の糸績み
　「あるくみるきく双書 宮本常一とあるいた昭和の日本 21」農山漁村文化協会　2011
　　◇p7〔白黒〕　徳島県木頭村　㊙竹内淳子

こうぞの剥皮の干し場
　「民俗資料選集 3 紡織習俗Ⅰ」国土地理協会　1975
　　◇p171（本文）〔白黒〕　徳島県那賀郡木頭村　阿波のタフ紡織習俗

こうや（紺屋）
　「写真でみる日本人の生活全集 10」日本図書センター　2010
　　◇p29〔白黒〕　〔織物を干している〕

ゴをつくる
　「民俗資料選集 10 紡織習俗Ⅱ」国土地理協会　1981
　　◇p123（本文）〔白黒・図〕　鹿児島県　奄美の芭蕉布紡織習俗
　　◇p127（本文）〔白黒・図〕　鹿児島県　奄美の芭蕉布紡織習俗

コキ竹
　「あるくみるきく双書 宮本常一とあるいた昭和の日本 21」農山漁村文化協会　2011
　　◇p96〔白黒〕　フジの皮についている灰や汚れを取るもの
　「民俗資料選集 10 紡織習俗Ⅱ」国土地理協会　1981
　　◇p3（口絵）〔白黒〕　島根県八束郡鹿島町上講武　出雲の藤布紡織習俗

コキ竹の使い方
　「民俗資料選集 10 紡織習俗Ⅱ」国土地理協会　1981
　　◇p3（口絵）〔白黒〕　島根県八束郡鹿島町上講武　出雲の藤布紡織習俗

コシキでカジの木を蒸す
　「あるくみるきく双書 宮本常一とあるいた昭和の日本 21」農山漁村文化協会　2011
　　◇p88〔白黒〕　徳島県木頭村　太布を復元する企画

コシバタ
　「民俗資料選集 3 紡織習俗Ⅰ」国土地理協会　1975
　　◇p13（口絵）〔白黒〕　新潟県　現在使っているハタゴ　越後のしな布の紡織習俗

コシマキ（コシヒモ）
　「民俗資料選集 3 紡織習俗Ⅰ」国土地理協会　1975
　　◇p13（口絵）〔白黒〕　新潟県　越後のしな布の紡織習俗

コモヅチ
　「民俗資料選集 3 紡織習俗Ⅰ」国土地理協会　1975
　　◇p18（口絵）〔白黒〕　新潟県　越後のアンギン紡織

コモヅチにタテ糸を巻きケタに下げる
　「民俗資料選集 3 紡織習俗Ⅰ」国土地理協会　1975
　　◇p18（口絵）〔白黒〕　新潟県　越後のアンギン紡織

コロドウシ
　「写真 日本文化史 9」日本評論新社　1955
　　◇図82〔白黒〕　藍玉づくり。藍の葉と茎を選別する

サー糸巻き
　「民俗資料選集 10 紡織習俗Ⅱ」国土地理協会　1981
　　◇p108（本文）〔白黒・図〕　鹿児島県　奄美の芭蕉布紡織習俗

堺紡績所
　「日本社会民俗辞典 1」日本図書センター　2004
　　◇図版ⅩⅠ 工業〔白黒・図〕　明治3年操業開始　明治初年の工場（日本実業史博物館蔵錦絵より）

サキオリ製作
　「民俗資料選集 3 紡織習俗Ⅰ」国土地理協会　1975
　　◇p142（本文）〔白黒〕　新潟県相川町戸中　佐渡のヤマソ紡織習俗

サキテガラス
　「民俗資料選集 3 紡織習俗Ⅰ」国土地理協会　1975
　　◇p6（口絵）〔白黒〕　新潟県　越後のしな布の紡織習俗

ざくり
　「日本の民具 2 農村」慶友社　1992
　　◇図127〔白黒〕　新潟県北魚沼郡湯之谷村　㊙薗部澄

ザグリ
　「いまに伝える 農家のモノ・人の生活館」柏書房　2004
　　◇p189 写真1〔白黒〕　埼玉県小川町
　「写真ものがたり昭和の暮らし 2」農山漁村文化協会　2004
　　◇p101〔白黒〕　群馬県八崎村　出荷できない繭から、座繰機で糸を引いているところ　㊙須藤功, 昭和44年

座繰り
　「写真でみる日本生活図引 1」弘文堂　1989

紡織・染色　　　　　　　　　　　　　　　生産・生業

◇図143〔白黒〕　群馬県勢多郡北橘村八崎　㈱須藤功、昭和44年4月4日

**ザクリキ**
「図録・民具入門事典」柏書房　1991
　◇p74〔白黒〕　東京都

**座繰り器**
「写真で見る農具 民具」農林統計協会　1988
　◇p255〔白黒〕　埼玉県小鹿野町　大正時代

**座繰器と煮繭**
「写真で見る農具 民具」農林統計協会　1988
　◇口絵〔白黒〕　江戸末期から明治初期　岡谷蚕糸博物館所蔵・丸山新太郎提供
　◇口絵〔白黒〕（座繰器と煮繭（左は蚕棚））　東京都町田市　明治20年代　吉田正子所蔵・丸山新太郎提供

**座繰器と煮繭による糸繰り作業**
「写真で見る農具 民具」農林統計協会　1988
　◇口絵〔白黒〕　長野県穂高町　㈱昭和61年7月　写真提供 村野圭市
　◇口絵〔白黒〕　山梨県富士吉田市　㈱昭和54年5月　写真提供 村野圭市

**座繰り一口用**
「写真で見る農具 民具」農林統計協会　1988
　◇p254〔白黒〕　群馬県甘楽町　明治時代中期

**座繰り二口用、上げあみ（ざる）、なべ**
「写真で見る農具 民具」農林統計協会　1988
　◇p254〔白黒〕　群馬県甘楽町　明治時代中期

**サネで反転**
「民俗資料選集 10 紡織習俗Ⅱ」国土地理協会　1981
　◇p2（口絵）〔白黒〕　島根県八束郡鹿島町上講武　出雲の藤布紡織習俗

**晒し**
「民俗図録 日本人の暮らし」日本図書センター　2012
　◇図148〔白黒〕　秋田県仙北郡西明寺村　麻つくり　㈱武藤鐵城

**さらしたちぢみをとり入れる**
「フォークロアの眼 2 雪国と暮らし」国書刊行会　1977
　◇図126〔白黒〕　新潟県南魚沼郡塩沢町十日市　越後ちぢみ　㈱中俣正義、昭和32年3月上旬

**地紙作り**
「あるくみるきく双書 宮本常一とあるいた昭和の日本 21」農山漁村文化協会　2011
　◇p137〔カラー〕　三重県鈴鹿市　伊勢型紙　㈱近山雅人

**地紙作りにかかせない柿渋の入った甕**
「あるくみるきく双書 宮本常一とあるいた昭和の日本 21」農山漁村文化協会　2011
　◇p133〔白黒〕　三重県鈴鹿市　伊勢型紙　㈱近山雅人

**地紙の貼り板を運ぶ**
「あるくみるきく双書 宮本常一とあるいた昭和の日本 21」農山漁村文化協会　2011
　◇p136〔カラー〕　三重県鈴鹿市　伊勢型紙　㈱近山雅人

**しごき**
「あるくみるきく双書 宮本常一とあるいた昭和の日本 21」農山漁村文化協会　2011
　◇p114〔白黒〕　東京都 新小岩の板場（作業場）　江戸小紋　㈱近山雅人

**紫根染**
「日本郷土 風俗・民芸・芸能図鑑」日本図書センター　2012
　◇写真篇 秋田〔白黒〕　秋田県

**シジキ（ヒ）**
「民俗資料選集 10 紡織習俗Ⅱ」国土地理協会　1981
　◇p114（本文）〔白黒・図〕　鹿児島県　奄美の芭蕉布紡織習俗

**四緒煮繰兼用機による糸繰り作業**
「写真で見る農具 民具」農林統計協会　1988
　◇口絵〔白黒〕　明治末期から大正初期　写真提供 丸山新太郎

**下糊付け**
「あるくみるきく双書 宮本常一とあるいた昭和の日本 21」農山漁村文化協会　2011
　◇p70〔白黒〕　結城紬　㈱登勝昭・芳子

**シタハタ**
「いまに伝える 農家のモノ・人の生活館」柏書房　2004
　◇p14 図1〔白黒・図〕　埼玉県所沢市

**シタハタの織り方**
「いまに伝える 農家のモノ・人の生活館」柏書房　2004
　◇p15 図2-1, p16 図2-2〔白黒・図〕　埼玉県所沢市

**しな**
「民俗資料選集 9 山村の生活と用具」国土地理協会　1981
　◇p4（口絵）〔白黒〕　愛知県北設楽郡津具村

**しな績み**
「民俗資料選集 3 紡織習俗Ⅰ」国土地理協会　1975
　◇p6（口絵）〔白黒〕　新潟県　越後のしな布の紡織習俗

**シナオミ**
「民俗資料選集 3 紡織習俗Ⅰ」国土地理協会　1975
　◇p6（口絵）〔白黒〕　新潟県　越後のしな布の紡織習俗

**シナ皮**
「あるくみるきく双書 宮本常一とあるいた昭和の日本 21」農山漁村文化協会　2011
　◇p6〔白黒〕　折って山を下る　㈱竹内淳子
「民俗資料選集 3 紡織習俗Ⅰ」国土地理協会　1975
　◇p6（口絵）〔白黒〕　新潟県　越後のしな布の紡織習俗

**しなこき**
「民俗資料選集 3 紡織習俗Ⅰ」国土地理協会　1975
　◇p5（口絵）〔白黒〕　新潟県　越後のしな布の紡織習俗

**シナサキ**
「民俗資料選集 3 紡織習俗Ⅰ」国土地理協会　1975
　◇p6（口絵）〔白黒〕　新潟県　越後のしな布の紡織習俗

**しなざし**
「民俗資料選集 3 紡織習俗Ⅰ」国土地理協会　1975
　◇p9（口絵）〔白黒〕　新潟県　越後のしな布の紡織習俗

**シナ漬け**
「民俗資料選集 3 紡織習俗Ⅰ」国土地理協会　1975
　◇p4（口絵）〔白黒〕　新潟県　越後のしな布の紡織習俗

**しな煮**
「民俗資料選集 3 紡織習俗Ⅰ」国土地理協会　1975
　◇p4（口絵）〔白黒〕　新潟県　越後のしな布の紡織習俗

**シナ煮にかかる**
「民俗資料選集 3 紡織習俗Ⅰ」国土地理協会　1975
　◇p17（本文）〔白黒〕　新潟県岩船郡山北町雷　8月末から9月初頭　越後のシナ布紡織習俗（繊維の採取）

**しな布の搬出**
「民俗資料選集 3 紡織習俗Ⅰ」国土地理協会　1975
　◇p15（口絵）〔白黒〕　新潟県　雪道を搬出 越後のしな布の紡織習俗

**シナの皮を干す**
「あるくみるきく双書 宮本常一とあるいた昭和の日本 21」農山漁村文化協会　2011
　◇p103〔白黒〕

しなの皮剥ぎ
「民俗資料選集 3 紡織習俗Ⅰ」国土地理協会　1975
◇p1~3（口絵）〔白黒〕　新潟県　越後のしな布の紡織習俗
◇p15（本文）〔白黒〕（皮ハギ）　新潟県岩船郡山北町雷　越後のシナ布紡織習俗（繊維の採取）

しなのき
「民俗資料選集 3 紡織習俗Ⅰ」国土地理協会　1975
◇p11（本文）〔白黒〕　新潟県岩船郡山北町雷　越後のシナ布紡織習俗

しなのき伐り
「民俗資料選集 3 紡織習俗Ⅰ」国土地理協会　1975
◇p1（口絵）〔白黒〕　新潟県岩船郡山北町大字雷　越後のしな布の紡織習俗
◇p15（本文）〔白黒〕　新潟県岩船郡山北町雷　越後のシナ布紡織習俗（繊維の採取）

しなの木の皮
「民俗資料選集 1 狩猟習俗Ⅰ」国土地理協会　1973
◇p120（本文）〔白黒〕　山形県西田川郡温海町関川　ひさしの下に干してある。しな布の原料

シナベソ
「民俗資料選集 3 紡織習俗Ⅰ」国土地理協会　1975
◇p6（口絵）〔白黒〕　新潟県　越後のしな布の紡織習俗

シナベソを雪に晒す
「民俗資料選集 3 紡織習俗Ⅰ」国土地理協会　1975
◇p28（本文）〔白黒〕（雪に晒す）　新潟県岩船郡山北町雷　シナベソ　越後のシナ布紡織習俗

シナボシ
「民俗資料選集 3 紡織習俗Ⅰ」国土地理協会　1975
◇p5（口絵）〔白黒〕　新潟県　越後のしな布の紡織習俗

シナホシ
「民俗資料選集 3 紡織習俗Ⅰ」国土地理協会　1975
◇p3（口絵）〔白黒〕　新潟県　越後のしな布の紡織習俗
◇p20（本文）〔白黒〕　新潟県岩船郡山北町雷　越後のシナ布紡織習俗（繊維の採取）

シナヨイ車
「民俗資料選集 3 紡織習俗Ⅰ」国土地理協会　1975
◇p30（本文）〔白黒・図〕　新潟県岩船郡山北町雷　越後のシナ布紡織習俗

地バタ
「民俗資料選集 10 紡織習俗Ⅱ」国土地理協会　1981
◇p31（本文）〔白黒・図〕　島根県八束郡鹿島町大字上講武　出雲の藤布紡織習俗
◇p70（本文）〔白黒・図〕　鹿児島県　甑島　甑島の葛布紡織習俗

地機
「日本の民俗 暮らしと生業」KADOKAWA　2014
◇図9-3〔白黒〕　新潟県小千谷市　小千谷縮　㋕芳賀日出男, 昭和58年
「宮本常一 写真・日記集成 別巻」毎日新聞社　2005
◇p27（p15）〔白黒〕　島根県邑智郡日所村鱒渕［邑南町］　㋕宮本常一, 1939年［月日不明］
「日本民具の造形」淡交社　2004
◇p269〔白黒〕　山形県 夕鶴の里資料館所蔵
「日本の民俗 下」クレオ　1997
◇図9-5〔白黒〕　新潟県小千谷市　小千谷縮　㋕芳賀日出男, 昭和58年
「図録・民具入門事典」柏書房　1991
◇p76〔白黒〕　兵庫県坊勢島
「写真でみる日本生活図引 3」弘文堂　1988
◇図141〔白黒〕　島根県八束郡鹿島町上講武　㋕石塚尊俊, 昭和43年

「民俗資料選集 3 紡織習俗Ⅰ」国土地理協会　1975
◇p179（本文）〔白黒・図〕　徳島県那賀郡木頭村　阿波のタフ紡織習俗

地バタで織る
「民俗資料選集 10 紡織習俗Ⅱ」国土地理協会　1981
◇p10（口絵）〔白黒〕　島根県八束郡鹿島町上講武　出雲の藤布紡織習俗
◇p19（口絵）〔白黒〕　鹿児島県薩摩郡下甑島瀬々野浦　甑島の葛布紡織習俗

地機で織る
「民俗資料選集 3 紡織習俗Ⅰ」国土地理協会　1975
◇p179（本文）〔白黒〕　徳島県那賀郡木頭村　阿波のタフ紡織習俗

ジバタとその織り方
「いまに伝える 農家のモノ・人の生活館」柏書房　2004
◇p16 図3〔白黒・写真/図〕　埼玉県川里町

地機とその部品
「いまに伝える 農家のモノ・人の生活館」柏書房　2004
◇p18 図6〔白黒・写真/図〕　広島県加計町　残されていた地機の部品から、その原型と使用状況を復元したもの

地機の開口の仕組み
「あるくみるきく双書 宮本常一とあるいた昭和の日本 21」農山漁村文化協会　2011
◇p57〔白黒〕　㋕登勝昭

地ばたのサイ
「民俗資料選集 10 紡織習俗Ⅱ」国土地理協会　1981
◇p37（本文）〔白黒〕　島根県八束郡鹿島町大字上講武　出雲の藤布紡織習俗

地ばたのはた織り
「民俗資料選集 10 紡織習俗Ⅱ」国土地理協会　1981
◇p39（本文）〔白黒〕　島根県八束郡鹿島町大字上講武　出雲の藤布紡織習俗

ジバタの部品
「いまに伝える 農家のモノ・人の生活館」柏書房　2004
◇p17 図4〔白黒・写真/図〕　埼玉県川里町

地バタの骨組み
「民俗資料選集 10 紡織習俗Ⅱ」国土地理協会　1981
◇p110（本文）〔白黒・図〕　鹿児島県　奄美の芭蕉布紡織習俗

ジバタ用の杼
「いまに伝える 農家のモノ・人の生活館」柏書房　2004
◇p17 図5〔白黒〕　埼玉県川里町

絞りを染める
「あるくみるきく双書 宮本常一とあるいた昭和の日本 21」農山漁村文化協会　2011
◇p199〔カラー〕　埼玉県草加市　藍染　㋕竹内淳子

縞帳
「日本の民具 3 山・漁村」慶友社　1992
◇図127〔白黒〕　群馬県　㋕薗部澄
◇図128〔白黒〕　愛知県　㋕薗部澄
◇図129〔白黒〕　愛知県　㋕薗部澄

縞彫
「あるくみるきく双書 宮本常一とあるいた昭和の日本 21」農山漁村文化協会　2011
◇p129〔カラー〕　三重県鈴鹿市　伊勢型紙　㋕近山雅人

縞手本（縞帳）
「図説 民俗探訪事典」山川出版社　1983
◇p8〔白黒〕

**縞の型紙**
「民俗資料選集 38 紡織習俗Ⅲ」国土地理協会　2007
◇p3（口絵），p73（本文）〔白黒〕　三重県松阪市大河内町

**縞屋さん（買継商）**
「あるくみるきく双書 宮本常一とあるいた昭和の日本 21」農山漁村文化協会　2011
◇p44〔白黒〕　栃木県結城市　[撮]登勝昭

**縞屋さん（買継商）の店先**
「あるくみるきく双書 宮本常一とあるいた昭和の日本 21」農山漁村文化協会　2011
◇p65〔白黒〕　結城紬　[撮]登勝昭

**シモバタ（地機）**
「日本民俗文化財事典（改訂版）」第一法規出版　1979
◇図178〔白黒〕　兵庫県

**三味線糸を撚る撚り場**
「日本の生活環境文化大辞典」柏書房　2010
◇p151-2〔白黒〕　埼玉県　[撮]1999年　豊島区立郷土資料館

**斜文織**
「日本民俗図誌 7 生業上・下篇」村田書店　1978
◇図123-2〔白黒・図〕

**繻子織**
「日本民俗図誌 7 生業上・下篇」村田書店　1978
◇図123-3〔白黒・図〕

**繻子の織方**
「日本民俗図誌 7 生業上・下篇」村田書店　1978
◇図125-1・2〔白黒・図〕　1：経繻子（経面繻子、表繻子），2：緯繻子（緯面繻子、裏繻子）

**樹皮を剝ぐ**
「日本民俗写真大系 1」日本図書センター　1999
◇p64〔白黒〕　北海道平取町　アイヌ。3月ころアツシ織りにするオヒョウダモの樹皮を、枯れないように片側だけ剝ぐ　[撮]掛川源一郎，1971年

**樹皮荷札と籠**
「民俗資料選集 38 紡織習俗Ⅲ」国土地理協会　2007
◇p67（本文）〔白黒〕　三重県

**ジョウバ（砧）**
「日本民俗図誌 3 調度・服飾篇」村田書店　1977
◇図27-2〔白黒・図〕　青森県弘前地方

**織成した太布**
「民俗資料選集 3 紡織習俗Ⅰ」国土地理協会　1975
◇p180（本文）〔白黒〕　徳島県那賀郡木頭村　阿波のタフ紡織習俗

**女工**
「写真ものがたり昭和の暮らし 10」農山漁村文化協会　2007
◇p36〔白黒〕　長野県下諏訪町 座繰工場　[撮]菊池俊吉，昭和28年
「写真ものがたり昭和の暮らし 7」農山漁村文化協会　2006
◇p83〔白黒〕　長野県下諏訪町　[撮]菊池俊吉，昭和28年

**諸織維の藍染汐数調**
「あるくみるきく双書 宮本常一とあるいた昭和の日本 21」農山漁村文化協会　2011
◇p33〔カラー〕　写真提供 三木文庫

**印半纏の衿の型紙**
「あるくみるきく双書 宮本常一とあるいた昭和の日本 21」農山漁村文化協会　2011
◇p202〔カラー〕　埼玉県八潮市　[撮]竹内淳子

**印半纏の衿の部分の型付け**
「あるくみるきく双書 宮本常一とあるいた昭和の日本 21」農山漁村文化協会　2011
◇p198〔カラー〕　埼玉県八潮市　藍染　[撮]竹内淳子

**伸長整形**
「民俗資料選集 10 紡織習俗Ⅱ」国土地理協会　1981
◇p10（口絵）〔白黒〕　島根県八束郡鹿島町上講武　出雲の藤布紡織習俗
◇p40（本文）〔白黒〕　島根県八束郡鹿島町大字上講武　出雲の藤布紡織習俗

**すいたヴ**
「民俗資料選集 10 紡織習俗Ⅱ」国土地理協会　1981
◇p93（本文）〔白黒〕　鹿児島県　奄美の芭蕉布紡織習俗

**すいたヴを干す**
「民俗資料選集 10 紡織習俗Ⅱ」国土地理協会　1981
◇p27（口絵），p93（本文）〔白黒〕　鹿児島県奄美本島　芭蕉布の紡織習俗

**錐彫**
「あるくみるきく双書 宮本常一とあるいた昭和の日本 21」農山漁村文化協会　2011
◇p132〔カラー〕　三重県鈴鹿市　伊勢型紙　[撮]近山雅人

**錐彫と道具彫の道具**
「あるくみるきく双書 宮本常一とあるいた昭和の日本 21」農山漁村文化協会　2011
◇p141〔カラー〕　三重県鈴鹿市　伊勢型紙　[撮]近山雅人

**錐彫の道具作り**
「あるくみるきく双書 宮本常一とあるいた昭和の日本 21」農山漁村文化協会　2011
◇p141〔カラー〕　三重県鈴鹿市　伊勢型紙　[撮]近山雅人

**蒅**
「あるくみるきく双書 宮本常一とあるいた昭和の日本 21」農山漁村文化協会　2011
◇p11〔白黒〕　葉藍を発酵させたものでこれでもう染料になった　写真提供 三木文庫

**すくも**
「日本の民具 3 山・漁村」慶友社　1992
◇図122〔白黒〕　徳島県 名東　[撮]薗部澄

**すくも壺**
「日本の民具 3 山・漁村」慶友社　1992
◇図123〔白黒〕　徳島県 名東　[撮]薗部澄

**蒅の製造**
「あるくみるきく双書 宮本常一とあるいた昭和の日本 21」農山漁村文化協会　2011
◇p25〔白黒・写真/図〕　藍師（藍造家）の家，寝せ込み，発酵した藍を掘り返す，竹製の篩でふるい藍の塊をほぐす，莚をかぶせ縄を巻き、重い石を置く　三木文庫所蔵の「阿波藍図絵」より
◇p190〔白黒〕　[撮]竹内淳子

**スス竹**
「民俗資料選集 9 山村の生活と用具」国土地理協会　1981
◇p108（本文）〔白黒・図〕　愛知県北設楽郡津具村　フジ布を織る

**スミキリギン（染め抜き着）の柄**
「民俗資料選集 10 紡織習俗Ⅱ」国土地理協会　1981
◇p123（本文）〔白黒・図〕　鹿児島県　奄美の芭蕉布紡織習俗

**整経**
「あるくみるきく双書 宮本常一とあるいた昭和の日本 21」農山漁村文化協会　2011
◇p71〔白黒〕　結城紬　[撮]登勝昭・芳子
「民俗資料選集 10 紡織習俗Ⅱ」国土地理協会　1981
◇p6〜7（口絵）〔白黒〕　島根県八束郡鹿島町上講武　出

生産・生業　　　　　　　　　　　　　　　　　　　　　紡織・染色

雲の藤布紡織習俗
　　◇p27（本文）〔白黒〕　島根県八束郡鹿島町大字上講武　出雲の藤布紡織習俗
　　◇p68（本文）〔白黒〕　鹿児島県　甑島　クシベに縦糸をかける。甑島の葛布紡織習俗
「民俗資料選集 3 紡織習俗Ⅰ」国土地理協会　1975
　　◇p142（本文）〔白黒〕　新潟県相川町戸中　佐渡のヤマソ紡織習俗

整経が終わった糸を地機の筬に通して前揃えする
「あるくみるきく双書 宮本常一とあるいた昭和の日本 21」農山漁村文化協会　2011
　　◇p92〔白黒〕　徳島県木頭村　太布を復元する企画

整経機
「写真で見る農具 民具」農林統計協会　1988
　　◇p259〔白黒〕　群馬県東村

整経作業
「あるくみるきく双書 宮本常一とあるいた昭和の日本 21」農山漁村文化協会　2011
　　◇p92〔白黒〕　徳島県木頭村　太布を復元する企画

整経とその用具
「民俗資料選集 10 紡織習俗Ⅱ」国土地理協会　1981
　　◇p28（本文）〔白黒・図〕　島根県八束郡鹿島町大字上講武　出雲の藤布紡織習俗

1930年代の機織り
「図説 日本民俗学」吉川弘文館　2009
　　◇p60〔白黒〕　岩手県八幡平市 斎藤家

染色
「あるくみるきく双書 宮本常一とあるいた昭和の日本 21」農山漁村文化協会　2011
　　◇p70〔白黒〕　結城紬　㈹登勝昭・芳子

綜絖
「日本民俗図誌 7 生業上・下篇」村田書店　1978
　　◇図121〔白黒・図〕　単綜絖，無双綜絖，綜目綜絖，半綜絖，小間綜絖，針金綜絖

染め上がった糸
「あるくみるきく双書 宮本常一とあるいた昭和の日本 21」農山漁村文化協会　2011
　　◇p213〔白黒〕　茨城県真壁郡真壁町　藍染　㈹小林稔

染型紙
「日本民具の造形」淡交社　2004
　　◇p44〔白黒〕　山口県 橘町民俗資料館所蔵
　　◇p268〔白黒〕　京都府 京友禅文化会館

染めた祝風呂敷を干す準備
「あるくみるきく双書 宮本常一とあるいた昭和の日本 21」農山漁村文化協会　2011
　　◇p199〔カラー〕　島根県出雲市　藍染　㈹竹内淳子

染のあがった反物
「あるくみるきく双書 宮本常一とあるいた昭和の日本 21」農山漁村文化協会　2011
　　◇p210〔白黒〕　東京都八王子市　藍染　㈹竹内淳子

染鉢
「日本民具の造形」淡交社　2004
　　◇p268〔白黒〕　富山市 高岡市立博物館所蔵

染物伸子張り
「日本民具の造形」淡交社　2004
　　◇p268〔白黒〕　静岡県 おもしろ宿場館所蔵

染め物用型紙の地紙にひく柿渋
「あるくみるきく双書 宮本常一とあるいた昭和の日本 23」農山漁村文化協会　2012
　　◇p157〔カラー〕　三重県鈴鹿市鼓ヶ浦　㈹近山雅人

染める前の精錬
「あるくみるきく双書 宮本常一とあるいた昭和の日本 21」農山漁村文化協会　2011
　　◇p198〔カラー〕　福島県会津若松市　藍染　㈹竹内淳子

台
「民俗資料選集 10 紡織習俗Ⅱ」国土地理協会　1981
　　◇p102（本文）〔白黒・図〕　鹿児島県　奄美の芭蕉布紡織習俗

大正時代の再繰（綛取り）
「写真で見る農具 民具」農林統計協会　1988
　　◇口絵〔白黒〕　床にある小枠から大枠へ巻きかえる　写真提供 丸山新太郎

タカハタ
「宮本常一 写真・日記集成 別巻」毎日新聞社　2005
　　◇図28（p15）〔白黒〕　島根県邑智郡田所村鱒渕〔邑南町〕　㈹宮本常一, 1939年〔月日不明〕　森脇太一寄贈

高機
「日本の生活環境文化大辞典」柏書房　2010
　　◇p147-2〔白黒・図〕　山梨県　『西桂町誌 資料編3』
「いまに伝える 農家のモノ・人の生活館」柏書房　2004
　　◇p19 図8-1〔白黒・図〕　広島県加計町
「日本民具の造形」淡交社　2004
　　◇p269〔白黒〕　千葉県 下総史料館所蔵
「日本社会民俗辞典 1」日本図書センター　2004
　　◇p123〔白黒〕　喜界島
「図録・民具入門事典」柏書房　1991
　　◇p76〔白黒〕　岡山県

高機の織り方
「いまに伝える 農家のモノ・人の生活館」柏書房　2004
　　◇p20 図8-2〔白黒・図〕　広島県加計町

高はたのサイ
「民俗資料選集 10 紡織習俗Ⅱ」国土地理協会　1981
　　◇p37（本文）〔白黒〕　島根県八束郡鹿島町大字上講武　出雲の藤布紡織習俗

高はたのはた織り
「民俗資料選集 10 紡織習俗Ⅱ」国土地理協会　1981
　　◇p37（本文）〔白黒〕　島根県八束郡鹿島町大字上講武　出雲の藤布紡織習俗

高機の杼
「いまに伝える 農家のモノ・人の生活館」柏書房　2004
　　◇p24 図11〔白黒・写真/図〕　埼玉県江南町・所沢市

竹節の型紙
「あるくみるきく双書 宮本常一とあるいた昭和の日本 21」農山漁村文化協会　2011
　　◇p128〔白黒〕　三重県鈴鹿市　伊勢型紙 縞彫　㈹近山雅人　児玉博作・所蔵

畳屋の道具 針と庖丁
「日本民俗大辞典 下」吉川弘文館　2000
　　◇p44〔白黒〕　茨城県つくば市

断ったカジの枝の束
「あるくみるきく双書 宮本常一とあるいた昭和の日本 21」農山漁村文化協会　2011
　　◇p86〔白黒〕　徳島県木頭村　太布を復元する企画

経糸を綜る
「民俗資料選集 3 紡織習俗Ⅰ」国土地理協会　1975
　　◇p178（本文）〔白黒〕　徳島県那賀郡木頭村　機織りの準備 むしろ機のおさを応用。阿波のタフ紡織習俗

タテ糸をへる
「民俗資料選集 3 紡織習俗Ⅰ」国土地理協会　1975
　　◇p32（本文）〔白黒・図〕　新潟県岩船郡山北町雷　越後

紡織・染色　　　　　　　　　　　生産・生業

のシナ布紡織習俗

**縦糸の準備**
「民俗資料選集 10 紡織習俗Ⅱ」国土地理協会　1981
　◇p104（本文）〔白黒・図〕　鹿児島県　奄美の芭蕉布紡織習俗

**経糸ほぐし　緯糸ほぐし**
「あるくみるきく双書 宮本常一とあるいた昭和の日本 21」農山漁村文化協会　2011
　◇p70〔白黒〕　結城紬　㊞登勝昭・芳子

**タテシジ（縦筋）を織るときの縦糸**
「民俗資料選集 10 紡織習俗Ⅱ」国土地理協会　1981
　◇p124（本文）〔白黒・図〕　鹿児島県　奄美の芭蕉布紡織習俗

**束ねたバシャ**
「民俗資料選集 10 紡織習俗Ⅱ」国土地理協会　1981
　◇p25（口絵）〔白黒〕　鹿児島県奄美本島　芭蕉布の紡織習俗

**太布の材料となる楮の繊維**
「いまに伝える 農家のモノ・人の生活館」柏書房　2004
　◇p13 写真1〔白黒〕　徳島県木頭村

**丹波布**
「日本郷土 風俗・民芸・芸能図鑑」日本図書センター　2012
　◇写真篇 兵庫〔白黒〕　兵庫県　縞もの

**反物の糊を洗いおとす水洗い**
「あるくみるきく双書 宮本常一とあるいた昭和の日本 21」農山漁村文化協会　2011
　◇p116〔白黒〕　東京都 新小岩の板場（作業場）　江戸小紋　㈲近山雅人

**反物の蒸し**
「あるくみるきく双書 宮本常一とあるいた昭和の日本 21」農山漁村文化協会　2011
　◇p116〔白黒〕　東京都 新小岩の板場（作業場）　江戸小紋　㈲近山雅人

**チギリ**
「図録・民具入門事典」柏書房　1991
　◇p76〔白黒〕　青森県　小川原湖博物館所蔵

**チキリに巻いた経糸**
「民俗資料選集 3 紡織習俗Ⅰ」国土地理協会　1975
　◇p179（本文）〔白黒〕　徳島県那賀郡木頭村　機織りの準備。阿波のタフ紡織習俗

**ちぢみを小川ですすぐ**
「フォークロアの眼 2 雪国と暮らし」国書刊行会　1977
　◇図124〔白黒〕　新潟県南魚沼郡塩沢町十日市　越後ちぢみ　㈲中俣正義、昭和32年3月上旬

**縮織物の経緯**
「日本民俗図誌 7 生業上・下篇」村田書店　1978
　◇図124〔白黒・図〕　絹縮、綿縮、縮緬、鶉縮緬、ボイル、ジョーゼット

**ちぢみの乾燥**
「フォークロアの眼 2 雪国と暮らし」国書刊行会　1977
　◇図127〔白黒〕　新潟県南魚沼郡塩沢町十日市　越後ちぢみ　㈲中俣正義、昭和32年3月上旬

**ちぢみの雪ざらし**
「フォークロアの眼 2 雪国と暮らし」国書刊行会　1977
　◇小論20〔白黒〕　新潟県南魚沼郡塩沢町十日市　越後ちぢみ　㈲中俣正義、昭和32年1月26日

**縮踏み**
「写真でみる日本生活図引 3」弘文堂　1988
　◇図142〔白黒〕　新潟県小千谷市千谷川　㈲中俣正義、昭和32年2月

**縮んだ綛糸を石の重しをかけて伸ばす**
「あるくみるきく双書 宮本常一とあるいた昭和の日本 21」農山漁村文化協会　2011
　◇p106〔白黒〕　福島県木頭村

**秩父銘仙の織り場**
「日本郷土 風俗・民芸・芸能図鑑」日本図書センター　2012
　◇写真篇 埼玉〔白黒〕（秩父銘仙）　埼玉県

**チンゴ**
「民俗資料選集 10 紡織習俗Ⅱ」国土地理協会　1981
　◇p28（口絵）〔白黒〕　鹿児島県奄美本島　芭蕉布の紡織習俗

**チンゴ作り**
「民俗資料選集 10 紡織習俗Ⅱ」国土地理協会　1981
　◇p28（口絵）〔白黒〕　鹿児島県奄美本島　芭蕉布の紡織習俗

**つくし**
「あるくみるきく双書 宮本常一とあるいた昭和の日本 21」農山漁村文化協会　2011
　◇p51〔白黒〕　㈲登勝昭

**作ったクダの太さをはかる**
「民俗資料選集 10 紡織習俗Ⅱ」国土地理協会　1981
　◇p28（口絵）,p98（本文）〔白黒〕　鹿児島県奄美本島　芭蕉布の紡織習俗

**槌**
「写真で見る農具 民具」農林統計協会　1988
　◇p301〔白黒〕　大阪府富田林市　布をたたいてつやを出す

**筒描き**
「日本の民俗 下」クレオ　1997
　◇図9-12〔白黒〕　島根県出雲市　藍染めの嫁入り風呂敷を作る　㈲芳賀日出男、昭和42年

**ツノ糸巻**
「日本民具の造形」淡交社　2004
　◇p267〔白黒〕　静岡県 沼津市歴史民俗資料館所蔵

**つぼ（すくも入れ）**
「写真 日本文化史 9」日本評論新社　1955
　◇図81〔白黒〕（つぼ）　すくもを入れて取引見本とし、またその年の実績として残す容器

**ツム**
「日本民俗大辞典 上」吉川弘文館　1999
　◇p111〔白黒・図〕　新潟県両津市
「日本の民具 2 農村」慶友社　1992
　◇図132〔白黒〕　使用地不明　㈲薗部澄
　◇図133〔白黒〕　岩手県　㈲薗部澄
「図録・民具入門事典」柏書房　1991
　◇p74〔白黒〕
「民俗資料選集 3 紡織習俗Ⅰ」国土地理協会　1975
　◇p29（本文）〔白黒・図〕　新潟県岩船郡山北町雷　越後のシナ布紡織習俗
「日本の生活文化財」第一法規出版　1965
　◇図44（概説）〔白黒〕　織る・編む道具
「写真 日本文化史 9」日本評論新社　1955
　◇図85〔白黒〕　千葉県

**つむぎ**
「民俗図録 日本人の暮らし」日本図書センター　2012
　◇図152〔白黒〕　福井県今立郡岡本村　麻つくり　㈲平山敏治郎

**ツムギグルマ**
「日本民俗文化財事典（改訂版）」第一法規出版　1979
　◇図179〔白黒〕　長崎県対馬地方

## 生産・生業　　　　紡織・染色

**紡ぎ車**
「日本の民具 2 農村」慶友社　1992
　◇図136〔白黒〕　千葉県館山市　㊙薗部澄

**ツムつくり**
「民俗資料選集 3 紡織習俗Ⅰ」国土地理協会　1975
　◇p31（本文）〔白黒〕　新潟県岩船郡山北町雷　越後のシナ布紡織習俗

**ツムとテシロとツムジダイ**
「写真 日本文化史 9」日本評論新社　1955
　◇図86〔白黒〕　新潟県

**ツムノキ・クダ・ツムを入れる竹筒など**
「民俗資料選集 3 紡織習俗Ⅰ」国土地理協会　1975
　◇p7（口絵）〔白黒〕　新潟県　越後のしな布の紡織習俗

**ツム（紡錘）**
「民俗資料選集 3 紡織習俗Ⅰ」国土地理協会　1975
　◇p175（本文）〔白黒・図〕　徳島県那賀郡木頭村　阿波のタフ紡織習俗

**ツメジン**
「民俗資料選集 10 紡織習俗Ⅱ」国土地理協会　1981
　◇p5（口絵）〔白黒〕　島根県八束郡鹿島町上講武　出雲の藤布紡織習俗

**摘んだ紅花の花弁をついてどろどろにして固め，蓆の上にほす**
「写真でみる日本人の生活全集 2」日本図書センター　2010
　◇p117〔白黒〕（摘んだ紅花の花弁をついてどろどろにして固め，蓆の上にほす）

**泥染め**
「日本の民俗 暮らしと生業」KADOKAWA　2014
　◇図9-6〔白黒〕　鹿児島県名瀬市　㊙芳賀日出男，昭和32年
「日本民俗写真大系 3」日本図書センター　1999
　◇p105〔白黒〕　東京都 八丈島　㊙薗部澄，1964年
「日本の民俗 下」クレオ　1997
　◇図9-7〔白黒〕　鹿児島県名瀬市　㊙芳賀日出男，昭和32年

**テイタガミ**
「写真 日本文化史 9」日本評論新社　1955
　◇図80〔白黒〕　藍玉づくり。すくもを押して等級を定める

**手板法**
「あるくみるきく双書 宮本常一とあるいた昭和の日本 21」農山漁村文化協会　2011
　◇p29〔白黒〕　藍の品質検査　写真提供 三木文庫

**手織機の構造**
「日本の生活環境文化大辞典」柏書房　2010
　◇p147-3〔白黒・図〕　山梨県　『西桂町誌 資料編3』

**手織木綿**
「日本郷土 風俗・民芸・芸能図鑑」日本図書センター　2012
　◇写真篇 鳥取〔白黒〕　鳥取県　〔反物〕

**テグス製縫合糸**
「写真で見る農具 民具」農林統計協会　1988
　◇p262〔白黒〕　埼玉県小鹿野町

**テゴ**
「日本社会民俗辞典 2」日本図書センター　2004
　◇p803〔白黒〕　熊本県阿蘇郡

**手代木**
「日本の民具 2 農村」慶友社　1992
　◇図130〔白黒〕　岩手県　㊙薗部澄

**テシロとツム台**
「日本民俗大辞典 上」吉川弘文館　1999
　◇p111〔白黒・図〕　新潟県両津市

**テスリツム**
「図録・民具入門事典」柏書房　1991
　◇p75〔白黒〕　青森県　小川原湖博物館所蔵

**鉄なべ**
「民俗資料選集 10 紡織習俗Ⅱ」国土地理協会　1981
　◇p2（口絵）〔白黒〕　島根県八束郡鹿島町上講武　出雲の藤布紡織習俗

**手紡ぎ車**
「図録・民具入門事典」柏書房　1991
　◇p74〔白黒〕　東京都

**手振り付きのザグリ**
「いまに伝える 農家のモノ・人の生活館」柏書房　2004
　◇p190 図2〔白黒・写真/図〕　埼玉県江南町・川里町

**手回し式の座繰り器一式**
「写真で見る農具 民具」農林統計協会　1988
　◇p254〔白黒〕　群馬県藤岡市　昭和前期から　座繰り器，なべ，座繰り用かご，上げざる（あみ），まゆ糸口さがし，座繰り用火鉢

**手もみ作業**
「フォークロアの眼 2 雪国と暮らし」国書刊行会　1977
　◇図120〔白黒〕　新潟県小千谷市千谷川　越後ちぢみ　㊙中俣正義，昭和32年2月上旬

**道具の刃の研ぎ**
「あるくみるきく双書 宮本常一とあるいた昭和の日本 21」農山漁村文化協会　2011
　◇p141〔カラー〕　三重県鈴鹿市白子町 中村勇二郎の仕事場にて　伊勢型紙　㊙近山雅人

**道具彫**
「あるくみるきく双書 宮本常一とあるいた昭和の日本 21」農山漁村文化協会　2011
　◇p132〔カラー〕　三重県鈴鹿市白子町 中村勇二郎の仕事場にて　伊勢型紙　㊙近山雅人

**道具彫をする**
「あるくみるきく双書 宮本常一とあるいた昭和の日本 21」農山漁村文化協会　2011
　◇p121〔白黒〕　三重県鈴鹿市白子町　伊勢型紙　㊙近山雅人

**道具彫の表**
「あるくみるきく双書 宮本常一とあるいた昭和の日本 21」農山漁村文化協会　2011
　◇p122〔白黒〕　三重県鈴鹿市白子町 中村勇二郎の仕事場にて　伊勢型紙　㊙近山雅人　中村勇二郎作

**道具彫の道具（桜の形）**
「あるくみるきく双書 宮本常一とあるいた昭和の日本 21」農山漁村文化協会　2011
　◇p122〔白黒〕　三重県鈴鹿市白子町 中村勇二郎の仕事場にて　伊勢型紙　㊙近山雅人

**道具彫の刃**
「あるくみるきく双書 宮本常一とあるいた昭和の日本 21」農山漁村文化協会　2011
　◇p141〔カラー〕　三重県鈴鹿市白子町 中村勇二郎の仕事場にて　伊勢型紙　㊙近山雅人

**唐桟**
「日本郷土 風俗・民芸・芸能図鑑」日本図書センター　2012
　◇写真篇 千葉〔白黒〕　千葉県　〔反物〕

**所沢飛白**
「いまに伝える 農家のモノ・人の生活館」柏書房　2004
　◇p26 写真3〔白黒〕　埼玉県所沢市　「繭に飛行機」所沢市教育委員会蔵

紡織・染色　　　　　　　　　　　　　生産・生業

所沢飛白のいろいろ
「いまに伝える 農家のモノ・人の生活館」柏書房　2004
◇p26 写真2〔白黒〕　埼玉県所沢市　まるまめ・文久銭・ぼたもち・かめのこ　所沢市教育委員会蔵

突彫
「あるくみるきく双書 宮本常一とあるいた昭和の日本 21」農山漁村文化協会　2011
◇p132〔カラー〕　伊勢型紙　㊞近山雅人
◇p132〔カラー〕　伊勢型紙　㊞近山雅人

突彫の刃と突彫の刃の研ぎ
「あるくみるきく双書 宮本常一とあるいた昭和の日本 21」農山漁村文化協会　2011
◇p141〔カラー〕　伊勢型紙　㊞近山雅人

富岡製絲場内
「日本社会民俗辞典 1」日本図書センター　2004
◇図版ⅩⅠ 工業〔白黒・図〕　群馬県富岡　明治6年設立　明治初年の工場（日本実業史博物館蔵錦絵より）

トラゲの前と後の文様
「民俗資料選集 10 紡織習俗Ⅱ」国土地理協会　1981
◇p129（本文）〔白黒・図〕　鹿児島県　奄美の芭蕉布紡織習俗

トンボ
「あるくみるきく双書 宮本常一とあるいた昭和の日本 21」農山漁村文化協会　2011
◇p51〔白黒〕　㊞登勝昭

長板中型の糊落とし
「あるくみるきく双書 宮本常一とあるいた昭和の日本 21」農山漁村文化協会　2011
◇p199〔カラー〕　東京都八王子市　藍染　㊞竹内淳子

ナージチ
「民俗資料選集 10 紡織習俗Ⅱ」国土地理協会　1981
◇p117（本文）〔白黒〕　鹿児島県　奄美の芭蕉布紡織習俗

西陣織の作業場
「日本郷土 風俗・民芸・芸能図鑑」日本図書センター　2012
◇写真篇 京都〔白黒〕（西陣織）　京都府

煮る
「民俗資料選集 10 紡織習俗Ⅱ」国土地理協会　1981
◇p2（口絵）〔白黒〕　島根県八束郡鹿島町上講武　出雲の藤布紡織習俗

ネマリバタ
「民俗資料選集 3 紡織習俗Ⅰ」国土地理協会　1975
◇p142（本文）〔白黒〕　新潟県　佐渡のヤマソ紡織習俗　相川郷土博物館蔵

ネマリ機
「民俗資料選集 3 紡織習俗Ⅰ」国土地理協会　1975
◇p143（本文）〔白黒・図〕　新潟県佐渡郡相川町戸中　佐渡のヤマソ紡織習俗　潮旺鉄雄作図

ネマリバタ（地機）で裂織りを織る
「民俗学事典」丸善出版　2014
◇p323〔白黒〕　新潟県佐渡市

撚糸器
「写真で見る農具 民具」農林統計協会　1988
◇p256〔白黒〕　群馬県沼田市

のべ台
「写真で見る農具 民具」農林統計協会　1988
◇p258〔白黒〕　福島県郡山市　明治時代から昭和20年代

糊落とし
「日本の民俗 暮らしと生業」KADOKAWA　2014
◇図9-10〔白黒〕　島根県出雲市　藍染めの嫁入り風呂敷を作る　㊞芳賀日出男, 昭和42年
「日本の民俗 下」クレオ　1997
◇図9-13〔白黒〕　島根県出雲市　藍染めの嫁入り風呂敷を作る　㊞芳賀日出男, 昭和42年

糊抜き
「あるくみるきく双書 宮本常一とあるいた昭和の日本 21」農山漁村文化協会　2011
◇p72〔白黒〕　結城紬　㊞登勝昭・芳子

葉藍
「あるくみるきく双書 宮本常一とあるいた昭和の日本 21」農山漁村文化協会　2011
◇p11〔白黒〕　藍の葉を乾燥したもの　写真提供 三木文庫

灰をふりかける
「民俗資料選集 10 紡織習俗Ⅱ」国土地理協会　1981
◇p2（口絵）〔白黒〕　島根県八束郡鹿島町上講武　出雲の藤布紡織習俗

剝いだシナの木の皮を折りたたむ
「あるくみるきく双書 宮本常一とあるいた昭和の日本 21」農山漁村文化協会　2011
◇p103〔白黒〕

ハウチ
「図録・民具入門事典」柏書房　1991
◇p74〔白黒〕　岩手県

ハウチ（葉打ち）
「民俗資料選集 10 紡織習俗Ⅱ」国土地理協会　1981
◇p86（本文）〔白黒〕　鹿児島県　奄美の芭蕉布紡織習俗

葉ウチ
「民俗資料選集 10 紡織習俗Ⅱ」国土地理協会　1981
◇p24（口絵）〔白黒〕　鹿児島県奄美本島　芭蕉布の紡織習俗

博多織の手織場
「日本社会民俗辞典 2」日本図書センター　2004
◇p630〔白黒〕

白水に漬ける
「民俗資料選集 10 紡織習俗Ⅱ」国土地理協会　1981
◇p3（口絵）〔白黒〕　島根県八束郡鹿島町上講武　出雲の藤布紡織習俗

はこばた
「日本の生活文化財」第一法規出版　1965
◇図51（生産・運搬・交易）〔白黒〕　致道博物館所蔵（山形県鶴岡市）

バシャを運んで帰る
「民俗資料選集 10 紡織習俗Ⅱ」国土地理協会　1981
◇p25（口絵）, p89（本文）〔白黒〕　鹿児島県奄美本島　芭蕉布の紡織習俗

バシャガラ巻キ
「民俗資料選集 10 紡織習俗Ⅱ」国土地理協会　1981
◇p27（口絵）〔白黒〕　鹿児島県奄美本島　芭蕉布の紡織習俗

バシャガラ巻キのつくり方
「民俗資料選集 10 紡織習俗Ⅱ」国土地理協会　1981
◇p89（本文）〔白黒・図〕　鹿児島県　奄美の芭蕉布紡織習俗

バシャシキ（芭蕉すき）
「民俗資料選集 10 紡織習俗Ⅱ」国土地理協会　1981
◇p27（口絵）, p93（本文）〔白黒〕　鹿児島県奄美本島　芭蕉布の紡織習俗

バシャトーシ（芭蕉倒し）
「民俗資料選集 10 紡織習俗Ⅱ」国土地理協会　1981
◇p24（口絵）, p86（本文）〔白黒〕　鹿児島県奄美本島

芭蕉布の紡織習俗

**バシャ煮**
「民俗資料選集 10 紡織習俗Ⅱ」国土地理協会　1981
　◇p27（口絵），p91〜92（本文）〔白黒〕　鹿児島県奄美本島　芭蕉布の紡織習俗

**バシャ煮の灰汁作り**
「民俗資料選集 10 紡織習俗Ⅱ」国土地理協会　1981
　◇p26（口絵）〔白黒〕　鹿児島県奄美本島　芭蕉布の紡織習俗

**バシャハギ（芭蕉剝ぎ）**
「民俗資料選集 10 紡織習俗Ⅱ」国土地理協会　1981
　◇p25（口絵），p86〜88（本文）〔白黒〕　鹿児島県奄美本島　芭蕉布の紡織習俗

**バシャ巻き**
「民俗資料選集 10 紡織習俗Ⅱ」国土地理協会　1981
　◇p89（本文）〔白黒〕　鹿児島県　奄美の芭蕉布紡織習俗

**バシャヤマ**
「民俗資料選集 10 紡織習俗Ⅱ」国土地理協会　1981
　◇p23（口絵）〔白黒〕　鹿児島県奄美本島　芭蕉布の紡織習俗
　◇p23（口絵）〔白黒〕　鹿児島県竜郷村円（奄美本島）　芭蕉布の紡織習俗
　◇p23（口絵）〔白黒〕　鹿児島県宇検村佐念（奄美本島）　芭蕉布の紡織習俗
　◇p85（本文）〔白黒〕（バシャ山）　鹿児島県　奄美の芭蕉布紡織習俗

**芭蕉糸**
「写真でみる日本生活図引 3」弘文堂　1988
　◇図138〔白黒〕　沖縄県那覇市首里　女。剝いだ糸芭蕉の茎を、表皮と裏皮に分離する　㊞坂本万七，昭和14年1月
　◇図139〔白黒〕　沖縄県那覇市首里　老女。芭蕉の繊維を細かく裂いてつなぐ　㊞坂本万七，昭和14年1月

**芭蕉の反物**
「日本民具の造形」淡交社　2004
　◇p40〔白黒〕　沖縄県　読谷村立歴史民俗資料館所蔵

**芭蕉布**
「日本郷土 風俗・民芸・芸能図鑑」日本図書センター　2012
　◇写真篇 綜合〔白黒〕　〔部分〕
「あるくみるきく双書 宮本常一とあるいた昭和の日本 21」農山漁村文化協会　2011
　◇p105〔白黒〕　沖縄
「民俗資料選集 10 紡織習俗Ⅱ」国土地理協会　1981
　◇p133（本文）〔白黒〕　鹿児島県　奄美の芭蕉布紡織習俗（布地の表面）

**芭蕉布を海にさらす**
「日本民俗写真大系 5」日本図書センター　2000
　◇p162〔白黒〕　竹富島　㊞薗部澄，1977年

**はずし取った縦糸**
「民俗資料選集 10 紡織習俗Ⅱ」国土地理協会　1981
　◇p104（本文）〔白黒〕　鹿児島県　奄美の芭蕉布紡織習俗

**機**
「日本民俗事典」弘文堂　1972
　◇p567〔白黒〕　高機，下機

**ハタ（糸車）とその部品**
「民俗資料選集 10 紡織習俗Ⅱ」国土地理協会　1981
　◇p96（本文）〔白黒・図〕　鹿児島県　奄美の芭蕉布紡織習俗

**機を織る嫗**
「日本社会民俗辞典 1」日本図書センター　2004
　◇図版Ⅲ アイヌ（3）〔白黒〕　日高国二風谷の二谷ウノサレ媼　機は居機、織る布は厚司　㊞1941年

**機を織る老人**
「図説 日本民俗学」吉川弘文館　2009
　◇p6〔白黒〕　東京都八丈町

**はたおり**
「民俗資料選集 3 紡織習俗Ⅰ」国土地理協会　1975
　◇p14〜15（口絵）〔白黒〕　新潟県　越後のしな布の紡織習俗

**ハタ織り**
「民俗資料選集 10 紡織習俗Ⅱ」国土地理協会　1981
　◇p32（口絵），p113・114（本文）〔白黒〕　鹿児島県奄美本島　芭蕉布の紡織習俗
「民俗資料選集 9 山村の生活と用具」国土地理協会　1981
　◇p5（口絵）〔白黒〕　愛知県北設楽郡津具村　㊞昭和31年3月23日

**機織り**
「里山・里海 暮らし図鑑」柏書房　2012
　◇写34（p236）〔白黒〕　愛知県豊田市 三州足助屋敷
「精選 日本民俗辞典」吉川弘文館　2006
　◇p435〔白黒〕（機織）　長野県上田市
「いまに伝える 農家のモノ・人の生活館」柏書房　2004
　◇p26 写真1〔白黒・写真/図〕（機織り風景）　埼玉県所沢市　㊞昭和4年頃
「日本社会民俗辞典 1」日本図書センター　2004
　◇p104〔白黒〕（機織）
「日本民俗写真大系 5」日本図書センター　2000
　◇p137〔白黒〕　首里市　㊞坂本万七，1940年
「日本民俗大辞典 下」吉川弘文館　2000
　◇p362〔白黒〕（機織）　上田市立博物館提供
「民俗資料選集 23 北上山地の畑作習俗」国土地理協会　1995
　◇p35（本文）〔白黒〕　岩手県久慈市山根六郷　麻織り
「写真で見る農具 民具」農林統計協会　1988
　◇p260〔白黒〕（機織（はたおり））　福島県郡山市　昭和20年代まで
「民俗資料選集 10 紡織習俗Ⅱ」国土地理協会　1981
　◇p9（口絵）〔白黒〕　島根県八束郡鹿島町上講武　高ハタで織り，糸を結び足す，ツメのとりかえ　出雲の藤布紡織習俗
「フォークロアの眼 2 雪国と暮らし」国書刊行会　1977
　◇小論13〔白黒〕　新潟県南魚沼郡六日町欠之上　㊞中俣正義，昭和30年4月15日

**はたおりをする子供**
「写真でみる日本人の生活全集 4」日本図書センター　2010
　◇p17〔白黒〕

**ハタオリの姿勢**
「民俗資料選集 3 紡織習俗Ⅰ」国土地理協会　1975
　◇p13（口絵）〔白黒〕　新潟県　越後のしな布の紡織習俗

**機神様参り**
「民俗資料選集 3 紡織習俗Ⅰ」国土地理協会　1975
　◇p24（口絵）〔白黒〕　新潟県　織り始めと織り終わりに参る　越後縮の紡織習俗（縮織りと雪さらし）

**ハタ車**
「民俗資料選集 10 紡織習俗Ⅱ」国土地理協会　1981
　◇p65（本文）〔白黒・図〕　鹿児島県甑島　甑島の葛布紡織習俗

**ハタゴ**
「民俗資料選集 3 紡織習俗Ⅰ」国土地理協会　1975
　◇p40（本文）〔白黒・図〕　新潟県岩船郡山北町雷　越後のシナ布紡織習俗

**ハタゴ（座り機）と部品・紡績用具**
「民俗資料選集 3 紡織習俗Ⅰ」国土地理協会　1975

◇p144（本文）〔白黒・図〕　新潟県相川町関　佐渡のヤマソ紡織習俗　潮田鉄雄作図

**ハタシ**
「いまに伝える 農家のモノ・人の生活館」柏書房　2004
◇p19 図7〔白黒・図〕　埼玉県所沢市

**はたたて**
「民俗資料選集 3 紡織習俗Ⅰ」国土地理協会　1975
◇p13（口絵）〔白黒〕　新潟県　越後のしな布の紡織習俗

**機道具を作る**
「あるくみるきく双書 宮本常一とあるいた昭和の日本 21」農山漁村文化協会　2011
◇p45〔白黒〕　栃木県小山市福良字休　㊟登勝昭

**ハタの準備**
「民俗資料選集 10 紡織習俗Ⅱ」国土地理協会　1981
◇p105（本文）〔白黒・図〕　鹿児島県　奄美の芭蕉布紡織習俗

**ハタの整備**
「民俗資料選集 10 紡織習俗Ⅱ」国土地理協会　1981
◇p110（本文）〔白黒・図〕　鹿児島県　奄美の芭蕉布紡織習俗

**ハタへ**
「民俗資料選集 3 紡織習俗Ⅰ」国土地理協会　1975
◇p32（本文）〔白黒〕　新潟県岩船郡山北町雷　越後のシナ布紡織習俗

**ハタ巻キ**
「民俗資料選集 3 紡織習俗Ⅰ」国土地理協会　1975
◇p10〜11（口絵）〔白黒〕　新潟県　越後のしな布の紡織習俗
◇p23（口絵）〔白黒〕　新潟県　越後縮の紡織習俗（縮織りと雪さらし）

**機巻き**
「あるくみるきく双書 宮本常一とあるいた昭和の日本 21」農山漁村文化協会　2011
◇p71〔白黒〕　結城紬　㊟登勝昭・芳子

**機屋さんの内部**
「あるくみるきく双書 宮本常一とあるいた昭和の日本 21」農山漁村文化協会　2011
◇p63〔白黒〕　結城紬　㊟登勝昭

**機屋の住まいの変遷**
「日本の生活環境文化大辞典」柏書房　2010
◇p146-1〔白黒・図〕　山梨県　明治末年,大正7年〜昭和6年,昭和6年〜昭和12年,昭和37年　『西桂町誌 資料編3』

**八丈島の黄八丈の機織り**
「図説 民俗探訪事典」山川出版社　1983
◇p317〔白黒〕　八丈島

**バッタン**
「写真で見る農具 民具」農林統計協会　1988
◇p261〔白黒〕　福島県郡山市　明治初年に輸入

**バッタンを取り付けた高機**
「いまに伝える 農家のモノ・人の生活館」柏書房　2004
◇p21 図9-1〔白黒・写真／図〕　埼玉県江南町
◇p22 図9-2〔白黒・図〕　埼玉県江南町
◇p23 図10〔白黒・図〕　埼玉県小川町

**バトウ帯の編み方**
「民俗資料選集 3 紡織習俗Ⅰ」国土地理協会　1975
◇p78（本文）〔白黒・図〕　新潟県東頸城郡松之山町　越後のアンギン紡織
「日本の生活文化財」第一法規出版　1965
◇図48（生産・運搬・交易）〔白黒〕（ひ）　文部省史料館所蔵（東京都品川区）

**バトウ帯のオサとヒ**
「民俗資料選集 3 紡織習俗Ⅰ」国土地理協会　1975
◇p85（本文）〔白黒〕　新潟県　越後のアンギン紡織

**花むしろ織**
「日本民俗写真大系 4」日本図書センター　1999
◇p161〔白黒〕　倉敷市　㊟中村昭夫, 1968年

**花揉盥**
「日本民具の造形」淡交社　2004
◇p268〔白黒〕　山形県 河北町紅花資料館所蔵

**貼り板に白生地を貼る**
「あるくみるきく双書 宮本常一とあるいた昭和の日本 21」農山漁村文化協会　2011
◇p110〔白黒〕　東京都 新小岩の板場（作業場）　江戸小紋　㊟近山雅人

**ヒ**
「民俗資料選集 10 紡織習俗Ⅱ」国土地理協会　1981
◇p66（本文）〔白黒・図〕　鹿児島県 甑島　甑島の葛布紡織習俗
「日本の生活文化財」第一法規出版　1965
◇図45（概説）〔白黒〕　織る・編む道具

**杼**
「民俗資料選集 38 紡織習俗Ⅲ」国土地理協会　2007
◇p91（本文）〔白黒〕　三重県
「日本民具の造形」淡交社　2004
◇p21〔白黒〕　岐阜県 小坂町郷土館所蔵
◇p269〔白黒〕　京都府 西陣織会館
「日本民俗大辞典 下」吉川弘文館　2000
◇p410〔白黒〕　上田市立博物館所蔵
「写真で見る農具 民具」農林統計協会　1988
◇p260〔白黒〕　埼玉県吉田町　明治時代から大正時代前期
◇p260〔白黒〕　山梨県長坂町　昭和20年頃まで
「日本民俗図誌 7 生業上・下篇」村田書店　1978
◇図120-4〔白黒・図〕
「民俗資料選集 3 紡織習俗Ⅰ」国土地理協会　1975
◇p175（本文）〔白黒・図〕（ヒ（杼））　徳島県那賀郡木頭村　地機用のもの。阿波のタフ紡織習俗

**梭**
「日本の民具 2 農村」慶友社　1992
◇図140〔白黒〕　岩手県紫波郡　地機用　㊟薗部澄
◇図141〔白黒〕　埼玉県大里郡豊里　地機用　㊟薗部澄

**杼各種**
「民俗資料選集 38 紡織習俗Ⅲ」国土地理協会　2007
◇p7（口絵）〔白黒〕　三重県　松阪市立歴史民俗資料館蔵

**ビータナシを織る**
「あるくみるきく双書 宮本常一とあるいた昭和の日本 21」農山漁村文化協会　2011
◇p160〔カラー〕　〔鹿児島県〕下甑島 下甑村瀬々野浦　㊟竹内淳子

**左手にさげる六文銭で、糸延べの回数を数える**
「写真ものがたり昭和の暮らし 9」農山漁村文化協会　2007
◇p228〔白黒〕　新潟県六日町（現南魚沼市）　越後上布　㊟小見重義, 昭和58年1月

**ヒッカケ**
「民俗資料選集 10 紡織習俗Ⅱ」国土地理協会　1981
◇p78（本文）〔白黒・図／写真〕　鹿児島県 甑島　甑島の葛布紡織習俗

**表皮を除いたフジの皮を川水で洗う**
「あるくみるきく双書 宮本常一とあるいた昭和の日本 21」農山漁村文化協会　2011
◇p96〔白黒〕

表皮の除去
　「民俗資料選集 10 紡織習俗Ⅱ」国土地理協会　1981
　　◇p2（口絵）〔白黒〕　島根県八束郡鹿島町上講武　出雲の藤布紡織習俗

平織
　「民俗資料選集 10 紡織習俗Ⅱ」国土地理協会　1981
　　◇p11（口絵）〔白黒〕　島根県八束郡鹿島町上講武　出雲の藤布紡織習俗
　「日本民俗図誌 7 生業上・下篇」村田書店　1978
　　◇図123-1〔白黒・図〕

紅型
　「日本民俗写真大系 5」日本図書センター　2000
　　◇p138～139〔白黒〕　張手と伸手で張り、小刷毛で色を差してゆく、水にひたした型紙を水からあげる　㈹岡本太郎, 1959年

フジ績み
　「あるくみるきく双書 宮本常一とあるいた昭和の日本 21」農山漁村文化協会　2011
　　◇p98〔白黒〕

フジを水につけて柔らかくした後、表皮を剥ぎ取る
　「あるくみるきく双書 宮本常一とあるいた昭和の日本 21」農山漁村文化協会　2011
　　◇p96〔白黒〕

藤皮の乾燥
　「民俗資料選集 10 紡織習俗Ⅱ」国土地理協会　1981
　　◇p1（口絵）〔白黒〕　島根県八束郡鹿島町上講武の藤布紡織習俗

藤皮の洗浄
　「民俗資料選集 10 紡織習俗Ⅱ」国土地理協会　1981
　　◇p24（本文）〔白黒〕　島根県八束郡鹿島町大字上講武　川行き，洗浄，洗浄とコキ　出雲の藤布紡織習俗

藤皮の剝皮
　「民俗資料選集 10 紡織習俗Ⅱ」国土地理協会　1981
　　◇p1（口絵）〔白黒〕　島根県八束郡鹿島町上講武の藤布紡織習俗

藤づるの伐採
　「民俗資料選集 10 紡織習俗Ⅱ」国土地理協会　1981
　　◇p1（口絵）〔白黒〕　島根県八束郡鹿島町上講武の藤布紡織習俗

フジ断ち（採集）
　「あるくみるきく双書 宮本常一とあるいた昭和の日本 21」農山漁村文化協会　2011
　　◇p95〔白黒〕　丹後半島

ふじ布
　「日本の民具 3 山・漁村」慶友社　1992
　　◇図124〔白黒〕　愛知県　㈹薗部澄

藤布の組織図
　「民俗資料選集 10 紡織習俗Ⅱ」国土地理協会　1981
　　◇p32（本文）〔白黒・図〕　島根県八束郡鹿島町大字上講武　モジ組織, 平組織　出雲の藤布紡織習俗

フドキ
　「民俗資料選集 10 紡織習俗Ⅱ」国土地理協会　1981
　　◇p99（本文）〔白黒〕　鹿児島県　奄美の芭蕉布紡織習俗

フドキ入れ
　「民俗資料選集 10 紡織習俗Ⅱ」国土地理協会　1981
　　◇p30（口絵），p105（本文）〔白黒〕　鹿児島県奄美本島　芭蕉布の紡織習俗

フドキをオサにはめ込む
　「民俗資料選集 10 紡織習俗Ⅱ」国土地理協会　1981
　　◇p111（本文）〔白黒・図〕　鹿児島県　奄美の芭蕉布紡織習俗

フドキをはめたオサ
　「民俗資料選集 10 紡織習俗Ⅱ」国土地理協会　1981
　　◇p111（本文）〔白黒〕　鹿児島県　奄美の芭蕉布紡織習俗

フドキとアディワーシ棒を反対の方向に押していく前の準備
　「民俗資料選集 10 紡織習俗Ⅱ」国土地理協会　1981
　　◇p106（本文）〔白黒〕　鹿児島県　奄美の芭蕉布紡織習俗

フドキとアディワーシ棒を反対方向に押して行く
　「民俗資料選集 10 紡織習俗Ⅱ」国土地理協会　1981
　　◇p31（口絵），p106（本文）〔白黒〕　鹿児島県奄美本島　芭蕉布の紡織習俗（はた織りの準備）

フドキとオサ
　「民俗資料選集 10 紡織習俗Ⅱ」国土地理協会　1981
　　◇p111（本文）〔白黒〕　鹿児島県　奄美の芭蕉布紡織習俗

フドキヨミと目ヅモリ棒のつくり方
　「民俗資料選集 10 紡織習俗Ⅱ」国土地理協会　1981
　　◇p125（本文）〔白黒・図〕　鹿児島県　奄美の芭蕉布紡織習俗

ふとんかけ
　「日本民具の造形」淡交社　2004
　　◇p304〔白黒〕　徳島県　藍住町歴史館藍の館所蔵

フノリコシ
　「民俗資料選集 10 紡織習俗Ⅱ」国土地理協会　1981
　　◇p20（口絵）〔白黒〕　鹿児島県薩摩郡下甑島瀬々野浦　甑島の葛布紡織習俗

ブヤマソ
　「民俗資料選集 3 紡織習俗Ⅰ」国土地理協会　1975
　　◇p131（本文）〔白黒〕　新潟県相川町戸中　佐渡のヤマソ紡織習俗

ふわり（符割）
　「写真で見る農具 民具」農林統計協会　1988
　　◇p256〔白黒〕　群馬県藤岡市　明治時代から昭和前期まで
　　◇p256〔白黒〕　群馬県東村　明治時代後期から大正時代

平面絹
　「写真で見る農具 民具」農林統計協会　1988
　　◇p261〔白黒〕　埼玉県小鹿野町

ヘエボとヘラ
　「民俗資料選集 3 紡織習俗Ⅰ」国土地理協会　1975
　　◇p8（口絵）〔白黒〕　新潟県　越後のしな布の紡織習俗

へをかける
　「民俗資料選集 10 紡織習俗Ⅱ」国土地理協会　1981
　　◇p35（本文）〔白黒〕　島根県八束郡鹿島町大字上講武　出雲の藤布紡織習俗

ヘカケ
　「民俗資料選集 10 紡織習俗Ⅱ」国土地理協会　1981
　　◇p8（口絵）〔白黒〕　島根県八束郡鹿島町上講武の藤布紡織習俗
　「民俗資料選集 3 紡織習俗Ⅰ」国土地理協会　1975
　　◇p12（口絵）〔白黒〕　新潟県　越後のしな布の紡織習俗

ヘグイを打つ
　「民俗資料選集 10 紡織習俗Ⅱ」国土地理協会　1981
　　◇p27（本文）〔白黒〕　島根県八束郡鹿島町大字上講武　出雲の藤布紡織習俗

ヘソ
　「民俗資料選集 3 紡織習俗Ⅰ」国土地理協会　1975
　　◇p175（本文）〔白黒・図〕　徳島県那賀郡木頭村　阿波

紡織・染色　　　　　　　　　　　生産・生業

　　のタフ紡織習俗
「写真 日本文化史 9」日本評論新社　1955
　　◇図88〔白黒〕　秋田県

ヘソカキ
「民俗資料選集 3 紡織習俗Ⅰ」国土地理協会　1975
　　◇p6（口絵）〔白黒〕　新潟県　越後のしな布の紡織習俗

ヘソカキの進行
「民俗資料選集 3 紡織習俗Ⅰ」国土地理協会　1975
　　◇p27（本文）〔白黒・図〕　新潟県岩船郡山北町雷　越後のシナ布紡織習俗

経台
「民俗資料選集 38 紡織習俗Ⅲ」国土地理協会　2007
　　◇p85（本文）〔白黒〕　三重県　松阪市立歴史民俗資料館蔵

ベッチンコールテン
「日本郷土 風俗・民芸・芸能図鑑」日本図書センター　2012
　　◇写真篇 静岡〔白黒〕　静岡県　染めあがりを干すところ

紅花の花弁を摘む
「写真でみる日本人の生活全集 2」日本図書センター　2010
　　◇p116〔白黒〕

ヘバシ
「民俗資料選集 10 紡織習俗Ⅱ」国土地理協会　1981
　　◇p27（本文）〔白黒〕　島根県八束郡鹿島町大字上講武　出雲の藤布紡織習俗

ヘバシに糸を通す
「民俗資料選集 10 紡織習俗Ⅱ」国土地理協会　1981
　　◇p6（口絵）〔白黒〕　島根県八束郡鹿島町上講武　出雲の藤布紡織習俗

紡器
「写真で見る農具 民具」農林統計協会　1988
　　◇p256〔白黒〕　神奈川県横浜市

ぼうず
「日本の民具 2 農村」慶友社　1992
　　◇図134〔白黒〕　関東北部　㊞薗部澄

紡績工場で働く女性
「写真でみる日本人の生活全集 6」日本図書センター　2010
　　◇p61〔白黒〕（紡績工場）〔働く女性〕　㊞対木治

紡績婦人部員
「写真でみる日本人の生活全集 10」日本図書センター　2010
　　◇p67〔白黒〕　新潟県長岡市呉羽紡績工場　合宿で行われた婦人部集会後の記念撮影

干し場（麻つくり）
「民俗図録 日本人の暮らし」日本図書センター　2012
　　◇図146〔白黒〕（干し場（1））　新潟県南蒲原郡福島村貝喰　麻つくり　㊞福島惣一郎
　　◇図147〔白黒〕（干し場（2））　長野県更級郡信級村　麻つくり　㊞守随一

ホームスパン
「写真で見る農具 民具」農林統計協会　1988
　　◇p200〔白黒〕　福島県郡山市

本染手織
「日本民俗写真大系 4」日本図書センター　1999
　　◇p150〔白黒〕　倉敷市　㊞中村昭夫，1991年

本糊付け
「あるくみるきく双書 宮本常一とあるいた昭和の日本 21」農山漁村文化協会　2011
　　◇p61〔白黒〕　結城紬　㊞登勝昭
　　◇p71〔白黒〕　結城紬　㊞登勝昭・芳子

マキチャを地バタに置いたときの糸の位置
「民俗資料選集 10 紡織習俗Ⅱ」国土地理協会　1981
　　◇p106（本文）〔白黒・図〕　鹿児島県　奄美の芭蕉布紡織習俗

マキチャ（巻板）
「民俗資料選集 10 紡織習俗Ⅱ」国土地理協会　1981
　　◇p104（本文）〔白黒〕　鹿児島県　奄美の芭蕉布紡織習俗

巻きつけ棒
「写真で見る農具 民具」農林統計協会　1988
　　◇p261〔白黒〕　福島県郡山市

巻き取った糸をはたにかける
「民俗資料選集 10 紡織習俗Ⅱ」国土地理協会　1981
　　◇p31（口絵），p107（本文）〔白黒〕　鹿児島県奄美本島　芭蕉布の紡織習俗（はた織りの準備）

まだ布
「日本の民具 3 山・漁村」慶友社　1992
　　◇図125〔白黒〕　秋田県　㊞薗部澄

マ（馬）とテシロ
「民俗資料選集 10 紡織習俗Ⅱ」国土地理協会　1981
　　◇p5（本文）〔白黒・図〕　島根県八束郡鹿島町古浦

マネキ機
「民俗資料選集 3 紡織習俗Ⅰ」国土地理協会　1975
　　◇p15（口絵）〔白黒〕　新潟県　越後のしな布の紡織習俗

繭を湯でやわらかくしてから真綿台に広げる
「写真ものがたり昭和の暮らし 2」農山漁村文化協会　2004
　　◇p100〔白黒〕　長野県阿智村　㊞熊谷元一，昭和27年

マユから糸を引く
「宮本常一 写真・日記集成 下」毎日新聞社　2005
　　◇p431〔白黒〕　滋賀県東浅井郡浅井町鍛冶屋　右下はサナギ　㊞宮本常一，1978年7月8日

マユの選別
「宮本常一 写真・日記集成 上」毎日新聞社　2005
　　◇p383〔白黒〕　長野県下伊那郡高森町 天龍社　㊞宮本常一，1963年7月4日

丸刷毛
「日本民具の造形」淡交社　2004
　　◇p268〔白黒〕　京都府 京友禅文化会館所蔵

真綿糸撚り器
「写真で見る農具 民具」農林統計協会　1988
　　◇p262〔白黒〕　群馬県安中市　昭和前期から20年代

真綿かけ
「あるくみるきく双書 宮本常一とあるいた昭和の日本 21」農山漁村文化協会　2011
　　◇p49〔白黒〕　福島県伊達郡保原　㊞登勝昭
　　◇p69〔白黒〕　結城紬　㊞登勝昭・芳子

真綿掛け
「いまに伝える 農家のモノ・人の生活館」柏書房　2004
　　◇p192 写真1〔白黒〕　埼玉県　宮代町郷土資料館蔵

真綿の作り方
「いまに伝える 農家のモノ・人の生活館」柏書房　2004
　　◇p192 図1〔白黒・図〕　埼玉県宮代町，川里町，鳩山町

真綿張（まわたはり）
「写真で見る農具 民具」農林統計協会　1988
　　◇p262〔白黒〕　鹿児島県瀬戸内町　昭和前期から20年頃まで

御絲織物株式会社 糸の置き場
「民俗資料選集 38 紡織習俗Ⅲ」国土地理協会　2007
　　◇p4（口絵）〔白黒〕　三重県多気郡明和町養川

生産・生業　　　　　　　　　　　　　紡織・染色

御絲織物株式会社 乾燥場
「民俗資料選集 38 紡織習俗Ⅲ」国土地理協会　2007
◇p5（口絵）〔白黒〕　三重県多気郡明和町養川

御絲織物株式会社 織工場 旧型自動織機
「民俗資料選集 38 紡織習俗Ⅲ」国土地理協会　2007
◇p5（口絵）〔白黒〕　三重県多気郡明和町養川

御絲織物株式会社 染色場
「民俗資料選集 38 紡織習俗Ⅲ」国土地理協会　2007
◇p4（口絵）〔白黒〕　三重県多気郡明和町養川

御絲織物株式会社 平面図
「民俗資料選集 38 紡織習俗Ⅲ」国土地理協会　2007
◇p51（本文）〔白黒・図〕　三重県多気郡明和町養川

水に浸したカジの皮を野外にひろげて凍らせる
「あるくみるきく双書 宮本常一とあるいた昭和の日本 21」農山漁村文化協会　2011
◇p90〔白黒〕　徳島県木頭村　太布を復元する企画

宮古上布
「宮本常一 写真・日記集成 下」毎日新聞社　2005
◇p368〔白黒〕　沖縄県平良市（宮古島）　㊙宮本常一、1976年8月19〜20日

宮古上布の仕上げ（せんだく）
「あるくみるきく双書 宮本常一とあるいた昭和の日本 21」農山漁村文化協会　2011
◇p209〔白黒〕　沖縄県　折り畳んで木槌で打つ　㊙竹内淳子

麦稈の菰で藍玉を巻いた藍俵
「あるくみるきく双書 宮本常一とあるいた昭和の日本 21」農山漁村文化協会　2011
◇p26〔白黒〕　写真提供 三木文庫

蒸しあがったカジの枝の皮をはぐ
「あるくみるきく双書 宮本常一とあるいた昭和の日本 21」農山漁村文化協会　2011
◇p89〔白黒〕　徳島県木頭村　太布を復元する企画

蒸しあがったカジの皮に籾殻をまぶし、木槌で叩いて外皮をはがれやすくする
「あるくみるきく双書 宮本常一とあるいた昭和の日本 21」農山漁村文化協会　2011
◇p89〔白黒〕　徳島県木頭村　太布を復元する企画

銘仙と織干し場
「日本郷土 風俗・民芸・芸能図鑑」日本図書センター　2012
◇写真篇 群馬〔白黒〕　群馬県

メークサをおいてマキチャに巻きとる
「民俗資料選集 10 紡織習俗Ⅱ」国土地理協会　1981
◇p31（口絵），p106〜107（本文）〔白黒〕　鹿児島県奄美本島　芭蕉布の紡織習俗（はた織りの準備）

メークサでトラゲをしているところ（取り上げ）
「民俗資料選集 10 紡織習俗Ⅱ」国土地理協会　1981
◇p130（本文）〔白黒・図〕　鹿児島県　奄美の芭蕉布紡織習俗

目ヅモリ棒で墨つけするところ
「民俗資料選集 10 紡織習俗Ⅱ」国土地理協会　1981
◇p126（本文）〔白黒・図〕　鹿児島県　奄美の芭蕉布紡織習俗

モガリ
「あるくみるきく双書 宮本常一とあるいた昭和の日本 21」農山漁村文化協会　2011
◇p34〔白黒〕　出雲の筒引の干場　㊙神崎宣武

モジ織
「民俗資料選集 10 紡織習俗Ⅱ」国土地理協会　1981
◇p11（口絵）〔白黒〕　島根県八束郡鹿島町上講武　出雲の藤布紡織習俗

元藍師の家
「あるくみるきく双書 宮本常一とあるいた昭和の日本 21」農山漁村文化協会　2011
◇p187〔白黒〕　吉野川流域　左の建物が藍の寝床　㊙竹内淳子

木綿打ち砧
「日本民具の造形」淡交社　2004
◇p266〔白黒〕　茨城県 石下町民俗資料館所蔵

紋紙
「日本民具の造形」淡交社　2004
◇p269〔白黒〕　大分県 杵築市立民俗資料館所蔵

揉んで柔らかくなったカジを川の中で外皮がとれるまで洗い、そのまま流れに一晩つける
「あるくみるきく双書 宮本常一とあるいた昭和の日本 21」農山漁村文化協会　2011
◇p89〔白黒〕　徳島県木頭村　太布を復元する企画

八重山上布
「日本を知る事典」社会思想社　1971
◇図12（p261）〔白黒〕　〔布地の一部〕

ヤマソコキ
「民俗資料選集 3 紡織習俗Ⅰ」国土地理協会　1975
◇p140（本文）〔白黒〕　新潟県相川町戸中　ここで行なっているのはチョマであるが、やり方はヤマソと同一である。佐渡のヤマソ紡織習俗
◇p140（本文）〔白黒〕　新潟県相川町戸中　佐渡のヤマソ紡織習俗

ヤマソとチョマの交織
「民俗資料選集 3 紡織習俗Ⅰ」国土地理協会　1975
◇p154（本文）〔白黒〕　新潟県　織目を拡大。佐渡のヤマソ紡織習俗

ヤマソのアラギ
「民俗資料選集 3 紡織習俗Ⅰ」国土地理協会　1975
◇p154（本文）〔白黒〕　新潟県　佐渡のヤマソ紡織習俗　相川郷土博物館蔵

ヤマソのアラギ用生地
「民俗資料選集 3 紡織習俗Ⅰ」国土地理協会　1975
◇p154（本文）〔白黒〕　新潟県　織目を拡大。佐渡のヤマソ紡織習俗

ヤマソのオガセ
「民俗資料選集 3 紡織習俗Ⅰ」国土地理協会　1975
◇p142（本文）〔白黒〕　新潟県　佐渡のヤマソ紡織習俗　相川郷土博物館蔵

ヤマソのカヤ地
「民俗資料選集 3 紡織習俗Ⅰ」国土地理協会　1975
◇p154（本文）〔白黒〕（相川の羽田市にヤマソのカヤ地が売られていた）　新潟県相川町　佐渡のヤマソ紡織習俗　㊙昭和48年3月
◇p154（本文）〔白黒〕　新潟県　モロメ織りを拡大。佐渡のヤマソ紡織習俗　相川郷土博物館蔵

ヤマソの群落
「民俗資料選集 3 紡織習俗Ⅰ」国土地理協会　1975
◇p124（本文）〔白黒〕　新潟県相川町戸地上の上流　佐渡のヤマソ紡織習俗

ヤマソのヘソ
「民俗資料選集 3 紡織習俗Ⅰ」国土地理協会　1975
◇p140（本文）〔白黒〕　新潟県　佐渡のヤマソ紡織習俗　相川郷土博物館蔵

結城紬
「日本郷土 風俗・民芸・芸能図鑑」日本図書センター　2012
◇写真篇 茨城〔白黒〕　茨城県　〔反物〕

紡織・染色　　　　　　　　　　　　　生産・生業

友仙
　「日本郷土 風俗・民芸・芸能図鑑」日本図書センター　2012
　　◇写真篇 京都〔白黒〕　京都府　〔干しているところ〕

友禅流し
　「写真ものがたり昭和の暮らし 5」農山漁村文化協会　2005
　　◇p104〔白黒〕　京都府京都市　㈹昭和22年2月　共同通信社提供
　「写真でみる日本生活図引 3」弘文堂　1988
　　◇図143〔白黒〕　京都府京都市・鴨川　㈹山本栄三, 昭和8年頃
　　◇図144〔白黒〕　京都府京都市・桂川河原　㈹山本栄三, 昭和10年頃

湯かけ
　「民俗図録 日本人の暮らし」日本図書センター　2012
　　◇図149〔白黒〕　栃木県安蘇郡野上村　麻つくり　㈹倉田一郎

雪ざらし
　「日本の民俗 暮らしと生業」KADOKAWA　2014
　　◇図9-5〔白黒〕　新潟県小千谷市　小千谷縮　㈹芳賀日出男, 昭和58年
　「日本の民俗 下」クレオ　1997
　　◇図9-6〔白黒〕　新潟県小千谷市　小千谷縮　㈹芳賀日出男, 昭和58年

雪晒し
　「写真ものがたり昭和の暮らし 9」農山漁村文化協会　2007
　　◇p233〔白黒〕　新潟県塩沢町十日市（現南魚沼市）　雪の上に上布を広げる　㈹中俣正義, 昭和32年3月
　「民俗資料選集 3 紡織習俗Ⅰ」国土地理協会　1975
　　◇p23（口絵）〔白黒〕　新潟県　越後縮の紡織習俗（縮織りと雪さらし）

弓浜絣
　「あるくみるきく双書 宮本常一とあるいた昭和の日本 21」農山漁村文化協会　2011
　　◇p207〔カラー〕　反物のよこ幅をほぼそのまま縮小　㈹竹内淳子

横槌
　「日本民俗大辞典 下」吉川弘文館　2000
　　◇p132〔白黒・図〕　砧用　岩井宏實他編『民具研究ハンドブック』より

撚った糸をカセにとる
　「民俗資料選集 3 紡織習俗Ⅰ」国土地理協会　1975
　　◇p177（本文）〔白黒〕　徳島県那賀郡木頭村　阿波のタフ紡織習俗

ヨミタンソンハナウイ（読谷村花織）
　「民具のみかた一心とかたち」第一法規出版　1983
　　◇p51〔白黒〕　沖縄県読谷村

ヨリカケ
　「日本の民俗 下」クレオ　1997
　　◇図9-8〔白黒〕　鹿児島県大島郡和泊町　絹糸によりをかける家庭の主婦。大島紬　㈹芳賀日出男, 昭和31年
　「民俗資料選集 3 紡織習俗Ⅰ」国土地理協会　1975
　　◇p7（口絵）〔白黒〕　新潟県　越後のしな布の紡織習俗
　　◇p22（口絵）〔白黒〕　新潟県　越後縮の紡織習俗（苧績みから糸くりまで）

より掛け
　「民俗資料選集 10 紡織習俗Ⅱ」国土地理協会　1981
　　◇p5（口絵）〔白黒〕　島根県八束郡鹿島町上講武　出雲の藤布紡織習俗

絽の織り方
　「日本民俗図誌 7 生業上・下篇」村田書店　1978
　　◇図126〔白黒・図〕　高島精一『染織史の研究』参照

ワインキの作業をしている人の位置
　「民俗資料選集 10 紡織習俗Ⅱ」国土地理協会　1981
　　◇p129（本文）〔白黒・図〕　鹿児島県　奄美の芭蕉布紡織習俗

ワク
　「民俗資料選集 10 紡織習俗Ⅱ」国土地理協会　1981
　　◇p6（口絵）〔白黒〕　島根県八束郡鹿島町上講武　出雲の藤布紡織習俗
　　◇p97（本文）〔白黒・図〕　鹿児島県　奄美の芭蕉布紡織習俗

ワクウツシ
　「民俗資料選集 3 紡織習俗Ⅰ」国土地理協会　1975
　　◇p7（口絵）〔白黒〕　新潟県　越後のしな布の紡織習俗

ワク移しとカシケーイ（かせ掛け）
　「民俗資料選集 10 紡織習俗Ⅱ」国土地理協会　1981
　　◇p101（本文）〔白黒・図〕　鹿児島県　奄美の芭蕉布紡織習俗

枠、オシノ桶、サシコ（杼）、おさ（筬）
　「民俗資料選集 3 紡織習俗Ⅰ」国土地理協会　1975
　　◇p181（本文）〔白黒〕　徳島県那賀郡木頭村　阿波のタフ紡織習俗

わく取り
　「民俗資料選集 10 紡織習俗Ⅱ」国土地理協会　1981
　　◇p6（口絵）〔白黒〕　島根県八束郡鹿島町上講武　出雲の藤布紡織習俗

ワクに巻きとる
　「民俗資料選集 10 紡織習俗Ⅱ」国土地理協会　1981
　　◇p29（口絵），p97（本文）〔白黒〕　鹿児島県奄美本島　芭蕉布の紡織習俗

ワクの台
　「民俗資料選集 10 紡織習俗Ⅱ」国土地理協会　1981
　　◇p66（本文）〔白黒・図〕　鹿児島県 甑島　甑島の葛布紡織習俗

ワタククキ
　「写真でみる日本人の生活全集 10」日本図書センター　2010
　　◇p32〔白黒〕

わたくり
　「民俗資料選集 38 紡織習俗Ⅲ」国土地理協会　2007
　　◇p56（本文）〔白黒〕　三重県　松阪市立歴史民俗資料館蔵

ワタヒキ
　「宮本常一 写真・日記集成 別巻」毎日新聞社　2005
　　◇図29（p16）〔白黒〕　島根県邑智郡田所村鱒渕〔邑南町〕　㈹宮本常一, 1939年〔月日不明〕　森脇太一寄贈

綿弓
　「日本民具の造形」淡交社　2004
　　◇p300〔白黒〕　奈良県　綿弓塚記念館所蔵

綿弓と槌
　「日本社会民俗辞典 4」日本図書センター　2004
　　◇p1632〔白黒〕

藁縄をまいた糸車
　「写真でみる日本人の生活全集 10」日本図書センター　2010
　　◇p33〔白黒〕

生産・生業　　　　　　　　　　　　　　　　　手工業

# 手工業

アイスキ
　「日本民俗図誌 7 生業上・下篇」村田書店　1978
　　◇図147-6〔白黒・図〕
青森リンゴの木箱に詰められた茶碗
　「あるくみるきく双書 宮本常一とあるいた昭和の日本 19」
　農山漁村文化協会　2012
　　◇p77〔白黒〕　愛知県瀬戸市　㊙神崎宣武,〔昭和47年〕
上野焼の作業場
　「日本郷土 風俗・民芸・芸能図鑑」日本図書センター　2012
　　◇写真篇 福岡〔白黒〕(上野焼)　福岡県
あさ
　「民俗資料選集 9 山村の生活と用具」国土地理協会　1981
　　◇p4(口絵)〔白黒〕　愛知県北設楽郡津具村
足踏式製縄機
　「写真で見る農具 民具」農林統計協会　1988
　　◇p159〔白黒〕　鳥取県鳥取市　昭和25年購入
あしふみろくろ
　「民俗資料選集 9 山村の生活と用具」国土地理協会　1981
　　◇p114(本文)〔白黒〕　静岡県佐久間町浦川
足踏ミロクロ
　「あるくみるきく双書 宮本常一とあるいた昭和の日本 23」
　農山漁村文化協会　2012
　　◇p176〔白黒〕　奈良県吉野町
　「図説 民俗探訪事典」山川出版社　1983
　　◇p283〔白黒〕(足踏み轆轤)　奈良県吉野郡　椀づくり
　「民俗資料叢書 10 木地師の習俗2」平凡社　1969
　　◇図23〔白黒〕(足踏式ろくろ)　愛知県北設楽郡稲武町
　　　軸は鉄製円筒で、ツメ、ツボをはめこんで使う
　　◇p138(挿6)〔白黒・図〕　愛知県北設楽郡稲武町
　「民俗資料叢書 7 木地師の習俗1」平凡社　1968
　　◇図46〔白黒〕　滋賀県　木地の工具
　　◇図47〔白黒〕　滋賀県　木地の工具
足踏み轆轤に使用する工具
　「日本民俗図誌 7 生業上・下篇」村田書店　1978
　　◇図144〔白黒・図〕
集めた漆
　「あるくみるきく双書 宮本常一とあるいた昭和の日本 23」
　農山漁村文化協会　2012
　　◇p69〔カラー〕　採取の時期や質ごとに分けて樽に詰めて保管　池田達郎制作16ミリカラー記録映画「漆かき一そのしごとと人」コピーDVDより
集めた漆はその日のうちに目方を計り、漆桶に移しためておく
　「あるくみるきく双書 宮本常一とあるいた昭和の日本 23」
　農山漁村文化協会　2012
　　◇p69〔カラー〕　池田達郎制作16ミリカラー記録映画「漆かき一そのしごとと人」コピーDVDより
編みあげたヒラカゴの編み目やフタの具合を点検
　「あるくみるきく双書 宮本常一とあるいた昭和の日本 19」
　農山漁村文化協会　2012
　　◇p121〔白黒〕　鹿児島県吹上町入来　㊙工藤員功

あみだい
　「日本の民具 2 農村」慶友社　1992
　　◇図146〔白黒〕　富山県婦負郡　草履をつくるときに用いる　㊙薗部澄
アミダイ(編み台)
　「民具のみかた一心とかたち」第一法規出版　1983
　　◇p86〔白黒〕　福島県会津地方　ワラジやムシロを編む
あみ台
　「写真で見る農具 民具」農林統計協会　1988
　　◇p161〔白黒〕　石川県金沢市　昭和15年頃まで
編み手の組方
　「日本民俗図誌 7 生業上・下篇」村田書店　1978
　　◇図156-6〔白黒・図〕
アラガタをつくる
　「あるくみるきく双書 宮本常一とあるいた昭和の日本 23」
　農山漁村文化協会　2012
　　◇p182〜183〔白黒〕　木地屋
荒型作品
　「民俗資料叢書 10 木地師の習俗2」平凡社　1969
　　◇図67〔白黒〕　岐阜県根尾谷地方〔本巣市〕
　　◇図68〔白黒〕(荒型作品の裏側)　岐阜県根尾谷地方〔本巣市〕
荒型採り
　「写真でみる日本生活図引 3」弘文堂　1988
　　◇図107〔白黒〕　福島県南会津郡田島町針生　㊙青柳正一, 昭和49年7月
アラキ
　「民俗資料叢書 7 木地師の習俗1」平凡社　1968
　　◇図34〔白黒〕　滋賀県　木地ひきの工程
アラキドリ順序
　「民俗資料選集 9 山村の生活と用具」国土地理協会　1981
　　◇p51(本文)〔白黒・図〕　愛知県北設楽郡津具村
荒木取り道具
　「民俗資料選集 2 木地師の習俗」国土地理協会　1974
　　◇p205(本文)〔白黒〕　石川県　がんど(打越)、削り台(打越)、突のみ(温見)、木割り(打越)、割り台(打越)、木取型(真砂)　北陸地方の木地製作用具(椀木地用道具)
アラビキ
　「民俗資料叢書 7 木地師の習俗1」平凡社　1968
　　◇図36〔白黒〕　滋賀県　木地ひきの工程
荒挽き
　「民俗資料叢書 10 木地師の習俗2」平凡社　1969
　　◇図18〔白黒〕　愛知県北設楽郡稲武町　ろくろのツメにつきさし, アラガンナで外側から削りはじめる
　　◇図19〔白黒〕　愛知県北設楽郡稲武町　ひっくり返して内側を削る
荒焼の壺を運ぶ
　「写真ものがたり昭和の暮らし 9」農山漁村文化協会　2007
　　◇p205〔白黒〕　沖縄県那覇市壺屋　頭に頂いている壺と手を入れて抱える壺　㊙坂本万七, 昭和15年

民俗風俗 図版レファレンス事典(衣食住・生活篇)　　489

手工業　　　　　　　　　　　　　　生産・生業

**有田焼**
「日本郷土 風俗・民芸・芸能図鑑」日本図書センター　2012
　◇写真篇 佐賀〔白黒〕　佐賀県　彩色されているところ

**阿波の和傘**
「日本民俗写真大系 4」日本図書センター　1999
　◇p186〔白黒〕　徳島県美馬町　梅雨の晴れ間に庭先に並べ乾かす　㊙吉成正一, 1962年

**井川メンパの製作風景**
「食の民俗事典」柊風舎　2011
　◇p567〔白黒〕　静岡県静岡市

**イグサの天日干し**
「里山・里海 暮らし図鑑」柏書房　2012
　◇写18 (p231)〔白黒〕(刈り取ったイグサの天日干し)　福井県旧三方町〔若狭町〕　昭和30年代　若狭町役場提供

**藺莫座織機**
「写真で見る農具 民具」農林統計協会　1988
　◇p204〔白黒〕　福井県上中町　昭和前期から35年頃まで　藺草

**石工の実際**
「民具のみかた一心とかたち」第一法規出版　1983
　◇p108〔白黒〕　神奈川県真鶴町

**石槌（石工用）**
「日本民具の造形」淡交社　2004
　◇p271〔白黒〕(石槌)　茨城県 真壁町歴史民俗資料館所蔵　石工用

**石屋の鍛冶**
「民俗図録 日本人の暮らし」日本図書センター　2012
　◇図410〔白黒〕　長崎県北松浦郡鷹島村黒島　㊙井之口章次

**出雲の八雲爐**
「民俗図録 日本人の暮らし」日本図書センター　2012
　◇図408〔白黒〕　島根県簸川郡舊神内村　タタラ師の作業場　㊙石塚尊俊

**板を引く**
「宮本常一 写真・日記集成 下」毎日新聞社　2005
　◇p27〔白黒〕　島根県隠岐郡西ノ島町浦郷　うしろにあるのはろくろ　㊙宮本常一, 1965年5月29日

**板壁にそって並べられた種々の竹細工**
「あるくみるきく双書 宮本常一とあるいた昭和の日本 19」農山漁村文化協会　2012
　◇p109〔白黒〕　大分県宇佐市四日市　㊙工藤員功

**イタヤカッコベの材料加工工程図**
「日本民俗図誌 7 生業上・下篇」村田書店　1978
　◇図135〔白黒・図〕　秋田県仙北郡雲沢村

**イタヤで編む**
「あるくみるきく双書 宮本常一とあるいた昭和の日本 19」農山漁村文化協会　2012
　◇p105〔白黒〕(手と足を使ってイタヤで編む)　岩手県一戸町面岸　㊙工藤員功

**移動下駄屋**
「写真ものがたり昭和の暮らし 2」農山漁村文化協会　2004
　◇p141〔白黒〕　青森県弘前市　㊙南利夫, 昭和31年9月

**糸尻なき場合の手の仕舞い方**
「日本民俗図誌 7 生業上・下篇」村田書店　1978
　◇図159-12〔白黒・図〕

**糸尻の編方**
「日本民俗図誌 7 生業上・下篇」村田書店　1978
　◇図156-1〔白黒・図〕

**糸鋸**
「日本民具の造形」淡交社　2004
　◇p260〔白黒〕　和歌山県 打田町歴史民俗資料館所蔵　木工

**伊万里の窯元**
「日本民俗写真大系 6」日本図書センター　2000
　◇p169〔白黒〕　佐賀県伊万里市大川内山　〔急須の乾燥〕　㊙島内英佑, 1975年

**伊万里焼の絵付け**
「日本民俗写真大系 6」日本図書センター　2000
　◇p168〔白黒〕　佐賀県伊万里市大川内山　㊙島内英佑, 1975年

**鋳物**
「写真でみる日本生活図引 8」弘文堂　1993
　◇図88・89〔白黒〕　千葉県安房郡丸山町丸本郷　銑鉄の溶解, 注湯作業　㊙清野文男, 昭和50年4月

**鋳物師**
「写真でみる日本生活図引 8」弘文堂　1993
　◇図87〔白黒〕　千葉県安房郡丸山町丸本郷　冷え固まった製品の火鉢を取り出すところ　㊙清野文男, 昭和50年4月

**鋳物師の分布**
「図説 民俗探訪事典」山川出版社　1983
　◇p285〔白黒・図〕　村内政雄「由緒鋳物師人名録」『国立博物館紀要』より

**イリゴヤ間取り図**
「民俗資料叢書 10 木地師の習俗2」平凡社　1969
　◇p116(挿5)〔白黒・図〕　岐阜県 丹生川地方　3家族の場合

**色板に用いる槌**
「日本民俗図誌 7 生業上・下篇」村田書店　1978
　◇図147-8〔白黒・図〕

**石見陶器**
「日本郷土 風俗・民芸・芸能図鑑」日本図書センター　2012
　◇写真篇 島根〔白黒〕　島根県

**印伝**
「日本郷土 風俗・民芸・芸能図鑑」日本図書センター　2012
　◇写真篇 山梨〔白黒〕　山梨県

**伊部焼の狸**
「日本社会民俗辞典 2」日本図書センター　2004
　◇p889〔白黒〕　岡山県伊部町

**植木鉢作り**
「あるくみるきく双書 宮本常一とあるいた昭和の日本 19」農山漁村文化協会　2012
　◇p48～50〔白黒〕　鹿児島県日置郡東市来町美山（苗代川）　黒物, 叩き技法　㊙神崎宣武,〔昭和46年〕

**臼剖り**
「日本民具の造形」淡交社　2004
　◇p261〔白黒〕　和歌山県 大塔村歴史民俗資料館所蔵

**臼作り**
「写真でみる日本生活図引 3」弘文堂　1988
　◇図106〔白黒〕　沖縄県　㊙坂本万七, 昭和14年1月

**臼造り鉈**
「日本民具の造形」淡交社　2004
　◇p49〔白黒〕　北海道 当別町開拓郷土館所蔵

**臼屋**
「写真でみる日本人の生活全集 1」日本図書センター　2010
　◇p116〔白黒〕　長野県上田市

**団扇製作の略工程**
「日本民俗図誌 7 生業上・下篇」村田書店　1978

## 生産・生業　　手工業

◇図153〔白黒・図〕

### 団扇の製作
「写真でみる日本生活図引 3」弘文堂　1988
　◇図133〔白黒〕(団扇)　熊本県鹿本郡鹿本町来民　紙を貼った後、天日で乾燥させる　㊙白石巌, 昭和39年5月

### ウマ(木地工具)
「民俗資料叢書 7 木地師の習俗1」平凡社　1968
　◇図60〔白黒〕(ウマ)　滋賀県　木地の工具

### ウルシ
「宮本常一 写真・日記集成 上」毎日新聞社　2005
　◇p394〔白黒〕　青森県下北郡佐井村川目　〔うるしかきの痕〕　㊙宮本常一, 1963年8月17日

### 漆液採収の方法
「日本民俗図誌 7 生業上・下篇」村田書店　1978
　◇図137・138〔白黒・図〕(漆器用漆液採収の方法)　殺掻法

### 漆を一滴も残さぬようにヘラで漆壺の内側をこそぎとる
「あるくみるきく双書 宮本常一とあるいた昭和の日本 23」農山漁村文化協会　2012
　◇p69〔カラー〕　池田達郎制作16ミリカラー記録映画「漆かき—そのしごとと人」コピーDVDより

### 漆を掻く準備
「あるくみるきく双書 宮本常一とあるいた昭和の日本 23」農山漁村文化協会　2012
　◇p55〔カラー〕(下草や漆の木の根元付近の下草やツルをナタでよく払う)　漆を掻く準備　池田達郎制作16ミリカラー記録映画「漆かき—そのしごとと人」コピーDVDより
　◇p55〔カラー〕(漆を掻くための足場をつくる)　漆を掻く準備　池田達郎制作16ミリカラー記録映画「漆かき—そのしごとと人」コピーDVDより
　◇p55〔カラー〕(大なぎ鎌を手に下刈りに行く)　漆を掻く準備　池田達郎制作16ミリカラー記録映画「漆かき—そのしごとと人」コピーDVDより
　◇p56〔白黒〕(大きな木では漆を掻くための「足順」を考えて足場を組む)　漆を掻く準備　池田達郎制作16ミリカラー記録映画「漆かき—そのしごとと人」コピーDVDより

### うるし桶
「民俗資料叢書 10 木地師の習俗2」平凡社　1969
　◇図39〔白黒〕　愛知県北設楽郡稲武町　左はうるしつぼ(採集用)、中は小わけ、右は中塗用

### 漆桶にたまった漆
「あるくみるきく双書 宮本常一とあるいた昭和の日本 23」農山漁村文化協会　2012
　◇p77〔カラー〕　池田達郎制作16ミリカラー記録映画「漆かき—そのしごとと人」コピーDVDより

### 漆を塗る前の吸物椀に柿渋を用いて下地塗りをする
「あるくみるきく双書 宮本常一とあるいた昭和の日本 23」農山漁村文化協会　2012
　◇表紙写真：表〔白黒〕　福井県鯖江市河和田　㊙須藤護, 昭和57年6月

### 漆を練り、クロメを行なう鉢
「あるくみるきく双書 宮本常一とあるいた昭和の日本 23」農山漁村文化協会　2012
　◇p15〔白黒〕　徳島県美馬郡半田町逢坂　㊙吉野洋三

### うるしかき
「日本の民具 3 山・漁村」慶友社　1992
　◇図14〔白黒〕　愛知県　㊙薗部澄
　◇図15〔白黒〕　岩手県福岡町　㊙薗部澄

### 漆掻き
「あるくみるきく双書 宮本常一とあるいた昭和の日本 23」農山漁村文化協会　2012
　◇p75〔白黒〕(遅辺の漆掻き)　盆過ぎの頃から　池田達郎制作16ミリカラー記録映画「漆かき—そのしごとと人」コピーDVDより
「写真でみる日本生活図引 2」弘文堂　1988
　◇図87〔白黒〕　岩手県二戸郡一戸町　㊙姫田忠義, 昭和49年7月

### 漆掻き 裏目留掻き
「あるくみるきく双書 宮本常一とあるいた昭和の日本 23」農山漁村文化協会　2012
　◇p76〔カラー〕(裏目留掻き)　池田達郎制作16ミリカラー記録映画「漆かき—そのしごとと人」コピーDVDより

### 漆掻及び漆塗工具
「日本民俗図誌 7 生業上・下篇」村田書店　1978
　◇図139〔白黒・図〕　岩手県胆沢郡衣川村字増沢　ソイカマ、エグリ、ヘンカキカンナ、ヘンカキヘラ、ヘラ

### 漆掻き 掻き疵から滲出する漆の液
「あるくみるきく双書 宮本常一とあるいた昭和の日本 23」農山漁村文化協会　2012
　◇p62〔カラー〕(掻き疵から滲出する漆の液)　㊙澤口滋

### 漆掻鎌
「日本民具の造形」淡交社　2004
　◇p270〔白黒〕　青森県　青森市森林博物館所蔵

### 漆掻き 殺掻法
「写真ものがたり昭和の暮らし 9」農山漁村文化協会　2007
　◇p206〔白黒〕(殺掻法で漆を採取する掻子)　岩手県浄法寺町(現二戸市)　㊙昭和54年頃　提供・岩手県立博物館

### 漆掻き 採漆
「あるくみるきく双書 宮本常一とあるいた昭和の日本 23」農山漁村文化協会　2012
　◇p61〔白黒〕(掻き鎌で横に疵を付け、滲み出る樹液(生漆)をヘラですくい採る)　池田達郎制作16ミリカラー記録映画「漆かき—そのしごとと人」コピーDVDより
　◇p61〔白黒〕(目立て、3、4辺後の疵付けから採漆を始める(初辺)　池田達郎制作16ミリカラー記録映画「漆かき—そのしごとと人」コピーDVDより

### 漆掻き 盛りの漆を掻く
「あるくみるきく双書 宮本常一とあるいた昭和の日本 23」農山漁村文化協会　2012
　◇p63〔カラー〕(盛りの漆を掻く)　池田達郎制作16ミリカラー記録映画「漆かき—そのしごとと人」コピーDVDより

### 漆掻き 盛り辺掻き
「あるくみるきく双書 宮本常一とあるいた昭和の日本 23」農山漁村文化協会　2012
　◇p72〔カラー〕(盛り辺掻き)　㊙澤口滋

### 漆掻き作業
「あるくみるきく双書 宮本常一とあるいた昭和の日本 23」農山漁村文化協会　2012
　◇p45〔白黒〕　秋田県 川連　㊙澤口滋

### 漆掻き 鼓掻き法
「あるくみるきく双書 宮本常一とあるいた昭和の日本 23」農山漁村文化協会　2012
　◇p60〔白黒〕(上下に鼓型に掻き疵をいれる鼓掻き法)　夏に行う　池田達郎制作16ミリカラー記録映画「漆かき—そのしごとと人」コピーDVDより

### 漆掻き 留掻き
「あるくみるきく双書 宮本常一とあるいた昭和の日本 23」農山漁村文化協会　2012
　◇p77〔カラー〕(留掻き)　池田達郎制作16ミリカラー記録映画「漆かき—そのしごとと人」コピーDVDより

手工業　　　　　　　　　　　　　　生産・生業

### 漆かきの朝
「あるくみるきく双書 宮本常一とあるいた昭和の日本 23」農山漁村文化協会　2012
　◇p65〔白黒〕　漆かきさんは朝早く起き、夜が明けるころには採取現場に着いているように家を出る　池田達郎制作16ミリカラー記録映画「漆かき―そのしごとと人」コピーDVDより

### 漆掻きの道具
「あるくみるきく双書 宮本常一とあるいた昭和の日本 23」農山漁村文化協会　2012
　◇p31〔白黒〕　徳島県美馬郡半田町　㊞吉野洋三
　◇p68〔カラー〕　掻き鎌、ヘラ、エグリ、腰ベルト　池田達郎制作16ミリカラー記録映画「漆かき―そのしごとと人」コピーDVDより

### 漆掻き 目たて
「あるくみるきく双書 宮本常一とあるいた昭和の日本 23」農山漁村文化協会　2012
　◇p58〔白黒〕（目立ての位置を手のひらではかって決める）　池田達郎制作16ミリカラー記録映画「漆かき―そのしごとと人」コピーDVDより
　◇p59〔カラー〕（目たて）　池田達郎制作16ミリカラー記録映画「漆かき―そのしごとと人」コピーDVDより

### 漆くろめ
「あるくみるきく双書 宮本常一とあるいた昭和の日本 23」農山漁村文化協会　2012
　◇p199〔白黒〕　㊞薗部澄

### 漆こし
「あるくみるきく双書 宮本常一とあるいた昭和の日本 23」農山漁村文化協会　2012
　◇p204〔カラー〕　㊞薗部澄

### 漆採取容器
「日本民具の造形」淡交社　2004
　◇p28〔白黒〕　新潟県　与板町歴史民俗資料館所蔵

### 漆樽
「あるくみるきく双書 宮本常一とあるいた昭和の日本 23」農山漁村文化協会　2012
　◇p78〔白黒〕　池田達郎制作16ミリカラー記録映画「漆かき―そのしごとと人」コピーDVDより
「日本民具の造形」淡交社　2004
　◇p270〔白黒〕　青森県　南郷村歴史民俗資料館所蔵

### うるしつぼ
「日本の民具 3 山・漁村」慶友社　1992
　◇図17〔白黒〕　岩手県福岡町　㊞薗部澄

### 漆壺（搔樽）
「あるくみるきく双書 宮本常一とあるいた昭和の日本 23」農山漁村文化協会　2012
　◇p53-1〔白黒・図〕

### 漆塗の仕事場
「あるくみるきく双書 宮本常一とあるいた昭和の日本 23」農山漁村文化協会　2012
　◇p15〔白黒〕　徳島県美馬郡半田町逢坂　昭和38年に廃業した当時のまま　㊞吉野洋三

### 漆塗りの椀の下地に塗るための柿渋つくり
「あるくみるきく双書 宮本常一とあるいた昭和の日本 23」農山漁村文化協会　2012
　◇p165〔白黒〕　福井県鯖江市河和田　㊞薗部澄

### ウルシの木
「民俗図録 日本人の暮らし」日本図書センター　2012
　◇図278〔白黒〕　青森県中津軽郡西目屋村砂子瀬 村の共同墓地の側にある漆の木　㊞櫻庭武則

### 漆の木を伐採する
「あるくみるきく双書 宮本常一とあるいた昭和の日本 23」農山漁村文化協会　2012
　◇p79〔白黒〕（採取が終わった漆の木を伐採する）　池田達郎制作16ミリカラー記録映画「漆かき―そのしごとと人」コピーDVDより
　◇p220〔白黒〕

### 漆の木のようすを見て回る漆かき
「あるくみるきく双書 宮本常一とあるいた昭和の日本 23」農山漁村文化協会　2012
　◇p83〔白黒〕　早春　㊞澤口滋

### 漆の採取量や漆液の状態をノートに記帳する
「あるくみるきく双書 宮本常一とあるいた昭和の日本 23」農山漁村文化協会　2012
　◇p69〔カラー〕（その日の採取量や漆液の状態をノートに記帳する）　池田達郎制作16ミリカラー記録映画「漆かき―そのしごとと人」コピーDVDより

### 漆刷毛の製作
「あるくみるきく双書 宮本常一とあるいた昭和の日本 23」農山漁村文化協会　2012
　◇p208～211〔白黒〕　㊞近山雅人

### 上絵付け
「あるくみるきく双書 宮本常一とあるいた昭和の日本 19」農山漁村文化協会　2012
　◇p81〔白黒〕　愛知県瀬戸市　㊞神崎宣武,〔昭和47年〕
　◇p91〔白黒〕　岐阜県　流行のアニメの主人公を描く　㊞神崎宣武,〔昭和47年〕

### 上塗
「民俗資料選集 2 木地師の習俗」国土地理協会　1974
　◇p12（口絵）〔白黒〕　石川県　埃のない湿度の高い土蔵の中の仕事 輪島ろくろ師

### 上塗り
「あるくみるきく双書 宮本常一とあるいた昭和の日本 23」農山漁村文化協会　2012
　◇p205〔カラー〕　㊞薗部澄

### ウワヌリバケ（上塗り刷毛）
「民具のみかた―心とかたち」第一法規出版　1983
　◇p239〔白黒〕（墨書のあるウワヌリバケ（上塗り刷毛））　石川県輪島市

### 雲州ソロバンの製作所
「日本民俗写真大系 7」日本図書センター　2000
　◇p153〔白黒〕　島根県仁多町　㊞中村由信, 1978年

### エグリ
「あるくみるきく双書 宮本常一とあるいた昭和の日本 23」農山漁村文化協会　2012
　◇p53-6〔白黒・図〕　漆掻き取り道具

### 枝かき用の掻き鎌
「あるくみるきく双書 宮本常一とあるいた昭和の日本 23」農山漁村文化協会　2012
　◇p53-7〔白黒・図〕　漆掻き取り道具

### 絵付け
「日本の民俗 暮らしと生業」KADOKAWA　2014
　◇図9-19〔白黒〕　福島県会津若松市　会津の絵蝋燭　㊞芳賀日出男, 昭和54年
「日本の民俗 下」クレオ　1997
　◇図9-22〔白黒〕　福島県会津若松市　会津の絵蝋燭　㊞芳賀日出男, 昭和54年

### 絵付けが終わると釉薬をかける
「あるくみるきく双書 宮本常一とあるいた昭和の日本 19」農山漁村文化協会　2012
　◇p78〔白黒〕　愛知県瀬戸市　㊞神崎宣武,〔昭和47年〕

### 絵付師
「日本民俗写真大系 6」日本図書センター　2000

◇p174〔白黒〕　佐賀県有田町　㈱芳賀日出男，1955年

### えひらの製作用具
「民俗資料叢書 7 木地師の習俗1」平凡社　1968
◇図89〔白黒〕　木地師の習俗　小倉万次郎蔵

### 絵蠟燭
「日本郷土 風俗・民芸・芸能図鑑」日本図書センター　2012
◇写真篇 山形〔白黒〕　山形県
「日本の民俗 下」クレオ　1997
◇図9-23〔白黒〕　福島県会津若松市　㈱芳賀日出男，昭和54年

### 煙火玉
「日本社会民俗辞典 3」日本図書センター　2004
◇p1191〔白黒〕

### 円形定規
「日本民具の造形」淡交社　2004
◇p260〔白黒〕　長崎県　諫早市郷土館所蔵　木工

### 円底の編み方工程
「日本民俗図誌 7 生業上・下篇」村田書店　1978
◇図157-1〜6〔白黒・図〕

### おいこを作る老人
「日本民俗写真大系 7」日本図書センター　2000
◇p150〔白黒〕　島根県浜田市　㈱永見武久，1951年

### 扇骨を作る
「写真でみる日本生活図引 3」弘文堂　1988
◇図109〔白黒〕　宮崎県西都市字銀鏡　㈱須藤功，昭和44年12月12日

### 扇骨材を作る夫婦の仕事場
「写真ものがたり昭和の暮らし 2」農山漁村文化協会　2004
◇p153〔カラー〕　宮崎県西都市銀鏡　㈱須藤功，昭和49年1月

### 扇骨材を広げ干す
「写真ものがたり昭和の暮らし 2」農山漁村文化協会　2004
◇p153〔カラー〕　宮崎県西都市銀鏡　㈱須藤功，昭和49年1月

### 扇骨干し
「写真でみる日本生活図引 8」弘文堂　1993
◇図59〔白黒〕　滋賀県高島郡安曇川町　要の穴に竹籤などを通し，立てて干す　㈱前野隆資，昭和49年10月3日

### 王子製紙会社略図
「日本社会民俗辞典 1」日本図書センター　2004
◇図版ⅩⅠ 工業〔白黒・図〕　㈱明治10年　明治初年の工場（日本実業史博物館蔵錦絵より）

### 大内行燈の標準寸法
「日本民俗図誌 7 生業上・下篇」村田書店　1978
◇図150-3〔白黒・図〕

### 大型の睡蓮鉢の乾燥
「あるくみるきく双書 宮本常一とあるいた昭和の日本 19」農山漁村文化協会　2012
◇p43〔白黒〕　阿波大谷（徳島県鳴門市）　㈱神崎宣武，〔昭和46年〕

### 大型のろくろと工具一式
「民俗資料叢書 10 木地師の習俗2」平凡社　1969
◇図81〔白黒〕　岐阜県　丹生川地方

### 大甕作り
「あるくみるきく双書 宮本常一とあるいた昭和の日本 19」農山漁村文化協会　2012
◇p39〜43〔白黒〕　阿波大谷（徳島県鳴門市）　㈱神崎宣武，〔昭和46年〕

### 大谷の窯場風景
「あるくみるきく双書 宮本常一とあるいた昭和の日本 19」農山漁村文化協会　2012
◇p42〔白黒〕（大きな甕を焼く大谷の窯場風景）　阿波大谷（徳島県鳴門市）　㈱神崎宣武，〔昭和46年〕

### 大谷焼
「日本郷土 風俗・民芸・芸能図鑑」日本図書センター　2012
◇写真篇 徳島〔白黒〕　徳島県

### 大津絵
「日本郷土 風俗・民芸・芸能図鑑」日本図書センター　2012
◇写真篇 滋賀〔白黒〕　滋賀県 大津

### 大ハサミ，表コサエ，表コサエ
「写真で見る農具 民具」農林統計協会　1988
◇p203〔白黒〕　広島県福山市　大ハサミ：昭和20年代から，表コサエ：江戸時代から，表コサエ：昭和10年から　繭草

### 大蠟燭作り
「日本の生活環境文化大辞典」柏書房　2010
◇p153-3〔白黒〕　新潟県三条市八幡町　㈱1988年　五十嵐稔

### 御冠（真砂ろくろ師）
「民俗資料選集 2 木地師の習俗」国土地理協会　1974
◇p16〔口絵〕〔白黒〕（御冠）　石川県　真砂ろくろ師

### オキタルンペ（模様入ゴザ）織機
「日本民具の造形」淡交社　2004
◇p1〔カラー〕　北海道 二風谷アイヌ資料館所蔵

### 小国紙の紙漉き
「日本民俗大辞典 上」吉川弘文館　1999
◇p401〔白黒〕　山形県西置賜郡小国町　㈱大堀一彦

### 桶（むしこが）
「写真で見る農具 民具」農林統計協会　1988
◇p216〔白黒〕　愛知県小田町　明治時代前期から昭和40年頃まで　こうぞ・みつまたのかじ蒸し用具

### 桶づくり
「写真ものがたり昭和の暮らし 2」農山漁村文化協会　2004
◇p137〔白黒〕（薄くけずったヒノキ板を曲げておけを作る）　奈良県天川村洞川　㈱昭和49年　日本観光文化研究所『あるくみるきく』より
「図説 民俗探訪事典」山川出版社　1983
◇p293〔白黒〕　明治期

### 桶屋
「宮本常一 写真・日記集成 下」毎日新聞社　2005
◇p92〔白黒〕（巡回してきた桶屋）　山口県大島郡東和町平野〔周防大島町〕　㈱宮本常一，1966年12月26日
「写真でみる日本生活図引 8」弘文堂　1993
◇図84〔白黒〕　東京都台東区下谷　自転車の荷台に道具類をのせ，路地をまわる　㈱尾崎一郎，昭和47年5月
「写真でみる日本生活図引 3」弘文堂　1988
◇図126〔白黒〕　秋田県平鹿郡増田町　㈱佐藤久太郎，昭和35年6月
◇図127〔白黒〕　香川県丸亀市本島・大浦付近　㈱西村与一，昭和37年7月30日

### おけ屋がおけに「たが」をはめる
「写真ものがたり昭和の暮らし 2」農山漁村文化協会　2004
◇p136〔白黒〕　鹿児島県阿久根市　おけの底部のたがかけ　㈱小野重朗，昭和43年5月

### 筬（筵織）
「日本の民具 2 農村」慶友社　1992
◇図147〔白黒〕（筬）　長野県南佐久郡川上村　筵を織るとき用いる　㈱薗部澄

手工業　　　　　　　　　　　　　　　　生産・生業

**おしえ（押し絵）**
「写真 日本文化史 9」日本評論新社　1955
　◇図172～174〔白黒〕（おしえ）　立雛のようにたてるもの

**押絵の製作用具**
「写真 日本文化史 9」日本評論新社　1955
　◇図175〔白黒〕　松本市立博物館所蔵

**折箱作り**
「いまに伝える 農家のモノ・人の生活館」柏書房　2004
　◇p281 写真1〔白黒〕　埼玉県宮代町

**折曲掩蓋**
「日本民俗図誌 7 生業上・下篇」村田書店　1978
　◇図159-18・19〔白黒・図〕

**折曲掩蓋の曲げ手の手法**
「日本民俗図誌 7 生業上・下篇」村田書店　1978
　◇図159-17〔白黒・図〕

**小鹿田の里**
「日本民俗写真大系 4」日本図書センター　1999
　◇p187〔白黒〕　小鹿田焼　㊡青木茂之, 1989年

**小鹿田焼唐臼**
「民俗資料選集 41 豊後の水車習俗」国土地理協会　2010
　◇p14（口絵）〔白黒〕　大分県日田市源栄町 皿山

**小鹿田焼唐臼小屋内部**
「民俗資料選集 41 豊後の水車習俗」国土地理協会　2010
　◇p15（口絵）〔白黒〕　大分県日田市源栄町 皿山

**加賀友仙**
「日本郷土 風俗・民芸・芸能図鑑」日本図書センター　2012
　◇写真篇 石川〔白黒〕　石川県　〔制作中〕

**加賀友禅 着物の図柄を描く**
「図説 日本民俗学」吉川弘文館　2009
　◇p173〔白黒〕（着物の図柄を描く）　石川県金沢市 加賀友禅

**かがり針**
「写真で見る農具 民具」農林統計協会　1988
　◇p177〔白黒〕　秋田県大内町　昭和10年から35年頃まで

**掻き鎌**
「あるくみるきく双書 宮本常一とあるいた昭和の日本 23」農山漁村文化協会　2012
　◇p53-5〔白黒・図〕　漆掻き取り道具

**柿渋を塗って型紙用の地紙をつくる**
「あるくみるきく双書 宮本常一とあるいた昭和の日本 23」農山漁村文化協会　2012
　◇p166〔白黒〕　三重県鈴鹿市鼓ヶ浦　㊡近山雅人

**柿渋を保管していた渋甕**
「あるくみるきく双書 宮本常一とあるいた昭和の日本 23」農山漁村文化協会　2012
　◇p161〔白黒〕　京都府宮津市　㊡森本孝

**柿渋が使われなくなって柿の木の下に放置されていた渋甕**
「あるくみるきく双書 宮本常一とあるいた昭和の日本 23」農山漁村文化協会　2012
　◇p158〔白黒〕　徳島県板野町

**柿渋紙をはったショウケ**
「あるくみるきく双書 宮本常一とあるいた昭和の日本 23」農山漁村文化協会　2012
　◇p167〔白黒〕　京都府伊根町　㊡森本孝

**柿渋紙をはったマルボテ**
「あるくみるきく双書 宮本常一とあるいた昭和の日本 23」農山漁村文化協会　2012
　◇p167〔白黒〕　徳島市のお茶屋深香野露園にて

**柿渋絞り器**
「日本民具の造形」淡交社　2004
　◇p259〔白黒〕　福井県 越前漆器伝統産業会館所蔵

**柿渋づくり**
「あるくみるきく双書 宮本常一とあるいた昭和の日本 23」農山漁村文化協会　2012
　◇p190〔白黒〕　㊡薗部澄

**柿渋で下地を塗る**
「あるくみるきく双書 宮本常一とあるいた昭和の日本 23」農山漁村文化協会　2012
　◇p165〔白黒〕　秋田県川連漆器

**角キサギ・丸キサギ**
「民俗資料叢書 7 木地師の習俗1」平凡社　1968
　◇図61〔白黒〕　滋賀県　木地の工具

**家具材の乾燥**
「宮本常一 写真・日記集成 上」毎日新聞社　2005
　◇p182〔白黒〕（家具材の乾燥か？）　福岡県 久留米→大牟田　㊡宮本常一, 1960年4月18日

**角盆のみがき**
「あるくみるきく双書 宮本常一とあるいた昭和の日本 23」農山漁村文化協会　2012
　◇p218〔白黒〕　鯖江市河和田

**籠編の基本**
「図説 民俗探訪事典」山川出版社　1983
　◇p295〔白黒〕

**籠を編む男性**
「あるくみるきく双書 宮本常一とあるいた昭和の日本 19」農山漁村文化協会　2012
　◇p164〔白黒〕　熊本県上益城郡山都町 蘇陽峡の谷底　㊡宮本常一, 昭和37年10月

**籠づくり**
「図説 民俗探訪事典」山川出版社　1983
　◇p294〔白黒〕　埼玉県越生町　大久根茂提供

**笠作り**
「写真でみる日本生活図引 8」弘文堂　1993
　◇図13〔白黒〕　千葉県佐原市舟戸　編笠の一種のボッチ笠を編む　㊡清野文男, 昭和48年5月

**傘直し**
「写真でみる日本生活図引 8」弘文堂　1993
　◇図15・16〔白黒〕　千葉県市原市馬立　洋傘を直す　㊡清野文男, 昭和48年4月
「写真でみる日本生活図引 3」弘文堂　1988
　◇図119〔白黒〕　秋田県横手市　㊡佐藤久太郎, 昭和39年

**傘張り**
「写真でみる日本生活図引 8」弘文堂　1993
　◇図14〔白黒〕　長野県下伊那郡喬木村阿島　全体に和紙を貼り終え、天井貼りの糊づけをしているところ　㊡熊谷元一, 昭和49年9月15日

**鍛冶道具**
「日本民具の造形」淡交社　2004
　◇p272〔白黒〕　広島県 東広島市八本松歴史民俗資料館所蔵

**かじや**
「日本社会民俗辞典 1」日本図書センター　2004
　◇p162〔白黒・図〕　奄美大島　『南島雑話』

**鍛冶屋**
「里山・里海 暮らし図鑑」柏書房　2012
　◇写35（p237）〔白黒〕　愛知県豊田市 三州足助屋敷

「写真でみる日本人の生活全集 4」日本図書センター　2010
　◇p117〔白黒〕
「精選 日本民俗辞典」吉川弘文館　2006
　◇p127〔白黒〕　　愛知県安城市
「宮本常一 写真・日記集成 下」毎日新聞社　2005
　◇p408〔白黒〕　　高知県高岡郡檮原町　㊙宮本常一，1977年10月20日～21日
「写真でみる日本生活図引 8」弘文堂　1993
　◇図86〔白黒〕　　千葉県館山市館山　金鎚で打つ　㊙清野文男，昭和50年4月
「写真でみる日本生活図引 3」弘文堂　1988
　◇図123〔白黒〕　　秋田県湯沢市清水町　㊙加賀谷政雄，昭和28年10月
「民具のみかた一心とかたち」第一法規出版　1983
　◇p259〔白黒〕　　石川県七尾市

## 鍛冶屋　金鎚の修理風景
「日本民俗大辞典 上」吉川弘文館　1999
　◇p347〔白黒〕　　愛知県安城市　安城市歴史博物館提供

## 鍛冶ヤットコ作り
「日本の生活環境文化大辞典」柏書房　2010
　◇p154-4〔白黒〕　　新潟県三条市旭町　㊙1982年　五十嵐稔

## 鍛冶屋のさまざまな道具
「図説 日本民俗学」吉川弘文館　2009
　◇p169〔白黒〕　　滋賀県長浜市

## 鍛冶屋の仕事場と鞴
「図説 民俗探訪事典」山川出版社　1983
　◇p286〔白黒〕　　奈良県

## カズオケ
「日本民具の造形」淡交社　2004
　◇p108〔白黒〕　　長野県 大町市民俗資料館所蔵　楮を川で洗ったあと運ぶ桶

## 型（角物木地用具）
「民俗資料選集 2 木地師の習俗」国土地理協会　1974
　◇p212（本文）〔白黒〕（型）　石川県　木取り型（河井町），箸箱型（河井町），膳足型（鳳至浦町），膳足型（河井町），各種木型（鳳至末広町），掛曳（鳳至石浦町・末広町），ふち長型（河井町），足形定規（鳳至末広町）　北陸地方の木地製作用具（角物木地用具）
　◇p213（本文）〔白黒〕（型）　石川県　五角形（鳳至末広町），扇形（鳳至末広町），松型（鳳至末広町），くつわ型（鳳至末広町），楕円形（鳳至末広町），菱型（鳳至末広町），梅型（鳳至末広町），円型（鳳至末広町）　北陸地方の木地製作用具（角物木地用具）

## 型（木地道具）
「民俗資料叢書 7 木地師の習俗1」平凡社　1968
　◇図55〔白黒〕（型（外わく））　滋賀県　木地の工具
　◇図56〔白黒〕（型（中わく））　滋賀県　木地の工具

## カタウチ
「民俗資料選集 2 木地師の習俗」国土地理協会　1974
　◇p6（口絵）〔白黒〕　　新潟県糸魚川市大所木地屋　木地ひきの工程
「民俗資料叢書 7 木地師の習俗1」平凡社　1968
　◇図35〔白黒〕　　滋賀県　木地ひきの工程

## カタウチチョウナ
「民俗資料選集 2 木地師の習俗」国土地理協会　1974
　◇p7（口絵）〔白黒〕　　新潟県糸魚川市大所木地屋　木地ひきの用具

## 型紙
「写真でみる日本生活図引 8」弘文堂　1993
　◇図77～79〔白黒〕　　岩手県稗貫郡大迫町　㊙須藤功，昭和42年5月6日
　◇図80〔白黒〕　　岐阜県郡上郡八幡町　㊙須藤功，昭和42年5月20日

## 刀のつか袋
「民俗資料選集 2 木地師の習俗」国土地理協会　1974
　◇p3（口絵）〔白黒〕（刀のつか袋（大小））　新潟県糸魚川市大所木地屋　木地師の習俗

## 型はつり道具（椀木地用道具）
「民俗資料選集 2 木地師の習俗」国土地理協会　1974
　◇p206（本文）〔白黒〕（型はつり道具）　石川県　木地鉈，荒削り用（打越），削り台（打越），打がき（温見・真砂），木地鉈，仕上げ用（打越），鉈かご（温見），中剖りちょんの（打越）　北陸地方の木地製作用具（椀木地用道具）

## 金槌
「日本民具の造形」淡交社　2004
　◇p46〔白黒〕　　広島県 府中家具木工資料館所蔵　箱屋・椅子屋のもの

## 金床
「日本民具の造形」淡交社　2004
　◇p272〔白黒〕　　愛知県．武豊町歴史民俗資料館所蔵

## 花瓶に絵筆で絵を描く絵付けの作業
「あるくみるきく双書 宮本常一とあるいた昭和の日本 19」農山漁村文化協会　2012
　◇p78〔白黒〕　　愛知県瀬戸市　㊙神崎宣武，〔昭和47年〕

## 壁に竹細工の道具が並ぶ仕事場
「あるくみるきく双書 宮本常一とあるいた昭和の日本 19」農山漁村文化協会　2012
　◇p103〔白黒〕　　岩手県一戸町島越　㊙工藤員功

## 窯から絵付屋へは竹籠とリヤカーで運ぶ
「あるくみるきく双書 宮本常一とあるいた昭和の日本 19」農山漁村文化協会　2012
　◇p148〔白黒〕　　福島県大沼郡会津美里町本郷　㊙神崎宣武，〔昭和48～49年〕

## 叺編みの杯
「日本民俗図誌 5 農耕・漁撈篇」村田書店　1978
　◇図66〔白黒・図〕　　福島県会津高田町　孔に藁を通して編む

## 窯出し作業
「あるくみるきく双書 宮本常一とあるいた昭和の日本 19」農山漁村文化協会　2012
　◇p37〔白黒〕　　徳島県 大谷の窯場　㊙神崎宣武，〔昭和46年〕

## 鎌研ぎ（漆かき）
「あるくみるきく双書 宮本常一とあるいた昭和の日本 23」農山漁村文化協会　2012
　◇p69〔カラー〕（鎌研ぎ）　池田達郎制作16ミリカラー記録映画「漆かき―そのしごとと人」コピーDVDより

## 窯に詰められた焼く前の器
「あるくみるきく双書 宮本常一とあるいた昭和の日本 19」農山漁村文化協会　2012
　◇p43〔白黒〕　　阿波大谷（徳島県鳴門市）　大甕　㊙神崎宣武，〔昭和46年〕

## 窯の仕事場
「あるくみるきく双書 宮本常一とあるいた昭和の日本 19」農山漁村文化協会　2012
　◇p157〔カラー〕　　山形県山形市平清水　㊙神崎宣武，〔昭和48～49年〕

## 窯場
「あるくみるきく双書 宮本常一とあるいた昭和の日本 19」農山漁村文化協会　2012
　◇p20〔白黒〕　　大分県日田市小鹿田皿山　㊙神崎宣武，〔昭和45年〕
　◇p24〔白黒〕　　島根県大田市温泉津　登り窯の屋根と

手工業　　　　　　　　　　　　　　　生産・生業

　　　野に積まれた甕　㊙神崎宣武,〔昭和45年〕
　　◇p29〔白黒〕　山口県防府市堀越　㊙神崎宣武,〔昭和45年〕
　　◇p87〔白黒〕　岐阜県多治見市高田　㊙神崎宣武,〔昭和47年〕
　　◇p139〔白黒〕　栃木県　益子　庭先の棚に乾燥のために成形した摺鉢を並べる　㊙工藤員功
　　◇p149〔カラー〕　福島県大沼郡会津美里町本郷　冬　㊙神崎宣武,〔昭和48〜49年〕
　　◇p8〜9〔白黒〕　大分県日田市小鹿田皿山　㊙神崎宣武,〔昭和45年〕

### 窯元
「宮本常一 写真・日記集成 下」毎日新聞社　2005
　　◇p258〔白黒〕　滋賀県甲賀郡信楽町長野［甲賀市］　㊙宮本常一, 1971年12月25日

### 窯元が道路を挟み立つ美山（苗代川）の全景
「日本民俗写真大系 5」日本図書センター　2000
　　◇p78〔白黒〕　㊙1999年

### 紙切り
「日本民具の造形」淡交社　2004
　　◇p259〔白黒〕　山口県　美和町歴史民俗資料館所蔵

### 紙切包丁
「日本民具の造形」淡交社　2004
　　◇p259〔白黒〕　富山県　水橋郷土民俗資料館所蔵

### 紙子
「写真でみる日本生活図引 8」弘文堂　1993
　　◇図66・67〔白黒〕　宮城県白石市　㊙須藤功, 昭和43年5月25日

### 紙漉き
「日本の民俗 暮らしと生業」KADOKAWA　2014
　　◇図9-14〔白黒〕（紙すき）　高知県吾川郡吾川村　土佐の和紙　㊙芳賀日出男, 昭和52年
「日本郷土 風俗・民芸・芸能図鑑」日本図書センター　2012
　　◇写真篇 福井〔白黒〕　福井県　武生近くの岡本村
　　◇写真篇 高知〔白黒〕　高知県
「日本の民俗 下」クレオ　1997
　　◇図9-17〔白黒〕（紙すき）　高知県吾川郡吾川村　土佐の和紙　㊙芳賀日出男, 昭和52年
「写真でみる日本生活図引 8」弘文堂　1993
　　◇図65〔白黒〕　京都府綾部市黒谷　名刺用の和紙を漉す　㊙須藤功, 昭和44年11月2日
「民具のみかた一心とかたち」第一法規出版　1983
　　◇p260〔白黒〕（紙すき）　岐阜県飛騨地方

### 紙漉場
「民俗図録 日本人の暮らし」日本図書センター　2012
　　◇図400〔白黒〕　和歌山県日高郡上山路村　㊙倉田一郎

### 紙漉き台
「日本民具の造形」淡交社　2004
　　◇p258〔白黒〕　山梨県 中富町歴史民俗資料館所蔵

### 紙漉きフネ
「日本民具の造形」淡交社　2004
　　◇p258〔白黒〕　佐賀県 佐賀県立博物館所蔵

### カミソを干す
「民俗資料選集 25 焼畑習俗」国土地理協会　1997
　　◇p18（口絵）〔白黒〕　高知県池川町椿山

### カミソを蒸す
「民俗資料選集 25 焼畑習俗」国土地理協会　1997
　　◇p18（口絵）〔白黒〕　高知県池川町椿山

### 紙だし場
「民俗図録 日本人の暮らし」日本図書センター　2012
　　◇図402〔白黒〕　福井県今立郡岡本村五箇　㊙平山敏治郎

### 紙つくる村
「民俗図録 日本人の暮らし」日本図書センター　2012
　　◇図399〔白黒〕　和歌山県那賀郡鎌瀧村　㊙鈴木東一

### 紙つけ刷毛
「日本民具の造形」淡交社　2004
　　◇p259〔白黒〕　福島県　高郷村郷土資料館所蔵

### 紙干し
「写真でみる日本生活図引 8」弘文堂　1993
　　◇図64〔白黒〕　長野県伊那市笠原　㊙向山雅重, 昭和28年4月5日

### 甕作りをした草葺の仕事場
「あるくみるきく双書 宮本常一とあるいた昭和の日本 19」農山漁村文化協会　2012
　　◇p36〔白黒〕　備前塩田（佐賀県武雄市橘町）　㊙神崎宣武,〔昭和45年〕

### 唐草織
「宮本常一 写真・日記集成 上」毎日新聞社　2005
　　◇p454〔白黒〕　山口県大島郡東和町伊崎［周防大島町］　㊙宮本常一, 1964年10月2日

### ガラス細工
「日本民俗写真大系 4」日本図書センター　1999
　　◇p151〔白黒〕　倉敷市　㊙中村昭夫, 1967年

### 皮靴の修理をする
「写真ものがたり昭和の暮らし 9」農山漁村文化協会　2007
　　◇p217〔白黒〕（軒下で皮靴の修理をする）　秋田県横手市　㊙佐藤久太郎, 昭和35年4月

### 革靴の張り替え
「日本民俗写真大系 7」日本図書センター　2000
　　◇p151〔白黒〕　島根県浜田市　㊙永見武久, 1952年

### 皮はぎ
「日本の民具 3 山・漁村」慶友社　1992
　　◇図16〔白黒〕　地域不明　㊙薗部澄

### 皮はぎ鎌（曲鎌）
「あるくみるきく双書 宮本常一とあるいた昭和の日本 23」農山漁村文化協会　2012
　　◇p53-4〔白黒・図〕　漆掻き取り道具

### 革張具
「日本民具の造形」淡交社　2004
　　◇p266〔白黒〕　千葉県 千葉県立上総博物館所蔵

### 瓦を焼く窯
「宮本常一 写真・日記集成 上」毎日新聞社　2005
　　◇p455〔白黒〕　山口県大島郡東和町家室［周防大島町］　㊙宮本常一, 1964年10月4日

### 瓦の型
「日本民具の造形」淡交社　2004
　　◇p44〔白黒〕　愛知県 知多市歴史民俗博物館所蔵

### 瓦干し
「日本郷土 風俗・民芸・芸能図鑑」日本図書センター　2012
　　◇写真篇 栃木〔白黒〕　栃木県　天日に乾かす瓦の列

### 瓦焼乾燥場
「民俗図録 日本人の暮らし」日本図書センター　2012
　　◇図403〔白黒〕　長崎県北松浦郡大島村板ノ浦　㊙井之口章次

### 瓦焼の亀
「民俗図録 日本人の暮らし」日本図書センター　2012
　　◇図405〔白黒〕　長崎県北松浦郡大島村板ノ浦　㊙井之口章次

### 完成した熊手
「あるくみるきく双書 宮本常一とあるいた昭和の日本 19」

生産・生業　　　　　　　　　　　　　　　　　　手工業

農山漁村文化協会　2012
　◇p169〔白黒〕　埼玉県所沢市上安松　㊙工藤員功，〔昭和49年〕

## 乾燥した皮に水を含ませて胴に張りおいておく
「あるくみるきく双書 宮本常一とあるいた昭和の日本 23」農山漁村文化協会　2012
　◇p117〔白黒〕（乾燥した皮に水を含ませて胴にピンと張り、2、3日おいておく）　浅草の宮本卯之助商店にて　㊙TEM研究所

## かんな
「民俗資料選集 9 山村の生活と用具」国土地理協会　1981
　◇p115（本文）〔白黒〕　豊根村津川　木地製品の細かいところを削る用

## 鉋
「日本民具の造形」淡交社　2004
　◇p49〔白黒〕　静岡県 相良町史料館所蔵　曲面を削る
　◇p261〔白黒〕　兵庫県 上郡町郷土資料館　木工

## 鉋類（臼・太鼓胴作り道具）
「民俗資料選集 2 木地師の習俗」国土地理協会　1974
　◇p225（本文）〔白黒・図〕（鉋類）　福井県　平鉋（勝山市郡），鉋台（勝山市郡），内反り鉋（勝山市郡），台鉋（勝山市郡），外反り鉋（勝山市郡），内丸鉋（勝山市郡），出丸鉋（勝山市郡）　北陸地方の木地製作用具（臼・太鼓胴作り道具）

## 鉋類（角物木地用具）
「民俗資料選集 2 木地師の習俗」国土地理協会　1974
　◇p217（本文）〔白黒〕（鉋類）　石川県　平長台，一枚刃（鳳至末広町），平鉋，一枚刃（鳳至末広町），隅鉋（鳳至末広町・石浦町），鋸刃平（鳳至末広町・石浦町），平長台，二枚刃（鳳至末広町），平鉋，二枚刃（鳳至末広町），内丸鉋，一枚刃（鳳至末広町・石浦町），内丸鉋，二枚刃（鳳至末広町・石浦町・河井町）　北陸地方の木地製作用具（角物木地用具）
　◇p218（本文）〔白黒〕（鉋類）　石川県　出丸鉋，一枚刃（鳳至末広町），出丸鉋，二枚刃（鳳至末広町・河井町），長内反り鉋（鳳至末広町），長反り鉋（鳳至末広町・石浦町），端鉋，一枚刃（鳳至末広町），端鉋，二枚刃（鳳至末広町），火袋鉋（鳳至末広町），足型鉋（鳳至末広町・河井町）　北陸地方の木地製作用具（角物木地用具）
　◇p219（本文）〔白黒〕（鉋類）　石川県　箸鉋（河井町），溝鉋（河井町），鋤台（鳳至末広町），鋤台刃（河井町），小鉋平（鳳至末広町・石浦町・河井町），小鉋出丸反り（鳳至末広町・石浦町），小鉋内丸（鳳至末広町・石浦町・河井町）　北陸地方の木地製作用具（角物木地用具）

## 乾板
「日本民具の造形」淡交社　2004
　◇p258〔白黒〕　新潟県 小国町民俗資料館所蔵　紙漉き

## 木型
「日本民具の造形」淡交社　2004
　◇p271〔白黒〕　佐賀県 有田町歴史民俗資料館所蔵　六角柱体の花瓶を作る用

## 木が割れないように楔型の受け口を木の中心付近まで切る
「あるくみるきく双書 宮本常一とあるいた昭和の日本 23」農山漁村文化協会　2012
　◇p105〔白黒〕　㊙青柳正一

## キザミ
「民俗資料叢書 7 木地師の習俗1」平凡社　1968
　◇図57〔白黒〕　滋賀県　木地の工具

## 木地
「日本民具の造形」淡交社　2004
　◇p270〔白黒〕　岡山県 川上村歴史民俗資料館所蔵

## キジガンナ
「民俗資料叢書 7 木地師の習俗1」平凡社　1968
　◇図58〔白黒〕　滋賀県　木地の工具

## キジガンナ・ブリキヤリ・ヤリガンナ
「民俗資料叢書 7 木地師の習俗1」平凡社　1968
　◇図59〔白黒〕　滋賀県　木地の工具

## 木地工場
「民俗資料選集 2 木地師の習俗」国土地理協会　1974
　◇p17（口絵）〔白黒〕（山中町の木地工場）　石川県山中町　今日の木地仕上げ

## 木地小屋の平面図
「図説 民俗探訪事典」山川出版社　1983
　◇p279〔白黒・図〕　会津地方　『奥会津の木地師』より

## 木地製作の工具
「民俗資料選集 2 木地師の習俗」国土地理協会　1974
　◇p20（口絵）〔白黒〕（各種の工具）　北陸地方

## 木地作業場
「民俗資料選集 2 木地師の習俗」国土地理協会　1974
　◇p17（口絵）〔白黒〕（山中町の木地作業場）　石川県山中町

## 木地師
「日本の民俗 暮らしと生業」KADOKAWA　2014
　◇図8-6〔白黒〕（現代の木地師）　石川県江沼郡山中町　㊙芳賀日出男，昭和36年
「日本の民俗 下」クレオ　1997
　◇図8-7〔白黒〕（現代の木地師）　石川県江沼郡山中町　電力のモーターを使ってくりものを作る　㊙芳賀日出男，昭和36年
「写真でみる日本生活図引 8」弘文堂　1993
　◇図72〔白黒〕　東京都中央区人形町　葛籠の下地となる竹籠を編む　㊙尾崎一郎，昭和50年7月

## 木地師の倉
「日本の民俗 暮らしと生業」KADOKAWA　2014
　◇図8-5〔白黒〕　石川県江沼郡山中町　㊙芳賀日出男，昭和36年
「日本の民俗 下」クレオ　1997
　◇図8-6〔白黒〕　石川県江沼郡山中町　木地物を乾燥　㊙芳賀日出男，昭和36年

## 木地師の工具
「民俗資料叢書 10 木地師の習俗2」平凡社　1969
　◇図25〔白黒〕（工具）　愛知県北設楽郡稲武町　カンナ，ちょうな，よき，砥石など
　◇図26〔白黒〕（工具）　愛知県北設楽郡稲武町　カンナの各種

## 木地師の作業場
「日本の民俗 暮らしと生業」KADOKAWA　2014
　◇図8-1〔白黒〕　福井県大野市　㊙芳賀日出男，昭和36年
「日本の民俗 下」クレオ　1997
　◇図8-1〔白黒〕　福井県大野市　㊙芳賀日出男，昭和36年

## 木地師の仕事小屋
「民俗資料叢書 7 木地師の習俗1」平凡社　1968
　◇図80〔白黒〕（仕事小屋）　三重県川俣村七日市　木地師の習俗　辻岡信一家

## 木地師の仕事場
「民俗資料叢書 10 木地師の習俗2」平凡社　1969
　◇図27〔白黒〕（仕事場）　愛知県北設楽郡稲武町　中央手前はまんりき

## 木地製作用具
「民俗資料選集 2 木地師の習俗」国土地理協会　1974
　◇p19（口絵）〔白黒〕　北陸地方　各種の挽き物　金沢市

手工業　　　　　　　　　　生産・生業

　　　　瑞雲泉業株式会社（江戸村）所蔵　重要民俗資料

## 木地製品の例
「図説 民俗探訪事典」山川出版社　1983
　　◇p282〔白黒・図〕

## 木地店建物配置見取図
「民俗資料叢書 10 木地師の習俗2」平凡社　1969
　　◇p139（挿7）〔白黒・図〕（美濃屋木地店建物配置見取図）愛知県北設楽郡稲武町

## 木地のいろいろ
「民俗資料選集 2 木地師の習俗」国土地理協会　1974
　　◇p67（本文）〔白黒〕　新潟県糸魚川市大所木地屋
「民俗資料叢書 7 木地師の習俗1」平凡社　1968
　　◇図39〔白黒〕　滋賀県　木地ひきの工程

## 木地の工程見本
「民俗資料選集 2 木地師の習俗」国土地理協会　1974
　　◇p8（口絵）〔白黒〕　新潟県糸魚川市大所木地屋

## 木地の仕上げ道具（杓子木地用道具）
「民俗資料選集 2 木地師の習俗」国土地理協会　1974
　　◇p211（本文）〔白黒〕（仕上げ道具）　石川県　銑（真砂），仕上げ台（真砂）　北陸地方の木地製作用具（杓子木地用道具）

## 木地の仕上げ用具
「民俗資料選集 2 木地師の習俗」国土地理協会　1974
　　◇p67（本文）〔白黒〕（仕上げ用具）　新潟県糸魚川市大所木地屋

## 木地の下ごしらえ
「民俗資料叢書 10 木地師の習俗2」平凡社　1969
　　◇図16〔白黒〕（下ごしらえ）　愛知県北設楽郡稲武町　手斧で大体の形をつくる
　　◇図17〔白黒〕（下ごしらえ。まんりきではさみ，鋸でひき落とすこともある）　愛知県北設楽郡稲武町

## きじ半製品
「民俗資料選集 9 山村の生活と用具」国土地理協会　1981
　　◇p115（本文）〔白黒〕　アラシコの工程で終ったもの，材質ケヤキ
　　◇p116（本文）〔白黒〕　製作者：豊根村川宇連・小椋栄造　荒木取りした材をチョウナでえぐり「ナカキリ」したもの

## 木地ひき
「図説 日本民俗学」吉川弘文館　2009
　　◇p169〔白黒〕（木地挽き）　岩手県石神 斎藤家（岩手県八幡平市）
「民俗資料選集 2 木地師の習俗」国土地理協会　1974
　　◇p6（口絵）〔白黒〕　新潟県糸魚川市大所木地屋

## 木地ひきの工程
「民俗資料叢書 7 木地師の習俗1」平凡社　1968
　　◇図29～33〔白黒〕　滋賀県　工程1～5

## 木地ひきの工程 材料をさがす
「民俗資料叢書 10 木地師の習俗2」平凡社　1969
　　◇図14〔白黒〕（材料をさがす）　愛知県北設楽郡稲武町

## 木地ひきの工程 仕上げ
「民俗資料選集 2 木地師の習俗」国土地理協会　1974
　　◇p7（口絵）〔白黒〕（シアゲ）　新潟県糸魚川市大所木地屋　木地ひきの工程
「民俗資料叢書 10 木地師の習俗2」平凡社　1969
　　◇図21〔白黒〕（仕上げ）　愛知県北設楽郡稲武町　カンナの工程がすむと，とくさでみがく
「民俗資料叢書 7 木地師の習俗1」平凡社　1968
　　◇図38〔白黒〕（シアゲ）　滋賀県　木地ひきの工程

## 木地ひきの工程 ぶんまわしをかける
「民俗資料叢書 10 木地師の習俗2」平凡社　1969
　　◇図15〔白黒〕（ぶんまわしをかける）　愛知県北設楽郡稲武町

## 木地盆と椀
「民俗資料叢書 10 木地師の習俗2」平凡社　1969
　　◇図9〔白黒〕　愛知県設楽町段戸・神田　原田清三郎蔵

## 生地屋から絵付屋へと室板を積んで車で運ぶ
「あるくみるきく双書 宮本常一とあるいた昭和の日本 19」農山漁村文化協会　2012
　　◇p91〔白黒〕　岐阜県　㊙神崎宣武，〔昭和47年〕

## 木地屋三昧
「民俗資料叢書 7 木地師の習俗1」平凡社　1968
　　◇図90〔白黒〕　三重県大内山村, 脇谷　木地師の習俗

## 木地屋敷石積
「民俗資料叢書 7 木地師の習俗1」平凡社　1968
　　◇図91〔白黒〕　三重県森村, 木屋切　木地師の習俗

## 木地屋の遺品
「民俗資料叢書 7 木地師の習俗1」平凡社　1968
　　◇p266（挿6）〔白黒・図〕　三重県　明治28年奉納　大杓子, 大形天目台, 小形天目台　領内村竜翔寺所蔵

## 木地屋のキコリ
「民俗資料選集 2 木地師の習俗」国土地理協会　1974
　　◇p8（口絵）〔白黒〕　新潟県糸魚川市大所木地屋

## 木地屋の分布
「図説 民俗探訪事典」山川出版社　1983
　　◇p280〔白黒・図〕　橋本鉄男『木地屋の移住史』第1冊より

## 木地屋の木製印鑑と輸送木札
「民俗資料叢書 10 木地師の習俗2」平凡社　1969
　　◇図2〔白黒〕　愛知県設楽町段戸・神田

## キジヤの木椀工場
「写真でみる日本人の生活全集 1」日本図書センター　2010
　　◇p110〔白黒〕　山形県西村山郡寒河江川の上流大井沢村

## 木地屋のロクロ
「民俗図録 日本人の暮らし」日本図書センター　2012
　　◇図397〔白黒〕　愛知県北設楽郡振草村　㊙瀬川清子

## 木地屋文書 君ガ畑氏子狩帳
「民俗資料叢書 7 木地師の習俗1」平凡社　1968
　　◇図22～25〔白黒〕（君ガ畑氏子狩帳）　滋賀県〔東近江市〕　木地屋文書

## 木地屋文書 蛭谷氏子駈帳
「民俗資料叢書 7 木地師の習俗1」平凡社　1968
　　◇図26～28〔白黒〕（蛭谷氏子駈帳）　滋賀県〔東近江市〕　昭和9年正月補綴　木地屋文書

## 木地椀作りの再現作業
「あるくみるきく双書 宮本常一とあるいた昭和の日本 23」農山漁村文化協会　2012
　　◇p175〔白黒〕　福島県南会津郡田島町針生　㊙昭和50年

## 木地椀に渋で下地塗りをする
「あるくみるきく双書 宮本常一とあるいた昭和の日本 23」農山漁村文化協会　2012
　　◇p169〔白黒〕　福井県鯖江市河和田

## きぬた
「写真で見る農具 民具」農林統計協会　1988
　　◇p301〔白黒〕　大阪府池田市　明治時代から大正時代

## 木の皮でカゴを編む
「宮本常一 写真・日記集成 下」毎日新聞社　2005
　　◇p411〔白黒〕　群馬県片品村土出　㊙宮本常一, 1977年10月30日

生産・生業　　　　　　　　　　　　　　　　　　　　　手工業

木鉢の木どり方
　「日本民俗図誌 3 調度・服飾篇」村田書店　1977
　　◇図23-3〔白黒・図〕

岐阜提灯の上輪及び下輪の構造断面
　「日本民俗図誌 7 生業上・下篇」村田書店　1978
　　◇図150-2〔白黒・図〕

岐阜提灯の各部名称
　「日本民俗図誌 7 生業上・下篇」村田書店　1978
　　◇図150-1〔白黒・図〕

岐阜の傘
　「日本郷土 風俗・民芸・芸能図鑑」日本図書センター　2012
　　◇写真篇 岐阜〔白黒〕　岐阜県　〔乾燥させる〕

きめ・締め道具（角物木地用具）
　「民俗資料選集 2 木地師の習俗」国土地理協会　1974
　　◇p223（本文）〔白黒〕（きめ・締め道具）　石川県　罫曳（鳳至石浦町），二重罫曳（鳳至石浦町），箱罫曳（鳳至末広町・石浦町），はさみ（鳳至石浦町）　北陸地方の木地製作用具（角物木地用具）

木屋
　「民俗資料叢書 7 木地師の習俗1」平凡社　1968
　　◇図70〔白黒〕（藤木屋全景）　三重県七保村　木地師の習俗
　　◇図72〔白黒〕（錦木屋全景）　三重県柏崎村　木地師の習俗
　　◇図92〔白黒〕（杉皮石葺の木屋）　三重県大杉谷村,小倉万次郎家　木地師の習俗
　　◇図94〔白黒〕（注連小路木屋）　三重県 小倉卓司本家 マッコを二本立てる　木地師の習俗
　　◇p282（挿8）〔白黒・図〕（柏崎村注連小路木屋 小倉幸助家平面図）　三重県柏崎村注連小路木屋　木地師

京人形の製作
　「日本社会民俗辞典 3」日本図書センター　2004
　　◇p1100〔白黒〕　京都

錐・その他（臼・太鼓胴作り道具）
　「民俗資料選集 2 木地師の習俗」国土地理協会　1974
　　◇p227（本文）〔白黒〕（錐・その他）　福井県　壺錐（勝山市郡），罫曳（勝山市郡），油壺（勝山市郡），道具箱（勝山市郡）　北陸地方の木地製作用具（臼・太鼓胴作り道具）

錐・叩き道具（角物木地用具）
　「民俗資料選集 2 木地師の習俗」国土地理協会　1974
　　◇p222（本文）〔白黒〕（錐・叩き道具）　石川県　三刃錐（河井町），自由錐（河井町），金鎚（河井町・鳳至石浦町），木槌（鳳至石浦町）　北陸地方の木地製作用具（角物木地用具）

杞柳木型
　「写真で見る農具 民具」農林統計協会　1988
　　◇p212〔白黒〕　兵庫県出石町　明治時代中期から昭和30年代

杞柳巾ぞろえ
　「写真で見る農具 民具」農林統計協会　1988
　　◇p212〔白黒〕　兵庫県出石町　大正時代前期から現在まで

杞柳剥皮器
　「写真で見る農具 民具」農林統計協会　1988
　　◇p212〔白黒〕　兵庫県竹野町　大正時代前期から現在まで

錐類（角物木地用具）
　「民俗資料選集 2 木地師の習俗」国土地理協会　1974
　　◇p222（本文）〔白黒〕（錐類）　石川県　壺錐（鳳至石浦町），三つ目錐（河井町・鳳至石浦町），四つ目錐（河井町），ぎむね刃（河井町・鳳至石浦町）　北陸地方の木地製作用具（角物木地用具）

金細工屋の箱
　「日本の民具 1町」慶友社　1992
　　◇図94〔白黒〕　㊞薗部澄

金箔打ち
　「図説 日本民俗学」吉川弘文館　2009
　　◇p173〔白黒〕　石川県金沢市　石川県立歴史博物館提供

クイマ（轆轤）
　「あるくみるきく双書 宮本常一とあるいた昭和の日本 19」農山漁村文化協会　2012
　　◇p55〔白黒〕　沖縄県那覇市壺屋　㊞神崎宣武,〔昭和46年〕

草箒づくり
　「図録・民具入門事典」柏書房　1991
　　◇p77〔白黒〕　新潟県

櫛差し重木地
　「あるくみるきく双書 宮本常一とあるいた昭和の日本 23」農山漁村文化協会　2012
　　◇p16-6〔白黒〕　徳島県美馬郡半田町逢坂　㊞吉野洋三 竹内家現存 半田製漆器

クスリブネ（釉薬甕）
　「あるくみるきく双書 宮本常一とあるいた昭和の日本 19」農山漁村文化協会　2012
　　◇p47〔白黒〕　鹿児島県日置郡東市来町美山（苗代川）陶工の家の庭先　㊞神崎宣武,〔昭和46年〕

口を付ける前の半製品の甕が置かれた仕事場の土間
　「あるくみるきく双書 宮本常一とあるいた昭和の日本 19」農山漁村文化協会　2012
　　◇p42〔白黒〕　阿波大谷（徳島県鳴門市）　大甕　㊞神崎宣武,〔昭和46年〕

口の巻込み
　「日本民俗図誌 7 生業上・下篇」村田書店　1978
　　◇図156-2〔白黒・図〕

靴直し
　「写真でみる日本生活図引 3」弘文堂　1988
　　◇図120〔白黒〕　秋田県横手市　㊞佐藤久太郎, 昭和35年4月

熊手作りの仕事場
　「あるくみるきく双書 宮本常一とあるいた昭和の日本 19」農山漁村文化協会　2012
　　◇p168〔白黒〕　埼玉県所沢市上安松　㊞工藤員功,〔昭和49年〕

組立道具（角物木地用具）
　「民俗資料選集 2 木地師の習俗」国土地理協会　1974
　　◇p223（本文）〔白黒〕（組立道具）　石川県　足付け台（河井町），蓋のきめ型（河井町），組立台（河井町），仕切りきめ型（河井町）　北陸地方の木地製作用具（角物木地用具）

組紐作り
　「日本の生活環境文化大辞典」柏書房　2010
　　◇p334-1〔白黒〕　東京都　㊞1993年 豊島区立郷土資料館

倉敷張子
　「日本民俗写真大系 4」日本図書センター　1999
　　◇p150〔白黒〕　倉敷市　㊞中村昭夫, 1991年

栗野ゲタ作り
　「あるくみるきく双書 宮本常一とあるいた昭和の日本 19」農山漁村文化協会　2012
　　◇p121〔白黒〕　鹿児島県栗野町竹迫 木の台の上に竹皮で編んだ草履を縫いつける　㊞工藤員功

刳り物用工具類
　「図説 台所道具の歴史」日本図書センター　2012

民俗風俗 図版レファレンス事典（衣食住・生活篇）　499

◇p42-3〔白黒〕　佐渡・小木民俗博物館

### 携行道具(椀木地用道具)
「民俗資料選集 2 木地師の習俗」国土地理協会　1974
◇p210(本文)〔白黒〕(携行道具)　石川県, 福井県　熊槍(真砂), こすき(温見), たてど神(温見), 神棚(温見), 鉄瓶(真砂)　北陸地方の木地製作用具(椀木地用道具)

### 下駄打道具
「日本の生活文化財」第一法規出版　1965
◇図81(生産・運搬・交易)〔白黒〕　小川原湖博物館所蔵(青森県三沢市)

### ゲタ工場
「宮本常一 写真・日記集成 下」毎日新聞社　2005
◇p285〔白黒〕(階上に乾燥場を持ったゲタ工場)　広島県福山市松永町　[撮]宮本常一, 1972年12月15日～17日

### ゲタ材
「宮本常一 写真・日記集成 下」毎日新聞社　2005
◇p285〔白黒〕(積み上げられたゲタ材)　広島県福山市松永町　[撮]宮本常一, 1972年12月15日～17日

### 下駄材の乾燥
「写真ものがたり昭和の暮らし 2」農山漁村文化協会　2004
◇p140〔白黒〕(桐の下駄材を積み重ねて乾燥させる)　新潟県十日町　[撮]米山孝志, 昭和53年

### 下駄作り用の製材所
「宮本常一 写真・日記集成 下」毎日新聞社　2005
◇p285〔白黒〕(製材所)　広島県福山市松永町　〔下駄作り用〕　[撮]宮本常一, 1972年12月15日～17日

### 下駄作り
「写真でみる日本生活図引 3」弘文堂　1988
◇図134〔白黒〕　熊本県山鹿市熊入町　下駄材を屋根上に積んで天日で乾燥する　[撮]白石巌, 昭和39年5月
◇図135〔白黒〕　静岡県磐田郡佐久間町　下駄職人。下駄の横側を鉋で削る　[撮]平賀孝晴, 昭和50年7月
「民具のみかた―心とかたち」第一法規出版　1983
◇p184〔白黒〕(下駄屋)　神奈川県南足柄市

### 蹴轆轤
「あるくみるきく双書 宮本常一とあるいた昭和の日本 19」農山漁村文化協会　2012
◇p12〔白黒・図〕

### 原土を砕く唐臼
「あるくみるきく双書 宮本常一とあるいた昭和の日本 19」農山漁村文化協会　2012
◇p21〔白黒〕　大分県日田市　[撮]神崎宣武, 〔昭和45年〕

### ゲンノウ(玄能), カマチ, ハリマシ
「民具のみかた―心とかたち」第一法規出版　1983
◇p110〔白黒〕　神奈川県真鶴町　石工

### 豪壮な藍師の門とネドコ
「写真 日本文化史 9」日本評論新社　1955
◇図76〔白黒〕

### コウゾをたたいた石
「宮本常一 写真・日記集成 下」毎日新聞社　2005
◇p157〔白黒〕　山口県福栄村佐々連 紙漉きの村　[撮]宮本常一, 1968年6月29日

### コウゾをたたいた川辺
「宮本常一 写真・日記集成 下」毎日新聞社　2005
◇p158〔白黒〕　山口県福栄村佐々連　[撮]宮本常一, 1968年6月29日

### 楮を蒸す
「日本の民俗 暮らしと生業」KADOKAWA　2014
◇図9-12〔白黒〕　高知県吾川郡吾川村　土佐の和紙　[撮]芳賀日出男, 昭和52年
「日本の民俗 下」クレオ　1997
◇図9-15〔白黒〕　高知県吾川郡吾川村　土佐の和紙　[撮]芳賀日出男, 昭和52年

### 楮ヲ蒸スコシキ
「宮本常一 写真・日記集成 別巻」毎日新聞社　2005
◇図60(p20)〔白黒〕　山口県玖珂郡高根村宇佐郷［錦町］　[撮]宮本常一, 1939年［月日不明］
◇図258(p44)〔白黒〕　高知県土佐郡大川村　[撮]宮本常一, 1941年1月～2月

### 楮の皮をさらす
「日本の民俗 暮らしと生業」KADOKAWA　2014
◇図9-13〔白黒〕　高知県吾川郡吾川村　土佐の和紙　[撮]芳賀日出男, 昭和52年
「日本の民俗 下」クレオ　1997
◇図9-16〔白黒〕　高知県吾川郡吾川村　土佐の和紙　[撮]芳賀日出男, 昭和52年

### 楮の皮むき
「日本社会民俗辞典 3」日本図書センター　2004
◇p1252〔白黒〕

### 楮の雪晒し
「写真でみる日本生活図引 8」弘文堂　1993
◇図63〔白黒〕　長野県下高井郡野沢温泉村　[撮]向山雅重, 昭和27年1月

### こうもり傘を直す
「写真ものがたり昭和の暮らし 9」農山漁村文化協会　2007
◇p216〔白黒〕　秋田県横手市　[撮]佐藤久太郎, 昭和39年

### 小型紙漉きフネ
「日本民具の造形」淡交社　2004
◇p258〔白黒〕　愛媛県 紙のまち資料館所蔵

### 小刀
「日本民俗図誌 7 生業上・下篇」村田書店　1978
◇図147-5〔白黒・図〕　諸工作及工具

### 小刀・錐類(臼・太鼓胴作り道具)
「民俗資料選集 2 木地師の習俗」国土地理協会　1974
◇p227(本文)〔白黒〕(小刀・錐類)　福井県　くり小刀(勝山市郡), かき入れ(勝山市郡), 前鉋(勝山市郡), 三又錐(勝山市郡)　北陸地方の木地製作用具(臼・太鼓胴作り道具)

### 黒板に用いる槌
「日本民俗図誌 7 生業上・下篇」村田書店　1978
◇図147-7〔白黒・図〕

### 仔熊の玩具を作る
「あるくみるきく双書 宮本常一とあるいた昭和の日本 22」農山漁村文化協会　2012
◇p156〔白黒〕　北海道平取町二風谷

### ゴクリ
「あるくみるきく双書 宮本常一とあるいた昭和の日本 23」農山漁村文化協会　2012
◇p53-3〔白黒・図〕　漆掻き取り道具

### こけしの仕事場
「日本の民俗 下」クレオ　1997
◇図8-5〔白黒〕　宮城県刈田郡蔵王町　遠刈田系のこけし　[撮]芳賀日出男, 平成3年

### コケシ這子の用材切り出しに用いる道具
「日本民俗図誌 7 生業上・下篇」村田書店　1978
◇図145〔白黒・図〕　宮城県玉造郡鳴子　手斧二種, 片刃鋸, 用材ヒトツヅ, 皮付のイタヤ

### 御酒の口を作る
「あるくみるきく双書 宮本常一とあるいた昭和の日本 19」農山漁村文化協会　2012
◇p173〔白黒〕　埼玉県入間郡日高町市原　[撮]工藤員功

生産・生業　　　　　　　　　　　　　　　手工業

木挽き
　「日本民俗写真大系 2」日本図書センター　1999
　　◇p190〔白黒〕　福島県桧原村　椀の荒取り前に一定の長さに木を切る　㊙薗部澄, 1958年

コマ石
　「日本民俗図誌 7 生業上・下篇」村田書店　1978
　　◇図141-1〔白黒・図〕　愛媛県越智郡魚島村字高井神島　苔を編む道具　『瀬戸内海島嶼巡訪日記』

コマシ
　「日本民俗図誌 7 生業上・下篇」村田書店　1978
　　◇図141-2〔白黒・図〕　香川県仲多度郡高見村　俵などを編むに用いる編み台　『瀬戸内海島嶼巡訪日記』

米俵編み
　「写真でみる日本生活図引 別巻」弘文堂　1993
　　◇図273〔白黒〕　長野県下伊那郡阿智村　㊙熊谷元一, 昭和32年2月9日

米俵を作る
　「写真ものがたり昭和の暮らし 1」農山漁村文化協会　2004
　　◇p110〜111〔白黒〕　秋田県湯沢市　㊙加賀谷政雄, 昭和30年代

コモアシ
　「日本民俗図誌 7 生業上・下篇」村田書店　1978
　　◇図141-3〔白黒・図〕　香川県仲多度郡本島村字牛島　『瀬戸内海島嶼巡訪日記』

御用籠の上縁に竹の当縁をとりつけて固定する
　「あるくみるきく双書 宮本常一とあるいた昭和の日本 19」農山漁村文化協会　2012
　　◇p112〔白黒〕　大分県三光町佐知　㊙工藤員功

こりやなぎの加工用器具
　「写真で見る農具 民具」農林統計協会　1988
　　◇p213〔白黒〕　愛媛県大洲市　昭和47年頃まで　皮剝器(かわはぎ), やなぎ割器, 縁挟(フチバサミ), とじ具, 木槌, 踏つけ台, 幅決め具, 型枠, 底編台, 包丁, 踏台, 行李編台, 弓

コロビ(アブラギリの実)の加工
　「里山・里海 暮らし図鑑」柏書房　2012
　　◇写19 (p231)〔白黒〕　福井県美浜町新庄　昭和30年代　小林一男所蔵, 美浜町役場文化財保護・町誌編纂室提供

細工師
　「写真でみる日本生活図引 3」弘文堂　1988
　　◇図132〔白黒〕　沖縄県那覇市　〔細工物不明〕　㊙坂本万七, 昭和14年1月

酒津みなと窯
　「日本民俗写真大系 4」日本図書センター　1999
　　◇p151〔白黒〕　倉敷市　㊙中村昭夫, 1967年

作業場と登り窯
　「あるくみるきく双書 宮本常一とあるいた昭和の日本 19」農山漁村文化協会　2012
　　◇p26〔白黒〕　島根県大田市温泉津 川下瓦窯　トロッコで成形した甕や瓦を運んで窯に詰める　㊙神崎宣武,〔昭和45年〕

笹野彫
　「日本郷土 風俗・民芸・芸能図鑑」日本図書センター　2012
　　◇写真篇 山形〔白黒〕　山形県

刺子の模様
　「日本社会民俗辞典 2」日本図書センター　2004
　　◇p478〔白黒・図〕　新潟県三面村

さし道具・盤(角物木地用具)
　「民俗資料選集 2 木地師の習俗」国土地理協会　1974
　　◇p214(本文)〔白黒〕(さし道具・盤)　石川県　曲金(鳳至石浦町)・末広町), 三尺さし(鳳至石浦町), 盤(鳳至末広町), 留板(鳳至石浦町), 内丸留板(鳳至石浦町), 摺板(鳳至石浦町・末広町), 木返り台(河井町, 鳳至石浦町), 立木台(鳳至石浦町・末広町)　北陸地方の木地製作用具(角物木地用具)

さつま焼
　「日本郷土 風俗・民芸・芸能図鑑」日本図書センター　2012
　　◇写真篇 鹿児島〔白黒〕　鹿児島県

薩摩焼
　「日本民俗写真大系 5」日本図書センター　2000
　　◇p83〔白黒〕(韓国・南原で採火され海を渡ってきた「窯の火」で焼き上げられた薩摩焼)　㊙1999年

さび(下地)へらの種類
　「民俗資料選集 2 木地師の習俗」国土地理協会　1974
　　◇p13(口絵)〔白黒〕　石川県　材はアテ

皿山唐臼配置図
　「民俗資料選集 41 豊後の水車習俗」国土地理協会　2010
　　◇p200(本文)〔白黒・図〕　大分県日田市源栄町　皿山

珊瑚細工
　「日本郷土 風俗・民芸・芸能図鑑」日本図書センター　2012
　　◇写真篇 高知〔白黒〕　高知県

サンダワラ(編みかけ)
　「宮本常一 写真・日記集成 下」毎日新聞社　2005
　　◇p434〔白黒〕(サンダワラ)　福島県安達郡岩代町〔編みかけ〕　㊙宮本常一, 1978年7月10日〜13日(農山漁家生活改善技術資料収集調査)

桟俵
　「写真で見る農具 民具」農林統計協会　1988
　　◇p162〔白黒〕　鳥取県鳥取市

桟俵編み
　「日本民具の造形」淡交社　2004
　　◇p217〔白黒〕　新潟県 見附市民俗文化資料館所蔵

さんだわらあみ器
　「写真で見る農具 民具」農林統計協会　1988
　　◇p162〔白黒〕　群馬県群馬町　昭和10年から20年代

さんだわら作り
　「写真で見る農具 民具」農林統計協会　1988
　　◇口絵〔白黒〕　岩手県　昭和30年代　写真提供 岩手県立農業博物館

サンバラ(竹籠)作り
　「日本社会民俗辞典 2」日本図書センター　2004
　　◇p878〔白黒〕　喜界島

仕上げを待つコネバチ
　「食の民俗事典」柊風舎　2011
　　◇p548〔白黒〕　長野県下水内郡栄村上ノ原

仕上場(輪島ろくろ師)
　「民俗資料選集 2 木地師の習俗」国土地理協会　1974
　　◇p12(口絵)〔白黒〕(仕上場)　石川県　往年の徒弟制度のふんい気が残っている

四角底の編み方工程
　「日本民俗図誌 7 生業上・下篇」村田書店　1978
　　◇図158-8〜11〔白黒・図〕

信楽焼
　「日本郷土 風俗・民芸・芸能図鑑」日本図書センター　2012
　　◇写真篇 滋賀〔白黒〕　滋賀県　〔作業場〕
　「宮本常一 写真・日記集成 下」毎日新聞社　2005
　　◇p258〔白黒〕　滋賀県甲賀郡信楽町長野［甲賀市］　㊙宮本常一, 1971年12月25日
　「写真でみる日本生活図引 8」弘文堂　1993
　　◇図56〔白黒〕　滋賀県甲賀郡信楽町　逆さに積み上げた火鉢, 火鉢をのせたリヤカーを曳く男　㊙前野隆資, 昭和32年7月14日

手工業　　　　　　　　　　　　　　　　生産・生業

敷地屋が金毘羅宮へ奉納したものの受納証
　「あるくみるきく双書 宮本常一とあるいた昭和の日本 23」
　　農山漁村文化協会　2012
　　　◇p21〔白黒〕　徳島県美馬郡半田町　明治25年10月7日
　　　金刀比羅宮社務所（発行）　㊙吉野洋三

敷地屋が取引した木地師の名前と取引状況が記された
　算用帳
　「あるくみるきく双書 宮本常一とあるいた昭和の日本 23」
　　農山漁村文化協会　2012
　　　◇p21〔白黒〕　徳島県美馬郡半田町　明治20年10月
　　　表紙　㊙吉野洋三

敷物の莫蓙編み
　「精選 日本民俗辞典」吉川弘文館　2006
　　　◇p5〔白黒〕　北海道八雲町
　「日本民俗大辞典 上」吉川弘文館　1999
　　　◇p5〔白黒〕　北海道八雲町

ジク
　「民俗資料選集 2 木地師の習俗」国土地理協会　1974
　　　◇p7（口絵）〔白黒〕　新潟県糸魚川市大所木地屋　木地
　　　ひきの用具

ジクサン
　「民俗資料選集 2 木地師の習俗」国土地理協会　1974
　　　◇p67（本文）〔白黒〕

仕事場の中で火を焚いて生地を乾かす
　「あるくみるきく双書 宮本常一とあるいた昭和の日本 19」
　　農山漁村文化協会　2012
　　　◇p155〔白黒〕（冷える冬は仕事場の中で火を焚いて生地
　　　を乾かす）　山形県山形市平清水　㊙神崎宣武,〔昭和
　　　48〜49年〕

枝漆の採取
　「あるくみるきく双書 宮本常一とあるいた昭和の日本 23」
　　農山漁村文化協会　2012
　　　◇p80〔カラー〕　池田達郎制作16ミリカラー記録映画
　　　「漆かき―そのしごとと人」コピーDVDより

羊歯細工の基本編み
　「日本民俗図誌 7 生業上・下篇」村田書店　1978
　　　◇図155〔白黒・図〕　一本編、二本編、表三本編、裏三本
　　　編、流れ編、よろい編、メリヤス編

羊歯細工の用具
　「日本民俗図誌 7 生業上・下篇」村田書店　1978
　　　◇図154〔白黒・図〕　竹箆、溝箆、締め鈎、製作台、扁平
　　　編台

下地つけの作業
　「あるくみるきく双書 宮本常一とあるいた昭和の日本 23」
　　農山漁村文化協会　2012
　　　◇p206〔白黒〕

ジッポウ
　「日本民俗図誌 7 生業上・下篇」村田書店　1978
　　　◇図140-6〔白黒・図〕　漆液の容器

ジッポウベラ
　「日本民俗図誌 7 生業上・下篇」村田書店　1978
　　　◇図140-7〔白黒・図〕　漆液を壺に移す

七宝焼の製作
　「日本社会民俗辞典 3」日本図書センター　2004
　　　◇p997〔白黒〕

紙床
　「日本民具の造形」淡交社　2004
　　　◇p258〔白黒〕　鳥取県 あおや和紙工房所蔵

渋桶
　「あるくみるきく双書 宮本常一とあるいた昭和の日本 23」
　　農山漁村文化協会　2012
　　　◇p161〔白黒〕　京都府宮津市　㊙森本孝

渋下地をした椀とふた
　「あるくみるきく双書 宮本常一とあるいた昭和の日本 23」
　　農山漁村文化協会　2012
　　　◇p201〔カラー〕　㊙薗部澄

渋下地塗り
　「あるくみるきく双書 宮本常一とあるいた昭和の日本 23」
　　農山漁村文化協会　2012
　　　◇p200〔カラー〕　㊙薗部澄

渋盟
　「日本民具の造形」淡交社　2004
　　　◇p259〔白黒〕　岡山県 政田民俗資料館所蔵　紙工

注連縄をなう少年ふたり
　「写真ものがたり昭和の暮らし 6」農山漁村文化協会　2006
　　　◇p76〔白黒〕　群馬県新治村（現みなかみ町）　㊙須藤
　　　功, 昭和46年12月

杓子作り
　「写真でみる日本生活図引 3」弘文堂　1988
　　　◇図105〔白黒〕　群馬県吾妻郡六合村入山京塚　㊙須藤
　　　功, 昭和44年3月2日

杓子製作用具
　「民俗資料叢書 7 木地師の習俗1」平凡社　1968
　　　◇図79〔白黒〕　三重県川俣村七日市　辻岡信一蔵

杓子造りの工具
　「民俗資料選集 2 木地師の習俗」国土地理協会　1974
　　　◇p17（口絵）〔白黒〕　石川県　真砂杓子
　　　◇p19（口絵）〔白黒〕（杓子関係の工具）　北陸地方の木地
　　　製作用具

重油窯
　「図説 台所道具の歴史」日本図書センター　2012
　　　◇p14-10〔カラー〕（現代の重油窯）　愛媛県砥部町・梅
　　　野精陶所　素焼きのあがったところ

手工業の製紙
　「写真でみる日本人の生活全集 7」日本図書センター　2010
　　　◇p142〔白黒〕　吉野の奥

出荷のための荷作り
　「あるくみるきく双書 宮本常一とあるいた昭和の日本 19」
　　農山漁村文化協会　2012
　　　◇p90〔白黒〕　岐阜県の窯場　陶器　㊙神崎宣武,〔昭
　　　和47年〕

朱塗漆練り器
　「日本民具の造形」淡交社　2004
　　　◇p270〔白黒〕　福井県 越前漆器伝統産業会館所蔵

巡回してきた桶屋
　「宮本常一が撮った昭和の情景 下」毎日新聞社　2009
　　　◇p50〔白黒〕　山口県大島郡周防大島町大字平野　㊙宮
　　　本常一, 1966年12月26日

ジョウバイシ
　「民具のみかた一心とかたち」第一法規出版　1983
　　　◇p83〔白黒〕　石川県白山麓　わら打ちたたき台

汁しゃくしを作る木地師
　「写真ものがたり昭和の暮らし 2」農山漁村文化協会　2004
　　　◇p132〔白黒〕　群馬県六合村入山　㊙須藤功, 昭和44
　　　年3月

汁杓子の製作順序
　「民俗資料叢書 7 木地師の習俗1」平凡社　1968
　　　◇図81〜85〔白黒〕

白石紙子
　「日本を知る事典」社会思想社　1971
　　　◇図5（p252）〔白黒〕　〔乾燥させている〕

### ジンベガタ（藁沓をつくる型）
「民具のみかた―心とかたち」第一法規出版　1983
◇p85〔白黒〕　山形県小国町

### すいしゃろくろ
「民俗資料選集 9 山村の生活と用具」国土地理協会　1981
◇p114（本文）〔白黒〕　長野県売木村　昭和20年ごろまで使用

### 水車ろくろの軸部
「民俗資料叢書 7 木地師の習俗1」平凡社　1968
◇図48〔白黒〕　滋賀県　木地の工具

### 水晶細工
「日本郷土 風俗・民芸・芸能図鑑」日本図書センター　2012
◇写真篇 山梨〔白黒〕　山梨県

### スキー板作り
「写真でみる日本生活図引 8」弘文堂　1993
◇図85〔白黒〕　北海道札幌市　スキー板を鉋で削る　[撮]菊池俊吉，昭和14年～15年頃

### 菅笠を吊るし干す
「写真ものがたり昭和の暮らし 9」農山漁村文化協会　2007
◇p201〔白黒〕（冬の間に作った菅笠を、洗濯物と一緒に物干竿に吊るし干す）　新潟県松之山町（現十日町市）　[撮]小見重義，昭和58年4月

### スゲによる俵の蓋作り
「里山・里海 暮らし図鑑」柏書房　2012
◇写12（p229）〔白黒〕　新潟県旧頸城村〔上越市〕

### 菅干し
「民俗図録 日本人の暮らし」日本図書センター　2012
◇図159〔白黒〕　新潟県南蒲原郡福島村貝喰　菅笠にするためのスゲを干す　[撮]福島惣一郎

### 硯作り
「写真でみる日本生活図引 8」弘文堂　1993
◇図70〔白黒〕　山口県下関市　硯を削る　[撮]須藤功，昭和47年9月9日

### スッポンと呼ぶ深沓を編む
「写真ものがたり昭和の暮らし 9」農山漁村文化協会　2007
◇p196〔白黒〕　新潟県六日町字欠之上（現南魚沼市）　[撮]中俣正義，昭和36年1月

### 炭俵を編む
「宮本常一が撮った昭和の情景 上」毎日新聞社　2009
◇p173〔白黒〕（茅で炭俵を編む）　山口県萩市川上野戸呂　[撮]宮本常一，1962年9月6日
「宮本常一 写真・日記集成 上」毎日新聞社　2005
◇p341〔白黒〕　山口県阿武郡川上村野戸呂　[撮]宮本常一，1962年9月6日
「日本民俗写真大系 2」日本図書センター　1999
◇p190〔白黒〕（農家の庭で炭俵を編む）　岩手県平泉町観音山麓　[撮]薗部澄，1962年

### 炭俵作り
「日本民俗写真大系 2」日本図書センター　1999
◇p188〔白黒〕　岩手県一戸町姉帯　副業として農家で作っていた　[撮]田村淳一郎，1957年
「図録・民具入門事典」柏書房　1991
◇p65〔白黒〕　東京都

### 炭俵の編み機
「宮本常一 写真・日記集成 上」毎日新聞社　2005
◇p374〔白黒〕　神奈川県南足柄市　[撮]宮本常一，1963年5月13日

### 墨作り
「写真でみる日本生活図引 8」弘文堂　1993
◇図71〔白黒〕　奈良県奈良市椿井町　練り上げた玉（剤）を墨型に入れる　[撮]山田隆造，昭和41年8月18日

### 墨壺
「日本民具の造形」淡交社　2004
◇p260〔白黒〕　兵庫県 竹中大工道具館所蔵　木工

### 素焼窯
「今は昔 民具など」文芸社　2014
◇p13〔白黒〕　[撮]山本富三　河井寛次郎記念館蔵（京都）

### 素焼干し
「日本郷土 風俗・民芸・芸能図鑑」日本図書センター　2012
◇写真篇 三重〔白黒〕　三重県

### 製縄機
「写真で見る農具 民具」農林統計協会　1988
◇p159〔白黒〕　福井県坂井町　昭和35年頃
◇p160〔白黒〕　宮崎県串間市　昭和8年から47年まで

### 製陶工場
「あるくみるきく双書 宮本常一とあるいた昭和の日本 19」農山漁村文化協会　2012
◇p90〔白黒〕（流れ作業の製陶工場）　岐阜県　[撮]神崎宣武，〔昭和47年〕

### 製陶工場の煙突
「あるくみるきく双書 宮本常一とあるいた昭和の日本 19」農山漁村文化協会　2012
◇p69〔カラー〕　愛知県常滑市　[撮]神崎宣武，〔昭和47年〕

### 製なわ機
「写真で見る農具 民具」農林統計協会　1988
◇p163〔白黒〕　大阪府堺市　昭和10年代まで

### 背負籠作り
「写真ものがたり昭和の暮らし 2」農山漁村文化協会　2004
◇p150〔白黒〕（背負いかごを作る）　宮崎県五ヶ瀬町岩神　[撮]須藤功，昭和44年11月
「写真でみる日本生活図引 8」弘文堂　1993
◇図17〔白黒〕　岩手県下閉伊郡岩泉町岩泉上町　背負籠の縄を新しくする　[撮]三上信夫，昭和35年4月29日

### 背負い籠のティールを編む
「あるくみるきく双書 宮本常一とあるいた昭和の日本 19」農山漁村文化協会　2012
◇p189〔白黒〕　沖縄県国頭村　[撮]工藤員功

### 石州瓦
「日本郷土 風俗・民芸・芸能図鑑」日本図書センター　2012
◇写真篇 島根〔白黒〕　島根県　〔製作中〕

### 石灰の焼亀
「民俗図録 日本人の暮らし」日本図書センター　2012
◇図406〔白黒〕　沖縄宮古島　[撮]林義三

### 石膏型に粘土を詰め、ハンドルを押し下げると、植木鉢の形ができる
「あるくみるきく双書 宮本常一とあるいた昭和の日本 19」農山漁村文化協会　2012
◇p70〔白黒〕　愛知県常滑市　[撮]神崎宣武，〔昭和47年〕

### セン
「日本民具の造形」淡交社　2004
◇p49〔白黒〕　京都府 京都府立山城郷土資料館所蔵
「民具のみかた―心とかたち」第一法規出版　1983
◇p104〔白黒〕　石川県珠洲市　曲物用具

### セン（サット）
「日本民俗図誌 7 生業上・下篇」村田書店　1978
◇図136-1〔白黒・図〕　長野県上伊那郡奈良井地方　曲物の工具

### 銑類（臼・太鼓胴作り道具）
「民俗資料選集 2 木地師の習俗」国土地理協会　1974
◇p226（本文）〔白黒〕（銑類）　福井県　内銑（勝山市郡），

外銑（勝山市郡），平割り（勝山市郡），当竹（勝山市郡）
北陸地方の木地製作用具（角物木地用具）

**造花の内職をする**
「写真ものがたり昭和の暮らし 9」農山漁村文化協会　2007
◇p50〔白黒〕（石油ランプの下で造花の内職をする）　長野県曾地村駒場（現阿智村）　[撮]熊谷元一，昭和26年

**装飾としての組み手**
「日本民俗図誌 7 生業上・下篇」村田書店　1978
◇図156-5〔白黒・図〕

**ぞうり編機**
「写真で見る農具 民具」農林統計協会　1988
◇p162〔白黒〕　茨城県水戸市　昭和25年頃まで
◇p162〔白黒〕　奈良県月ヶ瀬村　明治時代から昭和20年頃

**ゾウリカケ**
「日本民俗図誌 7 生業上・下篇」村田書店　1978
◇図142-1・2〔白黒・図〕　香川県仲多度郡本島村字牛島・高見島村　草履を作る時にその心縄をかける台『民具問答』

**草履作り**
「民俗図録 日本人の暮らし」日本図書センター　2012
◇図156〔白黒〕（草履つくり）　秋田県　[撮]三木茂
「宮本常一 写真・日記集成 上」毎日新聞社　2005
◇p208〔白黒〕（草履づくり）　新潟県佐渡郡相川町［佐渡市］小野見　[撮]宮本常一，1960年8月27日
「民俗資料選集 25 焼畑習俗」国土地理協会　1997
◇p226（本文）〔白黒〕　高知県池川町椿山
「写真でみる日本生活図引 8」弘文堂　1993
◇図20〔白黒〕　千葉県勝浦市大楠　[撮]清野文男，昭和49年10月
「図録・民具入門事典」柏書房　1991
◇p78〔白黒〕（草履づくり）　東京都
「日本民俗文化財事典（改訂版）」第一法規出版　1979
◇図181〔白黒〕（草履つくり）　長崎県対馬地方

**草履作り台**
「日本民俗図誌 7 生業上・下篇」村田書店　1978
◇図142-3〔白黒・図〕　愛知県北設楽郡本郷町中在家『民具問答』

**草履作りの台**
「いまに伝える 農家のモノ・人の生活館」柏書房　2004
◇p67 写真1〔白黒〕　埼玉県所沢市

**草履の芯縄をなう**
「宮本常一 写真・日記集成 上」毎日新聞社　2005
◇p86〔白黒〕　香川県丸亀市 本島（塩飽本島）笠島　[撮]宮本常一，1957年8月31日

**ぞうり，わらじ編機**
「写真で見る農具 民具」農林統計協会　1988
◇p162〔白黒〕　福井県三国町　昭和25年頃まで

**底廻し鉋**
「日本民具の造形」淡交社　2004
◇p49〔白黒〕　東京都 福生市郷土資料館所蔵

**卒塔婆の製材**
「宮本常一 写真・日記集成 下」毎日新聞社　2005
◇p322〔白黒〕　東京都西多摩郡日の出町玉之内　[撮]宮本常一，1974年3月14日（農山漁家生活改善技術資料収集調査）

**卒塔婆用の板材の乾燥**
「あるくみるきく双書 宮本常一とあるいた昭和の日本 23」農山漁村文化協会　2012
◇p213〔白黒〕　東京都西多摩郡日の出村　[撮]宮本常一

**ソバタメザル（蕎麦ため笊）を編む**
「あるくみるきく双書 宮本常一とあるいた昭和の日本 19」農山漁村文化協会　2012
◇p93〔白黒〕　新潟県佐渡郡小木町　[撮]工藤員功，〔昭和48年〕

**ソバタメづくり**
「あるくみるきく双書 宮本常一とあるいた昭和の日本 19」農山漁村文化協会　2012
◇p98～99〔白黒〕　新潟県　[撮]工藤員功

**算盤作り**
「写真でみる日本生活図引 8」弘文堂　1993
◇図57〔白黒〕　滋賀県大津市　[撮]前野隆資，昭和33年5月25日

**算盤製作用具**
「写真でみる日本生活図引 8」弘文堂　1993
◇図58〔白黒〕　滋賀県大津市　[撮]前野隆資，昭和33年5月25日　市指定有形民俗文化財

**大釜瓶**
「日本民具の造形」淡交社　2004
◇p258〔白黒〕　和歌山県 美山村歴史民俗資料館所蔵

**太鼓作り**
「あるくみるきく双書 宮本常一とあるいた昭和の日本 23」農山漁村文化協会　2012
◇p121～128〔白黒〕　福島県南会津郡田島町新町　[撮]須藤護

**太鼓胴をつくる**
「あるくみるきく双書 宮本常一とあるいた昭和の日本 23」農山漁村文化協会　2012
◇p109～115〔白黒・図/写真〕　ブンマワシをかける，ヒキマワシ，カタチヅクリ，キリオトシ，木口ナオシ，ブッカキ，テボッコで内側をけずる　[撮]小林淳

**太鼓胴づくり**
「あるくみるきく双書 宮本常一とあるいた昭和の日本 23」農山漁村文化協会　2012
◇p89〔白黒〕　福島県南会津郡　胴の厚みをはかりつつ胴の内側を削る　[撮]小林淳
◇p101〔白黒〕（掘り上げた太鼓胴）　[撮]小林淳
「宮本常一 写真・日記集成 下」毎日新聞社　2005
◇p308〔白黒〕（太鼓の胴作り）　福島県南会津郡田島町金井沢　[撮]宮本常一，1973年7月24日

**太鼓の大胴の仕上げ**
「あるくみるきく双書 宮本常一とあるいた昭和の日本 23」農山漁村文化協会　2012
◇p117〔白黒〕（ケヤキの大胴の仕上げ）　浅草の宮本卯之助商店にて　太鼓作り　[撮]TEM研究所

**太鼓の胴掘り用に玉切りされたケヤキ材の大木**
「あるくみるきく双書 宮本常一とあるいた昭和の日本 23」農山漁村文化協会　2012
◇p99〔白黒〕　[撮]小林淳

**大根おろし（皿）の目をつける**
「あるくみるきく双書 宮本常一とあるいた昭和の日本 19」農山漁村文化協会　2012
◇p147〔白黒〕　福島県大沼郡会津美里町本郷　[撮]神崎宣武，〔昭和48～49年〕

**隋円底の編み方工程**
「日本民俗図誌 7 生業上・下篇」村田書店　1978
◇図158-7〔白黒・図〕

**箍入れ**
「写真でみる日本生活図引 3」弘文堂　1988
◇図128〔白黒〕　福島県いわき市小名浜　[撮]草野日出男，昭和49年6月19日
◇図129〔白黒〕　新潟県佐渡郡小木町白木　[撮]中俣正

義, 昭和52年12月

### 高殿
「日本民俗写真大系 7」日本図書センター 2000
◇p91〔白黒〕 島根県吉田村 菅谷高殿 1922(大正11)年まで操業 [撮]井上喜弘, 1960年

### タガにするマダケを割る
「あるくみるきく双書 宮本常一とあるいた昭和の日本 19」農山漁村文化協会 2012
◇p100〔白黒〕 新潟県佐渡郡 [撮]工藤員功

### たがね
「日本民具の造形」淡交社 2004
◇p271〔白黒〕 鹿児島県 吹上町歴史民俗資料館所蔵

### 箍屋
「写真ものがたり昭和の暮らし 9」農山漁村文化協会 2007
◇p217〔白黒〕 埼玉県・秩父地方 ゆるんだたがを交換して締め直す [撮]武藤盈, 昭和32年1月

### タガ用に割ったマダケの束
「あるくみるきく双書 宮本常一とあるいた昭和の日本 19」農山漁村文化協会 2012
◇p100〔白黒〕 新潟県佐渡郡 [撮]工藤員功

### タガラの枠づくり
「日本民俗文化財事典(改訂版)」第一法規出版 1979
◇図183〔白黒〕 新潟県十日町市

### 竹を割る道具
「あるくみるきく双書 宮本常一とあるいた昭和の日本 19」農山漁村文化協会 2012
◇p103〔白黒〕 岩手県一戸町鳥越 [撮]工藤員功

### 竹籠を編んでいる老人
「図録・民具入門事典」柏書房 1991
◇p77〔白黒〕 長崎県対馬

### 竹籠を修繕
「写真でみる日本生活図引 別巻」弘文堂 1993
◇図108〔白黒〕 長野県下伊那郡阿智村 [撮]矢沢昇, 昭和31年9月24日

### 竹カゴをつくる
「宮本常一が撮った昭和の情景 上」毎日新聞社 2009
◇p179〔白黒〕(籠をつくる人) 熊本県上益城郡山都町蘇陽峡 〔竹籠〕 [撮]宮本常一, 1962年10月10日
「宮本常一 写真・日記集成 上」毎日新聞社 2005
◇p347〔白黒〕 熊本県 蘇陽峡 [撮]宮本常一, 1962年10月10日

### 竹籠つくり
「日本民俗文化財事典(改訂版)」第一法規出版 1979
◇図182〔白黒〕 長崎県対馬地方

### 竹行李作り
「日本民俗写真大系 2」日本図書センター 1999
◇p188〔白黒〕 岩手県一戸町西法寺 [撮]田村淳一郎, 1957年

### 竹細工
「日本郷土 風俗・民芸・芸能図鑑」日本図書センター 2012
◇写真篇 大分〔白黒〕 大分県
「写真でみる日本生活図引 3」弘文堂 1988
◇図130〔白黒〕 鹿児島県始良郡牧園町 [撮]小野重朗, 昭和33年

### 竹細工を内職とする女性
「あるくみるきく双書 宮本常一とあるいた昭和の日本 19」農山漁村文化協会 2012
◇p177〔白黒〕 宮城県岩出山町 [撮]工藤員功

### 竹細工工場
「日本社会民俗辞典 2」日本図書センター 2004
◇p878〔白黒〕 別府市

### 竹細工の編み方
「精選 日本民俗辞典」吉川弘文館 2006
◇p340〔白黒〕(竹細工 巻縁(縁の作り)) 武蔵野美術大学民俗資料室所蔵
◇p340〔白黒〕(竹細工 菊底(底編み)) 武蔵野美術大学民俗資料室所蔵
◇p340〔白黒〕(竹細工 四目編み(編み方)) 武蔵野美術大学民俗資料室所蔵
◇p340〔白黒〕(竹細工 当縁(縁の作り)) 武蔵野美術大学民俗資料室所蔵
◇p340〔白黒〕(竹細工 網代編み(底編み)) 武蔵野美術大学民俗資料室所蔵
◇p340〔白黒〕(竹細工 網代編み(編み方)) 武蔵野美術大学民俗資料室所蔵
◇p340〔白黒〕(竹細工 六目編み(編み方)) 武蔵野美術大学民俗資料室所蔵
◇p340〔白黒〕(竹細工 茣蓙目編み(編み方)) 武蔵野美術大学民俗資料室所蔵
「日本民俗大辞典 下」吉川弘文館 2000
◇p37〔白黒〕(竹細工 巻縁(縁の作り)) 武蔵野美術大学民俗資料室所蔵
◇p37〔白黒〕(竹細工 菊底(底編み)) 武蔵野美術大学民俗資料室所蔵
◇p37〔白黒〕(竹細工 四目編み(編み方)) 武蔵野美術大学民俗資料室所蔵
◇p37〔白黒〕(竹細工 当縁(縁の作り)) 武蔵野美術大学民俗資料室所蔵
◇p37〔白黒〕(竹細工 網代編み(底編み)) 武蔵野美術大学民俗資料室所蔵
◇p37〔白黒〕(竹細工 網代編み(編み方)) 武蔵野美術大学民俗資料室所蔵
◇p37〔白黒〕(竹細工 六目編み(編み方)) 武蔵野美術大学民俗資料室所蔵
◇p37〔白黒〕(竹細工 茣蓙目編み(編み方)) 武蔵野美術大学民俗資料室所蔵
「民具のみかた―心とかたち」第一法規出版 1983
◇p91〔白黒・図〕 四ツ目編み, 六ツ目編み, アジロ編み, ザル編み

### 竹細工の仕事場
「あるくみるきく双書 宮本常一とあるいた昭和の日本 19」農山漁村文化協会 2012
◇p120〔白黒〕 鹿児島県吹上町入来 村の公会堂 [撮]工藤員功
◇p124〔白黒〕 鹿児島県吹上町伊作 [撮]工藤員功

### 竹細工の実際
「民具のみかた―心とかたち」第一法規出版 1983
◇p80〔白黒〕 石川県富来町

### 竹細工の職人
「あるくみるきく双書 宮本常一とあるいた昭和の日本 19」農山漁村文化協会 2012
◇p113〔白黒〕 大分県大分市宗方 [撮]工藤員功

### 竹細工の道具
「あるくみるきく双書 宮本常一とあるいた昭和の日本 19」農山漁村文化協会 2012
◇p99〔白黒〕 新潟県佐渡郡小木町 [撮]工藤員功
◇p103〔白黒〕 岩手県一戸町鳥越 [撮]工藤員功
◇p113〔白黒〕(竹細工道具) 大分県大分市胡麻鶴 [撮]工藤員功
◇p121〔白黒〕 鹿児島県金峰町白川 [撮]工藤員功
◇p121〔白黒〕 鹿児島県吹上町入来 [撮]工藤員功
◇p216〔白黒〕(道具一式) 竹細工 [撮]大島洋
「日本民具の造形」淡交社 2004
◇p263〔白黒〕(竹細工道具) 長崎県 福島町立歴史民俗

## 手工業　　　　　　　　　　　　生産・生業

資料館所蔵

### 竹細工屋の倉庫を埋めたコメザルとマゲエザル
「あるくみるきく双書 宮本常一とあるいた昭和の日本 19」
農山漁村文化協会　2012
　　◇p104〔白黒〕　岩手県一戸町　㊡工藤員功

### 竹細工用刀
「日本の民具 3 山・漁村」慶友社　1992
　　◇図29〔白黒〕　新潟県 佐渡　㊡薗部澄

### 竹製品の加工、販売
「里山・里海 暮らし図鑑」柏書房　2012
　　◇写23 (p232)〔白黒〕　福岡県柳川市沖端　昭和61年 野田種子提供

### 竹で背負籠を編む
「フォークロアの眼 3 運ぶ」国書刊行会　1977
　　◇図127〔白黒〕　宮崎県西臼杵郡五ヶ瀬町岩神　㊡須藤功、昭和44年11月5日

### 竹の編みかた
「あるくみるきく双書 宮本常一とあるいた昭和の日本 19」
農山漁村文化協会　2012
　　◇p125〔白黒〕　四ツ目編み、ゴザ目編み、アジロ編み、松葉編み、六ツ目編み、麻の葉くずし　基本的な面の編みかた
　　◇p126〔白黒〕　増差し菊底、菊底、網代底、四ツ目筏底　基本的な底の編みかた
　　◇p126〔白黒〕　巻きぶち、千段巻きぶち、矢はず巻きぶち、柾割り当てぶち、巻き当てぶち、千段当てぶち　基本的なふちの編みかた

### 竹の編み目の基本
「日本社会民俗辞典 2」日本図書センター　2004
　　◇p877〔白黒・図〕　筵編み、八ツ目編み、四ツ目編み、網代編み、六ツ目編み

### 竹の泥をふく
「あるくみるきく双書 宮本常一とあるいた昭和の日本 19」
農山漁村文化協会　2012
　　◇p197〔白黒〕　熊本県　カゴ屋の朝の仕事　㊡大島洋

### 竹の花籠や盛りかご作り
「日本民俗写真大系 4」日本図書センター　1999
　　◇p186〔白黒〕　大分県庄内町　㊡南良和、1987年

### 竹箒づくり
「あるくみるきく双書 宮本常一とあるいた昭和の日本 23」
農山漁村文化協会　2012
　　◇p215〔白黒〕(老人会での竹箒づくり)　東京都西多摩郡日の出村　㊡宮本常一
「宮本常一 写真・日記集成 下」毎日新聞社　2005
　　◇p322〔白黒〕(竹箒を作る)　東京都西多摩郡日の出町　㊡宮本常一、1974年3月14日(農山漁家生活改善技術資料収集調査)

### タケボウチョウ(竹庖丁)
「民具のみかた一心とかたち」第一法規出版　1983
　　◇p89〔白黒〕　石川県富来町　竹細工の道具

### 竹割
「あるくみるきく双書 宮本常一とあるいた昭和の日本 19」
農山漁村文化協会　2012
　　◇p168〔白黒〕　埼玉県所沢市上安松　㊡工藤員功、〔昭和49年〕

### 竹割器
「日本民具の造形」淡交社　2004
　　◇p263〔白黒〕　三重県 東員町郷土資料館所蔵　竹工

### 竹割鉈
「日本民具の造形」淡交社　2004
　　◇p263〔白黒〕　京都府 東洋竹工製作所展示室所蔵　竹工

「民具のみかた一心とかたち」第一法規出版　1983
　　◇p89〔白黒〕(タケワリナタ(竹割り鉈))　石川県富来町　竹細工の道具

### 叩き
「日本民具の造形」淡交社　2004
　　◇p271〔白黒〕　香川県 牟礼町石の民俗館所蔵　石材を穿つ

### 叩き技法の細工人
「あるくみるきく双書 宮本常一とあるいた昭和の日本 19」
農山漁村文化協会　2012
　　◇p48〔白黒〕　鹿児島県日置郡東市来町美山(苗代川)　㊡神崎宣武、〔昭和46年〕

### 叩き細工の道具類
「あるくみるきく双書 宮本常一とあるいた昭和の日本 19」
農山漁村文化協会　2012
　　◇p52〔白黒〕　鹿児島県日置郡東市来町美山(苗代川)　㊡神崎宣武、〔昭和46年〕

### 叩き手法
「あるくみるきく双書 宮本常一とあるいた昭和の日本 19」
農山漁村文化協会　2012
　　◇p35〔白黒〕　佐賀県武雄市武内町 多々良の金子窯　㊡神崎宣武、〔昭和45年〕

### 叩きの道具
「あるくみるきく双書 宮本常一とあるいた昭和の日本 19」
農山漁村文化協会　2012
　　◇p60〔白黒〕　ブイ(底を叩く槌)、ティジクン(当て木)、イビラ(叩き板)など　㊡神崎宣武、〔昭和46年〕

### 叩鑿
「日本民具の造形」淡交社　2004
　　◇p262〔白黒〕　静岡県 沼津市歴史民俗資料館所蔵

### タタキノミ(叩き鑿)の部分名
「民具のみかた一心とかたち」第一法規出版　1983
　　◇p107〔白黒・図〕　指物用具

### 畳を作るときの諸道具
「豊穣の神と家の神 目でみる民俗神シリーズ2」東京美術　1988
　　◇p119〔白黒〕　千葉県市川市湊新田 古い家柄の畳屋 荻原法子『いちかわ民俗誌』(崙書房)による

### 畳表座織機のコテ
「写真で見る農具 民具」農林統計協会　1988
　　◇p204〔白黒〕　広島県沼隅町　江戸時代から明治後期まで　藺草

### 畳表用麻糸よりかけ機
「写真で見る農具 民具」農林統計協会　1988
　　◇p204〔白黒〕　福井県上中町　昭和前期から35年頃まで　藺草

### タタミはた
「写真でみる日本人の生活全集 3」日本図書センター　2010
　　◇p79〔白黒〕　岡山県浅口郡西阿知

### 畳屋
「写真でみる日本生活図引 8」弘文堂　1993
　　◇図99〔白黒〕　東京都　畳表の取替え　㊡国際報道工芸社、昭和14年12月　日本写真家協会提供
　　◇図100〔白黒〕　東京都新宿区歌舞伎町　仕事を終えて帰るところ　㊡尾崎一郎、昭和38年7月

### たたら吹き
「写真ものがたり昭和の暮らし 5」農山漁村文化協会　2005
　　◇p66〔白黒〕　島根県横田町大呂(現奥出雲町)　㊡青山富士夫、昭和53年
「日本民俗写真大系 7」日本図書センター　2000
　　◇p6～7、92～97〔写真・カラー/白黒〕　島根県横田町　粘土で炉を築く、炉の形ができると、木を燃やして乾燥

する，焔の色を見つめる村下，オオクダリに入ると炉は四方から崩される，鉧が現れる　㋶青山富士夫，1978年

**タテキドリ**
「あるくみるきく双書 宮本常一とあるいた昭和の日本 23」農山漁村文化協会　2012
◇p187〔白黒〕　越前大野

**足袋型**
「日本民具の造形」淡交社　2004
◇p266〔白黒〕　長崎県 外海町立歴史民俗資料館所蔵

**足袋作り**
「写真でみる日本生活図引 8」弘文堂　1993
◇図83〔白黒〕　埼玉県行田市佐間　足袋の仕上げをする　㋶岡本一雄，昭和53年10月

**足袋屋**
「民具のみかた—心とかたち」第一法規出版　1983
◇p257〔白黒〕　石川県金沢市

**樽の竹箍を嵌める**
「日本民俗写真大系 8」日本図書センター　2000
◇p91〔白黒〕　新潟県粟島浦村　㋶中俣正義，1955年

**ダルマを焼く**
「あるくみるきく双書 宮本常一とあるいた昭和の日本 19」農山漁村文化協会　2012
◇p158〔白黒〕　山形県山形市平清水　㋶神崎宣武，〔昭和48〜49年〕

**俵編み**
「写真でみる民家大事典」柏書房　2005
◇p119-3〔白黒〕　新潟県朝日村　㋶1977年　山崎祐子
「日本の民具 2 農村」慶友社　1992
◇図149〔白黒〕　使用地不明　㋶薗部澄
「日本民俗文化財事典（改訂版）」第一法規出版　1979
◇図133〔白黒〕　埼玉県
「日本民俗事典」弘文堂　1972
◇p438〔白黒〕

**俵あみ器**
「写真で見る農具 民具」農林統計協会　1988
◇p161〔白黒〕　新潟県新津市　昭和30年代まで

**俵編み機**
「写真で見る農具 民具」農林統計協会　1988
◇p161〔白黒〕　兵庫県日高町　昭和30年代

**俵編機**
「写真で見る農具 民具」農林統計協会　1988
◇p161〔白黒〕　宮崎県日之影町　昭和20年代まで

**俵編機で炭俵を編む**
「写真ものがたり昭和の暮らし 9」農山漁村文化協会　2007
◇p199〔白黒〕　長野県曾地村（現阿智村）　㋶熊谷元一，昭和13年

**俵編機で筵を編む**
「写真ものがたり昭和の暮らし 9」農山漁村文化協会　2007
◇p199〔白黒〕　長野県曾地村（現阿智村）　㋶熊谷元一，昭和24年

**俵編み機による俵作り**
「写真で見る農具 民具」農林統計協会　1988
◇口絵〔白黒〕　岩手県　昭和30年代　写真提供 岩手県立農業博物館

**俵編み・縄綯い**
「写真でみる日本生活図引 別巻」弘文堂　1993
◇図283〔白黒〕（上と下）　長野県下伊那郡阿智村　下の作業場で俵編み，上で縄綯い　㋶熊谷元一，昭和32年2月17日

**俵締機**
「写真で見る農具 民具」農林統計協会　1988
◇p178〔白黒〕　山形県長井市　大正時代後期から昭和30年代の後半まで
◇p178〔白黒〕　兵庫県日高町　大正時代後期から昭和30年代の後半まで

**俵締め機による米俵作りと秤量**
「写真で見る農具 民具」農林統計協会　1988
◇口絵〔白黒〕　岩手県　昭和30年代　写真提供 岩手県立農業博物館

**俵つくり**
「日本社会民俗辞典 1」日本図書センター　2004
◇図版Ⅵ 稲作(2)〔白黒〕　東北地方

**俵作りの工程**
「いまに伝える 農家のモノ・人の生活館」柏書房　2004
◇p65〜66 写真1-1〜2〔白黒〕　埼玉県川里町

**タンクで粘土や釉薬の調合をする**
「あるくみるきく双書 宮本常一とあるいた昭和の日本 19」農山漁村文化協会　2012
◇p155〔白黒〕　山形県山形市平清水　㋶神崎宣武，〔昭和48〜49年〕

**竹材店**
「あるくみるきく双書 宮本常一とあるいた昭和の日本 19」農山漁村文化協会　2012
◇p196〔白黒〕　熊本県人吉市　㋶工藤員功

**チバリで畳表を編む**
「写真ものがたり昭和の暮らし 9」農山漁村文化協会　2007
◇p198〔白黒〕　新潟県能生町（現糸魚川市）　㋶室川右京，昭和33年12月

**鉤曲げ器**
「民俗資料選集 22 対馬の釣鉤製作習俗」国土地理協会　1994
◇p98（本文）〔白黒・図〕　長崎県　『日本水産捕採誌』挿図より

**茶筅を作る**
「写真ものがたり昭和の暮らし 2」農山漁村文化協会　2004
◇p151〔白黒〕　奈良県生駒市　高山製　㋶三村幸一，昭和40年代

**茶碗に上薬をつける女**
「民俗図録 日本人の暮らし」日本図書センター　2012
◇図404〔白黒〕　沖縄本島那覇市

**茶碗メゴ作り**
「あるくみるきく双書 宮本常一とあるいた昭和の日本 19」農山漁村文化協会　2012
◇p203〔白黒〕　熊本県球磨郡錦町　㋶工藤員功

**鋳造道具一式**
「図説 台所道具の歴史」日本図書センター　2012
◇p78-4・5〔白黒〕　山形市の銅町で使用　㋶GK　山形市第九小学校

**長太郎焼**
「日本郷土 風俗・民芸・芸能図鑑」日本図書センター　2012
◇写真篇 鹿児島〔白黒〕　鹿児島県

**ちょうちん（真砂ろくろ師）**
「民俗資料選集 2 木地師の習俗」国土地理協会　1974
◇p16（口絵）〔白黒〕（ちょうちん）　石川県　菊の御紋章がつく（真砂ろくろ師のもの）

**提燈を作る**
「写真ものがたり昭和の暮らし 9」農山漁村文化協会　2007
◇p209〔白黒〕　長野県曾地村（現阿智村）　字紋描きをする　㋶熊谷元一，昭和30年

**提灯型の構造**
「日本民俗図誌 7 生業上・下篇」村田書店　1978
◇図149〔白黒・図〕

**提灯製造に用いる諸工具**
「日本民俗図誌 7 生業上・下篇」村田書店　1978
◇図149〔白黒・図〕

**提燈屋**
「写真でみる日本生活図引 8」弘文堂　1993
◇図60〔白黒〕　長野県下伊那郡阿智村駒場　白張提燈に文字もしくは家紋を書く　[撮]熊谷元一, 昭和12年7月

**チョウナ**
「民具のみかた―心とかたち」第一法規出版　1983
◇p101〔白黒〕(チョウナ(手斧))　岐阜県飛騨地方　刳り物用具
「民俗資料叢書 10 木地師の習俗2」平凡社　1969
◇図64〔白黒〕(大小のちょうな)　岐阜県根尾谷地方〔本巣市〕

**ちよか**
「日本郷土 風俗・民芸・芸能図鑑」日本図書センター　2012
◇写真篇 鹿児島〔白黒〕　鹿児島県

**沈金**
「日本郷土 風俗・民芸・芸能図鑑」日本図書センター　2012
◇写真篇 石川〔白黒〕　石川県 輪島

**摑み**
「日本民具の造形」淡交社　2004
◇p270〔白黒〕　和歌山県 谷岡漆芸工房所蔵

**突鑿**
「日本民具の造形」淡交社　2004
◇p262〔白黒〕　高知県 大豊町立民俗資料館所蔵

**『對馬沿岸釣漁譚全』の釣鉤図**
「民俗資料選集 22 対馬の釣鉤製作習俗」国土地理協会　1994
◇p49(本文)〔白黒・図〕　長崎県　満山綴喜著 明治35年

**葛籠屋**
「写真でみる日本生活図引 8」弘文堂　1993
◇図73〔白黒〕　東京都中央区人形町　和紙を貼った上に漆を塗る　[撮]尾崎一郎, 昭和50年7月

**土を練る**
「あるくみるきく双書 宮本常一とあるいた昭和の日本 19」農山漁村文化協会　2012
◇p29〔白黒〕(古い職人は自分の手と足で土を練る)　山口県防府市堀越 賀谷窯　[撮]神崎宣武, 〔昭和45年〕

**ツチメゴ**
「民俗資料選集 41 豊後の水車習俗」国土地理協会　2010
◇p203(本文)〔白黒〕(小鹿田焼皿山のツチメゴ)　大分県日田市源栄町 皿山　〔陶土を運ぶかご〕

**ツチンボー**
「図録・民具入門事典」柏書房　1991
◇p78〔白黒〕　愛知県　藁を柔らかくするために打つ棒

**ツツ**
「図録・民具入門事典」柏書房　1991
◇p78〔白黒〕　富山県　藁を叩く木槌

**つな打ち器**
「写真で見る農具 民具」農林統計協会　1988
◇p163〔白黒〕　宮崎県延岡市　昭和20年頃

**ツナビキロクロ(綱挽き轆轤)**
「民具のみかた―心とかたち」第一法規出版　1983
◇p100〔白黒〕　石川県輪島市　刳り物用具

**ツボ杓子の出来るまで**
「図説 民俗探訪事典」山川出版社　1983
◇p284〔白黒〕　奈良県立民俗博物館提供

**壺作り**
「あるくみるきく双書 宮本常一とあるいた昭和の日本 19」農山漁村文化協会　2012
◇p83〔白黒〕　愛知県瀬戸市　壺は轆轤の上で太い粘土の紐を3、4段巻き上げて延して作る　[撮]神崎宣武, 〔昭和47年〕

**壺屋**
「民俗図録 日本人の暮らし」日本図書センター　2012
◇図407〔白黒〕(那覇の壺屋)　沖縄本島 那覇市　[撮]林義三
「写真でみる日本生活図引 3」弘文堂　1988
◇図124〔白黒〕　沖縄県那覇市壺屋町　[撮]坂本万七, 昭和14年1月
◇図125〔白黒〕　沖縄県那覇市壺屋町　[撮]坂本万七, 昭和14年1月

**壺屋の窯**
「あるくみるきく双書 宮本常一とあるいた昭和の日本 19」農山漁村文化協会　2012
◇p56〔白黒〕(沖縄壺屋の窯)　沖縄県那覇市壺屋　[撮]神崎宣武, 〔昭和46年〕

**壺屋の窯風景と上り窯**
「図説 民俗探訪事典」山川出版社　1983
◇p330〔白黒〕　[撮]宮城篤正

**弦掛鋸**
「日本民具の造形」淡交社　2004
◇p263〔白黒〕　京都府 東洋竹工製作所展示室所蔵竹工

**テゴづくり**
「図説 日本民俗学」吉川弘文館　2009
◇p170〔白黒〕　石川県白山市　藁製のもっこ　石川県立歴史博物館提供

**デコ屋敷**
「日本民俗写真大系 2」日本図書センター　1999
◇p148〔白黒〕　福島県郡山市 恵比寿屋　人形も面もだるまも作る　[撮]薗部澄, 1979年, 1981年

**手すき和紙**
「写真ものがたり昭和の暮らし 2」農山漁村文化協会　2004
◇p69〔白黒〕　高知県伊野町　紙料を簀ですくう　[撮]須藤功, 昭和42年4月

**鉄兜を薬罐にする**
「写真ものがたり昭和の暮らし 4」農村漁村文化協会　2005
◇p35〔白黒〕　大阪市福島区鷺洲町　[撮]昭和21年9月　朝日新聞社提供

**手びきろくろ**
「日本の民俗 暮らしと生業」KADOKAWA　2014
◇図8-2〔白黒〕(手挽きろくろ)　石川県江沼郡山中町　[撮]芳賀日出男, 昭和36年
「写真ものがたり昭和の暮らし 2」農山漁村文化協会　2004
◇p133〔白黒〕(手引きろくろ)　福島県田島町針生　[撮]昭和49年　日本観光文化研究所『あるくみるきく』より
「日本の民俗 下」クレオ　1997
◇図8-2〔白黒〕(手挽きろくろ)　石川県江沼郡山中町　[撮]芳賀日出男, 昭和36年
「写真でみる日本生活図引 3」弘文堂　1988
◇図108〔白黒〕(轆轤)　岩手県二戸郡安代町　手引き轆轤の実際を再現したもの　[撮]小形信夫, 昭和32年7月
「民俗資料叢書 7 木地師の習俗1」平凡社　1968
◇図49～51〔白黒〕　滋賀県　木地の工具

**手回し木製ろくろ**
「民俗資料叢書 10 木地師の習俗2」平凡社　1969

◇p110（挿3）〔白黒・図〕　愛知県設楽郡稲武町神田

## 手まわし轆轤
「写真でみる日本生活図引 8」弘文堂　1993
　◇図55〔白黒〕　滋賀県甲賀郡信楽町　陶工、県指定無形文化財・上田直方　㊙前野隆資、昭和42年4月23日

## 手廻しろくろの挽き方（アラビキ作業）
「民俗資料選集 9 山村の生活と用具」国土地理協会　1981
　◇p51（本文）〔白黒〕　愛知県北設楽郡津具村

## 手轆轤
「あるくみるきく双書 宮本常一とあるいた昭和の日本 19」農山漁村文化協会　2012
　◇p12〔白黒・図〕

「日本民具の造形」淡交社　2004
　◇p271〔白黒〕　愛知県　常滑市民俗資料館所蔵

## 天狗面
「日本民俗写真大系 2」日本図書センター　1999
　◇p150〔白黒〕　福島県郡山市　白粉を塗って囲炉裏で乾かす　㊙薗部澄、1981年

## 天井につるした縄束
「日本社会民俗辞典 4」日本図書センター　2004
　◇p1638〔白黒〕　福岡県筑紫郡地方

## 電動ロクロによる椀の木地引き
「あるくみるきく双書 宮本常一とあるいた昭和の日本 23」農山漁村文化協会　2012
　◇表紙写真：裏〔白黒〕　福井県大野市　㊙須藤護、昭和60年11月

## 砥石
「民俗資料叢書 7 木地師の習俗1」平凡社　1968
　◇図62〔白黒〕　滋賀県　木地の工具

## といほり
「民俗資料選集 9 山村の生活と用具」国土地理協会　1981
　◇p106（本文）〔白黒〕　愛知県北設楽郡津具村　丸太を掘って水利用の木の樋を作る

## 陶器を乗せて乾かす室板を運ぶ老職人
「あるくみるきく双書 宮本常一とあるいた昭和の日本 19」農山漁村文化協会　2012
　◇p86〔白黒〕　岐阜県　㊙神崎宣武，〔昭和47年〕

## 陶器の合格品と不合格品
「あるくみるきく双書 宮本常一とあるいた昭和の日本 19」農山漁村文化協会　2012
　◇p92〔白黒〕（合格品と不合格品）　岐阜県　陶器　㊙神崎宣武，〔昭和47年〕

## 道具つくり（木地師）
「民俗資料叢書 10 木地師の習俗2」平凡社　1969
　◇図22〔白黒〕（道具つくり）　愛知県北設楽郡稲武町　カンナの刃付け、打ち出しは自分でする

## 道具の使い方を見せてもらう（木工）
「宮本常一 写真・日記集成 下」毎日新聞社　2005
　◇p410〔白黒〕（道具の使い方を見せてもらう）　群馬県片品村土出　〔木工〕㊙宮本常一、1977年10月30日

## 道具箱（角物木地用具）
「民俗資料選集 2 木地師の習俗」国土地理協会　1974
　◇p224（本文）〔白黒〕（道具箱）　石川県　鑿箱（鳳至末広町）、道具箱（鳳至末広町・石浦町・河井町）、道具箪笥（鳳至末広町）、指物道具箱（鳳至末広町）　北陸地方の木地製作用具（角物木地用具）

## 陶芸の家と引戸に書かれた土蔵造りの本郷の窯の仕事場
「あるくみるきく双書 宮本常一とあるいた昭和の日本 19」農山漁村文化協会　2012
　◇p144〜145〔カラー〕　福島県大沼郡会津美里町本郷　㊙神崎宣武，〔昭和48〜49年〕

## 陶工用具
「日本民具の造形」淡交社　2004
　◇p271〔白黒〕　京都府　清水焼コトブキ所蔵

## 陶磁器の製作工程
「日本民俗写真大系 6」日本図書センター　2000
　◇p175〔白黒〕　佐賀県有田町　㊙薗部澄、1958年

## 陶磁器の荷造り
「食の民俗事典」柊風舎　2011
　◇p563〔白黒〕　瀬戸蔵ミュージアム所蔵

## 陶土粉砕用唐臼
「民俗資料選集 41 豊後の水車習俗」国土地理協会　2010
　◇p198（本文）〔白黒〕（小鹿田焼の陶土粉砕用唐臼）　大分県日田市源栄町　皿山
　◇p202（本文）〔白黒・図〕（陶土粉砕用唐臼）　大分県日田市源栄町　皿山

## 陶土粉砕用唐臼小屋平面図
「民俗資料選集 41 豊後の水車習俗」国土地理協会　2010
　◇p201（本文）〔白黒・図〕　大分県日田市皿山

## 陶土粉砕用唐臼の臼
「民俗資料選集 41 豊後の水車習俗」国土地理協会　2010
　◇p203（本文）〔白黒〕　大分県日田市源栄町　皿山

## 陶土粉砕用唐臼（もとサコンタ）
「民俗資料選集 41 豊後の水車習俗」国土地理協会　2010
　◇p199（本文）〔白黒〕（小鹿田焼の陶土粉砕用唐臼（もとサコンタ））　大分県日田市源栄町　皿山

## ドウマル（生簀籠）を編むカゴ屋
「あるくみるきく双書 宮本常一とあるいた昭和の日本 19」農山漁村文化協会　2012
　◇p110〔カラー〕　大分県大分市胡麻鶴の河原　㊙工藤員功

## 塗掛箟
「日本民具の造形」淡交社　2004
　◇p270〔白黒〕　北海道 斜里町立知床博物館所蔵

## 土管の窯出し
「あるくみるきく双書 宮本常一とあるいた昭和の日本 19」農山漁村文化協会　2012
　◇p75〔白黒〕　愛知県常滑市　㊙神崎宣武，〔昭和47年〕

## 研ぎ道具など（角物木地用具）
「民俗資料選集 2 木地師の習俗」国土地理協会　1974
　◇p224（本文）〔白黒〕（研ぎ道具など）　石川県　鮫木（河井町）、木賊筐（鳳至石浦町・河井町）、合わせ砥（鳳至末広町・石浦町）、半畳（鳳至石浦町）　北陸地方の木地製作用具（角物木地用具）

## 特産の竹を干す
「宮本常一 写真・日記集成 上」毎日新聞社　2005
　◇p349〔白黒〕　日出（大分県速見郡日出町）→国東（東国東郡国東町）→伊美（国見町）　㊙宮本常一、1962年10月15日

## 特産の釣り竿の竹
「宮本常一 写真・日記集成 上」毎日新聞社　2005
　◇p313〔白黒〕　熊本県人吉市　㊙宮本常一、1962年6月18日

## トクソバサミ
「日本民具の造形」淡交社　2004
　◇p51〔白黒〕　島根県 和鋼博物館所蔵

## 常滑の甕作り
「あるくみるきく双書 宮本常一とあるいた昭和の日本 19」農山漁村文化協会　2012
　◇p73〔白黒〕　愛知県常滑市　㊙神崎宣武，〔昭和47年〕

## 常滑の陶器問屋の庭先
「あるくみるきく双書 宮本常一とあるいた昭和の日本 19」

手工業　　　　　　　　　　　　　　　　　　生産・生業

　　農山漁村文化協会　2012
　　　◇p71〔白黒〕　愛知県常滑市　甕、火鉢、植木鉢、狸の置物など　㊙神崎宣武，〔昭和47年〕

**常滑の細い路地を植木鉢などの陶器を積んだ車が行きかう**
「あるくみるきく双書 宮本常一とあるいた昭和の日本 19」農山漁村文化協会　2012
　　　◇p68〔白黒〕　愛知県常滑市　㊙神崎宣武，〔昭和47年〕

**土佐和紙生産**
「日本民俗写真大系 5」日本図書センター　2000
　　　◇p172～175〔白黒〕　高知県伊野町　白ソは石灰汁に浸してさらに白くし、水の中で埃を取り除く、黒ソを川に浸す、楮を桶に立てて蒸す。柔らかくなった皮をはぐ、糊を合わす、スゲタという紙漉き枠で漉く、紙板と呼ぶ松板に1枚1枚紙を貼る、柔らかい手箒でなでて仕上げ　㊙薗部澄, 1954年, 1961年　提供：高知市民図書館

**トラ作り**
「民俗資料選集 30 焼畑習俗Ⅱ」国土地理協会　2002
　　　◇p171（本文）〔白黒〕　宮崎県　穂ヒエを運んだり保存しておくときに使用する

**トラの底作り**
「民俗資料選集 30 焼畑習俗Ⅱ」国土地理協会　2002
　　　◇p171（本文）〔白黒〕　宮崎県　穂ヒエを運んだり保存しておくときに使用する

**取鍋**
「日本民具の造形」淡交社　2004
　　　◇p272〔白黒〕　大阪府 枚方市立旧田中家鋳物民俗資料館所蔵

**内職**
「写真ものがたり昭和の暮らし 3」農山漁村文化協会　2004
　　　◇p213〔白黒〕　香川県高松市・男木島　麦わら帽子を編むために麦わらを四つにさく　㊙永见武久, 昭和36年

**長柄杓子 10本一束で出荷**
「あるくみるきく双書 宮本常一とあるいた昭和の日本 23」農山漁村文化協会　2012
　　　◇p6〔白黒〕(10本一束で出荷した長柄杓子)　奈良県吉野郡大塔村篠原　㊙宮本常一, 昭和43年10月

**長柄杓子や平杓子など**
「あるくみるきく双書 宮本常一とあるいた昭和の日本 23」農山漁村文化協会　2012
　　　◇p6〔白黒〕(篠原名産の長柄杓子や平杓子など)　奈良県吉野郡大塔村篠原　和泉重三郎制作　㊙宮本常一, 昭和43年10月

**ナカキリ**
「民俗資料選集 2 木地師の習俗」国土地理協会　1974
　　　◇p6（口絵）〔白黒〕　新潟県糸魚川市大所木地屋　木地ひきの用具
　　　◇p67（本文）〔白黒〕

**なかぎり**
「民俗資料選集 9 山村の生活と用具」国土地理協会　1981
　　　◇p115（本文）〔白黒〕　豊根村津川　木どりした材料の中をほり、かたちをととのえる道具

**ナカキリチョウナ**
「民俗資料選集 2 木地師の習俗」国土地理協会　1974
　　　◇p7（口絵）〔白黒〕　新潟県糸魚川市大所木地屋　木地ひきの用具

**中切りと楓の盆**
「民俗資料叢書 10 木地師の習俗2」平凡社　1969
　　　◇図6〔白黒〕　愛知県設楽町段戸・神田　大蔵磯次郎使用

**なかくり**
「日本の民具 3 山・漁村」慶友社　1992

　　　◇図43〔白黒〕　新潟県西頸城郡　㊙薗部澄

**中グリチョンノと鍵**
「民俗資料叢書 10 木地師の習俗2」平凡社　1969
　　　◇図92〔白黒〕　岐阜県　丹生川地方

**中挽き**
「民俗資料叢書 10 木地師の習俗2」平凡社　1969
　　　◇図20〔白黒〕　愛知県北設楽郡稲武町　外側にへりをつけ、ひっくり返してヘソをろくろにはめて削る

**長柄杓子用の材割作業**
「あるくみるきく双書 宮本常一とあるいた昭和の日本 23」農山漁村文化協会　2012
　　　◇p6〔白黒〕　奈良県吉野郡大塔村篠原　㊙宮本常一, 昭和43年10月

**鉈・鋸類（臼・太鼓胴作り道具）**
「民俗資料選集 2 木地師の習俗」国土地理協会　1974
　　　◇p226（本文）〔白黒〕(鉈・鋸類)　福井県　くりへぎ（勝山市郡）、両くりへぎ（勝山市郡）、挽き廻し鋸（勝山市郡）、底廻し鋸（勝山市郡）　北陸地方の木地製作用具（臼・太鼓胴作り道具）

**ナベツカミ作り（体験学習）**
「民具のみかた一心とかたち」第一法規出版　1983
　　　◇p275〔白黒〕(体験学習（ナベツカミ作り))　奈良県大和郡山市

**生ろう, ろう型**
「写真で見る農具 民具」農林統計協会　1988
　　　◇p215〔白黒〕　福岡県高田町

**鳴子のこけし（絵付け）**
「日本民俗写真大系 2」日本図書センター　1999
　　　◇p153〔白黒〕（鳴子のこけし）　宮城県鳴子町　〔絵付け〕　㊙薗部澄, 1958年

**縄糸紡ぎ**
「里山・里海 暮らし図鑑」柏書房　2012
　　　◇写50（p200）〔白黒〕　福岡県柳川市沖端　昭和30～40年　野田種子提供

**縄をなう藁を槌で打っている少女**
「写真ものがたり昭和の暮らし 6」農山漁村文化協会　2006
　　　◇p76〔白黒〕　秋田県山本村森岳（現山本町）　㊙南利夫, 昭和33年

**縄束ね機**
「日本民具の造形」淡交社　2004
　　　◇p264〔白黒〕　三重県 鈴鹿市稲生民俗資料館所蔵

**ナワない**
「フォークロアの眼 2 雪国と暮らし」国書刊行会　1977
　　　◇図106〔白黒〕　新潟県南魚沼郡六日町欠之上　農家の冬仕事　㊙中俣正義, 昭和30年3月下旬

**縄綯い**
「写真でみる日本生活図引 別巻」弘文堂　1993
　　　◇図271〔白黒〕　長野県下伊那郡阿智村　㊙熊谷元一, 昭和32年2月7日
「写真でみる日本生活図引 1」弘文堂　1989
　　　◇図85〔白黒〕　秋田県湯沢市山田　㊙佐藤久太郎, 昭和36年10月

**縄ない器**
「写真で見る農具 民具」農林統計協会　1988
　　　◇p163〔白黒〕　群馬県高崎市　明治時代から

**縄ない機**
「日本民俗文化財事典（改訂版）」第一法規出版　1979
　　　◇図180〔白黒〕　三重県答志島

**縄綯機**
「日本民具の造形」淡交社　2004
　　　◇p217〔白黒〕　東京都 清瀬市郷土博物館所蔵

**なわない仕事**
「写真でみる日本人の生活全集 9」日本図書センター　2010
◇p27〔白黒〕　新潟県高田市附近　冬　農村の子供

**南部釜師**
「日本民俗写真大系 2」日本図書センター　1999
◇p152〔白黒〕　岩手県盛岡市　職人の長山一郎の仕上作業　[撮]田村淳一郎, 1975年

**二尺玉の花火打揚筒**
「日本社会民俗辞典 3」日本図書センター　2004
◇p1191〔白黒〕　長野市

**ニドギリ**
「民俗資料叢書 7 木地師の習俗1」平凡社　1968
◇図37〔白黒〕　滋賀県　木地ひきの工程

**日本刀刃文の種類**
「日本民俗図誌 7 生業上・下篇」村田書店　1978
◇図110～112〔白黒・図〕

**日本刀の鍛錬工程**
「日本民俗図誌 7 生業上・下篇」村田書店　1978
◇図101～109〔白黒・図〕

**人形の修理**
「日本の民俗 暮らしと生業」KADOKAWA　2014
◇図7-6〔白黒〕　徳島県三好郡一円　[撮]芳賀日出男, 昭和36～7年
「日本の民俗 下」クレオ　1997
◇図7-7〔白黒〕　徳島県三好郡一円　こわれた頭を人形師に修理してもらう　[撮]芳賀日出男, 昭和36～7年

**塗師の作業**
「写真でみる民家大事典」柏書房　2005
◇p348-1〔白黒〕　和歌山県海南市黒江　[撮]1982年　千森督子

**塗師屋**
「日本の民俗 暮らしと生業」KADOKAWA　2014
◇図9-22〔白黒〕　石川県輪島市　[撮]芳賀日出男, 昭和41年
「日本の民俗 下」クレオ　1997
◇図9-26〔白黒〕　石川県輪島市　[撮]芳賀日出男, 昭和41年

**布晒業**
「図説 日本民俗学」吉川弘文館　2009
◇p171〔白黒〕　石川県志賀町

**布叩き台**
「日本民具の造形」淡交社　2004
◇p266〔白黒〕　石川県 輪島漆器資料館所蔵

**塗道具類**
「あるくみるきく双書 宮本常一とあるいた昭和の日本 23」農山漁村文化協会　2012
◇p15〔白黒〕　徳島県美馬郡半田町逢坂　[撮]吉野洋三

**塗物仲買面名弁国割名面**
「あるくみるきく双書 宮本常一とあるいた昭和の日本 23」農山漁村文化協会　2012
◇p21〔白黒〕　徳島県美馬郡半田町　〔文書〕　[撮]竹内久雄

**ネキリ鋸**
「日本民具の造形」淡交社　2004
◇p260〔白黒〕　静岡県 沼津市歴史民俗資料館所蔵

**鼠歯錐**
「日本民具の造形」淡交社　2004
◇p262〔白黒〕　和歌山県 打田町歴史民俗資料館所蔵　木工

**粘土運搬に使ったタンガラ**
「あるくみるきく双書 宮本常一とあるいた昭和の日本 19」農山漁村文化協会　2012
◇p130〔白黒〕　中国山地　[撮]神崎宣武

**農閑期のワラ仕事**
「里山・里海 暮らし図鑑」柏書房　2012
◇写8（p228）〔白黒〕　福井県旧上中町〔若狭町〕安賀里　昭和28年　橋本治所蔵, 若狭町歴史文化館提供

**野鍛冶**
「民俗学事典」丸善出版　2014
◇p352〔白黒〕

**鋸の「目立て」をする**
「写真ものがたり昭和の暮らし 9」農山漁村文化協会　2007
◇p218〔白黒〕　秋田県山内村小松川（現横手市）　[撮]佐藤久太郎, 昭和32年2月

**鋸類（角物木地用具）**
「民俗資料選集 2 木地師の習俗」国土地理協会　1974
◇p216（本文）〔白黒〕（鋸類）　石川県　胴付き鋸（鳳至末広町）, 縦挽き鋸（鳳至石浦町）, 横挽き鋸（鳳至石浦町・末広町）, 八寸鋸（鳳至石浦町）, 畦挽き鋸（鳳至末広町）, 挽き廻鋸（鳳至末広町）　北陸地方の木地製作用具（角物木地用具）

**登り窯**
「あるくみるきく双書 宮本常一とあるいた昭和の日本 19」農山漁村文化協会　2012
◇表紙写真：裏〔白黒〕（唐津焼の登り窯）　佐賀県佐賀市唐津市　[撮]森本孝, 昭和49年12月
◇p154〔白黒〕（平清水登り窯）　山形県山形市平清水　[撮]神崎宣武,〔昭和48～49年〕
「図説 台所道具の歴史」日本図書センター　2012
◇p14-9〔カラー〕（砥部焼の登り窯）　愛媛県砥部町・梅野精陶所　大正期に主に南洋向けに輸出した染付
「宮本常一 写真・日記集成 下」毎日新聞社　2005
◇p258〔白黒〕　滋賀県甲賀郡信楽町長野［甲賀市］　[撮]宮本常一, 1971年12月25日
◇p258〔白黒〕　滋賀県甲賀郡信楽町長野［甲賀市］　[撮]宮本常一, 1971年12月25日
「日本民俗写真大系 5」日本図書センター　2000
◇p82〔白黒〕（レンガ組みの四角い穴が残る古い登り窯）　[撮]1998年

**登り窯から出された薩摩焼の花瓶を見る**
「日本民俗写真大系 5」日本図書センター　2000
◇p80〔白黒〕　[撮]1991年

**ノミ（鑿）**
「民具のみかた―心とかたち」第一法規出版　1983
◇p107〔白黒〕（各種のノミ（鑿））　石川県珠洲市　指物用具

**ノミ（鑿）とセットウ**
「民具のみかた―心とかたち」第一法規出版　1983
◇p109〔白黒〕（各種のノミ（鑿）とセットウ）　神奈川県真鶴町　石工

**ノミ・ヒラノミ・ナカキリチョンナ**
「民俗資料叢書 7 木地師の習俗1」平凡社　1968
◇図53〔白黒〕　滋賀県　木地の工具

**鑿類（角物木地用具）**
「民俗資料選集 2 木地師の習俗」国土地理協会　1974
◇p220（本文）〔白黒〕（鑿類）　石川県　穴掘叩鑿（鳳至末広町・石浦町）, 刺鑿外丸（鳳至末広町）, 丸鑿（鳳至末広町）, 足型鑿平（鳳至末広町）, 刺鑿平（鳳至末広町・石浦町）　北陸地方の木地製作用具（角物木地用具）
◇p221（本文）〔白黒〕（鑿類）　石川県　蓮華鑿（鳳至末広町）, 細工壺切り（鳳至末広町）, せんば鑿（鳳至末広町）, 鎹鑿（鳳至末広町）, 両刃小刀（河井町）, 小刀（河

手工業　　　　　　　　　　　　　　　　　　　　生産・生業

井町・鳳至石浦町)，剣鑿(河井町)，両刃曲刀(河井町)　北陸地方の木地製作用具(角物木地用具)

**刷毛で釉薬を塗る**
「あるくみるきく双書 宮本常一とあるいた昭和の日本 19」農山漁村文化協会　2012
　◇p155〔白黒〕(最近作られたオブジェに刷毛で釉薬を塗る)　山形県山形市平清水　㊞神崎宣武,〔昭和48～49年〕

**箱根細工**
「日本郷土 風俗・民芸・芸能図鑑」日本図書センター　2012
　◇写真篇 神奈川〔白黒〕　神奈川県　〔製品〕

**はさみ**
「日本民具の造形」淡交社　2004
　◇p272〔白黒〕　千葉県 袖ヶ浦市郷土博物館所蔵

**ハサミ (鋏)**
「民具のみかた一心とかたち」第一法規出版　1983
　◇p104〔白黒〕　石川県金沢市　曲物用具

**挟**
「日本民具の造形」淡交社　2004
　◇p32〔白黒〕　愛知県 武豊町歴史民俗資料館所蔵　鍛冶屋が鎚打ち作業をするときの挟み具

**ハサミ研ぎ**
「宮本常一 写真・日記集成 下」毎日新聞社　2005
　◇p92〔白黒〕(巡回してきたハサミ研ぎ)　山口県大島郡東和町平野〔周防大島町〕　㊞宮本常一, 1966年12月26日

**箸づくり**
「図説 民俗探訪事典」山川出版社　1983
　◇p283〔白黒〕　奈良県下市町

**箸づくりの道具**
「図説 民俗探訪事典」山川出版社　1983
　◇p51〔白黒〕

**羽島焼**
「日本民俗写真大系 4」日本図書センター　1999
　◇p150〔白黒〕　倉敷市　㊞中村昭夫, 1991年

**はぜ搾粕**
「写真で見る農具 民具」農林統計協会　1988
　◇p216〔白黒〕　福岡県瀬高町

**麦稈真田**
「日本民具の造形」淡交社　2004
　◇p29〔白黒〕　岡山県 里床町歴史民俗資料館所蔵

**ばっちょ傘作り**
「日本郷土 風俗・民芸・芸能図鑑」日本図書センター　2012
　◇写真篇 熊本〔白黒〕(ばっちょ傘)　熊本県

**ハツリチョンナ**
「民俗資料叢書 7 木地師の習俗1」平凡社　1968
　◇図52〔白黒〕　滋賀県　木地の工具

**花莚**
「日本郷土 風俗・民芸・芸能図鑑」日本図書センター　2012
　◇写真篇 岡山〔白黒〕　岡山県浅口郡西阿知

**ハネムシロを編む**
「写真ものがたり昭和の暮らし 1」農山漁村文化協会　2004
　◇p115〔白黒〕　群馬県六合村入山　㊞須藤功, 昭和44年3月

**はばきあみだい**
「日本の生活文化財」第一法規出版　1965
　◇図78〔衣〕〔白黒〕　致道博物館所蔵 (山形県鶴岡市)

**刃物研ぎ**
「写真ものがたり昭和の暮らし 9」農山漁村文化協会　2007
　◇p219〔白黒〕　三重県鳥羽市菅島町　路上で仕事をする　㊞須藤功, 昭和49年7月

**バラノコ**
「あるくみるきく双書 宮本常一とあるいた昭和の日本 23」農山漁村文化協会　2012
　◇p109〔白黒・図〕　㊞小林淳

**張子作り**
「写真でみる日本生活図引 8」弘文堂　1993
　◇目次C〔白黒〕　大阪城天守閣提供
　◇図75〔白黒〕　福島県郡山市西田町高柴　面の木型に和紙を貼る　㊞須藤功, 昭和45年10月12日

**バレン**
「日本民俗図誌 7 生業上・下篇」村田書店　1978
　◇図148〔白黒・図〕　竹皮包みの「当皮」背面, 内部の編込みの構造　木板の刷に用いる

**盤 (角物木地用具)**
「民俗資料選集 2 木地師の習俗」国土地理協会　1974
　◇p215〔本文〕〔白黒〕(盤)　石川県　重仕上げ台(鳳至末広町), 角切り台(河井町), 額留切り台(河井町), 甲羅くり台(河井町), 外取り台(河井町), 箸削り台(河井町), 箸削り支え台(河井町), 箸頭切り台(河井町)　北陸地方の木地製作用具(角物木地用具)

**番傘づくり**
「宮本常一 写真・日記集成 上」毎日新聞社　2005
　◇p427〔白黒〕　鳥取県西伯郡淀江町　㊞宮本常一, 1964年3月18日

**万古焼業で働く女性**
「写真でみる日本人の生活全集 10」日本図書センター　2010
　◇p62〔白黒〕　四日市

**萬古焼の作業場**
「日本郷土 風俗・民芸・芸能図鑑」日本図書センター　2012
　◇写真篇 三重〔白黒〕(萬古焼)　三重県

**半分できあがった「ミ」**
「あるくみるきく双書 宮本常一とあるいた昭和の日本 19」農山漁村文化協会　2012
　◇p105〔白黒〕　㊞工藤員功

**日置箕を編む**
「あるくみるきく双書 宮本常一とあるいた昭和の日本 19」農山漁村文化協会　2012
　◇p119〔白黒〕　鹿児島県日置市　㊞工藤員功

**火キリキネ**
「日本民具の造形」淡交社　2004
　◇p272〔白黒〕　愛知県 武豊町歴史民俗資料館所蔵

**ヒゴ (竹細工用)**
「あるくみるきく双書 宮本常一とあるいた昭和の日本 19」農山漁村文化協会　2012
　◇p104〔白黒〕(ヒゴ)　㊞工藤員功

**ヒゴを削る道具**
「あるくみるきく双書 宮本常一とあるいた昭和の日本 19」農山漁村文化協会　2012
　◇p103〔白黒〕　岩手県一戸町鳥越　㊞工藤員功

**ヒゴ作り**
「あるくみるきく双書 宮本常一とあるいた昭和の日本 19」農山漁村文化協会　2012
　◇p120〔白黒〕　鹿児島県吹上町入来　㊞工藤員功
　◇p123〔白黒〕(ヒゴを作る)　鹿児島県 徳之島　㊞工藤員功

**備前焼の製作**
「日本郷土 風俗・民芸・芸能図鑑」日本図書センター　2012
　◇写真篇 岡山〔白黒〕(備前焼)　岡山県

**備前焼の土管の割れ片**
「あるくみるきく双書 宮本常一とあるいた昭和の日本 19」農山漁村文化協会　2012
◇p13〔白黒〕　岡山県和気郡備前町伊部　[撮]神崎宣武,〔昭和45年〕

**備中和紙**
「日本民俗写真大系 4」日本図書センター　1999
◇p150〔白黒〕　倉敷市　[撮]中村昭夫, 1991年

**檜笠を編む**
「写真ものがたり昭和の暮らし 9」農山漁村文化協会　2007
◇p200〔白黒〕　長野県曾地村（現阿智村）　[撮]熊谷元一, 昭和31年

**檜笠作り**
「日本の民俗 暮らしと生業」KADOKAWA　2014
◇図9-17〔白黒〕　長野県木曽郡南木曽町　[撮]芳賀日出男, 昭和39年
「日本の民俗 下」クレオ　1997
◇図9-20〔白黒〕　長野県木曽郡南木曽町　[撮]芳賀日出男, 昭和39年

**紐造り**
「写真ものがたり昭和の暮らし 9」農山漁村文化協会　2007
◇p204〔白黒〕　佐賀県唐津市　[撮]昭和49年　所蔵・日本観光文化研究所

**ヒラカゴの底を編む**
「あるくみるきく双書 宮本常一とあるいた昭和の日本 19」農山漁村文化協会　2012
◇p120〔白黒〕　鹿児島県吹上町入来　[撮]工藤員功

**平釜（ひらがま）・火釜**
「写真で見る農具 民具」農林統計協会　1988
◇p216〔白黒〕　愛知県小田町　明治時代前期から昭和40年頃まで　こうぞ・みつまたのかじ蒸し用具

**ひらくち**
「民俗資料選集 9 山村の生活と用具」国土地理協会　1981
◇p115（本文）〔白黒〕　豊根村津川　製品の裏側のホゾをけずる道具

**瓶細工**
「日本民具の造形」淡交社　2004
◇p31〔白黒〕　兵庫県 日本玩具博物館所蔵

**鞴**
「日本民具の造形」淡交社　2004
◇p98〔白黒〕　岐阜県 荘川の里資料館所蔵　鍛冶・鋳掛けの職人が使ったもの
◇p272〔白黒〕　千葉県 袖ヶ浦市郷土博物館
「日本民俗大辞典 下」吉川弘文館　2000
◇p452〔白黒〕　岐阜県不破郡垂井町 南宮大社　鍛錬式の鞴　安城市歴史博物館提供

**福井瓦**
「日本民俗写真大系 4」日本図書センター　1999
◇p187〔白黒〕　阿南市福井町　瓦を天日に干す　[撮]芳賀日出男, 1961年

**ふくろや**
「民俗資料選集 9 山村の生活と用具」国土地理協会　1981
◇p111（本文）〔白黒〕　愛知県北設楽郡津具村　つちでたたいて木材を割るのに使用

**藤細工**
「日本民俗写真大系 4」日本図書センター　1999
◇p151〔白黒〕　倉敷市　[撮]中村昭夫, 1968年

**節抜き用鎌**
「日本民具の造形」淡交社　2004
◇p263〔白黒〕　三重県 美杉ふるさと資料館所蔵　竹工

**椽付口の工程**
「日本民俗図誌 7 生業上・下篇」村田書店　1978
◇図156-3・4〔白黒・図〕

**椽付蓋**
「日本民俗図誌 7 生業上・下篇」村田書店　1978
◇図159-15・16〔白黒・図〕

**仏壇作り**
「日本郷土 風俗・民芸・芸能図鑑」日本図書センター　2012
◇写真篇 富山〔白黒〕　富山県富山市

**船釘屋**
「宮本常一 写真・日記集成 上」毎日新聞社　2005
◇p84〔白黒〕　福山市鞆　[撮]宮本常一, 1957年8月30日

**冬の藁仕事の準備**
「日本写真全集 9」小学館　1987
◇図185〔白黒〕　南秋田郡飯島村　[撮]三木茂『雪の民俗』（昭和19年 養徳社刊）

**ブリキ玩具作り**
「写真でみる日本生活図引 8」弘文堂　1993
◇図74〔白黒〕（玩具作り）　東京都葛飾区四ツ木　ブリキ玩具　[撮]渡部雄吉, 昭和29年9月

**ブリキ鋏**
「日本民具の造形」淡交社　2004
◇p48〔白黒〕　北海道 遠野町郷土館所蔵

**プリントの上絵付け**
「あるくみるきく双書 宮本常一とあるいた昭和の日本 19」農山漁村文化協会　2012
◇p135〔白黒〕　福島県相馬市　[撮]神崎宣武,〔昭和48～49年〕

**風呂敷作り**
「写真でみる日本生活図引 8」弘文堂　1993
◇図82〔白黒〕　沖縄県那覇市久茂地　紅型。生地を張るために、割竹を十字に組んで弓なりに掛け渡す　[撮]坂本万七, 昭和15年

**ヘギの乾燥**
「民俗図録 日本人の暮らし」日本図書センター　2012
◇図398〔白黒〕　京都府北桑田郡黒田村広河原　ヘギ（薄板）を積んで乾燥させているところ

**ヘラ**
「あるくみるきく双書 宮本常一とあるいた昭和の日本 23」農山漁村文化協会　2012
◇p53-2〔白黒・図〕　漆掻き取り道具

**箒作り**
「民俗図録 日本人の暮らし」日本図書センター　2012
◇図395〔白黒〕（箒つくり）　群馬県利根郡糸之瀬村　[撮]井之口章次
「写真でみる日本生活図引 8」弘文堂　1993
◇図18〔白黒〕　長野県下伊那郡阿智村智里　選藁で作る藁箒　[撮]熊谷元一, 昭和24年12月

**棒屋**
「写真でみる日本生活図引 8」弘文堂　1993
◇図61〔白黒〕　東京都杉並区上荻　[撮]尾崎一郎, 昭和41年3月26日

**補助釜・小釜**
「写真で見る農具 民具」農林統計協会　1988
◇p216〔白黒〕　愛知県小田町　明治時代前期から昭和40年頃まで　こうぞ・みつまたのかじ蒸し用具

**墓石をけずる石工**
「宮本常一 写真・日記集成 上」毎日新聞社　2005
◇p436〔白黒〕（墓石をけずる）　新潟県佐渡郡赤泊村赤泊［佐渡市］　[撮]宮本常一, 1964年6月21日

手工業　　　　　　　　　　　生産・生業

細縄専用縄ない機
　「写真で見る農具 民具」農林統計協会　1988
　　◇p160〔白黒〕　岐阜県大垣市　昭和前期

本焼きをした上に金で上絵を付ける
　「あるくみるきく双書 宮本常一とあるいた昭和の日本 19」
　　農山漁村文化協会　2012
　　◇p135〔白黒〕　福島県相馬市　㊗神崎宣武，〔昭和48
　　　～49年〕

蒔絵をかく
　「民俗資料選集 2 木地師の習俗」国土地理協会　1974
　　◇p12（口絵）〔白黒〕　石川県　輪島ろくろ師

曲物漆器の製作工程
　「日本民俗図誌 7 生業上・下篇」村田書店　1978
　　◇図136〔白黒・図〕　長野県上伊那郡奈良井地方

曲物作り
　「日本民具の造形」淡交社　2004
　　◇p262〔白黒〕（曲物造り）　栃木県 栃木県立博物館所蔵
　「民俗資料選集 30 焼畑習俗Ⅱ」国土地理協会　2002
　　◇p75（本文）〔白黒〕　山梨県南巨摩郡早川町奈良田

曲物の製品
　「民俗資料選集 30 焼畑習俗Ⅱ」国土地理協会　2002
　　◇p75（本文）〔白黒〕　山梨県南巨摩郡早川町奈良田

曲げ用具
　「民具のみかた一心とかたち」第一法規出版　1983
　　◇p104〔白黒〕　岩手県浄法寺町　曲物用具

益子焼の窯場
　「日本民俗写真大系 2」日本図書センター　1999
　　◇p154〔白黒〕　栃木県益子町　㊗芳賀日出男，1960年

マダケ（加工用）
　「あるくみるきく双書 宮本常一とあるいた昭和の日本 19」
　　農山漁村文化協会　2012
　　◇p100〔白黒〕（山積みされたタガの加工用のマダケ）
　　　新潟県佐渡郡佐和田町河原田　㊗工藤員功
　「宮本常一 写真・日記集成 上」毎日新聞社　2005
　　◇p144〔白黒〕（佐渡はマダケの産地）　新潟県両津市岩
　　　首→柿野浦　㊗宮本常一，1959年8月12日

マドノコ
　「あるくみるきく双書 宮本常一とあるいた昭和の日本 23」
　　農山漁村文化協会　2012
　　◇p109〔白黒・図〕　㊗小林淳

マドノコで太鼓胴用の材を玉切りする胴掘り職人
　「あるくみるきく双書 宮本常一とあるいた昭和の日本 23」
　　農山漁村文化協会　2012
　　◇p109〔白黒〕　㊗小林淳

円型の掩蓋
　「日本民俗図誌 7 生業上・下篇」村田書店　1978
　　◇図159-13・14〔白黒・図〕

丸鉋
　「日本民具の造形」淡交社　2004
　　◇p261〔白黒〕　兵庫県　白鷹禄水苑所蔵

箕を編む
　「あるくみるきく双書 宮本常一とあるいた昭和の日本 19」
　　農山漁村文化協会　2012
　　◇表紙写真：表〔白黒〕　三重県鈴鹿市　㊗工藤員功，昭
　　　和55年12月
　「写真でみる日本生活図引 3」弘文堂　1988
　　◇図131〔白黒〕（箕編み）　新潟県十日町市　㊗中俣正
　　　義，昭和38年1月14日

ミキノクチを作る
　「あるくみるきく双書 宮本常一とあるいた昭和の日本 23」
　　農山漁村文化協会　2012

　　◇p214〔白黒〕　東京都西多摩郡日の出村　再現の様子
　　　㊗宮本常一
　「宮本常一 写真・日記集成 下」毎日新聞社　2005
　　◇p322〔白黒〕　東京都西多摩郡日の出町玉之内　㊗宮
　　　本常一，1974年3月14日（農山漁家生活改善技術資料収
　　　集調査）

水引細工
　「日本民俗写真大系 4」日本図書センター　1999
　　◇p151〔白黒〕　倉敷市　㊗中村昭夫，1971年

水引き作り
　「日本の民俗 暮らしと生業」KADOKAWA　2014
　　◇図9-15〔白黒〕（水引き）　長野県飯田市　㊗芳賀日出
　　　男，昭和52年
　「写真ものがたり昭和の暮らし 9」農山漁村文化協会　2007
　　◇p208〔白黒〕（水引作り）　長野県飯田市　「はざ場」
　　　と呼ぶ外の作業場に張り刷毛で染料を塗っている
　　　㊗熊谷元一
　「日本の民俗 下」クレオ　1997
　　◇図9-18〔白黒〕　長野県飯田市　㊗芳賀日出男，昭和
　　　52年
　「写真でみる日本生活図引 8」弘文堂　1993
　　◇図68〔白黒〕（水引作り）　長野県飯田市　染料を塗っ
　　　ている　㊗熊谷元一，昭和14年3月

ミズフネ（水舟）
　「民具のみかた一心とかたち」第一法規出版　1983
　　◇p101〔白黒〕　岐阜県飛騨地方　刳り物用具

箕製造器
　「写真で見る農具 民具」農林統計協会　1988
　　◇p144〔白黒〕　新潟県堀之内町　明治前期より昭和30
　　　年頃まで

ミツマタを蒸す
　「写真ものがたり昭和の暮らし 2」農山漁村文化協会　2004
　　◇p67〔カラー〕　高知県池川町椿山　大きなおけをずら
　　　し，蒸し上がったミツマタを取出した瞬間　㊗須藤
　　　功，昭和50年4月
　「写真でみる日本生活図引 1」弘文堂　1989
　　◇図97〔白黒〕（三椏を蒸す）　高知県吾川郡池川町椿山
　　　㊗須藤功，昭和50年4月9日

三又切り鎌
　「写真で見る農具 民具」農林統計協会　1988
　　◇p217〔白黒〕　高知県物部村

みつまたしじり器
　「写真で見る農具 民具」農林統計協会　1988
　　◇p217〔白黒〕　岡山県久世町　昭和20年頃から

ミツマタつくり
　「民俗図録 日本人の暮らし」日本図書センター　2012
　　◇図401〔白黒〕（三椏つくり）　高知県高岡郡梼原村四万
　　　川　㊗橋浦泰雄

ミツマタの皮を剝ぐ
　「写真でみる日本生活図引 1」弘文堂　1989
　　◇図98〔白黒〕（三椏の皮剝ぎ）　高知県吾川郡池川町椿
　　　山　㊗須藤功，昭和50年4月9日
　「写真で見る農具 民具」農林統計協会　1988
　　◇p217〔白黒〕（みつまたの皮はぎ）　高知県大豊町　明
　　　治時代に考案

ミツマタの皮を太いさおに掛けて干す
　「写真ものがたり昭和の暮らし 2」農山漁村文化協会　2004
　　◇p68〔白黒〕（むいたミツマタの皮を太いさおに掛けて
　　　干す）　高知県池川町椿山　㊗須藤功，昭和50年4月

ミツマタの皮をむく
　「あるくみるきく双書 宮本常一とあるいた昭和の日本 23」
　　農山漁村文化協会　2012

◇p30〔白黒〕(紙の原料の三椏の皮むき)　徳島県一宇村片川　[撮]吉野洋三
「写真ものがたり昭和の暮らし 2」農山漁村文化協会　2004
◇p68〔白黒〕(蒸したミツマタの皮をむく)　高知県池川町椿山　[撮]須藤功, 昭和50年4月

**ミツマタの皮つくりとゆで釜**
「日本社会民俗辞典 4」日本図書センター　2004
◇p1631〔白黒〕(三椏の皮つくりとゆで釜)

**満山釣**
「民俗資料選集 22 対馬の釣鉤製作習俗」国土地理協会　1994
◇p7(口絵)〔白黒〕　長崎県
◇p54(本文)〔白黒・図〕　長崎県　計測部位模式図, 実測図
◇p94(本文)〔白黒〕　長崎県　仕上った釣鉤

**満山釣実測図(魚種不明の鉤)**
「民俗資料選集 22 対馬の釣鉤製作習俗」国土地理協会　1994
◇p62(本文)〔白黒・図〕　長崎県

**満山釣実測図(サワラ鉤・アラ鉤・スズキ鉤)**
「民俗資料選集 22 対馬の釣鉤製作習俗」国土地理協会　1994
◇p61(本文)〔白黒・図〕　長崎県

**満山釣実測図(シイラ鉤)**
「民俗資料選集 22 対馬の釣鉤製作習俗」国土地理協会　1994
◇p58(本文)〔白黒・図〕　長崎県

**満山釣実測図(タイ鉤)**
「民俗資料選集 22 対馬の釣鉤製作習俗」国土地理協会　1994
◇p59(本文)〔白黒・図〕　長崎県

**満山釣実測図(ブリコギ鉤)**
「民俗資料選集 22 対馬の釣鉤製作習俗」国土地理協会　1994
◇p55〜57(本文)〔白黒・図〕　長崎県

**満山釣製造工具 金床**
「民俗資料選集 22 対馬の釣鉤製作習俗」国土地理協会　1994
◇p111(本文)〔白黒〕　長崎県

**満山釣製造工具 寸法測り器**
「民俗資料選集 22 対馬の釣鉤製作習俗」国土地理協会　1994
◇p7・8(口絵), p85・101(本文)〔白黒〕　長崎県

**満山釣製造工具 鉤曲げ**
「民俗資料選集 22 対馬の釣鉤製作習俗」国土地理協会　1994
◇p10(口絵), 106(本文)〔白黒・写真/図〕　長崎県

**満山釣製造工具 鉄槌**
「民俗資料選集 22 対馬の釣鉤製作習俗」国土地理協会　1994
◇p9(口絵), 111(本文)〔白黒〕　長崎県

**満山釣製造工具 挟み具**
「民俗資料選集 22 対馬の釣鉤製作習俗」国土地理協会　1994
◇p9(口絵), 104・105(本文)〔白黒・写真/図〕　長崎県

**満山釣製造工具 曲げ型**
「民俗資料選集 22 対馬の釣鉤製作習俗」国土地理協会　1994
◇p10(口絵), 104・105(本文)〔白黒・写真/図〕　長崎県

**満山釣製造工程**
「日本の民俗 暮らしと生業」KADOKAWA　2014
◇図9-21〔白黒〕(釣針)　長崎県下県郡厳原町　満山針　[撮]芳賀日出男, 昭和38年
「日本の民俗 下」クレオ　1997
◇図9-25〔白黒〕(釣針)　長崎県下県郡厳原町　満山針　[撮]芳賀日出男, 昭和38年
「民俗資料選集 22 対馬の釣鉤製作習俗」国土地理協会　1994
◇p1・3・5(口絵)〔白黒〕　長崎県　型曲げ
◇p2(口絵)〔白黒〕　長崎県　チモト(鉤元)づくり
◇p2(口絵)〔白黒〕　長崎県　切断
◇p3(口絵)〔白黒〕　長崎県　鑢かけ イケをつくり出す
◇p4・5(口絵)〔白黒〕　長崎県　チマゲ
◇p5(口絵)〔白黒〕　長崎県　形の修整 10本ずつまとめる
◇p6(口絵)〔白黒〕　長崎県　スズメッキ
◇p6(口絵)〔白黒〕　長崎県　油おとし
◇p86(本文)〔白黒・写真/図〕　長崎県　切目揃え, 二本つなぎ　切目揃え
◇p87(本文)〔白黒〕　長崎県　カナ敷(叩き台), イケ先をつくる, シモクヅクリ 火づくり(鍛造)
◇p89(本文)〔白黒〕　長崎県　二本つなぎをペンチで切断する, イケ先を研磨する, シモクヅクリをつくる, 削り台, 鋏み道具　鑢かけ
「日本の民具 3 山・漁村」慶友社　1992
◇図158〔白黒〕(釣針平打作業工程)　長崎県 対馬　満山釣針の製作工程　[撮]薗部澄

**満山釣製造所 鍛冶場**
「民俗資料選集 22 対馬の釣鉤製作習俗」国土地理協会　1994
◇p12(口絵)〔白黒〕　長崎県
◇p113(本文)〔白黒・図〕　長崎県

**満山釣製造所 細工場**
「民俗資料選集 22 対馬の釣鉤製作習俗」国土地理協会　1994
◇p11(口絵)〔白黒〕　長崎県
◇p110(本文)〔白黒・図/写真〕　長崎県

**満山釣製造所 材料置場**
「民俗資料選集 22 対馬の釣鉤製作習俗」国土地理協会　1994
◇p12(口絵)〔白黒〕　長崎県
◇p112(本文)〔白黒・図〕　長崎県

**満山釣製造所 作業場**
「民俗資料選集 22 対馬の釣鉤製作習俗」国土地理協会　1994
◇p11(口絵)〔白黒〕　長崎県

**満山釣 製品を入れる専用の棚と移動箱**
「民俗資料選集 22 対馬の釣鉤製作習俗」国土地理協会　1994
◇p116(本文)〔白黒〕　長崎県

**満山釣 注文見本控から輪郭実測**
「民俗資料選集 22 対馬の釣鉤製作習俗」国土地理協会　1994
◇p71〜74(本文)〔白黒・図〕　長崎県

**満山釣の看板**
「民俗資料選集 22 対馬の釣鉤製作習俗」国土地理協会　1994
◇p16(本文)〔白黒〕　長崎県厳原町久田道

**満山釣の伝統を語る欅の看板**
「民俗資料選集 22 対馬の釣鉤製作習俗」国土地理協会　1994
◇p1(口絵)〔白黒〕　長崎県

**満山釣針製造所 作業場配置図**
「民俗資料選集 22 対馬の釣鉤製作習俗」国土地理協会　1994

手工業　　　　　　　　　　　　　　　生産・生業

◇p109（本文）〔白黒・図〕　長崎県

**箕の修理**
「写真ものがたり昭和の暮らし 2」農山漁村文化協会　2004
◇p151〔白黒〕　鹿児島県入来町　ミ（箕）の製作と修理を専業にする人が家をまわって傷んだミを集め、道端ですぐ直した　㊞小野重朗, 昭和40年5月

**蓑作り**
「民俗図録 日本人の暮らし」日本図書センター　2012
◇図396〔白黒〕（箕造り）　秋田県仙北郡雲沢村雲然　農閑期の夜なべ　㊞武藤鐵城
「写真でみる日本生活図引 8」弘文堂　1993
◇図22〔白黒〕　新潟県古志郡山古志村　㊞須藤功, 昭和46年2月20日

**蓑の裏側の編み方**
「日本民俗誌 3 調度・服飾篇」村田書店　1977
◇図173-3〔白黒・図〕　岩手県花巻地方

**三春人形の絵つけ**
「日本民俗写真大系 2」日本図書センター　1999
◇p150〔白黒〕　福島県郡山市　三春駒　㊞薗部澄, 1981年

**三春張子人形**
「写真ものがたり昭和の暮らし 9」農山漁村文化協会　2007
◇p221〔白黒〕　福島県三春町　㊞須藤功, 昭和45年10月

**三春張子人形作り**
「写真ものがたり昭和の暮らし 9」農山漁村文化協会　2007
◇p220〔白黒〕　福島県郡山市高柴　面の木型に和紙を貼る　㊞須藤功, 昭和45年10月
◇p220〔白黒〕　福島県郡山市高柴　張子面の木型　㊞須藤功, 昭和45年10月
◇p220〔白黒〕　福島県郡山市高柴　木型に湯を含ませた和紙を貼る　㊞須藤功, 昭和45年10月

**宮古島の鍛冶屋**
「図説 民俗探訪事典」山川出版社　1983
◇p331〔白黒〕　宮古島

**宮太鼓の寸法の割合**
「あるくみるきく双書 宮本常一とあるいた昭和の日本 23」農山漁村文化協会　2012
◇p109〔白黒・図〕　㊞小林淳

**虫籠作り**
「写真でみる日本生活図引 8」弘文堂　1993
◇図23・24〔白黒〕　千葉県長生郡長生村岩沼　㊞清野文男, 昭和48年7月

**ムシロ編み**
「日本の民俗 暮らしと生業」KADOKAWA　2014
◇図9-2〔白黒〕　秋田県平鹿郡平鹿町　㊞芳賀日出男, 昭和40年
「里山・里海 暮らし図鑑」柏書房　2012
◇写4（p228）〔白黒〕（稲ワラによるムシロ編み）　和歌山県旧大塔村〔田辺市〕　昭和40年代　田辺市大塔行政局提供
「日本の民俗 下」クレオ　1997
◇図9-2〔白黒〕　秋田県平鹿郡平鹿町　稲むしろを編む農家の主婦　㊞芳賀日出男, 昭和40年
「図録・民具入門事典」柏書房　1991
◇p78〔白黒〕（ムシロアミ）　神奈川県　神奈川県立博物館所蔵
「民俗の事典」岩崎美術社　1972
◇p140〔白黒〕　新潟県両津市

**筵編み**
「日本民具の造形」淡交社　2004
◇p292〔白黒〕　山梨県　須玉町歴史民俗資料館所蔵

**莚編機**
「写真で見る農具 民具」農林統計協会　1988
◇p160〔白黒〕　茨城県牛久町　昭和10年頃から第2次世界大戦後まで

**むしろ織**
「写真で見る農具 民具」農林統計協会　1988
◇p160〔白黒〕　秋田県藤里町　江戸時代後期から大正時代中期頃まで

**莚織り**
「写真でみる日本生活図引 1」弘文堂　1989
◇図86〔白黒〕　秋田県平鹿郡十文字町　㊞菊池俊吉, 昭和28年

**蓆織り**
「民俗図録 日本人の暮らし」日本図書センター　2012
◇図157〔白黒〕　埼玉県　農家の自家用

**ムシロ織りの娘たち**
「フォークロアの眼 2 雪国と暮らし」国書刊行会　1977
◇図107〔白黒〕　新潟県南魚沼郡塩沢町大原　㊞中俣正義, 昭和32年3月下旬

**筵機**
「日本民具の造形」淡交社　2004
◇p264〔白黒〕　秋田県　大内町歴史民俗資料館所蔵

**むしろ針**
「写真で見る農具 民具」農林統計協会　1988
◇p178〔白黒〕　岩手県軽米町　昭和30年代前半まで

**莚針**
「日本の民具 2 農村」慶友社　1992
◇図144〔白黒〕　島根県隠岐郡西島町　㊞薗部澄

**無名異焼の作業場**
「日本民俗写真大系 8」日本図書センター　2000
◇p83〔白黒〕（無名異焼）　新潟県相川町　㊞中俣正義, 1948年

**村下**
「日本民俗写真大系 7」日本図書センター　2000
◇p6～7, 95〔写真・カラー/白黒〕　島根県横田町　近々と焔の色を見つめる　㊞青山富士夫, 1978年

**村下座**
「日本民俗写真大系 7」日本図書センター　2000
◇p94〔白黒〕　島根県横田町　炉の焔を見つめる村下　㊞青山富士夫, 1978年

**村の鍛冶屋**
「日本の民俗 暮らしと生業」KADOKAWA　2014
◇図9-20〔白黒〕　長野県隠岐郡郷之浦町　㊞芳賀日出男, 昭和52年
「日本の民俗 下」クレオ　1997
◇図9-24〔白黒〕　長野県隠岐郡郷之浦町　㊞芳賀日出男, 昭和52年

**名工と呼ばれた鋸鍛冶**
「写真ものがたり昭和の暮らし 9」農山漁村文化協会　2007
◇p218〔白黒〕　長野県富士見町平岡　㊞武藤盈, 昭和32年11月

**メカイを編む**
「あるくみるきく双書 宮本常一とあるいた昭和の日本 19」農山漁村文化協会　2012
◇p169〔白黒〕　埼玉県所沢市上安松　㊞工藤員功,〔昭和49年〕

**瑪瑙細工**
「日本郷土 風俗・民芸・芸能図鑑」日本図書センター　2012
◇写真篇 福井〔白黒〕　福井県　〔製品〕

**木板彫刻の用具**
「日本民俗図誌 7 生業上・下篇」村田書店　1978

◇図146〔白黒・図〕 一分五厘丸のみ, 三分丸のみ, 八分平のみ, 四分平のみ

### 木蠟燭作り
「写真ものがたり昭和の暮らし 9」農山漁村文化協会 2007
◇p52〔カラー〕 愛媛県内子町 白蠟を手の平で転がしながら蠟をつける [撮]須藤功, 昭和42年5月

### 持ち運びの梯子
「あるくみるきく双書 宮本常一とあるいた昭和の日本 23」農山漁村文化協会 2012
◇p59〔白黒〕 池田達郎制作16ミリカラー記録映画「漆かき—そのしごとと人」コピーDVDより

### 木工具と当石
「民俗資料選集 2 木地師の習俗」国土地理協会 1974
◇p17(口絵)〔白黒〕 石川県 真砂杓子の工具

### 木工品
「日本を知る事典」社会思想社 1971
◇図23(p145)〔白黒・図〕 岩手県北上地方, 新潟県南魚沼地方 ロクロ, 荒形, 刳物, 割木(岩手県北上地方), 鍬台取り, 鋤台取り, シオフネ, コネバチ, テギネ(新潟県南魚沼地方)

### 元結扱き
「写真でみる日本生活図引 8」弘文堂 1993
◇図69〔白黒〕 長野県飯田市 [撮]熊谷元一, 昭和14年3月

### 物指竹を干す
「写真でみる日本生活図引 3」弘文堂 1988
◇図110〔白黒〕(物指竹) 宮崎県西臼杵郡五ヶ瀬町本屋敷 物指竹を干す [撮]須藤功, 昭和44年11月6日

### ヤ(木地工具)
「民俗資料叢書 7 木地師の習俗1」平凡社 1968
◇図54〔白黒〕(ヤ) 滋賀県 木地の工具

### 楔(石工)
「民具のみかた—心とかたち」第一法規出版 1983
◇p109〔白黒〕(ヤ(楔)) 神奈川県真鶴町 石工

### 焼き入れ
「民俗資料選集 22 対馬の釣鉤製作習俗」国土地理協会 1994
◇p6(口絵), 93(本文)〔白黒〕 長崎県 焼き, 焼き入れ(椿油に浸したところ), 焼き入れのあと

### 弥治郎こけし製造元・新山左内商店
「宮本常一 写真・日記集成 下」毎日新聞社 2005
◇p11〔白黒〕 宮城県白石市弥治郎 [撮]宮本常一, 1965年1月6日

### 弥治郎こけしのふるさと
「宮本常一 写真・日記集成 下」毎日新聞社 2005
◇p11〔白黒〕 宮城県白石市弥治郎 [撮]宮本常一, 1965年1月6日

### やすり
「日本民具の造形」淡交社 2004
◇p261〔白黒〕 新潟県 三条市歴史民俗産業資料館所蔵

### ヤットコ
「日本民具の造形」淡交社 2004
◇p51〔白黒〕 千葉県 袖ヶ浦市郷土博物館所蔵

### 屋の窯の仕事場
「あるくみるきく双書 宮本常一とあるいた昭和の日本 19」農山漁村文化協会 2012
◇p60〔白黒〕 [撮]神崎宣武, 〔昭和46年〕

### ヤマガマ(山鎌)
「民具のみかた—心とかたち」第一法規出版 1983
◇p89〔白黒〕 石川県富来町 竹細工の道具

### 山取・中刳り道具(杓子木地用道具)
「民俗資料選集 2 木地師の習俗」国土地理協会 1974
◇p211(本文)〔白黒〕(山取・中刳り道具) 石川県 よき(真砂), 中刳り(真砂), 中刳り台(真砂), 刳り鉋(真砂) 北陸地方の木地製作用具(杓子木地用道具)

### 山本釣針工場
「宮本常一 写真・日記集成 上」毎日新聞社 2005
◇p125〔白黒〕 兵庫県加東郡社町 [撮]宮本常一, 1959年2月4日

### 湯入れをする鋳物師
「民俗学事典」丸善出版 2014
◇p351〔白黒〕 埼玉県川口市

### 釉薬かけ
「あるくみるきく双書 宮本常一とあるいた昭和の日本 19」農山漁村文化協会 2012
◇p21〔白黒〕 大分県日田市 [撮]神崎宣武, 〔昭和45年〕

### 釉薬かけの仕事
「あるくみるきく双書 宮本常一とあるいた昭和の日本 19」農山漁村文化協会 2012
◇p135〔白黒〕 福島県相馬市 [撮]神崎宣武, 〔昭和48～49年〕

### ユビアテ(指当て)
「民具のみかた—心とかたち」第一法規出版 1983
◇p90〔白黒〕 石川県富来町 竹細工の道具

### ユメトオシを編むバラツクイドン
「日本民俗写真大系 5」日本図書センター 2000
◇p66〔白黒〕 鹿児島県吹上町 [撮]1995年 川野和昭

### ヨキ
「あるくみるきく双書 宮本常一とあるいた昭和の日本 23」農山漁村文化協会 2012
◇p109〔白黒・図〕 福島県南会津郡田島町の鍛冶屋「祐政」で購入したもの 昭和10年ごろ

### ヨコキドリ
「あるくみるきく双書 宮本常一とあるいた昭和の日本 23」農山漁村文化協会 2012
◇p187〔白黒〕 福島県会津地方

### 横槌
「日本民俗大辞典 下」吉川弘文館 2000
◇p132〔白黒・図〕 藁打ち用 岩井宏實他編『民具研究ハンドブック』より
◇p132〔白黒・図〕 楮打ち用 岩井宏實他編『民具研究ハンドブック』より
◇p132〔白黒・図〕 綿打ち用 岩井宏實他編『民具研究ハンドブック』より
「写真で見る農具 民具」農林統計協会 1988
◇p301〔白黒〕 京都府美山町

### ヨシの簾作り
「里山・里海 暮らし図鑑」柏書房 2012
◇写10(p229)〔白黒〕 新潟県旧頸城村〔上越市〕

### ヨツマタ(四つ又)
「民具のみかた—心とかたち」第一法規出版 1983
◇p90〔白黒〕 石川県富来町 竹細工の道具

### 与那原の瓦づくり
「図説 民俗探訪事典」山川出版社 1983
◇p331〔白黒〕 与那原

### よなべ
「日本社会民俗辞典 4」日本図書センター 2004
◇p1544〔白黒〕 仙台市郊外

### 夜なべ
「日本の民俗 暮らしと生業」KADOKAWA 2014
◇図3-22〔白黒〕 福島県いわき市 縄をない、むしろを

手工業　　　　　　　　　　　　　　　　生産・生業

編む。子どもの着物を縫う　㊙芳賀日出男，昭和38年
「日本民俗写真大系 2」日本図書センター　1999
◇p172～173〔白黒〕　福島県いわき市　農家　稲の収穫後　主人は縄をない、むしろを編む。母親は子供たちの衣類の繕いをする　㊙芳賀日出男，1963年
「日本の民俗 下」クレオ　1997
◇図3-28〔白黒〕　福島県いわき市　縄をない、むしろを編む。子どもの着物を縫う　㊙芳賀日出男，昭和38年

### 夜なべ仕事のワラグツつくり
「フォークロアの眼 2 雪国と暮らし」国書刊行会　1977
◇図108〔白黒〕　新潟県南魚沼郡六日町欠之上　㊙中俣正義，昭和27年1月下旬

### 夜なべの藁仕事
「フォークロアの眼 2 雪国と暮らし」国書刊行会　1977
◇図109〔白黒〕　新潟県南魚沼郡六日町欠之上　㊙中俣正義，昭和30年3月下旬

### 羅宇屋
「写真でみる日本生活図引 3」弘文堂　1988
◇図33〔白黒〕　京都府京都市南区・東寺　弘法市の日　㊙須藤功，昭和45年4月21日
◇図34〔白黒〕　撮影場所不明　㊙明治時代　センチュリー写真資料館提供

### ラオ屋
「写真ものがたり昭和の暮らし 4」農村漁村文化協会　2005
◇p63〔白黒〕　京都府京都市南区　東寺の「弘法さん」の「ラオ屋」，リヤカーに設置されたラオ屋の商売道具一式　㊙須藤功，昭和45年4月

### ラッパ鉋
「日本民具の造形」淡交社　2004
◇p261〔白黒〕　神奈川県　箱根町立郷土資料館所蔵

### 竜文塗
「日本民俗写真大系 2」日本図書センター　1999
◇p152〔白黒〕　宮城県鳴子町　漆職人　㊙薗部澄，1958年

### 輪尺
「日本民具の造形」淡交社　2004
◇p260〔白黒〕　静岡県　本川根町資料館やまびこ所蔵

### 蠟釜
「日本民具の造形」淡交社　2004
◇p265〔白黒〕　山形県　大江町歴史民俗資料館所蔵

### 蠟搾り
「日本民具の造形」淡交社　2004
◇p265〔白黒〕　福島県　高郷村郷土資料館所蔵

### 蠟搾り機
「日本民具の造形」淡交社　2004
◇p265〔白黒〕　愛媛県　上芳我邸木蠟資料館所蔵

### 蠟搾り袋
「日本民具の造形」淡交社　2004
◇p265〔白黒〕　福島県　高郷村郷土資料館所蔵

### 蠟燭掛け
「日本の民俗 暮らしと生業」KADOKAWA　2014
◇図9-18〔白黒〕　福島県会津若松市　会津の絵蠟燭　㊙芳賀日出男，昭和54年
「日本の民俗 下」クレオ　1997
◇図9-21〔白黒〕　福島県会津若松市　会津の絵蠟燭　㊙芳賀日出男，昭和54年

### ろうそく型枠 大型
「写真で見る農具 民具」農林統計協会　1988
◇p215〔白黒〕　福岡県八女市　昭和30年まで

### ろうそく型枠 中小型
「写真で見る農具 民具」農林統計協会　1988
◇p215〔白黒〕　福岡県八女市　昭和30年まで

### 蠟舟
「日本民具の造形」淡交社　2004
◇p265〔白黒〕　福島県　会津民俗館所蔵

### 蠟鉋
「日本民具の造形」淡交社　2004
◇p265〔白黒〕　福島県　会津民俗館所蔵

### 轆轤をまわす
「あるくみるきく双書 宮本常一とあるいた昭和の日本 19」農山漁村文化協会　2012
◇p127〔白黒〕　福島県 相馬大堀の窯場　㊙神崎宣武，〔昭和48～49年〕

### ロクロ（かじ蒸し器）
「写真で見る農具 民具」農林統計協会　1988
◇p216〔白黒〕（ロクロ）　愛知県小田町　明治時代前期から昭和40年頃まで　こうぞ・みつまたのかじ蒸し用具

### 轆轤鉋
「日本民具の造形」淡交社　2004
◇p262〔白黒〕　宮崎県　五ヶ瀬町立民俗資料館所蔵

### 轆轤鉋のいろいろ
「図説 民俗探訪事典」山川出版社　1983
◇p279〔白黒〕　木地鉋　滋賀県神崎郡君ヶ畑金竜寺蔵

### ろくろ（木地）
「民俗資料選集 9 山村の生活と用具」国土地理協会　1981
◇p114（本文）〔白黒〕（ろくろ）　愛知県北設楽郡設楽町神田　製作年代不明，昭和初期まで使用
「民俗資料叢書 10 木地師の習俗2」平凡社　1969
◇図5〔白黒〕（ろくろ）　愛知県設楽町段戸・神田
「日本の生活文化財」第一法規出版　1965
◇図15（概説）〔白黒・図〕（ろくろ）

### ろくろ軸
「民俗資料選集 2 木地師の習俗」国土地理協会　1974
◇p17（口絵）〔白黒〕（古い型のろくろ軸）　石川県

### ロクロで挽いて木地椀を仕上げる
「あるくみるきく双書 宮本常一とあるいた昭和の日本 23」農山漁村文化協会　2012
◇p193〔カラー〕　㊙薗部澄

### ろくろとかんな
「民俗資料選集 2 木地師の習俗」国土地理協会　1974
◇p20（口絵）〔白黒〕　北陸地方

### ろくろの実測図
「民俗資料叢書 7 木地師の習俗1」平凡社　1968
◇p103（挿2）〔白黒・図〕　足踏みろくろ（正面図），足踏みろくろ（平面図），水車ろくろの軸部，手びきろくろ（正面図），手びきろくろ（平面図），手びきろくろ（側面図）

### ろくろ挽き
「民俗資料叢書 10 木地師の習俗2」平凡社　1969
◇図8〔白黒〕　愛知県設楽町神田

### 轆轤びき道具（椀木地用道具）
「民俗資料選集 2 木地師の習俗」国土地理協会　1974
◇p207（本文）〔白黒〕（轆轤びき道具）　石川県　手びき轆轤（大所），足踏み轆轤（真砂），動力轆轤（輪島），のみ打ちはめ（真砂），のみ打ちはめ（真砂），金鎚（温見）　北陸地方の木地製作用具（椀木地用道具）
◇p208（本文）〔白黒〕（轆轤びき道具）　石川県　中切り用木地鉋（温見），外切り用木地鉋（温見），糸底用木地鉋（輪島），手びき轆轤用鉋台（輪島），鉋台（温見），木

地さし(打越・温見)，横曳きざさし(打越)，ふいご(柳田)　北陸地方の木地製作用具(椀木地用道具)

**炉の底に現れた鉧**
「写真ものがたり昭和の暮らし 5」農山漁村文化協会　2005
◇p67〔白黒〕　島根県横田町大呂(現奥出雲町)　㊙青山富士夫，昭和53年

**和傘つくり**
「あるくみるきく双書 宮本常一とあるいた昭和の日本 23」農山漁村文化協会　2012
◇p168〔白黒〕　岐阜市加納　乾燥

**和傘の生産、販売**
「里山・里海 暮らし図鑑」柏書房　2012
◇写32(p236)〔白黒〕　和歌山県海南市黒江　昭和30年代　和歌山県海南市教育委員会提供

**和紙作り**
「里山・里海 暮らし図鑑」柏書房　2012
◇写21(p231)〔白黒〕(若狭の和紙作り)　福井県小浜市　昭和10年　井田家所蔵古写真・福井県立若狭歴史民俗資料館提供
「図説 日本民俗学」吉川弘文館　2009
◇p162〔白黒〕(和紙つくり)　山口市

**輪島塗**
「日本郷土 風俗・民芸・芸能図鑑」日本図書センター　2012
◇写真篇 石川〔白黒〕　石川県　〔製品〕
「日本民俗写真大系 8」日本図書センター　2000
◇p72〔白黒〕　輪島市　㊙御園直太郎，1959年

**輪島塗の工具**
「民俗資料選集 2 木地師の習俗」国土地理協会　1974
◇p13(口絵)〔白黒〕　石川県　キレカンナ，豆カンナ，キレノミ，鏡カンナ，内カンナ，床カンナ，外カンナ

**輪島塗の仕上げ工程の順序を書いた木札**
「民俗資料選集 2 木地師の習俗」国土地理協会　1974
◇p13(口絵)〔白黒〕(輪島塗の仕上げ工程の順序)　石川県

**輪島塗の職人**
「写真ものがたり昭和の暮らし 9」農山漁村文化協会　2007
◇p207〔白黒〕(吸盤をつけて持つ角盆に漆を塗る輪島塗の職人)　石川県輪島市　㊙御園直太郎，昭和40年

**輪島塗の研作業**
「民俗資料選集 2 木地師の習俗」国土地理協会　1974
◇p12(口絵)〔白黒〕(研)　石川県　輪島ろくろ師

**輪島塗の研に使う粉**
「民俗資料選集 2 木地師の習俗」国土地理協会　1974
◇p12(口絵)〔白黒〕　石川県

**わらうち**
「日本民具の造形」淡交社　2004
◇p281〔白黒〕　宮城県 迫町歴史博物館所蔵

**藁打ち**
「写真ものがたり昭和の暮らし 9」農山漁村文化協会　2007
◇p195〔白黒〕　秋田県横手市根田　㊙佐藤久太郎，昭和31年12月
「写真でみる民家大事典」柏書房　2005
◇p119-2〔白黒〕　群馬県新治村　㊙1986年 刊行委員会

**藁打器**
「写真で見る農具 民具」農林統計協会　1988
◇p159〔白黒〕　鳥取県鳥取市　昭和24〜30年頃まで

**ワラウチヅチ(藁打ち槌)**
「民具のみかた一心とかたち」第一法規出版　1983
◇p83〔白黒〕　岡山県備中町

**藁打台・槌**
「日本民具の造形」淡交社　2004
◇p264〔白黒〕　佐賀県 玄海町歴史民俗資料館所蔵

**藁打ちの場所**
「民俗図録 日本人の暮らし」日本図書センター　2012
◇図260〔白黒〕　宮崎県西臼杵郡岩戸村　㊙三木茂

**藁を量る**
「写真でみる日本生活図引 別巻」弘文堂　1993
◇図270〔白黒〕　長野県下伊那郡阿智村　米俵に使う藁を量る　㊙熊谷元一，昭和32年2月6日

**藁沓つくり**
「民俗図録 日本人の暮らし」日本図書センター　2012
◇図155〔白黒〕　秋田県　㊙三木茂

**藁細工**
「日本社会民俗辞典 4」日本図書センター　2004
◇p1637〔白黒〕　仙台市福田町
「写真でみる日本生活図引 8」弘文堂　1993
◇図21〔白黒〕　新潟県南魚沼郡六日町欠之上　藁沓(深沓)を編んでいる　㊙中俣正義，昭和36年1月16日

**藁細工に使う藁を準備する老農夫婦**
「写真でみる日本生活図引 1」弘文堂　1989
◇図70〔白黒〕　秋田県湯沢市切畑　藁細工に使う藁を準備する　㊙佐藤久太郎，昭和40年10月3日

**藁細工のカタ**
「民具のみかた一心とかたち」第一法規出版　1983
◇p86〔白黒〕　福島県会津地方

**わら細工の共同作業小屋**
「日本社会民俗辞典 4」日本図書センター　2004
◇p1637〔白黒〕　長野県川島村

**草鞋編み**
「日本民具の造形」淡交社　2004
◇p264〔白黒〕　大分県 緒方町立歴史民俗資料館所蔵

**わらじあみだい**
「日本の生活文化財」第一法規出版　1965
◇図83(衣)〔白黒〕　致道博物館所蔵(山形県鶴岡市)

**わらしごき**
「日本の民具 2 農村」慶友社　1992
◇図145〔白黒〕　東北　㊙薗部澄

**藁仕事**
「日本写真全集 9」小学館　1987
◇図186〔白黒〕　南秋田郡金足村　㊙三木茂　『雪の民俗』(昭和19年 養徳社刊)

**草鞋台**
「日本民俗図誌 7 生業上・下篇」村田書店　1978
◇図142-4〔白黒・図〕　富山県婦負郡百塚村　『民具問答』

**草鞋つくり**
「民俗図録 日本人の暮らし」日本図書センター　2012
◇図154〔白黒〕　京都市大原

**ワラジツクリダイ**
「図録・民具入門事典」柏書房　1991
◇p78〔白黒〕　富山県

**ワラスグリ**
「日本の民具 2 農村」慶友社　1992
◇図143〔白黒〕　東北東部　㊙薗部澄
「図録・民具入門事典」柏書房　1991
◇p78〔白黒・図〕　新潟県

**藁すぐり**
「日本民具の造形」淡交社　2004
◇p264〔白黒〕　鹿児島県 隼人町立歴史民俗資料館所蔵

ワラ草履作り
「里山・里海 暮らし図鑑」柏書房　2012
◇写5（p228）〔白黒〕　新潟県旧頸城村〔上越市〕

藁草履の作り方
「いまに伝える 農家のモノ・人の生活館」柏書房　2004
◇p67 図1〔白黒・図〕

藁たたき
「日本民俗事典」弘文堂　1972
◇p808〔白黒〕　薩摩半島

藁叩き
「写真でみる日本生活図引 8」弘文堂　1993
◇目次A〔白黒〕　㈱神田三亀男

わらたたきぼう
「日本の生活文化財」第一法規出版　1965
◇図12（生産・運搬・交易）〔白黒〕　文部省史料館所蔵（東京都品川区）

藁鉄砲作り
「日本民俗大辞典 下」吉川弘文館　2000
◇p840〔白黒〕　埼玉県秩父郡荒川村

わら縄
「日本の民俗 暮らしと生業」KADOKAWA　2014
◇図9-1〔白黒〕　秋田県平鹿郡平鹿町　㈱芳賀日出男、昭和40年
「日本の民俗 下」クレオ　1997
◇図9-1〔白黒〕　秋田県平鹿郡平鹿町　縄をまいていく農家の主人　㈱芳賀日出男、昭和40年

わら縄をなう
「写真ものがたり昭和の暮らし 9」農山漁村文化協会　2007
◇p195〔白黒〕（打った藁で縄をなう）　秋田県横手市根田　㈱佐藤久太郎、昭和31年12月
「写真ものがたり昭和の暮らし 1」農山漁村文化協会　2004
◇p112〔白黒〕　秋田県山内村　㈱佐藤久太郎、昭和53年10月

ワラの俵編み
「里山・里海 暮らし図鑑」柏書房　2012
◇口絵〔白黒〕　福井県旧上中町〔若狭町〕末野　昭和29年　田邉光治氏蔵、若狭町歴史文化館提供

藁の縫い方と編み方
「民俗学事典」丸善出版　2014
◇p329〔白黒・図〕（縫い方と編み方）　作図：五十嵐稔

わらみのを編む
「写真ものがたり昭和の暮らし 1」農山漁村文化協会　2004

◇p114〔白黒〕　新潟県山古志村小松倉　㈱須藤功、昭和46年2月

藁選り
「写真でみる日本生活図引 別巻」弘文堂　1993
◇図263〔白黒〕　長野県下伊那郡阿智村　㈱熊谷元一、昭和32年1月30日

ワリガタ
「日本民具の造形」淡交社　2004
◇p266〔白黒〕　神奈川県 横浜技能文化会館所蔵　皮革を素材とする靴を造る木型

割竹づくり
「図録・民具入門事典」柏書房　1991
◇p77〔白黒〕　東京都

和蠟燭作り
「写真でみる日本生活図引 3」弘文堂　1988
◇図136〔白黒〕　熊本県鹿本郡鹿本町　櫨の実を採る人　㈱白石巖、昭和41年12月
◇図137〔白黒〕　愛媛県喜多郡内子町　蠟燭職人。あらがけ　㈱須藤功、昭和42年6月1日
「民具のみかた一心とかたち」第一法規出版　1983
◇p275〔白黒〕（和ろうそく作り）　岐阜県古川町

椀形のいろいろ
「図説 民俗探訪事典」山川出版社　1983
◇p282〔白黒〕　利久形、加賀形、水瓜形、茶椀形、菓子形、扇形、梅形、牡丹形、蜜柑形、柊形、百合形、鉄形、元宗形、中老形、達磨形

椀と鉢の木地
「あるくみるきく双書 宮本常一とあるいた昭和の日本 23」農山漁村文化協会　2012
◇p17-13〔白黒〕　徳島県美馬郡半田町逢坂　㈱吉野洋三　竹内家現存 半田製漆器

椀の荒取り
「日本民俗写真大系 2」日本図書センター　1999
◇p191〔白黒〕（力強く形をきめる椀の荒取り）　福島県桧原村　㈱薗部忠、1963年

椀の布きせ
「あるくみるきく双書 宮本常一とあるいた昭和の日本 23」農山漁村文化協会　2012
◇p196〔カラー〕　㈱薗部澄

ワンボウ（輪棒）
「民具のみかた一心とかたち」第一法規出版　1983
◇p84〔白黒〕　石川県白山麓　藁細工用具

# 大工・造船

畔挽鋸
「図説 民俗建築大事典」柏書房　2001
◇p234-32〔白黒・図〕　大工道具

荒溝突鉋
「図説 民俗建築大事典」柏書房　2001
◇p233-21〔白黒・図〕　大工道具

合定規
「図説 民俗建築大事典」柏書房　2001
◇p235-49〔白黒・図〕　大工道具

家造り
「民俗図録 日本人の暮らし」日本図書センター　2012
◇図85〔白黒〕　鹿児島県宝島　納屋をつくっているところ

板付舟を作る
「日本民俗写真大系 5」日本図書センター　2000
◇p92〔白黒〕　鹿児島県宇検村　㈱芳賀日出男、1957年

一枚鉋
「図説 民俗建築大事典」柏書房　2001

◇p233-17〔白黒・図〕　大工道具

**大入ノミ**
「図説 民俗建築大事典」柏書房　2001
　　◇p234-34〔白黒・図〕　大工道具

**オモキの木取り**
「民俗資料叢書 14 八郎潟の漁撈習俗」平凡社　1971
　　◇第4図(p69)〔白黒・図〕　秋田県 八郎潟　潟舟

**かぎ**
「日本の民具 3 山・漁村」慶友社　1992
　　◇図130〔白黒〕　長野県　建築儀礼に使う　㊡薗部澄

**カジヤ**
「図説 民俗建築大事典」柏書房　2001
　　◇p235-47〔白黒・図〕　大工道具

**金槌**
「図説 民俗建築大事典」柏書房　2001
　　◇p233-20〔白黒・図〕　大工道具

**曲尺**
「図説 民俗建築大事典」柏書房　2001
　　◇p232-4〔白黒・図〕　大工道具

**壁土をこねる**
「宮本常一 写真・日記集成 上」毎日新聞社　2005
　　◇p435〔白黒〕(公民館の壁塗り・壁土をこねる女性)　新潟県佐渡郡真野町西三川［佐渡市］　㊡宮本常一、1964年6月19日
「写真でみる日本生活図引 8」弘文堂　1993
　　◇図96・97〔白黒〕(土壁)　新潟県佐渡郡真野町　左官。土壁を塗る、壁土を捏ねる　㊡宮本常一、昭和36年6月20日

**壁土の芯にワラを混ぜ強度**
「里山・里海 暮らし図鑑」柏書房　2012
　　◇写7(p228)〔白黒〕　福井県美浜町坂尻

**壁塗り**
「写真ものがたり昭和の暮らし 9」農山漁村文化協会　2007
　　◇p30〔白黒〕(土壁を塗る左官)　新潟県真野町(現佐渡市)　鏝で壁土を取って木舞に塗りつける　㊡宮本常一、昭和36年6月
「宮本常一 写真・日記集成 上」毎日新聞社　2005
　　◇p435〔白黒〕(公民館の壁塗り・女性の左官)　新潟県佐渡郡真野町西三川［佐渡市］　㊡宮本常一、1964年6月19日
「写真でみる日本生活図引 8」弘文堂　1993
　　◇図96・97〔白黒〕(土壁)　新潟県佐渡郡真野町　左官。土壁を塗る、壁土を捏ねる　㊡宮本常一、昭和36年6月20日
　　◇図98〔白黒〕　長野県下伊那郡阿智村　質屋の土蔵　㊡熊谷元一、昭和12年

**竈構築技術講習会**
「図説 民俗建築大事典」柏書房　2001
　　◇写真3(p357)〔白黒〕　農家や左官を対象にした台所改善技術者養成講習会　農林水産省編のスライド

**鉋掛けして柱を仕上げる**
「写真でみる民家大事典」柏書房　2005
　　◇p40-3〔白黒〕　千葉県松戸市　㊡2005年　篠田智章

**貫や小舞を組んだ下地に壁土を塗り込んでいく**
「写真でみる民家大事典」柏書房　2005
　　◇p53-1〔白黒〕　神奈川県横須賀市　㊡2004年　矢作英雄

**基礎石つきと地盤固め**
「里山・里海 暮らし図鑑」柏書房　2012
　　◇写32(p258)〔白黒〕(集落総出の普請で行われた公民館新築地の基礎石つきと地盤固め)　福井県旧上中町

［若狭町］　昭和30年代　井ノ口清隆所蔵、若狭町歴史文化館提供

**切出**
「図説 民俗建築大事典」柏書房　2001
　　◇p234-37〔白黒・図〕　大工道具

**際鉋**
「図説 民俗建築大事典」柏書房　2001
　　◇p234-28〔白黒・図〕　大工道具

**釘しめ**
「図説 民俗建築大事典」柏書房　2001
　　◇p235-45〔白黒・図〕　大工道具

**釘抜**
「図説 民俗建築大事典」柏書房　2001
　　◇p235-46〔白黒・図〕　大工道具

**口引**
「図説 民俗建築大事典」柏書房　2001
　　◇p233-16〔白黒・図〕　大工道具

**車大工**
「写真でみる日本生活図引 8」弘文堂　1993
　　◇図62〔白黒〕　千葉県流山市　鉋で車輪の仕上げをする　㊡昭和16年12月7日　流山市教育委員会提供

**気仙大工の仕事**
「図説 民俗建築大事典」柏書房　2001
　　◇写真1(p230)〔白黒〕　岩手県花泉町 千葉家の土蔵　1905年

**巻曲**
「図説 民俗建築大事典」柏書房　2001
　　◇p232-5〔白黒・図〕　大工道具

**建築儀礼**
「日本民俗事典」弘文堂　1972
　　◇p240〔白黒〕　茨城県勝田市　㊡竹田旦

**玄能**
「図説 民俗建築大事典」柏書房　2001
　　◇p233-19〔白黒・図〕　大工道具

**捏ね手から壁土を受けとる**
「写真でみる民家大事典」柏書房　2005
　　◇p53-2〔白黒〕　神奈川県横須賀市　㊡2004年　矢作英雄

**木舞掻き**
「写真でみる日本生活図引 8」弘文堂　1993
　　◇図95〔白黒〕　千葉県松戸市　細縄を木舞にからめている　㊡尾崎一郎、昭和50年2月23日

**小屋解体**
「宮本常一 写真・日記集成 上」毎日新聞社　2005
　　◇p302〔白黒〕(ドウメンの小屋解体)　周防大島 ［宮本常一］自宅付近　㊡宮本常一、1962年3月14日

**材を組み上げる建前**
「図説 民俗建築大事典」柏書房　2001
　　◇写真1(p220)〔白黒〕　茨城県猿島郡三和町

**左官屋**
「図説 日本民俗学」吉川弘文館　2009
　　◇p169〔白黒〕　石川県七尾市

**シキズエの際に御神酒をあげる**
「フォークロアの眼 7 海の暮らしと祭り」国書刊行会　1977
　　◇小論17〔白黒〕　神奈川県横須賀市鴨居　㊡田辺悟、昭和48年6月21日

**地鎮祭**
「写真でみる日本人の生活全集 5」日本図書センター　2010
　　◇p96〔白黒〕　神奈川県熱海温泉ヘルス・センターの新

# 大工・造船　　　　生産・生業

築工事　㊞昭和31年7月25日
「写真でみる日本人の生活全集 3」日本図書センター　2010
　◇p25〔白黒〕　北海道厚岸海岸　剣道道場をつくるためのもの
「祭・芸能・行事大辞典 上」朝倉書店　2009
　◇p803〔白黒〕　地鎮祭の祭壇（茨城県三和町）　㊞津山正幹
「図説 民俗建築大事典」柏書房　2001
　◇写真2(p218)〔白黒〕（土盛りに鍬を入れる地鎮祭）　新潟県南魚沼郡　細矢菊治提供

## 地鎮祭の供物
「図説 民俗建築大事典」柏書房　2001
　◇写真1(p218)〔白黒〕　茨城県猿島郡三和町

## 地搗き
「民俗図録 日本人の暮らし」日本図書センター　2012
　◇図87〔白黒〕（地づき）　福島県大沼郡中川村　㊞杉浦健一
「宮本常一 写真・日記集成 上」毎日新聞社　2005
　◇p276〔白黒〕（地づき）　長崎県平戸市 的山大島　㊞宮本常一、1961年9月18日
「図説 民俗建築大事典」柏書房　2001
　◇写真3(p219)〔白黒〕（櫓を組んだ地搗き）　新潟県南魚沼郡　細矢菊治提供
「日本民俗大辞典 上」吉川弘文館　1999
　◇p779〔白黒〕　岐阜県大野郡白川村 白川郷
「写真でみる日本生活図引 4」弘文堂　1988
　◇図150〔白黒〕　鹿児島県日置郡伊集院町　㊞鶴添泰蔵、昭和48年

## 地搗き "エンヤコラ"
「図説 民俗探訪事典」山川出版社　1983
　◇p63〔白黒〕　埼玉県　1944年

## 地搗きに集まった人たち
「祭・芸能・行事大辞典 上」朝倉書店　2009
　◇p607〔白黒〕　新潟県南魚沼市　細矢菊治提供

## 漆喰左官
「図説 民俗探訪事典」山川出版社　1983
　◇p329〔白黒〕（沖縄の漆喰左官）　沖縄県伊平屋島

## 朱坪
「図説 民俗建築大事典」柏書房　2001
　◇p234-30〔白黒・図〕　大工道具

## 上棟供養
「日本社会民俗辞典 2」日本図書センター　2004
　◇p675〔白黒〕　増上寺

## 上棟祭
「日本宗教民俗図典 1」法蔵館　1985
　◇図40〔白黒〕（僧侶による上棟祭）　千葉県市川市堀ノ内　㊞萩原秀三郎
「図説 民俗探訪事典」山川出版社　1983
　◇p63〔白黒〕　埼玉県　昭和40年代

## 上棟式
「写真でみる日本人の生活全集 3」日本図書センター　2010
　◇p29〔白黒〕　松本市 松本城の復元工事　博士杭打ちの儀
　◇p30〔白黒〕（金刀比羅さんの上棟式）　東京都 虎の門
「図説 日本民俗学」吉川弘文館　2009
　◇p67〔白黒〕　静岡県沼津市
「写真でみる民家大事典」柏書房　2005
　◇p111-1〔白黒〕（番匠巻物を詠みあげる上棟式）　福島県只見町　㊞2001年　石本敏也
　◇p151-1〔白黒〕（上棟式は夕方（満潮時）に行われる）　静岡県伊豆の国市　㊞1986年　馬場直樹
「豊穣の神と家の神 目でみる民俗神シリーズ2」東京美術　1988
　◇p124〔白黒〕　千葉県市川市北国分町　荻原法子『いちかわ民俗誌』（崙書房）による
「日本宗教民俗図典 1」法蔵館　1985
　◇図45〔白黒〕（菓子などを配る）　新潟県山古志村梶金　本来は屋根から撒く（雨後で泥地だったため手渡し）　㊞須藤功

## 上棟式での棟梁による槌打ち
「写真でみる民家大事典」柏書房　2005
　◇p151-3〔白黒〕　新潟県塩沢町　㊞1995年　津山正幹

## 上棟式での弓引き
「祭・芸能・行事大辞典 上」朝倉書店　2009
　◇p893〔白黒〕　新潟県塩沢町　㊞津山正幹
「図説 民俗建築大事典」柏書房　2001
　◇写真4(p222)〔白黒〕（弓引き）　新潟県南魚沼郡塩沢町上棟式

## 上棟式に飾られる矢の先端
「図説 民俗建築大事典」柏書房　2001
　◇写真2(p221)〔白黒〕　茨城県猿島郡三和町

## 上棟式に飾る女性の化粧道具
「図説 民俗建築大事典」柏書房　2001
　◇写真2(p276)〔白黒〕　茨城県三和町

## 上棟式の飾り物
「図説 民俗建築大事典」柏書房　2001
　◇図1(p221)〔白黒・図〕　『建築儀式』

## 上棟式の酒宴
「日本民俗文化財事典（改訂版）」第一法規出版　1979
　◇図80〔白黒〕　東京都下町地区

## 上棟式の贈呈品
「写真でみる民家大事典」柏書房　2005
　◇p151-2〔白黒〕（「牛腸」と書かれた上棟式の贈呈品）　新潟県塩沢町　㊞1995年　津山正幹

## 上棟式の餅まき
「写真でみる日本人の生活全集 3」日本図書センター　2010
　◇p37〔白黒〕　静岡県長岡温泉　㊞昭和25年
「写真でみる民家大事典」柏書房　2005
　◇口絵18〔カラー〕（上棟式での餅撒き）　栃木県黒羽町民家　㊞1978年　刊行委員会

## 上棟式の矢立
「日本民俗宗教辞典」東京堂出版　1998
　◇p274〔白黒〕　福島県新地町

## 白糸巻
「図説 民俗建築大事典」柏書房　2001
　◇p234-29〔白黒・図〕　大工道具

## 白引
「図説 民俗建築大事典」柏書房　2001
　◇p234-38〔白黒・図〕　大工道具

## 新船祝い
「日本民俗写真大系 6」日本図書センター　2000
　◇p74〔白黒〕　長崎県有明町湯江漁港 有明海島原半島　㊞1986年

## 新造船
「日本の民俗 暮らしと生業」KADOKAWA　2014
　◇図4-4〔白黒〕　静岡県賀茂郡南伊豆町　㊞芳賀日出男、昭和29年～37年
「日本民俗写真大系 3」日本図書センター　1999
　◇p85〔白黒〕　静岡県南伊豆町　㊞芳賀日出男, 1962年
「日本の民俗 下」クレオ　1997
　◇図4-7〔白黒〕　静岡県賀茂郡南伊豆町　大漁旗を立ててかざり、海水をかけて清める。船主もみそぎの潮水をあびる　㊞芳賀日出男, 昭和29年～37年

生産・生業　　　　　　　　　　　　　　　　　　　　大工・造船

**新造船のお祝い**
「日本民俗写真大系 4」日本図書センター　1999
　◇p68～69〔白黒〕(備前瀬戸新造船のお祝い)　香川県小手島　モチ投げで大漁を祈る　㊞中村由信, 1962年

**新築を地域で祝う餅撒き**
「里山・里海 暮らし図鑑」柏書房　2012
　◇写34 (p258)〔白黒〕　福井県高浜町市街　昭和34年4月　㊞横田文雄　高浜町郷土資料館提供

**筋毛引**
「図説 民俗建築大事典」柏書房　2001
　◇p234-36〔白黒・図〕　大工道具

**墨差**
「図説 民俗建築大事典」柏書房　2001
　◇p232-6〔白黒・図〕　大工道具

**墨坪**
「図説 民俗建築大事典」柏書房　2001
　◇p232-3〔白黒・図〕　大工道具

**墨壺**
「日本民具の造形」淡交社　2004
　◇p21〔白黒〕　鹿児島県 姶良町歴史民俗資料館所蔵

**造船儀礼**
「祭・芸能・行事大辞典 上」朝倉書店　2009
　◇p1016〔白黒〕　静岡県焼津市　船下ろしを前に筒柱に船霊のご神体を入れる　㊞神野善治

**造船所**
「宮本常一が撮った昭和の情景 上」毎日新聞社　2009
　◇p156〔白黒〕　長崎県壱岐市郷ノ浦町　㊞宮本常一, 1962年8月2日
「宮本常一 写真・日記集成 上」毎日新聞社　2005
　◇p321〔白黒〕　長崎県 壱岐島・郷ノ浦　㊞宮本常一, 1962年8月2日
　◇p454〔白黒〕　山口県大島郡東和町小泊〔周防大島町〕もう船を造らなくなった　㊞宮本常一, 1964年10月4日
「宮本常一 写真・日記集成 下」毎日新聞社　2005
　◇p278〔白黒〕　山口県大島郡久賀町〔周防大島町〕　㊞宮本常一, 1972年3月23日
　◇p333〔白黒〕　広島県 木江　㊞宮本常一, 1974年12月16日

**造船所で船体を造る**
「フォークロアの眼 7 海の暮らしと祭り」国書刊行会　1977
　◇図49〔白黒〕　三重県鳥羽市 長谷川造船所　船おろし　㊞諸田森二, 昭和47年6月24日

**底取鉋**
「図説 民俗建築大事典」柏書房　2001
　◇p233-23〔白黒・図〕　大工道具

**ソリコ (前方) とその製作**
「日本社会民俗辞典 3」日本図書センター　2004
　◇図版ⅩⅢ 船 (1)〔白黒〕　島根県中ノ海　文化財保護委員会提供

**そりこの製作工程**
「写真 日本文化史 9」日本評論新社　1955
　◇図116～118〔白黒〕　島根県

**反台鉋**
「図説 民俗建築大事典」柏書房　2001
　◇p234-26〔白黒・図〕　大工道具

**大工さん**
「写真でみる日本人の生活全集 3」日本図書センター　2010
　◇p31〔白黒〕

**大工道具**
「写真でみる日本人の生活全集 3」日本図書センター　2010
　◇p34〔白黒〕

**大工道具のいろいろ**
「図説 民俗探訪事典」山川出版社　1983
　◇p289〔白黒・図〕　墨斗, 鋸, 鉋, 面取り鉋, 手斧, 叩き鑿, コテ鑿, 突き鑿, 玄能, 釘抜き, 罫引き　神奈川県立博物館『職人の道具』より、縮尺は不同

**大工による祈禱**
「日本宗教民俗図典 1」法蔵館　1985
　◇図42〔白黒〕　新潟県山古志村梶金　㊞須藤功

**台直鉋**
「図説 民俗建築大事典」柏書房　2001
　◇p235-50〔白黒・図〕　大工道具

**タコツキ**
「写真でみる日本人の生活全集 3」日本図書センター　2010
　◇口絵〔白黒〕

**叩きノミ**
「図説 民俗建築大事典」柏書房　2001
　◇p233-12〔白黒・図〕　大工道具

**縦挽鋸**
「図説 民俗建築大事典」柏書房　2001
　◇p232-9〔白黒・図〕　大工道具

**建て前**
「日本民俗大辞典 下」吉川弘文館　2000
　◇p49〔白黒〕　山形県西置賜郡飯豊町
「民俗の事典」岩崎美術社　1972
　◇p151〔白黒〕　山梨県南都留郡山中湖村

**建前の祭壇**
「日本の祭―やまとの心」〔日本地方新聞協会〕　1995
　◇図48〔白黒〕　北海道三石郡三石町
「日本の祭」旭化学工業　1972
　◇図48〔白黒〕　北海道三石郡三石町

**束子**
「図説 台所道具の歴史」日本図書センター　2012
　◇p146-6〔白黒〕　三重県津市　左官に用途

**中学校新築地における地固め**
「里山・里海 暮らし図鑑」柏書房　2012
　◇写25 (p275)〔白黒〕　昭和27年　島根県隠岐郡西ノ島町役場提供

**突ノミ**
「図説 民俗建築大事典」柏書房　2001
　◇p233-13〔白黒・図〕　大工道具
　◇p234-35〔白黒・図〕　大工道具

**ツチ打ちの儀**
「写真でみる日本人の生活全集 3」日本図書センター　2010
　◇p31〔白黒〕　長野県　松本城の天守のむねで木ヅチをふるう神官

**土捏ね**
「写真でみる民家大事典」柏書房　2005
　◇p53-3〔白黒〕　神奈川県横須賀市　㊞2004年　矢作英雄

**鐔ノミ**
「図説 民俗建築大事典」柏書房　2001
　◇p233-15〔白黒・図〕　大工道具

**坪錐**
「図説 民俗建築大事典」柏書房　2001
　◇p235-44〔白黒・図〕　大工道具

**手斧**
「図説 民俗建築大事典」柏書房　2001
　◇p232-1〔白黒・図〕　大工道具

大工・造船　　　　　　　　　　　　　生産・生業

砥石
「図説 民俗建築大事典」柏書房　2001
　◇p235-48〔白黒・図〕　大工道具

ドウヅキ
「写真でみる日本人の生活全集 3」日本図書センター　2010
　◇p33〔白黒〕　東京　昭和31年10月

胴付鋸
「図説 民俗建築大事典」柏書房　2001
　◇p234-31〔白黒・図〕　大工道具

棟梁
「写真でみる日本人の生活全集 4」日本図書センター　2010
　◇p113〔白黒〕　東京都神田　大工さんの仕事場

棟梁送り
「図説 民俗建築大事典」柏書房　2001
　◇写真5(p223)〔白黒〕　神奈川県藤沢市　上棟式後の宴を後にするとき　㊿小林梅次

長台鉋
「図説 民俗建築大事典」柏書房　2001
　◇p234-25〔白黒・図〕　大工道具

二枚鉋
「図説 民俗建築大事典」柏書房　2001
　◇p233-18〔白黒・図〕　大工道具

ネズミ刃錐
「図説 民俗建築大事典」柏書房　2001
　◇p235-43〔白黒・図〕　大工道具

端丸鋸
「図説 民俗建築大事典」柏書房　2001
　◇p232-7〔白黒・図〕　大工道具

番匠巻物
「写真でみる民家大事典」柏書房　2005
　◇p111-2〔白黒〕　福島県金山町　㊿2002年　宮内貴久
　◇p111-3〔白黒〕　福島県金山町　㊿2002年　宮内貴久

フナウチ（舟造り）
「写真ものがたり昭和の暮らし 2」農山漁村文化協会　2004
　◇p130〔白黒〕　新潟県朝村三面　㊿中俣正義, 昭和34年

船おろし
「写真でみる日本人の生活全集 5」日本図書センター　2010
　◇p96〔白黒〕（船おろしの式）　天竜川　㊿昭和30年4月
「写真でみる日本生活図引 6」弘文堂
　◇図92〔白黒〕　東京都大田区大森　新造船は海苔船　㊿小島延喜, 昭和30年6月29日
「フォークロアの眼 7 海の暮らしと祭り」国書刊行会　1977
　◇図50～53〔白黒〕　三重県鳥羽市神島　進水した船で神官が祝詞をあげ船大工が船霊を祝い込める, 祝餅や銭をまく, 船大工が作った船霊様　㊿諸田森二, 昭和47年6月25日

船下し
「フォークロアの眼 7 海の暮らしと祭り」国書刊行会　1977
　◇小論18・19〔白黒〕　香川県三豊郡詫間町大浜　車座で船下しを祝う, 餅やみかんを撒く　㊿田辺悟, 昭和51年2月12日

船下ろしの祝い
「日本民俗写真大系 6」日本図書センター　2000
　◇p75〔白黒〕　長崎県布津町瀬入崎 有明海島原半島　㊿1987年

船おろしの儀式
「宮本常一 写真・日記集成 下」毎日新聞社　2005
　◇p187〔白黒〕　広島県因島市土生町箱崎　おひねりも投げられる　㊿宮本常一, 1969年2月17日～19日

船おろしの新造船
「宮本常一 写真・日記集成 下」毎日新聞社　2005
　◇p187〔白黒〕　広島県因島市土生町箱崎　㊿宮本常一, 1969年2月17日～19日

舟釘
「日本の民具 3 山・漁村」慶友社　1992
　◇図214〔白黒〕　地域不明　㊿薗部澄
　◇図215〔白黒〕　地域不明　㊿薗部澄

船大工
「日本の民俗 暮らしと生業」KADOKAWA　2014
　◇図9-16〔白黒〕　鹿児島県大島郡宇検村　㊿芳賀日出男, 昭和32年
「宮本常一 写真・日記集成 下」毎日新聞社　2005
　◇p88〔白黒〕（90歳を越えたという老船大工）　兵庫県赤穂市坂越　㊿宮本常一, 1966年11月5日
「日本の民俗 下」クレオ　1997
　◇図4-5〔白黒〕　静岡県賀茂郡南伊豆町　㊿芳賀日出男, 昭和29年～37年
　◇図9-19〔白黒〕　鹿児島県大島郡宇検村　㊿芳賀日出男, 昭和32年

舟大工の作業
「日本民俗文化財事典（改訂版）」第一法規出版　1979
　◇図148〔白黒〕　三重県答志島

フナダマ祝い
「日本民俗写真大系 3」日本図書センター　1999
　◇p175〔白黒〕　新造船のフナオロシのとき　㊿萩原秀三郎, 1972年

船霊祝い
「豊穣の神と家の神 目でみる民俗神シリーズ2」東京美術　1988
　◇p123〔白黒〕　三重県鳥羽市神島

舟おろし
「民俗図録 日本人の暮らし」日本図書センター　2012
　◇図312〔白黒〕　長崎県北松浦郡大島村神浦　㊿井之口章次

船造り
「写真でみる日本生活図引 3」弘文堂　1988
　◇図111〔白黒〕　青森県八戸市蕪島　㊿須藤功, 昭和44年4月19日
　◇図112〔白黒〕　島根県隠岐郡西ノ島町　㊿石塚尊俊, 昭和33年8月

ボールト錐
「図説 民俗建築大事典」柏書房　2001
　◇p233-14〔白黒・図〕　大工道具

前挽鋸
「図説 民俗建築大事典」柏書房　2001
　◇p232-8〔白黒・図〕　大工道具
「日本民俗大辞典 下」吉川弘文館　2000
　◇p325〔白黒・図〕　江戸時代の前挽鋸, 明治時代の前挽鋸　水口町立歴史民俗資料館所蔵
「日本民俗大辞典 上」吉川弘文館　1999
　◇p241〔白黒・図〕　山口県玖珂郡美和町　『弥栄峡の民俗』より

前挽鋸実測図
「精選 日本民俗辞典」吉川弘文館　2006
　◇p428〔白黒・図〕　江戸時代の前挽鋸, 明治時代の前挽鋸　甲賀市立水口町立歴史民俗資料館所蔵

鉞
「図説 民俗建築大事典」柏書房　2001
　◇p232-2〔白黒・図〕　大工道具

丸木舟造り
「写真でみる日本生活図引 3」弘文堂　1988
◇図114〔白黒〕　新潟県岩船郡朝日村奥三面　㊙中俣正義, 昭和34年

マルキブネつくり
「日本社会民俗辞典 4」日本図書センター　2004
◇p1364〔白黒〕　新潟県三面村

丸鍔ノミ
「図説 民俗建築大事典」柏書房　2001
◇p235-40〔白黒・図〕　大工道具

廻挽鋸
「図説 民俗建築大事典」柏書房　2001
◇p234-33〔白黒・図〕　大工道具

三ツ目錐
「図説 民俗建築大事典」柏書房　2001
◇p235-41〔白黒・図〕　大工道具

ムダマ
「写真ものがたり昭和の暮らし 2」農山漁村文化協会　2004
◇p131〔白黒〕　青森県佐井村　磯舟の舟底材　㊙須藤功, 昭和43年3月
「写真でみる日本生活図引 3」弘文堂　1988
◇図113〔白黒〕　青森県下北郡佐井村　ムダマ（磯船の船底材）　㊙須藤功, 昭和43年3月28日

棟木に吊るされている男根（上棟式の呪物）
「図説 民俗建築大事典」柏書房　2001
◇写真3(p222)〔白黒〕　福島県南会津郡只見町　上棟式の折に呪物として火伏のために供える

棟札
「図説 民俗建築大事典」柏書房　2001
◇写真2(p227)〔白黒〕　明治15年

棟上げ
「写真でみる日本人の生活全集 3」日本図書センター　2010
◇p35〔白黒〕
「図説 日本民俗学」吉川弘文館　2009
◇p52〔白黒〕　鹿児島県奄美大島
「宮本常一 写真・日記集成 下」毎日新聞社　2005
◇p484〔白黒〕　山口県大島郡東和町長崎［周防大島町］　㊙宮本常一, 1980年5月7日

棟上祝の撒き餅を拾った子供たち
「民俗図録 日本人の暮らし」日本図書センター　2012
◇図525〔白黒〕(雪国の子供)　青森県西津軽郡深浦町追良瀬　棟上祝の撒き餅を拾った子供たち　㊙櫻庭武則

棟上祭
「日本社会民俗辞典 1」日本図書センター　2004
◇p351〔白黒・図〕　『風俗画報』

棟上げに立てた矢が軒下に
「宮本常一 写真・日記集成 上」毎日新聞社　2005
◇p208〔白黒〕　新潟県佐渡郡相川町［佐渡市］入川あたり　㊙宮本常一, 1960年8月27日

面取鉋
「図説 民俗建築大事典」柏書房　2001
◇p234-27〔白黒・図〕　大工道具

基市鉋
「図説 民俗建築大事典」柏書房　2001
◇p233-24〔白黒・図〕　大工道具

屋根を酒で清める
「日本宗教民俗図典 1」法蔵館　1985
◇図43・44〔白黒〕　新潟県山古志村梶金　㊙須藤功

屋根の棟上の鎌
「日本民俗図誌 9 住居・運輸篇」村田書店　1978
◇図27-1〔白黒・図〕　長野県三留野地方　今和次郎による
◇図27-2〔白黒・図〕　新潟県 名立　髙田十郎による
◇図27-3〔白黒・図〕　岩手県下閉伊郡茂一村　木製鎌

屋根の棟上の剣
「日本民俗図誌 9 住居・運輸篇」村田書店　1978
◇図27-4〔白黒・図〕　新潟県 筒石海岸　木造の剣
◇図27-5〔白黒・図〕　新潟県 筒石海岸　長刀形

矢羽根
「日本宗教民俗図典 1」法蔵館　1985
◇図41〔白黒〕　鹿児島県佐多町　上棟式　㊙須藤功

横挽鋸
「図説 民俗建築大事典」柏書房　2001
◇p232-10〔白黒・図〕　大工道具

四ツ目錐
「図説 民俗建築大事典」柏書房　2001
◇p235-42〔白黒・図〕　大工道具

両刀鋸
「図説 民俗建築大事典」柏書房　2001
◇p232-11〔白黒・図〕　大工道具

老船大工
「宮本常一が撮った昭和の情景 下」毎日新聞社　2009
◇p47〔白黒〕(90歳を越えたという老船大工)　兵庫県赤穂市坂越　㊙宮本常一, 1966年11月5日

脇取鉋
「図説 民俗建築大事典」柏書房　2001
◇p233-22〔白黒・図〕　大工道具

割毛引
「図説 民俗建築大事典」柏書房　2001
◇p234-39〔白黒・図〕　大工道具

# 鉱業・採石

足尾銅山選鉱作業
「日本社会民俗辞典 1」日本図書センター　2004
◇p369〔白黒・図〕　㊙明治30年代　『風俗画報』

足尾銅山の坑内
「日本社会民俗辞典 1」日本図書センター　2004
◇p368〔白黒・図〕　㊙明治30年代　『風俗画報』

荒川の砂利採取
「宮本常一 写真・日記集成 上」毎日新聞社　2005
◇p318〔白黒〕　山形県長井市 米坂線・今泉駅付近　㊙宮本常一, 1962年7月16日

鉱業・採石　　　　　　　　　　　　　　　　生産・生業

### 安全週間
「写真ものがたり昭和の暮らし 4」農村漁村文化協会　2005
◇p176〔白黒〕　福岡県稲築町　子どもたちが心をこめて書いた安全への願い　㊞昭和30年代　稲築町教育委員会提供

### 石切場
「民俗図録 日本人の暮らし」日本図書センター　2012
◇図409〔白黒〕　岡山県北木島　北木石（黒雲母花崗岩）　㊞緑川洋一
「宮本常一が撮った昭和の情景 上」毎日新聞社　2009
◇p46〔白黒〕　岡山県笠岡市北木島町（北木島）　㊞宮本常一、1957年8月30日
「宮本常一 写真・日記集成 上」毎日新聞社　2005
◇p84〔白黒〕　岡山県笠岡市 北木島　㊞宮本常一、1957年8月30日

### 石切場で作業する石屋
「日本民俗大辞典 上」吉川弘文館　1999
◇p85〔白黒〕　茨城県常陸太田市

### 大きな炭塊を砕き送炭機で次の作業へ送る
「日本民俗写真大系 1」日本図書センター　1999
◇p142〔白黒〕　北海道 幌内鉱　㊞及川清治郎、1955年

### 夫を炭鉱の事故で亡くし必死に働く女性
「日本民俗写真大系 6」日本図書センター　2000
◇p180〔白黒〕（夫を事故で亡くし必死に働く女性）　福岡県飯塚市郊外・水洗炭作業場で　㊞中山陽、1958年

### カッチヤ
「日本民具の造形」淡交社　2004
◇p236〔白黒〕　福岡県 穂波町郷土資料館所蔵

### 稼働を始めた石油コンビナート
「日本民俗写真大系 4」日本図書センター　1999
◇p202〔白黒〕　水島 夜景　㊞中村昭夫、1966年

### 川石を拾いあげ、小舟に移し入れる
「写真ものがたり昭和の暮らし 5」農山漁村文化協会　2005
◇p64〔白黒〕　熊本県八代市本町　㊞麦島勝、昭和24年3月

### 川石を拾う
「写真ものがたり昭和の暮らし 5」農山漁村文化協会　2005
◇p64〔白黒〕　熊本県八代市中島町　㊞麦島勝、昭和25年4月

### 川石を満載したダンベ船
「写真ものがたり昭和の暮らし 5」農山漁村文化協会　2005
◇p65〔白黒〕　熊本県八代市中島町　㊞麦島勝、昭和23年

### 川砂鉄の採取
「日本民俗写真大系 7」日本図書センター　2000
◇p99〔白黒〕　島根県仁多町　㊞井上喜弘、1960年

### 川砂運搬船
「写真ものがたり昭和の暮らし 5」農山漁村文化協会　2005
◇p62〔白黒〕　大阪府大阪市都島区毛馬 第二閘門　鉄扉が開くのを待つ　㊞高木伸夫、昭和36年
◇p63〔白黒〕　大阪府大阪市都島区毛馬 第二閘門の第一閘門より　開門を待つ　㊞高木伸夫、昭和36年
◇p63〔白黒〕　大阪府大阪市都島区毛馬　淀川のほうからはいってきて、第二閘門に向かう　㊞高木伸夫、昭和36年

### 川砂を積んだ船
「写真ものがたり昭和の暮らし 5」農山漁村文化協会　2005
◇p62〔白黒〕　大阪府大阪市都島区毛馬　淀川から毛馬の第一閘門に向かう　㊞高木伸夫、昭和36年

### 休憩のひととき
「日本民俗写真大系 1」日本図書センター　1999
◇p143〔白黒〕　北海道 幌内鉱　タバコはまた格別の味　㊞及川清治郎、1960年

### 給料日の経理事務所前
「写真ものがたり昭和の暮らし 4」農村漁村文化協会　2005
◇p175〔白黒〕　福岡県稲築町平　〔炭鉱〕　㊞昭和30年代　稲築町教育委員会提供

### 軍艦島
「日本民俗写真大系 6」日本図書センター　2000
◇p188〔白黒〕　長崎県端島　㊞中村由信、1963年

### 抗火石の採石場
「宮本常一 写真・日記集成 上」毎日新聞社　2005
◇p388〔白黒〕　東京都 新島村　㊞宮本常一、1963年7月28日

### 鉱山用カンテラ
「日本社会民俗辞典 3」日本図書センター　2004
◇図版Ⅳ 灯火（2）〔白黒〕
「日本の民具 1 町」慶友社　1992
◇図156〔白黒〕　㊞薗部澄
◇図157〔白黒〕　㊞薗部澄

### 鉱石運搬船
「写真でみる日本生活図引 2」弘文堂　1988
◇図148〔白黒〕　静岡県磐田郡佐久間町　㊞明治時代 平賀孝晴提供

### 坑内での職場集会
「日本民俗写真大系 1」日本図書センター　1999
◇p147〔白黒〕　北海道 幌内鉱　㊞及川清治郎、1960年

### 坑内で働く労働者
「日本民俗写真大系 6」日本図書センター　2000
◇p178～179〔白黒〕　福岡県豊前炭鉱坑内　㊞中山陽、1969年

### 坑夫
「日本民俗写真大系 6」日本図書センター　2000
◇p189, 190〔白黒〕　長崎県端島　㊞中村由信、1963年

### 小舟坑社宅街
「写真ものがたり昭和の暮らし 4」農村漁村文化協会　2005
◇p175〔白黒〕　福岡県稲築町平㊞昭和30年4月　稲築町教育委員会提供

### 採鉱用の安全燈
「日本社会民俗辞典 3」日本図書センター　2004
◇p987〔白黒〕

### 採炭現場へ向かう
「日本民俗写真大系 1」日本図書センター　1999
◇p141〔白黒〕（ヘルメットのキャップライトが光る）　北海道 幌内鉱布引坑　地下数百メートルの採炭現場へ向かう　㊞及川清治郎、1975年

### 採炭作業を終え、やわらいだ表情で坑口に向かう労働者たち
「日本民俗写真大系 1」日本図書センター　1999
◇p140〔白黒〕　北海道 幌内鉱布引坑　㊞及川清治郎、1960年

### 採炭作業現場
「日本民俗写真大系 1」日本図書センター　1999
◇p142〔白黒〕　北海道 幌内鉱布引坑　㊞及川清治郎、1960年

### 砂鉄を含んだ土砂をすくう
「写真ものがたり昭和の暮らし 5」農山漁村文化協会　2005
◇p67〔白黒〕　島根県仁多町（現奥出雲町）　㊞井上喜弘、昭和35年

### 砂鉄採り道具
「日本民具の造形」淡交社　2004
◇p236〔白黒〕　島根県 和鋼博物館所蔵

生産・生業　　　　　　　　　　　　　　　　　　　　　　　　　　　　　　　　　鉱業・採石

砂鉄の採掘場
　「宮本常一 写真・日記集成 上」毎日新聞社　2005
　　◇p452〔白黒〕　　青森県むつ市浜関根　㊙宮本常一，1964年8月12日

佐渡金山の露天掘り跡・道遊の割戸
　「宮本常一 写真・日記集成 下」毎日新聞社　2005
　　◇p228〔白黒〕　　新潟県佐渡郡相川町［佐渡市］　㊙宮本常一，1970年5月2日〜6日

仕事を終えて地上にもどってきたところで煙草の接待
　「写真ものがたり昭和の暮らし 4」農村漁村文化協会　2005
　　◇p173〔白黒〕　　福岡県稲築町　㊙昭和41年　稲築町教育委員会提供

斜坑人車で地上にもどる坑夫たち
　「写真ものがたり昭和の暮らし 4」農村漁村文化協会　2005
　　◇p172〔白黒〕　　福岡県稲築町漆生　㊙昭和30年代　稲築町教育委員会提供

人力による採石
　「里山・里海 暮らし図鑑」柏書房　2012
　　◇写36(p237)〔白黒〕　　高知県旧窪川町［四万十町］日野地　昭和30年代　四万十町役場提供

炊事や暖房用に拾い集めた石炭ガラを運ぶ炭住街の住民
　「日本民俗写真大系 6」日本図書センター　2000
　　◇p183〔白黒〕　　福岡県飯塚市　㊙桑原史成，1959年

スコップ
　「日本民具の造形」淡交社　2004
　　◇p57〔白黒〕　　北海道　砂川市郷土資料館所蔵

砂とり
　「宮本常一 写真・日記集成 上」毎日新聞社　2005
　　◇p159〔白黒〕　　神奈川県 三浦半島 浦賀（神奈川県横須賀市）→剱崎　㊙宮本常一，1959年11月8日

砂の採取と出荷、販売
　「里山・里海 暮らし図鑑」柏書房　2012
　　◇写37(p237)〔白黒〕　　昭和30年　㊙横田文雄　高浜町郷土資料館提供

石材採取場
　「民俗図録 日本人の暮らし」日本図書センター　2012
　　◇図411〔白黒〕　　沖縄本島具志頭村　㊙林義三

全員解雇、閉山となった北炭夕張新炭鉱
　「日本民俗写真大系 1」日本図書センター　1999
　　◇p147〔白黒〕　　北海道 北炭夕張新炭鉱　㊙及川清治郎，1982年

竹すら
　「日本民具の造形」淡交社　2004
　　◇p23〔白黒〕　　長崎県 鹿町町歴史民俗資料館所蔵　石炭を運ぶ竹籠

タタラの作業場
　「日本社会民俗辞典 2」日本図書センター　2004
　　◇p884〔白黒〕　　鳥取県日野郡大宿村　タタラ小屋，ドウ小屋

炭鉱の島の建物
　「日本民俗写真大系 6」日本図書センター　2000
　　◇p190〔白黒〕　　長崎県端島　㊙中村由信，1963年

炭鉱風呂
　「日本民俗写真大系 1」日本図書センター　1999
　　◇p143〔白黒〕　　北海道 幌内鉱　炭塵にまみれた体を洗い流し湯船につかる　㊙及川清治郎，1955年

炭車
　「写真ものがたり昭和の暮らし 4」農村漁村文化協会　2005
　　◇p174〔白黒〕　　福岡県稲築町漆生　㊙昭和30年代　稲築町教育委員会提供

炭住街
　「日本民俗写真大系 6」日本図書センター　2000
　　◇p187〔白黒〕　　福岡県飯塚市　閉山後　㊙桑原史成，1959年

炭住街の朝の体操
　「日本民俗写真大系 1」日本図書センター　1999
　　◇p144〔白黒〕　　北海道 幌内鉱　㊙及川清治郎，1950年

炭住街の子どもたち
　「日本民俗写真大系 6」日本図書センター　2000
　　◇p186〔白黒〕　　福岡県田川市　閉山後　㊙桑原史成，1959年

炭塵にまみれて働く人
　「日本民俗写真大系 6」日本図書センター　2000
　　◇p177〔白黒〕　　福岡県豊前炭鉱坑内で　㊙中山陽，1969年

炭層を切りさく鉱夫
　「写真ものがたり昭和の暮らし 4」農村漁村文化協会　2005
　　◇p170〔白黒〕　　福岡県稲築町　㊙昭和38年ごろ　稲築町教育委員会提供

炭層から砕き取った石炭をスコップで集める
　「写真ものがたり昭和の暮らし 4」農村漁村文化協会　2005
　　◇p171〔白黒〕　　福岡県稲築町　㊙昭和30年代　稲築町教育委員会提供

ダンベ船に砂利を移す
　「写真ものがたり昭和の暮らし 5」農山漁村文化協会　2005
　　◇p23〔白黒〕（ダンベ船）　　熊本県八代市前川橋下流　球磨川の砂利を小舟で採取しダンベ船に移して運ぶ　㊙麦島勝，昭和42年9月

沈殿した砂鉄を集める
　「宮本常一 写真・日記集成 上」毎日新聞社　2005
　　◇p452〔白黒〕　　青森県むつ市浜関根　㊙宮本常一，1964年8月12日

鉄工場の内部 熔鉱炉
　「日本社会民俗辞典 1」日本図書センター　2004
　　◇p366〔白黒〕

東京港の石炭
　「宮本常一 写真・日記集成 上」毎日新聞社　2005
　　◇p26〔白黒〕　　東京　㊙宮本常一，1955年11月22日

銅の採鉱夫
　「日本社会民俗辞典 1」日本図書センター　2004
　　◇p395〔白黒〕　　足尾銅山　㊙明治30年代　『風俗画報』

銅の精錬所
　「宮本常一 写真・日記集成 上」毎日新聞社　2005
　　◇p352〔白黒〕　　香川県香川郡直島町　㊙宮本常一，1962年11月12日

日本炭鉱労働組合員
　「写真ものがたり昭和の暮らし 4」農村漁村文化協会　2005
　　◇p177〔白黒〕（日比谷音楽堂に終結した北海道と九州から上京した日本炭鉱労働組合員4000人）　福岡県稲築町　炭鉱政策の変更を求める決議をして政府に陳情した　㊙昭和36年10月23〜24日　稲築町教育委員会提供

ネコ板
　「日本民具の造形」淡交社　2004
　　◇p236〔白黒〕　　北海道 羽幌町郷土資料館所蔵

閉山後の零細炭鉱のヤマで細々と石炭を運び出す主婦たち
　「日本民俗写真大系 6」日本図書センター　2000
　　◇p184〜185〔白黒〕　　福岡県田川市　㊙桑原史成，1959年

北炭第2次「合理化」人員整理に反対する女性たちの抗

議デモ

「日本民俗写真大系 1」日本図書センター　1999
◇p146〔白黒〕　北海道 幌内鉱　[撮]及川清治郎, 1960年

ボタ山

「宮本常一が撮った昭和の情景 上」毎日新聞社　2009
◇p119〔白黒〕（いくつもボタ山が見える）　福岡県田川市 日田から小倉への車窓から　[撮]宮本常一, 1960年11月4日

「宮本常一 写真・日記集成 上」毎日新聞社　2005
◇p218〔白黒〕　大分県日田市→福岡県北九州市小倉田川駅あたりから　[撮]宮本常一, 1960年11月4日

「日本民俗写真大系 6」日本図書センター　2000
◇p182〔白黒〕　福岡県直方市　[撮]桑原史成, 1966年

ボタ山と炭住

「宮本常一が撮った昭和の情景 上」毎日新聞社　2009
◇p119〔白黒〕（宝珠山炭鉱のボタ山）　福岡県朝倉郡東峰村 日田から小倉への車窓から　[撮]宮本常一, 1960年11月4日

「宮本常一 写真・日記集成 上」毎日新聞社　2005
◇p218〔白黒〕　大分県日田市→福岡県北九州市小倉 宝珠山駅付近　[撮]宮本常一, 1960年11月4日

三井山野鉱業坑道でのガス爆発死者の葬儀

「写真ものがたり昭和の暮らし 4」農村漁村文化協会　2005
◇p176〔白黒〕　福岡県稲築町　[撮]昭和40年6月　稲築町教育委員会提供

三井山野鉱山の第一立坑口で入坑を待つ鉱夫たち

「写真ものがたり昭和の暮らし 4」農村漁村文化協会　2005
◇p169〔白黒〕　福岡県稲築町　[撮]昭和30年ごろ　稲築町教育委員会提供

ゆり板

「日本民具の造形」淡交社　2004
◇p236〔白黒〕　北海道 北海道開拓記念館所蔵

ゆり鉢

「日本民具の造形」淡交社　2004
◇p236〔白黒〕　静岡県 本川根町資料館やまびこ所蔵

# 炭作り

和泉山中の炭ガマ

「民俗図録 日本人の暮らし」日本図書センター　2012
◇図283〔白黒〕　大阪府泉北郡南横山村父鬼　[撮]鈴木東一

ウバメガシの木炭、備長炭

「里山・里海 暮らし図鑑」柏書房　2012
◇写7（p42）〔白黒〕　和歌山県日高郡みなべ町

ウマ

「写真で見る農具 民具」農林統計協会　1988
◇p271〔白黒〕　奈良県吉野町　明治時代より昭和25年頃

裏磐梯での炭焼き作業

「日本民俗写真大系 2」日本図書センター　1999
◇p192〔白黒〕　福島県桧原村　[撮]薗部澄, 1958年

エブリ（製炭用具）

「図録・民具入門事典」柏書房　1991
◇p65〔白黒〕　神奈川県　神奈川県立博物館所蔵

「写真で見る農具 民具」農林統計協会　1988
◇p274〔白黒〕　岐阜県久瀬村　製炭用具

大素焼窯

「日本民俗図誌 7 生業上・下篇」村田書店　1978
◇図133〔白黒・図〕　炭焼窯構造

桶素焼窯

「日本民俗図誌 7 生業上・下篇」村田書店　1978
◇図132〔白黒・図〕　炭焼窯構造

改良白炭窯底の経始図

「日本民俗図誌 7 生業上・下篇」村田書店　1978
◇図127〔白黒・図〕（農林省製作にかかる改良白炭窯底の経始図）　改良日向窯, 備長窯, 宮崎窯, 吉田窯, 日窯

家族総出の炭焼き

「里山・里海 暮らし図鑑」柏書房　2012
◇写8（p42）〔白黒〕　和歌山県旧大塔村〔田辺市〕　昭和30年代　田辺市大塔行政局提供

角俵と楢炭

「日本の生活環境文化大辞典」柏書房　2010
◇p376-5〔白黒〕　東京都豊島区　[撮]2005年　豊島区教育委員会

窯口役石の積み方

「日本民俗図誌 7 生業上・下篇」村田書店　1978
◇図129〔白黒・図〕　改良日向窯, 備長窯, 宮崎窯, 吉田窯, 日窯　炭焼窯構造

竈の構造

「図説 民俗探訪事典」山川出版社　1983
◇p277〔白黒・図〕　『埼玉の民俗』より

窯の縦断面図

「民俗資料選集 9 山村の生活と用具」国土地理協会　1981
◇p41（本文）〔白黒・図〕　愛知県北設楽郡津具村　田中長嶺「炭焼手引草」より

カマハリ

「民俗図録 日本人の暮らし」日本図書センター　2012
◇図285～287〔白黒〕（カマハリ（1-3））　青森県西津軽郡深浦町追良瀬　[撮]櫻庭武則

共同作業による炭焼きと薪の搬入

「里山・里海 暮らし図鑑」柏書房　2012
◇写52（p263）〔白黒〕　滋賀県旧三谷村〔高島市〕　昭和18年　井田家所蔵古写真・福井県立若狭歴史民俗資料館提供

クヌギの木炭、菊炭

「里山・里海 暮らし図鑑」柏書房　2012
◇写6（p42）〔白黒〕　和歌山県日高郡みなべ町

クロケシを窯から出す

「いまに伝える 農家のモノ・人の生活館」柏書房　2004
◇p217 写真3〔白黒〕　埼玉県皆野町

コタツ用の炭を焼く女性

「図説 民俗建築大事典」柏書房　2001
◇写真6（p358）〔白黒〕　1960年頃以前

**こもあみき**
「写真で見る農具 民具」農林統計協会　1988
◇p274〔白黒〕　静岡県川根町　昭和30年代まで

**上州山中の炭ガマ**
「民俗図録 日本人の暮らし」日本図書センター　2012
◇図288〔白黒〕　群馬県多野郡中里村　[撮]杉浦健一

**シロケシの取り出し**
「いまに伝える 農家のモノ・人の生活館」柏書房　2004
◇p217 写真1〔白黒〕　埼玉県嵐山町

**炭を玉切る**
「いまに伝える 農家のモノ・人の生活館」柏書房　2004
◇p217 写真4〔白黒〕　埼玉県皆野町

**炭かき出棒**
「写真で見る農具 民具」農林統計協会　1988
◇p273〔白黒〕　宮崎県門川町

**炭窯**
「写真でみる日本生活図引 3」弘文堂　1988
◇図97〔白黒〕　岩手県岩手郡岩手町川口南山形　窯を築く　[撮]菊池俊吉, 昭和32年5月
◇図98〔白黒〕　新潟県南魚沼郡塩沢町清水　横挽きで炭材を玉伐りにする男, 炭焼き小屋　[撮]中俣正義, 昭和27年

**炭窯から取り出した真赤な炭にゴバイをかける**
「いまに伝える 農家のモノ・人の生活館」柏書房　2004
◇p217 写真2〔白黒〕　埼玉県　シロケシ

**炭ガマ（土天ガマ）作り**
「日本民俗写真大系 3」日本図書センター　1999
◇p97〔白黒〕　静岡県 伊豆半島

**炭窯のなかにはいっている夫が出す炭を、妻が受け取って並べる**
「写真ものがたり昭和の暮らし 2」農山漁村文化協会　2004
◇p146〔白黒〕　群馬県新治村　[撮]須藤功, 昭和47年3月

**炭切り**
「日本民具の造形」淡交社　2004
◇p234〔白黒〕　埼玉県 長瀞町郷土資料館所蔵

**炭切り作業**
「日本民俗写真大系 3」日本図書センター　1999
◇p97〔白黒〕　静岡県 伊豆半島

**炭材の薪割り**
「いまに伝える 農家のモノ・人の生活館」柏書房　2004
◇p213 写真2〔白黒〕　埼玉県嵐山町

**炭出し**
「日本民俗写真大系 2」日本図書センター　1999
◇p192〔白黒〕　福島県飯能村大倉　[撮]後藤輝夫, 1977年
「写真でみる日本生活図引 3」弘文堂　1988
◇図101〔白黒〕　岩手県岩手郡岩手町川口南山形　[撮]菊池俊吉, 昭和33年3月
◇図102〔白黒〕　群馬県利根郡新治村東峯須川　[撮]須藤功, 昭和47年3月29日
◇図103〔白黒〕　岩手県岩手郡岩手町川口南山形　[撮]菊池俊吉, 昭和33年4月
◇図104〔白黒〕　鹿児島県鹿児島郡吉田町　[撮]鶴添泰蔵, 昭和38年11月

**炭俵**
「日本民具の造形」淡交社　2004
◇p234〔白黒〕　長野県 立科町歴史民俗資料館所蔵
「写真で見る農具 民具」農林統計協会　1988
◇p274〔白黒〕　静岡県川根町

**炭俵編み**
「いまに伝える 農家のモノ・人の生活館」柏書房　2004
◇p214 写真3〔白黒〕　埼玉県皆野町

**炭俵（角俵）詰め**
「いまに伝える 農家のモノ・人の生活館」柏書房　2004
◇p215 写真4〔白黒〕　埼玉県皆野町

**炭俵づめ**
「日本民俗文化財事典（改訂版）」第一法規出版　1979
◇図137〔白黒〕　埼玉県

**炭俵に白炭をつめる**
「写真ものがたり昭和の暮らし 2」農山漁村文化協会　2004
◇p146〔白黒〕（バネばかりで量りながら、炭俵に白炭をつめる）　秋田県横手市沼山　[撮]加賀谷良助, 昭和30年代

**炭俵の角俵と丸俵**
「いまに伝える 農家のモノ・人の生活館」柏書房　2004
◇p215 写真7〔白黒〕　埼玉県皆野町

**炭俵用のカヤの運搬**
「いまに伝える 農家のモノ・人の生活館」柏書房　2004
◇p214 写真2〔白黒〕

**スミトオシ**
「あるくみるきく双書 宮本常一とあるいた昭和の日本 19」農山漁村文化協会　2012
◇p117〔白黒〕　鹿児島県加世田市　[撮]工藤員功

**炭とり**
「日本民具の造形」淡交社　2004
◇p234〔白黒〕　島根県 金城町歴史民俗資料館所蔵　炭焼きの道具

**炭運びの女**
「日本社会民俗辞典 2」日本図書センター　2004
◇p779〔白黒〕　秋田県上桧木内村

**炭ひき**
「日本民具の造形」淡交社　2004
◇p234〔白黒〕　奈良県 山添村歴史民俗資料館所蔵

**炭引き鋸**
「写真で見る農具 民具」農林統計協会　1988
◇p273〔白黒〕　岩手県軽米町

**炭焼き**
「写真でみる日本人の生活全集 3」日本図書センター　2010
◇p106〔白黒〕　岩手県下閉伊郡山根村より峠を越えて安家（アッカ）部落にぬける道傍
「日本民俗写真大系 2」日本図書センター　1999
◇p177〔白黒〕　福島県飯能村大倉　[撮]後藤輝夫, 1977年
「日本民俗写真大系 3」日本図書センター　1999
◇p97〔白黒〕　静岡県河津町大鍋　[撮]湊嘉秀, 1976年

**炭焼きをするみょうど**
「フォークロアの眼 9 花祭り」国書刊行会　1977
◇図186〔白黒〕（冬に炭焼きをするみょうど）　愛知県北設楽郡東栄町下粟代　[撮]昭和37年12月16日

**炭焼きがま**
「図説 日本民俗学」吉川弘文館　2009
◇p161〔白黒〕（炭焼がま）　熊本県五木村
「宮本常一 写真・日記集成 上」毎日新聞社　2005
◇p423〔白黒〕（炭焼き釜）　佐賀県藤津郡太良町大峯あたり　[撮]宮本常一, 1964年2月10日
「いまに伝える 農家のモノ・人の生活館」柏書房　2004
◇p213 写真1〔白黒〕（炭焼き窯）　埼玉県飯能市
「図録・民具入門事典」柏書房　1991
◇p65〔白黒〕　東京都
「民俗資料選集 9 山村の生活と用具」国土地理協会　1981
◇p42（本文）〔白黒〕（炭焼がま）　愛知県北設楽郡津具村
「日本民俗文化財事典（改訂版）」第一法規出版　1979

◇図135〔白黒〕　埼玉県

**炭焼窯（白炭窯）の構造**

「日本民俗大辞典 上」吉川弘文館　1999

◇p917〔白黒・図〕

**炭焼小屋**

「宮本常一が撮った昭和の情景 上」毎日新聞社　2009

◇p32〔白黒〕（炭焼小屋だろうか）　愛知県北設楽郡設楽町　[撮]宮本常一, 1957年5月14日

「宮本常一 写真・日記集成 上」毎日新聞社　2005

◇p66〔白黒〕（炭焼小屋か？）　愛知県北設楽郡設楽町名倉　[撮]宮本常一, 1957年5月14日

「写真ものがたり昭和の暮らし 2」農山漁村文化協会　2004

◇p144〔白黒〕（かや屋根をかけた炭焼小屋）　福島県三春町　[撮]須藤功, 昭和46年4月

「日本社会民俗辞典 2」日本図書センター　2004

◇p777〔白黒〕　福島県大野村

「図説 民俗探訪事典」山川出版社　1983

◇p277〔白黒〕　『茨城の民俗』より

**炭焼小屋の概要図**

「図説 民俗探訪事典」山川出版社　1983

◇p277〔白黒・図〕　青森県西津軽郡　『青森県の山樵具』より

**炭焼人**

「日本民俗写真大系 2」日本図書センター　1999

◇p189〔白黒〕　岩手県葛巻町江刈　うしろに大きな炭釜がある　[撮]田村淳一郎, 1978年

**炭焼き生活**

「写真でみる日本生活図引 3」弘文堂　1988

◇図99〔白黒〕　岩手県岩手郡岩手町川口南山形　[撮]菊池俊吉, 昭和32年5月

◇図100〔白黒〕　岩手県岩手郡岩手町川口南山形　[撮]菊池俊吉, 昭和32年5月

**炭焼歩荷**

「図説 日本民俗学」吉川弘文館　2009

◇p172〔白黒〕　石川県白山市

**炭焼用具**

「日本民具の造形」淡交社　2004

◇p234〔白黒〕　広島県 豊松村民俗資料収蔵庫所蔵

**スンブイ**

「あるくみるきく双書 宮本常一とあるいた昭和の日本 19」農山漁村文化協会　2012

◇p117〔白黒〕　鹿児島県金峰町　炭焼窯から炭を出す　[撮]工藤員功

**雪中の炭焼小屋**

「日本社会民俗辞典 2」日本図書センター　2004

◇p776〔白黒〕　秋田県上桧木内村

**竹炭を作る**

「写真ものがたり昭和の暮らし 9」農山漁村文化協会　2007

◇p43〔白黒〕　宮崎県西都市銀鏡　扇子骨を作るのに不要な節の部分を焼く　[撮]須藤功, 昭和44年1月

◇p43〔白黒〕　宮崎県西都市銀鏡　火がまわったところで濡らしたむしろをかぶせる　[撮]須藤功, 昭和44年1月

**炭袋**

「写真でみる日本生活図引 別巻」弘文堂　1993

◇図199〔白黒〕　長野県下伊那郡阿智村　[撮]熊谷元一, 昭和31年12月14日

**ハライ棒**

「図録・民具入門事典」柏書房　1991

◇p65〔白黒〕　神奈川県　炭窯に入れた木を払い倒す道具　神奈川県立博物館所蔵

**バラ炭**

「写真ものがたり昭和の暮らし 9」農山漁村文化協会　2007

◇p42〔白黒〕　長野県富士見町広原　[撮]武藤盈, 昭和32年2月

**バラ炭を焼く**

「写真ものがたり昭和の暮らし 9」農山漁村文化協会　2007

◇p42〔白黒〕　長野県富士見町広原　[撮]武藤盈, 昭和32年2月

**備長炭作り**

「日本郷土 風俗・民芸・芸能図鑑」日本図書センター　2012

◇写真篇 高知〔白黒〕（備長炭）　高知県　〔炭焼き〕

**ぼろ炭を焼く**

「写真でみる日本生活図引 別巻」弘文堂　1993

◇図198〔白黒〕　長野県下伊那郡阿智村　[撮]熊谷元一, 昭和31年12月13日

**本窯（登窯）**

「日本民俗図誌 7 生業上・下篇」村田書店　1978

◇図134〔白黒・図〕　京都五条坂　炭焼窯構造　田村栄太郎『日本工業前史』参照

**マタ**

「図録・民具入門事典」柏書房　1991

◇p65〔白黒〕　神奈川県　炭窯に木を入れる道具　神奈川県立博物館所蔵

**丸俵と白炭**

「日本の生活環境文化大辞典」柏書房　2010

◇p376-5〔白黒〕　東京都豊島区　[撮]2005年　豊島区教育委員会

**美濃山中の炭ガマ**

「民俗図録 日本人の暮らし」日本図書センター　2012

◇図284〔白黒〕　岐阜県揖斐郡徳山村　[撮]櫻田勝徳

**木炭**

「宮本常一 写真・日記集成 上」毎日新聞社　2005

◇p25〔白黒〕　宮城県栗原郡栗駒町 栗駒山麓　[撮]宮本常一, 1955年11月14日

**木炭の釜出し**

「日本社会民俗辞典 4」日本図書センター　2004

◇p1579〔白黒〕　福島県館岩村

**木炭の積出し**

「民俗図録 日本人の暮らし」日本図書センター　2012

◇図290〔白黒〕　和歌山県東牟婁郡七川村真砂

**木炭の山**

「民俗図録 日本人の暮らし」日本図書センター　2012

◇図289〔白黒〕　長崎県対馬

**木炭ふるい**

「写真で見る農具 民具」農林統計協会　1988

◇p274〔白黒〕　愛媛県御荘町

**結い機で炭俵の縄を固く結束する**

「里山・里海 暮らし図鑑」柏書房　2012

◇写9（p43）〔白黒〕　市道和幸所蔵, 大阪府泉南市教育委員会提供

**吉田窯の底の構造**

「日本民俗図誌 7 生業上・下篇」村田書店　1978

◇図128〔白黒・図〕　秋田県　炭焼窯構造

**吉田窯の天井の構造法**

「日本民俗図誌 7 生業上・下篇」村田書店　1978

◇図130〔白黒・図〕　炭焼窯構造　田村栄太郎『日本工業前史』参照

**路傍の炭焼き**

「写真でみる日本人の生活全集 3」日本図書センター　2010

◇p113〔白黒〕　白川村

## 採集・採取

**イナゴ取り**
「写真ものがたり昭和の暮らし 1」農山漁村文化協会　2004
　◇p201〔白黒〕　長野県阿智村駒場　㋺熊谷元一, 昭和25年

**入会のカヤ場**
「里山・里海 暮らし図鑑」柏書房　2012
　◇写13 (p225)〔白黒〕　和歌山県生石高原　昭和30年代　和歌山県海南市教育委員会提供

**大ガマによる薪柴の切り出し**
「里山・里海 暮らし図鑑」柏書房　2012
　◇口絵〔カラー〕　和歌山県旧大塔村〔田辺市〕　昭和30年代　田辺市大塔行政局提供

**落ち葉掃き**
「いまに伝える 農家のモノ・人の生活館」柏書房　2004
　◇口絵〔カラー〕　埼玉県所沢市

**柿をとる**
「あるくみるきく双書 宮本常一とあるいた昭和の日本 23」農山漁村文化協会　2012
　◇p133〔白黒〕(屋根の上に登って柿をとる)　新潟県朝日村三面
「写真でみる日本生活図引 別巻」弘文堂　1993
　◇図164〔白黒〕(柿採り)　長野県下伊那郡阿智村　庭の柿採り　㋺熊谷元一, 昭和31年11月14日
「写真でみる日本生活図引 4」弘文堂　1988
　◇図79〔白黒〕(柿)　長野県下伊那郡阿智村　柿を採る　㋺熊谷元一, 昭和31年11月

**柿もぎをする**
「写真ものがたり昭和の暮らし 1」農山漁村文化協会　2004
　◇p228〔カラー〕　岩手県黒石市　㋺須藤功, 昭和43年11月

**カサスゲの刈り取り**
「里山・里海 暮らし図鑑」柏書房　2012
　◇写11 (p229)〔白黒〕　新潟県旧頸城村〔上越市〕

**カヤ刈り**
「里山・里海 暮らし図鑑」柏書房　2012
　◇写7 (p224)〔白黒〕　奈良県宇陀市

**かや刈場**
「写真ものがたり昭和の暮らし 1」農山漁村文化協会　2004
　◇p17〔白黒〕　長野県富士見町広原　㋺武藤盈, 昭和34年10月

**茅場での茅刈り**
「日本の生活環境文化大辞典」柏書房　2010
　◇p37-3〔白黒〕　岡山県美作市後山　〔屋根葺き用の茅〕　㋺2009年

**草刈場**
「宮本常一 写真・日記集成 上」毎日新聞社　2005
　◇p138〔白黒〕　新潟県両津市〔佐渡市〕大野亀　㋺宮本常一, 1959年8月7日

**クズハキ**
「いまに伝える 農家のモノ・人の生活館」柏書房　2004
　◇p205 写真2〔白黒〕　〔埼玉県〕
　◇p205 写真5〔白黒〕　〔埼玉県〕　箱枠に詰めて落ち葉のかたまりを作り、縄で結ぶ
　◇p207 写真3〔白黒〕　埼玉県所沢市

**クズハキカゴ**
「いまに伝える 農家のモノ・人の生活館」柏書房　2004
　◇p207 写真4〔白黒〕　埼玉県所沢市

**クズハキカゴに落ち葉を詰めこむ**
「いまに伝える 農家のモノ・人の生活館」柏書房　2004
　◇p205 写真3〔白黒〕　〔埼玉県〕
　◇p205 写真4〔白黒〕　〔埼玉県〕

**クズハキ前の下刈り**
「いまに伝える 農家のモノ・人の生活館」柏書房　2004
　◇p205 写真1〔白黒〕　〔埼玉県〕

**栗挟み**
「日本民具の造形」淡交社　2004
　◇p51〔白黒〕　福岡県　大平村郷土資料館所蔵

**栗ひろい**
「写真でみる日本人の生活全集 9」日本図書センター　2010
　◇口絵〔白黒〕　秋田県　荷上場　㋺塚本信夫

**栗ひろいの帰り道**
「写真でみる日本人の生活全集 9」日本図書センター　2010
　◇口絵〔白黒〕　子供たち　㋺塚本信夫

**木の葉宿**
「いまに伝える 農家のモノ・人の生活館」柏書房　2004
　◇p204 図1〔白黒・図〕　埼玉県比企地方　落ち葉を保存する施設

**採草地としての林野**
「図説 日本民俗学」吉川弘文館　2009
　◇p117〔白黒・図〕　長野県麻績村　矢倉領域図と四阿屋山・根尾断面模式図

**山菜採取**
「図説 日本民俗学」吉川弘文館　2009
　◇p162〔白黒〕　福島県南会津町

**山菜採り**
「写真ものがたり昭和の暮らし 2」農山漁村文化協会　2004
　◇p37〔白黒〕　福島県檜枝岐村　雪の残る山中　㋺小見重義, 昭和54年5月
「写真でみる日本生活図引 2」弘文堂　1988
　◇図96〔白黒〕　岩手県岩手郡葛巻町小屋瀬　㋺菊池俊吉, 昭和32年5月
「民俗資料選集 9 山村の生活と用具」国土地理協会　1981
　◇p57 (本文)〔白黒〕(山菜とり)　愛知県北設楽郡津具村

**山菜取りに行く娘たち**
「写真ものがたり昭和の暮らし 9」農山漁村文化協会　2007
　◇p98〔白黒〕　新潟　魚沼地方　㋺中俣正義, 昭和30年代

**山菜のミズの長さをそろえる**
「写真ものがたり昭和の暮らし 2」農山漁村文化協会　2004
　◇p41〔白黒〕　福島県檜枝岐村　㋺小見重義, 昭和54年5月

**山村の駅頭の薪の山**
「日本社会民俗辞典 3」日本図書センター　2004
◇p1115〔白黒〕　岩手県摺沢町

**鹿角製シッタプ**
「日本民俗大辞典 上」吉川弘文館　1999
◇p781〔白黒・図〕　アイヌ

**じがりの巣**
「日本の民具 3 山・漁村」慶友社　1992
◇図80〔白黒〕　長野県　[撮]薗部澄

**柴置き場**
「宮本常一 写真・日記集成 下」毎日新聞社　2005
◇p153〔白黒〕　東京都府中市　[撮]宮本常一, 1968年6月18日

**柴の束ね作業**
「里山・里海 暮らし図鑑」柏書房　2012
◇写31（p51）〔白黒〕　愛知県豊田市

**収穫したタケノコ**
「里山・里海 暮らし図鑑」柏書房　2012
◇写53（p142）〔白黒〕　愛知県豊田市　4月

**出荷された薬草**
「里山・里海 暮らし図鑑」柏書房　2012
◇写29（p218）〔白黒〕（自給分を上回る薬草は、出荷され収入を生み出した）　和歌山県白浜町

**ジュンサイを採る**
「写真ものがたり昭和の暮らし 5」農山漁村文化協会　2005
◇p227〔白黒〕　秋田県森岳村（現山本町）　[撮]南利夫, 昭和33年

**蓴菜採収用笠**
「写真で見る農具 民具」農林統計協会　1988
◇p184〔白黒〕　京都府京都市　昭和40年頃まで

**薪柴の木馬出し**
「里山・里海 暮らし図鑑」柏書房　2012
◇写32（p51）〔白黒〕　和歌山県旧大塔村〔田辺市〕　昭和30年代　田辺市大塔行政局提供

**薪柴の代用になる流木拾い**
「里山・里海 暮らし図鑑」柏書房　2012
◇写11（p44）〔白黒〕　鹿児島県大島郡徳之島町山　昭和52年　スタジオカガワ提供

**杉の葉拾い**
「写真ものがたり昭和の暮らし 2」農山漁村文化協会　2004
◇もくじ〔p3〕〔白黒〕　[撮]加賀谷政雄
「写真でみる日本生活図引 別巻」弘文堂　1993
◇図142〔白黒〕（杉葉）　長野県下伊那郡阿智村　焚付けに使う杉葉を拾ってくる　[撮]熊谷元一, 昭和31年10月27日

**菅刈り**
「民俗図録 日本人の暮らし」日本図書センター　2012
◇図158〔白黒〕　新潟県南蒲原郡福島村貝喰　笠や蓑の材料にするため盆仕事に菅刈り　[撮]福島惣一郎

**スダレを作るヨシの採取**
「里山・里海 暮らし図鑑」柏書房　2012
◇写9（p229）〔白黒〕　新潟県旧頸城村〔上越市〕

**炭俵用のカヤ刈り**
「いまに伝える 農家のモノ・人の生活館」柏書房　2004
◇p214 写真1〔白黒〕　埼玉県皆野町

**ゼンマイを採る**
「写真ものがたり昭和の暮らし 2」農山漁村文化協会　2004
◇p38〔白黒〕　福島県檜枝岐村　[撮]小見重義, 昭和54年5月

**ゼンマイ採り**
「写真ものがたり昭和の暮らし 2」農山漁村文化協会　2004
◇p7〔白黒〕　福島県檜枝岐村袖沢　[撮]小見重義, 昭和56年6月
「写真でみる日本生活図引 8」弘文堂　1993
◇図29〔白黒〕（薇採り）　福島県南会津郡檜枝岐村袖沢　[撮]米山孝志, 昭和56年6月

**たきぎ小屋での薪柴の保管**
「里山・里海 暮らし図鑑」柏書房　2012
◇写35（p52）〔白黒〕　山形県鶴岡市

**たきぎとり**
「図説 日本民俗学」吉川弘文館　2009
◇p164〔白黒〕　静岡県沼津市

**薪取り**
「写真でみる日本生活図引 別巻」弘文堂　1993
◇図201〔白黒〕　長野県下伊那郡阿智村　[撮]熊谷元一, 昭和31年12月16日

**焚き付け用のスギの落葉**
「里山・里海 暮らし図鑑」柏書房　2012
◇写4（p41）〔白黒〕　長野県松本市

**焚き付け用のマツの落葉**
「里山・里海 暮らし図鑑」柏書房　2012
◇写3（p41）〔白黒〕　大阪府泉南郡岬町

**焚き付け用のマメやムギ殻**
「里山・里海 暮らし図鑑」柏書房　2012
◇写5（p41）〔白黒〕　長野県松本市

**タケノコ掘り**
「里山・里海 暮らし図鑑」柏書房　2012
◇写48（p141）〔白黒〕　愛知県豊田市　3月
「日本郷土 風俗・民芸・芸能図鑑」日本図書センター　2012
◇写真篇 熊本〔白黒〕（筍堀り）　熊本県

**筍掘り（道具）**
「日本民具の造形」淡交社　2004
◇p216〔白黒〕　京都府 城陽歴史民俗資料館所蔵　竹製

**田畑の肥料としての海藻ひろい**
「写真でみる日本人の生活全集 9」日本図書センター　2010
◇口絵〔白黒〕　秋田県八森村　[撮]塚本信夫

**ツバキの実を採取する**
「写真ものがたり昭和の暮らし 3」農山漁村文化協会　2004
◇p197〔白黒〕　東京都利島村　[撮]湊嘉秀, 昭和59年10月

**手桶, 溜桶, 鎌, たらい（蓴菜採収）**
「写真で見る農具 民具」農林統計協会　1988
◇p184〔白黒〕（手桶, 溜桶, 鎌, たらい）　京都府京都市　手桶：明治時代から昭和40年頃まで, 溜桶：大正時代から昭和40年頃まで, 鎌：昭和40年頃まで, たらい：大正時代から昭和15年まで　蓴菜（じゅんさい）採収用具一式

**手籠にヒロッコ（野蒜）を入れて帰る子どもたち**
「写真でみる日本生活図引 2」弘文堂　1988
◇図123〔白黒〕（手籠）　秋田県雄勝郡東成瀬村　〔手籠にヒロッコ（野蒜）を入れて帰る子どもたち〕　[撮]加賀谷政雄, 昭和34年3月

**採ってきた茸**
「写真でみる日本生活図引 別巻」弘文堂　1993
◇図93〔白黒〕（茸）　長野県下伊那郡阿智村　採ってきた茸　[撮]熊谷元一, 昭和31年9月9日

**ナバカゴ**
「あるくみるきく双書 宮本常一とあるいた昭和の日本 19」農山漁村文化協会　2012
◇p113〔白黒〕　大分県杵築市　キノコ採り用　[撮]工藤員功

## 生産・生業 / その他

**ハチの子獲り**
「写真ものがたり昭和の暮らし 2」農山漁村文化協会 2004
　◇p50〔カラー〕 愛知県作手村 ㊙須藤功, 平成15年10月

**販売用の薪を作る**
「写真ものがたり昭和の暮らし 2」農山漁村文化協会 2004
　◇p148〔白黒〕(町の家庭で使う販売用の薪を作る) 埼玉県小鹿野町皆野 ㊙武藤盈, 昭和32年9月

**ひし採り**
「日本郷土 風俗・民芸・芸能図鑑」日本図書センター 2012
　◇写真篇 佐賀〔白黒〕 佐賀県

**菱とり**
「民俗図録 日本人の暮らし」日本図書センター 2012
　◇図253〔白黒〕 佐賀県佐賀郡久保田村

**ヒシノミをとりにゆく女たち**
「図説 民俗探訪事典」山川出版社 1983
　◇p347〔白黒〕 トーロ湖

**ヒシの実採り**
「写真ものがたり昭和の暮らし 5」農山漁村文化協会 2005
　◇p230〔白黒〕(たらいに乗ってヒシの実を採る) 佐賀県三根村(現みやき町) 篠原眞, 昭和33年代
「写真でみる日本生活図引 8」弘文堂 1993
　◇目次B〔白黒〕 ㊙篠原眞

**ふきのとうつみ**
「写真でみる日本人の生活全集 9」日本図書センター 2010
　◇口絵〔白黒〕 秋田県二ツ井町 ㊙塚本信夫
「写真でみる日本人の生活全集 1」日本図書センター 2010
　◇p39〔白黒〕(フキのとうを採る) 長野県浅間山麓

**薪作り**
「写真でみる日本生活図引 別巻」弘文堂 1993
　◇図236〔白黒〕 長野県下伊那郡阿智村 ㊙熊谷元一, 昭和32年1月6日
「民俗資料叢書 10 木地師の習俗2」平凡社 1969
　◇図50〔白黒〕 岐阜県 上大須の中間にある古宮付近〔本巣市〕

**薪作りと枝まるき**
「いまに伝える 農家のモノ・人の生活館」柏書房 2004
　◇p209 写真6〔白黒〕 埼玉県嵐山町

**薪にする木を鋸で伐る**
「写真ものがたり昭和の暮らし 6」農山漁村文化協会 2006
　◇p77〔白黒〕 長野県會地村(現阿智村) 雪の降りつづく山で、父と子が薪にする木を鋸で伐っている ㊙熊谷元一, 昭和30年1月

**薪のショイダシ**
「いまに伝える 農家のモノ・人の生活館」柏書房 2004
　◇p211 図2〔白黒・図〕 〔埼玉県〕
　◇p211 写真8〔白黒〕 埼玉県嵐山町

**薪の切断と割木作り**
「里山・里海 暮らし図鑑」柏書房 2012
　◇写33(p51)〔白黒〕 愛知県豊田市

**薪拾い**
「写真でみる日本生活図引 5」弘文堂 1989
　◇図84〔白黒〕 新潟県佐渡郡真野町西三川 流木を拾い歩く ㊙中俣正義, 昭和30年頃
　◇図85〔白黒〕 北海道伊達市 山での柴取り ㊙掛川源一郎, 昭和29年10月

**マツタケを採取**
「里山・里海 暮らし図鑑」柏書房 2012
　◇写70(p147)〔白黒〕 大阪府岬町 11月

**山芋掘り**
「写真ものがたり昭和の暮らし 2」農山漁村文化協会 2004
　◇p48〔白黒〕(山芋を掘る) 新潟県山古志村梶金 ㊙須藤功, 昭和46年10月
「写真でみる日本生活図引 2」弘文堂 1988
　◇図97〔白黒〕 新潟県古志郡山古志村梶金〔林の中の野生の山芋〕 ㊙須藤功, 昭和46年10月24日

**雪型(ジサとバサ)**
「写真ものがたり昭和の暮らし 2」農山漁村文化協会 2004
　◇p36〔白黒〕 新潟県村松町小面谷から見る 4月のなかごろ 日倉山に現れる 雪形が見える間、ぜんまい採りをする ㊙斉藤義信, 昭和50年4月

**雪型(僧侶の形)**
「写真ものがたり昭和の暮らし 2」農山漁村文化協会 2004
　◇p36〔白黒〕 新潟県鹿瀬町実川から見る 5月初めに飯豊連峰の笠掛山に現れる。ゼンマイ採りのシーズンにはいる ㊙斉藤義信, 昭和50年5月

**ヨシ刈り**
「写真ものがたり昭和の暮らし 5」農山漁村文化協会 2005
　◇p168〔白黒〕 滋賀県守山市木浜 正月が明けると始まる ㊙前野隆資, 昭和37年1月 琵琶湖博物館所蔵

**流木を拾うために川岸に立っている少年**
「写真ものがたり昭和の暮らし 6」農山漁村文化協会 2006
　◇p78〔白黒〕 青森県八戸市 ㊙和井田登, 昭和30年代

# その他

**青灰やき**
「日本社会民俗辞典 3」日本図書センター 2004
　◇p1226〔白黒〕 福島県大野村 灌木を焼いて灰をとる

**網作り(錦鯉用)**
「写真でみる日本生活図引 8」弘文堂 1993
　◇図12〔白黒〕(網作り) 新潟県古志郡山古志村 編んでいる網は、錦鯉を掬い上げる攩網(たもあみ)の一種 ㊙須藤功, 昭和46年2月23日

**阿波三盆 下釜の用例**
「図説 台所道具の歴史」日本図書センター 2012
　◇p78-3〔白黒〕(下釜の用例) 徳島県 阿波三盆の製造所遺構 徳島市・三木文庫

**阿波の和三盆製造道具のうち石車**
「図説 台所道具の歴史」日本図書センター 2012
　◇p54-1〔白黒〕 徳島市・三木文庫

**売る菖蒲と蓬をそろえる**
「写真でみる日本生活図引 別巻」弘文堂 1993

その他　　　　　　　　　　　　　　　　生産・生業

　◇図391〔白黒〕(菖蒲)　長野県下伊那郡阿智村　売る菖蒲と蓬をそろえる　㋴熊谷元一, 昭和32年6月1日

**柿渋づくりや接木の台木に使われるマメ柿**
「あるくみるきく双書 宮本常一とあるいた昭和の日本 23」農山漁村文化協会　2012
　◇p158〔白黒〕

**柿の木の根元に接木の跡**
「あるくみるきく双書 宮本常一とあるいた昭和の日本 23」農山漁村文化協会　2012
　◇p147〔白黒〕　岐阜県揖斐郡谷汲村

**カボテ**
「宮本常一が撮った昭和の情景 上」毎日新聞社　2009
　◇p153〔白黒〕　熊本県八代市泉町椎原　点火して腰につけ蚊をはらう　㋴宮本常一, 1962年6月20日
「宮本常一 写真・日記集成 上」毎日新聞社　2005
　◇p315〔白黒〕　五家荘椎原(熊本県八代郡泉村[八代市])　火をともして腰につけ蚊をはらう　㋴宮本常一, 1962年6月20日

**鎌をとぐ**
「いまに伝える 農家のモノ・人の生活館」柏書房　2004
　◇p135 写真3〔白黒〕(道具の手入れ 鎌をとぐ)　埼玉県三芳町

**鎌を研ぐ少年**
「写真ものがたり昭和の暮らし 5」農山漁村文化協会　2005
　◇p93〔白黒〕　長野県阿智村　㋴熊谷元一, 昭和24年

**鎌を研ぐ父親とふたりの子ども**
「写真ものがたり昭和の暮らし 6」農山漁村文化協会　2006
　◇p27〔白黒〕　秋田県六郷町(現美郷町)　㋴佐藤久太郎, 昭和35年9月

**鎌型**
「日本民俗大辞典 上」吉川弘文館　1999
　◇p388〔白黒・図〕　岩手県, 埼玉県, 長野県, 福井県, 奈良県, 兵庫県, 高知県, 熊本県, 鹿児島県　朝岡康二『鍛冶の民俗技術』より

**きつね**
「図説 台所道具の歴史」日本図書センター　2012
　◇p54-2〔白黒〕　徳島県　製糖　徳島市・三木文庫

**きび切り**
「日本民具の造形」淡交社　2004
　◇p249〔白黒〕　香川県 豊浜町郷土資料館所蔵　製糖

**行田足袋の大工場**
「写真でみる日本人の生活全集 2」日本図書センター　2010
　◇p98〔白黒〕　埼玉県

**金輪車**
「日本民具の造形」淡交社　2004
　◇p249〔白黒〕　鹿児島県 奄美博物館所蔵　製糖

**草刈場**
「宮本常一 写真・日記集成 別巻」毎日新聞社　2005
　◇図54(p20)〔白黒〕　島根県美濃郡匹見上村三葛[匹見町]　㋴宮本常一, 1939年12月1日

**鯉の池の泥上げ**
「写真でみる日本生活図引 別巻」弘文堂　1993
　◇図150〔白黒〕(泥上げ)　長野県下伊那郡阿智村　鯉の池の泥上げ　㋴熊谷元一, 昭和31年11月4日

**鯉の餌**
「写真でみる日本生活図引 別巻」弘文堂　1993
　◇図86〔白黒〕　長野県下伊那郡阿智村　干した蛹を手で掬い、鯉に与える分をバケツに入れる　㋴熊谷元一, 昭和31年9月2日

**工業用石臼**
「図説 台所道具の歴史」日本図書センター　2012
　◇p47-9〔白黒〕　愛知県・知多半田市内　日清製粉半田工場の正面入口門柱わきにトラックの衝突よけに埋めこまれた大石臼

**氷の切出し**
「写真ものがたり昭和の暮らし 5」農山漁村文化協会　2005
　◇p217〔白黒〕(一定の大きさに切った湖沼の氷を、女の人たちが氷挟みではさんで引きあげている)　青森県八戸市　㋴和井田登, 昭和30年代　引きあげた氷は氷室に貯蔵する
「写真でみる日本生活図引 3」弘文堂　1988
　◇図115〔白黒〕　北海道札幌市　湖に張った天然氷　㋴菊池俊吉, 昭和14年頃

**氷はさみ**
「日本民具の造形」淡交社　2004
　◇p51〔白黒〕　北海道 室蘭市民俗資料館所蔵

**コロビの粗皮剝ぎ**
「里山・里海 暮らし図鑑」柏書房　2012
　◇写54(p263)〔白黒〕(隣組の共同で行うコロビの粗皮剝ぎ)　福井県旧三方町[若狭町]海山　昭和20年代　上田治太郎所蔵, 若狭町歴史文化館提供

**砂糖黍圧搾機**
「写真ものがたり昭和の暮らし 3」農山漁村文化協会　2004
　◇p227〔白黒・図〕　絵・中嶋俊枝

**砂糖黍圧搾機が3台ある精糖所**
「写真ものがたり昭和の暮らし 3」農山漁村文化協会　2004
　◇p227〔白黒〕　沖縄県　㋴坂本万七, 昭和14年1月

**サトウキビ鍋**
「日本民具の造形」淡交社　2004
　◇p249〔白黒〕　高知県 芸西村伝承館所蔵

**砂糖車**
「図説 民俗探訪事典」山川出版社　1983
　◇p324〔白黒〕　沖縄

**砂糖小屋**
「日本民俗大辞典 上」吉川弘文館　1999
　◇p703〔白黒〕　旧・香川県坂出市所在

**砂糖搾め**
「日本民具の造形」淡交社　2004
　◇p249〔白黒〕　香川県 四国民家博物館所蔵

**鯖節製造小屋**
「宮本常一 写真・日記集成 別巻」毎日新聞社　2005
　◇図76(p22)〔白黒〕　鹿児島県・屋久島・一湊[屋久町]　㋴宮本常一, 1940年1月27日〜2月10日

**柴の代用になった桑木の剪定枝「桑棒」**
「里山・里海 暮らし図鑑」柏書房　2012
　◇写12(p44)〔白黒〕　埼玉県秩父市

**渋柿の幹の途中で接木した富有柿**
「あるくみるきく双書 宮本常一とあるいた昭和の日本 23」農山漁村文化協会　2012
　◇p147〔白黒〕　島根県桜江町谷住郷

**焼成石灰を作り販売**
「里山・里海 暮らし図鑑」柏書房　2012
　◇写51(p200)〔白黒〕(大量に発生する貝殻から焼成石灰を作り販売)　福岡県柳川市沖端　昭和30〜40年　野田種子提供

**女工(エンピツ工場)**
「日本社会民俗辞典 3」日本図書センター　2004
　◇p1253〔白黒〕

### シリカワ(尻革)
「写真でみる日本人の生活全集 2」日本図書センター　2010
◇p63〔白黒〕　奈良県　休息用

### 真珠の加工場
「宮本常一 写真・日記集成 下」毎日新聞社　2005
◇p406〔白黒〕　高知県土佐清水市 土佐清水漁港　[撮]宮本常一, 1977年10月18日(農山漁家生活改善技術資料調査)

### 水田養鯉に用いるコイゴ(鯉子)
「食の民俗事典」柊風舎　2011
◇p155〔白黒〕　長野県佐久市桜井

### 精糖工場
「宮本常一 写真・日記集成 下」毎日新聞社　2005
◇p68〔白黒〕　鹿児島県中種子町(種子島)　[撮]宮本常一, 1966年3月31日～4月10日

### 製糖作業
「日本の民俗 下」クレオ　1997
◇p247〔白黒〕(沖永良部島の製糖作業)　鹿児島県　[撮]芳賀日出男, 昭和32年

### 製糖所
「写真でみる日本生活図引 1」弘文堂　1989
◇図125, 126〔白黒〕　沖縄県　[撮]坂本万七, 昭和14年1月

### セメント工場
「宮本常一 写真・日記集成 下」毎日新聞社　2005
◇p193〔白黒〕　山口県 美祢線・美祢駅あたり　[撮]宮本常一, 1969年4月12日

### セメント材料の石灰岩を掘りとられた香春岳
「宮本常一が撮った昭和の情景 下」毎日新聞社　2009
◇p77〔白黒〕(セメント材料の石灰岩を削りとられた香春岳)　大分県 香春(かわら)駅付近　[撮]宮本常一, 1968年8月2日
「宮本常一 写真・日記集成 下」毎日新聞社　2005
◇p167〔白黒〕　大分県 香春(かわら)駅付近　[撮]宮本常一, 1968年8月2日

### タキギ
「宮本常一 写真・日記集成 別巻」毎日新聞社　2005
◇図301(p50)〔白黒〕　青森県・津軽・金木［北津軽郡金木町］　[撮]宮本常一, 1941年7月

### タキギニウ
「宮本常一 写真・日記集成 別巻」毎日新聞社　2005
◇図306(p50)〔白黒〕　青森県・津軽・板柳［北津軽郡板柳町］　[撮]宮本常一, 1941年7月

### タキギのニウ
「宮本常一 写真・日記集成 別巻」毎日新聞社　2005
◇図324(p52)〔白黒〕　滋賀県・近江・在原［高島郡マキノ町］　[撮]宮本常一, 1941年8月

### ダンノー(蚊よけ)
「民俗図録 日本人の暮らし」日本図書センター　2012
◇図279〔白黒〕　岩手県九戸郡山形村荷軽部　[撮]大間知篤三

### 貯蔵穴
「宮本常一 写真・日記集成 下」毎日新聞社　2005
◇p28〔白黒〕　島根県隠岐郡西ノ島町浦郷→別府　[撮]宮本常一, 1965年5月30日

### つぼ(さとうきび用)
「写真で見る農具 民具」農林統計協会　1988
◇p225〔白黒〕(つぼ)　愛媛県伊予市　さとうきびの粗糖生産及び保存用の容器

### ツルの先端の鉄
「日本民俗大辞典 下」吉川弘文館　2000
◇p142〔白黒・図〕(ツル)　ツルの先端の鉄

### 手鎌による土手の草刈り
「里山・里海 暮らし図鑑」柏書房　2012
◇写61(p75)〔白黒〕　高知県旧十和村〔四万十町〕大井川

### デニール器
「日本の民具 1 町」慶友社　1992
◇図137〔白黒〕　明治時代　[撮]薗部澄

### 東京芝浦製作所 製鑵部工場
「日本社会民俗辞典 1」日本図書センター　2004
◇p381〔白黒・図〕(東京芝浦製作所—製鑵部工場)　[撮]明治29年　『風俗画報』

### 土管工場
「宮本常一 写真・日記集成 下」毎日新聞社　2005
◇p170〔白黒〕　山口県 山口→大畠　[撮]宮本常一, 1968年8月14日

### 錦鯉の品評会
「写真ものがたり昭和の暮らし 5」農山漁村文化協会　2005
◇p199〔カラー〕　新潟県山古志村木籠(現長岡市)　[撮]須藤功, 昭和46年10月

### 日本セメント香春工場
「宮本常一 写真・日記集成 上」毎日新聞社　2005
◇p218〔白黒〕　大分県日田市, 福岡県北九州市小倉　[撮]宮本常一, 1960年11月4日

### 鋸を使う
「写真でみる日本生活図引 4」弘文堂　1988
◇図124〔白黒〕　秋田県平鹿郡山内村小松川　鋸歯を研ぐ　[撮]佐藤久太郎, 昭和32年2月
◇図125〔白黒〕　島根県仁田郡横田町　薪を伐る　[撮]須藤功, 昭和52年12月13日

### 灰焼き場
「宮本常一 写真・日記集成 上」毎日新聞社　2005
◇p17〔白黒〕　広島県山県郡戸河内町［安芸太田町］板ヶ谷　[撮]宮本常一, 1955年8月21日

### ハッカ蒸溜分水器
「日本民具の造形」淡交社　2004
◇p33〔白黒〕　北海道 滝上町郷土館所蔵

### 薄荷用ポンプ
「日本民具の造形」淡交社　2004
◇p256〔白黒〕　北海道 遠軽町郷土館所蔵

### ビニロン繊維工場
「日本社会民俗辞典 1」日本図書センター　2004
◇p366〔白黒〕(近代工場の内部—ビニロン繊維工場)

### ビール工場のビール瓶置き場
「宮本常一 写真・日記集成 下」毎日新聞社　2005
◇p153〔白黒〕　東京都府中市矢崎町　[撮]宮本常一, 1968年6月18日

### ビンの王冠キャップをプレスする女性
「宮本常一 写真・日記集成 上」毎日新聞社　2005
◇p195〔白黒〕　東京都荒川区三河島　[撮]宮本常一, 1960年5月18日

### ボイキリ
「写真ものがたり昭和の暮らし 9」農山漁村文化協会　2007
◇p41〔カラー〕　新潟県山古志村梶金(現長岡市)　芽吹く直前の若木を伐り秋までそのまま置いて枯らす　[撮]須藤功, 昭和46年5月

### 防風や燃料用、救荒食等を兼ね土手に列植されたソテツ群
「里山・里海 暮らし図鑑」柏書房　2012
◇写31(p219)〔白黒〕　鹿児島県沖永良部島　昭和30年代　和泊町歴史民俗資料館提供

その他　　　　　　　　　　　　　　生産・生業

## 薪を伐る
「写真ものがたり昭和の暮らし 9」農山漁村文化協会　2007
◇p41〔カラー〕　島根県横田町（現奥出雲町）　㊴須藤功, 昭和52年12月
「写真でみる日本生活図引 別巻」弘文堂　1993
◇図217〔白黒〕（薪伐り）　長野県下伊那郡阿智村　㊴熊谷元一, 昭和31年12月29日

## 薪割り
「図説 台所道具の歴史」日本図書センター　2012
◇p100-1〔白黒〕　青梅市上成木　㊴GK
「写真ものがたり昭和の暮らし 9」農山漁村文化協会　2007
◇p17〔白黒〕（鉞で薪割りをする）　福島県下郷町大内　㊴須藤功, 昭和44年12月
「日本民俗写真大系 4」日本図書センター　1999
◇p62〔白黒〕　尾道市　子供たちが船で煮炊きに使う薪を小割にする　㊴1958年

## 蜜甕
「図説 台所道具の歴史」日本図書センター　2012
◇p54-3〔白黒〕　徳島県　製糖　徳島市・三木文庫

## 山へ行く
「写真でみる日本生活図引 別巻」弘文堂　1993
◇図125〔白黒〕　長野県下伊那郡阿智村　㊴熊谷元一, 昭和31年10月10日

## 山刀
「日本民俗大辞典 下」吉川弘文館　2000
◇p741〔白黒・図〕　琉球諸島のヤマナジ, 西南諸島のヤマキイ, 南九州のヤマカラシ, 改良型の剣先鉈　護身・藪刈り・獣の腑分け　朝岡康二『鍛冶の民間技術』より

## 山仕事の帰り
「宮本常一が撮った昭和の情景 上」毎日新聞社　2009
◇p64〔白黒〕　愛知県北設楽郡設楽町津具　〔自転車に乗って布袋を背負っている〕　㊴宮本常一, 1959年8月1日
「宮本常一 写真・日記集成 上」毎日新聞社　2005
◇p134〔白黒〕　愛知県北設楽郡 下津具　㊴宮本常一, 1959年8月1日
「宮本常一 写真・日記集成 下」毎日新聞社　2005
◇p331〔白黒〕（山仕事からの帰り）　富山県中新川郡立山町　㊴宮本常一, 1974年10月17日

## 山仕事の道具
「宮本常一 写真・日記集成 上」毎日新聞社　2005
◇p43〔白黒〕　愛知県北設楽郡設楽町 名倉→清水　㊴宮本常一, 1956年10月7日

## 山の草刈り
「写真ものがたり昭和の暮らし 2」農山漁村文化協会　2004
◇p45〔白黒〕（集落共有の山の草刈り）　長野県阿智村駒場　㊴熊谷元一, 昭和31年

## 山の下刈り
「写真でみる日本生活図引 別巻」弘文堂　1993
◇図41, 42〔白黒〕（消防林）　長野県下伊那郡阿智村　会地村消防団の山, 山の下刈り作業　㊴熊谷元一, 昭和31年7月27日
◇図77〔白黒〕（区の山下刈り）　長野県下伊那郡阿智村　㊴熊谷元一, 昭和31年8月25日

## 山の道具を腰に吊した村人
「民俗図録 日本人の暮らし」日本図書センター　2012
◇図108〔白黒〕　高知県地方

## レンガ工場
「宮本常一 写真・日記集成 上」毎日新聞社　2005
◇p152〔白黒〕　広島県 呉線・安芸津町・三津　㊴宮本常一, 1959年9月4日

## 割り木（ワッツァバ）の木鳩
「写真でみる民家大事典」柏書房　2005
◇p141-1〔白黒〕　新潟県魚沼市入広瀬　㊴2004年　池田亨

# 交通・交易

## 交通・運輸

青葉通りと東五番丁の交差点
「写真ものがたり昭和の暮らし 4」農村漁村文化協会 2005
◇p126〔白黒〕 宮城県仙台市 ㊙中嶋忠一, 昭和29年12月

赤坂見附（道路）
「宮本常一 写真・日記集成 上」毎日新聞社 2005
◇p111〔白黒〕（赤坂見附） 東京 ㊙宮本常一, 1958年10月27日

赤坂見附交差点
「宮本常一が撮った昭和の情景 上」毎日新聞社 2009
◇p56〔白黒〕 東京都港区 奥左手は千代田区紀尾井町の赤坂プリンスホテル ㊙宮本常一, 1958年10月27日

商い船
「宮本常一 写真・日記集成 下」毎日新聞社 2005
◇p333〔白黒〕 広島県 大長? ㊙宮本常一, 1974年12月16日

朝潮運河
「写真ものがたり昭和の暮らし 5」農山漁村文化協会 2005
◇p51〔白黒〕 東京都中央区 ㊙昭和48年10月 東京都提供

朝のホーム
「写真でみる日本生活図引 7」弘文堂 1993
◇図108〔白黒〕 東京都新宿区・新宿駅 ㊙渡部雄吉, 昭和37年2月8日

朝のラッシュ
「写真でみる日本生活図引 7」弘文堂 1993
◇図95〔白黒〕 東京都千代田区丸の内 通勤の自家用車のラッシュ ㊙昭和29年2月26日 東京都提供

新しい橋
「図説 日本民俗学」吉川弘文館 2009
◇p185〔白黒〕 長野県大桑村

網走駅前の風景
「宮本常一 写真・日記集成 下」毎日新聞社 2005
◇p460〔白黒〕 北海道網走市 ㊙宮本常一, 1979年4月29日

阿波池田駅
「宮本常一 写真・日記集成 下」毎日新聞社 2005
◇p229〔白黒〕 徳島県池田町 ㊙宮本常一, 1970年7月15日〜16日

淡路フェリー
「宮本常一 写真・日記集成 下」毎日新聞社 2005
◇p279〔白黒〕 兵庫県三原郡西淡町 ㊙宮本常一, 1972年8月14日

安房森林鉄道
「日本民俗写真大系 5」日本図書センター 2000
◇p103〔白黒〕 鹿児島県屋久島 屋久杉を運ぶ ㊙薗部澄, 1963年

飯倉1丁目
「宮本常一 写真・日記集成 上」毎日新聞社 2005
◇p404〔白黒〕 福岡県福岡市 ㊙宮本常一, 1963年11月3〜8日

飯田線・三河大野駅
「宮本常一 写真・日記集成 上」毎日新聞社 2005
◇p130〔白黒〕 愛知県新城市 ㊙宮本常一, 1959年7月27日

飯田橋駅付近
「宮本常一 写真・日記集成 上」毎日新聞社 2005
◇p174〔白黒〕 東京都 ㊙宮本常一, 1960年3月2日

家から浜へ出るガンギ
「宮本常一 写真・日記集成 上」毎日新聞社 2005
◇p198〔白黒〕 山口県大島郡東和町［周防大島町］ ㊙宮本常一, 1960年7月1日

筏で海を渡る
「宮本常一 写真・日記集成 下」毎日新聞社 2005
◇p171〔白黒〕 山口県大島郡東和町沖家室［周防大島町］ ㊙宮本常一, 1968年8月23日

筏とダルマ船
「写真ものがたり昭和の暮らし 5」農山漁村文化協会 2005
◇p31〔白黒〕 東京都千代田区御茶の水 御茶の水駅近くの仙台堀（神田川）を隅田川に向かう ㊙昭和24年8月 共同通信社提供

石垣に沿う道
「写真でみる民家大事典」柏書房 2005
◇p229-3〔白黒〕 埼玉県秩父市吉田町石間字沢戸 ㊙1983年 大久根茂

石垣の下が佐渡一周道路
「宮本常一 写真・日記集成 上」毎日新聞社 2005
◇p139〔白黒〕 新潟県両津市［佐渡市］二ツ亀→藻浦 ㊙宮本常一, 1959年8月7日

石橋
「宮本常一 写真・日記集成 上」毎日新聞社 2005
◇p344〔白黒〕 熊本県 天草下島・本渡 ㊙宮本常一, 1962年10月6日

石橋・笹原川の聖橋
「宮本常一 写真・日記集成 上」毎日新聞社 2005
◇p347〔白黒〕 熊本県上益城郡矢部町 ㊙宮本常一, 1962年10月9日

石橋・山中橋か
「宮本常一 写真・日記集成 上」毎日新聞社 2005
◇p347〔白黒〕 熊本県上益城郡矢部町 ㊙宮本常一, 1962年10月9日

板壁が続く路地
「宮本常一 写真・日記集成 下」毎日新聞社 2005
◇p304〔白黒〕 大阪府高石市取石 ㊙宮本常一, 1973年4月27日

交通・運輸　　　　　　　　　　　交通・交易

板の橋
　「宮本常一 写真・日記集成 上」毎日新聞社　2005
　　◇p157〔白黒〕　静岡県賀茂郡南伊豆町下賀茂→下田
　　㋑宮本常一，1959年10月29日

一里塚
　「日本社会民俗辞典 3」日本図書センター　2004
　　◇p1014〔白黒〕　三重県鈴鹿郡野村　『日本交通史論叢』

一般道路と首都高速道路が交差する赤坂見附
　「写真ものがたり昭和の暮らし 4」農山漁村文化協会　2005
　　◇p119〔白黒〕　東京都港区赤坂　㋑昭和45年12月　東京都提供

一本橋
　「写真ものがたり昭和の暮らし 5」農山漁村文化協会　2005
　　◇p46〔白黒〕　群馬県藤岡市上日野 鮎川　㋑都丸十九一，昭和33年
　　◇p47〔白黒〕　熊本県坂本村市俣 球磨川　㋑麦島勝，昭和26年9月

伊良湖港
　「宮本常一 写真・日記集成 上」毎日新聞社　2005
　　◇p211〔白黒〕　愛知県田原市　㋑宮本常一，1960年9月27日

岩を削って作ったもやい綱を結ぶ杭
　「日本民俗写真大系 7」日本図書センター　2000
　　◇p108〔白黒〕　島根県温泉津町 温泉津港　㋑須藤功，1974年

上に首都高速都心環状線が造られた日本橋
　「写真ものがたり昭和の暮らし 4」農村漁村文化協会　2005
　　◇p118〔白黒〕　東京都中央区日本橋　㋑昭和36年12月　東京都提供

上野駅ホームの人
　「写真ものがたり昭和の暮らし 4」農村漁村文化協会　2005
　　◇もくじ[p5]〔白黒〕　東京都提供

浮桟橋
　「宮本常一 写真・日記集成 上」毎日新聞社　2005
　　◇p76〔白黒〕　広島県安芸郡音戸町早瀬（倉橋島）　㋑宮本常一，1957年8月25日

鵜来島の船着場
　「日本民俗写真大系 5」日本図書センター　2000
　　◇p171〔白黒〕　宿毛市　島じゅうの人が出迎え　㋑原田政章，1963年

牛島灯台
　「宮本常一 写真・日記集成 下」毎日新聞社　2005
　　◇p250〔白黒〕　香川県 丸亀→本島　㋑宮本常一，1971年5月1日

巴波川沿いに人足が船を曳くための綱手道が残る
　「写真でみる民家大事典」柏書房　2005
　　◇p220-1〔白黒〕　栃木県栃木市倭町　㋑1990年　河東義之

宇津観音堂の参道
　「宮本常一 写真・日記集成 上」毎日新聞社　2005
　　◇p202〔白黒〕　山口県萩市 見島　㋑宮本常一，1960年8月3日

うねる集落の道
　「写真でみる民家大事典」柏書房　2005
　　◇p437-4〔白黒〕　沖縄県島尻郡渡名喜村　㋑2000年　永瀬克己

馬を渡す
　「写真でみる日本生活図引 6」弘文堂　1993
　　◇図86〔白黒〕　青森県八戸市湊町　新井田川近くを，現在の八戸市豊洲から同江陽に渡る船　㋑和井田登，昭和32年9月5日

馬とトラックを積んだ木造フェリー
　「宮本常一が撮った昭和の情景 上」毎日新聞社　2009
　　◇p158～159〔白黒〕（浅茅湾をわたる馬とトラックを積んだ木造フェリー）　長崎県対馬市　㋑宮本常一，1962年8月3日
　「宮本常一 写真・日記集成 上」毎日新聞社　2005
　　◇p323〔白黒〕　長崎県 対馬 浅茅湾　㋑宮本常一，1962年8月3日

馬に乗る
　「写真でみる日本生活図引 2」弘文堂　1988
　　◇図131〔白黒〕　沖縄県八重山郡与那国町　中学生か。馬に乗って手綱を持つ　㋑本田安次，昭和33年8月

馬の舟
　「日本民具の造形」淡交社　2004
　　◇p282〔白黒〕　秋田県 大曲市花館資料館所蔵

海辺の道
　「宮本常一 写真・日記集成 上」毎日新聞社　2005
　　◇p185〔白黒〕　鹿児島県川辺郡坊津町　㋑宮本常一，1960年4月20日
　　◇p271〔白黒〕　山口県萩市 見島　㋑宮本常一，1961年9月5日

埋立でできた道路
　「宮本常一 写真・日記集成 下」毎日新聞社　2005
　　◇p258〔白黒〕　山口県大島郡東和町長崎［周防大島町］　㋑宮本常一，1971年12月23日

「浦」といわれた港
　「日本民俗写真大系 4」日本図書センター　1999
　　◇p117〔白黒〕　岡山県真鍋島本浦　㋑島内英佑，1974年

浦和あたりの車道
　「宮本常一 写真・日記集成 上」毎日新聞社　2005
　　◇p175〔白黒〕（浦和あたり）　埼玉県　㋑宮本常一，1960年3月2日

永代橋の水上バス発着所
　「写真でみる民家大事典」柏書房　2005
　　◇p234-2〔白黒〕　江東区　江東区教育委員会

駅の待合室
　「写真ものがたり昭和の暮らし 4」農村漁村文化協会　2005
　　◇p163〔白黒〕　秋田県横手市　㋑佐藤久太郎，昭和31年3月

可愛川の吊橋
　「宮本常一が撮った昭和の情景 下」毎日新聞社　2009
　　◇p59〔白黒〕（江の川（可愛川）の吊橋）　広島県安芸高田市八千代町土師　土師ダム建設予定地の民俗調査　㋑宮本常一，1967年12月12日～18日
　「宮本常一 写真・日記集成 下」毎日新聞社　2005
　　◇p111〔白黒〕　広島県高田郡八千代町土師［安芸高田市］　㋑宮本常一，1967年12月12日～18日

絵符
　「日本の民具 1 町」慶友社　1992
　　◇図233〔白黒〕（荷札）　㋑薗部澄

沿岸の集落と船小屋、定期船による人々の運送
　「里山・里海 暮らし図鑑」柏書房　2012
　　◇口絵〔白黒〕　昭和前期　井田家所蔵古写真・福井県立若狭歴史民俗資料館提供

遠洋航海に出発する海王丸
　「写真ものがたり昭和の暮らし 4」農村漁村文化協会　2005
　　◇p185〔白黒〕　神奈川県横浜市　㋑五十嵐英壽，昭和44年

奥羽本線・峰吉川駅
　「宮本常一 写真・日記集成 上」毎日新聞社　2005

◇p430〔白黒〕　秋田県 峰吉川駅　[撮]宮本常一, 1964年4月18日

**往還道**
「写真でみる民家大事典」柏書房　2005
◇p385-5〔白黒〕　山口県山陽小野田市刈屋　[撮]2004年　金谷玲子

**横荘線の客車**
「写真ものがたり昭和の暮らし 10」農山漁村文化協会　2007
◇p40〔白黒〕　秋田県横手市　デッキに男がふたり、窓から子どもが顔を出す　[撮]佐藤久太郎, 昭和30年代

**大分駅前・路面電車**
「宮本常一 写真・日記集成 上」毎日新聞社　2005
◇p370〔白黒〕　大分県大分市　[撮]宮本常一, 1963年3月4日

**大型船**
「宮本常一 写真・日記集成 上」毎日新聞社　2005
◇p84〔白黒〕　広島県 因島 土生　[撮]宮本常一, 1957年8月29日

**大阪の橋**
「写真でみる日本生活図引 7」弘文堂　1993
◇図90〔白黒〕　大阪府大阪市中央区心斎橋　[撮]昭和3年3月　毎日新聞社提供
◇図91〔白黒〕　大阪府大阪市中央区太左衛門橋　[撮]昭和時代初期　大阪城天守閣所蔵

**大田川の橋**
「宮本常一 写真・日記集成 上」毎日新聞社　2005
◇p17〔白黒〕　広島県山県郡戸河内町［安芸太田町］板ヶ谷　[撮]宮本常一, 1955年8月20日か

**太田川木橋**
「宮本常一 写真・日記集成 上」毎日新聞社　2005
◇p210〔白黒〕　和歌山県 勝浦町下里　[撮]宮本常一, 1960年9月26日

**大鳴門橋の橋脚工事**
「宮本常一 写真・日記集成 下」毎日新聞社　2005
◇p280〔白黒〕　徳島県鳴門市孫崎　[撮]宮本常一, 1972年8月14日～18日
◇p314〔白黒〕　兵庫県南淡町　[撮]宮本常一, 1973年8月21日

**大岐川河口の木橋**
「宮本常一 写真・日記集成 下」毎日新聞社　2005
◇p405〔白黒〕　高知県土佐清水市大岐　[撮]宮本常一, 1977年10月17日

**沖家室に行く渡船**
「宮本常一 写真・日記集成 下」毎日新聞社　2005
◇p144〔白黒〕　山口県大島郡東和町佐連　[撮]宮本常一, 1968年3月19日～27日

**沖縄のバスの内部**
「写真ものがたり昭和の暮らし 4」農村漁村文化協会　2005
◇p99〔白黒〕　沖縄県石垣島　[撮]須藤功, 昭和47年7月

**オート三輪車**
「宮本常一が撮った昭和の情景 上」毎日新聞社　2009
◇p92〔白黒〕　群馬県伊勢崎市境付近　[撮]宮本常一, 1960年3月2日
「宮本常一 写真・日記集成 上」毎日新聞社　2005
◇p177〔白黒〕（群馬県境町まで）　群馬県佐波郡境町へ向う　[撮]宮本常一, 1960年3月2日
◇p276〔白黒〕（的山大島）　長崎県平戸市 的山大島〔神社の前に停車している〕　[撮]宮本常一, 1961年9月18日

**尾道の坂道**
「日本民俗写真大系 4」日本図書センター　1999
◇p104〔白黒〕　尾道市　山の斜面に建つ家々　[撮]中村昭夫, 1971年

**生保内線（現田沢湖線）車内の石炭ストーブ**
「写真ものがたり昭和の暮らし 4」農村漁村文化協会　2005
◇p168〔白黒〕　秋田県中仙町　[撮]佐藤久太郎, 昭和34年3月

**表参道交差点**
「宮本常一 写真・日記集成 上」毎日新聞社　2005
◇p247〔白黒〕　東京都 表参道　[撮]宮本常一, 1961年3月18日

**雄物川の川舟**
「宮本常一 写真・日記集成 上」毎日新聞社　2005
◇p430〔白黒〕　秋田県大曲市　[撮]宮本常一, 1964年4月18日

**崖下の道**
「宮本常一 写真・日記集成 上」毎日新聞社　2005
◇p140〔白黒〕　新潟県両津市［佐渡市］見立付近　[撮]宮本常一, 1959年8月8日

**海岸を走る国道7号線**
「宮本常一 写真・日記集成 下」毎日新聞社　2005
◇p84〔白黒〕　列車で秋田→余目・秋田県内か　[撮]宮本常一, 1966年8月30日

**海岸近くの運河**
「宮本常一 写真・日記集成 下」毎日新聞社　2005
◇p286〔白黒〕　広島県福山市松永町　[撮]宮本常一, 1972年12月15日～17日

**海岸の道**
「宮本常一 写真・日記集成 上」毎日新聞社　2005
◇p327〔白黒〕　加唐島（佐賀県東松浦郡鎮西町）　[撮]宮本常一, 1962年8月8日

**開業の日、名古屋駅を出て、東京駅に向かってスピードをあげる東海道新幹線**
「写真ものがたり昭和の暮らし 4」農村漁村文化協会　2005
◇p110〔白黒〕　愛知県名古屋市　[撮]昭和39年10月1日　共同通信社提供

**階段型のガンギのある船着場**
「宮本常一 写真・日記集成 下」毎日新聞社　2005
◇p38〔白黒〕　山口県大島郡東和町沖家室［周防大島町］　[撮]宮本常一, 1965年8月12日

**街道から浜へ通じる小路**
「写真でみる民家大事典」柏書房　2005
◇p253-5〔白黒〕　新潟県三島郡出雲崎町　[撮]2004年　三井田忠明

**街道に沿って流れる前川**
「写真でみる民家大事典」柏書房　2005
◇p277-2〔白黒〕　福井県三方上中郡若狭町熊川　[撮]2004年　永江寿夫

**街道の家並**
「写真でみる日本生活図引 4」弘文堂　1988
◇図151〔白黒〕　福島県南会津郡下郷町大内　[撮]須藤功, 昭和44年12月26日
◇図152〔白黒〕　静岡県磐田郡佐久間町浦川　[撮]大正7年　平賀孝晴提供

**貨客船の乗客**
「写真ものがたり昭和の暮らし 10」農山漁村文化協会　2007
◇p126～127〔白黒〕　鹿児島県・太平洋上 沖縄の那覇港に向かう　[撮]須藤功, 昭和47年7月

**河口の船だまり**
「宮本常一 写真・日記集成 下」毎日新聞社　2005
◇p286〔白黒〕　広島県福山市松永町　[撮]宮本常一,

1972年12月15日～17日

**籠の渡し**

「日本民具の造形」淡交社　2004
◇p150〔白黒〕　富山県 上平村立五箇山民俗館所蔵

**かずら橋**

「写真でみる民家大事典」柏書房　2005
◇p389-5〔白黒〕　西祖谷山村善徳　[撮]2004年　溝渕博彦
「宮本常一 写真・日記集成 下」毎日新聞社　2005
◇p229〔白黒〕　徳島県西祖谷山村　[撮]宮本常一, 1970年7月15日～16日

**葛橋**

「図説 日本民俗学」吉川弘文館　2009
◇p161〔白黒〕　徳島県三好市

**蔓橋**

「日本社会民俗辞典 3」日本図書センター　2004
◇p1175〔白黒〕　徳島県祖谷川
「写真 日本文化史 9」日本評論新社　1955
◇図188〔白黒〕(祖谷の蔓橋)　徳島県

**かずら橋の架け替え作業**

「日本民俗大辞典 上」吉川弘文館　1999
◇p350〔白黒〕　徳島県三好郡西祖谷山村

**ガソリンスタンド**

「写真でみる日本生活図引 3」弘文堂　1988
◇目次B〔白黒〕　[撮]新田好

**潟舟**

「宮本常一 写真・日記集成 下」毎日新聞社　2005
◇p215〔白黒〕　新潟市 鳥屋野潟　[撮]宮本常一, 1969年10月7日
「写真でみる日本生活図引 2」弘文堂　1988
◇図143〔白黒〕(稲を運ぶ)　新潟県新潟市石山　潟舟 ノウニンブネ(農人舟)を漕ぐ　[撮]中俣正義, 昭和26年9月

**学校の石垣と舗装されたばかりの通学路**

「宮本常一 写真・日記集成 下」毎日新聞社　2005
◇p408〔白黒〕　高知県高岡郡檮原町　[撮]宮本常一, 1977年10月20日～21日

**桂川沿いの道**

「宮本常一 写真・日記集成 下」毎日新聞社　2005
◇p274〔白黒〕　京都市西京区桂　左は桂離宮　[撮]宮本常一, 1972年2月9日

**金沢駅前のバス待合所**

「写真ものがたり昭和の暮らし 4」農村漁村文化協会　2005
◇p93〔白黒〕　石川県金沢市　[撮]棚池信行, 昭和30年代

**金谷から金谷峠に向かう石畳の道**

「写真でみる民家大事典」柏書房　2005
◇p301-5〔白黒〕　静岡県榛原郡金谷町　[撮]2004年　矢部忠司

**カヌーと神面**

「日本民俗写真大系 3」日本図書センター　1999
◇p118〔白黒・図〕　東京都 小笠原　東京都公文書館蔵

**鎌倉駅**

「宮本常一 写真・日記集成 上」毎日新聞社　2005
◇p301〔白黒〕　神奈川県 鎌倉　[撮]宮本常一, 1962年1月28日

**紙テープを飛ばして別れを惜しむ汽車**

「写真ものがたり昭和の暮らし 10」農山漁村文化協会　2007
◇p119〔白黒〕　秋田県横手市　[撮]佐藤久太郎, 昭和31年3月

**亀島川につながれたダルマ船**

「写真ものがたり昭和の暮らし 5」農山漁村文化協会　2005
◇p33〔白黒〕　東京都中央区　[撮]昭和61年5月　東京都提供

**賀茂川の堤**

「宮本常一が撮った昭和の情景 下」毎日新聞社　2009
◇p32〔白黒〕　京都府京都市上京区 相国寺付近　[撮]宮本常一, 1966年4月30日
「宮本常一 写真・日記集成 下」毎日新聞社　2005
◇p70〔白黒〕　京都市上京区 相国寺付近　[撮]宮本常一, 1966年4月30日

**貨物列車**

「写真ものがたり昭和の暮らし 10」農山漁村文化協会　2007
◇p38～39〔白黒〕　新潟県能生町筒石(現糸魚川市)北陸本線を直江津方向に向かって走る　蒸気機関車　[撮]室川右京, 昭和44年5月

**通い船**

「日本民俗図誌 9 住居・運輸篇」村田書店　1978
◇図196〔白黒・図〕　長崎港内で使用　渡船および船客を汽船に運ぶ

**川を渡る**

「写真ものがたり昭和の暮らし 5」農山漁村文化協会　2005
◇p16〔白黒〕　熊本県八代市古城町　川沿いの道が壊れたため、ズボンの裾をまくりあげ、川の浅瀬を歩いてくる小中学生　[撮]麦島勝, 昭和26年6月
◇p16〔白黒〕　熊本県八代市高下東町　「沈み橋」を渡る人と車　[撮]麦島勝, 昭和26年6月
◇p17〔白黒〕　熊本県八代市古城町　増水で隠れた道を渡る　[撮]麦島勝, 昭和32年10月

**川下り舟**

「写真ものがたり昭和の暮らし 5」農山漁村文化協会　2005
◇p7〔白黒〕　熊本県人吉市五日町　[撮]麦島勝, 昭和28年6月

**川沿いの船だまり**

「宮本常一 写真・日記集成 下」毎日新聞社　2005
◇p407〔白黒〕　高知県土佐清水市下ノ加江　[撮]宮本常一, 1977年10月18日(農山漁家生活改善技術資料調査)

**川の流路の遊歩道化**

「日本の生活環境文化大辞典」柏書房　2010
◇p159-5〔白黒〕　大阪府茨木市　[撮]2009年

**川舟**

「宮本常一が撮った昭和の情景 下」毎日新聞社　2009
◇p57〔白黒〕(水路に置かれた川舟)　広島県安芸高田市八千代町土師　土師ダム建設予定地の民俗調査　[撮]宮本常一, 1967年12月12日～18日
◇p83〔白黒〕(阿武川べりに繋がれた川舟)　山口県萩市大字川上高瀬「阿武川ダム水没地域民俗資料緊急調査」[撮]宮本常一, 1968年8月9日～10日
「宮本常一 写真・日記集成 下」毎日新聞社　2005
◇p108〔白黒〕　広島県高田郡八千代町土師［安芸高田市］　[撮]宮本常一, 1967年12月12日～18日
◇p168〔白黒〕　山口県阿武郡川上村高瀬「阿武川ダム水没地域民俗資料緊急調査」　[撮]宮本常一, 1968年8月9日～10日

**川船**

「日本民俗図誌 9 住居・運輸篇」村田書店　1978
◇図194〔白黒・図〕　京都保津川下りに使用

**川縁**

「写真でみる日本生活図引 6」弘文堂　1993
◇図95〔白黒〕　東京都大田区羽田 海老取川　[撮]金子桂三, 昭和33年9月21日

**簡易舗装した村の道**

「宮本常一 写真・日記集成 下」毎日新聞社　2005

◇p452〔白黒〕 岡山県小田郡黒忠→三山 [撮]宮本常一, 1979年1月3日

### ガンギ
「宮本常一が撮った昭和の情景 上」毎日新聞社 2009
◇p40〔白黒〕 広島県呉市下蒲刈町三之瀬(下蒲刈島) [撮]宮本常一, 1957年8月26日
「宮本常一 写真・日記集成 上」毎日新聞社 2005
◇p78〔白黒〕 広島県 下蒲刈島・三ノ瀬 [撮]宮本常一, 1957年8月26日
◇p278〔白黒〕 長崎県平戸市 [撮]宮本常一, 1961年9月19日

### 雁木
「日本民俗写真大系 4」日本図書センター 1999
◇p103〔白黒〕 尾道市 尾道駅近くの海岸 [撮]中村昭夫, 1971年

### ガンギと波除の石垣
「宮本常一 写真・日記集成 下」毎日新聞社 2005
◇p301〔白黒〕 広島県福山市鞆 [撮]宮本常一, 1973年3月26日

### ガンギのある船着場
「宮本常一 写真・日記集成 上」毎日新聞社 2005
◇p251〔白黒〕 長崎県 五島列島小値賀島(北松浦郡小値賀町) [撮]宮本常一, 1961年4月23日

### ガンギの船着場
「宮本常一 写真・日記集成 下」毎日新聞社 2005
◇p16〔白黒〕(潮位差に対応するガンギの船着場) 広島県福山市鞆 [撮]宮本常一, 1965年2月13日

### ガンギの船着場と太助灯籠
「宮本常一 写真・日記集成 下」毎日新聞社 2005
◇p250〔白黒〕 香川県 丸亀港 [撮]宮本常一, 1971年5月1日

### 環濠集落内の狭い道
「写真でみる民家大事典」柏書房 2005
◇p339-6〔白黒〕 奈良県大和郡山市稗田 [撮]2004年 早瀬哲恒

### 神田川と浅草橋
「写真ものがたり昭和の暮らし 5」農山漁村文化協会 2005
◇p32〔白黒〕 東京都台東区 [撮]昭和39年4月 東京都提供

### 岸につながれた幅の広い舟
「写真ものがたり昭和の暮らし 5」農山漁村文化協会 2005
◇p106〔白黒〕 島根県松江市 大橋川の北側に広がる水田地帯の水路 [撮]佐々木典政, 昭和63年

### 汽車を見送る女性
「写真でみる日本人の生活全集 6」日本図書センター 2010
◇p112〔白黒〕 あの汽車に息子か孫でも乗っているのだろうか [撮]河原正

### 北上川を渡る汽車
「写真でみる日本生活図引 3」弘文堂 1988
◇目次C〔白黒〕 [撮]菊池俊吉

### 北通りの自動車道路
「宮本常一 写真・日記集成 下」毎日新聞社 2005
◇p428〔白黒〕 青森県 下北半島 [撮]宮本常一, 1978年5月14日〜15日

### 北前船
「写真でみる日本生活図引 2」弘文堂 1988
◇図154, 155〔白黒〕 福井県小浜市 [撮]井田米栞, 明治時代

### 北見駅
「宮本常一 写真・日記集成 下」毎日新聞社 2005
◇p482〔白黒〕 北海道北見市 [撮]宮本常一, 1980年4月21日

### 切符の立ち売り
「写真ものがたり昭和の暮らし 4」農村漁村文化協会 2005
◇p198〔白黒〕 大阪府大阪市北区 大阪市営地下鉄の梅田駅 [撮]昭和42年9月 共同通信社提供
「写真でみる日本生活図引 7」弘文堂 1993
◇図113〔白黒〕(切符売り) 大阪府大阪市北区 大阪市営地下鉄の自動券売機, 回数券の立ち売りをする女 [撮]昭和42年9月12日 共同通信社提供

### 客車内
「写真でみる日本生活図引 2」弘文堂 1988
◇図159〔白黒〕 北海道・函館本線 [撮]菊池俊吉, 昭和14年頃
◇図160〔白黒〕 秋田県・田沢湖線 [撮]佐藤久太郎, 昭和34年3月

### 客車のなか
「写真ものがたり昭和の暮らし 4」農村漁村文化協会 2005
◇p101〔白黒〕 秋田県・奥羽本線 [撮]佐藤久太郎, 昭和30年代

### 客待ちをする渡し舟
「宮本常一が撮った昭和の情景 上」毎日新聞社 2009
◇p101〔白黒〕 熊本県天草市牛深町 [撮]宮本常一, 1960年4月23日
「宮本常一 写真・日記集成 上」毎日新聞社 2005
◇p191〔白黒〕 熊本県牛深市(下島) [撮]宮本常一, 1960年4月23日

### 旧街道のおもかげ
「日本社会民俗辞典 3」日本図書センター 2004
◇p1013〔白黒〕 岩手県一ノ関市附近の奥州街道

### 旧勝刈峠を走る蒸気機関車
「日本民俗写真大系 1」日本図書センター 1999
◇p21〔白黒〕 北海道新得町 [撮]関口哲也, 1957年

### 旧道
「宮本常一 写真・日記集成 下」毎日新聞社 2005
◇p454〔白黒〕 山口県大島郡東和町下田 下田郵便局あたり[周防大島町] [撮]宮本常一, 1979年1月8日
◇p454〔白黒〕 山口県大島郡東和町長崎[周防大島町] 宮本常一自宅前 [撮]宮本常一, 1979年1月8日

### 旧道(街道の町並み)とバイパス
「日本の生活環境文化大辞典」柏書房 2010
◇p157-2〔白黒〕 福岡市早良区姪浜 [撮]2009年 藤本尚久

### 旧・のと鉄道輪島駅跡の道の駅に残されたホームの一部
「日本の生活環境文化大辞典」柏書房 2010
◇p161-2〔白黒〕 のと鉄道輪島駅 [撮]2009年 小花宰

### 行商、通勤、通学の人が蒸気機関車の前を横切る朝の津和野駅
「写真ものがたり昭和の暮らし 4」農村漁村文化協会 2005
◇p166〔白黒〕 島根県津和野町 [撮]永見武久, 昭和36年

### 清水坂
「宮本常一 写真・日記集成 上」毎日新聞社 2005
◇p369〔白黒〕 京都 [撮]宮本常一, 1963年2月10日

### 清水坂・石畳の道
「宮本常一 写真・日記集成 上」毎日新聞社 2005
◇p369〔白黒〕 京都 [撮]宮本常一, 1963年2月10日

### 金華山・黄金山神社への道
「宮本常一 写真・日記集成 下」毎日新聞社 2005
◇p178〔白黒〕 宮城県石巻市 [撮]宮本常一, 1968年12月23日

### 金華山行き乗船券売り場
「宮本常一 写真・日記集成 下」毎日新聞社 2005

◇p178〔白黒〕　宮城県石巻市 石巻港　[撮]宮本常一, 1968年12月23日

**銀座三越前の晴海通りの停留所で都電を待つ人**
「写真ものがたり昭和の暮らし 4」農村漁村文化協会　2005
◇p122〔白黒〕　東京都中央区銀座　[撮]昭和42年6月　東京都提供

**金城石畳道**
「写真でみる日本生活図引 6」弘文堂　1993
◇図50, 51〔白黒〕　沖縄県那覇市首里金城町　[撮]坂本万七, 比嘉康雄, 昭和15年, 平成4年8月27日

**錦帯橋**
「宮本常一が撮った昭和の情景 上」毎日新聞社　2009
◇p146〔白黒〕　山口県岩国市　[撮]宮本常一, 1961年10月16日
「宮本常一 写真・日記集成 上」毎日新聞社　2005
◇p280〔白黒〕　山口県 岩国　[撮]宮本常一, 1961年10月16日

**空港の滑走路と飛行機の離着陸が見える高速道路**
「日本の生活環境文化大辞典」柏書房　2010
◇p158-4〔白黒〕　福岡市博多区　[撮]2009年

**草木谷入口のトロッコ橋**
「宮本常一が撮った昭和の情景 上」毎日新聞社　2009
◇p65〔白黒〕　静岡県浜松市天竜区水窪町地頭方　[撮]宮本常一, 1959年7月28日
「宮本常一 写真・日記集成 上」毎日新聞社　2005
◇p131〔白黒〕　静岡県磐田郡水窪町水窪→草木　[撮]宮本常一, 1959年7月28日

**崩れそうな木橋**
「宮本常一 写真・日記集成 下」毎日新聞社　2005
◇p351〔白黒〕　大阪府堺市戎島町付近　[撮]宮本常一, 1975年11月9日

**倉敷川に浮かぶ小舟**
「日本民俗写真大系 4」日本図書センター　1999
◇p146〔白黒〕　倉敷市　[撮]中村昭夫, 1971年

**車除けに電柱に鉄板を巻きつけている**
「宮本常一が撮った昭和の情景 下」毎日新聞社　2009
◇p61〔白黒〕　広島県廿日市市宮島町　[撮]宮本常一, 1967年12月19日
「宮本常一 写真・日記集成 下」毎日新聞社　2005
◇p113〔白黒〕(狭い道。車除けに電柱に鉄板を巻いている)　広島県 宮島　[撮]宮本常一, 1967年12月19日

**呉駅**
「宮本常一 写真・日記集成 下」毎日新聞社　2005
◇p333〔白黒〕　広島県　[撮]宮本常一, 1974年12月18日

**群馬県境町まで(車道)**
「宮本常一 写真・日記集成 上」毎日新聞社　2005
◇p175〔白黒〕(群馬県境町まで)　群馬県佐波郡境町へ向う　[撮]宮本常一, 1960年3月2日
◇p176〔白黒〕(群馬県境町まで)　群馬県佐波郡境町へ向う　[撮]宮本常一, 1960年3月2日

**京葉線の陸橋工事**
「写真ものがたり昭和の暮らし 4」農村漁村文化協会　2005
◇p125〔白黒〕　東京都江東区　[撮]昭和63年6月　東京都提供

**皇居外苑の内堀通りの車の列**
「写真ものがたり昭和の暮らし 4」農村漁村文化協会　2005
◇p227〔白黒〕　東京都千代田区　[撮]昭和38年9月　東京都提供

**皇居前(道路)**
「宮本常一 写真・日記集成 上」毎日新聞社　2005
◇p26〔白黒〕(都内見学・皇居前)　東京　[撮]宮本常一, 1955年11月22日

**航行する機帆船**
「宮本常一 写真・日記集成 上」毎日新聞社　2005
◇p179〔白黒〕　山口県熊毛郡上関町室津の瀬戸　[撮]宮本常一, 1960年4月2日

**交差点**
「写真でみる日本生活図引 7」弘文堂　1993
◇図94〔白黒〕　大阪府大阪市中央区本町二丁目の交差点　[撮]昭和8年頃　大阪城天守閣所蔵

**厚生車**
「写真ものがたり昭和の暮らし 4」農村漁村文化協会　2005
◇p95〔白黒〕　新潟県新潟市　[撮]中俣正義, 昭和20年代
「写真でみる日本生活図引 2」弘文堂　1988
◇図128〔白黒〕　新潟県新潟市　厚生車の溜場(駐車場)で客を乗せているところ　[撮]中俣正義, 昭和20年代前半

**高速道路**
「写真でみる日本生活図引 7」弘文堂　1993
◇図84〔白黒〕　東京都中央区・江戸橋　[撮]昭和38年12月21日　東京都提供
◇図85〔白黒〕　東京都港区・赤坂見附　[撮]昭和39年8月1日　東京都提供

**交通信号のない交差点の中央に立って、交通整理をする警察官**
「写真ものがたり昭和の暮らし 4」農村漁村文化協会　2005
◇p227〔白黒〕　滋賀県大津市　[撮]前野隆資, 昭和43年11月　琵琶湖博物館提供

**交通方法の変更を知らせる看板**
「写真ものがたり昭和の暮らし 4」農村漁村文化協会　2005
◇p99〔白黒〕(交通方法の変更)　沖縄県石垣島　〔看板〕　[撮]須藤功, 昭和53年7月

**甲府駅**
「宮本常一 写真・日記集成 上」毎日新聞社　2005
◇p458〔白黒〕　山梨県甲府市　[撮]宮本常一, 1964年11月8日

**小型の対州馬に乗って山路を行く豆酘美人と石屋根の小屋**
「日本民俗写真大系 6」日本図書センター　2000
◇p122〜123〔白黒〕　長崎県厳原町豆酘　[撮]高原至, 1961年　ナガサキ・フォト・サービス

**小型の木造船**
「写真ものがたり昭和の暮らし 3」農山漁村文化協会　2004
◇p207〔白黒〕(舳倉島から輪島に帰る小型の木造船)　石川県輪島市　船酔いでグッタリする海士や少女　[撮]御園直太郎, 昭和34年8月

**粉河寺門前の路地**
「宮本常一 写真・日記集成 上」毎日新聞社　2005
◇p266〔白黒〕　和歌山県那賀郡粉河町　[撮]宮本常一, 1961年8月21日

**粉河寺門前の路地・焼き杉の板壁**
「宮本常一 写真・日記集成 上」毎日新聞社　2005
◇p266〔白黒〕　和歌山県那賀郡粉河町　[撮]宮本常一, 1961年8月21日

**国道を往く**
「写真でみる日本生活図引 7」弘文堂　1993
◇図133〔白黒〕　佐賀県鳥栖市曽根崎　オート三輪車ほか　[撮]篠原眞, 昭和30年代

**国道39号線**
「宮本常一 写真・日記集成 下」毎日新聞社　2005
◇p426〔白黒〕　北海道網走郡女満別町→留辺蘂町　[撮]宮本常一, 1978年5月10日

交通・交易　　　　　　　　　　　　　　　交通・運輸

**国道39号線のドライブイン**
「宮本常一 写真・日記集成 下」毎日新聞社 2005
　◇p459〔白黒〕　北海道常呂郡端野町　㋶宮本常一, 1979年4月29日

**特牛港**
「宮本常一 写真・日記集成 上」毎日新聞社 2005
　◇p279〔白黒〕　山口県豊浦郡豊北町　角島へ渡る　㋶宮本常一, 1961年9月21日

**御殿場駅前**
「宮本常一 写真・日記集成 上」毎日新聞社 2005
　◇p457〔白黒〕　静岡県　㋶宮本常一, 1964年11月7日

**琴電琴平駅と高灯籠**
「宮本常一 写真・日記集成 下」毎日新聞社 2005
　◇p410〔白黒〕　香川県琴平市 大宮橋から　㋶宮本常一, 1977年10月22日～23日

**こぶね**
「写真 日本文化史 9」日本評論新社 1955
　◇図109〔白黒〕　田沢湖

**西郷港の「隠岐丸のりば」付近**
「宮本常一 写真・日記集成 上」毎日新聞社 2005
　◇p25〔白黒〕　島根県隠岐郡西郷町[隠岐の島町]　㋶宮本常一, 1965年5月28日

**材木を載せた貨物列車**
「宮本常一 写真・日記集成 下」毎日新聞社 2005
　◇p84〔白黒〕　列車で秋田→余目・秋田県内か　㋶宮本常一, 1966年8月30日

**サッパ舟**
「写真ものがたり昭和の暮らし 5」農山漁村文化協会 2005
　◇p107〔白黒〕　茨城県東村(現稲敷市)　㋶昭和36年 農山漁村文化協会提供

**サッパ船**
「日本民俗図誌 9 住居・運輸篇」村田書店 1978
　◇図193-1〔白黒・図〕　茨城県潮来地方

**佐渡汽船フェリー発着所**
「宮本常一 写真・日記集成 下」毎日新聞社 2005
　◇p295〔白黒〕　新潟県新潟市 万代島　㋶宮本常一, 1973年3月3日

**佐保川にかかる法蓮橋**
「宮本常一 写真・日記集成 下」毎日新聞社 2005
　◇p276〔白黒〕　奈良市法蓮町　㋶宮本常一, 1972年2月9日

**サヤバシ**
「日本社会民俗辞典 3」日本図書センター 2004
　◇p1175〔白黒〕　愛媛県浮穴村坂元

**山間部落の一本橋**
「日本社会民俗辞典 3」日本図書センター 2004
　◇p1175〔白黒〕　岐阜県徳山村

**三丁櫓のはしけ**
「日本民俗写真大系 8」日本図書センター 2000
　◇p79〔白黒〕　新潟県(佐渡)　㋶薗部澄, 1960年

**三等車**
「写真ものがたり昭和の暮らし 4」農村漁村文化協会 2005
　◇p102〔白黒〕　滋賀県大津市　㋶前野隆資, 昭和31年2月

**桟橋**
「宮本常一 写真・日記集成 上」毎日新聞社 2005
　◇p84〔白黒〕　広島県 百島・尾道　㋶宮本常一, 1957年8月29日
「日本民俗写真大系 7」日本図書センター 2000
　◇p173〔白黒〕　島根県八束町 大根島　荷を背負った人、手に荷物を持った人　㋶品田悦彦, 1965年

「写真でみる日本生活図引 6」弘文堂 1993
　◇図85〔白黒〕　島根県八束郡八束町入江(大根島)　連絡船「へるん号」ほか　㋶須藤功, 昭和51年5月8日

**桟橋代わりにした川舟**
「宮本常一が撮った昭和の情景 上」毎日新聞社 2009
　◇p18〔白黒〕　新潟県三条市　障子を洗っている　㋶宮本常一, 1956年3月30日
「宮本常一 写真・日記集成 上」毎日新聞社 2005
　◇p34〔白黒〕　新潟県三条市　障子を洗っている　㋶宮本常一, 1956年3月30日

**三宝港の桟橋**
「宮本常一が撮った昭和の情景 下」毎日新聞社 2009
　◇p36〔白黒〕　東京都青ヶ島村(青ヶ島)　㋶宮本常一, 1966年7月27日

**三輪自動車**
「写真でみる日本生活図引 5」弘文堂 1989
　◇目次B〔白黒〕　㋶中俣正義

**試運転を行う東海道新幹線**
「写真ものがたり昭和の暮らし 4」農村漁村文化協会 2005
　◇p109〔白黒〕(開通一年前、5両編成で試運転を行う東海道新幹線)　滋賀県大津市田辺町　㋶昭和38年　琵琶湖博物館所蔵

**JR山陰本線の余部鉄橋**
「日本民俗写真大系 7」日本図書センター 2000
　◇p192〔白黒〕　兵庫県香住町　㋶島内英佑, 1972年

**塩舟の舟着場**
「民俗資料選集 5 中馬の習俗」国土地理協会 1977
　◇p49(本文)〔白黒〕　愛知県東加茂郡松平村岩倉字平古

**塩町駅**
「宮本常一 写真・日記集成 下」毎日新聞社 2005
　◇p329〔白黒〕　広島県三次市塩町　㋶宮本常一, 1974年8月29日

**四間道**
「宮本常一 写真・日記集成 下」毎日新聞社 2005
　◇p177〔白黒〕　名古屋市中村区名駅→西区那古野　㋶宮本常一, 1968年12月7日

**四国街道の松並木**
「宮本常一 写真・日記集成 下」毎日新聞社 2005
　◇p314〔白黒〕　兵庫県　㋶宮本常一, 1973年8月21日

**四条大宮交差点**
「写真でみる日本生活図引 7」弘文堂 1993
　◇図128〔白黒〕　京都府京都市中京区四条大宮　㋶板垣太子松, 昭和12年

**市電が走る仙台駅前**
「写真ものがたり昭和の暮らし 4」農村漁村文化協会 2005
　◇p92〔白黒〕　宮城県仙台市　㋶中嶋忠一, 昭和31年2月

**自転車に二人乗りの夫婦**
「写真ものがたり昭和の暮らし 9」農山漁村文化協会 2007
　◇p175〔白黒〕　秋田県横手市　春の朝早く　未舗装の道路　㋶佐藤久太郎, 昭和30年代

**自転車に4人乗りする中学生**
「写真ものがたり昭和の暮らし 9」農山漁村文化協会 2007
　◇p176〔白黒〕　秋田県湯沢市山田　㋶加賀谷政雄, 昭和33年

**市電と三輪オートが走る仙台市街を並行して走る蒸気機関車**
「写真ものがたり昭和の暮らし 4」農村漁村文化協会 2005
　◇p102〔白黒〕　宮城県仙台市　㋶中嶋忠一, 昭和30年2月

交通・運輸　　　　　　　　　　　　交通・交易

自動車と男性
　「宮本常一 写真・日記集成 上」毎日新聞社　2005
　　◇p316〔白黒〕　五家荘椎原（熊本県八代郡泉村〔八代市〕）　㊞宮本常一，1962年6月20日

四万十川の川舟
　「宮本常一 写真・日記集成 下」毎日新聞社　2005
　　◇p405〔白黒〕　高知県中村市　㊞宮本常一，1977年10月17日

下関駅
　「宮本常一 写真・日記集成 上」毎日新聞社　2005
　　◇p181〔白黒〕　山口県 下関　㊞宮本常一，1960年4月18日

車中の売子嬢
　「写真でみる日本人の生活全集 10」日本図書センター　2010
　　◇p62〔白黒〕　東海道新幹線　㊞中辻房男

車内で繕いをする頬被り姿の女の人
　「写真ものがたり昭和の暮らし 10」農山漁村文化協会　2007
　　◇p41〔白黒〕　秋田県田沢村（現仙北市）生保内線　㊞加賀谷政雄，昭和30年10月

砂利積み込み中の船
　「宮本常一が撮った昭和の情景 上」毎日新聞社　2009
　　◇p212〔白黒〕（砂利積み込み中の「グラベル丸」）　東京都大島町波浮港（伊豆大島）　右は都洋冷蔵　㊞宮本常一，1964年1月20日
　「宮本常一 写真・日記集成 上」毎日新聞社　2005
　　◇p420〔白黒〕（船は砂利積み込み中の「グラベル丸」）東京都大島町 波浮港　右は都洋冷蔵　㊞宮本常一，1964年1月20日

砂利舟
　「写真でみる日本生活図引 2」弘文堂　1988
　　◇図144〔白黒〕　神奈川県平塚市・馬入川　㊞昭和5年6月　平塚市博物館提供

集落背後の石段道
　「宮本常一 写真・日記集成 上」毎日新聞社　2005
　　◇p186〔白黒〕　鹿児島県川辺郡坊津町→泊　㊞宮本常一，1960年4月20日

「祝新宿線開通」の看板のある新宿線の新宿駅
　「写真ものがたり昭和の暮らし 4」農村漁村文化協会　2005
　　◇p112〔白黒〕　東京都新宿区　㊞昭和27年3月　共同通信社提供

出港風景
　「宮本常一 写真・日記集成 上」毎日新聞社　2005
　　◇p146〔白黒〕　広島県豊田郡瀬戸田町 生口島瀬戸田　㊞宮本常一，1959年8月24日

巡航船
　「写真ものがたり昭和の暮らし 3」農山漁村文化協会　2004
　　◇p189〔白黒〕　山口県東和町（現周防大島町）　㊞宮本常一，昭和30年代

城ヶ島大橋
　「宮本常一 写真・日記集成 上」毎日新聞社　2005
　　◇p159〔白黒〕　神奈川県 三浦半島 城ヶ島大橋　㊞宮本常一，1959年11月8日

小学校5、6年生が自発的に交通整理を行なう
　「写真ものがたり昭和の暮らし 6」農山漁村文化協会　2006
　　◇p133〔白黒〕　熊本県八代市 代陽小学校前の道路　㊞麦島勝，昭和35年10月

蒸気機関車
　「宮本常一 写真・日記集成 下」毎日新聞社　2005
　　◇p193〔白黒〕　山口県　㊞宮本常一，1969年4月12日

蒸気機関車（SL）の運転席
　「写真ものがたり昭和の暮らし 10」農山漁村文化協会　2007
　　◇p40〔白黒〕　秋田県横手市　㊞佐藤久太郎，昭和30年代

ジョウキバと呼ぶ水路の船乗場
　「写真ものがたり昭和の暮らし 5」農山漁村文化協会　2005
　　◇p188〔白黒〕　滋賀県中主町吉川（現野州市）　㊞前野隆資，昭和42年3月　琵琶湖博物館所蔵

上武大橋で利根川を渡る
　「宮本常一が撮った昭和の情景 上」毎日新聞社　2009
　　◇p92〔白黒〕　埼玉県，群馬県　㊞宮本常一，1960年3月2日
　「宮本常一 写真・日記集成 上」毎日新聞社　2005
　　◇p177〔白黒〕（上武大橋）　埼玉県→群馬県　㊞宮本常一，1960年3月2日

初期の機関車辨慶号
　「日本社会民俗辞典 3」日本図書センター　2004
　　◇p965〔白黒〕

信号機
　「写真でみる日本生活図引 7」弘文堂　1993
　　◇図135〔白黒〕　青森県八戸市三日町　㊞和井田登，昭和34年7月6日

新宿駅の朝、通勤客を無理やり電車に押しこめる
　「写真ものがたり昭和の暮らし 4」農村漁村文化協会　2005
　　◇p141〔白黒〕　東京都新宿区　㊞昭和47年6月　共同通信社提供

新庄駅
　「宮本常一 写真・日記集成 上」毎日新聞社　2005
　　◇p407〔白黒〕　山形県新庄市　㊞宮本常一，1963年11月20日

進水する進徳丸
　「写真ものがたり昭和の暮らし 4」農村漁村文化協会　2005
　　◇p184〔白黒〕　神奈川県横浜市　㊞五十嵐英壽，昭和37年

新東京国際空港（成田空港）
　「写真ものがたり昭和の暮らし 4」農村漁村文化協会　2005
　　◇p197〔白黒〕　東京都大田区　㊞平成2年　東京都提供

新橋駅
　「宮本常一 写真・日記集成 下」毎日新聞社　2005
　　◇p152〔白黒〕　東京都　㊞宮本常一，1968年6月11日

水郷で舟をこぐ女性
　「写真でみる日本人の生活全集 10」日本図書センター　2010
　　◇口絵〔白黒〕　㊞茂木正男

隅田川を往き交う荷船
　「写真ものがたり昭和の暮らし 5」農山漁村文化協会　2005
　　◇p30〔白黒〕　東京都台東区　㊞昭和37年12月　東京都提供

諏訪湖の氷上を自転車で走る
　「写真ものがたり昭和の暮らし 5」農山漁村文化協会　2005
　　◇p208〔白黒〕　長野県下諏訪町高木沖　㊞宮坂増雄，昭和38年ごろ

整備された山間の道路
　「宮本常一 写真・日記集成 下」毎日新聞社　2005
　　◇p329〔白黒〕　広島県府中市河佐→上下 福塩線の車窓から　㊞宮本常一，1974年8月29日

瀬居本浦の埠頭
　「宮本常一 写真・日記集成 下」毎日新聞社　2005
　　◇p312〔白黒〕　香川県坂出市瀬居島　㊞宮本常一，1973年8月17〜18日

交通・交易　　　　　　　　　　　　　交通・運輸

接収した米軍が使っていた赤白に塗られた羽田空港の管制塔
　「写真ものがたり昭和の暮らし 4」農村漁村文化会　2005
　　◇p196〔白黒〕　東京都大田区　㊅昭和27年　共同通信社提供

船上
　「宮本常一 写真・日記集成 上」毎日新聞社　2005
　　◇p306〔白黒〕　神奈川県横須賀市浦賀→千葉県富津市金谷　㊅宮本常一,1962年5月5日
　　◇p308〔白黒〕　鹿児島→種子島　㊅宮本常一,1962年6月10日
　　◇p331〔白黒〕　五島列島宇久島(長崎県北松浦郡宇久町)→小値賀島(小値賀島 小値賀町)　㊅宮本常一,1962年8月11日

船上の子どもたち
　「宮本常一が撮った昭和の情景 上」毎日新聞社　2009
　　◇p134〔白黒〕　石川県輪島市 輪島から舳倉島へ　㊅宮本常一,1961年8月1日
　「宮本常一 写真・日記集成 上」毎日新聞社　2005
　　◇p260〔白黒〕　石川県輪島市 輪島→舳倉島　㊅宮本常一,1961年8月1日

仙台の青葉通りと東五番丁通りの交差点
　「写真ものがたり昭和の暮らし 4」農村漁村文化会　2005
　　◇p93〔白黒〕　中嶋忠一　㊅中嶋忠一,昭和30年1月

仙台の東二番丁と広瀬通りの交差点を、肥桶を積んだ荷馬車が横切る
　「写真ものがたり昭和の暮らし 4」農村漁村文化会　2005
　　◇p128〔白黒〕　宮城県仙台市東二番丁　㊅中嶋忠一,昭和30年2月

前二輪後一輪の電気自動車
　「写真ものがたり昭和の暮らし 4」農村漁村文化会　2005
　　◇p216〔白黒〕　東京都　㊅昭和25年2月　共同通信社提供

造船小屋が建ち並んでいた本浦の旧道
　「写真でみる民家大事典」柏書房　2005
　　◇p373-4〔白黒〕　広島県呉市倉橋島　㊅2004年　迫垣内裕

大胆な改装をしたガソリンスタンド
　「宮本常一が撮った昭和の情景 上」毎日新聞社　2009
　　◇p130〜131〔白黒〕　栃木県稲敷郡河内町　㊅宮本常一,1961年5月2日
　「宮本常一 写真・日記集成 上」毎日新聞社　2005
　　◇p257〔白黒〕　河内村(栃木県河内郡河内町)　㊅宮本常一,1961年5月2日

大都市の駅の朝晩のラッシュアワーの人混み
　「写真ものがたり昭和の暮らし 4」農村漁村文化会　2005
　　◇p141〔白黒〕　東京都台東区　㊅平成2年5月　共同通信社提供

高津川の木橋
　「宮本常一 写真・日記集成 上」毎日新聞社　2005
　　◇p18〔白黒〕　島根県鹿足郡日原町　㊅宮本常一,1955年8月28日

高浜港
　「宮本常一 写真・日記集成 上」毎日新聞社　2005
　　◇p265〔白黒〕　愛媛県松山市　㊅宮本常一,1961年8月12日

タクシー
　「写真でみる日本生活図引 7」弘文堂　1993
　　◇図97〔白黒〕　大阪府大阪市 大阪交通株式会社の相乗りタクシー　㊅昭和15年8月　毎日新聞社提供
　　◇図98〔白黒〕　大阪府大阪市中央区・御堂筋 自動呼出器　㊅昭和13年7月　毎日新聞社提供

ダグラスDC-4に乗る人と見送りの人
　「写真ものがたり昭和の暮らし 4」農村漁村文化会　2005
　　◇p197〔白黒〕　東京都大田区　㊅昭和31年　共同通信社提供

竹橋
　「宮本常一 写真・日記集成 上」毎日新聞社　2005
　　◇p174〔白黒〕　東京都　㊅宮本常一,1960年3月2日

田舟
　「日本民俗文化財事典(改訂版)」第一法規出版　1979
　　◇図188〔白黒〕　埼玉県　〔水路で少年が漕いでいる〕

玉石で築いた石垣の道
　「宮本常一 写真・日記集成 下」毎日新聞社　2005
　　◇p436〔白黒〕　東京都八丈町大賀郷(八丈島)　㊅宮本常一,1978年7月25日〜29日

玉川上水沿いの道
　「宮本常一 写真・日記集成 下」毎日新聞社　2005
　　◇p188〔白黒〕　東京都小平市小川町　㊅宮本常一,1969年3月4日

玉川上水に沿った道
　「宮本常一 写真・日記集成 下」毎日新聞社　2005
　　◇p19〔白黒〕　東京都小平市小川町 美大付近　㊅宮本常一,1965年4月5日〜7日

田んぼに下りる道
　「宮本常一 写真・日記集成 下」毎日新聞社　2005
　　◇p310〔白黒〕　山口県玖珂郡美和町北中山　㊅宮本常一,1973年8月6日〜10日

地下鉄車内
　「写真でみる日本生活図引 7」弘文堂　1993
　　◇図109〔白黒〕　東京都中央区 地下鉄銀座線の、浅草・新橋間　㊅師岡宏次,昭和14年

地下鉄の都営大江戸線の終始駅となる光が丘の工事
　「写真ものがたり昭和の暮らし 4」農村漁村文化会　2005
　　◇p124〔白黒〕　東京都練馬区　㊅平成元年4月　東京都提供

チャーター船に乗せてもらった学校帰りの子どもたち
　「宮本常一が撮った昭和の情景 上」毎日新聞社　2009
　　◇p112〜113〔白黒〕(学校から船で帰る子どもたち)　山口県大島郡周防大島町浮島楽江(浮島)　㊅宮本常一,1960年10月26日
　「宮本常一 写真・日記集成 上」毎日新聞社　2005
　　◇p112〜113〔白黒〕(学校から船で帰る子どもたち)　山口県大島郡周防大島町浮島楽江(浮島)　㊅宮本常一,1960年10月26日
　　◇p213〔白黒〕　山口県大島郡橘町[周防大島町]浮島楽江→江ノ浦　㊅宮本常一,1960年10月26日
　「写真ものがたり昭和の暮らし 3」農山漁村文化会　2004
　　◇p191〔白黒〕(船の子ども)　山口県橘町(現周防大島町)・浮島 船に乗せてもらって下校　㊅宮本常一,昭和30年代

長距離輸送のトラック
　「宮本常一 写真・日記集成 下」毎日新聞社　2005
　　◇p458〔白黒〕　山口県柳井市→徳山市　㊅宮本常一,1979年3月16日

通詞島と天草下島を結んでいた渡し舟
　「写真ものがたり昭和の暮らし 3」農山漁村文化会　2004
　　◇p47〔白黒〕　熊本県五和町・通詞島　㊅宮本常一,昭和37年10月

通潤橋
　「宮本常一が撮った昭和の情景 上」毎日新聞社　2009
　　◇p117〔白黒〕　熊本県上益城郡山都町(旧矢部町)　㊅宮本常一,1960年10月31日
　「写真ものがたり昭和の暮らし 5」農山漁村文化会　2005

民俗風俗 図版レファレンス事典(衣食住・生活篇)　545

◇p56〔カラー〕（放水する「通潤橋」） 熊本県矢部町（現山都町） [撮]相場惣太郎, 平成元年4月
「宮本常一 写真・日記集成 上」毎日新聞社 2005
◇p215〔白黒〕 熊本県上益城郡矢部町 浜町方面から [撮]宮本常一, 1960年10月31日

**佃島の渡船場で渡船を待つ人**
「写真ものがたり昭和の暮らし 4」農村漁村文化協会 2005
◇p52〔白黒〕 東京都中央区佃 [撮]石井彰一, 昭和26年

**佃の渡し**
「写真ものがたり昭和の暮らし 4」農村漁村文化協会 2005
◇p52〔白黒〕 東京都中央区佃 [撮]石井彰一, 昭和26年
「写真でみる日本生活図引 7」弘文堂 1993
◇図100〔白黒〕 東京都中央区佃 [撮]石井彰一, 昭和26年
◇図101〔白黒〕 東京都中央区佃 [撮]石井彰一, 昭和26年

**筑波山ケーブルカー**
「宮本常一 写真・日記集成 上」毎日新聞社 2005
◇p37〔白黒〕 茨城県つくば市 [撮]宮本常一, 1956年5月29日

**辻**
「図説 日本民俗学」吉川弘文館 2009
◇p244〔白黒〕 埼玉県白岡町, 茨城県つくば市

**対馬の地舟**
「写真でみる日本生活図引 2」弘文堂 1988
◇図150〔白黒〕 長崎県下県郡美津島町緒方 [撮]北見俊夫, 昭和26年

**対馬藩専用ガンギ**
「宮本常一 写真・日記集成 上」毎日新聞社 2005
◇p79〔白黒〕 広島県 下蒲刈島・三ノ瀬 [撮]宮本常一, 1957年8月26日

**椿のトンネル**
「宮本常一 写真・日記集成 上」毎日新聞社 2005
◇p300〔白黒〕 東京都大島町（伊豆大島） [撮]宮本常一, 1962年1月19日

**つり橋**
「写真ものがたり昭和の暮らし 5」農山漁村文化協会 2005
◇p42〔白黒〕 長野県南信濃村 八重河内川 [撮]須藤功, 昭和42年11月
◇p43〔白黒〕 奈良県十津川村池穴 [撮]高橋文太郎, 昭和8年1月
◇p44〔カラー〕 奈良県十津川村 [撮]須藤功, 昭和42年10月
◇p45〔カラー〕 徳島県西祖谷山村 [撮]須藤功, 昭和49年3月 国指定重要有形民俗文化財
「写真ものがたり昭和の暮らし 2」農山漁村文化協会 2004
◇p18〔白黒〕 愛知県東栄町大入川にかかる橋 [撮]須藤功, 昭和41年5月

**吊橋**
「民俗図録 日本人の暮らし」日本図書センター 2012
◇図412〔白黒〕 青森県西津軽郡深浦町追良瀬 [撮]櫻庭武則
「宮本常一 写真・日記集成 上」毎日新聞社 2005
◇p133〔白黒〕（吊り橋） 静岡県磐田郡水窪町有本→大野 [撮]宮本常一, 1959年7月31日
◇p446〔白黒〕（吊り橋） 青森県下北郡川内町銀杏木 [撮]宮本常一, 1964年7月26日
「宮本常一 写真・日記集成 下」毎日新聞社 2005
◇p34〔白黒〕 長野県南安曇郡安曇村上高地 [撮]宮本常一, 1965年7月19日～22日

**吊橋のヤグラ**
「民俗図録 日本人の暮らし」日本図書センター 2012
◇図413〔白黒〕 青森県西津軽郡深浦町追良瀬 [撮]櫻庭武則

**定期船**
「写真ものがたり昭和の暮らし 3」農山漁村文化協会 2004
◇p210〔白黒〕 香川県高松市・男木島 [撮]永見武久, 昭和36年
◇p218〔白黒・図〕 島根県八束町・大根島 波入桟橋 [撮]須藤功, 昭和51年5月

**定期連絡船**
「日本民俗写真大系 6」日本図書センター 2000
◇p192〔白黒〕 長崎県端島 夕方仕事が終わって島を離れる [撮]中村由信, 1963年

**D51機関車**
「宮本常一 写真・日記集成 下」毎日新聞社 2005
◇p84〔白黒〕 列車で余目→新潟・山形県内 [撮]宮本常一, 1966年8月30日

**停留所**
「写真でみる日本生活図引 7」弘文堂 1993
◇図106〔白黒〕 京都府京都市中京区 堀川二条の停留所 旧型のチンチン電車の記録映画撮影のための走行 [撮]浅野喜市, 昭和36年7月26日

**手こぎの舟**
「宮本常一 写真・日記集成 上」毎日新聞社 2005
◇p84〔白黒〕（神島） 岡山県笠岡市 神島 [撮]宮本常一, 1957年8月30日

**手島と広島を結ぶ船**
「宮本常一 写真・日記集成 下」毎日新聞社 2005
◇p250〔白黒〕 香川県丸亀市小手島 [撮]宮本常一, 1971年5月2日

**鉄道開通当時の新橋駅**
「日本社会民俗辞典 3」日本図書センター 2004
◇p964〔白黒・図〕

**寺へ行く道**
「宮本常一 写真・日記集成 下」毎日新聞社 2005
◇p250〔白黒〕 香川県丸亀市牛島 [撮]宮本常一, 1971年5月2日

**寺街道（県道）**
「民俗資料叢書 2 志摩の年齢階梯制」平凡社 1965
◇図5〔白黒〕 三重県鳥羽市松尾町 盆行事の行列の通り路。ここで揃い拍子が行なわれ, 世古路とよばれる

**電車を待つ人**
「写真でみる日本生活図引 5」弘文堂 1989
◇図35〔白黒〕 秋田県横手市・横手駅 [撮]佐藤久太郎, 昭和37年4月5日

**天馬船に乗り込み、海岸の高台に鎮座する恵比寿神社に向かう漁民**
「日本民俗写真大系 5」日本図書センター 2000
◇p112〔白黒〕 〔鹿児島県〕下甑村片野浦 [撮]橋口実昭, 1977年

**東海道**
「宮本常一 写真・日記集成 上」毎日新聞社 2005
◇p212〔白黒〕 神奈川県藤沢市→戸塚 [撮]宮本常一, 1960年10月9日

**東海道新幹線の開通前の試乗会**
「写真ものがたり昭和の暮らし 4」農村漁村文化協会 2005
◇p109〔白黒〕 滋賀県 [撮]前野隆資, 昭和38年9月

**東京駅のホームで寝台列車がはいってくるのを待つ人たち**
「写真ものがたり昭和の暮らし 4」農村漁村文化協会 2005
◇p100〔白黒〕 東京都千代田区丸の内 [撮]中俣正義, 昭和30年代

**東京駅のホームで長距離列車を見送る人たち**
「写真ものがたり昭和の暮らし 4」農村漁村文化協会　2005
◇p100〔白黒〕　東京都千代田区丸の内　[撮]中俣正義, 昭和30年代

**東京お茶の水橋あたりから見る聖橋**
「宮本常一 写真・日記集成 下」毎日新聞社　2005
◇p134〔白黒〕　東京都　[撮]宮本常一, 1968年1月24日

**東京オリンピック開催に合わせて工事を急ぐ、江戸橋と代々木初台間の首都高速四号線**
「写真ものがたり昭和の暮らし 4」農村漁村文化協会　2005
◇p138〔白黒〕　東京都渋谷区　[撮]昭和37年12月　東京都提供

**東光寺参道**
「宮本常一 写真・日記集成 上」毎日新聞社　2005
◇p250〔白黒〕　長崎県 五島列島宇久島（北松浦郡宇久町）平　[撮]宮本常一, 1961年4月22日

**堂島川大江橋付近**
「宮本常一 写真・日記集成 下」毎日新聞社　2005
◇p471〔白黒〕　大阪市北区中之島　[撮]宮本常一, 1979年11月19日

**堂島川に架かる渡辺橋南詰めの道路**
「写真ものがたり昭和の暮らし 4」農村漁村文化協会　2005
◇p97〔白黒〕　大阪府大阪市北区中之島　まだ信号機も横断歩道の表示もない対策前　[撮]三村幸一, 昭和34年5月

**道頓堀川のボート遊び**
「写真ものがたり昭和の暮らし 4」農村漁村文化協会　2005
◇p54〔白黒〕　大阪府大阪市中央区　[撮]昭和23年　共同通信社提供

**東北新幹線の高架**
「日本の生活環境文化大辞典」柏書房　2010
◇p160-2〔白黒〕　岩手県　[撮]2006年　岸本章

**東和町和田から乗る人々**
「宮本常一 写真・日記集成 上」毎日新聞社　2005
◇p75〔白黒〕　周防大島→広島県佐伯郡大柿町［江田島市］柿ノ浦（東能美島）　[撮]宮本常一, 1957年8月25日

**東和町和田で見送る人々**
「宮本常一 写真・日記集成 上」毎日新聞社　2005
◇p75〔白黒〕　周防大島→広島県佐伯郡大柿町［江田島市］柿ノ浦（東能美島）　[撮]宮本常一, 1957年8月25日

**遠野駅**
「宮本常一 写真・日記集成 下」毎日新聞社　2005
◇p40〔白黒〕　岩手県　[撮]宮本常一, 1965年8月22日

**通り抜けの路地**
「宮本常一 写真・日記集成 下」毎日新聞社　2005
◇p330〔白黒〕　広島県吉田町吉田　[撮]宮本常一, 1974年8月31日～9月1日

**通りの両側に水路が設けられていた栃木町大通り**
「写真でみる民家大事典」柏書房　2005
◇p221-4〔白黒〕　栃木県栃木市　旧日光例幣使街道　[撮]明治中期頃　片岡写真館蔵

**戸田橋**
「宮本常一 写真・日記集成 上」毎日新聞社　2005
◇p174〔白黒〕　埼玉県戸田市へ　[撮]宮本常一, 1960年3月2日

**戸田橋で荒川を渡る**
「宮本常一が撮った昭和の情景 上」毎日新聞社　2009
◇p92〔白黒〕　東京都　[撮]宮本常一, 1960年3月2日
「宮本常一 写真・日記集成 上」毎日新聞社　2005
◇p174〔白黒〕　東京都　[撮]宮本常一, 1960年3月2日

**栃木河岸**
「写真ものがたり昭和の暮らし 5」農山漁村文化協会　2005
◇p27〔白黒〕　栃木県栃木市　[撮]須藤功, 昭和54年2月

**特急ハト娘**
「写真でみる日本人の生活全集 10」日本図書センター　2010
◇p72〔白黒〕

**トテ馬車**
「写真でみる日本生活図引 2」弘文堂　1988
◇図134〔白黒〕　秋田県仙北郡六郷町　[撮]佐藤久太郎, 昭和34年1月

**トテ馬車の名もある乗合馬車**
「写真ものがたり昭和の暮らし 4」農村漁村文化協会　2005
◇p95〔白黒〕　青森県八戸市　[撮]和井田登, 昭和34年7月

**都電廃線の記念式典**
「写真ものがたり昭和の暮らし 4」農村漁村文化協会　2005
◇p123〔白黒〕　東京都中央区銀座　[撮]昭和42年12月　東京都提供

**都電復興10周年を祝う花電車のパレード**
「写真ものがたり昭和の暮らし 4」農村漁村文化協会　2005
◇p122〔白黒〕　東京都中央区銀座　[撮]昭和30年10月10日（都民の日）　東京都提供

**飛び石がのびている**
「宮本常一 写真・日記集成 上」毎日新聞社　2005
◇p401〔白黒〕　山口県柳井市 柳井川のほとり　[撮]宮本常一, 1963年10月17日

**飛び石の道**
「宮本常一が撮った昭和の情景 上」毎日新聞社　2009
◇p203〔白黒〕（柳井川では対岸に渡るため川底に飛び石を置く）　山口県柳井市柳井津付近　[撮]宮本常一, 1963年10月17日
「宮本常一 写真・日記集成 上」毎日新聞社　2005
◇p401〔白黒〕　山口県柳井市　[撮]宮本常一, 1963年10月17日

**どぶね**
「写真 日本文化史 9」日本評論新社　1955
◇図113〔白黒〕　新潟県中頸城地方

**どぶね（断面図）**
「写真 日本文化史 9」日本評論新社　1955
◇図112〔白黒・図〕　新潟県中頸城地方

**土塀の続く道**
「宮本常一 写真・日記集成 下」毎日新聞社　2005
◇p371〔白黒〕　香川県香川郡直島町 直島　[撮]宮本常一, 1976年9月5～6日

**ドライブイン**
「宮本常一 写真・日記集成 下」毎日新聞社　2005
◇p281〔白黒〕　愛媛県土居町　[撮]宮本常一, 1972年8月14日～18日

**雪崩避けのトンネル**
「宮本常一 写真・日記集成 下」毎日新聞社　2005
◇p440〔白黒〕　新潟県古志郡山古志村　[撮]宮本常一, 1978年8月28日～31日

**那覇港**
「写真でみる日本生活図引 7」弘文堂　1993
◇図140・141〔白黒〕　沖縄県那覇市　[撮]須藤功, 昭和50年5月10日, 昭和50年8月1日

**鳴門海峡を展望する観光道路**
「宮本常一 写真・日記集成 下」毎日新聞社　2005
◇p279〔白黒〕　兵庫県三原郡西淡町　[撮]宮本常一, 1972年8月14日

**新潟港・傾き沈下した港湾施設**
「宮本常一が撮った昭和の情景 上」毎日新聞社　2009
◇p223〔白黒〕(新潟港)　新潟県新潟市　新潟地震で傾き沈下した港湾施設　[撮]宮本常一, 1964年6月26日
「宮本常一 写真・日記集成 上」毎日新聞社　2005
◇p438〔白黒〕　新潟　地震のあと　[撮]宮本常一, 1964年6月26日

**新潟市鳥屋野潟周辺の未舗装の道**
「宮本常一 写真・日記集成 下」毎日新聞社　2005
◇p215〔白黒〕(新潟市・鳥屋野潟周辺)　新潟市 鳥屋野潟周辺　[撮]宮本常一, 1969年10月7日

**西田橋**
「宮本常一 写真・日記集成 上」毎日新聞社　2005
◇p307〔白黒〕　鹿児島　1999に石橋記念公園に移築　[撮]宮本常一, 1962年6月9日

**弐之橋**
「宮本常一 写真・日記集成 上」毎日新聞社　2005
◇p307〔白黒〕　鹿児島　1993年倒壊　[撮]宮本常一, 1962年6月9日

**日本橋**
「写真ものがたり昭和の暮らし 4」農村漁村文化協会　2005
◇p118〔白黒〕　東京都中央区　[撮]昭和26年7月　東京都提供
「写真でみる日本生活図引 7」弘文堂　1993
◇図87〔白黒〕　東京都中央区日本橋　[撮]昭和27年7月22日　東京都提供
◇図88〔白黒〕　東京都中央区日本橋　秋　[撮]板垣太子松, 昭和14年

**入港を待つ人々**
「宮本常一 写真・日記集成 上」毎日新聞社　2005
◇p276〔白黒〕　長崎県平戸市 的山大島　[撮]宮本常一, 1961年9月18日

**根室本線の列車**
「写真ものがたり昭和の暮らし 4」農村漁村文化協会　2005
◇p104〔白黒〕　北海道新得町　[撮]関口哲也, 昭和32年9月

**ネリ櫂**
「日本民俗大辞典 上」吉川弘文館　1999
◇p300〔白黒〕　山口県豊北郡豊浦町

**練り櫂を操る**
「宮本常一が撮った昭和の情景 上」毎日新聞社　2009
◇p156〔白黒〕(練り櫂を操る子どもたち)　壱岐・郷ノ浦・本居(壱岐島 長崎県壱岐郡郷ノ浦町[壱岐市])　[撮]宮本常一, 1962年8月3日
「宮本常一 写真・日記集成 上」毎日新聞社　2005
◇p322〔白黒〕　壱岐・郷ノ浦・本居(壱岐島 長崎県壱岐郡郷ノ浦町[壱岐市])　[撮]宮本常一, 1962年8月3日

**農耕船の船だまり**
「宮本常一 写真・日記集成 下」毎日新聞社　2005
◇p441〔白黒〕　広島県安芸郡江田島町　[撮]宮本常一, 1978年10月20日

**乗合馬車**
「日本郷土 風俗・民芸・芸能図鑑」日本図書センター　2012
◇写真篇 青森〔白黒〕(雪の乗合馬車)　青森県
「写真でみる日本生活図引 2」弘文堂　1988
◇図135〔白黒〕　静岡県磐田郡佐久間町　[撮]昭和初期　平賀孝晴提供

**乗合船発着場付近**
「宮本常一 写真・日記集成 下」毎日新聞社　2005
◇p393〔白黒〕　愛媛県喜多郡長浜町青島　後背に神社　[撮]宮本常一, 1977年5月24日

**ノルウェー船の「ラブラス」号が運んできた、ユニセフから贈られた脱脂粉乳のドラム缶**
「写真ものがたり昭和の暮らし 4」農村漁村文化協会　2005
◇p190〔白黒〕　神奈川県横浜市　[撮]五十嵐英壽, 昭和31年

**廃線を惜しむ沿線の子ども達**
「日本の生活環境文化大辞典」柏書房　2010
◇p161-1〔白黒〕　のと鉄道能登三井駅　[撮]2001年　小花宰

**博多駅**
「宮本常一 写真・日記集成 上」毎日新聞社　2005
◇p181〔白黒〕　福岡県 博多駅　[撮]宮本常一, 1960年4月18日

**博多港**
「宮本常一 写真・日記集成 上」毎日新聞社　2005
◇p208〔白黒〕　福岡県福岡市博多 西公園から望む　[撮]宮本常一, 1960年9月14日

**運んでくれたチャーター漁船**
「宮本常一 写真・日記集成 下」毎日新聞社　2005
◇p75〔白黒〕　東京都 青ヶ島三宝港　[撮]宮本常一, 1966年7月27日

**橋**
「図説 日本民俗学」吉川弘文館　2009
◇p244〔白黒〕　埼玉県白岡市, 茨城県つくば市
「宮本常一 写真・日記集成 別巻」毎日新聞社　2005
◇図111 (p24)〔白黒〕　宮崎県・日向・東米良[西都市]　[撮]宮本常一, 1940年2月11日～3月7日

**ハシケ**
「宮本常一が撮った昭和の情景 上」毎日新聞社　2009
◇p165〔白黒〕(超満員の艀)　長崎県佐世保市宇久町(宇久島)から北松浦郡小値賀町(小値賀島)　[撮]宮本常一, 1962年8月11日
◇p202〔白黒〕　鹿児島県熊毛郡屋久島町(屋久島) 安房港外　[撮]宮本常一, 1963年10月15日
「宮本常一 写真・日記集成 上」毎日新聞社　2005
◇p207〔白黒〕　新潟県佐渡郡畑野町[佐渡市]多田　[撮]宮本常一, 1960年8月24日
◇p332〔白黒〕　五島列島宇久島(長崎県北松浦郡宇久町)→小値賀(小値賀島 小値賀町)　[撮]宮本常一, 1962年8月11日
◇p400〔白黒〕　鹿児島県熊毛郡屋久町 安房港外(屋久島)　[撮]宮本常一, 1963年10月15日

**艀**
「宮本常一が撮った昭和の情景 上」毎日新聞社　2009
◇p38～39〔白黒〕(広島行の船に乗ろうとする人たちを運ぶ艀(はしけ))　山口県大島郡周防大島町大字和田　[撮]宮本常一, 1957年8月25日
「写真でみる日本生活図引 6」弘文堂　1993
◇図126, 127〔白黒〕　東京都青ヶ島村　[撮]坪井洋文, 昭和33年7月

**はしけできた人が波が引く一瞬に跳びおりる**
「日本民俗写真大系 8」日本図書センター　2000
◇p88〔白黒〕　新潟県粟島浦村　[撮]中俣正義, 1956年

**ハシケで上陸**
「宮本常一 写真・日記集成 上」毎日新聞社　2005
◇p387〔白黒〕　東京都 新島村　[撮]宮本常一, 1963年7月27日

**ハシケでの乗下船**
「宮本常一 写真・日記集成 上」毎日新聞社　2005
◇p146〔白黒〕　山口県 周防大島沖合　[撮]宮本常一, 1959年8月25日

**はしけで浜に着く**
「写真ものがたり昭和の暮らし 3」農山漁村文化協会　2004

交通・交易　　　　　　　　　　　　　　　　　　　　　　　交通・運輸

◇p194〔白黒〕　新潟県粟島浦村内浦　㊙中俣正義, 昭和31年5月

**はしけで連絡船から上陸する人たち**
「宮本常一が撮った昭和の情景 上」毎日新聞社　2009
◇p82〜83〔白黒〕　大阪府泉南郡岬町深日（淡路島の由良より渡る）㊙宮本常一, 1959年10月13日
「宮本常一 写真・日記集成 上」毎日新聞社　2005
◇p154〔白黒〕（深日で下船）　由良（淡路島 兵庫県洲本市）→深日（大阪府泉南郡岬町）　㊙宮本常一, 1959年10月13日

**ハシケに積まれた建築資材とクレーン**
「宮本常一 写真・日記集成 下」毎日新聞社　2005
◇p405〔白黒〕　高知県土佐清水市 清水漁港　㊙宮本常一, 1977年10月17日

**艀の客**
「写真でみる日本生活図引 6」弘文堂　1993
◇図128〔白黒〕　新潟県岩船郡粟島浦村内浦　㊙中俣正義, 昭和31年5月19日
◇図129〔白黒〕　新潟県岩船郡粟島浦村内浦　㊙中俣正義, 昭和31年5月19日

**はしけの出し入れ作業**
「写真ものがたり昭和の暮らし 3」農山漁村文化協会　2004
◇p199〔白黒〕　東京都青ヶ島村　㊙坪井洋文, 昭和33年7月

**はしご状の橋**
「宮本常一 写真・日記集成 上」毎日新聞社　2005
◇p339〔白黒〕　山口県阿武郡川上村　㊙宮本常一, 1962年9月6日

**橋銭小屋**
「日本社会民俗辞典 3」日本図書センター　2004
◇p1176〔白黒〕　静岡県藁科川

**橋と樟**
「写真でみる日本生活図引 7」弘文堂　1993
◇図86〔白黒〕　大阪府大阪市西区靭上通　上之橋の北詰、樟の大木　㊙大正時代　大阪城天守閣所蔵

**馬車で運動会へ**
「写真でみる日本生活図引 2」弘文堂　1988
◇図132〔白黒〕　北海道山越郡長万部町　㊙掛川源一郎, 昭和35年6月15日

**馬車に乗ってはしゃぐ小学生たち**
「写真ものがたり昭和の暮らし 9」農山漁村文化協会　2007
◇p170〔白黒〕　熊本県芦北町　㊙麦島勝, 昭和32年4月

**馬車に乗る人たち**
「宮本常一 写真・日記集成 下」毎日新聞社　2005
◇p27〔白黒〕（隠岐島前・知夫里島）　島根県隠岐郡知夫村（知夫里島）〔馬車に乗る人たち〕　㊙宮本常一, 1965年5月29日

**馬車用ラッパ**
「日本民具の造形」淡交社　2004
◇p32〔白黒〕　長野県 朝日村立歴史民俗資料館所蔵

**バス**
「写真でみる日本生活図引 7」弘文堂　1993
◇図132〔白黒〕　新潟県新潟市・柾谷小路　初夏　ボンネット型。廃車場へ行くところか　㊙中俣正義, 昭和24年
「写真でみる日本生活図引 2」弘文堂　1988
◇図156〔白黒〕　島根県出雲市　乗合バス（ボンネットが前に突きでた型）　㊙昭和25年以降　石塚尊俊提供
◇図157〔白黒〕　京都府京都市　京都市営バス　㊙山本栄三, 昭和12年頃

**バスを待つ着物姿の女性**
「宮本常一が撮った昭和の情景 上」毎日新聞社　2009
◇p101〔白黒〕（バスを待つ着物姿の女性。後方では道路工事をしている）　熊本県天草郡苓北町富岡から天草市（本渡）へ　車窓から　㊙宮本常一, 1960年4月24日

**バスを待つ登山者たち**
「宮本常一 写真・日記集成 下」毎日新聞社　2005
◇p34〔白黒〕　長野県南安曇郡安曇村沢渡あたり　上高地方面交通途絶　㊙宮本常一, 1965年7月24日

**バス停**
「宮本常一 写真・日記集成 上」毎日新聞社　2005
◇p34〔白黒〕　山口県大島郡大島町 小松港〔周防大島町〕　㊙宮本常一, 1956年1月13日
◇p243〔白黒〕　愛知県北設楽郡設楽町名倉 名倉中学校前　㊙宮本常一, 1961年1月20日
◇p380〔白黒〕　青森県下北郡東通村尻屋　背後は三余会館　㊙宮本常一, 1963年6月21日

**バスの座席に座る子ども**
「写真ものがたり昭和の暮らし 4」農山漁村文化協会　2005
◇p99〔白黒〕　沖縄県石垣島　㊙須藤功, 昭和47年7月

**バスの待合所**
「写真ものがたり昭和の暮らし 9」農山漁村文化協会　2007
◇p109〔白黒〕　長野県曾地村（現阿智村）　正月明けに都会にもどる人と見送る家族　㊙熊谷元一, 昭和28年1月

**破船**
「宮本常一 写真・日記集成 下」毎日新聞社　2005
◇p428〔白黒〕　青森県 下北半島　㊙宮本常一, 1978年5月14日〜15日

**波止**
「宮本常一 写真・日記集成 下」毎日新聞社　2005
◇p189〔白黒〕　東和町平野　㊙宮本常一, 1969年4月5日〜10日

**波止場**
「宮本常一 写真・日記集成 下」毎日新聞社　2005
◇p300〔白黒〕　広島県福山市鞆　次々に漁の船が帰る　㊙宮本常一, 1973年3月26日

**浜通り**
「宮本常一 写真・日記集成 上」毎日新聞社　2005
◇p142〔白黒〕　新潟県佐渡郡真野町〔佐渡市〕豊田　㊙宮本常一, 1959年8月10日

**パルプ材を積む木造機帆船**
「宮本常一 写真・日記集成 上」毎日新聞社　2005
◇p76〔白黒〕　周防大島→広島県佐伯郡大柿町〔江田島市〕柿ノ浦（東能美島）　㊙宮本常一, 1957年8月25日

**晴れた日のハシケは洗濯物で満艦飾**
「写真ものがたり昭和の暮らし 4」農山漁村文化協会　2005
◇p188〔白黒〕　神奈川県横浜市　㊙五十嵐英壽, 昭和32年

**帆船**
「写真でみる日本生活図引 2」弘文堂　1988
◇図146〔白黒〕　東京都・隅田川　五大力といわれた船と思われる　㊙大正10年　平塚市博物館提供
◇図147〔白黒〕　兵庫県・淡路島　渡海船、通称トウケブネといわれた運搬船　㊙昭和8年4月28日　平塚市博物館提供

**日陰で船を待つ**
「宮本常一 写真・日記集成 上」毎日新聞社　2005
◇p331〔白黒〕　五島列島宇久島（長崎県北松浦郡宇久町）　㊙宮本常一, 1962年8月11日

**干潟に座礁させた貨物船**
「宮本常一が撮った昭和の情景 上」毎日新聞社　2009

民俗風俗 図版レファレンス事典（衣食住・生活篇）　**549**

◇p40〔白黒〕　広島県呉市音戸町早瀬（倉橋島）　伝統的な停泊の方法　🅟宮本常一, 1957年8月25日

### 干潟に座礁させる伝統的な泊りの方法
「宮本常一 写真・日記集成 上」毎日新聞社　2005
　　◇p76〔白黒〕　広島県安芸郡音戸町（倉橋島）　🅟宮本常一, 1957年8月25日

### 氷川丸の見送り
「写真ものがたり昭和の暮らし 4」農村漁村文化協会　2005
　　◇p180〔白黒〕　神奈川県横浜市 メリケン波止場（大桟橋）　敗戦後、初めて太平洋航路のシアトル、バンクーバー航路に復帰する　🅟五十嵐英壽, 昭和28年7月

### 日の出3丁目停留所
「宮本常一 写真・日記集成 上」毎日新聞社　2005
　　◇p174〔白黒〕　東京都　🅟宮本常一, 1960年3月2日

### 日比谷交差点
「宮本常一 写真・日記集成 下」毎日新聞社　2005
　　◇p66〔白黒〕　東京都 有楽町　🅟宮本常一, 1966年3月5日

### 氷上ヨット
「写真ものがたり昭和の暮らし 5」農山漁村文化協会　2005
　　◇p209〔白黒〕　長野県下諏訪町高木沖　🅟宮坂増雄, 昭和34年

### 広島駅
「宮本常一が撮った昭和の情景 上」毎日新聞社　2009
　　◇p18〔白黒〕　広島県広島市南区松原町　🅟宮本常一, 1956年4月4日
　　◇p306〔白黒〕　広島県 広島駅　戦災で焼け残った建物　🅟宮本常一, 1962年5月2日
「宮本常一 写真・日記集成 上」毎日新聞社　2005
　　◇p35〔白黒〕　広島県　🅟宮本常一, 1956年4月4日
「宮本常一 写真・日記集成 下」毎日新聞社　2005
　　◇p164〔白黒〕　広島県　🅟宮本常一, 1968年7月31日

### フェリーと西郷の港町
「宮本常一 写真・日記集成 下」毎日新聞社　2005
　　◇p423〔白黒〕　島根県隠岐郡西郷町　🅟宮本常一, 1978年3月22日

### フェリー埠頭
「宮本常一 写真・日記集成 下」毎日新聞社　2005
　　◇p281〔白黒〕　愛媛県大三島町宮浦　🅟宮本常一, 1972年8月14日～18日

### 武家屋敷の路地
「宮本常一 写真・日記集成 下」毎日新聞社　2005
　　◇p325〔白黒〕　長崎県下県郡厳原町［対馬市］　🅟宮本常一, 1974年5月23日

### 富士急行・富士吉田駅
「宮本常一 写真・日記集成 上」毎日新聞社　2005
　　◇p457〔白黒〕　山梨県　🅟宮本常一, 1964年11月7日

### 富士吉田の浅間神社参道
「宮本常一 写真・日記集成 上」毎日新聞社　2005
　　◇p457〔白黒〕　山梨県　🅟宮本常一, 1964年11月7日

### ふたつの「蛇籠」を置き、それを橋脚にして丸太を渡した橋
「写真ものがたり昭和の暮らし 5」農山漁村文化協会　2005
　　◇p48〔白黒〕　熊本県球磨村 球磨川　🅟麦島勝, 昭和25年10月

### 船揚場をコンクリートで整備した泊
「宮本常一が撮った昭和の情景 上」毎日新聞社　2009
　　◇p77〔白黒〕　愛媛県松山市二神（二神島）　🅟宮本常一, 1959年8月29日
「宮本常一 写真・日記集成 上」毎日新聞社　2005
　　◇p149〔白黒〕　愛媛県温泉郡中島町 二神島　🅟宮本常一, 1959年8月29日

### 船着場
「宮本常一 写真・日記集成 上」毎日新聞社　2005
　　◇p199〔白黒〕　山口県萩市 見島　🅟宮本常一, 1960年8月1日
　　◇p251〔白黒〕　長崎県北松浦郡小値賀町 六島　🅟宮本常一, 1961年4月23日
　　◇p260〔白黒〕　石川県輪島市 舳倉島　🅟宮本常一, 1961年8月1日
　　◇p276〔白黒〕　長崎県平戸市 的山大島　🅟宮本常一, 1961年9月18日
「日本民俗写真大系 5」日本図書センター　2000
　　◇p168〔白黒〕　高知県沖の島 弘瀬集落の港　小型の通い船で陸と中継　🅟原田政章, 1963年
「写真でみる日本生活図引 7」弘文堂　1993
　　◇図99〔白黒〕　大阪府大阪市都島区網島町 「川崎の渡し」の船着場　🅟昭和7年以降　大阪城天守閣所蔵
「写真でみる日本生活図引 2」弘文堂　1988
　　◇図145〔白黒〕　秋田県大曲市角間川　🅟明治30年代 平野長一郎提供

### 舟橋
「写真ものがたり昭和の暮らし 5」農山漁村文化協会　2005
　　◇p46〔白黒〕　群馬県渋川市半田の利根川　須藤功編『幕末・明治の生活風景』より

### 船橋
「日本社会民俗辞典 3」日本図書センター　2004
　　◇p1176〔白黒〕　渡良瀬川三国橋

### 舟屋と「まるこ舟」
「日本民俗写真大系 7」日本図書センター　2000
　　◇p111〔白黒〕　京都府伊根町　🅟板垣太子松, 1964年

### 船
「宮本常一 写真・日記集成 上」毎日新聞社　2005
　　◇p146〔白黒〕（三津浜→周防大島）　愛媛県松山市 三津浜→周防大島　🅟宮本常一, 1959年8月25日

### 舟をトラックで運ぶ
「宮本常一が撮った昭和の情景 上」毎日新聞社　2009
　　◇p92〔白黒〕　埼玉県浦和から鴻巣付近　🅟宮本常一, 1960年3月2日

### 船を待つ人々
「宮本常一 写真・日記集成 上」毎日新聞社　2005
　　◇p308〔白黒〕　種子島 西之表港　🅟宮本常一, 1962年6月10日

### 船から下りてバス停に向かう人たち
「宮本常一 写真・日記集成 上」毎日新聞社　2005
　　◇p352〔白黒〕　香川県香川郡直島町　🅟宮本常一, 1962年11月12日

### 船だまり
「宮本常一 写真・日記集成 下」毎日新聞社　2005
　　◇p371〔白黒〕　岡山県笠岡市 白石島　🅟宮本常一, 1976年9月4～5日
　　◇p377〔白黒〕　広島県三原市宗郷町 沼田川河口　🅟宮本常一, 1976年12月25日

### 船だまりのガンギ
「宮本常一 写真・日記集成 下」毎日新聞社　2005
　　◇p313〔白黒〕　香川県坂出市与島　🅟宮本常一, 1973年8月17～18日

### 船で 恋路島あたり
「宮本常一 写真・日記集成 上」毎日新聞社　2005
　　◇p431〔白黒〕　熊本県 水俣→本渡　🅟宮本常一, 1964年5月14日

### 船に馬を乗せて旧馬淵川（八戸工業港）を渡る
「写真ものがたり昭和の暮らし 5」農山漁村文化協会　2005

◇p21〔白黒〕　青森県八戸市湊町　[撮]和井田登, 昭和32年9月

## 船の泊の石積

「宮本常一 写真・日記集成 下」毎日新聞社　2005
◇p393〔白黒〕　愛媛県喜多郡長浜町青島　[撮]宮本常一, 1977年5月24日

## 船の見送り

「写真ものがたり昭和の暮らし 10」農山漁村文化協会　2007
◇p127〔白黒〕　沖縄県石垣市　[撮]須藤功, 昭和47年8月

## 船の別れ

「写真でみる日本人の生活全集 4」日本図書センター　2010
◇p12〔白黒〕　別れのテープが投げかわされる

## 踏切を渡る車

「写真ものがたり昭和の暮らし 4」農村漁村文化協会　2005
◇p96〔白黒〕　大阪府大阪市 出入橋　[撮]昭和6年　朝日新聞社提供

## 冬の停車場

「写真でみる日本生活図引 2」弘文堂　1988
◇図161〔白黒〕　秋田県平鹿郡山内村・小松川駅　汽車, ホームの雪かき　[撮]千葉禎介, 昭和37年1月

## 部落内の道路

「民俗資料叢書 2 志摩の年齢階梯制」平凡社　1965
◇図49・50〔白黒〕

## 古いドックの跡

「宮本常一が撮った昭和の情景 上」毎日新聞社　2009
◇p40〔白黒〕　広島県呉市（倉橋島）倉橋の本浦　[撮]宮本常一, 1957年8月26日
「宮本常一 写真・日記集成 上」毎日新聞社　2005
◇p78〔白黒〕　広島県安芸郡音戸町（倉橋島）倉橋の本浦　[撮]宮本常一, 1957年8月26日

## 古い「泊」

「宮本常一 写真・日記集成 上」毎日新聞社　2005
◇p76〔白黒〕（遠浅の古い「泊」）　広島県 高田　[撮]宮本常一, 1957年8月25日

## 古い「泊」の石垣

「宮本常一 写真・日記集成 上」毎日新聞社　2005
◇p76〔白黒〕　広島県 高田　[撮]宮本常一, 1957年8月25日

## 古い船着場

「宮本常一 写真・日記集成 別巻」毎日新聞社　2005
◇図219（p38）〔白黒〕　広島県豊田郡御手洗［豊町］　遊女町だったところ　[撮]宮本常一, 1941年9月

## 平太の渡しの今市の渡し場

「写真ものがたり昭和の暮らし 5」農山漁村文化協会　2005
◇p22〔白黒〕　大阪府大阪市旭区　[撮]高木伸夫, 昭和40年ごろ

## 弁才船

「写真ものがたり昭和の暮らし 3」農山漁村文化協会　2004
◇p33〔白黒〕　福井県小浜市　[撮]井田米蔵, 大正時代　福井県立若狭歴史民俗資料館提供

## 弁才船（北前船）

「写真ものがたり昭和の暮らし 3」農山漁村文化協会　2004
◇p32〔白黒〕　福井県小浜市 小浜湊に停泊　[撮]井田米蔵, 大正時代　福井県立若狭歴史民俗資料館提供

## ペデストリアンデッキ

「日本の生活環境文化大辞典」柏書房　2010
◇p159-6〔白黒〕　福岡県北九州市小倉駅前　[撮]2009年

## 弁財船の名残をとどめる機帆船

「宮本常一が撮った昭和の情景 上」毎日新聞社　2009
◇p46〔白黒〕（弁財船の名残りをとどめる機帆船）　大崎上島町木江から愛媛県今治市大三島町（大三島）へ　[撮]宮本常一, 1957年8月28日
「宮本常一 写真・日記集成 上」毎日新聞社　2005
◇p82〔白黒〕　宗方→木江→宮浦　[撮]宮本常一, 1957年8月28日

## 歩行者・自転車の分離歩道

「日本の生活環境文化大辞典」柏書房　2010
◇p157-3〔白黒〕　福岡市中央区　[撮]2009年

## 保線工夫

「日本民俗写真大系 1」日本図書センター　1999
◇p34〔白黒〕　北海道新得町 旧狩勝峠の難所といわれた急斜面　冬の路線の確保に努める　[撮]関口哲也, 1950年代後半

## ボート建築

「宮本常一 写真・日記集成 下」毎日新聞社　2005
◇p164〔白黒〕　広島県 広島駅前　〔「駅前ボート」船着場の建物〕　[撮]宮本常一, 1968年7月31日

## ホームで駅員と郵便局員が郵便小包の送り先などを確認している

「写真ものがたり昭和の暮らし 4」農村漁村文化協会　2005
◇p164〔白黒〕　北海道帯広市　[撮]関口哲也, 昭和20年代

## 薪を満載したハシケ

「写真ものがたり昭和の暮らし 4」農村漁村文化協会　2005
◇p188〔白黒〕　神奈川県横浜市　[撮]五十嵐英壽, 昭和37年

## 薪で走る観光バス

「写真ものがたり昭和の暮らし 4」農村漁村文化協会　2005
◇p98〔白黒〕　東京都千代田区・皇居前広場　[撮]昭和26年5月　共同通信社提供

## 巻胴

「日本民俗写真大系 1」日本図書センター　1999
◇p159〔白黒〕　北海道伊達市西浜　船を浜に引き揚げるときに使う。巻き上げを馬で行う　[撮]掛川源一郎, 1960年

## 待合室のベンチで眠る

「写真ものがたり昭和の暮らし 4」農村漁村文化協会　2005
◇p162〔白黒〕　秋田県横手市　[撮]佐藤久太郎, 昭和28年4月

## 松並木

「宮本常一 写真・日記集成 上」毎日新聞社　2005
◇p300〔白黒〕　東京都大島町（伊豆大島）波浮→元町→岡田　[撮]宮本常一, 1962年1月19日

## 馬見原近郊のバス停

「あるくみるきく双書 宮本常一とあるいた昭和の日本 19」農山漁村文化協会　2012
◇p160〔白黒〕　熊本県上益城郡山都町馬見原　後方に半ば刈り終えた田圃と稲架　[撮]宮本常一, 昭和37年10月

## マルキブネ

「図録・民具入門事典」柏書房　1991
◇p89〔白黒〕　青森県　小川原湖博物館所蔵

## まるき舟

「写真 日本文化史 9」日本評論新社　1955
◇図108〔白黒〕　男鹿半島

## 丸木舟

「写真ものがたり昭和の暮らし 2」農山漁村文化協会　2004
◇p131〔白黒〕　新潟県朝日村三面　三面川を丸木舟でさかのぼり、三面集落河岸に着いた親子　[撮]昭和6年5月　早川孝太郎所蔵
「日本民俗文化財事典（改訂版）」第一法規出版　1979
◇図189〔白黒〕　秋田県田沢湖
「日本民俗図誌 9 住居・運輸篇」村田書店　1978

交通・運輸　　　　　　　　　　　　　　　交通・交易

　　◇図198〔白黒・図〕　北海道アイヌ　渡船および漁船としても使用

**丸木船**
「日本民俗大辞典 下」吉川弘文館　2000
　　◇p590〔白黒〕　鹿児島県熊毛郡南種子島町牛野

**丸木舟と操舵**
「精選 日本民俗辞典」吉川弘文館　2006
　　◇p5〔白黒〕　北海道八雲町
「日本民俗大辞典 上」吉川弘文館　1999
　　◇p5〔白黒〕　北海道八雲町

**丸子舟**
「写真ものがたり昭和の暮らし 5」農山漁村文化協会　2005
　　◇p81〔白黒〕　滋賀県大津市浜大津　㊞昭和37年　滋賀県所蔵, 琵琶湖博物館提供

**丸太を並べた橋**
「宮本常一 写真・日記集成 上」毎日新聞社　2005
　　◇p129〔白黒〕　広島県比婆郡比和町→森脇　㊞宮本常一, 1959年6月23日

**丸太を並べた木橋**
「宮本常一が撮った昭和の情景 上」毎日新聞社　2009
　　◇p58～59〔白黒〕　広島県庄原市比和町　比和川に架かる　㊞宮本常一, 1959年6月23日

**道しるべ**
「宮本常一 写真・日記集成 下」毎日新聞社　2005
　　◇p281〔白黒〕　愛媛県大三島町宮浦　㊞宮本常一, 1972年8月14日～18日
「民俗の事典」岩崎美術社　1972
　　◇p224〔白黒〕　奈良県多武峰

**道中央に用水路**
「宮本常一 写真・日記集成 上」毎日新聞社　2005
　　◇p392〔白黒〕　青森県下北郡川内町畑　㊞宮本常一, 1963年8月14日

**港の遠望 乗合船が停泊している**
「宮本常一 写真・日記集成 上」毎日新聞社　2005
　　◇p395〔白黒〕　愛媛県喜多郡長浜町青島　㊞宮本常一, 1977年5月24日

**港の松**
「宮本常一 写真・日記集成 下」毎日新聞社　2005
　　◇p145〔白黒〕　山口県大島郡東和町沖家室［周防大島町］　㊞宮本常一, 1968年3月19日～27日

**南八幡神社参道**
「宮本常一 写真・日記集成 上」毎日新聞社　2005
　　◇p129〔白黒〕　広島県比婆郡高野町　㊞宮本常一, 1959年6月24日

**未舗装の道路**
「写真ものがたり昭和の暮らし 4」農村漁村文化協会　2005
　　◇p129〔白黒〕　宮城県仙台市東二番丁通り　㊞中嶋忠一, 昭和31年2月

**未舗装の道**
「宮本常一 写真・日記集成 下」毎日新聞社　2005
　　◇p284〔白黒〕　岩手県野田村　㊞宮本常一, 1972年8月28～30日

**昔ながらの河港の姿**
「宮本常一が撮った昭和の情景 上」毎日新聞社　2009
　　◇p128～129〔白黒〕(昔ながらの河港の姿を残す浜川と川沿いの町並み)　佐賀県鹿島市浜町　㊞宮本常一, 1961年4月27日
「宮本常一 写真・日記集成 上」毎日新聞社　2005
　　◇p256〔白黒〕(長崎→博多・昔ながらの河港の姿)　佐賀県鹿島市浜町　㊞宮本常一, 1961年4月27日

**名神高速道路の工事状況**
「写真ものがたり昭和の暮らし 4」農村漁村文化協会　2005
　　◇p108〔白黒〕　滋賀県大津市　山科工区に隣接する大津市湖城が丘の上空から写す　㊞前野隆資, 昭和36年5月

**メインストリート**
「宮本常一 写真・日記集成 上」毎日新聞社　2005
　　◇p20〔白黒〕　秋田県北秋田郡上小阿仁村　㊞宮本常一, 1955年11月7日

**眼鑑橋**
「宮本常一が撮った昭和の情景 上」毎日新聞社　2009
　　◇p117〔白黒〕　熊本県上益城郡御船町　㊞宮本常一, 1960年10月31日
「宮本常一 写真・日記集成 上」毎日新聞社　2005
　　◇p215〔白黒〕　熊本県上益城郡御船町　㊞宮本常一, 1960年10月31日

**眼鏡橋・オランダ橋とも称される幸橋**
「宮本常一 写真・日記集成 下」毎日新聞社　2005
　　◇p398〔白黒〕　長崎県平戸市岩の上町　㊞宮本常一, 1977年8月8日

**眼鏡橋・東新橋**
「宮本常一 写真・日記集成 下」毎日新聞社　2005
　　◇p397〔白黒〕　長崎県長崎市 中島川　㊞宮本常一, 1977年8月8日

**眼鏡橋・袋橋**
「宮本常一 写真・日記集成 下」毎日新聞社　2005
　　◇p397〔白黒〕　長崎県長崎市 中島川　㊞宮本常一, 1977年8月8日

**門司港駅**
「宮本常一 写真・日記集成 上」毎日新聞社　2005
　　◇p279〔白黒〕　福岡県北九州市門司　㊞宮本常一, 1961年9月20日

**木橋**
「民俗図録 日本人の暮らし」日本図書センター　2012
　　◇図414〔白黒〕　福井県大野郡五箇村上打波　㊞橋浦泰雄
「宮本常一 写真・日記集成 下」毎日新聞社　2005
　　◇p328〔白黒〕　広島県世羅郡世羅町　㊞宮本常一, 1974年8月24日～27日(農山漁家生活改善技術資料収集調査)
「日本民俗図誌 9 住居・運輸篇」村田書店　1978
　　◇図200-1〔白黒・図〕　千葉県東葛飾郡行徳　丸太二ッ割のものを横にならべ, 手摺をつけた構造
　　◇図200-2〔白黒・図〕　千葉県東葛飾郡八幡辺り　橋下に肥料船を通すため中央を高くしたもの

**本村の道・道路中央の白い線は用水路のあと**
「宮本常一 写真・日記集成 上」毎日新聞社　2005
　　◇p203〔白黒〕　山口県萩市 見島　㊞宮本常一, 1960年8月3日

**屋形船**
「日本民俗図誌 9 住居・運輸篇」村田書店　1978
　　◇図197〔白黒・図〕　高知の種崎浜　涼船にも使用

**矢切の渡し**
「写真ものがたり昭和の暮らし 4」農村漁村文化協会　2005
　　◇p53〔白黒〕　東京都葛飾区　㊞昭和62年　東京都提供

**屋根つきの田丸橋**
「写真ものがたり昭和の暮らし 5」農山漁村文化協会　2005
　　◇p49〔白黒〕　愛媛県内子町河内 弓川　㊞高木伸治, 平成11年5月

**山下公園の山下桟橋に係留されている現在の氷川丸**
「写真ものがたり昭和の暮らし 4」農村漁村文化協会　2005
　　◇p181〔白黒〕　神奈川県横浜市　㊞須藤功, 平成17年1

月

**往き交う車馬**
「写真でみる日本生活図引 7」弘文堂　1993
◇図92〔白黒〕　大阪府大阪市・大阪駅西　夏　出入橋の踏切風景　[撮]昭和6年　朝日新聞社提供

**往き交う人と車**
「写真でみる日本生活図引 7」弘文堂　1993
◇図93〔白黒〕　大阪府大阪市北区中之島・渡辺橋　[撮]三村幸一, 昭和34年5月

**ゆったりとカーブした渡名喜集落の道**
「日本の生活環境文化大辞典」柏書房　2010
◇p414-2〔白黒〕　沖縄県島尻郡渡名喜村　[撮]1984年　武者英二

**横川宿に昭和30年代まで残っていた旧道路**
「民俗資料選集 8 中付駑者の習俗」国土地理協会　1979
◇p9(口絵)〔白黒〕　栃木県

**四ツ木橋**
「写真ものがたり昭和の暮らし 5」農山漁村文化協会　2005
◇p50〔白黒〕　東京都葛飾区四ツ木 荒川　[撮]昭和41年11月　東京都提供
「写真でみる日本生活図引 7」弘文堂　1993
◇図89〔白黒〕　東京都葛飾区四つ木・水戸街道　[撮]昭和41年11月1日　東京都提供

**四ツ橋交差点**
「写真でみる日本生活図引 7」弘文堂　1993
◇図107〔白黒〕　大阪府大阪市西区・四ツ橋　[撮]大正時代初期　『大阪府写真帖』より

**淀屋橋と北浜のビル街**
「宮本常一 写真・日記集成 下」毎日新聞社　2005
◇p471〔白黒〕　大阪市中央区北浜　[撮]宮本常一, 1979年11月19日

**陸橋**
「宮本常一 写真・日記集成 上」毎日新聞社　2005
◇p407〔白黒〕　山形→東京のどこか　[撮]宮本常一, 1963年11月20日

**輪タク**
「写真ものがたり昭和の暮らし 4」農村漁村文化協会　2005
◇p94〔白黒〕　東京都新宿区　新宿駅前を都電と一緒に走る　[撮]昭和22年2月　共同通信社提供
「写真でみる日本生活図引 7」弘文堂　1993
◇図96〔白黒〕　東京都台東区浅草　[撮]渡部雄吉, 昭和23年頃

**輪タクが走る**
「宮本常一 写真・日記集成 下」毎日新聞社　2005
◇p393〔白黒〕　愛媛県今治市恵美須町　[撮]宮本常一, 1977年5月24日

**冷房のない窓を全開にしたバスが、未舗装の道を砂ぼこりをあげて走る**
「写真ものがたり昭和の暮らし 4」農村漁村文化協会　2005
◇p99〔白黒〕　沖縄県石垣島　[撮]須藤功, 昭和47年7月

**連絡船**
「宮本常一 写真・日記集成 上」毎日新聞社　2005
◇p343〔白黒〕　口之津港(長崎県)　[撮]宮本常一, 1962年10月6日
「写真ものがたり昭和の暮らし 3」農山漁村文化協会　2004
◇p208〔白黒〕　青森県佐井村牛滝　開拓地の野平を離村する一家が乗った連絡船を見送りにきた人　[撮]須藤功, 昭和43年3月

**連絡船が通る**
「宮本常一 写真・日記集成 下」毎日新聞社　2005
◇p438〔白黒〕　東京都八丈町三根(八丈島)底土湾の突堤　[撮]宮本常一, 1978年7月25日～29日

**連絡船の桟橋**
「宮本常一 写真・日記集成 下」毎日新聞社　2005
◇p372〔白黒〕　岡山県和気郡日生町 日生港　[撮]宮本常一, 1976年9月7日

**連絡船の桟橋(箱に入った道具)**
「宮本常一 写真・日記集成 下」毎日新聞社　2005
◇p372〔白黒〕(連絡船の桟橋)　岡山県和気郡日生町 日生港　〔箱に入った道具〕　[撮]宮本常一, 1976年9月7日

**連絡船の船内で**
「宮本常一 写真・日記集成 下」毎日新聞社　2005
◇p366〔白黒〕　新潟県上越市直江津→佐渡郡小木町小木　[撮]宮本常一, 1976年7月17日

**連絡船の発着場**
「宮本常一が撮った昭和の情景 上」毎日新聞社　2009
◇p9〔白黒〕(大畠駅の連絡船発着場)　山口県柳井市大畠　[撮]宮本常一, 1955年6月16日
◇p134〔白黒〕　石川県輪島市海士町 舳倉島　[撮]宮本常一, 1961年8月1日

**連絡船の埠頭**
「宮本常一 写真・日記集成 下」毎日新聞社　2005
◇p371〔白黒〕　岡山県和気郡日生町 日生港　[撮]宮本常一, 1976年9月6日

**櫓を漕ぐ少女**
「宮本常一が撮った昭和の情景 上」毎日新聞社　2009
◇p134〔白黒〕(櫓をこぐ少女)　石川県輪島市 輪島から舳倉島へ　[撮]宮本常一, 1961年8月1日
「宮本常一 写真・日記集成 上」毎日新聞社　2005
◇p260〔白黒〕　石川県輪島市 輪島→舳倉島　[撮]宮本常一, 1961年8月1日

**六反帆の帆に風を受けて瀬田川を下る船**
「写真ものがたり昭和の暮らし 5」農山漁村文化協会　2005
◇p25〔白黒〕　滋賀県大津市　[撮]黒川翠山, 昭和初期　京都府立総合資料館所蔵

**艪の名所**
「日本民俗大辞典 下」吉川弘文館　2000
◇p815〔白黒・図〕

**輪島港**
「宮本常一 写真・日記集成 上」毎日新聞社　2005
◇p260〔白黒〕　石川県輪島市　〔船に乗降する人たち〕　[撮]宮本常一, 1961年8月1日

**渡し**
「日本社会民俗辞典 4」日本図書センター　2004
◇p1635〔白黒〕　東京・佃

**渡場**
「写真でみる日本生活図引 2」弘文堂　1988
◇図142〔白黒〕　秋田県大曲市花館・雄物川　[撮]加賀谷政雄, 昭和30年9月

**渡し舟**
「日本郷土 風俗・民芸・芸能図鑑」日本図書センター　2012
◇写真篇 熊本〔白黒〕　熊本県
「宮本常一 写真・日記集成 別巻」毎日新聞社　2005
◇図334(p54)〔白黒〕(渡舟)　新潟県・越後・上條〔北魚沼郡守門村〕　[撮]宮本常一, 1941年10月
「日本社会民俗辞典 4」日本図書センター　2004
◇p1635〔白黒〕(渡舟)　宮崎県福島町
「写真でみる日本生活図引 2」弘文堂　1988
◇図151〔白黒〕(渡舟)　熊本県天草郡五和町・通詞島　[撮]宮本常一, 昭和37年10月6日

**渡し船**
「あるくみるきく双書 宮本常一とあるいた昭和の日本 22」農山漁村文化協会　2012

市場　　　　　　　　　　　　　　　　交通・交易

◇p57〔カラー〕（渡船）　瀬戸内町の古仁屋港から加計呂麻島へ
「写真ものがたり昭和の暮らし 5」農山漁村文化協会　2005
　◇p21〔白黒〕　秋田県大曲市花館 雄物川　㊙加賀谷政雄, 昭和30年9月
「宮本常一 写真・日記集成 下」毎日新聞社　2005
　◇p368〔白黒〕（渡船）　沖縄県平良市（宮古島）　㊙宮本常一, 1976年8月19～20日
「日本民俗図誌 9 住居・運輸篇」村田書店　1978
　◇図193-2〔白黒・図〕（渡船）　東京と千葉県の境を流れる江戸川で使用
　◇図195〔白黒・図〕（渡船）　熊本の江津湖で使用

## 渡し船が着いて主婦がおりる
「写真ものがたり昭和の暮らし 5」農山漁村文化協会　2005
　◇p22〔白黒〕　大阪府大阪市旭区　㊙高木伸夫, 昭和36年

## 渡し船の朝の客
「写真ものがたり昭和の暮らし 3」農山漁村文化協会　2004
　◇p190〔白黒〕　石川県内浦町小木　㊙御園直太郎, 昭和33年12月

## 渡船場
「宮本常一 写真・日記集成 上」毎日新聞社　2005
　◇p15〔白黒〕　山口県玖珂郡大畠町 山陽本線大畠駅に隣接　㊙宮本常一, 1955年6月16日
　◇p34〔白黒〕　山口県大島郡大島町 小松港［周防大島町］　㊙宮本常一, 1956年1月13日

## 和田行きバスが通る遠山川の吊り橋
「宮本常一が撮った昭和の情景 上」毎日新聞社　2009
　◇p196〔白黒〕（遠山川の吊橋）　長野県飯田市南信濃和田　〔和田行きのバスが通る〕　㊙宮本常一, 1963年7月8日
「宮本常一 写真・日記集成 上」毎日新聞社　2005
　◇p385〔白黒〕　長野県下伊那郡南信濃村和田→平岡　㊙宮本常一, 1963年7月8日

## 渡小屋
「写真でみる日本人の生活全集 3」日本図書センター　2010
　◇p139〔白黒〕　東京都玉川の宇奈根　渡舟小屋　「武蔵野風物誌」河合八郎右衛門

# 市　　場

## 藍大市の景観
「あるくみるきく双書 宮本常一とあるいた昭和の日本 21」農山漁村文化協会　2011
　◇p29〔白黒・図〕　三木文庫所蔵の「阿波藍図絵」より

## 朝市
「日本の民俗 暮らしと生業」KADOKAWA　2014
　◇図11-4〔白黒〕　新潟県新潟市　㊙芳賀日出男, 昭和37年
「民俗小事典 食」吉川弘文館　2013
　◇p390〔白黒〕　石川県輪島市
「民俗図録 日本人の暮らし」日本図書センター　2012
　◇図454〔白黒〕　秋田県由利郡本荘市
「写真ものがたり昭和の暮らし 9」農山漁村文化協会　2007
　◇p134〔白黒〕　秋田県羽後町西馬音内　雪の日　並べた野菜などの上にうっすらと雪が積もっている　㊙加賀谷政雄, 昭和30年代
　◇p138〔カラー〕　秋田県横手市　夏　リンゴ箱を利用して物品を並べている　㊙須藤功, 昭和43年7月
　◇p138〔カラー〕　秋田県横手市　夏　納豆, ナスの漬物　㊙須藤功, 昭和43年7月
　◇p139〔カラー〕　石川県輪島市　㊙須藤功, 昭和47年5月
　◇p141〔白黒〕　秋田県横手市　㊙佐藤久太郎, 昭和30年代
「写真ものがたり昭和の暮らし 4」農村漁村文化協会　2005
　◇p75〔カラー〕（横手の朝市）　秋田県横手市　㊙須藤功, 昭和44年2月
「宮本常一 写真・日記集成 上」毎日新聞社　2005
　◇p250〔白黒〕　長崎県 佐世保港　㊙宮本常一, 1961年4月21日
　◇p330〔白黒〕　唐津　㊙宮本常一, 1962年8月9日
　◇p330〔白黒〕（朝市の屋台はリヤカー）　唐津　㊙宮本常一, 1962年8月9日
　◇p399〔白黒〕　鹿児島県 西鹿児島駅前　㊙宮本常一, 1963年10月12日
　◇p433〔白黒〕　長崎県 佐世保港　㊙宮本常一, 1964年5月17日
「写真ものがたり昭和の暮らし 3」農山漁村文化協会　2004
　◇p182〔カラー〕　石川県輪島市　㊙須藤功, 昭和47年5月
「写真ものがたり昭和の暮らし 1」農山漁村文化協会　2004
　◇p119〔白黒〕（朝市の野菜売り）　秋田県横手市　㊙佐藤久太郎, 昭和30年代
　◇p119〔白黒〕（雪の日の朝市）　秋田県湯沢市　㊙加賀谷政雄, 昭和30年代
「日本民俗写真大系 6」日本図書センター　2000
　◇p135〔白黒〕　長崎県壱岐市芦辺町　㊙芳賀日出男, 1962年
「日本民俗大辞典 上」吉川弘文館　1999
　◇図1〔別刷図版「市」〕〔カラー〕　新潟県新潟市本町通　新潟市役所提供
　◇図5〔別刷図版「市」〕〔カラー〕　千葉県勝浦市　勝浦市役所提供
　◇図7〔別刷図版「市」〕〔カラー〕　山形県田川郡温海町　温海町役場提供
　◇図8〔別刷図版「市」〕〔カラー〕　岐阜県高山市　高山市役所提供
「日本の民俗 下」クレオ　1997
　◇図11-4〔白黒〕　新潟県新潟市　㊙芳賀日出男, 昭和37年
「写真でみる日本生活図引 3」弘文堂　1988
　◇図3〔白黒〕（朝市の売子）　秋田県平鹿郡十文字町　㊙菊池俊吉, 昭和28年5月
「図説 民俗探訪事典」山川出版社　1983
　◇p300〔白黒〕　山形県温海町　観光物産案内所提供
　◇p300〔白黒〕　石川県輪島市　観光物産案内所提供
　◇p300〔白黒〕　岐阜県高山市　観光物産案内所提供
　◇p300〔白黒〕　鹿児島市　観光物産案内所提供
「民俗の事典」岩崎美術社　1972
　◇p218〔白黒〕　新潟県佐渡郡畑野町

### 朝市で客の来ぬ間に朝食をとる女
「写真でみる日本生活図引 3」弘文堂 1988
◇図4〔白黒〕(客の来ぬ間に) 秋田県本荘市 朝食をとる女〔朝市の売り手〕 ㊞浅野喜市, 昭和33年

### 朝市に並ぶ山菜類
「里山・里海 暮らし図鑑」柏書房 2012
◇写52(p142)〔白黒〕 新潟県新潟市 5月

### 朝の海岸通り
「日本民俗写真大系 4」日本図書センター 1999
◇p105〔白黒〕 尾道市 尾道駅前から東にのびる海岸通り 仕入れの人で活気に満ちあふれる ㊞中村昭夫, 1957年

### 朝の早い魚市場の店番
「写真ものがたり昭和の暮らし 10」農山漁村文化協会 2007
◇p13〔白黒〕 青森県八戸市 ひとりはうたたね ㊞和井田登, 昭和43年8月

### あさり売り
「写真でみる日本生活図引 3」弘文堂 1988
◇図28〔白黒〕 大阪府堺市 ㊞一瀬政雄, 昭和12年

### 渥美魚市場
「日本民俗写真大系 3」日本図書センター 1999
◇p153〔白黒〕 ㊞島内英佑, 1978年

### 有田の陶器市
「日本民俗写真大系 6」日本図書センター 2000
◇p170〔白黒〕 佐賀県有田町 4月29日から5月5日 ㊞芳賀日出男, 1972年
◇p172〔白黒〕 佐賀県有田町 ㊞芳賀日出男, 1972年

### 有田の陶器市に来た外国人
「日本民俗写真大系 6」日本図書センター 2000
◇p171〔白黒〕 佐賀県有田町 ㊞芳賀日出男, 1972年

### 壱岐郷ノ浦のヨウカ日
「民俗図録 日本人の暮らし」日本図書センター 2012
◇図453〔白黒〕 長崎県壹岐郡郷の浦 旧暦4月8日の市 ㊞目良龜久

### 壱岐の朝市
「写真でみる日本生活図引 3」弘文堂 1988
◇図7〔白黒〕 長崎県壱岐郡勝本町 ㊞須藤功, 昭和47年10月14日

### 市
「宮本常一 写真・日記集成 別巻」毎日新聞社 2005
◇図315(p51)〔白黒〕 秋田県・秋田・扇田〔北秋田郡比内町〕 ㊞宮本常一, 1941年7月
「日本民俗事典」弘文堂 1972
◇p40〔白黒〕 新潟県佐渡郡相川町

### 市で売られる鶏卵
「日本の民俗 暮らしと生業」KADOKAWA 2014
◇図11-6〔白黒〕(鶏卵) 福井県大野市〔わらつとに包んで市にならべられている〕 ㊞芳賀日出男, 昭和36年
「日本の民俗 下」クレオ 1997
◇図11-6〔白黒〕(鶏卵) 福井県大野市〔わらつとに包んで市にならべられている〕 ㊞芳賀日出男, 昭和36年

### 市で売られる餅菓子
「食の民俗事典」柊風舎 2011
◇p511〔白黒〕(餅菓子) 高知県

### 市で納豆を売る
「写真でみる日本生活図引 3」弘文堂 1988
◇図1〔白黒〕(納豆を売る) 秋田県横手市 ㊞佐藤久太郎, 昭和34年1月

### 市に来た男
「写真でみる日本生活図引 3」弘文堂 1988

◇図5〔白黒〕 秋田県平鹿郡十文字町 篤農家の風貌を持っている男 ㊞菊池俊吉, 昭和28年5月

### 市場の一角に店を張って魚を並べ、正座して客を待つ
「写真ものがたり昭和の暮らし 3」農山漁村文化協会 2004
◇p225〔白黒〕 沖縄県那覇市 ㊞坂本万七, 昭和15年

### 市場の魚売り
「写真でみる日本生活図引 3」弘文堂 1988
◇図10〔白黒〕 沖縄県糸満市 ㊞坂本万七, 昭和14年1月
◇図11〔白黒〕 沖縄県糸満市 ㊞坂本万七, 昭和14年1月

### 市日
「宮本常一 写真・日記集成 別巻」毎日新聞社 2005
◇図313(p51)〔白黒〕 秋田県・秋田・扇田〔北秋田郡比内町〕 ㊞宮本常一, 1941年7月
◇図314(p51)〔白黒〕 秋田県・〔秋田・扇田〕〔北秋田郡比内町〕 ㊞宮本常一, 1941年7月

### 魚市場
「宮本常一 写真・日記集成 上」毎日新聞社 2005
◇p209〔白黒〕 長崎市 ㊞宮本常一, 1960年9月17日
「宮本常一 写真・日記集成 下」毎日新聞社 2005
◇p66〔白黒〕 新潟県新潟市 新潟港 ㊞宮本常一, 1966年3月8日〜9日
「日本民俗写真大系 2」日本図書センター 1999
◇p66〔白黒〕 八戸市 ㊞和井田登, 1967年 八戸市博物館蔵
「写真でみる日本生活図引 7」弘文堂 1993
◇図3〔白黒〕 大阪府大阪市西区江之子島 雑喉場市場 ㊞大正3年 大阪城天守閣保管 岡本良一蒐集古写真
◇図4・5〔白黒〕 東京都中央区築地 ㊞昭和28年6月25日 東京都提供
「写真でみる日本生活図引 2」弘文堂 1988
◇図47〔白黒〕 高知県高知市 ㊞菊池俊吉, 昭和30年頃
「民俗資料叢書 15 有明海の漁撈習俗」平凡社 1972
◇図112〔白黒〕(昼間の魚市場) 有明町百貫

### 魚市場に並べられた魚類
「民俗資料叢書 15 有明海の漁撈習俗」平凡社 1972
◇図111〔白黒〕 杵島郡有明町百貫

### 牛市
「日本民俗写真大系 4」日本図書センター 1999
◇p89〔白黒〕 愛媛県瀬戸町 大久 毎月6日 ㊞1951年

### 牛市の日
「日本民俗写真大系 2」日本図書センター 1999
◇p184〔白黒〕 岩手県岩手町 南山形地区の丸泉寺牧野 1年に1回 ㊞田村淳一郎, 1973年

### 馬市
「日本郷土 風俗・民芸・芸能図鑑」日本図書センター 2012
◇写真篇 岩手〔白黒〕 岩手県

### 馬のセリ市
「日本民俗写真大系 1」日本図書センター 1999
◇p163〔白黒〕(セリ市) 北海道釧路市大楽毛 ㊞表優臣, 1957年

### 馬のセリ市での裏取引
「日本民俗写真大系 1」日本図書センター 1999
◇p163〔白黒〕(裏取引) 北海道釧路市大楽毛 特に気に入った馬があると、馬主と帽子を使って指で取引、成立すれば現金で支払う ㊞表優臣, 1957年

### 馬のセリをした場所
「民俗資料選集 8 中付駑者の習俗」国土地理協会 1979
◇p161(本文)〔白黒〕 福島県南会津郡下郷町塩生

**駅通り露店市**
「日本民俗写真大系 7」日本図書センター　2000
◇p36〔白黒〕　島根県浜田市 浜田駅付近　[撮]永見武久, 1951年

**大田卸売市場のキュウリの競り**
「写真ものがたり昭和の暮らし 4」農村漁村文化協会　2005
◇p161〔白黒〕　東京都大田区　[撮]平成元年10月　東京都提供

**大多喜の六斎市**
「民俗学事典」丸善出版　2014
◇p367〔白黒〕　[撮]山本志乃, 1990年

**沖縄の市場**
「写真でみる日本生活図引 3」弘文堂　1988
◇図12〔白黒〕　沖縄県糸満市　[撮]坂本万七, 昭和14年1月

**桶屋（節季市）**
「写真でみる日本生活図引 3」弘文堂　1988
◇図22〔白黒〕（桶屋）　新潟県十日町市　節季市の出店　[撮]高橋喜平, 昭和25年1月

**おけ屋が自ら二十日市に立って、旧正月に若水をくみ入れるおけを売る**
「写真ものがたり昭和の暮らし 2」農山漁村文化協会　2004
◇p138〔白黒〕　秋田県能代市檜山町　[撮]南利夫, 昭和30年旧暦12月

**大楽毛馬市**
「日本民俗写真大系 1」日本図書センター　1999
◇p161〔白黒〕　北海道釧路市大楽毛　釧路管内の最優秀馬を選定する共進会　[撮]表優臣, 1957年

**小樽の朝市**
「日本民俗写真大系 1」日本図書センター　1999
◇p155〔白黒〕　北海道小樽市　[撮]掛川源一郎, 1963年

**帯広の朝市**
「日本民俗写真大系 1」日本図書センター　1999
◇p154〔白黒〕　北海道帯広市　[撮]関口哲也, 1962年

**卸売市場**
「写真ものがたり昭和の暮らし 4」農村漁村文化協会　2005
◇p156〔白黒〕　栃木県宇都宮市　市場に運んできた野菜を競りにかけるために、運んできた農家が種類ごとに並べる　[撮]昭和31年6月　農山漁村文化協会提供
「写真でみる日本生活図引 7」弘文堂　1993
◇図1〔白黒〕　大阪府大阪市福島区野田　[撮]昭和時代初期　大阪城天守閣保管 岡本良一蒐集古写真
◇図2〔白黒〕　東京都中央区築地　[撮]昭和29年3月22日　東京都提供

**買荷保管所 東京都青果物商業協同組合荏原支所**
「写真ものがたり昭和の暮らし 4」農村漁村文化協会　2005
◇p157〔白黒〕　東京都品川区　[撮]昭和35年　農山漁村文化協会提供

**籠屋**
「あるくみるきく双書 宮本常一とあるいた昭和の日本 19」農山漁村文化協会　2012
◇p95〔白黒〕　新潟県両津市 湊の市の日　毎月13日　[撮]工藤員功,〔昭和48年〕

**笠を売る（農具市）**
「写真でみる日本生活図引 3」弘文堂　1988
◇図17〔白黒〕（笠を売る）　鹿児島県鹿児島市　農具市　[撮]小野重朗, 昭和35年9月23日

**金物類などの露天市**
「フォークロアの眼 2 雪国と暮らし」国書刊行会　1977
◇図145〔白黒〕　新潟県南魚沼郡塩沢町大字大里 一の宮神社祭礼　[撮]中俣正義, 昭和30年3月12日

**上岡観音縁日の絵馬市**
「いまに伝える 農家のモノ・人の生活館」柏書房　2004
◇p195 写真2〔白黒〕　埼玉県東松山市

**唐津の朝市**
「宮本常一が撮った昭和の情景 上」毎日新聞社　2009
◇p164〔白黒〕　佐賀県唐津市　[撮]宮本常一, 1962年8月9日

**刈屋魚市場**
「写真でみる民家大事典」柏書房　2005
◇p385-6〔白黒〕　山口県山陽小野田市刈屋　[撮]1938年　小野田市歴史民俗資料館

**川市**
「日本民俗大辞典 上」吉川弘文館　1999
◇図6〔別刷図版「市」〕〔カラー〕　香川県高松市 春日川　高松市役所提供

**観光客でにぎわう朝市**
「宮本常一 写真・日記集成 下」毎日新聞社　2005
◇p373〔白黒〕　石川県輪島市　[撮]宮本常一, 1976年10月24日（農山漁家生活改善技術資料収集調査）

**韓国市場**
「日本民俗大辞典 上」吉川弘文館　1999
◇図33〔別刷図版「市」〕〔カラー〕　大阪府大阪市生野区　[撮]岡田浩樹

**客の注文で魚（スケソウダラ）を庖丁でさばく朝市の女店主**
「写真ものがたり昭和の暮らし 3」農山漁村文化協会　2004
◇p149〔白黒〕　石川県内浦町小木　[撮]御園直太郎, 昭和40年1月

**橋上市場**
「宮本常一 写真・日記集成 下」毎日新聞社　2005
◇p39〔白黒〕　岩手県釜石市　[撮]宮本常一, 1965年8月22日
「日本民俗大辞典 上」吉川弘文館　1999
◇図31〔別刷図版「市」〕〔カラー〕　岩手県釜石市

**漁獲物を買いとる糸満の女性**
「日本民俗写真大系 5」日本図書センター　2000
◇p48〔白黒〕　糸満漁港　[撮]中村由信, 1958年

**漁港の市場**
「日本民俗写真大系 5」日本図書センター　2000
◇p28〔白黒〕　土佐清水市　鰹の盛漁期　[撮]奈路広, 1983年
◇p29〔白黒〕　高知県佐賀町　初鰹漁で賑わう　[撮]奈路広, 1988年

**漁村の野菜市**
「日本民俗文化財事典（改訂版）」第一法規出版　1979
◇図209〔白黒〕　三重県志摩地方

**銀座の闇市**
「写真ものがたり昭和の暮らし 4」農村漁村文化協会　2005
◇p39〔白黒〕　東京都中央区銀座　電熱器を見ている夫婦　[撮]菊池俊吉, 昭和21年4月

**鯉を売る朝市の店**
「写真ものがたり昭和の暮らし 9」農山漁村文化協会　2007
◇p135〔白黒〕　秋田県横手市寺町　鯉を出刃包丁でさばく　[撮]加賀谷政雄, 昭和40年代

**鯉を量る**
「写真でみる日本生活図引 3」弘文堂　1988
◇図2〔白黒〕　秋田県横手市　[撮]佐藤久太郎, 昭和34年1月

**公設市場**
「日本民俗大辞典 上」吉川弘文館　1999
◇図32〔別刷図版「市」〕〔カラー〕　沖縄県那覇市　沖

交通・交易　　　　　　　　　　　　　　　　　市場

縄コンベンションビューロー提供

**穀物屋**
「あるくみるきく双書 宮本常一とあるいた昭和の日本 19」農山漁村文化協会　2012
◇p183〔白黒〕　沖縄県 那覇の市場　穀物を入れるミジョケ　⓾工藤員功

**五城目朝市**
「食の民俗事典」柊風舎　2011
◇p511〔白黒〕　秋田県五城目町　潟魚（八郎潟で獲れた鯉や鮒など）を売る

**午前5時の陸奥湊駅前の市場**
「写真ものがたり昭和の暮らし 4」農山漁村文化協会　2005
◇p167〔白黒〕　青森県八戸市　⓾和井田登, 昭和43年8月

**炬燵櫓を売る**
「写真でみる日本生活図引 3」弘文堂　1988
◇図20〔白黒〕　秋田県雄勝郡羽後町　市で売る　⓾佐藤久太郎, 昭和34年1月25日

**サカキの出荷束作り**
「里山・里海 暮らし図鑑」柏書房　2012
◇写54 (p142)〔白黒〕　和歌山県田辺市　10月

**魚売り**
「日本民俗写真大系 5」日本図書センター　2000
◇p49〔白黒〕　那覇市　魚市場の糸満の女　⓾坂本万七, 1940年

**魚売りの女たち**
「図説 民俗探訪事典」山川出版社　1983
◇p328〔白黒〕　那覇市内

**魚のまわりを囲み、品定めをしてセリ値を計る女仲買人**
「日本民俗写真大系 7」日本図書センター　2000
◇p46〜47〔白黒〕　島根県鹿島町〔現・松江市〕　⓾中村由信, 1978年

**盛の朝市**
「写真ものがたり昭和の暮らし 3」農山漁村文化協会　2004
◇p181〔白黒〕　岩手県大船渡市盛　⓾須藤功, 昭和44年6月

**山菜売り**
「日本の民俗 暮らしと生業」KADOKAWA　2014
◇図11-5〔白黒〕　福井県大野市　⓾芳賀日出男, 昭和36年
「日本の民俗 下」クレオ　1997
◇図11-5〔白黒〕　福井県大野市　茱萸を天秤ではかっている人　⓾芳賀日出男, 昭和36年

**3歳馬のせり市**
「日本民俗写真大系 2」日本図書センター　1999
◇p183〔白黒〕　盛岡市　⓾北条光陽, 1983年

**産地直送販売**
「図説 日本民俗学」吉川弘文館　2009
◇p179〔白黒〕　東京都調布市

**四九市とその碑**
「日本民俗大辞典 上」吉川弘文館　1999
◇図21・22〔別刷図版「市」〕〔カラー〕　新潟県上越市新潟　⓾久保田好郎

**自分の家で作った野菜を並べる壱岐の朝市**
「フォークロアの眼 3 運ぶ」国書刊行会　1977
◇図56〔白黒〕　長崎県壱岐郡勝本町　天秤棒で運ぶ　⓾須藤功, 昭和47年10月14日

**十七夜市に自家製の木製品を並べて売る**
「写真ものがたり昭和の暮らし 2」農山漁村文化協会　2004
◇p139〔白黒〕　秋田県羽後町杉宮 三輪神社　旧暦12月17日　篠竹、木台、掛矢、大型木づち、荷台枠、そり　⓾佐藤久太郎, 昭和34年1月

**犁市**
「日本の民俗 暮らしと生業」KADOKAWA　2014
◇図11-10〔白黒〕　長崎県壱岐郡郷ノ浦町　春先の市　⓾芳賀日出男, 昭和38年
「日本の民俗 下」クレオ　1997
◇図11-10〔白黒〕　長崎県壱岐郡郷ノ浦町　春先の市　⓾芳賀日出男, 昭和38年

**スモモ市**
「民俗の事典」岩崎美術社　1972
◇p218〔白黒〕　東京都府中市 大国魂神社

**青果市場**
「日本社会民俗辞典 4」日本図書センター　2004
◇p1475〔白黒〕　東京秋葉原

**青果卸売市場で野菜の競り**
「写真ものがたり昭和の暮らし 4」農山漁村文化協会　2005
◇p157〔白黒〕　東京都中央区築地　⓾昭和35年10月　農山漁村文化協会提供

**競り**
「写真ものがたり昭和の暮らし 3」農山漁村文化協会　2004
◇p178〔白黒〕　山口県油谷町大浦　男たちが獲ってきた魚や貝を、女たちだけで競りを行なう　⓾須藤功, 昭和47年9月

**競りのために卸売市場に並べられたマグロ**
「写真ものがたり昭和の暮らし 4」農山漁村文化協会　2005
◇p160〔白黒〕　東京都中央区　⓾昭和55年10月　東京都提供

**戦後の那覇市の中央繁華街**
「日本社会民俗辞典 1」日本図書センター　2004
◇図版Ⅶ 沖縄(1)〔白黒〕　那覇市　⓾1951年

**大根とナスを運んできたリヤカーをそのまま陳列棚にして朝市に店開き**
「写真ものがたり昭和の暮らし 9」農山漁村文化協会　2007
◇p136〔白黒〕　秋田県能代市富町　⓾南利夫, 昭和31年

**大仙院縁日**
「祭礼行事・岡山県」おうふう　1995
◇p110〜111〔白黒〕　岡山県笠岡市河辺屋町 大仙院　毎月旧暦24日

**高山の朝市**
「写真ものがたり昭和の暮らし 4」農山漁村文化協会　2005
◇p74〔カラー〕　岐阜県高山市　⓾須藤功, 昭和47年10月

**高山の絵馬市**
「あるくみるきく双書 宮本常一とあるいた昭和の日本 24」農山漁村文化協会　2012
◇p144〔白黒〕　岐阜県高山市 池本屋の店前　⓾段上達雄

**滝部の奉公市**
「民俗図録 日本人の暮らし」日本図書センター　2012
◇図467〜468〔白黒〕(瀧部村の奉公市(1-2))　山口県豊浦郡瀧部村
「写真ものがたり昭和の暮らし 7」農山漁村文化協会　2006
◇p129〔白黒〕　山口県豊北町滝部（現下関市）　月の1、10、20日　⓾昭和10年代　民俗学研究所編『日本民俗図録』より
「日本社会民俗辞典 3」日本図書センター　2004
◇p1320〔白黒〕(奉公人の市)　山口県滝部
「写真でみる日本生活図引 3」弘文堂　1988
◇図15・16〔白黒〕(奉公市)　山口県豊浦郡豊北町滝部　⓾昭和10年代　民俗学研究所提供

民俗風俗 図版レファレンス事典（衣食住・生活篇）　557

**叩き売り**
「写真でみる日本生活図引 3」弘文堂　1988
◇図26〔白黒〕　秋田県横手市　町の朝市　[撮]山下惣市, 昭和26年頃

**反物売り**
「写真でみる日本生活図引 3」弘文堂　1988
◇図27〔白黒〕　秋田県横手市　朝市　[撮]佐藤久太郎, 昭和33年2月15日

**畜産市の前祝い**
「写真ものがたり昭和の暮らし 10」農山漁村文化協会　2007
◇p116〔白黒〕　熊本県八代市福正町　[撮]麦島勝, 昭和41年11月18日

**茶碗売り**
「写真でみる日本生活図引 3」弘文堂　1988
◇図25〔白黒〕　愛媛県宇和島市戸島　[撮]宮本常一, 昭和38年3月3日

**築地市場でのマグロのセリ**
「民俗小事典 食」吉川弘文館　2013
◇p386〔白黒〕　フォトライブラリー提供

**通りの市**
「日本民俗写真大系 6」日本図書センター　2000
◇p132〔白黒〕　長崎県壱岐の朝市　[撮]品田悦彦, 1990年

**鳥取の朝市**
「写真でみる日本生活図引 3」弘文堂　1988
◇図9〔白黒〕　鳥取県鳥取市　[撮]明治時代　松尾茂提供

**トマトを買う**
「写真でみる日本生活図引 3」弘文堂　1988
◇図8〔白黒〕　新潟県　朝市　[撮]中俣正義, 撮影年不明（昭和20年代と思われる）

**中島の朝市**
「日本民俗写真大系 6」日本図書センター　2000
◇p15〔カラー〕　福岡県大和町中島 有明海沿岸　[撮]中尾勘悟, 1986年

**那覇の市場**
「民俗図録 日本人の暮らし」日本図書センター　2012
◇図452〔白黒〕　沖縄本島
「日本写真全集 9」小学館　1987
◇図90〔白黒〕　[撮]木村伊兵衛, 昭和10年

**錦鯉市場**
「宮本常一 写真・日記集成 下」毎日新聞社　2005
◇p233〔白黒〕　新潟県山古志村　[撮]宮本常一, 1970年9月13日～14日

**日曜市**
「日本民俗写真大系 5」日本図書センター　2000
◇p165〔白黒〕　高知市　[撮]寺田正, 1956年　高知市民図書館
「日本民俗大辞典 上」吉川弘文館　1999
◇図9〔別刷図版「市」〕〔カラー〕　高知県高知市　高知市役所提供
「図説 民俗探訪事典」山川出版社　1983
◇p300〔白黒〕　高知市　観光物産案内所提供

**日曜市（街路市）**
「日本祭礼地図 Ⅳ」国土地理協会　1977
◇p314〔白黒〕　高知県高知市　毎週日曜日

**日用品の市**
「日本民俗写真大系 6」日本図書センター　2000
◇p191〔白黒〕　長崎県端島　[撮]中村由信, 1963年

**布地を売るおじさん**
「写真ものがたり昭和の暮らし 9」農山漁村文化協会　2007
◇p141〔白黒〕　秋田県横手市　[撮]佐藤久太郎, 昭和33年2月

**農具市**
「フォークロアの眼 2 雪国と暮らし」国書刊行会　1977
◇図144〔白黒〕　新潟県南魚沼郡塩沢町大字大里 一の宮神社祭礼　〔ミノをみる人〕　[撮]中俣正義, 昭和30年3月12日

**農村地区の人たちが、農作物や藁製品などを町に持ちより市が立つ**
「日本民俗写真大系 8」日本図書センター　2000
◇p78〔白黒〕　新潟県能生町　正月15日　[撮]大久保一男, 1954年頃

**農連市場**
「日本民俗写真大系 5」日本図書センター　2000
◇p142〔白黒〕　那覇市　[撮]吉村正治, 1960年

**函館の朝市**
「日本民俗写真大系 1」日本図書センター　1999
◇p37〔白黒〕　北海道函館市　[撮]中谷吉隆, 1979年

**番傘を立て朝市の店を開く**
「宮本常一 写真・日記集成 下」毎日新聞社　2005
◇p373〔白黒〕　石川県輪島市　[撮]宮本常一, 1976年10月24日（農山漁家生活改善技術資料収集調査）

**日限地蔵縁日**
「祭礼行事・岡山県」おうふう　1995
◇p70～71・143〔白黒〕　岡山県岡山市表町 大雲寺　毎月23日

**フキの皮をむきながら、ミョウガタケとフキを売る**
「写真ものがたり昭和の暮らし 9」農山漁村文化協会　2007
◇p138〔カラー〕　石川県輪島市　[撮]須藤功, 昭和47年5月

**物々交換**
「写真ものがたり昭和の暮らし 3」農山漁村文化協会　2004
◇p181〔白黒〕　青森県佐井村　車からリンゴ箱をおろし、代わりに女の人から海苔を受け取る　[撮]須藤功, 昭和43年3月
「写真でみる日本生活図引 3」弘文堂　1988
◇図6〔白黒〕　岩手県大船渡市盛　[撮]須藤功, 昭和44年6月25日
◇図49〔白黒〕（海苔と林檎の交換）　青森県下北郡佐井村　[撮]須藤功, 昭和43年3月28日

**フリーマーケット**
「祭・芸能・行事大事典 下」朝倉書店　2009
◇p1564〔白黒〕　はなまるフリーマーケットin松原　毎日新聞社
「日本民俗大辞典 上」吉川弘文館　1999
◇図35〔別刷図版「市」〕〔カラー〕　東京都渋谷区 代々木公園
◇図36〔別刷図版「市」〕〔カラー〕　東京都新宿区 新宿高層ビル街

**古着マチ**
「写真ものがたり昭和の暮らし 9」農山漁村文化協会　2007
◇p143〔白黒〕　沖縄県那覇市　[撮]坂本万七, 昭和15年

**古着市**
「写真でみる日本生活図引 8」弘文堂　1993
◇図110〔白黒〕　沖縄県那覇市　[撮]坂本万七, 昭和15年

**べったら市**
「図説 民俗探訪事典」山川出版社　1983
◇p37〔白黒〕　東京日本橋の宝田神社　10月19・20日

**マグロのセリ**
「日本民俗大辞典 上」吉川弘文館　1999
◇図34〔別刷図版「市」〕〔カラー〕　東京中央卸売市場

## 交通・交易　商業

### マチのにぎわい
「図説 日本民俗学」吉川弘文館　2009
　◇p178〔白黒〕　長野市

### 蓑を見定める
「写真でみる日本生活図引 3」弘文堂　1988
　◇図18〔白黒〕　秋田県雄勝郡羽後町　三輪神社の「十七夜市」　㊞佐藤久太郎、昭和34年1月25日

### 三春の牛市
「日本民俗写真大系 2」日本図書センター　1999
　◇p151〔白黒〕　福島県　㊞1974年

### ムラのマチ
「図説 日本民俗学」吉川弘文館　2009
　◇p178〔白黒〕　長野県阿南町

### 木製品を並べて
「写真でみる日本生活図引 3」弘文堂　1988
　◇図19〔白黒〕　秋田県雄勝郡羽後町　三輪神社の「十七夜市」　㊞佐藤久太郎、昭和34年1月25日

### 野菜売り
「日本の民俗 暮らしと生業」KADOKAWA　2014
　◇図11-7〔白黒〕　福井県大野市　㊞芳賀日出男、昭和36年
「日本の民俗 下」クレオ　1997
　◇図11-7〔白黒〕　福井県大野市　朝市にならんでいる茄子、胡瓜、蓮の実など　㊞芳賀日出男、昭和36年

### 闇市
「写真ものがたり昭和の暮らし 4」農村漁村文化協会　2005
　◇p36〜37〔白黒〕　東京都渋谷区 渋谷駅前から六本木方向　㊞菊池俊吉、昭和20年12月
　◇p38〔白黒〕　東京都台東区御徒町 御徒町駅周辺　㊞菊池俊吉、昭和20年11月
「写真でみる日本生活図引 3」弘文堂　1988
　◇図35〔白黒〕　東京都台東区御徒町　㊞菊池俊吉、昭和20年11月
　◇図36〔白黒〕　東京都台東区御徒町　㊞菊池俊吉、昭和20年11月
　◇図37〔白黒〕　東京都中央区銀座　立看板（鉄兜を鍋に更生）　㊞菊池俊吉、昭和20年11月

### 夕市
「日本の民俗 暮らしと生業」KADOKAWA　2014
　◇図11-2〔白黒〕　石川県輪島市 神社の境内　㊞芳賀日出男、昭和41年
「日本民俗写真大系 8」日本図書センター　2000
　◇p69〔白黒〕　輪島市 神社の境内　毎日午後から日暮れまで　㊞芳賀日出男、1966年
「日本の民俗 下」クレオ　1997
　◇図11-2〔白黒〕　石川県輪島市 神社の境内　㊞芳賀日出男、昭和41年

### 老人館で作ったお土産の藁細工を朝市で売る
「宮本常一 写真・日記集成 下」毎日新聞社　2005
　◇p373〔白黒〕　石川県輪島市　㊞宮本常一、1976年10月24日（農山漁家生活改善資料収集調査）

### 路上市場
「宮本常一 写真・日記集成 上」毎日新聞社　2005
　◇p75〔白黒〕　大分県速見郡日出町　㊞宮本常一、1957年8月22日

### 露天の野菜市
「宮本常一が撮った昭和の情景 上」毎日新聞社　2009
　◇p37〔白黒〕　大分県速見郡日出町　㊞宮本常一、1957年8月22日

### 若勢市
「民俗図録 日本人の暮らし」日本図書センター　2012
　◇図466〔白黒〕　秋田県平鹿郡横手市　㊞武藤鐵城
「写真ものがたり昭和の暮らし 7」農山漁村文化協会　2006
　◇p128〔白黒〕　秋田県横手町（現横手市）　旧暦12月25日の朝市の一角　㊞武藤鐵城、昭和10年代　民俗学研究所編『日本民俗図録』より
「写真でみる日本生活図引 3」弘文堂　1988
　◇図14〔白黒〕　秋田県横手市　㊞武藤鐵城、昭和10年代　民俗学研究所提供

### 輪島の朝市
「祭・芸能・行事大辞典 上」朝倉書店　2009
　◇p32〔白黒〕　石川県輪島市　輪島市産業部観光課
「日本民俗写真大系 8」日本図書センター　2000
　◇p6〔カラー〕（能登・輪島の朝市）輪島市　新鮮な魚を売りながら、一方で魚の開き干しをする　㊞須藤功、1972年
　◇p68〔白黒〕　輪島市　㊞御園直太郎、1959年
「日本民俗大辞典 上」吉川弘文館　1999
　◇p18〔白黒〕　石川県輪島市　輪島市役所提供

## 商　業

### 藍蔵の町
「日本民俗写真大系 4」日本図書センター　1999
　◇p178〔白黒〕　徳島県脇町　㊞吉成正一、1957年

### 青物の行商
「民俗図録 日本人の暮らし」日本図書センター　2012
　◇図423〔白黒〕　鹿児島県大島郡名瀬町

### 赤玉ポートワイン（モニュメント広告）
「宮本常一が撮った昭和の情景 上」毎日新聞社　2009
　◇p92〔白黒〕（赤玉ポートワイン）　埼玉県鴻巣付近　㊞宮本常一、1960年3月2日
「宮本常一 写真・日記集成 上」毎日新聞社　2005
　◇p176〔白黒〕（鴻巣）　埼玉県　㊞宮本常一、1960年3月2日

### アーケード商店街
「日本社会民俗辞典 2」日本図書センター　2004
　◇p674〔白黒〕　博多新天地

### 当り箱
「日本の民具 1 町」慶友社　1992
　◇図66〔白黒〕　㊞薗部澄

### 飴売り
「写真でみる日本生活図引 3」弘文堂　1988
　◇図40〔白黒〕　兵庫県西脇市　㊞脇坂俊夫、昭和27年

### 飴細工
「写真でみる日本生活図引 3」弘文堂　1988
　◇図59〔白黒〕　福島県いわき市小名浜　自転車でやっ

て来た飴売り　[撮]草野日出男, 昭和30年11月

**飴屋**
「写真でみる日本生活図引 3」弘文堂　1988
◇図60〔白黒〕　北海道室蘭市　水飴売り　[撮]掛川源一郎, 昭和28年

**飴屋のがらがら**
「日本の民具 1 町」慶友社　1992
◇図98〔白黒〕　[撮]薗部澄

**洗張屋**
「写真でみる日本生活図引 8」弘文堂　1993
◇図81〔白黒〕　東京都中央区佃島　洗った反物の下に伸子針を張る　[撮]尾崎一郎, 昭和34年8月30日

**粗むしろに包んだ雪氷を荷車にのせ、注文先に運び届ける**
「写真ものがたり昭和の暮らし 4」農村漁村文化協会　2005
◇p70〔白黒〕　石川県山中町　[撮]御園直太郎, 昭和34年7月

**荒物雑貨屋**
「宮本常一 写真・日記集成 下」毎日新聞社　2005
◇p40〔白黒〕　岩手県遠野市内　[撮]宮本常一, 1965年8月22日

**荒物屋**
「写真でみる日本生活図引 3」弘文堂　1988
◇図48〔白黒〕(明治の荒物屋)　撮影場所不明　大八車を引いて売り歩く　[撮]明治時代　センチュリー写真資料館提供

**有田では客が来て自分の店にない物なら、知りあいの店から持ってきてもらう**
「日本民俗写真大系 6」日本図書センター　2000
◇p173〔白黒〕　佐賀県有田町　[撮]芳賀日出男, 1955年

**案内図を売る**
「写真でみる日本生活図引 3」弘文堂　1988
◇図32〔白黒〕　京都府京都市下京区・東本願寺前　[撮]山本栄三, 昭和10年頃

**いかけや**
「日本社会民俗辞典 1」日本図書センター　2004
◇p52〔白黒〕

**鋳掛屋の行商箱**
「日本の民具 1 町」慶友社　1992
◇図102〔白黒〕　[撮]薗部澄

**いさば屋**
「写真でみる日本生活図引 3」弘文堂　1988
◇図50〔白黒〕　秋田県湯沢市三途川　[撮]佐藤久太郎, 昭和37年4月19日

**石焼芋**
「図説 台所道具の歴史」日本図書センター　2012
◇p55-2〔白黒〕　東京築地　リヤカー　[撮]GK, 1973年

**石山商店街にできた「コーラク」**
「写真ものがたり昭和の暮らし 4」農村漁村文化協会　2005
◇p225〔白黒〕　滋賀県大津市　[撮]前野隆資, 昭和43年12月　琵琶湖博物館提供

**イタダキ**
「図説 日本民俗学」吉川弘文館　2009
◇p174〔白黒〕(イタダキの人形)　石川県内灘町
「民俗の事典」岩崎美術社　1972
◇p216〔白黒〕　沖縄県辺戸名

**イタダキの女**
「日本社会民俗辞典 2」日本図書センター　2004
◇p774〔白黒〕　徳島県阿部村

**一膳めし屋**
「写真でみる日本人の生活全集 1」日本図書センター　2010
◇口絵〔白黒〕　神奈川県 戸塚附近の路傍

**一日の商売を終えて駅前で語り合う行商人**
「写真ものがたり昭和の暮らし 4」農村漁村文化協会　2005
◇p167〔白黒〕　秋田県横手市　[撮]佐藤久太郎, 昭和30年代

**移動販売車**
「図説 日本民俗学」吉川弘文館　2009
◇p186〔白黒〕　福島県三島町

**糸満の魚売り**
「民俗図録 日本人の暮らし」日本図書センター　2012
◇図455〔白黒〕　沖縄本島

**衣服の行商人がやって来て、土間に面した居間で品物を広げた**
「写真ものがたり昭和の暮らし 9」農山漁村文化協会　2007
◇p151〔白黒〕　長野県阿智村　7月初めごろ　女の子のワンピースを選ぶ　[撮]熊谷元一, 昭和32年

**今川焼**
「写真でみる日本生活図引 7」弘文堂　1993
◇図27〔白黒〕　滋賀県草津市　小さな神社の小さな祭りに張った店　[撮]浅野喜市, 昭和13年

**伊予松前のオタタ**
「民俗図録 日本人の暮らし」日本図書センター　2012
◇図451〔白黒〕　愛媛県松山市港町

**衣料店の前で自転車に乗って遊ぶ子供たち**
「宮本常一 写真・日記集成 下」毎日新聞社　2005
◇p233〔白黒〕　新潟県山古志村種芋原　[撮]宮本常一, 1970年9月13日～14日

**飲食街**
「写真ものがたり昭和の暮らし 4」農村漁村文化協会　2005
◇p90〔白黒〕　東京都千代田区神田　[撮]昭和29年2月　東京都提供
◇p121〔白黒〕(有楽町駅前の飲み屋街)　東京都千代田区有楽町　[撮]昭和38年11月　東京都提供
「写真でみる日本生活図引 7」弘文堂　1993
◇図63〔白黒〕　東京都港区新橋 新橋駅西口　[撮]昭和28年8月12日　共同通信社提供

**飲食店の屋台**
「精選 日本民俗辞典」吉川弘文館　2006
◇p572〔白黒〕　福岡市中洲
「日本民俗大辞典 下」吉川弘文館　2000
◇p728〔白黒〕　福岡市博多区中洲　福岡市経済振興局提供

**ウナギ料理屋**
「里山・里海 暮らし図鑑」柏書房　2012
◇写73(p182)〔白黒〕　福岡県久留米市筑後川畔近く

**売り出し**
「図説 日本民俗学」吉川弘文館　2009
◇p187〔白黒〕　東京都新宿区　[撮]1987年
「写真でみる日本生活図引 別巻」弘文堂　1993
◇図175〔白黒〕(売出し)　長野県下伊那郡阿智村　呉服店の冬物売り出し　[撮]熊谷元一, 昭和31年11月24日

**売り場の洗濯機を見る主婦**
「写真でみる日本人の生活全集 6」日本図書センター　2010
◇p99〔白黒〕　[撮]北村新一路

**駅の売子**
「写真でみる日本生活図引 3」弘文堂　1988
◇図148〔白黒〕　北海道登別市　[撮]掛川源一郎, 昭和28年9月

**エスカレーターガール**
「写真でみる日本人の生活全集 10」日本図書センター 2010
◇p63〔白黒〕 [撮]茂木

**越後の売薬女**
「日本社会民俗辞典 3」日本図書センター 2004
◇p956〔白黒〕(出稼行商の群(越後の売薬女)) 新潟県

**味噌・醤油店**
「日本の生活環境文化大辞典」柏書房 2010
◇p122-1〔白黒〕(江戸時代からつづく味噌・醤油店) 福島県河沼郡会津坂下町坂下 [撮]2009年 野沢謙治

**江の島の茶店 東雲亭**
「写真でみる民家大事典」柏書房 2005
◇p245-4〔白黒〕 神奈川県藤沢市江ノ島 [撮]1994年 宮崎勝弘

**絵葉書店**
「写真でみる日本生活図引 7」弘文堂 1993
◇図20〔白黒〕 京都府京都市 紅屋の絵葉書商い [撮]黒川翠山, 大正時代後期 京都府立総合資料館提供

**縁日でケラを売る人**
「写真ものがたり昭和の暮らし 1」農山漁村文化協会 2004
◇p118〔白黒〕 秋田県羽後町杉宮 [撮]佐藤久太郎, 昭和34年1月

**大きな竹籠もある雑貨屋**
「あるくみるきく双書 宮本常一とあるいた昭和の日本 24」農山漁村文化協会 2012
◇p81〔白黒〕 岩手県稗貫郡大迫町

**大國魂神社門前の商店街**
「宮本常一が撮った昭和の情景 上」毎日新聞社 2009
◇p184〔白黒〕 東京都府中市 [撮]宮本常一, 1963年1月5日

**大山祇神社の門前町の商店**
「宮本常一 写真・日記集成 下」毎日新聞社 2005
◇p281〔白黒〕(大山祇神社の門前町) 愛媛県大三島町宮浦 〔商店〕 [撮]宮本常一, 1972年8月14日〜18日
◇p281〔白黒〕(大山祇神社の門前町) 愛媛県大三島町宮浦 〔帽子を売っている店先〕 [撮]宮本常一, 1972年8月14日〜18日

**お菓子屋の店さき**
「写真でみる日本人の生活全集 1」日本図書センター 2010
◇p103〔白黒〕 東京都内 [撮]昭和31年

**置看板**
「日本民具の造形」淡交社 2004
◇p155〔白黒〕 千葉県 千葉県立博物館房総のむら所蔵

**オケウリ**
「写真ものがたり昭和の暮らし 3」農山漁村文化協会 2004
◇p179〔白黒・図〕 魚を入れたハンボウと呼ぶ桶を頭にいただき、魚を売り歩く [撮]大正時代 写真模写・中嶋俊枝

**桶屋**
「里山・里海 暮らし図鑑」柏書房 2012
◇写31(p235)〔白黒〕 愛知県豊田市 三州足助屋敷

**桶屋の店頭**
「図説 台所道具の歴史」日本図書センター 2012
◇p133-12〔白黒〕(現代の桶屋) 東京・合羽橋道具街 片手桶、洗い桶、蒸籠、半切、金属製のバット、お盆 [撮]GK

**おたたさん**
「日本民俗写真大系 4」日本図書センター 1999
◇p82〜83〔白黒〕 松山市三津浜 魚を入れた桶を頭上に頂き、行商をする女の人 [撮]渡部章正, 1952年

**お鉄牡丹餅屋の商標**
「日本民俗図誌 7 生業上・下篇」村田書店 1978
◇図181-1〔白黒・図〕 東京麹町3丁目(後、元園町1丁目に移転)

**大原女**
「民俗図録 日本人の暮らし」日本図書センター 2012
◇図449〔白黒〕(柴を売る大原女) 京都市大原
「日本郷土 風俗・民芸・芸能図鑑」日本図書センター 2012
◇写真篇 京都〔白黒〕(八瀬の大原女) 京都府
「写真ものがたり昭和の暮らし 9」農山漁村文化協会 2007
◇p178〔白黒〕 京都府京都市 [撮]黒川翠山, 昭和5年 所蔵・京都府立総合資料館
「日本民俗大辞典 上」吉川弘文館 1999
◇p278〔白黒〕 京都府京都市左京区 大原村 [撮]第二次世界大戦直後
「写真でみる日本生活図引 3」弘文堂 1988
◇図42〔白黒〕 京都府京都市 [撮]撮影年不明 民俗学研究所提供
「フォークロアの眼 3 運ぶ」国書刊行会 1977
◇図19〔白黒〕 京都府京都市左京区大原 花や柴を頭上にいただく [撮]須藤功, 昭和45年5月16日(再現して撮影)

**お土産店の内部意匠**
「写真でみる民家大事典」柏書房 2005
◇p387-5〔白黒〕 徳島県美馬市 [撮]2003年 溝渕博彦

**親にかわっての古着売**
「写真でみる日本人の生活全集 9」日本図書センター 2010
◇口絵〔白黒〕 [撮]塚本信夫

**卸問屋**
「宮本常一 写真・日記集成 下」毎日新聞社 2005
◇p393〔白黒〕(重厚な木造二階建にビルを付設した卸問屋) 愛媛県今治市恵美須町 [撮]宮本常一, 1977年5月24日

**女行商人の扱う物資と運搬法**
「図説 民俗探訪事典」山川出版社 1983
◇p297〔白黒・図〕 中村ひろ子「販女」『生業』より

**女の魚売り**
「日本社会民俗辞典 3」日本図書センター 2004
◇p1252〔白黒〕 新潟県

**外米廉売の公告**
「日本社会民俗辞典 1」日本図書センター 2004
◇p442〔白黒〕 京都府 [撮]大正7年8月21日

**帰りの通勤客をあてこんだ新聞売り**
「写真ものがたり昭和の暮らし 4」農村漁村文化協会 2005
◇p140〔白黒〕 東京都渋谷区 渋谷駅前 [撮]昭和30年5月 東京都提供

**かき氷店**
「写真ものがたり昭和の暮らし 4」農村漁村文化協会 2005
◇p73〔白黒〕(かき氷 手動式で、店のおじさんがハンドルをまわして氷の塊を削る) 東京都 [撮]昭和26年6月 共同通信社提供
「写真でみる日本生活図引 7」弘文堂 1993
◇図30〔白黒〕(かき氷) 東京都 店主がかき氷を作る(手動式) [撮]昭和26年6月5日 共同通信社提供

**牡蠣店**
「写真でみる日本生活図引 7」弘文堂 1993
◇図12〔白黒〕 大阪府大阪市北区曽根崎「かき真商店」 [撮]昭和時代初期 大阪城天守閣所蔵

**家具売り**
「民俗図録 日本人の暮らし」日本図書センター 2012
◇図447〔白黒〕 沖縄本島

**掛行灯**
「日本民俗図誌 3 調度・服飾篇」村田書店　1977
◇図75-1～3〔白黒・図〕　京都市上京区七本松元誓願寺の小売酒屋

**かけ茶屋**
「写真でみる日本人の生活全集 1」日本図書センター　2010
◇p76〔白黒〕　長野県更級郡更級村八王子山洞窟

**貸衣裳屋**
「写真でみる日本人の生活全集 2」日本図書センター　2010
◇p19〔白黒〕　婚礼衣装

**貸しカメラの店**
「宮本常一が撮った昭和の情景 上」毎日新聞社　2009
◇p36〔白黒〕(貸しカメラ店)　大分県速見郡日出町 [撮]宮本常一, 1957年8月22日
「宮本常一 写真・日記集成 上」毎日新聞社　2005
◇p75〔白黒〕　大分県速見郡日出町　[撮]宮本常一, 1957年8月22日

**果実売り**
「宮本常一 写真・日記集成 上」毎日新聞社　2005
◇p308〔白黒〕　鹿児島港　[撮]宮本常一, 1962年6月10日

**鰹節の商標**
「日本民俗図誌 7 生業上・下篇」村田書店　1978
◇図190-2〔白黒・図〕　麹町豊島屋

**鹿渡酒造店**
「民俗資料選集 36 酒造習俗Ⅱ」国土地理協会　2007
◇p1(口絵)〔白黒〕　石川県

**金物店で蒸し器を買う夫婦**
「写真ものがたり昭和の暮らし 9」農山漁村文化協会　2007
◇p160〔白黒〕　長野県富士見町境　[撮]武藤盈, 昭和33年1月

**カニを茹でて売る**
「日本民俗写真大系 1」日本図書センター　1999
◇p156〔白黒〕(花咲カニ)　北海道根室市 花咲港　オホーツク海で獲れたカニを茹でて売る　[撮]中谷吉隆, 1973年

**カフェー**
「写真でみる日本生活図引 5」弘文堂　1989
◇図6〔白黒〕　愛知県名古屋市のカフェー・バー　[撮]昭和初期　岡忠郎提供

**鎌の行商人に話を聞く宮本常一**
「写真ものがたり昭和の暮らし 10」農山漁村文化協会 2007
◇p125〔白黒〕　鹿児島県大浦町(現南さつま市)　[撮]神保教子, 昭和35年4月

**上時国の平家茶屋**
「宮本常一 写真・日記集成 上」毎日新聞社　2005
◇p259〔白黒〕　石川県輪島市 上時国　[撮]宮本常一, 1961年7月31日

**髪結**
「写真でみる日本生活図引 4」弘文堂　1988
◇図112〔白黒〕　新潟県南魚沼郡塩沢町　[撮]大正4年 林明男提供

**鴨川床**
「民俗小事典 食」吉川弘文館　2013
◇p429〔白黒〕(夕方の鴨川床)　京都市 四条河原を中心 5月～9月　[撮]井上成哉

**かもめ部隊と呼ばれた行商**
「日本民俗写真大系 3」日本図書センター　1999
◇p42〔白黒〕　千葉県　[撮]小関与四郎

**通帳**
「写真でみる日本生活図引 3」弘文堂　1988
◇図68〔白黒〕　長野県下伊那郡阿智村　〔子どもの使い帰り〕　[撮]熊谷元一, 昭和13年

**川魚問屋**
「里山・里海 暮らし図鑑」柏書房　2012
◇写69(p181)〔白黒〕　千葉県香取市

**河原に活魚料理のための生簀と洗い場**
「宮本常一 写真・日記集成 上」毎日新聞社　2005
◇p403〔白黒〕　広島県比婆郡東城町 帝釈峡　[撮]宮本常一, 1963年10月21日

**カンカン部隊**
「日本民俗写真大系 7」日本図書センター　2000
◇p144～145〔白黒〕　島根県津和野町 朝の津和野駅 トタンの缶を担いだ女性の一団　[撮]永見武久, 1961年

**甘藷を売る**
「写真でみる日本生活図引 3」弘文堂　1988
◇図41〔白黒〕　沖縄県糸満市　甘藷を売る糸満近郊農村の女たちが客を待っているところ　[撮]撮影年不明 民俗学研究所提供

**カンバン**
「図録・民具入門事典」柏書房　1991
◇p93〔白黒〕　栃木県　栃木県立郷土資料館所蔵
◇p93〔白黒〕　千葉県　成田山史料館所蔵

**看板**
「写真ものがたり昭和の暮らし 4」農村漁村文化協会　2005
◇p59〔白黒〕　京都府京都市下京区〔の食事処〕　[撮]須藤功, 昭和45年5月
◇p59〔白黒〕　京都府京都市下京区京極 標札屋　[撮]須藤功, 昭和45年5月

**看板(あみ船屋)**
「写真 日本文化史 9」日本評論新社　1955
◇図134〔白黒〕

**看板(飴屋)**
「日本民具の造形」淡交社　2004
◇p155〔白黒〕(飴屋看板)　宮城県 仙台市歴史民俗資料館所蔵

**かんばん(石屋)**
「日本の民具 1 町」慶友社　1992
◇図8〔白黒〕　[撮]薗部澄
「日本の生活文化財」第一法規出版　1965
◇図100(生産・運搬・交易)〔白黒〕(かんばん(いしや))　文部省史料館所蔵(東京都品川区)

**看板(糸屋)**
「日本民具の造形」淡交社　2004
◇p155〔白黒〕(糸屋看板)　滋賀県 滋賀大学経済学部付属資料館所蔵
「日本の民具 1 町」慶友社　1992
◇図37〔白黒〕(かんばん 糸屋)　[撮]薗部澄
「写真 日本文化史 9」日本評論新社　1955
◇図129〔白黒〕

**看板(印章屋)**
「日本民俗文化財事典(改訂版)」第一法規出版　1979
◇図207〔白黒〕(印章屋の看板)

**かんばん(印判屋)**
「日本の民具 1 町」慶友社　1992
◇図40〔白黒〕　[撮]薗部澄

**看板(団扇屋)**
「日本民俗図誌 7 生業上・下篇」村田書店　1978
◇図171-1〔白黒・図〕(団扇屋の看板)　京都深草

**かんばん(漆屋)**
「日本の民具 1 町」慶友社　1992
◇図22〔白黒〕　[撮]薗部澄

かんばん（絵具屋）
　「日本の民具 1 町」慶友社　1992
　　◇図10〔白黒〕　㈱薗部澄
かんばん（絵馬屋）
　「日本の民具 1 町」慶友社　1992
　　◇図11〔白黒〕　㈱薗部澄
かんばん（おうぎ屋）
　「日本の民具 1 町」慶友社　1992
　　◇図23〔白黒〕　㈱薗部澄
看板（筬屋）
　「日本民俗図誌 7 生業上・下篇」村田書店　1978
　　◇図174-2〔白黒・図〕（筬屋の看板）
かんばん（おちゃや）
　「日本の生活文化財」第一法規出版　1965
　　◇図97（生産・運搬・交易）〔白黒〕　文部省史料館所蔵（東京都品川区）
かんばん（鏡屋）
　「日本の民具 1 町」慶友社　1992
　　◇図35〔白黒〕　㈱薗部澄
かんばん（鍵屋）
　「日本の民具 1 町」慶友社　1992
　　◇図6〔白黒〕　㈱薗部澄
かんばん（傘・提灯屋）
　「日本の民具 1 町」慶友社　1992
　　◇図7〔白黒〕　㈱薗部澄
かんばん（かさや）
　「日本の生活文化財」第一法規出版　1965
　　◇図99（生産・運搬・交易）〔白黒〕　文部省史料館所蔵（東京都品川区）
かんばん（貸衣裳屋）
　「日本の民具 1 町」慶友社　1992
　　◇図33〔白黒〕　㈱薗部澄
かんばん（かじや）
　「日本の生活文化財」第一法規出版　1965
　　◇図52（概説）〔白黒・図〕
看板（菓子屋）
　「日本民具の造形」淡交社　2004
　　◇p155〔白黒〕（菓子屋看板）　滋賀県 中仙道守山宿郷土人形資料館所蔵
看板（かつら屋）
　「日本の民具 1 町」慶友社　1992
　　◇図1〔白黒〕（かんばん かつら屋）　㈱薗部澄
　「日本民俗文化財事典（改訂版）」第一法規出版　1979
　　◇図208〔白黒〕（かつら屋の看板）
　「日本の生活文化財」第一法規出版　1965
　　◇図93（生産・運搬・交易）〔白黒〕（かんばん（かつらや））　文部省史料館所蔵（東京都品川区）
　「写真 日本文化史 9」日本評論新社　1955
　　◇図133〔白黒〕
かんばん（金物屋）
　「日本の民具 1 町」慶友社　1992
　　◇図31〔白黒〕　㈱薗部澄
かんばん（かまし）
　「日本の生活文化財」第一法規出版　1965
　　◇図95（生産・運搬・交易）〔白黒〕　文部省史料館所蔵（東京都品川区）
看板（カラスミ）
　「日本民俗図誌 7 生業上・下篇」村田書店　1978
　　◇図171-3〔白黒・図〕（カラスミの看板）　長崎市本下町 高野屋

かんばん（刻煙草屋）
　「日本の民具 1 町」慶友社　1992
　　◇図20〔白黒〕　㈱薗部澄
看板（煙管屋）
　「日本民具の造形」淡交社　2004
　　◇p154〔白黒〕（煙管看板）　福島県 福島市資料展示室所蔵
　「日本の民具 1 町」慶友社　1992
　　◇図19〔白黒〕（かんばん きせる屋）　㈱薗部澄
　「日本民俗図誌 7 生業上・下篇」村田書店　1978
　　◇図165-1〔白黒・図〕（煙管屋の看板）　はりまやの煙管
　　◇図165-2〔白黒・図〕（煙管屋の看板）　東京都 神田 村田屋の煙管
　「日本の生活文化財」第一法規出版　1965
　　◇図94（生産・運搬・交易）〔白黒〕（かんばん（きせるや））　文部省史料館所蔵（東京都品川区）
かんばん（巾着屋）
　「日本の民具 1 町」慶友社　1992
　　◇図12〔白黒〕　㈱薗部澄
かんばん（金箔屋）
　「日本の民具 1 町」慶友社　1992
　　◇図24〔白黒〕　㈱薗部澄
看板（櫛屋）
　「日本民俗図誌 7 生業上・下篇」村田書店　1978
　　◇図170-1〔白黒・図〕（櫛屋の看板）
看板（薬）
　「日本宗教民俗図典 1」法蔵館　1985
　　◇図238〔白黒〕　宮城県白石市斎川 店先　孫太郎虫（疳の薬）　㈱須藤功
看板（薬屋）
　「日本宗教民俗図典 1」法蔵館　1985
　　◇図237〔白黒〕（昔ながらの薬屋の看板）　滋賀県木之本町　㈱須藤功
看板（「国産松阪木綿商」）
　「民俗資料選集 38 紡織習俗Ⅲ」国土地理協会　2007
　　◇p1（口絵）〔白黒〕（「国産松阪木綿商」看板）　三重県松阪市　日下部鳴鶴の筆。新町「岡又」（昭和18年廃業の木綿問屋）にあった　松阪市蔵
かんばん（こま屋）
　「日本の民具 1 町」慶友社　1992
　　◇図28〔白黒〕　㈱薗部澄
かんばん（小料理屋）
　「日本の民具 1 町」慶友社　1992
　　◇図5〔白黒〕　㈱薗部澄
かんばん（ころも屋（法衣屋））
　「日本の民具 1 町」慶友社　1992
　　◇図26〔白黒〕　㈱薗部澄
看板（砂糖屋）
　「写真でみる日本人の生活全集 1」日本図書センター　2010
　　◇p55〔白黒〕（砂糖屋の看板）　武蔵野
かんばん（質屋）
　「日本の民具 1 町」慶友社　1992
　　◇図16〔白黒〕　㈱薗部澄
　「日本民俗図誌 7 生業上・下篇」村田書店　1978
　　◇図173〔白黒・図〕（質屋の看板）　大阪, 阿波
かんばん（三味線屋）
　「日本の民具 1 町」慶友社　1992
　　◇図27〔白黒〕　㈱薗部澄
かんばん（数珠屋）
　「日本の民具 1 町」慶友社　1992
　　◇図21〔白黒〕　㈱薗部澄

商業　　　　　　　　　　交通・交易

かんばん（錠前屋）
　「日本の民具 1 町」慶友社　1992
　　◇図29〔白黒〕　㈱薗部澄
かんばん（生薬屋）
　「日本の民具 1 町」慶友社　1992
　　◇図38〔白黒〕　㈱薗部澄
看板（醤油製造業者）
　「日本の生活環境文化大辞典」柏書房　2010
　　◇p142-1〔白黒〕　銚子市　ヤマサ醤油, ヒゲタ醤油　㈱2009年　池田恵子
かんばん（しょうゆや）
　「日本の生活文化財」第一法規出版　1965
　　◇図101（生産・運搬・交易）〔白黒〕　文部省史料館所蔵（東京都品川区）
看板（梳櫛屋）
　「日本民俗図誌 7 生業上・下篇」村田書店　1978
　　◇図170-2〔白黒・図〕（梳櫛屋の看板）
看板（すし屋）
　「日本民俗図誌 7 生業上・下篇」村田書店　1978
　　◇図177〔白黒・図〕（すし屋の看板）　東京都四谷区新宿三丁目
看板（酢屋）
　「日本の民具 1 町」慶友社　1992
　　◇図2〔白黒〕（かんばん 酢屋）　㈱薗部澄
　「写真 日本文化史 9」日本評論新社　1955
　　◇図137〔白黒〕
看板（扇子屋）
　「日本民俗図誌 7 生業上・下篇」村田書店　1978
　　◇図171-2〔白黒・図〕（扇子屋の看板）
看板（染物屋）
　「写真 日本文化史 9」日本評論新社　1955
　　◇図128〔白黒〕
看板（算盤屋）
　「日本民俗図誌 7 生業上・下篇」村田書店　1978
　　◇図163-2〔白黒・図〕（算盤屋の看板）
かんばん（大工道具屋）
　「日本の民具 1 町」慶友社　1992
　　◇図9〔白黒〕　㈱薗部澄
看板（凧屋）
　「日本民俗図誌 7 生業上・下篇」村田書店　1978
　　◇図172-1〔白黒・図〕（凧屋の看板）
　　◇図172-2〔白黒・図〕（凧屋の看板）　伊予宇和島
かんばん（煙草屋）
　「日本の民具 1 町」慶友社　1992
　　◇図17〔白黒〕　㈱薗部澄
　　◇図18〔白黒〕　明治時代　㈱薗部澄
かんばん（足袋屋）
　「日本の民具 1 町」慶友社　1992
　　◇図4〔白黒〕　㈱薗部澄
　「日本民俗図誌 7 生業上・下篇」村田書店　1978
　　◇図166〔白黒・図〕（足袋屋の看板）
看板（陀羅尼助）
　「民俗の事典」岩崎美術社　1972
　　◇p220〔白黒〕（陀羅尼助看板）　奈良県 当麻寺
かんばん（茶湯道具屋）
　「日本の民具 1 町」慶友社　1992
　　◇図3〔白黒〕　㈱薗部澄
看板（提灯屋）
　「日本民俗図誌 7 生業上・下篇」村田書店　1978
　　◇図169-2〔白黒・図〕（提灯屋の看板）　明治中期

看板（帳面屋）
　「日本の民具 1 町」慶友社　1992
　　◇図39〔白黒〕（かんばん 帳面屋）　明治時代　㈱薗部澄
　「日本民俗図誌 7 生業上・下篇」村田書店　1978
　　◇図163-1〔白黒・図〕（帳面屋の看板）　明治時代
看板（漬物屋）
　「日本民俗図誌 7 生業上・下篇」村田書店　1978
　　◇図177〔白黒・図〕（漬物屋の看板）　東京都四谷区新宿三丁目
看板（唐辛子）
　「日本民俗図誌 7 生業上・下篇」村田書店　1978
　　◇図176-2〔白黒・図〕（唐辛子の看板）　関西地方
看板（銅器師）
　「写真 日本文化史 9」日本評論新社　1955
　　◇図135〔白黒〕
看板（問屋）
　「日本民具の造形」淡交社　2004
　　◇p155〔白黒〕（問屋看板）　長野県 喬木村歴史民俗資料館所蔵
かんばん（なんでも一厘もまけなし）
　「日本の民具 1 町」慶友社　1992
　　◇図34〔白黒〕　現金掛値なしの明治版　㈱薗部澄
看板（農具を売る店）
　「日本民俗図誌 7 生業上・下篇」村田書店　1978
　　◇図168-1〔白黒・図〕（農具を売る店の看板）
看板（馬具商）
　「日本民俗図誌 7 生業上・下篇」村田書店　1978
　　◇図178〔白黒・図〕（馬具商の看板）　東京都赤坂区青山
かんばん（葉茶屋）
　「日本民具の造形」淡交社　2004
　　◇p154〔白黒〕（葉茶屋看板）　滋賀県 中仙道守山宿郷土人形資料館所蔵
　「日本の民具 1 町」慶友社　1992
　　◇図14〔白黒〕　㈱薗部澄
　　◇図15〔白黒〕　㈱薗部澄
　「日本民俗図誌 7 生業上・下篇」村田書店　1978
　　◇図175-1〔白黒・図〕（葉茶屋の看板）
看板（葉煙草屋）
　「日本民俗図誌 7 生業上・下篇」村田書店　1978
　　◇図176-1〔白黒・図〕（葉煙草屋の看板）　滋賀県 近江中里の某店に掲げてあったもの
かんばん（はんこや）
　「日本の生活文化財」第一法規出版　1965
　　◇図96（生産・運搬・交易）〔白黒〕　文部省史料館所蔵（東京都品川区）
かんばん（火打鎌屋）
　「日本の民具 1 町」慶友社　1992
　　◇図32〔白黒〕　㈱薗部澄
看板（筆墨紙商）
　「写真 日本文化史 9」日本評論新社　1955
　　◇図130〔白黒〕
看板（袋物商）
　「写真 日本文化史 9」日本評論新社　1955
　　◇図131〔白黒〕
看板（袋物屋）
　「日本社会民俗辞典 3」日本図書センター　2004
　　◇p1238〔白黒〕（袋物屋の看板）　文部省史料館蔵
　「日本民俗図誌 7 生業上・下篇」村田書店　1978
　　◇図178〔白黒・図〕（袋物屋の看板）　東京都赤坂区青山

## かんばん（筆屋）
「日本民具の造形」淡交社　2004
◇p154〔白黒〕（筆屋看板）　滋賀県　滋賀大学経済学部付属資料館所蔵
「日本の民具 1 町」慶友社　1992
◇図25〔白黒〕　㈱薗部澄
「民具のみかた一心とかたち」第一法規出版　1983
◇p23〔カラー〕（筆屋の看板）　奈良県大和郡山市（博文堂）
◇p262〔白黒〕（筆屋の看板）　奈良県大和郡山市（博文堂）

## かんばん（鼈甲細工屋）
「日本の民具 1 町」慶友社　1992
◇図30〔白黒〕　㈱薗部澄

## 看板（マッチ）
「図説 台所道具の歴史」日本図書センター　2012
◇p99-10〔白黒〕（看板）　マッチ　秩父市立民俗博物館

## 看板（眼鏡屋）
「日本民俗図誌 7 生業上・下篇」村田書店　1978
◇図164〔白黒・図〕（眼鏡屋の看板）

## 看板（めし屋）
「日本民俗図誌 7 生業上・下篇」村田書店　1978
◇図175-2〔白黒・図〕（めし屋の看板）　明治以前

## かんばん（めたてや）
「日本の生活文化財」第一法規出版　1965
◇図98（生産・運搬・交易）〔白黒〕　文部省史料館所蔵（東京都品川区）

## 看板（矢立屋）
「写真 日本文化史 9」日本評論新社　1955
◇図132〔白黒〕

## かんばん（宿屋）
「日本の民具 1 町」慶友社　1992
◇図41〔白黒〕　木曽道中奈良井宿ゑちご屋の行燈看板　㈱薗部澄

## 看板（両替屋）
「日本民具の造形」淡交社　2004
◇p154〔白黒〕（両替屋看板）　滋賀県　石部町歴史民俗資料館所蔵
「写真 日本文化史 9」日本評論新社　1955
◇図136〔白黒〕

## かんばん（蠟燭屋）
「日本の民具 1 町」慶友社　1992
◇図13〔白黒〕　㈱薗部澄
「日本の生活文化財」第一法規出版　1965
◇図51（概説）〔白黒・図〕（かんばん（ろうそくや））

## 看板（ろばた焼店）
「図説 台所道具の歴史」日本図書センター　2012
◇p57-14〔白黒〕　〔ろばた焼店の看板〕　㈱GK

## 看板のいろいろ
「図説 民俗探訪事典」山川出版社　1983
◇p304〔白黒・図〕　かもじ屋、かつら屋、筆屋、糸屋、両替屋、饅頭屋、足袋屋、醬油屋、豆腐屋、姬のり、床屋、鏡屋、鍵屋、傘提灯屋、蠟燭屋

## 乾物屋
「写真でみる日本生活図引 3」弘文堂　1988
◇図70〔白黒〕　栃木県足利市伊勢町　㈱明治40年頃　佐藤シズイ提供

## 祇園・下河原
「宮本常一 写真・日記集成 上」毎日新聞社　2005
◇p369〔白黒〕　京都 祇園・下河原　〔商店〕　㈱宮本常一, 1963年2月10日

## 祇園の茶屋
「宮本常一 写真・日記集成 上」毎日新聞社　2005
◇p369〔白黒〕　京都　㈱宮本常一, 1963年2月10日

## 祇園の店屋
「写真でみる日本人の生活全集 3」日本図書センター　2010
◇口絵〔白黒〕　今では料亭　彰国社提供

## 喫茶店
「写真ものがたり昭和の暮らし 4」農村漁村文化協会　2005
◇p89〔白黒〕　東京都　㈱昭和26年10月　共同通信社提供
「写真でみる日本生活図引 7」弘文堂　1993
◇図62〔白黒〕　東京都　㈱昭和26年10月15日　共同通信社提供

## 客がいっぱいの年末の美容室
「写真ものがたり昭和の暮らし 4」農村漁村文化協会　2005
◇p68〔白黒〕　東京都　㈱昭和28年12月　共同通信社提供

## 旧在郷商人 カネヤマコ
「民俗資料選集 8 中付駑者の習俗」国土地理会　1979
◇p72（本文）〔白黒〕　福島県南会津郡舘岩村恥風

## 牛乳配達
「写真でみる日本生活図引 6」弘文堂　1993
◇図65〔白黒〕　秋田県横手市　㈱佐藤久太郎, 昭和33年7月

## 行商人
「写真ものがたり昭和の暮らし 1」農山漁村文化協会　2004
◇p211〔白黒〕　新潟県相川町岩屋口　稲刈りをしているところに出向く　㈱中俣正義, 昭和29年9月

## 行商人が顔なじみの一家を待ちぶせて路上で商いをする
「日本民俗写真大系 8」日本図書センター　2000
◇p82〔白黒〕　新潟県相川町　㈱中俣正義, 1954年

## 行商人が列車で運ばれる
「フォークロアの眼 3 運ぶ」国書刊行会　1977
◇図143〔白黒〕（重い荷を運ぶ行商人が列車で運ばれる）　山形県・羽越本線の列車内　㈱須藤功, 昭和44年2月18日

## 行商人の店
「図録・民具入門事典」柏書房　1991
◇p92〔白黒〕　三重県答志島

## 行商のおばさんたち
「宮本常一 写真・日記集成 下」毎日新聞社　2005
◇p164〔白黒〕　大分県 別府駅前　㈱宮本常一, 1968年8月1日
◇p193〔白黒〕　山口県 美祢線・美祢市のあたり　㈱宮本常一, 1969年4月12日

## 行商の重い荷をかついで列車を待つ
「フォークロアの眼 3 運ぶ」国書刊行会　1977
◇図142〔白黒〕　青森県西津軽郡岩崎村岩崎　㈱須藤功, 昭和43年7月9日

## 行商の女たち
「宮本常一 写真・日記集成 上」毎日新聞社　2005
◇p279〔白黒〕　豊浦郡豊北町特牛　㈱宮本常一, 1961年9月21日

## 行商の車
「宮本常一 写真・日記集成 下」毎日新聞社　2005
◇p401〔白黒〕　滋賀県高島郡朽木村古屋　村の女たちみな出て来てものを買う　㈱宮本常一, 1977年8月23日

## 行商の男女
「宮本常一 写真・日記集成 上」毎日新聞社　2005
◇p22〔白黒〕　秋田県北秋田郡上小阿仁村 奥羽本線鷹ノ巣駅か　㈱宮本常一, 1955年11月13日

商業　　　　　　　　　　　交通・交易

## 行商の人たちと赤帽さん
「宮本常一 写真・日記集成 上」毎日新聞社　2005
　◇p430〔白黒〕　秋田県大曲市 奥羽本線・大曲駅　㊙宮本常一, 1964年4月18日

## 行商の店開き
「日本民俗文化財事典（改訂版）」第一法規出版　1979
　◇図210〔白黒〕　三重県答志島
　◇図211〔白黒〕　東京都三宅島

## 行商絆纏
「日本民具の造形」淡交社　2004
　◇p153〔白黒〕　石川県 羽咋市歴史民俗資料館所蔵

## 漁港近くで販売されるコノシロやキビナゴ
「里山・里海 暮らし図鑑」柏書房　2012
　◇写46(p199)〔白黒〕　福岡県柳川市沖端町

## 漁村の女による行商
「フォークロアの眼 7 海の暮らしと祭り」国書刊行会　1977
　◇小論10〔白黒〕　福岡県粕屋郡志賀町　㊙田辺悟, 昭和37年8月5日

## 漁婦による魚の行商
「里山・里海 暮らし図鑑」柏書房　2012
　◇写42(p197)〔白黒〕　福井県美浜町日向　昭和31年2月 北田茂蔵、美浜町役場文化財保護・町誌編纂室提供

## 近海捕鯨基地ならではの店
「宮本常一 写真・日記集成 下」毎日新聞社　2005
　◇p178〔白黒〕　宮城県石巻市 鮎川港 〔看板「鯨歯パイプ印材鯨ひげ工芸品」〕　㊙宮本常一, 1968年12月23日

## 金魚売り
「写真ものがたり昭和の暮らし 4」農村漁村文化協会　2005
　◇p71〔白黒〕　東京都　㊙昭和31年2月 共同通信社提供
「宮本常一 写真・日記集成 上」毎日新聞社　2005
　◇p275〔白黒〕　長崎県平戸市　㊙宮本常一, 1961年9月18日
「写真でみる日本生活図引 7」弘文堂　1993
　◇図26〔白黒〕　東京都　㊙昭和31年2月17日 共同通信社提供

## 金魚行商一式
「日本民具の造形」淡交社　2004
　◇p153〔白黒〕　石川県 羽咋市歴史民俗資料館所蔵

## 近郊への竹細工の行商
「あるくみるきく双書 宮本常一とあるいた昭和の日本 19」農山漁村文化協会　2012
　◇p165〔白黒〕　宮城県岩出山　㊙工藤員功,〔昭和49年〕

## 近郊の農家のばあちゃんのリヤカー行商
「写真ものがたり昭和の暮らし 4」農村漁村文化協会　2005
　◇p44〔白黒〕　秋田県横手市 近郊の農家のばあちゃんが、朝採りの野菜をリヤカーで引いてきて、得意先の主婦に売っている　㊙佐藤久太郎, 昭和33年7月
　◇p46〔白黒〕　秋田県横手市　㊙佐藤久太郎, 昭和37年10月

## 鯨尺の露店
「写真ものがたり昭和の暮らし 4」農村漁村文化協会　2005
　◇p62〔白黒〕　京都府京都市上京区 毎月25日北野天満宮の縁日　㊙須藤功, 昭和45年5月

## 鯨商人札
「日本の民具 3 山・漁村」慶友社　1992
　◇図199〔白黒〕　高知県 室戸　㊙薗部澄

## 屑買い
「写真でみる日本生活図引 7」弘文堂　1993
　◇図47〔白黒〕　高知県高知市　㊙昭和17年頃 高知市民図書館寺田文庫提供

## 屑屋
「写真でみる日本生活図引 3」弘文堂　1988
　◇図67〔白黒〕　京都府京都市東山区 バタ屋と思われる　㊙浅野喜市, 昭和34年8月1日

## 薬売り
「図説 民俗探訪事典」山川出版社　1983
　◇p120〔白黒〕　富山　明治期

## 薬売りが客寄せに使っている猿
「写真ものがたり昭和の暮らし 10」農山漁村文化協会　2007
　◇p193〔白黒〕　新潟県粟島浦村釜谷　㊙中俣正義, 昭和33年6月

## 薬売りの猿
「写真でみる日本生活図引 3」弘文堂　1988
　◇図63〔白黒〕　新潟県岩船郡粟島浦村釜谷・粟島　㊙中俣正義, 昭和33年6月

## 果物屋
「写真でみる日本人の生活全集 1」日本図書センター　2010
　◇p97〔白黒〕　ミカン、リンゴ、バナナ、パイナップルなどおびただしい果物の山

## 口ノ島の店
「民俗図録 日本人の暮らし」日本図書センター　2012
　◇図456〔白黒〕　鹿児島県口ノ島　㊙小久保善吉

## 靴磨き
「写真ものがたり昭和の暮らし 4」農村漁村文化協会　2005
　◇p92〔白黒〕　宮城県仙台市 客待ち中に居眠り　㊙中嶋忠一, 昭和28年11月
「写真でみる日本生活図引 7」弘文堂　1993
　◇図9〔白黒〕　東京都中央区銀座 学生アルバイト　㊙渡部雄吉, 昭和23年

## 靴磨きをする少年たち
「写真でみる日本人の生活全集 9」日本図書センター　2010
　◇p146〔白黒〕（靴みがきをする少年たち）　上野
「写真ものがたり昭和の暮らし 4」農村漁村文化協会　2005
　◇p41〔白黒〕　東京都　㊙昭和22年12月 朝日新聞社提供

## 蔵造り
「日本の生活環境文化大辞典」柏書房　2010
　◇p351-2〔白黒・図〕　埼玉県川越市　『蔵造りの町並』

## 蔵通り
「日本の生活環境文化大辞典」柏書房　2010
　◇p125-5〔白黒〕　福島県喜多方市小田付　㊙2009年

## クリモノ屋
「宮本常一 写真・日記集成 上」毎日新聞社　2005
　◇p142〔白黒〕（真野町新町）　新潟県佐渡郡真野町［佐渡市］新町 〔商店 クリモノ屋〕　㊙宮本常一, 1959年8月10日

## 黒丸子大看板
「日本民具の造形」淡交社　2004
　◇p154〔白黒〕　三重県 松阪市立歴史民俗資料館所蔵

## 毛皮の行商人の露店
「写真ものがたり昭和の暮らし 2」農山漁村文化協会　2004
　◇p167〔白黒〕　青森県弘前市　㊙相場惣太郎, 昭和32年2月

## 下駄の歯入屋
「写真でみる日本生活図引 7」弘文堂　1993
　◇図13〔白黒〕　東京都台東区浅草　㊙師岡宏次, 昭和9年

### 下駄屋
「写真ものがたり昭和の暮らし 4」農村漁村文化協会　2005
◇p69〔白黒〕　秋田県二ツ井町　[撮]南利夫, 昭和30年
「写真でみる日本生活図引 3」弘文堂　1988
◇図74〔白黒〕　長野県下伊那郡阿智村　[撮]熊谷元一, 昭和12年頃
◇図75〔白黒〕　長野県下伊那郡阿智村　[撮]熊谷元一, 昭和12年頃

### 下駄屋の店頭
「写真ものがたり昭和の暮らし 6」農山漁村文化協会　2006
◇p115〔白黒〕　長野県會地村駒場（現阿智村）　下駄屋の店頭に並んだきれいな下駄に、女の子たちはどれにしようか迷っている　[撮]熊谷元一, 昭和25年

### 月賦販売店
「写真でみる日本人の生活全集 10」日本図書センター　2010
◇p46〔白黒〕　東京

### 玄関の屋根に鬼瓦
「宮本常一 写真・日記集成 下」毎日新聞社　2005
◇p50〔白黒〕　広島県神石郡油木町　[撮]宮本常一, 1965年12月20日

### 現代の行商
「図説 日本民俗学」吉川弘文館　2009
◇p174〔白黒〕　愛知県東栄町　ライトバンに商品棚や冷蔵庫を設け, 生活用品を載せて訪れる

### 高級品に見いる婦人
「写真でみる日本人の生活全集 10」日本図書センター　2010
◇p45〔白黒〕　〔店のショーウインドウ〕

### 小型トラックの行商
「宮本常一が撮った昭和の情景 上」毎日新聞社　2009
◇p197〔白黒〕　長野県飯田市上村程野　[撮]宮本常一, 1963年7月8日
「宮本常一 写真・日記集成 上」毎日新聞社　2005
◇p385〔白黒〕　長野県下伊那郡上村程野　[撮]宮本常一, 1963年7月8日

### 国際通のマーケット
「宮本常一 写真・日記集成 下」毎日新聞社　2005
◇p368〔白黒〕　沖縄県那覇市　[撮]宮本常一, 1976年8月17日

### 五人百姓
「あるくみるきく双書 宮本常一とあるいた昭和の日本 24」農山漁村文化協会　2012
◇p169〔カラー〕　香川県琴平町 金刀比羅宮境内　飴を売る　[撮]〔昭和52～53年〕

### 五人百姓といわれる飴屋の傘
「写真でみる民家大事典」柏書房　2005
◇p393-2〔白黒〕　香川県仲多度郡琴平町　[撮]1969年　法政大学宮脇ゼミナール

### 呉服屋（越後屋）
「日本社会民俗辞典 2」日本図書センター　2004
◇図版XⅣ 商店〔白黒・図〕　明治時代

### 古物払下げ
「写真でみる日本生活図引 別巻」弘文堂　1993
◇図83〔白黒〕　長野県下伊那郡阿智村　屑買いに古物を払下げる　[撮]熊谷元一, 昭和31年8月31日

### 坂出港付近の商事会社
「宮本常一 写真・日記集成 下」毎日新聞社　2005
◇p312〔白黒〕　香川県坂出市　[撮]宮本常一, 1973年8月17日

### 境町仲町商店街
「宮本常一 写真・日記集成 上」毎日新聞社　2005
◇p177〔白黒〕　群馬県佐波郡境町　[撮]宮本常一, 1960年3月2日

### 坂下の商店街
「宮本常一 写真・日記集成 下」毎日新聞社　2005
◇p403〔白黒〕　静岡県熱海市咲見町　[撮]宮本常一, 1977年9月29日

### 魚売り
「民俗図録 日本人の暮らし」日本図書センター　2012
◇図448〔白黒〕　兵庫県城崎郡　[撮]西谷勝也
「写真でみる日本人の生活全集 9」日本図書センター　2010
◇口絵〔白黒〕（魚売り）〔リヤカーで魚を売る少年〕　[撮]塚本信夫
「写真でみる民家大事典」柏書房　2005
◇p142-2〔白黒〕　新潟県村上市　[撮]1979年　胡桃沢勘司
「写真でみる日本生活図引 3」弘文堂　1988
◇図47〔白黒〕　秋田県横手市　[撮]佐藤久太郎, 昭和35年5月

### 魚売女
「写真でみる日本生活図引 3」弘文堂　1988
◇図39〔白黒〕　福井県小浜市　[撮]井田米栞, 大正時代

### 魚売りの行商
「日本民俗写真大系 3」日本図書センター　1999
◇p43〔白黒〕　千葉県川辺新田　[撮]小関与四郎, 1965年

### 魚桶
「日本の民具 1 町」慶友社　1992
◇図103〔白黒〕　[撮]薗部澄

### 魚の行商
「里山・里海 暮らし図鑑」柏書房　2012
◇写44（p198）〔白黒〕（魚の行商販売）　昭和31年2月　[撮]横田文雄　高浜町郷土資料館提供
「食の民俗事典」柊風舎　2011
◇p515〔白黒〕（魚を行商する）　静岡県富士宮市内房　沼津港に水揚げされたもの
「宮本常一が撮った昭和の情景 上」毎日新聞社　2009
◇p187〔白黒〕（列車を待つ魚の行商の女たち）　鹿児島県阿久根市　[撮]宮本常一, 1963年3月12日
「宮本常一が撮った昭和の情景 下」毎日新聞社　2009
◇p10〔白黒〕（棹秤を使う魚の行商）　広島県三原市　[撮]宮本常一, 1965年2月12日
「宮本常一 写真・日記集成 上」毎日新聞社　2005
◇p312〔白黒〕　鹿児島県肝属郡佐多町大中尾あたりの道　[撮]宮本常一, 1962年6月15日
◇p372〔白黒〕　鹿児島県阿久根市 阿久根駅　[撮]宮本常一, 1963年3月12日
「宮本常一 写真・日記集成 下」毎日新聞社　2005
◇p15〔白黒〕　広島県三原市　[撮]宮本常一, 1965年2月12日

### 魚の行商人
「写真ものがたり昭和の暮らし 3」農山漁村文化協会　2004
◇p180〔白黒〕　熊本県坂本村（現八代市）　庭先で天草の東海岸で獲れたコノシロを売る　[撮]麦島勝, 昭和48年10月
「日本社会民俗辞典 1」日本図書センター　2004
◇p260〔白黒〕　和歌山県新宮市

### 魚の量り売り
「里山・里海 暮らし図鑑」柏書房　2012
◇写43（p198）〔白黒〕　福岡県柳川市沖端　昭和30～40年　野田種子提供

### 魚屋
「あるくみるきく双書 宮本常一とあるいた昭和の日本 24」農山漁村文化協会　2012
◇p81〔白黒〕（鮭が暖簾のようにさがる暮れの魚屋）　岩

商業　　　　　　　　　　　　　交通・交易

　　　手県稗貫郡大迫町
　　◇写45（p198）〔白黒〕（漁港近くの魚屋）　福岡県柳川市沖端　昭和30〜40年　野田種子提供
「写真でみる日本生活図引 3」弘文堂　1988
　　◇図82〔白黒〕　秋田県横手市金沢町　㋾佐藤久太郎, 昭和36年9月

## 魚屋の店頭
「写真ものがたり昭和の暮らし 3」農山漁村文化協会　2004
　　◇p183〔カラー〕　京都市中京区錦小路　㋾須藤功, 昭和56年5月

## 魚屋の前で注文の大きさに応じて雪氷を鋸で切りわける
「写真ものがたり昭和の暮らし 4」農村漁村文化協会　2005
　　◇p70〔白黒〕　石川県山中町　㋾御園直太郎, 昭和34年7月

## サカバヤシ
「民具のみかた一心とかたち」第一法規出版　1983
　　◇p262〔白黒〕（サカバヤシ（酒林））　岐阜県高山市
「民俗の事典」岩崎美術社　1972
　　◇p220〔白黒〕　奈良県　大神神社

## 酒林
「日本民具の造形」淡交社　2004
　　◇p72〔白黒〕　千葉県　千葉県立博物館房総のむら所蔵

## 酒屋
「写真でみる日本生活図引 3」弘文堂　1988
　　◇図87〔白黒〕　栃木県足利市通　㋾大正5年頃　中森三千緒提供

## 桜餅屋の商標
「日本民俗図誌 7 生業上・下篇」村田書店　1978
　　◇図179-1〔白黒・図〕　東京向島　長命寺門前

## 緡と一緡百文
「日本の民具 1 町」慶友社　1992
　　◇図53〔白黒〕　㋾薗部澄

## 雑貨店
「宮本常一 写真・日記集成 上」毎日新聞社　2005
　　◇p383〔白黒〕　長野県飯田市　㋾宮本常一, 1963年7月3日
「写真でみる日本生活図引 3」弘文堂　1988
　　◇図80〔白黒〕　沖縄県那覇市　竹製品ほか　㋾坂本万七, 昭和14年1月

## 雑貨店とその家族
「写真ものがたり昭和の暮らし 6」農山漁村文化協会　2006
　　◇p90〔白黒〕　秋田県横手市四日町（現横手市）　㋾M.M.スマイザー, 大正時代　提供・鶴岡功子
「写真でみる日本生活図引 3」弘文堂　1988
　　◇図69〔白黒〕（雑貨店と家人）　秋田県横手市　㋾M.M.スマイザー, 大正時代　鶴岡功子提供

## 雑貨屋の店先
「宮本常一が撮った昭和の情景 上」毎日新聞社　2009
　　◇p139〔白黒〕　山口県萩市見島　㋾宮本常一, 1961年9月5日

## 砂糖売場
「写真でみる日本人の生活全集 1」日本図書センター　2010
　　◇p70〔白黒〕　東京都内

## 山村の魚屋に乾物が並ぶ
「写真ものがたり昭和の暮らし 9」農山漁村文化協会　2007
　　◇p159〔白黒〕　長野県曾地村（現阿智村）　㋾熊谷元一, 昭和24年

## サンドイッチマン
「写真でみる日本生活図引 7」弘文堂　1993
　　◇図8〔白黒〕　東京都新宿区　㋾菊池俊吉, 昭和21年8月

## 残飯屋のはかり売り
「図説 台所道具の歴史」日本図書センター　2012
　　◇p201-5〔白黒・図〕　明治中期　『日本生活文化史8』河出書房新社

## 仕入れた魚介を竹かごに入れ、天秤棒で売り歩く女たち
「写真ものがたり昭和の暮らし 3」農山漁村文化協会　2004
　　◇p179〔白黒〕　和歌山県すさみ町周参見　㋾須藤功, 昭和42年10月

## 自家製の豆腐を街角で売る
「写真ものがたり昭和の暮らし 9」農山漁村文化協会　2007
　　◇p142〔白黒〕　沖縄県糸満町（現糸満市）　㋾早川孝太郎, 昭和10年10月

## シガと呼ばれる魚を売る行商人
「写真でみる民家大事典」柏書房　2005
　　◇p385-7〔白黒〕　山口県山陽小野田市刈屋　㋾1944年小野田市歴史民俗資料館

## 猪肉を売る露店
「写真ものがたり昭和の暮らし 2」農山漁村文化協会　2004
　　◇p180〔白黒〕　埼玉県秩父市　12月3日 秩父夜祭りの日　㋾須藤功, 昭和60年12月

## 七味屋の店頭
「図説 民俗探訪事典」山川出版社　1983
　　◇p42〔白黒〕　京都市三年坂

## 志ちや
「宮本常一 写真・日記集成 下」毎日新聞社　2005
　　◇p40〔白黒〕　岩手県遠野市　㋾宮本常一, 1965年8月22日

## 質屋
「写真ものがたり昭和の暮らし 4」農山漁村文化協会　2005
　　◇p81〔白黒〕　青森県弘前市　㋾相場惣太郎, 昭和36年6月
「宮本常一 写真・日記集成 下」毎日新聞社　2005
　　◇p350〔白黒〕　大阪府堺市錦之町→北旅籠町　㋾宮本常一, 1975年11月9日
「写真でみる日本生活図引 7」弘文堂　1993
　　◇図23・24〔白黒〕　青森県弘前市　㋾相場惣太郎, 昭和36年6月

## 質屋の主
「写真ものがたり昭和の暮らし 4」農村漁村文化協会　2005
　　◇p81〔白黒〕　青森県弘前市　㋾相場惣太郎, 昭和36年6月

## 漆器店の町並
「民俗資料選集 2 木地師の習俗」国土地理協会　1974
　　◇p12〔口絵〕〔白黒〕（200軒に及ぶ漆器店の町並の一部）　石川県輪島市

## 自転車でやってきた飴売り
「写真ものがたり昭和の暮らし 6」農山漁村文化協会　2006
　　◇p113〔白黒〕　秋田県能代市日吉町　㋾南利夫, 昭和32年

## 自転車に自分で作った、コメトウシ（コメアゲザル）、バラ、マルカゴなどをつけて行商
「写真ものがたり昭和の暮らし 9」農山漁村文化協会　2007
　　◇p144〔白黒〕　鹿児島県栗野町（現湧水町）　㋾須藤功, 昭和52年11月

## 自転車の魚屋
「宮本常一 写真・日記集成 上」毎日新聞社　2005
　　◇p342〔白黒〕　山口県阿武郡川上村野戸呂　㋾宮本常一, 1962年9月6日

## 島の百貨店
「日本民俗写真大系 4」日本図書センター　1999
　　◇p128〜129〔白黒〕　香川県女木島　㋾薗部澄, 1955年

交通・交易　　　　　　　　　　　　　　　　　　　　　　　　　商業

島の店屋
「宮本常一 写真・日記集成 上」毎日新聞社　2005
　◇p271〔白黒〕　山口県萩市 見島　㊙宮本常一, 1961年9月5日

写真館
「宮本常一 写真・日記集成 下」毎日新聞社　2005
　◇p147〔白黒〕　山口市 上竪小路　㊙宮本常一, 1968年3月27日～29日

蛇皮線屋の店頭
「日本社会民俗辞典 2」日本図書センター　2004
　◇p505〔白黒〕　喜界島

しゃれた化粧壁の雑貨屋
「宮本常一 写真・日記集成 下」毎日新聞社　2005
　◇p28〔白黒〕　島根県隠岐郡西ノ島町浦郷　㊙宮本常一, 1965年5月29日

酒造店舗
「民俗資料選集 34 酒造習俗Ⅰ」国土地理協会　2006
　◇p9（口絵）〔白黒〕　岩手県石鳥谷町 奥州街道に面している　㊙大正5年ころ　横沢儀一提供

酒造メーカーの広告
「宮本常一が撮った昭和の情景 上」毎日新聞社　2009
　◇p56〔白黒〕　岡山県倉敷市 山陽線JR玉島駅〔ホーム〕　㊙宮本常一, 1959年1月11日

「主婦の店ダイエー」の一号店
「写真ものがたり昭和の暮らし 4」農村漁村文化協会　2005
　◇p224〔白黒〕　大阪府大阪市 京阪電鉄千林駅前　㊙昭和32年9月　共同通信社提供

巡回商店
「宮本常一が撮った昭和の情景 下」毎日新聞社　2009
　◇p19〔白黒〕（トラックの行商と子供連れの買い物客）　長野県松本市奈川川浦　㊙宮本常一, 1965年7月19日～22日
「宮本常一 写真・日記集成 下」毎日新聞社　2005
　◇p33〔白黒〕　長野県奈川村川浦　㊙宮本常一, 1965年7月19日～22日

ショーウィンドー
「図説 日本民俗学」吉川弘文館　2009
　◇p187〔白黒〕　東京都中央区

商家
「宮本常一 写真・日記集成 下」毎日新聞社　2005
　◇p274〔白黒〕　京都市西京区桂　㊙宮本常一, 1972年2月9日

商家ののれん
「日本社会民俗辞典 3」日本図書センター　2004
　◇p1159〔白黒・図〕　㊙明治初年

商家の暖簾の目印
「日本民俗図誌 4 習俗・飲食篇」村田書店　1978
　◇図23・24〔白黒・図〕　甲府

商家の間取り
「図説 民俗探訪事典」山川出版社　1983
　◇p303〔白黒・図/写真〕　埼玉県与野市　『与野市史』より

常設の露店
「写真ものがたり昭和の暮らし 9」農山漁村文化協会　2007
　◇p152〔白黒〕　秋田県横手市　左側では駄菓子やおもちゃを売り, 右側では「大学いも」を作っている　㊙佐藤久太郎, 昭和34年3月

商店街
「日本の生活環境文化大辞典」柏書房　2010
　◇口絵12〔カラー〕　東京都豊島区巣鴨　㊙2006年　岸本章
　◇p133-7〔白黒〕　北九州市小倉北区 魚町銀天街　㊙1989年　鏡味明克
　◇p134-9〔白黒〕　滋賀県長浜市 浜京極　㊙1989年
　◇p134-10〔白黒〕　和歌山市 ぶらくり丁　㊙1992年
「宮本常一が撮った昭和の情景 上」毎日新聞社　2009
　◇p80〔白黒〕（豊島・中心街）　広島県豊田郡豊浜町豊島　㊙宮本常一, 1957年8月27日
　◇p92〔白黒〕（鴻巣の商店街）　埼玉県　㊙宮本常一, 1960年3月2日
　◇p157〔白黒〕（厳原港の商店街）　長崎県対馬市厳原町　㊙宮本常一, 1962年8月4日
「宮本常一 写真・日記集成 上」毎日新聞社　2005
　◇p40〔白黒〕（路地の商店街）　広島県呉市豊浜町大字豊島（豊島）　㊙宮本常一, 1957年8月27日
　◇p175〔白黒〕（鴻巣）　埼玉県　㊙宮本常一, 1960年3月2日
　◇p176〔白黒〕（熊谷）　埼玉県　㊙宮本常一, 1960年3月2日
　◇p195〔白黒〕　東京都荒川区三河島　㊙宮本常一, 1960年5月18日
　◇p324〔白黒〕（厳原港）　長崎県下県郡厳原町〔対馬市〕　㊙宮本常一, 1962年8月4日
「宮本常一 写真・日記集成 下」毎日新聞社　2005
　◇p146〔白黒〕　山口市・中市町→下竪小路　㊙宮本常一, 1968年3月27日～29日
　◇p296〔白黒〕　新潟県新潟市 本町通　㊙宮本常一, 1973年3月3日
「日本民俗写真大系 6」日本図書センター　2000
　◇p167〔白黒〕　佐賀県伊万里市　㊙薗部澄, 1958年

商店街のアーケード
「日本の生活環境文化大辞典」柏書房　2010
　◇p132-1〔白黒〕　宮城県仙台市　㊙1995年　鏡味明克

商店街のアーチ
「日本の生活環境文化大辞典」柏書房　2010
　◇p132-2〔白黒〕　大分県臼杵市　㊙1997年　鏡味明克
　◇p132-3〔白黒〕　新潟県南魚沼郡湯沢町　㊙1997年　鏡味明克
　◇p132-4〔白黒〕　徳島県吉野川市鴨島　㊙2000年　鏡味明克

商店街の路地
「宮本常一 写真・日記集成 下」毎日新聞社　2005
　◇p252〔白黒〕　岡山県井原市　㊙宮本常一, 1971年8月10日

商人財布
「日本民具の造形」淡交社　2004
　◇p153〔白黒〕　滋賀県 五個荘町歴史民俗資料館所蔵

商人帳面籠
「日本民具の造形」淡交社　2004
　◇p153〔白黒〕　富山県 相倉民俗館所蔵

醬油売場
「写真でみる日本人の生活全集 1」日本図書センター　2010
　◇p69〔白黒〕　東京都内のデパート

醬油看板
「図説 台所道具の歴史」日本図書センター　2012
　◇p192-4〔白黒〕　明治28年（1895）第5回内国勧業博覧会出品を記念して各所に配った牌とみられる　函館博物館・分館郷土室

醬油醸造元土蔵造りの店舗
「あるくみるきく双書 宮本常一とあるいた昭和の日本 19」農山漁村文化協会　2012
　◇p160〔白黒〕　熊本県上益城郡山都町馬見原　㊙宮本常一, 昭和37年10月

商業　　　　　　　　　　　　　　交通・交易

商用箱
　「日本民具の造形」淡交社　2004
　　◇p145〔白黒〕　長野県 小諸市立郷土博物館所蔵

食堂（再現）
　「民俗小事典 食」吉川弘文館　2013
　　◇p415〔白黒〕　昭和30年代　福井県立歴史博物館提供

食料品店
　「写真ものがたり昭和の暮らし 4」農村漁村文化協会　2005
　　◇p76〔白黒〕　島根県浜田市真光町　タマネギ、注連飾り、正月飾り用品　㈹永見武久、昭和40年12月

女郎うなぎ
　「宮本常一 写真・日記集成 下」毎日新聞社　2005
　　◇p242〔白黒〕　埼玉県比企郡小川町　㈹宮本常一、1971年1月17日

白河の花売女の姿態
　「日本民俗図誌 9 住居・運輸篇」村田書店　1978
　　◇図109-1〔白黒・図〕　京都

神社の縁日の出店の鍛冶製品
　「写真ものがたり昭和の暮らし 9」農山漁村文化協会　2007
　　◇p214〔白黒〕　秋田県羽後町　㈹佐藤久太郎、昭和34年1月

人造米売り切れの店頭
　「写真でみる日本人の生活全集 1」日本図書センター　2010
　　◇p9〔白黒〕　東京某デパート　㈹昭和28年

深大寺そば
　「写真でみる日本人の生活全集 1」日本図書センター　2010
　　◇p31〔白黒〕（深大寺ソバ）　武蔵野のソバの名所の深大寺
　「宮本常一 写真・日記集成 下」毎日新聞社　2005
　　◇p17〔白黒〕（名物深大寺そば）　東京都調布市 深大寺店前に"国民車"スバル360　㈹宮本常一、1965年2月24日〜28日

新聞配達
　「写真でみる日本生活図引 6」弘文堂　1993
　　◇図67〔白黒〕　秋田県湯沢市須川外ノ目　新聞配達の途中の少年　㈹加賀谷政雄、昭和33年4月
　　◇図68〔白黒〕　愛知県北設楽郡津具村　新聞配達の途中の少女　㈹夏目重彦、昭和30年7月

杉玉
　「写真でみる民家大事典」柏書房　2005
　　◇p364-2〔白黒〕（太田家の酒ばやしの杉玉）　広島県福山市鞆　㈹2004年　藤原美樹
　「日本宗教民俗図典 1」法蔵館　1985
　　◇図345〔白黒〕　奈良市　㈹須藤功

杉玉を飾る酒屋
　「写真でみる民家大事典」柏書房　2005
　　◇p405-5〔白黒〕（正面に杉玉を飾る酒屋）　福岡県宗像市赤間　㈹2004年　土田充義

ストーブ展
　「日本民俗写真大系 1」日本図書センター　1999
　　◇p156〔白黒〕　北海道札幌市　秋になると、各メーカーがストーブを展示して宣伝した。灯油以前の薪ストーブである　㈹掛川源一郎、1956年

スパゲッティを売る店
　「写真でみる日本人の生活全集 1」日本図書センター　2010
　　◇p11〔白黒〕　東京都内　代用食　㈹昭和28年ごろ

スーパーマーケット
　「民俗小事典 食」吉川弘文館　2013
　　◇p397〔白黒〕　株式会社紀ノ屋提供

スーパーマーケットの売り場
　「民俗小事典 食」吉川弘文館　2013
　　◇p441〔白黒〕　兵庫県

炭火で魚を焼く露店の魚屋
　「日本民俗写真大系 8」日本図書センター　2000
　　◇p86〔白黒〕　新潟市　㈹中村由信、1974年

炭屋の店頭
　「図説 台所道具の歴史」日本図書センター　2012
　　◇p100-9〔白黒〕　京都・東寺付近　㈹GK

スルメ出荷
　「宮本常一 写真・日記集成 上」毎日新聞社　2005
　　◇p395〔白黒〕　青森県下北郡佐井村磯谷　㈹宮本常一、1963年8月18日

精養軒
　「民俗小事典 食」吉川弘文館　2013
　　◇p423〔白黒〕　東京都　『東京風景』より

石炭油行商箱
　「日本の民具 1 町」慶友社　1992
　　◇図101〔白黒〕　㈹薗部澄

銭籠
　「日本の民具 1 町」慶友社　1992
　　◇図54〔白黒〕　㈹薗部澄

銭さし
　「日本民俗写真大系 8」日本図書センター　2000
　　◇p149〔白黒〕

銭皿
　「日本民具の造形」淡交社　2004
　　◇p156〔白黒〕　滋賀県 近江商人郷土館所蔵
　「日本の民具 1 町」慶友社　1992
　　◇図55〔白黒〕　㈹薗部澄

ゼニバコ
　「図録・民具入門事典」柏書房　1991
　　◇p92〔白黒〕　栃木県　栃木県立郷土資料館所蔵
　「日本の生活文化財」第一法規出版　1965
　　◇図91（生産・運搬・交易）〔白黒〕　文部省史料館所蔵（東京都品川区）
　　◇図92（生産・運搬・交易）〔白黒〕　小川原湖博物館所蔵（青森県三沢市）

銭箱
　「日本民具の造形」淡交社　2004
　　◇p156〔白黒〕　滋賀県 石部町歴史民俗資料館所蔵
　「日本民俗写真大系 8」日本図書センター　2000
　　◇p149〔白黒〕
　「日本の民具 1 町」慶友社　1992
　　◇図56〔白黒〕　㈹薗部澄
　　◇図57〔白黒〕　㈹薗部澄
　　◇図58〔白黒〕　㈹薗部澄
　「日本民俗事典」弘文堂　1972
　　◇p387〔白黒〕

銭升
　「日本民俗写真大系 8」日本図書センター　2000
　　◇p149〔白黒〕

銭桝
　「日本民具の造形」淡交社　2004
　　◇p156〔白黒〕（銭枡）　大阪府 大阪市立博物館所蔵
　「日本の民具 1 町」慶友社　1992
　　◇図51〔白黒〕　㈹薗部澄

セブンイレブン1号店の開店
　「民俗小事典 食」吉川弘文館　2013
　　◇p399〔白黒〕　東京都江東区豊洲　1974年

セメン菓子売り
　「写真でみる日本生活図引 7」弘文堂　1993

◇図25〔白黒〕　高知県高知市　[撮]昭和17年　高知市民図書館寺田文庫提供

### 仙台中央市場の商店
「写真ものがたり昭和の暮らし 4」農村漁村文化協会　2005
◇p46〔白黒〕　宮城県仙台市東一番丁　道路にあふれて並べられているのはしいたけ　[撮]中嶋忠一, 昭和32年10月

### 煎餅を売るささやかな店
「写真でみる日本生活図引 3」弘文堂　1988
◇図38〔白黒〕(ささやかな店)　東京都台東区・上野公園　煎餅売り　[撮]佐藤久太郎, 昭和24年頃

### 銭巻
「日本の民具 1 町」慶友社　1992
◇図52〔白黒〕　[撮]薗部澄

### 銭巻きつきそろばん
「日本の民具 1 町」慶友社　1992
◇図48〔白黒〕　明治時代以降　[撮]薗部澄

### 造花売り
「写真ものがたり昭和の暮らし 9」農山漁村文化協会　2007
◇p147〔白黒〕　岩手県一戸町　[撮]田村淳一郎, 昭和31年12月

### 造花店
「写真ものがたり昭和の暮らし 9」農山漁村文化協会　2007
◇p146〔白黒〕　福島県三春町　ダルマ市の日　[撮]須藤功, 昭和46年1月

### そば店
「日本民俗写真大系 7」日本図書センター　2000
◇p191〔白黒〕　鳥取県鳥取市 鳥取駅構内　[撮]品田悦彦, 1965年

### 蕎麦の配達
「写真でみる日本生活図引 7」弘文堂　1993
◇図28〔白黒〕(配達)　東京都新宿区戸山ヶ原　蕎麦の配達　[撮]渡部雄吉, 昭和40年4月

### そば屋
「日本民俗写真大系 7」日本図書センター　2000
◇p171〔白黒〕　島根県八束町 大根島　[撮]品田悦彦, 1965年

### 蕎麦屋の麻暖簾
「日本民俗図誌 3 調度・服飾篇」村田書店　1977
◇図36-1〔白黒・図〕　京都市上京区新町武者小路北 丁字屋

### ソバ屋の出前
「フォークロアの眼 3 運ぶ」国書刊行会　1977
◇図161〔白黒〕　東京都台東区秋葉原　[撮]須藤功, 昭和51年3月12日

### 染柄を選ぶ
「写真ものがたり昭和の暮らし 10」農山漁村文化協会　2007
◇p10〔白黒〕(染柄を選ぶ孫と祖母)　長野県曾地村駒場(現阿智村)　[撮]熊谷元一, 昭和31年9月
「写真でみる日本生活図引 別巻」弘文堂　1993
◇図92〔白黒〕　長野県下伊那郡阿智村　呉服屋が持ってくる柄見本の中から選ぶ　[撮]熊谷元一, 昭和31年9月8日

### 染物店
「日本民俗写真大系 7」日本図書センター　2000
◇p152〔白黒〕　島根県出雲市　絞り染めの大風呂敷を店先に張る　[撮]薗部澄, 1974年

### そろばん
「今は昔 民具など」文芸社　2014
◇p32〔白黒〕(算盤とカンテラ)　[撮]山本富三　京の田舎民具資料館蔵
「日本社会民俗辞典 2」日本図書センター　2004
◇p853〔白黒〕(古制のそろばん)　旧三井文庫蔵
「日本の民具 1 町」慶友社　1992
◇図43〔白黒〕　[撮]薗部澄
◇図44〔白黒〕　[撮]薗部澄
◇図45〔白黒〕(梁上二珠そろばん)　[撮]薗部澄
◇図50〔白黒〕　[撮]薗部澄
「日本の生活文化財」第一法規出版　1965
◇図89・90(生産・運搬・交易)〔白黒〕　文部省史料館所蔵(東京都品川区)

### 算盤
「今は昔 民具など」文芸社　2014
◇p63〔白黒〕　[撮]山本富三　五個荘近江商人屋敷蔵
「図録・民具入門事典」柏書房　1991
◇p92〔白黒〕　千葉県　成田山史料館所蔵

### 算盤簞笥
「日本民具の造形」淡交社　2004
◇p156〔白黒〕　北海道 美唄市郷土資料館所蔵

### 大学いもの露店
「写真でみる日本生活図引 3」弘文堂　1988
◇図95〔白黒〕(大学いも)　秋田県横手市　常設の露店。合わせて駄菓子やおもちゃを売る　[撮]佐藤久太郎, 昭和34年3月

### 大食堂
「写真でみる日本生活図引 7」弘文堂　1993
◇図59〔白黒〕　東京都　百貨店の大食堂　[撮]影山光洋, 昭和8年4月　影山智洋提供

### 代書屋
「写真でみる日本生活図引 7」弘文堂　1993
◇図22〔白黒〕　東京都豊島区池袋　[撮]昭和31年　共同通信社提供

### 大福帳
「今は昔 民具など」文芸社　2014
◇p61〔白黒〕　[撮]山本富三　五個荘近江商人屋敷蔵
「日本の民具 1 町」慶友社　1992
◇図65〔白黒〕　[撮]薗部澄

### 駄菓子の店
「写真ものがたり昭和の暮らし 9」農山漁村文化協会　2007
◇p153〔白黒〕　秋田県二ツ井町(現能代市)　[撮]南利夫, 昭和32年

### 駄菓子屋
「写真ものがたり昭和の暮らし 9」農山漁村文化協会　2007
◇p154〔カラー〕　広島県広島市南区南段原町 藤原菓子店　[撮]須藤功, 昭和59年11月
「写真ものがたり昭和の暮らし 5」農山漁村文化協会　2005
◇p181〔白黒〕　滋賀県大津市南郷 立木観音(安養寺)の参詣者が立ち寄る休憩所　[撮]前野隆資, 昭和33年6月　琵琶湖博物館所蔵
「写真ものがたり昭和の暮らし 4」農村漁村文化協会　2005
◇p47〔白黒〕　石川県金沢市　[撮]棚池信行, 昭和30年代
◇p66〔白黒〕　京都府京都市北区　[撮]須藤功, 昭和45年5月
◇p72〔白黒〕(夏の駄菓子屋のにぎわい)　秋田県羽後町野中　[撮]加賀谷政雄, 昭和31年9月
「日本民具の造形」淡交社　2004
◇p287〔白黒〕　東京都 台東区立下町風俗資料館所蔵
「写真でみる日本生活図引 7」弘文堂　1993
◇図29〔白黒〕　東京都葛飾区立石　[撮]渡部雄吉, 昭和29年9月

### 竹細工を売る荒物屋さん
「あるくみるきく双書 宮本常一とあるいた昭和の日本 19」農山漁村文化協会　2012

商業　　　　　　　　　　　　　　　交通・交易

◇p175〔白黒〕　宮城県中新田町　㊁工藤員功

**竹細工店**
「あるくみるきく双書 宮本常一とあるいた昭和の日本 19」農山漁村文化協会　2012
◇p178〔カラー〕（さまざまな竹細工製品で埋もれた竹細工店）宮城県岩出山町　味噌コシ笊、米アゲ笊、メカゴ、ウケ、ビクなど　㊁工藤員功
「写真ものがたり昭和の暮らし 9」農山漁村文化協会　2007
◇p145〔白黒〕（さまざまな竹細工を並べて売る沖縄の店）沖縄県那覇市　㊁坂本万七、昭和15年

**竹細工の行商**
「写真でみる日本生活図引 3」弘文堂　1988
◇図56〔白黒〕　鹿児島県日置郡日吉町　㊁小野重朗、昭和34年

**竹細工の店**
「写真でみる日本生活図引 3」弘文堂　1988
◇図79〔白黒〕　新潟県佐渡郡畑野町　㊁中俣正義、昭和20年代

**種牛を飼っていた牛舎を洋品店に改造したもの**
「写真ものがたり昭和の暮らし 3」農山漁村文化協会　2004
◇p212〔白黒〕　香川県高松市・男木島　㊁永見武久、昭和36年

**種屋**
「写真でみる日本生活図引 3」弘文堂　1988
◇図71〔白黒〕　長野県下伊那郡阿智村　㊁熊谷元一、昭和12年頃

**煙草入屋**
「日本民俗図誌 7 生業上・下篇」村田書店　1978
◇図166〔白黒・図〕

**タバコシイレカンサツ**
「図録・民具入門事典」柏書房　1991
◇p93〔白黒〕　千葉県　成田山史料館所蔵

**煙草店**
「写真でみる日本生活図引 7」弘文堂　1993
◇図10〔白黒〕　大阪府大阪市中央区難波千日前　㊁大正時代後期　大阪城天守閣所蔵
◇図11〔白黒〕　大阪府大阪市中央区北浜　㊁大正時代末頃　大阪城天守閣所蔵

**たばこ屋**
「宮本常一 写真・日記集成 下」毎日新聞社　2005
◇p327〔白黒〕　鳥取県米子市　㊁宮本常一、1974年8月23日

**煙草屋**
「写真でみる日本生活図引 3」弘文堂　1988
◇図72〔白黒〕　新潟県南魚沼郡塩沢町　㊁大正3年　宝井俊夫提供

**旅売人箱**
「日本民具の造形」淡交社　2004
◇p153〔白黒〕　青森県 深浦町歴史民俗資料館所蔵

**卵を売る**
「写真でみる日本生活図引 別巻」弘文堂　1993
◇図179〔白黒〕　長野県下伊那郡阿智村　㊁熊谷元一、昭和31年11月28日

**ダルマ売り**
「宮本常一が撮った昭和の情景 下」毎日新聞社　2009
◇p64〔白黒〕　東京都府中市宮町 大国魂神社境内　㊁宮本常一、1968年2月27日
「宮本常一 写真・日記集成 下」毎日新聞社　2005
◇p136〔白黒〕（大国魂神社では早春ダルマの店が出ていた）東京都府中市宮町 大国魂神社　㊁宮本常一、1968年2月27日

**丹波屋 長谷川家本宅**
「民俗資料選集 38 紡織習俗Ⅲ」国土地理協会　2007
◇p1（口絵）〔白黒〕　三重県松阪市魚町

**反物を広げて**
「写真でみる日本生活図引 3」弘文堂　1988
◇図51〔白黒〕　秋田県平鹿郡大雄村阿気　行商人　㊁千葉禎介、昭和32年10月

**反物屋**
「写真でみる日本生活図引 3」弘文堂　1988
◇図73〔白黒〕　山形県・庄内平野の町　㊁菊池俊吉、昭和30年10月

**小さな店**
「写真でみる日本生活図引 3」弘文堂　1988
◇図94〔白黒〕　秋田県横手市　㊁佐藤久太郎、昭和34年11月

**竹材店**
「宮本常一 写真・日記集成 下」毎日新聞社　2005
◇p296〔白黒〕　新潟県新潟市栄町付近　㊁宮本常一、1973年3月3日

**竹皮を売る**
「写真でみる日本生活図引 3」弘文堂　1988
◇図118〔白黒〕　長野県下伊那郡阿智村　㊁熊谷元一、昭和31年7月28日

**茶を買う**
「写真でみる日本生活図引 別巻」弘文堂　1993
◇図143〔白黒〕　長野県下伊那郡阿智村　茶舗の店主に茶を持ってきてもらう　㊁熊谷元一、昭和31年10月28日

**茶筅売**
「日本社会民俗辞典 4」日本図書センター　2004
◇p1377〔白黒〕　京都 蛸薬師空也堂　大晦日に売りにでる姿

**茶屋**
「日本社会民俗辞典 2」日本図書センター　2004
◇p898〔白黒〕　箱根旧街道　㊁大正年代

**茶屋「萬歳樂荘」**
「写真ものがたり昭和の暮らし 2」農山漁村文化協会　2004
◇p23〔白黒〕（小坂峠にある茶屋「萬歳樂荘」）宮城県白石市　㊁須藤功、昭和43年6月

**チャルメラ商売**
「写真でみる日本人の生活全集 1」日本図書センター　2010
◇口絵〔白黒〕　東京上野附近　支那そばを売りあるく

**茶碗売り**
「写真ものがたり昭和の暮らし 9」農山漁村文化協会　2007
◇〔もくじ〕〔白黒〕　㊁宮本常一

**茶碗屋**
「宮本常一 写真・日記集成 上」毎日新聞社　2005
◇p172〔白黒〕　山口県大島郡東和町［周防大島町］船越　㊁宮本常一、1960年1月8日

**中央商店街**
「宮本常一 写真・日記集成 下」毎日新聞社　2005
◇p252〔白黒〕　岡山県井原市　㊁宮本常一、1971年8月10日

**忠七めし**
「宮本常一 写真・日記集成 下」毎日新聞社　2005
◇p242〔白黒〕　埼玉県比企郡小川町　㊁宮本常一、1971年1月17日

**帳場**
「今は昔 民具など」文芸社　2014
◇p62〔白黒〕　㊁山本富三　五個荘近江商人屋敷蔵
「写真でみる民家大事典」柏書房　2005

◇p179-5〔白黒〕(旧中村家の帳場)　北海道檜山郡江差町　㊟1973年　北海道大学建築史意匠学研究室
「図録・民具入門事典」柏書房　1991
　　◇p92〔白黒〕　千葉県　成田山史料館所蔵

### 帳場格子
「今は昔 民具など」文芸社　2014
　　◇p43〔白黒〕　㊟山本富三　橿原市今井町屋敷蔵

### 帳場机
「日本民具の造形」淡交社　2004
　　◇p156〔白黒〕　岩手県 北上市立博物館みちのく民俗村所蔵

### 帳場道具
「日本の民具 1 町」慶友社　1992
　　◇図64〔白黒〕　㊟薗部澄

### 帳面
「日本民具の造形」淡交社　2004
　　◇p156〔白黒〕　愛知県 豊田市郷土資料館所蔵

### 佃煮の小松屋
「写真ものがたり昭和の暮らし 4」農山漁村文化協会　2005
　　◇p51〔白黒〕　東京都台東区柳橋　㊟昭和50年3月　共同通信社提供

### 造り酒屋
「宮本常一が撮った昭和の情景 下」毎日新聞社　2009
　　◇p77〔白黒〕　大分県日田市豆田町　㊟宮本常一, 1968年8月2日
「宮本常一 写真・日記集成 上」毎日新聞社　2005
　　◇p266〔白黒〕　和歌山県那賀郡粉河町 粉河寺周辺　㊟宮本常一, 1961年8月21日
「宮本常一 写真・日記集成 下」毎日新聞社　2005
　　◇p39〔白黒〕　宮城県塩竈市　㊟宮本常一, 1965年8月20日
　　◇p166〔白黒〕　大分県日田市豆田町　㊟宮本常一, 1968年8月2日

### 漬物用大根を売る
「宮本常一 写真・日記集成 下」毎日新聞社　2005
　　◇p315〔白黒〕　大阪府茨木市宮元町　㊟宮本常一, 1973年11月22日

### 土田酒造店
「民俗資料選集 36 酒造習俗Ⅱ」国土地理協会　2007
　　◇p216(本文)〔白黒〕　石川県

### 壺屋の通り
「日本民俗写真大系 5」日本図書センター　2000
　　◇p143〔白黒〕　那覇市　壺を焼き並べて売る店　㊟芳賀日出男, 1955年

### 吊看板
「日本民具の造形」淡交社　2004
　　◇p155〔白黒〕　京都府 須田家松葉屋資料館所蔵

### 釣具店
「あるくみるきく双書 宮本常一とあるいた昭和の日本 23」農山漁村文化協会　2012
　　◇p212〔白黒〕　東京都西多摩郡日の出村　㊟宮本常一

### 定期券を持った行商のおばさんと晴れ着姿の婦人
「宮本常一 写真・日記集成 上」毎日新聞社　2005
　　◇p431〔白黒〕　熊本県 肥薩線・鹿児島→栗野　㊟宮本常一, 1964年5月14日

### 手押車でセタシジミを売りにきたおばさん
「写真ものがたり昭和の暮らし 5」農山漁村文化協会　2005
　　◇p178〔白黒〕　滋賀県大津市膳所丸の内町　㊟前野隆資, 昭和31年　琵琶湖博物館所蔵

### 手作りの紙の面を並べた店
「写真ものがたり昭和の暮らし 4」農村漁村文化協会　2005
　　◇p66〔白黒〕　京都府京都市伏見区伏見稲荷まわりの土産店　㊟須藤功, 昭和45年4月

### デパートの食堂
「民俗小事典 食」吉川弘文館　2013
　　◇p416〔白黒〕　〔東京都〕銀座　㊟1955年　毎日新聞社提供

### 出前
「写真でみる日本生活図引 3」弘文堂　1988
　　◇図89〔白黒〕　佐賀県佐賀市　蕎麦の出前風景　㊟福岡博, 昭和30年頃

### 電気店街のあふれ出し
「日本の生活環境文化大辞典」柏書房　2010
　　◇p171-1〔白黒〕　東京都千代田区秋葉原　㊟2009年 岸本章

### 天井にもカゴを吊るした日奈久温泉の土産物店
「あるくみるきく双書 宮本常一とあるいた昭和の日本 19」農山漁村文化協会　2012
　　◇p215〔白黒〕　熊本県熊本市八代市　㊟工藤員功

### 店頭の莚
「写真でみる日本生活図引 3」弘文堂　1988
　　◇図77〔白黒〕　新潟県十日町市　㊟中俣正義, 昭和30年1月15日

### 天秤カゴを背負って坂道を下る行商の女たち
「宮本常一 写真・日記集成 上」毎日新聞社　2005
　　◇p298〔白黒〕　長崎県 平戸　㊟宮本常一, 1962年1月11日

### 天秤棒をおろして商いをする
「フォークロアの眼 3 運ぶ」国書刊行会　1977
　　◇図53〔白黒〕　和歌山県西牟婁郡すさみ町　〔人参の重さを計る〕　㊟須藤功, 昭和42年10月26日

### 天秤棒の行商
「宮本常一 写真・日記集成 下」毎日新聞社　2005
　　◇p323〔白黒〕　長崎県壱岐郡芦辺町［壱岐市］　㊟宮本常一, 1974年5月22〜23日

### 天秤棒の魚売り
「宮本常一 写真・日記集成 下」毎日新聞社　2005
　　◇p80〔白黒〕　島根県鹿足郡津和野町　㊟宮本常一, 1966年8月21日

### テンポ(店舗)
「民具のみかた―心とかたち」第一法規出版　1983
　　◇p28〔白黒〕　石川県金沢市　〔米穀・製粉〕

### 陶器卸売所
「あるくみるきく双書 宮本常一とあるいた昭和の日本 19」農山漁村文化協会　2012
　　◇p137〔白黒〕　栃木県 益子　㊟神崎宣武,〔昭和48〜49年〕

### 陶器店の店先
「あるくみるきく双書 宮本常一とあるいた昭和の日本 19」農山漁村文化協会　2012
　　◇p77〔白黒〕　愛知県瀬戸の町角　㊟神崎宣武,〔昭和47年〕

### 峠の茶屋
「写真ものがたり昭和の暮らし 2」農山漁村文化協会　2004
　　◇p23〔白黒〕　宮城県白石市・小坂峠　萬歳稲荷の供え物にする油揚げを売る　㊟須藤功, 昭和43年6月

### 峠の店
「宮本常一が撮った昭和の情景 上」毎日新聞社　2009
　　◇p136〔白黒〕　愛媛県大洲市肱川町 八重栗から上森山をへて汗生へ　㊟宮本常一, 1961年8月7日

### 唐人商店街付近の露店
「宮本常一 写真・日記集成 上」毎日新聞社　2005

◇p298〔白黒〕(唐人商店街付近)　佐賀県西松浦郡有田町　〔食器の露店〕　[撮]宮本常一, 1962年1月8日

**胴突きや掛矢などを売る道具屋**

「里山・里海 暮らし図鑑」柏書房　2012

◇写33(p236)〔白黒〕　福岡県柳川市沖端　昭和30〜40年　野田種子提供

**豆腐売り**

「写真でみる日本生活図引 6」弘文堂　1993

◇図66〔白黒〕　宮崎県児湯郡都農町北町　[撮]相場惣太郎, 昭和30年12月

「写真でみる日本生活図引 3」弘文堂　1988

◇図13〔白黒〕　沖縄県那覇市　焼豆腐の露天売り　[撮]坂本万七, 昭和14年1月

**豆腐店**

「民俗図録 日本人の暮らし」日本図書センター　2012

◇図459〜460〔白黒〕(豆腐店(1-2))　沖縄宮古島　[撮]林義三

**豆腐屋**

「写真でみる日本人の生活全集 1」日本図書センター　2010

◇p54〔白黒〕　東京

**筌売り**

「民俗図録 日本人の暮らし」日本図書センター　2012

◇図443〔白黒〕　秋田県仙北郡神代村院内　マツタンブ(マタタビ)で作った筌の行商　[撮]武藤鐵城

**毒消し売り**

「日本民俗大辞典 下」吉川弘文館　2000

◇p203〔白黒〕　[撮]戦前

**床屋**

「写真ものがたり昭和の暮らし 10」農山漁村文化協会　2007

◇p24〔白黒〕　秋田県大曲市小友(現大仙市)　[撮]大野源二郎, 昭和48年

「写真でみる日本生活図引 別巻」弘文堂　1993

◇図100〔白黒〕　長野県下伊那郡阿智村　[撮]矢沢昇, 昭和31年9月16日

**床屋の子**

「写真でみる日本生活図引 3」弘文堂　1988

◇図90〔白黒〕　秋田県平鹿郡平鹿町吉田　[撮]佐藤久太郎, 昭和38年10月

**土蔵建築(旧第三銀行倉吉支店)**

「写真でみる民家大事典」柏書房　2005

◇p355-3〔白黒〕(町角に建つ明治の土蔵建築)　鳥取県倉吉市　旧第三銀行倉吉支店　[撮]2004年　和田嘉宥

**富山の薬売り**

「写真ものがたり昭和の暮らし 9」農山漁村文化協会　2007

◇p150〔白黒〕(富山の薬売りが、使った薬をメモしている)　長野県曾地村(現阿智村)　[撮]熊谷元一, 昭和24年

「日本社会民俗辞典 1」日本図書センター　2004

◇p312〔白黒〕(富山の薬売)

「写真でみる民家大事典」柏書房　2005

◇p142-1〔白黒〕　新潟県糸魚川市　[撮]1974年　胡桃沢勘司

**土用ジロ売り**

「民俗図録 日本人の暮らし」日本図書センター　2012

◇図444〔白黒〕　秋田県仙北郡角館町　土用ジロ(茸)を神代村から売りに来た女　[撮]武藤鐵城

**虎屋**

「宮本常一 写真・日記集成 上」毎日新聞社　2005

◇p248〔白黒〕　東京都 赤坂　[撮]宮本常一, 1961年3月21日

**仲買店**

「あるくみるきく双書 宮本常一とあるいた昭和の日本 19」農山漁村文化協会　2012

◇p151〔白黒〕　福島県大沼郡会津美里町本郷　[撮]神崎宣武, 〔昭和48〜49年〕

**納豆を売り歩く中学生**

「写真ものがたり昭和の暮らし 6」農山漁村文化協会　2006

◇p86〔白黒〕　埼玉県小鹿野町上二丁目　[撮]武藤盈, 昭和31年12月

**那覇の提灯屋**

「民俗図録 日本人の暮らし」日本図書センター　2012

◇図458〔白黒〕　沖縄本島

**なまこ壁模様の擬態の自動販売機**

「日本の生活環境文化大辞典」柏書房　2010

◇p168-7〔白黒〕　山梨県南巨摩郡　[撮]2005年　岸本章

**生ビール自動販売機**

「写真ものがたり昭和の暮らし 4」農村漁村文化協会　2005

◇p91〔白黒〕　東京都千代田区有楽町　[撮]昭和33年8月　共同通信社提供

「写真でみる日本生活図引 7」弘文堂　1993

◇図66〔白黒〕(自動販売機)　東京都千代田区有楽町　生ビール自動販売機　[撮]昭和33年8月12日　共同通信社提供

**縄暖簾の飯屋**

「写真でみる日本人の生活全集 1」日本図書センター　2010

◇p71〔白黒〕　東京都江戸川区船堀町

**荷を運ぶ行商人**

「フォークロアの眼 3 運ぶ」国書刊行会　1977

◇図141〔白黒〕(荷を運ぶ)　青森県上北郡野辺地町〔行商人〕　[撮]須藤功, 昭和42年7月21日

**にぎりずし屋**

「写真でみる日本人の生活全集 1」日本図書センター　2010

◇p82〔白黒〕　神田　[撮]昭和29年

**肉屋**

「写真ものがたり昭和の暮らし 9」農山漁村文化協会　2007

◇p158〔白黒〕　長野県曾地村(現阿智村)　看板に〈土用 うし乃日 大奉仕〉とあって、下に豚の絵が描いてある　[撮]熊谷元一, 昭和31年7月

「写真でみる日本生活図引 3」弘文堂　1988

◇図81〔白黒〕　沖縄県那覇市　[撮]坂本万七, 昭和14年1月

**荷車に野菜を積んで売り歩く**

「写真ものがたり昭和の暮らし 4」農村漁村文化協会　2005

◇p67〔白黒〕　京都府京都市上京区　[撮]須藤功, 昭和45年5月

**二段そろばん**

「日本の民具 1 町」慶友社　1992

◇図47〔白黒〕　[撮]薗部澄

**担い歩く**

「写真でみる日本生活図引 3」弘文堂　1988

◇図43〔白黒〕　神奈川県平塚市　魚売り　[撮]明治41年以降　平塚市博物館提供

◇図44〔白黒〕　和歌山県西牟婁郡すさみ町周参見　魚を山間部の方で売り、帰りは野菜を仕入れてくる　[撮]須藤功, 昭和42年10月25日

◇図45〔白黒〕　和歌山県西牟婁郡すさみ町周参見　[撮]須藤功, 昭和42年10月25日

**人形店**

「写真でみる日本生活図引 7」弘文堂　1993

◇図21〔白黒〕　京都府京都市伏見区 伏見稲荷大社境内(鈴屋尾崎店)　[撮]黒川翠山, 昭和5年頃　京都府立総合資料館提供

**農家の主婦が天秤のかごに花の咲いた植木鉢をつめこんで売りに来た**
「日本民俗写真大系 6」日本図書センター　2000
◇p176〔白黒〕　佐賀県有田町　夕暮れ時　[撮]芳賀日出男, 1955年

**農地直送販売**
「宮本常一 写真・日記集成 下」毎日新聞社　2005
◇p302〔白黒〕　東京都府中市若松町 人見神社境内　[撮]宮本常一, 1973年4月ごろ（27日以前）

**飲み屋**
「写真ものがたり昭和の暮らし 4」農村漁村文化協会　2005
◇p90〔白黒〕　東京都　[撮]昭和30年　共同通信社提供
「写真でみる日本生活図引 7」弘文堂　1993
◇図64〔白黒〕（飲屋）　東京都　[撮]昭和30年　共同通信社提供
◇図65〔白黒〕　東京都港区新橋　[撮]赤堀益子, 昭和32年

**野良で売る**
「写真でみる日本生活図引 3」弘文堂　1988
◇図52〔白黒〕　新潟県佐渡郡相川町岩谷口　[撮]中俣正義, 昭和29年9月20日

**暖簾**
「日本民俗図誌 3 調度・服飾篇」村田書店　1977
◇図36-2〔白黒・図〕　京都市下京区島原揚屋町 角屋

**売薬さんの得意先訪問**
「日本民俗大辞典 下」吉川弘文館　2000
◇p340〔白黒〕　富山市売薬資料館提供

**秤り篭**
「写真で見る農具 民具」農林統計協会　1988
◇p187〔白黒〕　京都府京都市　明治時代以前から現代まで　野菜販売の際、この篭に入れて天秤で計量する

**バクダンアラレ屋**
「宮本常一が撮った昭和の情景 下」毎日新聞社　2009
◇p46〔白黒〕　兵庫県赤穂市　[撮]宮本常一, 1966年11月4日
「宮本常一 写真・日記集成 下」毎日新聞社　2005
◇p88〔白黒〕　兵庫県赤穂市　[撮]宮本常一, 1966年11月4日

**箱根の茶屋**
「写真でみる日本人の生活全集 1」日本図書センター　2010
◇p79〔白黒〕　箱根旧街道の甘酒茶屋

**運んできた雪ぞりにのせたまま、木製の掘りごたつ用の櫓を売る**
「写真ものがたり昭和の暮らし 9」農山漁村文化協会　2007
◇p215〔白黒〕　秋田県羽後町　神社の縁日　[撮]佐藤久太郎, 昭和34年1月

**葉茶屋の店頭**
「写真でみる日本人の生活全集 1」日本図書センター　2010
◇p87〔白黒〕　東京都内

**バタヤ**
「写真ものがたり昭和の暮らし 4」農村漁村文化協会　2005
◇p145〔白黒〕　東京都台東区上野　[撮]昭和29年1月　東京都提供

**パチンコ店**
「写真でみる日本生活図引 7」弘文堂　1993
◇図67〔白黒〕　東京都港区新橋　[撮]昭和28年10月26日　共同通信社提供

**波止場の物売り**
「写真でみる日本生活図引 3」弘文堂　1988
◇図29〔白黒〕　北海道室蘭市　おはぎ, 饅頭と甘藷, 大福餅, ドーナツ　[撮]掛川源一郎, 昭和29年

**花売り**
「写真ものがたり昭和の暮らし 10」農山漁村文化協会　2007
◇p11〔白黒〕　秋田県横手市　[撮]佐藤久太郎, 昭和34年10月
「写真でみる日本生活図引 3」弘文堂　1988
◇図54〔白黒〕　秋田県横手市　自転車による商い　[撮]佐藤久太郎, 昭和34年10月25日

**パーマネント**
「写真ものがたり昭和の暮らし 4」農村漁村文化協会　2005
◇p68〔白黒〕（戦後のパーマネント初期のウェーブ方法）　長野県阿智村　[撮]熊谷元一, 昭和24年
「写真でみる日本生活図引 7」弘文堂　1993
◇図19〔白黒〕　東京都中央区銀座・ハリウッド美容室　[撮]影山光洋, 昭和7年5月　影山智洋提供

**刃物を選ぶ**
「写真でみる日本生活図引 3」弘文堂　1988
◇図24〔白黒〕　愛媛県西宇和郡瀬戸町大久　行商人が浜に店開きをして並べる農具　[撮]新田好, 昭和25年

**パーラー**
「写真でみる日本生活図引 7」弘文堂　1993
◇図61〔白黒〕　大阪府大阪市中央区心斎橋筋　森永キャンディーストアー心斎橋店　[撮]昭和10年5月　大阪城天守閣保管 岡本良一蒐集古写真

**針糸通し売り**
「写真ものがたり昭和の暮らし 4」農村漁村文化協会　2005
◇p78〔白黒〕　秋田県能代市檜山　毎月20日に立つ「廿日市」の一光景　[撮]南利夫, 昭和30年12月

**春木売り**
「民俗図録 日本人の暮らし」日本図書センター　2012
◇図445〔白黒〕　岐阜県高山市　[撮]高橋文太郎

**春清酒造店**
「民俗資料選集 36 酒造習俗Ⅱ」国土地理協会　2007
◇p217（本文）〔白黒〕　石川県

**春成酒造店**
「民俗資料選集 36 酒造習俗Ⅱ」国土地理協会　2007
◇p216（本文）〔白黒〕　石川県

**繁華街の露天商**
「民俗資料選集 23 北上山地の畑作習俗」国土地理協会　1995
◇p18（口絵）〔白黒〕　岩手県盛岡市

**盤台のなかの飴を売る**
「写真ものがたり昭和の暮らし 6」農山漁村文化協会　2006
◇p114〔白黒〕　兵庫県西脇市　[撮]脇坂俊夫, 昭和27年

**ハンドバッグ売場**
「写真でみる日本人の生活全集 2」日本図書センター　2010
◇p137〔白黒〕　東京

**引出しつきそろばん**
「日本の民具 1 町」慶友社　1992
◇図46〔白黒〕　[撮]薗部澄

**美粧院**
「写真でみる日本生活図引 7」弘文堂　1993
◇図18〔白黒〕　大阪府大阪市中央区心斎橋筋 丹平商会の二階の美粧部（美容院）　[撮]昭和10年　大阪城天守閣保管 岡本良一蒐集古写真

**備前焼の店**
「あるくみるきく双書 宮本常一とあるいた昭和の日本 19」農山漁村文化協会　2012
◇p11〔白黒〕　岡山県和気郡備前町伊部　[撮]神崎宣武,〔昭和45年〕

商業　　　　　　　　　　　　　　　交通・交易

干物売り
　「民俗図録 日本人の暮らし」日本図書センター　2012
　　　◇図446〔白黒〕　新潟県
百貨店
　「写真でみる日本生活図引 7」弘文堂　1993
　　　◇図17〔白黒〕　東京都中野区中野 中野駅前の丸井の家具売場　㈱昭和31年 共同通信社提供
百貨店（デパート）
　「祭・芸能・行事大事典 下」朝倉書店　2009
　　　◇p1500〔白黒〕　大正3年 三越呉服店　「三越のあゆみ」より
百貨店のお歳暮商品売場
　「写真ものがたり昭和の暮らし 4」農村漁村文化協会　2005
　　　◇p223〔白黒〕　東京都千代田区 ㈱昭和31年12月 東京都提供
ビヤホール
　「写真でみる日本人の生活全集 10」日本図書センター　2010
　　　◇口絵〔白黒〕　ジョッキーを飲みほす若い女性たち
　「写真でみる日本生活図引 3」弘文堂　1988
　　　◇図88〔白黒〕　兵庫県明石市　㈱大正時代 田中庸介提供
美容院
　「写真でみる日本生活図引 7」弘文堂　1993
　　　◇目次A〔白黒〕　共同通信社提供
美容師
　「写真でみる日本人の生活全集 10」日本図書センター　2010
　　　◇p57〔白黒〕　㈱和田莞爾
屏風の行商
　「日本の民俗 暮らしと生業」KADOKAWA　2014
　　　◇図10-8〔白黒〕　新潟県新潟市　㈱芳賀日出男, 昭和27年
　「日本の民俗 下」クレオ　1997
　　　◇図10-8〔白黒〕　新潟県新潟市　㈱芳賀日出男, 昭和27年
ファミリーレストラン
　「民俗小事典 食」吉川弘文館　2013
　　　◇p425〔白黒〕　1970年代に開店
風鈴売り
　「いまに伝える 農家のモノ・人の生活館」柏書房　2004
　　　◇p256 写真2〔白黒〕　埼玉県所沢市　㈱昭和43年
布施酒造店
　「民俗資料選集 36 酒造習俗Ⅱ」国土地理協会　2007
　　　◇p2（口絵）, p12（本文）〔白黒〕　石川県
仏具店
　「あるくみるきく双書 宮本常一とあるいた昭和の日本 24」農山漁村文化協会　2012
　　　◇p39〔白黒〕　徳島県板野郡大麻町 第一番・霊山寺参道　㈱昭和49年
フナやワカサギの甘露煮の販売
　「里山・里海 暮らし図鑑」柏書房　2012
　　　◇写71 (p181)〔白黒〕　千葉県我孫子市手賀沼
冬のビヤホール
　「写真でみる日本生活図引 7」弘文堂　1993
　　　◇図60〔白黒〕　東京都台東区浅草もしくは港区新橋　㈱昭和時代初期 サッポロビール提供
振り売り（行商）
　「図説 日本民俗学」吉川弘文館　2009
　　　◇p174〔白黒〕　石川県金沢市

古い商家
　「宮本常一 写真・日記集成 上」毎日新聞社　2005
　　　◇p403〔白黒〕　広島県比婆郡東城町 ㈱宮本常一, 1963年10月21日
　「宮本常一 写真・日記集成 下」毎日新聞社　2005
　　　◇p146〔白黒〕　山口市 中市町あたり　㈱宮本常一, 1968年3月27日～29日
古い商店の家
　「写真でみる日本人の生活全集 3」日本図書センター　2010
　　　◇p46〔白黒〕　東京都 麻布十番にあった呉服屋　㈱寿平八郎　「武蔵野風物誌」より
古い店
　「宮本常一 写真・日記集成 下」毎日新聞社　2005
　　　◇p11〔白黒〕　宮城県白石市中町あたり　㈱宮本常一, 1965年1月7日
古着売り
　「写真でみる日本生活図引 7」弘文堂　1993
　　　◇図15〔白黒〕　東京都江東区　㈱昭和26年10月 東京都提供
別府駅前の食堂
　「宮本常一 写真・日記集成 下」毎日新聞社　2005
　　　◇p164〔白黒〕　大分県 別府駅前 ㈱宮本常一, 1968年8月1日
蛇を原料にしたという傷薬を売る
　「写真ものがたり昭和の暮らし 4」農村漁村文化協会　2005
　　　◇p79〔白黒〕　熊本県八代市通町　㈱麦島勝, 昭和25年4月
「へんば餅」本店
　「写真ものがたり昭和の暮らし 10」農山漁村文化協会　2007
　　　◇p123〔白黒〕　三重県小俣町明野（現伊勢市）　㈱須藤功, 昭和46年9月
ホウキ、タワシやゲタなどが並ぶ雑貨屋
　「宮本常一が撮った昭和の情景 下」毎日新聞社　2009
　　　◇p64〔白黒〕　東京都港区西麻布（三軒家町）　㈱宮本常一, 1968年1月25日
　「宮本常一 写真・日記集成 下」毎日新聞社　2005
　　　◇p134〔白黒〕　東京都 三軒家町（西麻布）　㈱宮本常一, 1968年1月25日
ホオズキを売る
　「写真ものがたり昭和の暮らし 9」農山漁村文化協会　2007
　　　◇p137〔白黒〕　秋田県能代市　㈱南利夫, 昭和31年
朴の葉売りの少女
　「民俗図録 日本人の暮らし」日本図書センター　2012
　　　◇図528〔白黒〕　秋田県仙北郡角館町　㈱武藤鐡城
本間物産
　「宮本常一 写真・日記集成 上」毎日新聞社　2005
　　　◇p397〔白黒〕　山形県酒田市 元禄2年に豪商本間家が創業した場所　㈱宮本常一, 1963年8月21日
本屋の店頭
　「写真ものがたり昭和の暮らし 6」農山漁村文化協会　2006
　　　◇p111〔白黒〕（子どもの立ち読みも座り読みもいる本屋の店頭）　熊本県八代市通町　㈱麦島勝, 昭和39年3月
マクドナルド1号店
　「民俗小事典 食」吉川弘文館　2013
　　　◇p426〔白黒〕（マクドナルド1号店の開店）〔東京都〕銀座三越内　1971年
　「写真ものがたり昭和の暮らし 4」農村漁村文化協会　2005
　　　◇p225〔白黒〕（「マクドナルド」第一号店）　東京都中央区銀座 銀座三越一階の中央通り側　㈱昭和46年7月 共同通信社提供

交通・交易　　　　　　　　　　　　　　　　　　　商業

**枕崎の「銀座通」**
「宮本常一 写真・日記集成 上」毎日新聞社　2005
　◇p184〔白黒〕(枕崎・「銀座通」)　鹿児島県枕崎市　㊞宮本常一, 1960年4月20日

**枕そろばん**
「日本の民具 1 町」慶友社　1992
　◇図49〔白黒〕　㊞薗部澄

**孫太郎虫行商箱**
「日本の民具 1 町」慶友社　1992
　◇図95〔白黒〕　㊞薗部澄

**マタニティー専門店**
「図説 日本民俗学」吉川弘文館　2009
　◇p75〔白黒〕　東京都中央区

**待合室の売店の酒と土産品と牛乳**
「写真ものがたり昭和の暮らし 4」農村漁村文化協会　2005
　◇p163〔白黒〕　㊞佐藤久太郎, 昭和30年代

**松前のオタタ 魚売**
「日本社会民俗辞典 1」日本図書センター　2004
　◇p259〔白黒〕　愛媛県　『世事画報』

**「丸井」の家具売場**
「写真ものがたり昭和の暮らし 4」農村漁村文化協会　2005
　◇p223〔白黒〕　東京都中野区　㊞昭和31年　共同通信社提供

**箕商い**
「写真でみる日本生活図引 3」弘文堂　1988
　◇図55〔白黒〕　山形県・村山街道にて　㊞加藤治郎, 昭和35年9月

**三井寺町付近・長等神社あたりの店**
「宮本常一 写真・日記集成 下」毎日新聞社　2005
　◇p261〔白黒〕(三井寺町付近・長等神社あたり)　滋賀県大津市三井寺町　㊞宮本常一, 1971年12月26日

**水売り車**
「日本社会民俗辞典 1」日本図書センター　2004
　◇p40〔白黒〕　博多

**店先**
「写真でみる日本生活図引 3」弘文堂　1988
　◇図78〔白黒〕　新潟県佐渡郡畑野町　竹細工も売るし茶も売る　㊞中俣正義, 昭和20年代

**店先の光景・少年は店番役**
「宮本常一 写真・日記集成 上」毎日新聞社　2005
　◇p80〔白黒〕　広島県豊田郡豊浜町 豊島　㊞宮本常一, 1957年8月27日

**店先の商品**
「宮本常一 写真・日記集成 上」毎日新聞社　2005
　◇p343〔白黒〕　熊本県 天草下島・鬼池→御領　㊞宮本常一, 1962年10月6日

**ミセの内部**
「写真でみる民家大事典」柏書房　2005
　◇p73-3〔白黒〕　京都府京都市　㊞2003年　永瀬克己

**味噌売場**
「写真でみる日本人の生活全集 1」日本図書センター　2010
　◇p68〔白黒〕　東京都内

**味噌屋の構え**
「図説 民俗探訪事典」山川出版社　1983
　◇p40〔白黒〕　高知市　昭和20年代

**無人売店**
「日本民俗大辞典 下」吉川弘文館　2000
　◇p668〔白黒〕　東京都調布市入間町

**ムベ**
「日本民俗写真大系 5」日本図書センター　2000
　◇p188〔白黒〕　鹿児島市 桜島　道路端で販売する　㊞橋口実昭, 1989年

**村の床屋**
「写真でみる日本生活図引 3」弘文堂　1988
　◇図91〔白黒〕　北海道有珠郡大滝村　㊞掛川源一郎, 昭和31年2月

**村の店**
「宮本常一 写真・日記集成 上」毎日新聞社　2005
　◇p219〔白黒〕　茨城県稲敷郡河内町金江津　㊞宮本常一, 1960年11月23日
　◇p264〔白黒〕　愛媛県喜多郡肱川町 八重栗→上森山→汗生　㊞宮本常一, 1961年8月7日

**木造三階建ての薬局と金物店**
「宮本常一が撮った昭和の情景 下」毎日新聞社　2009
　◇p76〔白黒〕　大分県日田市豆田町　㊞宮本常一, 1968年8月2日
「宮本常一 写真・日記集成 下」毎日新聞社　2005
　◇p166〔白黒〕(三階建ての商家)　大分県日田市豆田町　㊞宮本常一, 1968年8月2日

**木造三階建の料亭**
「宮本常一 写真・日記集成 下」毎日新聞社　2005
　◇p297〔白黒〕　新潟県新潟市 古町通　㊞宮本常一, 1973年3月3日

**持送りのついた塗壁造りの商家**
「宮本常一が撮った昭和の情景 上」毎日新聞社　2009
　◇p48～49〔白黒〕　茨城県稲敷市江戸崎　㊞宮本常一, 1958年2月28日
「宮本常一 写真・日記集成 上」毎日新聞社　2005
　◇p104〔白黒〕　茨城県稲敷郡江戸崎町　㊞宮本常一, 1958年2月28日

**元安川に浮かぶ現在のカキ船の料理店**
「日本の生活環境文化大辞典」柏書房　2010
　◇p91-3〔白黒〕　広島市中区　㊞2009年　河村明植

**八百屋**
「宮本常一 写真・日記集成 下」毎日新聞社　2005
　◇p348〔白黒〕　広島県三原市本町　㊞宮本常一, 1975年10月29日
「写真でみる日本生活図引 7」弘文堂　1993
　◇図16〔白黒〕　東京都荒川区三河島　㊞宮本常一, 昭和35年5月18日

**八百屋の店頭**
「写真でみる日本人の生活全集 1」日本図書センター　2010
　◇p36〔白黒〕　神奈川県鎌倉市内　㊞昭和29年

**焼いもをリヤカーで売り歩く**
「フォークロアの眼 3 運ぶ」国書刊行会　1977
　◇図206〔白黒〕　青森県八戸市　㊞須藤功, 昭和44年2月17日

**焼芋屋**
「図説 日本民俗学」吉川弘文館　2009
　◇p183〔白黒〕　東京都八王子市
「写真でみる日本生活図引 3」弘文堂　1988
　◇図57〔白黒〕　秋田県雄勝郡雄勝町院内　㊞浅野喜市, 昭和33年2月18日
　◇図58〔白黒〕　北海道室蘭市　㊞掛川源一郎, 昭和29年11月

**やきとり屋**
「写真でみる日本人の生活全集 1」日本図書センター　2010
　◇p83〔白黒〕

**焼餅屋**
「写真でみる日本生活図引 3」弘文堂　1988

民俗風俗 図版レファレンス事典(衣食住・生活篇)　577

◇図93〔白黒〕　秋田県横手市　米粉を練った楽餅の一種　[撮]佐藤久太郎, 昭和33年11月

**野菜売り**

「宮本常一 写真・日記集成 上」毎日新聞社　2005

◇p275〔白黒〕　長崎県平戸市　〔天びん棒をかつぐ〕　[撮]宮本常一, 1961年9月18日

「写真でみる日本生活図引 3」弘文堂　1988

◇図53〔白黒〕　長野県飯田市　リヤカーを引いて商いをする　[撮]須藤功, 昭和43年7月22日

**野菜売りの車**

「フォークロアの眼 3 運ぶ」国書刊行会　1977

◇図207〔白黒〕　京都市上京区千本通　[撮]須藤功, 昭和45年5月27日

**野菜を売る**

「写真ものがたり昭和の暮らし 9」農山漁村文化協会　2007

◇p149〔白黒〕　和歌山県すさみ町周参見　棹秤でにんじんの重さを量る　[撮]須藤功, 昭和42年10月

**野菜を売る糸満**

「民俗図録 日本人の暮らし」日本図書センター　2012

◇図450〔白黒〕　沖縄本島

**屋台**

「民俗小事典 食」吉川弘文館　2013

◇p421〔白黒〕　福岡県 中州　フォトライブラリー提供

**大和の薬売り**

「図説 民俗探訪事典」山川出版社　1983

◇p296〔白黒〕　奈良県　昭和初期

**有楽町のスラム街で、最後まで退去に抵抗した「だるま鮨」**

「写真ものがたり昭和の暮らし 4」農村漁村文化協会　2005

◇p121〔白黒〕　東京都千代田区有楽町　[撮]昭和42年4月　東京都提供

**雪の日の担ぎ**

「写真でみる日本生活図引 3」弘文堂　1988

◇図46〔白黒〕　秋田県湯沢市・湯沢駅　汽車の乗降口　[撮]佐藤久太郎, 昭和40年2月

**輸送箱と帯**

「写真で見る農具 民具」農林統計協会　1988

◇p190〔白黒〕　山形県寒河江市　明治18年から27年頃まで　おうとうの実の行商運搬用具

**夜市の飴引き**

「写真でみる日本生活図引 3」弘文堂　1988

◇図31〔白黒〕　熊本県熊本市　[撮]白石巌, 昭和38年7月

**よろず屋**

「里山・里海 暮らし図鑑」柏書房　2012

◇写30(p235)〔白黒〕　福井県高浜町若宮通り　昭和34年4月　[撮]横田文雄　高浜町郷土資料館提供

**よろず屋で販売される持ち込みのメジナ**

「里山・里海 暮らし図鑑」柏書房　2012

◇写47(p199)〔白黒〕　島根県知夫村(知夫里島)

**リヤカーをひいて野菜を売り歩く八百屋**

「あるくみるきく双書 宮本常一とあるいた昭和の日本 23」農山漁村文化協会　2012

◇p25〔白黒〕(町内をリヤカーをひいて野菜を売り歩く八百屋さん)　徳島県美馬郡半田町　[撮]吉野洋三

**リヤカーで魚を行商する**

「食の民俗事典」柊風舎　2011

◇p515〔白黒〕　静岡県藤枝市

**リヤカーでやってくるおばさんの魚売り**

「写真ものがたり昭和の暮らし 1」農山漁村文化協会　2004

◇p64〔白黒〕　秋田県横手市　[撮]佐藤久太郎, 昭和30年代

**リヤカーに大きなかまどをのせて、サツマイモを焼きながら町をまわる焼芋屋**

「写真ものがたり昭和の暮らし 6」農山漁村文化協会　2006

◇p113〔白黒〕　青森県八戸市窪町　[撮]和井田登, 昭和30年4月

**リヤカーに魚を積んで路地をまわる行商**

「写真ものがたり昭和の暮らし 9」農山漁村文化協会　2007

◇p148〔白黒〕　石川県輪島市　[撮]須藤功, 昭和47年5月

**リヤカーの上に板を置いて雑誌を並べた街角の本屋**

「写真ものがたり昭和の暮らし 9」農山漁村文化協会　2007

◇p156〔白黒〕　秋田県能代市　[撮]南利夫, 昭和32年

**リヤカーの露店が並ぶ商店街の道なか**

「日本の生活環境文化大辞典」柏書房　2010

◇p156-1〔白黒〕　福岡市早良区西新　[撮]2009年　藤本尚久

**両替商の店頭の復原図**

「図説 民俗探訪事典」山川出版社　1983

◇p305〔白黒〕　大阪府立博物館蔵

**料理屋**

「写真でみる日本生活図引 5」弘文堂　1989

◇図5〔白黒〕　徳島県小松島市　一階は店、二階が座敷の料理屋　[撮]撮影年不明　泉康弘提供

**旅館を兼ねた雑貨屋**

「宮本常一 写真・日記集成 上」毎日新聞社　2005

◇p67〔白黒〕　神奈川県厚木市 荻野　[撮]宮本常一, 1957年6月2日

**料理茶屋佐野屋**

「民俗小事典 食」吉川弘文館　2013

◇p419〔白黒・図〕　〔京都〕縄手四条上ル　明治時代『都の魁』より

**リンゴ箱を台にしていろいろな品物を並べた店**

「日本民俗写真大系 8」日本図書センター　2000

◇p95〔白黒〕　酒田市　[撮]薗部澄, 1954年

**路地裏の小さな店**

「宮本常一 写真・日記集成 下」毎日新聞社　2005

◇p363〔白黒〕　広島県三原市西町　[撮]宮本常一, 1976年3月26日～28日

**路地によくあった店**

「写真ものがたり昭和の暮らし 9」農山漁村文化協会　2007

◇p152〔白黒〕　秋田県横手市　ガラスケースの中は蒸しパン　[撮]佐藤久太郎, 昭和28年4月

**露店**

「宮本常一 写真・日記集成 上」毎日新聞社　2005

◇p251〔白黒〕　長崎県 五島列島小値賀島(北松浦郡小値賀町)　[撮]宮本常一, 1961年4月23日

**露店の刃物屋。カゴ屋もいる**

「宮本常一 写真・日記集成 上」毎日新聞社　2005

◇p349〔白黒〕　大分県豊後高田市　[撮]宮本常一, 1962年10月14日

**路傍のアメ屋**

「写真でみる日本人の生活全集 1」日本図書センター　2010

◇p102〔白黒〕　山梨県甲府市内　[撮]昭和30年

**若狭カレイの干物を生産販売**

「里山・里海 暮らし図鑑」柏書房　2012

◇写41(p197)〔白黒〕　福井県小浜市今宮　井田家所蔵古写真・福井県立若狭歴史民俗資料館提供

**和菓子店**

「宮本常一 写真・日記集成 下」毎日新聞社　2005

◇p435〔白黒〕　静岡県熱海　[撮]宮本常一, 1978年7月

15日

**山葵売り**
「写真でみる日本生活図引 6」弘文堂　1993
◇図76〔白黒〕　佐賀県鳥栖市河内　[撮]篠原眞, 昭和30年頃

**綿飴**
「写真でみる日本生活図引 3」弘文堂　1988
◇図30〔白黒〕　長野県下伊那郡阿智村　綿飴屋　[撮]熊谷元一, 昭和32年4月28日

**綿菓子売り**
「日本民俗写真大系 1」日本図書センター　1999
◇p36〔白黒〕　室蘭市　自転車の荷台に綿菓子機を乗せる　[撮]掛川源一郎, 1955年

**草鞋を売っている**
「宮本常一 写真・日記集成 上」毎日新聞社　2005
◇p253〔白黒〕　長崎県 五島列島小値賀島（北松浦郡小値賀町）　[撮]宮本常一, 1961年4月24日

**蕨あたり**
「宮本常一 写真・日記集成 上」毎日新聞社　2005
◇p175〔白黒〕　埼玉県　[撮]宮本常一, 1960年3月2日

**ワンタン屋**
「写真でみる日本人の生活全集 1」日本図書センター　2010
◇p84〔白黒〕　東京都内 リヤカー

# 旅・行楽

**赤間宿の町並み**
「写真でみる民家大事典」柏書房　2005
◇p404-1〔白黒〕　福岡県宗像市赤間　[撮]2004年　土田充義

**石段かごに乗って登る参詣者**
「写真でみる民家大事典」柏書房　2005
◇p393-3〔白黒〕　香川県仲多度郡琴平町　[撮]1969年　法政大学宮脇ゼミナール

**伊勢講ごとの宿帳**
「写真ものがたり昭和の暮らし 10」農山漁村文化協会　2007
◇p122〔白黒〕　三重県芸濃町椋木（現津市）　旅籠の「角屋」に残る　[撮]須藤功, 昭和46年9月

**伊勢神宮の参詣者**
「写真ものがたり昭和の暮らし 10」農山漁村文化協会　2007
◇p121〔白黒〕　三重県伊勢市　若い人たち　[撮]須藤功, 昭和46年9月

**伊東温泉を流れる松川河畔の旅館街**
「宮本常一が撮った昭和の情景 上」毎日新聞社　2009
◇p213〔白黒〕　静岡県伊東市松原町　[撮]宮本常一, 1964年1月23日

**伊東の温泉街と大川**
「宮本常一 写真・日記集成 上」毎日新聞社　2005
◇p421〔白黒〕　静岡県伊東市　[撮]宮本常一, 1964年1月23日

**ウォータージェット船**
「写真ものがたり昭和の暮らし 5」農山漁村文化協会　2005
◇p29〔白黒〕（瀞峡を案内するウォータージェット船）　和歌山県熊野川町志古　[撮]須藤功, 昭和44年10月

**海野宿**
「宮本常一 写真・日記集成 下」毎日新聞社　2005
◇p374〔白黒〕　長野県小県郡東部町［東御市］　佐渡から江戸へ金を運ぶ中継点として開かれた　[撮]宮本常一, 1976年10月25日
◇p374〔白黒〕　長野県小県郡東部町［東御市］　[撮]宮本常一, 1976年10月25日

**海野宿・道の中央に水路を引いている**
「宮本常一 写真・日記集成 下」毎日新聞社　2005
◇p374〔白黒〕　長野県小県郡東部町［東御市］　[撮]宮本常一, 1976年10月25日

**お伊勢参り**
「写真でみる日本人の生活全集 2」日本図書センター　2010
◇口絵〔白黒〕　伊勢神宮 内宮前　講中の一行のおばあさん　[撮]昭和30年

**大内宿**
「民俗資料選集 8 中付駑者の習俗」国土地理協会　1979
◇p1（口絵）〔白黒〕　福島県南会津郡下郷町　[撮]昭和42年
◇p1（口絵）〔白黒〕　福島県南会津郡下郷町　[撮]昭和45年

**大内宿・家並みを一望する**
「宮本常一 写真・日記集成 下」毎日新聞社　2005
◇p199〔白黒〕　福島県 南会津 大内宿　[撮]宮本常一, 1969年8月3日〜4日

**大内宿・茅葺き屋根の家と馬に乗って移動する人**
「宮本常一 写真・日記集成 下」毎日新聞社　2005
◇p199〔白黒〕（大内宿）　福島県南会津郡下郷町　[撮]宮本常一, 1969年8月3日〜4日

**大内宿の観光客**
「日本の生活環境文化大辞典」柏書房　2010
◇口絵3〔カラー〕　福島県南会津郡下郷町大内宿　[撮]2007年　岸本章

**大内宿の景観**
「日本を知る事典」社会思想社　1971
◇口絵5（日本の民家）〔白黒〕　福島県南会津郡下郷町

**巨椋池のハス見風景**
「写真ものがたり昭和の暮らし 5」農山漁村文化協会　2005
◇p221〔白黒〕　京都府久御山町　[撮]昭和初期　久御山町役場提供

**温泉宿**
「宮本常一 写真・日記集成 下」毎日新聞社　2005
◇p32〔白黒〕　長野県南安曇郡安曇村 白骨温泉　[撮]宮本常一, 1965年6月21日

**海岸のシャワー施設**
「宮本常一 写真・日記集成 上」毎日新聞社　2005
◇p351〔白黒〕　福岡県北九州市小倉北区馬島　[撮]宮本常一, 1962年10月18日

**海水浴場**
「写真ものがたり昭和の暮らし 5」農山漁村文化協会　2005
◇p187〔白黒〕　滋賀県近江八幡市　[撮]古谷桂信, 平成9年8月
「日本民俗写真大系 4」日本図書センター　1999
◇p196〜197〔白黒〕(水島海水浴場)　水島港の東岸にあった　葦簀張りの休息所、木製の飛込台など　[撮]中村昭夫, 1952年

**階段を登る参詣者**
「写真でみる民家大事典」柏書房　2005
◇p393-5〔白黒〕　香川県仲多度郡琴平町　[撮]1969年　法政大学宮脇ゼミナール

**学生村(民宿)の入り口**
「宮本常一 写真・日記集成 下」毎日新聞社　2005
◇p34〔白黒〕　長野県南安曇郡安曇村番所　[撮]宮本常一, 1965年7月19日〜22日

**カニ族**
「写真ものがたり昭和の暮らし 10」農山漁村文化協会　2007
◇p124〔白黒〕　北海道帯広市　駅の通路で寝袋で寝る　[撮]須藤功, 昭和57年7月

**観光客の参拝**
「日本宗教民俗図典 1」法蔵館　1985
◇図520〔白黒〕　香川県琴平町 金刀比羅宮　[撮]須藤功

**観光バスガイド・ガール**
「写真でみる日本人の生活全集 10」日本図書センター　2010
◇p61〔白黒〕　[撮]相場惣太郎　「サンデー毎日」より

**観光用の牛車**
「日本民俗写真大系 5」日本図書センター　2000
◇p158〜159〔白黒〕　竹富島　[撮]薗部澄, 1977年

**球磨川下り**
「写真ものがたり昭和の暮らし 5」農山漁村文化協会　2005
◇p28〔白黒〕(球磨川下りは船頭ふたりで舟をあやつる)　熊本県球磨村一勝地付近　[撮]麦島勝, 昭和45年5月

**球磨川の「高曽の瀬」を下る**
「写真ものがたり昭和の暮らし 5」農山漁村文化協会　2005
◇p28〔白黒〕　熊本県球磨村　[撮]麦島勝, 昭和52年9月

**交歓列車**
「写真ものがたり昭和の暮らし 10」農山漁村文化協会　2007
◇p119〔白黒〕　秋田県横手市　並行して停車した汽車の窓を開け酒を勧めるふれあい　[撮]佐藤久太郎, 昭和31年3月

**講社札**
「写真ものがたり昭和の暮らし 10」農山漁村文化協会　2007
◇p122〔白黒〕　三重県芸濃町椋木(現津市)　旅籠の「角屋」の軒下　[撮]須藤功, 昭和46年9月　千葉県佐倉市の国立歴史民俗博物館に展示
「写真でみる日本生活図引 4」弘文堂　1988
◇図153〔白黒〕(街道の家並)　三重県安芸郡芸濃町椋本　講社札　[撮]須藤功, 昭和46年7月25日

**金刀比羅宮参拝**
「あるくみるきく双書 宮本常一とあるいた昭和の日本 24」農山漁村文化協会　2012
◇p188〔白黒〕　香川県琴平町 金刀比羅宮　御本宮まで長い石段を登らなくてはならないので、みんな杖を持っている　[撮]〔昭和52〜53年〕
◇p189〔白黒〕　香川県琴平町 金刀比羅宮　年輩の人はカゴに乗って大門まであがる　[撮]〔昭和52〜53年〕
◇p190〔白黒〕　香川県琴平町 金刀比羅宮　闇峠の手水鉢で、御本宮に参拝する人たちは身を清める　[撮]〔昭和52〜53年〕

**混雑する縄文杉ルート**
「民俗学事典」丸善出版　2014
◇p95〔白黒〕　屋久島　[撮]2010年5月

**金毘羅参り**
「図説 日本民俗学」吉川弘文館　2009
◇p214〔白黒〕　香川県琴平町

**サイクリング**
「写真でみる日本人の生活全集 10」日本図書センター　2010
◇p18〔白黒〕　静岡地方

**坂本の宿**
「写真でみる日本人の生活全集 3」日本図書センター　2010
◇口絵〔白黒〕　屋根の煙出し, 遊女屋の跡, 屋根をつけた堀井戸, 碓氷峠よりみた坂本の宿

**山岳案内者**
「日本民具の造形」淡交社　2004
◇p292〔白黒〕　長野県 大町山岳博物館所蔵

**参詣客でにぎわう金比羅宮**
「日本民俗写真大系 4」日本図書センター　1999
◇p109〔白黒〕　香川県琴平町　[撮]中村由信, 1955年

**参詣者(出雲大社)**
「日本民俗写真大系 7」日本図書センター　2000
◇p68〔白黒〕(参詣者)　島根県大社町 出雲大社参道　[撮]井上喜弘, 1961年

**塩の道の宿屋**
「図説 民俗建築大事典」柏書房　2001
◇図9(p297)〔白黒・図〕　岩手県山形村

**自家用車で泳ぎにきた若者**
「写真ものがたり昭和の暮らし 4」農村漁村文化協会　2005
◇p226〔白黒〕　滋賀県大津市南小浜　ひとりは車のなかで、もうひとりは車外で昼寝をする　[撮]前野隆資, 昭和41年8月　琵琶湖博物館提供

**仕込道中枕**
「日本の民具 1 町」慶友社　1992
◇図217〔白黒〕　[撮]薗部澄

**新発田市山内宿**
「宮本常一 写真・日記集成 下」毎日新聞社　2005
◇p13〔白黒〕　新潟県　[撮]宮本常一, 1965年1月25日

**宿場**
「写真ものがたり昭和の暮らし 2」農山漁村文化協会　2004
◇p22〔白黒〕　宮城県白石市上戸沢　草屋根の家屋、障子張りの出入り口、しとみ戸など　[撮]須藤功, 昭和43年6月
「写真でみる日本生活図引 7」弘文堂　1993
◇図136〔白黒〕　栃木県栃木市　[撮]片岡如松, 明治10年頃　片岡写真館提供

**宿場の面影の残る上町のたたずまい**
「宮本常一が撮った昭和の情景 上」毎日新聞社　2009
◇p197〔白黒〕(古い町並み, 左は旅館)　長野県下伊那郡上村上町　[撮]宮本常一, 1963年7月5日
「宮本常一 写真・日記集成 上」毎日新聞社　2005
◇p385〔白黒〕　長野県下伊那郡上村上町　[撮]宮本常一, 1963年7月8日

**宿場町**
「日本の生活環境文化大辞典」柏書房　2010
◇p203-2〔白黒〕　福島県南会津郡下郷町大内宿　[撮]2002年

**宿場町の面影を残す町並み**
「写真でみる民家大事典」柏書房　2005
◇p371-4〔白黒〕　広島県東広島市西条　[撮]1981年　迫

交通・交易　　　　　　　　　　　　　　　　　　　　旅・行楽

　　　垣内裕
「宮本常一 写真・日記集成 下」毎日新聞社　2005
　◇p102〔白黒〕　広島県深安郡神辺町川北　㊟宮本常一, 1967年2月ごろ

### 白井宿の井戸屋形と八重桜
「写真でみる民家大事典」柏書房　2005
　◇p223-2〔白黒〕　群馬県北群馬郡子持村白井　㊟2004年　桑原稔

### 白井宿の町並みと石灯籠
「写真でみる民家大事典」柏書房　2005
　◇p223-4〔白黒〕　群馬県北群馬郡子持村白井　㊟2004年　桑原稔

### 『新婚旅行案内』表紙
「民俗学事典」丸善出版　2014
　◇p657〔白黒〕

### 新世界ルナパーク
「写真でみる日本生活図引 7」弘文堂　1993
　◇図77〔白黒〕　大阪府大阪市浪速区恵美須東町　㊟大正時代初期　大阪城天守閣保管 岡本良一蒐集古写真

### スキーをかついで上野駅へ急ぐ
「写真でみる日本人の生活全集 6」日本図書センター　2010
　◇p66〔白黒〕　㊟戸田菊雄

### 善光寺門前の賑わい
「日本民俗宗教辞典」東京堂出版　1998
　◇p125〔白黒〕　観光参詣

### 銭刀
「日本の民具 1 町」慶友社　1992
　◇図222〔白黒〕　㊟薗部澄
　◇図224〔白黒〕　㊟薗部澄

### 創業当時の日本旅行会の団体参拝
「民俗学事典」丸善出版　2014
　◇p661〔白黒〕　出典：日本旅行.2006『日本旅行百年史』p.35

### 旅の支度
「日本民具の造形」淡交社　2004
　◇p150〔白黒〕　長野県 木曽福島郷土館所蔵

### 定期観光バスリーフレット
「民俗学事典」丸善出版　2014
　◇p665〔白黒〕　1950年代後半の南部一周定期観光バス運行開始当時　沖縄バス提供

### 帝国ホテル
「宮本常一 写真・日記集成 下」毎日新聞社　2005
　◇p66〔白黒〕　東京都 内幸町　㊟宮本常一, 1966年3月5日

### 手行李
「日本の民具 1 町」慶友社　1992
　◇図213〔白黒〕　㊟薗部澄
　◇図214〔白黒〕　㊟薗部澄

### 電器メーカーの招待旅行
「民俗学事典」丸善出版　2014
　◇p653〔白黒〕　㊟1961年　個人蔵

### 湯治宿で過ごす新婚夫婦
「写真ものがたり昭和の暮らし 10」農山漁村文化協会　2007
　◇p128〔白黒〕　秋田県田沢湖町黒湯（現仙北市）　㊟大野源二郎, 昭和35年

### 道中小物入れ
「日本民具の造形」淡交社　2004
　◇p150〔白黒〕　静岡県 藤枝市郷土博物館所蔵

### 道中枕の仕込品
「日本の民具 1 町」慶友社　1992
　◇図218〔白黒〕　㊟薗部澄

### トテ馬車
「日本民俗写真大系 2」日本図書センター　1999
　◇p96〔白黒〕（平泉駅のトテ馬車）　岩手県　㊟薗部澄, 1957年

### 軒下に「屋根葺技術師」の表札のある白川郷の民宿
「写真でみる民家大事典」柏書房　2005
　◇p296-2〔白黒〕　岐阜県大野郡白川村　㊟2004年　杉本文司

### 旅籠川坂屋
「写真でみる民家大事典」柏書房　2005
　◇p302-1〔白黒〕　掛川市日坂　㊟2004年　矢部忠司

### 花見
「写真でみる日本生活図引 5」弘文堂　1989
　◇図21〔白黒〕　秋田県平鹿郡増田町・真人公園　荷車の上で花見　㊟加賀谷政雄, 昭和37年5月19日

### 花見宴
「写真でみる日本人の生活全集 1」日本図書センター　2010
　◇p127〔白黒〕　東京六義園　㊟昭和29年4月5日
　◇p131〔白黒〕（農村の花見の野宴）　山形県最上郡金山町　農繁期前

### 花見酒風景
「写真でみる日本人の生活全集 1」日本図書センター　2010
　◇p130〔白黒〕　泥酔

### 花見の席をにぎやかにする蓄音機
「写真ものがたり昭和の暮らし 10」農山漁村文化協会　2007
　◇p28〔白黒〕　秋田県角館町（現仙北市）　㊟佐藤久太郎, 昭和35年10月
「写真でみる日本生活図引 5」弘文堂　1989
　◇図63〔白黒〕（蓄音機）　秋田県仙北郡角館町　ポータブル、ゼンマイ式　㊟佐藤久太郎, 昭和35年10月

### 浜でボート遊び
「宮本常一 写真・日記集成 上」毎日新聞社　2005
　◇p320〔白黒〕　香川県高松市西浜（高松港付近）　㊟宮本常一, 1962年7月29日

### ピクニック
「写真でみる日本人の生活全集 6」日本図書センター　2010
　◇p101〔白黒〕（休日に一家だんらん）〔ピクニック〕　㊟徳久日出一
「写真でみる日本人の生活全集 1」日本図書センター　2010
　◇p80〔白黒〕　埼玉県野田市附近
「写真でみる日本人の生活全集 10」日本図書センター　2010
　◇p42〔白黒〕（孫とおばあさんとでピクニック）　井の頭公園　お弁当をひらいて, 食事
「写真でみる日本生活図引 7」弘文堂　1993
　◇図71〔白黒〕　東京都文京区白山・小石川植物園　弁当を食べる家族　㊟影山光洋, 昭和10年4月14日　影山智洋提供

### ひめゆりの塔を観光する外国人
「民俗学事典」丸善出版　2014
　◇p664〔白黒〕　㊟1953年頃　小野田正欣提供, 那覇市歴史博物館所蔵

### 古い宿場形態を残している大内集落
「写真でみる民家大事典」柏書房　2005
　◇p207-3〔白黒〕　福島県南会津郡下郷町大内　㊟2004年　菅野康二

### 古い宿場の面影を残す町並み
「宮本常一 写真・日記集成 上」毎日新聞社　2005

◇p131〔白黒〕　静岡県磐田郡水窪町 上水窪　[撮]宮本常一, 1959年7月27日

### 古い宿場の雪景色
「宮本常一 写真・日記集成 下」毎日新聞社　2005
◇p13〔白黒〕　新潟県新発田市山内宿　[撮]宮本常一, 1965年1月25日

### ホテル（港付近）
「宮本常一 写真・日記集成 下」毎日新聞社　2005
◇p248〔白黒〕（港付近のホテル）　香川県丸亀市　[撮]宮本常一, 1971年5月1日

### ホテルニュージャパン
「宮本常一 写真・日記集成 上」毎日新聞社　2005
◇p221〔白黒〕（赤坂・ホテルニュージャパン）　東京 赤坂　[撮]宮本常一, 1960年12月23日

### 土産物屋
「写真でみる日本人の生活全集 4」日本図書センター　2010
◇p100〔白黒〕　東京浅草 仲見世商店街

### 民宿として再生の道を歩む新しい根場集落
「写真でみる民家大事典」柏書房　2005
◇p278-2〔白黒〕　山梨県南都留郡富士河口湖町根場　[撮]2004年　坂本高雄

### 無料休憩所
「宮本常一 写真・日記集成 上」毎日新聞社　2005
◇p46〔白黒〕　愛知県幡豆郡一色町 佐久島　〔一色町観光協会無料休憩所〕　[撮]宮本常一, 1956年10月10日

### 門前の宿
「日本民俗文化財事典（改訂版）」第一法規出版　1979
◇図190〔白黒〕　熊本県本妙寺門前

### 矢立
「今は昔 民具など」文芸社　2014
◇p114〔白黒〕　[撮]山本富三　河合香艸園蔵（京都）
「日本民具の造形」淡交社　2004
◇p140〔白黒〕（矢立て）　福井県 朝日町郷土資料館所蔵
「日本の民具 1 町」慶友社　1992
◇図80〔白黒〕（唐木製矢立）　[撮]薗部澄
◇図81〔白黒〕（銀象がん赤銅製矢立）　[撮]薗部澄
◇図82〔白黒〕（差つき矢立）　[撮]薗部澄
◇図83〔白黒〕（銀製矢立）　[撮]薗部澄
◇図84〔白黒〕（赤銅矢立）　[撮]薗部澄
◇図85〔白黒〕（すかし入唐木製矢立）　[撮]薗部澄

### 矢立て・銭入れ
「日本民具の造形」淡交社　2004
◇p153〔白黒〕　滋賀県 水口町立歴史民俗資料館所蔵　行商

### 宿札
「写真ものがたり昭和の暮らし 9」農山漁村文化協会　2007
◇p8〔白黒〕　福島県下郷町大内　明治2年7月4日、新政府の地方巡察使侍従四條隆平を泊めた阿部大五郎家　[撮]須藤功, 昭和44年8月
「民俗資料選集 8 中付駑者の習俗」国土地理協会　1979
◇p2（口絵）〔白黒〕（倉谷宿の問屋に残る宿札）　福島県南会津郡下郷町

### 横川・山王峠を越えた宿場
「宮本常一 写真・日記集成 下」毎日新聞社　2005
◇p209〔白黒〕　栃木県塩谷郡藤原町横川　[撮]宮本常一, 1969年8月3日〜4日

### 横川・宿場の景観
「宮本常一 写真・日記集成 下」毎日新聞社　2005
◇p209〔白黒〕　栃木県塩谷郡藤原町横川　[撮]宮本常一, 1969年8月3日〜4日

### 旅館
「宮本常一が撮った昭和の情景 上」毎日新聞社　2009
◇p162〜163〔白黒〕（海に面した三階建て旅館）　佐賀県唐津市呼子町　[撮]宮本常一, 1962年8月9日
「写真ものがたり昭和の暮らし 4」農村漁村文化協会　2005
◇p130〔白黒〕（横手駅前の三階建の旅館）　秋田県横手市　敗戦後は旅館の営業を停止し部屋貸しをしていた　[撮]須藤功, 昭和53年1月
◇p131〔白黒〕（「いかや旅館」駅前支店）　新潟県上越市直江津　木造八角塔式の三階建　[撮]須藤功, 昭和47年6月
◇p131〔白黒〕（「いかや旅館」本店）　新潟県上越市直江津　コンクリートのホテルに改築後　[撮]須藤功, 平成15年11月
「宮本常一 写真・日記集成 上」毎日新聞社　2005
◇p37〔白黒〕（旅館筑波館）　茨城県つくば市　[撮]宮本常一, 1956年5月29日
◇p179〔白黒〕（もと遊女屋の旅館）　山口県熊毛郡上関町室津　[撮]宮本常一, 1960年4月2日
◇p276〔白黒〕　長崎県平戸市 的山大島　[撮]宮本常一, 1961年9月18日
◇p329〔白黒〕（港に面した木造三階建ての旅館）　呼子　[撮]宮本常一, 1962年8月9日
◇p343〔白黒〕　口之津港（長崎県）　[撮]宮本常一, 1962年10月6日
◇p355〔白黒〕（七沢温泉・玉川館）　神奈川県伊勢原市　[撮]宮本常一, 1962年12月14日
◇p376〔白黒〕（川沿いの亀ノ井別荘）　大分県大分郡湯布院町　[撮]宮本常一, 1963年6月6日
「宮本常一 写真・日記集成 下」毎日新聞社　2005
◇p32〔白黒〕（白骨温泉 正面が湯本齋藤旅館）　長野県南安曇郡安曇村 白骨温泉　[撮]宮本常一, 1965年6月21日
◇p34〔白黒〕（旅館（山荘風））　長野県南安曇郡安曇村上高地　[撮]宮本常一, 1965年7月19日〜22日
◇p146〔白黒〕　山口市 下竪小路　[撮]宮本常一, 1968年3月27日〜29日
◇p151〔白黒〕（よなぎ（夕凪）荘）　島根県隠岐郡西郷町［隠岐の島町］　[撮]宮本常一, 1968年5月31日〜6月2日
◇p208〔白黒〕　福島県南会津郡田島町上町　[撮]宮本常一, 1969年8月3日〜4日
◇p208〔白黒〕　福島県南会津郡田島町上町　[撮]宮本常一, 1969年8月3日〜4日
◇p248〔白黒〕（港付近の古い旅館）　香川県丸亀市　[撮]宮本常一, 1971年5月1日
◇p308〔白黒〕（藁葺屋根の旅館）　福島県南会津郡舘岩村　[撮]宮本常一, 1973年
◇p313〔白黒〕（港に面した木造四階建のおそらくは宿屋）　香川県坂出市櫃石島　[撮]宮本常一, 1973年8月18日
◇p324〔白黒〕（港付近の木造二階建旅館）　長崎県下県郡厳原町［対馬市］　[撮]宮本常一, 1974年5月23日
◇p366〔白黒〕（いかや旅館のモダン建築）　新潟県上越市中央　[撮]宮本常一, 1976年7月17日
◇p370〔白黒〕（木造三階建の駅前旅館）　岡山県笠岡市笠岡駅前　[撮]宮本常一, 1976年9月4日
◇p373〔白黒〕（木造三階建旅館）　石川県金沢市　[撮]宮本常一, 1976年10月22日〜24日（農山漁家生活改善技術資料収集調査）
◇p395〔白黒〕（木造三階建旅館）　佐賀県鳥栖市京町 鳥栖駅前　[撮]宮本常一, 1977年8月2日
◇p398〔白黒〕（大和屋旅館）　太宰府市 太宰府天満宮門前　[撮]宮本常一, 1977年8月9日
◇p472〔白黒〕（三階建の木造旅館）　鳥取県倉吉市西仲町 玉川沿いの町並み　[撮]宮本常一, 1979年11月20日〜21日
「写真でみる日本生活図引 7」弘文堂　1993

◇図139〔白黒〕　新潟県上越市直江津 いかや旅館　[撮]須藤功, 昭和47年6月13日

**旅館をしていた頃の横山家**

「写真でみる民家大事典」柏書房　2005

◇p179-4〔白黒〕　北海道檜山郡江差町　[撮]1970年　北海道大学建築史意匠学研究室

**旅館街**

「宮本常一 写真・日記集成 下」毎日新聞社　2005

◇p403〔白黒〕(坂道に沿った旅館街)　静岡県熱海市田原本町　[撮]宮本常一, 1977年9月29日

◇p430〔白黒〕(昔ながらの旅館のある通り)　滋賀県坂田郡米原町　[撮]宮本常一, 1978年7月8日

**旅館に「海軍兵学校御用達」の看板**

「宮本常一が撮った昭和の情景 下」毎日新聞社　2009

◇p60〔白黒〕(「海軍兵学校御用達」の看板を掲げる旅館)　広島県廿日市市宮島町　[撮]宮本常一, 1967年12月19日

「宮本常一 写真・日記集成 下」毎日新聞社　2005

◇p112〔白黒〕　広島県 宮島　[撮]宮本常一, 1967年12月19日

**旅館の客引き**

「写真ものがたり昭和の暮らし 4」農村漁村文化協会　2005

◇p103〔白黒〕　宮城県仙台市 仙台駅正面前　[撮]中嶋忠一, 昭和29年9月

**旅館の窓から見た温泉街**

「宮本常一 写真・日記集成 下」毎日新聞社　2005

◇p396〔白黒〕　佐賀県 武雄　[撮]宮本常一, 1977年8月2日

**旅行枕に組合わされた手燭兼行灯**

「日本社会民俗辞典 3」日本図書センター　2004

◇図版Ⅳ 灯火(2)〔白黒〕

**臨時宿**

「写真でみる日本人の生活全集 8」日本図書センター　2010

◇p112〔白黒〕　原の町市　7月の大祭　民家が簡易旅館

# 度量衡

**一升枡**

「日本の民具 1 町」慶友社　1992

◇図77〔白黒〕(一升桝)　[撮]薗部澄

◇図79〔白黒〕(一升桝)　[撮]薗部澄

「民具のみかた―心とかたち」第一法規出版　1983

◇p241〔白黒〕　石川県宇ノ気町

**いっとます**

「日本の生活文化財」第一法規出版　1965

◇図87(生産・運搬・交易)〔白黒〕　文部省史料館所蔵(東京都品川区)

**一斗ます**

「写真で見る農具 民具」農林統計協会　1988

◇p276〔白黒〕　群馬県松井田町

**一斗枡**

「日本民俗文化財事典(改訂版)」第一法規出版　1979

◇図212〔白黒〕

**馬秤**

「日本社会民俗辞典 3」日本図書センター　2004

◇p1165〔白黒〕　文部省史料館蔵

**上皿竿秤**

「今は昔 民具など」文芸社　2014

◇p69〔白黒〕　[撮]山本富三　五個荘近江商人屋敷蔵

**曲尺**

「日本社会民俗辞典 4」日本図書センター　2004

◇p1462〔白黒〕

**検尺器**

「写真で見る農具 民具」農林統計協会　1988

◇p279〔白黒〕　山梨県早川町

**甲州枡**

「写真で見る農具 民具」農林統計協会　1988

◇p277〔白黒〕　山梨県高根町　江戸時代から明治初年

**甲州枡と京枡**

「図説 民俗探訪事典」山川出版社　1983

◇p306〔白黒〕

**穀用1升枡・5合枡**

「写真で見る農具 民具」農林統計協会　1988

◇p277〔白黒〕　高知県　明治36年以後

**穀用1斗枡**

「写真で見る農具 民具」農林統計協会　1988

◇p275〔白黒〕　秋田県藤里町　江戸時代から大正時代

◇p275〔白黒〕　宮崎県門川町　江戸時代から明治初年

◇p276〔白黒〕　神奈川県横浜市　明治42年以後昭和33年末まで

◇p276〔白黒〕　石川県金沢市　明治42年以後昭和33年末まで

**穀用5升枡**

「写真で見る農具 民具」農林統計協会　1988

◇p276〔白黒〕　福島県郡山市　江戸時代から大正時代

**5勺枡**

「写真で見る農具 民具」農林統計協会　1988

◇p278〔白黒〕　群馬県下仁田町

**米を量る**

「写真でみる日本生活図引 別巻」弘文堂　1993

◇図170〔白黒〕　長野県下伊那郡阿智村　籾摺りをした米を一升枡で量る　[撮]矢沢昇, 昭和31年11月19日

**さおばかり**

「日本の生活文化財」第一法規出版　1965

◇図88(生産・運搬・交易)〔白黒〕　文部省史料館所蔵(東京都品川区)

**桿秤**

「写真で見る農具 民具」農林統計協会　1988

◇p277〔白黒〕　秋田県井川町

◇p277〔白黒〕　山梨県甲府市

◇p277〔白黒〕　佐賀県武雄市

**棹秤**

「今は昔 民具など」文芸社　2014

◇p30〔白黒〕　[撮]山本富三　京の田舎民具資料館蔵

「図録・民具入門事典」柏書房　1991

度量衡　　　　　　　　　　　　　　　　　　　　交通・交易

　　　◇p93〔白黒〕　埼玉県　埼玉県立博物館所蔵
　「図説 民俗探訪事典」山川出版社　1983
　　　◇p306〔白黒・図〕

**尺度原器**
　「日本社会民俗辞典 3」日本図書センター　2004
　　　◇p1057〔白黒〕　曲尺, 鯨尺

**ジョコバン**
　「日本民具の造形」淡交社　2004
　　　◇p158〔白黒〕　奈良県　明日香民俗資料館所蔵

**銭枡**
　「図録・民具入門事典」柏書房　1991
　　　◇p92〔白黒〕　東京都

**台秤**
　「日本民具の造形」淡交社　2004
　　　◇p157〔白黒〕　岐阜県　伊自良村歴史民俗資料館所蔵
　「写真で見る農具 民具」農林統計協会　1988
　　　◇p277〔白黒〕　山梨県甲府市　昭和12年頃

**ディールばかり**
　「写真で見る農具 民具」農林統計協会　1988
　　　◇p278〔白黒〕　埼玉県小鹿野町

**天秤**
　「日本の民具 1 町」慶友社　1992
　　　◇図72〔白黒〕　㈹薗部澄

**天秤（銭バカリ）**
　「日本を知る事典」社会思想社　1971
　　　◇図83（p246）〔白黒〕

**テンビンバカリ**
　「図録・民具入門事典」柏書房　1991
　　　◇p92〔白黒〕　栃木県　栃木県立郷土資料館所蔵

**天秤秤**
　「日本民具の造形」淡交社　2004
　　　◇p157〔白黒〕　大阪府　岸和田市立郷土資料館所蔵

**斗桶**
　「写真で見る農具 民具」農林統計協会　1988
　　　◇p275〔白黒〕　山梨県早川町
　　　◇p275〔白黒〕　山梨県長坂町
　　　◇p275〔白黒〕　山梨県豊富村

**斗枡**
　「日本民具の造形」淡交社　2004
　　　◇p157〔白黒〕　富山県　庄川民芸館所蔵
　「日本の民具 1 町」慶友社　1992
　　　◇図78〔白黒〕（斗桝）　㈹薗部澄

**トマスとトカキ**
　「図録・民具入門事典」柏書房　1991
　　　◇p93〔白黒〕　富山県

**秤さしに入れた秤**
　「日本の民具 1 町」慶友社　1992
　　　◇図74〔白黒〕　㈹薗部澄

**秤皿**
　「日本の民具 1 町」慶友社　1992
　　　◇図70〔白黒〕　㈹薗部澄

**ハタゴマス**
　「図録・民具入門事典」柏書房　1991
　　　◇p93〔白黒〕　東京都八丈島

**麦秤真田幅計り**
　「日本民具の造形」淡交社　2004
　　　◇p302〔白黒〕　岡山県　里庄町歴史民俗資料館所蔵

**瓢箪型秤箱**
　「日本民具の造形」淡交社　2004
　　　◇p157〔白黒〕　兵庫県　新宮町歴史民俗資料館所蔵

**ひょうたん秤**
　「日本の民具 1 町」慶友社　1992
　　　◇図69〔白黒〕　㈹薗部澄
　　　◇図71〔白黒〕　㈹薗部澄

**分銅**
　「日本社会民俗辞典 3」日本図書センター　2004
　　　◇p1165〔白黒〕　文部省史料館蔵
　「日本の民具 1 町」慶友社　1992
　　　◇図67〔白黒〕　㈹薗部澄

**柄枡**
　「図録・民具入門事典」柏書房　1991
　　　◇p93〔白黒〕　青森県　小川原湖博物館所蔵

**方位磁石**
　「日本民俗大辞典 下」吉川弘文館　2000
　　　◇p522〔白黒〕　現在のもの

**方形穀用1斗枡**
　「写真で見る農具 民具」農林統計協会　1988
　　　◇p276〔白黒〕　愛媛県野村町　江戸時代から明治初年

**ホウティカゴ**
　「あるくみるきく双書 宮本常一とあるいた昭和の日本 19」
　　農山漁村文化協会　2012
　　　◇p99〔白黒〕　新潟県佐渡郡畑野町　目方を計る　㈹工藤員功

**棒ばかり**
　「日本の民具 1 町」慶友社　1992
　　　◇図68〔白黒〕　㈹薗部澄

**棒秤**
　「日本民具の造形」淡交社　2004
　　　◇p157〔白黒〕　岡山県　玉島歴史民俗海洋資料館所蔵
　「日本の民具 1 町」慶友社　1992
　　　◇図73〔白黒〕　㈹薗部澄

**ます**
　「日本の生活文化財」第一法規出版　1965
　　　◇図85（生産・運搬・交易）〔白黒〕　秋田経済大学雪国民俗研究所所蔵（秋田市茨島）

**枡**
　「日本民具の造形」淡交社　2004
　　　◇p157〔白黒〕　青森県　浪岡町中世の館所蔵
　「民俗資料選集 30 焼畑習俗Ⅱ」国土地理協会　2002
　　　◇p73（本文・写真26）〔白黒〕　山梨県南巨摩郡早川町奈良田　穀物の計量
　「日本民俗図誌 4 習俗・飲食篇」村田書店　1978
　　　◇図183-1〔白黒・図〕　鹿児島県黒島　焼酎を量る　『古代村落の研究』

**物差**
　「日本民具の造形」淡交社　2004
　　　◇p157〔白黒〕　熊本県 宇土市郷土資料館中園邸所蔵

**物指**
　「日本社会民俗辞典 4」日本図書センター　2004
　　　◇p1463〔白黒〕　第二次大戦前当時の満州国　1mを3尺と定めた

**指金**
　「写真で見る農具 民具」農林統計協会　1988
　　　◇p279〔白黒〕　岐阜県徳山村

**れいてん（小秤）**
　「日本民俗写真大系 8」日本図書センター　2000
　　　◇p148〔白黒〕

**6尺**
　「写真で見る農具 民具」農林統計協会　1988
　　　◇p174〔白黒〕　宮崎県門川町　明治時代から昭和30年頃まで

# 運　搬

アイヌの前額運搬習俗
　「日本民俗図誌 9 住居・運輸篇」村田書店　1978
　　◇図113-2〔白黒・図〕　北海道

アイヌの前額運搬の紐と横木
　「日本民俗図誌 9 住居・運輸篇」村田書店　1978
　　◇図113-3〔白黒・図〕　北海道

赤帽
　「写真ものがたり昭和の暮らし 4」農村漁村文化協会　2005
　　◇p103〔白黒〕　宮城県仙台市　仙台駅正面の大時計前　㊟中嶋忠一, 昭和30年9月
　「宮本常一 写真・日記集成 上」毎日新聞社　2005
　　◇p430〔白黒〕(行商の人たちと赤帽さん)　秋田県大曲市 奥羽本線・大曲駅　㊟宮本常一, 1964年4月18日

アケニ
　「日本民俗図誌 9 住居・運輸篇」村田書店　1978
　　◇図180-2〔白黒・図〕　国技館の相撲部屋で使用される力士のもの

朝市でいろいろな物を買いこんで，竹細工のおじさんのところで一休みしながらすわり話
　「フォークロアの眼 3 運ぶ」国書刊行会　1977
　　◇図120〔白黒〕　岩手県大船渡市盛　㊟須藤功, 昭和44年6月25日

朝市で出会ったおばあさん
　「フォークロアの眼 3 運ぶ」国書刊行会　1977
　　◇図209〔白黒〕　石川県輪島市内　買い物をするまではこの孫がさしあたり一輪車の荷である　㊟須藤功, 昭和45年5月13日

アタマジョイ
　「日本民俗写真大系 3」日本図書センター　1999
　　◇p108〔白黒〕　東京都 三宅島　㊟吉田智一, 1969年

アッシを織るオヒョウの樹皮を背負って山を下る
　「あるくみるきく双書 宮本常一とあるいた昭和の日本 21」農山漁村文化協会　2011
　　◇表紙写真：裏〔白黒〕　北海道沙流郡平取町二風谷　㊟須藤功, 昭和47年

網袋に野菜を入れて
　「フォークロアの眼 3 運ぶ」国書刊行会　1977
　　◇図126〔白黒〕(麻で編んだ網袋に野菜を入れて)　群馬県利根郡片品村花咲　㊟須藤功, 昭和42年10月31日

洗ったジャガイモを運ぶ
　「写真ものがたり昭和の暮らし 5」農山漁村文化協会　2005
　　◇p101〔白黒〕　秋田県峰浜村水沢　㊟南利夫, 昭和31年5月

荒縄一本でかついで野良から帰る
　「フォークロアの眼 3 運ぶ」国書刊行会　1977
　　◇図116〔白黒〕(一本の荒縄でかついで野良から帰る)　群馬県利根郡片品村花咲針山　㊟須藤功, 昭和42年10月12日

荒縄一本で樽を運ぶ
　「フォークロアの眼 3 運ぶ」国書刊行会　1977
　　◇図113〔白黒〕　青森県下北郡大間町　㊟須藤功, 昭和43年3月27日

荒縄で木箱をかつぐ
　「フォークロアの眼 3 運ぶ」国書刊行会　1977
　　◇図112〔白黒〕(ばあさんは運び手だ)　三重県鳥羽市答志島　㊟須藤功, 昭和41年12月30日

イジコ
　「日本民俗図誌 9 住居・運輸篇」村田書店　1978
　　◇図149-1〔白黒・図〕　愛知県北設楽郡下川村　檜皮製

イジッコ
　「民俗資料選集 8 中付駑者の習俗」国土地理協会　1979
　　◇p227(本文)〔白黒・図〕　福島県　馬方の装い

イジッコを背負う
　「民俗資料選集 8 中付駑者の習俗」国土地理協会　1979
　　◇p227(本文)〔白黒〕　福島県　馬方の装い

イシヒカセダイ
　「図録・民具入門事典」柏書房　1991
　　◇p88〔白黒〕　長崎県　土橇の一種

イタゾリ
　「日本社会民俗辞典 2」日本図書センター　2004
　　◇p850〔白黒〕　長野県神原村本山

イタヤカッコベ
　「日本民俗図誌 9 住居・運輸篇」村田書店　1978
　　◇図160-2〔白黒・図〕　秋田県仙北郡雲沢村　『民具問答』

いちご
　「日本の民具 3 山・漁村」慶友社　1992
　　◇図65〔白黒〕　群馬県　㊟薗部澄

一枚の布を袋状にして山菜を入れる
　「フォークロアの眼 3 運ぶ」国書刊行会　1977
　　◇図122〔白黒〕　新潟県古志郡山古志村梶金　㊟須藤功, 昭和46年4月25日

一輪運搬車
　「日本民俗図誌 9 住居・運輸篇」村田書店　1978
　　◇図189〔白黒・図〕　飛騨高山　土、石材等を運ぶ

一輪車
　「写真ものがたり昭和の暮らし 9」農山漁村文化協会　2007
　　◇p173〔白黒〕(鉄製、ゴムタイヤの一輪車)　石川県輪島市　荷台にくくりつけた木箱に孫を入れ、輪島の朝市に買物にきたおばあさん　㊟須藤功, 昭和45年5月
　「写真で見る農具 民具」農林統計協会　1988
　　◇p164〔白黒〕　兵庫県豊岡市　大正時代から昭和前期

イッポンゾリ
　「図録・民具入門事典」柏書房　1991
　　◇p88〔白黒〕
　　◇p88〔白黒〕
　　◇p88〔白黒〕　新潟県
　「日本民俗文化財事典(改訂版)」第一法規出版　1979
　　◇図204〔白黒〕　新潟県頸城地方
　「日本を知る事典」社会思想社　1971
　　◇図82(p244)〔白黒〕　新潟県中頸城郡
　「日本の生活文化財」第一法規出版　1965

◇図78（生産・運搬・交易）〔白黒〕　文部省史料館所蔵（東京都品川区）
「写真 日本文化史 9」日本評論新社　1955
◇図101〔白黒〕　新潟県

### 一本橇
「日本の民具 3 山・漁村」慶友社　1992
◇図58〔白黒〕　新潟県西頸城郡姫川の上流地域　[撮]薗部澄

### 一本橇を背負って運ぶ
「日本社会民俗辞典 2」日本図書センター　2004
◇p851〔白黒〕　新潟県桑取谷

### 一本橇を使っているところ
「日本社会民俗辞典 4」日本図書センター　2004
◇図版XⅡ 雪(2)〔白黒〕

### イッポンゾリの扱い方
「日本民俗文化財事典（改訂版）」第一法規出版　1979
◇図205〔白黒〕（イッポンゾリの扱い方（上り））
◇図206〔白黒〕（イッポンゾリの扱い方（下り））

### イディル
「あるくみるきく双書 宮本常一とあるいた昭和の日本 19」農山漁村文化協会　2012
◇p190〔白黒〕（トウヅルモドキで編んだイディル）　沖縄県八重山黒島　[撮]工藤員功

### 犬引きのそりの行列
「フォークロアの眼 2 雪国と暮らし」国書刊行会　1977
◇図156〔白黒〕　新潟県松之山町天水島　[撮]中俣正義, 昭和30年4月12日

### 犬引き日
「フォークロアの眼 2 雪国と暮らし」国書刊行会　1977
◇図154〔白黒〕　新潟県松之山町天水島　[撮]中俣正義, 昭和30年4月12日

### 祝いばんどり
「日本民俗大辞典 下」吉川弘文館　2000
◇p407〔白黒〕　山形県庄内地方　致道博物館所蔵
「日本の民具 2 農村」慶友社　1992
◇図61・62〔白黒〕（いわいばんどり）　山形県東田川郡羽黒町　[撮]薗部澄
「日本の生活文化財」第一法規出版　1965
◇原色3〔カラー〕（祝ばんどり）
◇図76・77（生産・運搬・交易）〔白黒〕（いわいばんどり）　致道博物館所蔵（山形県鶴岡市）

### ウシギンマ（牛木馬）
「写真ものがたり昭和の暮らし 9」農山漁村文化協会　2007
◇p168〔白黒〕　鹿児島県・奄美地方　[撮]小野重朗, 昭和30年代

### 牛による下肥の運搬
「里山・里海 暮らし図鑑」柏書房　2012
◇口絵〔カラー〕　島根県浦郷　昭和28年　島根県隠岐郡西ノ島町役場提供

### 牛の背に荷物をのせて運ぶ
「宮本常一が撮った昭和の情景 上」毎日新聞社　2009
◇p116〔白黒〕　熊本県上益城郡御船町から山都町（旧矢部町）へ　[撮]宮本常一, 1960年10月31日
「宮本常一 写真・日記集成 上」毎日新聞社　2005
◇p214〔白黒〕（御船町→矢部町）　熊本県上益城郡御船町→矢部町　[撮]宮本常一, 1960年10月31日

### うつすさんびやー
「日本の民具 2 農村」慶友社　1992
◇図74〔白黒〕　鹿児島県大島 喜界島　牛の鞍下　[撮]薗部澄

### 乳母車（買物の運搬）
「日本の民俗 下」クレオ　1997
◇図10-16〔白黒〕（乳母車）　福井県大野市　大量の買物の運搬　[撮]芳賀日出男, 昭和36年

### 馬が曳くタイヤ二輪
「写真ものがたり昭和の暮らし 9」農山漁村文化協会　2007
◇p171〔白黒〕　沖縄県平良市（現宮古島市）　[撮]須藤功, 昭和48年10月

### 馬の運搬具
「日本民具の造形」淡交社　2004
◇p147〔白黒〕　愛知県 豊根村ビジターセンター民俗資料館所蔵

### 運搬車
「民俗学辞典（改訂版）」東京堂出版　1987
◇図版8（p67）〔白黒・図〕（運搬）　鹿児島県竹島の運搬車　橋浦泰雄画
「日本民俗図誌 9 住居・運輸篇」村田書店　1978
◇図188-2〔白黒・図〕　福岡地方　車輪がなく地上を挽きずって運ぶ
◇図188-3〔白黒・図〕　山梨県勝沼　荷車式
◇図190〔白黒・図〕　東京市下谷大師堂所蔵　木材運搬の牛車

### 運搬する婦人たち
「写真でみる日本人の生活全集 10」日本図書センター　2010
◇p51〔白黒〕（山村の婦人）　山野から運搬する婦人たち
「日本民俗写真大系 5」日本図書センター　2000
◇p88〔白黒〕（水を桶にくみ、頭にのせて家まで運ぶ女性たち）　鹿児島県知名町　[撮]芳賀日出男, 1956年

### 運搬船にハシケから荷物を積み込む
「宮本常一 写真・日記集成 上」毎日新聞社　2005
◇p371〔白黒〕　熊本県牛深市 牛深港　[撮]宮本常一, 1963年3月9日

### 運搬用桶
「日本民具の造形」淡交社　2004
◇p143〔白黒〕　岐阜県 飛騨の山樵館所蔵

### えすじ
「日本民具の造形」淡交社　2004
◇p146〔白黒〕　熊本県 本渡市立歴史民俗資料館所蔵

### エンボウ
「民俗図録 日本人の暮らし」日本図書センター　2012
◇図416〔白黒〕　広島県下蒲刈島　コンニャクを入れて運んでいる　[撮]北見俊夫

### エンロ籠
「あるくみるきく双書 宮本常一とあるいた昭和の日本 19」農山漁村文化協会　2012
◇p167〔白黒〕　埼玉県所沢市上安松　[撮]工藤員功,〔昭和49年〕

### オイコ
「民俗図録 日本人の暮らし」日本図書センター　2012
◇図417〔白黒〕（オイコ（右）セナカチとニカワ（左））　島根県八束郡本庄村手角　[撮]三木茂
「宮本常一 写真・日記集成 上」毎日新聞社　2005
◇p68〔白黒〕　愛知県幡豆郡一色町 佐久島　[撮]宮本常一, 1957年7月5日
「宮本常一 写真・日記集成 別巻」毎日新聞社　2005
◇図260（p44）〔白黒〕　高知県長岡郡西豊永村奥大田〔大豊町〕　[撮]宮本常一, 1941年1月～2月
「日本の民具 3 山・漁村」慶友社　1992
◇図62〔白黒〕　熊本県 球磨　[撮]薗部澄
「日本民俗図誌 9 住居・運輸篇」村田書店　1978
◇図127-2〔白黒・図〕　広島県安芸　『旅と伝説』15-12

**オイコ（背負梯子）を背負う**
「日本民俗写真大系 5」日本図書センター 2000
◇p169〔白黒〕 高知県 沖の島 島の空まで荷物を運ぶ ㊙寺田正, 1954年 高知市民図書館

**オイコを背負った女性**
「宮本常一 写真・日記集成 上」毎日新聞社 2005
◇p267〔白黒〕 山口県岩国市 柱島 ㊙宮本常一, 1961年8月26日

**負子で密柑を負う**
「民俗学事典」丸善出版 2014
◇p332〔白黒〕 佐田岬半島 松材などのL字形枝木を利用してつくる

**オイコとカマス**
「宮本常一 写真・日記集成 上」毎日新聞社 2005
◇p311〔白黒〕 鹿児島県 田尻→竹ノ浦 ㊙宮本常一, 1962年6月14日

**オイコに桶をのせて砂利運び**
「宮本常一 写真・日記集成 上」毎日新聞社 2005
◇p270〔白黒〕 山口県萩市 相島 ㊙宮本常一, 1961年8月30日

**朳**
「写真ものがたり昭和の暮らし 9」農山漁村文化協会 2007
◇p194〔白黒・図〕 先端を麦束に差した状態 絵・中嶋俊枝

**朳で麦束を運ぶ**
「写真ものがたり昭和の暮らし 9」農山漁村文化協会 2007
◇p194〔白黒〕 群馬県赤城村津久田（現渋川市） ㊙須藤功, 昭和43年6月

**大きな肥桶を背当てと荷ない縄で運んでいる女性**
「宮本常一が撮った昭和の情景 下」毎日新聞社 2009
◇p11〔白黒〕（大きな肥桶を背当てと荷ない縄で運ぶ） 新潟県佐渡市 ㊙宮本常一, 1965年3月22日〜25日
「宮本常一 写真・日記集成 下」毎日新聞社 2005
◇p18〔白黒〕 新潟県佐渡郡羽茂町 ㊙宮本常一, 1965年3月22日〜25日

**大丸籠**
「日本民俗図誌 9 住居・運輸篇」村田書店 1978
◇図163-2〔白黒・図〕 静岡県小笠郡南山村 頸部に担ぎ縄を結ぶ 『静岡県方言誌』

**オカモチ**
「図録・民具入門事典」柏書房 1991
◇p87〔白黒〕 千葉県 成田山史料館所蔵

**岡持**
「日本民具の造形」淡交社 2004
◇p70〔白黒〕 岡山県 邑久町立郷土資料館蔵
◇p108〔白黒〕 山形県 置賜民俗資料館
◇p146〔白黒〕 富山県 水橋郷土民俗資料館所蔵
◇p146〔白黒〕 鳥取県 岸本町教育文化民俗資料館

**桶をかつぎ出す**
「フォークロアの眼 3 運ぶ」国書刊行会 1977
◇図156〔白黒〕（神酒を造る桶を堂からかつぎ出す） 静岡県磐田郡水窪町西浦 ㊙須藤功, 昭和45年2月12日

**桶を担ぐ**
「写真でみる日本生活図引 2」弘文堂 1988
◇p103〔白黒〕 愛媛県西宇和郡三崎町串 天秤棒で水桶を担ぐ老婆 ㊙新田好, 昭和27年頃
◇p104〔白黒〕 京都府京都市伏見区 鍬などを入れて家に帰る老農夫 ㊙山本栄三, 昭和8年

**桶を運ぶ少年**
「写真でみる日本生活図引 2」弘文堂 1988
◇目次F〔白黒〕 ㊙中俣正義

**オトコテンビンによる頭上運搬**
「フォークロアの眼 3 運ぶ」国書刊行会 1977
◇図24〔白黒〕 東京都新島本村式根島 子供を乗せる ㊙須藤功, 昭和51年4月27日（再現して撮影）

**オマツヒキのソリ**
「図録・民具入門事典」柏書房 1991
◇p89〔白黒〕 山梨県北都留郡

**カイコを家に運ぶ**
「フォークロアの眼 3 運ぶ」国書刊行会 1977
◇図101〔白黒〕（共同飼育場で一齢まで過ごしたカイコを家に運ぶ） 新潟県古志郡山古志村梶金 生き物なので背中にゆるく背負っている ㊙須藤功, 昭和46年6月7日

**改良そりで米俵の運搬**
「フォークロアの眼 2 雪国と暮らし」国書刊行会 1977
◇図91〔白黒〕 新潟県南魚沼郡塩沢町上町 ㊙中俣正義, 昭和31年3月上旬

**カガイ**
「図録・民具入門事典」柏書房 1991
◇p85〔白黒〕 鹿児島県

**かがり**
「写真 日本文化史 9」日本評論新社 1955
◇p105〔白黒〕 宮崎県椎葉 かがい

**カクカゴ**
「あるくみるきく双書 宮本常一とあるいた昭和の日本 19」農山漁村文化協会 2012
◇p117〔白黒〕 鹿児島県鹿児島市 収穫物などを運ぶ ㊙工藤員功

**カクバラ**
「日本民俗図誌 9 住居・運輸篇」村田書店 1978
◇図174〔白黒・図〕 長崎市 天秤棒で担う

**額部運搬**
「フォークロアの眼 3 運ぶ」国書刊行会 1977
◇図21〔白黒〕 東京都新島本村 ㊙須藤功, 昭和51年5月20日

**カケゴ**
「日本民俗図誌 9 住居・運輸篇」村田書店 1978
◇図166-1〔白黒・図〕 青森県北津軽郡小泊村地方 紐で腰にさげる。川原笹竹製 『民具問答』

**カゴ**
「日本の民具 3 山・漁村」慶友社 1992
◇図71〔白黒〕 岩手県 ㊙薗部澄
「図録・民具入門事典」柏書房 1991
◇p83〔白黒〕 東京都三宅島
◇p83〔白黒〕 埼玉県

**カゴ（野菜運搬用）**
「写真で見る農具 民具」農林統計会 1988
◇p188〔白黒〕（カゴ） 大阪府羽曳野市 昭和35年頃まで

**篭**
「写真で見る農具 民具」農林統計会 1988
◇p170〔白黒〕 埼玉県小鹿野町 大正時代から昭和30年頃まで 山林から堆肥の原料の落葉の運搬

**籠（頭上運搬用）**
「日本民俗図誌 9 住居・運輸篇」村田書店 1978
◇図167〔白黒・図〕（籠） 沖縄県那覇地方 頭上運搬用

**かごを肩にかけた人**
「宮本常一 写真・日記集成 上」毎日新聞社 2005

◇p128〔白黒〕　広島県比婆郡比和町→森脇　[撮]宮本常一, 1959年6月23日

**カゴを背負い家路につく**

「宮本常一 写真・日記集成 下」毎日新聞社　2005

◇p376〔白黒〕　広島県三原市須波町筆影山　[撮]宮本常一, 1976年12月25日

**カゴを背負う女の子**

「宮本常一 写真・日記集成 上」毎日新聞社　2005

◇p395〔白黒〕　青森県下北郡佐井村磯谷　背後はシトミ戸　[撮]宮本常一, 1963年8月18日

**かごを背負って歩く人**

「宮本常一 写真・日記集成 上」毎日新聞社　2005

◇p127〔白黒〕　神奈川県横浜市港北区日吉→荏田　[撮]宮本常一, 1959年6月2日

**カコベ**

「あるくみるきく双書 宮本常一とあるいた昭和の日本 19」農山漁村文化協会　2012

◇p102〔白黒〕　岩手県九戸村, 一戸町　背負い籠、栗拾いなど　[撮]工藤員功

**カジボウ（橇用の梶棒）**

「民具のみかた―心とかたち」第一法規出版　1983

◇p34〔白黒〕　岐阜県飛騨地方

**荷杖**

「民具のみかた―心とかたち」第一法規出版　1983

◇p75〔白黒〕　宮崎県西米良村

**かすぶ**

「日本の民具 3 山・漁村」慶友社　1992

◇図113〔白黒〕　岩手県　桜の皮で作った腰つけ容器。用途不明　[撮]薗部澄

**肩担運搬**

「図録・民具入門事典」柏書房　1991

◇p82〔白黒・図〕

**カタゲウマ**

「日本民俗図誌 9 住居・運輸篇」村田書店　1978

◇図118〔白黒・図〕　和歌山県西牟婁郡三川地方, 日高郡山路地方

**肩で担いで運ぶ**

「あるくみるきく双書 宮本常一とあるいた昭和の日本 20」農山漁村文化協会　2012

◇p126〔白黒〕　京都市北区雲ヶ畑中畑町　松上げの松明を運ぶ

**肩で運ぶ**

「写真でみる日本生活図引 2」弘文堂　1988

◇図107〔白黒〕　北海道小樽市　南京袋　[撮]掛川源一郎, 昭和31年6月

**肩にかつぐ**

「日本の民俗 下」クレオ　1997

◇図10-13〔白黒〕　新潟県小千谷市　雪さらしの布を肩にかついで運ぶ職人　[撮]芳賀日出男, 昭和58年

**肩曳荷車**

「写真で見る農具 民具」農林統計協会　1988

◇p165〔白黒〕　京都府京都市　大正時代から昭和20年代

**担ぎ桶**

「日本民具の造形」淡交社　2004

◇p145〔白黒〕　広島県 広島県立歴史博物館所蔵

**カツギゴモ**

「図録・民具入門事典」柏書房　1991

◇p84〔白黒〕　富山県

**担ぎ平俵**

「日本民俗図誌 9 住居・運輸篇」村田書店　1978

◇図176-1〔白黒・図〕　静岡地方　桜田勝徳採図並に報告

**カツギボウ**

「図録・民具入門事典」柏書房　1991

◇p83〔白黒〕　栃木県　栃木県立郷土資料館所蔵

**担又 カタギ**

「日本民俗大辞典 上」吉川弘文館　1999

◇p368〔白黒・図〕　高知県吾川郡吾北村

**カツギモッコ**

「図録・民具入門事典」柏書房　1991

◇p83〔白黒〕　東京都

**かつぎ屋**

「写真でみる日本人の生活全集 2」日本図書センター　2010

◇口絵〔白黒〕　新潟県新発田駅　[撮]昭和24年頃

「写真ものがたり昭和の暮らし 4」農村漁村文化協会　2005

◇p165〔白黒〕（背負った荷物を、駅ホームの飲み水台に寄りかけて列車を待つかつぎ屋）　北海道帯広市　[撮]関口哲也, 昭和30年代

◇p165〔白黒〕（かつぎ屋でいっぱいになった朝の八戸線車内）　青森県種市町・角ノ浜駅　[撮]和井田登, 昭和32年6月

「宮本常一 写真・日記集成 上」毎日新聞社　2005

◇p318〔白黒〕　山形県長井市 米坂線・今泉駅付近　[撮]宮本常一, 1962年7月16日

**カツゲデル**

「日本民俗図誌 9 住居・運輸篇」村田書店　1978

◇図165-1〔白黒・図〕　鹿児島県奄美大島名瀬　紐（テルノオ）を以て前額に吊す　『民具問答』

**金ダライによる運搬**

「フォークロアの眼 3 運ぶ」国書刊行会　1977

◇図11〔白黒〕　沖縄県那覇市平和通　[撮]須藤功, 昭和51年3月4日

**かばみ**

「写真で見る農具 民具」農林統計協会　1988

◇p176〔白黒〕　岩手県大野村

**カマギとオイカワ**

「宮本常一 写真・日記集成 別巻」毎日新聞社　2005

◇図11（p13）〔白黒〕　島根県八束郡御津村［鹿島町］　[撮]宮本常一, 1939年11月18日

**ガマコシゴ**

「日本民俗図誌 9 住居・運輸篇」村田書店　1978

◇図146-1〔白黒・図〕　広島県比婆郡八鉾村　ガマ製のコシゴ　『民具問答』による

**カマス**

「図録・民具入門事典」柏書房　1991

◇p31〔白黒〕　東京都

「日本民俗図誌 9 住居・運輸篇」村田書店　1978

◇図178-1〔白黒・図〕　山形県西田川郡地方

**カマスを背負う**

「宮本常一 写真・日記集成 上」毎日新聞社　2005

◇p318〔白黒〕　宮城県栗原郡栗駒町 栗駒山麓　[撮]宮本常一, 1962年7月17日

**カマスを背中当で背負う人たち**

「宮本常一が撮った昭和の情景 上」毎日新聞社　2009

◇p155〔白黒〕　宮城県栗原市 栗駒山麓　[撮]宮本常一, 1962年7月17日

**神さまに捧げられる御饌（みけ）はおひつで運ばれ供される**

「フォークロアの眼 3 運ぶ」国書刊行会　1977

◇図80〔白黒〕　三重県伊勢市 豊受大神宮　伊勢神宮の朝　㈹須藤功, 昭和41年12月28日

### 神さまは目上に捧げ持って運ばれる
「フォークロアの眼 3 運ぶ」国書刊行会　1977
◇図177〔白黒〕（神社から頭屋へ, 神さまは目上に捧げ持って運ばれる）　兵庫県揖保郡新宮町牧　㈹須藤功, 昭和50年10月8日

### 神さまへの捧げ物を運ぶ司（つかさ）
「フォークロアの眼 3 運ぶ」国書刊行会　1977
◇図6〔白黒〕　沖縄県平良市池間島　㈹須藤功, 昭和48年10月26日

### カラウスカマギ
「民俗資料選集 41 豊後の水車習俗」国土地理協会　2010
◇p180（本文）〔白黒〕　大分県日田市鈴連町下小竹　米の運搬に用いた

### カリンを運ぶ少女
「フォークロアの眼 3 運ぶ」国書刊行会　1977
◇図166〔白黒〕　福島県南会津郡下郷町大内　㈹須藤功, 昭和44年8月3日

### カルイ
「宮本常一 写真・日記集成 別巻」毎日新聞社　2005
◇図86（p23）〔白黒〕　鹿児島県・屋久島・原［屋久町］　㈹宮本常一, 1940年1月27日～2月10日

「日本社会民俗辞典 2」日本図書センター　2004
◇p804〔白黒〕　鹿児島県竹島

### カレカゴ
「あるくみるきく双書 宮本常一とあるいた昭和の日本 19」農山漁村文化協会　2012
◇p117〔白黒〕　鹿児島県加世田市　背負い籠　㈹工藤員功

### カロップ（編囊）
「日本民俗図誌 9 住居・運輸篇」村田書店　1978
◇図141-2〔白黒・図〕　アイヌ所持

### カワドウセイ
「民俗資料選集 30 焼畑習俗Ⅱ」国土地理協会　2002
◇p69（本文・写真12）〔白黒〕　山梨県南巨摩郡早川町奈良田　山入りの際に, 弁当などを入れて背負う

### 川舟に家具類を積んで移転する
「写真ものがたり昭和の暮らし 5」農山漁村文化協会　2005
◇p86〔白黒〕　熊本県芦北町海路迫　〔ダム建設にともなう〕　㈹麦島勝, 昭和32年11月

### 缶桶で運ぶ
「フォークロアの眼 3 運ぶ」国書刊行会　1977
◇図52〔白黒〕　新潟県古志郡山古志村梶金　天秤棒で運ぶ　㈹須藤功, 昭和46年10月22日

### カンザ
「宮本常一 写真・日記集成 別巻」毎日新聞社　2005
◇図88（p23）〔白黒〕　鹿児島県・屋久島［種子島］・熊野［中種子町］　㈹宮本常一, 1940年1月27日～2月10日

### ガンシナ
「フォークロアの眼 3 運ぶ」国書刊行会　1977
◇図10〔白黒〕（頭と荷の間におくガンシナ）　沖縄県那覇市平和通　㈹須藤功, 昭和51年3月4日

### 木籠
「日本民俗図誌 9 住居・運輸篇」村田書店　1978
◇図162-1〔白黒・図〕　和歌山県新宮地方　檜の薄板で作る

### キゼナゴ・コエドラ
「図録・民具入門事典」柏書房　1991
◇p84〔白黒〕　石川県

### キゾリ
「日本民俗文化財事典（改訂版）」第一法規出版　1979
◇図203〔白黒〕　埼玉県

### 木ぞりを曳いて山へ行く
「写真ものがたり昭和の暮らし 9」農山漁村文化協会　2007
◇p21〔白黒〕　福島県下郷町大内　横木1本で連結した橇　㈹須藤功, 昭和44年12月

### 木の叉を利用した運搬具
「フォークロアの眼 3 運ぶ」国書刊行会　1977
◇図67〔白黒〕　沖縄県八重山郡竹富町西表島白浜　肩で運ぶ　㈹日本観光文化研究所 伊藤碩男, 昭和43年9月10日
◇図68〔白黒〕　沖縄県八重山郡竹富町西表島白浜　まきを運ぶ　㈹日本観光文化研究所 伊藤碩男, 昭和43年9月10日

### きのめこだし
「日本の民具 3 山・漁村」慶友社　1992
◇図73〔白黒〕　秋田県 角館　㈹薗部澄

### 牛車
「民俗図録 日本人の暮らし」日本図書センター　2012
◇図433〔白黒〕　鹿児島県肝属郡内之浦町

「写真ものがたり昭和の暮らし 4」農山漁村文化協会　2005
◇p34〔白黒〕　東京都千代田区有楽町の旧日劇前　㈹菊池俊吉, 昭和21年4月

「写真でみる日本生活図引 2」弘文堂　1988
◇図137〔白黒〕（都内の牛車）　東京都千代田区　㈹菊池俊吉, 昭和21年4月

「写真で見る農具 民具」農林統計協会　1988
◇p165〔白黒〕　茨城県麻生町　大正時代から昭和30年代の前半
◇p166〔白黒〕　鹿児島県鹿児島市　昭和前期から45年頃まで

### 牛車用の鞦鞍
「写真で見る農具 民具」農林統計協会　1988
◇p7〔白黒〕（鞍）　千葉県佐倉市　牛車用の鞦鞍

### 牛馬による運搬作業
「里山・里海 暮らし図鑑」柏書房　2012
◇写38（p238）〔白黒〕　福井県若狭町仮屋付近　昭和初期　井田家所蔵古写真・福井県立若狭歴史民俗資料館提供

### 清い水のはいったツボを頭にのせて家まで運ぶ
「フォークロアの眼 3 運ぶ」国書刊行会　1977
◇図5〔白黒〕　沖縄県八重山郡竹富町竹富島　㈹須藤功, 昭和48年10月20日（テレビ用に再現したものを撮影（種取祭））

### 胸部背負いと前頭背負いの例
「写真 日本文化史 9」日本評論新社　1955
◇図102〔白黒〕　青ガ島

### 草をいただく子
「宮本常一 写真・日記集成 別巻」毎日新聞社　2005
◇図93（p23）〔白黒〕　鹿児島県・種子島・熊野［中種子町］　〔頭上運搬〕　㈹宮本常一, 1940年1月27日～2月10日

### クサトリメケー
「日本民俗図誌 9 住居・運輸篇」村田書店　1978
◇図159-1〔白黒・図〕　栃木県河内郡古里村　『民具問答』

### クスヤのコシツケ袋
「民俗資料選集 3 紡織習俗Ⅰ」国土地理協会　1975
◇p152（本文）〔白黒〕　新潟県　佐渡のヤマソ紡織習俗　相川郷土博物館蔵

運搬　　　　　　　　　　　　　交通・交易

### 朽ちたショイコ
「宮本常一 写真・日記集成 下」毎日新聞社　2005
　　◇p31〔白黒〕　長野県南安曇郡安曇村番所→桧峠　㋞宮本常一, 1965年6月20日

### 鞍 小荷駄用
「写真で見る農具 民具」農林統計協会　1988
　　◇p6〔白黒〕　千葉県君津市　明治20年代から昭和13年頃

### 格子戸を運ぶ
「日本の民俗 暮らしと生業」KADOKAWA　2014
　　◇図10-9〔白黒〕　富山県西礪波郡福岡町　㋞芳賀日出男, 昭和28年
「日本の民俗 下」クレオ　1997
　　◇図10-9〔白黒〕　富山県西礪波郡福岡町　㋞芳賀日出男, 昭和28年

### 肥おけを載せた荷車を曳く人
「宮本常一 写真・日記集成 上」毎日新聞社　2005
　　◇p127〔白黒〕(肥おけと勤め人と若い母子)　神奈川県横浜市港北区日吉　㋞宮本常一, 1959年6月2日

### コエカゴにサトイモを入れて運ぶ
「フォークロアの眼 3 運ぶ」国書刊行会　1977
　　◇図144〔白黒〕　新潟県古志郡山古志村木籠　㋞須藤功, 昭和46年7月5日

### コエカゴの一方の負縄を袖からはずし堆肥を落とす
「フォークロアの眼 3 運ぶ」国書刊行会　1977
　　◇図151〔白黒〕　岩手県稗貫郡大迫町大償　かついできたコエカゴの一方の負縄を袖からはずし、横にポンとはねると堆肥はそのまま畑に落ちる　㋞須藤功, 昭和43年5月6日

### コエカゴの上に葉をおく
「フォークロアの眼 3 運ぶ」国書刊行会　1977
　　◇図149〔白黒〕(雨で荷縄がぬれないように葉をおく)　新潟県古志郡山古志村虫亀　㋞須藤功, 昭和45年11月8日

### コエツギカゴ
「宮本常一 写真・日記集成 別巻」毎日新聞社　2005
　　◇図175(p32)〔白黒〕　新潟県岩船郡中俣村〔山北町〕　㋞宮本常一, 1940年［11月］

### 小桶をささぐアンコ
「日本郷土 風俗・民芸・芸能図鑑」日本図書センター　2012
　　◇写真篇 綜合〔白黒〕(あんこ)
「フォークロアの眼 3 運ぶ」国書刊行会　1977
　　◇図20〔白黒〕　東京都大島町三原山　㋞須藤功, 昭和51年5月22日(再現して撮影)

### 氷運び
「写真でみる日本人の生活全集 9」日本図書センター　2010
　　◇口絵〔白黒〕(冬の日の氷運び)　秋田県冨根町　㋞塚本信夫

### 小籠をかついで
「フォークロアの眼 3 運ぶ」国書刊行会　1977
　　◇図134〔白黒〕(柿のはいった小籠をかついで)　愛知県北設楽郡設楽町田峰　㋞須藤功, 昭和42年11月17日

### ゴザを運ぶ
「フォークロアの眼 3 運ぶ」国書刊行会　1977
　　◇図165〔白黒〕(祭りに使うゴザを運ぶ)　長野県下伊那郡阿南町新野　㋞須藤功, 昭和43年1月14日

### ゴザミノ
「図説 民俗探訪事典」山川出版社　1983
　　◇p19〔白黒〕(背当てのゴザミノと笠に紺襦袢)　埼玉県

### コシカゴ
「あるくみるきく双書 宮本常一とあるいた昭和の日本 19」農山漁村文化協会　2012
　　◇p98〔白黒〕　新潟県佐渡郡畑野町　苗、魚、海藻入れ　㋞工藤員功
「日本の生活文化財」第一法規出版　1965
　　◇図59(生産・運搬・交易)〔白黒〕　文部省史料館所蔵(東京都品川区)

### 腰提運搬
「図録・民具入門事典」柏書房　1991
　　◇p82〔白黒・図〕

### コシゾリ
「図録・民具入門事典」柏書房　1991
　　◇p88〔白黒〕　青森県
「写真 日本文化史 9」日本評論新社　1955
　　◇図168〔白黒〕　青森県　腰をかけてすべる

### コシビキ
「日本民俗図誌 9 住居・運輸篇」村田書店　1978
　　◇図164-2〔白黒・図〕　静岡県榛原郡初倉地方　腰に吊す

### ごぜん筥
「写真で見る農具 民具」農林統計協会　1988
　　◇p172〔白黒〕　山梨県甲府市　昭和30年頃まで

### コダシ
「日本社会民俗辞典 2」日本図書センター　2004
　　◇p803〔白黒〕　青森県北津軽郡
「日本民俗大辞典 上」吉川弘文館　1999
　　◇p832〔白黒・図〕(ヤマブドウの蔓皮製コダシ)　岩手県岩手郡葛巻町　名久井文明『樹皮の文化史』より
「日本の民具 3 山・漁村」慶友社　1992
　　◇図60〔白黒〕　山形県　㋞薗部澄
　　◇図61〔白黒〕　岩手県 九戸　㋞薗部澄
「写真で見る農具 民具」農林統計協会　1988
　　◇p173〔白黒〕　岩手県久慈市　使用年代不明
「日本民俗図誌 9 住居・運輸篇」村田書店　1978
　　◇図166-2〔白黒・図〕　岩手県九戸郡晴山村地方　クゾフジの蔓製　『民具問答』
「日本の生活文化財」第一法規出版　1965
　　◇図54(生産・運搬・交易)〔白黒〕　文部省史料館所蔵(東京都品川区)
　　◇図57(生産・運搬・交易)〔白黒〕　文部省史料館所蔵(東京都品川区)

### こだし(やっかり)
「日本の生活文化財」第一法規出版　1965
　　◇図55(生産・運搬・交易)〔白黒〕　小川原湖博物館所蔵(青森県三沢市)

### コダス
「民俗図録 日本人の暮らし」日本図書センター　2012
　　◇図418〔白黒〕(コダス(右側))　秋田県仙北郡生保内村　山仕事に行く途中。コダスを背負う　㋞三木茂
「図録・民具入門事典」柏書房　1991
　　◇p85〔白黒〕　岩手県
「日本民俗図誌 9 住居・運輸篇」村田書店　1978
　　◇図144-2〔白黒・図〕　山形県西置賜地方

### コテボ
「日本の民具 3 山・漁村」慶友社　1992
　　◇図63〔白黒〕　長崎県　㋞薗部澄
「図録・民具入門事典」柏書房　1991
　　◇p87〔白黒〕　長崎県

### 子どもをおぶって一輪車でハタハタを運ぶ夫婦
「写真ものがたり昭和の暮らし 9」農山漁村文化協会　2007
　　◇p120〔白黒〕　秋田県湯沢市三関　㋞加賀谷政雄, 昭和34年

### 子供と一緒に山菜とりに
「フォークロアの眼 3 運ぶ」国書刊行会 1977
◇図75〔白黒〕 宮城県刈田郡七ヶ宿町稲子 〔袋物を肩にさげる〕 ㊙須藤功, 昭和43年5月27日

### 子供の車
「日本社会民俗辞典 3」日本図書センター 2004
◇p1157〔白黒〕 宮崎県高千穂町

### 子供用の橇（模型）
「日本民俗写真大系 1」日本図書センター 1999
◇p74〔白黒〕 サハリン アイヌ （財）アイヌ文化振興・研究推進機構提供

### 小荷物を降ろす
「宮本常一 写真・日記集成 下」毎日新聞社 2005
◇p329〔白黒〕 広島県府中市河佐→上下 福塩線の車窓から 〔駅のホーム〕 ㊙宮本常一, 1974年8月29日

### ゴミ運び舟
「日本社会民俗辞典 1」日本図書センター 2004
◇p380〔白黒〕 東京都

### 小屋を運ぶ
「日本民俗写真大系 1」日本図書センター 1999
◇p159〔白黒〕 北海道帯広市 馬が曳くのは、馬車を改良したもので歩道車と呼ぶ ㊙関口哲也, 1950年代後半

### ゴヨウカゴ
「あるくみるきく双書 宮本常一とあるいた昭和の日本 19」農山漁村文化協会 2012
◇p98〔白黒〕 新潟県佐渡郡畑野町 野菜などを運ぶ ㊙工藤員功

### ゴヨウカゴを背にして帰る
「あるくみるきく双書 宮本常一とあるいた昭和の日本 19」農山漁村文化協会 2012
◇p100〔白黒〕（市で買ったゴヨウカゴを背にして帰る） 新潟県佐渡郡佐和田町河原田 ㊙工藤員功

### コロ出し
「フォークロアの眼 2 雪国と暮らし」国書刊行会 1977
◇図155・157〔白黒〕 新潟県魚沼地方 大そりをあやつり山を降りる ㊙中俣正義, 昭和30年4月上旬

### コロの集積場から大そりをかついで山に登る青年
「フォークロアの眼 2 雪国と暮らし」国書刊行会 1977
◇図158〔白黒〕 新潟県魚沼地方 ㊙中俣正義, 昭和30年4月上旬

### コンニャク芋を背負って仮橋を渡る
「写真ものがたり昭和の暮らし 2」農山漁村文化協会 2004
◇p9〔白黒〕（仮橋をコンニャク芋を背負って渡る） 静岡県水窪町 ㊙昭和32年12月 （社）農山漁村文化協会提供

### 昆布を運ぶ娘
「写真でみる日本生活図引 2」弘文堂 1988
◇目次C〔白黒〕 ㊙菊池俊吉

### 桜島大根を背負って運ぶ
「日本郷土 風俗・民芸・芸能図鑑」日本図書センター 2012
◇写真篇 鹿児島〔白黒〕（桜島大根） 鹿児島県

### さす
「写真で見る農具 民具」農林統計協会 1988
◇p175〔白黒〕 高知県物部村 昭和10年頃
◇p175〔白黒〕 高知県土佐山田町 昭和20年頃まで

### サスで柴を運ぶ
「フォークロアの眼 3 運ぶ」国書刊行会 1977
◇図63〔白黒〕 高知県宿毛市芳奈 ㊙須藤功, 昭和42年4月1日
◇図64〔白黒〕 高知県土佐清水市 ㊙須藤功, 昭和42年3月31日

### サツマイモを背負う
「日本民俗写真大系 4」日本図書センター 1999
◇p183〔白黒〕 南宇和地方 ㊙原田政章, 1955年

### 皿かご
「写真で見る農具 民具」農林統計協会 1988
◇p171〔白黒〕 大阪府堺市 昭和30年頃まで

### サラニップ
「フォークロアの眼 3 運ぶ」国書刊行会 1977
◇図41〔白黒〕 北海道沙流郡平取町二風谷 ㊙須藤功, 昭和49年5月

### シカタ
「あるくみるきく双書 宮本常一とあるいた昭和の日本 21」農山漁村文化協会 2011
◇p153〔白黒〕 〔鹿児島県〕下甑島 下甑村 木綿絣 ㊙竹内淳子 村立歴史民俗資料館蔵

### シカタ・カイナワ
「図録・民具入門事典」柏書房 1991
◇p84〔白黒〕 鹿児島県 背負い運搬用具

### シタミ
「日本民俗写真大系 5」日本図書センター 2000
◇p69〔白黒〕 鹿児島県十島村口之島 ㊙1994年

### シタミを担ぐ女性
「日本民俗写真大系 5」日本図書センター 2000
◇p69〔白黒〕 鹿児島県十島村口之島 ㊙1994年

### 自転車で山から町へ炭を運ぶ
「写真ものがたり昭和の暮らし 2」農山漁村文化協会 2004
◇p147〔白黒〕 熊本県八代市西片町 ㊙麦島勝, 昭和23年4月

### シトバンドリ
「民具のみかた一心とかたち」第一法規出版 1983
◇p69〔白黒〕 山形県庄内地方

### シナの木の皮を入れて運ぶ
「フォークロアの眼 3 運ぶ」国書刊行会 1977
◇図124〔白黒〕 北海道沙流郡平取町二風谷 ㊙須藤功, 昭和47年4月16日

### 柴を運ぶ
「フォークロアの眼 3 運ぶ」国書刊行会 1977
◇図95〔白黒〕 山梨県北都留郡上野原町西原 ㊙須藤功, 昭和49年4月29日

### 柴木を背負った女
「写真ものがたり昭和の暮らし 9」農山漁村文化協会 2007
◇p184〔白黒〕（柴木を背負った女の人） 秋田県横手市 雪解けが始まっている田の中の一本道 ㊙佐藤久太郎, 昭和30年代

「フォークロアの眼 2 雪国と暮らし」国書刊行会 1977
◇図101〔白黒〕（柴木を背負った娘） 新潟県南魚沼郡六日町欠之上 ㊙中俣正義, 昭和30年4月上旬

### 柴草を負う女性
「宮本常一 写真・日記集成 上」毎日新聞社 2005
◇p386〔白黒〕（家畜のための柴草を負う女性） 長野県下伊那郡南信濃村和田→平岡 ㊙宮本常一, 1963年7月8日

### 柴草を背負う
「宮本常一が撮った昭和の情景 上」毎日新聞社 2009
◇p197〔白黒〕（家畜のための柴草を背負う） 長野県飯田市南信濃村和田付近 ㊙宮本常一, 1963年7月8日

「宮本常一 写真・日記集成 上」毎日新聞社 2005
◇p385〔白黒〕 長野県下伊那郡南信濃村和田→上村程野 ㊙宮本常一, 1963年7月8日

運搬　　　　　　　　　　　　　　交通・交易

### 砂利をとりにきた主婦たちの帰路
「写真でみる日本人の生活全集 10」日本図書センター　2010
　◇p39〔白黒〕(帰路)　宮崎市　大淀川の砂利をとりにきた主婦たち　㊙榎健三

### 砂利を運ぶ
「宮本常一 写真・日記集成 上」毎日新聞社　2005
　◇p186〔白黒〕　鹿児島県川辺郡坊津町　㊙宮本常一, 1960年4月20日

### 車力
「写真で見る農具 民具」農林統計協会　1988
　◇p164〔白黒〕　宮崎県日南市　昭和15〜32年頃まで

### シュータとカリノ
「宮本常一 写真・日記集成 別巻」毎日新聞社　2005
　◇図87(p23)〔白黒〕　鹿児島県・屋久島・永田[上屋久町]　㊙宮本常一, 1940年1月27日〜2月10日

### ショイカゴ
「日本民俗図誌 9 住居・運輸篇」村田書店　1978
　◇図159-2〔白黒・図〕　栃木県河内郡古里村　『民具問答』
　◇図169〔白黒・図〕　岩手県岩手郡御明神
「日本の生活文化財」第一法規出版　1965
　◇図56(生産・運搬・交易)〔白黒〕　文部省史料館所蔵(東京都品川区)
　◇図63・64(生産・運搬・交易)〔白黒〕　文部省史料館所蔵(東京都品川区)

### ショイコ
「宮本常一 写真・日記集成 上」毎日新聞社　2005
　◇p131〔白黒〕　静岡県磐田郡水窪町水窪→草木　㊙宮本常一, 1959年7月28日
「日本民具の造形」淡交社　2004
　◇p143〔白黒〕　和歌山県　海南市立歴史民俗資料館所蔵
「民俗資料選集 30 焼畑習俗Ⅱ」国土地理協会　2002
　◇p69(本文・写真13)〔白黒〕　山梨県南巨摩郡早川町奈良田　薪や収穫物・農具などをヤマハタに背負っていく
「図録・民具入門事典」柏書房　1991
　◇p86〔白黒〕　埼玉県
「民俗資料選集 9 山村の生活と用具」国土地理協会　1981
　◇p109(本文)〔白黒〕　愛知県北設楽郡津具村　昭和38年まで使用　ワラ製手編。山仕事をする者の作
　◇p109(本文)〔白黒〕　愛知県北設楽郡津具村　土地の山仕事をする者の作で、山仕事の道具入れ
「日本民俗図誌 9 住居・運輸篇」村田書店　1978
　◇図119-1〔白黒・図〕　三河地方
　◇図120-1〔白黒・図〕　山梨県東山梨郡勝沼地方
　◇図150-1〔白黒・図〕　長野県伊那郡赤岳地方　『山村小記』による

### しょいこ(カンバ)
「民俗資料選集 9 山村の生活と用具」国土地理協会　1981
　◇p107(本文)〔白黒〕　愛知県北設楽郡津具村　材質はサクラの皮

### しょいこ(背中当て)
「日本の民具 2 農村」慶友社　1992
　◇図65〔白黒〕　福島県南会津郡　㊙薗部澄

### 背負い子
「日本民具の造形」淡交社　2004
　◇p21〔白黒〕　山口県 東和町民俗資料収蔵庫所蔵

### 背負子
「日本民俗写真大系 7」日本図書センター　2000
　◇カバー背〔カラー〕(丹後の背負子)〔京都府〕　㊙森本孝
「写真でみる日本生活図引 2」弘文堂　1988
　◇図115〔白黒〕　新潟県佐渡郡小木町宿根木　女 ヒョウリョウトリ　㊙中俣正義, 昭和34年
「写真で見る農具 民具」農林統計協会　1988
　◇p169〔白黒〕　静岡県川根町

### ショイコを背負う
「宮本常一が撮った昭和の情景 上」毎日新聞社　2009
　◇p65〔白黒〕(ワンピース姿でショイコを背う)　静岡県浜松市天竜区水窪町　㊙宮本常一, 1959年7月28日

### 背負子を背負う小学生たち
「写真ものがたり昭和の暮らし 2」農山漁村文化協会　2004
　◇p10〔白黒〕　長野県阿智村　㊙熊谷元一, 昭和26年

### 背負子を背負ったまま山道で一休みする
「フォークロアの眼 3 運ぶ」国書刊行会　1977
　◇図91〔白黒〕　宮崎県西都市銀鏡　㊙須藤功, 昭和47年12月10日

### 背負子を背に山へ行く中学生
「写真ものがたり昭和の暮らし 6」農山漁村文化協会　2006
　◇p73〔白黒〕(中学生5人が背負子を背にこれから山へ行く)　埼玉県小鹿野町小鹿野　㊙武藤盈, 昭和30年12月

### しょいこだし
「日本の生活文化財」第一法規出版　1965
　◇図60(生産・運搬・交易)〔白黒〕　小川原湖博物館所蔵(青森県三沢市)

### 背負こだし
「写真で見る農具 民具」農林統計協会　1988
　◇p173〔白黒〕　岩手県軽米町

### 背負子でかつぐ
「フォークロアの眼 3 運ぶ」国書刊行会　1977
　◇図88〔白黒〕(背負子)　愛媛県宇和島市石応 段々畑にて　㊙須藤功, 昭和42年5月29日

### 背負子で干草を運ぶ
「フォークロアの眼 3 運ぶ」国書刊行会　1977
　◇図90〔白黒〕(干草を運ぶ)　広島県神石郡豊松村中筋〔背負子〕　㊙須藤功, 昭和47年5月29日

### 背負子で薪を運ぶ親子
「写真ものがたり昭和の暮らし 9」農山漁村文化協会　2007
　◇p94〔白黒〕　新潟県小木町宿根木(現佐渡市)　㊙中俣正義, 昭和34年

### 背負子に一斗桝と羽釜をつけ左手に風呂敷包みを持つ男の人
「写真ものがたり昭和の暮らし 9」農山漁村文化協会　2007
　◇p161〔白黒〕　長野県曾地村(現阿智村)　大売り出しの店でジャンバーを見る男の人は、背負子に一斗桝と羽釜をつけ、左手に風呂敷包みを持っている　㊙熊谷元一, 昭和24年

### ショイコにのせた背負いカゴ
「宮本常一 写真・日記集成 下」毎日新聞社　2005
　◇p341〔白黒〕　福岡県西区 玄界島　㊙宮本常一, 1975年3月25日

### 背負子による薪の担ぎ出し
「里山・里海 暮らし図鑑」柏書房　2012
　◇写1(p39)〔白黒〕　広島県庄原市

### ショイタ
「いまに伝える 農家のモノ・人の生活館」柏書房　2004
　◇p137 写真7〔白黒〕　埼玉県飯能市
「日本社会民俗辞典 2」日本図書センター　2004
　◇p804〔白黒〕　愛知県本郷町
「図録・民具入門事典」柏書房　1991
　◇p86〔白黒〕　千葉県
「日本民俗図誌 9 住居・運輸篇」村田書店　1978
　◇図121-1〔白黒・図〕　愛知県渥美郡伊良湖崎地方　早

川孝太郎採図

**ショイタの構造**
「いまに伝える 農家のモノ・人の生活館」柏書房 2004
　◇p137 図1〔白黒・図〕〔埼玉県〕

**しょいだら（背負俵）**
「日本の生活文化財」第一法規出版 1965
　◇図58（生産・運搬・交易）〔白黒〕 文部省史料館所蔵（東京都品川区）

**ショイバシゴ**
「民俗の事典」岩崎美術社 1972
　◇p222〔白黒・図〕
「日本の生活文化財」第一法規出版 1965
　◇図66（生産・運搬・交易）〔白黒〕 文部省史料館所蔵（東京都品川区）

**ショイモッコ**
「日本民具の造形」淡交社 2004
　◇p144〔白黒〕 岩手県 石鳥谷町歴史民俗資料館所蔵
「民俗資料叢書 1 田植の習俗1」平凡社 1965
　◇図34〔白黒〕 岩手県江刺市藤里　肥料、苗などの運搬

**ショイモッコの背面**
「民俗資料叢書 1 田植の習俗1」平凡社 1965
　◇図35〔白黒〕 岩手県江刺市藤里

**ショイワク**
「図録・民具入門事典」柏書房 1991
　◇p86〔白黒〕 静岡県

**少年ボッカ**
「民俗図録 日本人の暮らし」日本図書センター 2012
　◇図529〔白黒〕 福井県大野郡五箇村　㊤橋浦泰雄

**食卓を背おう**
「日本の民俗 暮らしと生業」KADOKAWA 2014
　◇図10-11〔白黒〕 新潟県新潟市　㊤芳賀日出男, 昭和28年
「日本の民俗 下」クレオ 1997
　◇図10-11〔白黒〕 新潟県新潟市　食卓を風呂敷に包んで運ぶ　㊤芳賀日出男, 昭和28年

**女性の荷物の持ち方**
「宮本常一 写真・日記集成 上」毎日新聞社 2005
　◇p389〔白黒〕 青森県むつ市田名部　田名部駅　㊤宮本常一, 1963年8月7日

**ジングル**
「図録・民具入門事典」柏書房 1991
　◇p89〔白黒〕 埼玉県　埼玉県立博物館所蔵

**じんぐるま（地車）**
「日本の生活文化財」第一法規出版 1965
　◇図50（概説）〔白黒・図〕

**人力車夫の溜場**
「日本社会民俗辞典 3」日本図書センター 2004
　◇p1157〔白黒・図〕 ㊤明治初年

**スキー（模型）**
「日本民俗写真大系 1」日本図書センター 1999
　◇p74〔白黒〕 シト サハリン　アイヌ　（財）アイヌ文化振興・研究推進機構提供

**杉っ葉を運ぶ**
「フォークロアの眼 3 運ぶ」国書刊行会 1977
　◇図135〔白黒〕 群馬県吾妻郡六合村赤岩　㊤須藤功, 昭和42年11月11日

**杉の葉を背負った親子**
「写真ものがたり昭和の暮らし 6」農山漁村文化協会 2006
　◇p70〔白黒〕（焚きつけに使う杉の葉を背負った親子） 秋田県横手市　㊤佐藤久太郎, 昭和30年代

**杉の葉を運ぶ少女**
「写真ものがたり昭和の暮らし 5」農山漁村文化協会 2005
　◇p42〔白黒〕（拾い集めた杉の葉を運ぶ少女） 長野県南信濃村　㊤須藤功, 昭和42年11月

**菅笠を運ぶ**
「日本の民俗 暮らしと生業」KADOKAWA 2014
　◇図10-10〔白黒〕 富山県西礪波郡福岡町　㊤芳賀日出男, 昭和28年
「日本の民俗 下」クレオ 1997
　◇図10-10〔白黒〕 富山県西礪波郡福岡町　120枚重ねて町の店へ運ぶ　㊤芳賀日出男, 昭和28年

**頭上運搬**
「日本の民俗 暮らしと生業」KADOKAWA 2014
　◇図10-5〔白黒〕 鹿児島県大島郡和泊町　蘇鉄の葉を頭の上に積みのせ、腰では木桶をささえて運ぶ　㊤芳賀日出男, 昭和31年
「あるくみるきく双書 宮本常一とあるいた昭和の日本 19」農山漁村文化協会 2012
　◇p188〔白黒〕 鹿児島県坊津　㊤工藤員功
　◇p188〔白黒〕 鹿児島県 徳之島　㊤伊藤碩男
　◇p188〔白黒〕 鹿児島県 沖永良部　㊤伊藤碩男
　◇p188〔白黒〕 沖縄県名護市　㊤神崎宣武
「民俗図録 日本人の暮らし」日本図書センター 2012
　◇図424〔白黒〕（運搬） 山口県萩市玉江浦　〔頭上運搬〕
　◇図425〔白黒〕（頭上運搬(1)） 鹿児島県中ノ島
　◇図426〔白黒〕（頭上運搬(2)） 香川県仲多度郡佐柳島　長崎　㊤武田明
　◇図427〔白黒〕（頭上運搬(3)） 東京都新島　㊤坂口一雄
　◇図428〔白黒〕（頭上運搬(4)） 三重県木ノ本町
「写真でみる日本人の生活全集 10」日本図書センター 2010
　◇p54〔白黒〕（荷を頭にのせてはこぶ） ㊤植村強
「宮本常一が撮った昭和の情景 上」毎日新聞社 2009
　◇p100〔白黒〕（頭上に物をのせて運ぶ） 鹿児島県南さつま市坊津町坊　㊤宮本常一, 1960年4月20日
「写真ものがたり昭和の暮らし 9」農山漁村文化協会 2007
　◇〔もくじ〕〔白黒〕 所蔵・瀬川清子
「精選 日本民俗辞典」吉川弘文館 2006
　◇p293〔白黒〕 香川県高松市男木島
「宮本常一 写真・日記集成 上」毎日新聞社 2005
　◇p185〔白黒〕（薪にする松の枝の頭上運搬） 鹿児島県川辺郡坊津町　㊤宮本常一, 1960年4月20日
　◇p185〔白黒〕（頭上運搬の人） 鹿児島県川辺郡坊津町　㊤宮本常一, 1960年4月20日
　◇p387〔白黒〕 東京都 新島村　㊤宮本常一, 1963年7月27日
「写真ものがたり昭和の暮らし 3」農山漁村文化協会 2004
　◇p26〔白黒〕 三重県熊野市磯崎町　山に薪取りに行き、頭上に頂いて帰ってくる女　㊤高橋文太郎, 昭和8年1月
　◇p27〔白黒〕 東京都新島村　麦袋を運ぶ　㊤坪井洋文, 昭和30年代
　◇p187〔白黒〕 香川県高松市・男木島　㊤永見武久, 昭和36年
「日本社会民俗辞典 1」日本図書センター 2004
　◇p80〔白黒〕 三重県泊村
「日本民俗大辞典 上」吉川弘文館 1999
　◇p912〔白黒〕 香川県高松市男木島
「日本民俗写真大系 4」日本図書センター 1999
　◇p119〔白黒〕（女木島の頭上運搬） 香川県女木島　㊤中村由信, 1960年
「日本の民俗 下」クレオ 1997
　◇図10-5〔白黒〕 鹿児島県大島郡和泊町　蘇鉄の葉を

頭の上に積みのせ、腰では木桶をささえて運ぶ　㊗芳賀日出男, 昭和31年
「図録・民具入門事典」柏書房　1991
　◇p82〔白黒・図〕
「民俗学辞典（改訂版）」東京堂出版　1987
　◇図版24（p306）〔白黒・図〕　（一）沖縄県糸満、（二）鹿児島県中之島、（三）東京都新島　橋浦泰雄画
　◇写真版　第九図　頭上運搬〔白黒〕　奄美大島住用村　折口信夫蔵
　◇写真版　第九図　頭上運搬〔白黒〕　沖縄本島糸満　折口信夫蔵
　◇写真版　第九図　頭上運搬〔白黒〕　伊豆式根島　民俗学研究所所蔵
「日本宗教民俗図典 1」法蔵館　1985
　◇図390〔白黒〕　沖縄県石垣市白保　㊗須藤功
「日本民俗図誌 9 住居・運輸篇」村田書店　1978
　◇図110〔白黒・図〕（桜島大根を笊に入れ頭上に載せて運ぶ）　鹿児島湾頭の桜島　絵・宮尾しげを
「フォークロアの眼 3 運ぶ」国書刊行会　1977
　◇図7〔白黒〕（タオルを間において泡盛を運ぶ）　沖縄県平良市池間島　㊗須藤功, 昭和48年10月26日
　◇図8〔白黒〕　沖縄県平良市池間島　㊗須藤功, 昭和48年10月25日
　◇図9〔白黒〕（大きな荷でも楽に運べる）　沖縄県那覇市平和通　㊗須藤功, 昭和51年3月4日
　◇図17〔白黒〕　鹿児島県川辺郡坊津町　㊗日本観光文化研究所 伊藤碩男, 昭和43年4月16日
　◇図18〔白黒〕（立ち話も荷を頭にのせたままで）　鹿児島県大島郡知名町大津勘　㊗日本観光文化研究所 伊藤碩男, 昭和43年4月1日
「民俗の事典」岩崎美術社　1972
　◇p216〔白黒〕　沖縄
「日本を知る事典」社会思想社　1971
　◇図80（p242）〔白黒〕（頭上運搬 ダラオケを頭で担ぐ）　伊豆神津島

## 頭上運搬に頭にのせるカブス（カブシ）
「日本社会民俗辞典 1」日本図書センター　2004
　◇p80〔白黒〕　鹿児島県十島村

## 頭上に頂く
「写真ものがたり昭和の暮らし 2」農山漁村文化協会　2004
　◇p84〔白黒〕（カライモを、竹製の大かごに入れて頭上に頂いて運ぶ）　鹿児島県坊津町　㊗小野重朗, 昭和39年
「写真でみる日本生活図引 2」弘文堂　1988
　◇図99〔白黒〕　鹿児島県川辺郡坊津町上ノ坊　カライモを入れたイゾケ（籠）をカンメル女　㊗小野重朗, 昭和39年

## 頭上に仔豚を載せて歩く女
「日本民俗図誌 9 住居・運輸篇」村田書店　1978
　◇図111〔白黒・図〕（活きた仔豚を無造作に縄で縛り頭上に載せて歩く女）　沖縄県那覇　絵・宮尾しげを

## 頭上にタンポをいだいた海女
「フォークロアの眼 3 運ぶ」国書刊行会　1977
　◇図34〔白黒〕　三重県鳥羽市石鏡　〔タンポを頭上で運ぶ海女〕　㊗須藤功, 昭和42年6月22日
　◇図35・37〔白黒〕　三重県鳥羽市菅島　しろんご祭りの日　㊗須藤功, 昭和47年7月29日

## 頭上の大きな網の袋に石花菜の乾燥したものを詰めて運ぶ
「日本民俗図誌 9 住居・運輸篇」村田書店　1978
　◇図108-1〔白黒・図〕　東京府 神津島

## 頭上の大きな笊に反物などを入れて載せ運ぶ
「日本民俗図誌 9 住居・運輸篇」村田書店　1978
　◇図108-2〔白黒・図〕　沖縄県与那原

## すた
「日本の民具 2 農村」慶友社　1992
　◇図75〔白黒〕　鹿児島県揖宿郡山川町　牛の荷鞍　㊗薗部澄

## 砂を肩で運ぶ
「フォークロアの眼 3 運ぶ」国書刊行会　1977
　◇図69〔白黒〕（庭先に敷く砂を肩で運ぶ）　沖縄県八重山郡竹富町西表島祖納　祭りの日　㊗須藤功, 昭和49年10月25日

## 炭を運ぶ
「日本民俗写真大系 2」日本図書センター　1999
　◇p186〔白黒〕　岩手県一戸町　馬の背の両脇に4俵ずつ振り分け、背に子供を乗せている　㊗田村淳一郎, 1957年

## スミツボ（手持運搬具）
「図録・民具入門事典」柏書房　1991
　◇p87〔白黒〕（スミツボ）　東京都八丈島　手持運搬具

## すみとり
「日本の生活文化財」第一法規出版　1965
　◇図52（生産・運搬・交易）〔白黒〕　土や石を運ぶ　和鋼記念館所蔵（島根県安来市）

## 炭はこび
「写真でみる日本人の生活全集 9」日本図書センター　2010
　◇口絵〔白黒〕　開拓地の子供たち

## セアテ（背当て）
「写真でみる日本人の生活全集 2」日本図書センター　2010
　◇p63〔白黒〕　山形県金山町　ベコのせり市

## セイタ
「宮本常一 写真・日記集成 別巻」毎日新聞社　2005
　◇図309（p51）〔白黒〕　青森県・津軽・板柳［北津軽郡板柳町］　㊗宮本常一, 1941年7月
「日本民俗図誌 9 住居・運輸篇」村田書店　1978
　◇図119-2〔白黒・図〕　長野県下伊那郡川路村地方

## セイタで麦を運ぶおばあさん
「フォークロアの眼 3 運ぶ」国書刊行会　1977
　◇図97〔白黒〕（セイタで麦を運ぶ八十歳のおばあさん）　長野県下伊那郡上村下栗　㊗須藤功, 昭和51年5月11日

## セイワク
「日本民俗図誌 9 住居・運輸篇」村田書店　1978
　◇図123-2〔白黒・図〕　静岡県田方郡修善寺地方

## せえで
「日本の民具 3 山・漁村」慶友社　1992
　◇図68〔白黒〕　東京都 青ヶ島　㊗薗部澄

## 背負い運搬
「あるくみるきく双書 宮本常一とあるいた昭和の日本 19」農山漁村文化協会　2012
　◇p188〔白黒〕　鹿児島県坊津　㊗工藤員功
　◇p188〔白黒〕　沖縄県国頭村　㊗工藤員功
「日本民俗写真大系 6」日本図書センター　2000
　◇p153〔白黒〕　長崎県平島　㊗野口武徳, 1969年
「図録・民具入門事典」柏書房　1991
　◇p82〔白黒・図〕
「日本民俗文化財事典（改訂版）」第一法規出版　1979
　◇図200〔白黒〕　愛知県北設楽地方　ショイオケ

## 背負運搬具
「精選 日本民俗辞典」吉川弘文館　2006
　◇p302～303〔白黒・図〕
「日本民俗大辞典 上」吉川弘文館　1999
　◇p936〔白黒・図〕

## 背負いかご（運搬用）
「民俗資料選集 23 北上山地の畑作習俗」国土地理協会

1995
　　◇p197（本文）〔白黒〕　　岩手県気仙郡住田町世田米、大股　竹製

**背負籠**
「あるくみるきく双書 宮本常一とあるいた昭和の日本 19」農山漁村文化協会　2012
　　◇p164〔白黒〕　　熊本県上益城郡山都町 蘇陽峡の谷底 カリメゴ、カライ、カルイなどと呼ぶ　㊞宮本常一, 昭和37年10月
「日本郷土 風俗・民芸・芸能図鑑」日本図書センター　2012
　　◇写真篇 岐阜〔白黒〕　　岐阜県 竹の表皮を編んだもの
「精選 日本民俗辞典」吉川弘文館　2006
　　◇p123〔白黒〕　　武蔵野美術大学民俗資料室所蔵
「日本民具の造形」淡交社　2004
　　◇p41〔白黒〕（背負い籠）　静岡県 本川根町資料館やまびこ所蔵
　　◇p143〔白黒〕（背負い籠）　鹿児島県 出水市歴史民俗資料館
　　◇p144〔白黒〕　　愛媛県 別子銅山記念館所蔵
「日本民俗大辞典 上」吉川弘文館　1999
　　◇p337〔白黒〕　　武蔵野美術大学民俗資料室所蔵
「日本の民具 2 農村」慶友社　1992
　　◇図70〔白黒〕　　宮崎県西臼杵郡高千穂町　㊞薗部澄
「図録・民具入門事典」柏書房　1991
　　◇p85〔白黒〕　　東京都
「写真でみる日本生活図引 2」弘文堂　1988
　　◇図117〔白黒〕　　愛媛県西宇和郡三崎町正野　これから潜りに行く海士、段々畑へ行く女　㊞新田好, 昭和26年
「日本民俗図誌 9 住居・運輸篇」村田書店　1978
　　◇151-1・2〔白黒・図〕　　千葉県安房郡保田
　　◇152-1・2〔白黒・図〕　　千葉県安房郡白浜
　　◇図153-1〔白黒・図〕　　八丈島　前額に紐をかける
　　◇図153-2〔白黒・図〕　　東京府 新島　両肩にかける
　　◇図154-1〔白黒・図〕　　福島県安積郡翁島
　　◇図154-2〔白黒・図〕　　東京府 御蔵島
　　◇図155-1〔白黒・図〕　　飛騨高山
　　◇図157-1〔白黒・図〕　　秋田県小坂
　　◇図158-1〔白黒・図〕　　埼玉県入間郡高麗地方
　　◇図158-2〔白黒・図〕　　伊豆地方
　　◇図160-1〔白黒・図〕　　岩手県九戸郡葛巻地方　『民具問答』
　　◇図161-1〔白黒・図〕　　岐阜県太田
　　◇図161-2〔白黒・図〕　　岩手県胆沢郡水沢にての所見 採図
　　◇図164-1〔白黒・図〕　　岩手県雫石附近　腰に吊す
　　◇図164-3〔白黒・図〕　　山梨県日野春地方
　　◇図165-2〔白黒・図〕　　宮崎県地方　竹製　日本民芸館所蔵
　　◇図168-1〔白黒・図〕　　静岡地方　角型のもの
　　◇図168-2〔白黒・図〕　　千葉県安房郡北条　角型のもの
「フォークロアの眼 3 運ぶ」国書刊行会　1977
　　◇図130〔白黒〕　　愛媛県西宇和郡三崎町正野　右の方が少し高くなっている　㊞須藤功, 昭和42年5月30日
　　◇図131〔白黒〕　　愛媛県西宇和郡三崎町正野　㊞須藤功, 昭和42年5月30日
　　◇図133〔白黒〕（よく使いこんである背負籠）　長野県下伊那郡阿南町温田　㊞須藤功, 昭和44年8月6日
　　◇図138〔白黒〕　　岩手県花巻市花巻温泉　㊞須藤功, 昭和43年5月5日

**背負籠運搬の一例**
「日本民俗図誌 9 住居・運輸篇」村田書店　1978
　　◇図117-1〔白黒・図〕　　房州地方

**背負籠をかついで帰る**
「フォークロアの眼 3 運ぶ」国書刊行会　1977
　　◇図140〔白黒〕（仕事を終えてわが家に帰る）　岩手県宮古市　㊞須藤功, 昭和44年6月19日

**背負籠を背負って山に仕事に行く**
「フォークロアの眼 3 運ぶ」国書刊行会　1977
　　◇図129〔白黒〕　　宮崎県西都市銀鏡　㊞須藤功, 昭和48年12月17日

**背負い籠で石炭を運ぶ**
「写真でみる日本人の生活全集 2」日本図書センター　2010
　　◇p73〔白黒〕（スゲガサ）　新潟県下越地方　ミノの上にセアテ（背当て）をつけ, 背負い籠で石炭を運ぶ

**背負籠で物資を運ぶ**
「フォークロアの眼 3 運ぶ」国書刊行会　1977
　　◇図128〔白黒〕（はるか上にある家に背負籠で物資を運ぶ）　宮崎県東臼杵郡椎葉村十根川　㊞須藤功, 昭和44年11月7日

**背負いカゴなどによる柴の持ち帰り**
「里山・里海 暮らし図鑑」柏書房　2012
　　◇写2 (p39)〔白黒〕　　鹿児島県伊仙町犬田布　昭和45年　スタジオカガワ提供

**背負いカゴに唐傘**
「宮本常一 写真・日記集成 下」毎日新聞社　2005
　　◇p20〔白黒〕　　奈良県吉野郡天川村　㊞宮本常一, 1965年4月12日～13日

**背負台**
「日本民俗誌 9 住居・運輸篇」村田書店　1978
　　◇図127-1〔白黒・図〕　　岡山県小田郡北木島　『民俗学』2-11

**背負簞笥**
「日本民具の造形」淡交社　2004
　　◇p143〔白黒〕　　富山県 氷見市立博物館所蔵

**背負縄（オイナワの使用法）**
「日本民俗大辞典 上」吉川弘文館　1999
　　◇p937〔白黒・図〕

**背負箱**
「図録・民具入門事典」柏書房　1991
　　◇p85〔白黒〕　　山形県

**背負はしご**
「写真で見る農具 民具」農林統計協会　1988
　　◇p169〔白黒〕　　福島県郡山市

**背負梯子**
「日本民俗大辞典 上」吉川弘文館　1999
　　◇p937〔白黒・図〕　　大分県, 徳島県, 福島県　豊後型有爪型（大分県）, 山地型有爪化型（徳島県）, 平地型無爪型（福島県）
「日本の民具 3 山・漁村」慶友社　1992
　　◇図55〔白黒〕　　石川県〔輪島市〕南志見　㊞薗部澄
　　◇図56〔白黒〕　　静岡県 浜名　㊞薗部澄
　　◇図57〔白黒〕　　岡山県 邑久　㊞薗部澄
「民具のみかた一心とかたち」第一法規出版　1983
　　◇p75〔白黒〕（セオイバシゴ（背負梯子））　岐阜県久瀬村
「図説 民俗探訪事典」山川出版社　1983
　　◇p229〔白黒・図〕（背負梯子のいろいろ）
「日本民俗図誌 9 住居・運輸篇」村田書店　1978
　　◇図120-2〔白黒・図〕　　滋賀県伊香郡高時村
　　◇図120-3〔白黒・図〕　　青森県八戸市鮫
　　◇図121-2〔白黒・図〕　　山梨県勝沼
　　◇図123-3〔白黒・図〕　　東京府 御庫島
　　◇図123-4〔白黒・図〕　　岩手県岩手郡御明神村
　　◇図124-1・2〔白黒・図〕　　埼玉県秩父郡三ッ峰山麓
　　◇図125-1〔白黒・図〕　　埼玉県児玉郡北泉村
　　◇図125-2〔白黒・図〕　　静岡県駿東郡小山町
　　◇図125-3〔白黒・図〕　　岩手県岩手郡鴬宿
　　◇図126-1〔白黒・図〕　　岩手県鴬宿

運搬　　　　　　　　　　　　　　交通・交易

　　◇図126-3〔白黒・図〕　岐阜県大野郡一宮
　　◇図127-3〔白黒・図〕(背負梯)　岐阜県大野郡一宮
「日本民俗事典」弘文堂　1972
　　◇p380〔白黒〕(背負い梯子)　㊙萩原秀三郎

**背負梯子に背負籠をつけた一例**
「日本民俗図誌 9 住居・運輸篇」村田書店　1978
　　◇図163-1〔白黒・図〕　山梨県東山梨郡勝沼地方

**背負梯子による薪の運搬姿態**
「日本民俗図誌 9 住居・運輸篇」村田書店　1978
　　◇図116-1〔白黒・図〕　京都府愛宕郡途中村

**背負梯子に藁編みの背負袋をとりつけたもの**
「日本民俗図誌 9 住居・運輸篇」村田書店　1978
　　◇図123-1〔白黒・図〕　秩父地方

**背負紐の構造**
「日本民俗図誌 9 住居・運輸篇」村田書店　1978
　　◇図114-1～3〔白黒・図〕(従来市販の背負紐の構造)

**背負嚢**
「日本民俗図誌 9 住居・運輸篇」村田書店　1978
　　◇図139-2〔白黒・図〕　岐阜県大野郡宮村所見採図
　　◇図140-1〔白黒・図〕　山形県置賜地方
　　◇図140-2〔白黒・図〕　岐阜県高山での採図
　　◇図141-1〔白黒・図〕　山形県村山地方
　　◇図142-1〔白黒・図〕　村山地方
　　◇図142-2〔白黒・図〕　長野県飯田地方
　　◇図143-2〔白黒・図〕　岩手県岩手郡鶯宿
　　◇図144-1〔白黒・図〕　岩手県岩泉
　　◇図145-1〔白黒・図〕　庄内
　　◇図145-2〔白黒・図〕　羽前村山地方
　　◇図147-1〔白黒・図〕　長野県西筑摩郡福島
　　◇図147-2〔白黒・図〕　岩手県平館

**背負袋**
「日本郷土 風俗・民芸・芸能図鑑」日本図書センター　2012
　　◇写真篇 岩手〔白黒〕　岩手県
「日本の民具 3 山・漁村」慶友社　1992
　　◇図64〔白黒〕　地域不明　㊙薗部澄
「写真で見る農具 民具」農林統計協会　1988
　　◇p173〔白黒〕　福島県金山町

**背負もつこ**
「写真で見る農具 民具」農林統計協会　1988
　　◇p172〔白黒〕　岩手県久慈市　昭和30年頃まで

**背負うカゴ**
「民俗資料選集 23 北上山地の畑作習俗」国土地理協会　1995
　　◇p140(本文)〔白黒・図〕　岩手県岩泉町安家地区　焼畑の農具, 大きなタル(樽)や人糞尿入れのタゴを運ぶ

**背負うタゴ**
「民俗資料選集 23 北上山地の畑作習俗」国土地理協会　1995
　　◇p140(本文)〔白黒・図〕　岩手県岩泉町安家地区　焼畑の農具, 人糞尿入れ

**背負うふたり**
「宮本常一 写真・日記集成 上」毎日新聞社　2005
　　◇p253〔白黒〕　長崎県 五島列島中通島有川(南松浦郡有川町)〔新上五島町〕　㊙宮本常一, 1961年4月24日

**背負った大きな荷物にもマント**
「写真ものがたり昭和の暮らし 9」農山漁村文化協会　2007
　　◇p104〔白黒〕　新潟県松之町(現十日町市)　降りしきる雪道を行く　㊙小見重義, 昭和55年12月

**背負って運ぶ**
「あるくみるきく双書 宮本常一とあるいた昭和の日本 20」農山漁村文化協会　2012
　　◇p126〔白黒〕(荷縄で背負って運ぶ)　京都市北区雲ヶ畑出谷町　松上げの松明を運ぶ
「あるくみるきく双書 宮本常一とあるいた昭和の日本 23」農山漁村文化協会　2012
　　◇p139〔白黒〕(干し柿用の西条柿を背負って帰る農夫)　広島市北端明神下　日暮れ
「写真でみる日本人の生活全集 10」日本図書センター　2010
　　◇p81〔白黒〕(山形の女達)　山形県北村山郡
　　◇p87〔白黒〕(成女)　山口県阿武郡広村相島　ミハバマエダレトノスを背負っている
「写真ものがたり昭和の暮らし 6」農山漁村文化協会　2006
　　◇p71〔白黒〕　青森県東通村　母親がかまちを荷縄で背負う。大根一本に荷縄をかけ子どもが背負う　㊙須藤功, 昭和43年4月
　　◇p71〔白黒〕　新潟県相川町岩屋口(現佐渡市)　母親は背にかます、絣模様の着物を着た男の子は竹籠を背負っている　㊙中俣正義, 昭和29年9月
　　◇p72〔白黒〕　長野県阿智村　母親が背負子で薪、板片、紙袋の肥料の灰を背負う。学童服の子が板材を背負う　㊙熊谷元一, 昭和32年
「宮本常一 写真・日記集成 上」毎日新聞社　2005
　　◇p340〔白黒〕(荷を負う老女)　山口県阿武郡川上村　㊙宮本常一, 1962年9月6日
「日本民俗写真大系 5」日本図書センター　2000
　　◇p170〔白黒〕(荷物の運搬)　高知県 沖の島　急な石の坂道を背負って運ぶ　㊙原田政章, 1963年
「日本民俗写真大系 8」日本図書センター　2000
　　◇p81〔白黒〕　新潟県相川町〔松丸太を背負って運ぶ女性たち〕素足に草鞋、脚絆、前掛け姿　㊙中俣正義, 1949年
「フォークロアの眼 3 運ぶ」国書刊行会　1977
　　◇図96〔白黒〕　愛知県北設楽郡東栄町月　帰りには中に柿がいっぱい　㊙須藤功, 昭和45年11月24日
　　◇図102〔白黒〕(ワク)　新潟県古志郡山古志村梶金〔背負って運ぶ〕　㊙須藤功, 昭和46年6月7日
　　◇図107〔白黒〕(山の畑から大根を運ぶ)　新潟県古志郡山古志村梶金　㊙須藤功, 昭和45年11月13日
　　◇図110〔白黒〕("わたしだってこんなおもいダイコンをかつげるのよ")　青森県下北郡東通村上田代　㊙須藤功, 昭和43年3月31日
　　◇図111〔白黒〕(山里の人はいくつになっても荷をかつぐ)　岩手県遠野市土淵山口　㊙須藤功, 昭和42年5月9日
　　◇図123〔白黒〕(山から帰ったおじさん)　宮城県刈田郡七ヶ宿町湯原　一つのワラ籠には山菜が、もう一つには苗木がはいっていた　㊙須藤功, 昭和43年5月26日
　　◇図137〔白黒〕(大きな荷)　福島県田村郡三春町　中は張子のダルマ　㊙須藤功, 昭和46年1月12日

**背籠や腰籠にいっぱい山菜をいれて山から帰ってきた人達**
「フォークロアの眼 3 運ぶ」国書刊行会　1977
　　◇図195〔白黒〕　青森県下北郡佐井村長後　㊙須藤功, 昭和43年3月28日

**石材の積み出し**
「日本民俗写真大系 4」日本図書センター　1999
　　◇p120〔白黒〕　香川県小豆島内海村　㊙薗部澄, 1955年

**セゴ**
「日本民俗図誌 9 住居・運輸篇」村田書店　1978
　　◇図146-2〔白黒・図〕　岐阜県恵那郡三濃村　藁製『民具問答』による

**せーた**
「写真 日本文化史 9」日本評論新社　1955
　　◇図107の右〔白黒〕　富山県　背負いばしご

交通・交易　　　　　　　　　　　　　　　　　　　　　　　運搬

**背夕**
「写真で見る農具 民具」農林統計協会　1988
　◇p169〔白黒〕　岐阜県藤橋村　大正時代

**背丈を越える大きな荷を背負子につけて背負い、立ちあがろうとしている**
「写真ものがたり昭和の暮らし 2」農山漁村文化協会　2004
　◇p11〔白黒〕　広島県豊松村　荷は堆肥にする枯れ草　㊙須藤功, 昭和46年

**石花菜搬出の姿態**
「日本民俗図誌 9 住居・運輸篇」村田書店　1978
　◇図106-1〔白黒・図〕　東京府 大島泉津村

**背でソリを運ぶ**
「フォークロアの眼 3 運ぶ」国書刊行会　1977
　◇図211〔白黒〕　秋田県仙北郡西木村　㊙須藤功, 昭和44年2月13日

**セナカアテ**
「民俗資料選集 3 紡織習俗Ⅰ」国土地理協会　1975
　◇p19（口絵）〔白黒〕　新潟県　越後のアンギン紡織
「日本の生活文化財」第一法規出版　1965
　◇図69（生産・運搬・交易）〔白黒〕　文部省史料館所蔵（東京都品川区）
「写真 日本文化史 9」日本評論新社　1955
　◇図58〔白黒〕

**セナカアデ**
「日本写真全集 9」小学館　1987
　◇図193〔白黒〕　南秋田郡金足村　㊙三木茂　『雪の民俗』（昭和19年 養徳社刊）

**背中あて**
「宮本常一 写真・日記集成 上」毎日新聞社　2005
　◇p390〔白黒〕　青森県下北郡東通村下田代　㊙宮本常一, 1963年8月9日
「日本民具の造形」淡交社　2004
　◇p281〔白黒〕　宮城県 秋保民俗資料館所蔵
「フォークロアの眼 3 運ぶ」国書刊行会　1977
　◇図99〔白黒〕　新潟県古志郡山古志村梶金　少年の背中よりも大きい　㊙須藤功, 昭和46年10月23日

**背中当て**
「日本民具の造形」淡交社　2004
　◇p144〔白黒〕　兵庫県 上月町歴史民俗資料館所蔵
「民俗資料選集 23 北上山地の畑作習俗」国土地理協会　1995
　◇p197（本文）〔白黒〕（背中あて（運搬用））　岩手県気仙郡住田町世田米、大股
「日本の民具 2 農村」慶友社　1992
　◇図63〔白黒〕　長野県下高井郡堺村　㊙薗部澄
「図説 民俗探訪事典」山川出版社　1983
　◇p231〔白黒・図〕　『奥民図彙』より
「日本民俗図誌 9 住居・運輸篇」村田書店　1978
　◇図129-1・2〔白黒・図〕　新潟県中頸城郡金谷村　図2：着用の姿態
　◇図130-1〔白黒・図〕　青森県鮫
　◇図130-2〔白黒・図〕　岩手県胆沢郡愛宕
　◇図131-1〔白黒・図〕　岩手県稗貫郡花巻地方
　◇図131-2〔白黒・図〕　岩手県釜石附近
　◇図132-2〔白黒・図〕　福島県大沼郡高田町
　◇図133-1〔白黒・図〕　岩手県花巻
　◇図133-2〔白黒・図〕　山形県新庄地方
　◇図134〔白黒・図〕　山形県地方　日本民芸館所蔵の逸物によって採図

**背中あてを肩において**
「フォークロアの眼 3 運ぶ」国書刊行会　1977
　◇図70〔白黒〕　宮崎県西都市銀鏡　㊙須藤功, 昭和44年12月9日

**背中当てをして荷縄で背負う**
「写真ものがたり昭和の暮らし 9」農山漁村文化協会　2007
　◇p7〔白黒〕　新潟県長岡市蓬平　菰でくるんだ荷　㊙中俣正義, 昭和32年4月

**背中あてをつけて背負籠をかつぐ**
「フォークロアの眼 3 運ぶ」国書刊行会　1977
　◇図136〔白黒〕　福島県郡山市高栄　㊙須藤功, 昭和45年10月31日

**背中当てを着けて背負った俵の下に杖をあててひと休みする**
「写真ものがたり昭和の暮らし 9」農山漁村文化協会　2007
　◇p95〔白黒〕　秋田県山内村小松川（現横手市）　雪沓に滑り止めの藁を巻いた男の人　㊙佐藤久太郎, 昭和33年1月

**セナカアテをつける**
「民俗資料選集 3 紡織習俗Ⅰ」国土地理協会　1975
　◇p19（口絵）〔白黒〕　新潟県　越後のアンギン紡織

**背中あてのある背負子**
「フォークロアの眼 3 運ぶ」国書刊行会　1977
　◇図89〔白黒〕　広島県神石郡豊松村中筋　㊙須藤功, 昭和47年5月29日

**背中こうじ**
「日本民具の造形」淡交社　2004
　◇p27〔白黒〕　島根県 瑞穂町郷土館所蔵

**セナカチ**
「宮本常一 写真・日記集成 別巻」毎日新聞社　2005
　◇図167（p30）〔白黒〕　新潟県岩船郡塩野町村〔朝日村〕　㊙宮本常一, 1940年［11月］
　◇図175（p32）〔白黒〕　新潟県岩船郡中俣村〔山北町〕　㊙宮本常一, 1940年［11月］

**セナカチとニカワ**
「民俗図録 日本人の暮らし」日本図書センター　2012
　◇図417〔白黒〕（オイコ（右）セナカチとニカワ（左））　島根県八束郡本庄村手角　㊙三木茂

**背に鞍を置いた牛**
「写真ものがたり昭和の暮らし 3」農山漁村文化協会　2004
　◇p199〔白黒〕　東京都青ヶ島村　船からおろした荷を運ぶ　㊙坪井洋文, 昭和33年7月

**前頭部で運ぶ**
「写真でみる日本生活図引 2」弘文堂　1988
　◇図101〔白黒〕　鹿児島県大島郡徳之島町西阿木名　徳之島では前頭部運搬をハンギルといい、竹籠に結んだ負縄を額に掛けて運ぶ　㊙伊藤碩男, 昭和43年4月4日

**そうけ**
「写真で見る農具 民具」農林統計協会　1988
　◇p171〔白黒〕　高知県物部村　昭和40年頃まで　農産物を運搬する竹製容器

**ソーケ**
「宮本常一 写真・日記集成 別巻」毎日新聞社　2005
　◇図88（p23）〔白黒〕　鹿児島県・屋久島［種子島］・熊野［中種子町］　㊙宮本常一, 1940年1月27日～2月10日

**ソリ**
「図録・民具入門事典」柏書房　1991
　◇p88〔白黒〕　東京都
「写真で見る農具 民具」農林統計協会　1988
　◇p167〔白黒〕　新潟県越路町　昭和31年頃
　◇p168〔白黒〕　石川県金沢市　昭和20年頃まで
　◇p168〔白黒〕　山梨県早川町
「フォークロアの眼 2 雪国と暮らし」国書刊行会　1977
　◇図88〔白黒〕　新潟県中頸城郡名香山村（現在は妙高高原町）街のメーンストリート　㊙中俣正義, 昭和27

年2月下旬
「日本の生活文化財」第一法規出版　1965
◇図47（概説）〔白黒〕
◇図79（生産・運搬・交易）〔白黒〕　日本民家集落博物館所蔵（大阪府豊中市）

### 橇
「民俗図録 日本人の暮らし」日本図書センター　2012
◇図436〔白黒〕　福井県大野郡五箇村上打波　[撮]橋浦泰雄
「日本民俗図誌 9 住居・運輸篇」村田書店　1978
◇図183〔白黒・図〕　青森の商店などで使用　『民族芸術』1-11
◇図184-1・2〔白黒・図〕　青森地方農家使用
◇図184-3・5〔白黒・図〕
◇図185〔白黒・図〕　青森地方使用
◇図186-1〔白黒・図〕　青森地方使用　箱型のもの
◇図186-2〔白黒・図〕　人力車の車輪をはずして人を運ぶ橇としたもの
◇図187-1〔白黒・図〕　岩手県大沢地方　荷物運搬用

### 橇を曳く
「写真でみる日本生活図引 2」弘文堂　1988
◇図126〔白黒〕　秋田県平鹿郡山内村土淵　[撮]佐藤久太郎, 昭和35年2月

### そりで荷物の運搬
「フォークロアの眼 2 雪国と暮らし」国書刊行会　1977
◇図90〔白黒〕　新潟県高田市（現在は上越市）寺町　[撮]中俣正義, 昭和36年1月中旬

### 橇で運ぶ
「写真でみる日本生活図引 2」弘文堂　1988
◇図124〔白黒〕　新潟県北魚沼郡小出町　[撮]中俣正義, 昭和30年代

### ソリテンビン
「写真ものがたり昭和の暮らし 3」農山漁村文化協会　2004
◇p28〔白黒〕　東京都新島村・式根島　[撮]須藤功, 昭和51年5月（使い方を再現）
「日本社会民俗辞典 1」日本図書センター　2004
◇p81〔白黒〕　伊豆新島
「日本の民具 2 農村」慶友社　1992
◇図76〔白黒〕　東京都新島本村　[撮]薗部澄
「図録・民具入門事典」柏書房　1991
◇p83〔白黒〕　東京都新島
「写真でみる日本生活図引 2」弘文堂　1988
◇図100〔白黒〕（天秤棒を頂く）　東京都新島本村・式根島　ソリテンビン　[撮]須藤功, 昭和51年5月21日
「フォークロアの眼 3 運ぶ」国書刊行会　1977
◇図25〔白黒〕　東京都新島本村式根島　[撮]須藤功, 昭和51年5月21日（再現して撮影）

### ソリ天秤
「日本民俗写真大系 3」日本図書センター　1999
◇p109〔白黒〕（V字状をしたソリ天秤）　東京都 式根島　[撮]須藤功, 1976年
「日本民俗図誌 9 住居・運輸篇」村田書店　1978
◇図104-2〔白黒・図〕　東京府 新島

### 橇による運搬
「日本社会民俗辞典 1」日本図書センター　2004
◇p80〔白黒〕　岐阜県高山市

### 橇のような台に乗せて刈った草を運ぶ
「写真ものがたり昭和の暮らし 6」農山漁村文化協会　2006
◇p83〔白黒〕（刈った草を橇のような台に乗せて小屋に運ぶ三兄弟）　熊本県小国町　[撮]麦島勝, 昭和28年10月

### ソリ道
「日本民俗文化財事典（改訂版）」第一法規出版　1979
◇図202〔白黒〕　埼玉県

### 大根を運ぶ
「日本民俗写真大系 2」日本図書センター　1999
◇p187〔白黒〕　岩手県一戸町　〔馬で運ぶ, 背に負う〕　[撮]田村淳一郎, 1958年

### 大根をリヤカーに積む
「写真ものがたり昭和の暮らし 1」農山漁村文化協会　2004
◇p39〔白黒〕（畑から抜いた大根をリヤカーに積む）　秋田県南外村楢岡　[撮]大野源二郎, 昭和38年

### 台車
「宮本常一 写真・日記集成 下」毎日新聞社　2005
◇p312〔白黒〕　香川県坂出市与島　[撮]宮本常一, 1973年8月17～18日

### 大豆をひょいとかついで
「フォークロアの眼 3 運ぶ」国書刊行会　1977
◇図72〔白黒〕　新潟県古志郡山古志村梶金　[撮]須藤功, 昭和46年10月24日

### 大八車
「日本民具の造形」淡交社　2004
◇p148〔白黒〕　千葉県 千葉県立博物館房総のむら所蔵
「日本民俗大辞典 下」吉川弘文館　2000
◇p17〔白黒〕　東京都練馬区　車輪に鉄を巻いた大八車　練馬区郷土資料室所蔵
「写真でみる日本生活図引 2」弘文堂　1988
◇図129〔白黒〕　新潟県南魚沼郡六日町　[撮]大正9年　林明男提供

### 大八車を曳く
「写真ものがたり昭和の暮らし 9」農山漁村文化協会　2007
◇p174〔白黒〕　長野県曾地村（現阿智村）　荷台に筵、草、農機具のようなものを積む　[撮]熊谷元一, 昭和31年

### 大八車で刈りイネを運搬
「里山・里海 暮らし図鑑」柏書房　2012
◇写3（p227）〔白黒〕　福井県高浜町安土　昭和30年　[撮]横田文雄　高浜町郷土資料館提供

### 大八車と駕籠
「民俗図録 日本人の暮らし」日本図書センター　2012
◇図440〔白黒〕　大阪府泉北郡南横山村父鬼　[撮]鈴木東一

### 大八車に足の不自由なおばあさんを乗せて病院に連れて行く子どもたち
「写真ものがたり昭和の暮らし 6」農山漁村文化協会　2006
◇p82～83〔白黒〕　熊本県錦町　[撮]麦島勝, 昭和50年3月

### 大八車にケヤキの切株をのせて運ぶ
「写真ものがたり昭和の暮らし 9」農山漁村文化協会　2007
◇p174〔白黒〕（ゴムタイヤの大八車にケヤキの切株をのせて運ぶ）　新潟県六日町（現南魚沼市）　[撮]中俣正義, 昭和30年5月

### 堆肥の運搬
「図録・民具入門事典」柏書房　1991
◇p87〔白黒〕　栃木県

### 大六車
「今は昔 民具など」文芸社　2014
◇p24〔白黒〕　[撮]山本富三　京の田舎民具資料館蔵

### タガラ
「図録・民具入門事典」柏書房　1991
◇p84〔白黒〕　新潟県
「民俗資料叢書 5 田植の習俗2」平凡社　1967
◇p89（挿12）〔白黒・図〕　茨城県 旧川根村　背負籠

### 高輪車
「日本民俗文化財事典（改訂版）」第一法規出版　1979
◇図201〔白黒〕　埼玉県

交通・交易　　　　　　　　　　　　　　　　　　　　　　運搬

タキ木を運搬整理する子供
　「写真でみる日本人の生活全集 3」日本図書センター　2010
　　◇p112〔白黒〕(子供とタキ木)　白川村　タキ木を運搬整理する子供

薪を運ぶ
　「写真でみる日本人の生活全集 3」日本図書センター　2010
　　◇p105〔白黒〕(薪はこび)　山村の学校
　「宮本常一が撮った昭和の情景 上」毎日新聞社　2009
　　◇p70〔白黒〕　新潟県佐渡市北狄　㊙宮本常一、1959年8月5日
　「写真ものがたり昭和の暮らし 6」農山漁村文化協会　2006
　　◇p85〔白黒〕(薪を自転車で運ぶ)　熊本県四浦村(現相良村)　㊙麦島勝、昭和26年3月
　「宮本常一 写真・日記集成 上」毎日新聞社　2005
　　◇p134〔白黒〕(薪運び)　新潟県佐渡郡相川町[佐渡市]北狄　㊙宮本常一、1959年8月5日
　　◇p380〔白黒〕(薪を運ぶ人)　青森県下北郡大間町→東通村目名　㊙宮本常一、1963年6月21日
　「写真でみる日本生活図引 別巻」弘文堂　1993
　　◇図202〔白黒〕(薪)　長野県下伊那郡阿智村　トラックを頼み薪を運んでもらう　㊙熊谷元一、昭和31年12月17日
　　◇図303〔白黒〕(薪運び)　長野県下伊那郡阿智村　桑株を畚で運んでいる　㊙熊谷元一、昭和32年3月9日
　　◇図363〔白黒〕(薪)　長野県下伊那郡阿智村　朝使う薪を運ぶ　㊙熊谷元一、昭和32年5月8日
　「写真でみる日本生活図引 6」弘文堂　1993
　　◇図16〔白黒〕(薪)　滋賀県大津市国分　おばあさん。薪を運ぶ　㊙前野隆資、昭和30年11月3日
　「写真でみる日本生活図引 2」弘文堂　1988
　　◇図112〔白黒〕(薪を運ぶ娘)　新潟県南魚沼郡六日町欠之上　㊙中俣正義、昭和30年4月
　「日本民俗図誌 9 住居・運輸篇」村田書店　1978
　　◇図106-2〔白黒・図〕(薪の運搬)　東京府 三宅島坪田村
　「フォークロアの眼 3 運ぶ」国書刊行会　1977
　　◇図105〔白黒〕(火葬場に薪を運ぶ)　新潟県古志郡山古志村梶金　㊙須藤功、昭和46年2月7日
　　◇図163〔白黒〕(薪を抱えて運ぶ)　愛知県南設楽郡鳳来町七郷一色字黒沢　㊙須藤功、昭和42年12月17日

駄鞍
　「日本民具の造形」淡交社　2004
　　◇p147〔白黒〕　北海道 釧路市立博物館所蔵

竹籠を肩にのせて
　「フォークロアの眼 3 運ぶ」国書刊行会　1977
　　◇図73〔白黒〕　愛知県北設楽郡東栄町古戸　㊙須藤功、昭和42年11月24日

竹籠を両側にかけた真っ直ぐな丸棒を肩に置いている女の子
　「写真ものがたり昭和の暮らし 6」農山漁村文化協会　2006
　　◇p78〔白黒〕　秋田県湯沢市　㊙加賀谷政雄、昭和30年代

竹かごに入れたりんごをてんびん棒で運ぶ
　「写真ものがたり昭和の暮らし 1」農山漁村文化協会　2004
　　◇p191〔白黒〕(採ったリンゴを竹かごに入れて、てんびん棒で運ぶ)　岩手県一戸町　㊙田村淳一郎、昭和32年

竹かごのひもを前頭部にかけて運ぶ
　「宮本常一 写真・日記集成 下」毎日新聞社　2005
　　◇p75〔白黒〕(ものを運ぶには竹カゴのひもを額に当てて)　東京都 青ヶ島　㊙宮本常一、1966年7月27日
　「写真ものがたり昭和の暮らし 3」農山漁村文化協会　2004
　　◇p29〔白黒〕(サツマイモを入れた竹かごのひもを前頭部にかけて運ぶ)　沖縄県国頭村　前頭部支持運搬　㊙須藤功、昭和48年8月

竹カゴのヒモを額に当てて背負う
　「宮本常一が撮った昭和の情景 下」毎日新聞社　2009
　　◇p37〔白黒〕(竹カゴのヒモを額に当てて背負う独特の運び方)　東京都青ヶ島村　㊙宮本常一、1966年7月27日

竹細工やかんじきを背負う人
　「写真ものがたり昭和の暮らし 9」農山漁村文化協会　2007
　　◇p193〔白黒〕　秋田県羽後町　羽後三輪駅前　㊙佐藤久太郎、昭和34年1月

竹ざるに野菜を入れて運ぶ
　「フォークロアの眼 3 運ぶ」国書刊行会　1977
　　◇図16〔白黒〕　鹿児島県大島郡与論町東　㊙須藤功、昭和51年4月7日(再現して撮影)

たけぞり
　「日本の生活文化財」第一法規出版　1965
　　◇図48(概説)〔白黒〕

竹橇
　「日本民具の造形」淡交社　2004
　　◇p24〔白黒〕　新潟県 長岡市郷土資料館所蔵

タス
　「フォークロアの眼 2 雪国と暮らし」国書刊行会　1977
　　◇図114〔白黒〕　新潟県南魚沼郡六日町欠之上　藁製　㊙中俣正義、昭和30年2月下旬

駄着鞍
　「写真で見る農具 民具」農林統計協会　1988
　　◇p6〔白黒〕(鞍)　秋田県藤里町　駄着鞍

駄付もつこ
　「写真で見る農具 民具」農林統計協会　1988
　　◇p173〔白黒〕　岩手県大野村　使用年代不明

谷を渡して張られたワイヤーで材木や畑作物を運ぶ
　「あるくみるきく双書 宮本常一とあるいた昭和の日本 21」農山漁村文化協会　2011
　　◇p87〔白黒〕　徳島県木頭村

駄馬用鞍
　「日本民具の造形」淡交社　2004
　　◇p147〔白黒〕　愛知県 知立市歴史民俗資料館所蔵

玉橇
　「日本民具の造形」淡交社　2004
　　◇p148〔白黒〕　北海道 富良野市博物館所蔵

タラ
　「フォークロアの眼 3 運ぶ」国書刊行会　1977
　　◇図42〔白黒〕　北海道沙流郡平取町二風谷　㊙須藤功、昭和49年5月

ダラオケとショイコ
　「図録・民具入門事典」柏書房　1991
　　◇p86〔白黒〕　愛知県

タルササギ
　「日本民俗写真大系 3」日本図書センター　1999
　　◇p108〔白黒〕　東京都 神津島　「カツオ釣り神事」で女装した青年がカツオを入れた樽を頭上運搬する　㊙湊嘉秀、1990年

俵をかつぐ
　「日本の民俗 暮らしと生業」KADOKAWA　2014
　　◇p10-12〔白黒〕　秋田県平鹿郡平鹿町　㊙芳賀日出男、昭和40年
　「日本の民俗 下」クレオ　1997
　　◇p10-14〔白黒〕　秋田県平鹿郡平鹿町　背負子を使ってかつぐ　㊙芳賀日出男、昭和40年

俵を運ぶ男
　「写真でみる日本生活図引 2」弘文堂　1988
　　◇目次G〔白黒〕　㊙佐藤久太郎

民俗風俗 図版レファレンス事典(衣食住・生活篇)　**599**

### 畜力による運搬
「日本民俗事典」弘文堂　1972
　◇p82〔白黒〕　鹿児島県徳之島　㈹北見俊夫

### 茶を運ぶ
「写真でみる日本生活図引 1」弘文堂　1989
　◇目次C〔白黒〕　㈹熊谷元一

### チャスケビク
「日本民俗図誌 9 住居・運輸篇」村田書店　1978
　◇図177-1〔白黒・図〕　静岡県浜名郡伊佐見村　弁当を入れて背負う藁製角型の俵　『静岡県方言誌』

### 昼食を背にして野良へ行く
「フォークロアの眼 3 運ぶ」国書刊行会　1977
　◇図121〔白黒〕　岩手県下閉伊郡山田町大沢　㈹須藤功、昭和44年6月19日

### 朝鮮型のショイコで肥料を運ぶ
「宮本常一 写真・日記集成 下」毎日新聞社　2005
　◇p35〔白黒〕　長野県南安曇郡奈川村古宿　㈹宮本常一、1965年7月25日

### ちんちょう
「写真で見る農具 民具」農林統計協会　1988
　◇p175〔白黒〕　宮崎県延岡市　昭和30年代頃まで

### チンポカゴ
「図録・民具入門事典」柏書房　1991
　◇p85〔白黒〕　香川県
「日本民俗文化財事典（改訂版）」第一法規出版　1979
　◇図199〔白黒〕（肩抜き運搬（チンポカゴ））　香川県伊吹島

### 津軽の男
「日本写真全集 9」小学館　1987
　◇図105〔白黒〕　青森中里近郷　駄賃づけ〔馬橇で木材運搬の副業をする農民〕　㈹濱谷浩、昭和30年

### 対馬の馬
「民俗図録 日本人の暮らし」日本図書センター　2012
　◇図441〔白黒〕　長崎県下縣郡佐須村小茂田　㈹井之口章次

### つづらめご
「写真で見る農具 民具」農林統計協会　1988
　◇p173〔白黒〕　宮崎県日之影町

### 土そり
「写真で見る農具 民具」農林統計協会　1988
　◇p167〔白黒〕　岩手県久慈市

### 土橇
「民俗図録 日本人の暮らし」日本図書センター　2012
　◇図434〔白黒〕　青森県西津軽郡深浦町追良瀬　㈹櫻庭武則
「日本民俗大辞典 上」吉川弘文館　1999
　◇p988〔白黒〕　青森県西津軽郡深浦町　㈹桜庭武則　成城大学民俗学研究所所蔵

### 土運び
「写真でみる日本生活図引 別巻」弘文堂　1993
　◇図253〔白黒〕　長野県下伊那郡阿智村　㈹熊谷元一、昭和32年1月20日

### 土畚
「日本民具の造形」淡交社　2004
　◇p146〔白黒〕　兵庫県 赤穂市歴史博物館所蔵

### つのぬき
「写真で見る農具 民具」農林統計協会　1988
　◇p300〔白黒〕　奈良県吉野町　明治時代から大正時代

### 壺笊
「日本民俗図誌 9 住居・運輸篇」村田書店　1978
　◇図156-1〔白黒・図〕　仙台地方　『民族学』2-1

### ティルで運ぶ
「写真でみる日本生活図引 2」弘文堂　1988
　◇図102〔白黒〕（稲を運ぶ）　鹿児島県名瀬市小湊　ティルという竹籠に結んだティルノオという負縄を、女は前頭部に掛けて運ぶ。男は肩に掛けて運ぶ　㈹北見俊夫、昭和30年7月
「フォークロアの眼 3 運ぶ」国書刊行会　1977
　◇図12〔白黒〕（サツマイモをティルで運ぶ少女）　沖縄県国頭郡国頭村奥　㈹須藤功、昭和48年9月18日

### 手カギ
「写真で見る農具 民具」農林統計協会　1988
　◇p175〔白黒〕　大阪府池田市　昭和30年頃まで
　◇p176〔白黒〕　福井県福井市　昭和35年頃まで

### 手籠
「写真で見る農具 民具」農林統計協会　1988
　◇p170〔白黒〕（手籠）　栃木県粟野町　大正時代から昭和10年頃まで

### 手籠でサザエを運ぶ少女
「フォークロアの眼 3 運ぶ」国書刊行会　1977
　◇図167〔白黒〕　青森県下北郡佐井村牛滝　㈹須藤功、昭和43年3月29日

### テゴ
「宮本常一 写真・日記集成 別巻」毎日新聞社　2005
　◇図165（p30）〔白黒〕　新潟県岩船郡塩野町村蒲萄〔朝日村〕　㈹宮本常一、1940年〔11月〕
　◇図167（p30）〔白黒〕　新潟県岩船郡塩野町村〔朝日村〕　㈹宮本常一、1940年〔11月〕
「日本の民具 3 山・漁村」慶友社　1992
　◇図72〔白黒〕　山形県　㈹薗部澄
「日本民俗図誌 9 住居・運輸篇」村田書店　1978
　◇図148-1〔白黒・図〕　新潟県岩船郡栗島村　カツラ（蔓）製　『民具問答』による
　◇図156-2〔白黒・図〕　鹿児島県悪石島　『民族学』2-1

### テゴッタワラ
「いまに伝える 農家のモノ・人の生活館」柏書房　2004
　◇p159 写真2〔白黒〕　埼玉県川口市　サツマイモの運搬

### 手提籠
「日本民俗大辞典 上」吉川弘文館　1999
　◇p337〔白黒〕　武蔵野美術大学民俗資料室所蔵

### 手提行李
「日本民具の造形」淡交社　2004
　◇p146〔白黒〕　兵庫県 有年民俗資料館所蔵

### 手提柳行李
「日本民具の造形」淡交社　2004
　◇p146〔白黒〕　岐阜県 久々野町歴史民俗資料館所蔵

### 鉄索を運ぶ
「写真でみる日本生活図引 2」弘文堂　1988
　◇図111〔白黒〕　静岡県磐田郡佐久間町　㈹昭和9年頃 平賀孝晴提供

### 手曳車
「写真で見る農具 民具」農林統計協会　1988
　◇p164〔白黒〕　京都府京都市　大正15年製、昭和20年代まで使用

### テボをつけたオイコ
「宮本常一 写真・日記集成 上」毎日新聞社　2005
　◇p267〔白黒〕（新しい農道にテボをつけたオイコ）　柱島（山口県岩国市）　㈹宮本常一、1961年8月26日

### 手持運搬
「図録・民具入門事典」柏書房　1991

交通・交易　　　　　　　　　　　　　　　　　　　　運搬

◇p82〔白黒・図〕

**手持ちのトランク**
「フォークロアの眼 3 運ぶ」国書刊行会　1977
　◇図114〔白黒〕（手持ちのトランクは重そうだ）　青森県下北郡佐井村長後　㊙須藤功,昭和43年3月28日

**テル**
「日本の民俗 暮らしと生業」KADOKAWA　2014
　◇カバー〔白黒〕（奄美大島のてる）　鹿児島県大島郡龍郷町　㊙芳賀日出男,昭和31年
　◇図10-6〔白黒〕　鹿児島県大島郡龍郷町　㊙芳賀日出男,昭和31年
「日本社会民俗辞典 1」日本図書センター　2004
　◇p81〔白黒・図〕　奄美大島　『南島雑話補遺篇』
「日本の民俗 下」クレオ　1997
　◇図10-6〔白黒〕　鹿児島県大島郡龍郷町　㊙芳賀日出男,昭和31年
「日本の民具 2 農村」慶友社　1992
　◇図69〔白黒〕　鹿児島県大島 宇検村　㊙薗部澄
「日本の生活文化財」第一法規出版　1965
　◇図61・62（生産・運搬・交易）〔白黒〕　文部省史料館所蔵（東京都品川区）

**テル（手籠）**
「民具のみかた—心とかたち」第一法規出版　1983
　◇p15〔カラー〕　鹿児島県徳之島

**テルをかつぐ少女**
「フォークロアの眼 3 運ぶ」国書刊行会　1977
　◇図13〔白黒〕　鹿児島県大島郡徳之島町西阿木名　少女も一人前にテルをかついで、これから畑仕事に行くのだという　㊙日本観光文化研究所 伊藤碩男,昭和43年4月4日

**テルを使って男は肩で運ぶ**
「フォークロアの眼 3 運ぶ」国書刊行会　1977
　◇図14〔白黒〕　鹿児島県大島郡笠利町赤木名　㊙須藤功,昭和51年3月5日

**テングサを頭上で運ぶ**
「フォークロアの眼 3 運ぶ」国書刊行会　1977
　◇図27〔白黒〕　東京都大島町差木地　㊙日本観光文化研究所 菅沼清美,昭和42年5月
　◇図34〔白黒〕（網につつんだテングサ〔を頭上で運ぶ海女〕）　三重県鳥羽市石鏡　㊙須藤功,昭和42年6月22日

**テングサを運ぶ海女**
「フォークロアの眼 3 運ぶ」国書刊行会　1977
　◇図32〔白黒〕　三重県鳥羽市石鏡　〔頭上運搬〕　㊙須藤功,昭和42年6月22日

**てんご**
「民俗図録 日本人の暮らし」日本図書センター　2012
　◇図259〔白黒〕（オミカゴその他）　岐阜県揖斐郡徳山村塚　タチ臼の上にオミカゴ、臼の前にテンゴ（背負籠）　㊙櫻田勝徳
「日本の民具 3 山・漁村」慶友社　1992
　◇図59〔白黒〕　山形県西田川郡　手回り携行品を入れる背負い袋　㊙薗部澄

**天秤による頭上運搬の姿態**
「日本民俗図誌 9 住居・運輸篇」村田書店　1978
　◇図105-2〔白黒・図〕　東京府 神津島

**天びん棒**
「民俗資料選集 23 北上山地の畑作習俗」国土地理協会　1995
　◇p140（本文）〔白黒・図〕　岩手県岩泉町安家地区　焼畑の農具、人糞尿（ジキ）入れるタゴをかける

**天秤棒**
「日本民俗大辞典 下」吉川弘文館　2000
　◇p172〔白黒・図〕　香川県引田町, 塩江町, 詫間町, 高松市　ロクシャク棒（香川県引田町）, タビオーコ（買物用、香川県塩江町）, イネカギ（鉤用、鹿児島県佐多町）, トンギリオーコ（尖棒、香川県詫間町）, 八角トギリボー（尖棒、香川県塩江町）, 桐のオーコ（差担棒、高松市女木島）
「日本の民俗 下」クレオ　1997
　◇図10-7〔白黒〕　大分県豊後高田市　㊙芳賀日出男,昭和37年
「写真で見る農具 民具」農林統計協会　1988
　◇p174〔白黒〕　大阪府池田市　明治時代から昭和30年頃まで

**天秤棒をかついで朝市から帰る**
「宮本常一が撮った昭和の情景 上」毎日新聞社　2009
　◇p164〔白黒〕（呼子の朝市）　佐賀県唐津市呼子町　空になったザルを天秤棒で担いで家路につく　㊙宮本常一,1962年8月9日

**天秤棒を担いで行く人を見送る、大きなリュックサックを背負った宮本常一**
「写真ものがたり昭和の暮らし 10」農山漁村文化協会　2007
　◇p125〔白黒〕　鹿児島県・薩摩半島　㊙神保教子,昭和35年4月

**天秤棒を担ぐ女の人**
「写真ものがたり昭和の暮らし 9」農山漁村文化協会　2007
　◇カバー, p192〔写真・カラー/白黒〕　石川県・能登半島　両端の竹籠にたくさんの柴木　㊙棚池信行,昭和30年代
「宮本常一 写真・日記集成 上」毎日新聞社　2005
　◇p330〔白黒〕（朝市から帰る）　呼子　㊙宮本常一,1962年8月9日
「日本民俗写真大系 5」日本図書センター　2000
　◇p181〔白黒〕（テンピン棒で担ぐ女性）　宮崎県串間市都井岬　㊙薗部澄,1959年

**天秤棒を使う人**
「宮本常一 写真・日記集成 上」毎日新聞社　2005
　◇p190〔白黒〕　鹿児島県出水郡長島町指江→蔵之元　㊙宮本常一,1960年4月22日

**天秤棒で運ぶ**
「フォークロアの眼 3 運ぶ」国書刊行会　1977
　◇図50〔白黒〕（荷を運ぶ人もいれば、遊びの子もいる）　高知県土佐清水市下ノ加江 漁村の裏路　天秤棒で運ぶ　㊙須藤功,昭和42年4月1日
　◇図55〔白黒〕（線路づたいに近道を行く）　和歌山県西牟婁郡すさみ町　天秤棒で運ぶ　㊙須藤功,昭和42年10月30日

**天秤棒で水を担ぐ**
「いまに伝える 農家のモノ・人の生活館」柏書房　2004
　◇p296 写真6〔白黒〕（天秤棒で水を担ぐようす）　埼玉県所沢市・中富民俗資料館

**天秤棒で物を運ぶ**
「宮本常一が撮った昭和の情景 上」毎日新聞社　2009
　◇p98～99〔白黒〕（天秤棒で物を運ぶ）　鹿児島県出水郡長島町指江から蔵之元へ　㊙宮本常一,1960年4月22日

**天秤棒で野菜を運ぶ**
「フォークロアの眼 3 運ぶ」国書刊行会　1977
　◇図54〔白黒〕（わが家に野菜を運ぶ）　和歌山県西牟婁郡すさみ町　天秤棒で運ぶ　㊙須藤功,昭和42年10月25日

**砥石を入れたブドウ蔓籠の紐に草刈鎌を差す**
「写真ものがたり昭和の暮らし 9」農山漁村文化協会　2007
　◇p91〔白黒〕（腰の左に吊るす砥石を入れたブドウ蔓籠の紐に、草刈鎌を差す）　福島県下郷町大内　㊙須藤功,昭和44年8月

### 砥石を持って
「写真でみる日本生活図引 2」弘文堂　1988
◇図121〔白黒〕　新潟県両津市願　草刈場（秣場）へ、砥石と、鎌を研ぐときに必要な水のはいった薬罐や金盥を持って行く女　[撮]中俣正義, 昭和30年代

### 道具をかついで野良に出掛ける
「フォークロアの眼 3 運ぶ」国書刊行会　1977
◇図139〔白黒〕　福島県南会津郡下郷町大内　〔背負籠をかついだまま洗い物をしている人と立ち話〕　[撮]須藤功, 昭和44年8月3日

### トウジンガルイ
「民俗図録 日本人の暮らし」日本図書センター　2012
◇図422〔白黒〕　宮崎県西臼杵郡岩戸村　背負梯子　[撮]三木茂

### 唐人かるい
「写真で見る農具 民具」農林統計協会　1988
◇p169〔白黒〕　宮崎県日之影町
◇p169〔白黒〕　宮崎県西都市

### ドウセイ
「民俗資料選集 30 焼畑習俗Ⅱ」国土地理協会　2002
◇p69（本文・写真11）〔白黒〕　山梨県南巨摩郡早川町奈良田　山入りの際に、弁当などを入れて背負う

### ドウセイとビク
「民俗資料選集 30 焼畑習俗Ⅱ」国土地理協会　2002
◇p82（本文）〔白黒〕　山梨県南巨摩郡早川町奈良田

### 頭部支持背負い運搬
「日本民俗文化財事典（改訂版）」第一法規出版　1979
◇図195〔白黒〕　東京都三宅島

### 道路工事の砂を運ぶ
「宮本常一が撮った昭和の情景 上」毎日新聞社　2009
◇p72〔白黒〕　新潟県佐渡市松ヶ崎　[撮]宮本常一, 1959年8月11日
「宮本常一 写真・日記集成 上」毎日新聞社　2005
◇p144〔白黒〕　新潟県佐渡郡畑野町［佐渡市］松ヶ崎　[撮]宮本常一, 1959年8月11日

### ナイハコビ
「日本民俗図誌 9 住居・運輸篇」村田書店　1978
◇図179-3〔白黒・図〕　静岡県田方郡中狩野村地　『静岡県方言誌』
◇図179-4〔白黒・図〕　静岡県引佐郡東浜名村地方　籐製　『静岡県方言誌』

### ナタカゴ（鉈籠）
「民具のみかた―心とかたち」第一法規出版　1983
◇p76〔白黒〕　石川県白山麓

### 荷揚げ
「日本民俗写真大系 4」日本図書センター　1999
◇p87〔白黒〕　愛媛県瀬戸町 海岸　潜りの漁期が過ぎたあと　[撮]1966年
「写真でみる日本生活図引 2」弘文堂　1988
◇図113〔白黒〕　新潟県長岡市蓬平　生活物資を背負い雪道を歩く人夫　[撮]中俣正義, 昭和32年4月
「フォークロアの眼 2 雪国と暮らし」国書刊行会　1977
◇図179〔白黒〕　新潟県古志郡太田村（現在は長岡市）蓬平　春の風口峠にて　[撮]中俣正義, 昭和32年4月上旬

### 荷揚げ用背負板使用の一例
「日本民俗図誌 9 住居・運輸篇」村田書店　1978
◇図116-2〔白黒・図〕　青森地方

### 荷い棒
「写真で見る農具 民具」農林統計協会　1988
◇p174〔白黒〕　福井県三国町　明治時代から昭和30年頃まで

### 荷馬
「図説 日本民俗学」吉川弘文館　2009
◇p175〔白黒〕　石川県志賀町
「写真でみる日本生活図引 2」弘文堂　1988
◇図130〔白黒〕　長野県上水内郡信濃町　[撮]昭和9年　平塚市博物館提供

### 荷負縄
「日本の民具 3 山・漁村」慶友社　1992
◇図51〔白黒〕　地域不明　[撮]薗部澄

### 荷を担ぐ女性
「宮本常一 写真・日記集成 上」毎日新聞社　2005
◇p389〔白黒〕　青森県三沢市→むつ市田名部　[撮]宮本常一, 1963年8月7日

### 荷を積む牛
「宮本常一 写真・日記集成 上」毎日新聞社　2005
◇p217〔白黒〕　熊本県 阿蘇山麓　[撮]宮本常一, 1960年11月3日

### 荷をとりに行く娘
「写真でみる日本人の生活全集 10」日本図書センター　2010
◇p78〔白黒〕　雪国の運搬　[撮]森井一二

### 荷を運ぶ
「宮本常一 写真・日記集成 上」毎日新聞社　2005
◇p327〔白黒〕　加唐島（佐賀県東松浦郡鎮西町）　竹で編んだ魚を干すテラス。背中のコモも魚を干すためか　[撮]宮本常一, 1962年8月8日

### 荷を運ぶ牛
「写真でみる日本生活図引 2」弘文堂　1988
◇図138〔白黒〕　栃木県那須郡那須町　[撮]昭和5年9月28日　平塚市博物館提供
◇図139〔白黒〕　熊本県阿蘇郡小国町杖立　[撮]宮本常一, 昭和35年11月3日

### 荷カギ
「写真で見る農具 民具」農林統計協会　1988
◇p176〔白黒〕　秋田県大内町　昭和10年から35年頃まで

### 荷鞍
「日本民具の造形」淡交社　2004
◇p147〔白黒〕　長野県 高山村歴史民俗資料館所蔵
「写真で見る農具 民具」農林統計協会　1988
◇p6〔白黒〕　岩手県軽米町

### 荷車
「写真でみる日本生活図引 別巻」弘文堂　1993
◇図137〔白黒〕　長野県下伊那郡阿智村　[撮]矢沢昇, 昭和31年10月22日
「写真で見る農具 民具」農林統計協会　1988
◇p164〔白黒〕　広島県沼隈町　昭和40年代まで

### 荷車にのせた風呂桶に子どもを入れて家に向かう
「写真ものがたり昭和の暮らし 6」農山漁村文化協会　2006
◇p23〔白黒〕　秋田県横手市　[撮]佐藤久太郎, 昭和32年12月

### ニケラ
「図録・民具入門事典」柏書房　1991
◇p84〔白黒〕　岩手県　背負運搬具

### 荷ゲラ
「日本社会民俗辞典 2」日本図書センター　2004
◇p805〔白黒〕　岩手県西磐井郡

### 二斗ざる
「写真で見る農具 民具」農林統計協会　1988
◇p171〔白黒〕　千葉県君津市

### ニナアギとバケツの水汲み
「日本民俗写真大系 5」日本図書センター 2000
◇p102〔白黒〕 鹿児島県屋久島 [撮]薗部澄, 1963年

### ニナイ
「いまに伝える 農家のモノ・人の生活館」柏書房 2004
◇p296 写真5〔白黒〕 埼玉県所沢市 水を運ぶ

### 担い鉤
「日本民具の造形」淡交社 2004
◇p145〔白黒〕 北海道 利尻富士町郷土資料館所蔵

### 担い籠
「日本民俗図誌 9 住居・運輸篇」村田書店 1978
◇図170-1〔白黒・図〕 東京府 新島 ソリ天秤で前後に担う
◇図170-2〔白黒・図〕 京都 行商人のもの
◇図172〔白黒・図〕 静岡地方
◇図172-1・2〔白黒・図〕 静岡地方 縄をつけて天秤棒で担ぐ 『静岡県方言誌』
◇図173-1〔白黒・図〕 仙台地方 天秤で担う
◇図173-2〔白黒・図〕 長崎県大村地方 野菜類の担い商い用
◇図177-2〔白黒・図〕 青森県西津軽郡鰺ヶ沢
◇図178-2〔白黒・図〕 青森県鰺ヶ沢

### 担い俵
「日本民俗図誌 9 住居・運輸篇」村田書店 1978
◇図175-2〔白黒・図〕 長崎県大村 藁製

### ニナイモッコ
「いまに伝える 農家のモノ・人の生活館」柏書房 2004
◇p159 写真3〔白黒〕 埼玉県皆野町 サツマイモの運搬

### 荷縄を首からはずす少年
「フォークロアの眼 3 運ぶ」国書刊行会 1977
◇図98〔白黒〕 新潟県古志郡山古志村梶金 [撮]須藤功, 昭和46年10月23日

### 荷縄で稲を運ぶ少年
「フォークロアの眼 3 運ぶ」国書刊行会 1977
◇図103〔白黒〕(太い荷縄で稲を運ぶ少年) 新潟県古志郡山古志村梶金 [撮]須藤功, 昭和46年9月30日

### 荷縄の結び方
「図録・民具入門事典」柏書房 1991
◇p84〔白黒〕 新潟県

### 荷馬車
「日本民俗写真大系 8」日本図書センター 2000
◇p150〜151〔白黒〕 小松市 安宅の関付近の海辺 [撮]薗部澄, 1955年
「写真でみる日本生活図引 2」弘文堂 1988
◇図136〔白黒〕 宮城県仙台市 [撮]菊池俊吉, 昭和29年9月

### 荷馬車鞍
「写真で見る農具 民具」農林統計協会 1988
◇p7〔白黒〕 岩手県軽米町

### 荷馬車で運ぶ
「日本民俗写真大系 7」日本図書センター 2000
◇p188〔白黒〕(工事に使う川砂や玉砂利を採取し荷馬車で運ぶ) 鳥取県鳥取市 千代川 [撮]沖正, 1950年代前期

### 荷棒
「写真で見る農具 民具」農林統計協会 1988
◇p170〔白黒〕 静岡県川根町

### 荷物を運ぶ
「写真ものがたり昭和の暮らし 5」農山漁村文化協会 2005
◇p86〔白黒〕 熊本県芦北町瀬戸石 〔ダム建設にともなう移転のため〕 [撮]麦島勝, 昭和32年11月

### にんぼう
「日本の民具 3 山・漁村」慶友社 1992
◇図54〔白黒〕 長野県 [撮]薗部澄

### 布帯を荷縄にして荷を運ぶ
「フォークロアの眼 3 運ぶ」国書刊行会 1977
◇図115〔白黒〕 岩手県大船渡市盛 [撮]須藤功, 昭和44年6月25日

### ねこ
「日本の生活文化財」第一法規出版 1965
◇図68(生産・運搬・交易)〔白黒〕 小川原湖博物館所蔵(青森県三沢市)

### ネコガキ
「日本民俗図誌 9 住居・運輸篇」村田書店 1978
◇図143-1〔白黒・図〕 岩手県宮古地方

### ネコグルマ
「図録・民具入門事典」柏書房 1991
◇p89〔白黒〕 岡山県
「日本民俗図誌 9 住居・運輸篇」村田書店 1978
◇図188-1〔白黒・図〕 香川県屋島地方 主に山地において薪・材木・野菜等を運ぶ
「日本を知る事典」社会思想社 1971
◇図81(p244)〔白黒〕 岡山県児島郡
「写真 日本文化史 9」日本評論新社 1955
◇図99〔白黒〕 愛媛県

### ネコ車
「日本の民俗 暮らしと生業」KADOKAWA 2014
◇図10-13〔白黒〕 島根県松江市 [撮]芳賀日出男, 昭和33年
「民俗図録 日本人の暮らし」日本図書センター 2012
◇図430〔白黒〕(ネコ車(1)) 島根県簸川郡久多美村 [撮]三木茂
◇図431〔白黒〕(ネコ車(2)) 兵庫県飾磨郡萱野村 [撮]西谷勝也
「宮本常一 写真・日記集成 上」毎日新聞社 2005
◇p47〔白黒〕 島根県八束郡宍道町 [撮]宮本常一, 1956年11月1日
「日本の民俗 下」クレオ 1997
◇図10-15〔白黒〕 島根県松江市 [撮]芳賀日出男, 昭和33年

### 猫車
「写真ものがたり昭和の暮らし 9」農山漁村文化協会 2007
◇p172〔白黒〕 島根県松江市大庭町 田植機用の稲苗を運ぶ [撮]須藤功, 昭和53年5月
「日本民具の造形」淡交社 2004
◇p148〔白黒〕 香川県 三野町立民俗資料館所蔵
「写真で見る農具 民具」農林統計協会 1988
◇p164〔白黒〕 愛媛県吉海町 大正時代から昭和40年頃まで

### ネコゲラ
「写真で見る農具 民具」農林統計協会 1988
◇p168〔白黒〕 秋田県増田町 明治から昭和前期

### ネコザ
「日本の民具 3 山・漁村」慶友社 1992
◇図66〔白黒〕 愛知県北設楽郡 [撮]薗部澄
「日本民俗図誌 9 住居・運輸篇」村田書店 1978
◇図139-1〔白黒・図〕 岐阜県吉城郡船津

### ネコシット
「日本民俗図誌 9 住居・運輸篇」村田書店 1978
◇図132-1〔白黒・図〕 岩手県岩手郡鶯宿

### ネコダ
「日本社会民俗辞典 2」日本図書センター 2004

運搬　　　　　　　　　　　　　　　　　　交通・交易

　　　◇p804〔白黒〕　　岐阜県高山市
「図録・民具入門事典」柏書房　1991
　　　◇p85〔白黒〕　　岐阜県
「写真 日本文化史 9」日本評論新社　1955
　　　◇図103〔白黒〕　　飛騨高山　蒲製

**ねんぼ**
「写真で見る農具 民具」農林統計会　1988
　　　◇p170〔白黒〕　　福井県丸岡町　昭和35年頃まで

**ノンゴといわれる客土を運ぶ運搬具**
「フォークロアの眼 3 運ぶ」国書刊行会　1977
　　　◇図58〔白黒〕　　滋賀県甲賀郡甲賀町滝　㈱須藤功, 昭和51年5月28日

**ばあき**
「日本の民具 3 山・漁村」慶友社　1992
　　　◇図69〔白黒〕　　沖縄県那覇市　㈱薗部澄

**背板**
「日本民具の造形」淡交社　2004
　　　◇p143〔白黒〕　　石川県 辰口町立博物館所蔵
「写真でみる日本生活図引 別巻」弘文堂　1993
　　　◇図122〔白黒〕　　長野県下伊那郡阿智村　㈱熊谷元一, 昭和31年10月7日

**墓洗い用の水を肩にのせて墓参りに行く**
「フォークロアの眼 3 運ぶ」国書刊行会　1977
　　　◇図49〔白黒〕　　長崎県長崎市茂木　天秤棒で運ぶ　㈱須藤功, 昭和50年10月9日

**バーキ**
「あるくみるきく双書 宮本常一とあるいた昭和の日本 19」農山漁村文化協会　2012
　　　◇p187〔カラー〕　　沖縄県国頭村安波の海岸　紐を額に当てて背負う運搬籠　㈱工藤員功
　　　◇p188〔白黒〕　　沖縄県国頭村奥　男性用運搬具　㈱工藤員功

**バーキを頭にのせて運ぶ**
「フォークロアの眼 3 運ぶ」国書刊行会　1977
　　　◇図1〔白黒〕（ワラ製の輪を間におき，その上に野菜をいれたバーキをのせて運ぶ）　沖縄県石垣市川原　㈱須藤功, 昭和51年4月4日（再現して撮影）

**ハケゴ**
「日本の民具 3 山・漁村」慶友社　1992
　　　◇図67〔白黒〕　　福島県 白河　㈱薗部澄
「日本民俗図誌 9 住居・運輸篇」村田書店　1978
　　　◇図155-2〔白黒・図〕　　山形県米沢地方

**はこぞり**
「日本の生活文化財」第一法規出版　1965
　　　◇図49（概説）〔白黒〕

**箱ゾリ**
「日本の民俗 暮らしと生業」KADOKAWA　2014
　　　◇図10-15〔白黒〕　　秋田県横手市　㈱芳賀日出男, 昭和39年
「写真ものがたり昭和の暮らし 9」農山漁村文化協会　2007
　　　◇p180〔白黒〕　　秋田県横手市　行商のおばさんからゴボウを買い、箱ぞりに積む　㈱須藤功, 昭和42年2月
　　　◇p181〔白黒〕　　秋田県横手市 横手の朝市　子ども2人が箱ぞりに乗る　㈱佐藤久太郎, 昭和30年代
「日本の民俗 下」クレオ　1997
　　　◇図10-18〔白黒〕　　秋田県横手市　㈱芳賀日出男, 昭和39年
「フォークロアの眼 3 運ぶ」国書刊行会　1977
　　　◇図210〔白黒〕　　秋田県横手市四日町　朝市にゴボウなどの野菜を運ぶ　㈱須藤功, 昭和42年2月

**箱橇**
「民俗図録 日本人の暮らし」日本図書センター　2012

　　　◇図432〔白黒〕　　秋田県秋田市　㈱三木茂
「日本民具の造形」淡交社　2004
　　　◇p148〔白黒〕　　新潟 牧村立歴史民俗資料館所蔵
「日本民俗図誌 9 住居・運輸篇」村田書店　1978
　　　◇図187-2〔白黒・図〕　　秋田市　人間運搬用

**箱橇に乗った子**
「写真ものがたり昭和の暮らし 6」農山漁村文化協会　2006
　　　◇p47〔白黒〕　　秋田県横手市　箱橇に乗ってきた孫が、大勢のおばあさんたちに驚いたのか、「わーっ」と泣き出した　㈱佐藤久太郎, 昭和39年1月

**ハシゴ（背負梯子）**
「民俗図録 日本人の暮らし」日本図書センター　2012
　　　◇図419～420〔白黒〕（ハシゴ）　茨城県東茨城郡圷村　背負梯子　㈱三木茂
「日本民俗図誌 9 住居・運輸篇」村田書店　1978
　　　◇図122-1・2〔白黒・図〕　　埼玉県入間郡高麗村

**馬車**
「宮本常一が撮った昭和の情景 上」毎日新聞社　2009
　　　◇p194〔白黒〕　　青森県下北郡佐井村大字長後牛滝　㈱宮本常一, 1963年6月20日
「宮本常一 写真・日記集成 上」毎日新聞社　2005
　　　◇p309〔白黒〕（種子島・野間あたり）　鹿児島県 種子島 野間あたり　〔町の通りに馬車〕　㈱宮本常一, 1962年6月11日
　　　◇p378〔白黒〕（牛滝）　青森県下北郡佐井村牛滝　〔材木置場と馬車〕　㈱宮本常一, 1963年6月20日
「宮本常一 写真・日記集成 下」毎日新聞社　2005
　　　◇p81〔白黒〕（藁縄を積んだ馬車）　青森県むつ市　㈱宮本常一, 1966年8月25日～29日
「日本民俗写真大系 1」日本図書センター　1999
　　　◇p178〔白黒〕（野道を稲束をどっさり積んだ馬車がやってくる）　青森県西津軽郡稲垣村　秋　㈱1959年
「民俗資料選集 23 北上山地の畑作習俗」国土地理協会　1995
　　　◇p68（本文）〔白黒〕　　岩手県軽米町鵜飼　大正時代
「写真で見る農具 民具」農林統計会　1988
　　　◇p165〔白黒〕　　岩手県軽米町

**馬車で牧草を運ぶ**
「宮本常一 写真・日記集成 上」毎日新聞社　2005
　　　◇p217〔白黒〕（牧草を運ぶ馬車）　熊本県 阿蘇山麓　㈱宮本常一, 1960年11月3日

**馬車で薪用材を運ぶ**
「写真ものがたり昭和の暮らし 2」農山漁村文化協会　2004
　　　◇p149〔白黒〕　　秋田県能代市　㈱南利夫, 昭和27年10月

**ハシリ**
「図録・民具入門事典」柏書房　1991
　　　◇p88〔白黒〕　　新潟県
「写真 日本文化史 9」日本評論新社　1955
　　　◇図166〔白黒〕　　新潟県　尻にしいて、氷雪の斜面を滑走するもの

**馬そり**
「写真ものがたり昭和の暮らし 9」農山漁村文化協会　2007
　　　◇p105〔白黒〕（吹雪の街中を行く馬そり）　秋田県湯沢市　㈱佐藤久太郎, 昭和36年3月
　　　◇p184〔白黒〕（藁縄を積んだ馬そり）　秋田県横手市 雪解けが始まっている田の中の一本道　㈱佐藤久太郎, 昭和30年代
　　　◇p185〔白黒〕　　秋田県横手市　㈱佐藤久太郎, 昭和30年代
「写真で見る農具 民具」農林統計会　1988
　　　◇p168〔白黒〕　　岩手県軽米町
「フォークロアの眼 2 雪国と暮らし」国書刊行会　1977
　　　◇図89〔白黒〕　　新潟県南魚沼郡六日町欠之上　田口駅

交通・交易　　　　　　　　　　　　　　　　　　　運搬

（現妙高高原駅）と赤倉温泉を結ぶ　㊞中俣正義, 昭和29年3月下旬
「日本民俗事典」弘文堂　1972
　◇p405〔白黒〕（馬ぞり）　㊞萩原秀三郎

### 馬橇
「民俗図録 日本人の暮らし」日本図書センター　2012
　◇図435〔白黒〕　山形県
「写真でみる日本生活図引 6」弘文堂　1993
　◇図62〔白黒〕　秋田県湯沢市　㊞佐藤久太郎, 昭和36年3月15日
「写真でみる日本生活図引 2」弘文堂　1988
　◇図133〔白黒〕　秋田県仙北郡六郷町　㊞佐藤久太郎, 昭和33年2月

### 馬橇で牛乳を配る
「日本民俗写真大系 1」日本図書センター　1999
　◇p157〔白黒〕　北海道千歳市　凍れる冬の早朝　㊞掛川源一郎, 1954年

### 馬そりによる運材
「日本社会民俗辞典 4」日本図書センター　2004
　◇p1585〔白黒〕　小樽市

### 畑の嫗
「日本民俗図誌 9 住居・運輸篇」村田書店　1978
　◇図109-2〔白黒・図〕　京都 高尾・梅ヶ畑あたりから出て来たもの

### 畑のおば
「宮本常一 写真・日記集成 下」毎日新聞社　2005
　◇p44〔白黒〕　京都　㊞宮本常一, 1965年9月23日

### 畑の姥
「写真ものがたり昭和の暮らし 9」農山漁村文化協会　2007
　◇p179〔白黒〕　京都府京都市　㊞黒川翠山, 大正初期　所蔵・京都府立総合資料館

### バトウオビ
「民俗資料選集 3 紡織習俗Ⅰ」国土地理協会　1975
　◇p19（口絵）〔白黒〕　新潟県　品物を束にする、荷かつぎに使用、アンギンソデナシの帯として使用 越後のアンギン紡織習俗

### ハナゾリ
「日本社会民俗辞典 2」日本図書センター　2004
　◇p850〔白黒〕　秋田県下桧木内村

### ハネバンドリ
「民具のみかた―心とかたち」第一法規出版　1983
　◇p69〔白黒〕　山形県庄内地方

### 羽根ばんどり
「日本民具の造形」淡交社　2004
　◇p144〔白黒〕　山形県 酒田市立資料館所蔵

### 母親が幼児を荷物といっしょにてるに背負っている
「日本の民俗 暮らしと生業」KADOKAWA　2014
　◇図10-7〔白黒〕　鹿児島県大島郡大和村　㊞芳賀日出男, 昭和31年

### 浜砂利を運ぶ女
「日本民俗写真大系 2」日本図書センター　1999
　◇p42〔白黒〕　宮城県石巻市田代島　㊞小野幹, 1962年

### 浜の女人夫
「写真でみる日本人の生活全集 10」日本図書センター　2010
　◇p38〔白黒〕　砂鉄の砂を運搬船に運ぶ　㊞会沢武

### 浜辺で小石を集めて運ぶ
「宮本常一 写真・日記集成 下」毎日新聞社　2005
　◇p76〔白黒〕　大分県 姫島　㊞宮本常一, 1966年8月3日〜10日

### 葉や枝のついたままの大豆を運ぶ少年
「フォークロアの眼 3 運ぶ」国書刊行会　1977
　◇図100〔白黒〕　新潟県古志郡山古志村梶金　㊞須藤功, 昭和46年10月23日

### ハヤブサゾリ
「日本社会民俗辞典 2」日本図書センター　2004
　◇p851〔白黒〕　岩手県雫石村

### バラと呼ぶ円形の大きな竹ザルを頭上に置いている
「写真ものがたり昭和の暮らし 3」農山漁村文化協会　2004
　◇p28〔白黒〕　鹿児島県　㊞高橋文太郎, 昭和7年11月

### ハンコを天秤棒で担ぐ
「いまに伝える 農家のモノ・人の生活館」柏書房　2004
　◇p159 写真1〔白黒〕　埼玉県所沢市　サツマイモの運搬　㊞昭和46年

### バンドリ
「日本郷土 風俗・民芸・芸能図鑑」日本図書センター　2012
　◇写真篇 山形〔白黒〕　山形県
「日本民具の造形」淡交社　2004
　◇p2〔カラー〕　山形県 山形県立博物館所蔵
　◇p27〔白黒〕　新潟県 長岡市郷土資料館
　◇p144〔白黒〕　山形県 高畠町郷土資料館
「日本民俗大辞典 上」吉川弘文館　1999
　◇p950〔白黒〕　山形県 庄内地方　致道博物館所蔵
「日本の民具 2 農村」慶友社　1992
　◇図64〔白黒〕　使用地不明　㊞薗部澄
　◇図66〔白黒〕　山形県　㊞薗部澄
　◇図67〔白黒〕　山形県鶴岡市　㊞薗部澄
「図録・民具入門事典」柏書房　1991
　◇p84〔白黒〕　山形県
「図説 民俗探訪事典」山川出版社　1983
　◇p230〔白黒〕　山形県庄内地方　祝バンドリ, 山バンドリ, 浜バンドリ
「日本民俗図誌 9 住居・運輸篇」村田書店　1978
　◇図135〔白黒・図〕　山形県庄内地方　日本民芸館所蔵の逸物によって採図
　◇図136〔白黒・図〕　山形県庄内地方　日本民芸館所蔵の逸物によって採図
　◇図137〔白黒・図〕　宮城県地方　日本民芸館所蔵の逸物によって採図
　◇図138〔白黒・図〕　山形県庄内地方　日本民芸館所蔵の逸物によって採図
「日本の生活文化財」第一法規出版　1965
　◇図5（概説）〔白黒〕
　◇図6（概説）〔白黒〕
　◇図70〜75（生産・運搬・交易）〔白黒〕　致道博物館所蔵（山形県鶴岡市）

### バンドリをつけた田人
「民俗資料叢書 8 田植の習俗3」平凡社　1968
　◇図101〔白黒〕　岐阜県高山市松之木町字車田

### ヒカシヤマ
「写真ものがたり昭和の暮らし 9」農山漁村文化協会　2007
　◇p168〔白黒〕　鹿児島県・沖永良部島　㊞早川孝太郎, 昭和10年代

### ビク
「写真で見る農具 民具」農林統計協会　1988
　◇p173〔白黒〕　群馬県粕川村　昭和12年頃まで

### 魚籠
「日本の民具 2 農村」慶友社　1992
　◇図190〔白黒〕　新潟県　㊞薗部澄

### ビクを腰に弁当を背に磯へ行く
「フォークロアの眼 3 運ぶ」国書刊行会　1977
　◇図117〔白黒〕　青森県下北郡佐井村矢越　㊞須藤功,

昭和43年3月28日

**左肩の天秤棒を丸棒で軽く支えて草を運ぶ**
「フォークロアの眼 3 運ぶ」国書刊行会　1977
　◇図47〔白黒〕　京都府加佐郡大江町　㊙須藤功, 昭和46年7月12日

**ヒッチョイ**
「日本民俗図誌 9 住居・運輸篇」村田書店　1978
　◇図126-2〔白黒・図〕　静岡県志太郡相川村　『静岡県方言誌』

**ビニール袋で錦鯉を運ぶ**
「フォークロアの眼 3 運ぶ」国書刊行会　1977
　◇図51〔白黒〕　新潟県古志郡山古志村梶金　天秤棒で運ぶ　㊙須藤功, 昭和46年10月22日

**ヒルメシダーラ**
「日本民俗図誌 9 住居・運輸篇」村田書店　1978
　◇図177-3〔白黒・図〕　静岡県駿東郡印野村　藁製バスケット型　『静岡県方言誌』

**ヒンメシヒャアドラ**
「日本民俗図誌 9 住居・運輸篇」村田書店　1978
　◇図176-2〔白黒・図〕　佐賀県小城郡三瀬南山　野良行きの弁当を入れて運ぶ　桜田勝徳採図並に報告

**袋**
「図録・民具入門事典」柏書房　1991
　◇p83〔白黒〕　秋田県

**袋を背負う**
「宮本常一 写真・日記集成 上」毎日新聞社　2005
　◇p26〔白黒〕　宮城県栗原郡栗駒町　栗駒山麓　㊙宮本常一, 1955年11月14日
　◇p90〔白黒〕　宮崎県宮崎郡田野町→井倉→法光坊　㊙宮本常一, 1957年11月10日
　◇p136〔白黒〕　新潟県佐渡郡相川町［佐渡市］小田付近　㊙宮本常一, 1959年8月5日

**袋を運ぶ**
「フォークロアの眼 3 運ぶ」国書刊行会　1977
　◇図94〔白黒〕　静岡県磐田郡水窪町西浦　袋の中には何がはいっているのだろうか　㊙須藤功, 昭和45年2月20日

**ふご**
「日本の民具 2 農村」慶友社　1992
　◇図77〔白黒〕　鹿児島県揖宿郡　㊙薗部澄
「写真で見る農具 民具」農林統計協会　1988
　◇p174〔白黒〕　大阪府池田市　大正時代から昭和

**ふじ籠**
「写真で見る農具 民具」農林統計協会　1988
　◇p170〔白黒〕　東京都奥多摩町　大正時代から

**二人で担ぐ**
「写真でみる日本生活図引 2」弘文堂　1988
　◇図105〔白黒〕　秋田県横手市杉沢　肥樽を二人で担ぎ、雪道を下ろうとしている　㊙佐藤久太郎, 昭和36年2月21日
　◇図106〔白黒〕　長野県下伊那郡阿智村　道路の改修工事の畚担ぎ　㊙熊谷元一, 昭和32年3月4日

**仏壇に供えるいろいろな物を買いこみ背中も手も荷でいっぱい**
「フォークロアの眼 3 運ぶ」国書刊行会　1977
　◇図119〔白黒〕　岩手県江刺市岩谷堂　㊙須藤功, 昭和42年8月13日

**ぶどう皮こだし**
「日本民具の造形」淡交社　2004
　◇p28〔白黒〕　秋田県　秋田県立博物館所蔵

**ブドウづるで作った籠に酒を入れて**
「フォークロアの眼 3 運ぶ」国書刊行会　1977
　◇図125〔白黒〕　秋田県仙北郡西木村　㊙須藤功, 昭和44年2月13日

**ふとんを運ぶ**
「フォークロアの眼 3 運ぶ」国書刊行会　1977
　◇図108〔白黒〕（息子に送るふとんを運ぶ）　新潟県古志郡山古志村梶金　㊙須藤功, 昭和46年2月19日

**船荷のセメントを運び揚げる沖仲士**
「日本民俗写真大系 8」日本図書センター　2000
　◇p168〔白黒〕　酒田市　㊙薗部澄, 1954年

**船で稲藁を運ぶ**
「写真でみる日本生活図引 6」弘文堂　1993
　◇図106〔白黒〕（稲を運ぶ）　鳥取県鳥取市湖山布勢　船で稲藁を運ぶ　㊙板垣太子松, 昭和36年9月26日

**ふりかごのかつぎ方を娘に教え浜から帰ってくる母娘**
「日本民俗写真大系 8」日本図書センター　2000
　◇p53〔白黒〕　酒田市　㊙酒井忠明, 1960年代

**分散支持型と集中支持型の背負梯子**
「民俗学事典」丸善出版　2014
　◇p39〔白黒〕　山口県岩国市錦町

**棒を使う**
「日本の民俗 下」クレオ　1997
　◇図10-12〔白黒〕　鹿児島県大島郡龍郷町　細い棒を支えにしてバランスをとり木材を肩にかつぐ　㊙芳賀日出男, 昭和31年

**ボウで草やワラを突き差して運ぶ**
「フォークロアの眼 3 運ぶ」国書刊行会　1977
　◇図48〔白黒〕　沖縄県国頭郡国頭村比地　㊙須藤功, 昭和48年8月19日

**棒で荷を擔ぐ子供**
「民俗図録 日本人の暮らし」日本図書センター　2012
　◇図429〔白黒〕　広島県豊田郡幸崎町能地　㊙瀬川清子

**干し草を肥後赤牛の背で運ぶ**
「写真ものがたり昭和の暮らし 2」農山漁村文化協会　2004
　◇p44〔白黒〕　熊本県南小国町　㊙白石巖, 昭和40年10月

**ほだ木を運ぶ**
「フォークロアの眼 3 運ぶ」国書刊行会　1977
　◇図92・93〔白黒〕　静岡県磐田郡水窪町西浦　まつりに使う　㊙須藤功, 昭和43年2月14日

**ボッカ**
「民俗図録 日本人の暮らし」日本図書センター　2012
　◇図442〔白黒〕　福井県大野郡五箇村　砂防工事のセメントを運んでいるところ　㊙橋浦泰雄
「日本社会民俗辞典 3」日本図書センター　2004
　◇p1337〔白黒・図〕（富山県から岐阜県に通うボッカ）

**歩荷**
「写真でみる日本生活図引 2」弘文堂　1988
　◇図116〔白黒〕　新潟県糸魚川市根小屋付近　㊙長谷川彦作, 昭和10年

**掘り出されたイモを運ぶ**
「フォークロアの眼 3 運ぶ」国書刊行会　1977
　◇図145〔白黒〕（掘り出されたイモ）　新潟県古志郡山古志村虫亀　〔コエカゴの中〕　㊙須藤功, 昭和45年11月8日

**ポリ袋と草刈鎌を差しこんだ荷縄を、背中当ての上に置く**
「写真ものがたり昭和の暮らし 9」農山漁村文化協会　2007
　◇p91〔白黒〕　新潟県松之山町（現十日町市）　㊙小見重義, 昭和59年8月

前縄
　「日本民俗図誌 9 住居・運輸篇」村田書店　1978
　　◇図181〔白黒・図〕　長野県伊那郡川路村地方で使用　藁製のもの，麻縄の芯にボロ布を編み込んだもの　『民族芸術』3-12
　　◇図182〔白黒・図〕　山形県地方　日本民芸館所蔵

薪の背負いだし
　「里山・里海 暮らし図鑑」柏書房　2012
　　◇口絵〔白黒〕(青年団一同による薪の背負いだし)　福井県旧上中町〔若狭町〕末野　昭和20年代　若狭町立瓜生小学校所蔵，若狭町歴史文化館提供

薪の積出し
　「宮本常一が撮った昭和の情景 上」毎日新聞社　2009
　　◇p72〔白黒〕　新潟県佐渡市両津港　㊞宮本常一，1959年8月8日
　「宮本常一 写真・日記集成 上」毎日新聞社　2005
　　◇p139〔白黒〕　新潟県両津市［佐渡市］両津港　㊞宮本常一，1959年8月8日

薪運びの橇
　「民俗資料選集 23 北上山地の畑作習俗」国土地理協会　1995
　　◇p176(本文)〔白黒〕　岩手県 早池峰山西麓山村

マギモン
　「日本社会民俗辞典 3」日本図書センター　2004
　　◇p966〔白黒・図〕(てぬぐいかぶりの型)　伊豆新島マギモン
　「日本民俗図誌 9 住居・運輸篇」村田書店　1978
　　◇図105-1〔白黒・図〕　東京府 新島　『新島採訪録』

巻輪
　「日本民具の造形」淡交社　2004
　　◇p144〔白黒〕　和歌山県 熊野市歴史民俗資料館所蔵

まぐさを運ぶオバコ
　「民俗図録 日本人の暮らし」日本図書センター　2012
　　◇図96〔白黒〕　秋田県仙北郡西明寺村　荷車に積んで来る　㊞武藤鐵城

マゲ
　「図録・民具入門事典」柏書房　1991
　　◇p87〔白黒〕　宮崎県

マゲモノ
　「フォークロアの眼 3 運ぶ」国書刊行会　1977
　　◇図23〔白黒〕(頭と荷の間におくマゲモノ)　東京都新島本村式根島　㊞須藤功，昭和51年5月21日(再現して撮影)

マゲモノ用の布
　「フォークロアの眼 3 運ぶ」国書刊行会　1977
　　◇図26〔白黒〕　東京都新島本村式根島　刺子　㊞須藤功，昭和51年5月21日(再現して撮影)

マダケをイカダにして沖の船に積み出す
　「宮本常一が撮った昭和の情景 上」毎日新聞社　2009
　　◇p111〔白黒〕(特産のマダケをイカダにして沖の船に積み出す)　新潟県佐渡市岩首　㊞宮本常一，1960年8月22日
　「宮本常一 写真・日記集成 上」毎日新聞社　2005
　　◇p206〔白黒〕(特産のマダケをイカダにして沖の船に積み出す)　新潟県両津市［佐渡市］岩首　㊞宮本常一，1960年8月22日

松をニドラ負いで運ぶ
　「写真ものがたり昭和の暮らし 3」農山漁村文化協会　2004
　　◇p200〔白黒〕　新潟県相川町岩谷口(現佐渡市)　㊞中俣正義，昭和29年9月

マナタビツ
　「民俗資料選集 27 年齢階梯制Ⅱ」国土地理協会　1999
　　◇p10(口絵)〔白黒〕　愛媛県一本松町内尾串　若衆が作男として出掛ける時に身の回り品を入れて担いだ

丸篭
　「写真で見る農具 民具」農林統計協会　1988
　　◇p172〔白黒〕　大阪府松原市　昭和40年頃まで

丸太担ぎの娘さん
　「写真でみる日本人の生活全集 10」日本図書センター　2010
　　◇p82〔白黒〕　京都

丸太のままの天秤棒で消毒液を畑に運ぶ
　「フォークロアの眼 3 運ぶ」国書刊行会　1977
　　◇59〔白黒〕　長野県下伊那郡上村下栗　㊞須藤功，昭和51年5月11日

み
　「日本の生活文化財」第一法規出版　1965
　　◇図53(生産・運搬・交易)〔白黒〕　土や石の運搬用　文部省史料館所蔵(東京都品川区)

水を入れたバケツをてんびん棒で運ぶ女の子
　「写真ものがたり昭和の暮らし 1」農山漁村文化協会　2004
　　◇p39〔白黒〕　秋田県南外村楢岡　㊞大野源二郎，昭和38年

水桶を運ぶ
　「日本の民俗 暮らしと生業」KADOKAWA　2014
　　◇図10-4〔白黒〕　鹿児島県大島郡知名町　㊞芳賀日出男，昭和31年
　「日本郷土 風俗・民芸・芸能図鑑」日本図書センター　2012
　　◇写真篇 鹿児島〔白黒〕(水汲み女)　鹿児島県 奄美大島 水桶を頭にのせた裸足の女
　「写真ものがたり昭和の暮らし 3」農山漁村文化協会　2004
　　◇p222〔白黒〕(水汲み)　鹿児島県十島村・悪石島　井戸水をくみ入れた水桶を頭上にいただいて運ぶ娘　㊞早川孝太郎，昭和10年6月
　「日本の民俗 下」クレオ　1997
　　◇図10-4〔白黒〕　鹿児島県大島郡知名町　㊞芳賀日出男，昭和31年
　「日本民俗文化財事典(改訂版)」第一法規出版　1979
　　◇図193・194〔白黒〕(頭上運搬(ミズオケ))　東京都御蔵島
　「フォークロアの眼 3 運ぶ」国書刊行会　1977
　　◇図15〔白黒〕　鹿児島県大島郡与論町東　㊞須藤功，昭和51年4月7日(再現して撮影)

水桶の頭上運搬姿態
　「日本民俗図誌 9 住居・運輸篇」村田書店　1978
　　◇図104-1〔白黒・図〕　東京府 大島

水桶の手に天秤棒のかぎをかけようとしている少年
　「写真ものがたり昭和の暮らし 6」農山漁村文化協会　2006
　　◇p79〔白黒〕　秋田県山本村豊岡(現山本町)　㊞南利夫，昭和32年

水汲み
　「写真でみる日本人の生活全集 10」日本図書センター　2010
　　◇p35〔白黒〕(水を汲む女)　㊞須田本一郎
　「写真でみる日本生活図引 6」弘文堂　1993
　　◇図101〔白黒〕　宮崎県西臼杵郡高千穂町　天真名井から柄杓で汲み，バケツに入れる　㊞興梠敏夫，昭和20年代後半
　　◇図102〔白黒〕　愛知県北設楽郡設楽町田峯　湧水の共同井戸　㊞須藤功，昭和41年4月8日

水くみにきた少年
　「宮本常一 写真・日記集成 上」毎日新聞社　2005
　　◇p136〔白黒〕(清水に水くみにきた少年)　新潟県佐渡郡相川町［佐渡市］岩谷口　㊞宮本常一，1959年8月6日

運搬　　　　　　　　　　　　　　　交通・交易

水たご
　「図説 台所道具の歴史」日本図書センター　2012
　　◇p130-5〔白黒〕　　山に携行する　高知県・東津野村愛郷文化館
　　◇p130-6〔白黒〕　　山に携行する　高知県・東津野村愛郷文化館
　　◇p130-7〔白黒〕　　㈹GK　輪島市町野・市立民俗資料館
　「図説 民俗探訪事典」山川出版社　1983
　　◇p48〔白黒〕　　山仕事などに行くとき携行する　高知県東津野村愛郷文化館蔵

水運び
　「里山・里海 暮らし図鑑」柏書房　2012
　　◇写10 (p207)〔白黒〕(共同湧水地からの水運び)　昭和30年代まで　島根県隠岐郡西ノ島町役場提供
　　◇写14 (p210)〔白黒〕(共同湧水地から生活水や洗物を頭に載せて運搬　鹿児島県沖永良部島　昭和30年代　和泊町歴史民俗資料館提供
　「図説 台所道具の歴史」日本図書センター　2012
　　◇p130-1〔白黒〕(水の運搬)　神津島　天秤棒上運搬　大間知篤三著『伊豆諸島の社会と風俗』慶友社
　　◇p130-2〔白黒〕(水の運搬)　大島　水汲場にむかう　大間知篤三著『伊豆諸島の社会と風俗』慶友社
　「図説 民俗建築大事典」柏書房　2001
　　◇写真8 (p359)〔白黒〕(遠方から水を運ぶ女性)
　「日本民俗写真大系 1」日本図書センター　1999
　　◇p35〔白黒〕　北海道羅臼町　共同の井戸水を一斗罐に汲み入れ、天秤棒の前後に吊るして運ぶ　㈹関口哲也, 1950年代前半
　「日本民俗写真大系 4」日本図書センター　1999
　　◇カバー裏〔カラー〕(水を運ぶ主婦)　山口県 祝島　㈹中村昭夫
　　◇p58〔白黒〕　尾道市　飲料水をバケツで船に運ぶ主婦　㈹1958年
　「写真でみる日本生活図引 4」弘文堂　1988
　　◇図88〔白黒〕(頭上で水運び)　鹿児島県大島郡知名町住吉　㈹芳賀日出男, 昭和31年
　　◇図89〔白黒〕(頭上で水運び)　東京都大島町元町　㈹昭和8年1月　平塚市博物館提供
　「フォークロアの眼 3 運ぶ」国書刊行会　1977
　　◇図22〔白黒〕　東京都新島本村式根島　女の仕事　㈹須藤功, 昭和51年4月27日(再現して撮影)
　　◇図66〔白黒〕(水漕にためた天水を運ぶ)　沖縄県八重山郡竹富町新城島　㈹須藤功, 昭和47年7月29日

水運び(馬橇)
　「日本民俗写真大系 1」日本図書センター　1999
　　◇p158〔白黒〕(水運び 馬橇で生活に必要な水を運ぶ)　北海道釧路市愛国　福田農場の子供たち　㈹表優臣, 1960年

ミノを肩において
　「フォークロアの眼 3 運ぶ」国書刊行会　1977
　　◇図71〔白黒〕　山形県西村山郡河北町谷地　㈹須藤功, 昭和46年4月2日

ミノゴモ
　「図録・民具入門事典」柏書房　1991
　　◇p84〔白黒〕　富山県　背中あて

ミノの上に大根と菊を背負って
　「フォークロアの眼 3 運ぶ」国書刊行会　1977
　　◇図106〔白黒〕　新潟県古志郡山古志村梶金　㈹須藤功, 昭和46年10月25日

ミミューチャー
　「あるくみるきく双書 宮本常一とあるいた昭和の日本 19」農山漁村文化協会　2012
　　◇p188〔白黒〕　沖縄県金武村　男性用運搬具　㈹工藤員功

宮床箕
　「日本の民具 3 山・漁村」慶友社　1992
　　◇図70〔白黒〕　宮城県　㈹薗部澄

メカゴ
　「民俗図録 日本人の暮らし」日本図書センター　2012
　　◇図415〔白黒〕　千葉県印旛郡八生村　竹の表皮の部分を編んで作った背負籠　㈹三木茂
　「日本民俗大辞典 上」吉川弘文館　1999
　　◇p337〔白黒〕　武蔵野美術大学民俗資料室所蔵

モッコ
　「日本民俗大辞典 下」吉川弘文館　2000
　　◇p697〔白黒・図〕　三枝妙子『民具実測図の方法』1より
　「日本民俗図誌 9 住居・運輸篇」村田書店　1978
　　◇図179-1〔白黒・図〕　『静岡県方言誌』
　　◇図179-2〔白黒・図〕　静岡県安倍南藁村　藁製　『静岡県方言誌』

モッコ、シャチ
　「宮本常一 写真・日記集成 別巻」毎日新聞社　2005
　　◇図231 (p40)〔白黒〕　高知県高岡郡橋原村［橋原町］　㈹宮本常一, 1941年1月～2月

野猿
　「写真ものがたり昭和の暮らし 5」農山漁村文化協会　2005
　　◇p19〔白黒〕　新潟県湯之谷村(現魚沼市)　㈹中俣正義, 昭和26年6月

野菜を三輪自動車に積み、縄でしばる
　「写真ものがたり昭和の暮らし 4」農山漁村文化協会　2005
　　◇p155〔白黒〕　栃木県宇都宮市　㈹昭和31年6月　農山漁村文化協会提供

野菜の水耕栽培(ハイドロポニック)
　「日本社会民俗辞典 3」日本図書センター　2004
　　◇p1180〔白黒〕　東京都府中

休み棒
　「写真で見る農具 民具」農林統計協会　1988
　　◇p170〔白黒〕　群馬県下仁田町　大正時代から現在

ヤセウマ
　「宮本常一 写真・日記集成 別巻」毎日新聞社　2005
　　◇図174 (p31)〔白黒〕　山形県東田川郡泉村［羽黒町］　㈹宮本常一, 1940年［11月］
　「民俗資料選集 23 北上山地の畑作習俗」国土地理協会　1995
　　◇p197(本文)〔白黒〕(ヤセウマ(運搬用))　岩手県気仙郡住田町世田米、大股
　「日本の民具 2 農村」慶友社　1992
　　◇図71〔白黒〕　福島県相馬市　㈹薗部澄
　「日本の生活文化財」第一法規出版　1965
　　◇図65(生産・運搬・交易)〔白黒〕　小川原湖博物館所蔵(青森県三沢市)
　「写真 日本文化史 9」日本評論新社　1955
　　◇図107の左〔白黒〕　山形　背負いばしご

ヤッカリ
　「日本民俗図誌 9 住居・運輸篇」村田書店　1978
　　◇図149-2〔白黒・図〕　青森県下北郡大畑　檜皮製

山オコ
　「写真で見る農具 民具」農林統計協会　1988
　　◇p175〔白黒〕　宮崎県串間市　大正時代前期から昭和34年頃まで

山駕籠
　「日本民具の造形」淡交社　2004
　　◇p150〔白黒〕　鹿児島県　横川町郷土館所蔵

### 山籠
「日本民俗図誌 9 住居・運輸篇」村田書店　1978
◇図192-1〔白黒・図〕　叡山
◇図192-2〔白黒・図〕　香川県の屋島登山に用いられたもの

### ヤマゴエゾリ
「日本民具の造形」淡交社　2004
◇p288〔白黒〕　新潟県 新井市郷土資料館所蔵

### ヤマゾリ
「日本社会民俗辞典 2」日本図書センター　2004
◇p850〔白黒〕　秋田県角館町
「図録・民具入門事典」柏書房　1991
◇p88〔白黒〕　秋田県
「写真 日本文化史 9」日本評論新社　1955
◇図167〔白黒〕　秋田県　藁ぐつをはき、ハナに入れて綱をもち凍った雪の上をすべる

### 山の運搬
「民俗図録 日本人の暮らし」日本図書センター　2012
◇図421〔白黒〕　神奈川県中郡大山町　[撮]三木茂

### 山の畑にコンニャク玉を運びに行く
「写真ものがたり昭和の暮らし 7」農山漁村文化協会　2006
◇p85〔白黒〕　埼玉県小鹿野町馬上　姉と学童服の弟。背負子の上部に竹籠をつけている　[撮]武藤盈, 昭和31年9月

### 山の方にある畑からサツマイモを背負子で運ぶ
「フォークロアの眼 3 運ぶ」国書刊行会　1977
◇図87〔白黒〕　鹿児島県肝属郡佐多町　[撮]須藤功, 昭和47年2月20日

### ヤリ
「フォークロアの眼 3 運ぶ」国書刊行会　1977
◇図61・62〔白黒〕　群馬県勢多郡赤城村津久田　前部(留めはない), 後部の留め木　[撮]須藤功, 昭和43年6月29日

### ヤリという先をとがらせた棒を束の中に差し込み, 刈り取った麦を運ぶ
「フォークロアの眼 3 運ぶ」国書刊行会　1977
◇図60〔白黒〕　群馬県勢多郡赤城村津久田　[撮]須藤功, 昭和43年6月29日

### 湧水に水汲みに来た少年
「宮本常一が撮った昭和の情景 上」毎日新聞社　2009
◇p70〔白黒〕　新潟県佐渡市岩谷口　[撮]宮本常一, 1959年8月6日

### 雪ぞり
「日本民具の造形」淡交社　2004
◇p302〔白黒〕　島根県 頓原町民俗資料館所蔵
「日本社会民俗辞典 4」日本図書センター　2004
◇p1526〔白黒〕(雪ソリ)　秋田県大曲
「写真で見る農具 民具」農林統計協会　1988
◇p168〔白黒〕　新潟県横越村　昭和25年頃まで

### 雪ぶね
「日本民具の造形」淡交社　2004
◇p148〔白黒〕　島根県 頓原町民俗資料館所蔵

### 雪道を下る橇
「写真でみる日本生活図引 2」弘文堂　1988
◇図125〔白黒〕　新潟県南魚沼郡六日町欠之上　薪を山から橇でおろす　[撮]中俣正義, 昭和30年4月

### ゆぐり
「写真で見る農具 民具」農林統計協会　1988
◇p172〔白黒〕　愛媛県弓削町　昭和30年頃まで

### ヨコタ籠
「日本民俗図誌 9 住居・運輸篇」村田書店　1978
◇図157-2〔白黒・図〕　青森県八戸地方

### ヨコタ籠の背負い方
「日本民俗図誌 9 住居・運輸篇」村田書店　1978
◇図115-1・2〔白黒・図〕　青森県八戸市の湊　横長の野菜籠

### 4輪荷馬車用の軛鞍
「写真で見る農具 民具」農林統計協会　1988
◇p7〔白黒〕(鞍)　岩手県久慈市　4輪荷馬車用の軛鞍

### リヤカー
「日本の民俗 暮らしと生業」KADOKAWA　2014
◇図10-14〔白黒〕　島根県松江市　[撮]芳賀日出男, 昭和36年
「日本の民俗 下」クレオ　1997
◇図10-17〔白黒〕　島根県松江市　[撮]芳賀日出男, 昭和36年
「写真でみる日本生活図引 2」弘文堂　1988
◇図127〔白黒〕　秋田県平鹿郡山内村小松川　[撮]佐藤久太郎, 昭和34年11月
「写真で見る農具 民具」農林統計協会　1988
◇p166〔白黒〕　山梨県高根町　昭和27年製、昭和10年頃から30年代前半まで

### リヤカーでテレビを運ぶ
「写真ものがたり昭和の暮らし 10」農山漁村文化協会　2007
◇p31〔白黒〕　長野県曾地村(現阿智村)　[撮]熊谷元一, 昭和31年7月

### リヤカーで運ぶ
「写真ものがたり昭和の暮らし 6」農山漁村文化協会　2006
◇p82〔白黒〕(リヤカーに満載したコンブを大人ふたり、小学生5人で引き押して運ぶ)　北海道・襟裳岬附近　[撮]関口哲也, 昭和20年代
「宮本常一 写真・日記集成 上」毎日新聞社　2005
◇p272〔白黒〕(砂利道を行くリヤカー)　山口県萩市 見島　[撮]宮本常一, 1961年9月5日
◇p321〔白黒〕　長崎県 壱岐島・瀬戸浦　[撮]宮本常一, 1962年8月2日
◇p430〔白黒〕(大曲市)　秋田県大曲市　〔リヤカーをひく〕　[撮]宮本常一, 1964年4月18日
◇p437〔白黒〕(栈橋)　新潟県佐渡郡赤泊村赤泊[佐渡市]　〔リヤカーをひく〕　[撮]宮本常一, 1964年6月24日

### リヤカーと天秤棒による畑への下肥運び
「里山・里海 暮らし図鑑」柏書房　2012
◇写8(p98)〔白黒〕　福井県若狭地方　昭和初期　井田家所蔵古写真・福井県立若狭歴史民俗資料館提供

### リヤカーに子どもたちも乗せて野良仕事から帰る
「宮本常一が撮った昭和の情景 上」毎日新聞社　2009
◇p140〜141〔白黒〕　山口県萩市見島　[撮]宮本常一, 1961年9月5日

### リヤカーに乗る子ども
「宮本常一が撮った昭和の情景 上」毎日新聞社　2009
◇p156〔白黒〕(リヤカーに乗る女の子)　長崎県壱岐市郷ノ浦町　[撮]宮本常一, 1962年8月2日
「写真ものがたり昭和の暮らし 9」農山漁村文化協会　2007
◇p177〔白黒〕(自転車と連結したリヤカーの後部に乗る姉と弟)　秋田県稲川町川連(現湯沢市)　[撮]加賀谷政雄, 昭和35年
「写真ものがたり昭和の暮らし 6」農山漁村文化協会　2006
◇p23〔白黒〕(リヤカーの後方に乗った子ども)　秋田県能代市　これから町の家をまわって便所の汲み取り　[撮]南利夫, 昭和31年

### 両肩支持背負い運搬
「日本民俗文化財事典(改訂版)」第一法規出版　1979
◇図196〔白黒〕　石川県能登地方　キゼチコとコエドラ

◇図197〔白黒〕　静岡県伊豆地方　セイコとクサカゴ
　　◇図198〔白黒〕　埼玉県児玉地方　ショイタ
**りんじゃく**
　「日本の民具 3 山・漁村」慶友社　1992
　　◇図53〔白黒〕　岩手県雫石町　㊙薗部澄
**れんじゃく**
　「日本の民具 3 山・漁村」慶友社　1992
　　◇図52〔白黒〕　秋田県平賀町　㊙薗部澄
**ワ**
　「日本民俗図誌 9 住居・運輸篇」村田書店　1978
　　◇図107-1〔白黒・図〕　東京府 新島　〔頭上運搬で頭の上にあてがう藁製の輪〕
　「写真 日本文化史 9」日本評論新社　1955
　　◇図104〔白黒〕　新島　頭上運搬の頭あて
**ワー**
　「日本民俗図誌 9 住居・運輸篇」村田書店　1978
　　◇図107-2〔白黒・図〕　京都 大原女　〔頭上運搬で頭の上にあてがう藁製の輪〕
**若菜を運ぶおとめ**
　「写真でみる日本人の生活全集 1」日本図書センター　2010
　　◇口絵〔カラー〕　新潟県魚沼郡大崎村
**若布を入れた桶を背負って運ぶ**
　「写真でみる日本生活図引 2」弘文堂　1988
　　◇図114〔白黒〕（若布を運ぶ）　新潟県佐渡郡相川町　若布を入れた桶を背中当てをして荷縄で運ぶ　㊙中俣正義, 昭和32年5月9日
**ワカメを胸に抱えこむようにして運ぶ**
　「フォークロアの眼 3 運ぶ」国書刊行会　1977
　　◇図164〔白黒〕（長いワカメを胸に抱えこむようにして運ぶ）　岩手県気仙郡三陸町千歳　㊙須藤功, 昭和44年6月21日

**輪カンジキをかついで売りに行く**
　「フォークロアの眼 3 運ぶ」国書刊行会　1977
　　◇図104〔白黒〕　新潟県古志郡山古志村梶金　㊙須藤功, 昭和45年12月23日
**ワサビを背負う**
　「宮本常一が撮った昭和の情景 上」毎日新聞社　2009
　　◇p10〔白黒〕　島根県鹿足郡津和野町左鐙 林業金融基礎調査　カゴにミノ、手にカサを持つ　㊙宮本常一, 1955年8月28日
　「宮本常一 写真・日記集成 上」毎日新聞社　2005
　　◇p19〔白黒〕（ワサビを背負った人）　島根県鹿足郡日原町　㊙宮本常一, 1955年8月28日
**ワダコ（背当て）**
　「写真でみる日本人の生活全集 2」日本図書センター　2010
　　◇p49〔白黒〕　新潟県
**わっか**
　「写真 日本文化史 9」日本評論新社　1955
　　◇図106〔白黒〕　新潟県　背中あて
**藁籠を背負う**
　「写真でみる日本生活図引 2」弘文堂　1988
　　◇図109〔白黒〕　宮城県刈田郡七ヶ宿町湯原　ハケゴという藁製の籠を背にして山から帰ってきたところ　㊙須藤功, 昭和43年5月26日
**割木を山から下ろす**
　「宮本常一が撮った昭和の情景 上」毎日新聞社　2009
　　◇p102〔白黒〕　山口県大島郡周防大島町大字西方堀切　㊙宮本常一, 1960年5月1日
**割木出し**
　「宮本常一 写真・日記集成 上」毎日新聞社　2005
　　◇p194〔白黒〕（東和町堀切からの割木出し）　山口県大島郡東和町〔周防大島町〕　㊙宮本常一, 1960年5月1日

# 中馬・中付駄者

**牛つなぎ石**
　「民俗資料選集 8 中付駄者の習俗」国土地理協会　1979
　　◇p251（本文）〔白黒・図〕　福島県　昭和20年代まで使用
**牛のツナギ石**
　「民俗資料選集 8 中付駄者の習俗」国土地理協会　1979
　　◇p18（口絵）〔白黒〕　福島県　駄者の用具
**牛のツメキリ**
　「民俗資料選集 8 中付駄者の習俗」国土地理協会　1979
　　◇p19（口絵）〔白黒〕　福島県　駄者の用具
**牛のハナカントオシ**
　「民俗資料選集 8 中付駄者の習俗」国土地理協会　1979
　　◇p19（口絵）〔白黒〕　福島県　駄者の用具
**牛用の爪切り**
　「民俗資料選集 8 中付駄者の習俗」国土地理協会　1979
　　◇p239（本文）〔白黒・図〕　福島県
**牛用のニグラ**
　「民俗資料選集 8 中付駄者の習俗」国土地理協会　1979
　　◇p250（本文）〔白黒・図〕　福島県

**馬追いちょうちん**
　「民俗資料選集 5 中馬の習俗」国土地理協会　1977
　　◇p73（本文）〔白黒・図〕　長野県　馬追いの持ちもの
**馬方と中馬**
　「民俗資料選集 5 中馬の習俗」国土地理協会　1977
　　◇p12（口絵）〔白黒〕　長野県下伊那郡平谷村　〔再現〕　㊙昭和6年8月
**馬つなぎ輪**
　「民俗資料選集 8 中付駄者の習俗」国土地理協会　1979
　　◇p242（本文）〔白黒・図〕　福島県　おもに冬期間　馬が運動するための道具
**馬に木地椀をつける**
　「民俗資料選集 8 中付駄者の習俗」国土地理協会　1979
　　◇p22（口絵）〔白黒〕　福島県　馬の荷付け　映画「奥会津の木地師」より
**馬にはかせたかんじき**
　「民俗資料選集 5 中馬の習俗」国土地理協会　1977
　　◇p18（口絵）〔白黒〕　長野県 伊那地方　中馬のくつ
**馬のクスリツボ**
　「民俗資料選集 8 中付駄者の習俗」国土地理協会　1979

◇p19（口絵）〔白黒〕　福島県　駄者の用具
◇p244（本文）〔白黒・図〕（クスリツボ）　福島県　馬に薬を飲ませる道具

### ウマノクツ
「民俗資料選集 8 中付駄者の習俗」国土地理協会　1979
◇p21（口絵）〔白黒〕　福島県　馬の装具

### 馬のくつ
「民俗資料選集 8 中付駄者の習俗」国土地理協会　1979
◇p238（本文）〔白黒・図〕　福島県
「民俗資料選集 5 中馬の習俗」国土地理協会　1977
◇p18（口絵）〔白黒〕　長野県　伊那地方　中馬のくつ
◇p84（本文）〔白黒・図〕　長野　中馬の装い

### 馬のクツカゴ
「民俗資料選集 8 中付駄者の習俗」国土地理協会　1979
◇p20（口絵）〔白黒〕（クツカゴ）　福島県　馬の装具
◇p237（本文）〔白黒・図〕　福島県

### 馬のクツカゴを作る
「民俗資料選集 8 中付駄者の習俗」国土地理協会　1979
◇p20（口絵）〔白黒〕　福島県　馬の装具

### 馬のクツカゴと木型
「民俗資料選集 8 中付駄者の習俗」国土地理協会　1979
◇p20（口絵）〔白黒〕　福島県　馬の装具

### 馬の装具
「民俗資料選集 5 中馬の習俗」国土地理協会　1977
◇p82（本文）〔白黒〕　長野県　中馬の装い

### 馬のツメキリ
「民俗資料選集 8 中付駄者の習俗」国土地理協会　1979
◇p19（口絵）〔白黒〕　福島県　駄者の用具

### 馬の爪切り包丁
「民俗資料選集 5 中馬の習俗」国土地理協会　1977
◇p118（本文）〔白黒〕　長野県
◇p118（本文）〔白黒・図〕（馬の爪切り包丁）　長野県　山口重太郎蔵

### 馬の夏姿
「民俗資料選集 5 中馬の習俗」国土地理協会　1977
◇p83（本文）〔白黒〕　長野県　中馬の装い

### 馬の鼻捻と薬筒と馬のせり札
「民俗資料選集 5 中馬の習俗」国土地理協会　1977
◇p27（口絵）〔白黒〕　長野県上伊那郡藤沢村荒町

### 馬の腹かけ
「民俗資料選集 5 中馬の習俗」国土地理協会　1977
◇p17（口絵）〔白黒〕　長野県　伊那地方　馬具　個人蔵（山本村）

### 馬の冬支度
「民俗資料選集 5 中馬の習俗」国土地理協会　1977
◇p83（本文）〔白黒〕　長野県　中馬の装い　㊞昭和31年3月

### 馬屋
「民俗資料選集 5 中馬の習俗」国土地理協会　1977
◇p24（口絵），p129（本文）〔白黒〕　長野県上伊那郡藤沢村荒町　㊞昭和31年2月

### 馬宿
「民俗資料選集 8 中付駄者の習俗」国土地理協会　1979
◇p4（口絵）〔白黒〕　福島県南会津郡田島町今泉
◇p11（口絵）〔白黒〕　福島県南会津町中小屋　曲り部分の正面，曲り部分　左は馬屋，馬屋 現在は牛が入っている
◇p11（口絵）〔白黒〕　福島県南会津町中小屋
◇p266〜268（本文）〔白黒・図〕　福島県南会津郡田島町今泉　配置図，平面図，立面図，断面図
◇p265（本文）〔白黒・図〕　福島県南会津郡田島町今泉　平面図，立面図
「民俗資料選集 5 中馬の習俗」国土地理協会　1977
◇p10（口絵）〔白黒〕　愛知県東加茂郡足助町連谷から西小田木を望む　中馬宿「はまや」（連谷），「おくで」（西小田木）　㊞昭和31年4月
◇p11（口絵）〔白黒〕　飯田市野底　土間，内縁，深い出の軒，馬屋　㊞昭和31年5月
◇p21（口絵）〔白黒〕　長野県下伊那郡根羽村横畑　㊞昭和31年3月
◇p21（口絵）〔白黒〕　長野県下伊那郡平谷村西町　㊞昭和31年3月
◇p57（本文）〔白黒〕　愛知県東加茂郡足助町連谷　「はまや」　㊞昭和31年4月
◇p102（本文）〔白黒〕　愛知県名古屋市千種区猪高町 高針　㊞昭和31年4月

### 馬宿の全景
「民俗資料選集 8 中付駄者の習俗」国土地理協会　1979
◇p5（口絵）〔白黒〕　福島県南会津郡田島町今泉

### 馬宿の間取図
「民俗資料選集 5 中馬の習俗」国土地理協会　1977
◇p116（本文）〔白黒・図〕　長野県平谷村

### 馬用のカンジキ
「民俗資料選集 8 中付駄者の習俗」国土地理協会　1979
◇p238（本文）〔白黒・図〕　福島県

### エサガマス
「民俗資料選集 8 中付駄者の習俗」国土地理協会　1979
◇p241（本文）〔白黒・図〕　福島県

### えびがい（えびじりがい）
「民俗資料選集 5 中馬の習俗」国土地理協会　1977
◇p82（本文）〔白黒・図〕　長野県　中馬の装い　図：吉田久実

### えびしりがい
「民俗資料選集 5 中馬の習俗」国土地理協会　1977
◇p82（本文）〔白黒〕　長野県　中馬の装い　個人蔵（平谷村）

### 大鈴
「民俗資料選集 5 中馬の習俗」国土地理協会　1977
◇p79（本文）〔白黒・図〕　長野県　中馬の装い

### オシギリ
「民俗資料選集 8 中付駄者の習俗」国土地理協会　1979
◇p245（本文）〔白黒・図〕　福島県

### おもがい
「民俗資料選集 5 中馬の習俗」国土地理協会　1977
◇p17（口絵）〔白黒〕　長野県　伊那地方　馬具　個人蔵（山本村）
◇p78（本文）〔白黒・図〕（おもがい説明図）　長野県　中馬の装い

### 恩田の中馬道
「民俗資料選集 5 中馬の習俗」国土地理協会　1977
◇p9（口絵）〔白黒〕　長野県下伊那郡浪合村　㊞昭和31年4月

### かいば桶
「民俗資料選集 8 中付駄者の習俗」国土地理協会　1979
◇p241（本文）〔白黒・図〕　福島県

### 鑑札に押捺した焼き印
「民俗資料選集 5 中馬の習俗」国土地理協会　1977
◇p33（本文）〔白黒〕　長野県下伊那郡落合村　焼き印を押した内国通運会社（波合駅）の鑑札　個人蔵（下伊那郡浪合村）

**木型**
「民俗資料選集 8 中付駄者の習俗」国土地理協会 1979
　◇p237(本文)〔白黒・図〕　福島県　馬のクツカゴを編むための型

**木地椀を積んだ馬**
「民俗資料選集 8 中付駄者の習俗」国土地理協会 1979
　◇p22(口絵)〔白黒〕　福島県　馬の荷付け

**木地椀を運ぶ駄者馬**
「民俗資料選集 8 中付駄者の習俗」国土地理協会 1979
　◇p22(口絵)〔白黒〕　福島県　馬の荷付け

**クシとはけ**
「民俗資料選集 8 中付駄者の習俗」国土地理協会 1979
　◇p242(本文)〔白黒・図〕　福島県南会津郡田島町高野　昭和20年代まで使用　牛の体を掃除する道具

**くつ切り鎌**
「民俗資料選集 5 中馬の習俗」国土地理協会 1977
　◇p71(本文)〔白黒・写真/図〕　長野県　馬追いの持ちもの　個人蔵(山本村),個人蔵(根羽村),図:吉田久実

**くつ切り鎌と早みち**
「民俗資料選集 5 中馬の習俗」国土地理協会 1977
　◇p71(本文)〔白黒〕　長野県　馬追いの持ちもの　個人蔵(平谷村)

**沓切り鎌と矢立**
「民俗資料選集 5 中馬の習俗」国土地理協会 1977
　◇p27(口絵)〔白黒〕　長野県上伊那郡藤沢村荒町

**くつこ**
「民俗資料選集 5 中馬の習俗」国土地理協会 1977
　◇p78(本文)〔白黒・図〕　長野県　中馬の装い

**クツワ**
「民俗資料選集 8 中付駄者の習俗」国土地理協会 1979
　◇p236(本文)〔白黒・図〕　福島県

**くびかけ**
「民俗資料選集 5 中馬の習俗」国土地理協会 1977
　◇p17(口絵)〔白黒〕　長野県 伊那地方　馬具　個人蔵(山本村)
　◇p79(本文)〔白黒〕　長野県　夏　中馬の装い　個人蔵(平谷村)
　◇p79(本文)〔白黒〕　長野県　夏の中馬　中馬の装い

**鞍**
「民俗資料選集 5 中馬の習俗」国土地理協会 1977
　◇p74(本文)〔白黒・図〕　長野県　中馬の装い　吉田久実図

**鞍橋(居木)**
「民俗資料選集 5 中馬の習俗」国土地理協会 1977
　◇p74(本文)〔白黒・図〕　長野県　中馬の装い　吉田久実図

**くらぼねとしりがい**
「民俗資料選集 5 中馬の習俗」国土地理協会 1977
　◇p82(本文)〔白黒〕　長野県　中馬の装い　個人蔵(山本村)

**くりがい**
「民俗資料選集 5 中馬の習俗」国土地理協会 1977
　◇p82(本文)〔白黒・図〕　長野県　中馬の装い

**黒田の中馬道**
「民俗資料選集 5 中馬の習俗」国土地理協会 1977
　◇p9(口絵)〔白黒〕　長野県下伊那郡上郷村　㊞昭和31年4月

**庚申坂(旧中馬道)**
「民俗資料選集 5 中馬の習俗」国土地理協会 1977
　◇p60(本文)〔白黒〕　長野県下伊那郡会地村曾山　㊞昭和31年5月

**宰領の諸道具**
「日本社会民俗辞典 2」日本図書センター 2004
　◇図版ⅩⅥ 中馬(2)〔白黒〕

**座金と風鈴**
「民俗資料選集 5 中馬の習俗」国土地理協会 1977
　◇p17(口絵)〔白黒〕　長野県 伊那地方　馬具　個人蔵(山本村久米)

**サシ**
「民俗資料選集 8 中付駄者の習俗」国土地理協会 1979
　◇p248(本文)〔白黒・図〕　福島県　麻糸でわらを刺すための道具

**さんどあてとふぐつ**
「民俗資料選集 5 中馬の習俗」国土地理協会 1977
　◇p83(本文)〔白黒〕　長野県　中馬の装い　個人蔵(平谷村)

**さんどかけ**
「民俗資料選集 5 中馬の習俗」国土地理協会 1977
　◇p83(本文)〔白黒〕　長野県　中馬の装い　個人蔵(山本村)

**山王茶屋**
「民俗資料選集 8 中付駄者の習俗」国土地理協会 1979
　◇p7(口絵)〔白黒〕　福島県南会津郡田島町 山王峠下　全景,山王茶屋の前
　◇p8(口絵)〔白黒〕　福島県南会津郡田島町 山王峠下　座敷,土間からカツテを見る,ニワ
　◇p261～263(本文)〔白黒・図〕　福島県南会津郡田島町 山王峠下　現在の主屋は戊辰戦争の後に建てられたもの　配置図,立面図,断面図

**下ミセとよばれる馬宿**
「民俗資料選集 8 中付駄者の習俗」国土地理協会 1979
　◇p85(本文)〔白黒〕　福島県南会津郡下郷町塩生

**シッポブクロ**
「民俗資料選集 8 中付駄者の習俗」国土地理協会 1979
　◇p21(口絵)〔白黒〕　福島県　馬の装具

**紙符**
「民俗資料選集 5 中馬の習俗」国土地理協会 1977
　◇p133(本文)〔白黒・図〕　長野県　明治16年　〔中馬出荷〕

**シメバリ**
「民俗資料選集 8 中付駄者の習俗」国土地理協会 1979
　◇p248(本文)〔白黒・図〕　福島県　牛用のタバサミを麻糸で刺して締めるための道具

**朱印**
「民俗資料選集 5 中馬の習俗」国土地理協会 1977
　◇p129(本文)〔白黒・図〕　長野県　「中牛馬分會社」(印影の写し)　高遠町藤沢御堂垣外区所蔵

**シリガイ**
「民俗資料選集 8 中付駄者の習俗」国土地理協会 1979
　◇p250(本文)〔白黒・図〕　福島県
「民俗資料選集 5 中馬の習俗」国土地理協会 1977
　◇p82(本文)〔白黒・図〕　長野県　中馬の装い　個人蔵(根羽村),図:吉田久実

**センダンギリ**
「民俗資料選集 8 中付駄者の習俗」国土地理協会 1979
　◇p246(本文)〔白黒・図〕　福島県南会津郡田島町静川　昭和16年頃まで使用　馬の飼料を小切る道具

**タテゴ**
「民俗資料選集 8 中付駄者の習俗」国土地理協会 1979
　◇p21(口絵)〔白黒〕　福島県　馬の装具
　◇p236(本文)〔白黒・図〕　福島県

### 煙草入れ
「民俗資料選集 5 中馬の習俗」国土地理協会　1977
◇p70（本文）〔白黒・図〕　長野県　馬追いの持ちもの　個人蔵（山本村久米）

### 中牛馬会社の看板
「民俗資料選集 8 中付駑者の習俗」国土地理協会　1979
◇p252（本文）〔白黒・図〕　福島県南会津郡田島町「中牛馬会社荷継立所」
「民俗資料選集 5 中馬の習俗」国土地理協会　1977
◇p32（口絵）〔白黒〕　長野県　明治中期に用いられたもの　[撮]牧田博雄　上伊那郡高遠町「大松」蔵

### 中牛馬会社の資料
「民俗資料選集 8 中付駑者の習俗」国土地理協会　1979
◇p15（口絵）〔白黒〕　福島県　明治時代　明治12年～14年の針生村に通ずる諸道峠路の修繕資料, 中牛馬会社荷物受払帳（明治14年）, 中牛馬会社定款, 中牛馬会社里程表（明治13年）, 株券受取証, 中牛馬会社営業関係綴（明治13年）, 中牛馬会社荷組立所看板（明治10年代）

### 中馬追い
「民俗資料選集 5 中馬の習俗」国土地理協会　1977
◇p1（口絵）〔白黒〕　長野県 伊那地方　下伊那郡平谷村塚田藤次郎の中馬　[撮]市村咸人, 昭和6年8月

### 中馬追いの姿
「民俗資料選集 5 中馬の習俗」国土地理協会　1977
◇p12（口絵）〔白黒〕　長野県下伊那郡平谷村　〔再現〕　[撮]昭和6年

### 中馬追いの馬子と荷馬のしたく
「民俗資料選集 5 中馬の習俗」国土地理協会　1977
◇p26（口絵）〔白黒〕　長野県上伊那郡藤沢村荒町　〔再現〕　[撮]牧田博雄, 昭和30年
◇p26（口絵）〔白黒〕　長野県上伊那郡藤沢村荒町　〔再現〕　[撮]向山雅重, 昭和14年

### 中馬官許の札
「民俗資料選集 5 中馬の習俗」国土地理協会　1977
◇p32（口絵）〔白黒〕　長野県上伊那郡藤沢村荒町　明治5年, 明治24年
◇p129（本文）〔白黒・図〕　長野県　明治24年, 明治5年　中牛馬会社発行のもの, 上伊那郡役所発行のもの

### 中馬鑑札
「民俗資料選集 5 中馬の習俗」国土地理協会　1977
◇p4（口絵）〔白黒〕　旧竹佐村　明治5年11月発行

### 中馬行列
「民俗資料選集 5 中馬の習俗」国土地理協会　1977
◇p1（口絵）〔白黒〕　長野県 伊那地方　下伊那郡平谷村塚田藤次郎の引率する一綱四頭の中馬　[撮]市村咸人, 昭和6年8月
◇p19（本文）〔白黒〕　長野県下伊那郡平谷村　[撮]市村咸人, 昭和6年8月

### 中馬の鞍
「民俗資料選集 5 中馬の習俗」国土地理協会　1977
◇p16（口絵）〔白黒〕　長野県 伊那地方　馬具　個人蔵（山本村）

### 中馬のしたく
「民俗資料選集 5 中馬の習俗」国土地理協会　1977
◇p25（口絵）〔白黒〕　長野県上伊那郡藤沢村荒町　荷馬のしたく　[撮]昭和31年2月

### 中馬の道中（宰領1人で数頭を曳く）
「日本社会民俗辞典 2」日本図書センター　2004
◇図版ＸＶ 中馬（1）〔白黒〕　[撮]昭和6年9月 長野県下伊那郡平谷村平谷にて再現　日本常民文化研究所所蔵

### 中馬の装い
「民俗資料選集 5 中馬の習俗」国土地理協会　1977
◇p14（口絵）〔白黒〕　長野県下伊那郡平谷村平谷　夏の装い　[撮]昭和31年3月
◇p14（口絵）〔白黒〕　長野県下伊那郡平谷村平谷　荷馬の後姿
◇p15（口絵）〔白黒〕　長野県 伊那地方　夏の中馬姿
◇p15（口絵）〔白黒〕　長野県 伊那地方　冬の中馬姿

### 中馬札
「日本の民具 1 町」慶友社　1992
◇図232〔白黒〕　[撮]薗部澄

### 中馬道
「民俗資料選集 5 中馬の習俗」国土地理協会　1977
◇p8（口絵）〔白黒〕　愛知県北設楽郡稲武町, 東加茂郡足助町　[撮]昭和31年4月

### 中馬道の道標
「民俗資料選集 5 中馬の習俗」国土地理協会　1977
◇p8（口絵）〔白黒〕　愛知県足助町桑田和萩野所在　天保6未8月吉日
◇p9（口絵）〔白黒〕　愛知県東加茂郡足助町連谷　[撮]昭和31年4月

### 中馬文書
「民俗資料選集 5 中馬の習俗」国土地理協会　1977
◇p28～31（口絵）〔白黒〕　長野県上伊那郡藤沢村荒町　明治時代

### 中馬宿
「日本社会民俗辞典 2」日本図書センター　2004
◇図版ＸＶ 中馬（1）〔白黒〕（二軒家という中馬宿。中馬の出発地）　[撮]昭和6年9月 長野県下伊那郡平谷村平谷にて再現　日本常民文化研究所所蔵
「民俗資料選集 5 中馬の習俗」国土地理協会　1977
◇p61（本文）〔白黒・図〕　長野県下伊那郡根羽村小川　明治初年中馬時代の形態を示す　「下伊那の地誌」浪合・平谷・根羽地方による

### 中馬宿の現況
「民俗資料選集 5 中馬の習俗」国土地理協会　1977
◇p20（本文）〔白黒・図〕　長野県下伊那郡根羽村横畑〔間取図〕

### 中馬宿の間取図
「民俗資料選集 5 中馬の習俗」国土地理協会　1977
◇p115（本文）〔白黒・図〕　長野県平谷村　「下伊那の地誌」浪合・平谷・根羽地方による

### 爪切りほうちょう
「民俗資料選集 8 中付駑者の習俗」国土地理協会　1979
◇p239（本文）〔白黒・図〕　福島県

### ドチャ馬カンジキ
「民俗資料選集 8 中付駑者の習俗」国土地理協会　1979
◇p21（口絵）〔白黒〕　福島県　降雪の深いときに使用馬の装具

### ドチャカネ
「民俗資料選集 8 中付駑者の習俗」国土地理協会　1979
◇p18（口絵）〔白黒〕　福島県　駑者の用具
◇p234（本文）〔白黒・図〕　福島県　大正初年頃まで使用

### ドチャガマ
「民俗資料選集 8 中付駑者の習俗」国土地理協会　1979
◇p18（口絵）〔白黒〕　福島県　駑者の用具
◇p228（本文）〔白黒・図〕　福島県　馬方の装い

### ドチャスズ
「民俗資料選集 8 中付駑者の習俗」国土地理協会　1979
◇p18（口絵）〔白黒〕　福島県　駑者の用具
◇p232（本文）〔白黒・図〕　福島県　明治～昭和　馬具と飼育用具

その他　　　　　　　　　　　　　　　交通・交易

どろよけ
　「民俗資料選集 5 中馬の習俗」国土地理協会　1977
　　◇p17（口絵）〔白黒〕　長野県 伊那地方　馬具　個人蔵（山本村）

内国通運会社波合分社鑑札
　「民俗資料選集 5 中馬の習俗」国土地理協会　1977
　　◇p4（口絵）〔白黒〕　長野県下伊那郡浪合村　明治10年7月発行

内国通運会社分社標札
　「民俗資料選集 5 中馬の習俗」国土地理協会　1977
　　◇p7（口絵）〔白黒〕　長野県下伊那郡浪合村

浪合宿
　「民俗資料選集 5 中馬の習俗」国土地理協会　1977
　　◇p10（口絵）〔白黒〕　長野県下伊那郡浪合宿　㊃昭和31年4月

ニグラ
　「民俗資料選集 8 中付駄者の習俗」国土地理協会　1979
　　◇p23（口絵）〔白黒〕　福島県　馬の荷ぐら
　　◇p246（本文）〔白黒・図〕　福島県
　　◇p247（本文）〔白黒・図〕　福島県

ニツケカギ・シッカケ・シリガイ
　「民俗資料選集 8 中付駄者の習俗」国土地理協会　1979
　　◇p23（口絵）〔白黒〕　福島県　馬の荷ぐら

荷付の状況
　「日本社会民俗辞典 2」日本図書センター　2004
　　◇図版ⅩⅤ 中馬(1)〔白黒〕　㊃昭和6年9月 長野県下伊那郡平谷村平谷にて再現　日本常民文化研究所蔵

日光街道の旧たて場
　「民俗資料選集 8 中付駄者の習俗」国土地理協会　1979
　　◇p3（口絵）〔白黒〕　福島県南会津郡田島町新町 三方道路開通後に営業

ハケ
　「民俗資料選集 8 中付駄者の習俗」国土地理協会　1979
　　◇p19（口絵）〔白黒〕　福島県　駄者の用具
　　◇p242（本文）〔白黒・図〕　福島県南会津郡田島町西町　昭和20年代まで使用　馬の体を掃除する道具

早みち
　「民俗資料選集 5 中馬の習俗」国土地理協会　1977
　　◇p70（本文）〔白黒・図〕　長野県　馬追いの持ちもの

早みちと沓切り鎌
　「民俗資料選集 5 中馬の習俗」国土地理協会　1977
　　◇p13（口絵）〔白黒〕　長野県 伊那地方　個人蔵（山本村）

火打ち石と火打ち金
　「民俗資料選集 8 中付駄者の習俗」国土地理協会　1979
　　◇p232（本文）〔白黒・図〕　福島県　馬方が持ち歩いたもの

ヒョウテツ
　「民俗資料選集 8 中付駄者の習俗」国土地理協会　1979
　　◇p239（本文）〔白黒・図〕　福島県

風鈴の座金
　「民俗資料選集 5 中馬の習俗」国土地理協会　1977
　　◇p84（本文）〔白黒・図〕　長野県　中馬の装い

フネ
　「民俗資料選集 8 中付駄者の習俗」国土地理協会　1979
　　◇p245（本文）〔白黒・図〕　福島県南会津郡田島町塩江　昭和15・6年まで使用　馬屋に置き、馬に飼料を与える容器

ホイチョウ
　「民俗資料選集 8 中付駄者の習俗」国土地理協会　1979
　　◇p248（本文）〔白黒・図〕　福島県　タバサミ用に使うわらを切るためのもの

ホコチイレ
　「民俗資料選集 8 中付駄者の習俗」国土地理協会　1979
　　◇p232（本文）〔白黒・図〕　福島県　自家製で、明治の末頃まで使用

ミゴボウキとケグシ
　「民俗資料選集 8 中付駄者の習俗」国土地理協会　1979
　　◇p19（口絵）〔白黒〕　福島県　駄者の用具

ミズイレ
　「民俗資料選集 8 中付駄者の習俗」国土地理協会　1979
　　◇p244（本文）〔白黒・図〕　福島県南会津郡田島町西町　昭和20年代まで使用　馬に与える水や飼料を運ぶ携帯用の容器

耳袋
　「民俗資料選集 8 中付駄者の習俗」国土地理協会　1979
　　◇p20（口絵）〔白黒〕（馬のミミブクロ）　福島県　馬の装具
　　◇p234（本文）〔白黒・図〕　福島県南会津郡田島町金井沢　自家製で、昭和16年ごろまで使用

陸運会社規則
　「民俗資料選集 5 中馬の習俗」国土地理協会　1977
　　◇p3（口絵）〔白黒〕　下伊那郡根羽村　明治4年制定　根羽村役場蔵

# その他

葦原のなかの水路
　「宮本常一 写真・日記集成 下」毎日新聞社　2005
　　◇p155〔白黒〕　土浦市川口→立田町 車窓から　㊃宮本常一、1968年6月22日

新しい護岸
　「宮本常一 写真・日記集成 上」毎日新聞社　2005
　　◇p402〔白黒〕　山口県大島郡東和町長崎［周防大島町］　遠くに真宮島に渡る竹の橋　㊃宮本常一、1963年10月17日

石垣
　「宮本常一 写真・日記集成 下」毎日新聞社　2005
　　◇p254～255〔白黒〕　宮島（広島県佐伯郡宮島町）民俗調査　㊃宮本常一、1971年8月21日
　　◇p259～261〔白黒〕　滋賀県大津市坂本　㊃宮本常一、1971年12月26日
　　◇p261〔白黒〕　滋賀県大津市園城寺町　㊃宮本常一、1971年12月26日
　「写真ものがたり昭和の暮らし 3」農山漁村文化協会　2004
　　◇p24〔白黒〕　愛媛県御荘町　右奥からやってくるの

交通・交易　　　　　　　　　　　　　　　　その他

は葬式の野辺送り、左は仲人に手を引かれる花嫁　㋾新田好, 昭和46年
　◇p25〔白黒〕　愛媛県三崎町正野　イシカケあるいはヘイカサと呼んだ　㋾新田好, 昭和28年
「日本民俗写真大系 5」日本図書センター　2000
　◇p169〔白黒〕　高知県 沖の島　㋾寺田正　高知市民図書館

### 石垣小路
「宮本常一 写真・日記集成 下」毎日新聞社　2005
　◇p189〔白黒〕　東和町小積　4月6日　㋾宮本常一, 1969年4月5日〜10日

### 石垣なしで風垣だけの浜
「宮本常一 写真・日記集成 上」毎日新聞社　2005
　◇p141〔白黒〕　新潟県佐渡郡畑野町松ヶ崎［佐渡市］　㋾宮本常一, 1959年8月11日

### 石垣のあるサンゴ砂の道
「宮本常一 写真・日記集成 下」毎日新聞社　2005
　◇p369〔白黒〕　沖縄県 竹富島　㋾宮本常一, 1976年8月20日〜21日

### 石垣の坂道
「宮本常一 写真・日記集成 下」毎日新聞社　2005
　◇p278〔白黒〕　山口県大島郡久賀町大崎［周防大島町］　㋾宮本常一, 1972年3月25日
　◇p328〔白黒〕　広島県世羅郡世羅町　㋾宮本常一, 1974年8月24日〜27日（農山漁家生活改善技術資料収集調査）

### 石垣の続く坂道
「宮本常一 写真・日記集成 下」毎日新聞社　2005
　◇p455〔白黒〕　群馬県甘楽郡下仁田町　㋾宮本常一, 1979年3月10日〜11日

### 石垣の続く道
「宮本常一 写真・日記集成 下」毎日新聞社　2005
　◇p369〔白黒〕　沖縄県 竹富島　㋾宮本常一, 1976年8月20日〜21日

### 石積みの波止とその沖に出来た防潮堤
「宮本常一 写真・日記集成 上」毎日新聞社　2005
　◇p198〔白黒〕　山口県大島郡東和町下田［周防大島町］　手前の2艘はイワシ網の船　㋾宮本常一, 1960年7月1日

### 石積の防波堤
「宮本常一 写真・日記集成 上」毎日新聞社　2005
　◇p332〔白黒〕　五島列島・藪路木島　㋾宮本常一, 1962年8月11日

### 石積の防波堤とコンクリートで改装された船の泊
「宮本常一 写真・日記集成 下」毎日新聞社　2005
　◇p475〔白黒〕　山口県大島郡東和町沖家室［周防大島町］　㋾宮本常一, 1979年12月14日

### 石畳と石壁
「宮本常一 写真・日記集成 上」毎日新聞社　2005
　◇p387〔白黒〕　東京都 新島村　㋾宮本常一, 1963年7月27日

### 石畳の道
「宮本常一 写真・日記集成 上」毎日新聞社　2005
　◇p298〔白黒〕　長崎県 平戸　㋾宮本常一, 1962年1月11日

### 石畳の路地
「写真でみる民家大事典」柏書房　2005
　◇p375-3〔白黒〕（歴史的地区環境整備街路事業で整備された石畳の路地）　山口県柳井市　㋾2003年　谷沢明
「日本民俗写真大系 4」日本図書センター　1999
　◇p147〔白黒〕　倉敷市　白壁の土蔵造りが並ぶ　㋾中村昭夫, 1971年

### 石段
「宮本常一 写真・日記集成 上」毎日新聞社　2005
　◇p299〔白黒〕　長崎県 平戸 松浦史料博物館付近　㋾宮本常一, 1962年1月11日

### 石段の道
「宮本常一 写真・日記集成 下」毎日新聞社　2005
　◇p386〔白黒〕　奈良県吉野郡大塔村篠原　㋾宮本常一, 1977年1月8日

### 一本松
「宮本常一 写真・日記集成 下」毎日新聞社　2005
　◇p115〔白黒〕　山口県大島郡東和町 旧白木村と旧森野村の境［周防大島町］　㋾宮本常一, 1967年12月20日〜23日

### 入江
「宮本常一 写真・日記集成 上」毎日新聞社　2005
　◇p185〔白黒〕　鹿児島県川辺郡坊津町　㋾宮本常一, 1960年4月20日

### 海から山へ続く石の道
「日本民俗写真大系 4」日本図書センター　1999
　◇p184〔白黒〕　愛媛県西海町　大雨の時の排水口の役目　㋾浜本栄, 1961年

### 埋め立てが始まった猿猴川の河口
「宮本常一 写真・日記集成 上」毎日新聞社　2005
　◇p280〜281〔白黒〕　広島市南区 猿猴川 手前に金輪島、その向こうは江田島　㋾宮本常一, 1961年11月20日

### 埋立工事
「宮本常一 写真・日記集成 上」毎日新聞社　2005
　◇p302〔白黒〕　山口県大島郡東和町長崎［周防大島町］　㋾宮本常一, 1962年3月12日

### 埋立堤防（下田方面を見る）
「宮本常一 写真・日記集成 上」毎日新聞社　2005
　◇p354〔白黒〕　山口県大島郡東和町長崎［周防大島町］　㋾宮本常一, 1962年11月18日

### 埋もれないように防波堤を継ぎ足した
「宮本常一 写真・日記集成 上」毎日新聞社　2005
　◇p454〔白黒〕　山口県大島郡東和町伊崎［周防大島町］　㋾宮本常一, 1964年10月2日

### 塩田だったが防波堤が造られた
「宮本常一が撮った昭和の情景 上」毎日新聞社　2009
　◇p137〔白黒〕(塩田だった北岸には防波堤がつくられた)　山口県岩国市柱島　㋾宮本常一, 1961年8月26日
「宮本常一 写真・日記集成 上」毎日新聞社　2005
　◇p267〔白黒〕　山口県岩国市 柱島北岸　㋾宮本常一, 1961年8月26日

### 大橋川河口付近
「宮本常一 写真・日記集成 下」毎日新聞社　2005
　◇p294〔白黒〕　島根県松江市　㋾宮本常一, 1973年2月28日

### 沖縄海洋博のアクアポリス
「宮本常一 写真・日記集成 下」毎日新聞社　2005
　◇p352〔白黒〕　沖縄県本部町　㋾宮本常一, 1975年11月21日〜22日

### 沖縄海洋博の沖縄館
「宮本常一 写真・日記集成 下」毎日新聞社　2005
　◇p352〔白黒〕　沖縄県本部町　㋾宮本常一, 1975年11月21日〜22日

### 尾根筋に並ぶ「道松」
「宮本常一 写真・日記集成 下」毎日新聞社　2005
　◇p37〔白黒〕　山口県大島郡東和町沖家室［周防大島町］　㋾宮本常一, 1965年8月12日

その他　　　　　　　　　　　　　　　　　　　　　交通・交易

**オランダ埠頭の石段とオランダ塀**
「宮本常一 写真・日記集成 上」毎日新聞社　2005
　◇p275〔白黒〕　長崎県平戸市　㊡宮本常一, 1961年9月18日

**海洋博に合わせて造られた待合所**
「写真ものがたり昭和の暮らし 4」農村漁村文化協会　2005
　◇p132〔白黒〕　沖縄県那覇市 那覇港那覇ふ頭客船待合所　㊡須藤功, 昭和50年8月

**掛樋（水道橋）**
「宮本常一 写真・日記集成 上」毎日新聞社　2005
　◇p138〔白黒〕　新潟県両津市［佐渡市］北鵜島→大野亀　㊡宮本常一, 1959年8月7日

**河口の船着場**
「宮本常一 写真・日記集成 上」毎日新聞社　2005
　◇p70〔白黒〕　愛知県幡豆郡一色町　向こう岸は打瀬船　㊡宮本常一, 1957年7月9日

**貸扇風機**
「写真でみる日本生活図引 7」弘文堂　1993
　◇図58〔白黒〕　大阪府大阪市　大阪市電気局電燈部内線課配給係の職員が, 修理工場から市内の営業所に扇風機を運び出すところ　㊡昭和7年頃　大阪城天守閣保管 岡本良一蒐集古写真

**片添海岸**
「宮本常一 写真・日記集成 上」毎日新聞社　2005
　◇p427〔白黒〕　山口県大島郡東和町片添［周防大島町］［浜にあげられた小舟］　㊡宮本常一, 1964年4月2日

**カナダのクリスマス向けに輸出する小田原ミカン箱**
「写真ものがたり昭和の暮らし 4」農村漁村文化協会　2005
　◇p191〔白黒〕　神奈川県横浜市　㊡五十嵐英壽, 昭和34年11月

**金山臼で造った石垣**
「宮本常一 写真・日記集成 下」毎日新聞社　2005
　◇p390〔白黒〕　新潟県両津市相川町　㊡宮本常一, 1977月19日

**カバヤ食品の車**
「写真ものがたり昭和の暮らし 6」農山漁村文化協会　2006
　◇p112〔白黒〕　長野県會地村（現阿智村）　カバヤ児童文庫の宣伝をする車　㊡熊谷元一, 昭和28年

**川岸の修理**
「宮本常一 写真・日記集成 上」毎日新聞社　2005
　◇p20〔白黒〕　秋田県北秋田郡上小阿仁村　㊡宮本常一, 1955年11月7日

**喜入町の原油タンクと日石丸**
「写真ものがたり昭和の暮らし 4」農村漁村文化協会　2005
　◇p178〔白黒〕　鹿児島県喜入町（現鹿児島市）　㊡昭和46年10月　共同通信社提供

**岸辺の防潮堤**
「写真ものがたり昭和の暮らし 3」農山漁村文化協会　2004
　◇p210〔白黒〕　香川県高松市・女木島　㊡永見武久, 昭和36年

**球磨川の源流を標記した石柱, ここまで来た人の記念の木札と登りに使った杖**
「写真ものがたり昭和の暮らし 5」農山漁村文化協会　2005
　◇p8〔白黒〕　熊本県水上村　㊡麦島勝, 平成12年11月

**クロマツの防風林**
「里山・里海 暮らし図鑑」柏書房　2012
　◇写2（p29）〔白黒〕　福井県高浜町　昭和30年代　高浜町郷土資料館提供

**傾斜地の石垣**
「日本民俗大辞典 上」吉川弘文館　1999
　◇p80〔白黒〕　埼玉県秩父郡吉田町

**携帯基地局**
「日本の生活環境文化大辞典」柏書房　2010
　◇p168-6〔白黒〕　富山県魚津市　㊡2006年　岸本章

**広告**
「宮本常一 写真・日記集成 上」毎日新聞社　2005
　◇p36〔白黒〕　千葉県野田市川間　㊡宮本常一, 1956年5月19日

**公衆電話**
「写真でみる日本生活図引 7」弘文堂　1993
　◇図54〔白黒〕　東京都渋谷区・渋谷駅前　電話ボックス。昭和型とも戦前型ともいう　㊡昭和25年前後　逓信総合博物館提供
　◇図55〔白黒〕　東京都　三号自動式卓上電話機　㊡昭和26年　逓信総合博物館提供

**護岸**
「宮本常一 写真・日記集成 上」毎日新聞社　2005
　◇p384〔白黒〕　長野県下伊那郡大鹿村大河原　㊡宮本常一, 1963年7月5日

**護岸工事**
「宮本常一 写真・日記集成 下」毎日新聞社　2005
　◇p66〔白黒〕　新潟県佐渡郡羽茂町飯岡［佐渡市］）　㊡宮本常一, 1966年3月8日～9日

**護岸の石垣**
「宮本常一が撮った昭和の情景 上」毎日新聞社　2009
　◇p30〔白黒〕　山口県大島郡周防大島町大字西方長崎　㊡宮本常一, 1957年3月23日
「宮本常一 写真・日記集成 上」毎日新聞社　2005
　◇p63〔白黒〕　山口県 周防大島 長崎周辺　㊡宮本常一, 1957年3月23日

**国道10号工事間組事業所**
「宮本常一 写真・日記集成 上」毎日新聞社　2005
　◇p373〔白黒〕　大分県南海部郡宇目町 重岡付近　㊡宮本常一, 1963年3月13日

**小倉・紫川河口**
「宮本常一 写真・日記集成 上」毎日新聞社　2005
　◇p350〔白黒〕　福岡県北九州市小倉北区藍島　向かいは住友金属　㊡宮本常一, 1962年10月17日

**コンクリートで継ぎ足した防波堤と生活道路**
「宮本常一 写真・日記集成 下」毎日新聞社　2005
　◇p393〔白黒〕　愛媛県喜多郡長浜町青島　㊡宮本常一, 1977年5月24日

**コンクリート舗装の坂道**
「宮本常一 写真・日記集成 上」毎日新聞社　2005
　◇p270〔白黒〕　山口県萩市 大島　㊡宮本常一, 1961年8月30日

**佐世保重工業のドック**
「宮本常一 写真・日記集成 上」毎日新聞社　2005
　◇p250〔白黒〕　長崎県 佐世保　㊡宮本常一, 1961年4月20日

**山陰放送の社屋**
「宮本常一 写真・日記集成 下」毎日新聞社　2005
　◇p294〔白黒〕　島根県松江市殿町　㊡宮本常一, 1973年2月28日

**サンタクロースが, 松下電機の家庭電化製品を買ってくださいと街中を練り歩く**
「写真ものがたり昭和の暮らし 4」農村漁村文化協会　2005
　◇p222〔白黒〕　愛知県名古屋市中区栄　㊡昭和31年12月　共同通信社提供

**山野をかける送電線**
「日本の生活環境文化大辞典」柏書房　2010
　◇p168-5〔白黒〕　茨城県常陸太田市　㊡2006年　岸本章

交通・交易　　その他

塩すくい実測図
「民俗資料選集 5 中馬の習俗」国土地理協会　1977
　◇p52（本文）〔白黒・図〕　長野県　足助塩　宮下操作図、個人蔵（足助町）

塩俵
「図説 台所道具の歴史」日本図書センター　2012
　◇p54-5〔白黒〕　徳島県・鳴門郷土館
「図説 民俗探訪事典」山川出版社　1983
　◇p37〔白黒〕

塩俵に押捺した焼印
「民俗資料選集 5 中馬の習俗」国土地理協会　1977
　◇p7（口絵）〔白黒・図〕　長野県下伊那郡浪合村　印面の拓本
　◇p7（口絵）〔白黒・図〕　長野県下伊那郡浪合村　印面の拓本

塩俵に押した検印
「民俗資料選集 5 中馬の習俗」国土地理協会　1977
　◇p52（本文）〔白黒・図〕　長野県　〔印影〕足助塩

塩問屋（蓑屋）
「民俗資料選集 5 中馬の習俗」国土地理協会　1977
　◇p5（口絵）〔白黒〕　愛知県東加茂郡足助町　㊞昭和31年5月

仕切印
「民俗資料選集 5 中馬の習俗」国土地理協会　1977
　◇p52（本文）〔白黒〕　長野県　足助塩〔印影〕　個人蔵（平谷村）

蛇籠
「写真でみる日本生活図引 4」弘文堂　1988
　◇図149〔白黒〕　長野県下伊那郡阿智村　㊞熊谷元一、昭和32年4月26日

集落の道
「宮本常一 写真・日記集成 上」毎日新聞社　2005
　◇p371〔白黒〕　鹿児島県出水郡長島・東町　㊞宮本常一、1963年3月10日

初期の郵便
「日本社会民俗辞典 3」日本図書センター　2004
　◇p941〔白黒・図〕　『風俗画報』

水害防備林
「写真ものがたり昭和の暮らし 5」農山漁村文化協会　2005
　◇p78〔白黒〕　福岡県瀬高町　㊞大熊孝、平成元年5月

水道工事
「宮本常一 写真・日記集成 下」毎日新聞社　2005
　◇p45〔白黒〕　長野県南安曇郡奈川村神谷→寄合渡　㊞宮本常一、1965年11月6日

水路
「宮本常一 写真・日記集成 下」毎日新聞社　2005
　◇p69〔白黒〕　山口県大島郡大島町小松あたり〔周防大島町〕　㊞宮本常一、1966年4月12日～13日
　◇p194〔白黒〕　滋賀県長浜市元浜町　㊞宮本常一、1969年4月13日

捨てられた古船
「宮本常一 写真・日記集成 上」毎日新聞社　2005
　◇p377〔白黒〕　青森県下北郡川内町　㊞宮本常一、1963年6月20日

税関の職員などによって海中から引きあげられた洋酒
「写真ものがたり昭和の暮らし 4」農村漁村文化協会　2005
　◇p192〔白黒〕　神奈川県横浜市　㊞五十嵐英壽、昭和40年

聖牛
「写真ものがたり昭和の暮らし 5」農山漁村文化協会　2005
　◇p78〔白黒〕　長野県南信濃村　㊞高木伸治、平成7年10月

瀬戸大橋の架橋工事
「宮本常一 写真・日記集成 下」毎日新聞社　2005
　◇p280〔白黒〕　香川県坂出市櫃石島　㊞宮本常一、1972年8月14日～18日

千石船の船箪笥
「日本民俗事典」弘文堂　1972
　◇p625〔白黒〕　新潟県佐渡郡小木町宿根木

線路（レール）の上のトロッコにスコップで土を入れている
「写真ものがたり昭和の暮らし 9」農山漁村文化協会　2007
　◇p89〔白黒〕　秋田県上小阿仁村荻形　㊞早川孝太郎、昭和11年11月

送水管工事
「写真ものがたり昭和の暮らし 4」農村漁村文化協会　2005
　◇p143〔白黒〕　東京都　㊞昭和44年10月　東京都提供

大聖院下の石垣
「宮本常一 写真・日記集成 上」毎日新聞社　2005
　◇p89〔白黒〕　広島県佐伯郡宮島町　㊞宮本常一、1957年11月5日

但馬堰の水
「宮本常一 写真・日記集成 下」毎日新聞社　2005
　◇p36〔白黒〕　新潟県佐渡郡羽茂町大崎〔佐渡市〕　㊞宮本常一、1965年8月4日

玉川上水
「宮本常一 写真・日記集成 下」毎日新聞社　2005
　◇p19〔白黒〕　東京都小平市小川町　㊞宮本常一、1965年4月5日～7日

千国街道の塩倉
「図説 民俗探訪事典」山川出版社　1983
　◇p39〔白黒〕　大網　㊞亀井千歩子

椿の並木
「宮本常一 写真・日記集成 下」毎日新聞社　2005
　◇p74〔白黒〕　東京都 八丈島　㊞宮本常一、1966年7月22日～27日

つみだる
「写真でみる日本人の生活全集 7」日本図書センター　2010
　◇p148〔白黒〕　ひいき客の祝い物〔酒樽〕が広告に利用された例

テレビカー
「写真でみる日本生活図引 7」弘文堂　1993
　◇図81〔白黒〕　大阪府大阪市天王寺区　㊞渡部雄吉、昭和28年5月

電柱に装着した消防や警察の緊急連絡用の電話
「写真ものがたり昭和の暮らし 4」農村漁村文化協会　2005
　◇p217〔白黒〕　東京都　㊞昭和28年9月　東京都提供

天竜川の護岸
「宮本常一 写真・日記集成 上」毎日新聞社　2005
　◇p384〔白黒〕　長野県下伊那郡高森町　㊞宮本常一、1963年7月4日

電話交換局
「日本社会民俗辞典 3」日本図書センター　2004
　◇p941〔白黒・図〕　㊞明治期　『風俗画報』

電話交換嬢の日本髪で仕事はじめ
「写真でみる日本人の生活全集 10」日本図書センター　2010
　◇p72〔白黒〕　正月4日

電話ボックスの試作品
「写真ものがたり昭和の暮らし 4」農村漁村文化協会　2005
　◇p217〔白黒〕　東京都　丹頂形　㊞昭和29年5月　共

その他　　　　　　　　　　　　　　　　　　　交通・交易

同通信社提供

**道路拡張工事**
「写真でみる日本生活図引 7」弘文堂　1993
　◇目次D〔白黒〕　高知市役所提供

**道路工事**
「宮本常一 写真・日記集成 上」毎日新聞社　2005
　◇p46〔白黒〕　愛知県幡豆郡一色町 佐久島　㊙宮本常一、1956年10月10日
「写真でみる日本生活図引 別巻」弘文堂　1993
　◇図298〔白黒〕　長野県下伊那郡阿智村　林道工事　㊙熊谷元一、昭和32年3月4日

**道路工事の光景**
「宮本常一が撮った昭和の情景 上」毎日新聞社　2009
　◇p101〔白黒〕（バスを待つ着物姿の女性。後方では道路工事をしている）　熊本県天草郡苓北町富岡から天草市（本渡）へ　車窓から　㊙宮本常一、1960年4月24日
「宮本常一 写真・日記集成 上」毎日新聞社　2005
　◇p192〔白黒〕　熊本県 富岡→本渡 車窓から　㊙宮本常一、1960年4月24日

**道路補修**
「写真でみる日本生活図引 4」弘文堂　1988
　◇図164〔白黒〕（補修）　長野県下伊那郡阿智村　道路を鍬で補修する　㊙熊谷元一、昭和32年5月30日

**奈川温泉ホテルの護岸**
「宮本常一 写真・日記集成 下」毎日新聞社　2005
　◇p30〔白黒〕　長野県奈川村　㊙宮本常一、1965年6月19日

**波除けの石垣**
「宮本常一 写真・日記集成 下」毎日新聞社　2005
　◇p475〔白黒〕（波除の石垣）　山口県大島郡東和町沖家室［周防大島町］　㊙宮本常一、1979年12月14日
「日本民俗大辞典 上」吉川弘文館　1999
　◇p80〔白黒〕　愛媛県西宇和郡三崎町

**日本万国博覧会 太陽の塔**
「宮本常一 写真・日記集成 下」毎日新聞社　2005
　◇p226〔白黒〕　大阪府吹田市千里　㊙宮本常一、1970年3月13日

**ニューヨーク世界博覧会**
「写真ものがたり昭和の暮らし 4」農山漁村文化協会　2005
　◇p232〔白黒〕　東京都　三菱電機のコーナーで、棚にはポータブルテレビがびっしり並べてある　㊙昭和39年7月　共同通信社提供

**残った往還松**
「宮本常一 写真・日記集成 下」毎日新聞社　2005
　◇p115〔白黒〕　山口県大島郡大島町日見［周防大島町］　㊙宮本常一、1967年12月20日～23日

**バキューム・カーを使って新作映画「糞尿譚」の宣伝をする**
「写真ものがたり昭和の暮らし 4」農山漁村文化協会　2005
　◇p142〔白黒〕　熊本県八代市通町　㊙麦島勝、昭和32年4月

**橋を架け直す**
「写真ものがたり昭和の暮らし 5」農山漁村文化協会　2005
　◇p79〔白黒〕　長野県阿智村　増水で流された一本橋の蛇籠は残っているので、協力して橋を架ける　㊙熊谷元一、昭和13年

**橋架け**
「写真でみる日本生活図引 8」弘文堂　1993
　◇図101〔白黒〕　長野県下伊那郡阿智村　流れ橋　㊙熊谷元一、昭和13年7月

**橋の渡りぞめ**
「写真でみる日本人の生活全集 5」日本図書センター　2010
　◇p6〔白黒〕　釜石市内源 太沢橋　鉄筋コンクリート橋の完成を待って神官を招き市長以下の関係者が渡りぞめ　㊙昭和29年1月
　◇p6〔白黒〕（古式ゆたかな渡りぞめ式）　岩手県盛岡市 中橋　めでたい3代夫妻がしゅくしゅくと渡る　㊙昭和31年7月

**花火大会の防波堤のあたり**
「宮本常一 写真・日記集成 下」毎日新聞社　2005
　◇p438〔白黒〕　静岡県熱海市　㊙宮本常一、1978年8月5日

**日役を待つ**
「写真ものがたり昭和の暮らし 2」農山漁村文化協会　2004
　◇p29〔白黒〕　長野県上村下栗　封書の上に切手を置いて日役がくるのを待つおじいさん　㊙須藤功、昭和42年11月

**日和山の方位石**
「日本民俗事典」弘文堂　1972
　◇p607〔白黒〕　三重県志摩郡磯部町的矢港

**ビールと魚カゴ**
「宮本常一が撮った昭和の情景 上」毎日新聞社　2009
　◇p198〔白黒〕（港に積まれたビールの空き瓶と魚籠）　東京都新島村（新島）　㊙宮本常一、1963年7月28日
「宮本常一 写真・日記集成 上」毎日新聞社　2005
　◇p388〔白黒〕　東京都新島村 新島港　㊙宮本常一、1963年7月28日

**広島湾の猿猴川河口付近**
「宮本常一が撮った昭和の情景 上」毎日新聞社　2009
　◇p146〔白黒〕　広島市南区 猿猴川　手前に金輪島、その向こうは江田島　手前は金輪島。後方は江田島　㊙宮本常一、1961年11月20日

**琵琶湖疎水**
「宮本常一 写真・日記集成 下」毎日新聞社　2005
　◇p261〔白黒〕　滋賀県大津市三井寺町　㊙宮本常一、1971年12月26日

**船箪笥**
「日本民具の造形」淡交社　2004
　◇p123〔白黒〕　北海道 利尻町立博物館所蔵
「日本民俗大辞典 下」吉川弘文館　2000
　◇p485〔白黒〕　海の博物館所蔵

**船箪笥（帳箱）**
「日本民俗写真大系 8」日本図書センター　2000
　◇p148〔白黒〕　提供 河野村役場

**船の屋根の上で洗濯物を干す**
「宮本常一が撮った昭和の情景 下」毎日新聞社　2009
　◇p84〔白黒〕（行商船だろうか）　広島県尾道市因島土生町箱崎　〔洗濯物を干す〕　㊙宮本常一、1968年8月26日～29日
「宮本常一 写真・日記集成 下」毎日新聞社　2005
　◇p172〔白黒〕（洗濯物を干す）　広島県因島市土生町箱崎　行商船か　㊙宮本常一、1968年8月26日～29日

**平専運送会社旧建物配置図**
「民俗資料選集 5 中馬の習俗」国土地理協会　1977
　◇p50（本文）〔白黒・図〕　愛知県東加茂郡平古　宮下操作図

**弁天島あたりの水路**
「宮本常一 写真・日記集成 下」毎日新聞社　2005
　◇p137〔白黒〕　静岡県浜名郡舞阪町　㊙宮本常一、1968年3月4日

**方角石**
「宮本常一 写真・日記集成 上」毎日新聞社　2005

交通・交易　　　　　　　　　　　　　　　　　　その他

◇p319〔白黒〕　宮城県 松島湾 浦戸諸島　㊞宮本常一, 1962年7月18日

**防砂林**
「宮本常一 写真・日記集成 下」毎日新聞社　2005
◇p295〔白黒〕　新潟県新潟市 西船見町 西海岸公園のあたり　㊞宮本常一, 1973年3月3日

**防潮堤**
「宮本常一が撮った昭和の情景 上」毎日新聞社　2009
◇p182〔白黒〕(出来上がった防潮堤)　山口県大島郡周防大島町大字西方長崎 奥は下田　㊞宮本常一, 1962年11月18日

**防潮林**
「宮本常一が撮った昭和の情景 上」毎日新聞社　2009
◇p90〔白黒〕(田ノ尻の防潮林)　山口県大島郡周防大島町大字森 奥は前小島と中小島　㊞宮本常一, 1960年1月4日
「宮本常一 写真・日記集成 上」毎日新聞社　2005
◇p170〔白黒〕　周防大島〔宮本常一〕自宅近く 森の田ノ尻 背後は前小島と中小島　㊞宮本常一, 1960年1月4日

**防波堤**
「宮本常一 写真・日記集成 上」毎日新聞社　2005
◇p267〔白黒〕　柱島(山口県岩国市)　㊞宮本常一, 1961年8月26日
◇p427〔白黒〕　山口県大島郡東和町長崎 真宮島〔周防大島町〕　㊞宮本常一, 1964年4月2日
「宮本常一 写真・日記集成 下」毎日新聞社　2005
◇p250〔白黒〕　香川県丸亀市牛島　㊞宮本常一, 1971年5月2日

**防波堤の代わりに置いてあった古い木造船が朽ちて沈んだ残がい**
「写真ものがたり昭和の暮らし 3」農山漁村文化協会　2004
◇p35〔白黒〕　青森県八戸市北浜　㊞和井田登, 昭和31年6月

**防風林**
「宮本常一 写真・日記集成 下」毎日新聞社　2005
◇p84〔白黒〕　列車で秋田→余目・秋田県内か　㊞宮本常一, 1966年8月30日

**堀川**
「宮本常一 写真・日記集成 下」毎日新聞社　2005
◇p294〔白黒〕　島根県松江市北堀町　㊞宮本常一, 1973年2月28日

**薪の壁と小さな祠**
「宮本常一 写真・日記集成 上」毎日新聞社　2005
◇p446〔白黒〕　青森県下北郡川内町銀杏木　㊞宮本常一, 1964年7月26日

**町の石垣**
「宮本常一 写真・日記集成 下」毎日新聞社　2005
◇p112〔白黒〕　広島県 宮島　㊞宮本常一, 1967年12月19日

**万関水道**
「宮本常一 写真・日記集成 下」毎日新聞社　2005
◇p324〔白黒〕　長崎県 対馬美津島町　㊞宮本常一, 1974年5月23日

**岬の石垣**
「写真でみる日本生活図引 4」弘文堂　1988
◇図155〔白黒〕　愛媛県西宇和郡三崎町正野　㊞新田好, 昭和28年

**三菱造船所**
「宮本常一 写真・日記集成 上」毎日新聞社　2005
◇p209〔白黒〕　長崎市　㊞宮本常一, 1960年9月17日

**港の防波堤**
「宮本常一 写真・日記集成 上」毎日新聞社　2005
◇p200〔白黒〕　山口県萩市 見島　㊞宮本常一, 1960年8月2日

**峰の松**
「宮本常一 写真・日記集成 下」毎日新聞社　2005
◇p145〔白黒〕　山口県大島郡東和町沖家室〔周防大島町〕　㊞宮本常一, 1968年3月19日～27日

**山積みにされた廃車**
「宮本常一 写真・日記集成 下」毎日新聞社　2005
◇p405〔白黒〕　愛媛県松山→長浜　㊞宮本常一, 1977年10月17日

**郵便船**
「日本民俗写真大系 4」日本図書センター　1999
◇p130〔白黒〕　広島県横島　㊞中村由信, 1960年

**郵便配達**
「宮本常一が撮った昭和の情景 上」毎日新聞社　2009
◇p186〔白黒〕(自転車をおして坂道を上る郵便配達)　熊本県天草市五和町 納屋の奥にタバコの乾燥庫　㊞宮本常一, 1963年3月7日
「宮本常一 写真・日記集成 上」毎日新聞社　2005
◇p370〔白黒〕　熊本県天草郡五和町　㊞宮本常一, 1963年3月7日

**郵便配達人**
「写真でみる日本生活図引 2」弘文堂　1988
◇図108〔白黒〕　新潟県両津市藻浦　㊞中俣正義, 昭和29年

**郵便夫とポスト(書状函)・郵袋(最初のもの)**
「日本社会民俗辞典 3」日本図書センター　2004
◇p940〔白黒・図〕　㊞明治初年

**雪国の郵便配達夫**
「フォークロアの眼 2 雪国と暮らし」国書刊行会　1977
◇小論5〔白黒〕　新潟県十日町市本町　㊞中俣正義, 昭和35年1月中旬

**雪に埋もれた用水路と水道のパイプ**
「宮本常一 写真・日記集成 下」毎日新聞社　2005
◇p386〔白黒〕　奈良県吉野郡大塔村篠原　㊞宮本常一, 1977年1月8日

**輸入バナナを消毒する**
「写真ものがたり昭和の暮らし 4」農村漁村文化協会　2005
◇p193〔白黒〕　神奈川県横浜市　バナナを輸入したが、生産地のフィリッピンでコレラが発生したため、消毒したうえで全部を海中に投棄しなければならなくなった　㊞五十嵐英壽, 昭和37年

**用水路**
「宮本常一 写真・日記集成 下」毎日新聞社　2005
◇p275〔白黒〕　京都市西京区桂　㊞宮本常一, 1972年2月9日

**用水路と古い家並み**
「宮本常一 写真・日記集成 上」毎日新聞社　2005
◇p375〔白黒〕　山口県岩国市→広島県大竹市　㊞宮本常一, 1963年6月4日

**用水路の堰**
「図説 日本民俗学」吉川弘文館　2009
◇p114〔白黒〕　秋田県湯沢市

**横川宿の問屋**
「民俗資料選集 8 中付駑者の習俗」国土地理協会　1979
◇p9(口絵)〔白黒〕　栃木県

**米沢街道沿いの掘割**
「宮本常一 写真・日記集成 上」毎日新聞社　2005
◇p317〔白黒〕　新潟県岩船郡関川村　㊞宮本常一,

| その他 | 交通・交易 |

1962年7月15日
**両方の雁木通りを結ぶ雪のトンネル**
「フォークロアの眼 2 雪国と暮らし」国書刊行会　1977
　◇図86・87〔白黒〕　新潟県十日町市諏訪町　㊞中俣正義, 昭和36年2月15日

# 社会生活

## 年齢階梯制

**五十洲壮年倶楽部**
「民俗資料選集 7 年齢階梯制Ⅰ」国土地理協会　1979
　◇p9（口絵）〔白黒〕　石川県門前町五十洲　年齢組〔建物外観〕

**隠居**
「民俗資料叢書 2 志摩の年齢階梯制」平凡社　1965
　◇61〔白黒〕（山際家の隠居）

**隠居となる日の祝い**
「フォークロアの眼 8 よみがえり」国書刊行会　1977
　◇図53〔白黒〕　三重県鳥羽市神島　㊞萩原秀三郎, 昭和47年6月16日

**隠居の系譜の事例**
「図説 民俗探訪事典」山川出版社　1983
　◇p318〔白黒・図〕　従来もの, 最近のもの

**宴会席次**
「民俗資料叢書 16 伊豆の若者組の習俗」平凡社　1972
　◇p53（図4）〔白黒・図〕　静岡県 上狩野村月ガ瀬

**おこもり**
「日本の民俗 暮らしと生業」KADOKAWA　2014
　◇図13-16〔白黒〕　静岡県賀茂郡南伊豆町　秋祭りの前夜　伊豆の若衆　㊞芳賀日出男, 昭和29年
「日本の民俗 下」クレオ　1997
　◇図13-16〔白黒〕　静岡県賀茂郡南伊豆町　秋祭りの前夜　伊豆の若衆　㊞芳賀日出男, 昭和29年

**踊台回覧板**
「民俗資料選集 7 年齢階梯制Ⅰ」国土地理協会　1979
　◇p10（口絵）〔白黒〕　愛知県南知多町師崎〔昭和期〕羽豆神社の祭礼に使う

**オンドヤキの小屋**
「日本社会民俗辞典 3」日本図書センター　2004
　◇p1117〔白黒〕　栃木県河内郡地方

**学校少年団**
「写真でみる日本人の生活全集 9」日本図書センター　2010
　◇p107〔白黒〕　山中湖　女子少年団が操艇練習をしているところ

**加入式**
「民俗資料叢書 16 伊豆の若者組の習俗」平凡社　1972
　◇図11・12〔白黒〕　静岡県 旧田方郡戸田村若者組

**加入式の図**
「民俗資料叢書 16 伊豆の若者組の習俗」平凡社　1972
　◇p65（図6）〔白黒・図〕　静岡県 口野
　◇p66（図7）〔白黒・図〕　静岡県 重寺
　◇p70（図8）〔白黒・図〕　静岡県 久料
　◇p133（図13）〔白黒・図〕　静岡県 宇佐美の留田

**カミヤ**
「民俗資料選集 7 年齢階梯制Ⅰ」国土地理協会　1979
　◇p15（口絵）〔白黒〕　愛知県安城市桜井町中開道　部落の集会所であり若者宿でもある

**木負の公会堂**
「民俗資料叢書 16 伊豆の若者組の習俗」平凡社　1972
　◇p74（図9）〔白黒・図〕　静岡県 旧田方郡西浦村木負

**漁業青年団々則**
「民俗資料選集 7 年齢階梯制Ⅰ」国土地理協会　1979
　◇p138（本文）〔白黒〕（大沼漁業青年団々則）　石川県羽咋郡志賀町高浜字大島　大正元年以降大正9年ごろまで施行　一部

**記録帳**
「民俗資料選集 7 年齢階梯制Ⅰ」国土地理協会　1979
　◇p138（本文）〔白黒〕　石川県羽咋郡志賀町高浜字大島　大正2年からの記録　一部

**吟味集会の図**
「民俗資料叢書 16 伊豆の若者組の習俗」平凡社　1972
　◇p239（図27）〔白黒・図〕　静岡県

**ケヤク兄弟**
「民俗の事典」岩崎美術社　1972
　◇p38〔白黒〕　山形県西田川郡温海町

**元服人名簿**
「民俗資料選集 7 年齢階梯制Ⅰ」国土地理協会　1979
　◇p14（口絵）〔白黒〕　愛知県安城市桜井町中開道円光寺　一部

**古宇の公民館**
「民俗資料叢書 16 伊豆の若者組の習俗」平凡社　1972
　◇p75（図10）〔白黒・図〕　静岡県 旧田方郡西浦村古宇

**小使当番の札**
「日本民俗文化財事典（改訂版）」第一法規出版　1979
　◇図221〔白黒〕　青森県下北地方

**子ども組**
「フォークロアの眼 8 よみがえり」国書刊行会　1977
　◇図33～38〔白黒〕　広島県三原市幸崎町久津 亥の子組　年齢別に順序よく食事の前に手を洗う, 頭屋での食事, 亥の子まつり　㊞萩原秀三郎, 昭和43年11月3日

**籠り堂**
「民俗資料叢書 2 志摩の年齢階梯制」平凡社　1965
　◇図11〔白黒〕　三重県鳥羽市松尾町　子安地蔵横

**祭礼道具永代記**
「民俗資料選集 7 年齢階梯制Ⅰ」国土地理協会　1979
　◇p11（口絵）, p213（本文）〔白黒〕　愛知県知多郡南知多町師崎　江戸時代以降　表紙, 一部

**集会所間取図**
「民俗資料叢書 16 伊豆の若者組の習俗」平凡社　1972
　◇p180（図20）〔白黒・図〕　静岡県

**集会所間取図（現在）**
「民俗資料叢書 16 伊豆の若者組の習俗」平凡社　1972
　◇p176（図18）〔白黒・図〕（現在の集会所間取図）　静岡県

**集会所・若者宿分布図**
「民俗資料叢書 16 伊豆の若者組の習俗」平凡社　1972
◇p179（図19）〔白黒・図〕（稲取町大入谷区集会所・若者宿分布図）　静岡県
◇p185（図23）〔白黒・図〕（見高浜部落集会所・若者宿分布図）　静岡県

**諸用記（表紙）**
「民俗資料選集 7 年齢階梯制Ⅰ」国土地理協会　1979
◇p9（口絵）〔白黒〕　石川県門前町五十洲　明治45年以降の収入・支出を記す　五十洲壮年倶楽部

**青年会々則**
「民俗資料選集 7 年齢階梯制Ⅰ」国土地理協会　1979
◇p8（口絵）〔白黒〕（向田青年会々則）　石川県鹿島郡能登島町向田　明治42年9月　一部

**青年会館**
「民俗資料選集 7 年齢階梯制Ⅰ」国土地理協会　1979
◇p208（本文）〔白黒〕（日間賀島西里青年会館）　愛知県知多郡南知多町 日間賀島
「日本民俗文化財事典（改訂版）」第一法規出版　1979
◇図218〔白黒〕　青森県下北地方

**青年会規約**
「民俗資料叢書 16 伊豆の若者組の習俗」平凡社　1972
◇図2〔白黒〕　静岡県 旧田方郡内浦村重寺

**青年会決議録**
「民俗資料選集 7 年齢階梯制Ⅰ」国土地理協会　1979
◇p11（口絵）〔白黒〕　愛知県南知多町師崎　昭和4年

**青年会集会所**
「民俗資料選集 7 年齢階梯制Ⅰ」国土地理協会　1979
◇p12（口絵）〔白黒〕（大井浜組青年会集会所）　愛知県知多郡南知多町大井

**青年会所**
「日本社会民俗辞典 4」日本図書センター　2004
◇p1625〔白黒〕（納屋一青年会所）　奄美大島

**青年会の支部会堂**
「民俗資料選集 7 年齢階梯制Ⅰ」国土地理協会　1979
◇p17（口絵）〔白黒〕（野田青年会保井支部会堂）　愛知県渥美郡田原町　〔建物外観〕

**青年会の支部則**
「民俗資料選集 7 年齢階梯制Ⅰ」国土地理協会　1979
◇p17（口絵），p253（本文）〔白黒〕（野田青年会保井支部則）　愛知県渥美郡田原町　昭和30年改正　表紙，一部

**青年倶楽部**
「民俗資料選集 7 年齢階梯制Ⅰ」国土地理協会　1979
◇p6（口絵）〔白黒〕（徳光青年倶楽部）　石川県松任町徳光　〔建物外観〕

**青年団**
「フォークロアの眼 8 よみがえり」国書刊行会　1977
◇図40・41〔白黒〕　佐賀県藤津郡太良町竹崎　[撮]萩原秀三郎，昭和44年1月5日

**青年団員心得の一部**
「民俗資料選集 7 年齢階梯制Ⅰ」国土地理協会　1979
◇p188（本文）〔白黒〕　石川県鳳至郡門前町五十洲

**青年団倶楽部**
「民俗資料選集 7 年齢階梯制Ⅰ」国土地理協会　1979
◇p7（口絵）〔白黒〕　石川県羽咋郡高浜町大島　昭和4年の建設　〔建物外観〕

**青年団集会所**
「民俗資料選集 7 年齢階梯制Ⅰ」国土地理協会　1979
◇p201（本文）〔白黒〕（日間賀島東里青年団集会所）　愛知県知多郡南知多町 日間賀島

**青年団主催の仮装大会ポスター**
「宮本常一 写真・日記集成 上」毎日新聞社　2005
◇p393〔白黒〕　青森県下北郡川内町湯野川　[撮]宮本常一，1963年8月14日

**青年団則の内容の一部**
「民俗資料選集 7 年齢階梯制Ⅰ」国土地理協会　1979
◇p188（本文）〔白黒〕　石川県鳳至郡門前町五十洲　明治43年制定

**青年団々則**
「民俗資料選集 7 年齢階梯制Ⅰ」国土地理協会　1979
◇p138（本文）〔白黒〕（大島青年団々則）　石川県羽咋郡志賀町高浜字大島　昭和4年2月以降施行　一部

**青年団の支部史**
「民俗資料選集 7 年齢階梯制Ⅰ」国土地理協会　1979
◇p253（本文）〔白黒〕（野田村青年団保井支部史）　愛知県渥美郡田原町字野田元屋敷（通称保井）　昭和14年2月起　表紙

**青年団の諸記録**
「民俗資料選集 7 年齢階梯制Ⅰ」国土地理協会　1979
◇p6（口絵）〔白黒〕（徳光青年団の諸記録）　石川県松任町徳光　〔大正期・昭和期〕　表紙，一部

**青年団の総会記録**
「民俗資料選集 7 年齢階梯制Ⅰ」国土地理協会　1979
◇p6（口絵）〔白黒〕（徳光青年団の総会記録）　石川県松任町徳光　〔大正期〕　一部

**青年団の男女が共同で行った農道作り**
「里山・里海 暮らし図鑑」柏書房　2012
◇写31（p277）〔白黒〕　福井県美浜町北田　昭和23年12月　増田義一所蔵，美浜町役場文化財保護・町誌編纂室提供

**青年団の旅行**
「里山・里海 暮らし図鑑」柏書房　2012
◇写32（p277）〔白黒〕（芦清良青年団の男女一同による沖永良部一周旅行）　鹿児島県沖永良部島　昭和33年11月　鹿児島県知名町教育委員会提供

**青年詰所**
「写真でみる民家大事典」柏書房　2005
◇p167-2〔白黒〕　静岡県伊豆市中伊豆　[撮]1960年頃　静岡県史編さん室

**青年の宿として用いられた木負公会堂**
「民俗資料叢書 16 伊豆の若者組の習俗」平凡社　1972
◇図9〔白黒〕　静岡県 旧田方郡西浦村木負

**青年の宿として用いられた古宇新興生活館**
「民俗資料叢書 16 伊豆の若者組の習俗」平凡社　1972
◇図10〔白黒〕　静岡県 旧田方郡西浦村古宇

**青年宿**
「写真でみる日本人の生活全集 6」日本図書センター　2010
◇口絵〔白黒〕　鹿児島県西長島　「民俗図録」
「日本民俗大辞典 上」吉川弘文館　1999
◇p931〔白黒〕　山口県萩市玉江浦の下組

**帳元の家にある箱**
「民俗資料選集 7 年齢階梯制Ⅰ」国土地理協会　1979
◇p250（本文）〔白黒〕　愛知県渥美郡田原町字野田元屋敷（通称保井）

**ドウ（宿）の内部**
「民俗資料叢書 16 伊豆の若者組の習俗」平凡社　1972
◇p121（図12）〔白黒・図〕　静岡県

**泊屋**
「写真でみる日本人の生活全集 6」日本図書センター　2010
◇口絵〔白黒〕　高知県宿毛市　文化財保護委
「写真ものがたり昭和の暮らし 7」農山漁村文化協会　2006

社会生活　　　　　　　　　　　　　　　　　　　　　　　　　　　年齢階梯制

◇p131〔白黒〕　高知県宿毛市浜田　㈱須藤功, 昭和42年4月
「日本宗教民俗図典 1」法蔵館　1985
　◇図192〔白黒〕　高知県宿毛市浜田　㈱須藤功
「図説 民俗探訪事典」山川出版社　1983
　◇p125〔白黒〕（若者宿）　高知県宿毛市浜田の泊り屋

### 泊り宿
「民俗資料選集 27 年齢階梯制Ⅱ」国土地理協会　1999
　◇p11（口絵）〔白黒〕　長崎県有川町赤尾郷　若者組
「写真 日本文化史 9」日本評論新社　1955
　◇口絵〔白黒〕（若者組の泊り屋）　高知県宿毛市芳奈

### 仲間入りの盃
「民俗資料選集 7 年齢階梯制Ⅰ」国土地理協会　1979
　◇p251（本文）〔白黒〕　愛知県渥美郡田原町字野田元屋敷（通称保井）　若者組（現在青年会）の加入式で使用する盃

### 西長島の寝宿
「民俗図録 日本人の暮らし」日本図書センター　2012
　◇図472〔白黒〕　鹿児島県出水郡西長島

### 入講式の図
「民俗資料叢書 16 伊豆の若者組の習俗」平凡社　1972
　◇p53（図3）〔白黒・図〕　静岡県 上狩野村月ガ瀬

### ネヤ（寝屋）
「フォークロアの眼 8 よみがえり」国書刊行会　1977
　◇図39〔白黒〕　三重県鳥羽市神島　㈱萩原秀三郎, 昭和48年1月

### 寝宿
「写真でみる日本人の生活全集 6」日本図書センター　2010
　◇p57〔白黒〕　熱海市初島　「写真地誌日本」
「写真ものがたり昭和の暮らし 7」農山漁村文化協会　2006
　◇p130〔白黒〕（若者組の寝宿）　鹿児島県長島町　㈱昭和20年代　民俗学研究所編『日本民俗図録』より
「図説 民俗探訪事典」山川出版社　1983
　◇p125〔白黒〕（寝宿内部）　鹿児島県出水郡西長島　㈱昭和初年ころ　『日本民俗図録』より

### 年齢集団 年齢階梯と年齢組
「日本民俗大辞典 下」吉川弘文館　2000
　◇p316〔白黒〕

### 幟
「民俗資料選集 27 年齢階梯制Ⅱ」国土地理協会　1999
　◇p1（口絵）〔白黒〕（猩々緋の幟宮内神社奉納）　徳島県由岐町阿部　若中組

### 幟入れ箱
「民俗資料選集 27 年齢階梯制Ⅱ」国土地理協会　1999
　◇p1（口絵）〔白黒〕（猩々緋の幟入れ箱）　徳島県由岐町阿部　若中組

### 幟台
「民俗資料選集 7 年齢階梯制Ⅰ」国土地理協会　1979
　◇p16（口絵）〔白黒〕　愛知県渥美郡赤羽根町越戸字山下　銘「明治31戊年 西若イ者連中」
　◇p18（口絵）〔白黒〕　愛知県渥美郡田原町　銘「今方青年会 大正6年建立」　野田天満宮寄進

### 幟立て
「民俗資料選集 7 年齢階梯制Ⅰ」国土地理協会　1979
　◇p12（口絵）〔白黒〕　愛知県知多郡南知多町大井 豊受神社　銘「濱若 明治4年辛末正月」

### バンモチ石
「民俗資料選集 7 年齢階梯制Ⅰ」国土地理協会　1979
　◇p6（口絵）〔白黒〕　石川県松任町徳光

### 文箱
「民俗資料選集 7 年齢階梯制Ⅰ」国土地理協会　1979
　◇p10（口絵）〔白黒〕　愛知県南知多町師崎　昭和5年　栄組若連〔箱蓋の裏書き〕
　◇p15（口絵）〔白黒〕　愛知県安城市桜井町中開道　新若い衆の頭が保管する

### 文箱の中の記録類
「民俗資料選集 7 年齢階梯制Ⅰ」国土地理協会　1979
　◇p15（口絵）〔白黒〕　愛知県安城市桜井町中開道　〔明治～昭和期〕　芝居の花集め記帳や花返し控帳など

### 文箱の文書
「民俗資料選集 7 年齢階梯制Ⅰ」国土地理協会　1979
　◇p10（口絵）〔白黒〕　愛知県南知多町師崎　昭和5年

### 松盛組の宿内部
「民俗資料選集 7 年齢階梯制Ⅰ」国土地理協会　1979
　◇p1（口絵）〔白黒〕　東京都 神津島

### 松尾申合せ会事務所（松尾農協事務所）
「民俗資料叢書 2 志摩の年齢階梯制」平凡社　1965
　◇図3〔白黒〕　三重県鳥羽市松尾町

### 娘入り
「図説 民俗探訪事典」山川出版社　1983
　◇p104〔白黒〕　福島県松川町　㈱萩原秀三郎

### 娘宿
「民俗図録 日本人の暮らし」日本図書センター　2012
　◇図473〔白黒〕（五島の娘宿）　長崎県五島
「写真ものがたり昭和の暮らし 7」農山漁村文化協会　2006
　◇p130〔白黒〕　長崎県・五島地方　㈱昭和20年代　民俗学研究所編『日本民俗図録』より
「図説 民俗探訪事典」山川出版社　1983
　◇p103〔白黒〕　長崎県五島　昭和初期　民俗学研究所編『日本民俗図録』より

### 村の寄合
「図説 民俗探訪事典」山川出版社　1983
　◇p121〔白黒〕（村の寄舎）　静岡県初島の若者たちの寄合　昭和20年代　㈱山階芳正

### 宿の生活 うたげ
「写真でみる日本人の生活全集 6」日本図書センター　2010
　◇口絵〔白黒〕　「奄美の島々」

### 宿の生活 寄合い
「写真でみる日本人の生活全集 6」日本図書センター　2010
　◇口絵〔白黒〕　伊豆初島　㈱山階芳正

### 宿の略図
「民俗資料叢書 16 伊豆の若者組の習俗」平凡社　1972
　◇p14（図1）〔白黒・図〕　静岡県　一般民家を宿としたもの
　◇p14（図2）〔白黒・図〕　静岡県　お堂を宿としたもの〔旧大平村御前帰〕

### 若衆の宮詣り
「日本の民俗 暮らしと生業」KADOKAWA　2014
　◇図13-14〔白黒〕　静岡県賀茂郡南伊豆町　伊豆の若衆　㈱芳賀日出男, 昭和29年
「日本の民俗 下」クレオ　1997
　◇図13-14〔白黒〕　静岡県賀茂郡南伊豆町　伊豆の若衆　㈱芳賀日出男, 昭和29年

### 若衆宿
「日本の民俗 暮らしと生業」KADOKAWA　2014
　◇図13-13〔白黒〕　静岡県賀茂郡河津町　㈱芳賀日出男, 昭和29年
「日本民俗写真大系 3」日本図書センター　1999
　◇p86〔白黒〕（若い衆宿）　静岡県南河津町　㈱芳賀日出男, 1954年
「民俗資料選集 27 年齢階梯制Ⅱ」国土地理協会　1999
　◇p1（口絵）〔白黒〕　徳島県由岐町阿部　若中組

| 年齢階梯制 | 社会生活 |

◇p8（口絵）〔白黒〕　愛媛県一本松町内尾串　昭和元年建築
◇p9（口絵）〔白黒〕　愛媛県吉田町玉津法華律　日吉神社の境内からみた若衆宿
◇p9（口絵）〔白黒〕　愛媛県吉田町玉津法華律
◇p108（本文）〔白黒〕（若衆宿の山本家の玄関）　愛媛県吉田町玉津法華律

「日本の民俗 下」クレオ　1997
◇図13-13〔白黒〕　静岡県賀茂郡河津町　⒫芳賀日出男, 昭和29年

### 若衆規約
「民俗資料選集 27 年齢階梯制Ⅱ」国土地理協会　1999
◇p113（本文）〔白黒〕　愛媛県西宇和郡伊方町

### 若衆（青年道義会）の会則
「民俗資料選集 27 年齢階梯制Ⅱ」国土地理協会　1999
◇p113（本文）〔白黒〕　愛媛県西宇和郡伊方町

### 若衆宿に当てられていた山本文次郎氏の家
「民俗資料選集 27 年齢階梯制Ⅱ」国土地理協会　1999
◇p107（本文）〔白黒〕　愛媛県吉田町玉津法華律

### 若衆宿の囲炉裏
「民俗資料選集 27 年齢階梯制Ⅱ」国土地理協会　1999
◇p8（口絵）〔白黒〕　愛媛県一本松町内尾串

### 若者入り
「写真でみる日本人の生活全集 4」日本図書センター　2010
◇p149〔白黒〕　千葉県夷隅郡老川村　大シャモジで女性が若者のシリたたきをする
「写真でみる日本人の生活全集 6」日本図書センター　2010
◇口絵〔白黒〕　伊豆初島　⒫山階芳正

### 若者へ申渡書
「民俗資料選集 7 年齢階梯制Ⅰ」国土地理協会　1979
◇p5（口絵）〔白黒〕　東京都 新島　明治20年6月改正　表紙, 一部　若者組
◇p5（口絵）〔白黒〕（若者江申渡書）　東京都 新島　明治8年10月　表紙, 一部　若者組

### 若者組
「図説 日本民俗学」吉川弘文館　2009
◇p138〔白黒〕　滋賀県野洲市

### 若者組蔵
「民俗資料選集 7 年齢階梯制Ⅰ」国土地理協会　1979
◇p13（口絵）〔白黒〕　愛知県知多郡美浜町古布

### 若者組（青年会）加入の式の座席
「民俗資料選集 7 年齢階梯制Ⅰ」国土地理協会　1979
◇p250・251（本文）〔白黒・図〕　愛知県渥美郡田原町字野田元屋敷（通称保井）

### 若者組の制裁
「図説 民俗探訪事典」山川出版社　1983
◇p126〔白黒〕　佐賀県竹崎若者組　1975年　会合に遅刻したものへの制裁　⒫渡辺伸夫

### 若者組の宿
「民俗資料選集 7 年齢階梯制Ⅰ」国土地理協会　1979
◇p1（口絵）〔白黒〕（松盛組の宿）　東京都 神津島
◇p2（口絵）〔白黒〕（松南組の宿）　東京都 神津島

### 若者契約定書
「日本民俗文化財事典（改訂版）」第一法規出版　1979
◇図219〔白黒〕　宮城県

### 若者集会場間取図
「民俗資料叢書 16 伊豆の若者組の習俗」平凡社　1972
◇p187（図26）〔白黒・図〕　静岡県

### 若者のつどい
「日本社会民俗辞典 4」日本図書センター　2004
◇p1623〔白黒〕（夏の夜の若者のつどい）　喜界島

### 若者の役員
「民俗資料叢書 2 志摩の年齢階梯制」平凡社　1965
◇図1〔白黒〕　三重県 志摩

### 若者宿
「民俗図録 日本人の暮らし」日本図書センター　2012
◇図469〔白黒〕（玉江浦の若者宿）　山口県萩市玉江浦
◇図471〔白黒〕（三瀬の若者宿）　佐賀県神崎郡三瀬村宿　⒫橋浦泰雄
「写真でみる日本人の生活全集 4」日本図書センター　2010
◇p149〔白黒〕　伊豆・子浦の若者宿であった建物
「写真でみる民家大事典」柏書房　2005
◇p167-1〔白黒〕　静岡県伊豆市修善寺　⒫1965年頃 静岡県史編さん室
「宮本常一 写真・日記集成 下」毎日新聞社　2005
◇p78〔白黒〕（若者宿の室内）　大分県 姫島　何人ももぐり込める大きなフトン　⒫宮本常一, 1966年8月3日～10日
「民具のみかた一心とかたち」第一法規出版　1983
◇p32〔白黒〕（ワカモノヤド（若者宿））　高知県宿毛市
「民俗資料選集 7 年齢階梯制Ⅰ」国土地理協会　1979
◇p16（口絵）〔白黒〕　愛知県渥美郡赤羽根町天神瀬古 伊藤平九郎氏宅
◇p245（本文）〔白黒・写真/図〕　愛知県渥美郡赤羽根町 故伊藤茂三郎氏宅　外観, 宿として使用された部屋, 宿部屋の位置
「日本を知る事典」社会思想社　1971
◇図5（p60）〔白黒〕　高知県宿毛市

### 若者宿（現公民館）間取図
「民俗資料叢書 16 伊豆の若者組の習俗」平凡社　1972
◇p169（図14）〔白黒・図〕（北川部落若者宿（現公民館）間取図）　静岡県

### 若者宿として使われた建物
「写真でみる民家大事典」柏書房　2005
◇p167-3〔白黒〕　愛知県渥美町　⒫2002年　林哲志

### 若者宿分布図
「民俗資料叢書 16 伊豆の若者組の習俗」平凡社　1972
◇p175（図16）〔白黒・図〕（稲取町東区の若者宿分布図）　静岡県

### 若者宿間取図
「民俗資料叢書 16 伊豆の若者組の習俗」平凡社　1972
◇p176（図17）〔白黒・図〕（現在の若者宿の間取図（屋号だんご屋））　静岡県
◇p180（図21）〔白黒・図〕（若者宿間取図（大久保大家））　静岡県
◇p181（図22）〔白黒・図〕（若者宿間取図（土尻））　静岡県
◇p186（図24）〔白黒・図〕（若者宿間取図（隠居））　静岡県
◇p186（図25）〔白黒・図〕（現在の若者宿間取図（青年会館））　静岡県

### 若者寄合
「写真でみる日本人の生活全集 6」日本図書センター　2010
◇p57〔白黒〕　熱海市初島　「写真地誌日本」

### 若者連中
「日本民俗文化財事典（改訂版）」第一法規出版　1979
◇図220〔白黒〕　青森県下北地方

### 若連中名簿
「民俗資料選集 7 年齢階梯制Ⅰ」国土地理協会　1979
◇p107（本文）〔白黒〕（徳光の若連中名簿）　石川県松任町徳光　一部

### 若連名帳
「民俗資料選集 7 年齢階梯制Ⅰ」国土地理協会　1979
◇p11（口絵）〔白黒〕　愛知県南知多町師崎　明治38年 表紙, 一部

# 住民生活

**愛妻会**
「写真でみる日本人の生活全集 10」日本図書センター　2010
◇p143〔白黒〕　東京

**明かるい村**
「写真でみる日本人の生活全集 4」日本図書センター　2010
◇p138〔白黒〕　埼玉県　昼の食休みに1家中でバレーボールに興じる

**秋葉様の火番燈籠**
「日本社会民俗辞典 3」日本図書センター　2004
◇p1218〔白黒〕　長野県川島村　各戸を順次廻し燈明を上げる

**秋ミチつくり**
「民俗資料選集 9 山村の生活と用具」国土地理協会　1981
◇p14（口絵）〔白黒〕　愛知県北設楽郡津具村　ユイ

**秋ミチつくりに出かける**
「民俗資料選集 9 山村の生活と用具」国土地理協会　1981
◇p14（口絵）〔白黒〕　愛知県北設楽郡津具村　ユイ

**揚げられた屋号**
「民俗学事典」丸善出版　2014
◇p262〔白黒〕

**朝稽古の帰り**
「宮本常一 写真・日記集成 上」毎日新聞社　2005
◇p334〔白黒〕　五島列島・岐宿（長崎県南松浦郡岐宿町［五島市］）〔剣道着の少年〕　[撮]宮本常一, 1962年8月15日

**朝のあいさつ**
「写真でみる日本人の生活全集 10」日本図書センター　2010
◇p53〔白黒〕　野良にでかけるもの。買物にでかけるもの　[撮]茂木

**新しい「ごみのかたち」**
「図説 台所道具の歴史」日本図書センター　2012
◇p210-5〔白黒〕　〔ゴミ袋に入れて捨てる〕　[撮]GK

**雨宿りをする少年たち**
「写真ものがたり昭和の暮らし 6」農山漁村文化協会　2006
◇p119〔白黒〕　秋田県能代市中和通り　[撮]南利夫, 昭和33年

**雨上がり**
「写真でみる日本生活図引 6」弘文堂　1993
◇図57〔白黒〕　秋田県横手市　[撮]佐藤久太郎, 昭和33年7月9日

**慰安会**
「写真でみる日本人の生活全集 8」日本図書センター　2010
◇p9〔白黒〕　町会の人たちが有志に踊っていただき、主婦や子供たちを楽しませた　[撮]中山梅三

**家印**
「図説 日本民俗学」吉川弘文館　2009
◇p125〔白黒〕　静岡県伊東市, 長野県大町市
「精選 日本民俗辞典」吉川弘文館　2006
◇p26〔白黒・図〕　京都府舞鶴市野原　『京都府舞鶴市野原の民俗』より
「日本社会民俗辞典 1」日本図書センター　2004
◇p23〔白黒・図〕　山形県飛島　『羽後飛島図譜』
「日本民俗大辞典 上」吉川弘文館　1999
◇p64〔白黒・図〕　京都府舞鶴市野原　『京都府舞鶴市野原の民俗』より
「図説 民俗探訪事典」山川出版社　1983
◇p94〔白黒〕　新潟県佐渡　柳田国男『北小浦民俗誌』より
「日本民俗事典」弘文堂　1972
◇p26〔白黒・図〕
「民俗の事典」岩崎美術社　1972
◇p7〔白黒・図〕　本家または親方, 分家または子分

**イエツギ**
「日本民俗大辞典 上」吉川弘文館　1999
◇p60〔白黒・図〕　静岡県初島　福田アジオ『可能性としてのムラ社会』より

**池ざらえ**
「写真ものがたり昭和の暮らし 5」農山漁村文化協会　2005
◇p231〔白黒〕　兵庫県小野市来住町 男池　2・3年に一度　コイやフナを獲る　[撮]玉名洋右, 昭和34年9月

**池掃除**
「図説 日本民俗学」吉川弘文館　2009
◇p135〔白黒〕　長野県小海町　共同作業

**憩う**
「写真でみる日本生活図引 5」弘文堂　1989
◇図51〔白黒〕　愛媛県西宇和郡瀬戸町川之浜　[撮]新田好, 昭和28年
◇図52〔白黒〕　新潟県佐渡郡小木町琴浦　[撮]中俣正義, 昭和20年代

**石を積んで水をため、子どもたちの水遊び場を作る**
「写真ものがたり昭和の暮らし 5」農山漁村文化協会　2005
◇p98〔白黒〕　岩手県岩手町沼宮内苗代沢 北上川の最上流近く　[撮]田村淳一郎, 昭和34年

**板叩き**
「日本民具の造形」淡交社　2004
◇p152〔白黒〕　秋田県 雄物川町郷土資料館所蔵　報知する道具

**一代塔**
「写真ものがたり昭和の暮らし 7」農山漁村文化協会　2006
◇p160〔白黒〕　宮城県丸森町　昭和60年1月13日建立　一緒に小学校を卒業した者が、この世に生を受けた証として建てた　[撮]須藤功, 昭和60年4月
「日本宗教民俗図典 1」法蔵館　1985
◇図140〔白黒〕　宮城県丸森町高松　昭和60年1月13日建立　一代を生きた証。共同で建てる　[撮]須藤功

**市での語らい**
「日本の民俗 暮らしと生業」KADOKAWA　2014
◇図11-3〔白黒〕　長崎県壱岐郡芦辺町　[撮]芳賀日出男, 昭和38年
「日本の民俗 下」クレオ　1997
◇図11-3〔白黒〕　長崎県壱岐郡芦辺町　行きあった婦

住民生活　　　　　　　　　　　　社会生活

人たち　㊞芳賀日出男, 昭和38年

### 井戸端会議
「写真でみる日本人の生活全集 4」日本図書センター　2010
　◇p141〔白黒〕
「写真ものがたり昭和の暮らし 4」農村漁村文化協会　2005
　◇p50〔白黒〕　東京都中央区佃　路地の共同井戸　㊞昭和50年2月　東京都提供

### 妹とお使い
「宮本常一 写真・日記集成 上」毎日新聞社　2005
　◇p387〔白黒〕(妹とお使い？)　長野県下伊那郡上村上町　㊞宮本常一, 1963年7月8日

### 入会の例
「図説 民俗探訪事典」山川出版社　1983
　◇p123〔白黒・図〕　『算法地方大成』より

### 腕用ポンプ
「日本民具の造形」淡交社　2004
　◇p159〔白黒〕　三重県　三重郷土資料館所蔵　防災

### 運動会
「里山・里海 暮らし図鑑」柏書房　2012
　◇写16 (p273)〔白黒〕(大字の皆が参加する運動会)　鹿児島県沖永良部島　昭和30年代　和泊町歴史民俗資料館提供

### 映画会のお知らせ
「日本民俗写真大系 7」日本図書センター　2000
　◇p148〔白黒〕(板壁に白墨で書かれた映画会のお知らせ)　島根県益田市 高島の目抜き　㊞永見武久, 1972年

### 笑顔
「写真でみる日本生活図引 5」弘文堂　1989
　◇図47〔白黒〕　新潟県北魚沼郡湯之谷村・栃尾又温泉　㊞中俣正義, 昭和30年5月11日
　◇図48〔白黒〕　愛媛県西宇和郡三崎町正野　㊞新田好, 昭和26年

### 大字協議費差引帳
「里山・里海 暮らし図鑑」柏書房　2012
　◇写60 (p265)〔白黒〕　新潟県旧頸城村〔上越市〕大字大蒲生田　昭和35年

### 大字協議費差引帳の一例
「里山・里海 暮らし図鑑」柏書房　2012
　◇写61 (p265)〔白黒〕　新潟県旧頸城村〔上越市〕大字大蒲生田　昭和35年

### 大字で担う農繁期の季節保育所
「里山・里海 暮らし図鑑」柏書房　2012
　◇写49 (p262)〔白黒〕　福井県美浜町太田　昭和32年頃　服部修一所蔵, 美浜町役場文化財保護・町誌編纂室提供

### 小川に足を投げ入れて涼む少女
「写真ものがたり昭和の暮らし 5」農山漁村文化協会　2005
　◇p54〔白黒〕　秋田県大森町川西　㊞佐藤久太郎, 昭和37年9月

### 沖永良部島の昔話
「日本の民俗 祭りと芸能」KADOKAWA　2014
　◇図15-1〔白黒〕　鹿児島県大島郡知名町　通夜の集いに頼まれて昔話を語る老人　㊞芳賀日出男, 昭和31年
「写真でみる日本人の生活全集 6」日本図書センター　2010
　◇p108〔白黒〕(孫や村のこどもたちを相手に昔話をかたる沖永良部島の年寄り)　奄美のくらし
「日本の民俗 上」クレオ　1997
　◇図15-1〔白黒〕　鹿児島県大島郡知名町　通夜の集いに頼まれて昔話を語る老人　㊞芳賀日出男, 昭和31年

### おじいさんが孫を相手に, 海のものがたりを聞かせて
いる
「写真でみる日本人の生活全集 9」日本図書センター　2010
　◇p2〔白黒〕　兵庫県淡路島　㊞坂谷汎

### お使い
「写真でみる日本生活図引 別巻」弘文堂　1993
　◇図85〔白黒〕　長野県下伊那郡阿智村　油を買ってくる　㊞矢沢昇, 昭和31年9月1日
「写真でみる日本生活図引 3」弘文堂　1988
　◇図96〔白黒〕　秋田県湯沢市　㊞佐藤久太郎, 昭和39年1月20日

### お使いの女の子ふたり
「写真ものがたり昭和の暮らし 6」農山漁村文化協会　2006
　◇p59〔白黒〕　秋田県湯沢市　前の子は鍋を持って行って豆腐を買ってきた。うしろの子は弟をおぶって煉炭を買ってきた　㊞佐藤久太郎, 昭和39年1月

### お出かけ
「写真でみる日本生活図引 5」弘文堂　1989
　◇図57〔白黒〕　秋田県湯沢市山田　九〇度に腰が曲っても、なお自分で歩く　㊞加賀谷政雄, 昭和34年

### 男の子を叱るおばあさん
「写真ものがたり昭和の暮らし 6」農山漁村文化協会　2006
　◇p47〔白黒〕　秋田県山内村小松川(現横手市)　集りの帰りに、双子の兄弟がけんかするのを見ていたらしいおばあさんのひとりが、杖で前の男の子をさして「お前がわるい」と叱っている　㊞佐藤久太郎, 昭和33年2月

### お日待をする人びと
「民俗資料選集 9 山村の生活と用具」国土地理協会　1981
　◇p65(本文)〔白黒〕　愛知県北設楽郡津具村 上津具・上古町

### 恩賜郷倉
「日本の生活環境文化大辞典」柏書房　2010
　◇p38-2〔白黒〕　宮城県気仙沼市内松川　㊞2009年　菊地憲夫
「宮本常一 写真・日記集成 別巻」毎日新聞社　2005
　◇図168 (p31)〔白黒〕　山形県東田川郡　昭和九年ノ飢饉ニヨリ出来タモノ　㊞宮本常一, 1940年〔11月〕

### 女の子が話すのを女性が聞いている
「写真ものがたり昭和の暮らし 10」農山漁村文化協会　2007
　◇p17〔白黒〕　埼玉県小鹿野町久月　㊞武藤盈, 昭和32年3月

### 女紋　女性の紋章使用継承図
「日本民俗大辞典 上」吉川弘文館　1999
　◇p297〔白黒・図〕

### 海外通信（ペン・フレンド）
「写真でみる日本人の生活全集 4」日本図書センター　2010
　◇p13〔白黒〕

### 会合
「写真でみる日本生活図引 5」弘文堂　1989
　◇図32〔白黒〕　長野県下伊那郡阿智村　㊞熊谷元一, 昭和25年

### 会所
「日本民俗大辞典 上」吉川弘文館　1999
　◇p302〔白黒〕　大阪府大阪狭山市

### 解村式
「写真でみる日本生活図引 別巻」弘文堂　1993
　◇図113〔白黒〕　長野県下伊那郡阿智村　㊞熊谷元一, 昭和31年9月29日

### 買出し
「写真でみる日本人の生活全集 10」日本図書センター　2010

◇p81〔白黒〕 [撮]茂木正雄
「写真でみる日本生活図引 7」弘文堂 1993
◇図7〔白黒〕 東京都台東区上野 [撮]渡部雄吉, 昭和22年

**買い出しに出かけた女性たちの家路**
「日本民俗写真大系 1」日本図書センター 1999
◇p104〔白黒〕 礼文島 凍った雪道を踏みしめて買い出しに出かけた女性たちが香深港より家路を辿る [撮]八木下弘, 1960年

**買い出しの帰り**
「宮本常一 写真・日記集成 上」毎日新聞社 2005
◇p387〔白黒〕 長野県下伊那郡 平岡駅 [撮]宮本常一, 1963年7月8日

**街頭演説**
「写真でみる日本生活図引 5」弘文堂 1989
◇図10〔白黒〕 京都府京都市新京極 [撮]山本栄三, 昭和8年頃

**街頭テレビ**
「写真ものがたり昭和の暮らし 4」農村漁村文化協会 2005
◇p220〔白黒〕 東京都 [撮]昭和28年 読売新聞社提供

**街頭の浮浪者**
「日本社会民俗辞典 3」日本図書センター 2004
◇p1280〔白黒〕 東京都内

**街頭録音風景**
「日本社会民俗辞典 4」日本図書センター 2004
◇p1558〔白黒〕 仙台市

**買物**
「写真でみる日本生活図引 別巻」弘文堂 1993
◇図126〔白黒〕 長野県下伊那郡阿智村 [撮]矢沢昇, 昭和31年10月11日
「写真でみる日本生活図引 7」弘文堂 1993
◇図6〔白黒〕 東京都中央区 数寄屋橋 [撮]菊池俊吉, 昭和21年4月

**買物帰り**
「写真でみる日本生活図引 3」弘文堂 1988
◇目次A〔白黒〕 [撮]中俣正義

**買物に行って町から帰ってきたお母さんたち**
「写真ものがたり昭和の暮らし 1」農山漁村文化協会 2004
◇p65〔白黒〕 秋田県湯沢市 [撮]加賀谷政雄, 昭和30年代

**回覧板**
「写真でみる日本人の生活全集 4」日本図書センター 2010
◇p140〔白黒〕 〔回覧板を届けに行く少女〕
「写真でみる日本生活図引 別巻」弘文堂 1993
◇図368〔白黒〕 長野県下伊那郡阿智村 [撮]熊谷元一, 昭和32年5月12日

**ガキ大将のいる仲間へはいる少し前の男の子たちと、右端はその子どもたちを見守るアネッチャ（姉）**
「写真ものがたり昭和の暮らし 6」農山漁村文化協会 2006
◇p92〔白黒〕 山形県古口村（現戸沢村） [撮]早川孝太郎, 昭和11年11月

**ガスボンベを利用した報知器**
「図説 日本民俗学」吉川弘文館 2009
◇p252〔白黒〕 沖縄県読谷村 戦後 〔半鐘の代わり, 空のガスボンベを吊してある〕

**学校から帰った男の子が、畑を耕す母のもとにやってきて、何か相談を持ちかけたらしい**
「写真ものがたり昭和の暮らし 6」農山漁村文化協会 2006
◇p21〔白黒〕 秋田県湯沢市 [撮]加賀谷政雄, 昭和30年代

**鎌を手にする女の子**
「写真ものがたり昭和の暮らし 6」農山漁村文化協会 2006
◇p126〔白黒〕 石川県中島町（現七尾市） [撮]御園直太郎, 昭和37年3月

**カメラを向けた父親に流し目する少女**
「写真ものがたり昭和の暮らし 6」農山漁村文化協会 2006
◇p100〔白黒〕 愛知県名古屋市西区上畠町（現那古野） [撮]半谷久彦, 昭和37年2月

**家紋**
「図説 日本民俗学」吉川弘文館 2009
◇p69〔白黒〕 静岡県御殿場市, 愛知県東栄町 檀那寺本堂の格天井に檀家の家紋, 墓石に家紋
「日本民俗大辞典 上」吉川弘文館 1999
◇p411～414〔白黒・図〕 〈植物紋〉十六葉八重表菊, 十四葉一重裏菊, 菊水, 五三桐, 五七桐, 三葉葵, 丸に立葵, 藤巴, 上り藤に大文字, 下り藤, 丸に橘, 丸に桔梗, 蔦, 丸に根付梶葉, 梶葉, 抱若荷, 竹の丸に二羽飛雀, 竹に対雀, 水沢潟, 崖麦, 石竹, 三楓, 茶実, 丸に九枚笹, 雪持笹, 櫛松, 三本松, 違大根, 牡丹, 石持内に蕨, 違丁子, 三銀杏, 八重桜, 単梅, 裏梅, 丸内に占見梅, 剣梅鉢, 星梅鉢, 竜胆, 五竜胆車, 田字草（花勝見）, 丸に三葉柏, 丸内に酢築草, 地撤に雀, 麻の葉, 〈動物紋〉違鷹羽, 対鶴丸胸に九曜, 鶴丸, 丸に二つ遠雁, 結び雁, 丸に揚羽蝶, 浮線蝶, 三蝶, 抱角丸, 巻竜（竜丸）, 握珠（竜爪）, 蓑亀丸, 牡丹に獅子, 丸に獅子, 対鶯, 〈器具紋〉違矢, 違片矢羽, 一本矢羽, 的角, 長剣梅鉢, 三寄鍬形, 総角, 轡, 杏葉, 十二本骨車, 洲浜, 一瓶子, 違羽帯, 五徳, 舵, 三違擢, 碇丸, 軍配団扇, 檜扇, 九枚羽団扇, 扇に月丸, 三扇, 三地紙, 一帆一, 一束嬰斗, 一結綿, 傘, 並傘, 水車（六柄杓車）, 三手杵, 釘抜座に挺子, 違鍛, 分銅, 三入子折, 永楽通宝, 六連銭, 槌, 二輪鼓, 庵内に木瓜, 〈建造物紋〉井筒, 〈天紋・地理紋〉半月, 鵬月, 一文字三星, 九曜, 月星, 雪輪, 折入菱（稲妻菱）, 〈文様紋〉三頭右巴, 子持亀甲に唐花, 四割菱, 四花菱（幸菱）, 木瓜, 三引両, 三鱗, 九日結, 唐花輪違, 九字, 源氏香図（花散里）, 〈文字紋〉折敷に鎌形三文字, 十文字
「図説 民俗探訪事典」山川出版社 1983
◇p95〔白黒・図〕 熨斗輪, 二つ葉竜胆, 剣梅鉢, 丸に梶の葉, 九枚羽団扇, 三つ剣葵, 割梅鉢, 丸に橘（井伊氏）, 大中, 三本松, 六つ星, 花橘

**唐傘をさす祖母と三人の孫**
「写真ものがたり昭和の暮らし 6」農山漁村文化協会 2006
◇p35〔白黒〕 秋田県湯沢市 [撮]加賀谷政雄, 昭和30年代

**看板に町民の訴え**
「宮本常一が撮った昭和の情景 上」毎日新聞社 2009
◇p65〔白黒〕 静岡県浜松市天竜区水窪町 [撮]宮本常一, 1959年7月27日
「宮本常一 写真・日記集成 上」毎日新聞社 2005
◇p130〔白黒〕 静岡県磐田郡水窪町 [撮]宮本常一, 1959年7月27日

**帰郷**
「写真でみる日本生活図引 6」弘文堂 1993
◇図59〔白黒〕 新潟県長岡市蓬平 [撮]中俣正義, 昭和32年4月28日
◇図60〔白黒〕 秋田県平鹿郡増田町 [撮]佐藤久太郎, 昭和38年5月5日

**休憩する**
「宮本常一 写真・日記集成 下」毎日新聞社 2005
◇p15〔白黒〕（映画の看板の前で植木の包をとく前の一服） 広島県三原市 神明様の朝 [撮]宮本常一, 1965年2月12日

**給水制限**
「写真ものがたり昭和の暮らし 4」農村漁村文化協会 2005
◇p153〔白黒〕 東京都江戸川区 タンクローリー車の

給水　[撮]昭和39年8月　東京都提供

**牛乳配達をする少年**
「写真ものがたり昭和の暮らし 6」農山漁村文化協会　2006
◇p86〔白黒〕　秋田県横手市　[撮]佐藤久太郎, 昭和33年年7月

**旧友を抱擁**
「写真でみる日本人の生活全集 4」日本図書センター　2010
◇口絵〔白黒〕

**共同飲食用の堂椀**
「図録・民具入門事典」柏書房　1991
◇p95〔白黒〕　東京都　共同飲食用の椀

**協同作業**
「写真でみる日本人の生活全集 4」日本図書センター　2010
◇p133〔白黒〕　桐生の市民の堤防修理

**共同で行う氏神の清掃**
「里山・里海 暮らし図鑑」柏書房　2012
◇写2(p247)〔白黒〕　滋賀県旧愛知川町〔愛荘町〕　昭和40年代　西堀裕紀提供
「日本社会民俗辞典 3」日本図書センター　2004
◇p1278〔白黒〕　福岡県宗像郡田島村

**共同募金**
「写真でみる日本人の生活全集 4」日本図書センター　2010
◇p144〔白黒〕　赤い羽根の募金

**共同湧水地の掃除**
「里山・里海 暮らし図鑑」柏書房　2012
◇写39(p259)〔白黒〕　鹿児島県沖永良部島　昭和52年　鹿児島県知名町教育委員会提供

**共有倉**
「写真ものがたり昭和の暮らし 2」農山漁村文化協会　2004
◇p198〔白黒〕　宮崎県西都市大字銀鏡　かますに入れた4斗のもみ米を郷倉に運ぶ　[撮]須藤功, 昭和47年12月に再現

**共有倉に運んできた家ごともみ米の量を確認して帳面に記録**
「写真ものがたり昭和の暮らし 2」農山漁村文化協会　2004
◇p199〔白黒〕　宮崎県西都市大字銀鏡　[撮]須藤功, 昭和47年12月

**共有倉の共有の木器**
「写真ものがたり昭和の暮らし 2」農山漁村文化協会　2004
◇p199〔白黒〕　宮崎県西都市大字銀鏡　[撮]須藤功, 昭和47年12月

**共有倉の記録**
「写真ものがたり昭和の暮らし 2」農山漁村文化協会　2004
◇p199〔白黒〕　宮崎県西都市大字銀鏡　[撮]須藤功, 昭和47年12月

**漁村の若者**
「宮本常一が撮った昭和の情景 上」毎日新聞社　2009
◇p192～193〔白黒〕(祭りが終わったら北海道へ出稼ぎに行くという若者たち)　青森県下北郡佐井村大字長後牛滝　[撮]宮本常一, 1963年6月20日
「宮本常一 写真・日記集成 上」毎日新聞社　2005
◇p378〔白黒〕　青森県下北郡佐井村牛滝　祭りが終わったら北海道へ稼ぎに行く　[撮]宮本常一, 1963年6月20日

**近火見舞い**
「写真でみる日本人の生活全集 4」日本図書センター　2010
◇p105〔白黒〕

**近隣関係**
「図説 日本民俗学」吉川弘文館　2009
◇p133〔白黒・図〕　神奈川県大和市

**近隣組　ツボ(坪)と班構成**
「日本民俗大辞典 上」吉川弘文館　1999
◇p518〔白黒・図〕　茨城県古河市　『古河市史』民俗編より

**草刈場の境界標**
「日本社会民俗辞典 2」日本図書センター　2004
◇p828〔白黒・図〕　南津軽地方の山村　『山村生活調査』

**駆除作戦**
「写真でみる日本生活図引 7」弘文堂　1993
◇図53〔白黒〕　東京都大田区荏原　蝿や蚊の駆除作戦　[撮]昭和29年6月21日　東京都提供

**区長交代**
「写真でみる日本生活図引 別巻」弘文堂　1993
◇図248, 249〔白黒〕　長野県下伊那郡阿智村　[撮]熊谷元一, 昭和32年1月16日

**区の事務**
「写真でみる日本生活図引 別巻」弘文堂　1993
◇図73〔白黒〕　長野県下伊那郡阿智村　[撮]熊谷元一, 昭和31年8月21日

**区の選挙**
「写真でみる日本生活図引 別巻」弘文堂　1993
◇図234, 235〔白黒〕　長野県下伊那郡阿智村　[撮]熊谷元一, 昭和32年1月5日

**区の帳簿**
「写真でみる日本生活図引 別巻」弘文堂　1993
◇図240〔白黒〕　長野県下伊那郡阿智村　区の事務整理　[撮]熊谷元一, 昭和32年1月10日

**区の山の見まわりに行って帰る**
「写真でみる日本生活図引 別巻」弘文堂　1993
◇図80〔白黒〕(雨の日)　長野県下伊那郡阿智村　区の山の見まわりに行って帰る　[撮]矢沢昇, 昭和31年8月28日

**区の山まわり後の一杯**
「写真でみる日本生活図引 別巻」弘文堂　1993
◇図30〔白黒〕(一杯)　長野県下伊那郡阿智村　区の山まわり後の水代わりの一杯で、酒宴ではない　[撮]熊谷元一, 昭和31年7月17日

**区費の事務**
「写真でみる日本生活図引 別巻」弘文堂　1993
◇図206〔白黒〕　長野県下伊那郡阿智村　区費配分の事務　[撮]熊谷元一, 昭和31年12月21日

**掲示板に掲げられた農事日程**
「図説 日本民俗学」吉川弘文館　2009
◇p129〔白黒〕　滋賀県野洲市

**敬老会**
「写真でみる日本生活図引 別巻」弘文堂　1993
◇図345〔白黒〕　長野県下伊那郡阿智村　[撮]熊谷元一, 昭和32年4月20日

**敬老会の集り**
「写真でみる日本人の生活全集 10」日本図書センター　2010
◇p148〔白黒〕　新宮市 新宮公民館

**ゲートボール**
「図説 日本民俗学」吉川弘文館　2009
◇p130〔白黒〕　静岡県御殿場市

**ケンカの果ての交番行き**
「写真でみる日本人の生活全集 6」日本図書センター　2010
◇p67〔白黒〕　[撮]桝井映樹

**恋人同志**
「写真でみる日本人の生活全集 10」日本図書センター

## 社会生活　住民生活

2010
　◇p91〔白黒〕

### 耕運機に乗った男性と談笑する婦人たち
「宮本常一が撮った昭和の情景 上」毎日新聞社　2009
　◇p187〔白黒〕（耕運機に乗って）　鹿児島県出水郡長島町指江　㊙宮本常一、1963年3月10日
「宮本常一 写真・日記集成 上」毎日新聞社　2005
　◇p371〔白黒〕　鹿児島県出水郡長島町指江　㊙宮本常一、1963年3月10日

### 公園でブランコにのっているアベック
「写真でみる日本人の生活全集 10」日本図書センター　2010
　◇口絵〔白黒〕　㊙西郷吉郎

### 公園開き
「写真でみる日本生活図引 別巻」弘文堂　1993
　◇図70〔白黒〕　長野県下伊那郡阿智村　㊙熊谷元一、昭和31年8月18日

### 郷倉
「写真でみる日本人の生活全集 3」日本図書センター　2010
　◇p135〔白黒〕　長野県上伊那郡川島村
「日本の生活環境文化大辞典」柏書房　2010
　◇p38-1〔白黒〕（長部第一郷倉）　岩手県陸前高田市　㊙2007年6月　菊地憲太
「宮本常一 写真・日記集成 別巻」毎日新聞社　2005
　◇図101 (p24)〔白黒〕　宮崎県・日向・〔東臼杵郡〕南郷村　㊙宮本常一、1940年2月11日～3月7日
「日本社会民俗辞典 1」日本図書センター　2004
　◇p370〔白黒〕　長野県上伊那郡川島村
「日本民俗大辞典 上」吉川弘文館　1999
　◇p588〔白黒〕　群馬県山田郡大間々町桐原　大間々町誌編纂室提供
「図説 民俗探訪事典」山川出版社　1983
　◇p70〔白黒〕　埼玉県浦和市

### コウサツ
「図録・民具入門事典」柏書房　1991
　◇p90〔白黒〕　千葉県　成田山史料館所蔵

### 公民館
「図説 日本民俗学」吉川弘文館　2009
　◇p126〔白黒〕　山梨県山梨市
「宮本常一 写真・日記集成 上」毎日新聞社　2005
　◇p177〔白黒〕　群馬県佐波郡境町　㊙宮本常一、1960年3月2日
「宮本常一 写真・日記集成 下」毎日新聞社　2005
　◇p390〔白黒〕（相川公民館）　新潟県両津市相川町　㊙宮本常一、1977年3月19日

### 子どもたち
「宮本常一が撮った昭和の情景 上」毎日新聞社　2009
　◇p62～63〔白黒〕（水窪から西浦へ行く途中で出会った子どもたち）　静岡県浜松市天竜区水窪町奥領家　㊙宮本常一、1959年7月29日
「宮本常一 写真・日記集成 上」毎日新聞社　2005
　◇p49〔白黒〕　愛知県北設楽郡設楽町 川口　㊙宮本常一、1956年11月11日
　◇p132〔白黒〕　静岡県磐田郡水窪町水窪→西浦　㊙宮本常一、1959年7月29日
　◇p258〔白黒〕　生口島（広島県豊田郡瀬戸田町）〔船の上に子どもたち〕㊙宮本常一、1961年5月21日
　◇p309〔白黒〕（種子島・熊野浦）　鹿児島県・種子島 熊野浦　㊙宮本常一、1962年6月11日
　◇p425〔白黒〕　青森県むつ市高梨　㊙宮本常一、1964年3月6日
「宮本常一 写真・日記集成 下」毎日新聞社　2005
　◇p20〔白黒〕　奈良県吉野郡大塔村篠原　㊙宮本常一、1965年4月14日
「写真ものがたり昭和の暮らし 3」農山漁村文化協会　2004
　◇p220〔白黒〕　鹿児島県三島村・硫黄島　㊙昭和9年10月　早川孝太郎所蔵
「写真でみる日本生活図引 6」弘文堂　1993
　◇図70〔白黒〕（子供たち）　山形県最上郡戸沢村古口　㊙早川孝太郎、昭和11年11月1日

### 子供の孤独
「写真でみる日本人の生活全集 9」日本図書センター　2010
　◇口絵〔白黒〕　東京　母をもとめてその働き場にきて見たが、十分にあまえられない。ぽつねんと夜の道にたち, 店さきのテレビを見, ケースをのぞきこんだり, 年上の少年にはなしかけたりする少年　㊙赤堀益子

### 小屋新築棟上げ後の共同飲食
「里山・里海 暮らし図鑑」柏書房　2012
　◇写35 (p258)〔白黒〕　鹿児島県徳之島　伊仙町西犬田布集落提供

### 婚礼、出産、葬式、雪踏みの決まり
「里山・里海 暮らし図鑑」柏書房　2012
　◇写46 (p261)〔白黒〕　新潟県旧頸城村〔上越市〕大字大蒲生田　昭和35年

### 雑誌を読む老婆
「写真でみる日本人の生活全集 6」日本図書センター　2010
　◇口絵〔白黒〕　ある養老院　㊙佐藤久太郎

### 雑談
「写真でみる日本生活図引 別巻」弘文堂　1993
　◇図82〔白黒〕　長野県下伊那郡阿智村　雨の日、軒下にはいって雑談　㊙矢沢昇、昭和31年8月30日

### 山村の子どもたち
「写真ものがたり昭和の暮らし 6」農山漁村文化協会　2006
　◇p95〔白黒〕　長野県神原村（現天龍村）　㊙高橋文太郎, 昭和8年1月

### 山村の少年
「写真ものがたり昭和の暮らし 6」農山漁村文化協会　2006
　◇p97〔白黒〕　宮崎県椎葉村　㊙野間吉夫、昭和10年代

### 自身番組捉
「民俗資料叢書 16 伊豆の若者組の習俗」平凡社　1972
　◇図16〔白黒〕　静岡県 旧賀茂郡三浜村西子浦

### したしい挨拶
「写真でみる日本人の生活全集 4」日本図書センター　2010
　◇p1〔白黒〕　握手、手をあげて挨拶する

### 自治する兄妹
「写真でみる日本人の生活全集 9」日本図書センター　2010
　◇p53〔白黒〕　岩手県和賀郡横川目村空堤

### 自転車で走っていて出会った同年生
「写真ものがたり昭和の暮らし 6」農山漁村文化協会　2006
　◇p134〔白黒〕　秋田県湯沢市　㊙加賀谷政雄, 昭和30年代

### 自転車に乗れるように練習する母親
「写真ものがたり昭和の暮らし 6」農山漁村文化協会　2006
　◇p41〔白黒〕　熊本県八代市緑町　男の子が荷台を支えている　㊙麦島勝、昭和32年7月

### 地頭の家 名子の集まる下台所
「日本民俗文化財事典（改訂版）」第一法規出版　1979
　◇図225〔白黒〕　岩手県

### 地主と小作人の契約証書と雛形
「写真でみる日本人の生活全集 4」日本図書センター　2010
　◇p120〔白黒〕

### 島の消防団
「写真ものがたり昭和の暮らし 3」農山漁村文化協会　2004
　◇p192〔白黒〕　山形県酒田市勝浦・飛島　㊙早川孝太

民俗風俗 図版レファレンス事典（衣食住・生活篇）　**629**

郎, 大正13年6月

**地元民が移住者の子供たちにワラ草履の作り方を教える**
「里山・里海 暮らし図鑑」柏書房　2012
◇写22（p357）〔白黒〕　和歌山県那智勝浦町色川　高島太郎提供

**錫杖と当番板**
「図説 日本民俗学」吉川弘文館　2009
◇p127〔白黒〕　滋賀県余呉町

**週1回の第五粟島丸で町から帰った男の人**
「写真ものがたり昭和の暮らし 3」農山漁村文化協会　2004
◇p195〔白黒〕　新潟県粟島浦村　[撮]中俣正義, 昭和33年6月

**集会の決まりと役回り**
「里山・里海 暮らし図鑑」柏書房　2012
◇写45（p261）〔白黒〕　新潟県旧頸城村〔上越市〕大字大蒲生田　昭和35年

**就職**
「写真でみる日本人の生活全集 7」日本図書センター　2010
◇p103〔白黒〕　[撮]大島昭

**就職試験**
「写真でみる日本人の生活全集 6」日本図書センター　2010
◇口絵〔白黒〕　〔身体測定〕　[撮]大川とみを

**住宅と客応待の方式**
「日本社会民俗辞典 2」日本図書センター　2004
◇p495〔白黒・図〕　岩手県浅沢村　有賀喜左衛門「村落生活」による

**集団就職**
「日本民俗写真大系 2」日本図書センター　1999
◇p147〔白黒〕　岩手県岩手町沼宮内駅構内　[撮]田村淳一郎, 1962年
「写真でみる日本生活図引 5」弘文堂　1989
◇図87〔白黒〕　鹿児島県鹿児島市　就職列車の見送り　[撮]小野重朗, 昭和39年

**集団就職の汽車を見送る**
「写真ものがたり昭和の暮らし 4」農村漁村文化協会　2005
◇p136, 137〔白黒〕　秋田県横手市　[撮]佐藤久太郎, 昭和34年3月

**出勤**
「写真でみる日本人の生活全集 4」日本図書センター　2010
◇p4〔白黒〕　若奥さんは毎朝御主人の出勤を見送る

**ジュモク**
「図録・民具入門事典」柏書房　1991
◇p90〔白黒〕　東京都

**正月休み明けの銀行**
「宮本常一が撮った昭和の情景 上」毎日新聞社　2009
◇p185〔白黒〕　東京都府中市　[撮]宮本常一, 1963年1月5日
「宮本常一 写真・日記集成 上」毎日新聞社　2005
◇p368〔白黒〕　東京都府中市　[撮]宮本常一, 1963年1月5日

**消火用バケツを吊してある風景**
「民具のみかた―心とかたち」第一法規出版　1983
◇p214〔白黒〕（バケツを吊してある風景）　岐阜県高山市　消火用

**商店の前にいる男女**
「宮本常一 写真・日記集成 上」毎日新聞社　2005
◇p392〔白黒〕　青森県下北郡東通村目名→尻労 バスで　[撮]宮本常一, 1963年8月13日

**少年**
「写真でみる日本生活図引 5」弘文堂　1989
◇図134〔白黒〕　秋田県平鹿郡大森町　[撮]千葉禎介, 昭和10年頃

**少年少女**
「写真ものがたり昭和の暮らし 6」農山漁村文化協会　2006
◇p107〔白黒〕　青森県八戸市小中野　[撮]和井田登, 昭和13年ごろ

**少年たち**
「宮本常一 写真・日記集成 上」毎日新聞社　2005
◇p192〔白黒〕　熊本県 富岡城跡あたり　[撮]宮本常一, 1960年4月24日

**少年の町**
「写真でみる日本人の生活全集 9」日本図書センター　2010
◇口絵〔白黒〕　長崎市西泊町　町章, 市民（子供）の選挙, ミゾや道を清掃して蚊やハエをなくす, 伝染病をふせぐ手製の街頭ポスター展, 広場で子供たちがフォークダンスをたのしむ

**消防組規則**
「民俗資料叢書 16 伊豆の若者組の習俗」平凡社　1972
◇図20〔白黒〕　静岡県 旧賀茂郡南崎村大瀬　明治28年

**消防団結団式**
「写真でみる日本生活図引 別巻」弘文堂　1993
◇図117〔白黒〕（結団式）　長野県下伊那郡阿智村　小中学校校庭で、阿智村消防団結団式　[撮]熊谷元一, 昭和31年10月3日

**消防団の消防車**
「写真でみる日本生活図引 別巻」弘文堂　1993
◇図84〔白黒〕　長野県下伊那郡阿智村　会地村消防団の消防車整備　[撮]熊谷元一, 昭和31年9月1日

**消防団の水防活動**
「里山・里海 暮らし図鑑」柏書房　2012
◇写36（p259）〔白黒〕　和歌山県海南市神田　昭和29年6月30日　和歌山県海南市教育委員会提供

**殖民地と移住民**
「日本民俗写真大系 1」日本図書センター　1999
◇p119〔白黒〕　〔北海道〕　丸木掘立小屋をたてている　[撮]阿部義一, 明治後期　北海道大学付属図書館蔵

**除雪当番板**
「民具のみかた―心とかたち」第一法規出版　1983
◇p239〔白黒〕　岐阜県馬瀬村

**書類を書く**
「写真でみる日本生活図引 別巻」弘文堂　1993
◇図124〔白黒〕　長野県下伊那郡阿智村　区の事務　[撮]熊谷元一, 昭和31年10月9日

**シロシ**
「日本民俗大辞典 上」吉川弘文館　1999
◇p875〔白黒〕　アイヌ　アイヌで所有権を示す刻み印　[撮]藤村久和

**新京成常盤平駅付近を赤ちゃんを抱いてあるく夫婦**
「写真ものがたり昭和の暮らし 4」農村漁村文化協会　2005
◇p204〔白黒〕　千葉県松戸市　[撮]昭和35年　小櫃亮提供

**神社清掃**
「写真でみる日本人の生活全集 9」日本図書センター　2010
◇p37〔白黒〕　学校の休日

**新宿生活館**
「写真でみる日本人の生活全集 4」日本図書センター　2010
◇p147〔白黒〕　東京都新宿区　〔外観〕

**新村発足祝賀会**
「写真でみる日本生活図引 別巻」弘文堂　1993
◇図350〔白黒〕　長野県下伊那郡阿智村　[撮]熊谷元一, 昭和32年4月25日

新年会議事録
　「民俗資料叢書 16 伊豆の若者組の習俗」平凡社　1972
　　◇図3〔白黒〕　　静岡県 旧田方郡内浦村重寺
　　◇図4〔白黒〕　　静岡県 旧田方郡内浦村重寺
　　◇図5〔白黒〕　　静岡県 旧田方郡内浦村重寺
　　◇図6〔白黒〕　　静岡県 旧田方郡内浦村重寺
　　◇図7〔白黒〕　　静岡県 旧田方郡内浦村重寺
　　◇図8〔白黒〕　　静岡県 旧田方郡内浦村重寺

新聞を抱えて朝早くから配達をする少女
　「フォークロアの眼 3 運ぶ」国書刊行会　1977
　　◇図168〔白黒〕　和歌山県西牟婁郡串本町潮岬　㊤須藤功, 昭和42年6月18日

新聞少年
　「写真ものがたり昭和の暮らし 6」農山漁村文化協会　2006
　　◇p87〔白黒〕　　石川県金沢市　雪の朝、ふたりの少年が新聞配達をする　㊤棚池信行, 昭和20年代
　　◇p88〔白黒〕　　秋田県横手町（現横手市）　㊤M・M・スマイザー, 大正時代　提供・鶴岡功子

尋問
　「写真でみる日本生活図引 5」弘文堂　1989
　　◇図11〔白黒〕　京都府京都市　巡査・丁稚　㊤山本栄三, 昭和6年頃

親類一同
　「写真でみる日本人の生活全集 4」日本図書センター　2010
　　◇p111〔白黒〕　東京　親類一同が記念撮影

親類関係と香典額
　「図説 日本民俗学」吉川弘文館　2009
　　◇p131〔白黒・図〕　山口県下関市

親類づきあい
　「写真でみる日本人の生活全集 4」日本図書センター　2010
　　◇p112〔白黒〕　東京　一族がひとつに集まって広い庭園で記念撮影

水害義捐の托鉢
　「日本社会民俗辞典 2」日本図書センター　2004
　　◇p877〔白黒〕　仙台市　㊤昭和25年

水上生活者
　「日本社会民俗辞典 2」日本図書センター　2004
　　◇p770〔白黒〕　東京 深川

水上生活者の船群
　「日本社会民俗辞典 2」日本図書センター　2004
　　◇p770〔白黒〕　東京都

涼み台
　「写真でみる日本生活図引 5」弘文堂　1989
　　◇図122〔白黒〕　鹿児島県垂水市柊原　浜に設けた涼み台を土地ではヤグラといった　㊤小野重朗, 昭和33年

ストーブのある部屋に集まる
　「宮本常一 写真・日記集成 下」毎日新聞社　2005
　　◇p82〔白黒〕（ストーブのある部屋で）　青森県 下北半島　〔男性が集まっている〕　㊤宮本常一, 1966年8月25日～29日

隅田公園の仮住まい
　「写真ものがたり昭和の暮らし 4」農村漁村文化協会　2005
　　◇p200〔白黒〕　東京都台東区　㊤昭和29年2月　東京都提供

座っておしゃべりをするおばあさんたち
　「写真ものがたり昭和の暮らし 10」農山漁村文化協会　2007
　　◇p19〔白黒〕　三重県阿児町安乗（現志摩市）　古い乳母車を杖代わりにしてやってくる　㊤須藤功, 昭和55年5月

生活改善の告
　「図説 日本民俗学」吉川弘文館　2009
　　◇p128〔白黒〕　滋賀県野洲市

青春
　「写真でみる日本人の生活全集 6」日本図書センター　2010
　　◇口絵〔白黒〕　〔ベンチに座る男女, 集まる男女の学生, 店で食事をする男女〕　㊤勝重徳, 山路紫朗, 千種正清

セギ番表と鳶口
　「図説 日本民俗学」吉川弘文館　2009
　　◇p150〔白黒〕　神奈川県平塚市

堰普請
　「図説 日本民俗学」吉川弘文館　2009
　　◇p149〔白黒〕　神奈川県平塚市

雪中に行う老人宅の見守り
　「里山・里海 暮らし図鑑」柏書房　2012
　　◇写2（p268）〔白黒〕　新潟県旧上川村〔阿賀町〕滝首集落　昭和40年代　鈴木泉提供

選挙運動
　「写真でみる日本生活図引 別巻」弘文堂　1993
　　◇図154, 155〔白黒〕　長野県下伊那郡阿智村　村会議員選挙　㊤矢沢昇, 昭和31年11月7日

選挙の応援演説を熱心に聞く人たち
　「写真ものがたり昭和の暮らし 9」農山漁村文化協会　2007
　　◇p187〔白黒〕　秋田県山内村小松川（現横手市）　㊤佐藤久太郎, 昭和33年2月

選挙ポスター
　「写真でみる日本生活図引 別巻」弘文堂　1993
　　◇図18〔白黒〕　長野県下伊那郡阿智村　参議院候補者を見る　㊤熊谷元一, 昭和31年7月6日

全戸が出役して行う溜池の土手修理
　「里山・里海 暮らし図鑑」柏書房　2012
　　◇写43（p260）〔白黒〕　新潟県旧頸城村〔上越市〕大字大蒲生田　昭和43年　藤澤史提供

全戸出役による三方水害の復旧作業
　「里山・里海 暮らし図鑑」柏書房　2012
　　◇写38（p259）〔白黒〕　福井県旧三方町〔若狭町〕　昭和40年　河原廣所蔵, 若狭町歴史文化館提供

全戸で補修する阿弥陀堂の屋根
　「里山・里海 暮らし図鑑」柏書房　2012
　　◇写1（p247）〔白黒〕　福井県旧武生市〔越前市〕曾原　昭和62年　堀江照夫提供

先達が若者や移住者へ暮らしを伝授する
　「里山・里海 暮らし図鑑」柏書房　2012
　　◇写18（p354）〔白黒〕　和歌山県那智勝浦町色川　平成21年3月　元安良彰提供

銭湯へ行く女の子ふたり
　「写真ものがたり昭和の暮らし 10」農山漁村文化協会　2007
　　◇p101〔白黒〕　秋田県能代市　雪道　洗面器を包んだ風呂敷を持つ。湯あげタオルを体に巻く　㊤南利夫, 昭和30年

占有標
　「民俗学辞典（改訂版）」東京堂出版　1987
　　◇図版25（p321）〔白黒・図〕　鹿児島県大島郡, 沖縄県八重山　（一）鹿児島県大島郡のムスビ,（二）八重山のフキ,（三）八重山のサン　橋浦泰雄画

雑木林の土地境界を印した境木
　「里山・里海 暮らし図鑑」柏書房　2012
　　◇写13（p44）〔白黒〕　愛知県豊田市

倉庫（共有）
　「宮本常一 写真・日記集成 上」毎日新聞社　2005

住民生活　　　　　　　　　　　　　　　社会生活

　　　◇p40〔白黒〕　　岡山県岡山市新池　㊙宮本常一，1956年
　　　10月4日
**葬式の手伝い**
　「図説 日本民俗学」吉川弘文館　2009
　　　◇p133〔白黒〕　　山口県下関市
**相続の型の分布**
　「図説 民俗探訪事典」山川出版社　1983
　　　◇p110〔白黒・図〕　　『現代エスプリ』臨時増刊「日本
　　　人の原点」より
**祖先の由緒を示す旗**
　「日本社会民俗辞典 3」日本図書センター　2004
　　　◇p1295〔白黒〕　　徳島県 祖谷菅生家
**村童**
　「写真でみる日本人の生活全集 9」日本図書センター　2010
　　　◇p46〔白黒〕　　大阪の片田舎のまずしい村落　㊙谷允
**村内一斉休養通知**
　「宮本常一 写真・日記集成 上」毎日新聞社　2005
　　　◇p384〔白黒〕　　長野県下伊那郡大鹿村村内　㊙宮本常
　　　一，1963年7月5日
**村落領域図**
　「図説 日本民俗学」吉川弘文館　2009
　　　◇p118〜119〔白黒・図〕　　長野県麻績村宮本　村落領
　　　域図，空間構成模式図
**太鼓櫓**
　「図説 日本民俗学」吉川弘文館　2009
　　　◇p123〔白黒〕　　滋賀県八日市市
　「図説 民俗建築大事典」柏書房　2001
　　　◇写真1(p260)〔白黒〕　　滋賀県八日市市妙法寺
　「日本民俗大辞典 下」吉川弘文館　2000
　　　◇p8〔白黒〕　　滋賀県八日市市
**タオルを肩にして銭湯から褌一丁で帰る**
　「写真ものがたり昭和の暮らし 10」農山漁村文化協会
　　2007
　　　◇p44〔白黒〕　　東京都中央区佃　㊙中田和昭，昭和38
　　　年7月
**焚火にあたるおかっぱ頭の少女たち**
　「写真ものがたり昭和の暮らし 6」農山漁村文化協会　2006
　　　◇p60〔白黒〕　　長野県會地村（現阿智村）　㊙熊谷元一，
　　　昭和13年
**立会演説会**
　「写真でみる日本生活図引 別巻」弘文堂　1993
　　　◇図157〜159〔白黒〕　　長野県下伊那郡阿智村 村会議
　　　員選挙　㊙熊谷元一，昭和31年11月9日
**立ち止まって向かいの店を見るおばあさん**
　「写真ものがたり昭和の暮らし 9」農山漁村文化協会　2007
　　　◇p108〔白黒〕　　長野県茅野市本町　㊙武藤盈，昭和33
　　　年3月
**立ち話し**
　「写真でみる日本人の生活全集 4」日本図書センター　2010
　　　◇p3〔白黒〕
　「写真でみる日本人の生活全集 6」日本図書センター　2010
　　　◇p105〔白黒〕（老婆たちの立ち話り）　㊙丸岡清輝
　「写真でみる日本人の生活全集 10」日本図書センター
　　2010
　　　◇口絵〔白黒〕（子をおぶっての立ち話し）　㊙仲野文佐久
　「宮本常一が撮った昭和の情景 下」毎日新聞社　2009
　　　◇p44〔白黒〕（路地の立ち話）　新潟県佐渡市江積　㊙宮
　　　本常一，1966年9月2日
　「写真ものがたり昭和の暮らし 10」農山漁村文化協会
　　2007
　　　◇p8〔白黒〕（立ち話）　　新潟県塩沢町（現南魚沼市）雪
　　　に埋もれた町の通り　㊙中俣正義，昭和28年2月

　「写真ものがたり昭和の暮らし 9」農山漁村文化協会　2007
　　　◇p100〔白黒〕（立ち話）　　山形県小国本村（現小国町）
　　　㊙早川孝太郎，昭和8年5月
　「写真ものがたり昭和の暮らし 6」農山漁村文化協会　2006
　　　◇p49〔白黒〕　　岩手県一戸町　子をおぶって通りか
　　　かったら，知り合いがなたで薪割りをしていたので話
　　　しかけた　㊙田村淳一郎，昭和29年
　「写真ものがたり昭和の暮らし 4」農村漁村文化協会　2005
　　　◇p45〔白黒〕（道の中央で孫や幼児を話題に立ち話）　秋
　　　田県横手市　㊙佐藤久太郎，昭和33年7月
　「宮本常一 写真・日記集成 下」毎日新聞社　2005
　　　◇p85〔白黒〕（小木町江積）　　新潟県佐渡郡小木町江積
　　　〔佐渡市〕㊙宮本常一，1966年9月2日
　「写真ものがたり昭和の暮らし 3」農山漁村文化協会　2004
　　　◇p13〔白黒〕（漁村の家並みの間の道）　　新潟県能生町筒
　　　石　立ち話　㊙室川右京，昭和32年5月
　「写真ものがたり昭和の暮らし 1」農山漁村文化協会　2004
　　　◇p139〔白黒〕（田へ行く途中，立ち話し）　　秋田県湯沢
　　　市郊外　農村の道　㊙加賀谷政雄，昭和40年代
　「写真でみる日本生活図引 別巻」弘文堂　1993
　　　◇図161〔白黒〕（立話）　　長野県下伊那郡阿智村 脱穀の
　　　準備をしているところに人がきて立話　㊙熊谷元一，
　　　昭和31年11月11日
　「写真でみる日本生活図引 5」弘文堂　1989
　　　◇図49〔白黒〕（立話）　　秋田県横手市　㊙佐藤久太郎，昭
　　　和38年12月
　　　◇図50〔白黒〕（立話）　　新潟県北魚沼郡湯之谷村・栃尾
　　　又温泉　㊙中俣正義，昭和30年5月11日
　「フォークロアの眼 3 運ぶ」国書刊行会　1977
　　　◇図132〔白黒〕（畑に桑を取りに行く途中の立話）　　長野
　　　県伊那市羽広　〔背負籠をかついだまま〕　㊙須藤功，
　　　昭和45年7月9日
**煙草を吸って一服**
　「写真でみる日本人の生活全集 1」日本図書センター　2010
　　　◇p134〔白黒〕（紙巻をふかす中年婦人）
　　　◇p134〔白黒〕（紙巻煙草をのむ大学生）
　　　◇p136〔白黒〕（若い女性も自由にタバコをたのしむよう
　　　になった）
　　　◇p136〔白黒〕　〔老年女性の喫煙〕
　「写真ものがたり昭和の暮らし 10」農山漁村文化協会
　　2007
　　　◇p27〔白黒〕（一服）　　埼玉県秩父地方　トウモロコシを
　　　ほおばる孫の隣で長煙管の刻煙草に火をつける祖父
　　　㊙武藤盈，昭和31年9月
　「写真でみる日本生活図引 5」弘文堂　1989
　　　◇図53〔白黒〕（一服）　　秋田県湯沢市三関関口　立話に
　　　煙草を吸っての一服　㊙加賀谷政雄，昭和38年3月
　　　◇図54〔白黒〕（一服）　　秋田県湯沢市山田　一休みに煙
　　　草を吸っての一服　㊙佐藤久太郎，昭和35年10月
　「写真でみる日本生活図引 1」弘文堂　1989
　　　◇図155〔白黒〕（裸で一服）　　秋田県雄勝郡羽後町三輪京
　　　塚　野良着を脱いで褌一つで，煙草を吸う　㊙加賀谷
　　　政雄，昭和35年7月
**溜池工事**
　「写真でみる日本生活図引 4」弘文堂　1988
　　　◇図147・148〔白黒〕　　岡山県総社市　㊙土井卓治，昭
　　　和37年3月
**達磨貯金**
　「写真でみる日本生活図引 別巻」弘文堂　1993
　　　◇図229〔白黒〕　　長野県下伊那郡阿智村　農業協同組合
　　　の達磨貯金の日　㊙熊谷元一，昭和32年1月2日
**男系を表わす家紋**
　「日本民俗宗教辞典」東京堂出版　1998
　　　◇p7〔白黒・図〕

### 談笑する男たち
「宮本常一 写真・日記集成 下」毎日新聞社　2005
◇p246〔白黒〕(豊浜町豊島)　広島県豊田郡豊浜町豊島〔港で談笑する男性〕　[撮]宮本常一, 1971年4月9～10日

### 談笑する老人
「宮本常一 写真・日記集成 上」毎日新聞社　2005
◇p199〔白黒〕　山口県萩市 見島　〔談笑する老人2人〕　[撮]宮本常一, 1960年8月2日

### 地区総出で行われる河川清掃
「里山・里海 暮らし図鑑」柏書房　2012
◇写41(p260)〔白黒〕　和歌山県海南市日方川　昭和40年頃　和歌山県海南市教育委員会提供

### 父親のイハイののぞいているリュックサックによりかかって眠る子ども
「写真でみる日本人の生活全集 6」日本図書センター　2010
◇p140〔白黒〕　昭和29年6月7日 サン写真新聞

### チャームスクール
「写真ものがたり昭和の暮らし 4」農村漁村文化協会　2005
◇p228〔白黒〕　東京都　[撮]昭和33年2月　共同通信社提供

### 中老連中の集会
「日本民俗文化財事典(改訂版)」第一法規出版　1979
◇図214〔白黒〕　青森県下北地方

### 町内会掲示板
「図説 日本民俗学」吉川弘文館　2009
◇p189〔白黒〕　東京都渋谷区

### 町内の消毒
「写真ものがたり昭和の暮らし 4」農村漁村文化協会　2005
◇p144〔白黒〕　東京都千代田区神田　[撮]昭和30年7月　東京都提供

### 庁屋
「図説 日本民俗学」吉川弘文館　2009
◇p125〔白黒〕　静岡県湖西市
「日本民俗大辞典 下」吉川弘文館　2000
◇p111〔白黒〕　静岡県湖西市新所 女河八幡宮　庁屋内での祭礼の打ち合わせ　静岡県史編纂室提供

### 吊し桶
「日本民具の造形」淡交社　2004
◇p159〔白黒〕　熊本県 山鹿市立博物館所蔵　防災

### 鶴村仲間穀貸付帳
「民俗資料選集 30 焼畑習俗Ⅱ」国土地理協会　2002
◇p221(本文)〔白黒〕　宮崎県西米良村大字村所字鶴 仲間倉資料　大正15年　表紙

### ティーンエージャーのグループ
「写真でみる日本人の生活全集 6」日本図書センター　2010
◇p67〔白黒〕　[撮]大川とみを

### 出稼ぎ
「写真ものがたり昭和の暮らし 4」農村漁村文化協会　2005
◇p139〔白黒〕　新潟県山古志村梶金　暮れに出稼ぎから家に帰り、正月4日に再び横浜の自動車工場に出かける山古志村の人　[撮]須藤功, 昭和46年1月

### 出かせぎから帰る村娘たち
「フォークロアの眼 2 雪国と暮らし」国書刊行会　1977
◇図186〔白黒〕　新潟県古志郡太田村(現在は長岡市)蓬平　[撮]中俣正義, 昭和32年4月28日

### 手伝いで道直しを担う中学生
「里山・里海 暮らし図鑑」柏書房　2012
◇写23(p275)〔白黒〕　福井県美浜町丹生　昭和34年　美浜町立丹生小学校所蔵, 美浜町役場文化財保護・町誌編纂室提供

### テミヤゲ(手土産)
「写真でみる日本人の生活全集 4」日本図書センター　2010
◇p59〔白黒〕　東京　他家を訪問するとき　[撮]昭和32年

### 寺に集まってくれたお年寄りたち
「宮本常一 写真・日記集成 下」毎日新聞社　2005
◇p20〔白黒〕　奈良県吉野郡大塔村篠原　[撮]宮本常一, 1965年4月14日

### テレビを見に集まる
「写真ものがたり昭和の暮らし 6」農山漁村文化協会　2006
◇p180〔白黒〕　長野県會地村(現阿智村)　[撮]熊谷元一, 昭和30年
「写真でみる日本生活図引 5」弘文堂　1989
◇図67〔白黒〕(テレビ)　新潟県岩船郡朝日村三面　夕食後に隣り近所の人もやってきて見る　[撮]中俣正義, 昭和34年7月
◇図68〔白黒〕(テレビ)　秋田県湯沢市京塚　店頭のテレビを見る　[撮]佐藤久太郎, 昭和36年7月1日

### テレビの普及
「図説 日本民俗学」吉川弘文館　2009
◇p185〔白黒〕　長野県木曽町

### 電気店の店頭のテレビを見る大勢の人
「写真ものがたり昭和の暮らし 10」農山漁村文化協会　2007
◇p30〔白黒〕　秋田県湯沢市京塚　[撮]佐藤久太郎, 昭和36年7月

### 東京からきた人に話を聞きに牛乳をもって遊びにいく子供
「写真でみる日本人の生活全集 9」日本図書センター　2010
◇p3〔白黒〕　青ケ島

### 当番板とヒョウシギ(拍子木)
「民具のみかた―心とかたち」第一法規出版　1983
◇p216〔白黒〕　新潟県朝日村

### 投票所に高齢者を搬送する中学生
「里山・里海 暮らし図鑑」柏書房　2012
◇口絵〔白黒〕　福井県美浜町丹生　昭和30年3月　山瀬清子所蔵, 美浜町役場文化財保護・町誌編纂室提供

### 投票日
「写真でみる日本生活図引 別巻」弘文堂　1993
◇図160〔白黒〕　長野県下伊那郡阿智村　村会議員選挙投票日　[撮]熊谷元一, 昭和31年11月10日

### 年行事が持つ提灯
「図説 日本民俗学」吉川弘文館　2009
◇p128〔白黒〕　埼玉県和光市

### 年寄りの世間話
「宮本常一が撮った昭和の情景 上」毎日新聞社　2009
◇p142～143〔白黒〕　山口県萩市見島　[撮]宮本常一, 1961年9月5日

### 土地評価委員会
「写真でみる日本生活図引 別巻」弘文堂　1993
◇図293〔白黒〕　長野県下伊那郡阿智村　土地評価部落会。一筆ごとの収量設定　[撮]熊谷元一, 昭和32年2月28日

### 土地評価部落会
「写真でみる日本生活図引 別巻」弘文堂　1993
◇図296〔白黒〕　長野県下伊那郡阿智村　[撮]熊谷元一, 昭和32年3月2日

### トナリ関係
「日本を知る事典」社会思想社　1971
◇図13(p88)〔白黒・図〕

### 隣組が共同する餅つき
「里山・里海 暮らし図鑑」柏書房　2012

住民生活　　　　　　　　　　　　　　社会生活

　　◇写48（p262）〔白黒〕　鹿児島県沖永良部島　昭和30年代　和泊町歴史民俗資料館提供
**隣組共同で行う人力での耕地整理**
　「里山・里海 暮らし図鑑」柏書房　2012
　　◇写50（p262）〔白黒〕　福井県美浜町太田　昭和30年頃　中辻茂所蔵，美浜町役場文化財保護・町誌編纂室提供
**トナリの関係**
　「日本社会民俗辞典 3」日本図書センター　2004
　　◇p1050〔白黒・図〕　秋田県仙北郡横沢村駒場
**戸袋に「いなこおとって下さい。一升八〇円」の貼り紙を掲げている**
　「宮本常一が撮った昭和の情景 上」毎日新聞社　2009
　　◇p22〜23〔白黒〕　愛知県北設楽郡設楽町 大名倉（名倉）から西納庫（清水）へ　名古屋大学人間関係総合研究班の名倉調査　㊙宮本常一，1956年10月7日
　「宮本常一 写真・日記集成 上」毎日新聞社　2005
　　◇p42〔白黒〕（「いなこおとって下さい。一枡80円」の貼り紙）　愛知県北設楽郡設楽町 名倉→清水　㊙宮本常一，1956年10月7日
**戸袋につけた家紋**
　「日本社会民俗辞典 4」日本図書センター　2004
　　◇p1469〔白黒〕　秋田県根子
**取り入れ作業の合間に買物に行くお母さん**
　「写真ものがたり昭和の暮らし 1」農山漁村文化協会　2004
　　◇p210〔白黒〕　秋田県横手市　㊙佐藤久太郎，昭和30年代
**長靴を履いた小学生の男子たち**
　「写真ものがたり昭和の暮らし 6」農山漁村文化協会　2006
　　◇p93〔白黒〕　秋田県横手市婦気　㊙佐藤久太郎，昭和35年10月
**仲間倉**
　「民俗資料選集 30 焼畑習俗Ⅱ」国土地理協会　2002
　　◇p266（本文）〔白黒〕　宮崎県西米良村大字小川 上中三財組
　　◇p266（本文）〔白黒〕　宮崎県西米良村大字小川 上中三財組　建物の一部
**仲好しの兄妹**
　「宮本常一が撮った昭和の情景 下」毎日新聞社　2009
　　◇p45〔白黒〕　新潟県佐渡市江積　㊙宮本常一，1966年9月2日
　「宮本常一 写真・日記集成 下」毎日新聞社　2005
　　◇p85〔白黒〕（小木町江積）　新潟県佐渡郡小木町江積［佐渡市］　㊙宮本常一，1966年9月2日
**泣きじゃくりながら兄にうったえている子**
　「写真ものがたり昭和の暮らし 6」農山漁村文化協会　2006
　　◇p99〔白黒〕　石川県金沢市　㊙棚池信行，昭和30年代
**夏の午後**
　「写真でみる日本生活図引 6」弘文堂　1993
　　◇図55〔白黒〕　滋賀県近江八幡市沖島町（沖島）　立話をする三人の女たちほか　㊙前野隆資，昭和30年8月18日
**奈良田の子ども**
　「民俗資料選集 30 焼畑習俗Ⅱ」国土地理協会　2002
　　◇p11（本文）〔白黒〕　山梨県南巨摩郡早川町奈良田　㊙昭和30年代
**日曜学校の顔ぶれ**
　「写真ものがたり昭和の暮らし 6」農山漁村文化協会　2006
　　◇p91〔白黒〕　秋田県横手市上野台町（現横手市）　㊙大正時代　提供・鶴岡功子
**年長者が小さい子供たちに水泳を教える**
　「里山・里海 暮らし図鑑」柏書房　2012
　　◇写29（p276）〔白黒〕　福井県高浜町城山海岸　昭和初期　井田家所蔵古写真・福井県立若狭歴史民俗資料館提供

**農家生活改善発表会**
　「日本社会民俗辞典 3」日本図書センター　2004
　　◇p1244〔白黒〕
**農家の嫁と姑**
　「写真でみる日本人の生活全集 4」日本図書センター　2010
　　◇p36〔白黒〕　山陰地方
**農事のあいまの語らい**
　「写真でみる日本人の生活全集 10」日本図書センター　2010
　　◇p77〔白黒〕（語らい）　いそがしい農事のあいまを見て，娘同志で話しあう　㊙山口清
**農繁期の給食**
　「写真でみる日本人の生活全集 9」日本図書センター　2010
　　◇p135〔白黒〕　盛岡　共同炊事をおこなって子供に栄養食を与える
**ばあさんたち**
　「写真でみる日本生活図引 5」弘文堂　1989
　　◇図55〔白黒〕　秋田県平鹿郡山内村小松川　㊙佐藤久太郎，昭和33年2月23日
　　◇図56〔白黒〕　秋田県横手市　㊙佐藤久太郎, 昭和39年1月
**バケツリレーによる共同湧水地の掃除**
　「里山・里海 暮らし図鑑」柏書房　2012
　　◇写40（p260）〔白黒〕　鹿児島県沖永良部島　昭和52年　鹿児島県知名町教育委員会提供
**橋の下で生活する人**
　「宮本常一が撮った昭和の情景 上」毎日新聞社　2009
　　◇p152〔白黒〕　熊本県人吉市　㊙宮本常一，1962年6月18日
　「宮本常一 写真・日記集成 上」毎日新聞社　2005
　　◇p313〔白黒〕（橋下の風景）　熊本県人吉市　㊙宮本常一，1962年6月18日
**馬そりに組んだ櫓に拡声器を取りつけ、村内をまわって選挙運動をする**
　「写真ものがたり昭和の暮らし 9」農山漁村文化協会　2007
　　◇p186〔白黒〕　秋田県山内村小松川（現横手市）　㊙佐藤久太郎，昭和33年2月
**畑の境木**
　「図説 日本民俗学」吉川弘文館　2009
　　◇p115〔白黒〕　千葉県旭市
　　◇p152〔白黒〕　神奈川県茅ヶ崎市
**裸足で砂地に座る3人の女の子**
　「写真ものがたり昭和の暮らし 6」農山漁村文化協会　2006
　　◇p61〔白黒〕　新潟県相川町（現佐渡市）　赤ちゃんをおぶっているふたり　㊙中俣正義，昭和28年
**働いている町から帰ってきた男**
　「写真ものがたり昭和の暮らし 7」農山漁村文化協会　2006
　　◇p138〔白黒〕　秋田県増田町（現横手市）　㊙佐藤久太郎，昭和38年
**花を抱えている少年**
　「フォークロアの眼 3 運ぶ」国書刊行会　1977
　　◇図169〔白黒〕　新潟県古志郡山古志村桂谷　〔小さい鉢の花を抱える少年〕　㊙須藤功，昭和46年3月20日
**鼻水をたらした子**
　「写真ものがたり昭和の暮らし 6」農山漁村文化協会　2006
　　◇p30〔白黒〕　群馬県片品村花咲　㊙須藤功，昭和42年10月
**洟たれ小僧**
　「写真でみる日本生活図引 5」弘文堂　1989

◇図112〔白黒〕　秋田県横手市婦気　㊟佐藤久太郎, 昭和34年10月

### 母親クラブの集い
「日本社会民俗辞典 3」日本図書センター　2004
　◇p1244〔白黒〕　東京都

### 母が風船をふくらませるのを見つめる女の子
「写真ものがたり昭和の暮らし 6」農山漁村文化協会　2006
　◇p40〔白黒〕　秋田県能代市向能代　㊟南利夫, 昭和32年

### バンギ
「図録・民具入門事典」柏書房　1991
　◇p90〔白黒〕　千葉県　成田山史料館所蔵

### バン木
「民俗図録 日本人の暮らし」日本図書センター　2012
　◇図464〔白黒〕　秋田県南秋田郡天王村　㊟三木茂

### 板木
「図説 日本民俗学」吉川弘文館　2009
　◇p126〔白黒〕　長野県飯田市
「日本社会民俗辞典 3」日本図書センター　2004
　◇p940〔白黒〕（野良の板木）　千葉県大東村
「日本民俗大辞典 下」吉川弘文館　2000
　◇p403〔白黒〕　宮崎県西臼杵郡高千穂町 荒立神社　㊟緒方俊輔

### 半鐘
「図説 日本民俗学」吉川弘文館　2009
　◇p126〔白黒〕　静岡県浜松市
「日本民具の造形」淡交社　2004
　◇p64〔白黒〕　愛知県 刈谷市郷土資料館所蔵

### ヒキとハロウジの構成図
「図説 民俗探訪事典」山川出版社　1983
　◇p98〔白黒・図〕　鹿児島県喜界島上嘉鉄　講座『日本の民俗』より

### 非常出勤する村の消防団
「写真でみる日本人の生活全集 4」日本図書センター　2010
　◇p130〔白黒〕　青森県下北半島　山崩れによる災害のあと始末にあたる

### 左手で長女の手を握り、右手に散歩をする犬の綱を持っている母親
「写真ものがたり昭和の暮らし 4」農山漁村文化協会　2005
　◇p85〔白黒〕　宮城県仙台市・角五郎丁住宅　㊟中嶋忠一, 昭和31年11月

### 一つのカサによりそうアベック
「写真でみる日本人の生活全集 6」日本図書センター　2010
　◇p71〔白黒〕　小雨の公園　㊟橋本瑞夫

### 一休み
「写真でみる日本生活図引 5」弘文堂　1989
　◇目次C〔白黒〕　㊟須藤功

### 火の番燈籠
「民俗図録 日本人の暮らし」日本図書センター　2012
　◇図461〔白黒〕　岐阜県高山市　㊟橋浦泰雄
「日本民俗文化財事典（改訂版）」第一法規出版　1979
　◇図215〔白黒〕　長野県

### 火の見
「民俗図録 日本人の暮らし」日本図書センター　2012
　◇図462〔白黒〕　山口県阿武郡嘉年村開籠　火災報知の板（鉄板）　㊟橋浦泰雄
「写真でみる日本生活図引 4」弘文堂　1988
　◇図141〔白黒〕　静岡県磐田郡水窪町西浦　火の見櫓、半鐘　㊟須藤功, 昭和42年11月25日
　◇図142〔白黒〕　山口県阿武郡阿東町嘉年上門籠　柱、板（半鐘代わりの鉄板）　㊟橋浦泰雄, 撮影年不明　民俗学研究所

### 火の見の板木
「日本民俗大辞典 下」吉川弘文館　2000
　◇p435〔白黒〕　山口県阿武郡阿東町　㊟橋浦泰雄　成城大学民俗学研究所提供

### 火の見梯子
「図録・民具入門事典」柏書房　1991
　◇p90〔白黒〕　長崎県対馬

### 火の見櫓
「日本の生活環境文化大辞典」柏書房　2010
　◇p166-2〔白黒〕（一般的な火の見櫓）　長野県辰野市　㊟2005年　岸本章
「宮本常一 写真・日記集成 下」毎日新聞社　2005
　◇p150〔白黒〕　東京都府中市人見　㊟宮本常一, 1968年5月28日
「日本民俗大辞典 下」吉川弘文館　2000
　◇p435〔白黒〕　埼玉県鶴ヶ島市下新田
「写真でみる日本生活図引 7」弘文堂　1993
　◇図134〔白黒〕　青森県八戸市荒町　㊟和井田登, 昭和36年2月28日
「民具のみかた一心とかたち」第一法規出版　1983
　◇p29〔白黒〕（ヒノミヤグラ（火の見櫓））　宮崎県西米良村

### 火の見櫓をのせた公民館
「宮本常一が撮った昭和の情景 上」毎日新聞社　2009
　◇p34〔白黒〕　石川県白山市白峰（牛首）　㊟宮本常一, 1957年8月18日
「宮本常一 写真・日記集成 上」毎日新聞社　2005
　◇p71〔白黒〕　石川県石川郡白峰村牛首　㊟宮本常一, 1957年8月18日
　◇p426〔白黒〕　青森県むつ市近川　㊟宮本常一, 1964年3月7日

### 火の見櫓とうず高く積まれた薪
「宮本常一 写真・日記集成 上」毎日新聞社　2005
　◇p446〔白黒〕　青森県下北郡川内町銀杏木　㊟宮本常一, 1964年7月26日

### 火の用心の当番板
「民具のみかた一心とかたち」第一法規出版　1983
　◇p215〔白黒〕（火の用心の当番板（表））　石川県白山麓
　◇p215〔白黒〕（火の用心の当番板（裏））　石川県白山麓

### 日待ちの話なども出る婦人たちの集会
「フォークロアの眼 2 雪国と暮らし」国書刊行会　1977
　◇図168〔白黒〕　新潟県南魚沼郡六日町欠之上　㊟中俣正義, 昭和29年3月下旬

### ヒョウシギ
「図録・民具入門事典」柏書房　1991
　◇p90〔白黒・図〕

### 拍子木
「日本民具の造形」淡交社　2004
　◇p64〔白黒〕　福岡県 玄海町立民俗資料館所蔵
　◇p152〔白黒〕　群馬県 中条町歴史民俗資料館

### 平舟
「日本民具の造形」淡交社　2004
　◇p159〔白黒〕　埼玉県 八潮市立資料館所蔵　防災

### 昼休みのビルの屋上
「写真でみる日本人の生活全集 10」日本図書センター　2010
　◇口絵〔白黒〕

### 夫婦
「写真でみる日本人の生活全集 6」日本図書センター　2010
　◇口絵〔白黒〕　長野 善光寺　㊟羽生田保

住民生活　　　　　　　　　　　　　　社会生活

　　◇口絵〔白黒〕　㊄吉成正一

**婦人会**
「写真でみる日本生活図引 別巻」弘文堂　1993
　　◇図310〔白黒〕　長野県下伊那郡阿智村　㊄熊谷元一, 昭和32年3月17日

**婦人会総会**
「里山・里海 暮らし図鑑」柏書房　2012
　　◇写3 (p268)〔白黒〕　福井県小浜市泊　昭和30年代　山崎一枝提供

**普請後に飲食する男性たち**
「里山・里海 暮らし図鑑」柏書房　2012
　　◇写58 (p264)〔白黒〕　新潟県旧頸城村〔上越市〕大字大蒲生田　昭和43年　藤澤史提供

**普請後に共同飲食する女性**
「里山・里海 暮らし図鑑」柏書房　2012
　　◇写59 (p264)〔白黒〕　新潟県旧頸城村〔上越市〕大字大蒲生田　昭和43年　藤澤史提供

**婦人週間東京大会の打合会**
「日本社会民俗辞典 3」日本図書センター　2004
　　◇p1245〔白黒〕　㊄昭和29年

**冬の準備のためにマチに来たムラの人々**
「図説 日本民俗学」吉川弘文館　2009
　　◇p183〔白黒〕(冬の準備)　長野県飯山市　冬の準備のためにマチに来たムラの人々

**冬の陽の下で日なたぼっこをする子どもたち**
「写真でみる民家大事典」柏書房　2005
　　◇p210〔白黒〕　埼玉県狭山市　昭和初め　縁側　『民家図集』

**部落会議**
「写真でみる日本生活図引 別巻」弘文堂　1993
　　◇図104〔白黒〕　長野県下伊那郡阿智村　㊄矢沢昇, 昭和31年9月20日

**ブランコに乗るおばあさん**
「写真ものがたり昭和の暮らし 10」農山漁村文化協会　2007
　　◇p22〔白黒〕　長野県會地村駒場（現阿智村）城山公園　㊄熊谷元一, 昭和31年8月

**米穀通帳**
「日本民俗大辞典 上」吉川弘文館　1999
　　◇p647〔白黒〕　㊄昭和44〜45年

**保育園の帰りに店によって買物をすませた母子を眺める高校生たち**
「写真ものがたり昭和の暮らし 4」農村漁村文化協会　2005
　　◇p84〔白黒〕　秋田県湯沢市　母親は子に負紐をかけて背にまわす　㊄加賀谷政雄, 昭和30年代

**防火用水を兼ねた避難用飲料水**
「図説 台所道具の歴史」日本図書センター　2012
　　◇p129-8〔白黒〕

**防火用水桶**
「日本民具の造形」淡交社　2004
　　◇p159〔白黒〕　北海道 松前藩屋敷所蔵

**防犯連絡所の看板**
「写真でみる日本人の生活全集 4」日本図書センター　2010
　　◇p143〔白黒〕

**防風林造成完成記念**
「里山・里海 暮らし図鑑」柏書房　2012
　　◇写42 (p260)〔白黒〕(大字正名の防風林造成完成記念)　鹿児島県沖永良部島　昭和6年3月　鹿児島県知名町教育委員会提供

**盆があけ、本土に帰っていく孫娘を見送る老婆**
「日本民俗写真大系 7」日本図書センター　2000
　　◇p149〔白黒〕　島根県益田市 高島　㊄永見武久, 1972年

**盆が終わって益田市に帰る孫娘に高い崖の上から手を振る老婆**
「写真ものがたり昭和の暮らし 3」農山漁村文化協会　2004
　　◇p209〔白黒〕　島根県益田市・高島　㊄永見武久, 昭和47年

**ポンプ**
「日本民具の造形」淡交社　2004
　　◇p159〔白黒〕　茨城県 小川町図書資料館所蔵　防災

**ポンプ小屋上の火の見櫓**
「日本の生活環境文化大辞典」柏書房　2010
　　◇p166-1〔白黒〕　栃木県下都賀郡　㊄2005年　岸本章

**待合室**
「写真でみる日本生活図引 5」弘文堂　1989
　　◇図34〔白黒〕　秋田県横手市・横手駅　㊄佐藤久太郎, 昭和28年4月

**町から帰る**
「写真でみる日本生活図引 8」弘文堂　1993
　　◇図114〔白黒〕　新潟県　買出しに行って町から帰ってきた男　㊄中俣正義, 撮影年月日不詳
　　◇図115〔白黒〕　秋田県横手市　親子で風呂桶を買いに行った帰り　㊄佐藤久太郎, 昭和32年12月

**招かれざる子ども**
「写真でみる日本人の生活全集 7」日本図書センター　2010
　　◇p153〔白黒〕　ナイターの照明塔が高高と立っている野球場のそばの立木に鈴なりの子ども

**見送り**
「写真でみる日本人の生活全集 10」日本図書センター　2010
　　◇p28〔白黒〕　㊄喜久田茂

**溝浚え**
「図説 日本民俗学」吉川弘文館　2009
　　◇p114〔白黒〕　栃木県下野市　6月ごろ

**道普請の女たち**
「宮本常一 写真・日記集成 上」毎日新聞社　2005
　　◇p68〔白黒〕　愛知県幡豆郡一色町 佐久島　㊄宮本常一, 1957年7月5日

**道普請のための砂運び**
「宮本常一が撮った昭和の情景 上」毎日新聞社　2009
　　◇p32〔白黒〕(道普請の砂を運ぶ)　愛知県幡豆郡一色町大字佐久島　㊄宮本常一, 1957年7月5日
「宮本常一 写真・日記集成 上」毎日新聞社　2005
　　◇p68〔白黒〕　愛知県幡豆郡一色町 佐久島　㊄宮本常一, 1957年7月5日

**港町の昔の会所**
「宮本常一 写真・日記集成 下」毎日新聞社　2005
　　◇p89〔白黒〕　兵庫県赤穂市坂越　㊄宮本常一, 1966年11月5日

**宮座**
「日本民俗宗教辞典」東京堂出版　1998
　　◇p542〔白黒〕

**宮座の大老**
「日本社会民俗辞典 2」日本図書センター　2004
　　◇p732〔白黒〕　滋賀県守山町天満宮西座

**民家を借りた投票場**
「写真ものがたり昭和の暮らし 9」農山漁村文化協会　2007
　　◇p187〔白黒〕　秋田県雄物川町大沢（現横手市）　㊄佐藤久太郎, 昭和46年6月

椋梨ダムに沈む 古老たちの座談会
　　「宮本常一 写真・日記集成 下」毎日新聞社　2005
　　　◇p91〔白黒〕　広島県賀茂郡大和町 椋梨ダム水没地域
　　　民俗緊急調査　㊄宮本常一, 1966年12月14日〜18日

無邪気な挨拶
　　「写真でみる日本人の生活全集 4」日本図書センター　2010
　　　◇p9〔白黒〕　子どもの目や口は明かるく挨拶を送る
　　　新興印刷提供

娘たち
　　「写真でみる日本生活図引 5」弘文堂　1989
　　　◇図24〔白黒〕　新潟県魚沼地方　中学生が、揃って山
　　　菜採りに行くところ　㊄中俁正義, 昭和30年代
　　　◇図25〔白黒〕　新潟県岩船郡朝日村三面　野良着に簑
　　　笠をつけた姿　㊄中俁正義, 昭和26年7月

ムラを訪れる人々
　　「図説 民俗探訪事典」山川出版社　1983
　　　◇p120〔白黒〕　奈良県郡山市　伊勢の太神楽

村を出ていく人を見送りにきた人達
　　「フォークロアの眼 3 運ぶ」国書刊行会　1977
　　　◇図118〔白黒〕　青森県下北郡佐井村牛滝　〔背に
　　　リュックサック, 風呂敷包み〕　㊄須藤功, 昭和43年3
　　　月29日

村合併説明会
　　「写真でみる日本生活図引 別巻」弘文堂　1993
　　　◇図12〔白黒〕　長野県下伊那郡阿智村　㊄熊谷元一,
　　　昭和31年7月1日

村合併調印式
　　「写真でみる日本生活図引 別巻」弘文堂　1993
　　　◇図106〔白黒〕　長野県会地村役場会議場　下伊那郡会
　　　地村・伍和村・智里村の合併　㊄熊谷元一, 昭和31年9
　　　月22日

村組の組織形態
　　「日本社会民俗辞典 4」日本図書センター　2004
　　　◇p1436〔白黒・図〕　長野県上伊那郡川島村渡戸

ムラ境
　　「日本を知る事典」社会思想社　1971
　　　◇図10（p78）〔白黒〕　福島県須賀川市

村境
　　「精選 日本民俗辞典」吉川弘文館　2006
　　　◇p554〔白黒・図〕　長野県麻績村　印は注連縄を張り
　　　渡す場所　原田敏明『宗教と社会』より
　　「日本民俗大辞典 下」吉川弘文館　2000
　　　◇p679〔白黒・図〕　長野県東筑摩郡麻績村　印は注連
　　　縄を張り渡す場所

村づきあいと月番の順序
　　「図説 民俗探訪事典」山川出版社　1983
　　　◇p130〔白黒・図〕　茨城県勝田市　1972年（昭和47）
　　　『北関東一村落におけるムラとイエ—の茨城県勝田市
　　　下高場』より

村の入口
　　「民俗図録 日本人の暮らし」日本図書センター　2012
　　　◇図463〔白黒〕　沖縄宮古島狩俣　部落の入り口の門
　　　㊄林義三

村の女の子たち
　　「写真ものがたり昭和の暮らし 6」農山漁村文化協会　2006
　　　◇p96〔白黒〕　宮崎県椎葉村　㊄昭和9年3月　早川孝
　　　太郎蔵

ムラの概念図
　　「図説 民俗探訪事典」山川出版社　1983
　　　◇p113〔白黒・図〕　千葉県鴨川市天面

ムラの規約
　　「図説 日本民俗学」吉川弘文館　2009
　　　◇p127〔白黒〕　滋賀県長浜市

ムラの協定
　　「図説 日本民俗学」吉川弘文館　2009
　　　◇p129〔白黒〕　京都府大山崎町

村の共有の食器
　　「図説 民俗探訪事典」山川出版社　1983
　　　◇p123〔白黒〕　埼玉県草加市柿下

ムラの景観
　　「図説 日本民俗学」吉川弘文館　2009
　　　◇p131〔白黒〕　滋賀県長浜市

ムラの掲示板
　　「図説 日本民俗学」吉川弘文館　2009
　　　◇p129〔白黒〕　山梨県笛吹市

ムラの公共施設
　　「図説 日本民俗学」吉川弘文館　2009
　　　◇p109〔白黒〕　岡山県倉敷市

村の選挙
　　「写真でみる日本生活図引 5」弘文堂　1989
　　　◇図28〔白黒〕　秋田県平鹿郡山内村小松川　㊄佐藤久
　　　太郎, 昭和33年2月23日
　　　◇図29〔白黒〕　秋田県平鹿郡雄物川町大沢　民家を借
　　　りた投票場　㊄佐藤久太郎, 昭和46年6月27日

ムラの惣門（菅浦の西門）
　　「図説 日本民俗学」吉川弘文館　2009
　　　◇p110〔白黒〕（ムラの惣門）　滋賀県西浅井町菅浦の
　　　西門
　　「日本民俗大辞典 下」吉川弘文館　2000
　　　◇図6〔別刷図版「村境」〕〔カラー〕（菅浦の西門）　滋賀
　　　県伊香郡西浅井町菅浦　西浅井町役場提供

ムラの提灯
　　「図説 日本民俗学」吉川弘文館　2009
　　　◇p126〔白黒〕　栃木県佐野市

村の時計
　　「民俗図録 日本人の暮らし」日本図書センター　2012
　　　◇図465〔白黒〕　鹿児島県屋久島麦生村

ムラの広場と太鼓櫓
　　「図説 日本民俗学」吉川弘文館　2009
　　　◇p123〔白黒〕　滋賀県八日市市

ムラの領域の模式図
　　「日本民俗大辞典 上」吉川弘文館　1999
　　　◇p992〔白黒・図〕　福田アジオ『日本村落の民俗的構
　　　造』より

村旗
　　「日本民俗大辞典 下」吉川弘文館　2000
　　　◇p680〔白黒〕　石川県河北郡津幡町七黒

村ハチブ
　　「写真でみる日本人の生活全集 4」日本図書センター　2010
　　　◇p135〔白黒〕　静岡県　部落総出の葬儀を行っている
　　　家の前を通りかかると, 人びとはみな申し合わせたよ
　　　うにツンと後をむいた
　　　◇p135〔白黒〕　村八分にされた人の家の前を学校帰り
　　　の子供がのぞきこむ

ムラ表記の天井
　　「図説 日本民俗学」吉川弘文館　2009
　　　◇p124〔白黒〕　山梨県中富町

妻良の子供
　　「日本の民俗 暮らしと生業」KADOKAWA　2014
　　　◇図4-12〔白黒〕　静岡県賀茂郡南伊豆町　㊄芳賀日出

男, 昭和29年～37年
「日本の民俗 下」クレオ 1997
◇図4-17〔白黒〕 静岡県賀茂郡南伊豆町 [撮]芳賀日出男, 昭和29年～37年

**妻良の年寄り**
「日本の民俗 暮らしと生業」KADOKAWA 2014
◇図4-11〔白黒〕 静岡県賀茂郡南伊豆町 [撮]芳賀日出男, 昭和29年～37年
「日本の民俗 下」クレオ 1997
◇図4-16〔白黒〕 静岡県賀茂郡南伊豆町 いろりをかこむ [撮]芳賀日出男, 昭和29年～37年

**モロトの集まり**
「図説 日本民俗学」吉川弘文館 2009
◇p125〔白黒〕 滋賀県野洲市

**門中の先祖以来こうむった水の恩を感謝する行事**
「日本民俗宗教辞典」東京堂出版 1998
◇p561〔白黒〕 沖縄県

**役場で事務**
「写真でみる日本生活図引 別巻」弘文堂 1993
◇図101〔白黒〕 長野県下伊那郡阿智村 役場で区の事務 [撮]矢沢昇, 昭和31年9月17日

**屋号**
「図説 日本民俗学」吉川弘文館 2009
◇p68〔白黒〕 山梨県上野原市, 茨城県つくば市, 山梨県上野原市
「日本民俗大辞典 下」吉川弘文館 2000
◇p719〔白黒・図〕 埼玉県浦和市大字北原 屋号の表, 北原集落の図 宇田哲雄「家格と家例」(『日本民俗学』176)より

**屋号で表示された地図**
「図説 日本民俗学」吉川弘文館 2009
◇p124〔白黒〕 山梨県道志村

**ヤシネゴが、家族とヤシネゴオヤに年始に訪れた**
「写真ものがたり昭和の暮らし 7」農山漁村文化協会 2006
◇p49〔白黒〕 鹿児島県百引村(現鹿屋市) [撮]櫻田勝徳, 昭和9年1月

**山へ行く娘たち**
「写真でみる日本生活図引 2」弘文堂 1988
◇目次E〔白黒〕 [撮]中俣正義

**山仕事後に行う共同飲食**
「里山・里海 暮らし図鑑」柏書房 2012
◇口絵〔白黒〕 福井県高浜町 昭和29年 [撮]横田文雄 高浜町郷土資料館提供

**山の子らしいたくましさを感じさせる4人**
「写真ものがたり昭和の暮らし 6」農山漁村文化協会 2006
◇p67〔白黒〕 埼玉県両神村浦島(現小鹿野町) [撮]武藤盈, 昭和32年1月

**夕暮れ近く**
「写真でみる日本生活図引 6」弘文堂 1993
◇図56〔白黒〕 鳥取県岩美郡岩美町浦富 [撮]前野隆資, 昭和36年12月3日

**湯へ行く**
「写真でみる日本生活図引 別巻」弘文堂 1993
◇図192〔白黒〕 長野県下伊那郡阿智村 〔「からすの湯」へ行く途中〕 [撮]熊谷元一, 昭和31年12月8日

**雪国の春先の光景**
「写真ものがたり昭和の暮らし 6」農山漁村文化協会 2006
◇p45〔白黒〕 新潟県長岡市蓬平町 大人も子どもも集まって話している [撮]中俣正義, 昭和31年4月

**雪の日**
「写真でみる日本生活図引 8」弘文堂 1993
◇図127〔白黒〕 新潟県小千谷市 雪の降る道に立つ女の子たち [撮]中俣正義, 昭和28年2月中旬

**用水工事**
「写真でみる日本生活図引 別巻」弘文堂 1993
◇図107〔白黒〕 長野県下伊那郡阿智村 町裏の水路の修理 [撮]熊谷元一, 昭和31年9月23日

**用水普請**
「図説 日本民俗学」吉川弘文館 2009
◇p134〔白黒〕 群馬県伊勢崎市

**洋品店で服選び**
「写真でみる日本生活図引 別巻」弘文堂 1993
◇図17〔白黒〕(服選び) 長野県下伊那郡阿智村 〔洋品店少女のワンピース〕 [撮]熊谷元一, 昭和31年7月5日

**夜番の太鼓**
「図説 日本民俗学」吉川弘文館 2009
◇p128〔白黒〕 滋賀県高月町

**嫁と姑の外出**
「写真でみる日本人の生活全集 4」日本図書センター 2010
◇p35〔白黒〕

**寄合い**
「写真でみる日本生活図引 5」弘文堂 1989
◇図30〔白黒〕 鹿児島県大島郡喜界町城久 区長 法螺貝を吹いて寄合いの集合を告げる [撮]北見俊夫, 昭和31年
◇図31〔白黒〕 長野県下伊那郡阿智村 区長の家の客部屋で寄合いを持つ [撮]熊谷元一, 昭和31年8月24日

**寄合の座順**
「日本民俗大辞典 上」吉川弘文館 1999
◇p698〔白黒・図〕 滋賀県八日市市三津屋町 「滋賀県医師協同組合ニュース」162より

**竜吐水**
「日本民俗事典」弘文堂 1972
◇p796〔白黒〕 長野県上伊那地方 [撮]竹内利美

**リュウドスイ・トビグチ**
「図録・民具入門事典」柏書房 1991
◇p95〔白黒〕 千葉県 成田山史料館所蔵

**流木占有を示す小石**
「宮本常一が撮った昭和の情景 上」毎日新聞社 2009
◇p73〔白黒〕(小石を置いて流木占有を示す) 新潟県佐渡市藻浦 [撮]宮本常一, 1959年8月7日
「宮本常一 写真・日記集成 上」毎日新聞社 2005
◇p139〔白黒〕 新潟県両津市[佐渡市]藻浦 [撮]宮本常一, 1959年8月7日

**両親と一緒に田にきたが、父と母は田植を始めたので、ひとりになって何もすることがなくなった男の子**
「写真ものがたり昭和の暮らし 6」農山漁村文化協会 2006
◇p126〔白黒〕 岩手県一戸町西法寺 [撮]田村淳一郎, 昭和33年5月

**隣家**
「精選 日本民俗辞典」吉川弘文館 2006
◇p603〔白黒・図〕 滋賀県高月町東物部 トナリの例
「日本民俗大辞典 下」吉川弘文館 2000
◇p805〔白黒・図〕 滋賀県伊香郡高月町東物部 トナリの例

**輪読夜業**
「写真でみる日本生活図引 5」弘文堂 1989
◇図33〔白黒〕 熊本県下益城郡砥田町大窪 [撮]林田倫夫, 昭和15年

**老人クラブ**
「写真でみる日本人の生活全集 4」日本図書センター 2010
◇口絵〔白黒〕 都立新宿生活館

## 社会生活

**老人たちの時間**
「宮本常一 写真・日記集成 上」毎日新聞社　2005
　◇p273〔白黒〕　山口県萩市 見島　㊙宮本常一, 1961年9月5日

**路地の茶どき**
「写真ものがたり昭和の暮らし 10」農山漁村文化協会　2007
　◇p43〔白黒〕　東京都中央区佃　㊙中田和昭, 昭和51年8月

**炉辺談話**
「写真でみる日本人の生活全集 4」日本図書センター　2010
　◇p141〔白黒〕

**若い男女の集い**
「写真でみる日本人の生活全集 4」日本図書センター　2010
　◇p155〔白黒〕　いろいろなかくし芸をやって交歓しているところ

**若勢**
「写真でみる日本生活図引 5」弘文堂　1989
　◇図22〔白黒〕　秋田県横手市　㊙佐藤久太郎, 昭和35年2月
　◇図23〔白黒〕　秋田県湯沢市　㊙加賀谷政雄, 昭和36年4月

**若䎿学校**
「写真でみる日本人の生活全集 6」日本図書センター　2010
　◇p75〔白黒〕　東京・葛飾区生活館における教養大学男子部　"家庭と朝日新聞"から

## 学校生活

**愛情道路**
「写真でみる日本人の生活全集 9」日本図書センター　2010
　◇p139・140〔白黒〕　長崎県五島　〔悪路の通学路を母親が道ぶしん, 完成した道路で帰路をたどる子供〕児玉義幸提供

**赤穂高校の旧校舎**
「宮本常一 写真・日記集成 下」毎日新聞社　2005
　◇p162〔白黒〕　兵庫県赤穂市　㊙宮本常一, 1968年7月26日～27日

**遊び場にかけていく子供**
「写真でみる日本人の生活全集 9」日本図書センター　2010
　◇p33〔白黒〕　幼稚園の遊び時間　㊙浦田健三郎

**頭の上を走らせる先生のバリカン**
「写真ものがたり昭和の暮らし 6」農山漁村文化協会　2006
　◇p199〔白黒〕　広島県内海町・横島（現福山市）小学校　㊙中村由信, 昭和35年

**新しき若者組**
「写真でみる日本人の生活全集 7」日本図書センター　2010
　◇p102〔白黒〕　学生生活の体育部の生活

**雲梯にのぼった一年生の男の子たち**
「写真ものがたり昭和の暮らし 6」農山漁村文化協会　2006
　◇p196〔白黒〕　長野県會地村（現阿智村）小学校　㊙熊谷元一, 昭和28年

**運動会**
「あるくみるきく双書 宮本常一とあるいた昭和の日本 19」農山漁村文化協会　2012
　◇p5〔白黒〕（砂浜で保育園の運動会）　山口県油谷町大浦　㊙須藤功, 昭和47年9月
「写真ものがたり昭和の暮らし 6」農山漁村文化協会　2006
　◇p216〔白黒〕　長野県會地村（現阿智村）小学校　㊙熊谷元一, 昭和28年
「日本社会民俗辞典 1」日本図書センター　2004
　◇p254〔白黒・図〕（陸上競技―慶応義塾運動会）　明治30年代　『風俗画報』

**演説を聞く**
「写真でみる日本生活図引 5」弘文堂　1989
　◇目次D〔白黒〕　㊙佐藤久太郎

**遠足**
「写真でみる日本人の生活全集 6」日本図書センター　2010
　◇p40〔白黒〕　㊙丸岡清輝
「写真でみる日本生活図引 別巻」弘文堂　1993
　◇図344〔白黒〕　長野県下伊那郡阿智村　㊙熊谷元一, 昭和32年4月19日

**遠足のお弁当**
「写真でみる日本人の生活全集 6」日本図書センター　2010
　◇p41〔白黒〕　㊙船崎敦

**大島小学校**
「宮本常一 写真・日記集成 上」毎日新聞社　2005
　◇p107〔白黒〕　山口県大島郡大島町小松［周防大島町］　㊙宮本常一, 1958年4月24日

**男の子が嫌いで離れて座る女の子**
「写真ものがたり昭和の暮らし 6」農山漁村文化協会　2006
　◇p189〔白黒〕　長野県會地村（現阿智村）　㊙熊谷元一, 昭和28年

**お免状と共に記念撮影のカメラにおさまる高校卒業生**
「写真でみる日本人の生活全集 6」日本図書センター　2010
　◇p53〔白黒〕　前橋市立女子高校で

**重い教科書もランドセルなら楽に運べる**
「フォークロアの眼 3 運ぶ」国書刊行会　1977
　◇図154〔白黒〕　東京都台東区台東　㊙須藤功, 昭和51年4月24日

**親子で食べる文化祭の日の昼の弁当**
「写真ものがたり昭和の暮らし 6」農山漁村文化協会　2006
　◇p229〔カラー〕　新潟県山古志村（現長岡市）梶木小学校　㊙須藤功, 昭和45年12月

**開校式**
「写真でみる日本生活図引 5」弘文堂　1989
　◇図70〔白黒〕　静岡県磐田郡佐久間町中部　㊙大正11年4月30日　平賀孝晴提供

**返された答案を見る高校生**
「写真でみる日本人の生活全集 6」日本図書センター　2010
　◇p42〔白黒〕　学期試験が終って答案が返されてきた　㊙源生浩三郎

**学芸会**
「写真でみる日本生活図引 別巻」弘文堂　1993

学校生活　　　　　　　　　　　　　社会生活

◇図294, 295〔白黒〕　長野県下伊那郡阿智村　小学校の学芸会　㊡熊谷元一, 昭和32年3月1日

### 学生
「写真でみる日本生活図引 5」弘文堂　1989
◇図88〔白黒〕　秋田県秋田市・土崎湊　戦前の秋田工業の記念アルバムの一枚　㊡昭和17年　須藤功提供

### 学童
「写真でみる日本生活図引 5」弘文堂　1989
◇図71〔白黒〕　長野県下伊那郡阿智村　㊡熊谷元一, 昭和12年

### 学童の道路美化
「写真でみる日本生活図引 5」弘文堂　1989
◇図75〔白黒〕(美化)　熊本県下益城郡砥用町　戦時中の学童の道路美化　㊡林田倫夫, 昭和17年10月23日

### 学童寮
「日本民俗写真大系 4」日本図書センター　1999
◇p60〔白黒〕　尾道市　㊡1960年

### 学童寮での食事
「日本民俗写真大系 4」日本図書センター　1999
◇p61〔白黒〕　尾道市　㊡1960年

### 数える
「写真ものがたり昭和の暮らし 6」農山漁村文化協会　2006
◇p186〔白黒〕　長野県會地村(現阿智村)小学校　8+6の計算　㊡熊谷元一, 昭和29年

### 学校
「宮本常一 写真・日記集成 上」毎日新聞社　2005
◇p45〔白黒〕　愛知県幡豆郡一色町 佐久島　㊡宮本常一, 1956年10月10日
◇p339〔白黒〕　山口県阿武郡川上村　㊡宮本常一, 1962年9月6日

### 学校医による身体検査とレントゲン検診
「写真ものがたり昭和の暮らし 6」農山漁村文化協会　2006
◇p203〔白黒〕　熊本県八代市 小学校　㊡麦島勝, 昭和32年4月

### 学校帰り
「写真でみる日本人の生活全集 9」日本図書センター　2010
◇p36〔白黒〕　㊡深谷泰子

「宮本常一が撮った昭和の情景 上」毎日新聞社　2009
◇p100〔白黒〕(学校帰りの小学生たち)　鹿児島県出水郡長島町指江から蔵之元へ　㊡宮本常一, 1960年4月22日

「宮本常一 写真・日記集成 上」毎日新聞社　2005
◇p191〔白黒〕　鹿児島県出水郡長島町指江→蔵之元　㊡宮本常一, 1960年4月22日

「宮本常一 写真・日記集成 下」毎日新聞社　2005
◇p277〔白黒〕　奈良県宇水門町付近　㊡宮本常一, 1972年2月9日

「写真でみる日本生活図引 5」弘文堂　1989
◇図76〔白黒〕　秋田県湯沢市山田　㊡加賀谷政雄, 昭和33年

### 学校始業
「写真でみる日本生活図引 別巻」弘文堂　1993
◇図250〔白黒〕　長野県下伊那郡阿智村　㊡熊谷元一, 昭和32年1月17日

### 学校生活
「写真でみる日本人の生活全集 6」日本図書センター　2010
◇口絵〔白黒〕　鹿児島県, 青森県, 山口県　㊡森山喜代可, 長谷川浩, 花村康久

### 学校生活にも慣れた一年生
「写真ものがたり昭和の暮らし 6」農山漁村文化協会　2006
◇p220〜221〔白黒〕　長野県會地村(現阿智村)　㊡熊谷元一, 昭和26年

### 学校での田植え訓練
「里山・里海 暮らし図鑑」柏書房　2012
◇写19(p273)〔白黒〕　福井県美浜町　昭和10年頃　仲嶋一生所蔵, 美浜町役場文化財保護・町誌編纂室提供

### 学校の不思議空間
「図説 日本民俗学」吉川弘文館　2009
◇p249〔白黒〕　長野県　トイレ, 音楽室, 理科室, 階段

### 学校の薪ストーブの薪を背負って運ぶ
「写真ものがたり昭和の暮らし 6」農山漁村文化協会　2006
◇p218〔白黒〕　長野県會地村(現阿智村)　五、六年生と父母が協力して、学校の薪ストーブの薪を背負って運ぶ　㊡熊谷元一, 昭和26年

### 学校の廊下
「図説 日本民俗学」吉川弘文館　2009
◇p243〔白黒〕　新潟県十日町市

### 学校風景
「宮本常一 写真・日記集成 上」毎日新聞社　2005
◇p374〔白黒〕　神奈川県南足柄市　㊡宮本常一, 1963年5月13日

### 家庭訪問
「写真ものがたり昭和の暮らし 6」農山漁村文化協会　2006
◇p213〔白黒〕(囲炉裏を囲んで家庭訪問の先生と話しをする)　長野県會地村(現阿智村)　㊡熊谷元一, 昭和28年

「写真でみる日本生活図引 別巻」弘文堂　1993
◇図353〔白黒〕　長野県下伊那郡阿智村　小学校の先生、家庭訪問　㊡熊谷元一, 昭和32年4月28日

### 神山小学校
「宮本常一 写真・日記集成 別巻」毎日新聞社　2005
◇図79(p22)〔白黒〕　鹿児島県・屋久島[屋久町]　㊡宮本常一, 1940年1月27日〜2月10日

### 旧開智学校
「宮本常一 写真・日記集成 下」毎日新聞社　2005
◇p33〔白黒〕　長野県松本市　明治9年建築　㊡宮本常一, 1965年7月19日〜22日

### 給食
「民俗小事典 食」吉川弘文館　2013
◇p417〔白黒〕(箸を使う学校給食)　1977年に東京三鷹で開始

「写真でみる日本人の生活全集 9」日本図書センター　2010
◇p137〔白黒〕(学校給食)　小学校

「写真でみる日本生活図引 5」弘文堂　1989
◇図80〔白黒〕　東京都　㊡渡部雄吉, 昭和26年

### 給食を運ぶ
「写真でみる日本人の生活全集 6」日本図書センター　2010
◇p39〔白黒〕(給食)〔給食を運ぶ〕　㊡田志猛

### 給食当番
「写真ものがたり昭和の暮らし 6」農山漁村文化協会　2006
◇p191〔白黒〕　福岡県福岡市 福岡市立西新小学校　ユニセフから贈られた飲むのに苦労した脱脂粉乳の粉を混ぜて焼いたパンの箱を持つ　㊡昭和25年　提供・ユニセフ駐日事務局

### 教科書と硯
「今は昔 民具など」文芸社　2014
◇p115〔白黒〕　大正時代　「国語書き方手本」　㊡山本富三　河合香艸園蔵(京都)

### 教室机・椅子
「日本民具の造形」淡交社　2004
◇p160〔白黒〕　山口県 岩国学校教育資料館所蔵

### 教室のぞうきんがけをする男の子の背にまたがって、馬

社会生活　　　　　　　　　　　　　　　　学校生活

に乗った気分の子
「写真ものがたり昭和の暮らし 6」農山漁村文化協会　2006
◇p204〔白黒〕　長野県會地村（現阿智村）小学校
㈹熊谷元一, 昭和30年

教室の薪ストーブに手をかざして暖をとる子どもたち
「写真ものがたり昭和の暮らし 6」農山漁村文化協会　2006
◇p218〔白黒〕　長野県會地村（現阿智村）小学校
㈹熊谷元一, 昭和25年

教卓
「日本民具の造形」淡交社　2004
◇p160〔白黒〕　愛媛県 宇和町立歴史民俗資料館所蔵

金ピカボタンの学童服の子もいれば、着物姿の子もいる一年生
「写真ものがたり昭和の暮らし 6」農山漁村文化協会　2006
◇p91〔白黒〕　長野県會地村（現阿智村）　㈹熊谷元一, 昭和12年4月

グループで切り絵をする
「写真ものがたり昭和の暮らし 6」農山漁村文化協会　2006
◇p185〔白黒〕　長野県會地村（現阿智村）　㈹熊谷元一, 昭和28年

下校する子どもたち
「写真ものがたり昭和の暮らし 6」農山漁村文化協会　2006
◇p225〔白黒〕　青森県八戸市湊 小学校　通学は長靴
㈹和井田登, 昭和33年1月

けんか
「写真ものがたり昭和の暮らし 6」農山漁村文化協会　2006
◇p193〔白黒〕　長野県會地村（現阿智村）小学校
㈹熊谷元一, 昭和28年

けんかをして泣かされた男の子
「写真ものがたり昭和の暮らし 6」農山漁村文化協会　2006
◇p193〔白黒〕　長野県會地村（現阿智村）小学校　なだめる女の子たち　㈹熊谷元一, 昭和29年

交換分宿
「写真でみる日本人の生活全集 4」日本図書センター　2010
◇p152〔白黒〕　東京都大田区立池雪小学校と静岡県賀茂郡宇久須村宇久須中学校との間で戦後数年以上続けられている

講堂で弁当
「写真でみる日本生活図引 別巻」弘文堂　1993
◇図115〔白黒〕　長野県下伊那郡阿智村　会地小中学校の運動会、雨となり延期、弁当を講堂で食べる　㈹熊谷元一, 昭和31年10月1日

行楽の高校生
「写真でみる日本人の生活全集 10」日本図書センター　2010
◇p19〔白黒〕　㈹福地定

国語の時間
「写真ものがたり昭和の暮らし 6」農山漁村文化協会　2006
◇p200〔白黒〕　香川県坂出市・瀬居島 小学校　㈹中村由信, 昭和40年

国語の本を立って読ませる
「写真ものがたり昭和の暮らし 6」農山漁村文化協会　2006
◇p188〔白黒〕　長野県會地村（現阿智村）小学校
㈹熊谷元一, 昭和28年

黒板絵
「写真ものがたり昭和の暮らし 6」農山漁村文化協会　2006
◇p206〜211〔白黒〕　長野県會地村（現阿智村）小学校
㈹熊谷元一, 昭和28年, 昭和29年

黒板にいたずら
「写真でみる日本人の生活全集 9」日本図書センター　2010
◇p34〔白黒〕　愛知県北設楽郡　小学1年生　㈹鈴木富美夫

黒板に絵を描いている女の子の尻を、ふたりの男の子が棒でつつこうとしている
「写真ものがたり昭和の暮らし 6」農山漁村文化協会　2006
◇p205〔白黒〕　長野県會地村（現阿智村）小学校
㈹熊谷元一, 昭和28年

黒板に平仮名で記した「さくら」
「写真ものがたり昭和の暮らし 6」農山漁村文化協会　2006
◇p184〔白黒〕　長野県會地村（現阿智村）小学校
㈹熊谷元一, 昭和28年

黒板に虫くだしの薬を飲んだ一年生の一学級の人数と、出た蛔虫の数が書いてある
「写真ものがたり昭和の暮らし 6」農山漁村文化協会　2006
◇p202〔白黒〕　長野県會地村（現阿智村）小学校
㈹熊谷元一, 昭和28年9月

腰弁当の学童
「写真でみる日本生活図引 2」弘文堂　1988
◇図120〔白黒〕　秋田県横手市　㈹佐藤久太郎, 昭和28年4月

50メートル競走のスタートラインに立つ一年生
「写真ものがたり昭和の暮らし 6」農山漁村文化協会　2006
◇p216〔白黒〕　長野県會地村（現阿智村）小学校
㈹熊谷元一, 昭和28年

子供銀行
「写真でみる日本人の生活全集 4」日本図書センター　2010
◇p21〔白黒〕　小学校　戦後

こども消防団
「写真ものがたり昭和の暮らし 6」農山漁村文化協会　2006
◇p132〔白黒〕　熊本県玉東町木葉　玉東町の昭和保育園にあった　㈹麦島勝, 昭和30年1月

子どもたちが学校から帰ってくる
「写真ものがたり昭和の暮らし 6」農山漁村文化協会　2006
◇p173〔白黒〕　群馬県片品村花咲　㈹須藤功, 昭和42年10月

子供郵便局
「写真でみる日本人の生活全集 9」日本図書センター　2010
◇p52〔白黒〕　岩手県二戸郡小鳥谷村 奥中山小学校　昭和24年8月にはじめた

子守りをしながらの学校生活
「写真でみる日本人の生活全集 9」日本図書センター　2010
◇口絵〔白黒〕　青森県蛸崎　小さい腰掛に弟をすわらせて授業を受ける, 授業中に背の子をあやす, 便所へのめんどうを見る, 校庭であそばせるが教室の中から気をくばる

栄町小学校
「宮本常一 写真・日記集成 下」毎日新聞社　2005
◇p296〔白黒〕　新潟県新潟市栄町　㈹宮本常一, 1973年3月3日

自習時間にスーパーマンごっこをやって先生に叱られる
「写真ものがたり昭和の暮らし 6」農山漁村文化協会　2006
◇p201〔白黒〕　広島県内海町・横島（現福山市）　島の分校のふたりは　㈹中村由信, 昭和35年

謝恩会
「写真でみる日本生活図引 別巻」弘文堂　1993
◇図317〔白黒〕　長野県下伊那郡阿智村　謝恩会の子供たちの寸劇　㈹熊谷元一, 昭和32年3月23日

写生
「写真でみる日本生活図引 5」弘文堂　1989
◇図81〔白黒〕　新潟県南魚沼郡塩沢町欠之上　㈹中俣正義, 昭和30年代

学校生活　　　　　　　　　社会生活

ジャノメでお迎え
　「写真でみる日本人の生活全集 10」日本図書センター　2010
　　◇p48〔白黒〕　新入学の1年生達をお母さん達が雨具をもってお迎え　⑰三字隆

ジャンケンで勝った子が、数を書いた紙の上に教材のコマを並べる
　「写真ものがたり昭和の暮らし 6」農山漁村文化協会　2006
　　◇p185〔白黒〕　長野県會地村（現阿智村）　⑰熊谷元一, 昭和28年

修学旅行
　「写真でみる日本人の生活全集 6」日本図書センター　2010
　　◇p48〔白黒〕　男女共学の高校
　　◇p49〔白黒〕　日光へきた高校生　⑰中谷守雄
　　◇p49〔白黒〕　船を利用する

終日学級で勉強する子供たち
　「日本民俗写真大系 4」日本図書センター　1999
　　◇p61〔白黒〕　尾道市　⑰1960年

授業合図太鼓
　「日本民具の造形」淡交社　2004
　　◇p160〔白黒〕　静岡県 松崎町岩科郷土資料館所蔵

授業を終った先生を追いかけて質問する
　「写真でみる日本人の生活全集 6」日本図書センター　2010
　　◇p52〔白黒〕　⑰樺山英利

授業参観
　「写真ものがたり昭和の暮らし 6」農山漁村文化協会　2006
　　◇p187〔白黒〕（授業参観日の母親）　長野県會地村（現阿智村）小学校　ガラス窓のわずかな隙間から、教室で勉強するわが子の様子をそっと見る　⑰熊谷元一, 昭和29年
　「写真でみる日本生活図引 別巻」弘文堂　1993
　　◇図280〔白黒〕　長野県下伊那郡阿智村　⑰熊谷元一, 昭和32年2月14日
　　◇図373〔白黒〕（参観日）　長野県下伊那郡阿智村　⑰熊谷元一, 昭和32年5月16日

授業参観日の教室
　「写真ものがたり昭和の暮らし 6」農山漁村文化協会　2006
　　◇p212〔白黒〕　長野県會地村（現阿智村）小学校　⑰熊谷元一, 昭和28年

授業中の申し出に教室に笑いが起きる
　「写真ものがたり昭和の暮らし 6」農山漁村文化協会　2006
　　◇p198〔白黒〕（「先生おしっこ」。授業中の申し出に教室に笑いが起きる）　長野県會地村（現阿智村）小学校　⑰熊谷元一, 昭和28年

授業のひとつとして教室を開放して「ごっこ遊び」をする
　「写真ものがたり昭和の暮らし 6」農山漁村文化協会　2006
　　◇p194〔白黒〕　長野県會地村（現阿智村）小学校　⑰熊谷元一, 昭和28年

小学一年生の子どもたちが教室を出て先生に連れられて商店街をまわる
　「写真ものがたり昭和の暮らし 10」農山漁村文化協会　2007
　　◇p95〔白黒〕　長野県曾地村（現阿智村）雑貨店の店頭　⑰熊谷元一, 昭和28年

小学校（都市）
　「日本社会民俗辞典 1」日本図書センター　2004
　　◇p185〔白黒〕（小学校（都市））　東京都

小学校（離島）
　「日本社会民俗辞典 1」日本図書センター　2004
　　◇p184〔白黒〕（小学校（離島））　鹿児島県 小宝島

小学校で虫くだしの薬を飲む
　「写真ものがたり昭和の暮らし 6」農山漁村文化協会　2006
　　◇p202〔白黒〕　長野県會地村（現阿智村）小学校　⑰熊谷元一, 昭和30年

小学校に入学する男の子
　「写真でみる日本人の生活全集 9」日本図書センター　2010
　　◇p72〔白黒〕　⑰松田圭純

小学校の一室に置いたテレビのまわりに子どもたちが集まる
　「写真ものがたり昭和の暮らし 10」農山漁村文化協会　2007
　　◇p31〔白黒〕　長野県曾地村（現阿智村）　⑰熊谷元一, 昭和31年7月

小学校の教室
　「図説 日本民俗学」吉川弘文館　2009
　　◇p248〔白黒〕（現在の小学校の教室）　長野県

小学校の入学式に向かう
　「写真ものがたり昭和の暮らし 6」農山漁村文化協会　2006
　　◇p182〔白黒〕（小学校の入学式に向かう新入学児童と父兄）　長野県會地村（現阿智村）　⑰熊谷元一, 昭和28年
　「写真でみる日本生活図引 5」弘文堂　1989
　　◇図72〔白黒〕（入学式の日）　秋田県横手市　⑰昭和35年4月　横手市役所提供

小学校の入学式の日
　「写真ものがたり昭和の暮らし 9」農山漁村文化協会　2007
　　◇p110〔白黒〕　秋田県山内村字筏（現横手市）〔道を歩く母子〕　⑰加賀谷良助, 昭和50年4月

小学校のPTAの会合に集まった母親たち
　「写真ものがたり昭和の暮らし 6」農山漁村文化協会　2006
　　◇p212〔白黒〕　長野県阿智村　⑰熊谷元一, 昭和45年

身体測定
　「写真でみる日本人の生活全集 6」日本図書センター　2010
　　◇p36〔白黒〕　有名小学校の入試　昭和29年12月13日　サン写真新聞

水泳場造り
　「写真ものがたり昭和の暮らし 6」農山漁村文化協会　2006
　　◇p214〔白黒〕　長野県會地村（現阿智村）　夏休みの子どもたちのために、水泳や水遊びができるよう、父母たちが川に大きな石を積んで川の流れをせき止め、水たまりを造っている　⑰熊谷元一, 昭和31年
　「写真でみる日本生活図引 別巻」弘文堂　1993
　　◇図50〔白黒〕　長野県下伊那郡阿智村　阿知川にPTAで水泳場を造る　⑰熊谷元一, 昭和31年8月3日

水上生活者が水上学園にあずけた子にあいにきて帰るところ
　「写真でみる日本人の生活全集 9」日本図書センター　2010
　　◇p138〔白黒〕　横浜市日本水上学園

水上生活者の子供の保護
　「写真でみる日本人の生活全集 9」日本図書センター　2010
　　◇p136〔白黒〕　横浜市日本水上学園

水道で手を洗うこどもたち
　「写真でみる日本人の生活全集 6」日本図書センター　2010
　　◇p39〔白黒〕　⑰花村康久

図画
　「写真でみる日本生活図引 別巻」弘文堂　1993
　　◇図185〔白黒〕　長野県下伊那郡阿智村　学校の図工の時間　⑰熊谷元一, 昭和31年11月30日

スキー（体育）
　「写真でみる日本生活図引 5」弘文堂　1989
　　◇図82〔白黒〕（スキー）　新潟県南魚沼郡塩沢町姥島

雪国の学校で、冬の体育　㊟中俣正義, 昭和27年頃

**墨で塗りつぶした教科書**
「写真ものがたり昭和の暮らし 6」農山漁村文化協会　2006
◇p184〔白黒〕　長野県會地村（現阿智村）　㊟熊谷元一, 昭和21年

**石板・硯箱**
「日本民具の造形」淡交社　2004
◇p160〔白黒〕　愛知県 大府市歴史民俗資料館所蔵

**全校生徒によるフォークダンス**
「写真ものがたり昭和の暮らし 6」農山漁村文化協会　2006
◇p216～217〔白黒〕　長野県會地村（現阿智村）小学校　㊟熊谷元一, 昭和28年

**先生を投手に野球をする**
「写真ものがたり昭和の暮らし 6」農山漁村文化協会　2006
◇p196〔白黒〕　秋田県横手市 小学校の校庭　㊟佐藤久太郎, 昭和30年代

**先生に叱られたと机を離れ泣き出した女の子**
「写真ものがたり昭和の暮らし 6」農山漁村文化協会　2006
◇p189〔白黒〕　長野県會地村（現阿智村）小学校　㊟熊谷元一, 昭和29年9月

**先生に叱られて教室の外に正座させられている男の子に「しっかり頑張って」と冷やかす女の子**
「写真ものがたり昭和の暮らし 6」農山漁村文化協会　2006
◇p233〔白黒〕　長野県長野市 小学校　㊟伊東征彦, 昭和55年　提供・信濃毎日新聞社

**先生も一緒になって雪合戦**
「写真ものがたり昭和の暮らし 6」農山漁村文化協会　2006
◇p232〔白黒〕　長野県長野市 小学校　㊟伊東征彦, 昭和56年　提供・信濃毎日新聞社

**掃除当番の女の子**
「写真ものがたり昭和の暮らし 6」農山漁村文化協会　2006
◇p204〔白黒〕　長野県會地村（現阿智村）小学校　㊟熊谷元一, 昭和28年

**卒業式**
「写真でみる日本生活図引 別巻」弘文堂　1993
◇図316〔白黒〕　長野県下伊那郡阿智村　小学校の卒業式　㊟熊谷元一, 昭和32年3月23日

**卒業の出船**
「日本民俗写真大系 4」日本図書センター　1999
◇p132～133〔白黒〕　山口県橘町・橘町土居港　㊟浜本栄, 1961年

**体育館に正座する新入学児童**
「写真ものがたり昭和の暮らし 6」農山漁村文化協会　2006
◇p183〔白黒〕　秋田県横手市 小学校　㊟昭和40年4月　提供・横手市役所

**体操会**
「祭・芸能・行事大辞典 上」朝倉書店　2009
◇p218〔白黒・図〕　㊟明治15年　神戸市湊川小学校沿革絵巻

**畳の上に置いた長机の前に座って勉強をする**
「写真ものがたり昭和の暮らし 6」農山漁村文化協会　2006
◇p227〔白黒〕　広島県内海町・横島（現福山市）「倉橋小学校・倉橋西中学校 横島分校」 普通の民家を二分して、左が小学校、右が中学校　㊟中村由信, 昭和35年

**中学卒業**
「写真でみる日本人の生活全集 10」日本図書センター　2010
◇p86〔白黒〕　㊟大長広治

**通学**
「民俗図録 日本人の暮らし」日本図書センター　2012
◇図526〔白黒〕（通学（1））　高知県高岡郡禱原村　㊟橋浦泰雄
◇図527〔白黒〕（通学（2））　福井県大野郡五箇村　㊟橋浦泰雄

「写真でみる日本人の生活全集 6」日本図書センター　2010
◇p38〔白黒〕（雪国の登校風景）　㊟沢田隆俊

「写真でみる日本人の生活全集 2」日本図書センター　2010
◇口絵〔白黒〕（典型的な都会の小学生の雨の日の服装）東京　〔通学風景〕　㊟昭和31年6月

「写真ものがたり昭和の暮らし 6」農山漁村文化協会　2006
◇p226〔白黒〕（雨の朝、球磨川の右岸にそそり立つ古岩のそばを、傘をさして登校する）　熊本県深田村（現あさぎり町）　㊟麦島勝, 昭和23年2月

「宮本常一 写真・日記集成 上」毎日新聞社　2005
◇p376〔白黒〕（朝の風景）　青森県下北郡川内町　〔通学〕　㊟宮本常一, 1963年6月20日

「写真でみる日本生活図引 8」弘文堂　1993
◇図128〔白黒〕（雪の日）　新潟県上越市　男の子の登校集団　㊟中俣正義, 昭和29年7月

「写真でみる日本生活図引 5」弘文堂　1989
◇図77〔白黒〕（雨の日）　愛媛県西宇和郡瀬戸町大久　蓑笠姿の小学生。雨の日の通学途中　㊟新田好, 昭和26年

「フォークロアの眼 3 運ぶ」国書刊行会　1977
◇図155〔白黒〕（カバンを背負って通学）　愛媛県北宇和郡宇和海村日振島　㊟須藤功, 昭和42年5月29日

**通学路**
「宮本常一 写真・日記集成 上」毎日新聞社　2005
◇p270〔白黒〕　山口県萩市 尾島　㊟宮本常一, 1961年8月30日

**綴り方を書く児童**
「写真でみる日本人の生活全集 9」日本図書センター　2010
◇p42〔白黒〕　青森県の小学校

**ツベルクリンの注射を受ける男の子**
「写真ものがたり昭和の暮らし 6」農山漁村文化協会　2006
◇p203〔白黒〕　長野県會地村（現阿智村）小学校　㊟熊谷元一, 昭和28年

**詰襟の学生服を着た坊主頭の高校生たちが外で椅子に座って話を聞いている**
「写真ものがたり昭和の暮らし 9」農山漁村文化協会　2007
◇p64〔白黒〕　長野県曾地村駒場（現阿智村）　わかる履物は下駄、朴歯下駄、草履　㊟熊谷元一, 昭和27年

**つりかばんを肩からさげる小学生**
「フォークロアの眼 3 運ぶ」国書刊行会　1977
◇図74〔白黒〕　群馬県利根郡片品村栗生　㊟須藤功, 昭和42年10月31日

**吊り鞄で通学する小学生**
「写真でみる日本生活図引 5」弘文堂　1989
◇図73〔白黒〕（吊り鞄）　新潟県佐渡郡小木町沢崎　小学生。吊り鞄で通学　㊟中俣正義, 昭和27年頃

**手紙を書く**
「写真でみる日本生活図引 5」弘文堂　1989
◇図86〔白黒〕（手紙）　新潟県古志郡山古志村　学校で、出稼ぎに出ている父あるいは姉宛の手紙を書く　㊟須藤功, 昭和45年12月23日

**寺子屋机**
「日本民具の造形」淡交社　2004
◇p160〔白黒〕　兵庫県 春日町歴史民俗資料館所蔵
「日本民俗誌 3 調度・服飾篇」村田書店　1977
◇図6-1・2〔白黒・図〕

**ドラム罐の風呂にはいる保育園の子どもたち**
「写真ものがたり昭和の暮らし 6」農山漁村文化協会　2006
◇p128〔白黒〕　秋田県能代市　庭に置いた、薪でわか

すドラム罐の風呂にはいる保育園の子どもたち　[撮]南利夫, 昭和32年

**長刀を披露する女生徒**

「写真でみる日本生活図引 5」弘文堂　1989

◇図74〔白黒〕(長刀)　静岡県磐田郡佐久間町浦川　女生徒 国民学校高等科の生徒で、長刀を披露する　[撮]昭和17年頃　平賀孝晴提供

**情島小学校とあけぼの寮**

「宮本常一 写真・日記集成 上」毎日新聞社　2005

◇p126〔白黒〕　山口県大島郡東和町［周防大島町］情島　[撮]宮本常一, 1959年4月20日

◇p245〔白黒〕(あけぼの寮)　山口県大島郡東和町［周防大島町］情島　[撮]宮本常一, 1961年2月16日

**入学式**

「写真でみる日本人の生活全集 2」日本図書センター　2010

◇p7〔白黒〕

「写真でみる日本生活図引 別巻」弘文堂　1993

◇図326〔白黒〕　長野県下伊那郡阿智村　中学校入学式　[撮]熊谷元一, 昭和32年4月1日

**入学試験**

「写真でみる日本人の生活全集 6」日本図書センター　2010

◇口絵〔白黒〕　〔合格発表〕　[撮]中島雅紀

**入学試験をうけるこども**

「写真でみる日本人の生活全集 6」日本図書センター　2010

◇p37〔白黒〕　東京都武蔵野市の小学校　親たちがガラス越しに見守る

**農業高校内パン売場の昼休み**

「写真でみる日本人の生活全集 1」日本図書センター　2010

◇p77〔白黒〕(パン食の普及)　岩手県立盛岡農業高校校内パン売場の昼休み　製パンなどを生徒の実習としておこない, 学校給食にパン食の普及を実施

**廃校**

「宮本常一 写真・日記集成 下」毎日新聞社　2005

◇p370〔白黒〕　沖縄県 石垣島　[撮]宮本常一, 1976年8月20～22日

**鼻緒の切れた差歯下駄を右手に下げて、一年生が学校から帰る**

「写真ものがたり昭和の暮らし 6」農山漁村文化協会　2006

◇p219〔白黒〕　長野県會地村(現阿智村)　[撮]熊谷元一, 昭和28年

**母親が作ってくれた弁当を食べ、冬の間だけ学校が出してくれる味噌汁をすする昼食**

「写真ものがたり昭和の暮らし 6」農山漁村文化協会　2006

◇p190〔白黒〕　長野県會地村(現阿智村) 小学校　[撮]熊谷元一, 昭和28年

**榛名高原学校**

「写真でみる日本人の生活全集 4」日本図書センター　2010

◇p151〔白黒〕　群馬県 榛名湖畔にて

**春休みの子どもたち**

「写真ものがたり昭和の暮らし 6」農山漁村文化協会　2006

◇p109〔白黒〕　秋田県横手市　汽車の「ピョー」という汽笛に耳をふさいでいる　[撮]佐藤久太郎, 昭和30年代

**パンの弁当を食べる児童**

「写真ものがたり昭和の暮らし 6」農山漁村文化協会　2006

◇p191〔白黒〕　長野県會地村(現阿智村) 小学校　[撮]熊谷元一, 昭和29年

**風土病を追放する**

「写真でみる日本人の生活全集 9」日本図書センター　2010

◇p130〔白黒〕　山梨県 岡部小学校　〔水道の手洗い場に並ぶ小学生, 校庭のシャワー〕

**父兄が協力して小学校の裏に道路を造る**

「写真ものがたり昭和の暮らし 6」農山漁村文化協会　2006

◇p215〔白黒〕　長野県會地村(現阿智村)　[撮]熊谷元一, 昭和26年

**ふざけながら男の子を組伏せる女の子**

「写真ものがたり昭和の暮らし 6」農山漁村文化協会　2006

◇p192〔白黒〕　長野県阿智村伍和 小学校　[撮]熊谷元一, 昭和38年

**船で通学する小学生たち**

「写真でみる日本人の生活全集 9」日本図書センター　2010

◇p50〔白黒〕　岡山県 小飛島から対岸の大飛島へ　常民文化研究所提供

**船の子ども(下校)**

「宮本常一が撮った昭和の情景 上」毎日新聞社　2009

◇p112～113〔白黒〕(学校から船で帰る子どもたち)　山口県大島郡周防大島町浮島楽江(浮島)　[撮]宮本常一, 1960年10月26日

「宮本常一 写真・日記集成 上」毎日新聞社　2005

◇p213〔白黒〕(チャーター船に乗せてもらった学校帰りの子どもたち)　山口県大島郡橘町［周防大島町］浮島楽江→江ノ浦　[撮]宮本常一, 1960年10月26日

「写真ものがたり昭和の暮らし 3」農山漁村文化協会　2004

◇p191〔白黒〕(船の子ども)　山口県橘町(現周防大島町)・浮島　船に乗せてもらって下校　[撮]宮本常一, 昭和30年代

**部落児童会**

「写真でみる日本生活図引 別巻」弘文堂　1993

◇図212〔白黒〕　長野県下伊那郡阿智村　小学校の部落児童会で司会　[撮]熊谷元一, 昭和31年12月26日

**文化祭**

「写真ものがたり昭和の暮らし 6」農山漁村文化協会　2006

◇p229〔カラー〕　新潟県山古志村(現長岡市) 梶木小学校　舞台「笠じぞう」　[撮]須藤功, 昭和45年12月

**分校の授業**

「写真でみる日本生活図引 5」弘文堂　1989

◇図78〔白黒〕　北海道瀬棚郡今金町美利河　[撮]掛川源一郎, 昭和34年4月

◇図79〔白黒〕　北海道瀬棚郡今金町美利河　[撮]掛川源一郎, 昭和34年4月

**僻村の学校**

「写真でみる日本人の生活全集 9」日本図書センター　2010

◇p35〔白黒〕　新潟県岩船郡粟島

**勉強する**

「写真でみる日本人の生活全集 6」日本図書センター　2010

◇p41〔白黒〕　〔家で勉強する〕

◇p41〔白黒〕(居残って勉強する)　[撮]遠藤栄

「写真ものがたり昭和の暮らし 6」農山漁村文化協会　2006

◇p222〔白黒〕(姉は二階の部屋の窓際で、妹は長靴を履いて杉皮葺屋根に出て勉強している)　秋田県湯沢市　[撮]加賀谷政雄, 昭和30年代

◇p223〔白黒〕(窓際に置いた手製の机で賢そうな少女が勉強をしていた)　青森県東通村 農家の土間の隣の板の間　[撮]須藤功, 昭和43年

「写真ものがたり昭和の暮らし 1」農山漁村文化協会　2004

◇p50〔白黒〕　長野県阿智村駒場　居間で勉強をする少女　[撮]熊谷元一, 昭和31年7月

「写真でみる日本生活図引 別巻」弘文堂　1993

◇図20〔白黒〕(勉強)　長野県下伊那郡阿智村　夜、居間で勉強　[撮]熊谷元一, 昭和31年7月8日

**保育園**

「写真でみる日本人の生活全集 9」日本図書センター　2010

◇p151〔白黒〕　山口県

◇p152〔白黒〕　保母さんと園児と父兄が集まって記念撮影

## ぼくらの文集
「写真でみる日本人の生活全集 9」日本図書センター　2010
◇p44〔白黒〕　東京高師附属小学校児童自らの手で作った雑誌　明治の末期　渋沢敬三提供

## ホームルームの討論会
「写真でみる日本人の生活全集 10」日本図書センター　2010
◇p20〔白黒〕　東京

## 蓑笠をつけて学校に通う
「写真ものがたり昭和の暮らし 6」農山漁村文化協会　2006
◇p224〔白黒〕　愛媛県四ツ浜村大久（現伊方町）　㊙新田好、昭和26年

## むしろに座り、教科書を広げて勉強をする
「写真ものがたり昭和の暮らし 6」農山漁村文化協会　2006
◇p64〔白黒〕　長野県會地村（現阿智村）　㊙熊谷元一、昭和25年

## 村の学校
「宮本常一 写真・日記集成 別巻」毎日新聞社　2005
◇図325 (p53)〔白黒〕　滋賀県・近江・在原［高島郡マキノ町］　㊙宮本常一、1941年8月

## 明倫小学校
「宮本常一が撮った昭和の情景 上」毎日新聞社　2009
◇p144〔白黒〕　山口県萩市大字江向　昭和10年に築造　㊙宮本常一、1961年9月6日
「宮本常一 写真・日記集成 上」毎日新聞社　2005
◇p274〔白黒〕　山口県萩市　㊙宮本常一、1961年9月6日

## 木造校舎
「宮本常一 写真・日記集成 下」毎日新聞社　2005
◇p309〔白黒〕（田んぼの中の木造校舎）　山口県玖珂郡美和町　㊙宮本常一、1973年8月6日～10日
◇p475〔白黒〕（旧沖家室中学校の木造校舎）　山口県大島郡東和町沖家室［周防大島町］　㊙宮本常一、1979年12月14日

## 木造の小学校
「図説 日本民俗学」吉川弘文館　2009
◇p248〔白黒〕　愛知県東栄町
「写真ものがたり昭和の暮らし 6」農山漁村文化協会　2006
◇p183〔白黒〕（村の小学校の木造校舎）　長野県會地村（現阿智村）　㊙熊谷元一、昭和28年
「宮本常一 写真・日記集成 下」毎日新聞社　2005
◇p305〔白黒〕（取石小学校）　大阪府高石市取石　〔木造校舎〕　㊙宮本常一、1973年4月27日
◇p305〔白黒〕　大阪府高石市取石　〔コンクリート造4階建て〕　㊙宮本常一、1973年4月27日

## 休み時間に廊下で遊ぶ
「写真ものがたり昭和の暮らし 6」農山漁村文化協会　2006
◇p195〔白黒〕　長野県會地村（現阿智村）小学校　㊙熊谷元一、昭和29年

## 山古志村・梶木小学校
「宮本常一 写真・日記集成 下」毎日新聞社　2005
◇p233〔白黒〕　新潟県山古志村　〔木造校舎外観〕　㊙宮本常一、1970年9月13日～14日

## 雪の降る校庭に飛び出す一年生
「写真ものがたり昭和の暮らし 6」農山漁村文化協会　2006
◇p197〔白黒〕　長野県會地村（現阿智村）小学校　㊙熊谷元一、昭和29年

## 幼児の育成
「写真でみる日本人の生活全集 9」日本図書センター　2010
◇p154〔白黒〕　藤沢市鵠沼　湘南学園

## 幼稚園
「写真でみる日本人の生活全集 6」日本図書センター　2010
◇p34〔白黒〕　〔「いただきます」をする子どもたち〕　㊙阿部浩
◇p35〔白黒〕　〔話を聞く子どもたち〕　㊙阿部浩

## 幼稚園の芋掘り
「宮本常一 写真・日記集成 下」毎日新聞社　2005
◇p105〔白黒〕　東京都国分寺　㊙宮本常一、1967年11月13日～12月8日

## 幼稚園の入試
「写真でみる日本人の生活全集 9」日本図書センター　2010
◇p32〔白黒〕　東京目白　日本女子大付属豊明幼稚園の入園試験風景

## 幼稚園のモチツキ
「写真でみる日本人の生活全集 1」日本図書センター　2010
◇p32〔白黒〕（モチツキ）　桐生市　モチ米を持ちよって保母さんがモチつきに忙しい年の暮の幼稚園

## ランドセルを背に入学式へ
「民俗学事典」丸善出版　2014
◇p290〔白黒〕

## 腕白とオシャマ
「日本民俗写真大系 4」日本図書センター　1999
◇p127〔白黒〕　香川県瀬居島　〔小学校の授業中〕　㊙中村由信、1965年

# 街　頭

## 秋葉原電気街
「図説 台所道具の歴史」日本図書センター　2012
◇p177-7〔白黒〕　東京都 秋葉原　〔家電販売コーナー〕　㊙GK

## 赤穂市中心街を流れる加里屋川
「宮本常一 写真・日記集成 下」毎日新聞社　2005
◇p161〔白黒〕　兵庫県赤穂市　㊙宮本常一、1968年7月26日～27日

## 浅草
「写真でみる日本生活図引 5」弘文堂　1989
◇図1〔白黒〕　東京都台東区　大盛館における江川一座の興行〔入口前〕　㊙明治時代　センチュリー写真資料館提供

## 浅草六区
「写真でみる日本生活図引 7」弘文堂　1993
◇図72〔白黒〕　東京都台東区浅草　㊙桑原甲子雄、昭和10年7月

◇図73〔白黒〕　東京都台東区浅草 ロキシーの前　[撮]菊池俊吉, 昭和20年代

**浅草六区の興業街**
「日本民俗大辞典 上」吉川弘文館　1999
◇図23〔別刷図版「遊び」〕〔白黒〕　東京都台東区　[撮]薗部澄, 1959年(昭和34)　日本写真機光学機器検査協会(JCII)所蔵

**安治川河口**
「写真でみる日本生活図引 7」弘文堂　1993
◇図143〔白黒〕　大阪府大阪市此花区西九条 関西電力の火力発電所周辺　[撮]浅野喜市, 昭和26年頃

**阿日寺門前の町並み**
「宮本常一 写真・日記集成 下」毎日新聞社　2005
◇p387〔白黒〕　奈良県香芝市 良福寺　[撮]宮本常一, 1977年1月9日

**天草下島・本渡**
「宮本常一 写真・日記集成 上」毎日新聞社　2005
◇p344〔白黒〕　熊本県 天草下島・本渡　[撮]宮本常一, 1962年10月6日

**有栖川宮記念公園**
「宮本常一 写真・日記集成 下」毎日新聞社　2005
◇p17〔白黒〕　東京都港区　もと南部藩下屋敷。昭和9年から東京都の公園に　[撮]宮本常一, 1965年2月24日～28日

**有栖川宮記念公園あたり**
「宮本常一 写真・日記集成 下」毎日新聞社　2005
◇p17〔白黒〕　東京都港区南麻布　[撮]宮本常一, 1965年2月24日～28日

**池袋スケートセンター外観**
「宮本常一が撮った昭和の情景 上」毎日新聞社　2009
◇p92〔白黒〕(池袋スケートセンター)　東京都　[撮]宮本常一, 1960年3月2日
「宮本常一 写真・日記集成 上」毎日新聞社　2005
◇p174〔白黒〕(池袋スケートセンター)　東京都　[撮]宮本常一, 1960年3月2日

**石垣市街**
「写真ものがたり昭和の暮らし 4」農村漁村文化協会　2005
◇p133〔白黒〕　沖縄県石垣市　[撮]須藤功, 昭和51年8月

**板橋区舟渡2丁目**
「宮本常一 写真・日記集成 上」毎日新聞社　2005
◇p174〔白黒〕　東京都　[撮]宮本常一, 1960年3月2日

**板塀に赤ペンキで描かれた鳥居**
「写真ものがたり昭和の暮らし 4」農村漁村文化協会　2005
◇p58〔白黒〕　京都府京都市右京区京極　[撮]須藤功, 昭和45年5月

**一宮・町並み**
「宮本常一 写真・日記集成 上」毎日新聞社　2005
◇p307〔白黒〕　千葉県長生郡一宮町　[撮]宮本常一, 1962年5月6日

**因島市土生町箱崎・町を見下ろす**
「宮本常一 写真・日記集成 下」毎日新聞社　2005
◇p186〔白黒〕　広島県因島市土生町箱崎　[撮]宮本常一, 1969年2月17日～19日

**上野公園**
「写真でみる日本生活図引 7」弘文堂　1993
◇図70〔白黒〕　東京都台東区上野　花見客で賑わう昭和時代初期の上野公園　[撮]昭和時代初期　須藤功提供

**運河沿いの町並み**
「宮本常一 写真・日記集成 下」毎日新聞社　2005
◇p285〔白黒〕　広島県福山市松永町　[撮]宮本常一, 1972年12月15日～17日

**映画館へ出る通り**
「宮本常一 写真・日記集成 上」毎日新聞社　2005
◇p104〔白黒〕　茨城県稲敷郡江戸崎町　[撮]宮本常一, 1958年2月28日

**映画館のある通り**
「宮本常一が撮った昭和の情景 上」毎日新聞社　2009
◇p50〔白黒〕　茨城県稲敷市江戸崎　[撮]宮本常一, 1958年2月28日

**映画のポスターが貼られたコンクリート壁**
「宮本常一が撮った昭和の情景 下」毎日新聞社　2009
◇p74〔白黒〕　東京都武蔵野市吉祥寺付近　[撮]宮本常一, 1968年7月12日
「宮本常一 写真・日記集成 下」毎日新聞社　2005
◇p160〔白黒〕(吉祥寺界隈)　東京都武蔵野市　[撮]宮本常一, 1968年7月12日

**駅前通り**
「写真でみる日本生活図引 6」弘文堂　1993
◇図72〔白黒〕　東京都千代田区神田　[撮]昭和29年2月1日　東京都提供

**大型木製電柱**
「日本の生活環境文化大辞典」柏書房　2010
◇p167-4〔白黒〕　鳥取県倉吉市　[撮]2005年　岸本章

**大國魂神社西側の鳥居への通り**
「宮本常一 写真・日記集成 上」毎日新聞社　2005
◇p368〔白黒〕　東京都府中市　[撮]宮本常一, 1963年1月5日

**大阪駅前**
「写真でみる日本生活図引 7」弘文堂　1993
◇図102〔白黒〕　大阪府大阪市北区　[撮]昭和5年　毎日新聞社提供

**大阪駅前の人出**
「写真でみる日本生活図引 7」弘文堂　1993
◇図103〔白黒〕　大阪府大阪市北区　[撮]大正13年10月3日　朝日新聞社提供

**大阪側から見た旧遊郭街**
「写真でみる民家大事典」柏書房　2005
◇p329-4〔白黒〕　京都府八幡市橋本　張り見世部分を美容院に転用(現在は廃業)した旧遊郭、左手前に遊郭街入口のネオンアーチの台座が残る　[撮]2004年　河原典史

**大通り**
「宮本常一 写真・日記集成 上」毎日新聞社　2005
◇p186〔白黒〕　鹿児島県川辺郡坊津町　[撮]宮本常一, 1960年4月20日
「写真でみる日本生活図引 7」弘文堂　1993
◇図129〔白黒〕　熊本県熊本市上通町　[撮]昭和6年　鈴木喬提供

**大間の町並み**
「宮本常一 写真・日記集成 上」毎日新聞社　2005
◇p394〔白黒〕　青森県下北郡大畑町→佐井村　[撮]宮本常一, 1963年8月16日

**大山祇神社の門前町**
「宮本常一 写真・日記集成 上」毎日新聞社　2005
◇p82〔白黒〕　愛媛県越智郡大三島町 宮浦　[撮]宮本常一, 1957年8月28日

**大雪の町**
「写真でみる日本生活図引 4」弘文堂　1988
◇図119・120〔白黒〕　新潟県南魚沼郡六日町　[撮]中俣正義, 昭和36年1月

**屋外用屑入れ**
「図説 台所道具の歴史」日本図書センター　2012
◇p213-10〔白黒〕　昭和48年　レジンコンクリート成型

品。製作日光化成KK。デザイン・GK

**小千谷のメインストリート**
「宮本常一 写真・日記集成 下」毎日新聞社 2005
　◇p233〔白黒〕　新潟県小千谷市　㊞宮本常一，1970年9月13日〜14日

**小樽の町並み**
「宮本常一 写真・日記集成 上」毎日新聞社 2005
　◇p448〔白黒〕　北海道小樽市　㊞宮本常一，1964年8月1日

**尾道港界隈の町並み**
「宮本常一 写真・日記集成 下」毎日新聞社 2005
　◇p282〔白黒〕　尾道市　㊞宮本常一，1972年8月14日〜18日
　◇p282〔白黒〕　尾道市　㊞宮本常一，1972年8月14日〜18日

**改築竣工した両国国技館の夜景**
「写真ものがたり昭和の暮らし 4」農村漁村文化協会 2005
　◇p19〔白黒・図〕　東京都墨田区両国　㊞昭和初期の絵ハガキ　須藤功所蔵

**街灯**
「日本民俗図誌 3 調度・服飾篇」村田書店 1977
　◇図75-4〔白黒・図〕　京都市下京区壬生寺前　昔の番所灯籠をそのまま使用

**街道中央に用水のはしる海野の町並み**
「写真でみる民家大事典」柏書房 2005
　◇p282-1〔白黒〕　長野県東御市海野　㊞2004年　石井健郎

**街道の町並み**
「図説 民俗建築大事典」柏書房 2001
　◇写真2(p43)〔白黒〕　福島県下郷町 大内宿　㊞藤島亥治郎

**掛川**
「宮本常一 写真・日記集成 上」毎日新聞社 2005
　◇p399〔白黒〕　静岡県掛川市　㊞宮本常一，1963年9月12日

**鹿児島県立博物館**
「宮本常一 写真・日記集成 上」毎日新聞社 2005
　◇p399〔白黒〕　鹿児島県　㊞宮本常一，1963年10月12日

**笠島浦への入口**
「写真でみる民家大事典」柏書房 2005
　◇p390-2〔白黒〕（両側に人名の墓を設けた笠島浦への入口）　香川県丸亀市塩飽本島町笠島　㊞1989年頃　青山賢信

**頭ヶ島教会**
「宮本常一 写真・日記集成 上」毎日新聞社 2005
　◇p332〔白黒〕　五島列島・頭ヶ島　㊞宮本常一，1962年8月12日

**勝本浦本浦の町並み**
「民俗資料選集 27 年齢階梯制Ⅱ」国土地理協会 1999
　◇p146(本文)〔白黒〕　長崎県勝本町勝本浦本浦

**勝本浦正村の町並み**
「民俗資料選集 27 年齢階梯制Ⅱ」国土地理協会 1999
　◇p142(本文)〔白黒〕　長崎県勝本町勝本浦正村

**門口の清掃用ごみ箱**
「図説 台所道具の歴史」日本図書センター 2012
　◇p210-2〔白黒〕　京都・東寺附近　りんご箱などを代用　㊞GK

**カトリック教会のあるむら**
「宮本常一 写真・日記集成 上」毎日新聞社 2005
　◇p255〔白黒〕　長崎県 五島列島中通島有川（南松浦郡有川町）〔新上五島町〕　㊞宮本常一，1961年4月25日

**カトリック教会（幼稚園を併設）**
「宮本常一 写真・日記集成 下」毎日新聞社 2005
　◇p160〔白黒〕（カトリック教会（幼稚園を併設）は元神社）　兵庫県赤穂市上仮屋北　㊞宮本常一，1968年7月26日〜27日

**上津具の町並み**
「民俗資料選集 9 山村の生活と用具」国土地理協会 1981
　◇p8（口絵）〔白黒〕　愛知県北設楽郡津具村 上津具

**上関の町並み**
「宮本常一が撮った昭和の情景 上」毎日新聞社 2009
　◇p93〔白黒〕　山口県熊毛郡上関町大字長嶋　㊞宮本常一，1960年4月2日
「宮本常一 写真・日記集成 上」毎日新聞社 2005
　◇p180〔白黒〕　山口県熊毛郡上関町　㊞宮本常一，1960年4月2日

**唐橋付近**
「写真でみる日本生活図引 6」弘文堂 1993
　◇図83, 84〔白黒〕　滋賀県大津市蛍谷町　㊞前野隆資，須藤功，昭和30年10月8日，平成4年8月23日

**川反**
「写真でみる日本生活図引 7」弘文堂 1993
　◇図137〔白黒〕　秋田県秋田市川反　㊞昭和時代初期　須藤功提供

**神田川**
「写真でみる日本生活図引 6」弘文堂 1993
　◇図91〔白黒〕　東京都台東区　㊞昭和39年4月27日　東京都提供

**祇園新橋の町並み**
「図説 民俗建築大事典」柏書房 2001
　◇写真1(p42)〔白黒〕　京都府京都市

**祇園・通りのようす**
「宮本常一 写真・日記集成 上」毎日新聞社 2005
　◇p369〔白黒〕　京都　㊞宮本常一，1963年2月10日

**北の島の中心街**
「写真でみる日本生活図引 4」弘文堂 1988
　◇図161〔白黒〕　北海道利尻郡東利尻町鷺泊　㊞掛川源一郎，昭和33年

**京都駅前**
「写真でみる日本生活図引 7」弘文堂 1993
　◇図105〔白黒〕　京都府京都市下京区　㊞浅野喜市，昭和33年

**京都駅夜景**
「写真でみる日本生活図引 7」弘文堂 1993
　◇図104〔白黒〕　京都府京都市下京区　㊞板垣太子松，昭和7年

**京都の町並**
「日本写真全集 9」小学館 1987
　◇図93〔白黒〕　京都　㊞石井行昌，明治28〜33年

**銀座**
「写真でみる日本生活図引 7」弘文堂 1993
　◇図125〔白黒〕　東京都中央区銀座　㊞昭和32年3月28日　東京都提供

**銀座通**
「日本社会民俗辞典 3」日本図書センター 2004
　◇p1027〔白黒・図〕（東京銀座通）　㊞明治初年

**九段会館**
「宮本常一 写真・日記集成 上」毎日新聞社 2005
　◇p174〔白黒〕　東京都　㊞宮本常一，1960年3月2日

街頭　　　　　　　　　　　　　　　　　　社会生活

九段・九段会館
　「宮本常一 写真・日記集成 上」毎日新聞社　2005
　　◇p457〔白黒〕　東京都　㊞宮本常一, 1964年10月25日

九段・靖国通り・神保町方面を見る
　「宮本常一 写真・日記集成 上」毎日新聞社　2005
　　◇p457〔白黒〕　東京都　㊞宮本常一, 1964年10月25日

朽ちかけた木製ごみ箱
　「図説 台所道具の歴史」日本図書センター　2012
　　◇p210-3〔白黒〕　北海道・浦河町　㊞GK

熊谷の市街
　「宮本常一が撮った昭和の情景 上」毎日新聞社　2009
　　◇p92〔白黒〕　埼玉県熊谷市　㊞宮本常一, 1960年3月2日
　「宮本常一 写真・日記集成 上」毎日新聞社　2005
　　◇p176〔白黒〕（熊谷）　埼玉県　㊞宮本常一, 1960年3月2日

熊本市内・正面に熊本城
　「宮本常一 写真・日記集成 上」毎日新聞社　2005
　　◇p216〔白黒〕　熊本県熊本市内　㊞宮本常一, 1960年11月3日

汲取り風景
　「図説 台所道具の歴史」日本図書センター　2012
　　◇p208-7・8〔白黒〕　昭和21年, 昭和31年　東京都清掃局提供

栗焼屋の前に立つ子供
　「写真でみる日本人の生活全集 9」日本図書センター　2010
　　◇口絵〔白黒〕

群馬県境町まで
　「宮本常一 写真・日記集成 上」毎日新聞社　2005
　　◇p175〔白黒〕　群馬県佐波郡境町へ向う　㊞宮本常一, 1960年3月2日

建設中の国会図書館
　「宮本常一 写真・日記集成 上」毎日新聞社　2005
　　◇p221〔白黒〕　東京 離島事務所から　㊞宮本常一, 1960年12月23日

県庁あたり
　「宮本常一 写真・日記集成 上」毎日新聞社　2005
　　◇p209〔白黒〕　長崎市　㊞宮本常一, 1960年9月17日

公園のハトと屋台
　「宮本常一 写真・日記集成 下」毎日新聞社　2005
　　◇p471〔白黒〕　大阪市北区中之島　㊞宮本常一, 1979年11月19日

公衆浴場の前
　「日本民俗写真大系 7」日本図書センター　2000
　　◇p39〔白黒〕　島根県温泉津町　㊞永見武久, 1959年

工場地帯の煙
　「写真でみる日本生活図引 7」弘文堂　1993
　　◇図51〔白黒〕（煙）　大阪府大阪市西部の工場地帯　㊞大正3年　『大阪府写真帖』より

高層ビル
　「写真でみる日本生活図引 7」弘文堂　1993
　　◇図117〔白黒〕　東京都新宿区　㊞昭和48年3月5日　東京都提供
　　◇図118〔白黒〕　東京都新宿区　㊞平成2年12月3日　東京都提供

粉河寺の門前町
　「宮本常一 写真・日記集成 上」毎日新聞社　2005
　　◇p266〔白黒〕　和歌山県那賀郡粉河町　㊞宮本常一, 1961年8月21日

国技館
　「写真でみる日本生活図引 7」弘文堂　1993
　　◇図121〔白黒〕　東京都墨田区両国　関東大震災前の夜景　㊞昭和時代初期　須藤功提供

コザのメインストリート
　「宮本常一 写真・日記集成 下」毎日新聞社　2005
　　◇p214〔白黒〕　沖縄県沖縄市　㊞宮本常一, 1969年9月30日〜10月1日

国会議事堂
　「宮本常一 写真・日記集成 上」毎日新聞社　2005
　　◇p178〔白黒〕　東京都 全国離島振興協議会事務所から　㊞宮本常一, 1960年3月4日

国会議事堂、議員会館、東京タワー（建設中）
　「宮本常一が撮った昭和の情景 上」毎日新聞社　2009
　　◇p54〜55〔白黒〕（国会議事堂）　東京都千代田区永田町1丁目 自治会館にあった全国離島振興協議会の事務局から見た　奥に首相官邸, さらにその奥では東京タワーが建設中　㊞宮本常一, 1958年8月1日
　「宮本常一 写真・日記集成 上」毎日新聞社　2005
　　◇p108〜109〔白黒〕（自治会館屋上から国会議事堂、議員会館、東京タワー（建設中））　東京　㊞宮本常一, 1958年8月1日

ゴミが散乱した階段
　「写真でみる日本人の生活全集 4」日本図書センター　2010
　　◇p25〔白黒〕　東京のある駅　㊞昭和31年

塵芥収集
　「写真でみる日本生活図引 7」弘文堂　1993
　　◇図43〔白黒〕　東京都　㊞昭和35年6月18日　東京都提供

塵芥収集車
　「写真でみる日本生活図引 7」弘文堂　1993
　　◇図44〜46〔白黒〕　東京都　㊞昭和28年3月, 昭和35年6月18日, 昭和35年6月18日　東京都提供

ゴミ収集車（ロードパッカー車）
　「写真ものがたり昭和の暮らし 4」農村漁村文化協会　2005
　　◇p147〔白黒〕　東京都品川区　㊞平成元年2月　東京都提供

ごみ収集の作業用具
　「図説 台所道具の歴史」日本図書センター　2012
　　◇p208-2〜6〔白黒〕　昭和34年頃使用　万能, 籐製のばいすけ, チリンチリン, 前掛け　東京都清掃局提供

ごみ収集風景
　「図説 台所道具の歴史」日本図書センター　2012
　　◇p208-1〔白黒〕　㊞昭和32年頃　東京都清掃局提供

ごみ出しの作法（貼り紙）
　「図説 台所道具の歴史」日本図書センター　2012
　　◇p211-8〔白黒〕　㊞広川隆一

ごみの容器収集
　「図説 台所道具の歴史」日本図書センター　2012
　　◇p210-1〔白黒〕　東京銀座　昭和37年　積水化学工業提供

塵芥箱
　「写真でみる日本生活図引 7」弘文堂　1993
　　◇図42〔白黒〕　東京都台東区上野の道端　バタヤ。塵芥箱の中から紙屑を探す　㊞昭和29年1月10日　東京都提供

ゴミュニケーション（GK造語）
　「図説 台所道具の歴史」日本図書センター　2012
　　◇p211-10〔白黒〕　東京・目白　ごみコミュニケーションの混乱。立看板、ビラ、旗、プレート　㊞GK

ごみ容器集積所
　「図説 台所道具の歴史」日本図書センター　2012
　　◇p213-9〔白黒〕　東京・浜田山ニュータウン　㊞GK

ごみ容器収容ピット
　「図説 台所道具の歴史」日本図書センター　2012
　　◇p201-3・4〔白黒〕　浜松市　㊙GK

コンクリートごみ箱の撤去
　「図説 台所道具の歴史」日本図書センター　2012
　　◇p210-6〔白黒〕　容器収集への切換え

コンクリート製塵芥箱
　「図説 台所道具の歴史」日本図書センター　2012
　　◇p209-13〔白黒・図〕　実用新案 大正14年

コンクリート塵箱
　「図説 台所道具の歴史」日本図書センター　2012
　　◇p209-12〔白黒・図〕　実用新案 明治43年

西郷町の裏町
　「宮本常一 写真・日記集成 下」毎日新聞社　2005
　　◇p25〔白黒〕　島根県隠岐郡西郷町〔隠岐の島町〕
　　㊙宮本常一, 1965年5月28日

盛り場
　「図説 日本民俗学」吉川弘文館　2009
　　◇p188〔白黒〕　東京都渋谷区原宿界隈, 原宿竹下通り,
　　長野県飯山市, 東京都新宿区歌舞伎町

鯖街道に沿った熊川宿下ノ町
　「写真でみる民家大事典」柏書房　2005
　　◇p276-1〔白黒〕　福井県三方上中郡若狭町熊川
　　㊙2004年　永江寿夫

撒水車
　「写真でみる日本生活図引 7」弘文堂　1993
　　◇図83〔白黒〕(撒水)　大阪府大阪市中央区・戎橋　戎
　　橋の車道を蛇行しながら進む撒水車　㊙昭和時代初期
　　大阪城天守閣保管 岡本良一蒐集古写真

桟橋通り
　「写真でみる日本生活図引 7」弘文堂　1993
　　◇図142〔白黒〕　沖縄県石垣市美崎町　㊙須藤功, 昭和
　　51年8月11日

塩竈神社の門前町
　「宮本常一 写真・日記集成 下」毎日新聞社　2005
　　◇p39〔白黒〕　宮城県　㊙宮本常一, 1965年8月20日

塩竈の町並み
　「宮本常一 写真・日記集成 下」毎日新聞社　2005
　　◇p39〔白黒〕　宮城県塩竈市　㊙宮本常一, 1965年8月
　　20日

自動車整備工場と木造家屋
　「宮本常一 写真・日記集成 下」毎日新聞社　2005
　　◇p105〔白黒〕　東京虎ノ門4丁目あたり　㊙宮本常一,
　　1967年11月13日〜12月8日

渋谷駅前
　「写真でみる日本生活図引 7」弘文堂　1993
　　◇図111〔白黒〕　東京都渋谷区渋谷　㊙昭和30年5月27
　　日　共同通信社提供

下関市街
　「宮本常一 写真・日記集成 上」毎日新聞社　2005
　　◇p279〔白黒〕　山口県下関　㊙宮本常一, 1961年9月
　　20日

消毒
　「写真ものがたり昭和の暮らし 4」農村漁村文化協会　2005
　　◇p144〔白黒〕　石川県金沢市　㊙御園直太郎, 昭和37
　　年8月

庄原市本町・左端の建物は庄原信用金庫
　「宮本常一 写真・日記集成 下」毎日新聞社　2005
　　◇p330〔白黒〕　広島県庄原市本町　㊙宮本常一, 1974
　　年8月30日

昭和一五年の銀座
　「写真でみる日本生活図引 7」弘文堂　1993
　　◇図122〔白黒〕　東京都中央区銀座　㊙板垣太子松, 昭
　　和15年

白木屋百貨店（出火している）
　「写真ものがたり昭和の暮らし 4」農村漁村文化協会　2005
　　◇p134〔白黒〕　東京都中央区銀座　㊙昭和7年12月16
　　日　共同通信社提供

塵埃焼却場のあたり
　「宮本常一 写真・日記集成 下」毎日新聞社　2005
　　◇p305〔白黒〕　大阪府高石市取石　㊙宮本常一, 1973
　　年4月27日

塵芥集めの車
　「図説 台所道具の歴史」日本図書センター　2012
　　◇p207-3〔白黒・図〕　明治時代　『日本生活文化史8』
　　河出書房新社

信号のない街
　「写真でみる日本生活図引 4」弘文堂　1988
　　◇図168〔白黒〕　新潟県新潟市 征谷小路　㊙中俣正義,
　　昭和20年代後半

宍道の町
　「宮本常一 写真・日記集成 上」毎日新聞社　2005
　　◇p47〔白黒〕　島根県八束郡宍道町　㊙宮本常一, 1956
　　年11月1日

新宿駅西口の立体広場
　「写真ものがたり昭和の暮らし 4」農村漁村文化協会　2005
　　◇p113〔白黒〕　東京都新宿区　㊙昭和44年10月　東京
　　都提供

新宿駅東口
　「宮本常一 写真・日記集成 上」毎日新聞社　2005
　　◇p434〔白黒〕　東京都　㊙宮本常一, 1964年5月26日
　「写真でみる日本生活図引 6」弘文堂　1993
　　◇図22〔白黒〕　東京都新宿区　㊙昭和29年2月18日
　　東京都提供

新宿通り
　「写真でみる日本生活図引 7」弘文堂　1993
　　◇図126〔白黒〕　東京都新宿区　㊙昭和26年7月5日
　　東京都提供

深大寺 隣接する神代植物公園とあわせて武蔵野の面影
を残している
　「宮本常一 写真・日記集成 下」毎日新聞社　2005
　　◇p17〔白黒〕　東京都調布市 深大寺　㊙宮本常一,
　　1965年2月24日〜28日

神殿風公衆便所
　「日本の生活環境文化大辞典」柏書房　2010
　　◇p169-8〔白黒〕　東京都中央区　㊙2009年　岸本章

新橋駅西口
　「写真ものがたり昭和の暮らし 4」農村漁村文化協会　2005
　　◇もくじ〔p4〕〔白黒〕　㊙昭和40年　東京都提供

新橋駅東口
　「写真でみる日本生活図引 7」弘文堂　1993
　　◇図110〔白黒〕　東京都港区新橋　㊙菊池俊吉, 昭和20
　　年11月

水路にはショウブが植えられコイが泳ぐ
　「宮本常一 写真・日記集成 下」毎日新聞社　2005
　　◇p80〔白黒〕　島根県鹿足郡津和野町　㊙宮本常一,
　　1966年8月21日

数寄屋橋界隈
　「写真でみる日本生活図引 7」弘文堂　1993
　　◇図123・124〔白黒〕　東京都中央区銀座　㊙昭和29年3
　　月26日, 昭和30年3月29日　東京都提供

**巣箱モチーフの街灯**
「日本の生活環境文化大辞典」柏書房　2010
◇p167-3〔白黒〕　長野県安曇野市　[撮]2008年　岸本章

**隅田川**
「写真でみる日本生活図引 6」弘文堂　1993
◇図90〔白黒〕　東京都中央区　[撮]昭和48年10月26日　東京都提供

**石炭の煙**
「写真ものがたり昭和の暮らし 4」農村漁村文化協会　2005
◇p150〔白黒〕　東京都千代田区丸の内 三菱東九号館付近　[撮]昭和29年12月　東京都提供

**戦後の池袋駅**
「写真でみる日本生活図引 4」弘文堂　1988
◇図171〔白黒〕　東京都豊島区　[撮]菊池俊吉, 昭和20年11月

**千日前**
「写真でみる日本生活図引 7」弘文堂　1993
◇図76〔白黒〕　大阪府大阪市中央区難波　旧楽天地の建物・芦辺劇場ほか　[撮]昭和4年頃　大阪城天守閣所蔵

**増上寺付近**
「写真でみる日本生活図引 7」弘文堂　1993
◇図119〔白黒〕　東京都港区芝公園　昭和二〇年五月の空襲で焼けた跡　[撮]関根謙吉, 昭和30年代　青柳正一提供

**大八車による厨芥収集**
「図説 台所道具の歴史」日本図書センター　2012
◇p207-1〔白黒〕　[撮]昭和25年12月　東京都清掃局提供

**立て場**
「図説 台所道具の歴史」日本図書センター　2012
◇p205-7〔白黒〕　廃品回収業者（くず屋）の立て場（仕切り場ともいう）の光景　[撮]GK, 昭和48年

**田端駅**
「写真でみる日本生活図引 7」弘文堂　1993
◇図112〔白黒〕　東京都北区田端 田端駅南口　[撮]昭和38年5月10日　東京都提供

**簞笥町あたり？**
「宮本常一 写真・日記集成 上」毎日新聞社　2005
◇p221〔白黒〕　東京 簞笥町あたり？　[撮]宮本常一, 1960年12月23日

**ダンプカー型のゴミ収集車から、埋立地に運ぶトラックにゴミを移す**
「写真ものがたり昭和の暮らし 4」農村漁村文化協会　2005
◇p147〔白黒〕　東京都　[撮]昭和35年6月　東京都提供

**地下駅の上のペデストリアンデッキと複合ビル群**
「日本の生活環境文化大辞典」柏書房　2010
◇p177-2〔白黒〕　千里ニュータウンのセンター　[撮]2009年　藤本尚久

**中央公会堂**
「宮本常一 写真・日記集成 下」毎日新聞社　2005
◇p471〔白黒〕　大阪市北区中之島　[撮]宮本常一, 1979年11月19日

**厨芥容器**
「図説 台所道具の歴史」日本図書センター　2012
◇p207-5〔白黒・図〕　昭和9年頃使用　各戸備付　東京都清掃局提供

**中心街**
「写真でみる日本生活図引 7」弘文堂　1993
◇図130〔白黒〕　高知県高知市帯屋町　[撮]昭和27年7月　高知新聞社提供
◇図131〔白黒〕　高知県高知市帯屋町　冬　[撮]昭和31年　高知新聞社提供

**塵箱**
「図説 台所道具の歴史」日本図書センター　2012
◇p209-10〔白黒・図〕　実用新案 大正15年　金属製密閉型容器
◇p209-11〔白黒・図〕　実用新案 大正12年

**チリン・チリンの風景**
「図説 台所道具の歴史」日本図書センター　2012
◇p207-2〔白黒〕　[撮]昭和33年頃　東京都清掃局提供

**通天閣**
「写真でみる日本生活図引 7」弘文堂　1993
◇図75〔白黒〕　大阪府大阪市浪速区恵美須東町　[撮]昭和15年　毎日新聞社提供

**佃島の路地**
「写真ものがたり昭和の暮らし 10」農山漁村文化協会　2007
◇p42〔白黒〕　東京都中央区佃　[撮]中田和昭, 昭和49年7月

**辻兵呉服店あたり**
「宮本常一 写真・日記集成 下」毎日新聞社　2005
◇p178〔白黒〕　秋田県秋田市大町　[撮]宮本常一, 1968年12月20日

**土浦市川口から立田町**
「宮本常一 写真・日記集成 下」毎日新聞社　2005
◇p156〔白黒〕（土浦市川口→立田町）　土浦市川口→立田町 車窓から　[撮]宮本常一, 1968年6月22日

**津和野町・旧家が残る中心街**
「宮本常一 写真・日記集成 下」毎日新聞社　2005
◇p80〔白黒〕　島根県鹿足郡津和野町　[撮]宮本常一, 1966年8月21日

**東京お茶の水橋から見る御茶ノ水駅あたりの神田川**
「宮本常一 写真・日記集成 下」毎日新聞社　2005
◇p134〔白黒〕　東京都　[撮]宮本常一, 1968年1月24日

**東京タワー**
「写真ものがたり昭和の暮らし 4」農村漁村文化協会　2005
◇p107〔白黒〕　東京都港区　[撮]昭和39年12月　東京都提供
「写真でみる日本生活図引 7」弘文堂　1993
◇図120〔白黒〕　東京都港区芝公園　[撮]昭和50年2月11日　東京都提供

**当時の姿を残す建物もある現在の旧遊郭街**
「写真でみる民家大事典」柏書房　2005
◇p328-2〔白黒〕　京都府八幡市橋本　[撮]2004年　河原典史

**堂島1丁目・奥に毎日新聞社**
「宮本常一 写真・日記集成 上」毎日新聞社　2005
◇p153〔白黒〕　大阪 堂島1丁目　[撮]宮本常一, 1959年10月9日

**堂島川べりの天満署と天満宮鳥居**
「宮本常一 写真・日記集成 上」毎日新聞社　2005
◇p155〔白黒〕　大阪 西天満1丁目　[撮]宮本常一, 1959年10月13日

**堂島川べりの天満宮の鳥居**
「宮本常一が撮った昭和の情景 上」毎日新聞社　2009
◇p85〔白黒〕　大阪府大阪市北区西天満1丁目付近　前に揚げ場の石段, 後方は天満署　[撮]宮本常一, 1959年10月13日

**東城の家並み**
「宮本常一 写真・日記集成 上」毎日新聞社　2005
◇p403〔白黒〕　広島県比婆郡東城町　[撮]宮本常一, 1963年10月21日

## 社会生活 街頭

### 唐人商店街付近
「宮本常一 写真・日記集成 上」毎日新聞社　2005
◇p298〔白黒〕　佐賀県西松浦郡有田町　㊴宮本常一，1962年1月8日

### 道路清掃
「写真でみる日本生活図引 7」弘文堂　1993
◇図52〔白黒〕　東京都中央区銀座　銀座に住む中学生たちの道路清掃奉仕　㊴昭和29年7月28日　東京都提供

### 道路の糞拾い係
「写真ものがたり昭和の暮らし 4」農村漁村文化協会　2005
◇p96〔白黒〕　大阪府大阪市天王寺区下寺町　都市では市役所から委嘱された係が拾い集めた　㊴昭和10年代　岡本良一蒐集古写真（保管・大阪城天守閣）『写真でみる 日本生活図引』より転載

### 通りと結ぶ雪がこいのトンネル
「フォークロアの眼 2 雪国と暮らし」国書刊行会　1977
◇図63〔白黒〕　新潟県南魚沼郡六日町　㊴中俣正義，昭和31年2月中旬

### 栃木宿
「写真ものがたり昭和の暮らし 5」農山漁村文化協会　2005
◇p26〔白黒〕　栃木県栃木市　火の見櫓のある家並み　㊴片岡如松，明治10年ごろ　片岡写真館提供

### ドヤ街の内部
「日本社会民俗辞典 3」日本図書センター　2004
◇p1229〔白黒〕　東京

### 永坂あたり
「宮本常一 写真・日記集成 上」毎日新聞社　2005
◇p221〔白黒〕（永坂あたり？）　東京 永坂あたり？　㊴宮本常一，1960年12月23日

### 中州から天神方面を望む
「宮本常一 写真・日記集成 上」毎日新聞社　2005
◇p320〔白黒〕　福岡県 博多　㊴宮本常一，1962年7月31日

### 長浜駅前
「写真でみる日本生活図引 7」弘文堂　1993
◇図114〔白黒〕　滋賀県長浜市　㊴前野隆資，昭和30年7月10日

### 七尾
「宮本常一 写真・日記集成 上」毎日新聞社　2005
◇p262〔白黒〕　石川県 七尾　㊴宮本常一，1961年8月2日

### 生ゴミを手車に入れる
「写真ものがたり昭和の暮らし 4」農村漁村文化協会　2005
◇p146〔白黒〕　東京都　㊴昭和35年6月　東京都提供

### にぎわう通り
「日本民俗写真大系 4」日本図書センター　1999
◇p99〔白黒〕　兵庫県御津町 港に沿った狭い通り　㊴中村昭夫，1960年

### 西公園から大濠公園方面を望む
「宮本常一 写真・日記集成 上」毎日新聞社　2005
◇p208〔白黒〕　福岡県福岡市博多　㊴宮本常一，1960年9月14日

### 日活ホテルと福岡大映
「宮本常一 写真・日記集成 上」毎日新聞社　2005
◇p320〔白黒〕　福岡県 博多 中州　㊴宮本常一，1962年7月31日

### ネオンサイン
「日本社会民俗辞典 1」日本図書センター　2004
◇p376〔白黒〕（近代広告―ネオンサイン）　銀座尾張町角

### 能地の町並み
「図説 民俗建築大事典」柏書房　2001
◇写真1（p21）〔白黒〕　広島県三原市

### 煤煙
「写真でみる日本生活図引 7」弘文堂　1993
◇図50〔白黒〕　東京都千代田区丸の内　㊴昭和29年12月18日　東京都提供

### 博多付近
「宮本常一 写真・日記集成 上」毎日新聞社　2005
◇p181〔白黒〕　福岡県 博多付近　㊴宮本常一，1960年4月18日

### 函館港から函館の町
「宮本常一 写真・日記集成 上」毎日新聞社　2005
◇p451〔白黒〕　北海道函館市　㊴宮本常一，1964年8月10日

### 初めて行われた銀座の歩行者天国
「写真ものがたり昭和の暮らし 4」農村漁村文化協会　2005
◇p135〔白黒〕　東京都中央区銀座　㊴昭和45年8月2日　東京都提供

### 波浮港
「宮本常一 写真・日記集成 上」毎日新聞社　2005
◇p300〔白黒〕　波浮（伊豆大島 東京都大島町）　㊴宮本常一，1962年1月19日

### 馬糞掃除
「写真でみる日本生活図引 7」弘文堂　1993
◇図82〔白黒〕　大阪府大阪市天王寺区下寺町　㊴昭和10年代　大阪城天守閣保管 岡本良一蒐集古写真

### バラックの並ぶ街
「写真でみる日本生活図引 4」弘文堂　1988
◇図170〔白黒〕　東京都渋谷区　㊴菊池俊吉，昭和20年12月

### はり紙防止の貼り紙
「写真ものがたり昭和の暮らし 4」農村漁村文化協会　2005
◇p58〔白黒〕　京都府京都市伏見区　㊴須藤功，昭和45年5月

### 日向の町並み
「図説 民俗建築大事典」柏書房　2001
◇写真1（p57）〔白黒〕　福井県三方郡美浜町

### 平戸・天主堂のあたり
「宮本常一 写真・日記集成 上」毎日新聞社　2005
◇p299〔白黒〕　長崎県 平戸　㊴宮本常一，1962年1月11日

### 風景を乱すごみ収集箱
「図説 台所道具の歴史」日本図書センター　2012
◇p211-7〔白黒〕　東京都稲城市　㊴GK

### 福島1丁目・阪大医学部と田蓑橋の右手に大阪中央電報局
「宮本常一 写真・日記集成 上」毎日新聞社　2005
◇p153〔白黒〕　大阪 福島1丁目　㊴宮本常一，1959年10月9日

### 復興する広島
「写真でみる日本生活図引 4」弘文堂　1988
◇図169〔白黒〕　広島県広島市　㊴菊池俊吉，昭和22年

### 船越全景
「民俗資料叢書 2 志摩の年齢階梯制」平凡社　1965
◇図44〔白黒〕

### 船越の人家と海岸からの道路
「民俗資料叢書 2 志摩の年齢階梯制」平凡社　1965
◇図47・48〔白黒〕

街頭　　　　　　　　　　　　　　社会生活

**麓集落**
「図説 民俗建築大事典」柏書房　2001
　◇写真1（p39）〔白黒〕　　鹿児島県知覧町

**古い城下町**
「宮本常一 写真・日記集成 下」毎日新聞社　2005
　◇p163〔白黒〕　兵庫県赤穂市　㊟宮本常一, 1968年7月26日～27日

**古い町並み**
「宮本常一が撮った昭和の情景 上」毎日新聞社　2009
　◇p37〔白黒〕　大分県速見郡日出町　㊟宮本常一, 1957年8月21日
「宮本常一 写真・日記集成 上」毎日新聞社　2005
　◇p73〔白黒〕（日出の町）　速見郡日出町　㊟宮本常一, 1957年8月21日
　◇p157〔白黒〕　静岡県 下田　㊟宮本常一, 1959年10月29日
　◇p433〔白黒〕　長崎県 大村市　㊟宮本常一, 1964年5月16日
「宮本常一 写真・日記集成 下」毎日新聞社　2005
　◇p112〔白黒〕　広島県 宮島・古い町並み　㊟宮本常一, 1967年12月19日
「民俗資料選集 9 山村の生活と用具」国土地理協会　1981
　◇p8（口絵）〔白黒〕　愛知県北設楽郡津具村 下津具見出付近　㊟田中徹治, 昭和29年

**舳倉島灯台　舳倉島分校**
「宮本常一が撮った昭和の情景 上」毎日新聞社　2009
　◇p134〔白黒〕　石川県輪島市海士町 舳倉島　㊟宮本常一, 1961年8月1日
「宮本常一 写真・日記集成 上」毎日新聞社　2005
　◇p261〔白黒〕（舳倉島）　石川県輪島市 舳倉島　㊟宮本常一, 1961年8月1日

**別所温泉**
「宮本常一 写真・日記集成 下」毎日新聞社　2005
　◇p46〔白黒〕　長野県上田　㊟宮本常一, 1965年11月8日

**ぽっくりさんの看板を掲げる阿日寺門前**
「宮本常一 写真・日記集成 下」毎日新聞社　2005
　◇p387〔白黒〕　奈良県香芝市 良福寺　㊟宮本常一, 1977年1月9日

**堀に添った倉庫と商家**
「宮本常一 写真・日記集成 上」毎日新聞社　2005
　◇p157〔白黒〕　静岡県 下田　㊟宮本常一, 1959年10月29日

**ポリ容器3タイプ**
「図説 台所道具の歴史」日本図書センター　2012
　◇p211-9〔白黒〕　㊟GK

**本屋街**
「写真でみる日本生活図引 6」弘文堂　1993
　◇図73〔白黒〕　東京都千代田区神田神保町　㊟昭和37年6月25日　東京都提供

**町工場が並ぶ**
「宮本常一が撮った昭和の情景 上」毎日新聞社　2009
　◇p103〔白黒〕（零細な町工場が並ぶ）　東京都荒川区荒川7丁目　㊟宮本常一, 1960年5月18日

**町並み**
「写真でみる民家大事典」柏書房　2005
　◇口絵16〔カラー〕　愛媛県宇和町　㊟1996年　刊行委員会
「宮本常一 写真・日記集成 上」毎日新聞社　2005
　◇p66〔白黒〕　愛知県北設楽郡設楽町 名倉　㊟宮本常一, 1957年5月14日

**町並みからみた路地裏**
「写真でみる民家大事典」柏書房　2005
　◇p395-4〔白黒〕　愛媛県喜多郡内子町　㊟2004年　溝渕博彦

**町並み交流センターとなっている旧大森区裁判所**
「写真でみる民家大事典」柏書房　2005
　◇p359-4〔白黒〕　島根県大田市大森　㊟1998年　和田嘉宥

**町並みの中心 湧出町通り**
「写真でみる民家大事典」柏書房　2005
　◇p364-1〔白黒〕（町並みの中心―湧出町通り）　広島県福山市鞆　㊟2004年　藤原美樹

**町並み保存修理がなされる前の柳井**
「写真でみる民家大事典」柏書房　2005
　◇p374-2〔白黒〕　山口県柳井市　㊟1977年　谷沢明

**町の朝**
「写真でみる日本生活図引 4」弘文堂　1988
　◇図162〔白黒〕　秋田県横手市　㊟佐藤久太郎, 昭和33年

**町の西端部に残る路地**
「写真でみる民家大事典」柏書房　2005
　◇p370-2〔白黒〕　広島県東広島市西条　㊟1981年　迫垣内裕

**町の通り**
「宮本常一 写真・日記集成 上」毎日新聞社　2005
　◇p36〔白黒〕　千葉県野田市川間　㊟宮本常一, 1956年5月19日
　◇p38〔白黒〕　静岡県沼津市我入道　㊟宮本常一, 1956年6月10日
　◇p82〔白黒〕　愛媛県越智郡岩城村［上島町］岩城島　㊟宮本常一, 1957年8月28日
　◇p87〔白黒〕　香川県丸亀市 本島（塩飽本島）笠島地区　㊟宮本常一, 1957年8月31日
　◇p129〔白黒〕　広島県比婆郡高野町新市？　㊟宮本常一, 1959年6月24日
　◇p134〔白黒〕　愛知県 田口　㊟宮本常一, 1959年8月1日
　◇p138〔白黒〕　新潟県両津市［佐渡市］　㊟宮本常一, 1959年8月7日
　◇p175〔白黒〕（中山道の戸田か蕨か）　埼玉県　㊟宮本常一, 1960年3月2日
　◇p176〔白黒〕（深谷市あたり？）　埼玉県　㊟宮本常一, 1960年3月2日
　◇p189〔白黒〕　鹿児島県川内市［薩摩川内市］　㊟宮本常一, 1960年4月22日
　◇p192〔白黒〕　熊本県牛深市（下島）　㊟宮本常一, 1960年4月23日
　◇p198〔白黒〕　山口県萩市　㊟宮本常一, 1960年8月1日
　◇p243〔白黒〕　愛知県北設楽郡設楽町名倉　㊟宮本常一, 1961年1月20日
　◇p258〔白黒〕　生口島（広島県豊田郡瀬戸田町）　㊟宮本常一, 1961年5月21日
　◇p319〔白黒〕　宮城県 松島湾 浦戸諸島　㊟宮本常一, 1962年7月18日
　◇p322〔白黒〕　壱岐・郷ノ浦・本居（壱岐島 長崎県壱岐郡郷ノ浦［壱岐市］）　㊟宮本常一, 1962年8月3日
　◇p380〔白黒〕（目名→尻屋）　青森県下北郡東通村目名→尻屋　㊟宮本常一, 1963年6月21日
「宮本常一 写真・日記集成 下」毎日新聞社　2005
　◇p210〔白黒〕（旭村佐々並）　山口県阿武郡旭村佐々並　㊟宮本常一, 1969年8月17日～24日（山口県阿武川民俗資料緊急第二次調査）
　◇p252〔白黒〕（美星町八日市）　岡山県小田郡美星町八日市　〔商店のある通り。一輪車で物を運ぶ人〕　㊟宮本常一, 1971年8月8日
　◇p389〔白黒〕　新潟県両津市佐和田町沢根　㊟宮本常

一, 1977年3月18～19日

**町家の向こうに福禅寺対潮楼**

「宮本常一 写真・日記集成 下」毎日新聞社 2005

◇p16〔白黒〕 広島県福山市鞆 [撮]宮本常一, 1965年2月13日

**松本駅前の広場と旅館**

「宮本常一が撮った昭和の情景 下」毎日新聞社 2009

◇p21〔白黒〕(松本駅前の飯田屋旅館) 長野県松本市中央1丁目 [撮]宮本常一, 1965年7月19日

「宮本常一 写真・日記集成 下」毎日新聞社 2005

◇p33〔白黒〕 長野県松本市 [撮]宮本常一, 1965年7月19日

**三浦半島・浦賀を見下ろす**

「宮本常一 写真・日記集成 上」毎日新聞社 2005

◇p158〔白黒〕 神奈川県 三浦半島 [撮]宮本常一, 1959年11月8日

**御堂筋**

「写真でみる日本生活図引 7」弘文堂 1993

◇図127〔白黒〕 大阪府大阪市中央区難波新地 [撮]浅野喜市, 昭和35年頃

**港から厳島神社への通り**

「宮本常一が撮った昭和の情景 下」毎日新聞社 2009

◇p60〔白黒〕 広島県廿日市市宮島町(宮島) [撮]宮本常一, 1967年12月19日

「宮本常一 写真・日記集成 下」毎日新聞社 2005

◇p112〔白黒〕(厳島桟橋あたりの古い町並み) 広島県宮島・厳島桟橋あたり [撮]宮本常一, 1967年12月19日

**港に面した町**

「宮本常一 写真・日記集成 上」毎日新聞社 2005

◇p87〔白黒〕 香川県丸亀市 [撮]宮本常一, 1957年8月31日

**三原市街**

「宮本常一 写真・日記集成 下」毎日新聞社 2005

◇p348〔白黒〕 広島県三原市本町 妙正寺付近から [撮]宮本常一, 1975年10月29日

**美和町の中心街**

「宮本常一 写真・日記集成 下」毎日新聞社 2005

◇p309〔白黒〕 山口県玖珂郡美和町渋前 [撮]宮本常一, 1973年8月6日～10日

**昔ながらの町並み**

「宮本常一 写真・日記集成 下」毎日新聞社 2005

◇p277〔白黒〕 奈良市東寺林町付近 〔商店〕 [撮]宮本常一, 1972年2月9日

◇p315〔白黒〕 大阪府茨木市宮元町 [撮]宮本常一, 1973年11月22日

◇p332〔白黒〕 広島県竹原市本町 頼惟清旧宅近く [撮]宮本常一, 1974年

◇p408〔白黒〕 高知県須崎市 [撮]宮本常一, 1977年10月20日～21日

**昔ながらの町並みが残る通り**

「宮本常一 写真・日記集成 下」毎日新聞社 2005

◇p347〔白黒〕 広島県三原市東町 [撮]宮本常一, 1975年10月29日

**武蔵野風景**

「宮本常一 写真・日記集成 下」毎日新聞社 2005

◇p136〔白黒〕 東京都小金井市貫井南町 [撮]宮本常一, 1968年2月27日

**明治調の西洋建築も残る町並み**

「宮本常一が撮った昭和の情景 上」毎日新聞社 2009

◇p136〔白黒〕 愛媛県喜多郡内子町 [撮]宮本常一, 1961年8月12日

「宮本常一 写真・日記集成 上」毎日新聞社 2005

◇p265〔白黒〕(内子) 愛媛県喜多郡内子町 [撮]宮本常一, 1961年8月12日

**メインストリート**

「宮本常一 写真・日記集成 上」毎日新聞社 2005

◇p75〔白黒〕 大分県速見郡日出町 [撮]宮本常一, 1957年8月22日

◇p255〔白黒〕 長崎県 五島列島中通島有川(南松浦郡有川町)[新上五島町] [撮]宮本常一, 1961年4月25日

**木工所が軒を並べる裏通り**

「宮本常一が撮った昭和の情景 下」毎日新聞社 2009

◇p61〔白黒〕 広島県廿日市市宮島町 [撮]宮本常一, 1967年12月19日

「宮本常一 写真・日記集成 下」毎日新聞社 2005

◇p113〔白黒〕(裏通りは職人町。木工所が軒を並べていた) 広島県 宮島 [撮]宮本常一, 1967年12月19日

**物乞い**

「写真ものがたり昭和の暮らし 6」農山漁村文化協会 2006

◇p36〔白黒〕 長野県會地村(現阿智村) 親子の物乞い [撮]熊谷元一, 昭和12年

**森町睦実あたり**

「宮本常一 写真・日記集成 上」毎日新聞社 2005

◇p399〔白黒〕 静岡県掛川市→天竜市二俣 [撮]宮本常一, 1963年9月12日

**八坂石段下**

「写真でみる日本生活図引 4」弘文堂 1988

◇図167〔白黒〕 京都府東山区 [撮]一瀬政雄, 昭和12年

**八坂の塔あたりの町並み**

「宮本常一 写真・日記集成 上」毎日新聞社 2005

◇p369〔白黒〕 京都 [撮]宮本常一, 1963年2月10日

**弥治川沿いの旧遊郭付近の町並み**

「宮本常一が撮った昭和の情景 上」毎日新聞社 2009

◇p88〔白黒〕 静岡県下田市三丁目 [撮]宮本常一, 1959年10月29日

**山口市・天花1丁目あたり**

「宮本常一 写真・日記集成 下」毎日新聞社 2005

◇p147〔白黒〕 山口市天花1丁目あたり [撮]宮本常一, 1968年3月27日～29日

**山口市・本町2丁目あたり**

「宮本常一 写真・日記集成 下」毎日新聞社 2005

◇p147〔白黒〕 山口市・本町2丁目あたり [撮]宮本常一, 1968年3月27日～29日

**山口市役所のあたりからザビエル記念聖堂を見上げる**

「宮本常一 写真・日記集成 下」毎日新聞社 2005

◇p146〔白黒〕 山口市 [撮]宮本常一, 1968年3月27日～29日

**有楽町**

「写真ものがたり昭和の暮らし 4」農村漁村文化協会 2005

◇p120〔白黒〕 東京都千代田区有楽町 [撮]昭和29年3月 東京都提供

◇p120〔白黒〕 東京都千代田区有楽町 [撮]昭和56年2月 東京都提供

**有楽町界隈**

「写真でみる日本生活図引 7」弘文堂 1993

◇目次C〔白黒〕 東京都提供

**雪の街**

「フォークロアの眼 2 雪国と暮らし」国書刊行会 1977

◇図76〔白黒〕 新潟県南魚沼郡六日町のメーンストリート [撮]中俣正義, 昭和36年1月下旬

◇図80〔白黒〕 新潟県十日町市昭和町 メーンストリート [撮]中俣正義, 昭和36年1月15日

容器収集風景
「図説 台所道具の歴史」日本図書センター 2012
　◇p199-1〔白黒〕　東京都　㊙昭和39年3月　東京都清掃局提供

養豚業者の厨芥払下運搬容器
「図説 台所道具の歴史」日本図書センター 2012
　◇p207-6〔白黒・図〕　昭和9年度事業概要　東京都清掃局提供

横手駅前
「写真ものがたり昭和の暮らし 4」農村漁村文化協会 2005
　◇p130〔白黒〕　秋田県横手市　㊙須藤功, 昭和54年8月

横浜港・大桟橋
「宮本常一 写真・日記集成 下」毎日新聞社 2005
　◇p148〔白黒〕　神奈川県横浜市　㊙宮本常一, 1968年4月9日
　◇p148〔白黒〕　神奈川県横浜市　㊙宮本常一, 1968年4月9日

横浜港・大桟橋から望むマリンタワー、山下公園
「宮本常一 写真・日記集成 下」毎日新聞社 2005
　◇p148〔白黒〕　神奈川県横浜市　㊙宮本常一, 1968年4月9日

横浜港・大桟橋から船だまり、税関、神奈川県庁
「宮本常一 写真・日記集成 下」毎日新聞社 2005
　◇p148〔白黒〕　神奈川県横浜市　㊙宮本常一, 1968年4月9日

吉原のポン引き
「写真ものがたり昭和の暮らし 4」農村漁村文化協会 2005
　◇p87〔白黒〕　東京都台東区浅草　売春防止法施行前夜　㊙昭和33年3月　共同通信社提供

淀橋浄水場跡に建ち始めた超高層ビル
「写真ものがたり昭和の暮らし 4」農村漁村文化協会 2005
　◇p115〔白黒〕　東京都新宿区　㊙昭和48年10月　東京都提供

陸中川尻（現ほっとゆだ）駅前の雪景色
「宮本常一 写真・日記集成 下」毎日新聞社 2005
　◇p422〔白黒〕　岩手県和賀郡湯田町川尻　㊙宮本常一, 1978年2月15日

立体的な駅前広場ができる前の、バス乗り場が広場を占める新宿西口広場
「写真ものがたり昭和の暮らし 4」農村漁村文化協会 2005
　◇p113〔白黒〕　東京都新宿区　㊙昭和38年9月　東京都提供

路地
「宮本常一 写真・日記集成 上」毎日新聞社 2005
　◇p81〔白黒〕（御手洗の路地）　広島県 大崎下島・御手洗　㊙宮本常一, 1957年8月27日
　◇p86〔白黒〕（真鍋島岩坪）　岡山県笠岡市 真鍋島 岩坪　㊙宮本常一, 1957年8月31日
「宮本常一 写真・日記集成 下」毎日新聞社 2005
　◇p276〔白黒〕　奈良市法蓮町→近鉄奈良駅付近　㊙宮本常一, 1972年2月9日
　◇p294〔白黒〕　島根県松江市北堀町　㊙宮本常一, 1973年2月28日
「日本民俗写真大系 4」日本図書センター 1999
　◇p90〔白黒〕　愛媛県瀬戸町　㊙1953年
「写真でみる日本生活図引 7」弘文堂 1993
　◇図36〔白黒〕　東京都港区愛宕下　㊙師岡宏次, 昭和10年
　◇図37〔白黒〕　東京都中央区佃　㊙石井彰一, 昭和26年

路地裏に逼塞するごみ箱
「図説 台所道具の歴史」日本図書センター 2012
　◇p210-4〔白黒〕　㊙GK

六本木 NET（テレビ朝日の前身）
「宮本常一が撮った昭和の情景 下」毎日新聞社 2009
　◇p64〔白黒〕（現在の六本木ヒルズで、NETはテレビ朝日の前身）　東京都港区六本木　現在の六本木ヒルズ　㊙宮本常一, 1968年1月25日
「宮本常一 写真・日記集成 下」毎日新聞社 2005
　◇p135〔白黒〕（現在の六本木ヒルズ。NETはテレビ朝日の前身）　東京都 六本木　現在の六本木ヒルズ　㊙宮本常一, 1968年1月25日

輪中
「日本民俗大辞典 下」吉川弘文館 2000
　◇p830〔白黒〕　木曾三川合流地点上空から〔航空写真〕　海津町歴史民俗資料館提供

# 戦争に関すること

愛国婦人会襷・日の丸扇子
「日本民具の造形」淡交社 2004
　◇p274〔白黒〕　岐阜県 本巣町歴史民俗資料館所蔵　戦時生活

慰問袋
「日本民具の造形」淡交社 2004
　◇p275〔白黒〕　埼玉県 さいたま市立浦和博物館所蔵　戦時生活

上野の不忍池で稲を作る
「写真ものがたり昭和の暮らし 4」農村漁村文化協会 2005
　◇p31〔白黒〕　東京都台東区　「上野田圃不忍池農園　戦災者救済会」　㊙昭和21年9月　共同通信社提供

内原訓練所での訓練
「写真ものがたり昭和の暮らし 10」農山漁村文化協会 2007
　◇p62〔白黒〕　茨城県内原町（現水戸市）　満蒙開拓青少年義勇軍　㊙熊谷元一, 昭和15年

内原訓練所にある弥栄神社に参拝してもどる職員
「写真ものがたり昭和の暮らし 10」農山漁村文化協会 2007
　◇p62〔白黒〕　茨城県内原町（現水戸市）　満蒙開拓青少年義勇軍　㊙熊谷元一, 昭和15年

運動会を見物する大日向郷の人々
「写真ものがたり昭和の暮らし 10」農山漁村文化協会 2007
　◇p66〔白黒〕　満洲國大日向郷（現中華人民共和国・吉林省）　㊙熊谷元一, 昭和18年

大阪駅の屋上から大阪城方面（敗戦後）
「写真ものがたり昭和の暮らし 4」農村漁村文化協会 2005
　◇p23〔白黒〕　大阪府大阪市北区　敗戦後に大阪駅の

屋上から大阪城方面を写した　[撮]昭和20年　共同通信社提供

**大日向郷の家族住宅**

「写真ものがたり昭和の暮らし 10」農山漁村文化協会 2007

◇p66〔白黒〕　満洲國大日向郷(現中華人民共和国・吉林省)　[撮]熊谷元一, 昭和18年

**開戦一周年記念の日、銀座二丁目から一丁目へ行進する兵士**

「写真ものがたり昭和の暮らし 4」農村漁村文化協会　2005

◇p9〔白黒〕　東京都中央区　[撮]菊池俊吉, 昭和17年12月

**買い出しを駅で調べる**

「写真ものがたり昭和の暮らし 4」農村漁村文化協会　2005

◇p33〔白黒〕　埼玉県大宮市(現さいたま市)　[撮]昭和22年4月　共同通信社提供

**瓦解してマリア像だけが焼け残った浦上天主堂をのぞむ場所で、復興の祈りを捧げる修道女**

「写真ものがたり昭和の暮らし 4」農村漁村文化協会　2005

◇p21〔白黒〕　長崎県長崎市　[撮]昭和21年8月　共同通信社提供

**金沢野田山の陸軍墓地**

「民俗小事典 死と葬送」吉川弘文館　2005

◇p229〔白黒〕　〔石川県金沢市〕　合葬墓と忠霊塔

**帰還**

「写真でみる日本人の生活全集 10」日本図書センター 2010

◇p17〔白黒〕　中共からの帰国者1486名の東京入りを迎える家族の人びと　[撮]昭和31年

**汽車の貨車に身動きできないほど乗った買い出しの人**

「写真ものがたり昭和の暮らし 4」農村漁村文化協会　2005

◇p32～33〔白黒〕　千葉県山武町　[撮]昭和20年11月　朝日新聞社提供

**祈武運長久寄書**

「日本民具の造形」淡交社　2004

◇p275〔白黒〕　鹿児島県 松山町歴史民俗資料館所蔵　戦時生活

**旧海軍兵学校校舎(生徒館)**

「宮本常一 写真・日記集成 下」毎日新聞社　2005

◇p441〔白黒〕　広島県安芸郡江田島町　[撮]宮本常一, 1978年10月21日

**銀座通り三丁目を行進する開戦一周年記念の戦車隊**

「写真ものがたり昭和の暮らし 4」農村漁村文化協会　2005

◇p8〔白黒〕　東京都中央区　[撮]菊池俊吉, 昭和17年12月8日

**空襲後の下町**

「写真ものがたり昭和の暮らし 4」農村漁村文化協会　2005

◇p22〔白黒〕　東京都中央区・江東区　[撮]昭和20年10月　共同通信社提供

**空襲で炎に包まれる銀座四丁目交差点のビル(現三愛)**

「写真ものがたり昭和の暮らし 4」農村漁村文化協会　2005

◇p13〔白黒〕　東京都中央区　[撮]菊池俊吉, 昭和20年1月27日

**空襲で猛火に包まれる銀座の山野楽器**

「写真ものがたり昭和の暮らし 4」農村漁村文化協会　2005

◇p7〔白黒〕　東京都中央区　[撮]菊池俊吉, 昭和20年1月27日

**空襲で燃える銀座**

「図説 日本民俗学全集 2」高橋書店　1971

◇図395〔白黒〕

「図説 日本民俗学全集 5」あかね書房　1960

◇図131〔白黒〕

**空襲で焼けた銀座**

「写真ものがたり昭和の暮らし 4」農村漁村文化協会　2005

◇p24〔白黒〕　東京都中央区　[撮]菊池俊吉, 昭和20年11月

**軍事教練**

「写真ものがたり昭和の暮らし 10」農山漁村文化協会 2007

◇p51〔白黒〕　愛知県名古屋市大曽根あたり　防毒マスクをつけて毒ガスに対する教練　[撮]近藤龍夫, 昭和18年ごろ　提供・岐阜市歴史博物館

◇p65〔白黒〕　満洲國伊拉哈(現中華人民共和国・竜江省)　満蒙開拓青少年義勇軍　[撮]熊谷元一, 昭和18年

**軍隊手帳**

「日本を知る事典」社会思想社　1971

◇図7(p120)〔白黒〕　[撮]明治4年

**軍に徴発された農耕馬が、連なって村道を行く**

「写真ものがたり昭和の暮らし 10」農山漁村文化協会 2007

◇p58〔白黒〕　長野県智里村(現阿智村)　[撮]熊谷元一, 昭和12年

**原爆乙女**

「写真でみる日本人の生活全集 10」日本図書センター 2010

◇p12〔白黒〕　東京都 神宮外苑絵画館前　第2次世界大戦中広島で受けた原爆症を, 原爆を投じたアメリカで療養して帰国した娘たち

**原爆犠牲者の慰霊碑**

「宮本常一 写真・日記集成 下」毎日新聞社　2005

◇p441〔白黒〕　広島県沖美町　[撮]宮本常一, 1978年10月20日

**原爆のキノコ雲**

「写真ものがたり昭和の暮らし 4」農村漁村文化協会　2005

◇p20〔白黒〕　広島県広島市　[撮]昭和20年8月　共同通信社提供

**神戸空襲**

「写真ものがたり昭和の暮らし 4」農村漁村文化協会　2005

◇p16〔白黒〕　兵庫県神戸市　[撮]昭和20年6月5日　共同通信社提供

**国策湯丹保**

「日本民具の造形」淡交社　2004

◇p276〔白黒〕　福岡県 北九州市立木屋瀬郷土資料館所蔵　戦時生活

**国防婦人会服装**

「日本民具の造形」淡交社　2004

◇p274〔白黒〕　兵庫県 西宮市立郷土資料館所蔵　戦時生活

**国民服・隣組旗**

「日本民具の造形」淡交社　2004

◇p275〔白黒〕　東京都 山崎記念中野区立歴史民俗資料館所蔵　戦時生活

**御真影を納めた奉安殿の前で捧げ銃**

「日本民俗宗教辞典」東京堂出版　1998

◇p191〔白黒〕　東京中目黒国民学校での軍事教練　[撮]1942年　毎日新聞社提供

**国会議事堂前を耕しサツマイモを植える議会職員**

「写真ものがたり昭和の暮らし 4」農村漁村文化協会　2005

◇p30〔白黒〕　東京都千代田区　[撮]昭和21年6月　共同通信社提供

**雑嚢**

「日本民具の造形」淡交社　2004

◇p275〔白黒〕　長野県 信田郷土民俗資料館所蔵　戦時生活

戦争に関すること　　　　　　　　社会生活

真田山陸軍墓地
「民俗小事典 死と葬送」吉川弘文館　2005
　　◇p224〔白黒〕　大阪府 真田山　提供 横山篤夫

三宮駅前にゴロ寝する人
「写真ものがたり昭和の暮らし 4」農村漁村文化協会　2005
　　◇p40〔白黒〕　兵庫県神戸市　㊞昭和22年8月　朝日新聞社提供

市街上空を飛ぶ敵機
「写真ものがたり昭和の暮らし 4」農村漁村文化協会　2005
　　◇p14〔白黒〕　秋田県横手市　㊞佐藤久太郎, 昭和20年

失明傷痍軍人の一家
「写真でみる日本人の生活全集 10」日本図書センター　2010
　　◇p15〔白黒〕

死亡告知書
「写真ものがたり昭和の暮らし 10」農山漁村文化協会　2007
　　◇p69〔白黒〕　秋田県横手町（現横手市）　㊞昭和21年8月　提供・須藤功

出征を祝う
「写真ものがたり昭和の暮らし 10」農山漁村文化協会　2007
　　◇p57〔白黒〕　長野県曾地村駒場（現阿智村）　㊞熊谷元一, 昭和12年

出征する人を村境まで送る
「写真ものがたり昭和の暮らし 10」農山漁村文化協会　2007
　　◇p59〔白黒〕　長野県曾地村（現阿智村）　㊞熊谷元一, 昭和12年

出征旗
「宮本常一 写真・日記集成 別巻」毎日新聞社　2005
　　◇図95（p23）〔白黒〕（益救神社ニ出征旗ヲ樹［立］テヽアル）　鹿児島県・屋久島・宮ノ浦［上屋久町］　㊞宮本常一, 1940年1月27日～2月10日

召集令状を伝達するために召集者の確認をする
「写真ものがたり昭和の暮らし 10」農山漁村文化協会　2007
　　◇p56〔白黒〕　長野県曾地村駒場（現阿智村）　曾地村役場　㊞熊谷元一, 昭和12年

召集令状「陸軍々人届資料」
「写真ものがたり昭和の暮らし 10」農山漁村文化協会　2007
　　◇p69〔白黒〕　秋田県横手町（現横手市）　㊞昭和19年3月　提供・須藤功

植林に向かう女学生の列
「写真ものがたり昭和の暮らし 10」農山漁村文化協会　2007
　　◇p60〔白黒〕　長野県飯田市　飯田高等女学校では紀元2600年の記念事業として記念林造成を計画。銃後の資源愛護運動をかねたもの　㊞熊谷元一, 昭和14年

進駐軍兵舎
「写真ものがたり昭和の暮らし 4」農村漁村文化協会　2005
　　◇p28〔白黒〕　宮城県仙台市青葉区　㊞中嶋忠一, 昭和31年2月

駿河湾に入港する連合艦隊
「写真ものがたり昭和の暮らし 4」農村漁村文化協会　2005
　　◇p26〔白黒〕　静岡県・駿河湾　㊞昭和20年8月　共同通信社提供

全校生徒が体操場に正座して昼の弁当を食べる
「写真ものがたり昭和の暮らし 10」農山漁村文化協会　2007
　　◇p49〔白黒〕　長野県曾地村（現阿智村）　㊞熊谷元一, 昭和18年

戦場で亡くなった霊を靖国神社の正床に合祀した通知書
「写真ものがたり昭和の暮らし 10」農山漁村文化協会　2007
　　◇p69〔白黒〕　埼玉県川口市　㊞昭和31年11月　提供・須藤功

戦中玩具
「日本民具の造形」淡交社　2004
　　◇p276〔白黒〕　京都府 想い出博物館所蔵
　　◇p276〔白黒〕　東京都 江戸東京博物館

千人針
「日本民具の造形」淡交社　2004
　　◇p275〔白黒〕　和歌山県 中津村立郷土文化保存伝承館所蔵　戦時生活

育ったタマナ（キャベツ）を持つ
「写真ものがたり昭和の暮らし 10」農山漁村文化協会　2007
　　◇p65〔白黒〕　満洲國伊拉哈（現中華人民共和国・竜江省）　満蒙開拓青少年義勇軍　㊞熊谷元一, 昭和18年

体当たりで墜落させたB29を東京の日比谷公園の広場に展示する
「写真ものがたり昭和の暮らし 4」農村漁村文化協会　2005
　　◇p12〔白黒〕　東京都千代田区　㊞菊池俊吉, 昭和20年2月

竹製消防バケツ
「図説 台所道具の歴史」日本図書センター　2012
　　◇p133-10〔白黒〕（二次大戦中の竹製消防バケツ）　岩手県・二戸市歴史民俗資料館

竹槍訓練
「写真ものがたり昭和の暮らし 4」農村漁村文化協会　2005
　　◇p15〔白黒〕　鹿児島県志布志町　㊞菊池俊吉, 昭和20年4月
「写真でみる日本生活図引 5」弘文堂　1989
　　◇図12〔白黒〕　鹿児島県曾於郡志布志町　㊞菊池俊吉, 昭和20年4月

忠魂碑
「民俗学事典」丸善出版　2014
　　◇p82〔白黒〕　旧・豊岡村（群馬県高崎市）
「祭・芸能・行事大事典 下」朝倉書店　2009
　　◇p1134〔白黒〕　群馬県太田市（旧・九合村）　㊞今井昭彦
「写真ものがたり昭和の暮らし 10」農山漁村文化協会　2007
　　◇p48〔白黒〕　長野県曾地村智里（現阿智村）　㊞熊谷元一, 昭和13年
「民俗小事典 死と葬送」吉川弘文館　2005
　　◇p375〔白黒〕　群馬県太田市
「日本民俗大辞典 下」吉川弘文館　2000
　　◇p98〔白黒〕　群馬県太田市

忠魂碑と戦死者の墓碑
「民俗学事典」丸善出版　2014
　　◇p80〔白黒〕　茨城県

忠霊塔
「民俗学事典」丸善出版　2014
　　◇p83〔白黒〕　旧・水上町（群馬県利根郡みなかみ町）
「民俗小事典 死と葬送」吉川弘文館　2005
　　◇p308〔白黒〕　群馬県大田市　提供 今井昭彦
「日本民俗大辞典 下」吉川弘文館　2000
　　◇p101〔白黒〕　群馬県新田郡尾島町

燈火管制
「写真ものがたり昭和の暮らし 10」農山漁村文化協会　2007
　　◇p53〔白黒〕　東京都港区青山　㊞菊池俊吉, 昭和20

年1月
「写真でみる日本生活図引 5」弘文堂　1989
◇図89〔白黒〕　東京都港区青山　広報用の演出。警防団団長(もしくは副団長)の家庭　[撮]菊池俊吉, 昭和20年1月

**豆腐作り**
「写真ものがたり昭和の暮らし 10」農山漁村文化協会　2007
◇p64〔白黒〕　満洲國伊拉哈(現中華人民共和国・竜江省)　満蒙開拓青少年義勇軍　[撮]熊谷元一, 昭和18年

**二重橋前の広場を、星条旗をたなびかせて行進する米第一騎兵隊団第七連隊**
「写真ものがたり昭和の暮らし 4」農村漁村文化協会　2005
◇p27〔白黒〕　東京都千代田区　[撮]昭和21年3月　朝日新聞社提供

**日輪兵舎**
「写真ものがたり昭和の暮らし 10」農山漁村文化協会　2007
◇p63〔白黒〕　茨城県内原町(現水戸市)　満蒙開拓青少年義勇軍　[撮]熊谷元一, 昭和15年

**日輪兵舎での食事**
「写真ものがたり昭和の暮らし 10」農山漁村文化協会　2007
◇p63〔白黒〕　茨城県内原町(現水戸市)　満蒙開拓青少年義勇軍　[撮]熊谷元一, 昭和14年

**日本橋二丁目の焼け跡に育つトウモロコシ**
「写真ものがたり昭和の暮らし 4」農村漁村文化協会　2005
◇p25〔白黒〕　東京都中央区　[撮]菊池俊吉, 昭和20年10月

**日本兵が米国のルーズベルト大統領と、英国のチャーチル首相を攻める雪像**
「写真ものがたり昭和の暮らし 4」農村漁村文化協会　2005
◇p10〔白黒〕　秋田県横手市　[撮]昭和19年2月　須藤功提供

**入営祝盃**
「日本民具の造形」淡交社　2004
◇p275〔白黒〕　栃木県 南那須町歴史民俗資料館所蔵　戦時生活

**爆撃で焼けてしまった自分の家の前で食事をとる**
「写真ものがたり昭和の暮らし 4」農村漁村文化協会　2005
◇p17〔白黒〕　東京都　[撮]昭和20年5月　共同通信社提供

**瓶精米**
「日本民具の造形」淡交社　2004
◇p276〔白黒〕　広島県 広島市郷土資料館所蔵　戦時生活

**米軍艦ミズーリ号上で降伏文書調印の開始を待つ日本全権**
「写真ものがたり昭和の暮らし 4」農村漁村文化協会　2005
◇p26〔白黒〕　東京湾　[撮]昭和20年9月2日　共同通信社提供

**兵隊墓(戦死者の墓)**
「宮本常一 写真・日記集成 上」毎日新聞社　2005
◇p86〔白黒〕　岡山県笠岡市 真鍋島 岩坪　[撮]宮本常一, 1957年8月31日
◇p428〔白黒〕　山口県大島郡東和町平野［周防大島町］　[撮]宮本常一, 1964年4月2日

**米兵と日本人女性**
「写真ものがたり昭和の暮らし 4」農村漁村文化協会　2005
◇p29〔白黒〕　東京都立川市　[撮]昭和28年11月　共同通信社提供

**平和記念公園**
「宮本常一 写真・日記集成 下」毎日新聞社　2005
◇p142～144〔白黒〕　広島県広島市　[撮]宮本常一, 1968年3月17日

**平和記念公園・赤い鳥文学碑**
「宮本常一 写真・日記集成 下」毎日新聞社　2005
◇p142〔白黒〕　広島県広島市　[撮]宮本常一, 1968年3月17日

**平和記念公園・原爆死没者慰霊碑**
「宮本常一 写真・日記集成 下」毎日新聞社　2005
◇p143～144〔白黒〕　広島県広島市　[撮]宮本常一, 1968年3月17日

**平和記念公園・原爆ドーム**
「宮本常一が撮った昭和の情景 下」毎日新聞社　2009
◇p71〔白黒〕(原爆ドーム)　広島県広島市中区基町　[撮]宮本常一, 1968年3月17日
「宮本常一 写真・日記集成 下」毎日新聞社　2005
◇p142～143〔白黒〕　広島県広島市　[撮]宮本常一, 1968年3月17日

**平和記念公園・原爆の子の像**
「宮本常一 写真・日記集成 下」毎日新聞社　2005
◇p143〔白黒〕　広島県広島市　[撮]宮本常一, 1968年3月17日

**平和記念公園・動員学徒慰霊塔**
「宮本常一 写真・日記集成 下」毎日新聞社　2005
◇p142～143〔白黒〕　広島県広島市　[撮]宮本常一, 1968年3月17日

**平和記念公園・平和祈願の千羽鶴**
「宮本常一 写真・日記集成 下」毎日新聞社　2005
◇p143〔白黒〕　広島県広島市　[撮]宮本常一, 1968年3月17日

**奉安殿**
「写真ものがたり昭和の暮らし 10」農山漁村文化協会　2007
◇p48〔白黒〕　長野県曾地村智里(現阿智村)　[撮]熊谷元一, 昭和13年

**奉安殿の前に整列して、木銃で捧げ銃をする小学生**
「写真ものがたり昭和の暮らし 10」農山漁村文化協会　2007
◇p49〔白黒〕　東京都目黒区中目黒　[撮]昭和17年　提供・毎日新聞社

**防空演習**
「写真ものがたり昭和の暮らし 4」農村漁村文化協会　2005
◇p14〔白黒〕　秋田県横手市　バケツに汲んだ水を町内の隣組が並んでリレー　[撮]昭和20年　須藤功所蔵

**防空演習をする学童**
「写真ものがたり昭和の暮らし 10」農山漁村文化協会　2007
◇p52〔白黒〕　東京都豊島区 豊島師範附属小学校　[撮]菊池俊吉, 昭和19年3月

**防空頭巾**
「日本民具の造形」淡交社　2004
◇p274〔白黒〕　長野県 中川村歴史民俗資料館所蔵　戦時生活

**防空用防毒面**
「日本民具の造形」淡交社　2004
◇p276〔白黒〕　東京都 江戸東京博物館所蔵　戦時生活

**奉公袋**
「日本民具の造形」淡交社　2004
◇p274〔白黒〕　静岡県 竜洋町郷土資料館所蔵　戦時生活

## その他 / 社会生活

### 街の傷痍軍人
「写真でみる日本人の生活全集 10」日本図書センター 2010
◇p16〔白黒〕 ㊙小出勝

### マッサージの講習
「写真ものがたり昭和の暮らし 10」農山漁村文化協会 2007
◇p61〔白黒〕 長野県久堅村（現飯田市） 満蒙開拓女子修練所 ㊙熊谷元一, 昭和14年

### 松脂採り
「日本民具の造形」淡交社 2004
◇p276〔白黒〕 大阪府 茨木市立文化財資料館所蔵 戦時生活

### 村主催の出征者の壮行会
「写真ものがたり昭和の暮らし 10」農山漁村文化協会 2007
◇p57〔白黒〕 長野県曾地村駒場（現阿智村） 小学校にて ㊙熊谷元一, 昭和12年

### 基町の密集集落
「宮本常一が撮った昭和の情景 下」毎日新聞社 2009
◇p66〜71〔白黒〕 広島県広島市中区基町 バラック建築の町「原爆スラム」 ㊙宮本常一, 1968年3月17日
「宮本常一 写真・日記集成 下」毎日新聞社 2005
◇p138〜142〔白黒〕（基町付近） 広島県広島市 爆心地周辺 ㊙宮本常一, 1968年3月17日

### 基町付近・輜重兵第5聯隊跡の馬碑
「宮本常一が撮った昭和の情景 下」毎日新聞社 2009
◇p69〔白黒〕 広島県広島市中区基町 ㊙宮本常一, 1968年3月17日

「宮本常一 写真・日記集成 下」毎日新聞社 2005
◇p140〔白黒〕 広島県広島市 ㊙宮本常一, 1968年3月17日

### 基町付近・広島陸軍病院原爆慰霊碑
「宮本常一 写真・日記集成 下」毎日新聞社 2005
◇p139〔白黒〕 広島県広島市 ㊙宮本常一, 1968年3月17日

### 元安橋
「写真ものがたり昭和の暮らし 4」農村漁村文化協会 2005
◇p20〔白黒〕 広島県広島市 原子爆弾投下 ㊙菊池俊吉, 昭和20年9月

### ヤマトバタラキと呼ぶ体操
「写真ものがたり昭和の暮らし 10」農山漁村文化協会 2007
◇p60〔白黒〕 長野県久堅村（現飯田市） 満蒙開拓女子修練所の修練生 ㊙熊谷元一, 昭和14年

### 遊郭小川楼経営者の出兵式
「写真でみる民家大事典」柏書房 2005
◇p329-3〔白黒〕 京都府八幡市 左奥に娼妓が写る ㊙撮影者不明, 1937年頃 小川弘之所蔵

### 陸軍記念日大行進
「写真ものがたり昭和の暮らし 4」農村漁村文化協会 2005
◇p11〔白黒〕 東京都千代田区 ㊙菊池俊吉, 昭和19年3月10日

### リュック
「日本民具の造形」淡交社 2004
◇p274〔白黒〕 栃木県 宇都宮市文化財展示研究所所蔵 戦時生活

## その他

### 秋田
「日本写真全集 9」小学館 1987
◇図91〔白黒〕 秋田市仁井田 〔青年と少年〕 ㊙木村伊兵衛, 昭和27年

### 朝霞浄水場
「写真ものがたり昭和の暮らし 4」農村漁村文化協会 2005
◇p152〔白黒〕 埼玉県朝霞市 ㊙昭和62年10月 東京都提供

### アジア婦人親善のつどい
「日本社会民俗辞典 3」日本図書センター 2004
◇p1243〔白黒〕

### 安保反対の全学連デモ
「宮本常一が撮った昭和の情景 上」毎日新聞社 2009
◇p104〜105〔白黒〕（日米安全保障条約反対の全学連デモ） 東京都千代田区永田町 首相官邸前ほか, 赤坂1丁目 米国大使館前ほか ㊙宮本常一, 1960年6月3日
「宮本常一 写真・日記集成 上」毎日新聞社 2005
◇p196〜197〔白黒〕 東京 米国大使館 首相官邸ほか ㊙宮本常一, 1960年6月3日

### 医院の建物
「宮本常一 写真・日記集成 上」毎日新聞社 2005
◇p14〔白黒〕（前田内科） 東京都 赤坂 ㊙宮本常一, 1955年5月7日
◇p184〔白黒〕 鹿児島県枕崎市 ㊙宮本常一, 1960年4月20日
「宮本常一 写真・日記集成 下」毎日新聞社 2005
◇p40〔白黒〕 岩手県遠野市内 ㊙宮本常一, 1965年8月22日

### 井ノ頭学校の少年音楽隊員
「写真でみる日本人の生活全集 9」日本図書センター 2010
◇p148〔白黒〕 渋沢敬三提供

### 今よう良寛さま
「写真でみる日本人の生活全集 9」日本図書センター 2010
◇p128〔白黒〕 横浜にすむ長島久助さん 不幸な子をあずかり, 子供のめんどうを見る

### 祝い物
「写真でみる日本人の生活全集 4」日本図書センター 2010
◇口絵〔白黒〕 総理大臣へ喜びの祝い物がかつぎこまれる（伊勢エビ・アワビなど）

### 上田市役所
「宮本常一 写真・日記集成 下」毎日新聞社 2005
◇p46〔白黒〕 長野県上田市 ㊙宮本常一, 1965年11月8日

### 牛深市役所
「宮本常一 写真・日記集成 上」毎日新聞社 2005
◇p192〔白黒〕 熊本県牛深市（下島） ㊙宮本常一, 1960年4月23日

栄養指導車
　「写真でみる日本生活図引 7」弘文堂　1993
　　◇図56〔白黒〕　東京都文京区大塚坂下町　護国寺境内　通称「キッチンカー」　㊞昭和29年7月21日　東京都提供

大阪市役所
　「宮本常一が撮った昭和の情景 上」毎日新聞社　2009
　　◇p84〔白黒〕　大阪府大阪市北区中之島1丁目　㊞宮本常一, 1959年10月13日
　「宮本常一 写真・日記集成 上」毎日新聞社　2005
　　◇p154〔白黒〕　大阪市中之島　㊞宮本常一, 1959年10月13日

大谷川に架かる栄橋の改築記念
　「写真でみる民家大事典」柏書房　2005
　　◇p328-1〔白黒〕　京都府八幡市　ステンドグラスの窓、コンクリート造りの遊郭も写る　㊞撮影者不明, 1937年頃　小川弘之所蔵

オチョロ船
　「日本民俗写真大系 4」日本図書センター　1999
　　◇p107〔白黒〕　船員の一夜妻をつとめる女たちを乗せた船　㊞迫幸一, 1954年頃

御大礼奉祝花電車
　「祭・芸能・行事大辞典 上」朝倉書店　2009
　　◇p659〔白黒〕　㊞1928年　毎日新聞社

海洋少年団
　「写真でみる日本人の生活全集 9」日本図書センター　2010
　　◇p108〔白黒〕

学生集会
　「宮本常一 写真・日記集成 下」毎日新聞社　2005
　　◇p195〔白黒〕　東京都小平市小川町　武蔵野美術大学大学立法反対の問題　㊞宮本常一, 1969年6月6日～7月4日

学生と大学当局の共闘デモの日
　「宮本常一 写真・日記集成 下」毎日新聞社　2005
　　◇p195〔白黒〕　東京都小平市小川町　武蔵野美術大学大学立法反対の問題　㊞宮本常一, 1969年6月6日～7月4日

鹿児島県庁
　「宮本常一 写真・日記集成 上」毎日新聞社　2005
　　◇p399〔白黒〕　鹿児島県　㊞宮本常一, 1963年10月11日

河川の清掃の機械船
　「写真ものがたり昭和の暮らし 5」農山漁村文化協会　2005
　　◇p33〔白黒〕　東京都中央区　㊞昭和59年2月　東京都提供

傾いたビル
　「宮本常一 写真・日記集成 上」毎日新聞社　2005
　　◇p438〔白黒〕　新潟市内　地震のあと　㊞宮本常一, 1964年6月26日

学校環境浄化運動の署名運動
　「写真でみる日本人の生活全集 10」日本図書センター　2010
　　◇p139〔白黒〕　立上った婦人

学校問題
　「写真でみる日本人の生活全集 10」日本図書センター　2010
　　◇p138〔白黒〕　東京　学校環境浄化運動

河童型の交番
　「日本の生活環境文化大辞典」柏書房　2010
　　◇p169-10〔白黒〕　岩手県遠野市　㊞2006年　岸本章

金武開拓地・農協
　「宮本常一 写真・日記集成 上」毎日新聞社　2005
　　◇p303〔白黒〕　佐賀県西松浦郡西有田町　㊞宮本常一, 1962年3月16日

紙屑の屋形
　「図説 台所道具の歴史」日本図書センター　2012
　　◇p205-6〔白黒〕　東京亀有の製紙工場　再生紙の原料として集められたもの　㊞昭和38年　『一億人の昭和史7』毎日新聞社

ガール・スカウトのキャンピング
　「写真でみる日本人の生活全集 4」日本図書センター　2010
　　◇p150〔白黒〕　河口湖

簡易裁判所
　「宮本常一 写真・日記集成 下」毎日新聞社　2005
　　◇p405〔白黒〕　高知県宿毛市宿毛　㊞宮本常一, 1977年10月17日

神田橋女子公共職業安定所
　「写真でみる日本人の生活全集 10」日本図書センター　2010
　　◇p10〔白黒〕

紀元節復活団体による奉祝
　「写真でみる日本人の生活全集 5」日本図書センター　2010
　　◇p161〔白黒〕　東京芝公園　㊞昭和32年　「週刊サンケイ」昭和32年3月3日号

旧網走刑務所正門
　「宮本常一 写真・日記集成 下」毎日新聞社　2005
　　◇p460〔白黒〕　北海道網走市南6条東2　大正11年に永泉寺山門として移築　㊞宮本常一, 1979年4月29日

旧大山村役場
　「宮本常一 写真・日記集成 上」毎日新聞社　2005
　　◇p303〔白黒〕　佐賀県西松浦郡西有田町　㊞宮本常一, 1962年3月16日

旧神田区万世橋塵芥取扱所（船渠式）
　「図説 台所道具の歴史」日本図書センター　2012
　　◇p207-7〔白黒〕　㊞昭和9年　東京都清掃局提供

旧札幌高裁
　「宮本常一 写真・日記集成 下」毎日新聞社　2005
　　◇p283〔白黒〕　北海道札幌市中央区大通西　㊞宮本常一, 1972年

救世軍の社会鍋
　「日本社会民俗辞典 2」日本図書センター　2004
　　◇p593〔白黒〕　東京

儀礼隊
　「写真でみる日本人の生活全集 5」日本図書センター　2010
　　◇p14〔白黒〕　来朝したインドのネール首相の閲兵を羽田空港で受けている　㊞昭和32年10月

組合
　「写真でみる日本人の生活全集 4」日本図書センター　2010
　　◇p153〔白黒〕　団体交渉を行う

組合運動に活躍する女
　「写真でみる日本人の生活全集 10」日本図書センター　2010
　　◇口絵〔白黒〕　㊞茂木正男

警察署
　「宮本常一 写真・日記集成 上」毎日新聞社　2005
　　◇p307〔白黒〕　千葉県長生郡一宮町　㊞宮本常一, 1962年5月6日

激励大会
　「写真でみる日本人の生活全集 10」日本図書センター　2010
　　◇p70〔白黒〕　東京都港区全繊本部前　近江絹糸労組

その他　　　　　　　　　　　社会生活

　　　　万才を三唱
**建設中の小河内ダム**
　「写真ものがたり昭和の暮らし 4」農村漁村文化協会　2005
　　◇p152〔白黒〕　東京都奥多摩町　昭和29年11月　東京都提供

**憲法改正発表**
　「写真でみる日本人の生活全集 10」日本図書センター　2010
　　◇p142〔白黒〕　憲法改正草案の発表　㊞1946年

**皇居周辺から取り払われた米軍施設**
　「宮本常一 写真・日記集成 上」毎日新聞社　2005
　　◇p178〔白黒〕　東京都 全国離島振興協議会事務所から　㊞宮本常一，1960年3月4日

**工事**
　「写真でみる日本生活図引 別巻」弘文堂　1993
　　◇図285〔白黒〕　長野県下伊那郡阿智村　農閑期の冬，河原の工事現場で働く　㊞熊谷元一，昭和32年2月19日

**工事現場**
　「宮本常一 写真・日記集成 上」毎日新聞社　2005
　　◇p270〔白黒〕　山口県萩市 相島　㊞宮本常一，1961年8月30日

**洪水の惨状**
　「日本社会民俗辞典 1」日本図書センター　2004
　　◇p386〔白黒〕　茨城県小貝川　㊞昭和25年

**国際婦人デーの大会**
　「日本社会民俗辞典 3」日本図書センター　2004
　　◇p1249〔白黒〕　㊞昭和23年

**孤児20名をひきとって自分の子供といっしょに起居させ，りっぱな農村青年にそだてている**
　「写真でみる日本人の生活全集 9」日本図書センター　2010
　　◇p143〔白黒〕　東京都南多摩郡佐藤芳一氏の清崗苑

**孤児にめぐむ春**
　「写真でみる日本人の生活全集 9」日本図書センター　2010
　　◇p141〔白黒〕　山梨県 明生学園　孤児13名を里子として引きとる甲府の人たち

**米騒動**
　「図説 日本民俗学全集 2」高橋書店　1971
　　◇図385〔白黒〕　外米廉売の広告をみる人たち　㊞大正7年
　「図説 日本民俗学全集 5」あかね書房　1960
　　◇図121〔白黒〕　外米廉売の広告をみる人たち　㊞大正7年

**最近の日本人の簡易な訪問・応接の姿**
　「写真でみる日本人の生活全集 2」日本図書センター　2010
　　◇p150〔白黒〕　㊞〔昭和〕

**酒田市海洋少年団**
　「写真でみる日本人の生活全集 4」日本図書センター　2010
　　◇p151〔白黒〕　結索訓練，洋上実習生の操舵訓練

**自衛隊員の援農**
　「写真でみる日本人の生活全集 4」日本図書センター　2010
　　◇p129〔白黒〕　新潟県高田市付近

**信濃川河口・6月16日の新潟地震で倒壊水没した家**
　「宮本常一 写真・日記集成 上」毎日新聞社　2005
　　◇p438〔白黒〕　新潟　地震のあと　㊞宮本常一，1964年6月26日

**信濃川の破堤により水没した村**
　「民俗学事典」丸善出版　2014
　　◇p334〔白黒〕　新潟県新潟市　㊞1917年

**信濃川べりの水没した街区**
　「宮本常一が撮った昭和の情景 上」毎日新聞社　2009
　　◇p223〔白黒〕（信濃川べりの沈没した街区）　新潟県新潟市　新潟地震のあと　㊞宮本常一，1964年6月26日
　「宮本常一 写真・日記集成 上」毎日新聞社　2005
　　◇p438〔白黒〕　新潟　地震のあと　㊞宮本常一，1964年6月26日

**信濃川べりの被災家屋群**
　「宮本常一 写真・日記集成 上」毎日新聞社　2005
　　◇p438〔白黒〕　新潟　地震のあと　㊞宮本常一，1964年6月26日

**島の医師**
　「日本民俗写真大系 4」日本図書センター　1999
　　◇p126〔白黒〕　広島県走島　㊞中村由信，1961年

**市役所前に積まれた肥桶**
　「写真ものがたり昭和の暮らし 4」農村漁村文化協会　2005
　　◇p142〔白黒〕　埼玉県大宮市（現さいたま市）市役所前　家庭の汲み取りを請け負っていた業者が，汲み取り料の値上げを要求して企てた臭気デモ攻勢　㊞昭和27年10月　共同通信社提供

**修復工事**
　「写真でみる日本生活図引 4」弘文堂　1988
　　◇図146〔白黒〕　新潟県佐渡郡羽茂町・大崎付近　大正時代中頃　池田哲夫提供

**主婦会館**
　「写真でみる日本人の生活全集 10」日本図書センター　2010
　　◇p135〔白黒〕

**主婦たちのシャモジデモ**
　「図説 民俗探訪事典」山川出版社　1983
　　◇p105〔白黒〕　東京都　1979年

**春闘勝利の垂れ幕を掲げる**
　「宮本常一 写真・日記集成 下」毎日新聞社　2005
　　◇p482〔白黒〕　北海道北見市　㊞宮本常一，1980年4月21日

**娼妓**
　「写真でみる日本生活図引 5」弘文堂　1989
　　◇図4〔白黒〕　京都府京都市橋本　㊞一瀬政雄，昭和11年

**焼却炉**
　「図説 台所道具の歴史」日本図書センター　2012
　　◇p207-4〔白黒〕　千葉県野田のキッコーマン醤油旧工場構内に遺されたもの　大正時代　㊞GK

**少年の家**
　「写真でみる日本人の生活全集 9」日本図書センター　2010
　　◇p145・146〔白黒〕　群馬県勢多郡

**女工新史**
　「写真でみる日本人の生活全集 10」日本図書センター　2010
　　◇p68～69〔白黒〕　福島県

**女工たちがくつろぐ**
　「写真ものがたり昭和の暮らし 10」農山漁村文化協会　2007
　　◇p37〔白黒〕（女工たち）　長野県下諏訪町　1日の仕事を終え，裁縫をしたり本を読んだり，話をしたり，思い思いにくつろぐ　㊞菊池俊吉，昭和28年

**女子自衛隊員**
　「写真でみる日本人の生活全集 10」日本図書センター　2010
　　◇p63〔白黒〕

**女子の社会的進出**
　「写真でみる日本人の生活全集 10」日本図書センター　2010
　　◇p11〔白黒〕　職安で職を申込む娘さん，現女代議士を

中心に催した模擬国会

### 女中さん
「写真でみる日本人の生活全集 10」日本図書センター 2010
　◇p30〔白黒〕　㈱茂木

### 陣中見舞い
「写真でみる日本人の生活全集 4」日本図書センター 2010
　◇p102〔白黒〕　東京神田　選挙のときに後援者がさしだす

### 新日本窒素水俣工場
「宮本常一 写真・日記集成 上」毎日新聞社 2005
　◇p431〔白黒〕　熊本県水俣市　㈱宮本常一, 1964年5月14日

### 水力発電機
「日本社会民俗辞典 3」日本図書センター 2004
　◇p1011〔白黒〕

### 水力発電所
「写真ものがたり昭和の暮らし 5」農山漁村文化協会 2005
　◇p88〔白黒〕　山梨県不忍村　㈱須藤功, 平成17年4月

### 水練場
「日本社会民俗辞典 2」日本図書センター 2004
　◇p757〔白黒〕　㈱明治中期　『風俗画報』

### スクラム組んで労働歌合唱
「写真でみる日本人の生活全集 10」日本図書センター 2010
　◇p71〔白黒〕　近江絹糸紡績彦根工場

### すてられた赤ん坊をあずかる共立育児会
「写真でみる日本人の生活全集 9」日本図書センター 2010
　◇p142〔白黒〕　東京

### 生活改善広報車の巡回
「宮本常一 写真・日記集成 下」毎日新聞社 2005
　◇p411〔白黒〕　群馬県榛名町本郷　㈱宮本常一, 1977年11月25日（農山漁家生活改善技術資料収集調査）

### 石油集油所
「宮本常一が撮った昭和の情景 上」毎日新聞社 2009
　◇p209〔白黒〕　山形県東田川郡庄内町余目　㈱宮本常一, 1963年11月16日

「宮本常一 写真・日記集成 上」毎日新聞社 2005
　◇p406〔白黒〕　山形県東田川郡余目町　㈱宮本常一, 1963年11月16日

### セッツルメント
「写真でみる日本人の生活全集 9」日本図書センター 2010
　◇p109〔白黒〕　東京　まずしい子供を集めて勉強会

### セツルメント
「写真でみる日本人の生活全集 4」日本図書センター 2010
　◇p132〔白黒〕　東京

### 仙岩峠のお助け小屋
「日本社会民俗辞典 3」日本図書センター 2004
　◇p992〔白黒〕　岩手・秋田県境

### 選挙祝いの鏡餅
「写真でみる日本人の生活全集 1」日本図書センター 2010
　◇p152〔白黒〕　昭和30年の地方選挙で当選議員の家に運びこまれたお祝いの鏡餅

### 全国未亡人団体協議会
「日本社会民俗辞典 3」日本図書センター 2004
　◇p1249〔白黒〕

### 洗濯物の干された奈川渡ダム工事の飯場
「宮本常一が撮った昭和の情景 下」毎日新聞社 2009
　◇p20〔白黒〕　長野県松本市奈川　㈱宮本常一, 1965年6月19日

「宮本常一 写真・日記集成 下」毎日新聞社 2005
　◇p30〔白黒〕（奈川渡ダム工事の飯場）　長野県南安曇郡安曇村鳥々→奈川村古宿　㈱宮本常一, 1965年6月19日

### 大学構内のタテ看板
「宮本常一 写真・日記集成 下」毎日新聞社 2005
　◇p195〔白黒〕　東京都小平市小川町 武蔵野美術大学　大学立法反対の問題　㈱宮本常一, 1969年6月6日～7月4日

### 台風被害を記録に残す記念塔の再建
「里山・里海 暮らし図鑑」柏書房 2012
　◇写44 (p260)〔白黒〕　福井県小浜市和久里　昭和29年　井田家所蔵古写真・福井県立若狭歴史民俗資料館提供

### 炊出し（三陸地方津波）
「日本社会民俗辞典 2」日本図書センター 2004
　◇p465〔白黒〕　『風俗画報』

### 力石
「図説 日本民俗学」吉川弘文館 2009
　◇p41〔白黒〕　東京都江戸川区, 埼玉県和光市, 京都府長岡京市, 埼玉県鷲宮町

「祭・芸能・行事大事典 下」朝倉書店 2009
　◇p1120〔白黒〕　千代田区東郷元帥記念公園内　㈱滝口正哉　区指定有形民俗文化財

「精選 日本民俗辞典」吉川弘文館 2006
　◇p351〔白黒〕　埼玉県和光市

「日本民俗大辞典 下」吉川弘文館 2000
　◇p80〔白黒〕　埼玉県和光市白子

「図録・民具入門事典」柏書房 1991
　◇p100〔白黒〕（奉納力石）　東京都 大宮八幡宮

「民具のみかた一心とかたち」第一法規出版 1983
　◇p243〔白黒〕　岡山県笠岡市

「日本民俗誌 4 習俗・飲食篇」村田書店 1978
　◇図81〔白黒・図〕　本山彦一が浜寺の別邸に蒐集した中から採図
　◇図82〔白黒・図〕　本山彦一が浜寺の別邸に蒐集した中から採図

「民俗資料叢書 6 正月の行事2」平凡社 1967
　◇図169〔白黒〕　岡山県笠岡市北木島町豊浦 氏神の境内

### 陳上団
「写真でみる日本人の生活全集 10」日本図書センター 2010
　◇p137〔白黒〕　学校の近くに, 売春宿が建築されたので, PTAのお母さんたちが抗議

### テレビ・プロデューサー
「写真でみる日本人の生活全集 10」日本図書センター 2010
　◇p60〔白黒〕　女性の進出　㈱飯田博一　「サンデー毎日」より

### 電柱が傾いている
「宮本常一 写真・日記集成 上」毎日新聞社 2005
　◇p438〔白黒〕　新潟市内　地震のあと　㈱宮本常一, 1964年6月26日

### 電燈会社の広告
「日本社会民俗辞典 3」日本図書センター 2004
　◇p986〔白黒〕　電燈から出火したとの流伝についての弁明　㈱明治24年

### 天皇を迎える人びと
「写真でみる日本人の生活全集 10」日本図書センター 2010
　◇p126〔白黒〕　行幸啓を奉迎する人たち　㈱谷口茂

### 天皇巡幸
「日本民俗宗教辞典」東京堂出版 1998
　◇p400〔白黒〕　昭和天皇の三井三池炭鉱視察 (1949年)（毎日新聞社提供）

その他　　　　　　　　　　　　社会生活

**東京電力の火力発電所**
「写真ものがたり昭和の暮らし 4」農村漁村文化協会　2005
◇p168〔白黒〕　東京都江東区豊洲　㊞昭和32年11月　東京都提供

**東京養育院**
「写真でみる日本人の生活全集 9」日本図書センター　2010
◇p147・148〔白黒〕　東京井之頭学校の養育院の子供達　ミシン裁縫科の作業，育児科で幼児を見ている看護婦，少年音楽隊員

**謄写印刷**
「写真でみる日本生活図引 8」弘文堂　1993
◇図28〔白黒〕　長野県下伊那郡阿智村駒場　㊞矢沢昇，昭和32年6月

**東洋レーヨンの工場から出る煙**
「写真ものがたり昭和の暮らし 4」農村漁村文化協会　2005
◇p151〔白黒〕　滋賀県大津市瀬田　㊞前野隆資，昭和37年11月　琵琶湖博物館提供

**道路にあいた穴**
「宮本常一 写真・日記集成 下」毎日新聞社　2005
◇p34〔白黒〕　長野県南安曇郡安曇村沢渡あたり　〔穴を修復する〕　㊞宮本常一，1965年7月24日

**道路の拡張工事**
「写真ものがたり昭和の暮らし 2」農山漁村文化協会　2004
◇p28〔白黒〕　長野県上村下栗　㊞須藤功，昭和42年11月

**時の記念日（標準時計に合せる）**
「日本社会民俗辞典 3」日本図書センター　2004
◇p1015〔白黒〕　東京数寄屋橋

**土のう積みによる水害防止**
「里山・里海 暮らし図鑑」柏書房　2012
◇写37(p259)〔白黒〕　和歌山県海南市荒浜通　昭和28年9月25日　和歌山県海南市教育委員会提供

**豊洲（埋立地）石炭埠頭**
「写真ものがたり昭和の暮らし 4」農村漁村文化協会　2005
◇p168〔白黒〕　東京都江東区豊洲　㊞昭和32年11月　東京都提供

**トロッコ**
「写真でみる日本生活図引 2」弘文堂　1988
◇図158〔白黒〕　新潟県岩船郡日НЕ　三面ダムの工事現場で使用　㊞中俣正義，昭和26年7月21日

**トロッコに土入れ作業をしていた2人**
「写真ものがたり昭和の暮らし 9」農山漁村文化協会　2007
◇p89〔白黒〕　秋田県上小阿仁村荻形　㊞早川孝太郎，昭和11年11月

**日中国交正常化を記念して中国から送られたジャイアントパンダ**
「写真ものがたり昭和の暮らし 4」農村漁村文化協会　2005
◇p213〔白黒〕　東京都台東区　㊞昭和47年11月　共同通信社提供

**日本赤十字社救護班（小貝川洪水）**
「日本社会民俗辞典 2」日本図書センター　2004
◇p465〔白黒〕

**はたらく女**
「写真でみる日本人の生活全集 10」日本図書センター　2010
◇口絵〔白黒〕　スチュワーデス，ヌードショウのモデル，ラジオ・テレビのプロデューサー　㊞須井豊，高橋彰

**発電水車**
「民俗資料選集 41 豊後の水車習俗」国土地理協会　2010
◇p16（口絵）〔白黒〕　大分県九重町 九酔峡の桂茶屋

**半倒壊した信濃川べりの工場**
「宮本常一が撮った昭和の情景 上」毎日新聞社　2009
◇p223〔白黒〕（信濃川べりの半倒壊した工場）　新潟県新潟市　新潟地震のあと　㊞宮本常一，1964年6月26日
「宮本常一 写真・日記集成 上」毎日新聞社　2005
◇p438〔白黒〕　新潟　地震のあと　㊞宮本常一，1964年6月26日

**貧民窟**
「日本社会民俗辞典 3」日本図書センター　2004
◇p1228〔白黒〕　㊞明治期　『風俗画報』

**福岡県庁旧庁舎**
「宮本常一 写真・日記集成 下」毎日新聞社　2005
◇p253〔白黒〕　福岡市天神　㊞宮本常一，1971年8月14日

**福田会育児院**
「日本社会民俗辞典 1」日本図書センター　2004
◇p413〔白黒・図〕　㊞明治30年　『風俗画報』

**婦警さん**
「写真でみる日本人の生活全集 10」日本図書センター　2010
◇p74〔白黒〕　東京駅八重洲口

**婦人参政権の清き一票**
「写真でみる日本人の生活全集 10」日本図書センター　2010
◇p136〔白黒〕　第1回婦人投票の記念すべき写真

**婦人の久闊を叙する挨拶**
「日本社会民俗辞典 1」日本図書センター　2004
◇図版Ⅱ アイヌ(2)〔白黒〕　日高国平取所見　㊞1934年

**二子山こどもの村**
「写真でみる日本人の生活全集 9」日本図書センター　2010
◇p110〔白黒〕　夏に山村のこどもを集めてよい子になる会をひらく

**復旧にあわただしい新潟港からJR新潟駅あたりの被災地**
「宮本常一が撮った昭和の情景 上」毎日新聞社　2009
◇p223〔白黒〕　新潟県新潟市　6月16日の新潟地震から10日後　㊞宮本常一，1964年6月26日

**普天間・米軍基地**
「宮本常一 写真・日記集成 下」毎日新聞社　2005
◇p214〔白黒〕　沖縄県宜野湾市　㊞宮本常一，1969年9月30日～10月1日

**船型の交番**
「日本の生活環境文化大辞典」柏書房　2010
◇p169-9〔白黒〕　宮崎県日向市　㊞2000年　岸本章

**ボーイスカウトの行進**
「写真でみる日本人の生活全集 9」日本図書センター　2010
◇p106〔白黒〕

**ボーイスカウトの行進をする豆旗手たち**
「写真でみる日本人の生活全集 9」日本図書センター　2010
◇p115〔白黒〕　スカウト全国大会での大行進，市中行進　㊞中村知

**ボーイスカウトの募金運動**
「写真でみる日本人の生活全集 9」日本図書センター　2010
◇p111〔白黒〕　北海道室蘭　㊞掛川源一郎

**訪問指導する生活改良普及員**
「図説 民俗建築大事典」柏書房　2001
◇写真1(p357)〔白黒〕　1949年頃以降　農林水産省編のスライド

**保健所員の活躍**
「写真でみる日本人の生活全集 9」日本図書センター　2010
◇p134〔白黒〕　千葉

## 墓地の土地や石碑等の集落への提供
「里山・里海 暮らし図鑑」柏書房 2012
◇写6（p269）〔白黒〕 鹿児島県知名町正名（沖永良部島）

## 水枯れどき（冬）の橋人足，コーチ（耕地）の人人
「日本民俗事典」弘文堂 1972
◇p726〔白黒〕 埼玉県秩父郡野上町 ㈹清水武甲

## 宮城県庁
「宮本常一 写真・日記集成 上」毎日新聞社 2005
◇p319〔白黒〕 宮城県仙台市 ㈹宮本常一, 1962年7月18日

## 村役場
「宮本常一 写真・日記集成 下」毎日新聞社 2005
◇p30〔白黒〕 長野県南安曇郡安曇村島々 ㈹宮本常一, 1965年6月19日

## 明治の里親・里子風俗
「写真でみる日本人の生活全集 9」日本図書センター 2010
◇p126〔白黒・図〕

## 役場
「宮本常一 写真・日記集成 上」毎日新聞社 2005
◇p18〔白黒〕 広島県山県郡大朝町 ㈹宮本常一, 1955年8月23日
◇p21〔白黒〕 秋田県北秋田郡上小阿仁村 ㈹宮本常一, 1955年11月7日

## 役場らしき建物
「宮本常一 写真・日記集成 下」毎日新聞社 2005
◇p371〔白黒〕 岡山県笠岡市 白石島 ㈹宮本常一, 1976年9月4～5日

## 山梨県庁
「宮本常一 写真・日記集成 上」毎日新聞社 2005
◇p458〔白黒〕 山梨県甲府市 ㈹宮本常一, 1964年11月8日

## 夢の島
「図説 台所道具の歴史」日本図書センター 2012
◇p201-1・2〔白黒〕 東京都 15号埋立地作業風景（昭和46年），埋立ての始まった14号埋立地（昭和32年）東京都清掃局提供

「写真ものがたり昭和の暮らし 4」農村漁村文化協会 2005
◇p148〔白黒〕 東京都江東区 ㈹平成2年12月 東京都提供

## 洋館づくりの旧役場
「宮本常一 写真・日記集成 上」毎日新聞社 2005
◇p270〔白黒〕 山口県萩市 大島 ㈹宮本常一, 1961年8月30日

## 「要求米価60キロ5,721円」のポスター
「宮本常一 写真・日記集成 上」毎日新聞社 2005
◇p383〔白黒〕 長野県下伊那郡高森町 ㈹宮本常一, 1963年7月4日

## 淀橋浄水場
「写真ものがたり昭和の暮らし 4」農村漁村文化協会 2005
◇p114〔白黒〕 東京都新宿区 ㈹昭和27年7月 東京都提供
◇p114〔白黒〕 東京都新宿区 ㈹昭和37年2月 東京都提供

「写真でみる日本生活図引 7」弘文堂 1993
◇図115・116〔白黒〕 東京都新宿区 ㈹昭和27年7月21日，昭和37年2月19日 東京都提供

## 労働争議の懸案が解決し握手をかわす
「写真でみる日本人の生活全集 4」日本図書センター 2010
◇口絵〔白黒〕 労働争議の懸案が解決する

## 若い女性の進出した職場
「写真でみる日本人の生活全集 6」日本図書センター 2010
◇p63〔白黒〕 ㈹宗弘容, 堀川繁利

## わが国最初の総選挙
「写真でみる日本人の生活全集 10」日本図書センター 2010
◇p13〔白黒〕 ㈹1946年

# 民俗知識

## 医薬・衛生・療法

**厚袋（薬袋）**
「民具のみかた―心とかたち」第一法規出版　1983
◇p263〔白黒〕（厚袋）　富山県富山市　〔薬袋〕

**石風呂**
「日本の生活環境文化大辞典」柏書房　2010
◇p392-7〔白黒〕　山口県徳地町岸見　㊤1985年
「宮本常一が撮った昭和の情景　上」毎日新聞社　2009
◇p90〔白黒〕　山口県大島郡周防大島町大字平野　㊤宮本常一, 1960年1月4日
「宮本常一　写真・日記集成　上」毎日新聞社　2005
◇p79〔白黒〕（石風呂（和風蒸し風呂））　広島県豊田郡豊浜町　豊島　「8月23日より営業」　㊤宮本常一, 1957年8月27日
◇p170〔白黒〕（平野にある「長浜の石風呂」）　山口県大島郡東和町平野［周防大島町］　㊤宮本常一, 1960年1月4日
「日本民具の造形」淡交社　2004
◇p30〔白黒〕　鹿児島県　霧島町立歴史民俗資料館所蔵
「日本を知る事典」社会思想社　1971
◇図76（p238）〔白黒〕（緒方の石風呂）　大分県大野郡

**石風呂の外観と構造**
「日本民俗事典」弘文堂　1972
◇p34〔白黒・図〕　瀬戸内海沿岸西部

**猪の胆**
「写真ものがたり昭和の暮らし　2」農山漁村文化協会　2004
◇p180〔白黒〕　沖縄県竹富町大原・西表島　㊤須藤功, 昭和57年1月
「写真でみる日本生活図引　8」弘文堂　1993
◇図50〔白黒〕　沖縄県八重山郡竹富町・西表島　㊤須藤功, 昭和52年1月17日

**猪の肝を吊るし干す**
「写真ものがたり昭和の暮らし　9」農山漁村文化協会　2007
◇p166〔白黒〕　沖縄県竹富町大原　㊤須藤功, 昭和57年1月

**越中富山の置薬**
「図説　日本民俗学」吉川弘文館　2009
◇p25〔白黒〕　神奈川県秦野市『秦野』より

**オサスリ**
「写真でみる日本人の生活全集　5」日本図書センター　2010
◇p44〔白黒〕　ある大宗教に集まった信者達が気分が悪くなった仲間にしてやっている　㊤昭和30年4月

**お助け爺さん**
「写真でみる日本人の生活全集　5」日本図書センター　2010
◇口絵〔白黒〕　千葉県市川市　昭和20年代　「万病がピタリ」の広告で繁昌　㊤昭和23年2月

**温泉小屋**
「写真ものがたり昭和の暮らし　1」農山漁村文化協会　2004
◇p164〔白黒〕　青森県むつ市・恐山　㊤須藤功, 昭和42年7月

**温泉の共同浴場**
「宮本常一　写真・日記集成　上」毎日新聞社　2005
◇p393〔白黒〕　青森県下北郡川内町湯野川　㊤宮本常一, 1963年8月14日

**ガマの油を売るおかみさん**
「写真でみる日本人の生活全集　5」日本図書センター　2010
◇口絵〔白黒〕（路傍でガマの油を売るおかみさん）

**眼病に効あるというお茶湯**
「日本社会民俗辞典　4」日本図書センター　2004
◇p1395〔白黒〕（お茶湯をいただく、眼病に効あるという）　島根県　一畑薬師

**丸薬機械**
「日本民具の造形」淡交社　2004
◇p252〔白黒〕　富山県　水橋郷土民俗資料館所蔵

**丸薬師**
「日本の民俗　暮らしと生業」KADOKAWA　2014
◇図9-23〔白黒〕　富山県富山市　㊤芳賀日出男, 昭和48年
「日本の民俗　下」クレオ　1997
◇図9-27〔白黒〕　富山県富山市　㊤芳賀日出男, 昭和48年

**共同風呂**
「民俗図録　日本人の暮らし」日本図書センター　2012
◇図54〔白黒〕　佐賀県東松浦郡厳木村天川　㊤橘浦泰雄

**共同浴場**
「日本の生活環境文化大辞典」柏書房　2010
◇p116-1〔白黒〕　長野県下高井郡野沢温泉村　㊤2004年　岸本章

**草津温泉**
「宮本常一　写真・日記集成　下」毎日新聞社　2005
◇p18〔白黒〕（草津温泉・共同浴場「瀧乃湯」）　群馬県吾妻郡草津町　㊤宮本常一, 1965年3月26日
◇p18〔白黒〕（草津温泉　湯畑）　群馬県吾妻郡草津町　記念塔に「徳川八代将軍御汲上之湯」とある　㊤宮本常一, 1965年3月26日
◇p18〔白黒〕（草津温泉　湯畑の正面にある共同浴場「熱乃湯」）　群馬県吾妻郡草津町　㊤宮本常一, 1965年3月26日

**草津温泉　湯温を下げ、湯の花を採取する湯畑**
「宮本常一　写真・日記集成　下」毎日新聞社　2005
◇p18〔白黒〕　群馬県吾妻郡草津町　㊤宮本常一, 1965年3月26日

**薬売りが配ったチラシ**
「食の民俗事典」柊風舎　2011
◇p131〔白黒〕　戦後間もないころのもの　昭和37年・56年　個性豊かな食い合わせ

**薬匙**
「日本民具の造形」淡交社　2004

◇p57〔白黒〕　佐賀県 基山町歴史民俗資料館所蔵

## 薬棚
「今は昔 民具など」文芸社　2014
　　◇p20〔白黒〕　㊤山本富三　愛染倉蔵（京都）

## 薬たんす
「日本の民具 1 町」慶友社　1992
　　◇図92〔白黒〕　㊤薗部澄

## 薬調剤器具
「日本民具の造形」淡交社　2004
　　◇p252〔白黒〕　福岡県 筑後市郷土資料館所蔵

## 薬箱
「日本民具の造形」淡交社　2004
　　◇p124〔白黒〕　山口県 美и町歴史民俗資料館所蔵
　　◇p124〔白黒〕　福岡県 須恵町立歴史民俗資料館
　　◇p252〔白黒〕　栃木県 那須町民俗資料館

## 熊の脂
「食の民俗事典」柊風舎　2011
　　◇p344〔白黒〕　秋田県百宅, 山形県小国

## 熊の胆
「あるくみるきく双書 宮本常一とあるいた昭和の日本 22」農山漁村文化協会　2012
　　◇p163〔白黒〕
　　◇p204〔白黒〕（取出したばかりの熊の胆）　秋田県北秋田郡阿仁町
「写真ものがたり昭和の暮らし 2」農山漁村文化協会　2004
　　◇p161〔白黒〕　長野県栄村・秋山郷　㊤須藤功, 昭和57年9月
「写真でみる日本生活図引 8」弘文堂　1993
　　◇図49〔白黒〕　長野県下水内郡栄村小赤沢　㊤須藤功, 昭和57年9月4日

## 熊の胃袋
「写真でみる日本人の生活全集 5」日本図書センター　2010
　　◇p48〔白黒〕（とり出した熊の胃袋）　㊤昭和28年6月

## 小臼
「図説 台所道具の歴史」日本図書センター　2012
　　◇p167-5〔白黒〕（石製小臼）　薬物を摺り潰したもの　北海道・滝川市郷土館

## 午王丸の薬箱
「日本の民具 1 町」慶友社　1992
　　◇図96〔白黒〕　㊤薗部澄

## 山上の霊水で眼を洗う
「日本社会民俗辞典 4」日本図書センター　2004
　　◇p1353〔白黒〕　木曽御岳

## 指圧の講習風景
「写真でみる日本人の生活全集 5」日本図書センター　2010
　　◇p47〔白黒〕　東京都文京区日本指圧学院　写真右：毎日グラフによる

## 諸病に効くという水を汲む
「日本宗教民俗辞典 1」法蔵館　1985
　　◇図242〔白黒〕（諸病に効くという）　愛知県稲沢市 矢合観音境内　〔水を汲む〕　㊤須藤功

## 新興宗教の治療
「写真でみる日本人の生活全集 5」日本図書センター　2010
　　◇p44〔白黒〕　オサスリや手の平からでる霊波で万病をなおすという　㊤昭和27年10月

## 砂蒸し温泉
「日本民俗写真大系 5」日本図書センター　2000
　　◇p192〔白黒〕（観光客で賑わう砂蒸し温泉）　指宿市　㊤薗部澄, 1954年

## 砂湯
「日本郷土 風俗・民芸・芸能図鑑」日本図書センター　2012
　　◇写真篇 大分〔白黒〕　大分県 別府

## 仙気いなり
「写真でみる日本人の生活全集 5」日本図書センター　2010
　　◇p43〔白黒〕　東京都江東区南砂町 砂村稲荷　「病気平癒・封じ込祈禱」看板　㊤昭和32年8月

## 銭湯・豊島温泉
「宮本常一 写真・日記集成 上」毎日新聞社　2005
　　◇p79〔白黒〕　広島県豊田郡豊浜町 豊島　㊤宮本常一, 1957年8月27日

## 乳揉みさんの看板
「民俗学事典」丸善出版　2014
　　◇p273〔白黒〕

## 猪胆
「あるくみるきく双書 宮本常一とあるいた昭和の日本 22」農山漁村文化協会　2012
　　◇p84〔カラー〕　沖縄県竹富町西表島

## 点灸
「写真でみる日本人の生活全集 5」日本図書センター　2010
　　◇p46〔白黒〕　横浜市峰町護念寺 "峰の灸所"　㊤昭和25年11月

## 道後温泉
「日本民俗写真大系 4」日本図書センター　1999
　　◇p192〔白黒〕　松山市 本湯の建物前　㊤中村由信, 1960年

## 湯治客
「写真ものがたり昭和の暮らし 2」農山漁村文化協会　2004
　　◇p25〔白黒〕　宮城県白石市・鎌先温泉　㊤須藤功, 昭和43年5月

## 湯治場
「写真でみる日本生活図引 5」弘文堂　1989
　　◇図18〔白黒〕　秋田県湯沢市高松・泥湯温泉　㊤加賀谷政雄, 昭和36年10月
　　◇図19〔白黒〕　宮城県白石市鎌先・鎌先温泉　㊤須藤功, 昭和43年5月31日
　　◇図20〔白黒〕　青森県下北郡大畑町・恐山　㊤須藤功, 昭和42年7月22日

## 湯治場の湯船
「写真ものがたり昭和の暮らし 2」農山漁村文化協会　2004
　　◇p24〔白黒〕　宮城県白石市・鎌先温泉　㊤須藤功, 昭和43年5月

## 日本赤十字社の巡回診療
「日本社会民俗辞典 1」日本図書センター　2004
　　◇p379〔白黒〕　伊豆大島

## 日本赤十字社の予防消毒作業
「日本社会民俗辞典 1」日本図書センター　2004
　　◇p380〔白黒〕　芦屋市

## 日本脳炎予防ワクチンの注射を学童にする
「写真でみる日本人の生活全集 9」日本図書センター　2010
　　◇p132〔白黒〕　東京文京区

## 売薬行商行李
「日本民具の造形」淡交社　2004
　　◇p290〔白黒〕　富山県 魚津歴史民俗博物館所蔵

## 売薬行李
「日本郷土 風俗・民芸・芸能図鑑」日本図書センター　2012
　　◇写真篇 富山〔白黒〕　富山県
「日本民俗図誌 9 住居・運輸篇」村田書店　1978
　　◇図180-1〔白黒・図〕　富山市から全国に出る売薬行商用の柳行李 但馬の豊岡で製作される　『工芸』47

## 民俗知識

**百目箪笥**
「日本民具の造形」淡交社　2004
◇p252〔白黒〕　広島県 御調町歴史民俗資料館所蔵
「図録・民具入門事典」柏書房　1991
◇p101〔白黒〕　長野県　川崎市立日本民家園所蔵

**別府八湯**
「日本民俗写真大系 4」日本図書センター　1999
◇p193〔白黒〕(別府八湯・砂の湯)　㈱青木茂之, 1996年
◇p193〔白黒〕　㈱青木茂之, 1996年

**蛇取り婆さんが患者の枕頭で蛇の生血をしぼっているところ**
「写真でみる日本人の生活全集 5」日本図書センター　2010
◇口絵〔白黒〕　群馬県吾妻郡岩島村　㈱昭和26年7月

**蛇料理屋の店頭**
「写真でみる日本人の生活全集 5」日本図書センター　2010
◇p48〔白黒〕　マムシ酒や、マムシ料理　㈱昭和30年4月

**町中にたつ共同風呂**
「写真でみる日本人の生活全集 3」日本図書センター　2010
◇p120〔白黒〕　〔銭湯の外観〕

**マッサージ師が創案したという新しい民間療法**
「写真でみる日本人の生活全集 5」日本図書センター　2010
◇口絵〔白黒〕　東京　紙片に火をつけて茶わんに入れて患部におしつける　㈱昭和27年12月

**萬金丹**
「日本宗教民俗図典 1」法蔵館　1985
◇図239〔白黒〕　三重県伊勢市 朝熊山　㈱須藤功

**むし風呂**
「写真でみる日本人の生活全集 3」日本図書センター　2010
◇p120〔白黒〕　彰国社提供

**蒸風呂**
「日本社会民俗辞典 3」日本図書センター　2004
◇p1277〔白黒〕　大分県 柴石温泉

**むし風呂にはいるところ**
「写真でみる日本人の生活全集 3」日本図書センター　2010
◇p121〔白黒〕　彰国社提供

**朝鮮人参を洗う**
「日本民俗写真大系 7」日本図書センター　2000
◇p172〔白黒〕　島根県八束町　㈱須藤功, 1976年
「写真でみる日本生活図引 8」弘文堂　1993
◇図34・35〔白黒〕(朝鮮人参)　島根県八束郡八束町・大根島　㈱須藤功, 昭和51年10月9日

**薬用のためのヨモギの乾燥**
「日本民俗文化財事典(改訂版)」第一法規出版　1979
◇図269〔白黒〕　新潟県新井地方

**ヤゲン**
「図録・民具入門事典」柏書房　1991
◇p101〔白黒〕　千葉県　製薬用具　成田山史料館所蔵

**薬研**
「今は昔 民具など」文芸社　2014
◇p21〔白黒〕　㈱山本富三　愛染倉蔵(京都)
「日本民具の造形」淡交社　2004
◇p252〔白黒〕　和歌山県 中津村立郷土文化保存伝承館所蔵
「日本の民具 1 町」慶友社　1992
◇図86〔白黒〕　㈱薗部澄

**八瀬の釜風呂**
「日本の生活環境文化大辞典」柏書房　2010
◇p392-8〔白黒〕(復原された八瀬の釜風呂)　京都市左京区八瀬　㈱1988年

**湯の峰温泉・公衆浴場くすり湯**
「宮本常一が撮った昭和の情景 下」毎日新聞社　2009
◇p14〔白黒〕(「名湯くすり湯」の看板の掛かる公衆浴場)　和歌山県田辺市本宮町湯峯　㈱宮本常一, 1965年4月15日

**湯の峰温泉 つぼ湯**
「宮本常一が撮った昭和の情景 下」毎日新聞社　2009
◇p14〔白黒〕(説経節の小栗判官がよみがえったという「壺之湯」)　和歌山県東牟婁郡本宮町　小栗判官が蘇生したと伝えられるつぼ湯　㈱宮本常一, 1965年4月15日
「宮本常一 写真・日記集成 下」毎日新聞社　2005
◇p23〔白黒〕　和歌山県東牟婁郡本宮町　小栗判官が蘇生したと伝えられるつぼ湯　㈱宮本常一, 1965年4月15日

**湯峰の温泉街**
「宮本常一が撮った昭和の情景 下」毎日新聞社　2009
◇p14〔白黒〕　和歌山県田辺市本宮町湯峯　㈱宮本常一, 1965年4月15日
「宮本常一 写真・日記集成 下」毎日新聞社　2005
◇p23〔白黒〕(湯の峰温泉)　和歌山県東牟婁郡本宮町　1800年の歴史を持つという　㈱宮本常一, 1965年4月15日
◇p23〔白黒〕(湯の峰温泉・公衆浴場くすり湯)　和歌山県東牟婁郡本宮町　㈱宮本常一, 1965年4月15日

**予防注射**
「写真でみる日本人の生活全集 10」日本図書センター　2010
◇p47〔白黒〕

**流行性感冒の撃退**
「写真でみる日本人の生活全集 9」日本図書センター　2010
◇p131〔白黒〕　千葉県市川市　リパノール液でうがいをする子供たち

# 暦

**運勢暦**
「写真でみる日本人の生活全集 5」日本図書センター　2010
◇p18〔白黒〕　昭和33年家庭暦

**絵暦**
「民俗学辞典(改訂版)」東京堂出版　1987
◇図版17(p216)〔白黒・図〕　南部の絵暦　橋浦泰雄画

**カレンダー**
「写真でみる日本人の生活全集 5」日本図書センター　2010
◇p17〔白黒〕　㈱1958年

**官暦（神宮暦）**
「日本を知る事典」社会思想社　1971
◇図31（p484）〔白黒・図〕（明治38年の官暦（神宮暦））

**暦を売る**
「宮本常一が撮った昭和の情景 上」毎日新聞社　2009
◇p124〔白黒〕　東京都港区元赤坂 豊川稲荷　[撮]宮本常一, 1961年3月21日
「宮本常一 写真・日記集成 上」毎日新聞社　2005
◇p248〔白黒〕　東京都 赤坂 豊川稲荷　[撮]宮本常一, 1961年3月21日

**太陰太陽暦（明治6年）巻首**
「祭・芸能・行事大辞典 上」朝倉書店　2009
◇p574〔白黒〕　[撮]小池淳一

**太陽暦（明治7年）**
「祭・芸能・行事大辞典 上」朝倉書店　2009
◇p574〔白黒〕　[撮]小池淳一

**南部めくら暦**
「写真でみる日本人の生活全集 5」日本図書センター　2010
◇p18〔白黒〕（盲暦）　南部地方
「写真ものがたり昭和の暮らし 1」農山漁村文化協会　2004
◇p124〔白黒・図〕　平成16年申の年

**南部盲暦**
「日本民俗文化財事典（改訂版）」第一法規出版　1979
◇図272〔白黒〕　岩手県

**頒暦（天保暦）**
「日本民俗大辞典 上」吉川弘文館　1999
◇p653〔白黒〕　明治6年癸酉

**民間暦「大黒天」**
「日本民俗大辞典 上」吉川弘文館　1999
◇p653〔白黒〕　明治23年

**めくら暦**
「日本民俗図誌 4 習俗・飲食篇」村田書店　1978
◇図56〜58〔白黒・図〕　岩手県遠野地方

**略暦**
「日本民俗大辞典 上」吉川弘文館　1999
◇p653〔白黒〕　明治37年

# 占い・まじない

**赤ちゃんのまわりを荷縄で囲っておく**
「日本宗教民俗図典 1」法蔵館　1985
◇図463〔白黒〕　北海道 アイヌ　野良仕事のときなど悪い神がはいらないという　[撮]須藤功

**悪霊よけの注連縄**
「日本社会民俗辞典 2」日本図書センター　2004
◇p576〔白黒〕　仙台市

**足半（疱瘡神送り）**
「日本民俗図誌 4 習俗・飲食篇」村田書店　1978
◇図87-1〔白黒・図〕（足半）　岩手地方　小豆飯を添えて部落外まで持って行き、疱瘡神を送る

**アマガツ**
「日本民俗図誌 1 祭礼・祭祀篇」村田書店　1977
◇図163-1〔白黒・図〕

**天児**
「日本民俗大辞典 上」吉川弘文館　1999
◇p39〔白黒・図〕

**海女のセーメー**
「境と辻の神 目でみる民俗神シリーズ3」東京美術　1988
◇p78〔白黒〕（セーメー）　三重県鳥羽市神島　トモカズキという水死者の亡霊の誘いを避ける魔除け
「日本宗教民俗図典 1」法蔵館　1985
◇図451〔白黒〕　三重県鳥羽市菅島　一筆でつながっているので悪霊は侵入できない　[撮]須藤功

**イエの入口の呪符**
「図説 日本民俗学」吉川弘文館　2009
◇p109〔白黒〕　奈良県東吉野村

**石敢當**
「民俗図録 日本人の暮らし」日本図書センター　2012
◇図726〔白黒〕（石敢当）　鹿児島県揖宿郡　道路のつきあたりや辻の一角に立てる魔除けの石　[撮]國分直一
「日本の生活環境文化大辞典」柏書房　2010
◇p473-2〔白黒〕（石敢当）　鹿児島県南九州市知覧町の武家屋敷　[撮]1995年
「祭・芸能・行事大辞典 上」朝倉書店　2009
◇p106〔白黒〕（石敢当）　[撮]小熊誠
「精選 日本民俗辞典」吉川弘文館　2006
◇p33〔白黒〕（石敢当）　沖縄県波照間島
「写真でみる民家大事典」柏書房　2005
◇p433-2〔白黒〕（真正面に石敢当を置く武家屋敷の道路）　鹿児島県川辺郡知覧町　[撮]1995年　朴賛弼
「宮本常一 写真・日記集成 下」毎日新聞社　2005
◇p368〔白黒〕（街角の石敢当）　沖縄県平良市（宮古島）　[撮]宮本常一, 1976年8月19〜20日
「日本民俗大辞典 上」吉川弘文館　1999
◇図37〔別刷図版「沖縄文化」〕〔カラー〕（イシガントウ（石敢当））　沖縄県石垣市　[撮]渡邊欣雄, 1990年
◇p82〔白黒〕（石敢当）　沖縄県八重山郡竹富町（波照間島）
「境と辻の神 目でみる民俗神シリーズ3」東京美術　1988
◇p40〔白黒〕　沖縄県那覇市
「日本宗教民俗図典 1」法蔵館　1985
◇図127〔白黒〕　沖縄県那覇市　T字路の突きあたりに見る魔除け　[撮]須藤功
「図説 民俗探訪事典」山川出版社　1983
◇p337〔白黒〕（石敢当）　糸満市
「民間信仰辞典」東京堂出版　1980
◇p194〔白黒〕
「日本民俗図誌 1 祭礼・祭祀篇」村田書店　1977
◇図121-2〔白黒・図〕（石敢当）　沖縄県首里市の円覚寺附近
◇図122-1〔白黒・図〕（石敢当）　沖縄県与那国島祖内
◇図122-2〔白黒・図〕（石敢当）　沖縄県中頭郡泡瀬
◇図122-3〔白黒・図〕（石敢当）　大阪市南区北堀江上通り
「日本民俗事典」弘文堂　1972
◇p33〔白黒〕（石敢当）　沖縄本島豊見城村　[撮]竹田旦

占い・まじない　　　　　　　　　　　　　民俗知識

### イナウつきフイリアザラシ像
「日本民俗写真大系 1」日本図書センター　1999
　◇p74〔白黒〕　サハリン　アイヌ

### 猪ノ皮トサワラノ尾
「宮本常一 写真・日記集成 別巻」毎日新聞社　2005
　◇図234（p40）〔白黒〕　愛媛県・伊予・北宇和郡日吉村　㊞宮本常一, 1941年1月～2月

### 器を扇で払う
「日本宗教民俗図典 1」法蔵館　1985
　◇図404〔白黒〕　静岡県水窪町西浦　㊞須藤功

### 産屋入口の魔除け鎌
「日本宗教民俗図典 1」法蔵館　1985
　◇図152〔白黒〕　京都府三和町大原　㊞須藤功

### 占い
「図説 日本民俗学」吉川弘文館　2009
　◇p184〔白黒〕　東京都渋谷区

### 易者
「写真でみる日本人の生活全集 5」日本図書センター　2010
　◇p31〔白黒〕（大道易者）　東京都新宿の路傍で　易者に手の平を見せる男性　㊞昭和29年6月
「日本社会民俗辞典 1」日本図書センター　2004
　◇p87〔白黒・図〕　『風俗画報』

### 疫神送りの人形
「民俗の事典」岩崎美術社　1972
　◇p325〔白黒〕　青森県八戸市

### 疫神退散
「民間信仰辞典」東京堂出版　1980
　◇p43〔白黒・図〕

### 疫病送り
「日本民俗事典」弘文堂　1972
　◇p84〔白黒〕　埼玉県秩父地方　㊞清水武甲

### 疫病人形送り
「日本民俗大辞典 下」吉川弘文館　2000
　◇図13〔別刷図版「村境」〕〔カラー〕　岩手県和賀郡湯田町白木野　㊞神野善治

### 疫病徐けの大草鞋
「日本民俗宗教辞典」東京堂出版　1998
　◇p266〔白黒〕　栃木県立博物館提供

### 絵馬（魔除け）
「日本宗教民俗図典 1」法蔵館　1985
　◇図430〔白黒〕（絵馬）　岩手県三陸町千歳　家の玄関戸口の上〔魔除け〕　㊞須藤功

### エモナガシ
「写真でみる日本人の生活全集 5」日本図書センター　2010
　◇p165〔白黒〕（エモ流し）　南秋田郡昭和町（旧金足村）　幼児の種痘が軽くてすむようにと, サン俵に赤飯をもりご幣をたてて流す　三木茂「雪国の民俗」
「日本社会民俗辞典 1」日本図書センター　2004
　◇p87〔白黒〕　秋田県金足村　ホウソウ神流し　『雪国の民俗』

### 延焼防止のマジナイ
「写真でみる日本人の生活全集 5」日本図書センター　2010
　◇p42〔白黒〕　東京都銀座通りに面した松坂屋の隣り料理屋の屋上で赤い腰巻をふっている女中　㊞サン写真新聞のカメラ・マン, 昭和28年1月28日

### エンツコ（イズメコ）
「日本民俗図誌 4 習俗・飲食篇」村田書店　1978
　◇図86〔白黒・図〕　岩手県紫波郡飯岡村地方　はやり眼の禁厭（メクサレエンツコ）

### 縁むすびの呪
「日本社会民俗辞典 4」日本図書センター　2004
　◇p1351〔白黒〕　出雲大社

### オオニンギョウ
「日本民俗大辞典 下」吉川弘文館　2000
　◇図19〔別刷図版「村境」〕〔カラー〕　茨城県石岡市井関字代田　㊞神野善治

### 鬼の的
「日本宗教民俗図典 1」法蔵館　1985
　◇図435〔白黒〕　長崎県勝本町（壱岐）　悪霊を防ぐ

### 重軽石
「図説 民俗探訪事典」山川出版社　1983
　◇p200〔白黒〕　京都市伏見区　稲荷大社　石灯籠の宝珠を持ち上げて占う

### 貝（魔除け）
「日本宗教民俗図典 1」法蔵館　1985
　◇図431〔白黒〕（貝）　鹿児島県瀬戸内町阿多地（加計呂麻島）〔垣根にさす〕　㊞須藤功

### 貝を置いた屋根
「写真ものがたり昭和の暮らし 1」農山漁村文化協会　2004
　◇p52〔白黒〕（草屋根に魔除けの貝殻が置いてある家）　滋賀県日野町中山　㊞須藤功, 昭和55年9月
「日本宗教民俗図典 1」法蔵館　1985
　◇図422〔白黒〕　滋賀県日野町中山　貝が光って魔除けとなる　㊞須藤功

### かかし
「日本民具の造形」淡交社　2004
　◇p193〔白黒〕　埼玉県 皆野町農山村具展示館所蔵　収穫前の田に被害をもたらす雀などを追い払うための呪として造られたものといわれる

### カジバタ（風旗）
「写真ものがたり昭和の暮らし 3」農山漁村文化協会　2004
　◇p38〔白黒〕　沖縄県竹富町　庭に立てて風向を知り, 家人の乗った船がどこまで行き, いつもどってくるのか占った　㊞須藤功, 昭和57年7月
「日本宗教民俗図典 1」法蔵館　1985
　◇図264〔白黒〕（風旗）　沖縄県竹富町（竹富島）　旅の無事を願って高い木や竿の先につけた　㊞須藤功
　◇図265〔白黒〕（風旗）　沖縄県竹富町（竹富島）　風向や帰ってくる時期を占った　㊞須藤功

### カシマサマ
「日本民俗大辞典 下」吉川弘文館　2000
　◇図12〔別刷図版「村境」〕〔カラー〕　秋田県平鹿郡大森町末野　㊞佐治靖
「民具のみかた一心とかたち」第一法規出版　1983
　◇p220〔白黒〕（カシマサマ（鹿島様））　岩手県湯田町

### 鹿島人形
「図説 日本民俗学」吉川弘文館　2009
　◇p111〔白黒〕　秋田県湯沢市

### 風切鎌
「宮本常一 写真・日記集成 別巻」毎日新聞社　2005
　◇図186（p33）〔白黒〕　青森県西津軽郡車力村深沢　㊞宮本常一, 1940年11月

### 風邪封じの手型
「写真でみる日本人の生活全集 5」日本図書センター　2010
　◇p39〔白黒〕　津軽地方　東京の流感をふせぐまじないの手型を電柱にはる　笹田一男, 昭和27年の暮ごろ

### 家相書『万鹽秘訣即覧集』
「写真でみる民家大事典」柏書房　2005
　◇p112-3〔白黒〕　山形県川西町　㊞1997年　宮内貴久

### 家相図
「日本の生活環境文化大辞典」柏書房　2010
◇p473-5〔白黒〕(くど造りの民家の家相図)　熊本県八代市　[撮]2003年
「写真でみる民家大事典」柏書房　2005
◇p112-1〔白黒〕　山形県川西町　[撮]1997年　宮内貴久
◇p112-2〔白黒〕　茨城県土浦市　[撮]1992年　宮内貴久
「図説 民俗建築大事典」柏書房　2001
◇写真2(p53)〔白黒〕　山形県東置賜郡川西町　1913年作成　横山栄一家所蔵

### 門口に打ちつけたヘラ(飯杓子)
「境と辻の神 目でみる民俗神シリーズ3」東京美術　1988
◇p39〔白黒〕　小児の夜泣きをとめるための呪物

### 門口の魚の尾
「日本社会民俗辞典 3」日本図書センター　2004
◇p1155〔白黒〕　愛媛県魚島村
「日本社会民俗辞典 4」日本図書センター　2004
◇p1351〔白黒〕(門口の魚尾)　宮城県七ヵ宿村横川

### 門口の呪物
「民俗図録 日本人の暮らし」日本図書センター　2012
◇図730〔白黒〕　奈良県　五月節供のチマキを悪魔除けのまじないに門口に吊す
「日本社会民俗辞典 2」日本図書センター　2004
◇p640〔白黒〕　愛媛県越智郡魚島村

### 門口の呪物 百万遍念仏の大綱
「日本社会民俗辞典 2」日本図書センター　2004
◇p640〔白黒〕(門口の呪物—百万遍念仏の大綱)　秋田県男鹿

### 門口の藁人形
「日本社会民俗辞典 3」日本図書センター　2004
◇p1102〔白黒〕　新潟県三面村

### カドフダ
「民具のみかた—心とかたち」第一法規出版　1983
◇p222〔白黒〕　石川県白山麓　〔軒下などにつるす呪物〕
◇p222〔白黒〕　新潟県紫雲寺町　〔軒下などにつるす呪物〕

### 門守りの護符
「図説 日本民俗学」吉川弘文館　2009
◇p36〔白黒〕　岡山県笠岡市,広島県府中市

### 門守りの呪物
「図説 日本民俗学」吉川弘文館　2009
◇p37〔白黒〕　徳島県美波町

### 唐獅子
「境と辻の神 目でみる民俗神シリーズ3」東京美術　1988
◇p38〔白黒〕　沖縄　屋根の上に魔除けとして飾る

### 唐尺
「日本民俗大辞典 上」吉川弘文館　1999
◇p419〔白黒〕(沖縄で用いられていた唐尺)　沖縄県

### カンジョウツリ
「境と辻の神 目でみる民俗神シリーズ3」東京美術　1988
◇p11〔白黒〕　八日市市妙法寺町のノノクチ

### 勧請吊
「日本民俗大辞典 下」吉川弘文館　2000
◇図25〔別刷図版「村境」〕〔カラー〕　滋賀県八日市市広間

### 勧請吊り
「民俗図録 日本人の暮らし」日本図書センター　2012
◇図696〔白黒〕　兵庫県加東郡加茂村多井田　病魔除け　[撮]西谷勝也

### 勧請吊と神楽太夫
「日本民俗大辞典 下」吉川弘文館　2000
◇図1〔別刷図版「村境」〕〔カラー〕　滋賀県八日市市妙法寺　[撮]福田アジオ

### 勧請吊と勧請板
「日本民俗大辞典 下」吉川弘文館　2000
◇図26〜28〔別刷図版「村境」〕〔カラー〕　福井県大飯郡大飯町大島　[撮]福田アジオ

### カンジョウナワ
「境と辻の神 目でみる民俗神シリーズ3」東京美術　1988
◇p10〜11〔白黒〕　八日市市妙法寺町

### カンジョウ縄
「図説 民俗探訪事典」山川出版社　1983
◇p205〔白黒〕　奈良県平群町
「日本を知る事典」社会思想社　1971
◇図10(p410)〔白黒〕　奈良県宇陀郡

### 勧請縄
「図説 日本民俗学」吉川弘文館　2009
◇p111〔白黒〕　奈良県田原本町,奈良県平群町　道路の片側に寄せられた(田原本町),ムラザカイの川に渡しムラを守護する　浦西勉提供
「日本民俗大辞典 上」吉川弘文館　1999
◇p442〔白黒〕　滋賀県神崎郡安土町
「日本宗教民俗図典 1」法蔵館　1985
◇図353〔白黒〕　滋賀県八日市市　村の入口　[撮]萩原秀三郎

### カンジョー縄
「宮本常一 写真・日記集成 別巻」毎日新聞社　2005
◇図179(p32)〔白黒〕　秋田県・男鹿半島・南礒村門前　[撮]宮本常一,1940年［11月］

### 狐の頭の神(アイヌの呪具)
「日本宗教民俗図典 1」法蔵館　1985
◇図468〔白黒〕(狐の頭の神)　北海道 アイヌの呪具 なくした物を捜したり狩猟の運を占ったりする　[撮]須藤功　二風谷アイヌ文化資料館蔵

### 鬼面
「日本宗教民俗図典 1」法蔵館　1985
◇図423〔白黒〕　愛知県東栄町古戸　[撮]須藤功

### 国定忠治の墓石をかきとる
「写真でみる日本人の生活全集 5」日本図書センター　2010
◇口絵〔白黒〕　群馬県佐波郡国定村養寿寺　[撮]昭和28年9月

### 首馬
「日本郷土 風俗・民芸・芸能図鑑」日本図書センター　2012
◇写真篇 愛媛〔白黒〕　愛媛県

### ケデ(蓑)の藁
「民具のみかた—心とかたち」第一法規出版　1983
◇p222〔白黒〕　秋田県男鹿市　〔軒下などにつるす呪物〕

### 玄関入口のお札
「図説 日本民俗学」吉川弘文館　2009
◇p23〔白黒〕　山梨県忍野村

### 玄関に貼られた長寿夫婦の手形
「日本宗教民俗図典 1」法蔵館　1985
◇図217〔白黒〕　三重県尾鷲市　[撮]須藤功

### 玄関の鴨居に熊の頭骨を掲げる
「あるくみるきく双書 宮本常一とあるいた昭和の日本 22」農山漁村文化協会　2012
◇p174〔白黒〕　秋田県西木村上檜木内(現仙北市)　[撮]宮本常一

### コイの尻尾
「写真ものがたり昭和の暮らし 5」農山漁村文化協会　2005
◇p146〔白黒〕(台所の上に掲げられたハジ漁で獲ったコイの尻尾)　鹿児島県栗野町(現湧水町)〔贈物などに添えた〕　[撮]須藤功, 昭和52年11月

### 御幣と桟俵でつくった細工
「宮本常一 写真・日記集成 上」毎日新聞社　2005
◇p67〔白黒〕　茨城県稲敷郡桜川村浮島　[撮]宮本常一, 1957年5月24日

### 子守り(土人形)
「日本宗教民俗図典 1」法蔵館　1985
◇図170〔白黒〕(子守り)　広島県久井町　〔土人形〕　[撮]須藤功

### コンゴーゾーリ
「宮本常一 写真・日記集成 別巻」毎日新聞社　2005
◇図235(p40)〔白黒〕　高知県幡多郡清水町［土佐清水市］　[撮]宮本常一, 1941年1月～2月

### コンゴーゾーリとセキフダ
「宮本常一 写真・日記集成 別巻」毎日新聞社　2005
◇図228(p40)〔白黒〕　高知県高岡郡橋原村［橋原町］　[撮]宮本常一, 1941年1月～2月

### 災難よけの判を押す和尚
「写真でみる日本人の生活全集 5」日本図書センター　2010
◇p38〔白黒〕　長野県 元善光寺　[撮]昭和29年3月

### 魚とお札
「民俗図録 日本人の暮らし」日本図書センター　2012
◇図728〔白黒〕　島根県大社町　門口のまじない。神札と魚の干したのを打ちつけてある　[撮]山根雅郎

### 魚の尻尾
「民俗図録 日本人の暮らし」日本図書センター　2012
◇図729〔白黒〕　秋田県南秋田郡金足村　魚の尾を熨斗のかわりに使うために台所に貼りつけてある　[撮]三木茂

### 坂迎え
「図説 日本民俗学」吉川弘文館　2009
◇p217〔白黒〕　愛媛県松山市　〔夏病をしないように帰ってきた行者にまたいでもらう〕

### 笹野才蔵(木版刷のお札)
「日本民俗図誌 4 習俗・飲食篇」村田書店　1978
◇図85〔白黒・図〕　福岡県福岡市およびその近在の軒先　疱瘡除けの禁厭

### さじ石
「図録・民具入門事典」柏書房　1991
◇p100〔白黒〕　東京都 鷲神社　持ち上げて一年の吉凶を占う

### サン
「民俗学辞典(改訂版)」東京堂出版　1987
◇図版19(p242)〔白黒・図〕　沖縄　橋浦泰雄画
「日本宗教民俗図典 1」法蔵館　1985
◇図470〔白黒〕　沖縄県竹富町(竹富島)　悪神の侵入を防ぐ　[撮]須藤功
「フォークロアの眼 3 運ぶ」国書刊行会　1977
◇図470〔白黒〕(ツボに魔除けのサンをさす)　沖縄県八重山・竹富島　種取祭(テレビ撮影のために再現したものを記録)　[撮]須藤功

### 「潮の花」を持って出漁する船を見送る
「写真でみる日本人の生活全集 5」日本図書センター　2010
◇p145〔白黒〕　利島　[撮]サン写真新聞社

### シーサー
「精選 日本民俗辞典」吉川弘文館　2006
◇p240〔白黒〕　沖縄県那覇市首里崎山 御茶屋御殿
「写真でみる民家大事典」柏書房　2005
◇p437-2〔白黒〕(シーサーのにらみ)　沖縄県島尻郡渡名喜村　[撮]2000年　永瀬克己
「日本民俗大辞典 下」吉川弘文館　2000
◇図2〔別刷図版「村境」〕〔カラー〕(村境のシーサー)　沖縄県島尻郡伊平屋村字田名　[撮]新垣正順
「日本民俗大辞典 上」吉川弘文館　1999
◇p740〔白黒〕　沖縄県那覇市 御茶屋御殿
「日本宗教民俗図典 1」法蔵館　1985
◇図128〔白黒〕　沖縄県那覇市　[撮]須藤功

### シーサー(屋根獅子)
「日本の生活環境文化大辞典」柏書房　2010
◇p231-2〔白黒〕(赤瓦の屋根の上に陣取る瓦と漆喰仕立てのシーサー)　沖縄県島尻郡渡名喜村　[撮]2006年　永瀬克己
◇p473-3〔白黒〕(シーサーとよばれる獅子)　沖縄県竹富町竹富島　[撮]2007年
「図説 日本民俗学」吉川弘文館　2009
◇p251〔白黒〕(屋根上のシーサー)　沖縄県竹富町
「精選 日本民俗辞典」吉川弘文館　2006
◇p240〔白黒〕(屋根獅子)　沖縄県久米島
「写真でみる民家大事典」柏書房　2005
◇p438-2〔白黒〕(赤瓦屋根に載るシーサー)　沖縄県八重山郡竹富町　[撮]1992年　朴賛弼
「日本民俗大辞典 上」吉川弘文館　1999
◇図35〔別刷図版「沖縄文化」〕〔カラー〕　沖縄県中頭郡北中城村　[撮]渡邊欣雄, 1998年
◇p740〔白黒〕(屋根獅子)　沖縄県島尻郡仲里村久米島
「図説 民俗探訪事典」山川出版社　1983
◇p338〔白黒〕(屋根獅子)　沖縄

### 疾病神送りの数珠繰り
「図説 民俗探訪事典」山川出版社　1983
◇p205〔白黒〕　奈良県桜井市

### 柴さしと人形
「日本宗教民俗図典 1」法蔵館　1985
◇図471〔白黒〕　鹿児島県瀬戸内町与路 屋根の上　[撮]須藤功

### 耳病のマジナイ祈願
「日本社会民俗辞典 4」日本図書センター　2004
◇p1353〔白黒〕　宮城県多賀城町

### シメツリのタコ
「日本民俗大辞典 下」吉川弘文館　2000
◇図17〔別刷図版「村境」〕〔カラー〕　千葉県袖ケ浦市神納上新田　千葉県立房総のむら提供

### 注連縄
「日本民具の造形」淡交社　2004
◇p186〔白黒〕　茨城県 常陸太田市郷土資料館所蔵
◇p186〔白黒〕　宮城県 仙台市歴史民俗資料館
「日本民俗大辞典 上」吉川弘文館　1999
◇p794〔白黒〕　新潟県南魚沼郡塩沢町〔民家〕　[撮]西海賢二

### 呪具「飛んでけ這ってけ逃げてけ」
「日本民具の造形」淡交社　2004
◇p192〔白黒〕(呪具)　静岡県 さくま郷土遺産保存館所蔵　「飛んでけ這ってけ逃げてけ」という名称が付けられることもある厄払いの道具

### 呪詛人形
「境と辻の神 目でみる民俗神シリーズ3」東京美術　1988
◇p94〔白黒〕　長野県上水内郡戸隠村戸隠神社の森

### 鍾馗
「日本宗教民俗図典 1」法蔵館　1985
◇図433〔白黒〕　京都市　屋根上 悪霊を防ぐ　[撮]須藤功

民俗知識　　　　　　　　　　　占い・まじない

## ショウキサマ
「図説 日本民俗学」吉川弘文館　2009
　◇p121〔白黒〕(ムラザカイの鍾馗様)　新潟県鹿瀬町
「祭・芸能・行事大辞典 上」朝倉書店　2009
　◇p276〔白黒〕(大藁人形)　横手市末野　ムラ境に常設されるショウキ様の大藁人形　㊙神野善治
「日本民俗大辞典 下」吉川弘文館　2000
　◇図14〔別刷図版「村境」〕〔カラー〕　新潟県東蒲原郡津川町大牧　㊙福田アジオ
　◇図15〔別刷図版「村境」〕〔カラー〕　新潟県東蒲原郡鹿瀬町夏渡戸　㊙福田アジオ
「日本民俗大辞典 上」吉川弘文館　1999
　◇p846〔白黒〕　新潟県東蒲原郡鹿瀬町
「日本宗教民俗図典 2」法藏館　1985
　◇図380〔白黒〕(村境にたつショウキ)　秋田県千畑村館間

## 関守石
「日本の生活環境文化大辞典」柏書房　2010
　◇p230-1〔白黒〕(茶室の入口の前におかれた関守石)　京都府　㊙1985年　狩野敏次

## 背まもり
「民俗図録 日本人の暮らし」日本図書センター　2012
　◇図503〔白黒〕　島根県簸川郡　㊙山根雅郎

## 背守り
「日本民俗大辞典 上」吉川弘文館　1999
　◇p951〔白黒・図〕　新生児を守る呪い

## 洗濯機の上に魔除けの魚の尾
「宮本常一 写真・日記集成 下」毎日新聞社　2005
　◇p332〔白黒〕　広島県 走島　㊙宮本常一, 1974年12月13日

## 大潟の日繰り
「民俗資料選集 1 狩猟習俗Ⅰ」国土地理協会　1973
　◇p125(本文)〔白黒・図〕　山形県西田川郡温海町関川　猟に出る日の吉凶を判断する

## 高ぼうき、草ぼうき、はたき、てぬぐい
「写真ものがたり昭和の暮らし 1」農山漁村文化協会　2004
　◇p52〔白黒〕　長野県阿智村駒場　奥の部屋に通じる台所の障子につるす　㊙熊谷元一, 昭和31年

## 魂を呼ぶ宝矢筒（アイヌの呪具）
「日本宗教民俗図典 1」法藏館　1985
　◇図466〔白黒〕(魂を呼ぶ宝矢筒)　北海道 アイヌ　㊙須藤功　二風谷アイヌ文化資料館蔵

## 血の池地獄、御札をうかべて占う
「日本社会民俗辞典 4」日本図書センター　2004
　◇図版ⅩⅢ 来世観(1)—恐山の地獄極楽巡拝〔白黒〕　青森県下北郡恐山　東北大学宗教学研究室提供

## チマキ
「境と辻の神 目でみる民俗神シリーズ3」東京美術　1988
　◇p16〔白黒〕　戸口にかかげられ、厄除けの呪力を発揮する

## 長寿の人の手形やその人の署名のある飯杓子
「境と辻の神 目でみる民俗神シリーズ3」東京美術　1988
　◇p39〔白黒〕　奈良市西九条　魔を祓う

## 鎮西八郎為朝像（紅絵）のマジナイのお札
「写真でみる日本人の生活全集 5」日本図書センター　2010
　◇p41〔白黒〕　富士川游著「迷信の研究」

## 辻占の鳴子
「日本の民具 1 町」慶友社　1992
　◇図97〔白黒〕　㊙薗部澄

## 辻占の版木
「日本の民具 1 町」慶友社　1992
　◇図99〔白黒〕　㊙薗部澄
　◇図100〔白黒〕　㊙薗部澄

## ツジギリ
「日本民俗大辞典 下」吉川弘文館　2000
　◇図29〔別刷図版「村境」〕〔カラー〕　静岡県沼津市西三分市　㊙福田アジオ

## 辻切り
「境と辻の神 目でみる民俗神シリーズ3」東京美術　1988
　◇p9〔白黒〕　千葉県市川市国府台 集落の境にあたる四か所　外部に向けて蛇頭をかかげる

## ツジギリの大蛇
「日本民俗大辞典 下」吉川弘文館　2000
　◇図16〔別刷図版「村境」〕〔カラー〕　千葉県市川市国府台

## 辻の札
「日本宗教民俗図典 1」法藏館　1985
　◇図445〔白黒〕　静岡県三ケ日町　悪霊を防ぐ　㊙須藤功

## ツナツリ
「日本民具の造形」淡交社　2004
　◇p193〔白黒〕　千葉県 館山市立博物館所蔵

## 釣り籠
「日本民俗事典」弘文堂　1972
　◇p218〔白黒〕　大分県東国東郡国見町

## 出入口の屋根に置かれた鍾馗
「写真ものがたり昭和の暮らし 4」農村漁村文化協会　2005
　◇p57〔白黒〕　京都府京都市下京区　㊙須藤功, 昭和45年5月

## 手形と子供の名
「民俗図録 日本人の暮らし」日本図書センター　2012
　◇図731〔白黒〕　和歌山県新宮市三輪崎町　八十八歳の手型、生まれた子供の名前を書いたもの　㊙橋浦泰雄

## 手判と桝形
「日本民俗大辞典 下」吉川弘文館　2000
　◇図9〔別刷図版「生と死」〕〔白黒〕　和歌山県橋本市境原　八十八才　㊙新谷尚紀

## 伝染病よけの呪い
「民俗図録 日本人の暮らし」日本図書センター　2012
　◇図725〔白黒〕　秋田県仙北郡角館町　入り口に吊る。にんにく・杉葉・南天の葉　㊙武藤鐵城

## 盗難除け
「境と辻の神 目でみる民俗神シリーズ3」東京美術　1988
　◇p39〔白黒〕(災難除けの呪符)　千葉県市川市国分　"とつ犬"の文字もみえ盗難除けという
　◇p39〔白黒〕　秋田県横手市　餅犬を戸口や窓口に置く
「日本宗教民俗図典 1」法藏館　1985
　◇図426〔白黒〕(盗難除)　千葉県市川市北国分　〔「とつ犬」等と書いた貼り紙〕　㊙萩原秀三郎

## 盗難よけのお札
「民俗図録 日本人の暮らし」日本図書センター　2012
　◇図723〔白黒〕　東京都板橋区練馬　大口真神の御札を立てて作物を盗まれないようにまじなったもの　㊙三木茂

## 戸口にみられる呪具と神札
「図説 民俗探訪事典」山川出版社　1983
　◇p174〔白黒〕　奈良県東吉野村

## 鳶職の門口
「日本宗教民俗図典 1」法藏館　1985
　◇図346〔白黒〕　群馬県北橘村　棟上に使った御幣と魔除けの貝が打ちつけられている　㊙須藤功

## 占い・まじない

**土鈴**
「日本宗教民俗図典 1」法蔵館　1985
　◇図424〔白黒〕　愛知県鳳来町門谷　㊞須藤功

**泥棒除の呪文（貼り紙）**
「日本宗教民俗図典 1」法蔵館　1985
　◇図427〔白黒〕　三重県伊勢市　㊞須藤功

**ナマグサケ**
「フォークロアの眼 7 海の暮らしと祭り」国書刊行会　1977
　◇小論24〔白黒〕　神奈川県三浦市金田　玄関口におかれた魚の尾鰭　㊞田辺悟, 昭和43年10月1日

**鼠小僧次郎吉の墓石をかくおばさん**
「写真でみる日本人の生活全集 5」日本図書センター　2010
　◇口絵〔白黒〕　東京都両国の回向院　㊞昭和29年3月

**呪いのかぎ（アイヌの呪具）**
「日本宗教民俗図典 1」法蔵館　1985
　◇図469〔白黒〕（呪いのかぎ）　北海道　アイヌ　病人についている悪神を落としたりする　㊞須藤功　二風谷アイヌ文化資料館蔵

**畑の虫よけまじない**
「日本民俗文化財事典（改訂版）」第一法規出版　1979
　◇図271〔白黒〕　東京都青梅地方

**八丁注連**
「図説 日本民俗学」吉川弘文館　2009
　◇p111〔白黒〕　栃木県那珂川町
「日本民俗大辞典 下」吉川弘文館　2000
　◇図30〔別刷図版「村境」〕〔カラー〕　群馬県勢多郡北橘村　㊞福田アジオ

**波照間島における石垣の門幅決定法**
「日本民俗大辞典 上」吉川弘文館　1999
　◇p318〔白黒・図〕　沖縄県竹富町　唐尺と呼ばれる吉凶尺を用いて凶寸を避け吉寸の門を設けるという建築慣行　『地理学評論』67-9より

**破風面**
「日本宗教民俗図典 1」法蔵館　1985
　◇図432〔白黒〕　京都市　悪霊を防ぐ　㊞須藤功

**ハリセンボン**
「境と辻の神 目でみる民俗神シリーズ3」東京美術　1988
　◇p37〔白黒〕　神奈川県秦野市　年間を通して戸口に魔除けの呪物としてつけておく
「日本を知る事典」社会思想社　1971
　◇図11（p410）〔白黒〕（針干本）　新潟県佐渡小木町

**針千本**
「民俗の事典」岩崎美術社　1972
　◇p323〔白黒〕　佐渡小木

**半月池**
「日本の生活環境文化大辞典」柏書房　2010
　◇p473-4〔白黒〕　沖縄県那覇市　㊞2004年

**彦帯に糸で縫いつけた縫い守り**
「写真ものがたり昭和の暮らし 7」農山漁村文化協会　2006
　◇p19〔白黒〕　群馬県倉淵村相吉（現神流町）　㊞都丸十九一, 昭和50年

**久々囲**
「日本宗教民俗図典 1」法蔵館　1985
　◇図448〔白黒〕　三重県鳥羽市国崎　悪霊の侵入を防ぐ呪文　㊞須藤功

**火伏せだるま**
「日本の祭り 1」講談社　1982
　◇p136〔カラー〕　宮城

**火伏せ縄**
「図説 民俗探訪事典」山川出版社　1983

## 民俗知識

　◇p76〔白黒〕　福島県相馬地方

**火伏せの五蓋松**
「日本民具の造形」淡交社　2004
　◇p193〔白黒〕　福島県 鹿島町歴史民俗資料館所蔵

**百万遍祈禱札**
「図説 日本民俗学」吉川弘文館　2009
　◇p112〔白黒〕（祈禱札）　福島県会津若松市　ムラザカイで林立する疫病除けとしての百万遍祈禱札

**ビルディング屋上の鬼門除け像**
「日本社会民俗辞典 3」日本図書センター　2004
　◇p1304〔白黒〕　東京都

**風水を診断している風水師**
「日本民俗宗教辞典」東京堂出版　1998
　◇p483〔白黒〕　沖縄県

**フギョウはり**
「日本民俗宗教辞典」東京堂出版　1998
　◇p204〔白黒〕　栃木県小山市　㊞横田則夫

**フセギの藁蛇**
「日本民俗大辞典 下」吉川弘文館　2000
　◇図20〜24〔別刷図版「村境」〕〔カラー〕　東京都清瀬市下宿

**船の目**
「日本宗教民俗図典 1」法蔵館　1985
　◇図453〔白黒〕　沖縄県竹富町西表祖内（西表島）〔船体に書かれた模様〕　㊞須藤功

**米寿の手形**
「日本の民俗 暮らしと生業」KADOKAWA　2014
　◇図13-28〔白黒〕　奈良県北葛城郡当麻町　門口に貼り付け護符とする　㊞芳賀日出男, 昭和63年
「図説 日本民俗学」吉川弘文館　2009
　◇p37〔白黒〕（米寿の老人の手形）　奈良県葛城市
「写真ものがたり昭和の暮らし 7」農山漁村文化協会　2006
　◇p155〔白黒〕　三重県尾鷲市〔米寿の人の手形を玄関に貼る〕　㊞須藤功, 昭和52年2月
「日本民俗大辞典 下」吉川弘文館　2000
　◇p508〔白黒〕（出入口に貼られた米寿の手形）　奈良市元興寺付近
「日本の民俗 下」クレオ　1997
　◇図13-30〔白黒〕　奈良県北葛城郡当麻町　門口に貼り付け護符とする　㊞芳賀日出男, 昭和63年
「フォークロアの眼 8 よみがえり」国書刊行会　1977
　◇図54〔白黒〕　奈良市西九条　㊞萩原秀三郎, 昭和45年10月16日

**米寿の手判**
「日本民俗大辞典 下」吉川弘文館　2000
　◇図10〔別刷図版「生と死」〕〔白黒〕　奈良県奈良市大柳生町　〔文字を書き入れる〕　㊞関沢まゆみ

**疱瘡送り**
「日本宗教民俗図典 1」法蔵館　1985
　◇図350〔白黒〕　群馬県上野村乙父　㊞須藤功

**疱瘡神送り**
「写真ものがたり昭和の暮らし 7」農山漁村文化協会　2006
　◇p25〔カラー〕　群馬県北橘村（現渋川市）　道端に竹の棚を組み、赤い御幣を藁つとに差し立てる　㊞須藤功, 昭和45年4月
「日本民俗大辞典 下」吉川弘文館　2000
　◇p531〔白黒〕　宮城県刈田郡七ヶ宿町関
「境と辻の神 目でみる民俗神シリーズ3」東京美術　1988
　◇p91〔白黒〕　神奈川県藤沢市

**疱瘡棚**
「日本の生活環境文化大辞典」柏書房　2010

◇p309-1〔白黒〕　神奈川県大和市　㊞1994年　大和市教育委員会

### 疱瘡除け
「日本民俗図誌 4 習俗・飲食篇」村田書店　1978
◇図90〔白黒・図〕　福岡県榎津辺　傘鉾と称す

### 疱瘡除けの禁厭
「日本民俗図誌 4 習俗・飲食篇」村田書店　1978
◇図88〔白黒・図〕　埼玉県入間郡笹井　広瀬神社境内所見
◇図89〔白黒・図〕　千葉県東葛飾郡八幡（現市川市）の八幡藪の中

### ホウソウ除けのマジナイ
「図録・民具入門事典」柏書房　1991
◇p98〔白黒〕　新潟県秋山郷

### 木刀
「日本宗教民俗図典 1」法蔵館　1985
◇図441・442〔白黒〕　群馬県上野村乙父　戸口の上、便所　悪霊を防ぐ　㊞須藤功

### 干した蛇
「日本宗教民俗図典 1」法蔵館　1985
◇図425〔白黒〕　福島県三春町　㊞須藤功

### マジナイ用唱詞の写し文
「写真でみる日本人の生活全集 5」日本図書センター　2010
◇p40〔白黒〕　福島県相馬市在住の民間呪術者がもっていたもの

### 麻疹よけの絵
「写真でみる日本人の生活全集 5」日本図書センター　2010
◇p41〔白黒〕　富士川游著「迷信の研究」

### 魔除け
「図説 日本民俗学」吉川弘文館　2009
◇p253〔白黒〕　沖縄県読谷村　ススキをしばって屋敷の端にさす
「民間信仰辞典」東京堂出版　1980
◇p272〔白黒・図〕

### 魔除呪文お札
「日本民具の造形」淡交社　2004
◇p193〔白黒〕　大分県　国東町歴史民俗資料館所蔵

### 魔よけの呪い
「民俗図録 日本人の暮らし」日本図書センター　2012
◇図727〔白黒〕　栃木県安蘇郡野上村小戸　天王祭の神輿につけてある花傘の飾り花をもらって家の入り口につける　㊞倉田一郎
「境と辻の神 目でみる民俗神シリーズ3」東京美術　1988
◇p37〔白黒〕（民家の戸口に下がっている魔除けの呪い）鹿児島県日置郡日吉町　数社の神社のお札やサルノコシカケ
◇p39〔白黒〕（魔除け）　福井県大飯郡大飯町　大般若経のお札やトゲの多い魚などが戸口につけられる
◇p39〔白黒〕（魔除け）　鹿児島県日置郡日吉町　貝

### 「水」の文字を描いたグシ端
「いまに伝える 農家のモノ・人の生活館」柏書房　2004
◇p63 写真2〔白黒〕　埼玉県江南町

### 水は火を防ぐ
「日本宗教民俗図典 1」法蔵館　1985
◇図447〔白黒〕　京都府大江町　〔屋根付近に書かれた「水」の文字〕　㊞須藤功

### ミチキリ
「宮本常一が撮った昭和の情景 上」毎日新聞社　2009
◇p110〔白黒〕（村はずれの電柱の線に下がっていたミチキリの札）　新潟県佐渡市羽茂飯岡　㊞宮本常一, 1960年8月16日

「宮本常一 写真・日記集成 上」毎日新聞社　2005
◇p203〔白黒〕（村はずれにつり下げられたミチキリ）新潟県佐渡郡羽茂町［佐渡市］羽茂　㊞宮本常一, 1960年8月16日

### 道切り
「図説 民俗探訪事典」山川出版社　1983
◇p119〔白黒〕　滋賀県八日市市　㊞原田敏丸
「民間信仰辞典」東京堂出版　1980
◇p279〔白黒〕
「日本民俗事典」弘文堂　1972
◇p687〔白黒〕　埼玉県羽生市　㊞萩原秀三郎
「日本を知る事典」社会思想社　1971
◇図6（p407）〔白黒〕（道切り〈塞の神〉）

### 道切りの大草鞋
「日本民俗大辞典 下」吉川弘文館　2000
◇図18〔別刷図版「村境」〕〔カラー〕　神奈川県横浜市戸塚区南谷戸

### 道切りの注連縄
「祭・芸能・行事大事典 下」朝倉書店　2009
◇p1697〔白黒〕（道切り）　十和田市村境の注連縄　㊞神野善治

### 道切りの注連縄と藁人形
「祭・芸能・行事大事典 上」朝倉書店　2009
◇口絵〔p5〕〔カラー〕（結界―注連縄 道切りの注連縄と藁人形）　福島県浅川町八又村境　㊞神野善治

### ミチハリ
「日本民俗大辞典 下」吉川弘文館　2000
◇図31〔別刷図版「村境」〕〔カラー〕　新潟県両津市北小浦　㊞福田アジオ

### 虫封じ
「仏教民俗辞典 コンパクト版」新人物往来社　1993
◇p377〔白黒〕

### 虫封じの行法
「写真ものがたり昭和の暮らし 2」農山漁村文化協会　2004
◇p32〔白黒〕　大分県・国東半島　大嶽順公 渡辺信幸著『国東文化と石仏』より転載

### 虫除け
「日本民俗図誌 4 習俗・飲食篇」村田書店　1978
◇図94〔白黒・図〕　岩手県岩手郡御明神村　田植の後、田の畦近くに立てる

### 虫除砂
「図説 日本民俗学」吉川弘文館　2009
◇p219〔白黒〕　東京都青梅市

### 村を護る火伏せの村獅子
「日本の生活環境文化大辞典」柏書房　2010
◇p231-1〔白黒〕　沖縄県八重瀬町富盛　㊞2004年　永瀬克己

### ムラザカイ
「図説 日本民俗学」吉川弘文館　2009
◇p121〔白黒〕　新潟県佐渡市　領域境に毎年正月に寺院の祈禱を受けたお札が立てられる

### ムラザカイを守るセキフダ
「図説 日本民俗学」吉川弘文館　2009
◇p36〔白黒〕　岡山県新庄村

### 村境に立てられた人形
「日本民俗大辞典 下」吉川弘文館　2000
◇p428〔白黒〕　千葉県本埜村

### ムラザカイの大草鞋
「図説 日本民俗学」吉川弘文館　2009
◇p23〔白黒〕　山梨県山梨市

**村境の鹿島様とシメ縄**
「民俗の事典」岩崎美術社　1972
◇p9〔白黒〕　秋田県雄勝郡東成瀬村

**村境の鬼面**
「日本社会民俗辞典 4」日本図書センター　2004
◇p1441〔白黒〕　秋田県仙北郡神代村

**ムラザカイの石塔**
「図説 日本民俗学」吉川弘文館　2009
◇p113〔白黒〕　長野県白馬村

**村境の藁人形**
「日本宗教民俗図典 1」法蔵館　1985
◇図356〔白黒〕　鹿児島県大根占　[撮]須藤功

**村の入口に吊された大草履**
「宮本常一 写真・日記集成 下」毎日新聞社　2005
◇p66〔白黒〕　新潟県佐渡郡真野町倉谷　[撮]宮本常一, 1966年3月8日～9日

**めくされえずこ**
「日本の民具 2 農村」慶友社　1992
◇図241〔白黒〕　岩手県盛岡市　[撮]薗部澄

**メクサレエンヅコ**
「民俗図録 日本人の暮らし」日本図書センター　2012
◇図724〔白黒〕　岩手県紫波郡飯岡　目の病のまじない。小さな藁籠に一文銭を入れて道にすてる　[撮]橘正一

**盛り塩**
「図説 民俗探訪事典」山川出版社　1983
◇p38〔白黒〕　東京都

**盛塩**
「写真でみる日本人の生活全集 1」日本図書センター　2010
◇p62〔白黒〕　東京　玄関さき　[撮]昭和31年
「日本宗教民俗図典 1」法蔵館　1985
◇図381〔白黒〕　東京都千代田区神田 店先　[撮]須藤功

**ヤイカガシと泥棒よけの札**
「図説 民俗建築大事典」柏書房　2001
◇写真1(p278)〔白黒〕　東京都多摩市

**厄払いの御幣**
「民俗図録 日本人の暮らし」日本図書センター　2012
◇図715〔白黒〕　秋田県仙北郡角館町　[撮]武藤鐵城

**厄払いの辻札**
「仏教民俗辞典 コンパクト版」新人物往来社　1993
◇p383〔白黒〕

**屋根に藁を巻いたまじないの輪を置いた民家**
「宮本常一が撮った昭和の情景 下」毎日新聞社　2009
◇p24～25〔白黒〕　佐賀県佐賀市富士町大字杉山から大字市川付近　玄関の横で幼子が遊ぶ　[撮]宮本常一, 1965年8月25日
「宮本常一 写真・日記集成 下」毎日新聞社　2005
◇p41〔白黒〕(屋根に藁を巻いた輪)　佐賀県佐賀郡富士町・杉山→市川　玄関横に赤ちゃん　[撮]宮本常一, 1965年8月25日

**屋根の上の鍾馗さま**
「図説 日本民俗学」吉川弘文館　2009
◇p37〔白黒〕　京都市下京区の町屋

**病除けの藁人形**
「民俗図録 日本人の暮らし」日本図書センター　2012
◇図698〔白黒〕　秋田県仙北郡上檜木内村何久保　悪疫が流行したとき村はずれの人形たて場に高さ一丈の藁人形をたてる　[撮]武藤鐵城

**山入りの幣**
「図説 日本民俗学」吉川弘文館　2009
◇p165〔白黒〕　福島県昭和村　〔山の入り口にかける。山と里の境を示す〕

**予言者**
「写真でみる日本人の生活全集 5」日本図書センター　2010
◇p30〔白黒〕　東京, 横浜　姓名学, 身上雑誌上相談, 易占, ソロバン易など　昭和30年の春に毎日グラフが, その「人間模様」でとりあげた10人のうち6人のスナップ

**予言におびえる市民たち**
「写真でみる日本人の生活全集 5」日本図書センター　2010
◇p32〔白黒〕　福島県内郷市民の非常警戒ぶり　祈禱師の火事のお告げにおびえ, 枕もとに非常持出用の物をつんで眠る　[撮]昭和32年4月

**夜泣きを治す鬼**
「境と辻の神 目でみる民俗神シリーズ3」東京美術　1988
◇p89〔白黒〕　千葉県市川市下貝塚　奉加帳を持った大津絵の鬼を描いた掛け軸を、夜泣きする赤ちゃんの枕元に逆さにかけておく

**夜泣き止**
「日本宗教民俗図典 1」法蔵館　1985
◇図167〔白黒〕　千葉県市川市見塚　大津絵を枕元に逆さに吊るす　[撮]萩原秀三郎

**よもぎ神(アイヌの呪具)**
「日本宗教民俗図典 1」法蔵館　1985
◇図467〔白黒〕(よもぎ神)　北海道 アイヌ　強い神で悪病の侵入を防ぐ　[撮]須藤功　二風谷アイヌ文化資料館蔵

**よもぎの矢**
「日本宗教民俗図典 1」法蔵館　1985
◇図122〔白黒〕(屋根裏に射られたよもぎの矢)　アイヌ　[撮]須藤功

**よもぎの矢を射る**
「日本宗教民俗図典 1」法蔵館　1985
◇図123〔白黒〕(悪霊を鎮めるためよもぎの矢を射る)　アイヌ　[撮]須藤功

**羅盤**
「精選 日本民俗辞典」吉川弘文館　2006
◇p478〔白黒〕　沖縄で用いられていた羅盤　沖縄県立博物館所蔵
「日本民俗大辞典 下」吉川弘文館　2000
◇p521〔白黒〕　沖縄で用いられていた羅盤　沖縄県立博物館所蔵

**六算除け**
「図説 日本民俗学」吉川弘文館　2009
◇p37〔白黒〕　千葉県成田市

**藁人形**
「日本民具の造形」淡交社　2004
◇p282〔白黒〕　秋田県 千畑町郷土資料館所蔵

**藁人形のヤメボイ**
「写真でみる民家大事典」柏書房　2005
◇p183-3〔白黒〕　青森県下北郡東通村白糠　[撮]2000年　月舘敏栄

**藁の大蛇による道切りの祈願**
「図説 日本民俗学」吉川弘文館　2009
◇p140〔白黒〕　千葉県船橋市　長沢利明提供

**藁の竜**
「仏教民俗辞典 コンパクト版」新人物往来社　1993
◇p394〔白黒〕(竜神)　〔藁の竜〕
「日本民俗図誌 1 祭礼・祭祀篇」村田書店　1977
◇図166〔白黒・図〕　千葉県市川市国府台里見公園入口の茶店の軒先　大晦日に新しいものと取り替える

ワラ蛇
　「フォークロアの眼 5 獅子の平野」国書刊行会　1977
　　◇図3・4〔白黒〕　埼玉県八潮町（現在は八潮市）鶴ヶ曽根付近　村境におかれた魔除け，厄祓いのワラ蛇
　　㊞昭和46年4月20日

藁蛇
　「日本民具の造形」淡交社　2004
　　◇p191〔白黒〕　鳥取県　淀江町歴史民俗資料館所蔵

ワラ蛇の道切り
　「図説 日本民俗学」吉川弘文館　2009
　　◇p140〔白黒〕　秋田県男鹿市　長沢利明提供

# 動物供養

犬供養　ザグマタ
　「民俗小事典 死と葬送」吉川弘文館　2005
　　◇p272〔白黒〕　千葉県成田市
　「日本民俗大辞典 上」吉川弘文館　1999
　　◇p120〔白黒〕　千葉県成田市

犬供養の卒塔婆
　「日本宗教民俗図典 2」法蔵館　1985
　　◇図371〔白黒〕（犬供養）　千葉県市川市国分

犬猫の墓地
　「写真でみる日本人の生活全集 5」日本図書センター　2010
　　◇p88〔白黒〕　東京都文京区大塚 浄土宗西信寺　彼岸の動物慰霊法要のときの写真　㊞昭和29年3月

犬の墓
　「宮本常一が撮った昭和の情景 上」毎日新聞社　2009
　　◇p198〔白黒〕（飼い犬の墓）　東京都新島村（新島）　㊞宮本常一，1963年7月28日
　「宮本常一 写真・日記集成 上」毎日新聞社　2005
　　◇p388〔白黒〕　東京都 新島村　㊞宮本常一，1963年7月28日

猪鹿一千碑
　「あるくみるきく双書 宮本常一とあるいた昭和の日本 22」農山漁村文化協会　2012
　　◇p95〔白黒〕（一千碑）　佐賀県武雄市若木御所　享保13年銘
　「写真ものがたり昭和の暮らし 2」農山漁村文化協会　2004
　　◇p186〔白黒〕（一千碑）　佐賀県武雄市若木御所　享保13年建立　㊞須藤功，昭和55年4月
　「日本宗教民俗図典 2」法蔵館　1985
　　◇図362〔白黒〕　佐賀県武雄市若木　享保13年

猪鹿供養碑
　「あるくみるきく双書 宮本常一とあるいた昭和の日本 22」農山漁村文化協会　2012
　　◇p95〔白黒〕　大分県日田市小野木　文政13年（1830）銘
　「日本宗教民俗図典 2」法蔵館　1985
　　◇図361〔白黒〕　佐賀県三瀬村三瀬　慶長19年銘

イルカ供養塔
　「日本民俗写真大系 3」日本図書センター　1999
　　◇p91〔白黒〕（地元の人たちが建てたイルカ供養塔の前で子どもたちが遊ぶ）　静岡県賀茂村安良里　㊞青山富士夫，1959年

イルカ供養碑
　「宮本常一 写真・日記集成 別巻」毎日新聞社　2005
　　◇図129（p26）〔白黒〕　静岡県安良里村［賀茂郡賀茂村］　㊞宮本常一，1940年4月15日～26日

牛供養の地蔵尊
　「民俗資料選集 33 辻堂の習俗Ⅲ」国土地理協会　2005
　　◇p14（本文）〔白黒〕　山口県福山市山手町崩岸

かいこの霊供養塔
　「日本宗教民俗図典 2」法蔵館　1985
　　◇図368〔白黒〕　岩手県遠野市

蛙塚
　「写真でみる日本人の生活全集 5」日本図書センター　2010
　　◇p120〔白黒〕　東京都日暮里南泉寺境内　大正末期に蛙の皮で袋物を作って金持になった檀家の人が蛙の供養に建立

亀塚・鯉塚
　「日本宗教民俗図典 2」法蔵館　1985
　　◇図366〔白黒〕　京都市中京区 神泉苑

川魚への供養碑
　「里山・里海 暮らし図鑑」柏書房　2012
　　◇写31（p161）〔白黒〕　和歌山県紀の川市　紀ノ川漁業協同組合

牛馬供養塔
　「日本宗教民俗図典 2」法蔵館　1985
　　◇図372〔白黒〕　宮城県七ヶ宿町湯原

牛馬供養碑
　「里山・里海 暮らし図鑑」柏書房　2012
　　◇写12（p109）〔白黒〕　岡山県鏡野町六ツ子原　事故や病気で死亡した牛馬を弔う「大日如来」の碑

魚類供養
　「日本宗教民俗図典 2」法蔵館　1985
　　◇図364〔白黒〕　三重県伊勢市　朝熊山

鯨石
　「日本宗教民俗図典 2」法蔵館　1985
　　◇図365〔白黒〕　三重県大王町波切

鯨位牌
　「日本民俗写真大系 7」日本図書センター　2000
　　◇p30〔白黒〕　山口県長門市 向岸寺　㊞樋口英夫，1987年

鯨の位牌
　「日本社会民俗辞典 3」日本図書センター　2004
　　◇p1005〔白黒〕　高知県室戸

熊供養碑
　「あるくみるきく双書 宮本常一とあるいた昭和の日本 22」農山漁村文化協会　2012
　　◇p149〔白黒〕　宮崎県西米良村仲入

熊猿猪鹿毛者千廻供養
　「あるくみるきく双書 宮本常一とあるいた昭和の日本 22」

イレズミ　民俗知識

農山漁村文化協会　2012
◇p93〔白黒〕　宮城県白石市小原　供養碑

**供養碑**
「あるくみるきく双書 宮本常一とあるいた昭和の日本 22」農山漁村文化協会　2012
◇p93〔白黒〕　佐賀県三瀬村（現佐賀市）　慶長19年（1614）銘

「写真ものがたり昭和の暮らし 2」農山漁村文化協会　2004
◇p187〔白黒〕　佐賀県三瀬村　慶長19年11月の供養碑　山本軍助建立　㊟須藤功, 昭和55年2月

**鯨鯢過去帳**
「日本民俗写真大系 7」日本図書センター　2000
◇p30〔白黒〕　山口県長門市　向岸寺　㊟樋口英夫, 1987年

**毛者千廻供養碑**
「日本宗教民俗図典 2」法蔵館　1985
◇図369〔白黒〕　宮城県白石市大熊

**犬魂供養塔**
「日本宗教民俗図典 2」法蔵館　1985
◇図370〔白黒〕　北海道新十津川町

**魚供養塚**
「民俗資料叢書 14 八郎潟の漁撈習俗」平凡社　1971
◇図41〔白黒〕　秋田県南秋田郡天王町塩口金木鼻　昭和21年建立

**鮭供養塔**
「図説 日本民俗学」吉川弘文館　2009
◇p166〔白黒〕　新潟県村上市

**鹿二千供養塚**
「あるくみるきく双書 宮本常一とあるいた昭和の日本 22」農山漁村文化協会　2012
◇p95〔白黒〕　宮城県白石市福岡

**猪鹿三百誌石**
「あるくみるきく双書 宮本常一とあるいた昭和の日本 22」農山漁村文化協会　2012
◇p93〔白黒〕　佐賀県武雄市若木町　享保5年（1720）建立　供養碑

**種馬碧雲号の石碑**
「民俗資料選集 8 中付駑者の習俗」国土地理協会　1979
◇p179（本文）〔白黒〕　福島県南会津郡下郷町南倉沢と大松川の境　大正9年建立

**鳥獣供養塔**
「写真でみる日本人の生活全集 5」日本図書センター　2010
◇p87〔白黒〕　長野県飯田市　来迎寺境内　下伊那連合猟友会が施主となって建立　㊟昭和29年10月

「図説 日本民俗学」吉川弘文館　2009
◇p167〔白黒〕　愛媛県西予市

**鳥獣供養碑**
「日本宗教民俗図典 2」法蔵館　1985
◇図363〔白黒〕　佐賀県唐津市　近松寺

**如意輪観音像（猫供養）**
「日本民俗宗教辞典」東京堂出版　1998
◇p501〔白黒〕（如意輪観音像）　世田谷区　豪徳寺　猫供養のため

**にわとり霊供養塔**
「日本宗教民俗図典 2」法蔵館　1985
◇図367〔白黒〕　愛知県東栄町古戸

**鼻ぐり塚**
「日本宗教民俗図典 1」法蔵館　1985
◇図299〔白黒〕　岡山県吉備津町福田海　650万余の牛の鼻ぐり　㊟須藤功

**亡牛供養塔**
「民俗資料選集 39 辻堂の習俗Ⅳ」国土地理協会　2009
◇p142（本文）〔白黒〕　岡山県浅口郡鴨方町西字柳通　西の観音堂の背後　昭和年代

**放生供養碑**
「日本宗教民俗図典 2」法蔵館　1985
◇図354〔白黒〕　京都市中京区　神泉苑

**鰡塚**
「民俗資料叢書 14 八郎潟の漁撈習俗」平凡社　1971
◇図39〔白黒〕　秋田県南秋田郡天王町塩口金木鼻〔明治～昭和〕
◇図40〔白黒〕　南秋田郡天王町塩口金木鼻　安政6年建立

**野生鳥獣慰霊塔**
「あるくみるきく双書 宮本常一とあるいた昭和の日本 22」農山漁村文化協会　2012
◇p94〔白黒〕　静岡県水窪町（現浜松市）

**漁供養　鮭の千本供養塔**
「日本民俗大辞典 下」吉川弘文館　2000
◇p802〔白黒〕　新潟県岩船郡山北町

# イレズミ

**アイヌ女性の文身**
「日本民俗大辞典 上」吉川弘文館　1999
◇p139〔白黒〕　北海道 日高西部　『北海道帝国大学北方文化研究報告』より

**アイヌ人のイレズミ**
「写真でみる日本人の生活全集 2」日本図書センター　2010
◇p141〔白黒〕　北海道白老

**イレズミ**
「写真でみる日本人の生活全集 2」日本図書センター　2010
◇p139〔白黒〕　東京都 深川　㊟昭和23年

**刺青　額彫り**
「日本民俗大辞典 上」吉川弘文館　1999
◇p139〔白黒〕

**入れ墨**
「民俗学辞典（改訂版）」東京堂出版　1987
◇図版4（p46）〔白黒・図〕（入墨a）　沖縄首里, 鹿児島県奄美大島　沖縄首里婦人の入墨, 奄美大島婦人の入墨　橋浦泰雄画
◇図版4（p46）〔白黒・図〕（入墨b）　沖縄宮古婦人の入墨　橋浦泰雄画

「日本民俗図誌 4 習俗・飲食篇」村田書店　1978
◇図25〔白黒・図〕　後志忍路郡オショロ　メノコの手

の甲と腕　『人類学雑誌』8-89・90 坪井正五郎「アイヌの入れ墨」より
◇図26-7・8〔白黒・図〕　日高沙流地方　メノコの右手　『人類学雑誌』8-89・90 坪井正五郎「アイヌの入れ墨」より
◇図26-9〔白黒・図〕　石狩郡石狩　メノコの左の手　『人類学雑誌』8-89・90 坪井正五郎「アイヌの入れ墨」より
◇図26-10〔白黒・図〕　日高静内郡地方　メノコの右手　『人類学雑誌』8-89・90 坪井正五郎「アイヌの入れ墨」より
◇図26-11・12〔白黒・図〕　後志余市那余市東川村　メノコの左の手　『人類学雑誌』8-89・90 坪井正五郎「アイヌの入れ墨」より
◇図27-13〔白黒・図〕　胆振千歳郡イトセ　メノコの左の手　『人類学雑誌』8-89・90 坪井正五郎「アイヌの入れ墨」より
◇図27-14〔白黒・図〕　日高静内郡トウブツ村　メノコの左の手　『人類学雑誌』8-89・90 坪井正五郎「アイヌの入れ墨」より
◇図27-15・16〔白黒・図〕　胆振千歳郡イトセ　メノコの左の手　『人類学雑誌』8-89・90 坪井正五郎「アイヌの入れ墨」より
◇図27-17・18〔白黒・図〕　日高静内郡下ゲホウ　メノコの右の手・左の手　『人類学雑誌』8-89・90 坪井正五郎「アイヌの入れ墨」より
◇図27-19・20〔白黒・図〕　日高沙流郡ピラトリ　メノコの右の手・左の手　『人類学雑誌』8-89・90 坪井正五郎「アイヌの入れ墨」より
◇図28-21〔白黒・図〕　日高沙流郡ピラトリ　メノコの左の手　『人類学雑誌』8-89・90 坪井正五郎「アイヌの入れ墨」より
◇図28-22〔白黒・図〕　釧路川上郡ラシカガ　メノコの右の手　『人類学雑誌』8-89・90 坪井正五郎「アイヌの入れ墨」より
◇図28-23〔白黒・図〕　釧路白糠郡シラヌカ　メノコの右の手　『人類学雑誌』8-89・90 坪井正五郎「アイヌの入れ墨」より
◇図28-24〔白黒・図〕　胆振勇払郡苫小前　メノコの左の手　『人類学雑誌』8-89・90 坪井正五郎「アイヌの入れ墨」より
◇図28-25〔白黒・図〕　釧路川上郡ラシカガ　メノコの右の手　『人類学雑誌』8-89・90 坪井正五郎「アイヌの入れ墨」より
◇図28-26～28〔白黒・図〕　石狩郡石狩のシモンクル　メノコの右の手・左の手　『人類学雑誌』8-89・90 坪井正五郎「アイヌの入れ墨」より
◇図29・30〔白黒・図〕　『北方文化研究報告』第2輯より採図
◇図31〔白黒・図〕　札幌豊平川畔　メノコの右手と左手　『人類学雑誌』8-91
◇図32-41〔白黒・図〕　アイヌ　左手の甲の半面　満岡伸一『アイヌの足跡』より
◇図32-42〔白黒・図〕　アイヌ　口辺の入れ墨　満岡伸一『アイヌの足跡』より
「民俗の事典」岩崎美術社　1972
　◇p114〔白黒・図〕　沖縄県 首里, 沖縄県 宮古, 鹿児島県 奄美大島

**沖縄の針突の文身**
「日本民俗大辞典 上」吉川弘文館　1999
　◇p139〔白黒〕　『上勢頭誌』上 より

**筋彫りからボカシへ**
「民俗学事典」丸善出版　2014
　◇p45〔白黒〕

**南島の入墨**
「日本民俗事典」弘文堂　1972
　◇p57〔白黒・図〕　喜界ヶ島(右), 多良間島(左)　小原一夫『南嶋入墨考』

**ハジチ**
「日本民俗図誌 4 習俗・飲食篇」村田書店　1978
　◇図33-1・2〔白黒・図〕　沖縄　首里婦人の両手
　◇図33-3・4〔白黒・図〕　沖縄　那覇婦人の両手
　◇図34〔白黒・図〕　沖縄　首里の少女
　◇図35-1・2〔白黒・図〕　沖縄　八重山婦人のもの
　◇図35-3・4〔白黒・図〕　沖縄　与那国島婦人のもの
　◇図36-1・2〔白黒・図〕　沖縄　八重山婦人のもの
　◇図36-3・4〔白黒・図〕　沖縄　首里婦人のもの
　◇図37〔白黒・図〕　宮古島　『南島探検』
　◇図38・39〔白黒・図〕　宮古島婦人のもの
　◇図40〔白黒・図〕　鹿児島県徳之島婦人のもの
　◇図41〔白黒・図〕　奄美大島婦人のもの
　◇図42・43〔白黒・図〕　奄美大島婦人のもの

**針突**
「日本社会民俗辞典 1」日本図書センター　2004
　◇p55〔白黒・図〕　奄美大島　『南島雑話』

**ハジチ（針突）**
「フォークロアの眼 8 よみがえり」国書刊行会　1977
　◇図45〔白黒〕　沖縄県石垣市新川　㋰萩原秀三郎, 昭和45年7月21日

**ハヅキ**
「日本を知る事典」社会思想社　1971
　◇図62（p296）〔白黒〕　沖縄本島国頭村

**婦人の入墨**
「図説 民俗探訪事典」山川出版社　1983
　◇p332〔白黒〕　沖縄　㋰芳賀日出男

**外間祝女のいれずみ**
「日本の民俗 暮らしと生業」KADOKAWA　2014
　◇図6-29〔白黒〕　沖縄県島尻郡知念村　㋰芳賀日出男, 昭和31年
「日本の民俗 下」クレオ　1997
　◇図6-35〔白黒〕　沖縄県島尻郡知念村　㋰芳賀日出男, 昭和31年

# その他

**イブヒカスー**
「日本民俗図誌 4 習俗・飲食篇」村田書店　1978
　◇図3〔白黒・図〕　那覇泊　塩漬肉の斤数を表わすもの

**絵文字**
「日本社会民俗辞典 1」日本図書センター　2004
　◇p105〔白黒・図〕　与那国島

その他　　　　　　　　　　　民俗知識

**オウツリ**
「写真でみる日本人の生活全集 4」日本図書センター　2010
　◇p66〔白黒〕　重箱にオウツリとして，半紙をいれてある

**お辞儀**
「日本を知る事典」社会思想社　1971
　◇図33〜40 (p437)〔白黒〕

**カイダー字**
「日本民俗大辞典　上」吉川弘文館　1999
　◇p307〔白黒・図〕　沖縄県　八重山地方　河村只雄『南方文化の研究』より

**カイダーズ**
「日本民俗図誌 4 習俗・飲食篇」村田書店　1978
　◇図13〜21〔白黒・図〕　沖縄県八重山郡与那国島　笹森儀助著『南島探検』および本山桂川現地採集

**カッパの手型と称せられるもの**
「写真でみる日本人の生活全集 5」日本図書センター　2010
　◇p66〔白黒〕　岩手県北上市　染黒寺所蔵　㊞昭和31年3月

**カマの柄の長さの計り方**
「日本民俗文化財事典(改訂版)」第一法規出版　1979
　◇図267〔白黒〕　東京都奥多摩地方

**髪の毛が伸びるとされる人形**
「民俗学事典」丸善出版　2014
　◇p42〔白黒〕　大分県　良福寺　㊞西浦和也

**狐憑き分布図**
「精選 日本民俗辞典」吉川弘文館　2006
　◇p162〔白黒・図〕　石塚尊俊『日本の憑き物』より
「日本民俗大辞典　上」吉川弘文館　1999
　◇p469〔白黒・図〕　石塚尊俊『日本の憑き物』より

**結縄**
「日本民俗大辞典　上」吉川弘文館　1999
　◇p572〔白黒〕　沖縄県 宮古島　収税のための結縄　沖縄県立博物館提供
「日本民俗図誌 4 習俗・飲食篇」村田書店　1978
　◇図2〔白黒・図〕　沖縄県国頭郡名護
　◇図4〔白黒・図〕　沖縄県中頭郡渡慶次　金額を表わすもの
　◇図6-1〔白黒・図〕　石垣島　集会を催す時、人員を点検する
　◇図6-2〔白黒・図〕　八重山　収穫せる穀物の数量を表わす
　◇図7-1〔白黒・図〕　八重山　金額を表す
　◇図7-2〔白黒・図〕　八重山　穀物の数量を表す
　◇図8-1・3〔白黒・図〕　八重山　女への課税高を示したもの
　◇図8-2〔白黒・図〕　樵夫が山に行って伐り出すべき木材の長さを示すもの
　◇図11〔白黒・図〕　八重山石垣島　御用布の織高　本山桂川採集・所蔵
　◇図12-1〔白黒・図〕　金高を表わしたもの
　◇図12-2〔白黒・図〕　穀量を表わしたもの　本山桂川採集・所蔵

**現存する仙人**
「写真でみる日本人の生活全集 5」日本図書センター　2010
　◇p134〔白黒〕　青森県岩木山　入山以来63年という赤倉山仙人　㊞昭和31年

**紅白の水引をかけた祝儀袋**
「写真ものがたり昭和の暮らし 9」農山漁村文化協会　2007
　◇p208〔白黒〕　神奈川県秦野市　㊞須藤功、平成19年2月

**障子・襖の開閉**
「日本を知る事典」社会思想社　1971
　◇図49〜51 (p445)〔白黒〕

**女系を表わす下紐**
「日本民俗宗教辞典」東京堂出版　1998
　◇p7〔白黒〕

**人狐の図**
「日本社会民俗辞典 3」日本図書センター　2004
　◇p948〔白黒・図〕　『島根狐憑の話』

**坐り方**
「日本民俗大辞典　上」吉川弘文館　1999
　◇p922〔白黒・図〕　なげあし，あぐら，正座，立てひざ，半跏趺坐　『史学雑誌』31ノ8より

**立居ふるまい**
「写真でみる日本人の生活全集 4」日本図書センター　2010
　◇口絵〔白黒〕　東京　畳へ手をつく，お茶を飲む他　㊞昭和32年
　◇口絵〔白黒〕　洋装でおじぎ
　◇口絵〔白黒〕　ドアーの開閉

**茶碗等のふたをあける**
「日本を知る事典」社会思想社　1971
　◇図52〜53 (p445)〔白黒〕

**憑きものの呼称による分布**
「日本民俗事典」弘文堂　1972
　◇p462〔白黒・図〕

**貞操帯(アイヌの守り帯)**
「日本宗教民俗図典 1」法蔵館　1985
　◇図464〔白黒〕(貞操帯)　北海道 アイヌ　守り帯　㊞須藤功　二風谷アイヌ文化資料館蔵

**時計の見方の記事**
「日本社会民俗辞典 3」日本図書センター　2004
　◇p1016〔白黒〕　㊞明治初年　各国新聞

**トリシメ算**
「日本民俗図誌 4 習俗・飲食篇」村田書店　1978
　◇図5-1〔白黒・図〕　宮古島　村の事務所で租税を徴収する時に用いる

**人魚のミイラ**
「写真でみる日本人の生活全集 5」日本図書センター　2010
　◇p67〔白黒〕　富士宮市天照教神社の徳田悦翁氏所蔵　㊞昭和31年4月
　◇p67〔白黒〕　佐渡ガ島　㊞昭和28年5月

**熨斗**
「日本民俗大辞典　下」吉川弘文館　2000
　◇p326〔白黒・図〕　現代

**はこふぐ**
「日本の民具 3 山・漁村」慶友社　1992
　◇図236〔白黒〕　福岡県 志賀島　熨斗代わりに使う　㊞薗部澄

**バラサン(藁算)**
「日本民俗図誌 4 習俗・飲食篇」村田書店　1978
　◇図9〔白黒・図〕　与那国島　各人の貢納高を記録するもの，或る一家の収穫高量を記録したもの　『民族学研究』3-1
　◇図10〔白黒・図〕　与那国島　組内の各男一人の貢物高を示したもの，吉元家の貢納布織高ほか

**襖のあけたて**
「写真でみる日本人の生活全集 4」日本図書センター　2010
　◇p20〔白黒〕

**法螺貝**
「日本民具の造形」淡交社　2004

◇p74〔白黒〕　兵庫県 相生市立歴史民俗資料館所蔵

### 八百屋お七の幽霊
「写真でみる日本人の生活全集 5」日本図書センター　2010
◇p74～75〔白黒〕　東京都文京区指ケ谷町 円乗寺　昭和24年5月19日から20日の午前1時まで　NHKが現場に出張したときの写真

### ヤーキ算
「日本民俗図誌 4 習俗・飲食篇」村田書店　1978
◇図5-2〔白黒・図〕　宮古島　人頭税徴収の時、各家家族の数を示す

### ヤーハン
「日本民俗図誌 4 習俗・飲食篇」村田書店　1978
◇図22〔白黒・図〕　沖縄県八重山郡与那国島

### 幽霊子育て 幽霊像・伝説上の飴屋の店頭
「写真でみる日本人の生活全集 5」日本図書センター　2010
◇p80〔白黒〕　長崎市

### わらさん
「日本の民具 2 農村」慶友社　1992
◇図213〔白黒〕(わらさん(穀量))　沖縄県 与那国島　㈹薗部澄
◇図214〔白黒〕(わらさん(人員検査))　沖縄県 与那国島　㈹薗部澄

### ワラザン
「日本民俗図誌 4 習俗・飲食篇」村田書店　1978
◇図1-1〔白黒・図〕　沖縄　明治時代まで　馬子が使用したもの
◇図1-2〔白黒・図〕　沖縄県国頭地方　明治時代まで　人の家に雇われた日数を記録する
◇図1-3・4〔白黒・図〕　首里の質屋で使用したもの　明治時代まで

### 藁算
「日本民俗大辞典 下」吉川弘文館　2000
◇p837〔白黒〕　沖縄県

# 信　仰

## 神体・偶像類・小祠・神棚

**藍神様を祀る棚**
「豊穣の神と家の神 目でみる民俗神シリーズ2」東京美術 1988
◇p118〔白黒〕 福島県会津若松市の染屋

**空地にコンクリートの台を設けて祀るカミサマ**
「日本の生活環境文化大辞典」柏書房 2010
◇p233-4〔白黒〕 名古屋市 [撮]1980年

**芦峅寺参道の石仏群**
「宮本常一 写真・日記集成 下」毎日新聞社 2005
◇p331〔白黒〕 富山県中新川郡立山町 [撮]宮本常一, 1974年10月17日

**アナバさま**
「日本民俗事典」弘文堂 1972
◇p377〔白黒〕 倉敷市小溝 [撮]佐藤米司

**雨乞い地蔵**
「図説 日本民俗学」吉川弘文館 2009
◇p34〔白黒〕 神奈川県平塚市

**洗い観音**
「日本宗教民俗図典 1」法蔵館 1985
◇図486〔白黒〕 東京都豊島区 とげぬき地蔵 [撮]萩原秀三郎

**淡島様**
「民俗図録 日本人の暮らし」日本図書センター 2012
◇図741〔白黒〕 東京都大島 婦人病に効験あるものとして信仰 [撮]坂口一雄

**家氏神**
「日本社会民俗辞典 2」日本図書センター 2004
◇p853〔白黒〕 岩手県摺沢町
「日本民俗文化財事典(改訂版)」第一法規出版 1979
◇図217〔白黒〕 岩手県

**家のウジガミサマ**
「日本社会民俗辞典 2」日本図書センター 2004
◇p853〔白黒〕 喜界島

**家の壁にはめ込まれた厨子**
「宮本常一 写真・日記集成 下」毎日新聞社 2005
◇p72〔白黒〕 京都市中京区河原町あたり [撮]宮本常一, 1966年4月30日～5月1日

**家の神様**
「写真でみる日本人の生活全集 3」日本図書センター 2010
◇p157〔白黒〕 福島県南会津郡 農家の座敷 仏壇, 神棚

**家の鬼門の方角に祀られた丸石**
「日本宗教民俗図典 1」法蔵館 1985
◇図75〔白黒〕 三重県阿児町畔名 [撮]須藤功

**石垣にまつられた地蔵**
「宮本常一 写真・日記集成 上」毎日新聞社 2005
◇p334〔白黒〕 五島列島・富江(長崎県富江町[五島市]) [撮]宮本常一, 1962年8月14日

**石神**
「図説 日本民俗学全集 3」高橋書店 1971
◇図24〔白黒〕 [撮]永江維章
「図説 日本民俗学全集 4」あかね書房 1960
◇図24〔白黒〕 [撮]永江維章

**石地蔵**
「写真でみる日本人の生活全集 5」日本図書センター 2010
◇p110〔白黒〕 熊本県人吉市
「民俗資料選集 39 辻堂の習俗Ⅳ」国土地理協会 2009
◇p4(本文)〔白黒〕(石田山光明庵の正面に向って右にある石地蔵) 岡山県岡山市下高田当心

**石と祠**
「わたしのアルバム 伝統芸能の系譜 付依代考」錦正社 1986
◇図585〔白黒〕 会津猪苗代町沼尻

**石の市神**
「日本民俗大辞典 上」吉川弘文館 1999
◇図27〔別刷図版「市」〕〔カラー〕 長野県上高井郡小布施町

**市神**
「日本社会民俗辞典 1」日本図書センター 2004
◇p14〔白黒・図〕 山形県楯岡町
「日本民俗大辞典 上」吉川弘文館 1999
◇図26〔別刷図版「市」〕〔カラー〕(初市の市神祠) 福島県会津若松市 [撮]菊池健策
◇p99〔白黒〕 山形県上山市十日町 上山市教育委員会提供
「日本民俗宗教辞典」東京堂出版 1998
◇p31〔白黒〕 福島県会津若松市
「境と辻の神 目でみる民俗神シリーズ3」東京美術 1988
◇p30〔白黒〕 埼玉県浦和市常磐町
◇p30〔白黒〕 福島県大沼郡三島町
「日本宗教民俗図典 1」法蔵館 1985
◇図135〔白黒〕 宮城県白石市 [撮]須藤功
「図説 民俗探訪事典」山川出版社 1983
◇p301〔白黒〕 埼玉県大宮市

**市神社**
「日本民俗大辞典 上」吉川弘文館 1999
◇図28〔別刷図版「市」〕〔カラー〕 埼玉県鳩ヶ谷市

**市神の祠**
「日本の民俗 暮らしと生業」KADOKAWA 2014
◇図11-1〔白黒〕 福島県大沼郡会津高田町 [撮]芳賀日出男, 昭和60年
「日本の民俗 下」クレオ 1997
◇図11-1〔白黒〕 福島県大沼郡会津高田町 [撮]芳賀日出男, 昭和60年

**一門氏神**
「日本社会民俗辞典 1」日本図書センター 2004
◇p67〔白黒〕 鹿児島県百引村 畑田カドのタナカゴゼ

信仰　　神体・偶像類・小祠・神棚

ン社

イッケ氏神
「民間信仰辞典」東京堂出版　1980
◇p23〔白黒〕

井戸神を塩花で浄める老婆
「日本社会民俗辞典 2」日本図書センター　2004
◇p525〔白黒〕　伊豆新島

井戸神様
「日本民俗文化財事典（改訂版）」第一法規出版　1979
◇図234〔白黒〕（山の井戸神様）　東京都奥多摩地方
◇図235〔白黒〕　千葉県安房地方

稲荷を祀る屋敷神
「日本の生活環境文化大辞典」柏書房　2010
◇p228-1〔白黒〕　埼玉県越谷市　㊞1987年　津山正幹

稲荷様
「民俗図録 日本人の暮らし」日本図書センター　2012
◇図643〔白黒〕　長崎県北松浦郡津吉村舟木　フレ（部落の単位）で祀る神　㊞井之口章次

稲荷様と秋葉山
「あるくみるきく双書 宮本常一とあるいた昭和の日本 19」農山漁村文化協会　2012
◇p89〔白黒〕　岐阜県　窯場の神として祀られた　㊞神崎宣武，〔昭和47年〕

イナリ神
「写真でみる日本人の生活全集 5」日本図書センター　2010
◇p121〔白黒〕　東京都小伝馬町牧村ビル屋上　㊞昭和28年4月

稲荷のキツネ
「宮本常一 写真・日記集成 下」毎日新聞社　2005
◇p327〔白黒〕　鳥取県西伯郡大山町　㊞宮本常一，1974年8月22日～23日

イナリの神像
「宮本常一 写真・日記集成 上」毎日新聞社　2005
◇p390〔白黒〕　青森県下北郡東通村桑原　㊞宮本常一，1963年8月12日

稲荷の祠
「日本宗教民俗図典 1」法藏館　1985
◇図51〔白黒〕　群馬県新治村東峯須川　毎年造り替えられる　㊞須藤功

イボッチャ
「民俗図録 日本人の暮らし」日本図書センター　2012
◇図636〔白黒〕　東京都大島元村　ヂヂンゴーサマともいう（地神様の意か）
「日本民俗図誌 1 祭礼・祭祀篇」村田書店　1977
◇図136-1〔白黒・図〕　大島岡田村 八幡神社境内

イボッチャ（屋敷神）
「写真でみる日本人の生活全集 8」日本図書センター　2010
◇p33〔白黒〕（屋敷神としてのイボッチャ）　伊豆大島

イボッチャ（チジンゴウさま）
「日本民俗図誌 1 祭礼・祭祀篇」村田書店　1977
◇図135-1・2〔白黒・図〕　伊豆 大島元村三原神社境内
◇図135-3〔白黒・図〕　伊豆大島　明治35年8月発行『風俗画報』増刊『伊豆七島図会』所載

イワイデン
「豊穣の神と家の神 目でみる民俗神シリーズ2」東京美術　1988
◇p104〔白黒〕　長野県北佐久郡望月町

いわさか
「写真でみる日本人の生活全集 8」日本図書センター　2010
◇p16〔白黒〕　大場磐雄提供

岩船地蔵
「日本民俗大辞典 上」吉川弘文館　1999
◇p144〔白黒〕　山梨県甲府市上積翠寺町

ウジガミ
「豊穣の神と家の神 目でみる民俗神シリーズ2」東京美術　1988
◇p102〔白黒〕　福島県安達郡東和町　同族の神で石をご神体として仮屋に祀る

牛神
「日本社会民俗辞典 1」日本図書センター　2004
◇p66〔白黒〕　岡山県常盤村

牛神塚
「宮本常一 写真・日記集成 別巻」毎日新聞社　2005
◇図46（p19）〔白黒〕　大阪府・和泉・貝塚［貝塚市］　㊞宮本常一，1939年［月日不明］

内神
「日本民俗事典」弘文堂　1972
◇p68〔白黒〕　千葉県香取郡　㊞西垣晴次

ウチガミの茅づと造りの仮宮
「日本社会民俗辞典 4」日本図書センター　2004
◇p1480〔白黒〕　岩手県摺沢町源八

ウチガンサァ
「日本宗教民俗図典 1」法藏館　1985
◇図99～101〔白黒〕　鹿児島県喜入町保薗　㊞須藤功

ウツガン
「あるくみるきく双書 宮本常一とあるいた昭和の日本 21」農山漁村文化協会　2011
◇p169〔白黒〕　鹿児島県里村里（上甑島）　㊞竹内淳子

ウッガンサマ
「豊穣の神と家の神 目でみる民俗神シリーズ2」東京美術　1988
◇p105〔白黒〕　鹿児島県日置郡金峰町 屋敷の一隅
◇p105〔白黒〕　鹿児島県日置郡日吉村

ウッドン
「日本を知る事典」社会思想社　1971
◇図3（p521）〔白黒〕　鹿児島県肝属郡の氏神　左に五輪塔がまつられている

姥神
「日本民俗大辞典 上」吉川弘文館　1999
◇p175〔白黒〕　山形県山形市　立石寺
「日本民俗宗教辞典」東京堂出版　1998
◇p49〔白黒〕　奉納された優婆尊像（新潟県笹神村・高徳寺），セキの姥神（東京都墨田区・長命寺）

ウブの地蔵
「写真でみる日本人の生活全集 5」日本図書センター　2010
◇p111〔白黒〕　伊豆八丈島　㊞牧田茂

ウフワタビンジュル
「日本民俗大辞典 下」吉川弘文館　2000
◇p423〔白黒〕　沖縄県具志川市字前原

馬の神様
「境と辻の神 目でみる民俗神シリーズ3」東京美術　1988
◇p85〔白黒〕　千葉市川市下貝塚　名馬であった馬の頭骨を神として祀る

裏山に祀られた屋敷神とわら製の祠
「図説 民俗建築大事典」柏書房　2001
◇写真1（p262）〔白黒〕　群馬県中之条町

恵比寿を祀る祠
「図説 日本民俗学」吉川弘文館　2009
◇p204〔白黒〕　熊本県長洲町

神体・偶像類・小祠・神棚　　　　　　信　仰

恵比寿神
　「図説 民俗建築大事典」柏書房　2001
　　◇写真4（p266）〔白黒〕（漁家の居間に祀られた恵比寿神）　三重県尾鷲市
恵比寿神と大黒天
　「図説 民俗建築大事典」柏書房　2001
　　◇写真3（p266）〔白黒〕（台所に祀られた恵比寿神と大黒天）　兵庫県南淡町
エビス様
　「民俗図録 日本人の暮らし」日本図書センター　2012
　　◇図742〔白黒〕　島根県八束郡野波村野井　㊟三木茂
　「宮本常一 写真・日記集成 別巻」毎日新聞社　2005
　　◇図97（p23）〔白黒〕（エビス様）　鹿児島県・種子島・熊野〔中種子町〕㊟宮本常一, 1940年1月27日〜2月10日
えびす様と国府神社神璽
　「日本宗教民俗図典 1」法蔵館　1985
　　◇図21〔白黒〕（台所の上におかれたえびす様と国府神社神璽）　三重県阿児町国府　㊟須藤功
エビスさまの祠
　「宮本常一 写真・日記集成 上」毎日新聞社　2005
　　◇p254〔白黒〕　長崎県 五島列島中通島有川（南松浦郡有川町）〔新上五島町〕㊟宮本常一, 1961年4月24日
エビスサン（恵比須様）
　「民具のみかた—心とかたち」第一法規出版　1983
　　◇p218〔白黒〕　長崎県飯盛町
エビス社
　「日本社会民俗辞典 1」日本図書センター　2004
　　◇p272〔白黒〕（舟附場のエビス社）　香川県荘内村
エビス神
　「民俗資料選集 25 焼畑習俗」国土地理協会　1997
　　◇p239（本文）〔白黒〕　高知県池川町椿山　家の内に造った恵毘須棚
　「フォークロアの眼 7 海の暮らしと祭り」国書刊行会　1977
　　◇小論15〔白黒〕　熊本県天草郡五和町二江　漁の神　㊟田辺悟, 昭和49年8月5日
恵比寿・大黒
　「図説 日本民俗学」吉川弘文館　2009
　　◇p49〔白黒〕　三重県志摩市　萩原秀三郎提供
　「写真でみる民家大事典」柏書房　2005
　　◇p157-3〔白黒〕（戸棚の中に祀られている恵比寿大黒）　埼玉県松伏町　㊟1983年　津山正幹
　「日本民具の造形」淡交社　2004
　　◇p200〔白黒〕　島根県 江津市郷土資料館所蔵
恵比須棚
　「写真でみる民家大事典」柏書房　2005
　　◇p157-2〔白黒〕　福島県西会津町　㊟1995年　小澤弘道
恵美須と大黒
　「写真ものがたり昭和の暮らし 3」農山漁村文化協会　2004
　　◇p38〔白黒〕　長崎県勝本町（現壱岐市）　㊟須藤功, 昭和47年10月
　「日本宗教民俗図典 1」法蔵館　1985
　　◇図492〔白黒〕　長崎県勝本町（壱岐）　㊟須藤功
エビスの神体
　「日本社会民俗辞典 4」日本図書センター　2004
　　◇p1552〔白黒〕　島根県平田市塩津浦　毎年正月に海中から小石を拾って祭る。海岸の岩上に祭壇
役小角座像
　「図説 日本民俗学」吉川弘文館　2009
　　◇p213〔白黒〕　福島県矢祭町

お犬さま
　「民俗資料選集 9 山村の生活と用具」国土地理協会　1981
　　◇p82（本文）〔白黒〕（中山神社のお犬さま）　愛知県北設楽郡津具村　岐阜県恵那郡串原村の中山神社から迎えてくる（陶製の像）
大竈上の三宝荒神
　「食の民俗事典」柊風舎　2011
　　◇p425〔白黒〕　京都府八幡市 伊佐家
オカケジサマ
　「民俗資料選集 2 木地師の習俗」国土地理協会　1974
　　◇p93（本文）〔白黒〕　新潟県糸魚川市大所木地屋　木地師の習俗 掛け図にしたてた、いろいろな神仏など
オカマサマ
　「図説 日本民俗学」吉川弘文館　2009
　　◇p156〔白黒〕　茨城県龍ヶ崎市
　「いまに伝える 農家のモノ・人の生活館」柏書房　2004
　　◇p240 写真4〔白黒〕（かまどの上に祀られたオカマサマ）　埼玉県大利根町
　「日本民俗事典」弘文堂　1972
　　◇p309〔白黒〕　東京都西多摩郡奥多摩町　㊟宮本馨太郎
オキヌサン
　「いまに伝える 農家のモノ・人の生活館」柏書房　2004
　　◇p187 図1〔白黒・図〕（紙で折られたオキヌサン）　埼玉県小川町
　　◇p187 写真2〔白黒〕　埼玉県江南町
オキヌサン人形
　「民俗学事典」丸善出版　2014
　　◇p319〔白黒〕　群馬県伊勢崎市境島村
隠岐の客神
　「日本を知る事典」社会思想社　1971
　　◇図5（p524）〔白黒〕（小字単位にまつる隠岐の客神）　島根県隠地郡
屋内神
　「図説 民俗探訪事典」山川出版社　1983
　　◇p174〔白黒〕　千葉県海上町
お地蔵さま
　「宮本常一 写真・日記集成 下」毎日新聞社　2005
　　◇p436〔白黒〕（裏のお地蔵さま）　東京都八丈町大賀郷（八丈島）　㊟宮本常一, 1978年7月25日〜29日
お地蔵さまを中心にした石仏群
　「宮本常一 写真・日記集成 下」毎日新聞社　2005
　　◇p401〔白黒〕（墓地のお地蔵さまを中心にした石仏群）　滋賀県高島郡朽木村生杉　㊟宮本常一, 1977年8月23日
落とし口に立てた田の神
　「民俗資料叢書 11 田植の習俗5」平凡社　1970
　　◇図145〔白黒〕　鹿児島県国分市上井　種蒔きの日 モチの日に作って祝った田の神様を立ててまつりシトギを供える
鬼婆の石像
　「宮本常一 写真・日記集成 下」毎日新聞社　2005
　　◇p434〔白黒〕（黒塚に祀られた鬼婆の石像）　福島県二本松市安達ケ原　㊟宮本常一, 1978年7月10日〜13日（農山漁家生活改善技術資料収集調査）
小野宮惟喬の像
　「日本の民俗 暮らしと生業」KADOKAWA　2014
　　◇図8-4〔白黒〕　滋賀県神埼郡永源寺町　㊟芳賀日出男, 平成3年
　「日本の民俗 下」クレオ　1997
　　◇図8-4〔白黒〕　滋賀県神埼郡永源寺町　木地師の職神 小野宮惟喬親王像と手挽きろくろを図示した掛け軸　㊟芳賀日出男, 平成3年

### お初地蔵
「日本民俗図誌 1 祭礼・祭祀篇」村田書店　1977
◇図142-2〔白黒・図〕　東京市浅草区黒船町正覚寺内　大正11年7月建立

### おビシャをまつる頭屋の屋根
「民俗資料叢書 5 田植の習俗2」平凡社　1967
◇図1〔白黒〕　茨城県稲敷郡桜川村浮島

### オヒナサマ
「豊穣の神と家の神 目でみる民俗神シリーズ2」東京美術　1988
◇p111〔白黒〕　宮城県栗原郡栗駒町　便所神の依り代
「フォークロアの眼 8 よみがえり」国書刊行会　1977
◇図5〔白黒〕　宮城県栗原郡栗駒町文字下　便所神の依り代　[撮]萩原秀三郎, 昭和47年3月

### おびんずる
「日本宗教民俗図典 1」法蔵館　1985
◇図245〔白黒〕　大阪市天王寺区 四天王寺　[撮]須藤功

### オビンズルサマ
「境と辻の神 目でみる民俗神シリーズ3」東京美術　1988
◇p94〔白黒〕　長野県小県郡丸子町鹿教湯の薬師堂

### オフナサマ
「豊穣の神と家の神 目でみる民俗神シリーズ2」東京美術　1988
◇p52〔白黒〕　千葉県勝浦市

### オフンドウサマ
「豊穣の神と家の神 目でみる民俗神シリーズ2」東京美術　1988
◇p111〔白黒〕　宮城県登米郡迫町
「フォークロアの眼 8 よみがえり」国書刊行会　1977
◇図7・8〔白黒〕　宮城県登米郡迫町北浦　便所の神　[撮]萩原秀三郎, 昭和48年1月

### オヘーナ（便所神）
「豊穣の神と家の神 目でみる民俗神シリーズ2」東京美術　1988
◇p110〔白黒〕　群馬県利根郡新治村

### オミヒメサマ
「日本民具の造形」淡交社　2004
◇p185〔白黒〕　神奈川県 神奈川県立歴史博物館所蔵

### オミヨシサン
「豊穣の神と家の神 目でみる民俗神シリーズ2」東京美術　1988
◇p50〔白黒〕　愛知県海部郡八開村
「日本宗教民俗図典 1」法蔵館　1985
◇図94〔白黒〕　愛知県八開村　津島神社の祭りの後 神社から受けたお札をまつる　[撮]萩原秀三郎

### オロックウサン
「図説 民俗建築大事典」柏書房　2001
◇写真9（p177）〔白黒〕　岡山県岡山市　竈の守り神

### カイチュウブツ（懐中仏）
「民具のみかた―心とかたち」第一法規出版　1983
◇p220〔白黒〕　富山県富山市

### 瘡守稲荷
「宮本常一 写真・日記集成 別巻」毎日新聞社　2005
◇図140（p27）〔白黒〕　東京都・八王子［八王子市］　[撮]宮本常一, 1940年［月日不明］

### 風の神
「日本社会民俗辞典 1」日本図書センター　2004
◇p166〔白黒・図〕　新潟県湯沢

### 風の三郎
「仏教民俗辞典 コンパクト版」新人物往来社　1993
◇p74〔白黒〕

### 風の三郎さま
「写真でみる日本人の生活全集 5」日本図書センター　2010
◇p117〔白黒〕（風神「風の三郎さま」）　新潟県中魚沼郡秋成村　武田久吉の「農村の年中行事」による

### 風邪の地蔵様
「民俗図録 日本人の暮らし」日本図書センター　2012
◇図721〔白黒〕　福井県三方郡三方町成願寺　[撮]錦耕三

### ガータロ
「民俗図録 日本人の暮らし」日本図書センター　2012
◇図743〔白黒〕　長崎県南松浦郡福江町　河童のこと。水神として祀る　[撮]山階芳正

### 河童神の祠
「豊穣の神と家の神 目でみる民俗神シリーズ2」東京美術　1988
◇p51〔白黒〕　岩手県遠野市 河童淵

### カドドウシンサン
「日本宗教民俗図典 1」法蔵館　1985
◇図3〔白黒〕　山梨県丹波山村　[撮]須藤功

### 要石
「民俗学事典」丸善出版　2014
◇p149〔白黒〕　三重県伊賀市青山町 大村神社

### 金屋子神
「日本民俗写真大系 7」日本図書センター　2000
◇p98〔白黒〕（菅谷たたらに祀られる金屋子神）　島根県広瀬町　[撮]青山富士夫, 1978年

### カマガミ
「写真でみる民家大事典」柏書房　2005
◇p160-1〔白黒〕（家を司る神といわれ目に鮑の貝殻を入れたカマ神）　宮城県加美町　[撮]1999年　津山正幹
「図説 民俗建築大事典」柏書房　2001
◇写真2（p265）〔白黒〕（カマ神）　宮城県宮崎町
「豊穣の神と家の神 目でみる民俗神シリーズ2」東京美術　1988
◇p106〔白黒〕　宮城県石巻市
◇p106〔白黒〕　宮城県栗原郡栗駒町
◇p107〔白黒〕　宮城県桃生郡河北町
「日本宗教民俗図典 1」法蔵館　1985
◇図23〔白黒〕　宮城県河北町小福地　[撮]萩原秀三郎
「フォークロアの眼 8 よみがえり」国書刊行会　1977
◇図119〔白黒〕　宮城県桃生郡河北町小福地　[撮]萩原秀三郎, 昭和50年12月28日～翌年1月2日

### カマ神
「写真でみる民家大事典」柏書房　2005
◇口絵15〔カラー〕　宮城県加美町　[撮]1999年　刊行委員会

### 釜神
「食の民俗事典」柊風舎　2011
◇p424〔白黒〕（アワビの貝殻を目にした釜神様）　宮城県気仙沼市赤岩
「日本民俗大辞典 上」吉川弘文館　1999
◇p389〔白黒〕　宮城県桃生郡桃生町

### カマガミサマ
「日本社会民俗辞典 3」日本図書センター　2004
◇p1216〔白黒〕　宮城県花山村
「図録・民具入門事典」柏書房　1991
◇p96〔白黒〕　新潟県

### 釜神様
「日本社会民俗辞典 1」日本図書センター　2004
◇p203〔白黒・図〕　新潟県中魚沼郡地方

### カマガミサマの面
「図説 民俗探訪事典」山川出版社　1983

神体・偶像類・小祠・神棚　　　　　　　　信　仰

　　◇p45〔白黒〕　宮城県塩釜神社博物館蔵

## カマガミサン
「民俗学辞典（改訂版）」東京堂出版　1987
　　◇図版12（p117）〔白黒・図〕　岩手県　橋浦泰雄画

## ガマ権現のホコラ
「写真でみる日本人の生活全集 5」日本図書センター　2010
　　◇p64〔白黒〕　東京都世田谷区深沢町の路傍　昭和30年に新しく祭られたが2年後にとりはらわれた

## カマジン（釜神）
「日本社会民俗辞典 1」日本図書センター　2004
　　◇p203〔白黒・図〕　宮城県牡鹿郡地方

## カマド神
「写真でみる日本人の生活全集 5」日本図書センター　2010
　　◇p116〔白黒〕　東北地方
「写真ものがたり昭和の暮らし 1」農山漁村文化協会　2004
　　◇p46〔白黒・図〕（かまど近くの柱に掲げた「かまど神」の面）　宮城県河北町　㊞昭和18年3月　絵・早川孝太郎
「日本の民具 2 農村」慶友社　1992
　　◇図224〔白黒〕　秋田県　㊞薗部澄
「豊穣の神と家の神　目でみる民俗神シリーズ2」東京美術　1988
　　◇口絵〔カラー〕　宮城県桃生郡河北町
　　◇p106〔白黒〕　熊本県球磨郡須恵村
「年中行事図説」岩崎美術社　1975
　　◇p223〔白黒・図〕

## 竈神
「図説 日本民俗学」吉川弘文館　2009
　　◇p202〔白黒〕　宮城県石巻市　萩原秀三郎提供
「精選 日本民俗辞典」吉川弘文館　2006
　　◇p139〔白黒〕　宮城県河北町小福地（石巻市）
「図説 民俗建築大事典」柏書房　2001
　　◇写真1（p264）〔白黒〕　奈良県安堵町
「日本民俗大辞典 上」吉川弘文館　1999
　　◇p392〔白黒〕　宮城県桃生郡河北町　東北歴史資料館提供

## 竈神様
「民俗学辞典（改訂版）」東京堂出版　1987
　　◇写真版 第二図 面〔白黒〕　宮城県牡鹿郡　本田安次蔵

## 竈神の面
「民間信仰辞典」東京堂出版　1980
　　◇p86〔白黒〕

## カマノキ・アメンボ
「日本民俗図誌 1 祭礼・祭祀篇」村田書店　1977
　　◇図136-2〔白黒・図〕　伊豆大島　イボッチャ（地神）の前に立てる

## 釜仏
「日本民具の造形」淡交社　2004
　　◇p185〔白黒〕　京都府 京の田舎民具資料館所蔵

## 神々をまつる幣棚
「精選 日本民俗辞典」吉川弘文館　2006
　　◇p4〔白黒〕　北海道静内町

## 神棚
「図説 台所道具の歴史」日本図書センター　2012
　　◇p62-1〔白黒〕　山形県鶴岡・致道博物館、東京世田谷ぼろ市　㊞GK
「民俗資料選集 41 豊後の水車習俗」国土地理協会　2010
　　◇p12（口絵）〔白黒〕（水車の神棚）　大分県玖珠町下園
「写真でみる日本人の生活全集 3」日本図書センター　2010
　　◇口絵〔白黒〕（椎葉の神棚）　宮崎県椎葉村
「日本の生活環境文化大辞典」柏書房　2010
　　◇p213-3〔白黒〕（床の間に置かれる神棚）　新潟県中魚沼郡津南町大赤沢　㊞2009年
　　◇p213-5〔白黒〕　新潟県新発田市板山　㊞2009年
　　◇p215-8〔白黒〕（曹洞宗寺院の庫裏に祀られる神棚）　新潟市江南区小杉　㊞1999年
「図説 日本民俗学」吉川弘文館　2009
　　◇p49〔白黒〕（神棚と位牌）　福島県須賀川市
　　◇p198〔白黒〕　栃木県市貝町
「祭・芸能・行事大辞典 上」朝倉書店　2009
　　◇p442〔白黒〕　（株）宮本卯之助商店
「民俗資料選集 38 紡織習俗Ⅲ」国土地理協会　2007
　　◇p50・96（本文）〔白黒〕（御絲織物株式会社 染め場の神棚）　三重県多気郡明和町養川
「写真でみる民家大事典」柏書房　2005
　　◇p155-1〔白黒〕（18世紀中頃に作られた神棚）　京都府八幡市　㊞2003年　森隆男
「宮本常一 写真・日記集成 下」毎日新聞社　2005
　　◇p44〔白黒〕（台所の神棚）　豊松村矢原（広島県神石郡［神石高原町］）　㊞宮本常一、1965年9月12日
「日本民具の造形」淡交社　2004
　　◇p184〔白黒〕　長野県 高遠商家池上民俗資料館所蔵
　　◇p184〔白黒〕　鹿児島県 笠利町歴史民俗資料館
　　◇p184〔白黒〕（酒造場神棚）　長崎県 長崎市歴史民俗資料館所蔵
「日本社会民俗辞典 1」日本図書センター　2004
　　◇p24〔白黒〕　岩手県浅沢村 齋藤家
　　◇p211〔白黒〕　新潟県三面村
「写真ものがたり昭和の暮らし 1」農山漁村文化協会　2004
　　◇p53〔白黒〕（神棚と仏壇）　群馬県片品村　㊞都丸十九一、昭和28年
「図説 民俗建築大事典」柏書房　2001
　　◇写真7（p271）〔白黒〕（生活空間より高い位置に設けられる神棚）　福岡県吉井町
「日本民俗大辞典 下」吉川弘文館　2000
　　◇図9〔別刷図版「民家」〕〔白黒〕（仏壇・神棚）　埼玉県秩父郡大滝村 幸島家住宅　㊞小林昌人、1982年
「日本民俗大辞典 上」吉川弘文館　1999
　　◇p402〔白黒〕（常設の神棚）　奈良県吉野郡十津川村
「豊穣の神と家の神　目でみる民俗神シリーズ2」東京美術　1988
　　◇p83〔白黒〕（仏壇と神棚をいっしょに祀る）　福島県三島町
「日本宗教民俗図典 1」法蔵館　1985
　　◇図9〔白黒〕（上部に神棚 その下に仏壇）　秋田県角館町下川原　㊞須藤功
　　◇図14〔白黒〕　広島県豊松村　さまざまな神が祀られている　㊞須藤功
　　◇図20〔白黒〕　岩手県陸前高田市　出雲美保神社神符と木像、氷上山三柱神社神符と竹駒神社神符，オシラサマ　㊞須藤功
　　◇図92〔白黒〕（店の隅につくられた神棚）　秋田県横手市　㊞須藤功
「民俗資料選集 2 木地師の習俗」国土地理協会　1974
　　◇p93（本文）〔白黒〕　新潟県糸魚川市大所木地屋　木地師の習俗
「日本を知る事典」社会思想社　1971
　　◇図13（p199）〔白黒〕（台所周囲の神棚）　長野県塩尻市
　　◇図22（p203）〔白黒〕（仏壇と神棚）　長野県下水内郡農家の客座敷
「民俗資料叢書 2 志摩の年齢階梯制」平凡社　1965
　　◇図56〔白黒〕

## 神棚の例（西日本）
「日本の生活環境文化大辞典」柏書房　2010
　　◇p212-2〔白黒〕　奈良県五条市阿田　㊞2002年　鈴木秋彦

信仰　　　　　　　　　　　　　　　神体・偶像類・小祠・神棚

## 神棚の例（東日本）
「日本の生活環境文化大辞典」柏書房　2010
　◇p212-1〔白黒〕　福島県郡山市湖南町三代　㊙2009年鈴木秋彦

## 神にまつられた石
「宮本常一 写真・日記集成 別巻」毎日新聞社　2005
　◇図182(p33)〔白黒〕　青森県西津軽郡車力村　㊙宮本常一、1940年〔11月〕か

## 神の住まい（素焼きの神殿）
「図説 台所道具の歴史」日本図書センター　2012
　◇p12-4〔カラー〕　〔素焼きの神殿〕　愛媛県・東予民芸館

## ガラン様
「民俗図録 日本人の暮らし」日本図書センター　2012
　◇図646〔白黒〕　長崎県北松浦郡大島村大根坂　地主神か　㊙井之口章次

## 川守地蔵尊
「写真でみる日本人の生活全集 5」日本図書センター　2010
　◇p104〔白黒〕　埼玉県熊谷市　昭和29年夏　荒川で犠牲になったおさない水難者の霊をとむらうために建立

## 願掛け地蔵
「図説 日本民俗学」吉川弘文館　2009
　◇p81〔白黒〕　長野市

## かんかん地蔵
「日本民俗図誌 1 祭礼・祭祀篇」村田書店　1977
　◇図141-2〔白黒・図〕　浅草観音堂内淡島社附近　現存せず

## 木地師の祖神の掛軸
「民俗資料選集 2 木地師の習俗」国土地理協会　1974
　◇p3（口絵）〔白黒〕（祖神の掛軸）　新潟県糸魚川市大所木地屋　「器地轆轤之祖神惟喬親王命尊像」　版元筒井神社

## 木地屋の神像
「民俗の事典」岩崎美術社　1972
　◇p210〔白黒〕

## 木地屋村の氏神
「民俗資料叢書 10 木地師の習俗2」平凡社　1969
　◇図77〔白黒〕　岐阜県 丹生川地方　栃の老木を山の神の本尊とする

## 九尾稲荷（荼吉尼天像）
「日本民俗宗教辞典」東京堂出版　1998
　◇p33〔白黒〕　栃木県 喰初寺　㊙大森惠子

## 漁業神
「民具のみかた一心とかたち」第一法規出版　1983
　◇p219〔白黒〕　長崎県玉之浦町

## 巨木の洞穴に祀られた祠
「宮本常一が撮った昭和の情景 上」毎日新聞社　2009
　◇p37〔白黒〕（巨木の洞穴に祀られた小祠）　大分県速見郡日出町　㊙宮本常一、1957年8月21日
「宮本常一 写真・日記集成 上」毎日新聞社　2005
　◇p73〔白黒〕　速見郡日出町　㊙宮本常一、1957年8月21日

## 鎖塚地蔵尊
「宮本常一 写真・日記集成 下」毎日新聞社　2005
　◇p459〔白黒〕　北海道常呂郡端野町　明治時代の国道開設で犠牲になった囚人たちを弔う　㊙宮本常一、1979年4月29日

## 熊野比丘尼像
「日本民俗宗教辞典」東京堂出版　1998
　◇p161〔白黒〕

## 供物に埋まった地蔵
「日本民俗大辞典 上」吉川弘文館　1999
　◇p769〔白黒〕　三重県鳥羽市

## 黒駒太子像
「日本宗教民俗図典 2」法蔵館　1985
　◇図68〔白黒〕　秋山郷（長野県下水内郡栄村）

## 黒駒に乗った太子像
「日本宗教民俗図典 2」法蔵館　1985
　◇図69〔白黒〕　秋山郷（長野県下水内郡栄村）

## 化粧をほどこしたお地蔵さま
「宮本常一が撮った昭和の情景 上」毎日新聞社　2009
　◇p108〔白黒〕（石積みの祠に2体の地蔵が並ぶ）　山口県萩市見島 宇津の観音堂付近　化粧している　㊙宮本常一、1960年8月3日
「宮本常一 写真・日記集成 上」毎日新聞社　2005
　◇p202〔白黒〕　山口県萩市 見島　㊙宮本常一、1960年8月3日

## 化粧された地蔵
「日本写真全集 9」小学館　1987
　◇図156〔白黒〕　㊙森裕貴、昭和43年　『京都』（昭和44年刊）

## 化粧地蔵
「図説 日本民俗学」吉川弘文館　2009
　◇p124〔白黒〕　滋賀県草津市、京都府丹後市

## ケリサバンホラリカムイエカシ
「あるくみるきく双書 宮本常一とあるいた昭和の日本 21」農山漁村文化協会　2011
　◇p217〔白黒〕　北海道ひだか町静内　家族を守る男神　㊙今石みぎわ、平成17年6月

## コウザキ
「日本宗教民俗図典 1」法蔵館　1985
　◇図116・118〔白黒〕　宮崎県西都市銀鏡　狩猟の神　㊙須藤功

## 荒神
「写真でみる民家大事典」柏書房　2005
　◇p153-3〔白黒〕（樹木を依代にした荒神）　島根県斐川町　㊙1990年 津山正幹
「民俗の事典」岩崎美術社　1972
　◇p297〔白黒〕　岡山市

## 荒神を祀る榎木の大木
「宮本常一が撮った昭和の情景 下」毎日新聞社　2009
　◇p62〔白黒〕　山口県大島郡周防大島町大字日見　㊙宮本常一、1967年12月20日～23日
「宮本常一 写真・日記集成 下」毎日新聞社　2005
　◇p115〔白黒〕（榎をまつる荒神）　山口県大島郡大島町日見［周防大島町］　㊙宮本常一、1967年12月20日～23日

## コウジンサマ
「豊穣の神と家の神 目でみる民俗神シリーズ2」東京美術　1988
　◇p106〔白黒〕　徳島県三好郡西祖谷山村　竈の上の屋根裏

## 荒神様
「民俗資料選集 39 辻堂の習俗Ⅳ」国土地理協会　2009
　◇p40（本文）〔白黒〕　岡山県笠岡市東大戸宗岡
「図説 民俗建築大事典」柏書房　2001
　◇写真1(p61)〔白黒〕　島根県出雲地方
「山と森の神 目でみる民俗神シリーズ1」東京美術　1988
　◇p86〔白黒〕（荒神さま）　宮崎県東臼杵郡椎葉村大河内 モミの木
　◇p87〔白黒〕（荒神さま）　宮崎県東臼杵郡椎葉村大河内 屋敷の一隅の神木

神体・偶像類・小祠・神棚　　　　　　　　　　信　仰

「図説 民俗探訪事典」山川出版社　1983
　　◇p45〔白黒〕（かまどと荒神様）　埼玉県　正月　㊟清水武甲
「民俗資料叢書 5 田植の習俗2」平凡社　1967
　　◇図23〔白黒〕　茨城県稲敷郡桜川村浮島　竈苗が供えてある

## 荒神さん
「写真でみる日本人の生活全集 8」日本図書センター　2010
　　◇p28〔白黒〕　愛媛県下の島々
「豊穣の神と家の神 目でみる民俗神シリーズ2」東京美術　1988
　　◇p82〔白黒〕　熊本県須恵村中島

## 荒神棚
「豊穣の神と家の神 目でみる民俗神シリーズ2」東京美術　1988
　　◇p27〔白黒〕　千葉県市川市　田植えの日、三把の苗を置き祈る
「日本宗教民俗図典 1」法蔵館　1985
　　◇図15〔白黒〕　広島県豊松村　かまどの上にある　㊟須藤功

## 荒神の注連縄
「写真でみる民家大事典」柏書房　2005
　　◇p153-1〔白黒〕（毎年張り重ねられる荒神の注連縄）　埼玉県越谷市　㊟2004年　津山正幹

## 荒神の祠
「日本社会民俗辞典 1」日本図書センター　2004
　　◇p386〔白黒〕　岡山県阿哲郡

## 弘法大師
「日本民具の造形」淡交社　2004
　　◇p185〔白黒〕　群馬県 内田郷土博物館所蔵

## コクラ
「日本民俗図誌 1 祭礼・祭祀篇」村田書店　1977
　　◇図106-1〔白黒・図〕　壱岐島小崎のサヤノカミ
　　◇図106-2〔白黒・図〕　壱岐島 芦辺八幡浦の佐谷姫神社
　　◇図107-1・2〔白黒・図〕　壱岐島八幡寄八幡
　　◇図107-3〔白黒・図〕　壱岐島 瀬戸祇園神社
　　◇図107-4〔白黒・図〕　壱岐島 芦辺住吉神社
　　◇図108-1〔白黒・図〕　壱岐島 筒城海岸
　　◇図108-2〔白黒・図〕　壱岐島 初山村上坪の金崎神社境内
　　◇図109-1〔白黒・図〕　壱岐島 渡良のエビス祠
　　◇図109-2・3〔白黒・図〕　壱岐島 芦辺のエビス祠
　　◇図110-1〔白黒・図〕　壱岐島 印通寺
　　◇図110-2〔白黒・図〕　壱岐島 志原村 弥佐支刀神社境内
　　◇図111-1・2〔白黒・図〕　壱岐島 渡良大島
　　◇図111-3〔白黒・図〕　壱岐島 鯨伏湯本
　　◇図112-1・2・3〔白黒・図〕　壱岐島 芦辺 住吉神社境内
　　◇図112-4・5・6〔白黒・図〕　壱岐島 鯨伏湯本の金毘羅宮
　　◇図113-1〔白黒・図〕　壱岐島 武生水町権田の金毘羅宮
　　◇図113-2・3〔白黒・図〕　壱岐島 武生水町片原
　　◇図114-1・2〔白黒・図〕　壱岐島 芦辺住吉神社境内
　　◇図114-3・4〔白黒・図〕　壱岐島 武生水町下ル町の塞の神
　　◇図114-5〔白黒・図〕　壱岐島 武生水町下ル町のエビス祠
　　◇図115-1〔白黒・図〕　壱岐島 田河村南触の金毘羅宮
　　◇図115-2〔白黒・図〕　壱岐島 筒城の海神社
　　◇図116-1〔白黒・図〕　壱岐島 筒城の海神社　祠の扉に「海神社」と刻されている
　　◇図116-2〔白黒・図〕　壱岐島 田河村の海岸
　　◇図117-1〔白黒・図〕　壱岐島 渡良の小崎にあるヒシゴサマ
　　◇図117-2〔白黒・図〕　壱岐島 石田村津之宮神社
　　◇図117-3〔白黒・図〕　壱岐島 瀬戸祇園神社
　　◇図117-4〔白黒・図〕　壱岐島 石田村の志自岐神社

## ゴケ神
「写真でみる民家大事典」柏書房　2005
　　◇p159-3〔白黒〕　福島県福島市　㊟1986年　佐治靖

## 五穀を祀る興屋の聖
「祭・芸能・行事大辞典 上」朝倉書店　2009
　　◇p647〔白黒〕　鶴岡市羽黒町平向　㊟金田久璋

## 子授け地蔵
「境と辻の神 目でみる民俗神シリーズ3」東京美術　1988
　　◇p65〔白黒〕　奈良県宇陀郡大宇陀町　大蔵寺

## 五社様
「民俗図録 日本人の暮らし」日本図書センター　2012
　　◇図722〔白黒〕　静岡県賀茂郡　㊟瀬川清子

## コージン
「宮本常一 写真・日記集成 別巻」毎日新聞社　2005
　　◇図56（p20）〔白黒〕　島根県鹿足郡蔵木村河津［六日市町］　㊟宮本常一, 1939年12月1日

## 御神体
「民俗資料叢書 10 木地師の習俗2」平凡社　1969
　　◇図52〔白黒〕（下大須春日神社の御神体）　岐阜県本巣市根尾下大須
　　◇図53〔白黒〕（上大須の御神体）　岐阜県根尾谷地方〔本巣市〕

## 牛頭観音
「宮本常一 写真・日記集成 下」毎日新聞社　2005
　　◇p302〔白黒〕（幼牛と牛頭観世音の石塔）　東京都府中市若松町　㊟宮本常一、1973年4月ごろ（27日以前）
「日本民俗事典」弘文堂　1972
　　◇p63〔白黒〕　新潟県佐渡郡相川町　㊟西垣晴次

## 子捨場（地蔵）
「民俗資料叢書 2 志摩の年齢階梯制」平凡社　1965
　　◇図24〜25〔白黒〕（子捨場）　三重県鳥羽市松尾町　地蔵, 地蔵の背部, 地蔵の台石（明治7年記年あり）

## 子育て観音
「図説 民俗探訪事典」山川出版社　1983
　　◇p176〔白黒〕　埼玉県秩父札所4番金昌寺

## 子育地蔵
「写真でみる日本人の生活全集 5」日本図書センター　2010
　　◇p111〔白黒〕　鎌倉市腰越
「境と辻の神 目でみる民俗神シリーズ3」東京美術　1988
　　◇p64〔白黒〕（子育て地蔵）　東京都八王子市

## 子育地蔵の小祠
「日本民俗図誌 1 祭礼・祭祀篇」村田書店　1977
　　◇図143〔白黒・図〕　東京市向島区寺島町地蔵坂

## 蚕玉神社（石碑）
「日本の生活環境文化大辞典」柏書房　2010
　　◇p55-7〔白黒〕（蚕玉神社）　長野県松本市梓川　石碑　㊟1979年

## コドノサン
「豊穣の神と家の神 目でみる民俗神シリーズ2」東京美術　1988
　　◇p103〔白黒〕　三重県度会郡度会町　屋敷の乾の隅に祀る

## 子はらみ地蔵
「写真でみる日本人の生活全集 5」日本図書センター　2010
　　◇p110〔白黒〕　㊟宗弘容

## 子安神の神像
「民間信仰辞典」東京堂出版　1980
　　◇p125〔白黒〕

**子安観音**
「民俗図録 日本人の暮らし」日本図書センター　2012
◇図744〔白黒〕　鹿児島県出水郡西長島村

**ゴリョウゼンサマ**
「写真でみる日本人の生活全集 3」日本図書センター　2010
◇p153〔白黒〕　東京都世田谷区等々力町　先祖神

**惟喬親王像**
「民俗資料叢書 7 木地師の習俗1」平凡社　1968
◇図102〔白黒〕　三重県　木地師の習俗　小倉憲郎蔵

**惟喬親王と小椋実秀, 大蔵雅仲**
「民俗資料叢書 10 木地師の習俗2」平凡社　1969
◇図4〔白黒〕　愛知県設楽町段戸・神田

**惟喬親王と木地挽きの図**
「民俗資料叢書 10 木地師の習俗2」平凡社　1969
◇図3〔白黒〕　愛知県設楽町段戸・神田

**金神様の祠**
「写真でみる日本人の生活全集 5」日本図書センター　2010
◇p116〔白黒〕

**金神祠**
「日本社会民俗辞典 1」日本図書センター　2004
◇p453〔白黒〕(屋敷の隅の金神祠)　香川県塩飽島

**金勢様**
「日本民俗写真大系 2」日本図書センター　1999
◇p83〔白黒〕　岩手県遠野市　新しく造った金勢様に魂を入れてもらうため、神社に運ぶ　[撮]浦田穂一, 1975年

**金精様**
「境と辻の神 目でみる民俗神シリーズ3」東京美術　1988
◇p60〔白黒〕　秋田県仙北郡角館町　石棒に赤い着物を着せている

**金勢神像**
「日本社会民俗辞典 2」日本図書センター　2004
◇p794〔白黒〕　横浜市鶴見　江戸時代の作

**金毘羅山(石碑)**
「日本宗教民俗図典 1」法蔵館　1985
◇図529〔白黒〕　山形県中山町長崎川向　[撮]須藤功

**金毘羅大明神石祠**
「民俗資料叢書 15 有明海の漁撈習俗」平凡社　1972
◇図95〔白黒〕　太良町竹崎

**祭祀対象物の分布(八丈島中之郷)**
「図説 民俗探訪事典」山川出版社　1983
◇p314〔白黒・図〕　八丈島　東京都教育委員会『文化財の保護』第6号より

**祭石**
「日本民俗図誌 1 祭礼・祭祀篇」村田書店　1977
◇図102-1〔白黒・図〕　東京府新島本村 為朝神社の社殿背後
◇図102-3〔白黒・図〕　三宅島の阿古村から坪田村へ行く途中の路傍
◇図103-1〔白黒・図〕　新島本村
◇図103-2〔白黒・図〕　三宅島阿古村 富賀神社境内
◇図104-1〔白黒・図〕　東京府神津島 物忌奈命神社
◇図104-2〔白黒・図〕　東京府神津島 物忌奈命神社境内末社
◇図105-1〔白黒・図〕　壱岐島(長崎県壱岐郡)芦辺の竜神
◇図105-2〔白黒・図〕　壱岐島(長崎県壱岐郡)郷ノ浦の犬神
◇図105-3〔白黒・図〕　壱岐島(長崎県壱岐郡)渡良長島の石神

**幸神**
「民俗の事典」岩崎美術社　1972
◇p300〔白黒〕　京都 出雲路

**塞の神**
「宮本常一 写真・日記集成 上」毎日新聞社　2005
◇p16〔白黒〕　山口県 周防大島 伊保田　[撮]宮本常一, 1955年6月20日
「民俗資料選集 9 山村の生活と用具」国土地理協会　1981
◇p15(口絵)〔白黒〕　愛知県北設楽郡津具村

**塞神**
「境と辻の神 目でみる民俗神シリーズ3」東京美術　1988
◇p57〔白黒〕　福島県東和町　小祠に神像と石棒が祀られ、小さな木製の男根やワラで編んだ女陰が奉納されている
「日本民俗図誌 1 祭礼・祭祀篇」村田書店　1977
◇図120-1〔白黒・図〕　徳島県三好郡三庄村字毛田　大正12年〔採図〕
「図説 日本民俗学全集 3」高橋書店　1971
◇図24〔白黒〕　[撮]永江維章
「図説 日本民俗学全集 4」あかね書房　1960
◇図24〔白黒〕　[撮]永江維章

**塞の神の小祠**
「宮本常一が撮った昭和の情景 上」毎日新聞社　2009
◇p9〔白黒〕　山口県大島郡周防大島町大字伊保田　[撮]宮本常一, 1955年6月20日

**サエの神**
「民俗の事典」岩崎美術社　1972
◇p300〔白黒〕　白馬山麓

**坂本さん**
「民俗図録 日本人の暮らし」日本図書センター　2012
◇図638〔白黒〕　長崎県北松浦郡紐差村宝亀　萱の元をくくって地上に立てそれを神の祠にしたトビヤシロ　[撮]井之口章次

**讃岐坊の朽ちた仏頭**
「宮本常一 写真・日記集成 上」毎日新聞社　2005
◇p203〔白黒〕　山口県萩市 見島　[撮]宮本常一, 1960年8月3日

**三社託宣の軸物**
「日本民俗大辞典 上」吉川弘文館　1999
◇p725〔白黒〕　天照皇大神・八幡大神・春日大神　[撮]明治時代

**山上にある小祠**
「日本民俗文化財事典(改訂版)」第一法規出版　1979
◇図232〔白黒〕　三重県答志島

**蚕神**
「豊穣の神と家の神 目でみる民俗神シリーズ2」東京美術　1988
◇p116〔白黒〕　群馬県甘楽郡小野上村　絵像

**蚕神像**
「日本社会民俗辞典 4」日本図書センター　2004
◇p1532〔白黒〕　東京都

**蚕神の神像**
「民間信仰辞典」東京堂出版　1980
◇p70〔白黒〕

**サンスケ**
「日本民俗大辞典 下」吉川弘文館　2000
◇図6〔別刷図版「山の神」〕〔カラー〕　青森県南津軽郡大鰐町　成田敏提供

**産泰様**
「祭・芸能・行事大辞典 上」朝倉書店　2009
◇p766〔白黒〕　産泰様 産泰神社　本庄市役所

**サンバイ様**
「図説 民俗探訪事典」山川出版社　1983

神体・偶像類・小祠・神棚　　　　　　　　　　　信　仰

　　　◇p149〔白黒〕　広島県神石郡　㊃萩原秀三郎
　「民間信仰辞典」東京堂出版　1980
　　　◇p138〔白黒〕　主に中国・四国地方に分布

**三宝荒神像**
　「日本社会民俗辞典 1」日本図書センター　2004
　　　◇p385〔白黒・図〕　品川海雲寺境

**三面地蔵**
　「宮本常一 写真・日記集成 下」毎日新聞社　2005
　　　◇p211〔白黒〕　山口県阿武郡福栄村深草付近　㊃宮本常一、1969年8月17日～24日（山口県阿武川民俗資料緊急第二次調査）

**塩地蔵**
　「境と辻の神 目でみる民俗神シリーズ3」東京美術　1988
　　　◇p65〔白黒〕　東京都足立区西新井大師

**地神**
　「日本社会民俗辞典 2」日本図書センター　2004
　　　◇p606〔白黒〕　岡山県常盤村

**地神様**
　「民俗図録 日本人の暮らし」日本図書センター　2012
　　　◇図645〔白黒〕　茨城県東茨城郡垳村関内

**地神塔**
　「写真でみる日本人の生活全集 5」日本図書センター　2010
　　　◇p117〔白黒〕　横浜市長浅田町　武田久吉の「農村の年中行事」による

**地神の祠**
　「日本社会民俗辞典 3」日本図書センター　2004
　　　◇p951〔白黒〕　石川県町野町

**地神の祠地**
　「日本社会民俗辞典 2」日本図書センター　2004
　　　◇p782〔白黒〕　能登半島町出町川西

**ジジンサン**
　「民俗資料叢書 11 田植の習俗5」平凡社　1970
　　　◇図49〔白黒〕　高知県幡多郡大方町出口（村はずれの畑のすみ）

**地蔵**
　「宮本常一 写真・日記集成 上」毎日新聞社　2005
　　　◇p49〔白黒〕　愛知県北設楽郡設楽町 川口　㊃宮本常一、1956年11月11日
　　　◇p142〔白黒〕　新潟県佐渡郡小木町［佐渡市］小木→金田新田　㊃宮本常一、1959年8月10日
　　　◇p334〔白黒〕　五島列島・富江（長崎県富江町［五島市］）　㊃宮本常一、1962年8月14日
　　　◇p453〔白黒〕　青森県むつ市関根→田名部・栗山あたりか　㊃宮本常一、1964年8月13日
　「宮本常一 写真・日記集成 下」毎日新聞社　2005
　　　◇p14〔白黒〕（正岩寺前の尾殿池）　山口県大島郡東和町和田［周防大島町］〔地蔵〕　㊃宮本常一、1965年2月7日～10日
　「日本宗教民俗図典 2」法蔵館　1985
　　　◇図411〔白黒〕　奈良県橿原市上品寺 溜池の脇
　「民間信仰辞典」東京堂出版　1980
　　　◇p144〔白黒・図〕

**地蔵さま**
　「宮本常一 写真・日記集成 上」毎日新聞社　2005
　　　◇p136〔白黒〕　新潟県佐渡郡相川町［佐渡市］小田付近　㊃宮本常一、1959年8月5日
　「宮本常一 写真・日記集成 下」毎日新聞社　2005
　　　◇p228〔白黒〕　新潟県佐渡郡相川町上寺町あたり［佐渡市］　㊃宮本常一、1970年5月2日～6日

**地蔵尊**
　「宮本常一 写真・日記集成 別巻」毎日新聞社　2005

　　　◇図187（p33）〔白黒〕　青森県西津軽郡車力村深沢　㊃宮本常一、1940年［11月］
　「日本を知る事典」社会思想社　1971
　　　◇図14（p538）〔白黒〕（地蔵尊）　新潟県両津市願・賽の河原

**地蔵と丸石を祀った小祠**
　「日本宗教民俗図典 1」法蔵館　1985
　　　◇図47〔白黒〕　三重県青山町窪田　㊃須藤功

**ジヌシガミ**
　「日本民俗文化財事典（改訂版）」第一法規出版　1979
　　　◇図236〔白黒〕　東京都御蔵島
　　　◇図237〔白黒〕　東京都三宅島
　　　◇図254〔白黒〕　東京都御蔵島

**地主神**
　「日本社会民俗辞典 4」日本図書センター　2004
　　　◇p1481〔白黒〕　島根県平田市塩津浦
　「日本宗教民俗図典 1」法蔵館　1985
　　　◇図52〔白黒〕　静岡県浜松市鴨江　㊃須藤功
　　　◇図107〔白黒〕（畑の中の地主神）　宮崎県西都市銀鏡　㊃須藤功

**地主様**
　「宮本常一 写真・日記集成 別巻」毎日新聞社　2005
　　　◇図112（p25）〔白黒〕　宮崎県・日向・東米良［西都市］　㊃宮本常一、1940年2月11日～3月7日

**地の神の小祠**
　「日本民俗大辞典 上」吉川弘文館　1999
　　　◇p786〔白黒〕　静岡県榛原郡御前崎町

**シバラレ地蔵**
　「写真でみる日本人の生活全集 5」日本図書センター　2010
　　　◇p110〔白黒〕　東京都葛飾区　㊃昭和31年1月
　「宮本常一 写真・日記集成 別巻」毎日新聞社　2005
　　　◇図176（p32）〔白黒〕（シバラレ地蔵ノ一番）　山形県東田川郡東村大網［朝日村］大日坊　㊃宮本常一、1940年［11月］
　「日本社会民俗辞典 2」日本図書センター　2004
　　　◇p552〔白黒〕　東京都水元町
　「境と辻の神 目でみる民俗神シリーズ3」東京美術　1988
　　　◇p65〔白黒〕　東京都葛飾区水元
　「日本宗教民俗図典 1」法蔵館　1985
　　　◇図481〔白黒〕　東京都葛飾区 水元公園　㊃萩原秀三郎

**縛られ地蔵**
　「日本民俗図誌 1 祭礼・祭祀篇」村田書店　1977
　　　◇図139-1〔白黒・図〕　東京市本所区中之郷八軒町の南蔵院境内（葛飾区に移転）　盗難、失せ物などの祈願

**縛り地蔵**
　「日本民俗図誌 1 祭礼・祭祀篇」村田書店　1977
　　　◇図139-2〔白黒・図〕　東京市品川区南品川南馬場の願行寺境内　本来は延命子育地蔵
　　　◇図140-1〔白黒・図〕　東京市小石川区茗荷谷町林泉寺境内

**慈母観音**
　「図説 日本民俗学」吉川弘文館　2009
　　　◇p80〔白黒〕　埼玉県秩父市

**十二様の神像**
　「日本宗教民俗図典 1」法蔵館　1985
　　　◇図310〔白黒〕　群馬県片品村栗生　㊃須藤功

**樹木を御神体にした荒神を祀る屋敷神**
　「日本の生活環境文化大辞典」柏書房　2010
　　　◇p229-2〔白黒〕　島根県簸川郡斐川町　㊃1990年　津山正幹

**小祠**
「写真でみる日本人の生活全集 8」日本図書センター　2010
◇p17〔白黒〕　島根県 美保神社の若宮
「宮本常一 写真・日記集成 下」毎日新聞社　2005
◇p332〔白黒〕(港に祀られた小祠)　広島県 走島　[撮]宮本常一, 1974年12月13日
◇p377〔白黒〕(道端の小祠)　広島県三原市宗郷町　[撮]宮本常一, 1976年12月25日

**小祠や石仏**
「宮本常一 写真・日記集成 下」毎日新聞社　2005
◇p232〔白黒〕(宮島・弥山)　広島県佐伯郡宮島町民俗調査　〔小祠や石仏〕　[撮]宮本常一, 1970年8月28日～31日

**ショウヅカの姥**
「境と辻の神 目でみる民俗神シリーズ3」東京美術　1988
◇p31〔白黒〕　群馬県利根郡片品村

**ショウヅカノバアサン**
「境と辻の神 目でみる民俗神シリーズ3」東京美術　1988
◇p31〔白黒〕　神奈川県川崎市 川崎大師　歯の痛みをいやし、容貌も美しくするとか、健脚になるとかいわれている

**商店の軒下に地蔵を祀る**
「宮本常一 写真・日記集成 下」毎日新聞社　2005
◇p71〔白黒〕　京都市中京区河原町あたり　[撮]宮本常一, 1966年4月30日～5月1日

**ショージョガミ・ヒッチンガミ**
「図録・民具入門事典」柏書房　1991
◇p106〔白黒〕　東京都　産婦と生児の守護神を祀る神棚

**四郎神**
「宮本常一 写真・日記集成 別巻」毎日新聞社　2005
◇図212(p37)〔白黒〕　新潟県・越後・入広瀬［北魚沼郡入広瀬村］　[撮]宮本常一, 1940年［11月］

**親王さん**
「民俗資料叢書 7 木地師の習俗1」平凡社　1968
◇図100〔白黒〕　三重県荻原村, 平野木屋　木地師の習俗

**シンバ様**
「民俗資料選集 30 焼畑習俗Ⅱ」国土地理協会　2002
◇p24(口絵)〔白黒〕　宮崎県西米良村小川　猟の神

**神仏分離の際に破壊された仏像**
「日本民俗宗教辞典」東京堂出版　1998
◇p247〔白黒〕

**神狼図**
「日本民俗大辞典 下」吉川弘文館　2000
◇p739〔白黒・図〕　静岡県周智郡春野町春野山 大光寺

**水虎様**
「豊穣の神と家の神 目でみる民俗神シリーズ2」東京美術　1988
◇p51〔白黒〕　青森県西津軽郡木造町

**水神**
「里山・里海 暮らし図鑑」柏書房　2012
◇写5(p204)〔白黒〕(水を大切に守るための水神)　鹿児島県知名町住吉(沖永良部島)
「図説 台所道具の歴史」日本図書センター　2012
◇p136-8〔白黒〕(井戸端の水神)　島根県美保関
「民俗資料選集 40 辻堂の習俗Ⅴ」国土地理協会　2009
◇p59(本文)〔白黒〕　宮崎県高鍋町上江 黒谷観音堂右側
「図説 日本民俗学」吉川弘文館　2009
◇p201〔白黒〕　福島県須賀川市 井戸の近く
「写真でみる民家大事典」柏書房　2005
◇p158-2〔白黒〕(汲み川に祀られる水神)　岡山県高梁市成羽町吹屋　[撮]2004年　宮崎玲子
◇p158-3〔白黒〕(共同水場の水神)　長野県塩尻市奈良井　[撮]1995年　宮崎玲子
「豊穣の神と家の神 目でみる民俗神シリーズ2」東京美術　1988
◇p48〔白黒〕　長崎県五島福江市　泉のほとりに天上に昇る竜(蛇)の絵
◇p49〔白黒〕　福島県東和町の井戸のほとり　石の小祠にご幣

**水神宮(堤防上)**
「日本民俗事典」弘文堂　1972
◇p369〔白黒〕　群馬県邑楽郡板倉町飯野新村　[撮]直江広治

**水神さま**
「写真ものがたり昭和の暮らし 5」農山漁村文化協会　2005
◇p118〔白黒〕(お水神さま)　福岡県北野町金島(現久留米市) 筑後川の堤防の土手　[撮]高木伸治, 平成10年3月
「宮本常一 写真・日記集成 下」毎日新聞社　2005
◇p312〔白黒〕　香川県坂出市与島　[撮]宮本常一, 1973年8月17～18日

**水神様**
「宮本常一 写真・日記集成 別巻」毎日新聞社　2005
◇図192(p34)〔白黒〕　福島県石城郡草野村［いわき市］　[撮]宮本常一, 1940年［11月］
「いまに伝える 農家のモノ・人の生活館」柏書房　2004
◇p299 写真4〔白黒〕(雨乞い祈禱の御札と水神様)　埼玉県所沢市中富
「図録・民具入門事典」柏書房　1991
◇p96〔白黒〕　東京都
「日本民俗図誌 1 祭礼・祭祀篇」村田書店　1977
◇図137〔白黒・図〕　新潟県栗島 塩釜神社内六所神社の本堂脇

**水神の碑**
「写真でみる日本人の生活全集 5」日本図書センター　2010
◇p118〔白黒〕　淡路島の井戸のわき　[撮]中藤敦

**水神の祠**
「写真でみる日本人の生活全集 8」日本図書センター　2010
◇p15〔白黒〕(水神のほこら)　愛媛県二神島
「豊穣の神と家の神 目でみる民俗神シリーズ2」東京美術　1988
◇p49〔白黒〕　福島市松川町　ワラヅトに入れた供物を供える
◇p49〔白黒〕　大分県東国東町 用水路のほとり

**厨子**
「日本郷土 風俗・民芸・芸能図鑑」日本図書センター　2012
◇写真篇 福島〔白黒〕　福島県　土焼。「宮」と称して村の四つ辻などに置かれるもの

**諏訪様**
「民俗図録 日本人の暮らし」日本図書センター　2012
◇図641〔白黒〕　和歌山県東牟婁郡那智町橋ノ川　[撮]橋浦泰雄

**聖母マリアの像**
「写真でみる日本人の生活全集 5」日本図書センター　2010
◇p110〔白黒〕　九州の路傍

**背負われた徳本座像**
「図説 日本民俗学」吉川弘文館　2009
◇p211〔白黒〕　神奈川県秦野市

**セーカンサン**
「写真でみる民家大事典」柏書房　2005
◇p414-3〔白黒〕(集落の入口や谷などに祀られるセーカンサン)　長崎県対馬市　[撮]1994年　松永達

神体・偶像類・小祠・神棚　　　　　　信　仰

## 石祠と石仏
「宮本常一 写真・日記集成 下」毎日新聞社　2005
　　◇p233〔白黒〕　新潟県山古志村　㊞宮本常一，1970年9月13日～14日

## せき止め地蔵
「境と辻の神 目でみる民俗神シリーズ3」東京美術　1988
　　◇p90〔白黒〕　福井県三方郡三方町三方

## 咳のおばば
「日本民俗図誌 1 祭礼・祭祀篇」村田書店　1977
　　◇図124〔白黒・図〕　東京市向島区向島 弘福寺境内 老媼老爺の石像

## せきの地蔵
「日本民俗図誌 1 祭礼・祭祀篇」村田書店　1977
　　◇図142-1〔白黒・図〕　東京市浅草区黒船町正覚寺内 咳、百日咳、喘息などの平癒祈願

## 石碑・石積み・鳥居
「宮本常一 写真・日記集成 下」毎日新聞社　2005
　　◇p67〔白黒〕　鹿児島県西之表市（種子島）　㊞宮本常一，1966年3月31日～4月10日

## 石碑群
「日本宗教民俗図典 1」法蔵館　1985
　　◇図57〔白黒〕（新野峠の石碑群）　長野県阿南町新野　㊞須藤功

## 石仏
「宮本常一 写真・日記集成 上」毎日新聞社　2005
　　◇p38〔白黒〕　静岡県沼津市我入道 津島神社　㊞宮本常一，1956年6月10日
　　◇p50〔白黒〕（疎水に祀られた石仏）　愛知県北設楽郡設楽町 奈良　㊞宮本常一，1956年11月14日
「宮本常一 写真・日記集成 下」毎日新聞社　2005
　　◇p27〔白黒〕　島根県隠岐郡知夫村（知夫里島）　㊞宮本常一，1965年5月29日
　　◇p136〔白黒〕（墓地の古い石仏）　東京都小金井市貫井南町　㊞宮本常一，1968年2月27日
　　◇p306〔白黒〕　鳥取県安来市 清水寺境内　㊞宮本常一，1973年4月29日
　　◇p327〔白黒〕　鳥取県西伯郡大山町　㊞宮本常一，1974年8月22日～23日

## 石仏の顔
「宮本常一 写真・日記集成 下」毎日新聞社　2005
　　◇p69〔白黒〕　周防大島 大島郡東和町長崎あたり［周防大島町］　㊞宮本常一，1966年4月12日～13日

## 雪隠雛
「日本民俗大辞典 上」吉川弘文館　1999
　　◇p948〔白黒〕　宮城県 仙台地方 仙台市歴史民俗資料館所蔵

## セッチンベーナ
「日本民俗大辞典 上」吉川弘文館　1999
　　◇p948〔白黒〕　群馬県　㊞都丸十九一

## セッチンヨメゴ
「日本民俗事典」弘文堂　1972
　　◇p641〔白黒〕　群馬県利根郡新治村須川　㊞都丸十九一

## セッチンヨメジョ
「日本宗教民俗図典 1」法蔵館　1985
　　◇図24〔白黒〕　群馬県北橘村八崎　㊞須藤功

## 銭塚地蔵
「日本民俗図誌 4 習俗・飲食篇」村田書店　1978
　　◇図79〔白黒・図〕　昭和の初め頃まで（現存せず）浅草公園

## 先祖神（ミコ神様）
「民俗資料選集 39 辻堂の習俗Ⅳ」国土地理協会　2009
　　◇p40（本文）〔白黒〕（中藤家の先祖神（ミコ神様））　岡山県笠岡市東大戸宗岡

## 先祖様の祠
「民俗図録 日本人の暮らし」日本図書センター　2012
　　◇図740〔白黒〕　東京都大島 頭殿神社（とうどの）という　㊞坂口一雄

## 双体道祖神
「日本の生活環境文化大辞典」柏書房　2010
　　◇p261-3〔白黒〕（彩色された双体道祖神）　長野県安曇野市穂高　㊞2004年
「図説 日本民俗学」吉川弘文館　2009
　　◇p111〔白黒〕（ムラザカイの双体道祖神）　長野県麻績村
「精選 日本民俗辞典」吉川弘文館　2006
　　◇p382〔白黒〕　長野県真田町
「宮本常一 写真・日記集成 下」毎日新聞社　2005
　　◇p35〔白黒〕　長野県南安曇郡奈川村黒川渡　㊞宮本常一，1965年7月25日
　　◇p455〔白黒〕（双体道祖神、庚申塔、寒念仏供養の石塔、二十三夜待石塔）　群馬県甘楽郡下仁田町　㊞宮本常一，1979年3月10日～11日
「日本民俗大辞典 下」吉川弘文館　2000
　　◇図8〔別刷図版「村境」〕〔カラー〕　群馬県吾妻郡中之条町馬滑　㊞奈良秀重
　　◇p187〔白黒〕　長野県小県郡真田町東原
　　◇p187〔白黒〕　長野県東筑摩郡明科村萩原
「日本民俗宗教辞典」東京堂出版　1998
　　◇p419〔白黒〕（男女双体の道祖神）　福島県昭和村
「境と辻の神 目でみる民俗神シリーズ3」東京美術　1988
　　◇p58〔白黒〕　千葉県印旛郡酒々井町
　　◇p58〔白黒〕　長野県松本市入山辺
　　◇p59〔白黒〕　長野県北佐久郡望月町
　　◇p59〔白黒〕　群馬県吾妻郡中之条町
　　◇p59〔白黒〕　群馬県吾妻郡六合村
「日本宗教民俗図典 1」法蔵館　1985
　　◇図64〔白黒〕　長野県大町市　㊞須藤功
「図説 民俗探訪事典」山川出版社　1983
　　◇p179〔白黒〕　長野県南安曇郡

## 大黒様
「日本民俗宗教辞典」東京堂出版　1998
　　◇p351〔白黒〕　東京都練馬区

## 大黒さまと恵比須さま
「宮本常一 写真・日記集成 下」毎日新聞社　2005
　　◇p171〔白黒〕　山口県大島郡東和町沖家室［周防大島町］　㊞宮本常一，1968年8月23日

## 大黒石像
「日本宗教民俗図典 1」法蔵館　1985
　　◇図60〔白黒〕　福島県郡山市高柴　㊞須藤功

## 大黒尊天神
「宮本常一 写真・日記集成 上」毎日新聞社　2005
　　◇p38〔白黒〕　静岡県沼津市我入道 津島神社　㊞宮本常一，1956年6月10日

## 大黒天（社）
「日本宗教民俗図典 1」法蔵館　1985
　　◇図493〔白黒〕　京都市　㊞須藤功

## 大黒天の石像
「日本社会民俗辞典 2」日本図書センター　2004
　　◇p867〔白黒〕　長野県松川村

## 大黒と恵比須をかざる
「宮本常一 写真・日記集成 下」毎日新聞社　2005

信仰　　　　　　　　　　　　　　　　神体・偶像類・小祠・神棚

◇p79〔白黒〕　広島県賀茂郡大和町和木 椋梨ダム建設予定地の調査　㊞宮本常一，1966年8月11日〜14日

## 大黒柱に棚を設けてまつられた土公神
「図説 民俗建築大事典」柏書房　2001
◇写真2（p179）〔白黒〕　岡山県新見市赤馬本村

## 大泉寺の地蔵
「日本民俗文化財事典（改訂版）」第一法規出版　1979
◇図241〔白黒〕　東京都町田市

## 瀧の川のお地蔵さん
「民俗資料選集 17 若狭の産小屋習俗」国土地理協会　1989
◇p14（口絵）〔白黒〕　福井県敦賀市常宮

## 畳の神様
「豊穣の神と家の神 目でみる民俗神シリーズ2」東京美術　1988
◇p119〔白黒〕　千葉県市川市湊新田 古い家柄の畳屋

## 畳屋の守護神・聖徳太子
「豊穣の神と家の神 目でみる民俗神シリーズ2」東京美術　1988
◇p117〔白黒〕　千葉県市川市湊新田　〔掛け軸〕　荻原法子『いちかわ民俗誌』（崙書房）による

## 奪衣婆
「民俗小事典 死と葬送」吉川弘文館　2005
◇p32〔白黒〕　秋田県本荘市正乗寺の優婆様　秋田県本荘市・正乗寺所蔵
「日本民俗大辞典 下」吉川弘文館　2000
◇p47〔白黒〕　秋田県本荘市正乗寺の優婆様　秋田県本荘市・正乗寺所蔵
「日本民俗宗教辞典」東京堂出版　1998
◇p219〔白黒〕　千葉県 選択寺

## 田の神
「民俗図録 日本人の暮らし」日本図書センター　2012
◇図655〔白黒〕（田の神(1)）　鹿児島県肝属郡内之浦　㊞髙橋文太郎
◇図656〔白黒〕（田の神(2)）　鹿児島県揖宿郡指宿町　㊞國分直一
「日本民具の造形」淡交社　2004
◇p30〔白黒〕　鹿児島県 鹿児島県立歴史資料館黎明館所蔵
◇p185〔白黒〕　宮崎県 えびの市歴史民俗資料館
◇p308〔白黒〕　宮崎県 えびの市歴史民俗資料館
「豊穣の神と家の神 目でみる民俗神シリーズ2」東京美術　1988
◇p9〔白黒〕　鹿児島県蒲生町下久徳　農作業姿で飯杓子と椀を手に持つ
「民俗学辞典（改訂版）」東京堂出版　1987
◇図版28（p357）〔白黒・図〕　鹿児島県　橋浦泰雄画
「日本宗教民俗図典 3」法蔵館　1985
◇図484〔白黒〕　鹿児島県喜入町生見　㊞須藤功
「図説 民俗探訪事典」山川出版社　1983
◇p149〔白黒〕（杓子をもつ田の神）　鹿児島県大隅地方
「日本民俗図誌 1 祭礼・祭祀篇」村田書店　1977
◇図123-1・2・3〔白黒・図〕　薩摩や大隅あたり　『土俗と伝説』1-1より
「日本を知る事典」社会思想社　1971
◇図16（p541）〔白黒〕　鹿児島県指宿市　11月亥の日に餅を供えて祭る

## 田の神様
「里山・里海 暮らし図鑑」柏書房　2012
◇写4（p59）〔白黒〕　鹿児島県沖永良部島　昭和30〜40年　和泊町歴史民俗資料館提供
「図説 日本民俗学」吉川弘文館　2009
◇p155〔白黒〕　新潟県五泉市

## 田の神称呼分布図
「民俗資料叢書 9 田植の習俗4」平凡社　1969
◇p94（挿14）〔白黒・図〕　島根県

## 田の神神像
「日本社会民俗辞典 2」日本図書センター　2004
◇p892〔白黒〕　群馬県荒砥村

## 田の神石像
「日本民俗事典」弘文堂　1972
◇p433〔白黒〕　鹿児島県大隅地方

## 田の神石像の型と分布（南九州）
「図説 民俗探訪事典」山川出版社　1983
◇p182〔白黒・図〕　小野重郎『田の神サマ百体』より

## 田の神像
「民俗資料選集 40 辻堂の習俗V」国土地理協会　2009
◇p117（本文）〔白黒〕　宮崎県高城町有水西久保 西久保観音堂左側
「日本民俗大辞典 下」吉川弘文館　2000
◇p57〔白黒〕　鹿児島県姶良郡姶良町平松触田　田の神舞神職型の田の神像

## 田の神の祠
「日本社会民俗辞典 2」日本図書センター　2004
◇p892〔白黒〕　福島県大野村

## 田の神の杜
「民俗図録 日本人の暮らし」日本図書センター　2012
◇図654〔白黒〕　静岡県周智郡気多村　㊞橋浦泰雄

## 田の神復原図
「民俗資料叢書 5 田植の習俗2」平凡社　1967
◇p74（挿10）〔白黒・図〕　茨城県 旧川根村下土師

## 田の神サア
「日本の祭り 8」講談社　1984
◇p155〜156〔カラー〕（田の神サア）　南九州地方
「民具のみかた一心とかたち」第一法規出版　1983
◇p219〔白黒〕（タノカンサ（田の神））　鹿児島県鹿屋市
「フォークロアの眼 6 田の神まつり」国書刊行会　1977
◇図184・185〔白黒〕　鹿児島県日置郡金峰町大字池辺字中　文化2年（1805）　像高63cm　㊞昭和51年4月23日
◇図186〔白黒〕　鹿児島県薩摩郡入来町大字副田字仲組　宝永第八天（1711年）　像高71cm　㊞昭和46年10月23日
◇図187〔白黒〕　鹿児島県曽於郡有明町大字吉村字豊原　寛保3年（1743）　像高76cm　㊞昭和51年3月18日
◇図188〔白黒〕　鹿児島県鹿児島市中山町竜の下　無記名　像高96cm　㊞昭和51年3月10日
◇図189〔白黒〕　鹿児島県鹿屋市野里町岡留　享和3年（1803）　像高81cm　㊞昭和51年3月24日
◇図190〔白黒〕　鹿児島県肝属郡東串良町大字新川西字下伊倉　文化4年（1807）　像高96cm　㊞昭和51年2月17日
◇図191〔白黒〕　鹿児島県鹿屋市野里町大字芝原　文政12年（1829）　像高65cm　㊞昭和51年2月17日
◇図192〔白黒〕　鹿児島県姶良郡加治木町大字反土字新中　無記名 像高90cm　㊞昭和46年9月15日
◇図193〔白黒〕　鹿児島県薩摩郡宮之城町大字虎居字大角　文化2年（1805）　像高130cm　㊞昭和51年2月13日
◇図194〔白黒〕　鹿児島県鹿屋市高隈町大字下高隈字上別府　明和2年（1765）　像高65cm　㊞昭和51年5月28日
◇図195〔白黒〕　鹿児島県肝属郡吾平町大字上名字大牟礼　無記名　像高74cm　㊞昭和50年3月24日
◇図196〔白黒〕　鹿児島県薩摩郡鶴田町大字柴尾字井手原　宝永2年（1705）　像高72cm　㊞昭和51年2月13日
◇図197〔白黒〕　鹿児島県川内市隈之城町大字麓 公民館の庭　天保8年（1837）　像高75cm　㊞昭和51年3月

神体・偶像類・小祠・神棚　　　　　　　信　仰

　　　　　　　28日
　◇図198〔白黒〕　　鹿児島県姶良郡姶良町大字平松字触田
　　元文2年（1737）　像高89cm　㊙昭和50年3月21日
　◇図199〔白黒〕　　鹿児島県日置郡吹上町大字和田字上和
　　田　明治23年（1890）　像高70cm　㊙昭和51年4月7日
　◇図200〔白黒〕　　鹿児島県日置郡東市来町大字養母字元
　　養母　明和6年（1769）　像高86cm　㊙昭和51年5月
　　31日
　◇図201〔白黒〕　　鹿児島県姶良郡姶良町大字下名字西田
　　文化2年（1805）　像高70cm　㊙昭和51年2月14日
　◇図202〔白黒〕　　鹿児島県肝属郡大根占町大字山之口
　　無記名　像高89cm　㊙昭和40年10月7日
　◇小論17〔白黒〕（げたをはいた田の神サァ）　鹿児島県
　　肝属郡大根占町大字池田字半ヶ石　㊙昭和38年10月
　　18日
　◇小論18〔白黒〕（てれている田の神サァ）　鹿児島県姶
　　良郡加治木町大字白木山　㊙昭和51年2月17日
　◇小論19〔白黒〕（田の神サァを後ろから見る）　鹿児島
　　県肝属郡高山町大字宮下　㊙昭和40年11月20日

## 田の中の小祠
「日本宗教民俗図典 1」法蔵館　1985
　◇図49〔白黒〕　　秋田県大曲市　㊙須藤功

## 地上の提灯・三宝・かがり火台などが収められている祭具箱の上に祀られるカミサマ
「日本の生活環境文化大辞典」柏書房　2010
　◇p233-5〔白黒〕　名古屋市　㊙1980年

## チセコロシンヌカムイ
「あるくみるきく双書 宮本常一とあるいた昭和の日本 21」
　農山漁村文化協会　2011
　◇p217〔白黒〕　北海道ひだか町静内　家の守り神
　㊙今石みぎわ、平成17年6月

## 乳の病の地蔵様
「民俗図録 日本人の暮らし」日本図書センター　2012
　◇図716〔白黒〕　島根県簸川郡東村小境　㊙三木茂

## 築地松の北に屋敷神としての荒神を祀り精神的にも強固な守りになっている
「写真でみる民家大事典」柏書房　2005
　◇p357-4〔白黒〕　島根県簸川郡斐川町　㊙1990年代
　　伊藤庸一

## 杖をもつ塞神信仰
「図説 日本民俗学全集 4」高橋書店　1971
　◇図44〔白黒〕　諸国
「図説 日本民俗学全集 6」あかね書房　1960
　◇図44〔白黒〕　諸国

## 津軽の河童（シッコサマ）
「日本社会民俗辞典 1」日本図書センター　2004
　◇p185〔白黒〕　青森県車力村

## 付紐エンマ像
「写真でみる日本人の生活全集 5」日本図書センター　2010
　◇p69〔白黒〕　東京都新宿大宗寺

## ツジサン
「境と辻の神 目でみる民俗神シリーズ3」東京美術　1988
　◇p40〔白黒〕　三重県度会郡玉城町

## 辻堂付近の地蔵
「民俗資料選集 33 辻堂の習俗Ⅲ」国土地理協会　2005
　◇p92〔本文〕〔白黒〕　山口県御調町

## 辻の地蔵尊
「図説 日本民俗学」吉川弘文館　2009
　◇p26〔白黒〕　埼玉県白岡町、埼玉県秩父市

## 辻の地蔵と百万遍碑
「宮本常一 写真・日記集成 別巻」毎日新聞社　2005
　◇図300（p50）〔白黒〕　青森県・津軽・金木［北津軽郡金木町］　㊙宮本常一、1941年7月

## ツトッコミョウジン
「日本民俗大辞典 下」吉川弘文館　2000
　◇p134〔白黒〕　岩手県陸前高田市長部　㊙川島秀一

## ツト宮
「民俗図録 日本人の暮らし」日本図書センター　2012
　◇図644〔白黒〕　長崎県北松浦郡平町宮ノ首 八幡様の脇　五霊様という　㊙井之口章次

## 天狗面
「日本社会民俗辞典 3」日本図書センター　2004
　◇p972〔白黒〕　福島県大野村　木挽の家の神として祭る、産の呪として眉毛がぬきとられている

## 天狗面とお犬さま
「日本宗教民俗図典 1」法蔵館　1985
　◇図304〔白黒〕　群馬県赤城村津久田　養蚕の守り　㊙須藤功

## 天道法印塔
「民俗図録 日本人の暮らし」日本図書センター　2012
　◇図637〔白黒〕　長崎県下縣郡豆酘村浅藻

## 天間山神
「宮本常一 写真・日記集成 別巻」毎日新聞社　2005
　◇図183（p33）〔白黒〕　岩手県上閉伊郡附馬牛村［遠野市］　㊙宮本常一、1940年［11月］

## 東京都銀座に残るお稲荷さま
「写真でみる日本人の生活全集 5」日本図書センター　2010
　◇p122～123〔白黒〕（東京都銀座に残るお稲荷さま（1））東京都　豊岩稲荷旧入口（資生堂うら）、熊谷稲荷（東6丁目）、八官神社（西8丁目 加賀姫稲荷が同居）、旅館の敷地に鎮座する稲荷（和可水旅館の屋敷神）、幸稲荷（西1丁目）　㊙昭和32年8月
　◇p124～125〔白黒〕（東京都銀座に残るお稲荷さま（2））東京都　榎稲荷（4丁目キャバレー美松屋上）、日動稲荷（日動火災屋上）、豊川稲荷（東6丁目岡福商店わき）、銀座稲荷（2丁目越後屋ビルの屋上）、鶴護稲荷（松坂屋デパート屋上）、豊岩稲荷の屋根（資生堂屋上から）、金春稲荷（東6丁目新橋演舞場横）、朝日稲荷（3丁目）

## 童形の地蔵さま
「写真でみる日本人の生活全集 5」日本図書センター　2010
　◇p111〔白黒〕　青森県金木町

## 道坐像
「日本民俗図誌 1 祭礼・祭祀篇」村田書店　1977
　◇図134-1〔白黒・図〕　静岡県賀茂郡宇久須村芝　竹田久吉の撮影による
　◇図134-2〔白黒・図〕　静岡県田方郡下大見村白岩　穂積忠の採図による
　◇図134-3〔白黒・図〕　静岡県田方郡狩野村関野橋の傍　穂積忠の採図による
　◇図134-4〔白黒・図〕　静岡県田方郡田中村宗光寺の側　穂積忠の採図による

## どうそじん
「日本の生活文化財」第一法規出版　1965
　◇図16, 17（心）〔白黒〕　松本市博物館所蔵
　◇図56（概説）〔白黒〕（どうそじん（石像））

## 道祖神
「民俗図録 日本人の暮らし」日本図書センター　2012
　◇図735～736〔白黒〕（道祖神（4）（5））　宮城県伊具郡筆甫村　㊙橋浦泰雄
　◇図732〔白黒〕（道祖神（1））　長野県東筑摩郡新村北新
　◇図733〔白黒〕（道祖神（2））　神奈川県北秦野村横野
　◇図734〔白黒〕（道祖神（3））　山梨県西山梨郡千代田村下帯那　㊙井之口章次
　◇図737〔白黒〕（道祖神（6））　東京都南多摩郡南村小川

信仰　　　　　　　　　　　　　　　　　　　　　　　神体・偶像類・小祠・神棚

◇図738〔白黒〕（道祖神（7））　神奈川県足柄上郡中井村遠藤原
「写真でみる日本人の生活全集 5」日本図書センター　2010
　◇p115〔白黒〕　神奈川県中郡伊勢原町　武田久吉「道祖神」より
「写真でみる日本人の生活全集 7」日本図書センター　2010
　◇p75〔白黒〕　伊豆田方郡小室村吉田
「日本の生活環境文化大辞典」柏書房　2010
　◇p261-2〔白黒〕　京都市 出雲路幸神社　㊙1997年
　◇p261-4〔白黒〕（新しく作られた道祖神）　長野県松本市今町　㊙1998年
「図説 日本民俗学」吉川弘文館　2009
　◇p122〔白黒〕　長野県波田町
「写真ものがたり昭和の暮らし 8」農山漁村文化協会　2006
　◇p56〔白黒〕　群馬県長野原町林　㊙丸十九一, 昭和50年
　◇p57〔白黒〕（道祖神（丸石））　山梨県牧丘町（現山梨市）　㊙須藤功, 昭和57年5月
「宮本常一 写真・日記集成 別巻」毎日新聞社　2005
　◇図141（p27）〔白黒〕　東京都・麻布・［港区］善福寺　㊙宮本常一, 1940年［月日不明］
　◇図144（p27）〔白黒〕　千葉県市川［市川市］　㊙宮本常一, 1940年［月日不明］
「日本民具の造形」淡交社　2004
　◇p20〔白黒〕　長野県 松本市立博物館 日本民俗資料館所蔵
　◇p27〔白黒〕（神面装飾道祖神）　長野県 大岡村歴史民俗資料館
「日本社会民俗辞典 2」日本図書センター　2004
　◇p479〔白黒〕（道祖神像）　松本市外本郷村
　◇p795〔白黒〕（道祖神像）　長野県本郷村
「日本民俗大辞典 下」吉川弘文館　2000
　◇図9〔別刷図版「村境」〕〔カラー〕（単体丸彫道祖神）　静岡県田方郡韮山町多田　韮山町教育委員会提供
「仏教民俗辞典 コンパクト版」新人物往来社　1993
　◇p283〔白黒〕
「図録・民具入門事典」柏書房　1991
　◇p97〔白黒〕　長野県
「境と辻の神 目でみる民俗神シリーズ3」東京美術　1988
　◇p54〔白黒〕　神奈川県足柄上郡山北町世附　丸石の自然石
　◇p56〔白黒〕　長野県白杉村細野　双体道祖神に三九郎・おさん
「民俗学辞典（改訂版）」東京堂出版　1987
　◇図誌31（p401）〔白黒・図〕　長野県東筑摩郡鹽尻町橋浦泰雄画
「日本宗教民俗図典 1」法蔵館　1985
　◇図63〔白黒〕　群馬県中里村　㊙須藤功
　◇図72〔白黒〕（丸石の道祖神）　山梨県三富村広瀬　㊙須藤功
「図説 民俗探訪事典」山川出版社　1983
　◇p118〔白黒〕（村境の道祖神）　長野県松本地方　㊙武田久吉　『路傍の石仏』より
　◇p178〔白黒〕（丸石道祖神）　山梨県東山梨郡
　◇p383〔白黒〕　長野県松本市　㊙萩原秀三郎
「民間信仰辞典」東京堂出版　1980
　◇p202〔白黒・図〕
「日本民俗文化財事典（改訂版）」第一法規出版　1979
　◇図242〔白黒〕　山梨県北都留地方
　◇図243〔白黒〕　長野県上田地方
　◇図244〔白黒〕　新潟県直江津地方
　◇図247〔白黒〕　長野県
「日本民俗図誌 1 祭礼・祭祀篇」村田書店　1977
　◇図118・119〔白黒・図〕　山梨県　円石或は楕円石を主体とする　『甲斐の落葉』及民俗学2ノ3

◇図127-1〔白黒・図〕　長野県東筑摩郡洗馬村大字太田
◇図127-2〔白黒・図〕　長野県東筑摩郡塩尻町大字大門
◇図128-1〔白黒・図〕　長野県東筑摩郡 洗馬村上町中央部
◇図128-2〔白黒・図〕　長野県東筑摩郡 洗馬村上町中央部　正徳5年10月建立
◇図129-1〔白黒・図〕　長野県南安曇郡借馬
◇図129-2〔白黒・図〕　長野県東筑摩郡波多村大字波多原村中央四辻　天保15年建立
◇図130-1〔白黒・図〕　長野県東筑摩郡笹賀村大字神戸原田村の辻　明治20年12月建立
◇図130-2〔白黒・図〕　長野県東筑摩郡朝日村大字西洗馬中村中央三辻　明治22年4月建立
◇図131-1〔白黒・図〕　長野県東筑摩郡坂井村大字安坂中村　嘉永年間の作（伝）
◇図131-2〔白黒・図〕　長野県東筑摩郡岡田村大字神沢中央四辻　寛政7年建立
◇図132-1〔白黒・図〕　松本市蟻ヶ崎塩竈神社境内　文政6年5月建立
◇図132-2〔白黒・図〕　東筑摩郡本郷村大字洞南洞北隅の道傍　寛政5年正月建立
◇図132-3〔白黒・図〕　東筑摩郡中山村大字和泉上和泉中村中央道傍　明和8年正月建立
◇図133-1〔白黒・図〕　神奈川県津久井郡内郷村阿津の西方旧道の側　鈴木重光採図並に報告
◇図133-2〔白黒・図〕　神奈川県津久井郡内郷村増原　鈴木重光採図並に報告
◇図133-3〔白黒・図〕　神奈川県津久井郡内郷村道志　天明9年3月建立　鈴木重光採図並に報告
◇図133-4〔白黒・図〕　神奈川県津久井郡内郷村関口　鈴木重光採図並に報告
「フォークロアの眼 1 神がかり」国書刊行会　1977
　◇小論21〔白黒〕　長野県南佐久郡望月町　㊙昭和47年7月
「年中行事図説」岩崎美術社　1975
　◇p99〔白黒・図〕　長野
「日本を知る事典」社会思想社　1971
　◇図15（p539）〔白黒〕　群馬県前橋市総社神社内
「図説 日本民俗学全集 3」高橋書店　1971
　◇図22〔白黒〕　㊙永江維章
「図説 日本民俗学全集 4」あかね書房　1960
　◇図22〔白黒〕　㊙永江維章
「写真 日本文化史 9」日本評論新社　1955
　◇図154, 155〔白黒〕　東京都小河内村, 長野県

道祖神関係呼称分布図
「日本の生活環境文化大辞典」柏書房　2010
　◇p258-1〔白黒・図〕　倉石忠彦

道祖神の小祠
「境と辻の神 目でみる民俗神シリーズ3」東京美術　1988
　◇p57〔白黒〕　東京都葛飾区金町　葛西神社　たくさんのワラジが奉納されている

道祖神の分布（中部地方）
「図説 民俗探訪事典」山川出版社　1983
　◇p179〔白黒〕（中部地方における道祖神の分布）　神野善治「わら人形を訪ねて」『あるくみるきく』144号より

どうろくさん
「民俗図録 日本人の暮らし」日本図書センター　2012
　◇図739〔白黒〕　大阪府泉南郡新家村

どうろくじん
「日本社会民俗辞典 2」日本図書センター　2004
　◇p480〔白黒〕　長野県北小川村

道陸神
「日本民俗図誌 1 祭礼・祭祀篇」村田書店　1977
　◇図159-4〔白黒・図〕　長野県北安曇郡南小谷

神体・偶像類・小祠・神棚　　　　信　仰

土偶（男女一対）
　「図録・民具入門事典」柏書房　1991
　　◇p97〔白黒〕（土偶）　長野県　男女一対

戸口の棚に祀られた祠とほら貝
　「宮本常一 写真・日記集成 下」毎日新聞社　2005
　　◇p470〔白黒〕　新潟県佐渡郡赤泊村徳和［佐渡市］
　　㊟宮本常一，1979年9月24日

とげつきの神（アイヌの呪具）
　「日本宗教民俗図典 1」法蔵館　1985
　　◇図465〔白黒〕（とげつきの神）　北海道　アイヌ　伝染病を防ぐ　㊟須藤功　二風谷アイヌ文化資料館蔵

床の神
　「日本民俗宗教辞典」東京堂出版　1998
　　◇p73〔白黒〕　沖縄県　旧家の一番座に祀られる神々

床の間と大黒、恵比寿
　「宮本常一 写真・日記集成 上」毎日新聞社　2005
　　◇p278〔白黒〕　長崎県松浦市 青島　㊟宮本常一，1961年9月19日

歳神さま
　「図説 民俗探訪事典」山川出版社　1983
　　◇p174〔白黒〕　埼玉県松伏町　五穀の豊年を祈る神

トシャマおよびトシガミサマ
　「日本民俗図誌 1 祭礼・祭祀篇」村田書店　1977
　　◇図101〔白黒・図〕　東京府 御蔵島　「百姓」と称せられる家柄の宅地の一隅

突手神様
　「民俗資料叢書 1 田植の習俗1」平凡社　1965
　　◇図113〔白黒〕　岩手県遠野市附馬牛町小倉

トビヤシロ
　「民俗図録 日本人の暮らし」日本図書センター　2012
　　◇図639〔白黒〕　長崎県北松浦郡津吉村舟木　藁の一方を束ねて他方を開いて立て中に神を祀る　㊟井之口章次

梨の木地蔵
　「日本民俗写真大系 8」日本図書センター　2000
　　◇p85〔白黒〕　新潟県真野町　㊟中俣正義，1972年

並んだ地蔵
　「日本宗教民俗図典 1」法蔵館　1985
　　◇図62〔白黒〕　京都市右京区嵯峨化野　㊟須藤功

納戸神
　「図説 日本民俗学」吉川弘文館　2009
　　◇p202〔白黒〕　茨城県土浦市　萩原秀三郎提供
　「日本を知る事典」社会思想社　1971
　　◇図20（p544）〔白黒〕　長崎県島原市

西陣織の町の地蔵堂
　「写真ものがたり昭和の暮らし 4」農村漁村文化協会　2005
　　◇p57〔白黒〕　京都府京都市上京区　㊟須藤功，昭和45年4月

ニュウトビ神様
　「民俗図録 日本人の暮らし」日本図書センター　2012
　　◇図640〔白黒〕　長崎県北松浦郡獅子村高越　神石にニュウトビをかぶせてある　㊟井之口章次

ノガミ
　「図説 日本民俗学」吉川弘文館　2009
　　◇p115〔白黒〕　滋賀県高月町

野神
　「図説 日本民俗学」吉川弘文館　2009
　　◇p123〔白黒〕　滋賀県高月町
　「日本を知る事典」社会思想社　1971
　　◇図17（p541）〔白黒〕　滋賀県伊香郡

軒先に厨子を祀る
　「宮本常一 写真・日記集成 下」毎日新聞社　2005
　　◇p349〔白黒〕　大阪府堺市柳之町→錦之町　井戸の傍らに農人町の碑　㊟宮本常一，1975年11月9日

軒先に祀られた亥子大神の小祠
　「宮本常一 写真・日記集成 下」毎日新聞社　2005
　　◇p363〔白黒〕　広島県三原市宮浦町　㊟宮本常一，1976年3月26日～28日

軒下の地蔵棚
　「宮本常一が撮った昭和の情景 上」毎日新聞社　2009
　　◇p172〔白黒〕　山口県萩市川上野戸呂　㊟宮本常一，1962年9月6日
　「宮本常一 写真・日記集成 上」毎日新聞社　2005
　　◇p341〔白黒〕　山口県阿武郡川上村野戸呂　㊟宮本常一，1962年9月6日

廃材でつくられた地蔵さまの祠
　「宮本常一 写真・日記集成 下」毎日新聞社　2005
　　◇p400〔白黒〕　滋賀県高島郡朽木村古屋　㊟宮本常一，1977年8月23日

ハカセサマ
　「図録・民具入門事典」柏書房　1991
　　◇p106〔白黒〕　東京都

ハカセ ダイサン
　「日本民俗大辞典 下」吉川弘文館　2000
　　◇p344〔白黒〕　東京都新島

橋場のばんば
　「写真でみる日本人の生活全集 5」日本図書センター　2010
　　◇p148〔白黒〕（"橋場の婆様"）　福島県南会津郡檜枝岐村　縁結びや縁切りにハサミをそなえて祈る
　「境と辻の神 目でみる民俗神シリーズ3」東京美術　1988
　　◇p73〔白黒〕（橋場のバンバ（おばあさん））　福島県南会津 桧枝岐村　縁切り鋏の奉納

八大竜王石祠
　「民俗資料叢書 15 有明海の漁撈習俗」平凡社　1972
　　◇図94〔白黒〕　太良町竹崎

八郎大権現
　「民俗資料叢書 14 八郎潟の漁撈習俗」平凡社　1971
　　◇図38〔白黒〕　秋田県山本郡琴丘町天瀬川　雨ごいの祈願に集まった場所

馬頭観世音
　「図録・民具入門事典」柏書房　1991
　　◇p97〔白黒〕　東京都
　「日本宗教民俗図典 1」法蔵館　1985
　　◇図55〔白黒〕　千葉県市川市国分　㊟萩原秀三郎

馬頭観音
　「宮本常一 写真・日記集成 下」毎日新聞社　2005
　　◇p87〔白黒〕　東京都小平市・鎌倉街道に残る　㊟宮本常一，1966年10月11日～19日
　「日本民俗大辞典 下」吉川弘文館　2000
　　◇p378〔白黒〕　群馬県群馬郡群馬町中里
　「仏教民俗辞典 コンパクト版」新人物往来社　1993
　　◇p322〔白黒〕
　「境と辻の神 目でみる民俗神シリーズ3」東京美術　1988
　　◇p121〔白黒〕　長野県茅野市
　　◇p121〔白黒〕　千葉県市川市
　　◇p122〔白黒〕　長野県北安曇郡白馬村
　「図説 民俗探訪事典」山川出版社　1983
　　◇p176〔白黒〕　青森県南津軽郡　『青森県の民間信仰』より
　「民俗資料選集 9 山村の生活と用具」国土地理協会　1981
　　◇p83（本文）〔白黒〕　愛知県北設楽郡津具村　嘉永年間
　「民俗資料選集 8 中付駑者の習俗」国土地理協会　1979

◇p27（口絵）〔白黒〕　福島県南会津郡田島町長野向「円類号 昭和13年」
◇p27（口絵）〔白黒〕　福島県南会津郡田島町長野向　崖の上に立つ馬頭観音
◇p27（口絵）〔白黒〕　福島県南会津郡下郷町塩生「日生号 昭和21年」
◇p27（口絵）〔白黒〕　福島県南会津郡下郷町名倉沢　甲子峠の下に立つ馬頭観音

### 馬頭観音像
「民俗資料選集 8 中付駄者の習俗」国土地理協会　1979
◇p12（口絵）〔白黒〕　福島県南郷村山口の三叉路に立つ

### 馬頭観音の碑
「日本民俗文化財事典（改訂版）」第一法規出版　1979
◇図231〔白黒〕　東京都西多摩地方

### 馬頭尊
「写真でみる日本人の生活全集 5」日本図書センター　2010
◇p142〔白黒〕　長野県飯田市 正永寺　㊞昭和29年1月

### ハナヤの中の仏像
「日本宗教民俗図典 1」法蔵館　1985
◇図115〔白黒〕　宮崎県西都市銀鏡　㈱須藤功

### 歯の神様
「境と辻の神 目でみる民俗神シリーズ3」東京美術　1988
◇p91〔白黒〕　千葉県市川市稲越　屋敷氏神の白山大明神

### 日限地蔵
「日本民俗図誌 1 祭礼・祭祀篇」村田書店　1977
◇図140-2〔白黒・図〕　東京市本郷区駒込神明町天祖神社前の民家の脇　縄をかけて祈願

### ビジュル石
「日本民俗図誌 1 祭礼・祭祀篇」村田書店　1977
◇図120-2〔白黒・図〕　沖縄県国頭郡塩屋浦
◇図120-3・4〔白黒・図〕　沖縄県国頭郡真喜屋

### 火玉加那志（火の神）
「日本社会民俗辞典 1」日本図書センター　2004
◇p204〔白黒〕　喜界島

### 一つだけ願いを聞いてくれるという小祠
「日本宗教民俗図典 1」法蔵館　1985
◇図255〔白黒〕　三重県阿児町志島　㈱須藤功

### ヒヌカン
「精選 日本民俗辞典」吉川弘文館　2006
◇p452〔白黒〕　沖縄県北部
「日本民俗大辞典 下」吉川弘文館　2000
◇p433〔白黒〕　沖縄県北部　沖縄県北部のヒヌカン
「日本民俗大辞典 上」吉川弘文館　1999
◇図30〔別刷図版「沖縄文化」〕〔カラー〕（ヒヌカン（火の神））　沖縄県国頭郡東村　村落内のヒヌカン　㈱渡邊欣雄, 1991年
「豊穣の神と家の神 目でみる民俗神シリーズ2」東京美術　1988
◇p108〔白黒〕　沖縄本島　家の中の台所
◇p108〔白黒〕　久米島の祝女殿内

### 火の神
「民俗図録 日本人の暮らし」日本図書センター　2012
◇図649〔白黒〕　沖縄本島恩納村恩納　㈱櫻田勝徳
「日本の生活環境文化大辞典」柏書房　2010
◇p216-1〔白黒〕（民家の火の神）　沖縄県名護市　㈱1998年　古家信平
◇p216-2〔白黒〕　沖縄県浦添　鎌倉芳太郎『鎌倉芳太郎資料集ノート篇Ⅱ民俗・宗教』
◇p218-4〔白黒〕（宗家の火の神を祀る）　沖縄県名護市　㈱1975年　古家信平
「図説 日本民俗学」吉川弘文館　2009

◇p49〔白黒〕　石川県金沢市
◇p256〔白黒〕（女性神役の祀る火の神）　沖縄県名護市
「日本社会民俗辞典 1」日本図書センター　2004
◇図版Ⅷ 沖縄（2）〔白黒〕　沖縄本島恩納村恩納のノロドンチ（祝女殿内）の拝所
「日本民俗宗教辞典」東京堂出版　1998
◇p478〔白黒〕　沖縄県　㈱古家信平
「日本宗教民俗図典 1」法蔵館　1985
◇図126〔白黒〕（アペフチカムイ（火の神）は家の中で一番大事な神）　アイヌ　㈱須藤功
◇図129〔白黒〕　沖縄県竹富町（竹富島）　掛軸の下の線香の立つ香炉　㈱須藤功
◇図130〔白黒〕（かまどの火の神）　沖縄県竹富町（竹富島）　㈱須藤功
「図説 民俗探訪事典」山川出版社　1983
◇p333〔白黒〕　竹富島　竈の神

### 火伏の地蔵
「宮本常一が撮った昭和の情景 下」毎日新聞社　2009
◇p62〔白黒〕（火伏の地蔵を祀る家）　山口県大島郡周防大島町大字小松　㈱宮本常一, 1967年12月20日〜23日
「宮本常一 写真・日記集成 下」毎日新聞社　2005
◇p114〔白黒〕　山口県大島郡大島町小松［周防大島町］　㈱宮本常一, 1967年12月20日〜23日

### ビルの稲荷
「日本宗教民俗図典 1」法蔵館　1985
◇図340〔白黒〕　東京都港区浜松町 貿易センタービル みなと稲荷　㈱須藤功

### 福の神
「宮本常一 写真・日記集成 別巻」毎日新聞社　2005
◇図19（p15）〔白黒〕　島根県・八束郡江［恵］曇村句句［鹿島町］〔石像〕　㈱宮本常一, 1939年11月19日

### 吹浦海岸の自然岩に刻まれた尊像
「日本民俗写真大系 8」日本図書センター　2000
◇p169〔白黒〕　山形県遊佐町　1873（明治6）年彫刻　㈱品田悦彦, 1982年

### 仏壇横の持仏堂の残像
「日本の生活環境文化大辞典」柏書房　2010
◇p208-2〔白黒〕　東京都八丈町　㈱2007年　森隆男

### フトゥキ（仏）
「日本民俗図誌 1 祭礼・祭祀篇」村田書店　1977
◇図158-2〔白黒・図〕　首里の久場川町の俗称アンニャ村（行者村）に住むニンブチャ（念仏者）の家に現存　宮良当社『沖縄の人形芝居』より

### 不動尊
「日本宗教民俗図典 1」法蔵館　1985
◇図59〔白黒〕　千葉県海上町

### 船玉
「日本宗教民俗図典 1」法蔵館　1985
◇図263〔白黒〕　香川県高松市亀水町 瀬戸内歴史民俗資料館　㈱須藤功

### 船霊
「精選 日本民俗辞典」吉川弘文館　2006
◇p464〔白黒〕　香川県　瀬戸内歴史民俗資料館所蔵
「日本民俗大辞典 下」吉川弘文館　2000
◇p484〔白黒〕　瀬戸内歴史民俗資料館所蔵
「日本民俗宗教辞典」東京堂出版　1998
◇p493〔白黒〕　新潟県山北県
「豊穣の神と家の神 目でみる民俗神シリーズ2」東京美術　1988
◇p47〔白黒〕（船霊人形）　千葉県勝浦市
「フォークロアの眼 7 海の暮らしと祭り」国書刊行会　1977

神体・偶像類・小祠・神棚　　　　　　　　信　仰

　　◇図54〔白黒〕　鹿児島県鹿児島市　横浜市港北区綱島西
　　◇図55〔白黒〕　福岡県 深江　横浜市港北区綱島西
　　◇図56〔白黒〕　静岡県沼津市, 静岡県清水市　横浜市港北区綱島西
　　◇図57〔白黒〕　千葉県勝浦市　横浜市港北区綱島西
　　◇図58〔白黒〕　宮城県牡鹿郡女川町　横浜市港北区綱島西
　　◇図59〔白黒〕　千葉県安房郡江見町　横浜市港北区綱島西
　　◇図60〔白黒〕　沖縄県　横浜市港北区綱島西
　　◇図61〔白黒〕　岩手県大田名部　横浜市港北区綱島西

舟ダマサマ
「図録・民具入門事典」柏書房　1991
　　◇p96〔白黒〕　神奈川県　神奈川県立博物館所蔵

舟霊様
「民俗図録 日本人の暮らし」日本図書センター　2012
　　◇図303〔白黒〕　島根県簸川郡大社町　㊗山根雅郎

船玉様
「日本の民俗 暮らしと生業」KADOKAWA　2014
　　◇図4-3〔白黒〕　静岡県賀茂郡南伊豆町　㊗芳賀日出男, 昭和29年～37年
「写真ものがたり昭和の暮らし 3」農山漁村文化協会　2004
　　◇p39〔白黒〕　香川県琴平町　㊗須藤功, 昭和55年11月
「日本社会民俗辞典 3」日本図書センター　2004
　　◇p1266〔白黒〕（漁船の船玉さま）　岡山県真鍋島
「日本の民俗 下」クレオ　1997
　　◇図4-6〔白黒〕　静岡県賀茂郡南伊豆町　㊗芳賀日出男, 昭和29年～37年
「日本の民具 3 山・漁村」慶友社　1992
　　◇図227〔白黒〕（舟玉様の石）　愛知県　㊗薗部澄

船霊様
「図説 日本民俗学」吉川弘文館　2009
　　◇p167〔白黒〕　熊本県天草市　清水満幸提供
「豊穣の神と家の神 目でみる民俗神シリーズ2」東京美術　1988
　　◇p52〔白黒〕　広島県三原市幸崎町能地
　　◇p53〔白黒〕　熱海市網代
　　◇p53〔白黒〕　神奈川県小田原市　神奈川県立博物館所蔵
　　◇p53〔白黒〕　熱海市網代
「フォークロアの眼 7 海の暮らしと祭り」国書刊行会　1977
　　◇図51〔白黒〕　三重県鳥羽市神島　横浜市港北区綱島西
　　◇小論12〔白黒〕　神奈川県三浦市三崎　欅材の箱の中に男女一対の人形・麻・五穀・銭十二丈賽二個　㊗田辺悟, 昭和48年11月20日

船霊様の御神体
「民間信仰辞典」東京堂出版　1980
　　◇p255〔白黒〕

フナダマサン（舟玉様）
「民具のみかた一心とかたち」第一法規出版　1983
　　◇p171〔白黒〕　香川県小豆島

船玉神
「日本民俗図誌 4 習俗・飲食篇」村田書店　1978
　　◇図65-1〔白黒・図〕　紙人形　『静岡県方言誌』による
　　◇図65-2〔白黒・図〕　静岡県下田町の小間物屋で売る　『静岡県方言誌』による
　　◇図66-1〔白黒・図〕　頭を紙でまるめ、千代紙の衣裳を着せたもの　『静岡県方言誌』による
　　◇図66-2〔白黒・図〕　静岡県多胡神社より授与されるもの　『静岡県方言誌』による
　　◇図67-1・2〔白黒・図〕　男女一体を抱き合せ水引をかける　『静岡県方言誌』による
　　◇図68-1〔白黒・図〕　清水市の雑貨店で売る　『静岡県方言誌』による
　　◇図68-2〔白黒・図〕　船具店で売るもの　『静岡県方言誌』による
　　◇図69-1〔白黒・図〕　清水市で売る　『静岡県方言誌』による
　　◇図69-2〔白黒・図〕　頭は土製、衣装は色紙　『静岡県方言誌』による
　　◇図69-3〔白黒・図〕　厚紙に彩色した紙人形を貼付け　『静岡県方言誌』による
　　◇図70〔白黒・図〕　三陸地方　船大工の頭梁が作った紙製のもの　山本鹿洲採図並に報告

船玉神像
「日本社会民俗辞典 3」日本図書センター　2004
　　◇p1265〔白黒〕　宮城県網地島

船霊の御神体
「日本民俗事典」弘文堂　1972
　　◇p625〔白黒〕（船霊のご神体）　三原市幸崎町能地　㊗萩原秀三郎
「日本を知る事典」社会思想社　1971
　　◇図18（p542）〔白黒〕

船玉の祀り方
「日本民俗図誌 4 習俗・飲食篇」村田書店　1978
　　◇図71〔白黒・図〕　『静岡県方言誌』

蛇を神体として祀ったもの
「民間信仰辞典」東京堂出版　1980
　　◇p258〔白黒〕

弁財天
「日本宗教民俗図典 1」法蔵館　1985
　　◇図56〔白黒〕　長野県長谷村　㊗須藤功

弁財天像
「日本民俗宗教辞典」東京堂出版　1998
　　◇p503〔白黒〕　群馬県　水沢観音境内

便所神
「図説 日本民俗学」吉川弘文館　2009
　　◇p49〔白黒〕　群馬県渋川市　萩原秀三郎提供
　　◇p76〔白黒〕　長野県大町市
「年中行事大辞典」吉川弘文館　2009
　　◇p615〔白黒〕　群馬県利根郡片品村　便所神（群馬県片品村花咲宮田家）紙で作られた便所神の後ろに「烏瑟沙摩明王尊」の文字が書かれている
「写真ものがたり昭和の暮らし 1」農山漁村文化協会　2004
　　◇p52〔白黒〕　群馬県北橘村八崎　セッチガミ, セッチョメゴ　㊗須藤功, 昭和44年11月
「民間信仰辞典」東京堂出版　1980
　　◇p167〔白黒〕

便所神人形
「日本の生活環境文化大辞典」柏書房　2010
　　◇p226-3〔白黒〕　石川県金沢市　㊗2004年　飯島吉晴

便所の神様のご神体
「写真でみる日本人の生活全集 5」日本図書センター　2010
　　◇口絵〔白黒〕　静岡県田方郡上狩野村市山 明徳寺　㊗昭和32年

弁天さまの祠
「宮本常一 写真・日記集成 上」毎日新聞社　2005
　　◇p254〔白黒〕　長崎県 五島列島中通島有川（南松浦郡有川町）〔新上五島町〕　㊗宮本常一, 1961年4月24日

疱瘡神
「日本民俗宗教辞典」東京堂出版　1998
　　◇p467〔白黒〕　栃木県鹿沼市　㊗横田則夫

「民間信仰辞典」東京堂出版　1980
◇p263〔白黒〕

**豊漁を祈願する神**
「図説 日本民俗学」吉川弘文館　2009
◇p51〔白黒〕　新潟県村上市 鮭の番屋に祀られた神棚

**北東の隅に家の神を祀る**
「日本宗教民俗図典 1」法蔵館　1985
◇図124〔白黒〕　アイヌ　[撮]須藤功

**祠**
「宮本常一 写真・日記集成 上」毎日新聞社　2005
◇p261〔白黒〕　石川県輪島市 舳倉島　[撮]宮本常一, 1961年8月1日
「日本民俗大辞典 下」吉川弘文館　2000
◇p537〔白黒〕　福島県相馬郡小高町 益田嶺神社境内 藁製の祠, 木造の祠
「わたしのアルバム 伝統芸能の系譜 付依代考」錦正社　1986
◇図586〔白黒〕　隠岐の島 美田八幡境内
「日本宗教民俗図典 1」法蔵館　1985
◇図50〔白黒〕　群馬県赤城村津久田　毎年造り替えられる　古峯神社神符を収める　[撮]須藤功

**ホーソ神**
「宮本常一 写真・日記集成 別巻」毎日新聞社　2005
◇図177(p32)〔白黒〕　山形県東田川郡東泉村下川代［羽黒町］　ホーソヲウエルト、サンダワラヲアゲル　[撮]宮本常一, 1940年［11月］

**ホーソ神のサンタハラ**
「宮本常一 写真・日記集成 別巻」毎日新聞社　2005
◇図135(p27)〔白黒〕　山梨県谷村町［都留市］　[撮]宮本常一, 1940年4月

**ホタケサマを祀ったダイドコ**
「写真でみる民家大事典」柏書房　2005
◇p414-1〔白黒〕　長崎県対馬市　[撮]1991年　松永達

**ホタケサマの神体**
「写真でみる民家大事典」柏書房　2005
◇p414-2〔白黒〕　長崎県対馬市　[撮]1991年　松永達

**ホットンボ**
「日本民俗図誌 1 祭礼・祭祀篇」村田書店　1977
◇図102-2〔白黒・図〕　東京府新島本村 十三神社境内
◇図103-3〔白黒・図〕　新島本村大三皇子神社境内

**ほらほげ地蔵**
「宮本常一 写真・日記集成 上」毎日新聞社　2005
◇p324〔白黒〕　長崎県壱岐郡 八幡浦　[撮]宮本常一, 1962年8月6日

**堀川のお地蔵さん**
「民俗資料選集 17 若狭の産小屋習俗」国土地理協会　1989
◇p14(口絵)〔白黒〕　福井県敦賀市立石

**磨崖仏**
「宮本常一 写真・日記集成 下」毎日新聞社　2005
◇p327〔白黒〕　鳥取県西伯郡大山町　[撮]宮本常一, 1974年8月22日～23日

**松尾神**
「民俗資料選集 34 酒造習俗Ⅰ」国土地理協会　2006
◇p6(口絵)〔白黒〕(酒造蔵内の松尾神)　岩手県　[撮]昭和50年代

**松尾様**
「民俗資料選集 36 酒造習俗Ⅱ」国土地理協会　2007
◇p2(口絵)〔白黒〕(酒蔵に祀ってある松尾様)　石川県
◇p2(口絵)〔白黒〕(酒母堂に祀ってある松尾様)　石川県
◇p112(本文)〔白黒〕(酒蔵に祀ってある松尾様)　石川県

**マリア観音像**
「日本民具の造形」淡交社　2004
◇p307〔白黒〕(マリア観音)　長崎県 外海町立歴史民俗資料館所蔵
「日本民俗宗教辞典」東京堂出版　1998
◇p531〔白黒〕　東京国立博物館蔵

**摩利支天(石像)**
「境と辻の神 目でみる民俗神シリーズ3」東京美術　1988
◇p121〔白黒〕　長野県茅野市

**マリヤ観音**
「日本社会民俗辞典 1」日本図書センター　2004
◇p293〔白黒〕

**丸石を屋敷神もしくは道祖神としてまつる**
「日本宗教民俗図典 1」法蔵館　1985
◇図1〔白黒〕　山梨県塩山市　[撮]須藤功

**まわり地蔵**
「図説 日本民俗学」吉川弘文館　2009
◇p211〔白黒〕　神奈川県秦野市

**廻り地蔵**
「日本民俗宗教辞典」東京堂出版　1998
◇p554〔白黒〕　福島県岩瀬村
「図説 民俗探訪事典」山川出版社　1983
◇p197〔白黒〕　奈良市丹生町

**万願地蔵**
「日本民俗図誌 1 祭礼・祭祀篇」村田書店　1977
◇図138-2〔白黒・図〕　東京市浅草区山ノ宿教善寺前

**御髪大明神と八大竜王の石碑**
「民俗資料叢書 15 有明海の漁撈習俗」平凡社　1972
◇図97〔白黒〕　鹿島町重の木

**身代り地蔵**
「日本祭礼地図 Ⅴ」国土地理協会　1980
◇p19〔白黒〕　新潟県佐渡

**身代わり地蔵**
「写真ものがたり昭和の暮らし 3」農山漁村文化協会　2004
◇p205〔白黒〕(石造の身代わり地蔵)　新潟県両津市(現佐渡市)　[撮]宮本常一, 昭和34年8月

**身代り地蔵尊**
「宮本常一 写真・日記集成 上」毎日新聞社　2005
◇p145〔白黒〕　新潟県佐渡郡畑野町［佐渡市］慶宮寺　[撮]宮本常一, 1959年8月14日

**水掛地蔵**
「日本民俗写真大系 5」日本図書センター　2000
◇p165〔白黒〕(室戸岬の水掛地蔵)　室戸市　ひしゃくの水を頭から掛ける　[撮]寺田正, 1956年　高知市民図書館

**水かけ不動**
「日本宗教民俗図典 1」法蔵館　1985
◇図491〔白黒〕　大阪市天王寺区 四天王寺の亀井不動　[撮]須藤功

**道ばたの地蔵堂**
「宮本常一が撮った昭和の情景 下」毎日新聞社　2009
◇p29〔白黒〕(道端の地蔵堂)　広島県神石郡神石高原町笹尾奴留田から下豊松四日市へ　[撮]宮本常一, 1965年12月19日
「宮本常一 写真・日記集成 下」毎日新聞社　2005
◇p48〔白黒〕　豊松村(広島県神石郡［神石高原町］)　[撮]宮本常一, 1965年12月19日

**導引長太郎地蔵**
「日本民俗図誌 1 祭礼・祭祀篇」村田書店　1977

神体・偶像類・小祠・神棚　　　　　　　信　仰

　　　◇図138-1〔白黒・図〕　東京市浅草区千束町二丁目十七
　　　　番地先の民家の一隅

**道引長太郎地蔵**
　「日本民俗図誌 4 習俗・飲食篇」村田書店　1978
　　　◇図80〔白黒・図〕　浅草観音堂裏手の千束町2丁目 民
　　　　家の一隅に立つ堂

**水口の田の神**
　「日本社会民俗辞典 2」日本図書センター　2004
　　　◇p891〔白黒〕　長野県木曽大桑村

**耳だれの地蔵様**
　「民俗図録 日本人の暮らし」日本図書センター　2012
　　　◇図718〔白黒〕　愛知県日間賀島　㊞瀬川清子

**耳の神様**
　「境と辻の神 目でみる民俗神シリーズ3」東京美術　1988
　　　◇p93〔白黒〕　千葉県市川市妙典の清寿寺　母猿が六
　　　　匹の子猿を抱えている石塔

**民家の軒下に地蔵を祀る**
　「宮本常一 写真・日記集成 下」毎日新聞社　2005
　　　◇p71〔白黒〕　京都市中京区河原町あたり　㊞宮本常
　　　　一、1966年4月30日〜5月1日

**虫歯の神様**
　「民俗図録 日本人の暮らし」日本図書センター　2012
　　　◇図717〔白黒〕　静岡県賀茂郡　㊞瀬川清子

**ムラザカイに立つ地蔵尊**
　「図説 日本民俗学」吉川弘文館　2009
　　　◇p110〔白黒〕　奈良県桜井市　8月14日各家の間口ご
　　　　とに百万遍の数珠を繰り、最後にムラザカイの地蔵の
　　　　前で数珠を繰って疫病を村外へ追放する

**村境の六地蔵**
　「日本民俗大辞典 下」吉川弘文館　2000
　　　◇図11〔別刷図版「村境」〕〔カラー〕　京都府宮津市字
　　　　山中　㊞井之本泰　京都府立丹後郷土資料館提供

**村の地蔵さま**
　「写真でみる日本人の生活全集 9」日本図書センター　2010
　　　◇p117〔白黒〕　村境

**ムンチュウの本家に祀られる神家**
　「図説 日本民俗学」吉川弘文館　2009
　　　◇p254〔白黒〕　沖縄県読谷村

**夫婦道祖神**
　「写真でみる日本人の生活全集 5」日本図書センター　2010
　　　◇p115〔白黒〕　長野県

**めぐり地蔵**
　「日本宗教民俗図典 1」法蔵館　1985
　　　◇図482〜484〔白黒〕　神奈川県伊勢原市白根　㊞須
　　　　藤功

**木祠の荒神**
　「写真でみる民家大事典」柏書房　2005
　　　◇p153-2〔白黒〕　広島県因島市　㊞2004年　宮内貴久

**文字道祖神**
　「図説 民俗探訪事典」山川出版社　1983
　　　◇p179〔白黒〕　埼玉県

**焼場近くの祠**
　「宮本常一 写真・日記集成 上」毎日新聞社　2005
　　　◇p208〔白黒〕　新潟県佐渡郡相川町〔佐渡市〕入崎
　　　　㊞宮本常一、1960年8月27日

**厄神塚**
　「日本を知る事典」社会思想社　1971
　　　◇図37(p503)〔白黒・図〕（京都吉田神社の厄神塚）『神
　　　　道名目類聚抄』より

**屋敷稲荷**
　「豊穣の神と家の神 目でみる民俗神シリーズ2」東京美術
　　　1988
　　　◇p103〔白黒〕　群馬県佐波郡玉村町　屋敷の隅の仮屋
　　　　に祀る

**屋敷イナリの祠**
　「日本社会民俗辞典 4」日本図書センター　2004
　　　◇p1480〔白黒〕　栃木県加蘇村

**屋敷ウジカミ**
　「日本社会民俗辞典 4」日本図書センター　2004
　　　◇p1480〔白黒〕　福島県大甕村

**屋敷氏神**
　「日本社会民俗辞典 1」日本図書センター　2004
　　　◇p67〔白黒〕　長野県神原村坂部

**屋敷神**
　「民俗学事典」丸善出版　2014
　　　◇p470〔白黒〕　山口県萩市
　「民俗図録 日本人の暮らし」日本図書センター　2012
　　　◇図642〔白黒〕　青森県西津軽郡深浦町追良瀬　㊞櫻庭
　　　　武則
　「写真でみる日本人の生活全集 5」日本図書センター　2010
　　　◇p63〔白黒〕　宮城県　家にはいった白蛇を瑞兆の神
　　　　として祀った祠　㊞昭和16年8月
　「写真でみる日本人の生活全集 8」日本図書センター　2010
　　　◇p33〔白黒〕　愛媛県二神島
　　　◇p34〔白黒〕　東京都文京区　〔石祠〕
　「図説 日本民俗学」吉川弘文館　2009
　　　◇p50〔白黒〕　神奈川県秦野市　〔稲荷〕
　　　◇p109〔白黒〕　千葉県旭市
　　　◇p229〔白黒〕　栃木県市貝町
　「宮本常一 写真・日記集成 別巻」毎日新聞社　2005
　　　◇図118(p25)〔白黒〕　静岡県内浦町三津〔沼津市〕　稲
　　　　荷様。祠二武運長久ノ千社参札ガハッテアル　㊞宮本
　　　　常一、1940年4月15日〜26日
　　　◇図276(p46)〔白黒〕　徳島県・阿波・西祖谷山〔三好郡
　　　　西祖谷山村〕　㊞宮本常一、1941年12月
　「図説 民俗建築大事典」柏書房　2001
　　　◇写真2(p262)〔白黒〕（複数の屋敷神）　大分県杵築市
　　　◇写真3(p263)〔白黒〕（屋敷林の中に祀られた屋敷神）
　　　　宮城県宮崎町
　「日本民俗大辞典 下」吉川弘文館　2000
　　　◇p722〔白黒〕　青森県西津軽郡深浦町追良瀬　㊞桜庭
　　　　武則　成城大学民俗学研究所提供
　「仏教民俗辞典 コンパクト版」新人物往来社　1993
　　　◇p384〔白黒〕
　「豊穣の神と家の神 目でみる民俗神シリーズ2」東京美術
　　　1988
　　　◇p101〔白黒〕　千葉県松戸市下矢切　稲荷を祭神と
　　　　する
　　　◇p102〔白黒〕　千葉県松戸市中矢切　稲荷を祀る
　　　◇p103〔白黒〕　群馬県多野郡上野村
　「民俗学辞典（改訂版）」東京堂出版　1987
　　　◇図版52(p635)〔白黒・図〕　福島県相馬地方,宮城県
　　　　伊具郡筆甫村　橋浦泰雄画
　「図説 民俗探訪事典」山川出版社　1983
　　　◇p175〔白黒〕　埼玉県
　　　◇p175〔白黒・図〕　宮城県　柳田国男監修『民俗学辞
　　　　典』より
　　　◇p175〔白黒・図〕　福島県　柳田国男監修『民俗学辞
　　　　典』より
　「民俗資料選集 9 山村の生活と用具」国土地理協会　1981
　　　◇p81（本文）〔白黒〕（屋敷神（山神・地神））　愛知県北
　　　　設楽郡津具村
　「日本民俗文化財事典（改訂版）」第一法規出版　1979

信仰　　　　　　　神体・偶像類・小祠・神棚

　　◇図238〔白黒〕　　富山県砺波地方
「日本を知る事典」社会思想社　1971
　　◇図4 (p523)〔白黒〕　岡山県真庭郡
「図説 日本民俗学全集 3」高橋書店　1971
　　◇図47〔白黒〕　〔貞享2年につくられたという石祠〕
　　室生犀星蔵
「図説 日本民俗学全集 4」あかね書房　1960
　　◇図47〔白黒〕　〔貞享2年につくられたという石祠〕
　　室生犀星蔵

### 屋敷神としてまつった道祖神
「写真ものがたり昭和の暮らし 8」農山漁村文化協会　2006
　　◇p56〔白黒〕　長野県豊郷村（現・野沢温泉村）　㊌武田久吉、昭和8年　早川孝太郎所蔵

### 屋敷神の類型別分布
「図説 民俗探訪事典」山川出版社　1983
　　◇p175〔白黒・図〕　直江広治『屋敷神の研究』より

### 屋敷荒神
「民俗図録 日本人の暮らし」日本図書センター　2012
　　◇図650〔白黒〕　島根県簸川郡伊波野村　㊌山根雅郎
「豊穣の神と家の神 目でみる民俗神シリーズ2」東京美術　1988
　　◇p104〔白黒〕　大分県東国東郡国見町　ソトコウジン

### 屋敷内に祀られた丸石
「日本宗教民俗図典 1」法蔵館　1985
　　◇図74〔白黒〕　鹿児島県日置市　㊌須藤功

### 屋敷内の稲荷大明神
「日本宗教民俗図典 1」法蔵館　1985
　　◇図48〔白黒〕　群馬県黒保根村下田沢　㊌須藤功

### 屋敷内のウチガミの祠
「日本社会民俗辞典 4」日本図書センター　2004
　　◇p1481〔白黒〕　宮城県荻ノ浜村

### ヤッコカガシ
「民俗資料叢書 1 田植の習俗1」平凡社　1965
　　◇図84, 85〔白黒〕　岩手県江刺市伊手のナゴネ

### 屋根上の秋葉神社
「日本宗教民俗図典 1」法蔵館　1985
　　◇図459〔白黒〕　名古屋市　㊌須藤功

### 屋根神
「日本の生活環境文化大辞典」柏書房　2010
　　◇p232-2〔白黒〕　名古屋市　二重屋根の下屋根の上に祀れた屋根神様の代表的な形態　岡本大三郎
　　◇p233-3〔白黒〕　名古屋市　屋根から地上に降ろされた屋根の傾斜がそのまま残るカミサマ　㊌1980年
「写真でみる民家大事典」柏書房　2005
　　◇p161-1〔白黒〕　愛知県名古屋市東区裏筒井町　㊌1980年　岡本大三郎
　　◇p161-2〔白黒〕　愛知県名古屋市中区丸の内　㊌1980年　岡本大三郎
「日本民俗大辞典 下」吉川弘文館　2000
　　◇p736〔白黒〕　名古屋市中村区

### 屋根神の秋葉社
「写真ものがたり昭和の暮らし 4」農村漁村文化協会　2005
　　◇p83〔白黒〕　愛知県名古屋市西区　㊌須藤功、昭和48年3月

### 屋根に疱瘡神を祀った家
「図説 民俗建築大事典」柏書房　2001
　　◇写真4 (p280)〔白黒〕　山梨県富士吉田市

### ヤブガミ
「祭・芸能・行事大辞典 上」朝倉書店　2009
　　◇p106〔白黒〕　山口県萩市　㊌徳丸亞木

### ヤブササン
「山と森の神 目でみる民俗神シリーズ1」東京美術　1988
　　◇p79〔白黒〕　佐賀県東松浦郡　屋敷内の林にある小祠

### ヤボサ社
「祭・芸能・行事大事典 下」朝倉書店　2009
　　◇p1789〔白黒〕　壱岐市石田町　㊌福島邦夫

### 山神祠と三本杉
「日本社会民俗辞典 4」日本図書センター　2004
　　◇p1500〔白黒〕　宮城県花山村　炭焼の信仰するもの

### 山の神
「図説 日本民俗学」吉川弘文館　2009
　　◇p76〔白黒〕　長野県開田村
　　◇p116〔白黒〕　奈良県山添村
　　◇p201〔白黒〕　熊本県五木村
「写真ものがたり昭和の暮らし 8」農山漁村文化協会　2006
　　◇p215〔白黒〕(山の神像)　群馬県片品村上幡谷　㊌須藤功、平成7年11月
「日本民具の造形」淡交社　2004
　　◇p185〔白黒〕　青森県 青森市森林博物館所蔵
「日本社会民俗辞典 4」日本図書センター　2004
　　◇p1497〔白黒〕(山の神像)　宮城県七宿村
　　◇p1498〔白黒〕　岐阜県沢田村
「民俗資料選集 30 焼畑習俗Ⅱ」国土地理協会　2002
　　◇p124(本文)〔白黒〕　山梨県南巨摩郡早川町奈良田下島
「日本民俗大辞典 下」吉川弘文館　2000
　　◇図1〔別刷図版「山の神」〕〔カラー〕(子持ちの山の神)　熊本県球磨郡水上村　㊌萩原秀三郎
　　◇図2〔別刷図版「山の神」〕〔カラー〕(山の神像)　山形県最上郡真室川町　㊌結城英雄
　　◇図10〔別刷図版「山の神」〕〔白黒〕(鉱山の山の神)　熊本県荒尾市府本　㊌牛島盛光
　　◇図11〔別刷図版「山の神」〕〔カラー〕(木地屋の山の神像)　福島県南会津郡舘岩村　㊌佐治靖
　　◇図27〔別刷図版「山の神」〕〔カラー〕(藁蛇の山の神)　山口県玖珂郡本郷村　㊌湯川洋司
　　◇図28〔別刷図版「山の神」〕〔カラー〕(斧・鋸をもつ山の神)　岩手県立博物館所蔵
　　◇図29〔別刷図版「山の神」〕〔カラー〕(鳥の羽をもつ山の神)　大分県直入郡直入町　直入町教育委員会提供
　　◇図30〔別刷図版「山の神」〕〔白黒〕(猪にのる山の神)　熊本県荒尾市樺　㊌牛島盛光
「日本の民具 3 山・漁村」慶友社　1992
　　◇図135〔白黒〕　群馬県 赤倉山の木挽のまつる山の神の模造品　㊌薗部澄
「図録・民具入門事典」柏書房　1991
　　◇p96〔白黒〕　長野県
「豊穣の神と家の神 目でみる民俗神シリーズ2」東京美術　1988
　　◇p96〔白黒〕　岩手県遠野市　産神とし、絵馬や馬の作り物を奉納する
「山と森の神 目でみる民俗神シリーズ1」東京美術　1988
　　◇p33〔白黒〕　熊本県球磨郡水上村　夫婦神で焼畑の作神でもある
　　◇p34〔白黒〕(木彫の山の神の神像)　宮崎県東臼杵郡椎葉村 王宮神社
「日本宗教民俗図典 1」法蔵館　1985
　　◇図305〔白黒〕　三重県大王町波切 海辺の断崖上　㊌須藤功
　　◇図308〔白黒〕(山の神像)　熊本県錦町一武本別府　㊌須藤功
　　◇図309〔白黒〕(石像の山の神)　錦町一武本別府　㊌須藤功
「民具のみかた―心とかたち」第一法規出版　1983

神体・偶像類・小祠・神棚　　　　　　　信　仰

◇p218〔白黒〕(ヤマノカミ（山の神）)　山形県金山町
「図説 民俗探訪事典」山川出版社　1983
　　◇p181〔白黒〕（山の神の御神体）　岩手県和賀郡 山祇神社蔵
「日本民俗文化財事典（改訂版）」第一法規出版　1979
　　◇図253〔白黒〕　長野県上田地方
「民俗資料選集 6 狩猟習俗Ⅱ」国土地理協会　1978
　　◇p15（口絵）〔白黒〕　新潟県中魚沼郡津南町大赤沢
　　◇p250（本文）〔白黒〕　新潟県中魚沼郡津南町 秋成郷
「民俗資料選集 2 木地師の習俗」国土地理協会　1974
　　◇p11（口絵）〔白黒〕（山の神の堂内）　新潟県糸魚川市大所木地屋　〔小祠〕

山の神さん
「民俗資料叢書 7 木地師の習俗1」平凡社　1968
　　◇図13〔白黒〕（小椋千軒跡の山の神さん）　滋賀県〔東近江市 政所〕　木地屋根元遺跡

山神像
「日本社会民俗辞典 4」日本図書センター　2004
　　◇p1497〔白黒〕　秋田県
　　◇p1498〔白黒〕（木挽のあげた山神像）　群馬県赤倉山

山の神とオコゼ
「図説 日本民俗学」吉川弘文館　2009
　　◇p199〔白黒〕　滋賀県甲賀市

山の神の掛け軸
「民俗資料選集 6 狩猟習俗Ⅱ」国土地理協会　1978
　　◇p17（口絵）〔白黒〕　新潟県中魚沼郡津南町小赤沢　狩猟の用具

山の神の神体
「日本社会民俗辞典 2」日本図書センター　2004
　　◇p738〔白黒〕　対馬芦ノ浦

山の神の碑
「日本民俗写真大系 2」日本図書センター　1999
　　◇p75〔白黒〕　岩手県遠野市　㊟浦田穂一, 1983年

山の神の祠と竹筒に入れた神酒
「日本民俗事典」弘文堂　1972
　　◇p763〔白黒〕　静岡県賀茂郡松崎町八木山　㊟平山和彦

山の神祠
「民俗資料叢書 7 木地師の習俗1」平凡社　1968
　　◇図97〔白黒〕　三重県七保村, 藤木屋　木地師の習俗

鑓もち勘助の像
「写真でみる日本人の生活全集 5」日本図書センター　2010
　　◇p142〔白黒〕　東京都芝愛宕 青松寺境内　㊟昭和32年9月

湯殿山（石塔）
「境と辻の神 目でみる民俗神シリーズ3」東京美術　1988
　　◇p120〔白黒〕　栃木県塩谷郡塩原町

養蚕の神
「図説 日本民俗学」吉川弘文館　2009
　　◇p172〔白黒〕　石川県白山市　掛け軸　石川県立歴史博物館提供

陽石と道祖神
「日本民俗大辞典 上」吉川弘文館　1999
　　◇p150〔白黒〕　神奈川県伊勢原市　諏訪神社

雷神
「日本社会民俗辞典 4」日本図書センター　2004
　　◇p1560〔白黒〕　宮城県花山村

りゅうごんさまの祠（竜宮神）
「日本社会民俗辞典 4」日本図書センター　2004
　　◇p1573〔白黒〕　島根県平田市塩津浦

龍神
「図説 日本民俗学」吉川弘文館　2009
　　◇p165〔白黒〕　山口県下関市

留守になった地蔵さまの祠か
「宮本常一 写真・日記集成 下」毎日新聞社　2005
　　◇p402〔白黒〕　滋賀県大津市伊香立途中町　㊟宮本常一, 1977年8月23～24日

六地蔵
「写真でみる日本人の生活全集 5」日本図書センター　2010
　　◇p97〔白黒〕　長野 善光寺境内　再建されたときの開眼法要　㊟昭和29年8月
「図説 日本民俗学」吉川弘文館　2009
　　◇p242〔白黒〕　東京都新宿区, 滋賀県甲賀市
「民俗小事典 死と葬送」吉川弘文館　2005
　　◇p205〔白黒〕（墓地入り口の六地蔵）　奈良市大柳生町　提供 新谷尚紀
「民俗資料選集 33 辻堂の習俗Ⅲ」国土地理協会　2005
　　◇p264（本文）〔白黒〕　山口県萩市三見浦
「宮本常一 写真・日記集成 下」毎日新聞社　2005
　　◇p400〔白黒〕（墓地の六地蔵）　滋賀県高島郡朽木村古屋　㊟宮本常一, 1977年8月23日
「宮本常一 写真・日記集成 別巻」毎日新聞社　2005
　　◇図133（p26）〔白黒・図〕　山梨県・盛里村曽雌［都留市］　秋元但馬ノ虐政ニ直訴シテ討レタ八人ノ庄屋ヲマツッタモノト云フ　㊟宮本常一, 1940年4月
「日本民俗大辞典 上」吉川弘文館　1999
　　◇p769〔白黒〕　京都市西京区 地蔵寺
「日本民俗宗教辞典」東京堂出版　1998
　　◇p605〔白黒〕
「仏教民俗辞典 コンパクト版」新人物往来社　1993
　　◇p400〔白黒〕
「日本宗教民俗図典 1」法蔵館　1985
　　◇図5〔白黒〕　佐賀県白石市　㊟須藤功
「図説 民俗探訪事典」山川出版社　1983
　　◇p177〔白黒〕　埼玉県秩父市
　　◇p177〔白黒〕　奈良県山辺郡
「日本民俗図誌 1 祭礼・祭祀篇」村田書店　1977
　　◇図141-1〔白黒・図〕　浅草観音堂境内淡島社の橋の手前に立っている石燈籠の火袋に刻まれる
「民俗資料叢書 14 八郎潟の漁撈習俗」平凡社　1971
　　◇図37〔白黒〕　秋田県山本郡八龍村浜田
「民俗資料叢書 2 志摩の年齢階梯制」平凡社　1965
　　◇図13〔白黒〕　三重県鳥羽市松尾町

六地蔵・六道ロウソク
「民俗小事典 死と葬送」吉川弘文館　2005
　　◇p340〔白黒〕　京都府京田辺市
「日本民俗大辞典 下」吉川弘文館　2000
　　◇p820〔白黒〕　京都府京田辺市

ロックウサンを祀る大黒柱
「写真でみる民家大事典」柏書房　2005
　　◇p39-2〔白黒〕　岡山県高梁市備中町　㊟1960年頃　鶴藤鹿忠

分かれ道の小祠
「日本民俗文化財事典（改訂版）」第一法規出版　1979
　　◇図233〔白黒〕　新潟県新井市

和田津海大神
「民俗資料叢書 15 有明海の漁撈習俗」平凡社　1972
　　◇図96〔白黒〕　鹿島市鹿島町重の木

ワラホウデン
「精選 日本民俗辞典」吉川弘文館　2006
　　◇p570〔白黒〕（屋敷神 ワラホウデン）　茨城県勝田市（ひたちなか市）　提供 福田アジオ

# 奉納物・祈願・縁起物

青島雛
　「日本民俗図誌 1 祭礼・祭祀篇」村田書店　1977
　　◇図161-2〔白黒・図〕　宮崎県青島 青島神社に奉納

青峯山の守札をつけた漁師
　「日本宗教民俗図典 1」法蔵館　1985
　　◇図261〔白黒〕　三重県阿児町志島　㊞須藤功

アゲボトケ
　「図説 日本民俗学」吉川弘文館　2009
　　◇p40〔白黒〕　千葉県成田市

浅草の笊被り大張子
　「日本郷土 風俗・民芸・芸能図鑑」日本図書センター　2012
　　◇写真篇 特集江戸から東京へ〔白黒〕　東京都

足形
　「日本の民具 3 山・漁村」慶友社　1992
　　◇図246〔白黒〕　秋田県　㊞薗部澄

足型・手形の奉納
　「あるくみるきく双書 宮本常一とあるいた昭和の日本 24」
　　農山漁村文化協会　2012
　　◇p140〔白黒〕　福岡県 篠栗観音霊場　㊞段上達雄

足半（奉納）
　「日本民俗図誌 4 習俗・飲食篇」村田書店　1978
　　◇図87-2〔白黒・図〕（足半）　岩手地方　山の神に奉納する

足の病気が治ったお礼に奉納した足の作りもの
　「写真ものがたり昭和の暮らし 2」農山漁村文化協会　2004
　　◇p19〔白黒〕　静岡県水窪町 足神社　昭和19年奉納　㊞須藤功、昭和42年11月

足の病い全快の御礼奉納
　「日本宗教民俗図典 1」法蔵館　1985
　　◇図236〔白黒〕（足の病い全快）　静岡県水窪町辰之戸　昭和19年奉納　〔木製足型〕　㊞須藤功

遊び図絵馬
　「日本民俗大辞典 上」吉川弘文館　1999
　　◇図1〔別刷図版「遊び」〕〔白黒〕　埼玉県戸田市　1893年（明治26）頃　妙顕寺所蔵、埼玉県立博物館提供

頭をたれる
　「日本宗教民俗図典 1」法蔵館　1985
　　◇図104〔白黒〕　三重県阿児町志島　㊞須藤功

新しい焙烙と使い古した竹楊子
　「日本民俗図誌 4 習俗・飲食篇」村田書店　1978
　　◇図97〔白黒・図〕　千葉県東葛飾郡行徳附近の小祠に供える

穴あき石
　「日本民俗宗教辞典」東京堂出版　1998
　　◇p266〔白黒〕　埼玉県歴史資料館提供

穴明き石
　「民具のみかた―心とかたち」第一法規出版　1983
　　◇p220〔白黒〕　兵庫県関宮町

穴のあいた石が下げられている地蔵さん
　「境と辻の神 目でみる民俗神シリーズ3」東京美術　1988
　　◇p92〔白黒〕　京都府宮津市の地蔵さん

穴八幡の当り矢と板獅子
　「日本郷土 風俗・民芸・芸能図鑑」日本図書センター　2012
　　◇写真篇 特集江戸から東京へ〔白黒〕　東京都

雨乞い
　「三省堂年中行事事典〈改訂版〉」三省堂　2012
　　◇p429〔白黒・図〕　神奈川県　竜を滝壺に入れる『年中行事図説』
　「民俗図録 日本人の暮らし」日本図書センター　2012
　　◇図702〔白黒〕（釣鐘を投げて雨乞）　奈良県
　　◇図703〔白黒〕（雨乞祈願）　大阪府泉南郡福泉町菱木　雨乞太鼓を打つかたわらで唱え言
　「いまに伝える 農家のモノ・人の生活館」柏書房　2004
　　◇p299 写真3〔白黒〕　埼玉県所沢市　㊞昭和31年
　「日本社会民俗辞典 2」日本図書センター　2004
　　◇p20〔白黒・図〕（雨乞）　西多摩地方　『風俗画報』
　「民間信仰辞典」東京堂出版　1980
　　◇p10〔白黒〕
　「年中行事図説」岩崎美術社　1975
　　◇p213〔白黒・図〕（雨乞）　図1：山口 山上の火祭, 図2：高知 滝壺に鐘を浸す, 図3：神奈川 竜を滝壺に入れる, 図4：東京 池中の竜王祭, 図5：長野 道祖神を川水に浸す

雨乞い祈禱の御札と水神様
　「いまに伝える 農家のモノ・人の生活館」柏書房　2004
　　◇p299 写真4〔白黒〕　埼玉県所沢市中富

雨乞姿
　「民俗図録 日本人の暮らし」日本図書センター　2012
　　◇図701〔白黒〕　新潟県三島郡粟島　蓑笠をつけた雨仕度　㊞北見俊夫

淡島様
　「日本宗教民俗図典 1」法蔵館　1985
　　◇図232〔白黒〕　千葉市市川市国分　下の病いに利く　㊞萩原秀三郎

アワの穂の供物
　「日本民俗大辞典 上」吉川弘文館　1999
　　◇p53〔白黒〕　静岡県磐田市・府八幡宮

安産を願って身にまとう岩田帯とお札
　「日本宗教民俗図典 1」法蔵館　1985
　　◇図146〔白黒〕　東京都中央区 水天宮　㊞萩原秀三郎

安産祈願
　「図説 日本民俗学」吉川弘文館　2009
　　◇p73〔白黒〕　東京都中央区

安産のお守り
　「境と辻の神 目でみる民俗神シリーズ3」東京美術　1988
　　◇p82〔白黒〕　東京日本橋 水天宮

「写真でみる民家大事典」柏書房　2005
　◇p152-1〔白黒〕　茨城県真壁町　㊞2004年　宮内貴久
「日本民俗大辞典 下」吉川弘文館　2000
　◇p841〔白黒〕　茨城県勝田市　㊞福田アジオ
「日本民俗宗教辞典」東京堂出版　1998
　◇p564〔白黒〕　福島県小高町

奉納物・祈願・縁起物　　　　　　　　　　信　仰

安産の御守
　「フォークロアの眼 8 よみがえり」国書刊行会　1977
　　◇図1〔白黒〕　千葉県市川市北国分　㊟萩原秀三郎, 昭和46年5月

安産の狛犬
　「図説 日本民俗学」吉川弘文館　2009
　　◇p74〔白黒〕　東京都中央区

安産の綱
　「豊穣の神と家の神 目でみる民俗神シリーズ2」東京美術　1988
　　◇p96〔白黒〕　滋賀県甲南町市原　薬師堂のオコナイで鏡餅をつるした縄

家を建てるときまず初めに炉の位置をきめてそこで無事に家が建つことを祈る
　「日本宗教民俗図典 1」法蔵館　1985
　　◇図119〔白黒〕　アイヌ　㊟須藤功

イクサ(絵馬)
　「民俗資料選集 6 狩猟習俗Ⅱ」国土地理協会　1978
　　◇p216〔白黒〕　新潟県北魚沼郡入広瀬村大白川神田　熊狩りの祭事

イクパスイ
　「日本民具の造形」淡交社　2004
　　◇p189〔白黒〕　北海道 下川町ふるさと交流館所蔵

イク・パスイの例
　「図説 民俗探訪事典」山川出版社　1983
　　◇p342〔白黒〕

石あげ
　「日本の民俗芸能」鹿島研究所出版会　1968
　　◇p31〔白黒〕　大阪市住吉町 住吉大社の鳥居　鳥居へ石を上げる　㊟三村幸一

石に書かれたさまざまな願い
　「日本宗教民俗図典 1」法蔵館　1985
　　◇図249〔白黒〕　京都市右京区朝日町 車折神社　㊟須藤功

板絵馬
　「日本民俗図誌 1 祭礼・祭祀篇」村田書店　1977
　　◇図180-1〔白黒・図〕　奈良手向山八幡
　　◇図180-2〔白黒・図〕　茨城県村松

イナウ
　「日本民具の造形」淡交社　2004
　　◇p187〔白黒〕　北海道 斜里町立知床博物館所蔵
　「日本社会民俗辞典 1」日本図書センター　2004
　　◇p13〔白黒〕(屋外祭壇のイナウ(幣))
　「日本民俗図誌 4 習俗・飲食篇」村田書店　1978
　　◇図45〔白黒・図〕　アイヌ　キケチノエ・イナウ2種
　　◇図46〔白黒・図〕　アイヌ　キチパルセ・イナウ2種
　　◇図47〔白黒・図〕　アイヌ　チセコロカムイ・イナウ
　　◇図48-1〔白黒・図〕　アイヌ　イナウルー
　　◇図48-2〔白黒・図〕　アイヌ　キケチノエ・イナウ
　　◇図50-1〔白黒・図〕　アイヌ　チセイコロ・イナウ『アイヌ人と其説話』
　　◇図51-2〔白黒・図〕　アイヌ　イヌンバ・シュツ・イナウ
　　◇図51-3〔白黒・図〕　アイヌ　アベシャマ・ウシ・イナウ
　　◇図53〔白黒・図〕　アイヌ　イコシラケ・イナウ
　　◇図54〔白黒・図〕　樺太アイヌ
　「写真 日本文化史 9」日本評論新社　1955
　　◇図140〔白黒〕　アイヌ

イナウ・キケ
　「日本民俗図誌 4 習俗・飲食篇」村田書店　1978
　　◇図49-2〔白黒・図〕　アイヌ　『アイヌ人と其説話』

イナウケマ
　「日本民俗図誌 4 習俗・飲食篇」村田書店　1978
　　◇図48-4〔白黒・図〕　アイヌ

イナウとイナウを削る古老
　「図説 民俗探訪事典」山川出版社　1983
　　◇p345〔白黒・図/写真〕　北海道　㊟久保寺逸彦

イナウ人形
　「日本民具の造形」淡交社　2004
　　◇p187〔白黒〕　長野県 大町郷土玩具博物館所蔵

犬卒塔婆
　「日本の生活環境文化大辞典」柏書房　2010
　　◇p289-3〔白黒〕(子安講で安産を祈願して立てられた犬卒塔婆)　茨城県つくば市苅間　㊟2009年　斎藤優美
　「図説 日本民俗学」吉川弘文館　2009
　　◇p239〔白黒〕　千葉県成田市　萩原秀三郎提供
　「宮本常一 写真・日記集成 上」毎日新聞社　2005
　　◇p105〔白黒〕(犬卒塔婆)　茨城県稲敷郡桜川村浮島　㊟宮本常一, 1958年3月1日
　「日本民俗宗教辞典」東京堂出版　1998
　　◇p34〔白黒〕　千葉県成田市
　「日本宗教民俗図典 2」法蔵館　1985
　　◇図318〔白黒〕　茨城県真壁町椎尾
　「日本民俗事典」弘文堂　1972
　　◇p48〔白黒〕　千葉県印旛郡　㊟萩原龍夫
　「民俗の事典」岩崎美術社　1972
　　◇p60〔白黒〕　茨城県筑波地方
　「日本を知る事典」社会思想社　1971
　　◇図2(p5)〔白黒〕　茨城県真壁郡筑波山麓

祈り
　「写真でみる日本人の生活全集 4」日本図書センター　2010
　　◇p23〔白黒〕　岩手県鳴子町上原開拓村

入谷の鬼子母神の地蔵に祈る若い夫婦
　「日本の生活環境文化大辞典」柏書房　2010
　　◇p288-2〔白黒〕　東京都台東区入谷　㊟2009年　佐志原圭子

祝亀
　「日本民具の造形」淡交社　2004
　　◇p191〔白黒〕　埼玉県 八潮市立資料館所蔵

牛の絵馬
　「日本民俗図誌 1 祭礼・祭祀篇」村田書店　1977
　　◇図183-2〔白黒・図〕　奈良 南円堂　小児の瘡毒治癒祈願

烏瑟沙摩明王への参拝者
　「日本の生活環境文化大辞典」柏書房　2010
　　◇p224-2〔白黒〕　伊豆市 明徳寺　㊟1986年　飯島吉晴

打盤と槌
　「日本民俗図誌 4 習俗・飲食篇」村田書店　1978
　　◇図92-1〔白黒・図〕　大坂天王寺境内の俗にカミコサンといわれる紙子仏に奉納する

鰻のエマ
　「日本民俗図誌 1 祭礼・祭祀篇」村田書店　1977
　　◇図194-2〔白黒・図〕　京都市下京区馬町小松谷の三島神社に納めた

馬および牛のエマ
　「日本民俗図誌 1 祭礼・祭祀篇」村田書店　1977
　　◇図182〔白黒・図〕　愛知県渥美郡二川村大字小松原の東観音寺

馬の人形
　「あるくみるきく双書 宮本常一とあるいた昭和の日本 24」農山漁村文化協会　2012
　　◇p141〔白黒〕　青森県弘前市 山観音　㊟段上達雄

# 信 仰　　奉納物・祈願・縁起物

**生まれた子が無事に育つように祈った地蔵と、乳がよく出るように願って布で作った乳房**
「写真ものがたり昭和の暮らし 7」農山漁村文化協会　2006
　◇p25〔カラー〕　広島県尾道市 西国寺　㈹須藤功, 昭和44年10月

**海が荒れて遭難しそうになるとこの岩が光を発して船を導く**
「日本宗教民俗図典 2」法蔵館　1985
　◇図384〔白黒〕　三重県鳥羽市 三峯山正福寺　遠洋に出ている男達の安全を祈る女達

**干支絵馬**
「あるくみるきく双書 宮本常一とあるいた昭和の日本 24」農山漁村文化協会　2012
　◇p135〔白黒〕　栃木県日光市 日光東照宮　㈹段上達雄

**えびすずら**
「日本の民具 2 農村」慶友社　1992
　◇図239〔白黒〕　秋田県男鹿市　㈹薗部澄

**恵比寿神社に商売繁盛、海難事故除けを祈願する**
「里山・里海 暮らし図鑑」柏書房　2012
　◇写53 (p200)〔白黒〕　福岡県柳川市沖端　㈹昭和61年 野田種子提供

**えま（絵馬）**
「日本の生活文化財」第一法規出版　1965
　◇図32～36（心）〔白黒〕　東京都立武蔵野郷土館所蔵
　◇図37, 38（心）〔白黒〕　小川原湖博物館所蔵
　◇図39～42（心）〔白黒〕　国学院大学神道学資料室所蔵
「写真 日本文化史 9」日本評論新社　1955
　◇図145, 146〔白黒〕（えま）　蛸の図, 乳の出祈願

**絵馬**
「あるくみるきく双書 宮本常一とあるいた昭和の日本 24」農山漁村文化協会　2012
　◇p160～161〔白黒〕　栃木県足利市 水使神社の絵馬堂 腰下の図　㈹〔昭和55年〕
　◇p132〔白黒〕　奈良県奈良市 春日大社の末社、金龍神社　金運さずけ　㈹須藤功
　◇p132〔白黒〕　奈良県奈良市 春日大社の末社、夫婦大國社　えんむすび　㈹須藤功
　◇p133〔白黒〕　島根県松江市 八重垣神社　㈹須藤功
　◇p134〔白黒〕　奈良県奈良市 天満神社　㈹須藤功
　◇p140〔白黒〕　栃木県足利市 大手神社　両手の図　㈹段上達雄
　◇p140〔白黒〕　栃木県足利市 大手神社　下半身の病気治癒　㈹段上達雄
　◇p140〔白黒〕　埼玉県所沢市　「向いめ」　㈹段上達雄
　◇p140〔白黒〕　栃木県足利市　八眼（絵）　㈹段上達雄
　◇p140〔白黒〕　大阪府大阪市 四天王寺・布袋堂　㈹段上達雄
　◇p142〔白黒〕　青森県三沢市 気比神社　馬の図　㈹段上達雄
　◇p142〔白黒〕　青森県三厩村 義経寺　明治41年奉納 馬の図　㈹段上達雄
　◇p142〔白黒〕　青森県三沢市 気比神社　大正6年奉納 馬の図　㈹段上達雄
　◇p143〔白黒〕　静岡県浜松市 西浦観音堂　馬の図　㈹須藤功
　◇p143〔白黒〕　青森県三沢市 気比神社　馬の図　㈹段上達雄
　◇p143〔白黒〕　青森県三沢市 気比神社　明治時代奉納 馬の図　㈹段上達雄
　◇p143〔白黒〕　埼玉県東松山市 上岡観音　馬の図　㈹段上達雄
　◇p150〔白黒〕　青森県弘前市 高山稲荷　狐に乗った稲荷大明神の図　㈹段上達雄
　◇p150〔白黒〕　青森県弘前市　七福神の図　㈹段上達雄
　◇p150〔白黒〕　青森県弘前市 山観音　観音図　㈹段上達雄
　◇p150〔白黒〕　京都府京都市向日町 花寺不動堂　剣の図　㈹段上達雄
　◇p151〔白黒〕　埼玉県 鬼鎮神社　鬼の図　㈹段上達雄
　◇p151〔白黒〕　大阪府大阪市 四天王寺・石神堂　牛の図　㈹段上達雄
　◇p151〔白黒〕　埼玉県 第六天　天狗の図　㈹段上達雄
　◇p151〔白黒〕　埼玉県所沢市　鳩の図　㈹段上達雄
　◇p152〔白黒〕　千葉県茂原市　㈹段上達雄
　◇p152〔白黒〕　千葉県　明治16年奉納　鶏の図　㈹段上達雄
　◇p152〔白黒〕　青森県弘前市 高山稲荷　動物図　㈹段上達雄
　◇p152〔白黒〕　青森県弘前市 山観音　猫の図　㈹段上達雄
　◇p154〔白黒〕　青森県弘前市 山観音　蛇の図　㈹段上達雄
　◇p154〔白黒〕　大阪府大阪市 広田神社　鱏（えい）の図　㈹段上達雄
　◇p154〔白黒〕　青森県弘前市 高山稲荷　馬に乗った武士の図　㈹段上達雄
　◇p154〔白黒〕　青森県弘前市 山観音　犬の図　㈹段上達雄
　◇p158〔白黒〕　栃木県足利市 子の権現　たった一枚だけあった地蔵様の絵馬　㈹〔昭和55年〕
　◇p164〔白黒〕　栃木県足利市利保町 生目神社　八眼・十六眼　㈹〔昭和55年〕
「民俗図録 日本人の暮らし」日本図書センター　2012
　◇図709〔白黒〕　香川県多度津町　㈹武田明
「写真でみる日本人の生活全集 5」日本図書センター　2010
　◇p141〔白黒〕　福岡市 旭地蔵尊　㈹中村省三　「毎日グラフ」昭和32年3月10日号
「図説 日本民俗学」吉川弘文館　2009
　◇p25〔白黒〕　神奈川県横浜市, 埼玉県秩父市
　◇p184〔白黒〕　東京都文京区 湯島天神
　◇p213〔白黒〕　神奈川県小田原市
「民俗資料選集 35 巫女の習俗Ⅵ」国土地理協会　2007
　◇p8（口絵）〔白黒〕　山形県 岩谷十八夜観音堂拝殿内
「宮本常一 写真・日記集成 上」毎日新聞社　2005
　◇p390〔白黒〕（奉納された絵馬）　青森県下北郡東通村桑原　大正7年奉納　㈹宮本常一, 1963年8月12日
「宮本常一 写真・日記集成 下」毎日新聞社　2005
　◇p434〔白黒〕（奉納絵馬）　福島県安達郡岩代町　㈹宮本常一, 1978年7月10日～13日（農山漁家生活改善技術資料収集調査）
　◇p473〔白黒〕（奉納絵馬）　山口県大島郡久賀町〔周防大島町〕　明治23年2月奉納　㈹宮本常一, 1979年11月25日
「宮本常一 写真・日記集成 別巻」毎日新聞社　2005
　◇図204 (p36)〔白黒〕　大正3年奉納　㈹宮本常一, 1940年〔11月〕
　◇図205 (p36)〔白黒〕　㈹宮本常一, 1940年〔11月〕
　◇図206 (p36)〔白黒〕　㈹宮本常一, 1940年〔11月〕
　◇図207 (p36)〔白黒〕　昭和15年奉納　㈹宮本常一, 1940年〔11月〕
　◇図208 (p36)〔白黒〕　昭和15年奉納　㈹宮本常一, 1940年〔11月〕
　◇図209 (p37)〔白黒〕　昭和14年奉納　㈹宮本常一, 1940年〔11月〕
　◇図210 (p37)〔白黒〕　昭和15年奉納　〔タモほかの図〕　㈹宮本常一, 1940年〔11月〕
　◇図213 (p37)〔白黒〕　〔蟹ほかの図〕　㈹宮本常一, 1940年〔11月〕
　◇図214 (p37)〔白黒〕　〔「め」と蛸の図〕　㈹宮本常一,

奉納物・祈願・縁起物　　　　　　　信　仰

1940年〔11月〕
「写真ものがたり昭和の暮らし 3」農山漁村文化協会　2004
◇p34〔白黒〕　香川県琴平町・金刀比羅宮　明治33年奉納　海上で嵐に巻きこまれたとき、天空に御幣が飛んできて安全な湊へ導いてくれたときの様子　㊙須藤功、昭和56年

「日本民具の造形」淡交社　2004
◇p190〔白黒〕　奈良県　東洋民俗博物館所蔵　家型小絵馬〔馬の図〕

「日本民俗宗教辞典」東京堂出版　1998
◇p58, 59〔白黒〕　福島県喜多方市, 群馬県伊香保神社　大絵馬（福島県喜多方市）（寛政7年奉納）、個人の願いが託された小絵馬（群馬県伊香保神社）

「仏教民俗辞典 コンパクト版」新人物往来社　1993
◇p54〔白黒〕

「日本の民具 2 農村」慶友社　1992
図226〔白黒〕　愛知県　㊙薗部澄
図227〔白黒〕　岩手県　㊙薗部澄
図228〔白黒〕　京都府　㊙薗部澄
図229〔白黒〕　東京都　㊙薗部澄
図230〔白黒〕　埼玉県　㊙薗部澄
図231〔白黒〕　東京都　草刈薬師　㊙薗部澄
図232〔白黒〕　群馬県　昭和7年3月14日奉納　㊙薗部澄
図233〔白黒〕（絵馬 砧）　石川県　㊙薗部澄
図234〔白黒〕　埼玉県　㊙薗部澄

「図録・民具入門事典」柏書房　1991
◇p99〔白黒〕（奉納絵馬）　宮城県

「境と辻の神 目でみる民俗神シリーズ3」東京美術　1988
◇p80〔白黒〕　滋賀県甲賀郡甲南町の薬師堂　乳房をかたどった作り物を奉納
◇p80〔白黒〕　千葉県流山市浄蓮寺　眼病をわずらう人びとが奉納

「豊穣の神と家の神 目でみる民俗神シリーズ2」東京美術　1988
◇p120〔白黒〕　神奈川県川崎市 金山神社に奉納　子授け祈願

「民俗学辞典（改訂版）」東京堂出版　1987
◇図版9（p70）〔白黒・図〕　岐阜県益田郡, 長野県東筑摩郡　岐阜県益田郡のマイタ（馬板）、牧場、厩などの呪に用う、長野県東筑摩郡のエマ、乳の呪に用う　橋浦泰雄画

「日本宗教民俗図典 1」法蔵館　1985
◇図164〔白黒〕　大阪市天王寺区 布袋堂（四天王寺）　乳がたくさん出るように祈る　㊙須藤功
◇図219・220〔白黒〕　群馬県赤城村津久田　杭にしばられた馬の絵馬, 綱が解けて躍動する馬の絵馬　㊙須藤功
◇図228〔白黒〕　栃木県足利市 大手神社　手の病い　㊙須藤功
◇図229〔白黒〕　栃木県足利市 大手神社　腕の病い　㊙須藤功
◇図230〔白黒〕　栃木県足利市 水使神社　女性の下の病い　㊙須藤功
◇図266〔白黒〕　奈良市日笠 日笠天満宮（天満神社）　黒毛の絵馬や赤毛の絵馬　㊙須藤功
◇図267〔白黒〕　青森県弘前市 久渡寺　猫の図　㊙須藤功
◇図270〔白黒〕　山形市小白川 小白川天満宮　明治4年奉納　裁縫の上達を願う　㊙須藤功

「民間信仰辞典」東京堂出版　1980
◇p47〔白黒・図〕

「日本祭礼地図 Ⅴ」国土地理協会　1980
◇p4〔白黒〕　岩手県滝沢村 駒形（蒼前）神社, 埼玉県川越市 氷川神社
◇p5〔白黒〕　千葉県四街道町 皇産霊神社, 千葉県四街道町 皇産霊神社, 岩手県滝沢村
◇p6〔白黒〕　栃木県日光市 日光東照宮, 静岡県三島市 三島大社, 東京都中央区 水天宮, 富山県利賀村
◇p7〔白黒〕　香川県滝宮村 天満神社, 神奈川県鎌倉市 鶴岡八幡宮, 群馬県富岡市 貫前神社, 滋賀県竹生村 宝厳寺（竹生島弁財天）, 奈良県奈良市 元興寺
◇p8〔白黒〕　滋賀県大津市 石山寺, 東京都江東区 亀戸天神, 神奈川県鎌倉市 鶴岡八幡宮, 和歌山県那智勝浦町 熊野那智大社, 神奈川県鎌倉市 杉本寺, 大分県安岐町 両子寺, 神奈川県鎌倉市 瑞泉寺
◇p9〔白黒〕　大阪市住吉区 住吉大社, 島根県大社町 出雲大社, 長野県戸隠村 戸隠神社, 静岡県熱海市 伊豆山神社, 宮城県仙台市 大崎八幡神社, 長野県戸隠村 戸隠神社, 京都市北区 賀茂神社, 京都市上京区 北野天満宮, 神奈川県伊勢原市 大山阿夫利神社, 奈良県室生村 室生寺, 鳥取県三徳村 三仏寺（投入堂）, 京都市右京区 野々宮神社, 千葉県香取町 香取神宮, 和歌山県那智勝浦町 熊野那智大社, 奈良県吉野郡 金峯山寺（蔵王堂）, 新潟県山北町
◇p10〔白黒〕　埼玉県秩父市 秩父神社, 静岡県三島市 三島神社, 京都市右京区 下鴨神社

「民俗資料選集 8 中付駑者の習俗」国土地理協会　1979
◇p30（口絵）〔白黒〕　福島県　馬頭観音の奉納品 一ハンナ7頭の馬をひく馬喰

「日本民俗文化財事典（改訂版）」第一法規出版　1979
◇図255〔白黒〕（絵馬堂内部の絵馬）　宮城県仙台市
◇図264〔白黒〕（奉納絵馬）　宮城県仙台市

「日本民俗図誌 1 祭礼・祭祀篇」村田書店　1977
◇図183-1〔白黒・図〕　静岡市浅間神社
◇図189〔白黒・図〕　千葉県東葛飾郡各地　荒神様への祈願
◇図191〔白黒・図〕　宇都宮地方　鏡餅の図
◇図192〔白黒・図〕　栃木県足利の水使神社に納められたもの　織器の梭の図
◇図196-1〔白黒・図〕　伊豆三宅島の阿古村　板を魚の形に刻みつけたもの
◇図196-2〔白黒・図〕　愛知県岡崎の六地蔵堂に奉納　綿を白布でくるみ、乳房の形としたもの

「民俗の事典」岩崎美術社　1972
◇p282〔白黒〕

「民俗資料叢書 10 木地師の習俗2」平凡社　1969
◇図86〔白黒〕　岐阜県　丹生川地方　木地師の奉納

### 絵馬型

「民俗資料選集 6 狩猟習俗Ⅱ」国土地理協会　1978
◇p13（口絵）〔白黒〕　新潟県北魚沼郡入広瀬村　山の神祭りの祭具

### 絵馬舎

「あるくみるきく双書 宮本常一とあるいた昭和の日本 24」農山漁村文化協会　2012
◇p182〔白黒〕　香川県琴平町 金刀比羅宮　大小さまざまな絵馬が並ぶ　㊙〔昭和52～53年〕

### 絵馬奉納

「民具のみかた一心とかたち」第一法規出版　1983
◇p221〔白黒〕　山口県萩市

### 縁切榎

「日本社会民俗辞典 2」日本図書センター　2004
◇p641〔白黒〕　東京都板橋

「日本民俗大辞典 上」吉川弘文館　1999
◇p219〔白黒〕　東京都板橋区本町

### 縁切り絵馬

「写真ものがたり昭和の暮らし 7」農山漁村文化協会　2006
◇p151〔白黒〕　福岡県福岡市 於古能地蔵堂　㊙須藤功、昭和60年3月

### 縁切り祈願
「図説 日本民俗学」吉川弘文館 2009
　◇p39〔白黒〕　京都市東山区

### 縁切り願い
「日本宗教民俗図典 1」法蔵館 1985
　◇図199〔白黒〕　福岡市西区野芥 於古能地蔵　母親の願い　㊟須藤功

### 縁切りの願いを書いた白布
「写真ものがたり昭和の暮らし 7」農山漁村文化協会 2006
　◇p151〔白黒〕　福岡県福岡市 於古能地蔵堂　㊟須藤功, 昭和60年3月

### 縁結び
「写真でみる日本人の生活全集 5」日本図書センター 2010
　◇p148〔白黒〕　島根県出雲大社　〔おみくじを木に結ぶ女性〕

### オイベスサン
「民俗資料叢書 8 田植の習俗3」平凡社 1968
　◇図48〔白黒〕　新潟県佐渡市　正面に供物をのせる棚 左に正月に作ったゼニサシや袋

### オイベスサンにあげる藁細工
「民俗資料叢書 8 田植の習俗3」平凡社 1968
　◇図49〔白黒〕　新潟県佐渡市　オオアシの緒, 小便タンゴの緒, ゼンザシ

### 大足半草履
「日本民具の造形」淡交社 2004
　◇p293〔白黒〕　長野県　松本市立博物館所蔵

### 大岩に参拝
「写真ものがたり昭和の暮らし 3」農山漁村文化協会 2004
　◇p57〔白黒〕　三重県鳥羽市松尾 正福寺　時化のとき光を発して船を安全な場所に導いてくれるといわれる　㊟須藤功, 昭和56年2月

### 鷲神社開運之御守
「図録・民具入門事典」柏書房 1991
　◇p98〔白黒〕　東京都

### 大峯山・金毘羅山・石鎚山参拝奉納額
「日本祭礼地図 V」国土地理協会 1980
　◇p3〔白黒〕　広島県竹原市

### 大草鞋（奉納）
「写真ものがたり昭和の暮らし 10」農山漁村文化協会 2007
　◇p214・215〔カラー〕　高知県津野町宮谷　㊟須藤功, 平成19年2月
「日本民俗宗教辞典」東京堂出版 1998
　◇p125〔白黒〕　秩父市 金昌寺
「日本宗教民俗図典 1」法蔵館 1985
　◇図259〔白黒〕　広島県尾道市 西国寺　旅の無事を祈って奉納　㊟須藤功
「日本民俗誌 1 祭礼・祭祀篇」村田書店 1977
　◇図177-1〔白黒・図〕　東京市浅草区浅草寺仁王門奉納
「民俗の事典」岩崎美術社 1972
　◇p323〔白黒〕　東京 浅草寺

### オガマサマ
「写真でみる日本人の生活全集 5」日本図書センター 2010
　◇p64〔白黒〕（素焼のオガマサマ）　東京浅草ガマ大明神に奉納　㊟昭和32年8月

### オカマサマに苗を供える
「いまに伝える 農家のモノ・人の生活館」柏書房 2004
　◇p105 写真3〔白黒〕　埼玉県川里町

### 御竃殿に祭られたしゃくし
「日本社会民俗辞典 2」日本図書センター 2004
　◇p600〔白黒〕　岡山県吉備津神社

### 拝み絵馬
「あるくみるきく双書 宮本常一とあるいた昭和の日本 24」農山漁村文化協会 2012
　◇p146〔白黒〕　福岡県福岡市博多区　㊟段上達雄
　◇p147〔白黒〕　埼玉県所沢市　㊟段上達雄
　◇p148〔白黒〕　青森県弘前市 山観音　大正13年奉納　㊟段上達雄
　◇p148〔白黒〕　京都府京都市向日町　明治時代奉納　㊟段上達雄
　◇p148〔白黒〕　千葉県　㊟段上達雄
　◇p148〔白黒〕　京都府京都市 淡島堂　㊟段上達雄
　◇p148〔白黒〕　青森県弘前市 高山稲荷　㊟段上達雄
　◇p149〔白黒〕　東京都青梅市 呑龍様　㊟段上達雄

### オコゼ奉納絵馬
「日本民俗大辞典 下」吉川弘文館 2000
　◇図5〔別刷図版「山の神」〕〔カラー〕　山形県東田川郡立川町　明治40年奉納　金内寅雄所蔵, 立川町教育委員会提供

### オシオイ桶
「民俗図録 日本人の暮らし」日本図書センター 2012
　◇図713〔白黒〕　長崎県下縣郡船越村緒方　㊟平山敏治郎
「フォークロアの眼 7 海の暮らしと祭り」国書刊行会 1977
　◇小論23〔白黒〕　静岡県伊東市富戸　土間の柱に吊る　㊟田辺悟, 昭和46年9月10日

### お祖師様をなでまわす（自分の患部と同じ所）信者たち
「写真でみる日本人の生活全集 5」日本図書センター 2010
　◇口絵〔白黒〕　東京 浅草のガマ寺

### 御供餅
「民俗図録 日本人の暮らし」日本図書センター 2012
　◇図677〔白黒〕　秋田県仙北郡角館町　㊟武藤鐵城

### 御多賀杓子
「日本民俗誌 4 習俗・飲食篇」村田書店 1978
　◇図72〔白黒・図〕　滋賀県犬上郡多賀村 多賀神社で授与

### 鬼の額
「日本宗教民俗図典 1」法蔵館 1985
　◇図544〔白黒〕　青森県弘前市　巌鬼山神社奉納　㊟萩原秀三郎

### お百度札
「図録・民具入門事典」柏書房 1991
　◇p99〔白黒〕　東京都

### おふだに必勝を祈願する家族
「写真でみる日本人の生活全集 5」日本図書センター 2010
　◇口絵〔白黒〕　全国高校野球大会　㊟昭和31年8月

### お詣りをする人びと
「写真でみる日本人の生活全集 8」日本図書センター 2010
　◇p13〔白黒〕　京都 稲荷神社　㊟入谷信夫

### おみきつぼ
「日本の民具 3 山・漁村」慶友社 1992
　◇図131〔白黒〕　滋賀県　御神酒を入れて山の神などに供える　㊟薗部澄

### おみくじ
「写真でみる日本人の生活全集 5」日本図書センター 2010
　◇口絵〔白黒〕　東京　㊟昭和30年
「宮本常一 写真・日記集成 下」毎日新聞社 2005
　◇p410〔白黒〕（括りつけられたおみくじ）　香川県琴平市 金毘羅神社境内　㊟宮本常一, 1977年10月22日～23日
「日本宗教民俗図典 1」法蔵館 1985
　◇図252〔白黒〕　京都市北区金閣寺町 金閣寺　㊟須藤功

奉納物・祈願・縁起物　　　　　　　　信　仰

　　　◇図253〔白黒〕（おみくじは求めたところに結ぶ）　京都市北区金閣寺町　金閣寺　㊙須藤功

**オミトジョウ**
「民俗資料選集 8 中付鵜者の習俗」国土地理協会　1979
　　　◇p30（口絵）〔白黒〕　福島県南会津郡田島町金井沢　明治42年奉納　馬頭観音の奉納品（幕）5頭の馬をひいて歩く馬喰

**温泉療法で治った人が納めて行った物**
「日本宗教民俗図典 1」法蔵館　1985
　　　◇図234〔白黒〕　宮城県白石市　鎌先温泉薬師堂　㊙須藤功

**オンテグラ**
「日本民俗図誌 1 祭礼・祭祀篇」村田書店　1977
　　　◇図102-4〔白黒・図〕　祭石に供えるミテグラ

**海難絵馬**
「宮本常一 写真・日記集成 下」毎日新聞社　2005
　　　◇p487〔白黒〕（航海の無事を感謝する正福寺の海難絵馬）　三重県鳥羽市松尾町　昭和6年11月奉納　㊙宮本常一, 1980年5月26日
「日本宗教民俗図典 2」法蔵館　1985
　　　◇図326〔白黒〕　三重県鳥羽市 青峯山正福寺　明治14年奉納　海難にあったが青峯山の御幣が見えて助かった。そのお礼に奉納した絵馬

**飼馬安全の絵馬額**
「図説 日本民俗学」吉川弘文館　2009
　　　◇p141〔白黒〕　栃木県矢板市　長沢利明提供

**カカミノカワの宝船**
「日本民俗図誌 4 習俗・飲食篇」村田書店　1978
　　　◇図60〔白黒・図〕　神社の刷物

**カケグリ**
「民俗資料選集 30 焼畑習俗Ⅱ」国土地理協会　2002
　　　◇p162（本文）〔白黒〕　宮崎県　クチアケの行事　山の神に供える御神酒を入れる竹筒

**賭け事の縁切り祈念**
「日本宗教民俗図典 1」法蔵館　1985
　　　◇図201〔白黒〕　奈良県生駒市 聖天堂（室山寺）　昭和56年奉納　奉納額　㊙須藤功

**片足大草鞋**
「民俗図録 日本人の暮らし」日本図書センター　2012
　　　◇図705〔白黒〕　山口県阿武郡嘉年村　㊙橋浦泰雄

**形代**
「祭・芸能・行事大辞典 上」朝倉書店　2009
　　　◇p409〔白黒〕　埼玉県秩父市 三峯神社　㊙朝日則安
「日本民俗図誌 1 祭礼・祭祀篇」村田書店　1977
　　　◇図149-1・2〔白黒・図〕　和歌山県日高郡湯川村湯川神社　旧時のもの, 現行祈禱用のもの
　　　◇図150-1〔白黒・図〕　京都市左京区吉田神楽岡町の吉田神社
　　　◇図150-2〔白黒・図〕　静岡県磐田郡御厨村鎌田明神宮の大祓式形代
　　　◇図150-3〔白黒・図〕　東京市本郷区湯島神社の大祓式形代
　　　◇図150-4〔白黒・図〕　東京市各神社から授与される一般的な型
　　　◇図151-1〔白黒・図〕　仙台市片平町の神宮奉斎会本部夏越の大祓に配布される形代
　　　◇図151-2〔白黒・図〕　和歌山県日高郡湯川神社の祈禱用形代
　　　◇図161-1〔白黒・図〕　豊後大分市長浜町 長浜神社に奉納　病気平癒祈願

**門田稲荷（縁切稲荷）**
「あるくみるきく双書 宮本常一とあるいた昭和の日本 24」農山漁村文化協会　2012

　　　◇p165〔白黒〕　栃木県足利市八幡町 八幡宮境内　社前に赤い鳥居、狐、千羽鶴、底を抜いた柄杓などの奉納　㊙〔昭和55年〕

**叶杉**
「日本宗教民俗図典 1」法蔵館　1985
　　　◇図254〔白黒〕　栃木県日光市 東照宮　㊙須藤功

**金草鞋**
「日本宗教民俗図典 1」法蔵館　1985
　　　◇図235〔白黒〕　千葉県我孫子市 子ノ神大黒天　足の不自由な人が平癒を祈って奉納する　㊙萩原秀三郎

**竈の縁起人形**
「写真でみる民家大事典」柏書房　2005
　　　◇p160-2〔白黒〕　滋賀県近江八幡市新町の旧南家, 市立歴史民俗資料館　㊙2004年　飯島吉晴

**鎌八幡**
「日本宗教民俗図典 1」法蔵館　1985
　　　◇図218〔白黒〕　和歌山県かつらぎ町三谷 丹生酒殿神社境内社鎌八幡宮　㊙須藤功

**紙エマ**
「日本民俗図誌 1 祭礼・祭祀篇」村田書店　1977
　　　◇図185〔白黒・図〕　土佐地方　祈願者のエトの絵を描く（羊、犬）

**紙絵馬**
「あるくみるきく双書 宮本常一とあるいた昭和の日本 24」農山漁村文化協会　2012
　　　◇p144〔白黒〕（店に掲げられた紙絵馬）　岐阜県高山市　㊙段上達雄

**神棚・ダルマ・お札の類が見える古札納所**
「日本の生活環境文化大辞典」柏書房　2010
　　　◇p214-7〔白黒〕　群馬県太田市世良田　㊙2009年

**神棚に飾られた群馬から売りにくるダルマ**
「宮本常一 写真・日記集成 上」毎日新聞社　2005
　　　◇p135〔白黒〕　新潟県佐渡郡相川町［佐渡市］南片辺　㊙宮本常一, 1959年8月5日

**神棚に苗束を供える**
「写真ものがたり昭和の暮らし 1」農山漁村文化協会　2004
　　　◇p161〔白黒〕　長野県阿智村駒場　㊙熊谷元一, 昭和24年

**神棚に祀られていた稲の束**
「宮本常一 写真・日記集成 下」毎日新聞社　2005
　　　◇p470〔白黒〕　新潟県佐渡郡赤泊村徳和［佐渡市］　㊙宮本常一, 1979年9月24日

**神棚の上に雲形の木の彫刻を貼る**
「日本の生活環境文化大辞典」柏書房　2010
　　　◇p213-4〔白黒〕　富山市八尾町　㊙2000年

**神棚の切紙**
「日本宗教民俗図典 1」法蔵館　1985
　　　◇図369〔白黒〕　岩手県遠野市　㊙須藤功

**神棚前での祈禱**
「日本宗教民俗図典 1」法蔵館　1985
　　　◇図26〔白黒〕　高知県池川町椿山　㊙須藤功

**神に供物する器**
「宮本常一 写真・日記集成 別巻」毎日新聞社　2005
　　　◇図120（p25）〔白黒〕　静岡県内浦村長浜［沼津市］　㊙宮本常一, 1940年4月15日～26日
　　　◇図122（p25）〔白黒〕　静岡県内浦村長浜［沼津市］　平生神棚ニアゲテオク　㊙宮本常一, 1940年4月15日～26日

**神の鉢**
「日本の民具 3 山・漁村」慶友社　1992
　　　◇図110〔白黒〕　新潟県　神への供物用のスギ製の曲げ

もの　[撮]薗部澄

### 紙のヒトガタ
「日本民俗図誌 1 祭礼・祭祀篇」村田書店　1977
◇図152〔白黒・図〕　壱岐島の染紺屋業者 正月愛染さまの神棚の下に貼りさげる

### 紙幟
「日本民俗図誌 4 習俗・飲食篇」村田書店　1978
◇図99-1〔白黒・図〕　愛媛県松山 善勝寺内日限地蔵堂願成就の奉納物

### 紙旗
「日本民俗図誌 4 習俗・飲食篇」村田書店　1978
◇図100〔白黒・図〕　千葉県東葛飾郡福田村附近　村内の神社や路傍の辻々に立てて千社詣をする

### カムイノミ お祈りの様子
「三省堂年中行事事典〈改訂版〉」三省堂　2012
◇p451〔白黒〕　アイヌ　[撮]萱野茂, 1975年頃

### 烏団扇
「日本民俗図誌 4 習俗・飲食篇」村田書店　1978
◇図83・84〔白黒・図〕　東京都府中市 大国魂神社

### 体が回復して納めたコルセット類
「あるくみるきく双書 宮本常一とあるいた昭和の日本 24」農山漁村文化協会　2012
◇p62〔白黒〕　香川県三野町・弥谷寺　[撮]〔昭和50年〕

### からびつ
「写真でみる日本人の生活全集 8」日本図書センター　2010
◇p26〔白黒〕　奈良県磯城郡川東村字金明神　神に供えるものがしまってある

### カリカケ
「里山・里海 暮らし図鑑」柏書房　2012
◇写14(p87)〔白黒〕　埼玉県旧両神村〔小鹿野町〕　最初に刈り取ったムギの穂やお神酒、マンジュウ、ウドンなどを地神に供え豊作に感謝する　[撮]昭和59年　大舘勝治提供

### カレイエマ
「日本民俗図誌 1 祭礼・祭祀篇」村田書店　1977
◇図195-2〔白黒・図〕　大阪市南区 広田神社

### 川辺で火を焚き供物を川へ投入する
「豊穣の神と家の神 目でみる民俗神シリーズ2」東京美術　1988
◇p91〔白黒〕　愛知県鳳来町

### 瓦牛
「日本郷土 風俗・民芸・芸能図鑑」日本図書センター　2012
◇写真篇 和歌山〔白黒〕　和歌山県和歌山市門草　子供の腫れ物を治す利益

### 願掛け
「日本民俗事典」弘文堂　1972
◇p179〔白黒〕　埼玉県秩父地方　[撮]清水武甲

### 元三大師のおみくじ
「図説 日本民俗学」吉川弘文館　2009
◇p28〔白黒〕　滋賀県野洲市

### 観音前での祈禱
「日本宗教民俗図典 1」法藏館　1985
◇図243〔白黒〕　愛知県稲沢市 矢合観音　[撮]須藤功

### 願はたしに奉納された穴のあいた石や髪
「境と辻の神 目でみる民俗神シリーズ3」東京美術　1988
◇p93〔白黒〕　山形県最上郡金山町山崎の山の神

### 眼病祈願の絵馬
「日本社会民俗辞典 1」日本図書センター　2004
◇p94〔白黒〕　秋田県神代村　『雪国の民俗』

### 眼病平癒祈願
「日本宗教民俗図典 1」法藏館　1985
◇図224〔白黒〕(眼病)　大分県中津町　〔「目(め)」の字を書いた紙を奉納〕　[撮]須藤功

### 鬼子母神参りのザクロの絵馬
「年中行事大辞典」吉川弘文館　2009
◇p232〔白黒〕　東京都豊島区

### 傷の鎌先 湯神社への奉納物
「宮本常一が撮った昭和の情景 下」毎日新聞社　2009
◇p8〔白黒〕(湯治に来て体のよくなった人たちが鎌先温泉湯神社に納めたコルセットや松葉杖など)　宮城県白石市福岡蔵本鎌先 鎌先温泉湯神社　[撮]宮本常一, 1965年1月6日
「宮本常一 写真・日記集成 下」毎日新聞社　2005
◇p10〔白黒〕　宮城県白石市 鎌先温泉　[撮]宮本常一, 1965年1月6日

### 北野神社の絵馬
「日本を知る事典」社会思想社　1971
◇図15(p415)〔白黒〕　京都市

### 木札
「あるくみるきく双書 宮本常一とあるいた昭和の日本 24」農山漁村文化協会　2012
◇p175〔白黒〕　香川県琴平町 金刀比羅宮　江戸時代, 明治時代　[撮]〔昭和52～53年〕

### 牛舎の絵馬
「日本宗教民俗図典 1」法藏館　1985
◇図300〔白黒〕　岩手県平泉町　[撮]須藤功

### 香車の駒を奉納
「日本宗教民俗図典 1」法藏館　1985
◇図150〔白黒〕　栃木県日光市 産の宮　素早く進む香車にあやかった安産祈願　[撮]須藤功

### 巨岩の祭祀遺跡
「日本民俗写真大系 6」日本図書センター　2000
◇p25〔白黒〕　福岡県沖ノ島　〔祈る人たち〕　[撮]品田悦彦, 1990年

### 魚類のエマ
「日本民俗図誌 1 祭礼・祭祀篇」村田書店　1977
◇図193〔白黒・図〕　大阪府の石津戎神社に納めた

### 切紙(鯛・俵・升・銭)
「日本宗教民俗図典 1」法藏館　1985
◇図368〔白黒〕　岩手県衣川村　[撮]須藤功

### 禁酒の誓い
「日本宗教民俗図典 1」法藏館　1985
◇図203〔白黒〕(月に3日禁酒の誓い)　奈良県生駒市 聖天堂(室山寺)　奉納額　[撮]須藤功

### 釘抜地蔵の本堂板塀に掲げられたヤットコと釘の絵馬
「写真ものがたり昭和の暮らし 4」農村漁村文化協会　2005
◇p65〔白黒〕　京都府京都市上京区　[撮]須藤功, 昭和45年4月

### くだたすき
「日本の民具 2 農村」慶友社　1992
◇図237〔白黒〕　千葉県安房郡宮崎町　石尊様参詣の土産もの　[撮]薗部澄

### 首切れ馬
「民間信仰辞典」東京堂出版　1980
◇p105〔白黒〕

### 熊手
「日本宗教民俗図典 1」法藏館　1985
◇図273〔白黒〕　群馬県北橘村八崎　[撮]須藤功

### 熊手守
「日本民俗図誌 1 祭礼・祭祀篇」村田書店　1977

奉納物・祈願・縁起物　　　　　　　　　　信　仰

　　◇図167〔白黒・図〕　東京市下谷区竜泉寺町鷲神社授与　福島憲太郎採集採図並に報告
　　◇図168〔白黒・図〕　板橋区中新井町大鳥神社授与　福島憲太郎採集採図並に報告
　　◇図169〔白黒・図〕　東京府北多摩郡府中町大国魂神社内大鳥神社授与　福島憲太郎採集採図並に報告
　　◇図170-1〔白黒・図〕　東京市大森区大森の鷲神社授与　福島憲太郎採集採図並に報告
　　◇図170-2〔白黒・図〕　四谷区三光町花園神社境内大鳥神社授与　福島憲太郎採集採図並に報告

熊の絵馬
　「日本社会民俗辞典 1」日本図書センター　2004
　　◇p94〔白黒〕　新潟県三面村大山祇神社

熊の的で鉄砲の腕を競いそれを絵馬にして山の神を祀る十二神社に奉納した
　「あるくみるきく双書 宮本常一とあるいた昭和の日本 22」農山漁村文化協会　2012
　　◇p170〔白黒〕　群馬県新治村赤谷（現みなかみ町）　昭和38年4月10日実施

供物を売る店
　「宮本常一 写真・日記集成 別巻」毎日新聞社　2005
　　◇図278（p47）〔白黒〕（供物を賣る店）　青森県［北津軽郡金木町］川倉〕　㊞宮本常一，1941年7月

黒毛馬の絵馬
　「写真ものがたり昭和の暮らし 1」農山漁村文化協会　2004
　　◇p169〔白黒〕　奈良県奈良市日笠町 天満神社　明治時代奉納　雨が降ることを願って奉納　㊞須藤功，昭和56年5月

芸の上達祈願
　「日本宗教民俗図典 1」法蔵館　1985
　　◇図248〔白黒〕　京都市中京区新京極 誓願寺　昭和55年奉納　〔扇の奉納〕　㊞須藤功

外宮参拝
　「日本宗教民俗図典 1」法蔵館　1985
　　◇図514〔白黒〕　三重県 伊勢神宮　㊞須藤功

ケズリカケ
　「図録・民具入門事典」柏書房　1991
　　◇p96〔白黒〕　新潟県

削りかけ
　「日本民具の造形」淡交社　2004
　　◇p187〔白黒〕　長野県 上村まつり伝承館所蔵　御幣として

筒飯杓子
　「日本民俗図誌 4 習俗・飲食篇」村田書店　1978
　　◇図73〔白黒・図〕　福井県敦賀の気比神宮より授与

コウザキに猪の七切肉を供える
　「日本宗教民俗図典 1」法蔵館　1985
　　◇図117〔白黒〕　宮崎県西都市銀鏡　㊞須藤功

荒神様に上げる藁蛇
　「民俗図録 日本人の暮らし」日本図書センター　2012
　　◇図707〔白黒〕　島根県八束郡千酌村　㊞三木茂

荒神様に供える竈苗を取る
　「民俗資料叢書 5 田植の習俗2」平凡社　1967
　　◇図22〔白黒〕　茨城県稲敷郡桜川村浮島

交通安全祈願のシール
　「日本宗教民俗図典 1」法蔵館　1985
　　◇図260〔白黒〕　岡山県 最上稲荷　〔自動車に貼る〕　㊞須藤功

弘法大師願掛け守り納所
　「図説 日本民俗学」吉川弘文館　2009
　　◇p21〔白黒〕　神奈川県川崎市

弘法大師像に手を合わせる
　「日本宗教民俗図典 1」法蔵館　1985
　　◇図102〔白黒〕　京都市南区 東寺　㊞須藤功

子産石
　「日本民俗大辞典 下」吉川弘文館　2000
　　◇図1〔別刷図版「生と死」〕〔白黒〕　神奈川県 三浦半島　㊞新谷尚紀
　「日本民俗大辞典 上」吉川弘文館　1999
　　◇p604〔白黒〕　神奈川県 三浦半島

こうもりを持った参詣図絵馬
　「民俗資料選集 35 巫女の習俗Ⅵ」国土地理協会　2007
　　◇p128（本文）〔白黒〕　山形県　明治15年奉納　岩谷観音

小絵馬
　「写真ものがたり昭和の暮らし 7」農山漁村文化協会　2006
　　◇p150〔白黒〕　奈良県生駒市 宝山寺　縁切り　㊞須藤功，昭和56年6月
　「境と辻の神 目でみる民俗神シリーズ3」東京美術　1988
　　◇p80〔白黒〕　千葉県印旛郡酒々井町本佐倉 吉祥寺　乳の出が良くなるようにと祈願
　「日本宗教民俗図典 1」法蔵館　1985
　　◇図272〔白黒〕　和歌山県加太町 淡島神社　㊞美谷克美
　「図説 民俗探訪事典」山川出版社　1983
　　◇p172〔白黒〕　埼玉県　女絵馬
　　◇p172〔白黒〕　栃木県 水使神社　婦人病治癒を祈願
　「日本民俗図誌 1 祭礼・祭祀篇」村田書店　1977
　　◇図181-1〔白黒・図〕　奈良地方
　　◇図184-1〔白黒・図〕　伊勢の山の神に納める
　　◇図190〔白黒・図〕　土佐地方　鶴の図

小絵馬の額面形体
　「日本民俗図誌 1 祭礼・祭祀篇」村田書店　1977
　　◇図197〔白黒・図〕　各地

五穀成就の守り札
　「宮本常一 写真・日記集成 下」毎日新聞社　2005
　　◇p389〔白黒〕　新潟県両津市強清水［佐渡市］　㊞宮本常一，1977年3月17日

五穀俵
　「日本民具の造形」淡交社　2004
　　◇p192〔白黒〕　東京都 福生市郷土資料館所蔵

五穀豊穣祈願
　「日本民具の造形」淡交社　2004
　　◇p288〔白黒〕　神奈川県 神奈川県立歴史博物館所蔵

子育て祈願の絵馬
　「図説 日本民俗学」吉川弘文館　2009
　　◇p81〔白黒〕　東京都中央区

子宝祈願
　「日本民俗写真大系 2」日本図書センター　1999
　　◇p82〔白黒〕　岩手県遠野市　男根の形をした大小の金勢様と，願懸けの不動の剣を祀る　㊞浦田穂一，1973年

コダマ様に上げた苞
　「民俗図録 日本人の暮らし」日本図書センター　2012
　　◇図706〔白黒〕　長野県南安曇郡穂高町

こつつみ
　「日本の民具 2 農村」慶友社　1992
　　◇図235〔白黒〕　熊本県　米・ムギなどの粉をいれてお寺や宮へ持ってまいる袋　㊞薗部澄

金刀比羅宮に奉納された櫂と艪綱
　「あるくみるきく双書 宮本常一とあるいた昭和の日本 24」農山漁村文化協会　2012
　　◇p179〔白黒〕　香川県琴平町 金刀比羅宮　㊞〔昭和52～53年〕

**金刀比羅宮に奉納された方角を示す干支を描きこんだ羅針盤**
「あるくみるきく双書 宮本常一とあるいた昭和の日本 24」農山漁村文化協会 2012
◇p181〔白黒〕 香川県琴平町 金刀比羅宮 〔明治時代奉納〕 [撮]〔昭和52～53年〕

**金刀比羅宮に奉納された和船の舵**
「あるくみるきく双書 宮本常一とあるいた昭和の日本 24」農山漁村文化協会 2012
◇p180〔白黒〕 香川県琴平町 金刀比羅宮 [撮]〔昭和52～53年〕

**金刀比羅宮に奉納されている廻船模型**
「あるくみるきく双書 宮本常一とあるいた昭和の日本 24」農山漁村文化協会 2012
◇p178〔白黒〕(たくさん奉納されている廻船模型) 香川県琴平町 金刀比羅宮 [撮]〔昭和52～53年〕

**金刀比羅宮に和歌を書いて奉納した鯨の鬚**
「あるくみるきく双書 宮本常一とあるいた昭和の日本 24」農山漁村文化協会 2012
◇p181〔白黒〕 香川県琴平町 金刀比羅宮 [撮]〔昭和52～53年〕

**金刀比羅宮の絵馬堂**
「図説 日本民俗学」吉川弘文館 2009
◇p212〔白黒〕(金毘羅の絵馬堂) 香川県琴平町

**金刀比羅宮の絵馬堂に納められた金毘羅樽**
「あるくみるきく双書 宮本常一とあるいた昭和の日本 24」農山漁村文化協会 2012
◇p177〔白黒〕(絵馬舎に納められた「金毘羅樽」) 香川県琴平町 金刀比羅宮 [撮]〔昭和52～53年〕

**金刀比羅宮の絵馬堂に収められている錨や金毘羅樽**
「日本宗教民俗図典 1」法蔵館 1985
◇図527〔白黒〕(絵馬堂に収められている錨や金毘羅樽) 香川県 金刀比羅宮 [撮]須藤功

**子供が丈夫に育つよう願う地蔵と乳の出を祈る乳房**
「日本宗教民俗図典 1」法蔵館 1985
◇図163〔白黒〕 広島県尾道市 西国寺 [撮]須藤功

**小札所**
「日本宗教民俗図典 1」法蔵館 1985
◇図479〔白黒〕 徳島県池田町 箸蔵寺 四国八十八ヶ所の石仏 [撮]須藤功

**ゴヘイとカケグリ**
「民俗資料選集 30 焼畑習俗Ⅱ」国土地理協会 2002
◇p9(口絵)〔白黒〕 宮崎県椎葉村 火入れの作業の前に山の神へ祈りを捧げる

**五平餅を供える**
「写真でみる日本生活図引 別巻」弘文堂 1993
◇図182〔白黒〕 長野県下伊那郡阿智村 焼いた初めの五平餅は神棚に供える [撮]熊谷元一, 昭和31年11月29日

**護摩木**
「図説 民俗探訪事典」山川出版社 1983
◇p173〔白黒〕 奈良市 東大寺二月堂 各種の祈願が書きしるされた護摩木

**子持ち石**
「日本民俗宗教辞典」東京堂出版 1998
◇p17〔白黒〕

**金毘羅詣にやってきた漁船**
「日本宗教民俗図典 1」法蔵館 1985
◇図526〔白黒〕 香川県 丸亀港 [撮]須藤功

**才槌**
「日本民俗図誌 4 習俗・飲食篇」村田書店 1978
◇図92-2〔白黒・図〕 埼玉県北足立郡膝折 子野権現に供える

**祭典のあとの社前に祈る主婦たち**
「写真でみる日本人の生活全集 6」日本図書センター 2010
◇p6〔白黒〕 [撮]丸岡清輝

**逆銀杏**
「宮本常一 写真・日記集成 別巻」毎日新聞社 2005
◇図211(p37)〔白黒〕 東京都・麻布・善福寺［港区］ [撮]宮本常一, 1940年［11月］

**酒との縁切り願い**
「日本宗教民俗図典 1」法蔵館 1985
◇図200〔白黒〕 福岡市西区野芥 於古能地蔵 [撮]須藤功

**酒封じ祈願**
「図説 日本民俗学」吉川弘文館 2009
◇p38〔白黒〕 大阪市天王寺区

**猿のエマ**
「日本民俗図誌 1 祭礼・祭祀篇」村田書店 1977
◇図188〔白黒・図〕 埼玉県比企郡三ッ木村の山王神社に奉納

**三九郎太夫の人形**
「日本社会民俗辞典 4」日本図書センター 2004
◇p1555〔白黒〕 松本市外本郷町

**参詣者の祈願旗**
「日本社会民俗辞典 3」日本図書センター 2004
◇p1221〔白黒〕 三輪神社

**参詣図絵馬**
「民俗資料選集 35 巫女の習俗Ⅵ」国土地理協会 2007
◇p9(口絵)〔白黒〕 山形県村山地方 明治時代奉納

**山頂の神池、御幣は雨乞のもの**
「日本社会民俗辞典 4」日本図書センター 2004
◇p1374〔白黒〕 島根県平田市三浦

**参拝**
「写真でみる日本人の生活全集 4」日本図書センター 2010
◇口絵〔カラー〕 神社 [撮]臼井喜之介

**三番叟の面のはいった箱の下をくぐると無病息災**
「日本宗教民俗図典 1」法蔵館 1985
◇図227〔白黒〕 群馬県前橋市下長磯 稲荷神社 [撮]須藤功

**地蔵車**
「図説 民俗探訪事典」山川出版社 1983
◇p177〔白黒〕 千葉県木更津市

**地蔵堂の人形**
「日本民俗事典」弘文堂 1972
◇p597〔白黒〕 埼玉県秩父郡大滝村 [撮]清水武甲

**七福神巡り**
「日本民俗大辞典 上」吉川弘文館 1999
◇p776〔白黒〕 東京都墨田区 隅田川七福神弘福寺

**自動車内のお守り**
「図説 日本民俗学」吉川弘文館 2009
◇p30〔白黒〕

**耳病の平癒祈願**
「日本宗教民俗図典 1」法蔵館 1985
◇図226〔白黒〕 滋賀県余呉町上丹生 丹生神社 穴あきの石や串を奉納 [撮]須藤功

**自分の具合のわるいところを墨で塗り祈禱してもらう**
「日本宗教民俗図典 1」法蔵館 1985
◇図241〔白黒〕 愛知県稲沢市 矢合観音 [撮]須藤功

**注連飾**
「日本民具の造形」淡交社 2004
◇p186〔白黒〕 千葉県 国立歴史民俗博物館所蔵

◇p186〔白黒〕　福岡県 玄海町立民俗資料館

**注連縄と供物**

「宮本常一 写真・日記集成 上」毎日新聞社　2005

◇p64〔白黒〕　神奈川県川崎市麻生区 柿生→石川 [撮]宮本常一, 1957年4月21日

**杓子**

「日本民俗図誌 4 習俗・飲食篇」村田書店　1978

◇図74-1〔白黒・図〕　奈良春日神社若宮境内にある手水舎大国社から授与

◇図74-2〔白黒・図〕　広島県厳島神社の千畳閣から授与

◇図75〔白黒・図〕　広島県厳島神社の千畳閣に奉納されたもの　大正9年奉納ほか

◇図76〔白黒・図〕　大分県中津市 羅漢寺の堂宇の表格子　大正11年奉納

◇図77〔白黒・図〕　千葉県安房地方　「牛馬守」と書いて厩に打ちつける

◇図78〔白黒・図〕　呪文や子供の名前・年齢等を書いて百日咳の禁厭とする

**杓子による願かけ**

「図説 民俗探訪事典」山川出版社　1983

◇p173〔白黒〕　奈良県天川村 竜泉寺

**社殿の上に掲げられた絵馬**

「あるくみるきく双書 宮本常一とあるいた昭和の日本 24」農山漁村文化協会　2012

◇p155〔白黒〕　栃木県足利市 大手神社　〔両手の図〕 [撮]須藤功, 〔昭和55年〕

**しゃもじ信仰**

「図説 民俗探訪事典」山川出版社　1983

◇p53〔白黒〕　大分県 羅漢寺

**しゃもじ奉納**

「図説 日本民俗学」吉川弘文館　2009

◇p20〔白黒〕(さまざまな願い)　静岡県森町　〔しゃもじ〕

「宮本常一が撮った昭和の情景 下」毎日新聞社　2009

◇p60〔白黒〕(大願寺弁財天の奉納シャモジ)　広島県廿日市市宮島町　[撮]宮本常一, 1967年12月19日

「宮本常一 写真・日記集成 下」毎日新聞社　2005

◇p112〔白黒〕(弁財天の奉納シャモジ)　広島県 宮島大願寺　[撮]宮本常一, 1967年12月19日

「仏教民俗辞典 コンパクト版」新人物往来社　1993

◇p77〔白黒〕(願掛け)　〔しゃもじの奉納〕

「日本宗教民俗図典 1」法蔵館　1985

◇図250〔白黒〕(願いを盛るしゃもじ(奉納))　京都市右京区嵐山 櫟谷神社　[撮]須藤功

**十二支絵馬**

「日本民俗図誌 1 祭礼・祭祀篇」村田書店　1977

◇図187〔白黒・図〕　東京市足立区千住 絵馬屋東斎作 辰年のもの

**数珠くり**

「日本祭礼地図 V」国土地理協会　1980

◇p17〔白黒〕　長野県飯田市

**シュツ**

「日本民俗図誌 4 習俗・飲食篇」村田書店　1978

◇図49-1〔白黒・図〕　アイヌ　『アイヌ人と其説話』

**錠絵馬**

「あるくみるきく双書 宮本常一とあるいた昭和の日本 24」農山漁村文化協会　2012

◇p135〔白黒〕　奈良県生駒市 聖天堂　[撮]段上達雄

◇p137〔白黒〕　静岡県西伊豆町 金刀比羅神社　明治39年奉納　[撮]段上達雄

**小鳥居や絵馬の奉納**

「あるくみるきく双書 宮本常一とあるいた昭和の日本 24」農山漁村文化協会　2012

◇p151〔白黒〕　東京都東大和市 笠森稲荷　狐の絵馬・拝み絵馬　[撮]段上達雄

**白髪大明神の石碑にセンマイを捧げる**

「フォークロアの眼 3 運ぶ」国書刊行会　1977

◇図39〔白黒〕　三重県鳥羽市菅島　しろんご祭り [撮]須藤功, 昭和47年7月29日

**神宮にアワビを供進する海女**

「日本民俗写真大系 3」日本図書センター　1999

◇p144〔白黒〕　三重県鳥羽市国崎町　[撮]1961年

**神社への祈願の供物**

「日本社会民俗辞典 2」日本図書センター　2004

◇p802〔白黒〕

**神社に奉納されたしゃくし**

「日本社会民俗辞典 2」日本図書センター　2004

◇p599〔白黒〕　東京都板橋区内

**神社に盛られたお供えの米粒**

「宮本常一 写真・日記集成 下」毎日新聞社　2005

◇p325〔白黒〕　長崎県上対馬町　[撮]宮本常一, 1974年5月23日

**神酒奉献**

「日本社会民俗辞典 2」日本図書センター　2004

◇p469〔白黒〕　喜界島

**神前で願をかける参拝者**

「図説 日本民俗学」吉川弘文館　2009

◇p32〔白黒〕　埼玉県さいたま市

**深大寺の赤駒**

「日本郷土 風俗・民芸・芸能図鑑」日本図書センター　2012

◇写真篇 特集江戸から東京へ〔白黒〕　東京都

**シンバ様に捧げる御幣**

「民俗資料選集 30 焼畑習俗Ⅱ」国土地理協会　2002

◇p24(口絵)〔白黒〕　宮崎県西米良村小川　猟の神

**神仏の使いを描いた絵馬**

「図説 日本民俗学」吉川弘文館　2009

◇p38〔白黒〕　福島県南相馬市　山の神のミサキ(使者)としてのカラス

**じんましんとの縁切り願い**

「日本宗教民俗図典 1」法蔵館　1985

◇図202〔白黒〕　奈良県生駒市 聖天堂(室山寺)　奉納額　[撮]須藤功

**水神幣**

「日本民俗図誌 1 祭礼・祭祀篇」村田書店　1977

◇図151-3〔白黒・図〕　山梨県南都留郡中野村大字平野 六斎の時

**水天宮の子宝いぬ**

「日本の生活環境文化大辞典」柏書房　2010

◇p288-1〔白黒〕　東京都中央区日本橋蠣殻町　[撮]2009年　佐志原圭子

**鈴と鈴の緒を奉納**

「日本民俗図誌 1 祭礼・祭祀篇」村田書店　1977

◇図176-1・2〔白黒・図〕　山形県飛島　早川孝太郎採図

◇図176-3〔白黒・図〕　東京府御蔵島

**スルゴ**

「日本民俗図誌 4 習俗・飲食篇」村田書店　1978

◇図52〔白黒・図〕　アイヌ

**性器崇拝**

「祭・芸能・行事大辞典 上」朝倉書店　2009

◇p972〔白黒〕　愛知県小牧市田県町田 縣神社境内 [撮]飯島吉晴

### 銭洗い弁天
「日本民俗宗教辞典」東京堂出版　1998
　　◇p318〔白黒〕

### 銭もうけの白蛇
「日本宗教民俗図典 1」法蔵館　1985
　　◇図256〔白黒〕　東京都葛飾区　柴又帝釈天　弁才天にあげられている　㈹萩原秀三郎

### 選挙事務所における神棚とダルマ
「民俗学事典」丸善出版　2014
　　◇p105〔白黒〕

### 千社札
「あるくみるきく双書 宮本常一とあるいた昭和の日本 24」農山漁村文化協会　2012
　　◇p34〔白黒〕　神奈川県鎌倉市 杉本寺山門　㈹渡部武，〔昭和〕
「日本民俗大辞典 上」吉川弘文館　1999
　　◇p955〔白黒〕　高知県高知市
「図説 民俗探訪事典」山川出版社　1983
　　◇p171〔白黒〕　東京都台東区 浅草寺の雷門

### 戦勝祈願
「日本民俗宗教辞典」東京堂出版　1998
　　◇p324〔白黒〕　大阪市 護国神社　㈹1942年 毎日新聞社提供

### 全治した人が奉納したギブスやコルセット
「日本宗教民俗図典 1」法蔵館　1985
　　◇図222〔白黒〕　香川県三野町大見 弥谷寺　㈹須藤功

### 千人針
「図説 日本民俗学」吉川弘文館　2009
　　◇p29〔白黒〕
「日本民俗宗教辞典」東京堂出版　1998
　　◇p335〔白黒〕　栃木県立博物館蔵

### 千羽鶴とよだれかけ
「図説 日本民俗学」吉川弘文館　2009
　　◇p35〔白黒〕　福岡県篠栗町

### 千本幟
「宮本常一 写真・日記集成 別巻」毎日新聞社　2005
　　◇図277(p47)〔白黒〕　徳島県・阿波・西祖谷山〔三好郡西祖谷山村〕　㈹宮本常一，1941年12月

### 千本旗
「日本民俗図誌 4 習俗・飲食篇」村田書店　1978
　　◇図99-2〔白黒・図〕　愛媛県松山 道後温泉伊佐爾波神社境内　願成就奉納

### 蒼前神社境内の絵馬を売る店と雫石姉御
「日本祭礼地図 Ⅴ」国土地理協会　1980
　　◇p21〔白黒〕　岩手県滝沢村

### ゾウリの祈願
「図説 日本民俗学」吉川弘文館　2009
　　◇p141〔白黒〕　東京都葛飾区　長沢利明提供

### ぞうり奉納
「日本民俗写真大系 4」日本図書センター　1999
　　◇p106〔白黒〕　尾道市西国寺　㈹明田弘司，1960年

### 草履・草鞋の類（奉納）
「日本民俗図誌 1 祭礼・祭祀篇」村田書店　1977
　　◇図177-2・3〔白黒・図〕（草履・草鞋の類）　東京市浅草区浅草寺境内葦駄天祠の格子戸に奉納

### 底無し柄杓
「写真ものがたり昭和の暮らし 7」農山漁村文化協会　2006
　　◇p11〔白黒〕　東京都府中市 大国魂神社　㈹須藤功，昭和49年3月

### 底に穴をあけたお椀
「境と辻の神 目でみる民俗神シリーズ3」東京美術　1988
　　◇p92〔白黒〕　千葉県市川市鬼越の神明社脇の道祖神　紐でぶら下げられている

### 底ぬけ柄杓と小旗
「境と辻の神 目でみる民俗神シリーズ3」東京美術　1988
　　◇p92〔白黒〕　長野県茅野市の産土神　安産祈願の女性が大願成就に奉納

### 底抜け柄杓奉納
「民俗学事典」丸善出版　2014
　　◇p268〔白黒〕（子安地蔵尊大祭に奉納された底ぬけ柄杓）　休息山立正寺（山梨県甲府市勝沼町）
「あるくみるきく双書 宮本常一とあるいた昭和の日本 24」農山漁村文化協会　2012
　　◇p163〔白黒〕（底抜けの柄杓）　栃木県足利市高松町 癩除八幡宮 杓堂　㈹〔昭和55年〕
「図説 日本民俗学」吉川弘文館　2009
　　◇p74〔白黒〕（底抜け柄杓）　静岡県伊東市
「日本宗教民俗図典 1」法蔵館　1985
　　◇図148〔白黒〕　長野県茅野市 産泰神社　㈹萩原秀三郎
　　◇図149〔白黒〕　東京都府中市 大国魂神社 境内社宮之咩神社　㈹須藤功
「フォークロアの眼 8 よみがえり」国書刊行会　1977
　　◇図6〔白黒〕（底ぬけ柄杓奉納）　長野県茅野市 安産祈願　㈹萩原秀三郎，昭和48年6月

### 蘇生図
「あるくみるきく双書 宮本常一とあるいた昭和の日本 24」農山漁村文化協会　2012
　　◇p173〔カラー〕　香川県琴平町 金刀比羅宮　昭和5年奉納　㈹〔昭和52～53年〕
「日本宗教民俗図典 2」法蔵館　1985
　　◇図325〔白黒〕（金刀比羅大神の剣先御神札を捧持して祈ったら死にかけていた人が蘇生したと記されている絵馬）　香川県琴平町 金刀比羅宮

### 卒塔婆・幟・手拭など
「日本民俗図誌 1 祭礼・祭祀篇」村田書店　1977
　　◇図179〔白黒・図〕　浅草区黒船町椛寺のお初地蔵の前

### そばとうじ
「日本民具の造形」淡交社　2004
　　◇p3〔カラー〕　群馬県 藤岡市郷土資料館所蔵

### 大黒様の口に収まった小石を財布に入れておく
「日本宗教民俗図典 1」法蔵館　1985
　　◇図258〔白黒〕　京都市上京区 北野天満宮　金がはいるという　㈹須藤功

### 大黒天の口に小石をのせる
「写真ものがたり昭和の暮らし 4」農村漁村文化協会　2005
　　◇p64〔白黒〕　京都府京都市上京区　北野天満宮の石燈籠のひとつの台座に刻まれた大黒天の口に小石をのせている　㈹須藤功，昭和45年5月

### 大日大聖不動明王
「日本宗教民俗図典 1」法蔵館　1985
　　◇図489〔白黒〕　佐賀県基山町 本福寺　日の丸の旗のようなものは願をかけて満願になった人が捧げたもの　㈹須藤功

### 「大の字」「小の字」と書いた額
「あるくみるきく双書 宮本常一とあるいた昭和の日本 24」農山漁村文化協会　2012
　　◇p163〔白黒〕　栃木県足利市西場町 阿夫利神社　明治～昭和奉納　㈹〔昭和55年〕

### 大筆
「日本民具の造形」淡交社　2004
　　◇p303〔白黒〕　広島県 熊野郷土館所蔵

奉納物・祈願・縁起物　　　　　　　　　　信　仰

田植終了後，えびす・だいこくに苗をそなえる
　「民俗資料叢書 11 田植の習俗5」平凡社　1970
　　　◇図24〔白黒〕　高知県室戸市室津郷
田植え用具のマンガにぼたもちとお神酒を供える
　「いまに伝える 農家のモノ・人の生活館」柏書房　2004
　　　◇p105 写真4〔白黒〕　埼玉県川里町
宝船
　「日本民具の造形」淡交社　2004
　　　◇p191〔白黒〕　福島県 岩瀬村民俗資料館所蔵　藁製
　「日本民俗宗教辞典」東京堂出版　1998
　　　◇p370〔白黒・図〕
　「図録・民具入門事典」柏書房　1991
　　　◇p98〔白黒〕(豊川稲荷初詣大吉祥宝船)　東京都
　「日本民俗図誌 4 習俗・飲食篇」村田書店　1978
　　　◇図61・62〔白黒・図〕　京都五条天神社授与　刷物
　　　◇図63〔白黒・図〕　摂津〔大阪府〕木津宮大国神社授与　刷物
　　　◇図64〔白黒・図〕　京都鞍馬 鞍馬寺　刷物
　「日本を知る事典」社会思想社　1971
　　　◇図3 (p402)〔白黒・図〕　京都五条天神社のもの
宝船の図
　「日本民俗大辞典 下」吉川弘文館　2000
　　　◇p33〔白黒・図〕　東京都立中央図書館所蔵
竹かごに鉄製のマンガを立てかけ，ミに苗，酒徳利，赤飯を入れて供える
　「写真ものがたり昭和の暮らし 1」農山漁村文化協会　2004
　　　◇p160〔白黒〕　群馬県北橘村八崎　㊞須藤功, 昭和43年6月
嶽観音に奉納された扁額
　「民俗資料選集 8 中付駑者の習俗」国土地理協会　1979
　　　◇p24 (口絵)〔白黒〕　福島県南会津郡下郷町南倉沢　明治40年奉納
竹筒に入れた神酒
　「日本民俗事典」弘文堂　1972
　　　◇p763〔白黒〕(山の神の祠と竹筒に入れた神酒)　静岡県賀茂郡松崎町八木山　㊞平山和彦
嶽の堂の絵馬
　「民俗資料選集 8 中付駑者の習俗」国土地理協会　1979
　　　◇図25 (口絵)〔白黒〕　福島県南会津郡下郷町南倉沢
タコエマ
　「日本民俗図誌 1 祭礼・祭祀篇」村田書店　1977
　　　◇図195-1〔白黒・図〕　大阪市南区鰻谷 蛸薬師
立絵馬
　「あるくみるきく双書 宮本常一とあるいた昭和の日本 24」農山漁村文化協会　2012
　　　◇p141〔白黒〕　奈良県奈良市 手向山八幡　㊞段上達雄
田の神への供え物
　「民俗図録 日本人の暮らし」日本図書センター　2012
　　　◇図675〔白黒〕　鹿児島県揖宿郡　㊞國分直一
田の神にささげられたわら苞
　「フォークロアの眼 6 田の神まつり」国書刊行会　1977
　　　◇小論9〔白黒〕　鹿児島県日置郡松元町　㊞昭和51年3月2日
男根
　「宮本常一 写真・日記集成 上」毎日新聞社　2005
　　　◇p349〔白黒〕　大分県東国東郡国見町伊美 伊美神社境内　石製　㊞宮本常一, 1962年10月15日
　　　◇p349〔白黒〕　大分県東国東郡国見町伊美 伊美神社境内　木製　㊞宮本常一, 1962年10月15日
　「日本の民具 3 山・漁村」慶友社　1992
　　　◇図245〔白黒〕　岩手県　㊞薗部澄

「日本宗教民俗図典 1」法藏館　1985
　　　◇図144〔白黒〕(石造男根)　岩手県江刺市小田代　㊞須藤功
男根を借りてくる
　「境と辻の神 目でみる民俗神シリーズ3」東京美術　1988
　　　◇p60〔白黒〕　千葉県市川市大野町 礼林寺　牛頭天王の社の男根を借りてきて身体の悪いところをなでる
男根を祀った祠の男根を借りて病んでいる部分にあてる
　「境と辻の神 目でみる民俗神シリーズ3」東京美術　1988
　　　◇p61〔白黒〕　青森県下北半島の恐山円通寺
男根を祀る
　「境と辻の神 目でみる民俗神シリーズ3」東京美術　1988
　　　◇p61〔白黒〕　秋田県仙北郡 黒湯温泉のほとり
男根や像
　「日本宗教民俗図典 1」法藏館　1985
　　　◇図143〔白黒〕　秋田県田沢湖町 黒湯温泉　㊞須藤功
男女背中合わせの絵馬を奉納して縁の切れることを祈る
　「日本宗教民俗図典 1」法藏館　1985
　　　◇図198〔白黒〕　福岡市西区野芥 於古能地蔵　㊞須藤功
チエホロ・カケツ
　「日本民俗図誌 4 習俗・飲食篇」村田書店　1978
　　　◇図50-2〔白黒・図〕　アイヌ　『アイヌ人と其説話』
チカッポ・チコメスユプ
　「日本民俗図誌 4 習俗・飲食篇」村田書店　1978
　　　◇図51-1〔白黒・図〕　アイヌ
ちげ
　「日本民具の造形」淡交社　2004
　　　◇p288〔白黒〕　神奈川県 葉山しおさい博物館所蔵
乳銀杏
　「日本社会民俗辞典 2」日本図書センター　2004
　　　◇p642〔白黒〕　東京都大国魂神社
チチガタ（乳形）
　「民具のみかた一心とかたち」第一法規出版　1983
　　　◇p220〔白黒〕　岩手県沢内村
乳祈願
　「図説 日本民俗学」吉川弘文館　2009
　　　◇p78〔白黒〕　大阪市天王寺区
治病祈願の供物
　「日本社会民俗辞典 1」日本図書センター　2004
　　　◇p236〔白黒〕　秋田県脇本村　「雪国の民俗」
粽
　「日本民具の造形」淡交社　2004
　　　◇p190〔白黒〕　富山県 宇奈月町歴史民俗資料館所蔵　富山のお光伝説に由来
鳥海神社にささげられた塩
　「図説 日本民俗学全集 3」高橋書店　1971
　　　◇図367〔白黒〕
　「図説 日本民俗学全集 8」あかね書房　1961
　　　◇図137〔白黒〕
附木絵馬
　「日本民俗図誌 1 祭礼・祭祀篇」村田書店　1977
　　　◇図181-2〔白黒・図〕　東京市足立区千住
ツト
　「宮本常一 写真・日記集成 別巻」毎日新聞社　2005
　　　◇図189 (p34)〔白黒〕　福島県石城郡草野村〔いわき市〕神様ヘノ米ハツトニイレ、幣ヲツケテ供ヘル　㊞宮本常一, 1940年〔11月〕
鶴
　「日本民具の造形」淡交社　2004
　　　◇p191〔白黒〕　埼玉県 秩父市立民俗博物館所蔵

**手足堂**
「日本宗教民俗図典 1」法蔵館　1985
◇図231〔白黒〕　福井県三方町 石観音　〔木製の手足型の奉納〕　[撮]萩原秀三郎
◇図233〔白黒〕　福井県三方町 石観音　松葉杖の奉納　[撮]萩原秀三郎

**手足の祈願**
「民俗図録 日本人の暮らし」日本図書センター　2012
◇図711〔白黒〕　秋田県南秋田郡仏戸村　[撮]三木茂

**蹄鉄の絵馬**
「民俗資料選集 8 中付駑者の習俗」国土地理協会　1979
◇p25（口絵），p252（本文）〔白黒・写真/図〕　福島県南会津郡田島町　大正4年田島町高野の馬頭観音堂に奉納

**手形**
「日本の民具 3 山・漁村」慶友社　1992
◇図242〔白黒〕　秋田県　[撮]薗部澄
◇図243〔白黒〕　地域不明　[撮]薗部澄
◇図244〔白黒〕　秋田県　[撮]薗部澄

**手形・足形の奉納**
「図説 日本民俗学」吉川弘文館　2009
◇p35〔白黒〕　福岡県篠栗町

**天狗の面**
「写真でみる日本人の生活全集 5」日本図書センター　2010
◇p56〔白黒〕　栃木県古峯神社

**道中守り**
「日本民俗宗教辞典」東京堂出版　1998
◇p84〔白黒〕　小山市立博物館提供

**銅馬をなでる人々**
「あるくみるきく双書 宮本常一とあるいた昭和の日本 24」農山漁村文化協会　2012
◇p197〔白黒〕　香川県琴平町 金刀比羅宮　[撮]〔昭和52～53年〕

**とげぬき地蔵**
「写真でみる日本人の生活全集 5」日本図書センター　2010
◇口絵〔カラー〕　東京都　[撮]大薮達二
◇口絵〔白黒〕　東京巣鴨 曹洞宗万頂山高岩寺　縁日の4の日　[撮]昭和26年5月
◇p45〔白黒〕　東京巣鴨
「日本民俗宗教辞典」東京堂出版　1998
◇p424〔白黒〕（とげ抜き地蔵）　東京都豊島区巣鴨 高岩寺

**飛ばし旗**
「民俗資料選集 8 中付駑者の習俗」国土地理協会　1979
◇p30（口絵）〔白黒〕　福島県　明治時代 祭日に奉納される　馬頭観音の奉納品

**飛魚の絵馬**
「あるくみるきく双書 宮本常一とあるいた昭和の日本 24」農山漁村文化協会　2012
◇表紙写真：裏〔白黒〕　京都府京都市東山区 剣神社　[撮]須藤功，昭和60年5月
「写真ものがたり昭和の暮らし 7」農山漁村文化協会　2006
◇p25〔カラー〕　京都府東山区 剣神社　かんの虫を初め、子どものさまざまな病気を治して欲しいという願い　[撮]須藤功，昭和60年5月
「日本民俗図誌 1 祭礼・祭祀篇」村田書店　1977
◇図194-1〔白黒・図〕（飛魚のエマ）　京都今熊野剣神社に納めた

**虎のエマ**
「日本民俗図誌 1 祭礼・祭祀篇」村田書店　1977
◇図184-2〔白黒・図〕　静岡浅間神社奉納

**鳥居をくぐって安産あるいは無病息災を祈る**
「日本宗教民俗図典 1」法蔵館　1985
◇図147〔白黒〕　熊本県宇土市 粟島神社　[撮]須藤功

**鳥居くぐりによる安産祈願**
「写真でみる日本人の生活全集 5」日本図書センター　2010
◇p146〔白黒〕　熊本県宇土郡緑川村 粟島神社　[撮]野田勇，麦島勝　「毎日グラフ」昭和32年3月31日号

**鳥居に石を投げ上げる**
「図説 日本民俗学」吉川弘文館　2009
◇p40〔白黒〕　岡山市

**苗取り終了後の苗をえびすさまに供える**
「民俗資料叢書 11 田植の習俗5」平凡社　1970
◇図76〔白黒〕　高知県宿毛市山奈町山田

**長い髪を切って願う（奉納）**
「日本宗教民俗図典 1」法蔵館　1985
◇図251〔白黒〕　宮城県七ヶ宿町上戸沢 萬蔵稲荷社　[撮]須藤功

**流し樽**
「写真ものがたり昭和の暮らし 3」農山漁村文化協会　2004
◇p36〔白黒〕（金毘羅樽）　香川県琴平町　金毘羅さんを訪れる前に、修学旅行の無事を願って流した　[撮]須藤功，昭和55年11月
「日本民俗写真大系 4」日本図書センター　1999
◇カバー表〔カラー〕（金比羅宮の流し樽）　[撮]須藤功
◇p108〔白黒〕　「奉納金刀比羅宮」　[撮]中村由信，1955年
「日本宗教民俗図典 1」法蔵館　1985
◇図531～533〔白黒〕　山形県中山町長崎川向　[撮]須藤功
◇図528〔白黒〕（金毘羅樽流し）　（再現）　[撮]須藤功

**投げ餅**
「写真でみる日本人の生活全集 1」日本図書センター　2010
◇p164〔白黒〕　伊勢神宮奉納大相撲　特設ヤグラ上から力餅をまく横綱たち　[撮]昭和30年3月3日

**撫牛**
「図説 日本民俗学全集 4」高橋書店　1971
◇図484〔白黒〕　京都府 北野天満宮　[撮]臼井喜之介
「図説 日本民俗学全集 7」あかね書房　1961
◇図216〔白黒〕　京都府 北野天満宮　[撮]臼井喜之介

**妊娠祈願**
「図説 日本民俗学」吉川弘文館　2009
◇p73〔白黒〕　長野県塩尻市

**ネエヅの棒**
「民俗図録 日本人の暮らし」日本図書センター　2012
◇図676〔白黒〕　秋田県仙北郡檜木内村　[撮]武藤鐵城

**猫ノ絵馬**
「宮本常一 写真・日記集成 別巻」毎日新聞社　2005
◇図203（p36）〔白黒〕　西津軽郡車力村権現　タタリノアッタ動物ノ絵馬ヲ道バタニタテル　[撮]宮本常一，1940年［11月］

**寝小便が止むように梯子を奉納する**
「日本宗教民俗図典 1」法蔵館　1985
◇図166〔白黒〕　京都市右京区　[撮]須藤功

**納経札**
「民間信仰辞典」東京堂出版　1980
◇p153〔白黒・図〕

**農具絵馬**
「日本宗教民俗図典 1」法蔵館　1985
◇図344〔白黒〕　岐阜県垂井町 南宮大社　11月8日の鞴祭に奉納　[撮]須藤功
◇図344〔白黒〕　岐阜県垂井町 南宮大社　昭和年代奉納　[撮]須藤功

奉納物・祈願・縁起物　　　　　　　　信　仰

納札
　「写真でみる日本人の生活全集 5」日本図書センター　2010
　　◇p139〔白黒〕　五台山智恩禅寺の楼門にはられた千社札　「週刊サンケイ」昭和32年6月
　「図説 日本民俗学」吉川弘文館　2009
　　◇p214〔白黒〕　埼玉県秩父市 秩父三十四ヶ所観音霊場　昭和53年奉納
　「日本民俗図誌 1 祭礼・祭祀篇」村田書店　1977
　　◇図198-2〔白黒・図〕　明治時代
　　◇図199-1〔白黒・図〕　大正期
　　◇図199-2〔白黒・図〕　関東大震災後、罹災者追福のための巡拝納札
　　◇図200〔白黒・図〕　納札連によって作られた納札二種

野鍛冶の絵馬
　「写真ものがたり昭和の暮らし 9」農山漁村文化協会　2007
　　◇p212〔白黒〕　群馬県明和町梅原 三島神社　明治19年9月奉納　㊥須藤功, 昭和62年4月

野際岳観音の絵馬
　「民俗資料選集 8 中付駑者の習俗」国土地理協会　1979
　　◇p25（口絵）〔白黒〕　福島県南会津郡下郷町野際 岳観音　明治43年奉納

ノロに焼米を献じて安産を祈る
　「写真でみる日本人の生活全集 6」日本図書センター　2010
　　◇p7〔白黒〕　奄美大島　"奄美の島々"から

拝殿にびっしりと並らび吊るされた小絵馬や鶴の折紙
　「日本宗教民俗図典 1」法蔵館　1985
　　◇図271〔白黒〕　和歌山県加太町 淡島神社　㊥美谷克美

萩の枝を編みつらね奉納したもの
　「日本民俗図誌 4 習俗・飲食篇」村田書店　1978
　　◇図98-1〔白黒・図〕　福島県四ツ倉の観音堂祠前所見　歯痛のとき

博奕に鍵をかける
　「日本宗教民俗図典 1」法蔵館　1985
　　◇図204〔白黒〕　青森県深浦町 金毘羅堂（円覚寺）　奉納額　㊥須藤功

梯子地蔵に奉納された作り物の梯子
　「写真ものがたり昭和の暮らし 4」農山漁村文化協会　2005
　　◇p65〔白黒〕　京都府京都市東山区　㊥須藤功, 昭和60年5月

蓮の葉に供物を乗せて海へ流す
　「豊穣の神と家の神 目でみる民俗神シリーズ2」東京美術　1988
　　◇p91〔白黒〕　長崎県福江市

畑にも供え物
　「宮本常一 写真・日記集成 上」毎日新聞社　2005
　　◇p242〔白黒〕　愛知県北設楽郡東栄町 大野→栃畑　㊥宮本常一, 1961年1月3日

麦稈を編んで奉納したもの
　「日本民俗図誌 4 習俗・飲食篇」村田書店　1978
　　◇図98-2〔白黒・図〕　香川県観音寺琴弾八幡社内五柱神社祠前所見　歯痛のとき

初染を供える
　「あるくみるきく双書 宮本常一とあるいた昭和の日本 21」農山漁村文化協会　2011
　　◇p203〔カラー〕　埼玉県羽生市　藍染関係者が1月2日の初仕事の前に和紙で衣型をつくり、その裾を藍甕の液に浸けて神棚に供える　㊥竹内淳子

初宮まいりの奉納物
　「民俗の事典」岩崎美術社　1972
　　◇p45〔白黒〕　京都市 下賀茂神社

馬頭観音堂の絵馬
　「民俗資料選集 8 中付駑者の習俗」国土地理協会　1979
　　◇p25（口絵）〔白黒〕　福島県南会津郡田島町高野

ハン
　「日本民俗図誌 4 習俗・飲食篇」村田書店　1978
　　◇図48-3〔白黒・図〕　アイヌ　熊狩の際山中で神を祀るときに使うイナウ代用のもの

火入れの前に神に無事を祈る
　「民俗資料選集 25 焼畑習俗」国土地理協会　1997
　　◇p12（口絵）〔白黒〕（神に無事を祈る）　高知県池川町椿山

髭箆（イクパシュイ）
　「日本民俗図誌 4 習俗・飲食篇」村田書店　1978
　　◇図191～194〔白黒・図〕　アイヌ

人に祟った動物たちの絵馬
　「図説 日本民俗学」吉川弘文館　2009
　　◇p238〔白黒〕　青森県むつ市 ムラの日蓮宗祈禱所

火の神のお札を立て無事を祈願する
　「民俗資料選集 30 焼畑習俗Ⅱ」国土地理協会　2002
　　◇p10（口絵）〔白黒〕　宮崎県西米良村小川　焼畑 火入れの直前

火の神の札とともに御神酒を捧げて無事を祈願する
　「民俗資料選集 30 焼畑習俗Ⅱ」国土地理協会　2002
　　◇p10（口絵）〔白黒〕　宮崎県西米良村小川

百度石
　「あるくみるきく双書 宮本常一とあるいた昭和の日本 24」農山漁村文化協会　2012
　　◇p184〔白黒〕　香川県琴平町 金刀比羅宮　㊥〔昭和52～53年〕
　「図説 日本民俗学」吉川弘文館　2009
　　◇p34〔白黒〕　香川県高松市
　「日本民俗大辞典 下」吉川弘文館　2000
　　◇p439〔白黒〕　長野市 善光寺　長野市善光寺の百度石
　「日本民俗宗教辞典」東京堂出版　1998
　　◇p480〔白黒〕

百度石と千度石
　「図説 日本民俗学」吉川弘文館　2009
　　◇p24〔白黒〕　香川県高松市, 新潟県佐渡市, 滋賀県長浜市, 奈良市

百度参り
　「民俗図録 日本人の暮らし」日本図書センター　2012
　　◇図719～720〔白黒〕（お百度）　島根県簸川郡東村 一畑薬師　㊥三木茂
　「日本宗教民俗図典 1」法蔵館　1985
　　◇図244〔白黒〕　京都市上京区千本上立売 石像寺 釘抜地蔵 苦抜き　㊥須藤功
　　◇図247〔白黒〕　京都市右京区朝日町 車折神社　㊥須藤功

百度詣の数取
　「日本社会民俗辞典 1」日本図書センター　2004
　　◇p235〔白黒〕　長野市 善光寺
　「日本社会民俗辞典 3」日本図書センター　2004
　　◇p1220〔白黒〕　島根県一畑薬師

病気祈願
　「民俗図録 日本人の暮らし」日本図書センター　2012
　　◇図710〔白黒〕　長崎県北松浦郡平戸町度島　㊥井之口章次

賓頭盧尊と撫で仏
　「図説 日本民俗学」吉川弘文館　2009
　　◇p26〔白黒〕　栃木県足利市, 東京都台東区

ふく馬
　「日本郷土 風俗・民芸・芸能図鑑」日本図書センター　2012
　　◇写真篇 愛媛〔白黒〕　愛媛県　五穀豊穣や天下泰平を

信 仰　　　　　　　奉納物・祈願・縁起物

書いてかざり立てる

**福助**
「日本民具の造形」淡交社　2004
　◇p200〔白黒〕　岐阜県 川島町ふるさと資料館所蔵

**福徳稲荷の祈願の絵馬**
「宮本常一 写真・日記集成 下」毎日新聞社　2005
　◇p392〔白黒〕　山口県下松市末武上　㊟宮本常一，1977年5月17日

**富士登山をした人達の記念の絵額**
「日本宗教民俗図典 1」法蔵館　1985
　◇図537〔白黒〕　三重県阿仁町志島 薬師堂　㊟須藤功

**婦人病の祈願**
「図説 日本民俗学」吉川弘文館　2009
　◇p38〔白黒〕　和歌山市

**二股大根の絵馬**
「日本社会民俗辞典 2」日本図書センター　2004
　◇p795〔白黒〕　千葉県成田新勝寺

**仏前に供える布**
「宮本常一 写真・日記集成 別巻」毎日新聞社　2005
　◇図194（p34）〔白黒〕　岩手県気仙郡赤崎村合足〔大船渡市〕　㊟宮本常一，1940年〔11月〕

**餢飳（団子製）**
「日本民俗図誌 4 習俗・飲食篇」村田書店　1978
　◇図133-2〔白黒・図〕　奈良 春日社の供物

**不動絵馬**
「日本宗教民俗図典 1」法蔵館　1985
　◇図490〔白黒〕　青森県蟹田町　㊟萩原秀三郎

**ふとまがり**
「日本民俗図誌 4 習俗・飲食篇」村田書店　1978
　◇図112〔白黒・図〕　大阪市住吉区 住吉神社

**フナダマサマ（船霊様）へのご馳走**
「写真でみる日本人の生活全集 4」日本図書センター　2010
　◇p106〔白黒〕　新潟県

**船玉社に捧げた大漁祈願の船型**
「日本社会民俗辞典 3」日本図書センター　2004
　◇p1266〔白黒〕　仙台市外多賀城町

**弁天を祀る小祠に奉納されている蛇の置き物と玉子**
「境と辻の神 目でみる民俗神シリーズ3」東京美術　1988
　◇p81〔白黒〕　東京都葛飾区金町 葛西神社

**宝印の下に大黒天をとりつけた牛**
「図説 日本民俗学全集 4」高橋書店　1971
　◇図486〔白黒〕　〔京都府京都市〕伏見神社
「図説 日本民俗学全集 7」あかね書房　1961
　◇図218〔白黒〕　〔京都府京都市〕伏見神社

**豊作祈願の土・籾・鍬**
「日本宗教民俗図典 1」法蔵館　1985
　◇図285〔白黒〕　愛知県東栄町古戸　㊟須藤功

**奉納額**
「あるくみるきく双書 宮本常一とあるいた昭和の日本 21」農山漁村文化協会　2011
　◇p203〔カラー〕　東京都 日曜寺　昭和27年奉納　奉納 愛染明王尊 東京洗染商工業組合下谷支部　㊟竹内淳子
「日本祭礼地図 V」国土地理協会　1980
　◇p11〔白黒〕　山形県高畠町 大聖寺（亀岡文殊堂）
　◇p11〔白黒〕　山形県山形市 立石寺　若くしてなくなった者が浄土で結婚するように写真を奉納する

**奉納された穴の開いている石**
「民俗資料選集 29 茶堂（辻堂）の習俗Ⅱ」国土地理協会　2001
　◇p146（本文）〔白黒〕　香川県綾歌郡綾上町枌所東

**奉納された石の大下駄やブリキのワラジ**
「写真でみる日本人の生活全集 5」日本図書センター　2010
　◇p143〔白黒〕　身延山　㊟松久康憲　「サンデー毎日」昭和31年

**奉納された絵馬や扁額**
「フォークロアの眼 7 海の暮らしと祭り」国書刊行会　1977
　◇小論16〔白黒〕　三重県鳥羽市松尾 青峰山正福寺　㊟田辺悟，昭和47年5月30日

**奉納されたキツネ像と鳥井の雛型**
「写真でみる日本人の生活全集 5」日本図書センター　2010
　◇p55〔白黒〕　東京浅草山谷 玉姫神社　㊟昭和32年9月

**奉納された将棋の香車の駒**
「写真ものがたり昭和の暮らし 7」農山漁村文化協会　2006
　◇p11〔白黒〕　栃木県日光市 日光山内の産の宮　㊟須藤功，昭和46年10月

**奉納されたタテガラ**
「食の民俗事典」柊風舎　2011
　◇p222〔白黒〕　長崎県南松浦郡新上五島町浦桑郷 祖父君神社　イルカの背びれ

**奉納された鳥居型**
「宮本常一 写真・日記集成 下」毎日新聞社　2005
　◇p191〔白黒〕（奉納された鳥居型）　東和町西方　㊟宮本常一，1969年4月5日〜10日

**奉納された火吹竹**
「民俗資料選集 40 辻堂の習俗Ⅴ」国土地理協会　2009
　◇p19（口絵），p121（本文）〔白黒〕　宮崎県高城町石山中方限 薬師堂　祭礼の日，または臨時に奉納

**奉納された招き猫**
「民俗学事典」丸善出版　2014
　◇p539〔白黒〕　東京都 豪徳寺

**奉納鳥居**
「写真でみる日本人の生活全集 8」日本図書センター　2010
　◇p21〔白黒〕（おいなりさんの鳥居）〔京都市〕伏見 稲荷神社　願いの成就とともに献納する
「図説 日本民俗学」吉川弘文館　2009
　◇p32〔白黒〕（心願成就の奉納鳥居）　新潟県佐渡市
「日本社会民俗辞典 3」日本図書センター　2004
　◇p1055〔白黒〕　伏見稲荷神社

**奉納柄杓**
「図録・民具入門事典」柏書房　1991
　◇p99〔白黒〕　富山県
「日本民俗文化財事典（改訂版）」第一法規出版　1979
　◇図266〔白黒〕　富山県高岡市

**奉納札**
「日本民俗図誌 4 習俗・飲食篇」村田書店　1978
　◇図91〔白黒・図〕　京都深草 大岩明神　女子は糸巻，男子は木札を通例とする

**奉納草鞋**
「図録・民具入門事典」柏書房　1991
　◇p99〔白黒〕　栃木県

**奉納鞋**
「日本民俗文化財事典（改訂版）」第一法規出版　1979
　◇図265〔白黒〕　栃木県那須地方

**豊漁を祈る**
「日本民俗写真大系 1」日本図書センター　1999
　◇p62〔白黒〕　北海道白老町　アイヌ。白老川の河口に設けたヌササン（祭壇）に，サケの豊漁を祈り，長老が神酒を捧げる　㊟掛川源一郎，1972年

**祠におさめられたヒナ**
「宮本常一 写真・日記集成 上」毎日新聞社　2005

奉納物・祈願・縁起物　　　　　　　信　仰

　　◇p67〔白黒〕　神奈川県厚木市 荻野　㊟宮本常一，
　　1957年6月2日

**布袋**
「日本民具の造形」淡交社　2004
　　◇p200〔白黒〕　長野県 軽井沢歴史民俗資料館所蔵

**母乳の出を願い奉納した絵馬**
「写真ものがたり昭和の暮らし 7」農山漁村文化協会　2006
　　◇p17〔白黒〕　大阪府大阪市天王寺区 布袋堂（四天王寺）　㊟須藤功，昭和60年5月

**梵天**
「民俗資料選集 1 狩猟習俗Ⅰ」国土地理協会　1973
　　◇p102（本文）〔白黒・図〕　山形県東田川郡朝日村大字大鳥　皿渕小屋のうしろにあるならの大木を山の神としてあがめボンデン（梵天）を結びつけてある

**梵天（ご幣）**
「山と森の神 目でみる民俗神シリーズ1」東京美術　1988
　　◇p61〔白黒〕　青森県下北半島

**蒔絵の額**
「民俗資料選集 2 木地師の習俗」国土地理協会　1974
　　◇p70（本文）〔白黒〕　明治33年10月奉納　木地屋の堂「奉納蒔絵額」

**マスコット（甲子園健闘祈願）**
「写真でみる日本人の生活全集 5」日本図書センター　2010
　　◇口絵〔白黒〕（マスコット）　大阪代表（浪華高）全国高校野球代表の合宿をめぐって撮影した〔甲子園健闘祈願〕　㊟昭和31年8月

**まねき猫**
「日本宗教民俗図典 1」法蔵館　1985
　　◇図339〔白黒〕　京都市東山区　㊟須藤功

**招き猫**
「図説 日本民俗学」吉川弘文館　2009
　　◇p32〔白黒〕　徳島市
「祭・芸能・行事大事典 下」朝倉書店　2009
　　◇p1662〔白黒〕　豪徳寺の招き猫　㊟長沢利明
「日本民具の造形」淡交社　2004
　　◇p200〔白黒〕　大阪府 伏偶舎郷土玩具資料館所蔵
「日本民俗宗教辞典」東京堂出版　1998
　　◇p529〔白黒〕　世田谷区 豪徳寺

**守刀**
「日本宗教民俗図典 1」法蔵館　1985
　　◇図302〔白黒〕　群馬県赤城村深山　昭和　養蚕の祈願　㊟須藤功

**丸い石を海岸でひろっては風神に捧げる**
「写真でみる日本人の生活全集 5」日本図書センター　2010
　　◇p8〔白黒〕　八丈島

**マルブクロ**
「図録・民具入門事典」柏書房　1991
　　◇p100〔白黒〕　新潟県
「写真 日本文化史 9」日本評論新社　1955
　　◇図147〔白黒〕　新潟県　お宮やお寺へ、年始とか法要をしてもらいに、米やおそなえをいれてゆく袋

**ミガキ**
「日本民具の造形」淡交社　2004
　　◇p72〔白黒〕　鹿児島県 瀬戸内町郷土資料館所蔵

**水種もらい**
「日本社会民俗辞典 1」日本図書センター　2004
　　◇p19〔白黒・図〕（大山の水種もらい）　鳥取県　雨乞い

**耳の祈願**
「民俗図録 日本人の暮らし」日本図書センター　2012
　　◇図714〔白黒〕　和歌山県南牟婁郡入鹿村小川口　㊟橋浦泰雄

**結びつけられたおみくじ**
「図説 日本民俗学」吉川弘文館　2009
　　◇p39〔白黒〕　埼玉県さいたま市，埼玉県鷲宮町

**結びつけられたおみくじと絵馬**
「図説 日本民俗学」吉川弘文館　2009
　　◇p221〔白黒〕（カミへの祈り）　神奈川県伊勢原市　結びつけられた神籤（おみくじ）と絵馬

**娘巡礼（奉納額）**
「民俗学事典」丸善出版　2014
　　◇p457〔白黒〕　〔奉納額〕

**宗像神社・拝殿前の参詣者**
「宮本常一 写真・日記集成 下」毎日新聞社　2005
　　◇p340〔白黒〕　福岡県宗像市　㊟宮本常一，1975年3月25日

**明治神宮・参拝の人たち**
「宮本常一 写真・日記集成 下」毎日新聞社　2005
　　◇p442〔白黒〕　東京都渋谷区 明治神宮　㊟宮本常一，1978年11月1日

**明治神宮・奉納された全国の特産品**
「宮本常一 写真・日記集成 下」毎日新聞社　2005
　　◇p442〔白黒〕　東京都渋谷区 明治神宮　㊟宮本常一，1978年11月1日

**目無しだるま**
「日本郷土 風俗・民芸・芸能図鑑」日本図書センター　2012
　　◇写真篇 綜合〔白黒〕
「日本民俗図誌 8 舞楽・童戯篇」村田書店　1978
　　◇図197-1〔白黒・図〕　埼玉県所沢

**目なしダルマに目を入れる**
「写真でみる日本人の生活全集 5」日本図書センター　2010
　　◇p5〔白黒〕　岸信介が大願成就と目なしダルマに目を入れているところ　㊟昭和30年3月

**目の祈願絵馬**
「民俗資料選集 35 巫女の習俗Ⅵ」国土地理協会　2007
　　◇p123（本文）〔白黒・写真/図〕　山形県　岩谷観音奉納

**木製五輪塔**
「日本宗教民俗図典 2」法蔵館　1985
　　◇図396～398〔白黒〕　福島県河東町冬木沢 八葉寺　形のそろったいまの木製五輪塔，思い思いに作って奉納した五輪塔，奥院には古くからの五輪がびっしりと納められている

**木製の手型・足型を奉納**
「境と辻の神 目でみる民俗神シリーズ3」東京美術　1988
　　◇p90〔白黒〕　福井県三方郡三方町三方の石観音のお手足堂

**木製の手型や足型を奉納する**
「写真でみる日本人の生活全集 5」日本図書センター　2010
　　◇p143〔白黒〕　南秋田郡琴浜村（旧払戸村）手足の傷や痛みを祈願する小祠　三木茂「雪国の民俗」

**木幣**
「日本民俗宗教辞典」東京堂出版　1998
　　◇p5, 6〔白黒〕

**八田八幡宮の鳥居に掛けられた祈願の潮汲み筒**
「宮本常一 写真・日記集成 下」毎日新聞社　2005
　　◇p473〔白黒〕　山口県大島郡久賀町［周防大島町］　㊟宮本常一，1979年11月25日

**薬師如来の母乳祈願**
「食の民俗事典」柊風舎　2011
　　◇p434〔白黒〕　三重県亀山市関町福徳

**厄除け**
「日本祭礼地図 Ⅴ」国土地理協会　1980
　　◇p19〔白黒〕　新潟県中里村　7歳男の子は木の人形，

信　仰　　　　　　　　　　　　　　　　　　　奉納物・祈願・縁起物

13歳女の子は紙の人形を供える

厄除祈禱木
「日本祭礼地図 Ⅴ」国土地理協会　1980
　　◇p14〔白黒〕　石川県小松市 日吉神社

厄よけ杓子
「日本民俗図誌 4 習俗・飲食篇」村田書店　1978
　　◇図76〔白黒・図〕　大分県中津市 羅漢寺の寺務所で授与

山の神への願かけ
「民俗図録 日本人の暮らし」日本図書センター　2012
　　◇図708〔白黒〕　秋田県仙北郡上檜木内村尻高崎　㊞武藤鐵城

山の神への奉納物
「図説 日本民俗学」吉川弘文館　2009
　　◇p199〔白黒〕　滋賀県野洲市

山の神にあげたマタのある枝
「日本社会民俗辞典 4」日本図書センター　2004
　　◇p1498〔白黒〕　秋田県神代村

山の神に捧げられた猪の心臓と山の神幣
「図説 日本民俗学」吉川弘文館　2009
　　◇p166〔白黒〕　宮崎県椎葉村

山の神に捧げる
「日本民俗大辞典 下」吉川弘文館　2000
　　◇図4〔別刷図版「山の神」〕〔カラー〕　宮崎県東臼杵郡椎葉村　㊞湯川洋司

山の神に供えた「たち」
「日本の民具 3 山・漁村」慶友社　1992
　　◇図133〔白黒〕（たち）　新潟県 山の神に供えた　㊞薗部澄
　　◇図134〔白黒〕（たち）　群馬県 山の神に供えた　㊞薗部澄

山の神に供えた「ほこ」
「日本の民具 3 山・漁村」慶友社　1992
　　◇図132〔白黒〕（ほこ）　熊本県 五家荘 山の神に供えた　㊞薗部澄
　　◇図247〔白黒〕（ほこ）　熊本県 金山彦に供える鉄製のホコ　㊞薗部澄

山の神に供えた弓矢
「日本民具の造形」淡交社　2004
　　◇p190〔白黒〕（弓矢の供物）　長野県 松本市立博物館所蔵　山の神に供えた
「日本の民具 3 山・漁村」慶友社　1992
　　◇図248〔白黒〕（弓）　愛知県北設楽郡　㊞薗部澄
　　◇図249〔白黒〕（弓）　愛知県北設楽郡　㊞薗部澄
　　◇図250〔白黒〕（弓矢）　東京都 八丈島　㊞薗部澄
「日本民俗文化財事典（改訂版）」第一法規出版　1979
　　◇図163〔白黒〕（山の神の弓矢）

山の神に供えた弓矢と的
「日本社会民俗辞典 4」日本図書センター　2004
　　◇p1499〔白黒・図〕

山の神に奉納されたヘノコ
「図説 民俗探訪事典」山川出版社　1983
　　◇p181〔白黒〕　奈良県天川村

山の神幣
「日本宗教民俗図典 1」法蔵館　1985
　　◇図307〔白黒〕　静岡県水窪町西浦　㊞須藤功

山の神の絵馬
「民俗資料選集 9 山村の生活と用具」国土地理協会　1981
　　◇p88（本文）〔白黒・図〕　愛知県北設楽郡津具村

山の神の樽
「日本の民具 3 山・漁村」慶友社　1992
　　◇図137〔白黒〕　岩手県 山の神に御神酒を入れて供えた酒樽　㊞薗部澄

山の神奉納絵馬
「日本宗教民俗図典 1」法蔵館　1985
　　◇図311〔白黒〕　宮城県白石市弥治郎　明治15年奉納　㊞須藤功

山の神社に供えた「俎板おろし」の七切肴（猪肉）
「あるくみるきく双書 宮本常一とあるいた昭和の日本 22」農山漁村文化協会　2012
　　◇p89〔カラー〕

養蚕具
「日本宗教民俗図典 1」法蔵館　1985
　　◇図303〔白黒〕　群馬県渋川市石原 猿田彦神社　猿田彦大神と書かれたのは蚕紙　㊞須藤功

養蚕の守猿
「日本宗教民俗図典 1」法蔵館　1985
　　◇図273〔白黒〕（守猿・熊手・神符）　群馬県北橘村八崎　㊞須藤功
　　◇図301〔白黒〕　群馬県渋川市石原 猿田彦神社　㊞須藤功

陽石
「日本民俗大辞典 上」吉川弘文館　1999
　　◇p925〔白黒〕　千葉県成田市　㊞西海賢二

よだれかけの奉納
「あるくみるきく双書 宮本常一とあるいた昭和の日本 24」農山漁村文化協会　2012
　　◇p159〔白黒〕　栃木県足利市 水使神社〔昭和55年〕
「日本祭礼地図 Ⅴ」国土地理協会　1980
　　◇p15〔白黒〕（よだれかけ奉納）　埼玉県吉見町

夜泣きのハイヅト
「民俗図録 日本人の暮らし」日本図書センター　2012
　　◇図712〔白黒〕　兵庫県佐用郡三日月町春哉　灰を入れた苞を供える

龍神舟
「日本民具の造形」淡交社　2004
　　◇p301〔白黒〕　島根県 島根町歴史民俗資料館所蔵

龍頭（雨乞い用）
「民俗資料叢書 14 八郎潟の漁撈習俗」平凡社　1971
　　◇図36〔白黒〕（龍頭）　秋田県山本郡八龍村鵜川 熊野神社　明治30年頃まで　雨ごい行事で使用

ワカレ絵馬
「あるくみるきく双書 宮本常一とあるいた昭和の日本 24」農山漁村文化協会　2012
　　◇p147〔白黒〕　福岡県福岡市早良区　㊞段上達雄

笑い鬼
「写真でみる日本人の生活全集 5」日本図書センター　2010
　　◇p57〔白黒〕　埼玉県比企郡菅野村 鬼鎮神社　"笑い鬼"の像、鬼の金棒、笑い鬼の絵馬　㊞荻原まさる、昭和30年2月

藁海老
「日本民具の造形」淡交社　2004
　　◇p26〔白黒〕　福岡県 浮羽町立歴史民俗資料館所蔵

わらじの奉納
「あるくみるきく双書 宮本常一とあるいた昭和の日本 24」農山漁村文化協会　2012
　　◇p156〔白黒〕　栃木県足利市 子の権現　足病みの人が詣る　㊞〔昭和55年〕

草鞋・焙烙
「日本民俗図誌 1 祭礼・祭祀篇」村田書店　1977

◇図178〔白黒・図〕　千葉県東葛飾郡行徳町字稲荷木の道祖神の小祠に奉納

**藁で作った龍神（雨乞い）**
「民俗図録 日本人の暮らし」日本図書センター　2012
　　◇図704〔白黒〕（藁で作った龍神）　大阪府三島郡三宅村宇野辺　子供が雨を祈っている

# 護符・神符

**青田祈禱札**
「民俗資料叢書 9 田植の習俗4」平凡社　1969
　　◇図13〔白黒〕　島根県邑智郡石見町矢上

**足止め・虫封じ護符**
「日本民俗宗教辞典」東京堂出版　1998
　　◇p244〔白黒〕　埼玉県歴史資料館提供

**阿弥陀名号仏掛絵**
「日本民俗大辞典 上」吉川弘文館　1999
　　◇図40〔別刷図版「護符」〕〔白黒〕（阿弥陀名号仏）　山形県東田川郡朝日村　大App坊

**家の守護神の神体の幣**
「日本社会民俗辞典 1」日本図書センター　2004
　　◇図版Ⅳ アイヌ（4）〔白黒〕　日高国二風谷　二谷国松作

**イエの中にまつられる護符**
「図説 日本民俗学」吉川弘文館　2009
　　◇p36〔白黒〕　川崎市麻生区

**伊勢神宮大麻と富士浅間神社お守り**
「日本民俗宗教辞典」東京堂出版　1998
　　◇p84〔白黒〕　青木辰衛家文書

**一万度御祓大麻**
「図説 民家建築大事典」柏書房　2001
　　◇写真3（p269）〔白黒〕　伊勢神宮が発行した神札

**一軒の家の各所に貼られた神符**
「日本宗教民俗図典 1」法蔵館　1985
　　◇図27〜38〔白黒〕　高知県池川町椿山　㊙須藤功

**保食大神の祈禱札**
「民俗資料選集 25 焼畑習俗」国土地理協会　1997
　　◇p19（口絵）〔白黒〕　高知県池川町椿山

**ウスサマ明王のお札**
「写真でみる民家大事典」柏書房　2005
　　◇p159-4〔白黒〕　静岡県伊豆市・明徳寺発行

**烏瑟沙摩明王のお札**
「日本の生活環境文化大辞典」柏書房　2010
　　◇p224-1〔白黒〕　奈良市　便所神　㊙1995年　飯島吉晴

**恵比須〔護符〕**
「日本民俗大辞典 上」吉川弘文館　1999
　　◇図29〔別刷図版「護符」〕〔白黒〕　千葉県銚子市馬場町 円福寺
　　◇図30〔別刷図版「護符」〕〔白黒〕　兵庫県西宮市社家町 西宮神社

**役行者〔護符〕**
「日本民俗大辞典 上」吉川弘文館　1999
　　◇図31〔別刷図版「護符」〕〔白黒〕　奈良県吉野郡吉野町 竹林院

**お犬さま**
「日本宗教民俗図典 1」法蔵館　1985
　　◇図444〔白黒〕　静岡県水窪町小畑　〔山住神社の護符〕悪霊を防ぐ　㊙須藤功

**御竈尊**
「日本民俗大辞典 上」吉川弘文館　1999
　　◇図6〔別刷図版「護符」〕〔白黒〕　富山県立博物館所蔵

**狼〔護符〕**
「日本民俗大辞典 上」吉川弘文館　1999
　　◇図12〔別刷図版「護符」〕〔白黒〕　埼玉県秩父郡大滝村 三峯神社
　　◇図13〔別刷図版「護符」〕〔白黒〕　埼玉県秩父郡両神村 両神神社
　　◇図14〔別刷図版「護符」〕〔白黒〕　埼玉県秩父郡長瀞町 宝登山神社
　　◇図15〔別刷図版「護符」〕〔白黒〕　埼玉県秩父郡長瀞町 岩根神社

**大口真神の札**
「図説 日本民俗学」吉川弘文館　2009
　　◇p215〔白黒〕　東京都青梅市

**お札**
「日本民俗図誌 1 祭礼・祭祀篇」村田書店　1977
　　◇図125〔白黒・図〕　妙義山に接する上州榛名神社　祭石思想にもとづくお札
　　◇図126〔白黒・図〕　茨城県 鹿島神宮境内　祭石思想にもとづくお札

**御札**
「日本民具の造形」淡交社　2004
　　◇p35〔白黒〕　鳥取県 鳥取県立博物館所蔵
「日本祭礼地図 Ⅴ」国土地理協会　1980
　　◇p12〔白黒〕　群馬県館林市 富士嶽神社
　　◇p12〔白黒〕　宮城県中新田町 多川稲荷神社

**オマエの壁にはられたお札**
「民俗資料叢書 8 田植の習俗3」平凡社　1968
　　◇図76〔白黒〕　新潟県佐渡市

**お守袋**
「日本民具の造形」淡交社　2004
　　◇p188〔白黒〕　長野県 飯島町歴史民俗資料館所蔵

**御田之神〔護符〕**
「日本民俗大辞典 上」吉川弘文館　1999
　　◇図24〔別刷図版「護符」〕〔白黒〕　山形県東田川郡羽黒町 羽黒山

**蚕祈禱の御札**
「いまに伝える 農家のモノ・人の生活館」柏書房　2004
　　◇p187 写真1〔白黒〕（蚕室の柱に貼られた蚕祈禱の御札）　埼玉県江南町　箭弓稲荷神社, 榛名神社, 四津山神社の札

**蚕棚の最上部に迎えた御幣や蚕神の御札**
「写真ものがたり昭和の暮らし 2」農山漁村文化協会　2004
　　◇p94〔白黒〕　長野県阿智村　㊙熊谷元一, 昭和27年

**火難除（護符）**
「日本宗教民俗図典 1」法蔵館　1985
◇図461〔白黒〕　群馬県片品村花咲　[撮]須藤功

**火難除災の御札**
「民俗資料選集 22 対馬の釣鉤製作習俗」国土地理協会　1994
◇p115（本文）〔白黒〕　長崎県　満山釣製造所鍛冶場の鞴

**かまど上に神符をさす**
「日本宗教民俗図典 1」法蔵館　1985
◇図39〔白黒〕　高知県池川町椿山　[撮]須藤功

**神棚に祀られたお札**
「図説 日本民俗学」吉川弘文館　2009
◇p207〔白黒〕　埼玉県さいたま市

**茅屋根の屋根柱に結ばれていた天照皇太神宮神符**
「日本宗教民俗図典 1」法蔵館　1985
◇図46〔白黒〕　新潟県山古志村梶金　[撮]須藤功

**元三大師御影〔護符〕**
「日本民俗大辞典 上」吉川弘文館　1999
◇図46〔別刷図版「護符」〕〔白黒〕　埼玉県児玉郡神川村 大光普照寺

**木札お守り**
「日本民具の造形」淡交社　2004
◇p188〔白黒〕　香川県 牛屋口蒐古館所蔵

**牛馬安全の護符**
「日本民俗図誌 1 祭礼・祭祀篇」村田書店　1977
◇図173・174〔白黒・図〕　愛知県渥美郡福江町字高木の陰涼寺

**凶事流し御札**
「日本祭礼地図 V」国土地理協会　1980
◇p13〔白黒〕　群馬県富岡市 高瀬神社

**熊野牛王宝印起請料紙**
「日本民俗事典」弘文堂　1972
◇p251〔白黒〕

**熊野山牛玉宝印**
「日本民俗大辞典 上」吉川弘文館　1999
◇図7右〔別刷図版「護符」〕〔白黒〕　群馬県前橋市総社町　近藤昭一所蔵
◇図7左〔別刷図版「護符」〕〔白黒〕　国学院大学図書館所蔵

**熊野の牛王宝印**
「民俗の事典」岩崎美術社　1972
◇p324〔白黒〕
「日本を知る事典」社会思想社　1971
◇図7（p407）〔白黒〕　熊野速玉大社
◇図8（p408）〔白黒〕　熊野本宮大社
◇図9（p408）〔白黒〕　那智大社

**倶利迦羅竜王剣〔護符〕**
「日本民俗大辞典 上」吉川弘文館　1999
◇図37〔別刷図版「護符」〕〔白黒〕　山形県東田川郡朝日村 大日坊

**黒鉄名号〔護符〕**
「日本民俗大辞典 上」吉川弘文館　1999
◇図32〔別刷図版「護符」〕〔白黒〕　大阪府八尾市太子堂 大聖勝軍寺

**外宮大麻（木札）**
「日本宗教民俗図典 1」法蔵館　1985
◇図515〔白黒〕　[撮]須藤功

**血脈（一式）**
「日本民俗大辞典 上」吉川弘文館　1999
◇図3・4〔別刷図版「護符」〕〔白黒〕　富山県 立山 中宮寺　富山県立博物館所蔵
◇図3〔別刷図版「護符」〕〔白黒〕　富山県立博物館所蔵

**月水蔵根元秘事**
「日本民俗大辞典 上」吉川弘文館　1999
◇図1〔別刷図版「護符」〕〔白黒〕　富山県 立山 中宮寺　富山県立博物館所蔵

**月水之大事**
「日本民俗大辞典 上」吉川弘文館　1999
◇図5〔別刷図版「護符」〕〔白黒〕　富山県 立山 中宮寺　富山県立博物館所蔵

**月水不浄除御守**
「日本民俗大辞典 上」吉川弘文館　1999
◇図2〔別刷図版「護符」〕〔白黒〕　富山県立博物館所蔵

**玄関前の蘇民将来符**
「日本民俗大辞典 上」吉川弘文館　1999
◇図53〔別刷図版「護符」〕〔白黒〕　長野県埴科郡坂城町

**剣先祓**
「図説 民俗建築大事典」柏書房　2001
◇写真2（p269）〔白黒〕　伊勢神宮が発行した神札

**弘法大師御影〔掛絵〕**
「日本民俗大辞典 上」吉川弘文館　1999
◇図44〔別刷図版「護符」〕〔白黒〕　奈良県桜井市初瀬 普門院

**光明帖**
「日本民具の造形」淡交社　2004
◇p188〔白黒〕　香川県 前山へんろ資料展示室所蔵

**牛玉刷り**
「日本民俗大辞典 上」吉川弘文館　1999
◇図10〔別刷図版「護符」〕〔白黒〕　東大寺二月堂修二会の牛玉刷り

**牛王宝印**
「図説 日本民俗学」吉川弘文館　2009
◇p205〔白黒〕　滋賀県野洲市　牛王宝印の札を水口や畦に立てる
「仏教民俗辞典 コンパクト版」新人物往来社　1993
◇p109〔白黒〕

**牛玉宝印**
「日本民俗宗教辞典」東京堂出版　1998
◇p187〔白黒〕　榛名神社　青木辰衛家文書
◇p187〔白黒〕　熊野神社　青木辰衛家文書

**東大寺二月堂牛玉宝印**
「日本民俗大辞典 上」吉川弘文館　1999
◇p609〔白黒〕　奈良県奈良市 東大寺二月堂　東大寺図書館所蔵

**牛玉宝印 那智滝宝印**
「精選 日本民俗辞典」吉川弘文館　2006
◇p192〔白黒〕　国学院大学神道資料展示室所蔵

**蚕養之大神〔護符〕**
「日本民俗大辞典 上」吉川弘文館　1999
◇図27〔別刷図版「護符」〕〔白黒〕　富山県中新川郡立山町 芦峅中宮寺

**五智如来〔護符〕**
「日本民俗大辞典 上」吉川弘文館　1999
◇図33〔別刷図版「護符」〕〔白黒〕　山形県東田川郡朝日村 大日坊

**木花開耶姫〔掛絵〕**
「日本民俗大辞典 上」吉川弘文館　1999
◇図42〔別刷図版「護符」〕〔白黒〕　静岡県富士宮市大宮 浅間神社

護符・神符　　　　　　　　信　仰

護符
　「写真でみる日本人の生活全集 5」日本図書センター　2010
　　◇p40〔白黒〕　熊本県人吉市 出町地蔵尊発行　㊞宗弘容
　「日本民俗大辞典 上」吉川弘文館　1999
　　◇p640〔白黒〕　日蓮宗寺院で発行する祈禱札・祈禱秘妙符
　「日本民俗宗教辞典」東京堂出版　1998
　　◇p195〔白黒〕　火防け盗賊防け護符（青木辰衛家文書），雷徐けの護符
　「仏教民俗辞典 コンパクト版」新人物往来社　1993
　　◇p119〔白黒〕
　「日本民俗図誌 1 祭礼・祭祀篇」村田書店　1977
　　◇図175-1〔白黒・図〕　愛知県西加茂郡猿投村猿投神社授与
　　◇図175-2〔白黒・図〕　奈良八坂神社

護符を領布する蘇民講の人々
　「日本民俗大辞典 上」吉川弘文館　1999
　　◇図54〔別刷図版「護符」〕〔白黒〕

駒と猿〔護符〕
　「日本民俗大辞典 上」吉川弘文館　1999
　　◇図20〔別刷図版「護符」〕〔白黒〕　愛知県北設楽郡東栄町古戸地区

五峯山の御田守
　「民俗資料叢書 8 田植の習俗3」平凡社　1968
　　◇図30〔白黒〕　秋田県本荘市鮎瀬

里修験がつくる「ウツサマ明王」
　「写真でみる民家大事典」柏書房　2005
　　◇p159-5〔白黒〕　福島県安達町・菅野芳信製作　㊞1986年 佐治靖

猿田彦大神〔護符〕
　「日本民俗大辞典 上」吉川弘文館　1999
　　◇図25〔別刷図版「護符」〕〔白黒〕　群馬県藤岡市下日野 地守神社

三宝荒神護符
　「精選 日本民俗辞典」吉川弘文館　2006
　　◇p187〔白黒〕　山形県朝日村 滝水寺大日坊
　「日本民俗大辞典 上」吉川弘文館　1999
　　◇図22〔別刷図版「護符」〕〔白黒〕　山形県東田川郡朝日村 大日坊
　　◇p593〔白黒〕　山形県東田川郡朝日村 滝水寺大日坊

三宝荒神のお札
　「図説 日本民俗学」吉川弘文館　2009
　　◇p201〔白黒〕　山形県鶴岡市大日坊

寺院発行の護符（角大師）
　「図説 日本民俗学」吉川弘文館　2009
　　◇p28〔白黒〕　島根県安来市

寺院発行の護符（豆大師）
　「図説 日本民俗学」吉川弘文館　2009
　　◇p28〔白黒〕　東京都台東区

紙符を刷る
　「あるくみるきく双書 宮本常一とあるいた昭和の日本 24」農山漁村文化協会　2012
　　◇p182〔白黒〕　香川県琴平町 金刀比羅宮　㊞〔昭和52～53年〕

狩猟御符
　「日本宗教民俗図典 1」法蔵館　1985
　　◇図313〔白黒〕　大分県野津川町西神野　熊野神社狩猟祈願御符　㊞須藤功

生姜畑に立てられたお札
　「図説 日本民俗学」吉川弘文館　2009
　　◇p156〔白黒〕　埼玉県さいたま市

鍾馗の護符
　「日本民俗大辞典 上」吉川弘文館　1999
　　◇図28〔別刷図版「護符」〕〔白黒〕（鍾馗）　和歌山県新宮市新宮 熊野速玉大社　〔護符〕
　　◇p846〔白黒〕　和歌山県新宮市 熊野速玉大社

白蛇〔護符〕
　「日本民俗大辞典 上」吉川弘文館　1999
　　◇図17〔別刷図版「護符」〕〔白黒〕　神奈川県相模原市淵野辺 皇武神社

神牛〔護符〕
　「日本民俗大辞典 上」吉川弘文館　1999
　　◇図21〔別刷図版「護符」〕〔白黒〕　山形県東田川郡羽黒町 正善院

神札
　「図説 日本民俗学」吉川弘文館　2009
　　◇p50〔白黒〕　栃木県鹿沼市 三峯神社の神札
　「日本社会民俗辞典 1」日本図書センター　2004
　　◇p47〔白黒・図〕　御嶽山
　「民具のみかた一心とかたち」第一法規出版　1983
　　◇p221〔白黒〕　埼玉県三峯神社

神使狐〔護符〕
　「日本民俗大辞典 上」吉川弘文館　1999
　　◇図16〔別刷図版「護符」〕〔白黒〕　群馬県藤岡市日野 鹿島神社

神璽と護符類
　「民俗資料選集 36 酒造習俗Ⅱ」国土地理協会　2007
　　◇p59・60（本文）〔白黒〕　石川県　京都市松尾大社より下附

神代文字〔護符〕
　「日本民俗大辞典 上」吉川弘文館　1999
　　◇図35〔別刷図版「護符」〕〔白黒〕　秋田県大曲市上大町 諏訪神社

神符
　「日本宗教民俗図典 1」法蔵館　1985
　　◇図273〔白黒〕　群馬県北橘村八崎　㊞須藤功

神馬〔護符〕
　「日本民俗大辞典 上」吉川弘文館　1999
　　◇図18〔別刷図版「護符」〕〔白黒〕　岩手県水沢市中上野町 駒形神社

水田の厄よけのお札
　「民俗資料叢書 11 田植の習俗5」平凡社　1970
　　◇図154〔白黒〕　鹿児島県国分市上井 久満崎神社の札

蘇民将来
　「図録・民具入門事典」柏書房　1991
　　◇p98〔白黒〕　三重県
　「民具のみかた一心とかたち」第一法規出版　1983
　　◇p19〔カラー〕　長野県上田市
　「民間信仰辞典」東京堂出版　1980
　　◇p173〔白黒〕
　「民俗の事典」岩崎美術社　1972
　　◇p323〔白黒〕　信濃国分寺

蘇民将来 護符の一種
　「民間信仰辞典」東京堂出版　1980
　　◇p122〔白黒・図〕（護符の一種・蘇民将来）

蘇民将来の護符
　「日本民俗宗教辞典」東京堂出版　1998
　　◇p348〔白黒〕　蘇民祭　小山市立博物館蔵

蘇民将来の護符をつけた注連飾り
　「宮本常一 写真・日記集成 上」毎日新聞社　2005
　　◇p211〔白黒〕　三重県鳥羽市 答志島桃取　㊞宮本常一，1960年9月27日

信 仰 護符・神符

「日本民俗大辞典 上」吉川弘文館 1999
　◇p987〔白黒〕(注連飾り)　三重県 志摩地方　〔蘇民将来の護符〕

### 蘇民将来の護符をつけた注連縄
「宮本常一 写真・日記集成 上」毎日新聞社 2005
　◇p337〔白黒〕　国崎(三重県鳥羽市)　㊟宮本常一, 1962年8月21日

### 蘇民将来の子孫
「図説 日本民俗学」吉川弘文館 2009
　◇p23〔白黒〕　三重県伊勢市
「図説 日本民俗学全集 4」高橋書店 1971
　◇図98〔白黒〕　長野県の郷土玩具
「図説 日本民俗学全集 6」あかね書房 1960
　◇図98〔白黒〕　長野県の郷土玩具

### 蘇民将来の注連
「日本民俗事典」弘文堂 1972
　◇p404〔白黒〕　㊟萩原秀三郎

### 蘇民将来符
「日本民俗大辞典 上」吉川弘文館 1999
　◇図52〔別刷図版「護符」〕〔白黒〕　長野県上田市国分 信濃国分寺
　◇図55〔別刷図版「護符」〕〔白黒〕　愛知県名古屋市中区 洲崎神社
　◇図56〔別刷図版「護符」〕〔白黒〕　三重県度会郡二見町 松下社

### 蘇民将来守札
「日本民俗大辞典 上」吉川弘文館 1999
　◇p987〔白黒〕　京都府京都市 八坂神社末社蘇民社
　◇p987〔白黒〕　長野県上田市 信濃国分寺八日堂　國学院大学神道資料展示室所蔵

### 村内安全を祈ってはった不動明王の呪符
「境と辻の神 目でみる民俗神シリーズ3」東京美術 1988
　◇p75〔白黒〕　滋賀県八日市市の集落入口

### 大黒〔護符〕
「日本民俗大辞典 上」吉川弘文館 1999
　◇図26〔別刷図版「護符」〕〔白黒〕　山形県東田川郡羽黒町 正善院

### 代参講の札
「図録・民具入門事典」柏書房 1991
　◇p99〔白黒〕　東京都

### 大日如来〔護符〕
「日本民俗大辞典 上」吉川弘文館 1999
　◇図23〔別刷図版「護符」〕〔白黒〕　山形県東田川郡朝日村 大日坊

### 嶽観音のお札
「民俗資料選集 8 中付駄者の習俗」国土地理協会 1979
　◇p24(口絵)〔白黒〕　福島県南会津郡下郷町南倉沢

### 田に立てられた牛玉宝印
「精選 日本民俗辞典」吉川弘文館 2006
　◇p193〔白黒〕　滋賀県野洲町(野洲市)　提供 福田アジオ
「日本民俗大辞典 上」吉川弘文館 1999
　◇p609〔白黒〕(田の中に立てた牛玉印)　滋賀県野洲郡野洲町　㊟福田アジオ

### 畜牛繁昌の守り札
「宮本常一が撮った昭和の情景 下」毎日新聞社 2009
　◇p29〔白黒〕　広島県神石郡神石高原町豊松村笹尾奴留田　㊟宮本常一, 1965年12月19日
「宮本常一 写真・日記集成 下」毎日新聞社 2005
　◇p48〔白黒〕　豊松村奴留田(広島県神石郡〔神石高原町〕)　㊟宮本常一, 1965年12月19日

### 茶畑の嵐除護符
「日本社会民俗辞典 3」日本図書センター 2004
　◇p1182〔白黒〕

### 筒井神社の神符
「日本の民俗 暮らしと生業」KADOKAWA 2014
　◇図8-3〔白黒〕　滋賀県神埼郡永源寺町　㊟芳賀日出男, 平成3年
「日本の民俗 下」クレオ 1997
　◇図8-3〔白黒〕　滋賀県神埼郡永源寺町　ろくろ挽きの祖神の神社でだしている　㊟芳賀日出男, 平成3年

### 角大師の護符
「日本民俗大辞典 上」吉川弘文館 1999
　◇図47〔別刷図版「護符」〕〔白黒〕(角大師〔護符〕)　滋賀県大津市坂本本町 横川元三大師堂
　◇図48〔別刷図版「護符」〕〔白黒〕(角大師〔護符〕)　長野県上田市国分 信濃国分寺
　◇図49〔別刷図版「護符」〕〔白黒〕(角大師〔護符〕)　和歌山県日高郡川辺町 道成寺
　◇図50〔別刷図版「護符」〕〔白黒〕(角大師〔護符〕)　島根県安来市清水寺町 清水寺
　◇p439〔白黒〕　滋賀県甲賀郡甲賀町 嶺南寺　元三大師の護符

### 角大師の版木
「日本写真全集 9」小学館 1987
　◇p203〔白黒〕　㊟内藤正敏, 昭和56年　『出羽三山と修験』より

### 角大師・豆大師御符
「日本民俗宗教辞典」東京堂出版 1998
　◇p388〔白黒・図〕(角大師・豆大師御符(2枚で一対))　川越大師喜多院

### 出入り口に貼られたさまざまな札
「図説 民俗建築大事典」柏書房 2001
　◇図1・写真3(p279)〔白黒・図/写真〕　山梨県南都留郡西桂町　『西桂町誌 資料編3 近現代・民俗』、2000

### 天井に収められたさまざまな木札
「日本宗教民俗図典 1」法蔵館 1985
　◇図13〔白黒〕　広島県豊松村　右は神棚　㊟須藤功

### 転法輪寺牛玉宝印
「日本民俗大辞典 上」吉川弘文館 1999
　◇図9〔別刷図版「護符」〕〔白黒〕　国学院大学図書館所蔵

### 戸口上の神符
「日本宗教民俗図典 1」法蔵館 1985
　◇図25〔白黒〕　静岡県水窪町小畑　㊟須藤功

### 歳徳大善神〔掛絵〕
「日本民俗大辞典 上」吉川弘文館 1999
　◇図45〔別刷図版「護符」〕〔白黒〕　山形県東田川郡羽黒町 正善院

### 年徳大善神〔護符〕
「日本民俗大辞典 上」吉川弘文館 1999
　◇図36〔別刷図版「護符」〕〔白黒〕　奈良県吉野郡川上村 福源寺

### 扉に貼られた神札
「図説 民俗建築大事典」柏書房 2001
　◇写真2(p279)〔白黒〕　福島県いわき市　山崎祐子『明治・大正商家の暮らし』岩田書店、1999

### ナギカエシの札
「日本民俗大辞典 下」吉川弘文館 2000
　◇図8〔別刷図版「山の神」〕〔カラー〕　石川県白山麓　明治時代　伊藤常次郎所蔵, 加賀市教育委員会提供

### 那智滝宝印とその畳紙
「日本民俗大辞典 上」吉川弘文館 1999

護符・神符　　　　　　　　　　信　仰

　　　◇p609〔白黒〕　国学院大学神道資料展示室所蔵
南無七面大天女〔掛絵〕
　「日本民俗大辞典 上」吉川弘文館　1999
　　　◇図43〔別刷図版「護符」〕〔白黒〕　秋田県秋田市八橋
　　　　宝塔寺
成田山災難除御守
　「図録・民具入門事典」柏書房　1991
　　　◇p98〔白黒〕　千葉県
苗代に立てられた虫よけ札
　「民俗資料叢書 11 田植の習俗5」平凡社　1970
　　　◇図29〔白黒〕　高知県高岡郡葉山村葉山
子聖大権現
　「仏教民俗辞典 コンパクト版」新人物往来社　1993
　　　◇p308〔白黒〕　埼玉県飯能市南 天竜寺
八海山神王〔掛絵〕
　「日本民俗大辞典 上」吉川弘文館　1999
　　　◇図41〔別刷図版「護符」〕〔白黒〕　新潟県新津市満願
　　　　寺 満願寺
初山御札
　「日本祭礼地図 V」国土地理協会　1980
　　　◇p13〔白黒〕　群馬県館林市 富士嶽神社
馬頭観音のお姿（お札）
　「民俗資料選集 8 中付駑者の習俗」国土地理協会　1979
　　　◇p28（口絵）〔白黒〕　福島県南会津郡田島町 藤生寺
馬頭観音のお札
　「民俗資料選集 8 中付駑者の習俗」国土地理協会　1979
　　　◇p28（口絵）〔白黒〕　福島県南会津郡田島町 藤生寺
　　　◇p29（口絵）〔白黒〕　田村郡小野町 東堂山のお札
馬頭観音のお守り
　「民俗資料選集 8 中付駑者の習俗」国土地理協会　1979
　　　◇p28（口絵）〔白黒〕　福島県南会津郡田島町高野
馬頭観音の祈禱札
　「民俗資料選集 8 中付駑者の習俗」国土地理協会　1979
　　　◇p28（口絵）〔白黒〕　福島県南会津郡田島町 藤生寺
　　　◇p28（口絵）〔白黒〕　福島県南会津郡田島町 薬師寺
榛名神社の嵐除けのお札
　「境と辻の神 目でみる民俗神シリーズ3」東京美術　1988
　　　◇p74〔白黒〕　千葉県市川市下貝塚の梨畠
毘沙門堂牛玉宝印
　「日本民俗大辞典 上」吉川弘文館　1999
　　　◇図8〔別刷図版「護符」〕〔白黒〕　京都山科毘沙門堂
　　　　跡 国学院大学図書館所蔵
火伏せのお札
　「写真でみる民家大事典」柏書房　2005
　　　◇p160-3〔白黒〕　京都府京都市愛宕神社発行　㊞2004
　　　　年　飯島吉晴
火防の神
　「図説 日本民俗学」吉川弘文館　2009
　　　◇p51〔白黒〕　福島県会津若松市 古峯神社の札
　　　◇p51〔白黒〕　福島県須賀川市　神札
福田寺牛玉宝印
　「日本民俗大辞典 上」吉川弘文館　1999
　　　◇図11〔別刷図版「護符」〕〔白黒〕　静岡市立登呂博物
　　　　館所蔵
符札
　「日本民俗大辞典 下」吉川弘文館　2000
　　　◇p457〔白黒〕　沖縄県那覇市〔民家の門〕　慈眼院の
　　　　符札　㊞山里純一

舟小屋入口の祈禱札
　「フォークロアの眼 7 海の暮らしと祭り」国書刊行会
　　　1977
　　　◇図11〔白黒〕　新潟県両津市願　㊞諸田森二, 昭和47
　　　　年6月15日
防火を喚起する神棚の札
　「里山・里海 暮らし図鑑」柏書房　2012
　　　◇写4（p54）〔白黒〕　長野県松本市
方便法身名号〔護符〕
　「日本民俗大辞典 上」吉川弘文館　1999
　　　◇図34〔別刷図版「護符」〕〔白黒〕　山形県東田川郡朝
　　　　日村 大日坊
豆大師〔護符〕
　「日本民俗大辞典 上」吉川弘文館　1999
　　　◇図51〔別刷図版「護符」〕〔白黒〕　東京都台東区上野
　　　　公園 輪王寺両大師堂
豆大師の護符
　「日本民俗大辞典 上」吉川弘文館　1999
　　　◇p439〔白黒〕　群馬県群馬郡伊香保町 水沢寺　元三大
　　　　師の護符
守札
　「写真でみる日本人の生活全集 5」日本図書センター　2010
　　　◇口絵〔白黒〕　山静代表（静岡高）の小梳神社　全国高
　　　　校野球代表の合宿をめぐって撮影した　㊞昭和31年8月
　　　◇口絵〔白黒〕　東中国代表（米子東高）の勝田神社　全
　　　　国高校野球代表の合宿をめぐって撮影した　㊞昭和31
　　　　年8月
　　　◇口絵〔白黒〕　北四国代表（西条高）の三芳神社　全国
　　　　高校野球代表の合宿をめぐって撮影した　㊞昭和31
　　　　年8月
　　　◇口絵〔白黒〕　北海道代表（北海高）の成田不動　全国
　　　　高校野球代表の合宿をめぐって撮影した　㊞昭和31
　　　　年8月
　　　◇口絵〔白黒〕　奥羽代表（秋田高）の三吉神社　全国高
　　　　校野球代表の合宿をめぐって撮影した　㊞昭和31年8月
　　　◇口絵〔白黒〕　南四国代表（徳島商）の事勝神社　全国
　　　　高校野球代表の合宿をめぐって撮影した　㊞昭和31
　　　　年8月
守札と箸
　「写真でみる日本人の生活全集 5」日本図書センター　2010
　　　◇口絵〔白黒〕　三岐代表（岐阜商）の伊奈波神社　全国
　　　　高校野球代表の合宿をめぐって撮影した　㊞昭和31
　　　　年8月
三峯神社のお札
　「図説 日本民俗学」吉川弘文館　2009
　　　◇p207〔白黒〕　埼玉県秩父市
水口に立てられた護符
　「民俗資料叢書 5 田植の習俗2」平凡社　1967
　　　◇図5〔白黒〕　茨城県稲敷郡桜川村浮島
妙見星神〔護符〕
　「日本民俗大辞典 上」吉川弘文館　1999
　　　◇図38〔別刷図版「護符」〕〔白黒〕　埼玉県秩父市番場
　　　　町 秩父神社
民家壁面に貼られた鳥居と札
　「日本写真全集 9」小学館　1987
　　　◇図157〔白黒〕　㊞森裕貴, 昭和43年　『京都』（昭和44
　　　　年刊）
虫除けの札
　「民俗資料叢書 8 田植の習俗3」平凡社　1968
　　　◇図31〔白黒〕（虫除けのお札）　秋田県本荘市鮎瀬
　「民俗資料叢書 1 田植の習俗1」平凡社　1965
　　　◇図28〔白黒〕　岩手県江刺市田原

信 仰　　　　　　　　　　　　　　　　　　　　　　　神事・仏事関係

村境の護符（春祈禱のもの）
「日本社会民俗辞典 4」日本図書センター　2004
◇p1441〔白黒〕　栃木県加蘇村

村の防護神として祀る楮幣
「日本社会民俗辞典 1」日本図書センター　2004
◇図版Ⅳ アイヌ（4）〔白黒〕　日高国二風谷　二谷国松作

山住神社のお札
「写真ものがたり昭和の暮らし 2」農山漁村文化協会　2004
◇p173〔白黒〕　静岡県水窪町　オオカミを描いた「お犬さま」と呼ぶ御札　㊙須藤功, 昭和45年

倭建命〔掛絵〕
「日本民俗大辞典 上」吉川弘文館　1999
◇図39〔別刷図版「護符」〕〔白黒〕　東京都青梅市御嶽山 武蔵御嶽神社

養蚕守護のお札
「日本民俗事典」弘文堂　1972
◇p779〔白黒〕

雷鳥〔護符〕
「日本民俗大辞典 上」吉川弘文館　1999
◇図19〔別刷図版「護符」〕〔白黒〕　富山県中新川郡立山町　芦峅中宮寺

# 神事・仏事関係

アワビを薄く切って調製する
「日本民俗写真大系 3」日本図書センター　1999
◇p145〔白黒〕　三重県鳥羽市国崎町　鎧崎にある御料鰒の調製所 ㊙1961年

アワビを短く切って稲藁（いなわら）でしばり加工する
「日本民俗写真大系 3」日本図書センター　1999
◇p146, 147〔白黒〕　三重県鳥羽市国崎のアワビの調製所 ㊙1961年

石神の鳥居の注連縄
「日本宗教民俗図典 1」法蔵館　1985
◇図359〔白黒〕　京都市伏見区 伏見稲荷　㊙須藤功

氏神の杜
「宮本常一が撮った昭和の情景 上」毎日新聞社　2009
◇p137〔白黒〕　山口県岩国市桂島（端島）　㊙宮本常一, 1961年8月26日

「宮本常一 写真・日記集成 上」毎日新聞社　2005
◇p268〔白黒〕　山口県岩国市 端島　㊙宮本常一, 1961年8月26日

馬見岡神社のシュウシの座
「日本民俗事典」弘文堂　1972
◇p695〔白黒〕　近江八幡市　㊙西垣晴次

海辺の鳥居
「日本社会民俗辞典 3」日本図書センター　2004
◇p1055〔白黒〕　千葉県 飯岡神社

雲脚台
「日本民俗図誌 1 祭礼・祭祀篇」村田書店　1977
◇図5-1〔白黒・図〕

永代経の説教
「日本民俗文化財事典（改訂版）」第一法規出版　1979
◇図261〔白黒〕　富山県中新川地方

永代経の法要
「日本民俗文化財事典（改訂版）」第一法規出版　1979
◇図260〔白黒〕　富山県中新川地方

エスカレーターの完成式
「写真でみる日本人の生活全集 5」日本図書センター　2010
◇p96〔白黒〕　浜松市 松菱デパート　神社の神官をまねいて清めのオハライ　㊙昭和31年11月

盌
「日本民俗図誌 1 祭礼・祭祀篇」村田書店　1977
◇図7-5〔白黒・図〕

大鏧
「日本を知る事典」社会思想社　1971
◇図49（p589）〔白黒〕

大シメナワ
「写真でみる日本人の生活全集 5」日本図書センター　2010
◇p159〔白黒〕　〔島根県〕出雲大社の宮司邸　㊙田中広治　「サンデー毎日」昭和31年12月号

折敷
「日本民俗図誌 1 祭礼・祭祀篇」村田書店　1977
◇図4-1〔白黒・図〕

オシッチャ（御七昼夜）
「日本民俗写真大系 8」日本図書センター　2000
◇p127〔白黒〕　石川県門前町 浄土真宗の寺　宗祖親鸞の祥月命日11月28日前の7日間の報恩講　㊙御園直太郎, 1971年

お数珠頂戴
「写真でみる日本人の生活全集 5」日本図書センター　2010
◇p166〔白黒〕　長野 善光寺　"善光寺様"のありがたいオジュズにふれさせてもらう信者たち　毎日グラフ昭和32年3月17日号

「日本民俗宗教辞典」東京堂出版　1998
◇p321〔白黒〕　長野県長野市 善光寺　㊙山ノ井大治

お堂で説法を聞く檀家主婦
「里山・里海 暮らし図鑑」柏書房　2012
◇写4（p248）〔白黒〕　福井県旧武生市〔越前市〕土山町　昭和50年代はじめ　内山修一提供

折櫃
「日本民俗図誌 1 祭礼・祭祀篇」村田書店　1977
◇図5-2〔白黒・図〕

オミキスズ
「民俗資料選集 2 木地師の習俗」国土地理協会　1974
◇p18（口絵）〔白黒〕　石川県　山中・真砂系の挽き物　郷社白山神社所蔵, 蒔絵は大下雪香, 大正14年作

御神酒すずのくち
「日本の民具 2 農村」慶友社　1992
◇図219～222〔白黒〕　東京都北多摩郡　㊙薗部澄

おみきのくち
「写真 日本文化史 9」日本評論新社　1955
◇図151～153〔白黒〕　長野県松本市

| 神事・仏事関係 | 信　仰 |

神楽鈴
　「日本民俗図誌 1 祭礼・祭祀篇」村田書店　1977
　　◇図3-1〔白黒・図〕

神楽鈴の一種
　「日本民俗図誌 1 祭礼・祭祀篇」村田書店　1977
　　◇図3-2〔白黒・図〕

懸盤
　「日本民俗図誌 1 祭礼・祭祀篇」村田書店　1977
　　◇図6-4〔白黒・図〕

春日机
　「日本民俗図誌 1 祭礼・祭祀篇」村田書店　1977
　　◇図4-4〔白黒・図〕

鐘
　「日本民俗大辞典　上」吉川弘文館　1999
　　◇p379〔白黒・図〕

神がかりした神主
　「日本民俗宗教辞典」東京堂出版　1998
　　◇p122〔白黒〕

神に仕える舞姫
　「写真でみる日本人の生活全集 10」日本図書センター　2010
　　◇p58〔白黒〕　三重県　伊勢神宮巫女　㊟米本健一「サンデー毎日」より

狩神事
　「日本宗教民俗図典 1」法蔵館　1985
　　◇図315〔白黒〕　鹿児島県大根占町池田　㊟須藤功

寒参り
　「写真でみる日本人の生活全集 5」日本図書センター　2010
　　◇p49〔白黒〕　東京都 深川不動尊　㊟昭和32年1月20日

ぎっしりと立ちならんだ鳥井の行列
　「写真でみる日本人の生活全集 5」日本図書センター　2010
　　◇口絵〔白黒〕　茨城県福島潟干拓地　㊟昭和31年8月

魚鼓
　「今は昔 民具など」文芸社　2014
　　◇p17〔白黒〕　㊟山本富三　愛染倉蔵（京都）

キヨメ御器
　「図録・民具入門事典」柏書房　1991
　　◇p100〔白黒〕　新潟県

鯨の下顎骨でつくられた海童神社の鳥居
　「宮本常一が撮った昭和の情景 上」毎日新聞社　2009
　　◇p127〔白黒〕（クジラの下顎骨でつくられた海童神社の鳥居）　長崎県南松浦郡新上五島町有川郷（中通島）㊟宮本常一, 1961年4月24日
　「宮本常一 写真・日記集成 上」毎日新聞社　2005
　　◇p253〔白黒〕　長崎県 五島列島中通島有川（南松浦郡有川町）〔新上五島町〕　㊟宮本常一, 1961年4月24日

黒木の鳥居
　「日本の民俗芸能」鹿島研究所出版会　1968
　　◇p17〔白黒〕　京都市嵯峨 野々宮のクヌギの鳥居と小柴垣　㊟三村幸一

黒線香
　「図説 民俗探訪事典」山川出版社　1983
　　◇p328〔白黒〕　沖縄

甑
　「日本民俗図誌 1 祭礼・祭祀篇」村田書店　1977
　　◇図7-1〔白黒・図〕

華鬘
　「日本を知る事典」社会思想社　1971
　　◇図46 (p587)〔白黒〕

玄清法流盲僧琵琶
　「日本民俗芸能事典」第一法規出版　1976
　　◇p812〔白黒〕　福岡県福岡市西高宮 成就院　1月17日, 8月6日　県指定無形文化財

鼓（こ）
　「仏教民俗辞典 コンパクト版」新人物往来社　1993
　　◇p99〔白黒〕　仏教儀式用

荒神琵琶の回檀法要
　「祭・芸能・行事大辞典　上」朝倉書店　2009
　　◇p623〔白黒〕　城戸亮賢　福岡県教育委員会『筑前の荒神琵琶』1974

牛玉宝印牛玉杖
　「日本民俗大辞典　上」吉川弘文館　1999
　　◇p608〔白黒〕　奈良県 興隆寺　奈良県立民俗博物館所蔵

五具足
　「仏教民俗辞典 コンパクト版」新人物往来社　1993
　　◇p111〔白黒〕

五色幡
　「仏教民俗辞典 コンパクト版」新人物往来社　1993
　　◇p112〔白黒〕

こしだか
　「民俗資料選集 9 山村の生活と用具」国土地理協会　1981
　　◇p118 (本文)〔白黒〕　製作者：当郡設楽町神田・原田清三郎　年代昭和初期　神前への供物用の器

五種鈴
　「日本を知る事典」社会思想社　1971
　　◇図48 (p588)〔白黒〕

ごへい
　「日本の生活文化財」第一法規出版　1965
　　◇図24, 25（心）〔白黒〕　愛宕神社社務所所蔵
　　◇図29～31（心）〔白黒〕　神奈川県立川崎図書館民俗資料室所蔵

御幣
　「日本民具の造形」淡交社　2004
　　◇p187〔白黒〕　秋田県 藤里町歴史民俗資料館所蔵
　「日本写真全集 9」小学館　1987
　　◇図154〔カラー〕　京都府京都市 八坂神社南門　㊟岩宮武二, 昭和35年　『かたち』（昭和37年刊）

ごへい（えびす）
　「日本の生活文化財」第一法規出版　1965
　　◇図27（心）〔白黒〕　秋田経済大学雪国民俗研究所所蔵

ごへい（やくはらい）
　「日本の生活文化財」第一法規出版　1965
　　◇図28（心）〔白黒〕　秋田経済大学雪国民俗研究所所蔵

狛犬
　「日本民俗大辞典　上」吉川弘文館　1999
　　◇p643〔白黒〕　東京都台東区 浅草神社

米のついたしめ
　「日本宗教民俗図典 1」法蔵館　1985
　　◇図358〔白黒〕　京都市伏見区 伏見稲荷　㊟須藤功

御用材の加工
　「写真ものがたり昭和の暮らし 2」農山漁村文化協会　2004
　　◇p115〔白黒〕　三重県伊勢市 遷宮工務所　神殿の棟木の上に横に並べる装飾の鰹木　㊟須藤功, 昭和46年8月

賽銭
　「日本社会民俗辞典 2」日本図書センター　2004
　　◇p473〔白黒〕　池上本門寺御会式

酒壺
　「日本民俗図誌 1 祭礼・祭祀篇」村田書店　1977

## 信仰　神事・仏事関係

**坐禅**
「祭・芸能・行事大辞典 上」朝倉書店　2009
　◇p736〔白黒〕　曹洞宗の坐禅と警策の様子,臨済宗の坐禅会　㊙中野東禅

**座禅会**
「祭・芸能・行事大辞典 上」朝倉書店　2009
　◇口絵〔p10〕〔カラー〕　㊙中野東禅

**座禅する人たち**
「日本社会民俗辞典 2」日本図書センター　2004
　◇図版 Ⅳ 宗教(2)〔白黒〕

**参禅**
「日本社会民俗辞典 2」日本図書センター　2004
　◇p819〔白黒〕　仙台市

**三方**
「日本民俗大辞典 上」吉川弘文館　1999
　◇p735〔白黒〕　武蔵野美術大学民俗資料室所蔵

**三方台**
「日本民俗図誌 1 祭礼・祭祀篇」村田書店　1977
　◇図4-2〔白黒・図〕

**潮汲み**
「民間信仰辞典」東京堂出版　1980
　◇p140〔白黒〕

**しめなわ**
「精選 日本民俗辞典」吉川弘文館　2006
　◇p252〔白黒〕(注連縄)　三重県伊勢市二見ヶ浦〔夫婦岩〕
　◇p795〔白黒〕(注連縄)　三重県度会郡二見町 二見ヶ浦 夫婦岩　二見町役場提供
「日本の生活文化財」第一法規出版　1965
　◇図23(心)〔白黒〕　琴平神社社務所所蔵
　◇図26(心)〔白黒〕　秋田経済大学雪国民俗研究所所蔵

**注連縄**
「日本民俗宗教辞典」東京堂出版　1998
　◇p28〔白黒〕　出雲大社

**注連縄作り**
「日本の生活環境文化大辞典」柏書房　2010
　◇p237-6〔白黒〕　広島市佐伯区　㊙2008年　山田美保子

**錫杖**
「祭・芸能・行事大辞典 上」朝倉書店　2009
　◇p830〔白黒〕　国立歴史民俗博物館
「日本を知る事典」社会思想社　1971
　◇図51(p590)〔白黒〕

**縦脚**
「日本民俗図誌 1 祭礼・祭祀篇」村田書店　1977
　◇図5-3〔白黒・図〕

**十二単で舞う巫女**
「写真でみる日本人の生活全集 10」日本図書センター　2010
　◇p59〔白黒〕　「アサヒグラフ」より

**数珠**
「仏教民俗辞典 コンパクト版」新人物往来社　1993
　◇p193〔白黒〕　〔大数珠〕

**笏柏子**
「日本民俗図誌 1 祭礼・祭祀篇」村田書店　1977
　◇図3-3〔白黒・図〕

**白木造り八ッ足**
「日本民俗図誌 1 祭礼・祭祀篇」村田書店　1977
　◇図4-5〔白黒・図〕

**持蓮華**
「日本を知る事典」社会思想社　1971
　◇図53(p590)〔白黒〕

**銀鏡神社遙拝所の鉾**
「日本宗教民俗図典 1」法蔵館　1985
　◇図113〔白黒〕　宮崎県西都市銀鏡　㊙須藤功

**神鏡**
「日本民俗図誌 1 祭礼・祭祀篇」村田書店　1977
　◇図3-4〔白黒・図〕　長崎諏訪神社

**神供 お旅所**
「日本民俗文化財事典(改訂版)」第一法規出版　1979
　◇図252〔白黒〕　栃木県那須地方

**神式の御霊棚**
「民俗学事典」丸善出版　2014
　◇p508〔白黒〕　宮崎県西米良村

**神社でおはらいを受けるおばさん**
「写真でみる日本人の生活全集 5」日本図書センター　2010
　◇口絵〔白黒〕

**神社のかがり火**
「図説 民俗探訪事典」山川出版社　1983
　◇p381〔白黒〕　京都府京都市 八坂神社　㊙萩原秀三郎

**神社の交通安全祓所**
「図説 日本民俗学」吉川弘文館　2009
　◇p30〔白黒〕　埼玉県さいたま市

**神社の巫女**
「写真でみる日本人の生活全集 5」日本図書センター　2010
　◇p33〔白黒〕　神奈川県鎌倉市 鶴ケ岡八幡宮　神札授与所で受付をつとめる巫女さんたち　㊙昭和25年9月
　◇p149〔白黒〕　神奈川県鎌倉八幡宮の巫女たち　㊙昭和30年3月
「写真でみる日本人の生活全集 10」日本図書センター　2010
　◇p59〔白黒〕(巫女さん)　「アサヒグラフ」より

**神饌**
「日本社会民俗辞典 1」日本図書センター　2004
　◇p315〔白黒〕　京都府 向日神社
「日本を知る事典」社会思想社　1971
　◇図9(p531)〔白黒〕　群馬県富岡市 貫前神社

**神幣**
「日本民俗図誌 4 習俗・飲食篇」村田書店　1978
　◇図55-1～6〔白黒・図〕　岩手県釜石 尾崎神社 歳徳神幣,山の神幣,あきの方幣,いなり様,かま神幣,刺立ての水神幣　山本茗次郎採図並に報告

**神木**
「写真ものがたり昭和の暮らし 2」農山漁村文化協会　2004
　◇p113〔白黒〕　愛知県鳳来町　鳳来寺の参道に、500年を超えてそびえる傘杉　㊙須藤功,昭和43年2月
「日本民俗大辞典 上」吉川弘文館　1999
　◇p895〔白黒〕　広島県尾道市 厳島神社
「日本宗教民俗図典 1」法蔵館　1985
　◇図110〔白黒〕　宮崎県西都市銀鏡　㊙須藤功
　◇図111〔白黒〕　宮崎県西都市銀鏡　㊙須藤功
　◇図384〔白黒〕　愛知県東栄町古戸　㊙須藤功
「日本の民俗芸能」鹿島研究所出版会　1968
　◇p4〔白黒〕　大阪住吉区 住吉大社　㊙三村幸一

**水盥**
「日本民俗図誌 1 祭礼・祭祀篇」村田書店　1977
　◇図7-7〔白黒・図〕

**施餓鬼会**
「仏教民俗辞典 コンパクト版」新人物往来社　1993
　◇p221〔白黒〕

神事・仏事関係　　　　　　　　　　　　信　仰

浅草寺
　「写真でみる日本生活図引 5」弘文堂　1989
　　◇図13〔白黒〕　東京都台東区浅草　空襲で焼けた本堂跡にとりあえず設けられた小堂　㊞菊池俊吉, 昭和20年3月20日

千本杵
　「日本民俗大辞典 上」吉川弘文館　1999
　　◇p964〔白黒〕　滋賀県坂田郡山東町志賀谷　本社に供えるお鏡（鏡餅）を搗く

千本鳥居
　「日本写真全集 9」小学館　1987
　　◇図155〔カラー〕　京都府京都市 伏見稲荷　㊞岩宮武二, 昭和35年　『かたち』（昭和37年刊）

双盤念仏
　「仏教民俗辞典 コンパクト版」新人物往来社　1993
　　◇p231〔白黒〕

大師に捧げる御衣
　「日本民俗宗教辞典」東京堂出版　1998
　　◇p534〔白黒〕　㊞日野西眞定

大壇具一式
　「日本を知る事典」社会思想社　1971
　　◇図47(p588)〔白黒〕

大般若経転読
　「日本民俗宗教辞典」東京堂出版　1998
　　◇p355〔白黒〕　福島県喜多方市 大同寺　㊞松尾恒一

大般若転読
　「図説 日本民俗学」吉川弘文館　2009
　　◇p215〔白黒〕　神奈川県小田原市

たかつき
　「民俗資料選集 9 山村の生活と用具」国土地理協会　1981
　　◇p118(本文)〔白黒〕　製作地：長野県売木村
　　◇p118(本文)〔白黒〕　神仏具として使用
　　◇p118(本文)〔白黒〕　神仏具として使用
　　◇p120(本文)〔白黒〕　仏具として使用
　　◇p120(本文)〔白黒〕　仏具で供物用として使用
　　◇p121(本文)〔白黒〕　神仏の祭具

高坏
　「日本民俗図誌 1 祭礼・祭祀篇」村田書店　1977
　　◇図6-1〔白黒・図〕

たかつき半製品
　「民俗資料選集 9 山村の生活と用具」国土地理協会　1981
　　◇p118(本文)〔白黒〕　製作者：当郡豊根村川宇連・小椋栄造　年代昭和初期　神仏祭器

立砂
　「日本宗教民俗図典 1」法蔵館　1985
　　◇図382〔白黒〕　京都市北区 上賀茂神社　㊞須藤功

玉串
　「日本民俗宗教辞典」東京堂出版　1998
　　◇p375〔白黒・図〕

玉串奉典
　「日本を知る事典」社会思想社　1971
　　◇図55〜59(p446)〔白黒〕

玉貫鰒と身取鰒
　「日本民俗大辞典 下」吉川弘文館　2000
　　◇p326〔白黒〕　三重県伊勢市 伊勢神宮

ちゃつ
　「民俗資料選集 9 山村の生活と用具」国土地理協会　1981
　　◇p117(本文)〔白黒〕　神仏に物を供える器。家庭では魚などを盛る

調製献上
　「写真ものがたり昭和の暮らし 3」農山漁村文化協会　2004
　　◇p168〔白黒〕　三重県鳥羽市国崎鎧崎　白装束の調製係が、皇大神宮の祭事に必要な生アワビと、のし用のアワビにわける　㊞中村由信, 昭和36年10月
　　◇p169〔白黒〕　三重県鳥羽市国崎鎧崎　のしアワビを作る　㊞中村由信, 昭和36年
　　◇p169〔白黒〕　三重県伊勢市・伊勢神宮　朝夕、皇大神宮に供される御饌（神の食物）　㊞須藤功, 昭和41年

鎮火祭の御串
　「日本民俗図誌 1 祭礼・祭祀篇」村田書店　1977
　　◇図2-3〔白黒・図〕

蔓にさげた紙絵馬
　「日本宗教民俗図典 1」法蔵館　1985
　　◇図449〔白黒〕　静岡県水窪町西浦　神事が終るまでこの先にははいれない　㊞須藤功

提瓶
　「日本民俗図誌 1 祭礼・祭祀篇」村田書店　1977
　　◇図7-3〔白黒・図〕

天蓋
　「仏教民俗辞典 コンパクト版」新人物往来社　1993
　　◇p275〔白黒〕
　「日本を知る事典」社会思想社　1971
　　◇図45(p587)〔白黒〕

東寺の「弘法さん」
　「写真ものがたり昭和の暮らし 4」農村漁村文化協会　2005
　　◇p60, 61〔白黒〕　京都府京都市南区　毎月21日　弘法大師の銅像前、一心不乱に手を合わせる参詣者, 石段で今川焼などを頬張る5人　㊞須藤功, 昭和45年4月

鳥居
　「日本民俗大辞典 下」吉川弘文館　2000
　　◇p233〔白黒〕　京都府京都市伏見区 伏見稲荷大社　京都府伏見稲荷大社の稲荷山参道
　　◇p233〔白黒・図〕　神明鳥居、春日鳥居、山王鳥居、明神鳥居
　「日本民俗宗教辞典」東京堂出版　1998
　　◇p432〔白黒・図〕　明神鳥居、春日鳥居、山王鳥居、三輪鳥居、八幡鳥居、両部鳥居
　「日本を知る事典」社会思想社　1971
　　◇図23(p553)〔白黒〕　伏見稲荷の奥の院への鳥居

鳥居の注連
　「日本民俗文化財事典（改訂版）」第一法規出版　1979
　　◇図251〔白黒〕　東京都港区

鳥居の様式
　「日本社会民俗辞典 3」日本図書センター　2004
　　◇p1054〔白黒・図〕　(1)神明鳥居 (2)鹿島鳥居 (3)八幡鳥居 (4)明神鳥居

二重割台
　「日本民俗図誌 1 祭礼・祭祀篇」村田書店　1977
　　◇図5-4〔白黒・図〕

如意
　「日本を知る事典」社会思想社　1971
　　◇図52(p590)〔白黒〕

塗高坏
　「日本民俗図誌 1 祭礼・祭祀篇」村田書店　1977
　　◇図6-3〔白黒・図〕

のしあわび
　「図説 台所道具の歴史」日本図書センター　2012
　　◇p185-5〔白黒〕　国崎にある鰒の調製所でつくる　伊勢神宮御饌の贄　『伊勢神宮』学生社

信仰　　　　　　　　　　　　　　　　　　　　　　神事・仏事関係

熨斗鮑作り
「日本民俗大辞典 下」吉川弘文館　2000
◇p326〔白黒〕　三重県鳥羽市国崎町

熨斗鰒づくり（生むき作業）
「食の民俗事典」柊風舎　2011
◇p181〔白黒〕　三重県鳥羽市国崎町

祝詞奏上
「日本社会民俗辞典 2」日本図書センター　2004
◇p468〔白黒〕　奈良県　奈良県三輪神社三枝祭
「日本社会民俗辞典 3」日本図書センター　2004
◇p1156〔白黒〕　三輪神社

馬頭観音移設のための供養の式
「境と辻の神 目でみる民俗神シリーズ3」東京美術　1988
◇p84〔白黒〕　千葉県市川市北国分 ソウマンドウと呼ばれる馬捨場　〔仏式〕

祓い
「日本民俗宗教辞典」東京堂出版　1998
◇p468〔白黒〕　祭の前の祓い

半檀家の事例模式図
「図説 民俗探訪事典」山川出版社　1983
◇p185〔白黒〕　大桑斉『寺檀の思想』より

火鑽臼
「日本民俗図誌 1 祭礼・祭祀篇」村田書店　1977
◇図11〔白黒・図〕

火鑽杵
「日本民俗図誌 1 祭礼・祭祀篇」村田書店　1977
◇図11〔白黒・図〕

神籬
「日本民俗宗教辞典」東京堂出版　1998
◇p479〔白黒・図〕
「日本民俗図誌 1 祭礼・祭祀篇」村田書店　1977
◇図1-2〔白黒・図〕

百味の御供
「日本社会民俗辞典 1」日本図書センター　2004
◇p314〔白黒〕　奈良県　談山神社

瓶
「日本民俗図誌 1 祭礼・祭祀篇」村田書店　1977
◇図7-8〔白黒・図〕

不断経（絶えず諸経を読誦）
「日本民俗宗教辞典」東京堂出版　1998
◇p186〔白黒〕　㊞日野西眞定

仏拝と焼香
「日本を知る事典」社会思想社　1971
◇図60〜63（p447）〔白黒〕

太御幣
「日本民俗図誌 1 祭礼・祭祀篇」村田書店　1977
◇図2-1〔白黒・図〕

分霊のハワイ進出
「写真でみる日本人の生活全集 5」日本図書センター　2010
◇p138〔白黒〕　横浜出帆のクリーヴランド号に移される九州大宰府天満宮の分霊　㊞昭和27年夏

瓶子
「日本民俗図誌 1 祭礼・祭祀篇」村田書店　1977
◇図7-2〔白黒・図〕

幣束
「日本民具の造形」淡交社　2004
◇p187〔白黒〕　新潟県 阿賀野市笹神地区郷土資料館所蔵

方形盤総漆塗の高坏
「日本民俗図誌 1 祭礼・祭祀篇」村田書店　1977
◇図6-2〔白黒・図〕

放生池
「仏教民俗辞典 コンパクト版」新人物往来社　1993
◇p343〔白黒〕

行器
「日本民俗図誌 1 祭礼・祭祀篇」村田書店　1977
◇図4-3〔白黒・図〕

菩提寺の境内で御詠歌を唱える檀家の主婦たち
「里山・里海 暮らし図鑑」柏書房　2012
◇写5（p248）〔白黒〕　福井県旧武生市〔越前市〕土山町　昭和50年代はじめ　内山修一提供

ボンテン
「仏教民俗辞典 コンパクト版」新人物往来社　1993
◇p353〔白黒〕

万福寺食堂の魚板
「日本を知る事典」社会思想社　1971
◇図50（p589）〔白黒〕

甕
「日本民俗図誌 1 祭礼・祭祀篇」村田書店　1977
◇図8-2〔白黒・図〕

御酒の口
「あるくみるきく双書 宮本常一とあるいた昭和の日本 19」農山漁村文化協会　2012
◇p173〔白黒〕　埼玉県入間郡日高町市原　㊞工藤員功
◇p173〔白黒〕　埼玉県入間郡日高町市原　稲荷祠に供えた御神酒徳利に御酒の口がさしてある　㊞工藤員功

御食
「日本宗教民俗図典 1」法蔵館　1985
◇図517〔白黒〕　三重県 伊勢神宮 外宮　㊞須藤功

御食を運ぶ
「日本宗教民俗図典 1」法蔵館　1985
◇図516〔白黒〕　三重県 伊勢神宮 外宮　㊞須藤功

身取鰒
「日本民俗大辞典 下」吉川弘文館　2000
◇p326〔白黒〕　三重県伊勢市 伊勢神宮

御樋代
「日本民俗図誌 1 祭礼・祭祀篇」村田書店　1977
◇図1-1〔白黒・図〕　神宮及び神社

三輪神社の神杉
「日本社会民俗辞典 2」日本図書センター　2004
◇p746〔白黒〕

宗像大社高宮祭場
「日本民俗宗教辞典」東京堂出版　1998
◇p43〔白黒〕　㊞本澤雅史

盲僧琵琶による長崎県対馬の荒神祓え
「日本民俗大辞典 下」吉川弘文館　2000
◇p690〔白黒〕　長崎県下県郡厳原町

木魚
「祭・芸能・行事大事典 下」朝倉書店　2009
◇p1754〔白黒〕　国立歴史民俗博物館
「日本民具の造形」淡交社　2004
◇p189〔白黒〕　千葉県 成田山霊光館所蔵
「日本宗教民俗図典 2」法蔵館　1985
◇図418〔白黒〕　山口県長門市女浦

木魚（木地）
「民俗資料選集 2 木地師の習俗」国土地理協会　1974
◇p8（口絵）〔白黒〕（木地の木魚）　新潟県糸魚川市大所 木地屋

## 修験・山伏　　　信仰

**諸手船**
「日本社会民俗辞典 3」日本図書センター　2004
　◇図版ⅩⅢ 船（1）〔白黒〕　島根県美保関美保神社　文化財保護委員会提供　重要民俗資料
「日本民俗図誌 5 農耕・漁撈篇」村田書店　1978
　◇図116〔白黒・図〕　島根県八束郡美保関 美保神社
「日本の生活文化財」第一法規出版　1965
　◇図39（生産・運搬・交易）〔白黒〕　神事用　美保神社社務所所蔵（島根県八束郡美保関町）
　◇図40（生産・運搬・交易）〔白黒〕（もろたぶね（内部））神事用　美保神社社務所所蔵（島根県八束郡美保関町）
　◇図42（生産・運搬・交易）〔白黒〕　神事用　美保神社社務所所蔵（島根県八束郡美保関町）
「写真 日本文化史 9」日本評論新社　1955
　◇図114〔白黒・図〕（もろたぶね（断面図））　島根県美保関町　美保神社の神事用船
　◇図115〔白黒〕（もろたぶね）　島根県美保関町　美保神社の神事用船

**遙拝所（伊勢神宮）**
「日本宗教民俗図典 1」法蔵館　1985
　◇図511〔白黒〕（遙拝所）　三重県四日市市日永　伊勢神宮に向って手を合わせる場所　㊙須藤功

**坩堝**
「日本民俗図誌 1 祭礼・祭祀篇」村田書店　1977
　◇図7-6〔白黒・図〕

**蓮如様お通り（蓮如道中）**
「日本民俗写真大系 8」日本図書センター　2000
　◇p134〜135〔白黒〕　福井市　4月17日から13泊15日　㊙八木源二郎, 1978年

**ローソク**
「日本宗教民俗図典 2」法蔵館　1985
　◇図420〔白黒〕　秋田県角館町雲然

**鰐口**
「日本宗教民俗図典 2」法蔵館　1985
　◇図417〔白黒〕　福島県三春町

# 修験・山伏

**窟籠り**
「日本民俗宗教辞典」東京堂出版　1998
　◇p261〔白黒〕　大峰連峰 笙の岩屋　㊙藤田庄市

**石鎚山鎖禅定**
「日本祭礼地図 Ⅴ」国土地理協会　1980
　◇p3〔白黒〕　愛媛県西条市

**御嶽行者の滝修行**
「日本民俗宗教辞典」東京堂出版　1998
　◇p261〔白黒〕　木曽御嶽　㊙藤田庄市

**女修験者**
「写真でみる日本人の生活全集 10」日本図書センター　2010
　◇p127〔白黒〕　㊙藤丸やすお

**廻峯行事（羽黒修験）**
「日本社会民俗辞典 2」日本図書センター　2004
　◇p626〔白黒〕

**加持祈禱**
「図説 日本民俗学」吉川弘文館　2009
　◇p218〔白黒〕　愛媛県西条市

**火性三昧**
「日本郷土 風俗・民芸・芸能図鑑」日本図書センター　2012
　◇写真篇 青森〔白黒〕　青森県　釜入りの儀, 火渡りの儀

**行者の短い錫杖**
「日本民俗大辞典 上」吉川弘文館　1999
　◇p803〔白黒〕　愛媛県大洲市　西海賢二

**護摩**
「仏教民俗辞典 コンパクト版」新人物往来社　1993
　◇p121〔白黒〕

**護摩祈禱に向かう山伏**
「あるくみるきく双書 宮本常一とあるいた昭和の日本 20」農山漁村文化協会　2012
　◇p133〔白黒〕　延暦寺　㊙須藤功

**権現さんと加持**
「図説 日本民俗学」吉川弘文館　2009
　◇p218〔白黒〕　愛媛県西条市

**柴灯護摩**
「仏教民俗辞典 コンパクト版」新人物往来社　1993
　◇p133〔白黒〕

**サシグシ**
「食の民俗事典」柊風舎　2011
　◇p338〔白黒〕　羽黒山　羽黒山伏の峰入修行から下山後、精進料理の祝膳でかつて出された　厚揚げ、ジャガイモ、ニンジン、コンニャク、昆布の煮しめの五品を串刺しにしたもの

**山頂でホラ貝を吹く行者**
「図説 日本民俗学」吉川弘文館　2009
　◇p191〔白黒〕　愛媛県西条市 石鎚山の弥山（頂上）

**修験者たちの火渡り**
「写真でみる日本人の生活全集 5」日本図書センター　2010
　◇口絵〔白黒〕

**聖護院の葛城灌頂**
「日本民俗宗教辞典」東京堂出版　1998
　◇p261〔白黒〕　和歌山県粉河町 中津川行者堂　㊙藤田庄市

**聖護院の葛城修行**
「日本民俗宗教辞典」東京堂出版　1998
　◇p261〔白黒〕　和歌山市友ケ島　㊙藤田庄市

**即身仏**
「仏教民俗辞典 コンパクト版」新人物往来社　1993
　◇p232〔白黒〕

**滝に打たれる**
「日本宗教民俗図典 1」法蔵館　1985
　◇図105〔白黒〕　静岡県浜松市三方原町 滝峯不動　㊙須藤功

**滝の水行**
「図説 日本民俗学」吉川弘文館　2009

鉄龍上人
「日本民俗宗教辞典」東京堂出版　1998
　◇p258〔白黒〕　山形県鶴岡市　南岳寺　明治14年に生身入定　㊙戸川安章

長床
「日本民俗大辞典 下」吉川弘文館　2000
　◇p246〔白黒〕　福島県喜多方市　熊野神社　喜多方市郷土民俗館提供

入峰の対象となった山岳
「図説 日本民俗学」吉川弘文館　2009
　◇p210〔白黒・図〕

白衣に宝印を押す
「日本社会民俗辞典 4」日本図書センター　2004
　◇p1501〔白黒〕　木曽御岳

羽黒修験の散杖作法
「日本社会民俗辞典 2」日本図書センター　2004
　◇p626〔白黒〕

火渡り
「仏教民俗辞典 コンパクト版」新人物往来社　1993
　◇p334〔白黒〕

法螺貝
「日本民具の造形」淡交社　2004
　◇p64〔白黒〕　北海道　余市水産博物館所蔵
「日本民俗大辞典 下」吉川弘文館　2000
　◇p793〔白黒〕　㊙青木信二　日本民具博物館所蔵

法螺貝を吹く大峯山の修験者
「日本民俗大辞典 下」吉川弘文館　2000
　◇p548〔白黒〕　奈良県吉野郡天川村　大峯山中　㊙鈴木正崇

みそぎ
「日本社会民俗辞典 4」日本図書センター　2004
　◇p1376〔白黒〕　木曽御岳

峰入道
「図説 日本民俗学」吉川弘文館　2009
　◇p219〔白黒〕　愛媛県西条市

山伏
「日本民俗大辞典 下」吉川弘文館　2000
　◇p749〔白黒〕　神奈川県小田原市御幸ノ浜　㊙西海賢二
「仏教民俗辞典 コンパクト版」新人物往来社　1993
　◇p387〔白黒〕

山伏十六道具
「祭・芸能・行事大事典 下」朝倉書店　2009
　◇p1801, 1802〔白黒〕　修験道修行体系編纂委員会編『修験道修行体系』(国書刊行会 1994)

山伏塚　賢慶坊塚
「日本民俗大辞典 下」吉川弘文館　2000
　◇p750〔白黒〕　群馬県群馬郡群馬町井出

山伏の修行
「精選 日本民俗辞典」吉川弘文館　2006
　◇p263〔白黒〕　大日岳岩場　㊙鈴木正崇
「日本民俗大辞典 上」吉川弘文館　1999
　◇p824〔白黒〕　奈良県吉野郡天川村 大日岳の岩場　㊙鈴木正崇

山伏の出立勤行
「精選 日本民俗辞典」吉川弘文館　2006
　◇p263〔白黒〕　奈良県天川村　大峯山寺　提供 鈴木正崇
「日本民俗大辞典 上」吉川弘文館　1999
　◇p824〔白黒〕　奈良県吉野郡天川村　大峯山寺　㊙鈴木正崇

山伏の背負う笈
「フォークロアの眼 3 運ぶ」国書刊行会　1977
　◇図160〔白黒〕(山伏の背負う笈には修行に必要な道具がはいっている)　京都府京都市　比叡山　㊙昭和45年4月23日

ロッコンショウジョウ（六根清浄）をとなえながら，無病息災・商売繁盛を祈願する信者たち
「写真でみる日本人の生活全集 5」日本図書センター　2010
　◇p50〔白黒〕　木曽御嶽山の六祓滝　夏

# ミコ・オシラ信仰

行脚中の巫子
「民俗資料選集 14 巫女の習俗Ⅰ」国土地理協会　1985
　◇p214(本文)〔白黒〕　岩手県遠野市　及川タツ巫子

家から出かけるエジコ
「民俗資料選集 21 巫女の習俗Ⅳ」国土地理協会　1993
　◇p4(口絵)〔白黒〕　秋田県仙北郡角館町　エジコ水平孝子女

家路につくイタコ
「日本写真全集 9」小学館　1987
　◇図130〔白黒〕　青森県 法運寺　㊙内藤正敏，昭和44年　個展「婆バクハツ！」(昭和45年)

イタコ
「日本の民俗 暮らしと生業」KADOKAWA　2014
　◇図6-1〔白黒〕　青森県むつ市　㊙芳賀日出男，昭和35年
「写真でみる日本人の生活全集 6」日本図書センター　2010
　◇p127〔白黒〕　東北地方
「祭・芸能・行事大辞典 上」朝倉書店　2009
　◇p122〔白黒〕　㊙笹森建英
「宮本常一 写真・日記集成 別巻」毎日新聞社　2005
　◇図283(p48)〔白黒〕　青森県[北津軽郡金木町川倉]　㊙宮本常一，1941年7月
　◇図288(p49)〔白黒〕　青森県[北津軽郡金木町川倉]　㊙宮本常一，1941年7月
「日本の民俗 下」クレオ　1997
　◇図6-1〔白黒〕　青森県むつ市　㊙芳賀日出男，昭和35年
「民俗資料選集 14 巫女の習俗Ⅰ」国土地理協会　1985
　◇p244(本文)〔白黒〕(船越リヨ女)　岩手県西根町
　◇p247(本文)〔白黒〕(中村イソ女)　岩手県二戸市
　◇p251(本文)〔白黒〕(下川セツ女)　岩手県二戸市

◇p255（本文）〔白黒〕（切明畑タミ女）　岩手県一戸町
◇p261（本文）〔白黒〕（山口フジノ女）　岩手県大野村
「民俗芸能辞典」東京堂出版　1981
　　◇p38〔白黒〕　東北地方
「日本民俗事典」弘文堂　1972
　　◇p38〔白黒〕　青森県
「民俗の事典」岩崎美術社　1972
　　◇p91〔白黒〕　青森県恐山

### イタコの案内看板
「民俗資料選集 21 巫女の習俗Ⅳ」国土地理協会　1993
　　◇p1（口絵）〔白黒〕　秋田県鹿角市

### いたこの家の祭壇
「日本の民俗 暮らしと生業」KADOKAWA　2014
　　◇図6-10〔白黒〕　青森県むつ市　㋿芳賀日出男, 昭和35年
「日本の民俗 下」クレオ　1997
　　◇図6-11〔白黒〕　青森県むつ市　㋿芳賀日出男, 昭和35年

### いたこの家族
「日本の民俗 暮らしと生業」KADOKAWA　2014
　　◇図6-9〔白黒〕　青森県むつ市　㋿芳賀日出男, 昭和35年
「日本の民俗 下」クレオ　1997
　　◇図6-10〔白黒〕　青森県むつ市　㋿芳賀日出男, 昭和35年

### いたこの家庭
「日本の民俗 下」クレオ　1997
　　◇p252〔白黒〕　青森県　㋿芳賀日出男, 昭和35年

### イタコの祈禱
「民俗資料選集 21 巫女の習俗Ⅳ」国土地理協会　1993
　　◇p3（口絵）〔白黒〕　秋田県山本郡八竜町大口　イタコ加賀谷クニエ女

### イタコの祈禱所
「民俗資料選集 21 巫女の習俗Ⅳ」国土地理協会　1993
　　◇p9（本文）〔白黒〕（安保リヤ女の祈禱所）　秋田県鹿角市花輪

### イタコの口寄せ
「宮本常一 写真・日記集成 別巻」毎日新聞社　2005
　　◇図286（p48）〔白黒〕（イタコの口寄）　青森県[北津軽郡金木町川倉]　㋿宮本常一, 1941年7月
　　◇図287（p48）〔白黒〕（イタコの口寄）　青森県[北津軽郡金木町川倉]　㋿宮本常一, 1941年7月
　　◇図296（p49）〔白黒〕（イタコの口寄）　青森県[北津軽郡金木町川倉]　㋿宮本常一, 1941年7月
　　◇図297（p49）〔白黒〕（イタコの口寄）　青森県[北津軽郡金木町川倉]　㋿宮本常一, 1941年7月
「日本社会民俗辞典 4」日本図書センター　2004
　　◇p1596〔白黒〕（イタコ（巫女）の口寄せ）　青森県恐山
「民俗資料選集 15 巫女の習俗Ⅱ」国土地理協会　1986
　　◇p6（本文）〔白黒〕　青森県　平田アサ女（西津軽郡鰺ヶ沢町）
「日本宗教民俗図典 1」法蔵館　1985
　　◇図411〔白黒〕　青森県大畑町 恐山　㋿須藤功
「日本宗教民俗図典 2」法蔵館　1985
　　◇図433〔白黒〕　恐山
「日本民俗文化財事典（改訂版）」第一法規出版　1979
　　◇図257〜259〔白黒〕　青森県下北郡恐山

### イタコの口寄せ（イタコマチ）
「図説 民俗探訪事典」山川出版社　1983
　　◇p201〔白黒〕　青森県恐山　『青森県の民俗信仰』より

### イタコの祭壇
「民俗資料選集 15 巫女の習俗Ⅱ」国土地理協会　1986
　　◇口絵〔白黒〕　青森県　水害のため仮住まいの後藤テル女の仮設の祭壇
　　◇p5（本文）〔白黒〕　青森県西津軽郡車力村　山口トメ女

### イタコの数珠使い
「民俗資料選集 21 巫女の習俗Ⅳ」国土地理協会　1993
　　◇p8（口絵）〔白黒〕　秋田県山本郡峰浜村水沢　イタコ森田ツル女

### イタコの数珠と師匠から戴いたお守
「民俗資料選集 21 巫女の習俗Ⅳ」国土地理協会　1993
　　◇p8（口絵）〔白黒〕　秋田県山本郡峰浜村水沢　イタコ森田ツル女・師匠切越キワ女

### イタコの数珠の使い方
「民俗資料選集 21 巫女の習俗Ⅳ」国土地理協会　1993
　　◇p42（本文）〔白黒〕（森田ツル女の数珠の使い方）　秋田県

### イタコの入巫式
「日本宗教民俗図典 2」法蔵館　1985
　　◇図426〜429〔白黒〕　小川で垢離をとる, 入巫式の祭壇, 梓弓をかき鳴らす師匠と白装束の弟子, オシラ神を遊ばせる
「フォークロアの眼 1 神がかり」国書刊行会　1977
　　◇図105〜108〔白黒〕　青森県弘前市松木平　㋿昭和44年8月4日

### いたこの夫婦
「日本の民俗 暮らしと生業」KADOKAWA　2014
　　◇図6-7〔白黒〕　青森県むつ市　㋿芳賀日出男, 昭和35年
「日本の民俗 下」クレオ　1997
　　◇図6-8〔白黒〕　青森県むつ市　㋿芳賀日出男, 昭和35年

### イタコの丸筒
「日本宗教民俗図典 2」法蔵館　1985
　　◇図421〔白黒〕　青森県大畑町 恐山

### イタコのヤシロ
「宮本常一 写真・日記集成 別巻」毎日新聞社　2005
　　◇図284（p48）〔白黒〕　青森県[北津軽郡金木町川倉]　㋿宮本常一, 1941年7月
　　◇図285（p48）〔白黒〕　青森県[北津軽郡金木町川倉]　㋿宮本常一, 1941年7月

### 依頼人の家に着いたエジコ
「民俗資料選集 21 巫女の習俗Ⅳ」国土地理協会　1993
　　◇p77（本文）〔白黒〕　秋田県仙北郡角館町　左端に忌中の札 エジコ水平孝子女の巫業

### いらたか念珠
「日本民俗大辞典 上」吉川弘文館　1999
　　◇p136〔白黒〕
「日本宗教民俗図典 2」法蔵館　1985
　　◇図422〔白黒〕（イタコのいらたかの数珠）　恐山

### 拝所へ行く巫女の列
「民俗図録 日本人の暮らし」日本図書センター　2012
　　◇図691〔白黒〕　沖縄宮古島

### 打台箱
「民俗資料選集 31 巫女の習俗Ⅴ」国土地理協会　2003
　　◇p9（本文）〔白黒〕（小野寺さつき女の巫具（打台箱と数珠））　宮城県本吉郡唐桑町小鯖
　　◇p159（本文）〔白黒・写真/図〕（石垣よし子女の打台箱）　宮城県桃生郡鳴瀬町大塚字長石

### うちわ太鼓と数珠
「民俗資料選集 21 巫女の習俗Ⅳ」国土地理協会　1993
　　◇p7（口絵）〔白黒〕（イタコ加賀谷クニエ女のうちわ太鼓と数珠）　秋田県山本郡八竜町

### エジコの語りを聞き入る人たち
「民俗資料選集 21 巫女の習俗Ⅳ」国土地理協会　1993
　◇p81 (本文)〔白黒〕　秋田県仙北郡角館町　エジコ水平孝子女の巫業

### エジコの祭壇
「民俗資料選集 21 巫女の習俗Ⅳ」国土地理協会　1993
　◇p78 (本文)〔白黒〕(祭壇 (中段に餅と飯と茶、下壇の石に死者の写真))　秋田県仙北郡角館町　エジコ水平孝子女の巫業

### エジコの指示で供物を上げる
「民俗資料選集 21 巫女の習俗Ⅳ」国土地理協会　1993
　◇p80 (本文)〔白黒〕　秋田県仙北郡角館町　エジコ水平孝子女の巫業

### エチコの祭壇と巫具
「民俗資料選集 21 巫女の習俗Ⅳ」国土地理協会　1993
　◇p7 (口絵)〔白黒〕　秋田県秋田市上新城石名坂柱沢　エチコ三浦トキ女

### エナバライに立てる幣
「民俗資料選集 31 巫女の習俗Ⅴ」国土地理協会　2003
　◇p13 (口絵)〔白黒〕　宮城県桃生郡鳴瀬町宮戸室浜

### 笈の中に祀る神像
「民俗資料選集 35 巫女の習俗Ⅵ」国土地理協会　2007
　◇p127 (本文)〔白黒〕　山形県　岩谷観音の民間信仰奉納物

### 大数珠
「民俗資料選集 21 巫女の習俗Ⅳ」国土地理協会　1993
　◇p8 (口絵)〔白黒〕　秋田県平鹿郡山内村　エンチコ藤原リエ女

### オガミサマ
「民俗資料選集 20 巫女の習俗Ⅲ」国土地理協会　1992
　◇p55 (本文)〔白黒〕(オガミサマ鈴木進氏)　福島県河沼郡会津坂下町大字勝大字村中

### オカミサマの祭壇
「民俗資料選集 14 巫女の習俗Ⅰ」国土地理協会　1985
　◇p17 (本文)〔白黒〕　岩手県大船渡市　金野カツメ巫子

### オガミサマの祭壇
「民俗資料選集 31 巫女の習俗Ⅴ」国土地理協会　2003
　◇p131 (本文)〔白黒〕(佐藤すみの女の祭壇)　宮城県桃生郡河北町針岡字浦

### オガミヤ
「民俗資料選集 20 巫女の習俗Ⅲ」国土地理協会　1992
　◇p13 (本文)〔白黒〕(オガミヤ横木昭二氏)　福島県
「民俗資料選集 14 巫女の習俗Ⅰ」国土地理協会　1985
　◇p178 (本文)〔白黒〕　岩手県和賀町　八重樫智英巫子　客に申し渡し, 祈禱

### オカミンの道具一式
「民俗図録 日本人の暮らし」日本図書センター　2012
　◇図686〔白黒〕　宮城県佐沼町

### おくない様
「民俗図録 日本人の暮らし」日本図書センター　2012
　◇図688〔白黒〕　山形県東田川郡　㊄岡田照子

### 御高祖頭巾のいたこ
「日本の民俗 暮らしと生業」KADOKAWA　2014
　◇図6-2〔白黒〕　青森県むつ市　㊄芳賀日出男, 昭和35年
「日本の民俗 下」クレオ　1997
　◇図6-3〔白黒〕　青森県むつ市　㊄芳賀日出男, 昭和35年

### オコナイサマ
「民俗資料選集 35 巫女の習俗Ⅵ」国土地理協会　2007
　◇p1 (口絵)〔白黒〕　岩手県遠野市綾織町　竹軸包頭型2対木軸包頭型1対
　◇p2 (口絵)〔白黒〕　岩手県遠野市綾織町　馬姫型2対
　◇p2 (口絵)〔白黒〕　岩手県遠野市土渕町　包頭衣棒状型、供物の椀
　◇p19 (本文)〔白黒〕　岩手県遠野　綾織
　◇p23 (本文)〔白黒〕　岩手県遠野　綾織
「民俗資料選集 31 巫女の習俗Ⅴ」国土地理協会　2003
　◇p10 (口絵)〔白黒〕　宮城県本吉郡歌津町馬場
「民俗資料叢書 1 田植の習俗1」平凡社　1965
　◇図96〔白黒〕　岩手県遠野市土淵町本宿　オシラサマとはよばない
　◇図97〔白黒〕　岩手県遠野市平笹　オシラサマとはよばない

### オシメサマ
「民俗資料選集 20 巫女の習俗Ⅲ」国土地理協会　1992
　◇p6 (口絵)〔白黒〕(神明神社に祀ってあるオシメサマ)　福島県北会津村
　◇p9 (口絵)〔白黒〕(新しい方のオシメサマ)　福島県長沼町
　◇p9 (口絵)〔白黒〕(古い方のオシメサマ)　福島県長沼町

### オシメサマの幡
「民俗資料選集 20 巫女の習俗Ⅲ」国土地理協会　1992
　◇p6 (口絵)〔白黒〕　福島県北会津村　明治44年, 昭和26年奉納

### オシラ
「民俗資料選集 35 巫女の習俗Ⅵ」国土地理協会　2007
　◇p65 (本文)〔白黒〕(オシラ 包頭型にして芯は桑木)　岩手県花巻市葛 (葛岡K家)

### オシラ神
「日本の民俗 暮らしと生業」KADOKAWA　2014
　◇図6-5〔白黒〕(おしら神の御神体)　青森県むつ市　㊄芳賀日出男, 昭和35年
「日本の民俗 下」クレオ　1997
　◇図6-6〔白黒〕(おしら神の御神体)　青森県むつ市　㊄芳賀日出男, 昭和35年
「民間信仰辞典」東京堂出版　1980
　◇口絵〔カラー〕　岩手県遠野市綾織
　◇p58〔白黒・図〕　東北地方
「日本民俗図誌 1 祭礼・祭祀篇」村田書店　1977
　◇図154-1・2・3〔白黒・図〕　女神三体　明治27年5月発行「東京人類学雑誌」伊能嘉矩採図報告
　◇図154-4・5・6〔白黒・図〕　男神三体　明治27年5月発行「東京人類学雑誌」伊能嘉矩採図報告
　◇図155-1・2・3〔白黒・図〕　三体　柳田国男『石神問答』より
　◇図155-4〔白黒・図〕　二体　帝室博物館所蔵
　◇図156-1・2・3・4〔白黒・図〕　岩手県上閉伊郡甲子村　四体　山本茗次郎採図並に報告
　◇図156-5・6・7〔白黒・図〕　岩手県上閉伊郡甲子村松倉　三体　山本茗次郎採図並に報告
　◇図156-8・9・10〔白黒・図〕　岩手県上閉伊郡甲子村東前　一対に延宝5年銘　三体　山本茗次郎採図並に報告
　◇図156-11・12・13〔白黒・図〕　岩手県上閉伊郡甲子村十二神楽師堂所蔵　円頭のものは江戸時代中期の作　三体　山本茗次郎採図並に報告
　◇図157-1・2〔白黒・図〕　佐々木喜善採図報告
　◇図157-3～6〔白黒・図〕　岩手県上閉伊郡鵜住居村両川
　◇図157-7～9〔白黒・図〕　釜石町河原並　山本茗次郎「白神資料聚集記」による
　◇図158-1〔白黒・図〕　岩手県上閉伊郡上郷村比左内
「日本を知る事典」社会思想社　1971
　◇図19 (p543)〔白黒〕　岩手県大船渡市

## オシラサマ

「民俗図録 日本人の暮らし」日本図書センター 2012
　◇図687〔白黒〕(おしら様)　宮城県桃生郡

「あるくみるきく双書 宮本常一とあるいた昭和の日本 21」農山漁村文化協会 2011
　◇p215〔白黒〕　青森県むつ市関根橋　⑰宮本常一, 昭和39年8月13日
　◇p217〔白黒〕(貫頭型のオシラサマ)　岩手県上閉伊郡土淵村(現遠野市)　⑰宮本常一, 昭和15年

「図説 日本民俗学」吉川弘文館 2009
　◇p51〔白黒〕　岩手県遠野市
　◇p208〔白黒〕　岩手県遠野市　萩原秀三郎提供

「民俗資料選集 35 巫女の習俗Ⅵ」国土地理協会 2007
　◇p1(口絵)〔白黒〕　岩手県遠野市附馬牛町　貫頭衣丸頭型2対
　◇p2(口絵)〔白黒〕　岩手県遠野市附馬牛町　貫頭衣長姫型1対
　◇p3(口絵)〔白黒〕　岩手県遠野市　貫頭衣丸頭型1対祠形の箱に納める
　◇p3(口絵)〔白黒〕　宮城県気仙沼市鹿折小々汐
　◇p5(口絵)〔白黒〕　宮城県柴田郡柴田町　貫頭型にして芯は桑木
　◇p19(本文)〔白黒〕　岩手県遠野地方 附馬牛
　◇p66(本文)〔白黒〕(阿弥陀堂のオシラサマ)　岩手県東磐井郡大東町丑石 (佐藤S家)

「精選 日本民俗辞典」吉川弘文館 2006
　◇p101〔白黒〕(貫頭型のオシラサマ)　宮城県気仙沼市

「宮本常一 写真・日記集成 上」毎日新聞社 2005
　◇p427〔白黒〕(オセンタクでくるまれたオシラサマ)　青森県むつ市奥内　⑰宮本常一, 1964年3月8日
　◇p427〔白黒〕(オセンタクをとったオシラサマ)　青森県むつ市奥内　顔が彫られている　⑰宮本常一, 1964年3月8日
　◇p453〔白黒〕(村中家のオシラサマ)　青森県むつ市関根　⑰宮本常一, 1964年8月13日

「宮本常一 写真・日記集成 下」毎日新聞社 2005
　◇p422〔白黒〕　岩手県和賀郡沢内村太田　⑰宮本常一, 1978年2月15日

「宮本常一 写真・日記集成 別巻」毎日新聞社 2005
　◇図196(p34)〔白黒〕　青森県西津軽郡車力村千貫　⑰宮本常一, 1940年〔11月〕
　◇図197(p35)〔白黒〕(オシラ様)　岩手県上閉伊郡松崎村〔遠野市〕　⑰宮本常一, 1940年〔11月〕
　◇図200(p35)〔白黒〕　岩手県上閉伊郡土渕村〔遠野市〕　⑰宮本常一, 1940年〔11月〕
　◇図303(p50)〔白黒〕　青森県〔北津軽郡〕　⑰宮本常一, 1941年7月
　◇図303(p50)〔白黒〕　青森県〔北津軽郡〕　⑰宮本常一, 1941年7月
　◇図311(p51)〔白黒〕　青森県〔北津軽郡〕　⑰宮本常一, 1941年7月

「日本民具の造形」淡交社 2004
　◇p279〔白黒〕　青森県 青森県郷土館所蔵
　◇p280〔白黒〕　岩手県 遠野市伝承園

「日本社会民俗辞典 1」日本図書センター 2004
　◇p114〔白黒〕　青森県八戸市
　◇p115〔白黒〕　岩手県岩谷堂町

「民俗資料選集 31 巫女の習俗Ⅴ」国土地理協会 2003
　◇p5(口絵)〔白黒〕　宮城県登米郡中田町上沼
　◇p5(口絵)〔白黒〕(故滝沢菊世女所持のオシラサマ)　宮城県登米郡中田町上沼
　◇p6(口絵)〔白黒〕(高橋英子女のオシラサマ)　宮城県本吉郡本吉町風越
　◇p7(口絵)〔白黒〕(長根なとり女のオシラサマ)　宮城県本吉郡唐桑町馬場

　◇p7(口絵)〔白黒〕(千坂まつよ女のオシラサマと数珠)　宮城県宮城郡松島町高城
　◇p29(本文)〔白黒〕(三浦京子女のオシラサマ)　宮城県本吉郡志津川町上ノ山
　◇p33(本文)〔白黒〕(及川しも女のオシラサマ)　宮城県登米郡東和町米川中上沢
　◇p67(本文)〔白黒〕(菅原きせ女のオシラサマ)　宮城県栗原郡若柳町川南町浦
　◇p75(本文)〔白黒〕(阿部まつみ女のオシラサマ)　宮城県栗原郡築館町伊豆町
　◇p153(本文)〔白黒〕(渥美せつ子女のオシラサマ)　宮城県桃生郡桃生町寺崎字舟場梅木

「日本民俗大辞典 上」吉川弘文館 1999
　◇p260〔白黒〕(貫頭型のオシラサマ)　宮城県気仙沼市

「日本民俗写真大系 2」日本図書センター 1999
　◇カバー裏, p81〔写真・カラー/白黒〕　岩手県遠野市　⑰浦田穂一, 1971年

「日本の民俗 下」クレオ 1997
　◇p253〔白黒〕(おしら様の木偶、姫と馬)　岩手県　⑰芳賀日出男, 昭和60年

「祭礼行事・青森県」桜楓社 1993
　◇p55〔白黒〕(オシラ様)　青森県弘前市 久渡寺

「日本の民具 3 山・漁村」慶友社 1992
　◇図251〔白黒〕　岩手県 上閉伊　⑰薗部澄
　◇図252〔白黒〕　岩手県 遠野　⑰薗部澄
　◇図253〔白黒〕　岩手県 遠野　⑰薗部澄
　◇図254〔白黒〕　岩手県 遠野　⑰薗部澄
　◇図255〔白黒〕　岩手県 遠野　⑰薗部澄
　◇図256〔白黒〕　岩手県 気仙　⑰薗部澄

「図録・民具入門事典」柏書房 1991
　◇p96〔白黒〕　岩手県
　◇p103〔白黒〕　岩手県

「豊穣の神と家の神 目でみる民俗神シリーズ2」東京美術 1988
　◇p116〔白黒〕(オシラ様)　岩手県遠野市土淵町の旧家　箱の中に包頭型と貫頭型のオシラ様が一対ずつ並ぶ

「民俗学辞典(改訂版)」東京堂出版 1987
　◇写真版 第三図 おしら様〔白黒〕(おしら様)　青森県三戸郡は川村　民俗学研究所所蔵
　◇写真版 第三図 おしら様〔白黒〕(弘前市外久渡寺の祭に集合したおしら様)〔青森県弘前市坂本〕久渡寺　⑰東奥日報社

「日本宗教民俗図典 1」法蔵館 1985
　◇図19〔白黒〕(神棚のオシラサマ)　岩手県陸前高田市　⑰須藤功

「民俗資料選集 14 巫女の習俗Ⅰ」国土地理協会 1985
　◇p14(口絵)〔白黒〕　岩手県陸前高田市　女神・馬頭・烏帽子・僧形　村上金治所蔵
　◇p14(口絵)〔白黒〕　岩手県下閉伊郡新里村　男神・女神　鳥取茂所蔵
　◇p31(本文)〔白黒〕　岩手県陸前高田市　馬頭, 男神, 女神, 包頭衣　小野寺真直所蔵

「民具のみかた一心とかたち」第一法規出版 1983
　◇p219〔白黒〕　青森県川内町
　◇p219〔白黒〕　青森県津軽地方

「日本民俗事典」弘文堂 1972
　◇p105〔白黒〕(おしら様の古態)　宮城県本吉郡

「日本の生活文化財」第一法規出版 1965
　◇図11, 12(心)〔白黒〕　文部省史料館所蔵
　◇図60, 61(概説)〔白黒・図〕

「写真 日本文化史 9」日本評論新社 1955
　◇図148〜150〔白黒〕　青森県, 岩手県

## オシラサマへのお供え

「日本民具の造形」淡交社 2004
　◇p190〔白黒〕(お供え)　埼玉県 毛呂山町歴史民俗資料

館所蔵　箕の上に鏡餅と雑木の束を飾ったオシラサマへのお供え

**オシラサマを納める箱の蓋・蓋裏**
「民俗資料選集 31 巫女の習俗Ⅴ」国土地理協会　2003
　◇p8（口絵）〔白黒〕　宮城県登米郡中田町上沼

**オシラ様を祀った神棚の祠**
「豊穣の神と家の神 目でみる民俗神シリーズ2」東京美術　1988
　◇p112〔白黒〕　青森県

**オシラサマを持つ巫女**
「民俗資料選集 31 巫女の習俗Ⅴ」国土地理協会　2003
　◇p6（口絵）〔白黒〕（オシラサマを手に持ち祭壇に向う千葉トミヲ女）　宮城県登米郡中田町上沼
　◇p36（本文）〔白黒〕（オシラサマを持つ及川しも女）　宮城県登米郡東和町米川中上沢
　◇p66（本文）〔白黒〕（オシラサマを持つ菅原きせ女）　宮城県栗原郡若柳町川南町浦
　◇p75（本文）〔白黒〕（オシラサマを持つ阿部まつみ女）　宮城県栗原郡築館町伊豆市

**オシラサマ信仰**
「日本の祭り 1」講談社　1982
　◇p119〔白黒〕　岩手県遠野地方

**オシラサマの掛軸**
「民俗資料選集 14 巫女の習俗Ⅰ」国土地理協会　1985
　◇p104（本文）〔白黒〕（床の間にかけたオシラサマの掛軸）　岩手県

**おしら様の画像**
「民俗図録 日本人の暮らし」日本図書センター　2012
　◇図689〔白黒〕　埼玉県入間郡南高麗村岩淵

**オシラサマの芯木**
「民俗資料選集 31 巫女の習俗Ⅴ」国土地理協会　2003
　◇p5（口絵）〔白黒〕　宮城県登米郡中田町上沼

**オシラサン**
「民俗資料選集 31 巫女の習俗Ⅴ」国土地理協会　2003
　◇p100（本文）〔白黒〕（庄子たけ子女のオシラサン）　宮城県遠田郡涌谷町椿岡短谷字笠石

**オシラの中身**
「民俗資料選集 35 巫女の習俗Ⅵ」国土地理協会　2007
　◇p5（口絵）〔白黒〕　宮城県柴田郡柴田町
　◇p65（本文）〔白黒〕　岩手県花巻市葛（葛岡K家）

**オシラボトケ**
「宮本常一 写真・日記集成 別巻」毎日新聞社　2005
　◇図198（p35）〔白黒〕　岩手県気仙郡赤崎村合足［大船渡市］　㊞宮本常一, 1940年［11月］

**おしら宿での口寄せ巫儀**
「精選 日本民俗辞典」吉川弘文館　2006
　◇p38〔白黒〕　青森県東通村
「民俗小事典 死と葬送」吉川弘文館　2005
　◇p322〔白黒〕　青森県東通村
「日本民俗大辞典 上」吉川弘文館　1999
　◇p97〔白黒〕　青森県下北郡東通村

**オシンメイサマ**
「日本民具の造形」淡交社　2004
　◇p185〔白黒〕（オシンメイ様）　福島県 天栄村ふるさと文化伝承館所蔵
「民俗資料選集 20 巫女の習俗Ⅲ」国土地理協会　1992
　◇p10（口絵）〔白黒〕　福島県田島町
　◇p34（本文）〔白黒〕　福島県三春町
　◇p88（本文）〔白黒・図〕　福島県南郷村大字木伏字西居
　◇p89（本文）〔白黒・写真/図〕　福島県南郷村大字鴇巣字村中

**オシンメサマ**
「民俗資料選集 20 巫女の習俗Ⅲ」国土地理協会　1992
　◇p8（口絵）〔白黒〕　福島県山都町
　◇p8（口絵）〔白黒〕　福島県三春町
　◇p10（口絵）〔白黒〕　福島県三春町
　◇p11（口絵）〔白黒〕　福島県猪苗代町　会津民俗館蔵
　◇p11（口絵）〔白黒〕　福島県熱塩加納村
　◇p11（口絵）〔白黒〕　福島県熱塩加納村
　◇p11（口絵）〔白黒〕　福島県会津若松市湊町
　◇p12（口絵）〔白黒〕　福島県山都町
　◇p12（口絵）〔白黒〕　福島県猪苗代町　会津民俗館蔵
　◇p12（口絵）〔白黒〕　福島県会津若松市湊町

**オシンメサマの祭壇**
「民俗資料選集 20 巫女の習俗Ⅲ」国土地理協会　1992
　◇p7（口絵）〔白黒〕　福島県山部町

**恐山で喜捨を受けるオシラサマ**
「あるくみるきく双書 宮本常一とあるいた昭和の日本 21」農山漁村文化協会　2011
　◇p218〔白黒〕　㊞宮本常一, 昭和39年7月22日　『私の日本地図・下北半島』p102

**恐山のイタコ**
「図説 日本民俗学」吉川弘文館　2009
　◇p239〔白黒〕　青森県むつ市　萩原秀三郎提供

**恐山のイタコたち**
「写真でみる日本人の生活全集 5」日本図書センター　2010
　◇p150～151〔白黒〕　青森県下北半島 恐山　毎日グラフ昭和32年9月1日号（石亀泰郎撮影）とサン写真新聞の同年7月1日付

**オダイジ**
「日本の民俗 下」クレオ　1997
　◇図6-15〔白黒〕（お大事）　青森県むつ市　いたこが儀式や仏降ろしをする時背中にかける　㊞芳賀日出男, 昭和34年
「民俗資料選集 14 巫女の習俗Ⅰ」国土地理協会　1985
　◇p10（口絵）〔白黒〕　岩手県下閉伊郡田老町　『神放大事』と称する　故扇田シノ巫子所持
　◇p249（本文）〔白黒〕　岩手県二戸市　中村イソ女所持

**オッパライの「送り物」**
「民俗資料選集 31 巫女の習俗Ⅴ」国土地理協会　2003
　◇p12（口絵）〔白黒〕　宮城県栗原郡若柳町若柳

**オッパライの供物**
「民俗資料選集 31 巫女の習俗Ⅴ」国土地理協会　2003
　◇p12（口絵）〔白黒〕　宮城県登米郡東和町西郡

**オドウトサマ**
「民俗資料選集 35 巫女の習俗Ⅵ」国土地理協会　2007
　◇p4（口絵）〔白黒〕　宮城県塩竈市尾嶋町
　◇p5（口絵）〔白黒〕　宮城県柴田郡柴田町

**オナカマ（ミコ）**
「民俗資料選集 35 巫女の習俗Ⅵ」国土地理協会　2007
　◇p6（口絵）〔白黒〕　山形県村山地方
　◇p75（本文）〔白黒〕　山形県

**オナカマが持っていた守り**
「民俗資料選集 35 巫女の習俗Ⅵ」国土地理協会　2007
　◇p6（口絵）〔白黒〕　山形県村山地方

**オナカマ修行図絵馬**
「民俗資料選集 35 巫女の習俗Ⅵ」国土地理協会　2007
　◇p9（口絵）〔白黒〕　山形県村山地方　明治17年奉納

**オヒナサマ**
「民俗資料選集 31 巫女の習俗Ⅴ」国土地理協会　2003
　◇p87（本文）〔白黒〕（内きみえ女のオヒナサマと数珠）

## ミコ・オシラ信仰　　　　　信　仰

　　　◇p159（本文）〔白黒・写真／図〕（石垣よし子女のオヒナサマ）　宮城県桃生郡鳴瀬町大塚字長石

### オヒナサマを持つオガミサマ
「民俗資料選集 31 巫女の習俗Ⅴ」国土地理協会　2003
　　　◇p132（本文）〔白黒〕　宮城県桃生郡河北町針岡字浦　佐藤すみの女

### オフナダマ祈禱のお札
「民俗資料選集 31 巫女の習俗Ⅴ」国土地理協会　2003
　　　◇p24（本文）〔白黒〕　気仙沼市の巫女の祈禱後、本山（大和宗大乗寺 岩手県川崎村）から配られているオマモリ（お札）を渡す

### お守り
「民俗資料選集 15 巫女の習俗Ⅱ」国土地理協会　1986
　　　◇口絵〔白黒〕　青森県　葛西サナ女所持
　　　◇口絵〔白黒〕　青森県　川村ヨツ女所持
　　　◇p18（本文）〔白黒・図〕　青森県　青森県立郷土館蔵
　　　◇p18（本文）〔白黒・図〕　青森県南津軽郡平賀町　葛西サナ女所有
　　　◇p36（本文）〔白黒〕　青森県西津軽郡森田村　川村ヨツ女所有

### オヤオシラサマ
「宮本常一 写真・日記集成 別巻」毎日新聞社　2005
　　　◇図199（p35）〔白黒〕　岩手県上閉伊郡土渕村［遠野市］Ⓒ宮本常一, 1940年［11月］
　　　◇図202（p36）〔白黒〕　岩手県・同前地［上閉伊郡土渕村］　着物ヲヌガセタモノ　Ⓒ宮本常一, 1940年［11月］

### お礼参りの方に昼食を出す
「民俗資料選集 20 巫女の習俗Ⅲ」国土地理協会　1992
　　　◇p62（本文）〔白黒〕　福島県

### 数取小判
「民俗資料選集 31 巫女の習俗Ⅴ」国土地理協会　2003
　　　◇p100（本文）〔白黒〕（庄子たけ子女の数取小判）　宮城県遠田郡涌谷町椿岡短台字笠石

### ガマ（洞窟）の拝所で祈るユタと信者
「日本民俗宗教辞典」東京堂出版　1998
　　　◇p240〔白黒〕　Ⓒ池上良正

### カミオロシ
「民俗資料選集 35 巫女の習俗Ⅵ」国土地理協会　2007
　　　◇p4（口絵）〔白黒〕　宮城県塩竈市尾嶋町
　　　◇p62（本文）〔白黒〕　宮城県柴田郡柴田町槻木下町

### 神オロシ（背に白い布を付ける）
「民俗資料選集 21 巫女の習俗Ⅳ」国土地理協会　1993
　　　◇p79（本文）〔白黒〕　秋田県仙北郡角館町　エジコ水平孝子女の巫業

### 神がおりてくる直前
「民俗資料選集 21 巫女の習俗Ⅳ」国土地理協会　1993
　　　◇p79（本文）〔白黒〕　秋田県仙北郡角館町　エジコ水平孝子女の巫業

### 神がかり
「日本の民俗 暮らしと生業」KADOKAWA　2014
　　　◇図6-26〔白黒〕　鹿児島県大島郡和泊町　Ⓒ芳賀日出男, 昭和32年
「日本の民俗 下」クレオ　1997
　　　◇図6-31〔白黒〕　鹿児島県大島郡和泊町　トランス状態に入ったゆたの表情　Ⓒ芳賀日出男, 昭和32年

### カミサマ
「民俗資料選集 21 巫女の習俗Ⅳ」国土地理協会　1993
　　　◇p2（口絵）〔白黒〕（カミサマ川田コヨ女）　秋田県大館市字上町

### カミサマの祈禱所
「民俗資料選集 21 巫女の習俗Ⅳ」国土地理協会　1993
　　　◇p3（口絵）〔白黒〕　秋田県鹿角郡小坂町　松山マツエ女

### カミサマの春祈禱
「民俗資料選集 21 巫女の習俗Ⅳ」国土地理協会　1993
　　　◇p20（本文）〔白黒〕（佐藤セツ女の春祈禱）　秋田県北秋田郡田代町長坂地区　正月過ぎから三月頃まで

### カミサマの春祈禱の神棚
「民俗資料選集 21 巫女の習俗Ⅳ」国土地理協会　1993
　　　◇p2（口絵）〔白黒〕　秋田県北秋田郡田代町長坂地区　佐藤セツ女

### 神ヅケの式場
「民俗資料選集 35 巫女の習俗Ⅵ」国土地理協会　2007
　　　◇p74（第1図）〔白黒・図〕　山形県

### 神のオロシのエジコ
「民俗資料選集 21 巫女の習俗Ⅳ」国土地理協会　1993
　　　◇p79（本文）〔白黒〕（神のオロシのエジコ（まだ身内の人しかいない））　秋田県仙北郡角館町　エジコ水平孝子女の巫業

### 狩俣の浜での祈り
「日本民俗写真大系 5」日本図書センター　2000
　　　◇p154〔白黒〕　平良市（宮古島）　息子の無事を祈る母親とユタ　Ⓒ渡辺良正, 1970年

### 鑑札
「民俗資料選集 31 巫女の習俗Ⅴ」国土地理協会　2003
　　　◇p11（口絵）〔白黒〕（芳賀とみゑ女の鑑札）　宮城県登米郡登米町寺池　昭和17年（許可）

### 聞き手の声のかかった方に顔を向けて語る
「民俗資料選集 21 巫女の習俗Ⅳ」国土地理協会　1993
　　　◇p81（本文）〔白黒〕　秋田県仙北郡角館町　エジコ水平孝子女の巫業

### 祈禱
「民俗資料選集 35 巫女の習俗Ⅵ」国土地理協会　2007
　　　◇p62（本文）〔白黒〕　宮城県柴田郡柴田町槻木下町
「民俗資料選集 31 巫女の習俗Ⅴ」国土地理協会　2003
　　　◇p107（本文）〔白黒〕（祈禱する南部ちゑ子女）　宮城県遠田郡涌谷町長柄町
　　　◇p173（本文）〔白黒〕（祈禱中の阿部はるの女）　宮城県塩竈市藤倉　憑霊状態である
「民俗資料選集 20 巫女の習俗Ⅲ」国土地理協会　1992
　　　◇p3（口絵）〔白黒〕　福島県北会津村　ミコ酒井春子女
　　　◇p3（口絵）〔白黒〕　福島県会津坂下町　オガミサマ鈴木進氏
　　　◇p3（口絵）〔白黒〕　福島県日島町　ミコ室井としみ女
　　　◇p4（口絵）〔白黒〕　福島県鏡石町　ミコ面川ミネ女
　　　◇p4（口絵）〔白黒〕　福島県古殿町　ミコ緑川キクエ女
「民俗資料選集 14 巫女の習俗Ⅰ」国土地理協会　1985
　　　◇p9（口絵）〔白黒〕　岩手県遠野市　及川タツ巫子
　　　◇p9（口絵）〔白黒〕　岩手県遠野市　上野ミヨ巫子
　　　◇p17（本文）〔白黒〕（祈禱中のオカミサマ）　岩手県大船渡市　金野カツメ巫子
　　　◇p210（本文）〔白黒〕（祈禱中の上野ミヨ巫子）　岩手県遠野市

### 祈禱所
「民俗資料選集 21 巫女の習俗Ⅳ」国土地理協会　1993
　　　◇p16（本文）〔白黒〕（中村容子女の祈禱所）　秋田県鹿角市　大湯

### 鬼面
「民俗資料選集 35 巫女の習俗Ⅵ」国土地理協会　2007
　　　◇p127（本文）〔白黒〕　山形県　岩谷観音の民間信仰奉納物

口寄せ
　「民俗資料選集 14 巫女の習俗Ⅰ」国土地理協会　1985
　　◇p8（口絵）〔白黒〕　岩手県大船渡市　金野カツメ巫子
　　◇p8（口絵）〔白黒〕　岩手県遠野市　裃姿とヨコマブリをつける前川キク巫子

口寄せをしているイタコ
　「写真でみる日本人の生活全集 5」日本図書センター　2010
　　◇p152〔白黒〕　青森県弘前市　久渡寺境内　祭りの日　㊞今野圓輔、昭和16年5月10日

口寄せをする
　「民俗資料選集 31 巫女の習俗Ⅴ」国土地理協会　2003
　　◇p15（口絵）〔白黒〕（口寄せをする小野ケサヨ女）　宮城県加美郡中新田町字町西
　　◇p11（本文）〔白黒〕（口寄せをする小野寺さつき女）　宮城県本吉郡唐桑町小鯖
　　◇p82（本文）〔白黒〕（口寄せをする小野ケサヨ女）　宮城県加美郡中新田町字町西

口寄せの依頼者から供えられた米に錫杖を立てて口寄せをする
　「民俗資料選集 15 巫女の習俗Ⅱ」国土地理協会　1986
　　◇口絵〔白黒〕　青森県　葛西サナ女

供物（3升の米と麻糸）
　「民俗資料選集 21 巫女の習俗Ⅳ」国土地理協会　1993
　　◇p78（本文）〔白黒〕　秋田県仙北郡角館町　エジコ水平孝子女の巫業

供物をする司
　「日本宗教民俗図典 1」法蔵館　1985
　　◇図134〔白黒〕　沖縄県西表祖内（西表島）　㊞須藤功

外法箱
　「民俗資料選集 35 巫女の習俗Ⅵ」国土地理協会　2007
　　◇p126（本文）〔白黒・図〕　山形県　岩谷観音の民間信仰奉納物
　　◇p181（本文）〔白黒・図〕　山形県　村山地方

外法箱内部
　「民俗資料選集 35 巫女の習俗Ⅵ」国土地理協会　2007
　　◇p10（口絵）〔白黒〕　山形県村山地方

荒神祓い
　「日本の民俗 暮らしと生業」KADOKAWA　2014
　　◇図6-18〔白黒〕　奈良県生駒郡三郷町　農家のかまどの前　そぉねったん　㊞芳賀日出男、昭和34年
　「日本の民俗 下」クレオ　1997
　　◇図6-20〔白黒〕　奈良県生駒郡三郷町　農家のかまどの前　荒神祓いをするそぉねったん　㊞芳賀日出男、昭和34年

ゴミソ
　「日本民俗事典」弘文堂　1972
　　◇p266〔白黒〕　青森県一円、秋田県北部、北海道南部

ゴミソの垢離場
　「日本宗教民俗図典 1」法蔵館　1985
　　◇図545〔白黒〕　青森県　赤倉山　㊞萩原秀三郎

ゴミソの修業
　「山と森の神 目でみる民俗神シリーズ1」東京美術　1988
　　◇p73〔白黒〕　青森県弘前市　赤倉　現代

ゴミソの守護神・善宝寺の軸
　「民俗資料選集 21 巫女の習俗Ⅳ」国土地理協会　1993
　　◇p37（本文）〔白黒〕（堀内タキ女の守護神・善宝寺の軸）　秋田県能代市　ゴミソ

米に挿した南天の枝
　「民俗資料選集 31 巫女の習俗Ⅴ」国土地理協会　2003
　　◇p10（口絵）〔白黒〕　宮城県遠田郡涌谷町椿岡短台　庄子たけ子女

ゴモジョ宅の祭壇前に待機している依頼者
　「民俗資料選集 21 巫女の習俗Ⅳ」国土地理協会　1993
　　◇p52（本文）〔白黒〕　秋田県男鹿市五里合鮪川

ゴモジョの祭壇飾り
　「民俗資料選集 21 巫女の習俗Ⅳ」国土地理協会　1993
　　◇p62（本文）〔白黒〕　秋田県秋田市藤倉

祭壇
　「民俗資料選集 31 巫女の習俗Ⅴ」国土地理協会　2003
　　◇p140（本文）〔白黒〕（若山幸四郎氏の祭壇）　宮城県桃生郡河北町飯野川字相野谷上町
　　◇p141（本文）〔白黒〕（若山幸四郎氏の祭壇）　宮城県桃生郡河北町飯野川字相野谷上町

祭壇への供物を指示するエジコ
　「民俗資料選集 21 巫女の習俗Ⅳ」国土地理協会　1993
　　◇p78（本文）〔白黒〕　秋田県仙北郡角館町　エジコ水平孝子女の巫業

祭壇を背にした巫女
　「民俗資料選集 31 巫女の習俗Ⅴ」国土地理協会　2003
　　◇p47（本文）〔白黒〕　宮城県登米郡中田町石森字本町　佐々木ふみ子女

祭壇に合掌する巫女
　「民俗資料選集 31 巫女の習俗Ⅴ」国土地理協会　2003
　　◇p146（本文）〔白黒〕　宮城県桃生郡矢本町小松上二間堀　及川しげ子女

祭壇に向う覡
　「民俗資料選集 31 巫女の習俗Ⅴ」国土地理協会　2003
　　◇p138（本文）〔白黒〕　宮城県桃生郡河北町飯野川字相野谷上町　若山幸四郎氏

祭壇の観音像を拝す巫者
　「民俗資料選集 31 巫女の習俗Ⅴ」国土地理協会　2003
　　◇p147（本文）〔白黒〕　宮城県桃生郡矢本町小松上二間堀　及川しげ子女

祭壇の観音像と供物
　「民俗資料選集 31 巫女の習俗Ⅴ」国土地理協会　2003
　　◇p147（本文）〔白黒〕　宮城県桃生郡矢本町小松上二間堀　及川しげ子女

祭壇の前で祈禱するゴモジョ
　「民俗資料選集 21 巫女の習俗Ⅳ」国土地理協会　1993
　　◇p63（本文）〔白黒〕　秋田県秋田市藤倉　鈴木ノエ女

祭壇の前に座る巫女
　「民俗資料選集 31 巫女の習俗Ⅴ」国土地理協会　2003
　　◇p79（本文）〔白黒〕　宮城県玉造郡岩出山町池月字下宮山口前　竹林マス子女

算木・筮竹と笏
　「民俗資料選集 14 巫女の習俗Ⅰ」国土地理協会　1985
　　◇p11（口絵）〔白黒〕　岩手県稗貫郡石鳥谷町　村谷キナ巫子

算木と巫竹
　「民俗資料選集 21 巫女の習俗Ⅳ」国土地理協会　1993
　　◇p95（本文）〔白黒〕　秋田県平鹿郡山内村筏字大湯沢　藤原リエ女

算木と鉾
　「民俗資料選集 35 巫女の習俗Ⅵ」国土地理協会　2007
　　◇p126（本文）〔白黒〕　山形県　岩谷観音の民間信仰奉納物

島の巫女
　「民俗図録 日本人の暮らし」日本図書センター　2012
　　◇図690〔白黒〕（島の巫女（1））　鹿児島県宝島
　　◇図693〔白黒〕（島の巫女（2））　鹿児島県大島郡住用村城

ミコ・オシラ信仰　　　　　　　　信　仰

**笏を持って祈禱する盲僧**
「民俗資料選集 14 巫女の習俗Ⅰ」国土地理協会　1985
　◇p15（口絵）〔白黒〕　岩手県大船渡市　金野銀蔵神子

**錫杖**
「民俗資料選集 20 巫女の習俗Ⅲ」国土地理協会　1992
　◇p4（口絵）〔白黒〕　福島県鏡石町　ミコ面川ミネ女の祭具
「民俗資料選集 15 巫女の習俗Ⅱ」国土地理協会　1986
　◇口絵〔白黒〕　青森県　葛西サナ女所持
　◇p19（本文）〔白黒・図〕　青森県南津軽郡平賀町　葛西サナ女所有

**数珠**
「日本の民俗 暮らしと生業」KADOKAWA　2014
　◇図6-8〔白黒〕（いたこの数珠）　青森県むつ市　㊣芳賀日出男, 昭和35年
「民俗資料選集 35 巫女の習俗Ⅵ」国土地理協会　2007
　◇p11（口絵）〔白黒〕　山形県村山地方　オナカマの道具
　◇p125（本文）〔白黒〕　山形県　岩谷観音の民間信仰奉納物
　◇p186（本文）〔白黒〕　山形県村山地方　オナカマの道具
「民俗資料選集 31 巫女の習俗Ⅴ」国土地理協会　2003
　◇p7（口絵）〔白黒〕（千坂まつよ女のオシラサマと数珠）　宮城県宮城郡松島町高城
　◇p9（口絵）〔白黒〕（渥美せつ子女の数珠）　宮城県桃生郡桃生町寺崎
　◇p9（口絵）〔白黒〕（及川しも女の数珠）　宮城県登米郡東和町米川
　◇p9（本文）〔白黒〕（小野寺さつき女の巫具（打台箱と数珠））　宮城県本吉郡唐桑町小鯖
　◇p62（本文）〔白黒〕（千葉トミヲ女の呪具（数珠））　宮城県登米郡中田町上沼字長根
　◇p87（本文）〔白黒〕　宮城県加美郡小野田町味ヶ袋大善壇　内出きみえ女のオヒナサマと数珠
　◇p100（本文）〔白黒〕（庄子たけ子女の数珠）　宮城県遠田郡涌谷町椿岡短台字笠石
　◇p163（本文）〔白黒〕（石垣よし子女の数珠）　宮城県桃生郡鳴瀬町大塚字長石
「日本の民俗 下」クレオ　1997
　◇図6-9〔白黒〕　青森県むつ市　㊣芳賀日出男, 昭和35年
「民俗資料選集 21 巫女の習俗Ⅳ」国土地理協会　1993
　◇p64（本文）〔白黒〕（三浦トキ女の数珠）　秋田県秋田市上新城石名坂柱沢
「民俗資料選集 20 巫女の習俗Ⅲ」国土地理協会　1992
　◇p4（口絵）〔白黒〕　福島県古殿町　ミコ緑川キクエ女の祭具
「民俗資料選集 15 巫女の習俗Ⅱ」国土地理協会　1986
　◇口絵〔白黒〕　青森県　後藤テル女所持
　◇口絵〔白黒〕　青森県　葛西サナ女所持
　◇口絵〔白黒〕　青森県　川村ヨツ女所持
　◇p14（本文）〔白黒・図〕　青森県南津軽郡平賀町　葛西サナ女所有
　◇p14（本文）〔白黒・図〕　青森県　青森県立郷土館蔵

**数珠を繰って神オロシをするエジコ**
「民俗資料選集 21 巫女の習俗Ⅳ」国土地理協会　1993
　◇p79（本文）〔白黒〕　秋田県仙北郡角館町　エジコ水平孝子女の巫業

**数珠を手に祭壇の前に座る巫女**
「民俗資料選集 31 巫女の習俗Ⅴ」国土地理協会　2003
　◇p49（本文）〔白黒〕　宮城県登米郡中田町石森字本町　佐々木ふみ子女

**数珠を持つオガミサマ**
「民俗資料選集 31 巫女の習俗Ⅴ」国土地理協会　2003
　◇p131（本文）〔白黒〕　宮城県桃生郡河北町針岡字浦　佐藤すみの女

**数珠を持って拝む巫女**
「民俗資料選集 31 巫女の習俗Ⅴ」国土地理協会　2003
　◇p58（本文）〔白黒〕　宮城県登米郡中田町宝江黒沼字町　小竹環女

**数珠を持つ巫女**
「民俗資料選集 31 巫女の習俗Ⅴ」国土地理協会　2003
　◇p83（本文）〔白黒〕　宮城県加美郡中新田町字町西　小野ケサヨ女

**じゅずと袈裟**
「民俗資料選集 14 巫女の習俗Ⅰ」国土地理協会　1985
　◇p11（口絵）〔白黒〕　岩手県稗貫郡石鳥谷町　村谷キナ巫子

**数珠の飾り**
「民俗資料選集 15 巫女の習俗Ⅱ」国土地理協会　1986
　◇p15（本文）〔白黒・図〕　青森県南津軽郡平賀町　葛西サナ女所有
　◇p15（本文）〔白黒・図〕　青森県　青森県立郷土館蔵

**乗馬のノロ**
「図説 民俗探訪事典」山川出版社　1983
　◇p335〔白黒〕　久米島

**神女の祭式**
「日本民俗事典」弘文堂　1972
　◇p558〔白黒〕　久高島　㊣鳥越憲三郎

**シンメイサマ**
「宮本常一 写真・日記集成 別巻」毎日新聞社　2005
　◇図201（p35）〔白黒〕　福島県石城郡草野村〔いわき市〕　㊣宮本常一, 1940年〔11月〕
「民俗資料選集 20 巫女の習俗Ⅲ」国土地理協会　1992
　◇p7（口絵）〔白黒〕　福島県船引町

**正装したヌル（祝女）**
「日本民俗大辞典 上」吉川弘文館　1999
　◇図18〔別刷図版「沖縄文化」〕〔白黒〕　㊣鎌倉芳太郎, 1927年

**正装のゴモソ**
「民俗資料選集 21 巫女の習俗Ⅳ」国土地理協会　1993
　◇p1（口絵）〔白黒〕　秋田県秋田市藤倉　鈴木ノエ女

**笹竹**
「民俗資料選集 35 巫女の習俗Ⅵ」国土地理協会　2007
　◇p11（口絵）〔白黒〕　山形県村山地方

**笹竹を持つ覡**
「民俗資料選集 31 巫女の習俗Ⅴ」国土地理協会　2003
　◇p140（本文）〔白黒〕　宮城県桃生郡河北町飯野川字相野谷上町　若山幸四郎氏

**笹竹で易をたてる盲僧**
「民俗資料選集 14 巫女の習俗Ⅰ」国土地理協会　1985
　◇p15（口絵）〔白黒〕　岩手県大船渡市　金野銀蔵神子

**先祖オガミの位牌掛軸**
「民俗資料選集 35 巫女の習俗Ⅵ」国土地理協会　2007
　◇p33（本文）〔白黒〕　宮城県気仙沼湾漁村

**そぉねったん**
「日本の民俗 暮らしと生業」KADOKAWA　2014
　◇図6-16〔白黒〕　奈良県磯城郡川西町　㊣芳賀日出男, 昭和34年
「日本の民俗 下」クレオ　1997
　◇図6-18〔白黒〕　奈良県磯城郡川西町　奈良県の村祭りによばれてくる巫女　㊣芳賀日出男, 昭和34年
　◇図6-27〔白黒〕（家庭のそぉねったん）　奈良県生駒郡三郷町　孫娘たちに握り飯を作って食べさせている普段の姿　㊣芳賀日出男, 昭和34年

**そぉねったんの夫**
「日本の民俗 下」クレオ　1997
◇図6-25〔白黒〕　奈良県生駒郡三郷町　農業に従事している　[撮]芳賀日出男, 昭和34年

**そぉねったんの孫娘**
「日本の民俗 下」クレオ　1997
◇図6-26〔白黒〕　奈良県生駒郡三郷町　巫女の修行をしている　[撮]芳賀日出男, 昭和34年

**大社教教師合格証書**
「民俗資料選集 14 巫女の習俗Ｉ」国土地理協会　1985
◇p226（本文）〔白黒〕　岩手県石鳥谷町　昭和16年　菅原ハツメ巫子

**託宣 守護神の憑入した霊媒とシャーマン**
「精選 日本民俗辞典」吉川弘文館　2006
◇p339〔白黒〕
「日本民俗大辞典 下」吉川弘文館　2000
◇p35〔白黒〕

**タユウの祭壇**
「民俗資料選集 20 巫女の習俗Ⅲ」国土地理協会　1992
◇p1（口絵）〔白黒〕　福島県下郷町　タユウ渡部武良氏

**君南風**
「日本民俗事典」弘文堂　1972
◇p456〔白黒〕　久米島具志川村　神前のチンベ様（久米島の最高神女）　[撮]萩原秀三郎

**ツカサ**
「日本社会民俗辞典 1」日本図書センター　2004
◇p109〔白黒〕（ツカサ（祝女））　宮古
「日本民俗事典」弘文堂　1972
◇p459〔白黒〕　先島地方（宮古・八重山群島），沖縄宮古島与那覇　[撮]竹田旦

**司の参拝**
「民俗図録 日本人の暮らし」日本図書センター　2012
◇図692〔白黒〕　沖縄八重山島

**天台宗からうけた「いたこ」の免許状**
「日本の民俗 下」クレオ　1997
◇p254〔白黒〕　青森県　大正2年受　[撮]芳賀日出男, 平成8年

**トドサマ**
「民俗資料選集 35 巫女の習俗Ⅵ」国土地理協会　2007
◇p10（口絵）〔白黒〕　山形県村山地方
◇p125（本文）〔白黒〕　山形県　岩谷観音の民間信仰奉納物
◇p182（本文）〔白黒・図〕　山形県
◇p184（本文）〔白黒〕　山形県村山地方
◇p184（本文）〔白黒・図〕　山形県村山地方
◇p185（本文）〔白黒〕　山形県村山地方

**渡名喜島の祭司**
「日本民俗大辞典 上」吉川弘文館　1999
◇図19〔別刷図版「沖縄文化」〕〔カラー〕　沖縄県島尻郡渡名喜村　村人の健康と繁栄を願って祈る女性祭司たち　[撮]大城弘明, 1989年

**ナナクラオロシの神迎え**
「民俗資料選集 21 巫女の習俗Ⅳ」国土地理協会　1993
◇p6（口絵）〔白黒〕　秋田県大曲市四ツ屋

**ナナクラ舟を中心にして別れの盃を交わす**
「民俗資料選集 21 巫女の習俗Ⅳ」国土地理協会　1993
◇p74（本文）〔白黒〕　秋田県大曲市四ツ屋 雄物川支流玉川の川原

**ナナクラ舟を流し近親者が見送る**
「民俗資料選集 21 巫女の習俗Ⅳ」国土地理協会　1993
◇p6（口絵）〔白黒〕　秋田県雄物川支流の玉川

**ナナクラ舟が見えなくなるまで見送る**
「民俗資料選集 21 巫女の習俗Ⅳ」国土地理協会　1993
◇p74（本文）〔白黒〕　秋田県大曲市四ツ屋

**ナナクラヨセ**
「日本社会民俗辞典 1」日本図書センター　2004
◇p313〔白黒〕　秋田県南秋田郡

**ノロ**
「日本の民俗 暮らしと生業」KADOKAWA　2014
◇図6-27〔白黒〕（奄美の祝女）　鹿児島県大島郡龍郷町海の岩場　[撮]芳賀日出男, 平成4年
「写真でみる日本人の生活全集 6」日本図書センター　2010
◇p77〔白黒〕　奄美大島　『奄美の島々』より
◇p109〔白黒〕　ウッカンから作法を習う若いノロ　『奄美のくらし』より
「祭・芸能・行事大辞典 上」朝倉書店　2009
◇口絵〔p6〕〔カラー〕（沖縄のノロ）　沖縄県　[撮]高橋寛司
「祭・芸能・行事大事典 下」朝倉書店　2009
◇p1380〔白黒〕　沖縄県南城市知念久高島　[撮]高橋寛司
「日本社会民俗辞典 4」日本図書センター　2004
◇p1369〔白黒〕（ノロ（祝女））
「日本の民俗 下」クレオ　1997
◇図6-32〔白黒〕（奄美の祝女）　鹿児島県大島郡龍郷町海の岩場　稲の豊作を祈る　[撮]芳賀日出男, 平成4年
「民俗学辞典（改訂版）」東京堂出版　1987
◇図版38（p461）〔白黒・図〕　沖縄久高島　橋浦泰雄画

**ノロ達**
「日本社会民俗辞典 1」日本図書センター　2004
◇図版Ⅷ 沖縄（2）〔白黒〕　沖縄伊江島　[撮]1942年

**ノロとユタ**
「日本写真全集 9」小学館　1987
◇図194〜202〔白黒〕（奄美大島のノロとユタ）　[撮]芳賀日出男　『奄美―自然と文化』（昭和34年日本学術振興会刊）より

**ノロの祭具**
「日本社会民俗辞典 4」日本図書センター　2004
◇p1369〔白黒〕　喜界島阿伝

**馬そりのいたこ**
「日本の民俗 暮らしと生業」KADOKAWA　2014
◇図6-3〔白黒〕　青森県むつ市　[撮]芳賀日出男, 昭和35年
「日本の民俗 下」クレオ　1997
◇図6-4〔白黒〕　青森県むつ市　おしら神の祭りのために行く　[撮]芳賀日出男, 昭和35年

**八丈島の巫女**
「写真でみる日本人の生活全集 5」日本図書センター　2010
◇p153〔白黒〕　東京都 八丈島　[撮]今野圓輔, 昭和26年6月

**憑依中の男性シャーマン**
「民俗学事典」丸善出版　2014
◇p454〔白黒〕

**巫業の看板**
「民俗資料選集 31 巫女の習俗Ｖ」国土地理協会　2003
◇p41（本文）〔白黒〕（羽生節子女方の看板）　宮城県登米郡東和町米谷字根郭
「民俗資料選集 21 巫女の習俗Ⅳ」国土地理協会　1993
◇p15（本文）〔白黒〕（松山マツヱ女の玄関前看板）　秋田県鹿角郡小坂町
◇p16（本文）〔白黒〕（中村容子女の看板）　秋田県鹿角市大湯
「民俗資料選集 14 巫女の習俗Ｉ」国土地理協会　1985
◇p199（本文）〔白黒〕（「大和宗観音院」の看板を掲げる

ミコ・オシラ信仰　　　　　　　　　　信　仰

佐々木ミナ巫子宅)　岩手県遠野市
　◇p214(本文)〔白黒〕　岩手県遠野市　及川タツ巫子
　◇p230(本文)〔白黒〕(巫業の看板「大和宗霊宗山観音院」)　岩手県花巻市　及川キイ巫子

巫家
「民俗資料選集 31 巫女の習俗V」国土地理協会　2003
　◇p47(本文)〔白黒〕(佐々木ふみ子女の巫家)　宮城県登米郡中田町石森字本町
　◇p97(本文)〔白黒〕(庄子たけ子女の巫家)　宮城県遠田郡涌谷町椿岡短台字笠石
　◇p106(本文)〔白黒〕(南部ちゑ子女の巫家)　宮城県遠田郡涌谷町長柄町

巫家から出てくる巫女
「民俗資料選集 31 巫女の習俗V」国土地理協会　2003
　◇p58(本文)〔白黒〕(巫家から出てきた小竹環女)　宮城県登米郡中田町宝江黒沼字町
　◇p83(本文)〔白黒〕(巫家から出てくる小野ケサヨ女)　宮城県加美郡中新田町字町西

巫者分布(宮城県下)
「民俗資料選集 31 巫女の習俗V」国土地理協会　2003
　◇p3(本文)〔白黒・図〕(宮城県下の巫者分布)　宮城県

巫術中の巫女
「民俗資料選集 31 巫女の習俗V」国土地理協会　2003
　◇p114(本文)〔白黒〕(巫術中の小梨すえの女)　宮城県志田郡鹿島台町大迫川前
　◇p180(本文)〔白黒〕(巫術中の高橋いなよ女)　宮城県柴田郡柴田町槻木別当寺

巫堂
「民俗資料選集 21 巫女の習俗Ⅳ」国土地理協会　1993
　◇p35(本文)〔白黒〕(加賀谷クニエ女の巫堂)　秋田県山本郡八竜町大口字地蔵脇
　◇p42(本文)〔白黒〕(森田ツル女の巫堂)　秋田県

補任状
「民俗資料選集 31 巫女の習俗V」国土地理協会　2003
　◇p11(口絵)〔白黒〕(芳賀とみゑ女の補任状)　宮城県登米郡登米町寺池　昭和18年(補任)
「民俗資料選集 21 巫女の習俗Ⅳ」国土地理協会　1993
　◇p29(本文)〔白黒〕(川田コヨ女の補任状)　秋田県大館市

補認状
「民俗資料選集 31 巫女の習俗V」国土地理協会　2003
　◇p163(本文)〔白黒〕(石垣よし子女の補認状)　宮城県桃生郡鳴瀬町大塚字長石

法衣着用許可書
「民俗資料選集 14 巫女の習俗Ⅰ」国土地理協会　1985
　◇p17(本文)〔白黒〕　岩手県大船渡市　昭和　金野カツメ巫子

報恩寺発行の鑑札
「民俗資料選集 15 巫女の習俗Ⅱ」国土地理協会　1986
　◇p19(本文)〔白黒・図〕　昭和30年発行

褒詞状
「民俗資料選集 21 巫女の習俗Ⅳ」国土地理協会　1993
　◇p29(本文)〔白黒〕(川田コヨ女の褒詞状)　秋田県大館市

包頭型のオシラの芯の部分
「民俗資料選集 35 巫女の習俗Ⅵ」国土地理協会　2007
　◇p66(本文)〔白黒〕(包頭型のオシラの芯の部分(竹))　岩手県東磐井郡大東町丑石(佐藤S家)

包頭型のオシラの中
「民俗資料選集 35 巫女の習俗Ⅵ」国土地理協会　2007
　◇p6(口絵)〔白黒〕(包頭型のオシラの中(桑木))　東北地方

奉納鏡立
「民俗資料選集 35 巫女の習俗Ⅵ」国土地理協会　2007
　◇p124(本文)〔白黒〕　山形県　明治22年奉納　岩谷観音の民間信仰奉納物

奉納鏡
「民俗資料選集 35 巫女の習俗Ⅵ」国土地理協会　2007
　◇p126(本文)〔白黒〕　山形県　岩谷観音の民間信仰奉納物

奉納剣
「民俗資料選集 35 巫女の習俗Ⅵ」国土地理協会　2007
　◇p126(本文)〔白黒〕　山形県　岩谷観音の民間信仰奉納物

外間祝女
「日本の民俗 暮らしと生業」KADOKAWA　2014
　◇図6-28〔白黒〕(久高島の外間祝女(ほかまノロ))　沖縄県島尻郡知念村　㈱芳賀日出男, 昭和31年
「日本の民俗 下」クレオ　1997
　◇図6-33〔白黒〕(久高島の外間祝女)　沖縄県島尻郡知念村　㈱芳賀日出男, 昭和31年

ホトケオロシ
「民俗資料選集 35 巫女の習俗Ⅵ」国土地理協会　2007
　◇p61(本文)〔白黒〕　宮城県塩竈市尾嶋町

仏降ろしをしているいたこ
「日本の民俗 暮らしと生業」KADOKAWA　2014
　◇図6-14〔白黒〕　青森県むつ市　㈱芳賀日出男, 昭和34年
「日本の民俗 下」クレオ　1997
　◇図6-16〔白黒〕　青森県むつ市　㈱芳賀日出男, 昭和34年

仏オロシをする
「民俗資料選集 21 巫女の習俗Ⅳ」国土地理協会　1993
　◇p51(本文)〔白黒〕　秋田県男鹿市五里合鮪川　鈴木シナ女
　◇p92(本文)〔白黒〕　秋田県平鹿郡山内村筏字大湯沢　藤原リヱ女

仏オロシをするエジコ
「民俗資料選集 21 巫女の習俗Ⅳ」国土地理協会　1993
　◇p4(口絵)〔白黒〕　秋田県仙北郡角館町　エジコ水平孝子女
　◇p5(口絵)〔白黒〕(仏オロシをしているエジコ水平孝子女)　秋田県仙北郡角館町

仏オロシの後、祭壇を背にして食事を振舞われるエジコ
「民俗資料選集 21 巫女の習俗Ⅳ」国土地理協会　1993
　◇p5(口絵)〔白黒〕　秋田県仙北郡角館町　エジコ水平孝子女

仏オロシの最中
「民俗資料選集 21 巫女の習俗Ⅳ」国土地理協会　1993
　◇p79(本文)〔白黒〕　秋田県仙北郡角館町　エジコ水平孝子女の巫業

仏オロシの神前
「民俗資料選集 21 巫女の習俗Ⅳ」国土地理協会　1993
　◇p94(本文)〔白黒〕(藤原リヱ女の仏オロシの神前)　秋田県平鹿郡山内村筏字大湯沢

仏オロシは聞き手に顔を向けて語る
「民俗資料選集 21 巫女の習俗Ⅳ」国土地理協会　1993
　◇p80(本文)〔白黒〕　秋田県仙北郡角館町　エジコ水平孝子女の巫業

仏に呼び出される人は丼の水を上げる
「民俗資料選集 21 巫女の習俗Ⅳ」国土地理協会　1993
　◇p80(本文)〔白黒〕　秋田県仙北郡角館町　エジコ水平孝子女の巫業

信仰　　　　　　　　　　ミコ・オシラ信仰

## 毎朝の勤行
「民俗資料選集 14 巫女の習俗Ⅰ」国土地理協会　1985
　◇p9（口絵）〔白黒〕　岩手県下閉伊郡山田町　上沢ヨノ巫子

## 勾玉のついたうちだれ
「日本宗教民俗図典 2」法蔵館　1985
　◇図425〔白黒〕　沖縄県石垣市宮良

## ミコ
「民俗資料選集 20 巫女の習俗Ⅲ」国土地理協会　1992
　◇p13（本文）〔白黒〕（ミコ鈴木ヒデ女）　福島県
　◇p30（本文）〔白黒〕（ミコ岸うめ女）　福島県田村郡三春町字荒町
　◇p47（本文）〔白黒〕（ミコ高橋好子女）　福島県表郷村金山長者久保
　◇p82（本文）〔白黒〕（ミコ室井としみ女）　福島県田島町大字上町

## 神子
「民俗資料選集 14 巫女の習俗Ⅰ」国土地理協会　1985
　◇p9（本文）〔白黒〕（金野銀蔵神子）　岩手県陸前高田市
　◇p73（本文）〔白黒〕（山野目キヌ神子）　岩手県宮古市筑地
　◇p76（本文）〔白黒〕（外山サツ神子）　岩手県田老町畑
　◇p81（本文）〔白黒〕（中島ハツ神子）　岩手県宮古市

## 巫子
「民俗資料選集 14 巫女の習俗Ⅰ」国土地理協会　1985
　◇p216（本文）〔白黒〕（岩本法523巫子）　岩手県遠野市
　◇p226（本文）〔白黒〕　岩手県石鳥谷町
　◇p228（本文）〔白黒〕（及川キイ巫子）　岩手県花巻市
　◇p232（本文）〔白黒〕（鎌田ミエ巫子）　岩手県東和町

## 巫女
「日本の民俗 暮らしと生業」KADOKAWA　2014
　◇図6-22〔白黒〕　奈良県　㊟芳賀日出男、平成6年
「宮本常一 写真・日記集成 別巻」毎日新聞社　2005
　◇図163（p30）〔白黒〕（金沢フデ巫女）　青森県西津軽郡車力村　㊟宮本常一、1940年〔11月〕
「民俗資料選集 31 巫女の習俗Ⅴ」国土地理協会　2003
　◇p110（本文）〔白黒〕（小梨すえの女）　宮城県志田郡鹿島台町大迫川前
　◇p160, 163（本文）〔白黒〕（石垣よし子女）　宮城県桃生郡鳴瀬町大塚字長石
　◇p179（本文）〔白黒〕（高橋いなよ女）　宮城県柴田郡柴田町槻木別当寺
　◇p23（本文）〔白黒〕　宮城県気仙沼市松若字赤岩石兜斉藤よし子女と祭壇
　◇p36（本文）〔白黒〕（及川しも女）　宮城県登米郡東和町米川中上沢
　◇p97（本文）〔白黒〕（庄子たけ子女）　宮城県遠田郡涌谷町椿岡短台字笠石
　◇p106（本文）〔白黒〕（南部ちゑ子女）　宮城県遠田郡涌谷町長柄町
　◇p154（本文）〔白黒〕（渥美せつこ女）　宮城県桃生郡桃生町寺崎字舟場梅木
「民俗資料選集 14 巫女の習俗Ⅰ」国土地理協会　1985
　◇p257（本文）〔白黒〕（播磨タケ女）　岩手県久慈市
　◇p263（本文）〔白黒〕（林崎トミエ女）　岩手県野田村
　◇p265（本文）〔白黒〕（崎広フサ女）　岩手県野田村

## 巫女が巫術を行う堂
「民俗資料選集 31 巫女の習俗Ⅴ」国土地理協会　2003
　◇p179（本文）〔白黒〕（高橋いなよ女が巫術を行う堂）　宮城県柴田郡柴田町槻木別当寺

## 巫女姿
「民俗資料選集 14 巫女の習俗Ⅰ」国土地理協会　1985
　◇p10（口絵）〔白黒〕　岩手県山田町　上沢ヨノ巫子　緋の袴に鳳凰文の千早、じゅず

## 巫子宅
「民俗資料選集 14 巫女の習俗Ⅰ」国土地理協会　1985
　◇p204（本文）〔白黒〕（前川キク巫子宅）　岩手県遠野市　「天台大和宗観音院」の看板が見える
　◇p207（本文）〔白黒〕（菊池シゲ子巫子宅）　岩手県遠野市　「大和宗神占祈禱所」の看板が見える

## 巫女と祭壇
「民俗資料選集 31 巫女の習俗Ⅴ」国土地理協会　2003
　◇p34（本文）〔白黒〕（及川しも女と祭壇）　宮城県登米郡東和町米川中上沢
　◇p74（本文）〔白黒〕（阿部まつみ女と祭壇）　宮城県栗原郡築館町伊豆町
　◇p99（本文）〔白黒〕（庄子たけ子女と祭壇）　宮城県遠田郡涌谷町椿岡短台字笠石

## 巫女と信者一同
「民俗資料選集 31 巫女の習俗Ⅴ」国土地理協会　2003
　◇p173（本文）〔白黒〕（阿部はるの女と信者一同）　宮城県塩竈市藤倉　9月15日カミサマの日

## 巫女とツキガミサマの御札
「民俗資料選集 31 巫女の習俗Ⅴ」国土地理協会　2003
　◇p61（本文）〔白黒〕（千葉トミヲ女とツキガミサマの御札）　宮城県登米郡中田町上沼字長根

## ミコと同女免許状
「民俗資料選集 20 巫女の習俗Ⅲ」国土地理協会　1992
　◇p12（本文）〔白黒〕（ミコ田村キナ女と同女免許状）　福島県　昭和22年（免許）
　◇p22（本文）〔白黒〕（ミコ面川ミネ女と同免許状）　福島県岩瀬郡鏡石町大字笠石字東　昭和12年（免許）
　◇p62（本文）〔白黒〕（ミコ酒井春子女と同女免許状）　福島県　昭和16年, 昭和42年（免許）
　◇p80（本文）〔白黒〕（ミコ菅野ハルヨ女と同女免許状）　福島県田島町　昭和34年（免許）

## 巫女と弓
「民俗資料選集 31 巫女の習俗Ⅴ」国土地理協会　2003
　◇p14（口絵）〔白黒〕（千坂まつよ女と弓）　宮城県宮城郡松島町高城

## 巫女に憑いた神（不動明王の掛けもの）
「民俗資料選集 21 巫女の習俗Ⅳ」国土地理協会　1993
　◇p95（本文）〔白黒〕　秋田県平鹿郡山内村筏字大湯沢　藤原リエ女

## 巫女による厄払いの数珠かけ
「精選 日本民俗辞典」吉川弘文館　2006
　◇p504〔白黒〕
「日本民俗大辞典 下」吉川弘文館　2000
　◇p600〔白黒〕

## 巫女の家の仏壇
「民俗資料選集 21 巫女の習俗Ⅳ」国土地理協会　1993
　◇p94（本文）〔白黒〕（藤原リエ女の家の仏壇（神棚の隣に並ぶ））　秋田県平鹿郡山内村筏字大湯沢　藤原リエ女

## 巫女の一弦琴
「民俗資料選集 31 巫女の習俗Ⅴ」国土地理協会　2003
　◇p16（口絵）〔白黒〕（竹林マス子女の一弦琴）　宮城県玉造郡岩出山町池月

## 巫女の一弦琴、数珠、数取銭
「民俗資料選集 31 巫女の習俗Ⅴ」国土地理協会　2003
　◇p15（口絵）〔白黒〕（小野ケサヨ女の一弦琴、数珠、数取銭）　宮城県加美郡中新田町字町西
　◇p16（口絵）〔白黒〕（竹林マス子女の一弦琴、数珠、数取銭）　宮城県玉造郡岩出山町池月

## 巫女のウツネエ箱
「民俗資料選集 31 巫女の習俗Ⅴ」国土地理協会　2003

民俗風俗 図版レファレンス事典（衣食住・生活篇）　**739**

## ミコ・オシラ信仰　　　　　信仰

　　◇p8（口絵）〔白黒〕（渥美せつ子女のウツネエ箱）　宮城県桃生郡桃生町寺崎

### 巫女の鉦
「民俗資料選集 14 巫女の習俗Ⅰ」国土地理協会　1985
　　◇p11（口絵）〔白黒〕（鉦　岩手県稗貫郡石鳥谷町　村谷キナ巫子

### 巫女の神棚
「民俗資料選集 21 巫女の習俗Ⅳ」国土地理協会　1993
　　◇p30（本文）〔白黒〕（川田コヨ女の神棚）　秋田県大館市

### 巫女の神憑ヶ記念
「民俗資料選集 14 巫女の習俗Ⅰ」国土地理協会　1985
　　◇p1（口絵）〔白黒〕　岩手県　㊞昭和43年　佐々木ミナ巫子提供

### 巫女の感謝状と補任状
「民俗資料選集 31 巫女の習俗Ⅴ」国土地理協会　2003
　　◇p62（本文）〔白黒〕（千葉トミヲ女の感謝状と補任状）宮城県登米郡中田町上沼字長根

### ミコの祈禱
「日本社会民俗辞典 4」日本図書センター　2004
　　◇p1370〔白黒〕　福島県大野村

### 巫女の裁許状
「日本の民俗 暮らしと生業」KADOKAWA　2014
　　◇図6-19〔白黒〕　奈良県生駒郡三郷町　宝暦12年（1762）受　㊞芳賀日出男, 昭和34年
「日本の民俗 下」クレオ　1997
　　◇図6-22〔白黒〕　奈良県生駒郡三郷町　㊞芳賀日出男, 昭和34年

### ミコの祭壇
「民俗資料選集 20 巫女の習俗Ⅲ」国土地理協会　1992
　　◇p1（口絵）〔白黒〕　福島県白河市金勝寺　ミコ根本セキ女
　　◇p2（口絵）〔白黒〕　福島県本宮町　ミコ鈴木キク女
　　◇p2（口絵）〔白黒〕　福島県北会津村　ミコ酒井春子女
　　◇p2（口絵）〔白黒〕　福島県本宮町　ミコ鈴木ヒデ女

### 神子の祭壇
「民俗資料選集 14 巫女の習俗Ⅰ」国土地理協会　1985
　　◇p15（口絵）〔白黒〕　岩手県大船渡市　金野銀蔵神子
　　◇p77（本文）〔白黒〕　岩手県田老町畑　外山サツ神子

### 巫子の祭壇
「民俗資料選集 14 巫女の習俗Ⅰ」国土地理協会　1985
　　◇p210（本文）〔白黒〕　岩手県遠野市　上野ミヨ巫子

### 巫女の祭壇
「民俗資料選集 31 巫女の習俗Ⅴ」国土地理協会　2003
　　◇p1（口絵）〔白黒〕　宮城県本吉郡唐桑町小鯖　小野寺さつき女の祭壇
　　◇p1（口絵）〔白黒〕　宮城県登米郡中田町宝江黒沼　小竹環女の祭壇
　　◇p2（口絵）〔白黒〕　宮城県志田郡鹿島台町大迫　小梨すえの女の祭壇
　　◇p2（口絵）〔白黒〕　宮城県栗原郡若柳町川南町　菅原きせ女の祭壇
　　◇p3（口絵）〔白黒〕　宮城県柴田郡柴田町槻木　高橋いなよ女の祭壇
　　◇p3（口絵）〔白黒〕　宮城県宮城郡松島町高城　千坂まつよ女の祭壇
　　◇p4（口絵）〔白黒〕（渥美せつ子女の祭壇）　宮城県桃生郡桃生町寺崎
　　◇p4（口絵）〔白黒〕　宮城県登米郡中田町石森　佐々木ふみ子女の祭壇
　　◇p23（本文）〔白黒〕　宮城県気仙沼市松若字赤岩石兜　斉藤よし子女と祭壇
　　◇p80（本文）〔白黒〕　宮城県玉造郡岩出山町池月字下宮山口前　竹林マス子女の祭壇
　　◇p86（本文）〔白黒〕（内出きみえ女の祭壇）　宮城県加美郡小野田町味ヶ袋大善壇
　　◇p107（本文）〔白黒〕（南部ちゑ子女の祭壇）　宮城県遠田郡涌谷町長柄町
　　◇p161（本文）〔白黒〕（石垣よし子女の祭壇）　宮城県桃生郡鳴瀬町大塚字長石
「民俗資料選集 21 巫女の習俗Ⅳ」国土地理協会　1993
　　◇p29（本文）〔白黒〕　秋田県大館市　川田コヨ女の祭壇
「民俗資料選集 14 巫女の習俗Ⅰ」国土地理協会　1985
　　◇p12（口絵）〔白黒〕　岩手県稗貫郡石鳥谷町　村谷キナ巫子
　　◇p12（口絵）〔白黒〕　岩手県石鳥谷町　菅原ハツメ巫子
　　◇p12（口絵）〔白黒〕　岩手県和賀郡東和町　鎌田ミエ巫子
　　◇p12（口絵）〔白黒〕　岩手県下閉伊郡田老町　外山サツ巫子
　　◇p13（口絵）〔白黒〕　岩手県遠野市　岩本法女巫子
　　◇p13（口絵）〔白黒〕　岩手県大船渡市　金野カツメ巫子
　　◇p13（口絵）〔白黒〕　岩手県花巻市　及川キイ巫子
　　◇p13（口絵）〔白黒〕　岩手県山田町　上沢ヨノ巫子
　　◇p13（口絵）〔白黒〕　岩手県宮古市　後山ミネ巫子

### 巫子の呪具
「民俗資料選集 14 巫女の習俗Ⅰ」国土地理協会　1985
　　◇p230（本文）〔白黒〕　岩手県花巻市　及川キイ巫子

### 巫女の呪具を収める箱
「民俗資料選集 31 巫女の習俗Ⅴ」国土地理協会　2003
　　◇p33（本文）〔白黒〕（及川しも女の呪具を収める箱）　宮城県登米郡東和町米川中上沢

### 神子のじゅず
「民俗資料選集 14 巫女の習俗Ⅰ」国土地理協会　1985
　　◇p73（本文）〔白黒〕　岩手県宮古市筑地　山野日キヌ神子所持
　　◇p214（本文）〔白黒〕　岩手県遠野市　及川タツ巫子所持
　　◇p249（本文）〔白黒〕　岩手県二戸市　中村イソ女所持

### 神子の商売道具を白の風呂敷に包む
「民俗資料選集 14 巫女の習俗Ⅰ」国土地理協会　1985
　　◇p81（本文）〔白黒〕　岩手県宮古市　中島ハツ神子, 白の風呂敷に包むのは、千早・じゅず・オダイジ・配札の箱など

### 巫女の辞令
「日本の民俗 暮らしと生業」KADOKAWA　2014
　　◇図6-20〔白黒〕　奈良県生駒郡三郷町　そゎねったんが昭和13年（1938）に奈良県の龍田大社から受けた　㊞芳賀日出男, 昭和34年
「日本の民俗 下」クレオ　1997
　　◇図6-23〔白黒〕　奈良県生駒郡三郷町　そゎねったんが昭和13年（1938）に奈良県の龍田大社から受けた　㊞芳賀日出男, 昭和34年

### 巫女の道具かご
「民俗資料選集 14 巫女の習俗Ⅰ」国土地理協会　1985
　　◇p11（口絵）〔白黒〕（道具かご）　岩手県稗貫郡石鳥谷町　村谷キナ巫子

### 巫女の巫家
「民俗資料選集 31 巫女の習俗Ⅴ」国土地理協会　2003
　　◇p53（本文）〔白黒〕（五十嵐れい子女の巫家）　宮城県登米郡中田町宝江新井田字下道

### 巫女の巫家に隣接した社
「民俗資料選集 31 巫女の習俗Ⅴ」国土地理協会　2003
　　◇p174（本文）〔白黒〕（阿部はるの女の巫家に隣接した社）　宮城県塩竈市藤倉

### 巫子の用いる経典
「民俗資料選集 14 巫女の習俗Ⅰ」国土地理協会　1985
◇p216(本文)〔白黒〕(岩本法女巫子の用いる経典)　岩手県遠野市

### 巫女の山の神と不動明王
「民俗資料選集 31 巫女の習俗Ⅴ」国土地理協会　2003
◇p153(本文)〔白黒〕(渥美せつ子女の山の神と不動明王)　宮城県桃生郡桃生町寺崎字舟場梅木

### 巫女免許状
「民俗資料選集 35 巫女の習俗Ⅵ」国土地理協会　2007
◇p190(本文)〔白黒〕　山形県村山地方　明治42年
◇p191(本文)〔白黒〕　山形県村山地方　明治37年

### 宮古島の祭司(ウヤガン)
「日本民俗大辞典 上」吉川弘文館　1999
◇図20〔別刷図版「沖縄文化」〕〔カラー〕　沖縄県平良市　[撮]大城弘明, 1991年

### 宮古の島尻ウタキの聖地からムトゥに出てきた神女たち
「山と森の神 目でみる民俗神シリーズ1」東京美術　1988
◇p76〔白黒〕　沖縄県 宮古島

### 弥勒寺千体堂の亡児供養の千体仏
「民俗資料選集 31 巫女の習俗Ⅴ」国土地理協会　2003
◇p4(本文)〔白黒〕　宮城県中田町上沼　一帯に在住する巫女の口寄せによる信仰

### 弥勒寺本堂に納められた死者の着物
「民俗資料選集 31 巫女の習俗Ⅴ」国土地理協会　2003
◇p2(本文)〔白黒〕　宮城県中田町上沼　一帯に在住する巫女の口寄せによる信仰

### 迎えの車に乗るエジコ
「民俗資料選集 21 巫女の習俗Ⅳ」国土地理協会　1993
◇p77(本文)〔白黒〕　秋田県仙北郡角館町　依頼人・エジコ水平孝子女・母親

### ムシ封じの藁包
「民俗資料選集 31 巫女の習俗Ⅴ」国土地理協会　2003
◇p13(口絵)〔白黒〕　宮城県黒川郡大衡村

### 免許状
「民俗資料選集 20 巫女の習俗Ⅲ」国土地理協会　1992
◇p5(口絵)〔白黒〕　福島県鏡石町　昭和16年(免許)　ミコ面川ミネ女
◇p5(口絵), p78(本文)〔白黒〕　福島県下郷町　昭和14年(免許)　タユウ渡部武良氏

### 大和宗資格認定状
「民俗資料選集 31 巫女の習俗Ⅴ」国土地理協会　2003
◇p62(本文)〔白黒〕(千葉トミヲ女の大和宗資格認定状)　宮城県登米郡中田町上沼字長根

### 大和宗責任役員として受けた表彰状
「民俗資料選集 14 巫女の習俗Ⅰ」国土地理協会　1985
◇p9(本文)〔白黒〕　岩手県陸前高田市　金野銀蔵神子

### 大和宗設立式典に際しての感謝状
「民俗資料選集 14 巫女の習俗Ⅰ」国土地理協会　1985
◇p9(本文)〔白黒〕　岩手県陸前高田市　金野銀蔵神子

### ユタ
「日本の民俗 暮らしと生業」KADOKAWA　2014
◇図6-24〔白黒〕(奄美のゆた)　鹿児島県大島郡和泊町　[撮]芳賀日出男, 昭和32年
「写真でみる日本人の生活全集 5」日本図書センター　2010
◇p155〔白黒〕　奄美大島　[撮]昭和30年　「奄美の島々」から
「日本民俗宗教辞典」東京堂出版　1998
◇p575〔白黒〕　沖縄地方　拝所で拝みをするユタと信者　[撮]池上良正
「日本の民俗 下」クレオ　1997
◇図6-28〔白黒〕(奄美のゆた)　鹿児島県大島郡和泊町　[撮]芳賀日出男, 昭和32年
「日本民俗事典」弘文堂　1972
◇p773〔白黒〕　南島各地, 沖縄本島名護市　[撮]桜井徳太郎

### ユタの祈願
「日本民俗大辞典 上」吉川弘文館　1999
◇図34〔別刷図版「沖縄文化」〕〔カラー〕　沖縄県那覇市 首里旧跡　[撮]渡邊欣雄, 1990年
「図説 民俗探訪事典」山川出版社　1983
◇p335〔白黒〕　奄美　[撮]山下欣一

### ユタの祈禱
「日本民俗写真大系 5」日本図書センター　2000
◇p100〔白黒〕　鹿児島県奄美大島　[撮]越間誠, 1971年

### ゆたの夫婦
「日本の民俗 暮らしと生業」KADOKAWA　2014
◇図6-25〔白黒〕　鹿児島県大島郡和泊町　[撮]芳賀日出男, 昭和32年
「日本の民俗 下」クレオ　1997
◇図6-30〔白黒〕　鹿児島県大島郡和泊町　家族や牛馬とともに野良仕事に出かける　[撮]芳賀日出男, 昭和32年

### 弓
「民俗資料選集 35 巫女の習俗Ⅵ」国土地理協会　2007
◇p11(口絵)〔白黒〕　山形県村山地方
「民俗資料選集 31 巫女の習俗Ⅴ」国土地理協会　2003
◇p16(口絵)〔白黒〕(渥美せつ子女の弓)　宮城県桃生郡桃生町寺崎
◇p163(本文)〔白黒・図〕(石垣よし子女の弓)　宮城県桃生郡鳴瀬町大塚字長石
「民俗資料選集 15 巫女の習俗Ⅱ」国土地理協会　1986
◇口絵〔白黒〕　青森県　後藤テル女所持

### 弓を打ちながら口寄せを行う
「民俗資料選集 15 巫女の習俗Ⅱ」国土地理協会　1986
◇口絵〔白黒〕　青森県　後藤テル女

### 弓を使い口寄せをする
「民俗資料選集 15 巫女の習俗Ⅱ」国土地理協会　1986
◇口絵〔白黒〕　青森県　後藤テル女, 葛西サナ女

### 弓を鳴らす
「民俗資料選集 31 巫女の習俗Ⅴ」国土地理協会　2003
◇p14(口絵)〔白黒〕(弓を鳴らす石垣よし子女)　宮城県桃生郡鳴瀬町大塚

### 弓を鳴らす竹の矢
「民俗資料選集 15 巫女の習俗Ⅱ」国土地理協会　1986
◇p16(本文)〔白黒・図〕　青森県

### 弓を張る
「民俗資料選集 15 巫女の習俗Ⅱ」国土地理協会　1986
◇口絵〔白黒〕　青森県　葛西サナ女

### 弓の組み立て
「民俗資料選集 15 巫女の習俗Ⅱ」国土地理協会　1986
◇p16(本文)〔白黒・図〕　青森県南津軽郡平賀町　葛西サナ女所有

### 弓の使用
「民俗資料選集 15 巫女の習俗Ⅱ」国土地理協会　1986
◇p17(本文)〔白黒・図〕　青森県黒石市　後藤テル女

### 弓の台箱
「民俗資料選集 15 巫女の習俗Ⅱ」国土地理協会　1986
◇p16(本文)〔白黒・図〕　青森県

### ヨリウラ
「日本社会民俗辞典 4」日本図書センター　2004
◇p1556〔白黒〕　鶴岡市南嶽寺　目隠しして依憑させる

**レイク膳（仏オロシに供える膳）**
「民俗資料選集 21 巫女の習俗Ⅳ」国土地理協会　1993
◇p64（本文）〔白黒〕　秋田県秋田市上新城石名坂柱沢　三浦トキ女

**路傍に供えたオッパライの供物**
「民俗資料選集 31 巫女の習俗Ⅴ」国土地理協会　2003
◇p12（口絵）〔白黒〕　宮城県宮城郡松島町松島

**ワカ・ミコ打初手形**
「民俗資料選集 35 巫女の習俗Ⅵ」国土地理協会　2007
◇p9（口絵）〔白黒〕　山形県村山地方

**別れの盃（全員に盃を回す）**
「民俗資料選集 21 巫女の習俗Ⅳ」国土地理協会　1993
◇p81（本文）〔白黒〕　秋田県仙北郡角館町　水平孝子女の巫業

# 講・庚申

**移住者と地元民が開く地蔵講**
「里山・里海 暮らし図鑑」柏書房　2012
◇写21（p355）〔白黒〕　和歌山県那智勝浦町色川　平成21年8月　元安良彰提供

**恵比須講**
「民間信仰辞典」東京堂出版　1980
◇p46〔白黒〕

**大木札を受けた金毘羅講の人**
「あるくみるきく双書 宮本常一とあるいた昭和の日本 24」農山漁村文化協会　2012
◇p183〔白黒〕　香川県琴平町 金刀比羅宮　[撮]〔昭和52～53年〕

**拝み箪笥**
「日本民具の造形」淡交社　2004
◇p189〔白黒〕　千葉県 国立歴史民俗博物館所蔵　冨士講

**押入れの中に隠された仏間**
「日本民俗大辞典 上」吉川弘文館　1999
◇p331〔白黒〕　熊本県球磨郡山江村

**御師とマネキ**
「図説 日本民俗学」吉川弘文館　2009
◇p211〔白黒〕　神奈川県秦野市

**お題目講**
「民俗資料選集 2 木地師の習俗」国土地理協会　1974
◇p95（本文）〔白黒〕　新潟県糸魚川市大所木地屋

**おつとめの後持ち寄った菓子で茶のみをする**
「日本宗教民俗図典 1」法蔵館　1985
◇図90〔白黒〕　滋賀県木之本町杉野中 薬師堂　[撮]須藤功

**おつとめの日**
「日本宗教民俗図典 1」法蔵館　1985
◇図91〔白黒〕　滋賀県木之本町杉野中 薬師堂　毎月8日　[撮]須藤功

**おばあさんたちが、正座したひざの前に置いた小さなかねをたたきながら、お念仏（御詠歌）を唱える**
「写真ものがたり昭和の暮らし 3」農山漁村文化協会　2004
◇p204〔白黒〕　新潟県小木町宿根木 霊場「岩屋山」の、四国八十八ヶ所と観音三十三ヶ所の石仏が並んだ境内（現佐渡市）　[撮]中俣正義, 昭和47年6月

**オンマカ風呂**
「図説 民俗建築大事典」柏書房　2001
◇写真2（p201）〔白黒〕　京都府城陽市枇杷庄 城州一心講　毎年正月4、5日から3日間 百草湯　城陽市歴史民俗資料館蔵

**神島の観音講の念仏**
「日本宗教民俗図典 1」法蔵館　1985
◇図487〔白黒〕　三重県鳥羽市神島　18日は観音, 21日は大師, 24日は桂光院の本尊　[撮]萩原秀三郎

**萱壁講の萱で作った仮屋**
「日本民俗大辞典 上」吉川弘文館　1999
◇p331〔白黒〕　宮崎県北諸県郡小郡山田町

**観音講**
「日本民俗宗教辞典」東京堂出版　1998
◇p179〔白黒〕　栃木県益子町　[撮]横田則夫

**甲子と庚申の碑**
「日本宗教民俗図典 1」法蔵館　1985
◇図58〔白黒〕　長野県高遠町　[撮]須藤功

**鎖禅定をする講社**
「図説 日本民俗学」吉川弘文館　2009
◇p213〔白黒〕　愛媛県西条市 石鎚山頂をめざす

**庚申**
「日本宗教民俗図典 1」法蔵館　1985
◇図54〔白黒〕　静岡県三ヶ日町　[撮]須藤功

**庚申供養塔**
「民俗資料叢書 7 木地師の習俗1」平凡社　1968
◇図98〔白黒〕　三重県柏崎村, 注連小路　木地師の習俗

**庚申供養碑**
「日本宗教民俗図典 2」法蔵館　1985
◇図357〔白黒〕　福島県三春町

**庚申講**
「年中行事大辞典」吉川弘文館　2009
◇p271〔白黒〕　秋田県北秋田市
「祭礼行事・富山県」桜楓社　1991
◇p139〔白黒〕　富山県黒部市立野　12月23日
「境と辻の神 目でみる民俗神シリーズ3」東京美術　1988
◇p97〔白黒〕　栃木県塩谷郡塩原町中塩原　60日に1度庚申の夜
◇p102〔白黒〕　千葉県市川市国分町北台
◇p103〔白黒〕　秋田県北秋田郡森吉町本城　[撮]昭和55年10月
「日本宗教民俗図典 1」法蔵館　1985
◇図494〔白黒〕　千葉県市川市国分　[撮]萩原秀三郎
◇図497〔白黒〕　秋田県森吉町本城 トウマイ（宿）　年6回庚申の日　[撮]萩原秀三郎
◇図499〔白黒〕　三重県鳥羽市神島　[撮]萩原秀三郎

**庚申講の掛け軸**
「図説 日本民俗学」吉川弘文館　2009
◇p132〔白黒〕　群馬県みどり市　長沢利明提供

### 庚申講の講中にトウヤにあつまってくる村の人
「写真でみる日本人の生活全集 9」日本図書センター　2010
　◇p8〔白黒〕

### 庚申講の猿田彦像
「日本民俗大辞典 上」吉川弘文館　1999
　◇p595〔白黒〕　神奈川県小田原市

### 庚申さん
「境と辻の神 目でみる民俗神シリーズ3」東京美術　1988
　◇p104～105〔白黒〕　三重県鳥羽市神島　2か月に1度 庚申の日

### 庚申塚
「図説 日本民俗学」吉川弘文館　2009
　◇p113〔白黒〕　千葉県旭市
「図説 民俗探訪事典」山川出版社　1983
　◇p180〔白黒〕　埼玉県越谷市
「民俗資料叢書 7 木地師の習俗1」平凡社　1968
　◇図4〔白黒〕(筒井千軒跡の庚申塚)　滋賀県〔東近江市〕　木地屋根元遺跡

### 庚申像碑
「日本社会民俗辞典 1」日本図書センター　2004
　◇p384〔白黒〕　長野県洗馬村　貞享3年建立

### 庚申大菩薩
「日本宗教民俗図典 1」法蔵館　1985
　◇図443〔白黒〕　奈良県田原本町今里　玄関戸口の上 悪霊を防ぐ　㊧須藤功

### 庚申塔
「写真でみる日本人の生活全集 5」日本図書センター　2010
　◇p110〔白黒〕　熊本県人吉市　㊧宗弘容
「図説 日本民俗学」吉川弘文館　2009
　◇p122〔白黒〕　埼玉県和光市
「宮本常一 写真・日記集成 上」毎日新聞社　2005
　◇p243〔白黒〕　愛知県北設楽郡設楽町名倉 大蔵寺あたり　㊧宮本常一, 1961年1月20日
「宮本常一 写真・日記集成 下」毎日新聞社　2005
　◇p35〔白黒〕　長野県南安曇郡奈川村古宿　㊧宮本常一, 1965年7月25日
　◇p87〔白黒〕　東京都小平市・鎌倉街道に残る　㊧宮本常一, 1966年10月11日～19日
　◇p153〔白黒〕　東京都府中市　㊧宮本常一, 1968年6月18日
　◇p322〔白黒〕　東京都羽村市小作付近 奥多摩街道　㊧宮本常一, 1974年3月14日(農山漁家生活改善技術資料収集調査)
　◇p455〔白黒〕(双体道祖神、庚申塔、寒念仏供養の石塔、二十三夜待石塔)　群馬県甘楽郡下仁田町　㊧宮本常一, 1979年3月10日～11日
「宮本常一 写真・日記集成 別巻」毎日新聞社　2005
　◇図184(p33)〔白黒〕　秋田県・男鹿半島・戸賀村〔男鹿市〕　㊧宮本常一, 1940年〔11月〕
「日本社会民俗辞典 1」日本図書センター　2004
　◇p359〔白黒〕　長野県坂北村
　◇p385〔白黒〕　東京都目黒　寛文年間建立
「日本民俗大辞典 上」吉川弘文館　1999
　◇p595〔白黒〕　群馬県高崎市寺尾町
「日本民俗宗教辞典」東京堂出版　1998
　◇p181〔白黒〕(庚申塔(三猿))
　◇p181〔白黒〕(庚申塔(青面金剛))
「仏教民俗辞典 コンパクト版」新人物往来社　1993
　◇p103〔白黒〕
「祭礼行事・香川県」桜楓社　1992
　◇p121〔白黒〕　香川県大川郡長尾町多和
「図録・民具入門事典」柏書房　1991
　◇p97〔白黒〕　東京都
「境と辻の神 目でみる民俗神シリーズ3」東京美術　1988
　◇p106～107〔白黒〕　千葉県佐倉市大佐倉　享保12年(1727)の造立　青面金剛像
　◇p100〔白黒〕　千葉県船橋市鈴身町行行林　もっとも新しいのは昭和56年
　◇p100〔白黒〕　千葉県市川市八幡　道祖神と書かれ下に庚申の三猿を彫る
　◇p100〔白黒〕　千葉県市川市八幡　青面金剛像
　◇p101〔白黒〕　千葉県市川市国分町
　◇p108〔白黒〕　群馬県利根郡片品村　五重層塔
　◇p108〔白黒〕　群馬県利根郡片品村
　◇p109〔白黒〕　大分県東国東郡国東町
　◇p109〔白黒〕　新潟県糸魚川市
　◇p109〔白黒〕　千葉県松戸市
　◇p109〔白黒〕　千葉県市川市
「民間信仰辞典」東京堂出版　1980
　◇p113〔白黒・図〕
「日本民俗図誌 1 祭礼・祭祀篇」村田書店　1977
　◇図144～146〔白黒・図〕　東京市本郷区根津須賀町の根津神社境内　延宝・宝永、寛文年代建立
　◇図147〔白黒・図〕　東京市下谷区池之端不忍池の弁天堂脇の聖天神　元禄3年建立
　◇図148-1〔白黒・図〕　東京市牛込区築土八幡町の築土八幡神社境内　建立年代不明
　◇図148-2〔白黒・図〕　東京市本郷区駒込神明町天祖神社境内(現存せず)　元禄16年建立
「図説 日本民俗学全集 3」高橋書店　1971
　◇図23〔白黒〕(庚申塔(倶利伽羅不動))　東京都 目白不動尊境内
「図説 日本民俗学全集 4」あかね書房　1960
　◇図23〔白黒〕　東京都 目白不動尊境内
「写真 日本文化史 9」日本評論新社　1955
　◇図156〔白黒〕　千葉県　延宝8年(1680)

### 庚申堂
「図説 民俗探訪事典」山川出版社　1983
　◇p180〔白黒〕　奈良県大和郡山市　猿のぬいぐるみが多数奉納されている

### 庚申塔・猿田彦像
「境と辻の神 目でみる民俗神シリーズ3」東京美術　1988
　◇p108〔白黒〕　千葉県鎌ヶ谷市

### 庚申塔と広告看板の同居
「宮本常一 写真・日記集成 下」毎日新聞社　2005
　◇p226〔白黒〕　東京都西東京市保谷 旧保谷市追分　㊧宮本常一, 1970年2月19日

### 庚申塔とダルマ
「宮本常一が撮った昭和の情景 上」毎日新聞社　2009
　◇p185〔白黒〕(旧年のダルマが納められた庚申塔の祠)　東京都小金井市貫井南町　㊧宮本常一, 1963年1月5日
「宮本常一 写真・日記集成 上」毎日新聞社　2005
　◇p368〔白黒〕　東京都小金井市貫井南町　㊧宮本常一, 1963年1月5日

### 庚申塔と馬頭観音
「宮本常一 写真・日記集成 上」毎日新聞社　2005
　◇p64〔白黒〕　神奈川県川崎市麻生区 柿生→石川　㊧宮本常一, 1957年4月21日

### 庚申の扁額
「民俗資料選集 9 山村の生活と用具」国土地理協会　1981
　◇p15(口絵)〔白黒〕　愛知県北設楽郡津具村

### 講中
「写真でみる日本人の生活全集 4」日本図書センター　2010
　◇p144〔白黒〕　神詣での一行

講・庚申　　　　　　　　　　　　　　　　信　仰

**講の人**
　「写真でみる日本人の生活全集 10」日本図書センター　2010
　　◇p132〔白黒〕　⓴茂木正男

**講名が刻まれた石垣**
　「写真でみる民家大事典」柏書房　2005
　　◇p247-3〔白黒〕　神奈川県伊勢原市大山　⓴2004年　山崎祐子

**小富士**
　「日本宗教民俗図典 1」法蔵館　1985
　　◇図478〔白黒〕　東京都練馬区大泉 八坂神社　明治初年築　⓴須藤功

**四十八夜念仏塔婆**
　「民俗資料選集 9 山村の生活と用具」国土地理協会　1981
　　◇p67(本文)〔白黒〕　愛知県北設楽郡津具村 下津具・溜渕

**四十八夜念仏の板塔婆**
　「民俗資料選集 9 山村の生活と用具」国土地理協会　1981
　　◇p15(口絵)〔白黒〕　愛知県北設楽郡津具村

**七面山参り**
　「図説 日本民俗学」吉川弘文館　2009
　　◇p214〔白黒〕　山梨県身延町 身延山　〔題目講中の人々〕

**十九夜講**
　「日本宗教民俗図典 1」法蔵館　1985
　　◇図496〔白黒〕　栃木県河内町釜根　⓴萩原秀三郎

**十九夜さま**
　「日本社会民俗辞典 3」日本図書センター　2004
　　◇p945〔白黒〕　福島県大野村
　「日本宗教民俗図典 1」法蔵館　1985
　　◇図141〔白黒〕　千葉県海上町倉橋　⓴萩原秀三郎

**十九夜塔**
　「仏教民俗辞典 コンパクト版」新人物往来社　1993
　　◇p187〔白黒〕(十九夜の塔)
　「境と辻の神 目でみる民俗神シリーズ3」東京美術　1988
　　◇p120〔白黒〕　栃木県塩谷郡塩原町
　　◇p121〔白黒〕　千葉県海上郡海上町

**十三日講**
　「境と辻の神 目でみる民俗神シリーズ3」東京美術　1988
　　◇p112〔白黒〕　千葉県市川市北国分
　「日本宗教民俗図典 1」法蔵館　1985
　　◇図504〔白黒〕　千葉県市川市北国分　毎月13日

**十三日講の掛軸**
　「日本宗教民俗図典 1」法蔵館　1985
　　◇図503〔白黒〕　千葉県市川市北国分

**十八夜供養塔**
　「民俗資料選集 35 巫女の習俗Ⅵ」国土地理協会　2007
　　◇p136(本文)〔白黒〕　山形県山形市山寺
　　◇p137(本文)〔白黒〕　山形県中山町小塩
　　◇p138(本文)〔白黒〕　山形県山形市中野

**十八夜正観音版木**
　「民俗資料選集 35 巫女の習俗Ⅵ」国土地理協会　2007
　　◇p126(本文)〔白黒〕　山形県　岩谷観音の民間信仰奉納物

**十八夜塔**
　「民俗資料選集 35 巫女の習俗Ⅵ」国土地理協会　2007
　　◇p138(本文)〔白黒〕　山形県天童市寺津

**十八夜待供養塔**
　「民俗資料選集 35 巫女の習俗Ⅵ」国土地理協会　2007
　　◇p137(本文)〔白黒〕　山形県中山町向新田

**集落の人々が大師堂に集い勤行する**
　「あるくみるきく双書 宮本常一とあるいた昭和の日本 24」農山漁村文化協会　2012
　　◇p41〔白黒〕　香川県三野町　⓴〔昭和50年〕

**十六善神へのおつとめ**
　「日本宗教民俗図典 1」法蔵館　1985
　　◇図88〔白黒〕　滋賀県木之本町杉野中 薬師堂　2月21日　⓴須藤功

**青面金剛**
　「仏教民俗辞典 コンパクト版」新人物往来社　1993
　　◇p204〔白黒〕

**青面金剛の画像**
　「写真でみる日本人の生活全集 9」日本図書センター　2010
　　◇p8〔白黒〕(庚申の軸(青面金剛画像))
　「図説 民俗探訪事典」山川出版社　1983
　　◇p180〔白黒・図〕　埼玉県

**先導師の家の神殿で行われる神事**
　「写真でみる民家大事典」柏書房　2005
　　◇p247-5〔白黒〕　神奈川県伊勢原市大山　⓴1994年　大和市史編さん室

**善男善女**
　「写真でみる日本人の生活全集 10」日本図書センター　2010
　　◇p131〔白黒〕　⓴国武土雄

**太子講の掛け軸**
　「図説 日本民俗学」吉川弘文館　2009
　　◇p132〔白黒〕　山梨県富士吉田市　長沢利明提供
　「日本民俗大辞典 下」吉川弘文館　2000
　　◇p10〔白黒〕　神奈川県津久井郡藤野町牧野　神奈川県立歴史博物館提供

**大師講の供物**
　「日本宗教民俗図典 1」法蔵館　1985
　　◇図498〔白黒〕　三重県鳥羽市神島　⓴萩原秀三郎

**題目講**
　「図説 日本民俗学」吉川弘文館　2009
　　◇p132〔白黒〕　埼玉県蕨市　長沢利明提供
　　◇p215〔白黒〕　神奈川県藤沢市

**題目講に集う人々**
　「写真でみる民家大事典」柏書房　2005
　　◇p165-1〔白黒〕　神奈川県大和市　⓴1995年　大和市史編さん担当

**出羽三山講**
　「日本民俗宗教辞典」東京堂出版　1998
　　◇p392〔白黒〕　千葉県

**豆腐坂の御師宿**
　「写真でみる民家大事典」柏書房　2005
　　◇p247-4〔白黒〕　神奈川県伊勢原市大山　⓴2004年　山崎祐子

**鳥越の庚申**
　「民俗資料選集 33 辻堂の習俗Ⅲ」国土地理協会　2005
　　◇p247(本文)〔白黒〕　山口県豊浦町川棚下村涌田境

**二十三夜講**
　「境と辻の神 目でみる民俗神シリーズ3」東京美術　1988
　　◇p112〔白黒〕　千葉県市川市北国分 愛宕神社
　「図説 民俗探訪事典」山川出版社　1983
　　◇p158〔白黒〕　千葉県市川市　⓴萩原秀三郎

**二十三夜様の掛け軸**
　「境と辻の神 目でみる民俗神シリーズ3」東京美術　1988
　　◇p112〔白黒〕　千葉県市川市行徳

## 二十三夜塔
「仏教民俗辞典 コンパクト版」新人物往来社　1993
　　◇p301〔白黒〕
「境と辻の神　目でみる民俗神シリーズ3」東京美術　1988
　　◇p120〔白黒〕　長野県北佐久郡望月町

## 二十三夜塔など
「写真でみる日本人の生活全集 5」日本図書センター　2010
　　◇p112〔白黒〕　湖底に沈む東京都下小河内村の路傍の石碑類が移転されるために集められたところ　㊟「サンデー毎日」石井周治

## 二十三夜待石塔
「宮本常一　写真・日記集成 下」毎日新聞社　2005
　　◇p455〔白黒〕（双体道祖神、庚申塔、寒念仏供養の石塔、二十三夜待石塔）群馬県甘楽郡下仁田町　㊟宮本常一、1979年3月10日～11日

## 女人念仏講中の供養碑
「日本社会民俗辞典 3」日本図書センター　2004
　　◇p1113〔白黒〕　長野県里山辺村

## 念仏講
「日本民俗宗教辞典」東京堂出版　1998
　　◇p455〔白黒〕　神奈川県　光安寺
「仏教民俗辞典 コンパクト版」新人物往来社　1993
　　◇p312〔白黒〕
「民俗資料選集 16 茶堂の習俗Ⅰ」国土地理協会　1989
　　◇p23（口絵）〔白黒〕（茶堂における念仏講）愛媛県城川町大字魚成薩之地　薩之地茶堂

## 念仏講鉦
「日本民具の造形」淡交社　2004
　　◇p198〔白黒〕　長野県　開田村郷土館所蔵

## 念仏講数珠
「日本民具の造形」淡交社　2004
　　◇p189〔白黒〕　大阪府　河内長野市立滝畑民俗資料館所蔵

## 念仏講の集り
「日本社会民俗辞典 1」日本図書センター　2004
　　◇p358〔白黒〕　横須賀市久比里　彼岸

## 念仏講の幕
「民俗学事典」丸善出版　2014
　　◇p231〔白黒〕（「山崎坪・向原坪」合同の念仏講の幕）猿島町沓掛

## 念仏諸道具入れの蓋裏
「民俗資料選集 16 茶堂の習俗Ⅰ」国土地理協会　1989
　　◇p20（口絵）〔白黒〕　愛媛県城川町大字魚成今田　今田ハタントウの茶堂

## 幟
「図説 日本民俗学」吉川弘文館　2009
　　◇p217〔白黒〕　広島県竹原市　大峰山上講

## 梅花講
「境と辻の神　目でみる民俗神シリーズ3」東京美術　1988
　　◇p110〔白黒〕　三重県鳥羽市神島　18日 観音さん、21日 お大師さん、24日 桂光院の本尊さんの念仏

## 秦野代々講中（武州御嶽代参）
「日本祭礼地図 Ⅴ」国土地理協会　1980
　　◇p3〔白黒〕　神奈川県秦野市

## 榛名講
「境と辻の神　目でみる民俗神シリーズ3」東京美術　1988
　　◇p113〔白黒〕　千葉県市川市下貝塚

## 百庚申
「境と辻の神　目でみる民俗神シリーズ3」東京美術　1988
　　◇p106〔白黒〕　千葉県沼南町

## 富士講 講社の旗と宿坊
「日本民俗大辞典 下」吉川弘文館　2000
　　◇p466〔白黒〕（富士講）山梨県富士吉田市　講社の旗と宿坊

## 富士講の松
「日本民俗文化財事典（改訂版）」第一法規出版　1979
　　◇図226〔白黒〕　三重県答志島

## 富士塚の分布図
「日本民俗大辞典 下」吉川弘文館　2000
　　◇p469〔白黒〕　東京都二十三区および周辺

## 不動講
「日本宗教民俗図典 1」法蔵館　1985
　　◇図495〔白黒〕　千葉県市川市北国分　㊟萩原秀三郎

## 古峰神社信仰の講中により建てられた塔
「境と辻の神　目でみる民俗神シリーズ3」東京美術　1988
　　◇p120〔白黒〕　福島県会津若松市

## 報恩講の食事
「あるくみるきく双書 宮本常一とあるいた昭和の日本 23」農山漁村文化協会　2012
　　◇p195〔白黒〕　和泉村朝日

## マイリノホトケ
「日本宗教民俗図典 1」法蔵館　1985
　　◇図502〔白黒〕　岩手県遠野市土淵　先祖の命日　阿弥陀・聖徳太子・六字名号・善導大師の軸　㊟萩原秀三郎

## マネキ
「図説 日本民俗学」吉川弘文館　2009
　　◇p216〔白黒〕　東京都青梅市
「祭・芸能・行事大事典 下」朝倉書店　2009
　　◇p1662〔白黒〕　山形県羽黒山手向　出羽三山信仰の宿坊に掲げられたまねき　㊟西海賢二

## 三つ重ねて建てられた石碑
「宮本常一　写真・日記集成 上」毎日新聞社　2005
　　◇p23〔白黒〕　宮城県栗原郡栗駒町　「横山庚申」　㊟宮本常一、1955年11月14日

## 三峰講
「日本を知る事典」社会思想社　1971
　　◇図16(p91)〔白黒〕　福島市　三峰神社宿坊にて

## 弥勒尊
「境と辻の神　目でみる民俗神シリーズ3」東京美術　1988
　　◇p95〔白黒〕　千葉県海上郡海上町
「日本宗教民俗図典 1」法蔵館　1985
　　◇図53〔白黒〕　千葉県海上町倉橋　村中善女人　㊟萩原秀三郎

## 門徒講
「図説 日本民俗学」吉川弘文館　2009
　　◇p132〔白黒〕　山梨県富士吉田市　㊟長沢利明

## 唯念碑
「日本民俗大辞典 下」吉川弘文館　2000
　　◇p755〔白黒〕　静岡県裾野市佐野

# 祀堂・茶堂・辻堂

**秋葉神祠**
「民俗資料選集 40 辻堂の習俗Ⅴ」国土地理協会　2009
　◇口絵p8, 本文p81～83（本文）〔白黒〕　宮崎県清武町杳掛　外観, 堂内（秋葉神像・阿弥陀如来像・毘沙門天像・観音立像・三面馬頭観音像）

**秋葉神祠堂**
「民俗資料選集 40 辻堂の習俗Ⅴ」国土地理協会　2009
　◇p16（口絵）〔白黒〕　宮崎県野尻町東麓下ノ丁　外観, 堂内（神像ほか）

**芦河内薬師堂**
「日本の生活環境文化大辞典」柏書房　2010
　◇p238-1〔白黒〕　山口県宇部市楠町　㊞2009年　永田隆昌

**芦河内薬師堂配置図兼平面図**
「日本の生活環境文化大辞典」柏書房　2010
　◇p238-2〔白黒・図〕　山口県宇部市楠町　永田隆昌

**馬酔木のお堂の観音さん**
「民俗資料選集 29 茶堂（辻堂）の習俗Ⅱ」国土地理協会　2001
　◇p162（本文）〔白黒〕　香川県綾歌郡綾南町陶

**新しい着物を着せられ堂に返された甲冑姿の像**
「民俗資料選集 33 辻堂の習俗Ⅲ」国土地理協会　2005
　◇p15（本文）〔白黒〕　山口県福山市熊野町十二神堂

**阿弥陀像を祀る国清の寮**
「民俗資料選集 33 辻堂の習俗Ⅲ」国土地理協会　2005
　◇p167（本文）〔白黒〕　山口県柳井市阿月

**阿弥陀堂**
「民俗資料選集 39 辻堂の習俗Ⅳ」国土地理協会　2009
　◇p270・271（本文）〔白黒・図/写真〕（阿彌陀堂）　岡山県阿哲郡哲多町矢戸町頭上　平面図, 外観
　◇p56（本文）〔白黒〕　岡山県総社市（旧水内村 中尾西ヶ市）　第三十二番
「民俗資料選集 33 辻堂の習俗Ⅲ」国土地理協会　2005
　◇p46（本文）〔白黒〕　山口県新市町大字常
　◇p86（本文）〔白黒〕　山口県久井町和草
　◇p89（本文）〔白黒〕　山口県大和町
「民俗資料選集 29 茶堂（辻堂）の習俗Ⅱ」国土地理協会　2001
　◇p7（口絵）〔白黒〕　徳島県一宇村寺地
　◇p12（口絵）〔白黒〕　徳島県東祖谷山村菅生
　◇p13（口絵）〔白黒〕　徳島県西祖谷山村瀬戸内
　◇p34（本文）〔白黒〕　徳島県一宇村広沢
　◇p46（本文）〔白黒〕　徳島県美馬郡貞光町別所

**阿弥陀堂の棟札の表面**
「民俗資料選集 29 茶堂（辻堂）の習俗Ⅱ」国土地理協会　2001
　◇p12（本文）〔白黒〕　徳島県西祖谷山村後山

**有田、清友の八幡様の下の堂（再建）**
「民俗資料選集 39 辻堂の習俗Ⅳ」国土地理協会　2009
　◇p29（本文）〔白黒〕　岡山県笠岡市有田清友集落

**生間の薬師庵の画像**
「民俗資料選集 29 茶堂（辻堂）の習俗Ⅱ」国土地理協会　2001
　◇p176（本文）〔白黒〕　香川県仲多度郡仲南町十郷生間

**井河内薬師堂**
「民俗資料選集 33 辻堂の習俗Ⅲ」国土地理協会　2005
　◇p54（本文）〔白黒〕　山口県東城町

**池の上のお堂**
「民俗資料選集 39 辻堂の習俗Ⅳ」国土地理協会　2009
　◇p27・28（本文）〔白黒〕　岡山県笠岡市走出上井立　全景, 内部の日限地蔵, 堂の左手の高い石碑, 堂の下手にある小さい祠

**池の上のお堂内部**
「民俗資料選集 39 辻堂の習俗Ⅳ」国土地理協会　2009
　◇p4（口絵）〔白黒〕　岡山県笠岡市

**池の浦大師堂**
「民俗資料選集 33 辻堂の習俗Ⅲ」国土地理協会　2005
　◇p163（本文）〔白黒〕　山口県柳井市阿月

**石田山光明庵**
「民俗資料選集 39 辻堂の習俗Ⅳ」国土地理協会　2009
　◇p1（口絵）〔白黒〕　岡山県岡山市

**石田山光明庵祭壇の仏像**
「民俗資料選集 39 辻堂の習俗Ⅳ」国土地理協会　2009
　◇p5（本文）〔白黒・図〕　岡山県岡山市下高田当心

**石田山光明庵の御拝（拝殿）**
「民俗資料選集 39 辻堂の習俗Ⅳ」国土地理協会　2009
　◇p1（口絵）〔白黒〕　岡山県岡山市

**石田山光明庵平面図**
「民俗資料選集 39 辻堂の習俗Ⅳ」国土地理協会　2009
　◇p5（本文）〔白黒・図〕　岡山県岡山市下高田当心

**石原のお大師堂**
「民俗資料選集 39 辻堂の習俗Ⅳ」国土地理協会　2009
　◇p61（本文）〔白黒〕　岡山県総社市石原

**石原の千体堂**
「民俗資料選集 39 辻堂の習俗Ⅳ」国土地理協会　2009
　◇p8（口絵）〔白黒〕　岡山県総社市

**石原の千体堂の千体仏**
「民俗資料選集 39 辻堂の習俗Ⅳ」国土地理協会　2009
　◇p60（本文）〔白黒〕　岡山県総社市石原

**石風呂堂**
「民俗資料選集 33 辻堂の習俗Ⅲ」国土地理協会　2005
　◇p13（口絵）〔白黒〕　山口県久賀町八幡上　五十二番札所

**泉山観音菩薩大悲堂**
「民俗資料選集 33 辻堂の習俗Ⅲ」国土地理協会　2005
　◇p172（本文）〔白黒〕　山口県周東町下久原

**井谷の四ツ堂**
「民俗資料選集 39 辻堂の習俗Ⅳ」国土地理協会　2009
　◇p2（口絵）〔白黒〕　岡山県倉敷市

信仰　　　　　　　　　　　　　　　　　　　　　　　　　　祀堂・茶堂・辻堂

**井谷の四ツ堂内部**
「民俗資料選集 39 辻堂の習俗Ⅳ」国土地理協会　2009
　◇p2（口絵）〔白黒〕　岡山県倉敷市

**市場の庚申堂**
「民俗資料選集 39 辻堂の習俗Ⅳ」国土地理協会　2009
　◇p13（口絵）〔白黒〕　岡山県新見市
　◇p85（本文）〔白黒・写真/図〕　岡山県新見市千屋市場下組　本尊・青面金剛, 平面図

**市場の庚申堂祭壇**
「民俗資料選集 39 辻堂の習俗Ⅳ」国土地理協会　2009
　◇p13（口絵）〔白黒〕　岡山県新見市

**厳島神社**
「民俗資料選集 33 辻堂の習俗Ⅲ」国土地理協会　2005
　◇p164（本文）〔白黒〕　山口県柳井市伊保庄

**稲荷の大師堂**
「民俗資料選集 33 辻堂の習俗Ⅲ」国土地理協会　2005
　◇p241（本文）〔白黒〕　山口県豊浦町小串　外観, 内部

**いぼがとれると伝えられる地蔵堂**
「民俗資料選集 33 辻堂の習俗Ⅲ」国土地理協会　2005
　◇p24（本文）〔白黒〕　山口県福山市熊野町

**今田茶堂**
「民俗資料選集 16 茶堂の習俗Ⅰ」国土地理協会　1989
　◇p163（本文）〔白黒・図〕　愛媛県城川町　断面図, 平面図

**今田茶堂の木札**
「民俗資料選集 16 茶堂の習俗Ⅰ」国土地理協会　1989
　◇p162（本文）〔白黒・写真/図〕　愛媛県城川町　明治12年9月奉納　納め札と思われる

**岩観音堂**
「民俗資料選集 40 辻堂の習俗Ⅴ」国土地理協会　2009
　◇p15（口絵）, p102・103（本文）〔白黒・写真/図〕　宮崎県野尻町東麓野首　外観, 堂内（岩観音像）, 馬頭観音堂内の祭壇, 弥陀三尊梵字彫刻岩（岩観音堂岩壁）

**岩船大師堂**
「民俗資料選集 33 辻堂の習俗Ⅲ」国土地理協会　2005
　◇p4（口絵）〔白黒〕　広島県沼隈町

**岩屋大師堂**
「民俗資料選集 40 辻堂の習俗Ⅴ」国土地理協会　2009
　◇p22（本文）〔白黒〕　宮崎県高千穂町三田井浅ヶ部　外観, 内部

**上の茶屋の堂**
「民俗資料選集 39 辻堂の習俗Ⅳ」国土地理協会　2009
　◇p62（本文）〔白黒〕　岡山県総社市宍粟上の茶屋

**うえん堂**
「民俗資料選集 39 辻堂の習俗Ⅳ」国土地理協会　2009
　◇p45（本文）〔白黒〕　岡山県笠岡市新賀上長迫、中ヶ市　外観, 内部

**牛岩・馬岩**
「民俗資料選集 29 茶堂（辻堂）の習俗Ⅱ」国土地理協会　2001
　◇p165（本文）〔白黒〕　香川県綾歌郡綾南町畑田　昔、法然上人がここで修業をしたところだという

**牛供養の地蔵一九体を祀る崩岸の旧堂跡にある祠**
「民俗資料選集 33 辻堂の習俗Ⅲ」国土地理協会　2005
　◇p14（本文）〔白黒〕　山口県福山市山手町崩岸

**牛のくつかけ**
「民俗資料選集 16 茶堂の習俗Ⅰ」国土地理協会　1989
　◇p194（本文）〔白黒〕　愛媛県城川町土居大字窪野　程野茶屋　竹の筒の部分が銭入れになっている

**牛の万人講の碑**
「民俗資料選集 39 辻堂の習俗Ⅳ」国土地理協会　2009
　◇p28（本文）〔白黒〕　岡山県笠岡市走出上井立

**氏仏堂**
「写真ものがたり昭和の暮らし 2」農山漁村文化協会　2004
　◇p65（本文）〔白黒〕　高知県池川町椿山　㊞須藤功, 昭和50年4月
「日本宗教民俗図典 1」法蔵館　1985
　◇図81〜85〔白黒〕　高知県池川町椿山　㊞須藤功

**内山堂**
「民俗資料選集 39 辻堂の習俗Ⅳ」国土地理協会　2009
　◇p31・32（本文）〔白黒〕　岡山県笠岡市篠坂内山集落　外観, 内部

**烏頭の末番堂**
「民俗資料選集 39 辻堂の習俗Ⅳ」国土地理協会　2009
　◇p20（口絵）〔白黒〕　岡山県美星町
　◇p168・171（本文）〔白黒・図/写真〕　岡山県小田郡美星町大字烏頭（烏頭上組集落）　平面図, 外観

**烏頭の末番堂内部**
「民俗資料選集 39 辻堂の習俗Ⅳ」国土地理協会　2009
　◇p21（口絵）〔白黒〕　岡山県美星町

**宇夫階の地蔵堂**
「民俗資料選集 29 茶堂（辻堂）の習俗Ⅱ」国土地理協会　2001
　◇p166（本文）〔白黒〕　香川県綾歌郡宇多津町宇夫階

**占見（石井の井尻）の観音堂**
「民俗資料選集 39 辻堂の習俗Ⅳ」国土地理協会　2009
　◇p127・128（本文）〔白黒〕　岡山県浅口郡金光町占見　外観, 棟札, 内部　㊞1982年, 1983年

**占見新田の北向大師**
「民俗資料選集 39 辻堂の習俗Ⅳ」国土地理協会　2009
　◇p129（本文）〔白黒〕　岡山県浅口郡金光町占見新田　お堂内部

**占見新田の京面堂（観音堂）**
「民俗資料選集 39 辻堂の習俗Ⅳ」国土地理協会　2009
　◇p130（本文）〔白黒・写真/図〕　岡山県浅口郡金光町占見新田 京面　外観, 内部, 内部の石仏, 手洗鉢, 堂の基礎部分見取図　㊞1982年

**疫神社**
「民俗資料選集 33 辻堂の習俗Ⅲ」国土地理協会　2005
　◇p166（本文）〔白黒〕　山口県柳井市伊保庄　辻堂

**恵比須堂**
「民俗資料選集 33 辻堂の習俗Ⅲ」国土地理協会　2005
　◇p231（本文）〔白黒〕　山口県下関市吉田町

**江良薬師堂（大師堂）**
「民俗資料選集 33 辻堂の習俗Ⅲ」国土地理協会　2005
　◇p244（本文）〔白黒〕　山口県豊浦町川棚江良

**円福寺観音堂**
「民俗資料選集 40 辻堂の習俗Ⅴ」国土地理協会　2009
　◇p5（口絵）〔白黒〕　宮崎県高鍋町宮田

**延命地蔵**
「民俗資料選集 33 辻堂の習俗Ⅲ」国土地理協会　2005
　◇p264（本文）〔白黒〕　山口県萩市三見浦

**老瀬観音堂**
「民俗資料選集 40 辻堂の習俗Ⅴ」国土地理協会　2009
　◇p6（口絵）, p64（本文）〔白黒〕　宮崎県高鍋町上江老瀬　外観, 岩屋（老瀬観音）, 堂内

**近江堂**
「民俗資料選集 29 茶堂（辻堂）の習俗Ⅱ」国土地理協会　2001

祀堂・茶堂・辻堂　　　　　　　　　　信　仰

◇p97（本文）〔白黒〕　徳島県三好郡山城町引地　㊞大正7年，現在

**大角のお堂**
「民俗資料選集 29 茶堂（辻堂）の習俗Ⅱ」国土地理協会　2001
◇p138（本文）〔白黒〕　香川県大川郡寒川町石田

**大影の堂**
「民俗資料選集 39 辻堂の習俗Ⅳ」国土地理協会　2009
◇p43（本文）〔白黒・写真/図〕　岡山県笠岡市新賀上長迫大影集落（青陰）　外観，お堂見取図，堂の内部

**大三郎の大師堂**
「民俗資料選集 33 辻堂の習俗Ⅲ」国土地理協会　2005
◇p194（本文）〔白黒〕　山口県美和町藤谷地区　外観，内部

**大島八十八ヵ所第五十一番札所の神屋寺**
「民俗資料選集 33 辻堂の習俗Ⅲ」国土地理協会　2005
◇p144（本文）〔白黒〕　山口県久賀町東中津原　外観，内部

**大谷の中之堂**
「民俗資料選集 39 辻堂の習俗Ⅳ」国土地理協会　2009
◇p206（本文）〔白黒・写真/図〕　岡山県上房郡有漢町大谷　外観，祭壇，見取図

**大原の堂**
「民俗資料選集 39 辻堂の習俗Ⅳ」国土地理協会　2009
◇p251・252（本文）〔白黒・図/写真〕　岡山県川上郡備中町 布賀　見取図，外観，大原の堂とバス停，大原の堂の裏にある葬具，大原の堂の内部，棟札（図）　㊞1983年

**大山祇命祠**
「民俗資料選集 40 辻堂の習俗Ⅴ」国土地理協会　2009
◇p80（本文）〔白黒〕　宮崎県清武町船引五反畑　大将軍堂境内

**岡見堂**
「民俗資料選集 29 茶堂（辻堂）の習俗Ⅱ」国土地理協会　2001
◇p2（口絵）〔白黒〕　徳島県半田町八千代字紙屋

**岡御堂**
「民俗資料選集 33 辻堂の習俗Ⅲ」国土地理協会　2005
◇p88（本文）〔白黒〕　山口県大和町

**岡谷水別の大師堂**
「民俗資料選集 39 辻堂の習俗Ⅳ」国土地理協会　2009
◇p113（本文）〔白黒・図〕　岡山県都窪郡山手村　平面図

**小川家大師堂（お宮さん）**
「民俗資料選集 33 辻堂の習俗Ⅲ」国土地理協会　2005
◇p244（本文）〔白黒〕　山口県豊浦町川棚岩谷

**奥の井の阿弥陀堂**
「民俗資料選集 29 茶堂（辻堂）の習俗Ⅱ」国土地理協会　2001
◇p102（本文）〔白黒〕　徳島県三好郡東祖谷山村奥の井

**奥畑大日如来堂**
「民俗資料選集 40 辻堂の習俗Ⅴ」国土地理協会　2009
◇p26（本文）〔白黒〕　宮崎県高千穂町押方跡取川　外観，内部

**小坂の地蔵堂**
「民俗資料選集 33 辻堂の習俗Ⅲ」国土地理協会　2005
◇p4（口絵）〔白黒〕　広島県沼隈郡下山南　内部，外観
◇p41（本文）〔白黒〕　山口県沼隈町

**尾崎池田のお薬師様**
「民俗資料選集 39 辻堂の習俗Ⅳ」国土地理協会　2009
◇p183・184（本文）〔白黒・写真/図〕　岡山県吉備郡真備町尾崎池田　外観，内部，石碑見取図

**尾崎石田の薬師堂**
「民俗資料選集 39 辻堂の習俗Ⅳ」国土地理協会　2009
◇p21（口絵）〔白黒〕　岡山県真備町

**尾崎畑岡のお地蔵様**
「民俗資料選集 39 辻堂の習俗Ⅳ」国土地理協会　2009
◇p182（本文）〔白黒〕　岡山県吉備郡真備町尾崎畑岡

**尾崎東谷の薬師様**
「民俗資料選集 39 辻堂の習俗Ⅳ」国土地理協会　2009
◇p181（本文）〔白黒〕　岡山県吉備郡真備町尾崎東谷

**オサルサン**
「民俗資料選集 29 茶堂（辻堂）の習俗Ⅱ」国土地理協会　2001
◇p125（本文）〔白黒〕　香川県大川郡白鳥町東山字常政

**押方地蔵堂**
「民俗資料選集 40 辻堂の習俗Ⅴ」国土地理協会　2009
◇p2（口絵），p25（本文）〔白黒〕　宮崎県高千穂町押方下押方　外観，堂内

**お接待に用いられた茶器**
「民俗資料選集 16 茶堂の習俗Ⅰ」国土地理協会　1989
◇p20（口絵）〔白黒〕　愛媛県城川町大字魚成今田　今田ハタントウの茶堂

**お大師様**
「民俗資料選集 33 辻堂の習俗Ⅲ」国土地理協会　2005
◇p174（本文）〔白黒〕　山口県周東町椪余地

**御大師様**
「民俗資料選集 33 辻堂の習俗Ⅲ」国土地理協会　2005
◇p15（口絵）〔白黒〕　山口県周東町三瀬川　〔大師堂〕

**お大師さんの本尊**
「民俗資料選集 29 茶堂（辻堂）の習俗Ⅱ」国土地理協会　2001
◇p155（本文）〔白黒〕　香川県綾歌郡綾上町枌所東相津

**御大師堂**
「民俗資料選集 33 辻堂の習俗Ⅲ」国土地理協会　2005
◇p14（口絵）〔白黒〕　山口県柳井市平郡

**お大師堂平面図**
「民俗資料選集 39 辻堂の習俗Ⅳ」国土地理協会　2009
◇p17（本文）〔白黒・図〕　岡山県倉敷市羽島

**落合地蔵堂**
「民俗資料選集 39 辻堂の習俗Ⅳ」国土地理協会　2009
◇p82（本文）〔白黒〕　岡山県高梁市川面町落合

**落合橋の観音堂**
「民俗資料選集 39 辻堂の習俗Ⅳ」国土地理協会　2009
◇p16（口絵）〔白黒〕　岡山県金光町
◇p131（本文）〔白黒〕　岡山県浅口郡金光町占見　観音堂の棟，本尊　㊞1982年

**落ヶ谷薬師堂**
「民俗資料選集 40 辻堂の習俗Ⅴ」国土地理協会　2009
◇p51（本文）〔白黒〕　宮崎県南郷村大字上渡川字下古園

**オテンノウサン**
「民俗資料選集 29 茶堂（辻堂）の習俗Ⅱ」国土地理協会　2001
◇p125（本文）〔白黒〕　香川県大川郡白鳥町東山字円坊

**お堂**
「宮本常一が撮った昭和の情景　上」毎日新聞社　2009
◇p72〔白黒〕（お堂は人の休むにもいい）　新潟県佐渡市大久保島見　㊞宮本常一，1959年8月9日
「宮本常一 写真・日記集成　上」毎日新聞社　2005
◇p141〔白黒〕（お堂は人の休むのにもいい）　新潟佐渡郡畑野町〔佐渡市〕島見　㊞宮本常一，1959年8月9日

**お堂と子どもたち**
「宮本常一 写真・日記集成 下」毎日新聞社 2005
◇p232〔白黒〕(宮島) 広島県佐伯郡宮島町民俗調査〔お堂と子どもたち〕 [撮]宮本常一, 1970年8月28日〜31日

**おねき小祠**
「民俗資料選集 40 辻堂の習俗Ⅴ」国土地理協会 2009
◇p20(口絵)〔白黒〕 宮崎県高城町大井手市場 全体, おねき小祠に合掌する婦人

**尾上の堂(阿彌陀堂)**
「民俗資料選集 39 辻堂の習俗Ⅳ」国土地理協会 2009
◇p24(本文)〔白黒〕 岡山県笠岡市

**尾上の堂平面図**
「民俗資料選集 39 辻堂の習俗Ⅳ」国土地理協会 2009
◇p24(本文)〔白黒・図〕 岡山県笠岡市

**小野のお堂**
「民俗資料選集 29 茶堂(辻堂)の習俗Ⅱ」国土地理協会 2001
◇p3(口絵)〔白黒〕 徳島県半田町小野

**尾焼地区のイケン堂**
「民俗資料選集 39 辻堂の習俗Ⅳ」国土地理協会 2009
◇p18(口絵)〔白黒〕 岡山県寄島町

**尾焼のイケン堂見取図**
「民俗資料選集 39 辻堂の習俗Ⅳ」国土地理協会 2009
◇p152(本文)〔白黒・図〕 岡山県浅口郡寄島町尾焼地区

**皆瀬堂**
「民俗資料選集 29 茶堂(辻堂)の習俗Ⅱ」国土地理協会 2001
◇p5(口絵)〔白黒〕 徳島県貞光町端山字皆瀬

**戒町 地蔵堂**
「民俗資料選集 39 辻堂の習俗Ⅳ」国土地理協会 2009
◇p111・112(本文)〔白黒・写真/図〕 岡山県都窪郡山手村 外観, 平面図, 祭壇

**柿本神社(人丸神社)**
「民俗資料選集 33 辻堂の習俗Ⅲ」国土地理協会 2005
◇p164(本文)〔白黒〕 山口県柳井市伊保庄

**堅盤谷のお大師様**
「民俗資料選集 39 辻堂の習俗Ⅳ」国土地理協会 2009
◇p120・121(本文)〔白黒〕 岡山県浅口郡船穂町 堅盤谷集落 外観, 内部 南備四国八十六番札所

**蔭之地茶堂**
「民俗資料選集 16 茶堂の習俗Ⅰ」国土地理協会 1989
◇p182(本文)〔白黒・図〕 愛媛県城川町魚成 明治8年2月建立 断面図, 平面図

**風配のお堂**
「民俗資料選集 29 茶堂(辻堂)の習俗Ⅱ」国土地理協会 2001
◇p136(本文)〔白黒〕 香川県大川郡大川町富田

**風配のお堂の本尊**
「民俗資料選集 29 茶堂(辻堂)の習俗Ⅱ」国土地理協会 2001
◇p136(本文)〔白黒〕 香川県大川郡大川町富田

**柏原弘法庵**
「民俗資料選集 29 茶堂(辻堂)の習俗Ⅱ」国土地理協会 2001
◇p18(口絵)〔白黒〕 徳島県綾上町枌所東
◇p18(口絵)〔白黒〕(柏原弘法庵の本尊) 徳島県綾上町枌所東

**柏原弘法庵の八十八ヶ所の石仏**
「民俗資料選集 29 茶堂(辻堂)の習俗Ⅱ」国土地理協会 2001
◇p18(口絵)〔白黒〕 徳島県綾上町枌所東

**肩切り地蔵堂**
「民俗資料選集 29 茶堂(辻堂)の習俗Ⅱ」国土地理協会 2001
◇p179(本文)〔白黒〕 香川県三豊郡高瀬町下勝間

**片山観音堂**
「民俗資料選集 33 辻堂の習俗Ⅲ」国土地理協会 2005
◇p187(本文)〔白黒〕 山口県美和町阿賀地区 外観, 観音像

**桂茶堂**
「民俗資料選集 16 茶堂の習俗Ⅰ」国土地理協会 1989
◇p191(本文)〔白黒・図〕 愛媛県城川町土居大字窪野 昭和13年ごろに改築, 大正11年にも修復 断面図, 平面図

**金谷の阿弥陀堂**
「民俗資料選集 39 辻堂の習俗Ⅳ」国土地理協会 2009
◇p14(口絵)〔白黒〕 岡山県新見市
◇p91(本文)〔白黒・写真/図〕 岡山県新見市金谷 祭壇, 平面図

**火難除地蔵堂**
「民俗資料選集 33 辻堂の習俗Ⅲ」国土地理協会 2005
◇p203(本文)〔白黒〕 山口県山口市

**兼弘の庵**
「民俗資料選集 29 茶堂(辻堂)の習俗Ⅱ」国土地理協会 2001
◇p127(本文)〔白黒〕 香川県大川郡白鳥町西山字兼弘

**上宇内阿弥陀堂**
「民俗資料選集 33 辻堂の習俗Ⅲ」国土地理協会 2005
◇p216(本文)〔白黒〕 山口県宇部市小野区 昭和32年再建

**上金倉の辻堂**
「民俗資料選集 39 辻堂の習俗Ⅳ」国土地理協会 2009
◇p193・194(本文)〔白黒・写真/図〕 岡山県上房郡有漢町上金倉 外観, 内部, 見取図

**上組の地蔵堂**
「民俗資料選集 33 辻堂の習俗Ⅲ」国土地理協会 2005
◇p32(本文)〔白黒〕 山口県沼隈町

**上末国の庵**
「民俗資料選集 29 茶堂(辻堂)の習俗Ⅱ」国土地理協会 2001
◇p131(本文)〔白黒〕 香川県大川郡白鳥町入野山字上末国

**上高堂**
「民俗資料選集 33 辻堂の習俗Ⅲ」国土地理協会 2005
◇p69(本文)〔白黒〕 山口県上下町字深江

**上竹(高原)の観音堂**
「民俗資料選集 39 辻堂の習俗Ⅳ」国土地理協会 2009
◇p125(本文)〔白黒〕 岡山県浅口郡金光町高原中 観音堂の石仏 [撮]1982年

**上二万中村のお地蔵様**
「民俗資料選集 39 辻堂の習俗Ⅳ」国土地理協会 2009
◇p185(本文)〔白黒〕 岡山県吉備郡真備町上二万中村

**上二万花会谷のお地蔵様**
「民俗資料選集 39 辻堂の習俗Ⅳ」国土地理協会 2009
◇p185(本文)〔白黒〕 岡山県吉備郡真備町上二万花会谷

**上名の阿弥陀堂**
「民俗資料選集 29 茶堂(辻堂)の習俗Ⅱ」国土地理協会 2001
◇p99(本文)〔白黒〕 徳島県三好郡山城町上名(平)

祀堂・茶堂・辻堂　　　　　　　　　　　信　仰

**上山田の観音堂**
「民俗資料選集 39 辻堂の習俗Ⅳ」国土地理協会　2009
　◇p223・224（本文）〔白黒・図/写真〕　岡山県川上郡成羽町　棟札図, 外観, 見取図, 祭壇

**唐津堂**
「民俗資料選集 33 辻堂の習俗Ⅲ」国土地理協会　2005
　◇p3（口絵）〔白黒〕　広島県福山市柳津町　元治2年の地蔵尊を祀り, 地蔵盆を盛大に行う

**枯木の地蔵堂**
「民俗資料選集 29 茶堂（辻堂）の習俗Ⅱ」国土地理協会　2001
　◇p185（本文）〔白黒〕　香川県三豊郡豊中町

**川北のお堂**
「民俗資料選集 29 茶堂（辻堂）の習俗Ⅱ」国土地理協会　2001
　◇p20（口絵）〔白黒〕　徳島県綾上町枌所東

**川北のお堂の本尊**
「民俗資料選集 29 茶堂（辻堂）の習俗Ⅱ」国土地理協会　2001
　◇p20（口絵）〔白黒〕　徳島県綾上町枌所東

**川見堂**
「民俗資料選集 29 茶堂（辻堂）の習俗Ⅱ」国土地理協会　2001
　◇p23（本文）〔白黒〕　徳島県貞光町端山字川見

**閑定の薬師堂**
「民俗資料選集 29 茶堂（辻堂）の習俗Ⅱ」国土地理協会　2001
　◇p106（本文）〔白黒〕　徳島県三好郡西祖谷山村閑定

**観世のお地蔵様**
「民俗資料選集 39 辻堂の習俗Ⅳ」国土地理協会　2009
　◇p66・67（本文）〔白黒〕　岡山県総社市新本字観世

**観世の吉備四国第六十三番**
「民俗資料選集 39 辻堂の習俗Ⅳ」国土地理協会　2009
　◇p67・68（本文）〔白黒〕　岡山県総社市新本字観世　外観, 宝篋印塔, 石像

**金名阿弥陀堂**
「民俗資料選集 33 辻堂の習俗Ⅲ」国土地理協会　2005
　◇p6（口絵）〔白黒〕　広島県新市町大字常

**観音庵**
「民俗資料選集 39 辻堂の習俗Ⅳ」国土地理協会　2009
　◇p118・119（本文）〔白黒・写真/図〕　岡山県都窪郡清音村大字三因　外観, 内部, 本尊, 平面図

**観音様の堂（北向き）**
「民俗資料選集 39 辻堂の習俗Ⅳ」国土地理協会　2009
　◇p32・33（本文）〔白黒・写真/図〕　岡山県笠岡市　外観, 内部, 平面図, 観音様内部の2体の石仏（図）

**観音堂**
「民俗資料選集 40 辻堂の習俗Ⅴ」国土地理協会　2009
　◇p10（口絵）, p90・91（本文）〔白黒〕　宮崎県清武町今泉上大久保平山　外観, 千度参りのチカラシバ, 堂内（観音像・薬師像・大師像）
　◇p17（口絵）〔白黒〕　宮崎県高城町有水西久保　外観, 堂内（観音像）
「民俗資料選集 39 辻堂の習俗Ⅳ」国土地理協会　2009
　◇p268・269（本文）〔白黒・図/写真〕　岡山県阿哲郡哲多町大字田淵菖蓮迫　護摩供養札（図）, 観音堂位置図, 外観, 大師像, 馬頭観音像
「民俗資料選集 33 辻堂の習俗Ⅲ」国土地理協会　2005
　◇p12（口絵）〔白黒〕　広島県大和町
　◇p12（口絵）〔白黒〕　広島県御調町大字本
　◇p17（口絵）〔白黒〕　山口県美和町中山
　◇p20（口絵）〔白黒〕　山口県美祢市東厚保
　◇p23（口絵）〔白黒〕　山口県萩市三見市
　◇p24（口絵）〔白黒〕　山口県萩市飯井
　◇p83（本文）〔白黒〕　山口県久井町行広
　◇p91（本文）〔白黒〕　山口県大和町
　◇p203（本文）〔白黒〕　山口県山口市
　◇p220（本文）〔白黒〕　山口県美祢市於福町神田
　◇p222（本文）〔白黒〕　山口県美祢市大嶺町吉友
　◇p231（本文）〔白黒〕　山口県下関市吉田町湯谷
　◇p260（本文）〔白黒〕　山口県萩市床並
　◇p262（本文）〔白黒〕　山口県萩市三見浦
「民俗資料選集 29 茶堂（辻堂）の習俗Ⅱ」国土地理協会　2001
　◇p1（口絵）〔白黒〕　徳島県脇町清水一本杉
　◇p2（口絵）〔白黒〕　徳島県半田町八千代字下喜来
　◇p4（口絵）〔白黒〕　徳島県半田町上蓮
　◇p8（口絵）〔白黒〕　徳島県一宇村桑平
　◇p12（口絵）〔白黒〕　徳島県東祖谷山村阿佐
　◇p6（本文）〔白黒〕　徳島県三加茂町奥村明治
　◇p6（本文）〔白黒〕　徳島県三加茂町大藤上所
　◇p6（本文）〔白黒〕　徳島県三加茂町古宮大平

**観音堂の屋根組み**
「民俗資料選集 39 辻堂の習俗Ⅳ」国土地理協会　2009
　◇p208（本文）〔白黒〕　岡山県北房町上砦郡字三谷

**北川のお堂**
「民俗資料選集 39 辻堂の習俗Ⅳ」国土地理協会　2009
　◇p19（本文）〔白黒〕　岡山県倉敷市富

**北川のお堂でのお接待**
「民俗資料選集 39 辻堂の習俗Ⅳ」国土地理協会　2009
　◇p2（口絵）〔白黒〕　岡山県倉敷市

**北向地蔵**
「民俗資料選集 33 辻堂の習俗Ⅲ」国土地理協会　2005
　◇p213（本文）〔白黒〕　山口県宇部市西岐波地区

**鬼無のお堂**
「民俗資料選集 29 茶堂（辻堂）の習俗Ⅱ」国土地理協会　2001
　◇p14（口絵）〔白黒〕　徳島県高松市鬼無町

**鬼無のお堂の本尊**
「民俗資料選集 29 茶堂（辻堂）の習俗Ⅱ」国土地理協会　2001
　◇p14（口絵）〔白黒〕　徳島県高松市鬼無町

**亀尾川薬師堂**
「民俗資料選集 33 辻堂の習俗Ⅲ」国土地理協会　2005
　◇p189（本文）〔白黒〕　山口県美和町秋掛地区　集会所片側に安置　外観, 内部

**木村の吉備四国第六十四番**
「民俗資料選集 39 辻堂の習俗Ⅳ」国土地理協会　2009
　◇p72（本文）〔白黒〕　岡山県総社市新本字木村　外観, 内部

**木村の第十九番札所**
「民俗資料選集 39 辻堂の習俗Ⅳ」国土地理協会　2009
　◇p70（本文）〔白黒〕　岡山県総社市新本字木村　外観, 内部, 内部木製厨子

**木村の第二十一番札所**
「民俗資料選集 39 辻堂の習俗Ⅳ」国土地理協会　2009
　◇p72（本文）〔白黒〕　岡山県総社市新本字木村

**木村の第二十番札所**
「民俗資料選集 39 辻堂の習俗Ⅳ」国土地理協会　2009
　◇p71（本文）〔白黒〕　岡山県総社市新本字木村　外観, 内部

信仰　　　　　　　　　　　　　　　　　　　　祀堂・茶堂・辻堂

鬼門堂
　「民俗資料選集 29 茶堂（辻堂）の習俗Ⅱ」国土地理協会　2001
　　◇p6（本文）〔白黒〕　徳島県三加茂町加茂東原

木屋堂
　「民俗資料選集 29 茶堂（辻堂）の習俗Ⅱ」国土地理協会　2001
　　◇p6（口絵）〔白黒〕　徳島県貞光町端山字木屋

久屋寺境内にある金比羅様
　「民俗資料選集 33 辻堂の習俗Ⅲ」国土地理協会　2005
　　◇p143（本文）〔白黒〕　山口県久賀町久保河内

旧下倉村東砂古の大師堂
　「民俗資料選集 39 辻堂の習俗Ⅳ」国土地理協会　2009
　　◇p55（本文）〔白黒〕　岡山県総社市（旧下倉村字東砂古）　第十三番

行者堂
　「民俗資料選集 16 茶堂の習俗Ⅰ」国土地理協会　1989
　　◇p17（口絵）〔白黒〕　愛媛県城川町大字遊子谷柳沢

京塚の堂
　「民俗資料選集 33 辻堂の習俗Ⅲ」国土地理協会　2005
　　◇p8（口絵）〔白黒〕　広島県東城町

玉泉寺
　「民俗資料選集 33 辻堂の習俗Ⅲ」国土地理協会　2005
　　◇p234（本文）〔白黒〕　山口県下関市綾羅木町梶栗辻堂

空の薬師堂
　「民俗資料選集 29 茶堂（辻堂）の習俗Ⅱ」国土地理協会　2001
　　◇p94（本文）〔白黒〕　徳島県三好郡池田町川崎

久代足摺堂
　「民俗資料選集 33 辻堂の習俗Ⅲ」国土地理協会　2005
　　◇p8（口絵）〔白黒〕　広島県東城町

久代の吉備四国第七十五番
　「民俗資料選集 39 辻堂の習俗Ⅳ」国土地理協会　2009
　　◇p75（本文）〔白黒〕　岡山県総社市久代

久保の昆沙門堂
　「民俗資料選集 29 茶堂（辻堂）の習俗Ⅱ」国土地理協会　2001
　　◇p100（本文）〔白黒〕　徳島県三好郡東祖谷山村久保

熊谷上の大師堂
　「民俗資料選集 39 辻堂の習俗Ⅳ」国土地理協会　2009
　　◇p23（口絵）〔白黒〕（熊谷上の大師堂祭壇）　岡山県成羽町
　　◇p222（本文）〔白黒・写真/図〕　岡山県川上郡成羽町　外観, 見取図, 棟札図

熊谷上の大師堂の弘法大師座像
　「民俗資料選集 39 辻堂の習俗Ⅳ」国土地理協会　2009
　　◇p23（口絵）〔白黒〕　岡山県成羽町

久米本村の薬師堂の前にある「文英」様石仏
　「民俗資料選集 39 辻堂の習俗Ⅳ」国土地理協会　2009
　　◇p58（本文）〔白黒〕　岡山県総社市久米本村

栗須薬師堂
　「民俗資料選集 40 辻堂の習俗Ⅴ」国土地理協会　2009
　　◇p12・13（口絵）, p96（本文）〔白黒・写真/図〕　宮崎県野尻町栗須　外観, 堂内（薬師像・神像・山神幣）, 位置図

黒沢大師堂
　「民俗資料選集 33 辻堂の習俗Ⅲ」国土地理協会　2005
　　◇p195（本文）〔白黒〕　山口県美和町藤谷地区

黒谷観音堂
　「民俗資料選集 40 辻堂の習俗Ⅴ」国土地理協会　2009
　　◇p58・59（本文）〔白黒・写真/図〕　宮崎県高鍋町上江　外観, 位置図, 水神祠

黒鳥のお大師堂
　「民俗資料選集 39 辻堂の習俗Ⅳ」国土地理協会　2009
　　◇p246・247（本文）〔白黒・図/写真〕　岡山県川上郡備中町 布賀　見取図, 外観, 内部, 稲荷神社・住吉神社・荒神社, 大師堂の祭壇内とその見取図

黒仁田薬師堂
　「民俗資料選集 40 辻堂の習俗Ⅴ」国土地理協会　2009
　　◇p2（口絵）, p27（本文）〔白黒〕　宮崎県高千穂町向山黒仁田　外観, 堂内

桑畑のなかのお堂
　「宮本常一 写真・日記集成 下」毎日新聞社　2005
　　◇p298〔白黒〕　群馬県吾妻郡中之条町大道　㊞宮本常一, 1973年3月5日～6日

郡家の茶堂
　「民俗資料選集 29 茶堂（辻堂）の習俗Ⅱ」国土地理協会　2001
　　◇p15（口絵）〔白黒〕　徳島県丸亀市郡家町

鶏尾のお地蔵様
　「民俗資料選集 39 辻堂の習俗Ⅳ」国土地理協会　2009
　　◇p124（本文）〔白黒〕　岡山県浅口郡船穂町 鶏尾集落

下駄床大師堂
　「民俗資料選集 33 辻堂の習俗Ⅲ」国土地理協会　2005
　　◇p193（本文）〔白黒〕　山口県美和町渋前地区

源水の河内社
　「民俗資料選集 33 辻堂の習俗Ⅲ」国土地理協会　2005
　　◇p22（口絵）〔白黒〕　山口県豊浦町川棚

向月の地蔵堂
　「民俗資料選集 39 辻堂の習俗Ⅳ」国土地理協会　2009
　　◇p18（口絵）〔白黒〕　岡山県鴨方町
　　◇p147（本文）〔白黒〕　岡山県浅口郡鴨方町六条院西字向月　外観, 内部

小路の観音堂
　「民俗資料選集 40 辻堂の習俗Ⅴ」国土地理協会　2009
　　◇p22・23（口絵）, p133（本文）〔白黒・写真/図〕　宮崎県串間市西方　外観, 堂内, 祭壇見取図

荒神様
　「民俗資料選集 39 辻堂の習俗Ⅳ」国土地理協会　2009
　　◇p77（本文）〔白黒〕　岡山県高梁市巨瀬町

庚申堂
　「民俗資料選集 39 辻堂の習俗Ⅳ」国土地理協会　2009
　　◇p264～266（本文）〔白黒〕　岡山県阿哲郡大佐町小坂部下町　庚申堂見取図, 外観, 庚申堂の内部, 青面金剛, 奉納された猿子, 帝釈天と刻まれた欅板, 大正13年と昭和17年の棟札
　「民俗資料選集 33 辻堂の習俗Ⅲ」国土地理協会　2005
　　◇p10（本文）〔白黒〕　広島県神石町古川

荒神堂
　「民俗資料選集 40 辻堂の習俗Ⅴ」国土地理協会　2009
　　◇p21（口絵）, p123（本文）〔白黒〕　宮崎県高城町穂満坊　外観, 堂内（琵琶3基・祭神 彩色毘沙門天風の木像）

荒神堂のあと
　「民俗資料選集 39 辻堂の習俗Ⅳ」国土地理協会　2009
　　◇p46（本文）〔白黒〕　岡山県笠岡市新賀上長迫

郷の堂
　「民俗資料選集 39 辻堂の習俗Ⅳ」国土地理協会　2009
　　◇p23（口絵）〔白黒〕　岡山県備中町

祀堂・茶堂・辻堂　　　　　　　　　　　信　仰

　　◇p253（本文）〔白黒〕　岡山県川上郡備中町 布賀　外観，郷の堂にある葬具，郷の堂の祭壇

**高野薬師堂**
「民俗資料選集 33 辻堂の習俗Ⅲ」国土地理協会　2005
　　◇p54（本文）〔白黒〕　山口県東城町
　　◇p56（本文）〔白黒〕　山口県東城町

**虚空地蔵堂**
「民俗資料選集 39 辻堂の習俗Ⅳ」国土地理協会　2009
　　◇p10（口絵）〔白黒〕　岡山県総社市

**虚空地蔵堂内部**
「民俗資料選集 39 辻堂の習俗Ⅳ」国土地理協会　2009
　　◇p10（口絵）〔白黒〕　岡山県総社市
　　◇p10（口絵）〔白黒〕　岡山県総社市

**小坂大師堂**
「民俗資料選集 40 辻堂の習俗Ⅴ」国土地理協会　2009
　　◇p14（口絵）〔白黒〕　宮崎県野尻町三ヶ野山小坂　外観，堂内（大師像・馬頭観音石塔碑）

**五社神祠堂**
「民俗資料選集 40 辻堂の習俗Ⅴ」国土地理協会　2009
　　◇p108・109（本文）〔白黒・写真／図〕　宮崎県野尻町境別府　外観，位置図，堂内（木像仏・木像神像）

**小滝薬師堂**
「民俗資料選集 33 辻堂の習俗Ⅲ」国土地理協会　2005
　　◇p7（口絵）〔白黒〕　広島県東城町
　　◇p56（本文）〔白黒〕　山口県東城町

**小戸口お大師堂**
「民俗資料選集 40 辻堂の習俗Ⅴ」国土地理協会　2009
　　◇p50（本文）〔白黒〕　宮崎県南郷村大字水清谷字折立

**琴南美合の大師堂**
「民俗資料選集 29 茶堂（辻堂）の習俗Ⅱ」国土地理協会　2001
　　◇p23（口絵）〔白黒〕　徳島県琴南町美合久保谷
　　◇p168（本文）〔白黒〕　香川県仲多度郡琴南町美合久保谷

**子供の遊ぶ茶堂**
「民俗資料選集 16 茶堂の習俗Ⅰ」国土地理協会　1989
　　◇p10（口絵）〔白黒〕　高知県大正町大奈路

**小原観音堂**
「民俗資料選集 40 辻堂の習俗Ⅴ」国土地理協会　2009
　　◇p50（本文）〔白黒〕　宮崎県南郷村大字水清谷字小原

**胡麻屋の大師堂**
「民俗資料選集 39 辻堂の習俗Ⅳ」国土地理協会　2009
　　◇p128・129（本文）〔白黒〕　岡山県浅口郡金光町胡麻屋　外観，棟木にうちつけた塔婆，大師堂脇の六字名号塔　㊗1982年，1983年

**込の観音堂**
「民俗資料選集 29 茶堂（辻堂）の習俗Ⅱ」国土地理協会　2001
　　◇p94（本文）〔白黒〕　徳島県三好郡池田町大利

**虚無僧墓**
「民俗資料選集 33 辻堂の習俗Ⅲ」国土地理協会　2005
　　◇p245（本文）〔白黒〕　山口県豊浦町川棚大羽山

**小室のお大師さん**
「民俗資料選集 33 辻堂の習俗Ⅲ」国土地理協会　2005
　　◇p64（本文）〔白黒〕　山口県東城町

**子安観音堂**
「民俗資料選集 33 辻堂の習俗Ⅲ」国土地理協会　2005
　　◇p201（本文）〔白黒〕　山口県山口市

**子安地蔵**
「民俗資料叢書 2 志摩の年齢階梯制」平凡社　1965
　　◇図8・9〔白黒〕　三重県鳥羽市松尾町　〔お堂〕

**子安地蔵前の広場**
「民俗資料叢書 2 志摩の年齢階梯制」平凡社　1965
　　◇図10〔白黒〕（子安地蔵前）　三重県鳥羽市松尾町

**権現堂**
「民俗資料選集 40 辻堂の習俗Ⅴ」国土地理協会　2009
　　◇p123（本文）〔白黒〕　宮崎県高城町石山石山迫　外観，堂内祭壇

**金生さん**
「民俗資料選集 33 辻堂の習俗Ⅲ」国土地理協会　2005
　　◇p59（本文）〔白黒〕　山口県東城町　外観，内部

**西光寺堂**
「民俗資料選集 33 辻堂の習俗Ⅲ」国土地理協会　2005
　　◇p86（本文）〔白黒〕　山口県久井町泉

**才ノ峠ノ堂**
「民俗資料選集 39 辻堂の習俗Ⅳ」国土地理協会　2009
　　◇p14（口絵）〔白黒〕　岡山県新見市
　　◇p104（本文）〔白黒〕　岡山県新見市法曽本村字才峠　峠ノ堂の須弥壇

**才ノ脇の萩堂**
「民俗資料選集 39 辻堂の習俗Ⅳ」国土地理協会　2009
　　◇p19（口絵）〔白黒〕　岡山県里庄町
　　◇p160（本文）〔白黒・図〕（才の脇の萩堂見取図）　岡山県里庄町新庄オノ脇

**才ノ脇の萩堂の祭壇**
「民俗資料選集 39 辻堂の習俗Ⅳ」国土地理協会　2009
　　◇p19（口絵）〔白黒〕　岡山県里庄町

**柴目堂**
「民俗資料選集 39 辻堂の習俗Ⅳ」国土地理協会　2009
　　◇p79（本文）〔白黒〕　岡山県高梁市巨瀬町国時

**境場のお堂**
「民俗資料選集 29 茶堂（辻堂）の習俗Ⅱ」国土地理協会　2001
　　◇p22（口絵）〔白黒〕　徳島県綾上町西分

**境場のお堂の本尊**
「民俗資料選集 29 茶堂（辻堂）の習俗Ⅱ」国土地理協会　2001
　　◇p22（口絵）〔白黒〕　徳島県綾上町西分

**佐方（宮原）の大師堂**
「民俗資料選集 39 辻堂の習俗Ⅳ」国土地理協会　2009
　　◇p135（本文）〔白黒〕　岡山県浅口郡金光町佐方　外観，本尊（左は観音）

**佐方（宗本）の薬師堂**
「民俗資料選集 39 辻堂の習俗Ⅳ」国土地理協会　2009
　　◇p133・134（本文）〔白黒・写真／図〕　岡山県浅口郡金光町佐方　棟札，薬師堂（内部）の鐘を吊る吊り手（蹄鉄を利用），本尊，見取図　㊗1982年

**佐久良阿弥陀堂**
「民俗資料選集 39 辻堂の習俗Ⅳ」国土地理協会　2009
　　◇p95（本文）〔白黒〕　岡山県新見市豊永赤馬字三久（櫻集落）　外観，堂内の本尊と脇士

**迫地蔵堂**
「民俗資料選集 33 辻堂の習俗Ⅲ」国土地理協会　2005
　　◇p51（本文）〔白黒〕　山口県新市町大字藤尾・門木
　　◇p52（本文）〔白黒〕　山口県新市町大字常

**佐條堂**
「民俗資料選集 29 茶堂（辻堂）の習俗Ⅱ」国土地理協会　2001
　　◇p10（口絵）〔白黒〕　徳島県穴吹町口山字淵名

佐文の岡の庵
　「民俗資料選集 29 茶堂（辻堂）の習俗Ⅱ」国土地理協会
　　2001
　　◇p177（本文）〔白黒〕　香川県仲多度郡仲南町佐文竹
　　　の尾

佐原目の地蔵堂
　「民俗資料選集 39 辻堂の習俗Ⅳ」国土地理協会　2009
　　◇p259（本文）〔白黒〕　岡山県川上郡備中町 油野　装具
　　　の天蓋, 外観, 内部　㊞1983年

三寛大荒神堂
　「民俗資料選集 33 辻堂の習俗Ⅲ」国土地理協会　2005
　　◇p14（口絵）〔白黒〕　山口県柳井市柳井

三軒屋の地蔵様（上の地蔵様）
　「民俗資料選集 33 辻堂の習俗Ⅲ」国土地理協会　2005
　　◇p202（本文）〔白黒〕　山口県山口市

山門の大師堂
　「民俗資料選集 33 辻堂の習俗Ⅲ」国土地理協会　2005
　　◇p19（口絵）〔白黒〕　山口県宇部市上宇部

三谷の観音堂
　「民俗資料選集 39 辻堂の習俗Ⅳ」国土地理協会　2009
　　◇p22（口絵）〔白黒〕　岡山県北房町

塩入庵
　「民俗資料選集 29 茶堂（辻堂）の習俗Ⅱ」国土地理協会
　　2001
　　◇p24（口絵）〔白黒〕　徳島県仲南町塩入

重末の薬師堂
　「民俗資料選集 29 茶堂（辻堂）の習俗Ⅱ」国土地理協会
　　2001
　　◇p107（本文）〔白黒〕　徳島県三好郡西祖谷山村重末

慈眼寺
　「民俗資料選集 33 辻堂の習俗Ⅲ」国土地理協会　2005
　　◇p173（本文）〔白黒〕　山口県周東町上差川　辻堂

市見十王堂
　「民俗資料選集 33 辻堂の習俗Ⅲ」国土地理協会　2005
　　◇p6（口絵）〔白黒〕　広島県新市町大字金丸

四軒家地蔵堂
　「民俗資料選集 33 辻堂の習俗Ⅲ」国土地理協会　2005
　　◇p51（本文）〔白黒〕　山口県新市町大字戸手　大正12年
　　　大修理

地蔵堂
　「民俗資料選集 40 辻堂の習俗Ⅴ」国土地理協会　2009
　　◇p66（本文）〔白黒〕　宮崎県高鍋町菖蒲池大師堂側
　　　石仏
　「民俗資料選集 39 辻堂の習俗Ⅳ」国土地理協会　2009
　　◇p4（口絵）〔白黒〕　岡山県笠岡市
　「民俗資料選集 33 辻堂の習俗Ⅲ」国土地理協会　2005
　　◇p10（口絵）〔白黒〕　広島県久井町下津
　　◇p16（口絵）〔白黒〕　山口県周東町西午王ノ内
　　◇p21（口絵）〔白黒〕　山口県下関市藤附町
　　◇p21（口絵）〔白黒〕　山口県下関市竹崎町
　　◇p22（口絵）〔白黒〕　山口県下関市長府町
　　◇p84（本文）〔白黒〕　山口県久井町江木
　　◇p86（本文）〔白黒〕　山口県久井町下津
　　◇p86（本文）〔白黒〕　山口県久井町羽倉
　　◇p86（本文）〔白黒〕　山口県久井町羽倉
　　◇p90（本文）〔白黒〕　山口県大和町
　　◇p224（本文）〔白黒〕　山口県美祢市伊佐町北横切
　　◇p230（本文）〔白黒〕　山口県下関市綾羅木町梶栗
　「宮本常一 写真・日記集成 下」毎日新聞社　2005
　　◇p198〔白黒〕　広島県三原市幸崎町能地　㊞宮本常一,
　　　1969年7月20日～25日

「民俗資料選集 29 茶堂（辻堂）の習俗Ⅱ」国土地理協会
　2001
　　◇p2（口絵）〔白黒〕　徳島県半田町八千代字中熊下
　　◇p7（口絵）〔白黒〕　徳島県一宇村奥大野
　　◇p8（口絵）〔白黒〕　徳島県一宇村大宗
　　◇p9（口絵）〔白黒〕　徳島県穴吹町口山字調子野
　　◇p6（本文）〔白黒〕　徳島県半田町下尾尻
「日本民俗文化財事典（改訂版）」第一法規出版　1979
　　◇図240〔白黒〕　東京都町田市

地蔵堂で行われる百万遍
　「民俗資料選集 29 茶堂（辻堂）の習俗Ⅱ」国土地理協会
　　2001
　　◇p38（本文）〔白黒〕　徳島県東祖谷山村京上

地蔵堂でのお接待
　「民俗資料選集 33 辻堂の習俗Ⅲ」国土地理協会　2005
　　◇p20（口絵）〔白黒〕　山口県美祢市大嶺

地蔵堂と供養碑
　「日本民俗文化財事典（改訂版）」第一法規出版　1979
　　◇図229〔白黒〕　富山県砺波地方

地蔵堂の内部
　「民俗資料選集 39 辻堂の習俗Ⅳ」国土地理協会　2009
　　◇p4（口絵）〔白黒〕　岡山県笠岡市

地蔵堂平面図
　「民俗資料選集 16 茶堂の習俗Ⅰ」国土地理協会　1989
　　◇p118（本文）〔白黒・図〕　高知県高岡郡仁淀村柚の
　　　木谷

地蔵のお堂
　「民俗資料選集 29 茶堂（辻堂）の習俗Ⅱ」国土地理協会
　　2001
　　◇p16（口絵）〔白黒〕　徳島県寒川町石田

地蔵のお堂の本尊
　「民俗資料選集 29 茶堂（辻堂）の習俗Ⅱ」国土地理協会
　　2001
　　◇p16（口絵）〔白黒〕　徳島県寒川町石田

七福神堂（堂はん）
　「民俗資料選集 33 辻堂の習俗Ⅲ」国土地理協会　2005
　　◇p235（本文）〔白黒〕　山口県下関市阿内字山根

漆喰で描かれた賽の河原
　「民俗資料選集 29 茶堂（辻堂）の習俗Ⅱ」国土地理協会
　　2001
　　◇p115（本文）〔白黒〕　香川県高松市瀬戸内町

児田堂
　「民俗資料選集 33 辻堂の習俗Ⅲ」国土地理協会　2005
　　◇p90（本文）〔白黒〕　山口県大和町

地頭上の棚堂
　「民俗資料選集 39 辻堂の習俗Ⅳ」国土地理協会　2009
　　◇p139・140（本文）〔白黒〕　岡山県浅口郡鴨方町地頭上
　　　字大殿　外観, 内部, 本尊

柴橋地蔵堂
　「民俗資料選集 33 辻堂の習俗Ⅲ」国土地理協会　2005
　　◇p57（本文）〔白黒〕　山口県東城町

持仏堂
　「日本の生活環境文化大辞典」柏書房　2010
　　◇p208-1〔白黒〕（八丈島に残る持仏堂）　東京都八丈町
　　　㊞2007年　森隆男

治部田の大師堂
　「民俗資料選集 39 辻堂の習俗Ⅳ」国土地理協会　2009
　　◇p64（本文）〔白黒〕　岡山県総社市見延治部田

シマの大師堂
　「民俗資料選集 29 茶堂（辻堂）の習俗Ⅱ」国土地理協会

2001
◇p96（本文）〔白黒〕　徳島県三好郡池田町シマ

清水地蔵菩薩堂
「民俗資料選集 33 辻堂の習俗Ⅲ」国土地理協会　2005
◇p44・45（本文）〔白黒〕　山口県沼隈町　外観, 内部

四眠堂
「民俗資料選集 29 茶堂（辻堂）の習俗Ⅱ」国土地理協会　2001
◇p3（口絵）〔白黒〕　徳島県半田町八千代字紙屋

下岩成の地蔵堂と石柱
「民俗資料選集 33 辻堂の習俗Ⅲ」国土地理協会　2005
◇p21（本文）〔白黒〕　山口県福山市駅家町上山守　「奉拝礼庚申霊真言講中安穏祈處」と刻む

下押方大師堂
「民俗資料選集 40 辻堂の習俗Ⅴ」国土地理協会　2009
◇p23（本文）〔白黒〕　宮崎県高千穂町押方下押方

下押方大師堂内
「民俗資料選集 40 辻堂の習俗Ⅴ」国土地理協会　2009
◇p1（口絵）〔白黒〕　宮崎県高千穂町押方下押方

下金倉の谷堂
「民俗資料選集 39 辻堂の習俗Ⅳ」国土地理協会　2009
◇p195・196（本文）〔白黒・写真/図〕　岡山県上房郡有漢町下金倉集落　外観, 祭壇, 見取図

下倉の馬頭観音
「民俗資料選集 39 辻堂の習俗Ⅳ」国土地理協会　2009
◇p54（本文）〔白黒〕　岡山県総社市下倉塩田奥

下郷の茶堂
「民俗資料選集 39 辻堂の習俗Ⅳ」国土地理協会　2009
◇p255・256（本文）〔白黒・写真/図〕　岡山県川上郡備中町 平川地区　外観, 見取図

下田土の大師堂
「民俗資料選集 39 辻堂の習俗Ⅳ」国土地理協会　2009
◇p215・216（本文）〔白黒〕　岡山県賀陽町大字田土字下田土　外観, 内部, 内部の双体仏と大師像, 念仏供養碑

下田の大師堂
「民俗資料選集 39 辻堂の習俗Ⅳ」国土地理協会　2009
◇p172〜174（本文）〔白黒・写真/図〕　岡山県小田郡美星町大字三山字仲間（下田集落）（旧所在は仲間観音堂）　外観, 内部, 見取図

下吹堂
「民俗資料選集 29 茶堂（辻堂）の習俗Ⅱ」国土地理協会　2001
◇p11（口絵）〔白黒〕　徳島県井川町井ノ内吹

下村の釈迦堂
「民俗資料選集 39 辻堂の習俗Ⅳ」国土地理協会　2009
◇p6（口絵）〔白黒〕　岡山県総社市
◇p16（口絵）〔白黒〕　岡山県総社市

下村の釈迦堂内部
「民俗資料選集 39 辻堂の習俗Ⅳ」国土地理協会　2009
◇p6（口絵）〔白黒〕　岡山県総社市

下山中薬師堂
「民俗資料選集 33 辻堂の習俗Ⅲ」国土地理協会　2005
◇p218（本文）〔白黒〕　山口県宇部市二俣瀬区

釈迦堂
「民俗資料選集 29 茶堂（辻堂）の習俗Ⅱ」国土地理協会　2001
◇p31（本文）〔白黒〕　徳島県貞光町端山字吉良

十王堂
「民俗資料選集 33 辻堂の習俗Ⅲ」国土地理協会　2005
◇p210（本文）〔白黒〕　山口県宇部市西岐波地区　外観, 内部
「日本宗教民俗図典 1」法蔵館　1985
◇図76〜79〔白黒〕　岩手県遠野市石倉　[撮]須藤功

十三塚の金毘羅さん
「民俗資料選集 29 茶堂（辻堂）の習俗Ⅱ」国土地理協会　2001
◇p165（本文）〔白黒〕　香川県綾歌郡綾南町畑田

十三佛大師堂（休堂）
「民俗資料選集 33 辻堂の習俗Ⅲ」国土地理協会　2005
◇p247（本文）〔白黒〕　山口県豊浦町川棚岩谷

十二神堂
「民俗資料選集 33 辻堂の習俗Ⅲ」国土地理協会　2005
◇p2（口絵）〔白黒〕　広島県福山市熊野町

出店大師堂
「民俗資料選集 33 辻堂の習俗Ⅲ」国土地理協会　2005
◇p78（本文）〔白黒〕　山口県神石町田頭

シュンカ地蔵
「民俗資料選集 16 茶堂の習俗Ⅰ」国土地理協会　1989
◇p164（本文）〔白黒〕　愛媛県城川町 今田茶堂

松果堂
「民俗資料選集 33 辻堂の習俗Ⅲ」国土地理協会　2005
◇p91（本文）〔白黒〕　山口県大和町

松月庵観音堂
「民俗資料選集 33 辻堂の習俗Ⅲ」国土地理協会　2005
◇p190（本文）〔白黒〕　山口県美和町生見地区　辻堂

定光寺堂
「民俗資料選集 33 辻堂の習俗Ⅲ」国土地理協会　2005
◇p9（口絵）〔白黒〕　広島県神石町田頭

焼山寺大師堂（御籠堂）
「民俗資料選集 40 辻堂の習俗Ⅴ」国土地理協会　2009
◇p39（本文）〔白黒・写真/図〕　宮崎県高千穂町　外観, 内部, 見取図　浅ヶ部八十八カ所第十二番

菖蒲池観音堂
「民俗資料選集 40 辻堂の習俗Ⅴ」国土地理協会　2009
◇p60〜62（本文）〔白黒・図/写真〕　宮崎県高鍋町菖蒲池　見取図, 外観, 堂守, 観音像, 地蔵菩薩, 堂内, 法螺貝と梵天

菖蒲池大師堂
「民俗資料選集 40 辻堂の習俗Ⅴ」国土地理協会　2009
◇p7（口絵）〔白黒〕　宮崎県高鍋町菖蒲池　外観, 堂内（大師像）

上房堂
「民俗資料選集 39 辻堂の習俗Ⅳ」国土地理協会　2009
◇p237・238（本文）〔白黒・写真/図〕　岡山県川上郡川上町　外観, 見取図

正山の大堂（下の堂）
「民俗資料選集 39 辻堂の習俗Ⅳ」国土地理協会　2009
◇p99（本文）〔白黒〕　岡山県新見市豊永宇山字正山　外観, 須弥壇

志輪井地蔵堂
「民俗資料選集 33 辻堂の習俗Ⅲ」国土地理協会　2005
◇p6（口絵）〔白黒〕　広島県新市町大字常

神社とお堂
「図説 日本民俗学」吉川弘文館　2009
◇p110〔白黒〕　奈良県大和郡山市　浦西勉提供

季国の庵
「民俗資料選集 29 茶堂（辻堂）の習俗Ⅱ」国土地理協会　2001
◇p132（本文）〔白黒〕　香川県大川郡白鳥町与田山字季国

清神社内堂
　「民俗資料選集 33 辻堂の習俗Ⅲ」国土地理協会　2005
　　◇p71（本文）〔白黒〕　　山口県上下町字深江
杉の薬師堂
　「民俗資料選集 39 辻堂の習俗Ⅳ」国土地理協会　2009
　　◇p7（口絵）〔白黒〕　　岡山県総社市
杉の薬師堂内部
　「民俗資料選集 39 辻堂の習俗Ⅳ」国土地理協会　2009
　　◇p7（口絵）〔白黒〕　　岡山県総社市
助実のお大師様
　「民俗資料選集 39 辻堂の習俗Ⅳ」国土地理協会　2009
　　◇p41（本文）〔白黒〕　　岡山県笠岡市東大戸助実　外観, 内部
助実の荒神様
　「民俗資料選集 39 辻堂の習俗Ⅳ」国土地理協会　2009
　　◇p41（本文）〔白黒〕　　岡山県笠岡市東大戸助実
洲崎の延命地蔵
　「民俗資料選集 33 辻堂の習俗Ⅲ」国土地理協会　2005
　　◇p166（本文）〔白黒〕　　山口県柳井市柳井津　辻堂外観
須田丸地蔵堂
　「民俗資料選集 33 辻堂の習俗Ⅲ」国土地理協会　2005
　　◇p75（本文）〔白黒〕　　山口県神石町高光
洲の端地蔵堂
　「民俗資料選集 33 辻堂の習俗Ⅲ」国土地理協会　2005
　　◇p39・40（本文）〔白黒〕　　山口県沼隈町
摺ヶ峠堂
　「民俗資料選集 33 辻堂の習俗Ⅲ」国土地理協会　2005
　　◇p77（本文）〔白黒〕　　山口県神石町牧
石体六地蔵堂
　「民俗資料選集 33 辻堂の習俗Ⅲ」国土地理協会　2005
　　◇p265（本文）〔白黒〕　　山口県萩市飯井
接待のお茶とお茶うけ
　「民俗資料選集 16 茶堂の習俗Ⅰ」国土地理協会　1989
　　◇p24（口絵）〔白黒〕　　愛媛県城川町大字川津南程野
畝堂
　「民俗資料選集 39 辻堂の習俗Ⅳ」国土地理協会　2009
　　◇p24（口絵）〔白黒〕　　岡山県哲多町
　　◇p272・273（本文）〔白黒・図/写真〕　　岡山県阿哲郡哲多町大字宮河内小村谷　平面図, 外観
畝堂内部
　「民俗資料選集 39 辻堂の習俗Ⅳ」国土地理協会　2009
　　◇p24（口絵）〔白黒〕　　岡山県哲多町
銭負地蔵堂
　「民俗資料選集 33 辻堂の習俗Ⅲ」国土地理協会　2005
　　◇p69（本文）〔白黒〕　　山口県上下町字矢野
妹尾高尾の摩利支天祠堂
　「民俗資料選集 39 辻堂の習俗Ⅳ」国土地理協会　2009
　　◇p14（本文）〔白黒〕　　岡山県岡山市妹尾高尾地内　祭壇の宝篋印塔, 題目石, 摩利支天
善光寺のお堂
　「民俗資料選集 29 茶堂（辻堂）の習俗Ⅱ」国土地理協会　2001
　　◇p154（本文）〔白黒〕　　香川県綾歌郡綾上町枌所東相津
善光寺の反対側にあるお大師さん
　「民俗資料選集 29 茶堂（辻堂）の習俗Ⅱ」国土地理協会　2001
　　◇p155（本文）〔白黒〕　　香川県綾歌郡綾上町枌所東相津
善光寺の本尊
　「民俗資料選集 29 茶堂（辻堂）の習俗Ⅱ」国土地理協会　2001
　　◇p154（本文）〔白黒〕　　香川県綾歌郡綾上町枌所東相津
千手観音堂
　「民俗資料選集 40 辻堂の習俗Ⅴ」国土地理協会　2009
　　◇p22（口絵）〔白黒〕　　宮崎県串間市南方大島寺園
善徳の大師堂
　「民俗資料選集 29 茶堂（辻堂）の習俗Ⅱ」国土地理協会　2001
　　◇p110（本文）〔白黒〕　　徳島県三好郡西祖谷山村善徳
造田の辻堂
　「民俗資料選集 29 茶堂（辻堂）の習俗Ⅱ」国土地理協会　2001
　　◇p17（口絵）〔白黒〕　　徳島県長尾町造田
曽我谷堂
　「民俗資料選集 29 茶堂（辻堂）の習俗Ⅱ」国土地理協会　2001
　　◇p6（本文）〔白黒〕　　徳島県半田町曽我谷
粟光堂
　「民俗資料選集 33 辻堂の習俗Ⅲ」国土地理協会　2005
　　◇p86（本文）〔白黒〕　　山口県久井町泉
大越の堂（大師堂）と海後の観音堂
　「民俗資料選集 33 辻堂の習俗Ⅲ」国土地理協会　2005
　　◇p36（本文）〔白黒〕　　山口県沼隈町　明治39年観音堂再建, 昭和26年大師堂再建
大幸堂
　「民俗資料選集 33 辻堂の習俗Ⅲ」国土地理協会　2005
　　◇p8（口絵）〔白黒〕　　広島県上下町井永
第五十三番大師堂
　「民俗資料選集 39 辻堂の習俗Ⅳ」国土地理協会　2009
　　◇p8（口絵）〔白黒〕　　岡山県総社市
第五十三番大師堂内部
　「民俗資料選集 39 辻堂の習俗Ⅳ」国土地理協会　2009
　　◇p8（口絵）〔白黒〕　　岡山県総社市
大師像
　「民俗資料選集 40 辻堂の習俗Ⅴ」国土地理協会　2009
　　◇p89（本文）〔白黒〕　　宮崎県清武町今泉
太子堂
　「民俗資料選集 33 辻堂の習俗Ⅲ」国土地理協会　2005
　　◇p82（本文）〔白黒〕　　山口県久井町筋上
大師堂
　「民俗資料選集 39 辻堂の習俗Ⅳ」国土地理協会　2009
　　◇p9（口絵）〔白黒〕　　岡山県総社市
　　◇p114・115（本文）〔白黒・写真/図〕　　岡山県都窪郡清音村大字上中島字中之町　外観, 内部, 平面図
　　◇p116・117（本文）〔白黒・写真/図〕　　岡山県都窪郡清音村大字柿木字塔之元　外観, 本尊, 平面図
　　◇p55（本文）〔白黒〕　　岡山県総社市（旧日美村美袋字馬場）　第七十四番
　　◇p56（本文）〔白黒〕　　岡山県総社市（旧富山村字山野田）　第八十番
　　◇p56（本文）〔白黒〕　　岡山県総社市（旧富山村字菅）　第六十九番
　　◇p57（本文）〔白黒〕　　岡山県総社市（旧富山村字山西（宮ノ乢））　第八十一番
　　◇p57（本文）〔白黒〕　　岡山県総社市（旧水内村滝山西）　第五十番
　　◇p109（本文）〔白黒〕　　岡山県新見市長屋上組の一
　「民俗資料選集 33 辻堂の習俗Ⅲ」国土地理協会　2005
　　◇p15（口絵）〔白黒〕　　山口県周東町明見谷
　　◇p15（口絵）〔白黒〕　　山口県周東町明神
　　◇p16（口絵）〔白黒〕　　山口県美和町阿賀

祀堂・茶堂・辻堂　　　　　　　　　　　　　信　仰

　　　◇p22（口絵）〔白黒〕　　山口県豊浦町上畔
　　　◇p10（本文）〔白黒〕　　山口県福山市駅家町大橋
　　　◇p165（本文）〔白黒〕　　山口県柳井市伊保庄 宗寿院南接
　　　◇p167（本文）〔白黒〕　　山口県柳井市日積
　　　◇p172（本文）〔白黒〕　　山口県周東町下久原
　　　◇p174（本文）〔白黒〕　　山口県周東町西長野
　　　◇p175（本文）〔白黒〕　　山口県周東町獺越
　　　◇p266（本文）〔白黒〕　　山口県萩市三見浦
　　「民俗資料選集 29 茶堂（辻堂）の習俗Ⅱ」国土地理協会　2001
　　　◇p1（口絵）〔白黒〕　　徳島県脇町中曽江
　　　◇p15（口絵）〔白黒〕　　徳島県白鳥町入野山字上末国
　　　◇p6（本文）〔白黒〕　　徳島県半田町東地
　　「民俗資料選集 16 茶堂の習俗Ⅰ」国土地理協会　1989
　　　◇p13（口絵）〔白黒〕　　高知県大正町梶屋式

**大師堂全景**
　　「民俗資料選集 39 辻堂の習俗Ⅳ」国土地理協会　2009
　　　◇p15（口絵）〔白黒〕　　岡山県山手村

**大師堂全景（正面）**
　　「民俗資料選集 39 辻堂の習俗Ⅳ」国土地理協会　2009
　　　◇p6（本文）〔白黒〕　　岡山県岡山市大井

**大師堂内平面図**
　　「民俗資料選集 39 辻堂の習俗Ⅳ」国土地理協会　2009
　　　◇p6（本文）〔白黒・図〕　　岡山県岡山市大井

**大師堂の祈禱札類**
　　「民俗資料選集 39 辻堂の習俗Ⅳ」国土地理協会　2009
　　　◇p78（本文）〔白黒〕　　岡山県高梁市巨瀬町鴨木　明治30年銘

**大師堂の内部**
　　「民俗資料選集 39 辻堂の習俗Ⅳ」国土地理協会　2009
　　　◇p9（口絵）〔白黒〕（大師堂内部）　岡山県総社市
　　　◇p6（本文）〔白黒〕（大師堂内部）　岡山県岡山市大井
　　「民俗資料選集 16 茶堂の習俗Ⅰ」国土地理協会　1989
　　　◇p13（口絵）〔白黒〕　　高知県仁淀村中宮
　　　◇p13（口絵）〔白黒〕　　高知県仁淀村中宮

**大師堂の内部と村四国の石像**
　　「民俗資料選集 16 茶堂の習俗Ⅰ」国土地理協会　1989
　　　◇p12（口絵）〔白黒〕　　高知県梼原村田野々

**大師堂平面図**
　　「民俗資料選集 16 茶堂の習俗Ⅰ」国土地理協会　1989
　　　◇p119（本文）〔白黒・図〕　　高知県高岡郡仁淀村松尾
　　　◇p120（本文）〔白黒・図〕　　高知県高岡郡仁淀村西条
　　　◇p121（本文）〔白黒・図〕　　高知県高岡郡仁淀村東村
　　　◇p123（本文）〔白黒・図〕　　高知県高岡郡仁淀村中宮
　　　◇p124（本文）〔白黒・図〕　　高知県高岡郡仁淀村梶屋式
　　　◇p126（本文）〔白黒・図〕　　高知県高岡郡仁淀村峯
　　　◇p127（本文）〔白黒・図〕　　高知県高岡郡仁淀村高瀬下組

**大師八十八カ所の石像**
　　「民俗資料選集 40 辻堂の習俗Ⅴ」国土地理協会　2009
　　　◇p63（本文）〔白黒〕　　宮崎県高鍋町宮田　円福寺

**大将軍神祠**
　　「民俗資料選集 40 辻堂の習俗Ⅴ」国土地理協会　2009
　　　◇p12（口絵）〔白黒〕　　宮崎県清武町今泉上大久保平山

**大将軍堂**
　　「民俗資料選集 40 辻堂の習俗Ⅴ」国土地理協会　2009
　　　◇p79（本文）〔白黒〕　　宮崎県清武町船引五反畑　外観、内部

**大正寺観音堂**
　　「民俗資料選集 40 辻堂の習俗Ⅴ」国土地理協会　2009

　　　◇p26（本文）〔白黒〕　　宮崎県高千穂町三田井大野原　外観、内部

**大日堂**
　　「民俗資料選集 39 辻堂の習俗Ⅳ」国土地理協会　2009
　　　◇p261・262（本文）〔白黒・図/写真〕　岡山県阿哲郡大佐町田治部・仲屋　見取図、外観、屋根組み、内部、大日如来
　　「民俗資料選集 29 茶堂（辻堂）の習俗Ⅱ」国土地理協会　2001
　　　◇p13（口絵）〔白黒〕　　徳島県東祖谷山村小島

**高尾の棟無堂**
　　「民俗資料選集 39 辻堂の習俗Ⅳ」国土地理協会　2009
　　　◇p88（本文）〔白黒・写真/図〕　岡山県新見市高尾高尾平　外観、平面図、境内の六地蔵

**高尾の棟無堂の本尊阿弥陀如来**
　　「民俗資料選集 39 辻堂の習俗Ⅳ」国土地理協会　2009
　　　◇p13（口絵）〔白黒〕　　岡山県新見市

**高尾摩利支天祠堂平面図**
　　「民俗資料選集 39 辻堂の習俗Ⅳ」国土地理協会　2009
　　　◇p15（本文）〔白黒・図〕　　岡山県岡山市妹尾高尾地内

**高下の観音堂**
　　「民俗資料選集 33 辻堂の習俗Ⅲ」国土地理協会　2005
　　　◇p223（本文）〔白黒〕　　山口県美祢市伊佐町西台

**高田大師堂**
　　「民俗資料選集 39 辻堂の習俗Ⅳ」国土地理協会　2009
　　　◇p12（口絵）〔白黒〕　　岡山県高梁市

**高田大師堂内部**
　　「民俗資料選集 39 辻堂の習俗Ⅳ」国土地理協会　2009
　　　◇p12（口絵）〔白黒〕　　岡山県高梁市

**高田の辻堂**
　　「民俗資料選集 39 辻堂の習俗Ⅳ」国土地理協会　2009
　　　◇p82（本文）〔白黒〕　　岡山県高梁市川面町辻前

**滝観音堂**
　　「民俗資料選集 40 辻堂の習俗Ⅴ」国土地理協会　2009
　　　◇p4（口絵）〔白黒〕　　宮崎県南郷村水清谷猪之原

**田口の薬師堂**
　　「民俗資料選集 40 辻堂の習俗Ⅴ」国土地理協会　2009
　　　◇p134（本文）〔白黒・写真/図〕　宮崎県串間市大字西方　外観、堂内、祭壇見取図

**嶽の堂（嶽観音本堂）**
　　「民俗資料選集 8 中付駑者の習俗」国土地理協会　1979
　　　◇p24（口絵）〔白黒〕　　福島県南会津郡下郷町南倉沢

**竹屋敷堂**
　　「民俗資料選集 29 茶堂（辻堂）の習俗Ⅱ」国土地理協会　2001
　　　◇p6（口絵）〔白黒〕　　徳島県貞光町端山字竹屋敷

**湛井の辻堂**
　　「民俗資料選集 39 辻堂の習俗Ⅳ」国土地理協会　2009
　　　◇p61（本文）〔白黒〕　　岡山県総社市湛井

**竜野大師堂**
　　「民俗資料選集 40 辻堂の習俗Ⅴ」国土地理協会　2009
　　　◇p49（本文）〔白黒〕　　宮崎県南郷村大字水清谷字槙ノ越

**田中地蔵堂**
　　「民俗資料選集 33 辻堂の習俗Ⅲ」国土地理協会　2005
　　　◇p11（口絵）〔白黒〕　　広島県大和町

**谷條の日名堂**
　　「民俗資料選集 39 辻堂の習俗Ⅳ」国土地理協会　2009
　　　◇p240（本文）〔白黒〕　　岡山県川上郡川上町

信仰　　　　　　　　　　　　　　　　祀堂・茶堂・辻堂

**田野原大師堂内**
「民俗資料選集 40 辻堂の習俗Ⅴ」国土地理協会　2009
　◇p4（口絵），p50（本文）〔白黒〕　宮崎県南郷村神門日野原

**俵原堂**
「民俗資料選集 33 辻堂の習俗Ⅲ」国土地理協会　2005
　◇p78（本文）〔白黒〕　山口県神石町牧

**壇子弟の大師堂（十王堂）**
「民俗資料選集 33 辻堂の習俗Ⅲ」国土地理協会　2005
　◇p239（本文）〔白黒〕　山口県豊浦町川棚壇子弟　外観，内部

**茶接待を行った「休み堂」**
「民俗資料選集 33 辻堂の習俗Ⅲ」国土地理協会　2005
　◇p19（本文）〔白黒〕　山口県福山市藤江町八反峠　バス停として利用されている

**茶接待碑**
「民俗資料選集 33 辻堂の習俗Ⅲ」国土地理協会　2005
　◇p2（口絵）〔白黒〕　広島県福山市海ヶ峠　文政6年の碑，大正12年の碑

**茶堂**
「図説 日本民俗学」吉川弘文館　2009
　◇p217〔白黒〕　愛媛県西予市
「民俗資料選集 33 辻堂の習俗Ⅲ」国土地理協会　2005
　◇p20（本文）〔白黒〕　山口県福山市駅家町上山守　芦田川堤防下
「宮本常一 写真・日記集成 下」毎日新聞社　2005
　◇p457〔白黒〕　愛媛県西予市城川町　町内に50ヶ所以上残る　㊿宮本常一，1979年3月15日
「民俗資料選集 16 茶堂の習俗Ⅰ」国土地理協会　1989
　◇p1（口絵）〔白黒〕　高知県仁淀村上川渡
　◇p5（口絵）〔白黒〕　高知県梼原村本町
　◇p5（口絵）〔白黒〕　高知県梼原村川西路
　◇p6（口絵）〔白黒〕　高知県梼原村文丸
　◇p6（口絵）〔白黒〕　高知県東津野村下野
　◇p6（口絵）〔白黒〕　高知県大正町下津井
　◇p6（口絵）〔白黒〕　高知県梼原村文丸
　◇p7（口絵）〔白黒〕　高知県大正町下道
　◇p8（口絵）〔白黒〕　高知県十和村山瀬
　◇p8（口絵）〔白黒〕　高知県十和村小野
　◇p9（口絵）〔白黒〕　高知県十和村十川
　◇p9（口絵）〔白黒〕　高知県十和村戸口
　◇p9（口絵）〔白黒〕　高知県西土佐村権谷市野々
　◇p10（口絵）〔白黒〕　高知県西土佐村口屋内深瀬
　◇p11（口絵）〔白黒〕　高知県西土佐村権谷押谷
　◇p11（口絵）〔白黒〕　高知県大正町西の川
　◇p11（口絵）〔白黒〕　高知県十和村地吉
　◇p14（口絵）〔白黒〕　愛媛県城川町大字川津南安尾
　◇p14（口絵）〔白黒〕　愛媛県城川町大字窪野桂
　◇p15（口絵）〔白黒〕　愛媛県城川町大字魚成今田
　◇p15（口絵）〔白黒〕　愛媛県城川町大字田穂ゴマジリ
　◇p15（口絵）〔白黒〕　愛媛県城川町大字魚成北谷
　◇p16（口絵）〔白黒〕　愛媛県城川町大字遊子谷下遊子
　◇p16（口絵）〔白黒〕　愛媛県城川町大字遊子泉川
　◇p16（口絵）〔白黒〕　愛媛県城川町大字男河内宮成
　◇p17（口絵）〔白黒〕　愛媛県城川町大字嘉喜尾岩本
　◇p17（口絵）〔白黒〕　愛媛県城川町大字高野子本村
　◇p17（口絵）〔白黒〕　愛媛県城川町大字嘉喜尾杭
　◇p17（口絵）〔白黒〕　愛媛県城川町大字土居つづら
　◇p17（口絵）〔白黒〕　愛媛県城川町大字高野子本村
　◇p18（口絵）〔白黒〕　愛媛県城川町大字高野子本村
　◇p18（口絵）〔白黒〕　愛媛県城川町大字高野子本村クズハラ
　◇p18（口絵）〔白黒〕　愛媛県城川町大字野井川重谷古寺
　◇p18（口絵）〔白黒〕　愛媛県城川町大字高野子菊野谷
　◇p18（口絵）〔白黒〕　愛媛県城川町大字野井川泉田
　◇p19（口絵）〔白黒〕　愛媛県城川町大字野井川宝泉寺
　◇p19（口絵）〔白黒〕　愛媛県城川町大字野井川重谷供養の松
　◇p19（口絵）〔白黒〕　愛媛県城川町大字野井川下蔭
　◇p19（口絵）〔白黒〕　愛媛県城川町大字嘉喜尾吉野沢
　◇p19（口絵）〔白黒〕　愛媛県城川町大字嘉喜尾窪ヶ市
　◇p19（口絵）〔白黒〕　愛媛県城川町大字相川下惣川
　◇p20（口絵）〔白黒〕　愛媛県城川町大字魚成今田　今田ハタントウの茶堂
　◇p23（口絵）〔白黒〕　愛媛県城川町大字魚成蔭之地　蔭之地茶堂
　◇p24（口絵）〔白黒〕　愛媛県城川町大字遊子谷泉川四ツ庵

**茶堂裏のお供養様**
「民俗資料選集 16 茶堂の習俗Ⅰ」国土地理協会　1989
　◇p36（本文）〔白黒〕　高知県幡多郡十和村山瀬地区

**茶堂と観音堂**
「民俗資料選集 16 茶堂の習俗Ⅰ」国土地理協会　1989
　◇p21（口絵）〔白黒〕

**茶堂内のいろり**
「民俗資料選集 16 茶堂の習俗Ⅰ」国土地理協会　1989
　◇p6（口絵）〔白黒〕　高知県大正町下津井

**茶堂における接待風景**
「民俗資料選集 16 茶堂の習俗Ⅰ」国土地理協会　1989
　◇p1（口絵）〔白黒〕　高知県仁淀村上川渡

**茶堂に掲げる念仏定**
「民俗資料選集 16 茶堂の習俗Ⅰ」国土地理協会　1989
　◇p47（本文）〔白黒〕　高知県幡多郡十和村小野地区

**茶堂に祀られている弘法大師坐像**
「民俗資料選集 16 茶堂の習俗Ⅰ」国土地理協会　1989
　◇p7（口絵）〔白黒〕　高知県大正町下道

**茶堂に祀られている弘法大師坐像と薬師如来**
「民俗資料選集 16 茶堂の習俗Ⅰ」国土地理協会　1989
　◇p8（口絵）〔白黒〕　高知県十和村山瀬

**茶堂に祀られている地蔵菩薩坐像と鰐口**
「民俗資料選集 16 茶堂の習俗Ⅰ」国土地理協会　1989
　◇p7（口絵）〔白黒〕　高知県大正町下道

**茶堂に祀られている千手観音像と弘法大師坐像**
「民俗資料選集 16 茶堂の習俗Ⅰ」国土地理協会　1989
　◇p12（口絵）〔白黒〕　高知県大正町小石・江師

**茶堂の医王薬師堂**
「民俗資料選集 39 辻堂の習俗Ⅳ」国土地理協会　2009
　◇p204（本文）〔白黒・写真/図〕　岡山県上房郡有漢町茶堂集落　外観，祭壇，見取図

**茶堂の井戸**
「民俗資料選集 29 茶堂（辻堂）の習俗Ⅱ」国土地理協会　2001
　◇p165（本文）〔白黒〕　香川県綾歌郡綾南町畑田

**茶堂の杭にくくりつけられた牛のくつ**
「民俗資料選集 16 茶堂の習俗Ⅰ」国土地理協会　1989
　◇p24（口絵）〔白黒〕　愛媛県城川町大字魚成蔭之地　蔭之地茶堂

**茶堂の弘法大師坐像**
「民俗資料選集 16 茶堂の習俗Ⅰ」国土地理協会　1989
　◇p30（本文）〔白黒〕　高知県幡多郡十和村地吉地区

**茶堂の弘法大師坐像と先祖供養牌**
「民俗資料選集 16 茶堂の習俗Ⅰ」国土地理協会　1989

民俗風俗 図版レファレンス事典（衣食住・生活篇）　**757**

◇p38（本文）〔白黒〕　高知県幡多郡十和村戸川地区

**茶堂の子安地蔵菩薩坐像**
「民俗資料選集 16 茶堂の習俗Ⅰ」国土地理協会　1989
◇p53（本文）〔白黒〕　高知県幡多郡十和村戸口地区

**茶堂の祭壇**
「民俗資料選集 16 茶堂の習俗Ⅰ」国土地理協会　1989
◇p8（口絵）〔白黒〕　高知県十和村小野
◇p20（口絵）〔白黒〕　愛媛県城川町大字魚成今田 今田ハタントウの茶堂

**茶堂の十川鎮めの地蔵**
「民俗資料選集 16 茶堂の習俗Ⅰ」国土地理協会　1989
◇p44（本文）〔白黒〕　高知県幡多郡十和村十川地区

**茶堂の薬師堂**
「民俗資料選集 39 辻堂の習俗Ⅳ」国土地理協会　2009
◇p201（本文）〔白黒・写真/図〕　岡山県上房郡有漢町茶堂集落　外観, 祭壇, 見取図

**茶番表**
「民俗資料選集 16 茶堂の習俗Ⅰ」国土地理協会　1989
◇p24（口絵）〔白黒〕　愛媛県城川町大字川津南程野

**茶屋町お大師堂**
「民俗資料選集 39 辻堂の習俗Ⅳ」国土地理協会　2009
◇p16（本文）〔白黒〕　岡山県倉敷市茶屋町駅前通り

**茶屋町お大師堂平面図**
「民俗資料選集 39 辻堂の習俗Ⅳ」国土地理協会　2009
◇p16（本文）〔白黒・図〕　岡山県倉敷市茶屋町駅前通り

**仲南の山脇庵**
「民俗資料選集 29 茶堂（辻堂）の習俗Ⅱ」国土地理協会　2001
◇p174（本文）〔白黒〕　香川県仲多度郡仲南町山脇

**長谷寺の仏壇**
「民俗資料選集 33 辻堂の習俗Ⅲ」国土地理協会　2005
◇p192（本文）〔白黒〕　山口県美和町藤谷地区 集会所に安置

**鳥坂の地蔵堂**
「民俗資料選集 29 茶堂（辻堂）の習俗Ⅱ」国土地理協会　2001
◇p24（口絵）〔白黒〕　徳島県三野町大見

**長作堂**
「民俗資料選集 39 辻堂の習俗Ⅳ」国土地理協会　2009
◇p14（口絵）〔白黒〕　岡山県新見市
◇p101（本文）〔白黒〕　岡山県新見市土橋字新屋原　内部の本尊（阿弥陀如来像と長作菩薩像）

**長福寺観音堂**
「民俗資料選集 33 辻堂の習俗Ⅲ」国土地理協会　2005
◇p17（口絵）〔白黒〕　山口県美和町生見

**通槙の弘法堂**
「民俗資料選集 39 辻堂の習俗Ⅳ」国土地理協会　2009
◇p254（本文）〔白黒〕　岡山県川上郡備中町 平川

**津梅の観音様**
「民俗資料選集 39 辻堂の習俗Ⅳ」国土地理協会　2009
◇p69（本文）〔白黒〕　岡山県総社市新本字津梅　外観, 内部, 供養塔

**辻堂**
「図説 日本民俗学」吉川弘文館　2009
◇p112〔白黒〕　岡山県倉敷市
◇p252〔白黒〕（美星町八日市）　岡山県小田郡美星町八日市　[撮]宮本常一, 1971年8月8日
◇p328〔白黒〕　広島県世羅郡世羅町　[撮]宮本常一, 1974年8月24日～27日（農山漁家生活改善技術資料収集調査）

**辻の堂**
「民俗資料選集 29 茶堂（辻堂）の習俗Ⅱ」国土地理協会　2001
◇p5（口絵）〔白黒〕　徳島県貞光町端山字平野
◇p84（本文）〔白黒〕　徳島県美馬郡貞光町端山字平野

**葛籠堂**
「民俗資料選集 29 茶堂（辻堂）の習俗Ⅱ」国土地理協会　2001
◇p34（本文）〔白黒〕　徳島県一宇村葛籠

**常政の庵**
「民俗資料選集 29 茶堂（辻堂）の習俗Ⅱ」国土地理協会　2001
◇p124（本文）〔白黒〕　香川県大川郡白鳥町東山字常政

**壺かづき地蔵堂**
「民俗資料選集 33 辻堂の習俗Ⅲ」国土地理協会　2005
◇p201（本文）〔白黒〕　山口県山口市

**釣井の阿弥陀堂**
「民俗資料選集 29 茶堂（辻堂）の習俗Ⅱ」国土地理協会　2001
◇p105（本文）〔白黒〕　徳島県三好郡東祖谷山村釣井

**寺谷のお地蔵様**
「民俗資料選集 39 辻堂の習俗Ⅳ」国土地理協会　2009
◇p146（本文）〔白黒〕　岡山県浅口郡鴨方町六条院西字寺谷

**天神下堂**
「民俗資料選集 33 辻堂の習俗Ⅲ」国土地理協会　2005
◇p71（本文）〔白黒〕　山口県上下町字松崎

**天神観音堂**
「民俗資料選集 33 辻堂の習俗Ⅲ」国土地理協会　2005
◇p10（口絵）〔白黒〕　広島県大和町

**天神堂**
「民俗資料選集 33 辻堂の習俗Ⅲ」国土地理協会　2005
◇p82（本文）〔白黒〕　山口県久井町吉田

**天神の観音堂**
「民俗資料選集 40 辻堂の習俗Ⅴ」国土地理協会　2009
◇p132・133（本文）〔白黒・写真/図〕　宮崎県串間市天神　外観, 見取図

**土居組の地蔵堂**
「民俗資料選集 33 辻堂の習俗Ⅲ」国土地理協会　2005
◇p31（本文）〔白黒〕　山口県沼隈町

**土居谷堂**
「民俗資料選集 33 辻堂の習俗Ⅲ」国土地理協会　2005
◇p78（本文）〔白黒〕　山口県神石町牧

**東円丸の観音堂**
「民俗資料選集 39 辻堂の習俗Ⅳ」国土地理協会　2009
◇p236・237（本文）〔白黒・写真/図〕　岡山県川上郡川上町　外観, 見取図, 内部

**堂河内観音堂**
「民俗資料選集 33 辻堂の習俗Ⅲ」国土地理協会　2005
◇p55（本文）〔白黒〕　山口県東城町竹森

**塔前坊行者堂**
「民俗資料選集 33 辻堂の習俗Ⅲ」国土地理協会　2005
◇p58（本文）〔白黒〕　山口県東城町

**道祖神の堂**
「民俗資料選集 33 辻堂の習俗Ⅲ」国土地理協会　2005
◇p3（口絵）〔白黒〕　広島県沼隈町中山南
◇p34（本文）〔白黒〕　山口県沼隈町

**堂宮祭壇見取図**
「民俗資料選集 40 辻堂の習俗Ⅴ」国土地理協会　2009
◇p140（本文）〔白黒・図〕　宮崎県串間市金谷

ドウメンのお堂
「民俗資料選集 29 茶堂（辻堂）の習俗Ⅱ」国土地理協会 2001
◇p21（口絵）〔白黒〕 徳島県綾上町東分

ドウメンのお堂の本尊
「民俗資料選集 29 茶堂（辻堂）の習俗Ⅱ」国土地理協会 2001
◇p21（口絵）〔白黒〕 徳島県綾上町東分

東林坊観音坊
「民俗資料選集 33 辻堂の習俗Ⅲ」国土地理協会 2005
◇p91（本文）〔白黒〕 山口県大和町

東麓石窟仏石祠
「民俗資料選集 40 辻堂の習俗Ⅴ」国土地理協会 2009
◇p104・105（本文）〔白黒・写真/図〕 宮崎県野尻町東麓崎園 薬師と十二神将,薬師磨崖仏と薬師木像,位置図

徳間観音堂
「民俗資料選集 40 辻堂の習俗Ⅴ」国土地理協会 2009
◇p129・131（本文）〔白黒・写真/図〕 宮崎県串間市大字串間 外観,堂内,境内石塔,祭壇見取図

栩木の大師堂
「民俗資料選集 39 辻堂の習俗Ⅳ」国土地理協会 2009
◇p164・165（本文）〔白黒・写真/図〕 岡山県小田郡美星町大字星田字栩木（栩木集落） 外観・平面図

栩木の大師堂内部
「民俗資料選集 39 辻堂の習俗Ⅳ」国土地理協会 2009
◇p20（口絵）〔白黒〕 岡山県美星町

土庄町の四つ堂
「民俗資料選集 29 茶堂（辻堂）の習俗Ⅱ」国土地理協会 2001
◇p143（本文）〔白黒〕 香川県小豆郡土庄町大部向町

鳶の巣観音堂
「民俗資料選集 40 辻堂の習俗Ⅴ」国土地理協会 2009
◇p49（本文）〔白黒〕 宮崎県南郷村大字水清谷字久保 外観,内部

富江のお堂
「民俗資料選集 39 辻堂の習俗Ⅳ」国土地理協会 2009
◇p59（本文）〔白黒〕 岡山県総社市富江

富・西谷の四ツ堂（正面）
「民俗資料選集 39 辻堂の習俗Ⅳ」国土地理協会 2009
◇p19（本文）〔白黒〕 岡山県倉敷市富

中尾稲荷堂
「民俗資料選集 40 辻堂の習俗Ⅴ」国土地理協会 2009
◇p3（口絵）〔白黒〕 宮崎県南郷村神門本村 外観,堂内

中尾観音様
「民俗資料選集 33 辻堂の習俗Ⅲ」国土地理協会 2005
◇p146（本文）〔白黒〕 山口県久賀町字中瀬田

中尾ホコリのお堂
「民俗資料選集 39 辻堂の習俗Ⅳ」国土地理協会 2009
◇p7（口絵）〔白黒〕 岡山県総社市

中尾ホコリのお堂内部
「民俗資料選集 39 辻堂の習俗Ⅳ」国土地理協会 2009
◇p55（本文）〔白黒〕 岡山県総社市（旧水内村 中尾ホコリ） 第三十六番

中組の藤木堂の祭壇
「民俗資料選集 39 辻堂の習俗Ⅳ」国土地理協会 2009
◇p200（本文）〔白黒〕 岡山県上房郡有漢町 生活改善センター内

中郷の堂
「民俗資料選集 39 辻堂の習俗Ⅳ」国土地理協会 2009
◇p249・250（本文）〔白黒・写真/図〕 岡山県川上郡備中町 布賀 外観,内部,棟札（図）,見取図,寄附書出㊙1983年

中四条原中ノ下の薬師堂
「民俗資料選集 39 辻堂の習俗Ⅳ」国土地理協会 2009
◇p145（本文）〔白黒〕 岡山県浅口郡鴨方町六条院中字中四条原中ノ下 本尊仏と供物

長代の峠堂
「民俗資料選集 39 辻堂の習俗Ⅳ」国土地理協会 2009
◇p197～199（本文）〔白黒・写真/図〕 岡山県上房郡有漢町 長代 外観,祭壇,見取図

長瀬堂
「民俗資料選集 29 茶堂（辻堂）の習俗Ⅱ」国土地理協会 2001
◇p86（本文）〔白黒〕 徳島県美馬郡貞光町端山字長瀬

永田観音堂（兼好様）
「民俗資料選集 40 辻堂の習俗Ⅴ」国土地理協会 2009
◇p23・24（口絵）,p138（本文）〔白黒・写真/図〕 宮崎県串間市本城永田 外観,堂内,祠堂の入口,祭壇見取図

永谷市場の地蔵堂
「民俗資料選集 33 辻堂の習俗Ⅲ」国土地理協会 2005
◇p2（口絵）〔白黒〕 広島県福山市駅家町 牛供養の地蔵が34体並ぶ

中津の四つ堂
「民俗資料選集 29 茶堂（辻堂）の習俗Ⅱ」国土地理協会 2001
◇p118（本文）〔白黒〕 香川県丸亀市中津四つ堂

中寺観音堂
「民俗資料選集 33 辻堂の習俗Ⅲ」国土地理協会 2005
◇p5（口絵）〔白黒〕 広島県新市町大字常

中屋のお大師堂
「民俗資料選集 39 辻堂の習俗Ⅳ」国土地理協会 2009
◇p65（本文）〔白黒〕 岡山県総社市槙谷中屋

中山行者堂
「民俗資料選集 39 辻堂の習俗Ⅳ」国土地理協会 2009
◇p80（本文）〔白黒〕 岡山県高梁市川面町中山

中山荒神
「民俗資料選集 39 辻堂の習俗Ⅳ」国土地理協会 2009
◇p81（本文）〔白黒〕 岡山県高梁市川面町中山

中山のお大師様
「民俗資料選集 39 辻堂の習俗Ⅳ」国土地理協会 2009
◇p123（本文）〔白黒〕 岡山県浅口郡船穂町 中山

中山の観音堂
「民俗資料選集 39 辻堂の習俗Ⅳ」国土地理協会 2009
◇p20（口絵）〔白黒〕 岡山県美星町
◇p165～167（本文）〔白黒・写真/図〕 岡山県小田郡美星町大字明治 字辻ノ堂（中山集落）（字は旧所在地名）内部,正観音菩薩立像,不洗観音菩薩倚像,木版の拓本,平面図

中山の大師堂
「民俗資料選集 39 辻堂の習俗Ⅳ」国土地理協会 2009
◇p81（本文）〔白黒〕 岡山県高梁市川面町中山

仲和田大師堂
「民俗資料選集 29 茶堂（辻堂）の習俗Ⅱ」国土地理協会 2001
◇p19（口絵）〔白黒〕 徳島県綾上町枌所東

仲和田大師堂の本尊
「民俗資料選集 29 茶堂（辻堂）の習俗Ⅱ」国土地理協会 2001
◇p19（口絵）〔白黒〕 徳島県綾上町枌所東

祀堂・茶堂・辻堂　　　　　　　　　　　信　　仰

名越薬師堂
　「民俗資料選集 33 辻堂の習俗Ⅲ」国土地理協会　2005
　　◇p7（口絵）〔白黒〕　広島県東城町
　　◇p62（本文）〔白黒〕　山口県東城町

碯の堂
　「民俗資料選集 39 辻堂の習俗Ⅳ」国土地理協会　2009
　　◇p38（本文）〔白黒・写真／図〕　岡山県笠岡市東大戸碯集落　外観，碯の堂の観音様，平面図

碯の端の堂（集落のはずれ）
　「民俗資料選集 39 辻堂の習俗Ⅳ」国土地理協会　2009
　　◇p46（本文）〔白黒〕　岡山県笠岡市新賀上長迫

奈良堂
　「民俗資料選集 29 茶堂（辻堂）の習俗Ⅱ」国土地理協会　2001
　　◇p46（本文）〔白黒〕　徳島県美馬郡半田町板根

仁王会館
　「民俗資料選集 33 辻堂の習俗Ⅲ」国土地理協会　2005
　　◇p267（本文）〔白黒〕　山口県萩市三見市　昭和32年再建・改称　旧・仁王堂

仁王堂
　「民俗資料選集 33 辻堂の習俗Ⅲ」国土地理協会　2005
　　◇p24（口絵）〔白黒〕　山口県萩市三見市　古写真

西尾地蔵堂（辻堂）
　「民俗資料選集 39 辻堂の習俗Ⅳ」国土地理協会　2009
　　◇p94・95（本文）〔白黒〕　岡山県新見市豊永赤馬字西尾　外観，須弥境内の地蔵菩薩，須弥壇，新四国八十八ヶ所札所，境内脇の浄水石鉢

西川尻の大師堂
　「民俗資料選集 39 辻堂の習俗Ⅳ」国土地理協会　2009
　　◇p136（本文）〔白黒〕　岡山県浅口郡金光町　㊗1982年

西のお堂
　「民俗資料選集 29 茶堂（辻堂）の習俗Ⅱ」国土地理協会　2001
　　◇p116（本文）〔白黒〕　香川県高松市瀬戸内町

西のお堂の本尊
　「民俗資料選集 29 茶堂（辻堂）の習俗Ⅱ」国土地理協会　2001
　　◇p116（本文）〔白黒〕　香川県高松市瀬戸内町

西の観音堂
　「民俗資料選集 39 辻堂の習俗Ⅳ」国土地理協会　2009
　　◇p141（本文）〔白黒〕　岡山県浅口郡鴨方町西字柳通　外観，堂内の石仏（本尊）

西ノ谷中組の阿弥陀様
　「民俗資料選集 39 辻堂の習俗Ⅳ」国土地理協会　2009
　　◇p15（口絵）〔白黒〕　岡山県船穂町

西ノ谷東組のお地蔵様
　「民俗資料選集 39 辻堂の習俗Ⅳ」国土地理協会　2009
　　◇p122（本文）〔白黒〕　岡山県浅口郡船穂町 西ノ谷東組の岡の辻

西の堂の後に付属する堂
　「民俗資料選集 39 辻堂の習俗Ⅳ」国土地理協会　2009
　　◇p5（口絵）〔白黒〕　岡山県笠岡市

西の堂の後に付属する堂祭壇
　「民俗資料選集 39 辻堂の習俗Ⅳ」国土地理協会　2009
　　◇p5（口絵）〔白黒〕　岡山県笠岡市

西原の阿弥陀堂
　「民俗資料選集 39 辻堂の習俗Ⅳ」国土地理協会　2009
　　◇p148・149（本文）〔白黒・写真／図〕　岡山県浅口郡鴨方町小坂西字西原　外観，本尊，見取図

西町地蔵堂
　「民俗資料選集 39 辻堂の習俗Ⅳ」国土地理協会　2009
　　◇p7（本文）〔白黒〕　岡山県岡山市高松地区

西町地蔵堂平面図
　「民俗資料選集 39 辻堂の習俗Ⅳ」国土地理協会　2009
　　◇p8（本文）〔白黒・図〕　岡山県岡山市高松地区

西山西堂
　「民俗資料選集 29 茶堂（辻堂）の習俗Ⅱ」国土地理協会　2001
　　◇p10（口絵）〔白黒〕　徳島県穴吹町口山字西山西

ニシンジョウの堂
　「民俗資料選集 39 辻堂の習俗Ⅳ」国土地理協会　2009
　　◇p44（本文）〔白黒〕　岡山県笠岡市新賀・上長迫・西の前（ニシンジョウ）　外観，内部

西ノ堂
　「民俗資料選集 39 辻堂の習俗Ⅳ」国土地理協会　2009
　　◇p102～104（本文）〔白黒〕　岡山県新見市　西ノ堂（公民館）外観，須弥壇，棟札，本尊

荷馬車組合安全祈願祀
　「民俗資料選集 40 辻堂の習俗Ⅴ」国土地理協会　2009
　　◇p80（本文）〔白黒〕　宮崎県清武町船引五反畑　大将軍堂境内

二本木大明神
　「民俗資料選集 33 辻堂の習俗Ⅲ」国土地理協会　2005
　　◇p13（口絵）〔白黒〕　山口県久賀町椋野

如意寺観音堂
　「民俗資料選集 33 辻堂の習俗Ⅲ」国土地理協会　2005
　　◇p214（本文）〔白黒〕　山口県宇部市小野区

女躰大明神祠堂
　「民俗資料選集 40 辻堂の習俗Ⅴ」国土地理協会　2009
　　◇p135・136（本文）〔白黒・写真／図〕　宮崎県串間市大字北方屋治　外観，境内石祠，堂内，見取図

涅槃堂
　「民俗資料選集 33 辻堂の習俗Ⅲ」国土地理協会　2005
　　◇p11（口絵）〔白黒〕　広島県大和町

念仏堂
　「民俗資料選集 9 山村の生活と用具」国土地理協会　1981
　　◇p81（本文）（溜渕の念仏堂）　愛知県北設楽郡津具村下津具溜渕

野井川上影茶堂
　「民俗資料選集 16 茶堂の習俗Ⅰ」国土地理協会　1989
　　◇p208（本文）〔白黒・図〕　愛媛県城川町　断面図，平面図

野田の地蔵
　「民俗資料選集 33 辻堂の習俗Ⅲ」国土地理協会　2005
　　◇p247（本文）〔白黒〕　山口県豊浦町吉永野田

能登原下組の地蔵堂
　「民俗資料選集 33 辻堂の習俗Ⅲ」国土地理協会　2005
　　◇p43（本文）〔白黒〕　山口県沼隈町

野呂の二間堂見取図
　「民俗資料選集 39 辻堂の習俗Ⅳ」国土地理協会　2009
　　◇p239（本文）〔白黒・図〕　岡山県川上郡川上町

羽島お大師堂
　「民俗資料選集 39 辻堂の習俗Ⅳ」国土地理協会　2009
　　◇p17（本文）〔白黒・図〕　岡山県倉敷市羽島

八十八か所本尊を描いた木札
　「民俗資料選集 16 茶堂の習俗Ⅰ」国土地理協会　1989
　　◇p152（本文）〔白黒〕　愛媛県城川町　杖野々茶堂　「七十五番」

**八反峠の休み堂**
「民俗資料選集 33 辻堂の習俗Ⅲ」国土地理協会　2005
◇p1（口絵）〔白黒〕　広島県福山市藤江町　昭和30年代まで夏の2ヵ月、茶接待が行われた

**馬頭観音**
「民俗資料選集 40 辻堂の習俗Ⅴ」国土地理協会　2009
◇p9（口絵）〔白黒〕　宮崎県清武町今泉下大久保

**馬頭観音堂**
「民俗資料選集 8 中付駑者の習俗」国土地理協会　1979
◇p26（口絵）〔白黒〕　福島県南会津郡田島町針生
◇p26（口絵）〔白黒〕　福島県南会津郡田島町糸沢 竜福寺境内

**花咲堂**
「民俗資料選集 33 辻堂の習俗Ⅲ」国土地理協会　2005
◇p1（口絵）〔白黒〕　広島県福山市熊野町　夏の夕涼みの場として利用される
◇p9（本文）〔白黒〕　山口県福山市熊野町寺迫中組　堂中央に方形の灯籠を吊り、8月6日から9月1日まで献灯する

**端の地蔵堂内部**
「民俗資料選集 33 辻堂の習俗Ⅲ」国土地理協会　2005
◇p247（本文）〔白黒〕　山口県豊浦町川棚湯町

**花屋地蔵堂**
「民俗資料選集 33 辻堂の習俗Ⅲ」国土地理協会　2005
◇p47（本文）〔白黒〕　山口県新市町大字金丸

**花屋・城の境の堂**
「民俗資料選集 39 辻堂の習俗Ⅳ」国土地理協会　2009
◇p3（口絵）〔白黒〕　岡山県笠岡市

**花屋・城の境の堂内部**
「民俗資料選集 39 辻堂の習俗Ⅳ」国土地理協会　2009
◇p3（口絵）〔白黒〕　岡山県笠岡市

**花屋・城の堂**
「民俗資料選集 39 辻堂の習俗Ⅳ」国土地理協会　2009
◇p22（本文）〔白黒〕　岡山県笠岡市花屋と城の間　内部, お大師様, 中央のユーモラスな石像

**花屋・城の堂の平面図**
「民俗資料選集 39 辻堂の習俗Ⅳ」国土地理協会　2009
◇p22（本文）〔白黒・図〕　岡山県笠岡市花屋と城の間

**羽生谷の観音堂**
「民俗資料選集 39 辻堂の習俗Ⅳ」国土地理協会　2009
◇p86（本文）〔白黒〕　岡山県新見市上熊谷上太田（陰地太田）　外観, 本尊

**林の荒神堂**
「民俗資料選集 33 辻堂の習俗Ⅲ」国土地理協会　2005
◇p33（本文）〔白黒〕　山口県沼隈町　外観, 内部

**払川の四つ足堂**
「民俗資料選集 29 茶堂（辻堂）の習俗Ⅱ」国土地理協会　2001
◇p134（本文）〔白黒〕　香川県大川郡白鳥町五名払川

**柊様（柊神社）**
「民俗資料選集 33 辻堂の習俗Ⅲ」国土地理協会　2005
◇p204（本文）〔白黒〕　山口県山口市

**東安倉の大師堂**
「民俗資料選集 39 辻堂の習俗Ⅳ」国土地理協会　2009
◇p154・155（本文）〔白黒・写真/図〕　岡山県浅口郡寄島町東安倉地区　外観, 祭壇, 平面図

**東谷のお地蔵様**
「民俗資料選集 39 辻堂の習俗Ⅳ」国土地理協会　2009
◇p121（本文）〔白黒〕　岡山県浅口郡船穂町 東谷

**東のお堂**
「民俗資料選集 29 茶堂（辻堂）の習俗Ⅱ」国土地理協会　2001
◇p115（本文）〔白黒〕　香川県高松市瀬戸内町

**東の堂**
「民俗資料選集 39 辻堂の習俗Ⅳ」国土地理協会　2009
◇p5（口絵）〔白黒〕　岡山県笠岡市

**毘沙門天堂**
「民俗資料選集 40 辻堂の習俗Ⅴ」国土地理協会　2009
◇p140・141（本文）〔白黒〕　宮崎県串間市上郡元　外観, 境内

**毘沙門堂**
「民俗資料選集 33 辻堂の習俗Ⅲ」国土地理協会　2005
◇p91（本文）〔白黒〕　山口県大和町
◇p232（本文）〔白黒〕　山口県下関市内日町一之瀬
◇p235（本文）〔白黒〕　山口県下関市武久町　宮籠りが行われた
「民俗資料選集 29 茶堂（辻堂）の習俗Ⅱ」国土地理協会　2001
◇p12（口絵）〔白黒〕　徳島県東祖谷山村久保

**人丸様**
「民俗資料選集 33 辻堂の習俗Ⅲ」国土地理協会　2005
◇p202（本文）〔白黒〕　山口県山口市

**日名堂（谷條）見取図**
「民俗資料選集 39 辻堂の習俗Ⅳ」国土地理協会　2009
◇p232（本文）〔白黒・図〕　岡山県川上郡川上町

**樋之上地蔵堂**
「民俗資料選集 33 辻堂の習俗Ⅲ」国土地理協会　2005
◇p5（口絵）〔白黒〕　広島県沼隈町草深

**平迫の新堂**
「民俗資料選集 33 辻堂の習俗Ⅲ」国土地理協会　2005
◇p37（本文）〔白黒〕　山口県沼隈町

**福永（西）の薬師堂**
「民俗資料選集 39 辻堂の習俗Ⅳ」国土地理協会　2009
◇p125・126（本文）〔白黒・写真/図〕　岡山県浅口郡金光町福永　外観, 福永（西）の薬師堂と石造物の見取図 [撮]1982年

**福原のお地蔵様**
「民俗資料選集 39 辻堂の習俗Ⅳ」国土地理協会　2009
◇p21（口絵）〔白黒〕　岡山県真備町

**淵堂**
「民俗資料選集 29 茶堂（辻堂）の習俗Ⅱ」国土地理協会　2001
◇p9（口絵）〔白黒〕　徳島県穴吹町口山字淵名

**不動尊堂**
「民俗資料選集 33 辻堂の習俗Ⅲ」国土地理協会　2005
◇p232（本文）〔白黒〕　山口県下関市内日五町堀の内

**船倉お堂**
「民俗資料選集 39 辻堂の習俗Ⅳ」国土地理協会　2009
◇p18（本文）〔白黒〕　岡山県倉敷市船倉

**船倉お堂平面図**
「民俗資料選集 39 辻堂の習俗Ⅳ」国土地理協会　2009
◇p18（本文）〔白黒・図〕　岡山県倉敷市船倉

**古川の観音様**
「民俗資料選集 39 辻堂の習俗Ⅳ」国土地理協会　2009
◇p83（本文）〔白黒〕　岡山県高梁市川面町古川

**古川の荒神様**
「民俗資料選集 39 辻堂の習俗Ⅳ」国土地理協会　2009
◇p83（本文）〔白黒〕　岡山県高梁市川面町古川

古川の段荒神
「民俗資料選集 39 辻堂の習俗Ⅳ」国土地理協会 2009
◇p12（口絵）〔白黒〕 岡山県高梁市

風呂屋堂
「民俗資料選集 33 辻堂の習俗Ⅲ」国土地理協会 2005
◇p70（本文）〔白黒〕 山口県上下町字小塚

平野堂
「民俗資料選集 29 茶堂（辻堂）の習俗Ⅱ」国土地理協会 2001
◇p9（口絵）〔白黒〕 徳島県穴吹町口山字平野

別所地蔵堂
「民俗資料選集 33 辻堂の習俗Ⅲ」国土地理協会 2005
◇p50（本文）〔白黒〕 山口県新市町大字宮内 昭和35年7月改築

別所の観音様
「民俗資料選集 39 辻堂の習俗Ⅳ」国土地理協会 2009
◇p73（本文）〔白黒〕 岡山県総社市久代字別所 外観, 内部
◇p75（本文）〔白黒〕 岡山県総社市久代字別所 外観, 内部

別所の虚空地蔵堂内部
「民俗資料選集 39 辻堂の習俗Ⅳ」国土地理協会 2009
◇p74（本文）〔白黒〕 岡山県総社市久代字別所

法音堂
「民俗資料選集 29 茶堂（辻堂）の習俗Ⅱ」国土地理協会 2001
◇p4（口絵）〔白黒〕 徳島県半田町東地

宝珠庵の仏壇
「民俗資料選集 33 辻堂の習俗Ⅲ」国土地理協会 2005
◇p191（本文）〔白黒〕 山口県美和町藤谷地区 集会所内部に安置 辻堂

宝照庵
「民俗資料選集 33 辻堂の習俗Ⅲ」国土地理協会 2005
◇p165（本文）〔白黒〕 山口県柳井市阿月

坊地地蔵堂
「民俗資料選集 33 辻堂の習俗Ⅲ」国土地理協会 2005
◇p50（本文）〔白黒〕 山口県新市町大字宮内

墓所の近くにある堂（お地蔵様）（南向き）
「民俗資料選集 39 辻堂の習俗Ⅳ」国土地理協会 2009
◇p32・33（本文）〔白黒・写真/図〕 岡山県笠岡市 外観, 内部, 地蔵堂内に祀られた地蔵（図）, 地蔵堂平面図

細野の大師堂
「民俗資料選集 29 茶堂（辻堂）の習俗Ⅱ」国土地理協会 2001
◇p96（本文）〔白黒〕 徳島県三好郡池田町細野

墓地のお堂
「宮本常一 写真・日記集成 下」毎日新聞社 2005
◇p371〔白黒〕 岡山県笠岡市 白石島 ㊞宮本常一, 1976年9月4～5日

掘り出された薬師如来（仲和田大師堂の向かって右の本尊）
「民俗資料選集 29 茶堂（辻堂）の習俗Ⅱ」国土地理協会 2001
◇p19（口絵）〔白黒〕

本組地蔵堂
「民俗資料選集 40 辻堂の習俗Ⅴ」国土地理協会 2009
◇p1（口絵）〔白黒〕 宮崎県高千穂町三田井本組
◇p24（本文）〔白黒〕 宮崎県高千穂町三田井本組 内部・地蔵（天台多福庵跡）

本郷の塚畝堂
「民俗資料選集 39 辻堂の習俗Ⅳ」国土地理協会 2009
◇p257（本文）〔白黒〕 岡山県川上郡備中町 油野 外観, 内部 ㊞1983年

本郷の堂
「民俗資料選集 39 辻堂の習俗Ⅳ」国土地理協会 2009
◇p258（本文）〔白黒〕 岡山県川上郡備中町 油野 外観, 内部 ㊞1983年

本山寺の茶堂
「民俗資料選集 29 茶堂（辻堂）の習俗Ⅱ」国土地理協会 2001
◇p184（本文）〔白黒〕 香川県三豊郡豊中町 本山寺境内

本庄の堂
「民俗資料選集 39 辻堂の習俗Ⅳ」国土地理協会 2009
◇p17（口絵）〔白黒〕 岡山県鴨方町
◇p143・144（本文）〔白黒・写真/図〕 岡山県浅口郡鴨方町本庄字木之元 堂の内部, 堂の見取図

本庄の堂内部
「民俗資料選集 39 辻堂の習俗Ⅳ」国土地理協会 2009
◇p17（口絵）〔白黒〕 岡山県鴨方町
◇p17（口絵）〔白黒〕 岡山県鴨方町

前谷のお地蔵様
「民俗資料選集 39 辻堂の習俗Ⅳ」国土地理協会 2009
◇p122（本文）〔白黒〕 岡山県浅口郡船穂町 前谷集落

前山のお堂
「民俗資料選集 29 茶堂（辻堂）の習俗Ⅱ」国土地理協会 2001
◇p146（本文）〔白黒〕 香川県綾歌郡綾上町粉所東

前山のお堂の本尊
「民俗資料選集 29 茶堂（辻堂）の習俗Ⅱ」国土地理協会 2001
◇p146（本文）〔白黒〕 香川県綾歌郡綾上町粉所東

魔越の堂
「民俗資料選集 33 辻堂の習俗Ⅲ」国土地理協会 2005
◇p70（本文）〔白黒〕 山口県上下町字小塚

益坂のお堂
「民俗資料選集 39 辻堂の習俗Ⅳ」国土地理協会 2009
◇p16（口絵）〔白黒〕 岡山県鴨方町
◇p136～138（本文）〔白黒・写真/図〕 岡山県浅口郡鴨方町益坂字片山蓮池 お堂内部, お接待関係の文書, お堂脇の六字名号塔, お堂見取図

松井の大師堂
「民俗資料選集 39 辻堂の習俗Ⅳ」国土地理協会 2009
◇p60（本文）〔白黒〕 岡山県総社市松井

松葉左のお堂（小祠）
「民俗資料選集 39 辻堂の習俗Ⅳ」国土地理協会 2009
◇p30（本文）〔白黒〕 岡山県笠岡市篠坂松葉左

馬渕のお堂
「民俗資料選集 29 茶堂（辻堂）の習俗Ⅱ」国土地理協会 2001
◇p158（本文）〔白黒〕 香川県綾歌郡綾上町東分

マホウ様
「民俗資料選集 39 辻堂の習俗Ⅳ」国土地理協会 2009
◇p11（口絵）〔白黒〕 岡山県高梁市

道端のお堂と供養塔
「宮本常一 写真・日記集成 下」毎日新聞社 2005
◇p452〔白黒〕 岡山県小田郡黒忠→三山 ㊞宮本常一, 1979年1月3日

南正行の地蔵堂
「民俗資料選集 39 辻堂の習俗Ⅳ」国土地理協会 2009
◇p217・218（本文）〔白黒〕 岡山県賀陽町大字吉川字南正行 外観, 地蔵堂の中の六地蔵, 屋根裏に吊された葬

信仰　　　　　　　　　　　　　　　　　祀堂・茶堂・辻堂

具（棺台・タツノクチ），地神碑と常夜燈

**水内影宮地の大師堂**
「民俗資料選集 39 辻堂の習俗Ⅳ」国土地理協会　2009
　◇p53（本文）〔白黒〕　岡山県総社市昭和地区水内影宮地　第三十四番

**見延本村の観音堂**
「民俗資料選集 39 辻堂の習俗Ⅳ」国土地理協会　2009
　◇p64（本文）〔白黒〕　岡山県総社市見延本村

**見延本村の薬師堂**
「民俗資料選集 39 辻堂の習俗Ⅳ」国土地理協会　2009
　◇p9（口絵）〔白黒〕　岡山県総社市

**宮迫の堂**
「民俗資料選集 33 辻堂の習俗Ⅲ」国土地理協会　2005
　◇p31（本文）〔白黒〕　山口県沼隈町

**宮瀬上の辻堂**
「民俗資料選集 39 辻堂の習俗Ⅳ」国土地理協会　2009
　◇p77（本文）〔白黒〕　岡山県高梁市巨瀬町宮瀬上

**宮地上堂**
「民俗資料選集 33 辻堂の習俗Ⅲ」国土地理協会　2005
　◇p77（本文）〔白黒〕　山口県神石町福永字宮地

**宮原のお大師様**
「民俗資料選集 39 辻堂の習俗Ⅳ」国土地理協会　2009
　◇p120（本文）〔白黒〕　岡山県浅口郡船穂町　柳井原地区

**椋野の龍権現**
「民俗資料選集 33 辻堂の習俗Ⅲ」国土地理協会　2005
　◇p151（本文）〔白黒〕　山口県久賀町椋野

**虫歌観音堂**
「日本の生活環境文化大辞典」柏書房　2010
　◇p55-8〔白黒〕　長野市松代　養蚕の守護神　㊙2009年

**宗岡のお堂**
「民俗資料選集 39 辻堂の習俗Ⅳ」国土地理協会　2009
　◇p6（口絵）〔白黒〕　岡山県笠岡市

**宗岡の薬師堂**
「民俗資料選集 39 辻堂の習俗Ⅳ」国土地理協会　2009
　◇p39・40（本文）〔白黒・写真/図〕　岡山県笠岡市東大戸宗岡　外観, 平面図

**村のお堂**
「図説 民俗探訪事典」山川出版社　1983
　◇p185〔白黒〕　千葉県海上町　周囲には墓地がみられる

**村の社**
「宮本常一が撮った昭和の情景 下」毎日新聞社　2009
　◇p59（本文）〔白黒〕　広島県安芸高田市八千代町土師　土師ダム建設予定地の民俗調査　㊙宮本常一, 1967年12月12日～18日

「宮本常一 写真・日記集成 下」毎日新聞社　2005
　◇p111〔白黒〕（八千代町土師）　広島県高田郡八千代町土師〔安芸高田市〕　㊙宮本常一, 1967年12月12日～18日

**毛利の観音堂祭壇見取図**
「民俗資料選集 40 辻堂の習俗Ⅴ」国土地理協会　2009
　◇p131（本文）〔白黒・図〕　宮崎県串間市　運動公園西側

**本村のはたん堂**
「民俗資料選集 39 辻堂の習俗Ⅳ」国土地理協会　2009
　◇p157～159（本文）〔白黒・写真/図〕　岡山県里庄町里見本村　外観, 祭壇, 平面図, 棟

**森上堂**
「民俗資料選集 39 辻堂の習俗Ⅳ」国土地理協会　2009
　◇p11（口絵）〔白黒〕　岡山県高梁市
　◇p78（本文）〔白黒〕　岡山県高梁市巨瀬町

**森国四ツ堂（丸木堂）**
「民俗資料選集 39 辻堂の習俗Ⅳ」国土地理協会　2009
　◇p93（本文）〔白黒〕　岡山県新見市豊永佐伏字森国　外観, 本尊

**矢形端のお地蔵様**
「民俗資料選集 39 辻堂の習俗Ⅳ」国土地理協会　2009
　◇p186（本文）〔白黒〕　岡山県吉備郡真備町矢形端

**薬師院明照寺**
「民俗資料選集 39 辻堂の習俗Ⅳ」国土地理協会　2009
　◇p56（本文）〔白黒〕　岡山県総社市（旧水内村 中尾字砂古）　第五十二番

**薬師堂**
「民俗資料選集 40 辻堂の習俗Ⅴ」国土地理協会　2009
　◇p18（口絵）〔白黒〕　宮崎県高城町石山香禅寺　外観, 堂内（薬師像）
　◇p19（口絵）〔白黒〕　宮崎県高城町石山中方限　外観, 堂内（祭壇・奉納火吹竹）
　◇p83～85（本文）〔白黒〕　宮崎県清武町船引中小路　外観, 堂内（薬師座像・薬師像），三面馬頭観音像
　◇p86・87（本文）〔白黒〕　宮崎県清武町今泉下大久保　外観, 内部, 大師石像（境内）
「民俗資料選集 39 辻堂の習俗Ⅳ」国土地理協会　2009
　◇p1（口絵）〔白黒〕　岡山県岡山市
「民俗資料選集 33 辻堂の習俗Ⅲ」国土地理協会　2005
　◇p12（口絵）〔白黒〕　広島県御調町大字本
　◇p19（口絵）〔白黒〕　山口県宇部市二俣瀬区
　◇p80（本文）〔白黒〕　山口県久井町筋下
　◇p171（本文）〔白黒〕　山口県周東町下久原
　◇p226（本文）〔白黒〕　山口県美祢市東厚保町熊ノ倉
「民俗資料選集 29 茶堂（辻堂）の習俗Ⅱ」国土地理協会　2001
　◇p6（口絵）〔白黒〕　徳島県貞光町端山字広谷
　◇p10（口絵）〔白黒〕　徳島県穴吹町口山字首野
　◇p11（口絵）〔白黒〕　徳島県三野町太刀野中条
「日本宗教民俗図典 1」法蔵館　1985
　◇図86～91〔白黒〕　滋賀県木之本町杉野中　㊙須藤功
「民俗資料叢書 2 志摩の年齢階梯制」平凡社　1965
　◇図41〔白黒〕　三重県鳥羽市松尾町の西辺

**薬師堂と阿弥陀堂**
「民俗資料選集 33 辻堂の習俗Ⅲ」国土地理協会　2005
　◇p5（本文）〔白黒〕　山口県福山市駅家町本郷

**薬師堂平面図**
「民俗資料選集 39 辻堂の習俗Ⅳ」国土地理協会　2009
　◇p11（本文）〔白黒・図〕　岡山県岡山市門前浦尾

**薬師如来堂**
「民俗資料選集 33 辻堂の習俗Ⅲ」国土地理協会　2005
　◇p52（本文）〔白黒〕　山口県新市町大字藤尾

**野久留米辻堂**
「民俗資料選集 33 辻堂の習俗Ⅲ」国土地理協会　2005
　◇p234（本文）〔白黒〕　山口県下関市長府町野久留米

**野畠観音堂**
「民俗資料選集 40 辻堂の習俗Ⅴ」国土地理協会　2009
　◇p51（本文）〔白黒〕　宮崎県南郷村大字上渡川字野畠　外観, 内部

**山内神社（権現社）祭壇見取図**
「民俗資料選集 40 辻堂の習俗Ⅴ」国土地理協会　2009
　◇p139（本文）〔白黒・図〕　宮崎県串間市大字市木門前

**山角のお堂**
「民俗資料選集 29 茶堂（辻堂）の習俗Ⅱ」国土地理協会　2001
　◇p147（本文）〔白黒〕　香川県綾歌郡綾上町西分

**山角のお堂の本尊**
「民俗資料選集 29 茶堂（辻堂）の習俗Ⅱ」国土地理協会 2001
◇p148（本文）〔白黒〕　香川県綾歌郡綾上町西分

**山下浜大師堂**
「民俗資料選集 33 辻堂の習俗Ⅲ」国土地理協会 2005
◇p154（本文）〔白黒〕　山口県久賀町椋野

**山田の祇園社**
「民俗資料選集 33 辻堂の習俗Ⅲ」国土地理協会 2005
◇p23（口絵）〔白黒〕　山口県豊浦町高砂

**山田の堂**
「民俗資料選集 39 辻堂の習俗Ⅳ」国土地理協会 2009
◇p26（本文）〔白黒〕　岡山県笠岡市 山田集落

**山田の堂平面図**
「民俗資料選集 39 辻堂の習俗Ⅳ」国土地理協会 2009
◇p26（本文）〔白黒・図〕　岡山県笠岡市 山田集落

**山根観音堂**
「民俗資料選集 33 辻堂の習俗Ⅲ」国土地理協会 2005
◇p17（口絵）〔白黒〕　山口県山口市

**山の神を祀る十二神社**
「日本の生活環境文化大辞典」柏書房 2010
◇p262-1〔白黒〕　新潟県中魚沼郡津南町　[撮]1988年　津山正幹

**山端大師堂**
「民俗資料選集 39 辻堂の習俗Ⅳ」国土地理協会 2009
◇p65（本文）〔白黒〕　岡山県総社市槙谷山端

**山本の庚申堂**
「民俗資料選集 39 辻堂の習俗Ⅳ」国土地理協会 2009
◇p220・221（本文）〔白黒・写真/図〕　岡山県川上郡成羽町　外観, 見取図, 祭壇, 棟札図

**湯川薬師堂**
「民俗資料選集 39 辻堂の習俗Ⅳ」国土地理協会 2009
◇p98（本文）〔白黒〕　岡山県新見市豊永佐伏字湯川

**湯の迫観音堂**
「民俗資料選集 33 辻堂の習俗Ⅲ」国土地理協会 2005
◇p192（本文）〔白黒〕　山口県美和町阿賀地区 集会所内部に安置

**湯原の釈迦堂**
「民俗資料選集 39 辻堂の習俗Ⅳ」国土地理協会 2009
◇p22（口絵）〔白黒〕　岡山県賀陽町

**湯原の釈迦堂の厨子**
「民俗資料選集 39 辻堂の習俗Ⅳ」国土地理協会 2009
◇p214（本文）〔白黒〕　岡山県上房郡賀陽町大字西湯原

**横路の薬師堂**
「民俗資料選集 39 辻堂の習俗Ⅳ」国土地理協会 2009
◇p89・90（本文）〔白黒・写真/図〕　岡山県新見市正田横路　外観, 祭壇の仏達, 平面図

**横谷のお堂**
「民俗資料選集 29 茶堂（辻堂）の習俗Ⅱ」国土地理協会 2001
◇p17（口絵）〔白黒〕　徳島県綾上町枌所東

**吉ヶ迫上薬師堂**
「民俗資料選集 33 辻堂の習俗Ⅲ」国土地理協会 2005
◇p76（本文）〔白黒〕　山口県神石町古川

**吉ヶ迫下薬師堂**
「民俗資料選集 33 辻堂の習俗Ⅲ」国土地理協会 2005
◇p76（本文）〔白黒〕　山口県神石町古川

**吉木堂**
「民俗資料選集 29 茶堂（辻堂）の習俗Ⅱ」国土地理協会 2001
◇p41（本文）〔白黒〕　徳島県井川町谷

**吉野行者堂内平面図**
「民俗資料選集 39 辻堂の習俗Ⅳ」国土地理協会 2009
◇p10（本文）〔白黒・図〕　岡山県岡山市高松地区

**吉野行者堂東面**
「民俗資料選集 39 辻堂の習俗Ⅳ」国土地理協会 2009
◇p10（本文）〔白黒〕　岡山県岡山市高松地区

**吉浜の西の堂**
「民俗資料選集 39 辻堂の習俗Ⅳ」国土地理協会 2009
◇p36（本文）〔白黒・写真/図〕　岡山県笠岡市吉浜　外観, 平面図

**吉浜の東の堂**
「民俗資料選集 39 辻堂の習俗Ⅳ」国土地理協会 2009
◇p34・35（本文）〔白黒・図/写真〕　岡山県笠岡市吉浜　平面図, 吉浜東の堂の側にある祠, 東の堂の祭壇の石仏, 祭壇の石仏の見取図

**四ツ足堂**
「民俗資料選集 29 茶堂（辻堂）の習俗Ⅱ」国土地理協会 2001
◇p23（口絵）〔白黒〕　徳島県琴南町美合下福家
◇p54（本文）〔白黒〕　徳島県美馬郡貞光町端山字家賀

**四足堂**
「民俗資料選集 29 茶堂（辻堂）の習俗Ⅱ」国土地理協会 2001
◇p6（本文）〔白黒〕　徳島県半田町八千代田口

**四ツ庵茶堂**
「民俗資料選集 16 茶堂の習俗Ⅰ」国土地理協会 1989
◇p172（本文）〔白黒・図〕　愛媛県城川町遊子谷泉川　断面図, 平面図

**竜王の吉備四国第七十四番**
「民俗資料選集 39 辻堂の習俗Ⅳ」国土地理協会 2009
◇p73（本文）〔白黒〕　岡山県総社市山田字竜王　外観, 内部

**龍神宮**
「民俗資料選集 39 辻堂の習俗Ⅳ」国土地理協会 2009
◇p11（口絵）〔白黒〕　岡山県高梁市
◇p79（本文）〔白黒〕　岡山県高梁市巨瀬町鴨木　内部（本尊十一面観音, 不動明王, 毘沙門天ほか）

**六堂**
「民俗資料選集 39 辻堂の習俗Ⅳ」国土地理協会 2009
◇p105・106（本文）〔白黒〕　岡山県新見市法曽 本村字六地蔵（清水谷）　外観, 須弥壇, 弘法大師石仏

# 巡礼・聖地・霊場

**赤崎御嶽**
「日本民俗写真大系 5」日本図書センター 2000
◇p127〔白黒〕 下地町与那覇 ㊞比嘉康雄, 1995年

**秋穂八十八ヵ所札所**
「民俗資料選集 33 辻堂の習俗Ⅲ」国土地理協会 2005
◇p18（口絵）〔白黒〕（秋穂八十八ヵ所第五番札所） 山口県山口市
◇p18（口絵）〔白黒〕（秋穂八十八ヵ所第四番札所） 山口県山口市
◇p18（口絵）〔白黒〕（秋穂八十八ヵ所第十二番札所） 山口県山口市
◇p205（本文）〔白黒〕（秋穂八十八ヵ所第一番札所） 山口県山口市
◇p206（本文）〔白黒〕（秋穂八十八ヵ所第九番札所） 山口県山口市
◇p206（本文）〔白黒〕（秋穂八十八ヵ所第三番札所） 山口県山口市
◇p206（本文）〔白黒〕（秋穂八十八ヵ所第十一番札所） 山口県山口市
◇p206（本文）〔白黒〕（秋穂八十八ヵ所第十四番札所） 山口県山口市
◇p206（本文）〔白黒〕（秋穂八十八ヵ所第十八番札所） 山口県山口市
◇p206（本文）〔白黒〕（秋穂八十八ヵ所第十六番札所） 山口県山口市
◇p206（本文）〔白黒〕（秋穂八十八ヵ所第二番札所） 山口県山口市
◇p206（本文）〔白黒〕（秋穂八十八ヵ所第八番札所） 山口県山口市

**阿蘇山噴火口の地蔵**
「日本民俗宗教辞典」東京堂出版 1998
◇p13〔白黒〕（阿蘇山信仰） 阿蘇山噴火口

**歩き遍路**
「祭・芸能・行事大辞典 上」朝倉書店 2009
◇口絵〔p46〕, p788〔写真・カラー/白黒〕 徳島県名西郡神山町 厄年 ㊞浅川泰宏

**安和ウタキ**
「山と森の神 目でみる民俗神シリーズ1」東京美術 1988
◇p76～77〔白黒〕 沖縄県

**イスツ御嶽**
「日本民俗写真大系 5」日本図書センター 2000
◇p126〔白黒〕 平良市狩俣 ㊞比嘉康雄, 1992年

**イビ**
「写真ものがたり昭和の暮らし 3」農山漁村文化協会 2004
◇p230〔白黒〕（御嶽の内部のもっとも神聖なイビ） 沖縄県石垣市大浜 ㊞須藤功, 昭和47年7月
「日本宗教民俗図典 2」法蔵館 1985
◇図408〔白黒〕 沖縄県石垣市大浜

**拝所で祈る女**
「日本写真全集 9」小学館 1987
◇図103〔白黒〕 沖縄県 ㊞坂本万七, 昭和15年

**御嶽**
「あるくみるきく双書 宮本常一とあるいた昭和の日本 20」農山漁村文化協会 2012
◇p180〔白黒〕 沖縄県 種取祭 ㊞須藤功
「祭・芸能・行事大辞典 上」朝倉書店 2009
◇口絵〔p2〕〔カラー〕 沖縄県浦添市 ㊞津波高志
「日本民俗宗教辞典」東京堂出版 1998
◇p47〔白黒〕 沖縄県および奄美地方
「図説 民俗探訪事典」山川出版社 1983
◇p333〔白黒〕 知念村 「斎場御嶽」内部の一拝所

**御嶽への参道**
「宮本常一 写真・日記集成 下」毎日新聞社 2005
◇p370〔白黒〕 沖縄県 石垣島 ㊞宮本常一, 1976年8月20～22日

**御嶽に手を合わせる**
「日本宗教民俗図典 1」法蔵館 1985
◇図103〔白黒〕 沖縄県平良市池間（池間島） ㊞須藤功

**御嶽の入口**
「日本宗教民俗図典 1」法蔵館 1985
◇図131〔白黒〕 沖縄県竹富町上地（新城島） ㊞須藤功

**ウタキ（御嶽）の神**
「日本民俗大辞典 上」吉川弘文館 1999
◇図29〔別刷図版「沖縄文化」〕〔カラー〕 沖縄県石垣市川平 群星御嶽 ㊞国吉真太郎, 1993年

**御嶽の石門**
「写真ものがたり昭和の暮らし 3」農山漁村文化協会 2004
◇p230〔白黒〕 沖縄県竹富町・新城島 ㊞須藤功, 昭和47年7月

**御嶽の火の神**
「日本の生活環境文化大辞典」柏書房 2010
◇p217-3〔白黒〕 沖縄県名護市 ㊞1998年 古家信平

**宇津観音堂の賽の河原**
「宮本常一 写真・日記集成 上」毎日新聞社 2005
◇p202〔白黒〕 山口県萩市 見島 ㊞宮本常一, 1960年8月3日

**大峰山の道場**
「写真でみる日本人の生活全集 5」日本図書センター 2010
◇p51〔白黒〕 奈良県吉野郡天川村洞川からのぼる大峰山の山上ケ嶽西のノゾキ 100メートルの絶壁から逆づりされる

**大森さま**
「山と森の神 目でみる民俗神シリーズ1」東京美術 1988
◇p86〔白黒〕 宮崎県東臼杵郡椎葉村合戦原 カシの木

**大山の参道**
「写真でみる民家大事典」柏書房 2005
◇p246-1〔白黒〕 神奈川県伊勢原市大山 ㊞2004年 山崎祐子

**奥の院に詣でる**
「日本宗教民俗図典 1」法蔵館 1985
◇図567〔白黒〕 香川県三野町大見 弥谷寺 ㊞須藤功

巡礼・聖地・霊場　　　　　　　　　　信　仰

### お籠りする老婆たち
「日本写真全集 9」小学館　1987
　◇図127〔白黒〕　青森県 高山稲荷　㊞内藤正敏, 昭和45年　個展「婆バクハツ！」(昭和45年)

### お接待の会
「民俗学事典」丸善出版　2014
　◇p457〔白黒〕　徳島県牟岐町

### お接待の菓子を受ける
「あるくみるきく双書 宮本常一とあるいた昭和の日本 24」農山漁村文化協会　2012
　◇p58〔白黒〕　香川県丸亀市　㊞須藤功,〔昭和50年〕

### 恐山
「宮本常一 写真・日記集成 上」毎日新聞社　2005
　◇p397〔白黒〕　青森県　正面は菩提寺本堂　㊞宮本常一, 1963年8月20日
「日本民俗写真大系 1」日本図書センター　1999
　◇p42〔白黒〕　㊞安達浩, 1979年
「山と森の神 目でみる民俗神シリーズ1」東京美術　1988
　◇p57〔白黒〕

### 恐山地蔵堂と卒塔婆
「日本宗教民俗図典 2」法蔵館　1985
　◇図434〔白黒〕(地蔵堂と卒塔婆)　恐山

### 恐山の宇曽利湖畔
「日本の民俗 暮らしと生業」KADOKAWA　2014
　◇図6-13〔白黒〕　青森県むつ市　㊞芳賀日出男, 昭和34年
「日本の民俗 下」クレオ　1997
　◇図6-13〔白黒〕　青森県むつ市　地蔵や石仏がある。訪れる人が御詠歌を捧げる　㊞芳賀日出男, 昭和34年

### 恐山の円通寺
「日本の民俗 暮らしと生業」KADOKAWA　2014
　◇図6-12〔白黒〕　青森県むつ市　㊞芳賀日出男, 昭和34年
「日本の民俗 下」クレオ　1997
　◇図6-14〔白黒〕　青森県むつ市　㊞芳賀日出男, 昭和34年

### 恐山のこもり堂
「日本の民俗 暮らしと生業」KADOKAWA　2014
　◇図6-15〔白黒〕　青森県むつ市　㊞芳賀日出男, 昭和34年
「日本の民俗 下」クレオ　1997
　◇図6-17〔白黒〕　青森県むつ市　㊞芳賀日出男, 昭和34年

### 恐山の地蔵
「日本民俗宗教辞典」東京堂出版　1998
　◇p79〔白黒〕　青森県下北半島 恐山　㊞宮本袈裟雄

### 恐山の納骨堂
「日本宗教民俗図典 2」法蔵館　1985
　◇図430〔白黒〕(納骨塔)　青森県大畑町 恐山

### 恐山の納骨塔を拝む
「日本社会民俗辞典 4」日本図書センター　2004
　◇図版ⅩⅣ 来世観(2)〔白黒〕(納骨塔を拝む)　青森県下北半島恐山　地蔵盆7月24～25日

### おはるず御嶽
「日本宗教民俗図典 1」法蔵館　1985
　◇図133〔白黒〕　沖縄県平良市(池間島)　㊞須藤功

### お遍路
「日本民俗写真大系 5」日本図書センター　2000
　◇p164〔白黒〕　室戸　㊞中村由信, 1978年
「日本民俗写真大系 4」日本図書センター　1999
　◇p16〔カラー〕　〔徳島県板野郡土成町〕四国八十八ヶ所八番札所 熊谷寺　㊞吉成正一, 1966年
　◇p113〔白黒〕　阿南市 札所21番太龍寺　㊞吉成正一, 1969年

### お遍路さん
「日本郷土 風俗・民芸・芸能図鑑」日本図書センター　2012
　◇写真篇 愛媛〔白黒〕(おへんろさん)　愛媛県
　◇写真篇 綜合〔白黒〕(おへんろさん)
　◇写真篇 徳島〔白黒〕(おへんろさん)　徳島県
「写真でみる日本人の生活全集 10」日本図書センター　2010
　◇p133〔白黒〕　㊞住谷昌彦
「祭礼行事・香川県」桜楓社　1992
　◇p70〔白黒〕　香川県 曼荼羅寺
「図録・民具入門事典」柏書房　1991
　◇p100〔白黒〕　三重県
「日本民俗文化財事典(改訂版)」第一法規出版　1979
　◇図256〔白黒〕　三重県志摩地方

### お遍路の金毘羅参拝
「あるくみるきく双書 宮本常一とあるいた昭和の日本 24」農山漁村文化協会　2012
　◇p171〔白黒〕　香川県琴平町 金刀比羅宮　㊞〔昭和52～53年〕

### お遍路2人
「日本民俗写真大系 4」日本図書センター　1999
　◇p112〔白黒〕　徳島県山川町　負紐で荷を背負う白装束の2人　㊞吉成正一, 1961年

### 廻国修行の六十六部
「宮本常一 写真・日記集成 上」毎日新聞社　2005
　◇p204〔白黒〕　新潟県佐渡郡柿ノ浦　㊞宮本常一, 1960年8月21日

### 神アサギ
「図説 日本民俗学」吉川弘文館　2009
　◇p259〔白黒〕(今帰仁村の神アサギ)　沖縄県今帰仁村

### 神アシャゲ
「日本社会民俗辞典 1」日本図書センター　2004
　◇図版Ⅷ 沖縄(2)〔白黒〕　沖縄本島兼城村兼城の旧家シムコーチの屋敷内　㊞1951年

### 川倉地蔵堂
「宮本常一 写真・日記集成 別巻」毎日新聞社　2005
　◇図280(p47)〔白黒〕(地蔵堂)　青森県[北津軽郡金木町川倉]　㊞宮本常一, 1941年7月

### 川倉地蔵堂の地蔵
「あるくみるきく双書 宮本常一とあるいた昭和の日本 20」農山漁村文化協会　2012
　◇p57〔白黒〕　青森県金木町川倉(現・五所川原市)　㊞須藤功, 昭和42年
「写真ものがたり昭和の暮らし 7」農山漁村文化協会　2006
　◇p53〔白黒〕(地蔵)　青森県金木町川倉(現五所川原市)地蔵堂　亡くなった子を地蔵にしたもの　㊞須藤功, 昭和42年7月
「日本民俗大辞典 上」吉川弘文館　1999
　◇p427〔白黒〕(川倉地蔵堂境内にまつられている地蔵)　青森県北津軽郡金木町
「境と辻の神 目でみる民俗神シリーズ3」東京美術　1988
　◇p64〔白黒〕(地蔵の前に供物の山)　津軽の金木町川倉地蔵

### 木曽御嶽山と霊神場
「日本民俗宗教辞典」東京堂出版　1998
　◇p601〔白黒〕

### 城山御嶽
「宮本常一 写真・日記集成 下」毎日新聞社　2005
　◇p212〔白黒〕　沖縄県伊江村 伊江島　㊞宮本常一,

信 仰　　　　　　　　　　　　　　　　巡礼・聖地・霊場

　　　1969年9月30日～10月1日
**供養塔群 (高野山)**
「日本民俗宗教辞典」東京堂出版　1998
　◇p186〔白黒〕(供養塔群)　高野山奥ノ院　㊟日野西眞定

**供養の石小積**
「日本宗教民俗図典 2」法藏館　1985
　◇図406〔白黒〕　鳥取県大山町 大山を望む河原

**極楽が浜**
「日本社会民俗辞典 4」日本図書センター　2004
　◇図版ⅩⅣ 来世観(2)〔白黒〕　青森県下北半島恐山地蔵盆7月24～25日

**小森さま**
「山と森の神 目でみる民俗神シリーズ1」東京美術　1988
　◇p88〔白黒〕　宮崎県東臼杵郡椎葉村合戦原

**金比羅小祠・円福寺八十八カ所巡礼山頂**
「民俗資料選集 40 辻堂の習俗Ⅴ」国土地理協会　2009
　◇p5（口絵）〔白黒〕　宮崎県高鍋町宮田

**西国三十三カ所**
「日本民俗宗教辞典」東京堂出版　1998
　◇p200〔白黒〕　第11番札所・上醍醐寺の本堂

**西国三十三所順拝供養塔**
「民俗資料選集 9 山村の生活と用具」国土地理協会　1981
　◇p18（本文）〔白黒〕　愛知県北設楽郡津具村 貞享年間造立

**西国順礼塔**
「宮本常一 写真・日記集成 別巻」毎日新聞社　2005
　◇図181 (p33)〔白黒〕　岩手県上閉伊郡土渕村〔遠野市〕　㊟宮本常一,1940年〔11月〕

**サイノカワラ**
「宮本常一 写真・日記集成 別巻」毎日新聞社　2005
　◇図279 (p47)〔白黒〕　青森県〔北津軽郡金木町川倉〕　㊟宮本常一,1941年7月
　◇図282 (p47)〔白黒〕　青森県〔北津軽郡金木町川倉〕　㊟宮本常一,1941年7月
「日本社会民俗辞典 2」日本図書センター　2004
　◇p553〔白黒〕　山形県 飛島
「仏教民俗辞典 コンパクト版」新人物往来社　1993
　◇p135〔白黒〕

**塞の河原**
「民俗資料叢書 2 志摩の年齢階梯制」平凡社　1965
　◇図7〔白黒〕　三重県鳥羽市松尾町

**賽の河原**
「民俗図録 日本人の暮らし」日本図書センター　2012
　◇図557〔白黒〕　福井県三方郡三方町気山　㊟錦耕三
「図説 日本民俗学」吉川弘文館　2009
　◇p212〔白黒〕　青森県むつ市
　◇p241〔白黒〕　静岡県熱海市, 青森県むつ市
「宮本常一が撮った昭和の情景 上」毎日新聞社　2009
　◇p201〔白黒〕　山形県酒田市飛島の西南端　㊟宮本常一,1963年8月23日
「宮本常一 写真・日記集成 上」毎日新聞社　2005
　◇p138〔白黒〕　新潟県両津市〔佐渡市〕願　㊟宮本常一,1959年8月7日
　◇p398〔白黒〕　山形県酒田市 飛島　㊟宮本常一,1963年8月23日
「図録・民具入門事典」柏書房　1991
　◇p96〔白黒〕　青森県
「境と辻の神 目でみる民俗神シリーズ3」東京美術　1988
　◇p66〔白黒〕　青森県下北半島 恐山
　◇p67〔白黒〕　佐渡外海府　石積みに余念のない人びと

「日本宗教民俗図典 2」法藏館　1985
　◇図386〔白黒〕　岩手県大迫町 早池峯山の山頂
　◇図431〔白黒〕　恐山
「フォークロアの眼 8 よみがえり」国書刊行会　1977
　◇小論3〔白黒〕　新潟県佐渡郡相川町外海府　㊟昭和46年6月12日
「民俗の事典」岩崎美術社　1972
　◇p301〔白黒〕　新潟県両津市願

**賽の河原地蔵堂**
「日本写真全集 9」小学館　1987
　◇図128〔白黒〕　青森県 恐山 堂内　㊟内藤正敏, 昭和44年 個展「婆バクハツ！」(昭和45年)

**賽の河原で御詠歌を唱える遍路**
「日本民俗写真大系 8」日本図書センター　2000
　◇p84〔白黒〕　両津市 佐渡八十八カ所　㊟中俣正義,1977年

**サイノカワラの石積み**
「日本社会民俗辞典 4」日本図書センター　2004
　◇図版ⅩⅢ 来世観(1)—恐山の地獄極楽巡拝〔白黒〕　青森県下北郡恐山　東北大学宗教学研究室提供

**賽の河原の石積**
「民間信仰辞典」東京堂出版　1980
　◇p130〔白黒〕

**賽の河原の石積み**
「日本民俗文化財事典（改訂版）」第一法規出版　1979
　◇図250〔白黒〕　青森県下北郡恐山

**賽の河原のお地蔵さま**
「日本を知る事典」社会思想社　1971
　◇図14 (p414)〔白黒〕　長野県駒ヶ根市

**賽の河原のお参り**
「日本民俗文化財事典（改訂版）」第一法規出版　1979
　◇図249〔白黒〕　青森県下北郡恐山

**賽の河原の地蔵堂**
「宮本常一 写真・日記集成 上」毎日新聞社　2005
　◇p139〔白黒〕　新潟県両津市〔佐渡市〕願　㊟宮本常一,1959年8月7日

**賽の河原の地蔵と積石**
「宮本常一が撮った昭和の情景 上」毎日新聞社　2009
　◇p71〔白黒〕　新潟県佐渡市鷲崎　㊟宮本常一,1959年8月7日

**讃岐広島の八十八ヶ所をまわる遍路**
「あるくみるきく双書 宮本常一とあるいた昭和の日本 24」農山漁村文化協会　2012
　◇p57〔白黒〕　香川県丸亀市　㊟〔昭和50年〕

**シゲ (聖地) の中心**
「日本社会民俗辞典 2」日本図書センター　2004
　◇p783〔白黒〕　対馬島芦ノ浦

**四国八十八ヶ所詣**
「日本民俗写真大系 4」日本図書センター　1999
　◇p116〔白黒〕　山口県東和町 漁船に乗って次の札所に向かう　㊟浜本栄,1965年

**四国遍路**
「図説 日本民俗学」吉川弘文館　2009
　◇p219〔白黒〕　愛媛県西条市 四国60番横峰寺金の鳥居
「祭礼行事・愛媛県」おうふう　1995
　◇p5〔カラー〕　愛媛県 第40番平城山観自在寺 (南宇和郡御荘町) から第65番由霊山三角寺 (川之江市金田町) までの26箇所　㊟武田直

**死者の旅を案じて奉納した草履**
「日本宗教民俗図典 2」法藏館　1985
　◇図432〔白黒〕　恐山

巡礼・聖地・霊場　　　　　　　　　信　仰

### 地蔵に石を積む
「写真でみる日本人の生活全集 6」日本図書センター　2010
　◇口絵〔白黒〕　青森県下北半島 恐山　日本交通公社提供
「宮本常一 写真・日記集成 上」毎日新聞社　2005
　◇p273〔白黒〕　山口県萩市 見島　㊞宮本常一、1961年9月5日

### 自転車でまわってお接待を受ける
「あるくみるきく双書 宮本常一とあるいた昭和の日本 24」農山漁村文化協会　2012
　◇p57〔白黒〕　香川県丸亀市　㊞〔昭和50年〕

### 島四国の巡礼
「日本民俗写真大系 4」日本図書センター　1999
　◇p115〔白黒〕　香川県小豆島　㊞薗部澄、1963年
「日本宗教民俗図典 1」法蔵館　1985
　◇図568〔白黒〕（島四国を巡る）　香川県丸亀市広島　㊞須藤功

### 島四国遍路
「日本民俗写真大系 4」日本図書センター　1999
　◇p116〔白黒〕　愛媛県大島　漁船に乗って次の札所に向かう　㊞渡部章正、1960年

### 宿坊の夕食
「あるくみるきく双書 宮本常一とあるいた昭和の日本 24」農山漁村文化協会　2012
　◇p60〔白黒〕　高知県吾川郡春野村 第三十四番・種間寺　㊞〔昭和50年〕

### 巡礼
「民俗小事典 死と葬送」吉川弘文館　2005
　◇p352〔白黒〕　愛媛県西条市 四国巡礼64番札所 前神寺　提供 西海賢二
「写真ものがたり昭和の暮らし 3」農山漁村文化協会　2004
　◇p217〔白黒〕　愛媛県松山市・興居島　㊞須藤功、昭和42年3月
「日本民俗大辞典 上」吉川弘文館　1999
　◇p842〔白黒〕　愛媛県西条市 四国巡礼64番札所 前神寺
「図説 民俗探訪事典」山川出版社　1983
　◇p192〔白黒〕　㊞中俣正義

### 巡礼者
「図説 日本民俗学」吉川弘文館　2009
　◇p218〔白黒〕　愛媛県西条市 四国60番の札所横峰寺

### 巡礼に道を教える島の人
「あるくみるきく双書 宮本常一とあるいた昭和の日本 24」農山漁村文化協会　2012
　◇p213〔白黒〕　愛媛県松山市・興居島　㊞須藤功、昭和42年

### 小豆島のお遍路さん
「日本民俗写真大系 4」日本図書センター　1999
　◇カバー表〔カラー〕　香川県　㊞中村昭夫

### 新四国
「日本民俗写真大系 4」日本図書センター　1999
　◇p131〔白黒〕（新四国）　香川県小豆島　四国八十八ヵ所を模した巡礼路　㊞中村由信、1961年

### 神道
「日本宗教民俗図典 1」法蔵館　1985
　◇図472〔白黒〕　沖縄県具志川村（久米島）　祭りのとき以外あまり通らない　㊞須藤功

### 接待所
「図説 日本民俗学」吉川弘文館　2009
　◇p216〔白黒〕　徳島県鳴門市 四国の札所

### 斎場御嶽
「日本の民俗 暮らしと生業」KADOKAWA　2014
　◇図6-32〔白黒〕　沖縄県島尻郡知念村　㊞芳賀日出男、平成6年
「日本民俗写真大系 5」日本図書センター　2000
　◇p127〔白黒〕　沖縄県南城市　㊞比嘉康雄、1985年
「日本の民俗 下」クレオ　1997
　◇図6-38〔白黒〕（斉場御嶽）　沖縄県島尻郡知念村　㊞芳賀日出男、平成6年
「山と森の神 目でみる民俗神シリーズ1」東京美術　1988
　◇p78〔白黒〕　沖縄県知念村　神の島・久高島を遙拝し、供物をささげる、シンボルである大岩

### 善根宿
「祭・芸能・行事大辞典 上」朝倉書店　2009
　◇p999〔白黒〕　徳島県海部郡美波町　廃バスを改造した善根宿入口　㊞浅川泰宏

### 秩父霊場11番・常楽寺
「日本民俗宗教辞典」東京堂出版　1998
　◇p268〔白黒〕

### 島内に作られた四国八十八ケ所霊場廻り
「宮本常一 写真・日記集成 下」毎日新聞社　2005
　◇p332〔白黒〕　広島県 走島　その内の71番弥谷寺　㊞宮本常一、1974年12月13日

### 土地の人に道順を聞く巡礼
「日本宗教民俗図典 1」法蔵館　1985
　◇図571〔白黒〕　愛媛県松山市 興居島　㊞須藤功

### 中間お嶽の拝所
「わたしのアルバム 伝統芸能の系譜 付依代考」錦正社　1986
　◇図583〔白黒〕　宮古島狩俣

### ニソの杜
「図説 日本民俗学」吉川弘文館　2009
　◇p223〔白黒〕　福井県大飯町大島
「民間信仰辞典」東京堂出版　1980
　◇p218〔白黒〕　福井県大飯郡大飯町大島

### 女人禁制
「図説 日本民俗学」吉川弘文館　2009
　◇p216〔白黒〕　愛媛県西条市

### 女人禁制の標柱
「民俗の事典」岩崎美術社　1972
　◇p89〔白黒〕　奈良県 談山神社

### 布橋
「写真ものがたり昭和の暮らし 5」農山漁村文化協会　2005
　◇p52〔白黒〕　富山県立山町芦峅寺 姥堂川の谷　㊞須藤功、昭和49年7月

### 布橋（復原）
「日本宗教民俗図典 1」法蔵館　1985
　◇図139〔白黒〕　富山県立山町芦峅寺　㊞須藤功

### 納経受付所
「あるくみるきく双書 宮本常一とあるいた昭和の日本 24」農山漁村文化協会　2012
　◇p45〔白黒〕　高知県窪川町 第三十七番・岩本寺　㊞〔昭和50年〕

### 羽黒山の宿坊
「日本民俗宗教辞典」東京堂出版　1998
　◇p392〔白黒〕　山形県

### 羽黒山の長い参道で一休み
「日本宗教民俗図典 1」法蔵館　1985
　◇図480〔白黒〕　山形県羽黒町　夏　㊞須藤功

### 八十八ヵ所石像の第一番
「あるくみるきく双書 宮本常一とあるいた昭和の日本 24」農山漁村文化協会　2012
　◇p63〔白黒〕　徳島県池田町 箸蔵寺の境内　㊞〔昭和49年〕

**八十八ヵ所石像の第八十八番**
「あるくみるきく双書 宮本常一とあるいた昭和の日本 24」農山漁村文化協会　2012
◇p64〔白黒〕　徳島県池田町 箸蔵寺の境内　[撮]〔昭和49年〕

**張水御嶽**
「宮本常一 写真・日記集成 下」毎日新聞社　2005
◇p369〔白黒〕　沖縄県平良市（宮古島）　[撮]宮本常一, 1976年8月19～20日

**ビジュル石かつぎ**
「日本民俗大辞典 下」吉川弘文館　2000
◇p423〔白黒〕　沖縄県石垣市　[撮]国吉真太郎

**ビディリ**
「わたしのアルバム 伝統芸能の系譜 付依代考」錦正社　1986
◇図575〔白黒〕　沖縄県与那国島

**ビディリ（神石）の前で祭りをする**
「日本宗教民俗図典 1」法蔵館　1985
◇図132〔白黒〕　沖縄県与那国町祖内（与那国島）　[撮]須藤功

**日室嶽遙拝所**
「日本宗教民俗図典 2」法蔵館　1985
◇図382〔白黒〕　京都府大江町 元伊勢宮

**札所**
「図説 日本民俗学」吉川弘文館　2009
◇p214〔白黒〕　埼玉県秩父市 秩父札所9番
「宮本常一 写真・日記集成 下」毎日新聞社　2005
◇p188〔白黒〕　埼玉県横瀬町〔秩父観音めぐり〕　[撮]宮本常一, 1969年3月22日
「日本宗教民俗図典 1」法蔵館　1985
◇図569〔白黒〕　香川県丸亀市広島　島四国　[撮]須藤功

**札所ではお接待を用意して遍路を迎える**
「あるくみるきく双書 宮本常一とあるいた昭和の日本 24」農山漁村文化協会　2012
◇p57〔白黒〕　香川県丸亀市　[撮]須藤功,〔昭和50年〕

**札所の堂内**
「宮本常一 写真・日記集成 下」毎日新聞社　2005
◇p188〔白黒〕　埼玉県横瀬町〔秩父観音めぐり〕　[撮]宮本常一, 1969年3月22日

**ふぼーうたき**
「日本の民俗 下」クレオ　1997
◇図6-34〔白黒〕　沖縄県島尻郡知念村　[撮]芳賀日出男, 平成5年

**遍路**
「三省堂年中行事事典〈改訂版〉」三省堂　2012
◇p210〔白黒〕　香川県さぬき市　大窪寺は四国八十八ヶ所結願の札所で、杖を納める人も多い　[撮]村尾美江, 2012年
「あるくみるきく双書 宮本常一とあるいた昭和の日本 24」農山漁村文化協会　2012
◇p33〔白黒〕　香川県三野町 第七十一番・弥谷寺〔奥の院に詣でる〕　[撮]須藤功,〔昭和50年〕
◇p43〔白黒〕　愛媛県松山市 第四十七番・八坂寺　[撮]〔昭和50年〕
◇p44〔白黒〕　「同行二人」と記されているかばんを下げる　[撮]〔昭和50年〕
◇p47〔白黒〕　愛媛県宇和町 第四十三番・明石寺　[撮]〔昭和50年〕
◇p64〔白黒〕　[撮]〔昭和50年頃〕
「写真でみる日本人の生活全集 5」日本図書センター　2010
◇p163〔白黒〕　〔香川県高松市〕四国八十八箇所 屋島寺　「サンデー毎日」昭和30年5月8日号
「精選 日本民俗辞典」吉川弘文館　2006
◇p475〔白黒〕　愛媛県周桑郡小松町（西条市）横峰寺付近　提供 西海賢二
「民俗小事典 死と葬送」吉川弘文館　2005
◇p347〔白黒〕　愛媛県周桑郡小松町 横峰寺付近　提供 西海賢二
「日本民俗大辞典 下」吉川弘文館　2000
◇p520〔白黒〕　愛媛県周桑郡小松町 横峰寺付近　[撮]西海賢二

**遍路姿**
「宮本常一 写真・日記集成 上」毎日新聞社　2005
◇p275〔白黒〕　長崎県平戸市　[撮]宮本常一, 1961年9月18日

**遍路の出立**
「図説 民俗探訪事典」山川出版社　1983
◇p194〔白黒・図〕

**遍路墓**
「民俗資料選集 29 茶堂（辻堂）の習俗Ⅱ」国土地理協会　2001
◇p134（本文）〔白黒〕（四つ足堂裏にある遍路墓）　香川県大川郡白鳥町五名払川

**遍路宿**
「あるくみるきく双書 宮本常一とあるいた昭和の日本 24」農山漁村文化協会　2012
◇p59〔白黒〕　[撮]〔昭和50年〕

**ホットンボウ**
「わたしのアルバム 伝統芸能の系譜 付依代考」錦正社　1986
◇図576〔白黒〕　伊豆新島　〔陽石を祭った拝所〕

**本四国八十八箇所巡礼**
「祭礼行事・愛媛県」おうふう　1995
◇p55〔白黒〕　愛媛県

**真謝お嶽**
「わたしのアルバム 伝統芸能の系譜 付依代考」錦正社　1986
◇図584〔白黒〕　石垣島白保

**身延詣**
「日本郷土 風俗・民芸・芸能図鑑」日本図書センター　2012
◇写真篇 山梨〔白黒〕　山梨県

**宮鳥御嶽**
「日本民俗事典」弘文堂　1972
◇p107〔白黒〕　石垣市　[撮]萩原秀三郎

**モイドン**
「山と森の神 目でみる民俗神シリーズ1」東京美術　1988
◇p82〔白黒〕　鹿児島県指宿市上西園門で祀る　アコウの木にシメ縄をはる
◇p82〔白黒〕　鹿児島県指宿市 指宿神社　楠の巨木

**モイヤマ**
「山と森の神 目でみる民俗神シリーズ1」東京美術　1988
◇p83〔白黒〕　鹿児島県田代町郷原　水田の中の椎の古木
「日本宗教民俗図典 2」法蔵館　1985
◇図407〔白黒〕　鹿児島県田代町　水田の中の椎の大樹
「フォークロアの眼 8 よみがえり」国書刊行会　1977
◇小論10〔白黒〕　鹿児島県肝属郡田代町郷原　[撮]昭和50年11月5日

**モリ**
「山と森の神 目でみる民俗神シリーズ1」東京美術　1988
◇p83〔白黒〕　佐賀県松浦郡鎮西町　祟りをなすという伝承がある

**森神**
「民俗学事典」丸善出版　2014

その他　　　　　　　　　　　信　仰

◇p78〔白黒〕(「淫祀解除」を受けた森神)　山口県
「図説 日本民俗学」吉川弘文館　2009
　◇p223〔白黒〕　山口県萩市　徳丸亞木提供
「祭・芸能・行事大事典 下」朝倉書店　2009
　◇p1768〔白黒〕　山口県　田の中に祀られる森神
　　㊦徳丸亞木
「民間信仰辞典」東京堂出版　1980
　◇p290〔白黒〕

### 森さま
「山と森の神 目でみる民俗神シリーズ1」東京美術　1988
　◇p88〔白黒〕　宮崎県東臼杵郡椎葉村大河内

### モリノカミ
「日本民俗宗教辞典」東京堂出版　1998
　◇p560〔白黒〕　福井県大飯町

### 世持お嶽の内部 一隅に祀られている火の神
「わたしのアルバム 伝統芸能の系譜 付依代考」錦正社　1986

◇図588〔白黒〕　竹富島

### 霊魂が赴くとされる霊場
「図説 日本民俗学」吉川弘文館　2009
　◇p193〔白黒〕　青森県むつ市 恐山、山形市 山寺、和歌山県高野町 高野山奥の院山道、栃木県岩舟町 岩舟山

### 六地蔵巡り
「図説 民俗探訪事典」山川出版社　1983
　◇p177〔白黒〕　京都府亀岡市

### 六十六部供養碑
「日本宗教民俗図典 2」法蔵館　1985
　◇図353〔白黒〕　静岡県水窪町向市場

### 六部
「宮本常一 写真・日記集成 別巻」毎日新聞社　2005
　◇図281 (p47)〔白黒〕　青森県［北津軽郡金木町川倉］
　　㊦宮本常一、1941年7月
「民俗の事典」岩崎美術社　1972
　◇p308〔白黒・図〕

## その他

### あずさゆみ
「日本の生活文化財」第一法規出版　1965
　◇図13（心）〔白黒〕　文部省史料館所蔵

### 三五教（アナナイキョウ）
「写真でみる日本人の生活全集 5」日本図書センター　2010
　◇p128〔白黒〕　静岡県清水市（本部）　昭和30年の同教春季大祭　「サンデー毎日」昭和30年5月

### 生神様
「写真でみる日本人の生活全集 5」日本図書センター　2010
　◇p135〔白黒〕　神奈川県逗子市　和田式人体電子療法で生神様扱いされている　「毎日グラフ」昭和32年3月

### いざなぎ流
「精選 日本民俗辞典」吉川弘文館　2006
　◇p32〔白黒〕　高知県香美郡物部村　高知県歴史民俗資料館提供
「日本民俗大辞典 上」吉川弘文館　1999
　◇p78〔白黒〕　高知県香美郡物部村　高知県歴史民俗資料館提供

### いざなぎ流太夫
「民俗学事典」丸善出版　2014
　◇p441〔白黒〕(みてぐらにスソを封じ込めるため印を結ぶいざなぎ流太夫)　香美市物部町　小松豊孝太夫

### いざなぎ流の弓祈禱におけるハリの印
「民俗学事典」丸善出版　2014
　◇p41〔白黒〕　高知県香美市物部村　小松為繁太夫

### 石橋供養塔
「宮本常一 写真・日記集成 下」毎日新聞社　2005
　◇p87〔白黒〕　東京都小平市・鎌倉街道に残る　㊦宮本常一、1966年10月11日～19日

### 陰陽幣の陽幣
「日本民俗図誌 1 祭礼・祭祀篇」村田書店　1977
　◇図153〔白黒・図〕

### 後山十字路の堂と光明真言三百万遍の供養塔
「宮本常一が撮った昭和の情景 上」毎日新聞社　2009

◇p210〔白黒〕　新潟県佐渡市畑野　㊦宮本常一、1963年12月7日
「宮本常一 写真・日記集成 上」毎日新聞社　2005
　◇p408〔白黒〕　新潟県佐渡郡畑野町後山［佐渡市］　㊦宮本常一、1963年12月7日

### 臼塚
「図説 台所道具の歴史」日本図書センター　2012
　◇p47-10〔白黒〕　東京中野 宝仙寺　昭和初年頃長野市近郊から集めて築かれたという（『石臼の謎』みわしげを著）　㊦GK

### 御嶽配置図
「精選 日本民俗辞典」吉川弘文館　2006
　◇p71〔白黒・図〕　沖縄県石垣市　浦山隆一『南西諸島の「聖域」における宗教空間の研究』より
「日本民俗大辞典 上」吉川弘文館　1999
　◇p167〔白黒・図〕　沖縄県石垣市　浦山隆一『南西諸島の「聖域」における宗教空間の研究』より

### 狼の頭蓋骨
「写真でみる日本人の生活全集 5」日本図書センター　2010
　◇p62〔白黒〕　神奈川県の旧家　㊦昭和32年8月

### お掛け絵に対しオラショを唱える
「民俗学事典」丸善出版　2014
　◇p451〔白黒〕　長崎県生月島

### 御座
「日本民俗宗教辞典」東京堂出版　1998
　◇p87〔白黒〕　御座における前座と中座

### お題目塔
「民俗資料選集 2 木地師の習俗」国土地理協会　1974
　◇p11（口絵）〔白黒〕　新潟県糸魚川市平岩　大正7年9月建立

### おどる宗教
「写真でみる日本人の生活全集 5」日本図書センター　2010
　◇p130・131〔白黒〕　山口県熊毛郡田布施町波野（本部）　教祖の私生活をさぐる

信　仰　　　　　　その他

「日本社会民俗辞典 2」日本図書センター　2004
　◇図版 Ⅳ 宗教(2)〔白黒〕(街頭の踊る宗教)

**踊る宗教の大神様の御姿**
「写真でみる日本人の生活全集 10」日本図書センター　2010
　◇p125〔白黒〕　東京

**おどる宗教の信徒たち**
「写真でみる日本人の生活全集 5」日本図書センター　2010
　◇口絵〔白黒〕(「踊る宗教」の信者たち)
　◇p129〔白黒〕　㊿昭和24年8月

**御岳教の礼拝**
「日本社会民俗辞典 2」日本図書センター　2004
　◇p619〔白黒〕

**女祈禱師**
「写真でみる日本人の生活全集 5」日本図書センター　2010
　◇p126〔白黒〕　㊿昭和26年4月

**隠し念仏のお執揚の模式図と組織の概略図**
「図説 民俗探訪事典」山川出版社　1983
　◇p191〔白黒・図〕　龍大宗教調査班『カヤカベ―かくし念仏』、高橋梵仙『かくし念仏考』より

**カソリックの洗禮**
「日本社会民俗辞典 2」日本図書センター　2004
　◇図版 Ⅲ 宗教(1)〔白黒〕　大分県由布院町金鱗湖

**ガマのオツゲ**
「写真でみる日本人の生活全集 5」日本図書センター　2010
　◇p156～157〔白黒〕　東京都大田区　ガマのオツゲを開いて託宣をする　「毎日グラフ」昭和30年2月16日号

**神々をまつる幣棚**
「日本民俗大辞典 上」吉川弘文館　1999
　◇p5〔白黒〕　北海道静内町　アイヌ

**カミサマの祭祀場所**
「日本の生活環境文化大辞典」柏書房　2010
　◇p232-1〔白黒・図〕　二重屋根の下屋根の上、下屋根の庇の下、地上・コンクリート・石垣の上、閑所入口の上、家の妻側、地上・祭具箱の上　岡本大三郎

**カリコボウズ(妖怪)の止まり木**
「日本宗教民俗図典 1」法蔵館　1985
　◇図109〔白黒〕　宮崎県西都市銀鏡　㊿須藤功

**寒念仏供養の石塔**
「宮本常一 写真・日記集成 下」毎日新聞社　2005
　◇p455〔白黒〕(双体道祖神、庚申塔、寒念仏供養の石塔、二十三夜待石塔)　群馬県甘楽郡下仁田町　㊿宮本常一、1979年3月10日～11日

**寒念仏供養碑**
「日本宗教民俗図典 2」法蔵館　1985
　◇図359〔白黒〕　新潟県山古志村虫亀

**観音経供養碑**
「日本宗教民俗図典 2」法蔵館　1985
　◇図351〔白黒〕　愛知県東栄町中設楽

**祈禱師が護摩をたいて、集落の人々の健康と安全、合わせて豊作であるように祈る**
「写真ものがたり昭和の暮らし 2」農山漁村文化協会　2004
　◇p33〔白黒〕　長野県阿智村駒場　㊿熊谷元一、昭和25年

**行屋**
「図説 日本民俗学」吉川弘文館　2009
　◇p213〔白黒〕　山形県米沢市
「祭・芸能・行事大事典 下」朝倉書店　2009
　◇p1179〔白黒〕　置賜地方　㊿岩鼻通明　米沢市上杉博物館の屋外展示　国重要有形民俗文化財(置賜の登拝習俗用具及び行屋)

**供養塔**
「宮本常一 写真・日記集成 上」毎日新聞社　2005
　◇p42〔白黒〕　愛知県北設楽郡設楽町 名倉→清水　㊿宮本常一、1956年10月7日
「日本民俗文化財事典(改訂版)」第一法規出版　1979
　◇図230〔白黒〕　神奈川県津久井地方

**供養碑**
「あるくみるきく双書 宮本常一とあるいた昭和の日本 24」農山漁村文化協会　2012
　◇p47〔白黒〕　愛媛県三間町の道端　㊿〔昭和50年〕
「宮本常一 写真・日記集成 上」毎日新聞社　2005
　◇p23〔白黒〕　宮城県栗原郡栗駒町　㊿宮本常一、1955年11月14日

**コリトリ**
「図説 日本民俗学」吉川弘文館　2009
　◇p218〔白黒〕　広島県竹原市

**三界万霊**
「民俗小事典 死と葬送」吉川弘文館　2005
　◇p257〔白黒〕　和歌山県橋本市
「日本民俗大辞典 上」吉川弘文館　1999
　◇p939〔白黒〕　和歌山県橋本市　施餓鬼会
「民俗資料叢書 2 志摩の年齢階梯制」平凡社　1965
　◇図23〔白黒〕(墓地の中心部にある三界万霊)　三重県鳥羽市松尾町

**三界万霊供養碑**
「民俗小事典 死と葬送」吉川弘文館　2005
　◇p208〔白黒〕(自然石三界万霊供養碑)　奈良市 法徳寺

**三界万霊碑**
「日本宗教民俗図典 1」法蔵館　1985
　◇図61〔白黒〕　福井県美浜町菅浜　㊿萩原秀三郎

**鹿踊供養碑**
「日本宗教民俗図典 2」法蔵館　1985
　◇図352〔白黒〕　岩手県江刺市鶴羽衣

**鹿踊の供養塔**
「日本社会民俗辞典 3」日本図書センター　2004
　◇p1005〔白黒〕　宮城県

**十三塚**
「日本社会民俗辞典 3」日本図書センター　2004
　◇p942〔白黒・図〕(会津の十三塚)　福島県大宮村　柳田國男・堀一郎「十三塚考」

**十三塚の分布**
「日本社会民俗辞典 3」日本図書センター　2004
　◇p943〔白黒・図〕　柳田國男・堀一郎「十三塚考」により作製

**十字架の礼拝**
「日本「祭礼行事」総覧」新人物往来社　1999
　◇p61〔白黒〕　聖金曜日

**浄土三部供養碑**
「日本宗教民俗図典 2」法蔵館　1985
　◇図350〔白黒〕　長野県駒ヶ根市羽場

**スンキャーラ**
「日本宗教民俗図典 1」法蔵館　1985
　◇図474〔白黒〕　沖縄県石垣市大浜　〔神を迎える儀式〕　㊿須藤功

**聖なる過越の3日間「洗足式」**
「日本「祭礼行事」総覧」新人物往来社　1999
　◇p64〔白黒〕　聖木曜日

**創価学会**
「写真でみる日本人の生活全集 5」日本図書センター　2010
　◇p133〔白黒〕　毎週土曜に行われる身延詣りのときの

その他　　　　　　　　　　　　信　仰

　　総本山における数千人の信仰ぶり　「毎日グラフ」昭
　　和32年9月22日
大光明教会の教祖
　「写真でみる日本人の生活全集 5」日本図書センター　2010
　　◇p127〔白黒〕　栃木県　白馬に乗り少女の鼓笛隊と市
　　内宣伝にくり出す　㊞昭和27年10月
大日教団の遷座式
　「写真でみる日本人の生活全集 5」日本図書センター　2010
　　◇p127〔白黒〕　東京都五反田　㊞昭和27年12月
茶筌供養之宝塔
　「日本宗教民俗図典 2」法蔵館　1985
　　◇図360〔白黒〕　島根県松江市 月照寺
辻の供養塔
　「日本社会民俗辞典 3」日本図書センター　2004
　　◇p942〔白黒〕　福島県大野村
釣針碑
　「宮本常一 写真・日記集成 上」毎日新聞社　2005
　　◇p125〔白黒〕　兵庫県加東郡東条町　㊞宮本常一，
　　1959年2月4日
天照皇大神宮教の教徒たち
　「写真でみる日本人の生活全集 10」日本図書センター
　2010
　　◇p124〔白黒〕　東京
天理教
　「写真でみる日本人の生活全集 5」日本図書センター　2010
　　◇p136〔白黒〕　昭和31年1月26日から24日間行われた
　　教祖70周年祭典の盛大ぶり
天理教の祭典（神前におけるおどり）
　「日本社会民俗辞典 2」日本図書センター　2004
　　◇p620〔白黒〕
同族氏神
　「日本社会民俗辞典 3」日本図書センター　2004
　　◇p1001〔白黒〕　岩手県摺沢町源八
同族氏神とコモリヤ
　「日本民俗文化財事典（改訂版）」第一法規出版　1979
　　◇図216〔白黒〕　岩手県
同族氏神の行屋
　「日本社会民俗辞典 3」日本図書センター　2004
　　◇p1001〔白黒〕　岩手県摺沢町源八
同族団（マキ）とそのウェーデン（氏神）の分布
　「日本社会民俗辞典 3」日本図書センター　2004
　　◇p1000〔白黒・図〕　長野県川島村
トドの霊魂送り
　「日本民俗宗教辞典」東京堂出版　1998
　　◇p596〔白黒・図〕
内宮参拝
　「日本宗教民俗図典 1」法蔵館　1985
　　◇図518〔白黒〕　三重県 伊勢神宮　㊞須藤功
なわしめ
　「日本民具の造形」淡交社　2004
　　◇p43〔白黒〕　長野県 上村まつり伝承館所蔵
ヌサカケ
　「日本民俗大辞典 下」吉川弘文館　2000
　　◇図9〔別刷図版「山の神」〕〔カラー〕　新潟県岩船郡山
　　北町　㊞金田文男
ヌササン（祭壇）
　「日本宗教民俗図典 1」法蔵館　1985
　　◇図121〔白黒〕　アイヌ　㊞須藤功
　「図説 民俗探訪事典」山川出版社　1983
　　◇p343〔白黒〕（宮本家のヌサ・サン）　白老の首長宮本

　　エカシマトク・サキ夫妻と祭壇　アイヌ
ネッパリ木
　「日本民俗大辞典 下」吉川弘文館　2000
　　◇図7〔別刷図版「山の神」〕〔カラー〕　岩手県遠野市
　　遠野市立博物館提供
念仏供養塔
　「境と辻の神 目でみる民俗神シリーズ3」東京美術　1988
　　◇p120〔白黒〕　栃木県塩谷郡塩原町
　「日本宗教民俗図典 2」法蔵館　1985
　　◇図356〔白黒〕　日光市七里
念仏供養碑
　「日本宗教民俗図典 2」法蔵館　1985
　　◇図355〔白黒〕　栃木県日光市七里
ノリワラによる託宣
　「日本民俗大辞典 下」吉川弘文館　2000
　　◇p332〔白黒〕（ノリワラ）　福島県福島市松川町の羽山
　　山頂での託宣 ハヤマ信仰
PL教団の朝の祈り
　「日本社会民俗辞典 2」日本図書センター　2004
　　◇図版 Ⅳ 宗教（2）〔白黒〕
ヒグマの霊魂送り
　「日本民俗宗教辞典」東京堂出版　1998
　　◇p596〔白黒〕　㊞藤村久和
日繰帳
　「民俗学事典」丸善出版　2014
　　◇p451〔白黒〕　長崎県五島奈留島
百万遍
　「日本民俗宗教辞典」東京堂出版　1998
　　◇p453〔白黒〕　福島県西会津町
　「仏教民俗辞典 コンパクト版」新人物往来社　1993
　　◇p334〔白黒〕
　「民間信仰辞典」東京堂出版　1980
　　◇p251〔白黒〕
百万遍供養塔
　「民俗資料選集 39 辻堂の習俗Ⅳ」国土地理協会　2009
　　◇p4（本文）〔白黒〕（石田光明庵の正面に向って左にあ
　　る百万遍供養塔）　岡山県岡山市下高田当心
　「日本宗教民俗図典 2」法蔵館　1985
　　◇図358〔白黒〕　長野県伊那市里
百万遍の数珠送り
　「日本民俗事典」弘文堂　1972
　　◇p605〔白黒〕　秩父市蒔田　㊞清水武甲
百万遍の念仏
　「日本民俗大辞典 下」吉川弘文館　2000
　　◇図7〔別刷図版「村境」〕〔カラー〕（村境の百万遍の念
　　仏）　青森県上北郡六ヶ所村平沼　㊞高橋総司　六ヶ
　　所村立郷土館提供
百万遍の碑
　「写真でみる日本人の生活全集 5」日本図書センター　2010
　　◇p86〔白黒〕
二股の木
　「日本宗教民俗図典 1」法蔵館　1985
　　◇図108〔白黒〕　宮崎県西都市銀鏡　山の神の木として
　　伐らない　㊞須藤功
埠頭に祀られた供養塔
　「宮本常一 写真・日記集成 下」毎日新聞社　2005
　　◇p372〔白黒〕　岡山県備前市 大多府島　㊞宮本常一，
　　1976年9月6～7日
踏絵
　「日本社会民俗辞典 2」日本図書センター　2004

◇p621〔白黒〕

## 法華経信者
「写真でみる日本人の生活全集 10」日本図書センター　2010
　　◇p134〔白黒〕　㊟平松俊昭

## マブイグミ（魂込め）
「日本民俗大辞典 上」吉川弘文館　1999
　　◇図32〔別刷図版「沖縄文化」〕〔カラー〕　沖縄県宜野湾市野嵩　魂を体に戻している儀礼　㊟大城弘明,1992年

## 万霊供養
「宮本常一 写真・日記集成 下」毎日新聞社　2005
　　◇p251〔白黒〕（長泉寺の摩利支天堂）　岡山県小田郡美星町八日市　「日本全國萬霊供養」　㊟宮本常一,1971年8月8日

## 虫供養塔
「民俗資料選集 2 木地師の習俗」国土地理協会　1974
　　◇p11〔口絵〕〔白黒〕　新潟県糸魚川市大所木地屋　大正時代建立

## 立正佼成会副会長の盛大な葬儀
「写真でみる日本人の生活全集 5」日本図書センター　2010
　　◇p132〔白黒〕（立正佼成会）　長沼妙佼副会長の盛大な葬儀ぶり　「サンデー毎日」昭和32年10月

# 芸能・娯楽

## 芸能・音楽・興行

**アコーディオンを弾く**
「写真ものがたり昭和の暮らし 4」農村漁村文化協会　2005
　◇p84〔白黒〕　秋田県横手市　駅のホームの台に腰かけて、ひとりはアコーディオンを弾き、もうひとりは楽譜を広げている　㈹佐藤久太郎, 昭和38年4月
「写真でみる日本生活図引 5」弘文堂　1989
　◇図64〔白黒〕(アコーディオン)　秋田県横手市　駅のホームでアコーディオンを奏する学生　㈹佐藤久太郎, 昭和38年4月

**足芸**
「日本社会民俗辞典 1」日本図書センター　2004
　◇p276〔白黒・図〕　明治時代　『風俗画報』

**居合抜きの大道芸**
「日本民俗大辞典 下」吉川弘文館　2000
　◇p15〔白黒〕　横浜市中区野毛町　㈹西海賢二

**ウエスタン・カーニバルのロカビリー**
「写真ものがたり昭和の暮らし 4」農村漁村文化協会　2005
　◇p229〔白黒〕　東京都　㈹昭和33年5月　共同通信社提供

**うたごえ喫茶**
「写真でみる日本人の生活全集 6」日本図書センター　2010
　◇p68〔白黒〕　東京・新宿　朝日新聞社
「写真ものがたり昭和の暮らし 4」農村漁村文化協会　2005
　◇p229〔白黒〕(うたごえ喫茶「灯」)　東京都新宿区　㈹昭和32年7月　共同通信社提供

**打鳴し**
「祭・芸能・行事大事典 下」朝倉書店　2009
　◇p1547〔白黒〕　国立歴史民俗博物館

**団扇太鼓**
「祭・芸能・行事大辞典 上」朝倉書店　2009
　◇p195〔白黒〕　国立歴史民俗博物館

**映画館**
「写真ものがたり昭和の暮らし 4」農村漁村文化協会　2005
　◇p88〔白黒〕　北海道帯広市　〔映画館の前〕　㈹関口哲也, 昭和30年代
「宮本常一 写真・日記集成 上」毎日新聞社　2005
　◇p23〔白黒〕　宮城県栗原郡栗駒町　東北本線主要駅の一ノ関　㈹宮本常一, 1955年11月14日
　◇p310〔白黒〕　鹿児島県 種子島　㈹宮本常一, 1962年6月13日
　◇p322〔白黒〕　長崎県下県郡厳原町〔対馬市〕　㈹宮本常一, 1962年8月3日
　◇p350〔白黒〕(姫島東映)　大分県東国東郡姫島村　㈹宮本常一, 1962年10月16日
「宮本常一 写真・日記集成 下」毎日新聞社　2005
　◇p194〔白黒〕　滋賀県長浜市元浜町　㈹宮本常一, 1969年4月13日
「写真でみる日本生活図引 7」弘文堂　1993
　◇図79〔白黒〕　青森県八戸市鮫町有楽町 鮫映画劇場の前　㈹和井田登, 昭和33年2月2日
「写真でみる日本生活図引 5」弘文堂　1989
　◇図2〔白黒〕　京都府京都市　㈹山本栄三, 昭和8年頃

**映画館の切符売り場の前で、窓口が開くのを待っている子どもたち**
「写真ものがたり昭和の暮らし 6」農山漁村文化協会　2006
　◇p109〔白黒〕　秋田県能代市　㈹南利夫, 昭和31年

**映画館の前でスチール写真を見る虚無僧**
「写真でみる日本生活図引 7」弘文堂　1993
　◇図80〔白黒〕(虚無僧)　青森県八戸市長横町　〔映画館の前でスチール写真を見る〕　㈹和井田登, 昭和33年6月1日

**映画看板**
「宮本常一 写真・日記集成 下」毎日新聞社　2005
　◇p156〔白黒〕　土浦市中央町あたり　『俺たちに明日はない』など　㈹宮本常一, 1968年6月22日

**映画興行(初期)**
「日本社会民俗辞典 1」日本図書センター　2004
　◇p85〔白黒・図〕　神田金輝館　㈹明治30年　『風俗画報』

**映画の場面写真を見入る学校帰りの子どもたち**
「写真ものがたり昭和の暮らし 6」農山漁村文化協会　2006
　◇p111〔白黒〕　埼玉県小鹿野町上2丁目 映画館前　㈹武藤盈, 昭和31年9月

**駅で演芸**
「写真ものがたり昭和の暮らし 10」農山漁村文化協会　2007
　◇p118〔白黒〕　秋田県横手市　横手駅　ホームで股旅芝居のさわり,小太鼓を叩く　㈹佐藤久太郎, 昭和31年3月

**エプロンステージに並ぶ女性百人**
「写真でみる日本人の生活全集 7」日本図書センター　2010
　口絵〔白黒〕

**絵本太功記(浄瑠璃)**
「日本の民俗 暮らしと生業」KADOKAWA　2014
　◇図7-9〔白黒〕(「絵本太功記」)　徳島県徳島市　㈹芳賀日出男, 昭和37年
「日本の民俗 下」クレオ　1997
　◇図7-12〔白黒〕(「絵本太功記」)　徳島県徳島市　松の木の木陰で浄瑠璃を語り3体の人形を一人で遣う　㈹芳賀日出男, 昭和37年

**演芸会**
「写真でみる日本生活図引 別巻」弘文堂　1993
　◇図193, 194〔白黒〕　長野県下伊那郡阿智村　公民館主催の演芸会　㈹熊谷元一, 昭和31年12月9日

**お祝いの踊りを演じた女性たち**
「日本民俗写真大系 5」日本図書センター　2000
　◇p35〔白黒〕　延岡市土々呂町 日高家所有の三松公園内 日高亀市の銅像建立の日　㈹髙橋ミサ子, 1916年

日高宏彌

## 大阪の劇場街
「写真でみる日本生活図引 5」弘文堂 1989
◇図3〔白黒〕 大阪市 ㈹明治時代 センチュリー写真資料館提供

## 大太鼓
「日本民俗大辞典 下」吉川弘文館 2000
◇p5〔白黒〕 東京芸術大学美術館所蔵

## 沖縄の音譜 (工工四)
「民俗学辞典 (改訂版)」東京堂出版 1987
◇図版47 (p573)〔白黒・図〕 橋浦泰雄画

## オッペケペー節の一枚刷
「図説 日本民俗学全集 2」高橋書店 1971
◇図373〔白黒・図〕

「図説 日本民俗学全集 5」あかね書房 1960
◇図109〔白黒・図〕

## お手合せ歌
「祭・芸能・行事大辞典 上」朝倉書店 2009
◇p323～324－図A～E〔白黒〕 小泉文夫編『わらべうたの研究楽譜編』p.325, 1969

## お伽噺の人形劇
「写真でみる日本人の生活全集 9」日本図書センター 2010
◇p39〔白黒〕 東京 子供の野外劇

## 踊りの稽古
「写真でみる日本人の生活全集 10」日本図書センター 2010
◇口絵〔白黒〕(けいこごと)〔舞踊のけいこをする子どもたち〕 ㈹西真一郎
◇p49〔白黒〕(おけいこごと)〔踊りをならう子ども達〕 尾藤鶴一

「写真ものがたり昭和の暮らし 6」農山漁村文化協会 2006
◇p123〔白黒〕 沖縄県石垣市 ㈹須藤功, 昭和47年7月

## 踊る主婦
「写真ものがたり昭和の暮らし 3」農山漁村文化協会 2004
◇p233〔白黒〕(踊る) 沖縄県石垣市大浜 台所で茶菓子の用意をしていた主婦が声がかかってひと踊りする ㈹須藤功, 昭和50年8月

## オバケ大会での恐怖の表情
「写真でみる日本人の生活全集 5」日本図書センター 2010
◇p72～73〔白黒〕 東京大田区の多摩川園に作られた"オバケ屋敷" ㈹昭和31年夏

## お化け屋敷の見世物
「日本民俗宗教辞典」東京堂出版 1998
◇p83〔白黒〕 姫路市 ゆかたまつりにて ㈹斎藤純

## 女義太夫
「日本民俗大辞典 上」吉川弘文館 1999
◇p295〔白黒〕 東京都 赤坂一ッ木倶楽部での公演 ㈹1935年 義太夫協会提供

## 楽箏
「日本民俗大辞典 上」吉川弘文館 1999
◇p633〔白黒〕 武蔵野音楽大学楽器博物館所蔵

## 楽琵琶
「祭・芸能・行事大辞典 上」朝倉書店 2009
◇p381〔白黒〕 ㈱宮本卯之助商店

## 楽器
「日本社会民俗辞典 1」日本図書センター 2004
◇p183〔白黒・写真/図〕 大太鼓, 阮咸 (奈良正倉院蔵), 鞨鼓, 琵琶, 楽太鼓, 笙の各種, 篳篥, 琴, 三味線各部の名称, 箜篌 (奈良正倉院蔵)

## 鞨鼓
「日本民俗大辞典 上」吉川弘文館 1999
◇p368〔白黒〕 東京芸術大学美術館提供

## 合唱
「写真でみる日本人の生活全集 10」日本図書センター 2010
◇口絵〔白黒〕(農村で働く若い女性たちが, 昼の休みに集って, 合唱をしている処)
◇p38〔白黒〕(職場女性の合唱) 都市で見られる風景 ㈹宮下学明

## 金丸座
「日本民俗写真大系 4」日本図書センター 1999
◇p111〔白黒〕 香川県琴平町 ㈹薗部澄, 1955年

## 鉦
「日本民具の造形」淡交社 2004
◇p161〔白黒〕 長崎県 東彼杵町歴史民俗資料館所蔵

## 紙芝居
「日本の民俗 暮らしと生業」KADOKAWA 2014
◇図7-10〔白黒〕 徳島県徳島市 飴玉を配る紙芝居に子供の客を取られてしまう人形遣い ㈹芳賀日出男, 昭和37年

「写真でみる日本人の生活全集 7」日本図書センター 2010
◇p72〔白黒〕 宇都宮市の町角 ㈹大島昭

「図説 日本民俗学」吉川弘文館 2009
◇p138〔白黒〕 東京都江戸川区 長沢利明提供

「写真ものがたり昭和の暮らし 6」農山漁村文化協会 2006
◇p110〔白黒〕 石川県金沢市 ㈹棚池信行, 昭和30年代

「写真ものがたり昭和の暮らし 4」農山漁村文化協会 2005
◇もくじ〔p5〕〔白黒〕(団地にやってきた紙芝居) 東京都提供

「日本の民俗 下」クレオ 1997
◇図7-13〔白黒〕 徳島県徳島市 飴玉を配る紙芝居に子供の客を取られてしまう人形遣い ㈹芳賀日出男, 昭和37年

「写真でみる日本生活図引 3」弘文堂 1988
◇図61〔白黒〕 秋田県湯沢市山田 ㈹佐藤久太郎, 昭和36年9月

## 観劇する主婦
「写真でみる日本人の生活全集 10」日本図書センター 2010
◇p30〔白黒〕(主婦のいこい) 観劇に楽しむ

## 管弦
「日本を知る事典」社会思想社 1971
◇図24 (p624)〔白黒〕 国立劇場

## 勧進のだらく
「写真でみる日本人の生活全集 7」日本図書センター 2010
◇p162〔白黒〕 はり紙 (「都会に付き勧進御断り」) でことわられるに至っては芸能のはじである

## 柝
「祭・芸能・行事大辞典 上」朝倉書店 2009
◇p492〔白黒〕 ㈱宮本卯之助商店

## 木貝
「日本民俗大辞典 下」吉川弘文館 2000
◇p793〔白黒〕 秋田県角館 法螺貝のかわりに使われる ㈹青木信二 日本民具博物館所蔵

## ギターをつま弾く若者
「写真ものがたり昭和の暮らし 10」農山漁村文化協会 2007
◇p135〔白黒〕(漁船の船上でギターをつま弾く若者) 宮城県気仙沼市 ㈹中嶋忠一, 昭和35年

## 義太夫三味線
「日本民俗大辞典 上」吉川弘文館 1999

芸能・音楽・興行　　　　　　　　　芸能・娯楽

　　　◇p805〔白黒〕

**清元「女車引」(藤間流)**
　「日本を知る事典」社会思想社　1971
　　　◇図56(p655)〔白黒〕

**磬**
　「祭・芸能・行事大辞典 上」朝倉書店　2009
　　　◇p583〔白黒〕　国立歴史民俗博物館

**芸妓の手踊りと、それを見る人**
　「写真ものがたり昭和の暮らし 6」農山漁村文化協会　2006
　　　◇p117〔白黒〕　長野県會地村駒場（現阿智村）　「えびす講」の日　㊟熊谷元一、昭和11年

**芸者**
　「写真でみる日本人の生活全集 10」日本図書センター　2010
　　　◇p65〔白黒〕　㊟沖野行雄
　「写真ものがたり昭和の暮らし 10」農山漁村文化協会　2007
　　　◇p146〔白黒〕　長野県曾地村駒場（現阿智村）　㊟熊谷元一、昭和12年

**芸者を呼んで宴会**
　「写真ものがたり昭和の暮らし 10」農山漁村文化協会　2007
　　　◇p147〔白黒〕　長野県曾地村駒場（現阿智村）　㊟熊谷元一、昭和12年

**磬子(鏧)**
　「祭・芸能・行事大辞典 下」朝倉書店　2009
　　　◇p1547〔白黒〕　国立歴史民俗博物館

**劇場の入口**
　「写真ものがたり昭和の暮らし 10」農山漁村文化協会　2007
　　　◇p183〔白黒〕　秋田県山内村（現横手市）　映画を上映する劇場なのか芝居小屋なのか　㊟佐藤久太郎、昭和30年代

**月琴**
　「日本民具の造形」淡交社　2004
　　　◇p72〔白黒〕　滋賀県 近江商人郷土館所蔵

**月琴を手にして法界節をうたう女**
　「図説 日本民俗学全集 2」高橋書店　1971
　　　◇図376〔白黒〕
　「図説 日本民俗学全集 5」あかね書房　1960
　　　◇図112〔白黒〕

**講談速記本『怪談牡丹燈籠』**
　「日本を知る事典」社会思想社　1971
　　　◇図68(p667)〔白黒〕　明治時代

**瞽女**
　「祭・芸能・行事大辞典 上」朝倉書店　2009
　　　◇p655〔白黒〕（瞽女 長岡瞽女の門付け）　㊟鈴木昭英
　「写真ものがたり昭和の暮らし 10」農山漁村文化協会　2007
　　　◇p186〔白黒〕　新潟県湯之谷村栃尾又（現魚沼市）　土間のあがりかまちに腰をおろし、茶を馳走になる　㊟鈴木昭英、昭和45年7月
　　　◇p186〔白黒〕（門付をする瞽女）　新潟県湯之谷村大湯（現魚沼市）　㊟鈴木昭英、昭和45年7月
　　　◇p187〔白黒〕　新潟県湯之谷村栃尾又（現魚沼市）　先導役に連なって、つぎの集落へ向かう　㊟鈴木昭英、昭和45年7月
　「精選 日本民俗辞典」吉川弘文館　2006
　　　◇p197〔白黒〕（門付けをする長岡瞽女）　新潟県湯之谷村（魚沼市）
　「写真でみる民家大事典」柏書房　2005
　　　◇p169-1〔白黒〕（門付けをして歩く瞽女と案内人）　新潟県塩沢町　㊟1960年頃　林明男
　「日本社会民俗辞典 1」日本図書センター　2004
　　　◇p421〔白黒〕（ゴゼ）　新潟県高田市
　「日本民俗大辞典 上」吉川弘文館　1999
　　　◇p626〔白黒〕（門付けをする長岡瞽女）　新潟県北魚沼郡湯之谷村
　「日本の伝統芸能」錦正社　1990
　　　◇図206〔白黒〕（高田瞽女）　新潟県高田市本町　㊟霜鳥一三
　「写真でみる日本生活図引 5」弘文堂　1989
　　　◇図58〔白黒〕（茶）　新潟県北魚沼郡湯之谷村栃尾又　瞽女の一行が、玄関で茶を馳走になる　㊟鈴木昭英、昭和45年7月18日
　「写真でみる日本生活図引 3」弘文堂　1988
　　　◇図64〔白黒〕　新潟県北魚沼郡湯谷栃尾又付近　㊟鈴木昭英、昭和45年7月18日
　　　◇図65〔白黒〕　新潟県北魚沼郡湯之谷村大湯　㊟鈴木昭英、昭和45年7月18日
　「日本写真全集 9」小学館　1987
　　　◇図109〔白黒〕（雁木下をゆく瞽女）　新潟県高田　㊟濱谷浩、昭和31年
　　　◇図125〔白黒〕　新潟県出雲崎町川西　㊟橋本照嵩、昭和47年　『瞽女』（昭和49年刊）
　　　◇図126〔白黒〕　新潟県小千谷市時水　㊟橋本照嵩、昭和47年　『瞽女』（昭和49年刊）
　「わたしのアルバム 伝統芸能の系譜 付依代考」錦正社　1986
　　　◇図415〔白黒〕（高田瞽女〈杉本キクイ一行〉）　新潟県高田市本町　㊟霜鳥一三
　「日本の民俗芸能」家の光協会　1979
　　　◇図26〔カラー〕　国立劇場公演　㊟林嘉吉
　「日本を知る事典」社会思想社　1971
　　　◇図55(p812)〔白黒〕　新潟県高田市　『民俗芸能』より
　「図説 日本民俗学全集 2」高橋書店　1971
　　　◇図375〔白黒〕（流しのごぜ）　㊟丸木
　「図説 日本民俗学全集 5」あかね書房　1960
　　　◇図111〔白黒〕（流しのごぜ）　㊟丸木

**瞽女歌**
　「日本民俗芸能事典」第一法規出版　1976
　　　◇p318〔白黒〕　新潟県上越市高田東本町

**小鼓**
　「日本民俗大辞典 下」吉川弘文館　2000
　　　◇p134〔白黒〕

**琴**
　「日本民具の造形」淡交社　2004
　　　◇p161〔白黒〕　山口県 柳井民俗資料館所蔵

**高麗笛**
　「祭・芸能・行事大辞典 上」朝倉書店　2009
　　　◇p679〔白黒〕　国立歴史民俗博物館

**虚無僧**
　「宮本常一 写真・日記集成 下」毎日新聞社　2005
　　　◇p44〔白黒〕　京都　㊟宮本常一、1965年9月23日
　「日本民俗事典」弘文堂　1972
　　　◇p266〔白黒〕　㊟萩原秀三郎

**サーカス**
　「写真ものがたり昭和の暮らし 10」農山漁村文化協会　2007
　　　◇p153〔白黒〕　撮影地不明　空中ブランコ　㊟平成6年　提供・木下サーカス株式会社
　　　◇p154〔白黒〕　撮影地不明　象が台に乗る芸　㊟昭和30年代　提供・木下サーカス株式会社
　　　◇p155〔白黒〕　撮影地不明　「藤娘」と綱渡り　㊟昭和30年代　提供・木下サーカス株式会社

サーカス小屋の開場を待つお婆さんたち
「写真ものがたり昭和の暮らし 10」農山漁村文化協会 2007
◇p152〔白黒〕　秋田県能代市上町　㊞南利夫, 昭和30年

サーカスの象に近寄る子どもたち
「写真ものがたり昭和の暮らし 10」農山漁村文化協会 2007
◇p94〔白黒〕　秋田県能代市上町　㊞南利夫, 昭和30年

ささら
「仏教民俗辞典 コンパクト版」新人物往来社 1993
◇p142〔白黒〕

薩摩琵琶
「祭・芸能・行事大辞典 上」朝倉書店 2009
◇p741〔白黒〕　普門義則蔵 De Ferranti, Hugh: Japanese Musical Instruments, Oxford University Press, 2000

サノサ節
「図説 日本民俗学全集 2」高橋書店 1971
◇図380〔白黒〕　サノサ節をうたう門付女の姿
「図説 日本民俗学全集 5」あかね書房 1960
◇図116〔白黒〕　サノサ節をうたう門付女の姿

猿まわし
「写真でみる日本人の生活全集 4」日本図書センター 2010
◇p72〔白黒〕(猿廻し)
「日本民俗大辞典 上」吉川弘文館 1999
◇p715〔白黒〕

猿まわしの興行
「あるくみるきく双書 宮本常一とあるいた昭和の日本 22」農山漁村文化協会 2012
◇p11〔白黒〕　山口県防府市富海 国津姫神社　㊞小林淳, 昭和53年10月15日
◇p32・33〔白黒〕　山口県美祢市 上領八幡宮　魚売り, 輪ぬけ　㊞小林淳, 昭和53年9月15日

猿まわしの猿の仕込み
「あるくみるきく双書 宮本常一とあるいた昭和の日本 22」農山漁村文化協会 2012
◇p15〜45〔白黒〕　山口県光市浅江 高州　周防猿まわしの会　㊞小林淳, 昭和53年

猿まわしの練習
「写真ものがたり昭和の暮らし 10」農山漁村文化協会 2007
◇p193〔白黒〕　京都府京都市の神社　㊞黒川翠山, 大正時代　提供・京都府立総合資料館

サンシン
「日本民俗大辞典 上」吉川弘文館 1999
◇p727〔白黒〕　沖縄県　沖縄県立博物館所蔵
◇p805〔白黒〕　沖縄県

三線
「祭・芸能・行事大辞典 上」朝倉書店 2009
◇口絵〔p66〕〔カラー〕　国立歴史民俗博物館

三線（平行知念型）
「祭・芸能・行事大辞典 上」朝倉書店 2009
◇p765〔白黒〕　沖縄・奄美　国立歴史民俗博物館

三板
「祭・芸能・行事大辞典 上」朝倉書店 2009
◇p770〔白黒〕　沖縄　国立歴史民俗博物館

地歌三味線
「日本民俗大辞典 上」吉川弘文館 1999
◇p805〔白黒〕

地狂言の舞台
「日本社会民俗辞典 2」日本図書センター 2004
◇p532〔白黒〕　長野県松川村大和田神社

七絃琴
「祭・芸能・行事大辞典 上」朝倉書店 2009
◇p1010〔白黒〕　国立歴史民俗博物館

篠笛
「祭・芸能・行事大辞典 上」朝倉書店 2009
◇p813〔白黒〕　国立歴史民俗博物館

芝居小屋
「民俗資料叢書 2 志摩の年齢階梯制」平凡社 1965
◇図51〔白黒〕　船越神社境内

締太鼓
「祭・芸能・行事大辞典 上」朝倉書店 2009
◇p822〔白黒〕　（株）宮本卯之助商店提供

笏
「祭・芸能・行事大辞典 上」朝倉書店 2009
◇p830〔白黒〕　国立歴史民俗博物館

尺八
「日本民具の造形」淡交社 2004
◇p161〔白黒〕　愛知県 樫ノ木文化資料館所蔵
「日本民俗大辞典 上」吉川弘文館 1999
◇p803〔白黒〕

三味線
「祭・芸能・行事大辞典 上」朝倉書店 2009
◇口絵〔p66〕〔カラー〕　国立歴史民俗博物館
◇p838〔白黒〕　国立歴史民俗博物館
「日本民具の造形」淡交社 2004
◇p161〔白黒〕　福島県 大信村ふるさと文化伝承館所蔵
「日本民俗大辞典 上」吉川弘文館 1999
◇p805〔白黒〕　三味線の演奏

三味線を持って
「写真ものがたり昭和の暮らし 4」農村漁村文化協会 2005
◇p45〔白黒〕(パナマ帽をかぶり、こうもり傘の柄を杖にした目の不自由な男の芸人)　秋田県横手市　㊞佐藤久太郎, 昭和36年5月
「写真でみる日本生活図引 3」弘文堂 1988
◇図66〔白黒〕　秋田県横手市　盲目の人 語り物を語ったといわれる　㊞佐藤久太郎, 昭和36年5月

三味線各部の名称
「日本を知る事典」社会思想社 1971
◇図49(p644)〔白黒・図〕

三味線の上調子
「日本を知る事典」社会思想社 1971
◇図51(p645)〔白黒・図〕

三味線の調子
「日本を知る事典」社会思想社 1971
◇図50(p645)〔白黒・図〕

出演前のバレリーナ
「写真でみる日本人の生活全集 6」日本図書センター 2010
◇p65〔白黒〕　㊞図司義夫

笙
「祭・芸能・行事大辞典 上」朝倉書店 2009
◇p880〔白黒〕　国立歴史民俗博物館

少女歌劇の前売り開始を待つ若い人たちの行列
「写真でみる日本人の生活全集 6」日本図書センター 2010
◇p69〔白黒〕　東京　四月末の早朝　㊞石原砂雄

小豆島の舞台（背面）
「日本の生活文化財」第一法規出版 1965
◇図14(住)〔白黒〕　日本民家集落博物館所蔵（大阪府豊中市）

**女優部屋**
「写真でみる日本人の生活全集 10」日本図書センター 2010
◇p25〔白黒〕 東京日活撮影所

**新劇**
「日本社会民俗辞典 1」日本図書センター 2004
◇p97〔白黒〕 築地小劇場 三人姉妹 [撮]大正14年 演劇博物館蔵

**シンバル**
「日本民具の造形」淡交社 2004
◇p73〔白黒〕 千葉県 長南町郷土資料館所蔵

**周防猿回しの会**
「祭・芸能・行事大事典 下」朝倉書店 2009
◇p1604〔白黒〕 村崎修二氏 [撮]中村茂子

**周防猿回しの会による猿回しの復活**
「宮本常一 写真・日記集成 下」毎日新聞社 2005
◇p429〔白黒〕 山口県光市 五月三郎さん, 猿はツネキチか？ , 村崎義正さん [撮]宮本常一, 1978年6月19日

**鉦**
「祭・芸能・行事大辞典 上」朝倉書店 2009
◇p960〔白黒〕 （株）宮本卯之助商店
「日本民具の造形」淡交社 2004
◇p198〔白黒〕 千葉県 黒汐資料館所蔵
◇p198〔白黒〕 千葉県 長南町郷土資料館

**摺り鉦（当り鉦）**
「祭・芸能・行事大辞典 上」朝倉書店 2009
◇p969〔白黒〕 国立歴史民俗博物館

**戦後の流行歌手**
「図説 日本民俗学全集 2」高橋書店 1971
◇図398〔白黒〕 昭和24年 左端は近江俊郎
「図説 日本民俗学全集 5」あかね書房 1960
◇図134〔白黒〕 昭和24年 左端は近江俊郎

**宣伝のために町をまわる旅芝居一座**
「写真ものがたり昭和の暮らし 10」農山漁村文化協会 2007
◇p183〔白黒〕 石川県金沢市 [撮]棚池信行, 昭和30年代

**箏（生田流）**
「祭・芸能・行事大辞典 上」朝倉書店 2009
◇p1010〔白黒〕 国立歴史民俗博物館

**双盤**
「祭・芸能・行事大辞典 上」朝倉書店 2009
◇p1020〔白黒〕 （株）宮本卯之助商店

**太鼓**
「日本民具の造形」淡交社 2004
◇p161〔白黒〕 埼玉県 荒川村歴史民俗資料館所蔵

**太鼓のいろいろ**
「図説 民俗探訪事典」山川出版社 1983
◇p432〔白黒・図〕 大太鼓, 宮太鼓（釣太鼓）, しめ太鼓, 鼓

**大正琴**
「日本民俗大辞典 下」吉川弘文館 2000
◇p12〔白黒〕 宮崎まゆみ所蔵, 東京書籍提供

**大道芸**
「祭・芸能・行事大事典 下」朝倉書店 2009
◇p1054〔白黒〕 みなとみらいat！.演者はkaja
「日本民俗大辞典 下」吉川弘文館 2000
◇p15〔白黒〕（パリでの日本人による大道芸） [撮]西海賢二

**宝塚少女歌劇のフラダンス**
「写真でみる日本人の生活全集 7」日本図書センター 2010
◇口絵〔白黒〕

**旅芸人**
「図説 日本民俗学」吉川弘文館 2009
◇p175〔白黒〕 福島県須賀川市 時期を決めて門付けして歩く芸人

**筑前琵琶**
「祭・芸能・行事大事典 下」朝倉書店 2009
◇p1121〔白黒〕 橘旭翁（初世） 大坪草二郎『筑前琵琶物語』（葦真文社）

**チャルメラ**
「祭・芸能・行事大事典 下」朝倉書店 2009
◇p1132〔白黒〕 茂手木潔子提供

**哨吶**
「日本民俗大辞典 下」吉川弘文館 2000
◇p96〔白黒〕 [撮]竹内敏信

**長胴鉄留め大太鼓**
「祭・芸能・行事大事典 下」朝倉書店 2009
◇p1042〔白黒〕 国立歴史民俗博物館

**町内の人が演じる芝居**
「写真ものがたり昭和の暮らし 6」農山漁村文化協会 2006
◇p116〔白黒〕 秋田県湯沢市 [撮]加賀谷政雄, 昭和30年代

**辻講釈**
「日本を知る事典」社会思想社 1971
◇図67（p666）〔白黒〕（仁王門完成記念特別公演、浅草の辻講釈（神田光庸—現伯治—演）） 昭和39年

**鼓（つつみ）**
「日本民具の造形」淡交社 2004
◇p198〔白黒〕 神奈川県 小田原市郷土文化館所蔵

**出かける準備（人形まわし）**
「日本の民俗 暮らしと生業」KADOKAWA 2014
◇図7-7〔白黒〕（出かける準備） 徳島県三好郡一円 9月 9月に入り暑気がやわらいでくると人形まわしは田舎の祭りや縁日へ出かける準備をする [撮]芳賀日出男, 昭和36～7年
「日本の民俗 下」クレオ 1997
◇図7-9〔白黒〕（出かける準備） 徳島県三好郡一円 9月 9月に入り暑気がやわらいでくると人形まわしは田舎の祭りや縁日へ出かける準備をする [撮]芳賀日出男, 昭和36～7年

**湯治客の芸**
「写真ものがたり昭和の暮らし 10」農山漁村文化協会 2007
◇p129〔白黒〕 秋田県大曲市内小友（現大仙市） 土用丑の日の湯治宿 [撮]大野源二郎, 昭和29年

**湯治客の前で演奏する芸人**
「写真ものがたり昭和の暮らし 10」農山漁村文化協会 2007
◇p130～131〔白黒〕 秋田県山本町（現三種町） 森岳温泉 [撮]南利夫, 昭和31年

**銅拍子**
「日本民俗大辞典 下」吉川弘文館 2000
◇p190〔白黒〕 [撮]青木信二

**銅拍子（シンバル）**
「フォークロアの眼 5 獅子の平野」国書刊行会 1977
◇図177〔白黒〕 埼玉県大宮市中釘 [撮]昭和48年7月15日

**常盤津「積恋雪関扉」（東をどりより）**
「日本を知る事典」社会思想社 1971
◇図55（p654）〔白黒〕

**トコトンヤレ節を歌うジンタ**
「図説 日本民俗学全集 2」高橋書店 1971
◇図366〔白黒・図〕 「風説著聞集」
「図説 日本民俗学全集 5」あかね書房 1960
◇図102〔白黒・図〕 「風説著聞集」

**銅羅**
「日本民俗大辞典 下」吉川弘文館 2000
◇p230〔白黒〕 [撮]青木信二 国立劇場所蔵

**トンコリ**
「祭・芸能・行事大事典 下」朝倉書店 2009
◇p1266〔白黒〕 樺太アイヌ 国立歴史民俗博物館
「日本民俗大辞典 下」吉川弘文館 2000
◇p238〔白黒・図〕 『蝦夷人弾琴図』より, 函館市立函館図書館所蔵

**トンコリの演奏**
「精選 日本民俗辞典」吉川弘文館 2006
◇p4〔白黒〕 サハリン地方
「日本民俗大辞典 上」吉川弘文館 1999
◇p5〔白黒〕 サハリン地方

**長唄**
「写真でみる日本人の生活全集 10」日本図書センター 2010
◇p114〔白黒〕

**長唄「娘道成寺」(吾妻徳穂)**
「日本を知る事典」社会思想社 1971
◇図57(p657)〔白黒〕

**錦琵琶(水藤錦穣)**
「祭・芸能・行事大事典 下」朝倉書店 2009
◇p1314〔白黒〕 増子穂稜『都錦穂 琵琶一筋』(錦穂会 1999)

**日本舞踊**
「写真でみる日本人の生活全集 10」日本図書センター 2010
◇p113〔白黒〕

**人形浄瑠璃**
「写真でみる日本生活図引 5」弘文堂 1989
◇図14〔白黒〕 兵庫県明石市・王西座 明石の王西座における淡路源之丞の太功記の公演 [撮]撮影年不明 竹中茂提供

**人形の娘役**
「日本の民俗 暮らしと生業」KADOKAWA 2014
◇図7-8〔白黒〕 徳島県三好郡一円 人形まわし [撮]芳賀日出男, 昭和36～7年
「日本の民俗 下」クレオ 1997
◇図7-11〔白黒〕 徳島県三好郡一円 人形まわし [撮]芳賀日出男, 昭和36～7年

**人間ポンプの「金魚釣り」**
「写真ものがたり昭和の暮らし 10」農山漁村文化協会 2007
◇p158〔白黒〕 撮影地不明 [撮]鵜飼正樹, 平成初年代
◇p158〔白黒・図〕(金魚釣り) 〔人間ポンプ〕 鵜飼正樹著『見世物稼業』掲載写真より 模写・中嶋俊枝

**寝小屋と呼ぶテントに安田興行社の一同がそろい夕食をとる**
「写真ものがたり昭和の暮らし 10」農山漁村文化協会 2007
◇p159〔白黒〕 撮影地不明 [撮]昭和30年代 所蔵・鵜飼正樹 提供・安田興行社

**農村歌舞伎舞台**
「宮本常一 写真・日記集成 下」毎日新聞社 2005
◇p69〔白黒〕(上三原田の農村歌舞伎舞台) 群馬県勢多郡赤城村 上三原田 [撮]宮本常一, 1966年4月17日

**覗機関**
「日本民俗大辞典 下」吉川弘文館 2000
◇p327〔白黒〕 満洲の覗機関〔大道の見世物〕

**のぞき眼鏡**
「日本の民具 1 町」慶友社 1992
◇図134〔白黒〕 [撮]薗部澄
◇図136〔白黒〕(軽便のぞき眼鏡) [撮]薗部澄

**鈑**
「祭・芸能・行事大事典 下」朝倉書店 2009
◇p1547〔白黒〕 国立歴史民俗博物館

**花見の席に呼ばれた舞子(若い芸者)**
「写真ものがたり昭和の暮らし 10」農山漁村文化協会 2007
◇p147〔白黒〕 青森県弘前市 [撮]南利夫, 昭和31年

**パーランクー**
「祭・芸能・行事大事典 下」朝倉書店 2009
◇p1453〔白黒〕 沖縄 国立歴史民俗博物館

**バレエレッスンをする少女たち**
「写真でみる日本人の生活全集 10」日本図書センター 2010
◇p50〔白黒〕 [撮]田淵宏有

**バレリーナ**
「写真でみる日本人の生活全集 10」日本図書センター 2010
◇p101〔白黒〕 〔外を歩いているところ〕 [撮]西郷吉郎

**美人パレードに集まる人びと**
「写真でみる日本人の生活全集 10」日本図書センター 2010
◇p3〔白黒〕 [撮]白木修

**篳篥**
「祭・芸能・行事大事典 下」朝倉書店 2009
◇p1481〔白黒〕 国立歴史民俗博物館

**一ツ鉦**
「祭・芸能・行事大事典 下」朝倉書店 2009
◇p1539〔白黒〕 (株)宮本卯之助商店

**美の祭典**
「写真でみる日本人の生活全集 10」日本図書センター 2010
◇p2〔白黒〕 ミス日本の代表をきめる地方大会 [撮]中村福太郎

**火吹き**
「写真ものがたり昭和の暮らし 10」農山漁村文化協会 2007
◇p158〔白黒〕 撮影地不明 [撮]鵜飼正樹, 平成初年代

**琵琶**
「宮本常一 写真・日記集成 別巻」毎日新聞社 2005
◇図308(p51)〔白黒〕(浅利氏の琵琶) 秋田県・秋田・東館[北秋田郡比内町] [撮]宮本常一, 1941年7月
◇図312(p51)〔白黒〕(浅利氏の琵琶) 秋田県・秋田・東館[北秋田郡比内町] [撮]宮本常一, 1941年7月
「日本民具の造形」淡交社 2004
◇p161〔白黒〕 福岡県 求菩提資料館所蔵

**琵琶楽**
「祭・芸能・行事大事典 下」朝倉書店 2009
◇p1515〔白黒・図〕 日本の琵琶4種 鷹田治子作図

**笛**
「日本民具の造形」淡交社 2004
◇p198〔白黒〕(笛・水桶) 岐阜県 川島まつり資料館所蔵 祭り山車巡行の出発まで、笛を桶に入れた水に漬けて準備する

芸能・音楽・興行　　　　　　　　　芸能・娯楽

笛のいろいろ
「図説 民俗探訪事典」山川出版社　1983
　　◇p432〔白黒・図〕　尺八, 笙, 篳篥, 神楽笛, 高麗笛, 竜笛, 篠笛
武州人形（操り人形芝居）
「日本郷土 風俗・民芸・芸能図鑑」日本図書センター　2012
　　◇写真篇 埼玉〔白黒〕(武州人形)　埼玉県 秩父　白久串人形（四人操り）, 横瀬人形
伏鉦と桴
「日本民俗大辞典 上」吉川弘文館　1999
　　◇p379〔白黒〕　東京芸術大学美術館提供
舞踊劇のけい古場
「写真でみる日本人の生活全集 7」日本図書センター　2010
　　◇p157〔白黒〕　たべながらだめをだす　毎日グラフ提供
フリークを模した見世物
「日本民俗宗教辞典」東京堂出版　1998
　　◇p497〔白黒〕　西宮戎神社の十日戎にて　㊞斎藤純
プロレス
「写真でみる日本人の生活全集 7」日本図書センター　2010
　　◇p16〔白黒〕　力道山対カルネラ
プロレスのファン
「写真でみる日本人の生活全集 7」日本図書センター　2010
　　◇p155〔白黒〕(ファン)　故スタルヒンがとりかこまれている所, プロレスの審判に不満で興奮してつめよる
舞妓
「日本郷土 風俗・民芸・芸能図鑑」日本図書センター　2012
　　◇写真篇 京都〔白黒〕　京都府
「写真でみる日本人の生活全集 10」日本図書センター　2010
　　◇p102〔白黒〕(舞子はん)　京都　㊞臼井喜之介
舞妓と師匠
「写真でみる日本人の生活全集 4」日本図書センター　2010
　　◇p126〔白黒〕　はじめてお客の前で舞う日　舞妓の師匠がきつけを指導する
水芸
「写真でみる日本人の生活全集 7」日本図書センター　2010
　　◇p125〔白黒〕　中村歌右衛門の新派参加の折の滝の白糸
ミスコンテスト
「写真でみる日本人の生活全集 6」日本図書センター　2010
　　◇p64〔白黒〕　ミス東芝　㊞堀川繁利
見世物　鬼子のミイラ
「日本民俗大辞典 下」吉川弘文館　2000
　　◇p608〔白黒〕　大分県下毛郡耶馬渓町 羅漢寺
見世物小屋の絵看板
「日本民俗大辞典 下」吉川弘文館　2000
　　◇p608〔白黒〕　㊞蔦秀明
見世物小屋
「写真ものがたり昭和の暮らし 10」農山漁村文化協会　2007
　　◇p157〔白黒〕　撮影地不明　㊞昭和30年代　所蔵・鵜飼正樹 提供・安田興行社
見世物小屋の呼びこみ
「写真ものがたり昭和の暮らし 10」農山漁村文化協会　2007
　　◇p156〔白黒〕　撮影地不明　安田興行社の初代社長　㊞昭和30年代　所蔵・鵜飼正樹 提供・安田興行社
都風流トコトンヤレ節
「図説 日本民俗学全集 2」高橋書店　1971
　　◇図367〔白黒・図〕　明治元年板の錦絵風の一枚刷

「図説 日本民俗学全集 5」あかね書房　1960
　　◇図103〔白黒・図〕　明治元年板の錦絵風の一枚刷
ムックリ
「祭・芸能・行事大事典 下」朝倉書店　2009
　　◇p1735〔白黒〕　国立歴史民俗博物館
「日本民俗大辞典 下」吉川弘文館　2000
　　◇p669〔白黒〕　アイヌ民族博物館所蔵
ムックリを披露する
「日本民俗写真大系 1」日本図書センター　1999
　　◇p60〔白黒〕(釧路のリムセ保存会の人が, 民族衣装でムックリを披露する)　北海道釧路市　アイヌ　㊞渡辺良正, 1968年
むらさき節
「図説 日本民俗学全集 2」高橋書店　1971
　　◇図381〔白黒〕　明治44年　明治風俗展覧会流行唄掛図, 歌とその絵
「図説 日本民俗学全集 5」あかね書房　1960
　　◇図117〔白黒〕　明治44年　明治風俗展覧会流行唄掛図, 歌とその絵
村芝居
「写真でみる日本生活図引 5」弘文堂　1989
　　◇図16・17〔白黒〕　新潟県南魚沼郡塩沢町姥島　㊞中俣正義, 昭和31年4月
盲僧
「祭・芸能・行事大事典 下」朝倉書店　2009
　　◇p1749〔白黒〕　㊞西岡陽子
盲僧琵琶
「祭・芸能・行事大事典 下」朝倉書店　2009
　　◇p1751〔白黒〕　妙音十二楽（薩摩盲僧）『妙音十二楽保存会会報』(吹上町教育委員会 2003)
「日本の民俗芸能」家の光協会　1979
　　◇図25〔カラー〕　国立劇場公演　㊞林嘉吉
「日本民俗芸能事典」第一法規出版　1976
　　◇p900〔白黒〕　大分県東国東郡武蔵町
木鉦
「祭・芸能・行事大事典 下」朝倉書店　2009
　　◇p1547〔白黒〕　国立歴史民俗博物館
籾摺歌
「図説 日本民俗学全集 2」高橋書店　1971
　　◇図329〔白黒・図〕　明治6年文部省板画
「図説 日本民俗学全集 5」あかね書房　1960
　　◇図65〔白黒・図〕　明治6年文部省板画
安来節
「写真でみる日本人の生活全集 6」日本図書センター　2010
　　◇p97〔白黒〕　㊞杉本太朗
安来節をうたう女流民謡家
「写真でみる日本人の生活全集 10」日本図書センター　2010
　　◇p121〔白黒〕　東京都 浅草
四つ竹
「祭・芸能・行事大事典 下」朝倉書店　2009
　　◇p1841〔白黒〕　国立歴史民俗博物館
喇叭
「日本民俗大辞典 下」吉川弘文館　2000
　　◇p793〔白黒〕　豆腐屋の喇叭　㊞青木信二　日本民具博物館所蔵
竜笛
「祭・芸能・行事大事典 下」朝倉書店　2009
　　◇p1867〔白黒〕(竜笛（龍笛）)　国立歴史民俗博物館
「日本民俗大辞典 下」吉川弘文館　2000
　　◇p458〔白黒〕　東京芸術大学美術館所蔵

芸能・娯楽　　　　　　　　　　　　　　　　　スポーツ・競技

浪曲レコード
　「日本を知る事典」社会思想社　1971
　　◇図69（p668）〔白黒〕　㊌昭和36年
老人クラブで歌い踊る
　「民俗学事典」丸善出版　2014
　　◇p125〔白黒〕（唐牛地区老人クラブで歌い踊る）　青森県大鰐町唐牛　㊌2007年5月

鹿鳴館時代の「岩間清水の合奏」
　「図説 日本民俗学全集 2」高橋書店　1971
　　◇図372〔白黒・図〕　歌川周延筆・三枚つづき錦絵
　「図説 日本民俗学全集 5」あかね書房　1960
　　◇図108〔白黒・図〕　歌川周延筆・三枚つづき錦絵
和琴
　「祭・芸能・行事大事典 下」朝倉書店　2009
　　◇p1895〔白黒〕　国立歴史民俗博物館

# スポーツ・競技

応援団
　「写真でみる日本人の生活全集 7」日本図書センター　2010
　　◇口絵〔白黒〕　都市対抗野球の試合。日石の笠の絵模様
大相撲
　「祭・芸能・行事大辞典 上」朝倉書店　2009
　　◇口絵〔p76〕〔カラー〕　日本相撲協会
　　◇p263〔白黒〕　日本相撲協会
大相撲本場所（夏場所）
　「写真ものがたり昭和の暮らし 4」農村漁村文化協会　2005
　　◇p18〔白黒〕　東京都墨田区両国　傷痍軍人や女学生らを特別招待して開催した非公開の興行　㊌菊池俊吉、昭和20年6月（戦時中最後の本場所）
　「写真でみる日本生活図引 7」弘文堂　1993
　　◇図74〔白黒〕（夏場所）　東京都墨田区両国 両国国技館　㊌菊池俊吉、昭和20年6月9日
勝って泣く（相撲）
　「写真でみる日本人の生活全集 7」日本図書センター　2010
　　◇p151〔白黒〕（勝って泣く）　相撲
観客席の皇族
　「写真でみる日本人の生活全集 7」日本図書センター　2010
　　◇p11〔白黒〕　戦後
競漕（ソリコブネ）
　「写真ものがたり昭和の暮らし 3」農山漁村文化協会　2004
　　◇p49〔白黒〕（ソリコ舟による競漕）　島根県松江市・大橋川端　㊌石塚尊俊、昭和21年ごろ
　「写真でみる日本生活図引 5」弘文堂　1989
　　◇図9〔白黒〕（競漕）　島根県松江市・大橋川　ソリコブネの競漕　㊌石塚尊俊、昭和21年頃
近代陸上競技
　「日本社会民俗辞典 1」日本図書センター　2004
　　◇p254〔白黒〕　国民体育大会
草野球
　「写真ものがたり昭和の暮らし 10」農山漁村文化協会　2007
　　◇p134〔白黒〕（出漁前の漁師たちの草野球）　岩手県大船渡市　㊌中嶋忠一、昭和43年
競馬
　「写真ものがたり昭和の暮らし 10」農山漁村文化協会　2007
　　◇p164〔白黒〕　長野県諏訪市清水町　馬券売場で順番を待つ　㊌宮坂増雄、昭和31年4月
　　◇p164〔白黒〕　長野県諏訪市清水町　疾走する馬を見つめる　㊌宮坂増雄、昭和31年4月
　　◇p165〔白黒〕　長野県諏訪市清水町　草競馬場　㊌宮坂増雄、昭和31年4月

競馬の観客
　「写真でみる日本人の生活全集 7」日本図書センター　2010
　　◇p12〔白黒〕
下駄スケートをする
　「写真ものがたり昭和の暮らし 10」農山漁村文化協会　2007
　　◇p150・151〔白黒〕（下駄スケート）　長野県富士見町鳥帽子　㊌武藤盈、昭和33年1月
高校野球
　「祭・芸能・行事大辞典 上」朝倉書店　2009
　　◇口絵〔p76〕〔カラー〕　毎日新聞社
国立競技場・オリンピック前年祭
　「宮本常一 写真・日記集成 上」毎日新聞社　2005
　　◇p404〔白黒〕　東京都　㊌宮本常一、1963年11月2日
ゴルフ
　「写真ものがたり昭和の暮らし 10」農山漁村文化協会　2007
　　◇p149〔白黒〕　長野県浪合村（現阿智村）　㊌熊谷元一、昭和48年
ゴルフ練習場
　「写真ものがたり昭和の暮らし 4」農村漁村文化協会　2005
　　◇p231〔白黒〕（三階建てのゴルフ練習場）　東京都　㊌昭和38年4月　共同通信社提供
Jリーグ開幕
　「祭・芸能・行事大辞典 上」朝倉書店　2009
　　◇口絵〔p76〕, p781〔写真・カラー/白黒〕　読売新聞社
シマ（沖縄相撲）
　「日本民俗大辞典 上」吉川弘文館　1999
　　◇図28〔別刷図版「沖縄文化」〕〔カラー〕　沖縄県宮古郡下地町　㊌大城弘明、1998年
柔道（嘉納師範と三船十段）
　「日本社会民俗辞典 3」日本図書センター　2004
　　◇p1262〔白黒〕
場外馬券を買う人々
　「日本社会民俗辞典 1」日本図書センター　2004
　　◇p329〔白黒〕　新橋駅前
水泳
　「写真でみる日本人の生活全集 10」日本図書センター　2010
　　◇口絵, p115〔白黒〕
スキー板
　「日本民俗大辞典 下」吉川弘文館　2000

民俗風俗 図版レファレンス事典（衣食住・生活篇）　**781**

スポーツ・競技　　　　　　　　　　　　芸能・娯楽

◇p347〔白黒・図〕(スキー)　〔スキー板の図〕

### スキーリフトに乗る
「写真でみる日本人の生活全集 10」日本図書センター　2010
　◇口絵〔白黒〕(スキー)　〔リフトに乗る女性〕　㊞斉藤敢

### スケートをする
「写真でみる日本人の生活全集 10」日本図書センター　2010
　◇口絵〔白黒〕(スケート)　〔野外のリンクですべる女性〕　㊞高橋健

### 相撲を披露する子供たち
「里山・里海 暮らし図鑑」柏書房　2012
　◇写22 (p274)〔白黒〕(敬老の日に相撲を披露する子供たち)　高知県旧窪川町〔四万十町〕日野地　昭和20年代　四万十町役場提供

### 相撲茶屋
「写真でみる日本人の生活全集 7」日本図書センター　2010
　◇p58〔白黒〕　㊞大島昭

### 相撲の親方
「写真でみる日本人の生活全集 4」日本図書センター　2010
　◇p123〔白黒〕　東京

### 相撲の花道
「写真でみる日本人の生活全集 7」日本図書センター　2010
　◇p89〔白黒〕　国技館西の花道　幕内力士が土俵入りのために歩いてくるところ　㊞大島

### 相撲の稽古
「写真でみる日本人の生活全集 6」日本図書センター　2010
　◇p64〔白黒〕　㊞竹本隆

### 相撲の四股ぶみ
「写真でみる日本人の生活全集 7」日本図書センター　2010
　◇p38〔白黒〕(四股ぶみ (相撲))　㊞大島昭

### 相撲のやぐら
「写真でみる日本人の生活全集 7」日本図書センター　2010
　◇p19〔白黒〕　東京　㊞大島昭

### 相撲部屋における新弟子
「写真でみる日本人の生活全集 7」日本図書センター　2010
　◇口絵〔白黒〕

### 全日本水泳大会
「日本社会民俗辞典 2」日本図書センター　2004
　◇p757〔白黒〕　明治神宮プール　㊞昭和27年

### ソフトボール選手
「写真でみる日本人の生活全集 10」日本図書センター　2010
　◇p73〔白黒〕　㊞藤広文雄

### 体育大学の女子学生
「写真でみる日本人の生活全集 10」日本図書センター　2010
　◇p5〔白黒〕　平行棒による倒立運動, マットの上での全身運動, ヒカガミをのばしての平均運動, ハンドボールの練習

### 体操選手
「写真でみる日本人の生活全集 10」日本図書センター　2010
　◇p4〔白黒〕(試合場の体操選手)　女子運動選手　㊞峰高公直

### 闘牛
「日本郷土 風俗・民芸・芸能図鑑」日本図書センター　2012
　◇写真篇 沖縄〔白黒〕　沖縄県
「日本社会民俗辞典 1」日本図書センター　2004
　◇p111〔白黒〕　沖縄県
「日本民俗写真大系 2」日本図書センター　1999
　◇p185〔白黒〕　岩手県山形村平庭　田植えが終わり、つつじが満開になるころ　㊞田村淳一郎, 1973年
「日本民俗写真大系 4」日本図書センター　1999
　◇p188〜189〔白黒〕　宇和島市近郊　㊞原田政章, 1961年

### 東京駅前のパレードで手を振る王貞治選手
「写真ものがたり昭和の暮らし 4」農村漁村文化協会　2005
　◇p230〔白黒〕　東京都　第29回選抜高校野球優勝　㊞昭和32年4月　共同通信社提供

### 東京オリンピック
「写真ものがたり昭和の暮らし 4」農村漁村文化協会　2005
　◇p111〔白黒〕　東京都千代田区　聖火が通過する　㊞昭和39年10月　東京都提供
　◇p111〔白黒〕　東京都新宿区　開会式が行われた国立競技場に整然と入場するオーストリア選手団　㊞昭和39年10月　東京都提供

### 闘鶏
「民俗学事典」丸善出版　2014
　◇p686〔白黒〕
「日本民俗大辞典 下」吉川弘文館　2000
　◇p180〔白黒〕　鹿児島県

### 闘犬
「日本民俗大辞典 下」吉川弘文館　2000
　◇p180〔白黒〕　茨城県
「日本民俗大辞典 上」吉川弘文館　1999
　◇図24〔別刷図版「遊び」〕〔白黒〕　高知県高知市　㊞寺田正, 1958年 (昭和33)　高知市民図書館提供

### 土俵
「写真でみる日本人の生活全集 7」日本図書センター　2010
　◇p17〔白黒〕　東京蔵前 国技館　㊞大島昭

### 八丈島の牛相撲
「日本民俗写真大系 3」日本図書センター　1999
　◇p103〔白黒〕　東京都 八丈島　㊞島内英佑, 1971年

### 輓馬競争
「写真ものがたり昭和の暮らし 10」農山漁村文化協会　2007
　◇p166〔白黒〕　北海道帯広市　㊞関口哲也, 昭和30年代

### 輓馬競馬
「日本民俗写真大系 1」日本図書センター　1999
　◇p164〔白黒〕　北海道帯広市　㊞関口哲, 1962年
　◇p165〔白黒〕　北海道　整備された競馬場　㊞1990年代以降　北海道市営競馬組合提供

### プロ野球の前夜祭
「写真でみる日本人の生活全集 8」日本図書センター　2010
　◇p11〔白黒〕(前夜祭 (プロ野球))　東京有楽町 日劇ステージ

### ボーリング場
「写真ものがたり昭和の暮らし 4」農村漁村文化協会　2005
　◇p231〔白黒〕　東京都　㊞昭和38年6月　共同通信社提供

### ものいい
「写真でみる日本人の生活全集 7」日本図書センター　2010
　◇p154〔白黒〕(ふたつのものいい)　大相撲, 野球場

### 横綱推挙式
「写真でみる日本人の生活全集 7」日本図書センター　2010
　◇口絵〔白黒〕(推挙式)　明治神宮前　44代目の横綱 栃錦

### 横綱土俵入り
「写真でみる日本人の生活全集 8」日本図書センター　2010
　◇口絵〔白黒〕　栃錦, 太刀持鳴戸海, 露払い栃光

### ラグビー
「写真でみる日本人の生活全集 7」日本図書センター　2010
　◇口絵〔白黒〕　週刊新潮提供

# 玩　具

赤べこ
　「日本郷土 風俗・民芸・芸能図鑑」日本図書センター　2012
　　◇写真篇 綜合〔白黒〕(赤牛)
　「日本民具の造形」淡交社　2004
　　◇p163〔白黒〕　福島県 会津町方伝承館所蔵

「頭切れ」とその骨組
　「日本民俗図誌 8 舞楽・童戯篇」村田書店　1978
　　◇図125-2〔白黒・図〕　静岡県小笠郡横須賀地方

姉様
　「日本民俗図誌 8 舞楽・童戯篇」村田書店　1978
　　◇図156-1〔白黒・図〕　鳥取　玉蜀黍の皮製
　　◇図158-1〔白黒・図〕(紙細工の姉様)　町娘の後姿　武藤喜邦再現製作の数種を採図
　　◇図158-2〔白黒・図〕(紙細工の姉様)　町娘の前姿　武藤喜邦再現製作の数種を採図
　　◇図158-3〔白黒・図〕(紙細工の姉様)　町娘の後姿　武藤喜邦再現製作の数種を採図
　　◇図159-1〔白黒・図〕(紙細工の姉様)　町娘の後姿　武藤喜邦再現製作の数種を採図
　　◇図159-2〔白黒・図〕(紙細工の姉様)　町娘の後姿　武藤喜邦再現製作の数種を採図
　　◇図159-3〔白黒・図〕(紙細工の姉様)　町娘の後姿　武藤喜邦再現製作の数種を採図
　　◇図160-1〔白黒・図〕(紙細工の姉様)　花嫁の後姿　武藤喜邦再現製作の数種を採図
　　◇図160-2〔白黒・図〕(紙細工の姉様)　花嫁の前姿　武藤喜邦再現製作の数種を採図
　　◇図160-3〔白黒・図〕(紙細工の姉様)　下町風の女房後姿　武藤喜邦再現製作の数種を採図

姉さま人形
　「写真でみる日本人の生活全集 9」日本図書センター　2010
　　◇p16〔白黒・図〕
　「民俗の事典」岩崎美術社　1972
　　◇p67〔白黒〕　島根県松江市

アネーサン人形
　「民俗学辞典(改訂版)」東京堂出版　1987
　　◇図版36(p435)〔白黒〕(人形)　因幡東部地　盆祭前後に玉蜀黍の外皮にて島田髷桃割等の髪形をつくり少女のママゴト遊びに用う　橘浦泰雄画

烏賊の甲の舟
　「日本民俗図誌 8 舞楽・童戯篇」村田書店　1978
　　◇図164-2〔白黒・図〕

出雲凧(鶴亀)
　「日本祭礼地図 Ⅴ」国土地理協会　1980
　　◇p23〔白黒〕　島根県出雲市

板馬
　「日本民俗図誌 8 舞楽・童戯篇」村田書店　1978
　　◇図189-1〔白黒・図〕　盛岡
　　◇図189-2〔白黒・図〕　茨城県村松

板角力
　「日本民俗図誌 8 舞楽・童戯篇」村田書店　1978
　　◇図171-1〔白黒・図〕　熊本県日奈久
　　◇図171-2〔白黒・図〕　徳島県徳島

イチケシ
　「日本民俗図誌 8 舞楽・童戯篇」村田書店　1978
　　◇図133-3〔白黒・図〕　熊本県人吉

一挺ガンギ
　「日本民俗図誌 8 舞楽・童戯篇」村田書店　1978
　　◇図131-1〔白黒・図〕

稲株アネコ・甘草アネコ
　「民俗図録 日本人の暮らし」日本図書センター　2012
　　◇図518〔白黒〕　秋田県仙北郡上檜木内村中泊　㈹武藤鐡城

犬張子
　「日本民俗大辞典 上」吉川弘文館　1999
　　◇p121〔白黒〕　東京　日本郷土玩具博物館所蔵

犬張子(江都二色)
　「日本社会民俗辞典 1」日本図書センター　2004
　　◇p227〔白黒・図〕

今戸焼の土製神輿(玩具)
　「日本民俗図誌 8 舞楽・童戯篇」村田書店　1978
　　◇図195-1〔白黒・図〕　東京

鶯笛
　「日本民俗図誌 8 舞楽・童戯篇」村田書店　1978
　　◇図169-1〔白黒・図〕　竹製
　　◇図169-2・3〔白黒・図〕　長野県上田　竹製
　　◇図169-4〔白黒・図〕　京都比叡山

兎起上り
　「日本民具の造形」淡交社　2004
　　◇p35〔白黒〕　香川県 金比羅宮博物館学芸館所蔵

兎の餅搗
　「日本民俗図誌 8 舞楽・童戯篇」村田書店　1978
　　◇図171-3〔白黒・図〕　山形県米沢在笹野村
　　◇図172-1〔白黒・図〕　石川県金沢

兎の餅つき玩具
　「写真でみる日本人の生活全集 9」日本図書センター　2010
　　◇p16〔白黒〕　金沢市と羽前

牛鬼と鹿踊り
　「民俗の伝承 日本の祭り 夏」立風書房　1977
　　◇p68〔カラー〕　愛媛県　和霊神社の夏祭りと宇和津彦神社の秋祭りに出る人気怪獣を模した物　㈹山本鉱太郎

「牛の角突」から派生した模倣玩具
　「日本民俗図誌 8 舞楽・童戯篇」村田書店　1978
　　◇図193-3〔白黒・図〕　新潟県

牛若丸(玩具)
　「日本民俗図誌 8 舞楽・童戯篇」村田書店　1978
　　◇図176-3〔白黒・図〕　名古屋

鶉車
　「日本民俗図誌 8 舞楽・童戯篇」村田書店　1978
　　◇図184-1〔白黒・図〕　宮崎県宮崎郡久峰
　　◇図184-2〔白黒・図〕　宮崎県東諸県郡法華岳

玩具　　　　　　　　　　　　　　　　芸能・娯楽

ウッチャリブーシ
　「日本民俗図誌 8 舞楽・童戯篇」村田書店　1978
　　◇図200-7〔白黒・図〕　沖縄那覇

鵜渡川原人形
　「日本民具の造形」淡交社　2004
　　◇p283〔白黒〕　山形県 酒田市立資料館所蔵

うなり独楽
　「日本民具の造形」淡交社　2004
　　◇p173〔白黒〕　長野県 大町郷土玩具博物館所蔵

ウンスンかるた
　「日本社会民俗辞典 1」日本図書センター　2004
　　◇p221〔白黒〕

うんすん歌留多
　「日本民俗事典」弘文堂　1972
　　◇p174〔白黒〕

絵双六
　「日本民具の造形」淡交社　2004
　　◇p166〔白黒〕　東京都 千代田区立四番町歴史民俗資料館所蔵　昭和戦中のもの　「大東亜共栄圏めぐり」

絵本
　「日本民具の造形」淡交社　2004
　　◇p169〔白黒〕　長野県 高遠歴史博物館所蔵

衣紋凧
　「日本民俗図誌 8 舞楽・童戯篇」村田書店　1978
　　◇図111-3〔白黒・図〕

扇凧
　「日本民俗図誌 8 舞楽・童戯篇」村田書店　1978
　　◇図122-4〔白黒・図〕　大阪

扇ねぷた（ミニチュア）
　「日本の祭り 1」講談社　1982
　　◇p136〔カラー〕　青森
　「民俗の伝承 日本の祭り 夏」立風書房　1977
　　◇p69〔カラー〕　青森県　8月1～7日 ねぷた祭り　〔祭りを模した玩具〕　㊞山本鉱太郎

大内彫人形
　「日本郷土 風俗・民芸・芸能図鑑」日本図書センター　2012
　　◇写真篇 山口〔白黒〕　山口県　郷土人形

大凧
　「日本民具の造形」淡交社　2004
　　◇p287〔白黒〕　東京都 凧の博物館所蔵
　「日本民俗図誌 8 舞楽・童戯篇」村田書店　1978
　　◇図117〔白黒・図〕　神奈川県座間村
　　◇図118〔白黒・図〕　埼玉県北葛飾郡宝珠花

大人形
　「民間信仰辞典」東京堂出版　1980
　　◇口絵〔カラー〕　茨城県石岡市井関

おかいこ人形
　「日本郷土 風俗・民芸・芸能図鑑」日本図書センター　2012
　　◇写真篇 山梨〔白黒〕　山梨県

オカンジャケ
　「日本民俗図誌 8 舞楽・童戯篇」村田書店　1978
　　◇図156-2〔白黒・図〕　駿河静岡在安部郡服織村　竹製

起上りこぼし
　「日本郷土 風俗・民芸・芸能図鑑」日本図書センター　2012
　　◇写真篇 高知〔白黒〕　高知県

起上り小法師
　「日本民俗図誌 8 舞楽・童戯篇」村田書店　1978
　　◇図179-1〔白黒・図〕　大阪製
　　◇図198-1〔白黒・図〕　高松　神棚に供え翌年川に流す
　　◇図198-2〔白黒・図〕　多度津
　　◇図198-3〔白黒・図〕　淡路
　　◇図198-4〔白黒・図〕　和歌山県田辺
　　◇図198-5〔白黒・図〕　徳島
　　◇図199-2〔白黒・図〕　名古屋
　　◇図199-3・4〔白黒・図〕　京都
　　◇図199-5〔白黒・図〕　大阪
　　◇図199-6〔白黒・図〕　米子
　　◇図199-7〔白黒・図〕　伯耆倉吉　雛に添えて贈る
　　◇図199-8〔白黒・図〕　鳥取　正月二日の初市で求めて神棚に供える

翁人形
　「日本民具の造形」淡交社　2004
　　◇p162〔白黒〕　石川県 加賀藩肝煎役の館所蔵

起き姫
　「日本民俗図誌 8 舞楽・童戯篇」村田書店　1978
　　◇図200-1・2・3〔白黒・図〕　会津若松
　　◇図200-4〔白黒・図〕　福島県三春
　　◇図200-5・6〔白黒・図〕　仙台

オキンジョと称する板人形
　「日本民俗図誌 8 舞楽・童戯篇」村田書店　1978
　　◇図172-2〔白黒・図〕　肥後日奈久

押し絵羽子板
　「日本民具の造形」淡交社　2004
　　◇p174〔白黒〕　奈良県 ならまち資料館所蔵

お手玉
　「日本民具の造形」淡交社　2004
　　◇p168〔白黒〕　埼玉県 飯能市郷土館所蔵

おとぎの犬箱
　「民俗の事典」岩崎美術社　1972
　　◇p66〔白黒・図〕　江戸時代

おばこ人形
　「日本の祭り 1」講談社　1982
　　◇p136〔カラー〕　秋田

御弾き
　「日本民具の造形」淡交社　2004
　　◇p170〔白黒〕　京都府 想い出博物館所蔵

おはらい人形
　「日本郷土 風俗・民芸・芸能図鑑」日本図書センター　2012
　　◇写真篇 宮城〔白黒〕　宮城県白石市　民芸品

オボコ
　「日本民俗図誌 8 舞楽・童戯篇」村田書店　1978
　　◇図151-3〔白黒・図〕　三重県山田地方

おめん
　「写真でみる日本人の生活全集 9」日本図書センター　2010
　　◇p15〔白黒〕　カッパ・テング・ハンニャなど　㊞藤丘喜舟

オランダ人形
　「日本郷土 風俗・民芸・芸能図鑑」日本図書センター　2012
　　◇写真篇 長崎〔白黒〕　長崎県
　「日本民具の造形」淡交社　2004
　　◇p307〔白黒〕　長崎県 長崎市歴史民俗資料館所蔵

折り紙の飛行機と屋形船
　「写真ものがたり昭和の暮らし 6」農山漁村文化協会　2006
　　◇p153〔白黒・図〕　絵・中嶋俊枝

音響を発する玩具
　「日本民俗図誌 8 舞楽・童戯篇」村田書店　1978
　　◇図169-6〔白黒・図〕　小さな皿型のブリッキを二つに合わせ、中央の小孔を吹いて音響を発す
　　◇図169-8〔白黒・図〕　糸で回転させオシャブリ型の両端の小孔が空気を切って音響を発す

鬼凧
　「日本民俗図誌 8 舞楽・童戯篇」村田書店　1978
　　◇図128-3〔白黒・図〕　長崎県壱岐島

女だるま
　「日本民俗図誌 8 舞楽・童戯篇」村田書店　1978
　　◇図197-2〔白黒・図〕　宇都宮

女達磨
　「日本民具の造形」淡交社　2004
　　◇p200〔白黒〕　高知県　高知県懐徳館所蔵

オンバッコ
　「日本民俗図誌 8 舞楽・童戯篇」村田書店　1978
　　◇図163-1〔白黒・図〕　三宅島　藤木喜久磨採図による

貝殻の錫杖
　「日本民俗図誌 8 舞楽・童戯篇」村田書店　1978
　　◇図164-1〔白黒・図〕　筑前〔福岡県〕黒崎産

貝下駄
　「写真ものがたり昭和の暮らし 10」農山漁村文化協会　2007
　　◇p73〔白黒・図〕　アイヌの遊び　絵・中嶋俊枝

蚕鈴
　「民俗の伝承 日本の祭り 夏」立風書房　1977
　　◇p69〔カラー〕　岐阜県　3月1日（蚕祭り）　㊞山本鉱太郎

貝つなぎ
　「日本民俗図誌 8 舞楽・童戯篇」村田書店　1978
　　◇図164-4〔白黒・図〕　大阪住吉産　五色に着彩

蛙（玩具）
　「日本民俗図誌 8 舞楽・童戯篇」村田書店　1978
　　◇図173-2〔白黒・図〕　大阪製

柿の葉人形
　「日本民俗大辞典 上」吉川弘文館　1999
　　◇図7〔別刷図版「遊び」〕〔白黒〕　埼玉県立文書館提供

カクゴマ
　「日本民俗図誌 8 舞楽・童戯篇」村田書店　1978
　　◇図133-5〔白黒・図〕　豊後〔大分県〕三重

影絵人形
　「日本民俗図誌 8 舞楽・童戯篇」村田書店　1978
　　◇図178〔白黒・図〕　東京・大阪など

風車
　「日本郷土 風俗・民芸・芸能図鑑」日本図書センター　2012
　　◇写真篇 愛知〔白黒〕　愛知県 小坂井地方

風車と鍾馗面
　「民俗の伝承 日本の祭り 夏」立風書房　1977
　　◇p69〔カラー〕　愛知県　4月10・11日 菟足神社風祭り
　　　㊞山本鉱太郎

飾馬
　「日本民俗図誌 8 舞楽・童戯篇」村田書店　1978
　　◇図191-3〔白黒・図〕　長崎市外古賀村（長崎県北高来郡）

カチゴマ
　「日本民俗図誌 8 舞楽・童戯篇」村田書店　1978
　　◇図133-1〔白黒・図〕　大分県速見郡地方

かっぱこけし
　「民俗学事典」丸善出版　2014
　　◇p669〔白黒〕　昭和30年代

歌舞伎人形
　「日本民具の造形」淡交社　2004
　　◇p163〔白黒〕　静岡県 水窪町民俗資料館所蔵

蕪ツグリ
　「日本民俗図誌 8 舞楽・童戯篇」村田書店　1978
　　◇図134-1〜4〔白黒・図〕　弘前地方

カブヤー
　「日本民俗図誌 8 舞楽・童戯篇」村田書店　1978
　　◇図103-4〔白黒・図〕　沖縄県　角凧

かまくら（人形）
　「日本の祭り 1」講談社　1982
　　◇p136〔カラー〕　秋田

紙芝居
　「日本民具の造形」淡交社　2004
　　◇p169〔白黒〕　福岡県 飯塚市歴史資料館所蔵

紙製姉様
　「日本民俗図誌 8 舞楽・童戯篇」村田書店　1978
　　◇図156-3・4〔白黒・図〕　和歌山
　　◇図157-1〔白黒・図〕　会津若松
　　◇図157-2〔白黒・図〕　熊本
　　◇図157-3〔白黒・図〕　島根県松江の産

紙人形
　「日本民具の造形」淡交社　2004
　　◇p36〔白黒〕　東京都 紙の博物館所蔵

紙風船
　「日本民具の造形」淡交社　2004
　　◇p36〔白黒〕　宮崎県 宮崎県総合博物館所蔵

カムイ凧
　「日本民具の造形」淡交社　2004
　　◇p171〔白黒〕　石川県 内藩町歴史民俗資料館所蔵

かやつり草
　「日本民俗大辞典 上」吉川弘文館　1999
　　◇図5〔別刷図版「遊び」〕〔白黒〕　白岡町教育委員会（埼玉県）提供

ガラガラ
　「日本民具の造形」淡交社　2004
　　◇p167〔白黒〕　青森県 南郷村立歴史民俗資料館所蔵

からくり人形
　「日本郷土 風俗・民芸・芸能図鑑」日本図書センター　2012
　　◇写真篇 新潟〔白黒〕　新潟県
　「日本民具の造形」淡交社　2004
　　◇p164〔白黒〕　兵庫県 兵庫県立歴史博物館所蔵

烏凧
　「日本民俗図誌 8 舞楽・童戯篇」村田書店　1978
　　◇図122-5・6〔白黒・図〕　愛知県矢作

烏マアシコ
　「日本民俗図誌 8 舞楽・童戯篇」村田書店　1978
　　◇図134-5〔白黒・図〕　八丈島

「カラメ凧」とその骨組
　「日本民俗図誌 8 舞楽・童戯篇」村田書店　1978
　　◇図113-2〔白黒・図〕　静岡県相良　剣凧の一種

かるた
　「日本民具の造形」淡交社　2004
　　◇p170〔白黒〕　岐阜県 丹生川おもちゃ館所蔵

カワラケ凧
　「日本民俗図誌 8 舞楽・童戯篇」村田書店　1978
　　◇図105-3〔白黒・図〕　仙台

玩具竹鉄砲
　「日本民具の造形」淡交社　2004
　　◇p23〔白黒〕　鹿児島県 出水市歴史民俗資料館所蔵

竿灯
　「民俗の伝承 日本の祭り 夏」立風書房　1977

◇p68〔カラー〕　秋田県　8月5日から3日間　〔祭りを模した玩具〕　[撮]山本鉱太郎

**竿灯人形**
「日本の祭り 1」講談社　1982
◇p136〔カラー〕　秋田

**祇園鉾**
「民俗の伝承 日本の祭り 夏」立風書房　1977
◇p68〔カラー〕　京都府　7月17日（祇園祭）〔祭りを模した玩具〕　[撮]山本鉱太郎

**木地玩具**
「写真ものがたり昭和の暮らし 2」農山漁村文化協会　2004
◇p142～143〔カラー〕　宮城県白石市　こま、音を出してまわる鳴りごま、ダルマ落とし、ダルマ、大砲、投げ輪、汽車、おしゃぶり、えずめ子、ヨーヨーなど　[撮]須藤功, 昭和43年5月

**雉子車**
「日本民俗図誌 8 舞楽・童戯篇」村田書店　1978
◇図184-3〔白黒・図〕　福岡県柳川

**キッカラボッコ**
「日本民俗図誌 8 舞楽・童戯篇」村田書店　1978
◇図152-10〔白黒・図〕　花巻　無地もの

**キネゴマ**
「日本民俗図誌 8 舞楽・童戯篇」村田書店　1978
◇図132-5〔白黒・図〕　三池

**木下駒**
「民俗の伝承 日本の祭り 夏」立風書房　1977
◇p69〔カラー〕　宮城県　馬のせり市　[撮]山本鉱太郎

**キビガラアネサマ**
「日本民俗大辞典 上」吉川弘文館　1999
◇p34〔白黒〕　鳥取県

**牛車**
「日本民俗図誌 8 舞楽・童戯篇」村田書店　1978
◇図187-3〔白黒・図〕　京都

**桐馬**
「民俗の伝承 日本の祭り 夏」立風書房　1977
◇p71〔白黒〕　岩手県　6月15日（チャグチャグ馬コ）　[撮]山本鉱太郎

**桐原のわら馬**
「民俗の伝承 日本の祭り 夏」立風書房　1977
◇p69〔カラー〕　長野県　3月8日（桐原神社祭礼）　[撮]山本鉱太郎

**金魚提灯**
「日本民俗図誌 8 舞楽・童戯篇」村田書店　1978
◇図166-3〔白黒・図〕　ねぶた流しの灯籠を模した紙製

**金魚ねぶた（ミニチュア）**
「日本の祭り 1」講談社　1982
◇p136〔カラー〕　青森

**クサメ**
「日本民俗図誌 8 舞楽・童戯篇」村田書店　1978
◇図161-2〔白黒・図〕　八丈島　藤木喜久磨採図による

**串アネコ**
「日本民俗大辞典 上」吉川弘文館　1999
◇p34〔白黒〕　秋田県横手市　日本郷土玩具博物館所蔵

**串コアネサン**
「民俗図録 日本人の暮らし」日本図書センター　2012
◇図519〔白黒〕　秋田県角館町　[撮]武藤鐵城

**首人形**
「日本社会民俗辞典 1」日本図書センター　2004
◇p227〔白黒〕　岩手県花巻町
「日本民俗図誌 8 舞楽・童戯篇」村田書店　1978
◇図155〔白黒・図〕　山形の産, 岩手県花巻の産, 津軽弘前の産

**首振り人形（猿）**
「日本民俗図誌 8 舞楽・童戯篇」村田書店　1978
◇図179-3〔白黒・図〕

**黒船（飾り物細工）**
「日本民具の造形」淡交社　2004
◇p24〔白黒〕（黒船）　香川県 金比羅宮博物館学芸館所蔵　〔竹だけでつくった飾り物細工〕

**剣舞箏**
「日本民俗図誌 8 舞楽・童戯篇」村田書店　1978
◇図128-1〔白黒・図〕　長崎バラモン

**剣凧**
「日本民俗図誌 8 舞楽・童戯篇」村田書店　1978
◇図109-2〔白黒・図〕
◇図110-1〔白黒・図〕　群馬県沼田

**剣猛宗凧**
「日本社会民俗辞典 2」日本図書センター　2004
◇p881〔白黒〕　長崎市

**鯉の滝登り**
「日本民俗図誌 8 舞楽・童戯篇」村田書店　1978
◇図174-3〔白黒・図〕　大阪産

**古賀人形**
「日本郷土 風俗・民芸・芸能図鑑」日本図書センター　2012
◇写真篇 長崎〔白黒〕　長崎県

**コケシ**
「日本郷土 風俗・民芸・芸能図鑑」日本図書センター　2012
◇写真篇 宮城〔白黒〕　宮城県
「写真でみる日本人の生活全集 9」日本図書センター　2010
◇p11〔白黒〕　[撮]山下勲
「写真ものがたり昭和の暮らし 2」農山漁村文化協会　2004
◇p143〔カラー〕　宮城県白石市　[撮]須藤功, 昭和43年5月
「日本民俗大辞典 上」吉川弘文館　1999
◇p618〔白黒〕　東北地方の伝統こけし　吉徳資料室提供
「民具のみかた―心とかたち」第一法規出版　1983
◇p68〔白黒〕（コケシ人形）　網走市, 会津地方, 岩手県
「日本民俗図誌 8 舞楽・童戯篇」村田書店　1978
◇図152-2〔白黒・図〕　盛岡
◇図152-3〔白黒・図〕　山形県温海
◇図152-4〔白黒・図〕　福島県中ノ沢
◇図152-5〔白黒・図〕　秋田県木地山
◇図152-6〔白黒・図〕　山形
◇図152-7〔白黒・図〕　磐城刈田郡遠刈田
◇図152-8〔白黒・図〕　陸前鳴子
◇図152-9〔白黒・図〕　花巻
◇図153-1〔白黒・図〕　宮城県秋保
◇図153-4〔白黒・図〕　仙台
◇図153-5〔白黒・図〕　山形県温海
◇図154-1〔白黒・図〕　岩手県志戸平
◇図154-2〔白黒・図〕　福島県土湯
◇図154-3〔白黒・図〕　宮城県鎌先
◇図154-5〔白黒・図〕　宮城県飯坂
◇図154-6〔白黒・図〕　山形県温湯
◇図154-7〔白黒・図〕　宮城県秋保
◇図154-8〔白黒・図〕　山形県小野川

**コケシの胸模様**
「日本民俗図誌 8 舞楽・童戯篇」村田書店　1978
◇図153-2〔白黒・図〕　宮城県鳴子
◇図153-3〔白黒・図〕　岩手県一ノ関

## 芸能・娯楽　　玩具

**腰高虎（三春張子）**
「日本の祭り 1」講談社　1982
　◇p136〔カラー〕　福島

**御所人形**
「日本民具の造形」淡交社　2004
　◇p162〔白黒〕　香川県 丸亀市立資料館所蔵

**子育馬**
「日本民俗図誌 8 舞楽・童戯篇」村田書店　1978
　◇図191-1〔白黒・図〕　仙台堤

**子どもブランコ**
「日本民具の造形」淡交社　2004
　◇p167〔白黒〕　福井県 大野市歴史民俗資料館所蔵　乳幼児を乗せる室内ブランコ

**小鳥の玩具**
「日本民具の造形」淡交社　2004
　◇p168〔白黒〕　静岡県 吉田町郷土資料館所蔵

**木ノ葉猿**
「日本民俗図誌 8 舞楽・童戯篇」村田書店　1978
　◇図192-3・4〔白黒・図〕　熊本県木ノ葉に産する　子抱き, 馬乗

**独楽**
「日本民具の造形」淡交社　2004
　◇p173〔白黒〕　長崎県 長崎市歴史民俗資料館所蔵
　◇p173〔白黒〕　愛媛県 愛媛県立歴史民俗資料館
「日本民俗図誌 8 舞楽・童戯篇」村田書店　1978
　◇図172-3〔白黒・図〕　博多

**米喰鼠**
「日本民俗図誌 8 舞楽・童戯篇」村田書店　1978
　◇図173-3〔白黒・図〕　金沢

**米搗車**
「日本民俗図誌 8 舞楽・童戯篇」村田書店　1978
　◇図186-1〔白黒・図〕　大阪産
　◇図186-2〔白黒・図〕　名古屋産
　◇図186-3〔白黒・図〕　和歌山産
　◇図186-4〔白黒・図〕　名古屋産
　◇図187-1〔白黒・図〕　徳島県徳島産
　◇図187-2〔白黒・図〕　熊本産

**米つき猿（江都二色）**
「日本社会民俗辞典 1」日本図書センター　2004
　◇p227〔白黒・図〕

**酒田の獅子頭**
「日本の祭り 1」講談社　1982
　◇p136〔カラー〕　山形

**酒樽コ**
「民俗図録 日本人の暮らし」日本図書センター　2012
　◇図520〔白黒〕　秋田県仙北郡上檜木内村宮田　㊟武藤鐵城

**魚提灯**
「日本民俗図誌 8 舞楽・童戯篇」村田書店　1978
　◇図166-2〔白黒・図〕　経木細工の透し細工

**嵯峨面**
「日本民具の造形」淡交社　2004
　◇p36〔白黒〕　岐阜県 日本土鈴館所蔵　型造りの張子面

**鷺舞（玩具）**
「民俗の伝承 日本の祭り 夏」立風書房　1977
　◇p68〔カラー〕（鷺舞）　島根県　7月20日と27日（弥栄神社のお祭り）　竹製の郷土玩具　㊟山本鉱太郎

**提げ籠**
「日本民俗図誌 8 舞楽・童戯篇」村田書店　1978
　◇図165-2〔白黒・図〕　平竹編み。地方特殊玩具
　◇図165-3〔白黒・図〕　沖縄地方　アダン葉製。地方特殊玩具

**笹野一刀彫**
「民俗の伝承 日本の祭り 夏」立風書房　1977
　◇p71〔白黒〕　山形県　1月17日の笹野観音の縁日　㊟山本鉱太郎

**笹野才蔵**
「日本郷土 風俗・民芸・芸能図鑑」日本図書センター　2012
　◇写真篇 福岡〔白黒〕　福岡県　郷土人形

**笹舟**
「日本民具の造形」淡交社　2004
　◇p169〔白黒〕　長野県 長野市立博物館所蔵
「日本民俗大辞典 上」吉川弘文館　1999
　◇図6〔別刷図版「遊び」〕〔白黒〕（笹船）　埼玉県 日高市教育委員会（埼玉県）提供
「民具のみかた一心とかたち」第一法規出版　1983
　◇p38〔白黒〕（ササブネ（笹舟））　石川県富来村

**佐土原人形**
「日本郷土 風俗・民芸・芸能図鑑」日本図書センター　2012
　◇写真篇 宮崎〔白黒〕　宮崎県

**サラゴマ**
「日本民俗図誌 8 舞楽・童戯篇」村田書店　1978
　◇図132-3〔白黒・図〕　三池

**三条の六角凧**
「日本民具の造形」淡交社　2004
　◇p171〔白黒〕　静岡県 浜松まつり会館所蔵

**三番叟（玩具）**
「日本民俗図誌 8 舞楽・童戯篇」村田書店　1978
　◇図176-1〔白黒・図〕　和歌山

**三番叟凧**
「日本民俗図誌 8 舞楽・童戯篇」村田書店　1978
　◇図129-1〔白黒・図〕

**鹿踊り（郷土玩具）**
「日本の祭り 1」講談社　1982
　◇p136〔カラー〕　岩手

**獅子頭（玩具）**
「日本民俗図誌 8 舞楽・童戯篇」村田書店　1978
　◇図173-1〔白黒・図〕　東京や大阪など

**字凧**
「日本民俗図誌 8 舞楽・童戯篇」村田書店　1978
　◇図101-1・2〔白黒・図〕　黒字の「壽」字, 白ぬきの「龍」字

**日月ボール**
「日本民具の造形」淡交社　2004
　◇p169〔白黒〕　長野県 上田創造館所蔵

**暫狐**
「民俗の伝承 日本の祭り 夏」立風書房　1977
　◇p69〔カラー〕　東京都 王子稲荷　㊟山本鉱太郎

**シャクシメー**
「日本民俗図誌 8 舞楽・童戯篇」村田書店　1978
　◇図130-5〔白黒・図〕　八重山

**車輪ごま**
「日本民具の造形」淡交社　2004
　◇p173〔白黒〕　京都府 向日市文化資料館（個人蔵）所蔵

**障子凧その表面の糸目**
「日本民俗図誌 8 舞楽・童戯篇」村田書店　1978
　◇図102-1〔白黒・図〕

**障子凧の骨組**
「日本民俗図誌 8 舞楽・童戯篇」村田書店　1978

◇図102-2〔白黒・図〕

**庄内の板獅子**
「日本の祭り 1」講談社 1982
◇p136〔カラー〕 山形

**諸国の凧**
「日本社会民俗辞典 2」日本図書センター 2004
◇p881〔白黒・図〕 『風俗画報』

**ショボデコ**
「日本民俗図誌 8 舞楽・童戯篇」村田書店 1978
◇図151-1〔白黒・図〕 香川県多度津

**ジョーロ**
「日本民俗図誌 8 舞楽・童戯篇」村田書店 1978
◇図163-2〔白黒・図〕 神津島 藤木喜久磨採図による

**ジョーロンゴ**
「日本民俗図誌 8 舞楽・童戯篇」村田書店 1978
◇図161-1〔白黒・図〕 伊豆新島
◇図162-1〔白黒・図〕 伊豆新島

**白河だるま**
「日本の祭り 1」講談社 1982
◇p136〔カラー〕 福島

**次郎んぼ**
「写真でみる日本人の生活全集 9」日本図書センター 2010
◇p14〔白黒〕 山口県大島のオモチャ

**神宮皇后の土人形**
「日本宗教民俗図典 1」法蔵館 1985
◇図171〔白黒〕 広島県久井町江木 女児の節供の祝い [撮]須藤功

**神宮土鈴**
「日本郷土 風俗・民芸・芸能図鑑」日本図書センター 2012
◇写真篇 鹿児島〔白黒〕 鹿児島県

**人凧の骨組**
「日本民俗図誌 8 舞楽・童戯篇」村田書店 1978
◇図110-3〔白黒・図〕 山形県酒田

**心棒凧**
「日本社会民俗辞典 2」日本図書センター 2004
◇p881〔白黒〕 山形県酒田

**スゲウマ(菅馬)**
「民具のみかた—心とかたち」第一法規出版 1983
◇p254〔白黒〕 石川県白山麓

**すすきみみずく**
「日本郷土 風俗・民芸・芸能図鑑」日本図書センター 2012
◇写真篇 東京〔白黒〕(すすきのみみずく) 東京都 雑司ヶ谷鬼子母神
「写真でみる日本人の生活全集 5」日本図書センター 2010
◇p158〔白黒〕(ススキのミミズク) 東京 雑司ガ谷 鬼子母神 [撮]昭和32年8月
「日本祭礼地図 V」国土地理協会 1980
◇p22〔白黒〕(鬼子母神のすすきみみずく) 東京都豊島区
「民俗の伝承 日本の祭り 夏」立風書房 1977
◇p68〔カラー〕 東京都豊島区雑司ヶ谷 鬼子母神 [撮]山本鉱太郎

**スマートボール**
「民俗学事典」丸善出版 2014
◇p673〔白黒〕(あんず飴の本数を決めるスマートボール) 東京都墨田区 [撮]2002年

**住吉踊りを模した人形**
「日本郷土 風俗・民芸・芸能図鑑」日本図書センター 2012
◇写真篇 大阪〔白黒〕(住吉踊り) 大阪府 住吉さまの祭礼に出る

**ずんぐりごま**
「日本民具の造形」淡交社 2004
◇p173〔白黒〕 北海道 知内町郷土資料館所蔵

**鵜鴿(玩具)**
「日本民俗図誌 8 舞楽・童戯篇」村田書店 1978
◇図174-1〔白黒・図〕 福岡県小倉地方 竹製

**蟬凧**
「日本民具の造形」淡交社 2004
◇p171〔白黒〕 香川県 託間町立民俗資料館所蔵
◇p172〔白黒〕 福岡県 筑後市郷土資料館
「日本民俗図誌 8 舞楽・童戯篇」村田書店 1978
◇図123-3〔白黒・図〕 大分県四日市

**蟬凧(ベカ)**
「日本民俗図誌 8 舞楽・童戯篇」村田書店 1978
◇図123-2〔白黒・図〕 名古屋

**千疋猿**
「日本民俗図誌 8 舞楽・童戯篇」村田書店 1978
◇図192-1・2〔白黒・図〕 大阪市住吉

**袖凧**
「日本民俗図誌 8 舞楽・童戯篇」村田書店 1978
◇図111-1〔白黒・図〕 千葉県勝浦
◇図111-2〔白黒・図〕 群馬県前橋

**袖凧(鬼ヨーズ)**
「日本民俗図誌 8 舞楽・童戯篇」村田書店 1978
◇図111-4〔白黒・図〕 山口県長府

**素朴な木人形**
「日本社会民俗辞典 3」日本図書センター 2004
◇p1102〔白黒〕

**鯛車**
「日本民俗図誌 8 舞楽・童戯篇」村田書店 1978
◇図185-1〔白黒・図〕 埼玉県鴻ノ巣の練物
◇図185-2〔白黒・図〕 滋賀県草津
◇図185-3〔白黒・図〕 名古屋
「写真 日本文化史 9」日本評論新社 1955
◇口絵〔カラー〕 新潟県三条市

**太鼓台**
「民俗の伝承 日本の祭り 夏」立風書房 1977
◇p69〔カラー〕 香川県 10月17日から3日間(一宮神社の大祭) 郷土玩具 [撮]山本鉱太郎

**鷹(削りかけ玩具)**
「日本民俗図誌 8 舞楽・童戯篇」村田書店 1978
◇図193-1〔白黒・図〕

**竹馬**
「日本民具の造形」淡交社 2004
◇p169〔白黒〕 広島県 三和町郷土資料館所蔵
「日本民俗大辞典 下」吉川弘文館 2000
◇p347〔白黒・図〕
「日本民俗図誌 8 舞楽・童戯篇」村田書店 1978
◇図148-1〔白黒・図〕
◇図148-2〔白黒・図〕 奄美大島 木製

**竹返し**
「日本民具の造形」淡交社 2004
◇p170〔白黒〕 島根県 八雲村郷土文化会館所蔵

**竹沓**
「日本民具の造形」淡交社 2004
◇p23〔白黒〕 埼玉県 毛呂山町歴史民俗資料館所蔵

**竹独楽**
「日本民具の造形」淡交社 2004
◇p173〔白黒〕 鹿児島県 川内市歴史資料館所蔵
「日本民俗図誌 8 舞楽・童戯篇」村田書店 1978

◇図135-1〔白黒・図〕　新潟

**竹すべりと下駄スケート**
「写真ものがたり昭和の暮らし 6」農山漁村文化協会　2006
　◇p175〔白黒・図〕　絵・中嶋俊枝

**竹鉄砲**
「日本民俗図誌 8 舞楽・童戯篇」村田書店　1978
　◇図174-4〔白黒・図〕　手製

**竹とんぼ**
「日本民具の造形」淡交社　2004
　◇p169〔白黒〕　埼玉県 長瀞町郷土資料館所蔵

**竹の蛇**
「日本民具の造形」淡交社　2004
　◇p167〔白黒〕　長崎県 外海町立歴史民俗資料館所蔵

**凧**
「日本民俗図誌 8 舞楽・童戯篇」村田書店　1978
　◇図109-1〔白黒・図〕　東京
　◇図109-3〔白黒・図〕　西洋のカイト型

**凧糸巻の種々**
「日本民俗図誌 8 舞楽・童戯篇」村田書店　1978
　◇図131-5～8〔白黒・図〕

**凧絵**
「日本郷土 風俗・民芸・芸能図鑑」日本図書センター　2012
　◇写真篇 香川〔白黒〕　香川県

**凧　男べらぼう**
「日本民俗大辞典 下」吉川弘文館　2000
　◇p39〔白黒〕　秋田県能代市　武蔵野美術大学民俗資料室所蔵

**凧　花泉凧三竦**
「日本民俗大辞典 下」吉川弘文館　2000
　◇p39〔白黒〕　山形県山形市　武蔵野美術大学民俗資料室所蔵

**凧合戦の大凧**
「日本社会民俗辞典 2」日本図書センター　2004
　◇p882〔白黒〕　新潟県今町

**凧　酒田奴**
「日本民俗大辞典 下」吉川弘文館　2000
　◇p40〔白黒〕　山形県酒田市　武蔵野美術大学民俗資料室所蔵

**凧　駿河凧**
「日本民俗大辞典 下」吉川弘文館　2000
　◇p40〔白黒〕　静岡　武蔵野美術大学民俗資料室所蔵

**凧綱を入れておく籠**
「日本民俗図誌 8 舞楽・童戯篇」村田書店　1978
　◇図131-10〔白黒・図〕　相模高座郡地方

**凧綱の番小屋**
「日本民俗図誌 8 舞楽・童戯篇」村田書店　1978
　◇図131-11〔白黒・図〕　相模高座郡地方

**凧　錦凧**
「日本民俗大辞典 下」吉川弘文館　2000
　◇p39〔白黒〕　東京都　武蔵野美術大学民俗資料室所蔵

**凧の飛揚の角度**
「日本民俗図誌 8 舞楽・童戯篇」村田書店　1978
　◇図106-2・3・4〔白黒・図〕（飛揚の角度）　岩崎卓爾採図並に報告

**凧　日の出鶴**
「日本民俗大辞典 下」吉川弘文館　2000
　◇p40〔白黒〕　長崎県福江市　武蔵野美術大学民俗資料室所蔵

**山車を模した玩具**
「日本民俗図誌 8 舞楽・童戯篇」村田書店　1978
　◇図194-1〔白黒・図〕　名古屋まつりとして知られる東照宮祭
　◇図194-2〔白黒・図〕　岐阜県高山の山王祭

**立天神**
「日本民具の造形」淡交社　2004
　◇p163〔白黒〕　島根県 横田郷土資料館所蔵

**ダッコチャン**
「写真ものがたり昭和の暮らし 4」農山漁村文化協会　2005
　◇p215〔白黒〕（海水浴も一緒のダッコチャン）　神奈川県鎌倉市　㊙昭和35年8月　共同通信社提供

**田面船**
「日本郷土 風俗・民芸・芸能図鑑」日本図書センター　2012
　◇写真篇 広島〔白黒〕　広島県　男子が誕生した家へ送り祝う
「民俗の伝承 日本の祭り 夏」立風書房　1977
　◇p71〔白黒〕　広島県　旧8月1日（八朔節句）　郷土玩具　㊙山本鉱太郎

**玉入れ**
「日本民具の造形」淡交社　2004
　◇p168〔白黒〕　新潟県 日本玩具歴史館所蔵

**為朝凧**
「日本社会民俗辞典 2」日本図書センター　2004
　◇p881〔白黒〕　伊豆八丈島
「日本民俗図誌 8 舞楽・童戯篇」村田書店　1978
　◇図112〔白黒・図〕　八丈島

**だるま**
「日本郷土 風俗・民芸・芸能図鑑」日本図書センター　2012
　◇写真篇 滋賀〔白黒〕　滋賀県
　◇写真篇 徳島〔白黒〕　徳島県
「日本民俗図誌 8 舞楽・童戯篇」村田書店　1978
　◇図197-3〔白黒・図〕　仙台　蔵の市毎に一個ずつ求める

**達磨**
「日本民具の造形」淡交社　2004
　◇p200〔白黒〕　福島県 白河市歴史民俗資料館所蔵

**だるま落し**
「日本民具の造形」淡交社　2004
　◇p167〔白黒〕　神奈川県 神奈川県立歴史博物館所蔵

**達磨凧**
「日本民俗図誌 8 舞楽・童戯篇」村田書店　1978
　◇図113-1〔白黒・図〕　新潟県中ノ島町　六角凧

**ダンダンゴマ**
「日本民俗図誌 8 舞楽・童戯篇」村田書店　1978
　◇図133-4〔白黒・図〕　鹿児島

**蝶凧**
「日本民俗図誌 8 舞楽・童戯篇」村田書店　1978
　◇図123-1〔白黒・図〕　矢作

**チョンカケ**
「日本民俗図誌 8 舞楽・童戯篇」村田書店　1978
　◇図132-4〔白黒・図〕　熊本

**チョンベイ**
「日本民俗図誌 8 舞楽・童戯篇」村田書店　1978
　◇図179-4〔白黒・図〕　大阪

**作手凧**
「日本民具の造形」淡交社　2004
　◇p172〔白黒〕　愛知県 作手村歴史民俗資料館所蔵

**テキ（真鍮製滑車）**
「日本民俗図誌 8 舞楽・童戯篇」村田書店　1978

玩具　　　　　　　　　　　　　　　　　　　芸能・娯楽

◇図131-4〔白黒・図〕　浜松の凧揚げ

**手製キゴロス**
「日本民俗図誌 8 舞楽・童戯篇」村田書店　1978
◇図132-10〔白黒・図〕　三池

**デベソゴマ**
「日本民俗図誌 8 舞楽・童戯篇」村田書店　1978
◇図132-7〔白黒・図〕　宮崎

**手毬**
「日本民具の造形」淡交社　2004
◇p174〔白黒〕　和歌山県 中津村立郷土文化保存伝承館所蔵
◇p174〔白黒〕　大分県 緒方町立俚楽の里伝承館
「日本民俗図誌 8 舞楽・童戯篇」村田書店　1978
◇図137-1〔白黒・図〕　山形県鶴岡地方
◇図137-2〔白黒・図〕　沖縄の那覇地方　5月4日、両親から子供等に贈られる

**でんでん太鼓**
「日本民具の造形」淡交社　2004
◇p167〔白黒〕　福岡県 宇美町立歴史民俗資料館所蔵

**陶独楽**
「日本民具の造形」淡交社　2004
◇p37〔白黒〕　京都府 向日市文化資料館（個人蔵）所蔵

**唐人凧**
「日本民具の造形」淡交社　2004
◇p171〔白黒〕　埼玉県 新座市立歴史民俗資料館所蔵

**唐人凧とその骨組**
「日本民俗図誌 8 舞楽・童戯篇」村田書店　1978
◇図126〔白黒・図〕　千葉県湊
◇図127〔白黒・図〕　千葉県木更津

**鳥羽絵凧**
「日本民俗図誌 8 舞楽・童戯篇」村田書店　1978
◇図109-5〔白黒・図〕　山形県鶴岡

**土面**
「日本郷土 風俗・民芸・芸能図鑑」日本図書センター　2012
◇写真篇 宮崎〔白黒〕（玩具）　宮崎県　土面

**「巴凧」とその骨組**
「日本民俗図誌 8 舞楽・童戯篇」村田書店　1978
◇図124〔白黒・図〕　静岡県小笠郡横須賀地方

**鳥の玩具**
「日本民俗図誌 8 舞楽・童戯篇」村田書店　1978
◇図179-2〔白黒・図〕　針金の螺施の上下動により、傾斜した板の上を降るもの

**鳥笛**
「日本民俗図誌 8 舞楽・童戯篇」村田書店　1978
◇図170-2〔白黒・図〕　京都清水　土製
◇図170-5〔白黒・図〕　弘前　土製

**土鈴**
「日本民具の造形」淡交社　2004
◇p294〔白黒〕　岐阜県 日本土鈴館所蔵
「日本民俗大辞典 上」吉川弘文館　1999
◇p912〔白黒〕　日本玩具博物館所蔵

**「トンガリ凧」とその骨組**
「日本民俗図誌 8 舞楽・童戯篇」村田書店　1978
◇図125-1〔白黒・図〕　静岡県小笠郡横須賀地方

**トンダリハネタリ**
「日本民俗図誌 8 舞楽・童戯篇」村田書店　1978
◇図179-4〔白黒・図〕　東京

**鳶凧**
「日本民俗図誌 8 舞楽・童戯篇」村田書店　1978
◇図109-4〔白黒・図〕　千葉県野田

**ドンベンゴマ**
「日本民俗図誌 8 舞楽・童戯篇」村田書店　1978
◇図133-7〔白黒・図〕　熊本

**トンボゴマ**
「日本民俗図誌 8 舞楽・童戯篇」村田書店　1978
◇図133-9・10〔白黒・図〕　人吉

**長崎凧の絵模様**
「日本民俗図誌 8 舞楽・童戯篇」村田書店　1978
◇図104〔白黒・図〕　亀甲横棒、横棒、キリモチ、ナベカブリ、亀の甲、タケオジマ、三ツゴンニャク、ヨコマクラ、鯨の皮、タンゴジマ、倉の鍵、ザンギリ

**長崎凧の表面と糸目**
「日本民俗図誌 8 舞楽・童戯篇」村田書店　1978
◇図103-1〔白黒・図〕　長崎地方

**長崎凧の骨組**
「日本民俗図誌 8 舞楽・童戯篇」村田書店　1978
◇図103-2〔白黒・図〕　長崎地方

**ナゲゴマ**
「日本民俗図誌 8 舞楽・童戯篇」村田書店　1978
◇図132-8〔白黒・図〕　熊本

**名古屋の山車と黒船車**
「民俗の伝承 日本の祭り 夏」立風書房　1977
◇p68〔カラー〕　愛知県　東照宮祭、天王祭、若宮祭　郷土玩具　㈱山本鉱太郎

**なまはげ（人形）**
「日本の祭り 1」講談社　1982
◇p136〔カラー〕　秋田

**奈良人形**
「日本民具の造形」淡交社　2004
◇p164〔白黒〕　京都府 さがの人形の家所蔵

**南京猿**
「日本郷土 風俗・民芸・芸能図鑑」日本図書センター　2012
◇写真篇 宮崎〔白黒〕（玩具）　宮崎県　南京猿

**二挺ガンギ**
「日本民俗図誌 8 舞楽・童戯篇」村田書店　1978
◇図131-2〔白黒・図〕

**ニポポ**
「日本民俗写真大系 1」日本図書センター　1999
◇p72〔白黒〕（人形 ニポポ）　アイヌ。胴体と首に赤い絹が巻きつけてあり、首の紐には3つの黒いガラス玉が通してある　写真提供：萩原眞子

**鶏（削りかけ玩具）**
「日本民俗図誌 8 舞楽・童戯篇」村田書店　1978
◇図193-2〔白黒・図〕　山形県南置玉郡笹野村

**人形**
「民俗学辞典（改訂版）」東京堂出版　1987
◇図版36 (p435)〔白黒〕（人形）　鹿児島県大島郡十島村玉寄神社改築の際用材の剥木にてつくり子供に与える　ニンギョウ　橋浦泰雄画

**人形魚屋**
「日本民具の造形」淡交社　2004
◇p283〔白黒〕　福島県 三春郷土人形館所蔵

**縫いぐるみの負猿と犬ころ**
「日本民俗図誌 8 舞楽・童戯篇」村田書店　1978
◇図150〔白黒・図〕

**ネザンバ**
「日本民俗図誌 8 舞楽・童戯篇」村田書店　1978
◇図162-2〔白黒・図〕　三宅島の坪田村　大正時代まで

**鼠と猫の玩具**
「日本民俗図誌 8 舞楽・童戯篇」村田書店　1978

◇図177-3〔白黒・図〕

**鼠の梯子上り**
「日本民俗図誌 8 舞楽・童戯篇」村田書店　1978
　◇図177-1〔白黒・図〕　大阪や東京など

**ネッキ**
「日本社会民俗辞典 3」日本図書センター　2004
　◇p990〔白黒・図〕　『世事画報』

**練物製**
「日本民俗図誌 8 舞楽・童戯篇」村田書店　1978
　◇図191-2〔白黒・図〕　京都・伏見

**農人形**
「日本民俗写真大系 2」日本図書センター　1999
　　p155〔白黒〕　茨城県水戸市　㊞藤井正夫, 1965年

**鋸挽(玩具)**
「日本民俗図誌 8 舞楽・童戯篇」村田書店　1978
　◇図176-4〔白黒・図〕　大阪

**バイゴマ**
「日本民俗図誌 8 舞楽・童戯篇」村田書店　1978
　◇図164-3〔白黒・図〕

**這子**
「日本民俗図誌 8 舞楽・童戯篇」村田書店　1978
　◇図151-4〔白黒・図〕　鳥取県倉吉

**羽子板**
「日本民具の造形」淡交社　2004
　　p174〔白黒〕　福島県 猪苗代湖南民俗館所蔵
「日本民俗図誌 8 舞楽・童戯篇」村田書店　1978
　◇図138-1・2〔白黒・図〕　山梨県市川地方
　◇図139〔白黒・図〕　甲府地方
　◇図140-1・2〔白黒・図〕　宮城県石ノ巻
　◇図140-3〔白黒・図〕　鳥取県八頭郡地方
　◇図141-1・2〔白黒・図〕　千葉県藤原地方
　◇図142-1〔白黒・図〕　佐賀県有田
　◇図142-2〔白黒・図〕　鹿児島
　◇図143〔白黒・図〕　福岡県上妻地方
　◇図144-1〔白黒・図〕　筑後柳川地方
　◇図144-2〔白黒・図〕　熊本県人吉　正月の初市に求め、生まれて初めての正月を迎える女児に贈る習わしがあった
　◇図145-1〔白黒・図〕　宮崎県佐土原
　◇図145-2〔白黒・図〕　鹿児島県肝属郡高山村地方
　◇図146-1〔白黒・図〕　八丈島

**羽子板・羽根**
「日本民具の造形」淡交社　2004
　　◇p174〔白黒〕　兵庫県 神戸深江生活文化資料館所蔵

**はじき猿**
「日本郷土 風俗・民芸・芸能図鑑」日本図書センター　2012
　　◇写真篇 東京〔白黒〕　東京都 柴又など
「日本民俗図誌 8 舞楽・童戯篇」村田書店　1978
　◇図174-5〔白黒・図〕(板坂の弾き猿)　三重県

**梯子(玩具)**
「日本民俗図誌 8 舞楽・童戯篇」村田書店　1978
　◇図177-2〔白黒・図〕

**八幡駒**
「日本民俗図誌 8 舞楽・童戯篇」村田書店　1978
　◇図190-1〔白黒・図〕　陸奥八戸(青森県)の櫛引八幡

**鳩(玩具)**
「日本民俗図誌 8 舞楽・童戯篇」村田書店　1978
　◇図174-2〔白黒・図〕　名古屋　板製

**鳩笛**
「日本郷土 風俗・民芸・芸能図鑑」日本図書センター　2012
　　◇写真篇 青森〔白黒〕　青森県
「日本民俗図誌 8 舞楽・童戯篇」村田書店　1978
　◇図170-3〔白黒・図〕　日向宮崎　土製
　◇図170-6〔白黒・図〕　弘前　土製

**はなでまり**
「日本民具の造形」淡交社　2004
　　◇p72〔白黒〕　長崎県 瑞穂町郷土資料館所蔵

**花巻人形**
「日本民具の造形」淡交社　2004
　　◇p163〔白黒〕　岩手県 花巻市歴史民俗資料館所蔵

**ハネ(羽根)**
「民具のみかた―心とかたち」第一法規出版　1983
　　◇p244〔白黒〕　石川県白山麓

**ハネト人形**
「日本の祭り 1」講談社　1982
　　◇p136〔カラー〕　青森

**羽根と羽子板**
「日本社会民俗辞典 3」日本図書センター　2004
　　◇p1195〔白黒〕　伊豆八丈島

**羽根(羽子板)**
「日本民俗図誌 8 舞楽・童戯篇」村田書店　1978
　◇図146-2〔白黒・図〕　京都
　◇図146-4〔白黒・図〕　奥羽辺
　◇図146-5・6〔白黒・図〕
　◇図147-1〜15〔白黒・図〕　東京　磯部静雄採図並に報告

**ハフコ(這子)**
「日本民俗図誌 1 祭礼・祭祀篇」村田書店　1977
　◇図163-2〔白黒・図〕

**浜松凧の骨組**
「日本民俗図誌 8 舞楽・童戯篇」村田書店　1978
　◇図114-1〜3〔白黒・図〕　浜松　ベタの骨組, ゴボチの骨組

**バラモン**
「日本民俗図誌 8 舞楽・童戯篇」村田書店　1978
　◇図128-2〔白黒・図〕　長崎県五島の本山村地方

**バラモン凧**
「日本民具の造形」淡交社　2004
　　◇p171〔白黒〕　熊本県 天草町立玩具資料館所蔵

**バラモンの変形**
「日本民俗図誌 8 舞楽・童戯篇」村田書店　1978
　◇図128-4〔白黒・図〕　長崎県五島地方

**張子 赤牛**
「日本民俗図誌 8 舞楽・童戯篇」村田書店　1978
　◇図181-2〔白黒・図〕　会津若松

**張子馬乗**
「日本民俗図誌 8 舞楽・童戯篇」村田書店　1978
　◇図188-1〔白黒・図〕　会津若松
　◇図188-2〔白黒・図〕　沖縄那覇

**張子 亀**
「日本民俗図誌 8 舞楽・童戯篇」村田書店　1978
　◇図181-1〔白黒・図〕　東京亀戸

**張子 鯨の潮吹**
「日本民俗図誌 8 舞楽・童戯篇」村田書店　1978
　◇図181-4〔白黒・図〕　長崎

**張子細工の鳩**
「日本民俗図誌 8 舞楽・童戯篇」村田書店　1978
　◇図183-1〔白黒・図〕　甲府

| 玩具 | 芸能・娯楽 |

張子 俵牛
　「日本民俗図誌 8 舞楽・童戯篇」村田書店　1978
　　◇図181-3〔白黒・図〕　陸中（岩手県）三春

張り子虎
　「日本民具の造形」淡交社　2004
　　◇p162〔白黒〕　福岡県 吉井町立歴史民俗資料館所蔵

張子の首振り 犬
　「日本民俗図誌 8 舞楽・童戯篇」村田書店　1978
　　◇図180-4〔白黒・図〕　浜松

張子の首振り 虎
　「日本民俗図誌 8 舞楽・童戯篇」村田書店　1978
　　◇図180-1〔白黒・図〕　東京亀戸
　　◇図180-2〔白黒・図〕　長崎祇園祭

張子の首振り 猫
　「日本民俗図誌 8 舞楽・童戯篇」村田書店　1978
　　◇図180-3〔白黒・図〕　金沢

張子の闘鶏
　「日本民俗図誌 8 舞楽・童戯篇」村田書店　1978
　　◇図182〔白黒・図〕　沖縄県那覇

ハンショゴマ
　「日本民俗図誌 8 舞楽・童戯篇」村田書店　1978
　　◇図133-2〔白黒・図〕　大分県臼杵

ハンドゴマ
　「日本民俗図誌 8 舞楽・童戯篇」村田書店　1978
　　◇図133-6〔白黒・図〕　長崎

ピギダーの骨組と糸目
　「日本民俗図誌 8 舞楽・童戯篇」村田書店　1978
　　◇図106-1〔白黒・図〕　沖縄県八重山凧の一種　岩崎卓爾採図並に報告

ビーダマ
　「日本民具の造形」淡交社　2004
　　◇p170〔白黒〕　宮城県 仙台市歴史民俗資料館所蔵

ビー玉
　「日本民具の造形」淡交社　2004
　　◇p31〔白黒〕　長野県 小布施町立歴史民俗資料館所蔵

ヒネリゴマ
　「日本民俗図誌 8 舞楽・童戯篇」村田書店　1978
　　◇図132-2〔白黒・図〕　久留米

ひめしばのこうもり傘
　「日本民俗大辞典 上」吉川弘文館　1999
　　◇図4〔別刷図版「遊び」〕〔白黒〕　白岡町教育委員会（埼玉県）提供

百人一首
　「日本民具の造形」淡交社　2004
　　◇p20〔白黒〕　北海道 遠野町郷土館所蔵

百人一首かるた
　「日本民具の造形」淡交社　2004
　　◇p166〔白黒〕　青森県 三戸町立歴史民俗資料館所蔵

百人一首取札
　「日本民具の造形」淡交社　2004
　　◇p3〔カラー〕　青森県 三戸町立歴史民俗資料館所蔵

ひょっとこ・おかめ
　「日本民具の造形」淡交社　2004
　　◇p164〔白黒〕　岡山県 新庄村歴史民俗資料館所蔵

ヒラゴマ
　「日本民俗図誌 8 舞楽・童戯篇」村田書店　1978
　　◇図132-1〔白黒・図〕　大分県
　　◇図132-6〔白黒・図〕　久留米

ヒラゴマ別種
　「日本民俗図誌 8 舞楽・童戯篇」村田書店　1978
　　◇図132-9〔白黒・図〕　久留米

ビンビン鯛
　「日本民具の造形」淡交社　2004
　　◇p163〔白黒〕　滋賀県 田上郷土館所蔵

笛（玩具）
　「日本民俗図誌 8 舞楽・童戯篇」村田書店　1978
　　◇図169-7〔白黒・図〕（笛）　ブリッキ製。地方特殊玩具

ブカ凧
　「日本民俗図誌 8 舞楽・童戯篇」村田書店　1978
　　◇図110-2〔白黒・図〕　静岡地方

河豚凧
　「日本民具の造形」淡交社　2004
　　◇p172〔白黒〕　埼玉県 大凧会館所蔵

梟笛
　「日本民俗図誌 8 舞楽・童戯篇」村田書店　1978
　　◇図170-1〔白黒・図〕　博多　土製

伏見人形
　「日本民具の造形」淡交社　2004
　　◇p162〔白黒〕　大阪府 伏偶舎郷土玩具資料館所蔵
　　◇p298〔白黒〕　京都府 さがの人形の家

伏見焼の土製神輿（玩具）
　「日本民俗図誌 8 舞楽・童戯篇」村田書店　1978
　　◇図195-2〔白黒・図〕　京都

フータン
　「日本民俗図誌 8 舞楽・童戯篇」村田書店　1978
　　◇図130-1～4〔白黒・図〕　那覇

布団山を模した玩具
　「日本民俗図誌 8 舞楽・童戯篇」村田書店　1978
　　◇図196-2〔白黒・図〕（布団山）　大阪座摩神社夏祭　木製

舟の玩具
　「民俗図録 日本人の暮らし」日本図書センター　2012
　　◇図516〔白黒〕　鹿児島県諏訪瀬島

ブングルマ
　「日本民俗図誌 8 舞楽・童戯篇」村田書店　1978
　　◇図135-2〔白黒・図〕　宮崎県佐土原

噴水
　「日本民俗図誌 8 舞楽・童戯篇」村田書店　1978
　　◇図167-4〔白黒・図〕　ブリッキ製以前の竹製

蛇凧
　「日本民俗図誌 8 舞楽・童戯篇」村田書店　1978
　　◇図122-1・2〔白黒・図〕　名古屋

豊年馬
　「日本郷土 風俗・民芸・芸能図鑑」日本図書センター　2012
　　◇写真篇 大分〔白黒〕　大分県　竹と稲の穂を使った手作り細工

酸漿型提灯
　「日本民俗図誌 8 舞楽・童戯篇」村田書店　1978
　　◇図166-1〔白黒・図〕　経木細工の透し細工

ホーコサン
　「日本民俗図誌 8 舞楽・童戯篇」村田書店　1978
　　◇図151-2〔白黒・図〕　高松

ボーズゴマ
　「日本民俗図誌 8 舞楽・童戯篇」村田書店　1978
　　◇図133-11〔白黒・図〕　長崎

法華寺の守犬
　「日本を知る事典」社会思想社　1971

◇図16(p418)〔白黒〕　奈良県

## ぼんでん
「民俗の伝承 日本の祭り 夏」立風書房　1977
◇p68〔カラー〕　秋田県　2月17日（横手のぼんでん祭り）　中山土人形の作者が作った新玩　㊞山本鉱太郎

## ポンパチ
「民俗の伝承 日本の祭り 夏」立風書房　1977
◇p71〔白黒〕　鹿児島県 鹿児島神宮で授与　旧正月18日の初午に出る鈴懸馬の鞍についている初鼓を模したもの　㊞山本鉱太郎

## マアシコ
「日本民俗図誌 8 舞楽・童戯篇」村田書店　1978
◇図134-6〔白黒・図〕　八丈島

## 舞扇
「日本民具の造形」淡交社　2004
◇p164〔白黒〕　福島県 三春郷土人形館所蔵

## マス凧
「日本民俗図誌 8 舞楽・童戯篇」村田書店　1978
◇図105-4〔白黒・図〕　鳥取や倉吉

## 町凧
「日本民俗図誌 8 舞楽・童戯篇」村田書店　1978
◇図115・116〔白黒・図〕　浜松

## ままごと玩具
「図説 台所道具の歴史」日本図書センター　2012
◇p15-11〔カラー〕　製作年代は不明だが日露戦争以前のままごと玩具の型式・内容　㊞武田清博 北海道開拓記念館

## ままごとセット
「図説 台所道具の歴史」日本図書センター　2012
◇p27-12〔白黒〕　1970年代　㊞GK

## 魔除け猿
「日本郷土 風俗・民芸・芸能図鑑」日本図書センター　2012
◇写真篇 宮崎〔白黒〕（玩具）　宮崎県　魔除け猿

## 廻り鼠
「日本民俗図誌 8 舞楽・童戯篇」村田書店　1978
◇図176-2〔白黒・図〕　大阪住吉

## 万華鏡
「日本民具の造形」淡交社　2004
◇p168〔白黒〕　長野県 上田創造館所蔵

## 水鉄砲
「日本民俗図誌 8 舞楽・童戯篇」村田書店　1978
◇図167-1・2〔白黒・図〕　竹製
◇図167-3〔白黒・図〕　竜頭水を模した木製

## 三ツ山
「民俗の伝承 日本の祭り 夏」立風書房　1977
◇p69〔カラー〕　兵庫県　射楯兵主神社の三ツ山祭り〔祭りを模した玩具〕　㊞山本鉱太郎

## ミナダコ
「日本民俗図誌 8 舞楽・童戯篇」村田書店　1978
◇図103-5〔白黒・図〕　長崎県 壱岐島や五島

## 三原人形
「日本民具の造形」淡交社　2004
◇p303〔白黒〕　広島県 三原歴史民俗資料館所蔵

## 三春子育馬
「日本民俗図誌 8 舞楽・童戯篇」村田書店　1978
◇図190-2〔白黒・図〕　福島県田村郡高野村大字高柴で作られる

## 三春駒
「日本民具の造形」淡交社　2004
◇p164〔白黒〕　福島県 三春町歴史民俗資料館所蔵

「日本社会民俗辞典 1」日本図書センター　2004
◇p226〔白黒・図〕　福島県三春町

## 三春人形
「日本郷土 風俗・民芸・芸能図鑑」日本図書センター　2012
◇写真篇 福島〔白黒〕　福島県 相馬地方

## 木菟
「日本民具の造形」淡交社　2004
◇p68〔白黒〕　栃木県 匠の館民俗資料館所蔵

## 木兎笛
「日本民俗図誌 8 舞楽・童戯篇」村田書店　1978
◇図170-4〔白黒・図〕　名古屋　土製

## 三次人形
「日本民具の造形」淡交社　2004
◇p163〔白黒〕　広島県 三永歴史民俗資料館所蔵

## 虫籠
「日本民俗図誌 8 舞楽・童戯篇」村田書店　1978
◇図165-1〔白黒・図〕　麦稈細工

## ムツゴロー（玩具）
「日本民具の造形」淡交社　2004
◇p306〔白黒〕（ムツゴロー）　福岡県 柳川市立歴史民俗資料館所蔵

## 目無し
「日本民俗図誌 8 舞楽・童戯篇」村田書店　1978
◇図199-1〔白黒・図〕　静岡

## メンコ
「日本民具の造形」淡交社　2004
◇p170〔白黒〕　熊本県 八代市立博物館未来の森ミュージアム所蔵
「日本民俗図誌 8 舞楽・童戯篇」村田書店　1978
◇図149-2・3〔白黒・図〕　和歌山県田辺地方　明治初期
◇図149-6・7・8〔白黒・図〕　福岡県博多　陶土製
◇図149-9・10・11〔白黒・図〕　青森県弘前地方のもの
◇図149-12〜16〔白黒・図〕　大阪地方のもの

## 木製神輿（玩具）
「日本民俗図誌 8 舞楽・童戯篇」村田書店　1978
◇図195-3〔白黒・図〕　仙台大崎八幡
◇図195-4〔白黒・図〕　伊予松山

## 木馬（玩具）
「日本郷土 風俗・民芸・芸能図鑑」日本図書センター　2012
◇写真篇 大分〔白黒〕（木馬）　大分県
「日本民具の造形」淡交社　2004
◇p168〔白黒〕（木馬）　福岡県 須恵町立歴史民俗資料館所蔵
「民具のみかた一心とかたち」第一法規出版　1983
◇p253〔白黒〕（モクバ（木馬））　岐阜県宮川村

## 文字凧ガガリ
「日本民具の造形」淡交社　2004
◇p172〔白黒〕　愛媛県 五十崎凧博物館所蔵

## 餅搗（玩具）
「日本民俗図誌 8 舞楽・童戯篇」村田書店　1978
◇図175-1〔白黒・図〕　大分県中津　明治末年頃まで存在した　木製

## 餅搗き兎
「日本民俗図誌 8 舞楽・童戯篇」村田書店　1978
◇図175-2〔白黒・図〕　名古屋
◇図175-3〔白黒・図〕　大阪産

## モッソーゴマ
「日本民俗図誌 8 舞楽・童戯篇」村田書店　1978
◇図133-8〔白黒・図〕　三池

八重山凧
  「日本民俗図誌 8 舞楽・童戯篇」村田書店 1978
    ◇図107-1～5〔白黒・図〕 沖縄県八重山 ピギダーの模様（ウズヌアヤ（渦の綾）・ヤマミジ（山水）），ハッカク（八角），カブヤー，ピトピキダー（人引凧）

役者絵凧
  「日本民具の造形」淡交社 2004
    ◇p172〔白黒〕 新潟県 三条市歴史民俗産業資料館所蔵

弥治郎こけし
  「日本の祭り 1」講談社 1982
    ◇p136〔カラー〕 宮城
  「日本民俗図誌 8 舞楽・童戯篇」村田書店 1978
    ◇図152-1〔白黒・図〕（弥治郎コケシ） 宮城県刈田郡福岡村八宮弥治郎の産
    ◇図154-4〔白黒・図〕（弥治郎コケシ） 宮城県鎌先

弥次郎兵衛
  「写真でみる日本人の生活全集 9」日本図書センター 2010
    ◇p13〔白黒〕 ㈹宗弘容
  「日本民俗大辞典 下」吉川弘文館 2000
    ◇p725〔白黒〕 東北地方

奴凧
  「日本民具の造形」淡交社 2004
    ◇p35〔白黒〕 兵庫県 神戸深江生活文化資料館所蔵
    ◇p171〔白黒〕 栃木県 匠の館民俗資料館
  「日本民俗図誌 8 舞楽・童戯篇」村田書店 1978
    ◇図129-2〔白黒・図〕 宇和島

八ツ鹿凧
  「日本民俗図誌 8 舞楽・童戯篇」村田書店 1978
    ◇図122-3〔白黒・図〕 宇和島

八つ凧
  「日本民具の造形」淡交社 2004
    ◇p172〔白黒〕 茨城県 日立市郷土博物館所蔵

湯田こけし
  「日本民具の造形」淡交社 2004
    ◇p162〔白黒〕 岩手県 湯田町歴史民俗資料館所蔵

ヨイヤシャ（模した玩具）
  「日本民俗図誌 8 舞楽・童戯篇」村田書店 1978
    ◇図196-1〔白黒・図〕 阿波徳島 木製

よさこい人形
  「日本郷土 風俗・民芸・芸能図鑑」日本図書センター 2012
    ◇写真篇 高知〔白黒〕 高知県

与次郎人形（江都二色）
  「日本社会民俗辞典 1」日本図書センター 2004
    ◇p227〔白黒・図〕

ヨマカゴ
  「日本民俗図誌 8 舞楽・童戯篇」村田書店 1978
    ◇図131-9〔白黒・図〕 長崎凧の凧糸籠

ラッパ
  「日本民俗図誌 8 舞楽・童戯篇」村田書店 1978
    ◇図168-1〔白黒・図〕 経木製
    ◇図168-2〔白黒・図〕 長崎、博多、大阪等 薄いガラス製

喇叭（玩具）
  「日本民俗大辞典 下」吉川弘文館 2000
    ◇p793〔白黒〕（玩具の喇叭） ㈹竹内敏信 日本民具博物館所蔵

琉球人形
  「日本民具の造形」淡交社 2004
    ◇p164〔白黒〕 兵庫県 日本玩具博物館所蔵

輪鼓
  「日本民具の造形」淡交社 2004
    ◇p166〔白黒〕 鳥取県 わらべ館所蔵

楼車鈴
  「民俗の伝承 日本の祭り 夏」立風書房 1977
    ◇p68〔カラー〕 三重県 10月23日から3日間 上野天神（菅原神社）の秋の祭礼 土鈴 ㈹山本鉱太郎

轆轤捲
  「日本民俗図誌 8 舞楽・童戯篇」村田書店 1978
    ◇図131-3〔白黒・図〕 浜松の凧揚げ

輪廻しの輪
  「日本民俗図誌 8 舞楽・童戯篇」村田書店 1978
    ◇図148〔白黒・図〕

藁人形（工芸品）
  「日本郷土 風俗・民芸・芸能図鑑」日本図書センター 2012
    ◇写真篇 長野〔白黒〕（藁人形） 長野県

ワンワン（凧）
  「日本民俗図誌 8 舞楽・童戯篇」村田書店 1978
    ◇図119〔白黒・図〕 徳島県撫養町 大凧 大代の菊一の骨組

ワンワン（凧）の模様
  「日本民俗図誌 8 舞楽・童戯篇」村田書店 1978
    ◇図120・121〔白黒・図〕 徳島県撫養町

# 遊ぶ子ども

あかんべ
  「写真ものがたり昭和の暮らし 6」農山漁村文化協会 2006
    ◇p101〔白黒〕 秋田県能代市 ㈹南利夫, 昭和32年

あかんべー
  「写真ものがたり昭和の暮らし 6」農山漁村文化協会 2006
    ◇p100〔白黒〕（3人一緒に"あかんべー"） 秋田県横手市 ㈹千葉禎介, 昭和30年代

悪童
  「写真でみる日本生活図引 5」弘文堂 1989
    ◇図113〔白黒〕 秋田県横手市婦気 中学生の男の子たち ㈹佐藤久太郎, 昭和35年10月

遊びの場
  「日本民俗大辞典 上」吉川弘文館 1999
    ◇図2〔別刷図版「遊び」〕〔白黒〕 佐賀県多久市 ㈹薗部澄, 1958年（昭和33） 日本写真機光学機器検査協会（JCII）所蔵

遊び場
  「写真でみる日本生活図引 5」弘文堂 1989
    ◇図117〔白黒〕 秋田県湯沢市湯ノ原 ㈹佐藤久太郎, 昭和42年4月

芸能・娯楽　　　　　　　　　　　　　　　　　　　　　　　遊ぶ子ども

## 遊ぶ子ども
「里山・里海 暮らし図鑑」柏書房　2012
　◇口絵〔白黒〕(ともに遊ぶ子供)　福井県高浜町塩土浜　昭和30年2月　㊙横田文雄　高浜町郷土資料館提供
「写真でみる日本人の生活全集 6」日本図書センター　2010
　◇p43〔白黒〕　〔公園で遊ぶこども〕　㊙高垣和司
　◇p47〔白黒〕(きょうだいと遊ぶ)　㊙平松俊昭
「写真でみる日本人の生活全集 9」日本図書センター　2010
　◇p23〔白黒〕(家の軒下で遊ぶ)　東京
　◇p25〔白黒〕〔屋根の上で遊ぶ少年達〕　㊙北岡康生
「写真でみる日本人の生活全集 10」日本図書センター　2010
　◇口絵〔白黒〕(女の子たちが、くったくなく遊んでいる処)　あるお寺の門前　㊙土師遥
「宮本常一が撮った昭和の情景 上」毎日新聞社　2009
　◇p200〔白黒〕(蒲野沢)　青森県下北郡東通村蒲野沢　㊙宮本常一, 1963年8月12日
「写真ものがたり昭和の暮らし 10」農山漁村文化協会　2007
　◇p77〔白黒〕(丘陵で遊ぶ男の子たち)　秋田県能代市　㊙南利夫, 昭和31年
　◇p84〔白黒〕(牛舎の屋根の上で遊ぶ女の子たち)　長野県曾地村(現阿智村)　㊙矢沢昇, 昭和31年8月末
「宮本常一 写真・日記集成 上」毎日新聞社　2005
　◇p334〔白黒〕(石垣で遊ぶ)　五島列島・富江(長崎県富江町[五島市])　㊙宮本常一, 1962年8月14日
　◇p386〔白黒〕(子どもの遊び)　長野県下伊那郡上村上町　㊙宮本常一, 1963年7月8日
　◇p390〔白黒〕(蒲野沢)　青森県下北郡東通村蒲野沢　㊙宮本常一, 1963年8月12日
　◇p391〔白黒〕(神社で遊ぶ子供たち)　青森県下北郡東通村石持　㊙宮本常一, 1963年8月12日
「宮本常一 写真・日記集成 下」毎日新聞社　2005
　◇p305〔白黒〕(お寺で遊ぶ子供たち)　大阪府高石市取石　㊙宮本常一, 1973年4月27日
　◇p440〔白黒〕(海岸で遊ぶ子供たち)　広島県安芸郡倉橋町桂浜　㊙宮本常一, 1978年10月19～20日
「日本民俗写真大系 3」日本図書センター　1999
　◇p91〔白黒〕(地元の人たちが建てたイルカ供養塔の前で子どもたちが遊ぶ)　静岡県賀茂村安良里　㊙青山富士夫, 1959年
「写真でみる日本生活図引 別巻」弘文堂　1993
　◇図78〔白黒〕(遊び)　長野県下伊那郡阿智村　㊙矢沢昇, 昭和31年8月26日
　◇図187〔白黒〕(遊ぶ)　長野県下伊那郡阿智村　㊙熊谷元一, 昭和31年12月2日
「写真でみる日本生活図引 6」弘文堂　1993
　◇図71〔白黒〕(路上で遊ぶ)　東京都新宿区四ツ谷若葉町　㊙昭和31年7月25日　東京都提供
「写真でみる日本生活図引 5」弘文堂　1989
　◇図93〔白黒〕(路上で遊ぶ)　東京都　㊙渡部雄吉, 昭和26年

## 雨戸の間からのぞかせたセルロイド製のキューピー
「写真ものがたり昭和の暮らし 10」農山漁村文化協会　2007
　◇p18〔白黒〕　秋田県湯沢市　雨戸の間からのぞかせたセルロイド製のキューピーを、垣根のそばに立つ親子が見ている　㊙加賀谷政雄, 昭和34年

## あやとりをする
「写真でみる日本人の生活全集 9」日本図書センター　2010
　◇口絵〔白黒〕(あやとり)　能代市　㊙塚本信夫
「写真ものがたり昭和の暮らし 6」農山漁村文化協会　2006
　◇p145〔白黒〕(ふたりであや取りをする)　長野県會地村(現阿智村)　㊙熊谷元一, 昭和25年
「日本社会民俗辞典 3」日本図書センター　2004
　◇p989〔白黒〕(あやとり)　新潟県谷浜村
「写真でみる日本生活図引 5」弘文堂　1989
　◇図105〔白黒〕(あやとり)　秋田県湯沢市三関関口　㊙佐藤久太郎, 昭和37年11月

## 石を前に放り投げ、その石を両足ではさむように飛んでさらに前へ進む
「写真ものがたり昭和の暮らし 6」農山漁村文化協会　2006
　◇p163〔白黒〕　青森県佐井村の国道　㊙須藤功, 昭和43年3月

## 石けり
「写真ものがたり昭和の暮らし 10」農山漁村文化協会　2007
　◇p85〔白黒〕　長野県富士見町池之袋　㊙武藤盈, 昭和32年3月

## イーチコハーチコ
「民俗図録 日本人の暮らし」日本図書センター　2012
　◇図514〔白黒〕　島根県簸川郡出西村　㊙山根雅郎

## 稲藁に転がる
「写真でみる日本生活図引 5」弘文堂　1989
　◇図115〔白黒〕　秋田県湯沢市酒蒔　男の子たち　㊙加賀谷政雄, 昭和36年11月

## 馬とび
「写真でみる日本人の生活全集 10」日本図書センター　2010
　◇p86〔白黒〕　㊙鈴木十郎
「写真ものがたり昭和の暮らし 10」農山漁村文化協会　2007
　◇p81〔白黒〕(馬跳び)　群馬県上野村乙父 神流川の河原　㊙須藤功, 昭和44年4月
　◇p93〔白黒〕(海辺の馬跳び)　沖縄県石垣市登野城　㊙須藤功, 昭和48年8月

## 馬乗りの遊び
「写真ものがたり昭和の暮らし 6」農山漁村文化協会　2006
　◇p150〔白黒〕　秋田県能代市　㊙南利夫, 昭和26年6月

## 海に小舟を出す少年たち
「写真ものがたり昭和の暮らし 10」農山漁村文化協会　2007
　◇p91〔カラー〕　沖縄県石垣市　㊙須藤功, 昭和48年8月

## 海に飛び込む少年
「写真ものがたり昭和の暮らし 3」農山漁村文化協会　2004
　◇p52〔白黒〕　熊本県八代市二見町　木造の飛びこみ台から海に飛び込む　㊙麦島勝, 昭和45年

## 海に飛びこんで泳ぎ遊ぶ子どもたち
「写真ものがたり昭和の暮らし 3」農山漁村文化協会　2004
　◇p231〔白黒〕(着ている服のまま海に飛びこんで泳ぎ遊ぶ子どもたち)　沖縄県石垣市登野城　㊙須藤功, 昭和48年8月

## 海辺で遊ぶ子どもたち
「宮本常一が撮った昭和の情景 上」毎日新聞社　2009
　◇p201〔白黒〕　山形県酒田市飛島　㊙宮本常一, 1963年8月23日
「宮本常一 写真・日記集成 上」毎日新聞社　2005
　◇p398〔白黒〕(子どもたち)　山形県酒田市 飛島　㊙宮本常一, 1963年8月23日

## 絵かき歌
「祭・芸能・行事大辞典 上」朝倉書店　2009
　◇p223〔白黒・図〕　「かわいい コックさん」「つるさんはまるまるむし一顔」　小泉文夫編『『わらべうたの研究 研究編』わらべうたの研究刊行会, 1969, 小泉文夫編『わらべうたの研究 楽譜編』わらべうたの研究刊行会, 1969

**駅伝レースを見る少年**
「宮本常一 写真・日記集成 下」毎日新聞社　2005
◇p216〔白黒〕　岩手県山形村霜畑あたり　〔木の柵の上に乗っている〕　[撮]宮本常一, 1969年11月1日～4日

**絵つけあそび**
「写真でみる日本人の生活全集 9」日本図書センター　2010
◇口絵〔白黒〕

**縁側で本を読む子どもたち**
「写真ものがたり昭和の暮らし 1」農山漁村文化協会　2004
◇p63〔白黒〕　長野県阿智村　[撮]熊谷元一, 昭和20年代

**おサル電車**
「写真ものがたり昭和の暮らし 4」農村漁村文化協会　2005
◇p212〔白黒〕　東京都台東区　[撮]昭和25年3月　共同通信社提供

**お手玉をする**
「写真でみる日本人の生活全集 9」日本図書センター　2010
◇口絵〔白黒〕(お手玉)　能代市
「写真ものがたり昭和の暮らし 10」農山漁村文化協会　2007
◇p83〔白黒〕(小豆入りのお手玉で遊ぶ少女)　長野県富士見町池之袋　[撮]武藤盈, 昭和32年12月
「民具のみかた―心とかたち」第一法規出版　1983
◇p255〔白黒〕(お手玉)　石川県七尾市

**鬼遊び(子とろ鬼)**
「日本社会民俗辞典 1」日本図書センター　2004
◇p117〔白黒・図〕(子供の鬼遊び(子とろ鬼))　埼玉県

**おはじき遊び**
「図説 日本民俗学」吉川弘文館　2009
◇p138〔白黒〕(小石のおはじき遊び)　長崎県対馬市　長沢利明提供
「写真ものがたり昭和の暮らし 6」農山漁村文化協会　2006
◇p147〔白黒〕(おはじき)　石川県輪島市・舳倉島　さざえの蓋と貝殻をおはじきにして遊んでいる　[撮]御園直太郎, 昭和34年8月

**玩具の雪眼鏡をした子どもたち**
「写真ものがたり昭和の暮らし 10」農山漁村文化協会　2007
◇p104〔白黒〕　秋田県横手市　[撮]須藤功, 昭和42年2月

**泳ぐ少年たち**
「宮本常一 写真・日記集成 上」毎日新聞社　2005
◇p84〔白黒〕(神島)　岡山県笠岡市 神島　[撮]宮本常一, 1957年8月30日

**おりたたみ式の四つ手網をかつぎバケツをさげた子供**
「写真でみる日本人の生活全集 9」日本図書センター　2010
◇口絵〔白黒〕　ザリガニとり

**海水浴をする子ども**
「写真でみる日本人の生活全集 5」日本図書センター　2010
◇p24〔白黒〕(海水浴)　[撮]小場佐悌玄
「宮本常一 写真・日記集成 下」毎日新聞社　2005
◇p280〔白黒〕(防波堤の傍で海水浴)　香川県坂出市岩黒島　[撮]宮本常一, 1972年8月14日～18日
◇p312〔白黒〕(埠頭内側の浜辺で海水浴)　香川県坂出市岩黒島　[撮]宮本常一, 1973年8月18日

**カエルを手にする少年**
「写真ものがたり昭和の暮らし 1」農山漁村文化協会　2004
◇p215〔白黒〕　長野県阿智村駒場　[撮]熊谷元一, 昭和31年

**角型のシャベルに乗って、坂道を滑りおりる**
「写真ものがたり昭和の暮らし 6」農山漁村文化協会　2006
◇p174〔白黒〕　長野県飯山市　[撮]坂本栄治, 昭和30年代

**かくれんぼ**
「写真ものがたり昭和の暮らし 6」農山漁村文化協会　2006
◇p172〔白黒〕　秋田県湯沢市　田のにお積みを利用　[撮]加賀谷政雄, 昭和30年代

**かごめかごめ**
「写真ものがたり昭和の暮らし 6」農山漁村文化協会　2006
◇p146〔白黒〕　群馬県六合村品木 小学校分校の校庭　[撮]都丸十九一, 昭和36年
「日本民俗大辞典 上」吉川弘文館　1999
◇図19〔別刷図版「遊び」〕〔白黒〕　埼玉県北本市　[撮]1985年(昭和60)頃　北本市役所提供

**カックイ遊び**
「写真ものがたり昭和の暮らし 6」農山漁村文化協会　2006
◇p156〔カラー〕　北海道平取町二風谷　[撮]須藤功, 昭和53年8月

**紙風船と子供**
「写真でみる日本人の生活全集 9」日本図書センター　2010
◇p12〔白黒〕　[撮]横田秀男

**亀と子供**
「写真でみる日本人の生活全集 9」日本図書センター　2010
◇p6〔白黒〕　近くの古池からとってきた亀をバケツに入れて元の池に帰そうと相談している　[撮]島田佳子

**カメラを向けられてあわてて逃げる裸ん坊たち**
「写真ものがたり昭和の暮らし 6」農山漁村文化協会　2006
◇p166〔白黒〕　秋田県横手市　[撮]土田惇, 昭和20年代

**カメラを向ける真似をする少女**
「写真ものがたり昭和の暮らし 10」農山漁村文化協会　2007
◇p105〔白黒〕　栃木県鹿沼市 座敷箒の卸店の前　[撮]須藤功, 昭和46年10月

**カルタ遊び**
「写真ものがたり昭和の暮らし 4」農村漁村文化協会　2005
◇p209〔白黒〕(こたつで絵カルタを取って遊ぶ子どもたち)　千葉県松戸市　[撮]小櫃亮, 昭和41年11月

**川遊び**
「里山・里海 暮らし図鑑」柏書房　2012
◇写32(p161)〔白黒〕　福井県旧三方町〔若狭町〕気山　昭和30年代3月　若狭三方縄文博物館提供
「写真ものがたり昭和の暮らし 10」農山漁村文化協会　2007
◇p90〔カラー〕(川で遊ぶ)　岩手県大迫町(現花巻市)　[撮]須藤功, 昭和42年8月
「写真ものがたり昭和の暮らし 5」農山漁村文化協会　2005
◇p128〔白黒〕(川で遊ぶ)　宮城県仙台市　夏　[撮]中嶋忠一, 昭和31年8月
◇p129〔白黒〕　東京都大田区 多摩川　夏　〔川で遊ぶ〕　[撮]昭和23年7月　共同通信社提供
「写真ものがたり昭和の暮らし 4」農村漁村文化協会　2005
◇p42〔白黒〕(原爆ドームの見える元安川で遊ぶ子どもたち)　広島県広島市　[撮]昭和26年8月　共同通信社提供
「写真でみる日本生活図引 5」弘文堂　1989
◇図7・8〔白黒〕　新潟県南魚沼郡塩沢町　[撮]昭和初期　林明男提供
◇図123〔白黒〕　兵庫県加古川市・和田井堰　[撮]脇坂俊夫, 昭和29年

**川をせき止めて造ったプールで遊ぶ**
「写真ものがたり昭和の暮らし 6」農山漁村文化協会　2006
◇p214〔白黒〕　長野県會地村(現阿智村)　子どもたちでにぎわう、川をせき止めて造ったプール　[撮]熊谷元一, 昭和31年

**川で泳ぐ**
「写真ものがたり昭和の暮らし 5」農山漁村文化協会　2005
◇p130〔白黒〕　秋田県湯沢市山田 羽後大戸川　[撮]加賀

谷政雄, 昭和34年7月

「写真ものがたり昭和の暮らし 1」農山漁村文化協会　2004
　◇p180〔白黒〕　長野県阿智村　㊟熊谷元一, 昭和26年

「写真でみる日本生活図引 6」弘文堂　1993
　◇図108〔白黒〕　秋田県湯沢市山田深堀　㊟加賀谷政雄, 昭和34年7月

## 川で魚とりをする少年たち

「写真ものがたり昭和の暮らし 6」農山漁村文化協会　2006
　◇p139〔白黒〕　秋田県横手市　〔川魚を獲る少年〕　㊟佐藤久太, 昭和35年11月

「写真ものがたり昭和の暮らし 5」農山漁村文化協会　2005
　◇p184〔白黒〕(用水路で魚獲りをする男の子)　滋賀県湖北町山本　真夏の昼さがり　㊟前野隆資, 昭和30年　琵琶湖博物館所蔵

「写真ものがたり昭和の暮らし 1」農山漁村文化協会　2004
　◇p214〔白黒〕　秋田県湯沢市　㊟加賀谷政雄, 昭和30年代

## 川に突き出た岩の上で甲羅干し

「写真ものがたり昭和の暮らし 6」農山漁村文化協会　2006
　◇p167〔白黒〕　埼玉県・秩父地方　㊟武藤盈, 昭和33年7月

## ガンマン

「写真でみる日本生活図引 5」弘文堂　1989
　◇図91〔白黒〕　東京都　少年 拳銃を持って遊ぶ　㊟渡部雄吉, 昭和26年

## 木で作った牛で遊ぶ子

「写真でみる日本人の生活全集 9」日本図書センター　2010
　◇p14〔白黒〕　新潟県

## 木登り

「写真ものがたり昭和の暮らし 10」農山漁村文化協会　2007
　◇p96〔白黒〕　長野県上村下栗(現飯田市)　㊟須藤功, 昭和42年11月

「写真でみる日本生活図引 5」弘文堂　1989
　◇図121〔白黒〕　秋田県横手市　㊟山下惣市, 昭和20年代

## キャッチボールをする

「写真ものがたり昭和の暮らし 10」農山漁村文化協会　2007
　◇p23〔白黒〕(母と男の子がキャッチボール)　熊本県芦北町 稲刈りの終えた田んぼ　㊟麦島勝, 昭和50年11月

「写真ものがたり昭和の暮らし 4」農村漁村文化協会　2005
　◇p48〔白黒〕(キャッチボールをする男の子)　東京都中央区佃　㊟石井彰一, 昭和26年

## 草野球

「写真ものがたり昭和の暮らし 10」農山漁村文化協会　2007
　◇p71〔白黒〕　和歌山県串本町潮岬　グローブを広げてボールを捕ろうとしている少年　㊟須藤功, 昭和42年6月

## 下駄スケートをする子ども

「写真ものがたり昭和の暮らし 6」農山漁村文化協会　2006
　◇p175〔白黒〕(下駄スケート)　長野県富士見町烏帽子スケートリンク　㊟武藤盈, 昭和33年1月

## 下駄取り

「写真ものがたり昭和の暮らし 6」農山漁村文化協会　2006
　◇p162〔白黒〕　長野県會地村駒場(現阿智村)　目抜き通り　㊟熊谷元一, 昭和12年2月

## けんか

「写真ものがたり昭和の暮らし 6」農山漁村文化協会　2006
　◇p98〔白黒〕　秋田県羽後町貝沢　㊟佐藤久太郎, 昭和37年9月

「写真でみる日本生活図引 5」弘文堂　1989
　◇図119〔白黒〕　秋田県雄勝郡羽後町貝沢　㊟佐藤久太郎, 昭和37年9月23日
　◇図120〔白黒〕　秋田県横手市婦気　㊟佐藤久太郎, 昭和35年10月

## けん玉をする

「写真でみる日本人の生活全集 9」日本図書センター　2010
　◇口絵〔白黒〕(けん玉)　東京大田区

## 子どもたちのたまり場

「写真ものがたり昭和の暮らし 10」農山漁村文化協会　2007
　◇p88〔白黒〕　秋田県湯沢市湯原 小祠の前　㊟佐藤久太郎, 昭和42年4月

## 子供列車に乗る子供たち

「写真でみる日本人の生活全集 9」日本図書センター　2010
　◇p10〔白黒〕(子供列車)　乗る子供たち　㊟中野仲輔

## コマ遊び

「写真ものがたり昭和の暮らし 6」農山漁村文化協会　2006
　◇p143〔白黒〕　長野県飯山市愛宕町　雪のかたまりが残る町のなかの道路　㊟坂本栄治, 昭和30年代

「写真でみる日本生活図引 5」弘文堂　1989
　◇図96〔白黒〕(独楽)　秋田県横手市　㊟佐藤久太郎, 昭和34年5月
　◇図97〔白黒〕(独楽)　愛媛県西宇和郡瀬戸町川之浜　㊟新田好, 昭和28年

## ゴム飛び

「日本民俗大辞典 上」吉川弘文館　1999
　◇図17〔別刷図版「遊び」〕〔白黒〕　埼玉県熊谷市　㊟森田竹市, 1956年(昭和31)　埼玉県立文書館提供

## ゴム縄を跳ぶ

「写真ものがたり昭和の暮らし 3」農山漁村文化協会　2004
　◇p19〔白黒〕　愛媛県瀬戸町川之浜　㊟原田政章, 昭和30年代

## ゴルフ遊び

「写真でみる日本人の生活全集 6」日本図書センター　2010
　◇p44〔白黒〕　㊟奥田慶雄

## ゴロンゴマワシ

「写真ものがたり昭和の暮らし 6」農山漁村文化協会　2006
　◇p160〔白黒〕　埼玉県両神村午蒡(現小鹿野市)　㊟武藤盈, 昭和32年1月

## 竿につけた紐で、木製の小さな舟を引く春休みの子どもたち

「写真ものがたり昭和の暮らし 6」農山漁村文化協会　2006
　◇p169〔白黒〕　青森県佐井村　㊟須藤功, 昭和43年3月

## 魚突き

「写真ものがたり昭和の暮らし 5」農山漁村文化協会　2005
　◇p159〔白黒〕　静岡県佐久間町(現浜松市)　㊟昭和27年ごろ　平賀孝晴提供

「写真でみる日本生活図引 2」弘文堂　1988
　◇図68〔白黒〕　静岡県磐田郡佐久間町　㊟平賀孝晴, 昭和27年頃

## 魚釣り

「写真でみる日本生活図引 5」弘文堂　1989
　◇図127〔白黒〕　秋田県横手市　夏の午後、少年たちが魚釣りをする　㊟山下惣市, 昭和20年代

## 魚とり

「写真でみる日本人の生活全集 9」日本図書センター　2010
　◇p21〔白黒〕　小川でとれた魚を友だちどうしで見せあう

「写真ものがたり昭和の暮らし 6」農山漁村文化協会　2006
　◇p139〔白黒〕(田んぼに雪の残る用水路で魚とり)　秋田県横手市　㊟佐藤久太郎, 昭和30年代

遊ぶ子ども　　　　　　　　芸能・娯楽

雑誌を読む少女
　「写真ものがたり昭和の暮らし 6」農山漁村文化協会　2006
　　◇p147〔白黒〕(縁側に腹ばいになって雑誌を読む少女たち)　長野県會地村(現阿智村)　㊙熊谷元一, 昭和28年
　「写真でみる日本生活図引 別巻」弘文堂　1993
　　◇図308〔白黒〕(読書)　長野県下伊那郡阿智村　日溜まりで雑誌を読む少女　㊙熊谷元一, 昭和32年3月16日

ザリガニとり
　「写真でみる日本人の生活全集 9」日本図書センター　2010
　　◇口絵〔白黒〕　常陸線綾瀬駅付近

三角ベースの野球をする
　「写真ものがたり昭和の暮らし 6」農山漁村文化協会　2006
　　◇p163〔白黒〕　島根県浜田市外ノ浦町 入江の岸辺　㊙永見武久, 昭和30年

三輪車遊び
　「写真でみる日本人の生活全集 9」日本図書センター　2010
　　◇p22〔白黒〕

「シェー」をやっている少女
　「写真ものがたり昭和の暮らし 6」農山漁村文化協会　2006
　　◇p170〔白黒〕　愛知県名古屋市西区上畠町(現名古野)物干場で、テレビ漫画に登場して流行っていた「シェー」をやっている少女　㊙半谷久彦, 昭和41年8月

シーソー
　「写真でみる日本生活図引 5」弘文堂　1989
　　◇図104〔白黒〕　滋賀県八幡浜市　㊙板垣太子松, 昭和9年10月

シーソー遊び
　「民俗図録 日本人の暮らし」日本図書センター　2012
　　◇図515〔白黒〕　鹿児島県口ノ島

シャボン玉をふく少年
　「写真ものがたり昭和の暮らし 10」農山漁村文化協会　2007
　　◇p86〔白黒〕　石川県金沢市　㊙棚池信行, 昭和30年代
　　◇p87〔白黒〕　石川県・能登地方　㊙棚池信行, 昭和30年代

十二本竹
　「写真ものがたり昭和の暮らし 6」農山漁村文化協会　2006
　　◇p140〔白黒・図〕　絵・中嶋俊枝
　「写真でみる日本生活図引 5」弘文堂　1989
　　◇図101〔白黒〕　島根県出雲市　出雲地方ではジュニクサという　㊙山根雅郎, 昭和28年頃　石塚尊俊提供

じゅにくさで遊ぶ子ども達
　「民俗図録 日本人の暮らし」日本図書センター　2012
　　◇図513〔白黒〕(十二クサ(十二本竹))　島根県簸川郡　㊙山根雅郎
　「日本民俗大辞典 上」吉川弘文館　1999
　　◇図9〔別刷図版「遊び」〕〔白黒〕　島根県出雲市　㊙山根雅郎, 1953年(昭和28)頃　石塚尊俊提供

背負子を運んで遊ぶ少女
　「フォークロアの眼 3 運ぶ」国書刊行会　1977
　　◇図201〔白黒〕　愛媛県西宇和郡三崎町正野　㊙須藤功, 昭和42年5月31日

背負子を曳いて遊ぶ子ども
　「写真ものがたり昭和の暮らし 9」農山漁村文化協会　2007
　　◇p189〔白黒〕　愛媛県三崎町正野(現伊方町)　㊙須藤功, 昭和42年5月

陣取り
　「写真でみる日本生活図引 5」弘文堂　1989
　　◇図99〔白黒〕　島根県出雲市　㊙山根雅郎, 昭和28年頃　石塚尊俊提供

水車遊び
　「民俗図録 日本人の暮らし」日本図書センター　2012
　　◇図523〔白黒〕　青森県西津軽郡深浦町追良瀬　㊙櫻庭武則

スカナと塩入れ
　「食の民俗事典」柊風舎　2011
　　◇p391〔白黒〕　福島県会津地方　樹皮をとくり抜いた枝、蓋と鞘　遊び疲れて喉が渇くと穂が出たスカナ(スイバ)の茎を折ってポケットの塩入れの蓋を開けて塩をつけて食べた

スキーをする子ども
　「写真ものがたり昭和の暮らし 10」農山漁村文化協会　2007
　　◇p97〔白黒〕(雪の積もったビルの屋上でスキーをする子どもたち)　新潟県新潟市　㊙中俣正義, 昭和36年
　「写真ものがたり昭和の暮らし 6」農山漁村文化協会　2006
　　◇p178〔白黒〕(家のまわりでスキーをする)　秋田県横手市　㊙佐藤久太郎, 昭和30年代
　「フォークロアの眼 2 雪国と暮らし」国書刊行会　1977
　　◇小論16〔白黒〕　新潟県東頸城郡松之山町天水越　㊙中俣正義, 昭和32年1月14日

杉皮葺屋根の渡し船の舳先から飛びこむ少年
　「写真ものがたり昭和の暮らし 5」農山漁村文化協会　2005
　　◇p183〔白黒〕　滋賀県大津市唐橋町　㊙前野隆資, 昭和29年8月　琵琶湖博物館所蔵

杉の葉の上に腹ばいになって滑りおりる
　「写真ものがたり昭和の暮らし 6」農山漁村文化協会　2006
　　◇p177〔白黒〕　新潟県山古志村(現長岡市)　㊙須藤功, 昭和46年3月

スケート遊び
　「宮本常一 写真・日記集成 上」毎日新聞社　2005
　　◇p244〔白黒〕(天然スケートリンク)　愛知県北設楽郡設楽町名倉　〔少年が3人〕　㊙宮本常一, 1961年1月21日
　「写真でみる日本生活図引 別巻」弘文堂　1993
　　◇図239〔白黒〕(スケート)　長野県下伊那郡阿智村　田園のスケート場で滑り遊ぶ　㊙熊谷元一, 昭和32年1月9日

スベリ台
　「写真でみる日本人の生活全集 9」日本図書センター　2010
　　◇p24〔白黒〕
　「写真でみる日本生活図引 7」弘文堂　1993
　　◇図78〔白黒〕(滑り台)　京都府京都市左京区岡崎・岡崎公園　㊙一瀬政雄, 昭和10年代

相撲をとる
　「写真ものがたり昭和の暮らし 6」農山漁村文化協会　2006
　　◇p150〔白黒〕　岩手県一戸町西法寺　㊙田村淳一郎, 昭和33年ごろ

セイピラッカ(貝下駄)を履いてチセから出てくる子どもたち
　「写真ものがたり昭和の暮らし 10」農山漁村文化協会　2007
　　◇p73〔白黒〕　北海道平取町二風谷　アイヌの遊び　㊙須藤功, 昭和53年8月

セミとり
　「写真ものがたり昭和の暮らし 6」農山漁村文化協会　2006
　　◇p164〔白黒〕　長野県會地村(現阿智村)　㊙熊谷元一, 昭和12年

戦争ごっこ
　「写真ものがたり昭和の暮らし 6」農山漁村文化協会　2006
　　◇p136〔白黒〕　東京都麹町区永田町(現千代田区)　㊙菊池俊吉, 昭和18年
　　◇p137〔白黒〕　長野県會地村駒場(現阿智村)　㊙熊谷

元一, 昭和13年
「写真でみる日本生活図引 5」弘文堂　1989
　　◇図90〔白黒〕　東京都千代田区永田町　㊟菊池俊吉, 昭和18年

### 銭湯の脱衣箱にはいる子どもたち
「写真ものがたり昭和の暮らし 10」農山漁村文化協会　2007
　　◇p107〔白黒〕　熊本県八代市通町　㊟麦島勝, 昭和20年11月

### 外遊びが中心の子供たち
「里山・里海 暮らし図鑑」柏書房　2012
　　◇写28(p276)〔白黒〕　鹿児島県沖永良部島　昭和30年代　和泊町歴史民俗資料館提供

### そり椅子
「日本民具の造形」淡交社　2004
　　◇p63〔白黒〕　北海道 利尻町立博物館所蔵

### 橇に乗って坂道を滑りおりる
「写真でみる日本生活図引 5」弘文堂　1989
　　◇図110〔白黒〕(雪国の子供たち)　秋田県横手市金沢立石　橇に乗って坂道を滑りおりる　㊟佐藤久太郎, 昭和38年1月

### 倒された忠魂碑の上で遊ぶ子ども
「写真ものがたり昭和の暮らし 10」農山漁村文化協会　2007
　　◇p70〔白黒〕　長野県曽地村(現阿智村)　㊟熊谷元一, 昭和30年

### 手折ったススキの穂を振っている少女たち
「写真ものがたり昭和の暮らし 10」農山漁村文化協会　2007
　　◇p75〔白黒〕　熊本県下松求麻村深水(現八代市)　秋深い夕暮れ近く　㊟麦島勝, 昭和30年11月

### 竹馬(シャガシ)
「写真ものがたり昭和の暮らし 6」農山漁村文化協会　2006
　　◇p152〔白黒〕　熊本県八代市　㊟麦島勝, 昭和23年1月2日

### 竹馬に乗る
「日本の民俗 暮らしと生業」KADOKAWA　2014
　　◇図13-7〔白黒〕(竹馬)　滋賀県高島郡新旭町　端午の節句の日　㊟芳賀日出男, 昭和56年
「民俗図録 日本人の暮らし」日本図書センター　2012
　　◇図521〔白黒〕(竹馬)　兵庫県加東郡瀧野町　㊟井上福二
「写真でみる日本人の生活全集 5」日本図書センター　2010
　　◇p12〔白黒〕(竹馬)　乗って得意な子と, ふくれっつらの乗れない子　毎日グラフ提供
「日本の民俗 下」クレオ　1997
　　◇図13-7〔白黒〕(竹馬)　滋賀県高島郡新旭町　端午の節句の日　子供組の男の子が竹馬にまたがる　㊟芳賀日出男, 昭和56年
「フォークロアの眼 4 子ども組」国書刊行会　1977
　　◇小論2〔白黒〕(竹馬)　埼玉県秩父郡小鹿野町三山　㊟昭和51年10月10日

### 竹スキー
「写真ものがたり昭和の暮らし 6」農山漁村文化協会　2006
　　◇p176〔白黒〕　石川県金沢市郊外　㊟棚池信行, 昭和30年代

### 竹とんぼで遊ぶ
「日本民俗大辞典 上」吉川弘文館　1999
　　◇図3〔別刷図版「遊び」〕〔白黒〕(竹とんぼ)　埼玉県秩父郡両神村　㊟1987年(昭和62)

### タコあげ
「民俗図録 日本人の暮らし」日本図書センター　2012
　　◇図517〔白黒〕(タコ揚げ)　鹿児島県宝島

「写真でみる日本人の生活全集 9」日本図書センター　2010
　　◇口絵〔白黒〕　東京馬込　あがらないと泣きべそをかく　㊟塚本信夫
「写真ものがたり昭和の暮らし 10」農山漁村文化協会　2007
　　◇p102〔白黒〕(凧揚げ)　秋田県能代市　雪晴れの朝　㊟南利夫, 昭和31年

### タコツボと滑り台を置いた子供の遊び場
「宮本常一 写真・日記集成 下」毎日新聞社　2005
　　◇p475〔白黒〕　山口県大島郡東和町長崎付近［周防大島町］　㊟宮本常一, 1979年12月14日

### 立木に彫った落書き
「写真ものがたり昭和の暮らし 6」農山漁村文化協会　2006
　　◇p154〔白黒〕　新潟県山古志村梶金(現長岡市)　㊟須藤功, 昭和46年3月

### 立読みしている子供たち
「写真でみる日本人の生活全集 9」日本図書センター　2010
　　◇p9〔白黒〕　東京 書物売場

### タニシ獲り
「写真ものがたり昭和の暮らし 6」農山漁村文化協会　2006
　　◇p138〔白黒〕　秋田県横手町(現横手市)　㊟千葉禎介, 昭和10年代
「写真でみる日本生活図引 5」弘文堂　1989
　　◇図128〔白黒〕(田螺とり)　秋田県横手市・横手盆地内　男の子 田螺とりの帰り　㊟千葉禎介, 昭和10年代

### ダマ
「民俗図録 日本人の暮らし」日本図書センター　2012
　　◇図509〔白黒〕　島根県簸川郡　貝ですくう遊び　㊟山根雅郎
「写真でみる日本人の生活全集 6」日本図書センター　2010
　　◇p33〔白黒〕　島根県簸川郡

### たむろする子どもたち
「写真ものがたり昭和の暮らし 10」農山漁村文化協会　2007
　　◇p89〔白黒〕(たむろしている子どもたち)　長野県曽地村(現阿智村)　㊟熊谷元一, 昭和28年
　　◇p108〔白黒〕　石川県・能登地方 小学校　㊟棚池信行, 昭和30年代
「写真ものがたり昭和の暮らし 6」農山漁村文化協会　2006
　　◇p94〔白黒〕(たむろする)　秋田県横手市　〔子どもたち〕　㊟佐藤久太郎, 昭和30年代
　　◇p94〔白黒〕　秋田県横手市　㊟佐藤久太郎, 昭和30年代
　　◇p172〔白黒〕　秋田県湯沢市　〔土手にいる子どもたち〕　㊟加賀谷政雄, 昭和30年代

### 探偵遊び
「写真でみる日本人の生活全集 6」日本図書センター　2010
　　◇p45〔白黒〕　㊟内田幸彦

### 蓄音機から流れる歌を聞く子どもたち
「写真ものがたり昭和の暮らし 10」農山漁村文化協会　2007
　　◇p28〔白黒〕　長野県曽地村駒場(現阿智村)　縁側で　㊟熊谷元一, 昭和12年

### チャンバラ
「写真でみる日本人の生活全集 6」日本図書センター　2010
　　◇p44〔白黒〕　㊟矢木克巳, 榎健三
「写真ものがたり昭和の暮らし 6」農山漁村文化協会　2006
　　◇p171〔白黒〕(芝居風のチャンバラごっこ)　秋田県湯沢市　㊟加賀谷政雄, 昭和30年代
「日本民俗大辞典 上」吉川弘文館　1999
　　◇図14〔別刷図版「遊び」〕〔白黒〕　東京都江東区　㊟渡部雄吉, 1949年(昭和24)頃　渡部浩之提供
「写真でみる日本生活図引 5」弘文堂　1989

## 遊ぶ子ども　　芸能・娯楽

◇図92〔白黒〕　東京都江東区豊洲　㊞渡部雄吉, 昭和24年頃

### ちょぼいち
「民俗資料選集 5 中馬の習俗」国土地理協会　1977
◇p19〔口絵〕〔白黒〕　長野県 伊那地方　ちょぼいちのまねをする, ころがしちょぼ, りょうぶの木を持つ　㊞昭和31年3月

### ちんこ遊び
「写真ものがたり昭和の暮らし 6」農山漁村文化協会　2006
◇p154〔白黒〕　長野県阿智村　㊞熊谷元一, 昭和32年9月

### ちんこまんこ
「写真ものがたり昭和の暮らし 6」農山漁村文化協会　2006
◇p155〔白黒〕　長野県清内路村　㊞熊谷元一, 昭和26年
「写真でみる日本生活図引 5」弘文堂　1989
◇図131〔白黒〕(性行為を真似る)　長野県下伊那郡清内路村　男の子 左は女、右は男で性行為を真似る。写真の村のあたりでは「チンコマンコ」、「オベンチョクチャクチャ」とかいう　㊞熊谷元一, 昭和32年

### 手作りの帆船模型を川に浮かべる
「写真ものがたり昭和の暮らし 5」農山漁村文化協会　2005
◇p111〔白黒〕　秋田県湯沢市酒蒔 水の温み始めた雄物川　〔手作りの帆船模型を浮かべる〕　㊞佐藤久太郎, 昭和42年3月

### 手製の帆掛船を持つ子ども達
「写真ものがたり昭和の暮らし 6」農山漁村文化協会　2006
◇p95〔白黒〕　山形県・飛島(現酒田市)　㊞早川孝太郎, 大正13年5月

### 鉄棒にぶらさがっている少女
「写真ものがたり昭和の暮らし 6」農山漁村文化協会　2006
◇p158〔白黒〕　島根県津和野町後田　祭りを見にきたらしい3人の子ども　㊞永見武久, 昭和38年

### 鉄腕アトムの人形で遊びながら、風呂にはいる子ども
「写真ものがたり昭和の暮らし 4」農山漁村文化協会　2005
◇p210〔白黒〕　千葉県松戸市　㊞小櫃亮, 昭和39年6月

### 鉄腕アトムの面をつけた子ども
「写真ものがたり昭和の暮らし 4」農山漁村文化協会　2005
◇p211〔白黒〕　千葉県松戸市　㊞小櫃亮, 昭和39年6月

### 天気占いをする子ども
「写真ものがたり昭和の暮らし 9」農山漁村文化協会　2007
◇p79〔白黒〕　秋田県横手市　靴投げをする子ども〔天気占い〕　㊞山下惣市, 昭和26年頃
◇p79〔白黒・図〕(下駄の天気占い)　絵・中嶋俊枝
「写真でみる日本生活図引 5」弘文堂　1989
◇図116〔白黒〕(天気占い)　秋田県横手市　男の子たち。靴を放り上げる　㊞山下惣市, 昭和26年頃

### 電車ごっこ
「日本民俗大辞典 上」吉川弘文館　1999
◇図12〔別刷図版「遊び」〕〔白黒〕　新潟県佐渡郡小木町　㊞中俣正義, 昭和20年代　中俣トヨ子提供
「写真でみる日本生活図引 5」弘文堂　1989
◇図102〔白黒〕　新潟県佐渡郡小木町宿根木　㊞中俣正義, 昭和20年代

### どじょう捕り
「写真ものがたり昭和の暮らし 1」農山漁村文化協会　2004
◇p212〔白黒〕　長野県阿智村　学童服の少年たち　㊞熊谷元一, 昭和25年

### どじょう捕りの男の子
「写真ものがたり昭和の暮らし 1」農山漁村文化協会　2004
◇p213〔白黒〕　長野県阿智村　㊞熊谷元一, 昭和25年

### ドラム罐に乗って遊ぶ
「写真ものがたり昭和の暮らし 6」農山漁村文化協会　2006
◇p160〔白黒〕(空のドラム罐の上に乗り、足で転がして進む遊び)　秋田県湯沢市　㊞加賀谷政雄, 昭和30年代

### トンネルを作って遊ぶ
「写真ものがたり昭和の暮らし 6」農山漁村文化協会　2006
◇p158〔白黒〕　京都府京都市上京区千本通り　床下に置いた、コンクリートに使うための砂でトンネルを作って遊ぶ京の子どもたち　㊞須藤功, 昭和45年5月

### 長馬
「日本民俗大辞典 上」吉川弘文館　1999
◇図15〔別刷図版「遊び」〕〔白黒〕　北海道室蘭市　㊞掛川源一郎, 1959年(昭和34)
「写真でみる日本生活図引 5」弘文堂　1989
◇図118〔白黒〕　北海道室蘭市　㊞掛川源一郎, 昭和34年11月

### 長馬とび
「フォークロアの眼 4 子ども組」国書刊行会　1977
◇小論3〔白黒〕　埼玉県秩父郡荒川村白久　㊞昭和49年7月28日

### 中の中の小坊主
「民俗図録 日本人の暮らし」日本図書センター　2012
◇図522〔白黒〕　福井県吉田郡松岡町　㊞錦耕三
「写真でみる日本人の生活全集 6」日本図書センター　2010
◇p33〔白黒〕　福井県吉田郡

### ナニクサ
「写真でみる日本人の生活全集 6」日本図書センター　2010
◇p33〔白黒〕　島根県簸川郡

### なわとび
「写真でみる日本人の生活全集 9」日本図書センター　2010
◇口絵〔白黒〕　大曲市
◇口絵〔白黒〕(縄とびの縄)　鹿児島　とべなくてもまねをしてみる　㊞ニイムラ豊

### ニナ相撲
「民俗図録 日本人の暮らし」日本図書センター　2012
◇図510〔白黒〕　島根県簸川郡　㊞山根雅郎
「写真でみる日本人の生活全集 6」日本図書センター　2010
◇p33〔白黒〕　島根県簸川郡
「写真でみる日本生活図引 5」弘文堂　1989
◇図100〔白黒〕(蜷相撲)　島根県出雲市　㊞山根雅郎, 昭和28年頃　石塚尊俊提供

### 人形遊び
「日本の生活環境文化大辞典」柏書房　2010
◇p398-1〔白黒〕　福島県いわき市　㊞1957年　山崎祐子

### ネッキ
「民俗学辞典(改訂版)」東京堂出版　1987
◇図版37(p442)〔白黒・図〕　鳥取県岩美郡地方　橋浦泰雄画
「民俗の事典」岩崎美術社　1972
◇p73〔白黒・図〕　鳥取県岩美郡

### 乗り物ごっこ
「写真ものがたり昭和の暮らし 6」農山漁村文化協会　2006
◇p195〔白黒〕　長野県會地村(現阿智村)　小学校　㊞熊谷元一, 昭和28年

### 箱ゾリで遊ぶ子供
「写真ものがたり昭和の暮らし 6」農山漁村文化協会　2006
◇p174〔白黒〕(ふたりを乗せた箱橇を、前とうしろで曳き押して遊ぶ)　石川県金沢市郊外　㊞棚池信行, 昭和30年代
「フォークロアの眼 3 運ぶ」国書刊行会　1977
◇図213〔白黒〕　福島県南会津郡下郷町大内　㊞須藤

芸能・娯楽　　　　　　　　　　　　　　　　　　　　　　　　　　　遊ぶ子ども

功, 昭和44年12月31日

**箱橇と橇滑りに乗って滑りくだる**
「写真ものがたり昭和の暮らし 6」農山漁村文化協会　2006
　◇p176〔白黒〕　秋田県山内村小松川（現横手市）　㊟佐藤久太郎, 昭和30年代

**馬橇に飛び乗る子どもたち**
「写真ものがたり昭和の暮らし 6」農山漁村文化協会　2006
　◇p179〔白黒〕（やってきた馬橇に飛び乗る子どもたち）　秋田県横手市　㊟佐藤久太郎, 昭和33年2月

**裸んぼう**
「写真でみる日本生活図引 5」弘文堂　1989
　◇図124〔白黒〕　秋田県横手市　㊟土田惇, 昭和20年代　柿崎珏司

**ぱちんこ**
「写真でみる日本生活図引 5」弘文堂　1989
　◇図133〔白黒〕　東京都練馬区大泉　針金でV字型を作り、ゴムを結んだ遊具　㊟菊池俊吉, 昭和25年頃

**鳩とたわむれる子供達**
「写真でみる日本人の生活全集 9」日本図書センター　2010
　◇口絵〔カラー〕

**鳩に餌をふるまう子供**
「写真でみる日本人の生活全集 9」日本図書センター　2010
　◇口絵〔白黒〕　㊟塚本信夫

**バドミントンをする中学生**
「写真ものがたり昭和の暮らし 6」農山漁村文化協会　2006
　◇p63〔白黒〕（漁港の路地で中学生がバドミントン）　高知県土佐清水市下ノ加江　㊟須藤功, 昭和42年4月

**花いちもんめ**
「精選 日本民俗辞典」吉川弘文館　2006
　◇p612〔白黒〕（童唄 花いちもんめ）
「日本民俗大辞典 下」吉川弘文館　2000
　◇p840〔白黒〕

**はねつき**
「写真でみる日本人の生活全集 10」日本図書センター　2010
　◇口絵〔白黒〕　かっぽう着の母親が, 娘のはねつきに加わる　㊟生野昇

**浜遊び**
「宮本常一 写真・日記集成 上」毎日新聞社　2005
　◇p249〔白黒〕　周防大島〔宮本常一〕自宅付近　㊟宮本常一, 1961年4月18日

**浜で遊ぶ少年**
「写真でみる日本人の生活全集 9」日本図書センター　2010
　◇p23〔白黒〕　瀬戸内海

**浜野球**
「写真ものがたり昭和の暮らし 10」農山漁村文化協会　2007
　◇p79〔白黒〕　青森県大畑町（現むつ市）　㊟南利夫, 昭和50年

**ビー玉遊び**
「写真ものがたり昭和の暮らし 6」農山漁村文化協会　2006
　◇p142〔白黒〕　秋田県横手市　雨あがりで水たまりのある未舗装の道路　㊟佐藤久太郎, 昭和30年代
　◇p142〔白黒〕　秋田県湯沢市須川外ノ目　町へ通じる未舗装の道路　㊟加賀谷政雄, 昭和33年4月ごろ
「写真でみる日本生活図引 5」弘文堂　1989
　◇図109〔白黒〕　秋田県湯沢市酒蒔　㊟佐藤久太郎, 昭和42年3月

**ヒトドリ**
「日本民俗大辞典 上」吉川弘文館　1999
　◇図16〔別刷図版「遊び」〕〔白黒〕　埼玉県秩父郡横瀬町　㊟1982年（昭和57）　埼玉県立文書館提供

**百貨店の屋上（一銭木馬）**
「写真でみる日本生活図引 7」弘文堂　1993
　◇図69〔白黒〕（百貨店の屋上）　東京都台東区浅草　一銭木馬ほか　㊟影山光洋, 昭和8年4月　影山智洋提供

**百貨店の屋上にて**
「写真でみる日本人の生活全集 10」日本図書センター　2010
　◇p86〔白黒〕　㊟岡部毅

**ピンポンをする**
「写真ものがたり昭和の暮らし 10」農山漁村文化協会　2007
　◇p80〔白黒〕　長野県曾地村（現阿智村）　体操場の一隅に丸太をネット代わりにしてピンポンをする　㊟熊谷元一, 昭和25年

**福わらいをする**
「写真でみる日本人の生活全集 9」日本図書センター　2010
　◇p18〔白黒〕（福わらい〔をする子供たち〕）　㊟大田忠雄

**ぶどう蔓で作った輪を高く放りあげて、落ちてくるところを先が二股になった棒で受け止めるアイヌの遊び**
「写真ものがたり昭和の暮らし 6」農山漁村文化協会　2006
　◇p156〜157〔カラー〕　北海道平取町二風谷　㊟須藤功, 昭和53年8月

**船を遊び場にする子どもたち**
「宮本常一 写真・日記集成 上」毎日新聞社　2005
　◇p80〔白黒〕　広島県豊田郡豊浜町 豊島　㊟宮本常一, 1957年8月27日

**舟をこいで遊ぶ**
「写真ものがたり昭和の暮らし 5」農山漁村文化協会　2005
　◇p110〔白黒〕（舟遊び）　秋田県湯沢市　早春　小学生たちが船を漕ぐ　㊟加賀谷政雄, 昭和30年代
「宮本常一 写真・日記集成 上」毎日新聞社　2005
　◇p338〔白黒〕（真鍋島）　真鍋島（岡山県笠岡市）　㊟宮本常一, 1962年8月27日
「写真ものがたり昭和の暮らし 3」農山漁村文化協会　2004
　◇p51〔白黒〕　沖縄県石垣市大川　〔小さな舟をこいで遊ぶ子どもたち〕　㊟須藤功, 昭和47年8月

**フラフープをする**
「宮本常一が撮った昭和の情景 上」毎日新聞社　2009
　◇p93〔白黒〕（流行のフラフープ）　山口県熊毛郡上関町室津　㊟宮本常一, 1960年4月2日
「写真ものがたり昭和の暮らし 10」農山漁村文化協会　2007
　◇p78〔白黒〕（毬つき、フラフープ、ボール投げ）　北海道清水町御影　㊟関口哲也, 昭和30年代
「写真ものがたり昭和の暮らし 4」農村漁村文化協会　2005
　◇p214〔白黒〕（路上でフラフープをする子どもたち）　東京都　㊟昭和33年11月　共同通信社提供
「宮本常一 写真・日記集成 上」毎日新聞社　2005
　◇p179〔白黒〕（流行のフラフープ）　山口県熊毛郡上関町室津　㊟宮本常一, 1960年4月2日

**ブランコ**
「写真でみる日本生活図引 5」弘文堂　1989
　◇図103〔白黒〕　秋田県平鹿郡山内村小松川　㊟佐藤久太郎, 昭和36年10月27日

**ブランコを漕ぐ少女たち**
「写真ものがたり昭和の暮らし 6」農山漁村文化協会　2006
　◇p181〔白黒〕　長野県阿智村　小学校の校庭　㊟熊谷元一, 昭和35年4月

**プロレスの真似をする**
「写真ものがたり昭和の暮らし 6」農山漁村文化協会　2006
　◇p231〔白黒〕　長野県長野市　小学校　㊟伊東征彦, 昭

民俗風俗 図版レファレンス事典（衣食住・生活篇）　**801**

遊ぶ子ども　　　　　　　　　　　　芸能・娯楽

和55年　提供・信濃毎日新聞社

**兵隊ごっこ**
「写真でみる日本人の生活全集 9」日本図書センター　2010
　◇口絵〔白黒〕（子供たちの兵隊ごっこ）　別府市

**ベーゴマで遊ぶ**
「日本民俗大辞典 上」吉川弘文館　1999
　◇図11〔別刷図版「遊び」〕〔白黒〕（ベーゴマ）　㊙1986年（昭和61）　日高市教育委員会（埼玉県）提供

**蛇を手にする少年**
「写真ものがたり昭和の暮らし 1」農山漁村文化協会　2004
　◇p215〔白黒〕　長野県阿智村駒場　㊙熊谷元一, 昭和28年

**ホッピング**
「写真でみる日本人の生活全集 9」日本図書センター　2010
　◇口絵〔白黒〕

**ホッピング遊び**
「写真でみる日本人の生活全集 9」日本図書センター　2010
　◇p22〔白黒〕

**ボール遊び**
「宮本常一 写真・日記集成 上」毎日新聞社　2005
　◇p25〔白黒〕（昼休みの光景）　宮城県栗原郡栗駒町 栗駒山麓　〔ボール遊びをする少年たち〕　㊙宮本常一, 1955年11月14日

**ホンボ**
「民俗図録 日本人の暮らし」日本図書センター　2012
　◇図511〔白黒〕　島根県簸川郡　㊙山根雅郎

**ホンポ**
「写真でみる日本人の生活全集 6」日本図書センター　2010
　◇p33〔白黒〕　島根県簸川郡

**ボンボ**
「写真でみる日本生活図引 5」弘文堂　1989
　◇図98〔白黒〕　島根県出雲市　先を尖らせた木棒を地面に突立てる遊び　㊙山根雅郎, 昭和28年頃　石塚尊俊提供

**マカヨ（フキノトウ）を放りあげて遊んでいる少女**
「写真ものがたり昭和の暮らし 10」農山漁村文化協会　2007
　◇p72〔白黒〕　北海道平取町二風谷　㊙須藤功, 昭和47年4月

**「股のぞき」で遊ぶ子どもたち**
「写真ものがたり昭和の暮らし 6」農山漁村文化協会　2006
　◇p151〔白黒〕　長野県阿智村駒場　㊙熊谷元一, 昭和32年5月

**ままごと**
「図説 台所道具の歴史」日本図書センター　2012
　◇p27-13〔白黒〕（路地で遊ぶ現代の子供〔ままごと〕）　東京・新宿区　1970年代　㊙GK
「写真でみる日本人の生活全集 6」日本図書センター　2010
　◇p30〔白黒〕　㊙広井広一
　◇p46〔白黒〕　㊙酒井今朝夫
「写真ものがたり昭和の暮らし 10」農山漁村文化協会　2007
　◇p78〔白黒〕（ままごと遊び）　石川県輪島市　陸あげして伏せた漁船の船底の上　㊙棚池信行, 昭和30年代
「写真ものがたり昭和の暮らし 6」農山漁村文化協会　2006
　◇p148〔白黒〕　秋田県湯沢市　㊙加賀谷政雄, 昭和30年代
　◇p149〔白黒〕　新潟県相川町（現佐渡市）　喫茶店のままごと遊び　㊙中俣正義, 昭和29年
「日本民俗大辞典 上」吉川弘文館　1999
　◇図13〔別刷図版「遊び」〕〔白黒〕　福島県いわき市　㊙1978年（昭和53）頃　山名隆史提供

「写真でみる日本生活図引 6」弘文堂　1993
　◇図69〔白黒〕　新潟県両津市　㊙中俣正義, 昭和29年8月
「写真でみる日本人の生活全集 5」弘文堂　1989
　◇図111〔白黒〕（雪国の子供たち）　秋田県湯沢市　ままごとをする　㊙佐藤久太郎, 昭和37年2月15日

**ままごとの食事**
「写真ものがたり昭和の暮らし 6」農山漁村文化協会　2006
　◇p148〔白黒〕　長野県會地村（現阿智村）　㊙熊谷元一, 昭和28年

**まりつきをする**
「写真ものがたり昭和の暮らし 10」農山漁村文化協会　2007
　◇p78〔白黒〕（毬つき、フラフープ、ボール投げ）　北海道清水町御影　㊙関口哲也, 昭和30年代
　◇p85〔白黒〕（毬つきをする）　埼玉県・秩父地方　未舗装の道端　㊙武藤盈, 昭和32年1月
「写真ものがたり昭和の暮らし 6」農山漁村文化協会　2006
　◇p62〔白黒〕（妹をおぶってまりつき）　石川県金沢市　㊙棚池信行, 昭和20年代
　◇p144〔白黒〕（まりつき）　秋田県横手町（現横手市）　㊙佐藤久太郎, 昭和22年ごろ
「写真でみる日本生活図引 5」弘文堂　1989
　◇図106〔白黒〕（毬つき）　秋田県横手市　㊙佐藤久太郎, 昭和22年頃
　◇図107〔白黒〕（毬つき）　新潟県佐渡郡両津市願　㊙中俣正義, 昭和40年頃

**ボール投げ**
「写真ものがたり昭和の暮らし 10」農山漁村文化協会　2007
　◇p78〔白黒〕（毬つき、フラフープ、ボール投げ）　北海道清水町御影　㊙関口哲也, 昭和30年代

**漫画に夢中の少女と少年**
「写真ものがたり昭和の暮らし 10」農山漁村文化協会　2007
　◇p76〔白黒〕　秋田県大曲市笑ノ口（現大仙市）　㊙大野源二郎, 昭和35年

**みかん吸い**
「民俗図録 日本人の暮らし」日本図書センター　2012
　◇図512〔白黒〕（蜜柑吸い）　島根県簸川郡　㊙山根雅郎
「写真でみる日本人の生活全集 6」日本図書センター　2010
　◇p33〔白黒〕　島根県簸川郡

**水遊び**
「写真でみる日本人の生活全集 9」日本図書センター　2010
　◇p1〔白黒〕　伊豆大島

**水遊びをかねて貝拾い**
「写真ものがたり昭和の暮らし 5」農山漁村文化協会　2005
　◇p204〔白黒〕（子どもたちが水遊びをかねて貝拾い）　長野県下諏訪町高木沖 諏訪湖　㊙宮坂増雄, 昭和31年

**水浴び**
「日本民俗写真大系 5」日本図書センター　2000
　◇p155〔白黒〕　平良市（池間島）集落の共同井戸　暑い夏の日暮れどき　㊙渡辺良正, 1969年

**水浴びをする少年たち**
「写真でみる日本人の生活全集 6」日本図書センター　2010
　◇p27〔白黒〕　㊙徳田嘉孝

**水鉄砲を勢いよく放つ夏の子どもたち**
「写真ものがたり昭和の暮らし 6」農山漁村文化協会　2006
　◇p168〔白黒〕　長野県阿智村　㊙熊谷元一, 昭和32年

**港の中で小さな舟をこいで遊ぶ子ども**
「宮本常一が撮った昭和の情景 上」毎日新聞社　2009
　◇p169〔白黒〕　岡山県笠岡市真鍋島　㊙宮本常一,

1962年8月27日

### 麦笛を吹く
「写真でみる日本生活図引 5」弘文堂　1989
◇図132〔白黒〕（麦笛）　滋賀県　少年　麦笛を口に当てて吹く　㈹板垣太子松, 昭和8年5月

### メンコ遊び
「写真ものがたり昭和の暮らし 10」農山漁村文化協会　2007
◇p82〔白黒〕（メンコをする）　鳥取県佐治村（現鳥取市）の村道　㈹須藤功, 昭和49年9月
「日本民俗大辞典 上」吉川弘文館　1999
◇図8〔別刷図版「遊び」〕〔白黒〕（めんこ）　台東区立下町風俗資料館提供
◇図10〔別刷図版「遊び」〕〔白黒〕　鳥取県八頭郡佐治村　㈹須藤功, 1974年（昭和49）頃
「写真でみる日本生活図引 5」弘文堂　1989
◇図94〔白黒〕（めんこ）　鳥取県八頭郡佐治村　㈹須藤功, 昭和49年9月20日
◇図95〔白黒〕（めんこ）　群馬県利根郡片品村登戸　㈹須藤功, 昭和42年10月23日

### メンコとブーメランを持つ男の子
「写真ものがたり昭和の暮らし 6」農山漁村文化協会　2006
◇p135〔白黒〕（左腕にうしろの子から勝ち取ったメンコを抱え、右手にブーメランを持つ男の子）　群馬県片品村　㈹須藤功, 昭和42年10月

### 模型飛行機
「写真でみる日本生活図引 5」弘文堂　1989
◇目次A〔白黒〕　㈹加賀谷政雄

### 模型飛行機を飛ばす
「写真ものがたり昭和の暮らし 6」農山漁村文化協会　2006
◇p153〔白黒〕　秋田県湯沢市　㈹加賀谷政雄, 昭和40年代

### 野球場は田圃
「写真でみる日本生活図引 5」弘文堂　1989
◇図126〔白黒〕　秋田県湯沢市山田　㈹佐藤久太郎, 昭和37年10月7日

### 破れた障子と子ども
「写真ものがたり昭和の暮らし 10」農山漁村文化協会　2007
◇p106〔白黒〕　埼玉県小鹿野町藤倉　㈹武藤盈, 昭和34年6月

### 雪あそび
「宮本常一 写真・日記集成 上」毎日新聞社　2005
◇p426〔白黒〕　青森県むつ市近川　㈹宮本常一, 1964年3月7日

### 雪を投げ合う少年たち
「写真ものがたり昭和の暮らし 10」農山漁村文化協会　2007
◇p99〔白黒〕　秋田県山内村小松川（現横手市）　㈹佐藤久太郎, 昭和33年2月

### 雪合戦にそなえて雪の球を握る
「写真ものがたり昭和の暮らし 10」農山漁村文化協会　2007
◇p98〔白黒〕　群馬県片品村　㈹須藤功, 昭和42年11月

### 雪解けの黒い土を求めて遊ぶこどもたち
「フォークロアの眼 2 雪国と暮らし」国書刊行会　1977
◇図189〔白黒〕　新潟県古志郡太田村（現在は長岡市）蓬平　㈹中俣正義, 昭和32年4月28日

### 指人形
「写真でみる日本人の生活全集 9」日本図書センター　2010
◇口絵〔白黒〕　能代市　㈹塚本信夫

### 落書き
「写真でみる日本人の生活全集 9」日本図書センター　2010
◇口絵〔白黒〕（コンクリートの舗道にらくがき）　東京新橋
「写真ものがたり昭和の暮らし 6」農山漁村文化協会　2006
◇p140〔白黒〕（トタン屋根に落書き）　秋田県湯沢市山田　㈹加賀谷政雄, 昭和34年4月
◇p141〔白黒〕（道路に落書き）　長崎県長崎市　㈹須藤功, 昭和47年10月
◇p178〔白黒〕（「トンマ」の落書き）　秋田県横手市　㈹佐藤久太郎, 昭和38年3月
「写真でみる日本生活図引 5」弘文堂　1989
◇図129〔白黒〕（落書）　秋田県湯沢市山田　トタン茸。白墨で絵を描く　㈹加賀谷政雄, 昭和34年4月
◇図130〔白黒〕（落書）　新潟県古志郡古志村梶金　樹に刃物で彫った　㈹須藤功, 昭和46年3月21日

### リヤカーに乗っている子どもたち
「宮本常一 写真・日記集成 上」毎日新聞社　2005
◇p311〔白黒〕（竹ノ浦）　鹿児島県　竹ノ浦　㈹宮本常一, 1962年6月14日

### レールに耳をあてる子供
「写真でみる日本人の生活全集 9」日本図書センター　2010
◇口絵〔白黒〕
「写真ものがたり昭和の暮らし 6」農山漁村文化協会　2006
◇p159〔白黒〕（線路に耳をあてて、遠くから伝わってくる汽車の車輪の音を聞く）　秋田県横手市　㈹佐藤久太郎, 昭和30年代

### ローソクの明かりでマンガを読む
「写真ものがたり昭和の暮らし 1」農山漁村文化協会　2004
◇p33〔白黒〕　長野県阿智村駒場　㈹熊谷元一, 昭和25年

### ローラースケート
「写真でみる日本人の生活全集 9」日本図書センター　2010
◇口絵〔白黒〕　東京蒲田　㈹塚本信夫

### 輪跳び
「写真ものがたり昭和の暮らし 10」農山漁村文化協会　2007
◇p74〔白黒〕　北海道平取町二風谷　アイヌの子どもたちの遊び　㈹須藤功, 昭和53年8月

### 輪跳びをする子どもたち
「写真ものがたり昭和の暮らし 10」農山漁村文化協会　2007
◇p18〔白黒〕　石川県珠洲市真浦　㈹御園直太郎, 昭和33年12月

### 輪投げ
「写真でみる日本人の生活全集 9」日本図書センター　2010
◇口絵〔白黒〕（家の中で輪投げ）　東京洗足池

### 輪まわし
「写真ものがたり昭和の暮らし 6」農山漁村文化協会　2006
◇p161〔白黒〕　秋田県横手市　自転車のリムをまわしている　㈹佐藤久太郎, 昭和37年8月
「写真でみる日本生活図引 5」弘文堂　1989
◇図108〔白黒〕　秋田県横手市　㈹佐藤久太郎, 昭和37年8月

### わらべうた
「日本の民俗芸能」家の光協会　1979
◇図81〔カラー〕　国立劇場公演　㈹林嘉吉
◇図82〔カラー〕　国立劇場公演　㈹林嘉吉

# 趣味・遊技

## 生け花
「写真でみる日本人の生活全集 4」日本図書センター　2010
　　◇口絵〔白黒〕
「写真でみる日本人の生活全集 5」日本図書センター　2010
　　◇p15〔白黒〕（華道）〔花を生ける少女たち〕
「写真でみる日本人の生活全集 7」日本図書センター　2010
　　◇p156〔白黒〕

## 囲碁をならう女性
「写真でみる日本人の生活全集 10」日本図書センター　2010
　　◇p110～111〔白黒〕（女性が囲碁をならっているところ）東京

## 囲碁クラブ
「日本社会民俗辞典 1」日本図書センター　2004
　　◇p355〔白黒〕　東京

## 聞香
「日本を知る事典」社会思想社　1971
　　◇図9(p610)〔白黒〕（三条西堯山氏の聞香）

## 器局
「民俗資料選集 2 木地師の習俗」国土地理協会　1974
　　◇p14（口絵）〔白黒〕　石川県　輪島塗　素地アテ材　指物成型

## 競香盤
「日本を知る事典」社会思想社　1971
　　◇図11(p612)〔白黒〕

## 源氏香の図
「日本社会民俗辞典 1」日本図書センター　2004
　　◇p395〔白黒・図〕　香道

## 香合せ
「写真でみる日本人の生活全集 5」日本図書センター　2010
　　◇p15〔白黒〕

## 香割道具
「日本を知る事典」社会思想社　1971
　　◇図10(p612)〔白黒〕　つち・なた・小刀・のみ・のこぎり，香割台

## ゴケ（碁筒）
「民俗資料叢書 7 木地師の習俗1」平凡社　1968
　　◇図41〔白黒〕　滋賀県　木地の製品

## 碁盤・碁石
「日本民具の造形」淡交社　2004
　　◇p166〔白黒〕　千葉県　真壁町歴史民俗資料館所蔵

## 茶道
「写真でみる日本人の生活全集 4」日本図書センター　2010
　　◇口絵〔白黒〕（茶の湯）
「写真でみる日本人の生活全集 5」日本図書センター　2010
　　◇p15〔白黒〕
「写真でみる日本人の生活全集 6」日本図書センター　2010
　　◇p74〔白黒〕　㊟宗弘容
「写真でみる日本人の生活全集 10」日本図書センター　2010
　　◇p22〔白黒〕（薄茶・濃茶の作法）
　　◇p116〔白黒〕（茶の湯）
「フォークロアの眼 3 運ぶ」国書刊行会　1977
　　◇図190・191〔白黒〕　京都府京都市上京区千本通瑞雲院　㊟須藤功，昭和45年4月21日

## 茶道 道具飾りの一例
「日本を知る事典」社会思想社　1971
　　◇図4(p607)〔白黒〕（道具飾りの一例（長板飾り風炉釜・水指））　茶道

## 茶道の稽古
「写真でみる日本人の生活全集 10」日本図書センター　2010
　　◇口絵〔白黒〕（けいこごと）　小堀宗慶提供
「写真ものがたり昭和の暮らし 6」農山漁村文化協会　2006
　　◇p122〔白黒〕　京都府京都市上京区千本通　〔子どもたち〕　㊟須藤功，昭和45年5月

## 写真機
「日本の民具 1 町」慶友社　1992
　　◇図135〔白黒〕　㊟薗部澄

## 将棋を指す
「写真でみる日本人の生活全集 6」日本図書センター　2010
　　◇p96〔白黒〕（父と子のへぼ将棋）　㊟斎藤敢
「写真ものがたり昭和の暮らし 10」農山漁村文化協会　2007
　　◇p132〔白黒〕　秋田県横手市　踏切番のふたり　㊟佐藤久太郎，昭和36年3月
　　◇p133〔白黒〕　新潟県両津町(現佐渡市)両津港で船を待つ間　㊟中俣正義，昭和23年
「写真ものがたり昭和の暮らし 4」農村漁村文化協会　2005
　　◇p49〔白黒〕（縁台将棋）　東京都台東区浅草　夏の夜　㊟昭和21年7月　共同通信社提供
「宮本常一 写真・日記集成 上」毎日新聞社　2005
　　◇p271〔白黒〕（越中ふんどしで将棋）　山口県萩市　見島　㊟宮本常一，1961年9月5日
「写真でみる日本生活図引 5」弘文堂　1989
　　◇図66〔白黒〕（将棋）　秋田県横手市　〔屋根の上で将棋をさす人たちと見物人〕　㊟佐藤久太郎，昭和37年3月

## 女性の囲碁熱
「写真でみる日本人の生活全集 10」日本図書センター　2010
　　◇p112〔白黒〕　東京駅国際観光会館　囲碁講習会

## 書道
「写真でみる日本人の生活全集 10」日本図書センター　2010
　　◇p117〔白黒〕

## 炭型焜炉（茶道練習用）
「図説 台所道具の歴史」日本図書センター　2012
　　◇p105-15〔白黒〕（炭型焜炉）　都内デパートにて　茶道練習用の全陶製焜炉

## 宝くじ売場
「図説 日本民俗学」吉川弘文館　2009
　　◇p184〔白黒〕　東京都渋谷区

芸能・娯楽　　　　趣味・遊技

茶席畳の名称
　「日本を知る事典」社会思想社　1971
　　◇図2（p605）〔白黒・図〕

茶筅
　「日本民具の造形」淡交社　2004
　　◇p119〔白黒〕　奈良県　高山竹林園所蔵

釣り糸を垂れる太公望
　「写真ものがたり昭和の暮らし 5」農山漁村文化協会　2005
　　◇p134〔白黒〕（球磨川に釣り糸を垂れる太公望）　熊本県八代市　㊙麦島勝, 昭和50年3月

釣りをする人
　「宮本常一 写真・日記集成 下」毎日新聞社　2005
　　◇p229〔白黒〕　㊙宮本常一, 1970年7月15日〜16日

釣りをする人を木橋の上から眺める人
　「写真ものがたり昭和の暮らし 4」農村漁村文化協会　2005
　　◇p55〔白黒〕（桂川に注ぐ小さな流れで釣りをする人を、木橋の上から眺める人）　京都府京都市右京区　㊙須藤功, 昭和45年5月

藤八拳
　「日本民俗文化財事典（改訂版）」第一法規出版　1979
　　◇図305〔白黒〕　東京都墨田区向島

賭博札
　「日本の民具 1 町」慶友社　1992
　　◇図114〔白黒〕　㊙薗部澄
　　◇図116〔白黒〕　㊙薗部澄

野立て
　「写真でみる日本人の生活全集 10」日本図書センター　2010
　　◇p21〔白黒〕　愛知県　豊橋市民お茶会を公園で開いたところ　㊙白井正清

野立てのお点前
　「写真でみる日本人の生活全集 4」日本図書センター　2010
　　◇口絵〔白黒〕

パチンコに挑戦する男たち
　「写真ものがたり昭和の暮らし 4」農村漁村文化協会　2005
　　◇p86〔白黒〕　東京都港区新橋　勤め帰り　㊙昭和28年10月　共同通信社提供

ヒッカケチョボ（道中の博奕）
　「日本社会民俗辞典 2」日本図書センター　2004
　　◇図版ⅩⅥ 中馬（2）〔白黒〕（道中のヒッカケチョボ（道中の博奕））

フォークダンス
　「写真でみる日本人の生活全集 4」日本図書センター　2010
　　◇p157〔白黒〕　野外での集い

水屋（茶道）
　「日本を知る事典」社会思想社　1971
　　◇図5（p607）〔白黒〕（水屋）

ラジオで大相撲の実況放送を聞く
　「写真ものがたり昭和の暮らし 10」農山漁村文化協会　2007
　　◇p29〔白黒〕　熊本県八代町二之町（現八代市）　真空管を使ったラジオを窓際に置き、大相撲五月場所の実況放送を聞いている　㊙麦島勝, 昭和28年5月

# 人の一生

## 出産・育児

**赤ちゃん入れ**
「日本民具の造形」淡交社　2004
　◇p139〔白黒〕　奈良県 橿原市千塚資料館所蔵　木製で前部に蓋

**赤ちゃんにお湯をつかわせる**
「写真でみる日本人の生活全集 6」日本図書センター　2010
　◇p11〔白黒〕

**赤ちゃんの湯浴をする産婆**
「写真ものがたり昭和の暮らし 7」農山漁村文化協会　2006
　◇p16〔白黒〕（木のたらいで赤ちゃんの湯浴をする産婆）　群馬県北橘村八崎（現渋川市）　㊟都丸十九一, 昭和30年

**イサ**
「写真 日本文化史 9」日本評論新社　1955
　◇図160〔白黒〕　沖縄など

**イジコ**
「写真でみる日本人の生活全集 9」日本図書センター　2010
　◇p118〔白黒〕　宮城県刈田郡円田村
「精選 日本民俗辞典」吉川弘文館　2006
　◇p34〔白黒〕　石川県鳳至郡
「日本民俗大辞典 下」吉川弘文館　2000
　◇図4〔別刷図版「生と死」〕〔白黒〕　岩手県胆沢郡衣川村　㊟萩原秀三郎
「日本民俗大辞典 上」吉川弘文館　1999
　◇p82〔白黒〕　石川県鳳至郡
「民具のみかた一心とかたち」第一法規出版　1983
　◇p77〔白黒〕（イジコ（指物））　青森県下北半島
「写真 日本文化史 9」日本評論新社　1955
　◇図157～159〔白黒〕　木製, わら製

**いぢこ**
「日本郷土 風俗・民芸・芸能図鑑」日本図書センター　2012
　◇写真篇 宮城〔白黒〕　宮城県

**イズミ**
「日本民具の造形」淡交社　2004
　◇p139〔白黒〕　新潟県 小国町民俗資料館所蔵
「図説 民俗探訪事典」山川出版社　1983
　◇p25〔白黒〕　秋田県平鹿地方　㊟萩原秀三郎
「民俗の事典」岩崎美術社　1972
　◇p61〔白黒・図〕　秋田県男鹿地方

**イズミのなかの子**
「写真ものがたり昭和の暮らし 6」農山漁村文化協会　2006
　◇p68～69〔白黒〕　長野県富士見町池之袋　眠っている　㊟武藤盈, 昭和31年6月

**イズメ**
「写真でみる日本生活図引 4」弘文堂　1988
　◇図134〔白黒〕　秋田県平鹿郡山内村小松川　藁製　㊟佐藤久太郎, 昭和33年2月
　◇図135〔白黒〕　秋田県平鹿郡十文字町　藁製　㊟菊池俊吉, 昭和28年
「写真で見る農具 民具」農林統計協会　1988
　◇p284〔白黒〕（篭）　福井県丸岡町　地方名は「いずめ」という
「日本を知る事典」社会思想社　1971
　◇図77（p239）〔白黒〕　東北地方

**イヅメ**
「民具のみかた一心とかたち」第一法規出版　1983
　◇p78〔白黒〕（イヅメ（タテハギ））　石川県白山麓
　◇p78〔白黒〕（イヅメ（ヨコハギ））　石川県白山麓
「日本の生活文化財」第一法規出版　1965
　◇図30・31（住）〔白黒〕　秋田経済大学雪国民俗研究所所蔵（秋田市茨島）

**イヅメ（エヅメ）**
「民具のみかた一心とかたち」第一法規出版　1983
　◇p68〔白黒〕　青森県八戸市

**イズメコ**
「日本民俗事典」弘文堂　1972
　◇p776〔白黒〕　岩手県胆沢郡衣川村　㊟萩原秀三郎

**イズメに入れられた赤ちゃん**
「写真ものがたり昭和の暮らし 6」農山漁村文化協会　2006
　◇p15〔白黒〕　岩手県遠野市　玄関をはいってすぐの板の間に、イズメに入れられてずっとひとりにされていた赤ちゃん　㊟須藤功, 昭和43年11月

**稲刈りの間、幼児を畔に寝かせていたが、祖母がきておぶってくれるという**
「写真ものがたり昭和の暮らし 6」農山漁村文化協会　2006
　◇p50〔白黒〕　秋田県横手市　㊟千葉禎介, 昭和20年代

**稲刈りの合間の一服（休憩）に、母親は畔にいた子どものところにおやつを持ってきた**
「写真ものがたり昭和の暮らし 6」農山漁村文化協会　2006
　◇p7〔白黒〕　秋田県能代市坂形字鳥形　㊟南利夫, 昭和32年

**岩田帯**
「図説 日本民俗学」吉川弘文館　2009
　◇p75〔白黒〕　東京都武蔵野市
「境と辻の神 目でみる民俗神シリーズ3」東京美術　1988
　◇p82〔白黒〕（産婦の岩田帯）　東京日本橋 水天宮

**インツコ**
「図録・民具入門事典」柏書房　1991
　◇p106〔白黒〕　岩手県　川崎市立日本民家園所蔵

**乳母車**
「今は昔 民具など」文芸社　2014
　◇p58〔白黒〕　㊟山本富三　北名古屋市歴史民俗資料館蔵
「民俗図録 日本人の暮らし」日本図書センター　2012
　◇図505〔白黒〕（島の子供（1））　鹿児島県諏訪瀬島　手製の乳母車〔箱型〕に乗った子ども　㊟小柳春男

◇図508〔白黒〕　秋田県南秋田郡　[撮]三木茂
「日本民具の造形」淡交社　2004
◇p139〔白黒〕　新潟県 燕市産業資料館所蔵
◇p139〔白黒〕　滋賀県 近江八幡市立資料館

### うばぐるまで子守
「写真でみる日本人の生活全集 9」日本図書センター　2010
◇p122〔白黒〕　東北地方

### 乳母車の主婦
「フォークロアの眼 3 運ぶ」国書刊行会　1977
◇図208〔白黒〕　愛知県海部郡甚目寺町 寺の境内　[撮]須藤功, 昭和47年6月3日

### 産小屋
「民俗図録 日本人の暮らし」日本図書センター　2012
◇図494〔白黒〕　福井県小浜市田烏　[撮]錦耕三
「写真でみる日本人の生活全集 5」日本図書センター　2010
◇p52〔白黒〕(サンゴヤ(産小屋))　福井県遠敷郡
「写真でみる日本人の生活全集 6」日本図書センター　2010
◇p8〔白黒〕　福井県遠敷郡　『日本民俗図録』から
「日本の生活環境文化大辞典」柏書房　2010
◇p294-2〔白黒〕　京都府福知山市三和町大原　[撮]2007年　佐藤照美
◇p295-6〔白黒〕(旧産小屋)　福井県敦賀市白木　『若狭の産小屋習俗』
◇p295-7〔白黒〕　福井県敦賀市白木　1964年建て直し　『若狭の産小屋習俗』
「精選 日本民俗辞典」吉川弘文館　2006
◇p77〔白黒〕　福井県 敦賀半島　提供 新谷尚紀
「写真でみる民家大事典」柏書房　2005
◇p166-1〔白黒〕(産小屋の内部)　京都府三和町　[撮]1990年　森隆男
◇p166-2〔白黒〕(川辺に残る原始的な産小屋)　京都府三和町　[撮]1990年　森隆男
◇p166-3〔白黒〕(比較的新しい産小屋)　福井県敦賀市　[撮]2000年　森隆男
「日本民俗大辞典 下」吉川弘文館　2000
◇図2・3〔別刷図版「生と死」〕〔白黒〕　福井県敦賀半島　[撮]新谷尚紀
「日本民俗大辞典 上」吉川弘文館　1999
◇p179〔白黒〕　福井県 敦賀半島　[撮]新谷尚紀
「民俗資料選集 17 若狭の産小屋習俗」国土地理協会　1989
◇p1(口絵)〔白黒〕　福井県敦賀市色浜　現在地へ移築する前　[撮]杉原丈夫, 昭和49年
◇p1(口絵)〔白黒〕　福井県敦賀市色浜　現在地への移築後
◇p2(口絵)〔白黒〕　福井県敦賀市縄間　[撮]昭和51年頃
◇p2(口絵)〔白黒〕　福井県敦賀市立石
◇p3(口絵)〔白黒〕　福井県敦賀市常宮　[撮]昭和33年
◇p3(口絵)〔白黒〕　福井県敦賀市常宮　[撮]昭和51年頃
◇p4(口絵)〔白黒〕　福井県敦賀市沓　[撮]昭和51年頃
◇p4(口絵)〔白黒〕　福井県敦賀市沓　[撮]昭和51年頃
◇p5(口絵)〔白黒〕　福井県敦賀市浦底　[撮]昭和51年頃
◇p5(口絵)〔白黒〕　福井県敦賀市浦底　[撮]昭和51年頃
◇p6(口絵)〔白黒〕　福井県小浜市犬熊
◇p6(口絵)〔白黒〕　福井県小浜市犬熊
◇p7(口絵)〔白黒〕　福井県敦賀市白木
◇p7(口絵)〔白黒〕　福井県小浜市田烏北区　現存しない　[撮]昭和40年
◇p8(口絵)〔白黒〕(産小屋の内部)　福井県敦賀市沓　[撮]昭和51年頃
◇p8(口絵)〔白黒〕(産小屋の内部)　福井県敦賀市沓　[撮]昭和51年頃
◇p8(口絵)〔白黒〕(産小屋の内部)　福井県敦賀市白木
◇p19(本文)〔白黒・図〕　福井県敦賀市縄間　〔側面図・平面図〕
◇p19(本文)〔白黒・図〕(旧産小屋)　福井県敦賀市縄間　〔平面図〕
◇p25(本文)〔白黒・図〕　福井県敦賀市常宮　〔側面図・平面図〕
◇p31(本文)〔白黒・図〕　福井県敦賀市沓　〔側面図・平面図〕
◇p32(本文)〔白黒・図〕(旧産小屋)　福井県敦賀市沓　〔平面図〕
◇p37(本文)〔白黒・図〕　福井県敦賀市色浜地区　〔側面図・平面図〕
◇p38(本文)〔白黒・図〕(旧産小屋)　福井県敦賀市色浜地区　〔平面図〕
◇p43(本文)〔白黒・図〕　福井県敦賀市浦底　〔側面図・平面図〕
◇p44(本文)〔白黒・図〕(旧産小屋)　福井県敦賀市浦底　〔平面図〕
◇p49(本文)〔白黒・図〕　福井県敦賀市立石地区　〔側面図・平面図〕
◇p50(本文)〔白黒・図〕(旧産小屋)　福井県敦賀市立石地区　〔平面図〕
◇p56(本文)〔白黒・図〕　福井県敦賀市白木　〔側面図・平面図〕
◇p57(本文)〔白黒・図〕(旧産小屋)　福井県敦賀市白木　〔平面図〕
◇p62(本文)〔白黒・図〕(旧産小屋)　福井県敦賀市手浦　〔見取図〕
◇p63(本文)〔白黒・図〕(旧産小屋)　福井県敦賀市手浦　入口正面・側面
◇p82(本文)〔白黒・図〕　福井県小浜市犬熊　〔側面図・平面図〕
◇p86(本文)〔白黒・図〕　福井県小浜市田烏の南・北両区　〔平面図〕
「豊穣の神と家の神 目でみる民俗神シリーズ2」東京美術　1988
◇p97〔白黒〕　敦賀市常宮
◇p97〔白黒〕　敦賀市沓
◇p97〔白黒〕(産小屋の内部)　敦賀市常宮　天井から力綱が下がっている
「日本宗教民俗図典 1」法藏館　1985
◇図154〔白黒〕　愛知県東栄町本郷 民俗資料館　近年まで使われていた　[撮]須藤功

### 産小屋・月経小屋
「日本の生活環境文化大辞典」柏書房　2010
◇p294-4〔白黒〕　福井県敦賀市色浜　[撮]2008年　山崎祐子

### 産小屋・月経小屋の構造
「日本の生活環境文化大辞典」柏書房　2010
◇p294-3〔白黒・図〕　福井県敦賀市色浜　『若狭の産小屋習俗』

### 産小屋の飲料水
「民俗資料選集 17 若狭の産小屋習俗」国土地理協会　1989
◇p20(口絵)〔白黒〕　敦賀郡浦底

### 産小屋の設備・備品
「民俗資料選集 17 若狭の産小屋習俗」国土地理協会　1989
◇p9(口絵)〔白黒〕　福井県敦賀市沓　[撮]昭和51年頃
◇p10(口絵)〔白黒〕　福井県敦賀市沓　現存しない　[撮]杉原丈夫, 昭和49年
◇p10(口絵)〔白黒〕　福井県敦賀市立石　[撮]昭和51年頃
◇p11(口絵)〔白黒〕　福井県敦賀市常宮　[撮]昭和33年
◇p11(口絵)〔白黒〕　福井県敦賀市色浜　現在地への移築後
◇p11(口絵)〔白黒〕　福井県敦賀市白木

### 産小屋の便所
「民俗資料選集 17 若狭の産小屋習俗」国土地理協会　1989

出産・育児　　　　　　　　　　　人の一生

◇p11（口絵）〔白黒〕　福井県敦賀市白木

### 産小屋の棟札
「民俗資料選集 17 若狭の産小屋習俗」国土地理協会　1989
　◇p82（本文）〔白黒・図〕　福井県小浜市犬熊　大正13年

### 産小屋見舞い
「日本の生活環境文化大辞典」柏書房　2010
　◇p295-5〔白黒〕　福井県敦賀市白木　㊛1952年　山本常幸

### 産綱
「民俗資料選集 17 若狭の産小屋習俗」国土地理協会　1989
　◇p12（口絵）〔白黒〕　福井県敦賀市常宮　㊛昭和33年
　◇p12（口絵）〔白黒〕　福井県敦賀市沓　㊛昭和51年頃
　◇p12（口絵）〔白黒〕　福井県敦賀市色浜　現在地へ移築後の産小屋
　◇p12（口絵）〔白黒〕　福井県敦賀市立石　㊛昭和51年頃

### 産間
「民俗図録 日本人の暮らし」日本図書センター　2012
　◇図490〔白黒〕　青森県中津軽郡西目屋村砂子瀬　㊛櫻庭武則

### 産飯
「民俗小事典 食」吉川弘文館　2013
　◇p305〔白黒〕（高盛り飯と小皿に小石と塩をのせる産飯）　㊛萩原秀三郎
「図説 日本民俗学」吉川弘文館　2009
　◇p77〔白黒〕　大分県国東町　㊛萩原秀三郎
「祭・芸能・行事大辞典 上」朝倉書店　2009
　◇口絵〔p45〕〔カラー〕　埼玉県児玉郡美里町　㊛岡本一雄
　◇p201〔白黒〕　埼玉県児玉郡美里町　㊛岡本一雄
「豊穣の神と家の神 目でみる民俗神シリーズ2」東京美術　1988
　◇p99〔白黒〕　大分県国東町富来

### 産屋
「民俗図録 日本人の暮らし」日本図書センター　2012
　◇図491〔白黒〕　愛知県日間賀島　㊛瀬川清子
「写真でみる日本人の生活全集 6」日本図書センター　2010
　◇p8〔白黒〕　愛知県日間賀島　『日本民俗図録』から
「図説 日本民俗学」吉川弘文館　2009
　◇p76〔白黒〕（産屋とその内部）　福井県敦賀市
「写真ものがたり昭和の暮らし 7」農山漁村文化協会　2006
　◇p12〔白黒〕　京都府三和町（現福知山市）　復元された天地根元造りの産屋　㊛須藤功、昭和59年12月
　◇p12〔白黒〕　愛知県東栄町 民俗資料館に移築　愛知県東北部の山村で使われていた　㊛須藤功、昭和47年6月
　◇p12〔白黒〕（産屋の内部）　京都府三和町（現福知山市）　㊛須藤功、昭和59年12月
「豊穣の神と家の神 目でみる民俗神シリーズ2」東京美術　1988
　◇p97〔白黒〕　愛知県東栄町本郷
「民俗学辞典（改訂版）」東京堂出版　1987
　◇図版7(p62)〔白黒・図〕　徳島県の産室　橋浦泰雄画
「日本宗教民俗図典 1」法蔵館　1985
　◇p151〔白黒〕　京都府三和町大原　天地根元造　㊛須藤功
「フォークロアの眼 8 よみがえり」国書刊行会　1977
　◇図2〜4〔白黒〕　愛知県北設楽郡東栄町本郷　㊛萩原秀三郎、昭和44年8月
「民俗の事典」岩崎美術社　1972
　◇p41〔白黒〕　三重県志摩郡志摩町越賀

### 産屋からでる子
「写真でみる日本人の生活全集 9」日本図書センター　2010
　◇p57〔白黒〕　㊛野崎喜代司

### 産屋のみえる集落と産屋の内部
「図説 民俗探訪事典」山川出版社　1983
　◇p166〔白黒〕　京都府天田郡三和町　高取正男『神道の成立』より

### 産湯
「写真でみる日本人の生活全集 6」日本図書センター　2010
　◇口絵〔カラー〕　㊛吉岡専造
「写真でみる日本人の生活全集 9」日本図書センター　2010
　◇p56〔白黒〕（うぶ湯）　㊛小場佐悌玄
「図説 日本民俗学」吉川弘文館　2009
　◇p78〔白黒〕　長野県塩尻市
「写真でみる日本生活図引 4」弘文堂　1988
　◇図133〔白黒〕　群馬県勢多郡北橘村八崎　㊛都丸十九一、昭和30年7月

### うぶ湯をつかう
「写真でみる日本人の生活全集 4」日本図書センター　2010
　◇p114〔白黒〕　東京

### 産湯をつかう産婆とお産に必要な品々
「日本の生活環境文化大辞典」柏書房　2010
　◇p291-5〔白黒・図〕　『主婦の友』（1935年11月号）に描かれた「赤ちゃんの生まれる当日の心得」より

### ウブユのフネ
「図録・民具入門事典」柏書房　1991
　◇p106〔白黒〕　新潟県

### 嬰児籠（えじかご）
「日本民具の造形」淡交社　2004
　◇p26〔白黒〕（嬰児籠）　長野県 茅野市八ヶ岳総合博物館所蔵

### エジコ
「写真でみる日本人の生活全集 9」日本図書センター　2010
　◇p121〔白黒〕　木製
　◇p121〔白黒〕　㊛西岡伸太
「日本民具の造形」淡交社　2004
　◇p139〔白黒〕（嬰児籠）　青森県 十和田町湖立民俗資料館所蔵
「豊穣の神と家の神 目でみる民俗神シリーズ2」東京美術　1988
　◇p100〔白黒〕（エジコ（嬰児籠））　秋田県増田町
「フォークロアの眼 8 よみがえり」国書刊行会　1977
　◇図26・27〔白黒〕　岩手県胆沢郡衣川村　㊛萩原秀三郎、昭和32年9月

### エジコの赤子
「写真でみる日本人の生活全集 4」日本図書センター　2010
　◇p27〔白黒〕　東北地方

### エジメッコ
「フォークロアの眼 8 よみがえり」国書刊行会　1977
　◇図25〔白黒〕　秋田県平鹿郡増田町　㊛萩原秀三郎、昭和42年2月
　◇図28〔白黒〕　秋田県男鹿市門前　㊛萩原秀三郎、昭和37年12月31日

### エヅメ
「民俗図録 日本人の暮らし」日本図書センター　2012
　◇図496〔白黒〕（エヅメ（1））　秋田県南秋田郡金足村　㊛三木茂
　◇図497〔白黒〕（エヅメ（2））　秋田県男鹿半島脇元村〔子が入っている〕　㊛岩井宏實
　◇図498〔白黒〕（エヅメ（3））　滋賀県高島郡今津町〔子が入っている〕　㊛岩井宏實
　◇図499〔白黒〕（エヅメ（4））　島根県簸川郡出西村〔子が入っている〕　㊛山根雅郎
「写真でみる日本人の生活全集 6」日本図書センター　2010
　◇p14〔白黒〕　島根県簸川郡地方

人の一生　　　　　　　　　　　　　　　　　　出産・育児

◇p14〔白黒〕　秋田県南秋田郡など

**エズメに入れられた赤坊をあやす子ども**
「写真でみる日本人の生活全集 2」日本図書センター　2010
　◇口絵〔白黒〕　秋田県平鹿郡横手市

**エヅメの作り方**
「日本写真全集 9」小学館　1987
　◇図189～191〔白黒〕　南秋田郡金足村　㈹三木茂
　『雪の民俗』(昭和19年 養徳社刊)

**エズメのなかの男の子**
「写真ものがたり昭和の暮らし 1」農山漁村文化協会　2004
　◇p85〔白黒〕　秋田県湯沢市　㈹加賀谷政雄, 昭和30年代

**エナ壺**
「図説 民俗建築大事典」柏書房　2001
　◇写真1(p256)〔白黒〕　千葉県佐倉市　㈹大平茂男

**胞衣塚**
「写真ものがたり昭和の暮らし 7」農山漁村文化協会　2006
　◇p16〔白黒〕　青森県木造町(現つがる市)　㈹須藤功, 昭和60年4月
「日本宗教民俗典典 1」法蔵館　1985
　◇図155〔白黒〕　青森県木造町南吹原 墓地の中　㈹須藤功

**エナツボ**
「図説 日本民俗学」吉川弘文館　2009
　◇p77〔白黒〕　八王子郷土資料館提供

**胞衣の供養碑**
「日本宗教民俗典典 1」法蔵館　1985
　◇図156〔白黒〕　青森県弘前市東城北 神明宮　㈹須藤功

**おしめかご**
「日本の民具 2 農村」慶友社　1992
　◇図206〔白黒〕　新潟県　㈹薗部澄

**おつむてんてんをする幼児**
「写真ものがたり昭和の暮らし 7」農山漁村文化協会　2006
　◇p7〔白黒〕(おつむてんてんをする生後286日目の幼児)　愛知県豊橋市　㈹須藤功, 昭和39年3月

**おぶった子に話しかける**
「写真ものがたり昭和の暮らし 6」農山漁村文化協会　2006
　◇p46〔白黒〕　埼玉県・秩父地方　㈹武藤盈, 昭和32年1月

**おむつを替える**
「写真でみる日本人の生活全集 10」日本図書センター　2010
　◇p95〔白黒〕(農村の主婦の座) 幼児のおむつをとりかえる　㈹酒井常平
「写真でみる日本生活図引 1」弘文堂　1989
　◇図53〔白黒〕(昼どき)　秋田県横手市　農繁期。田小屋 赤ちゃんのおしめを取替える　㈹佐藤久太郎, 昭和33年10月10日

**肩車**
「日本の民俗 暮らしと生業」KADOKAWA　2014
　◇図10-3〔白黒〕　鹿児島県大島郡大和村　〔弟を肩車する姉〕　㈹芳賀日出男, 昭和30年
「写真でみる日本人の生活全集 6」日本図書センター　2010
　◇p100〔白黒〕(こどもを育てながら野良仕事にはげむ農村の主婦)〔子どもを肩車している〕　奄美の島々
「日本の民俗 下」クレオ　1997
　◇図10-3〔白黒〕　鹿児島県大島郡大和村　〔弟を肩車する姉〕　㈹芳賀日出男, 昭和30年

**旧月経小屋**
「日本の生活環境文化大辞典」柏書房　2010
　◇p293-1〔白黒・図〕　福井県敦賀市白木　〔室内図〕　『若狭の産小屋習俗』

**クミャー**
「日本民俗図誌 3 調度・服飾篇」村田書店　1977
　◇図136〔白黒・図〕　沖縄県八重山郡与那国島　子供背負いのために使用　本山桂川採図(『与那国島図誌』)

**子を負う女**
「日本社会民俗辞典 1」日本図書センター　2004
　◇図版Ⅱ アイヌ(2)〔白黒〕　胆振国白老　㈹木下

**子をおぶう祖母と子どもたち**
「写真ものがたり昭和の暮らし 6」農山漁村文化協会　2006
　◇p44〔白黒〕　新潟県長岡市蓬平町　㈹中俣正義, 昭和31年4月

**子を抱いて祭りに加わる**
「フォークロアの眼 3 運ぶ」国書刊行会　1977
　◇図176〔白黒〕　沖縄県国頭郡国頭村安田　㈹須藤功, 昭和48年8月7日

**子を背負う**
「民俗図録 日本人の暮らし」日本図書センター　2012
　◇図507〔白黒〕(子を負う女)　秋田県南秋田郡　㈹三木茂
「写真でみる日本人の生活全集 6」日本図書センター　2010
　◇p13〔白黒〕(こどもを背中におんぶする)　オビヒモで赤ん坊をおんぶしたり, ネンネコで包んだりする
「写真ものがたり昭和の暮らし 6」農山漁村文化協会　2006
　◇p58〔白黒〕　愛知県豊橋市　〔祖母に背負われる子〕　㈹須藤功, 昭和39年5月
　◇p65〔白黒〕(弟をおぶう男の子)　秋田県羽後町大久保　㈹加賀谷政雄, 昭和30年代
　◇p66〔白黒〕(母親も畑に行くために、男の子を姉におぶわせている)　埼玉県・秩父地方　㈹武藤盈, 昭和31年9月
「宮本常一 写真・日記集成 上」毎日新聞社　2005
　◇p25〔白黒〕(子守)　宮城県栗原郡栗駒町 栗駒山麓〔孫をおんぶする〕　㈹宮本常一, 1955年11月14日
「写真でみる日本生活図引 8」弘文堂　1993
　◇図131〔白黒〕(負う)　山形県最上郡最上町　母親。素肌に幼児を負う　㈹早川孝太郎, 昭和11年11月
「フォークロアの眼 3 運ぶ」国書刊行会　1977
　◇図153〔白黒〕(幼い子でも負うと赤ちゃんの子守りができる)　沖縄県石垣市登野城　㈹須藤功, 昭和47年7月19日
　◇図157〔白黒〕　山形県飽海郡遊佐町吹浦　〔母親に背負われ祭りの行列に加わる少女〕　㈹須藤功, 昭和44年5月8日

**子供負い帯**
「日本民具の造形」淡交社　2004
　◇p39〔白黒〕　島根県　横田郷土資料館所蔵

**こどもを背中におんぶする**
「宮本常一が撮った昭和の情景 上」毎日新聞社　2009
　◇p16〔白黒〕(孫を背中でおんぶする)　宮城県栗原市　㈹宮本常一, 1955年11月14日
「写真ものがたり昭和の暮らし 10」農山漁村文化協会　2007
　◇p7〔白黒〕　新潟県十日町市　雪祭りにきて楽しんで、疲れた子を夫に晒木綿の帯でおぶってもらい、これからわが家に帰る　㈹中俣正義, 昭和30年2月
　◇p46〔白黒〕(夫婦)　新潟県長岡市蓬平町　〔夫が子をおぶう〕　㈹中俣正義, 昭和31年4月

**コバヤの外観**
「民俗学事典」丸善出版　2014
　◇p275〔白黒〕　山形県小国町大宮

**コビツ**
「日本民具の造形」淡交社　2004
　◇p43〔白黒〕　鹿児島県 大隅町郷土館所蔵

## 子守り
「民俗図録 日本人の暮らし」日本図書センター　2012
◇図504〔白黒〕　東京都新島　[撮]坂口一雄
◇図506〔白黒〕(島の子供(2))　鹿児島県ロノ島　赤ん坊を守りさせられている幼童　[撮]小柳春男
「写真でみる日本人の生活全集 6」日本図書センター　2010
◇p47〔白黒〕(きょうだいの子守り)　[撮]渡辺引一
「写真でみる日本人の生活全集 9」日本図書センター　2010
◇p7〔白黒〕(子守)　佐賀県　[撮]酒井今朝夫
◇p122〔白黒〕(子守)　新島, 三宅島　常民文化研究所
◇p123〔白黒〕(孫の子守)　山口県
「写真でみる日本人の生活全集 10」日本図書センター　2010
◇p64〔白黒〕(子守)　[撮]加藤泰
「写真ものがたり昭和の暮らし 10」農山漁村文化協会　2007
◇p16〔白黒〕　秋田県湯沢市　〔弟を背負った少女と手を叩いて背の子に話しかける女性〕　[撮]加賀谷政雄, 昭和30年代
◇p21〔白黒〕(潮の引いた浜で孫の子守をする祖母)　青森県風間浦村下風呂　[撮]須藤功, 昭和43年
「写真ものがたり昭和の暮らし 6」農山漁村文化協会　2006
◇p42〔白黒〕(孫をおぶって子守をする祖母)　石川県・能登半島　下駄の鼻緒を直した　[撮]棚池信行, 昭和30年代
◇p51〔白黒〕(ふたりの祖父が小川のほとりで孫の子守をする)　秋田県山内村大松川(現横手市)　[撮]佐藤久太郎, 昭和43年4月
◇p68〜69〔白黒〕　長野県富士見町池之袋　年長者が下の子の子守をする, イズミのなかの子は眠っている　[撮]武藤盈, 昭和31年6月
「宮本常一 写真・日記集成 上」毎日新聞社　2005
◇p17〔白黒〕(板ヶ谷)　広島県山県郡戸河内町[安芸太田町]板ヶ谷　〔おんぶする〕　[撮]宮本常一, 1955年8月21日
「日本民具の造形」淡交社　2004
◇p80〔白黒〕　神奈川県 横浜市歴史博物館所蔵　大正時代の再現
「日本社会民俗辞典 1」日本図書センター　2004
◇p443〔白黒〕(村の子守)　三重県古泊浦
「日本社会民俗辞典 4」日本図書センター　2004
◇p1466〔白黒〕(伊豆新島の子守)
「日本民俗写真大系 5」日本図書センター　2000
◇p156〔白黒〕　与那国島　〔子守りをする老婆〕　[撮]吉村正治, 1960年
「写真でみる日本生活図引 5」弘文堂　1989
◇図59〔白黒〕(子守)　新潟県佐渡郡　[撮]中俣正義, 昭和20年代
◇図60〔白黒〕(子守)　秋田県仙北郡六郷町　[撮]佐藤久太郎, 昭和35年9月18日
「写真でみる日本生活図引 1」弘文堂　1989
◇図46〔白黒〕　秋田県湯沢市山田堂ヶ沢　秋の農家　[撮]加賀谷政雄, 昭和31年10月
「日本写真全集 9」小学館　1987
◇図113〔白黒〕　秋田県秋田市仁井田　囲炉裏端〔子守りをする老人〕　[撮]木村伊兵衛, 昭和28年

## 子守をしながら語り合う少女たち
「写真ものがたり昭和の暮らし 6」農山漁村文化協会　2006
◇p60〔白黒〕　長野県會地村(現阿智村)　[撮]熊谷元一, 昭和13年

## 子守りをする子供
「写真でみる日本人の生活全集 4」日本図書センター　2010
◇p17〔白黒〕

## 子守達
「写真でみる日本人の生活全集 9」日本図書センター　2010
◇p7〔白黒〕　伊豆新島

## 子守の手伝いをしながら勉強に励む少女
「里山・里海 暮らし図鑑」柏書房　2012
◇写20(p274)〔白黒〕　高知県旧窪川町〔四万十町〕日野地　昭和20年代　四万十町役場提供

## 子守フゴ
「写真でみる日本人の生活全集 9」日本図書センター　2010
◇p119〔白黒〕　愛知県北設楽郡名倉の農家　ワラ製
「日本民具の造形」淡交社　2004
◇p52〔白黒〕　高知県 高知県立歴史民俗資料館所蔵

## サルボコ
「図説 日本民俗学」吉川弘文館　2009
◇p74〔白黒〕　長野県松本市

## 産院
「写真でみる日本人の生活全集 6」日本図書センター　2010
◇p24〔白黒〕　東京　[撮]納富通

## 産院への移動
「日本民俗写真大系 4」日本図書センター　1999
◇p125〔白黒〕　香川県伊吹島　[撮]中村由信, 1955年

## 産後のお礼参り
「日本民俗大辞典 上」吉川弘文館　1999
◇p290〔白黒〕　東京都中央区 水天宮

## 産室
「日本宗教民俗図典 1」法蔵館　1985
◇図153〔白黒〕　京都府三和町大原　[撮]須藤功

## 産室の図
「写真ものがたり昭和の暮らし 7」農山漁村文化協会　2006
◇p13〔白黒・図〕　愛知県 渥美半島　明治時代中ごろまでの様子　松下石人著『三州奥郡産育風俗図繪』より
「図説 民俗建築大事典」柏書房　2001
◇図1(p255)〔白黒・図〕　松下石人『三州奥郡産育風俗図絵(復刻版)』渥美町教育委員会、1985

## 産褥の断面模式図
「民俗資料選集 17 若狭の産小屋習俗」国土地理協会　1989
◇p25(本文)〔白黒・図〕　福井県敦賀市常宮
◇p31(本文)〔白黒・図〕　福井県敦賀市沓
◇p37(本文)〔白黒・図〕　福井県敦賀市色浜地区
◇p43(本文)〔白黒・図〕　福井県敦賀市浦底
◇p57(本文)〔白黒・図〕　福井県敦賀市白木
◇p63(本文)〔白黒・図〕　福井県敦賀市手浦
◇p63(本文)〔白黒・図〕　三方郡美浜町丹生

## 産婆
「写真でみる日本人の生活全集 6」日本図書センター　2010
◇p12〔白黒〕　中村由信 "瀬戸内海" から
「写真ものがたり昭和の暮らし 7」農山漁村文化協会　2006
◇p14〜15〔白黒〕　香川県直島村(現直島町)　[撮]中村由信, 昭和28年

## 産婆さんの往診
「日本民俗写真大系 4」日本図書センター　1999
◇p124〔白黒〕　香川県直島　漁船で定期検診をする　[撮]中村由信, 1958年

## 産婆に腹帯を巻いてもらう
「写真ものがたり昭和の暮らし 7」農山漁村文化協会　2006
◇p10〔白黒・図〕　松下石人著『三州奥郡産育風俗図繪』より

## 産婆の介護で力綱をにぎって出産する
「写真ものがたり昭和の暮らし 7」農山漁村文化協会　2006
◇p13〔白黒・図〕　愛知県 渥美半島　明治時代中ごろま

での様子　松下石人著『三州奥郡産育風俗図繪』より

**しめし籠**
「日本民具の造形」淡交社　2004
　　◇p41〔白黒〕　富山県 利賀村飛翔の里資料館所蔵　乳幼児のおむつを乾かす

**授乳**
「民俗図録 日本人の暮らし」日本図書センター　2012
　　◇図215〔白黒〕(乳を飲ませる田植女)　大阪府
「写真でみる日本人の生活全集 9」日本図書センター　2010
　　◇p49〔白黒〕(母親にちちをもらう子)　千葉県九十九里浜　㊟野村親志
「図説 日本民俗学」吉川弘文館　2009
　　◇p78〔白黒〕　長野市
「写真ものがたり昭和の暮らし 7」農山漁村文化協会　2006
　　◇p17〔白黒〕　愛知県新城市　㊟須藤功, 昭和40年6月
「写真ものがたり昭和の暮らし 6」農山漁村文化協会　2006
　　◇p16〔白黒〕　秋田県横手市　割烹着をおろして赤ちゃんに乳を飲ませる　㊟佐藤久太郎, 昭和30年代
　　◇p17〔白黒〕　愛媛県瀬戸町川之浜(現伊方町)　㊟新田好, 昭和28年
　　◇p18〔白黒〕　秋田県横手市　稲刈りの一休みに母親はイズメから子を出し、イズメに座って乳を飲ませる　㊟佐藤久太郎, 昭和33年10月
「写真でみる日本生活図引 1」弘文堂　1989
　　◇図29〔白黒〕　秋田県平鹿郡十文字町　田植えの合間　㊟菊池俊吉, 昭和28年
「写真でみる日本生活図引 4」弘文堂　1988
　　◇図136〔白黒〕(乳をやる)　愛媛県西宇和郡瀬戸町川之浜　㊟新田好, 昭和28年
「日本写真全集 9」小学館　1987
　　◇図112〔白黒〕　秋田県大曲市内小友　㊟木村伊兵衛, 昭和34年

**シンタ**
「日本民具の造形」淡交社　2004
　　◇p52〔白黒〕　北海道 旭川市立郷土博物館分館所蔵
　　◇p52〔白黒〕　北海道 帯広百年記念館
「日本民俗大辞典 上」吉川弘文館　1999
　　◇p889〔白黒〕　アイヌ　児玉マリ提供
「民具のみかた一心とかたち」第一法規出版　1983
　　◇p231〔白黒〕　北海道旭川市
「写真 日本文化史 9」日本評論新社　1955
　　◇図161〔白黒〕　北海道 アイヌ　木製

**そりに眠る赤ん坊**
「フォークロアの眼 2 雪国と暮らし」国書刊行会　1977
　　◇図167〔白黒〕　新潟県南魚沼郡六日町欠之上　㊟中俣正義, 昭和29年3月下旬

**堆肥作りをしている母親のところに、女の子が鼻水が出たといってきたので、紙で拭いてやっている**
「写真ものがたり昭和の暮らし 6」農山漁村文化協会　2006
　　◇p31〔白黒〕　秋田県能代市　㊟南利夫, 昭和33年

**竹かご**
「写真で見る農具 民具」農林統計協会　1988
　　◇p284〔白黒〕　茨城県常北町　明治時代から昭和30年代　農作業に出るとき子供を入れておく

**丈くらべ**
「写真ものがたり昭和の暮らし 6」農山漁村文化協会　2006
　　◇p130～131〔白黒〕　長野県富士見町池之袋　㊟武藤盈, 昭和31年5月

**竹簀に木枝で作ったほうきを置き、その上にイズメをのせる**
「写真ものがたり昭和の暮らし 6」農山漁村文化協会　2006
　　◇p10〔白黒〕　秋田県山内村小松川(現横手市)　㊟佐藤久太郎, 昭和33年2月

**他屋**
「民間信仰辞典」東京堂出版　1980
　　◇p187〔白黒〕

**たらいでの湯浴を終えて母親に抱かれた妹と様子を見ていた兄と姉**
「写真ものがたり昭和の暮らし 7」農山漁村文化協会　2006
　　◇p26〔白黒〕　埼玉県川口市　㊟須藤功, 昭和43年3月

**タラで赤ちゃんをおぶう**
「写真ものがたり昭和の暮らし 6」農山漁村文化協会　2006
　　◇p12〔白黒・図〕　絵・中嶋俊枝

**力綱**
「日本民俗大辞典 下」吉川弘文館　2000
　　◇図2・3〔別刷図版「生と死」〕〔白黒〕　福井県敦賀半島　㊟新谷尚紀
　　◇p81〔白黒〕　京都府天田郡三和町 大原神社

**チグラの赤ん坊**
「フォークロアの眼 2 雪国と暮らし」国書刊行会　1977
　　◇図187〔白黒〕　新潟県古志郡太田村(現在は長岡市)蓬平　㊟中俣正義, 昭和32年4月28日

**月小屋**
「民俗図録 日本人の暮らし」日本図書センター　2012
　　◇図493〔白黒〕　愛知県北設楽郡振草村　㊟瀬川清子
「写真でみる日本人の生活全集 5」日本図書センター　2010
　　◇p52〔白黒〕(ツキゴヤ(月小屋))　愛知県北設楽郡
「民俗資料選集 17 若狭の産小屋習俗」国土地理協会　1989
　　◇p51(本文)〔白黒・図〕(旧月小屋)　福井県敦賀市立石地区　入口正面図・側面図・平面図
　　◇p56(本文)〔白黒・図〕(旧月小屋)　福井県敦賀市白木〔平面図〕

**ツグラ(指物)**
「民具のみかた一心とかたち」第一法規出版　1983
　　◇p77〔白黒〕　岐阜県高山市

**ツグラ・立ちツグラ**
「日本民具の造形」淡交社　2004
　　◇p139〔白黒〕　岐阜県 馬瀬村歴史民俗資料館所蔵

**ツグラに入った赤ちゃん**
「宮本常一が撮った昭和の情景 上」毎日新聞社　2009
　　◇p41〔白黒〕　広島県呉市豊浜町大字豊島(豊島)　㊟宮本常一, 1957年8月27日
「宮本常一 写真・日記集成 上」毎日新聞社　2005
　　◇p79〔白黒〕　広島県豊田郡豊浜町 豊島　㊟宮本常一, 1957年8月27日

**ツグラの男の子**
「写真ものがたり昭和の暮らし 6」農山漁村文化協会　2006
　　◇p9〔白黒〕　新潟県長岡市蓬平　㊟中俣正義, 昭和32年4月

**定期診断の日、姑が孫を連れてきて診断を受けている**
「写真ものがたり昭和の暮らし 7」農山漁村文化協会　2006
　　◇p56〔白黒〕　岩手県沢内村(現西和賀町)　㊟須藤功, 昭和60年4月

**出部屋, 共同の産小屋後身たる産院**
「日本社会民俗辞典 2」日本図書センター　2004
　　◇p633〔白黒〕　香川県伊吹島

**トマ(ござ)にねんねこを敷いて寝かされたアイヌの赤ちゃん**
「写真ものがたり昭和の暮らし 6」農山漁村文化協会　2006
　　◇p12〔白黒〕　北海道平取町二風谷　㊟須藤功, 昭和53年8月

**トリアゲジサ**
「民俗学事典」丸善出版　2014
◇p281〔白黒〕　新潟県湯沢町

**ナカニオブウ**
「写真ものがたり昭和の暮らし 6」農山漁村文化協会　2006
◇p53〔白黒〕　山形県東小国村(現最上町)　[撮]早川孝太郎, 昭和11年11月

**ネンネコ**
「日本民具の造形」淡交社　2004
◇p80〔白黒〕　鹿児島県 財部町郷土館所蔵
「図説 民俗探訪事典」山川出版社　1983
◇p25〔白黒〕　瀬戸内地方　[撮]高橋克夫

**ねんねこ姿で子守り**
「写真でみる日本人の生活全集 9」日本図書センター　2010
◇p124〔白黒〕(ねんねこ)　新潟　[撮]熊谷一雄

**ネンネコ姿の母と子**
「写真でみる日本人の生活全集 9」日本図書センター　2010
◇p125〔白黒〕　関東

**ねんねこにくるんだ初孫を抱いて子守をする祖父**
「写真ものがたり昭和の暮らし 6」農山漁村文化協会　2006
◇p48〔白黒〕　秋田県横手市　[撮]佐藤久太郎, 昭和39年2月

**ネンネコバンテン**
「いまに伝える 農家のモノ・人の生活館」柏書房　2004
◇p42 写真3〔白黒〕　埼玉県江南町　春着のネンネコ・羽二重のネンネコ・銘仙のネンネコ

**ノッザン(後産)を捨てたところ**
「民俗資料選集 17 若狭の産小屋習俗」国土地理協会　1989
◇p13(口絵)〔白黒〕　福井県敦賀市立石

**稲架に並ぶおしめ**
「写真ものがたり昭和の暮らし 1」農山漁村文化協会　2004
◇p57〔白黒〕　長野県阿智村駒場　[撮]熊谷元一, 昭和24年

**パッカイタラ**
「日本民俗大辞典 下」吉川弘文館　2000
◇p371〔白黒〕　アイヌ民族博物館提供

**初誕生も近い赤ちゃんが, お母さんに頭の毛を剃ってもらっている**
「写真でみる日本人の生活全集 6」日本図書センター　2010
◇p19〔白黒〕　[撮]仲野文佐久

**母と子**
「写真でみる日本人の生活全集 9」日本図書センター　2010
◇p55〔白黒〕　東京　誕生祝に母がわが子の生長を親戚に見せているところ

**腹帯**
「図説 日本民俗学」吉川弘文館　2009
◇p75〔白黒〕
◇p75〔白黒〕(コルセット型の腹帯)　東京都中央区
「写真ものがたり昭和の暮らし 7」農山漁村文化協会　2006
◇p10〔白黒・図〕　東京 水天宮　絵・中嶋俊枝
「日本民俗大辞典 下」吉川弘文館　2000
◇p394〔白黒〕　愛知県一宮市　新谷尚紀提供

**ハンモックに寝かされた赤ちゃん**
「写真ものがたり昭和の暮らし 6」農山漁村文化協会　2006
◇p14〔白黒〕(杭を三叉に組んでつったハンモックに寝かされた赤ちゃん)　岩手県山形村　[撮]田村淳一郎, 昭和35年

**ヒマエ小屋**
「民俗図録 日本人の暮らし」日本図書センター　2012
◇図492〔白黒〕　岡山県小田郡飛島　[撮]江野村茂里一

**ヒマヤ(産小屋)**
「日本社会民俗辞典 1」日本図書センター　2004
◇p74〔白黒〕　愛知県北設楽郡

**フゴ**
「写真でみる日本人の生活全集 9」日本図書センター　2010
◇p121〔白黒〕　ワラ製

**臍の緒**
「図説 日本民俗学」吉川弘文館　2009
◇p77〔白黒〕　長野県松本市

**保育所**
「写真でみる日本人の生活全集 4」日本図書センター　2010
◇口絵〔白黒〕　都立新宿生活館
「宮本常一 写真・日記集成 上」毎日新聞社　2005
◇p253〔白黒〕　長崎県 五島列島小値賀島(北松浦郡小値賀町)　[撮]宮本常一, 1961年4月24日

**保育用の篭**
「民俗資料選集 17 若狭の産小屋習俗」国土地理協会　1989
◇p20(口絵)〔白黒〕　三方郡美浜町新庄

**胞衣を埋めるところ(ヨナイケバ)**
「民俗資料選集 17 若狭の産小屋習俗」国土地理協会　1989
◇p13(口絵)〔白黒〕　三方郡三方町常神

**胞衣の捨て場(コステイワ・コナゲイワ)**
「民俗資料選集 17 若狭の産小屋習俗」国土地理協会　1989
◇p13(口絵)〔白黒〕　福井県敦賀市浦底

**母子健康手帳**
「図説 日本民俗学」吉川弘文館　2009
◇p73〔白黒〕　東京都世田谷区

**保母さん**
「写真でみる日本人の生活全集 10」日本図書センター　2010
◇p75〔白黒〕

**孫をあやす**
「宮本常一 写真・日記集成 下」毎日新聞社　2005
◇p434〔白黒〕　福島県安達郡岩代町小浜　[撮]宮本常一, 1978年7月10日～13日(農山漁家生活改善技術資料収集調査)

**三日祝いの膳**
「図説 日本民俗学」吉川弘文館　2009
◇p78〔白黒〕　長野県塩尻市　生後3日目の祝い

**むしろに蒲団を延べて寝かした赤ちゃんに、母親が毛布をかけようとしている**
「写真ものがたり昭和の暮らし 6」農山漁村文化協会　2006
◇p13〔白黒〕　秋田県湯沢市　[撮]加賀谷政雄, 昭和30年代

**村の子の生命をあずかる人**
「写真でみる日本人の生活全集 9」日本図書センター　2010
◇p129〔白黒〕　山形県東村山郡　江波こうさんは各家を巡歴して子の保育をする

**ユスリボウ**
「民具のみかた―心とかたち」第一法規出版　1983
◇p231〔白黒〕　新潟県秋山郷

**ゆりかご**
「民俗図録 日本人の暮らし」日本図書センター　2012
◇図495〔白黒〕(小宝島のゆりかご)　鹿児島県小宝島
「写真ものがたり昭和の暮らし 6」農山漁村文化協会　2006
◇p52〔白黒〕(あり合わせの木箱を縄で軒下につるした揺籠)　鹿児島県十島村・小宝島　[撮]昭和20年代　民俗学研究所編『日本民俗図録』より
「民具のみかた―心とかたち」第一法規出版　1983
◇p232〔白黒〕(ユリカゴ(揺り籠))　沖縄県竹富島

よいさー
「日本の民具 2 農村」慶友社　1992
　　◇図208〔白黒〕　琉球　㊙薗部澄
よさおけ
「日本民具の造形」淡交社　2004
　　◇p70〔白黒〕　三重県 磯部町立郷土資料館所蔵
よだれかけ
「日本民具の造形」淡交社　2004
　　◇p176〔白黒〕　奈良県 天理大学付属天理参考館所蔵

リヤカーに乗せたイズメの子と女の子は、祖父母のほうの畑に行くのだろう
「写真ものがたり昭和の暮らし 6」農山漁村文化協会　2006
　　◇p11〔白黒〕　秋田県十文字町（現横手市）　㊙菊池俊吉，昭和28年
ワラの子守畚であそぶ赤ん坊
「里山・里海 暮らし図鑑」柏書房　2012
　　◇写6（p228）〔白黒〕　大阪府泉南市　昭和17年　山瀬良二提供

# 生児儀礼・初節供・七五三

祝い凧
「日本民俗図誌 8 舞楽・童戯篇」村田書店　1978
　　◇図105-1・2〔白黒・図〕　高知
氏神に命名を奉告
「日本宗教民俗図典 1」法蔵館　1985
　　◇図157〔白黒〕　山梨県塩山市 松尾神社　㊙須藤功
氏神参り
「写真ものがたり昭和の暮らし 7」農山漁村文化協会　2006
　　◇p38〔白黒〕　宮崎県西都市銀鏡 銀鏡神社　㊙須藤功，昭和54年12月
氏子入り
「日本の民俗 暮らしと生業」KADOKAWA　2014
　　◇図13-4〔白黒〕（氏子入り（1））　滋賀県蒲生郡蒲生町 八坂神社の氏神祭り　㊙芳賀日出男，昭和57年
　　◇図13-5〔白黒〕（氏子入り（2））　静岡県志太郡大井川町 大井八幡宮の祭礼　㊙芳賀日出男，昭和51年
「日本の民俗 下」クレオ　1997
　　◇図13-4〔白黒〕（氏子入り（1））　滋賀県蒲生郡蒲生町 八坂神社の氏神祭り　㊙芳賀日出男，昭和57年
　　◇図13-5〔白黒〕（氏子入り（2））　静岡県志太郡大井川町 大井八幡宮の祭礼　㊙芳賀日出男，昭和51年
「日本宗教民俗図典 2」法蔵館　1985
　　◇図97〔白黒〕（前年の大祭後に生まれた子の氏子入り）宮崎県西都市銀鏡
氏子入りの祓い
「写真ものがたり昭和の暮らし 2」農山漁村文化協会　2004
　　◇p221〔白黒〕　宮崎県西都市 銀鏡神社　㊙須藤功，昭和54年12月
氏子入りの奉告
「フォークロアの眼 3 運ぶ」国書刊行会　1977
　　◇図174〔白黒〕　静岡県志太郡大井川町藤守　㊙須藤功，昭和40年3月17日
えり掛け餅
「日本の民俗 暮らしと生業」KADOKAWA　2014
　　◇図13-6〔白黒〕　茨城県内の行事,埼玉県所沢市で撮影2月8日　㊙芳賀日出男，昭和55年
「日本の民俗 下」クレオ　1997
　　◇図13-6〔白黒〕　茨城県内の行事,埼玉県所沢市で撮影2月8日　子どもの首に年の数だけの小餅をかける　㊙芳賀日出男，昭和55年
お七夜
「祭・芸能・行事大辞典 上」朝倉書店　2009
　　◇p310〔白黒〕　埼玉県美里町　㊙岡本一雄

「日本宗教民俗図典 1」法蔵館　1985
　　◇図159〔白黒〕　鹿児島県竜郷村（奄美大島）　額に鍋墨をつけ小蟹をはわせる　㊙萩原秀三郎
「フォークロアの眼 8 よみがえり」国書刊行会　1977
　　◇図10〔白黒〕　鹿児島県大島郡竜郷村秋名　吸物碗の中の小石と小ガニ　㊙萩原秀三郎，昭和47年9月
　　◇図11〔白黒〕　鹿児島県大島郡竜郷村秋名　老女が抱いた生児の額に小ガニをはわす　㊙萩原秀三郎，昭和47年9月
　　◇図12〔白黒〕　鹿児島県大島郡竜郷村秋名　祝い膳にのせられた弓矢　㊙萩原秀三郎，昭和47年9月
　　◇図13〔白黒〕　鹿児島県大島郡竜郷村秋名　天井にさされた弓矢　㊙萩原秀三郎，昭和47年9月
お宮詣り
「写真でみる日本人の生活全集 6」日本図書センター　2010
　　◇p16〔白黒〕　神奈川県津久井郡内郷村　生れて30日前後　「写真地誌日本」
お宮参り
「日本の民俗 暮らしと生業」KADOKAWA　2014
　　◇図13-1〔白黒〕（宮詣り）　東京都中央区　㊙芳賀日出男，平成元年
「写真でみる日本人の生活全集 6」日本図書センター　2010
　　◇口絵〔白黒〕　㊙吉岡専造
「図説 日本民俗学」吉川弘文館　2009
　　◇p80〔白黒〕（宮参り）　長野市
　　◇p230〔白黒〕　千葉県松戸市　萩原秀三郎提供
「祭・芸能・行事大辞典 上」朝倉書店　2009
　　◇口絵〔p45〕〔カラー〕（お宮参り（初宮参り））　埼玉県児玉郡美里町　㊙岡本一雄
「祭・芸能・行事大事典 下」朝倉書店　2009
　　◇p1712〔白黒〕（宮参り（初宮参り））　埼玉県児玉郡美里町　㊙岡本一雄
「精選 日本民俗辞典」吉川弘文館　2006
　　◇p514〔白黒〕（宮参り）　奈良市 奈良豆比古神社
「日本民俗大辞典 下」吉川弘文館　2000
　　◇p623〔白黒〕（宮参り）　奈良市 奈良豆比古神社
「日本の民俗 下」クレオ　1997
　　◇図13-1〔白黒〕（宮詣り）　東京都中央区　㊙芳賀日出男，平成元年
「図説 民俗探訪事典」山川出版社　1983
　　◇p107〔白黒〕（宮参り）　千葉県　㊙萩原秀三郎
「日本民俗文化財事典（改訂版）」第一法規出版　1979
　　◇図306〔白黒〕　宮崎県青島
　　◇図307〔白黒〕　宮崎県青島

「フォークロアの眼 3 運ぶ」国書刊行会　1977
◇図175〔白黒〕(宮参りは子を抱いて)　京都府京都市左京区下鴨神社　[撮]須藤功, 昭和45年5月5日

## オミヤマイリノオユワイ
「図録・民具入門事典」柏書房　1991
◇p106〔白黒〕　宮崎県

## カゴモチ
「図録・民具入門事典」柏書房　1991
◇p107〔白黒〕　千葉県　七歳の年祝いの返礼　成田山史料館所蔵

## 食い初め
「日本の民俗 暮らしと生業」KADOKAWA　2014
◇図13-2〔白黒〕　埼玉県所沢市　[撮]芳賀日出男, 昭和55年
「民俗小事典 食」吉川弘文館　2013
◇p307〔白黒〕(お食い初め)　生後百日目　[撮]萩原秀三郎
「写真でみる日本人の生活全集 6」日本図書センター　2010
◇口絵〔白黒〕(食初め)　[撮]吉岡専造
「写真ものがたり昭和の暮らし 7」農山漁村文化協会　2006
◇p27〔白黒〕(食初め)　埼玉県川口市　[撮]須藤功, 昭和43年6月
「日本の民俗 下」クレオ　1997
◇図13-2〔白黒〕　埼玉県所沢市　[撮]芳賀日出男, 昭和55年
「豊穣の神と家の神 目でみる民俗神シリーズ2」東京美術　1988
◇p99〔白黒〕　千葉県市川市　出産後100日か110日　荻原法子『いちかわ民俗誌』(崙書房)による
「日本宗教民俗図典 1」法蔵館　1985
◇図160〔白黒〕(食初め)　千葉県市川市北国分　[撮]萩原秀三郎
「フォークロアの眼 8 よみがえり」国書刊行会　1977
◇図16・17〔白黒〕　千葉県市川市北国分　[撮]萩原秀三郎, 昭和47年3月
「日本を知る事典」社会思想社　1971
◇図5(p10)〔白黒〕(食初め)　愛知県豊橋市

## 後架参り(雪隠参り)
「豊穣の神と家の神 目でみる民俗神シリーズ2」東京美術　1988
◇p111〔白黒〕　千葉県市川市　子が生まれて11日目 カタオビヤ　荻原法子『いちかわ民俗誌』(崙書房)による

## 七五三
「三省堂年中行事事典〈改訂版〉」三省堂　2012
◇p388〔白黒〕(七五三のお参り)　静岡市 静岡浅間神社　[撮]富山昭, 1982年
「日本郷土 風俗・民芸・芸能図鑑」日本図書センター　2012
◇写真篇 綜合〔白黒〕
「写真でみる日本人の生活全集 5」日本図書センター　2010
◇口絵〔白黒〕(神社でオハライを受ける7・5・3詣りの子どもたち)
「写真でみる日本人の生活全集 6」日本図書センター　2010
◇p28〔白黒〕(こどもを連れて氏神さまへお参りする)　11月15日
◇p29〔白黒〕　関西　[撮]大橋市三
「写真でみる日本人の生活全集 9」日本図書センター　2010
◇p66〔白黒〕　都内のある引揚寮での帰郷第1年目
◇p68〔白黒〕(七・五・三を祝う)　キリスト教の教会
◇p68〔白黒〕(七・五・三を祝う)　母やおばあさんにつれられお宮参りをしてきたところ
「日本の生活環境文化大辞典」柏書房　2010
◇p299-3〔白黒〕(袴着の祝いとしての七五三)　東京都杉並区　[撮]1992年　飯島吉晴
「図説 日本民俗学」吉川弘文館　2009
◇p62〔白黒〕　福岡県太宰府市
◇p230〔白黒〕　千葉県東金市　萩原秀三郎提供
「祭・芸能・行事大辞典 上」朝倉書店　2009
◇口絵〔p45〕, p800〔写真・カラー/白黒〕　宮崎市 宮崎神宮　[撮]前田博仁
「年中行事大辞典」吉川弘文館　2009
◇p335〔白黒〕(七五三宮参り)　東京都荒川区
「写真ものがたり昭和の暮らし 7」農山漁村文化協会　2006
◇p43〔白黒〕(七五三の宮参りに行くために、五歳の男児に新調した紋付き袴を着せる)　熊本県八代市通町　[撮]麦島勝, 昭和35年11月
「日本社会民俗辞典 2」日本図書センター　2004
◇p560〔白黒〕(七五三の神詣)　仙台市
「日本民俗大辞典 上」吉川弘文館　1999
◇p774〔白黒〕(七五三の宮参り)
「日本「祭礼行事」総覧」新人物往来社　1999
◇p147〔白黒〕　全国各地　11月15日
「図説 民俗探訪事典」山川出版社　1983
◇p102〔白黒〕(七五三の宮参り)
「日本年中行事辞典」角川書店　1977
◇p638〔白黒〕(七五三の祝)　神戸市 生田神社　11月
「年中行事図説」岩崎美術社　1975
◇p231〔白黒〕　東京 神田明神

## シチヤ(七夜)の宴席
「図説 日本民俗学」吉川弘文館　2009
◇p72〔白黒〕　長野市

## 島見の祝いの弓矢と鋏
「日本宗教民俗図典 1」法蔵館　1985
◇図211〔白黒〕　沖縄県竹富町(竹富島)　生後十日目ごろの島見の行事に男児が持って行く　[撮]須藤功

## 島見の弓矢
「写真ものがたり昭和の暮らし 7」農山漁村文化協会　2006
◇p75〔白黒〕　沖縄県竹富町・竹富島　生まれて10日前後の初庚の日　[撮]須藤功, 昭和57年12月

## 十三祝い
「日本の民俗 暮らしと生業」KADOKAWA　2014
◇図13-8〔白黒〕　鹿児島県大島郡和泊町　正月　[撮]芳賀日出男, 昭和32年
「写真でみる日本人の生活全集 6」日本図書センター　2010
◇口絵〔白黒〕(十三祝)　沖永良部島　13歳の正月　[撮]芳賀日出男
「写真ものがたり昭和の暮らし 7」農山漁村文化協会　2006
◇p75〔白黒〕　沖縄県竹富町・竹富島　旧暦1月の最初の生まれ年の干支の日　[撮]須藤功, 昭和57年12月
「日本の民俗 下」クレオ　1997
◇図13-8〔白黒〕　鹿児島県大島郡和泊町　[撮]芳賀日出男, 昭和32年

## 十三参り
「祭礼行事・岡山県」おうふう　1995
◇p113〔白黒〕(虚空蔵様の十三参り)　岡山県津山市東田辺 万福寺　旧正月13日に近い金〜日曜
「日本宗教民俗図典 1」法蔵館　1985
◇図184〔白黒〕　京都市右京区 法輪寺　[撮]西村明
「図説 民俗探訪事典」山川出版社　1983
◇p103〔白黒〕(十三祝い)　鹿児島県沖永良部島　[撮]芳賀日出男
「民俗の事典」岩崎美術社　1972
◇p64〔白黒〕(十三まいり)　京都市嵯峨 法輪寺

## 十三詣
「写真ものがたり昭和の暮らし 7」農山漁村文化協会　2006
◇p74〔白黒〕　京都府京都市西京区 法輪寺　4月13日の当日をはさんで約1ヵ月間　受付を待つ, 好きな文字を

一字書く（仏前に供え、十三歳の祈禱を受ける）　㊟須藤功, 平成18年4月

**出産内祝いの幟を立てた店**
「図説 日本民俗学」吉川弘文館　2009
　◇p79〔白黒〕　沖縄県那覇市

**神社には子を抱いて参る**
「フォークロアの眼 3 運ぶ」国書刊行会　1977
　◇図173〔白黒〕　群馬県館林市　㊟須藤功, 昭和46年6月1日

**相撲の餅**
「日本民俗大辞典 下」吉川弘文館　2000
　◇図5・6・7〔別刷図版「生と死」〕〔白黒〕　奈良県奈良市奈良町　宮座入りの際　㊟関沢まゆみ

**生年祝**
「日本宗教民俗図典 1」法蔵館　1985
　◇図210〔白黒〕　沖縄県竹富町（竹富島）　子供は学校に行って不在だが親達が家の神々に13歳になったことを奉告する　㊟須藤功

**生年祝いの供物と膳**
「日本宗教民俗図典 1」法蔵館　1985
　◇図212～214〔白黒〕　沖縄県与那国町（与那国島）　㊟須藤功

**雪隠参り**
「祭・芸能・行事大辞典 上」朝倉書店　2009
　◇p988〔白黒〕　埼玉県美里町　㊟岡本一雄

**前年生まれの生児の額に田の泥で点をつける**
「豊穣の神と家の神 目でみる民俗神シリーズ2」東京美術　1988
　◇p99〔白黒〕　千葉県四街道町　はだか祭り　魔除け

**祖母が赤ちゃんの額になべずみをぬる**
「写真でみる日本人の生活全集 6」日本図書センター　2010
　◇p17〔白黒〕　奄美大島　生れて7日目　奄美のくらし

**食べ初め**
「民俗学事典」丸善出版　2014
　◇p285〔白黒〕（祖々母に赤飯の食べ初めをしてもらうところ）

**誕生餅**
「食の民俗事典」柊風舎　2011
　◇p438〔白黒〕　福岡市中央区赤坂
「写真でみる日本人の生活全集 5」日本図書センター　2010
　◇p53〔白黒〕　昭和11年　影山光洋「ある報道写真家の見た昭和30年史」
「写真でみる日本人の生活全集 9」日本図書センター　2010
　◇p64〔白黒〕　戦時で餅がなくさつま芋を背負わせている　昭和30年史
「写真ものがたり昭和の暮らし 7」農山漁村文化協会　2006
　◇p36〔白黒〕　群馬県赤城村（現渋川市）　一歳の誕生日前に歩いた子を箕のなかに立たせ、餅を尻にあてたり餅で叩いたりする　㊟都丸十九一, 昭和57年
　◇p37〔白黒〕　神奈川県秦野市　初の誕生日　一升餅を背負わせる　㊟須藤功, 昭和53年4月

**力餅**
「豊穣の神と家の神 目でみる民俗神シリーズ2」東京美術　1988
　◇p100〔白黒〕（初誕生のチカラモチ）　千葉県市川市　荻原法子『いちかわ民俗誌』（崙書房）による
「日本宗教民俗図典 1」法蔵館　1985
　◇図162〔白黒〕　神奈川県秦野市　㊟須藤功
「図説 民俗探訪事典」山川出版社　1983
　◇p137〔白黒〕（誕生祝いの力餅（立餅））　千葉県市川市　㊟萩原秀三郎

**千歳飴**
「写真でみる日本人の生活全集 4」日本図書センター　2010
　◇p87〔白黒〕

**長男出生のときにタコをあげる**
「写真でみる日本人の生活全集 9」日本図書センター　2010
　◇p59〔白黒〕　鹿児島県宝島

**手毬（初節句祝い）**
「日本民俗図誌 8 舞楽・童戯篇」村田書店　1978
　◇図136-2・3〔白黒・図〕（手毬）　島根県八束郡地方　三月初節句を祝して女児の家に贈る

**泥人形（土人形）**
「写真ものがたり昭和の暮らし 7」農山漁村文化協会　2006
　◇p31〔白黒〕　町娘鼓、町娘扇、乙姫、ちんと童子　初節供に親類縁者が女児に贈る　㊟須藤功, 昭和44年7月　広島県久井町（現三原市）民俗資料館蔵
　◇p33〔白黒〕　広島県久井町（現三原市）　牛若丸、タイと恵美須、力士、ちん犬　初節供に親類縁者が男児に贈る　㊟須藤功, 昭和44年7月　広島県久井町（現三原市）民俗資料館蔵

**ナージキ**
「日本民具の造形」淡交社　2004
　◇p176〔白黒〕　沖縄県　名護博物館所蔵

**名付け祝い**
「祭・芸能・行事大事典 下」朝倉書店　2009
　◇p1289〔白黒〕　埼玉県美里町　㊟岡本一雄

**名付け帳（長帳）**
「民具のみかた一心とかたち」第一法規出版　1983
　◇p224〔白黒〕　和歌山県粉河町

**名付け披露と産着**
「図説 日本民俗学」吉川弘文館　2009
　◇p79〔白黒〕　長野市

**名付け札**
「日本を知る事典」社会思想社　1971
　◇図3（p9）〔白黒〕　京都市 松尾神社

**7歳と5歳を祝う**
「民俗学事典」丸善出版　2014
　◇p288〔白黒〕　㊟1954年

**七日祝い**
「日本の民俗 暮らしと生業」KADOKAWA　2014
　◇図13-3〔白黒〕（蟹をはわせる）　鹿児島県大島郡和泊町　㊟芳賀日出男, 昭和31年
「写真でみる日本人の生活全集 6」日本図書センター　2010
　◇p15〔白黒〕（奄美大島）　生れて7日目　赤ちゃんの頭にカニをはわせる　"奄美のくらし"から
「写真ものがたり昭和の暮らし 7」農山漁村文化協会　2006
　◇p23〔白黒〕　鹿児島県和泊町　カニを乳幼児の額に置いてはわせる　㊟芳賀日出男, 昭和31年
「日本の民俗 下」クレオ　1997
　◇図13-3〔白黒〕（蟹をはわせる）　鹿児島県大島郡和泊町　㊟芳賀日出男, 昭和31年

**七日祝いの生児**
「フォークロアの眼 8 よみがえり」国書刊行会　1977
　◇図9〔白黒〕　鹿児島県大島郡竜郷村秋名　㊟萩原秀三郎, 昭和47年9月

**ナンカユウェ（七日祝い）**
「豊穣の神と家の神 目でみる民俗神シリーズ2」東京美術　1988
　◇p98〔白黒〕　鹿児島県大島の竜郷村　出産後1週間目　老婆が生児の額に小ガニをはわせる

**熨斗を社殿の扉に結びつける**
「写真ものがたり昭和の暮らし 7」農山漁村文化協会　2006

◇p24〔カラー〕　京都府京都市上京区 御霊神社　社殿で初宮参りのお祓いを受けたあと、健やかな成長を願う　[撮]須藤功, 昭和45年5月

### 初節供

「図説 日本民俗学」吉川弘文館　2009
　◇p64〔白黒〕　千葉県市川市　萩原秀三郎提供
「祭・芸能・行事大辞典 上」朝倉書店　2009
　◇口絵〔p45〕〔カラー〕　延岡市北浦町　〔端午の節句〕　[撮]前田博仁
「豊穣の神と家の神 目でみる民俗神シリーズ2」東京美術　1988
　◇p100〔白黒〕　千葉県東金市　子預りの儀
「日本宗教民俗図典 1」法蔵館　1985
　◇図172〔白黒〕　千葉県市川市北国分　〔端午の節供〕　[撮]萩原秀三郎
「フォークロアの眼 8 よみがえり」国書刊行会　1977
　◇図22〔白黒〕　千葉県市川市北国分　里方から贈られた人形　[撮]萩原秀三郎, 昭和50年5月5日
　◇図23〔白黒〕　山梨県甲府市　庭先にひるがえる新しい幟　[撮]萩原秀三郎, 昭和51年5月
　◇図24〔白黒〕　岡山県新見市菅生　親類から兜（男児）や袴（女児）の折り紙が贈られる　[撮]萩原秀三郎, 昭和46年2月9日

### 初節句

「写真でみる日本人の生活全集 10」日本図書センター　2010
　◇p85〔白黒〕　雛節句
「写真集 まつりと子ども 春の行事（改訂版）」さ・え・ら書房　1982
　◇p88〜89〔白黒〕　全国各地　5月5日　[撮]菅原道彦
「写真集 まつりと子ども 春の行事」さ・え・ら書房　1971
　◇p88〜89〔白黒〕　全国各地　5月5日　[撮]菅原道彦

### 初誕生

「祭・芸能・行事大事典 下」朝倉書店　2009
　◇p1421〔白黒〕　『厚木の民俗8人生儀礼』厚木市教育委員会
「日本民俗大辞典 下」吉川弘文館　2000
　◇p374〔白黒〕　島根県八束郡八雲村　子どもに鯛を背負わせる　[撮]喜多村理子
「豊穣の神と家の神 目でみる民俗神シリーズ2」東京美術　1988
　◇p100〔白黒〕　徳島県西祖谷山村　初誕生に餅を負わせ箕の中に座らせ、ソロバン・筆・財布を選びとらせる
「日本宗教民俗図典 1」法蔵館　1985
　◇図169〔白黒〕（将来を占う）　島根県大東町　初の誕生日に米を入れた笊の中にソロバン 銭 筆を並らべどれを選び取るかで将来をみる　[撮]萩原秀三郎
「フォークロアの眼 8 よみがえり」国書刊行会　1977
　◇図29〔白黒〕　徳島県三好郡西祖谷村　満1か年目の誕生日　生児を大箕の中に坐らせ, そろばん・筆・財布をとりに行かせる　[撮]萩原秀三郎, 昭和49年8月
　◇図30・31〔白黒〕　千葉県市川市北国分　一升餅を背負わせる　[撮]萩原秀三郎, 昭和50年10月14日
　◇図32〔白黒〕　島根県大原郡大東町　そろばん・銭・筆を並べ, 子どもに選びとらせる　[撮]萩原秀三郎, 昭和48年7月

### 初宮参り

「民俗図録 日本人の暮らし」日本図書センター　2012
　◇図500〜501〔白黒〕（初宮まいり）　長崎県南松浦郡玉之浦町　[撮]山階芳正
「写真でみる日本人の生活全集 10」日本図書センター　2010
　◇p84〔白黒〕　[撮]茂木正男
「写真ものがたり昭和の暮らし 7」農山漁村文化協会　2006
　◇p24〔カラー〕　京都府京都市伏見区 伏見神社　祖母が抱く孫の額には、「小」のアヤッコが記されている。祖母は背に奉納する熨斗を4個つけている　[撮]須藤功, 昭和47年2月
「豊穣の神と家の神 目でみる民俗神シリーズ2」東京美術　1988
　◇p99〔白黒〕　東京都 明治神宮　犬張子をさげての初宮参り
「民間信仰辞典」東京堂出版　1980
　◇p233〔白黒〕
「フォークロアの眼 8 よみがえり」国書刊行会　1977
　◇図14〔白黒〕　奈良市手向山八幡　晴れ着の紐につけられたノシと祝儀袋　[撮]萩原秀三郎, 昭和41年3月
　◇図15〔白黒〕　千葉県松戸市下矢切　晴れ着にオヒネリを麻で結びつける　[撮]萩原秀三郎, 昭和47年1月
「日本を知る事典」社会思想社　1971
　◇図4（p10）〔白黒〕　京都市 下鴨神社

### 初山の祝いに配る団扇

「日本宗教民俗図典 1」法蔵館　1985
　◇図179〔白黒〕　群馬県館林市 富士嶽神社　[撮]須藤功

### 初山参り

「写真でみる日本人の生活全集 5」日本図書センター　2010
　◇p38〔白黒〕（初山）　足利市 浅間神社　6月1日　満1才の子の額に木判を押す　[撮]昭和28年6月
「写真ものがたり昭和の暮らし 7」農山漁村文化協会　2006
　◇p40〔白黒〕　群馬県館林市　山頂の本殿で額に赤い朱肉の印を押してもらう　[撮]須藤功, 昭和47年5月
「日本宗教民俗図典 1」法蔵館　1985
　◇図176〔白黒〕（額にペッタンコ）　群馬県館林市 富士嶽神社　初山参りの赤ちゃん　[撮]須藤功
　◇図178〔白黒〕（額の朱印）　群馬県館林市 富士嶽神社　初山参りの赤ちゃん　[撮]須藤功

### 初山参りの土産品

「写真ものがたり昭和の暮らし 7」農山漁村文化協会　2006
　◇p40〔白黒〕　群馬県館林市　[撮]須藤功, 昭和47年5月

### 破魔弓

「写真でみる日本人の生活全集 9」日本図書センター　2010
　◇p59〔白黒・図〕　年の暮に初正月を迎える男の子の家へ送る

### 紐解き祝い

「写真ものがたり昭和の暮らし 7」農山漁村文化協会　2006
　◇p42〔白黒〕　大阪府大阪市浪速区　[撮]昭和15年12月　提供・宮本千晴

### 宮参りの墨つけ

「図説 日本民俗学」吉川弘文館　2009
　◇p17〔白黒〕　大阪府堺市 大鳥神社　近藤直也提供

### 宮参りの熨斗

「日本宗教民俗図典 1」法蔵館　1985
　◇図161〔白黒〕　京都市　[撮]須藤功

### ムカワリ

「民俗図録 日本人の暮らし」日本図書センター　2012
　◇図502〔白黒〕　島根県簸川郡　[撮]山根雅郎
「写真でみる日本人の生活全集 6」日本図書センター　2010
　◇p20〔白黒〕　島根県　生後百日目　こどもの前に物指, 筆, ソロバンなどをならべ拾わせ, 将来の職業を占う　『日本民俗図録』
「写真ものがたり昭和の暮らし 7」農山漁村文化協会　2006
　◇p36〔白黒〕　島根県 簸川地方　初めての誕生日　[撮]山根雅郎, 昭和20年代　民俗学研究所編『日本民俗図録』より

### 命名祝としてのお七夜

「日本の生活環境文化大辞典」柏書房　2010
　◇p297-1〔白黒〕　東京都杉並区　〔神棚に命名を書いた貼り紙〕　[撮]1990年　飯島吉晴

### 命名書
「写真ものがたり昭和の暮らし 7」農山漁村文化協会　2006
◇p22〔白黒〕(神社の扉に貼った命名書)　山梨県早川町 [撮]須藤功, 昭和57年5月
◇p22〔白黒〕(神棚に供えた命名書)　山梨県早川町 [撮]須藤功, 昭和57年5月

「日本宗教民俗図典 1」法蔵館　1985
◇図158〔白黒〕(鴨居の命名書)　山梨県増穂町　[撮]須藤功

### 餅踏み
「写真でみる日本人の生活全集 6」日本図書センター　2010
◇口絵〔白黒〕　[撮]阿蘇美子

# 成人・年祝・厄年

### 飯豊山の碑
「日本を知る事典」社会思想社　1971
◇図7(p15)〔白黒〕　福島県郡山市湖南町

### 祝いの文字と戒名が一緒になった米寿の贈物
「写真ものがたり昭和の暮らし 7」農山漁村文化協会　2006
◇p156〔カラー〕　長野県栄村小赤沢　[撮]須藤功, 昭和59年5月4日

### 大神楽
「日本の民俗 暮らしと生業」KADOKAWA　2014
◇図13-26〔白黒〕　愛知県北設楽郡豊根村　還暦の老人死出の旅路にむかう姿　[撮]芳賀日出男, 平成2年
「写真ものがたり昭和の暮らし 5」農山漁村文化協会　2005
◇p53〔白黒〕(無明の橋を渡る)　愛知県豊根村　[撮]須藤功, 平成2年11月
「日本の民俗 下」クレオ　1997
◇図13-26〔白黒〕　愛知県北設楽郡豊根村　還暦の老人死出の旅路にむかう姿　[撮]芳賀日出男, 平成2年
◇図13-27〔白黒〕　愛知県北設楽郡豊根村　1本箸で枕飯を食べ、三途の川の無明橋を渡る　[撮]芳賀日出男, 平成2年
◇図13-28〔白黒〕　愛知県北設楽郡豊根村　僧に引導を渡される　[撮]芳賀日出男, 平成2年
◇p256〔白黒〕　愛知県北設楽郡豊根村　死の国の白山から帰った還暦者が笹の葉の湯しぶきを浴びる「生まれ清まり」の再生儀礼　[撮]芳賀日出男, 平成2年11月

### カジマヤー
「写真ものがたり昭和の暮らし 7」農山漁村文化協会　2006
◇p158〔白黒〕　沖縄県具志頭村新城(現八重瀬町)　オープンカーを造花で飾り、カジマヤーを象徴する風車も添えた　[撮]平成13年10月　提供・琉球新報社
◇p159〔白黒〕　沖縄県東村川田　大勢の歓迎を受け、思わずカチャシーを踊って喜びを表した数え九十七歳のおばあさん　[撮]平成17年10月　提供・琉球新報社
◇p159〔白黒〕　沖縄県那覇市安謝　町内の長寿者合同のカジマヤー　[撮]平成15年10月　提供・琉球新報社
「日本民俗大辞典 下」吉川弘文館　2000
◇図12〔別刷図版「生と死」〕〔白黒〕　沖縄県　97歳の年祝い　[撮]比嘉政夫

### カンレキノズキンとチャンチャンコ
「図録・民具入門事典」柏書房　1991
◇p107〔白黒〕　千葉県　成田山史料館所蔵

### 敬老の日に八十二歳の長寿者に贈った鳩杖
「写真ものがたり昭和の暮らし 7」農山漁村文化協会　2006
◇p155〔白黒〕　秋田県横手市　[撮]昭和30年代　提供・横手市役所

### 元服式
「日本の民俗 暮らしと生業」KADOKAWA　2014
◇図13-12〔白黒〕　栃木県塩谷郡栗山村　[撮]芳賀日出男, 昭和56年
「写真ものがたり昭和の暮らし 7」農山漁村文化協会　2006
◇p80〔白黒〕　栃木県栗山村(現日光市)　[撮]芳賀日出男, 昭和56年12月
「日本の民俗 下」クレオ　1997
◇図13-12〔白黒〕　栃木県塩谷郡栗山村　[撮]芳賀日出男, 昭和56年
「日本民俗事典」弘文堂　1972
◇p377〔白黒〕(十八酒と呼ばれる元服式)　奈良県桜井市多武峯鹿路　[撮]辻本好孝

### 「御祝い(ごいわい)」の唄を受ける厄年のふたり
「写真ものがたり昭和の暮らし 7」農山漁村文化協会　2006
◇p143〔白黒〕　岩手県大迫町(現花巻市)　年祝い [撮]須藤功, 昭和42年5月

### 古稀の祝い
「写真でみる日本人の生活全集 2」日本図書センター　2010
◇p18〔白黒〕　赤い頭巾をかぶっている

### コブクロ(小袋)
「民具のみかた―心とかたち」第一法規出版　1983
◇p71〔白黒〕　岩手県湯田町　女三十三歳の厄除け祝いに贈られた

### 親戚のつどい
「写真でみる日本人の生活全集 4」日本図書センター　2010
◇p109〔白黒〕　東京都目黒区碑文谷町　100才のお婆さんをかこんで, 親戚一同の祝い

### 成人祝い
「写真でみる日本人の生活全集 4」日本図書センター　2010
◇p31〔白黒〕　静岡県沼津市江の浦部落　正月3日の夜
「写真でみる日本人の生活全集 6」日本図書センター　2010
◇口絵〔白黒〕(成人の祝)　奈良県磯城郡川西村　新穀を捧げ歩く　[撮]芳賀日出男

### 成人式
「写真でみる日本人の生活全集 4」日本図書センター　2010
◇p88〔白黒〕　静岡県富士宮市の工場

### 成人式の日 氏神に参る
「写真ものがたり昭和の暮らし 7」農山漁村文化協会　2006
◇p86〔白黒〕(町が主催する成人式に出席する前に、氏神に参拝し、無事に成人の日を迎えたことを奉告する)　静岡県細江町(現浜松市)　[撮]須藤功, 昭和41年1月
「日本宗教民俗図典 1」法蔵館　1985
◇図189〔白黒〕(市主催の成人式に出席する前に 氏神に詣でる)　静岡県浜松市都田町　[撮]須藤功
「日本を知る事典」社会思想社　1971
◇図8(p18)〔白黒〕　静岡県浜松市

### 成人の日
「日本の民俗 下」クレオ　1997
◇p244〔白黒〕　新潟県　[撮]芳賀日出男, 昭和38年

### 成人の日の集り
「日本社会民俗辞典 2」日本図書センター　2004
◇p798〔白黒〕　宮城県岩沼町竹駒神社　[撮]昭和26年

### 胎内くぐり
「日本の民俗 暮らしと生業」KADOKAWA　2014
◇図13-11〔白黒〕　福島県安達郡東和町　[撮]芳賀日出男, 昭和51年
「日本の民俗 下」クレオ　1997
◇図13-11〔白黒〕　福島県安達郡東和町　[撮]芳賀日出男, 昭和51年

### 通過儀礼の際の穀類の精白・製粉
「精選 日本民俗辞典」吉川弘文館　2006
◇p5〔白黒〕　北海道平取町
「日本民俗大辞典 上」吉川弘文館　1999
◇p5〔白黒〕　北海道平取町

### 斗掻き
「写真ものがたり昭和の暮らし 7」農山漁村文化協会　2006
◇p156〔カラー〕　長野県栄村小赤沢　米寿の贈物　[撮]須藤功, 昭和59年5月

### トーカチ
「日本民俗大辞典 下」吉川弘文館　2000
◇図11〔別刷図版「生と死」〕〔白黒〕　沖縄県　米寿の祝い　[撮]比嘉政夫

### トーカチ祝い あやかり昆布をいただいたところ
「民俗学事典」丸善出版　2014
◇p479〔白黒〕(トーカチ祝い)　沖縄県国頭郡大宜味村　あやかり昆布をいただいたところ　大里正樹提供

### 年祝い
「写真ものがたり昭和の暮らし 7」農山漁村文化協会　2006
◇p142〔白黒〕　岩手県大迫町(現花巻市)　[撮]須藤功, 昭和51年1月
「日本民俗写真大系 3」日本図書センター　1999
◇p178〔白黒〕　米寿、喜寿、還暦にあたる人びとが、子や孫、親族一同とともに氏神に詣で、盛大な長寿の祝いをする　[撮]萩原秀三郎, 1972年
「日本宗教民俗図典 1」法蔵館　1985
◇図208～209〔白黒〕　岩手県大迫町白岩　[撮]須藤功
◇図216〔白黒〕(神島の年祝い)　三重県鳥羽市神島　正月4日　米寿・喜寿・還暦の人が親族とともに神社に詣でる　[撮]萩原秀三郎
「フォークロアの眼 8 よみがえり」国書刊行会　1977
◇図55〔白黒〕　三重県鳥羽市神島　正月4日の朝　米寿・喜寿・還暦の人々が, 子や孫, 親族一同とともに氏神に詣でる　[撮]萩原秀三郎, 昭和48年1月4日

### 年祝(中央に白髪餅を供してある)
「日本社会民俗辞典 3」日本図書センター　2004
◇p1031〔白黒〕　喜界島

### 年祝いのコブクロ(小袋)
「民具のみかた―心とかたち」第一法規出版　1983
◇p21〔カラー〕　岩手県湯田町

### 年祝いの白髪餅
「写真でみる日本人の生活全集 1」日本図書センター　2010
◇p161〔白黒〕　喜界島 阿伝

### トボウ(斗棒)
「図録・民具入門事典」柏書房　1991
◇p107〔白黒〕(トボウ)　新潟県　男の米寿の祝いに贈る

### 八十八歳の年祝い
「日本の民俗 暮らしと生業」KADOKAWA　2014
◇図13-27〔白黒〕(88歳の年祝い)　鹿児島県大島郡和泊町　8月8日　[撮]芳賀日出男, 昭和31年
「図説 日本民俗学」吉川弘文館　2009
◇p21〔白黒〕　和歌山県橋本市, 奈良県田原本町, 三重県名張市
「日本の民俗 下」クレオ　1997
◇図13-29〔白黒〕(88歳の年祝い)　鹿児島県大島郡和泊町　8月8日　[撮]芳賀日出男, 昭和31年

### 80歳の祝いの人
「日本宗教民俗図典 1」法蔵館　1985
◇図215〔白黒〕　神奈川県 箱根にて　[撮]須藤功

### 日待ちの振舞い
「写真でみる日本生活図引 5」弘文堂　1989
◇図61〔白黒〕(踊る)　新潟県南魚沼郡六日町欠之上　三三歳の厄年を迎えた女が、近所や知人の女を招いて馳走する　[撮]中俣正義, 昭和29年3月
「フォークロアの眼 2 雪国と暮らし」国書刊行会　1977
◇図166〔白黒〕(日待ちの振舞いをする村の旧家)　新潟県南魚沼郡六日町欠之上　三十三歳の女性の厄年　[撮]中俣正義, 昭和29年3月下旬
◇図169〔白黒〕(日待ちの振舞い座敷)　新潟県南魚沼郡六日町欠之上　三十三歳の女性の厄年　[撮]中俣正義, 昭和29年3月下旬

### 百歳の祝い
「写真でみる日本人の生活全集 6」日本図書センター　2010
◇口絵〔白黒〕(百歳の祝)　東京目黒　昭和30年2月5日　サン写真新聞
◇p107〔白黒〕(百歳のお祝い)　東京都目黒区碑文谷　赤い頭布, 赤い被服をおくられた　「サン写真新聞」昭和30年2月15日

### 百寿の祝い
「写真でみる日本人の生活全集 10」日本図書センター　2010
◇口絵〔白黒〕　茨城県猿島郡岩井町三村　[撮]昭和32年4月1日

### 米寿の祝いに戒名を受ける
「写真ものがたり昭和の暮らし 7」農山漁村文化協会　2006
◇p156〔カラー〕(米寿の祝いの戒名を授かるおばあさん)　長野県栄村小赤沢　赤い帽子に赤いちゃんちゃんこを着けて檀那寺の住職の前に座る　[撮]須藤功, 昭和59年5月
「日本宗教民俗図典 2」法蔵館　1985
◇図70～72〔白黒〕　秋山郷〔新潟県津南町〕　[撮]昭和59年

### 米寿の祝いの戒名の授与式につづいて開く祝宴の料理
「写真ものがたり昭和の暮らし 7」農山漁村文化協会　2006
◇p156〔カラー〕　長野県栄村小赤沢　[撮]須藤功, 昭和59年5月

### 厄年棚
「精選 日本民俗辞典」吉川弘文館　2006
◇p145〔白黒〕(神棚 厄年棚)　兵庫県津名郡五色町(洲本市)
「図説 民俗建築大事典」柏書房　2001
◇写真4(p270)〔白黒〕　兵庫県五色町　当主が42歳の厄年を迎える1月12日か同月22日に臨時の神棚を作る
「日本民俗大辞典 上」吉川弘文館　1999
◇p402〔白黒〕　兵庫県津名郡五色町

### 厄祓い
「日本宗教民俗図典 1」法蔵館　1985
◇図205〔白黒〕　秋田県横手市　[撮]須藤功

## 厄除け

「日本の民俗 暮らしと生業」KADOKAWA 2014
◇図13-25〔白黒〕 岐阜県岐阜市 男の42歳厄年とされる者が葛懸神社に集まって長良川に飛びこむ ㈲芳賀日出男, 昭和50年

「日本の民俗 下」クレオ 1997
◇図13-25〔白黒〕 岐阜県岐阜市 男の42歳厄年とされる者が葛懸神社に集まって長良川に飛びこむ ㈲芳賀日出男, 昭和50年

# 結　婚

## アイヌの正装で結婚式をあげる二人

「写真ものがたり昭和の暮らし 7」農山漁村文化協会 2006
◇p94〔白黒〕 北海道平取町二風谷 ㈲須藤功, 昭和46年4月

## アイヌのメシ食いの式

「フォークロアの眼 3 運ぶ」国書刊行会 1977
◇図187〔白黒〕 北海道沙流郡平取町二風谷 アイヌの結婚式 ㈲須藤功, 昭和46年4月10日

## 足洗いの儀礼

「日本民俗大辞典 上」吉川弘文館 1999
◇図12〔別刷図版「婚礼」〕〔白黒〕 奈良県宇陀郡榛原町 嫁の入家儀礼 ㈲山田隆造, 1986年(昭和61)頃

## 新しく来た嫁は手土産など持って近所へあいさつに廻る

「写真でみる日本人の生活全集 6」日本図書センター 2010
◇p89〔白黒〕

## アトオシ

「写真ものがたり昭和の暮らし 7」農山漁村文化協会 2006
◇p119〔白黒〕 新潟県山古志村梶金(現長岡市) 祝言の翌日 ㈲須藤功, 昭和46年5月

## 家々に対する花嫁の挨拶回り

「里山・里海 暮らし図鑑」柏書房 2012
◇写34(p278)〔白黒〕 福井県旧武生市〔越前市〕曾原町 昭和30年代 堀江照夫提供

## イコロ渡し(結納)

「写真ものがたり昭和の暮らし 7」農山漁村文化協会 2006
◇p96〔白黒〕 北海道平取町二風谷 ㈲須藤功, 昭和46年4月

## 衣裳みせ

「写真でみる日本人の生活全集 4」日本図書センター 2010
◇p44〔白黒〕

## 出雲の祝風呂敷

「あるくみるきく双書 宮本常一とあるいた昭和の日本 21」農山漁村文化協会 2011
◇p206〔カラー〕 島根県 ㈲竹内淳子

## 市の新嫁

「日本社会民俗辞典 4」日本図書センター 2004
◇p1551〔白黒〕 東京都石神井 長命寺 市の日に新嫁が礼装で参詣する

## 入り口に置かれた杵と豆殻

「日本民俗大辞典 上」吉川弘文館 1999
◇図9〔別刷図版「婚礼」〕〔白黒〕 埼玉県大里郡妻沼町 豆殻が燃やされ花嫁は杵を跨いで婚家に入る ㈲永沼督一郎

## 入嫁式のマジナイ

「写真でみる日本人の生活全集 5」日本図書センター 2010
◇p35〔白黒〕 埼玉県 雨傘をさしタイマツをまたがせる ㈲広瀬孝志 「サンデー毎日」

## 祝い酒

「民俗図録 日本人の暮らし」日本図書センター 2012
◇図477〔白黒〕 青森県西津軽郡深浦町追良瀬 ㈲櫻庭武則

## 祝い酒を背に, 嫁どりに招かれてゆく

「写真でみる日本人の生活全集 6」日本図書センター 2010
◇p83〔白黒〕 青森県西津軽郡 『日本民俗図録』

## 祝鯛

「日本民俗誌 2 行事・婚姻篇」村田書店 1977
◇図132〔白黒・図〕

## 祝い樽

「日本民俗大辞典 上」吉川弘文館 1999
◇図3〔別刷図版「婚礼」〕〔白黒〕 三重県鳥羽市 ㈲萩原秀三郎, 1972年(昭和47)

## 祝樽一対と樽の手を包む雄蝶の表裏

「日本民俗誌 2 行事・婚姻篇」村田書店 1977
◇図106〔白黒・図〕

## ウウェチューイペ(飯食いの式)

「写真ものがたり昭和の暮らし 7」農山漁村文化協会 2006
◇p100〔白黒〕 北海道平取町二風谷 花婿が半分食べて盆に置き, あとを花嫁が残らず食べる ㈲須藤功, 昭和46年4月

## 牛の背で嫁ぎ先に向かう花嫁

「写真ものがたり昭和の暮らし 7」農山漁村文化協会 2006
◇p102〔白黒〕 秋田県・仙北地方 ㈲三木茂, 昭和10年代 民俗学研究所蔵

## 臼突き

「日本の民俗 暮らしと生業」KADOKAWA 2014
◇図13-24〔白黒〕 福島県田村郡三春町 ㈲芳賀日出男, 昭和35年

「日本の民俗 下」クレオ 1997
◇図13-24〔白黒〕 福島県田村郡三春町 花嫁が花婿方の親戚にかこまれて台所で空臼をいっしょにつく ㈲芳賀日出男, 昭和35年

## 大盃

「日本民俗大辞典 上」吉川弘文館 1999
◇図17〔別刷図版「婚礼」〕〔白黒〕 岐阜県大野郡白川村 〈客の大盃に注ぐ〉 ㈲安達浩, 1969年(昭和44)

## 大隅地方の婚礼

「民俗図録 日本人の暮らし」日本図書センター 2012
◇図480～484〔白黒〕 鹿児島県大隅半島 若者たちが石地蔵を擔いで祝儀の家へ向かう, 祝儀の様子を外からうかがう, 席へなだれこむ, 持ち込まれた石地蔵に囲まれて思案投首の態, かつぎ込まれた石地蔵を元の場所に返しに行く

## 置鳥と置鯉

「日本民俗図誌 2 行事・婚姻篇」村田書店 1977

◇図128〔白黒・図〕
◇図129〔白黒・図〕　大草流

**オタカモリ**
「日本民俗大辞典 上」吉川弘文館　1999
　　◇図18〔別刷図版「婚礼」〕〔白黒〕　埼玉県秩父郡長瀞町　花嫁に差し出された高盛の飯　㊞南良和, 1962年（昭和37）

**雄蝶女蝶**
「日本民具の造形」淡交社　2004
　　◇p177〔白黒〕　滋賀県 浅井町歴史民俗資料館所蔵

**雄蝶雌蝶の折方**
「日本民俗図誌 2 行事・婚姻篇」村田書店　1977
　　◇図121〔白黒・図〕

**雄蝶雌蝶のかけ方**
「日本民俗図誌 2 行事・婚姻篇」村田書店　1977
　　◇図119〔白黒・図〕
　　◇図120〔白黒・図〕　大草流

**雄蝶雌蝶の形式**
「日本民俗図誌 2 行事・婚姻篇」村田書店　1977
　　◇図122・123〔白黒・図〕　小笠原流

**大原女の嫁入**
「日本民俗図誌 2 行事・婚姻篇」村田書店　1977
　　◇図177・178〔白黒・図〕　京都

**貝桶**
「日本民俗図誌 2 行事・婚姻篇」村田書店　1977
　　◇図135〔白黒・図〕

**貝桶台**
「日本民俗図誌 2 行事・婚姻篇」村田書店　1977
　　◇図150-1〔白黒・図〕

**貝桶に入れる貝の重ね方**
「日本民俗図誌 2 行事・婚姻篇」村田書店　1977
　　◇図136〔白黒・図〕

**カケイオ**
「日本民俗大辞典 上」吉川弘文館　1999
　　◇図4〔別刷図版「婚礼」〕〔白黒〕　愛知県知多郡南知多町　結納納めに嫁方に持参されたカケイオ（鯛）と御神酒　㊞伊東久之, 1995年（平成7）

**崖道を行く嫁入荷物**
「民俗図録 日本人の暮らし」日本図書センター　2012
　　◇図474〔白黒〕　青森県西津軽郡深浦町追良瀬　㊞櫻庭武則

**笠の下の松明をまたぐ**
「写真でみる民家大事典」柏書房　2005
　　◇p164-3〔白黒〕　東京都多摩市　㊞1966年頃　田中登

**固めの盃の席**
「日本を知る事典」社会思想社　1971
　　◇図13 (p23)〔白黒〕（嫁の家での固めの盃の席）　福島県郡山市湖南町

**鰹節**
「日本民俗図誌 2 行事・婚姻篇」村田書店　1977
　　◇図134-1〔白黒・図〕

**鰹節飾一連**
「日本民俗図誌 2 行事・婚姻篇」村田書店　1977
　　◇図134-3〔白黒・図〕　長崎地方

**門口の花嫁の水盃**
「日本社会民俗辞典 1」日本図書センター　2004
　　◇p461〔白黒・図〕　福井県勝山地方　『風俗画報』

**釜蓋かぶせ**
「日本民俗大辞典 上」吉川弘文館　1999
　　◇図11〔別刷図版「婚礼」〕〔白黒〕　佐賀県伊万里市

嫁の入家儀礼　㊞佛坂勝男, 1977年（昭和52）
「祭礼行事・長崎県」おうふう　1997
　　◇p88〔白黒〕　長崎県南高来郡布津町, 深江町, 小浜町
「民具のみかた一心とかたち」第一法規出版　1983
　　◇p233〔白黒〕（カマブタカブセ（釜蓋被せ））　佐賀県伊万里市

**カムイノミ（神への祈り）**
「写真ものがたり昭和の暮らし 7」農山漁村文化協会　2006
　　◇p97〔白黒〕　北海道平取町二風谷　神酒を注いだトキ（盃）を持つ花嫁となる人　㊞須藤功, 昭和46年4月

**棺桶の蓋（婚礼用の紙製）**
「日本民俗図誌 2 行事・婚姻篇」村田書店　1977
　　◇図189〔白黒・図〕（棺桶の蓋）　福島県相馬地方　婚礼の晩、頭上にかぶせる紙製のもの

**着物をつつんだ荷をタラで運ぶ付き人**
「フォークロアの眼 3 運ぶ」国書刊行会　1977
　　◇図44〔白黒〕　北海道沙流郡平取町二風谷　アイヌの結婚　㊞須藤功, 昭和46年4月8日（記録のために再現したものを撮影）

**近隣の人たちに祝福され花嫁は馬車に乗って嫁いでいった**
「日本民俗写真大系 1」日本図書センター　1999
　　◇p145〔白黒〕　北海道 幌内鉱　㊞及川清治郎, 1957年

**口固めの酒一升**
「日本民俗図誌 2 行事・婚姻篇」村田書店　1977
　　◇図109〔白黒・図〕　山梨県上九一色地方　土橋里木報告

**車櫃**
「日本民俗図誌 2 行事・婚姻篇」村田書店　1977
　　◇図148-2〔白黒・図〕　千葉県安房郡地方　嫁入行列用具　『旅と伝説』6-1

**ゲストハウスウエディングでの乾杯風景**
「日本の生活環境文化大辞典」柏書房　2010
　　◇p307-3〔白黒〕　神奈川県三浦郡葉山町　㊞2007年 佐藤武彦

**結婚を祝ってみんなが歌い踊る**
「写真ものがたり昭和の暮らし 7」農山漁村文化協会　2006
　　◇p101〔白黒〕（入れ替わり立ち替わり、結婚を祝ってみんなが歌い踊る）　北海道平取町二風谷　㊞須藤功, 昭和46年4月

**結婚式**
「写真でみる日本人の生活全集 4」日本図書センター　2010
　　◇口絵〔白黒〕（簡素な結婚式）　都立新宿生活館
「写真でみる日本人の生活全集 10」日本図書センター　2010
　　◇p89〔白黒〕　東京結婚式場　洋装による花嫁姿, 和服による花嫁姿　㊞中尾修三
「図説 日本民俗学」吉川弘文館　2009
　　◇p71〔白黒〕（1970年代の結婚式）　福島市　萩原秀三郎提供
　　◇p86〔白黒〕（神社での結婚式）　東京都品川区　斉藤雅典提供
　　◇p87〔白黒〕（教会での結婚式）　京都市北区の教会　松田仁志提供
　　◇p87〔白黒〕（寺院での結婚式）　京都市内の浄土宗寺院　若林良和提供
　　◇p88〔白黒〕（人前結婚式）　東京都内の会館　斉藤俊彦提供
　　◇p90〔白黒〕（現代の結婚式）　園遊会方式
「祭・芸能・行事大辞典 上」朝倉書店　2009
　　◇口絵〔p46〕, p597〔写真・カラー/白黒〕（神前結婚式）〔埼玉県秩父市〕三峰神社　朝日則安提供
「日本民俗大辞典 上」吉川弘文館　1999

## 人の一生　結婚

**結婚式場**
「図説 日本民俗学」吉川弘文館　2009
　◇p89〔白黒〕(現代の結婚式場)　埼玉県さいたま市, 茨城県つくば市

**結婚式場のパンフレット**
「図説 日本民俗学」吉川弘文館　2009
　◇p90〔白黒〕

**結婚式に向かう花嫁の一行**
「写真ものがたり昭和の暮らし 7」農山漁村文化協会　2006
　◇p102〔白黒〕　秋田県横手市　除雪していた線路上を歩く　㊟佐藤久太郎, 昭和30年代

**結婚式のあと**
「写真でみる日本人の生活全集 1」日本図書センター　2010
　◇p129〔白黒〕　東京都 目黒　友人達が新郎に盃を無理強い

**結婚式の記念写真**
「日本の民俗 暮らしと生業」KADOKAWA　2014
　◇図13-23〔白黒〕　福島県田村郡三春町　㊟芳賀日出男, 昭和35年
「日本の民俗 下」クレオ　1997
　◇図13-23〔白黒〕　福島県田村郡三春町　㊟芳賀日出男, 昭和35年

**結婚式の席次表**
「図説 日本民俗学」吉川弘文館　2009
　◇p65〔白黒〕

**結婚式の田の神**
「日本宗教民俗図典 1」法蔵館　1985
　◇図197〔白黒〕　鹿児島県鹿屋市　㊟鶴添泰蔵

**結婚式の指輪交換**
「写真でみる日本人の生活全集 4」日本図書センター　2010
　◇p91〔白黒〕
「日本の生活環境文化大辞典」柏書房　2010
　◇p306-1〔白黒〕(式場の神殿で指輪の交換をする新郎新婦)　神奈川県横浜市　㊟1987年 佐藤照美

**結婚する娘の腹部につけたラウンクッ(お守り紐)**
「写真ものがたり昭和の暮らし 7」農山漁村文化協会　2006
　◇p98〔白黒〕　北海道平取町二風谷　㊟須藤功, 昭和46年4月

**結婚の契り**
「日本宗教民俗図典 2」法蔵館　1985
　◇図103〔白黒〕　宮崎県西都市銀鏡　婚家の神前で行なう

**結婚披露宴**
「図説 日本民俗学」吉川弘文館　2009
　◇p88〔白黒〕　京都市内のホテル　山村洋二提供
「写真でみる民家大事典」柏書房　2005
　◇p327-4〔白黒〕(離れ座敷での結婚披露宴)　京都府京都市下京区　㊟撮影者不明, 1922年

**結婚披露宴での膳**
「民俗小事典 食」吉川弘文館　2013
　◇p16〔白黒〕　岡山県真庭郡中和村　㊟太郎良裕子

**ゲンザンの客に酌をする花聟**
「日本を知る事典」社会思想社　1971
　◇図17(p214)〔白黒〕　福島県郡山市湖南町

**ゲンザンの祝宴**
「フォークロアの眼 8 よみがえり」国書刊行会　1977
　◇図48・49〔白黒〕　福島県福島市松川町金沢　㊟萩原秀三郎, 昭和50年3月

**降帯及服紗二筋**
「日本民俗図誌 2 行事・婚姻篇」村田書店　1977
　◇図131〔白黒・図〕　結納品台積図所載

**肴料包みの様式**
「日本民俗図誌 2 行事・婚姻篇」村田書店　1977
　◇図140〔白黒・図〕　小笠原流　水引細工図解

**婚家の縁側に並べた嫁入り道具**
「写真ものがたり昭和の暮らし 7」農山漁村文化協会　2006
　◇p112〔白黒〕　長野県阿智村駒場　㊟熊谷元一, 昭和33年

**昆布**
「日本民俗図誌 2 行事・婚姻篇」村田書店　1977
　◇図133〔白黒・図〕

**婚礼**
「精選 日本民俗辞典」吉川弘文館　2006
　◇p212〔白黒〕　京都府長岡町(長岡京市)　㊟1950年代　提供 前田照男
「日本民俗大辞典 上」吉川弘文館　1999
　◇p668〔白黒〕　京都府長岡京市(長岡京市)　㊟1950年代　前田照男所蔵

**婚礼習俗**
「日本民俗図誌 2 行事・婚姻篇」村田書店　1977
　◇図176〔白黒・図〕　滋賀県田上村　婚礼の席に花嫁は手拭をかぶり盃事をなし、献酬が終って初めて手拭をとり親戚一同へ挨拶をする
　◇図180〔白黒・図〕　信州松本地方　婚家の門の左右に男女の童二人松明をともして迎える
　◇図181〔白黒・図〕　伊勢　花嫁を迎える時、門口に松明をともす
　◇図182〔白黒・図〕　群馬県前橋　花嫁は媒酌人に手を引かれて門口に横たえられた太い横竹をまたいで入る
　◇図183〔白黒・図〕　埼玉県北葛飾郡地方　門口で媒酌人は一蓋の笠を持って嫁の頭上にかざす
　◇図186〔白黒・図〕　沖縄県国頭郡 山原地方　婚礼式の日 杵に目や手綱をつけたものに横棒をさして、新夫を乗せかつぎまわる　『山原の土俗』
　◇図195〔白黒・図〕　岐阜県武儀郡　仲人が摺鉢を割る
　◇図195〔白黒・図〕　石川県勝山地方　花嫁が婚家の門を入る時、水を飲み、その茶碗を割る
　◇図198〔白黒・図〕　伊豆下田の沿岸地方　新夫婦の乗船目がけて水を浴せかけ祝意を表す
　◇図199〔白黒・図〕　島根県松江在三崎村　婚礼の当夜新婚者の門前に石の地蔵を担ぎ込む

**婚礼とご馳走**
「写真でみる日本人の生活全集 1」日本図書センター　2010
　◇p149〔白黒〕　山形市平和記念館

**婚礼のあった家へ田の神さまを担ぎこむ**
「写真でみる日本人の生活全集 6」日本図書センター　2010
　◇p91〔白黒〕　鹿児島県大隅半島　『日本民俗図録』
「写真ものがたり昭和の暮らし 7」農山漁村文化協会　2006
　◇p124〔白黒〕(頬かむりをした若者たちが、田の神を抱いて草鞋のまま披露宴の座敷にあがってきた)　鹿児島県鹿屋市　㊟星原昌一, 昭和51年10月

**婚礼の宴に行く**
「日本の民俗 暮らしと生業」KADOKAWA　2014
　◇図10-2〔白黒〕(手に持つ)　福島県田村郡三春町　村の婚礼の宴に右手はお祝いの焼き魚、左手は縄でしばった豆腐をさげていく　㊟芳賀日出男, 昭和35年
「日本の民俗 下」クレオ　1997
　◇図10-2〔白黒〕(手に持つ)　福島県田村郡三春町　村の婚礼の宴に右手はお祝いの焼き魚、左手は縄でしばった豆腐をさげていく　㊟芳賀日出男, 昭和35年

**婚礼の席へ石の像を持ちこむ**
「民俗図録 日本人の暮らし」日本図書センター　2012
◇図480〔白黒〕（大隅地方の婚礼（1））　鹿児島県大隅半島　石地蔵を擔いで祝儀の家に向かう
「写真でみる日本人の生活全集 4」日本図書センター　2010
◇p41〔白黒〕

**婚礼の席へかつぎこまれた石像を返しに行く夫婦**
「民俗図録 日本人の暮らし」日本図書センター　2012
◇図484〔白黒〕（大隅地方の婚礼（5））　鹿児島県大隅半島　かつぎこまれた石地蔵を元の位置に返しに行く
「写真でみる日本人の生活全集 4」日本図書センター　2010
◇p45〔白黒〕（嫁いじめ・聟いじめ）　村の若者の手で婚礼の席へかつぎこまれた石像を若夫婦が返しにゆく

**婚礼の引き物**
「写真でみる日本人の生活全集 4」日本図書センター　2010
◇p95〔白黒〕　〔折詰めの料理〕

**婚礼の結納**
「写真でみる日本人の生活全集 4」日本図書センター　2010
◇p43〔白黒〕　都会化された結納型式のひとつ

**婚礼風俗**
「図録・民具入門事典」柏書房　1991
◇p107〔白黒〕　東京都御蔵島

**婚礼用三方・盃**
「日本民具の造形」淡交社　2004
◇p177〔白黒〕　和歌山県 橋本市郷土資料館所蔵
「図録・民具入門事典」柏書房　1991
◇p109〔白黒〕（三重ね盃）　長野県　上田市立博物館所蔵
「フォークロアの眼 8 よみがえり」国書刊行会　1977
◇図47〔白黒〕（三方）　福島県福島市松川町金沢　三三九度の折の酒の肴　[撮]萩原秀三郎, 昭和50年3月

**盃台**
「日本民俗図誌 2 行事・婚姻篇」村田書店　1977
◇図125-1〔白黒・図〕

**サシ（差）**
「民具のみかた—心とかたち」第一法規出版　1983
◇p233〔白黒〕　沖縄県久高島　米寿の祝いで配る

**里帰り**
「写真ものがたり昭和の暮らし 7」農山漁村文化協会　2006
◇p122〜123〔白黒〕　埼玉県吉田町塚越（現秩父市）　夜通しの披露宴を終えた朝、嫁の実家へふたりで里帰りする　[撮]武藤盈, 昭和30年12月

**三三九度**
「日本の民俗 暮らしと生業」KADOKAWA　2014
◇図13-21〔白黒〕　福島県田村郡三春町　[撮]芳賀日出男, 昭和35年
「写真ものがたり昭和の暮らし 7」農山漁村文化協会　2006
◇p109〔白黒〕（三三九度を行なう）　岩手県岩手町穀蔵　[撮]菊池俊吉, 昭和33年4月
◇p115〔白黒〕　長野県會地村駒場（現阿智村）　[撮]熊谷元一, 昭和25年
◇p118〔白黒〕　新潟県山古志村梶金（現長岡市）　[撮]須藤功, 昭和46年5月
「日本民俗大辞典 上」吉川弘文館　1999
◇図16〔別刷図版「婚礼」〕〔白黒〕　福島県福島市　[撮]萩原秀三郎, 1974年（昭和49）頃
「日本の民俗 下」クレオ　1997
◇図13-21〔白黒〕　福島県田村郡三春町　[撮]芳賀日出男, 昭和35年
「日本宗教民俗図典 1」法蔵館　1985
◇図195・196〔白黒〕（仲人の前での三三九度）　新潟県山古志村梶金　[撮]須藤功

**三々九度に用いる瓦器三ツ重盃と銚子及び提子**
「日本民俗図誌 2 行事・婚姻篇」村田書店　1977
◇図118〔白黒・図〕

**三三九度の盃を交わす結婚式**
「写真でみる日本人の生活全集 6」日本図書センター　2010
◇p86〔白黒〕　奄美大島　奄美のくらし

**島台**
「写真でみる日本人の生活全集 4」日本図書センター　2010
◇p57〔白黒〕　婚礼の祝い　呉服細工で一対の鯛をあらわしている
「日本民俗図誌 2 行事・婚姻篇」村田書店　1977
◇図125-2〔白黒・図〕

**祝言盥**
「日本民具の造形」淡交社　2004
◇p176〔白黒〕　大分県 緒方町立歴史民俗資料館所蔵

**祝言の席次例**
「図説 民俗建築大事典」柏書房　2001
◇図3（p257）〔白黒・図〕　神奈川県座間市　『座間市史 6 民俗編』座間市、1999

**祝言の着席順位**
「日本民俗図誌 2 行事・婚姻篇」村田書店　1977
◇図110〔白黒・図〕　長野県下諏訪町　『旅と伝説』6-1
◇図111〔白黒・図〕　長野県上諏訪町　『旅と伝説』6-1
◇図112〔白黒・図〕　茨城県浮島地方　『旅と伝説』6-1
◇図113〔白黒・図〕　宮崎県真幸村　『旅と伝説』6-1

**集団結婚式**
「写真でみる日本人の生活全集 4」日本図書センター　2010
◇p47〔白黒〕
「写真でみる日本人の生活全集 6」日本図書センター　2010
◇p85〔白黒〕
「写真でみる日本人の生活全集 10」日本図書センター　2010
◇p93〔白黒〕（集団結婚）　青森県北部
「日本民俗写真大系 2」日本図書センター　1999
◇p146〔白黒〕　岩手県一戸町　開拓地に入植する15組の結婚式　[撮]田村淳一郎, 1959年

**集団結婚の花嫁衣装の見物に集まった娘さんやおばさん, おばあさんたち**
「写真でみる日本人の生活全集 2」日本図書センター　2010
◇口絵〔白黒〕　青森県上北郡横浜村で行われた20組の集団結婚式場　[撮]昭和29年3月

**酒宴**
「写真ものがたり昭和の暮らし 7」農山漁村文化協会　2006
◇p110〔白黒〕　岩手県岩手町穀蔵　婚礼　[撮]菊池俊吉, 昭和33年4月

**出立する支度を終えた孫娘に、祖母は最後までこまごまと注意を与えつづけた**
「写真ものがたり昭和の暮らし 7」農山漁村文化協会　2006
◇p104〔白黒〕　岩手県岩手町穀蔵　[撮]菊池俊吉, 昭和33年4月

**松竹梅熨斗**
「日本民具の造形」淡交社　2004
◇p178〔白黒〕　福島県 三春町歴史民俗資料館所蔵

**新婚夫婦が近くの河原で新婚旅行をかえりみて話す**
「写真でみる日本人の生活全集 10」日本図書センター　2010
◇p94〔白黒〕（理解ある夫）　新婚夫婦が, 近くの河原で新婚旅行をかえりみて話す　[撮]田口昭十郎

**新婚旅行の車で食事**
「写真でみる日本人の生活全集 10」日本図書センター　2010
◇p146〔白黒〕

**寝所飾の鶺鴒台**
「日本民俗図誌 2 行事・婚姻篇」村田書店 1977
◇図126-2〔白黒・図〕

**人生の語らい**
「写真でみる日本人の生活全集 10」日本図書センター 2010
◇p92〔白黒〕 結婚式までもうすぐである若い2人 [撮]樋口敬治

**新夫婦の飯の交換**
「日本を知る事典」社会思想社 1971
◇図7(p65)〔白黒〕 福島県郡山市湖南町

**新夫婦の餅つき**
「日本を知る事典」社会思想社 1971
◇図14(p25)〔白黒〕 福島県郡山市湖南町

**新郎の家で行なう結婚式に向かう花嫁**
「写真ものがたり昭和の暮らし 7」農山漁村文化協会 2006
◇p114, 見返し〔白黒〕 長野県會地村駒場(現阿智村) [撮]熊谷元一, 昭和25年

**末広台**
「日本民俗図誌 2 行事・婚姻篇」村田書店 1977
◇図130〔白黒・図〕

**末広包みの様式**
「日本民俗図誌 2 行事・婚姻篇」村田書店 1977
◇図141〔白黒・図〕 小笠原流 水引細工図解

**末広箱包みの様式**
「日本民俗図誌 2 行事・婚姻篇」村田書店 1977
◇図143〔白黒・図〕 水引細工図解

**鯣**
「日本民俗図誌 2 行事・婚姻篇」村田書店 1977
◇図134-2〔白黒・図〕

**タイノイオ**
「日本民具の造形」淡交社 2004
◇p178〔白黒〕 岐阜県 旧遠山家民俗館所蔵

**松明を跨ぐ花嫁**
「日本民俗大辞典 上」吉川弘文館 1999
◇図10〔別刷図版「婚礼」〕〔白黒〕 福島県福島市 [撮]萩原秀三郎, 1974年(昭和49)頃

**高島田のかつらをつける花嫁**
「写真ものがたり昭和の暮らし 7」農山漁村文化協会 2006
◇p87〔白黒〕 山形県河北町谷地 立ち振る舞いの日 [撮]須藤功, 昭和46年4月

**立ち振る舞い**
「写真ものがたり昭和の暮らし 7」農山漁村文化協会 2006
◇p87～93〔写真・白黒/カラー〕 山形県河北町谷地 [撮]須藤功, 昭和46年4月

**立ち振る舞いの膳**
「写真ものがたり昭和の暮らし 7」農山漁村文化協会 2006
◇p90〔カラー〕 山形県河北町谷地 [撮]須藤功, 昭和46年4月

**田の神を夫婦でかついでもどす**
「写真ものがたり昭和の暮らし 7」農山漁村文化協会 2006
◇p125〔白黒〕 鹿児島県・大隅地方 [撮]昭和20年代 民俗学研究所編『日本民俗図録』より

**樽入れをする**
「日本宗教民俗図典 1」法藏館 1985
◇図193〔白黒〕 三重県鳥羽市神島 結婚式当日の満潮時 [撮]萩原秀三郎

**樽包みの様式**
「日本民俗図誌 2 行事・婚姻篇」村田書店 1977
◇図139〔白黒・図〕 小笠原流 水引細工図解

**タルビラキ**
「日本社会民俗辞典 4」日本図書センター 2004
◇p1550〔白黒・図〕『風俗画報』

**チャペル前でフラワーシャワーの祝福を受ける新郎新婦**
「日本の生活環境文化大辞典」柏書房 2010
◇p307-2〔白黒〕 長野県北佐久郡軽井沢町 [撮]2006年 佐藤照美

**ツトとダオゾウ**
「民具のみかた—心とかたち」第一法規出版 1983
◇p233〔白黒〕 石川県白山麓

**角樽一対**
「日本民俗図誌 2 行事・婚姻篇」村田書店 1977
◇図107〔白黒・図〕

**釣台**
「日本民俗図誌 2 行事・婚姻篇」村田書店 1977
◇図150-2〔白黒・図〕

**手を取り合って別れを惜しむ母と娘**
「写真ものがたり昭和の暮らし 7」農山漁村文化協会 2006
◇p98〔白黒〕 北海道平取町二風谷 [撮]須藤功, 昭和46年4月

**床入りの式**
「写真ものがたり昭和の暮らし 7」農山漁村文化協会 2006
◇p101〔白黒〕 北海道平取町二風谷 アイヌの結婚 新婚のふたりは自分たちのチセにはいる [撮]須藤功, 昭和46年4月

**床飾奈良蓬萊**
「日本民俗図誌 2 行事・婚姻篇」村田書店 1977
◇図124〔白黒・図〕

**床飾の熨斗昆布**
「日本民俗図誌 2 行事・婚姻篇」村田書店 1977
◇図127〔白黒・図〕

**床飾瓶子**
「日本民俗図誌 2 行事・婚姻篇」村田書店 1977
◇図115～117〔白黒・図〕(婚礼式場に供える床飾瓶子)

**嫁いで行く娘に, 母親は何枚かの着物をきちんとたたんで持たせてやる**
「フォークロアの眼 3 運ぶ」国書刊行会 1977
◇図40〔白黒〕 北海道沙流郡平取町二風谷 アイヌの結婚 [撮]須藤功, 昭和46年4月8日(記録のために再現したものを撮影)

**嫁いで行く娘は付き人と二人で荷をかつぎ, 山を越え川を渡って花婿の待つ村へ行く**
「フォークロアの眼 3 運ぶ」国書刊行会 1977
◇図43〔白黒〕 北海道沙流郡平取町二風谷 アイヌの結婚 [撮]須藤功, 昭和46年4月8日(記録のために再現したものを撮影)

**嫁ぎ先へ向かう**
「写真ものがたり昭和の暮らし 7」農山漁村文化協会 2006
◇p106～107〔白黒〕 岩手県岩手町穀蔵 [撮]菊池俊吉, 昭和33年4月

**嫁ぎ先での披露宴**
「里山・里海 暮らし図鑑」柏書房 2012
◇写36(p279)〔白黒〕 福井県旧武生市〔越前市〕曾原町 昭和30年代 堀江照夫提供

**嫁ぐ孫**
「写真でみる民家大事典」柏書房 2005
◇p139-1〔白黒〕 宮城県気仙沼市 〔民家の縁側 花嫁と祖母〕 [撮]1983年 佐々木徳朗

**長熨斗奉書半切**
「日本民俗図誌 2 行事・婚姻篇」村田書店 1977
◇図142〔白黒・図〕 小笠原流 水引細工図解

結婚　　　　　　　　　　　　　　　　人の一生

長持
　「日本民俗図誌 2 行事・婚姻篇」村田書店　1977
　　◇図148-1〔白黒・図〕　千葉県安房郡地方　嫁入行列用具　『旅と伝説』6-1

仲人
　「写真でみる日本人の生活全集 4」日本図書センター　2010
　　◇p121〔白黒〕　新嫁につきそう

仲人の前で花嫁が酒をいただく
　「フォークロアの眼 3 運ぶ」国書刊行会　1977
　　◇図184〔白黒〕　新潟県古志郡山古志村梶金　㊞須藤功, 昭和46年5月2日

ナベカリの風俗
　「日本社会民俗辞典 2」日本図書センター　2004
　　◇p503〔白黒〕　長野県下伊那郡

ナワバリ
　「日本民俗大辞典 上」吉川弘文館　1999
　　◇図7〔別刷図版「婚礼」〕〔白黒〕　石川県輪島市　嫁入り行列を青年などが縄を張ってさえぎり祝儀をねだる　㊞1998年（平成10）　輪島市教育委員会提供

入家儀礼
　「写真でみる民家大事典」柏書房　2005
　　◇p164-1〔白黒〕（傘をさしての入家儀礼）　神奈川県厚木市　㊞1960年頃　岸ユリ
　「日本民俗大辞典 下」吉川弘文館　2000
　　◇p286〔白黒〕　福島市　火を跨ぐ入家儀礼　㊞萩原秀三郎
　「フォークロアの眼 8 よみがえり」国書刊行会　1977
　　◇図50〔白黒〕　福島県福島市松川町金沢　嫁が家に入るとき, 台所の出入口で豆がらをたきそこから入る　㊞萩原秀三郎, 昭和50年3月

入家式
　「写真でみる日本人の生活全集 6」日本図書センター　2010
　　◇口絵〔白黒〕　福島県田村郡中田村　嫁が婚家へ着くと「カサヌキ」と称して菅笠をさしかける　㊞芳賀日出男
　「写真ものがたり昭和の暮らし 7」農山漁村文化協会　2006
　　◇p120～121〔白黒〕　福島県三春町　婚家の縁側から座敷にあがる。頭上に菅笠をさしかける　㊞芳賀日出男, 昭和30年
　「日本民俗図誌 2 行事・婚姻篇」村田書店　1977
　　◇図189〔白黒・図〕（菅笠）　茨城県の某地方　花嫁が門口に入るとき笠の下をくぐる

縫針入れ
　「写真ものがたり昭和の暮らし 7」農山漁村文化協会　2006
　　◇p95〔白黒〕　北海道平取町二風谷　アイヌ　㊞須藤功, 昭和46年4月

野良の見合
　「日本社会民俗辞典 4」日本図書センター　2004
　　◇p1367〔白黒・図〕　『風俗画報』

裸踊
　「日本民俗図誌 2 行事・婚姻篇」村田書店　1977
　　◇図197〔白黒・図〕　磐城地方　婚礼の式後

花婿が酒をいただく
　「フォークロアの眼 3 運ぶ」国書刊行会　1977
　　◇図185〔白黒〕　新潟県古志郡山古志村梶金　㊞須藤功, 昭和46年5月2日

花婿の家につくと, 運んできた着物を寝室の柱に掛けて披露する
　「フォークロアの眼 3 運ぶ」国書刊行会　1977
　　◇図46〔白黒〕　北海道沙流郡平取町二風谷　アイヌの結婚　㊞須藤功, 昭和46年4月8日（記録のために再現したものを撮影）

花婿の食べた半分を花嫁が食べる
　「フォークロアの眼 3 運ぶ」国書刊行会　1977
　　◇図188〔白黒〕　北海道沙流郡平取町二風谷　アイヌの結婚式　㊞須藤功, 昭和46年4月10日

花嫁
　「写真でみる日本人の生活全集 6」日本図書センター　2010
　　◇p80〔白黒〕　㊞北田収
　　◇p83〔白黒〕　〔口紅をひいてもらう〕　㊞山中敏夫
　「写真ものがたり昭和の暮らし 7」農山漁村文化協会　2006
　　◇p104〔白黒〕（十六歳の花嫁）　岩手県岩手町穀蔵　㊞菊池俊吉, 昭和33年4月
　「日本民俗写真大系 4」日本図書センター　1999
　　◇p90〔白黒〕　愛媛県御荘町　㊞1971年
　「写真でみる日本生活図引 5」弘文堂　1989
　　◇図36〔白黒〕　秋田県仙北郡　花嫁衣裳で牛の背にまたがる　㊞三木茂, 昭和10年代　民族学研究所提供
　　◇図38～41〔白黒〕（一六歳の花嫁）　岩手県岩手郡岩手町穀蔵　㊞菊池俊吉, 昭和33年4月21日

花嫁衣裳をまとってお嫁入り
　「写真でみる日本人の生活全集 10」日本図書センター　2010
　　◇p107〔白黒〕　㊞二宮寛

花嫁が通る
　「写真でみる日本生活図引 6」弘文堂　1993
　　◇図58〔白黒〕　秋田県湯沢市樋ノ口　㊞佐藤久太郎, 昭和36年3月25日

花嫁行列用平丸提灯及箱提灯
　「日本民俗図誌 2 行事・婚姻篇」村田書店　1977
　　◇図151-1・2〔白黒・図〕

花嫁道具・馬衣裳
　「日本民具の造形」淡交社　2004
　　◇p177〔白黒〕　長野県 大岡村歴史民俗資料館所蔵

花嫁道具を嫁ぎ先に運ぶ大八車
　「里山・里海 暮らし図鑑」柏書房　2012
　　◇写33 (p278)〔白黒〕　福井県旧武生市〔越前市〕曾原町　昭和30年代　堀江照夫提供

花嫁と親族が耕転機に乗って下って行く
　「写真ものがたり昭和の暮らし 2」農山漁村文化協会　2004
　　◇p31〔白黒〕　長野県上村下栗　㊞須藤功, 昭和44年1月2日

花嫁のお披露目
　「里山・里海 暮らし図鑑」柏書房　2012
　　◇写35 (p279)〔白黒〕（集落での花嫁のお披露目）　福井県高浜町　昭和31年　㊞横田文雄　高浜町郷土資料館提供

花嫁の行列
　「写真ものがたり昭和の暮らし 7」農山漁村文化協会　2006
　　◇p103〔白黒〕（細い雪の一本道を行く花嫁の行列）　新潟県中之島村（現長岡市）　㊞中俣正義, 昭和30年3月
　「フォークロアの眼 5 獅子の平野」国書刊行会　1977
　　◇図24〔白黒〕（筑波山のふもとの結婚式）　茨城県真壁郡明野町中上野 筑波山のふもと　〔花嫁の行列〕　㊞昭和47年2月25日
　「フォークロアの眼 2 雪国と暮らし」国書刊行会　1977
　　◇図178〔白黒〕（雪の野原をゆく花嫁の行列）　新潟県南魚沼郡中之島村（現在は塩沢町）姥島付近　㊞中俣正義, 昭和30年3月下旬

花嫁の持参品
　「日本民俗図誌 2 行事・婚姻篇」村田書店　1977
　　◇図184・185〔白黒・図〕　伊豆の新島　水桶と釣瓶と花桶（墓参用）, 盥とダラオケ

**花嫁は家を出る前に育った家の仏壇に手を合わせる**
「日本宗教民俗図典 1」法藏館　1985
◇図6〔白黒〕　山形県河北町谷地　[撮]須藤功

**花嫁は疲れないように小さな荷を運ぶ**
「フォークロアの眼 3 運ぶ」国書刊行会　1977
◇図45〔白黒〕　北海道沙流郡平取町二風谷　アイヌの結婚　[撮]須藤功, 昭和46年4月8日（記録のために再現したものを撮影）

**花嫁は必要な荷を背負い、付人とふたりで花婿の待つコタン（集落）へ歩いて行く**
「写真ものがたり昭和の暮らし 7」農山漁村文化協会　2006
◇p99〔白黒〕　北海道平取町二風谷　[撮]須藤功, 昭和46年4月

**ハラアワセ**
「写真でみる日本人の生活全集 6」日本図書センター　2010
◇p90〔白黒〕　茨城県稲敷地方　魚の腹と腹を向い合わすのも婚礼の席

**日が暮れて嫁ぎ先に着いた一行**
「写真ものがたり昭和の暮らし 7」農山漁村文化協会　2006
◇p108〔白黒〕　岩手県岩手町穀蔵　[撮]菊池俊吉, 昭和33年4月

**披露宴**
「写真でみる日本人の生活全集 6」日本図書センター　2010
◇口絵〔白黒〕　[撮]芳賀日出男
「写真ものがたり昭和の暮らし 7」農山漁村文化協会　2006
◇p124〔白黒〕（蓑笠を着けて頬かむりをした若者たちが田の神を婚礼の行なわれている家に持ちこむ）　鹿児島県・大隅地方　[撮]昭和20年代　民俗学研究所編『日本民俗図録』より

**披露宴での田の神据え**
「日本民俗大辞典 上」吉川弘文館　1999
◇図19〔別刷図版「婚礼」〕〔白黒〕　鹿児島県鹿屋市　[撮]鶴添泰蔵, 1976年（昭和51）

**披露宴の折箱**
「日本民俗図誌 2 行事・婚姻篇」村田書店　1977
◇図137〔白黒・図〕　長崎

**披露宴の座敷に置かれた田の神**
「写真ものがたり昭和の暮らし 7」農山漁村文化協会　2006
◇p125〔白黒〕　鹿児島県・大隅地方　[撮]昭和20年代　民俗学研究所編『日本民俗図録』より

**披露宴の新郎新婦**
「写真ものがたり昭和の暮らし 7」農山漁村文化協会　2006
◇p118〔白黒〕　新潟県山古志村梶金（現長岡市）　[撮]須藤功, 昭和46年5月

**披露の宴**
「日本の民俗 暮らしと生業」KADOKAWA　2014
◇図13-22〔白黒〕　福島県田村郡三春町　[撮]芳賀日出男, 昭和35年
「日本の民俗 下」クレオ　1997
◇図13-22〔白黒〕　福島県田村郡三春町　[撮]芳賀日出男, 昭和35年

**冬晴れの佳き日に娘を見送る人々と民家**
「写真でみる民家大事典」柏書房　2005
◇p147〔白黒〕　宮城県気仙沼市　[撮]1983年　佐々木徳朗

**ホカイ**
「日本民俗図誌 2 行事・婚姻篇」村田書店　1977
◇図149-1〔白黒・図〕　千葉県安房郡地方　嫁入行列用具　『旅と伝説』6-1

**ボンネット型のトラックの運転台に花嫁、荷台に嫁入り道具と嫁方の人たちを乗せてやってきた**
「写真ものがたり昭和の暮らし 7」農山漁村文化協会　2006
◇p113〔白黒〕　長野県會地村駒場（現阿智村）　[撮]熊谷元一, 昭和25年

**マキリ**
「写真ものがたり昭和の暮らし 7」農山漁村文化協会　2006
◇p95〔白黒〕（マキリ（小刀））　北海道平取町二風谷　[撮]須藤功, 昭和46年4月
「日本宗教民俗図典 1」法藏館　1985
◇図454〔白黒〕　北海道平取町二風谷　アイヌの男から女に贈る小刀　[撮]須藤功

**三ッ目祝取替せの時に用いる飾を入れるカマス台**
「日本民俗図誌 2 行事・婚姻篇」村田書店　1977
◇図138〔白黒・図〕

**箕であおがれ、箒で掃き込まれる花嫁**
「日本民俗大辞典 上」吉川弘文館　1999
◇図8〔別刷図版「婚礼」〕〔白黒〕　埼玉県大里郡妻沼町　[撮]永沼督一郎, 1972年（昭和47）

**迎え女郎役が嫁をつれてくる**
「日本宗教民俗図典 1」法藏館　1985
◇図194〔白黒〕　三重県鳥羽市神島　[撮]萩原秀三郎

**迎え人が嫁入り道具を背負う**
「写真ものがたり昭和の暮らし 7」農山漁村文化協会　2006
◇p106〔白黒〕　岩手県岩手町穀蔵　[撮]菊池俊吉, 昭和33年4月

**聟いじめ**
「写真でみる日本人の生活全集 4」日本図書センター　2010
◇p93〔白黒〕　新聟が挨拶にやってくると, 近所の子供が棒で形式的にたたくまねをする

**聟方から嫁方へ赴く聟入り行列**
「日本を知る事典」社会思想社　1971
◇図10（p21）〔白黒〕　福島県郡山市湖南町

**聟方の仏壇に参る花嫁**
「日本を知る事典」社会思想社　1971
◇図12（p23）〔白黒〕　福島県郡山市湖南町

**聟方両親との名のりの盃**
「日本を知る事典」社会思想社　1971
◇図15（p25）〔白黒〕　福島県郡山市湖南町

**婿の家へ向かう瀬戸の花嫁**
「フォークロアの眼 7 海の暮らしと祭り」国書刊行会　1977
◇小論22〔白黒〕　広島県安芸郡倉橋町室尾　[撮]田辺悟, 昭和51年2月8日

**聟の両親と花嫁のあいさつ**
「日本を知る事典」社会思想社　1971
◇図9（p20）〔白黒〕　福島県郡山市湖南町

**村人に見送られて花嫁の出発**
「フォークロアの眼 2 雪国と暮らし」国書刊行会　1977
◇図176・177〔白黒〕　新潟県南魚沼郡土樽村中里（現在は湯沢町中里）, 南魚沼郡中之島村（現在は塩沢町）　雪国の嫁入り　[撮]中俣正義, 昭和29年3月中旬

**メシ食いの式に使われるメシとそれを口まで運ぶ花ばし**
「フォークロアの眼 3 運ぶ」国書刊行会　1977
◇図189〔白黒〕　北海道沙流郡平取町二風谷　アイヌの結婚式　[撮]須藤功, 昭和46年4月10日

**雌蝶・雄蝶と盃**
「写真ものがたり昭和の暮らし 7」農山漁村文化協会　2006
◇p90〔カラー〕（神酒をつぐ雌蝶、雄蝶と盃）　山形県河北町谷地　[撮]須藤功, 昭和46年4月

**雌蝶・雄蝶と三三九度のさかずき**
「フォークロアの眼 3 運ぶ」国書刊行会　1977
◇図186〔白黒〕（花嫁・花婿に酒をつぐ雌蝶・雄蝶と三三九度のさかずき）　山形県西村山郡河北町谷地

[撮]須藤功, 昭和46年4月29日

**餅をつく**

「写真ものがたり昭和の暮らし 7」農山漁村文化協会　2006

◇p111〔白黒〕　岩手県岩手町穀蔵　婚礼の酒宴の朝酒のあと　[撮]菊池俊吉, 昭和33年4月

**ヤーミシ(婚約)の儀式**

「日本の民俗 暮らしと生業」KADOKAWA　2014

◇図13-17〔白黒〕　鹿児島県大島郡和泊町　[撮]芳賀日出男, 昭和32年

「日本の民俗 下」クレオ　1997

◇図13-17〔白黒〕　鹿児島県大島郡和泊町　[撮]芳賀日出男, 昭和32年

**結納**

「日本の民俗 暮らしと生業」KADOKAWA　2014

◇図13-18〔白黒〕　福島県田村郡三春町　[撮]芳賀日出男, 昭和35年

「写真でみる日本人の生活全集 6」日本図書センター　2010

◇口絵〔白黒〕　福島県田村郡中田村　[撮]芳賀日出男

「図説 日本民俗学」吉川弘文館　2009

◇p71〔白黒〕(結納風景)　千葉県松戸市　萩原秀三郎提供

◇p82〔白黒〕　京都市北区　若林良和提供

「日本の民俗 下」クレオ　1997

◇図13-18〔白黒〕　福島県田村郡三春町　[撮]芳賀日出男, 昭和35年

**結納入れ**

「日本民俗大辞典 上」吉川弘文館　1999

◇図2〔別刷図版「婚礼」〕〔白黒〕　千葉県松戸市　[撮]萩原秀三郎, 1985年(昭和60)頃

**結納飾り**

「日本民具の造形」淡交社　2004

◇p43〔白黒〕　長野県 中条村歴史民俗資料館所蔵

**結納台**

「日本民具の造形」淡交社　2004

◇p178〔白黒〕　福岡県 須恵町立歴史民俗資料館所蔵

**結納の半返し**

「写真ものがたり昭和の暮らし 7」農山漁村文化協会　2006

◇p117〔白黒〕　新潟県山古志村梶金(現長岡市)　[撮]須藤功, 昭和46年5月

**結納の目録**

「写真でみる日本人の生活全集 4」日本図書センター　2010

◇p90〔白黒〕

**結納品**

「図説 日本民俗学」吉川弘文館　2009

◇p86〔白黒〕(結納の品々)　京都市北区　若林良和提供

「日本民俗図誌 2 行事・婚姻篇」村田書店　1977

◇図108〔白黒・図〕　長崎県壱岐島　酒一荷(六升入)、鯛二枚、茶二包　山口麻太郎報告

**嫁いじめ・聟いじめ**

「民俗図録 日本人の暮らし」日本図書センター　2012

◇図484〔白黒〕(大隅地方の婚礼(5))　鹿児島県大隅半島　かつぎ込まれた石像を元の場所に返しに行く

「写真でみる日本人の生活全集 4」日本図書センター　2010

◇p45〔白黒〕　村の若者の手で婚礼の席へかつぎこまれた石像を若夫婦が返しにゆく

**嫁入り**

「民俗学事典」丸善出版　2014

◇p304〔白黒〕　出典：2010『相模原市史 民俗編』相模原市立博物館, p.205

「日本の民俗 暮らしと生業」KADOKAWA　2014

◇図13-20〔白黒〕　福島県田村郡三春町　[撮]芳賀日出男, 昭和35年

「写真でみる日本人の生活全集 6」日本図書センター　2010

◇p93〔白黒〕　千葉県東葛飾一帯　こどもたちからわら束の火の"洗礼"をうけ, 姑のさしかざすすげがさの下をくぐる　「サン写真新聞」昭和24年1月12日

「写真でみる日本人の生活全集 10」日本図書センター　2010

◇p90〔白黒〕(山村のお嫁入)　[撮]土師暹

「日本の生活環境文化大辞典」柏書房　2010

◇p326-1〔白黒〕(白無垢・角隠し姿での嫁入り)　福岡県柳川市昭代　[撮]昭和30年代　池上康稔

「日本社会民俗辞典 1」日本図書センター　2004

◇p458〔白黒・図〕(嫁入)　相模横須賀地方　[撮]明治初年　『風俗画報』

「日本の民俗 下」クレオ　1997

◇図13-20〔白黒〕　福島県田村郡三春町　[撮]芳賀日出男, 昭和35年

「日本民俗図誌 2 行事・婚姻篇」村田書店　1977

◇図179〔白黒・図〕(嫁入)　埼玉県猿島地方　花嫁は馬上で行く

**嫁入笠**

「日本民具の造形」淡交社　2004

◇p177〔白黒〕　新潟県 阿賀野市笹神地区郷土資料館所蔵

**嫁入り行列**

「写真でみる民家大事典」柏書房　2005

◇p164-2〔白黒〕(耕地を進む嫁入り行列)　東京都多摩市　[撮]1965年頃　田中登

**嫁入行列の配列順位**

「日本民俗図誌 2 行事・婚姻篇」村田書店　1977

◇図152〔白黒・図〕

**嫁入輿**

「日本民具の造形」淡交社　2004

◇p177〔白黒〕　広島県 世羅町民俗資料館所蔵

**嫁入婚の仲人**

「日本を知る事典」社会思想社　1971

◇図11(p21)〔白黒〕　福島県郡山市湖南町

**嫁入り道具**

「図説 台所道具の歴史」日本図書センター　2012

◇p135-8〔白黒〕　水汲桶・洗い桶・小盥・大盥の「水の具」四点セット　高知市・介良民具館

「いまに伝える 農家のモノ・人の生活館」柏書房　2004

◇p41 写真8〔白黒〕　埼玉県小川町　[撮]昭和32年

「日本民俗大辞典 上」吉川弘文館　1999

◇図21〔別刷図版「婚礼」〕〔白黒〕　兵庫県芦屋市　[撮]昭和40年代　中込睦子提供

**嫁入道具を背負ってゆく**

「写真でみる日本人の生活全集 6」日本図書センター　2010

◇p88〔白黒〕　青森県西津軽郡深浦町　『日本民俗図録』

**嫁入り道具を運ぶ列**

「写真ものがたり昭和の暮らし 7」農山漁村文化協会　2006

◇p112〔白黒〕　長野県會地村駒場(現阿智村)　[撮]熊谷元一, 昭和27年

**嫁入り道具の運搬**

「いまに伝える 農家のモノ・人の生活館」柏書房　2004

◇p41 写真9〔白黒〕　埼玉県江南町

**嫁入り道中**

「いまに伝える 農家のモノ・人の生活館」柏書房　2004

◇p41 写真5〔白黒〕　埼玉県所沢市　[撮]昭和31年

**嫁入荷物**

「民俗図録 日本人の暮らし」日本図書センター　2012

◇図485〔白黒〕　山形県最上郡

嫁入り荷物の運搬
　「日本民俗文化財事典〔改訂版〕」第一法規出版　1979
　　◇図308〔白黒〕　東京都御蔵島

嫁入人形
　「日本民俗図誌 2 行事・婚姻篇」村田書店　1977
　　◇図173～175〔白黒・図〕　香川県高松地方　嫁入の翌日、附近や親戚の子供らに贈る

嫁入りの挨拶
　「日本民俗大辞典 上」吉川弘文館　1999
　　◇図14〔別刷図版「婚礼」〕〔白黒〕　岐阜県大野郡白川村　㊙安達浩, 1969年（昭和44）

嫁入りの盃
　「日本を知る事典」社会思想社　1971
　　◇図16（p25）〔白黒〕　福島県郡山市湖南町

嫁入りの道具送り
　「日本民俗大辞典 上」吉川弘文館　1999
　　◇図6〔別刷図版「婚礼」〕〔白黒〕　埼玉県秩父郡吉田町　㊙南良和, 1967年（昭和42）

嫁入りのトボウ盃
　「日本民俗大辞典 上」吉川弘文館　1999
　　◇図13〔別刷図版「婚礼」〕〔白黒〕　埼玉県大里郡寄居町　嫁の入家儀礼　㊙大沢正俊, 1982年（昭和57）　埼玉県立文書館提供

嫁入りの風景
　「日本民俗大辞典 上」吉川弘文館　1999
　　◇図1〔別刷図版「婚礼」〕〔白黒〕　秋田県仙北郡　㊙三木茂, 昭和10年代　成城大学民俗学研究所提供

嫁を送る
　「フォークロアの眼 8 よみがえり」国書刊行会　1977
　　◇図46〔白黒〕　福島県福島市松川町金沢　嫁方の親兄弟や親戚の代表者　㊙萩原秀三郎, 昭和50年3月

ヨメオクリ
　「民俗図録 日本人の暮らし」日本図書センター　2012
　　◇図478～479〔白黒〕　青森県西津軽郡深浦町追良瀬　㊙櫻庭武則

嫁たたき棒
　「日本民具の造形」淡交社　2004
　　◇p178〔白黒〕（嫁叩き棒）　富山県 魚津歴史民俗博物館所蔵
　「日本民俗図誌 2 行事・婚姻篇」村田書店　1977
　　◇図188-1〔白黒・図〕　新潟県古志郡明晶村辺　婚礼の晩若者仲間大勢で花嫁の尻を打ちたたく　「人類学報告4」

嫁どりの日の道つくり
　「民俗図録 日本人の暮らし」日本図書センター　2012
　　◇図475〔白黒〕　青森県西津軽郡深浦町追良瀬　㊙櫻庭武則

嫁荷のひきつぎ
　「日本社会民俗辞典 1」日本図書センター　2004
　　◇p460〔白黒・図〕　長野県　『風俗画報』

嫁の家と聟の家との中間に家を借りて仲宿とする
　「写真でみる日本人の生活全集 6」日本図書センター　2010
　　◇p81〔白黒〕　群馬県勢多郡南橘村　「写真地誌日本」

嫁の門入
　「日本社会民俗辞典 1」日本図書センター　2004
　　◇p460〔白黒・図〕　長野県松本平地方　『風俗画報』

嫁のシリタタキ棒
　「日本を知る事典」社会思想社　1971
　　◇図6（p64）〔白黒〕（嫁のシリタタキ棒「大の子、小の子」）　静岡県浜松市

嫁のスネカジリ
　「民俗図録 日本人の暮らし」日本図書センター　2012
　　◇図476〔白黒〕　青森県西津軽郡深浦町追良瀬　㊙櫻庭武則

嫁の入家式
　「図説 民俗建築大事典」柏書房　2001
　　◇写真2（p257）〔白黒〕　神奈川県座間市　昭和30年代　沢田政勝提供

嫁の町まわり
　「日本民俗写真大系 2」日本図書センター　1999
　　◇p146〔白黒〕　宮城県色麻町　㊙1955年

嫁の飯
　「日本民俗図誌 2 行事・婚姻篇」村田書店　1977
　　◇図194〔白黒・図〕　山形県鶴岡　婚礼の晩　『旅と伝説』6-1

嫁暖簾
　「日本民俗大辞典 下」吉川弘文館　2000
　　◇p786〔白黒〕　富山県砺波市　礪波郷土資料館所蔵
　「日本民俗大辞典 上」吉川弘文館　1999
　　◇図15〔別刷図版「婚礼」〕〔白黒〕　富山県砺波市　砺波郷土資料館所蔵

嫁見
　「写真ものがたり昭和の暮らし 7」農山漁村文化協会　2006
　　◇p116〔白黒〕　新潟県山古志村梶金（現長岡市）　二階の濡れ縁に立って、集落の人に晴れ姿を見せる、晴れ姿を見にきてくれた人に酒を振る舞い、子どもたちには菓子を配る　㊙須藤功, 昭和46年5月

嫁迎え
　「日本の民俗 暮らしと生業」KADOKAWA　2014
　　◇図13-19〔白黒〕　福島県田村郡三春町　㊙芳賀日出男, 昭和35年
　「日本の民俗 下」クレオ　1997
　　◇図13-19〔白黒〕　福島県田村郡三春町　㊙芳賀日出男, 昭和35年
　「写真でみる日本生活図引 8」弘文堂　1993
　　◇図113〔白黒〕　青森県西津軽郡鰺ケ沢町大字舞戸　㊙相場惣太郎, 昭和29年2月
　「写真でみる日本生活図引 5」弘文堂　1989
　　◇図37〔白黒〕　岩手県岩手郡岩手町穀蔵　仲人。花嫁道具を背負う迎え人と一緒に花嫁の家へ向かう　㊙菊池俊吉, 昭和33年4月21日

嫁迎えに訪れた聟方のイチゲン客
　「日本民俗大辞典 上」吉川弘文館　1999
　　◇図5〔別刷図版「婚礼」〕〔白黒〕　埼玉県秩父郡吉田町　㊙南良和, 1967年（昭和42）

嫁迎えに出向く
　「写真ものがたり昭和の暮らし 7」農山漁村文化協会　2006
　　◇p126〔白黒〕　青森県舞戸村（現鰺ヶ沢町）　㊙相場惣太郎, 昭和29年2月

嫁迎えの場合の着席順位
　「日本民俗図誌 2 行事・婚姻篇」村田書店　1977
　　◇図114〔白黒・図〕　熊本県阿蘇地方　『旅と伝説』6-1

ワチ
　「日本民俗図誌 2 行事・婚姻篇」村田書店　1977
　　◇図187〔白黒・図〕　愛知県北設楽郡豊根村　嫁入りの当夜、路傍に木柵を組んで花嫁の通行を遮断する　『旅と伝説』6-1

藁細工の鶴亀
　「図説 日本民俗学」吉川弘文館　2009
　　◇p170〔白黒〕　石川県白山市　婚礼の藁細工

藁ツト
　「日本民俗図誌 2 行事・婚姻篇」村田書店　1977
　　◇図188-2〔白黒・図〕　和歌山県田辺　婚礼の式場に投げ込む（ツトウツ）　雑賀貞次郎報告

# 葬送・供養

**上げ仏壇**
「日本の生活環境文化大辞典」柏書房　2010
◇p361-8〔白黒〕　岐阜県大垣市輪中館　[撮]2009年

**あとみらず**
「民俗小事典 死と葬送」吉川弘文館　2005
◇p118〔白黒〕　秋田県山本町槻田・志戸橋　[撮]1989年

**穴掘り**
「里山・里海 暮らし図鑑」柏書房　2012
◇写11（p271）〔白黒〕（土葬の穴掘り）　鹿児島県沖永良部島　昭和30年代　和泊町歴史民俗資料館提供
「民俗図録 日本人の暮らし」日本図書センター　2012
◇図537〜538〔白黒〕（穴掘り（1-2））　青森県西津軽郡深浦町追良瀬　墓穴堀り　[撮]櫻庭武則
「写真でみる日本人の生活全集 6」日本図書センター　2010
◇p116〔白黒〕　「写真地誌日本」
「日本民俗大辞典 下」吉川弘文館　2000
◇図21・22〔別刷図版「生と死」〕〔白黒〕　埼玉県新座市大和田　掘った穴に吊り下げた魔除けの鎌　[撮]新谷尚紀
「日本民俗大辞典 上」吉川弘文館　1999
◇p32〔白黒〕　愛知県知多郡南知多町

**海女のいる漁村の献花**
「写真ものがたり昭和の暮らし 7」農山漁村文化協会　2006
◇p190〔白黒〕　三重県鳥羽市石鏡　鯨幕になるように造られた花台に白い菊の花を並べる　[撮]須藤功, 昭和56年1月

**洗いざらし**
「写真でみる日本人の生活全集 6」日本図書センター　2010
◇口絵〔白黒〕　茨城県真壁郡明野町　[撮]井之口章次

**新仏**
「民俗図録 日本人の暮らし」日本図書センター　2012
◇図556〔白黒〕　静岡県安倍郡大川村井川　[撮]酒井卯作

**新仏のタマヤ**
「日本社会民俗辞典 4」日本図書センター　2004
◇p1464〔白黒〕　喜界島

**イガキ**
「民俗小事典 死と葬送」吉川弘文館　2005
◇p179〔白黒〕　香川県仁尾町　埋葬したところに廻らす柵　提供 新谷尚紀
「日本民俗大辞典 上」吉川弘文館　1999
◇p68〔白黒〕　香川県三豊郡仁尾町　[撮]新谷尚紀
◇p68〔白黒〕　京都府京田辺市　[撮]新谷尚紀

**行倒れの女の霊を祀った祠**
「日本宗教民俗図典 2」法蔵館　1985
◇図379〔白黒〕　長野県天竜村大河内

**息ぬき竹を立てた墓**
「フォークロアの眼 8 よみがえり」国書刊行会　1977
◇図59〔白黒〕　愛知県北設楽郡設楽町田峰　[撮]萩原秀三郎, 昭和45年2月10日

**遺骨結婚式をかねた合同告別式**
「写真でみる日本人の生活全集 5」日本図書センター　2010
◇口絵〔白黒〕　群馬県高崎市　心中した恋仲の男女　[撮]昭和32年1月

**石積み**
「民俗図録 日本人の暮らし」日本図書センター　2012
◇図558〔白黒〕　青森県三戸郡田子村　[撮]山口彌一郎

**石積みの墓**
「日本社会民俗辞典 3」日本図書センター　2004
◇p1334〔白黒〕　香川県伊吹島
「写真 日本文化史 9」日本評論新社　1955
◇図162〔白黒〕（小石積みの墓）　徳島県祖谷山

**石で囲った三昧**
「日本社会民俗辞典 2」日本図書センター　2004
◇p833〔白黒〕（石で囲った三昧（さんまい, 火葬場））　岐阜県徳山村

**石の墓地**
「民俗小事典 死と葬送」吉川弘文館　2005
◇p10〔白黒〕　香川県

**石墓**
「日本宗教民俗図典 2」法蔵館　1985
◇図135〔白黒〕　沖縄県島尻郡仲里村島尻（久米島）

**石墓の内部**
「写真ものがたり昭和の暮らし 7」農山漁村文化協会　2006
◇p209〔白黒〕　沖縄県仲里村（現久米島町）　[撮]須藤功, 昭和56年7月
「日本宗教民俗図典 2」法蔵館　1985
◇図136〔白黒〕　沖縄県島尻郡仲里村島尻（久米島）

**遺書**
「写真でみる日本人の生活全集 6」日本図書センター　2010
◇p123〔白黒〕　木の枝に遺書と写真, 船客名簿にする紙を遺書に使う, たばこのあき箱に書きおき

**遺体をおさめた棺を4人の男が肩で舁き、縁側から庭に出る**
「写真ものがたり昭和の暮らし 7」農山漁村文化協会　2006
◇p181〔白黒〕　宮崎県西都市銀鏡　[撮]須藤功, 昭和58年8月

**一膳飯を墓穴に入れる**
「日本宗教民俗図典 1」法蔵館　1985
◇図506〔白黒〕　千葉県市川市北国分　[撮]萩原秀三郎

**一族の墓**
「図説 日本民俗学」吉川弘文館　2009
◇p67〔白黒〕　長野県立科町

**一族の古い竿石部分を記念碑のようにした精霊殿のある芦検共同墓地公園**
「日本の生活環境文化大辞典」柏書房　2010
◇p320-2〔白黒〕　鹿児島県大島郡宇検村　[撮]1998年 福岡直子

**一周忌の法事**
「日本社会民俗辞典 3」日本図書センター　2004
◇p1108〔白黒〕　喜界島

## 人の一生　葬送・供養

### 一俵香典
「民俗小事典 死と葬送」吉川弘文館　2005
　◇p74〔白黒〕　福井県美浜町　㊿昭和40年頃　提供 小林一夫
「日本民俗大辞典 下」吉川弘文館　2000
　◇図18〔別刷図版「生と死」〕〔白黒〕　福井県三方郡美浜町　㊿昭和40年頃　小林一夫提供
「日本民俗大辞典 上」吉川弘文館　1999
　◇p108〔白黒〕　福井県三方郡美浜町　㊿昭和40年頃　新谷尚紀提供

### イヌッパジキ
「日本民俗大辞典 下」吉川弘文館　2000
　◇図27〔別刷図版「生と死」〕〔白黒〕（墓地の魔除け イヌッパジキ）　埼玉県秩父地方　葬儀を復元したもの　埼玉県立歴史資料館提供

### 犬弾き
「民俗小事典 死と葬送」吉川弘文館　2005
　◇p180〔白黒〕　山形県米沢市
「日本民俗大辞典 上」吉川弘文館　1999
　◇p121〔白黒〕　山形県米沢市　㊿戸川安章
「仏教民俗辞典 コンパクト版」新人物往来社　1993
　◇p45〔白黒〕

### 位牌
「図説 日本民俗学」吉川弘文館　2009
　◇p49〔白黒〕　福島県須賀川市
　◇p55〔白黒〕　滋賀県甲賀市 位牌堂
　◇p256〔白黒〕　沖縄県読谷村
「民俗小事典 死と葬送」吉川弘文館　2005
　◇p235〔白黒〕　繰出し位牌と一基ごとの位牌　提供 関沢まゆみ
「仏教民俗辞典 コンパクト版」新人物往来社　1993
　◇p46〔白黒〕

### 位牌を納める万年堂といわれる墓
「日本宗教民俗図典 2」法蔵館　1985
　◇図129〔白黒〕　宮城県七ヶ宿町稲子

### 位牌分け分布図
「精選 日本民俗辞典」吉川弘文館　2006
　◇p50〔白黒・図〕　『静岡県史』別編1より
「日本民俗大辞典 上」吉川弘文館　1999
　◇p126〔白黒・図〕　『静岡県史』別編1より

### イーヘー
「日本民具の造形」淡交社　2004
　◇p38〔白黒〕　大阪府 国立民族学博物館所蔵　位牌

### 引導
「図説 日本民俗学」吉川弘文館　2009
　◇p96〔白黒〕　三重県志摩市
「写真ものがたり昭和の暮らし 7」農山漁村文化協会　2006
　◇p173〔カラー〕　新潟県山古志村（現長岡市）火葬場のある山の上　㊿須藤功, 昭和46年2月
「日本宗教民俗図典 2」法蔵館　1985
　◇図35〔白黒〕　新潟県山古志村　㊿昭和46年

### ウズメ墓
「宮本常一 写真・日記集成 別巻」毎日新聞社　2005
　◇図323(p52)〔白黒〕　滋賀県・近江・在原［高島郡マキノ町］　㊿宮本常一, 1941年8月

### 御嶽の中の墓所
「祭・芸能・行事大辞典 上」朝倉書店　2009
　◇p190〔白黒〕　浦添市伊祖グスク　㊿津波高志

### ウチカビ
「図説 日本民俗学」吉川弘文館　2009
　◇p258〔白黒〕　沖縄県名護市　先祖へ送られる銭

### ウチカビの製造工場
「図説 日本民俗学」吉川弘文館　2009
　◇p252〔白黒〕　沖縄県読谷村

### 海への自然葬
「民俗学事典」丸善出版　2014
　◇p521〔白黒〕　神奈川県平塚沖　NPO法人葬送の自由をすすめる会提供

### 海で死んだものの供養碑
「宮本常一 写真・日記集成 別巻」毎日新聞社　2005
　◇図190(p34)〔白黒〕　岩手県気仙郡赤崎村長崎［大船渡市］　㊿宮本常一, 1940年［11月］

### 海辺に広がる墓地
「宮本常一 写真・日記集成 下」毎日新聞社　2005
　◇p14〔白黒〕　山口県大島郡東和町油宇［周防大島町］　㊿宮本常一, 1965年2月7日～10日

### 海辺の墓地
「祭・芸能・行事大辞典 上」朝倉書店　2009
　◇口絵〔p47〕〔カラー〕　香川県佐柳島　㊿前田俊一郎

### うめ墓
「写真でみる日本人の生活全集 5」日本図書センター　2010
　◇p101〔白黒〕　淡路島　「カメラ毎日」昭和32年1月号

### 埋め墓
「民俗図録 日本人の暮らし」日本図書センター　2012
　◇図563〔白黒〕（浜辺の埋め墓）　香川県三豊郡志々島　㊿武田明
　◇図565〔白黒〕　香川県三豊郡佐柳島　㊿武田明
「祭・芸能・行事大辞典 上」朝倉書店　2009
　◇口絵〔p47〕, p206〔写真・カラー/白黒〕　香川県佐柳島　㊿蒲池勢至　県指定有形文化財
「日本民俗宗教辞典」東京堂出版　1998
　◇p510〔白黒〕　福島県小高町
「仏教民俗辞典 コンパクト版」新人物往来社　1993
　◇p50〔白黒〕
「豊穣の神と家の神 目でみる民俗神シリーズ2」東京美術　1988
　◇p92～93〔白黒〕　香川県佐柳島長崎, 淡路島北淡町蟇浦, 小豆島土庄町琴塚　両墓制
「フォークロアの眼 8 よみがえり」国書刊行会　1977
　◇図58〔白黒〕　香川県小豆郡土庄町琴塚の海辺　㊿萩原秀三郎, 昭和47年8月13日
「日本民俗事典」弘文堂　1972
　◇p796〔白黒〕（両墓制）　奈良県山辺郡　埋め墓（奈良県山辺郡祁村大字来迎寺）, 詣り墓（奈良県山辺郡都祁村大字来迎寺）
「民俗の事典」岩崎美術社　1972
　◇p58〔白黒〕　滋賀県伊香郡余呉村

### 埋墓
「あるくみるきく双書 宮本常一とあるいた昭和の日本 24」農山漁村文化協会　2012
　◇p7〔白黒〕　三重県鳥羽市国崎　㊿宮本常一, 昭和37年8月
「日本の生活環境文化大辞典」柏書房　2010
　◇p319-5〔白黒〕（両墓制の埋墓）　奈良県五條市原　㊿2002年 津山正幹
「写真ものがたり昭和の暮らし 7」農山漁村文化協会　2006
　◇p212〔白黒〕　三重県鳥羽市相差　㊿須藤功, 昭和42年6月
「日本民俗写真大系 4」日本図書センター　1999
　◇p135〔白黒〕　香川県左柳島　両墓制の墓地　㊿萩原秀三郎, 1972年
「日本宗教民俗図典 2」法蔵館　1985
　◇図130〔白黒〕　三重県鳥羽市相差
　◇図131〔白黒〕　静岡県新居町白須賀

民俗風俗 図版レファレンス事典（衣食住・生活篇）　**829**

葬送・供養　　　　　　　　　　　　　人の一生

◇図132〔白黒〕　香川県多度津町（佐柳島）
◇図133〔白黒〕　香川県土庄町琴塚（小豆島）　海辺に近い砂地

### 埋め墓（捨て墓）
「日本民俗写真大系 7」日本図書センター　2000
◇p181〔白黒〕　鳥取県中山町　㊙青山富士夫, 1995年

### 埋め墓と墓
「民俗図録 日本人の暮らし」日本図書センター　2012
◇図568〔白黒〕　岡山県六島　㊙武田明

### 埋め墓と詣り墓
「図説 民俗探訪事典」山川出版社　1983
◇p187〔白黒〕　千葉県海上町倉橋

### ウレツキトウバ
「民俗小事典 死と葬送」吉川弘文館　2005
◇p283〔白黒〕　京都府
「日本民俗大辞典 下」吉川弘文館　2000
◇図37〔別刷図版「生と死」〕〔白黒〕　京都府北桑田郡京北町　㊙新谷尚紀
「日本民俗大辞典 上」吉川弘文館　1999
◇p192〔白黒〕
「山と森の神 目でみる民俗神シリーズ1」東京美術　1988
◇p109〔白黒〕　千葉県市原市飯給
「日本宗教民俗図典 2」法蔵館　1985
◇図303〔白黒〕　千葉県市原市飯給　三十三回忌　トムライアゲ
「民間信仰辞典」東京堂出版　1980
◇p208〔白黒〕

### ウレツキ塔婆
「写真でみる日本人の生活全集 6」日本図書センター　2010
◇p129〔白黒〕　東京都三鷹市仙川付近　二股になった塔婆を立てる　㊙井之口章次

### 枝塔婆
「民俗学事典」丸善出版　2014
◇p511〔白黒〕（三十三回忌の枝塔婆）　群馬県邑楽郡千代田町下中森

### 縁の綱
「あるくみるきく双書 宮本常一とあるいた昭和の日本 20」農山漁村文化協会　2012
◇p53〔白黒〕　宮城県七ヶ宿町湯原　頭に白布を着けた女の人たちがリヤカーに乗せた輿から伸びる縁の綱に連なる　㊙須藤功, 昭和43年

### 縁の綱を引く出棺
「写真でみる民家大事典」柏書房　2005
◇p168-3〔白黒〕　福島県伊南村　㊙1970年代　伊南村教育委員会

### 縁の綱に連なり寺の境内に入ってきた親族の女たち
「写真ものがたり昭和の暮らし 7」農山漁村文化協会　2006
◇p204〔白黒〕　宮城県七ヶ宿町湯原　㊙須藤功, 昭和43年5月

### 御回在と仏壇
「写真でみる民家大事典」柏書房　2005
◇p156-2〔白黒〕　奈良県奈良市　㊙1990年頃　森隆男

### 拝み墓
「民具のみかた―心とかたち」第一法規出版　1983
◇p236〔白黒〕　千葉県市原市

### 沖縄の新しい墓
「あるくみるきく双書 宮本常一とあるいた昭和の日本 20」農山漁村文化協会　2012
◇p56〔白黒〕　沖縄県石垣市　㊙須藤功, 昭和48年

### 沖縄の仏壇
「日本の生活環境文化大辞典」柏書房　2010

◇p209-4〔白黒〕　沖縄県国頭郡国頭村　㊙2004年　森隆男

### 奥の院に掲げられた亡くなった家族の写真やムカサリ絵馬
「写真ものがたり昭和の暮らし 10」農山漁村文化協会　2007
◇p217〔白黒〕　山形県山形市山寺　㊙須藤功, 昭和56年5月

### お骨の引越し
「写真でみる日本人の生活全集 5」日本図書センター　2010
◇p101〔白黒〕　小河内ダム（東京都西多摩郡）の建設工事の犠牲者のお骨。ダム完成と同時に山上に引越した　「サンデー毎日」昭和32年6月号

### おそうぶつ
「民俗小事典 死と葬送」吉川弘文館　2005
◇p69〔白黒〕　滋賀県米原市
「日本民俗大辞典 上」吉川弘文館　1999
◇p262〔白黒〕　滋賀県坂田郡伊吹町

### オッチケシペ
「日本民具の造形」淡交社　2004
◇p176〔白黒〕　北海道 平取町立二風谷アイヌ文化博物館所蔵

### お念仏
「写真ものがたり昭和の暮らし 7」農山漁村文化協会　2006
◇p176, 177〔白黒〕　新潟県山古志村（現長岡市）　㊙須藤功, 昭和46年2月
「日本宗教民俗図典 2」法蔵館　1985
◇図43・44〔白黒〕　新潟県山古志村　㊙昭和46年

### お念仏がすむと接待をする
「写真ものがたり昭和の暮らし 7」農山漁村文化協会　2006
◇p178〔白黒〕　新潟県山古志村（現長岡市）　㊙須藤功, 昭和46年2月
◇p178〔白黒〕（お念仏をあげてくれた人への接待の膳）　新潟県山古志村（現長岡市）　㊙須藤功, 昭和46年2月

### お念仏がすむと葬式の世話をしてくれた人達に家の者がふるまう
「日本宗教民俗図典 2」法蔵館　1985
◇図45〔白黒〕　新潟県山古志村　㊙昭和46年

### おひじ
「民俗小事典 死と葬送」吉川弘文館　2005
◇p317〔白黒〕　香川県大川郡長尾町

### オヤヤ
「民俗図録 日本人の暮らし」日本図書センター　2012
◇図564〔白黒〕　鹿児島県肝属郡佐多村大泊　埋葬後間もない墓地　㊙國分直一

### 貝殻を敷いた墓
「日本宗教民俗図典 2」法蔵館　1985
◇図163〔白黒〕　鹿児島県日置町日吉

### 会社供養塔
「日本民俗宗教辞典」東京堂出版　1998
◇p96〔白黒〕　会社墓, 秩父セメント有恒神社　㊙中牧弘允

### 海上遭難者の墓地
「日本民俗写真大系 5」日本図書センター　2000
◇p31〔白黒〕　土佐清水市　㊙奈路広, 1990年

### 崖葬
「図説 日本民俗学」吉川弘文館　2009
◇p253〔白黒〕（沖縄本島北部の崖葬）　沖縄本島北部

### 会葬者への礼
「写真でみる日本人の生活全集 4」日本図書センター　2010
◇p7〔白黒〕

## 会葬者に土下座
「民具のみかた一心とかたち」第一法規出版　1983
　◇p234〔白黒〕(白の喪服を着て会葬者に土下座)　滋賀県浅井町

## 餓鬼棚
「仏教民俗辞典 コンパクト版」新人物往来社　1993
　◇p72〔白黒〕

## 角塔婆
「写真ものがたり昭和の暮らし 7」農山漁村文化協会　2006
　◇p217〔白黒〕　三重県伊勢市　朝熊山の山頂に林立する　㊙須藤功、昭和58年6月

## 角盆（四花、戒名、枕飯、団子、線香）
「写真ものがたり昭和の暮らし 7」農山漁村文化協会　2006
　◇p174〔白黒〕　新潟県山古志村（現長岡市）　㊙須藤功、昭和46年2月

## 崖下の焼き場
「宮本常一が撮った昭和の情景 上」毎日新聞社　2009
　◇p71〔白黒〕　新潟県佐渡市岩谷口　墓石が並ぶ　㊙宮本常一、1959年8月6日
「宮本常一 写真・日記集成 上」毎日新聞社　2005
　◇p137〔白黒〕　新潟県佐渡郡相川町［佐渡市］岩谷口　墓石が並ぶ　㊙宮本常一、1959年8月6日

## 崖墓
「写真ものがたり昭和の暮らし 7」農山漁村文化協会　2006
　◇p209〔白黒〕　沖縄県玉城村（現南城市）　㊙須藤功、昭和56年8月
「日本宗教民俗図典 2」法蔵館　1985
　◇図138〔白黒〕　沖縄県島尻郡玉城村（受水走水）

## 笠の餅
「日本民俗大辞典 上」吉川弘文館　1999
　◇p341〔白黒〕　兵庫県三木市　葬儀後四十九日に作る　田中久夫提供

## 笠の餅と四十九餅
「民俗小事典 死と葬送」吉川弘文館　2005
　◇p147〔白黒〕　兵庫県三木市口吉川町　提供 田中久夫

## 飾り団子の作製
「日本民俗大辞典 下」吉川弘文館　2000
　◇図15〔別刷図版「生と死」〕〔白黒〕　埼玉県秩父地方　葬儀を復元したもの　埼玉県立歴史資料館提供

## 火葬
「宮本常一が撮った昭和の情景 上」毎日新聞社　2009
　◇p149〔白黒〕（母宮本マチの火葬）　山口県大島郡周防大島町大字西方　㊙宮本常一、1962年3月21日

## 火葬を行なったハダカニンソクは骨を炉からスコップで取り出し、トタン板の上に体の順番に並べる
「写真ものがたり昭和の暮らし 7」農山漁村文化協会　2006
　◇p175〔白黒〕　新潟県山古志村（現長岡市）　㊙須藤功、昭和46年2月

## 火葬を待つお棺
「写真でみる日本人の生活全集 6」日本図書センター　2010
　◇p119〔白黒〕　東京都荒川区町屋　「サン写真新聞」昭和28年11月11日

## 火葬の白い煙とともに死者は昇天する
「あるくみるきく双書 宮本常一とあるいた昭和の日本 20」農山漁村文化協会　2012
　◇p60〔白黒〕　新潟県山古志村（現長岡市）　㊙須藤功、昭和46年
「写真ものがたり昭和の暮らし 7」農山漁村文化協会　2006
　◇p174〔白黒〕（火葬場の煙突から白い煙が出始めて死者の肉体はあの世に昇る）　新潟県山古志村（現長岡市）　㊙須藤功、昭和46年2月

## 火葬場
「宮本常一が撮った昭和の情景 上」毎日新聞社　2009
　◇p209〔白黒〕（水田の中の火葬場）　山形県東田川郡庄内町余目　㊙宮本常一、1963年11月19日
「宮本常一 写真・日記集成 上」毎日新聞社　2005
　◇p406〔白黒〕（米どころの火葬場）　山形県東田川郡余目町　㊙宮本常一、1963年11月19日
「宮本常一 写真・日記集成 下」毎日新聞社　2005
　◇p192〔白黒〕（完成した火葬場）　東和町田ノ尻　㊙宮本常一、1969年4月5日～10日

## 火葬場跡
「里山・里海 暮らし図鑑」柏書房　2012
　◇写10（p270）〔白黒〕（小字の火葬場跡）　福井県旧武生市〔越前市〕土山町

## 火葬場のカマド
「写真でみる日本人の生活全集 6」日本図書センター　2010
　◇p119〔白黒〕　東京都荒川区町屋　女性がたたずむ

## 火葬場の前などに立てる角型の提燈や、棺の上にかざす棺蓋の紙を新しく張り替える
「写真ものがたり昭和の暮らし 7」農山漁村文化協会　2006
　◇p170〔白黒〕　新潟県山古志村（現長岡市）　㊙須藤功、昭和46年2月

## 火葬場脇の引導を行なう場所に四方門を示す縄を張る
「写真ものがたり昭和の暮らし 7」農山漁村文化協会　2006
　◇p171〔白黒〕　新潟県山古志村（現長岡市）　葬式の前日　㊙須藤功、昭和46年2月

## 火葬用の薪
「日本宗教民俗図典 2」法蔵館　1985
　◇図20〔白黒〕　新潟県山古志村　隣り近所で出す　㊙昭和46年

## カツギを頭からかむって日光を避ける喪家の女性
「写真でみる日本人の生活全集 6」日本図書センター　2010
　◇p116〔白黒〕　香川県

## カドアカシ
「民俗図録 日本人の暮らし」日本図書センター　2012
　◇図536〔白黒〕　青森県西津軽郡深浦町追良瀬　㊙櫻庭武則

## カトリック教会での葬儀
「写真でみる日本人の生活全集 6」日本図書センター　2010
　◇p117〔白黒〕　㊙宗弘容

## カトリック信者の墓
「宮本常一 写真・日記集成 上」毎日新聞社　2005
　◇p332〔白黒〕　五島列島・頭ヶ島　㊙宮本常一、1962年8月12日

## 歌碑に酒をそそいで
「写真でみる日本人の生活全集 5」日本図書センター　2010
　◇p102〔白黒〕　神奈川県横須賀市長沢　除幕式のとき酒好きだった歌人若山牧水の歌碑に酒をそそぐ未亡人　㊙昭和28年11月

## 紙位牌
「精選 日本民俗辞典」吉川弘文館　2006
　◇p49〔白黒〕　山梨県武川村（北杜市）　提供 関沢まゆみ
「民俗小事典 死と葬送」吉川弘文館　2005
　◇p235〔白黒〕
「日本民俗大辞典 上」吉川弘文館　1999
　◇p125〔白黒〕　㊙関沢まゆみ

## 神島の葬式
「日本宗教民俗図典 2」法蔵館　1985
　◇図59～67〔白黒〕　三重県鳥羽市神島

葬送・供養　　　　　　　　　　　　　　人の一生

神原田十二神楽
　「写真ものがたり昭和の暮らし 7」農山漁村文化協会　2006
　　◇p182, 183〔白黒〕　福島県大玉村　神葬の祭壇の前で舞う「太刀舞」，埋葬後墓前で「太刀舞」を舞う　㊙大内謙一, 平成10年

甕棺
　「図録・民具入門事典」柏書房　1991
　　◇p108〔白黒〕　東京都八丈島　改装後墓地に放置されていたもの

亀甲墓
　「民俗学事典」丸善出版　2014
　　◇p505〔白黒〕　沖縄
　「写真でみる日本人の生活全集 6」日本図書センター　2010
　　◇p118〔白黒〕(亀甲型の墓)　沖縄　「琉球その後」
　「写真ものがたり昭和の暮らし 7」農山漁村文化協会　2006
　　◇p210〔白黒〕　沖縄県与那国町　㊙須藤功, 昭和55年12月
　「精選 日本民俗辞典」吉川弘文館　2006
　　◇p147〔白黒〕　沖縄県具志川村(久米島町)久米島　提供 萩尾俊章
　「民俗小事典 死と葬送」吉川弘文館　2005
　　◇p218〔白黒〕　沖縄県久米島町　提供 萩尾俊章
　「日本社会民俗辞典 1」日本図書センター　2004
　　◇p108〔白黒〕
　「日本民俗写真大系 5」日本図書センター　2000
　　◇p131〔白黒〕　那覇市　㊙吉村正治, 1960年
　「日本民俗大辞典 上」吉川弘文館　1999
　　◇p407〔白黒〕　沖縄県島尻郡具志川村久米島　㊙萩尾俊章
　「日本民俗宗教辞典」東京堂出版　1998
　　◇p513〔白黒〕　八重山 石垣市
　「日本宗教民俗図典 2」法蔵館　1985
　　◇図140〔白黒〕(山麓の亀甲墓)　沖縄県国頭郡国頭村安田
　「図説 民俗探訪事典」山川出版社　1983
　　◇p336〔白黒〕　那覇市
　「フォークロアの眼 8 よみがえり」国書刊行会　1977
　　◇図61〔白黒〕　沖縄県中城村　㊙萩原秀三郎, 昭和45年8月
　「日本民俗事典」弘文堂　1972
　　◇p189〔白黒〕　八重山群島竹富島　㊙安田宗生

カリヤ
　「民俗小事典 死と葬送」吉川弘文館　2005
　　◇p139〔白黒・図〕　京都府

河中一統の墓, 上村一統の墓
　「民俗資料叢書 2 志摩の年齢階梯制」平凡社　1965
　　◇図22〔白黒〕　三重県鳥羽市松尾町

龕
　「民俗小事典 死と葬送」吉川弘文館　2005
　　◇p64〔白黒〕　沖縄県
　「日本民具の造形」淡交社　2004
　　◇p176〔白黒〕(龕)　沖縄県 読谷村立歴史民俗資料館所蔵
　「日本民俗大辞典 上」吉川弘文館　1999
　　◇p433〔白黒〕　沖縄県
　「写真でみる日本生活図引 5」弘文堂　1989
　　◇図43〔白黒〕(沖縄の龕)　沖縄県　㊙坂本万七, 昭和14年1月

棺桶
　「写真ものがたり昭和の暮らし 7」農山漁村文化協会　2006
　　◇p193〔白黒〕　神奈川県横浜市　遺体をおさめた寝棺に花と死者が愛用していたものを入れてやる　㊙須藤功, 昭和63年6月

龕を4人の男が昇き、墓地に向かう
　「写真ものがたり昭和の暮らし 7」農山漁村文化協会　2006
　　◇p208〔白黒〕　沖縄県　㊙坂本万七, 昭和15年

棺蓋
　「日本宗教民俗図典 2」法蔵館　1985
　　◇図81〔白黒〕　長野県栄村小赤沢

棺蓋を新しく張り替える
　「日本宗教民俗図典 2」法蔵館　1985
　　◇図15〔白黒〕　新潟県山古志村　㊙昭和46年

棺蓋・藁靴・草鞋・傘
　「日本宗教民俗図典 2」法蔵館　1985
　　◇図18〔白黒〕　新潟県山古志村　㊙昭和46年

木地師の位牌
　「民俗資料叢書 10 木地師の習俗2」平凡社　1969
　　◇図58〔白黒〕　岐阜県本巣郡外山村木倉 長蔵寺

木地師の墓地
　「民俗資料選集 2 木地師の習俗」国土地理協会　1974
　　◇p90(本文)〔白黒〕(大所の墓地)　新潟県糸魚川市大所木地屋

木地屋の墓
　「民俗資料叢書 10 木地師の習俗2」平凡社　1969
　　◇図7〔白黒〕　愛知県設楽町田口字周木

木地屋の墓石
　「民俗資料叢書 10 木地師の習俗2」平凡社　1969
　　◇図40〔白黒〕　愛知県北設楽郡設楽町段戸山井戸沢 菊花文がある
　　◇図41〔白黒〕　愛知県北設楽郡稲武町小田木 紋屋後藤徳太郎家墓地 菊花文がある

木地屋墓地
　「あるくみるきく双書 宮本常一とあるいた昭和の日本 23」農山漁村文化協会　2012
　　◇p30〔白黒〕(木地屋の墓)　徳島県美馬郡半田町中屋　㊙吉野洋三
　「民俗資料叢書 10 木地師の習俗2」平凡社　1969
　　◇図88〔白黒〕(整理統合された木地師の集団墓)　岐阜県高山市 宗猷寺墓地
　「民俗資料叢書 7 木地師の習俗1」平凡社　1968
　　◇図93〔白黒〕　三重県荻原村 赤滝 木地師の習俗

忌中明けのしていない家で祭の日に出入口に縄を張る
　「写真ものがたり昭和の暮らし 7」農山漁村文化協会　2006
　　◇p189〔白黒〕(まだ忌中明けのしていない家で祭の日に出入口に縄を張る)　群馬県玉村町　㊙須藤功, 昭和45年2月

忌中札
　「写真ものがたり昭和の暮らし 7」農山漁村文化協会　2006
　　◇p189〔白黒〕　山形県遊佐町　㊙須藤功, 昭和44年2月
　「日本宗教民俗図典 2」法蔵館　1985
　　◇図74〔白黒〕　長崎県厳原町豆酘　玄関に示す
　　◇図75〔白黒〕　山形県遊佐町　㊙〔昭和44年〕

忌中札とハタ
　「図録・民具入門事典」柏書房　1991
　　◇p108〔白黒〕　東京都
　「日本民俗文化財事典(改訂版)」第一法規出版　1979
　　◇図309〔白黒〕　東京都三宅島

忌中部屋
　「民俗小事典 死と葬送」吉川弘文館　2005
　　◇p153〔白黒〕　静岡県沼津市
　「宮本常一 写真・日記集成 別巻」毎日新聞社　2005
　　◇図121(p25)〔白黒〕　静岡県内浦村三津［沼津市］　㊙宮本常一, 1940年4月15日〜26日
　「日本民俗大辞典 上」吉川弘文館　1999

◇p465〔白黒〕　静岡県沼津市重寺　沼津市歴史民俗資料館提供

**木の墓地**
「民俗小事典 死と葬送」吉川弘文館　2005
　◇p10〔白黒〕　埼玉県

**逆修**
「仏教民俗辞典 コンパクト版」新人物往来社　1993
　◇p85〔白黒〕

**丘上の墓**
「日本宗教民俗図典 2」法蔵館　1985
　◇図123〔白黒〕　宮崎県椎葉村尾前

**共同使用の輿を橋の下につるしておく**
「日本宗教民俗図典 2」法蔵館　1985
　◇図83〔白黒〕　秋田県鳥海町赤倉

**共同墓**
「日本宗教民俗図典 2」法蔵館　1985
　◇図145〔白黒〕　沖縄県那覇市識名

**共同墓地**
「図説 日本民俗学」吉川弘文館　2009
　◇p67〔白黒〕（同族の共同墓地）　長野県小海町
　◇p110〔白黒〕　岡山県新見市
「日本民俗文化財事典（改訂版）」第一法規出版　1979
　◇図228〔白黒〕　三重県答志島

**漁村の引導の場に飾られた花**
「日本宗教民俗図典 2」法蔵館　1985
　◇図86〔白黒〕　三重県鳥羽市石鏡

**食別れ**
「写真でみる日本人の生活全集 6」日本図書センター　2010
　◇口絵〔白黒〕　奄美大島　㊉芳賀日出男

**草に埋もれた墓地**
「宮本常一 写真・日記集成 下」毎日新聞社　2005
　◇p250〔白黒〕　香川県丸亀市牛島　㊉宮本常一, 1971年5月2日

**串にはさんだせんべい**
「日本宗教民俗図典 2」法蔵館　1985
　◇図193〔白黒〕　秋田県大館市小雪沢　墓前の祭壇

**鯨幕**
「写真でみる日本人の生活全集 5」日本図書センター　2010
　◇p11〔白黒〕　東京築地本願寺・尾崎行雄翁の葬儀

**繰出し位牌**
「民俗小事典 死と葬送」吉川弘文館　2005
　◇p235〔白黒〕　繰出し位牌と一基ごとの位牌　提供 関沢まゆみ
　◇p237〔白黒〕
「日本民俗大辞典 上」吉川弘文館　1999
　◇p547〔白黒〕（繰り出し位牌）

**繰出し位牌と位牌**
「精選 日本民俗辞典」吉川弘文館　2006
　◇p49〔白黒〕　栃木県大田原市　提供 関沢まゆみ
「日本民俗大辞典 上」吉川弘文館　1999
　◇p125〔白黒〕　㊉関沢まゆみ

**黒布で覆った棺**
「日本宗教民俗図典 2」法蔵館　1985
　◇図26〔白黒〕　新潟県山古志村　㊉昭和46年

**けがれを水で浄める**
「写真でみる日本人の生活全集 6」日本図書センター　2010
　◇p116〔白黒〕　「写真地誌日本」

**けさこ**
「日本の民具 2 農村」慶友社　1992

◇図225〔白黒〕　青森県津軽地方　子供が死んだときに作る　㊉薗部澄

**献花用の筒**
「図説 台所道具の歴史」日本図書センター　2012
　◇p58-7〔白黒〕　知多半島・内海町内の墓地　尖底　㊉GK

**幸地腹門中墓**
「日本宗教民俗図典 2」法蔵館　1985
　◇図143〔白黒〕　沖縄県糸満市
「日本民俗事典」弘文堂　1972
　◇p581〔白黒〕　沖縄本島糸満町　㊉平山和彦

**幸地腹門中墓三七日忌**
「日本写真全集 9」小学館　1987
　◇図111〔白黒〕　沖縄県糸満　㊉濱谷浩, 昭和38年

**幸地腹門中墓の入口**
「日本宗教民俗図典 2」法蔵館　1985
　◇図142〔白黒〕　沖縄県糸満市

**香典帳**
「図説 日本民俗学」吉川弘文館　2009
　◇p71〔白黒〕　埼玉県さいたま市

**郷墓**
「民俗小事典 死と葬送」吉川弘文館　2005
　◇p184〔白黒〕　奈良県生駒郡平群町　椣原墓地
「日本民俗大辞典 上」吉川弘文館　1999
　◇p602〔白黒〕　奈良県生駒郡平群町　椣原墓地

**告別式**
「写真でみる日本人の生活全集 6」日本図書センター　2010
　◇口絵〔白黒〕

**輿**
「写真でみる日本生活図引 5」弘文堂　1989
　◇図42〔白黒〕　秋田県平鹿郡醍醐字馬鞍　座棺を運ぶ　㊉佐藤久太郎, 昭和35年5月20日

**輿を棺にかぶせ上に棺蓋をのせる**
「日本宗教民俗図典 2」法蔵館　1985
　◇図82〔白黒〕　長野県栄村小赤沢　㊉〔昭和57年〕

**輿とともに親族は式台のまわりを三回まわる**
「日本宗教民俗図典 2」法蔵館　1985
　◇図84〔白黒〕　福島県七ヶ宿町湯原

**輿による葬儀**
「日本民俗大辞典 上」吉川弘文館　1999
　◇p967〔白黒〕　和歌山県東牟婁郡古座町

**五十年忌の供養**
「日本宗教民俗図典 2」法蔵館　1985
　◇図311〔白黒〕　千葉県市川市国分　念仏講の人々が経を上げる

**五十年忌の供養を念仏講の人びとが行う**
「豊穣の神と家の神 目でみる民俗神シリーズ2」東京美術　1988
　◇p95〔白黒〕　千葉県市川市北国分　荻原法子『いちかわ民俗誌』（崙書房）による

**後生車**
「日本民俗大辞典 下」吉川弘文館　2000
　◇図36〔別刷図版「生と死」〕〔白黒〕　宮城県桃生郡鳴瀬町　㊉真野俊和
「日本宗教民俗図典 2」法蔵館　1985
　◇図332〔白黒〕　岩手県遠野市土淵
　◇図333〔白黒〕　宮城県金成町津久毛
　◇図334〔白黒〕　宮城県金成町津久毛
　◇図335〔白黒〕　京都市上京区　釘抜地蔵
　◇図336〔白黒〕　大阪府大東市　野崎観音
　◇図337〔白黒〕　青森県東通村尻屋

◇図338〔白黒〕　青森県金木町川倉
◇図339〔白黒〕　青森県金木町川倉
◇図340〔白黒〕　宮城県 蔵王山の賽の河原

### 御神火に身をおどらせたアベック，二人のコートをしっかり結んでツバキの枝をそえてあった
「写真でみる日本人の生活全集 6」日本図書センター　2010
◇p76〔白黒〕　昭和29年3月29日 サン写真新聞

### 個人墓地
「図説 日本民俗学」吉川弘文館　2009
◇p110〔白黒〕　岡山県新見市
「日本宗教民俗図典 2」法藏館　1985
◇図126〔白黒〕（農村の屋敷内の墓）　島根県平田市

### 梢に葉のついた塔婆
「写真でみる日本人の生活全集 6」日本図書センター　2010
◇口絵〔白黒〕　東京都三鷹市中仙川付近　弔いあげ　[撮]井之口章次

### 骨甕
「民俗図録 日本人の暮らし」日本図書センター　2012
◇図571〔白黒〕　沖縄本島那覇

### 骨ツボ
「写真でみる日本人の生活全集 6」日本図書センター　2010
◇p121〔白黒〕　沖縄本島　陶製・彩色
「祭・芸能・行事大辞典 上」朝倉書店　2009
◇p998〔白黒〕　洗骨していた古い時代のもの　読谷村歴史民俗資料館蔵
「日本民具の造形」淡交社　2004
◇p310〔白黒〕（骨壺）　沖縄県 本部町立博物館所蔵

### 骨箱をのせた輿を、麻稈で作った門をくぐらせて縁側から出し、いったん臼の上に置いてから墓地に向かう
「写真ものがたり昭和の暮らし 7」農山漁村文化協会　2006
◇p195〔白黒〕　群馬県長野原町応桑　[撮]都丸十九一，昭和39年

### 骨箱を墓におさめる
「写真ものがたり昭和の暮らし 7」農山漁村文化協会　2006
◇p179〔白黒〕　新潟県山古志村（現長岡市）　[撮]須藤功，昭和46年2月

### 骨箱を持ってくる
「日本宗教民俗図典 2」法藏館　1985
◇図38〔白黒〕　新潟県山古志村　[撮]昭和46年

### 骨箱のおかれた墓
「日本宗教民俗図典 2」法藏館　1985
◇図47・48〔白黒〕　新潟県山古志村　骨箱は盆あるいは秋に土中に埋める　[撮]昭和46年

### 子供の墓と産婦の墓
「日本社会民俗辞典 2」日本図書センター　2004
◇p834〔白黒〕　福島県豊間町

### 子供墓
「写真でみる日本人の生活全集 9」日本図書センター　2010
◇p133〔白黒〕　山口県 大島
「日本宗教民俗図典 2」法藏館　1985
◇図162〔白黒〕　愛知県設楽町田峯

### コナントウ（子卵塔）
「豊穣の神と家の神 目でみる民俗神シリーズ2」東京美術　1988
◇p94〔白黒〕　千葉県市原市　童墓
「日本宗教民俗図典 2」法藏館　1985
◇図322〔白黒〕（コナントウ）　千葉県市原市瀬又　童子専用の墓地

### 子墓
「日本の生活環境文化大辞典」柏書房　2010
◇p310-2〔白黒〕　福島県いわき市　[撮]2007年　山崎祐子
「民俗小事典 死と葬送」吉川弘文館　2005
◇p188〔白黒〕（墓地の入り口の子墓）　奈良市柳生下町
「豊穣の神と家の神 目でみる民俗神シリーズ2」東京美術　1988
◇p94〔白黒〕　岩手県葛巻町　童墓
「日本宗教民俗図典 2」法藏館　1985
◇図161〔白黒〕　岩手県葛巻町
「フォークロアの眼 8 よみがえり」国書刊行会　1977
◇図56〔白黒〕　岩手県岩手郡葛巻町　[撮]萩原秀三郎，昭和32年9月

### 五輪塔のある墓地
「宮本常一が撮った昭和の情景 上」毎日新聞社　2009
◇p70〔白黒〕（五輪の塔のある墓地）　新潟県佐渡市小田から岩谷口へ　[撮]宮本常一，1959年8月6日
「宮本常一 写真・日記集成 上」毎日新聞社　2005
◇p137〔白黒〕　新潟県佐渡郡相川町［佐渡市］小田→岩谷口　[撮]宮本常一，1959年8月6日

### 祭壇
「写真でみる日本人の生活全集 4」日本図書センター　2010
◇口絵〔白黒〕（故人への供物）　養老院で焼死した薄幸の人たちへ下賜された両陛下の盛花と有志から贈られた花束
「写真ものがたり昭和の暮らし 7」農山漁村文化協会　2006
◇p172〔カラー〕　新潟県山古志村（現長岡市）　仏壇のある部屋に設けられた　[撮]須藤功，昭和46年2月
◇p186〔白黒〕　長野県境村池之袋（現富士見町）　まだ町や村には商売の葬儀屋がほとんどはいっていなかったころ　[撮]武藤盈，昭和30年3月
◇p187〔白黒〕　長野県富士見町池之袋　檀那寺が用意して貸し出していたもの　[撮]武藤盈，昭和60年12月

### 祭壇の生花
「日本宗教民俗図典 2」法藏館　1985
◇図85〔白黒〕　東京都府中市 東福寺　著名な人の葬式にはさまざまなところから生花が届き飾られる

### 祭壇前の男性のみによる集合写真
「図説 日本民俗学」吉川弘文館　2009
◇p69〔白黒〕　熊本県八代市　葬儀

### 座棺
「写真ものがたり昭和の暮らし 7」農山漁村文化協会　2006
◇p192〔白黒〕（棺桶（座棺））　静岡県水窪町奥領家（現浜松市）　[撮]須藤功，昭和44年2月

### 座棺をおさめた輿
「写真ものがたり昭和の暮らし 7」農山漁村文化協会　2006
◇p199〔白黒〕　秋田県平鹿町（現横手市）　8人の手拭いで頬被りした男たちの肩で墓地へ運ばれる　[撮]佐藤久太郎，昭和30年代

### 座棺を背負って歩く
「写真ものがたり昭和の暮らし 7」農山漁村文化協会　2006
◇p161〔白黒〕（町の葬儀店に注文して作ってもらった座棺を受け取ってきた）　新潟県山古志村梶金（現長岡市）　[撮]須藤功，昭和46年2月
「フォークロアの眼 3 運ぶ」国書刊行会　1977
◇図109〔白黒〕（まだ使われていない棺桶を運ぶ）　新潟県古志郡山古志村梶金　[撮]須藤功，昭和46年2月6日

### 座棺を埋葬するとき白紙を解いて墓穴に投げ入れる
「写真ものがたり昭和の暮らし 7」農山漁村文化協会　2006
◇p203〔白黒〕　岩手県前沢町生母（現奥州市）　[撮]須藤功，昭和42年8月下旬

### 座棺の輿
「写真ものがたり昭和の暮らし 7」農山漁村文化協会　2006
◇p196〔白黒〕　長野県栄村小赤沢　集落共有　[撮]須藤功，昭和57年9月

座棺の輿の蓋
　「写真ものがたり昭和の暮らし 7」農山漁村文化協会　2006
　　◇p196〔白黒〕　長野県栄村小赤沢　㊟須藤功, 昭和57年9月

座棺の隙間に入れる豆殻、紙で作った鳥、提燈
　「写真ものがたり昭和の暮らし 7」農山漁村文化協会　2006
　　◇p170〔白黒〕(遺体をおさめた座棺の隙間に入れる豆殻、紙で作った鳥、提燈)　新潟県山古志村(現長岡市)　㊟須藤功, 昭和46年2月

座布団を黒い布袋に入れ替える
　「里山・里海 暮らし図鑑」柏書房　2012
　　◇写7(p270)〔白黒〕　福井県旧武生市〔越前市〕土山町　昭和20年代　内上修一提供

三十三回忌
　「日本の民俗 暮らしと生業」KADOKAWA　2014
　　◇図13-37〔白黒〕　鹿児島県大島郡和泊町　「御前風」を踊る　㊟芳賀日出男, 昭和32年
　「日本の民俗 下」クレオ　1997
　　◇図13-39〔白黒〕　鹿児島県大島郡和泊町　「御前風」を踊る　㊟芳賀日出男, 昭和32年

33回忌塔婆
　「図録・民具入門事典」柏書房　1991
　　◇p108〔白黒〕　東京都

三十三回忌のミンブチ(念仏)
　「写真ものがたり昭和の暮らし 7」農山漁村文化協会　2006
　　◇p232〔白黒〕　鹿児島県和泊町・沖永良部島　㊟芳賀日出男, 昭和32年8月

三十三年忌祭
　「日本宗教民俗図典 2」法蔵館　1985
　　◇図270～273〔白黒〕　鹿児島県和泊町(沖永良部島)　道中の踊り、家から墓へ、墓前の踊り、墓前で三十三回忌の御前風を歌う　『まつり』33号 永吉毅「沖永良部島の三十三年忌祭について」より複写

三十三年塔婆
　「豊穣の神と家の神 目でみる民俗神シリーズ2」東京美術　1988
　　◇p95〔白黒〕(最後の年忌に三十三年塔婆を立てる)　秋田県森吉町
　「フォークロアの眼 8 よみがえり」国書刊行会　1977
　　◇図62〔白黒〕　千葉県市原市飯給　最終の年忌(弔上げ・祭りじまい)　㊟萩原秀三郎, 昭和51年2月

山頂に着くと喪主と親族は棺のまわりを3回まわる
　「日本宗教民俗図典 2」法蔵館　1985
　　◇図34〔白黒〕　新潟県山古志村　㊟昭和46年

サンマイ
　「民俗図録 日本人の暮らし」日本図書センター　2012
　　◇図567〔白黒〕　福井県小浜市田鳥(元遠敷郡内外海村)　㊟錦耕三

「山門不幸」の貼紙
　「日本宗教民俗図典 2」法蔵館　1985
　　◇図77〔白黒〕　京都市東山区

死をいたむ人々
　「写真でみる日本人の生活全集 6」日本図書センター　2010
　　◇p115〔白黒〕　㊟小野幹

四花
　「民俗小事典 死と葬送」吉川弘文館　2005
　　◇p66〔白黒〕　和歌山県古座川町
　「日本民俗大辞典 上」吉川弘文館　1999
　　◇p746〔白黒〕　和歌山県東牟婁郡古座川町
　「日本宗教民俗図典 2」法蔵館　1985
　　◇図90〔白黒〕　広島県宮島町

樒を門口に飾る
　「日本宗教民俗図典 2」法蔵館　1985
　　◇図87〔白黒〕　京都市右京区嵯峨野

死後結婚の絵馬
　「山と森の神 目でみる民俗神シリーズ1」東京美術　1988
　　◇p63〔白黒〕　山形県山形市 立石寺

ジシガミー
　「日本民具の造形」淡交社　2004
　　◇p189〔白黒〕　沖縄県 沖縄市立郷土博物館所蔵

死者への供物
　「日本社会民俗辞典 2」日本図書センター　2004
　　◇p841〔白黒〕　喜界島　人が死ぬと浜へ供えるもの, 椀と串と箸と苞

死者が三途の川を渡るとき履く草鞋と手にする杖
　「写真ものがたり昭和の暮らし 7」農山漁村文化協会　2006
　　◇p174〔白黒〕　新潟県山古志村(現長岡市)　㊟須藤功, 昭和46年2月
　「日本宗教民俗図典 2」法蔵館　1985
　　◇図36〔白黒〕(三途の川を渡るときの草鞋と杖)　新潟県山古志村　㊟昭和46年

死者の杖
　「仏教民俗辞典 コンパクト版」新人物往来社　1993
　　◇p174〔白黒〕

四十九院
　「図説 日本民俗学」吉川弘文館　2009
　　◇p98〔白黒〕　香川県多渡津町高見島

四十九陰
　「写真 日本文化史 9」日本評論新社　1955
　　◇図164〔白黒〕　神奈川県津久井郡　新仏を埋葬した上に設けられた

四十九団子
　「日本宗教民俗図典 2」法蔵館　1985
　　◇図192〔白黒〕　秋田県大館市小雪沢　墓前の祭壇

四十九日忌に用いる杖
　「仏教民俗辞典 コンパクト版」新人物往来社　1993
　　◇p269〔白黒〕

四十九日の間供えられる死者のための膳
　「民俗小事典 死と葬送」吉川弘文館　2005
　　◇p317〔白黒〕　高知県安芸郡馬路村

四十九日の杖とわらじ
　「仏教民俗辞典 コンパクト版」新人物往来社　1993
　　◇p176〔白黒〕

49日の餅つくり
　「写真でみる日本人の生活全集 6」日本図書センター　2010
　　◇p126〔白黒〕　青森県西津軽郡深浦町

四十九日までの祭壇
　「図説 日本民俗学」吉川弘文館　2009
　　◇p98〔白黒〕　高知県馬路村
　「日本民俗大辞典 下」吉川弘文館　2000
　　◇図35〔別刷図版「生と死」〕〔白黒〕　高知県安芸郡馬路村　㊟新谷尚紀

四十九日餅を食べる
　「豊穣の神と家の神 目でみる民俗神シリーズ2」東京美術　1988
　　◇p95〔白黒〕　千葉県松戸市　四十九日の法要
　「日本宗教民俗図典 2」法蔵館　1985
　　◇図309・310〔白黒〕　千葉県松戸市下矢切　四十九日の忌明け

四十九餅
　「民俗小事典 死と葬送」吉川弘文館　2005

葬送・供養　　　　　　　　　　　　人の一生

　　　　◇p146〔白黒〕　和歌山県古座川町　提供 山田慎也
　　「日本民俗大辞典 上」吉川弘文館　1999
　　　　◇p763〔白黒〕　和歌山県東牟婁郡古座川町　㊟山田慎也
　　「民間信仰辞典」東京堂出版　1980
　　　　◇p143〔白黒〕

紙銭
　　「日本民俗大辞典 上」吉川弘文館　1999
　　　　◇p766〔白黒〕　沖縄

自然石を用いた墓
　　「民具のみかた―心とかたち」第一法規出版　1983
　　　　◇p237〔白黒〕　石川県白山麓

七本塔婆
　　「精選 日本民俗辞典」吉川弘文館　2006
　　　　◇p323〔白黒〕　奈良県奈良市　提供 新谷尚紀
　　「民俗小事典 死と葬送」吉川弘文館　2005
　　　　◇p141〔白黒〕　埼玉県越谷市
　　「日本民俗大辞典 上」吉川弘文館　1999
　　　　◇p776〔白黒〕　中陰の初七日忌から七七日忌まで七日ごとの忌日の塔婆

七本塔婆を書く僧侶
　　「日本宗教民俗図典 2」法蔵館　1985
　　　　◇図28〔白黒〕　新潟県山古志村　㊟昭和46年

死装束
　　「日本民俗大辞典 上」吉川弘文館　1999
　　　　◇p784〔白黒〕

シバババカ
　　「写真 日本文化史 9」日本評論新社　1955
　　　　◇図163〔白黒〕　新潟県　土饅頭に芝草を植えた

持仏堂の流れを汲む仏壇
　　「写真でみる民家大事典」柏書房　2005
　　　　◇p156-1〔白黒〕　奈良県安堵町　㊟1997年　森隆男

自分の家の角塔婆にシキミや果実などを供えて手を合わせる
　　「写真ものがたり昭和の暮らし 7」農山漁村文化協会　2006
　　　　◇p217〔白黒〕　三重県伊勢市　㊟須藤功, 昭和58年6月

死亡と葬式の日取りを書いた黒枠の告知書
　　「写真ものがたり昭和の暮らし 7」農山漁村文化協会　2006
　　　　◇p189〔白黒〕　沖縄県石垣市　㊟須藤功, 昭和47年7月

シマイトウバ
　　「フォークロアの眼 8 よみがえり」国書刊行会　1977
　　　　◇図62〔白黒〕　千葉県市原市飯給　最終の年忌(弔上げ・祭りじまい)　㊟萩原秀三郎, 昭和51年2月

十三仏餅と四十九日餅
　　「民俗図録 日本人の暮らし」日本図書センター　2012
　　　　◇図541〔白黒〕　青森県西津軽郡深浦町追良瀬　㊟櫻庭武則

十三仏と四十九日の餅つくり
　　「民俗図録 日本人の暮らし」日本図書センター　2012
　　　　◇図540〔白黒〕　青森県西津軽郡深浦町追良瀬　㊟櫻庭武則

集落の背後の墓地
　　「宮本常一 写真・日記集成 上」毎日新聞社　2005
　　　　◇p136〔白黒〕　新潟県佐渡郡相川町〔佐渡市〕小田付近　㊟宮本常一, 1959年8月5日

出棺
　　「里山・里海 暮らし図鑑」柏書房　2012
　　　　◇写9 (p270)〔白黒〕(亡骸の出棺)　岡山県津山市旧上川原〔北園町〕　昭和30年代　杉本正一提供
　　「写真でみる日本人の生活全集 4」日本図書センター　2010

　　　　◇p99〔白黒〕
　　「日本の生活環境文化大辞典」柏書房　2010
　　　　◇p314-1〔白黒〕　福島県白河市　㊟1950年代　白河市教育委員会
　　「図説 日本民俗学」吉川弘文館　2009
　　　　◇p48〔白黒〕　新潟県村上市
　　「写真でみる民家大事典」柏書房　2005
　　　　◇p168-1〔白黒〕(茅の仮木戸を設けたザシキからの出棺)　福島県白河市　㊟1950年代　白河市教育委員会
　　　　◇p168-2〔白黒〕(棺を担いでの出棺)　福島県伊南村　㊟1970年代　馬場春一

出棺後の座敷の清め
　　「民俗小事典 死と葬送」吉川弘文館　2005
　　　　◇p89〔白黒〕　栃木県芳賀郡市貝町田野辺　メカゴころがし, ハキダシ　㊟昭和40年頃　提供 関沢まゆみ

出棺のとき門口に松明をともす
　　「日本宗教民俗図典 2」法蔵館　1985
　　　　◇図111〔白黒〕

出棺のとき庭に松明をともす
　　「写真ものがたり昭和の暮らし 7」農山漁村文化協会　2006
　　　　◇p180〔白黒〕　宮崎県西都市銀鏡　神葬　㊟須藤功, 昭和58年8月

出棺前の読経
　　「図説 日本民俗学」吉川弘文館　2009
　　　　◇p94〔白黒〕　香川県長尾町　㊟1940年〔昭和15〕ころ
　　「日本民俗大辞典 下」吉川弘文館　2000
　　　　◇図19〔別刷図版「生と死」〕〔白黒〕　香川県大川郡長尾町　㊟昭和15年頃　太郎良裕子提供

出棺前の別れ
　　「日本民俗大辞典 下」吉川弘文館　2000
　　　　◇図20〔別刷図版「生と死」〕〔白黒〕　香川県大川郡長尾町　太郎良裕子提供

樹木葬
　　「民俗小事典 死と葬送」吉川弘文館　2005
　　　　◇p135〔白黒〕　岩手県一関市 知勝院の樹木葬墓地

焼香
　　「写真でみる日本人の生活全集 4」日本図書センター　2010
　　　　◇p98〔白黒〕　葬儀
　　「日本宗教民俗図典 2」法蔵館　1985
　　　　◇図67〔白黒〕(村人の焼香)　三重県鳥羽市神島

浄土真宗の仏壇
　　「図説 民俗建築大事典」柏書房　2001
　　　　◇写真3 (p273)〔白黒〕(真宗地帯の大型仏壇)　福井県丸岡町
　　「日本宗教民俗図典 1」法蔵館　1985
　　　　◇図12〔白黒〕　京都市下京区　㊟須藤功

白布祭壇
　　「民俗学事典」丸善出版　2014
　　　　◇p497〔白黒〕　『飾付写真帖』東京公営社所蔵

神官は別家で迎えのくるのを待つ
　　「日本宗教民俗図典 2」法蔵館　1985
　　　　◇図107〔白黒〕　宮崎県西都市銀鏡　神葬

真珠湾攻撃の九軍神の葬列
　　「民俗小事典 死と葬送」吉川弘文館　2005
　　　　◇p374〔白黒〕　提供 新谷尚紀

神葬
　　「日本宗教民俗図典 2」法蔵館　1985
　　　　◇図104～117〔白黒〕(銀鏡の神葬)　宮崎県西都市銀鏡

神葬の祭式
　　「写真ものがたり昭和の暮らし 7」農山漁村文化協会　2006
　　　　◇p180〔白黒〕　宮崎県西都市銀鏡　㊟須藤功, 昭和58

年8月

### 神葬の祭壇
「日本宗教民俗図典 2」法蔵館　1985
　◇図104〔白黒〕　宮崎県西都市銀鏡

### 神葬の野辺送りの葬具
「写真ものがたり昭和の暮らし 7」農山漁村文化協会　2006
　◇p188〔白黒〕（家の前に立てた神葬の野辺送りの葬具）　群馬県吾妻町（現東吾妻町）　㊞須藤功、昭和44年1月

### 神葬墓
「写真ものがたり昭和の暮らし 7」農山漁村文化協会　2006
　◇p215〔白黒〕（神葬の墓）　愛知県東栄町中設楽　㊞須藤功、昭和49年5月

「日本宗教民俗図典 2」法蔵館　1985
　◇図165〔白黒〕　長野県阿南町新野　昭和41年建立
　◇図166〔白黒〕　愛知県東栄町中設楽

### 親族の履物に白紙が結んである
「写真ものがたり昭和の暮らし 7」農山漁村文化協会　2006
　◇p203〔白黒〕　岩手県前沢町生母（現奥州市）　㊞須藤功、昭和42年8月下旬

「日本宗教民俗図典 2」法蔵館　1985
　◇図56〔白黒〕（履物に白い紙をつける）　岩手県水沢市　野辺送りのときの親族

### 親類縁者は額に三角のヒタイガミをつける
「日本宗教民俗図典 2」法蔵館　1985
　◇図30〔白黒〕　新潟県山古志村　㊞昭和46年

### 水死人の墓
「宮本常一 写真・日記集成 別巻」毎日新聞社　2005
　◇図12 (p14)〔白黒〕　島根県八束郡江〔恵〕曇村片句〔鹿島町〕　㊞宮本常一、1939年11月18日

### スギウレ
「宮本常一 写真・日記集成 別巻」毎日新聞社　2005
　◇図307 (p50)〔白黒〕　青森県・津軽・金木〔北津軽郡金木町〕　㊞宮本常一、1941年7月

### 杉塔婆
「図説 日本民俗学」吉川弘文館　2009
　◇p98〔白黒〕　京都府南丹市

「仏教民俗辞典 コンパクト版」新人物往来社　1993
　◇p155〔白黒〕（三十三回忌の杉塔婆）

「日本民俗事典」弘文堂　1972
　◇p506〔白黒〕（弔いあげの杉塔婆）　千葉県香取郡小見川町　㊞直江広治

### 厨子甕
「日本民具の造形」淡交社　2004
　◇p309〔白黒〕（御殿型厨子甕）　鹿児島県 瀬戸内町立郷土資料館所蔵

「日本民俗写真大系 5」日本図書センター　2000
　◇p129〔白黒〕　沖縄県　19世紀　壺形　東京国立博物館蔵

「日本民俗大辞典 上」吉川弘文館　1999
　◇p911〔白黒〕　沖縄県

「日本宗教民俗図典 2」法蔵館　1985
　◇図117〔白黒〕（真新しい御霊屋）

「図説 民俗探訪事典」山川出版社　1983
　◇p337〔白黒〕　首里琉染蔵
　◇p337〔白黒〕（壺型厨子甕）　1671年　首里琉染蔵

### 頭陀袋
「民俗小事典 死と葬送」吉川弘文館　2005
　◇p65〔白黒〕　新潟県佐渡市

「日本民俗大辞典 上」吉川弘文館　1999
　◇p914〔白黒〕　新潟県佐渡郡相川町

### ステバカ
「日本宗教民俗図典 2」法蔵館　1985
　◇図118〔白黒〕　兵庫県北淡町野島蟇浦（淡路島）

### 砂浜の墓地
「日本民俗写真大系 7」日本図書センター　2000
　◇p180〔白黒〕　鳥取県赤碕町の海岸　㊞青山富士夫、1995年

### 生前に自分の葬式をあげ自分の霊に焼香する人
「写真でみる日本人の生活全集 5」日本図書センター　2010
　◇p100〔白黒〕　長野県南佐久郡中込町　㊞昭和30年4月

### 施餓鬼供養
「民俗小事典 死と葬送」吉川弘文館　2005
　◇p257〔白黒〕　伯耆大山

「宮本常一 写真・日記集成 上」毎日新聞社　2005
　◇p264〔白黒〕（施餓鬼供養？）　愛媛県喜多郡肱川町 八重栗→上森山→汗生　㊞宮本常一、1961年8月7日

「日本民俗大辞典 上」吉川弘文館　1999
　◇p939〔白黒〕　伯耆大山　施餓鬼会

### 施餓鬼供養をしていたお堂
「宮本常一が撮った昭和の情景 上」毎日新聞社　2009
　◇p135〔白黒〕　愛媛県肱川町　㊞宮本常一、1961年8月7日

### 施餓鬼壇の図
「日本民俗宗教辞典」東京堂出版　1998
　◇p315〔白黒・図〕

### 銭を入れた花筐，三途の川を渡る杖，六道の灯明など
「フォークロアの眼 8 よみがえり」国書刊行会　1977
　◇図60〔白黒〕　静岡県藤枝市滝沢　㊞萩原秀三郎、昭和45年2月17日

### 洗骨
「日本の民俗 暮らしと生業」KADOKAWA　2014
　◇図13-36〔白黒〕（洗骨（改葬））　鹿児島県大島郡宇検村　㊞芳賀日出男、昭和32年

「里山・里海 暮らし図鑑」柏書房　2012
　◇写15 (p271)〔白黒〕（埋葬後に掘り出し遺骨を洗骨する）　鹿児島県沖永良部島　昭和30年代　和泊町歴史民俗資料館提供

「写真ものがたり昭和の暮らし 7」農山漁村文化協会　2006
　◇p207〔白黒〕（洗骨をする家族）　鹿児島県宇検村　㊞芳賀日出男、昭和32年

「日本の民俗 下」クレオ　1997
　◇図13-38〔白黒〕（洗骨（改葬））　鹿児島県大島郡宇検村　㊞芳賀日出男、昭和32年

「日本宗教民俗図典 2」法蔵館　1985
　◇図267～269〔白黒〕（洗骨（カイソウ））　鹿児島県宇検村芦検　掘り出した頭骨を洗う、骨壺に納める、一緒に出た骨を焼く　㊞昭和55年8月10日

「日本民俗事典」弘文堂　1972
　◇p389〔白黒〕　八重山群島竹富島　㊞安田宗生

### 洗骨した骨を納めた壺
「民俗学辞典（改訂版）」東京堂出版　1987
　◇写真版 第十図 沖縄の墓制〔白黒〕　島尻郡久高島　田邊泰蔵

### 戦死者の祭壇
「写真ものがたり昭和の暮らし 7」農山漁村文化協会　2006
　◇p186〔白黒〕（質素な戦死者の祭壇）　山梨県大月町（現大月市）　㊞須藤功、昭和15年

### 戦死者の墓
「民俗資料叢書 2 志摩の年齢階梯制」平凡社　1965
　◇図14〔白黒〕　三重県鳥羽市松尾町　38基が並んでいる

葬送・供養　　　　　　　　　人の一生

先祖棚
　「日本宗教民俗図典 1」法藏館　1985
　　◇図18〔白黒〕　広島県豊松村　㊷伊藤碩男
　「日本宗教民俗図典 2」法藏館　1985
　　◇図102〔白黒〕　宮崎県西都市銀鏡　家ごとにある

善の綱
　「図説 日本民俗学」吉川弘文館　2009
　　◇p91〔白黒〕（葬列の善の綱）　三重県志摩市
　「民俗小事典 死と葬送」吉川弘文館　2005
　　◇p94〔白黒〕　福井県三方郡　提供 小林一男
　「日本民俗大辞典 下」吉川弘文館　2000
　　◇図24〔別刷図版「生と死」〕〔白黒〕　宮城県刈田郡七ヶ宿町　㊷須藤功
　「日本宗教民俗図典 2」法藏館　1985
　　◇図92〔白黒〕（女の親族は善の綱に連なって棺を先導する）　福島県七ヶ宿町湯原

戦没者の墓
　「宮本常一 写真・日記集成 下」毎日新聞社　2005
　　◇p437〔白黒〕　東京都八丈町大賀郷（八丈島）　昭和51年建立　㊷宮本常一, 1978年7月25日～29日

センボンと呼ぶ最高位の葬式
　「写真ものがたり昭和の暮らし 7」農山漁村文化協会　2006
　　◇p172〔カラー〕　新潟県山古志村（現長岡市）　7人の僧侶が座るセンボンと呼ぶ最高位の葬式　㊷須藤功, 昭和46年2月

喪家の女性たちがフロシキを裏返しにしてかぶる
　「写真でみる日本人の生活全集 6」日本図書センター　2010
　　◇p115〔白黒〕　青森県西津軽郡深浦町

葬儀
　「図説 日本民俗学」吉川弘文館　2009
　　◇p70〔白黒〕　滋賀県甲賀市
　「民俗小事典 死と葬送」吉川弘文館　2005
　　◇p100〔白黒〕（葬儀風景）　栃木県芳賀郡市貝町　祭壇, 焼香, 穴堀り役の挨拶, 出棺　提供 関沢まゆみ
　「日本民俗大辞典 下」吉川弘文館　2000
　　◇図17〔別刷図版「生と死」〕〔白黒〕　埼玉県秩父地方　葬儀を復元したもの　埼玉県立歴史資料館提供
　「日本宗教民俗図典 2」法藏館　1985
　　◇図110〔白黒〕

葬儀場
　「図説 日本民俗学」吉川弘文館　2009
　　◇p103〔白黒〕（現代の葬儀場）　茨城県つくば市

葬儀場近くの葬斎会館と石材店の広告看板
　「図説 日本民俗学」吉川弘文館　2009
　　◇p103〔白黒〕　茨城県つくば市

葬儀の受付け
　「写真でみる日本人の生活全集 4」日本図書センター　2010
　　◇p97〔白黒〕　東京　受付けで香奠をだす
　「日本宗教民俗図典 2」法藏館　1985
　　◇図108〔白黒〕（受付）

葬儀の読経
　「図説 日本民俗学」吉川弘文館　2009
　　◇p94〔白黒〕　埼玉県秩父市　嵐山史跡の博物館提供
　「日本宗教民俗図典 2」法藏館　1985
　　◇図29〔白黒〕（七人の僧侶による読経）　新潟県山古志村　㊷昭和46年

葬儀の前に親族そろって亡き人とともに食事をとる
　「日本宗教民俗図典 2」法藏館　1985
　　◇図109〔白黒〕

葬儀は隣り近所の人々が手伝う
　「日本宗教民俗図典 2」法藏館　1985

　　◇図106〔白黒〕　宮崎県西都市銀鏡　神葬

葬具を廊下から家に入れる
　「日本宗教民俗図典 2」法藏館　1985
　　◇図16〔白黒〕（できた葬具を廊下から家に入れる）　新潟県山古志村　㊷昭和46年

葬具の棺蓋・雪靴・三途の川を渡るときの杖と草鞋・僧侶にかざす赤い傘
　「写真ものがたり昭和の暮らし 7」農山漁村文化協会　2006
　　◇p170〔白黒〕（用意された葬具の棺蓋, 雪靴, 三途の川を渡るときの杖と草鞋, 僧侶にかざす赤い傘）　新潟県山古志村（現長岡市）　㊷須藤功, 昭和46年2月

葬家の設え
　「図説 日本民俗学」吉川弘文館　2009
　　◇p92〔白黒〕　静岡県裾野市

葬家のしるし
　「図説 日本民俗学」吉川弘文館　2009
　　◇p92〔白黒〕　三重県志摩市

相互扶助で棺桶やワラ草履を作る
　「里山・里海 暮らし図鑑」柏書房　2012
　　◇写8 (p270)〔白黒〕　鹿児島県徳之島町亀津　昭和53年　スタジオカガワ提供

葬祭業者の祭壇
　「日本民俗大辞典 上」吉川弘文館　1999
　　◇p967〔白黒〕

葬式
　「写真でみる日本人の生活全集 6」日本図書センター　2010
　　◇p117〔白黒〕（村の葬式）　㊷佐藤泰三
　「図説 日本民俗学」吉川弘文館　2009
　　◇p133〔白黒〕　山口県下関市　焼香, 出棺, 待機, 葬列
　「祭・芸能・行事大辞典 上」朝倉書店　2009
　　◇口絵〔p47〕〔カラー〕　埼玉県児玉郡美里町　㊷岡本一雄
　　◇p1014〔白黒〕　埼玉県児玉郡美里町　㊷岡本一雄
　「写真でみる日本生活図引 別巻」弘文堂　1993
　　◇p112〔白黒〕　長野県下伊那郡阿智村　米澤山浄久寺の住職の葬儀　㊷熊谷元一, 昭和31年9月28日

葬式後の宴会を賄う隣組の女衆
　「里山・里海 暮らし図鑑」柏書房　2012
　　◇写14 (p271)〔白黒〕　鹿児島県沖永良部島　昭和30年代　和泊町歴史民俗資料館提供

葬式後、喪主が催す宴会
　「里山・里海 暮らし図鑑」柏書房　2012
　　◇写13 (p271)〔白黒〕　鹿児島県沖永良部島　昭和30年代　和泊町歴史民俗資料館提供

葬式に使ったかまどの火は不浄とされ桟俵に乗せて村はずれに送る
　「日本宗教民俗図典 2」法藏館　1985
　　◇図76〔白黒〕　群馬県吾妻町本宿

葬式のある家の玄関の花
　「写真ものがたり昭和の暮らし 7」農山漁村文化協会　2006
　　◇p190〔白黒〕　滋賀県木之本町　シキミ, 生花や花輪　㊷須藤功, 昭和53年8月

葬式の祭壇
　「日本宗教民俗図典 2」法藏館　1985
　　◇図25〔白黒〕　新潟県山古志村　仏壇と並べて設けられた　㊷昭和46年

葬式の準備をする僧侶
　「日本宗教民俗図典 2」法藏館　1985
　　◇図27〔白黒〕（葬式の準備をする）　新潟県山古志村〔僧侶〕　㊷昭和46年

838　民俗風俗 図版レファレンス事典（衣食住・生活篇）

### 葬式のしるし
「写真でみる日本人の生活全集 6」日本図書センター　2010
　◇p116〔白黒〕　㊻今野円輔

### 遭難供養塔
「日本社会民俗辞典 3」日本図書センター　2004
　◇p992〔白黒〕（峠の遭難供養塔）　野麦峠頂上

### 遭難供養碑
「日本宗教民俗図典 2」法蔵館　1985
　◇図347〔白黒〕　宮城県 蔵王山の賽の河原

### 遭難碑
「日本宗教民俗図典 2」法蔵館　1985
　◇図349〔白黒〕　三重県磯部町的矢　他国から来た船乗り、あるいは遊女の墓碑などもある

### 遭難や病気で倒れた船乗りたちの墓地
「日本民俗写真大系 8」日本図書センター　2000
　◇p154～155〔白黒〕　石川県富来町 福浦港近くの極楽坂墓地　㊻金山正夫, 1993年

### 僧の読経と親族の焼香
「日本宗教民俗図典 2」法蔵館　1985
　◇図66〔白黒〕　三重県鳥羽市神島

### 総墓
「写真ものがたり昭和の暮らし 7」農山漁村文化協会　2006
　◇p213〔白黒〕　秋田県雄和町水沢（現秋田市）　㊻須藤功, 平成8年12月
「民俗小事典 死と葬送」吉川弘文館　2005
　◇p187〔白黒〕　秋田県河辺郡
「日本民俗大辞典 上」吉川弘文館　1999
　◇p976〔白黒〕　秋田県河辺郡雄和町
「日本民俗宗教辞典」東京堂出版　1998
　◇p512〔白黒〕　秋田県河辺郡雄和町, 石川県珠洲市, 長野県下伊那郡清内路村　伊藤一族総墓（秋田県河辺郡雄和町水沢）, 奥能登の一村総墓（石川県珠洲市三崎町大屋）, 下伊那の一村総墓（長野県下伊那郡清内路村上清内路）　㊻森謙二

### 僧侶の墓
「日本宗教民俗図典 2」法蔵館　1985
　◇図168〔白黒〕　香川県高松市屋島

### 葬列
「民俗図録 日本人の暮らし」日本図書センター　2012
　◇図535〔白黒〕　青森県西津軽郡深浦町追良瀬　㊻櫻庭武則
「祭・芸能・行事大辞典 上」朝倉書店　2009
　◇口絵〔p47〕〔カラー〕　埼玉県児玉郡美里町　㊻岡本一雄
　◇p1025〔白黒〕　埼玉県児玉郡美里町　㊻岡本一雄
「写真ものがたり昭和の暮らし 10」農山漁村文化協会　2007
　◇p68〔白黒〕　長野県曾地村（現阿智村）　小学校の講堂で行なわれる〔戦死者の〕合同の村葬に向かう葬列　㊻熊谷元一, 昭和13年
「民俗小事典 死と葬送」吉川弘文館　2005
　◇p386〔白黒〕　奈良県御所市　棺担ぎ役の人たちが白装束で笠を被っている　㊻1934年（昭和9）提供 澤房之介
　◇p387〔白黒〕　栃木県芳賀郡方貝町　松明を先頭に整列したところ, 道路は舗装されたが, 昔通りに歩いて墓地に向かう, 棺の前には編み笠を被った喪主が歩き, 枕飯と枕団子を持った喪主の妻がそれに続く　㊻2004年　提供 関沢まゆみ
「宮本常一 写真・日記集成 上」毎日新聞社　2005
　◇p177〔白黒〕　群馬県佐波郡境町へ向う　㊻宮本常一, 1960年3月2日
「日本社会民俗辞典 2」日本図書センター　2004
　◇p843〔白黒〕　能登半島地方
「図説 民俗建築大事典」柏書房　2001
　◇写真1（p258）〔白黒〕　神奈川県座間市　昭和30年代『座間市史6 民俗編』座間市, 1999
「仏教民俗辞典 コンパクト版」新人物往来社　1993
　◇p229〔白黒〕
「図録・民具入門事典」柏書房　1991
　◇p108〔白黒〕　東京都
「日本宗教民俗図典 2」法蔵館　1985
　◇図54・55〔白黒〕　広島県宮島町　遺体は島外に運ばれる
　◇図61～65〔白黒〕　三重県鳥羽市神島　藁と焙烙 杖を持つ人, 葬列の出発, 浜辺を行く葬列, 村隠居も葬列に加わる, ヒキダシモメンを引き六地蔵前で3回まわる, 蓮花台に輿を安置する
　◇図91〔白黒〕　岩手県水沢市　幟 提燈 龍頭 供物 棺と並ぶ　㊻昭和42年8月
「日本民俗文化財事典（改訂版）」第一法規出版　1979
　◇図310〔白黒〕　東京都三宅村

### 葬列が家や寺の前で三回まわる
「写真でみる日本人の生活全集 6」日本図書センター　2010
　◇p117〔白黒〕　横須賀市　「写真地誌日本」

### 葬列に続く婦人たち
「日本写真全集 9」小学館　1987
　◇図102〔白黒〕　沖縄県　㊻坂本万七, 昭和15年

### 葬列の通る道筋に立つ鳥居に注連縄を張る
「日本宗教民俗図典 2」法蔵館　1985
　◇図22〔白黒〕　新潟県山古志村　㊻昭和46年

### 卒塔婆
「精選 日本民俗辞典」吉川弘文館　2006
　◇p323〔白黒〕（墓地に並ぶ卒塔婆）　埼玉県新座市　提供 新谷尚紀
「民俗小事典 死と葬送」吉川弘文館　2005
　◇p196〔白黒〕（墓地に並ぶ卒塔婆）　埼玉県新座市　提供 新谷尚紀
「日本民俗大辞典 上」吉川弘文館　1999
　◇p985〔白黒〕（墓地に並ぶ卒塔婆）　埼玉県新座市　㊻新谷尚紀
「仏教民俗辞典 コンパクト版」新人物往来社　1993
　◇p234〔白黒〕
「日本宗教民俗図典 2」法蔵館　1985
　◇図328〔白黒〕　京都市上京区 瑞雲院
　◇図329〔白黒〕　青森県大畑町 恐山
　◇図330〔白黒〕　佐賀県基山町 基肄城跡
　◇図331〔白黒〕　山形県羽黒町 羽黒山
「民具のみかた一心とかたち」第一法規出版　1983
　◇p236〔白黒〕　福島県船引町

### 卒塔婆と屋形
「日本を知る事典」社会思想社　1971
　◇図21（p32）〔白黒〕　茨城県鹿島郡

### 橇に乗せた棺
「写真ものがたり昭和の暮らし 7」農山漁村文化協会　2006
　◇p173〔カラー〕　新潟県山古志村（現長岡市）　㊻須藤功, 昭和46年2月

### 鯛ノ浦教会・墓地
「宮本常一 写真・日記集成 上」毎日新聞社　2005
　◇p434〔白黒〕　長崎県 中通島　㊻宮本常一, 1964年5月17日

### 高見山から海岸墓地を見る
「宮本常一が撮った昭和の情景 上」毎日新聞社　2009
　◇p108〔白黒〕　山口県萩市見島　㊻宮本常一, 1960年8月2日

**高見山から見た墓地の石垣**
「宮本常一 写真・日記集成 上」毎日新聞社　2005
◇p201〔白黒〕　山口県萩市見島　[撮]宮本常一, 1960年8月2日

**タツガシラ**
「図録・民具入門事典」柏書房　1991
◇p108〔白黒〕　東京都

**竜頭**
「民俗小事典 死と葬送」吉川弘文館　2005
◇p91〔白黒〕　和歌山県古座川流域
「日本民俗大辞典 下」吉川弘文館　2000
◇p47〔白黒〕　和歌山県東牟婁郡古座川町明神・長追・一雨・西川

**龍頭**
「図説 日本民俗学」吉川弘文館　2009
◇p96〔白黒〕　静岡県裾野市
「写真ものがたり昭和の暮らし 7」農山漁村文化協会　2006
◇p188〔白黒〕(木製の龍頭)　愛知県設楽町田峰　[撮]須藤功, 昭和39年2月
「日本宗教民俗図典 2」法蔵館　1985
◇図59〔白黒〕　三重県鳥羽市神島
◇図79〔白黒〕(木製の龍頭)　愛知県設楽町田峯
◇図80〔白黒〕(紙製の龍頭)　秋田県象潟町横岡

**タテカンを運ぶ**
「日本宗教民俗図典 2」法蔵館　1985
◇図13〔白黒〕(タテカン(高二尺五寸)を運ぶ)　新潟県山古志村　[撮]昭和46年

**田の中の墓地**
「宮本常一 写真・日記集成 下」毎日新聞社　2005
◇p229〔白黒〕　徳島県, 香川県　[撮]宮本常一, 1970年7月15日～16日
「日本宗教民俗図典 2」法蔵館　1985
◇図128〔白黒〕(田の中の墓)　岩手県江刺市

**玉串も棺とともに納める**
「日本宗教民俗図典 2」法蔵館　1985
◇図114〔白黒〕

**タマの木の塔婆を立てる**
「写真ものがたり昭和の暮らし 7」農山漁村文化協会　2006
◇p233〔白黒〕(五十回忌を行なって立てたタマの木の塔婆)　三重県磯部町的矢(現志摩市)　[撮]須藤功, 昭和60年1月
「日本宗教民俗図典 2」法蔵館　1985
◇図203〔白黒〕　三重県磯部町的矢　五十回忌

**タマヤ**
「宮本常一 写真・日記集成 上」毎日新聞社　2005
◇p83〔白黒〕　愛媛県 伯方島　[撮]宮本常一, 1957年8月28日
「日本社会民俗辞典 4」日本図書センター　2004
◇p1463〔白黒〕　鹿児島県十島村竹島
「フォークロアの眼 8 よみがえり」国書刊行会　1977
◇図57〔白黒〕　茨城県筑波郡筑波町　[撮]萩原秀三郎, 昭和45年2月

**霊屋**
「民俗図録 日本人の暮らし」日本図書センター　2012
◇図559～560〔白黒〕　香川県三豊郡　[撮]細川敏太郎
◇図562〔白黒〕　長崎県北松浦郡平戸町度島　[撮]井之口章次
「日本宗教民俗図典 2」法蔵館　1985
◇図146〔白黒〕　栃木県日光市七里
◇図147〔白黒〕　鹿児島県佐多町
◇図148〔白黒〕　鹿児島県志布志町安楽　神葬
◇図149〔白黒〕　茨城県筑波地方
◇図150〔白黒〕　島根県八束町(大根島)
◇図151〔白黒〕　鹿児島県志布志町安楽　仏葬
◇図152〔白黒〕　長野県阿南町新野
◇図153〔白黒〕　福島県田島町
◇図154〔白黒〕　長野県伊那市羽広
◇図155〔白黒〕　三重県浜島町南張
◇図156〔白黒〕　愛知県東栄町中設楽　神葬
◇図157〔白黒〕　群馬県片品村花咲
◇図158〔白黒〕　鹿児島県与論町(与論島)
◇図159〔白黒〕　岩手県遠野市土渕
◇図160〔白黒〕　群馬県新治村東峯須川

**多磨霊園**
「民俗学事典」丸善出版　2014
◇p519〔白黒〕　東京都

**段崖上の墓**
「日本宗教民俗図典 2」法蔵館　1985
◇図125〔白黒〕　三重県大王町波切

**団子を墓前に供える**
「日本宗教民俗図典 2」法蔵館　1985
◇図182〔白黒〕　岩手県水沢市
◇図183〔白黒〕　群馬県片品村花咲

**男女別墓地**
「民俗小事典 死と葬送」吉川弘文館　2005
◇p215〔白黒〕　奈良市水間町

**チシナオッ(包んだ遺体)**
「写真ものがたり昭和の暮らし 7」農山漁村文化協会　2006
◇p184〔白黒〕(チシナオッ)　北海道平取町二風谷　[撮]須藤功, 昭和49年5月
「日本宗教民俗図典 2」法蔵館　1985
◇図278〔白黒〕　北海道 アイヌ

**地葬場(埋葬墓)**
「日本社会民俗辞典 2」日本図書センター　2004
◇p833〔白黒〕(地葬場―埋葬墓)　喜界島阿伝

**中陰明け**
「写真でみる日本人の生活全集 4」日本図書センター　2010
◇p49〔白黒〕　49日の法要に親類縁者へなまぐさ物の食事を供する

**弔辞**
「日本宗教民俗図典 2」法蔵館　1985
◇図31〔白黒〕(村長の弔辞)　新潟県山古志村　[撮]昭和46年

**杖・幟・花籠**
「日本宗教民俗図典 2」法蔵館　1985
◇図89〔白黒〕　群馬県吾妻町

**対馬の仏壇**
「日本の生活環境文化大辞典」柏書房　2010
◇p210-5〔白黒〕(ダイドコロに設置された対馬の仏壇)　長崎県対馬市　[撮]2007年

**ツジメシ**
「宮本常一 写真・日記集成 別巻」毎日新聞社　2005
◇図47(p19)〔白黒〕　大阪府・和泉・泉北郡信太[和泉市]　[撮]宮本常一, 1939年[月日不明]

**土に埋めて再び祝詞奏上**
「日本宗教民俗図典 2」法蔵館　1985
◇図115〔白黒〕　御霊屋の前

**土に埋める前の祝詞奏上**
「日本宗教民俗図典 2」法蔵館　1985
◇図113〔白黒〕

**通夜**
「写真でみる日本人の生活全集 4」日本図書センター　2010
◇p103〔白黒〕(お通夜)

# 人の一生　葬送・供養

「写真でみる日本人の生活全集 6」日本図書センター　2010
　◇p118〔白黒〕(お通夜の人々)　㈱中山梅三
「祭・芸能・行事大辞典 上」朝倉書店　2009
　◇口絵〔p47〕〔カラー〕　埼玉県児玉郡美里町　㈱岡本一雄
　◇p322〔白黒〕(お通夜)　埼玉県児玉郡美里町　㈱岡本一雄

## 通夜の準備
「宮本常一 写真・日記集成 上」毎日新聞社　2005
　◇p303〔白黒〕(母の通夜の準備)　周防大島 宮本常一自宅　㈱宮本常一、1962年3月19日

## ツユオソイ
「日本民俗事典」弘文堂　1972
　◇p740〔白黒〕　岡山県児口郡里庄町新庄　㈱佐藤米司

## 出立ち
「民俗図録 日本人の暮らし」日本図書センター　2012
　◇図542〔白黒〕　長崎県北松浦郡志々伎村早福　㈱井之口章次

## 出立ちと葬列
「図説 日本民俗学」吉川弘文館　2009
　◇p95〔白黒〕　三重県志摩市

## 寺あげ
「日本宗教民俗図典 2」法蔵館　1985
　◇図285～297〔白黒〕　新潟県山古志村梶金　五十嵐マキの属する小千谷小山の洞照院にて

## 寺の境内にはいってきた野辺送りの男たち
「写真ものがたり昭和の暮らし 7」農山漁村文化協会　2006
　◇p204〔白黒〕　宮城県七ヶ宿町湯原　㈱須藤功、昭和43年5月

## 電柱などに死亡の告知を貼る
「日本宗教民俗図典 2」法蔵館　1985
　◇図73〔白黒〕　沖縄県石垣市　㈱昭和47年

## 島外に設けられた宮島の墓所
「宮本常一 写真・日記集成 下」毎日新聞社　2005
　◇p243〔白黒〕　広島県佐伯郡大野町赤崎　㈱宮本常一、1971年3月25日(宮島(広島県佐伯郡宮島町)民俗調査)

## 洞窟墓型
「民俗学辞典(改訂版)」東京堂出版　1987
　◇写真版 第十図 沖縄の墓制〔白黒〕　国頭郡今帰仁村運天　田邊泰蔵

## 洞穴葬
「日本宗教民俗図典 2」法蔵館　1985
　◇図120〔白黒〕　鹿児島県与論町(与論島)　洞穴の中の遺骨

## 陶工の墓地
「日本民俗写真大系 5」日本図書センター　2000
　◇p79〔白黒〕　㈱1999年

## 燈籠と遺体の隙間に入れる豆殻
「日本宗教民俗図典 2」法蔵館　1985
　◇図17〔白黒〕　新潟県山古志村　㈱昭和46年

## 道路沿いに並んだ花輪
「写真ものがたり昭和の暮らし 7」農山漁村文化協会　2006
　◇p191〔白黒〕　神奈川県秦野市　㈱須藤功、昭和60年8月

## 土葬
「日本の民俗 暮らしと生業」KADOKAWA　2014
　◇図13-32〔白黒〕　愛知県海部郡七宝町　㈱芳賀日出男、昭和38年
「写真ものがたり昭和の暮らし 7」農山漁村文化協会　2006
　◇p206〔白黒〕　愛知県七宝村(現七宝町)　寝棺を土葬の墓穴に静かにおろす　㈱芳賀日出男、昭和38年

「民俗小事典 死と葬送」吉川弘文館　2005
　◇p121〔白黒〕　栃木県芳賀郡市貝町
「日本民俗大辞典 下」吉川弘文館　2000
　◇p219〔白黒〕　岩手県二戸郡
「日本の民俗 下」クレオ　1997
　◇図13-34〔白黒〕　愛知県海部郡七宝町　㈱芳賀日出男、昭和38年
「民具のみかた─心とかたち」第一法規出版　1983
　◇p235〔白黒〕　福島県会津地方

## 土葬した上に五輪を刻んだ角塔婆を立てる
「日本宗教民俗図典 2」法蔵館　1985
　◇図327〔白黒〕　千葉県東金市北幸谷

## 土葬した墓の前で手を合わせる
「写真ものがたり昭和の暮らし 7」農山漁村文化協会　2006
　◇p203〔白黒〕　岩手県前沢町生母(現奥州市)　㈱須藤功、昭和42年8月下旬

## 土葬にして間もない墓の裏側
「写真ものがたり昭和の暮らし 7」農山漁村文化協会　2006
　◇p215〔白黒〕　秋田県大館市　㈱須藤功、昭和57年7月

## 土葬の共同墓地
「里山・里海 暮らし図鑑」柏書房　2012
　◇写12(p271)〔白黒〕　福井県小浜市泊

## 土葬の子どもの墓
「写真ものがたり昭和の暮らし 7」農山漁村文化協会　2006
　◇p54〔白黒〕　愛知県設楽町田峰　㈱須藤功、昭和39年4月

## 土葬の新墓にたてた北向きの鎌
「写真 日本文化史 9」日本評論新社　1955
　◇図165〔白黒〕　東京都小河内村

## 土葬の墓
「日本を知る事典」社会思想社　1971
　◇図20(p31)〔白黒〕　長野県諏訪郡

## 土葬の盛り土に置いた焙烙
「写真ものがたり昭和の暮らし 7」農山漁村文化協会　2006
　◇p215〔白黒〕　三重県浜島町(現志摩市)　㈱須藤功、昭和55年5月

## 土葬の盛り土に立てた花籠
「写真ものがたり昭和の暮らし 7」農山漁村文化協会　2006
　◇p214〔白黒〕　群馬県新治村(現みなかみ町)　㈱須藤功、昭和46年12月

## トートーメー
「精選 日本民俗辞典」吉川弘文館　2006
　◇p387〔白黒〕　沖縄県国頭郡　提供 福田アジオ
「民俗小事典 死と葬送」吉川弘文館　2005
　◇p309〔白黒〕　沖縄県国頭郡　提供 福田アジオ
「日本民俗大辞典 下」吉川弘文館　2000
　◇p198〔白黒〕　沖縄県国頭郡　㈱福田アジオ

## 隣り近所の男達が葬送に使う藁靴や草鞋をあむ
「日本宗教民俗図典 2」法蔵館　1985
　◇図14〔白黒〕　新潟県山古志村　㈱昭和46年

## トムライフダ(弔札)
「民具のみかた─心とかたち」第一法規出版　1983
　◇p236〔白黒〕　石川県松任市

## 友子のたてた墓碑
「日本社会民俗辞典 3」日本図書センター　2004
　◇p1053〔白黒〕　福島県大野村

## 豊国炭鉱の事故犠牲者たちの野の位牌
「日本民俗写真大系 6」日本図書センター　2000
　◇p181〔白黒〕　㈱中山陽、1958年

葬送・供養　　　　　　　　　　　人の一生

### トリオキ
「日本宗教民俗図典 2」法蔵館　1985
　◇図1〔白黒〕　新潟県山古志村梶金　ヤキバのある山頂での引導　㊟昭和46年

### 流灌頂
「日本の民俗 暮らしと生業」KADOKAWA　2014
　◇図13-33〔白黒〕(流れ灌頂)　和歌山県伊都郡高野町　㊟芳賀日出男, 平成8年
「写真ものがたり昭和の暮らし 5」農山漁村文化協会　2005
　◇p108〔白黒〕　和歌山県高野町　御廟橋の近くの玉川のなかにたくさんの卒塔婆が立っている　㊟須藤功, 昭和60年3月
　◇p109〔白黒・図〕　明治11年　イサベラ・バードの『日本奥地紀行』に描かれた図
「宮本常一 写真・日記集成 別巻」毎日新聞社　2005
　◇図275(p46)〔白黒〕　高知県・土佐・東豊永［長岡郡大豊町］　㊟宮本常一, 1941年12月
「日本社会民俗辞典 4」日本図書センター　2004
　◇p1374〔白黒〕　新潟県佐渡島
「日本の民俗 下」クレオ　1997
　◇図13-35〔白黒〕(流れ灌頂)　和歌山県伊都郡高野町　㊟芳賀日出男, 平成8年
「境と辻の神 目でみる民俗神シリーズ3」東京美術　1988
　◇p86〔白黒〕(流れ灌頂)　愛知県北設楽郡設楽町田峰　小川のほとりに位牌を置く
「民俗学辞典(改訂版)」東京堂出版　1987
　◇図版33(p420)〔白黒・図〕　高知県高岡郡檮原村　橋浦泰雄画
「日本宗教民俗図典 2」法蔵館　1985
　◇図308〔白黒〕(流れ灌頂)　和歌山県　高野山奥の院
　◇図319〔白黒〕(流れ灌頂)　愛知県設楽町田峯　通る人に位牌に水をかけてもらう
「民間信仰辞典」東京堂出版　1980
　◇p212〔白黒・図〕(流れ灌頂)
「日本民俗事典」弘文堂　1972
　◇p515〔白黒〕(流れ灌頂)　愛知県北設楽郡設楽町田峰　㊟萩原秀三郎
「民俗の事典」岩崎美術社　1972
　◇p85〔白黒〕(流れ灌頂)　茨城県筑波郡

### 流れかんじん
「境と辻の神 目でみる民俗神シリーズ3」東京美術　1988
　◇p87〔白黒〕　千葉県市川市下貝塚　当時を復元した写真　竹を四本川辺に立て南無妙法蓮華経と書いたさらしの布を張る

### 七日ごとに挿し立てる七本塔婆
「民俗小事典 死と葬送」吉川弘文館　2005
　◇p196〔白黒〕　奈良市　提供 新谷尚紀
「日本民俗大辞典 上」吉川弘文館　1999
　◇p985〔白黒〕　奈良県奈良市　㊟新谷尚紀

### 生木の塔婆
「日本民俗大辞典 上」吉川弘文館　1999
　◇p985〔白黒〕　福井県大飯郡高浜町　㊟新谷尚紀

### 生木の墓じるし
「民俗小事典 死と葬送」吉川弘文館　2005
　◇p178〔白黒〕　千葉県
「日本民俗大辞典 下」吉川弘文館　2000
　◇p344〔白黒〕(墓じるし　生木の墓じるし)　千葉県

### 新墓
「民俗図録 日本人の暮らし」日本図書センター　2012
　◇図552〔白黒〕(新墓(1))　青森県西津軽郡水元村田ノ尻　㊟井之口章次
　◇図553〔白黒〕(新墓(2))　青森県西津軽郡深浦町追良瀬　㊟櫻庭武則

「宮本常一 写真・日記集成 上」毎日新聞社　2005
　◇p106〔白黒〕(墓地の新墓)　東京都 八丈島　㊟宮本常一, 1958年4月10日
「宮本常一 写真・日記集成 下」毎日新聞社　2005
　◇p245〔白黒〕　愛媛県中島町 怒和島　㊟宮本常一, 1971年4月7日
　◇p245〔白黒〕　愛媛県中島町 怒和島　㊟宮本常一, 1971年4月7日
　◇p245〔白黒〕　愛媛県中島町 怒和島　㊟宮本常一, 1971年4月7日
　◇p332〔白黒〕　広島県 走島　㊟宮本常一, 1974年12月13日
「宮本常一 写真・日記集成 別巻」毎日新聞社　2005
　◇図7(p13)〔白黒〕　島根県八束郡野波村瀬崎［島根町］　㊟宮本常一, 1939年11月17日
　◇図125(p25)〔白黒〕　静岡県安良里村［賀茂郡賀茂村］　㊟宮本常一, 1940年4月15日〜26日
　◇図193(p34)〔白黒〕　青森県西津軽郡車力村　㊟宮本常一, 1940年［11月］
　◇図195(p34)〔白黒〕　青森県西津軽郡車力村　㊟宮本常一, 1940年［11月］
「日本社会民俗辞典 3」日本図書センター　2004
　◇p1334〔白黒〕　福島県大野村
「民俗学辞典(改訂版)」東京堂出版　1987
　◇写真版 第十図 沖縄の墓制〔白黒〕(新らしい墓)　那覇市　田邊泰蔵
「民俗の事典」岩崎美術社　1972
　◇p57〔白黒〕　静岡県富士宮市

### 新墓へのお供え
「図説 日本民俗学」吉川弘文館　2009
　◇p97〔白黒〕　埼玉県新座市

### 新墓の仮屋
「日本社会民俗辞典 4」日本図書センター　2004
　◇p1464〔白黒〕　福島県館岩村

### 新墓の石吊し
「日本民俗大辞典 下」吉川弘文館　2000
　◇図28〔別刷図版「生と死」〕〔白黒〕　長野県上伊那郡長谷村　長野県立歴史館提供

### 入棺
「図説 日本民俗学」吉川弘文館　2009
　◇p94〔白黒〕　埼玉県秩父市　嵐山史跡の博物館提供
「民俗小事典 死と葬送」吉川弘文館　2005
　◇p61〔白黒〕　埼玉県秩父地方
「日本民俗大辞典 下」吉川弘文館　2000
　◇図16〔別刷図版「生と死」〕〔白黒〕　埼玉県秩父地方　葬儀を復元したもの　埼玉県立歴史資料館提供

### 庭廻り風景
「祭・芸能・行事大辞典 上」朝倉書店　2009
　◇p1014〔白黒〕　埼玉県児玉郡美里町　㊟岡本一雄

### ヌジファ(抜霊)
「日本民俗大辞典 上」吉川弘文館　1999
　◇図33〔別刷図版「沖縄文化」〕〔カラー〕　沖縄県国頭郡本部町　臨終後　霊を床から抜き取っているところ　㊟高石利博, 撮影年次未詳　大橋英寿提供

### 野屋墓
「写真ものがたり昭和の暮らし 7」農山漁村文化協会　2006
　◇p210〔白黒〕　沖縄県竹富町　㊟須藤功, 昭和51年4月
「日本宗教民俗図典 2」法蔵館　1985
　◇図134〔白黒〕　沖縄県八重山郡竹富町(竹富島)

### 寝棺を縁側から庭に出し、輿におさめて野辺送りの行列を整える
「写真ものがたり昭和の暮らし 7」農山漁村文化協会　2006

◇p196〜197〔白黒〕　長野県富士見町池之袋　㈹武藤盈, 昭和33年5月

## 年忌

「日本の民俗 暮らしと生業」KADOKAWA　2014
　　◇図13-35〔白黒〕　鹿児島県大島郡徳之島町　1年〜7年目の死者の命日　㈹芳賀日出男, 昭和31年
「民俗図録 日本人の暮らし」日本図書センター　2012
　　◇図545〜547〔白黒〕　青森県西津軽郡深浦町追良瀬　㈹櫻庭武則
「日本の民俗 下」クレオ　1997
　　◇図13-37〔白黒〕　鹿児島県大島郡徳之島町　1年〜7年目の死者の命日　㈹芳賀日出男, 昭和31年

## 年忌に墓場へ持ってゆくものを窓や縁先から出す

「写真でみる日本人の生活全集 6」日本図書センター　2010
　　◇p126〔白黒〕　青森県西津軽郡深浦町　『日本民俗図録』

## 念仏入

「民俗図録 日本人の暮らし」日本図書センター　2012
　　◇図530〔白黒〕　青森県西津軽郡深浦町追良瀬　㈹櫻庭武則

## 念仏入の支度

「民俗図録 日本人の暮らし」日本図書センター　2012
　　◇図531〔白黒〕　青森県西津軽郡深浦町追良瀬　㈹櫻庭武則

## 念仏講中の年寄が鉦を叩きながら葬列に加わる

「日本宗教民俗図典 1」法蔵館　1985
　　◇図505〔白黒〕　千葉県市川市北国分

## 年齢階梯制墓地の一例

「日本民俗宗教辞典」東京堂出版　1998
　　◇p512〔白黒・図／写真〕　奈良県山辺郡都祁村針　㈹森謙二

## 年齢別墓地

「民俗小事典 死と葬送」吉川弘文館　2005
　　◇p216〔白黒〕　奈良県針町　上段の区画になるほど年長者が埋葬される

## 農家の屋敷林が残る東京都雑司ヶ谷霊園

「日本の生活環境文化大辞典」柏書房　2010
　　◇p320-1〔白黒〕　東京都　㈹1997年　福岡直子

## 納骨

「日本宗教民俗図典 2」法蔵館　1985
　　◇図46〔白黒〕　新潟県山古志村　雪のため穴を掘ることができないため墓前におくだけ　㈹昭和46年

## 納骨塚

「日本宗教民俗図典 2」法蔵館　1985
　　◇図169〔白黒〕　鳥取県東伯町

## 納骨仏壇が並んだ寺院

「日本の生活環境文化大辞典」柏書房　2010
　　◇p315-4〔白黒〕（各家ごとの納骨仏壇が並んだ寺院）　東京都八王子市　㈹2010年　津山正幹

## 野がえりの清めに用いる米糠と塩

「民俗小事典 死と葬送」吉川弘文館　2005
　　◇p129〔白黒〕　岡山県勝田郡奈義町　提供 太郎良裕子

## 野墓

「日本宗教民俗図典 2」法蔵館　1985
　　◇図139〔白黒〕　沖縄県八重山郡竹富町（新城島）

## 野辺送り

「日本の民俗 暮らしと生業」KADOKAWA　2014
　　◇図13-30〔白黒〕（野辺の送り）　岐阜県郡上郡白鳥村　㈹芳賀日出男, 昭和41年
「あるくみるきく双書 宮本常一とあるいた昭和の日本 20」農山漁村文化協会　2012
　　◇p52〔白黒〕　岩手県前沢町生母（現奥州市）　㈹須藤功, 昭和42年
　　◇p59〜60〔白黒〕　新潟県山古志村（現長岡市）　雪国の冬　㈹須藤功, 昭和46年
「写真ものがたり昭和の暮らし 7」農山漁村文化協会　2006
　　◇p172〔カラー〕（火葬場に向かう野辺送りの葬列）　新潟県山古志村（現長岡市）　㈹須藤功, 昭和46年2月
　　◇p182〔白黒〕（野辺送りの行列）　福島県大玉村　㈹大内謙一, 平成10年
　　◇p183〔白黒〕　福島県大玉村　先導役をつとめる天狗面, 五色の幡, 神楽の楽奏　㈹大内謙一, 平成10年
　　◇p200〔白黒〕　長野県會地村（現阿智村）　㈹熊谷元一, 昭和25年
　　◇p202〔白黒〕　岩手県前沢町生母（現奥州市）　㈹須藤功, 昭和42年8月下旬
「民俗小事典 死と葬送」吉川弘文館　2005
　　◇p384〜385〔白黒・図〕　栃木県芳賀郡市貝町　大松明・花籠・龍頭・旗・六地蔵・香炉・霊膳・位牌・縁の綱・輿・墓標・天蓋　作図：山田岳晴
「いまに伝える 農家のモノ・人の生活館」柏書房　2004
　　◇p45 写真1〔白黒〕（葬式の野辺送り）　埼玉県江南町
「日本民俗大辞典 下」吉川弘文館　2000
　　◇図23〔別刷図版「生と死」〕〔白黒〕　埼玉県新座市大和田　㈹新谷尚紀
「日本の民俗 下」クレオ　1997
　　◇図13-32〔白黒〕（野辺の送り）　岐阜県郡上郡白鳥町　㈹芳賀日出男, 昭和41年
「日本宗教民俗図典 2」法蔵館　1985
　　◇図32〔白黒〕　新潟県山古志村　㈹昭和46年
「日本民俗事典」弘文堂　1972
　　◇p556〔白黒〕　伊豆諸島新島本村　㈹竹田旦
「日本を知る事典」社会思想社　1971
　　◇図19 (p30)〔白黒〕　長野県諏訪郡

## 野辺送りから帰ると、逆さにした臼の上に用意した塩をなめ、臼のかたわらに置いた水を入れた洗面器に足をかざしてから家にはいる

「写真ものがたり昭和の暮らし 7」農山漁村文化協会　2006
　　◇p195〔白黒〕　群馬県長野原町応桑　㈹都丸十九一, 昭和39年

## 野辺送りに加わる花籠

「あるくみるきく双書 宮本常一とあるいた昭和の日本 20」農山漁村文化協会　2012
　　◇p201〔カラー〕　群馬県新治村東峰須川（現みなかみ町）墓地　㈹須藤功

## 野辺送りに向かう白い着物に頭にも白布を着けた親族の女たち

「写真ものがたり昭和の暮らし 7」農山漁村文化協会　2006
　　◇p198〔白黒〕　秋田県平鹿町（現横手市）　㈹佐藤久太郎, 昭和30年代

## 野辺送りの行列の先頭に置いた紙製の龍頭を塔婆に結わえてある

「写真ものがたり昭和の暮らし 7」農山漁村文化協会　2006
　　◇p215〔白黒〕　秋田県鳥海町（現由利本荘市）　㈹須藤功, 昭和54年7月

## 野辺送りのための雪道つけ

「写真ものがたり昭和の暮らし 7」農山漁村文化協会　2006
　　◇p171〔白黒〕　新潟県山古志村（現長岡市）　山の上の火葬場までの雪道　㈹須藤功, 昭和46年2月

## 野辺送りの花籠を持つ人

「写真ものがたり昭和の暮らし 7」農山漁村文化協会　2006
　　◇p201〔白黒〕　長野県會地村（現阿智村）　㈹熊谷元一, 昭和26年

葬送・供養　　　　　　　　人の一生

### 野辺送り（葬列）の模式図
「図説 民俗探訪事典」山川出版社　1983
　◇p186〔白黒・図〕　　『与野市史』、『埼玉県史・民俗調査報告書』より

### 野飯と野団子と四花と戒名
「日本宗教民俗図典 2」法蔵館　1985
　◇図36〔白黒〕　新潟県山古志村㊉昭和46年

### 廃物毀釈ののちに導入されたブツダン
「図説 民俗建築大事典」柏書房　2001
　◇写真1（p272）〔白黒〕　奈良県十津川村

### 墓
「民俗図録 日本人の暮らし」日本図書センター　2012
　◇図572～573〔白黒〕（墓1-2）　沖縄伊平屋島
「日本郷土 風俗・民芸・芸能図鑑」日本図書センター　2012
　◇写真篇 鹿児島〔白黒〕　鹿児島県大島郡多論島　棺を小さな小屋で覆う
「図説 日本民俗学」吉川弘文館　2009
　◇p102〔白黒〕（現代の墓）　熊本県八代市　コインロッカー式納骨堂
「日本宗教民俗図典 2」法蔵館　1985
　◇図144〔白黒〕（さまざまな墓）　沖縄県石垣市石垣

### 墓穴に鎌を吊す
「民具のみかた一心とかたち」第一法規出版　1983
　◇p235〔白黒〕　滋賀県浅井町

### 墓穴の魔除け
「図説 日本民俗学」吉川弘文館　2009
　◇p93〔白黒〕　埼玉県新座市

### 墓穴掘り
「図説 日本民俗学」吉川弘文館　2009
　◇p93〔白黒〕　三重県志摩市、埼玉県新座市
「民俗小事典 死と葬送」吉川弘文館　2005
　◇p120〔白黒〕　奈良県明日香村

### 墓石
「民俗学事典」丸善出版　2014
　◇p515〔白黒・図〕（主要な墓石の形態）　五輪塔（別石・一石）、宝篋印塔、無縫塔、有像舟形（地蔵）、有像舟形（如意輪観音）、有像舟形（聖観音）、板碑形（関東）、双体板碑形、板碑形（関西）、舟形五輪塔浮彫、舟形、櫛形、笠付塔婆形、駒形、不定形、尖頭角柱形、丘状頭角柱形、平頭角柱形　出典：朽木量・谷川彰雄、2014『DVD実践・墓石解読法』
「民俗小事典 死と葬送」吉川弘文館　2005
　◇p199〔白黒〕（墓石　角柱型墓塔）　埼玉県
　◇p199〔白黒〕（墓石　無縫塔）　埼玉県
「日本民俗大辞典 下」吉川弘文館　2000
　◇p343〔白黒〕（墓石　角柱型墓塔）　東京都
　◇p343〔白黒〕（墓石　墓地の墓石群）　三重県
　◇p343〔白黒〕（墓石　無縫塔）　埼玉県

### 墓石　現代の墓
「民俗小事典 死と葬送」吉川弘文館　2005
　◇p199〔白黒〕　神奈川県

### 墓じるし
「民俗学辞典（改訂版）」東京堂出版　1987
　◇図39（p464）〔白黒・図〕　宮城県、栃木県　宮城県伊具郡筆among町 息つき竹、栃木県下都賀郡赤津村 狼弾きの竹、栃木県塩谷郡栗山村 サギッチョ　橋浦泰雄画

### 墓じるし　自然石の墓じるし
「民俗小事典 死と葬送」吉川弘文館　2005
　◇p178〔白黒〕（自然石の墓じるし）　三重県阿児町
「日本民俗大辞典 下」吉川弘文館　2000
　◇p344〔白黒〕　三重県志摩郡阿児町

### 墓で焙烙で飯を炊き供える
「日本宗教民俗図典 2」法蔵館　1985
　◇図181〔白黒〕　三重県浜島町南張

### 墓の竹囲い
「日本社会民俗辞典 2」日本図書センター　2004
　◇p833〔白黒〕　岐阜県恵那郡三濃村

### 墓参り
「民俗図録 日本人の暮らし」日本図書センター　2012
　◇図575～576〔白黒〕（糸満の墓参り）　沖縄本島
「宮本常一 写真・日記集成 下」毎日新聞社　2005
　◇p312〔白黒〕　香川県坂出市与島　㊉宮本常一, 1973年8月17～18日

### ハキモノツクリ
「民俗図録 日本人の暮らし」日本図書センター　2012
　◇図532〔白黒〕　青森県西津軽郡深浦町追良瀬　㊉櫻庭武則

### 箱式仏壇
「図説 民俗探訪事典」山川出版社　1983
　◇p190〔白黒〕　千葉県海上町

### ハス（蓮）
「民具のみかた一心とかたち」第一法規出版　1983
　◇p235〔白黒〕　石川県白山麓　棺前にかざる

### 葉つき塔婆
「写真でみる日本人の生活全集 6」日本図書センター　2010
　◇p129〔白黒〕　東京都三鷹市仙川付近　二股になった塔婆を立てる　㊉井之口章次
「日本社会民俗辞典 3」日本図書センター　2004
　◇p1338〔白黒・図〕（弔どめの葉附塔婆）　八戸地方

### 初供養の手伝いに向かう主婦
「日本民俗写真大系 5」日本図書センター　2000
　◇p116〔白黒〕　〔鹿児島県〕下甑村　精進料理が入ったサカイジュウ（木製の入れ物）を持つ　㊉橋口実昭, 1977年

### 花籠
「図説 日本民俗学」吉川弘文館　2009
　◇p96〔白黒〕　静岡県裾野市
「民俗小事典 死と葬送」吉川弘文館　2005
　◇p92〔白黒〕　和歌山県串本町　幡・花籠・燈籠, 葬列で花籠をふる
「日本民俗大辞典 下」吉川弘文館　2000
　◇p379〔白黒〕　和歌山県東牟婁郡古座町　幡・花籠・燈籠, 葬列で花籠をふる
「仏教民俗辞典 コンパクト版」新人物往来社　1993
　◇p323〔白黒〕
「日本宗教民俗図典 2」法蔵館　1985
　◇図172〔白黒〕　群馬県新治村東峯須川
　◇図173〔白黒〕　神奈川県小田原市
　◇図174〔白黒〕　愛知県南知多町（日間賀島）
　◇図175〔白黒〕　群馬県吾妻町　小正月には削り花を供える
　◇図176〔白黒〕　静岡県水窪町地頭方
　◇図177〔白黒〕　静岡県藤枝市滝沢

### 花・幟・燈籠
「日本宗教民俗図典 2」法蔵館　1985
　◇図199〔白黒〕　秋田県大館市小雪沢

### 花嫁・花婿人形
「日本民俗宗教辞典」東京堂出版　1998
　◇p284〔白黒〕　山形市 立石寺　死霊結婚

### 花輪を供えた埋葬したばかりの新しい墓
「写真ものがたり昭和の暮らし 7」農山漁村文化協会　2006
　◇p212〔白黒〕　秋田県大館市　㊉須藤功, 昭和57年7月

**破風墓**
「民俗学事典」丸善出版　2014
◇p505〔白黒〕　沖縄
「民俗小事典 死と葬送」吉川弘文館　2005
◇p218〔白黒〕　沖縄県北谷町
「日本民俗大辞典 下」吉川弘文館　2000
◇p386〔白黒〕　沖縄県中頭郡北谷町
「日本民俗宗教辞典」東京堂出版　1998
◇p513〔白黒〕　大宜味村
「図説 民俗探訪事典」山川出版社　1983
◇p336〔白黒〕　那覇市

**浜辺の墓**
「日本宗教民俗図典 2」法蔵館　1985
◇図141〔白黒〕　鹿児島県大島郡与論町（与論島）

**パラムリッ（遺体にかける紐）**
「写真ものがたり昭和の暮らし 7」農山漁村文化協会　2006
◇p184〔白黒〕　北海道平取町二風谷　[撮]須藤功，昭和49年5月

**パラムリッ（死体を包む紐）**
「日本宗教民俗図典 2」法蔵館　1985
◇図276〔白黒〕　北海道 アイヌ

**棺**
「民俗図録 日本人の暮らし」日本図書センター　2012
◇図543〔白黒〕　長崎県北松浦郡志々伎村早福　[撮]井之口章次

**棺（模型）**
「日本民俗写真大系 1」日本図書センター　1999
◇p74〔白黒〕　サハリン　アイヌ　（財）アイヌ文化振興・研究推進機構提供

**棺を縁側から出す**
「日本宗教民俗図典 2」法蔵館　1985
◇図112〔白黒〕（棺は縁側から出す）

**棺のわきに立てる幟**
「日本宗教民俗図典 2」法蔵館　1985
◇図105〔白黒〕　宮崎県西都市銀鏡　神葬

**引っ張り餅**
「食の民俗事典」柊風舎　2011
◇p440〔白黒〕　高知県津野町北川　[撮]常光徹
「民俗小事典 死と葬送」吉川弘文館　2005
◇p148〔白黒〕　青森県西津軽郡深浦町　提供 佐藤米司
「日本民俗大辞典 下」吉川弘文館　2000
◇図25〔別刷図版「生と死」〕〔白黒〕　青森県西津軽郡岩崎村　[撮]佐藤米司

**火屋と火葬**
「民俗小事典 死と葬送」吉川弘文館　2005
◇p124〔白黒〕　愛知県海部郡
「日本民俗大辞典 上」吉川弘文館　1999
◇p354〔白黒〕　愛知県海部郡

**ビョウソ**
「民俗図録 日本人の暮らし」日本図書センター　2012
◇図555〔白黒〕　新潟県南蒲原郡福島村貝喰　死体を火葬にする場所　[撮]福島惣一郎

**風葬**
「民俗図録 日本人の暮らし」日本図書センター　2012
◇図574〔白黒〕　沖縄久高島
「民俗学辞典（改訂版）」東京堂出版　1987
◇写真版 第十図 沖縄の墓制〔白黒〕　島尻郡久高島　田邊泰蔵
「日本民俗事典」弘文堂　1972
◇p611〔白黒〕　沖縄久高島　[撮]直江広治

**風葬跡**
「日本宗教民俗図典 2」法蔵館　1985
◇図137〔白黒〕　沖縄県島尻郡具志頭村（玉泉洞）　精霊供養塔

**風葬墓**
「山と森の神 目でみる民俗神シリーズ1」東京美術　1988
◇p25〔白黒〕　沖縄県 久米島

**仏壇**
「写真でみる日本人の生活全集 6」日本図書センター　2010
◇p124〔白黒〕　真宗地帯
「写真でみる日本人の生活全集 3」日本図書センター　2010
◇口絵〔白黒〕　東京都世田谷区等々力町　東京の旧家
「日本の生活環境文化大辞典」柏書房　2010
◇p208-3〔白黒〕（縁に設置された仏壇）　東京都八丈町　[撮]2007年　森隆男
◇p211-6〔白黒〕（食堂に床の間と並んで設置された仏壇）　大阪府吹田市　[撮]2005年
「図説 日本民俗学」吉川弘文館　2009
◇p48〔白黒〕　長野県川上村
◇p62〔白黒〕　岩手県八幡平市
「民俗小事典 死と葬送」吉川弘文館　2005
◇p241〔白黒〕　栃木県大田原市　提供 関沢まゆみ
「日本民具の造形」淡交社　2004
◇p184〔白黒〕　鹿児島県 種子島チカ家所蔵
◇p184〔白黒〕　新潟県 聖籠町民俗資料館
◇p184〔白黒〕　新潟県 村上市郷土資料館
「日本社会民俗辞典 3」日本図書センター　2004
◇p1261〔白黒〕（仏檀）　真宗教徒ではとくに豪華なものが多い
「写真ものがたり昭和の暮らし 1」農山漁村文化協会　2004
◇p53〔白黒〕（神棚と仏壇）　群馬県片品村　[撮]都丸十九一，昭和28年
「図説 民俗建築大事典」柏書房　2001
◇写真3（p249）〔白黒〕（上げ仏壇）
◇写真2（p273）〔白黒〕（古態を伝える吉村家の仏壇）　大阪府羽曳野市　近世初期の作りつけの仏壇
「日本民俗大辞典 下」吉川弘文館　2000
◇図9〔別刷図版「民家」〕〔白黒〕（仏壇・神棚）　埼玉県秩父郡大滝村 幸島家住宅　[撮]小林昌人，1982年
◇p478〔白黒〕　大阪府羽曳野市
「豊穣の神と家の神 目でみる民俗神シリーズ2」東京美術　1988
◇p83〔白黒〕　福島県三島町
「日本宗教民俗図典 1」法蔵館　1985
◇図7〔白黒〕（改造した土蔵に収められた仏壇）　山形県河北町谷地　[撮]須藤功
◇図9〔白黒〕（上部に神棚 その下に仏壇）　秋田県角館町下川原　[撮]須藤功
◇図10〔白黒〕（写真も置かれた仏壇）　山梨県大和村　[撮]須藤功
◇図11〔白黒〕（団地の仏壇）　大阪府高槻市　台所　[撮]美谷克美
「日本宗教民俗図典 2」法蔵館　1985
◇図124〔白黒〕（畑の中の墓）　愛知県東栄町月
「図説 民俗探訪事典」山川出版社　1983
◇p190〔白黒〕（宮殿式仏壇）　岐阜県徳山村
「日本を知る事典」社会思想社　1971
◇図22（p203）〔白黒〕　長野県下水内郡　農家の客座敷
「民俗資料叢書 2 志摩の年齢階梯制」平凡社　1965
◇図57〔白黒〕

**仏壇と位牌**
「図説 民俗探訪事典」山川出版社　1983
◇p334〔白黒〕　与那国

### 仏壇に安置された木造の仏さまと位牌
「宮本常一 写真・日記集成 下」毎日新聞社　2005
◇p470〔白黒〕　新潟県佐渡郡赤泊村徳和［佐渡市］　[撮]宮本常一, 1979年9月24日

### 仏間
「写真でみる日本人の生活全集 3」日本図書センター　2010
◇p68〔白黒〕　福島県　骨あげの後

### 古くからの樒と造花が一緒に飾られている
「日本宗教民俗図典 2」法蔵館　1985
◇図88〔白黒〕　滋賀県木之本町

### 屏位式位牌
「日本民俗大辞典 上」吉川弘文館　1999
◇図31〔別刷図版「沖縄文化」〕〔カラー〕　沖縄県八重山郡与那国町　[撮]渡邊欣雄, 1990年

### 壁龕墓
「日本民俗宗教辞典」東京堂出版　1998
◇p513〔白黒〕　今帰仁村天港

### 法事
「写真でみる日本人の生活全集 4」日本図書センター　2010
◇p51〔白黒〕　近隣の婦人連が総出で調理する

### 法要
「宮本常一 写真・日記集成 上」毎日新聞社　2005
◇p304〔白黒〕　周防大島 宮本常一自宅付近　[撮]宮本常一, 1962年3月21日

### ホカクド
「民俗図録 日本人の暮らし」日本図書センター　2012
◇図544〔白黒〕　長崎県北松浦郡志々伎村早福　死者に供える枕飯　[撮]井之口章次

### 北炭夕張新鉱で一大ガス突出事故の合同葬儀に向かう遺族たち
「日本民俗写真大系 1」日本図書センター　1999
◇p145〔白黒〕　北海道 北炭夕張新鉱　[撮]及川清治郎, 1982年

### 墓誌銘が海の方を向いた墓
「日本宗教民俗図典 2」法蔵館　1985
◇図122〔白黒〕　宮城県唐桑町

### 墓上装置
「図説 日本民俗学」吉川弘文館　2009
◇p97〔白黒〕(さまざまな墓上装置)　兵庫県竹野町, 京都府田辺町, 福井県高浜町, 滋賀県野洲市
「民俗小事典 死と葬送」吉川弘文館　2005
◇p9〔白黒〕(墓上装置 囲垣)　京都府
◇p9〔白黒〕(墓上装置 屋根がけ)　兵庫県
「日本民俗大辞典 下」吉川弘文館　2000
◇図29〔別刷図版「生と死」〕〔白黒〕　福井県大飯郡高浜町高野　[撮]新谷尚紀
◇図30〔別刷図版「生と死」〕〔白黒〕　兵庫県城崎郡竹野町須谷　[撮]新谷尚紀
◇図31〔別刷図版「生と死」〕〔白黒〕　香川県三豊郡仁尾町北草木　[撮]新谷尚紀
◇図32〔別刷図版「生と死」〕〔白黒〕　栃木県今市市芹沼　[撮]新谷尚紀
◇図33〔別刷図版「生と死」〕〔白黒〕　香川県三豊郡詫間町志々島本浦　[撮]新谷尚紀
「図説 民俗探訪事典」山川出版社　1983
◇p188〔白黒〕(家型の墓上装置)　奈良県吉野郡

### 墓上装置 現代の霊屋
「民俗小事典 死と葬送」吉川弘文館　2005
◇p3〔白黒〕　滋賀県

### 墓前で籾を燃してにおいをかがせる
「日本宗教民俗図典 2」法蔵館　1985
◇図195〔白黒〕　秋田県大館市小雪沢

### 墓前に捧げるミンブチ(念仏)の舞
「写真でみる日本人の生活全集 6」日本図書センター　2010
◇口絵〔白黒〕　沖永良部島　[撮]芳賀日出男

### 墓前に供えられた樒
「民俗小事典 死と葬送」吉川弘文館　2005
◇p67〔白黒〕
「日本民俗大辞典 上」吉川弘文館　1999
◇p752〔白黒〕

### 墓前に7日ごとに供物をする
「日本宗教民俗図典 2」法蔵館　1985
◇図196〔白黒〕　秋田県大館市小雪沢

### 墓前に撒いた切餅
「日本宗教民俗図典 2」法蔵館　1985
◇図197〔白黒〕　秋田県大館市小雪沢

### 墓前の供物
「あるくみるきく双書 宮本常一とあるいた昭和の日本 20」農山漁村文化協会　2012
◇表紙写真：裏〔カラー〕(亡くなった子の墓前に供えられた玩具や花)　三重県志摩町片田(現志摩市)　[撮]須藤功, 昭和55年8月
「民俗図録 日本人の暮らし」日本図書センター　2012
◇図539〔白黒〕(墓前の供え物)　青森県西津軽郡深浦町追良瀬　[撮]櫻庭武則
「日本宗教民俗図典 2」法蔵館　1985
◇図184〔白黒〕　愛知県設楽町田峯　杖
◇図185〔白黒〕　香川県多度津町(佐柳島)　茶碗
◇図186〔白黒〕　三重県鳥羽市菅島　笠など
◇図187〔白黒〕　青森県三沢市　履物
◇図188〔白黒〕　三重県大王町波切　農具
◇図189〔白黒〕　青森県三沢市　履物
◇図190〔白黒〕　群馬県川場村　農具一式
◇図191〔白黒〕　鹿児島県与論町(与論島)　履物
◇図198〔白黒〕(亡き人の使っていた食器類)　秋田県大館市小雪沢　墓前

### 墓前の祭壇
「日本宗教民俗図典 2」法蔵館　1985
◇図194〔白黒〕　秋田県大館市小雪沢
◇図200〔白黒〕(後方から見た祭壇)　秋田県大館市小雪沢

### 墓前の花
「写真ものがたり昭和の暮らし 7」農山漁村文化協会　2006
◇p191〔白黒〕　鹿児島県枕崎市　〔墓に供えられた花〕　[撮]須藤功, 昭和47年2月
「日本宗教民俗図典 2」法蔵館　1985
◇図178〔白黒〕　三重県南勢町宿浦
◇図179〔白黒〕　青森県三沢市
◇図180〔白黒〕　沖縄県石垣市

### 墓前の草鞋と下駄
「日本宗教民俗図典 2」法蔵館　1985
◇図201〔白黒〕(草鞋と下駄)　秋田県大館市小雪沢　墓前

### 菩提車
「写真ものがたり昭和の暮らし 7」農山漁村文化協会　2006
◇p55〔白黒〕　宮城県金成町(現栗原市)　[撮]須藤功, 昭和48年4月

### 墓地
「あるくみるきく双書 宮本常一とあるいた昭和の日本 22」農山漁村文化協会　2012
◇p175〔白黒〕　秋田県西木村上檜木内(現仙北市)　[撮]宮本常一
「民俗図録 日本人の暮らし」日本図書センター　2012

◇図566〔白黒〕　鹿児島県揖宿郡指宿町　㊞國分直一
「写真でみる日本人の生活全集 6」日本図書センター　2010
　◇口絵〔白黒〕　㊞杉山繁雄
　◇p113〔白黒〕　㊞橋本竜馬
　◇p121〔白黒〕　三重県志摩半島　「サン写真新聞」昭和28年12月5日
「日本の生活環境文化大辞典」柏書房　2010
　◇p315-3〔白黒〕　福島県白河市　㊞2007年　小澤弘道
「祭・芸能・行事大事典 下」朝倉書店　2009
　◇p1614〔白黒〕　香川県仲多度郡多度津町佐柳　海辺の墓地　㊞前田俊一郎
「宮本常一 写真・日記集成 上」毎日新聞社　2005
　◇p35〔白黒〕　大阪市中央区谷町　㊞宮本常一、1956年4月3日
　◇p202〔白黒〕　山口県萩市 見島 宇津　右手前にある石に棺を据える　㊞宮本常一、1960年8月3日
　◇p389〔白黒〕　東京都 式根島　㊞宮本常一、1963年7月28日
「宮本常一 写真・日記集成 下」毎日新聞社　2005
　◇p230〔白黒〕　千葉県　㊞宮本常一、1970年8月12日
　◇p284〔白黒〕　岩手県野田村　㊞宮本常一、1972年8月28〜30日
「宮本常一 写真・日記集成 別巻」毎日新聞社　2005
　◇図90（p23）〔白黒〕　鹿児島県・屋久島・原［屋久町］　㊞宮本常一、1940年1月27日〜2月10日
「民俗資料叢書 2 志摩の年齢階梯制」平凡社　1965
　◇図18〔白黒〕　三重県鳥羽市松尾町　右側は寺墓、左側は松本一統の墓

## 墓地から集落を一望する
「宮本常一 写真・日記集成 下」毎日新聞社　2005
　◇p400〔白黒〕　滋賀県高島郡朽木村古屋　㊞宮本常一、1977年8月23日

## 墓地とハネ
「日本の生活環境文化大辞典」柏書房　2010
　◇p315-2〔白黒〕　福島県河沼郡会津坂下町　㊞1987年 小澤弘道

## 墓地に捨てられたアシナカとナワ
「日本民俗文化財事典（改訂版）」第一法規出版　1979
　◇図312〔白黒〕　山梨県北都留地方

## 墓地の草刈り
「図説 日本民俗学」吉川弘文館　2009
　◇p134〔白黒〕　山梨県富士吉田市　長沢利明提供

## 墓地の寺墓
「民俗資料叢書 2 志摩の年齢階梯制」平凡社　1965
　◇図19〔白黒〕　三重県鳥羽市松尾町

## 墓地の類型
「図説 民俗探訪事典」山川出版社　1983
　◇p188〔白黒・図〕　新谷尚紀「両墓制についての基礎的考察」『日本民俗学』105号より

## ホドバライ
「写真ものがたり昭和の暮らし 7」農山漁村文化協会　2006
　◇p195〔白黒〕　群馬県吾妻町（現東吾妻町）　葬式に使った竃の灰を桟俵にのせ、家近くの三叉路に送り出す　㊞須藤功、昭和44年1月

## 骨あげ
「宮本常一 写真・日記集成 上」毎日新聞社　2005
　◇p304〔白黒〕（母の骨あげ）　周防大島 宮本常一自宅付　㊞宮本常一、1962年3月21日

## 骨を収める厨子甕
「あるくみるきく双書 宮本常一とあるいた昭和の日本 19」農山漁村文化協会　2012
　◇p57〔白黒〕　鹿児島県 沖永良部島　㊞伊藤碩男

## 骨拾い
「写真ものがたり昭和の暮らし 7」農山漁村文化協会　2006
　◇p175〔白黒〕　新潟県山古志村（現長岡市）「相挟み」　㊞須藤功、昭和46年2月
「日本宗教民俗図典 2」法蔵館　1985
　◇図40〔白黒〕（親類縁者による骨拾い）　新潟県山古志村　㊞昭和46年

## 墓標
「写真でみる日本人の生活全集 6」日本図書センター　2010
　◇口絵〔白黒〕　〔朽ちた墓標〕
「写真ものがたり昭和の暮らし 7」農山漁村文化協会　2006
　◇p185〔白黒〕　北海道平取町二風谷　㊞須藤功、昭和49年5月
「日本社会民俗辞典 1」日本図書センター　2004
　◇図版Ⅳ アイヌ（4）〔白黒〕　胆振国白老　㊞木下
「日本民俗写真大系 1」日本図書センター　1999
　◇p64〔白黒〕（アイヌの墓標）　北海道平取町二風谷　左はメノコクワ（女）、右はオッカヨクワ（男）のもの　㊞須藤功、1971年
「日本宗教民俗図典 2」法蔵館　1985
　◇図164〔白黒〕　設楽町田峯　左の竹は息抜き竹
　◇図167〔白黒〕　岩手県大迫町岳
　◇図170〔白黒〕　新潟県山古志村
　◇図274〔白黒〕　北海道 アイヌ　右が男 左が女
　◇図279〔白黒〕（アイヌに卒塔婆）　北海道 アイヌ
　◇図280〔白黒〕（古い墓標と新しい墓標）　北海道 アイヌ
「図説 民俗探訪事典」山川出版社　1983
　◇p343〔白黒〕（アイヌの墓標）　白老付近

## 墓標に霊屋をかぶせた墓
「日本宗教民俗図典 2」法蔵館　1985
　◇図121〔白黒〕　静岡県伊豆長岡町

## 埋葬
「日本民俗文化財事典（改訂版）」第一法規出版　1979
　◇図311〔白黒〕　東京都三宅島

## 埋葬地点を覆う竹囲い
「祭・芸能・行事大事典 下」朝倉書店　2009
　◇口絵［p47］、p1642〔写真・カラー/白黒〕　山梨県甲斐市安寺　㊞前田俊一郎

## 埋葬地に並ぶ家型の墓上施設
「民俗学事典」丸善出版　2014
　◇p513〔白黒〕　香川県三豊市詫間町志々島

## 埋葬の上に蓑笠を置く
「日本宗教民俗図典 2」法蔵館　1985
　◇図205〔白黒〕　兵庫県北淡町舟木（淡路島）

## 埋葬の後霊牌前での祝詞奏上
「日本宗教民俗図典 2」法蔵館　1985
　◇図116〔白黒〕

## 埋葬墓と参り墓との合体
「日本社会民俗辞典 3」日本図書センター　2004
　◇p1335〔白黒〕　福島県大野村

## 埋葬墓地の入口
「図説 日本民俗学」吉川弘文館　2009
　◇p97〔白黒〕　大阪府能勢町

## 埋葬墓地のいろいろ
「民俗小事典 死と葬送」吉川弘文館　2005
　◇p212〔白黒〕　京都府京田辺市　近畿地方の例 埋葬地点の木墓標とイガキの乱立する埋葬墓地
　◇p212〔白黒〕　埼玉県新座市　関東地方の例 埋葬地点の目じるしの生木と板塔婆が乱立する埋葬墓地

## まいり墓
「民俗の事典」岩崎美術社　1972
　◇p59〔白黒〕　滋賀県伊香郡余呉村

葬送・供養　　　　　　　　　　　　人の一生

### 詣り墓
「日本の生活環境文化大辞典」柏書房　2010
　◇p319-6〔白黒〕（両墓制の詣墓）　奈良県五條市原
　㊞2002年　津山正幹
「仏教民俗辞典 コンパクト版」新人物往来社　1993
　◇p356〔白黒〕
「日本民俗事典」弘文堂　1972
　◇p796〔白黒〕（両墓制）　奈良県山辺郡　埋め墓（奈良県山辺郡都祁村大字来迎寺），詣り墓（奈良県山辺郡都祁村大字来迎寺）

### マキの人たちが、野辺送りに親族が履く雪靴を作る
「写真ものがたり昭和の暮らし 7」農山漁村文化協会　2006
　◇p170〔白黒〕　新潟県山古志村（現長岡市）　㊞須藤功，昭和46年2月

### 枕団子
「日本民俗大辞典 下」吉川弘文館　2000
　◇p565〔白黒〕　岩手県宮古市　㊞山田慎也

### 枕団子（野団子）
「民俗小事典 死と葬送」吉川弘文館　2005
　◇p51〔白黒〕　岩手県宮古市　提供 山田慎也

### 枕直し
「図説 日本民俗学」吉川弘文館　2009
　◇p92〔白黒〕　埼玉県秩父市　嵐山史跡の博物館提供
「民俗小事典 死と葬送」吉川弘文館　2005
　◇p49〔白黒〕　埼玉県秩父地方
「日本民俗大辞典 下」吉川弘文館　2000
　◇図14〔別刷図版「生と死」〕〔白黒〕　埼玉県秩父地方　葬儀を復元したもの　埼玉県立歴史資料館提供

### 枕飯
「写真でみる日本人の生活全集 6」日本図書センター　2010
　◇口絵〔白黒〕　茨城県真壁郡明野町　㊞井之口章次
「写真でみる日本人の生活全集 1」日本図書センター　2010
　◇p162〔白黒〕
「写真ものがたり昭和の暮らし 7」農山漁村文化協会　2006
　◇p169〔白黒・図〕　新潟県山古志村（現長岡市）　絵・中嶋俊枝
「民俗小事典 死と葬送」吉川弘文館　2005
　◇p50〔白黒〕（墓地の枕飯）　埼玉県新座市
「日本民俗大辞典 下」吉川弘文館　2000
　◇図26〔別刷図版「生と死」〕〔白黒〕（墓地の枕飯）　埼玉県新座市大和田　㊞新谷尚紀
　◇p566〔白黒〕　埼玉県新座市大和田　墓地の枕飯　㊞新谷尚紀
「日本民俗事典」弘文堂　1972
　◇p667〔白黒〕　三重県志摩郡磯部町

### 枕飯と花
「写真ものがたり昭和の暮らし 5」農山漁村文化協会　2005
　◇p75〔白黒〕　長野県富士見町立沢　検死のために亡くなった人の遺体を並べ置いた場所に供えられた　㊞武藤盈，昭和34年8月

### また塔婆
「民俗の事典」岩崎美術社　1972
　◇p59〔白黒〕　新潟県両津市

### 松本一統の墓
「民俗資料叢書 2 志摩の年齢階梯制」平凡社　1965
　◇図21〔白黒〕　三重県鳥羽市松尾町

### 祭の日不幸のあった家では門口に縄を張る
「日本宗教民俗図典 2」法蔵館　1985
　◇図78〔白黒〕　群馬県玉村町

### 魔除けの鎌と弓矢
「日本宗教民俗図典 2」法蔵館　1985
　◇図202〔白黒〕　秋田県大館市小雪沢　墓前

### 未婚のまま他界した女性をまつる
「写真でみる日本人の生活全集 5」日本図書センター　2010
　◇p103〔白黒〕　山形市 山寺奥の院　人形や骨ぶくろなど　㊞昭和32年7月

### 水かけ着物
「図説 日本民俗学」吉川弘文館　2009
　◇p98〔白黒〕　埼玉県新座市
「民俗小事典 死と葬送」吉川弘文館　2005
　◇p138〔白黒〕（水掛け着物）　埼玉県新座市　提供 新谷尚紀
「日本民俗大辞典 下」吉川弘文館　2000
　◇図34〔別刷図版「生と死」〕〔白黒〕（水掛け着物）　埼玉県新座市片山　㊞新谷尚紀

### 水子供養
「図説 日本民俗学」吉川弘文館　2009
　◇p29〔白黒〕　京都市

### 水子供養の六地蔵
「日本宗教民俗図典 2」法蔵館　1985
　◇図320〔白黒〕　京都市

### 水子地蔵
「民俗学事典」丸善出版　2014
　◇p277〔白黒〕（奉納された水子地蔵）　紫雲山地蔵寺
「日本の生活環境文化大辞典」柏書房　2010
　◇p311-4〔白黒〕　東京都港区 増上寺　㊞2009年　今野大輔
「図説 日本民俗学」吉川弘文館　2009
　◇p81〔白黒〕　長野市
「写真ものがたり昭和の暮らし 7」農山漁村文化協会　2006
　◇p21〔白黒〕　山梨県牧丘町（現山梨市）　㊞須藤功，昭和60年1月
「日本民俗宗教辞典」東京堂出版　1998
　◇p536〔白黒〕
「日本宗教民俗図典 2」法蔵館　1985
　◇図321〔白黒〕　山梨県牧丘町上道

### 水子地蔵にそえた風車
「写真ものがたり昭和の暮らし 7」農山漁村文化協会　2006
　◇p21〔白黒〕　山形県山形市 山寺　㊞須藤功，昭和55年8月

### 御霊屋
「写真ものがたり昭和の暮らし 7」農山漁村文化協会　2006
　◇p181〔白黒〕　宮崎県西都市銀鏡　神葬の土葬　㊞須藤功，昭和58年8月

### 三日菰
「民俗図録 日本人の暮らし」日本図書センター　2012
　◇図561〔白黒〕　長崎県北松浦郡宇久島　㊞井之口章次

### 三原山に身を投げた男女の遺品山
「写真でみる日本人の生活全集 6」日本図書センター　2010
　◇p76〔白黒〕　伊豆大島　下駄と草履　昭和29年3月29日サン写真新聞

### 身元不明の溺死者供養
「日本宗教民俗図典 2」法蔵館　1985
　◇図346〔白黒〕　愛知県南知多町（日間賀島）

### 無縁塔
「宮本常一 写真・日記集成 別巻」毎日新聞社　2005
　◇図188（p34）〔白黒〕　岩手県上閉伊郡松崎村［遠野市］　㊞宮本常一，1940年［11月］

### 無縁墓
「写真でみる日本人の生活全集 6」日本図書センター　2010
　◇p142〔白黒〕　明石市　一カ所にあつめて供養される　㊞浜田正一
「宮本常一 写真・日記集成 下」毎日新聞社　2005
　◇p361〔白黒〕　広島県三原市東町 観音寺　㊞宮本常

一, 1976年

**無縁仏**
「写真でみる日本人の生活全集 5」日本図書センター　2010
◇p113〔白黒〕　[撮]柳田頂
「宮本常一 写真・日記集成 下」毎日新聞社　2005
◇p458〔白黒〕(廃車の山の横に無縁仏のアパート)　山口県柳井市→徳山市　[撮]宮本常一, 1979年3月16日
「日本民俗宗教辞典」東京堂出版　1998
◇p550〔白黒〕　高野山
「仏教民俗辞典 コンパクト版」新人物往来社　1993
◇p375〔白黒〕

**無縁仏供養**
「日本社会民俗辞典 4」日本図書センター　2004
◇p1426〔白黒〕　戦災者のため

**ムカサリ絵馬**
「祭・芸能・行事大辞典 上」朝倉書店　2009
◇p916〔白黒〕　山形県天童市 若松観音　[撮]松崎憲三
「写真ものがたり昭和の暮らし 10」農山漁村文化協会　2007
◇p217〔白黒〕(奥の院に掲げられた亡くなった家族の写真やムカサリ絵馬)　山形県山形市山寺　[撮]須藤功, 昭和56年5月
「写真ものがたり昭和の暮らし 7」農山漁村文化協会　2006
◇p52〔白黒〕　山形県山形市 山寺　昭和49年奉納　[撮]須藤功, 昭和56年5月
「日本宗教民俗図典 2」法蔵館　1985
◇図323〔白黒〕　山形市 山寺・立石寺　昭和49年奉納
◇図324〔白黒〕　山形市 山寺・立石寺　昭和20年以降奉納

**無宗教葬**
「民俗小事典 死と葬送」吉川弘文館　2005
◇p107〔白黒〕　本田技研工業創業者本田宗一郎「お礼の会」　提供 表現文化社

**無常講小屋**
「図説 日本民俗学」吉川弘文館　2009
◇p101〔白黒〕　三重県四日市市

**ムヤ(墓)の内部**
「日本社会民俗辞典 3」日本図書センター　2004
◇p1336〔白黒〕　喜界島　享保年代の無縁墓

**村墓(ミーキ墓)**
「祭・芸能・行事大事典 下」朝倉書店　2009
◇p1738〔白黒〕　沖縄県宜野座村漢那　[撮]前田俊一郎

**冥婚**
「民俗小事典 死と葬送」吉川弘文館　2005
◇p329〔白黒〕　青森県つがる市 弘法寺

**メイフクを祈る**
「写真でみる日本人の生活全集 5」日本図書センター　2010
◇p86〔白黒〕　宮城県石巻　念仏講の人達が海岸の砂上にすわってサンマ船遭難行方不明者のメイフクを祈った　[撮]昭和31年11月

**殯**
「仏教民俗辞典 コンパクト版」新人物往来社　1993
◇p379〔白黒〕

**喪主**
「民俗図録 日本人の暮らし」日本図書センター　2012
◇図533〔白黒〕　青森県西津軽郡深浦町追良瀬　[撮]櫻庭武則

**喪屋の標**
「日本を知る事典」社会思想社　1971
◇図18(p28)〔白黒〕　長野県諏訪郡

**モンガリ**
「民俗図録 日本人の暮らし」日本図書センター　2012
◇図554〔白黒〕　京都府北桑田郡
「写真でみる日本人の生活全集 6」日本図書センター　2010
◇p121〔白黒〕　京都府北桑田郡

**門中墓**
「図説 日本民俗学」吉川弘文館　2009
◇p251〔白黒〕　沖縄県読谷村
「写真ものがたり昭和の暮らし 7」農山漁村文化協会　2006
◇p208〔白黒〕　沖縄県糸満市　破風型の「幸地腹門中墓」　[撮]須藤功, 昭和56年8月
「日本社会民俗辞典 1」日本図書センター　2004
◇図版Ⅷ 沖縄(2)〔白黒〕　沖縄本島糸満町　[撮]1951年
◇図版Ⅷ 沖縄(2)〔白黒〕　沖縄本島兼城村・糸満町　[撮]1951年10月
「日本民俗写真大系 5」日本図書センター　2000
◇p130〔白黒〕　糸満市　[撮]安達浩, 1972年

**門牌**
「民俗小事典 死と葬送」吉川弘文館　2005
◇p72〔白黒〕　静岡県清水区　門口に立てる門牌
◇p72〔白黒〕　山梨県市川三郷町　膳を供えた門牌　[撮]平成7年
「日本民俗大辞典 下」吉川弘文館　2000
◇p710〔白黒〕　静岡県清水市但沼町　門口に立てる門牌
◇p710〔白黒〕　山梨県西八代郡六郷町　膳を供えた門牌　[撮]平成7年

**屋形**
「フォークロアの眼 8 よみがえり」国書刊行会　1977
◇図57〔白黒〕　茨城県筑波郡筑波町　[撮]萩原秀三郎, 昭和45年2月

**ヤキバへの道つけ**
「日本宗教民俗図典 2」法蔵館　1985
◇図19〔白黒〕　新潟県山古志村　隣り近所の女達の仕事　[撮]昭和46年

**ヤキバへ向かう**
「日本宗教民俗図典 2」法蔵館　1985
◇図33〔白黒〕　新潟県山古志村　喪主はヒタイガミに白の裃　[撮]昭和46年

**ヤキバに火がはいり燈籠にも燈がつく**
「日本宗教民俗図典 2」法蔵館　1985
◇図37〔白黒〕　新潟県山古志村　[撮]昭和46年

**ヤキバの入口の雪を掘る**
「日本宗教民俗図典 2」法蔵館　1985
◇図21〔白黒〕　新潟県山古志村　[撮]昭和46年

**ヤキバの煙突から白い煙が立ち昇って昇天する**
「日本宗教民俗図典 2」法蔵館　1985
◇図36〔白黒〕　新潟県山古志村　[撮]昭和46年

**ヤキバの側に棺を囲む門を萱でつくる**
「日本宗教民俗図典 2」法蔵館　1985
◇図23〔白黒〕　新潟県山古志村　[撮]昭和46年

**役場に死亡届を出す**
「日本宗教民俗図典 2」法蔵館　1985
◇図12〔白黒〕　新潟県山古志村　[撮]昭和46年

**焼けた骨を体位にしたがってよりわける**
「日本宗教民俗図典 2」法蔵館　1985
◇図39〔白黒〕　新潟県山古志村　[撮]昭和46年

**屋敷裏の墓地**
「日本社会民俗辞典 3」日本図書センター　2004
◇p1335〔白黒〕　岡山県上刑部村

**屋敷沿いの墓地**
「写真でみる民家大事典」柏書房　2005
◇p154-1〔白黒〕　富山県砺波市　[撮]2002年　佐伯安一

**屋敷傍の墓地**
「宮本常一が撮った昭和の情景 下」毎日新聞社　2009
◇p59〔白黒〕(屋敷のすぐ横にある墓地)　広島県安芸高田市八千代町土師　土師ダム建設予定地の民俗調査　[撮]宮本常一, 1967年12月12日～18日
「宮本常一 写真・日記集成 下」毎日新聞社　2005
◇p111〔白黒〕　広島県高田郡八千代町土師［安芸高田市］　[撮]宮本常一, 1967年12月12日～18日

**屋敷墓**
「図説 日本民俗学」吉川弘文館　2009
◇p56〔白黒〕　愛知県東栄町
「民俗小事典 死と葬送」吉川弘文館　2005
◇p182〔白黒〕　岡山県　提供 新谷尚紀
「図説 民俗建築大事典」柏書房　2001
◇写真2(p259)〔白黒〕　東京都世田谷区
「日本民俗大辞典 下」吉川弘文館　2000
◇p723〔白黒〕　岡山県　[撮]新谷尚紀
「豊穣の神と家の神 目でみる民俗神シリーズ2」東京美術　1988
◇p93〔白黒〕　千葉県市川市国分の屋敷の一角にある先祖代々の墓　荻原法子『いちかわ民俗誌』(崙書房)による
「日本宗教民俗図典 2」法蔵館　1985
◇図127〔白黒〕(山村の屋敷内の墓)　愛知県鳳来町黒沢

**屋敷畑続きにある新田集落の墓地**
「写真でみる民家大事典」柏書房　2005
◇p154-3〔白黒〕　埼玉県川越市　[撮]2004年　刊行委員会

**ヤッチノガマ**
「フォークロアの眼 8 よみがえり」国書刊行会　1977
◇小論5〔白黒〕　沖縄県島尻郡具志川村　[撮]昭和45年7月27日

**屋根裏にある墓地**
「写真でみる民家大事典」柏書房　2005
◇p154-2〔白黒〕　山形県川西町　[撮]2004年　小澤弘道

**遺言ノート各種**
「民俗小事典 死と葬送」吉川弘文館　2005
◇p232〔白黒〕

**湯灌に使う湯を庭に設けた炉で沸かす**
「写真ものがたり昭和の暮らし 7」農山漁村文化協会　2006
◇p194〔白黒〕　群馬県北橘村八崎(渋川市)　[撮]都丸十九一, 昭和55年

**雪下に埋もれた墓を掘り出す**
「日本宗教民俗図典 2」法蔵館　1985
◇図24〔白黒〕　新潟県山古志村　[撮]昭和46年

**雪下の墓を掘り出して遺骨を納めた**
「あるくみるきく双書 宮本常一とあるいた昭和の日本 20」農山漁村文化協会　2012
◇p60〔白黒〕　新潟県山古志村(現長岡市)　[撮]須藤功, 昭和46年
「写真ものがたり昭和の暮らし 7」農山漁村文化協会　2006
◇p179〔白黒〕(深い雪の下の墓前に骨箱をおさめる)　新潟県山古志村(現長岡市)　[撮]須藤功, 昭和46年2月

**ユードイ**
「日本社会民俗辞典 1」日本図書センター　2004
◇図版Ⅷ 沖縄(2)〔白黒〕　沖縄本島浦添村 尚寧王の墓所内　[撮]1951年

**横たえた臼の図をトボウグチ(玄関)に貼り、不幸があったことを告知する**
「写真ものがたり昭和の暮らし 7」農山漁村文化協会　2006
◇p194〔白黒〕　群馬県北橘村八崎(渋川市)　葬式のあと　[撮]都丸十九一, 昭和55年

**寄せ墓**
「宮本常一 写真・日記集成 下」毎日新聞社　2005
◇p468〔白黒〕　山口県大島郡久賀町［周防大島町］　[撮]宮本常一, 1979年7月24日～27日

**ヨトギ**
「日本宗教民俗図典 2」法蔵館　1985
◇図9〔白黒〕　新潟県山古志村　[撮]昭和46年

**ヨトギミマイ(弔問)**
「日本宗教民俗図典 2」法蔵館　1985
◇図8〔白黒〕　新潟県山古志村　[撮]昭和46年

**与論島の墓**
「民俗図録 日本人の暮らし」日本図書センター　2012
◇図569～570〔白黒〕(与論島の墓(1-2))　鹿児島県大島郡与論島　[撮]林義三

**ライクルケリ(死者に履かせる靴)**
「写真ものがたり昭和の暮らし 7」農山漁村文化協会　2006
◇p184〔白黒〕　北海道平取町二風谷　[撮]須藤功, 昭和49年5月
「日本宗教民俗図典 2」法蔵館　1985
◇図275〔白黒〕(ライクルケソ(死人用靴))　北海道 アイヌ

**ライクルホシ(死者の脚につける脚絆)**
「写真ものがたり昭和の暮らし 7」農山漁村文化協会　2006
◇p184〔白黒〕　北海道平取町二風谷　[撮]須藤功, 昭和49年5月

**ライクルホシ(死人用脚絆)**
「日本宗教民俗図典 2」法蔵館　1985
◇図277〔白黒〕　北海道 アイヌ

**リヤカーに乗せて墓地に到着した輿**
「写真ものがたり昭和の暮らし 7」農山漁村文化協会　2006
◇p205〔白黒〕　秋田県雄物川町(現横手市)　[撮]佐藤久太郎, 昭和46年6月

**両家の姓が刻まれた墓石**
「図説 日本民俗学」吉川弘文館　2009
◇p63〔白黒〕　埼玉県白岡町

**両墓制**
「日本の民俗 暮らしと生業」KADOKAWA　2014
◇図13-34〔白黒〕　山梨県南都留郡河口湖町　[撮]芳賀日出男, 昭和54年
「日本の生活環境文化大辞典」柏書房　2010
◇p319-5〔白黒〕(両墓制の埋墓)　奈良県五條市原　[撮]2002年　津山正幹
◇p319-6〔白黒〕(両墓制の詣墓)　奈良県五條市原　[撮]2002年　津山正幹
「図説 日本民俗学」吉川弘文館　2009
◇p102〔白黒〕　奈良県大和郡山市　埋葬墓地, 石塔墓地
◇p102〔白黒〕(両墓隣接タイプの両墓制)　滋賀県八日市市
「精選 日本民俗辞典」吉川弘文館　2006
◇p602〔白黒〕　京都府京田辺市　埋葬墓地, 石塔墓地
「民俗小事典 死と葬送」吉川弘文館　2005
◇p211〔白黒〕　京都府京田辺市　埋葬墓地, 石塔墓地
「日本民俗大辞典 下」吉川弘文館　2000
◇p804〔白黒〕　京都府京田辺市　埋葬墓地, 石塔墓地
「日本の民俗 下」クレオ　1997
◇図13-36〔白黒〕　山梨県南都留郡河口湖町　[撮]芳賀日出男, 昭和54年
「日本民俗事典」弘文堂　1972

◇p796〔白黒〕　埋め墓(奈良県山辺郡都祁村大字来迎寺),詣り墓(奈良県山辺郡都祁村大字来迎寺)

### 両墓制の三昧
「日本民俗大辞典　上」吉川弘文館　1999
　◇p736〔白黒〕　滋賀県高島郡高島町

### 両墓制の分布図
「日本民俗事典」弘文堂　1972
　◇p797〔白黒・図〕　佐藤米司作製

### 臨終
「日本の民俗　暮らしと生業」KADOKAWA　2014
　◇図13-29〔白黒〕　鹿児島県大島郡宇検村　㈱芳賀日出男,昭和32年
「日本の民俗　下」クレオ　1997
　◇図13-31〔白黒〕　鹿児島県大島郡宇検村　㈱芳賀日出男,昭和32年

### 流人の墓
「日本民俗写真大系　3」日本図書センター　1999
　◇p115〔白黒〕　東京都　新島本村　長栄寺　㈱湊嘉秀,1984年
「日本宗教民俗図典　2」法蔵館　1985
　◇図171〔白黒〕(酒好きだった流人の墓)　東京都新島本村(新島)

### 霊をとむらう人びと
「写真でみる日本人の生活全集　5」日本図書センター　2010
　◇p98〔白黒〕　北海道　函館港外の七重浜で　青函連絡船洞爺丸の遭難現場近くで肉親の霊をなぐさめようと,香花を手向ける人たち　㈱昭和29年9月
　◇p99〔白黒〕　富士山大沢雪渓で死んだ学生の遭難現場　家族の手で1膳飯・果物・水・ウィスキー・火をつけたタバコが,そなえられた　㈱昭和30年4月

### 霊牌
「日本宗教民俗図典　2」法蔵館　1985
　◇図98・99〔白黒〕　宮崎県西都市銀鏡の祖霊堂　明治以降のものが多い

### 童墓
「フォークロアの眼　8　よみがえり」国書刊行会　1977
　◇図56〔白黒〕　岩手県岩手郡葛巻町　㈱萩原秀三郎,昭和32年9月

# 地域別索引

地域別索引

## 北海道

| 項目 | 頁 |
|---|---|
| アイヌ女性の文身 | 676 |
| アイヌ人のイレズミ | 676 |
| アイヌの家屋（チセ） | 119 |
| アイヌの工芸品 | 218 |
| アイヌの酒 | 49 |
| アイヌの住居 | 119 |
| アイヌの住居の平面図 | 119 |
| アイヌの正装で結婚式をあげる二人 | 819 |
| アイヌの前額運搬習俗 | 585 |
| アイヌの前額運搬の紐と横木 | 585 |
| アイヌのメシ食いの式 | 819 |
| アイヌは高杯で酒をのむ | 110 |
| 藍畑 | 252 |
| アイヨパッチ | 218 |
| 青豇豆の乾燥 | 252 |
| 赤ちゃんのまわりを荷縄で囲っておく | 667 |
| 上げ下げ窓で飾られた洋風町家の華やかさ | 120 |
| アッシ | 3 |
| アッシを織るオヒョウの樹皮を背負って山を下る | 585 |
| アッツシ | 3 |
| アトゥシを織る老婆とアトゥシ | 465 |
| アトゥシカラペ | 465 |
| アバ | 346 |
| 網走駅前の風景 | 537 |
| 網走天都山から望む防風林 | 120 |
| アブラコ篭 | 346 |
| アマ（亜麻） | 254 |
| 海女とコンブ舟 | 348 |
| 網から魚をはずす女性たち | 349 |
| 飴屋 | 560 |
| 新巻 | 49 |
| 家を建てるときまず初めに炉の位置をきめてそこで無事に家が建つことを祈る | 702 |
| 家の守護神の神体の幣 | 718 |
| 硫黄山と川湯温泉あたりの家並み | 121 |
| イカの釣り糸を手動式のドラムで巻きあげる | 351 |
| イカ干し | 95 |
| イクパスイ | 702 |
| イコロ渡し（結納） | 819 |
| 石狩鍋 | 49 |
| 磯舟 | 353 |
| いたち捕り | 421 |
| イチイ製弓矢 | 421 |
| イナウ | 702 |
| イナウ・キケ | 702 |
| イナウケマ | 702 |
| イナウとイナウを削る古老 | 702 |
| 稲を運ぶ | 258 |
| 稲刈鎌 | 258 |
| 稲の乾燥法 | 259 |
| 芋鉋（馬鈴薯細断機） | 259 |
| イモ団子 | 50 |
| イモ団子のお汁粉 | 50 |
| イモ団子用小豆餡 | 50 |
| 入れ墨 | 676 |
| 囲炉裏端での主婦の着衣 | 4 |
| 岩村家 | 124 |
| ウウェチューイベ（飯食いの式） | 819 |
| 筌 | 356 |
| 臼（ニシュウ） | 61 |
| 臼造り鉈 | 490 |
| 臼と手杵 | 61 |
| 馬が切る畝に肥料が出て、そこに農具で小豆、大豆、大正金時などを植える | 261 |
| 馬で巻く | 358 |
| 馬の鈴 | 433 |
| 馬のセリ市 | 555 |
| 馬のセリ市での裏取引 | 555 |
| 馬の手入れ | 433 |
| 馬の草鞋 | 434 |
| 馬用かんじき | 434 |
| 海辺の作業小屋 | 358 |
| 裏庭で大根洗い | 97 |
| 浦浜と納屋 | 358 |
| 映画館 | 774 |
| 駅の売子 | 560 |
| エトゥプ | 61 |
| エムシアッ | 47 |
| 大きな炭塊を砕き送炭機で次の作業へ送る | 526 |
| 大野家 | 127 |
| オキタルンペ | 220 |
| オキタルンペ（模様入ゴザ）織機 | 493 |
| 屋外での機織や刺繍 | 469 |
| 大楽毛馬市 | 556 |
| 小樽の朝市 | 556 |
| 小樽の町並み | 647 |
| 落合家 | 129 |
| オッチケシベ | 830 |
| 帯広の朝市 | 556 |
| オヒョウの糸で布を織る | 470 |
| オヒョウの皮で績んだ糸の整経 | 470 |
| オヒョウの木の皮をはぐ | 470 |
| オホーツク海とニシン漁の網船ホツ（保津） | 361 |
| 檻の中の仔熊に餌を入れてあたえる道具 | 434 |
| 貝をとる打瀬船 | 362 |
| 海岸の納屋 | 362 |
| 廻車 | 63 |
| 開拓民に与えられた土地 | 265 |
| 買い出しに出かけた女性たちの家路 | 627 |
| 鈎銛による川猟 | 363 |
| 角巻 | 5 |
| 肩で運ぶ | 588 |
| かつぎ屋 | 588 |
| カックイ遊び | 796 |
| 金森洋物店 | 132 |
| カニを茹でて売る | 562 |
| カニクッ | 47 |
| カニ族 | 580 |
| カニのオヤツ | 51 |
| 金櫛 | 435 |
| 樺鍋 | 64 |
| カパラミップ | 6 |
| カパラミプ | 6 |
| 神々をまつる幣棚 | 771 |
| 神々をまつる幣棚 | 684 |
| カムイノミ | 111 |
| カムイノミ お祈りの様子 | 707 |
| カムイノミ（神への祈り） | 820 |
| 茅葺き屋根の民家にある玄関脇の上げ下げ窓 | 134 |
| カラサオ | 268 |
| カレイ漁船 | 366 |
| カロップ（編嚢） | 589 |
| 皮製の盆 | 65 |
| 川漁の祈り | 366 |
| カンジキ | 34 |
| カンジキ（田下駄） | 270 |
| 機械化されはじめた頃の搬出作業 | 411 |
| 北の島の中心街 | 647 |
| 北前船の係船 | 367 |
| 北見駅 | 541 |
| 狐の頭の神（アイヌの呪具） | 669 |
| 木の匙 | 66 |
| 木の筐 | 66 |
| 木彫煙草入 | 223 |
| 着物をつつんだ荷をタラで運ぶ付き人 | 820 |
| 客車内 | 541 |
| 客土を馬橇で運ぶ | 271 |
| 旧網走刑務所正門 | 659 |
| 旧金丸家 | 136 |
| 旧勝刈峠を走る蒸気機関車 | 541 |
| 旧木村家のネダイ | 137 |
| 休憩のひととき | 526 |
| 旧札幌高裁 | 659 |
| 牛乳置場 | 435 |
| 牛乳罐 | 435 |
| 弓猟 | 423 |
| 魚場跡 | 368 |
| 魚場跡の番屋 | 368 |
| 漁船の陸揚げ | 368 |
| 魚皮沓 | 34 |
| 魚網の繕い | 369 |
| キラウシパッチ | 223 |
| 近隣の人たちに祝福され花嫁は馬車に乗って嫁いでいった | 820 |
| 鎖塚地蔵尊 | 685 |
| 朽ちかけた木製ごみ箱 | 648 |
| 首飾り | 47 |
| 熊の飼育 | 435 |
| 熊彫 | 224 |
| くりぬきの食器 | 67 |
| 結婚を祝ってみんなが歌い踊る | 820 |
| 結婚する娘の腹部につけたラウンクッ（お守り紐） | 821 |
| ケリサパンホラリカムイエカシ | 685 |
| 犬魂供養塔 | 676 |
| 耕耘用トラクター | 276 |
| 耕種 | 276 |
| 広大な牧場 | 436 |
| 耕地防風林 | 277 |
| 坑内での職場集会 | 526 |
| 子を負う女 | 809 |
| 氷の切出し | 534 |
| 氷はさみ | 534 |
| 国道39号線 | 542 |
| 国道39号線のドライブイン | 543 |
| 仔熊の玩具を作る | 500 |
| コケシ | 786 |
| 木鋤で耕作する女 | 279 |
| 古代の里に復原されたアイヌ建築 | 143 |
| 凝ったデザインの西洋風建築 | 143 |
| 子供アットゥシ | 8 |
| 木挽鋸 | 413 |
| コマイ漁 | 372 |
| ゴミソ | 735 |
| 大火前に建てられた小森商店 | 143 |
| 小屋を運ぶ | 591 |
| 根釧原野で釣をする人たち | 372 |
| 根釧のパイロットファームの酪農 | 436 |
| コンチ | 26 |
| コンブを自家の乾燥場に運ぶ | 372 |
| 昆布を運ぶ籠 | 372 |
| コンブ採り | 372 |
| 昆布採り | 372 |

# 北海道　地域別索引

| 項目 | 頁 |
|---|---|
| コンブ干し | 372 |
| 昆布干し | 373 |
| コンブ漁が解禁される | 373 |
| コンブ漁の昼どき | 112 |
| 採炭現場へ向かう | 526 |
| 採炭作業を終え、やわらいだ表情で坑口に向かう労働者たち | 526 |
| 採炭作業現場 | 526 |
| サイロ | 436 |
| 砂金掘りの仕事着 | 8 |
| 搾乳 | 436 |
| サクリ板で覆った土蔵 | 144 |
| サケを突く | 373 |
| サケの定置網漁 | 373 |
| 刺網で、網に刺さったスケソウダラが次々にあがってくる | 374 |
| 刺網で鰊漁 | 374 |
| 刺網漁の水揚げ | 374 |
| 刺漁 | 374 |
| サラニップ | 591 |
| サラブレッドの牧場 | 436 |
| 「潮の花」を持って出漁する船を見送る | 670 |
| 仕掛弓 | 425 |
| 鹿角製シッタプ | 532 |
| 敷物 | 226 |
| 敷物の茣蓙編み | 502 |
| 時化で浜に打ち揚げられた鰊の大群 | 376 |
| 自在鉤 | 195 |
| シジケリ | 36 |
| シジミ採り | 376 |
| シシャモを天日に干す | 101 |
| 下町モダンの旧川合文化住宅 | 147 |
| 地鎮祭 | 521 |
| 仕留められたミンク鯨 | 376 |
| シナの木の皮を入れて運ぶ | 591 |
| 地場漁業（ニシン漁）が生み出した大規模民家 | 147 |
| 収納網 | 377 |
| 集落 | 148 |
| 種子蒔き機 | 286 |
| シュツ | 710 |
| 酒杯と棒酒箸 | 72 |
| 樹皮を剥ぐ | 478 |
| 樹皮衣 | 10 |
| 春闘勝利の垂れ幕を掲げる | 660 |
| 殖民地と移住民 | 630 |
| 除草 | 286 |
| シリケレケプ | 227 |
| 知床のウニ漁 | 379 |
| 代掻き | 287 |
| シロシ | 630 |
| ジンギスカン鍋 | 73 |
| 新興住宅地 | 151 |
| 神聖視される東側の窓 | 197 |
| シンタ | 811 |
| シントコ | 73 |
| 水田除草機 | 290 |
| 水田水路 | 290 |
| スカップ | 73 |
| 犂 | 291 |
| スキー板作り | 503 |
| 抄網 | 379 |
| すぐり鋏 | 292 |
| スケソウ漁船 | 380 |
| スケソウダラの刺網をあげるために、流氷に全速力であたりながら前進する漁船 | 380 |
| スコップ | 527 |
| ストーブ各種 | 228 |
| ストーブ展 | 570 |
| スルゴ | 710 |
| ずんぐりごま | 788 |
| 正装した古老（刺繍単衣） | 11 |
| セイピラッカ（貝下駄）を履いてチセから出てくる子どもたち | 798 |
| 全員解雇、閉山となった北炭夕張新炭鉱 | 527 |
| 戦後もハネダシがみられた海岸線 | 152 |
| 洗濯板 | 228 |
| 杣小屋 | 415 |
| そり椅子 | 799 |
| 算盤箪笥 | 571 |
| 台所 | 197 |
| タイヤキ器 | 76 |
| 大漁祈願 | 382 |
| 高台の邸宅の板谷家 | 154 |
| 駄鞍 | 599 |
| たこ帽子 | 28 |
| タシロ | 229 |
| 畳蔵 | 246 |
| 建前の祭壇 | 523 |
| タマサイ | 47 |
| 魂を呼ぶ宝矢筒（アイヌの呪具） | 671 |
| 玉槌 | 599 |
| タラ | 599 |
| タワーサイロ | 437 |
| タワーサイロと牛舎 | 437 |
| 炭鉱の住宅 | 156 |
| 炭鉱風呂 | 527 |
| 男爵芋の畑作業 | 306 |
| 炭住街の朝の体操 | 527 |
| チェプケリ | 38 |
| チエホロ・カケツ | 712 |
| チェーンソーによるエゾマツの伐採 | 416 |
| チカッポ・チコメスユプ | 712 |
| チカルカルペ | 13 |
| チシナオッ（包んだ遺体） | 840 |
| チセコロシンヌカムイ | 692 |
| チセの内部 | 199 |
| チセ（家）の前に古井戸が残っている | 211 |
| 帳場 | 572 |
| 貯蔵用魚の処理 | 104 |
| 通過儀礼の際の穀類の精白・製粉 | 818 |
| 搗物をする女達 | 308 |
| 妻入民家の並ぶ道 | 158 |
| 釣瓶 | 212 |
| 貞操帯（アイヌの守り帯） | 678 |
| 定置網を引きあげる漁師たち | 386 |
| 定置網漁 | 386 |
| 蹄鉄 | 437 |
| 蹄鉄屋 | 437 |
| 手を取り合って別れを惜しむ母と娘 | 823 |
| テシマ | 38 |
| 手甲 | 44 |
| 天井から下げ焚火の煙で燻す鮭の燻製 | 105 |
| デンチ | 14 |
| 冬期用保存食料（姥百合円盤） | 55 |
| 唐箕 | 310 |
| 塗掛箆 | 509 |
| とげつきの神（アイヌの呪具） | 694 |
| 床入りの式 | 823 |
| 嫁いで行く娘に、母親は何枚かの着物をきちんとたたんで持たせてやる | 823 |
| 嫁いで行く娘は付き人と二人で荷をかつぎ、山を越え川を渡って花婿の待つ村へ行く | 823 |
| 独航船の出港を見送る家族 | 388 |
| トマ（ござ）にねんねこを敷いて寝かされたアイヌの赤ちゃん | 811 |
| ドラム缶の風呂 | 201 |
| 長馬 | 800 |
| 長柄銚子 | 82 |
| ナガコンブを浜に広げ干す | 389 |
| 南部鍋 | 83 |
| ニカラクリ | 390 |
| 鰊釜 | 390 |
| ニシン漁家の近江家と上に見えるのは泊村から移築された旧田中家 | 162 |
| ニス | 83 |
| 担い鉤 | 603 |
| ニポポ | 790 |
| ニマ | 83 |
| 乳牛のホルスタインの品評会 | 438 |
| 入植農家の復元例 | 163 |
| 縫針入れ | 824 |
| ヌササン（祭壇） | 772 |
| ネコ板 | 527 |
| 根室本線の列車 | 548 |
| 呪いのかご（アイヌの呪具） | 672 |
| 排水のわずかな床上流し | 202 |
| 馬耕をする農夫の着衣 | 16 |
| 函館港から函館の町 | 651 |
| 函館の朝市 | 558 |
| 箱メガネを口でくわえ車櫂を足で操りコンブをとる | 392 |
| 箸入れ | 84 |
| 箸立て | 84 |
| 馬車で運動会へ | 549 |
| 馬橇で牛乳を配る | 605 |
| 馬そりによる運材 | 605 |
| 馬そりによる搬出作業 | 417 |
| 機を織る嫗 | 483 |
| 畑麦乾燥調整施設 | 321 |
| 畑作農家が始めた酪農 | 438 |
| ハッカ蒸溜分水器 | 535 |
| 薄荷用ポンプ | 535 |
| 半被 | 16 |
| 波止場の物売り | 575 |
| 花田家番屋 | 166 |
| 鼻取りで道産子馬を引きまわしながら田を起こす | 322 |
| ハナネリ（澱粉） | 56 |
| 花婿の家につくと、運んできた着物を寝室の柱に掛けて披露する | 824 |
| 花婿の食べた半分を花嫁が食べる | 824 |
| 花嫁は疲れないように小さな荷を運ぶ | 825 |
| 花嫁は必要な荷を背負い、付人とふたりで花婿の待つコタン（集落）へ歩いて行く | 825 |
| ハネダシの建物 | 166 |
| パラムリリ（遺体にかける紐） | 845 |
| パラムリリ（死体を包む紐） | 845 |
| 馬鈴 | 439 |
| 馬鈴薯植え | 322 |
| 馬鈴薯を半分に切って切り口に灰をつけ畑の窪みに落とし植え、軽く土をかぶせる | 322 |
| 馬鈴薯を掘る | 322 |
| ハン | 714 |
| 番小屋 | 394 |
| 番小屋の前の炊事場で朝飯後のかたづけをする | 394 |

| | | |
|---|---|---|
| はんてん 16 | 巻胴 551 | 鈴 241 |
| 半天 16 | 薪拾い 533 | 霊をとむらう人びと 851 |
| 半纏 17 | マキリ 825 | 煉瓦造壁体の上を漆喰で仕上げた |
| 輓馬競争 782 | 馬子の仕事着 19 | 金森洋物店 187 |
| 輓馬競馬 782 | マスのイズシ 57 | 綿入テッカエシ 23 |
| 番屋 395 | マタンプシ（鉢巻） 30 | 綿菓子売り 579 |
| 番屋建築 167 | 窓鍬 330 | ワッカケプ 409 |
| 番屋の漁師 395 | 守札 722 | 稚内港 409 |
| 挽き臼，豆腐製造具 85 | まりつきをする 802 | 輪跳び 803 |
| 樋口家の広間とワウノウチ造り 167 | ボール投げ 802 | 和風防火造町家の太刀川米穀店 187 |
| 髭箆（イクパシュイ） 714 | マリップ 402 | 和洋折衷の田中仙太郎商店 187 |
| ヒシ 56 | 丸木舟 551 | 碗・皿 94 |
| ヒシノミをとりにゆく女たち 533 | 丸木舟と操舵 552 | |
| ヒトペラ 85 | 丸太のはい積み作業 418 | **青森県** |
| 火の神 695 | 丸太は虫害を防ぐため二方向側面 | |
| 百人一首 792 | の皮をはぎとる 418 | アオマタギ 420 |
| 氷下漁 396 | 万棒 403 | 朝の早い魚市場の店番 555 |
| 漂着コンブを拾う人たち 396 | 身欠鰊の加工 109 | 遊ぶ子ども 795 |
| 拾い昆布のサオガケ 107 | 身欠ニシンのはいったそば 57 | 厚鎌 254 |
| 復元されたアイヌの住居 169 | 水掛地蔵 697 | アツシ 3 |
| 藤田家 169 | 水運び 608 | 穴掘り 828 |
| 婦人の久闊を叙する挨拶 662 | 水運び（馬橇） 608 | 編笠 24 |
| 蓋付籠 86 | 民家が風景の一部になる 177 | 網つくろい 349 |
| ぶどう蔓で作った輪を高く放りあ | 民家と防風林 177 | 洗い場 206 |
| げて，落ちてくるところを先が | ミンク鯨を仕留める沿岸小型捕鯨 | 荒縄一本で樽を運ぶ 585 |
| 二股になった棒で受け止めるア | 船 404 | アラメ採り用具 350 |
| イヌの遊び 801 | 蒸し窯 90 | アンカ 218 |
| 船箪笥 618 | ムックリを披露する 780 | 家路につくイタコ 729 |
| 船と番屋 399 | 霧笛 404 | 烏賊の鉤針 351 |
| フラフープをする 801 | 村の床屋 577 | 烏賊のカーテン 95 |
| ブリキ鋏 513 | 村の防護神として祀る幣 723 | イカ干し 95 |
| 風呂敷 238 | ムンヌイェプ 240 | イケス籠 352 |
| 分校の授業 644 | 目刺し作り 109 | 石置き屋根 121 |
| ボーイスカウトの募金運動 662 | メシ食いの式に使われるメシとそ | 石置屋根の家 121 |
| 防火用水桶 636 | れを口まで運ぶ花ばし 825 | 石を前に放り投げ，その石を両足 |
| 帽子（アイヌ） 30 | めん羊の毛を刈る 440 | ではさむように飛んでさらに前 |
| 豊漁を祈る 715 | モアのある風景 337 | へ進む 795 |
| 豊漁の船団が帰港し，ごった返す | モッコを背負ったまま傾け，なか | イジコ 806 |
| 卸市場 400 | のニシンを木箱に移し入れる 405 | 石積み 828 |
| 牧場，サイロ 439 | 木骨石造商家の旧早川支店 180 | 石屋根 122 |
| 牧草を刈る 439 | 木骨煉瓦造商店の旧共成株式会社 180 | イヅメ（エヅメ） 806 |
| 北炭第2次「合理化」人員整理に反 | 元地漁港 406 | イソブネ 353 |
| 対する女性たちの抗議デモ 527 | 木綿衣 21 | イタコ 729 |
| 北炭夕張新鉱で一大ガス突出事故 | モンペ 21 | いたこの家の祭壇 730 |
| の合同葬儀に向かう遺族たち 846 | 焼芋屋 577 | いたこの家族 730 |
| 北東の隅に家の神を祀る 697 | 簎 406 | いたこの家庭 730 |
| 北洋サケ・マス船団の出漁する港 | 屋根葺き鋏 218 | イタコの口寄せ 730 |
| で見送る家族との別れを惜しむ 400 | 山着 22 | イタコの口寄せ（イタコマチ） 730 |
| 北洋に出港の朝，しばしの別れと | 山土場から営林署の貯木場へ運ば | イタコの祭壇 730 |
| なる家族とひとときを過ごす 400 | れ，積み上げられる丸太 419 | いたこの昼食 111 |
| ホシ 40 | 山鋸 419 | イタコの入巫式 730 |
| 干し終えた身欠ニシンを箱に詰め | ヤラスウ 241 | いたこの夫婦 730 |
| る 401 | 夕張社光地区炭鉱住宅 184 | イタコの丸筒 730 |
| 干したコンブをとり入れる父子 401 | 雪の農家とサイロ 440 | イタコのヤシロ 730 |
| 保線工夫 551 | ゆり板 528 | 移築された民家 123 |
| 細帯 48 | 洋風防火造町家の金森船具店 185 | 一升樽 95 |
| 北海シマエビ漁 401 | 洋風町家の典型ともいえる藤野社 | 移動下駄屋 490 |
| 北海道開拓使時代の七重牧牛場の | 宅街 185 | イナリの神像 681 |
| 様子 439 | 横山家外観 186 | 犬の毛皮を着た人 3 |
| 墓標 847 | ヨシ葺きの家 186 | 稲干し 259 |
| ホームで駅員と郵便局員が郵便小 | よもぎ神（アイヌの呪具） 674 | いらたか念珠 730 |
| 包の送り先などを確認している 551 | よもぎの矢 674 | 祝い酒 819 |
| 法螺貝 729 | よもぎの矢を射る 674 | 祝い酒を背に，嫁どりに招かれて |
| ポロとコタンの復原建築 171 | ライクルケリ（死者に履かせる靴） 850 | ゆく 819 |
| ポンイサツケキ 88 | ライクルホシ（死者の脚につける脚 | 魚市場 555 |
| ポンチセの屋根を組む 172 | 絆） 850 | 浮子と沈子 355 |
| ポンチセの屋根を四すみの柱にの | ライクルホシ（死人用脚絆） 850 | ウサギ狩 421 |
| せる 172 | リヤカーで運ぶ 609 | うず高く積まれた薪 410 |
| マエダレ 19 | 旅館をしていた頃の横山家 583 | |
| マカヨ（フキノトウ）を放りあげて | | |
| 遊んでいる少女 802 | | |

## 青森県

| 項目 | 頁 |
|---|---|
| 歌い洗う | 208 |
| ウニ漁の小舟や納屋 | 357 |
| ウバガイ漁 | 357 |
| 産間 | 808 |
| 馬を渡す | 538 |
| 馬の口籠 | 433 |
| 馬の人形 | 702 |
| 厩 | 125 |
| 海辺の民家 | 126 |
| ウルシ | 491 |
| 漆搔鎌 | 491 |
| 漆樽 | 492 |
| ウルシの木 | 492 |
| 映画館 | 774 |
| 映画館の前でスチール写真を見る虚無僧 | 774 |
| 疫神送りの人形 | 668 |
| 絵暦 | 666 |
| エジコ | 808 |
| 胞衣塚 | 809 |
| 胞衣の供養碑 | 809 |
| エビツ | 61 |
| エブリ | 262 |
| 朸 | 262 |
| 絵馬 | 703 |
| 扇ねぷた(ミニチュア) | 784 |
| 大きな草葺き屋根の家が多い | 127 |
| 大間崎の破船 | 360 |
| 大間の町並み | 646 |
| オカブリ | 25 |
| 拝み絵馬 | 705 |
| 御高祖頭巾のいたこ | 731 |
| お籠りする老婆たち | 766 |
| オシラ神 | 731 |
| オシラサマ | 732 |
| オシラ様を祀った神棚の祠 | 733 |
| おしら宿での口寄せ巫儀 | 733 |
| オスグマを捕った時、その場でクマをまつる御幣 | 422 |
| 恐山 | 766 |
| 恐山地蔵堂と卒塔婆 | 766 |
| 恐山のイタコ | 733 |
| 恐山のイタコたち | 733 |
| 恐山の宇曽利湖畔 | 766 |
| 恐山の円通寺 | 766 |
| 恐山のこもり堂 | 766 |
| 恐山の地蔵 | 766 |
| 恐山の納骨塔 | 766 |
| 恐山の納骨塔を拝む | 766 |
| オダイジ | 733 |
| 落とし板を入れたコミセ | 243 |
| 落とし板を入れた状態のコミセ | 243 |
| 落とし板の上半部が障子になっている造り酒屋とコミセ | 243 |
| 鬼の額 | 705 |
| オフキとオフキダイ | 470 |
| お守り | 734 |
| 織りゲラの表と裏 | 4 |
| オロシ | 63 |
| 温泉小屋 | 664 |
| 温泉の共同浴場 | 664 |
| 貝を採る朝 | 362 |
| 海岸の家 | 130 |
| 海岸の納屋 | 362 |
| 海岸の家並みと丸太を用いた護岸 | 130 |
| 貝鍋 | 63 |
| カイバオケ | 434 |
| カカシ | 265 |
| カクマキ | 5 |
| カケゴ | 587 |
| 崖道を行く嫁入荷物 | 820 |
| 河口漁船 | 364 |
| 河口に設けた漁の仕掛け | 364 |
| カゴを背負う女の子 | 588 |
| カジカ漁 | 364 |
| カシワの葉の保存 | 97 |
| かずき | 5 |
| 火性三昧 | 728 |
| 風切鎌 | 668 |
| 風邪封じの手型 | 668 |
| 片口 | 64 |
| カツギ | 5 |
| かつぎ屋 | 588 |
| カッコ | 365 |
| 学校生活 | 640 |
| かつての牧 | 434 |
| カドアカシ | 831 |
| カネ下駄 | 33 |
| カネホリモックラ | 5 |
| 蚊火 | 267 |
| 蕪ツグリ | 785 |
| ガマハバキ | 33 |
| カマハリ | 528 |
| 神にまつられた石 | 685 |
| 萱運び | 215 |
| ガラガラ | 785 |
| からむし | 472 |
| 川倉地蔵堂 | 766 |
| 川倉地蔵堂の地蔵 | 766 |
| 川で洗い物 | 209 |
| ガワとガワマキ | 473 |
| ガワマキ | 473 |
| 橇 | 34 |
| カンジキ | 34 |
| 岩礁のコンブ採集 | 366 |
| 寒ぼしいも | 99 |
| 北通りの自動車道路 | 541 |
| キツネオケ | 448 |
| 木流し | 412 |
| 行商の重い荷をかついで列車を待つ | 565 |
| 漁村網元の家 | 138 |
| 漁村の民家 | 138 |
| 漁村の若者 | 628 |
| 桐箪笥 | 224 |
| 切り干しダイコン作り | 99 |
| 金魚ねぶた(ミニチュア) | 786 |
| 草刈場の境界標 | 628 |
| 草葺き屋根の集落 | 139 |
| 口寄せをしているイタコ | 735 |
| 口寄せの依頼者から供えられた米に錫杖を立てて口寄せをする | 735 |
| 首人形 | 786 |
| 供物を売る店 | 708 |
| 刳り貫き型の流し | 194 |
| 鶏舎 | 435 |
| 毛皮の行商人の露店 | 566 |
| 下校する子どもたち | 641 |
| けさこ | 833 |
| けはん | 35 |
| 現存する仙人 | 678 |
| 現代の給水配管 | 210 |
| 肥だし鍬 | 277 |
| 氷の切出し | 534 |
| ゴカゴ | 68 |
| コギン | 7 |
| コギンザシの着物 | 7 |
| 極楽が浜 | 767 |
| ゴシ | 35 |
| コシゾリ | 590 |
| コシビキで網を引く漁夫 | 371 |
| 後世車 | 833 |
| 小使当番の札 | 621 |
| 午前5時の陸奥湊駅前の市場 | 557 |
| コダシ | 590 |
| 炬燵櫓 | 225 |
| 小泊港 | 372 |
| 子どもたち | 629 |
| 木挽鋸 | 413 |
| コミセとよばれる雁木のある町並み | 143 |
| コミセのある町屋 | 143 |
| コミセの内部 | 245 |
| ゴミソ | 735 |
| ゴミソの垢離場 | 735 |
| ゴミソの修業 | 735 |
| 子守り | 810 |
| 子守りをしながらの学校生活 | 641 |
| コンブを拾う | 372 |
| コンブ採集舟の彫刻 | 372 |
| コンブとりの舟 | 372 |
| コンブ干し | 372 |
| コンブ干しの浜辺 | 373 |
| コンブ干し場 | 373 |
| サイノカワラ | 767 |
| 賽の河原 | 767 |
| 賽の河原地蔵堂 | 767 |
| サイノカワラの石積み | 767 |
| 賽の河原の石積み | 767 |
| 賽の河原のお参り | 767 |
| 材木石の載せられた小屋 | 144 |
| 材木石の載る屋根 | 144 |
| 材木石や丸石が載せられた民家 | 144 |
| サイロ | 436 |
| サイロのある酪農家 | 436 |
| 竿につけた紐で、木製の小さな舟を引く春休みの子どもたち | 797 |
| ザクリ | 9 |
| サケダル | 70 |
| サケテサゲダル | 70 |
| 座敷に増築された床の間 | 195 |
| サシコソデナシ | 9 |
| 刺子足袋 | 36 |
| 砂鉄の採掘場 | 527 |
| サンスケ | 687 |
| じうさんざくり | 9 |
| 汐を見る漁師 | 375 |
| シオゲ | 71 |
| シガ曳漁 | 376 |
| シガ曳漁の網を積んだ雪橇を引いて漁場に向かう8人の漁夫 | 376 |
| 自在鉤 | 195 |
| 死者の旅を案じて奉納した草履 | 767 |
| 49日の餅つくり | 835 |
| 地蔵 | 688 |
| 地蔵尊 | 688 |
| 地蔵に石を積む | 768 |
| 質屋 | 568 |
| 質屋の主 | 568 |
| 芝棟の家 | 147 |
| 渋沢邸の和洋並存 | 147 |
| シマイハギと呼ぶ磯舟に座る子どもたち | 377 |
| 錫杖 | 736 |
| 十三港 | 377 |
| 十三仏餅と四十九日餅 | 836 |
| 十三仏と四十九日の餅つくり | 836 |
| 集団結婚式 | 822 |

| | | |
|---|---|---|
| 集団結婚の花嫁衣装の見物に集まった娘さんやおばさん, おばあさんたち … 822 | 田植え風景 … 299 | ネマに半紙大のはめ殺し窓をもつ民家 … 163 |
| 集落 … 148 | 田植枠 … 300 | 年忌 … 843 |
| 数珠 … 736 | 田かき … 300 | 年忌に墓場へ持ってゆくものを窓や縁先から出す … 843 |
| 数珠の飾り … 736 | タキギ … 535 | 念仏入 … 843 |
| 出港する独航船 … 378 | 薪を運ぶ … 599 | 念仏入の支度 … 843 |
| 出船 … 378 | タキギニウ … 535 | 農家のマヤ … 164 |
| 出漁のイカ釣り船 … 378 | タゲタ … 301 | 農村の井戸 … 212 |
| 商店の前にいる男女 … 630 | たっつけ … 13 | 農村の民家 … 164 |
| 少年少女 … 630 | ダテケラ(粋な簑) … 13 | 野良着 … 15 |
| ジョウバ(砧) … 478 | 谷から掛樋で引いてきた用水 … 211 | 野良仕事 … 318 |
| 食用菊の花弁をむしる … 101 | 種俵を干す … 304 | 乗合馬車 … 548 |
| 女性の荷物の持ち方 … 593 | 種子浸け … 304 | ハオリ … 29 |
| シリコギ … 73 | 田の草とり … 305 | ハオリとフルシキ … 29 |
| 信号機 … 544 | 田の道で昼食 … 113 | ハキモノツクリ … 844 |
| 森林軌道 … 414 | 旅売人箱 … 572 | 博奕に鍵をかける … 714 |
| 森林軌道の線路傍らの牛 … 436 | 玉石の代わりに栗材の束を使った民家 … 155 | 箱メガネ … 392 |
| 水虎様 … 689 | 男根を祀った祠の男根を借りて病んでいる部分にあてる … 712 | ハサミにかかった狐 … 428 |
| 吸子(スッポン) … 288 | チギリ … 480 | 馬車 … 604 |
| 水車遊び … 798 | 血の池地獄, 御札をうかべて占う … 671 | バス停 … 549 |
| 水槽付き流し … 211 | チュウギ … 230 | 破船 … 549 |
| 透し杓子 … 291 | 中老連中の集会 … 633 | 馬そりのいたこ … 737 |
| スガメ … 73 | 貯木場 … 416 | 畑仕事の後片付けをし耕運機で家路につく … 321 |
| 鋤 … 291 | 沈殿した砂鉄を集める … 527 | 八幡駒 … 791 |
| スギウレ … 837 | 通学 … 643 | 葉つき塔婆 … 844 |
| 杉皮葺き屋根 … 151 | 津軽の男 … 600 | バッテラ … 393 |
| 杉皮葺き屋根の家 … 151 | 津軽の河童(シッコサマ) … 692 | 発動機漁船の船首模様 … 393 |
| 菅笠 … 27 | 津軽の漁村 … 385 | 馬頭観音 … 694 |
| 直屋 … 151 | 津軽の屋なみ … 157 | 鳩笛 … 791 |
| 雀のワナ … 426 | 辻の地蔵と百万遍碑 … 692 | 花の咲く草屋根 … 166 |
| 捨てられた古船 … 617 | 葛籠 … 231 | 花見の席に呼ばれた舞子(若い芸者) … 779 |
| ストーブのある部屋に集まる … 631 | 綴り方を書く児童 … 643 | 跳ね釣瓶井戸 … 213 |
| スベ … 37 | 土摺臼と木摺臼 … 308 | はねつるべで堀井戸の水を汲む … 213 |
| 墨壺 … 415 | 土橇 … 600 | ハネツルベと新しい二階家 … 213 |
| 炭焼小屋の概要図 … 530 | 妻入りの家が並ぶ … 157 | ハネト人形 … 791 |
| スリカメ … 74 | 吊橋 … 546 | 浜野球 … 801 |
| スリコギ … 74 | 吊橋のヤグラ … 546 | 半天 … 16 |
| スルメ出荷 … 570 | 手籠でサザエを運ぶ少女 … 600 | ヒアゲ … 85 |
| 背当て … 11 | テスリツム … 481 | ヒエ刈り … 323 |
| セイタ … 594 | 手持ちのトランク … 601 | 東通村尻屋 … 167 |
| 青年会館 … 622 | 天台宗からうけた「いたこ」の免許状 … 737 | 魚籠 … 395 |
| 青年団主催の仮装大会ポスター … 622 | 童形の地蔵さま … 692 | ビクを腰に弁当を背に磯へ行く … 605 |
| 蒸籠 … 74 | 湯治場 … 665 | ビクや腰籠を結び岩ノリをとる … 395 |
| 背負梯子 … 595 | 灯台 … 233 | ひしざし … 17 |
| 背負って運ぶ … 596 | 東北地方の火棚 … 159 | ヒシザシのミチカ … 17 |
| 背籠や腰籠にいっぱい山菜をいれて山から帰ってきた人達 … 596 | トウミ … 310 | ヒシザシマエカケ(菱刺し前掛け) … 17 |
| 雪踏 … 37 | トテ馬車の名もある乗合馬車 … 547 | ヒシサシマエダレ … 17 |
| 背中あて … 597 | トナベ … 81 | ヒシマエダレ … 17 |
| 背中当て … 597 | 土間を仕切って設けた馬屋 … 200 | 菱前垂 … 17 |
| 洗濯 … 211 | 土間にあるカマド … 201 | ヒシャク … 85 |
| 洗濯物を干す … 246 | 鳥追笠 … 28 | 非常出勤する村の消防団 … 635 |
| 宣徳火鉢 … 228 | 鳥笛 … 790 | 引っ張り餅 … 845 |
| 前面に二階を増設した芝棟の家 … 152 | 苗じるしを立てる … 313 | 人に祟った動物たちの絵馬 … 714 |
| ゼン(膳)・ワン(椀)の収納箱 … 75 | 長着 … 14 | 火の見櫓 … 635 |
| 喪家の女性たちがフロシキを裏返しにしてかぶる … 838 | ナベ … 82 | 火の見櫓をのせた公民館 … 635 |
| 造船 … 381 | 納屋とコンブ干し … 390 | 火の見櫓とうず高く積まれた薪 … 635 |
| 増築された床の間 … 197 | 苗代 … 315 | 百人一首かるた … 792 |
| 葬列 … 839 | 苗代かき … 315 | 百人一首取札 … 792 |
| 袖無 … 12 | 南部サシコギン … 15 | 百万遍の念仏 … 772 |
| 卒塔婆 … 839 | 南部菱刺法被 … 15 | 百軒長屋 … 168 |
| 橇 … 415 | 南部めくら暦 … 667 | 広間型民家 … 168 |
| 橇 … 598 | 荷揚げ用背負板使用の一例 … 602 | フゴミモモヒキ … 17 |
| ソリで木材を運ぶ … 415 | 新墓 … 842 | 物々交換 … 558 |
| 大規模な民家 … 153 | 荷を担ぐ女性 … 602 | 不動絵馬 … 715 |
| タイの地曳網を曳きに行く女たち … 382 | 荷を運ぶ行商人 … 574 | 船揚機 … 396 |
| 堆肥運搬用橇 … 296 | ニシン長者の家 … 162 | 船小屋 … 397 |
| 田植姿 … 12 | 担い籠 … 603 | 船小屋と船 … 397 |

# 岩手県　地域別索引

| 項目 | 頁 |
|---|---|
| 船造り | 524 |
| 船に馬を乗せて旧馬淵川（八戸工業港）を渡る | 550 |
| 布海苔を採る | 399 |
| 踏鋤とその使用例 | 326 |
| 冬には井戸に屋根をつける | 213 |
| 冬の竜飛崎 | 399 |
| 冬の野菜貯蔵 | 107 |
| フルイ | 327 |
| フロシキ | 30 |
| フロシキカブリ | 30 |
| フロシキボッチ | 30 |
| フンゴミ | 18 |
| 柄枡 | 584 |
| 勉強する | 644 |
| 便所 | 204 |
| 防波堤の代わりに置いてあった古い木造船が朽ちて沈んだ残がい | 619 |
| ホオノハ | 108 |
| ホシ | 40 |
| 干し菊作り | 108 |
| 干し鱈 | 108 |
| 墓前の供物 | 846 |
| 墓前の花 | 846 |
| 仏降ろしをしているいたこ | 738 |
| 梵天（ご幣） | 716 |
| マイワイの裾模様 | 18 |
| 前掛糞 | 18 |
| 曲屋の原型的民家 | 173 |
| 薪の壁と小さな祠 | 619 |
| 間口30メートルの家 | 173 |
| マグロの一本釣り | 402 |
| 孫を負ぶって北洋に出漁する漁船員の息子を見送る | 402 |
| 鉞 | 418 |
| 枡 | 584 |
| 町の通り | 652 |
| 町場の民家 | 173 |
| マトリ | 330 |
| 豆打ち棒 | 331 |
| 丸木底の磯舟 | 402 |
| マルキブネ | 551 |
| 箕 | 332 |
| 巫女 | 739 |
| ミジカ | 19 |
| 水揚げされたたくさんのスケソウダラ | 403 |
| 水汲み場 | 214 |
| 水につかった森林軌道の線路脇で洗濯 | 250 |
| 水につける（籾つけ） | 333 |
| 味噌つき | 454 |
| 道中央に用水路 | 552 |
| 糞 | 20 |
| ミノカサ | 20 |
| 三幅前掛 | 20 |
| 民家 | 175 |
| 民家の間取り | 178 |
| 虫送り大会の昼どき | 115 |
| ムダマ | 525 |
| むつ市高梨の家並み | 179 |
| 棟上祝の撒き餅を拾った子供たち | 525 |
| 村を出ていく人を見送りにきた人達 | 637 |
| 冥婚 | 849 |
| 飯櫃 | 91 |
| メンコ | 793 |
| 喪主 | 849 |
| モックレ（芝棟）に横板張り外壁の民家 | 180 |
| 喪服 | 21 |
| 焼いもをリヤカーで売り歩く | 577 |
| ヤギと軍艦 | 440 |
| 屋敷神 | 698 |
| ヤスツキ（鱒とり） | 406 |
| ヤッカリ | 608 |
| ヤナ | 406 |
| 屋根葺き | 217 |
| ヤマガタモンペ | 22 |
| 山ぎわの畑から青菜をつんできた女性 | 340 |
| ヤマザクラの樹皮製袋型容器 | 240 |
| 山の神 | 699 |
| 夕焼の下で農作業に精を出す | 341 |
| 雪あそび | 803 |
| ユキグツ | 41 |
| 雪印乳業田名部工場 | 440 |
| 雪ぞりに木材を積んで貯木場まで運ぶ | 420 |
| ユスリ | 341 |
| 弓 | 741 |
| 弓を打ちながら口寄せを行う | 741 |
| 弓を使い口寄せをする | 741 |
| 弓を鳴らす竹の矢 | 741 |
| 弓を張る | 741 |
| 弓の組み立て | 741 |
| 弓の使用 | 741 |
| 弓の台箱 | 741 |
| 湯沸し | 93 |
| ヨコタ籠 | 609 |
| ヨコタ籠の背負い方 | 609 |
| 嫁入道具を背負ってゆく | 826 |
| ヨメオクリ | 827 |
| 嫁どりの日の道つくり | 827 |
| 嫁のスネカジリ | 827 |
| 嫁迎え | 827 |
| 嫁迎えに出向く | 827 |
| ヨリメヒロイ | 407 |
| らいまんげた | 41 |
| 酪農集落 | 440 |
| 陸揚げした舟と納屋 | 408 |
| リヤカーに大きなかまどをのせて、サツマイモを焼きながら町をまわる焼芋屋 | 578 |
| 流木を拾うために川岸に立っている少年 | 533 |
| 霊魂が赴くとされる霊場 | 770 |
| 連絡船 | 553 |
| 老人クラブで歌い踊る | 781 |
| 漏斗 | 93 |
| 炉金 | 242 |
| 六部 | 770 |
| 炉と流し台 | 206 |
| 若者連中 | 624 |
| 湧水の共同井戸で洗濯をする | 215 |
| 渡船 | 409 |
| 綿帽子 | 31 |
| 藁で作ったミノ | 23 |
| ワラテブクロ | 44 |
| 藁人形のヤメボイ | 674 |
| 藁葺き屋根の集落 | 188 |
| 藁葺き屋根の農家 | 189 |

## 岩手県

| 項目 | 頁 |
|---|---|
| アイの葉モギ | 252 |
| 青刈りのトウモロコシ | 252 |
| あくとがらみ | 32 |
| 朝市でいろいろな物を買いこんで，竹細工のおじさんのところで一休みしながらすわり話 | 585 |
| 麻糸をまく竹籠製のガワ | 465 |
| 麻織りの仕上げ（干し） | 465 |
| 麻皮の乾燥 | 465 |
| 麻の乾燥 | 465 |
| 麻の収穫 | 252 |
| 麻の種とり | 252 |
| 麻の種播き | 252 |
| 麻の葉打ち | 252 |
| 麻畑のスキ踏み | 252 |
| 麻蒸し | 465 |
| 足駄（酒造用） | 447 |
| 足半（奉納） | 701 |
| 足半（疱瘡神送り） | 667 |
| アシナカの鼻緒の結び方 | 32 |
| 足踏み米研ぎ | 447 |
| 足踏脱穀機 | 253 |
| 小豆の豆打ち | 253 |
| 畦ぬり | 253 |
| アブノマナコ（虻の眼） | 254 |
| 油しめ | 59 |
| 海女 | 347 |
| あみ笠 | 24 |
| アミガサ | 24 |
| 編笠 | 24 |
| アラキ跡 | 254 |
| アラギオコシの様式（模式図） | 255 |
| アラキスキ（荒起鋤） | 255 |
| アラギスキ | 255 |
| アラキスキの種類 | 255 |
| アラキ踏み | 255 |
| アラキ用のスキ | 255 |
| アラクから常畑となり、戦後に水田となった例 | 255 |
| アラクの中心地であった判官山 | 255 |
| アラク畑 | 255 |
| 荒物雑貨屋 | 560 |
| 泡消し | 447 |
| アワトオシ | 255 |
| アワビ漁にでているサッパ舟 | 351 |
| 行脚中の巫子 | 729 |
| 医院の建物 | 658 |
| 家氏神 | 680 |
| 家と屋敷 | 120 |
| 家の外に積まれた薪 | 242 |
| 筏流し | 410 |
| イカの加工 | 94 |
| 石臼と呉汁をこす布とザル | 95 |
| 石臼による籾ずり | 256 |
| 石を積んで水をため、子どもたちの水遊び場を作る | 625 |
| 石垣の上に納屋・土蔵・入母屋茅葺き屋根の曲屋が建つ千葉家 | 122 |
| 石神の大家族 | 242 |
| 石神の大家族の家屋 | 122 |
| イジコ | 806 |
| 石屋根 | 122 |
| 移植型 | 256 |
| イズメ | 806 |
| イズメに入れられた赤ちゃん | 806 |
| 板馬 | 783 |
| イタコ | 729 |
| イタヤで編む | 490 |
| 一木づくりのクワ台 | 257 |
| 一升墨打栓機 | 447 |
| 一斗樽 | 447 |
| 移動可能な戸棚 | 219 |
| 糸撚り | 468 |

| | | |
|---|---|---|
| 稲作風景 257 | オシラサマ信仰 733 | キッカラボッコ 786 |
| イナムラ 257 | オシラサマの掛軸 733 | 狐台 448 |
| 祈り 702 | オシラの中身 733 | 祈禱 734 |
| 居間 190 | オシラボトケ 733 | 木呑 448 |
| 入れ子曲わっぱ 60 | オダイジ 733 | 木のモッコ 271 |
| 囲炉の鉤 190 | オ田ノ神ヲ休マセル 264 | 木鉢 66 |
| 囲炉裏 190 | オ田ノ神ノ田 264 | キビの脱穀 271 |
| インツコ 806 | 鬼櫂 448 | 旧街道のおもかげ 541 |
| ウグイス 447 | 鬼蓋 448 | 旧菊池家住宅 137 |
| 牛市の日 432 | 主屋と付属屋が調和する屋敷 129 | 牛舎の絵馬 707 |
| 牛市の日 555 | オヤオシラサマ 734 | 旧中村家住宅のウダツ 137 |
| 牛部屋と蒼前さま 433 | オヤツを食べる 111 | 橋上市場 556 |
| 臼 61 | 形型 448 | 漁場めざして出港 368 |
| 臼と杵 61 | かいこの霊供養塔 675 | 漁村の女達の礒掃除 369 |
| 臼と手杵 260 | 解体されるコイワシクジラ 362 | 漁夫 369 |
| ウチガミの茅づと造りの仮宮 681 | 開拓地の農家 131 | 切り上げの中二階をもつ千葉家の主屋と曲屋 138 |
| 打ち棒 261 | 改良竈 192 | 桐馬 786 |
| ウニ漁 357 | カカシ 265 | キリカエバタケのウネタテ 272 |
| 畝子作業「雁づれ」 261 | 案山子 265 | 切紙（鯛・俵・升・銭） 707 |
| 畝子の大カマ 261 | 柿もぎをする 531 | 金肥（化学肥料）まき 273 |
| うねに大根の種をまいて棒で鎮圧して、じょうろで水をやる 261 | カゴ 587 | クギを使わぬ門 139 |
| 馬市 555 | カコベ 588 | 草刈りカマ 273 |
| 馬を洗う 433 | 菓子櫃 64 | 草取り 273 |
| 馬押し 261 | カシマサマ 668 | 草野球 781 |
| 馬刺しの針 433 | 粕切 448 | 櫛（牛馬の手入れ用） 435 |
| 馬と牛の放牧 433 | かすぶ 588 | クチカゴ 435 |
| 馬と男の子 433 | カゼトオシ 64 | 口かご 435 |
| 馬の代掻き 261 | 型紙 495 | 口寄せ 735 |
| 馬の埋葬 433 | 型田植 266 | 首木 435 |
| 馬まわし 261 | 片口 64 | 首人形 786 |
| 厩にかぶと造りの茅葺き屋根をもつ曲屋 125 | カッチキ 267 | クビリウシ 67 |
| ウミオケ 469 | カッチャ 267 | 熊手 274 |
| 海で死んだものの供養碑 829 | かつてのアラキバ 267 | 熊手 448 |
| うるしかき 491 | 河童型の交番 659 | 汲み出し 448 |
| 漆掻き 491 | 河童神の祠 683 | 栗拾い姿 7 |
| 漆搔及び漆塗工具 491 | カッパの手型と称せられるもの 678 | 車田植え 274 |
| 漆掻き 殺掻法 491 | 門口に積んだ薪 244 | クロヌリ 275 |
| うるしつぼ 492 | カノガリ（下刈り）のナタカマ 267 | クロの草刈り 275 |
| ウワシロ（上代）カキ 261 | かばみ 588 | クワ 275 |
| 駅伝レースを見る少年 796 | かぶ切り 435 | 鍬 275 |
| 疫病人形送り 668 | 壁に竹細工の道具が並ぶ仕事場 495 | 毛皮の仕事着 7 |
| 絵暦 666 | カマ 267 | 気仙大工の仕事 521 |
| エジコ 808 | 鎌 411 | ケタビ（毛足袋） 35 |
| 絵馬 703 | 鎌型 534 | 煙出しをもつ曲屋 141 |
| 絵馬（魔除け） 668 | カマガミサン 684 | ケラ 7 |
| 縁側 126 | かまど 448 | ケラミノ 7 |
| エンツコ（イズメコ） 668 | かまどと大釜 193 | 小岩井農場 436 |
| 煙突 447 | 鎌による稲刈り 268 | 「御祝い（ごいわい）」の唄を受ける厄年のふたり 817 |
| オオアシ 262 | 釜場 448 | 耕運機の売りこみ 276 |
| 大足 263 | 神棚 684 | 郷倉 629 |
| 大櫂 447 | 神棚の切紙 706 | 麴分司 449 |
| 大櫂入れ 447 | 茅葺屋根の農家 134 | 麴室への麴用蒸し米の搬入 449 |
| 大釜 447 | 通い徳利 65 | 耕地を耕す人と馬 277 |
| 大きな竹籠もある雑貨屋 561 | カラクワ 268 | コウリ 225 |
| 大きな曲り屋 127 | からし場風景 448 | コエカギ（肥鍵） 277 |
| 大槌 447 | カラマツを植林した焼畑跡地 411 | 肥かき 277 |
| 大盤 447 | 刈敷 269 | 肥がき 277 |
| オカミサマの祭壇 731 | カルチベータ 269 | コエカゴの一方の負縄を袖からはずし堆肥を落とす 590 |
| オガミサマ 731 | ガワ 473 | こえぞり 277 |
| 屋外食事 111 | 川遊び 796 | 肥橇 277 |
| オグソ取り（オヒキ） 263 | カン 411 | 小鎌 278 |
| 桶洗い 447 | がんぎ（屋根葺き道具） 216 | 穀物貯蔵セイロウ 68 |
| 桶直し 447 | カンジキ 34 | コケシ 786 |
| オコナイサマ 731 | 看板 448 | コケシの胸模様 786 |
| 折敷膳 62 | 機械藁 448 | 漉し器 278 |
| オシラ 731 | キクザル 66 | 甑 449 |
| オシラ神 731 | 木具膳 66 | 甑倒し 449 |
| オシラサマ 732 | 木地ひき 498 | |
| | 木槌 448 | |
| | 木摺臼 271 | |

岩手県　地域別索引

| 項目 | 頁 |
|---|---|
| 瓶倒し後の記念写真 | 449 |
| 瓶倒し終了後の宴席 | 449 |
| 瓶倒し終了後の記念撮影 | 449 |
| 瓶倒しのお膳 | 449 |
| コシピリ | 7 |
| 腰蓑 | 7 |
| 後生車 | 833 |
| 小槌 | 279 |
| 小袖の海女 | 371 |
| 子宝祈願 | 708 |
| コダシ | 590 |
| コダス | 590 |
| 炬燵にて | 195 |
| コッキビダンゴ | 52 |
| 子供の服装 | 8 |
| 子供郵便局 | 641 |
| コナッパリ（小縄張り） | 279 |
| 子墓 | 834 |
| コビルの後始末 | 112 |
| コブクロ（小袋） | 817 |
| 独楽 | 449 |
| こみ桶 | 449 |
| 込桶 | 449 |
| 米揚笊 | 69 |
| 米俵 | 449 |
| 米搗き | 449 |
| 米の出荷 | 280 |
| 米運び | 449 |
| 小屋稲架 | 280 |
| 衣川の集落 | 144 |
| 金勢様 | 687 |
| コンブ漁 | 373 |
| コンベ | 35 |
| ゴンベイ | 36 |
| 西国順礼塔 | 767 |
| 採草地の火入れ | 436 |
| 賽の河原 | 767 |
| 境縄 | 281 |
| 『酒桶丈量手扣帳』 | 449 |
| 魚屋 | 567 |
| 酒袋 | 449 |
| 酒桝 | 449 |
| 酒屋働き出立装束 | 8 |
| 盛の朝市 | 557 |
| 座棺を埋葬するとき白紙を解いて墓穴に投げ入れる | 834 |
| 鮭網漁 | 373 |
| 提げ籠 | 70 |
| 酒の出荷 | 449 |
| 酒司 | 449 |
| 酒杓 | 450 |
| 鮭漁 | 374 |
| 冷まし | 450 |
| ザル | 70 |
| 笊載せ掛場 | 450 |
| さんかくつつ | 282 |
| 三角ハロー | 282 |
| 山間の集落 | 145 |
| 桟木 | 450 |
| 算木・筮竹と笏 | 735 |
| 山菜採り | 531 |
| 3歳馬のせり市 | 557 |
| 三三九度 | 822 |
| 蚕種催青器 | 459 |
| 山村の駅頭の薪の山 | 532 |
| 山村の畑 | 283 |
| 山村の夕食 | 112 |
| さんだわら作り | 501 |
| 散粉機 | 283 |
| 三本クワ（万能） | 283 |
| 塩の道の宿屋 | 580 |
| じき樽 | 283 |
| シゴモ（着蓑） | 9 |
| 自在鉤 | 195 |
| 鹿踊り（郷土玩具） | 787 |
| 鹿踊供養碑 | 771 |
| 雫石あねこ | 9 |
| 自治する兄妹 | 629 |
| 志ちや | 568 |
| 地頭の家 | 147 |
| 地頭の家　名子の集まる下台所 | 629 |
| 四斗樽 | 450 |
| 地主の田植え | 285 |
| 芝棟 | 147 |
| シバレイモの乾燥 | 101 |
| シマダクワ | 285 |
| 凍豆腐 | 101 |
| 凍餅 | 53 |
| 締木 | 450 |
| しめしばち | 71 |
| 下台所 | 196 |
| 杓 | 450 |
| 笏を持って祈禱する盲僧 | 736 |
| シャクシ | 285 |
| シャクシ（三角のクワ） | 285 |
| シャクシの使い方 | 285 |
| 十王堂 | 754 |
| 収穫直前の麻 | 285 |
| 集合住宅 | 245 |
| 住宅と客応待の方式 | 630 |
| 集団結婚式 | 822 |
| 集団就職 | 630 |
| 酒宴 | 822 |
| じゅずと袈裟 | 736 |
| 酒造祈願棟札 | 450 |
| 酒造工程で使われる桶 | 450 |
| 酒造店舗 | 569 |
| 『酒造秘伝書』 | 450 |
| 『酒造夫共蓄社連名簿』 | 450 |
| 酒造米搬入 | 450 |
| 出立する支度を終えた孫娘に、祖母は最後までこまごまと注意を与えつづけた | 822 |
| 出漁 | 378 |
| 手動ポンプ | 450 |
| 樹木葬 | 836 |
| ショイカゴ | 592 |
| 背負こだし | 592 |
| ショイモッコ | 593 |
| ショイモッコの背面 | 593 |
| 正直台 | 450 |
| 条播器による条播と鎮圧器による種籾の鎮圧 | 286 |
| 常畑 | 286 |
| 常畑のスキ踏み | 286 |
| 常畑用のスキ | 286 |
| 小文庫 | 227 |
| 小便つぎ | 286 |
| 浄法寺塗り椀 | 72 |
| 正法寺椀 | 72 |
| 醬油瓶入れ | 72 |
| 職場の昼食 | 112 |
| 女子労働の姿態 | 10 |
| 除草機による草とり | 287 |
| ジョレン | 287 |
| 次郎箸 | 451 |
| 代掻き | 287 |
| 代ごしらえ用具 | 288 |
| 親族の履物に白紙が結んである | 837 |
| シンベイ | 36 |
| 神幣 | 725 |
| 神馬〔護符〕 | 720 |
| 人力用回転中耕除草機による除草 | 288 |
| 水車 | 289 |
| 水車小屋 | 289 |
| 水車小屋あと | 289 |
| 水田除草の服装 | 11 |
| 水田地帯にそびえる農協のサイロ | 436 |
| 水嚢 | 451 |
| スキ | 291 |
| 鋤 | 291 |
| 犂 | 291 |
| スキ・クワ・シャクシ | 292 |
| スキとカマ | 292 |
| 杉の葉を集めて丸めた等 | 451 |
| スキ踏みによる土の移動 | 292 |
| 頭巾姿の娘 | 27 |
| 掬い籠 | 73 |
| 菅笠の下に冠る手拭 | 27 |
| 漬米取り | 451 |
| 漬米水切り | 451 |
| すどり | 292 |
| 滑り止め | 37 |
| 炭を運ぶ | 594 |
| 炭窯 | 529 |
| 炭出し | 529 |
| 炭俵を編む | 503 |
| 炭俵作り | 503 |
| 墨壺入 | 415 |
| 炭引き鋸 | 529 |
| 炭焼き | 529 |
| 炭焼小屋の水場 | 211 |
| 炭焼人 | 530 |
| 炭焼き生活 | 530 |
| 相撲をとる | 798 |
| 篠竹で易をたてる盲僧 | 736 |
| 背負いかご（運搬用） | 594 |
| 背負籠 | 595 |
| 背負籠をかついで帰る | 595 |
| 背負籠作り | 503 |
| 背負ダスターによる粉剤散布 | 293 |
| 背負梯子 | 595 |
| 背負袋 | 596 |
| 背負嚢 | 596 |
| 背負もっこ | 596 |
| 背負もっこで堆肥を本田に運ぶ | 293 |
| 背負うカゴ | 596 |
| 背負うタゴ | 596 |
| 背負って運ぶ | 596 |
| 石油ランプの下での夕食 | 113 |
| 瀬戸暖気樽 | 451 |
| 瀬戸樽 | 451 |
| 背中当て | 597 |
| 施肥 | 293 |
| 仙岩峠のお助け小屋 | 661 |
| 1930年代の機織り | 479 |
| 仙台ムジリ | 11 |
| 千歯扱き（脱穀）作業の着衣 | 11 |
| 千歯扱きによる脱穀 | 294 |
| センバン | 75 |
| 造花売り | 571 |
| 槽掛け | 452 |
| 添水唐臼 | 294 |
| 蒼前神社境内の絵馬を売る店と雫石姉御 | 711 |
| 双用一段犂による牛耕 | 294 |
| 双用二段犂による馬耕 | 295 |
| 草履 | 37 |
| 造林カマ（大） | 295 |
| 葬列 | 839 |

| | | |
|---|---|---|
| 添え仕込み ……………………… 452 | 千葉家住宅 ……………………… 156 | 床もみ …………………………… 453 |
| ソバの収穫 ……………………… 295 | 千葉家の床の間と違い棚 ……… 199 | 土佐の一本釣り ………………… 388 |
| 杣小屋 …………………………… 415 | 昼食を背にして野良へ行く …… 600 | 年祝い …………………………… 818 |
| そま小屋のそま夫 ……………… 415 | 鳥害防止の網がかけられたコッキ | 年祝いのコブクロ（小袋） …… 818 |
| ソーリ …………………………… 295 | ビ ……………………………… 307 | 泥鰌筌 …………………………… 388 |
| 橇 ………………………………… 598 | 帳場机 …………………………… 573 | 土葬 ……………………………… 841 |
| 大家族 …………………………… 246 | 搗き臼 ……………………………… 79 | 土葬した墓の前で手を合わせる … 841 |
| 大家族の住む主屋 ……………… 153 | 月の輪 …………………………… 452 | 嫁ぎ先へ向かう ………………… 823 |
| 大根を運ぶ ……………………… 598 | 継接の着物 ……………………… 231 | 徳利 ……………………………… 453 |
| 大根葉の乾燥 …………………… 103 | 突き漁 …………………………… 385 | 突手神様 ………………………… 694 |
| 大社教教師合格証書 …………… 737 | 搗輪 ……………………………… 452 | トテ馬車 ………………………… 581 |
| 大正時代の服装 …………………… 12 | 繕い ……………………………… 247 | 胴蓋（鬼蓋） …………………… 453 |
| 大豆の収穫 ……………………… 296 | 漬米かすり ……………………… 452 | 土間 ……………………………… 200 |
| 大豆畑 …………………………… 296 | 土入機 …………………………… 308 | トラボウをかぶったマタギ ……… 28 |
| 堆肥を運ぶ ……………………… 296 | 土そり …………………………… 600 | 鳥除けにカラスをつるす ……… 312 |
| 田植え …………………………… 297 | ツトッコミョウジン …………… 692 | ドングリのアク抜き …………… 106 |
| 田植衣裳 …………………………… 12 | つまご …………………………… 452 | どんぶり …………………………… 82 |
| 田植縄利用 ……………………… 299 | ツム ……………………………… 480 | 苗かご …………………………… 313 |
| 田植えの昼どきの昼寝 ………… 299 | つるはし ………………………… 308 | 苗じるし ………………………… 313 |
| 田植の方向 ……………………… 299 | 釣瓶 ……………………………… 452 | 苗背負い樽 ……………………… 313 |
| 田植枠利用 ……………………… 300 | 手洗い米研ぎ …………………… 452 | 苗塚 ……………………………… 313 |
| 田打ち …………………………… 300 | 手洗い米研ぎ準備 ……………… 452 | 苗取り …………………………… 313 |
| 田打ちの方向 …………………… 300 | 手洗水溜桶 ……………………… 452 | 苗運び …………………………… 314 |
| 田打ちの方法 …………………… 300 | 手洗水溜桶蓋 …………………… 452 | 苗ばわら ………………………… 314 |
| 田返し …………………………… 300 | 定期診断の日、姑が孫を連れてき | 鳴輪 ……………………………… 437 |
| 田搔き（牛） …………………… 300 | て診断を受けている ………… 811 | なた ……………………………… 416 |
| 焚きつけに使う細い木枝などを用 | 定置網を引き揚げる …………… 386 | 鉈のさや ………………………… 417 |
| 意する ………………………… 246 | 定置網漁 ………………………… 386 | 夏囲い蔵 ………………………… 453 |
| 竹網口籠 ………………………… 437 | テウエ ……………………………… 43 | 夏囲い用囲い桶・春 …………… 453 |
| 竹を割る道具 …………………… 505 | 手押除草機を入れた桶を背負って | 縄っ張り田植 …………………… 315 |
| 竹かごに入れたりんごをてんびん | 田へ行く ……………………… 309 | 鍋（灯火用） …………………… 234 |
| 棒で運ぶ ……………………… 599 | 手代木 …………………………… 481 | ナメ ……………………………… 428 |
| 竹行李作り ……………………… 505 | 手摺り櫂 ………………………… 452 | 納屋を増築してコの字状にした曲 |
| 竹細工の道具 …………………… 505 | テッポ ……………………………… 13 | 屋 ……………………………… 162 |
| 竹細工屋の倉庫を埋めたコメザル | 手取り除草 ……………………… 310 | 苗代から本田への天びん棒で苗運 |
| とマゲザル …………………… 506 | 手びきろくろ …………………… 508 | び ……………………………… 315 |
| 試載せ掛場 ……………………… 452 | 手馬鍬による人力代かき ……… 310 | 苗代のエジキ …………………… 316 |
| 立ち話し ………………………… 632 | 手間溜 …………………………… 452 | 縄張り田植 ……………………… 316 |
| 駄付もつこ ……………………… 599 | 手マンガン ……………………… 310 | 南部釜師 ………………………… 511 |
| 脱穀用具 ………………………… 302 | 手元俵 …………………………… 452 | 南部杜氏協会 …………………… 453 |
| タテウスとテギネ ………………… 77 | 田楽豆腐 …………………………… 55 | 南部曲屋 ………………………… 162 |
| 建具のないニワとダイドコ（広間） | 天びん棒 ………………………… 601 | 南部めくら暦 …………………… 667 |
| の境 …………………………… 199 | 澱粉製造機 ………………………… 80 | 南部盲暦 ………………………… 667 |
| 種井戸 …………………………… 211 | 天間山神 ………………………… 692 | 荷鞍 ……………………………… 602 |
| 種籠 ……………………………… 304 | ドウウス（胴白）と手杵 ……… 310 | ニグラハフとよばれる煙出し … 162 |
| タネダラ ………………………… 304 | 闘牛 ……………………………… 782 | ニケラ …………………………… 602 |
| 種漬け …………………………… 304 | 唐鍬 ……………………………… 310 | 荷ゲラ …………………………… 602 |
| 種半切り ………………………… 304 | とうし ……………………………… 80 | 荷担桶 …………………………… 453 |
| 田の石拾い ……………………… 305 | とうし …………………………… 310 | 担い樽 …………………………… 317 |
| 田の形態 ………………………… 305 | ドウシ ……………………………… 80 | 荷担棒 …………………………… 453 |
| 田の中の墓地 …………………… 840 | 同族氏神 ………………………… 772 | 荷馬車鞍 ………………………… 603 |
| 煙草入 …………………………… 229 | 同族氏神とコモリヤ …………… 772 | 乳牛 ……………………………… 438 |
| 煙草の葉をわら縄に連ねて干す … 442 | 同族氏神の行屋 ………………… 772 | 布帯を荷縄にして荷を運ぶ …… 603 |
| 煙草葉の天日乾燥 ……………… 442 | 豆腐を切る ……………………… 105 | ねうちつつ ……………………… 317 |
| 田びえを抜く …………………… 305 | トウフカゴ ………………………… 81 | ネコガキ ………………………… 603 |
| 田舟 ……………………………… 305 | 豆腐作り ………………………… 105 | ネコシット ……………………… 603 |
| 霊屋 ……………………………… 840 | 豆腐田楽を焼く ………………… 105 | ネッパリ木 ……………………… 772 |
| 試桶 ……………………………… 452 | 豆腐挽き道具（石臼・半切り桶・バ | 農家 ……………………………… 163 |
| 樽詰め …………………………… 452 | ケツなど） ……………………… 81 | 農家の外便所 …………………… 164 |
| 樽詰漏斗 ………………………… 452 | 豆腐枠 ……………………………… 81 | 農業高校内パン売場の昼休み … 644 |
| 俵編み機による俵作り ………… 507 | 豆腐枠のふた ……………………… 81 | 農繁期の給食 …………………… 634 |
| 俵締め機による米俵作りと秤量 … 507 | 東北新幹線の高架 ……………… 547 | 野田港 …………………………… 390 |
| 暖気樽 …………………………… 452 | 東北の農村 ……………………… 247 | ノタリと三本鍬 ………………… 318 |
| 暖気樽抜き ……………………… 452 | トウミ …………………………… 310 | 野辺送り ………………………… 843 |
| 暖気抜き仕舞い ………………… 452 | 唐箕 ……………………………… 310 | 呑口 ……………………………… 453 |
| 団子を墓前に供える …………… 840 | 唐箕による籾の選別 …………… 311 | 野良着 ……………………………… 15 |
| 男根 ……………………………… 712 | とう苗 …………………………… 311 | 海苔すき枠 ………………………… 83 |
| ダンノー（蚊よけ） …………… 535 | とうらく（頭絡） ……………… 437 | バイ（棒） ……………………… 428 |
| 畜産共進会に出品された牛 …… 437 | 動力脱穀機による脱穀 ………… 311 | ハイ（アク）トオシ ……………… 83 |
| チチガタ（乳形） ……………… 712 | 遠野駅 …………………………… 547 | 配達樽 …………………………… 453 |

岩手県　地域別索引

| 項目 | 頁 |
|---|---|
| 培土プラウ | 319 |
| はうち | 319 |
| ハウチ | 482 |
| 履物 | 39 |
| 刃車型回転砕土機による畜力代かき | 319 |
| 馬耕 | 319 |
| 箱膳 | 84 |
| 箱呑（親呑と子呑） | 453 |
| ハサ | 319 |
| 稲架 | 319 |
| 稲架にかけて干した稲を家族総出で取りはずしている | 320 |
| 稲架による乾燥 | 320 |
| 橋の渡りぞめ | 618 |
| ハシバゲタ | 39 |
| ハジハジの田掻き | 320 |
| 馬車 | 604 |
| 播種機 | 320 |
| ばす | 453 |
| 破精落防止器 | 453 |
| 架木小屋 | 320 |
| 馬そり | 604 |
| 機織り | 483 |
| 畑を耕す | 321 |
| ハタケスキ | 321 |
| 畑作農具 | 321 |
| 畑作の作業小屋 | 321 |
| ばった（ばったり） | 321 |
| バッタ小屋 | 321 |
| バッタ内部の杵と臼 | 321 |
| バッタリ | 321 |
| ハットウ作りと長いめん棒 | 107 |
| ハナガサ | 29 |
| 鼻環 | 438 |
| 鼻ネジリ | 438 |
| 花巻人形 | 791 |
| 花嫁 | 824 |
| 跳ね出し縁 | 166 |
| ハバキ | 39 |
| 刃広まさかり | 418 |
| 破風 | 166 |
| 浜でウニの食用にする部分を取り出す | 394 |
| ハヤブサゾリ | 605 |
| 張子　俵牛 | 792 |
| 針仕事 | 248 |
| 張棒 | 453 |
| 馬鈴 | 439 |
| 馬鈴薯の乾燥 | 107 |
| ハロー | 322 |
| 繁華街の露天商 | 575 |
| 半切 | 453 |
| 番小屋 | 322 |
| 番小屋につめる娘が鳴子で鳥を追っている | 322 |
| ハンモックに寝かされた赤ちゃん | 812 |
| 梭 | 484 |
| 火入れ | 453 |
| 火入れを行いマクリをしたまま放置された焼畑 | 323 |
| 火入蛇管 | 453 |
| 火打袋 | 236 |
| 稗打機 | 323 |
| 稗刈り | 323 |
| ヒエ作農家 | 323 |
| 稗シマ | 323 |
| 稗島 | 323 |
| 稗シマを作る | 323 |
| ヒエシマと種播き | 323 |
| 稗シマの作り方 | 323 |
| ヒエ島（ヘシマ） | 323 |
| ヒエトオシ | 323 |
| 稗抜き | 323 |
| 稗の刈穂 | 395 |
| 稗播き | 323 |
| 稗播き（ボッタマキ） | 323 |
| 稗・麦・ソバなどの架木 | 323 |
| 稗ムロ | 324 |
| 稗室 | 324 |
| 稗ムロの焚き口 | 324 |
| 稗ムロの内部 | 324 |
| 日が暮れて嫁ぎ先に着いた一行 | 825 |
| 硯臼と半切桶 | 324 |
| ヒゴを削る道具 | 512 |
| 備中鍬 | 324 |
| ひねり餅つくり | 453 |
| 火呑（親呑と子呑） | 453 |
| 火呑栓 | 453 |
| 火箸 | 237 |
| 日除け | 30 |
| 開き袖 | 17 |
| 平鍬 | 325 |
| 肥料桶 | 325 |
| 蒸かしかすり | 453 |
| 蒸しかすり | 453 |
| 巫業の看板 | 737 |
| 蓋つき壺 | 86 |
| ブックルミ | 326 |
| 仏前に供える布 | 715 |
| 仏壇 | 845 |
| 仏壇に供えるいろいろな物を買いこみ背中も手も荷でいっぱい | 606 |
| 物々交換 | 558 |
| 船出し | 397 |
| 船霊 | 695 |
| ふね | 86 |
| 踏鋤 | 326 |
| フミツマゴ | 40 |
| 踏研桶 | 453 |
| ブラウ | 326 |
| フロシキボッチ | 30 |
| 分司 | 453 |
| 文鎮 | 238 |
| 噴霧機 | 327 |
| 米飯のない農家の食卓 | 114 |
| へら | 87 |
| 便所 | 204 |
| ホー | 328 |
| 法衣着用許可書 | 738 |
| 包頭型のオシラの芯の部分 | 738 |
| 放牧 | 439 |
| 放牧地の短角牛 | 439 |
| 干しアワビ（乾鮑） | 108 |
| ホソコンブ漁の男たちの休息 | 401 |
| ホソメコンブを浜に広げ干す女たち | 401 |
| ホソメコンブ漁の日、カッコと呼ぶ木造船を押し出す | 401 |
| 墓地 | 846 |
| ぼったかき棒 | 328 |
| ボッタマキのタゴ | 329 |
| 墓標 | 847 |
| 掘舟 | 329 |
| 本仕込み | 454 |
| 本田のエジキ | 329 |
| 毎朝の勤行 | 739 |
| 巻いた | 454 |
| マイリノホトケ | 745 |
| マエアテ | 18 |
| 前かけ | 18 |
| 前掛け | 18 |
| 曲屋 | 172 |
| 曲家 | 172 |
| 曲屋が散在する山間の集落 | 172 |
| 曲家の間取り | 173 |
| 薪運びの橇 | 607 |
| 枕団子 | 848 |
| 枕団子（野団子） | 848 |
| マクレ | 41 |
| 馬鍬かけ | 330 |
| マゲエザル | 88 |
| 曲げ用具 | 514 |
| マタギの装束 | 19 |
| マタギバカマ | 19 |
| 町家の庇 | 173 |
| 松尾神 | 697 |
| マツダイ | 239 |
| マドリ | 330 |
| 間とり | 330 |
| 間取 | 173 |
| マトリマッカ | 330 |
| まどり（まといり） | 330 |
| 間引きと草取り（麻づくり） | 330 |
| 豆柿絞器 | 454 |
| マヤ（牛舎）が接続式作業舎または別棟作業舎に移行した農村民家事例 | 174 |
| マルザル | 89 |
| 丸笊 | 89 |
| マワリ田植 | 331 |
| 廻り田植 | 331 |
| 廻り田打ち | 331 |
| マンガン | 331 |
| 万石による選別 | 331 |
| 万年床 | 239 |
| ミ | 331 |
| 箕 | 332 |
| 見送りの群衆 | 403 |
| 神子 | 739 |
| 巫女 | 739 |
| 巫子 | 739 |
| 巫子姿 | 739 |
| 巫子宅 | 739 |
| 巫女の鉦 | 740 |
| 巫女の神憑ヶ記念 | 740 |
| 神子の祭壇 | 740 |
| 巫子の祭壇 | 740 |
| 巫女の祭壇 | 740 |
| 巫子の呪具 | 740 |
| 神子のじゅず | 740 |
| 神子の商売道具を白の風呂敷に包む | 740 |
| 巫女の道具かご | 740 |
| 巫子の用いる経典 | 741 |
| ミジカ | 19 |
| 水ぬるまし | 333 |
| 水ぬるましの田 | 333 |
| 箕による籾の選別 | 333 |
| 糞 | 20 |
| 糞の裏側の編み方 | 516 |
| 未舗装の道 | 552 |
| 三升マスザル | 90 |
| 宮古漁場 | 404 |
| 民家 | 175 |
| 民家の間取り | 178 |
| 無縁塔 | 848 |
| 迎え人が嫁入り道具を背負う | 825 |
| 蒸米取り | 454 |
| 虫除け | 673 |

| | | |
|---|---|---|
| 虫除けの札 | 722 | |
| むしろ針 | 516 | |
| 蒸しわっぱ | 90 | |
| ムスビゾウリ | 41 | |
| めかい | 455 | |
| メカクシ（目隠し） | 48 | |
| めくらえずこ | 674 | |
| メクサレエンヅコ | 674 | |
| めくら暦 | 667 | |
| メスダレ | 48 | |
| メットロクの田植 | 337 | |
| 目張紙 | | |
| 木造船が曳航されて漁場に向かう | 405 | |
| 餅をつく | 826 | |
| 餅の乾燥 | 109 | |
| モッコ | 337 | |
| 木工品 | 517 | |
| 酛卸桶 | 455 | |
| 酛卸桶に筵をかぶせ縄で縛る | 455 | |
| 酛卸筒 | 455 | |
| 酛摺り | 455 | |
| 酛摺櫂棒 | 455 | |
| 酛摺櫂棒（さてい櫂） | 455 | |
| 酛突き | 455 | |
| モトツ（縄）とゴンボケラ | 337 | |
| 酛箒 | 455 | |
| 酛箒で暖気樽に付着した酛を払い落とす | 455 | |
| モモヒキ | 21 | |
| もりつけ | 455 | |
| 八重巻車 | 455 | |
| 八重巻車と締木 | 455 | |
| 焼き豆腐を作るところ | 109 | |
| 焼畑 | 338 | |
| 焼畑跡地と米や雑穀を干すハゼ | 338 | |
| 焼畑跡の造林（アカマツ） | 338 | |
| 焼畑での農作業 | 339 | |
| 焼畑の跡地 | 339 | |
| 焼畑用具（アラキスキ・クワ・フクベ・カマ） | 339 | |
| 薬医門 | 180 | |
| 野菜の納屋 | 180 | |
| 屋敷の裏手の屋敷林 | 181 | |
| ヤスリ入筒 | 419 | |
| ヤセウマ | 608 | |
| ヤダマダカ | 440 | |
| ヤッコカガシ | 699 | |
| 屋根 | 182 | |
| 屋根の棟上の鎌 | 525 | |
| 山イモ | 58 | |
| 大和宗責任役員として受けた表彰状 | 741 | |
| 大和宗設立式典に際しての感謝状 | 741 | |
| 山の神 | 699 | |
| 山の神の樽 | 717 | |
| 山の神の碑 | 700 | |
| ヤリ（槍），タテ，ナガエガマ（長柄鎌） | 430 | |
| やり枡 | 340 | |
| 夕食後のひととき | 250 | |
| 湯かすり | 455 | |
| 湯がすり | 455 | |
| 湯釜（口釜） | 92 | |
| ユキゲタ | 41 | |
| 雪の中を踏んばる乳牛 | 440 | |
| 雪のなかにウサギを見つけて、わらで編んだワラダを飛ばす | 430 | |
| 湯田こけし | 794 | |
| 湯桶 | 92 | |
| 養蚕 | 463 | |

| | | |
|---|---|---|
| 用水路から水車によるかんがい | 341 | |
| 慾たかり | 455 | |
| ヨコタテの田掻き | 342 | |
| 横テツポ | 23 | |
| 夜ぶすま | 241 | |
| 嫁迎え | 827 | |
| 4輪荷馬車用の鞦鞍 | 609 | |
| 陸中川尻（現ほっとゆだ）駅前の雪景色 | 654 | |
| 両親と一緒に田にきたが、父と母は田植を始めたので、ひとりになって何もすることがなくなった男の子 | 638 | |
| 林業用種子の貯蔵庫の風穴 | 420 | |
| リンゴ箱にリンゴを詰める | 342 | |
| りんじゃく | 610 | |
| レタスの植えつけ | 342 | |
| 煉瓦蔵 | 187 | |
| 漏斗置 | 455 | |
| 六尺桶 | 455 | |
| 炉端 | 206 | |
| 爐ばた | 206 | |
| ワカメを胸に抱えこむようにして運ぶ | 610 | |
| 若布拾い | 409 | |
| 脇釜 | 455 | |
| 枠田植 | 343 | |
| ワッパ | 93 | |
| わら切機 | 441 | |
| わら靴 | 42 | |
| ワラグツ | 42 | |
| 草鞋（槽掛け用具） | 455 | |
| ワラシナコギ | 344 | |
| 蕨叩き棒 | 344 | |
| 童墓 | 851 | |

## 宮城県

| | | |
|---|---|---|
| 藍染の布を干す | 464 | |
| 青葉通りと東五番丁の交差点 | 537 | |
| 赤帽 | 585 | |
| 悪霊よけの注連縄 | 667 | |
| 海女 | 347 | |
| アミガサ | 24 | |
| 編笠 | 24 | |
| 網元の屋敷 | 120 | |
| 暗渠排水 | 256 | |
| 家々の橋 | 120 | |
| いぢこ | 806 | |
| イジコ | 806 | |
| 市神 | 680 | |
| 一代塔 | 625 | |
| 移動製材所 | 410 | |
| 稲積み | 257 | |
| 位牌を納める万年堂といわれる墓 | 829 | |
| イロリと家族 | 191 | |
| 岩海苔を採る女性 | 355 | |
| 打台箱 | 730 | |
| 馬による犂耕 | 261 | |
| 映画館 | 774 | |
| エナバライに立てる幣 | 731 | |
| 蝦筒 | 358 | |
| 絵馬 | 703 | |
| 縁側 | 126 | |
| 縁の綱 | 830 | |
| 縁の綱に連なり寺の境内に入ってきた親族の女たち | 830 | |
| 大風呂敷の中に籠 | 220 | |

| | | |
|---|---|---|
| オガミサマの祭壇 | 731 | |
| オカミンの道具一式 | 731 | |
| 起き姫 | 784 | |
| オコナイサマ | 731 | |
| オシラサマ | 732 | |
| オシラサマを納める箱の蓋・蓋裏 | 733 | |
| オシラサマを持つ巫女 | 733 | |
| オシラサマの芯木 | 733 | |
| オシラサン | 733 | |
| オシラの中身 | 733 | |
| お茶やすみ | 111 | |
| オッパライの「送り物」 | 733 | |
| オッパライの供物 | 733 | |
| オドウトサマ | 733 | |
| オニユリの咲く屋根 | 129 | |
| おはらい人形 | 784 | |
| オヒナサマ | 683 | |
| オヒナサマ | 733 | |
| オヒナサマを持つオガミサマ | 734 | |
| 御札 | 718 | |
| オフナダマ祈禱のお札 | 734 | |
| オフンドウサマ | 683 | |
| 恩賜郷倉 | 626 | |
| 温泉療法で治った人が納めて行った物 | 706 | |
| 改善された農家台所 | 192 | |
| 街頭録音風景 | 627 | |
| カカシ | 265 | |
| カキの養殖 | 363 | |
| 傘酒器 | 64 | |
| 数取小判 | 734 | |
| 形代 | 706 | |
| 鰹一本釣り | 365 | |
| 鰹のホシ（心臓） | 51 | |
| かてきり | 64 | |
| 門口の魚の尾 | 669 | |
| カマガミ | 683 | |
| カマ神 | 683 | |
| 釜神 | 683 | |
| カマガミサマ | 683 | |
| カマジン（釜神） | 684 | |
| カマスを背負う | 588 | |
| カマスを背中当で背負う人たち | 588 | |
| カマド神 | 684 | |
| 竈神 | 684 | |
| 竈神様 | 684 | |
| カミオロシ | 734 | |
| 紙子 | 6 | |
| 紙子 | 496 | |
| 茅葺きの村 | 133 | |
| 川遊び | 796 | |
| カワラケ凧 | 785 | |
| 鑑札 | 734 | |
| 看板（飴屋） | 562 | |
| 看板（薬） | 563 | |
| 木地玩具 | 786 | |
| 傷の鎌先 湯神社への奉納物 | 707 | |
| ギターをつま弾く若者 | 775 | |
| 祈禱 | 734 | |
| 木の伐り方をならっている子供たち | 412 | |
| 木下駒 | 786 | |
| 牛耕のスキ | 271 | |
| 牛馬供養塔 | 675 | |
| 共同井戸 | 209 | |
| 漁船の船下し | 368 | |
| 漁村の麦こなし | 272 | |
| 近海捕鯨基地ならではの店 | 566 | |
| 金華山・黄金山神社への道 | 541 | |
| 金華山行き乗船券売り場 | 541 | |

## 宮城県　地域別索引

| 項目 | ページ |
|---|---|
| 近郊への竹細工の行商 | 566 |
| 草取り | 273 |
| 草屋根 | 139 |
| 口寄せをする | 735 |
| 靴磨き | 566 |
| 熊猿猪鹿毛者千廻供養 | 675 |
| 供養碑 | 771 |
| 煙出しのある芝棟 | 141 |
| 煙出しのない芝棟 | 141 |
| 毛者千廻供養碑 | 676 |
| 豪農の門（東北地方） | 142 |
| 肥桶 | 277 |
| 肥溜め | 277 |
| 子を背負う | 809 |
| 小型捕鯨船 | 371 |
| 穀倉 | 143 |
| コケシ | 786 |
| こけしの仕事場 | 500 |
| コケシの胸模様 | 786 |
| コケシ這子の用材切り出しに用いる道具 | 500 |
| 腰籠の稲苗を一束ずつ手にして植えていく | 278 |
| 後生車 | 833 |
| 子育馬 | 787 |
| こどもを背中におんぶする | 809 |
| 子供と一緒に山菜とりに | 591 |
| コビルやすみ | 112 |
| 米揚笊 | 69 |
| 米に挿した南天の枝 | 735 |
| 米の供出 | 280 |
| 祭壇 | 735 |
| 祭壇を背にした巫女 | 735 |
| 祭壇に合掌する巫女 | 735 |
| 祭壇に向う覡 | 735 |
| 祭壇の観音像を拝す巫者 | 735 |
| 祭壇の観音像と供物 | 735 |
| 祭壇の前に座る巫女 | 735 |
| 砕土 | 280 |
| 早乙女 | 8 |
| 山間の民家 | 145 |
| 参禅 | 725 |
| 山村の屋敷がまえ | 146 |
| 塩釜港内 | 376 |
| 塩竈神社の門前町 | 649 |
| 塩竈の町並み | 649 |
| 塩水を大釜で煮詰めて結晶にする釜屋の作業 | 446 |
| 塩水を運ぶ | 446 |
| 鹿二千供養塚 | 676 |
| 鹿踊の供養塔 | 771 |
| 七五三 | 814 |
| 市電が走る仙台駅前 | 543 |
| 市電と三輪オートが走る仙台市街を並行して走る蒸気機関車 | 543 |
| 自動耕耘器 | 285 |
| 耳病のマジナイ祈願 | 670 |
| 注連縄 | 670 |
| 下肥と桶 | 285 |
| 収繭 | 460 |
| 十条田植機による田植え | 286 |
| 集落 | 148 |
| 宿場 | 580 |
| 数珠 | 736 |
| 数珠を手に祭壇の前に座る巫女 | 736 |
| 数珠を持つオガミサマ | 736 |
| 数珠を持って拝む巫女 | 736 |
| 数珠を持つ巫女 | 736 |
| 商店街のアーケード | 569 |
| ショガキ | 150 |
| 食事の座席 | 112 |
| 進駐軍兵舎 | 656 |
| 森林組合 | 414 |
| 水害義捐の托鉢 | 631 |
| スイノウ | 73 |
| 透かし帯戸 | 151 |
| 筋引き | 292 |
| 成人の日の集り | 818 |
| 笹竹を持つ覡 | 736 |
| 背負って運ぶ | 596 |
| 雪隠雛 | 690 |
| 背中あて | 597 |
| 先祖オガミの位牌掛軸 | 736 |
| 仙台中央市場の商店 | 571 |
| 仙台の青葉通りと東五番丁通りの交差点 | 545 |
| 仙台の東二番丁と広瀬通りの交差点を、肥桶を積んだ荷馬車が横切る | 545 |
| 仙台平 | 11 |
| 善の綱 | 838 |
| 遭難供養碑 | 839 |
| 外のカマド | 246 |
| ダイとコツボなど | 446 |
| 台所 | 197 |
| 台所のカマ柱 | 198 |
| 台所の鳥居柱 | 198 |
| 大謀網漁 | 382 |
| 大漁祈願 | 382 |
| 田植え | 297 |
| 田植機の実演 | 298 |
| 竹細工を売る荒物屋さん | 571 |
| 竹細工を内職とする女性 | 505 |
| 竹細工店 | 572 |
| タコ釣具 | 383 |
| 種籾の保存 | 304 |
| だるま | 789 |
| 短冊苗代 | 306 |
| 簞笥 | 230 |
| 乳搾り | 437 |
| 茶屋「萬歳樂荘」 | 572 |
| つかご | 385 |
| 造り酒屋 | 573 |
| 漬菜干し | 104 |
| 漬物用の大根を干す | 104 |
| 堤焼のくどと五徳 | 231 |
| 壺笊 | 600 |
| つまご草履 | 38 |
| 手押しの稲刈り機による稲刈り | 309 |
| 手箒 | 232 |
| 寺の境内にはいってきた野辺送りの男たち | 841 |
| 天窓のある養蚕農家 | 159 |
| 峠の茶屋 | 573 |
| 湯治客 | 665 |
| 湯治場 | 665 |
| 湯治場の湯船 | 665 |
| 道祖神 | 692 |
| 徳間観音堂 | 759 |
| 土蔵造り | 160 |
| 土蔵造りの店蔵が並ぶ村田の町並み | 160 |
| 嫁ぐ孫 | 823 |
| 土間の独立柱 | 201 |
| 苗籠 | 313 |
| 苗取り | 313 |
| 長い髪を切って願う（奉納） | 713 |
| 長火鉢 | 233 |
| 名取型 | 161 |
| 鳴子のこけし（絵付け） | 510 |
| 稲積 | 316 |
| 二階建ての大型建物の櫓破風 | 162 |
| 担い籠 | 603 |
| 荷馬車 | 603 |
| 二番草の除草作業 | 317 |
| 煮る | 446 |
| 塗屋造りの店 | 163 |
| 農家の屋敷 | 164 |
| ノリの摘採作業 | 391 |
| 墓じるし | 844 |
| 羽子板 | 791 |
| 馬耕 | 319 |
| 八角の大黒柱 | 202 |
| 花籠 | 235 |
| 幅広の板床が敷き詰められた居室 | 166 |
| 浜砂利を運ぶ女 | 605 |
| ハモを採る籠 | 394 |
| バンドリ | 605 |
| ビーダマ | 792 |
| 左手で長女の手を握り、右手に散歩をする犬の綱を持っている母親 | 635 |
| 火伏せだるま | 672 |
| 巫業の看板 | 737 |
| 袋を背負う | 606 |
| 巫家 | 738 |
| 巫家から出てくる巫女 | 738 |
| 巫者分布（宮城県下） | 738 |
| 巫術中の巫女 | 738 |
| 船霊 | 695 |
| 船玉社に捧げた大漁祈願の船型 | 715 |
| 船玉神 | 696 |
| 船玉神像 | 696 |
| 補任状 | 738 |
| 補認状 | 738 |
| 踏み臼 | 326 |
| 冬晴れの佳き日に娘を見送る人々と民家 | 825 |
| 飾 | 327 |
| 古い店 | 576 |
| 別棟の風呂 | 203 |
| 方角石 | 618 |
| 疱瘡神送り | 672 |
| 捕鯨船 | 400 |
| 捕鯨の事業場 | 400 |
| 墓誌銘が海の方を向いた墓 | 846 |
| 細い街路と屋敷 | 171 |
| 菩提車 | 846 |
| ホトケオロシ | 738 |
| ボール遊び | 802 |
| 馬鍬 | 330 |
| マグワをひく人 | 446 |
| マダケで編んだウケ | 402 |
| マダの皮はぎ | 418 |
| 町の通り | 652 |
| 間取りの変化からみた町家の改変 | 174 |
| 繭の買入 | 462 |
| 巫女 | 739 |
| 巫女が巫術を行う堂 | 739 |
| 巫女と祭壇 | 739 |
| 巫女と信者一同 | 739 |
| 巫女とツキガミサマの御札 | 739 |
| 巫女と弓 | 739 |
| 巫女の一弦琴 | 739 |
| 巫女の一弦琴、数珠、数取銭 | 739 |
| 巫女のウツネエ箱 | 739 |
| 巫女の感謝状と補任状 | 740 |
| 巫女の祭壇 | 740 |
| 巫女の呪具を収める箱 | 740 |
| 巫女の巫家 | 740 |

## 秋田県

| | |
|---|---|
| 巫女の巫家に隣接した社 | 740 |
| 巫女の山の神と不動明王 | 741 |
| 水揚げされたマグロ | 403 |
| 水揚げしたアワビの殻はぎ | 403 |
| ミズイレ（水入れ） | 89 |
| 水苗代に追肥 | 333 |
| 店蔵から居住部分をみる | 175 |
| 三つ重ねて建てられた石碑 | 745 |
| 糞 | 20 |
| 未舗装の道路 | 552 |
| 宮城県庁 | 663 |
| 宮床箕 | 608 |
| 弥勒寺千体堂の亡児供養の千体仏 | 741 |
| 弥勒寺本堂に納められた死者の着物 | 741 |
| 民家 | 175 |
| ミンク鯨漁解禁日を前に金華山黄金山神社へ大漁祈願に向かう沿岸小型捕鯨船団 | 404 |
| 麦打ち | 334 |
| 麦踏み | 336 |
| ムギ干し | 336 |
| 麦蒔き | 336 |
| ムシ封じの藁包 | 741 |
| メイフクを祈る | 849 |
| 木製神輿（玩具） | 793 |
| 木炭 | 530 |
| 籾押さえ転がし | 337 |
| 門が併設された町並み | 180 |
| 屋敷神 | 698 |
| 屋敷内のウチガミの祠 | 699 |
| 屋敷内の木桑 | 463 |
| 屋敷の裏側 | 181 |
| 弥治郎こけし | 794 |
| 弥治郎こけし製造元・新山左内商店 | 517 |
| 弥治郎こけしのふるさと | 517 |
| 屋根に石を乗せている | 250 |
| 屋根葺き祝いでの餅撒き | 217 |
| 屋根葺師の師匠の碑 | 217 |
| 山神祠と三本杉 | 699 |
| 大和宗資格認定状 | 741 |
| 山の神 | 699 |
| 山の神奉納絵馬 | 717 |
| 夕食 | 115 |
| 弓 | 741 |
| 弓を鳴らす | 741 |
| 湯沸し | 93 |
| 養殖の種付け用帆立貝 | 407 |
| よなべ | 517 |
| 嫁の町まわり | 827 |
| 雷神 | 700 |
| 陸前北西部の玄関中門 | 186 |
| 竜文塗 | 518 |
| 旅館の客引き | 583 |
| 礼装衣 | 23 |
| 櫓破風 | 187 |
| 路傍に供えたオッパライの供物 | 742 |
| ワガミ（輪髪） | 46 |
| 若者契約定書 | 624 |
| 輪カンジキ | 42 |
| わらうち | 519 |
| 藁籠を背負う | 610 |
| 藁沓 | 42 |
| 藁細工 | 519 |
| 藁葺き屋根の農家と耕地 | 189 |
| 藁枕 | 242 |

## 秋田県

| | |
|---|---|
| アオシシの皮のはきもの | 32 |
| アカトリ | 345 |
| 赤帽 | 585 |
| あかんべー | 794 |
| あかんべ | 794 |
| 秋田 | 658 |
| 秋田おばこ | 3 |
| 秋田の屋根フキ | 215 |
| 秋田焼 | 59 |
| 秋の稲田 | 252 |
| 悪童 | 794 |
| アグドシベ | 32 |
| アグトヅキのシベ | 32 |
| アグドボッチ | 32 |
| アコーディオンを弾く | 774 |
| 朝市 | 554 |
| 朝市で客の来ぬ間に朝食をとる女 | 555 |
| 朝市に来る女たちのかぶり物 | 24 |
| 麻袋に入れた種もみを棒にかけてため池の流水口にさげる | 252 |
| 足形 | 701 |
| アシ方の編成 | 345 |
| アシ方の編成図 | 345 |
| アシ方の編成例 | 346 |
| アシ方編成 | 346 |
| アシ方編成例 | 346 |
| アシ方編成図 | 346 |
| アシタカ | 252 |
| 足踏脱穀機 | 253 |
| 遊び場 | 794 |
| 遊ぶ子ども | 795 |
| アデコ | 3 |
| あとみらず | 828 |
| アネコモッペ | 3 |
| アバ方の編成 | 346 |
| アバ方の編成例 | 346 |
| アバ方編成図 | 346 |
| アバタナの編成（千鳥かけ） | 346 |
| 雨戸の間からのぞかせたセルロイド製のキューピー | 795 |
| アマブタ | 24 |
| 雨宿りをする少年たち | 625 |
| アミを獲る | 348 |
| 編笠 | 24 |
| 網シキ箱 | 349 |
| 網ぞり | 349 |
| あみ曳網の構造 | 350 |
| 網干し | 350 |
| 網ローラ | 254 |
| 雨上がり | 625 |
| あやとりをする | 795 |
| 洗い場 | 206 |
| 洗ったジャガイモを運ぶ | 585 |
| あんきょ作業をする | 256 |
| 暗渠造り | 256 |
| 行灯 | 219 |
| 家から出かけるエジコ | 729 |
| 家の前で母親に後頭部の毛を剃ってもらっている | 242 |
| いかり（渇舟） | 351 |
| いかり網 | 351 |
| いさば屋 | 560 |
| 石を置いた杉皮葺屋根 | 121 |
| イズミ | 806 |
| イズメ | 806 |
| イタコの案内看板 | 730 |
| イタコの祈禱 | 730 |
| イタコの祈禱所 | 730 |
| イタコの数珠使い | 730 |
| イタコの数珠と師匠から戴いたお守 | 730 |
| イタコの数珠の使い方 | 730 |
| 板叩き | 625 |
| 板の柵の内部にカヤを束ねて補強したソガキ | 123 |
| 板間に畳を入れた居間 | 190 |
| イタヤカッコベ | 585 |
| イタヤカッコベの材料加工工程図 | 490 |
| 市 | 555 |
| 市で納豆を売る | 555 |
| 市に来た男 | 555 |
| 一日の商売を終えて駅前で語り合う行商人 | 560 |
| 市日 | 555 |
| 井戸 | 207 |
| 井戸水を汲む | 207 |
| 射止めた熊 | 421 |
| 射止めた月輪熊を見せる | 421 |
| 稲株アネコ・甘草アネコ | 783 |
| いなにおと地干しが整然と並ぶ秋の田 | 257 |
| 稲穂が実る | 123 |
| イナムラ | 257 |
| 稲藁に転がる | 795 |
| 稲をいなにおのくいからはずす | 258 |
| 稲を束ねる | 258 |
| 稲刈り | 258 |
| 稲刈りの間、幼児を畔に寝かせていたが、祖母がきておぶってくれるという | 806 |
| 稲刈りの合間の一服（休憩）に、母親は畔にいた子どものところにおやつを持ってきた | 806 |
| 稲の脱穀作業中の一服（一休み） | 259 |
| 衣服の改良 | 4 |
| 依頼人の家に着いたエジコ | 730 |
| 衣料切符 | 47 |
| 入れ子曲わっぱ | 60 |
| 囲炉裏 | 190 |
| 囲炉裏で竹串に刺した豆腐や餅を焼く | 96 |
| 囲炉裏の上に「いぶりがっこ」にするたくさんの大根が吊るしてある | 96 |
| 囲炉裏のまわりの家族 | 191 |
| 囲炉裏のまわりの鉄棒で作った枠 | 191 |
| 囲炉裏のまわりの鉄棒の枠におしめをかけ干す | 243 |
| 岩七厘 | 60 |
| 魚捕り部（口またはハネコミ）の構造 | 355 |
| 浮かし樽 | 355 |
| 牛を引いてきた女の子 | 432 |
| 牛に乗る | 432 |
| 牛に見送られて田植えに行く | 4 |
| 牛の親仔 | 432 |
| 牛の背で嫁ぎ先に向かう花嫁 | 819 |
| 打瀬網の構造 | 356 |
| 打瀬網の操業 | 356 |
| 打瀬網の編成 | 356 |
| うちわ太鼓と数珠 | 730 |
| 打当におけるクマ狩りの領域 | 422 |
| 打当のシカリ | 422 |
| 打当マタギのシカリ | 422 |
| 乳母車 | 806 |
| 馬 | 433 |
| 馬鞍 | 433 |

## 秋田県　地域別索引

| 項目 | 頁 |
|---|---|
| 馬の運動 | 433 |
| 馬の代掻き | 261 |
| ウマノツラ | 25 |
| 馬の舟 | 538 |
| 馬乗りの遊び | 795 |
| 馬冷やし | 434 |
| 厩 | 125 |
| 厩を主屋に直列に接合した民家 | 125 |
| 厩とミズヤ（台所）を突出させたT字型の民家 | 125 |
| 漆掻き作業 | 491 |
| 運動のために走らせる馬に、雪遊びの子どもたちが驚いている | 434 |
| 映画館の切符売り場の前で、窓口が開くのを待っている子どもたち | 774 |
| 駅で演芸 | 774 |
| 駅の待合室 | 538 |
| エグリブネ | 358 |
| えさを食べる子牛の様子を見る | 434 |
| エジコ | 808 |
| エジコの語りを聞き入る人たち | 731 |
| エジコの祭壇 | 731 |
| エジコの指示で供物を上げる | 731 |
| エジメッコ | 808 |
| エヅメ | 808 |
| エズメに入れられた赤坊をあやす子ども | 809 |
| エズメの作り方 | 809 |
| エズメのなかの男の子 | 809 |
| エチコの祭壇と巫具 | 731 |
| えびすずら | 703 |
| エビド | 358 |
| エビド操業の図 | 358 |
| エビド布設図 | 359 |
| エブザル | 262 |
| エブリ | 262 |
| 柄振押し | 262 |
| エモナガシ | 668 |
| 獲物をおさえる鷹 | 422 |
| 獲物の一部を鷹へ餌に与える | 422 |
| 縁側 | 191 |
| 鉛玉入れ・煙硝入れ | 422 |
| 煙硝入れ | 422 |
| 縁日でケラを売る人 | 561 |
| 追網漁業操業の図 | 359 |
| 追網の構造 | 359 |
| 追網の構造例 | 359 |
| 追網連結の図 | 359 |
| 奥羽本線・峰吉川駅 | 538 |
| 横荘線の客車 | 539 |
| 大足 | 263 |
| 大アバ | 360 |
| 大数珠 | 731 |
| 大ぞり | 360 |
| 小川で鉄鍋の底を洗う | 208 |
| 小川に足を投げ入れて涼む少女 | 626 |
| 小川のほとりで洗濯をする女の人 | 208 |
| 小川の水場 | 208 |
| オキ箱 | 360 |
| オキバリ | 360 |
| オキバリ使用図 | 361 |
| 屋外の下流し | 208 |
| 桶屋 | 493 |
| おけ屋が自ら二十日市に立って、旧正月に若水をくみ入れるおけを売る | 556 |
| オコゼ | 422 |
| オシダシ操業の図 | 361 |
| オシダシの構造 | 361 |
| オシタモ（チョナ網）操業の図 | 361 |
| オシタモの構造 | 361 |
| 御供餅 | 705 |
| 落穂ひろい | 264 |
| お使い | 626 |
| お使いの女の子ふたり | 626 |
| お出かけ | 626 |
| お手玉をする | 796 |
| 男の子を叱るおばあさん | 626 |
| おばこ人形 | 784 |
| オバコの髪 | 44 |
| オハチ | 63 |
| 帯 | 47 |
| 生保内線（現田沢湖線）車内の石炭ストーブ | 539 |
| おむつを替える | 809 |
| オモキの木取り | 521 |
| 玩具の雪眼鏡をした子どもたち | 796 |
| 雄物川の川舟 | 539 |
| オモリ | 361 |
| オヤマガケ姿 | 4 |
| オリアミガサ | 25 |
| カイ | 362 |
| 外衣（毛皮） | 4 |
| 海岸を走る国道7号線 | 539 |
| 解体場所にあつめられた熊 | 422 |
| 飼葉桶 | 434 |
| 買物に行って町から帰ってきたお母さんたち | 627 |
| 改良着を着る農協の職員 | 5 |
| 改良着の発表会 | 5 |
| かがり針 | 494 |
| カギ | 363 |
| 柿渋で下地を塗る | 494 |
| 柿の木に吊るした三角屋根のついた俵 | 97 |
| カクおよびフクロの構造（ぼら建網） | 363 |
| 学生 | 640 |
| 学童服に縞模様の綿入れを重着した少年たち | 5 |
| カクの口の構造例 | 363 |
| カクの構造（わかさぎ建網） | 363 |
| カクの正面図 | 363 |
| カクマキ | 5 |
| 角巻 | 5 |
| かくれんぼ | 796 |
| 掛け干しのハサと収穫後の水田 | 266 |
| 籠提灯 | 221 |
| かごどう | 364 |
| 傘直し | 494 |
| 鰍押し | 364 |
| カジカシベ | 33 |
| 鍛冶製品 | 221 |
| カシマサマ | 668 |
| 鹿島人形 | 668 |
| 鍛冶屋 | 494 |
| カタバ | 364 |
| 潟舟 側面図 | 364 |
| 潟舟 横断面図 | 364 |
| 潟舟 平面図 | 364 |
| カチッピキ（二人曳ふな曳網）の構造 | 364 |
| カチッピキ（徒歩引き）の図 | 364 |
| カチャッコ | 33 |
| 学校帰り | 640 |
| 学校から帰った男の子が、畑を耕す母のもとにやってきて、何か相談を持ちかけたらしい | 627 |
| 門口の呪物 百万遍念仏の大綱 | 669 |
| 株掻除草器 | 267 |
| 鎌を研ぐ父親とふたりの子ども | 534 |
| かまくら（人形） | 785 |
| 蒲ゲラを着たオボコ | 6 |
| 叺に入れた籾種を水に浸す | 267 |
| カマド | 193 |
| カマド神 | 684 |
| ガマハンバキ | 33 |
| 神オロシ（背に白い布を付ける） | 734 |
| 神がおりてくる直前 | 734 |
| カミサマ | 734 |
| カミサマの祈禱所 | 734 |
| カミサマの春祈禱 | 734 |
| カミサマの春祈禱の神棚 | 734 |
| 紙芝居 | 775 |
| 神棚 | 684 |
| 紙テープを飛ばして別れを惜しむ汽車 | 540 |
| 神のオロシのエジコ | 734 |
| カメラを向けられてあわてて逃げる裸ん坊たち | 796 |
| かも刺網の構造 | 366 |
| 茅葺き農家と通し苗代 | 268 |
| 茅葺き屋根から木羽葺きに改造した家 | 134 |
| 茅葺き屋根の主屋と薬医門の表門 | 134 |
| 茅葺き屋根の外便所 | 134 |
| 茅葺屋根の農家 | 134 |
| 唐傘をさす祖母と三人の孫 | 627 |
| カルサン | 6 |
| ガワ網上縁の構造 | 366 |
| 川岸の修理 | 616 |
| 皮靴の修理をする | 496 |
| カワタチ | 423 |
| 皮足袋 | 33 |
| 川で泳ぐ | 796 |
| 川で魚とりをする少年たち | 797 |
| 皮なめし | 423 |
| 川の水で髪を洗った少女ふたり | 209 |
| 川反 | 647 |
| 欅 | 34 |
| カンジキ | 34 |
| カンジキをはくところ | 34 |
| ガンジゲラ | 6 |
| カンジョー縄 | 669 |
| ガンタ（滑車） | 366 |
| 竿灯 | 785 |
| 竿灯人形 | 786 |
| かんな | 411 |
| 眼病祈願の絵馬 | 707 |
| 木貝 | 775 |
| 機械網 | 367 |
| 機械網布設図 | 367 |
| 聞き手の声のかかった方に顔を向けて語る | 734 |
| 帰郷 | 627 |
| キゴザ（着茣蓙） | 6 |
| 着茣 | 6 |
| 着茣着用の姿態 | 6 |
| 着だら（日よけ） | 6 |
| 祈禱所 | 734 |
| きね | 271 |
| 木登り | 797 |
| 木の実鎌 | 271 |
| きのみこだし | 589 |
| 木箱に入れたハタハタをテツナギ（手繋）で持って運ぶ | 367 |
| 客車内 | 541 |
| 客車のなか | 541 |
| 脚絆 | 34 |

| | | |
|---|---|---|
| 牛乳配達 | 565 | |
| 牛乳配達をする少年 | 628 | |
| 供出米を運ぶ | 272 | |
| 行商の男女 | 565 | |
| 行商の人たちと赤帽さん | 566 | |
| 行水 | 209 | |
| 共同使用の輿を橋の下につるしておく | 833 | |
| キリタンポ鍋 | 51 | |
| 近郊の農家のばあちゃんのリヤカー行商 | 566 | |
| 草葺き屋根の棟仕舞の例 | 139 | |
| 草屋根の家 | 139 | |
| 草屋根の農家 | 140 | |
| 串アネコ | 786 | |
| 串コアネサン | 786 | |
| 串にはさんだせんべい | 833 | |
| 口縄 | 435 | |
| くちもっこ | 435 | |
| クツ | 34 | |
| 靴直し | 499 | |
| 熊狩り | 423 | |
| クマ肉の分配 | 424 | |
| 熊の脂 | 665 | |
| 熊の胆 | 665 | |
| 熊の頭骨 | 424 | |
| クマの巻き方図 | 424 | |
| 供物（3升の米と麻糸） | 735 | |
| 鞍 | 435 | |
| 蔵鍵 | 224 | |
| クラゲヤ | 424 | |
| クリ網の手法 | 370 | |
| クリヅナ先端の図 | 370 | |
| 栗ひろい | 531 | |
| クリブネ | 370 | |
| 鍬 | 275 | |
| 鍬スベ | 35 | |
| 鍬台 | 276 | |
| 敬老の日に八十二歳の長寿者に贈った鳩杖 | 817 | |
| 毛皮のハンバキ | 35 | |
| 劇場の入口 | 776 | |
| ゲタ | 370 | |
| 下駄屋 | 567 | |
| 結婚式に向かう花嫁の一行 | 821 | |
| ケデ（蓑）の藁 | 669 | |
| ケナ・スダレの構造例 | 371 | |
| ケボカイ | 424 | |
| ケボカイの儀式 | 424 | |
| 毛ボカヒ | 424 | |
| 獣道 | 424 | |
| ケラ | 7 | |
| ゲラをつけたオバコ | 7 | |
| けんか | 797 | |
| 玄関の鴨居に熊の頭骨を掲げる | 669 | |
| 玄関の雪囲い | 142 | |
| ケンベー | 35 | |
| コ網 | 371 | |
| 鯉を売る朝市の店 | 556 | |
| 鯉を量る | 556 | |
| 交歓列車 | 580 | |
| 子牛が親牛の乳を飲むのを見ている子ども | 436 | |
| 庚申講 | 742 | |
| 庚申塔 | 743 | |
| 降雪期のはきもの | 35 | |
| こうもり傘を直す | 500 | |
| 肥出し | 277 | |
| 肥引かご | 278 | |
| コエヒキソリ | 278 | |
| 子を背負う | 809 | |
| 氷運び | 590 | |
| 穀用1斗枡 | 583 | |
| コケシ | 786 | |
| ゴザッポ（ござ帆） | 371 | |
| 茣蓙帽子 | 26 | |
| 輿 | 833 | |
| コシ網 | 371 | |
| 腰弁当の学童 | 641 | |
| 五城目朝市 | 557 | |
| ゴス | 35 | |
| コダス | 590 | |
| 炬燵櫓を売る | 557 | |
| 小・中型獣用のウッチョウ | 424 | |
| コド | 35 | |
| 子どもをおぶって一輪車でハタハタを運ぶ夫婦 | 590 | |
| 子どもたちのたまり場 | 797 | |
| 子供の服装 | 8 | |
| 子供の防寒着 | 8 | |
| コナエウチ | 279 | |
| コハンバキ | 35 | |
| こびき | 413 | |
| こぶね | 543 | |
| 御幣 | 724 | |
| コマ遊び | 797 | |
| コマザライ | 372 | |
| コマザライ操業の図 | 372 | |
| コマザライの構造 | 372 | |
| ゴミソ | 735 | |
| ゴミソの守護神・善宝寺の軸 | 735 | |
| 五峯山の御田守 | 720 | |
| 米揚ざるに入れた角助沼のアミ | 372 | |
| 米蔵 | 143 | |
| 米集積所 | 279 | |
| 米作りの相談 | 279 | |
| 米俵を作る | 501 | |
| 米つき臼および杵 | 280 | |
| ゴモジョ宅の祭壇前に待機している依頼者 | 735 | |
| ゴモジョの祭壇飾り | 735 | |
| 子守り | 810 | |
| コヨリ | 425 | |
| ゴリド網の構造 | 372 | |
| ゴリド網布設平面図 | 372 | |
| ゴリドフクロ網・タガ（ワ竹）の構成例 | 372 | |
| ゴリドフクロ口の構造 | 372 | |
| ゴリドフクロじりの構造例 | 372 | |
| ごり曳網の構造 | 372 | |
| ごり曳網の操業図 | 372 | |
| ごり曳きざる | 372 | |
| 金精様 | 687 | |
| ゴンベ | 35 | |
| 紺木綿のハダコにハネッコハラマキ（前掛け） | 8 | |
| ハッキリ | 373 | |
| 祭壇への供物を指示するエジコ | 735 | |
| 祭壇の前で祈禱するゴモジョ | 735 | |
| 材木を載せた貨物列車 | 543 | |
| 棹秤 | 583 | |
| 嵯峨家住宅の厩中門の内部 | 195 | |
| サーカス小屋の開場を待つお婆さんたち | 777 | |
| サーカスの象に近寄る子どもたち | 777 | |
| 酒樽コ | 787 | |
| 魚売り | 567 | |
| 魚供養塚 | 676 | |
| 魚ダシ | 373 | |
| 魚釣り | 797 | |
| 魚とり | 797 | |
| 魚の尻尾 | 670 | |
| 魚のとりはずし | 373 | |
| 魚屋 | 567 | |
| サカヌリガッパ | 36 | |
| サカボシ | 26 | |
| 座棺をおさめた輿 | 834 | |
| 作業小屋 | 281 | |
| さけ建網 | 373 | |
| さけ建網布設場所 | 373 | |
| 雑魚捕り | 374 | |
| 刺網のさし方 | 374 | |
| ザシキの床の間と付書院 | 195 | |
| 雑貨店とその家族 | 568 | |
| サッテ（雪べら） | 425 | |
| サデ網の構造 | 375 | |
| サデツキ操業の図 | 375 | |
| さより刺網の構造 | 375 | |
| 晒し | 476 | |
| ざるあみ | 282 | |
| 三階建て | 145 | |
| 山間の稲田のたたずまい | 282 | |
| 算木と巫竹 | 735 | |
| 三十三年塔婆 | 835 | |
| 三枚網の構造例 | 375 | |
| 市街上空を飛ぶ敵機 | 656 | |
| 仕事を終えて | 284 | |
| 仕事着 | 9 | |
| 紫根染 | 476 | |
| 蜆透し | 376 | |
| しじみの俵詰め | 376 | |
| しじみのトシ（通し） | 376 | |
| 四十九団子 | 835 | |
| ジダシベ | 36 | |
| 自転車で走っていて出会った同年生 | 629 | |
| 自転車でやってきた飴売り | 568 | |
| 自転車に二人乗りの夫婦 | 543 | |
| 自転車に4人乗りする中学生 | 543 | |
| 仕留めたクマを柴ゾリに乗せて村へ運ぶ | 426 | |
| 地なしゲラ | 10 | |
| 地ならし | 285 | |
| シバ（柴） | 376 | |
| 柴木を背負った女 | 591 | |
| 市販の土製のかまどに薪をくべる | 196 | |
| シベ | 36 | |
| シベプトン | 226 | |
| 死亡告知書 | 656 | |
| 凍大根を作る | 101 | |
| 凍餅 | 53 | |
| 凍餅の乾燥具合を見る | 101 | |
| ジャガイモの澱粉作り | 101 | |
| 車内で繕いをする頰被り姿の女の人 | 544 | |
| 三味線を持って | 777 | |
| 十七夜市に自家製の木製品を並べて売る | 557 | |
| 集村の甍 | 148 | |
| 集団就職の汽車を見送る | 630 | |
| 数珠 | 736 | |
| 数珠を繰って神オロシをするエジコ | 736 | |
| 出漁することができず海を見つめる漁師たち | 378 | |
| 手動揚水機 | 286 | |
| 授乳 | 811 | |
| ジュンサイを採る | 532 | |
| ジュンサイ採りの昼どき | 112 | |
| ジュンサイの加工所 | 101 | |

## 秋田県

| 項目 | 頁 |
|---|---|
| 書院と床の間 | 196 |
| 上衣 | 10 |
| 小学校の入学式に向かう | 642 |
| 小学校の入学式の日 | 642 |
| 将棋を指す | 804 |
| 蒸気機関車（SL）の運転席 | 544 |
| ショウキサマ | 671 |
| 召集令状「陸軍々人届資料」 | 656 |
| 常設の露店 | 569 |
| 消毒 | 286 |
| 少年 | 630 |
| ショガキ | 150 |
| 除草機 | 286 |
| 除草下駄 | 287 |
| しょっつる鍋 | 54 |
| ショトメ | 10 |
| ショトメの昼上がり | 287 |
| ジョレンの構造 | 378 |
| しらうおカク網のカクの構造 | 378 |
| しらうおカク網布設図 | 378 |
| しらうお刺網の構造 | 378 |
| しらうお簀立テ網魚捕りの側面図 | 378 |
| しらうお簀立テ網魚捕りの平面図 | 378 |
| しらうお簀立テ網のモチ網 | 378 |
| 飼料槽 | 436 |
| 代掻き | 287 |
| 神社の縁日の出店の鍛冶製品 | 570 |
| 神代文字〔護符〕 | 720 |
| 新聞少年 | 631 |
| 新聞配達 | 570 |
| 森林軌道駅構内の材木 | 414 |
| 森林軌道小阿仁線の駅 | 414 |
| 森林軌道の駅・国有林から伐り出された秋田スギ | 414 |
| 水車 | 289 |
| 水田で栽培したセリをつむ | 290 |
| 水路の洗い場 | 211 |
| 犂 | 291 |
| スキーをする子ども | 798 |
| 杉材を積んで貯木場まで滑りおろした雪ぞりを山のうえまで背負って運びあげる | 414 |
| 杉苗取り | 414 |
| 杉の大木に受口を入れる | 414 |
| 杉の葉を背負った親子 | 593 |
| 頭巾 | 27 |
| スケート下駄 | 36 |
| スズメ追い | 292 |
| 簀立テモッパ | 380 |
| スネコ・タヅキ | 11 |
| スベリガッパ | 11 |
| すべりどめ | 380 |
| 炭俵に白炭をつめる | 529 |
| 炭運びの女 | 529 |
| 炭焼小屋の昼どき | 112 |
| せいご刺網 | 380 |
| 正装して食べる | 113 |
| 正装のゴモソ | 736 |
| 蒸籠 | 74 |
| 背負籠 | 595 |
| 背負式動力散粉機 | 293 |
| セキと呼ぶ用水路で魚を獲る | 380 |
| セキと呼ぶ用水路の洗い場 | 211 |
| 雪上の履物 | 37 |
| 雪中の炭焼小屋 | 530 |
| 背でソリを運ぶ | 597 |
| セナカアデ | 597 |
| 背中当てを着けて背負った俵の下に杖をあててひと休みする | 597 |
| 蝉ガシラ | 37 |
| 仙岩峠のお助け小屋 | 661 |
| 選挙の応援演説を熱心に聞く人たち | 631 |
| 全自動脱穀機 | 293 |
| 先生を投手に野球をする | 643 |
| 洗濯 | 211 |
| 洗濯物をすすぐ | 211 |
| 銭湯へ行く女の子ふたり | 631 |
| ぜんぶくろ | 426 |
| 煎餅焼き | 75 |
| ゼンマイを揉む | 102 |
| 線路（レール）の上のトロッコにスコップで土を入れている | 617 |
| 藻貝とり | 380 |
| 総墓 | 839 |
| 雑物入れのゼン袋 | 426 |
| 草履作り | 504 |
| 注ぎ口 | 378 |
| ソデ網アシ方の編成 | 381 |
| ソデ網アシ方の編成例 | 381 |
| ソデ網アバ方の編成例 | 381 |
| ソデ網前部の図 | 381 |
| ソデ網辺縁の構造例 | 381 |
| 橇を曳く | 598 |
| 橇に乗って坂道を滑りおりる | 799 |
| タイ網を引き揚げる | 381 |
| 体育館に正座する新入学児童 | 643 |
| 大学いもの露店 | 571 |
| 大根をリヤカーに積む | 598 |
| 大根とナスを運んできたリヤカーをそのまま陳列棚にして朝市に店開き | 557 |
| 大根葉の乾燥 | 103 |
| 大根干し | 103 |
| 台所 | 197 |
| 台所に設置した手押しポンプで井戸水を汲みあげる | 198 |
| 堆肥を橇で田に運んでもどる | 296 |
| 堆肥を積んだそり | 296 |
| 堆肥を運ぶ | 296 |
| 堆肥作りをしている母親のところに、女の子が鼻水が出たといってきたので、紙で拭いてやっている | 811 |
| 田植え | 297 |
| 田植えの早乙女 | 298 |
| 田植えを終えた女性たち | 298 |
| 田植型框 | 298 |
| 田植作業衣 | 12 |
| 田植時の野良帰り | 298 |
| 田植姿 | 12 |
| 田植姿 | 298 |
| 田植の合図に使った木笛 | 299 |
| 田植えの後の泥落とし | 299 |
| 田植の仕事着 | 12 |
| 田植の少年 | 299 |
| 田植の手伝い | 299 |
| 田植えの昼どき | 113 |
| 田植えの昼どき | 299 |
| 田植えの昼どきの昼寝 | 299 |
| 田打besz | 300 |
| 倒れた稲 | 300 |
| 鷹を捕獲する図 | 426 |
| 鷹狩りの配置図 | 426 |
| 高下駄 | 37 |
| 駄菓子の店 | 571 |
| 駄菓子屋 | 571 |
| 鷹匠 | 426 |
| 竹籠を両側にかけた真っ直ぐな丸棒を肩に置いている女の子 | 599 |
| 竹細工やかんじきを背負う人 | 599 |
| 竹簀に木枝で作ったほうきを置き、その上にイズメをのせる | 811 |
| 田下駄 | 301 |
| タコあげ | 799 |
| 凧　男べらぼう | 789 |
| タタキ | 384 |
| 叩き売り | 558 |
| タチツケ | 13 |
| 立ち話し | 632 |
| 奪衣婆 | 691 |
| 龍頭 | 840 |
| 駄着鞍 | 599 |
| 脱穀 | |
| 立ったまま飯をかきこむ漁師 | 113 |
| 建網を入れてとったハタハタを、4人で漕ぐ船で浜へ運ぶ | 384 |
| 建網の布設図 | 384 |
| 建網布設中（竹杭を立てる） | 384 |
| タテ（熊槍）をかまえるマタギ | 427 |
| 田と用水路 | 302 |
| タナ網（口網）の編成例 | 384 |
| タニシ獲り | 799 |
| 田に苗を植付ける区画の形をつけるもの | 303 |
| 種籠 | 304 |
| 種浸け | 304 |
| 種俵 | 304 |
| 種まき | 304 |
| 田の中の小祠 | 692 |
| たばこ（農作業の間の休憩） | 305 |
| 煙草を吸って一服 | 632 |
| 田畑の肥料としての海藻ひろい | 532 |
| ダマコ汁 | 54 |
| たむろする子どもたち | 799 |
| タモ | 384 |
| タモ網 | 384 |
| たもっぺ | 13 |
| たる丸をけずる | 415 |
| たる丸の出荷作業 | 415 |
| タワラ（小） | 54 |
| 俵をかつぐ | 599 |
| タワラの中身 | 54 |
| 男根を祀る | 712 |
| 男根や像 | 712 |
| 短冊型の田 | 306 |
| 反物売り | 558 |
| 反物を広げて | 572 |
| 小さな店 | 572 |
| 治病祈願の供物 | 712 |
| 茶を薬罐の口から直接飲もうとしている少年 | 113 |
| 茶どき | 113 |
| チャンバラ | 799 |
| チューインガムをふくらませる女の子 | 113 |
| 中型ゴリドのソデ網およびフクロ口の展開図 | 385 |
| 中門造 | 156 |
| 中門造り | 156 |
| 中門造りの民家 | 156 |
| 提燈 | 230 |
| 町内の人が演じる芝居 | 778 |
| 長方形の飯台を囲み夕食をとる家族 | 114 |
| 貯木場 | 416 |
| ツキゴミ・ツッコミ | 385 |
| ツキザオ | 385 |
| つけがね | 46 |
| ツケシバ | 386 |
| 辻兵呉服店あたり | 650 |

| | | | | | |
|---|---|---|---|---|---|
| 土臼 | 308 | 土手に座って弁当を食べる少女たち | 114 | ねんねこにくるんだ初孫を抱いて子守をする祖父 | 812 |
| 土崎港 | 386 | トテ馬車 | 547 | 農家の入口 | 164 |
| 土田家 | 157 | トナリの関係 | 634 | 農家の食具 | 83 |
| ツマゴ | 38 | トバジ（船着場） | 388 | 農家の食膳 | 55 |
| つまご草鞋 | 38 | 戸袋につけた家紋 | 634 | 農家の猫 | 248 |
| 積み上げた薪 | 247 | 土用ジロ売り | 574 | 農業共済組合の台風による被害状況の調査 | 317 |
| つるべ井戸の水をくむ | 212 | ドラム罐に乗って遊ぶ | 800 | 農作業のかぶりもの | 29 |
| 釣瓶井戸の水を汲んだ桶を横にして水を飲んでいる少女 | 212 | ドラム罐の風呂にはいる保育園の子どもたち | 643 | 農作業用上衣 | 15 |
| 手足の祈願 | 713 | 取入れ | 312 | 農夫 | 318 |
| テ網辺縁の編成例 | 386 | 取り入れ作業の合間に買物に行くお母さん | 634 | 農婦 | 15 |
| 定置漁業（八郎湖）えりやな類 ケナ | 387 | 鳥追い | 312 | 鋸を使う | 535 |
| 定置漁業（八郎湖）えりやな類 ハッキリ | 387 | 鳥追小屋 | 312 | 鋸の「目立て」をする | 511 |
| 定置漁場位置見取り図 | 387 | トリまたは土縁と呼ばれる屋内の通路 | 160 | 伸びる稲 | 318 |
| 定置モッパ布設例 | 387 | トロッコに土入れ作業をしていた2人 | 662 | 野辺送りに向かう白い着物に頭にも白布を着けた親族の女たち | 843 |
| 出入り口の切妻庇と縁庇 | 158 | 泥除鍬 | 313 | 野辺送りの行列の先頭に置いた紙製の龍頭を塔婆に結えてある | 843 |
| テウェ | 43 | 苗取り | 313 | ノボリ巻キの略図 | 428 |
| 手押除草機で除草 | 309 | 苗運び | 314 | 野良着 | 15 |
| テカ | 427 | 苗舟 | 314 | 野良着の下衣を脱ぐ早乙女 | 15 |
| 手籠にヒロッコ（野蒜）を入れて帰る子どもたち | 532 | 長い棒で田をならす | 314 | のれん | 234 |
| 手形 | 713 | 長靴を履いた小学生の男子たち | 634 | ばあさんたち | 634 |
| テキャシ | 43 | ナガサ（山刀） | 428 | 排水用三本鍬 | 319 |
| テジカラ（渴鍬） | 387 | ナガタナ | 28 | はいだウサギの毛皮を板張りにしてなめす | 428 |
| 手作りの帆船模型を川に浮かべる | 800 | 長てぬぐい | 28 | 培土機 | 319 |
| デタチとその裁方 | 13 | 長手拭 | 28 | バエ（棒） | 428 |
| テッカエシ | 43 | ナガテヌゲ | 28 | 延縄の一例 | 391 |
| テックリケヤシ | 43 | 直鉈 | 416 | 伯楽と売手 | 438 |
| てっけやし | 43 | ナナクラオロシの神迎え | 737 | 箱膳 | 84 |
| 手甲 | 44 | ナナクラ舟を中心にして別れの盃を交わす | 737 | 箱ゾリ | 604 |
| 手伝い | 309 | ナナクラ舟を流し近親者が見送る | 737 | 箱橇 | 604 |
| 手拭いかぶり | 28 | ナナクラ舟が見えなくなるまで見送る | 737 | 箱橇と橇滑りに乗って滑りくだる | 801 |
| てぬぐいかぶりの型 | 28 | ナナクラヨセ | 737 | 箱橇に乗った子 | 604 |
| 手布姿の農婦 | 28 | ナマズバリ | 390 | 運んできた雪ぞりにのせたまま、木製の掘りごたつ用の櫓を売る | 575 |
| 手槍 | 427 | なまはげ（人形） | 790 | ハサ | 319 |
| テレビを見に集まる | 633 | 南無七面大天女〔掛絵〕 | 722 | 稲架 | 319 |
| テレビを見る | 247 | 楢岡焼の水甕と茶碗 | 83 | ハサミクシ | 84 |
| テレビと家族 | 247 | 奈良家住宅 | 162 | 馬車で薪用材を運ぶ | 604 |
| 天気占いをする子ども | 800 | 縄をなう藁を槌で打っている少女 | 510 | はぜ刺網 | 392 |
| 電気店の店頭のテレビを見る大勢の人 | 633 | 苗代づくり | 315 | 馬そり | 604 |
| 電車を待つ人 | 546 | 苗代作り | 316 | 馬橇 | 605 |
| 伝染病よけの呪い | 671 | 苗代の風除け | 316 | 馬そりに組んだ櫓に拡声器を取りつけ、村内をまわって選挙運動をする | 634 |
| ドアバ | 387 | 苗代の鳥除け | 316 | 馬橇に飛び乗る子どもたち | 801 |
| 燈火 | 233 | なわとび | 800 | 裸んぼう | 801 |
| 湯治客の芸 | 778 | 縄綯い | 510 | 畑仕事着 | 16 |
| 湯治客の前で演奏する芸人 | 778 | 稲積（ホニヨとその景観） | 316 | ハタハタを積んで帰ってきた木造船 | 393 |
| 湯治場 | 665 | 荷カギ | 602 | ハタハタの水揚げ | 393 |
| 湯治宿で過ごす新婚夫婦 | 581 | 荷鉤 | 316 | ハタハタ漁 | 393 |
| 灯台 | 233 | 肉屋の店頭にさげたカモ | 55 | 働いている町から帰ってきた男 | 634 |
| 盗難除け | 671 | 荷ぐらをつけた馬が、引いてきた学生服姿の子にあまえるように、顔をなでられている | 437 | 八郎大権現 | 694 |
| 唐箕 | 310 | 荷車にのせた風呂桶に子どもを入れて家に向かう | 602 | ハッキリ網の口 | 393 |
| 胴裏 | 14 | 日曜学校の顔ぶれ | 634 | ハッキリ網のハネコミを設置する | 393 |
| 筌売り | 574 | 二番除草 | 317 | ハッキリ・ケナ平面図 | 393 |
| 動力しらうお曳網操業の図 | 388 | 日本兵が米国のルーズベルト大統領と、英国のチャーチル首相を攻める雪像 | 657 | 伐採 | 417 |
| 動力しらうお曳網の構造 | 388 | ヌックルミ（ケラソッカ） | 39 | ハッシャク | 393 |
| 動力二艘曳 | 388 | ヌックルミの中にいれるワラシベ | 39 | ハッシャク操業の図 | 393 |
| 道路脇の堰で洗い物をする | 212 | 布地を売るおじさん | 558 | ハッシャクの構造 | 393 |
| 兎追い輪 | 427 | ネエヅの棒 | 713 | ハッピ | 16 |
| 通し苗代 | 311 | ネコゲラ | 603 | 花売り | 575 |
| 通し苗代のある風景 | 311 | ネパ（枕） | 390 | はながお | 29 |
| ドコ | 38 | | | 放し飼いの鶏に、少年が米あげざるに入れたえさをやっている | 438 |
| 床屋 | 574 | | | ハナゾリ | 605 |
| 床屋の子 | 574 | | | | |
| 土葬にして間もない墓の裏側 | 841 | | | | |
| どっこ（和製のスケート） | 38 | | | | |
| 獲った熊を運ぶ打当のマタギ | 427 | | | | |

秋田県　地域別索引

| | | |
|---|---|---|
| 花・幟・燈籠 | 844 | |
| ハナフクベ | 29 | |
| 鼻フクベ | 29 | |
| 花見 | 581 | |
| 洟たれ小僧 | 634 | |
| 花見の席をにぎやかにする蓄音機 | 581 | |
| 花嫁 | 824 | |
| 花嫁衣装 | 16 | |
| 花嫁が通る | 824 | |
| 花輪を供えた埋葬したばかりの新しい墓 | 844 | |
| ハネコミの一部 | 393 | |
| ハネコミの構造 | 393 | |
| ハネコミ布設場所 | 393 | |
| ハネコミ部の構造（ハッキリと同じ） | 393 | |
| ハネコミ 平面図一例 | 393 | |
| 母親が女の子にバリカンをあてて、おかっぱ頭の髪を切っている | 248 | |
| 母が風船をふくらませるのを見つめる女の子 | 635 | |
| ハバキ | 39 | |
| ハバギ | 39 | |
| ハマグサケラ | 16 | |
| 浜小屋の窓からハタハタの来遊を見張る | 394 | |
| 浜で昼飯の菜を用意する | 107 | |
| 腹帯 | 439 | |
| 針糸通し売り | 575 | |
| 春潟網操業図 | 394 | |
| 春潟網の構造 | 394 | |
| 春休みの子どもたち | 644 | |
| バン木 | 635 | |
| ハンコタナ | 29 | |
| ハンコタナの端の刺繍 | 29 | |
| ハンコタンナ | 29 | |
| 番小屋の前に運んだハタハタを、13kgずつ木箱に入れる | 394 | |
| ハンバキ（はばき） | 40 | |
| 曳網漁業あみ曳網 操業の図 | 395 | |
| 曳網操業中 | 395 | |
| ヒコイタの図 | 395 | |
| 比立内マタギのシカリ | 429 | |
| 火棚 | 203 | |
| ビー玉遊び | 801 | |
| 一仕事終えて | 324 | |
| 日向ぼっこ | 249 | |
| ヒナワジュウ（火縄銃） | 429 | |
| 火縄銃の付属品 | 429 | |
| 火縄の鉢巻 | 429 | |
| 氷下網 | 395 | |
| 氷下網（魚をとらえたところ） | 395 | |
| 氷下網（操業中） | 395 | |
| 氷下漁業バワリ図 | 395 | |
| 氷下刺網漁業の一例 | 396 | |
| 氷下曳網の操業図（場取り） | 396 | |
| 氷下曳網 曳場略図 | 396 | |
| 氷上漁業 ヤマのくみかた一例 | 396 | |
| ヒヨケゲラ | 17 | |
| 平鍬 | 325 | |
| 肥料箱を首からさげた女の人 | 325 | |
| 昼どき | 114 | |
| 昼寝 | 249 | |
| 琵琶 | 779 | |
| 瓶詰めのしょっつる | 56 | |
| ふいごで田に水をあげる | 325 | |
| 葺き替えたばかりの藁茸屋根 | 216 | |
| ふきのとうつみ | 533 | |
| 巫業の看板 | 737 | |

| | | |
|---|---|---|
| フクベ | 396 | |
| フクベ網主要部 | 396 | |
| フクメンタナ | 30 | |
| 袋 | 606 | |
| フクロ網 | 396 | |
| フゴミモッペ | 17 | |
| フシヌケ | 17 | |
| 二人で担ぐ | 606 | |
| フダンギ | 18 | |
| 仏壇 | 845 | |
| 巫堂 | 738 | |
| ぶどう皮こだし | 606 | |
| ブドウづるで作った籠に酒を入れて | 606 | |
| 蒲団の綿入れ | 249 | |
| ふな刺網の構造 | 397 | |
| ふな建網（建網・ジャコ網） | 397 | |
| ふな建網の構造 | 397 | |
| ふな建網の布設図 | 397 | |
| 船着場 | 550 | |
| 船曳網の構造例 | 398 | |
| 船曳網の操業 | 398 | |
| 補任状 | 738 | |
| 舟 | 398 | |
| 舟をこいで遊ぶ | 801 | |
| 船が戻るのを浜で待つ家族 | 398 | |
| 布帆 | 399 | |
| 踏車 | 326 | |
| フミダラ | 40 | |
| 踏俵 | 40 | |
| 冬の停車場 | 551 | |
| 冬の藁仕事の準備 | 513 | |
| ブランコ | 801 | |
| フロシキボッチ | 30 | |
| ヘソ | 485 | |
| ヘタラマキ | 40 | |
| ヘダラマキ | 56 | |
| ヘドロ | 40 | |
| 勉強する | 644 | |
| べんけい | 108 | |
| 弁当（ツゲ） | 87 | |
| 弁当を食べながら、カメラマンにウインクを送る少女 | 114 | |
| 弁当を風呂あがりに食べる日帰りの湯治客 | 114 | |
| ボアサキ | 30 | |
| 保育園の帰りに店によって買物をすませた母子を眺める高校生たち | 636 | |
| 防空演習 | 657 | |
| 褒詞状 | 738 | |
| 防草機 | 328 | |
| ほうちょう | 429 | |
| ホウの葉に小豆もちを置いた戦前の田植えの昼食 | 56 | |
| 防風林 | 619 | |
| 頬被り | 30 | |
| ホオズキを売る | 576 | |
| 朴の木の皿 | 57 | |
| 朴の葉売りの少女 | 576 | |
| 朴の葉飯 | 57 | |
| 墓前で籾を燃してにおいをかがせる | 846 | |
| 墓前に7日ごとに供物をする | 846 | |
| 墓前に撒いた切餅 | 846 | |
| 墓前の供物 | 846 | |
| 墓前の祭壇 | 846 | |
| 墓前の草鞋と下駄 | 846 | |
| 墓地 | 846 | |
| ボッチ | 30 | |

| | | |
|---|---|---|
| 仏オロシをする | 738 | |
| 仏オロシをするエジコ | 738 | |
| 仏オロシの後、祭壇を背にして食事を振舞われるエジコ | 738 | |
| 仏オロシの最中 | 738 | |
| 仏オロシの神前 | 738 | |
| 仏オロシは聞き手に顔を向けて語る | 738 | |
| 仏に呼び出される人は丼の水を上げる | 738 | |
| ホニョの列 | 329 | |
| 帆柱 | 401 | |
| ホメダレ | 18 | |
| ぼら刺網 | 401 | |
| 鰡塚 | 676 | |
| ぼんでん | 793 | |
| マエカケ（麻の単衣） | 18 | |
| 前掛け | 18 | |
| 曲り家 | 172 | |
| 曲屋造の屋根 | 173 | |
| 曲屋の屋根修理 | 216 | |
| 旋網漁業 | 401 | |
| 旋網漁業におけるカキ網 | 401 | |
| 旋網漁業におけるハッキリ網（タナ網） | 402 | |
| まぐさを運ぶオバコ | 607 | |
| 秣作り | 439 | |
| 馬鍬 | 330 | |
| 曲ワッパ | 88 | |
| マタギ網 背負い袋 | 429 | |
| マタギたちが猟場へ向かう | 429 | |
| マタギの供物用オコゼ | 429 | |
| マタギの装束 | 19 | |
| マタギの新旧 | 429 | |
| マタギの持つ神像 | 429 | |
| マタギ秘巻 山達由来之事（高野派） | 429 | |
| マタギ秘巻 山達根本之巻（日光派） | 430 | |
| まだ布 | 486 | |
| 待合室 | 636 | |
| 待合室のベンチで眠る | 551 | |
| 町から帰る | 636 | |
| 町の朝 | 652 | |
| マッカ | 402 | |
| マッカ・タヅキ | 19 | |
| 松脂蝋燭 | 239 | |
| 松脂蝋燭灯台 | 239 | |
| マデ網の構造 | 402 | |
| マドノコ | 418 | |
| ままごと | 802 | |
| 守札 | 722 | |
| 魔除けの鎌と弓矢 | 848 | |
| まりつきをする | 802 | |
| まるき舟 | 551 | |
| マルキブネ | 402 | |
| 丸木舟 | 402 | |
| 丸木舟 | 551 | |
| 丸木船 | 403 | |
| 丸木舟に乗り櫓漕ぎで磯漁をする | 403 | |
| 丸々と太った白豚の散歩を見守る、野良仕事から帰った父親と遊んでいた子どもたち | 439 | |
| マルワッパ | 89 | |
| 漫画に夢中の少女と少年 | 802 | |
| マングワ（しじみかき） | 403 | |
| マングワの構造 | 403 | |
| 万石 | 331 | |
| まんだけら | 19 | |
| 箕 | 332 | |

| | | |
|---|---|---|
| 巫女に憑いた神（不動明王の掛けもの） | 739 | |
| 巫女の家の仏壇 | 739 | |
| 巫女の神棚 | 740 | |
| 巫女の祭壇 | 740 | |
| ミジカ | 19 | |
| みじかはんてん | 19 | |
| 水揚げ | 332 | |
| 水揚げや運ぶときなどに落ちたハタハタを拾う子どもたち | 403 | |
| 水を入れたバケツをてんびん棒で運ぶ女の子 | 607 | |
| 水桶の手に天秤棒のかぎをかけようとしている少年 | 607 | |
| 水汲み場 | 214 | |
| 水苗代清掃用器 | 333 | |
| 水苗代の種まき | 333 | |
| 水飲み | 115 | |
| 箕選 | 333 | |
| ミノ | 19 | |
| 蓑を見定める | 559 | |
| ミノゲボッチ | 31 | |
| 蓑作り | 516 | |
| 蓑帽子 | 31 | |
| 民家 | 175 | |
| 民家を借りた投票場 | 636 | |
| 民家に見る千木 | 177 | |
| 迎えの車に乗るエジコ | 741 | |
| むくり破風を付した玄関 | 179 | |
| 虫除けの札 | 722 | |
| ムシロ編み | 516 | |
| むしろ織 | 516 | |
| 莚織り | 516 | |
| むしろに蒲団を延べて寝かした赤ちゃんに，母親が毛布をかけようとしている | 812 | |
| 筵機 | 516 | |
| 村境の鹿島様とシメ縄 | 674 | |
| 村境の鬼面 | 674 | |
| 村の選挙 | 637 | |
| メインストリート | 552 | |
| メシニダラ | 91 | |
| 飯櫃 | 91 | |
| 飯櫃入れ | 91 | |
| メンパ | 91 | |
| 木製スコップ | 337 | |
| 木製の手型や足型を奉納する | 716 | |
| 木製品を並べて | 559 | |
| モクトリ作業の図 | 405 | |
| モクトリハサミの図 | 405 | |
| 模型飛行機を飛ばす | 803 | |
| 餅の冷蔵 | 109 | |
| モッパ魚捕り部平面図 | 405 | |
| モッパ（簀立テ網）の布設例 | 405 | |
| モッパのオトシ（マヤともいう） | 405 | |
| モッパの簀 | 405 | |
| モッパのタモ網（魚汲み用） | 406 | |
| モッパのフクロ網一例 | 406 | |
| モッパの布設例 | 406 | |
| モッパの四ツ手網 | 406 | |
| 喪服 | 21 | |
| もみ殻を焼く | 337 | |
| もみとうし | 338 | |
| モモヒキ | 21 | |
| モリコ | 430 | |
| モンペ | 21 | |
| 焼芋屋 | 577 | |
| 山羊を引いて子どもたちと田へ行く | 440 | |
| 焼畑 | 338 | |
| 焼餅屋 | 577 | |
| 野球場は田圃 | 803 | |
| 役場 | 663 | |
| 厄祓い | 818 | |
| 厄払いの御幣 | 674 | |
| ヤシキギ（屋敷林）をもつ曲屋 | 181 | |
| 屋根刈り込み | 217 | |
| 屋根葺き | 217 | |
| 山衣装（みじか） | 22 | |
| 病除けの藁人形 | 674 | |
| ヤマゾリ | 609 | |
| 山の神への願かけ | 717 | |
| 山神像 | 700 | |
| 山の神にあげたマタのある枝 | 717 | |
| 山袴 | 22 | |
| 山部鎌 | 340 | |
| 槍 | 430 | |
| 夕餉の食膳 | 58 | |
| 夕食 | 115 | |
| 雪を投げ合う少年たち | 803 | |
| ユキオロシ | 31 | |
| 雪オロシ | 250 | |
| 雪がこい | 184 | |
| 雪囲い | 184 | |
| 雪沓 | 41 | |
| 雪ぞり | 609 | |
| 雪の日の担ぎ | 578 | |
| 雪踏みをする | 251 | |
| 雪室 | 251 | |
| 指人形 | 803 | |
| 幼児の乗った手作りの箱ぞりに近づく牛 | 440 | |
| 用水路の堰 | 619 | |
| 横手駅前 | 654 | |
| ヨコ巻キの略図 | 430 | |
| 吉田窯の底の構造 | 530 | |
| ヨソウユキゲタ | 41 | |
| 四つ手網 | 342 | |
| 四ツ手網 | 407 | |
| 四ツ手網漁 | 407 | |
| 嫁入りの風景 | 827 | |
| 嫁は囲炉裏からかなり離れて縫物をしている | 251 | |
| 落書き | 803 | |
| リヤカー | 609 | |
| リヤカーで運ぶ | 609 | |
| リヤカーでやってくるおばさんの魚売り | 578 | |
| リヤカーに乗せたイズメの子と女の子は，祖父母のほうの畑に行くのだろう | 813 | |
| リヤカーに乗せて墓地に到着した輿 | 850 | |
| リヤカーに乗る子ども | 609 | |
| リヤカーの上に板を置いて雑誌を並べた街角の本屋 | 578 | |
| 龍頭（雨乞い用） | 717 | |
| 猟を終えて反省とつぎの猟の打合せをする | 430 | |
| 猟具 | 430 | |
| 漁小屋 | 408 | |
| 漁師小屋 | 408 | |
| 漁師たちの温かな食事 | 115 | |
| 猟銃各種 | 430 | |
| 両中門 | 186 | |
| 両中門造り | 186 | |
| 猟場にはいる直前に最終の打合せをする | 431 | |
| 旅館 | 582 | |
| レイク膳（仏オロシに供える膳） | 742 | |
| レールに耳をあてる子供 | 803 | |
| れんじゃく | 610 | |
| 六地蔵 | 700 | |
| ロクロ | 408 | |
| ロクロまき | 408 | |
| 路地によくあった店 | 578 | |
| ローソク | 728 | |
| ロールベールの運搬 | 441 | |
| わかさぎ刺網の構造 | 408 | |
| わかさぎ建網 | 408 | |
| わかさぎ建網陥入部立体図 | 408 | |
| わかさぎ建網の布設図（一例） | 409 | |
| わかさぎ建網 布設の順序 | 409 | |
| 若勢 | 639 | |
| 若勢市 | 559 | |
| 若勢の服装 | 23 | |
| 別れの盃（全員に盃を回す） | 742 | |
| ワケガミ（分け髪） | 46 | |
| 綿入れで着ぶくれし，モンペをはいている子ども | 23 | |
| 渡場 | 553 | |
| 渡し船 | 553 | |
| 罠猟と集落の関係の概略図 | 431 | |
| 輪まわし | 803 | |
| 藁打ち | 519 | |
| わら切機 | 441 | |
| ワラグチ | 42 | |
| ワラグツ | 42 | |
| 藁沓 | 42 | |
| 藁沓つくり | 519 | |
| ワラケラ | 23 | |
| 藁細工に使う藁を準備する老農夫婦 | 519 | |
| 藁仕事 | 519 | |
| ワラダ | 431 | |
| わら縄 | 520 | |
| わら縄をなう | 520 | |
| 藁鳰 | 344 | |
| 藁人形 | 674 | |
| 藁葺き屋根の民家 | 189 | |
| ワラ蛇の道切り | 675 | |
| 椀籠 | 94 | |

## 山形県

| | |
|---|---|
| 青山家の外観 | 119 |
| アクトアテ | 32 |
| アクトカケ | 32 |
| アケビ料理 | 49 |
| 朝市 | 554 |
| 足踏脱穀機 | 253 |
| 雨簀 | 3 |
| 編笠 | 24 |
| 網かんじき | 254 |
| 阿弥陀名号仏掛絵 | 718 |
| 荒川の砂利採取 | 525 |
| 暗渠排水 | 256 |
| 暗渠排水工事 | 256 |
| 家印 | 625 |
| イカツリバリ（烏賊釣針） | 351 |
| イカの一夜干し | 94 |
| 生きていたチョンマゲ | 44 |
| いずこ | 60 |
| 磯タコ漁 | 352 |
| 市神 | 680 |
| 井戸 | 207 |
| 射止めた大きな月輪熊を雪の上を滑らせて里まで運ぶ | 421 |

## 山形県

| | | |
|---|---|---|
| 犬弾き … 829 | カブの浅漬け … 51 | 笹野一刀彫 … 787 |
| 稲を束ねる … 258 | カマス … 588 | 笹野彫 … 501 |
| 稲刈り … 258 | 窯の仕事場 … 495 | 差茅補修 … 216 |
| 稲干し … 259 | 神ヅケの式場 … 734 | サシグシ … 728 |
| イモガラとカラトリイモ … 50 | 神棚 … 684 | サシコ … 9 |
| 入口脇に小便所（ツボ）のある農家 … 124 | 亀の子笊 … 65 | 指樽 … 70 |
| 炒り鍋 … 60 | 茅葺きの民家 … 133 | さし屋根 … 216 |
| 囲炉の典型 … 190 | 狩人 … 423 | 叉首組 … 145 |
| 祝いばんどり … 586 | 狩人の談合 … 423 | サルコズキン … 26 |
| 羽後飛島蛸穴図 … 356 | 皮むき … 411 | サルコモンベ着用図 … 9 |
| 兎樽 … 60 | 欅 … 34 | 算木と鉾 … 735 |
| 兎の餅搗 … 783 | カンジキ … 34 | 参詣図絵馬 … 709 |
| 兎の餅つき玩具 … 783 | カンジキ（田下駄） … 270 | 山村 … 245 |
| ウス … 61 | 願はたしに奉納された穴のあいた石や髪 … 707 | さんぱ … 375 |
| 鵜渡川原人形 … 784 | キジヤの木椀工場 … 498 | 蚕箔 … 459 |
| 姥神 … 681 | 忌中札 … 832 | 三宝荒神護符 … 720 |
| 馬の耳袋 … 433 | 杵 … 66 | 三宝荒神のお札 … 720 |
| 海辺で遊ぶ子どもたち … 795 | 杵 … 271 | 飼育棚 … 459 |
| 海辺の狭い土地に家が並ぶ … 126 | 鬼面 … 734 | 死後結婚の絵馬 … 835 |
| エゴ草を干す老婆 … 97 | 脚立 … 223 | 仕事着 … 9 |
| えさ箱 … 422 | 脚絆 … 34 | 仕事場の中で火を焚いて生地を乾かす … 502 |
| 絵馬 … 703 | 牛沓 … 435 | 自在カギ … 195 |
| 獲物を捕らえるとクマタカは固くしっかり押さえつけて鷹匠がくるのを待っている … 422 | 経木弁当箱 … 67 | 湿田の草取り … 284 |
| 絵蠟燭 … 493 | 供出米を運ぶ … 272 | 湿田の田植え … 284 |
| 笈の中に祀る神像 … 731 | 行商人が列車で運ばれる … 565 | シトバンドリ … 591 |
| 大鳥の民家 … 127 | 経の巻鬼を据えた現代の住宅 … 138 | しなの木の皮 … 477 |
| 岡持 … 587 | 行屋 … 771 | 地機 … 477 |
| おくない様 … 731 | 首人形 … 786 | シバラレ地蔵 … 688 |
| 小国紙の紙漉き … 493 | くびれ臼 … 67 | ジバン … 10 |
| 奥の院に掲げられた亡くなった家族の写真やムカサリ絵馬 … 830 | 熊をかこんで全員が配置についたところ … 423 | しびふんづけ … 285 |
| オコゼ … 422 | クマタカの一日の働きを背負って帰る … 423 | 島の消防団 … 629 |
| オコゼの干物 … 422 | 熊鍋 … 52 | 氏名を記したヤネツクシ … 245 |
| オコゼ奉納絵馬 … 705 | 熊の脂 … 665 | 蛇腹（ジャバラ） … 148 |
| 御高祖頭巾 … 25 | 暗い二階を明るくする連子窓 … 140 | 十八夜供養塔 … 744 |
| おたれがさ … 25 | 鞍と引木 … 435 | 十八夜正観音版木 … 744 |
| オナカマ（ミコ） … 733 | 倶利迦羅竜王剣〔護符〕 … 719 | 十八夜塔 … 744 |
| オナカマが持っていた守り … 733 | 車長持 … 224 | 十八夜待供養塔 … 744 |
| オナカマ修行図絵馬 … 733 | 黒砂糖豆 … 52 | 数珠 … 736 |
| オボケ … 470 | 桑切鎌 … 457 | 春慶塗で仕上げられた青山家の下座敷 … 196 |
| オモリ … 361 | ケエシキ … 424 | 蕷菜 … 53 |
| 恩賜郷倉 … 626 | 結婚料理 … 52 | 上衣・三幅前掛 … 10 |
| 御田之神〔護符〕 … 718 | 外法箱 … 735 | 正月用白菜の収穫 … 53 |
| 崖下の水汲場 … 208 | 外法箱内部 … 735 | 庄内の板獅子 … 788 |
| 海岸の井戸 … 208 | ケヤク兄弟 … 621 | ショクダイ … 227 |
| 開墾地 … 264 | コアシナワをつけた鷹 … 424 | 女子労働の姿態 … 10 |
| カエスキ … 423 | こうもりを持った参詣図絵馬 … 708 | 神牛〔護符〕 … 720 |
| カガボシ … 25 | 子を背負う … 809 | 新庄駅 … 544 |
| 鏡樽 … 63 | 穀打棒 … 278 | 人凧の骨組 … 788 |
| ガキ大将のいる仲間へはいる少し前の男の子たちと、右端はその子どもたちを見守るアネッチャ（姉） … 627 | コケシ … 786 | ジンバ … 11 |
| カクマキ … 5 | 五穀を祀る興屋の聖 … 686 | ジンベ … 11 |
| 笂で山の水を引く … 208 | ゴザニゾ … 26 | 甚兵衛（じんべい） … 36 |
| 笠 … 25 | コダシ … 590 | ジンベガタ（藁沓をつくる型） … 503 |
| カザグルマ（海藻採り） … 364 | コダス … 590 | 心棒凧 … 788 |
| 風除けの樹木と垣根 … 132 | 五智如来〔護符〕 … 719 | 人力稲刈機 … 288 |
| 家相書『万鹽秘訣即覧集』 … 668 | コテに据わる訓練 … 424 | 人力しろかき機 … 288 |
| 家相図 … 669 | 子どもたち … 629 | 水田の暗渠排水工事 … 290 |
| 火葬場 … 831 | 子供デンチ … 8 | 水稲直播機 … 291 |
| 被衣 … 5 | 粉袋 … 225 | 鈴と鈴の緒を奉納 … 710 |
| かつぎ屋 … 588 | コバヤの外観 … 809 | 砂堤に囲まれた漁家 … 152 |
| 蒲沓 … 33 | コマヤ … 143 | スネコデタチ … 11 |
| かぶと造 … 132 | 小物入れ … 225 | セアテ（背当て） … 594 |
| かぶと造り・多層民家 … 132 | 金毘羅山（石碑） … 687 | 笶竹 … 736 |
| かぶと造りの農家 … 132 | 婚礼とご馳走 … 821 | 背負箱 … 595 |
| | サイノカワラ … 767 | 背負嚢 … 596 |
| | 賽の河原 … 767 | 背負って運ぶ … 596 |
| | 酒田の獅子頭 … 787 | 関川の熊狩り … 426 |
| | 作条機 … 281 | 石油集油所 … 661 |
| | | 雪踏草履 … 37 |

| | | |
|---|---|---|
| 背中当て | 597 | |
| 膳 | 75 | |
| 洗濯物 | 245 | |
| 洗濯物とエゴ草 | 246 | |
| 槍杖 | 426 | |
| 袖合羽 | 11 | |
| ソデナシ | 11 | |
| 卒塔婆 | 839 | |
| ソバネリ | 54 | |
| 橇曳きのしごとぎ | 12 | |
| 大閤の日繰り | 671 | |
| 大黒〔護符〕 | 721 | |
| 台所になる青山家の中門部分 | 153 | |
| 台所の改善 | 198 | |
| 大日如来〔護符〕 | 721 | |
| 堆肥俵 | 296 | |
| 鷹狩り | 426 | |
| 鷹狩りへ出立 | 426 | |
| 鷹狩中の鷹匠と鷹 | 426 | |
| 鷹狩りのための衣服・猟具・装具類 | 426 | |
| 高島田のかつらをつける花嫁 | 823 | |
| 鷹匠 | 426 | |
| たきぎ小屋での薪柴の保管 | 532 | |
| 田下駄の使用 | 301 | |
| タコを干す | 104 | |
| 凧　花泉風三竦 | 789 | |
| 凧　酒田奴 | 789 | |
| タコツボ（蛸壺） | 383 | |
| 多層民家 | 155 | |
| 立ち話し | 632 | |
| 立ち振る舞い | 823 | |
| 立ち振る舞いの膳 | 823 | |
| 建て前 | 523 | |
| 伊達巻 | 47 | |
| 煙草入 | 229 | |
| 玉石を道路側に積み重ね枝の密集するウコギを植える | 155 | |
| 田麦俣の民家 | 156 | |
| ダルマを焼く | 507 | |
| 束子 | 77 | |
| 俵締機 | 507 | |
| タンクで粘土や釉薬の調合をする | 507 | |
| 反物屋 | 572 | |
| 鋳造道具一式 | 507 | |
| 中門造りの民家 | 156 | |
| 角樽 | 79 | |
| ツマゴワラジ | 38 | |
| D51機関車 | 546 | |
| 手押除草機 | 309 | |
| テゴ | 600 | |
| テヅラ | 309 | |
| 手製の帆掛船を持つ子ども達 | 800 | |
| 手甲 | 44 | |
| 鉄鍋 | 79 | |
| 鉄瓶 | 79 | |
| 鉄龍上人 | 729 | |
| 手毬 | 790 | |
| てんご | 601 | |
| ド（鯉笯） | 387 | |
| 峠の家族 | 14 | |
| 道路に直交して建てられた主屋 | 159 | |
| トギド | 28 | |
| 土座の居室と土間との境 | 200 | |
| 土座の居室のある民家 | 200 | |
| 歳徳大善神〔掛絵〕 | 721 | |
| 土蔵 | 159 | |
| トドサマ | 737 | |
| 鳥羽絵凧 | 790 | |
| 止り木の鷹 | 427 | |
| ドンザ | 14 | |
| どんぶりめし | 114 | |
| 流し樽 | 713 | |
| ナカニオブウ | 812 | |
| 長持 | 234 | |
| 直鉈 | 416 | |
| ナタギリ | 28 | |
| 二階の炉 | 202 | |
| ニゾ | 28 | |
| にぞうに蓑をレインコートがわりに着た子ども | 15 | |
| 鶏（削りかけ玩具） | 790 | |
| ネズミタケ | 55 | |
| ノサ | 428 | |
| ノサカケ | 428 | |
| 野宿ガケの時の炉 | 428 | |
| 登り窯 | 511 | |
| ノリ採りのおばさん | 391 | |
| 培土プラウ | 319 | |
| 羽黒山の宿坊 | 768 | |
| 羽黒山の長い参道で一休み | 768 | |
| 化穴 | 428 | |
| ハケゴ | 604 | |
| 刷毛で釉薬を塗る | 512 | |
| 箱階段 | 202 | |
| 箱備中鍬 | 319 | |
| ハコメガネ（箱眼鏡） | 392 | |
| ハサ掛け | 319 | |
| 播種器 | 320 | |
| 馬橇 | 605 | |
| 葉タバコの乾燥 | 444 | |
| 花見宴 | 581 | |
| 花揉盥 | 484 | |
| 花嫁衣装 | 16 | |
| 花嫁・花婿人形 | 844 | |
| 花嫁は家を出る前に育った家の仏壇に手を合わせる | 825 | |
| 羽根（羽子板） | 791 | |
| ハネバンドリ | 605 | |
| 羽根ばんどり | 605 | |
| 破風 | 166 | |
| 浜弁当 | 85 | |
| 半切妻屋根の農家 | 167 | |
| ハンコタナ | 29 | |
| ハンコタナの端の刺繍 | 29 | |
| ハンコタンナ | 29 | |
| バンドリ | 605 | |
| 火打笥 | 236 | |
| ビク | 395 | |
| 火棚を利用して川魚の燻製 | 107 | |
| 火縄銃 | 429 | |
| 火縄銃（部分） | 429 | |
| フカグツ | 40 | |
| 吹浦海岸の自然岩に刻まれた尊像 | 695 | |
| フジコソデナシ | 17 | |
| 仏壇 | 845 | |
| 船荷のセメントを運び揚げる沖仲士 | 606 | |
| プラウ | 326 | |
| ふりかごのかつぎ方を娘に教え浜から帰ってくる母娘 | 606 | |
| 風呂鍬 | 327 | |
| 紅花つくり | 327 | |
| 弁当入れ | 87 | |
| 奉納鏡立 | 738 | |
| 奉納額 | 715 | |
| 奉納鏡 | 738 | |
| 奉納剣 | 738 | |
| 防風垣 | 170 | |
| 方便法身名号〔護符〕 | 722 | |
| ホーソ神 | 697 | |
| ホップ花乾燥機 | 329 | |
| ホップ花乾燥箱 | 329 | |
| ホップ花乾燥用送風機 | 329 | |
| ホップ花採取機 | 329 | |
| ホップ花摘式 | 329 | |
| ホップ花の乾燥用火炉 | 329 | |
| 梵天 | 716 | |
| 本間物産 | 576 | |
| 本来のクネである屋敷前面を囲む低木の垣根 | 172 | |
| 前縄 | 607 | |
| 巻き山の略図 | 429 | |
| マダコ漁 | 402 | |
| マツヤニローソクとショクダイ | 239 | |
| 窓に「勉強中」 | 250 | |
| 窓鋸 | 418 | |
| マネキ | 745 | |
| 豆打ち棒 | 331 | |
| マルボーシ | 31 | |
| 廻し | 419 | |
| 饅頭笠 | 31 | |
| 箕商い | 577 | |
| 巫女免許状 | 741 | |
| 未婚のまま他界した女性をまつる | 848 | |
| ミシン | 250 | |
| 水子地蔵にそえた風車 | 848 | |
| 味噌蔵の内部 | 454 | |
| 味噌こし | 90 | |
| 蓑 | 20 | |
| ミノを肩において | 608 | |
| 箕と笠の着装 | 20 | |
| 蓑帽子 | 31 | |
| 民家 | 175 | |
| ムカサリ絵馬 | 849 | |
| 胸当 | 21 | |
| 胸掛 | 21 | |
| 村の子の生命をあずかる人 | 812 | |
| 飯櫃 | 91 | |
| 雌蝶・雄蝶と盃 | 825 | |
| 雌蝶・雄蝶と三三九度のさかずき | 825 | |
| 目の祈願絵馬 | 716 | |
| もくしずめ | 337 | |
| モザメの水揚げ | 405 | |
| モズクとりのせまき | 405 | |
| もと杉皮葺きの漁家 | 180 | |
| 籾打棒 | 337 | |
| モンペ | 21 | |
| 焼畑で収穫した温海蕪の選別 | 338 | |
| 箱 | 406 | |
| ヤス | 406 | |
| ヤス（魚攵） | 406 | |
| ヤセウマ | 608 | |
| 屋根裏にある墓地 | 850 | |
| 山形デタチ | 22 | |
| 山形鉄瓶 | 92 | |
| 山刀鞘 | 419 | |
| 山小屋の骨組とその平面図 | 430 | |
| 山寺（干菓子） | 58 | |
| 山の神 | 699 | |
| 山鋸 | 419 | |
| 山ばかま | 22 | |
| 山行支度 | 22 | |
| 槍 | 430 | |
| 雪沓 | 41 | |
| 雪靴 | 41 | |
| 雪ボッチ | 31 | |
| 輸送箱と帯 | 578 | |
| 弓 | 741 | |

福島県　地域別索引

| | |
|---|---|
| 吉原五徳 | 241 |
| 米沢おばことにぞう | 31 |
| 嫁入荷物 | 826 |
| 嫁の飯 | 827 |
| ヨリウラ | 741 |
| 陸橋 | 553 |
| 猟具 | 430 |
| リンゴ箱を台にしていろいろな品物を並べた店 | 578 |
| 霊魂が赴くとされる霊場 | 770 |
| 連歯下駄 | 42 |
| 蠟釜 | 518 |
| ロージの庇 | 187 |
| ワカ・ミコ打初手形 | 742 |
| 輪カンジキ | 42 |
| 山葵栽培 | 343 |
| わらぐつ型（甚兵衛型） | 42 |
| わら靴型（ふかぐつ型） | 42 |
| ワラジ | 42 |
| 草鞋 | 42 |
| ワラダ | 431 |
| 藁手袋 | 44 |
| 藁帽子 | 31 |

## 福島県

| | |
|---|---|
| 藍神様を祀る棚 | 680 |
| 青灰やき | 533 |
| 赤べこ | 783 |
| 足を入れてくつろぐ踏み込み炉 | 189 |
| 足を置く板がまわる炉の内側 | 189 |
| アミガサ | 24 |
| 編笠 | 24 |
| アミダイ（編み台） | 489 |
| 飴細工 | 559 |
| アヤオリ・カケ糸つり | 466 |
| あらがく | 410 |
| 荒型採り | 489 |
| 飯豊山の碑 | 817 |
| 家の神様 | 680 |
| 石臼（茶臼） | 60 |
| イジッコ | 585 |
| イジッコを背負う | 585 |
| 石と祠 | 680 |
| 泉と洗場 | 207 |
| 板倉 | 122 |
| 板倉群 | 123 |
| 板敷のニワ | 189 |
| 板の間に棚を置き、円形の蚕座で蚕を飼う | 456 |
| 板屋根 | 123 |
| 市神 | 680 |
| 市神の祠 | 680 |
| 市松模様の通し屋根 | 123 |
| 井戸 | 207 |
| 移動販売車 | 560 |
| 糸くり機 | 467 |
| 糸車 | 467 |
| 糸とり器 | 468 |
| 糸まき | 468 |
| 糸わく | 468 |
| 稲刈鎌 | 258 |
| 位牌 | 829 |
| 芋洗い | 60 |
| 芋洗いでバケツに入れた里芋の皮むきをする | 95 |
| 囲炉裏の煙でいぶされた屋根の茅 | 191 |
| 囲炉裏の縁に腹ばいになって、口で吹いて火をおこす | 191 |
| イワナ | 50 |
| イワナを薪で焼く | 96 |
| 隠居屋と主屋 | 124 |
| ウジガミ | 681 |
| 牛つなぎ石 | 610 |
| 牛のツナギ石 | 610 |
| 牛のツメキリ | 610 |
| 牛のハナカントオシ | 610 |
| 牛用の爪切り | 610 |
| 牛用のニグラ | 610 |
| 臼突き | 819 |
| うなぎど | 357 |
| 馬産地の農家 | 125 |
| 馬つなぎ輪 | 610 |
| 馬に木地椀をつける | 610 |
| 馬のクスリツボ | 610 |
| ウマノクツ | 611 |
| 馬のくつ | 611 |
| 馬のクツカゴ | 611 |
| 馬のクツカゴを作る | 611 |
| 馬のクツカゴと木型 | 611 |
| 馬のセリをした場所 | 555 |
| 馬のツメキリ | 611 |
| 馬の腹掛 | 433 |
| 馬の耳袋 | 433 |
| 馬の湯を沸かすかまど | 191 |
| 馬宿 | 611 |
| 馬宿の全景 | 611 |
| 馬屋の肥出し口 | 125 |
| 馬用のカンジキ | 611 |
| 馬用フグツ | 434 |
| 埋め墓 | 829 |
| 裏磐梯での炭焼き作業 | 528 |
| 上掛け水車 | 208 |
| 運送屋（太鼓胴の元締め） | 126 |
| エサガマス | 611 |
| 絵付け | 492 |
| 恵比須棚 | 682 |
| エブリ | 262 |
| 絵馬 | 703 |
| 絵蠟燭 | 493 |
| 役小角座像 | 682 |
| 縁の綱を引く出棺 | 830 |
| 大足 | 263 |
| 大内集落の全景 | 127 |
| 大内宿 | 579 |
| 大内宿・家並みを一望する | 579 |
| 大内宿・茅葺き屋根の家 | 127 |
| 大内宿・茅葺き屋根の家が並ぶ | 127 |
| 大内宿・茅葺き屋根の家と馬に乗って移動する人 | 579 |
| 大内宿・洗濯物 | 243 |
| 大内宿・兜造りの藁葺き屋根 | 127 |
| 大内宿・道路両側の用水路 | 208 |
| 大内宿の家並み | 127 |
| 大内宿の観光客 | 579 |
| 大内宿の景観 | 579 |
| 大内宿・ハザ木の壁 | 127 |
| 大内宿・用水路と干場 | 208 |
| 大内の家並 | 127 |
| 大鎌 | 263 |
| 大村式種繭雌雄鑑別器 | 456 |
| 大谷石の蔵 | 128 |
| オガミサマ | 731 |
| オガミヤマ | 731 |
| 起き姫 | 784 |
| おきやす | 361 |
| 屋外の台所 | 208 |
| オシギリ | 611 |
| オシメサマ | 731 |
| オシメサマの幡 | 731 |
| オシンメイサマ | 733 |
| オシンメサマ | 733 |
| オシンメサマの祭壇 | 733 |
| オソフキ | 33 |
| オソフキワラジ | 33 |
| 小田原ぢょうちん | 220 |
| 鬼婆の石像 | 682 |
| オミトジョウ | 706 |
| オメエ | 192 |
| 主屋と倉 | 129 |
| お礼参りの方に昼食を出す | 734 |
| 蚕網 | 456 |
| 蚕の露地飼い | 456 |
| 街道の家並 | 539 |
| 街道の町並み | 647 |
| かいば桶 | 611 |
| 掻き取った苧麻の繊維（青苧） | 471 |
| カケ糸 | 471 |
| 鍛冶屋が打った製品 | 221 |
| ガスボンベ | 222 |
| 蔓橋 | 540 |
| 片栗郡落 | 266 |
| 型付け | 266 |
| 固めの盃の席 | 820 |
| カナゴという刃物を使ってからむしの外皮をとる | 472 |
| 金ブラシ | 435 |
| 蚊火 | 267 |
| 蕪切り | 435 |
| 兜造り | 132 |
| 兜造りの家 | 132 |
| カブのホシナ（干し菜） | 98 |
| 窯から絵付屋へは竹籠とリヤカーで運ぶ | 495 |
| 叺編みの杼 | 495 |
| 窯場 | 495 |
| ガマハバキ | 33 |
| 紙製姉様 | 785 |
| 神棚 | 684 |
| 神棚の例（東日本） | 685 |
| 紙つけ刷毛 | 496 |
| 神原田十二神楽 | 832 |
| カメカンジキ | 33 |
| 蒲生家隠居屋現状平面図 | 133 |
| 茅倉庫 | 133 |
| 茅葺き工事 | 215 |
| 茅葺屋根の土蔵 | 134 |
| 唐櫃 | 222 |
| からむしの刈り取り | 472 |
| カラムシの皮をはいで繊維を作る | 473 |
| からむしの繊維を干す | 473 |
| からむしの畑 | 473 |
| 苧麻の表皮をはぎ繊維を掻き取る | 473 |
| 刈り取ったからむしを水に浸ける | 473 |
| カリンを運ぶ少女 | 589 |
| 棺桶の蓋（婚礼用の紙製） | 820 |
| カンジキ | 34 |
| カンゼボウシ | 26 |
| カンゼンボウシ（雪帽子） | 26 |
| 乾燥用の包装 | 98 |
| 関東地方における会津茅手の出稼ぎ先 | 216 |
| ガンニョカブリ | 26 |
| ガンニョブカブリ | 26 |
| 看板（煙管屋） | 563 |
| 木型 | 612 |
| 着座 | 6 |

| | | |
|---|---|---|
| 木地小屋の平面図 | 497 | |
| 木地椀を積んだ馬 | 612 | |
| 木地椀を運ぶ駄者馬 | 612 | |
| 木地椀作りの再現作業 | 498 | |
| 木ぞりを曳いて山へ行く | 589 | |
| 祈禱 | 734 | |
| 木箱の灯 | 223 | |
| 客火鉢 | 223 | |
| 旧在郷商人 カネヤマコ | 565 | |
| 給水管の保温 | 209 | |
| 急須や土瓶類（会津本郷焼） | 66 | |
| きんべ（雪下駄） | 34 | |
| キンベ（雪下駄） | 34 | |
| 草刈鎌を見る宮本常一 | 273 | |
| 草刈鎌掛け | 194 | |
| クシとはけ | 612 | |
| 崩れて木舞が出た土壁 | 140 | |
| くちえぼっち | 26 | |
| クツワ | 612 | |
| クボウス（竪臼） | 67 | |
| 蔵座敷 | 194 | |
| 倉谷宿の屋並み | 140 | |
| 蔵通り | 566 | |
| 桑カケ笁 | 457 | |
| 桑畑の上の藁葺農家 | 141 | |
| 鍬柄 | 276 | |
| ケゴ秤、比重計、秤量器、蚕種枡、斗かき | 459 | |
| 結婚式 | 820 | |
| 結婚式の記念写真 | 821 | |
| ゲンザンの客に酌をする花聟 | 821 | |
| ゲンザンの祝宴 | 821 | |
| ゲンベー | 35 | |
| ゲンベ | 35 | |
| コウガケ | 35 | |
| コウガケの上にオソフキをはく | 35 | |
| コウガケのはき方 | 35 | |
| 庚申供養碑 | 742 | |
| 穀用5升枡 | 583 | |
| ゴケ神 | 686 | |
| コケシ | 786 | |
| ゴザ | 7 | |
| 腰籠をつけて畑へ行く女の人 | 278 | |
| 腰高虎（三春張子） | 787 | |
| 輿とともに親族は式台のまわりを三回まわる | 833 | |
| コシナタ | 35 | |
| コスキ（木鋤） | 225 | |
| 子供の墓と産婦の墓 | 834 | |
| 子供用着物 | 8 | |
| 子墓 | 834 | |
| 木挽き | 501 | |
| 米搗き | 69 | |
| 米通し | 280 | |
| こも編台 | 280 | |
| 婚礼の宴に行く | 821 | |
| 婚礼用三方・盃 | 822 | |
| 在郷商人宅 | 144 | |
| 塞神 | 687 | |
| 酒蔵 | 144 | |
| ササマキ | 53 | |
| サシ | 612 | |
| サシコ（刺子）の着物 | 9 | |
| さし屋根 | 216 | |
| さし屋根（さし茅）をする茅手 | 216 | |
| 里修験がつくる「ウッサマ明王」 | 720 | |
| サネクリ | 459 | |
| さまざまな屋敷 | 145 | |
| 皿 | 70 | |
| サルッパカマ | 9 | |
| 山菜採取 | 531 |
| 山菜採り | 531 |
| 山菜のミズの長さをそろえる | 531 |
| 三三九度 | 822 |
| サンダワラ（編みかけ） | 501 |
| 山王茶屋 | 612 |
| 蚕箔 | 459 |
| サンボダケの味噌漬け | 53 |
| 塩とり鍬 | 446 |
| 市街地に並ぶ蔵 | 146 |
| 仕事着 | 9 |
| 自在カギ | 195 |
| 自在鉤に鉄瓶を掛けた炉 | 196 |
| 自宅前の堰で洗い物をする | 210 |
| 下ミセとよばれる馬宿 | 612 |
| 地搗き | 522 |
| シッポブクロ | 612 |
| 凍餅づくり | 101 |
| シメバリ | 612 |
| 下座敷のふすま | 196 |
| 錫杖 | 736 |
| シャツ | 10 |
| 三味線 | 777 |
| 十九夜さま | 744 |
| 修景された民家 | 148 |
| 十三塚 | 771 |
| 宿場町 | 580 |
| 数珠 | 736 |
| 出棺 | 836 |
| しょいこ（背中当て） | 592 |
| 松竹梅熨斗 | 822 |
| 上棟式 | 522 |
| 上棟式の矢立 | 522 |
| 女工新史 | 660 |
| 白河だるま | 788 |
| シリガイ | 612 |
| 代かき | 287 |
| 新夫婦の飯の交換 | 823 |
| 新夫婦の餅つき | 823 |
| 神仏の使いを描いた絵馬 | 710 |
| シンメイサマ | 736 |
| 水害に備え石垣を積んだ井戸 | 211 |
| 水神 | 689 |
| 水神様 | 689 |
| 水神の祠 | 689 |
| 水田中耕除草機 | 290 |
| 水田の形 | 290 |
| 水平排水の流し | 197 |
| スカナと塩入れ | 798 |
| スキ | 291 |
| 犂 | 291 |
| 杉の皮はぎ | 216 |
| スゲガサ | 27 |
| 厨子 | 689 |
| すすがこびりついた天井裏の柱 | 197 |
| 炭出し | 529 |
| 炭焼き | 529 |
| 炭焼小屋 | 530 |
| スルス | 74 |
| 製塩工場 | 446 |
| せいろう倉 | 152 |
| 蒸籠倉 | 152 |
| 蒸籠倉の構造 | 152 |
| 背負籠 | 595 |
| 背負はしご | 595 |
| 背負梯子 | 595 |
| 背負袋 | 596 |
| 背負って運ぶ | 596 |
| 石油ランプの下での夕食 | 113 |
| 背中当て | 597 |
| 背中あてをつけて背負籠をかつぐ | 597 |
| セミノ | 11 |
| センダンギリ | 612 |
| 善の綱 | 838 |
| ゼンマイを採る | 532 |
| ゼンマイをゆでる | 102 |
| ゼンマイ採り | 532 |
| ぜんまいの綿取り | 102 |
| ぜんまい干し | 102 |
| ゼンマイを揉む | 102 |
| 造花店 | 571 |
| 双体道祖神 | 690 |
| 葬礼の白布 | 27 |
| 卒塔婆 | 839 |
| 染める前の精錬 | 479 |
| 大黒石像 | 690 |
| 太鼓作り | 504 |
| 太鼓胴づくり | 504 |
| 大根おろし（皿）の目をつける | 504 |
| 大根ニュウのつくり方 | 103 |
| 大根干し | 103 |
| 台所 | 197 |
| 台所と囲炉裏のある居間 | 198 |
| 胎内くぐり | 818 |
| 大般若経転読 | 726 |
| 松明を跨ぐ花嫁 | 823 |
| 田植え | 297 |
| 籠入れ | 504 |
| 田かき | 300 |
| 宝船 | 712 |
| 嶽観音に奉納された扁額 | 712 |
| 嶽観音のお札 | 721 |
| 嶽の堂（嶽観音本堂） | 756 |
| 嶽の堂の絵馬 | 712 |
| 畳を干す | 246 |
| タテゴ | 612 |
| 種馬碧雲号の石碑 | 676 |
| 田の神の祠 | 691 |
| 田の草取り | 305 |
| 煙草栽培 | 442 |
| 煙草の葉を吊るし干す | 442 |
| 煙草の葉を採る | 442 |
| 煙草の葉を広げる | 442 |
| 旅芸人 | 778 |
| 霊屋 | 840 |
| 溜池 | 305 |
| タユウの祭壇 | 737 |
| 達磨 | 789 |
| 束子 | 77 |
| 箪笥 | 230 |
| 小さい入り口を持った土蔵 | 156 |
| 千木 | 156 |
| 縮んだ絖糸を石の重しをかけて伸ばす | 480 |
| ちまき | 54 |
| 茶器 | 78 |
| 中牛馬会社の看板 | 613 |
| 中牛馬会社の資料 | 613 |
| 中門造り | 156 |
| 中門造り二階建の農家 | 156 |
| 中門造りの農家 | 156 |
| 中門造りの民家 | 156 |
| ツクライ場 | 437 |
| ツクライバリ | 437 |
| ツクライバリの持ち方 | 437 |
| 辻の供養塔 | 772 |
| 土入れ | 308 |
| 土摺臼 | 79 |
| ツト | 712 |
| 爪切りほうちょう | 613 |

## 福島県　地域別索引

| 項目 | 頁 |
|---|---|
| ツルカンジキ | 38 |
| 吊し柿 | 104 |
| 蹄鉄工（金靴屋）の仕事場 | 437 |
| 蹄鉄の絵馬 | 713 |
| 蹄鉄の装鉄用具 | 437 |
| 出入り口付近に便所を設けた例 | 199 |
| 手押しポンプの共同井戸 | 212 |
| 手刈りの稲刈り | 309 |
| 手杵 | 309 |
| デコ屋敷 | 508 |
| テサシ | 43 |
| テッカワ | 43 |
| 鉄瓶 | 79 |
| 手拭いかぶり | 28 |
| テヌグイのかぶり方 | 28 |
| 手びきろくろ | 508 |
| 天狗面 | 509 |
| 天狗面 | 692 |
| 砥石を入れたブドウ蔓籠の紐に草刈鎌を差す | 601 |
| 道具をかついで野良に出掛ける | 602 |
| 陶芸の家と引戸に書かれた土蔵造りの本郷の窯の仕事場 | 509 |
| 唐箕 | 310 |
| トウリ | 200 |
| 徳利 | 81 |
| 床の間 | 200 |
| 土葬 | 841 |
| トタンで被覆していた民家の屋根を茅葺きに葺き替える | 216 |
| 鷲者馬方の装い | 14 |
| ドチャ馬カンジキ | 613 |
| ドチャカネ | 613 |
| ドチャガマ | 613 |
| ドチャスズ | 613 |
| トバさし | 216 |
| 飛ばし旗 | 713 |
| 扉に貼られた神札 | 721 |
| どぶろくがめ | 81 |
| 友子のたてた墓碑 | 841 |
| ドラム缶の風呂 | 201 |
| 菜洗い | 106 |
| 苗取り | 313 |
| 長いツララ（シガ）を払い落とす | 247 |
| 仲買店 | 574 |
| 長床 | 729 |
| 長持 | 234 |
| 七海家屋敷配置図 | 161 |
| 納屋と墓地 | 162 |
| ナンドに設けられた箱床 | 162 |
| ナンバ | 316 |
| 新墓 | 842 |
| 新墓の仮屋 | 842 |
| ニグラ | 614 |
| 錬鉢 | 83 |
| ニツケカギ・シッカケ・シリガイ | 614 |
| 日光街道の旧たて場 | 614 |
| 入家儀礼 | 824 |
| 入家式 | 824 |
| ニワと馬屋 | 163 |
| 人形遊び | 800 |
| 人形魚屋 | 790 |
| 根曲竹のタケノコ | 55 |
| 寝間のしきり | 202 |
| 農家 | 163 |
| 農家の蔵 | 164 |
| 農家の松の防風林 | 164 |
| 農村民家間取り事例 | 165 |
| 野際岳観音の絵馬 | 714 |
| 野辺送り | 843 |
| のべ台 | 482 |
| 野良帰り | 318 |
| ノリワラによる託宣 | 772 |
| ハカマ | 16 |
| 羽釜 | 84 |
| 萩の枝を編みつらね奉納したもの | 714 |
| ハケ | 614 |
| ハケゴ | 604 |
| 羽子板 | 791 |
| 箱ゾリで遊ぶ子供 | 800 |
| 箱床で寝る主人 | 202 |
| 橋場のばんば | 694 |
| 機織り | 483 |
| 裸踊 | 824 |
| 葉煙草の出荷 | 444 |
| バッタン | 484 |
| 馬頭観音 | 694 |
| 馬頭観音像 | 695 |
| 馬頭観音堂 | 761 |
| 馬頭観音堂の絵馬 | 714 |
| 馬頭観音のお姿（お札） | 722 |
| 馬頭観音のお札 | 722 |
| 馬頭観音のお守り | 722 |
| 馬頭観音の祈禱札 | 722 |
| 桔ねつるべ | 213 |
| ハバキ | 39 |
| はばきをはく | 39 |
| ハラガケ | 16 |
| 腹掛け | 16 |
| 張子 赤牛 | 791 |
| 張子馬乗 | 791 |
| 張子作り | 512 |
| 番匠巻物 | 524 |
| はんてん | 16 |
| ハントウミ（半唐箕） | 322 |
| 火打ち石と火打ち金 | 614 |
| 柄杓 | 85 |
| 火棚 | 237 |
| 火伏せ縄 | 672 |
| 火防の神 | 722 |
| 火伏せの五蓋松 | 672 |
| ヒモタビをはく | 40 |
| ヒモタビの底（麻糸のサシコ） | 40 |
| 百万遍 | 772 |
| 百万遍祈禱札 | 672 |
| ヒョウテツ | 614 |
| 平入りと妻入りの蔵が並ぶ | 168 |
| 披露の宴 | 825 |
| 広間型民家 | 168 |
| フカグツ | 40 |
| 藤枕 | 237 |
| 文机 | 238 |
| フダンギ | 18 |
| 普段着 | 18 |
| 仏壇 | 845 |
| 仏間 | 846 |
| フナの焼き干し保存「ヤキオ」（焼き魚） | 107 |
| フネ | 614 |
| 踏み臼 | 86 |
| プリントの上絵付け | 513 |
| 古い宿場形態を残している大内集落 | 581 |
| 古峰神社信仰の講中により建てられた塔 | 745 |
| 風呂 | 203 |
| 風呂場 | 203 |
| 別棟の風呂 | 203 |
| 便所模式図 | 204 |
| ホイチョウ | 614 |
| ホオカブリ | 30 |
| ホコチイレ | 614 |
| 祠 | 697 |
| 干した蛇 | 673 |
| 墓地 | 846 |
| 墓地とハネ | 847 |
| ホッカブリのいろいろ | 30 |
| ホームスパン | 486 |
| 本焼きをした上に金で上絵を付ける | 514 |
| 舞扇 | 793 |
| 埋葬墓と参り墓との合体 | 847 |
| 巻きつけ棒 | 486 |
| 薪割り | 536 |
| 馬鍬 | 330 |
| 孫をあやす | 812 |
| マジナイ用唱詞の写し文 | 673 |
| ままごと | 802 |
| 豆玉けずり | 331 |
| 繭釜 | 462 |
| 丸太材の積出 | 418 |
| 丸葺き | 174 |
| 真綿かけ | 486 |
| 廻り地蔵 | 697 |
| ミコ | 739 |
| ミコと同女免許状 | 739 |
| ミコの祈禱 | 740 |
| ミコの祭壇 | 740 |
| ミゴハバキ | 41 |
| ミゴボウキとケグシ | 614 |
| ミズイレ | 614 |
| 水温め | 333 |
| 店蔵 | 175 |
| 味噌・醬油店 | 561 |
| 道切りの注連縄と藁人形 | 673 |
| 三峰講 | 745 |
| ミノ | 19 |
| 糞 | 20 |
| 三春子育馬 | 793 |
| 三春駒 | 793 |
| 三春人形 | 793 |
| 三春人形の絵つけ | 516 |
| 三春の牛市 | 559 |
| 三春張子人形 | 516 |
| 三春張子人形作り | 516 |
| 耳袋 | 440 |
| 耳袋 | 614 |
| 民家 | 175 |
| 民家に見る千木 | 177 |
| ムキタケの干物 | 57 |
| 麦つぶし | 90 |
| 麦焼き | 57 |
| 麦藁帽 | 31 |
| 聟方から嫁方へ赴く聟入り行列 | 825 |
| 聟方の仏壇に参る花嫁 | 825 |
| 聟方両親との名のりの盃 | 825 |
| 聟の両親と花嫁のあいさつ | 825 |
| 娘入り | 623 |
| 棟木に吊るされている男根（上棟式の呪物） | 525 |
| ムラ境 | 637 |
| 免許状 | 741 |
| 木製五輪塔 | 716 |
| 木炭の釜出し | 530 |
| モトヤマの巻物 | 430 |
| モモヒキ | 21 |
| モンペ | 21 |
| 役に立たなくなった敷石 | 180 |
| 屋敷ウジガミ | 698 |
| 屋敷がまえの全景 | 181 |

## 地域別索引　茨城県

| | |
|---|---|
| 屋敷神 | 698 |
| 屋敷の裏側 | 181 |
| 屋敷の家屋配置図 | 181 |
| 屋敷配置図 | 181 |
| ヤセウマ | 608 |
| 宿札 | 582 |
| 屋根 | 182 |
| 屋根の葺き替え作業 | 217 |
| 山入りの幣 | 674 |
| 山すそに並ぶ茅葺きの民家 | 183 |
| 山の神 | 699 |
| 山本屋（元運送店）の客間 | 205 |
| 山本屋（元運送店）の全景 | 184 |
| 結納 | 826 |
| 夕食後 | 250 |
| 釉薬かけの仕事 | 517 |
| 雪がこい | 184 |
| 雪ぐつ | 41 |
| 雪沓 | 41 |
| 雪橇を利用した木材搬出 | 420 |
| ユキフミ | 41 |
| 雪藁沓 | 41 |
| ユリオケ（ゆり桶）とユリイタ（ゆり板） | 341 |
| 養蚕 | 463 |
| ヨキ | 517 |
| 予言におびえる市民たち | 674 |
| ヨコキドリ | 517 |
| ヨコハチマキ | 31 |
| 夜なべ | 517 |
| 米倉 | 186 |
| 嫁入り | 826 |
| 嫁入婚の仲人 | 826 |
| 嫁入りの盃 | 827 |
| 嫁を送る | 827 |
| 嫁迎え | 827 |
| 猟師の用いるゴヘイ | 430 |
| 旅館 | 582 |
| 煉瓦蔵 | 187 |
| 蠟搾り | 518 |
| 蠟搾り袋 | 518 |
| 蠟燭掛け | 518 |
| 蠟舟 | 518 |
| 蠟鉋 | 518 |
| 轆轤をまわす | 518 |
| 環 | 420 |
| ワカンジキ | 42 |
| 鰐口 | 728 |
| 藁沓 | 42 |
| 藁細工のカタ | 519 |
| ワラジ | 42 |
| ワラテッケエシ | 44 |
| 藁葺き屋根の集落 | 188 |
| 藁葺き屋根の農家 | 189 |
| ワラホウデン | 700 |
| 藁蓑や背中当て，荷縄，腰籠 | 23 |
| 椀の荒取り | 520 |

### 茨城県

| | |
|---|---|
| 藍を染める | 463 |
| 藍で染めた布を干す | 464 |
| 青柳家の店構え | 119 |
| アシコとハシカケの略図 | 420 |
| 葦原のなかの水路 | 614 |
| 足踏式水車 | 252 |
| 足踏式水車で田に水をそそぐ | 253 |
| 足踏み水車 | 253 |
| 足踏脱穀機 | 253 |
| 畦立機 | 253 |
| あぶりこ | 59 |
| 編笠 | 24 |
| 網小屋 | 349 |
| あやとり | 466 |
| 洗いざらし | 828 |
| 鮑獲り具 | 350 |
| 鮑取具 | 350 |
| あんこう | 351 |
| 息栖御鴨場の設計図 | 420 |
| 息栖鴨猟場 | 420 |
| 石切場で作業する石屋 | 526 |
| 石槌（石工用） | 490 |
| 石鉢 | 60 |
| 板馬 | 783 |
| 板絵馬 | 702 |
| 板倉 | 122 |
| 井戸 | 207 |
| 糸束を藍液に浸し藍で染める | 467 |
| 井戸ポンプ | 207 |
| 犬卒塔婆 | 702 |
| イモのムロか | 260 |
| 浮子（あば） | 355 |
| 内原訓練所での訓練 | 654 |
| 内原訓練所にある弥栄神社に参拝してもどる職員 | 654 |
| うなぎうけ | 357 |
| 映画館へ出る通り | 646 |
| 映画館のある通り | 646 |
| 映画看板 | 774 |
| 餌箱 | 422 |
| 餌箱と香木 | 422 |
| 獲物入れ | 422 |
| えり掛け餅 | 813 |
| 大戸を閉めて潜り戸からの出入り | 127 |
| オオニンギョウ | 668 |
| 尾形家の店蔵と袖蔵 | 128 |
| オカマサマ | 682 |
| 屋中（太い横材）と垂木（細い縦材），太い縦材は叉首 | 128 |
| 押し寄せる開発の波 | 128 |
| 鬼ぐるま | 264 |
| おびシャをまつる頭屋の屋根 | 683 |
| お札 | 718 |
| 主屋に接して増設された炊事棟 | 130 |
| 御鴨猟場 | 422 |
| 笠間の蓋附壺 | 64 |
| 鹿島の漁 | 364 |
| 上総掘りの井戸 | 208 |
| 風除けのノロシ | 132 |
| 家相図 | 669 |
| 金ごき | 267 |
| 金扱 | 267 |
| カーバイト | 365 |
| 竈 | 193 |
| 甕場 | 472 |
| 鴨をすくうサデ | 423 |
| 鴨場 | 423 |
| 唐棹 | 268 |
| がらぬき | 472 |
| がらぬき台 | 472 |
| カルサン | 6 |
| 灌漑水路 | 269 |
| 灌漑水路の分水施設 | 269 |
| 乾燥イモ作り | 98 |
| かんぴょう皮むき機（輪切り手回し式） | 99 |
| 気候風土に適応した民家の景観 | 136 |
| ぎっしりと立ちならんだ鳥井の行列 | 724 |
| 旧太田家住宅内部 | 194 |
| 旧家の屋敷 | 137 |
| 牛車 | 589 |
| 切溜 | 67 |
| 近隣組　ツボ（坪）と班構成 | 628 |
| 草葺き屋根の軒先 | 139 |
| 車の泥はねで汚れた民家の腰板 | 141 |
| 鍬 | 275 |
| 結婚式場 | 821 |
| 煙出しのある屋根 | 141 |
| 建築儀礼 | 521 |
| 工事であらわになった叉首組 | 142 |
| 荒神様 | 685 |
| 荒神様に供える竈苗を取る | 708 |
| 洪水の惨状 | 660 |
| 行李 | 225 |
| 穀倉 | 143 |
| 御幣と桟俵でつくった細工 | 670 |
| こんにゃくいもの切干し | 100 |
| 蒟蒻鉋 | 100 |
| コンニャク栽培 | 280 |
| 材を組み上げる建前 | 521 |
| 早乙女の服装 | 8 |
| サッパ舟 | 543 |
| サッパ船 | 543 |
| 猿島茶の茶畑と長屋門 | 145 |
| 三角定規植え | 282 |
| 蚕種紙 | 459 |
| 山野をかける送電線 | 616 |
| 地神様 | 688 |
| 地鎮祭の供物 | 522 |
| 地曳網作業 | 377 |
| 締木 | 285 |
| 注連縄 | 670 |
| 祝儀用の膳 | 72 |
| 祝言の着席順位 | 822 |
| 出漁 | 378 |
| 小規模な民家 | 149 |
| 上棟式に飾られる矢の先端 | 522 |
| 上棟式に飾る女性の化粧道具 | 522 |
| 条引き | 286 |
| 条引きの田植 | 286 |
| 除草機 | 286 |
| 除草具（亀の子） | 287 |
| ジョダン | 441 |
| 親植え式 | 288 |
| 新開拓の水田 | 288 |
| 人力除草機 | 288 |
| 人力中耕機 | 288 |
| 人力用麦播種機 | 288 |
| 水車を足で踏みまわす | 289 |
| 水稲畦間中耕用作業機 | 290 |
| 水平排水の流し | 197 |
| 擂鉢・擂粉木 | 74 |
| 精米精麦機 | 293 |
| 膳 | 75 |
| 千歯扱き | 294 |
| 葬儀場 | 838 |
| 葬儀場近くの葬斎会館と石材店の広告看板 | 838 |
| 双用犂 | 294 |
| ぞうり編機 | 504 |
| 卒塔婆と屋形 | 839 |
| 染め上がった糸 | 479 |
| 田植 | 297 |
| 田植えをする女性 | 298 |
| 田植定規 | 298 |
| 鷹匠 | 426 |

# 栃木県　地域別索引

| | | |
|---|---|---|
| 鷹匠宅付近 | 426 | |
| 鷹匠の用具 | 426 | |
| タガラ | 598 | |
| 竹かご | 811 | |
| 田下駄 | 301 | |
| 田下駄ナンバ | 301 | |
| 畳屋の道具 針と庖丁 | 479 | |
| 種俵 | 304 | |
| 田の神復原図 | 691 | |
| 足袋型 | 38 | |
| タマヤ | 840 | |
| 霊屋 | 840 | |
| 畜力用麦打ち機 | 307 | |
| ちまき | 54 | |
| 忠魂碑と戦死者の墓碑 | 656 | |
| 駐車スペースになった牛小屋 | 247 | |
| 筑波山ケーブルカー | 546 | |
| 辻 | 546 | |
| 土浦市川口から立田町 | 650 | |
| 角樽 | 79 | |
| 手箆と掘植え棒 | 310 | |
| 天窓 | 200 | |
| 投網 | 387 | |
| 闘犬 | 782 | |
| 唐箕 | 310 | |
| 床の間位置の転換 | 200 | |
| とこもみ | 453 | |
| どじょううけ | 388 | |
| トバ付近の略図 | 427 | |
| 土間から居間をみる | 200 | |
| 泥つき | 313 | |
| トンビ鍬 | 313 | |
| 苗取り | 313 | |
| 那珂川の鮭 | 389 | |
| 長屋門 | 161 | |
| 長屋門の全景 | 161 | |
| 流灌頂 | 842 | |
| 直鉈 | 416 | |
| ナバ | 315 | |
| 苗代場にあるイケス | 316 | |
| 縄張り植え | 316 | |
| 縄張り植えの植え方 | 316 | |
| 縄撚り具 | 234 | |
| 納戸神 | 694 | |
| 日輪兵舎 | 657 | |
| 日輪兵舎での食事 | 657 | |
| 入家式 | 824 | |
| 念仏講の幕 | 745 | |
| 農人形 | 791 | |
| 野村家の店蔵と袖蔵 | 165 | |
| 羽方家の下屋庇 | 165 | |
| 箱段 | 235 | |
| 橋 | 548 | |
| ハシゴ（背負梯子） | 604 | |
| 蓮掘り万能 | 320 | |
| 畑用鍬（大型）、田鍬、三本コ万能 | 321 | |
| 八間取りの主屋 | 165 | |
| 花嫁の行列 | 824 | |
| 浜揚げ | 393 | |
| はやぶさを輸送する箱 | 428 | |
| はやぶさ捕りの用具 | 428 | |
| ハラアワセ | 825 | |
| 梁先端の叉首穴 | 203 | |
| 引木 | 439 | |
| 引樋 | 324 | |
| ひきぼり | 428 | |
| ビク | 324 | |
| ビチャビチャ | 324 | |
| 日糞 | 17 | |
| 百寿の祝い | 818 | |

| | | |
|---|---|---|
| 表札 | 249 | |
| 風垣 | 169 | |
| 二棟造 | 169 | |
| ブットリ網 | 429 | |
| ブットリ網の用具 | 429 | |
| 太いヨコダルキとよばれる屋中と細い垂木が交差する | 169 | |
| 舟底枕 | 238 | |
| 船橋 | 550 | |
| ふりうち棒 | 326 | |
| 放鷹 | 429 | |
| 放鷹の広告 | 429 | |
| ボッチガサ | 30 | |
| 帆曳船 | 401 | |
| ポンプ | 636 | |
| 枕飯 | 848 | |
| 馬鍬 | 330 | |
| 町家の坪庭 | 173 | |
| 廻しパカ植え | 331 | |
| ミソコシ | 90 | |
| 水戸の納豆 | 109 | |
| 水口に立てられた護符 | 722 | |
| 蓑 | 20 | |
| 民家 | 175 | |
| 民家の間取り | 178 | |
| 麦刈り | 334 | |
| 麦土入れ | 335 | |
| 蒸米 | 454 | |
| 蓙編機 | 516 | |
| 棟押さえ | 216 | |
| 村づきあいと月番の順序 | 637 | |
| 村の店 | 577 | |
| 目ぬきとおし | 337 | |
| めんずき | 337 | |
| モク採り鉤 | 337 | |
| 持送りのついた塗壁造りの商家 | 577 | |
| 籾摺機 | 337 | |
| 木綿打ち砧 | 487 | |
| もろみの仕込み | 455 | |
| 屋形 | 849 | |
| 焼芋屋の素焼の壺 | 92 | |
| 矢口家の店蔵と袖蔵 | 180 | |
| 屋号 | 638 | |
| 八つ凧 | 794 | |
| 結城紬 | 487 | |
| 養蚕農家の造り | 463 | |
| 四つ手 | 342 | |
| 旅館 | 582 | |
| 連子窓 | 187 | |
| 六尺ヤモト植え | 343 | |
| 和船 | 409 | |
| 藁葺き屋根の民家 | 189 | |
| ワラホウデン | 700 | |

## 栃木県

| | | |
|---|---|---|
| 麻刀 | 465 | |
| 麻挽き箱, 麻挽き台, 挽き子 | 465 | |
| 麻風呂と内桶 | 465 | |
| 足利織物 | 465 | |
| 足踏式かんぴょう丸むき機 | 94 | |
| あぜぬりぐわ | 253 | |
| 鋳鍬 | 256 | |
| 石倉 | 122 | |
| 石屋根の石倉 | 122 | |
| いたち箱 | 421 | |
| 糸とり | 468 | |
| 糸挽き枠 | 468 | |

| | | |
|---|---|---|
| 囲炉裏・自在鉤 | 191 | |
| ウケ | 356 | |
| 巴波川沿いに人足が船を曳くための綱手道が残る | 538 | |
| 干支絵馬 | 703 | |
| 絵馬 | 703 | |
| 押し切り | 470 | |
| 落葉の堆肥づくり | 264 | |
| 麻舟 | 470 | |
| 織り | 470 | |
| 卸売市場 | 556 | |
| オンドヤキの小屋 | 621 | |
| 女だるま | 785 | |
| 開田作業 | 265 | |
| 飼馬安全の絵馬額 | 706 | |
| 案山子 | 265 | |
| かすみ網とおとりの鳥を入れた鳥かご | 423 | |
| 霞網猟 | 423 | |
| カスミとオトリの籠 | 423 | |
| カツギボウ | 588 | |
| 門田稲荷（縁切稲荷） | 706 | |
| 叶杉 | 706 | |
| 鹿沼箒 | 222 | |
| カマド柱 | 193 | |
| 窯場 | 495 | |
| 紙芝居 | 775 | |
| 神棚 | 684 | |
| カメラを向ける真似をする少女 | 796 | |
| 茅葺きと越屋根が特徴の主屋の左右に石倉をもつ | 133 | |
| 狩人衣装 | 6 | |
| カルチベータ | 269 | |
| カルトン | 457 | |
| 皮むき | 473 | |
| 瓦干し | 496 | |
| 観音講 | 742 | |
| カンバン | 562 | |
| 干瓢皮ひき | 98 | |
| 干ぴょう作り | 99 | |
| 干瓢むき機（手回し式かんぴょう丸むき機） | 99 | |
| 干瓢むき機（輪切り手回し式かんぴょうむき機） | 99 | |
| かんぴょうむき手かんな | 99 | |
| 乾物屋 | 565 | |
| 旧式の糸引き枠とその附属器具 | 474 | |
| 牛馬のわらじ | 435 | |
| 九尾稲荷（茶吉尼天像） | 685 | |
| 香車の駒を奉納 | 707 | |
| 木馬から丸太材をおろす | 412 | |
| キンマ道 | 412 | |
| 木馬道 | 412 | |
| クサトリメケー | 589 | |
| 薬箱 | 665 | |
| 蔵出しの日 | 448 | |
| 蔵の鍵 | 140 | |
| 繰出し位牌と位牌 | 833 | |
| 桑苗畑 | 458 | |
| 桑苗掘取用犂 | 458 | |
| 煙出しをもつ石倉 | 141 | |
| 元服式 | 817 | |
| 耕鞍 | 436 | |
| 庚申講 | 742 | |
| 小絵馬 | 708 | |
| コンニャク畑 | 280 | |
| 酒屋 | 568 | |
| 里芋洗い | 282 | |
| 山水土瓶 | 70 | |
| サンパク | 459 | |

| | | |
|---|---|---|
| 三輪トラクター | 283 | |
| シカグツ | 36 | |
| 縞模様の通し屋根 | 148 | |
| 縞屋さん(買継商) | 478 | |
| 下葺きがオガラ葺きとなっている医王寺唐門 | 148 | |
| 社殿の上に掲げられた絵馬 | 710 | |
| 十九夜講 | 744 | |
| 十九夜塔 | 744 | |
| 宿場 | 580 | |
| 出棺後の座敷の清め | 836 | |
| ショイカゴ | 592 | |
| 障子まんが | 286 | |
| 上棟式の餅まき | 522 | |
| 醤油醸造や肥料商を営んでいた3棟の倉をもつ家 | 150 | |
| 食事の座 | 112 | |
| 代かき機 | 288 | |
| 代かき砕土機 | 288 | |
| 代かき馬鍬 | 288 | |
| 神供 お旅所 | 725 | |
| 神札 | 720 | |
| 水車 | 289 | |
| 水田除草機 | 290 | |
| 水田のひろがるムラ | 290 | |
| 犂 | 291 | |
| 杉皮づくり | 216 | |
| 杉の造林 | 414 | |
| 硯 | 227 | |
| 炭入れ | 228 | |
| 炭とり | 228 | |
| ゼニバコ | 570 | |
| 葬儀 | 838 | |
| 双用犂 | 294 | |
| 葬列 | 839 | |
| 底抜け柄杓奉納 | 711 | |
| 大光明教会の教祖 | 772 | |
| 大胆な改装をしたガソリンスタンド | 545 | |
| 「大の字」「小の字」と書いた額 | 711 | |
| 堆肥の運搬 | 296 | |
| 堆肥の運搬 | 598 | |
| 大麻中耕機 | 297 | |
| 大麻播種機 | 297 | |
| 多角的農家 | 154 | |
| 煙草盆 | 229 | |
| 霊屋 | 840 | |
| ダルマウケ | 385 | |
| 畜力用作畦培土機 | 307 | |
| 畜力用中耕除草機 | 307 | |
| ツノムスビ長草履 | 38 | |
| 積み石工法の石倉 | 158 | |
| 手籠 | 309 | |
| 手籠 | 600 | |
| テツアミ | 232 | |
| 鉄砲桶と鉄砲釜 | 310 | |
| 鉄砲釜 | 310 | |
| 天狗の面 | 713 | |
| テンビンバカリ | 584 | |
| 陶器卸売所 | 573 | |
| 銅の採鉱夫 | 527 | |
| 動力式かんぴょう丸むき機 | 105 | |
| 通りの両側に水路が設けられていた栃木町大通り | 547 | |
| 徳次郎西根の町並み | 159 | |
| 土葬 | 841 | |
| 栃木河岸 | 547 | |
| 栃木宿 | 651 | |
| トマトのハウス栽培 | 312 | |
| 鳥屋 | 427 | |
| 苗運び籠 | 314 | |
| 那珂川に設けたアユ簗 | 389 | |
| 長屋門 | 161 | |
| 流れてきて簗に落ちたアユを子供が手づかみで獲る | 389 | |
| 梨の収穫 | 314 | |
| 梨の出荷 | 314 | |
| 荷を運ぶ牛 | 602 | |
| 二段耕犂 | 316 | |
| 日光下駄 | 38 | |
| 入営祝盃 | 657 | |
| 念仏供養塔 | 772 | |
| 念仏供養碑 | 772 | |
| 野辺送り | 843 | |
| 墓じるし | 844 | |
| 機道具を作る | 484 | |
| 伐採小屋 | 417 | |
| 伐採用の斧 | 417 | |
| バッタリ | 321 | |
| 八丁注連 | 672 | |
| 初山参り | 816 | |
| ハナ付鉈 | 418 | |
| 張り石工法の石倉 | 167 | |
| 引木 | 439 | |
| 引き水と外流し | 213 | |
| 瓢の芯抜き小刀 | 107 | |
| 瓢(ひさご)輪切り包丁 | 107 | |
| 火熨斗 | 237 | |
| 桧山の民家群 | 168 | |
| 賓頭盧尊と撫で仏 | 714 | |
| フギョウはり | 672 | |
| 仏壇 | 845 | |
| 踏み込み炉 | 203 | |
| 帯 | 238 | |
| 疱瘡神 | 696 | |
| ボウチボー | 328 | |
| 奉納された将棋の香車の駒 | 715 | |
| 奉納草鞋 | 715 | |
| 奉納鞋 | 715 | |
| 墓上装置 | 846 | |
| ポンプ小屋上の火の見櫓 | 636 | |
| 真新しいオガラ葺きの屋根 | 172 | |
| マガリをもつ民家 | 172 | |
| マガリを脇からみる | 172 | |
| 馬鍬 | 330 | |
| 曲物作り | 514 | |
| 益子焼の窯場 | 514 | |
| 窓鍬 | 330 | |
| 魔よけの呪い | 673 | |
| 右側にマガリをもつ主屋正面 | 174 | |
| 溝浚え | 636 | |
| ミノ | 19 | |
| 木苑 | 793 | |
| むき | 109 | |
| 村境の護符(春祈禱のもの) | 723 | |
| ムラの提灯 | 637 | |
| 明治中期の平柳河岸 | 179 | |
| 目鏡 | 405 | |
| モクタリ | 21 | |
| モモヒキ | 21 | |
| 野菜を三輪自動車に積み、縄でしばる | 608 | |
| 屋敷イナリの祠 | 698 | |
| 屋敷神 | 698 | |
| 野州鍬 | 339 | |
| 奴凧 | 794 | |
| 屋根茅葺きの状況 | 183 | |
| 山刀鞘 | 419 | |
| 山柴箒 | 241 | |
| 山の湧水をもちいた地域内簡易水道 | 214 | |
| 山袴 | 22 | |
| 湯かけ | 488 | |
| 湯殿山(石塔) | 700 | |
| 横川・山王峠を越えた宿場 | 582 | |
| 横川宿に昭和30年代まで残っていた旧道路 | 553 | |
| 横川宿の問屋 | 619 | |
| 横川・宿場の景観 | 582 | |
| よだれかけの奉納 | 717 | |
| リュック | 658 | |
| 霊魂が赴くとされる霊場 | 770 | |
| わらじの奉納 | 717 | |

## 群馬県

| | | |
|---|---|---|
| 赤城型の蚕室農家 | 119 | |
| 赤城型の農家 | 119 | |
| 赤城型民家 | 119 | |
| 赤ちゃんの湯浴をする産婆 | 806 | |
| 麻の葉模様の産着 | 3 | |
| アシナカ | 32 | |
| アシナカゾーリ | 32 | |
| アシナカの鼻緒の結び方 | 32 | |
| 足踏脱穀機 | 253 | |
| 小豆を庭に干す | 94 | |
| 畦立縄・作立縄 | 253 | |
| 網袋に野菜を入れて | 585 | |
| 荒縄一本でかついで野良から帰る | 585 | |
| イカダ簇 | 456 | |
| 遺骨結婚式をかねた合同告別式 | 828 | |
| いざりフレーム | 466 | |
| 石垣の続く坂道 | 615 | |
| 板葺き石置き屋根 | 123 | |
| いちこ | 585 | |
| 一条用スキ | 257 | |
| 一斗ます | 583 | |
| 一本鍬 | 257 | |
| 一本橋 | 538 | |
| 糸口さがし | 467 | |
| 糸車 | 467 | |
| 糸巻 | 468 | |
| 糸撚り | 468 | |
| 稲荷の祠 | 681 | |
| 稲を運ぶ | 258 | |
| 稲刈り | 258 | |
| 囲炉裏 | 190 | |
| 囲炉裏端 | 191 | |
| うずたかく積まれた薪 | 243 | |
| ウソグツ | 33 | |
| 産湯 | 808 | |
| 馬とび | 795 | |
| 裏山に祀られた屋敷神とわら製の祠 | 681 | |
| 枝塔婆 | 830 | |
| 絵馬 | 703 | |
| 柄鍬 | 262 | |
| 扇盆 | 61 | |
| 朸で麦束を運ぶ | 587 | |
| 大玉掘り | 263 | |
| 大引天井 | 192 | |
| オキヌサン人形 | 682 | |
| オート三輪車 | 539 | |
| 小幡の町並み | 129 | |
| 帯地 | 47 | |
| お札 | 718 | |
| 御札 | 718 | |

## 群馬県

| 項目 | 頁 |
|---|---|
| オヘーナ（便所神） | 683 |
| お免状と共に記念撮影のカメラにおさまる高校卒業生 | 639 |
| 母屋と棟続きの土壁の納屋 | 130 |
| 回転まぶし | 456 |
| 回転蔟, 回転蔟収繭器 | 457 |
| 改良蔟 | 457 |
| かごめかごめ | 796 |
| 風立て | 222 |
| 肩掛式半自動噴霧機 | 266 |
| 片口木鉢 | 64 |
| 火難除（護符） | 719 |
| 神棚 | 684 |
| 神棚・ダルマ・お札の類が見える古札納所 | 706 |
| カヤ蔟結束器 | 457 |
| カルチベータ | 269 |
| 簡易ハウスによる平飼い | 457 |
| 寒念仏供養の石塔 | 771 |
| 干ぴょう作り | 99 |
| 忌中明けのしていない家で祭の日に出入口に縄を張る | 832 |
| 木の皮でカゴを編む | 498 |
| 木鉢 | 457 |
| 急斜面に建てられた板葺民家の集落 | 137 |
| 給桑ざる | 457 |
| 凶事流し御札 | 719 |
| 協同作業 | 628 |
| 金平鍬 | 273 |
| 草津温泉 | 664 |
| 草津温泉 湯温を下げ、湯の花を採取する湯畑 | 664 |
| 串（こんにゃくの生玉乾燥器具） | 99 |
| 国定忠治の墓石をかきとる | 669 |
| 熊手 | 707 |
| 熊の絵を的に鉄砲の腕を競い、それを絵馬にして山の神をまつる十二神社に奉納した | 424 |
| 熊野山牛玉宝印 | 719 |
| 熊の的で鉄砲の腕を競いそれを絵馬にして山の神を祀る十二神社に奉納した | 708 |
| 汲み取式の大便所 | 194 |
| クルリと呼ぶ棒でたたき、大豆を脱穀する | 274 |
| 桑切包丁 | 458 |
| 桑こき | 458 |
| 桑扱器 | 458 |
| 桑摘み爪 | 458 |
| 桑の木 | 458 |
| 桑畑 | 458 |
| 桑のなかのお堂 | 751 |
| 桑箭 | 458 |
| 桑干し機 | 458 |
| 群馬県内の各地でみられる養蚕農家の形式 | 141 |
| 群馬県境町まで | 141 |
| 群馬県境町まで | 648 |
| 群馬県境町まで（車道） | 542 |
| 毛羽取機 | 459 |
| 剣凧 | 786 |
| 郷倉 | 629 |
| 耕鞍 | 436 |
| 庚申講の掛け軸 | 742 |
| 庚申塔 | 743 |
| 弘法大師 | 686 |
| 公民館 | 629 |
| コエヒキゾリ | 278 |
| 牛玉宝印 | 719 |
| こがねまぶし | 459 |
| 5勺枡 | 583 |
| 骨箱をのせた輿を、麻幹で作った門をくぐらせて縁側から出し、いったん臼の上に置いてから墓地に向かう | 834 |
| 子どもたちが学校から帰ってくる | 641 |
| ごはんを口に運ぶ少女 | 112 |
| こんにゃく荒粉切り機 | 100 |
| こんにゃく荒粉こき | 100 |
| コンニャク芋を干す | 100 |
| 蒟蒻玉を干す | 100 |
| コンニャク畑 | 280 |
| コンニャク掘取機 | 280 |
| 婚礼習俗 | 821 |
| 砕土機 | 280 |
| 材木を牛に曳かせる | 413 |
| 境町仲町商店街 | 567 |
| ザグリ | 475 |
| 座繰り | 475 |
| 座繰り一口用 | 476 |
| 座繰り二口用, 上げあみ（ざる）, なべ | 476 |
| 提げ灯籠 | 226 |
| ササイタをつくる道具 | 145 |
| 幦 | 70 |
| 剉桑機 | 459 |
| 猿田彦大神〔護符〕 | 720 |
| 蚕種催青箱 | 459 |
| 蚕種貯蔵箱 | 459 |
| 蚕神 | 687 |
| さんだわらあみ器 | 501 |
| 三番叟の面のはいった箱の下をくぐると無病息災 | 709 |
| 三本備中鍬 | 283 |
| 自然上蔟器 | 459 |
| 島田蔟 | 460 |
| 島田蔟折機 | 460 |
| 縞帳 | 477 |
| 凍豆腐をつるす | 101 |
| 注連縄をなう少年ふたり | 502 |
| 杓子作り | 502 |
| 尺棒 | 285 |
| 収穫の家族労働 | 286 |
| 十二様の神像 | 688 |
| 熟蚕をひろう | 460 |
| 宿場の中央を流れる川 | 210 |
| じょうさし | 101 |
| 上州山中の炭ガマ | 529 |
| ショウヅカの姥 | 689 |
| 少年の家 | 660 |
| 上武大橋で利根川を渡る | 544 |
| 鋤簾 | 287 |
| 白井宿の井戸屋形と八重桜 | 581 |
| 白井宿の町並みと石灯籠 | 581 |
| 白井堰と白壁土蔵造りが連なる町並み | 150 |
| 白井堰のほとりに立つ道しるべ | 150 |
| 汁しゃくしを作る木地師 | 502 |
| 人工孵化用バット | 460 |
| 神使狐〔護符〕 | 720 |
| 神社には子を抱いて参る | 815 |
| 神饌 | 725 |
| 神葬の野辺送りの葬具 | 837 |
| 神符 | 720 |
| 人力用土壌消毒機 | 288 |
| 水神宮（堤防上） | 689 |
| 水盤育器具一式 | 460 |
| 水門の開扉による引水 | 291 |
| 杉っ葉を運ぶ | 593 |
| 炭窯のなかにはいっている夫が出す炭を、妻が受け取って並べる | 529 |
| 炭出し | 529 |
| 生活改善広報車の巡回 | 661 |
| 整経機 | 479 |
| せがい造り | 152 |
| せがい造りの農家 | 152 |
| セッチンベーナ | 690 |
| セッチンヨメゴ | 690 |
| セッチンヨメジョ | 690 |
| 剪（セン・ツキ） | 102 |
| 桑園 | 460 |
| 壮蚕用わら網 | 460 |
| 葬式に使ったかまどの火は不浄とされ桟俵に乗せて村はずれに送る | 838 |
| 双体道祖神 | 690 |
| 葬列 | 839 |
| 袖凧 | 788 |
| 外便所と便所神の着物 | 153 |
| そばを天日で乾燥させる | 103 |
| そばとうじ | 711 |
| 台所の様子 | 198 |
| 代表的な養蚕農家 | 460 |
| 卓上ランプ | 229 |
| 竹が美しい天井 | 198 |
| 竹かごに鉄製のマンガを立てかけ、ミに苗、酒徳利、赤飯を入れて供える | 712 |
| 竹足袋 | 460 |
| 竹簀の子天井 | 198 |
| 竹の子餅 | 54 |
| 竹蔟 | 461 |
| 出梁造り | 155 |
| 出梁造りの養蚕農家 | 155 |
| 脱穀した大豆 | 302 |
| 種紙枠 | 461 |
| 田の神像 | 691 |
| 煙草入と煙管 | 229 |
| 霊屋 | 840 |
| 団子を墓前に供える | 840 |
| 誕生餅 | 815 |
| 畜力用ズリ馬鍬 | 307 |
| 畜力用土入機 | 307 |
| 畜力用レーキ | 307 |
| 稚蚕飼育箱 | 461 |
| 稚蚕用糸網 | 461 |
| 稚蚕用貯桑缶 | 461 |
| 忠魂碑 | 656 |
| 忠霊塔 | 656 |
| 杖・幟・花籠 | 840 |
| ツッカケ | 38 |
| つりかばんを肩からさげる小学生 | 643 |
| 手回し式の座繰り器一式 | 481 |
| 天狗面とお犬さま | 692 |
| 灯火具 | 233 |
| 道具の使い方を見せてもらう（木工） | 509 |
| 唐鍬 | 310 |
| 道祖神 | 692 |
| 唐箕 | 310 |
| トウモロコシの皮をむく | 105 |
| トーグワ | 311 |
| 土葬の盛り土に立てた花籠 | 841 |
| 鳶職の門口 | 671 |
| 土瓶 | 81 |
| 土間（物置） | 200 |
| 土間の生活用具 | 233 |
| 富岡製糸場内 | 482 |
| 苗とり台 | 314 |

| | | |
|---|---|---|
| 苗取りの手を休めて笑顔を見せる‥314 | 祭の日不幸のあった家では門口に縄を張る‥848 | **埼玉県** |
| 生子拾い四ツ子‥315 | 簇鉤‥462 | |
| 縄ない器‥510 | 豆打ち‥331 | 藍植鍬‥252 |
| 二階が蚕室になっている旧家‥162 | 豆大師の護符‥722 | 藍切り庖丁‥464 |
| 二十三夜待石塔‥745 | 守刀‥716 | 藍で染めた糸を干す‥464 |
| 二本備中鍬‥317 | 繭乾燥器‥462 | 赤頭巾(米寿祝)‥24 |
| 根太天井‥202 | 繭用三斗枡‥462 | 赤玉ポートワイン(モニュメント広告)‥559 |
| 根太天井を用いた町家の店の間‥202 | 真綿糸撚り器‥486 | 明かるい村‥625 |
| 根太天井の広がり‥202 | 万年床‥239 | あげ戸‥120 |
| 撚糸器‥482 | 味噌玉‥454 | アゲナワシロの苗代作り‥252 |
| 農家の家相図‥164 | 糞‥20 | 朝霞浄水場‥658 |
| 農村歌舞伎舞台‥779 | 民家‥175 | 麻の葉模様の産着‥3 |
| 野鍛冶の絵馬‥714 | 麦打ち台‥334 | 足踏み水車によるかんがい作業の着衣‥3 |
| 野辺送りから帰ると、逆にした臼の上に用意した塩をなめ、臼のかたわらに置いた水を入れた洗面器に足をかざしてから家にはいる‥843 | 麦種子まき機‥334 | 足踏脱穀機‥253 |
| | 麦たれまき盤台‥335 | 足踏み輪転機‥253 |
| | 麦踏ローラ‥336 | 足踏み輪転機での麦の脱穀‥253 |
| | 村の水槽‥214 | 小豆こなし‥253 |
| | 銘仙と織干し場‥487 | 遊び図絵馬‥701 |
| 野辺送りに加わる花籠‥843 | メンコ遊び‥803 | アナグラ(穴蔵)‥94 |
| ハカマ‥16 | メンコとブーメランを持つ男の子‥803 | 穴掘り‥828 |
| 鉢の木‥56 | 木造二階建の民家‥180 | アネサンカブリ‥24 |
| 八丁注連‥672 | 焼糠散器,焼糠入れ篭‥463 | 雨乞い‥701 |
| 初山御札‥722 | 屋敷稲荷‥698 | 雨乞い祈禱の御札と水神様‥701 |
| 初山の祝いに配る団扇‥816 | 屋敷神‥698 | 行灯‥219 |
| 初山参り‥816 | 屋内の稲荷大明神‥699 | 家の屋敷配置と母屋の間取り‥121 |
| 初山参りの土産品‥816 | 休み棒‥608 | イザリバタ‥466 |
| 初雪の下になった大根を掘り出す‥322 | 屋根葺き‥217 | 石臼‥256 |
| 馬頭観音‥694 | 屋根葺きのようす‥217 | 石垣に沿う道‥537 |
| 花籠‥844 | 山刀および山刀鞘‥419 | 板倉‥122 |
| 鼻水をたらした子‥634 | 山の神‥699 | 板間の居間‥190 |
| 羽根箒‥235 | 山神像‥700 | 板張りと畳の床‥190 |
| ハネムシロを編む‥512 | 山の神に供えた「たち」‥717 | 市神‥680 |
| 針坊主‥235 | 山伏塚　賢慶坊塚‥729 | 市神社‥680 |
| 榛名型民家‥167 | ヤリ‥609 | 銀杏返し‥44 |
| 榛名高原学校‥644 | ヤリという先をとがらせた棒を束の中に差し込み,刈り取った麦を運ぶ‥609 | 糸あげ器‥467 |
| ビク‥605 | | 糸折りかえし機‥467 |
| 彦帯に糸で縫いつけた縫い守り‥672 | | 糸車の構造とツルベの作り方‥467 |
| ビニールハウス‥325 | 遊星式刈取機‥341 | イナムラ‥257 |
| 火吹竹で燃えやすい桑の小枝に火をつける‥249 | 湯灌に使う湯を庭に設けた炉で沸かす‥850 | 稲荷を祀る屋敷神‥681 |
| | 雪合戦にそなえて雪の球を握る‥803 | イヌッパジキ‥829 |
| 百色着物‥17 | ユキグツ‥41 | 稲を運ぶ‥258 |
| 拍子木‥635 | ユキバカマ‥23 | 稲刈り‥258 |
| 平鍬‥325 | 養蚕具‥717 | 稲扱き‥258 |
| ブタグツ‥40 | 養蚕地帯の箱棟‥185 | 稲のボッチの作り方‥259 |
| 仏壇‥845 | 養蚕農家‥185 | イモガラ干し‥95 |
| 舟橋‥550 | 養蚕農家の外観‥185 | いも切り機‥95 |
| ふみこみのいろり‥203 | 養蚕農家の外観形式‥185 | 慰問袋‥654 |
| ブラ‥238 | 養蚕農家の二階の内部‥205 | 入り口に置かれた杵と豆殻‥819 |
| ふりまぐわ‥327 | 養蚕の守猿‥717 | 入嫁式のマジナイ‥819 |
| フリマングワ‥327 | 養蚕用火鉢‥463 | 囲炉裏‥190 |
| ふわり(符割)‥485 | 用水普請‥638 | イロリと座順‥243 |
| 蛇取り婆さんが患者の枕頭で蛇の生血をしぼっているところ‥666 | 幼稚園のモチツキ‥645 | 囲炉裏に下げたカギッツルシ‥191 |
| | 横たえた臼の図をトボウグチ(玄関)に貼り,不幸があったことを告知する‥850 | 囲炉裏のある生活‥191 |
| 弁財天像‥696 | | 祝亀‥702 |
| 便所神‥696 | | 植えられた苗(直幹法)‥260 |
| 箒作り‥513 | 嫁の家と聟の家との中間に家を借りて仲宿とする‥827 | 笠‥356 |
| 豊作を願って立てたハラミバシとカユカキボウ‥328 | | ウシ‥260 |
| | 輪転土入機‥342 | ウシクビとザグリで糸取りをするようす‥468 |
| 疱瘡送り‥672 | 連(こんにゃくの生玉乾燥器具)‥110 | |
| 疱瘡神送り‥672 | 蠟燭かけ(蚕架用)‥463 | ウッツリで水を掻い出す‥261 |
| 防風垣‥170 | 炉の周囲に張られた板床‥206 | うどんを打つ‥96 |
| 木刀‥673 | 藁打ち‥519 | うどんづくりの用具‥61 |
| 祠‥697 | 藁を敷いた床板とよばれる寝床‥242 | うどんのあっため籠‥61 |
| 干柿作り‥108 | 藁葺屋根と桑畑の雪景色‥188 | うどんばし‥61 |
| 干していた小豆を取りこんでかごに入れる‥108 | | ウネヒキ‥261 |
| 墓前の供物‥846 | | |
| ホドバライ‥847 | | |
| 前かぶと型養蚕民家‥172 | | |
| 町家の蔵‥173 | | |

# 埼玉県　地域別索引

| 項目 | 頁 |
|---|---|
| 畝引 | 261 |
| 産着 | 4 |
| 産飯 | 808 |
| 馬による改良オンガを用いた田うない | 261 |
| ウマノクツ | 433 |
| 浦和あたりの車道 | 538 |
| 運動帽 | 25 |
| 映画の場面写真を見入る学校帰りの子どもたち | 774 |
| 疫病送り | 668 |
| A家の間取りの変遷 | 126 |
| エツリの取り付け | 215 |
| 江戸褄 | 4 |
| 恵比寿・大黒 | 682 |
| エブリ | 262 |
| エブリ実測図 | 262 |
| エブリによるシロカキ | 262 |
| 絵馬 | 703 |
| エンガ | 262 |
| エンガを使って畑をうない起す | 262 |
| エンガフミ | 262 |
| エンガフミによる畑の耕起 | 262 |
| エンロ籠 | 586 |
| オオアシ | 262 |
| 狼〔護符〕 | 718 |
| オオザル | 263 |
| 大沢家 | 127 |
| 大凧 | 784 |
| 大戸口（トンボ口）と農作業の出入り口 | 127 |
| 大麦干し | 263 |
| 大草鞋（奉納） | 705 |
| お蚕さま | 456 |
| オカッテでの食事の座 | 111 |
| 陸稲 | 263 |
| 陸稲跡地の犁による馬耕 | 263 |
| オカマサマ | 682 |
| オカマサマに苗を供える | 705 |
| 拝み絵馬 | 705 |
| オカモチ | 62 |
| オキヌサン | 682 |
| 置屋根で中塗り仕上げの農家の土蔵 | 128 |
| オクンチのアンビン餅 | 50 |
| オクンチの赤飯と煮しめ | 50 |
| お七夜 | 813 |
| オシラサマへのお供え | 732 |
| おしら様の画像 | 733 |
| オタカモリ | 820 |
| 落ち葉掃き | 531 |
| お手玉 | 784 |
| 鬼遊び（子とろ鬼） | 796 |
| オハチ | 63 |
| お櫃入れ | 63 |
| オビトキの衣装 | 4 |
| おぶった子に話しかける | 809 |
| お宮参り | 813 |
| 母屋 | 129 |
| 主屋の背面に飛び出た後角 | 130 |
| 母屋の間取り | 130 |
| 母屋の間取りと煮炊きの場 | 130 |
| 母屋間取り図 | 130 |
| 折箱作り | 494 |
| オンガ（大鍬） | 264 |
| 温床に種芋を伏せる | 264 |
| 女の子が話すのを女性が聞いている | 626 |
| 蚕網 | 456 |
| 蚕への桑葉やり | 456 |
| カイコカゴ | 456 |
| 蚕祈禱の御札 | 718 |
| 蚕棚の組み方 | 456 |
| カイコヤ造りの農家 | 130 |
| 会葬者のかぶり物 | 25 |
| 買い出しを駅で調べる | 655 |
| 改築型の養蚕民家 | 131 |
| 回転蔟 | 456 |
| 回転マブシを使った上蔟 | 457 |
| 回転マブシの繭搔き | 457 |
| 回転蔟枠 | 457 |
| カイボリをするとき沼の魚をとる | 265 |
| 搔巻や布団を干す | 243 |
| 改良エンガ | 265 |
| 改良オンガ | 265 |
| 改良マブシの作り方 | 457 |
| かかし | 668 |
| 簎 | 221 |
| カキモチ | 51 |
| 角火鉢 | 221 |
| カゴ | 587 |
| 篭 | 587 |
| 籠づくり | 494 |
| かごめかごめ | 796 |
| 笠 | 25 |
| 飾り団子の作製 | 831 |
| 絣の長着 | 5 |
| 絣の野良着と腰巻姿 | 5 |
| 絣のノラジバン | 5 |
| 形代 | 706 |
| かつての井戸 | 208 |
| カブセハンデエ | 64 |
| カベの袷長着 | 6 |
| 釜 | 65 |
| 鎌をとぐ | 534 |
| 鎌型 | 534 |
| 釜小屋 | 132 |
| カマド | 193 |
| かまどといろり | 193 |
| かまどと荒神様 | 193 |
| カマヤの内部 | 193 |
| 上岡観音縁日の絵馬市 | 556 |
| 神棚 | 684 |
| 神棚に祀られたお札 | 719 |
| 茅を叩き揃える | 215 |
| 蚊帳を吊るしたようす | 222 |
| カヤ葺き家屋、土蔵、牛舎等 | 133 |
| カラウス | 268 |
| 唐棹使用図 | 269 |
| からと | 222 |
| カリカケ | 269 |
| カリカケ | 707 |
| カリキリ | 269 |
| 刈り込み | 216 |
| カルチベーター | 269 |
| 川越芋の砂糖漬 | 51 |
| 川棚 | 209 |
| 川に突き出た岩の上で甲羅干し | 797 |
| 川守地蔵尊 | 685 |
| 願掛け | 707 |
| 元三大師御影〔護符〕 | 719 |
| カンジキ（田下駄） | 270 |
| カンジキを使用しての稲刈り | 270 |
| 完成した熊手 | 496 |
| 関東平野の農家 | 135 |
| 生糸を巻いたザグリの糸枠 | 473 |
| 生糸のよりかけ器 | 473 |
| キゾリ | 589 |
| キッチンセット | 194 |
| 木の墓地 | 833 |
| キビの穂を小刀で刈って肩からさげた竹かごに入れる | 271 |
| 着物のジンジンバショリ | 6 |
| 脚絆 | 34 |
| 給桑のようす | 457 |
| 給桑用篩 | 457 |
| 行田足袋の大工場 | 534 |
| 共同での味噌作り | 448 |
| 切り干しダイコン作り | 99 |
| 近所の奥さんを迎えての接客 | 139 |
| 木馬に材木を積み木馬道を引く | 412 |
| 木馬に材木を積んで木馬道をくだる | 412 |
| 食い初め | 814 |
| 草かき | 273 |
| 草葺入母屋屋根の一例 | 139 |
| 草屋根の民家 | 140 |
| 櫛・簪・笄 | 45 |
| クズハキ | 274 |
| クズハキ | 531 |
| クズハキカゴ | 531 |
| クズハキカゴに落ち葉を詰めこむ | 531 |
| クズハキ前の下刈り | 531 |
| クダマキグルマとツム | 474 |
| クネと呼ばれる生垣と後方の屋敷林 | 140 |
| 熊谷の市街 | 648 |
| 熊手作りの仕事場 | 499 |
| 蔵造り | 140 |
| 蔵造り | 566 |
| クリダイ | 474 |
| クリダイを使って綿の種を取るようす | 474 |
| クルマイド | 210 |
| クルマイドの構造 | 210 |
| クルリボウ（フリボウ） | 275 |
| クレウチ | 275 |
| くれうち・くるち | 275 |
| 黒漆塗りの御器と猪口 | 67 |
| クロケシを窯から出す | 528 |
| クロッケ | 275 |
| 鍬 | 275 |
| クワイレ（鍬入れ） | 276 |
| 桑運搬機 | 457 |
| 桑を運ぶザマカゴ | 457 |
| 桑木の古い萌芽枝を切除し柔らかい新芽を萌芽させる桑畑 | 457 |
| 桑切り庖丁とまな板 | 458 |
| 桑くれ台 | 458 |
| 桑こぎ | 458 |
| 桑こき機 | 458 |
| 桑扱台 | 458 |
| 桑摘みザルとその使い方 | 458 |
| 鍬による畑の耕耘 | 276 |
| 桑もぎ機 | 459 |
| 傾斜地の石垣 | 616 |
| 結婚式 | 820 |
| 結婚式場 | 821 |
| 毛羽取機 | 459 |
| 毛羽取りのようす | 459 |
| ケヤキやシカラシの屋敷林 | 142 |
| 郷倉 | 629 |
| 荒神様 | 685 |
| 庚申塚 | 743 |
| 庚申塔 | 743 |
| 荒神の注連縄 | 686 |
| 洪水時にそなえた船 | 244 |
| 香典帳 | 833 |
| 肥甕 | 277 |
| 小絵馬 | 708 |

| 項目 | 頁 | 項目 | 頁 | 項目 | 頁 |
|---|---|---|---|---|---|
| 子を背負う | 809 | シュラ出し | 413 | 葬式の本膳 | 54 |
| 氷で冷やす冷蔵庫 | 225 | ショイコ | 592 | 総二階蚕室型の民家 | 152 |
| 小型桑切機 | 459 | 背負子を背に山へ行く中学生 | 592 | 双用犁 | 294 |
| ゴザミノ | 590 | ショイタ | 592 | 草履 | 37 |
| 御酒の口を作る | 500 | ショイタの構造 | 593 | 草履作りの台 | 504 |
| 子育て観音 | 686 | ショイダル（醬油樽） | 450 | 葬列 | 839 |
| 木立の間に丸太を立てる方法 | 279 | 商家の間取り | 569 | ソデウダツ 防火壁 | 152 |
| 子どもの髪型 | 45 | 生姜畑に立てられたお札 | 720 | 卒塔婆 | 839 |
| コネバチとサハチ | 68 | ショウギ | 72 | そばの食用具 | 75 |
| 木の葉宿 | 531 | ジョウグチから見た農家 | 149 | 杣職人 | 415 |
| コノメ | 459 | 上蔟の作業 | 460 | ソリ道 | 598 |
| ごぼう洗い | 279 | 商店街 | 569 | 鯛車 | 788 |
| ごぼう掘棒 | 279 | 上棟祭 | 522 | 太鼓 | 778 |
| ゴム飛び | 797 | 条播用のハシュキ（播種機） | 286 | 体操着（女子） | 12 |
| 米揚笊 | 69 | 上武大橋で利根川を渡る | 544 | 題目講 | 744 |
| 米糀作り | 449 | 消防頭巾 | 27 | タイル張りのかまど | 198 |
| ゴロンゴマワシ | 797 | 青面金剛の画像 | 744 | 田植え | 297 |
| コンニャク栽培 | 280 | 醬油搾りに用いるフネ | 451 | 田植えをする女性 | 298 |
| 婚礼習俗 | 821 | 食事 | 112 | 田植えの祝い | 299 |
| 婚礼の折詰 | 52 | 食事の座席 | 112 | 田植えの昼食 | 113 |
| 才槌 | 709 | 燭台 | 227 | 田植えの昼飯 | 113 |
| 早乙女 | 8 | 女性の髪形 | 45 | 田植えの装い | 12 |
| 棹秤 | 583 | 女郎うなぎ | 570 | 田植え風景 | 299 |
| サク切り | 281 | 白葉枯病にかかった稲 | 287 | 田植え用具のマンガにぼたもちと お神酒を供える | 712 |
| サク切り（中耕） | 281 | 印半纏 | 10 | 田うない（人力） | 300 |
| 索道に作業員が乗る | 413 | 印半纏の衿の型紙 | 478 | 田うない（畜力） | 300 |
| ザグリ | 475 | 印半纏の衿の部分の型付け | 478 | タウナイに使われる馬 | 300 |
| 座繰り器 | 476 | シロカキ | 287 | 田搔車 | 300 |
| 笹舟 | 787 | 代かき | 287 | 高島田に挿す鼈甲の櫛・簪・笄 | 46 |
| 叉首、屋中、垂木が交差する屋根 下地 | 145 | シロケシの取り出し | 529 | 高機の杼 | 479 |
| サツマイモの苗さし | 282 | ジングル | 593 | 篭屋 | 505 |
| サツマイモの蒸かし籠と台 | 70 | 神札 | 720 | 高輪車 | 598 |
| サツマイモの蒸かし方 | 100 | 神社の交通安全祓所 | 725 | たくわん漬にする大根を干す | 104 |
| サツマイモ用苗床の断面 | 282 | 神前で願をかける参拝者 | 710 | 竹馬に乗る | 799 |
| サツマ掘り | 282 | 新米の調製 | 288 | 竹笞 | 788 |
| 里帰り | 822 | 新芽が伸びた春のクワバラ | 460 | 下駄 | 301 |
| 猿のエマ | 709 | 水車 | 289 | 竹とんぼ | 789 |
| 沢戸集落の景観 | 145 | 水神様 | 689 | 竹とんぼで遊ぶ | 799 |
| 桟瓦葺の町家 | 145 | スイノウ | 73 | 竹の歯の千歯扱き | 301 |
| 散村 | 146 | 犂 | 291 | 竹割 | 506 |
| 山村の民家 | 146 | スゲガサ | 27 | タコロガシ | 301 |
| 三平蒸籠 | 441 | 涼しげな装い | 11 | 出梁（だしばり）と呼ぶ張り出しを 設けた二階家 | 155 |
| サンボングワ | 283 | ズボン型のモンペと改良型の上着 | 11 | タチウスと竪杵（手杵）で精麦 | 302 |
| 地車による麦束の運搬作業 | 284 | 「す」まんじゅう作り | 102 | 脱穀したムギを篩に通し選別 | 302 |
| 自在鉤 | 195 | 炭を玉切る | 529 | 脱穀したムギのモミをジガラウス で搗く | 302 |
| 猪肉を売る露店 | 568 | 炭窯から取り出した真赤な炭にゴ バイをかける | 529 | タツミ | 302 |
| 地蔵堂の人形 | 709 | 炭切り | 529 | 縦畝の田んぼ | 302 |
| シタのオカッテ | 196 | 炭材の薪割り | 529 | 棚田の稲刈り・稲運び | 303 |
| シタハタ | 476 | 炭俵編み | 529 | 棚田の田植え | 303 |
| シタハタの織り方 | 476 | 炭俵（角俵）詰め | 529 | 谷の底から見上げる沢戸集落 | 155 |
| 七年忌の膳と折詰 | 53 | 炭俵づめ | 529 | 種芋伏せ | 303 |
| 七本塔婆 | 836 | 炭俵の角俵と丸俵 | 529 | 種を振る場所を鍬でなでる | 303 |
| 地搗き "エンヤコラ" | 522 | 炭俵用のカヤ刈り | 532 | 種紙 | 461 |
| 湿田の稲刈り | 284 | スミツカレツキ | 74 | 種振り | 304 |
| 四斗樽 | 450 | 炭焼きがま | 529 | 種籾を振るザルの持ち方 | 304 |
| ジバタとその織り方 | 477 | セイロヅミ | 293 | 煙草を吸って一服 | 632 |
| ジバタの部品 | 477 | 背負籠 | 595 | 足袋型 | 38 |
| ジバタ用の杼 | 477 | 背負梯子 | 595 | 足袋作り | 507 |
| 柴の代用になった桑木の剪定枝 「桑棒」 | 534 | 背負梯子に藁編みの背負袋をとり つけたもの | 596 | 田舟 | 545 |
| ジバン | 10 | 雪隠参り | 815 | タブネ（田舟）を使った稲刈り | 305 |
| 慈母観音 | 688 | 戦場で亡くなった霊を靖国神社の 正床に合祀した通知書 | 656 | 玉切り | 415 |
| 絞りを染める | 477 | センバコキ | 294 | タライ・洗濯板・固形石鹼 | 246 |
| 市役所前に積まれた肥桶 | 660 | センバコキでの稲扱き | 294 | たらいでの湯浴を終えて母親に抱 かれた妹と様子を見ていた兄と 姉 | 811 |
| 三味線糸を撚る撚り場 | 478 | センバコキによる麦扱き（大麦） | 294 | 俵編み | 507 |
| 種ふり（摘み田） | 286 | 葬儀 | 838 | 俵作りの工程 | 507 |
| 出荷前の繭 | 460 | 葬儀の読経 | 838 | | |
| 手動剉桑機 | 460 | 葬式 | 838 | | |
| 襦袢 | 10 | | | | |

## 埼玉県　地域別索引

| | |
|---|---|
| ダンカベの裕長着 | 13 |
| 単用犂・両用犂のうない方 | 307 |
| 暖炉 | 461 |
| 力石 | 661 |
| 畜力用中耕除草機による除草 | 307 |
| 畜力用輪転土入機による麦の土入れ作業 | 307 |
| 稚蚕飼育の棚と壮蚕飼育の縁台を設置する場所 | 461 |
| 秩父銘仙の織り場 | 480 |
| 茶を飲みながら歓談する | 113 |
| 茶釜 | 77 |
| 茶甕 | 442 |
| 茶杓子 | 78 |
| チャゼエロ | 442 |
| 茶摘み | 442 |
| チャツミザル | 443 |
| 茶葉を計量するカケダイ | 443 |
| チャビツの種類 | 443 |
| ちゃぶ台 | 230 |
| チャブ台での食事 | 113 |
| チャブルイ | 443 |
| チャブルイの使い方 | 443 |
| チャミ | 443 |
| 茶揉みの工程 | 443 |
| チャンチャンコ（米寿祝） | 13 |
| 忠七めし | 572 |
| 銚子 | 78 |
| 直幹法による苗の植え方 | 307 |
| ツクリコミ | 308 |
| 漬物小屋 | 157 |
| 辻 | 546 |
| 辻の地蔵尊 | 692 |
| 土入れ | 308 |
| 角隠し | 28 |
| 角屋造りの民家 | 157 |
| 摘田 | 308 |
| 摘田の稲刈り | 308 |
| ツメで葉を摘む方法 | 461 |
| 通夜 | 840 |
| ツリオケ | 212 |
| ツリとハネツルベ | 212 |
| 鶴 | 712 |
| 弦越しのタブー | 114 |
| 吊し柿 | 104 |
| テ | 444 |
| T家の間取り | 158 |
| ディールばかり | 584 |
| 手桶 | 231 |
| 手押しポンプの井戸とコンクリートの流し | 212 |
| 手織りの木綿縞で仕立てた着物 | 13 |
| テグス製縫合糸 | 481 |
| テゴッタワラ | 600 |
| テスキ | 309 |
| 手甲 | 44 |
| 鉄砲堰 | 416 |
| 手拭いかぶり | 28 |
| 手振り付きのザグリ | 481 |
| 手振馬鍬 | 310 |
| テーブルを使った食事 | 114 |
| 天井 | 200 |
| 点播用のタネフリザル | 310 |
| 天秤棒で水を担ぐ | 601 |
| トウス | 310 |
| 唐鍬 | 310 |
| 唐人凧 | 790 |
| 銅拍子（シンバル） | 778 |
| 豆腐作り | 105 |
| トウミ | 310 |

| | |
|---|---|
| 時の鐘と蔵造りの建物 | 159 |
| 所沢飛白 | 481 |
| 所沢飛白のいろいろ | 482 |
| 歳神さま | 694 |
| 年行事が持つ提灯 | 633 |
| 土蔵造りの見世蔵（店蔵）の軸組 | 160 |
| 戸田橋 | 547 |
| 土間 | 200 |
| 土間上の天井 | 200 |
| 土間の炉と竈 | 201 |
| 土間の炉に集う家族 | 201 |
| 鳥の死骸を用いた案山子 | 312 |
| 鳥罠 | 428 |
| ドロアゲ | 313 |
| ドロノシ | 313 |
| 泥のヘッツイと釜 | 201 |
| ドロボウロクとカネボウロク | 82 |
| 苗籠 | 313 |
| 苗さし | 313 |
| 苗取り | 313 |
| 苗とり腰掛 | 314 |
| 長馬とび | 800 |
| 長着 | 14 |
| 長屋門 | 161 |
| 長屋門入口 | 161 |
| 名付け祝い | 815 |
| 納豆を売り歩く中学生 | 574 |
| ナベ | 82 |
| 納屋 | 162 |
| ナラシボウ | 315 |
| ナワシロスダレを踏む | 315 |
| 縄のタワシ | 83 |
| 縄巻き機 | 316 |
| 縄まぶし | 461 |
| 新墓へのお供え | 842 |
| 入棺 | 842 |
| ニナイ | 603 |
| ニナイモッコ | 603 |
| 二番うない | 317 |
| 庭での乾燥（脱穀後の籾） | 317 |
| 庭の水撒き | 248 |
| 庭廻り風景 | 842 |
| ヌカカマド | 202 |
| ネコヒバチ | 234 |
| 子聖大権現 | 722 |
| ネンネコバンテン | 812 |
| 農家の母屋 | 164 |
| 農家の外便所 | 164 |
| 農家の動線 | 248 |
| 農具 | 318 |
| 納札 | 714 |
| 農村の集落 | 164 |
| 軒先を整える | 216 |
| 野辺送り | 843 |
| 野良着 | 15 |
| ハイカラ | 46 |
| ハイブルイ（灰篩） | 319 |
| ハイブルイ（灰篩）による選別 | 319 |
| 墓穴の魔除け | 844 |
| 墓穴掘り | 844 |
| 墓石 | 844 |
| ハガマ | 84 |
| 箱膳 | 84 |
| 箱膳で食事 | 114 |
| 稲架のある風景 | 320 |
| 稲架の列 | 320 |
| 橋 | 548 |
| ハシゴ（背負梯子） | 604 |
| ハシュキ（播種機）による麦蒔き | 320 |
| 機織り | 483 |

| | |
|---|---|
| 畑仕事着 | 16 |
| 畑の仕事を終えて家に帰る | 321 |
| ハタシ | 484 |
| ハダシタビ | 39 |
| 抜根機 | 461 |
| 伐採 | 417 |
| 初染を供える | 714 |
| バッタンを取り付けた高機 | 484 |
| 八反車による中耕除草 | 322 |
| 花婿の衣装 | 16 |
| 花嫁衣装 | 16 |
| ハネツルベ | 212 |
| 羽箒 | 461 |
| 破風 | 166 |
| 羽二重の半幅帯 | 48 |
| 腹掛 | 16 |
| ハリトリの手順 | 216 |
| 針箱と裁縫用具 | 235 |
| 春にカラギりした桑 | 461 |
| 春に切り揃えた桑 | 461 |
| 晴着 | 16 |
| ハンコを天秤棒で担ぐ | 605 |
| 半自動脱穀機 | 322 |
| 半纏 | 17 |
| 万能 | 322 |
| 販売用の薪を作る | 533 |
| 杼 | 484 |
| 梭 | 484 |
| ピクニック | 581 |
| 火棚 | 203 |
| ヒデバチ | 237 |
| ヒトドリ | 801 |
| 檜笠 | 30 |
| 火の見櫓 | 635 |
| 火鉢 | 237 |
| 火鉢 | 461 |
| 百万遍の数珠送り | 772 |
| 表面に杉皮もみえる屋根 | 168 |
| 日除けのカシグネ | 168 |
| 平かぶと | 168 |
| ヒラグワ | 325 |
| ヒラタケの半栽培 | 325 |
| 平舟 | 635 |
| 肥料とした養蚕の糞やクワの食べ残しコクソ | 439 |
| 広い作業空間の土間 | 203 |
| 風鈴売り | 576 |
| 葺きあがった草屋根 | 216 |
| 河豚凧 | 792 |
| 武州人形（操り人形芝居） | 780 |
| 札所 | 769 |
| 札所の堂内 | 769 |
| 仏壇 | 845 |
| フトリ | 18 |
| フトリジマのいろいろ | 18 |
| フトリジマ綿入れ半纏 | 18 |
| 船橋 | 550 |
| 舟をトラックで運ぶ | 550 |
| 踏みすき | 326 |
| 踏鋤 | 326 |
| 冬の陽の下で日なたぼっこをする子どもたち | 636 |
| フリコミジョレン | 326 |
| フリコミジョレンによる麦畑への土入れ | 326 |
| フリマンガ（一人用） | 327 |
| フリマンガ（二人用） | 327 |
| フリマンガによる畑の耕耘 | 327 |
| フルイ | 327 |
| フルイコミ（土入れ） | 327 |

| | | |
|---|---|---|
| フルイでの選別 327 | 民家の屋根 178 | 山仕事の住まい 183 |
| フルイにかける 327 | 麦上げ 334 | 山の子らしいたくましさを感じさせる4人 638 |
| 古着をほぐす 249 | 麦打ち 334 | |
| フンゴミ 327 | ムギウチサナ（麦打ち台） 334 | 山の畑にコンニャク玉を運びに行く 609 |
| フンゴミ口 203 | 麦打ち台（サナ）によるコムギの脱穀 334 | |
| 平面絹 485 | | 山の湧水の引き方と使い方 214 |
| 焙炉と助炭の設置方法 444 | 麦を束ねる 334 | 湯入れをする鋳物師 517 |
| ボウズ 238 | 麦刈り 334 | ゆでまんじゅう作り 110 |
| 疱瘡除けの禁厭 673 | 麦こき 334 | 養蚕棚 463 |
| ホウロク 87 | ムギコナシ 334 | よだれかけの奉納 717 |
| ほうろくによる豆煎り 108 | 麦束の運搬 335 | 嫁入り 826 |
| ホコ締め 216 | 麦束の収納 335 | 嫁入り道具 826 |
| ホッカブリのいろいろ 30 | 麦搗き 335 | 嫁入り道具の運搬 826 |
| ボロオビ 48 | ムギの刈り取り 335 | 嫁入り道中 826 |
| ボロカゴ 329 | 麦の脱粒作業 ボーチ 335 | 嫁入りの道具送り 827 |
| 埋葬墓地のいろいろ 847 | 麦畑を田にもどす 335 | 嫁入りのトボウ盃 827 |
| 前角をもつ角屋造りの民家 172 | 麦踏み 336 | 嫁迎えに訪れた聟方のイチゲン客 827 |
| 薪作りと枝まるき 533 | 麦踏みローラーによる麦踏み 336 | |
| マキノコの目立て 418 | 麦蒔き 336 | ヨンホングワ 342 |
| 薪のショイダシ 533 | 麦搗きに用いるジガラウス 336 | ランプ 241 |
| 枕直し 848 | 麦搗きに用いるタチウスと竪杵 336 | 両角の民家 186 |
| 枕飯 848 | ムギヤキ（麦焼き） 336 | 両肩支持背負い運搬 609 |
| マサカリで伐倒方向になる受け口を切り込む 418 | 麦わらぶきの屋根の家 178 | 両家の姓が刻まれた墓石 850 |
| | ムグリ 336 | レーキ 342 |
| 町の通り 652 | 虫干し 48 | 練炭火鉢 463 |
| 町屋の居間と階段 204 | 席織り 516 | 炉 205 |
| マツウラ 88 | 結びつけられたおみくじ 716 | 六地蔵 700 |
| マドグワ 330 | ムツゴ 336 | 炉と竈の併用 206 |
| 間取 173 | 棟飾りのいろいろ 179 | 綿入れのモジリバンテン 23 |
| マネシキ 330 | 村の共有の食器 637 | 輪まぶし 463 |
| 蓑 462 | メカイを編む 516 | 笑い鬼 717 |
| 繭の乾燥小屋 462 | 目無しだるま 716 | 草鞋 42 |
| 繭の選別 462 | 木製の流し 205 | ワラスグリ 344 |
| 繭用紙枡 462 | 文字道祖神 698 | ワラスグリ使用 344 |
| まりつきをする 802 | 餅搗き 109 | 藁草履 43 |
| 丸帯の蝶結び 48 | 物置に積まれた枝や落ち葉 250 | 藁鉄砲作り 520 |
| マルボッチ 331 | 物置の軒下に吊るされている揚舟 180 | 蕨あたり 579 |
| 丸髷 46 | | ワラ蛇 675 |
| 真綿掛け 486 | 喪服 21 | ワラマブシの作り方 463 |
| 真綿のチョッキ 19 | 籾抜出し 338 | |
| 真綿の作り方 486 | 籾干し 338 | **千葉県** |
| マンガ 331 | モモヒキ 21 | |
| マンガでの田うない 331 | 桃割の少女たち 46 | 赤貝をむき身にする 344 |
| 万石 331 | モンペ 21 | アカトリ 345 |
| 万石籠 331 | モンペに組み合わせるヒョウジュンフク 22 | 揚繰船 345 |
| まんじゅうの餡の包み方 109 | | アゲザル 345 |
| 御酒の口 727 | ヤキヌカの作り方 463 | アゲボトケ 701 |
| ミズオケ 89 | 夜具 240 | 朝市 554 |
| 水かけ着物 848 | 薬医門（本陣表門） 180 | 浅草海苔 345 |
| 水ガメ 89 | 夜具地 240 | 朝のパン食 110 |
| 水枯れどき（冬）の橋人足，コーチ（耕地）の人人 663 | 焼けて穂首から落ちた麦の穂 339 | あさり捕りをする漁師の身ごしらえ 3 |
| | 屋号 638 | アサリ・ハマグリ採り 345 |
| ミズグルマ（水車） 332 | やさい育苗用わら鉢作り機 339 | 浅蜊掘り 345 |
| ミズグルマ（水車）で泥の水をあげる 332 | 屋敷への沢水の導水と利用 214 | 鯵のなめろう 49 |
| | 屋敷神 698 | 網代天井 189 |
| 水子地蔵 848 | 屋敷の出入口に使われる道 181 | 新しい焙烙と使い古した竹楊子 701 |
| 水塚 175 | 屋敷の間取りと暮らしの利用法 181 | 網針 346 |
| 水塚の上の家 175 | 屋敷配置図 181 | 海女 347 |
| 水塚の遠景 175 | 屋敷配置と移築当時の母屋の間取り 181 | 海女舟を陸に引き上げる 348 |
| ミズナワシロでの種振り 333 | | 網を整理する 349 |
| 「水」の文字を描いたグシ端 673 | 屋敷畑続きにある新田集落の墓地 850 | 編笠 24 |
| 見世蔵 175 | 安松筅 240 | 網切り鋏 349 |
| 店蔵 175 | ヤネバサミでの刈り込み 217 | 網針入れ 349 |
| 味噌小屋 175 | 屋根葺き 217 | 網干し 350 |
| 道切り 673 | 屋根葺きの工程 217 | 淡島様 701 |
| 三峯神社のお札 722 | 屋根葺きのために用意された杉皮 217 | あわり籠 350 |
| 箕でおあがれ，箒で掃き込まれる花嫁 825 | 破れた障子と子ども 803 | 鮑籠 350 |
| | 山崎家別邸 183 | 安産の御守 702 |
| 妙見星神〔護符〕 722 | 山崎家別邸の桂写しのある数寄屋造りの和室 183 | イソ桶 352 |
| 民家 175 | | |

# 千葉県　地域別索引

| 項目 | 頁 |
|---|---|
| 磯金 | 352 |
| 磯の漁 | 353 |
| 一膳飯を墓穴に入れる | 828 |
| 一宮・町並み | 646 |
| 井戸神様 | 681 |
| 糸ひき車 | 468 |
| イナムラ | 257 |
| 犬供養 ザグマタ | 675 |
| 犬供養の卒塔婆 | 675 |
| 犬卒塔婆 | 702 |
| 稲刈の服装 | 4 |
| 居間への出入口 | 190 |
| 鋳物 | 490 |
| 鋳物師 | 490 |
| いも掘万能 | 260 |
| いれこ | 354 |
| イワ（船の錘） | 354 |
| 魚突き | 355 |
| うき | 355 |
| うきだる | 355 |
| 筌を作る | 356 |
| 筌作り | 356 |
| 打瀬船 | 356 |
| 内神 | 681 |
| ウナギの加工 | 96 |
| 馬の神様 | 681 |
| 海辺の鳥居 | 723 |
| 埋め墓と詣り墓 | 830 |
| ウレツキトウバ | 830 |
| 鱗状の手斧の刃跡のある柱 | 191 |
| エナ壺 | 809 |
| 恵比須〔護符〕 | 718 |
| 絵馬 | 703 |
| オオアシ | 262 |
| 大足 | 263 |
| 大巻きでとったハマグリを河岸の問屋へ上げる | 360 |
| 拝み絵馬 | 705 |
| 拝み箪笥 | 742 |
| 拝み墓 | 830 |
| オカモチ | 587 |
| 置看板 | 561 |
| 沖笊 | 360 |
| 屋外に設けられた流し | 208 |
| 屋内神 | 682 |
| 押板 | 192 |
| 押板形式の床の間 | 192 |
| お助け爺さん | 664 |
| オッペシ | 361 |
| オッペシの女たち | 361 |
| オドシ | 264 |
| オハグロドウグ | 44 |
| 帯戸 | 129 |
| 帯戸の裏側 | 129 |
| オフナサマ | 683 |
| お宮参り | 813 |
| 主屋とダイドコロが分かれる別棟造り | 129 |
| 主屋とダイドコロの棟が直交する別棟造り | 129 |
| 主屋とダイドコロの棟が平行な別棟造り | 129 |
| 蚕棚 | 456 |
| 海藻採取 | 362 |
| 海藻とり | 362 |
| 回転脱穀棒 | 265 |
| 貝掘り | 362 |
| 改良されてゆく農家のかまど | 192 |
| カカシ | 265 |
| 掛漁帆 | 364 |
| カゴモチ | 814 |
| 笠作り | 494 |
| 傘直し | 494 |
| 飾行器 | 64 |
| 飾り巻きずし | 51 |
| 鍛冶屋 | 494 |
| 上総掘り | 208 |
| 上総掘りの井戸 | 208 |
| 鰹の水揚げ | 365 |
| カナドウを担ぎ出漁する | 365 |
| 蟹籠 | 365 |
| 金草鞋 | 706 |
| 紙障子に映える連子窓 | 133 |
| 紙旗 | 707 |
| かもめ部隊と呼ばれた行商 | 562 |
| がら | 472 |
| 唐破風をつけた風呂屋形 | 134 |
| カルタ遊び | 796 |
| 川エビの味醂煮 | 51 |
| 川魚問屋 | 562 |
| カワナを干す | 98 |
| カワナの地干し | 98 |
| 革張具 | 496 |
| カンジキ（田下駄） | 270 |
| 鉋掛けして柱を仕上げる | 521 |
| カンバン | 562 |
| 看板（醬油製造業者） | 564 |
| ガンブリ瓦を載せた茅葺きの民家 | 136 |
| カンレキノズキンとチャンチャンコ | 817 |
| 汽車の貨車に身動きできないほど乗った買い出しの人 | 655 |
| 帰船 | 367 |
| 帰帆 | 367 |
| キャシャギデンマ | 367 |
| 牛車用の軛鞍 | 589 |
| 共同井戸 | 209 |
| 漁場の女 | 368 |
| 漁船を砂上から海中に押出す時に使う丸太敷 | 368 |
| 漁船の一形式 | 368 |
| 漁村の井戸 | 210 |
| 食い初め | 814 |
| 潜り戸が美しい大戸口 | 139 |
| 草取り | 273 |
| 草葺屋根の棟飾り | 139 |
| くだたすき | 707 |
| 頸環 | 435 |
| 鞍 小荷駄用 | 590 |
| 繰糸機 | 474 |
| 車大工 | 521 |
| クルマナガモチ | 224 |
| 車櫃 | 820 |
| 鍬 | 275 |
| 警察署 | 659 |
| 鯉幟 | 371 |
| 後架参り（雪隠参り） | 814 |
| 広告 | 616 |
| コウサツ | 629 |
| 格子の入ったサマド | 142 |
| 庚申講 | 742 |
| 庚申塚 | 743 |
| 荒神棚 | 686 |
| 庚申塔 | 743 |
| 庚申塔・猿田彦像 | 743 |
| コウドケイ | 225 |
| 肥桶 | 277 |
| 肥溜め | 277 |
| 小絵馬 | 708 |
| 狐鴨居と柱の仕口 | 143 |
| 腰曳縄 | 371 |
| 五十年忌の供養 | 833 |
| 五十年忌の供養を念仏講の人びとが行う | 833 |
| コダンス | 225 |
| 小鳥ワナ | 425 |
| コナントウ（子卵塔） | 834 |
| 碁盤・碁石 | 804 |
| ゴボウ掘万能 | 279 |
| 木舞搔き | 521 |
| 米の調製 | 280 |
| コロバシ | 280 |
| コンクリートブロック塀 | 144 |
| 境川で洗う | 210 |
| 魚売りの行商 | 567 |
| 酒林 | 568 |
| 佐倉の町家 | 144 |
| ザシキにある仏壇と神棚の下のトコ | 195 |
| サシバゲタ（差歯下駄、ゴウケツ） | 36 |
| 雑穀入 | 281 |
| サッパと呼ぶ舟も保管するノゴヤと称する農具専用の小屋 | 145 |
| サッパ舟 | 374 |
| サデ | 374 |
| サルボウ | 70 |
| 三十三年塔婆 | 835 |
| サンドガサ | 27 |
| 三度笠 | 27 |
| 仕事着 | 9 |
| 四十九日餅を食べる | 835 |
| 地蔵車 | 709 |
| 七五三 | 814 |
| 地曳 | 377 |
| 地曳き網 | 377 |
| 地曳網 | 377 |
| 地曳網漁船 | 377 |
| 地曳網にはいったマイワシ | 377 |
| 地曳網船の両船に一つずつ使う錨 | 377 |
| 地曳船 | 377 |
| シマイトウバ | 836 |
| 注連飾 | 709 |
| シメツリのタコ | 670 |
| シメ縄 | 377 |
| 杓子 | 710 |
| 十九夜さま | 744 |
| 十九夜塔 | 744 |
| 十三日講 | 744 |
| 十三日講の掛軸 | 744 |
| 十能 | 226 |
| 出港準備 | 377 |
| 授乳 | 811 |
| ショイタ | 592 |
| 焼却炉 | 660 |
| 上棟祭 | 522 |
| 上棟式 | 522 |
| 初期のテレビ | 227 |
| 白浜の海女 | 379 |
| 新京成常盤平駅付近を赤ちゃんを抱いてあるく夫婦 | 630 |
| シンバル | 778 |
| ズ | 379 |
| 水郷の刈入れ | 288 |
| 水郷の生活 | 151 |
| 水田除草機 | 290 |
| 透し | 291 |
| すかり（海女の道具） | 379 |
| 犂 | 291 |
| 杉塔婆 | 837 |
| 刺身 | 102 |

千葉県

| 項目 | 頁 |
|---|---|
| 掬い網 | 379 |
| スクイダマ | 379 |
| 菅笠 | 27 |
| 鈴 | 778 |
| 砂にうもれた船首を押し上げ出漁の準備 | 380 |
| スノコにほされる切り海苔 | 102 |
| すばり | 380 |
| 摺臼 | 292 |
| 背負籠 | 595 |
| 背負籠運搬の一例 | 595 |
| 船首飾り | 380 |
| 潜水靴 | 380 |
| 船倉の点検、ビルジの排水をする乗組員 | 380 |
| 前年生まれの生児の額に田の泥で点をつける | 815 |
| 煎餅焼き | 102 |
| 双体道祖神 | 690 |
| 草履作り | 504 |
| 底に穴をあけたお椀 | 711 |
| 袖凧 | 788 |
| 袖無 | 12 |
| 算盤 | 571 |
| 太鼓ドウ | 381 |
| 大豆用千歯 | 296 |
| ダイニングキッチン | 198 |
| 大八車 | 598 |
| 堆肥万能 | 296 |
| 田植定規 | 298 |
| 田植えた後の泥落とし | 299 |
| 田打車 | 300 |
| 鷹匠 | 426 |
| 高機 | 479 |
| タキバ | 198 |
| 竹床几 | 229 |
| 田下駄 | 301 |
| タケノコガサ | 27 |
| 鮪莚縄鉢 | 383 |
| 蛸壺 | 383 |
| 畳を作るときの諸道具 | 506 |
| 畳の神様 | 691 |
| 畳屋の守護神・聖徳太子 | 691 |
| 奪衣婆 | 691 |
| タテウス | 77 |
| 棚田 | 302 |
| タバコシイレカンサツ | 572 |
| 男根を借りてくる | 712 |
| 力餅 | 815 |
| チャウス | 77 |
| ちゃぶ台で子どもの食事 | 113 |
| 帳場 | 572 |
| 猪窓 | 156 |
| 突きん棒の船 | 385 |
| 付書院を備えた床の間 | 199 |
| 辻切り | 671 |
| ツジギリの大蛇 | 671 |
| ツナツリ | 671 |
| ツム | 480 |
| 紡ぎ車 | 481 |
| 鉄腕アトムの人形で遊びながら、風呂にはいる子ども | 800 |
| 鉄腕アトムの面をつけた子ども | 800 |
| 手拭いかぶり | 28 |
| テレビ・レコードを聞くステレオ | 232 |
| 出羽三山講 | 744 |
| 店側に格子が組まれる大阪障子 | 158 |
| トウキョウソデ（東京袖） | 14 |
| 唐桟 | 481 |
| 唐人凧とその骨組 | 790 |
| 道祖神 | 692 |
| 盗難除け | 671 |
| 動力用粉砕機 | 311 |
| 動力落花生脱粒機 | 311 |
| 常盤平団地の2DK俯瞰図 | 247 |
| 床の間の網代天井 | 200 |
| 土葬した上に五輪を刻んだ角塔婆を立てる | 841 |
| トッタリ | 388 |
| 鳥おどし | 312 |
| 泥落とし | 313 |
| トーロク姿 | 14 |
| 鳶凧 | 790 |
| 長いジョウドと生垣をめぐらせた屋敷 | 160 |
| 流しに立つ母と歩行器の子ども | 201 |
| 長持 | 824 |
| 流れかんじん | 842 |
| 直鍬 | 416 |
| 生木の墓じるし | 842 |
| 納屋集落 | 390 |
| 成田山災難除御守 | 722 |
| 苗代じめ | 315 |
| 二十三夜講 | 744 |
| 二十三夜様の掛け軸 | 744 |
| 二斗ざる | 602 |
| 念仏講中の年寄が鉦を叩きながら葬列に加わる | 843 |
| 農家の屋敷構 | 164 |
| 鋸 | 417 |
| 海苔を干す | 106 |
| 海苔作り | 106 |
| 海苔採りの仕事着 | 15 |
| ノリ採り風景 | 391 |
| 海苔拾い | 391 |
| 羽子板 | 791 |
| 箱式仏壇 | 844 |
| 箱ふるい | 319 |
| はさみ | 512 |
| 旗 | 393 |
| 裸で働くオッペシ | 393 |
| 畑耕うん・管理用三本備中鍬 | 321 |
| 畑の境木 | 634 |
| 初節供 | 816 |
| ハツダケ | 56 |
| 初誕生 | 816 |
| 初宮参り | 816 |
| 馬頭観世音 | 694 |
| 馬頭観音 | 694 |
| 馬頭観音移設のための供養の式 | 727 |
| ハドと呼ぶ石べいを積んだ家 | 166 |
| ハネ釣瓶 | 213 |
| 歯の神様 | 695 |
| ハバノリ干し | 107 |
| 破風 | 166 |
| 浜の男 船方 | 394 |
| 針いれ | 394 |
| 鉤磨り | 394 |
| 梁の上に筵を載せたマコモ天井 | 203 |
| 榛名講 | 745 |
| 榛名神社の嵐除けのお札 | 722 |
| バン | 394 |
| バンギ | 635 |
| 板木 | 635 |
| 半トウロク | 17 |
| 万能 | 322 |
| 引汐の浜 | 395 |
| ビク | 395 |
| 一休み | 395 |
| 日みの | 17 |
| 百庚申 | 745 |
| 平鍬 | 325 |
| 輯 | 513 |
| 二股大根の絵馬 | 715 |
| 不動講 | 745 |
| 不動尊 | 695 |
| フナアマと呼ばれる海女たちが、乗って出たサンメイハギと呼ぶ海女船を浜に引き揚げる | 396 |
| 船方の労働 網をたぐる | 396 |
| 船霊 | 695 |
| 船出を送る | 397 |
| フナやワカサギの甘露煮の販売 | 576 |
| 船揚げ | 398 |
| フミウス | 86 |
| 踏鍬 | 326 |
| 不漁の日の浜 | 399 |
| フルイ | 327 |
| 分棟型民家 | 170 |
| べか舟 | 400 |
| 棒受網漁業 | 400 |
| 房総の二棟造りの屋敷 | 170 |
| 疱瘡除けの禁厭 | 673 |
| 防風林で囲まれた旧家 | 171 |
| 防風林で囲まれた旧家の屋敷と麦畑 | 171 |
| ホカイ | 825 |
| 捕鯨銃 | 400 |
| 保健所員の活躍 | 662 |
| 墓地 | 846 |
| ボッチガサ | 30 |
| マイワイ | 18 |
| 万祝いの型紙部分 | 18 |
| 巻かごを引いてアサリを獲る | 402 |
| 巻き籠を曳きアサリなどを採る | 402 |
| 町の通り | 652 |
| 町家の家相図 | 173 |
| 町家の客座敷 | 204 |
| 丸太材の墨に沿って手斧で削り取る | 174 |
| 万石 | 331 |
| マンジュウガサ | 31 |
| マンジュウ笠 | 31 |
| 水塚 | 175 |
| 水物膳 | 90 |
| 耳の神様 | 698 |
| 弥勒尊 | 745 |
| 民家の押入 | 204 |
| 民家の軸組 | 178 |
| 民家の欄間 | 204 |
| 麦藁積み | 336 |
| 虫籠作り | 516 |
| 莚縄を支える容器 | 404 |
| 村境に立てられた人形 | 673 |
| 村のお堂 | 763 |
| ムラの概念図 | 181 |
| メカゴ | 608 |
| モガキ | 405 |
| 木魚 | 727 |
| 木橋 | 552 |
| 物置の全景と内部 | 180 |
| ヤゲン | 666 |
| 屋敷神 | 698 |
| 屋敷と田圃 | 181 |
| 屋敷内の配置と主屋平面図 | 181 |
| 屋敷墓 | 850 |
| ヤットコ | 517 |
| 宿船 | 406 |
| 屋根 | 182 |
| 結納 | 826 |

東京都　地域別索引

| | |
|---|---|
| 結納入れ | 826 |
| 床脇に天袋を設けた床の間 | 205 |
| 夜明けの浜で暖をとる | 407 |
| 陽石 | 717 |
| 夜泣きを治す鬼 | 674 |
| 夜泣き止 | 674 |
| 嫁入り | 826 |
| 落花生脱莢機 | 342 |
| 落花生脱粒機 | 342 |
| 落花生万能 | 342 |
| 流行性感冒の撃退 | 666 |
| リュウドスイ・トビグチ | 638 |
| 漁師長屋の共同便所 | 186 |
| 冷蔵庫（上に電気釜とミキサーを置く）と六畳間 | 241 |
| 六算除け | 674 |
| 六畳間に置いたプラスチック製の玩具がいっぱいのベビーサークル | 242 |
| 若者入り | 624 |
| わかんじき（田下駄） | 343 |
| 草鞋・焙烙 | 717 |
| 藁の大蛇による道切りの祈願 | 674 |
| 藁の竜 | 674 |

## 東京都

| | |
|---|---|
| 藍甕を攪拌する | 463 |
| 愛妻会 | 625 |
| アイヌのチセ（住居）とプ（高倉） | 119 |
| アウトリガーの舟 | 344 |
| 青ヶ島の主人の夕食 | 110 |
| 赤網を下す | 344 |
| アカトリ | 345 |
| 赤坂見附（道路） | 537 |
| 赤坂見附交差点 | 537 |
| 赤羽台団地 | 242 |
| 明り障子の衝立 | 218 |
| 秋葉原電気街 | 645 |
| 浅草 | 645 |
| 浅草の笊被り大張子 | 701 |
| 浅草六区 | 645 |
| 浅草六区の興業街 | 646 |
| 朝潮運河 | 537 |
| 麻のキモノ | 3 |
| アサノジョーリ | 32 |
| 朝のホーム | 537 |
| 朝のラッシュ | 537 |
| 麻布の家 | 120 |
| あさりかき | 345 |
| アシナカの鼻緒の結び方 | 32 |
| 鯵の開き干し | 94 |
| 網代垣 | 120 |
| 遊ぶ子ども | 795 |
| アタマジョイ | 585 |
| 穴八幡の当り矢と板獅子 | 701 |
| アパート | 242 |
| 雨乞い | 701 |
| 網納屋 | 349 |
| アメつくり | 94 |
| 洗い観音 | 680 |
| 洗い場 | 206 |
| 洗い場の流し台 | 207 |
| 洗張屋 | 560 |
| 有栖川宮記念公園 | 646 |
| 有栖川宮記念公園あたり | 646 |
| 淡島様 | 680 |
| 安産を願って身にまとう岩田帯とお札 | 701 |
| 安産祈願 | 701 |
| 安産のお守り | 701 |
| 安産の狛犬 | 702 |
| 安保反対の全学連デモ | 658 |
| 飯田橋駅付近 | 537 |
| 医院の建物 | 658 |
| 筏とダルマ船 | 537 |
| 筏流し | 410 |
| 碇 | 351 |
| 生垣 | 121 |
| 生垣が美しい農家 | 121 |
| 池袋スケートセンター外観 | 646 |
| 囲碁をならう女性 | 804 |
| 囲碁クラブ | 804 |
| 石畳と石壁 | 615 |
| 石橋供養塔 | 770 |
| 石葺き屋根の例 | 122 |
| 石焼芋 | 560 |
| イタアシゼン | 60 |
| 板橋区舟渡2丁目 | 646 |
| 板場の隅の道具類 | 466 |
| 市の新嫁 | 819 |
| 一の橋交差点に建設中の東京都住宅公社アパート | 243 |
| 一般道路と首都高速道路が交差する赤坂見附 | 538 |
| 井戸 | 207 |
| 井戸神を塩花で浄める老婆 | 681 |
| 井戸神様 | 681 |
| 井戸端会議 | 626 |
| イナリ神 | 681 |
| 犬猫の墓地 | 675 |
| 犬の墓 | 675 |
| 犬張子 | 783 |
| 稲の籾干し | 259 |
| イボッチャ | 681 |
| イボッチャ（屋敷神） | 681 |
| イボッチャ（ヂジンゴウさま） | 681 |
| 今戸焼の土製神輿（玩具） | 783 |
| 芋鍬 | 260 |
| 芋田楽 | 50 |
| 入母屋造りの民家 | 124 |
| 入谷の鬼子母神の地蔵に祈る若い夫婦 | 702 |
| イレズミ | 676 |
| 囲炉裏と自在鈎 | 191 |
| イロリバタ | 191 |
| 岩田帯 | 806 |
| 飲食街 | 560 |
| インボンジリ | 44 |
| インボンジリマキ | 44 |
| インロウ | 219 |
| 植木の垣根 | 124 |
| 植木鉢にした火鉢 | 220 |
| ウエスタン・カーニバルのロカビリー | 774 |
| 上に首都高速都心環状線が造られた日本橋 | 538 |
| 上野公園 | 646 |
| 上野の不忍池で稲を作る | 654 |
| 魚市場 | 555 |
| 牛の世話をする子供達 | 432 |
| 牛の鼻輪と鼻抜き棒 | 433 |
| 臼 | 61 |
| 臼塚 | 770 |
| 臼と杵 | 61 |
| うたごえ喫茶 | 774 |
| 打瀬船 | 356 |
| 腕木門 | 125 |
| ウドンつくり | 96 |
| ウブの地蔵 | 681 |
| うぶ湯をつかう | 808 |
| 馬屋 | 434 |
| 占い | 668 |
| 売り出し | 560 |
| ウレツキ塔婆 | 830 |
| ウワッパリ | 4 |
| 運動会 | 639 |
| 運搬車 | 586 |
| 映画興行（初期） | 774 |
| 映画のポスターが貼られたコンクリート壁 | 646 |
| 永代橋の水上バス発着所 | 538 |
| 栄養指導車 | 659 |
| 栄養食 | 111 |
| 易者 | 668 |
| 駅前通り | 646 |
| 絵双六 | 784 |
| 枝豆を枝からもぎ取っているおばあさん | 97 |
| 江戸小紋の反物をみる | 469 |
| 江戸浴衣 | 4 |
| 絵馬 | 703 |
| 縁側 | 191 |
| 縁側に入る障子戸 | 191 |
| 縁切榎 | 704 |
| 煙硝入れ | 422 |
| 延焼防止のマジナイ | 668 |
| エンドウ畑 | 262 |
| 円満なる家庭 | 243 |
| 応接間 | 191 |
| 大鎌 | 411 |
| 大口真神の札 | 718 |
| 大國魂神社西側の鳥居への通り | 646 |
| 大國魂神社門前の商店街 | 561 |
| 大島のあんこ | 4 |
| 大相撲本場所（夏場所） | 781 |
| 大田卸売市場のキュウリの競り | 556 |
| 大凧 | 784 |
| 大とび（とび口） | 411 |
| 鷲神社開運之御守 | 705 |
| 大挽鋸 | 411 |
| 大棟門 | 128 |
| 大谷石の蔵 | 128 |
| 大草鞋（奉納） | 705 |
| お菓子屋の店さき | 561 |
| オカッパ | 44 |
| オガマサマ | 682 |
| オガマサマ | 705 |
| 拝み絵馬 | 705 |
| 桶屋 | 493 |
| 桶屋の店頭 | 561 |
| お骨の引越し | 830 |
| おサル電車 | 796 |
| 御師住宅 | 128 |
| 御師住宅の内部 | 192 |
| 御師住宅の屋根 | 128 |
| お地蔵さま | 682 |
| お祖師様をなでまわす（自分の患部と同じ所）信者たち | 705 |
| お鉄牡丹餅屋の商標 | 561 |
| お伽噺の人形劇 | 775 |
| オトコテンビンによる頭上運搬 | 587 |
| オトコマエカケ | 4 |
| 男前掛け | 4 |
| おとり籠 | 422 |
| おとり笛 | 422 |
| 踊る宗教の大神様の御姿 | 771 |

| | | |
|---|---|---|
| オバケ大会での恐怖の表情 | 775 | |
| お初地蔵 | 683 | |
| お百度札 | 705 | |
| 御神酒すずのくち | 723 | |
| おみくじ | 705 | |
| お宮参り | 813 | |
| 重い教科書もランドセルなら楽に運べる | 639 | |
| 表参道交差点 | 539 | |
| 主屋（左端）と牛を飼育しているマヤ（中央）にオクラ | 129 | |
| 卸売市場 | 556 | |
| 温室 | 264 | |
| 女義太夫 | 775 | |
| オンバッコ | 785 | |
| 蚕棚 | 456 | |
| 開戦一周年記念の日、銀座二丁目から一丁目へ行進する兵士 | 655 | |
| 海藻採集運搬の姿態 | 362 | |
| 買出し | 626 | |
| 改築竣工した両国国技館の夜景 | 647 | |
| 街頭テレビ | 627 | |
| 街頭の浮浪者 | 627 | |
| 買荷保管所 東京都青果物商業協同組合荏原支所 | 556 | |
| 買物 | 627 | |
| 改良竈その後 | 192 | |
| 改良便所 | 192 | |
| 懐炉と懐炉灰 | 221 | |
| 帰りの通勤客をあてこんだ新聞売り | 561 | |
| 蛙塚 | 675 | |
| カカシ | 265 | |
| 案山子 | 265 | |
| 瓦巻の棟 | 131 | |
| かき氷店 | 561 | |
| 学生集会 | 659 | |
| 学生と大学当局の共闘デモの日 | 659 | |
| 額部運搬 | 587 | |
| 角風呂 | 192 | |
| 影絵人形 | 785 | |
| 懸樋で湧水を引く | 208 | |
| カゴ | 587 | |
| 笠の下の松明をまたぐ | 820 | |
| 瘡守稲荷 | 683 | |
| カズサ | 266 | |
| 風除けの垣根 | 132 | |
| 河川の清掃の機械船 | 659 | |
| 火葬を待つお棺 | 831 | |
| 火葬場のカマド | 831 | |
| 型置きした布を染める | 472 | |
| 形代 | 706 | |
| 型付 | 472 | |
| 型付をする染師 | 472 | |
| 型付したあと豆を引く | 472 | |
| 型付の糊 | 472 | |
| カツオ木 | 132 | |
| かつをづの | 365 | |
| 鰹節の商標 | 562 | |
| カツギモッコ | 588 | |
| 学校問題 | 659 | |
| 割烹室 | 98 | |
| 角俵と楢炭 | 528 | |
| カヌーと神面 | 540 | |
| カネカンジキ | 33 | |
| カネカンジキの着装 | 33 | |
| ガマ権現のホコラ | 684 | |
| かましひ | 65 | |
| カマス | 588 | |
| カマド | 193 | |
| カマの柄の長さの計り方 | 678 | |
| ガマのオツゲ | 771 | |
| カマノキ・アメンボ | 684 | |
| 鎌の収納 | 268 | |
| 紙屑の屋形 | 659 | |
| 紙芝居 | 775 | |
| 神棚 | 684 | |
| 紙人形 | 785 | |
| カミンニャ | 133 | |
| カムリカタビラ | 6 | |
| 甕棺 | 832 | |
| 亀島川につながれたダルマ船 | 540 | |
| カメノコザル | 65 | |
| 茅の上に杉皮を葺き込んでいく | 215 | |
| 茅葺きの置き屋根 | 133 | |
| 茅葺き屋根 | 134 | |
| 茅葺屋根の民家も残る新島北部の若郷集落 | 134 | |
| カラウス | 268 | |
| 唐棹 | 268 | |
| 烏団扇 | 707 | |
| 烏マアシコ | 785 | |
| 仮りの住まい | 134 | |
| 川遊び | 796 | |
| 川の井戸 | 209 | |
| 川のりを簀に広げて干す | 98 | |
| 川のりを採る | 366 | |
| 川縁 | 540 | |
| カワムキ | 65 | |
| 瓦葺きの箱棟を載せ、軒が高く右妻側に下屋が付く民家 | 135 | |
| かんかん地蔵 | 685 | |
| 管弦 | 775 | |
| 簣 | 45 | |
| 甘藷の団子と切干 | 98 | |
| 乾燥した皮に水を含ませて胴に張りおいておく | 497 | |
| 簡粗な食卓 | 111 | |
| 神田川 | 647 | |
| 神田川と浅草橋 | 541 | |
| カンテラ | 366 | |
| 関東大震災後に建てられ東京大空襲の火災を免れた民家 | 135 | |
| 看板（煙管屋） | 563 | |
| 看板（砂糖屋） | 563 | |
| 看板（すし屋） | 564 | |
| 看板（漬物屋） | 564 | |
| 看板（馬具商） | 564 | |
| 看板（袋物屋） | 564 | |
| 寒参り | 724 | |
| ガンマン | 797 | |
| 紀元節復活団体による奉祝 | 659 | |
| 木地師 | 497 | |
| 鬼子母神参りのザクロの絵馬 | 707 | |
| 煙管 | 223 | |
| 忌中札とハタ | 832 | |
| 喫茶店 | 565 | |
| きつねあし | 66 | |
| 木場 | 412 | |
| 黄八丈 | 474 | |
| キモノに黒足袋をはいている男 | 6 | |
| 客がいっぱいの年末の美容室 | 565 | |
| 客間 | 194 | |
| キャッチボールをする | 797 | |
| キャベツ栽培 | 271 | |
| 旧家 | 136 | |
| 牛車 | 589 | |
| 給食 | 640 | |
| 給水制限 | 627 | |
| 救世軍の社会鍋 | 659 | |
| 行商の店開き | 566 | |
| 共同井戸 | 209 | |
| 共同飲食用の堂椀 | 628 | |
| 胸部背負いと前頭背負いの例 | 589 | |
| 漁船 | 368 | |
| 漁網の繕い | 369 | |
| 金魚売り | 566 | |
| 金魚の養殖池と民家 | 139 | |
| 銀座 | 647 | |
| 銀座通り三丁目を行進する開戦一周年記念の戦車隊 | 655 | |
| 銀座の闇市 | 556 | |
| 銀座三越前の晴海通りの停留所で都電を待つ人 | 542 | |
| 近代アパートの集落 | 244 | |
| 空襲後の下町 | 655 | |
| 空襲で炎に包まれる銀座四丁目交差点のビル（現三愛） | 655 | |
| 空襲で猛火に包まれる銀座の山野楽器 | 655 | |
| 空襲で焼けた銀座 | 655 | |
| 草が生い茂る屋根 | 139 | |
| クサカキ | 273 | |
| 草刈鎌の柄の長さの決め方 | 273 | |
| 草葺入母屋屋根の一例 | 139 | |
| 草葺きの家 | 139 | |
| 草葺き屋根の民家 | 139 | |
| クサメ | 786 | |
| くさや作り | 99 | |
| 草屋根 | 139 | |
| クサヤの天日干し | 99 | |
| クサヤの干物づくり | 99 | |
| 櫛 | 45 | |
| 駆除作戦 | 628 | |
| 鯨幕 | 833 | |
| クズハキ | 274 | |
| 九段会館 | 647 | |
| 九段・九段会館 | 648 | |
| 九段・靖国通り・神保町方面を見る | 648 | |
| クツ（沓） | 34 | |
| 靴磨き | 566 | |
| 靴磨きをする少年たち | 566 | |
| 熊手守 | 707 | |
| 組紐作り | 499 | |
| クラ | 140 | |
| 倉 | 140 | |
| 蔵の入口（室内） | 194 | |
| クラの天井裏の明りとり | 194 | |
| 蔵の中の家具 | 224 | |
| 栗の選別 | 274 | |
| クルマイド | 210 | |
| クルリ棒による棒打ち | 275 | |
| 呉地家主屋のシンシ梁 | 141 | |
| 畔鍬 | 275 | |
| 京葉線の陸橋工事 | 542 | |
| 激励大会 | 659 | |
| 下宿屋の夕食 | 52 | |
| 下駄 | 35 | |
| 桁網 | 371 | |
| 下駄の歯入屋 | 566 | |
| 結婚式 | 820 | |
| 結婚式のあと | 821 | |
| 月賦販売店 | 567 | |
| ケヤキの屋敷林 | 142 | |
| ケヤキ林を残す農家と耕地 | 142 | |
| 玄関 | 194 | |
| 玄関の客 | 244 | |
| 建設初期の多摩ニュータウンと茅葺きの民家 | 142 | |

東京都　　　　　　　　　　　　　　　　地域別索引

| | |
|---|---|
| 建設中の小河内ダム | 660 |
| 建設中の国会図書館 | 648 |
| 現代の給水配管 | 210 |
| 現代の数寄屋座敷 | 194 |
| けん玉をする | 797 |
| 建築中の近代アパート | 244 |
| 原爆乙女 | 655 |
| 郊外住宅の一例 | 142 |
| 抗火石の採石場 | 526 |
| 豪華な宴会食 | 112 |
| 交換分宿 | 641 |
| 皇居外苑の内堀通りの車の列 | 542 |
| 皇居周辺から取り払われた米軍施設 | 660 |
| 皇居前（道路） | 542 |
| 皇居脇の占領軍ハウス | 244 |
| 格子窓 | 142 |
| 公衆電話 | 616 |
| 庚申塔 | 743 |
| 庚申塔と広告看板の同居 | 743 |
| 庚申塔とダルマ | 743 |
| 小臼 | 68 |
| 高層ビル | 648 |
| 高速道路 | 542 |
| 小桶をささぐアンコ | 590 |
| 国技館 | 648 |
| 国民服・隣組旗 | 655 |
| 国立競技場・オリンピック前年祭 | 781 |
| 五穀俵 | 708 |
| コシナタとサヤ | 413 |
| コシナタとサヤ（枝払い用） | 413 |
| 孤児20名をひきとって自分の子供といっしょに起居させ，りっぱな農村青年にそだてている | 660 |
| コシノコ | 413 |
| 五畳半の住まい | 244 |
| 御真影を納めた奉安殿の前で捧げ銃 | 655 |
| 梢に葉のついた塔婆 | 834 |
| 牛頭観音 | 686 |
| 子育て祈願の絵馬 | 708 |
| 子育地蔵 | 686 |
| 子育地蔵の小祠 | 686 |
| 国会議事堂 | 648 |
| 国会議事堂、議員会館、東京タワー（建設中） | 648 |
| 国会議事堂前を耕しサツマイモを植える議会職員 | 655 |
| コテ | 216 |
| 子供の孤独 | 629 |
| 子供部屋 | 195 |
| 子供用長着 | 8 |
| 小富士 | 744 |
| 牛蒡掘り | 279 |
| 狛犬 | 724 |
| ゴミが散乱した階段 | 648 |
| 塵芥収集 | 648 |
| 塵芥収集車 | 648 |
| ゴミ収集車（ロードパッカー車） | 648 |
| ごみの容器収集 | 648 |
| 塵芥箱 | 648 |
| ゴミ運び舟 | 591 |
| ゴミュニケーション（GK造語） | 648 |
| ごみ容器集積所 | 648 |
| コメトーシ | 280 |
| 子守り | 810 |
| 子守達 | 810 |
| 小屋梁にくくりつけたシュロ縄 | 144 |
| 暦を売る | 667 |
| ゴリョウゼンサマ | 687 |

| | |
|---|---|
| ゴルフ練習場 | 781 |
| コンクリート造りの水溜 | 210 |
| 婚礼習俗 | 821 |
| 婚礼風俗 | 822 |
| 祭祀対象物の分布（八丈島中之郷） | 687 |
| 祭石 | 687 |
| 祭壇の生花 | 834 |
| 祭礼に着る婦人の着物 | 8 |
| サオキビの摺臼 | 281 |
| 逆銀杏 | 709 |
| 魚の乾燥 | 100 |
| 盛り場 | 649 |
| 砂丘に引き上げられた漁船 | 373 |
| 桜餅屋の商標 | 568 |
| ザクリキ | 476 |
| 座繰器と煮繭 | 476 |
| サクリグワ | 281 |
| 酒づくり | 449 |
| さじ石 | 670 |
| サシコバンテン | 9 |
| サシハナ | 36 |
| さでみ | 282 |
| 砂糖売場 | 568 |
| さびしきカマド | 112 |
| さまざまな暖房具 | 226 |
| さまざまな火鉢 | 226 |
| 鮫の皮 | 70 |
| 産院 | 810 |
| 産後のお礼参り | 810 |
| 33回忌塔婆 | 835 |
| 蚕神像 | 687 |
| 山村の井戸 | 210 |
| 産地直送販売 | 557 |
| サンドイッチマン | 568 |
| 三宝港の桟橋 | 543 |
| サンマを焼く | 100 |
| 指圧の講習風景 | 665 |
| 寺院発行の護符（豆大師） | 720 |
| 塩地蔵 | 688 |
| 自家用の茶畑 | 441 |
| 式台玄関 | 146 |
| ジグチアンドン | 226 |
| しごき | 476 |
| 自在鉤 | 195 |
| 自在鍋 | 71 |
| 獅子頭（玩具） | 787 |
| システムキッチン | 196 |
| 自然木の柱 | 147 |
| 地蔵堂 | 753 |
| 下町の長屋造り | 147 |
| 七五三 | 814 |
| 七五三の服装 | 9 |
| 七福神巡り | 709 |
| 室内の収納 | 226 |
| シデ | 245 |
| シデとシデバチ | 226 |
| シデバチ | 226 |
| 自動車整備工場と木造家屋 | 649 |
| 品川漁師町 | 147 |
| ジヌシガミ | 688 |
| 柴置き場 | 532 |
| 暫狐 | 787 |
| シバラレ地蔵 | 688 |
| 縛られ地蔵 | 688 |
| 縛り地蔵 | 688 |
| 持仏堂 | 753 |
| 渋谷駅前 | 649 |
| 島田（伊豆大島） | 45 |
| 島の集落 | 148 |

| | |
|---|---|
| 蛇の目傘 | 226 |
| 砂利積み込み中の船 | 544 |
| 住宅営団の直営によるバラック | 148 |
| 住宅街のあふれ出し | 148 |
| 十二支絵馬 | 710 |
| 「祝新宿線開通」の看板のある新宿線の新宿駅 | 544 |
| 主婦たちのシャモジデモ | 660 |
| ジュモク | 630 |
| 棕櫚束子 | 72 |
| 瞬間湯沸器の普及 | 72 |
| ショーウィンドー | 569 |
| 場外馬券を買う人々 | 781 |
| 小学校（都市） | 642 |
| 正月休み明けの銀行 | 630 |
| 将棋を指す | 804 |
| 少女歌劇の前売り開始を待つ若い人たちの行列 | 777 |
| 商店街 | 569 |
| 上棟供養 | 522 |
| 上棟式 | 522 |
| 上棟式の酒宴 | 522 |
| 小鳥居や絵馬の奉納 | 710 |
| 牆屏 | 150 |
| 醤油売場 | 569 |
| 醤油づくり | 451 |
| 昭和一五年の銀座 | 649 |
| 書斎 | 196 |
| ショージョガミ・ヒッチンガミ | 689 |
| 女性の囲碁熱 | 804 |
| 食器 | 73 |
| 食器洗い機 | 73 |
| 食器戸棚（昭和時代） | 73 |
| 女優部屋 | 778 |
| ジョレン | 287 |
| ジョーロ | 788 |
| ジョーロンゴ | 788 |
| シラカシと竹垣 | 150 |
| 印半纏 | 10 |
| 白木屋百貨店（出火している） | 649 |
| シロッパ葺きの屋根 | 151 |
| 寝室 | 196 |
| 神社に奉納されたしゃくし | 710 |
| 新宿駅西口の立体広場 | 649 |
| 新宿駅の朝、通勤客を無理やり電車に押しこめる | 544 |
| 新宿駅東口 | 649 |
| 新宿生活館 | 630 |
| 新宿通り | 649 |
| 親戚のつどい | 817 |
| 人造米売り切れの店頭 | 570 |
| 深大寺そば | 570 |
| 深大寺の赤駒 | 710 |
| 深大寺付近 | 151 |
| 深大寺 隣接する神代植物公園とあわせて武蔵野の面影を残している | 649 |
| 陣中見舞い | 661 |
| 新田開発集落の屋敷 | 151 |
| 神殿風公衆便所 | 649 |
| 新東京国際空港（成田空港） | 544 |
| 新橋駅 | 544 |
| 新橋駅東口 | 649 |
| 親類一同 | 631 |
| 親類づきあい | 631 |
| 新郎新婦 | 11 |
| 水車小屋 | 289 |
| 水上生活者 | 631 |
| 水上生活者の船群 | 631 |
| 水神様 | 689 |

| | | |
|---|---|---|
| 水天宮の子宝いぬ ……… 710 | 煎餅を売るささやかな店 ……… 571 | 竹橋 ……… 545 |
| 水路を使っての材木の運搬 ……… 414 | 戦没者の墓 ……… 838 | 竹箒づくり ……… 506 |
| スキ ……… 291 | 占領軍のカマボコハウス ……… 246 | 凧 ……… 789 |
| 杉皮葺き屋根 ……… 151 | 葬儀の受付け ……… 838 | タコあげ ……… 799 |
| 数寄屋造り ……… 197 | 増上寺付近 ……… 650 | タコガキ ……… 383 |
| 数寄屋橋界隈 ……… 649 | 送水管工事 ……… 617 | 凧 錦凧 ……… 789 |
| 数寄屋風の廊下 ……… 197 | ソウメンシボリ ……… 27 | タスキ ……… 47 |
| スゲガサ ……… 27 | 草履作り ……… 504 | 襷 ……… 47 |
| 菅笠 ……… 27 | ゾウリの祈願 ……… 711 | 畳屋 ……… 506 |
| 頭上運搬 ……… 593 | 草履・草鞋の類（奉納） ……… 711 | 立居ふるまい ……… 678 |
| 頭上の大きな網の袋に石花菜の乾燥したものを詰めて運ぶ ……… 594 | 葬列 ……… 839 | タチウスとキネ ……… 76 |
| すすきみみずく ……… 788 | 底無し柄杓 ……… 711 | 立川食肉（株式会社）の作業場 ……… 437 |
| 鈴と鈴の緒を奉納 ……… 710 | 底抜け柄杓奉納 ……… 711 | 立ち流しと坐式の台所 ……… 199 |
| すてられた赤ン坊をあずかる共立育児会 ……… 661 | 底廻し鉋 ……… 504 | 立読みしている子供たち ……… 799 |
| スパゲッティを売る店 ……… 570 | 麁朶拵え ……… 103 | タツガシラ ……… 840 |
| スーパーマーケット ……… 570 | 麁朶立て ……… 103 | 脱穀機 ……… 302 |
| スマートボール ……… 788 | 卒塔婆の製材 ……… 504 | 竪臼と手杵 ……… 77 |
| 炭型焙炉（茶道練習用） ……… 804 | 卒塔婆用の板材の乾燥 ……… 504 | タテギネ ……… 77 |
| 隅田川 ……… 650 | ソトカマド ……… 197 | 炭団 ……… 229 |
| 隅田川を往き交う荷船 ……… 544 | 卒塔婆・幟・手拭など ……… 711 | 煙草刻み包丁 ……… 442 |
| 隅田公園の仮住まい ……… 631 | ソバキリホウチョウ ……… 75 | 田端駅 ……… 650 |
| 炭俵作り ……… 503 | 蕎麦の配達 ……… 571 | 足袋 ……… 37 |
| スミツボ（手持運搬具） ……… 594 | ソバ屋の出前 ……… 571 | 玉石を積んだ屋敷まわり ……… 155 |
| 炭焼きがま ……… 529 | 染のあがった反物 ……… 479 | 玉石で築いた石垣の道 ……… 545 |
| 相撲の親方 ……… 782 | 空窓のついた家 ……… 153 | 玉川上水 ……… 617 |
| 相撲の花道 ……… 782 | ソリ ……… 597 | 玉川上水沿いの道 ……… 545 |
| 相撲のやぐら ……… 782 | ゾーリ ……… 37 | 玉川上水に沿った道 ……… 545 |
| スモモ市 ……… 557 | ソリテンビン ……… 598 | 卵苞 ……… 104 |
| 摺臼 ……… 74 | ソリ天秤 ……… 598 | 多磨霊園 ……… 840 |
| 摺臼 ……… 292 | 体当たりで墜落させたB29を東京の日比谷公園の広場に展示する ……… 656 | 為朝凧 ……… 789 |
| スルス ……… 74 | 大学構内のタテ看板 ……… 661 | 垂木と梁の結び方 ……… 156 |
| スルスの使用図 ……… 74 | 大黒様 ……… 690 | タルササギ ……… 599 |
| 座り流し ……… 197 | 大黒柱 ……… 197 | ダルマ売り ……… 572 |
| 青果市場 ……… 557 | 大黒柱と差物 ……… 197 | ダンゴウス ……… 77 |
| 青果卸売市場で野菜の競り ……… 557 | 太鼓の大胴の仕上げ ……… 504 | ダンゴギネ ……… 77 |
| 製材所 ……… 415 | 大根のサキボシ ……… 103 | 男子の髪型 ……… 46 |
| 精養軒 ……… 570 | 大根干し ……… 103 | 箪笥町あたり？ ……… 650 |
| セイロ ……… 74 | 代参講の札 ……… 721 | 段々畑 ……… 306 |
| せえで ……… 594 | 大食堂 ……… 571 | 団地 ……… 246 |
| 背負籠 ……… 595 | 代書屋 ……… 571 | ダンプカー型のゴミ収集車から、埋立地に運ぶトラックにゴミを移す ……… 650 |
| 背負梯子 ……… 595 | 大泉寺の地蔵 ……… 691 | 反物の糊を洗いおとす水洗い ……… 480 |
| 背負梯子によるツゲ材の搬出 ……… 415 | 台所 ……… 197 | 反物の蒸し ……… 480 |
| 石炭の煙 ……… 650 | 台所の配管配線 ……… 198 | 地下鉄車内 ……… 545 |
| 咳のおばば ……… 690 | 大都市の駅の朝晩のラッシュアワーの人混み ……… 545 | 地下鉄の都営大江戸線の終始駅となる光が丘の工事 ……… 545 |
| せきの地蔵 ……… 690 | 大日教団の遷座式 ……… 772 | 力石 ……… 661 |
| 石仏 ……… 690 | 大八車 ……… 598 | 乳銀杏 ……… 712 |
| 石花菜搬出の姿態 ……… 597 | 大漁着 ……… 12 | 茶の間 ……… 199 |
| 接収した米軍が使っていた赤白に塗られた羽田空港の管制塔 ……… 545 | 田植作業衣 ……… 12 | 茶の間にて ……… 199 |
| セッツルメント ……… 661 | 田植縄 ……… 299 | チャブカシ ……… 443 |
| セツルメント ……… 661 | タオルを肩にして銭湯から褌一丁で帰る ……… 632 | チャームスクール ……… 633 |
| 背に鞍を置いた牛 ……… 597 | タカガキ ……… 154 | チャルメラ商売 ……… 572 |
| 銭塚地蔵 ……… 690 | 高倉 ……… 154 | チャンバラ ……… 799 |
| 銭枡 ……… 584 | 高倉の構造 ……… 154 | チュウガタ ……… 28 |
| 銭もうけの白蛇 ……… 711 | 高倉の床下 ……… 154 | 蝶形結びの帯 ……… 47 |
| セブンイレブン1号店の開店 ……… 570 | 駄菓子屋 ……… 571 | 長州風呂 ……… 199 |
| 競りのために卸売市場に並べられたマグロ ……… 557 | 宝くじ売場 ……… 804 | 町内会掲示板 ……… 633 |
| 仙気いなり ……… 665 | 宝船 ……… 712 | 町内の消毒 ……… 633 |
| 戦後の池袋駅 ……… 650 | 薪を運ぶ ……… 599 | 調味料 ……… 55 |
| 千社札 ……… 711 | 沢庵漬け ……… 103 | 調理 ……… 104 |
| 戦争ごっこ ……… 798 | ダグラスDC-4に乗る人と見送りの人 ……… 545 | 調理用鋏 ……… 78 |
| 浅草寺 ……… 726 | 他家を訪問する婦人の身なり ……… 12 | チョーナ ……… 416 |
| 先祖様の祠 ……… 690 | 竹かごのひもを前頭部にかけて運ぶ ……… 599 | 貯木場 ……… 416 |
| 戦中玩具 ……… 656 | 竹カゴのヒモを額に当てて背負う ……… 599 | 通学 ……… 643 |
| 全日本水泳大会 ……… 782 | 竹行李 ……… 229 | 築地市場でのマグロのセリ ……… 558 |
| 前二輪後一輪の電気自動車 ……… 545 | 田下駄 ……… 301 | 突きん棒の船 ……… 385 |
| ゼンバコ ……… 75 | | 佃島の渡船場で渡船を待つ人 ……… 546 |
| | | 佃島の路地 ……… 650 |

## 東京都

| 項目 | 頁 |
|---|---|
| 佃煮の小松屋 | 573 |
| 佃煮の職人がアジの開きを天日に干す | 104 |
| 佃の渡し | 546 |
| 附木絵馬 | 712 |
| 付紐エンマ像 | 692 |
| 漬け物桶健在（植木鉢として再利用） | 231 |
| 葛籠屋 | 508 |
| 槌（土砕用） | 308 |
| つのいか | 386 |
| ツノダル | 79 |
| 椿のトンネル | 546 |
| 椿の並木 | 617 |
| ツバキの実を採取する | 532 |
| ツボ網（タル網）にはいった魚を網ですくい漁船に移す漁師 | 386 |
| ツマミ菜の採取 | 308 |
| ツム板 | 158 |
| 釣具店 | 573 |
| 釣船の群 | 386 |
| 帝国ホテル | 581 |
| 泥染め | 481 |
| テオイ | 43 |
| 手鍬 | 309 |
| 手杵 | 79 |
| テグワ | 309 |
| 手づかみで食うインドふう食事 | 114 |
| 手紡ぎ車 | 481 |
| 手拭いかぶり | 28 |
| てぬぐいかぶりの型 | 28 |
| デパートの食堂 | 573 |
| テープレコーダーとダイヤル式黒電話を組み合わせた留守番電話 | 232 |
| テミヤゲ（手土産） | 633 |
| テレビのある家庭 | 232 |
| 電気店街のあふれ出し | 573 |
| テングサを頭上で運ぶ | 601 |
| テングサを干す区画 | 105 |
| 電車が走る家 | 247 |
| 天井 | 200 |
| 天照皇大神宮教の教徒たち | 772 |
| 電子レンジ | 80 |
| 天水溜の甕 | 233 |
| 電柱に装着した消防や警察の緊急連絡用の電話 | 617 |
| 天秤による頭上運搬の姿態 | 601 |
| 電話ボックスの試作品 | 617 |
| 燈火 | 233 |
| 燈火管制 | 656 |
| 東京駅のホームで寝台列車がはいってくるのを待つ人たち | 546 |
| 東京駅のホームで長距離列車を見送る人たち | 547 |
| 東京駅前のパレードで手を振る王貞治選手 | 782 |
| 東京お茶の水橋あたりから見る聖橋 | 547 |
| 東京お茶の水橋から見る御茶ノ水駅あたりの神田川 | 650 |
| 東京オリンピック | 782 |
| 東京オリンピック開催に合わせて工事を急ぐ、江戸橋と代々木初台間の首都高速四号線 | 547 |
| 東京からきた人に話を聞きに牛乳をもって遊びにいく子供 | 633 |
| 東京港の石炭 | 527 |
| 東京タワー | 650 |
| 東京電力の火力発電所 | 662 |
| 東京都銀座に残るお稲荷さま | 692 |
| 東京都住宅公社アパート | 247 |
| 東京農業大学三鷹農場 | 310 |
| 東京の旧家の間取 | 159 |
| 冬期用の薪置場 | 247 |
| 東京養育院 | 662 |
| 同潤会青山アパート | 247 |
| ドウヅキ | 524 |
| 陶製井戸枠 | 212 |
| 道祖神 | 692 |
| 道祖神の小祠 | 693 |
| 盗難よけのお札 | 671 |
| 藤八拳 | 805 |
| 頭部支持背負い運搬 | 602 |
| 豆腐製造 | 105 |
| 豆腐作り | 105 |
| トウフバコ | 81 |
| 豆腐屋 | 574 |
| 棟梁 | 524 |
| 動力脱穀機や唐箕の作業 | 311 |
| 道路清掃 | 651 |
| 都営住宅 | 159 |
| 都営辰巳団地と子どもたちの遊び場 | 247 |
| 都会のお茶のひととき | 114 |
| 時の記念日（標準時計に合せる） | 662 |
| トクリ | 81 |
| トグワ | 311 |
| とげぬき地蔵 | 713 |
| トシャマおよびトシガミサマ | 694 |
| 泥鰌筌 | 388 |
| 土蔵のある民家 | 160 |
| 土葬の新墓にたてた北向きの鎌 | 841 |
| 戸田橋で荒川を渡る | 547 |
| 都電廃線の記念式典 | 547 |
| 都電復興10周年を祝う花電車のパレード | 547 |
| 土俵 | 782 |
| 土瓶 | 81 |
| 土間にある囲炉裏 | 201 |
| 土間の炉 | 201 |
| ドヤ街の内部 | 651 |
| 豊洲（埋立地）石炭埠頭 | 662 |
| 虎屋 | 574 |
| ドーラン | 428 |
| 鳥居の注連 | 726 |
| トンジバナ | 38 |
| トンダリハネタリ | 790 |
| 長板中型の糊落とし | 482 |
| 永坂あたり | 651 |
| 中庭 | 160 |
| 長屋門 | 161 |
| 長屋門の断面 | 161 |
| ナス・シルバークィン | 201 |
| ナス4点セットG型 | 201 |
| なた | 234 |
| 夏の服装 | 14 |
| 生ゴミを手車に入れる | 651 |
| 生ビール自動販売機 | 574 |
| 納屋 | 390 |
| 縄綯機 | 510 |
| 縄暖簾の飯屋 | 574 |
| 新墓 | 842 |
| ニカイゾウリ（二階建て草履） | 38 |
| にぎりずし屋 | 574 |
| 肉屋の店頭にさげたカモ | 55 |
| 二重橋前の広場を、星条旗をたなびかせて行進する米第一騎兵隊団第七連隊 | 657 |
| 日中国交正常化を記念して中国から送られたジャイアントパンダ | 662 |
| 担い籠 | 603 |
| 日本赤十字社の巡回診療 | 665 |
| 日本脳炎予防ワクチンの注射を学童にする | 665 |
| 日本橋 | 548 |
| 日本橋二丁目の焼け跡に育つトウモロコシ | 657 |
| ニホンマンガ | 317 |
| 入学試験をうけるこども | 644 |
| ニューヨーク世界博覧会 | 618 |
| 如意輪観音像（猫供養） | 676 |
| 韮山笠 | 28 |
| ネオンサイン | 651 |
| ネクタイ | 47 |
| ねこあんかとよばれる行火の一使用例 | 234 |
| ネザンバ | 790 |
| 鼠小僧次郎吉の墓石をかくおばさん | 672 |
| ネズミゼン | 83 |
| ねまき | 15 |
| 農家 | 163 |
| 農家の蔵 | 164 |
| 農家の屋敷 | 164 |
| 農家の屋敷林が残る東京都雑ヶ谷霊園 | 843 |
| 納骨仏壇が並んだ寺院 | 843 |
| 農村 | 164 |
| 農地直送販売 | 575 |
| 納涼団扇車 | 234 |
| ノコギリガマ | 318 |
| 野伏港 | 390 |
| 野辺送り | 843 |
| 飲み屋 | 575 |
| 海苔鑑札 | 390 |
| ノリ漁場 | 390 |
| 海苔切庖丁 | 106 |
| 海苔下駄 | 390 |
| 海苔ざる | 83 |
| 海苔作り | 106 |
| 海苔採り | 391 |
| ノリのジコバ | 391 |
| 海苔の焙炉かけ | 107 |
| 海苔干し場 | 107 |
| 煤煙 | 651 |
| ハイカーの服装 | 15 |
| 稗倉 | 165 |
| 稗倉の遺構 | 165 |
| 墓石 | 844 |
| ハカセサマ | 694 |
| ハカセ ダイサン | 694 |
| 履物 | 39 |
| 爆撃で焼けてしまった自分の家の前で食事をとる | 657 |
| 羽子板 | 791 |
| 運んでくれたチャーター漁船 | 548 |
| はじき猿 | 791 |
| 艀 | 548 |
| ハシケで上陸 | 548 |
| はしけの出し入れ作業 | 549 |
| 初めて行われた銀座の歩行者天国 | 651 |
| 葉茶屋の店頭 | 575 |
| バショウの布で織った単衣 | 16 |
| バスの家 | 248 |
| ハゼ釣り船 | 392 |
| 旗 | 393 |
| 機を織る老人 | 483 |
| 畑に霜除けの笹を立てる | 321 |
| 畑の虫よけまじない | 672 |
| ハタゴマス | 584 |
| 畑作風景 | 321 |

| | | |
|---|---|---|
| バタヤ | 575 | |
| 八丈小島における天水の採水 | 248 | |
| 八丈島の家 | 165 | |
| 八丈島の位置と集落分布の変化 | 248 | |
| 八丈島の一家族の屋敷内の建物 | 165 | |
| 八丈島の井戸跡と水神 | 212 | |
| 八丈島の牛相撲 | 782 | |
| 八丈島の母屋と隠居屋 | 165 | |
| 八丈島の黄八丈の機織り | 484 | |
| 八丈島の船あげ場 | 393 | |
| 八丈島の巫女 | 737 | |
| 八丈島の屋敷図 | 165 | |
| ハチマキ | 29 | |
| ハチマキ | 165 | |
| ぱちんこ | 801 | |
| パチンコ店 | 575 | |
| パチンコに挑戦する男たち | 805 | |
| 発火具 | 235 | |
| 葉つき塔婆 | 844 | |
| 初宮参り | 816 | |
| 馬頭観世音 | 694 | |
| 馬頭観音 | 694 | |
| 馬頭観音の碑 | 695 | |
| 花見宴 | 581 | |
| 花嫁の持参品 | 824 | |
| 羽根と羽子板 | 791 | |
| 羽根(羽子板) | 791 | |
| 母親クラブの集い | 635 | |
| 母と子 | 812 | |
| ハビロ | 418 | |
| 破風 | 166 | |
| 波浮港 | 393 | |
| 波浮港 | 651 | |
| 浜小屋 | 393 | |
| 浜納屋 | 394 | |
| パーマネント | 575 | |
| 腹帯 | 812 | |
| バラックの並ぶ街 | 651 | |
| 貼り板に白生地を貼る | 484 | |
| 張子 亀 | 791 | |
| 張子の首振り 虎 | 792 | |
| 半切・鮓桶・とめ桶・洗い桶 | 85 | |
| 帆船 | 549 | |
| バンドをしめてズボンつりをむきだしにしている人 | 17 | |
| ハンドバッグ売場 | 575 | |
| 曳縄 | 395 | |
| ヒキバチ | 85 | |
| 日限地蔵 | 695 | |
| 魚籠 | 395 | |
| ピクニック | 581 | |
| ヒジロ | 203 | |
| ヒジロバタ | 203 | |
| ヒッシュウ | 29 | |
| ヒッシュ・ヒッシュラ | 29 | |
| 火縄銃 | 429 | |
| 日の出3丁目停留所 | 550 | |
| 火の見櫓 | 635 | |
| 火鉢 | 237 | |
| 日比谷交差点 | 550 | |
| ヒフキダケ | 237 | |
| 干物 | 107 | |
| 百歳の祝い | 818 | |
| 百貨店 | 576 | |
| 百貨店の屋上(一銭木馬) | 801 | |
| 百貨店のお歳暮商品売場 | 576 | |
| 表札 | 249 | |
| ひょっとこ | 325 | |
| ヒラグワ | 325 | |
| 平葺き針刺し | 216 | |
| 平屋建て木造住宅 | 168 | |
| 肥料桶 | 325 | |
| ビール工場のビール瓶置き場 | 535 | |
| ビルディング屋上の鬼門除け像 | 672 | |
| ビールと魚カゴ | 618 | |
| ビルの稲荷 | 695 | |
| 賓頭盧尊と撫で仏 | 714 | |
| ビンの王冠キャップをプレスする女性 | 535 | |
| ファッション・ショー | 48 | |
| 風景を乱すごみ収集箱 | 651 | |
| 婦警さん | 662 | |
| ふじ篭 | 606 | |
| 藤籠 | 396 | |
| 富士塚の分布図 | 745 | |
| フセギの藁蛇 | 672 | |
| フダンギ | 18 | |
| 仏壇 | 845 | |
| 仏壇横の持仏堂の残像 | 695 | |
| 船おろし | 524 | |
| 船小屋 | 397 | |
| 船住まい | 249 | |
| 船だまり | 399 | |
| ふのり作り | 107 | |
| 文箱 | 238 | |
| 踏鍬 | 326 | |
| 冬のビヤホール | 576 | |
| フラフープをする | 801 | |
| ブリキ玩具作り | 513 | |
| 振棒 | 399 | |
| フリーマーケット | 558 | |
| フルイ | 327 | |
| 古い商店の家 | 576 | |
| 古着売り | 576 | |
| 風呂鍬 | 327 | |
| プロ野球の前夜祭 | 782 | |
| 米軍艦ミズーリ号上で降伏文書調印の開始を待つ日本全権 | 657 | |
| 米軍のレタス畑での収穫 | 327 | |
| 米兵と日本人女性 | 657 | |
| 平面屋根 | 170 | |
| べったら市 | 558 | |
| へっつい | 203 | |
| べんけい | 108 | |
| 弁天を祀る小祠に奉納されている蛇の置き物と玉子 | 715 | |
| 保育所 | 812 | |
| 奉安殿の前に整列して、木銃で捧げ銃をする小学生 | 657 | |
| ホウキ、タワシやゲタなどが並ぶ雑貨屋 | 576 | |
| 防空演習をする学童 | 657 | |
| 防空用防毒面 | 657 | |
| 防災井戸 | 213 | |
| 奉納額 | 715 | |
| 奉納されたキツネ像と鳥井の雛型 | 715 | |
| 奉納された招き猫 | 715 | |
| 防風垣 | 170 | |
| 棒屋 | 513 | |
| 焙烙 | 87 | |
| ホカイ | 88 | |
| ぼくらの文集 | 645 | |
| ボクリ | 40 | |
| 母子健康手帳 | 812 | |
| 母子寮の母と子の夕食 | 115 | |
| 細袖仕事着 | 18 | |
| 墓地 | 846 | |
| ホットンボ | 697 | |
| ホットンボウ | 769 | |
| ホテルニュージャパン | 582 | |
| ホームルームの討論会 | 645 | |
| ボーリング場 | 782 | |
| 本郷館 | 171 | |
| 本郷館の出入口の下駄箱 | 171 | |
| 本屋街 | 652 | |
| マアシコ | 793 | |
| 埋葬 | 847 | |
| マイマイズイド | 213 | |
| マイマイズ井戸 | 213 | |
| 前掛け | 18 | |
| マエビキ | 418 | |
| 巻き籠の柄をゆすり、籠に入る砂を振るい落としながら曳く | 402 | |
| 巻袖 | 19 | |
| 薪で走る観光バス | 551 | |
| マギモン | 607 | |
| 薪割り | 536 | |
| マクドナルド1号店 | 576 | |
| 枕箱 | 402 | |
| マグロのセリ | 558 | |
| マゲモノ | 607 | |
| マゲモノ用の布 | 607 | |
| マタグワ | 330 | |
| マタニティー専門店 | 577 | |
| 町工場が並ぶ | 652 | |
| マッサージ師が創案したという新しい民間療法 | 666 | |
| 松盛組の宿内部 | 623 | |
| 松並木 | 551 | |
| マドグワ | 330 | |
| 間取 | 173 | |
| 俎 | 88 | |
| マネキ | 745 | |
| 招き猫 | 716 | |
| まねきねこの貯金箱 | 239 | |
| まぶし | 462 | |
| 簇織機 | 462 | |
| ままごと | 802 | |
| 豆大師〔護符〕 | 722 | |
| 豆炭 | 239 | |
| 丸い石を海岸でひろっては風神に捧げる | 716 | |
| 「丸井」の家具売場 | 577 | |
| 丸俵と白炭 | 530 | |
| マンガ | 331 | |
| 万願地蔵 | 697 | |
| 万石による選別 | 331 | |
| マンノウグワ | 331 | |
| ミ | 331 | |
| 箕 | 332 | |
| 三河島アパート | 250 | |
| 右妻側が深く葺き降ろしになった民家 | 174 | |
| ミキノクチを作る | 514 | |
| 水遊び | 802 | |
| 水洗場 | 213 | |
| 水桶 | 239 | |
| 水桶を運ぶ | 607 | |
| 水桶の頭上運搬姿態 | 607 | |
| 水汲み場の分布(八丈島大賀郷) | 214 | |
| 水子地蔵 | 848 | |
| 水の具は玄関まで | 214 | |
| 水運び | 608 | |
| 味噌売場 | 577 | |
| 導引長太郎地蔵 | 697 | |
| 道引長太郎地蔵 | 698 | |
| ミニスカートで街を歩く | 19 | |
| ミノ | 19 | |
| 三原山に身を投げた男女の遺留品 | 848 | |
| 耳印 | 440 | |

# 神奈川県　地域別索引

土産物屋 … 582
宮参り衣 … 20
民家 … 175
民家と温室 … 177
民家の台所 … 204
民家の間取り … 178
民家の屋敷林 … 178
麦打ち … 334
麦刈り … 334
麦刈りを終え脱穀後の藁を焼いて後始末する … 334
麦こき … 334
麦蒔き … 336
武蔵野風景 … 653
虫除砂 … 673
無人売店 … 577
胸掛 … 21
明治期創建の商家の大阪障子 … 205
明治神宮・参拝の人たち … 716
明治神宮・奉納された全国の特産品 … 716
命名祝としてのお七夜 … 816
飯炊き … 109
網杓 … 463
木製ブリキ板張り流し … 205
木賃アパート … 250
もじ … 405
物置 … 180
物干しざおにおしめを干す … 250
物干竿に洗濯物 … 250
盛り塩 … 674
盛塩 … 674
紋服 … 21
ヤイカガシと泥棒よけの札 … 674
八百屋 … 577
八百屋お七の幽霊 … 679
焼芋屋 … 577
矢切の渡し … 552
野菜の水耕栽培（ハイドロポニック） … 608
屋敷神 … 698
屋敷の家屋配置図 … 181
屋敷墓 … 850
安来節をうたう女流民謡家 … 780
谷津田 … 339
宿船 … 406
屋根 … 182
屋根裏の利用 … 182
屋根職の屋根ふき … 217
山から水を引く … 214
倭建命〔掛絵〕 … 723
山鉈 … 419
山の上御師住宅の式台付き玄関 … 184
山の上御師の屋敷構え … 184
山の神に供えた弓矢 … 717
闇市 … 559
鎗もち勘助の像 … 700
遊漁者の群 … 407
有床犂 … 341
有楽町 … 653
有楽町のスラム街で、最後まで退去に抵抗した「だるま鮨」 … 578
輸入材の貯木場 … 420
ユミハリチョーチン … 241
夢の島 … 663
容器収集風景 … 654
幼牛と牛頭観世音の石塔 … 440
養蚕乾燥室 … 463
用水の便利を考えた住居 … 185
幼稚園の芋掘り … 645

幼稚園の入試 … 645
予言者 … 674
横杵 … 341
横綱推挙式 … 782
ヨコビキ … 420
与次郎組 … 186
与次郎組の小屋組 … 186
吉原のポン引き … 654
寄棟造りの民家 … 186
よそゆき着 … 23
四ツ木橋 … 553
淀橋浄水場 … 663
淀橋浄水場跡に建ち始めた超高層ビル … 654
嫁入り行列 … 826
嫁入り荷物の運搬 … 827
ライスカレー … 58
落書き … 803
陸揚げした漁船とトタン屋根の漁家 … 408
陸軍記念日大行進 … 658
陸橋 … 553
立体的な駅前広場ができる前の、バス乗り場が広場を占める新宿西口広場 … 654
料理学校 … 110
料理講習会 … 110
輪タク … 553
流人の墓 … 851
レジスター前の足元に置かれた小さなやぐらこたつ … 241
練炭 … 241
連絡船が通る … 553
老人クラブ … 638
六地蔵 … 700
路地 … 654
路地に残るポンプ井戸 … 214
路地の茶どき … 639
六本木 NET（テレビ朝日の前身） … 654
爐と食事 … 206
ローラースケート … 803
ワ … 610
若郷の子どもと茅葺屋根民家 … 187
若聲学校 … 639
若者へ申渡書 … 624
若者組の宿 … 624
わかんじき（田下駄） … 343
渡し … 553
渡し船 … 553
渡小屋 … 554
輪投げ … 803
草鞋の名所とはき方 … 43
藁葺の旧家 … 188
藁葺き屋根の家 … 188
藁葺屋根の旧家 … 188
藁葺き屋根の農家 … 189
藁葺き屋根の民家 … 189
藁屋根と障子 … 189
ワリウス … 93
割竹づくり … 520
ワンタン屋 … 579

## 神奈川県

アカマエダレ … 3
麻打機 … 465
アゼマメ … 254
アバ … 346

アブラナ畑 … 254
雨乞い … 701
雨乞い地蔵 … 680
網びく … 350
網船 … 350
ある民家と縁の変遷 … 120
粟播器 … 255
アンドンビシ … 351
居合抜きの大道芸 … 774
イエの中にまつられる護符 … 718
イカヅノ … 351
いかだに組まれた材木をいかだ師のさおさばきで材木店に運ぶ … 410
生神様 … 770
イケス籠 … 352
石臼 … 59
石工の実際 … 490
イソドリ … 352
苺畑 … 257
一膳めし屋 … 560
伊藤家住宅外観 … 123
稲干し … 259
稲麦刈取機 … 259
今よう良寛さま … 658
イワシを干す … 96
鵜飼い … 355
臼井戸 … 207
うたせぶね … 356
打瀬船 … 356
内郷村の農家宅地詳細 … 125
海への自然葬 … 829
浦賀港 … 358
X型脚竹唐箕 … 261
江の島一丁目（東町）の町並み … 126
江の島の茶店 東雲亭 … 561
エブリ（製炭用具） … 528
絵馬 … 703
遠洋航海に出港する海王丸 … 538
狼の頭蓋骨 … 770
大甕 … 447
大凧 … 784
大山の参道 … 765
屋外の流し … 208
押板 … 192
御師とマネキ … 742
落としぶたのついたタコ壺 … 361
踊り鯛 … 62
オミヒメサマ … 683
お宮詣り … 813
柿の木（禅寺丸）の下で乳牛が遊ぶ … 434
かごを背負って歩く人 … 588
カジキ漁の銛先（鉆頭） … 364
火事装束 … 5
学校風景 … 640
かつての煙草生産農家 … 441
カナダのクリスマス向けに輸出する小田原ミカン箱 … 616
歌碑に酒をそそいで … 831
兜造り … 132
カマ … 366
鎌倉駅 … 540
竈で火吹き竹を使う … 193
亀屋外観 … 133
棺桶 … 832
頑丈な構えの猪窓 … 135
貫や小舞を組んだ下地に壁土を塗り込んでいく … 521
キイカリ … 366
牛耕 … 435

| | | |
|---|---|---|
| 漁船 368 | 背負われた徳本座像 689 | 海苔を海苔簀に海苔付けして干す 106 |
| 切妻の破風 138 | セギ番表と鳶口 631 | 海苔の採取からもどった若者 391 |
| 近隣関係 628 | 堰普請 631 | 海苔ひびを離れて流れた海苔を拾う 391 |
| 草葺入母屋屋根の一例 139 | 千社札 711 | |
| 供養塔 771 | 船上 545 | ノルウェー船の「ラプラス」号が運んできた、ユニセフから贈られた脱脂粉乳のドラム缶 548 |
| 蔵造りの町家 140 | 先導師の家の神殿で行われる神事 744 | |
| 車井戸 210 | 千歯扱き 294 | |
| 車長持 224 | 搔桶・搔棒 452 | 延縄用釣鉤 392 |
| くるり 274 | 双用犂 294 | 墓石 現代の墓 844 |
| ゲストハウスウエディングでの乾杯風景 820 | 葬列 839 | 白菜の移植 319 |
| | 葬列が家や寺の前で三回まわる 839 | 箱根細工 512 |
| 下駄作り 500 | ソバ打ち 103 | 箱根の茶屋 575 |
| 結婚式の指輪交換 821 | ダイカイ 76 | 箱船 392 |
| 毛羽取機 459 | 太子講の掛け軸 744 | 畑の境木 634 |
| ゲンノウ（玄能），カマチ，ハリマシ 500 | 駄板葺きの痕 153 | 畑作物の苗床 321 |
| | 堆肥 296 | 秦野代々講中（武州御嶽代参） 745 |
| 庚申講の猿田彦像 743 | 題目講 744 | 80歳の祝いの人 818 |
| 庚申塔と馬頭観音 743 | 題目講に集う人々 744 | 抜根機 461 |
| 紅白の水引をかけた祝儀袋 678 | 田植え 297 | 花籠 844 |
| 弘法大師願掛け守り納所 708 | 田植定規 298 | ハナ付鉈 418 |
| 子産石 708 | 田打車 300 | 花見酒樽 84 |
| 講名が刻まれた石垣 744 | 竹簀子天井 199 | ハネ釣瓶 213 |
| 肥おけを載せた荷車を曳く人 590 | 竹簀の子床 199 | ハライ棒 530 |
| 穀用1斗枡 583 | 鮹莚縄鉢 383 | ハリセンボン 672 |
| 五穀豊穣祈願 708 | 凧綱を入れておく籠 789 | 晴れた日のハシケは洗濯物で満艦飾 549 |
| 子育地蔵 686 | 凧綱の番小屋 789 | |
| 捏ね手から壁土を受けとる 521 | タコ釣具 383 | 氷川丸の見送り 550 |
| コメビツ 69 | ダッコチャン 789 | ビシ・プリッツ・タコイシ・タイコナマリ 395 |
| 子守り 810 | だるま落し 789 | |
| 小屋と稲ニオ 280 | 煙草在来種の乾燥室 442 | ヒッキリとマエビキ 324 |
| コロガシ 280 | 煙草生産農家の平面図 155 | 広間型の変容 168 |
| コンクリートブロック塀 144 | 煙草の乾燥 442 | 文机 238 |
| 金勢神像 687 | タバコの乾燥庫 442 | 舟ダマサマ 696 |
| 酒饅頭講習会 100 | 田マイダレ 13 | 船霊様 696 |
| サザエツキ 374 | だるま落し 789 | 船を漕ぐ 398 |
| サシコ 9 | 誕生餅 815 | 浮標 399 |
| 叉首組の民家 145 | 力餅 815 | 別棟の水仕事場 170 |
| 里芋の植え付け 282 | ちげ 712 | 紡器 486 |
| 三角帆をあげた漁船 375 | 茶屋 572 | 疱瘡神送り 672 |
| 蚕室造り 146 | 猪窓 156 | 疱瘡棚 672 |
| 地下足袋 36 | 搗輪 308 | 祠におさめられたヒナ 715 |
| 地神塔 688 | 漬物桶 104 | 捕殺されたイノシシ 429 |
| ジガラ（地唐） 283 | 漬物用の大根を干す 104 | マイワイ 18 |
| シキズエの際に御神酒をあげる 521 | ツヅラ 231 | 前庭をもつ屋敷構え 172 |
| 自給畑 283 | 土捏ね 523 | 薪を満載したハシケ 551 |
| 餌切り 436 | 鼓（つつみ） 778 | マタ 530 |
| 仕事着 9 | 摘田 308 | 間取り 広間型三間取り 174 |
| 自在鉤 195 | 手押しポンプの井戸 212 | マムシ（ビン詰め） 57 |
| 四十九陰 835 | 点灸 665 | まわり地蔵 697 |
| 地鎮祭 521 | 東海道 546 | 三浦半島・浦賀を見下ろす 653 |
| 注連縄と供物 710 | 道祖神 692 | ミカン畑 332 |
| 砂利舟 544 | 豆腐坂の御師宿 744 | 三崎港 403 |
| 祝言の席次例 822 | 棟梁送り 524 | 水樽 403 |
| 集合住宅 245 | 道路沿いに並んだ花輪 841 | 道切りの大草鞋 673 |
| 城ヶ島大橋 544 | 通り土間がない山側に建つ民家 159 | 宮ノ下から箱根湯本へ歩く 175 |
| ショウヅカノバアサン 689 | 通り土間のある浜側に建つ民家 159 | 民家 175 |
| 燭台 227 | 土間に打たれた長押 201 | 民家の屋根 178 |
| 飼料用カッター 436 | 長火鉢 233 | 麦打ち 334 |
| 白蛇〔護符〕 720 | ナマグサケ 672 | 麦ぶち 336 |
| 神社の巫女 725 | ナワバチ 390 | ムギプチス 336 |
| 進水する進徳丸 544 | 二階のある農家 162 | 麦踏み 336 |
| 水車小屋 289 | 担い歩く 574 | ムシロ編み 516 |
| 水上生活者が水上学園にあずけた子にあいにきて帰るところ 642 | 二宮尊徳生家のザシキ前の縁 163 | 結びつけられたおみくじと絵馬 716 |
| | 入家儀礼 824 | めぐり地蔵 698 |
| 水上生活者の子供の保護 642 | 念仏講 745 | 籾摺機 337 |
| 水平排水の流し 197 | 念仏講の集り 745 | 楔（石工） 517 |
| 砂とり 527 | 農家の坐り流し 202 | 八百屋の店頭 577 |
| 炭俵の編み機 503 | 農家のたたずまい 164 | 屋敷神 698 |
| 税関の職員などによって海中から引きあげられた洋酒 617 | 農休日の表示 317 | ヤス 406 |
| | ノミ（鑿）とセットウ 511 | 屋根 182 |

## 新潟県

| | |
|---|---|
| 山あいの集落 | 183 |
| 山下公園の山下桟橋に係留されている現在の氷川丸 | 552 |
| 山の運搬 | 609 |
| 山の斜面の茶畑 | 444 |
| 山伏 | 729 |
| 輸入バナナを消毒する | 619 |
| 幼児の育成 | 645 |
| 用水堰 | 341 |
| 用水の分岐 | 341 |
| 陽石と道祖神 | 700 |
| ヨキ | 420 |
| 与岐 | 420 |
| 予言者 | 674 |
| 横浜港・大桟橋 | 654 |
| 横浜港・大桟橋から望むマリンタワー、山下公園 | 654 |
| 横浜港・大桟橋から船だまり、税関、神奈川県庁 | 654 |
| 嫁入り | 826 |
| 嫁の入家式 | 827 |
| ラッパ鉋 | 518 |
| 旅館 | 582 |
| 旅館を兼ねた雑貨屋 | 578 |
| 旅館の井戸の滑車ツルベ | 214 |
| 緑肥 | 342 |
| 輪転式麦土入機 | 342 |
| ワカメ採り | 409 |
| 藁葺き屋根の農家 | 189 |
| ワリガタ | 520 |

## 新潟県

| | |
|---|---|
| アオシシメタテ（目立て）順序 | 420 |
| アオソボシ | 465 |
| 青菜のつみとり | 252 |
| アカソ（オロ） | 465 |
| 赤塚大根を洗う | 94 |
| アクスイ（悪水）と呼ぶ冷たい泥水を抜く作業をする | 252 |
| 揚浜の製塩作業 | 445 |
| 朝市 | 554 |
| 朝市に並ぶ山菜類 | 555 |
| アサガコ | 59 |
| 朝早くスケソウダラ漁からもどり、次の漁の準備をする親のそばで遊ぶ子どもたち | 345 |
| 麻布 | 465 |
| アザリガエシ | 465 |
| アザリ棒・ハタクサ・シシヅメ・オネゴ竹・ヌノマキ・ヒ・コクリ棒 | 465 |
| 足ごしらえの用具 | 32 |
| アシナカ | 32 |
| アシヒキナワ | 465 |
| 足ふみ | 465 |
| 足ふみ | 465 |
| アゼモト | 254 |
| アソビカケ | 465 |
| アッシ | 3 |
| アトオシ | 819 |
| アノラック姿の商人 | 3 |
| 海女 | 347 |
| 雨乞姿 | 701 |
| アマタテ | 466 |
| 海女の仕事着 | 3 |
| 網作り（錦鯉用） | 533 |
| 網の繕い | 349 |

| | |
|---|---|
| 網の繕いをする夫婦 | 349 |
| 網のほつれなどを直す | 349 |
| あやとりをする | 795 |
| アライカゴ | 59 |
| 洗張り | 47 |
| 梨の実 | 49 |
| アンギン | 3 |
| アンギン編み コモヅチに糸をつける | 466 |
| アンギン編み タテ糸をケタにさげた断面図 | 466 |
| アンギン編み タテ糸の動き | 466 |
| アンギン編みの編み方 | 466 |
| アンギン編み ヨコ糸の動き | 466 |
| アンギンソデナシの編み終わりのサシ | 466 |
| アンギンソデナシの編み終わりのさし方 | 466 |
| アンギンソデナシのえりかたあき | 466 |
| アンギンソデナシのえりかたあきのつくり方 | 466 |
| アンギンソデナシの脇のとじ方（千鳥がけ） | 466 |
| アンギンの編み目 | 466 |
| アンギンの編み目組織 | 466 |
| アンギン袋 | 219 |
| あんこ | 351 |
| 家印 | 625 |
| 家と庭木の雪囲い | 120 |
| 家の雪がこい | 121 |
| イカをおろす | 94 |
| イカダ（型）と火打ち道具 | 420 |
| イカ釣りの漁火 | 351 |
| いか釣の鉤 | 351 |
| イカ干し | 95 |
| 烏賊割り | 95 |
| イクサ（絵馬） | 702 |
| イクリ網を使い川舟で遡上するサケをとる | 352 |
| 生簀箱 | 352 |
| 憩う | 625 |
| イザラ | 421 |
| いざり機にかけるために縦糸を「筬」に通す | 466 |
| イザリバタ | 466 |
| イザリ機 | 466 |
| イザリバタ実測図 | 466 |
| イザリバタで織る | 466 |
| いざり機で上布を織る | 466 |
| 石臼 | 59 |
| 石置き屋根 | 121 |
| 石垣なしで風垣だけの浜 | 615 |
| 石垣の下が佐渡一周道路 | 537 |
| 意志伝達用具としての使用（除雪具） | 219 |
| イズミ | 806 |
| 磯ネギの道具 | 353 |
| 磯ねぎ漁 | 353 |
| 磯漁に使われる櫓漕ぎのタライ舟 | 353 |
| 板塀 | 123 |
| 市 | 555 |
| 一枚の布を袋状にして山菜を入れる | 585 |
| イッポンゾリ | 585 |
| 一本橇 | 586 |
| 一本橇を背負って運ぶ | 586 |
| 一本ミヨシになる以前の佐渡の磯船 | 353 |
| 移転後のH家 | 123 |
| 移転前の集落 | 123 |

| | |
|---|---|
| 糸をちきりと呼ぶ筒状のものに巻き取る | 467 |
| 糸をへる | 467 |
| 糸くり | 467 |
| 糸車 | 467 |
| 糸車によるヨリカケ | 467 |
| 糸晒し | 467 |
| 糸績み | 467 |
| 糸のかけ方 | 468 |
| 糸延べ | 468 |
| 糸延べの用意をする | 468 |
| 糸撚り | 468 |
| 稲作のサイクル | 257 |
| 稲田 | 257 |
| 犬引きのそりの行列 | 586 |
| 犬引き日 | 586 |
| 稲刈り | 258 |
| 稲刈機 | 258 |
| 稲束 | 258 |
| 稲の乾燥 | 259 |
| 稲の脱穀 | 259 |
| 稲の苗を田に運ぶ少年 | 259 |
| 稲モミの芽出し作業 | 259 |
| 芋桶 | 468 |
| いらくさ各種 | 468 |
| 衣料店の前で自転車に乗って遊ぶ子供たち | 560 |
| 囲炉裏 | 190 |
| 囲炉裏を囲む一家 | 190 |
| 囲炉裏で川魚を立て焼きする | 96 |
| 囲炉裏で台にもちをのせて焼く | 96 |
| 囲炉裏で焼いた川魚のハヤをわら束に刺し、囲炉裏の上につるす | 96 |
| 囲炉裏と食事 | 191 |
| 囲炉裏の自在かぎにつるしたなべのコンニャクをかきまぜる | 96 |
| いろりの席順 | 421 |
| 囲炉裏のまわりに集う | 191 |
| イワシの地曳き網 | 355 |
| 岩海苔採り | 355 |
| 引導 | 829 |
| 魚市場 | 555 |
| ウシカンジキ | 33 |
| 「牛の角突」から派生した模倣玩具 | 783 |
| 牛の耳印 | 433 |
| 牛用の木戸 | 433 |
| 後山十字路の堂と光明真言三百万遍の供養塔 | 770 |
| 臼 | 61 |
| 臼と横杵 | 61 |
| ウスブタ（臼蓋） | 61 |
| 内からみた押え木のある茅簀の風除け | 125 |
| 内風呂に入る親子 | 191 |
| 乳母車 | 806 |
| ウブユのフネ | 808 |
| 馬のかんじき | 433 |
| 馬の蹄鉄をうつ場所 | 433 |
| 生まれた子豚を見る飼い主 | 434 |
| 海沿いに続く町並み | 126 |
| 海辺の集落 | 126 |
| 漆かきの仕事着 | 4 |
| 漆採取容器 | 492 |
| 績んだ糸を「つむ」をまわして撚りをかけて巻き取る | 469 |
| ウンチャン | 33 |
| 笑顔 | 626 |
| エゴ採りを見る | 358 |
| 越後上布の雪ざらし | 469 |

| | | |
|---|---|---|
| 越後縮の奉納幡 | 469 | |
| 越後地方の川漁 | 358 | |
| 越後のイモヤ | 126 | |
| 越後のドブネ | 358 | |
| 越後の売薬女 | 561 | |
| FRP製たらい舟 | 359 | |
| 絵馬 | 703 | |
| 絵馬型 | 704 | |
| 縁側が付き床の間をしつらえた座敷 | 191 | |
| 縁側にまわした雪囲い | 126 | |
| 塩水選にてシイナの除去 | 262 | |
| オーアミ（鮭の曳網） | 359 | |
| オイベスサン | 705 | |
| オイベスサンにあげる藁細工 | 705 | |
| オウミ | 469 | |
| 苧績 | 469 | |
| 麻績み | 469 | |
| 大字協議費差引帳 | 626 | |
| 大字協議費差引帳の一例 | 626 | |
| オオアシ | 262 | |
| 大足 | 263 | |
| 大型定置網の網しめ | 360 | |
| 大きな肥桶を背当てと荷ない縄で運んでいる女性 | 587 | |
| 大雪の町 | 646 | |
| 大蝋燭作り | 493 | |
| オカキ | 469 | |
| オカケジサマ | 682 | |
| オカブリ | 25 | |
| 置き石屋根の建物 | 128 | |
| 小木の港の内澗 | 360 | |
| 奥三面の集落 | 128 | |
| オケ | 469 | |
| 桶屋（節季市） | 556 | |
| オサ | 469 | |
| オサザシ | 469 | |
| オサザにおさめたオサ | 470 | |
| 押鮨道具 | 62 | |
| おしめかご | 809 | |
| 小千谷縮を織る | 470 | |
| 小千谷のメインストリート | 647 | |
| オソ | 33 | |
| お題目講 | 742 | |
| お題目塔 | 770 | |
| オタツゴヤ平面図 | 422 | |
| オタデジンベ | 33 | |
| おったて | 470 | |
| 織った布を水槽に入れて足で踏む | 470 | |
| お堂 | 748 | |
| オニグルミの天日干し | 97 | |
| オネゴダケとヌノマキ | 470 | |
| オネゴ竹とヌノマキ | 470 | |
| お念仏 | 830 | |
| お念仏がすむと接待をする | 830 | |
| お念仏がすむと葬式の世話をしてくれた人達に家の者がふるまう | 830 | |
| おばあさんたちが、正座したひざの前に置いた小さなかねをたたきながら、お念仏（御詠歌）を唱える | 742 | |
| おばあさんの服装 | 4 | |
| 苧ビキ | 470 | |
| おひつ入れ | 63 | |
| オフキダイと木製のオフキ | 470 | |
| オフキとオフキダイ | 470 | |
| オボケ | 470 | |
| 苧桶 | 470 | |
| オマエの壁にはられたお札 | 718 | |
| オミ方 | 470 | |

| | | |
|---|---|---|
| 主屋下手の居室の板床 | 192 | |
| 主屋と便所 | 129 | |
| 母屋横の物置場 | 130 | |
| 親子で食べる文化祭の日の昼の弁当 | 639 | |
| 織りあがったしな布 | 471 | |
| オリアミガサ | 25 | |
| 織布 | 471 | |
| 温床 | 264 | |
| 温床つくり | 264 | |
| 女の魚売り | 561 | |
| 崖下の道 | 539 | |
| 海岸沿いの家並み | 130 | |
| 海岸沿いの漁村 | 362 | |
| 海岸で収穫物を乾かす | 264 | |
| 海岸の集落 | 130 | |
| カイコを家に運ぶ | 587 | |
| 廻国修行の六十六部 | 766 | |
| 害虫駆除 | 265 | |
| 街道から浜へ通じる小路 | 539 | |
| 掻巻 | 221 | |
| カイモノカゴ | 221 | |
| 改良仕事着のコンクール | 5 | |
| 改良そりで米俵の運搬 | 587 | |
| 改良平鍬 | 265 | |
| カカシ | 265 | |
| 柿をとる | 531 | |
| カキの養殖 | 363 | |
| カキ漁 | 363 | |
| 角盆（四花、戒名、枕飯、団子、線香） | 831 | |
| カクマキ | 5 | |
| 角巻に襟巻きの女の人 | 5 | |
| 崖下の焼き場 | 831 | |
| 掛樋 | 208 | |
| 掛樋（水道橋） | 616 | |
| カケドーロー | 221 | |
| 籠屋 | 556 | |
| カサ | 25 | |
| 笠 | 25 | |
| 笠を雪中にさらす | 25 | |
| カサスゲの刈り取り | 531 | |
| 笠着用例 | 25 | |
| 貸鍬慣行の分布 | 266 | |
| 鍛冶ヤットコ作り | 495 | |
| 家人専有の後中門をしつらえた民家 | 131 | |
| 絣づくり | 472 | |
| かせぞろえ | 472 | |
| 風の神 | 683 | |
| 風の三郎さま | 683 | |
| 火葬を行なったハダカニンソクは骨を炉からスコップで取り出し、トタン板の上に体の順番に並べる | 831 | |
| 火葬の白い煙とともに死者は昇天する | 831 | |
| 火葬場の前などに立てる角型の提燈や、棺の上にかざす棺蓋の紙を新しく張り替える | 831 | |
| 火葬場脇の引導を行なう場所に四方門を示す縄を張る | 831 | |
| 火葬用の薪 | 831 | |
| カタウチ | 495 | |
| カタウチチョウナ | 495 | |
| 刀のつか袋 | 495 | |
| 肩にかつぐ | 588 | |
| カタビラ | 5 | |
| 潟舟 | 540 | |
| 傾いたビル | 659 | |

| | | |
|---|---|---|
| 家畜もひなたぼっこ | 434 | |
| かつぎ屋 | 588 | |
| 学校の廊下 | 640 | |
| かっちき | 33 | |
| 門口の藁人形 | 669 | |
| カドフダ | 669 | |
| カナカンジキ | 33 | |
| 金物類などの露天市 | 556 | |
| 金山臼で造った石垣 | 616 | |
| 壁土をこねる | 521 | |
| 壁につるし下げてある「じねんじょ」、なた、わらかご | 222 | |
| 壁塗り | 521 | |
| 壁の保護のためにとりつけられた雪囲い | 132 | |
| カマガミサマ | 683 | |
| 釜神様 | 683 | |
| 釜（または鍋）シキ | 65 | |
| カマドとガスレンジ | 193 | |
| カミサンダの田植 | 268 | |
| 神棚 | 684 | |
| 神棚に飾られた群馬から売りにくるダルマ | 706 | |
| 神棚に祀られていた稲の束 | 706 | |
| 神棚の下に仏壇をしつらえたチャノマと呼ばれる居間 | 193 | |
| 神の鉢 | 706 | |
| 髪結 | 562 | |
| カモをおとりで捕獲する | 423 | |
| 貨物列車 | 540 | |
| カモ肉の部位別の仕分け | 98 | |
| カモの背骨外し | 98 | |
| カモの調理 | 98 | |
| 火薬入れ | 423 | |
| 茅葺きの民家群 | 133 | |
| 茅葺き民家が環状に並ぶ荻ノ島の集落 | 133 | |
| 茅葺き屋根 | 134 | |
| カヤ葺き屋根修理材の備蓄 | 134 | |
| 萱葺民家 | 134 | |
| 茅干しを兼ねたセイタの風除け | 134 | |
| かや屋根のふき替え | 215 | |
| かや屋根のふき替え作業 | 215 | |
| 茅屋根の補修 | 216 | |
| 茅屋根の屋根柱に結ばれていた天照皇太神宮神符 | 719 | |
| からくり人形 | 785 | |
| 苧麻を績む | 472 | |
| からむしの刈り取り | 472 | |
| からむしの皮はぎ | 473 | |
| 苧麻畑 | 473 | |
| 苧畑の野焼き | 269 | |
| 苧畑の防風垣 | 269 | |
| カリカセザオ | 423 | |
| 川遊び | 796 | |
| カワカゴ | 366 | |
| カワグツ | 33 | |
| 皮手袋 | 43 | |
| 川でよく洗いながらアマ皮をおとす | 473 | |
| 皮はぎの順序 | 423 | |
| 川船 | 366 | |
| 川舟 ナガフネ | 366 | |
| カワムキ | 65 | |
| 川もぐり・ますの鍵ビキの掛け軸 | 366 | |
| 缶桶で運ぶ | 589 | |
| 灌漑用の水上輪 | 270 | |
| ガンギ | 244 | |
| 雁木 | 244 | |
| 欅 | 34 | |

# 新潟県　地域別索引

| 項目 | 頁 |
|---|---|
| カンジキ | 34 |
| カンジキ（田下駄） | 270 |
| 寒念仏供養碑 | 771 |
| 乾板 | 497 |
| 棺蓋を新しく張り替える | 832 |
| 棺蓋・草靴・草鞋・傘 | 832 |
| 帰郷 | 627 |
| 木茸の乾燥 | 99 |
| 木地師の住居間取図 | 136 |
| 木地師の祖神の掛軸 | 685 |
| 木地師の墓地 | 832 |
| 木地のいろいろ | 498 |
| 木地の工程見本 | 498 |
| 木地の仕上げ用具 | 498 |
| 木地鉢 | 66 |
| 木地ひき | 498 |
| 木地ひきの工程 仕上げ | 498 |
| 木地屋のキコリ | 498 |
| 木地椀 | 66 |
| きせる入れ | 423 |
| 木で作った牛で遊ぶ子 | 797 |
| 黄粉をまぶした団子が朴葉の上に置いてある | 51 |
| キバチ | 66 |
| キャベツや白菜を新聞紙などに包んで台所の一隅につるして貯蔵する | 99 |
| 牛耕 | 271 |
| 旧集落（上方）と建設中の新集落 | 137 |
| 牛馬のわらじ | 435 |
| 供出米を運ぶ | 272 |
| 供出米の検査 | 272 |
| 供出米の山 | 272 |
| 行商人 | 565 |
| 行商人が顔なじみの一家を待ちぶせて路上で商いをする | 565 |
| 漁家 | 138 |
| 漁家の間取り（一階） | 138 |
| 漁港 | 367 |
| 漁船 | 368 |
| 漁船を引揚げた浜に洗濯物も並ぶ | 368 |
| 漁村の路地 | 369 |
| 漁夫 | 7 |
| キヨメ御器 | 724 |
| 潜り戸のついた大戸 | 139 |
| 草刈りをするお婆さん | 273 |
| 草刈り姿 | 7 |
| 草刈場 | 531 |
| 草箒づくり | 499 |
| クスヤのコシツケ袋 | 589 |
| 薬売りが客寄せに使っている猿 | 566 |
| 薬売りの猿 | 566 |
| クダマキ | 474 |
| 口かご | 435 |
| クツ（毛足袋） | 34 |
| 首木 | 435 |
| 熊狩用三角槍 | 423 |
| クマデ | 474 |
| 熊手 | 224 |
| 熊肉のかつぎ方 | 708 |
| 熊の絵馬 | 708 |
| 熊の皮 | 424 |
| 熊の皮を切る順序 | 424 |
| 熊の皮張り | 424 |
| 熊の皮張り縄張り | 424 |
| 熊の肝をはさむケタとひも | 424 |
| 熊の肝を干す箱 | 424 |
| 熊用のオソ | 424 |
| クラマキの配置図 | 424 |
| クラマキ配置図 | 424 |
| クリドウ（穀入れ） | 67 |
| クリモノ屋 | 566 |
| 車田 | 274 |
| 車田植え | 274 |
| 車田の田植 | 274 |
| 黒布で覆った棺 | 833 |
| 鍬 | 275 |
| ケズリカケ | 708 |
| 下駄材の乾燥 | 500 |
| 下段棟部は奥行が浅くニワやマヤに用いる二段棟の民家 | 141 |
| ケボカイ | 424 |
| 毛ボカヒ | 424 |
| 毛祭り | 424 |
| 煙出し口のある屋根 | 141 |
| 煙出し | 141 |
| 欅垣根の背後に設けた板のカザテ | 142 |
| 玄関口の雪がこい | 142 |
| 玄関先の便所小屋 | 142 |
| 玄関の雪がこい | 142 |
| 玄米をはかり、俵詰めにする | 276 |
| 耕起用馬鞍 | 436 |
| 庚申塔 | 743 |
| 厚生車 | 542 |
| 公民館 | 629 |
| コエカゴ | 277 |
| コエカゴにサトイモを入れて運ぶ | 590 |
| コエカゴの上に葉をおく | 590 |
| コエツギカゴ | 590 |
| 子をおぶう祖母と子どもたち | 809 |
| 小鎌 | 278 |
| 護岸工事 | 616 |
| 五穀成就の守り札 | 708 |
| ゴザボウシ | 26 |
| 茣蓙帽子 | 26 |
| ゴザボーシ | 26 |
| コシカゴ | 590 |
| コシキ | 225 |
| コシバタ | 475 |
| 腰部に雪除け用の板をめぐらした蔵 | 143 |
| コシマキ（コシヒモ） | 475 |
| コシミノ | 7 |
| 腰蓑 | 7 |
| 牛頭観音 | 686 |
| コスキ（木鋤） | 225 |
| 瞽女 | 776 |
| 瞽女歌 | 776 |
| 骨箱を墓におさめる | 834 |
| 骨箱を持ってくる | 834 |
| 骨箱のおかれた墓 | 834 |
| こどもを背中におんぶする | 809 |
| 子供の服装 | 8 |
| コバカマ | 8 |
| コバカマに印されたハノ（十文字にイチ） | 8 |
| ごはんちぐら | 69 |
| コビリ | 112 |
| コメアゲザル | 69 |
| コメザル（タケブチ） | 69 |
| コモヅチ | 475 |
| コモヅチにタテ糸を巻きケタに下げる | 475 |
| コモは便所の入口 | 143 |
| コモ巻のある邸宅 | 143 |
| 子守り | 810 |
| 小屋裏 | 143 |
| 小屋裏口オオニカイ（広間の三階）に藁を積む | 143 |
| 小屋裏の蓄え | 144 |
| ゴヨウカゴ | 591 |
| ゴヨウカゴを背にして帰る | 591 |
| 五輪塔のある墓地 | 834 |
| コロ出し | 591 |
| コロの集積場から大そりをかついで山に登る青年 | 591 |
| 婚礼、出産、葬式、雪踏みの決まり | 629 |
| 再生工事後のザシキ | 144 |
| 祭壇 | 834 |
| 賽の河原 | 767 |
| 賽の河原で御詠歌を唱える遍路 | 767 |
| 賽の河原の地蔵堂 | 767 |
| 賽の河原の地蔵と積石 | 767 |
| 栄町小学校 | 641 |
| 魚売り | 567 |
| 魚の加工 | 100 |
| 魚干し場 | 100 |
| 座棺を背負って歩く | 834 |
| 座棺の隙間に入れる豆殻、紙で作った鳥、提燈 | 835 |
| サキオリ製作 | 475 |
| サキオリの着物 | 8 |
| サキテガラス | 475 |
| 作業用庭 | 144 |
| 索道 | 413 |
| ざくり | 475 |
| サケをヤスにはさんで持ち上げる川漁師 | 373 |
| 鮭供養塔 | 676 |
| 鮭の人工孵化 | 373 |
| サケの吊り干し | 100 |
| サケ漁 | 374 |
| 鮭漁 | 374 |
| 笹飴 | 53 |
| 笹団子 | 53 |
| ササラ | 70 |
| 座敷の穴蔵 | 195 |
| 刺子ヌノ | 9 |
| 刺子の模様 | 501 |
| 誘い合わせて河原で洗濯をする女たち | 210 |
| 誘い合わせて洗濯日和 | 210 |
| サッコリ | 9 |
| 佐渡汽船フェリー発着所 | 543 |
| 佐渡金山の露天掘り跡・道遊の割戸 | 527 |
| さどうげ | 70 |
| さらしたちぢみをとり入れる | 476 |
| サラビク | 375 |
| 沢水で洗濯 | 210 |
| 三角田 | 282 |
| 山間の稲田 | 282 |
| 山菜取りに行く娘たち | 531 |
| 三三九度 | 822 |
| 山村 | 146 |
| 山村土蔵の雪囲い | 146 |
| 山村民家の雪囲い | 146 |
| 桟俵編み | 501 |
| 山頂に着くと喪主と親族は棺のまわりを3回まわる | 835 |
| 三丁櫓のはしけ | 543 |
| さんぱ | 375 |
| 桟橋代わりにした川舟 | 543 |
| サンバナエ | 283 |
| サンバナエと握り飯 | 283 |
| サンバナエの握り飯 | 283 |
| 三本ぐわを打ちこんで田を起こす女たち | 283 |
| 三本爪カナカンジキ | 36 |

| | | |
|---|---|---|
| 山麓の集落 146 | 集会の決まりと役回り 630 | 筋引き 292 |
| 飼育籠 375 | 収穫 285 | 煤掃きの日の夕食 112 |
| 自衛隊員の援農 660 | 集魚燈（電燈）をともして操業する | 頭陀袋 837 |
| しおたつぼ 71 | イカ釣り船 377 | スダレを作るヨシの採取 532 |
| 塩壺 115 | 集合住宅 245 | すっぺ 36 |
| 塩の荷を運んだ歩荷たちのスタイル 9 | シュウトウシカゴ 226 | スッポンと呼ぶ深笘を編む 503 |
| 塩引鮭を干す 101 | 修復工事 660 | ストーブが入った炉 197 |
| 塩引鮭作り 101 | 集落 148 | 砂浜から直接海へ船を出す 380 |
| 自家用の飯米を吊るし保管する屋内のハサギ 146 | 集落と耕地 149 | スネアテ 36 |
| ジク 502 | 集落の背後の墓地 836 | スノウマ（駒型） 426 |
| 四九市とその碑 557 | 出荷されるカタクリ 286 | すのやまの唱えごと 426 |
| 仕事着 9 | 出棺 836 | 炭窯 529 |
| 自在鉤 195 | 狩猟犬 426 | 炭火で魚を焼く露店の魚屋 570 |
| 死者が三途の川を渡るとき履く草鞋と手にする杖 835 | 狩猟装束 10 | 摺臼 74 |
| シシ山小屋 425 | シュロボウシ（棕櫚帽子） 27 | 摺臼 292 |
| 地蔵 688 | 背負子 592 | 整経 478 |
| 地蔵さま 688 | 背負子で薪を運ぶ親子 592 | 成人の日 818 |
| 地蔵尊 688 | 商家の雪がこい 149 | 背負い籠で石炭を運ぶ 595 |
| 下町の妻入りの町並み 147 | 将棋を指す 804 | 背負った大きな荷物にもマント 596 |
| 七本塔婆を書く僧侶 836 | ショウキサマ 671 | 背負って運ぶ 596 |
| 地鎮祭 521 | 小規模味噌づくりの終焉 450 | 石祠と石仏 690 |
| 地搗き 522 | 常設化した雪棚のある民家 150 | 雪中でダイコンをモミ殻に埋めて保存 102 |
| 地搗きに集まった人たち 522 | 消雪作業 245 | 雪中に行う老人宅の見守り 631 |
| 湿田の稲運び 284 | 消雪パイプ 245 | セナカアテ 597 |
| 都戸 147 | 商店街 569 | 背中あて 597 |
| 仕留められたキツネ 426 | 商店街のアーチ 569 | 背中当て 597 |
| しな績み 476 | 上棟式 522 | 背中当てをして荷縄で背負う 597 |
| シナオミ 476 | 上棟式での棟梁による槌打ち 522 | セナカアテをつける 597 |
| シナ皮 476 | 上棟式での弓引き 522 | セナカチ 597 |
| しなこき 476 | 上棟式の贈呈品 522 | セナカワ 11 |
| シナサキ 476 | 昭和初期の雁木の町並み 150 | 狭い敷地いっぱいに建てられた船型の民家 152 |
| しなざし 476 | 昭和初めの町並み 150 | 全戸が出役して行う溜池の土手修理 631 |
| シナ漬け 476 | 食卓を背おう 593 | 千石船の船箪笥 617 |
| しな煮 476 | 除雪 245 | 船主の民家（清九郎家）のオマエ 152 |
| シナ煮にかかる 476 | 除雪作業 245 | 洗濯 211 |
| 白子漁 379 | 除雪用具をそろえた玄関口 245 | 洗濯物 245 |
| しな布の搬出 476 | シリズイ 426 | 洗濯物を河原に干す 246 |
| 信濃川河口・6月16日の新潟地震で倒壊水没した家 660 | シルジャクシ 73 | 洗濯物を干す 246 |
| 信濃川の破堤により水没した村 660 | ジロ（台所） 196 | 膳と椀 75 |
| しなの皮剥ぎ 477 | 四郎神 689 | 千歯 294 |
| 信濃川べりの水没した街区 660 | 代掻き 287 | センボンと呼ぶ最高位の葬式 838 |
| 信濃川べりの被災家屋群 660 | 信号のない街 649 | ゼンマイをゆでて庭に広げもんで天日で干しあげる 102 |
| しなのき 477 | 新集落の高床式住宅 151 | ゼンマイをゆでる 102 |
| しなのき伐り 477 | 親類縁者は額に三角のヒタイガミをつける 837 | 千枚田 294 |
| シナベソ 477 | 水産物市場付近の船だまり 379 | ぜんまいの綿取り 102 |
| シナベソを雪に晒す 477 | 水車踏み 289 | ぜんまい干し 102 |
| シナボシ 477 | 水神様 689 | ゼンマイを揉む 102 |
| シナ干シ 477 | スイノウ 73 | 葬儀の読経 838 |
| シナミノ 10 | スカリ 36 | 葬具を廊下から家に入れる 838 |
| シナヨイ車 477 | スカリで道ふみ 245 | 葬具の棺蓋・雪靴・三途の川を渡るときの杖と草鞋・僧侶にかざす赤い傘 838 |
| 柴木を背負った女 591 | スカリで道ふみをする 245 | 葬式の着物 11 |
| 地機 477 | スキー（体育） 642 | 葬式の祭壇 838 |
| 新発田市山内宿 580 | 鋤 291 | 葬式の準備をする僧侶 838 |
| シババカ 836 | スキーをする子ども 798 | 早朝の漁獲を選別する漁婦 381 |
| 地曳網がはじまると男も女も総力をあげて仕事にかかる 377 | 杉の葉の上に腹ばいになって滑りおりる 798 | ゾウリ 37 |
| 地曳網であがったばかりのタイ 377 | 頭巾 27 | 草履 37 |
| シブカラミ 36 | すげ笠 27 | 草履作り 504 |
| 四方固めのときの唱えごと 426 | 菅笠 27 | 葬列の通る道筋に立つ鳥居に注連縄を張る 839 |
| 四本爪カナカンジキ 36 | スゲ笠をかぶって雨を除ける 27 | 側面から前中門と後中門をみる 152 |
| 清水家主屋の土台 148 | 菅笠を吊るし干す 503 | 袖樽 75 |
| 注連縄 670 | 菅刈り 532 | ソデナシ 11 |
| 下越地方の玄関中門 148 | 菅製の弁当入れ 74 | ソデナシ藍染 12 |
| 写生 641 | スケソウダラのワタ（内臓）を出す 102 | ソデナシ紐付き 12 |
| 週1回の第五粟島丸で町から帰った男の人 630 | スゲによる俵の蓋作り 503 | |
| 周囲に大根や南蛮を乾し糠釜のあるシンナカに集う家族 148 | 菅干し 503 | |
| | スジ（種もみ）の選別 292 | |

新潟県　　　　　　　　　　　　地域別索引

| | | |
|---|---|---|
| ソデ（マミ皮） 43 | 棚田の田小屋 303 | 漬物にする野沢菜洗い 104 |
| ソバ打ち 103 | 谷の水田 303 | ツヅ 386 |
| ソバタメザル（蕎麦ため笊）を編む 504 | タネに雪を入れて融かす 246 | つづれ 13 |
| ソバタメづくり 504 | 種まき 304 | つのざお 386 |
| ソリ 597 | 種もみ 304 | 角樽 79 |
| そりで荷物の運搬 598 | 種籾の選別 304 | 妻入の家 157 |
| 橇で運ぶ 598 | 田の神様 691 | 妻入りの民家 158 |
| そりに眠る赤ん坊 811 | たばこ入れ 427 | 積まれた柴木 247 |
| 橇に乗せた棺 839 | タバコイレ 229 | ツム 480 |
| 大工による祈禱 523 | 煙草入と煙管 229 | ツムつくり 481 |
| 鯛車 788 | タバコ乾燥庫 442 | ツムとテシロとツムジダイ 481 |
| ダイコンツグラ 103 | タバコ畑 442 | ツムノキ・クダ・ツムを入れる竹筒など 481 |
| 大根葉の乾燥 103 | 煙草盆 229 | 吊り鞄で通学する小学生 643 |
| 大根干し 103 | 煙草屋 572 | 定置網漁 386 |
| 鯛地曳網 381 | タビシキ 38 | 定置網漁の番屋 387 |
| 大豆をひょいとかついで 598 | タビチョーチン 229 | 出入口に入る障子戸 199 |
| 台地上の水田 296 | 田舟による苗運び 305 | 出稼ぎ 633 |
| 台所 197 | 玉入れ 789 | 出かせぎから帰る村娘たち 633 |
| タイの大漁でにぎわう木浦浜 382 | 玉入れ袋 427 | 手紙を書く 643 |
| 大八車 598 | 玉作りの道具 427 | テゴ 600 |
| 大八車にケヤキの切株をのせて運ぶ 598 | 玉味噌 104 | デジシトリ配置図 427 |
| 堆肥を運ぶ 296 | ダム建設による集団移転によってつくられた集落 156 | テシロとツム台 481 |
| 堆肥小屋 153 | 溜池 305 | 手もみ作業 481 |
| 大謀網を引き上げる 382 | 溜池から捕獲したコイ 384 | 手槍 427 |
| 大謀網で獲れた大きな魚を持つ男性 382 | タライと洗濯板 230 | 手槍の穂先 427 |
| 大謀網のタイのなかに混じって、入っていた大きなイシナギ（オヨ）を持ち上げる 382 | たらい舟 384 | 寺あげ 841 |
| | たらい船 384 | テレビを見に集る 633 |
| | タライブネ（盥舟） 384 | 電気洗濯機 232 |
| タイル貼りの流し 198 | 盥舟 385 | 電車ごっこ 800 |
| 田植え 297 | タライ舟に乗って水中メガネを使いサザエやアワビを採る 385 | 電柱が傾いている 661 |
| 田植歌を歌う老女 297 | タライ船に乗り漁をする 385 | 電灯 233 |
| 田植えの仕事着 12 | 樽の竹箍を嵌める 507 | 店頭の苞 573 |
| 田植えの昼食 113 | 達磨凧 789 | 天然の岩を利用した港 387 |
| 田植えの昼どき 113 | 俵編み 507 | 天然マイタケを炭火焼きする 105 |
| 田植前のオオアシヒキ 299 | 俵あみ器 507 | ど 387 |
| 田植え（枠植え） 300 | 田んぼにたたずむ軽トラック 307 | 樋 310 |
| 高い縁の下 153 | 竹材店 572 | 砥石を持って 602 |
| 籠入れ 504 | チグラの赤ん坊 811 | 峠の家 159 |
| タガにするマダケを割る 505 | ちぢみを小川ですすぐ 480 | 道祖神 692 |
| たかみ 301 | ちぢみの乾燥 480 | 当番板とヒョウシギ（拍子木） 633 |
| タガ用に割ったマダケの束 505 | ちぢみの雪ざらし 480 | 動力船に曳航されて大謀網漁に向かう漁師たち 388 |
| タガラ 598 | 縮踏み 480 | |
| タガラの枠づくり 505 | 血取り場 437 | 燈籠と遺体の隙間に入れる豆殻 841 |
| 薪を運ぶ 599 | チバリで畳表を編む 507 | 道路工事の砂を運ぶ 602 |
| タキモンニカイとも呼ばれている小屋裏 154 | チバリの刈り取り 385 | 通り土間と表二階の階段 200 |
| 竹下駄 37 | 茶を馳走になる瞽女の一行 113 | 通りと結ぶ雪がこいのトンネル 651 |
| 竹独楽 788 | 茶筒 78 | 戸口の棚に祀られた祠とほら貝 694 |
| 竹細工の道具 505 | 茶筅 116 | 土座住まいの居間でくつろぐ夫婦 200 |
| 竹細工の店 572 | 茶柄杓 116 | ドジョウカゴ 388 |
| 竹細工用刀 506 | 茶碗 116 | トチノキの実の天日干し 105 |
| 竹材でツヅを手作りする 383 | 茶碗と茶筅 116 | 土手に山菜のミョウガやゼンマイ等を刈り残し育成 312 |
| 竹橇 599 | 中門づくり 156 | |
| タゲタ 301 | 中門造り 156 | 隣り近所の男達が葬送に使う藁靴や草鞋をあむ 841 |
| 田下駄 301 | 中門造りの家 156 | |
| 凧合戦の大凧 789 | 中門造り民家 156 | トノクチ 81 |
| 但馬堰の水 617 | チョウシ 78 | どぶね 547 |
| タス 427 | 弔辞 840 | ドブネ 388 |
| タス 599 | 直線の交差する柱と壁に対し屋根の丸石が民家のやさしさを生む 156 | どぶね（断面図） 547 |
| 立木に彫った落書き 799 | | トボウ（斗棒） 818 |
| 立ち話し 632 | ちょーはんめんつ 78 | トマトを買う 558 |
| タテ糸をへる 479 | 塵取り 231 | 土間と台所 201 |
| タテカンを運ぶ 840 | 通学 643 | 鳥屋野潟 389 |
| 畳紙 47 | ツキボウ 308 | 富山の薬売り 574 |
| 店内の暖簾 229 | ツキヤ（バッタリ） 308 | 捕らえたウサギの皮をはぐ 427 |
| 棚田 302 | ツグラの男の子 811 | トリアケジサ 812 |
| 棚田と海 303 | 付木 231 | トリオキ 842 |
| | 附木削り鉋台 231 | トロッコ 662 |
| | ツケナを洗う 104 | ドンザ 14 |
| | | トンネル状のフナヒキバ 389 |

| | | |
|---|---|---|
| ナガカキ 233 | 農村の民家 164 | 花を抱えている少年 634 |
| 長着 14 | 農村民家の雪囲い 164 | 花婿が酒をいただく 824 |
| ナカキリ 510 | ノウダテ田の田植 318 | 花嫁の行列 824 |
| ナカキリチョウナ 510 | ノウダテナエ 318 | ハネ釣瓶 213 |
| なかくり 510 | 軒下に積まれた薪 248 | ハネ釣瓶の共同井戸 213 |
| 流し木 416 | 軒下につるしたみのと荷縄 248 | ハバキ 39 |
| 仲好しの兄妹 634 | 野辺送り 843 | ハマゲタ 39 |
| 流灌頂 842 | 野辺送りのための雪道つけ 843 | 浜下駄 39 |
| 流れに沿って続く洗い場 212 | 野飯と野団子と四花と戒名 844 | 浜下駄(子供用) 39 |
| 仲人の前で花嫁が酒をいただく 824 | 野良着 15 | 浜小屋 393 |
| ナザル 82 | 野良で売る 575 | 浜小屋の屋内 394 |
| 梨の木地蔵 694 | 海苔を着かせる棚 106 | 浜で仕事をしているときに作った |
| 直鉈 416 | 灰小屋 165 | ワッパ汁 107 |
| なたぶくろ 417 | 排水をコイやクワイ池へと流し浄 | 浜通り 549 |
| 雪崩避けのトンネル 547 | 化する 165 | 浜と大地をつなぐ世捨小屋 166 |
| 納豆作り 106 | 灰納屋 165 | 浜の朝 394 |
| 夏の服装 14 | 延縄を繰る 391 | 浜の親子 394 |
| 夏マヤ 161 | 延縄を天日に干す準備 391 | 葉や枝のついたままの大豆を運ぶ |
| 夏マヤとハサが並ぶ道 161 | 履物 39 | 少年 605 |
| ナデを用いて神棚を清掃する 247 | 白菜を新聞紙、カボチャをビニー | 早漬タクアン 107 |
| ナベシキ 82 | ルに包んで竿に下げる 107 | 早漬沢庵つくり 107 |
| 鍋敷 82 | 白菜を干す 107 | ハリイタ(張り板) 428 |
| 鍋の墨落とし 247 | 箱カンジキ 319 | ハリセンボン 672 |
| ナメ 428 | 箱膳で夏の夕飯をとる家族 114 | 針千本 672 |
| ナワザル 234 | 箱膳の家族 114 | 張り出しのある納屋 167 |
| 苗代を作るために除雪する 315 | 箱橇 604 | 春田打のすんだ水田 167 |
| 苗代田に植える種もみの消毒 316 | ハサ 319 | ハンコタナ 29 |
| 苗代田の除雪 316 | ハザ 319 | ハンコタナの端の刺繍 29 |
| ナワない 510 | 稲架 319 | 半倒壊した信濃川べりの工場 662 |
| なわない仕事 511 | ハサ掛け 319 | ハンドバッグ 48 |
| 荷揚げ 602 | ハサ掛の並木 320 | バンドリ 605 |
| 新潟港・傾き沈下した港湾施設 548 | ハサ木 320 | ハンパキ(脚半) 39 |
| 新潟市鳥屋野潟周辺の未舗装の道 548 | ハザ木 320 | 半股引 17 |
| 錦鯉市場 558 | ハサ木が並ぶ田植えを終えたばか | 番屋の屋内 395 |
| 錦鯉の品評会 535 | りの水田 320 | 番屋の漁師 395 |
| 錦鯉の品評会の成果を酒を飲みな | ハザ木にかけた稲 320 | 火打ち石 428 |
| がら話し合う 114 | ハザ(稲架)作り 320 | 火打石で煙草をつける 236 |
| ニズレ 15 | ハサに掛けられた麦と道端で遊ぶ | 火打ち金 428 |
| 荷縄を首からはずす少年 603 | 子供たち 320 | 地曳網を引く 395 |
| 荷縄で稲を運ぶ少年 603 | ハサに洗濯物を干している 248 | 魚籠 605 |
| 荷縄の結び方 603 | ハサのための並木を配した村の道 320 | 火棚の下の家人 168 |
| 二番耕 317 | ハシケ 548 | 左側面に突き出た前中門 168 |
| 庭木の雪がこい 163 | 艀の客 549 | 左手にさげる六文銭で、糸延べの |
| ニワ(土間)の奥に設けた台所 202 | はしけできた人が波が引く一瞬に | 回数を数える 484 |
| 鶏と山羊 438 | 跳びおりる 548 | 火所のある煙草乾燥小屋 444 |
| 鶏のえさを刻む 438 | はしけで浜に着く 548 | 火縄銃と短筒 429 |
| 鶏も一緒の台所 202 | ハシリ 604 | ビニール袋で錦鯉を運ぶ 606 |
| 人魚のミイラ 678 | バス 549 | 火鉢 237 |
| ヌサカケ 772 | 馬そり 604 | 日待ちの話なども出る婦人たちの |
| 布縄 234 | はたおり 483 | 集会 635 |
| ネマリバタ 482 | 機織り 483 | 日待ちの振舞い 818 |
| ネマリ機 482 | ハタオリの姿勢 483 | 干物売り 576 |
| ネマリバタ(地機)で裂織りを織る 482 | 機神様参り 483 | 干物作り 107 |
| ねんねこ姿で子守り 812 | 畑小屋 321 | 百度石と千度石 714 |
| 農家 163 | ハタゴ 483 | ビョウソ 845 |
| 農家ウマヤの窓 163 | ハタゴ(座り機)と部品・紡績用具 483 | 屏風の行商 576 |
| 農家に風よけの囲い 163 | 裸足で砂地に座る3人の女の子 634 | 平スッペ 40 |
| 農家の一隅(平スッペ、カサ、ミノ、 | はたたて 484 | ヒラヤリ 429 |
| セナコウジ、ワラジ、スキ袋、荷 | バタバタ茶(新潟県糸魚川市) 117 | 肥料にする鶏糞をソリで運ぶ 325 |
| ナワ) 234 | バタバタ茶(新潟県糸魚川市周辺) 117 | 昼寝 249 |
| 農家のたたずまい 164 | ハタヘ 484 | 披露宴の新郎新婦 825 |
| 農家の水屋 202 | ハタ巻キ 484 | びんびら(熊手) 237 |
| 農家の雪がこい 164 | 八海山神王〔掛絵〕 722 | 夫婦の服装 17 |
| 農具市 558 | 発根・発芽した播種前の種モミ 322 | フカグツ 40 |
| 農具のいろいろ 318 | バトウオビ 48 | 深沓 40 |
| 納骨 843 | バトウオビ 605 | フカスッペ 40 |
| 農村地区の人たちが、農作物や藁 | バトウ帯の編み方 484 | 袋を背負う 606 |
| 製品などを町に持ちより市が立 | バトウ帯のオサとヒ 484 | ブシをかぶる 30 |
| つ 558 | | ブシ(表・裏) 30 |
| | | フジカ(山親方) 429 |

| | | |
|---|---|---|
| ふしゃく | 237 | |
| 普請後に飲食する男性たち | 636 | |
| 普請後に共同飲食する女性 | 636 | |
| 復旧にあわただしい新潟港からJR新潟駅あたりの被災地 | 662 | |
| 仏壇 | 845 | |
| 仏壇に安置された木造の仏さまと位牌 | 846 | |
| ふとんを運ぶ | 606 | |
| 布団一組を包んだ大風呂敷 | 238 | |
| 布団・枕・搔巻 | 238 | |
| フナウチ（舟造り） | 524 | |
| 舟小屋 | 396 | |
| 船小屋 | 397 | |
| 舟小屋入口の祈禱札 | 722 | |
| 舟小屋とテント舟 | 397 | |
| 舟小屋の外観と内部 | 397 | |
| 船大工の民家（金子屋）のオマエ | 169 | |
| 船霊 | 695 | |
| フナダマサマ（船霊様）へのご馳走 | 715 | |
| 船揚げ | 398 | |
| ブヤマソ | 485 | |
| 冬は消雪池に変わる主屋裏のタネ | 169 | |
| フリテボ | 86 | |
| 古い宿場の雪景色 | 582 | |
| 振る柄 | 327 | |
| 風呂 | 203 | |
| 文化祭 | 644 | |
| 文庫 | 238 | |
| 米寿の祝いに戒名を受ける | 818 | |
| 幣束 | 727 | |
| 平野の稲田 | 327 | |
| ヘエボとヘラ | 485 | |
| ヘカケ | 485 | |
| 僻村の学校 | 644 | |
| ヘソカキ | 486 | |
| ヘソカキの進行 | 486 | |
| 弁当入れ | 87 | |
| ボイキリ | 535 | |
| 防砂林 | 619 | |
| 帽子蓑 | 18 | |
| 紡績婦人部員 | 486 | |
| ホウソウ除けのマジナイ | 673 | |
| ホウティカゴ | 584 | |
| 奉納鳥居 | 715 | |
| 豊漁を祈願する神 | 697 | |
| 保温折衷苗代 | 328 | |
| 保温のビニールをはった苗代田 | 328 | |
| ボシ | 30 | |
| 干柿作り | 108 | |
| 干し場（麻つくり） | 486 | |
| 干しもち | 108 | |
| 墓石をけずる石工 | 513 | |
| 歩荷 | 606 | |
| 歩道の役目も果たしている雁木通り | 171 | |
| 骨拾い | 847 | |
| 墓標 | 847 | |
| 「掘川の焼竹輪」つくり | 109 | |
| 掘り出されたイモを運ぶ | 606 | |
| ポリ袋と草刈鎌を差しこんだ荷縄を、背中当ての上に置く | 606 | |
| 本家・分家の関係図 | 250 | |
| ホンゴヤ | 429 | |
| マエアテ | 18 | |
| マエアテをつけて畑に行く | 18 | |
| 前かけ別紐付き | 18 | |
| マガキ | 172 | |
| 薪の積出し | 607 | |
| マキの人たちが、野辺送りに親族が履く雪靴を作る | 848 | |
| 薪拾 | 533 | |
| マキ山の部署 | 429 | |
| 枕飯 | 848 | |
| ます取りの手鍵 | 402 | |
| マタギの狩姿 | 429 | |
| マタギの装束 | 19 | |
| マタギの身じたく | 19 | |
| マダケ（加工用） | 514 | |
| マダケをイカダにして沖の船に積み出す | 607 | |
| また塔婆 | 848 | |
| 町から帰る | 636 | |
| 町の通り | 652 | |
| 松をニドラ負いで運ぶ | 607 | |
| 真夏の服装 | 19 | |
| マネキ機 | 486 | |
| 真腹切 | 57 | |
| ままごと | 802 | |
| マメウエボウ（豆植棒） | 330 | |
| 豆打ち | 331 | |
| 豆を干す | 109 | |
| 豆扱き | 331 | |
| まりつきをする | 802 | |
| マルカゴ | 402 | |
| マルキ | 402 | |
| 丸木舟 | 551 | |
| 丸木舟造り | 525 | |
| マルキブネつくり | 525 | |
| マルゴヤ | 430 | |
| 丸ザル | 89 | |
| まるぶき | 174 | |
| マルブクロ | 716 | |
| マルボンザル | 89 | |
| マンションを背に堂々と存在を主張する民家 | 174 | |
| 箕 | 332 | |
| 箕を編む | 514 | |
| 身代り地蔵 | 697 | |
| 身代わり地蔵 | 697 | |
| 身代り地蔵尊 | 697 | |
| ミシン | 250 | |
| 水揚げの浜 | 403 | |
| 水くみにきた少年 | 607 | |
| ミズクラ | 175 | |
| 箕製造器 | 514 | |
| 店先 | 577 | |
| 味噌桶 | 454 | |
| 味噌倉 | 175 | |
| 味噌玉 | 454 | |
| みそつくり | 109 | |
| ミチキリ | 673 | |
| 道端に干されたマブシ（カイコの巣） | 463 | |
| ミチハリ | 673 | |
| 道踏 | 41 | |
| 道ふみのスカリ、カンジキや除雪用具をそろえた土間 | 250 | |
| 港に引き揚げられた漁船 | 404 | |
| 港町の海岸沿い | 404 | |
| ミノ | 19 | |
| 蓑 | 20 | |
| 蓑作り | 516 | |
| みの、背中あて、荷縄などを雪にさらす | 240 | |
| ミノの上に大根と菊を背負って | 608 | |
| 蓑の雪晒し | 20 | |
| 蓑帽子 | 31 | |
| ミノボウシをかぶって | 31 | |
| ミノボウシ姿の子ども | 31 | |
| ミノボーシ | 31 | |
| ミノボッチ | 31 | |
| 耳印 | 440 | |
| 民家 | 175 | |
| 民家の大戸口 | 178 | |
| 民家の間取り | 178 | |
| ミンジャ | 204 | |
| 昔からの浜のある能生 | 404 | |
| 虫供養塔 | 773 | |
| ムシロ編み | 516 | |
| ムシロ織りの娘たち | 516 | |
| 娘たち | 637 | |
| ムナアテとセナカワの裏 | 430 | |
| 棟上げに立てた矢が軒下に | 525 | |
| ムネアテ | 21 | |
| 棟飾を破風につけた家 | 179 | |
| 無名異焼の作業場 | 516 | |
| ムラザカイ | 673 | |
| 村芝居 | 780 | |
| 村の入口に吊された大草履 | 674 | |
| 村人に見送られて花嫁の出発 | 825 | |
| 室谷地区の旧集落 | 179 | |
| メシジャクシ | 90 | |
| メスダレ | 48 | |
| メンパ | 91 | |
| 木魚（木地） | 727 | |
| 木造三階建の料亭 | 577 | |
| 木鶏を積んで笠をかける | 250 | |
| モジリソデ（捩袖） | 21 | |
| 餅搗き | 109 | |
| 木工品 | 517 | |
| もみすり機 | 337 | |
| もみどおし | 338 | |
| 籾とおし | 338 | |
| モミトオシ（マメトオシ） | 338 | |
| 紋付夜具 | 240 | |
| モンペ | 21 | |
| 家裏の舟引き揚げ場 | 406 | |
| 野猿 | 608 | |
| 夜着 | 240 | |
| 山羊の乳を搾る | 440 | |
| ヤキバへの道つけ | 849 | |
| ヤキバへ向かう | 849 | |
| 焼場近くの祠 | 698 | |
| ヤキバに火がはいり燈籠にも燈がつく | 849 | |
| ヤキバの入口の雪を掘る | 849 | |
| ヤキバの煙突から白い煙が立ち昇って昇天する | 849 | |
| ヤキバの側に棺を囲む門を萱でつくる | 849 | |
| 役者絵凧 | 794 | |
| 役場に死亡届を出す | 849 | |
| 薬用のためのヨモギの乾燥 | 666 | |
| 厄除け | 716 | |
| 焼けた骨を体位にしたがってよりわける | 849 | |
| 野菜貯蔵の大根だて | 109 | |
| 屋敷周囲の雪囲い | 181 | |
| 屋敷の納屋と井戸小屋 | 181 | |
| ヤス | 406 | |
| やすり | 517 | |
| 八ッ目筒 | 406 | |
| ヤナバ | 406 | |
| 屋根裏と地下の名称 | 182 | |
| 屋根を酒で清める | 525 | |
| 屋根に大きな石を敷きつめた粟島の漁家 | 183 | |
| 屋根の棟上の鎌 | 525 |

| | | |
|---|---|---|
| 屋根の棟上の剣 | 525 | |
| 屋根の雪おろし | 250 | |
| 屋根葺き | 217 | |
| 屋根葺き祝いで集まった人々 | 217 | |
| 屋根葺き道具 | 217 | |
| 屋根葺きに用意されたカヤ | 217 | |
| 山芋掘り | 533 | |
| ヤマウサギ | 430 | |
| ヤマオビ | 48 | |
| 山笠を被りサンバク(山袴)をはいたヤマギ姿 | 22 | |
| ヤマゴエゾリ | 609 | |
| 山古志村・梶ոյ小学校 | 645 | |
| 山仕事の服装 | 22 | |
| ヤマソコキ | 487 | |
| ヤマソとチョマの交織 | 487 | |
| ヤマソのアラギ | 487 | |
| ヤマソのアラギ用生地 | 487 | |
| ヤマソのオガセ | 487 | |
| ヤマソのカヤ地 | 487 | |
| ヤマソの群落 | 487 | |
| ヤマソのヘソ | 487 | |
| ヤマノイモの調理 | 110 | |
| 山の神 | 699 | |
| 山の神を祀る十二神社 | 764 | |
| 山の神に供えた「たち」 | 717 | |
| 山の神の掛け軸 | 700 | |
| 山の田 | 340 | |
| 山畑行の姿 | 22 | |
| 山行着 | 22 | |
| 槍 | 430 | |
| 結納の半返し | 826 | |
| ユウゴフクベ | 341 | |
| 湧水に水汲みに来た少年 | 609 | |
| 郵便配達人 | 619 | |
| 床下に作った野菜の室 | 205 | |
| 雪を除いて作る苗代 | 341 | |
| 雪オロシ | 250 | |
| 雪を割って苗代田つくり | 341 | |
| 雪かきをする子どもたち | 250 | |
| 雪がこい | 184 | |
| 雪囲いをした民家 | 184 | |
| 雪型(ジサとバサ) | 533 | |
| 雪型(僧侶の形) | 533 | |
| 雪型(種まき入道) | 341 | |
| 雪靴を棒くいにつるし寒気にさらす | 41 | |
| 雪国の雁木 | 184 | |
| 雪国の春先の光景 | 638 | |
| 雪国の郵便配達夫 | 619 | |
| 雪消し作業 | 251 | |
| ユキゲタ | 41 | |
| 雪下駄 | 41 | |
| 雪下駄、モンペ、ワラグツとかんじき姿の親子 | 41 | |
| 雪ざらし | 488 | |
| 雪晒し | 488 | |
| 雪下に埋もれた墓を掘り出す | 850 | |
| 雪下の墓を掘り出して遺骨を納めた | 850 | |
| 雪ぞり | 609 | |
| 雪棚をもつ一般的な民家 | 184 | |
| 雪棚作り | 184 | |
| 雪棚の骨組 | 184 | |
| 雪解けの黒い土を求めて遊ぶこどもたち | 803 | |
| 雪に埋もれた集落 | 184 | |
| 雪の下の春菜 | 58 | |
| 雪の集落 | 184 | |
| 雪の日 | 638 | |
| 雪の街 | 653 | |
| 雪晴れの八海山と麓の集落 | 185 | |
| 雪踏みをする | 251 | |
| 雪ベラ | 430 | |
| ユキボッチ | 31 | |
| 雪掘り | 251 | |
| 雪道を下る樋 | 609 | |
| 雪室 | 185 | |
| 雪室から出した雪を運ぶ | 185 | |
| 雪室づくり | 185 | |
| ユスリボウ | 812 | |
| 茹でて売られているトコロ | 58 | |
| ゆとがけの唱えと三妙ししをまつるときの唱え | 430 | |
| 用水路の掃除 | 341 | |
| 横杵 | 93 | |
| 横づち | 341 | |
| ヨコメンツ | 93 | |
| ヨシの簾作り | 517 | |
| ヨトギ | 850 | |
| ヨトギミマイ(弔問) | 850 | |
| 夜なべ仕事のワラグツつくり | 518 | |
| 夜なべの藁仕事 | 518 | |
| 米沢街道沿いの掘割 | 619 | |
| 嫁入笠 | 826 | |
| 嫁たたき棒 | 827 | |
| 嫁見 | 827 | |
| ヨリカケ | 488 | |
| 落書き | 803 | |
| リヤカーで運ぶ | 609 | |
| 流木を大鋸で板にひく | 420 | |
| 流木占有を示す小石 | 638 | |
| 漁供養 鮭の千本供養塔 | 676 | |
| 猟師 | 430 | |
| 猟師の服装 | 23 | |
| 猟銃 | 430 | |
| 両方の雁木通りを結ぶ雪のトンネル | 620 | |
| 旅館 | 582 | |
| レロハキ | 343 | |
| 連絡船の船内で | 553 | |
| 老人の普段着 | 23 | |
| 老漁師と孫 | 408 | |
| 炉を囲んでの家族の団らん | 205 | |
| 路地に沿った家並 | 187 | |
| 炉で火吹き竹を使う | 206 | |
| 若菜を運ぶおとめ | 610 | |
| 若布を入れた桶を背負って運ぶ | 610 | |
| ワカメ干し | 409 | |
| ワカメ干しのハサ木 | 409 | |
| 若者組のハッピ | 23 | |
| 分かれ道の小祠 | 700 | |
| 輪カンジキをかついで売りに行く | 610 | |
| ワクウツシ | 488 | |
| 綿切り | 343 | |
| ワダコ(背当て) | 610 | |
| 渡し舟 | 553 | |
| ワダラ | 431 | |
| わっか | 610 | |
| ワッパ | 93 | |
| ワッパ汁 | 58 | |
| ワラグツ | 42 | |
| 藁沓 | 42 | |
| ワラグツ、ハッバキ、ミノ姿の猟師 | 42 | |
| 藁沓類を乾かす | 42 | |
| 藁細工 | 519 | |
| ワラジ | 42 | |
| 草鞋 | 42 | |
| ワラスグリ | 519 | |
| わらづと納豆の仕込み | 110 | |
| わらすりっぱ | 43 | |
| ワラ草履作り | 520 | |
| 藁つとに囲炉裏の火で焼いた串刺しの川魚を刺す | 110 | |
| ワラテブクロ | 44 | |
| わらと長木を収納したタカ | 187 | |
| 藁葺きの納屋とハサ | 188 | |
| 藁葺の民家 | 188 | |
| 藁葺き屋根の家並み | 188 | |
| 藁布団 | 242 | |
| わらみのを編む | 520 | |
| 割り木(ワッツァバ)の木鴼 | 536 | |

## 富山県

| | |
|---|---|
| 相倉集落 | 119 |
| 相倉の合掌造り | 119 |
| 灰汁煮釜 | 465 |
| 芦峅寺参道の石仏群 | 680 |
| アズマダチの民家 | 120 |
| 畦肩鎮圧器 | 253 |
| 厚袋(薬袋) | 664 |
| アトミナクチ | 254 |
| アナに入った図 | 254 |
| あみだい | 489 |
| 網元の民家 | 120 |
| 涼田 | 255 |
| 涼田乾田化のための排水工事 | 255 |
| 涼竹と苗樋 | 255 |
| 涼田除草の昼飯 | 111 |
| 涼田除草の身仕度 | 255 |
| 涼田の稲刈り | 255 |
| 涼田の除草 | 255 |
| 涼田の代掻き | 255 |
| 涼田の全景 | 255 |
| 涼田の田植 | 255 |
| 涼にできた小畔 | 255 |
| あわらの田植え | 255 |
| アワラの田の収穫 | 256 |
| 涼のなかでの肢体のいろいろ | 256 |
| 涼の排水口 | 256 |
| アンカイシ(行火石) | 219 |
| 石垣と畑 | 256 |
| 板戸を開けたチョンダの入口 | 123 |
| 五ツ鍬 | 257 |
| 井戸 | 207 |
| 稲鎌 | 258 |
| 入母屋型で両角をもった民家の背面 | 124 |
| 囲炉裏 | 190 |
| 岩瀬家 | 124 |
| 植付定規 | 260 |
| うどん揚げ | 61 |
| 餛飩蒸し籠 | 61 |
| 鱗田 | 261 |
| 永代経の説教 | 723 |
| 永代経の法要 | 723 |
| 絵馬 | 703 |
| 御媼尊 | 718 |
| 「オエノイルリ」の上に吊された「ヒアマ」 | 191 |
| 大敷網でのブリ漁 | 360 |
| 大敷網の身網に入ったブリ船上に引き揚げる | 360 |
| 大平家主屋のチョウナ梁 | 128 |
| 岡持 | 587 |
| オチャヅケ(越中五箇山) | 115 |
| 鬼おろし | 62 |

## 富山県

| | |
|---|---|
| オボケ | 470 |
| 表に蔵と納屋をもつアズマダチの民家 | 129 |
| カイチュウブツ（懐中仏） | 683 |
| 回転式球根粉衣消毒機 | 265 |
| 回転定規 | 265 |
| カイニョとよばれる屋敷林 | 131 |
| 家屋の構造横断面 | 131 |
| 籠の渡し | 540 |
| 笠 | 25 |
| 片口 | 64 |
| カツギゴモ | 588 |
| 合掌造り | 132 |
| 合掌作りの農家 | 132 |
| 合掌造りの左側妻面 | 132 |
| 合掌造屋根 | 132 |
| 株切り | 267 |
| 紙切包丁 | 496 |
| 神棚の上に雲形の木の彫刻を貼る | 706 |
| 茅葺き叩き | 215 |
| 楪 | 34 |
| カンジキ | 34 |
| 乾田の田植え | 270 |
| 丸薬機械 | 664 |
| 丸薬師 | 664 |
| 球根植付定規 | 272 |
| 球根植付筋立て器 | 272 |
| 球根掘取器 | 272 |
| 球根掘取用フォーク | 272 |
| 球根水洗機 | 272 |
| 球根選別機 | 272 |
| 球根数読器 | 272 |
| 薬売り | 566 |
| 蔵の飾り（恵比寿） | 140 |
| 黒茶 | 115 |
| 黒茶の製造 | 441 |
| 桑籠 | 457 |
| 桑摘み籠 | 458 |
| 携帯基地局 | 616 |
| 血脈（一式） | 719 |
| 月水蔵根元秘事 | 719 |
| 月水之大事 | 719 |
| 月水不浄除御守 | 719 |
| 格子戸を運ぶ | 590 |
| 庚申講 | 742 |
| 勾配の緩い入母屋型の民家 | 142 |
| 蚕業之大神〔護符〕 | 719 |
| 五箇山の民家 | 143 |
| 五箇山の民家・羽馬家住宅平面図 | 143 |
| 扱き箸 | 278 |
| 茣蓙帽子 | 26 |
| コシキ | 68 |
| 寿煎餅 | 52 |
| 捏ね鉢 | 68 |
| 木挽きの服装 | 8 |
| 孤立農家 | 245 |
| 早乙女たち | 281 |
| 早乙女の服装 | 8 |
| さし | 216 |
| さまざまな屋敷 | 145 |
| 散居 | 145 |
| 散村 | 146 |
| 山村一家の服装 | 9 |
| 散村の空間を埋める住宅団地や高層建物 | 245 |
| 散村の景観 | 146 |
| 散村の住居 | 146 |
| さんぱ | 375 |
| 仕上げ鍬または土入れ鍬 | 283 |
| 地蔵堂と供養碑 | 753 |
| 地曳網漁 | 377 |
| しめ板 | 216 |
| しめし籠 | 811 |
| 商人帳面籠 | 569 |
| 昭和初めの漁家の小屋 | 150 |
| 除草を終えた潟田 | 286 |
| 除草まえの潟田 | 287 |
| 除草用網面 | 287 |
| ジョレン | 287 |
| 人力稲刈機 | 288 |
| 菅沼集落 | 151 |
| スカブ（火株） | 291 |
| 菅笠を運ぶ | 593 |
| スリコギ | 74 |
| 背負箪笥 | 595 |
| せーた | 596 |
| 船上で食事の準備をする漁師 | 102 |
| 双用二段耕犂 | 295 |
| 染鉢 | 479 |
| 空鉤 | 197 |
| 台網漁風景 | 381 |
| 大根おろし | 76 |
| 鯛の地曳 | 382 |
| 田植 | 297 |
| 田植えをする女性 | 298 |
| 田植に使う力棒 | 299 |
| 田植に出かけるところ | 299 |
| 田植の植え方 | 299 |
| 田植えの昼飯接待 | 113 |
| 竹かんじき | 37 |
| 田下駄 | 301 |
| たっつけ | 13 |
| 種俵 | 304 |
| 田舟 | 305 |
| 田舟による苗運び | 305 |
| 段葺き | 216 |
| ちまき | 54 |
| 粽 | 712 |
| 茶を切る剪定鋏 | 442 |
| 茶釜 | 116 |
| 茶筅 | 116 |
| 茶筅づくり | 116 |
| 茶摘み | 442 |
| 茶の運搬に用いる箕 | 443 |
| 茶の小売り | 116 |
| 茶畑から摘んだ茶を運ぶドウワ | 443 |
| 茶柄杓 | 116 |
| 茶碗 | 116 |
| 茶碗と茶筅 | 116 |
| チョウチン（提灯） | 230 |
| チョンダの入口 | 157 |
| チョンダの内部 | 199 |
| ツエ（杖） | 231 |
| ツツ | 508 |
| ツンブリ | 309 |
| 手畔 | 309 |
| 東南側よりみたカイニョ | 159 |
| 土蔵造り | 160 |
| ドーハ | 312 |
| ドブネ | 388 |
| トーベーザラ | 81 |
| 斗枡 | 584 |
| トマスとトカキ | 584 |
| ナイカゴ | 313 |
| ナエカゴ | 313 |
| 苗取り | 313 |
| 苗運び | 314 |
| ナタテゴ | 417 |
| 苗代田 | 316 |
| 布橋 | 768 |
| 布橋（復原） | 768 |
| 沼田の田植 | 317 |
| 農家のまわりのカイニョ | 164 |
| 農村の民家 | 164 |
| 鋸 | 417 |
| ノデワラで束ねた苗 | 318 |
| 灰納屋 | 165 |
| 売薬行商行李 | 665 |
| 売薬行李 | 665 |
| 薄氷 | 56 |
| 箱植え | 319 |
| 箱膳 | 84 |
| ハサ掛け | 319 |
| バタバタ茶（富山県朝日町蛭谷） | 116 |
| バタバタ茶（富山県入善町吉原） | 117 |
| 破風 | 166 |
| 羽馬家 | 166 |
| 針返し | 213 |
| 馬鈴薯のカッチリ | 56 |
| ハンドブラザー | 322 |
| 火あま | 203 |
| 引木 | 439 |
| 柄杓 | 117 |
| 左勝手の民家 | 168 |
| 備中鍬 | 324 |
| ヒョータン | 325 |
| 蛭谷の四十九日法事（バタバタ茶） | 117 |
| フカグツ | 40 |
| 仏壇作り | 513 |
| 鰤大根 | 56 |
| 風呂桶 | 203 |
| 奉納柄杓 | 715 |
| 蛍烏賊の網上げ | 401 |
| 蛍烏賊のあら出し | 109 |
| ほら建網布設図 | 401 |
| 町家 | 173 |
| 窓鍬 | 330 |
| 間取 | 173 |
| 丸太で雪囲いの準備をする寄棟型茅葺きの民家 | 174 |
| マルベントウ | 89 |
| 箕 | 444 |
| ミズブネ | 89 |
| 三つ鍬と平鍬 | 333 |
| 南側よりみた100年を超す杉もあるカイニョ | 175 |
| ミノゴモ | 20 |
| ミノゴモ | 608 |
| みの類、笠を着けて | 20 |
| 民家 | 175 |
| 村上家 | 179 |
| 命日の茶会 | 118 |
| 飯櫃 | 91 |
| 屋敷神 | 698 |
| 屋敷沿いの墓地 | 850 |
| 屋敷と家の見取図 | 181 |
| 柳行李 | 240 |
| 屋根 | 182 |
| 屋根の葺きかえ | 217 |
| 山里の風景 | 340 |
| 山仕事の帰り | 536 |
| 山伏の修行 | 729 |
| 湯釜 | 92 |
| 雪国の外部に面した障子 | 205 |
| ユキグワ（雪鍬） | 251 |
| 嫁たたき棒 | 827 |
| 嫁暖簾 | 827 |
| 雷鳥〔護符〕 | 723 |
| 螺旋水車 | 342 |

| | | |
|---|---|---|
| レーキ | 342 | |
| レンゲ刈り鎌 | 343 | |
| ワクころがし（丘田） | 343 | |
| 枠の内造りの組み立て | 206 | |
| 枠の内造りの大黒柱とヒラモン、帯戸 | 206 | |
| 枠の内造りの天井と小壁 | 206 | |
| 草鞋台 | 519 | |
| ワラジツクリダイ | 519 | |

## 石川県

| | |
|---|---|
| 明かり取りのある家 | 119 |
| 秋洗い | 447 |
| 揚げ浜塩田 | 444 |
| 揚げ浜塩田 | 444 |
| 揚げ浜塩田・潮汲み | 445 |
| 朝市 | 554 |
| 朝市で出会ったおばあさん | 585 |
| 麻糸を紡ぐ | 465 |
| アシナカ | 32 |
| 網干場から船へ運ぶ | 346 |
| 海士 | 346 |
| 海女 | 347 |
| 海女の島渡り | 348 |
| 海女の背中 | 348 |
| 海女の潜水作業 | 348 |
| 海女の潜水道具 | 348 |
| 海女の夫婦 | 348 |
| 海女の船 | 348 |
| 海女船の炉 | 348 |
| アマボシ | 254 |
| アマボシガエシ | 254 |
| アマボシダイ | 254 |
| 網を操るカコ衆（漁師） | 348 |
| 網を繕う | 349 |
| あみ台 | 489 |
| 網の点検 | 349 |
| 網干し | 350 |
| 荒木取り道具 | 489 |
| 粗むしろに包んだ雪氷を荷車にのせ、注文先に運び届ける | 560 |
| 鮑 | 350 |
| 碇を作る | 351 |
| 五十洲壮年倶楽部 | 621 |
| 育成器からの汲み掛け | 447 |
| イザリ機 | 466 |
| 石置き屋根の家が並ぶ | 121 |
| イジコ | 806 |
| 意志伝達用具として使われたコシキ（木鋤） | 219 |
| イヅメ | 60 |
| イヅメ | 806 |
| イタダキ | 560 |
| 一輪車 | 585 |
| 一家団欒の食事 | 111 |
| 一升枡 | 583 |
| 井戸 | 207 |
| イブリ使用の場面 | 259 |
| イブリ（棒） | 259 |
| 入り江 | 354 |
| いりなべ | 60 |
| 岩海苔を採る | 355 |
| 印籠 | 219 |
| 兎の骨を叩くための石皿 | 60 |
| 兎の餅搗 | 783 |
| 兎の餅つき玩具 | 783 |
| 打瀬から膨れを待つ | 447 |

| | |
|---|---|
| 打桶で海水を霧のように撒き広げる | 445 |
| 海が迫るわずかな土地にたたずむ外浦の典型的な集落 | 125 |
| 海からの強い冬季の季節風を防ぐためのマガキ | 125 |
| 上塗 | 492 |
| ウワヌリバケ（上塗り刷毛） | 492 |
| 絵馬 | 703 |
| 大屋根から突き出した天窓 | 128 |
| 御冠（真砂ろくろ師） | 493 |
| 翁人形 | 784 |
| オキバチ（燠鉢） | 220 |
| オキベントウ（沖弁当） | 62 |
| 奥能登の平入農家 | 128 |
| 奥能登の平入農家の間取り | 128 |
| おけにつかまって漁をするタライアマ | 361 |
| オシッチャ（御七昼夜） | 723 |
| お手玉をする | 796 |
| おはじき遊び | 796 |
| オービガネ（貝金） | 361 |
| オミキスズ | 723 |
| 櫂 | 448 |
| 貝金 | 362 |
| 海岸にある共同井戸 | 208 |
| 会席膳 | 63 |
| 海中を一気に潜りくだる舳倉島の海士 | 362 |
| 海中でアワビを獲る舳倉島の海士 | 362 |
| 回転式脱穀機 | 265 |
| カイビキ | 362 |
| 加賀友仙 | 494 |
| 加賀友禅 着物の図柄を描く | 494 |
| 鍛冶屋 | 494 |
| 型（角物木地用具） | 495 |
| カタクチイワシの煮干しを浜で干す | 97 |
| 型はつり道具（椀木地用道具） | 495 |
| 鹿渡酒造店 | 562 |
| カドフダ | 669 |
| 金沢駅前のバス待合所 | 540 |
| 金沢野田山の陸軍墓地 | 655 |
| カブ | 267 |
| 鎌を手にする女の子 | 627 |
| 釜据えと甑の据え付 | 448 |
| 釜の水漲り | 448 |
| ガマハバキ | 33 |
| カミウケ（髪受・毛受） | 45 |
| 紙芝居 | 775 |
| 上時国家 | 133 |
| 上時国の平家茶屋 | 562 |
| カムイ凧 | 785 |
| 狩人のボウシ（帽子） | 26 |
| 川舟の繋留風景 | 366 |
| ガンギ（穂取り） | 270 |
| 観光客でにぎわう朝市 | 556 |
| カンコロ | 270 |
| 梻 | 34 |
| 乾燥板 | 423 |
| カンナベ | 66 |
| 鉋類（角物木地用具） | 497 |
| 機械化の進んだ添作業 | 448 |
| 器局 | 804 |
| 木地工場 | 497 |
| 木地作業場 | 497 |
| 木地師 | 497 |
| 木地師の倉 | 497 |
| 木地師の服飾用具 | 6 |

| | |
|---|---|
| 木地の仕上げ道具（杓子木地用道具） | 498 |
| キゼナゴ・コエドラ | 589 |
| 北前船の廻船問屋の旧家と土蔵（角家） | 136 |
| きめ・締め道具（角物木地用具） | 499 |
| 客の注文で魚（スケソウダラ）を庖丁でさばく朝市の女店主 | 556 |
| 旧・のと鉄道輪島駅跡の道の駅に残されたホームの一部 | 541 |
| 行商絆纏 | 566 |
| 漁家 | 138 |
| 漁期に寝泊まりする人家 | 138 |
| 漁期に使う小屋 | 367 |
| 漁業青年団々則 | 621 |
| 漁船の船着場 | 368 |
| 漁村 | 369 |
| 漁夫 | 369 |
| 切返しを待つ蒸米 | 448 |
| 切子灯籠 | 223 |
| 錐・叩き道具（角物木地用具） | 499 |
| 錐類（角物木地用具） | 499 |
| 記録帳 | 621 |
| 金魚行商一式 | 566 |
| 吟醸酒用米の米洗い作業 | 448 |
| 金属製洗米機 | 448 |
| 金箔打ち | 499 |
| 九谷焼の壺 | 224 |
| 熊狩り | 423 |
| クマトリヤリ | 424 |
| 組立道具（角物木地用具） | 499 |
| 携行道具（椀木地用道具） | 500 |
| 堅式精米機 | 448 |
| 麹室前の莚の上で蒸米を放冷する | 449 |
| 合鹿平皿 | 68 |
| 合鹿ひら椀 | 68 |
| 合鹿椀 | 68 |
| 小型の木造船 | 542 |
| 穀用1斗枡 | 583 |
| 甑置き | 449 |
| 甑置き終了 | 449 |
| 甑からの切り出し | 449 |
| 甑と潰米 | 449 |
| 甑の蒸気穴にサルが取り付けられる | 449 |
| コッペラ | 279 |
| コブジャク | 69 |
| コブバチ | 69 |
| 米喰鼠 | 787 |
| 子守り | 810 |
| ゴロガイ | 69 |
| コロガシ | 280 |
| コンクリートブロック塀 | 144 |
| コンベギレ | 26 |
| 婚礼習俗 | 821 |
| サイジ | 373 |
| サイメンパ | 69 |
| 酒蔵掃除用の手掃を作るホウキクサ | 449 |
| 酒蔵に保存されている酒造用具 | 449 |
| 魚の塩漬 | 52 |
| 魚の保存加工 | 100 |
| 魚屋の前で注文の大きさに応じて雪氷を鋸で切りわける | 568 |
| 左官屋 | 521 |
| サザエ採り | 374 |
| 笹舟 | 787 |
| さし道具・盤（角物木地用具） | 501 |
| さび（下地）へらの種類 | 501 |
| サルコ（猿こ） | 70 |

## 石川県　地域別索引

| 項目 | 頁 |
|---|---|
| 散粉機 | 283 |
| 仕上場（輪島ろくろ師） | 501 |
| シイラヅケ | 375 |
| 潮汲み | 446 |
| 塩浜 | 446 |
| 地神の祠 | 688 |
| 地神の祠地 | 688 |
| 試験室 | 450 |
| 仕事着 | 9 |
| ジザイカギ | 195 |
| 自然石を用いた墓 | 836 |
| 四段掛の水添 | 450 |
| 四段掛用 仕込みの保温作業 | 450 |
| 漆器店の町並 | 568 |
| 治部煮 | 53 |
| 下時国家 | 148 |
| 杓子造りの工具 | 502 |
| シャボン玉をふく少年 | 798 |
| 「酒造方法綴」表紙 | 450 |
| シュータ | 426 |
| 蒸気に運搬用の飯試を当てる | 450 |
| 上槽後、木製樽に詰められ貯蔵熟成される三年酒 | 450 |
| 上槽の作業 | 450 |
| 消毒 | 649 |
| ジョウバイシ | 502 |
| しょうゆ注ぎ | 72 |
| 除草機 | 286 |
| 諸用記（表紙） | 622 |
| 神璽と護符類 | 720 |
| 新聞少年 | 631 |
| 吸物椀 | 73 |
| スゲウマ（菅馬） | 788 |
| スゲガサ | 27 |
| 漬米の水切具 | 451 |
| スッカ | 11 |
| 砂寄せ | 446 |
| ズボロ | 37 |
| 炭入れ | 228 |
| 炭焼歩荷 | 530 |
| 摺臼 | 292 |
| 青年会々則 | 622 |
| 青年倶楽部 | 622 |
| 青年団員心得の一部 | 622 |
| 青年団倶楽部 | 622 |
| 青年団則の内容の一部 | 622 |
| 青年団々則 | 622 |
| 青年団の諸記録 | 622 |
| 青年団の総会記録 | 622 |
| 背負梯子 | 595 |
| 積槽 | 451 |
| 責槽後、槽から搾袋を取り出し粕をはなす | 451 |
| 背守りのついた着物 | 11 |
| セン | 503 |
| センゴクドオシ | 293 |
| 洗浄作業 | 452 |
| 船上でいき綱を引くアマの夫 | 380 |
| 船上の子どもたち | 545 |
| 宣伝のために町をまわる旅芝居一座 | 778 |
| 洗米機で洗米する | 452 |
| 千枚田 | 294 |
| 千枚田の下の田を耕す | 294 |
| 洗米・水漬工程で米の吸水率を調べる杜氏 | 452 |
| 遭難や病気で倒れた船乗りたちの墓地 | 839 |
| 槽二個 | 452 |
| 総墓 | 839 |
| 葬列 | 839 |
| 添の準備作業 | 452 |
| 速醸酛の保温作業 | 452 |
| 速醸酛の酛立 水麹の測定 | 452 |
| ソリ | 597 |
| ソーレン団子 | 54 |
| 台網 | 381 |
| 大根おろし | 76 |
| ダイセンバ（オキバチ） | 228 |
| 台所の再現 | 198 |
| 鯛延縄の目印に立てられたボンデン | 382 |
| 駄菓子屋 | 571 |
| 竹細工の実際 | 505 |
| 竹スキー | 799 |
| タケチャンボウ | 427 |
| 竹で編んだ間垣 | 154 |
| タケボウチョウ（竹庖丁） | 506 |
| 竹割鉈 | 506 |
| タコガメ（蛸瓶） | 383 |
| 蛸飯 | 54 |
| 脱穀 | 302 |
| 脱穀の作業をしている婦人の着衣 | 13 |
| たばこ入れ | 229 |
| タバコボン | 229 |
| 足袋 | 37 |
| 足袋屋 | 507 |
| たむろする子どもたち | 799 |
| タライオケ（盥桶）とオービガネ（貝金） | 384 |
| 中耕除草機 | 307 |
| チョウアシゼン（蝶足膳） | 78 |
| チョウサミ | 307 |
| ちょうちん（真砂ろくろ師） | 507 |
| 沈金 | 508 |
| 土田酒造店 | 573 |
| ツトとダオゾウ | 823 |
| ツナビキロクロ（綱挽き轆轤） | 508 |
| ツーリ | 13 |
| 出麹の品質検査 | 452 |
| 出麹の放冷 | 452 |
| テゴづくり | 508 |
| 出作り小屋 | 158 |
| 出作り小屋の間取り | 158 |
| 手ぞりで山から材木を運び出す | 416 |
| テッポウソデ（鉄砲袖） | 14 |
| 鉄砲風呂 | 199 |
| テドリ | 310 |
| 手拭いかぶり | 28 |
| 手びきろくろ | 508 |
| 電動井戸ポンプ設置状況 | 212 |
| テント船が朝日を背に浜に帰ってくる | 387 |
| 天秤棒を担ぐ女の人 | 601 |
| テンポ（店舗） | 573 |
| 添米の冷却作業 | 452 |
| 道具箱（角物木地用具） | 509 |
| 杜氏部屋での食事風景 | 114 |
| 灯台 | 233 |
| 燈台守の洗濯物 | 247 |
| ドウツキ | 427 |
| 豆腐のカタバコ（型箱） | 81 |
| 戸が開け放たれたままの家 | 159 |
| 研ぎ道具など（角物木地用具） | 509 |
| ドグワ | 311 |
| 床揉 | 453 |
| ドブネ | 388 |
| 胴舟の上で焚火をしながらバンコの仲間のそろうのを待つ | 389 |
| ドミノ（胴簑） | 14 |
| トムライフダ（弔札） | 841 |
| 留添の櫂入れ | 453 |
| 鳥型水指 | 82 |
| トリダシバイ | 428 |
| ナカアワカンジキ | 38 |
| ナギカエシの札 | 721 |
| 泣きじゃくりながら兄にうったえている子 | 634 |
| ナグリバイ（豆打ち棒） | 314 |
| ナタカゴ（鉈籠） | 602 |
| 七尾 | 651 |
| 生寒天とテンツキ | 55 |
| ナワバリ | 824 |
| 荷馬 | 602 |
| 荷馬車 | 603 |
| 二番櫂 | 453 |
| ニマイアシゼン（二枚足膳） | 83 |
| 塗師の作業 | 511 |
| 塗師屋 | 511 |
| 布晒業 | 511 |
| 布叩き台 | 511 |
| 塗籠壁の民家 | 163 |
| ネカギ（大黒） | 202 |
| 農家のナヤ | 164 |
| 農家の梁と自在鉤 | 202 |
| 農具をかつぐ | 318 |
| 農村の労働服装 | 15 |
| 鋸類（角物木地用具） | 511 |
| 能登の草屋根 | 165 |
| ノミ（鑿） | 511 |
| 鑿類（角物木地用具） | 511 |
| バイウチ | 428 |
| 廃線を惜しむ沿線の子ども達 | 548 |
| 背板 | 604 |
| 延縄の手入れ | 392 |
| 延縄漁 | 392 |
| ハカマ | 16 |
| 秤に載せられた粕 | 453 |
| 箱ゾリで遊ぶ子供 | 800 |
| ハザ穴堀機 | 319 |
| ハサミ（挟） | 428 |
| ハサミ（鋏） | 512 |
| 柱の外側に厚く壁土を塗りつけた構造 | 165 |
| ハス（蓮） | 844 |
| 畑仕事から帰ってきて一息入れる | 248 |
| 醗酵の最盛期を経て地玉に移行した醪 | 453 |
| 醗酵の最盛期に傘を付けたタンク | 453 |
| 伐採道具 | 417 |
| ハネ（羽根） | 791 |
| ハバヒロ（幅広） | 418 |
| 浜辺の井戸 | 213 |
| 浜辺の井戸と洗い場 | 213 |
| ハモ | 439 |
| 張子の首振り猫 | 792 |
| 春清酒造店 | 575 |
| 春成酒造店 | 575 |
| 盤（角物木地用具） | 512 |
| 番傘を立て朝市の店を開く | 558 |
| バンモチ石 | 623 |
| ひきうす | 324 |
| 引込み戸を多く用いる農家 | 167 |
| ヒタタキ | 324 |
| ビッコキ | 324 |
| 火の神 | 695 |
| ヒノキガサ | 29 |
| 火の見櫓をのせた公民館 | 635 |
| 火の用心の当番板 | 635 |
| 火鉢 | 237 |

| | | |
|---|---|---|
| ヒャクトコテダマ | 17 | モッコバリ | 240 |
| ヒルット（ゴザ弁当入れ） | 86 | 配立の水麹の測定 | 455 |
| 昼寝 | 249 | 喪服 | 21 |
| ビンボウカギ（貧乏鉤） | 86 | 醪仕込みのため予め熱湯で殺菌洗浄が行われる | 455 |
| 深編笠 | 30 | 焼畑 | 338 |
| フカグツ | 40 | 焼畑の火入れ | 339 |
| フキの皮をむきながら、ミョウガタケとフキを売る | 558 | 焼畑用具 | 339 |
| 福浦港 | 396 | 厄除祈祷木 | 717 |
| フコケと呼ぶタライ舟で漁をする | 396 | ヤマガマ（山鎌） | 517 |
| 浮上 | 396 | 山出し道具 | 419 |
| 文机 | 238 | 山取・中刳り道具（杓子木地用道具） | 517 |
| 布施酒造店 | 576 | 夕市 | 559 |
| 舟小屋 | 396 | ユウグシザシ | 92 |
| 船小屋と漁船 | 397 | ユキメガネ（雪眼鏡） | 48 |
| 船着場 | 550 | ユビアテ（指当て） | 517 |
| 船徳利 | 86 | 夜網のびく | 407 |
| 鰤などを捕る漁具 | 397 | 養蚕の神 | 700 |
| 舟を寄せ、網をしぼったところ | 398 | 四つ手網 | 342 |
| 浮標 | 399 | 四つ手網を沈めて遡上するイサザを待ち受ける | 407 |
| 振り売り（行商） | 576 | ヨツマタ（四つ又） | 517 |
| 古いタイプのチンカラ網 | 400 | ヨメイリゾウリ（嫁入り草履） | 41 |
| 分析 | 453 | らちうち | 342 |
| 分析用試料採取用水杓 | 453 | リヤカーに魚を積んで路地をまわる行商 | 578 |
| 舳倉島灯台 舳倉島分校 | 652 | 両肩支持背負い運搬 | 609 |
| 舳倉島の海女 | 400 | リョウタミノ（狩猟用背負袋） | 430 |
| 舳倉島の家 | 170 | 旅館 | 582 |
| 舳倉島の家並み | 170 | 冷却した添米をタンクに投入 | 455 |
| 舳倉島の漁家 | 170 | レンゲウス（蓮華臼） | 93 |
| 舳倉島の漁家の夏の夕食 | 114 | 連絡船の発着場 | 553 |
| ヘゴ | 327 | 老人館で作ったお土産の藁細工を朝市で売る | 559 |
| 便所神人形 | 696 | 櫓を漕ぐ少女 | 553 |
| 弁当かご | 87 | 濾過圧搾機 | 455 |
| 防風垣 | 170 | ろくろ軸 | 518 |
| ホガチウス（穂搗き臼） | 88 | 轆轤びき道具（椀木地用道具） | 518 |
| 祠 | 697 | ロッポウ | 242 |
| 細高桶と搔桶 | 454 | ワカメ干し | 409 |
| ホッケのツミレ汁 | 57 | 若連中名簿 | 624 |
| ホトリガマ | 329 | ワク | 343 |
| ホトリベラ | 329 | 輪島漁港 | 409 |
| ボロカビ（ほろ蚊火） | 329 | 輪島港 | 553 |
| 盆・茶壺・菓子皿・菓子鉢・棗・果物盛ほか | 88 | 輪島塗 | 519 |
| ポンプのついた井戸 | 213 | 輪島塗の工具 | 519 |
| マエダレ | 19 | 輪島塗の仕上げ工程の順序を書いた木札 | 519 |
| 蒔絵をかく | 514 | 輪島塗の職人 | 519 |
| 槙配立後の攪拌 | 454 | 輪島塗の研作業 | 519 |
| マタイブリ | 330 | 輪島塗の研に使う粉 | 519 |
| 町屋の造り | 173 | 輪島の朝市 | 559 |
| 松尾様 | 697 | 渡し船の朝の客 | 554 |
| 間取り例 | 174 | 輪跳びをする子どもたち | 803 |
| ままごと | 802 | 藁細工の鶴亀 | 827 |
| マメウエボウ（豆植棒） | 330 | 藁葺きの家 | 188 |
| 豆植棒 ガーガメ | 330 | ワンボウ（輪棒） | 520 |
| 豆植棒 ホグセボ | 331 | | |
| まりつきをする | 802 | **福井県** | |
| マルキとチョロ | 402 | | |
| 水漬けから引き上げた米を水切りする | 454 | 足踏み脱穀機による作業 | 253 |
| 糞 | 20 | 畦ぬり | 253 |
| 民家 | 175 | 遊ぶ子ども | 795 |
| 蒸米を麹室前へ運ぶ | 454 | 穴つき棒 | 254 |
| 蒸米の切り出し | 454 | アネサンカブリ | 24 |
| 莚縄鉢 | 404 | 鮎の投網漁 | 350 |
| 莚の上で放冷 | 454 | 家々に対する花嫁の挨拶回り | 819 |
| 村旗 | 637 | | |
| メシツグラ | 91 | | |
| メンパ | 91 | | |
| 木製洗米機 | 455 | | |
| 木工具と当石 | 517 | | |

| | |
|---|---|
| イグサの天日干し | 490 |
| 藺茣座織機 | 490 |
| 意志伝達用具としての使用（除雪具） | 219 |
| イズメ | 806 |
| 磯引網ロクロ | 353 |
| 市で売られる鶏卵 | 555 |
| 一俵香典 | 829 |
| 稲刈りの手伝い | 258 |
| 囲炉裏での煮炊きと食事の準備 | 96 |
| 鵜飼い漁業 | 355 |
| 鵜飼の用具 | 355 |
| 浮子 | 355 |
| 牛の毛焼 | 432 |
| 打瀬船 | 356 |
| ウダツ | 125 |
| ウナギを捕獲するツヅ（筒）漁 | 357 |
| 雲丹採り | 357 |
| 乳母車（買物の運搬） | 586 |
| 産小屋 | 807 |
| 産小屋・月経小屋 | 807 |
| 産小屋・月経小屋の構造 | 807 |
| 産小屋の飲料水 | 807 |
| 産小屋の設備・備品 | 807 |
| 産小屋の便所 | 807 |
| 産小屋の棟札 | 808 |
| 産小屋見舞い | 808 |
| 産綱 | 808 |
| 産屋 | 808 |
| 漆を塗る前の吸物椀に柿渋を用いて下地塗りをする | 491 |
| 漆塗りの椀の下地に塗るための柿渋つくり | 492 |
| 上板取の番所に至る登り坂に並んで建つ旧増尾家と旧竹沢家 | 126 |
| エビの柴漬け漁 | 359 |
| 魞に入った魚を水揚げする | 359 |
| 魞漁 | 359 |
| 塩水選用かご | 262 |
| 奥越五箇の民家 | 126 |
| 芋うみ | 469 |
| 大字で担う農繁期の季節保育所 | 626 |
| 大足 | 263 |
| 大型町家の森田家 | 127 |
| お堂で説法を聞く檀家主婦 | 723 |
| オトリモチで行う新築住宅における瓦の運び上げ | 215 |
| 街道に沿って流れる前川 | 539 |
| 柿渋絞り器 | 494 |
| 角盆のみがき | 494 |
| かぐら建ての旧岸名家 | 131 |
| かぐら建ての民家 | 131 |
| 掛け落とし灌漑 | 266 |
| 籠櫃 | 64 |
| 風邪の地蔵様 | 683 |
| 火葬場跡 | 831 |
| カタクチイワシの定置網漁 | 364 |
| 学校での田植え訓練 | 640 |
| 門口の花嫁の水盃 | 820 |
| カーバイトライト集魚灯 | 366 |
| カバタにヨコ着けされている漁船 | 366 |
| 壁土の芯にワラを混ぜ強度 | 521 |
| 鎌型 | 534 |
| カマ・ヨキの柄の焼印 | 411 |
| 紙漉き | 496 |
| 紙だし場 | 496 |
| 亀鍬 | 268 |
| 茅葺きにトタンを被せた民家 | 133 |
| カヤ普請による屋根の葺き替え作業 | 215 |

# 福井県　地域別索引

| 項目 | 頁 |
|---|---|
| 苧麻織 | 472 |
| 刈敷を田土に混ぜ埋め込む作業を手伝う中学生たち | 269 |
| 川遊び | 796 |
| かんこ | 223 |
| 勧請吊と勧請板 | 669 |
| 乾燥保存したヨモギの葉で餅を作る | 98 |
| 鉋類（臼・太鼓胴作り道具） | 497 |
| 木地師の作業場 | 497 |
| 木地椀に渋で下地塗りをする | 498 |
| 基礎石つきと地盤固め | 521 |
| 北前船 | 541 |
| 旧月経小屋 | 809 |
| 旧竹沢家の正面 | 137 |
| 牛馬による運搬作業 | 589 |
| 共同井戸 | 209 |
| 共同湧水地（カク）での洗濯と野菜洗い | 209 |
| 漁家の主屋と納屋 | 138 |
| 漁港での魚の仕分け | 368 |
| 漁婦による魚の行商 | 566 |
| 漁網の洗濯 | 369 |
| 錐・その他（臼・太鼓胴作り道具） | 499 |
| 巾着網漁船の出港 | 370 |
| 櫛・簪 | 45 |
| 黒茶の製茶をやめた十村の茶畑 | 441 |
| クロマツの防風林 | 616 |
| 桑の耕転 | 458 |
| 携行道具（椀木地用道具） | 500 |
| 下駄 | 35 |
| 筒飯杓子 | 708 |
| 現代の筧 | 210 |
| コイの捕獲 | 371 |
| コイの味噌汁 | 52 |
| 小刀・錐類（臼・太鼓胴作り道具） | 500 |
| 刻印 | 412 |
| 穀打台 | 278 |
| ゴザボシ | 26 |
| 五丁鎌 | 279 |
| 子どもブランコ | 787 |
| 小羽割鉈 | 413 |
| 米の保存 | 99 |
| コロビ（アブラギリの実）の加工 | 501 |
| コロビの粗皮剥ぎ | 534 |
| 賽の河原 | 767 |
| 採貝する海女 | 373 |
| サカエ重 | 69 |
| 魚売女 | 567 |
| 魚干し | 100 |
| 作業中に牛に餌を与える | 436 |
| 刺子足袋 | 36 |
| 里海に連続した集落 | 145 |
| 里川の洗い場 | 210 |
| 里山の洗い場と洗濯 | 210 |
| 里山に連続した集落 | 145 |
| 鯖街道に沿った熊川宿下ノ町 | 649 |
| 座布団を黒い布袋に入れ替える | 835 |
| 三界万霊碑 | 771 |
| 山菜売り | 557 |
| 産褥の断面模式図 | 810 |
| 三世代がともに暮らす家族と食事 | 112 |
| 山村農家の屋敷構え | 146 |
| 三方湖の浜 | 375 |
| サンマイ | 835 |
| シイタケ栽培 | 283 |
| 自給する保存食や野菜で作った里山集落の料理 | 53 |
| シジミ漁 | 376 |
| 湿田の稲刈り | 284 |
| 柴漬け漁 | 376 |
| 柴漬け漁の漁獲 | 376 |
| 柴鉈 | 413 |
| 四本熊手鍬 | 285 |
| 出漁前の見送り | 378 |
| 朱塗漆練り器 | 502 |
| 浄土真宗の仏壇 | 836 |
| 少年ボッカ | 593 |
| 醤油漉しかご | 451 |
| 植林の手入 | 414 |
| 除雪を手伝う子供たち | 245 |
| 除草機 | 286 |
| シラウオ漁 | 379 |
| 信玄袋 | 227 |
| 真珠養殖籠 | 379 |
| 新築を地域で祝う餅撒き | 523 |
| 人力での舟出し | 379 |
| 人力による代掻き | 288 |
| 水車の精米小屋 | 289 |
| 水車揚水 | 290 |
| 犁 | 291 |
| 炭火アイロン | 228 |
| 擂鉢・擂粉木 | 74 |
| 製縄機 | 503 |
| 製茶小屋 | 441 |
| 成長した蚕のカゴ分け | 460 |
| 青年団の男女が共同で行った農道作り | 622 |
| 背負篭 | 441 |
| せき止め地蔵 | 690 |
| 千石とうし | 293 |
| 全戸出役による三方水害の復旧作業 | 631 |
| 全戸で補修する阿弥陀堂の屋根 | 631 |
| 前進植え | 293 |
| 善の綱 | 838 |
| 千歯扱きによる脱穀 | 294 |
| 銑類（臼・太鼓胴作り道具） | 503 |
| ぞうり，わらじ編機 | 504 |
| 外蔵 | 152 |
| 橇 | 598 |
| 大根の漬け込み | 103 |
| 大八車で刈りイネを運搬 | 598 |
| 台風被害を記録に残す記念塔の再建 | 661 |
| 太陽熱を利用した屋根の温水器 | 246 |
| 田植糸枠と基準竹 | 297 |
| 瀧の川のお地蔵さん | 691 |
| タケガサ | 27 |
| 田下駄 | 301 |
| 田下駄の着装 | 301 |
| 竹割鉈 | 415 |
| タコツボの準備 | 383 |
| タタキ網漁 | 384 |
| タタキ網漁の仕掛けに使う刺し網 | 384 |
| 畳表用麻糸よりかけ機 | 506 |
| 立木を搬送する筏流し | 415 |
| タテキドリ | 507 |
| 建物が連なる町並み | 155 |
| 谷間の集落 | 155 |
| 足袋型 | 38 |
| 田舟によるイネの搬送 | 305 |
| 田舟による刈稲の搬出 | 305 |
| 田舟や田下駄を使ってイネを収穫 | 305 |
| タミノとタケガサ | 13 |
| 力網 | 811 |
| 稚蚕飼育用深箱 | 461 |
| 茶摘篭 | 443 |
| 茶採み作業 | 443 |
| 中耕除草機 | 307 |
| 通学 | 643 |
| 月小屋 | 811 |
| つのや | 157 |
| 妻入桃 | 157 |
| 妻入りの建物が並ぶ上ノ町 | 157 |
| 妻入りの農家 | 158 |
| 妻飾 | 158 |
| つむぎ | 480 |
| 手足堂 | 713 |
| 手鏡 | 232 |
| 手カギ | 600 |
| 出作りの家 | 158 |
| 手伝いで道直しを担う中学生 | 633 |
| 電動ロクロによる椀の木地引き | 509 |
| 天秤棒と2つの畚による苗運び | 310 |
| 投票所に高齢者を搬送する中学生 | 633 |
| 豆腐箱 | 81 |
| 動力脱穀 | 311 |
| 土葬の共同墓地 | 841 |
| 嫁ぎ先での披露宴 | 823 |
| 隣組共同で行う人力での耕地整理 | 634 |
| トモ（船尾）またはミヨシ（船首）から繫留されている漁船 | 389 |
| 中の中の小坊主 | 800 |
| 鉈・鋸類（臼・太鼓胴作り道具） | 510 |
| 生木の塔婆 | 842 |
| ナマコヒキ | 389 |
| 縄通し | 316 |
| 荷い棒 | 602 |
| ニソの杜 | 768 |
| 二本熊手鍬 | 317 |
| 年長者が小さい子供たちに水泳を教える | 634 |
| ねんぼ | 604 |
| 農家の流し場 | 164 |
| 農閑期のワラ仕事 | 511 |
| 農作業を助け元肥に使う堆厩肥を生産する牛 | 438 |
| 農作業時の昼食と子育て | 114 |
| 農繁休暇でリヤカーを運搬する小学生 | 318 |
| ノッザン（後産）を捨てたところ | 812 |
| 野山から採取した刈敷と海や湖から取り上げた藻肥の犁込み | 318 |
| ノリ摘み | 391 |
| 灰出し鍬 | 319 |
| 培土機 | 319 |
| 背面から俯瞰したかぐら建て | 165 |
| 延縄や筒で捕獲された天然ウナギ | 392 |
| 延縄漁の縄と釣り針 | 392 |
| 馬耕 | 319 |
| ハサ掛け | 319 |
| ハゼ釣り | 392 |
| バチ笠 | 29 |
| 醗酵した茶を切り替える備中鍬 | 444 |
| 花柴を供えたオオジ（便所） | 202 |
| 花嫁道具を嫁ぎ先に運ぶ大八車 | 824 |
| 花嫁のお披露目 | 824 |
| 破風 | 166 |
| バフンウニ漁 | 393 |
| はみ，口輪，くつわ | 439 |
| 番所側から見る板取の集落 | 167 |
| 火鉢 | 237 |
| 干物作り | 107 |
| 日向の町並み | 651 |
| 平入りと妻入りの建物が並ぶ中ノ町 | 168 |
| 平入りの建物と土蔵が並ぶ中ノ町 | 168 |
| ヒルゲ俵 | 86 |
| フカグツ | 40 |

| | | |
|---|---|---|
| 葺き替えるカヤを束ねる組の主婦たち | 216 | |
| 婦人会総会 | 636 | |
| 婦人用小箱 | 237 | |
| 蓋附壺 | 86 | |
| 物資を山積みにして風待ちのため碇泊する北前船 | 396 | |
| ブッチメ | 429 | |
| 舟小屋 | 396 | |
| 舟小屋のある農家 | 169 | |
| 踏鍬 | 326 | |
| 踏鋤 | 326 | |
| ブリなどの定置網漁 | 399 | |
| ブリの陸揚げ | 399 | |
| 篩 | 327 | |
| 風呂鍬 | 327 | |
| 分岐した農業水路での野菜洗い | 213 | |
| 弁才船 | 551 | |
| 弁才船（北前船） | 551 | |
| ベンガラ塗りの民家 | 170 | |
| べんけい | 108 | |
| 保育用の篭 | 812 | |
| 胞衣を埋めるところ（ヨナイケバ） | 812 | |
| 胞衣の捨て場（コステイワ・コナゲイワ） | 812 | |
| 報恩講の食事 | 745 | |
| 坊主鍬 | 328 | |
| 包中被害除去器具 | 328 | |
| 防風用の卯建 | 171 | |
| ホオカブリ | 30 | |
| 干大根 | 108 | |
| 墓上装置 | 846 | |
| 菩提寺の境内で御詠歌を唱える檀家の主婦たち | 727 | |
| ボッカ | 606 | |
| 堀川のお地蔵さん | 697 | |
| 薪の背負いだし | 607 | |
| 股木柱 | 173 | |
| 町屋の縁台 | 204 | |
| 繭の選別をする子供 | 462 | |
| 魔よけの呪い | 673 | |
| マルブネ（木舟）による肥料藻の採取 | 403 | |
| 饅頭篭 | 239 | |
| 溝掘器 | 333 | |
| 蓑 | 20 | |
| 民家 | 175 | |
| 麦搗き | 335 | |
| 蒸し釜 | 444 | |
| 虫取機 | 336 | |
| 螟中被害茎切取鎌 | 336 | |
| 飯莫蓙 | 90 | |
| メシフゴ | 91 | |
| 瑪瑙細工 | 516 | |
| 木製の手型・足型を奉納 | 716 | |
| 木橋 | 552 | |
| 籾摺機 | 337 | |
| モヤイ舟 | 406 | |
| モリノカミ | 770 | |
| 薬酒類の数々 | 58 | |
| 屋号表札 | 180 | |
| 野菜売り | 559 | |
| 矢立 | 582 | |
| 山仕事後に行う共同飲食 | 638 | |
| 山行着 | 22 | |
| 雪囲いを兼ねた柴の保管 | 250 | |
| 雪の板取の集落 | 184 | |
| ユルワ | 241 | |
| 四ツ手網漁 | 407 | |
| よろず屋 | 578 | |
| リヤカーと天秤棒による畑への下肥運び | 609 | |
| 蓮如様お通り（蓮如道中） | 728 | |
| 若狭カレイの干物を生産販売 | 578 | |
| 若狭田烏の川戸 | 215 | |
| 輪カンジキ | 42 | |
| 和紙作り | 519 | |
| ワッパ罠作り | 431 | |
| ワラグツと子供 | 42 | |
| ワラスグリ | 344 | |
| ワラの俵編み | 520 | |

## 山梨県

| | | |
|---|---|---|
| 網代天井 | 189 | |
| 虻除け | 431 | |
| 粟飯 | 49 | |
| アンカ | 218 | |
| 行火 | 218 | |
| 石臼 | 256 | |
| イロリの座 | 243 | |
| 岩船地蔵 | 681 | |
| 印伝 | 490 | |
| インヤシ | 260 | |
| 上野原町 | 124 | |
| ウチワ（団扇） | 261 | |
| ウチワでの風送り | 261 | |
| ウドバでのソバの脱穀 | 261 | |
| ウナイ | 261 | |
| 馬乗り張りのなまこ壁 | 125 | |
| 運搬車 | 586 | |
| 運搬（壮蚕用） | 456 | |
| 大うちわ | 263 | |
| おおとうが | 263 | |
| おかいこ人形 | 784 | |
| オマツヒキのソリ | 587 | |
| 蚕網 | 456 | |
| 回転蔟 | 456 | |
| 回転蔟の営繭状況 | 457 | |
| カイト（垣内）に植えられたトウモロコシ | 265 | |
| カカシ | 265 | |
| 鍵広間型の民家 | 131 | |
| 笠 | 25 | |
| 学校少年団 | 621 | |
| カトウガ（小唐鍬） | 267 | |
| カドドウシンサン | 683 | |
| 家内織物 | 472 | |
| かぶと造 | 132 | |
| かぶと造りの民家 | 132 | |
| 紙位牌 | 831 | |
| 紙漉き台 | 496 | |
| 茅葺屋根 | 134 | |
| 唐竿 | 268 | |
| 刈り取り後の田で作業中 | 269 | |
| ガール・スカウトのキャンピング | 659 | |
| カワドウセイ | 589 | |
| 革脛巾 | 34 | |
| 榑 | 34 | |
| 鉋で仕上げた大黒柱 | 193 | |
| 旧社家の台原家 | 137 | |
| 給桑篭 | 457 | |
| 切妻の破風 | 138 | |
| 草取り | 273 | |
| 口固めの酒一升 | 820 | |
| クレウチ | 275 | |
| 桑切鎌 | 457 | |
| 桑切包丁 | 458 | |
| 桑摘み爪 | 458 | |
| ケダイ | 7 | |
| 玄関入口のお札 | 669 | |
| 検尺器 | 583 | |
| 甲州枡 | 583 | |
| 甲府駅 | 542 | |
| 甲府周辺の家 | 142 | |
| 公民館 | 629 | |
| 孤児にめぐむ春 | 660 | |
| コシノコ（腰鋸） | 278 | |
| コジュウチ（小地打ち） | 278 | |
| コヅクリ（小作り） | 279 | |
| ごぜん篭 | 590 | |
| 災害を免れたかぶと造りの民家 | 144 | |
| 桿秤 | 583 | |
| 座繰器と煮繭による糸繰り作業 | 476 | |
| 山村の井戸 | 210 | |
| 蚕箔 | 459 | |
| ジグザグ式の土かけ作業 | 283 | |
| 七面山参り | 744 | |
| 柴を運ぶ | 591 | |
| ジブチ（地打ち） | 285 | |
| 住居内での平飼い | 460 | |
| 住居に貯えられたモシモノ | 245 | |
| 住居のイマワリ | 148 | |
| 住居の壁と屋根 | 148 | |
| 住居の付属施設 | 148 | |
| 収繭作業 | 460 | |
| 重厚な板戸の大戸口 | 148 | |
| 手動圧力噴霧機 | 286 | |
| ショイコ | 592 | |
| 商家の暖簾の目印 | 569 | |
| 条桑刈り | 460 | |
| 食事の座席 | 112 | |
| 女工の食事 | 112 | |
| 女工の夕食 | 112 | |
| 除草機 | 286 | |
| 代掻 | 287 | |
| 水車小屋 | 289 | |
| 水晶細工 | 503 | |
| 水神幣 | 710 | |
| 水力発電所 | 661 | |
| 雀おどり（棟飾） | 151 | |
| 坐り流し | 197 | |
| 座り流し | 197 | |
| 背負篭 | 460 | |
| 背負籠 | 595 | |
| 背負梯子 | 595 | |
| 背負梯子に背負篭をつけた一例 | 596 | |
| センゴク | 293 | |
| 戦死者の祭壇 | 837 | |
| 千歯 | 294 | |
| 全令協業養蚕（共同飼育・二段式） | 460 | |
| 壮蚕専用蚕室での平飼い条桑育 | 460 | |
| 双用犂 | 294 | |
| 底抜け柄杓奉納 | 711 | |
| ソバ打ち | 103 | |
| ソバの収穫 | 295 | |
| ソバの製粉 | 103 | |
| ソバの脱穀 | 295 | |
| ソバの脱稃 | 295 | |
| ソバフルイ | 295 | |
| ソリ | 597 | |
| タイ | 295 | |
| 台ヶ原の町並み | 153 | |
| 大黒柱 | 197 | |
| 太子講の掛け軸 | 744 | |
| タイ作り | 296 | |

# 長野県　地域別索引

| 項目 | 頁 |
|---|---|
| 台秤 | 584 |
| 高野家住宅 | 154 |
| 高機 | 479 |
| 滝の水行 | 728 |
| 卓上灯 | 229 |
| たたき棒 | 302 |
| 脱穀用具 | 302 |
| 脱ぼう器 | 302 |
| 建て前 | 523 |
| 田の草取り用お面 | 305 |
| 千木のある屋根 | 156 |
| 注連を張った味噌部屋 | 199 |
| 突上げ二階 | 157 |
| 搗輪 | 308 |
| 妻かぶと | 158 |
| 吊し味噌 | 105 |
| 出入り口に貼られたさまざまな札 | 721 |
| 手織機の構造 | 481 |
| 手鎌 | 309 |
| ドウセイ | 602 |
| ドウセイとビク | 602 |
| 道祖神 | 692 |
| 動力脱穀機 | 311 |
| 動力味噌引機 | 311 |
| 斗桶 | 584 |
| 土座床 | 200 |
| 土石流に埋もれる直前の湖側の根場集落 | 159 |
| 土石流に埋もれる直前の山手側の根場集落 | 159 |
| トビナタ | 312 |
| 富岡の集落景観 | 160 |
| 鳥除けの網をかけた粟畑 | 312 |
| 中廊下をとる間取りの民家 | 161 |
| 鉈 | 417 |
| なまこ壁模様の擬態の自動販売機 | 574 |
| 奈良田の子ども | 634 |
| 奈良田の住居とカイト | 162 |
| 奈良田の集落 | 162 |
| ヌイモノビク（縫い物魚籠） | 317 |
| 農作業の衣合 | 15 |
| 農用扇風機 | 318 |
| 軒下に積まれた薪 | 248 |
| ノレン（暖簾） | 318 |
| 羽子板 | 791 |
| 破砕器 | 438 |
| 機屋の住まいの変遷 | 484 |
| バーチカルポンプ | 321 |
| 初節供 | 816 |
| ハナケウナイ | 322 |
| 破風 | 166 |
| 刃物の修理用具 砥石 | 322 |
| 刃物の修理用具 ハヅチ | 322 |
| 刃物の修理用具 ヤスリ | 322 |
| 張子細工の鳩 | 791 |
| 杼 | 484 |
| 火入れ | 322 |
| 挽臼と篩 | 85 |
| ビク | 324 |
| 火消し壺 | 236 |
| ヒジロとオカギ | 324 |
| 火鉢 | 461 |
| 風土病を追放する | 644 |
| 富士急行・富士吉田駅 | 550 |
| 富士講 講社の旗と宿坊 | 745 |
| 富士吉田の浅間神社参道 | 18 |
| 婦人の作業姿 | 18 |
| 襖 | 203 |
| 仏壇 | 845 |
| 振り馬鍬 | 326 |
| ブリキの棟飾り | 169 |
| フルイ | 327 |
| 分家への耕地の分け方 | 327 |
| ホウトウ | 56 |
| ホウトウ作り | 108 |
| 奉納された石の大下駄やブリキのワラジ | 715 |
| 保温器 | 461 |
| 干柿作り | 108 |
| ホーソ神のサンタハラ | 697 |
| 墓地に捨てられたアシナカとナワ | 847 |
| 墓地の草刈り | 847 |
| 盆 | 88 |
| 埋葬地点を覆う竹囲い | 847 |
| 前土間形式の町家 | 172 |
| 曲物作り | 514 |
| 曲物の製品 | 514 |
| 枡 | 584 |
| 町家の格子 | 173 |
| マツダイ石 富士山の溶岩製 | 239 |
| 丸石を屋敷神もしくは道祖神としてまつる | 697 |
| 万石通し | 331 |
| 水子地蔵 | 848 |
| 身延詣 | 769 |
| 民家 | 175 |
| 民宿として再生の道を歩む新しい根場集落 | 582 |
| 麦土入れ | 335 |
| 麦土入機 | 335 |
| 庭編み | 516 |
| ムラザカイの大草鞋 | 673 |
| ムラの掲示板 | 637 |
| ムラ表記の天井 | 637 |
| 命名書 | 817 |
| 夫婦犂 | 336 |
| 飯ゆずみ | 91 |
| メンパ | 91 |
| 籾搗き杵 | 338 |
| モロコシまんじゅう | 57 |
| 門徒講 | 745 |
| 門牌 | 849 |
| 焼畑の火入れ | 339 |
| 屋号 | 638 |
| 屋号で表示された地図 | 638 |
| 屋根 | 182 |
| 屋根に疱瘡神を祀った家 | 699 |
| ヤビロイ（野拾い） | 339 |
| ヤブキリガマ（藪切り鎌） | 339 |
| ヤブギリガマ | 419 |
| 山小屋造り | 340 |
| 山小屋での食事 | 115 |
| 山小屋とヤマハタ | 340 |
| 山小屋に造られた棚 | 340 |
| 山小屋のカンジョ | 340 |
| 山小屋の組み立て | 340 |
| 山小屋の配置 | 340 |
| 山小屋の水置き場 | 340 |
| 山小屋の屋根材 | 340 |
| 山梨県庁 | 663 |
| 山の神 | 699 |
| 山の中腹にある入会草刈場と根場集落 | 184 |
| ヤマハタの境界 | 340 |
| ヤマハタの山側・谷側の境界 | 340 |
| 山焼き | 339 |
| やんぎゅう | 340 |
| 雪かき | 250 |
| 養蚕農家 | 185 |
| 養蚕農家の入口 | 185 |
| ヨセカケ（寄せ掛け） | 342 |
| ランプ | 241 |
| リヤカー | 609 |
| 両墓制 | 850 |
| 炉から炬燵に代わった居間でのくつろぎ | 205 |
| 炉からコタツへの変化 | 205 |
| 六地蔵 | 700 |
| 櫓造り | 187 |
| 櫓造りの代表的形式 | 187 |
| 路傍のアメ屋 | 578 |
| わかさぎつり | 409 |
| 綿の種取り機 | 343 |
| ワラジガケ | 43 |
| ワラスグリ | 344 |

## 長野県

| 項目 | 頁 |
|---|---|
| 秋葉様の火番燈籠 | 625 |
| 秋山郷にあった民家の茅壁 | 120 |
| 秋山郷の民家の外観 | 120 |
| 秋山郷の民家の茅壁内側 | 120 |
| 秋山の民家 | 120 |
| 麻桶と麻かきべら | 465 |
| アシナカの鼻緒の結び方 | 32 |
| 小豆蒔き | 253 |
| 畔 | 253 |
| 畦マメ栽培 | 254 |
| 遊ぶ子ども | 795 |
| 新しい橋 | 537 |
| 油差しと燈台 | 218 |
| アブラデンコ | 218 |
| 油デンコ | 218 |
| 雨乞い | 701 |
| あやとりをする | 795 |
| 洗い場 | 206 |
| アリアケアンドン | 218 |
| アンゴラ兎の毛刈り | 431 |
| アンゴラ兎の仔 | 431 |
| アンゴラ兎の小屋 | 431 |
| アンドン | 219 |
| 家々での養鶏 | 431 |
| 家印 | 625 |
| 家印のある土蔵 | 120 |
| 家の前を流れる堰で羽釜を洗う | 207 |
| 行倒れの女の霊を祀った祠 | 828 |
| 池掃除 | 625 |
| 石臼で大豆をひく | 95 |
| 石を置いた柿葺屋根 | 121 |
| 石置き屋根 | 121 |
| 石置き屋根から平石ふきこみへの移行 | 215 |
| 石置屋根道具 | 215 |
| 石置き屋根の温泉宿と掛樋で水を引いた洗い場 | 207 |
| 石置屋根の民家 | 121 |
| 石けり | 795 |
| 石の市神 | 680 |
| 石拾い | 256 |
| イズミのなかの子 | 806 |
| 板壁に縄を掛け下ろして荒壁の下地を造る | 215 |
| イタゾリ | 585 |
| 板葺石置屋根の土蔵 | 123 |
| 板葺きの屋根 | 123 |
| いたへぎぼう | 410 |
| 板屋根ふきのユイ | 215 |
| 一族の墓 | 828 |

## 長野県

| 項目 | ページ |
|---|---|
| 一番草を取る | 257 |
| 一斗樽に入れた百合の花 | 219 |
| 一服 | 111 |
| イドッカワと呼ばれる街道に沿って流れる生活用水 | 207 |
| 糸取り | 468 |
| 稲入れ | 257 |
| イナウ人形 | 702 |
| イナゴ取り | 531 |
| イナゴやバッタ、キリギリス等の佃煮 | 50 |
| 伊那の組合製糸工場天龍社 | 468 |
| 稲藁 | 257 |
| 稲を積む | 258 |
| 稲刈り | 258 |
| 稲刈鎌 | 258 |
| 稲刈りのすんだ田を起こして麦畑にする | 258 |
| 稲苗 | 258 |
| 稲につくウンカを防ぐための消毒 | 259 |
| 衣服の行商人がやって来て、土間に面した居間で品物を広げた | 560 |
| 居間 | 190 |
| 妹とお使い | 626 |
| 囲炉裏と竈 | 191 |
| イロリの座順 | 243 |
| 囲炉裏のそばに置かれた竈で煮炊きをする | 96 |
| イワイデン | 681 |
| 祝いの文字と戒名が一緒になった米寿の贈物 | 817 |
| イワナの骨酒 | 50 |
| 上田市役所 | 658 |
| ウグイスと手打工法による荒壁 | 124 |
| 鶯笛 | 783 |
| 牛 | 431 |
| 牛つなぎ石 | 432 |
| 牛で代かき | 260 |
| 牛の運動 | 432 |
| 牛の親仔 | 432 |
| 牛の出産 | 432 |
| 牛の世話 | 432 |
| 牛の手入れ | 432 |
| 臼屋 | 490 |
| うたた寝する少女 | 243 |
| 卯建 | 125 |
| 卯建、越屋根、海野格子がみられる海野の町並み | 125 |
| 腕木門 | 125 |
| 饂飩揚げ | 96 |
| うなり独楽 | 784 |
| 産湯 | 808 |
| 馬 | 433 |
| 馬追い三態 | 4 |
| 馬追いちょうちん | 610 |
| 馬追いの家 | 125 |
| 馬追いの着た風合羽 | 4 |
| 馬方と中馬 | 610 |
| 馬にはかせたかんじき | 610 |
| 馬のかんじき | 433 |
| 馬のくつ | 611 |
| 馬の装具 | 611 |
| 馬の爪切り包丁 | 611 |
| 馬の夏姿 | 611 |
| 馬の鼻捻と薬筒と馬のせり札 | 611 |
| 馬の腹かけ | 611 |
| 馬の冬支度 | 611 |
| 馬の守り札 | 433 |
| 馬屋 | 611 |
| 馬宿 | 611 |
| 馬宿の間取図 | 611 |
| 生まれたばかりの子牛の体をふいてやる家族 | 434 |
| 売り出し | 560 |
| 瓜の棚 | 261 |
| 売る菖蒲と蓬をそろえる | 533 |
| 雲梯にのぼった一年生の男の子たち | 639 |
| 運動会 | 639 |
| 海野宿 | 579 |
| 海野宿・千本格子 | 126 |
| 海野宿・出張り造りの二階 | 126 |
| 海野宿・道の中央に水路を引いている | 579 |
| 嬰児籠（えじかご） | 808 |
| えびがい（えびじりがい） | 611 |
| えびしりがい | 611 |
| 絵本 | 784 |
| 絵馬 | 703 |
| 縁側 | 191 |
| 縁側で本を読む子どもたち | 796 |
| 演芸会 | 774 |
| 塩水選 | 262 |
| 遠足 | 639 |
| 豌豆の棚こわし | 262 |
| 燕麦刈り | 262 |
| 燕麦蒔き | 262 |
| オーアシで代こしらえをする | 262 |
| オオアシ | 262 |
| 大足 | 263 |
| 大足半草履 | 705 |
| 大鈴 | 611 |
| 大戸口と潜り | 127 |
| 大戸口と式台 | 127 |
| 大平集落の民家 | 128 |
| 大麦 | 263 |
| 大鋸 | 411 |
| 置行灯 | 220 |
| 屋外食事 | 111 |
| 筬 | 469 |
| 筬（筵織） | 493 |
| お数珠頂戴 | 723 |
| お使い | 626 |
| お手玉をする | 796 |
| 男の子が嫌いで離れて座る女の子 | 639 |
| オハヅケ | 50 |
| オビンズルサマ | 683 |
| お守袋 | 718 |
| おみきのくち | 723 |
| お宮参り | 813 |
| おもがい | 611 |
| 主屋外周の小便所 | 129 |
| オヤツを食べる | 111 |
| 温泉宿 | 579 |
| 御嶽行者の滝修行 | 728 |
| 恩田の中馬道 | 611 |
| 会合 | 626 |
| 蚕を蚕座の上に置いたわら製のまぶしの枠に一匹ずつ入れる | 456 |
| 蚕を拾う | 456 |
| 蚕棚 | 456 |
| 蚕棚の最上部に迎えた御幣や蚕神の御札 | 718 |
| 蚕種を風穴から出す | 456 |
| 蚕に与える桑を採る | 456 |
| 蚕の蛾と卵 | 456 |
| 蚕のサナギの油炒め | 51 |
| カイコの蛹の佃煮、クロスズメバチの幼虫・蛹の佃煮、トビケラの佃煮の盛り合わせ | 51 |
| 解村式 | 626 |
| 開拓地の住まい | 131 |
| 買い出しの帰り | 627 |
| 改築される家 | 131 |
| 回転簇 | 456 |
| 回転簇から収繭作業 | 457 |
| 回転簇の前で休息 | 457 |
| 街道側がせがい造りとなっている民家 | 131 |
| 街道中央に用水のはしる海野の町並み | 647 |
| 飼葉藁切り | 434 |
| 買物 | 627 |
| 回覧板 | 627 |
| 改良わらまぶしの営繭状況 | 457 |
| カエルを手にする少年 | 796 |
| カカシ | 265 |
| 案山子 | 265 |
| かぎ | 521 |
| 柿をとる | 531 |
| 柿の皮むき | 97 |
| 柿干し | 97 |
| 蛾匡 | 457 |
| 角型のシャベルに乗って、坂道を滑りおりる | 796 |
| 学芸会 | 639 |
| 学生村（民宿）の入り口 | 580 |
| 学童 | 640 |
| 角湯桶 | 63 |
| かけ茶屋 | 562 |
| 傘を干す | 243 |
| 傘提灯 | 221 |
| 傘張り | 494 |
| 果樹支柱 | 266 |
| カズオケ | 495 |
| ガスコンロ・石油コンロ | 222 |
| 風邪をひく | 244 |
| 数える | 640 |
| 家族 | 244 |
| 肩叩き | 244 |
| 学校始業 | 640 |
| 学校生活にも慣れた一年生 | 640 |
| 学校の不思議空間 | 640 |
| 学校の薪ストーブの薪を背負って運ぶ | 640 |
| 学校の味噌作り | 448 |
| カッテの戸棚 | 192 |
| 家庭訪問 | 640 |
| 瓦灯 | 222 |
| 角めんつ | 64 |
| 金物店で蒸し器を買う夫婦 | 562 |
| カバヤ食品の車 | 616 |
| 蚊火 | 267 |
| 蕪菜漬け | 98 |
| カベ | 267 |
| 壁塗り | 521 |
| 南瓜 | 51 |
| 釜 | 65 |
| 鎌を研ぐ少年 | 534 |
| 鎌型 | 534 |
| 釜敷 | 65 |
| 鎌研ぎ | 268 |
| 竈で炊く | 98 |
| かまどの火かげんを見る | 98 |
| 髪を洗う | 244 |
| 髪を梳く | 244 |
| 上諏訪地方の農家の間取り | 133 |
| 神棚 | 684 |
| 神棚に苗束を供える | 706 |
| 髪にブラシをかける | 244 |

# 長野県　地域別索引

| 項目 | 頁 |
|---|---|
| 紙干し | 496 |
| 上村上町の家並み | 133 |
| 蚊帳を張った寝室 | 222 |
| 茅壁 | 133 |
| かや刈場 | 531 |
| 茅葺き民家 | 133 |
| 通帳 | 562 |
| カラウス | 65 |
| カラカサ | 222 |
| 刈敷を田へひろげる | 269 |
| カルサン | 6 |
| 枯れたナシの木を利用したハヤトウリの棚 | 269 |
| 川をせき止めて造ったプールで遊ぶ | 796 |
| 川で泳ぐ | 796 |
| 瓦葺屋根の土蔵 | 135 |
| 願掛け地蔵 | 685 |
| 鑑札に押捺した焼き印 | 611 |
| 樏 | 34 |
| カンジキ | 34 |
| 甘藷掘り | 270 |
| 乾燥した牛乳（茶菓子） | 51 |
| カンテラ | 223 |
| 寒天作り | 98 |
| 寒天つくり　運搬 | 98 |
| 寒天つくり　原液採取 | 98 |
| 寒天の干場 | 98 |
| ガンドウ | 223 |
| 看板（問屋） | 564 |
| 棺蓋 | 832 |
| 燗風呂 | 66 |
| 甘藍植え | 270 |
| 機械化される農業 | 271 |
| 木小屋 | 136 |
| 祈禱師が護摩をたいて、集落の人々の健康と安全、合わせて豊作であるように祈る | 771 |
| 気抜きのための越屋根 | 136 |
| 甲子と庚申の碑 | 742 |
| 木登り | 797 |
| 着物の男 | 6 |
| 客 | 244 |
| 旧開智学校 | 640 |
| 急傾斜地に立地している集落 | 137 |
| 急勾配に建つ民家 | 137 |
| 牛舎 | 435 |
| 給桑 | 457 |
| 牛乳罐 | 435 |
| 牛乳運び | 435 |
| 胡瓜と茄子 | 272 |
| 胡瓜採り | 272 |
| 教室のぞうきんがけをする男の子の背にまたがって、馬に乗った気分の子 | 640 |
| 教室の薪ストーブに手をかざして暖をとる子どもたち | 641 |
| 共同墓地 | 833 |
| 共同浴場 | 664 |
| 強風に備え民家の造りは低い | 138 |
| 居宅にとりこんだ土蔵 | 138 |
| キヨメ網を引きあげる | 369 |
| 桐原のわら馬 | 786 |
| 金ピカボタンの学童服の子もいれば、着物姿の子もいる一年生 | 641 |
| くぐり戸をつけた大戸 | 194 |
| 梭 | 273 |
| 草掻き | 273 |
| 草取り | 273 |
| 草むしり | 274 |
| 草屋根 | 139 |
| 朽ちたショイコ | 590 |
| 区長交代 | 628 |
| くつ切り鎌 | 612 |
| くつ切り鎌と早みち | 612 |
| 沓切り鎌と矢立 | 612 |
| くつこ | 612 |
| 区の事務 | 628 |
| 区の選挙 | 628 |
| 区の帳簿 | 628 |
| 区の山の見まわりに行って帰る | 628 |
| 区の山まわり後の一杯 | 628 |
| くびかけ | 612 |
| 区費の事務 | 628 |
| 熊の胆 | 665 |
| 汲取り | 244 |
| 鞍 | 612 |
| 蔵提灯 | 224 |
| 鞍橋（居木） | 612 |
| くらぼねとしりがい | 612 |
| くりがい | 612 |
| 栗煮 | 52 |
| グループで切り絵をする | 641 |
| 車箪笥 | 224 |
| クルミダテ | 141 |
| 樺葺き石置き屋根の民家 | 141 |
| 黒駒太子像 | 685 |
| 黒駒に乗った太子像 | 685 |
| 黒田の中馬道 | 612 |
| 鍬 | 275 |
| 桑を枝ごと背負う | 457 |
| 鍬を振って畑を拓く | 276 |
| 桑籠 | 457 |
| 桑株伐り | 457 |
| 桑切包丁 | 458 |
| 桑扱大箕 | 458 |
| 桑摘み | 458 |
| 桑摘み（一瀬桑） | 458 |
| 桑摘み籠 | 458 |
| 桑の葉を入れた竹かごを背負い、桑畑から帰る | 458 |
| 桑の葉を摘む | 458 |
| 桑の実を食べる | 111 |
| 桑箕 | 458 |
| 軍に徴発された農耕馬が、連なって村道を行く | 655 |
| 芸妓の手踊りと、それを見る人 | 776 |
| 鶏舎 | 435 |
| 芸者 | 776 |
| 芸者を呼んで宴会 | 776 |
| 競馬 | 781 |
| 敬老会 | 628 |
| 怪我をした足をみる | 244 |
| 消炭と消壺 | 225 |
| 削りかけ | 708 |
| 下駄 | 35 |
| 下駄スケートをする | 781 |
| 下駄スケートをする子ども | 797 |
| 下駄取り | 797 |
| 下駄箱 | 194 |
| 下駄屋 | 567 |
| 下駄屋の店頭 | 567 |
| けんか | 641 |
| けんかをして泣かされた男の子 | 641 |
| 玄関と門 | 142 |
| 玄関前の蘇民将来符 | 719 |
| 梭（ご） | 475 |
| 鯉の池の泥上げ | 534 |
| 鯉の餌 | 534 |
| 耕運機くる | 276 |
| 耕運機試運転 | 276 |
| 耕運機修理 | 276 |
| 耕運機での代掻きを依頼 | 276 |
| 耕運機の検討 | 276 |
| 耕運機の掃除 | 276 |
| 公園開き | 629 |
| 耕起 | 276 |
| 郷倉 | 629 |
| 工事 | 660 |
| 仔牛 | 436 |
| 糀作り | 448 |
| 仔牛に乳をやる | 436 |
| 庚申坂（旧中馬道） | 612 |
| 庚申像碑 | 743 |
| 庚申塔 | 743 |
| 楮の雪晒し | 500 |
| 広大なソバ畑 | 277 |
| 講堂で弁当 | 641 |
| 肥桶 | 277 |
| 蚕飼い | 459 |
| 小型トラックの行商 | 567 |
| 護岸 | 616 |
| 国語の本を立って読ませる | 641 |
| 黒板絵 | 641 |
| 黒板に絵を描いている女の子の尻を、ふたりの男の子が棒でつつこうとしている | 641 |
| 黒板に平仮名で記した「さくら」 | 641 |
| 黒板に虫くだしの薬を飲んだ一年生の一学級の人数と、出た蛔虫の数が書いてある | 641 |
| ゴザを運ぶ | 590 |
| 小作料の大豆 | 278 |
| ゴザボウシ | 26 |
| 輿を棺にかぶせ上に棺蓋をのせる | 833 |
| 越屋根をもつ町家 | 143 |
| 50メートル競走のスタートラインに立つ一年生 | 641 |
| 炬燵を上げた部屋 | 195 |
| 炬燵を組む | 225 |
| コダマ様に上げた苞 | 708 |
| 蚕玉神社（石碑） | 686 |
| 鏝 | 225 |
| 鏝で布地の皺を伸ばす | 244 |
| 子供の調べた食事の座順 | 112 |
| 子供の服装 | 8 |
| 木羽葺き石置きの屋根 | 143 |
| 古物払下げ | 567 |
| 五平餅 | 52 |
| 五平餅を供える | 709 |
| 五平餅を食べる | 112 |
| 五平餅を焼く | 99 |
| 五平餅の会 | 112 |
| コマ遊び | 797 |
| 米を量る | 583 |
| 米俵 | 280 |
| 米俵編み | 501 |
| 米の供出 | 280 |
| 米の検査 | 280 |
| 子守り | 810 |
| 子守をしながら語り合う少女たち | 810 |
| 小屋 | 143 |
| ゴルフ | 781 |
| コンクリートブロック塀 | 144 |
| 婚家の縁側に並べた嫁入り道具 | 821 |
| 蒟蒻作り | 100 |
| 婚礼習俗 | 821 |
| 婚礼用三方・盃 | 822 |
| 最初に改修された民家 | 144 |
| 採草地としての林野 | 531 |
| 祭壇 | 834 |

| | | |
|---|---|---|
| 砕土機 | 280 | |
| 災難よけの判を押す和尚 | 670 | |
| 賽の河原のお地蔵さま | 767 | |
| 裁縫 | 245 | |
| サイロに玉蜀黍を詰める | 436 | |
| サエの神 | 687 | |
| 魚入れ | 373 | |
| 座金と風鈴 | 612 | |
| 盛り場 | 649 | |
| 座棺の輿 | 834 | |
| 座棺の輿の蓋 | 835 | |
| 索道 | 413 | |
| 搾乳 | 436 | |
| 座繰器と煮繭による糸繰り作業 | 476 | |
| 豇豆収穫 | 281 | |
| 豇豆脱穀 | 281 | |
| 笹竹 | 281 | |
| 笹粽 | 53 | |
| 笹舟 | 787 | |
| 雑貨店 | 568 | |
| 雑誌を読む少女 | 798 | |
| 雑談 | 629 | |
| 雑嚢 | 655 | |
| サツマイモの苗を移植する | 282 | |
| サルボコ | 810 | |
| 山岳案内者 | 580 | |
| 三九郎太夫の人形 | 709 | |
| 三三九度 | 822 | |
| 蚕室 | 459 | |
| 蚕室で昼寝 | 459 | |
| 蚕室用の火 | 459 | |
| 山上の霊水で眼を洗う | 665 | |
| 山村 | 146 | |
| 山村の子どもたち | 629 | |
| 山村の魚屋に乾物が並ぶ | 568 | |
| さんどあてとふぐつ | 612 | |
| さんどかけ | 612 | |
| 蚕箔洗い | 459 | |
| 蚕箔繕い | 459 | |
| 秋刀魚を焼く | 101 | |
| 仕上げを待つコネバチ | 501 | |
| シイタケの原木をたてかけた家 | 146 | |
| 塩すくい実測図 | 617 | |
| 塩俵に押捺した焼印 | 617 | |
| 塩俵に押した検印 | 617 | |
| 塩の荷を運んだ歩荷たちのスタイル | 9 | |
| 塩ふみ蔵入り口の石垣 | 146 | |
| じがりの巣 | 532 | |
| 式台玄関と内玄関 | 147 | |
| 敷地奥に並び建つ蚕室 | 147 | |
| 地狂言の舞台 | 777 | |
| 仕切印 | 617 | |
| 自在鉤 | 195 | |
| 下町の町並み | 147 | |
| シチヤ（七夜）の宴席 | 814 | |
| 日月ボール | 787 | |
| 自動式の座桑機による桑切り作業 | 459 | |
| 柴草を負う女性 | 591 | |
| 柴草を背負う | 591 | |
| 紙符 | 612 | |
| 脂肪検査 | 436 | |
| 凍大根 | 101 | |
| 凍豆腐をつるす | 101 | |
| 凍豆腐作り | 101 | |
| 下肥 | 285 | |
| 下肥おけを背負子で背負い田に行く | 285 | |
| 下肥をやる | 285 | |
| 謝恩会 | 641 | |
| 蛇籠 | 617 | |
| ジャンケンで勝った子が、数を書いた紙の上に教材のコマを並べる | 642 | |
| 朱印 | 612 | |
| 収穫された蒟蒻芋 | 285 | |
| 収穫した春蚕繭 | 460 | |
| 集荷場に運ばれてきた各家の繭の量をはかる | 460 | |
| 祝儀樽 | 72 | |
| 住居内での蚕架利用の篭飼い | 460 | |
| 祝言の着席順位 | 822 | |
| 修理 | 460 | |
| 酒器 | 72 | |
| 授業参観 | 642 | |
| 授業参観日の教室 | 642 | |
| 授業中の申し出に教室に笑いが起きる | 642 | |
| 授業のひとつとして教室を開放して「ごっこ遊び」をする | 642 | |
| 宿場の面影の残る上町のたたずまい | 580 | |
| 数珠くり | 710 | |
| 呪詛人形 | 670 | |
| 出征を祝う | 656 | |
| 出征する人を村境まで送る | 656 | |
| 手動式扇風機 | 286 | |
| 授乳 | 811 | |
| 朱塗角行灯 | 226 | |
| 巡回商店 | 569 | |
| ショイコ | 592 | |
| 背負子を背負う小学生たち | 592 | |
| 背負子に一斗桝と羽釜をつけ左手に風呂敷包みを持つ男の人 | 592 | |
| 小学一年生の子どもたちが教室を出て先生に連れられて商店街をまわる | 642 | |
| 小学校で虫くだしの薬を飲む | 642 | |
| 小学校の一室に置いたテレビのまわりに子どもたちが集まる | 642 | |
| 小学校の教室 | 642 | |
| 小学校の入学式に向かう | 642 | |
| 小学校のPTAの会合に集まった母親たち | 642 | |
| 障子貼り | 245 | |
| 召集令状を伝達するために召集者の確認をする | 656 | |
| 上蔟 | 460 | |
| 上棟式 | 522 | |
| 浄土三部供養碑 | 771 | |
| 小便所 | 150 | |
| 小便枠の中に入れる杉の葉を取り替える | 245 | |
| 消防団結団式 | 630 | |
| 消防団の消防車 | 630 | |
| 消防林 | 413 | |
| 醤油醸造 | 451 | |
| 商用箱 | 570 | |
| 食事 | 112 | |
| 食事の座席 | 112 | |
| ショクダイ | 227 | |
| 植林 | 413 | |
| 植林に向かう女学生の列 | 656 | |
| 女工 | 478 | |
| 女工たちがくつろぐ | 660 | |
| 除草 | 286 | |
| 食器戸棚（昭和時代） | 73 | |
| 書類を書く | 630 | |
| ジョレン | 287 | |
| シリガイ | 612 | |
| 飼料配合 | 436 | |
| 汁でんこ | 73 | |
| 神札 | 720 | |
| 神葬墓 | 837 | |
| 新村発足祝賀会 | 630 | |
| 新米を半切桶に移す | 288 | |
| 新郎の家で行なう結婚式に向かう花嫁 | 823 | |
| 水泳場造り | 642 | |
| すいしゃろくろ | 503 | |
| 水神 | 689 | |
| 水田養鯉に用いるコイゴ（鯉子） | 535 | |
| 水稲検見 | 290 | |
| 水道工事 | 617 | |
| スイバの茎を食べる男の子 | 112 | |
| 水面 | 379 | |
| 据風呂 | 197 | |
| 図画 | 642 | |
| 杉の葉 | 245 | |
| 杉の葉を運ぶ少女 | 593 | |
| 杉の葉拾い | 532 | |
| スゲガサ | 27 | |
| スケート遊び | 798 | |
| 雀おどり（棟飾） | 151 | |
| スズメオドリと懸魚 | 151 | |
| 雀捕り | 426 | |
| 巣箱モチーフの街灯 | 650 | |
| 炭俵 | 529 | |
| 墨壺 | 415 | |
| 墨で塗りつぶした教科書 | 643 | |
| するす | 292 | |
| 諏訪湖の氷上を自転車で走る | 544 | |
| 諏訪湖のヤッカ | 380 | |
| 聖牛 | 617 | |
| 製糸工場の昼食 | 113 | |
| 生前に自分の葬式をあげ自分の霊に焼香する人 | 837 | |
| セイタ | 594 | |
| セイタで麦を運ぶおばあさん | 594 | |
| 蒸籠 | 74 | |
| せいろう倉 | 152 | |
| 背負籠 | 595 | |
| 背負嚢 | 596 | |
| 背負って運ぶ | 596 | |
| 赤飯を甑で蒸す | 102 | |
| 石碑群 | 690 | |
| せせり | 380 | |
| 雪上の足ごしらえ | 37 | |
| 背中当て | 597 | |
| セミとり | 798 | |
| 選挙運動 | 631 | |
| 選挙ポスター | 631 | |
| 全校生徒が体操場に正座して昼の弁当を食べる | 656 | |
| 全校生徒によるフォークダンス | 643 | |
| 線香水 | 293 | |
| セン（サット） | 503 | |
| 先生に叱られたと机を離れ泣き出した女の子 | 643 | |
| 先生に叱られて教室の外に正座させられている男の子に「しっかり頑張って」と冷やかす女の子 | 643 | |
| 先生も一緒になって雪合戦 | 643 | |
| 戦争ごっこ | 798 | |
| 洗濯 | 211 | |
| 洗濯板 | 228 | |
| 洗濯板で洗う | 211 | |
| 洗濯板で洗濯 | 211 | |
| 洗濯機 | 228 | |
| 洗濯物 | 245 | |
| 洗濯物をため池ですすぐ | 211 | |
| 洗濯物を干す | 246 | |

# 長野県　地域別索引

| 項目 | 頁 |
|---|---|
| 洗濯物の干された奈川渡ダム工事の飯場 | 661 |
| 千歯こき | 294 |
| 千歯扱き | 294 |
| 洗面 | 211 |
| 桑園草掻き | 460 |
| 桑園除草 | 460 |
| 造花の内職をする | 504 |
| 掃除 | 246 |
| 葬式 | 838 |
| 桑室 | 460 |
| 掃除当番の女の子 | 643 |
| 繰糸鍋 | 460 |
| 双体道祖神 | 690 |
| 遭難供養塔 | 839 |
| 総墓 | 839 |
| 葬列 | 839 |
| 底ぬけ柄杓と小旗 | 711 |
| 底抜け柄杓奉納 | 711 |
| 卒業式 | 643 |
| 側溝 | 152 |
| 外便所 | 153 |
| ソバのオヤキ | 54 |
| 祖母と孫 | 246 |
| 蘇民将来 | 720 |
| 蘇民将来の子孫 | 721 |
| 蘇民将来符 | 721 |
| 蘇民将来守札 | 721 |
| 染柄を選ぶ | 571 |
| 村内一斉休養通知 | 632 |
| 村落領域図 | 632 |
| 大規模な馬屋 | 153 |
| 大黒天の石像 | 690 |
| 大根が育つ | 295 |
| 大根葉を漬ける | 103 |
| 大根畑 | 295 |
| 大根引き | 295 |
| 大根干し | 103 |
| 大根掘出し | 295 |
| 大根若葉 | 296 |
| 大豆を踏みつぶす | 103 |
| 大豆脱穀 | 296 |
| 大豆抜き | 296 |
| 大豆稲架 | 296 |
| 台所 | 197 |
| 台所の煙出し | 198 |
| 台所の流し | 198 |
| 台所用具 | 76 |
| 大八車を曳く | 598 |
| 堆肥 | 296 |
| 堆肥選び | 296 |
| 堆肥切返し | 296 |
| 堆肥作り | 296 |
| 堆肥撒き | 297 |
| 田植え | 297 |
| 田起こし | 300 |
| 倒された忠魂碑の上で遊ぶ子ども | 799 |
| たかつき | 726 |
| 高ぼうき、草ほうき、はたき、てぬぐい | 671 |
| 高等で座敷を掃く | 229 |
| 薪を運ぶ | 599 |
| 薪取り | 532 |
| 焚き付け用のスギの落葉 | 532 |
| 焚き付け用のマメやムギ殻 | 532 |
| 焚火にあたるおかっぱ頭の少女たち | 632 |
| たくわん漬にする大根を干す | 104 |
| 竹籠を修繕 | 505 |
| 丈くらべ | 811 |
| 田下駄 | 301 |
| 竹のさくにかけ干した継ぎ接ぎだらけの布団と子どもの寝巻き | 246 |
| 竹村家内部 | 199 |
| 畳を干す | 246 |
| 立会演説会 | 632 |
| 立聞輪 | 437 |
| 立ち止まって向かいの店を見るおばあさん | 632 |
| 立ち話し | 632 |
| 建てぐるみの土蔵 | 155 |
| 棚 | 199 |
| 谷間の家 | 155 |
| 種繭円筒籠 | 461 |
| 種もみの交換 | 304 |
| 種屋 | 572 |
| 田のなかに積んだ堆肥に大小便をかける | 305 |
| 煙草入れ | 613 |
| タバコボン | 229 |
| 旅の支度 | 581 |
| 足袋の繕い | 47 |
| 卵を売る | 572 |
| 霊屋 | 840 |
| 溜り味噌 | 54 |
| 田水見 | 305 |
| たむろする子どもたち | 799 |
| 溜桶式の便所での汲み取り | 246 |
| タライで洗濯をする | 211 |
| 達磨貯金 | 632 |
| 俵編機で炭俵を編む | 507 |
| 俵編機で筵を編む | 507 |
| 俵編み・縄綯い | 507 |
| 俵詰め | 306 |
| 段差を付けた板床 | 199 |
| 炭袋 | 530 |
| 反物 | 246 |
| 反物を巻く | 247 |
| 蓄音機から流れる歌を聴く子どもたち | 799 |
| 千国街道の塩倉 | 617 |
| 竹皮を売る | 572 |
| 千曲タクアン | 54 |
| 稚蚕協同飼育のための桑園の共同作業 | 461 |
| 稚蚕の飼育 | 461 |
| 馳走 | 54 |
| 父と子 | 247 |
| ちぶくろ | 230 |
| 茶を買う | 572 |
| 茶を飲んで一休み | 113 |
| 茶せん | 116 |
| 茶どき | 113 |
| チャペル前でフラワーシャワーの祝福を受ける新郎新婦 | 823 |
| 茶焙炉 | 443 |
| 茶揉み | 443 |
| 中牛馬会社の看板 | 613 |
| 忠魂碑 | 656 |
| 昼食 | 114 |
| 中馬追い | 613 |
| 中馬追いをした家 | 156 |
| 中馬追いをした家の平面図 | 156 |
| 中馬追いの家 | 156 |
| 中馬追いの姿 | 613 |
| 中馬追いの馬子と荷馬のしたく | 613 |
| 中馬官許の札 | 613 |
| 中馬鑑札 | 613 |
| 中馬行列 | 613 |
| 中馬時代の服装 | 13 |
| 中馬の鞍 | 613 |
| 中馬のしたく | 613 |
| 中馬の装い | 613 |
| 中馬文書 | 613 |
| 中馬宿 | 613 |
| 中馬宿の現況 | 613 |
| 中馬宿の間取図 | 613 |
| 鳥獣供養塔 | 676 |
| 朝鮮型のショイコで肥料を運ぶ | 600 |
| 提燈を作る | 507 |
| 提燈屋 | 508 |
| ちょぼいち | 800 |
| 治療 | 247 |
| ちんこ遊び | 800 |
| ちんこまんこ | 800 |
| 追肥 | 307 |
| 繕い | 247 |
| つけがね | 46 |
| ツケギ | 231 |
| 漬け菜の作業 | 104 |
| 漬物桶 | 104 |
| 漬物の漬かり具合を見る | 104 |
| 漬物用の大根を干す | 104 |
| 槌 | 308 |
| ツチ打ちの儀 | 523 |
| 土を手でほぐす | 308 |
| 土遊び | 600 |
| 角大師の護符 | 721 |
| ツベルクリンの注射を受ける男の子 | 643 |
| 爪掛 | 38 |
| 詰襟の学生服を着た坊主頭の高校生たちが外で椅子に座って話を聞いている | 643 |
| つり橋 | 546 |
| 吊橋 | 546 |
| 吊りランプ | 231 |
| 吊し味噌 | 105 |
| 摘んだ桑の共同飼育所への運搬 | 461 |
| 手押しポンプ | 212 |
| 手紙を書く | 247 |
| 手燭 | 232 |
| 出作り小屋 | 158 |
| 出作り先の家 | 158 |
| 出作り先の家へ行く | 461 |
| 出作り先農家の夕食 | 114 |
| 出作りの地 | 461 |
| 出作りの村 | 461 |
| 手伝い | 309 |
| 鉄砲水で川のようになってしまった田 | 310 |
| 手拭掛け（土間の壁） | 200 |
| 寺下の北方向の町並み | 158 |
| 寺下の下嵯峨屋 | 158 |
| てらしたの枡形下の旧道 | 158 |
| テレビを見に集まる | 633 |
| テレビの普及 | 633 |
| 電気洗濯機が届いた農家 | 232 |
| 天竜川の護岸 | 617 |
| 銅壺型竈 | 200 |
| 謄写印刷 | 662 |
| 同族団（マキ）とそのウェーデン（氏神）の分布 | 772 |
| 道祖神 | 692 |
| 投票日 | 633 |
| 玉蜀黍刈り | 311 |
| トウモロコシの乾燥 | 105 |
| どうろくじん | 693 |
| 道陸神 | 693 |
| 道路工事 | 618 |

| | | |
|---|---|---|
| 道路にあいた穴 … 662 | 妊娠祈願 … 713 | 早みち … 614 |
| 道路の拡張工事 … 662 | にんぽう … 603 | 早みちと杏切り鎌 … 614 |
| 道路の曲線が急傾斜を示す下栗集落 … 159 | 寝棺を縁側から庭に出し、輿におさめて野辺送りの行列を整える … 842 | バラ炭 … 530 |
| 道路補修 … 618 | 葱苗を売る … 317 | バラ炭を焼く … 530 |
| 斗掻き … 818 | 葱の種取り … 317 | バリカンで頭を刈る … 248 |
| 土偶(男女一対) … 694 | 猫つぐら … 234 | 馬鈴 … 439 |
| 床屋 … 574 | ねじ … 55 | 馬鈴薯・荏胡麻味噌まぶし … 56 |
| 土座造 … 200 | ネズミタンケイ(ねずみ短檠) … 234 | 馬鈴薯を掘る … 322 |
| どじょう捕り … 800 | 念仏講鉦 … 745 | 馬鈴薯畑作り … 322 |
| どじょう捕りの男の子 … 800 | 農家 … 163 | 晴れ着の女性たち … 16 |
| 土蔵が主屋に抱えられている建てぐるみ … 159 | 農家の間取り … 164 | 板木 … 635 |
| 土葬の墓 … 841 | 農業協同組合より配給品 … 317 | パンの弁当を食べる児童 … 644 |
| 戸棚 … 247 | 『農業記録』 … 317 | 火打用具 … 236 |
| 栃の実 … 55 | 農協総会 … 317 | 稗抜き … 323 |
| 土地評価委員会 … 633 | 農具 … 318 | 低い二階座敷をもつ町家 … 203 |
| 土地評価部落会 … 633 | 農機具の型録を見る … 318 | 火消し壺 … 236 |
| 採ってきた茸 … 532 | 農事相談 … 318 | 髭剃り … 249 |
| 土手修復 … 311 | 軒下の利用 … 248 | 火棚 … 203 |
| 土手修復作業 … 311 | 伸びる稲 … 318 | ビー玉 … 792 |
| 土手修復作業で打込む杭作り … 311 | 野辺送り … 843 | ビニールを被せた苗代 … 325 |
| 土手突き … 312 | 野辺送りの花籠を持つ人 … 843 | 檜笠 … 30 |
| 土手の作業 … 312 | 野らの食事 … 114 | 檜笠を編む … 513 |
| 土手崩壊し補修 … 312 | 乗り物ごっこ … 800 | 檜笠作り … 513 |
| 土手崩壊の田 … 312 | 配蚕 … 461 | 火の番燈籠 … 635 |
| 隣りの麦飯 … 114 | ハイセン … 83 | 火の見櫓 … 635 |
| 土間 … 200 | 背板 … 604 | 日役を待つ … 618 |
| 土間の補修 … 201 | 蠅帳 … 83 | 百度石 … 714 |
| 富山の薬売り … 574 | 蠅とり器 … 234 | 百度詣の数取 … 714 |
| どろよけ … 614 | 歯を磨く … 248 | 百万遍供養塔 … 772 |
| 内国通運会社波合分社鑑札 … 614 | 掃き立て … 461 | 百目蕃笥 … 666 |
| 内国通運会社分社標札 … 614 | 履物 … 39 | 病気の鶏 … 439 |
| 内耳鍋 … 82 | 白衣に宝印を押す … 729 | 氷上ヨット … 550 |
| 苗を植える溝をつける … 313 | 稲架 … 319 | 乗燭 … 237 |
| 苗取り … 313 | 稲架杭をしまう … 320 | 平入の二階建の家 … 168 |
| 苗取りをする女たち … 314 | 稲架杭作り … 320 | 肥料 … 325 |
| 長火鉢 … 233 | 稲架収納 … 320 | 肥料届く … 325 |
| 奈川温泉ホテルの護岸 … 618 | 稲架に並ぶおしめ … 812 | 昼寝をする子 … 249 |
| 茄子を漬ける … 106 | 橋を架け直す … 618 | ひるまぎ … 237 |
| 名付け披露と産着 … 815 | 橋架け … 618 | ヒルマギ … 86 |
| 直鉈 … 416 | 馬車用ラッパ … 549 | ピンポンをする … 801 |
| 菜種植え … 315 | バスを待つ登山者たち … 549 | 風選 … 325 |
| 菜種脱穀 … 315 | バスの待合所 … 549 | 夫婦 … 635 |
| 菜種蒔き … 315 | 機織り … 483 | 風鈴の座金 … 614 |
| ナベカリの風俗 … 824 | 畑へ … 321 | ふかしパン … 56 |
| 浪合宿 … 614 | 畑から食べる分の野菜を採ってきた帰り … 321 | ふきのとうつみ … 533 |
| なわしめ … 772 | 旅籠形式の町家 … 165 | 復原された土座住まい … 169 |
| 苗代 … 315 | 葉たばこの調製 … 444 | 河豚提灯 … 237 |
| 縄綯い … 510 | ハチの巣を遠心分離器に入れてハチミツを分離 … 438 | 父兄が協力して小学校の裏に道路を造る … 644 |
| 新墓の石吊し … 842 | ハチの巣箱から巣(巣板)を取り出す … 438 | ふざけながら男の子を組伏せる女の子 … 644 |
| 荷馬 … 602 | 伐採 … 417 | 武士の住いの屋敷構 … 169 |
| 二階に障子と格子を併用している町家 … 162 | 初夢 … 56 | 婦人会 … 636 |
| 肉屋 … 574 | 馬頭観音 … 694 | 二人で担ぐ … 606 |
| 荷鞍 … 602 | 馬頭尊 … 695 | 仏壇 … 845 |
| 荷車 … 602 | 花を活ける … 248 | 蒲団側縫い … 238 |
| 二合半めんつ … 83 | 鼻緒の切れた差歯下駄を手下げて、一年生が学校から帰る … 644 | 蒲団に腹ばいになって飴を食べる少年 … 114 |
| 二尺玉の花火打揚筒 … 511 | 花見弁当箱 … 84 | 蒲団の綿入れ … 249 |
| 二十三夜塔 … 745 | 花嫁道具・馬衣裳 … 824 | 冬の準備のためにマチに来たムラの人々 … 636 |
| 煮て薄切りにしたサツマイモと皮をむいた柿を、石置屋根の上で干す … 106 | 花嫁と親族が耕耘機に乗って下って行く … 824 | 冬は土間に置いて沸かす風呂を、夏は庭に出してはいる … 203 |
| 二毛作の麦を刈る … 317 | 母親が作ってくれた弁当を食べ、冬の間だけ学校が出してくれる味噌汁をすする昼食 … 644 | 部落会議 … 636 |
| 入学式 … 644 | 脛巾 … 39 | 部落児童会 … 644 |
| 女人念仏講中の供養碑 … 745 | 破風板を延長した雀おどり … 166 | ブランコを漕ぐ少女たち … 801 |
| 2令時の給桑作業(1箱に4人の共同作業) … 461 | パーマネント … 575 | ブランコに乗るおばあさん … 636 |
| 2令の起除沙作業 … 461 | | 風呂おけに水を運び入れる … 203 |
| 鶏 … 438 | | 風呂をわかす … 203 |
| | | 風呂場で洗濯 … 249 |

長野県

| | | |
|---|---|---|
| プロレスの真似をする … 801 | 繭出荷 … 462 | 村境 … 637 |
| 米寿の祝いに戒名を受ける … 818 | 繭すくい … 462 | ムラザカイの石塔 … 674 |
| 米寿の祝いの戒名の授与式につづいて開く祝宴の料理 … 818 | 繭の出荷日の集荷場前 … 462 | 村主催の出征者の壮行会 … 658 |
| 臍の緒 … 812 | マユの選別 … 486 | 村の鍛冶屋 … 516 |
| 別所温泉 … 652 | 繭の選別 … 462 | ムラのマチ … 559 |
| 蛇を手にする少年 … 802 | 摩利支天（石像）… 697 | 村役場 … 663 |
| 勉強する … 644 | 丸行灯 … 239 | 室入れ … 336 |
| 弁財天 … 696 | 円型煙草盆 … 239 | 名工と呼ばれた鋸鍛冶 … 516 |
| 便所神 … 696 | 丸太のままの天秤棒で消毒液を畑に運ぶ … 607 | 夫婦道祖神 … 698 |
| ベントウイレ … 87 | まるた船 … 403 | 飯炊き … 109 |
| 奉安殿 … 657 | まわし合羽 … 19 | 飯櫃 … 91 |
| 防火を喚起する神棚の札 … 722 | まわし合羽を着た人 … 19 | 綿羊にえさをやる少年 … 440 |
| 箒作り … 513 | 真綿取り … 462 | 緬羊鋏 … 440 |
| 防空頭巾 … 657 | 真綿鍋 … 462 | 木造の小学校 … 645 |
| 庖丁（煙草切）… 87 | 万華鏡 … 793 | モックラに下駄を履いた女たち … 21 |
| 菠薐草蒔き … 328 | 見送り … 250 | 元櫛問屋の中村家 … 180 |
| 保温折衷苗代を考案した荻野豊次 … 328 | みごはら … 463 | 元結扱き … 517 |
| 保温折衷苗代の覆い … 328 | 水遊びをかねて貝拾い … 802 | 物乞い … 653 |
| 干し芋を作る … 108 | 水洗い場 … 213 | 物干し … 250 |
| 干柿作り … 108 | 水子地蔵 … 848 | 籾米 … 337 |
| 干し場（麻つくり）… 486 | 水鉄砲を勢いよく放つ夏の子どもたち … 802 | 籾消毒 … 337 |
| ぼたもちを作る … 108 | 水場 … 214 | 籾摺り … 337 |
| 牡丹餅作り … 109 | 水引き作り … 514 | 籾の交換 … 338 |
| ぼて … 462 | 味噌を発酵中の樽 … 454 | 籾蒔き … 338 |
| 布袋 … 716 | 味噌を保存発酵させる味噌蔵 … 454 | 喪屋の標 … 849 |
| 堀内家住宅正面外観 … 171 | みそぎ … 729 | もろみを搾り機で圧搾する … 455 |
| 掘り出された甘藷 … 329 | 味噌仕込み … 454 | 焼畑 … 338 |
| 掘り出した牛蒡 … 329 | 味噌づくり … 454 | 焼籠 … 240 |
| 堀内家住宅 … 171 | 味噌作り … 454 | 役場で事務 … 638 |
| ほうろくなべ … 88 | 味噌玉 … 454 | ヤグラ … 92 |
| ぼろ炭を炭箱に移す … 249 | みそ玉を作る … 109 | 野菜売り … 578 |
| ぼろ炭を焼く … 530 | 味噌玉を作る … 454 | 屋敷氏神 … 698 |
| 本棟造り … 172 | 味噌玉の乾燥 … 454 | 屋敷神としてまつった道祖神 … 699 |
| ボンネット型のトラックの運転台に花嫁、荷台に嫁入り道具と嫁方の人たちを乗せてやってきた … 825 | 味噌豆を蒸す … 454 | 屋敷の谷側にハザを作る … 181 |
| ホンムネ … 172 | 味噌用ダイズの大釜による炊き込み … 454 | 休み時間に廊下で遊ぶ … 645 |
| 本棟造 … 172 | 味噌用の大豆を煮る 注水 … 454 | ヤッカ漁 … 406 |
| ホンムネの裏側 … 172 | ミチシバゾーリ … 41 | 屋根 … 182 |
| 埋薪 … 462 | 三日祝いの膳 … 812 | 屋根板はぎ … 182 |
| 前縄 … 607 | 密集した家並 … 175 | 屋根に使うかやを刈りに来た「かやむじん」の仲間 … 217 |
| 前庭の畑にまいた野菜がいっせいに芽を出した … 329 | 水口の田の神 … 698 | 屋根の棟上の鎌 … 525 |
| 薪を伐る … 536 | 耳印 … 440 | 山へ行く … 536 |
| 薪ストーブ … 239 | 耳附板鍬 … 333 | 山へまぐさを刈りに行く姿 … 22 |
| 薪にする … 533 | 民家 … 175 | 山田家主屋の掘立柱 … 183 |
| 薪にする木を鋸で伐る … 533 | 民家の間取り … 178 | 山田家の土座 … 205 |
| 枕飯と花 … 848 | 麦 … 334 | ヤマトバタラキと呼ぶ体操 … 658 |
| 曲物漆器の製作工程 … 514 | 麦入れ … 334 | 山の神 … 699 |
| 馬籠の村 … 173 | 麦刈り … 334 | 山の神に供えた弓矢 … 717 |
| 増田家（内国通運会社波合分社）旧建物配置図 … 173 | 麦除草 … 334 | 山の急斜面に点在する家 … 184 |
| 「股のぞき」で遊ぶ子どもたち … 802 | 麦溝上げ … 335 | 山の境界 … 419 |
| マチのにぎわい … 559 | 麦中耕 … 335 | 山の草刈り … 536 |
| 町家内部の小屋組 … 204 | 麦土入れ … 335 | 山の下刈り … 536 |
| マッサージの講習 … 658 | 麦にくわで土入れをする … 335 | 山の斜面に開かれた水田 … 340 |
| 松茸の吸いもの … 57 | 麦の脱穀 … 335 | 槍 … 430 |
| 松本駅前の広場と旅館 … 653 | 麦稲架の竹をしまう … 335 | 結納飾り … 826 |
| 間取 … 173 | 麦畑に土入れをする … 336 | 誘蛾灯 … 341 |
| ままごとの食事 … 802 | 麦蒔き … 336 | 夕餉の食膳 … 58 |
| 豆を食べる … 115 | むくり破風をつけた式台玄関の例 … 178 | 夕食 … 115 |
| 間もなく繭を作り始める蚕 … 462 | 蒸しあがった大豆を食べる少女 … 115 | 湯へ行く … 638 |
| 繭を湯でやわらかくしてから真綿台に広げる … 486 | 虫歌観音堂 … 763 | 雪形（爺ヶ岳の種子播き爺さん）… 341 |
| 繭かき … 462 | 蒸している大豆を手でつかみ取ろうとしている少女 … 115 | 雪形（白馬岳の代かき馬）… 341 |
| 繭掻き … 462 | 虫干し … 48 | 雪景色 … 184 |
| マユカキ手伝い … 462 | むしろに座り、教科書を広げて勉強をする … 645 | 雪の積もった麦畑 … 185 |
| 繭繰り … 462 | 村合併説明会 … 637 | 雪の通り … 185 |
| 繭杓子・繭桶 … 462 | 村合併調印式 … 637 | 雪の降る校庭に飛び出す一年生 … 645 |
| | 村組の組織形態 … 637 | 雪ボッチ … 31 |
| | | ユトー … 92 |
| | | 湯桶 … 92 |
| | | 「要求米価60キロ5,721円」のポスター … 663 |

| | | |
|---|---|---|
| 養鶏施設 440 | 網入れ繭もり 456 | 唐傘 222 |
| 養蚕専用住宅 185 | アユのナマナレ 49 | 刈入れ後の車田 269 |
| 養蚕棚 463 | 洗い場 206 | かるた 785 |
| 養蚕に必要な竹製の桑かご、桑つみかごなどを売りにくる 463 | 荒型作品 489 | カンカン帽 26 |
| 養蚕農家 185 | 有明行灯 218 | 楪 34 |
| 養殖したコイをたも網ですくいあげ出荷する 407 | いかき 59 | カンジキ 34 |
| 用水工事 638 | 石臼 256 | カンバ 270 |
| 洋品店で服選び 638 | 石で囲った三昧 828 | 木地師の家 136 |
| 養蜂 440 | いたあし膳 60 | 木地師の家の玄関 136 |
| よそゆき着 23 | 一輪運搬車 585 | 木地師の位牌 832 |
| 四つ手網を使い、フナなどを獲る 407 | 糸繰り 467 | 生地屋から絵付屋へと室板を積んで車で運ぶ 498 |
| 夜業で田作り 342 | 糸つむぎ 467 | 木地屋墓地 832 |
| 嫁入り道具を運ぶ列 826 | 稲荷様と秋葉山 681 | 木地屋村の氏神 685 |
| 嫁荷のひきつぎ 827 | イネクジリ 258 | 木印 411 |
| 嫁の門入 827 | イリゴヤ間取り図 490 | 木曽谷の家 136 |
| 寄合い 638 | 囲炉裏 190 | 砧 473 |
| 陸運会社規則 614 | 囲炉裏を囲む時山集落の家族 190 | きね 271 |
| リヤカーでテレビを運ぶ 609 | 囲炉裏端 191 | 岐阜の傘 499 |
| 竜吐水 638 | 鵜飼の鵜をウカゴに入れ櫂の天秤棒で船まで運ぶ 355 | 木村家 136 |
| 旅館 582 | 卯建の町家 125 | キリクワ 272 |
| 旅行のフィルムを見る 251 | 上絵付け 492 | 切妻合掌造り集落 138 |
| 蓮華草刈り 343 | 運搬用桶 586 | 切妻造り三層の民家 138 |
| 蓮華草蒔き 343 | エゴ 261 | 義呂池の水路の泥さらい 273 |
| レンコン掘り 343 | 枝打ち鉈 410 | 義呂池の田植 273 |
| 牢屋 408 | エブリ 262 | 義呂池の排水 273 |
| 六地蔵 700 | エブリ（製炭用具） 528 | クギブクリ（釘木履） 34 |
| ローソクの明かりでマンガを読む 803 | 絵馬 703 | 括枕 224 |
| ロッコンショウジョウ（六根清浄）をとなえながら、無病息災・商売繁盛を祈願する信者たち 729 | オオアシ 262 | 草刈りガマ 273 |
| | 大型のろくろと工具一式 493 | 草刈りガマ刃先部分（片刃） 273 |
| ワカサギを釣る 408 | 大盃 62 | 屑入れ 224 |
| ワカサギを天ぷらにする 110 | 大盃 819 | クチヤ（口楔） 412 |
| 輪カンジキ 42 | 大戸口の腰高障子 127 | クビナガ（首長） 412 |
| 湧き水の利用 奈良井宿 215 | 置千木 128 | クマデ 274 |
| ワサビ園 343 | 梭（おさ） 469 | 栗いが剥機 274 |
| 綿飴 579 | 押寿司器 62 | 栗選果機 274 |
| 綿入れ半纏 23 | 押し抜き 62 | 栗選果ふるい 274 |
| 和田行きバスが通る遠山川の吊り橋 554 | オミカゴ 470 | 車田 274 |
| 薬を量る 519 | 蚕鈴 785 | 車田に植える苗 274 |
| 藁沓 42 | 櫂棒 448 | 車田のある洞田 274 |
| 藁座 242 | 家屋 131 | 車田の植え方 274 |
| わら細工の共同作業小屋 519 | 家屋の構造横断面 131 | 車田の田植 274 |
| 藁座布団 242 | カカシ 265 | 車田の田植型諸相 274 |
| 草鞋 42 | 柿の木の根元に接木の跡 534 | 車田の田植前の筋つけ 274 |
| わらじ（ごんぞわらじ） 43 | 柿の人工授粉器 266 | クレ葺き屋根 141 |
| 藁製のスリッパ 43 | 柿羊羹 51 | クレ葺き屋根の益田造り 141 |
| わら製の波形のマブシ 463 | 角廻し 411 | 鍬 275 |
| 藁草履 43 | カジボウ（橇用の梶棒） 588 | ケショウバケ（化粧刷毛） 45 |
| 藁人形（工芸品） 794 | カスリ 448 | 毛羽取機 459 |
| わらまぶしから収繭と毛羽取器による整繭作業 463 | 型紙 495 | ケンドン 276 |
| 藁選り 520 | 滑車 411 | ケンドン（フルイ） 276 |
| わりご 93 | 合掌作り 132 | 鯉幟の寒ざらし 475 |
| ワンピースを着せてもらった少女 23 | 合掌造り 132 | 耕作風景 276 |
| | 合掌造り・中野家主屋梁行断面 132 | 五右衛門風呂 194 |
| **岐阜県** | 合掌造りの外観 132 | コショウ味噌 52 |
| | 合掌造の下の大家族 244 | 御神体 686 |
| 愛国婦人会襷・日の丸扇子 654 | 合掌造りの葺き替え作業 215 | こね鉢 68 |
| アク水の作り方 94 | 合掌造り民家群 132 | コネバチ 68 |
| 上げ仏壇 828 | 門口の小便所 132 | 五平餅 52 |
| 上げ舟 242 | 金ブルイ 267 | コマザラ 279 |
| 朝市 554 | カビ 267 | 米畚 280 |
| アジカ 252 | 釜とシャクシ 268 | 小物入れ 225 |
| 畦立機 253 | 窯場 495 | コンクリートブロック塀 144 |
| アテギ 59 | 紙絵馬 706 | 婚礼習俗 821 |
| | 紙漉き 496 | サカバヤシ 568 |
| | 鴨うどん 51 | 嵯峨面 787 |
| | 茅の刈取り 268 | ササハダイギリ（笹葉状鋸） 413 |
| | カラウス小屋 268 | ササボウキ 281 |
| | 唐臼小屋 268 | 差歯下駄 36 |
| | カラウス小屋内部 268 | 叉首組 145 |

## 岐阜県　地域別索引

| 項目 | 頁 |
|---|---|
| 皿入れ | 70 |
| 山間部落の一本橋 | 543 |
| 蚕種催青用箱 | 459 |
| 三本備中 | 283 |
| 自在鉤 | 195 |
| 地搗き | 522 |
| 柴刈りガマ（両刃） | 285 |
| 渋柿皮むきカンナ | 101 |
| 鉈鞘 | 413 |
| 住居式水屋 | 148 |
| 集落 | 148 |
| 出荷のための荷作り | 502 |
| 消火用バケツを吊してある風景 | 630 |
| 除雪当番板 | 630 |
| 助命壇 | 150 |
| 白川郷の合掌造り | 150 |
| 白川郷の民家・山下家住宅平面図 | 150 |
| 白川の民家 | 150 |
| 白川の民家の建具 | 196 |
| 白川村の合掌造り | 150 |
| 白川村の合掌造り集落 | 150 |
| シルジャクシ | 73 |
| 代カキマンガ | 288 |
| 城山からみた岩村の町並み | 151 |
| 人力耕起用すき | 288 |
| 人力用鋤 | 288 |
| 森林軌道 | 414 |
| 水田砕土機 | 290 |
| 水田除草機 | 290 |
| 水田人力除草機 | 290 |
| 水田中耕除草機 | 290 |
| すき（こがら犂） | 291 |
| スキ | 291 |
| 杉苗を、地ごしらえをした山に植える | 414 |
| 杉苗の植えつけ | 414 |
| 杉のさし木のさし穂作り | 414 |
| 筋つけの道具 | 292 |
| 製簇器 | 460 |
| 製陶工場 | 503 |
| 背負籠 | 595 |
| 背負梯子 | 595 |
| 背負嚢 | 596 |
| セゴ | 596 |
| 背夕 | 597 |
| 荘川の民家 | 152 |
| 僧都（ししおどし） | 75 |
| 添水唐臼 | 294 |
| 遭難供養塔 | 839 |
| 双用犂 | 294 |
| ソトメの服装 | 12 |
| 樔による運搬 | 598 |
| 大家族制の家 | 153 |
| 大規模民家・旧大戸家住宅 | 153 |
| タイノイオ | 823 |
| 台秤 | 584 |
| 田植え | 297 |
| 高い石垣の水屋 | 153 |
| 高火鉢 | 229 |
| 高山の朝市 | 557 |
| 高山の絵馬市 | 557 |
| 高山のこも豆腐 | 54 |
| タキ木を運搬整理する子供 | 599 |
| たけぞうり | 37 |
| 竹草履 | 37 |
| 竹草履バンバン | 37 |
| 田下駄 | 301 |
| 竹箕 | 301 |
| 山車を模した玩具 | 789 |
| 畳付きの女もの下駄 | 37 |
| タチウドの服装 | 12 |
| タテビキノコ（縦挽き鋸） | 415 |
| タテヤ（縦楔） | 415 |
| 種子桶 | 229 |
| 田舟 | 305 |
| タワシ | 77 |
| 束子・刷毛 | 77 |
| 団子コロガシ | 77 |
| 茶器 | 78 |
| 茶樽 | 78 |
| 茶蒸器 | 443 |
| チョウナ | 508 |
| ツグラ（指物） | 811 |
| ツグラ・立ちツグラ | 811 |
| 漬物づくり | 104 |
| 土入機 | 308 |
| ツチハダケ | 308 |
| ツマゴ | 38 |
| つりかん | 416 |
| 手行灯 | 231 |
| 手提柳行李 | 600 |
| テコ（シャモジ） | 309 |
| テノコ | 310 |
| 手ノコ | 310 |
| テノコ（手鋸）とサヤ（鞘） | 416 |
| 手ノコとナタの着装 | 310 |
| てんご | 601 |
| 陶器を乗せて乾かす室板を運ぶ老職人 | 509 |
| 陶器の合格品と不合格品 | 509 |
| 道中茶道具箱 | 80 |
| 豆腐用具 | 105 |
| トウミ | 310 |
| 唐箕 | 310 |
| 時山集落 | 159 |
| 土佐屋 | 159 |
| 土佐屋の内部 | 200 |
| 土蔵式水屋 | 159 |
| 栃の皮むき | 105 |
| 橡の実の皮はぎ | 105 |
| 獲ったカモをさばくために毛をむしる | 427 |
| トビナタ | 312 |
| 土鈴 | 790 |
| 泥さし | 416 |
| トンガ | 313 |
| トンガ（猫の舌ベラ） | 313 |
| トンベナタとナタカゴ | 313 |
| 菜洗い | 106 |
| 苗をいれるアジカ | 313 |
| 苗取りのノドワラ | 314 |
| 中グリチョンノと鍵 | 510 |
| ナガシロ（苗代） | 314 |
| ナガヅル | 314 |
| なたねとうし | 315 |
| 名和家の住居式水屋 | 162 |
| 名和家の土蔵式水屋 | 162 |
| ニナイオケ | 316 |
| ネコザ | 603 |
| ネコダ | 603 |
| 鼠とり | 234 |
| 農家の板床 | 202 |
| 農家の流し場 | 164 |
| 農具絵馬 | 713 |
| 軒下に積まれた薪 | 248 |
| 軒下にみえる雲の意匠 | 165 |
| 軒下に「屋根葺技術師」の表札のある白川郷の民宿 | 581 |
| 軒下の利用 | 248 |
| ノキナシ | 318 |
| ノコギリ | 417 |
| 野辺送り | 843 |
| 蝿帳 | 83 |
| 墓の竹囲い | 844 |
| 箱ずしを作る | 107 |
| 箱膳 | 84 |
| 播種穴あけ機 | 320 |
| 柱時計 | 235 |
| 馬そりで材木を運ぶ | 417 |
| バチ備中鍬 | 321 |
| 張り板に張った古着の布地 | 48 |
| 梁組み | 202 |
| 春木売り | 575 |
| 馬鈴 | 439 |
| バンギ | 322 |
| はんぞだらい | 236 |
| バンドリをつけた田人 | 605 |
| 柊 | 484 |
| ヒウチドウグ | 323 |
| ヒエカチボウ | 323 |
| 飛騨型の低い家屋 | 168 |
| ヒタタキ | 324 |
| 備中鍬 | 324 |
| ヒノキガサ | 29 |
| ヒノキ笠 | 30 |
| 檜笠 | 30 |
| 火の番燈籠 | 635 |
| 火鉢 | 237 |
| ヒミチを掃くホウキ | 325 |
| 鞴 | 513 |
| 笛 | 779 |
| 福助 | 715 |
| 二人挽鋸 | 418 |
| フタリビキノコの使用 | 418 |
| 仏壇 | 845 |
| ふとび | 418 |
| ブナ材を手ぞりで運びおろす | 418 |
| 舟つなぎの木 | 249 |
| 舟と堀 | 326 |
| 踏車 | 326 |
| ヘンコ | 328 |
| ヘンコ（ヒゲコ） | 328 |
| 弁当かご | 87 |
| ホウキ | 328 |
| ホウキ（柴製） | 328 |
| 包丁 | 87 |
| 朴葉味噌 | 56 |
| 穂刈り用カマ | 328 |
| 干柿作り | 108 |
| 細縄専用縄ない機 | 514 |
| 薪作り | 533 |
| 益田造りが残る町の景観 | 173 |
| 間取 | 173 |
| 俎 | 88 |
| マメカチボウ | 331 |
| マメカツボウ | 331 |
| 守札と箸 | 722 |
| 繭整形器 | 462 |
| まんりき | 419 |
| マンリキ（万力） | 419 |
| 箕 | 332 |
| 水樽 | 89 |
| ミズフネ（水舟） | 514 |
| 水屋 | 175 |
| 水屋 | 204 |
| 水屋をもつ屋敷 | 175 |
| 水屋景観 | 175 |
| 水屋と主屋をつなぐドンド橋 | 175 |
| 味噌桶とタマリとり籠 | 454 |
| 美濃山中の炭ガマ | 530 |

| | | |
|---|---|---|
| 民家 | 175 | |
| 民家の内部(炉端) | 204 | |
| 民家の間取り | 178 | |
| 麦すり器 | 334 | |
| 麦の除草用具 | 335 | |
| 娘の服装 | 21 | |
| メシジャクシ | 90 | |
| メヌキダイギリ(目抜きのある鋸) | 419 | |
| 木材皮むき器 | 419 | |
| 木馬(玩具) | 793 | |
| 餅苞 | 109 | |
| 餅焼き鉄器 | 91 | |
| 籾たたき棒 | 338 | |
| もん捕り | 406 | |
| 焼印のあるリュウトスイ(龍吐水) | 180 | |
| 焼畑の跡地 | 339 | |
| 焼畑の種播き | 339 | |
| 焼畑の火入れ | 339 | |
| 厄除け | 819 | |
| 屋敷構 | 181 | |
| 屋根 | 182 | |
| 屋根替え | 217 | |
| 山刀鞘 | 419 | |
| ヤマギリ | 340 | |
| 山小屋 | 340 | |
| 山小屋の内部(模型) | 340 | |
| 山小屋平面図 | 340 | |
| 山ナタ | 340 | |
| 山の神 | 699 | |
| 山畑の松飾り | 340 | |
| ヤリ | 340 | |
| 誘蛾灯 | 341 | |
| 融雪のための小川の流れ | 184 | |
| 雪沓 | 41 | |
| 指金 | 584 | |
| 夜川網 | 407 | |
| 横ゴザ | 341 | |
| ヨゴザ・キャクザの背面に置いた屏風 | 241 | |
| ヨコビキノコ(横挽き鋸) | 420 | |
| ヨコヤ(横楔) | 420 | |
| 吉島家住宅 | 186 | |
| 四つ建て民家の外観 | 186 | |
| 嫁入りの挨拶 | 827 | |
| 路傍の炭焼き | 530 | |
| 和傘つくり | 519 | |
| 輪中の水屋と母屋 | 187 | |
| 藁脛巾 | 43 | |
| 和蠟燭作り | 520 | |

## 静岡県

| | | |
|---|---|---|
| アイカゴ | 252 | |
| 藍染(反物) | 464 | |
| 朝夕に大謀網をしめる妻良の漁労 | 345 | |
| アサリをかきあげる浜名湖の漁師 | 345 | |
| アシナカゾーリ | 32 | |
| 足の病気が治ったお礼に奉納した足の作りもの | 701 | |
| アジのみりん干し | 94 | |
| 足の病い全快の御礼奉納 | 701 | |
| あしふみろくろ | 489 | |
| 遊ぶ子ども | 795 | |
| 「頭切れ」とその骨組 | 783 | |
| 三五教(アナナイキョウ) | 770 | |
| アバ | 410 | |

| | | |
|---|---|---|
| 網針 | 346 | |
| 海女の漁具 | 348 | |
| 編笠 | 24 | |
| 網の手入れ | 349 | |
| 新仏 | 828 | |
| アワの穂の供物 | 701 | |
| 家印 | 625 | |
| イエツギ | 625 | |
| 家の解体 | 242 | |
| 筏流し | 410 | |
| 井川メンパの製作風景 | 490 | |
| 生き餌の取引 | 352 | |
| イケス籠 | 352 | |
| 石置き屋根 | 121 | |
| 石置屋根の家 | 121 | |
| 石垣苺の畑作業 | 256 | |
| イセエビ漁 | 352 | |
| 磯の口明け | 353 | |
| 磯ノリを掻く人 | 353 | |
| 板の橋 | 538 | |
| 井出家主屋・遠景 | 123 | |
| 伊東温泉を流れる松川河畔の旅館街 | 579 | |
| 伊東の温泉街と大川 | 579 | |
| イナギ切り | 257 | |
| イノシシ狩り | 421 | |
| イブシ | 259 | |
| イモ干台 | 95 | |
| イルカ追いこみ漁 | 354 | |
| イルカ供養塔 | 675 | |
| イルカ供養碑 | 675 | |
| 囲炉裏と松明台の松明の火 | 219 | |
| イワシを干す | 96 | |
| 植付け鍬 | 260 | |
| 植えてから42年目の杉 | 410 | |
| 魚見小屋 | 355 | |
| 鵜飼サッパ | 355 | |
| 筌 | 356 | |
| 氏子入り | 813 | |
| 氏子入りの奉告 | 813 | |
| 牛の爪そぎ | 432 | |
| 烏瑟沙摩明王への参拝者 | 702 | |
| ウスサマ明王のお札 | 718 | |
| 器を扇で払う | 668 | |
| ウドンスイ | 61 | |
| 埋墓 | 829 | |
| 浦の住まい | 126 | |
| 績んだ糸を8字形に巻いてツグリをつくる | 469 | |
| エスカレーターの完成式 | 723 | |
| エブリ | 262 | |
| エボリ | 262 | |
| 絵馬 | 703 | |
| 宴会席次 | 621 | |
| 縁側 | 126 | |
| お犬さま | 718 | |
| 往時の面影を残す大井川から島田に至る町並み | 126 | |
| 大足 | 263 | |
| 大井川を渡る人や荷物を管理していた川会所 | 126 | |
| 大生簀 | 360 | |
| 大鳶 | 411 | |
| 大丸籠 | 587 | |
| オカンジャケ | 784 | |
| 沖あがり | 50 | |
| オキガメ | 62 | |
| 桶をかつぎ出す | 587 | |
| おこもり | 621 | |
| オシオイ桶 | 705 | |

| | | |
|---|---|---|
| 鬼歯 | 264 | |
| 貝掻き | 362 | |
| 開校式 | 639 | |
| 海藻ヲヒロフ女 | 362 | |
| 街道の家並 | 539 | |
| 家屋が密集して建っている妻良の集落 | 131 | |
| カカシ | 265 | |
| 柿の皮むき | 97 | |
| カキ養殖のためのホタテの貝殻 | 363 | |
| 角立て | 363 | |
| 掛川 | 647 | |
| カジメ | 51 | |
| 形代 | 706 | |
| 鰹節の日乾 | 97 | |
| 鰹節干し場 | 97 | |
| 担ぎ平俵 | 588 | |
| 金谷から金谷峠に向かう石畳の道 | 540 | |
| 加入式 | 621 | |
| 加入式の図 | 621 | |
| 歌舞伎人形 | 785 | |
| カボチャビク | 267 | |
| 釜敷 | 65 | |
| カマヤ建て | 133 | |
| 釜屋建ての民家と屋敷 | 133 | |
| 神に供物する器 | 706 | |
| 家紋 | 627 | |
| 蚊遺 | 268 | |
| ガラス障子の家 | 134 | |
| 「カラメ凧」とその骨組 | 785 | |
| 刈敷 | 269 | |
| カルサン | 6 | |
| 川越人夫の住まいや待合所、集会場の建物 | 135 | |
| 革座布団 | 223 | |
| 皮足袋 | 33 | |
| 燗器 | 65 | |
| 鉋 | 497 | |
| 看板に町民の訴え | 627 | |
| 木負の公会堂 | 621 | |
| 着蓙 | 6 | |
| 忌中部屋 | 832 | |
| 木ノ舟 | 66 | |
| 木鉢 | 66 | |
| 牛舎の牛 | 435 | |
| 牛乳のオヤツ | 111 | |
| 共同井戸 | 209 | |
| 漁港 | 367 | |
| 漁船 | 368 | |
| 吟味集会の図 | 621 | |
| 草木谷入口のトロッコ橋 | 542 | |
| クズの皮を川で洗う | 474 | |
| 鍬 | 275 | |
| 加銚子 | 67 | |
| 傾斜畑と農家 | 276 | |
| 下駄作り | 500 | |
| ゲートボール | 628 | |
| 県営鱒の家旧館 | 142 | |
| 玄関脇の小便所 | 142 | |
| 交換分宿 | 641 | |
| 庚申 | 742 | |
| 鉱石運搬船 | 526 | |
| 古宇の公民館 | 621 | |
| 小型動力茶摘機 | 441 | |
| コシビク | 590 | |
| 五社様 | 686 | |
| 御殿場駅前 | 543 | |
| 子どもたち | 629 | |
| 子供の服装 | 8 | |
| 小鳥の玩具 | 787 | |

## 静岡県　地域別索引

- 木花開耶姫〔掛絵〕 ……………… 719
- ごみ容器収容ピット ……………… 649
- 小麦干し ……………………………… 279
- こもあみき …………………………… 529
- 小屋組と貫 …………………………… 144
- コンニャク芋を背負って仮橋を渡る ……………………………………… 591
- 「ごんば」という屋号の家 ………… 144
- サイクリング ………………………… 580
- 砕土機 ………………………………… 280
- 賽の河原 ……………………………… 767
- 坂下の商店街 ………………………… 567
- 魚をまる干しにする ………………… 100
- 魚串さし ………………………………… 70
- 魚突き ………………………………… 797
- 魚の行商 ……………………………… 567
- 魚のひらき干し ……………………… 100
- 座棺 …………………………………… 834
- 桜井精塩株式会社 …………………… 445
- サクラエビのかき揚げ丼 …………… 52
- サクラエビの味噌汁 ………………… 52
- サシ …………………………………… 281
- 雑穀栽培 ……………………………… 281
- 三条の六角凧 ………………………… 787
- シイタケを干す ……………………… 101
- 塩入れ容器 …………………………… 70
- 塩桶 ……………………………………… 71
- 潮が引いた浜名湖の海苔ひびの間でアサリを獲る …………………… 375
- シオガメ ………………………………… 71
- シオツボ ………………………………… 71
- シカ刺 …………………………………… 53
- シキズエ ……………………………… 376
- 仕事着 …………………………………… 9
- 自在鉤 ………………………………… 195
- 猪狩り ………………………………… 425
- 自身番組掟 …………………………… 629
- 静岡の漬物先生 ……………………… 101
- 下地窓と腰貼り ……………………… 147
- 七五三 ………………………………… 814
- 湿田の田植え ………………………… 284
- 地主神 ………………………………… 688
- 自然薯 …………………………………… 53
- 地の神の小祠 ………………………… 688
- しゃもじ奉納 ………………………… 710
- 集会所間取図 ………………………… 621
- 集会所間取図（現在） ……………… 621
- 集会所・若者宿分布図 ……………… 622
- 授業合図太鼓 ………………………… 642
- 呪具「飛んでけ這ってけ逃げてけ」 ……………………………………… 670
- 出荷するウナギを選別する ………… 377
- ショイコ ……………………………… 592
- 背負子 ………………………………… 592
- ショイコを背負う …………………… 592
- ショイワク …………………………… 593
- 錠絵馬 ………………………………… 710
- 商家のなまこ壁 ……………………… 149
- 上棟式 ………………………………… 522
- 上棟式の餅まき ……………………… 522
- 消防組規則 …………………………… 630
- 醬油絞り器 …………………………… 451
- 除草機 ………………………………… 286
- 代かき板 ……………………………… 287
- 深耕鍬 ………………………………… 288
- 新造船 ………………………………… 522
- 新年会議事録 ………………………… 631
- 水中眼鏡 ……………………………… 379
- 水田除草用雁爪 ……………………… 290
- 水稲除草用雁爪 ……………………… 290

- すくいずし ……………………………… 54
- 菅笠 ……………………………………… 27
- 硯箱 …………………………………… 227
- スッポン ……………………………… 292
- 脛当 ……………………………………… 37
- 巣箱から巣を切り取る ……………… 436
- 炭ガマ（土天ガマ）作り …………… 529
- 炭切り作業 …………………………… 529
- 炭俵 …………………………………… 529
- 炭焼き ………………………………… 529
- 駿河湾に入港する連合艦隊 ………… 656
- 製塩所 ………………………………… 446
- 成人祝い ……………………………… 817
- 成人式 ………………………………… 817
- 成人式の日　氏神に参る …………… 817
- 製茶用手回し粗揉機 ………………… 441
- 青年会規約 …………………………… 622
- 青年詰所 ……………………………… 622
- 青年の宿として用いられた木負公会堂 ……………………………… 622
- 青年の宿として用いられた古宇新興生活館 ……………………………… 622
- 蒸籠 …………………………………… 441
- セイワク ……………………………… 594
- 背負籠 ………………………………… 595
- 背負梯子 ……………………………… 595
- 石仏 …………………………………… 690
- 銭を入れた花籠、三途の川を渡る杖、六道の灯明など ……………… 837
- 船上の食事（しゃがんだ姿勢でとる） ……………………………………… 113
- 葬家の設え …………………………… 838
- 造船儀礼 ……………………………… 523
- 底抜け柄杓奉納 ……………………… 711
- ソデナシバンテン …………………… 12
- 染物伸子張り ………………………… 479
- 大規模な葛布商人の山崎家 ………… 153
- 大黒尊天神 …………………………… 690
- 大根を葉と分けて干す ……………… 103
- 大謀網を作る ………………………… 382
- 大謀網の完成 ………………………… 382
- 大漁 …………………………………… 382
- たきぎとり …………………………… 532
- 滝に打たれる ………………………… 728
- 竹サンダル ……………………………… 37
- 竹筒に入れた神酒 …………………… 712
- 田下駄 ………………………………… 301
- 凧　駿河凧 …………………………… 789
- 叩鑿 …………………………………… 506
- 龍頭 …………………………………… 840
- 種籠 …………………………………… 304
- 田の神の杜 …………………………… 691
- タベラボー …………………………… 305
- 段畑 …………………………………… 306
- 段畑と農家 …………………………… 306
- 茶園と茶摘女 ………………………… 442
- 茶刈り鋏 ……………………………… 442
- 茶切り鋏 ……………………………… 442
- 茶壺 …………………………………… 442
- 茶摘み ………………………………… 442
- 茶摘み衣装 …………………………… 13
- 茶摘み鋏 ……………………………… 443
- 茶摘用かご …………………………… 443
- 茶の加工用蒸器の蒸気発生器 ……… 443
- 銚子から来た漁船 …………………… 385
- 長床犁 ………………………………… 307
- 庁屋 …………………………………… 633
- チョーチンビク ……………………… 307
- 突きん棒船と網船 …………………… 385

- 突きん棒の漁船 ……………………… 385
- 突きん棒の船 ………………………… 385
- ツジギリ ……………………………… 671
- 辻の札 ………………………………… 671
- 蔓にさげた紙絵馬 …………………… 726
- つと …………………………………… 446
- ツノ糸巻 ……………………………… 480
- つの箱 ………………………………… 386
- 吊橋 …………………………………… 546
- 吊り干しされる甘藷ナマ切干し …… 104
- 定置網漁 ……………………………… 386
- 手押水田除草機 ……………………… 309
- 手斧 …………………………………… 416
- テキ（真鍮製滑車） ………………… 789
- 鉄索を運ぶ …………………………… 600
- 天草を浜に広げ干す ………………… 105
- テングサの口あけ …………………… 387
- 天草干し ……………………………… 105
- テングサ干しの共同労働 …………… 105
- 道坐像 ………………………………… 692
- 道祖神 ………………………………… 692
- 道中小物入れ ………………………… 581
- ドウ（宿）の内部 …………………… 622
- 豆腐田楽 ……………………………… 55
- 戸口上の神符 ………………………… 721
- 栃の実 ………………………………… 55
- トチの実をもち米の上にのせ一緒に蒸す ……………………………… 105
- トチもちを作る ……………………… 105
- 栃餅作り ……………………………… 106
- 土間と出居 …………………………… 201
- 「巴凧」とその骨組 ………………… 790
- 虎のエマ ……………………………… 713
- 鳥形案山子 …………………………… 312
- 「トンガリ凧」とその骨組 ………… 790
- ナイハコビ …………………………… 602
- 長柄銚子 ……………………………… 82
- 長刀を披露する女生徒 ……………… 644
- ナマコ壁の土蔵と藁葺き屋根の母屋 ……………………………………… 161
- なまこ壁の民家 ……………………… 161
- 生葉一時貯留用平かご ……………… 444
- 鳴子 …………………………………… 315
- 新墓 …………………………………… 842
- 担い籠 ………………………………… 603
- 荷棒 …………………………………… 603
- 乳牛飼育 ……………………………… 438
- 入講式の図 …………………………… 623
- 韮山笠 ………………………………… 28
- 人魚のミイラ ………………………… 678
- ネキリ鋸 ……………………………… 511
- 寝宿 …………………………………… 623
- 農家の居間 …………………………… 202
- 農家のコビル ………………………… 114
- 能衆稗酒 ……………………………… 55
- 乗合馬車 ……………………………… 548
- 海苔付けした海苔簀を簀台に並べて干す ……………………………… 106
- 海苔の乾燥 …………………………… 106
- 箱葛籠 ………………………………… 235
- 橋銭小屋 ……………………………… 549
- バスケ（パスケ） …………………… 444
- 旅籠川坂屋 …………………………… 581
- 働く女性 ……………………………… 393
- 伐採したスギの皮むき ……………… 417
- 八丁櫓の漁船 ………………………… 393
- 花籠 …………………………………… 844
- 花火大会の防波堤のあたり ………… 618
- 破風 …………………………………… 166
- 浜名湖の定置網にかかった魚 ……… 394

| | | |
|---|---|---|
| 浜名湖の海苔養殖 394 | 妻良の年寄り 638 | アケビ 49 |
| 浜松市郊外の集落 166 | 妻良の漁師 405 | あさ 489 |
| 浜松凧の骨組 791 | メンパ 91 | 麻の反物 465 |
| ハライにある茅葺屋根の住まいと網干し場、道具小屋、船揚場 394 | モッコ 608 | アシナカの鼻緒の結び方 32 |
| | 籾・麦乾燥機 338 | 足踏みロクロ 489 |
| 張子の首振り 犬 792 | 股引 21 | 小豆飯 49 |
| ハリとハリヅツ 394 | 森町睦実あたり 653 | 穴掘り 828 |
| 半鐘 635 | 門牌 849 | 鮎料理 49 |
| 稗酒を仕込む 107 | モンペ 21 | 洗い場でやさいをあらう 94 |
| ヒッチョイ 606 | ヤギを連れた子どもたち 440 | アラキドリ順序 489 |
| ヒナワ 324 | 焼玉エンジンの漁船 406 | 荒挽き 489 |
| 火の見 635 | 焼畑 338 | アンカ 218 |
| ヒョウタンカゴ 325 | 弥治川沿いの旧遊郭付近の町並み 653 | 行灯 219 |
| ヒルメシダーラ 606 | 屋敷神 698 | 飯田線・三河大野駅 537 |
| ブカ凧 792 | 屋敷林 181 | 息ぬき竹を立てた墓 828 |
| 袋網 396 | 野生鳥獣慰霊塔 676 | 生け簀 352 |
| 袋を運ぶ 606 | 宿の生活 寄合い 623 | 石置き屋根 121 |
| 富士山溶岩火鉢 237 | 宿の略図 623 | 石置き屋根の納屋 121 |
| 二棟造り 169 | 屋根 182 | 石置き屋根の農家 121 |
| 船おろし 524 | 屋根葺き 217 | イジコ 585 |
| 舟型屋敷見取図 169 | 屋根葺き道具 217 | 一色港 353 |
| 船大工 524 | 山住神社のお札 723 | 糸とり機 468 |
| 船霊 695 | 山の神幣 717 | 稲の種まき 259 |
| 船玉様 696 | 山の神の祠と竹筒に入れた神酒 700 | 猪を捕獲する柵わな 421 |
| 船霊様 696 | ヤマメの粟ずしの祖型 58 | 猪に根こそぎ食い荒らされたサツマイモ畑 259 |
| 船玉神 696 | 由比丼 58 | |
| 舟ヲノボス人タチ 398 | 唯念碑 745 | 猪の落し穴 421 |
| 船だまりのてんま船 399 | ゆり鉢 528 | 芋畑 260 |
| 篩 444 | 養蚕のため二階建てに改造した家が並ぶ 185 | 伊良湖港 538 |
| 古い宿場の面影を残す町並み 581 | | 伊良湖集落の風景 124 |
| 古い町並み 652 | 斧（よき） 420 | いれぎわ 410 |
| 噴霧機 327 | 嫁のシリタタキ棒 827 | 牛で田を鋤返す 260 |
| ベッチンコールテン 486 | ヨモギヲツク女 342 | 牛若丸（玩具） 783 |
| 便所 204 | リヤカーで魚を行商する 578 | うす・きね 260 |
| 便所の神様のご神体 696 | 両肩支持背負い運搬 609 | うだちをつけた町家 125 |
| 弁天島あたりの水路 618 | 旅館街 583 | 団扇 220 |
| 焙炉 444 | 輪尺 518 | ウデヌキ 43 |
| 奉公袋 657 | 霊をとむらう人びと 851 | うどんばし 61 |
| 蒲財政を支えた葛布問屋の旧松本家 171 | レンガ造りの銅壺が付いた竈 205 | 鰻掻 357 |
| | 六十六部供養碑 770 | 乳母車の主婦 807 |
| ほだ木を運ぶ 606 | 轆轤捲 794 | 産小屋 807 |
| 墓標に霊屋をかぶせた墓 847 | 炉端に敷かれた置畳 206 | 産屋 808 |
| 堀に添った倉庫と商家 652 | ローフー 408 | 馬および牛のエマ 702 |
| 盆（ぼん） 444 | 若衆の宮詣り 623 | 馬の運搬具 586 |
| ボン踏み 109 | 若衆宿 623 | 馬の蚊えぶし 433 |
| マグロ建切網漁撈絵馬 402 | 和菓子店 578 | 馬宿 611 |
| マグロ建切網漁 402 | 若者入り 624 | 馬宿をしていた家 125 |
| 町凧 793 | 若者集会場間取図 624 | ウルイ（ギボウシ）の半栽培 261 |
| 町の通り 652 | 若者宿 624 | うるし桶 491 |
| 守札 722 | 若者宿（現公民館）間取図 624 | うるしかき 491 |
| ミカン採取ハサミ 332 | 若者宿分布図 624 | 上絵付け 492 |
| ミカン収穫篭 332 | 若者宿間取図 624 | 運送会社宇野専吉宅 126 |
| 道網 403 | 若者寄合 624 | 絵付けが終わると釉薬をかける 492 |
| 道網作り 403 | わさび鍬 343 | 海老万牙漁 359 |
| ミノ 19 | ワサビ田でのワサビの花茎（花軸）摘み 343 | えふいた 410 |
| 宮村式蒸機 444 | | 絵馬 703 |
| 民家 175 | ワサビの花茎 58 | 鉛玉入れ・煙硝入れ 422 |
| 麦土かけ 335 | ワサビの収穫 343 | 鉛玉入れと硝煙入れ 422 |
| 虫歯の神様 698 | 渡辺家 187 | 鉛玉を作る鋳皿と鋳型のヤットコ 422 |
| 無象庵 179 | | オイコ 586 |
| 棟持柱 179 | ## 愛知県 | お犬さま 682 |
| 棟飾りのいろいろ 179 | | 大岩町字佃の町並み 126 |
| ムラの洗い場 214 | 青森リンゴの木箱に詰められた茶碗 489 | 大神楽 817 |
| 村の寄合 623 | | 大きな庇屋根をもつ妻入商家 127 |
| 村ハチブ 637 | 空地にコンクリートの台を設けて祀るカミサマ 680 | 起上り小法師 784 |
| メザル 90 | | 桶（むしこが） 493 |
| 飯櫃 91 | 秋ミチつくり 625 | おけまる 411 |
| 目無し 793 | 秋ミチつくりに出かける 625 | 桶屋 561 |
| 妻良の子供 637 | | 落ちアユを捕獲するヤナ 361 |
| 妻良の集落 180 | | おつむてんてんをする幼児 809 |

愛知県　地域別索引

| 項目 | 頁 |
|---|---|
| 踊台回覧板 | 621 |
| お日待をする人びと | 626 |
| オミヨシサン | 683 |
| 主屋の縁の下の貯蔵スペース | 130 |
| 主屋の戸口 | 130 |
| 主屋の脇に黒漆喰の土蔵を構える竹田家 | 130 |
| おんけ | 471 |
| 温室を利用した最先端の施設園芸地域 | 264 |
| 開業の日，名古屋駅を出て，東京駅に向かってスピードをあげる東海道新幹線 | 539 |
| 蚕網編器 | 456 |
| 蚊いぶし器（牛馬用） | 434 |
| 改良かまど | 192 |
| カクラサン | 364 |
| カケイオ | 820 |
| カーゴ | 63 |
| 河口でのシジミ採り | 364 |
| 河口の船着場 | 616 |
| 風車 | 266 |
| 風車 | 785 |
| 風車と鍾馗面 | 785 |
| 菓子器 | 64 |
| 鍛冶屋 | 494 |
| 鍛冶屋　金鍬の修理風景 | 495 |
| 菓子椀 | 64 |
| カスガイ | 411 |
| カスミ網による猟でとったツグミを腰のまわりにぶらさげている | 423 |
| 霞網猟 | 423 |
| 架線による出材 | 411 |
| カタクチ | 64 |
| カタクチイワシの白子 | 97 |
| 肩叩き | 222 |
| 学校 | 640 |
| 金床 | 495 |
| 花瓶に絵筆で絵を描く絵付けの作業 | 495 |
| カフェー | 562 |
| 壁にかけられた道具 | 222 |
| 鎌 | 267 |
| 窯の縦断面図 | 528 |
| 竈屋造りの農家 | 133 |
| 釜屋建て | 133 |
| 釜屋建ての民家 | 133 |
| 紙衣 | 6 |
| 裃 | 6 |
| 上津具の町並み | 647 |
| カミヤ | 621 |
| カメラを向けた父親に流し目する少女 | 627 |
| 家紋 | 627 |
| 烏凧 | 785 |
| 川辺で火を焚き供物を川へ投入する | 707 |
| かわむき | 411 |
| かわむきがま | 411 |
| 瓦の型 | 496 |
| 瓦屋根葺き | 216 |
| かんな | 497 |
| 観音経供養碑 | 771 |
| 観音前での祈禱 | 707 |
| きざら | 66 |
| 木地師の工具 | 497 |
| 木地師の仕事場 | 497 |
| 木地店建物配置見取図 | 498 |
| 木地の下ごしらえ | 498 |
| 木地の製品 | 66 |
| きじ半製品 | 498 |
| 木地ひきの工程　材料をさがす | 498 |
| 木地ひきの工程　仕上げ | 498 |
| 木地ひきの工程　ぶんまわしをかける | 498 |
| 木地盆と椀 | 498 |
| 木地屋の墓 | 832 |
| 木地屋の墓石 | 832 |
| 木地屋の木製印鑑と輸送木札 | 498 |
| 木地屋のロクロ | 498 |
| 砧 | 473 |
| キボクリ | 34 |
| 鬼面 | 669 |
| 牛耕 | 271 |
| 牛耕用犂 | 272 |
| 給水タンクとして用いている常滑の陶器製の大きな水瓶 | 223 |
| 牛馬安全の護符 | 719 |
| 共同井戸 | 209 |
| 共同でイノシシを捕獲・解体し，肉を平等配分する | 423 |
| 漁具とビク | 367 |
| 清め手桶 | 223 |
| 切妻造り | 138 |
| キリダメ | 224 |
| きりだめ（桶） | 224 |
| 切り干しダイコン作り | 99 |
| きんま | 412 |
| 木馬で材木を運ぶ | 412 |
| キンマとキンマミチ | 412 |
| きんまによる運材 | 412 |
| 食い初め | 814 |
| 草取鍬を使う女の人 | 273 |
| 櫛 | 45 |
| 供養塔 | 771 |
| くらがえしまんが | 274 |
| くりそぎ | 412 |
| 胡桃膳 | 224 |
| クロスズメバチ幼虫の佃煮 | 52 |
| 桑籠 | 457 |
| 軍事教練 | 655 |
| 毛羽取機 | 459 |
| 献花用の筒 | 833 |
| 現代の井戸端 | 210 |
| 現代の行商 | 567 |
| 元服人名簿 | 621 |
| 耕起用馬鞍 | 436 |
| 工業用石臼 | 534 |
| 庚申塔 | 743 |
| 庚申の扁額 | 743 |
| 広大な間口を構える岡家 | 142 |
| こうばさみ | 436 |
| 高蒔絵茶盆と茶托 | 68 |
| 肥溜め | 277 |
| 肥溜めとキャベツ畑 | 278 |
| 子を背負う | 809 |
| 小籠をかついで | 590 |
| こくいん | 412 |
| こくいんつぼ | 412 |
| 黒板にいたずら | 641 |
| こけら | 412 |
| こけら・こけらわく | 412 |
| こけらづち | 412 |
| コケラとコケラワク | 424 |
| こけらぼうちょう | 412 |
| こけらわく | 412 |
| 莫蓙蓑 | 7 |
| 腰籠にはゴミをいれる | 278 |
| こしだか | 724 |
| 五節句盆 | 68 |
| 子どもたち | 629 |
| 子供墓 | 834 |
| 護符 | 720 |
| 五平餅 | 52 |
| 駒と猿〔護符〕 | 720 |
| 米搗車 | 787 |
| 子守フゴ | 810 |
| 惟喬親王と小椋実秀，大蔵雅仲 | 687 |
| 惟喬親王と木地挽きの図 | 687 |
| 西国三十三所順拝供養塔 | 767 |
| 塞の神 | 687 |
| ざいもくづる | 413 |
| 祭礼道具永代記 | 621 |
| 酒だる | 69 |
| ささら | 115 |
| さし | 413 |
| 刺網が干してある板壁の家並み | 374 |
| 刺網つくり | 374 |
| サッコリ | 9 |
| サツマイモ蔓挿し作業 | 281 |
| サツマイモ畑を食い荒らして柵わなにかかった猪 | 425 |
| 山菜採り | 531 |
| 産室の図 | 810 |
| サンタクロースが，松下電機の家庭電化製品を買ってくださいと街中を練り歩く | 616 |
| 産婆の介護で力綱をにぎって出産する | 810 |
| しいたけたねいれ | 283 |
| 「シェー」をやっている少女 | 798 |
| シオオケ | 71 |
| 塩桶 | 71 |
| 塩問屋（蓑屋） | 617 |
| 塩舟の舟着場 | 543 |
| 塩焼釜 | 446 |
| 四間道 | 543 |
| 猪垣 | 284 |
| 四十八夜念仏塔婆 | 744 |
| 四十八夜念仏の板塔婆 | 744 |
| シシロウ | 426 |
| 地蔵 | 688 |
| したばらいがま | 413 |
| シトギ搗き | 101 |
| しな | 476 |
| 柴の束ね作業 | 532 |
| 地引網 | 377 |
| 地曳網漁 | 377 |
| 自分の具合のわるいところを墨で塗り祈禱してもらう | 709 |
| 絞り問屋を営む服部家は卯建を上げた塗籠造り | 148 |
| 縞帳 | 477 |
| 縞木綿のツツボと呼ぶ上衣にモンペ，樫の木枝を背中につける | 10 |
| シャクシ | 72 |
| 尺茶盆（木地） | 72 |
| 尺八 | 777 |
| しゃもじ | 72 |
| 収穫したタケノコ | 532 |
| 祝儀だる | 72 |
| 集落内の道路と門長屋 | 149 |
| 授乳 | 811 |
| しょいこ（カンバ） | 592 |
| ショイコ | 592 |
| ショイタ | 592 |
| 小便器と風呂場 | 196 |
| ショクダイ | 227 |
| 植林の山 | 414 |
| 諸病に効くという水を汲む | 665 |

924　民俗風俗 図版レファレンス事典（衣食住・生活篇）

## 地域別索引　愛知県

| | | |
|---|---|---|
| 白子を干す ……………… 102 | 棚田 ……………………… 302 | どうらん ………………… 427 |
| しらす干し ……………… 102 | 種まき …………………… 304 | 道路工事 ………………… 618 |
| しりあて ………………… 414 | 種もみ …………………… 304 | 土管の窯出し …………… 509 |
| しりかけいた …………… 414 | 煙草切台 ………………… 229 | 常滑の甕作り …………… 509 |
| 神葬墓 …………………… 837 | 駄馬用鞍 ………………… 599 | 常滑の陶器問屋の庭先 … 509 |
| 新聞配達 ………………… 570 | 霊屋 ……………………… 840 | 常滑の細い路地を植木鉢などの陶 |
| 神木 ……………………… 725 | ダラオケとショイコ …… 599 | 　器を積んだ車が行きかう … 510 |
| 水車 ……………………… 289 | 弾丸入れ ………………… 427 | 土葬 ……………………… 841 |
| 水車小屋 ………………… 289 | 段々畑 …………………… 306 | 土蔵構造図 ……………… 159 |
| 水田中耕除草機 ………… 290 | 地下水を利用した共同の水洗施設… 211 | 土葬の子どもの墓 ……… 841 |
| 水田用砕土機 …………… 290 | 知事形盆 ………………… 77 | 栃の実 …………………… 55 |
| 吸物椀 …………………… 73 | 地上の提灯・三宝・かがり火台な | 獲ってきた渡り鳥のツグミ … 427 |
| 吸物椀（とろろ用） …… 73 | 　どが収められている祭具箱の上 | トビ ……………………… 416 |
| 杉苗の植えつけ ………… 414 | 　に祀られるカミサマ ……… 692 | とびなた ………………… 416 |
| スケート遊び …………… 798 | 茶おけ …………………… 115 | 戸袋に「いなこおとって下さい。 |
| スス竹 …………………… 478 | 茶桶 ……………………… 115 | 　一升八〇円」の貼り紙を掲げて |
| 炭入れ …………………… 228 | チャオケとチャセン …… 116 | 　いる …………………… 634 |
| すみつぼ ………………… 414 | 茶櫃 ……………………… 78 | ドーラン ………………… 428 |
| 炭焼きをするみょうど … 529 | 茶津 ……………………… 78 | 土鈴 ……………………… 672 |
| 炭焼きがま ……………… 529 | 茶津（木地製品） ……… 78 | ナエシロゴテ …………… 313 |
| 炭焼小屋 ………………… 530 | 茶筌 ……………………… 78 | 菜を洗う婦人 …………… 106 |
| 性器崇拝 ………………… 710 | 茶托 ……………………… 78 | なかぎり ………………… 510 |
| 製陶工場の煙突 ………… 503 | ちゃつ …………………… 78 | 中切りと楓の盆 ………… 510 |
| 青年会館 ………………… 622 | 茶柄杓 …………………… 116 | 中庭 ……………………… 160 |
| 青年会決議録 …………… 622 | 卓袱台 …………………… 230 | 中挽き …………………… 510 |
| 青年会集会所 …………… 622 | チャボンヤス …………… 78 | 仲間入りの盃 …………… 623 |
| 青年会の支部会堂 ……… 622 | チャワンヤス …………… 78 | 流灌頂 …………………… 842 |
| 青年会の支部則 ………… 622 | 中耕除草機 ……………… 307 | 名古屋の山車と黒船車 … 790 |
| 青年団集会所 …………… 622 | 中馬道 …………………… 613 | なしぶたと湯筒（材つき） … 82 |
| 青年団の支部史 ………… 622 | 中馬道の道標 …………… 613 | なた ……………………… 416 |
| 製板工場 ………………… 415 | ちょうな ………………… 416 | 鉈 ………………………… 417 |
| 背負い運搬 ……………… 594 | 帳面 ……………………… 573 | ナマコとり目鏡 ………… 389 |
| 背負って運ぶ …………… 596 | 帳元の家にある箱 ……… 622 | 奈良格子のある家 ……… 162 |
| 石板・硯箱 ……………… 643 | 貯水槽のタタキ ………… 247 | 苗代 ……………………… 315 |
| 石仏 ……………………… 690 | 堆朱盆 …………………… 79 | 苗代鍬 …………………… 315 |
| せせり …………………… 380 | 衝立 ……………………… 231 | 苗代作り ………………… 316 |
| 石膏型に粘土を詰め、ハンドルを | 月小屋 …………………… 811 | ニワトリ小屋のある家 … 163 |
| 　押し下げると、植木鉢の形がで | ツキトウミ ……………… 307 | 鶏用給水器 ……………… 438 |
| 　きる …………………… 503 | つきやすり ……………… 416 | にわとり霊供養塔 ……… 676 |
| 蝉凧（ベカ） …………… 788 | 作手凧 …………………… 789 | 猫足膳と八十椀 ………… 623 |
| せん ……………………… 415 | つくばね ………………… 55 | ネコザ …………………… 603 |
| 千石透し ………………… 293 | ツグミ猟を終えて ……… 427 | 根来塗広蓋と平蒔絵生盛皿、平蒔 |
| 千筋尺盆 ………………… 75 | ツッチンボー …………… 508 | 　絵猪口 ………………… 83 |
| センノゲタ ……………… 37 | つちんぼう ……………… 308 | ねじや …………………… 417 |
| 千歯 ……………………… 294 | 壺作り …………………… 508 | 念仏堂 …………………… 760 |
| 雑木林の土地境界を印した境木 … 631 | 妻入商家 ………………… 157 | 農家 ……………………… 163 |
| 添水唐臼の小屋と外に出ている水 | つり橋 …………………… 546 | 農家とまわりの田畑の図 … 317 |
| 　槽 ……………………… 294 | 釣り船の様々な道具 …… 386 | 農家の簀の子天井 ……… 202 |
| 草履作り台 ……………… 504 | つり船の装備 …………… 386 | 農作業に使う軽トラック … 318 |
| そぎぼうちょう ………… 415 | つるがま ………………… 416 | 軒先でのツバメ営巣 …… 248 |
| 蘇民将来符 ……………… 721 | 吊し柿 …………………… 104 | 軒下に番傘 ……………… 248 |
| ゾーリ …………………… 37 | 鉄瓶 ……………………… 116 | 野立て …………………… 805 |
| だいぎりのこ …………… 415 | 鉄瓶・茶桶その他 ……… 116 | 幟台 ……………………… 623 |
| 鯛車 ……………………… 788 | てびきいた ……………… 416 | 幟立て …………………… 623 |
| 大根突き器 ……………… 76 | 手回し木製ろくろ ……… 508 | 海苔絞り機 ……………… 83 |
| 堆肥をショイコに積む … 296 | 手廻しろくろの挽き方（アラビキ | 海苔採り ………………… 391 |
| 代用品時代の残影（植木鉢にされ | 　作業） ………………… 509 | 伯楽用鋏 ………………… 438 |
| 　た釜） ………………… 228 | 手よき …………………… 416 | バケツ …………………… 234 |
| 田植え …………………… 297 | 手轆轤 …………………… 509 | 箱膳 ……………………… 84 |
| たかつき半製品 ………… 726 | デンチ …………………… 14 | 箱付き茶臼 ……………… 444 |
| 高蒔絵硯箱 ……………… 229 | 投網で捕獲されたアユ … 387 | 稲架 ……………………… 319 |
| 薪を運ぶ ………………… 599 | といしぶくろ …………… 416 | ハサ掛け ………………… 319 |
| 竹籠を肩にのせて ……… 599 | といほり ………………… 509 | 挾 ………………………… 512 |
| タケノコ掘り …………… 532 | 陶器店の店先 …………… 573 | バス停 …………………… 549 |
| 蛸壺 ……………………… 383 | 道具つくり（木地師） … 509 | はぜ実取穫用大かぎ …… 320 |
| タコツボの修理をする … 383 | 灯台 ……………………… 233 | ハタ織り ………………… 483 |
| 山車を模した玩具 ……… 789 | 藤団子 …………………… 55 | 機織り …………………… 483 |
| 龍頭 ……………………… 840 | 道中合羽 ………………… 14 | 畑にも供え物 …………… 714 |
| たてがみすき …………… 437 | 陶枕 ……………………… 233 | ハチの子獲り …………… 533 |
| 竪杵 ……………………… 302 | トウミ …………………… 310 | 伐採 ……………………… 417 |

| | | |
|---|---|---|
| バッタリ（米つき機） | 322 | |
| 馬頭観音 | 694 | |
| 鳩（玩具） | 791 | |
| 花籠 | 844 | |
| ハバキ | 39 | |
| ハビロ | 418 | |
| 蛤採り | 393 | |
| 腹帯 | 812 | |
| 梁 | 202 | |
| 針仕事 | 248 | |
| 半鐘 | 635 | |
| はんてん | 16 | |
| ヒウチバコ | 236 | |
| ひきうす（八石） | 324 | |
| 火キリキネ | 512 | |
| ひしやすり | 418 | |
| 火出鉢 | 237 | |
| ヒマヤ（産小屋） | 812 | |
| 火屋と火葬 | 845 | |
| 日除け | 17 | |
| 平釜（ひらがま）・火釜 | 513 | |
| ひらくち | 513 | |
| 平鍬 | 325 | |
| 肥料散布桶 | 325 | |
| ふくろや | 513 | |
| ふじ布 | 485 | |
| 蓋 | 86 | |
| 二川町字新橋町の町並み | 169 | |
| 仏壇 | 845 | |
| 船玉様 | 696 | |
| 舟タデをする | 398 | |
| 船だまり | 399 | |
| 文箱 | 623 | |
| 文箱の中の記録類 | 623 | |
| 文箱の文書 | 623 | |
| 古い家 | 169 | |
| 古い町並み | 652 | |
| 平専運送会社旧建物配置図 | 618 | |
| 蛇凧 | 792 | |
| べんけい | 108 | |
| 便所 | 204 | |
| べんとうぶくろ | 87 | |
| 豊作祈願の土・籾・鍬 | 715 | |
| 帽子形丸膳とそば椀 | 87 | |
| 干柿作り | 108 | |
| 干草ヅンボ | 439 | |
| 補助釜・小釜 | 513 | |
| 墓前の供物 | 846 | |
| ホタギ | 328 | |
| ホタギ積み（天然） | 328 | |
| 墓標 | 847 | |
| マエビキ | 418 | |
| 薪の切断と割木作り | 533 | |
| 町並み | 652 | |
| 町の通り | 652 | |
| 豆をタテる | 331 | |
| 豆殻をタテる（風選する） | 331 | |
| 豆叩き | 331 | |
| マルゼン | 89 | |
| 丸膳 | 89 | |
| 丸提灯・提灯箱 | 239 | |
| 卍敷きの畳 | 204 | |
| 饅頭笠 | 31 | |
| 水甕 | 239 | |
| 水汲み | 607 | |
| 水場 | 214 | |
| 道普請の女たち | 636 | |
| 道普請のための砂運び | 636 | |
| 港 | 404 | |
| 糞 | 20 | |
| 木兎笛 | 793 | |
| 耳だれの地蔵様 | 698 | |
| 身元不明の溺死者供養 | 848 | |
| みょうどの田植えを手伝う人々 | 334 | |
| 民家 | 175 | |
| 麦ふみ | 336 | |
| 麦藁帽 | 31 | |
| 無料休憩所 | 582 | |
| 明治期まで絞り問屋を営んでいた小塚家 | 179 | |
| めくみ | 419 | |
| メリー・テーラー（耕運機）のデモンストレーション | 337 | |
| めんつい | 91 | |
| メンパの弁当を食べる | 115 | |
| 木造の小学校 | 645 | |
| 望月家の内部 | 205 | |
| 餅搗き兎 | 793 | |
| モモヒキ | 21 | |
| 森になった集落 | 180 | |
| モンドリ | 406 | |
| や（楔） | 419 | |
| 野外民族博物館リトルワールドに復原されたアイヌ建築 | 180 | |
| 屋敷神 | 698 | |
| 屋敷どりと母屋平面図 | 181 | |
| 屋敷墓 | 850 | |
| やすりいれ | 419 | |
| やたて | 419 | |
| 屋根上の秋葉神社 | 699 | |
| 屋根神 | 699 | |
| 屋根神の秋葉社 | 699 | |
| 屋根に物干場を置いている木造家屋 | 183 | |
| 山仕事の帰り | 536 | |
| 山仕事の道具 | 536 | |
| 山の神に供えた弓矢 | 717 | |
| 山の神の絵馬 | 717 | |
| 山畑仕事着 | 22 | |
| ユキゲツ | 41 | |
| ユトロ | 92 | |
| 湯桶 | 92 | |
| ユルリ | 205 | |
| 養蚕用具の日干し | 463 | |
| ヨキ | 420 | |
| ヨコビキ | 420 | |
| 横挽鋸 | 420 | |
| 横びつ | 93 | |
| 四つ建て造りの室内 | 186 | |
| 四つ建て造りの梁組 | 186 | |
| 陸運廻漕社 磯谷猪太郎宅 | 186 | |
| 両刃なた | 420 | |
| 練炭燃焼器 | 463 | |
| 煉炭挟み | 241 | |
| ロクロ（かじ蒸し器） | 518 | |
| ろくろ（木地） | 518 | |
| ろくろ挽き | 518 | |
| 若者組蔵 | 624 | |
| 若者組（青年会）加入の式の座席 | 624 | |
| 若者宿 | 624 | |
| 若者宿として使われた建物 | 624 | |
| 若連名帳 | 624 | |
| ワチ | 827 | |
| ワラジ | 42 | |
| 藁積み | 344 | |
| 藁葺き屋根の農家 | 189 | |
| 椀と中蓋（薬味入れ），上蓋（つゆ入れ） | 94 | |

## 三重県

| | |
|---|---|
| あいかご | 344 |
| あいがめ | 463 |
| 藍染め | 464 |
| あいだま（藍玉）大きめのもの | 464 |
| 青峯山の守札をつけた漁師 | 701 |
| アコヤガイに核を入れる玉入れ作業 | 345 |
| 頭をたれる | 701 |
| アテ | 346 |
| アマ | 346 |
| 海女・海士 | 347 |
| 海女 | 347 |
| 海女が潜水の時に使用する水着 | 3 |
| 海女と舟 | 348 |
| 海女のアワビ漁 | 348 |
| 海女のいる漁村の献花 | 828 |
| 海女のかぶりもの | 24 |
| 海女の仕事着 | 3 |
| 海女の出漁 | 348 |
| 海女の少女 | 348 |
| 海女のセーメー | 667 |
| 海女のテヌグイカブリ | 24 |
| 海女の道具 | 348 |
| 海女の昼どき | 111 |
| 海女の服装 | 3 |
| 海女船 | 348 |
| 海女身支度 | 3 |
| 網を繕う | 349 |
| 網から伊勢エビをはずす | 349 |
| 網の修繕 | 349 |
| 網の手入れの手伝い | 349 |
| 荒縄で木箱をかつぐ | 585 |
| アラメ干し | 94 |
| アワビを薄く切って調製する | 723 |
| アワビを短く切って稲藁（いなわら）でしばり加工する | 723 |
| アワビとり | 350 |
| アワビ取引き | 350 |
| アワビ取引きに向かう海女たち | 350 |
| 家の鬼門の方角に祀られた丸石 | 680 |
| いかもち | 49 |
| 伊勢講ごとの宿帳 | 579 |
| 伊勢神宮の参詣者 | 579 |
| 伊勢神宮の塩づくり | 352 |
| 伊勢湾でタコ漁をする神島の漁師 | 352 |
| イソアガリメシ | 111 |
| イソガネ | 352 |
| 磯金 | 352 |
| いそのみ | 353 |
| 一里塚 | 538 |
| 糸入れをするための木枠 | 467 |
| 糸ぐるま | 467 |
| 稲株切り | 258 |
| 稲刈り | 258 |
| イリコの乾燥 | 96 |
| 祝い樽 | 819 |
| 鰯アグリ網漁業 | 354 |
| イワシを干す | 96 |
| 隠居となる日の祝い | 621 |
| インキョヤ | 124 |
| 隠居屋 | 124 |
| 引導 | 829 |
| 上野旧城下町で最古級の町家の寺村家 | 124 |
| 魚集め | 355 |

## 三重県

| 項目 | 頁 |
|---|---|
| 牛の首木 | 432 |
| 団扇 | 220 |
| ウツボかごを修理する | 357 |
| 鰻籠作り | 357 |
| ウツボ干し | 96 |
| 腕用ポンプ | 626 |
| 饂飩蒸し籠 | 61 |
| 産屋 | 808 |
| 海が荒れて遭難しそうになるとこの岩が光を発して船を導く | 703 |
| 海辺の女 | 4 |
| 埋墓 | 829 |
| 恵比寿神 | 682 |
| えびす様と国府神社神璽 | 682 |
| 恵比寿・大黒 | 682 |
| お伊勢参り | 579 |
| 大岩に参拝 | 705 |
| 大鰤を頭上運搬によって水揚するる | 360 |
| 大メガホン | 360 |
| オカ籠 | 192 |
| 筬 | 469 |
| 筬製造機 | 470 |
| お遍路さん | 766 |
| オボコ | 784 |
| 主屋と隠居屋 | 129 |
| 母屋と隠居屋 | 129 |
| 貝突き | 362 |
| 海難絵馬 | 706 |
| カカシ | 265 |
| 柿渋を塗って型紙用の地紙をつくる | 494 |
| 角塔婆 | 831 |
| 傘立て | 221 |
| かざり（綜絖） | 471 |
| カチド（徒歩） | 364 |
| 徒人（カチド） | 365 |
| カチドがアワビの寸法を計る | 365 |
| 鰹一本釣 | 365 |
| 要石 | 683 |
| 南瓜炭籠 | 222 |
| 髪あげ | 26 |
| 髪型 オタフク | 45 |
| 神さまに捧げられる御饌（みけ）はおひつで運ばれ供される | 588 |
| 神島の観音講の念仏 | 742 |
| 神島の葬式 | 831 |
| 神棚 | 684 |
| 神に仕える舞姫 | 724 |
| カワ | 473 |
| 革ズボン | 6 |
| 河中一統の墓, 上村一統の墓 | 832 |
| 川に設けた猪除けの柵 | 423 |
| 神麻続機殿神社八尋殿 | 473 |
| ガンガリ | 366 |
| 完成した地紙 | 473 |
| 看板「国産松阪木綿商」 | 563 |
| 木地師の仕事小屋 | 497 |
| 木地屋三昧 | 498 |
| 木地屋敷石積 | 498 |
| 木地屋の遺品 | 498 |
| 木地屋墓地 | 832 |
| 木屋 | 499 |
| 御衣の奉織 | 474 |
| 行商人の店 | 565 |
| 行商の店開き | 566 |
| 共同墓地 | 833 |
| 漁港 | 367 |
| 漁港に水揚されたサザエ | 368 |
| 漁船を船置場まで引き揚げる | 368 |
| 漁船の入港風景 | 368 |
| 漁村の引導の場に飾られた花 | 833 |
| 漁村の野菜市 | 556 |
| 魚類供養 | 675 |
| 錐彫をする | 474 |
| 錐彫の道具 | 474 |
| 帰漁（魚の水揚げ） | 369 |
| 木ワケ | 474 |
| 草切り | 435 |
| 鯨石 | 675 |
| くちひろ | 67 |
| 国崎の海女 | 370 |
| くみ上げポンプの井戸 | 210 |
| 組笠 | 26 |
| 供物に埋まった地蔵 | 685 |
| 車井戸の釣瓶 | 210 |
| 車坂町の町並み | 141 |
| 黒丸子大看板 | 566 |
| 外宮参拝 | 708 |
| 玄関に貼られた長寿夫婦の手形 | 669 |
| 元紺屋 斎藤家 | 475 |
| 笄 | 45 |
| 講社札 | 580 |
| 庚申供養塔 | 742 |
| 庚申講 | 742 |
| 庚申さん | 743 |
| 行李 | 225 |
| 小絵馬 | 708 |
| コシマイダレ | 7 |
| 子捨場（地蔵） | 686 |
| コテ | 216 |
| コドノサン | 686 |
| 子守り | 810 |
| 籠り堂 | 621 |
| 子安地蔵 | 752 |
| 子安地蔵前の広場 | 752 |
| 御用材の加工 | 724 |
| 惟喬親王像 | 687 |
| 婚礼習俗 | 821 |
| 塞の河原 | 767 |
| 魚干網 | 100 |
| 酒燗器 | 70 |
| 三界万霊 | 771 |
| 山上にある小祠 | 687 |
| 三本びし | 375 |
| 秋刀魚の丸干し | 53 |
| 地紙作り | 476 |
| 地紙作りにかかせない柿渋の入った甕 | 476 |
| 地紙の貼り板を運ぶ | 476 |
| ジゲグラ（地下蔵） | 147 |
| 仕事に専念する海女 | 376 |
| 仕事場に着いた海女たち | 376 |
| 猪威し | 284 |
| 猪垣 | 284 |
| 猪垣に古着をおいて猪が近よらないようにする | 284 |
| 猪柵（猪垣） | 284 |
| 地蔵と丸石を祀った小祠 | 688 |
| 自動化された現在の製茶風景 | 441 |
| 芝居小屋 | 777 |
| 自分の家の角塔婆にシキミや果実などを供えて手を合わせる | 836 |
| 縞彫 | 477 |
| 志摩の海女 | 377 |
| 縞の型紙 | 478 |
| 志摩半島の漁村 | 377 |
| しめなわ | 725 |
| 杓子 | 72 |
| 杓子製作用具 | 502 |
| 出漁（網の積み込み） | 378 |
| 樹皮荷札と籠 | 478 |
| 焼香 | 836 |
| 食事をとる海女 | 112 |
| 白髪大明神の石碑にセンマイを捧げる | 710 |
| 白い海女の着物と黒っぽいテングサの広がる石鏡の浜 | 379 |
| 白い浮子 | 379 |
| 神宮にアワビを供進する海女 | 710 |
| 真珠貝の検査 | 379 |
| 真珠養殖イカダ | 379 |
| 親王さん | 689 |
| 錐彫 | 478 |
| 錐彫と道具彫の道具 | 478 |
| 錐彫の道具作り | 478 |
| 水田作業着 | 11 |
| すかり（海女の道具） | 379 |
| 犁 | 291 |
| スギ皮葺きの家屋の構造 | 151 |
| 頭上運搬 | 593 |
| 頭上にタンポをいだいた海女 | 594 |
| 素焼干し | 503 |
| 座っておしゃべりをするおばあさんたち | 631 |
| 戦死者の墓 | 837 |
| 善の綱 | 838 |
| センバコキ | 294 |
| 葬家のしるし | 838 |
| 造船所で船体を造る | 523 |
| 遭難碑 | 839 |
| 僧の読経と親族の焼香 | 839 |
| 葬列 | 839 |
| 蘇民将来 | 720 |
| 蘇民将来の護符をつけた注連飾り | 720 |
| 蘇民将来の護符をつけた注連縄 | 721 |
| 蘇民将来の子孫 | 721 |
| 蘇民将来符 | 721 |
| 染め物用型紙の地紙にひく柿渋 | 479 |
| 太閤出世餅 | 54 |
| タイコ焼き | 76 |
| 大師講の供物 | 744 |
| 竹火鉢 | 229 |
| 竹節の型紙 | 479 |
| 竹割器 | 506 |
| タコツボの掃除 | 383 |
| タコ釣具 | 383 |
| タコ漁 | 384 |
| 田仕事の婦人 | 12 |
| 龍頭 | 840 |
| 玉貫鮫と身取鮫 | 726 |
| タマの木の塔婆を立てる | 840 |
| 霊屋 | 840 |
| 樽入れをする | 823 |
| 束子 | 523 |
| 段崖上の墓 | 840 |
| 丹波屋 長谷川家本宅 | 572 |
| チナ漁 | 385 |
| 調製献上 | 726 |
| 衝立 | 231 |
| つくろいもの | 247 |
| ツジサン | 692 |
| 妻入商家と蔵 | 157 |
| 定置網漁 | 386 |
| 出立ちと葬列 | 841 |
| 寺街道（県道） | 546 |
| テングサを頭上で運ぶ | 601 |
| テングサを運ぶ海女 | 601 |
| 道具の刃の研ぎ | 481 |
| 道具彫 | 481 |

**滋賀県** 地域別索引

| | | |
|---|---|---|
| 道具彫をする … 481 | 奉納された絵馬や扁額 … 715 | 伊香型 … 121 |
| 道具彫の表 … 481 | 墓前の供物 … 846 | 伊香地方の民家 … 121 |
| 道具彫の道具（桜の形） … 481 | 墓前の花 … 846 | いがまんじゅう … 49 |
| 道具彫の刃 … 481 | ボチ … 88 | 生垣をめぐらせた家 … 121 |
| 豆腐田楽 … 55 | 墓地 … 846 | 石垣 … 614 |
| 床の間 … 200 | 墓地の寺墓 … 847 | 石山商店街にできた「コーラク」… 560 |
| 年祝い … 818 | 鱩楯漁 … 401 | イズミ … 60 |
| 土葬の盛り土に置いた焙烙 … 841 | 枕飯 … 848 | 井戸 … 207 |
| 獲ったアワビの量を浜ではかる … 388 | 町井家主屋断面図 … 173 | 糸を染める … 467 |
| 苫 … 389 | 松尾申合せ会事務所（松尾農協事務所） … 623 | 井戸シモト … 207 |
| 泥棒除の呪文（貼り紙） … 672 | 松本一統の墓 … 848 | 位牌 … 829 |
| ドンザ … 14 | 萬金丹 … 666 | 今川焼 … 560 |
| 内宮参拝 … 772 | 御絲織物株式会社 糸の置き場 … 486 | 氏子入り … 813 |
| 中町の町並み … 160 | 御絲織物株式会社 乾燥場 … 487 | ウズメ墓 … 829 |
| 縄束ね機 … 510 | 御絲織物株式会社 織工場 旧型自動織機 … 487 | 乳母車 … 806 |
| 縄ない機 … 510 | 御絲織物株式会社 染色場 … 487 | ウマ（木地工具） … 491 |
| 和布採りの用具 … 390 | 御絲織物株式会社 平面図 … 487 | 馬見岡神社のシュウシの座 … 723 |
| ネヤ（寝屋） … 623 | 箕を編む … 514 | 埋め墓 … 829 |
| 農村の仕事着 … 15 | 御食 … 727 | 映画館 … 774 |
| 農村の労働服装 … 15 | 御食を運ぶ … 727 | エヅメ … 808 |
| 農人町の町並み … 165 | 水瓶 … 89 | 絵土瓶 … 61 |
| のしあわび … 726 | 水甕 … 89 | エビたつべ … 358 |
| 熨斗鮑作り … 727 | 身取鯱 … 727 | 蝦竹筌作り … 358 |
| 熨斗鰒づくり（生むき作業） … 727 | 民家 … 175 | 絵馬 … 703 |
| 乗り合いの船で漁場に出るカチドの海女 … 390 | 迎え女郎役が嫁をつれてくる … 825 | エリ … 359 |
| 海苔下駄 … 390 | 麦こき姿 … 20 | 鮹 … 359 |
| 海苔の養殖 … 391 | 麦畑 … 335 | 鮹師の服装 … 4 |
| 梅花講 … 745 | むくりのある屋根の民家 … 178 | 鮹作り … 359 |
| 墓穴掘り … 844 | 無常講小屋 … 849 | エリツボにはいった魚をさで網ですくいあげるエリカキ … 359 |
| 墓石 … 844 | 藻の天日干し … 406 | 追いサデ … 360 |
| 墓じるし 自然石の墓じるし … 844 | 盛盆 … 91 | オイサデ漁 … 360 |
| 墓で焙烙で飯を炊き供える … 844 | 夜具一式 … 240 | オイサデ漁の丸子舟 … 360 |
| ハサ掛け … 319 | 薬師堂 … 763 | 扇骨干し … 493 |
| はじき猿 … 791 | 薬師如来の母乳祈願 … 716 | 大きな魚籠が置いてある漁船専用の桟橋 … 360 |
| 鉢 … 84 | 屋敷と間取り … 181 | 大きな門構えの旧家 … 127 |
| 八十八歳の年祝い … 818 | 屋根として使うスギ皮の乾燥 … 217 | 大角家住宅 … 127 |
| 刃物研ぎ … 512 | 野弁当籠 … 92 | 大津絵 … 493 |
| 万古焼業で働く女性 … 512 | 山の神 … 699 | 沖島の家 … 128 |
| 萬古焼の作業場 … 512 | 山の神祠 … 700 | 沖島の集落 … 128 |
| 杼 … 484 | 洋式インテリアから和式インテリアへの移行部 … 185 | 屋外に出された流し … 208 |
| 杼各種 … 484 | 遙拝所（伊勢神宮） … 728 | 小椋家の納戸（へや） … 128 |
| 庇の下に「がんぎ板」のみられる商家 … 167 | よさおけ … 813 | お地蔵さまを中心にした石仏群 … 682 |
| 久々囲 … 672 | 四巾前掛（ヨウノ） … 23 | 白粉刷毛 … 44 |
| 一つだけ願いを聞いてくれるという小祠 … 695 | 四間取り（田の字型）の例 … 186 | おそうぶつ … 830 |
| 日和山の方位石 … 618 | 連接した3つの黒い蔵 … 187 | 御多賀杓子 … 705 |
| 風車利用の揚水 … 325 | 楼車鈴 … 794 | 雄蝶女蝶 … 820 |
| ふご風呂 … 203 | 六地蔵 … 700 | おつとめの後持ち寄った菓子で茶のみをする … 742 |
| 富士講の松 … 745 | 若者の役員 … 624 | おつとめの日 … 742 |
| 富士登山をした人達の記念の絵額 … 715 | 和具大島での昼休み … 409 | 尾上港 … 361 |
| 節抜き用鎌 … 513 | わしづかみ … 242 | 小野宮惟喬の像 … 682 |
| 船おろし … 524 | わたくり … 488 | おみきつぼ … 705 |
| 舟大工の作業 … 524 | 草鞋 … 42 | 主屋と隠居屋 … 129 |
| 船霊祝い … 524 | 椀 … 93 | 女たちの服装（野良着・普段着・外出着） … 4 |
| 船霊様 … 696 | | 貝を置いた屋根 … 668 |
| フナドは夫婦で呼吸のあった作業をする … 397 | **滋賀県** | 貝殻で埋め立ててた堅田漁港の祖父と孫たちのひととき … 362 |
| フナ（ネ）ド … 398 | | 海水浴場 … 580 |
| フナヤキ（大判焼き）器具 … 86 | 藍染め … 464 | 会葬者に土下座 … 831 |
| 船を陸にひきあげる … 398 | 朝の湖岸 … 206 | 角キサギ・丸キサギ … 494 |
| 船からの引き上げロープで深く潜るフナドの海女 … 398 | 足踏みロクロ … 489 | 神楽桟をまわして地曳網を引きあげる … 364 |
| 船だまり 釣漁船の群 … 399 | 甘酒 … 49 | 鍛冶屋のさまざまな道具 … 495 |
| 米寿の手形 … 672 | アラキ … 489 | 型（木地道具） … 495 |
| 経台 … 486 | アラビキ … 489 | カタウチ … 495 |
| へんぼ餅 … 56 | 在原集落の西側 … 120 | 堅田漁港を埋める貝殻 … 364 |
| 「へんば餅」本店 … 576 | 安産の綱 … 702 | 片流れ屋根型のホシ小屋 … 132 |
| | 家の入口の階段 … 121 | |

| 項目 | 頁 |
|---|---|
| カナワを使う炉 | 193 |
| カバタ | 209 |
| カバタで鯉を飼う | 209 |
| カマド | 193 |
| 竈 | 193 |
| カマとクワ | 268 |
| 竈の縁起人形 | 706 |
| 窯元 | 496 |
| 茅を使用した雪囲い | 133 |
| カラカサ | 222 |
| 唐橋付近 | 647 |
| 川で魚とりをする少年たち | 797 |
| 元三大師のおみくじ | 707 |
| カンジョウツリ | 669 |
| 勧請吊 | 669 |
| 勧請吊と神楽太夫 | 669 |
| カンジョウナワ | 669 |
| 勧請縄 | 669 |
| 看板（糸屋） | 562 |
| 看板（菓子屋） | 563 |
| 看板（薬屋） | 563 |
| かんばん（葉茶屋） | 564 |
| 看板（葉煙草屋） | 564 |
| かんばん（筆屋） | 565 |
| 看板（両替屋） | 565 |
| 干瓢乾し | 99 |
| 菊盆 | 66 |
| キザミ | 497 |
| キジガンナ | 497 |
| キジガンナ・ブリキヤリ・ヤリガンナ | 497 |
| 木地のいろいろ | 498 |
| 木地ひきの工程 | 498 |
| 木地ひきの工程 仕上げ | 498 |
| 木地屋文書 君ガ畑氏子狩帳 | 498 |
| 木地屋文書 蛭谷氏子駈帳 | 498 |
| 旧西川家の外観 | 137 |
| 旧宮地家住宅の正面立面図、平面図、横断面図 | 138 |
| 行商の車 | 565 |
| 共同作業による炭焼きと薪の搬入 | 528 |
| 共同で行う氏神の清掃 | 628 |
| 漁具と漁法の一例 | 367 |
| 漁具、モンドリの仕掛け方 | 367 |
| 切妻屋根型のホシ小屋 | 138 |
| 切妻屋根型のホシ小屋が並ぶ | 138 |
| 掲示板に掲げられた農事日程 | 628 |
| 化粧地蔵 | 685 |
| 月琴 | 776 |
| 源五郎鮒 | 371 |
| コアミと呼ぶ小型の地曳網を引いてモロコを獲る | 371 |
| 子井戸 | 210 |
| コイの味噌汁 | 52 |
| コイやフナを獲るモンドリと呼んでいる筌 | 371 |
| 格子の表構え | 142 |
| 江州鋤 | 277 |
| 庚申塚 | 743 |
| 交通信号のない交差点の中央に立って、交通整理をする警察官 | 542 |
| 牛王宝印 | 719 |
| ゴケ（碁笥） | 804 |
| 湖西の民家の間取図 | 143 |
| 湖東の民家の間取図 | 143 |
| 湖畔の畑 | 279 |
| 護摩祈禱に向かう山伏 | 728 |
| 米唐櫃 | 69 |
| ゴンゾワラジ | 35 |
| 婚礼習俗 | 821 |
| 採藻用具 | 373 |
| 柵罠 | 425 |
| 柵わな | 425 |
| サデ | 374 |
| 醒井木彫 | 226 |
| 佐目の集落 | 145 |
| 三等車 | 543 |
| 試運転を行う東海道新幹線 | 543 |
| 自家用車で泳ぎにきた若者 | 580 |
| 信楽焼 | 501 |
| シコドチ盆 | 71 |
| シシガキ | 284 |
| 蜆を煮る | 101 |
| シジミかきをする | 376 |
| シーソー | 798 |
| 耳病の平癒祈願 | 709 |
| 錫杖と当番板 | 630 |
| 十六善神へのおつとめ | 744 |
| ジョウキバと呼ぶ水路の船乗場 | 544 |
| 商店街 | 569 |
| 商人財布 | 569 |
| 条里田 | 286 |
| 新町の町並み | 151 |
| スアンバ（簀編場）でエリの簀を編む | 379 |
| 水車ろくろの軸部 | 503 |
| 水田漁撈をしていた地域の図 | 379 |
| 水路 | 617 |
| 鋤 | 291 |
| 杉皮葺屋根の渡し船の舳先から飛びこむ少年 | 798 |
| スクラム組んで労働歌合唱 | 661 |
| 生活改善の告 | 631 |
| 整層積み | 152 |
| 背負梯子 | 595 |
| 銭皿 | 570 |
| 銭箱 | 570 |
| 船上から投網を打つ | 380 |
| 洗濯のすすぎをする | 211 |
| 千本杵 | 726 |
| 葬儀 | 838 |
| 葬式のある家の玄関の花 | 838 |
| 揉網 | 381 |
| 外カバタ | 211 |
| 外カバタの内部 | 211 |
| 算盤作り | 504 |
| 算盤製作用具 | 504 |
| 村内安全を祈ってはった不動明王の呪符 | 721 |
| 鯛車 | 788 |
| 太鼓櫓 | 632 |
| 駄菓子屋 | 571 |
| 薪を運ぶ | 599 |
| タキギのニウ | 535 |
| 竹馬に乗る | 799 |
| タッペ | 384 |
| 田上手拭 | 28 |
| 棚田 | 302 |
| 田に立てられた牛玉宝印 | 721 |
| 種もみを保存するモミガラト | 304 |
| 種子籾囲い | 304 |
| だるま | 789 |
| 茶園と家 | 156 |
| 茶釜 | 77 |
| 茶畑と苗代 | 443 |
| ちゃぶ台（角形） | 230 |
| 丁子麩の辛子和え | 55 |
| 突サデ | 386 |
| 筒井神社の神符 | 721 |
| 角大師の護符 | 721 |
| 手押車でセタシジミを売りにきたおばさん | 573 |
| 手鏡 | 232 |
| 手びきろくろ | 508 |
| 手まわし轆轤 | 509 |
| 砥石 | 509 |
| 東海道新幹線の開通前の試乗会 | 546 |
| 陶火鉢 | 233 |
| 灯油壺 | 233 |
| 東洋レーヨンの工場から出る煙 | 662 |
| 棟梁の服装 | 14 |
| 土蔵の前に洗濯物を干す庭先 | 247 |
| 土間住いの農家 | 201 |
| 土間に設けられた牛小屋 | 201 |
| 苗運び畚 | 314 |
| 長着 | 14 |
| 長浜駅前 | 651 |
| 長浜の常喜塗 | 82 |
| 夏の午後 | 634 |
| 苗代と稲架 | 316 |
| ニドギリ | 511 |
| 布籠 | 234 |
| ネコ（袖無類） | 15 |
| 農家の立ち流し | 202 |
| 農家の土間と牛小屋 | 164 |
| 農家のひさしに挿してあったマムシ | 106 |
| 農夫 | 15 |
| ノガミ | 694 |
| 野神 | 694 |
| 登り窯 | 511 |
| ノミ・ヒラノミ・ナカキリチョンナ | 511 |
| ノンゴといわれる客土を運ぶ運搬具 | 604 |
| 廃材でつくられた地蔵さまの祠 | 694 |
| 墓穴に鎌を吊す | 844 |
| 稲架 | 319 |
| 鉢 | 84 |
| 八幡堀の景観 | 166 |
| ハツリチョンナ | 512 |
| はなぎ | 438 |
| ハネ釣瓶 | 213 |
| 撥釣瓶 | 213 |
| 破風 | 166 |
| 針箱 | 235 |
| 火鑽具 | 236 |
| 桧皮包丁 | 418 |
| 百度石と千度石 | 714 |
| 平膳 | 86 |
| 琵琶湖疎水 | 618 |
| 琵琶湖のエリ | 396 |
| ビンビン鯛 | 792 |
| 風炉 | 86 |
| 葺き替えを待つ藁葺屋根 | 169 |
| 船板塀の商家 | 169 |
| フナずし | 56 |
| 鮒ずしの発酵 | 107 |
| 鮒の内臓をぬく | 107 |
| 浮標 | 399 |
| 古くからの榊と造花が一緒に飾られている | 846 |
| 文化竈 | 203 |
| へっつい | 203 |
| 別棟の便所 | 170 |
| 弁当箱包み | 87 |
| 北西からみる在原 | 171 |
| 墓上装置 | 846 |
| 墓上装置 現代の霊屋 | 846 |
| 墓地から集落を一望する | 847 |

## 京都府

| | |
|---|---|
| ホリと田舟 | 401 |
| まいり墓 | 847 |
| 町家の上りハナ | 204 |
| 繭糸とり | 462 |
| マユから糸を引く | 486 |
| 丸型蒸籠 | 89 |
| 丸舟 | 552 |
| 丸屋根型のホシ小屋 | 174 |
| 三井寺町付近・長等神社あたりの店 | 577 |
| ミズヤ | 214 |
| 道切り | 673 |
| 蓑 | 20 |
| 三巾前掛 | 20 |
| 宮座の大老 | 636 |
| 民家 | 175 |
| 民家の外観 | 178 |
| 民家の間取り | 178 |
| 麦笛を吹く | 803 |
| むぎ風呂 | 204 |
| 村の学校 | 645 |
| ムラの規約 | 637 |
| ムラの景観 | 637 |
| ムラの惣門（菅浦の西門） | 637 |
| ムラの広場と太鼓櫓 | 637 |
| 名神高速道路の工事状況 | 552 |
| 飯櫃台 | 91 |
| モロトの集まり | 638 |
| モンドリ | 406 |
| ヤ（木地工具） | 517 |
| 薬師堂 | 763 |
| 櫓時計 | 240 |
| 矢立て・銭入れ | 582 |
| 山家 | 183 |
| 山籠 | 609 |
| 山から湧き水を引く | 214 |
| 山の神への奉納物 | 717 |
| 山の神さん | 700 |
| 山の神とオコゼ | 700 |
| 床上と屋外の両方から使える農家の便所 | 205 |
| ヨシ刈り | 533 |
| ヨシの茂みが切れたところに投網を打つ | 407 |
| 夜番の太鼓 | 638 |
| 寄合の座順 | 638 |
| 漁師と子供 | 408 |
| 漁師の家の裏 | 408 |
| 両墓制 | 850 |
| 両墓制の三昧 | 851 |
| 旅館街 | 583 |
| 隣家 | 638 |
| 留守になった地蔵さまの祠か | 700 |
| 六地蔵 | 700 |
| 六反帆の帆に風を受けて瀬田川を下る船 | 553 |
| 炉と竈 | 206 |
| 若者組 | 624 |
| 草鞋 | 42 |
| 藁葺にトタンをかぶせた屋根 | 187 |
| 藁葺屋根とトタン屋根と | 188 |
| 藁葺屋根に瓦葺の下屋を設けた民家 | 188 |

## 京都府

| | |
|---|---|
| 藍切り庖丁 | 464 |
| アイスキャンディーを食べる | 110 |
| 明りとりの窓 | 189 |
| 麻つむき桶と麻糸原料 | 465 |
| 穴のあいた石が下げられている地蔵さん | 701 |
| 油障子 | 254 |
| あぶり餅 | 49 |
| アマ（火棚） | 189 |
| 網干しや雑魚干し作業 | 350 |
| 洗い桶・洗棒 | 254 |
| 案内図を売る | 560 |
| 家印 | 625 |
| 家の壁にはめ込まれた厨子 | 680 |
| イガキ | 828 |
| 筏流し | 410 |
| イカ干し | 95 |
| 生駒型（腰折） | 121 |
| 石神の鳥居の注連縄 | 723 |
| 石田家主屋梁行断面図 | 122 |
| 石に書かれたさまざまな願い | 702 |
| 板床にある炉のゴトク | 189 |
| 板塀に赤ペンキで描かれた鳥居 | 646 |
| 伊根浦の景観 | 354 |
| 伊根浦の捕鯨 | 354 |
| 伊根ブリの養殖生簀 | 354 |
| 芋車 | 259 |
| 芋掘鍬 | 260 |
| 入母屋造り | 124 |
| 入母屋妻入り | 124 |
| 入母屋破風 | 124 |
| 岩海苔摘み | 355 |
| 鶯笛 | 783 |
| 鱏のエマ | 702 |
| 産小屋 | 807 |
| 産屋 | 808 |
| 産屋入口の魔除け鎌 | 668 |
| 産屋のみえる集落と産屋の内部 | 808 |
| 瓜切鎌 | 261 |
| ウレツキトウバ | 830 |
| 映画館 | 774 |
| A型（左側）とB型（右側）の舟屋 | 126 |
| 絵葉書店 | 561 |
| 絵馬 | 703 |
| 縁切り祈願 | 705 |
| 王朝料理 | 50 |
| 大竈 | 191 |
| 大竈上の三宝荒神 | 682 |
| 大阪側から見た旧遊郭街 | 646 |
| 大敷網漁 | 360 |
| 大谷川に架かる栄橋の改築記念 | 659 |
| 大原の農家のたたずまい | 128 |
| 拝み絵馬 | 705 |
| 起上り小法師 | 784 |
| オキテヌグイ（大原女） | 25 |
| オクニワ | 128 |
| 奥の居住部分からみた通り土間 | 192 |
| 巨椋池のハス見風景 | 579 |
| 桶を担ぐ | 587 |
| 押網漁 | 361 |
| 押入内に設けられた階段 | 192 |
| おだち組で組んだ屋根 | 129 |
| おだち組と棟札 | 129 |
| オナゴワラジ | 33 |
| 鬼瓦 | 129 |
| 御弾き | 784 |
| 大原女 | 561 |
| 大原女の嫁入 | 820 |
| お詣りをする人びと | 705 |
| おみくじ | 705 |
| お宮参り | 813 |
| 重軽石 | 668 |
| 表屋造りの町家と幔幕 | 129 |
| 主屋と隠居屋・舟屋の位置（模式図） | 129 |
| おろしき | 63 |
| オンマカ風呂 | 742 |
| オンマサン | 63 |
| 街灯 | 647 |
| 街頭演説 | 627 |
| 外米廉売の公告 | 561 |
| カカシ | 265 |
| 花器 | 221 |
| 柿渋を保管していた渋甕 | 494 |
| 柿渋紙をはったショウケ | 494 |
| 掛行灯 | 562 |
| 篭 | 266 |
| 形代 | 706 |
| 肩で担いで運ぶ | 588 |
| 肩曳荷車 | 588 |
| 桂川沿いの道 | 540 |
| 門口の清掃用ごみ箱 | 647 |
| カブやキャベツの採苗用の畑 | 267 |
| 釜敷 | 65 |
| カマド | 193 |
| カマドのある台所 | 193 |
| 釜仏 | 684 |
| 紙漉き | 496 |
| 神棚 | 684 |
| 亀塚・鯉塚 | 675 |
| 賀茂川の堤 | 540 |
| 鴨川床 | 562 |
| 茅の確保のための茅立て | 215 |
| 茅葺き民家 | 133 |
| カリヤ | 832 |
| カレイ干し | 98 |
| 川船 | 540 |
| 環濠集落 | 135 |
| カンジキ | 34 |
| 鑑賞用中庭 | 135 |
| 雁爪 | 270 |
| 看板 | 562 |
| 看板（団扇屋） | 562 |
| 祇園・下河原 | 565 |
| 祇園新橋の町並み | 647 |
| 祇園・通りのようす | 647 |
| 祇園・二階の目隠し | 136 |
| 祇園の茶屋 | 565 |
| 祇園鉾 | 786 |
| 北集落の俯瞰 | 136 |
| 北野神社の絵馬 | 707 |
| キヌバンとキンヅチ | 223 |
| 牛耕 | 271 |
| 休日の漁港 | 367 |
| 牛車 | 786 |
| 京格子の店構えと床几 | 138 |
| 鏡台 | 223 |
| 共同井戸 | 209 |
| 京都駅前 | 647 |
| 京都駅夜景 | 647 |
| 京都織物会社 | 474 |
| 京都市中で最古級の町家 | 138 |
| 京都の町並 | 647 |
| 京人形の製作 | 499 |
| 京の家 | 138 |
| 京町家の影響を受けている町家 | 138 |
| 京野菜畑 | 272 |
| 居住部分との境に暖簾を吊るした通り土間 | 194 |
| 漁船を舟屋内に引き上げる場合とそうでない場合がみられる | 368 |
| 漁船トモブト | 368 |

| | | |
|---|---|---|
| 漁村集落 369 | 出漁前の網の積みこみ作業の漁師たち 378 | タワシ 77 |
| 清水坂 541 | 蕨菜採取用笠 532 | 丹波の集落 156 |
| 清水坂・石畳の道 541 | 背負子 592 | 血貝とり 385 |
| 桐の皮切り鎌 412 | 商家 569 | 力石 661 |
| 釘抜地蔵の本堂板塀に掲げられたヤットコと釘の絵馬 707 | 商家の構え 149 | 力綱 811 |
| 草花の絵が施された襖障子 224 | 娼妓 660 | 茶臼（抹茶用） 442 |
| 鯨尺の露店 566 | 鍾馗 670 | 茶小屋 442 |
| 屑屋 566 | 障子 227 | 茶杓 78 |
| 果物籠 67 | 障子戸との組み合わせで使われている舞良戸 150 | 茶筅売 572 |
| クツゴメ 35 | 商店の軒下に地蔵を祀る 689 | 茶壺 442 |
| 熊手 274 | 浄土真宗の仏壇 836 | 茶農家の作業小屋 443 |
| 汲取用肥料桶 274 | 食事の座席 112 | 茶選籠 443 |
| 鞍掛 224 | 除草鍬 287 | 中鍬 307 |
| 車井戸 210 | 白河の花売女の姿態 570 | チューダースタイルを模した住宅 156 |
| 黒木の鳥居 724 | 白栖茶共同 441 | 妻飾 158 |
| 黒布「寒冷紗」の覆下 441 | シラスやカエリ（鰯の幼名）を氷詰めで出荷する 379 | 詰めごも 308 |
| 慈姑熊手 276 | 伸子 227 | 釣りをする人を木橋の上から眺める人 805 |
| 傾斜地の苗畑 412 | 神社のかがり火 725 | 吊看板 573 |
| 芸の上達祈願 708 | 神饌 725 | 弦掛鋸 508 |
| 懸魚のさがる農家 141 | しんどう 288 | つるべ、滑車 212 |
| 化粧地蔵 685 | 尋問 631 | 定置網漁 386 |
| 結婚式 820 | 杉皮葺き屋根 151 | 出入口の屋根に置かれた鍾馗 671 |
| 結婚披露宴 821 | 杉塔婆 837 | 停留所 546 |
| 玄関横に犬矢来のある町家 142 | すぐき漬け 102 | 手桶, 溜桶, 鎌, たらい（蕨菜採取） 532 |
| コウカケ 35 | すぐき菜漬け 102 | 手押しポンプ 212 |
| 麹蓋 449 | スベリ台 798 | 手籠 309 |
| 弘法大師像に手を合わせる 708 | 墨絵が施された襖障子 228 | 手作りの紙の面を並べた店 573 |
| 肥桶・肥柄杓 277 | 炭屋の店頭 570 | テヌグイカブリ（大原女） 28 |
| 五右衛門風呂 194 | せいろう倉 152 | 手曳車 600 |
| コーカケ 35 | 井籠倉 152 | デンチ 14 |
| 小鍬 278 | 蒸籠倉の構造 152 | 伝統的な民家 158 |
| 後生車 833 | 背負篭 293 | 道喜粽 55 |
| 小ハバキ 35 | 背負梯子による薪の運搬姿態 596 | 陶工用具 509 |
| 小判桶 449 | 背負って運ぶ 596 | 陶独楽 790 |
| 御幣 724 | 関守石 671 | 東寺の「弘法さん」 726 |
| ごぼう起こし 279 | セン 503 | 当時の姿を残す建物もある現在の旧遊郭街 650 |
| ごぼう起こし 2本刃 279 | 扇子 228 | 道祖神 692 |
| 駒寄せのある町家 143 | 煎茶園 441 | 通りに面した町家右側のミセ 159 |
| 虚無僧 776 | 戦中玩具 656 | 戸口の小便所 200 |
| 米のついたしめ 724 | 千本鳥居 726 | 飛魚の絵馬 713 |
| コロ柿作りの柿小屋 99 | 千枚漬け用鉋 75 | 鳥居 726 |
| コロ柿作り 99 | 千枚田 294 | 鳥笛 59 |
| コンクリートブロック塀 144 | ゾウリワラジ 37 | 泥揚げ鍬 313 |
| 婚礼 821 | 卒塔婆 839 | トンネルを作って遊ぶ 800 |
| 幸神 687 | 蕎麦屋の麻暖簾 571 | 中庭を望む玄関のしつらえ 161 |
| 材木 413 | 蘇民将来守札 721 | 長屋門のある農家 161 |
| 材木浜 413 | 染型紙 479 | 茄子切鎌 314 |
| 魚屋の店頭 568 | ゾーリワラジ 37 | 名付け札 815 |
| 酒壺 70 | 大黒様の口に収まった小石を財布に入れておく 711 | 撫牛 713 |
| 笹葺きの屋根 145 | 大黒天（社） 690 | 奈良人形 790 |
| 茶道 804 | 大黒天の口に小石をのせる 711 | 並んだ地蔵 694 |
| 茶道の稽古 804 | 間人漁港 381 | 苗代からあげたばかりの苗を田へ運ぶ 315 |
| 猿まわしの練習 777 | 台所 197 | ナンバ 316 |
| 産室 810 | 田植え 297 | 荷車に野菜を積んで売り歩く 574 |
| 山村の民家 146 | 駄菓子屋 571 | 西陣織の作業場 482 |
| 「山門不幸」の貼紙 835 | 宝船 712 | 西陣織の町の地蔵堂 694 |
| シオケ 71 | 竹籠 76 | 担い籠 603 |
| 榊を門口に飾る 835 | 竹製の駒寄せのある家 154 | 丹羽地域の妻入り町家 163 |
| 士堅家住宅の全景 147 | 筍掘り（道具） 532 | 人形店 574 |
| 四条大宮交差点 543 | 竹の穂を用いた柴垣 155 | 糠床の柿の皮 55 |
| 七味屋の店頭 568 | 竹葺き屋根 155 | 葱篭 317 |
| シビ網で鯵の子をとって放流する 376 | 竹塀 155 | 葱収穫鎌 317 |
| シビ網にかかった大きな魚を手にする若い漁師 377 | 竹割鉈 506 | 寝小便が止むように梯子を奉納する 713 |
| 渋桶 502 | 畳に切られた炉にあるゴトク 199 | 鼠燈台 234 |
| しゃもじ奉納 710 | 立砂 726 | 寝間の入口 202 |
| 車輪ごま 787 | 玉味噌 104 | |
| 十三参り 814 | | |
| 十三詣 814 | | |

大阪府　　　　　　　　　　　　　　地域別索引

練物製 791
農家 163
農家に見る悠紀殿風の千木 163
納札 714
熨斗を社殿の扉に結びつける 815
海苔摘みに行く人々 391
海苔摘みの岩場に向かう 391
のれん 234
暖簾 575
秤り篭 575
箱階段 202
箱眼鏡を口にくわえ、先端に鎌をつけ竿を右手に持ち、左手でカジをとりながらワカメをとる 392
梯子地蔵に奉納された作り物の梯子 714
播種床鎮圧具 320
バス 549
畑の𠮷 605
畑のおば 605
畑の姥 605
初摘み 444
初宮参り 816
初宮まいりの奉納物 714
花嫁衣裳 16
羽根（羽子板） 791
破風 166
破風面 672
はり紙防止の貼り紙 651
半纏 17
杼 484
ヒキギ（曳き木） 324
ひしゃく 324
毘沙門堂牛玉宝印 722
火棚 203
左肩の天秤棒を丸棒で軽く支えて草を運ぶ 606
火の子返し 203
火伏せのお札 722
日室嶽遙拝所 769
百度参り 714
瓢箪柄杓 86
開いた蔀戸と床几 168
平入りの町家 168
平葺き（外観） 216
ヒロ備中鍬 325
風選 325
フジ断ち（採集） 485
伏見人形 792
伏見焼の土製神輿（玩具） 792
襖の裏に貼られた唐紙 169
舟屋 398
舟屋一階部分における4類型の事例 398
舟屋群 398
船屋群 398
舟屋と漁船 398
舟屋と「まるこ舟」 550
舟屋の建ち並ぶ伊根浦 398
舟屋の内部からのぞく舟屋群 398
ブリの刺網 399
フルイ 327
ヘギの乾燥 513
宝印の下に大黒天をとりつけた牛 715
放生供養碑 676
防霜扇と筍園 444
奉納鳥居 715
奉納札 715
ホオカブリの型 30
北集落の遠望 171

干柿作り 108
墓上装置 846
ホッカブリのいろいろ 30
ボテ 238
ポン菓子をつくる 109
本窯（登窯） 530
本仕込の様子 418
本賽栽培 444
舞妓 780
埋葬墓地のいろいろ 847
町家 173
町家の裏庭 173
町家の奥庭 173
町屋の台所 204
町家の台所 204
町家の台所と神棚 204
町家の通り土間に置かれた銅板張りの台所 204
町家の土間 204
松葉ガニの1日漁のセリ場 402
間取り　北山型 174
間取り　北船井型 174
まねき猫 716
円篭 331
丸太担ぎの娘さん 607
丸太磨き 419
丸刷毛 486
岬の稲田 332
水ガメ 89
水ぐるま 332
水子供養 848
水子供養の六地蔵 848
水菜挿し 333
水は火を防ぐ 673
ミセの内部 577
味噌桶 454
みたらし団子 57
ミノ 19
三巾前掛 20
宮参りの熨斗 816
民家 175
民家の千木 178
民家の軒下に地蔵を祀る 698
民家の間取り 178
麦打ち台 334
棟を支えるおだち柱 179
村境の六地蔵 698
ムラの協定 637
飯びつ 91
面取り 337
面とり刀 337
木材を保管する納屋 419
股引 21
モンガリ 849
門前町の町屋の縁台 180
野菜売りの車 578
野菜鋤 339
八坂石段下 653
八坂の塔あたりの町並み 653
屋敷取り 181
八瀬の釜風呂 666
屋根 182
屋根の上の鍾道さま 674
山国筏 419
山沿いの海辺に立地した伊根の集落 183
山伏の背負う笈 729
結納 826
結納品 826
遊郭小川楼経営者の出兵式 658

友仙 488
友禅流し 488
ユキワリと呼ぶ置千木上の横材 185
湯葉作り 110
柚餅子を乾燥させる 110
洋館に敷かれた畳 185
用水路 619
洋装・和装 23
横槌 517
四つ竈 205
羅宇屋 518
ラオ屋 518
洛北の民家 186
龍骨水車 342
両墓制 850
料理茶屋佐野屋 578
連子窓, 格子戸 187
炉 205
六地蔵 700
六地蔵巡り 770
六地蔵・六道ロウソク 700
ワー 610
ワカメを干す 463
ワカメを真水で洗い、しぼり器で水を切る 409
ワカメ干し 409
ワカメ干しをする海女姿の老女 409
ワカメ干し場 409
渡邊家住宅前身建物平面図 187
草鞋つくり 519
藁苞 110
蕨の乾燥 110
藁葺き屋根の農家 189
藁葺き屋根の民家 189

## 大阪府

麻蒸し 465
あさり売り 555
安治川河口 646
遊ぶ子ども 795
アパァト系の文化住宅 120
雨乞い 701
アユの刺し網漁 350
家の角に石を置く 242
石あげ 702
石敢當 667
和泉山中の炭ガマ 528
板壁が続く路地 537
板壁の邸宅 122
乾蔵の景観 123
イーヘー 829
入母屋角屋造り 124
鰯網 354
魚市場 555
牛飼桶 432
牛神塚 681
牛鞍 432
ウダツのある二階建長屋 125
打盤と槌 702
絵馬 703
L型家屋配置の景観 126
扇凧 784
大阪駅の屋上から大阪城方面（敗戦後） 654
大阪駅前 646
大阪駅前の人出 646
大阪市役所 659

## 大阪府

| 項目 | 頁 |
|---|---|
| 大阪堂島の土蔵 | 127 |
| 大阪の劇場街 | 775 |
| 大阪の橋 | 539 |
| 大ふご | 263 |
| 起上り小法師 | 784 |
| おでんを食べる | 111 |
| 男足袋・下駄 | 33 |
| おびんずる | 683 |
| 卸売市場 | 556 |
| 会所 | 626 |
| 貝つなぎ | 785 |
| カイバオケ | 434 |
| 牡蠣店 | 561 |
| カキ餅干 | 97 |
| カゴ（野菜運搬用） | 587 |
| 風車と担桶 | 266 |
| 風ぐるまと水ぐるま | 266 |
| 貸扇風機 | 616 |
| 片鶴嘴 | 266 |
| 金鍬 | 267 |
| 剃刀形鎌 | 268 |
| 唐犂 | 269 |
| 唐犂（はだあげ） | 269 |
| カレイエマ | 707 |
| 川砂運搬船 | 526 |
| 川砂を積んだ船 | 526 |
| 河内型 | 135 |
| 川の流路の遊歩道化 | 540 |
| 韓国市場 | 556 |
| ガン爪 | 270 |
| 雁爪 | 270 |
| 寒天つくり 棚さらし | 98 |
| かんばん（質屋） | 563 |
| 灌仏会のお祝い着 | 6 |
| 木鍬 | 271 |
| 切符の立ち売り | 541 |
| きぬた | 498 |
| 旧家の門構え | 136 |
| 急傾斜地に中層，テラスハウス，戸建分譲宅地を混合して開発した団地 | 244 |
| 旧杉山家の外観 | 137 |
| 魚類のエマ | 707 |
| 近畿地方の大規模農家・吉村家 | 139 |
| 茎の貯蔵 | 99 |
| 草取り | 273 |
| 葛原家の三階倉の外観 | 140 |
| 崩れそうな木橋 | 542 |
| 首木 | 435 |
| 黒鉄名号〔護符〕 | 719 |
| 鯉の滝登り | 786 |
| 公園のハトと屋台 | 648 |
| 耕作放棄地 | 276 |
| 高札場，土蔵，土塀，長屋門と続く屋敷の表側 | 142 |
| 交差点 | 542 |
| 格子・束・貫などの直線が斬新な主屋 | 142 |
| 工場地帯の煙 | 648 |
| 肥タンゴ | 278 |
| 扱櫛 | 278 |
| 小皿 | 68 |
| 後生車 | 833 |
| 子供の服装 | 8 |
| ごみ空気輸送システム | 245 |
| 米搗本 | 787 |
| 米とぎ | 449 |
| ゴンパチの湯戻し | 100 |
| 昆布 | 52 |
| 酒造り | 449 |
| 酒封じ祈願 | 709 |
| 差鴨居 | 195 |
| 座敷の意匠 | 195 |
| 里山でのすき焼き | 112 |
| 真田山陸軍墓地 | 656 |
| さらえ | 282 |
| 皿かご | 591 |
| 三階立て文化住宅 | 145 |
| 撒水車 | 649 |
| 三層のミカン蔵 | 283 |
| 獅子頭（玩具） | 787 |
| 質屋 | 568 |
| しゃく | 285 |
| 住宅の防犯意識 | 148 |
| 酒造唄 | 450 |
| 授乳 | 811 |
| 「主婦の店ダイエー」の一号店 | 569 |
| 棕梠の皮をむきに行く支度 | 10 |
| 棕梠の皮をむきに行く姿 | 10 |
| 城之門筋の町並み | 150 |
| 燭台 | 227 |
| 除草機 | 286 |
| ジョレン | 287 |
| じょれん鍬 | 287 |
| 白川の民家 | 150 |
| 白川の民家の建具 | 196 |
| 塵埃焼却場のあたり | 649 |
| 親桶 | 451 |
| 伸子 | 227 |
| 新世界ルナパーク | 581 |
| 神木 | 725 |
| 水田除草機 | 290 |
| 鋤 | 291 |
| 犂 | 291 |
| 数寄屋造りの客座敷 | 197 |
| 菅笠 | 27 |
| スナモグリの採取 | 380 |
| 住吉踊りを模した人形 | 788 |
| 製なわ機 | 503 |
| 精米用のジカラウス | 293 |
| 銭桝 | 570 |
| 戦勝祈願 | 711 |
| 洗濯物が干された路地 | 246 |
| 千日前 | 650 |
| 千疋猿 | 788 |
| 足継 | 228 |
| 村童 | 632 |
| 大小の梁を直交させ空間を形成した主屋の土間 | 197 |
| ダイニングテーブルでの食事 | 113 |
| 大八車と駕籠 | 598 |
| 田植さし | 298 |
| 宝船 | 712 |
| 焚き付け用のマツの落葉 | 532 |
| タクシー | 545 |
| 竹カゴ | 301 |
| タケノコの調理 | 104 |
| 竹箕 | 301 |
| タコエマ | 712 |
| 蛸の一本釣 | 384 |
| 脱穀機 | 302 |
| 巽蔵の景観 | 155 |
| 竪杵と木桶 | 77 |
| 棚田 | 302 |
| 煙草店 | 572 |
| 溜池落水後に捕りやすくなるタニシ | 384 |
| たろみ | 306 |
| タンゴ | 306 |
| 地下駅の上のペデストリアンデッキと複合ビル群 | 650 |
| 乳祈願 | 712 |
| 中央公会堂 | 650 |
| 中耕機 | 307 |
| 帳箱 | 231 |
| チョンベイ | 789 |
| 通天閣 | 650 |
| ツクシの佃煮 | 55 |
| ツクシのハカマ取り | 104 |
| 漬物用大根を売る | 573 |
| ツジメシ | 840 |
| 槌 | 480 |
| 土臼 | 308 |
| ツナヌキ | 38 |
| 釣瓶 | 212 |
| 釣瓶桶 | 212 |
| ツワブキ新茎の佃煮 | 55 |
| 手桶 | 309 |
| 手カギ | 600 |
| 鉄兜を薬罐にする | 508 |
| テナガエビ素揚げ | 55 |
| テレビカー | 617 |
| 天秤秤 | 584 |
| 天秤棒 | 601 |
| 杜氏のホソ桶洗い | 452 |
| 堂島1丁目・奥に毎日新聞社 | 650 |
| 堂島川大江橋付近 | 547 |
| 堂島川に架かる渡辺橋南詰めの道路 | 547 |
| 堂島川べりの天満署と天満宮鳥居 | 650 |
| 堂島川べりの天満宮の鳥居 | 650 |
| 道頓堀川のボート遊び | 547 |
| 豆腐絞り箱 | 105 |
| どうろくさん | 693 |
| 道路の糞拾い係 | 651 |
| 土座造 | 200 |
| 土蔵 | 159 |
| ドブネ | 388 |
| 取鍋 | 510 |
| 長屋門のある農家の庭先 | 161 |
| ナマズの蒲焼き | 55 |
| ならし板 | 315 |
| 縄植え | 315 |
| 担い桶 | 317 |
| 日本万国博覧会 太陽の塔 | 618 |
| 鼠の梯子上り | 791 |
| 念仏講数珠 | 745 |
| 燃料の薪チップ | 234 |
| 農家風外観をもつ町家 | 164 |
| 軒先に厨子を祀る | 694 |
| 鋸鎌 | 318 |
| 鋸挽（玩具） | 791 |
| 播溝切り | 319 |
| 箱段 | 235 |
| はしけで連絡船から上陸する人たち | 549 |
| 橋と樟 | 549 |
| 播種機 | 320 |
| 鼻木 | 438 |
| 馬糞掃除 | 651 |
| パーラー | 575 |
| 美粧院 | 575 |
| 紐解き祝い | 816 |
| 平すき | 325 |
| 福島1丁目・阪大医学部と田蓑橋の右手に大阪中央電報局 | 651 |
| ふご | 606 |
| 伏見人形 | 792 |
| 仏壇 | 845 |

兵庫県　　　　　　　　　　　　　　　　地域別索引

| | |
|---|---|
| 葡萄破砕器 | 86 |
| ふとまがり | 715 |
| 布団山を模した玩具 | 792 |
| 船着場 | 550 |
| 踏切を渡る車 | 551 |
| 踏車 | 326 |
| ブリキ露斗 | 326 |
| 古い住宅街によくみられる和洋折衷型住宅の外観 | 170 |
| 文化住宅 | 170 |
| 平太の渡しの今市の渡し場 | 551 |
| 穂積カゴ | 328 |
| 墓地 | 846 |
| 母乳の出を願い奉納した絵馬 | 716 |
| 本瓦葺の農家 | 171 |
| ポンプ | 213 |
| 埋葬墓地の入口 | 847 |
| 薪チップによる暖房 | 239 |
| マツタケを採取 | 533 |
| 松脂採り | 658 |
| 間取り　摂丹型 | 174 |
| 招き猫 | 716 |
| マハゼ唐揚げ | 57 |
| 丸篭 | 607 |
| 廻り臼 | 793 |
| 万石とおし | 331 |
| 万石篩 | 331 |
| 水かけ不動 | 697 |
| 水ひき | 333 |
| 御堂筋 | 653 |
| 宮参りの墨つけ | 816 |
| 民家 | 175 |
| 昔ながらの町並み | 653 |
| 麦打ち | 334 |
| 明治期創建の商家の大阪障子 | 205 |
| メンコ | 793 |
| 木造の小学校 | 645 |
| 餅搗き兎 | 793 |
| 元地主屋の屋敷配置図兼主屋平面図 | 180 |
| 物干台 | 240 |
| 籾かき | 337 |
| 籾摺機 | 337 |
| 野菜の収穫 | 339 |
| 山本家の整型四間取り | 184 |
| 湯がきワカメ | 58 |
| 往き交う車馬 | 553 |
| 往き交う人と車 | 553 |
| 雪帽子 | 31 |
| ゆり箱 | 341 |
| 横槌 | 342 |
| 吉村家住宅 | 186 |
| 四ツ橋交差点 | 553 |
| 淀屋橋と北浜のビル街 | 553 |
| ラッパ | 794 |
| 蓮根計り | 343 |
| 路地奥の家 | 187 |
| 和小屋組 | 187 |
| 綿籠 | 343 |
| 渡し船が着いて主婦がおりる | 554 |
| 綿摘籠 | 343 |
| 藁で作った龍神（雨乞い） | 718 |
| ワラの子守帯であそぶ赤ん坊 | 813 |
| 藁苧皮取り | 344 |

## 兵庫県

| | |
|---|---|
| 明石港口 | 345 |
| 赤穂港あたり | 345 |
| 赤穂高校の旧校舎 | 639 |
| 赤穂市中心街を流れる加里屋川 | 645 |
| 足踏搗臼 | 59 |
| 穴明き石 | 701 |
| 姉さん被り | 24 |
| 網干し | 350 |
| 飴売り | 559 |
| 洗張板 | 218 |
| 淡路フェリー | 537 |
| 粟ふみ | 255 |
| アンピン | 49 |
| 飯蛸壺 | 351 |
| イオン交換樹脂膜法 | 445 |
| イカナゴ網 | 351 |
| イカナゴの釘煮 | 49 |
| 池ざらえ | 625 |
| 一輪車 | 585 |
| 井戸車 | 207 |
| 入浜塩田 | 445 |
| 入浜式塩田 | 445 |
| 入母屋の重要文化財・箱木千年家 | 124 |
| イワシを干す | 96 |
| イワシの加工場 | 96 |
| 印鑑入れ | 219 |
| 浮樽ランプ | 355 |
| 牛の鼻通しに使用するもの | 432 |
| うめ墓 | 829 |
| 埋め墓 | 829 |
| 恵比寿神と大黒天 | 682 |
| 恵比須〔護符〕 | 718 |
| 円座 | 220 |
| 塩水選用種籾ふるい | 262 |
| 塩田 | 445 |
| 塩田跡 | 445 |
| 大きな家 | 127 |
| 大蔵省赤穂塩務局庁舎 | 445 |
| 大庄屋の家 | 127 |
| 大鳴門橋の橋脚工事 | 539 |
| 起上り小法師 | 784 |
| 奥播磨山村の民家 | 128 |
| おじいさんが孫を相手に、海のものがたりを聞かせている | 626 |
| おだち組の小屋組を見上げる | 129 |
| 小田原提灯 | 220 |
| おとうのしるつぎ | 62 |
| お歯黒道具 | 44 |
| お化け屋敷の見世物 | 775 |
| お櫃 | 63 |
| 開墾鍬 | 264 |
| 傘徳利 | 64 |
| 笠の餅 | 831 |
| 笠の餅と四十九餅 | 831 |
| 片引きの雨戸と障子 | 192 |
| カトリック教会（幼稚園を併設） | 647 |
| 株切り鋏 | 267 |
| 蕪菁切り | 435 |
| 鎌型 | 534 |
| 髪型　キンコ | 45 |
| 神さまは目上に捧げ持って運ばれる | 589 |
| かみしも行李 | 222 |
| からくり人形 | 785 |
| 唐竿 | 268 |
| カラス | 134 |
| 刈り草の結束 | 269 |
| 川遊び | 796 |
| 河原町の妻入商家 | 135 |
| 河原町の妻入商家群 | 135 |
| 瓦屋根を模して風格をもたせようとした例 | 135 |
| カンコロ干し | 98 |
| 勧請吊り | 669 |
| 雁爪 | 270 |
| 鉋 | 497 |
| 牛桶 | 435 |
| 旧嶋屋二階座敷腰掛け縁 | 194 |
| 旧豊野家入口は滑車とロープで上下する吊り上げ式の二重大戸 | 137 |
| 漁港 | 367 |
| 杞柳木型 | 499 |
| 杞柳巾ぞろえ | 499 |
| 杞柳剥皮器 | 499 |
| 金札行李，文庫 | 224 |
| 草屋根 | 139 |
| 草屋根の民家 | 140 |
| 熊手 | 274 |
| 鍬 | 275 |
| 傾斜機を織る老婆 | 474 |
| 毛針 | 371 |
| 麹蓋 | 449 |
| 神戸空襲 | 655 |
| 国防婦人会服装 | 655 |
| ござ（ござ簑） | 7 |
| 腰掛 | 225 |
| 漉布 | 449 |
| 子どもの髪型 | 45 |
| 粉ひき臼 | 279 |
| 米カセ | 449 |
| 砕土機 | 280 |
| 魚売り | 567 |
| 皿鉢料理のタイの活造り | 53 |
| 山水土瓶 | 70 |
| 三宮駅前にゴロ寝する人 | 656 |
| JR山陰本線の余部鉄橋 | 543 |
| 敷皮 | 413 |
| 四国街道の松並木 | 543 |
| 猪垣 | 284 |
| 枝条架がびっしり並んだ流下式塩田の最盛期 | 446 |
| 七五三 | 814 |
| 地機 | 477 |
| シモバタ（地機） | 478 |
| 下屋部分、葺き降ろしの垂木を支える軒桁 | 148 |
| 酒造元 | 450 |
| 城下町の古い民家 | 149 |
| 条播苗代中耕除草機 | 286 |
| 醤油しぼりふね | 451 |
| 人力播種機 | 288 |
| 水神の碑 | 689 |
| 水田除草機 | 290 |
| 水田中干し溝掘機 | 290 |
| 犂 | 291 |
| 菅笠 | 27 |
| 直屋が特徴の篠山城下町 | 151 |
| ステバカ | 837 |
| スーパーマーケットの売り場 | 570 |
| 炭入れ | 228 |
| 墨壺 | 503 |
| 製塩工場 | 446 |
| 瀬戸内の漁村 | 380 |
| 背中当て | 597 |
| 田植定規 | 298 |
| 竹馬に乗る | 799 |
| 田下駄 | 301 |
| 竹と丸太を組んでカヤを密厚に葺いた屋根 | 154 |
| タコを干す | 104 |

| | | |
|---|---|---|
| 鮹壺 | 383 | |
| 田ごて | 301 | |
| タチカケという仕事着を着ている老人 | 12 | |
| 種籾鎮圧機 | 304 | |
| 田の草取り | 305 | |
| タバコ植穴あけ | 441 | |
| 田舟 | 305 | |
| タマネギの出荷 | 305 | |
| 俵編み機 | 507 | |
| 俵締機 | 507 | |
| 暖気樽 | 452 | |
| 丹波布 | 480 | |
| 丹波焼の壺 | 230 | |
| ダンベ イケス用の船 | 385 | |
| 卓袱台 | 230 | |
| 中耕除草機 | 307 | |
| 銚子 | 78 | |
| 土畚 | 600 | |
| 妻入りの町家 | 158 | |
| 爪掛 | 38 | |
| つめ切り鎌 | 437 | |
| つめ切りなた | 437 | |
| つめの掃除具 | 437 | |
| 釣針碑 | 772 | |
| テグスビキ（天蚕糸びき） | 387 | |
| 手提行李 | 600 | |
| 鉄製風呂形鍬 | 309 | |
| てどうら | 44 | |
| 寺子屋机 | 643 | |
| 杜氏（酒のモロミ仕込） | 452 | |
| 銅製酒注 | 80 | |
| 唐箕 | 310 | |
| 道路から半間下げて犬走りを設けて築地塀を設置している | 159 | |
| 栃・椴を乾かす | 105 | |
| 土瓶 | 81 | |
| 止石 | 247 | |
| 苗かご | 313 | |
| 長屋門 | 161 | |
| なたたたき棒 | 437 | |
| 鳴門海峡を展望する観光道路 | 547 | |
| 苗代整地板 | 316 | |
| 二化めい虫被害茎切り鎌 | 316 | |
| にぎわう通り | 651 | |
| 日本赤十字社の予防消毒作業 | 665 | |
| 2, 4-D散布器 | 317 | |
| 庭下駄 | 39 | |
| 人形浄瑠璃 | 779 | |
| ネコ車 | 603 | |
| 軒にキビを干す家 | 248 | |
| 爆音機 | 319 | |
| バクダンアラレ屋 | 575 | |
| 羽子板・羽根 | 791 | |
| 箱木家主屋梁行断面図 | 165 | |
| はしけで連絡船から上陸する人たち | 549 | |
| 播種器 | 320 | |
| 播種台 | 320 | |
| 伐木道具 | 417 | |
| 花生け | 235 | |
| はなぎ | 438 | |
| 鼻木 | 438 | |
| 破風 | 166 | |
| 針目覆いと置千木とが混在する棟 | 167 | |
| 針目覆いに横材を置いた棟 | 167 | |
| ハロー | 322 | |
| 帆船 | 549 | |
| 盤台のなかの飴を売る | 575 | |
| 東浜塩田跡 | 446 | |

| | | |
|---|---|---|
| 火鉢 | 237 | |
| 日干し魚越しにみる港と明神岬 | 395 | |
| ビヤホール | 576 | |
| 瓢箪型秤箱 | 584 | |
| 平入りの農家 | 168 | |
| 瓶細工 | 513 | |
| 福徳丸の模型（北前船） | 396 | |
| 船大工 | 524 | |
| フリークを模した見世物 | 780 | |
| 古井家主屋梁行断面図 | 169 | |
| 古井家住宅の立面図、平面図、横断面図 | 169 | |
| 古い城下町 | 652 | |
| 古い町家 | 170 | |
| 風呂鍬 | 327 | |
| 米選機 | 327 | |
| 焙炉 | 444 | |
| 焙烙 | 87 | |
| 穂掛け | 328 | |
| 干し蛸 | 108 | |
| 墓上装置 | 846 | |
| 法螺貝 | 678 | |
| 埋葬の上に蓑笠を置く | 847 | |
| 馬鍬 | 330 | |
| マクワウリ型メロンパン | 57 | |
| 真塩俵 | 446 | |
| 又鍬 | 330 | |
| 丸鉋 | 514 | |
| 三ツ山 | 793 | |
| 港町の昔の会所 | 636 | |
| ミハバノマエカケ | 20 | |
| 民家 | 175 | |
| 無縁墓 | 848 | |
| 棟束構造の民家 | 179 | |
| 棟飾りのいろいろ | 179 | |
| 室津漁港 | 405 | |
| 室津の浦 | 405 | |
| 室津の町並み景観 | 179 | |
| 室津湊 | 405 | |
| 餅箱 | 91 | |
| 籾おさえ機 | 337 | |
| 籾干し用攪拌器 | 338 | |
| 厄年棚 | 818 | |
| やすり | 440 | |
| 奴凧 | 794 | |
| 屋根 | 182 | |
| 屋根のツノ | 183 | |
| 山本釣針工場 | 517 | |
| 山行着 | 22 | |
| 弓張提灯 | 241 | |
| 夜泣きのハイヅト | 717 | |
| 嫁入り道具 | 826 | |
| 陸あげされたタコつぼからはい出てきたタコ | 408 | |
| 流下式塩田枝条架 | 446 | |
| 流下式塩田の枝条架 | 446 | |
| 琉球人形 | 794 | |
| レンゲ刈り鎌 | 343 | |
| 漏戸 | 343 | |
| 老船大工 | 525 | |
| 六方サル | 455 | |
| 枠植え | 343 | |
| 藁葺き屋根が残る通り | 188 | |
| 和蠟燭 | 242 | |

## 奈良県

| | | |
|---|---|---|
| 赤ちゃん入れ | 806 | |
| 足洗いの儀礼 | 819 | |
| 足踏みロクロ | 489 | |
| 明日香鍋 | 49 | |
| 窟籠り | 728 | |
| 阿日寺門前の町並み | 646 | |
| 雨乞い | 701 | |
| 雨水を流下させ、貯蔵するタンク | 206 | |
| 雨囲いをした土蔵と主屋のウチオロシ・軒天井 | 120 | |
| イエの入口の呪符 | 667 | |
| 筏流し | 410 | |
| 筏のドバ | 410 | |
| 石段の道 | 615 | |
| 板絵馬 | 702 | |
| 稲刈り実習 | 258 | |
| 今西家の帳台構え | 124 | |
| イリコ（アラレ）を炒る | 95 | |
| 笙（モンドリ）の仕かけ | 356 | |
| 牛の絵馬 | 702 | |
| 牛の草鞋 | 433 | |
| 烏瑟沙摩明王のお札 | 718 | |
| うだちをつけた農家 | 125 | |
| うちぐり | 410 | |
| うちぐりかま | 410 | |
| 内せん | 410 | |
| 烏梅づくり | 96 | |
| ウマ | 528 | |
| 埋め墓 | 829 | |
| 埋墓 | 829 | |
| 柄長杓子 | 61 | |
| 絵馬 | 703 | |
| 役行者〔護符〕 | 718 | |
| オオクドと二つ口のクド | 191 | |
| 大杉皮葺の家 | 127 | |
| 大戸口 | 192 | |
| 大峰山の道場 | 765 | |
| 御回在と仏壇 | 830 | |
| 桶づくり | 493 | |
| 押し絵羽子板 | 784 | |
| 尾根部での薪乾燥 | 411 | |
| お宮参り | 813 | |
| 外せん | 411 | |
| カキモチを欠く | 97 | |
| カキ餅干 | 97 | |
| 賭け事の縁切り祈念 | 706 | |
| 囲い造り | 131 | |
| 囲い造りの外観 | 131 | |
| 果実運搬篭 | 266 | |
| 鍛冶屋の仕事場と鞴 | 495 | |
| カスガイ | 411 | |
| 楽器 | 775 | |
| 学校帰り | 640 | |
| 門口の呪物 | 669 | |
| 株掻除草器 | 267 | |
| 釜炒り茶の茶揉み | 441 | |
| 鎌型 | 534 | |
| カマド | 193 | |
| 竈神 | 684 | |
| 天牛駆除器 | 268 | |
| 神棚 | 684 | |
| 神棚の例（西日本） | 684 | |
| カヤ刈り | 531 | |
| 茅場 | 215 | |
| カラサ | 51 | |
| から竿 | 268 | |
| ガラスはめ込み格子戸の玄関 | 134 | |
| からびつ | 707 | |
| 灌漑用の溜池 | 270 | |
| 環濠集落 | 135 | |
| 環濠集落内の狭い道 | 541 | |

奈良県　　　　　　　　　　　　　　地域別索引

| | | |
|---|---|---|
| 環濠集落の入口 … 135 | 蔀戸 … 147 | 茶筅 … 116 |
| 環濠集落の民家の屋敷構え … 135 | 蔀戸と揚見世 … 147 | 茶筅 … 805 |
| 環濠集落の屋敷 … 135 | 持仏堂の流れを汲む仏壇 … 836 | 茶筅を作る … 507 |
| 環濠に姿を映す八棟造りの今西家 … 135 | 杓子 … 710 | 茶つぼ … 442 |
| カンジョウ縄 … 669 | 杓子による願かけ … 710 | 茶壺 … 116 |
| 勧請縄 … 669 | 斜面に石垣を築いた集落と畑 … 148 | 茶どうし … 443 |
| 看板(陀羅尼助) … 564 | 斜面に建つ家 … 148 | 茶の小箕 … 443 |
| かんばん(筆屋) … 565 | しゃもじ … 72 | 茶の箕 … 443 |
| 干瓢むき … 99 | 十一竈 … 196 | 茶むし器とむしせいろ … 443 |
| かんぶり … 441 | 集村の代表, 環濠集落 … 148 | 茶碗 … 116 |
| 雛子 … 51 | 手工業の製紙 … 502 | 茶碗・抹茶・塩・茶筅 … 116 |
| 北側の環濠 … 136 | シュラ出し … 413 | 中床犂 … 307 |
| 鬼門にあたる北東部の窪み … 136 | しゅろみの … 10 | 長寿の人の手形やその人の署名のある飯杓子 … 671 |
| 客用蒸風呂 … 194 | 錠絵馬 … 710 | 築地塀 … 157 |
| 急勾配の畑の青々とした作物 … 272 | 商家の構え … 149 | 綱貫 … 38 |
| 旧米谷家の簀の子屋根下地 … 137 | 商家の構えと平面図 … 149 | つのぬき … 600 |
| 旧米谷家(J)の勾玉型クド … 137 | 正面の構え … 150 | 坪杓子 … 79 |
| 急斜面を開いた耕地 … 272 | 庄屋を務めた旧家の竈 … 196 | つり橋 … 546 |
| 急斜面に建つ板葺きの家と小屋 … 137 | 蒸葉かご … 441 | 摘んだ茶を釜で炒める … 443 |
| 急斜面に建つ小屋 … 137 | 植林 … 413 | 泥肥 … 309 |
| 急斜面に点在する家々 … 137 | ジョコバン … 584 | テサシ … 43 |
| 急斜面の畑と石垣の民家 … 137 | 除草用熊手 … 287 | テサジ … 43 |
| 禁酒の誓い … 707 | シリカワ(尻革) … 535 | 鉄砲堰 … 416 |
| 金時豆の煮豆 … 51 | 神社とお堂 … 754 | 寺に集まってくれたお年寄りたち … 633 |
| 草刈鎌 … 273 | じんましんとの縁切り願い … 710 | 電動井戸ポンプによる異変 … 212 |
| クド … 194 | 水田除草機 … 290 | 道中提灯 … 233 |
| くりぬきちょんの … 412 | 水田双用除草機 … 290 | 唐箕 … 310 |
| 栗山家 … 141 | 水田中耕用備中鍬 … 290 | 通り庭に設けられた台所 … 200 |
| 黒毛馬の絵馬 … 708 | 水田培土機 … 290 | 戸口にみられる呪具と神札 … 671 |
| 桑摘み籠 … 458 | 杉玉 … 570 | 床の間 … 200 |
| 元服式 … 817 | 杉の種 … 414 | 年徳大善神〔護符〕… 721 |
| 耕作放棄水田の復田実習 … 276 | 杉の母樹から種を採る … 414 | 十津川の集落 … 160 |
| 格子戸の町家 … 142 | スギの落葉落枝による焚き付け着火 … 414 | 十津川の民家と土蔵 … 160 |
| 庚申大善薩 … 743 | 酢牛蒡 … 54 | 土手に半栽培される救荒食のヒガンバナの開花 … 312 |
| 庚申堂 … 743 | 墨作り … 503 | トバシ … 416 |
| 荒神祓い … 735 | 炭ひき … 529 | ドブガイの酒蒸し … 55 |
| 郷墓 … 833 | 相撲の餅 … 815 | ドブッタ … 312 |
| 弘法大師御影〔掛絵〕… 719 | 成人祝い … 817 | 土塀をめぐらす囲い造り … 160 |
| 小絵馬 … 708 | 背負いカゴに唐傘 … 595 | 土間とかまど … 201 |
| 牛玉刷り … 719 | 千歯扱き … 294 | 鳥追 … 312 |
| 東大寺二月堂牛玉宝印 … 719 | 千歯の使用例 … 294 | 鳥おどし … 312 |
| 牛玉宝印牛玉杖 … 724 | 層状の集落景観 … 152 | 苗畑に杉の種をまき、くわの羽裏で押さえる … 416 |
| 五口竈 … 195 | そうめん掛け … 102 | 長柄杓子10本一束で出荷 … 510 |
| 子授け地蔵 … 686 | そうめんすくい … 75 | 長柄杓子や平杓子など … 510 |
| 腰あて … 412 | ソウメンのたいたん … 54 | 中家 … 160 |
| 腰板塀 … 143 | ぞうり編機 … 504 | 中たかへ大和棟 … 160 |
| 五條1丁目の町家 … 143 | 葬列 … 839 | 長柄杓子用の材割作業 … 510 |
| 子どもたち … 629 | そぉねったん … 736 | 長押の廻る屋敷 … 161 |
| 子墓 … 834 | そぉねったんの夫 … 737 | ナスに鶏の羽をつけた作り物の鳥を稲の上につるす … 314 |
| 護符 … 720 | そぉねったんの孫娘 … 737 | 七日ごとに挿し立てる七本塔婆 … 842 |
| 胡麻 … 52 | そぉねったんの屋敷 … 152 | 鍋 … 82 |
| 護摩木 … 709 | ソマと道具 … 415 | 鍋つかみ … 82 |
| こわりなた … 413 | 田植框 … 298 | ナベツカミ作り(体験学習) … 510 |
| 材木屋 … 413 | 田かじ鍬 … 300 | 生葉かご … 444 |
| サカバヤシ … 568 | たかへ造り … 154 | 鳴子 … 315 |
| さきやまのこ … 413 | 多口竈 … 198 | 女人禁制の標柱 … 768 |
| 桜菓子 … 52 | 竹とび … 415 | ヌルメ … 317 |
| 砂糖菓子 … 53 | 立絵馬 … 712 | ねこかん … 417 |
| 里山自然農法協会の早乙女による田植え … 282 | 田舟の利用 … 305 | 寝間の入口 … 202 |
| 佐保川にかかる法蓮橋 … 543 | ため池 … 305 | 年齢階梯制墓地の一例 … 843 |
| さましかご … 441 | 溜池の施工実習 … 306 | 年齢別墓地 … 843 |
| 三界万霊供養碑 … 771 | 樽丸づくり … 415 | 祝詞奏上 … 727 |
| 山村の傾斜畑 … 283 | 樽まるつくり … 415 | 廃物毀釈ののちに導入されたブツダン … 844 |
| 山村の屋敷畑 … 283 | たろみ … 306 | 墓穴掘り … 844 |
| 山村風景 … 146 | 男女別墓地 … 840 | 箱棟型の大和棟〈銅板被せ〉… 165 |
| 猪垣 … 284 | 茶釜 … 77 | |
| 地蔵 … 688 | 茶釜 … 116 | |
| 七本塔婆 … 836 | 茶粥を炊く … 104 | |
| 疾病神送りの数珠繰り … 670 | 茶刈り鋏 … 442 | |

| | | |
|---|---|---|
| ハサ掛け | 319 | |
| 箸づくり | 512 | |
| 八十八歳の年祝い | 818 | |
| 伐採 | 417 | |
| 伐採したクヌギを乾燥 | 417 | |
| 伐採した雑木の集積場 | 417 | |
| 伐木の修羅出し | 417 | |
| 初宮参り | 816 | |
| はつりよき | 418 | |
| ハナカミ柱とヘッツイ | 166 | |
| 破風 | 166 | |
| 張り出した庭 | 167 | |
| 張り出した軒 | 167 | |
| 針目覆い | 167 | |
| 搬出されたパルプ材 | 418 | |
| 火打焼 | 56 | |
| 稗田環濠集落の中の大和棟の民家 | 167 | |
| 東山中型 | 167 | |
| 引き違い格子戸 | 167 | |
| ヒズミたかい形態の大和棟 | 167 | |
| ヒトツカマドの呼称をもつ大竈 | 203 | |
| 百味の御供 | 727 | |
| 夫婦臼 | 86 | |
| 蕗俵 | 56 | |
| ふたわり庖丁 | 418 | |
| 餢飳(団子製) | 715 | |
| 太い角格子とウマツナギが残る豊田家 | 169 | |
| 踏車 | 326 | |
| 振茶(奈良県橿原市中曾司) | 118 | |
| 噴霧機 | 327 | |
| 米寿の手形 | 672 | |
| 米寿の手判 | 672 | |
| へぎ庖丁 | 418 | |
| 牧草鎌 | 328 | |
| 墓上装置 | 846 | |
| ぽっくりさんの看板を掲げる阿日寺門前 | 652 | |
| 法華寺の守犬 | 792 | |
| ぽてこ | 444 | |
| 法螺貝を吹く大峯山の修験者 | 729 | |
| 本瓦葺の町家 | 171 | |
| 本町2丁目から五條1丁目をみる | 172 | |
| 本町2丁目の町家 | 172 | |
| 詣り墓 | 848 | |
| 勾玉型クド | 204 | |
| 馬鍬による代掻き | 330 | |
| マダケを壁の芯に使い、強度を高める | 173 | |
| 町家の居間 | 204 | |
| 間取り 前座敷三間取り | 174 | |
| 廻り地蔵 | 697 | |
| 万石 | 331 | |
| 御門米飴 | 57 | |
| 巫女 | 739 | |
| 巫女の裁許状 | 740 | |
| 巫女の辞令 | 740 | |
| 実山椒 | 57 | |
| 味噌玉 | 454 | |
| 道しるべ | 552 | |
| 南側の環濠 | 175 | |
| 民家の石垣 | 177 | |
| 民家の間取り | 178 | |
| 昔ながらの町並み | 653 | |
| むき出しになった土壁 | 178 | |
| 蒸し風呂 | 205 | |
| ムラを訪れる人々 | 637 | |
| ムラザカイに立つ地蔵尊 | 698 | |
| 目隠し塀 | 179 | |
| 飯釜 | 90 | |
| 木材を架線で集める土場 | 419 | |
| 元藍師の家 | 487 | |
| もろどこせん | 419 | |
| 門 | 180 | |
| 屋敷と石垣 | 181 | |
| 矢立 | 419 | |
| 屋根 | 182 | |
| 大和団扇 | 241 | |
| 大和の薬売り | 578 | |
| 大和の集落 | 183 | |
| 大和棟 | 183 | |
| 大和棟の民家 | 184 | |
| 山の神 | 699 | |
| 山の神に奉納されたヘノコ | 717 | |
| 山畑 | 340 | |
| 山伏の修行 | 729 | |
| 山伏の出立勤行 | 729 | |
| 雪景色の集落 | 184 | |
| 雪に埋もれた用水路と水道のパイプ | 619 | |
| 柚餅子を広げ干しで乾燥させる | 110 | |
| 横並びの主屋と付属屋 | 185 | |
| 吉野葛 | 110 | |
| 吉野葛を作る | 110 | |
| 吉野杉の製材 | 420 | |
| よだれかけ | 813 | |
| 両墓制 | 850 | |
| 連クド | 205 | |
| レンコン掘り | 343 | |
| 蠟燭台 | 241 | |
| 六地蔵 | 700 | |
| 路地 | 654 | |
| 綿弓 | 488 | |
| わらみの | 23 | |

## 和歌山県

| | | |
|---|---|---|
| 畦のモグラ等の穴埋め | 254 | |
| アユ漁に適した刺し網 | 350 | |
| 石置き屋根 | 121 | |
| 石垣 | 121 | |
| 移住者と地元民が開く地蔵講 | 742 | |
| 磯釣り生簀 | 352 | |
| 糸鋸 | 490 | |
| 稲ワラの天日干し | 258 | |
| 稲刈機 | 258 | |
| イモアナ | 95 | |
| イモ類を保存する床下の芋穴 | 95 | |
| 入会のカヤ場 | 531 | |
| 入り江 | 354 | |
| イルカをしとめて船上で一部、解体する | 354 | |
| イワシを生け簀からイケブネ(出荷用船)に入れる | 354 | |
| ウォータージェット船 | 579 | |
| 魚見だる | 355 | |
| 牛による代掻きを手伝う少女たち | 260 | |
| 臼割り | 490 | |
| ウバメガシの木炭、備長炭 | 528 | |
| 梅漬樽 | 96 | |
| 梅干し漬け | 96 | |
| 裏通りの町並み | 126 | |
| 絵馬 | 703 | |
| 沿岸でのノリ養殖 | 359 | |
| 大ガマによる薪柴の切り出し | 531 | |
| 大鍬 | 263 | |
| 太田川木橋 | 539 | |
| 起上り小法師 | 784 | |
| おだち組 | 128 | |
| カギ | 363 | |
| カキ皮 | 51 | |
| 柿の葉ずし | 51 | |
| 柿屋の回廊風景 | 97 | |
| 角長醬油店仕込蔵内部 | 448 | |
| 角長醬油店配置図 | 448 | |
| 家族総出の炭焼き | 528 | |
| カタゲウマ | 588 | |
| 形代 | 706 | |
| 鎌八幡 | 706 | |
| 紙漉場 | 496 | |
| 紙製姉様 | 785 | |
| 紙つくる村 | 496 | |
| カヤ葺き屋根の軒下利用 | 134 | |
| 川魚への供養碑 | 675 | |
| 瓦牛 | 707 | |
| カンコロ(サツマイモの切干し) | 98 | |
| 乾燥保存するヨモギの葉 | 98 | |
| 木籠 | 589 | |
| 紀州蜜柑 | 271 | |
| 紀ノ川南岸より橋本の町を望む | 136 | |
| 紀ノ川にテラスを張り出す町並み | 136 | |
| 牛糞堆厩肥の投入 | 272 | |
| 牛糞の発酵ずみ堆厩肥 | 272 | |
| 鋸歯状の町並み | 138 | |
| 切り干しダイコン作り | 99 | |
| 近代(大正時代)の床の間 | 194 | |
| 草野球 | 797 | |
| くされ寿司 | 52 | |
| 鯨うち | 370 | |
| 鯨うちの砲手 | 370 | |
| 鯨の水揚げ | 370 | |
| 鯨の群 | 370 | |
| クヌギの木炭、菊炭 | 528 | |
| 熊野の牛王宝印 | 719 | |
| 供養塔群(高野山) | 767 | |
| 鯨体処理場跡 | 370 | |
| 敬老会の集い | 628 | |
| 耕作放棄地整地後の耕耘作業 | 276 | |
| 耕作放棄地の開墾 | 276 | |
| 高野豆腐絞り器 | 99 | |
| 小絵馬 | 708 | |
| 粉河寺の門前町 | 648 | |
| 粉河寺門前の路地 | 542 | |
| 粉河寺門前の路地・焼き杉の板壁 | 542 | |
| 小鍬又は草けずり | 278 | |
| 輿による葬儀 | 833 | |
| 胡麻おにぎり | 52 | |
| 米搗車 | 787 | |
| 婚礼用三方・盃 | 822 | |
| 竿縁天井 | 195 | |
| サカキの出荷束作り | 557 | |
| 魚の行商人 | 567 | |
| サゲフネ | 373 | |
| 刺し網 | 374 | |
| サルトリイバラの葉であんこ餅を包んで蒸す | 100 | |
| 三界万霊 | 771 | |
| 三番叟(玩具) | 787 | |
| 秋刀魚の押しずし | 53 | |
| シイタケを干す | 101 | |
| 仕入れた魚介を竹かごに入れ、天秤棒で売り歩く女たち | 568 | |
| 塩吹 | 283 | |
| 四花 | 835 | |
| シカ皮を敷物に使う | 425 | |
| 四十九餅 | 835 | |
| 地元民が移住者の子供たちにワラ草履の作り方を教える | 630 | |

# 鳥取県　地域別索引

| 項目 | 頁 |
|---|---|
| 出荷された薬草 | 532 |
| ショイコ | 592 |
| 生姜糖 | 53 |
| 鍾馗の護符 | 720 |
| 聖護院の葛城灌頂 | 728 |
| 聖護院の葛城修行 | 728 |
| 商店街 | 569 |
| 消防団の水防活動 | 630 |
| 醬油醸造の栖原家配置図 | 451 |
| 醬油造桶 | 451 |
| 昭和初期頃の町の景観 | 150 |
| 薪柴の木馬出し | 532 |
| 新聞を抱えて朝早くから配達をする少女 | 631 |
| ズイキ（サトイモの茎）の漬け物 | 54 |
| 水田除草機 | 290 |
| 犂 | 291 |
| 巣箱を手作りし野生ニホンミツバチを養蜂 | 436 |
| 炭桶 | 228 |
| 諏訪様 | 689 |
| 生活に使う沢水の受水槽 | 211 |
| 先達が若者や移住者へ暮らしを伝授する | 631 |
| 千人針 | 656 |
| 千歯扱で稲モミを採取する | 294 |
| 外便所 | 153 |
| 祖母の髪結いを手伝う少女 | 246 |
| 大釜瓶 | 504 |
| 堆厩肥などを運ぶ畚 | 295 |
| 田植え | 297 |
| 竜頭 | 840 |
| 棚田 | 302 |
| 棚田と集落 | 303 |
| 棚田の石垣補修 | 303 |
| タヌキ | 77 |
| 煙草パイプ | 229 |
| 地区総出で行われる河川清掃 | 633 |
| 提灯箱 | 230 |
| 貯蔵カゴ | 307 |
| 搗み | 508 |
| 造り酒屋 | 573 |
| ツナヌキ | 38 |
| 角大師の護符 | 721 |
| 手形と子供の名 | 671 |
| 手判と桝形 | 671 |
| 手毬 | 790 |
| 伝統的な田んぼ作りと暮らしを伝える | 310 |
| 天秤棒をおろして商いをする | 573 |
| 天秤棒で運ぶ | 601 |
| 天秤棒で野菜を運ぶ | 601 |
| 唐鍬 | 310 |
| 唐箕 | 310 |
| 動力式の精米機 | 311 |
| 土塊粉砕器 | 311 |
| ドクダミの乾燥保存 | 105 |
| 土手にコウゾやサンショウを刈り残して半栽培 | 312 |
| 土のう積みによる水害防止 | 662 |
| 流灌頂 | 842 |
| 中廊下型農家の間取り | 161 |
| 名付け帳（長帳） | 815 |
| 南紀のサンマ干し | 390 |
| 担い歩く | 574 |
| 鼠歯錐 | 511 |
| 軒下での農具の保管 | 248 |
| 拝殿にびっしりと並らび吊るされた小絵馬や鶴の折紙 | 714 |
| 八十八歳の年祝い | 818 |
| 花籠 | 844 |
| 浜辺と船 | 394 |
| 火伏医院主屋 | 168 |
| 婦人病の祈願 | 715 |
| 二人挽き大鋸 | 418 |
| 鰤大敷 | 399 |
| 風呂敷 | 238 |
| 放棄された棚田を再生 | 328 |
| ホウヤ | 328 |
| ホウヤ積みで保存する稲ワラ | 328 |
| 捕獲されたテン | 429 |
| 捕鯨の間に捕獲したシャチ | 400 |
| 捕鯨砲を放つ | 400 |
| 干芋 | 57 |
| 干柿作り | 108 |
| 堀川を挟む明治時代の川端通り | 171 |
| ほんまち商店街の町並み | 172 |
| 前田式五連発の捕鯨砲と砲手 | 401 |
| 巻輪 | 607 |
| まさかり | 418 |
| マダケを使った農具作り | 330 |
| 町家の屋敷 | 173 |
| マメの脱穀 | 109 |
| ミカン農家の屋敷 | 174 |
| ミカン農家屋敷配置図 | 174 |
| みかん容器 | 332 |
| 水苗代での苗生育 | 333 |
| 見張り台 | 404 |
| 耳の祈願 | 716 |
| 無縁仏 | 849 |
| ムシロ編み | 516 |
| 名手酒造の酒蔵 | 454 |
| 名手酒造配置図 | 454 |
| めはりずし | 57 |
| メンコ | 793 |
| 木炭の積出し | 530 |
| モンドリ | 406 |
| 薬研 | 666 |
| 野菜を売る | 578 |
| ヤスツキ（鮎とり） | 406 |
| 山よき | 419 |
| 湯の峰温泉・公衆浴場くすり湯 | 666 |
| 湯の峰温泉 つぼ湯 | 666 |
| 湯峰の温泉街 | 666 |
| ヨコバサミ | 218 |
| 霊魂が赴くとされる霊場 | 770 |
| 蘆餅 | 58 |
| 和傘の生産、販売 | 519 |
| 和小屋組 | 187 |
| 藁ツト | 827 |
| ワラの地干し | 344 |
| ワラ混じりの牛の糞尿 | 344 |
| わんこ | 420 |

## 鳥取県

| 項目 | 頁 |
|---|---|
| アゴノシル | 49 |
| 足踏式製縄機 | 489 |
| 畦ぬり | 253 |
| 姉様 | 783 |
| アネーサン人形 | 783 |
| 粗皮剝り | 254 |
| 安全炬燵 | 219 |
| いか釣機 | 351 |
| イカ干し（丸ゆでにした）や加工 | 95 |
| 石臼の引き、石臼の目立鎚 | 256 |
| 稲扱千刃 | 257 |
| 稲荷のキツネ | 681 |
| 入母屋造 茅葺き | 124 |
| 囲炉裏の間 | 191 |
| 牛の戸鉢 | 61 |
| 埋め墓（捨て墓） | 830 |
| 浦浜 | 358 |
| 浦浜と家 | 126 |
| 裏門蔵、裏座敷、土蔵など | 126 |
| 絵馬 | 703 |
| 大型木製電柱 | 646 |
| 岡持 | 587 |
| 起上り小法師 | 784 |
| オクノマ | 192 |
| 御札 | 718 |
| オヤキ | 50 |
| 蚕平飼い | 456 |
| 害虫捕虫瓶 | 265 |
| カキ剝具 | 363 |
| 果実袋の塗油機 | 266 |
| 竈 | 193 |
| かや屋根 | 134 |
| 唐竿 | 268 |
| カリヤ通りの家々の玄関脇に設けられた洗い場 | 209 |
| カリヤ通りの町並みを構成する民家 | 134 |
| カリヤとなっていた部分まで格子を出した民家 | 134 |
| 乾式予桑灯 | 270 |
| 干瓢用包丁 | 99 |
| キビガラアネサマ | 786 |
| 牛首, 糸巻枠, 糸巻 | 474 |
| 供養の石小積 | 767 |
| 蔵屋敷 | 140 |
| 倉吉格子 | 141 |
| 倉吉の町並み | 141 |
| 鍬 | 275 |
| 桑切鋏 | 457 |
| 桑切包丁 | 458 |
| 桑田醬油製造所 | 448 |
| 玄関 | 194 |
| 五徳 | 225 |
| サツマイモの葉柄 | 53 |
| 桟俵 | 501 |
| 自在カギ | 195 |
| シジミ漁 | 376 |
| 紙床 | 502 |
| 手動扇風機 | 286 |
| 醬油蔵の再生 | 150 |
| 白壁の家並みと路地 | 150 |
| 水車 | 289 |
| 水路に面して土蔵群が建ち並ぶ裏通り | 151 |
| 犂（畦立犂） | 291 |
| 杉焼板と漆喰の壁 | 151 |
| 硯 | 227 |
| すだれ障子 | 228 |
| 砂浜の墓地 | 837 |
| 整地用砕土機 | 292 |
| 精米機 | 292 |
| 蒸籠竈 | 74 |
| 施餓鬼供養 | 837 |
| 石仏 | 690 |
| セコガニの箱詰め作業 | 380 |
| 雪駄 | 37 |
| そば店 | 571 |
| 田植 | 297 |
| 田植定規 | 298 |
| タタラの作業場 | 527 |
| たばこ屋 | 572 |
| 畜産用粉砕機 | 437 |

| 地域別索引 | | 島根県 |

| | |
|---|---|
| 手織木綿 | 481 |
| 鉄砲風呂 | 199 |
| 電気蚊取器（豚舎用） | 437 |
| 唐箕 | 310 |
| 動力脱穀機 | 311 |
| 土蔵建築（旧第三銀行倉吉支店） | 574 |
| 鳥取の朝市 | 558 |
| 鳥ワナ | 428 |
| ナカノマ | 201 |
| 縄巻 | 316 |
| 和布採りの用具 | 390 |
| 荷馬車で運ぶ | 603 |
| 二本ガンヅメ | 317 |
| 乳牛牧場 | 438 |
| ネッキ | 800 |
| 農家 | 163 |
| 納骨塚 | 843 |
| バイ籠 | 391 |
| 逗子 | 791 |
| ハエナワカゴ（延縄籠） | 391 |
| ばえぶり | 234 |
| 羽子板 | 791 |
| 番傘づくり | 512 |
| 万能鍬 | 322 |
| ブイブイ | 429 |
| 吹抜けとなった上部の太い小屋組 | 169 |
| 船引き場 | 398 |
| 船で稲藁を運ぶ | 606 |
| 磨崖仏 | 697 |
| 枕箱 | 402 |
| マス凧 | 793 |
| 守札 | 722 |
| 見事に再生された罹災町家 | 174 |
| 水揚げされる鰡 | 403 |
| 水種もらい | 716 |
| ムカゴ取り | 334 |
| 麦播種機 | 335 |
| メンコ遊び | 803 |
| 藻桁 | 405 |
| 薬剤散布ポンプ | 339 |
| 屋敷の裏に蔵が並ぶ蔵通り | 181 |
| 夕暮れ近く | 638 |
| 湯茶用バケツ | 92 |
| 四ツ手網漁 | 407 |
| 淀江漁港の背後に雪の大山 | 407 |
| 輪鼓 | 794 |
| 旅館 | 582 |
| わかめとり | 409 |
| 綿畑 | 343 |
| 藁打器 | 519 |
| 藁葺屋根の寺と墓地 | 189 |
| 藁蛇 | 675 |

## 島根県

| | |
|---|---|
| 藍染め | 464 |
| 青田祈禱札 | 718 |
| 青竹の柄杓 | 218 |
| 青土瓶 | 58 |
| 赤い屋根の町並み | 119 |
| アゴガツオ | 49 |
| 姉さま人形 | 783 |
| アマサギを移す | 347 |
| アマサギの照焼き | 94 |
| 網を繕う少年 | 349 |
| 荒代 | 255 |
| アラメを道沿いに設けた干し竿に掛け干す | 350 |
| アンドン | 219 |
| イカをとるための小屋 | 351 |
| 石棟木の箱棟 | 122 |
| 出雲凧（鶴亀） | 783 |
| 出雲の祝風呂敷 | 819 |
| 出雲の反り棟 | 122 |
| 出雲の八雲爐 | 490 |
| 板を引く | 490 |
| イーチコハーチコ | 795 |
| 一本釣りの漁船 | 353 |
| 糸うみ | 467 |
| 糸車 | 467 |
| 糸のたま | 468 |
| イトマン漁船 | 353 |
| イトマン漁夫 | 353 |
| 糸満漁夫の網染め作業 | 354 |
| イトマン漁民 | 354 |
| イトマン漁 | 354 |
| 糸枠とヘグイ | 468 |
| イネコギハシ | 258 |
| イモを貯える穴倉 | 95 |
| 芋畑のカベ | 260 |
| 芋掘り | 260 |
| 岩を削って作ったもやい綱を結ぶ杭 | 538 |
| 鰯の水揚げ | 355 |
| 岩海苔採り | 355 |
| 石見地方の芸北型玄関中門 | 124 |
| 石見陶器 | 490 |
| 牛と記念撮影 | 432 |
| 牛による下肥の運搬 | 586 |
| 牛の毛並みを整える | 432 |
| ウスヒキ | 260 |
| うなぎ焼き | 61 |
| 海沿いの家並み | 126 |
| 海沿いの民家 | 126 |
| 浦郷港 | 358 |
| 雲州ソロバンの製作所 | 492 |
| 映画会のお知らせ | 626 |
| 駅通り露店市 | 556 |
| エヅメ | 808 |
| 枝打ちを終えた杉林 | 410 |
| 枝打ちのとき、杉皮も少しけずる | 410 |
| えびすくら | 434 |
| エビス様 | 682 |
| 恵比寿・大黒 | 682 |
| エビスの神体 | 682 |
| エブリ | 262 |
| 絵馬 | 703 |
| 縁結び | 705 |
| 縁むすびの呪 | 668 |
| オイコ | 586 |
| おいこを作る老人 | 493 |
| オウゲタ | 262 |
| 大足 | 263 |
| 大シメナワ | 723 |
| 大橋川河口付近 | 615 |
| 大森の町並み | 128 |
| 隠岐の浦郷港に水揚げする日本海でとれた鮫 | 360 |
| 隠岐国賀の放牧場 | 434 |
| 隠岐の客神 | 682 |
| 尾崎式改良窓鍬 | 263 |
| オサ通し | 470 |
| オシギリ | 264 |
| オボケとツム | 470 |
| オモヤ | 129 |
| 織り上がり 切りとり | 471 |
| 温床苗代 | 264 |
| 案山子 | 265 |

| | |
|---|---|
| かがら | 363 |
| 風ヨケ垣 | 131 |
| 過疎化で住人があとに残した廃屋 | 132 |
| カナギの覗漁 | 365 |
| カナギ漁 | 365 |
| 金屋子神 | 683 |
| カマギとオイカワ | 588 |
| 鎌とニカホ | 268 |
| 窯場 | 495 |
| 紙製姉様 | 785 |
| 甕 | 65 |
| 唐草模様蒲団かわ | 222 |
| 革靴の張り替え | 496 |
| 川砂鉄の採取 | 526 |
| 川で洗う | 473 |
| 瓦葺入母屋造りの一例 | 135 |
| カンカン部隊 | 562 |
| 乾燥 | 473 |
| カンテラ | 223 |
| 龕灯 | 223 |
| 眼病に効あるというお茶湯 | 664 |
| 岸につながれた幅の広い舟 | 541 |
| 木印 | 411 |
| 旧川筋を示す列状の民家群と埋め立て地を示す散在する民家 | 137 |
| 牛耕 | 271 |
| 行商、通勤、通学の人が蒸気機関車の前を横切る朝の津和野駅 | 541 |
| 競漕（ソリコブネ） | 781 |
| 共同井戸 | 209 |
| 漁具 | 367 |
| 漁船 | 368 |
| 漁村 | 369 |
| 漁網の手入れ | 369 |
| 魚網（モジ織） | 369 |
| 草をはむ牛馬 | 435 |
| 草刈場 | 534 |
| くびぬき | 7 |
| 刳舟 | 370 |
| 鍬 | 275 |
| 公衆浴場の前 | 648 |
| 荒神 | 685 |
| 荒神様 | 685 |
| 荒神様に上げる藁蛇 | 708 |
| 五箇村の開拓地 | 278 |
| コキ竹 | 475 |
| コキ竹の使い方 | 475 |
| コージン | 686 |
| 個人墓地 | 834 |
| 子供負い帯 | 809 |
| コナシ小屋 | 279 |
| 婚礼習俗 | 821 |
| 西郷港の「隠岐丸のりば」付近 | 543 |
| 西郷町中村から西村のあたり | 373 |
| 西郷町の裏町 | 649 |
| 西郷町の漁港 | 373 |
| 西郷寮 | 144 |
| 早乙女と苗を運ぶ手車 | 281 |
| 竿に吊るし干すフカ（鮫）ひれ | 100 |
| 魚とお札 | 670 |
| 魚のまわりを囲み、品定めをしてセリ値を計る女仲買人 | 557 |
| 魚干し場風景 | 100 |
| 鷺舞（玩具） | 787 |
| 作業場と登り窯 | 501 |
| 桜もち | 52 |
| 砂鉄を含んだ土砂をすくう | 526 |
| 砂鉄採り道具 | 526 |
| サネで反転 | 476 |
| 山陰放送の社屋 | 616 |

## 島根県

三角ベースの野球をする ……… 798
参詣者（出雲大社） ……… 580
散村 ……… 146
山頂の神池、御幣は雨乞のもの‥ 709
桟橋 ……… 543
寺院発行の護符（角大師） ……… 720
仕事着 ……… 9
シジミをふるいで選別 ……… 376
シジミかきの舟 ……… 376
地主神 ……… 688
地バタ ……… 477
地機 ……… 477
地バタで織る ……… 477
地ばたのサイ ……… 477
地ばたのはた織り ……… 477
渋柿の幹の途中で接木した富有柿‥ 534
島根の農家 ……… 148
注連縄 ……… 725
しゃれた化粧壁の雑貨屋 ……… 569
十二本竹 ……… 798
修復された町家と自動販売機 ……… 148
出航する船団 ……… 378
じゅにくさで遊ぶ子ども達 ……… 798
樹木を御神体にした荒神を祀る屋
　敷神 ……… 688
小祠 ……… 689
醬油小出し甕 ……… 451
醬油徳利 ……… 451
食料品店 ……… 570
代掻きの各種 ……… 288
代の掻き方 ……… 288
宍道の町 ……… 649
新生姜と老成生姜 ……… 54
神職の家 ……… 151
伸長整形 ……… 478
陣取り ……… 798
水死人の墓 ……… 837
水神 ……… 689
水田の荒起こし ……… 290
水路にはショウブが植えられコイ
　が泳ぐ ……… 649
水路のある家並み ……… 151
すえらんぷ ……… 227
スキ ……… 291
犂 ……… 291
スギ林になった棚田 ……… 414
炭とり ……… 529
整経 ……… 478
整経とその用具 ……… 479
製材所 ……… 415
生産農家の写真を貼り出した販売
　所 ……… 292
石州瓦 ……… 503
石仏 ……… 690
背中こうじ ……… 597
セナカチとニカワ ……… 597
背まもり ……… 671
前進植え ……… 293
剪定した黒松 ……… 152
センバ ……… 293
雑木林で育つ若牛 ……… 437
麁朶漬 ……… 381
外ノ浦港 ……… 381
そば屋 ……… 571
染めた祝風呂敷を干す準備 ……… 479
染物店 ……… 571
ソリコ（前方）とその製作 ……… 523
そりこの製作工程 ……… 523
ソリコ舟 ……… 381
ソリコ船 ……… 381

反り棟になっている置き棟 ……… 153
反り棟民家 ……… 153
堆肥をすくう道具 ……… 296
田植歌の歌い方形式分布図 ……… 298
田植の服装 ……… 12
田植まくら ……… 299
田植枠 ……… 300
田歌集 ……… 300
高畦 ……… 300
高津川の木橋 ……… 545
高殿 ……… 505
タカハタ ……… 479
高はたのサイ ……… 479
高はたのはた織り ……… 479
竹を編んで立てた風除け ……… 154
竹返し ……… 788
竹徳利 ……… 76
たたら吹き ……… 506
立天神 ……… 789
竪杵 ……… 77
種浸し ……… 304
田の神稱呼分布図 ……… 691
田の草取り ……… 305
ダマ ……… 799
霊屋 ……… 840
畜産センター ……… 437
乳の病の地蔵様 ……… 692
茶筅 ……… 116
茶筅供養之宝塔 ……… 772
茶筅と塩皿 ……… 116
茶碗 ……… 116
茶碗と茶筅 ……… 116
朝鮮人参を洗う ……… 666
長ハンボ ……… 78
貯水漕 ……… 247
貯蔵穴 ……… 535
塵取り ……… 231
築地松 ……… 157
築地松を背景に築山や樹木で庭園
　を構成する南側 ……… 157
築地松と屋敷 ……… 157
築地松に守られた反り棟造りの民
　家 ……… 157
築地松の北に屋敷神としての荒神
　を祀り精神的にも強固な守りに
　なっている ……… 692
築地松の屏風 ……… 157
ツチモチオイコ ……… 308
筒描き ……… 480
角大師の護符 ……… 721
ツマゴ ……… 38
ツメジン ……… 481
津和野町・旧家が残る中心街 ……… 650
定期船 ……… 546
手桶 ……… 231
手甲 ……… 44
鉄なべ ……… 481
鉄棒にぶらさがっている少女 ……… 800
手毬（初節句祝い） ……… 815
テンバ ……… 387
天秤棒の魚売り ……… 573
トウス ……… 310
トクソバサミ ……… 509
土間の生活用具 ……… 233
トモ ……… 389
トモドによるカナギ漁 ……… 389
トモドの船尾 ……… 389
トモド舟 ……… 389
泥歯臼 ……… 313
苗かご ……… 313

苗取り ……… 313
直鉈 ……… 416
ナニクサ ……… 800
苗代田の種まき ……… 316
縄のれんのかかる家の中 ……… 202
新墓 ……… 842
ニナ相撲 ……… 800
煮る ……… 482
人参小屋 ……… 106
沼輪 ……… 317
ネコ車 ……… 603
猫車 ……… 603
農家 ……… 163
農家の構え ……… 164
鋸を使う ……… 535
野良の弁当箱 ……… 83
糊落とし ……… 482
灰をふりかける ……… 482
ハエナワのコシキ ……… 391
白水に漬ける ……… 482
稲架 ……… 319
馬車に乗る人たち ……… 549
バス ……… 549
櫨蠟しぼり ……… 438
機織り ……… 483
初誕生 ……… 816
ぱっち ……… 16
ババフキ ……… 322
浜田の港 ……… 394
飯台 ……… 85
半片作り ……… 107
ハンボ ……… 85
火鑽板 ……… 236
ひねりみの ……… 17
日の出団扇 ……… 237
日出団扇 ……… 237
百度参り ……… 714
百度詣の数取 ……… 714
表皮の除去 ……… 485
平織 ……… 485
フェリーと西郷の港町 ……… 550
福の神 ……… 695
藤皮の乾燥 ……… 485
藤皮の洗浄 ……… 485
藤皮の剝皮 ……… 485
藤づるの伐採 ……… 485
藤布の組織図 ……… 485
伏田 ……… 326
舟小屋 ……… 396
船小屋 ……… 397
舟霊様 ……… 696
舟屋 ……… 398
舟漁具 ……… 398
船造り ……… 524
踏切 ……… 326
へをかける ……… 485
ヘカケ ……… 485
ヘグイを打つ ……… 485
ヘバシ ……… 486
ヘバシに糸を通す ……… 486
祠 ……… 697
ボテボテ茶（島根県松江市） ……… 118
堀川 ……… 619
盆があけ、本土に帰っていく孫娘
　を見送る老婆 ……… 636
盆が終わって益田市に帰る孫娘に
　高い崖の上から手を振る老婆‥‥ 636
本田の大足踏み ……… 329
ホンボ ……… 802
ホンボ ……… 802

| | | |
|---|---|---|
| ボンボ ... 802 | ワカメ干し ... 409 | 岡持 ... 587 |
| 舞田 ... 329 | ワク ... 488 | 岡谷水別の大師堂 ... 748 |
| マエブリ ... 19 | わく取り ... 488 | 奥津の茅葺き民家 ... 128 |
| 薪を伐る ... 536 | ワサビを洗う ... 110 | 尾崎池田のお薬師様 ... 748 |
| 牧を区画する石垣 ... 439 | ワサビを背負う ... 610 | 尾崎石田の薬師堂 ... 748 |
| 牧畑 ... 329 | ワタヒキ ... 488 | 尾崎畑岡のお地蔵様 ... 748 |
| マクラバコ ... 402 | 草鞋 ... 42 | 尾崎東谷の薬師堂 ... 748 |
| マグワ ... 330 | | 押入れと床の間 ... 192 |
| 馬鍬 ... 330 | ## 岡山県 | お大師堂平面図 ... 748 |
| 町並み交流センターとなっている | | 落合地蔵堂 ... 748 |
| 旧大森区裁判所 ... 652 | アサリ採取 ... 345 | 落合橋の観音堂 ... 748 |
| 松江の家並み ... 173 | アナバさま ... 680 | 尾上の堂（阿彌陀堂）... 749 |
| マ（馬）とテシロ ... 486 | 網を繕う ... 349 | 尾上の堂平面図 ... 749 |
| 間取 ... 173 | 阿弥陀堂 ... 746 | 尾焼地区のイケン堂 ... 749 |
| 丸あんどん ... 239 | 有田、清友の八幡様の下の堂（再 | 尾焼のイケン堂見取図 ... 749 |
| みかん吸い ... 802 | 建）... 746 | 泳ぐ少年たち ... 796 |
| 岬の家 ... 175 | 飯蛸壺 ... 351 | オロックウサン ... 683 |
| 水揚げしたイカを、セリにかける | 藺草刈り ... 256 | 海水浴場 ... 580 |
| ために発泡スチールの箱に詰め | イグサの頭刈り ... 256 | 戒町 地蔵堂 ... 749 |
| る ... 403 | 池の上のお堂 ... 746 | カキ打ち ... 363 |
| ミノ ... 19 | 池の上のお堂内部 ... 746 | カキ打ち小屋 ... 363 |
| 民家 ... 175 | 石垣の棚田 ... 256 | カキの貝殻で埋まった浜 ... 363 |
| 民家の軒先 ... 178 | 石垣の村 ... 122 | カキの養殖 ... 363 |
| ムカワリ ... 816 | 石切場 ... 526 | 堅盤谷のお大師様 ... 749 |
| 麦つき ... 335 | 石地蔵 ... 680 | 籠鋤簾 ... 266 |
| 莚縄鉢 ... 404 | 石田山光明庵 ... 746 | かごの中にワラ ... 266 |
| 莚針 ... 516 | 石田山光明庵祭壇の仏像 ... 746 | 稼働を始めた石油コンビナート ... 526 |
| 棟の反りに特徴を持つ ... 179 | 石田山光明庵の御拝（拝殿）... 746 | 門守りの護符 ... 669 |
| 村下 ... 516 | 石田山光明庵平面図 ... 746 | 金谷の阿弥陀堂 ... 749 |
| 村下座 ... 516 | 石畳の路地 ... 615 | 上金倉の辻堂 ... 749 |
| 目刺を干す ... 109 | 石原のお大師堂 ... 746 | 上竹（高原）の観音堂 ... 749 |
| モジ織 ... 487 | 石原の千体堂 ... 746 | 上二万中村のお地蔵様 ... 749 |
| モミトオシ ... 338 | 石原の千体堂の千体仏 ... 746 | 上二万花会谷のお地蔵様 ... 749 |
| モモヒキ ... 21 | 井谷の四ツ堂 ... 746 | 上山田の観音堂 ... 750 |
| モヤイ綱を結ぶ木造のイカ釣船 ... 406 | 井谷の四ツ堂内部 ... 747 | カヤグロ ... 215 |
| 諸手船 ... 728 | 市場の庚申堂 ... 747 | 茅場での茅刈り ... 531 |
| 焼芋釜 ... 92 | 市場の庚申堂祭壇 ... 747 | カラスオドシが載る茅葺き民家 ... 134 |
| 薬用ニンジンを洗う ... 109 | イ田に水揚げ作業 ... 257 | ガラス細工 ... 496 |
| 屋敷荒神 ... 699 | 糸車 ... 467 | 川の瀬干しによる魚捕り ... 366 |
| 屋敷西側に風を防ぐ築地松を南西 | 入会牧野における放牧 ... 431 | 簡易舗装した村の道 ... 540 |
| 隅を墓を設置 ... 181 | 入江の船だまりと養殖場 ... 354 | 観世のお地蔵様 ... 750 |
| 屋敷林 ... 181 | 伊部焼の狸 ... 490 | 観世の吉備四国第六十三番 ... 750 |
| 屋敷林（ついじ）... 181 | 植付用唐鋤 ... 260 | 龕灯 ... 223 |
| 屋根 ... 182 | 上の茶屋の堂 ... 747 | 観音庵 ... 750 |
| 屋根が隠れるまで伸ばした生垣の | うえん堂 ... 747 | 観音様の堂（北向き）... 750 |
| 築地松 ... 182 | うぐいもじ ... 356 | 観音堂 ... 750 |
| 屋根葺き道具 ... 217 | 牛神 ... 681 | 観音堂の屋根組み ... 750 |
| 山川 ... 58 | 牛の口籠 ... 432 | 企業団地 ... 244 |
| 山襦袢 ... 22 | 牛のくらすき ... 432 | 木地 ... 497 |
| 雪ぞり ... 609 | 牛の万人講の碑 ... 747 | 北川のお堂 ... 750 |
| 雪ぶね ... 609 | 内山堂 ... 747 | 北川のお堂でのお接待 ... 750 |
| 温泉津（温泉）の町並み ... 185 | 烏頭の末番堂 ... 747 | 木村の吉備四国第六十四番 ... 750 |
| 養蜂の道具　ウッポウ ... 440 | 烏頭の末番堂内部 ... 747 | 木村の第十九番札所 ... 750 |
| 養蜂の道具　円筒型のミツドウ ... 440 | 埋め墓と墓 ... 830 | 木村の第二十一番札所 ... 750 |
| 養蜂の道具　箱筒積み重ね型のミ | 裏口 ... 126 | 木村の第二十番札所 ... 750 |
| ツドウ ... 440 | 「浦」といわれた港 ... 538 | 旧下倉東砂古の大師堂 ... 751 |
| 養蜂の道具　ミツトリの道具 ... 440 | 占見（石井の井尻）の観音堂 ... 747 | 牛馬供養碑 ... 675 |
| よじろう ... 241 | 占見新田の北向大師 ... 747 | 共同井戸 ... 209 |
| 四ッ又稲架 ... 342 | 占見新田の京ido堂（観音堂）... 747 | 共同墓地 ... 833 |
| より掛け ... 488 | 塩田 ... 445 | 漁港 ... 367 |
| よろず屋で販売される持ち込みの | 塩田の枝条架 ... 445 | 漁船 ... 368 |
| メジナ ... 578 | 塩田の展望 ... 445 | 漁村の労働服装 ... 7 |
| ランプ ... 241 | 大団扇 ... 220 | 切妻造り ... 138 |
| リヤカー ... 609 | 大影の堂 ... 748 | 草屋根 ... 139 |
| りゅうごんさまの祠（竜宮神）... 700 | 大谷の中之堂 ... 748 | 久代の吉備四国第七十五番 ... 751 |
| 龍神舟 ... 717 | 大原の堂 ... 748 | 熊谷上の大師堂 ... 751 |
| 旅館 ... 582 | 大馬鍬 ... 263 | 熊谷上の大師堂の弘法大師座像 ... 751 |
| 路地 ... 654 | 御竈殿に祭られたしゃくし ... 705 | 久米本村の薬師堂の前にある「文 |
| 炉の底に現れた鉧 ... 519 | | 英」様石仏 ... 751 |
| ワカメを浜一帯に広げ干す ... 409 | | 倉敷川に浮かぶ小舟 ... 542 |

岡山県　地域別索引

| 項目 | 頁 |
|---|---|
| 倉敷川畔に連続する商家 | 140 |
| 倉敷張子 | 499 |
| 栗の丸太を手斧ではつった大黒柱 | 194 |
| 黒鳥のお大師堂 | 751 |
| 鶏尾のお地蔵様 | 751 |
| 結婚披露宴での膳 | 821 |
| 向月の地蔵堂 | 751 |
| 荒神 | 685 |
| 荒神様 | 685 |
| 荒神様 | 751 |
| 庚申堂 | 751 |
| 荒神堂のあと | 751 |
| 荒神の祠 | 686 |
| 交通安全祈願のシール | 708 |
| 郷の堂 | 751 |
| 虚空地蔵堂 | 752 |
| 虚空地蔵堂内部 | 752 |
| 個人墓地 | 834 |
| ゴトク | 225 |
| 胡麻屋の大師堂 | 752 |
| 米のなる木 | 52 |
| 小屋裏の構造 | 144 |
| コンクリートブロック塀 | 144 |
| 才峠ノ堂 | 752 |
| オノ脇の萩堂 | 752 |
| オノ脇の萩堂の祭壇 | 752 |
| 柴日堂 | 752 |
| 酒津みなと窯 | 501 |
| 佐方(宮原)の大師堂 | 752 |
| 佐方(宗本)の薬師堂 | 752 |
| 坂本のローハ豪商の西江家 | 144 |
| 佐久良阿弥陀堂 | 752 |
| 雑穀のゴミをふるう | 281 |
| 佐原目の地蔵堂 | 753 |
| 山村民家の室内 | 195 |
| 三谷の観音堂 | 753 |
| シイタケ栽培 | 283 |
| 塩かけ | 446 |
| 地神 | 688 |
| 自在鉤の吊るされた炉に薪をくべる | 196 |
| 枝条架製塩 | 446 |
| 地蔵堂 | 753 |
| 地蔵堂の内部 | 753 |
| 地頭上の棚堂 | 753 |
| 渋塗 | 502 |
| 治部田の大師堂 | 753 |
| 下金倉の谷堂 | 754 |
| 下倉の馬頭観音 | 754 |
| 下郷の茶堂 | 754 |
| 下田土の大師堂 | 754 |
| 下田の大師堂 | 754 |
| 下津井漁港 | 377 |
| 下村の釈迦堂 | 754 |
| 下村の釈迦堂内部 | 754 |
| 十三参り | 814 |
| 集村の一つ、街村 | 148 |
| 種子入れ | 286 |
| 酒造メーカーの広告 | 569 |
| 出棺 | 836 |
| 棕櫚箕 | 10 |
| 商店街の路地 | 569 |
| 上房堂 | 754 |
| 正山の大堂(下の堂) | 754 |
| 醤油絞り袋 | 451 |
| 除虫菊を道端で干す | 287 |
| 水車とかやぶき屋根の水車小屋 | 289 |
| 水神 | 689 |
| 杉の薬師堂 | 755 |
| 杉の薬師堂内部 | 755 |
| 助実のお大師様 | 755 |
| 助実の荒神様 | 755 |
| 背負台 | 595 |
| 背負梯子 | 595 |
| 献堂 | 755 |
| 献堂内部 | 755 |
| 妹尾高尾の摩利支天祠堂 | 755 |
| 瀬干しで魚を捕る | 380 |
| 先祖神(ミコ神様) | 690 |
| センバコキ | 294 |
| 倉庫(共有) | 631 |
| 大黒柱に棚を設けてまつられた土公神 | 691 |
| 第五十三番大師堂 | 755 |
| 第五十三番大師堂内部 | 755 |
| 大師堂 | 755 |
| 大師堂全景 | 756 |
| 大師堂全景(正面) | 756 |
| 大師堂内平面図 | 756 |
| 大師堂の祈禱札類 | 756 |
| 大師堂の内部 | 756 |
| 大仙院縁日 | 557 |
| 台所付近 | 198 |
| 大日堂 | 756 |
| 堆肥の山 | 296 |
| 田植え前に肥料を施す | 299 |
| 高尾の棟無堂 | 756 |
| 高尾の棟無堂の本尊阿弥陀如来 | 756 |
| 高尾摩利支天祠堂平面図 | 756 |
| 高田大師堂 | 756 |
| 高田大師堂内部 | 756 |
| 高田の辻堂 | 756 |
| 高機 | 479 |
| 竹編み枕 | 229 |
| 蛸壺 | 383 |
| タコの1本釣り | 384 |
| 湛井の辻堂 | 756 |
| 畳打ち | 37 |
| タタミはた | 506 |
| 立臼と手杵 | 77 |
| 谷條の日名堂 | 756 |
| 煙草盆 | 229 |
| 溜池工事 | 632 |
| 男子用便所とトリ小屋 | 246 |
| 力石 | 661 |
| 茶堂の医王薬師堂 | 757 |
| 茶堂の薬師堂 | 758 |
| 茶篩 | 443 |
| 茶屋町お大師堂 | 758 |
| 茶屋町お大師堂平面図 | 758 |
| 中央商店街 | 572 |
| 中耕用鍬 | 307 |
| 長作堂 | 758 |
| 通槙の弘法堂 | 758 |
| 津梅の観音様 | 758 |
| 漬物用の大根を干す | 104 |
| 辻堂 | 758 |
| ツツソデ | 13 |
| 妻入りと平入りの町家が混在する中心部の町並み | 157 |
| 妻飾 | 158 |
| ツユオソイ | 841 |
| 出格子 | 158 |
| 手こぎの舟 | 546 |
| 寺谷のお地蔵様 | 758 |
| テワラ | 44 |
| 東円丸の観音堂 | 758 |
| トウキョウソデ(東京袖) | 14 |
| トタンを被せた藁葺屋根 | 160 |
| トタン屋根に改装した農家 | 160 |
| 栩木の大師堂 | 759 |
| 栩木の大師堂内部 | 759 |
| 土間と居間 | 201 |
| 富江のお堂 | 759 |
| 富・西谷の四ッ堂(正面) | 759 |
| 虎バサミ | 428 |
| 鳥居に石を投げ上げる | 713 |
| 中尾ホコリのお堂 | 759 |
| 中尾ホコリのお堂内部 | 759 |
| 中組の藤木堂の祭壇 | 759 |
| 中郷の堂 | 759 |
| 中四条原中ノ下の薬師堂 | 759 |
| 長代の峠堂 | 759 |
| 中屋のお大師堂 | 759 |
| 中山行者堂 | 759 |
| 中山荒神 | 759 |
| 中山のお大師様 | 759 |
| 中山の観音堂 | 759 |
| 中山の大師堂 | 759 |
| 磯の堂 | 760 |
| 磯の端の堂(集落のはずれ) | 760 |
| 納屋 | 162 |
| 縄のれん | 234 |
| 西尾地蔵堂(辻堂) | 760 |
| 西川尻の大師堂 | 760 |
| 西の観音堂 | 760 |
| 西ノ谷中組の阿弥陀様 | 760 |
| 西ノ谷東組のお地蔵様 | 760 |
| 西の堂の後に付属する堂 | 760 |
| 西の堂の後に付属する堂祭壇 | 760 |
| 西原の阿弥陀堂 | 760 |
| 西町地蔵堂 | 760 |
| 西町地蔵堂平面図 | 760 |
| ニシンジョウの堂 | 760 |
| 西ノ堂 | 760 |
| 庭先に脱穀機が置かれている | 163 |
| ネコグルマ | 603 |
| ノウサギの肉 | 55 |
| 農村の生活改善(台所) | 202 |
| 野がえりの清めに用いる米糠と塩 | 843 |
| 野呂の二間堂見取図 | 760 |
| 羽島お大師堂 | 760 |
| 羽島焼 | 512 |
| 沙魚壺 | 392 |
| 麦稈真田 | 512 |
| 麦稈真田幅計り | 584 |
| 初節供 | 816 |
| 鼻ぐり塚 | 676 |
| 花莚 | 512 |
| 花むしろ織 | 484 |
| 花屋・城の境の堂 | 761 |
| 花屋・城の境の堂内部 | 761 |
| 花屋・城の堂 | 761 |
| 花屋・城の堂の平面図 | 761 |
| 羽生谷の観音堂 | 761 |
| ばら鮨(祭りずし) | 56 |
| 東安倉の大師堂 | 761 |
| 東谷のお地蔵様 | 761 |
| 東の堂 | 761 |
| 曳かれ船、延縄船 | 395 |
| 日限地蔵縁日 | 558 |
| 備讃瀬戸に臨む下津井の一本釣り漁村 | 167 |
| 美星町八日市 | 168 |
| 備前焼の製作 | 512 |
| 備前焼の土管の割れ片 | 513 |
| 備前焼の店 | 575 |
| 備中和紙 | 513 |
| 日名堂(谷條)見取図 | 761 |
| ビニール張りの苗床 | 325 |

| | | |
|---|---|---|
| ヒマエ小屋 | 812 |
| 百万遍供養塔 | 772 |
| ひょっとこ・おかめ | 792 |
| 福永(西)の薬師堂 | 761 |
| 福原のお地蔵様 | 761 |
| フゴ | 325 |
| 藤籠 | 237 |
| 藤細工 | 513 |
| 埠頭に祀られた供養塔 | 772 |
| 船倉お堂 | 761 |
| 船倉お堂平面図 | 761 |
| 船玉様 | 696 |
| 舟をこいで遊ぶ | 801 |
| 船だまり | 550 |
| 船で通学する小学生たち | 644 |
| 古い町並み | 170 |
| 古川の観音様 | 761 |
| 古川の荒神様 | 761 |
| 古川の段荒神 | 762 |
| 兵隊墓(戦死者の墓) | 657 |
| 別所の観音様 | 762 |
| 別所の虚空地蔵堂内部 | 762 |
| ベンガラ豪商の中町の長尾家 | 170 |
| ベンガラスス塗りの長押 | 203 |
| 便所 | 204 |
| 亡牛供養塔 | 676 |
| 棒秤 | 584 |
| 墓所の近くにある堂(お地蔵様)(南向き) | 762 |
| 墓地のお堂 | 762 |
| 本瓦葺が多い | 171 |
| 本郷の塚畝堂 | 762 |
| 本郷の堂 | 762 |
| 本庄の堂 | 762 |
| 本庄の堂内部 | 762 |
| 本染手織 | 486 |
| 前田と背戸山の畑・山林 | 172 |
| 前谷のお地蔵様 | 762 |
| 益坂のお堂 | 762 |
| 町の通り | 652 |
| 松井の大師堂 | 762 |
| 松葉左のお堂(小祠) | 762 |
| 祭り寿司 | 57 |
| 間取 | 173 |
| マホウ様 | 762 |
| ママカリ鮨 | 57 |
| 万霊供養 | 773 |
| 水引細工 | 514 |
| 道端のお堂と供養塔 | 762 |
| 道端のポンプ井戸 | 214 |
| みつまたしじり器 | 514 |
| みつまた収穫用鎌 | 333 |
| みとり | 333 |
| 港の中で小さな舟をこいで遊ぶ子ども | 802 |
| 南正行の地蔵堂 | 762 |
| 水内影宮地の大師堂 | 763 |
| 見延本村の観音堂 | 763 |
| 見延本村の薬師堂 | 763 |
| 宮瀬上の辻堂 | 763 |
| 宮原のお大師様 | 763 |
| 民家 | 175 |
| 民家に見る千木 | 177 |
| 民家の入口まわり | 177 |
| 宗岡のお堂 | 763 |
| 宗岡の薬師堂 | 763 |
| ムラザカイを守るセキフダ | 673 |
| ムラの公共施設 | 637 |
| 本村のはたん堂 | 763 |
| 桃の交配 | 338 |
| 森上堂 | 763 |
| 森国四ツ堂(丸木堂) | 763 |
| モンペイとその裁方 | 22 |
| 矢形端のお地蔵様 | 763 |
| 薬罐 | 92 |
| 焼米作り | 109 |
| 薬師院明照寺 | 763 |
| 薬師堂 | 763 |
| 薬師堂平面図 | 763 |
| 役場らしき建物 | 663 |
| 屋敷裏の墓地 | 849 |
| 屋敷神 | 698 |
| 屋敷墓 | 850 |
| 屋敷畑 | 339 |
| 屋根 | 182 |
| 山鎌 | 340 |
| 山田の堂 | 764 |
| 山田の堂平面図 | 764 |
| 山端大師堂 | 764 |
| 山本の庚申堂 | 764 |
| 湯川薬師堂 | 764 |
| 雪に埋もれた田畑と納屋 | 341 |
| 雪の通り | 185 |
| 湯原の釈迦堂 | 764 |
| 湯原の釈迦堂の厨子 | 764 |
| 緩やかな丘陵に開かれた村 | 185 |
| 揚水車 | 341 |
| 用水路分水板 | 341 |
| 洋梨の採入れ | 341 |
| 横路の薬師堂 | 764 |
| 吉野行者堂内平面図 | 764 |
| 吉野行者堂東面 | 764 |
| 吉浜の西の堂 | 764 |
| 吉浜の東の堂 | 764 |
| 竜王の吉備四国第七十四番 | 764 |
| 流下式塩田 | 446 |
| 龍神宮 | 764 |
| 旅館 | 582 |
| 煉炭造り器 | 241 |
| 連絡船の桟橋 | 553 |
| 連絡船の桟橋(箱に入った道具) | 553 |
| 連絡船の埠頭 | 553 |
| 炉 | 205 |
| 六堂 | 764 |
| 路地 | 654 |
| 路地に密集する漁家 | 187 |
| ロックウサンを祀る大黒柱 | 700 |
| ワラウチヅチ(藁打ち槌) | 519 |
| 藁積み | 344 |
| ワラニオ | 187 |
| 藁葺き屋根 | 188 |
| 藁葺き屋根の家並み | 188 |
| 藁葺き屋根の集落 | 188 |
| 藁葺き屋根の農家 | 189 |

## 広島県

| | | |
|---|---|---|
| 商い船 | 537 |
| 朝の海岸通り | 555 |
| アサリとりの帰り | 345 |
| 芦田川沿いの集落 | 120 |
| アシナカ | 32 |
| 足半 | 32 |
| 網代天井で開閉式の煙出し窓のある玄関からみた土間 | 189 |
| 遊ぶ子ども | 795 |
| 頭の上を走らせる先生のバリカン | 639 |
| アビ漁 | 346 |
| 油木の町並み | 120 |
| 網の手入れをする漁夫 | 349 |
| 編帽子 | 24 |
| 鮎籠 | 350 |
| 荒掻き馬鍬 | 254 |
| あられ炒り | 59 |
| 家と耕地と墓 | 120 |
| イカ釣りの竿 | 351 |
| イカナゴの準備 | 351 |
| イカナゴ漁 | 351 |
| 錨 | 351 |
| 生け簀 | 352 |
| 池のある旧家の庭 | 121 |
| 石臼, 杵, 台 | 256 |
| 石垣 | 614 |
| 石垣を積んだ棚田 | 256 |
| 石垣の坂道 | 615 |
| 石くどこ | 60 |
| 石積の護岸が施された水路沿いの家並み | 122 |
| 石風呂 | 664 |
| 井堰 | 257 |
| 磯野犁 | 257 |
| 板鍬 | 257 |
| 一夜酒 | 50 |
| 一本釣りの漁師 | 353 |
| 井出 | 257 |
| 井戸 | 207 |
| 井戸さぐり | 207 |
| 井戸と洗い場 | 207 |
| 稲藁積 | 257 |
| 稲刈鎌 | 258 |
| いも切器 | 95 |
| 入り浜塩田の跡 | 445 |
| 入浜式塩田作業の様子 | 445 |
| 入母屋造り | 124 |
| 入母屋造り、妻入りの建物が連続する竹鶴家 | 124 |
| いろいろな造りの家 | 124 |
| 囲炉裏上における雑魚の燻蒸保存 | 96 |
| 囲炉裏の煙で雑魚を燻す | 96 |
| 岩船大師堂 | 747 |
| 因島市土生町箱崎・町を見下ろす | 646 |
| 上横倉の集落 | 124 |
| 魚座 | 355 |
| 浮桟橋 | 538 |
| 牛を連れた男性 | 432 |
| 牛の鞍 | 432 |
| 打ち水をする | 243 |
| 生まれた子が無事に育つように祈った地蔵と、乳がよく出るように願って布で作った乳房 | 703 |
| 海側から望む倉橋町本浦 | 125 |
| 埋め立てが始まった猿猴川の河口 | 615 |
| 上草履 | 33 |
| 運河沿いの町並み | 646 |
| ウンカ防除用器具 | 261 |
| 可愛川1日入漁券の販売所 | 358 |
| 可愛川の吊橋 | 538 |
| FRP漁船 | 359 |
| 家船 | 359 |
| 家船でくらす家族 | 359 |
| 家舟で炊事をする | 97 |
| 家船の食事 | 111 |
| 家船の内部 | 359 |
| 家船のモヤイ | 359 |
| 塩田風景 | 445 |
| エンボウ | 586 |
| オイコ | 586 |
| 大足踏み | 263 |

広島県　地域別索引

| | | |
|---|---|---|
| 大型船 …… 539 | 甘藷畑 …… 270 | 桟橋 …… 543 |
| 大壁造りの農家 …… 127 | 金名阿弥陀堂 …… 750 | 潮干狩り …… 376 |
| 大田川の橋 …… 539 | かんなぎ …… 65 | 塩町駅 …… 543 |
| 太田家住宅と同朝宗亭 …… 127 | 観音堂 …… 750 | 四花 …… 835 |
| 大鉄瓶 …… 62 | 帰国したハワイ移民の家 …… 136 | 自家用の一番茶をつむ …… 441 |
| 大ハサミ，表コサエ，表コサエ …… 493 | 旧石井家（市指定文化財）の移築前のたたずまい …… 136 | 市見十王堂 …… 753 |
| 大峯山・金毘羅山・石鎚山参拝奉納額 …… 705 | 旧海軍兵学校校舎（生徒館） …… 655 | シシ垣のある田 …… 284 |
| 大草鞋（奉納） …… 705 | 旧家のたたずまい …… 136 | 自習時間にスーパーマンごっこをやって先生に叱られる …… 641 |
| 桶屋 …… 493 | 休憩する …… 627 | 地蔵堂 …… 753 |
| おこぎばし …… 263 | 牛耕 …… 271 | 漆喰壁の民家 …… 147 |
| 小坂の地蔵堂 …… 748 | 旧山陽道沿いに残る造り酒屋の町家 …… 137 | 漆喰の化粧壁にエアコン …… 147 |
| 押切り …… 434 | 旧清水家 …… 137 | 地機とその部品 …… 477 |
| オチョロ船 …… 361 | 牛糞の堆厩肥による水田元肥の施用 …… 272 | 渋抜機 …… 285 |
| お堂と子どもたち …… 749 | 休漁（ドンタク）の日 …… 367 | 島の医師 …… 660 |
| オドシ …… 264 | 京塚の堂 …… 751 | 注連縄作り …… 725 |
| 尾道港界隈の町並み …… 647 | 漁具 …… 367 | 杓子 …… 710 |
| 尾道の家並 …… 129 | 漁船（ハエナワ） …… 368 | しゃもじ奉納 …… 710 |
| 尾道の坂道 …… 539 | 魚網の手入れをする …… 369 | 終日学級で勉強する子供たち …… 642 |
| おはち鍋 …… 63 | 草けずり …… 273 | 十二神堂 …… 754 |
| おはっすん …… 50 | 草葺きの家が並ぶ …… 139 | 集落の道 …… 149 |
| 海岸沿いの集落 …… 130 | 久代足摺堂 …… 751 | 宿場町の面影を残す町並み …… 580 |
| 海岸近くの運河 …… 539 | くつご …… 435 | 出港風景 …… 544 |
| 開作 …… 265 | 車除けに電柱に鉄板を巻きつけている …… 542 | 出漁の仕度　刺網 …… 378 |
| 海上に張り出した家々 …… 130 | 呉駅 …… 542 | 順勝寺参道沿いの家並み …… 149 |
| 解体される納屋 …… 243 | クワ …… 275 | 背負子で干草を運ぶ …… 592 |
| 解体される民家 …… 130 | 鍬 …… 275 | 背負子による薪の担ぎ出し …… 592 |
| カカシ …… 265 | 毛糸の帽子をかぶった老夫婦 …… 26 | 定規枠 …… 286 |
| カキ打ち …… 363 | 懸魚 …… 141 | 定光寺堂 …… 754 |
| カキ棚とカキ筏 …… 363 | ゲタ工場 …… 500 | 小祠 …… 689 |
| カキの水揚げ …… 363 | ゲタ材 …… 500 | 小祠や石仏 …… 689 |
| カキの養殖イカダ …… 363 | 下駄作り用の製材所 …… 500 | 商店街 …… 569 |
| カキの養殖場 …… 363 | 煙出し窓がみえる炊事場 …… 194 | 庄原市本町・左端の建物は庄原信用金庫 …… 649 |
| カキ養殖筏 …… 363 | 玄関の屋根に鬼瓦 …… 567 | 職住一体の漁船 …… 378 |
| 学童寮 …… 640 | 原爆犠牲者の慰霊碑 …… 655 | 除雪風景 …… 245 |
| 学童寮での食事 …… 640 | 原爆のキノコ雲 …… 655 | 除草用熊手 …… 287 |
| 掛樋で山から水を引く …… 208 | 荒神棚 …… 686 | 除虫菊の畑 …… 287 |
| 河口の船だまり …… 539 | 庚申堂 …… 751 | 志輪井地蔵堂 …… 754 |
| かごを肩にかけた人 …… 587 | 耕地整理のすんだ水田 …… 277 | 白い洗い物がまぶしい夏の村 …… 245 |
| カゴを背負い家路につく …… 588 | コエカゴ …… 277 | 代掻きの各種 …… 288 |
| 鍛冶道具 …… 494 | 肥しゃく …… 277 | 神宮皇后の土人形 …… 788 |
| 絣着物 …… 5 | 小型定置の袖網 …… 371 | 神木 …… 725 |
| 家族で長期間長距離の出漁をする家舟 …… 364 | こぎ網 …… 371 | 垂下式製塩の棚の行列 …… 446 |
| 担ぎ桶 …… 588 | 小滝薬師堂 …… 752 | 炊事場の煮炊きに使われた竈 …… 197 |
| 門守りの護符 …… 669 | 子供が丈夫に育つよう願う地蔵と乳の出を祈る乳房 …… 709 | 水車小屋 …… 289 |
| 金槌 …… 495 | 子ども組 …… 621 | 水田の中の藁葺農家 …… 151 |
| 鎌 …… 267 | 子どもたち …… 629 | スキ …… 291 |
| ガマコシゴ …… 588 | 小荷物を降ろす …… 591 | 鋤 …… 291 |
| 神棚 …… 684 | 古浜港のあたり …… 372 | 杉玉 …… 570 |
| 神棚のある土間と台所 …… 193 | 小ぶりな農家が斜面に積み重なるように並ぶ中横倉の集落 …… 143 | 炭焼用具 …… 530 |
| 唐津堂 …… 750 | 子守り …… 810 | 製塩鋤 …… 446 |
| 唐破風の大屋根 …… 134 | 子守り（土人形） …… 670 | 整備された山間の道路 …… 544 |
| 仮泊中の漁船 …… 366 | コリトリ …… 771 | 背負って運ぶ …… 596 |
| カリ肥料として保存した木灰 …… 269 | 菜園化した城の堀 …… 280 | 石油ランプ …… 228 |
| 鹿老渡の集落遠景 …… 135 | 早乙女 …… 8 | 背丈を越える大きな荷を背負子につけて背負い、立ちあがろうとしている …… 597 |
| 鹿老渡の町並み …… 135 | 早乙女 …… 281 | 背中あてのある背負子 …… 597 |
| 川遊び …… 796 | 酒蔵群が連続した迫力ある町並み …… 144 | 膳 …… 75 |
| 川に背を向けた家 …… 135 | 魚の行商 …… 567 | 先祖棚 …… 838 |
| 鯖魚釣に使用するもの …… 366 | 魚の貯蔵 …… 100 | 洗濯機の上に魔除けの魚の尾 …… 671 |
| 川舟 …… 540 | 先刈鎌 …… 281 | 洗濯場 …… 211 |
| 河原に活魚料理のための生簀と洗い場 …… 562 | サヨリを干す …… 100 | 銭湯・豊島温泉 …… 665 |
| 灌漑水路 …… 269 | 三角枠 …… 282 | 千歯 …… 294 |
| 灌漑水路が家の前を通る …… 269 | 山間の田 …… 283 | 宗光寺門前の家並み …… 152 |
| 灌漑の水車 …… 269 | サンバイ …… 283 | ソウズ …… 294 |
| ガンギ …… 541 | サンバイ様 …… 687 | 造船小屋が建ち並んでいた本浦の旧道 …… 545 |
| 雁木 …… 541 | | 造船所 …… 523 |
| ガンギと波除の石垣 …… 541 | | |
| ガンギの船着場 …… 541 | | |

| | | | | | |
|---|---|---|---|---|---|
| ぞうり奉納 | 711 | 豊浜町豊島の家並み | 160 | 船おろしの新造船 | 524 |
| 葬列 | 839 | 豊松村の家 | 160 | 船釘屋 | 513 |
| 堆厩肥の発酵場所 | 295 | 鳥追いの鳴子 | 312 | 船霊様 | 696 |
| 大幸堂 | 755 | 泥人形（土人形） | 815 | 船霊の御神体 | 696 |
| 大黒と恵比須をかざる | 690 | 苗籠とえぶり | 313 | 船 | 398 |
| 大聖院下の石垣 | 617 | 苗船 | 313 | 船を遊び場にする子どもたち | 801 |
| 台地上の集落 | 153 | 苗取り | 313 | 船が帰るといっぱいになる港 | 398 |
| 大筆 | 711 | 永谷市場の地蔵堂 | 759 | 舟タデをする | 398 |
| 駄菓子 | 54 | 中寺観音堂 | 759 | 船だまり | 399 |
| 駄菓子屋 | 571 | 長火鉢 | 233 | 船だまり | 550 |
| 高機 | 479 | 長屋門が連なる家並み | 161 | 舟の屋根に苫をかけるのは古い形 | 399 |
| 高機の織り方 | 479 | 長屋門、離れ座敷など付属屋をよく残した屋敷構え | 161 | 船の屋根の上で洗濯物を干す | 618 |
| 竹馬 | 788 | 名越薬師堂 | 760 | 古い家並み | 169 |
| 田下駄 | 301 | 海鼠網 | 389 | 古い商家 | 576 |
| たけのこ笠 | 27 | 並み木植えころがし枠 | 315 | 古いドックの跡 | 551 |
| 蛸壺 | 383 | 納屋と祠 | 162 | 古い「泊」 | 551 |
| 鮹壺 | 383 | 鳴子 | 315 | 古い「泊」の石垣 | 551 |
| たこ釣 | 383 | なれずしを作る | 106 | 古い船着場 | 551 |
| 畳表座織機のコテ | 506 | 新墓 | 842 | 古い町並み | 652 |
| 畳の上に置いた長机の前に座って勉強をする | 643 | 和布採りの用具 | 390 | 古い港町のたたずまい | 170 |
| | | 荷車 | 602 | フロリハバキ | 40 |
| 田中地蔵堂 | 756 | 西野川沿いの古い町家 | 162 | 平和記念公園 | 657 |
| 棚田と段畑が美しい帝釈峡付近の集落 | 303 | 二段耕犁 | 316 | 平和記念公園・赤い鳥文学碑 | 657 |
| | | 庭先で遊ぶニワトリ | 438 | 平和記念公園・原爆死没者慰霊碑 | 657 |
| 棚田と段畑の雪景色 | 303 | 涅槃堂 | 760 | 平和記念公園・原爆ドーム | 657 |
| 田に積まれたダヤゴエ | 303 | 農家の平面の移り変わり | 164 | 平和記念公園・原爆の子の像 | 657 |
| 田面船 | 789 | 農耕船の船だまり | 548 | 平和記念公園・動員学徒慰霊塔 | 657 |
| ダヤゴエ（駄屋肥）運び | 306 | 能地の町並み | 651 | 平和記念公園・平和祈願の千横鶴 | 657 |
| 俵しめ用手鉤（掻・掛）鎌 | 306 | 能地の間取りの分類と平面図 | 164 | 弁財船の名残をとどめる機帆船 | 551 |
| 談笑する男たち | 633 | 軒先に祀られた亥子大神の小祠 | 694 | 棒で荷を擔ぐ子供 | 606 |
| 男子用便所とトリ小屋 | 246 | のっぺい汁 | 55 | 北斜面に展開する中横倉の集落遠景 | 171 |
| 段畑の地割 | 306 | 幟 | 745 | | |
| 畜牛繁昌の守り札 | 721 | 野良着 | 15 | 墓所あたりの海岸 | 401 |
| 畜力用犂（いも犂） | 307 | 海苔を干す | 106 | ボート建築 | 551 |
| 竹輪ブクリ | 307 | ノリひびの干潟 | 391 | 本浦の海岸西端に残る造船場跡 | 171 |
| 茶接待碑 | 757 | ノリひび風景 | 391 | 本瓦葺き屋根の町並み | 171 |
| 長床犂 | 307 | 廃屋 | 165 | 本町通りの町並み | 172 |
| 帳場格子 | 231 | 灰焼き場 | 535 | ポンプ井戸と水神さま | 213 |
| 貯木場 | 416 | 延縄の鉢作り | 392 | ポンプの井戸と地蔵堂 | 213 |
| チョロ船 | 385 | 延縄の補強作業 | 392 | 薪割り | 536 |
| 築地塀で囲まれた広大な旧家の邸 | 157 | 履物 | 39 | 馬鍬 | 330 |
| ツキ棒 | 308 | 刃鍬 | 319 | 町並みの中心 湧出町通り | 652 |
| ツク | 308 | ハサミ研ぎ | 512 | 町の石垣 | 619 |
| ツグラに入った赤ちゃん | 811 | 畑作風景 | 321 | 町の西端部に残る路地 | 652 |
| 漬物用の大根を干す | 104 | バッタリ | 321 | 町の通り | 652 |
| 辻堂 | 758 | 八反峠の休み堂 | 761 | 町家の向こうに福禅寺対潮楼 | 653 |
| 対馬藩専用ガンギ | 546 | 波止場 | 549 | 丸太を並べた橋 | 552 |
| 槌 | 308 | 花咲堂 | 761 | 丸太を並べた木橋 | 552 |
| 土臼 | 308 | ババ引キ | 322 | みかん船 | 332 |
| ツツリ | 13 | ハバキ | 39 | 水汲み場 | 214 |
| 網植え | 308 | 羽原川河口沿いの町並み | 166 | 水運 | 608 |
| 網貫 | 38 | ハンヤ | 167 | 店先の光景・少年は店番役 | 577 |
| 妻飾 | 158 | 灰屋 | 167 | 道ばたの地蔵堂 | 697 |
| ツマゴ | 38 | 干潟に座礁させた貨物船 | 549 | 港から厳島神社への通り | 653 |
| 積み上げられたカキ殻 | 386 | 干潟に座礁させる伝統的な泊りの方法 | 550 | 南八幡神社参道 | 552 |
| 吊り上げシトミ戸とはね上げ大戸 | 158 | | | 三原市街 | 653 |
| 釣瓶井戸 | 212 | 日だまりを楽しむ | 249 | 三原人形 | 793 |
| 手鍬 | 309 | 備中鍬 | 324 | 三次人形 | 793 |
| 手びねり徳利 | 80 | 樋之上地蔵堂 | 761 | 民家 | 175 |
| 天井から吊されたタワラ（俵） | 105 | 百目箪笥 | 666 | 無縁墓 | 848 |
| 天井に収められたさまざまな木札 | 721 | 平入町屋の吉井家 | 168 | 昔ながらの家並み | 178 |
| 天神観音堂 | 758 | 肥料小屋と砥石台 | 325 | 昔ながらの町並み | 653 |
| 島外に設けられた宮島の墓所 | 841 | 広島駅 | 550 | 昔ながらの町並みが残る通り | 653 |
| 東城の家並み | 650 | 広島のお好み焼き | 56 | 椋梨ダム建設予定地の家 | 178 |
| 道祖神の堂 | 758 | 広島湾の猿猴川河口付近 | 618 | 椋梨ダムに沈む 古老たちの座談会 | 637 |
| 島内に作られた四国八十八ケ所霊場廻り | 768 | 瓶精米 | 657 | 婿の家へ向かう瀬戸の花嫁 | 825 |
| トウモロコシの乾燥 | 105 | フカグツ | 40 | ムネマエダレ | 21 |
| 通り抜けの路地 | 547 | 復興する広島 | 651 | 村の社 | 763 |
| 苫屋根の家舟 | 389 | 船おろしの儀式 | 524 | 藻掻き | 405 |

## 山口県

| 項目 | ページ |
|---|---|
| 木祠の荒神 | 698 |
| 木造三階建の家屋 | 180 |
| 木造四階建の町家 | 180 |
| 木橋 | 552 |
| 木工所が軒を並べる裏通り | 653 |
| 持っ立て犂 | 337 |
| 基町の密集集落 | 658 |
| 基町付近・幅重兵第5聯隊跡の馬碑 | 658 |
| 基町付近・広島陸軍病院原爆慰霊碑 | 658 |
| 元安川に浮かぶ現在のカキ船の料理店 | 577 |
| 元安橋 | 658 |
| 八百屋 | 577 |
| 焼き台 | 92 |
| 薬師堂 | 763 |
| 役場 | 663 |
| 屋敷傍の墓地 | 850 |
| ヤナギバ | 339 |
| 屋根 | 182 |
| 屋根葺き | 217 |
| 山裾の集落 | 183 |
| 郵便船 | 619 |
| 雪かきの服装 | 22 |
| ユキゲツ | 41 |
| 雪に埋もれた田畑と納屋 | 341 |
| 雪の通り | 185 |
| ユキワ | 41 |
| ユキワラジ | 41 |
| ゆわ | 407 |
| ヨバイゾウリ（よばい草履） | 41 |
| 嫁入輿 | 826 |
| 旅館に「海軍兵学校御用達」の看板 | 583 |
| レンガ工場 | 536 |
| 路地 | 654 |
| 路地裏の小さな店 | 578 |
| 六角形の共同井戸 | 214 |
| わき水の井戸 | 215 |
| 枠ころがし | 343 |
| 湧原川沿いの酒造工場 | 455 |
| 湧原川に張り出した町家 | 187 |
| 綿種子取り器 | 343 |
| ワニ料理 | 58 |
| 藁葺きの納屋 | 188 |
| 藁葺きの納屋と母屋 | 188 |
| 藁葺屋根の旧家 | 188 |
| 椀 | 93 |

## 山口県

| 項目 | ページ |
|---|---|
| 藍場川の洗い場 | 206 |
| アオサを干す | 94 |
| 秋穂八十八ヵ所札所 | 765 |
| 空き家になった旧家 | 120 |
| 芦河内薬師堂 | 746 |
| 芦河内薬師堂配置図兼平面図 | 746 |
| アジ釣の鉤 | 346 |
| アシナカの鼻緒の結び方 | 32 |
| 畦ぬり | 253 |
| 新しい着物を着せられ堂に返された甲冑姿の像 | 746 |
| 新しい護岸 | 614 |
| アナゴの延縄 | 346 |
| アバ（網のウキ） | 346 |
| 阿武川ダム水没地域・福栄村仮館 | 120 |
| 雨乞い | 701 |
| 海女の姿 | 348 |
| 網を煮るカマ | 349 |
| 阿弥陀像を祀る国清の寮 | 746 |
| 阿弥陀堂 | 746 |
| 網の修理をする夫婦 | 349 |
| 洗い場 | 206 |
| 洗い場で遊ぶ子ども | 207 |
| 行火 | 218 |
| 家から浜へ出るガンギ | 537 |
| イカカケ | 351 |
| イカガタ | 351 |
| 筏で海を渡る | 537 |
| イカバリ | 351 |
| イカ干し | 95 |
| 井河内薬師堂 | 746 |
| 池の浦大師堂 | 746 |
| イサリに用いるカナツキ | 352 |
| 石垣 | 121 |
| 石垣を高く築いた傾斜地の民家 | 122 |
| 石垣小路 | 615 |
| 石垣で護岸した土台に建つ家 | 122 |
| 石垣の上に生垣を配した民家 | 122 |
| 石垣の坂道 | 615 |
| 石積みの波止とその沖に出来た防潮堤 | 615 |
| 石積の防波堤とコンクリートで改装された船の泊 | 615 |
| 石畳の路地 | 615 |
| 石風呂 | 664 |
| 石風呂堂 | 746 |
| 泉山観音菩薩大悲堂 | 746 |
| 磯釣りの人たち | 352 |
| 傷みはじめた屋根の家 | 123 |
| 一の坂川にそう古い家並み | 123 |
| 厳島神社 | 747 |
| 一本釣りの漁師たち | 353 |
| 一本松 | 615 |
| いとこ煮 | 50 |
| 稲荷の大師堂 | 747 |
| いぼがとれると伝えられる地蔵堂 | 747 |
| 入江の泊と瓦屋根の家並み | 124 |
| イリコを干す | 96 |
| 入母屋造り | 124 |
| 岩国市黒島 | 354 |
| イワシ漁 | 355 |
| 氏神の杜 | 723 |
| 牛供養の地蔵一九体を祀る崩岸の旧堂跡にある祠 | 747 |
| 牛供養の地蔵尊 | 675 |
| ウチカギ | 356 |
| 宇津観音堂の賽の河原 | 765 |
| 宇津観音堂の参道 | 538 |
| 海辺に広がる墓地 | 829 |
| 海辺の道 | 538 |
| 埋立工事 | 615 |
| 埋立堤防（下田方面を見る） | 615 |
| 埋立でできた道路 | 538 |
| 埋もれないように防波堤を継ぎ足した | 615 |
| 運動会 | 639 |
| 疫神社 | 747 |
| 恵比須堂 | 747 |
| 絵馬 | 703 |
| 絵馬奉納 | 704 |
| 江良薬師堂（大師堂） | 747 |
| 塩田 | 445 |
| 塩田だったが防波堤が造られた | 615 |
| 塩田のかん水用の大桶 | 445 |
| 延命地蔵 | 747 |
| オイコを背負った女性 | 587 |
| オイコに桶をのせて砂利運び | 587 |
| 往還道 | 539 |
| 大イカを釣る鉤 | 360 |
| 大内彫人形 | 784 |
| 大浦の海女 | 360 |
| 大きな屋敷 | 127 |
| 大口、ニベなどを釣るに用いる二本かけ鉤 | 360 |
| 大三郎の大師堂 | 748 |
| 大敷網船進水式 | 360 |
| 大島小学校 | 639 |
| 大島八十八ヵ所第五十一番札所の神屋寺 | 748 |
| 岡御堂 | 748 |
| 小川家大師堂（お宮さん） | 748 |
| 沖家室に行く渡船 | 539 |
| 沖家室・密度の濃い家並み | 128 |
| 小坂の地蔵堂 | 748 |
| お大師様 | 748 |
| 御大師様 | 748 |
| 御大師堂 | 748 |
| 小田邸 | 129 |
| おどる宗教 | 770 |
| 尾根筋に並ぶ「道松」 | 615 |
| オンボ | 33 |
| 海岸集落 | 130 |
| 回漕店・仲買を営んだ妻入り・袖壁の阿波屋 | 130 |
| 階段型のガンギのある船着場 | 539 |
| カイデ | 362 |
| カガミ | 363 |
| 柿本神社（人丸神社） | 749 |
| カキ養殖 | 363 |
| 火葬 | 831 |
| 火葬場 | 831 |
| 片足大草鞋 | 706 |
| 片添海岸 | 616 |
| 片山観音堂 | 749 |
| 学校 | 640 |
| 学校生活 | 640 |
| 火難除地蔵堂 | 749 |
| 叶木集落 | 132 |
| 窯場 | 495 |
| 上宇内阿弥陀堂 | 749 |
| 紙切り | 496 |
| 上組の地蔵堂 | 749 |
| 上高堂 | 749 |
| 上関海峡からみる集落 | 133 |
| 上関の町並み | 647 |
| 茅葺き屋根を鉄板で覆った鞘掛けの屋根 | 134 |
| 茅葺き屋根を残したままカラー鉄板で覆った屋根 | 134 |
| 唐草織 | 496 |
| 唐竿で豆を打つ | 269 |
| 刈屋魚市場 | 556 |
| 刈屋漁港 | 366 |
| 刈屋集落 | 134 |
| 川床に石を積んだ魚の産卵床 | 366 |
| 川に下りる石段のある家 | 135 |
| 川に張り出した町家 | 135 |
| 川舟 | 540 |
| 瓦を焼く窯 | 496 |
| 灌漑水路 | 269 |
| かんす | 65 |
| 雁爪 | 270 |
| 燗徳利 | 65 |
| 観音堂 | 750 |
| 木錨 | 367 |
| 帰国したハワイ移民の家 | 136 |

| | | |
|---|---|---|
| 帰国したハワイ移民のモダンな家‥136 | 雑木をかきわけて、猪のネガマを探す ‥425 | 水中に支柱を立て海に張り出す形で建てられた漁家の家 ‥151 |
| 木小屋 ‥136 | 讃岐坊の朽ちた仏頭 ‥687 | 水田 ‥290 |
| 木小屋の内部 ‥193 | さまざまな屋敷 ‥145 | 水田のなかの農家 ‥151 |
| 北向地蔵 ‥750 | 猿まわしの興行 ‥777 | 水路 ‥617 |
| 亀尾川薬師堂 ‥750 | 猿まわしの猿の仕込み ‥777 | 周防猿回しの会による猿回しの復活 ‥778 |
| 久屋寺境内にある金比羅様 ‥751 | サワラ釣の鉤 ‥375 | 清神社内堂 ‥755 |
| 旧道 ‥541 | 三寛大荒神堂 ‥753 | スキアゲ ‥291 |
| 教室机・椅子 ‥640 | 三軒屋の地蔵様（上の地蔵様）‥753 | 洲崎の延命地蔵 ‥755 |
| 行商のおばさんたち ‥565 | 三面地蔵 ‥688 | 須子家の店および土間部分 ‥197 |
| 行商の女たち ‥565 | 山門の大師堂 ‥753 | 頭上運搬 ‥593 |
| 共同井戸 ‥209 | 塩集め ‥445 | 硯作り ‥503 |
| 漁具をつくろう若者たち ‥367 | 塩取箱 ‥446 | 須田丸地蔵堂 ‥755 |
| 玉泉寺 ‥751 | シガと呼ばれる魚を売る行商人 ‥568 | 洲の端地蔵堂 ‥755 |
| 漁船 ‥368 | 慈眼寺 ‥753 | 炭俵 ‥245 |
| 漁船の櫓とその名称 ‥368 | 四軒家地蔵堂 ‥753 | 炭俵を編む ‥503 |
| 漁村 ‥369 | 四国八十八ヶ所詣 ‥767 | 摺ヶ峠堂 ‥755 |
| 漁村の景観 ‥369 | 仕事の合い間に ‥284 | 青年宿 ‥622 |
| 魚網の上でうたた寝をする男の子‥369 | 鍛のない「うまのくらづくり」の主屋と長屋 ‥147 | 背負って運ぶ ‥596 |
| 錦帯橋 ‥542 | シシ垣 ‥284 | 石体六地蔵堂 ‥755 |
| 巾着網を引き揚げる ‥370 | 猪垣 ‥284 | 石仏の顔 ‥690 |
| 巾着網船団 ‥370 | 枝条架流下式塩田 ‥446 | 銭負地蔵堂 ‥755 |
| 巾着網の準備をする ‥370 | 地蔵 ‥688 | セメント工場 ‥535 |
| 鯨位牌 ‥675 | 地蔵堂 ‥753 | 競り ‥557 |
| 薬箱 ‥665 | 地蔵堂でのお接待 ‥753 | 洗濯のたらい ‥211 |
| 崩れかかった家 ‥140 | 地蔵に石を積む ‥768 | 葬式 ‥838 |
| 国森家 ‥140 | したみ ‥226 | 葬式の手伝い ‥632 |
| 車井戸 ‥210 | 七福神堂（堂はん）‥753 | 造船所 ‥523 |
| 黒沢大師堂 ‥751 | 漆喰壁の民家 ‥147 | 粟光堂 ‥755 |
| 鍬を手にした少年 ‥276 | 自転車の魚屋 ‥569 | 卒業の出船 ‥643 |
| 桑の葉 ‥458 | 自転車は下に置いて石段を上がる‥147 | 袖凧（鬼ヨーズ）‥788 |
| 鯨鯢過去帳 ‥676 | 児田堂 ‥753 | 染型紙 ‥479 |
| 化粧をほどこしたお地蔵さま ‥685 | 柴橋地蔵堂 ‥753 | 大越の堂（大師堂）と海後の観音堂 ‥755 |
| 下駄床大師堂 ‥751 | 地引網 ‥377 | ダイガラ（足踏式精米機）で保存食の寒餅をつく嫁と姑 ‥103 |
| 源水の河内社 ‥751 | 島の店屋 ‥569 | 大黒さまと恵比須さま ‥690 |
| 航行する機帆船 ‥542 | 清水地蔵菩薩堂 ‥754 | 太子堂 ‥755 |
| 工事現場 ‥660 | 下岩成の地蔵堂と石柱 ‥754 | 大師堂 ‥755 |
| 荒神を祀る榎木の大木 ‥685 | 下関駅 ‥544 | 鯛釣の鉤 ‥382 |
| コウゾをたたいた石 ‥500 | 下関市街 ‥649 | タイ釣りの好漁場 ‥382 |
| コウゾをたたいた川辺 ‥500 | 下山中薬師堂 ‥754 | 田植え ‥297 |
| 楮ヲ蒸スコシキ ‥500 | 写真館 ‥569 | 田植え機による苗入れ（山間部の田植え）‥298 |
| 高野薬師堂 ‥752 | 十王堂 ‥754 | 田植計測網 ‥298 |
| 肥溜め ‥277 | 重鎌 ‥286 | 田植・代掻き ‥298 |
| 護岸の石垣 ‥616 | 十三佛大師堂（休堂）‥754 | 田植え・田を牛で鋤く ‥298 |
| 小滝薬師堂 ‥752 | 集落 ‥148 | 田植え・苗を取る ‥298 |
| 特牛港 ‥543 | 集落の遠景 ‥149 | 田植・並木植 ‥298 |
| 琴 ‥776 | 酒造業をいとなんでいた旧家 ‥450 | 田植・ならす ‥298 |
| 子供墓 ‥834 | 出店大師堂 ‥754 | 田植え 一休み ‥299 |
| コブネ（チャンコ）の形態および部分名称 ‥372 | 巡回してきた桶屋 ‥502 | 田植・休み時間 ‥299 |
| 小舟に乗って四つ手網を広げ白魚をとる ‥372 | 巡航船 ‥544 | 田かき手伝い ‥300 |
| 虚無僧墓 ‥752 | 背負い子 ‥592 | 高下の観音堂 ‥756 |
| 小室のお大師さん ‥752 | 松果堂 ‥754 | 高見山から海岸墓地を見る ‥839 |
| 子守り ‥810 | 将棋を指す ‥804 | 高見山から見た墓地の石垣 ‥840 |
| 小屋解体 ‥521 | 蒸気機関車 ‥544 | 滝部の奉公市 ‥557 |
| 子安観音堂 ‥752 | 松月庵観音堂 ‥754 | 竹カゴ ‥229 |
| 小漁のてんま船 ‥372 | 障子衝立 ‥227 | 蛸壺 ‥383 |
| コンクリート舗装の坂道 ‥616 | 商店街 ‥569 | 鮹壺 ‥383 |
| 金生さん ‥752 | 正面の蔀戸と出格子 ‥150 | タコ壺網のある風景 ‥383 |
| 西光寺堂 ‥752 | 醬油醸造元の邸 ‥150 | タコツボと滑り台を置いた子供の遊び場 ‥799 |
| 斎藤家正面 ‥144 | 醬油樽と踏み臼 ‥451 | 蛸釣に用いる釣具 ‥383 |
| 塞の神 ‥687 | 次郎んぼ ‥788 | 太刀魚釣の鉤 ‥384 |
| 塞の神の小祠 ‥687 | 真珠養殖イカダ ‥379 | 脱穀 ‥302 |
| 財布 ‥225 | 真珠養殖場のある真宮島に渡る作業用竹橋 ‥379 | 建網の干し場 ‥384 |
| 材木の加工 ‥413 | 真珠養殖のための作業用竹橋 ‥379 | 棚田 ‥302 |
| 坂道に沿った瓦葺きの家並み ‥144 | 人力で苗を補植（山間部の田植え）‥288 | 棚田の石垣と農家の石垣 ‥155 |
| 迫地蔵堂 ‥752 | | |
| さざえとり ‥374 | 親類関係と香典額 ‥631 | |
| 雑貨屋の店先 ‥568 | | |

山口県　地域別索引

| | | |
|---|---|---|
| 棚田の石積とスイドウ | 303 | |
| 棚田のスイドウ | 303 | |
| 棚田のスイドウの横穴 | 303 | |
| 種もみ | 304 | |
| 種籾囲い | 304 | |
| 煙草入・灰皿 | 229 | |
| タバコの収穫・乾燥の互助共同作業 | 442 | |
| 俵原堂 | 757 | |
| 段崖の上を開いた野菜畑 | 306 | |
| 壇子弟の大師堂（十王堂） | 757 | |
| 談笑する老人 | 633 | |
| 段畑 | 306 | |
| 田んぼに下りる道 | 545 | |
| 茶接待を行った「休み堂」 | 757 | |
| チャーター船に乗せてもらった学校帰りの子どもたち | 545 | |
| 茶堂 | 757 | |
| 茶碗屋 | 572 | |
| 長距離輸送のトラック | 545 | |
| 長谷寺の仏壇 | 758 | |
| 長福寺観音堂 | 758 | |
| 通学路 | 643 | |
| 付書院 | 199 | |
| 辻堂付近の地蔵 | 692 | |
| 土を練る | 508 | |
| 土壁の蔵とトタン屋根を被せた母屋 | 157 | |
| 津原川の洗い場 | 212 | |
| 壺かづき地蔵堂 | 758 | |
| 妻床 | 158 | |
| 通夜の準備 | 841 | |
| 釣屋形式と台所中門 | 158 | |
| テボをつけたオイコ | 600 | |
| 手箕 | 310 | |
| 天神下堂 | 758 | |
| 天神堂 | 758 | |
| 土居組の地蔵堂 | 758 | |
| 土居谷堂 | 758 | |
| 藤椅子 | 233 | |
| 堂河内観音堂 | 758 | |
| 塔前坊行者堂 | 758 | |
| 道祖神の堂 | 758 | |
| 東林坊観音坊 | 759 | |
| 東和町和田から乗る人々 | 547 | |
| 東和町和田で見送る人々 | 547 | |
| 土管工場 | 535 | |
| 徳利 | 81 | |
| 年寄りの世間話 | 633 | |
| トジン | 388 | |
| とった魚を下関港に運ぶ運搬船 | 388 | |
| 飛び石がのびている | 547 | |
| 飛び石の道 | 547 | |
| 飛魚干し | 106 | |
| ドブネ型の船が行く | 389 | |
| 土塀 | 160 | |
| 土塀の家 ガラス格子戸の玄関 | 160 | |
| 鳥越の庚申 | 744 | |
| 内部がヘヤ（隠居部屋）、混納場（作業場）、厩、肥立場に区切られた長屋 | 160 | |
| 苗取り | 313 | |
| 中尾観音様 | 759 | |
| 長屋門の家 | 161 | |
| 名越薬師堂 | 760 | |
| 情島小学校とあけぼの寮 | 644 | |
| ナマコ製造 | 106 | |
| 波しぶき除けの漆喰壁と波よけの腰板 | 162 | |
| 波除けの石垣 | 618 | |

| | | |
|---|---|---|
| 仁王会館 | 760 | |
| 仁王堂 | 760 | |
| ニボシを干す | 106 | |
| 二本木大明神 | 760 | |
| 如意寺観音堂 | 760 | |
| 鼠とり | 234 | |
| ネリ櫂 | 548 | |
| 軒先の釣瓶井戸 | 212 | |
| 軒先の鳥カゴと井戸 | 248 | |
| 軒下の地蔵棚 | 694 | |
| 残った往還松 | 618 | |
| 野田の地蔵 | 760 | |
| 能登原下組の地蔵堂 | 760 | |
| 盃洗 | 83 | |
| 延縄 | 391 | |
| 延縄漁船の装備 | 391 | |
| 延縄の手入れをする裸の少年たち | 392 | |
| 萩港沖の帆かけ漁船 | 392 | |
| 萩の漁港 | 392 | |
| 箱型蛸壺 | 392 | |
| 艀 | 548 | |
| ハシケでの乗下船 | 548 | |
| はしご状の橋 | 549 | |
| バス停 | 549 | |
| 畑小屋 | 321 | |
| ハッカ | 393 | |
| 波止 | 549 | |
| 花咲堂 | 761 | |
| 端の地蔵堂内部 | 761 | |
| 花屋地蔵堂 | 761 | |
| 浜遊び | 801 | |
| 浜崎地区の町並み | 166 | |
| ハマチ釣の鉤 | 394 | |
| 林の荒神堂 | 761 | |
| ハリヅツ | 394 | |
| パルプ材を積む木造機帆船 | 549 | |
| 柊様（柊神社） | 761 | |
| 昆沙門堂 | 761 | |
| 人丸様 | 761 | |
| 火の見 | 635 | |
| 火の見の板木 | 635 | |
| 火伏の地蔵 | 695 | |
| 平迫の新堂 | 761 | |
| 福徳稲荷の祈願の絵馬 | 715 | |
| フグのセリが始まる前 | 396 | |
| 普段着 | 18 | |
| 不動尊堂 | 761 | |
| 船揚場にあるのはすべて櫓舟 | 396 | |
| 船板で作った塀 | 169 | |
| 船小屋 | 397 | |
| 船着場 | 550 | |
| 船だまり | 399 | |
| 船の子ども（下校） | 644 | |
| フラフープをする | 801 | |
| 古い商家 | 576 | |
| 風呂屋堂 | 762 | |
| 分散支持型と集中支持型の背負梯子 | 606 | |
| 兵隊墓（戦死者の墓） | 657 | |
| 別所地蔵堂 | 762 | |
| 便所と手水鉢 | 170 | |
| 保育園 | 644 | |
| 宝珠庵の仏壇 | 762 | |
| 宝照庵 | 762 | |
| 坊地地蔵堂 | 762 | |
| 防潮堤 | 619 | |
| 防潮林 | 619 | |
| 奉納された鳥居型 | 715 | |
| 防波堤 | 619 | |
| 防府市野島 | 400 | |

| | | |
|---|---|---|
| 法要 | 846 | |
| 帆を張る漁船 | 400 | |
| 墓地 | 846 | |
| 骨あげ | 847 | |
| 本浦の集落 | 171 | |
| ポンプがこわれバケツで吊る共同井戸 | 213 | |
| ポンポラガケ | 401 | |
| 前挽鋸 | 524 | |
| 魔越の堂 | 762 | |
| 町並み保存修理がなされる前の柳井 | 652 | |
| 町の通り | 652 | |
| 間取りの変化からみた町家の改変 | 174 | |
| ミカンの選果場 | 332 | |
| ミカン畑 | 332 | |
| ミカン畑となったかつての水田 | 332 | |
| ミカン畑に囲まれた石垣と瓦屋根の集落 | 174 | |
| ミカン畑のなかの家並み | 174 | |
| 見島 | 175 | |
| 水揚げ水車 | 332 | |
| 水落しの日 | 214 | |
| 水ぬくめの溝 | 333 | |
| 水運び | 608 | |
| 水辺を楽しむ町家のたたずまい | 175 | |
| 店部分から座敷、庭を望む | 175 | |
| 港近くの昔ながらの町並み | 175 | |
| 港と宮崎山 | 404 | |
| 港の防波堤 | 619 | |
| 港の松 | 552 | |
| 峰の松 | 619 | |
| 宮迫の堂 | 763 | |
| 宮地上堂 | 763 | |
| 美和町坂上付近 | 175 | |
| 美和町杉ヶ瀬 | 175 | |
| 美和町の中心街 | 653 | |
| 民家 | 175 | |
| 民家とカヤノ | 177 | |
| 民家の前面 | 178 | |
| 民家の背面 | 178 | |
| 無縁仏 | 849 | |
| 昔ながらの端正さを残す集落のたたずまい | 178 | |
| 昔の港を残した内港 | 404 | |
| 麦こぎ | 334 | |
| 麦こぎにかかる | 334 | |
| 椋野の龍権現 | 763 | |
| 虫籠窓 | 179 | |
| 莚縄鉢 | 404 | |
| 棟上げ | 525 | |
| 棟門 | 179 | |
| 室津漁港 | 405 | |
| 室津の町並み | 179 | |
| 明倫小学校 | 645 | |
| 木魚 | 727 | |
| 木造校舎 | 645 | |
| もぐら捕り | 430 | |
| 本村の道・道路中央の白い線は用水路のあと | 552 | |
| 藻の占有標 | 406 | |
| 森神 | 769 | |
| 森から平野にかけての風景 | 180 | |
| 八田八幡宮の鳥居に掛けられた祈願の潮汲み筒 | 716 | |
| 薬師堂 | 763 | |
| 薬師堂と阿弥陀堂 | 763 | |
| 薬師如来堂 | 763 | |
| 野久留米辻堂 | 763 | |
| 屋敷神 | 698 | |

| | | |
|---|---|---|
| 屋敷どり ……………………………… 181 | イサリノミ …………………………… 352 | 閑定の薬師堂 ………………………… 750 |
| 屋敷の家屋配置図 …………………… 181 | 石積みの墓 …………………………… 828 | 観音堂 ………………………………… 750 |
| 屋代川河口に並ぶ町屋の裏側 ……… 182 | 板角力 ………………………………… 783 | かんばん（質屋） …………………… 563 |
| 柳井川のほとりの美しい町家のた | イタダキの女 ………………………… 560 | キガワ（枠） ………………………… 473 |
| 　たずまい ………………………… 182 | 五つべっつい ………………………… 190 | 木地屋墓地 …………………………… 832 |
| 屋根葺きの互助共同作業 …………… 217 | 糸車 …………………………………… 467 | 煙管 …………………………………… 223 |
| ヤブガミ ……………………………… 699 | イモアナ ……………………………… 95 | きつね ………………………………… 534 |
| 山口市下竪小路あたりの家並み …… 183 | 入浜式塩田 …………………………… 445 | 鬼無のお堂 …………………………… 750 |
| 山口市・天花1丁目あたり ………… 653 | 囲炉裏 ………………………………… 190 | 鬼無のお堂の本尊 …………………… 750 |
| 山口市・本町2丁目あたり ………… 653 | 隠居家 ………………………………… 124 | キビの脱穀 …………………………… 271 |
| 山口市役所のあたりからザビエル | 内朱遊山弁当箱 ……………………… 61 | 鬼門堂 ………………………………… 751 |
| 　記念聖堂を見上げる …………… 653 | 団扇 …………………………………… 220 | 木屋堂 ………………………………… 751 |
| 山仕事の服装 ………………………… 22 | 漆を練り、クロメを行なう鉢 ……… 491 | 急斜面に建つ民家 …………………… 137 |
| 山下浜大師堂 ………………………… 764 | 漆搔きの道具 ………………………… 492 | 漁村 …………………………………… 369 |
| 山田の祇園社 ………………………… 764 | 漆塗の仕事場 ………………………… 492 | 錦地惣盆と八十物 …………………… 67 |
| 山根観音堂 …………………………… 764 | 績んだカジの糸を綛に巻き取る …… 469 | 空の薬師堂 …………………………… 751 |
| 山の神 ………………………………… 699 | 絵本太功記（浄瑠璃） ……………… 774 | 櫛差し内黒朱膳 ……………………… 67 |
| 油宇集落 ……………………………… 407 | 近江堂 ………………………………… 747 | 櫛差し黒内朱重箱 …………………… 67 |
| 湯の迫観音堂 ………………………… 764 | 大型の睡蓮鉢の乾燥 ………………… 493 | 櫛差し重木地 ………………………… 499 |
| 洋館づくりの旧役場 ………………… 663 | 大甕作り ……………………………… 493 | 櫛差し螺鈿重箱 ……………………… 67 |
| 用水路と古い家並み ………………… 619 | 大敷網 ………………………………… 360 | 口を付ける前の半製品の甕が置か |
| 用水路の洗い場 ……………………… 214 | 大谷の窯場風景 ……………………… 493 | 　れた仕事場の土間 ……………… 499 |
| 吉ヶ迫上薬師堂 ……………………… 764 | 大谷焼 ………………………………… 493 | 久保の昆沙門堂 ……………………… 751 |
| 吉ヶ迫下薬師堂 ……………………… 764 | 大鳴門橋の橋脚工事 ………………… 539 | 黒内八寸膳 …………………………… 67 |
| 寄せ墓 ………………………………… 850 | 岡見堂 ………………………………… 748 | 郡家の茶堂 …………………………… 751 |
| ヨツメ ………………………………… 407 | 起上り小法師 ………………………… 784 | 古隠居全景 …………………………… 142 |
| リヤカーで運ぶ ……………………… 609 | 奥の井の阿弥陀堂 …………………… 748 | 航海灯 ………………………………… 371 |
| リヤカーに子どもたちも乗せて野 | オゲケ ………………………………… 469 | コウジンサマ ………………………… 685 |
| 　良仕事から帰る ………………… 609 | オシボリ、管に巻いたもの、績んだ | こうぞ ………………………………… 475 |
| 龍神 …………………………………… 700 | 　もの、裂いたもの、柔らげた皮 … 470 | 豪壮な町並み ………………………… 142 |
| 猟犬 …………………………………… 430 | お接待の会 …………………………… 766 | こうぞを蒸すハタソリとコシキ …… 475 |
| 漁に使う様々な籠 …………………… 408 | オツムギ（苧紡ぎ） ………………… 470 | こうぞの皮はぎ ……………………… 475 |
| 旅館 …………………………………… 582 | 小野のお堂 …………………………… 749 | こうぞの蒸煮場 ……………………… 475 |
| 連絡船の発着場 ……………………… 553 | お遍路 ………………………………… 766 | コウズの繊維を川の流れにさらす … 475 |
| 老人たちの時間 ……………………… 639 | お遍路さん …………………………… 766 | 楮の繊維から糸を績む ……………… 475 |
| 老漁師 ………………………………… 408 | お遍路2人 …………………………… 766 | コウゾ（カジ）の繊維の糸績み …… 475 |
| 六地蔵 ………………………………… 700 | お土産店の内部意匠 ………………… 561 | こうぞの剥皮の干し場 ……………… 475 |
| 路地に沿った家並 …………………… 187 | 織りあがった太布 …………………… 471 | 黒漆椀と皿類 ………………………… 68 |
| 若者宿 ………………………………… 624 | おろし皿 ……………………………… 63 | コシキでカジの木を蒸す …………… 475 |
| 和紙作り ……………………………… 519 | 皆瀬堂 ………………………………… 749 | 琴南美合の大師堂 …………………… 752 |
| 渡船場 ………………………………… 554 | 柿渋が使われなくなって柿の木の | 小札所 ………………………………… 709 |
| 草鞋 …………………………………… 42 | 　下に放置されていた渋甕 ……… 494 | 込の観音堂 …………………………… 752 |
| 藁葺きの家 …………………………… 188 | 柿渋紙をはったマルボテ …………… 494 | 米搗車 ………………………………… 787 |
| 藁葺き屋根の家屋に加え別棟で瓦 | カジウミ ……………………………… 471 | 米用けんど …………………………… 69 |
| 　葺き二階建てを増築した農家 … 188 | カジ績み ……………………………… 471 | コンガリ突き ………………………… 372 |
| 割木を山から下ろす ………………… 610 | カジ穀で鬼皮を削る ………………… 471 | 昆布採り具 …………………………… 372 |
| 割木出し ……………………………… 610 | カジ皮を槌で打って柔らげる ……… 471 | 塞神 …………………………………… 687 |
| ワリバサミ …………………………… 344 | カジ皮を踏んで柔らげる …………… 471 | 境場のお堂 …………………………… 752 |
| | カジ皮の乾燥 ………………………… 471 | 境場のお堂の本尊 …………………… 752 |
| ## 徳島県 | カジ断ち作業 ………………………… 471 | 佐條堂 ………………………………… 752 |
| | カジの皮を灰汁で煮る ……………… 471 | 塩入庵 ………………………………… 753 |
| 藍蔵の町 ……………………………… 559 | かじのき ……………………………… 471 | 敷地屋が金毘羅宮へ奉納したもの |
| 藍こなし ……………………………… 464 | かじのきの皮はぎ …………………… 471 | 　の受納証 ………………………… 502 |
| 藍作地方之図 ………………………… 464 | かじのきの荒皮を取る ……………… 472 | 敷地屋が取引した木地師の名前と |
| 藍師、藍問屋の藍蔵 ………………… 464 | 柏原弘法庵 …………………………… 749 | 　取引状況が記された算用帳 …… 502 |
| 藍染め ………………………………… 464 | 柏原弘法庵の八十八ヶ所の石仏 …… 749 | 重末の薬師堂 ………………………… 753 |
| 藍の水 ………………………………… 465 | かずら橋 ……………………………… 540 | 地蔵堂 ………………………………… 753 |
| アゼモリ ……………………………… 254 | 葛橋 …………………………………… 540 | 地蔵堂で行われる百万遍 …………… 753 |
| 阿部の海女 …………………………… 346 | 蔓橋 …………………………………… 540 | 地蔵のお堂 …………………………… 753 |
| 阿部の港 ……………………………… 346 | かずら橋の架け替え作業 …………… 540 | 地蔵のお堂の本尊 …………………… 753 |
| アマチャ ……………………………… 49 | カセをナカテに掛けて棒にとる …… 472 | 地機 …………………………………… 477 |
| 阿弥陀堂 ……………………………… 746 | カセグルマ …………………………… 472 | 地機で織る …………………………… 477 |
| 阿弥陀堂の棟札の表面 ……………… 746 | 門守りの呪物 ………………………… 669 | シマの大師堂 ………………………… 753 |
| 鮎釣り ………………………………… 350 | 窯出し作業 …………………………… 495 | 四眠堂 ………………………………… 754 |
| 歩き遍路 ……………………………… 765 | 窯に詰められた焼く前の器 ………… 495 | 下吹堂 ………………………………… 754 |
| 阿波池田駅 …………………………… 537 | 紙芝居 ………………………………… 775 | 釈迦堂 ………………………………… 754 |
| 阿波三盆 下釜の用例 ……………… 533 | 上名の阿弥陀堂 ……………………… 749 | しゅろ帯 ……………………………… 227 |
| 阿波の和傘 …………………………… 490 | 川北のお堂 …………………………… 750 | 棕櫚箒 ………………………………… 227 |
| | 川北のお堂の本尊 …………………… 750 | 商家の卯建 …………………………… 149 |
| | 川見堂 ………………………………… 750 | 商家の格子と卯建 …………………… 149 |

## 香川県

商店街のアーチ･･････ 569
織成した太布･･････ 478
すくも･･････ 478
すくも壺･･････ 478
住まい周辺の傾斜地を利用する民家･･････ 152
整経が終わった糸を地機の筬に通して前揃えする･･････ 479
整経作業･･････ 479
背負梯子･･････ 595
接待所･･････ 768
善根宿･･････ 768
善徳の大師堂･･････ 755
千本機･･････ 711
造田の辻堂･･････ 755
惣盆･･････ 75
曽我谷堂･･････ 755
祖先の由緒を示す旗･･････ 632
ソーメンつくり･･････ 103
大師堂･･････ 755
大豆をカラサオにて打つ･･････ 296
大日堂･･････ 756
田下駄･･････ 301
竹屋敷堂･･････ 756
鮹壺･･････ 383
タスキ･･････ 47
断ったカジの枝の束･･････ 479
経糸を綜る･･････ 479
田中家住宅･･････ 155
谷を渡して張られたワイヤーで材木や畑作物を運ぶ･･････ 599
田の中の墓地･･････ 840
太布の材料となる楮の繊維･･････ 480
太布のシャツ･･････ 13
太布の襦袢･･････ 13
太布の上衣･･････ 13
太布の畳縁･･････ 230
たらいウドンを食べる･･････ 113
だるま･･････ 789
段々畑･･････ 306
チキリに巻いた経糸･･････ 480
竹皮笠･･････ 28
茶摘み･･････ 442
鳥坂の地蔵堂･･････ 758
辻の堂･･････ 758
葛籠堂･･････ 758
壺･･････ 79
ツム（紡錘）･･････ 481
釣りをする人･･････ 805
つり橋･･････ 546
釣井の阿弥陀堂･･････ 758
出かける準備（人形まわし）･･････ 778
テグス船･･････ 387
出羽島の民家･･････ 158
同棟別竈隠居･･････ 159
ドウメンのお堂･･････ 759
ドウメンのお堂の本尊･･････ 759
虎と竹の蒔絵火鉢･･････ 233
鳥追（棟飾）･･････ 160
長瀬堂･･････ 759
長屋門･･････ 161
仲和田大師堂･･････ 759
仲和田大師堂の本尊･･････ 759
奈良堂･･････ 760
西岡家･･････ 162
西山西堂･･････ 760
人形の修理･･････ 511
人形の娘役･･････ 779
塗りくど･･････ 202
塗道具類･･････ 511

塗物仲買面名幷国割名面･･････ 511
幟･･････ 623
幟入れ箱･･････ 623
博多目櫛差し重部分･･････ 84
博多目盆･･････ 84
箱膳･･････ 84
稲架･･････ 319
畑着･･････ 16
八十八ヵ所石像の第一番･･････ 768
八十八ヵ所石像の第八十八番･･････ 769
撥熊手･･････ 321
初誕生･･････ 816
半田塗りの椀･･････ 85
杯･･････ 484
引き曲げ黒内朱膳･･････ 85
昆沙門堂･･････ 761
干物作り･･････ 107
福井瓦･･････ 513
複式隠居家･･････ 169
二人用箱膳･･････ 86
淵堂･･････ 761
仏具店･･････ 576
ふとんかけ･･････ 485
平床･･････ 170
平野堂･･････ 762
ヘソ･･････ 485
別棟別竈隠居･･････ 170
法音堂･･････ 762
細見の大師堂･･････ 762
蒔絵惣盆･･････ 88
招き猫･･････ 716
守札･･････ 722
水に浸したカジの皮を野外にひろげて凍らせる･･････ 487
蜜甕･･････ 536
ミツマタの皮をむく･･････ 514
民家･･････ 175
民家に見る千木･･････ 177
蒸しあがったカジの枝の皮をはぐ･･････ 487
蒸しあがったカジの皮に籾殻をまぶし、木槌で叩いて外皮をはがれやすくする･･････ 487
霧中号角･･････ 404
もじはやとり･･････ 405
モリヤ（出作小屋）･･････ 338
揉んで柔らかくなったカジを川の中で外皮がとれるまで洗い、そのまま流れに一晩つける･･････ 487
薬師堂･･････ 763
屋敷神･･････ 698
山の斜面に広がる集落･･････ 184
山肌にへばりつく民家･･････ 184
由岐町阿部の町並み･･････ 184
ヨイヤシャ〔模した玩具〕･･････ 794
横谷のお堂･･････ 764
吉本堂･･････ 764
寄棟民家･･････ 186
四ツ足堂･･････ 764
四足堂･･････ 764
撚った糸をカセにとる･･････ 488
螺鈿蒔絵菓子鉢･･････ 93
リヤカーをひいて野菜を売り歩く八百屋･･････ 578
流下式塩田･･････ 446
料理屋･･････ 578
若衆宿･･････ 623
ワカメ干し･･････ 409
枠植え･･････ 343
枠、オシノ桶、サシコ（杼）、おさ（筬）･･････ 488

わらぐら･･････ 344
草鞋･･････ 42
椀と鉢の木地･･････ 520
ワンワン（凧）･･････ 794
ワンワン（凧）の模様･･････ 794

## 香川県

馬酔木のお堂の観音さん･･････ 746
編笠･･････ 24
網の施設･･････ 349
網元と網子が食事をともにしながら網おろしを語り合う･･････ 350
イガキ･･････ 828
生間の薬師庵の画像･･････ 746
石臼･･････ 59
石積みの墓･･････ 828
石段かごに乗って登る参詣者･･････ 579
石の墓地･･････ 828
一閑貼ちりとり･･････ 219
井戸･･････ 207
入浜式塩田･･････ 354
兎起上り･･････ 783
牛岩・馬岩･･････ 747
牛島灯台･･････ 538
宇多津塩田･･････ 445
打瀬船･･････ 356
鰻掻･･････ 357
宇夫階の地蔵堂･･････ 747
海辺の墓地･･････ 829
埋め墓･･････ 829
埋墓･･････ 829
えびこぎのいわ･･････ 358
エビス社･･････ 682
絵馬･･････ 703
絵馬舎･･････ 704
塩田の作業･･････ 445
大団扇（元黒）･･････ 220
大角のお堂･･････ 748
大木札を受けた金毘羅講の人･･････ 742
起上り小法師･･････ 784
男木島の民家･･････ 128
オキテヌグイ･･････ 25
オクド･･････ 192
奥の院に詣でる･･････ 765
桶屋･･････ 493
オサルサン･･････ 748
お接待の菓子を受ける･･････ 766
お大師さんの本尊･･････ 748
オテンノウサン･･････ 748
オネクリ･･････ 50
おひじ･･････ 830
お遍路さん･･････ 766
お遍路の金毘羅参拝･･････ 766
おみくじ･･････ 705
親方船に乗って漁場に向かう網元･･････ 361
海水浴をする子ども･･････ 796
階段を登る参詣者･･････ 580
カキの養殖イカダ･･････ 363
各種漁網略図･･････ 363
カケダマ･･････ 364
笠島浦への入口･･････ 647
風配のお堂･･････ 749
風配のお堂の本尊･･････ 749
貸し牛･･････ 434
肩切り地蔵堂･･････ 749
カツギを頭からかむって日光を避ける喪家の女性･･････ 831

| | | |
|---|---|---|
| 金丸座 | 775 | |
| 兼弘の庵 | 749 | |
| 釜揚げされたジャコ | 98 | |
| 上末国の庵 | 749 | |
| 体が回復して納めたコルセット類 | 707 | |
| 枯木の地蔵堂 | 750 | |
| 川市 | 556 | |
| ガンギの船着場と太助灯籠 | 541 | |
| 観光客の参拝 | 580 | |
| 岸辺の防潮堤 | 616 | |
| きび切り | 534 | |
| 木札 | 707 | |
| 木札お守り | 719 | |
| 共同井戸 | 209 | |
| 漁村 | 369 | |
| 漁村の労働服装 | 7 | |
| 草に埋もれた墓地 | 833 | |
| クド | 194 | |
| クルマエビ養殖施設 | 370 | |
| 黒船（飾り物細工） | 786 | |
| ケンケラ（杓） | 445 | |
| 庚申塔 | 743 | |
| 光明帖 | 719 | |
| 小エビを干す | 99 | |
| 黒牛 | 436 | |
| 国語の時間 | 641 | |
| 御所人形 | 787 | |
| 琴電琴平駅と高灯籠 | 543 | |
| 琴南美合の大師堂 | 752 | |
| 金刀比羅宮参拝 | 580 | |
| 金刀比羅宮に奉納された櫂と艫綱 | 708 | |
| 金刀比羅宮に奉納された方角を示す干支を描きこんだ羅針盤 | 709 | |
| 金刀比羅宮に奉納された和船の舵 | 709 | |
| 金刀比羅宮に奉納されている廻船模型 | 709 | |
| 金刀比羅宮に和歌を書いて奉納した鯨の鬚 | 709 | |
| 金刀比羅宮の絵馬堂 | 709 | |
| 金刀比羅宮の絵馬堂に納められた金毘羅樽 | 709 | |
| 金刀比羅宮の絵馬堂に収められている錨や金毘羅樽 | 709 | |
| 五人百姓 | 567 | |
| 五人百姓が売っている飴 | 52 | |
| 五人百姓といわれる飴屋の傘 | 567 | |
| コマシ | 501 | |
| 米俵 | 280 | |
| コモアシ | 501 | |
| コンクリートブロック塀 | 144 | |
| 金神祠 | 687 | |
| 金毘羅参り | 580 | |
| 金毘羅詣にやってきた漁船 | 709 | |
| 坂出港付近の商事会社 | 567 | |
| 砂糖小屋 | 534 | |
| 砂糖搾め | 534 | |
| 讃岐うどん | 53 | |
| 讃岐広島の八十八ヶ所をまわる遍路 | 767 | |
| 佐文の岡の庵 | 753 | |
| 産院への移動 | 810 | |
| 参詣客でにぎわう金比羅宮 | 580 | |
| 産婆 | 810 | |
| 産婆さんの往診 | 810 | |
| 潮打ち瀬船 | 375 | |
| 塩抜き若布 | 101 | |
| 仕事着 | 9 | |
| シシガキ | 284 | |
| 猪垣と陥穴の再現展示 | 284 | |
| 四十九院 | 835 | |
| 漆喰で描かれた賽の河原 | 753 | |
| 自転車でまわってお接待を受ける | 768 | |
| 紙符を刷る | 720 | |
| 島四国の巡礼 | 768 | |
| 島の百貨店 | 568 | |
| 十三塚の金毘羅さん | 754 | |
| 集落の人々が大師堂に集い勤行する | 744 | |
| 出棺前の読経 | 836 | |
| 出棺前の別れ | 836 | |
| 小豆島のお遍路さん | 768 | |
| 醤油豆 | 53 | |
| ショボデコ | 788 | |
| 新四国 | 768 | |
| 新造船のお祝い | 523 | |
| 水神さま | 689 | |
| 季国の庵 | 754 | |
| 抄網によるナマコとり | 379 | |
| スジ付け | 292 | |
| 頭上運搬 | 593 | |
| スベ箒 | 228 | |
| 整層積み | 152 | |
| 瀬居本浦の埠頭 | 544 | |
| 石材の積み出し | 596 | |
| 瀬戸大橋の架橋工事 | 617 | |
| 蝉凧 | 788 | |
| 善光寺のお堂 | 755 | |
| 善光寺の反対側にあるお大師さん | 755 | |
| 善光寺の本尊 | 755 | |
| 全治した人が奉納したギプスやコルセット | 711 | |
| ゾウリカケ | 504 | |
| 草履の芯縄をなう | 504 | |
| 僧侶の墓 | 839 | |
| 蘇生図 | 711 | |
| ソデナシ | 11 | |
| ソデナシテンジン | 12 | |
| タイ網 | 381 | |
| 鯛網のオオダマアバ | 381 | |
| タイ網漁にむかう | 381 | |
| 太鼓台 | 788 | |
| だいこんすり | 76 | |
| タイ縛網の引き上げ | 381 | |
| 台車 | 598 | |
| 焚木採り姿 | 12 | |
| 竹こぎばし | 301 | |
| 凧絵 | 789 | |
| タコ壺を海に投げこみ産卵前のタコをとる | 383 | |
| タコつぼをタコの漁場へ投げ入れる | 383 | |
| 蛸壺漁 | 383 | |
| 叩き | 506 | |
| 種牛を飼っていた牛舎を洋品店に改造したもの | 572 | |
| 田の草取り | 305 | |
| 田の中の墓地 | 840 | |
| 霊屋 | 840 | |
| 茶堂の井戸 | 757 | |
| 仲南の山脇庵 | 758 | |
| チンポカゴ | 600 | |
| 常政の庵 | 758 | |
| 定期船 | 546 | |
| 手島と広島を結ぶ船 | 546 | |
| テッコウ | 44 | |
| 手拭いかぶり | 28 | |
| 出部屋，共同の産小屋後身たる産院 | 811 | |
| 寺へ行く道 | 546 | |
| 電化した共同井戸 | 212 | |
| テンジン | 14 | |
| デンチ | 14 | |
| 天秤棒 | 601 | |
| ドゥギ（胴着） | 14 | |
| 銅の精錬所 | 527 | |
| 銅馬をなでる人々 | 713 | |
| 泥鰌籠 | 388 | |
| 土庄町の四つ堂 | 759 | |
| 土塀の続く道 | 547 | |
| ドーマル生簀 | 389 | |
| 鳥おどし | 312 | |
| 内職 | 510 | |
| 流し樽 | 713 | |
| 中津の四つ堂 | 759 | |
| 七つくど | 82 | |
| ナマコ壁の蔵 | 161 | |
| 鳴子 | 315 | |
| 西のお堂 | 760 | |
| 西のお堂の本尊 | 760 | |
| 二段化粧うだつ | 248 | |
| ネコグルマ | 603 | |
| 猫車 | 603 | |
| 野井戸とハネ釣瓶 | 212 | |
| 墓参り | 844 | |
| 畑仕事着 | 16 | |
| 麦稈を編んで奉納したもの | 714 | |
| ハマチ養殖場 | 394 | |
| 浜でボート遊び | 581 | |
| ハラアテ | 16 | |
| 払川の四つ足堂 | 761 | |
| 東小路の町並み | 167 | |
| 東のお堂 | 761 | |
| 百度石 | 714 | |
| 百度石と千度石 | 714 | |
| 昼寝 | 249 | |
| 札所 | 769 | |
| 札所ではお接待を用意して遍路を迎える | 769 | |
| 普段着 | 18 | |
| 船下し | 524 | |
| 船玉 | 695 | |
| 船霊 | 695 | |
| 船玉様 | 696 | |
| フナダマサン（舟玉様） | 696 | |
| 船から下りてバス停に向かう人たち | 550 | |
| 船だまり | 399 | |
| 船だまりのガンギ | 550 | |
| 船に積まれる黒牛 | 439 | |
| 遍路 | 769 | |
| 遍路墓 | 769 | |
| 奉納された穴の開いている石 | 715 | |
| 防波堤 | 619 | |
| ホーカブリ | 30 | |
| ホーコサン | 792 | |
| 墓上装置 | 846 | |
| 墓前の供物 | 846 | |
| 墓地 | 846 | |
| ホテル（港付近） | 582 | |
| 本山寺の茶堂 | 762 | |
| 埋葬地に並ぶ家型の墓上施設 | 847 | |
| マエソ，コシミノ | 18 | |
| 前山のお堂 | 762 | |
| 前山のお堂の本尊 | 762 | |
| マキソデ | 19 | |
| 町の通り | 652 | |
| マッチョ筋東端と背後の中世の城跡の東山 | 173 | |
| 馬渕のお堂 | 762 | |
| 丸亀団扇 | 239 | |

愛媛県　地域別索引

| | |
|---|---|
| 水揚げしたタイを買い取る出買船 | 403 |
| 水の配水時間を測る線香を焚く木箱 | 333 |
| 港に面した町 | 653 |
| ミノマエカケ | 20 |
| ミノマエダレ | 20 |
| 民家 | 175 |
| 女木島のオーテ | 179 |
| 飯櫃 | 91 |
| 飯むろ | 91 |
| 喪服 | 21 |
| もん捕りで捕獲した川魚 | 406 |
| 薬罐 | 92 |
| 山籠 | 609 |
| 山角のお堂 | 763 |
| 山角のお堂の本尊 | 764 |
| 山の斜面を利用した枝条架式製塩 | 446 |
| 四ツ目饅頭 | 58 |
| 淀車 | 342 |
| 嫁入人形 | 827 |
| 流下式塩田 | 446 |
| 流下式製塩 | 447 |
| 流下式に転換された木太塩田 | 447 |
| 旅館 | 582 |
| 藁腰掛 | 344 |
| 腕白とオシャマ | 645 |

## 愛媛県

| | |
|---|---|
| 空屋となった屋敷地の石垣 | 120 |
| 足踏脱穀機 | 253 |
| あぜ豆植え機 | 254 |
| アバ | 346 |
| 油しぼり機 | 59 |
| 海士 | 346 |
| アマシ（海士） | 347 |
| 海士の弁当 | 111 |
| 網いっぱいのサザエやアワビを運ぶ海士 | 348 |
| 網を沈めるおもり | 349 |
| 網につける錘 | 349 |
| 網干し | 350 |
| 憩う | 625 |
| 石垣 | 614 |
| 石垣に守られた佐田岬の正野集落 | 122 |
| 石垣の段畑 | 256 |
| 石鎚山鎖禅定 | 728 |
| 石積の波止堤防と出漁する船 | 352 |
| 石割り | 256 |
| イダキ | 353 |
| イッチョメガネ | 353 |
| 糸とり機, なべ | 468 |
| 稲刈り | 258 |
| 猪ノ皮トサワラノ尾 | 668 |
| 今田茶堂 | 747 |
| 今田茶堂の木札 | 747 |
| 芋洗い桶 | 259 |
| いも切り機 | 95 |
| イモの段畑 | 260 |
| 伊予絣 | 468 |
| 伊予釜 | 60 |
| 伊予松前のオタタ | 560 |
| ノリコの釜場 | 96 |
| 入浜式塩田 | 445 |
| イワシを干す | 96 |
| ウエ | 355 |
| 鵜飼い | 355 |
| 牛市 | 555 |

| | |
|---|---|
| 牛鬼と鹿踊り | 783 |
| 牛のくつかけ | 747 |
| 牛の競市 | 432 |
| 臼 | 260 |
| 内子町八日市の町並み | 125 |
| 売った牛 | 433 |
| 海から山へ続く石の道 | 615 |
| 海辺から望む外泊の集落 | 126 |
| 笑顔 | 626 |
| 枝打ち鎌 | 410 |
| 負子で密柑を負う | 587 |
| おおち | 263 |
| 大山祇神社の奉納のぼりを日除けにしている | 243 |
| 大山祇神社の門前町 | 646 |
| 大山祇神社の門前町の商店 | 561 |
| 屋外のむしろの上で食事 | 111 |
| 桶を担ぐ | 587 |
| 押麦機 | 62 |
| お接待に用いられた茶器 | 748 |
| おたたさん | 561 |
| お手塩皿 | 62 |
| おひつ入れ | 63 |
| お遍路さん | 766 |
| 卸問屋 | 561 |
| 海藻を干す | 97 |
| 掻巻 | 221 |
| 蔭之地茶堂 | 749 |
| 傘提灯 | 221 |
| 加持祈禱 | 728 |
| ガス鉄砲 | 266 |
| 滑車 | 267 |
| 桂茶堂 | 749 |
| 門口の魚の尾 | 669 |
| 門口の呪物 | 669 |
| 鹿野川ダム下流の集落 | 132 |
| 株切り鍬 | 267 |
| 紙幟 | 707 |
| 上芳我家東面 | 133 |
| 上芳我家付近の町並み | 133 |
| 唐竿 | 268 |
| カルチベータ | 269 |
| かんころ飯 | 51 |
| 看板（凧屋） | 564 |
| 木ぐわ | 271 |
| 煙管筒 | 223 |
| 行者堂 | 751 |
| 行者の短い錫杖 | 728 |
| 教卓 | 641 |
| 共同井戸 | 209 |
| 漁村の路地 | 369 |
| 漁網のつくろい | 369 |
| 鎖禅定をする講社 | 742 |
| 口の字に庭を囲む民家 | 140 |
| 首馬 | 669 |
| 供養碑 | 771 |
| 車長持 | 224 |
| クワ | 275 |
| 郷土の家 | 142 |
| 荒神さん | 686 |
| 香水配分計 | 277 |
| 五右衛門風呂 | 194 |
| 小型紙漉きフネ | 500 |
| コキビをカラ竿で打って実をおとす | 278 |
| 穀物たたき | 278 |
| 独楽 | 787 |
| コマ遊び | 797 |
| コマ石 | 501 |
| ゴム縄を跳ぶ | 797 |

| | |
|---|---|
| 子守りかぶり | 26 |
| こりやなぎの加工用器具 | 501 |
| コンクリートで継ぎ足した防波堤と生活道路 | 616 |
| 権現さんと加持 | 728 |
| 採収袋 | 280 |
| 砕土機 | 280 |
| 坂迎え | 670 |
| サザエ、アワビの漁場 | 374 |
| サツマイモを背負う | 591 |
| サヤバシ | 543 |
| 山間に開かれた村 | 145 |
| 山村の廃屋 | 146 |
| 山頂でホラ貝を吹く行者 | 728 |
| 四国遍路 | 767 |
| 島四国遍路 | 768 |
| 収穫篭 | 285 |
| 祝儀用米櫃 | 72 |
| 重油窯 | 502 |
| 集落 | 148 |
| 出漁の準備をする | 378 |
| 授乳 | 811 |
| シュンカ地蔵 | 754 |
| 巡礼 | 768 |
| 巡礼者 | 768 |
| 巡礼に道を教える島の人 | 768 |
| 背負子を運んで遊ぶ少女 | 798 |
| 背負子を曳いて遊ぶ子ども | 798 |
| 背負子でかつぐ | 592 |
| 少年海士 | 378 |
| 庄屋の赤城家の邸 | 150 |
| しょうゆもち | 53 |
| 除草機 | 286 |
| ジョレン | 287 |
| 真珠養殖場へ渡る女性たち | 379 |
| 深層施肥器 | 288 |
| 人力鋤 | 288 |
| 人力用鋤 | 288 |
| 水神の祠 | 689 |
| 水田除草機 | 290 |
| 鋤 | 291 |
| 犂 | 291 |
| 背負籠 | 595 |
| 施餓鬼供養 | 837 |
| 施餓鬼供養をしていたお堂 | 837 |
| 接待のお茶とお茶うけ | 755 |
| 千歯 | 294 |
| 千本旗 | 711 |
| 外泊りの集落景観 | 153 |
| 田 | 295 |
| 大州の民家 | 153 |
| 鯛素麺丼のランチ | 54 |
| たいまつ | 228 |
| 松明 | 228 |
| 大漁のぼりのイワシ網船 | 383 |
| 田植え網 | 298 |
| 田植枠 | 300 |
| 田打鍬 | 300 |
| 高下駄 | 37 |
| 高浜港 | 545 |
| 竹めんつう | 76 |
| 蛸壺 | 383 |
| ダッコちゃん（潜水服） | 384 |
| たばこ定植用定規 | 442 |
| タマヤ | 840 |
| タライを洗う | 211 |
| たわら | 306 |
| 段々畑 | 306 |
| 段々畑を耕す | 306 |
| 段畑 | 306 |

| | | |
|---|---|---|
| 単用一段鋤 307 | 方形穀用1斗枡 584 | 若衆宿に当てられていた山本文次郎氏の家 624 |
| 畜力中耕機 307 | 北条市安居島 400 | 若衆宿の囲炉裏 624 |
| 茶堂 757 | 防風石 170 | ワラジ 42 |
| 茶堂の杭にくくりつけられた牛のくつ 757 | ボテ茶（愛媛県松山市） 118 | 和蠟燭作り 520 |
| 茶堂の祭壇 758 | 本四国八十八箇所巡礼 769 | |
| 茶番表 758 | 町並み 652 | **高知県** |
| 茶碗 116 | 町並みからみた路地裏 652 | |
| 茶碗売り 558 | 町の通り 652 | あいぎょう 49 |
| 中耕鍬 307 | 松前のオタタ 魚売 577 | 青海苔を網に干す 94 |
| 鳥獣供養塔 676 | 窓鍬 330 | 青海苔かき 344 |
| 青島港と港に面した家並み 385 | マナタビツ 607 | アゲドコ式苗代 252 |
| 通学 643 | 守札 722 | 朝の魚市場に入荷したゴマサバ 345 |
| つぼ（さとうきび用） 535 | みかん運搬篭 332 | 畦立て 253 |
| 手押し噴霧機 309 | 岬の石垣 619 | 畦ぬり 253 |
| 出稼ぎ漁のための長屋 158 | 水桶 89 | アトツケ 254 |
| 出稼ぎ漁の長屋 158 | 水まき器 333 | アトツケとえぶり 254 |
| 闘牛 782 | 溝切り播種機 333 | アトツケによる田植 254 |
| 峠の店 573 | 道しるべ 552 | 雨乞い 701 |
| 道後温泉 665 | 港近くの共同井戸と洗い場 214 | あらおこし 254 |
| 土蔵と石垣 160 | 港の遠望 乗合船が停泊している 552 | アラガキ 254 |
| 土地の人に道順を聞く巡礼 768 | 峰入道 729 | アラスキされた田 255 |
| 土間 200 | ミノ 19 | 行火 218 |
| 土用干しした麦穂を臼でついて脱穀 312 | 蓑笠をつけて学校に通う 645 | 家をコの字に囲い風を除ける 120 |
| ドライブイン 547 | 宮窪の漁浦 404 | 生造り 49 |
| 中島町津和地島の浜辺 389 | 民家 175 | いざなぎ流 770 |
| 中島町津和地島の家並み 160 | 民家が立ち並ぶ 177 | いざなぎ流太夫 770 |
| 中島町野惣那島 389 | 民家の脇に築かれた石垣と石段 178 | いざなぎ流の弓祈禱におけるハリの印 770 |
| 夏の食事 114 | 麦こき 334 | 石垣 614 |
| 波除けの石垣 618 | 麦土入機 335 | 石グロの上に網をかぶせる 352 |
| 鳴子 315 | 麦の収穫の作業場 335 | イダを焼いて乾燥させたもの 49 |
| 荷揚げ 602 | 麦畑 335 | 市で売られる餅菓子 555 |
| 新墓 842 | 麦播き機 336 | 一軒の家の各所に貼られた神符 718 |
| 肉牛の飼育 437 | 村の店 577 | 五つ又鍬 257 |
| 女人禁制 768 | 明治調の西洋建築も残る町並み 653 | 稲抜機 259 |
| ニンジン 83 | 木製神輿（玩具） 793 | 猪を捕える仕掛け 259 |
| ネコグルマ 603 | 木炭ふるい 530 | 芋切鎌 431 |
| 猫車 603 | 木蠟燭作り 517 | 祝い凧 813 |
| 念仏講 745 | 文字凧ガガリ 793 | 祝い餅投げ 354 |
| 念仏諸道具入れの蓋裏 745 | モッタテ犂 337 | 隠居屋と母屋 124 |
| 野井川上影茶堂 760 | もみならし 338 | 魚市場 555 |
| 登り窯 511 | やぐら（木製），杵，木臼 339 | 鵜来島の船着場 538 |
| 乗合船発着場付近 548 | 屋敷神 698 | 保食大神の祈禱札 718 |
| 播種機 320 | 奴凧 794 | 牛鞍 432 |
| ハゼの実の蠟燭 235 | 八ツ鹿凧 794 | ウシグワ 260 |
| 葉たばこ根切器 444 | 屋根漆喰 217 | 牛グワ 260 |
| 八十八か所本尊を描いた木札 760 | 屋根つきの田丸橋 552 | 牛による田かき 260 |
| 八反ずり 322 | 屋根の鬼瓦に付いた鳥衾 183 | 牛の飼育 432 |
| 花嫁 824 | 山仕事の服装 22 | 氏仏堂 747 |
| 浜に放たれた三崎牛と呼ぶ黒和牛 439 | 山積みにされた廃車 619 | うなぎかご 357 |
| 浜に放つ牛 439 | 山茶茶壺 444 | うなぎづつ 357 |
| 浜の放牧 439 | 山の斜面の畑 340 | うびく 357 |
| 浜辺に船 394 | 八幡浜港 407 | 柄鎌 410 |
| 刃物を選ぶ 575 | 雪ぐつ 41 | 餌用のワラや刈り草の保管小屋 434 |
| 馬鈴 439 | 雪沓 41 | 枝うち 410 |
| 晴着 16 | ゆぐり 609 | エビス神 682 |
| 飛行機馬鍬 324 | 養殖 407 | えぶりとエブリツキ 262 |
| フェリー埠頭 550 | 羊毛刈鋏 440 | 宴会の鉢盛料理 50 |
| ふく馬 714 | ヨコ槌を使って脱穀 342 | 遠洋鰹漁出漁の別れ 359 |
| 二神島漁港 396 | 横槌でアズキのさやを脱穀する 342 | オイコ 586 |
| 船揚場をコンクリートで整備した泊 550 | 四ツ庵茶堂 764 | オイコ（背負梯子）を背負う 587 |
| 船 550 | 乱積みの石垣の列 186 | 緒桶 469 |
| 船の泊の石積 551 | 輪タクが走る 553 | 大岐川河口の木橋 539 |
| フルイ 327 | 煉瓦蔵 187 | 大物川の雌トドロ 208 |
| 風呂小屋 170 | 煉炭焜炉 93 | 大草鞋（奉納） 705 |
| 弁財船の名残をとどめる機帆船 551 | 蠟搾り機 518 | 大鋸 411 |
| 遍路 769 | 粗先鍬 343 | 起上りこぼし 784 |
| 防火用の石垣 170 | 路地 654 | |
| | 若衆宿 623 | |
| | 若衆規約 624 | |
| | 若衆（青年道義会）の会則 624 | |

高知県　地域別索引

| | | |
|---|---|---|
| 沖箱 360 | 楮を蒸す 500 | 千社札 711 |
| 筬 469 | 楮ヲ蒸スコシキ 500 | 千枚田 294 |
| オサバイサマ 263 | 楮の皮をさらす 500 | そうけ 597 |
| オサバイサマと病虫害よけの立て札 264 | 肥桶 277 | ソウズ小屋 294 |
| オサバイサン 264 | 肥取り 278 | 草履作り 504 |
| オサバイサンに供えた椿の枝 264 | 小絵馬 708 | 大師堂 755 |
| オノ（斧） 411 | 小型漁船の船だまり 371 | 大師堂の内部 756 |
| おばあさんの服装 4 | コキビ畑 278 | 大師堂の内部と村四国の石像 756 |
| お遍路 766 | 穀用1升枡・5合枡 583 | 大師堂平面図 756 |
| 御神酒三方 63 | 小魚を干す 99 | 台風（時化）が接近すると，小さい漁港の漁民たちは漁港に集って漁船の避難をする 382 |
| 女達磨 785 | こし土を施した上にヤキスリヌカをまく 278 | ダイホウ 297 |
| 海岸沿いの見事な畑の景観 264 | コズ焼き風景 279 | タイモを保存する穴 297 |
| 海上遭難者の墓地 830 | ゴチャウエ 279 | 田植え 297 |
| 飼葉切り 434 | コテイタ 279 | 田植終了後，えびす・だいこくに苗をそなえる 712 |
| カゲジ「ヒノウラ」 266 | 子供の遊ぶ茶堂 752 | 田植（定規植え） 298 |
| 河口に並ぶ漁の納屋 364 | 子守の手伝いをしながら勉強に励む少女 810 | 田植直前，えぶりをついて泥ならし 298 |
| 菓子型 64 | 子守フゴ 810 | 田植（縄引き植え） 299 |
| カシキフミ 266 | コヤシにタテグイを立てる 280 | 田植のアトツケ 299 |
| 鍛冶屋 494 | コヤシの作物（タイモ） 280 | 田植前の牛による耕耘 299 |
| カタクチイワシを女たちが煮干しに加工する 97 | コヤシの作物（白菜） 280 | 田植前の馬による耕耘 299 |
| 鰹一本釣り漁船の出漁式 365 | コロバシ 280 | 田植前の耕耘 299 |
| カツオの加工 97 | コンゴーゾーリ 670 | 田植え前の代掻き 299 |
| カツオの水揚げ 365 | コンゴーゾーリとセキフダ 670 | 田打ち 300 |
| カツオバンチャ 5 | コンコ用の竹匙 69 | 田打ち，田かきに使用する鍬 300 |
| カツオ漁用の餌イワシを入れる生簀 365 | 刺し網 374 | 滝本家の旧住居 154 |
| 担又 カタギ 588 | さす 591 | 田ごしらえ 301 |
| 学校の石垣と舗装されたばかりの通学路 540 | サスで柴を運ぶ 591 | タテグイに干した大豆・小豆 302 |
| カナコ 267 | サトウキビ鍋 534 | 棚田 302 |
| 鎌型 534 | 皿鉢料理 53 | タヌキの毛皮 427 |
| かまど上に神符をさす 719 | 山間の茶堂 145 | 種まき 304 |
| 紙エマ 706 | 珊瑚細工 501 | 種籾つけ 304 |
| 紙漉き 496 | シオカゴ 71 | 田のすみに放置された余り苗 305 |
| カミソを干す 496 | 四十九日の間供えられる死者のための膳 835 | 段畑 306 |
| カミソを蒸す 496 | 四十九日までの祭壇 835 | 茶を煎る 442 |
| 神棚前での祈禱 706 | ジジンサン 688 | 茶を揉む 442 |
| 茅葺き屋根の民家 134 | 自然茶を摘む 441 | 茶堂 757 |
| カラサワで打つ 269 | 地蔵堂平面図 753 | 茶堂裏のお供養様 757 |
| 川沿いの船だまり 540 | 柴漬け漁でシバヅケ網に入った鰻 376 | 茶堂内のいろり 757 |
| 皮はぎ 411 | 地曳き網 377 | 茶堂における接待風景 757 |
| 簡易裁判所 659 | 四万十川の川舟 544 | 茶堂に掲げる念仏定 757 |
| 官行造林事業所 411 | 斜面に並んだ草葺き屋根 148 | 茶堂に祀られている弘法大師坐像 757 |
| 甘藷切り機 65 | 手臼を曳く 286 | 茶堂に祀られている弘法大師坐像と薬師如来 757 |
| 乾田の種まき 270 | 宿坊の夕食 768 | 茶堂に祀られている地蔵菩薩坐像と鰐口 757 |
| 乾田播きの終了後 270 | 定規による田植 286 | 茶堂に祀られている千手観音像と弘法大師坐像 757 |
| 漁港の市場 556 | 昭和初期の吉良川の浜地区の町並み 150 | 茶堂の弘法大師坐像 757 |
| 漁村の休日 369 | 除草機 286 | 茶堂の弘法大師坐像と先祖供養牌 757 |
| 漁村の仕事着 7 | 真珠の加工場 535 | 茶堂の子安地蔵菩薩坐像 758 |
| 漁村の狭い畑 272 | 人力による採石 527 | 茶堂の祭壇 758 |
| 吉良川西丘地区 138 | 水車 289 | 茶堂の十川鎮めの地蔵 758 |
| 吉良川西丘地区の町並み 138 | 水車小屋の臼 289 | チャノコ 54 |
| 吉良川の民家 138 | 墊 291 | 中心街 650 |
| キリハタ 272 | すき方 292 | 通学 643 |
| 伐畑を焼く 272 | スギ皮葺き家屋の集落 151 | 突撃 508 |
| 伐畑から集落を望む 272 | スキワケ 292 | 土入機 308 |
| 伐畑に向う 273 | スッポン 292 | 椿山集落 157 |
| 草葺き屋根断面図 139 | スミグワイ 292 | ツリアゼ（用水用） 308 |
| 草葺き屋根の棟仕舞の例 139 | スミグワのかき方 292 | ツル 416 |
| 草屋根の住まい 140 | 相撲を披露する子供たち 782 | 手形庖丁 387 |
| 鯨商人札 566 | すりぬか（摺糠）を焼く 292 | 手鎌による土手の草刈り 535 |
| 鯨の位牌 675 | 背負って運ぶ 596 | 手燭 232 |
| 屑買い 566 | 折衷播きの総作業終了後ビニールをかける 293 | 手すき和紙 508 |
| 葛カズラを殺す作業 274 | 折衷播きの前の短冊形の畝作り 293 | 天秤棒で運ぶ 601 |
| クラオイ 435 | 折衷播きの籾播き 293 | 闘犬 782 |
| 鍬 275 | セミノ 11 | |
| けご 67 | セメン菓子売り 570 | |
| 毛羽取機 459 | | |

| | | |
|---|---|---|
| 豆腐作り | 105 | |
| とおし | 311 | |
| 土佐和紙生産 | 510 | |
| トビ | 416 | |
| トマトの収穫後、その茎や未成熟の実を埋める | 312 | |
| 泊屋 | 622 | |
| 泊り宿 | 623 | |
| 留木 | 312 | |
| 鳥おどしと収穫した小豆 | 312 | |
| 苗取り | 313 | |
| 苗取り終了後の苗をえびすさまに供える | 713 | |
| 苗の植え付け | 314 | |
| 苗運びのモッコウ | 314 | |
| 長尾鶏 | 437 | |
| 流灌頂 | 842 | |
| 薙鎌 | 416 | |
| ならし板使用の耕耘 | 315 | |
| 苗代に立てられた虫よけ札 | 722 | |
| 二期作の田植え | 316 | |
| 日曜市 | 558 | |
| 日曜市（街路市） | 558 | |
| 納経受付所 | 768 | |
| 鋸 | 417 | |
| バイ籠 | 391 | |
| 蠅取器 | 234 | |
| 葉こき | 461 | |
| ハサ掛け | 319 | |
| ハシケに積まれた建築資材とクレーン | 549 | |
| バドミントンをする中学生 | 801 | |
| 腹帯 | 439 | |
| 春焼きの準備 | 322 | |
| 火入れの前に神に無事を祈る | 714 | |
| 稗碾き | 323 | |
| ヒエリアゼと占有標 | 324 | |
| 挽き割機 | 85 | |
| 引っ張り餅 | 845 | |
| 備長炭作り | 530 | |
| 風選 | 325 | |
| 婦人下駄 | 40 | |
| フタドリ | 326 | |
| 二人挽鋸 | 418 | |
| 船着場 | 550 | |
| 鮒の串ざし | 56 | |
| 踏み簀 | 326 | |
| 古いカミソの黒皮を剥ぐ | 108 | |
| 謀計網 | 400 | |
| 乾かれい | 57 | |
| マガネの使用 | 329 | |
| 馬鍬 | 330 | |
| 股木で落葉を掻き落す | 330 | |
| 廻し打ち | 403 | |
| マンボウ鍋 | 57 | |
| 水揚げ水車 | 332 | |
| 水落とし | 332 | |
| 味噌屋の構え | 577 | |
| ミツマタを蒸す | 514 | |
| 三又切り鎌 | 514 | |
| ミツマタつくり | 514 | |
| ミツマタの皮を剥ぐ | 514 | |
| ミツマタの皮を太いさおに掛けて干す | 514 | |
| ミツマタの皮をむく | 514 | |
| 三椏畑 | 333 | |
| ミツマタ・ヒノキ・小豆・大豆・大根などが同居する焼畑 | 333 | |
| ミノ | 19 | |
| 民家 | 175 | |
| 民家と畑 | 177 | |
| 民家の屋敷囲い | 178 | |
| 昔ながらの町並み | 653 | |
| メガネ | 405 | |
| モッコ、シャチ | 608 | |
| もっそう | 91 | |
| 籾播き終了後，その上にこし土をまく | 338 | |
| 屋形船 | 552 | |
| ヤキ畑（キリハタ） | 338 | |
| 焼畑を埋めつくしたミツマタの花 | 338 | |
| 焼畑に火をつける | 339 | |
| 焼畑の火入れ | 339 | |
| 屋敷周りの畑 | 339 | |
| 屋根 | 182 | |
| 屋根鋏 | 217 | |
| 山伐りした跡 | 340 | |
| 山小屋の昼食 | 115 | |
| 山の道具を腰に吊した村人 | 536 | |
| 山焼き | 340 | |
| 山焼きに出る服装 | 22 | |
| 羊毛かき | 440 | |
| よさこい人形 | 794 | |
| 寄棟造り | 186 | |
| 落花生を干す | 110 | |
| 林尺 | 420 | |
| ロクロ | 408 | |
| 若者宿 | 624 | |
| ワッパ | 343 | |
| わらごえ | 344 | |
| 藁葺屋根と石垣 | 188 | |
| 割り竹で火を移す | 344 | |
| 椀 | 93 | |

## 福岡県

| | | |
|---|---|---|
| アオノリの仕分け | 344 | |
| 赤貝（サルボウ）の水揚げ | 344 | |
| アカガイの仕分け | 345 | |
| アカガイの身外し | 94 | |
| 上野焼の作業場 | 489 | |
| 赤間宿の町並み | 579 | |
| アーケード商店街 | 559 | |
| 足型・手形の奉納 | 701 | |
| 海女 | 347 | |
| 海女たちは伝馬船で沖に出て家族らとオキュウトグサなどもとった | 347 | |
| アマの家々 | 120 | |
| 網を引き揚げる | 349 | |
| 鮑突 | 350 | |
| 行火 | 218 | |
| 安全週間 | 526 | |
| 飯倉1丁目 | 537 | |
| イグサの草取り | 256 | |
| 石積の防波堤で囲まれた漁港 | 352 | |
| イソガネ | 352 | |
| 板床の連なる座敷 | 190 | |
| 一本歯高下駄 | 33 | |
| 薗蓑 | 4 | |
| 入母屋造りの豪壮な山本家 | 124 | |
| 飲食店の屋台 | 560 | |
| 牛の背当 | 432 | |
| ウナギカゴの生産と修理 | 357 | |
| 鰻突き | 357 | |
| ウナギ料理 | 50 | |
| ウナギ料理屋 | 560 | |
| 運搬車 | 586 | |
| 恵比寿神社に商売繁盛、海難事故除けを祈願する | 703 | |
| 柄振 | 262 | |
| 絵馬 | 703 | |
| 縁切り絵馬 | 704 | |
| 縁切り願い | 705 | |
| 縁切りの願いを書いた白布 | 705 | |
| 円窓 | 191 | |
| 大島の港 | 360 | |
| 拝み絵馬 | 705 | |
| 夫を炭鉱の事故で亡くし必死に働く女性 | 526 | |
| 折りたたみ枕 | 221 | |
| 貝殻の錫杖 | 785 | |
| 海岸のシャワー施設 | 579 | |
| 蚕籠 | 456 | |
| 街道に面した入口 | 131 | |
| 貝採り | 362 | |
| 家具材の乾燥 | 494 | |
| 菓子器 | 64 | |
| 渇スキーの漁師の着衣 | 5 | |
| 片手小鍬 | 266 | |
| カッチヤ | 526 | |
| カニを捕るもん採りなどを作るカゴ屋 | 365 | |
| カニカゴの修理 | 365 | |
| 鐘崎漁港 | 365 | |
| かぶと造りの屋根 | 132 | |
| 紙芝居 | 785 | |
| 神棚 | 684 | |
| 蚊屋 | 222 | |
| ガラス提灯 | 222 | |
| 川沿いにある白漆喰、なまこ壁の尾花家 | 135 | |
| 川端の水汲場 | 209 | |
| 河漁用延縄標 | 366 | |
| 刻み煙草入れ | 223 | |
| 雉子車 | 786 | |
| キネゴマ | 786 | |
| 給食当番 | 640 | |
| 旧道（街道の町並み）とバイパス | 541 | |
| 旧吉原家正面 | 138 | |
| 給料日の経理事務所前 | 526 | |
| 共同で行う氏神の清掃 | 628 | |
| 巨岩の祭祀遺跡 | 707 | |
| 漁港近くで販売されるコノシロやキビナゴ | 566 | |
| 漁村の女による行商 | 566 | |
| 巾着網を引き揚げる | 370 | |
| 空港の滑走路と飛行機の離着陸が見える高速道路 | 542 | |
| 薬調剤器具 | 665 | |
| 薬箱 | 665 | |
| クド造 | 140 | |
| くど造り（両鍵）の民家 | 140 | |
| くど造り様式を残しながら波板金属板葺きにした例 | 140 | |
| クド造りの家 | 140 | |
| クド屋根 | 140 | |
| 栗挟み | 531 | |
| 鍬 | 275 | |
| 傾斜地につくられた石垣の集落 | 141 | |
| 携帯用日時計 | 224 | |
| 削り節 | 62 | |
| 玄清法流盲僧琵琶 | 724 | |
| 洪水に備えて軒下につるしさげた川舟 | 244 | |
| 坑内で働く労働者 | 526 | |
| 坑内帽 | 26 | |
| 神湊 | 371 | |

## 地域別索引

坑夫長屋 … 143
国策湯丹保 … 655
小倉・紫川河口 … 616
小舟坑社宅街 … 526
独楽 … 787
小屋組を支える小屋梁 … 144
子安餅 … 52
魚の量り売り … 567
魚屋 … 567
酒との縁切り願い … 709
笹野才蔵 … 787
笹野才蔵（木版刷のお札） … 670
鮫鋕縄鉢 … 375
サラゴマ … 787
蚕繭とり … 459
三連水車 … 283
仕事を終えて地上にもどってきたところで煙草の接待 … 527
七五三 … 814
漆喰壁・なまこ壁の町家 … 147
注連飾 … 709
斜坑人車で地上にもどる坑夫たち … 527
集落 … 148
重連（三連式）水車 … 210
ショイコにのせた背負いカゴ … 592
焼成石灰を作り販売 … 534
商店街 … 569
陣笠 … 27
水害防備林 … 617
炊事や暖房用に拾い集めた石炭ガラを運ぶ炭住街の住民 … 527
水車（二連） … 289
水神さま … 689
杉玉を飾る酒屋 … 570
炭取り … 228
鶴鴒（玩具） … 788
蟬凧 … 788
千羽鶴とよだれかけ … 711
台地上の畑、石垣でまもられた集落 … 153
田植定規 … 298
高足膳 … 76
竹簀子天井 … 199
竹製品の加工、販売 … 506
竹で作られた棟 … 154
タコを干す … 104
タコツボ（蛸壺） … 383
タコンガサ … 28
畳床が框一段分ずつ上がっている、居蔵の館の座敷 … 199
タチツケ … 13
建網引揚機 … 384
炭車 … 527
炭住街 … 527
炭住街の子どもたち … 527
誕生餅 … 815
男女背中合わせの絵馬を奉納して縁の切れることを祈る … 712
炭塵にまみれて働く人 … 527
炭層を切りさく鉱夫 … 527
炭層から砕き取った石炭をスコップで集める … 527
団地 … 246
茶入 … 77
茶摘用かご … 443
辻井戸 … 212
紐帯 … 47
吊二階 … 199
吊ランプ … 231
手形・足形の奉納 … 713
手製キゴロス … 790
天井につるした縄束 … 509
でんでん太鼓 … 790
伝馬船で沖に出る … 387
胴突きや掛矢などを売る道具屋 … 574
豆腐作り臼 … 81
泊漁港 … 389
那珂川沿いの奇妙な家 … 160
長崎ちりり … 82
中島の朝市 … 558
中州から天神方面を望む … 651
ナタネカブキリ … 315
夏の家着のアッパッパ … 14
海鼠網 … 389
生ろう、ろう型 … 510
縄糸紡ぎ … 510
西公園から大濠公園方面を望む … 651
日活ホテルと福岡大映 … 651
日本セメント香春工場 … 535
日本炭鉱労働組合員 … 527
年数を経ると緑樹環境が見事になる典型的な中層住宅団地の棟間空間 … 248
軒を支える見事な持送り … 165
ノラギ … 15
海苔すき台 … 83
ノリ養殖のヒビ … 391
博多駅 … 548
博多港 … 548
博多付近 … 651
博多包丁 … 84
羽子板 … 791
箱階段と戸棚が据えられた居蔵の館 … 202
はこふぐ … 678
はぜ搾粕 … 512
はぜ実入籠 … 320
はぜ実収穫用大かぎ … 320
八方行灯 … 235
ハナゾーリ … 39
浜に揚げられた舟 … 394
張り子虎 … 792
灰屋 … 167
ヒコーキマンガ … 324
ビニールハウス … 325
ヒネゴマ … 792
干物作り … 107
拍子木 … 635
平入りの町家 … 168
ヒラゴマ … 792
ヒラゴマ別種 … 792
琵琶 … 779
福岡県庁旧庁舎 … 662
梟笛 … 792
船霊 … 695
船着場 … 397
舟からウナギを集荷する漁師 … 398
船の巻き上げ機 … 399
閉山後の零細炭鉱のヤマで細々と石炭を運び出す主婦たち … 527
ペデストリアンデッキ … 551
箒 … 238
疱瘡除け … 673
包丁 … 87
歩行者・自転車の分離歩道 … 551
ボタ山 … 528
ボタ山と炭住 … 528
町家のカマド … 204
ままじょうけ … 88
豆コキバシ … 331
ミカンの段畑 … 332
水売り車 … 577
三井山野鉱業坑道でのガス爆発死者の葬儀 … 528
三井山野鉱山の第一立坑口で入坑を待つ鉱夫たち … 528
港近くの井戸と水神様の祠 … 214
ミノ … 19
民家 … 175
民家の窓ガラス … 178
麦叩き台 … 335
無床犂（抱持立犂） … 336
ムツゴロー（玩具） … 793
宗像神社・拝殿前の参詣者 … 716
棟飾りのいろいろ … 179
メンコ … 793
木馬（玩具） … 793
門司港駅 … 552
モッソーゴマ … 793
籾あせり … 337
薬研 … 92
屋台 … 578
屋根のエビ … 183
結納台 … 826
誘蛾灯 … 341
行平 … 92
ゆるやかに湾曲した榎津の通り … 185
揚水機 … 341
揚水水車 … 341
吉原家 … 186
吉原家の内部 … 205
嫁入り … 826
ラッパ … 794
リヤカーの露店が並ぶ商店街の道なか … 578
漁師が舟にご飯のおひつを運ぶ … 408
漁師の暖取りと情報交換 … 408
漁の上がりを待つ女衆 … 408
旅館 … 582
ろうそく型枠 大型 … 518
ろうそく型枠 中小型 … 518
ワカレ絵馬 … 717
和船の面影を残す機帆船 … 409
綿入れ半纏 … 23
藁海老 … 717
藁切り … 441
ワラスボミノ … 23

## 佐賀県

燈りをともしてシラスウナギを箱のような漁具ですくい獲る … 345
明りとりの窓 … 189
赤レンガ館の正面 … 120
秋の稲刈りに水口近くに刈り残された三株の稲 … 252
アゲマキツリ … 345
朝市 … 554
足踏扇風機 … 253
畦切り鍬 … 253
遊びの場 … 794
アバ網の口 … 346
アバ網の張り網 … 346
雨水受けの桶 … 206
網修理 … 349
有田では客が来て自分の店にない物なら、知りあいの店から持ってきてもらう … 560

| | | |
|---|---|---|
| 有田の陶器市 555 | ざこ干し 100 | ヒシの実採り 533 |
| 有田の陶器市に来た外国人 555 | サシオイ（アゲマキのあなあけ） 374 | 紐造り 513 |
| 有田焼 490 | さし鍬 281 | ヒンメシヒャアドラ 606 |
| 飯蛸用貝殻 351 | サデ網（石アバに使う） 374 | 二棟造り 169 |
| イソガネ 352 | ザル 282 | 干柿作り 108 |
| 一般的なくど造り 123 | 三棟造りに見える納屋が付属した | 馬加 329 |
| 猪鹿一千碑 675 | 　くど造り 146 | 馬鍬 330 |
| 猪鹿供養碑 675 | 猪鹿三百誌石 676 | 待ち網（抄網の一例） 402 |
| 伊万里の窯元 490 | 渋柿の皮をむきつるしさげたばか | 御髪大明神と八大竜王の石碑 697 |
| 伊万里焼の絵付け 490 | 　りの柿 101 | 見事なむくり屋根と軒先に敷瓦、|
| 入り江の舟 354 | 集落 148 | 　小屋裏換気口に十字の花崗岩 174 |
| 色絵八角壺 219 | 出漁を見合わせていた漁船 378 | 水汲桶 240 |
| 魚市場 555 | 商店街 569 | 水田犂 332 |
| 魚市場に並べられた魚類 555 | ジョレン 287 | 民家 175 |
| 内山東部、上有田の町並み 125 | 水深計量り 379 | 民家の間取り 178 |
| 裏通りにある窯業廃材を用いたト | 水田除草機 290 | 昔ながらの河港の姿 552 |
| 　ンバイ塀 126 | 水田中耕除草機 290 | モガイむき 109 |
| エゴスキ 358 | 犂 291 | モガイゆで 109 |
| 絵付師 492 | 炭焼きがま 529 | モリ 769 |
| 円座 220 | 青年団 622 | 柳行李 240 |
| 主屋と納屋が一体化した瓦葺きの | 千歯 294 | 屋根に藁を巻いたまじないの輪を |
| 　民家 129 | 双用犂 294 | 　置いた民家 674 |
| 海岸の道 539 | 卒塔婆 839 | ヤブササン 699 |
| 蚕飼育用丸はじ 456 | 大日大聖不動明王 711 | 山内町 440 |
| 改葺で白漆喰をはぎ取って煉瓦を | 台風を見極めようとする漁師たち 382 | 揚水車 341 |
| 　みせる 130 | 台風にそなえ網を陸揚げする改良 | 洋風建築 185 |
| 抱持立犂 265 | 　大テンマ船 382 | 両側に鍵屋が突き出たくど造り民 |
| 加唐島 131 | 竹崎がに 54 | 　家 186 |
| かきむき 97 | 竹ハジ 383 | 旅館 582 |
| カスリ 266 | タコツボ（蛸壺） 383 | 旅館の窓から見た温泉街 583 |
| 金武開拓地・農協 659 | 叩き手法 506 | レンコン掘り 343 |
| カニ網あげ 365 | タテボシ網 384 | 漏斗造り 187 |
| カニカゴあげ 365 | タナジブ 384 | 漏斗谷造りの外観 187 |
| カマド 193 | 棚じゅぶ 384 | 漏斗谷造り俯瞰 187 |
| 釜蓋かぶせ 820 | 種籾の水浸し 305 | 六地蔵 700 |
| 釜屋建ての民家 133 | 鳥獣供養碑 676 | 若者組の制裁 624 |
| 紙漉きフネ 496 | つめ棒 79 | 若者宿 624 |
| 甑作りをした草葺の仕事場 496 | 吊し柿 104 | 山葵売り 579 |
| 茅（葦）壁 133 | 手がんづめ 309 | 和田津海大神 700 |
| 唐津の朝市 556 | 手提行灯 232 | 藁打台・槌 519 |
| 川に面した積み出し口のある醬油 | 出前 573 | |
| 　工場 448 | 天秤棒をかついで朝市から帰る 601 | **長崎県** |
| 雁爪 270 | 天秤棒を担ぐ女の人 601 | |
| カンピョ 270 | 投網塚 387 | 愛情道路 639 |
| カンピョウエ 270 | 唐鍬 310 | アゲマキ掘り 345 |
| 木型 497 | 陶磁器の製作工程 509 | アゴアミの渋かけ（共同作業） 345 |
| 北側3間分が畳敷きの二階内部 194 | 唐人商店街付近 651 | 朝市 554 |
| 旧大山村役場 659 | 唐人商店街付近の露店 573 | 朝稽古の帰り 625 |
| 旧川打家住宅 137 | 土鍋 81 | アズキ畑 253 |
| 旧久島家住宅 138 | 土間の荒神柱 201 | 畦ぬり 253 |
| 共同風呂 664 | 泥土揚げ桶 313 | 遊ぶ子ども 795 |
| 薬匙 664 | 苗代播種機 316 | 油さし 254 |
| クチゾコ押シ、漁場へ向かう 370 | 荷を運ぶ 602 | 網干場 346 |
| クド造 140 | 荷物の出し入れに便利な二階への | 海女 347 |
| くど造りの農家 140 | 　広い階段 202 | 海人 347 |
| くど造りの民家 140 | 農家の主婦が天秤のかごに花の咲 | アワビオコシの実測図 350 |
| 供養碑 676 | 　いた植木鉢をつめこんで売りに | アワビやウニをとる 350 |
| ゲンシキ網 371 | 　来た 575 | イカ籠（バカ籠） 351 |
| ゴイオケ 276 | 農耕牛を連れた若い女性 438 | いかだ舟 410 |
| 国道を往く 542 | 軒の高い漏斗谷造り 165 | 筏舟 410 |
| 子守り 810 | 登り窯 511 | イカダブネ（筏舟）とサオ（樟） 351 |
| 金毘羅大明神石祠 687 | 羽子板 791 | イカの干場 95 |
| 採集区域設定 373 | ハジ網 392 | イカ干し 95 |
| 桿秤 583 | ハジ網の設置 392 | 壱岐・印通寺浦の町 121 |
| 佐賀市の家並み 144 | 畑犂（もぐら犂） 321 | 壱岐郷ノ浦のヨウカ日 555 |
| 魚を干すテラス 100 | 八大竜王石祠 694 | 壱岐の朝市 555 |
| 佐賀のくど造り 144 | 低めの二階・白漆喰・小さな窓の | 壱岐の海女 352 |
| 佐賀平野の耕地 281 | 　建物 167 | 壱岐の村落景観 121 |
| 提げ弁当 70 | ひし採り 533 | |
| ざこうでのなべ 70 | 菱とり 533 | |

## 長崎県

| 項目 | 頁 |
|---|---|
| 壱岐の農家屋敷図 | 121 |
| 石垣にまつられた地蔵 | 680 |
| 石垣塀の家 | 122 |
| 石積の防波堤 | 615 |
| 石畳の道 | 615 |
| 石段 | 615 |
| イシヒカセダイ | 585 |
| 石日干しといわれる有明海のスクイ | 352 |
| 石葺き屋根の例 | 122 |
| 石屋根小屋 | 122 |
| 石屋根棟部分の美しいおさまり | 122 |
| 石屋根の妻側立面で石盤の積載状況がわかる | 122 |
| 石屋の鍛冶 | 490 |
| イズキ | 257 |
| 板鍬 | 257 |
| 市での語らい | 625 |
| 一斉に船がウニ島に向かう | 353 |
| 一本釣りで釣りあげた鰤 | 353 |
| 井戸 | 207 |
| 井戸と水神 | 207 |
| 糸巻き台と糸枠 | 468 |
| イナマキ | 257 |
| イナムラ | 257 |
| 稲荷様 | 681 |
| イモのキリボシ | 50 |
| 芋畑 | 260 |
| 入り江の舟 | 354 |
| イロリとカマド | 191 |
| 囲炉裏と流し台 | 191 |
| イワシを干す | 96 |
| イワシ縫切網 | 355 |
| 植エシロスキ | 260 |
| 魚市場 | 555 |
| うおがた | 355 |
| 牛と鋤で貝を掘る島の人たち | 356 |
| 牛の放牧 | 433 |
| 牛の枠 | 433 |
| 牛マヤ | 125 |
| ウセ桶 | 261 |
| ウニつくり | 96 |
| ウニ漁の解禁日 | 357 |
| 馬を引く娘 | 433 |
| 馬で畑へ行く島の娘 | 433 |
| 馬とトラックを積んだ木造フェリー | 538 |
| 映画館 | 774 |
| 江切りの網にかかった大きなスズキを持つ少年 | 358 |
| 江切り漁 | 358 |
| エビスさまの祠 | 682 |
| エビスサン（恵比須様） | 682 |
| 恵美須と大黒 | 682 |
| 家船の生活 | 359 |
| 円形定規 | 493 |
| お掛け絵に対しオラショを唱える | 770 |
| オゴケ | 469 |
| 押し網 | 361 |
| 押し板の上の桶やコンテナに獲物を満載して沖の干潟から戻る | 361 |
| オシオイ桶 | 705 |
| オージョーケ | 62 |
| オート三輪車 | 539 |
| 鬼の的 | 668 |
| おはじき遊び | 796 |
| オランダ人形 | 784 |
| オランダ埠頭の石段とオランダ塀 | 616 |
| オリカハ | 208 |
| 鬼瓦 | 785 |
| 海藻類を港にあげる漁師 | 362 |
| 瓦解してマリア像だけが焼け残った浦上天主堂をのぞむ場所で、復興の祈りを捧げる修道女 | 655 |
| カクパラ | 587 |
| 飾馬 | 785 |
| 頭ヶ島教会 | 647 |
| カセ | 472 |
| カセトリ | 472 |
| ガータロ | 683 |
| 鰹節飾一連 | 820 |
| 勝本浦本浦の町並み | 647 |
| 勝本浦正村の町並み | 647 |
| 勝本港 | 365 |
| カトリック教会のあるむら | 647 |
| カトリック信者の墓 | 831 |
| 火難除災の御札 | 719 |
| 鉦 | 775 |
| 釜蓋かぶせ | 820 |
| 神棚 | 684 |
| 紙のヒトガタ | 707 |
| 通い船 | 540 |
| カラスキ | 269 |
| からすみ | 51 |
| からすみの加工品 | 51 |
| ガラン様 | 685 |
| 川の洗い場 | 209 |
| 瓦焼乾燥場 | 496 |
| 瓦焼の亀 | 496 |
| 瓦屋根の屋根替え | 216 |
| ガンギ | 541 |
| ガンギのある船着場 | 541 |
| カンコロ干し | 98 |
| 看板（カラスミ） | 563 |
| 忌中札 | 832 |
| 旧教徒婦人が使用する木綿のシャツ | 7 |
| 共同井戸 | 209 |
| 共同井戸と洗い場 | 209 |
| 共同井戸と水神様 | 209 |
| 漁業神 | 685 |
| 漁港 | 367 |
| 漁船の形態および部分名称 | 368 |
| 漁村 | 369 |
| 金魚売り | 566 |
| 巾着網船の漁場での操業 | 370 |
| 巾着舟の集結 | 370 |
| 鯨の解体 | 370 |
| 鯨の下顎骨でつくられた海童神社の鳥居 | 724 |
| 鍬 | 275 |
| クワとクワ先 | 276 |
| 桑畑が続く白い道 | 458 |
| 軍艦島 | 526 |
| 群倉 | 141 |
| 頁岩で屋根を葺いた高床式倉庫 | 141 |
| 剣舞箏 | 786 |
| 県庁あたり | 648 |
| 剣猛宗凧 | 786 |
| 孝行芋をつぶして団子にして並べ、発酵、乾燥させている | 99 |
| 郷士の家 | 142 |
| 耕地と牛を連れた人 | 277 |
| 香時計 | 225 |
| 坑夫 | 526 |
| こえたご・こえびしゃく（桶と曲げもの） | 277 |
| コガイ | 68 |
| 小型の対州馬に乗って山路を行く豆酘美人と石屋根の小屋 | 542 |
| 古賀人形 | 786 |
| コクラ | 686 |
| コテボ | 590 |
| コバチ | 68 |
| 独楽 | 787 |
| 小屋 | 143 |
| 小屋の平面図 | 144 |
| 祭石 | 687 |
| 佐賀漁港 | 373 |
| 魚の荷揚げ | 373 |
| 坂道の下の共同井戸 | 210 |
| 坂本さん | 687 |
| 酒壺 | 70 |
| 佐須奈の大浦家 | 145 |
| 佐世保重工業のドック | 616 |
| 三角ちまき | 53 |
| サンゴーズキ | 283 |
| ジガラウス（踏臼） | 71 |
| シゲ（聖地）の中心 | 767 |
| 仕事着 | 9 |
| 地蔵 | 688 |
| 士族の家 | 147 |
| 地搗き | 522 |
| 柴小屋 | 216 |
| 自分の家で作った野菜を並べる壱岐の朝市 | 557 |
| 絞られた網の中は魚、魚（イワシ）でいっぱい | 377 |
| 島原の港 | 377 |
| 集落 | 148 |
| 出漁にそなえて準備をする | 378 |
| 襦袢 | 10 |
| 焼酎入 | 450 |
| 商店街 | 569 |
| 少年の町 | 630 |
| 醬油瓶入れ | 72 |
| ショーケ | 73 |
| 除草具 | 287 |
| ショタゴ | 73 |
| ショロミノとタコンガサ姿の女性 | 10 |
| 代かき | 287 |
| 白ちまき | 54 |
| 神鏡 | 725 |
| 神社に盛られたお供えの米粒 | 710 |
| 新船祝い | 522 |
| 水神 | 689 |
| 水路で洗い物 | 211 |
| 酢甕 | 451 |
| スキィ | 379 |
| 犁市 | 557 |
| すくい（石干見）の石積み | 379 |
| すくいのおろぐち（水抜き）に集った魚やエビをすくいとる | 380 |
| スザル | 292 |
| 背負い運搬 | 594 |
| 背負うふたり | 596 |
| セーカンサン | 689 |
| 石室 | 152 |
| セッカ打ち | 380 |
| セートンゴー・ハシ | 74 |
| 船上 | 545 |
| 洗濯場 | 211 |
| 造船所 | 523 |
| 草履作り | 504 |
| ソバたたき | 295 |
| 台地上の畑、石垣でまもられた集落 | 153 |
| ダイドコロ | 197 |
| 鯛ノ浦教会・墓地 | 839 |
| 堆肥を運ぶ牛 | 296 |
| 台風よけの石垣 | 153 |
| 大宝漁協 | 382 |

## 長崎県

| 項目 | 頁 |
|---|---|
| 田植え | 297 |
| 田植時の食事と休憩 | 113 |
| 田植姿 | 12 |
| 田植用横ヨマ | 300 |
| 竹籠を編んでいる老人 | 505 |
| 竹籠つくり | 505 |
| 竹細工の道具 | 505 |
| 竹すら | 527 |
| 竹の蛇 | 789 |
| タコ縄漁 | 383 |
| 凧　日の出鶴 | 789 |
| タコンガサ | 28 |
| 田スリ | 302 |
| 棚田の代かき | 303 |
| 種かし | 304 |
| タバコの乾燥庫と藁葺納屋 | 155 |
| 足袋型 | 507 |
| 田ホドキ | 305 |
| 霊屋 | 840 |
| 盥・洗濯板 | 230 |
| 炭鉱の島の建物 | 527 |
| 段々畑 | 306 |
| 鉤曲げ器 | 507 |
| 茶盆棚 | 199 |
| 『對馬沿岸釣漁譚全』の釣鉤図 | 508 |
| 対馬旧士族の民家 | 157 |
| 対馬市椎根の集落 | 157 |
| 対馬の海女 | 386 |
| 対馬の馬 | 600 |
| 対馬の"材木船" | 386 |
| 対馬の地舟 | 546 |
| 対馬の仏壇 | 840 |
| 対馬のヨマ（隠居室） | 199 |
| 豆酘港 | 386 |
| ツト宮 | 692 |
| 妻が漕ぎ夫が魚を突く | 386 |
| ツムギグルマ | 480 |
| 釣鉤 | 386 |
| ツリバリ（釣針） | 386 |
| テアゼ作り | 309 |
| 定期連絡船 | 546 |
| 手押し網漁 | 387 |
| 出立ち | 841 |
| 鉄鏨 | 79 |
| テヌグイ（手拭）を結ぶ男 | 28 |
| 田橋農場の牧牛 | 437 |
| 天道法印塔 | 692 |
| 天秤カゴを背負って坂道を下る行商の女たち | 573 |
| 天秤棒の行商 | 573 |
| 投網 | 387 |
| 唐灰ちまき | 55 |
| 東光寺参道 | 547 |
| 唐人モモヒキ | 14 |
| 通りの市 | 558 |
| 床の間と大黒、恵比寿 | 694 |
| トビヤシロ | 694 |
| 泊り宿 | 623 |
| ドンザ | 14 |
| 苗取り | 313 |
| 長崎凧の表面と糸目 | 790 |
| 長崎凧の骨組 | 790 |
| ナタガマの種類 | 417 |
| ナマコ漁 | 389 |
| 納屋 | 162 |
| 縄植え | 315 |
| 納戸神 | 694 |
| 仁位港 | 390 |
| 日用品の市 | 558 |
| 担い籠 | 603 |
| 担い俵 | 603 |
| 煮物鉢 | 83 |
| 入港を待つ人々 | 548 |
| ニュウトビ神様 | 694 |
| 練り櫂を操る | 548 |
| 農家 | 163 |
| 軒下から下がる漁具 | 390 |
| 軒下の竿にモチキビをかけ干す石屋根の倉庫 | 165 |
| ノコギリ | 417 |
| 野天風呂 | 202 |
| 海苔種付けの日 | 391 |
| ノリ養殖のヒビ | 391 |
| バイ籠 | 391 |
| 墓洗い用の水を肩にのせて墓参りに行く | 604 |
| ハギトウジン | 16 |
| ハギトージン | 16 |
| 稲架 | 319 |
| ハシケ | 548 |
| 蓮の葉に供物を乗せて海へ流す | 714 |
| 蜂蜜分離器 | 438 |
| 初宮参り | 816 |
| はなでまり | 791 |
| 跳ね板 | 393 |
| 浜で網をつくろう | 394 |
| バラモン | 791 |
| バラモンの変形 | 791 |
| 張子　鯨の潮吹 | 791 |
| 張子の首振り　虎 | 792 |
| ハンドゴマ | 792 |
| 日陰で船を待つ | 549 |
| 東山手の賃貸住宅 | 167 |
| 日繰帳 | 772 |
| 比田勝港 | 395 |
| 棺 | 845 |
| 火の見梯子 | 635 |
| 病気祈願 | 714 |
| 平戸・天主堂のあたり | 651 |
| ヒラメ刺し網 | 396 |
| 披露宴の折箱 | 825 |
| びろうがさ | 30 |
| 武家屋敷の路地 | 550 |
| 布団干し | 249 |
| 船下ろしの祝い | 524 |
| 船小屋 | 397 |
| 船着場 | 550 |
| 船縁から海に飛びこもうとしている海女 | 398 |
| 舟おろし | 524 |
| 舟タデをする | 398 |
| ブリの水揚げ | 399 |
| 古い型の刺網漁船 | 400 |
| 古い町並み | 652 |
| 古い町家 | 170 |
| ヘエグワ | 327 |
| 便所 | 204 |
| 弁天さまの祠 | 696 |
| 遍路姿 | 769 |
| 保育所 | 812 |
| 奉納されたタテガラ | 715 |
| 放牧された牛 | 439 |
| ホオカブリ | 30 |
| 捕獲した鯨を五島荒川の捕鯨基地に運ぶ | 400 |
| ホカクド | 846 |
| ボーズゴマ | 792 |
| ホタケサマを祀ったダイドコ | 697 |
| ホタケサマの神体 | 697 |
| ボタンツキ（ミハハマエダレ） | 18 |
| ホッカブリのいろいろ | 30 |
| 保床山山麓の神田 | 329 |
| 鱈の卵巣をとり出すための包丁 | 88 |
| ほらほげ地蔵 | 697 |
| 本船と魚の運搬船の間に網が絞られる | 401 |
| 本箱 | 238 |
| マガ | 329 |
| マグワ | 330 |
| 町の通り | 652 |
| 松をめぐらせた出作小屋と防風林 | 173 |
| 祭に帰って来た家船の群 | 402 |
| マリア観音像 | 697 |
| 万関水道 | 619 |
| ミカンの段畑 | 332 |
| 水汲み場 | 214 |
| ミズダル | 89 |
| 道端につながれた牛と麦藁屋根の集落 | 440 |
| 道行く牛 | 440 |
| 三日菰 | 848 |
| 三菱造船所 | 619 |
| 満山鈎 | 515 |
| 満山鈎　アラ釣用 | 404 |
| 満山鈎　サワラ釣用 | 404 |
| 満山鈎　シイラ釣用 | 404 |
| 満山鈎実測図（魚種不明の鉤） | 515 |
| 満山鈎実測図（サワラ鉤・アラ鉤・スズキ鉤） | 515 |
| 満山鈎実測図（シイラ鉤） | 515 |
| 満山鈎実測図（タイ鉤） | 515 |
| 満山鈎実測図（ブリコギ鉤） | 515 |
| 満山鈎製造工具　金床 | 515 |
| 満山鈎製造工具　寸法測り器 | 515 |
| 満山鈎製造工具　鉤曲げ | 515 |
| 満山鈎製造工具　鉄槌 | 515 |
| 満山鈎製造工具　挟み具 | 515 |
| 満山鈎製造工具　曲げ型 | 515 |
| 満山鈎製造工程 | 515 |
| 満山鈎製造所　鍛冶場 | 515 |
| 満山鈎製造所　細工場 | 515 |
| 満山鈎製造所　材料置場 | 515 |
| 満山鈎製造所　作業場 | 515 |
| 満山鈎　製品を入れる専用の棚と移動箱 | 515 |
| 満山鈎　タイ釣用 | 404 |
| 満山鈎　注文見本控から輪郭実測 | 515 |
| 満山鈎の看板 | 515 |
| 満山鈎の伝統を語る欅の看板 | 515 |
| 満山鈎針製造所　作業場配置図 | 515 |
| 満山鈎　ブリ釣用 | 404 |
| ミナダコ | 793 |
| 港へ搬出 | 419 |
| 港町 | 175 |
| 箕の使い方 | 333 |
| ミノメエカキ | 20 |
| 民家 | 175 |
| 民家の基本的間取り | 178 |
| 麦の脱穀 | 335 |
| 麦藁屋根と石壁の家 | 178 |
| 娘宿 | 623 |
| ムツ掛け | 404 |
| ムツカケと呼ぶムツゴロウ漁 | 404 |
| 鯥五郎捕り膝当 | 404 |
| メインストリート | 653 |
| 眼鏡橋・オランダ橋とも称される幸橋 | 552 |
| 眼鏡橋・東新橋 | 552 |
| 眼鏡橋・袋橋 | 552 |

# 熊本県

| 項目 | ページ |
|---|---|
| 盲僧琵琶による長崎県対馬の荒神祓え | 727 |
| 木炭の山 | 530 |
| 持ち網漁（狙い） | 405 |
| 籾摺りをしている婦人の着衣 | 21 |
| 紋付の仕事着を着た老人 | 21 |
| 焼き入れ | 517 |
| 野菜売り | 578 |
| ヤボサ社 | 699 |
| 山の神の神体 | 700 |
| 結納品 | 826 |
| 幽霊子育て 幽霊像・伝説上の飴屋の店頭 | 679 |
| 養殖 | 407 |
| 養蜂の道具　ハチトリテボ | 440 |
| 寄棟民家 | 186 |
| ヨマ | 186 |
| ヨマカゴ | 794 |
| 落書き | 803 |
| ラッパ | 794 |
| リヤカーで運ぶ | 609 |
| リヤカーに乗る子ども | 609 |
| 琉球畳を使用した茶室 | 186 |
| 漁師 | 408 |
| 旅館 | 582 |
| 連絡船 | 553 |
| 路地で網を繕う人 | 408 |
| 露店 | 578 |
| ワカメ干し | 409 |
| 渡船を下りて着替えた老人 | 23 |
| 綿帽子 | 31 |
| ワノー田 | 344 |
| 草鞋を売っている | 579 |
| ワラスボ掻き | 409 |
| 藁葺きの隠居家 | 188 |
| 藁葺きの納屋と母屋 | 188 |

# 熊本県

| 項目 | ページ |
|---|---|
| アシナカの鼻緒の結び方 | 32 |
| 網代天井 | 189 |
| 阿蘇山噴火口の地蔵 | 765 |
| 天草下島・本渡 | 646 |
| イカテングリ舟と漁具 | 351 |
| イカとタコをつるし干す | 94 |
| いきなりだんご | 49 |
| 生簀籠を積んだ運搬船 | 352 |
| イケスに使う大きな丸カゴが路地にならぶ | 352 |
| 生簀にも使える大きなビクが路地にならぶ | 352 |
| 石地蔵 | 680 |
| 石橋 | 537 |
| 石橋・笹原川の聖橋 | 537 |
| 石橋・山中橋か | 537 |
| 板鍬 | 257 |
| 板角力 | 783 |
| イチケシ | 783 |
| 五木の民家 | 123 |
| 五木村の集落 | 123 |
| 一本橋 | 538 |
| イデさらえ | 257 |
| 伊藤家住宅 | 123 |
| 稲子積 | 257 |
| 猪尾 | 421 |
| 猪の尻尾 | 421 |
| イモ掘り | 260 |
| 入れ子桶 | 60 |
| イワシ籠 | 354 |
| イワシ籠を作る | 354 |
| ウサツキ | 356 |
| 牛を水浴びさせる農夫 | 432 |
| 牛の背に荷物をのせて運ぶ | 586 |
| 牛深市役所 | 658 |
| 打瀬船 | 356 |
| 団扇の製作 | 491 |
| ウニとり | 357 |
| 馬が群れをなして遊び悠々と草を食む牧場 | 433 |
| 海に飛び込む少年 | 795 |
| 運搬船にハシケから荷物を積み込む | 586 |
| えすじ | 586 |
| 恵比寿を祀る祠 | 681 |
| エビス神 | 682 |
| エビラ（茶もみザル） | 441 |
| 縁側 | 191 |
| オイコ | 586 |
| 大壁の土壁 | 127 |
| 大鎌 | 263 |
| 大庄屋の家 | 127 |
| 大通り | 646 |
| オキンジョと称する板人形 | 784 |
| 桶漬漁法の用具 | 361 |
| 押入れの中に隠された仏間 | 742 |
| 乙字型屋根の鍵屋の太田家 | 129 |
| 織編菅笠 | 25 |
| 折置組の柱と梁の接合部 | 130 |
| 海岸の家並み | 130 |
| 鍵屋の桑原家 | 131 |
| 鈎屋の民家 | 131 |
| 学童の道路美化 | 640 |
| 学童服に雨合羽を着た少年が、放牧する牛を引いて阿蘇山頂へ通じる道を横断している | 434 |
| 籠を編む男性 | 494 |
| 家相図 | 669 |
| 学校医による身体検査とレントゲン検診 | 640 |
| かぼけ | 65 |
| カボテ | 534 |
| 鎌型 | 534 |
| カマド神 | 684 |
| 紙製姉様 | 785 |
| 紙の着物を着せた山の神に奉納した猪の尻尾 | 423 |
| 萱屋根と本瓦葺きの家 | 134 |
| 川石を拾いあげ、小舟に移し入れる | 526 |
| 川石を拾う | 526 |
| 川石を満載したダンベ船 | 526 |
| 川を渡る | 540 |
| 川下り舟 | 540 |
| カワハギの天日干し | 98 |
| 川舟に家具類を積んで移転する | 589 |
| 瓦をおろし家を解体する | 135 |
| 河原に建てられたバラック建築の住居 | 135 |
| 河原に立てられた家 | 135 |
| 櫟 | 34 |
| 乾燥芋 | 98 |
| 桔梗文蓋付桶 | 66 |
| 客待ちをする渡し舟 | 541 |
| キャッチボールをする | 797 |
| 旧緒方家住宅 | 136 |
| 旧境家住宅 | 137 |
| 旧境家住宅内部（谷樋部分） | 194 |
| 京呂組の梁と桁の接合部 | 138 |
| 木馬 | 412 |
| 草刈鎌 | 273 |
| 草刈り小屋 | 273 |
| 球磨川が八代海に注ぐ河口の汽水域では、海の魚、川の魚が混じって獲れた | 370 |
| 球磨川下り | 580 |
| 球磨川の源流を標記した石柱、ここまで来た人の記念の木札と登りに使った杖 | 616 |
| 球磨川の「高曽の瀬」を下る | 580 |
| 熊本市内・正面に熊本城 | 648 |
| 桑切鎌 | 457 |
| 下駄作り | 500 |
| 荒神さん | 686 |
| 庚申塔 | 743 |
| 湖上の舟 | 371 |
| こつつみ | 708 |
| こども消防団 | 641 |
| 木ノ葉猿 | 787 |
| 護符 | 720 |
| 米揚笊 | 69 |
| 米搗車 | 787 |
| 小屋裏の空間が広く使えるよう工夫された牛梁と登り梁 | 144 |
| 五老滝と棚田 | 280 |
| コンニャク作りの様子 | 100 |
| 祭壇前の男性のみによる集合写真 | 834 |
| 魚の行商人 | 567 |
| 相良氏の御仮屋を明治10年に移築した堤家 | 144 |
| サツマイモを掘る | 281 |
| 三角ジョウケ | 226 |
| 桟瓦葺き屋根 | 145 |
| 山村の出作り小屋 | 146 |
| 七五三 | 814 |
| 自転車で山から町へ炭を運ぶ | 591 |
| 自転車に乗れるように練習する母親 | 629 |
| 自動車と男性 | 544 |
| シャコを獲る | 377 |
| 集魚灯 | 377 |
| 集落 | 148 |
| 小学校5、6年生が自発的に交通整理を行なう | 544 |
| 少年たち | 630 |
| 醬油醸造元土蔵造りの店舗 | 569 |
| 植林 | 413 |
| 真珠養殖イカダ | 379 |
| 新日本窒素水俣工場 | 661 |
| 犂 | 291 |
| 杉皮葺き屋根の家 | 151 |
| 直屋の茅葺き民家 | 151 |
| 炭焼きがま | 529 |
| 背負籠 | 595 |
| せがい造りの軒先部分 | 152 |
| 銭湯の脱衣箱にはいる子どもたち | 799 |
| 造材 | 415 |
| 橇のような台に乗せて刈った草を運ぶ | 598 |
| 大八車に足の不自由なおばあさんを乗せて病院に連れて行く子どもたち | 598 |
| 田植え | 297 |
| 手折ったススキの穂を振っている少女たち | 799 |
| 薪を運ぶ | 599 |
| 竹馬（シャガシ） | 799 |
| 竹カゴをつくる | 505 |
| タケノコを干す | 104 |
| タケノコ掘り | 532 |

地域別索引　　　　　　　　　　　　　　大分県

竹の泥をふく ……………………… 506
竹湯沸かし ………………………… 76
タコを干す ………………………… 104
谷のところどころに民家 ………… 155
谷の村に下りるハシゴ …………… 246
谷間の稲田 ………………………… 303
種山手永の総庄屋であった平野家 … 155
タバコの葉の乾燥庫 ……………… 442
ダンベ船に砂利を移す …………… 527
竹材店 ……………………………… 507
畜産市の前祝い …………………… 558
チャブ台での食事 ………………… 113
茶碗メゴ作り ……………………… 507
チョンカケ ………………………… 789
通学 ………………………………… 643
通詞島と天草下島を結んでいた渡
　し舟 …………………………… 545
通潤橋 ……………………………… 545
土壁上部の折置組 ………………… 157
釣り糸を垂れる太公望 …………… 805
吊し桶 ……………………………… 633
つる付きの釜 ……………………… 79
定期券を持った行商のおばさんと
　晴れ着姿の婦人 ……………… 573
テゴ ………………………………… 481
出作り小屋での乾燥 ……………… 309
鉄鍋 ………………………………… 79
天井にもカゴを吊るした日奈久温
　泉の土産物店 ………………… 573
豆札牧場 …………………………… 437
トウモロコシの茎の塚 …………… 311
道路工事の光景 …………………… 618
特産の釣り竿の竹 ………………… 509
土間境の大黒柱 …………………… 201
鳥居をくぐって安産あるいは無病
　息災を祈る …………………… 713
鳥居くぐりによる安産祈願 ……… 713
ドンベンゴマ ……………………… 790
トンボゴマ ………………………… 790
長屋門のある武家屋敷の町並み … 161
ナゲゴマ …………………………… 790
波除けのため石垣を高く築いた家
　並み …………………………… 162
稲積 ………………………………… 316
荷を積む牛 ………………………… 602
荷を運ぶ牛 ………………………… 602
荷物を運ぶ ………………………… 603
布草履（古着リメイク） ………… 39
農家の庭先 ………………………… 164
農家の屋敷 ………………………… 164
軒先に干されたゴマとキビ ……… 106
ノリ製造場に海水を送るタンク … 390
海苔の種付け ……………………… 391
海苔の養殖 ………………………… 391
ノリ培養施設内部 ………………… 391
海苔干し場 ………………………… 107
墓 …………………………………… 844
バキューム・カーを使って新作映
　画「糞尿譚」の宣伝をする … 618
羽子板 ……………………………… 791
橋の下で生活する人 ……………… 634
馬車で牧草を運ぶ ………………… 604
馬車に乗ってはしゃぐ小学生たち … 549
バスを待つ着物姿の女性 ………… 549
伐採 ………………………………… 417
ばっちょ傘作り …………………… 512
ハナ付鉈 …………………………… 418
花の咲く屋根 ……………………… 166
バラ ………………………………… 322
バラモン凧 ………………………… 791

バリカンで頭を刈る ……………… 248
パルプ用材の架線集材の土場 …… 418
はんぞ ……………………………… 236
肥後鍬 ……………………………… 324
日向ぼっこ ………………………… 249
ヒビ ………………………………… 395
二江漁港の集落 …………………… 169
ふたつの「蛇籠」を置き、それを
　橋脚にして丸太を渡した橋 … 550
船霊様 ……………………………… 696
舟出浮網 …………………………… 397
船徳利 ……………………………… 86
船で 恋路島あたり ………………… 550
平行二棟造り ……………………… 170
蛇を原料にしたという傷薬を売る … 576
捕獲したフカの頭を槌でたたいて
　殺す …………………………… 400
捕獲したフカの引き上げ ………… 400
干柿作り …………………………… 108
干草 ………………………………… 439
干し草を肥後赤牛の背で運ぶ …… 606
本屋の店頭 ………………………… 576
町の通り …………………………… 652
馬見原近郊のバス停 ……………… 551
満潮時の海床路 …………………… 403
店先の商品 ………………………… 577
水俣港 ……………………………… 404
民家 ………………………………… 175
眼鏡橋 ……………………………… 552
メンコ ……………………………… 793
木材の船積み ……………………… 419
物差 ………………………………… 584
門前の宿 …………………………… 582
焼畑 ………………………………… 338
山を焼く …………………………… 339
山の神 ……………………………… 699
山の神に供えた「ほこ」………… 717
郵便配達 …………………………… 619
夜市の飴引き ……………………… 578
用水路の掃除 ……………………… 341
寄木 ………………………………… 420
嫁迎えの場合の着席順位 ………… 827
ラジオを聞く ……………………… 251
ラジオで大相撲の実況放送を聞く … 805
陸あげした生簀 …………………… 408
両鍵民家 …………………………… 186
輪読夜業 …………………………… 638
レンコン掘り ……………………… 343
六角井戸 …………………………… 214
渡し舟 ……………………………… 553
渡し船 ……………………………… 553
藁の敷物 …………………………… 242
藁葺の民家 ………………………… 188
藁葺き屋根の家と本瓦葺きの家 … 188
和蝋燭作り ………………………… 520

## 大分県

足踏み水車 ………………………… 253
海士 ………………………………… 346
海女の漁具 ………………………… 348
アントクモ ………………………… 351
イグサ干し ………………………… 256
石風呂 ……………………………… 664
板壁にそって並べられた種々の竹
　細工 …………………………… 490
猪鹿供養碑 ………………………… 675

猪が通るウジにワイヤー罠を仕掛
　ける …………………………… 421
祈る猟師 …………………………… 421
イモ洗い …………………………… 259
イモアライカゴ …………………… 60
芋洗い車 …………………………… 259
ウケテボ …………………………… 356
ウチオケ（振り釣瓶） …………… 261
うちむろせがい …………………… 125
饂飩蒸し籠 ………………………… 61
ウナギイレビク …………………… 357
鰻はさみ …………………………… 357
ウニをさばく ……………………… 96
産飯 ………………………………… 808
馬小屋 ……………………………… 433
上掛け水車 ………………………… 261
映画館 ……………………………… 774
絵馬 ………………………………… 703
大分駅前・路面電車 ……………… 539
大きな家 …………………………… 127
大壺 ………………………………… 62
オタマ ……………………………… 62
小鹿田焼 …………………………… 63
小鹿田焼唐臼 ……………………… 494
小鹿田焼唐臼小屋内部 …………… 494
女だけの農業 ……………………… 264
カギカン …………………………… 411
カクゴマ …………………………… 785
火口原の水田を見る ……………… 266
籠櫃（吊り下げ型） ……………… 64
貸しカメラの店 …………………… 562
カソリックの洗禮 ………………… 771
形代 ………………………………… 706
カチゴマ …………………………… 785
ガニテボ …………………………… 365
カニトリ …………………………… 365
窯場 ………………………………… 495
神棚 ………………………………… 684
髪の毛が伸びるとされる人形 …… 678
カラウスカマギ …………………… 589
川沿いに広がる隈町の町並み …… 135
河原の洗い場 ……………………… 209
河原の洗濯場 ……………………… 209
眼病平癒祈願 ……………………… 707
行商のおばさんたち ……………… 565
漁業期節 …………………………… 367
巨木の洞穴に祀られた祠 ………… 685
草野本家が残る豆田町の町並み … 139
草葺きの納屋 ……………………… 139
クズカゴ …………………………… 224
口附徳利 …………………………… 67
くりへい箸 ………………………… 67
原土を砕く唐臼 …………………… 500
庚申塔 ……………………………… 743
コエジョケ ………………………… 277
国道10号工事間組事業所 ………… 616
穀箱出入口の仕掛け ……………… 143
コシテボ …………………………… 371
腰にさげた、猟期が終わってはず
　したワイヤー罠 ……………… 424
ゴットンブルイ概念図 …………… 279
御用籠の上縁に竹の当縁をとりつ
　けて固定する ………………… 501
サコンタ …………………………… 281
サコンタ（水車）跡 ……………… 281
皿山唐臼配置図 …………………… 501
山間の集落と水田 ………………… 283
椎茸つくり ………………………… 283
仕掛けわな ………………………… 425
仕掛罠 ……………………………… 425

民俗風俗 図版レファレンス事典（衣食住・生活篇）　　　961

宮崎県　地域別索引

| 項目 | ページ |
|---|---|
| 仕掛けわなのワサシキにかかった鹿 | 425 |
| しきし餅 | 53 |
| 自在鉤 | 195 |
| 猪権現 | 425 |
| 猪権現に登る鉄鎖 | 425 |
| 猪権現の案内板 | 425 |
| 猪権現の洞窟に奉納された猪の頭や頭骨、下顎など | 425 |
| 猪権現の洞窟の山の神像に豊猟と安全を願う狩人 | 425 |
| 下掛け水車 | 284 |
| 七輪 | 71 |
| シッペイ組立図（精米用水車） | 284 |
| 自転揚水車 | 284 |
| 自転揚水車と防御柵 | 285 |
| 自転揚水車の収納風景 | 285 |
| 自転揚水車のヒノアシ接合法 | 285 |
| 自転揚水車の輪竹接合法 | 285 |
| 杓子 | 710 |
| 捨口 | 72 |
| しゃもじ信仰 | 710 |
| 祝言盥 | 822 |
| シュラ出し | 413 |
| 狩猟御符 | 720 |
| 商店町 | 149 |
| 商店街のアーチ | 569 |
| 昭和初期の隈町の町並み | 150 |
| 水車 | 289 |
| 水車 アリホゾの図解（ヒノアシ接合法） | 289 |
| 水車小屋 | 289 |
| 水車小屋とクルマイデ | 289 |
| 水車小屋とサブタ | 289 |
| 水車小屋と水路 | 289 |
| 水車小屋と大輪 | 289 |
| 水車小屋内部（製粉機） | 289 |
| 水車小屋内部（精米機） | 289 |
| 水車小屋の精米機 | 289 |
| 水車小屋の精米機（フルイと昇降機） | 289 |
| 水車小屋の番帳 | 289 |
| 水車製材所 | 414 |
| 水車製材所内部 | 414 |
| 水車製材所内部（鋸台） | 414 |
| 水車のサブタ | 289 |
| 水車の精米機 | 289 |
| 水車用石臼 | 290 |
| 水神の祠 | 689 |
| 砂湯 | 665 |
| スミトリ | 228 |
| 製材用水車 | 415 |
| 製材用水車大輪 | 415 |
| 精米水車小屋 | 292 |
| 精米水車小屋周辺 | 292 |
| 精米水車内部 | 293 |
| 精米水車の製粉機 | 293 |
| 精米水車の大輪 | 293 |
| 精米水車の大輪とサブタ | 293 |
| 精米水車の二階にあるプーリー | 293 |
| 精米水車の歯車とプーリー | 293 |
| 精米用水車の製粉用石臼 | 293 |
| 精米用水車構造図 | 293 |
| 精米用水車小屋とその周辺 | 293 |
| 精米用水車小屋（平面図・断面図） | 293 |
| 背負梯子 | 595 |
| 蝉凧 | 788 |
| セメント材料の石灰岩を掘りとられた香春岳 | 535 |
| 竹花器 | 229 |
| 竹細工 | 505 |
| 竹細工工場 | 505 |
| 竹細工の職人 | 505 |
| 竹細工の道具 | 505 |
| 竹の花籠や盛りかご作り | 506 |
| 竹葺き屋根 | 155 |
| 竹曲げ弁当の蓋（精白した米を臼からすくう際使用） | 301 |
| タコを干す | 104 |
| タコ壺の屋号 | 383 |
| 立花家の土蔵 | 155 |
| 棚田 | 302 |
| 棚田の石垣と灌漑用横井戸 | 303 |
| 谷ふかい農家 | 155 |
| タラシ | 77 |
| ダルモンジョケ | 230 |
| 団子汁 | 54 |
| 男根 | 712 |
| 造り酒屋 | 573 |
| ツチメゴ | 508 |
| つちろく | 308 |
| ツボ網 | 386 |
| 釣り籤 | 671 |
| 手附壺 | 79 |
| 手毬 | 790 |
| テンを獲る挟みわな | 427 |
| テンが通りやすいようにわなまで道をつける | 427 |
| 天秤棒 | 601 |
| 陶土粉砕用唐臼 | 509 |
| 陶土粉砕用唐臼小屋平面図 | 509 |
| 陶土粉砕用唐臼の臼 | 509 |
| 陶土粉砕用唐臼（もとサコンタ） | 509 |
| ドウマル | 387 |
| ドウマル（生簀籠）を編むカゴ屋 | 509 |
| 動力船 | 388 |
| 道路が農作業の作業場と干場に | 311 |
| 特産の竹を干す | 509 |
| 土佐の生簀籠 | 388 |
| ドジョウスクイ | 388 |
| 内白 | 82 |
| ナエスカリ | 313 |
| 直鉈 | 416 |
| ナバカゴ | 532 |
| ナバ山 | 315 |
| 納屋 | 162 |
| 日本セメント香春工場 | 535 |
| 箱水車 | 319 |
| 挟みわなにかかったテン | 428 |
| 発電水車 | 662 |
| ハナカゴ | 235 |
| ハナ付鉈 | 418 |
| 鼻にかかったワイヤー罠を一度はずしたが、また同じワイヤー罠にかかった猪 | 428 |
| 跳ね釣瓶 | 213 |
| 浜辺で牛に水浴びさせる | 439 |
| 浜辺で小石を集めて運ぶ | 605 |
| ハンショゴマ | 792 |
| はんどう | 85 |
| ヒラゴマ | 792 |
| 武家屋敷の築地塀 | 169 |
| ふたのまえだれ | 18 |
| 船だまり | 399 |
| 古い町並み | 652 |
| ブンコ | 238 |
| 兵隊ごっこ | 802 |
| 別府駅前の食堂 | 576 |
| 豊年馬 | 792 |
| ボタ山 | 528 |
| ボタ山と炭住 | 528 |
| 巻き柿 | 109 |
| 魔除呪文お札 | 673 |
| ミカン畑 | 332 |
| 水揚げ水車 | 332 |
| 見世物　鬼子のミイラ | 780 |
| 味噌コシザル | 90 |
| ミツデカゴ | 90 |
| みのまいだれ | 20 |
| ミノマエダレ | 20 |
| 民家 | 175 |
| 虫封じの行法 | 673 |
| 蒸風呂 | 666 |
| 胸掛け水車 | 336 |
| 明治調の商家 | 179 |
| メインストリート | 653 |
| メシカゴ | 90 |
| メンバチ | 91 |
| 盲僧琵琶 | 780 |
| 木製自転揚水車復元図 | 337 |
| 木造三階建ての薬局と金物店 | 577 |
| 木馬（玩具） | 793 |
| 餅搗（玩具） | 793 |
| 紋紙 | 487 |
| 厄よけ杓子 | 717 |
| 屋敷神 | 698 |
| 屋敷荒神 | 699 |
| 屋根 | 182 |
| 屋根のエビ | 183 |
| 山の神 | 699 |
| 釉薬かけ | 517 |
| 揚水用水車 | 341 |
| 横ツチで豆を脱穀する | 342 |
| ラッキョウビク | 407 |
| 旅館 | 582 |
| 路上市場 | 559 |
| 露店の刃物屋。カゴ屋もいる | 578 |
| 露天の野菜市 | 559 |
| ワイヤーが鼻にかかったが、運よくはずれて一度は命拾いをした猪 | 431 |
| ワイヤー罠にかかった鹿 | 431 |
| ワイヤー罠にかかって息絶えた猪 | 431 |
| 若者宿 | 624 |
| ワサシキ | 431 |
| ワサシキの仕掛け部分 | 431 |
| 罠 | 431 |
| 草鞋編み | 519 |
| 椀籠 | 94 |
| ワンピースの少女 | 23 |

## 宮崎県

| 項目 | ページ |
|---|---|
| 青島雛 | 701 |
| 秋コバキリ | 252 |
| 秋コバの火入れ | 252 |
| 秋葉神祠 | 746 |
| 秋葉神祠堂 | 746 |
| 足踏脱穀機 | 253 |
| 畦立機 | 253 |
| アナグマ・タヌキワナ | 420 |
| アバ漁小屋 | 346 |
| 油しぼり機 | 59 |
| アマ | 346 |
| 藺草製の笠 | 24 |
| 石積みの棚田 | 256 |
| 石場建て | 122 |
| 石割まご | 257 |

| | | |
|---|---|---|
| 遺体をおさめた棺を4人の男が肩で昇き、縁側から庭に出る | 828 | |
| 板壁 | 122 | |
| イタチワナ | 421 | |
| 糸くりばた | 467 | |
| 糸とり器 | 468 | |
| 猪を解体する | 421 | |
| 猪を背負う | 421 | |
| 猪を背負って | 421 | |
| 猪をみつけよく追ってくれた犬に、肉の切れ端を与える | 421 | |
| 猪解体前に毛と一緒にダニを焼く | 421 | |
| 猪から取り出した肝臓（クロフク）を七切に切ってくしにさし、山の神にささげる | 421 | |
| イノシシの解体 | 421 | |
| 猪の解体 | 421 | |
| 猪の子に石を投げつけて獲る | 421 | |
| 猪の巣 | 421 | |
| 猪の骨 | 50 | |
| イモツクネ | 50 | |
| 囲炉裏 | 190 | |
| 岩観音堂 | 747 | |
| 鰯大謀網 | 354 | |
| 岩屋大師堂 | 747 | |
| うぐい | 356 | |
| ウサギワナ | 421 | |
| 氏神参り | 813 | |
| 氏子入り | 813 | |
| 氏子入りの祓い | 813 | |
| 臼 | 61 | |
| 鵜車 | 783 | |
| 鵜戸の飴 | 50 | |
| 鰻叩き | 357 | |
| 馬鞍 | 433 | |
| 厩 | 125 | |
| 海オコゼ | 422 | |
| エンシュイレ | 422 | |
| 円福寺観音堂 | 747 | |
| 老瀬観音堂 | 747 | |
| お祝いの踊りを演じた女性たち | 774 | |
| 扇骨を作る | 493 | |
| 扇骨材を作る夫婦の仕事場 | 493 | |
| 扇骨材を広げ干す | 493 | |
| 大森さま | 765 | |
| 大山祇命祠 | 748 | |
| 奥畑大日如来堂 | 748 | |
| オコゼと猪尾 | 422 | |
| オコゼの乾魚と猪の尻尾 | 422 | |
| 梭（おさ） | 469 | |
| 押方地蔵堂 | 748 | |
| 落ヶ谷薬師堂 | 748 | |
| 同じ等高線上に主屋と厩が並ぶ十根川の民家 | 129 | |
| おねき小祠 | 749 | |
| お宮参り | 813 | |
| オミヤマイリノオユワイ | 814 | |
| 解体して取り出した内臓や肉を銀鏡川で洗う猟師 | 422 | |
| 解体中は用のない猟銃を川原の石に立てかける | 422 | |
| 解体前に猪の毛を焼く | 423 | |
| 家屋平面図 | 131 | |
| かかしや古着、カジメなどの猪鹿除け | 266 | |
| かがり | 587 | |
| 蚊くすべ | 221 | |
| カケグリ | 706 | |
| 囲集落 | 131 | |
| 笠 | 25 | |
| カシの実 | 51 |
| カシノミギャーを作る | 97 |
| カシの実ゴンニャク | 51 |
| 樫の実蒟蒻作り | 97 |
| カジメ | 266 |
| 荷杖 | 588 |
| カナツキ（ヤス）でイタ（ウグイ）を突き獲る | 365 |
| カビ | 267 |
| 鎌 | 411 |
| かます（わら製の袋）に入れて30年ほど貯蔵しておいたヒエ穂 | 98 |
| 神棚 | 684 |
| 紙風船 | 785 |
| 萱壁講の萱で作った仮屋 | 742 |
| 火薬入れ | 423 |
| 茅葺屋根の家 | 134 |
| 唐臼 | 268 |
| 唐うすでカシの実をついて粉にする | 98 |
| 狩人 | 423 |
| カリコボウズ（妖怪）の止まり木 | 771 |
| 刈り干し | 269 |
| カルチベータ | 269 |
| 革羽織 | 6 |
| 川漁 | 366 |
| かんしょ切断器 | 435 |
| ガンヅメ | 270 |
| 雁爪 | 270 |
| 観音堂 | 750 |
| 木オロシ | 270 |
| キオロシザオを渡す | 271 |
| キオロシザオのカギ | 271 |
| 木オロシ作業に使うツク（竹竿） | 271 |
| 木オロシ竿（ツク）の先端部分 | 271 |
| 木おろしと並行して、山の斜面の細い木やつる草、雑草などを刈りとる | 271 |
| キザネヤキ | 271 |
| 木焼き | 271 |
| 休憩時に山茶で入れたお茶を飲む | 111 |
| 丘上の墓 | 833 |
| 共有倉 | 628 |
| 共有倉に運んできた家ごともみ米の量を確認して帳面に記録 | 628 |
| 共有倉の共有の木器 | 628 |
| 共有倉の記録 | 628 |
| クズ | 52 |
| 熊供養碑 | 675 |
| 熊手 | 274 |
| 栗須薬師堂 | 751 |
| 黒谷観音堂 | 751 |
| 黒仁田薬師堂 | 751 |
| 鍬 | 275 |
| 結婚の契り | 821 |
| 郷倉 | 629 |
| コウザキ | 685 |
| コウザキに猪の七切肉を供える | 708 |
| 荒神様 | 685 |
| 小路の観音堂 | 751 |
| 荒神堂 | 751 |
| 穀用1斗枡 | 583 |
| 小坂大師堂 | 752 |
| コシアミ（越網） | 424 |
| 五社神祠堂 | 752 |
| コテ | 216 |
| 小戸口お大師堂 | 752 |
| 子供の車 | 591 |
| 小鳥ワナ | 425 |
| コバ大根の間引き | 279 |
| コバヤキ | 279 |
| コバ焼き | 279 |
| 小原観音堂 | 752 |
| ゴヘイとカケグリ | 709 |
| 米櫃 | 69 |
| 小森さま | 767 |
| 小屋掛け | 280 |
| 権現堂 | 752 |
| 金比羅小祠・円福寺八十八カ所巡礼山頂 | 767 |
| 竿入れ | 281 |
| 魚貯蔵かご | 70 |
| 作小屋 | 281 |
| 作小屋の全景 | 281 |
| 座敷 | 195 |
| サデ | 374 |
| 佐土原人形 | 787 |
| 三角田 | 282 |
| 山間地の屋敷 | 145 |
| 山村の垣根 | 146 |
| 山村の旧家 | 146 |
| 山村の景観 | 146 |
| 山村の少年 | 629 |
| 山腹の家 | 146 |
| しいたけの栽培 | 283 |
| シイタケの生産 | 283 |
| しいたけの大小の選別 | 101 |
| 椎茸干籠 | 101 |
| しいたけめし | 53 |
| 椎葉の民家 | 146 |
| 椎葉の民家（うまや） | 146 |
| シカの解体 | 425 |
| 鹿の玉 | 425 |
| 鹿笛 | 425 |
| 地胡瓜を入れた冷や汁 | 53 |
| シシ鍋 | 53 |
| シシワナ（イノシシワナ） | 426 |
| 地蔵堂 | 753 |
| 七五三 | 814 |
| 自動脱穀機 | 285 |
| 地主神 | 688 |
| 地主様 | 688 |
| 地曳き網 | 377 |
| 地曳小屋 | 377 |
| 下押方大師堂 | 754 |
| 下押方大師堂内 | 754 |
| 砂利をとりにきた主婦たちの帰路 | 592 |
| 車力 | 592 |
| シャレヒキ | 285 |
| 祝言の着席順位 | 822 |
| 集落の外側に集落を囲む形で点在する蔵 | 149 |
| 出棺のとき庭に松明をともす | 836 |
| 狩猟の服装（背面） | 10 |
| 棕櫚箒 | 227 |
| 背負子を背負ったまま山道で一休みする | 592 |
| ショイのこだし | 72 |
| 焼山寺大師堂（御籠堂） | 754 |
| 菖蒲池観音堂 | 754 |
| 菖蒲池大師堂 | 754 |
| 醤油もろみかくはん棒 | 451 |
| 植林した杉 | 414 |
| じょれん鍬 | 287 |
| 尻皮 | 426 |
| 代ならし器 | 288 |
| 銀鏡川で洗濯物のすすぎをする | 210 |
| 銀鏡神社遙拝所の鉾 | 725 |
| 神官は別家で迎えのくるのを待つ | 836 |
| 神式の御霊棚 | 725 |

## 宮崎県　地域別索引

- 神葬 …… 836
- 神葬の祭式 …… 836
- 神葬の祭壇 …… 837
- シンバ様 …… 689
- シンバ様に捧げる御幣 …… 710
- 神木 …… 725
- 人力穀粒選別機 …… 288
- 水車小屋の内部 …… 289
- 水神 …… 689
- 水田除草機 …… 290
- 水田防滴用注滴器 …… 290
- 水稲回転除草機 …… 290
- すき（こがら犂） …… 291
- 犂 …… 291
- 犂鞍 …… 436
- 杉のさしつけ作業 …… 414
- ズザンボウ …… 27
- 炭かき出棒 …… 529
- 製縄機 …… 503
- 蒸籠 …… 74
- 背負籠 …… 595
- 背負籠を背負って山に仕事に行く …… 595
- 背負籠作り …… 503
- 背負籠で物資を運ぶ …… 595
- 背中あてを肩において …… 597
- 狭い傾斜地に石垣を築いて敷地を確保する …… 152
- 千手観音堂 …… 755
- 先祖棚 …… 838
- 船頭外衣 …… 11
- 葬儀は隣り近所の人々が手伝う …… 838
- 苴入枠建網 …… 381
- 蕎麦 …… 295
- ソバを刈っている親子 …… 295
- ソバ掛け …… 295
- ソバの収穫 …… 295
- ソバのワクドー汁 …… 54
- ソバヤボ …… 295
- 大安族 …… 460
- 大規模民家・那須家住宅正面立面図と平面図 …… 153
- 大根コバでの間引き …… 295
- 大根コバの大根 …… 295
- 大根と柿の皮を干す …… 103
- 大根ヤボ …… 295
- 大師像 …… 755
- 大師八十八カ所の石像 …… 756
- 大将軍神祠 …… 756
- 大将軍堂 …… 756
- 大正寺観音堂 …… 756
- 台所 …… 197
- 台所用具と流し …… 198
- 田植苗運び …… 297
- 田植型付器 …… 298
- タカウソ …… 426
- 高千穂の民家 …… 154
- タカワナ …… 427
- 滝観音堂 …… 756
- 田口の薬師堂 …… 756
- 竹を半分に割ったといをつないで山の水を引く …… 211
- タケゲタ …… 37
- 竹下駄 …… 37
- 竹簀の子床 …… 199
- 竹炭を作る …… 530
- 竹で背負籠を編む …… 506
- 竹の皮 …… 76
- タケノコを干す …… 104
- 竹や木枝を半円形にして両端を土に差したカジメ …… 301

- 蛸壺 …… 383
- 蛸壺による蛸の捕り方 …… 383
- タチアゲ …… 12
- 脱穀 …… 302
- 脱穀した稗籾をヨソリ（箕）で小さなゴミを飛ばす …… 302
- 竜野大師堂 …… 756
- 種播きに使用する山鍬 …… 304
- 種用の雑穀は天井に竿を通して吊り下げ保存する …… 305
- 田の神 …… 691
- 田の神像 …… 691
- 田野原大師堂内 …… 757
- 俵編機 …… 507
- 小さな猪だとひとりで背負って下山する …… 427
- 千木をおく農家 …… 156
- 茶の木の実 …… 54
- 茶坊主 …… 443
- 茶もみバラ …… 443
- ちんかご …… 385
- ちんちょう …… 600
- ツキフネ …… 307
- 造り付けの棚 …… 199
- つづらめご …… 600
- つな打ち器 …… 508
- つみ取った穂ヒエをトラに入れて家に運ぶ …… 308
- ツルベ用滑車 …… 212
- 鶴村仲間穀貸付帳 …… 633
- 突ン棒 …… 386
- 摘桑籠 …… 461
- テゴ …… 427
- テヌキ …… 44
- デベソゴマ …… 790
- 天井で乾燥保存されるトウモロコシ …… 105
- 天神の観音堂 …… 758
- 天秤棒を担ぐ女の人 …… 601
- トウジンガルイ …… 602
- 唐人かるい …… 602
- 豆腐売り …… 574
- 豆腐作り …… 105
- 豆腐ひき臼 …… 81
- 堂宮祭壇見取図 …… 758
- 東籠石窟仏石祠 …… 759
- 通り庭からミセ、吹抜け、明り障子越しの二階、神棚、奥の座敷をみる …… 159
- 獲った猪を背負って山をおりる …… 427
- 飛魚枡網 …… 388
- 鳶の巣観音堂 …… 759
- 土面 …… 790
- トラ …… 312
- トラ作り …… 510
- トラの底作り …… 510
- ドンザ …… 14
- 中尾稲荷堂 …… 759
- 流し …… 201
- 永田観音堂（兼好様） …… 759
- 仲間倉 …… 634
- 仲間倉実測図（切妻造り） …… 161
- 長押に並ぶカマゲタ …… 428
- 夏ヤボの木焼き …… 315
- 苗代ならし板 …… 316
- 南京猿 …… 790
- 荷馬車組合安全祈願祀 …… 760
- 女躰大明神祠堂 …… 760
- 禰宜にホウジョウと呼ぶ虫を祓ってもらう …… 317

- ねごろどりうぐい …… 390
- 野稲（陸稲）伝承地 …… 317
- 農家 …… 163
- 鋸目立用具 …… 417
- 野良から家路につく …… 318
- 麦芽 …… 55
- 羽子板 …… 791
- 橋 …… 548
- 播種 …… 320
- ハチ洞 …… 438
- 蜂洞 …… 438
- 初節供 …… 816
- ばっちょ笠 …… 29
- 馬頭観音 …… 761
- 鳩笛 …… 791
- ハトワナ …… 428
- ハナヤの中の仏像 …… 695
- ハミ桶 …… 439
- ハリジようけ …… 444
- 板木 …… 635
- 火入れ …… 322
- 火打ち …… 428
- 火打ち石 …… 428
- 雑穀を天井に吊す …… 107
- ひえを足で踏んで脱穀 …… 323
- ひえを入れたトーラ …… 323
- ヒエを碾臼でする …… 323
- ヒエチギリ …… 323
- ヒエチギリ包丁 …… 323
- 稗つき …… 323
- 稗の収穫 …… 323
- ヒエの穂を天日で乾燥する …… 323
- 稗の穂刈り …… 323
- ヒエの籾を釜で煎る …… 323
- 稗碾き …… 323
- ヒエ飯 三穀飯を炊く …… 107
- 稗籾を石臼でひいて籾殻を取る …… 324
- 稗籾を大きな鉄鍋で炒る …… 324
- 引き水 …… 213
- 毘沙門天堂 …… 761
- 棺のわきに立てる幟 …… 845
- 火の神のお札を立て無事を祈願する …… 714
- 火の神の札とともに御神酒を捧げて無事を祈願する …… 714
- 火の見櫓 …… 635
- 日向山村の屋根 …… 168
- 苗圃で働く人たち …… 418
- 日除け …… 17
- ヒヨケミノ …… 17
- 平入商家 …… 168
- ビロウ笠 …… 30
- 蒲葵笠 …… 30
- ビロウジュ笠 …… 30
- 袋を背負う …… 606
- フサオリ …… 326
- ふずみ通し器 …… 326
- 二股の木 …… 772
- 船型の交番 …… 662
- 踏み臼 …… 326
- ぶり大謀網 …… 399
- フルイでヒエを精製する …… 327
- ブングルマ …… 792
- 米麦貯蔵容器 …… 327
- 弁甲流し …… 418
- 弁当箱 …… 87
- 奉納された火吹竹 …… 715
- ホウライチクの竹垣 …… 171
- 干柿作り …… 108
- 干した玉蜀黍をおろす …… 108

| 項目 | 頁 |
|---|---|
| 細長い主屋の山側に設けられる戸棚には土砂災害を防ぐ意図も感じとれる | 171 |
| 穂ヒエの保存 | 329 |
| 穂ヒエはトラに入れてツツンカシラ（天井）に保存する | 329 |
| ボラ施刺網 | 401 |
| 本組地蔵堂 | 762 |
| まいた種に土をかぶせる | 329 |
| 巻袖 | 19 |
| マゲ | 607 |
| マダケの林を焼いてソバを栽培するタカヤボ | 330 |
| 魔除け猿 | 793 |
| 水汲み | 607 |
| 水くみ桶 | 240 |
| ミズタカンツ（水筒） | 89 |
| 味噌甕 | 90 |
| 味噌たまりをとった道具 | 90 |
| 御霊屋 | 848 |
| ミノ | 19 |
| 実ったヒエ | 333 |
| 民家 | 175 |
| 民家の間取り | 178 |
| 民家平面図 | 178 |
| 麦土入機 | 335 |
| 麦の中耕除草機 | 335 |
| 麦播種機 | 335 |
| 麦播種形付器 | 336 |
| 虫籠窓、出格子、バンコ、マツラをもつ町家 | 179 |
| むしろ | 336 |
| ムネアテ（木オロシ作業用） | 336 |
| 村の女の子たち | 637 |
| メグリ棒 | 336 |
| メグリボウで打ってヒエを脱穀する | 337 |
| めししょうげ | 90 |
| 米良で初めて米が作られたという田 | 337 |
| メンパ | 91 |
| 毛利の観音堂祭壇見取図 | 763 |
| 物指竹を干す | 517 |
| 森さま | 770 |
| 焼畑 | 338 |
| 焼畑で収穫したひえ | 339 |
| 焼畑にまくヒエの種 | 339 |
| 焼畑のサイクル | 339 |
| 焼畑の火入れ | 339 |
| 焼畑の山の杉林 | 419 |
| 薬師堂 | 763 |
| 野畠観音堂 | 763 |
| ヤボキリ | 339 |
| 山内神社（権現社）祭壇見取図 | 763 |
| 山オコ | 608 |
| 山刀・ワナ | 430 |
| 山ガラシ | 430 |
| ヤマジバン | 22 |
| ヤマドリワナ | 430 |
| 山の神 | 699 |
| 山の神に捧げられた猪の心臓と山の神幣 | 717 |
| 山の神に捧げる | 717 |
| 山の神の木として切らずに残した松の木 | 419 |
| ユラ | 407 |
| 羊羹 | 58 |
| よぎり | 93 |
| ヨケゴヤ | 341 |
| 寄せ打ちの概念図 | 342 |

| 項目 | 頁 |
|---|---|
| 寄棟民家 | 186 |
| ヨソリでサビリ | 342 |
| 林業用苗圃 | 420 |
| 霊牌 | 851 |
| 6尺 | 584 |
| 轆轤鉋 | 518 |
| 渡し舟 | 553 |
| 藁打ちの場所 | 519 |
| わらなえ | 23 |

## 鹿児島県

| 項目 | 頁 |
|---|---|
| アイノコ | 344 |
| あお | 344 |
| アオサ | 49 |
| 青物の行商 | 559 |
| 阿久根港 | 345 |
| 朝市 | 554 |
| アシナカの鼻緒の結び方 | 32 |
| アゼ糸つくり | 465 |
| あぜの床じめ | 254 |
| 阿多タンコの三つ揃い | 218 |
| 穴掘り | 828 |
| アディワーシ棒を通す | 465 |
| アバに投網を打つ | 346 |
| アバ漁 | 346 |
| 海士 | 346 |
| 雨水を受ける軒下の水槽 | 206 |
| あみ | 348 |
| 編みあげたヒラカゴの編み目やフタの具合を点検 | 489 |
| 網船 | 350 |
| 鮎生かし | 350 |
| 洗い場 | 206 |
| 荒起こし | 254 |
| アラジキ | 255 |
| アラジョケ | 431 |
| 新仏のタマヤ | 828 |
| アラメエツケ | 59 |
| アラワクをせず馬ですく | 255 |
| ありワク | 350 |
| 粟を蒔く | 255 |
| 安房森林鉄道 | 537 |
| 鮑漁の口開けの日 | 351 |
| 医院の建物 | 658 |
| 家造り | 520 |
| 家のウジガミサマ | 680 |
| いかつり | 351 |
| いか釣のえぎ | 351 |
| イカニカシンチルを結びつける | 466 |
| イカ干し | 95 |
| 生け簀 | 352 |
| イケスカゴ | 352 |
| 生簀での給餌 | 352 |
| 石起し | 256 |
| 石をぽんぽんと放り投げ魚を追い込む原始的な漁法 | 352 |
| 石垣、生垣、樹木で構成された諏訪馬場の通り | 122 |
| 石垣をめぐらした家々 | 122 |
| 石垣が続く奄美大島の集落 | 122 |
| 石敢當 | 667 |
| 石の挽き臼 | 60 |
| イシビキ | 256 |
| 石風呂 | 664 |
| イジョケ | 60 |
| 泉 | 207 |
| 泉の洗い場 | 207 |

| 項目 | 頁 |
|---|---|
| イソ眼鏡 | 353 |
| 板附船 | 353 |
| イタツケ | 353 |
| いたつけの模型 | 353 |
| イタツケブネ | 353 |
| 板付舟を作る | 520 |
| 一重一瓶 | 111 |
| 一族の古い竿石部分を記念碑のようにした精霊殿のある芦検共同墓地公園 | 828 |
| 一門氏神 | 680 |
| イッキャと呼ばれる棟押さえをまたがらせ、とんがった屋根が並ぶ島の集落 | 123 |
| 一軒の屋敷構え 主屋・釜屋・牛小屋・地倉 | 123 |
| 一周忌の法事 | 828 |
| 一方の端をマキチャに通す | 466 |
| 一本釣りしたメバチマグロ幼魚 | 353 |
| 井戸 | 207 |
| いどううらばっく | 353 |
| 糸うみ | 467 |
| 糸をぬかと塩でもむ | 467 |
| 糸を柱にはったところ | 467 |
| 糸くり | 467 |
| 糸によりをかける | 468 |
| 糸の整理 | 468 |
| 糸のつなぎ方 | 468 |
| イナイテゴ | 219 |
| 稲の地干し | 259 |
| 猪除けの古着 | 259 |
| いも切り | 95 |
| 芋の貯蔵 | 95 |
| 芋掘具 | 260 |
| イヨゾケ | 354 |
| イヨテゴ | 354 |
| 入江 | 615 |
| 西之表港 | 354 |
| 入れ墨 | 676 |
| 鰯を乾すための棚 | 354 |
| ヴウミ | 468 |
| 植木鉢作り | 490 |
| 筌にはいったアユとワタリガニ | 356 |
| ウシギンマ（牛木馬） | 586 |
| 牛鞍 | 432 |
| 牛小屋 | 432 |
| 牛と農夫 | 432 |
| 牛根海岸の生簀 | 356 |
| 牛の鼻ぐい | 432 |
| 臼 | 61 |
| 臼と竪杵 | 61 |
| うずみべら | 260 |
| 打瀬網漁 | 356 |
| 打瀬船 | 356 |
| ウチガンサァ | 681 |
| 内門の農家とナエトコ（苗代） | 125 |
| ヴチンギ | 469 |
| ウツガン | 681 |
| ウッガンサマ | 681 |
| うつすさんびやー | 586 |
| ウッドン | 681 |
| うなぎあめっく | 357 |
| ウナギス | 357 |
| 乳母車 | 806 |
| 産着 | 4 |
| ウマガ | 261 |
| 馬で畑へ行く島の娘 | 433 |
| 海辺の道 | 538 |
| ウムムッチー | 50 |
| 運動会 | 626 |

## 鹿児島県　地域別索引

| | | |
|---|---|---|
| 運搬車 | 586 | |
| 運搬する婦人たち | 586 | |
| 映画館 | 774 | |
| エギ | 358 | |
| えってご | 358 | |
| エビス様 | 682 | |
| エビテゴ・アミテゴ | 358 | |
| エビ捕りを楽しむ子供たち | 359 | |
| オイコとカマス | 587 | |
| 追込網漁 | 359 | |
| 追い込み漁 | 360 | |
| 追込漁 | 360 | |
| 大島紬の内機 | 469 | |
| 大島紬の調整 | 469 | |
| 大隅地方の婚礼 | 819 | |
| 大通り | 646 | |
| 沖永良部島の昔話 | 626 | |
| おけ屋がおけに「たが」をはめる | 493 | |
| オコシ（すき） | 263 | |
| オコシスキ | 263 | |
| お七夜 | 813 | |
| オトイタカヅツ | 361 | |
| 男物単衣長着 | 4 | |
| 落とし口に立てた田の神 | 682 | |
| 大人も子供も魚捕りを楽しむ | 361 | |
| 鬼の腕徳利 | 62 | |
| 鬼歯 | 264 | |
| オハチ | 63 | |
| おび | 47 | |
| オモテとナカエを小棟でつなぐ知覧型二つ家 | 129 | |
| オモテとナカエの間にテノマを挟んで配置された二つ家 | 129 | |
| オモテヤとトーグラの二棟に分かれた伝統的な民家 | 129 | |
| オヤヤ | 830 | |
| 織り | 470 | |
| 降り井 | 208 | |
| 織機にかける | 471 | |
| オリキリ（織り切り） | 471 | |
| 織るときに座る位置とクシギョ | 471 | |
| 貝（魔除け） | 668 | |
| 貝殻を敷いた墓 | 830 | |
| 海岸近くの民家 | 130 | |
| 海岸で天日により濃縮した海水を煮詰め、塩を生成する | 445 | |
| 海岸に近い家 | 130 | |
| カイコバラ | 456 | |
| 開墾地 | 264 | |
| 開墾 焼畑 | 265 | |
| 海藻取り | 362 | |
| 開拓農家 | 131 | |
| 回転式中耕除草機 | 265 | |
| 貝の身出し | 97 | |
| 貝拾いに出た村娘たち | 362 | |
| カイモノカゴ（ヤミカゴ） | 221 | |
| 改良すき | 265 | |
| カガイ | 587 | |
| 鹿驚 | 266 | |
| 柿の渋抜き | 97 | |
| 貨客船の乗客 | 539 | |
| カクカゴ | 587 | |
| 鹿児島県庁 | 659 | |
| 鹿児島県立博物館 | 647 | |
| 鹿児島の二つ家 | 131 | |
| 笠 | 25 | |
| 笠を売る（農具市） | 556 | |
| カシ（かせ） | 471 | |
| カシ糸をはずす | 471 | |
| 菓子型 | 64 | |

| | | |
|---|---|---|
| カシケーイ（かせ掛け） | 471 | |
| 果実売り | 562 | |
| かじや | 494 | |
| カシンチルを結びつけたところ | 472 | |
| カシンチルキリ | 472 | |
| ガス七輪 | 64 | |
| カタギイテゴ | 364 | |
| カタギイテゴと刺網の鮎漁 | 364 | |
| カタキリ | 364 | |
| 肩車 | 809 | |
| かたつけ | 266 | |
| 家畜の餌用にカマで茅を刈る | 434 | |
| カツオの餌のイワシを運ぶイケス籠 | 365 | |
| 鰹のビンタ（頭）の塩漬け | 51 | |
| カツオの水揚げ | 365 | |
| 鰹節加工工場 | 97 | |
| 鰹節つくり | 97 | |
| カツゲデル | 588 | |
| 学校帰り | 640 | |
| 学校生活 | 640 | |
| 各戸での豚の解体 | 434 | |
| カニヨーでつるのまま家に背負って帰る | 472 | |
| 鎌型 | 534 | |
| カマド | 193 | |
| 竈 | 193 | |
| 鎌の行商人に話を聞く宮本常一 | 562 | |
| 神がかり | 734 | |
| 神棚 | 684 | |
| 神山小学校 | 640 | |
| 亀捕り | 366 | |
| カヤ葺き家屋 | 133 | |
| カライモ畑の草取り | 268 | |
| ガライレ | 472 | |
| 唐竿 | 268 | |
| 狩神事 | 724 | |
| 刈り取った早期米を家族総出で海岸の防波堤に干す | 269 | |
| カルイ | 589 | |
| カレカゴ | 589 | |
| カワ | 209 | |
| 川エビを捕る | 366 | |
| 皮をむく | 473 | |
| 簡易覆土器 | 269 | |
| 玩具竹鉄砲 | 785 | |
| カンザ | 589 | |
| 甘蔗畑 | 270 | |
| 甘藷掘り | 270 | |
| カンジロウ | 473 | |
| ガンヅメ | 270 | |
| 雁爪 | 270 | |
| カンテラ | 223 | |
| 管理作業用具 | 270 | |
| 喜入町の原油タンクと日石丸 | 616 | |
| 木灰をまぶす | 473 | |
| 祈武運長久寄書 | 655 | |
| 旧内村家住宅 | 136 | |
| 牛耕による代掻き | 271 | |
| 牛耕の方法 | 272 | |
| 牛車 | 589 | |
| 旧竹添家のオモテとナカエ | 137 | |
| 旧武宮家の座敷飾り | 194 | |
| 共同湧水地の掃除 | 628 | |
| 共同酪農のプラウ | 435 | |
| 漁具 | 367 | |
| 金輪車 | 534 | |
| クァン | 412 | |
| クイ | 273 | |
| 食別れ | 833 | |

| | | |
|---|---|---|
| クグシ | 52 | |
| 草をいただく子 | 589 | |
| クサガキ | 273 | |
| 草搔き | 273 | |
| クサキリテゴ | 273 | |
| 草払鎌 | 435 | |
| 草葺きの集落 | 139 | |
| 草葺き屋根の骨格 | 139 | |
| 草葺き屋根の集落 | 139 | |
| クシギョ | 474 | |
| 葛を切る | 474 | |
| クズタナシ | 7 | |
| 葛タナシ（生地表面） | 474 | |
| くずと木綿糸との交織の縦じま | 474 | |
| 葛採り | 474 | |
| 葛の採取 | 474 | |
| 葛の繊維をもみほぐす | 474 | |
| 葛のつるの皮をむく | 474 | |
| 葛布反物（生地表面） | 474 | |
| クスリブネ（釉薬甕） | 499 | |
| クダ作り | 474 | |
| クダの構造 | 474 | |
| クダマキ | 474 | |
| 口ノ島の井戸 | 210 | |
| 口ノ島の店 | 566 | |
| クバうちわ | 224 | |
| 倉 | 140 | |
| 暗河 | 210 | |
| 暗川 | 210 | |
| 蔵之元港 | 370 | |
| 蔵之元港へ | 370 | |
| 栗野ゲタ | 35 | |
| 栗野ゲタ作り | 499 | |
| クリフネ | 370 | |
| クリブネ | 370 | |
| クリ舟 | 370 | |
| 刳舟 | 370 | |
| 刳船 | 370 | |
| クルリボウ（くるり棒） | 275 | |
| 黒島の井戸 | 210 | |
| 黒ジョカ | 67 | |
| 黒酢の入ったさつま焼の大壺がならぶ | 448 | |
| クワ | 275 | |
| クワカゴ | 457 | |
| 結婚式の田の神 | 821 | |
| 煙出し | 141 | |
| コイの尻尾 | 670 | |
| 耕運機に乗った男性と談笑する婦人たち | 629 | |
| コエジョケ | 277 | |
| コエバラ | 278 | |
| ゴをつくる | 475 | |
| ゴキリ | 278 | |
| 国分たばこの畑 | 441 | |
| 小台網の小屋 | 371 | |
| 五智網漁 | 371 | |
| 子どもたち | 629 | |
| こばがさ | 26 | |
| コバ笠 | 26 | |
| コバゾーリ | 35 | |
| コヒキバラ | 279 | |
| コビツ | 809 | |
| コメトオシ | 280 | |
| 子守り | 810 | |
| 小屋新築棟上げ後の共同飲食 | 629 | |
| 子安観音 | 687 | |
| 五連家 | 144 | |
| 混雑する縄文杉ルート | 580 | |
| 紺のヒッカケ | 8 | |

| 項目 | 頁 |
|---|---|
| 婚礼のあった家へ田の神さまを担ぎこむ | 821 |
| 婚礼の席へ石の像を持ちこむ | 822 |
| 婚礼の席へかつぎこまれた石像を返しに行く夫婦 | 822 |
| サー糸巻き | 475 |
| 魚の行商 | 567 |
| 桜島大根を背負って運ぶ | 591 |
| 桜島大根の出荷 | 281 |
| 笹葺屋根の家にサンゴ礁の石垣 | 145 |
| 刺網を干す | 374 |
| 刺し網にかかり次々と引き揚げられるキビナゴ | 374 |
| 指江の港 | 374 |
| サセン | 374 |
| サタグルマによるサトウキビ搾り | 281 |
| 佐多岬の漁 | 374 |
| サツマイモ畑の風で揺れる古着の猪おどし | 282 |
| さつま焼 | 501 |
| サデ | 374 |
| サトイモを掘り起こす | 282 |
| さとうきび刈取り鎌 | 282 |
| さとうきび脱葉鎌 | 282 |
| サトウキビの収穫 | 282 |
| サトウキビ畑 | 282 |
| さとうきび伐採鎌 | 282 |
| サトスメ | 100 |
| 鯖節製造小屋 | 534 |
| ザリ | 245 |
| サワラ | 375 |
| サワラを干す島の子供 | 100 |
| 鰆突き漁の仕事着 | 9 |
| サンゴの石垣と福木の防風林に囲まれた屋敷 | 146 |
| 三三九度の盃を交わす結婚式 | 822 |
| 三十三回忌 | 835 |
| 三十三回忌のミンブチ（念仏） | 835 |
| 三十三年忌祭 | 835 |
| サンバラ（竹籠）作り | 501 |
| サンマデンマ | 375 |
| 塩籠 | 71 |
| 塩手籠 | 71 |
| シオテゴ | 71 |
| シカタ | 591 |
| シカタ・カイナワ | 591 |
| 自家用の食用豚 | 436 |
| 自在鉤 | 195 |
| シジキ（ヒ） | 476 |
| 死者への供物 | 835 |
| しずく | 450 |
| シーソー遊び | 798 |
| シタミ | 591 |
| シタミを担ぐ女性 | 591 |
| 地搗き | 522 |
| 自転車に自分で作った、コメトウシ（コメアゲザル）、バラ、マルカゴなどをつけて行商 | 568 |
| 柴さしと人形 | 670 |
| 地バタ | 477 |
| 地バタで織る | 477 |
| 地バタの骨組み | 477 |
| シマウシ | 71 |
| シマタナシ | 10 |
| 島の巫女 | 735 |
| 尺竹による田植 | 285 |
| ジャコバラ | 72 |
| 蛇皮線屋の店頭 | 569 |
| 砂利を運ぶ | 592 |
| 十三祝い | 814 |
| 十三参り | 814 |
| 集団就職 | 630 |
| 集落と墓地 | 149 |
| 集落の道 | 617 |
| 集落背後の石段道 | 544 |
| シュータとカリノ | 592 |
| 出荷する大根 | 286 |
| 出征旗 | 656 |
| 出漁 | 378 |
| 種雄豚を散歩させる | 436 |
| しゅるがさ | 27 |
| シュロの樹皮を編んだカッパ | 10 |
| 小学校（離島） | 642 |
| 障子洗い | 245 |
| 焼酎入れの黒物 | 450 |
| 焼酎甕 | 451 |
| 焼酎蒸溜器 | 451 |
| ショウユのス | 451 |
| 除草機 | 286 |
| シルシ | 73 |
| シルシの構造 | 73 |
| 神宮土鈴 | 788 |
| 薪の代用になる流木拾い | 532 |
| 神酒奉献 | 710 |
| スアバと筌用のアバ | 379 |
| 水神 | 689 |
| すいたヴ | 478 |
| すいたヴを干す | 478 |
| 水田の耕起 | 290 |
| 水田の厄よけのお札 | 720 |
| 水田防除用器具 | 290 |
| 水力によるモミの杵つき精米 | 291 |
| スキ | 291 |
| ズジ桶 | 380 |
| 厨子甕 | 837 |
| 頭上運搬 | 593 |
| 頭上運搬に頭にのせるカブス（カブシ） | 594 |
| 頭上に頂く | 594 |
| 涼み台 | 631 |
| すた | 594 |
| 砂蒸し温泉 | 665 |
| スミキリギン（染め抜き着）の柄 | 478 |
| 炭出し | 529 |
| 墨壺 | 523 |
| スミトオシ | 529 |
| 素潜り漁 | 380 |
| すり臼 | 292 |
| 摺臼 | 74 |
| 摺臼 | 292 |
| 諏訪瀬島の垣根 | 152 |
| 諏訪瀬島の民家 | 152 |
| スンブイ | 530 |
| 整経 | 478 |
| 精糖工場 | 535 |
| 製糖作業 | 535 |
| 青年会所 | 622 |
| 青年団の旅行 | 622 |
| 青年宿 | 622 |
| 蒸籠 | 74 |
| 背負い運搬 | 594 |
| 背負籠 | 595 |
| 背負いカゴなどによる柴の持ち帰り | 595 |
| 堰止め団扇 | 228 |
| 石碑・石積み・鳥居 | 690 |
| せり出した溶岩の近くで荒れ果てた畑を耕す | 293 |
| センオロシ | 75 |
| 洗骨 | 837 |
| 船上 | 545 |
| 前頭部で運ぶ | 597 |
| 千歯こき | 294 |
| 占有標 | 631 |
| 相互扶助で棺桶やワラ草履を作る | 838 |
| 葬式後の宴会を賄う隣組の女衆 | 838 |
| 葬式後、喪主が催す宴会 | 838 |
| ソーケ | 597 |
| ソケ | 295 |
| ソテツの実を杵で搗く | 103 |
| 蘇鉄の実の地干 | 103 |
| ソテツの実割り | 103 |
| ソテツ味噌 | 54 |
| ソテツやガジュマルの生垣 | 152 |
| 外遊びが中心の子供たち | 799 |
| ソバ打ち | 103 |
| 祖母が赤ちゃんの額になべずみをぬる | 815 |
| 空豆の実を取る農婦 | 295 |
| 田油さし | 295 |
| 台 | 479 |
| 台所用具 | 76 |
| タイドプールでの雑魚のすくい捕り | 382 |
| 大漁祝着 | 12 |
| 田植え | 297 |
| 田植後の田のミナクロ | 297 |
| 田植え 背後では麦刈り | 299 |
| 田植ワク | 300 |
| 田打車 | 300 |
| 田起こし | 300 |
| 田を耕す | 300 |
| 高倉 | 154 |
| 高倉の軒まわり | 154 |
| たがね | 505 |
| 高機 | 479 |
| 宝島の民家 | 154 |
| タカンバッチョ（押さえ笠） | 27 |
| 竹馬 | 788 |
| 竹独楽 | 788 |
| 竹細工 | 505 |
| 竹細工の行商 | 572 |
| 竹細工の仕事場 | 505 |
| 竹細工の道具 | 505 |
| 竹ざるに野菜を入れて運ぶ | 599 |
| 竹自在鉤 | 198 |
| 竹製重箱 | 76 |
| 竹下駄 | 301 |
| 竹槍訓練 | 656 |
| タコあげ | 799 |
| ダゴアゲ（ソバアゲ） | 76 |
| 鮪壺 | 383 |
| 叩き技法の細工人 | 506 |
| 叩き細工の道具類 | 506 |
| たたつぼ | 302 |
| 立鍬 | 302 |
| ダツイカゴ | 229 |
| 脱穀器具 | 302 |
| 縦糸の準備 | 480 |
| 竪杵 | 77 |
| 竪杵で粟の脱穀 | 302 |
| タテシジ（縦筋）を織るときの縦糸 | 480 |
| タナシ | 13 |
| 棚田の石垣 | 303 |
| 種つけ | 304 |
| 種まき | 304 |
| 田の神 | 691 |
| 田の神への供え物 | 712 |
| 田の神を夫婦でかついでもどす | 823 |

## 鹿児島県

| 項目 | 頁 |
|---|---|
| 田の神様 | 691 |
| 田の神石像 | 691 |
| 田の神像 | 691 |
| 田の神にささげられたわら苞 | 712 |
| 田の神サァ | 691 |
| 田の草取り | 305 |
| 煙草盆 | 229 |
| 束ねたバシャ | 480 |
| タマヤ | 840 |
| 霊屋 | 840 |
| 溜池での魚介捕り | 384 |
| 俵じめ | 306 |
| ダンダンゴマ | 789 |
| 段々畑 | 306 |
| 段々畑と水田 | 306 |
| 竹皮草履 | 38 |
| 竹壁の牛小屋 | 437 |
| 畜力による運搬 | 600 |
| 地葬場（埋葬墓） | 840 |
| 茶桶 | 115 |
| 茶桶と茶筅 | 116 |
| 茶筅 | 116 |
| 茶臼 | 443 |
| チャベロ | 443 |
| 中耕培土器 | 307 |
| 潮間帯での突き刺し漁 | 385 |
| チョウズダライ | 230 |
| 長太郎焼 | 507 |
| 長男出生のときにタコをあげる | 815 |
| ちょか | 508 |
| チョカ | 78 |
| チンゴ | 480 |
| チンゴ作り | 480 |
| 突き漁 | 385 |
| ツキンボ（突き棒） | 386 |
| 作ったクダの太さをはかる | 480 |
| 土入れ | 308 |
| 土入機 | 308 |
| 椿油用に実の収穫をする老夫婦 | 308 |
| 泥染め | 481 |
| ティル | 309 |
| ティルで運ぶ | 600 |
| 手くだ | 309 |
| 手管の収穫 | 309 |
| テゴ | 600 |
| 鉄鍋 | 79 |
| テル | 601 |
| テル（手籠） | 601 |
| テルをかつぐ少女 | 601 |
| テルを使って男は肩で運ぶ | 601 |
| 天秤棒 | 601 |
| 天秤棒を担いで行く人を見送る、大きなリュックサックを背負った宮本常一 | 601 |
| 天秤棒を使う人 | 601 |
| 天秤棒を物を運ぶ | 601 |
| 天馬船に乗り込み、海岸の高台に鎮座する恵比寿神社に向かう漁民 | 546 |
| 投網で獲ったアユを網からはずす | 387 |
| 道具類を入れる小屋（インケ） | 159 |
| 闘鶏 | 782 |
| 洞穴葬 | 841 |
| 陶工の家 | 159 |
| とうば | 310 |
| トウフカゴ | 81 |
| 東方を海に面した細い集落 | 159 |
| 唐箕 | 310 |
| トガリビュラヘラ | 311 |
| 床に神棚を設けた簡素な客座敷 | 200 |
| 年祝（中央に白髪餅を供してある） | 818 |
| 年祝いの白髪餅 | 818 |
| 土突き | 160 |
| 隣組が共同する餅つき | 633 |
| トーバ | 312 |
| 飛魚 | 388 |
| トビウオを桶や竹ざるに移して運ぶ | 388 |
| 飛魚の乾燥 | 106 |
| 飛魚の陸上げ | 388 |
| 飛魚干し | 106 |
| トラゲの前と後の文様 | 482 |
| ドラム罐で作った炭火鉢で焼いた川魚 | 106 |
| ドンザ | 14 |
| ドンジ | 313 |
| ナエトコの立て札 | 313 |
| 苗取り | 313 |
| ナエモッコ | 314 |
| ナカエとオモテ | 160 |
| 長着 | 14 |
| 中の島の民家 | 161 |
| ナージチ | 482 |
| なたうん | 417 |
| ナデグワ | 315 |
| 七日祝い | 815 |
| 七日祝いの生児 | 815 |
| なべしちー | 82 |
| なべすけ | 82 |
| ナマコを干す島の子供 | 106 |
| ならし機具 | 315 |
| 縄植え | 315 |
| 苗代田 | 316 |
| 苗代田とオゥドゥシ | 316 |
| 苗代作り | 316 |
| なわとび | 800 |
| ナワメ（ナラメ） | 316 |
| ナンカユウェ（七日祝い） | 815 |
| 南島の入墨 | 677 |
| 二階堂家住宅 | 162 |
| 西田橋 | 548 |
| 西長島の寝宿 | 623 |
| 煮しめにされるリュウキュウカンザンチクの筍 | 106 |
| ニナアギとバケツの水汲み | 603 |
| 弐之橋 | 548 |
| 人形 | 790 |
| ニンブ | 15 |
| 寝宿 | 623 |
| 年忌 | 843 |
| ネンネコ | 812 |
| 農小屋 | 318 |
| 農道を行く馬 | 438 |
| 芒落とし | 318 |
| ノロ | 737 |
| ノロに焼米を献じて安産を祈る | 714 |
| ノロの祭具 | 737 |
| 廃屋 | 165 |
| ハウチ（葉打ち） | 482 |
| 葉ウチ | 482 |
| 墓 | 844 |
| バケツリレーによる共同湧水地の掃除 | 634 |
| 羽子板 | 791 |
| 馬耕による田起こし | 319 |
| 芭蕉衣 | 16 |
| 箸入れ | 84 |
| ハシケ | 548 |
| ハジチ | 677 |
| 針突 | 677 |
| 馬車 | 604 |
| バシャを運んで帰る | 482 |
| バシャガラ巻キ | 482 |
| バシャガラ巻キのつくり方 | 482 |
| バシャシキ（芭蕉すき） | 482 |
| バシャトーシ（芭蕉倒し） | 482 |
| バシャ煮 | 483 |
| バシャ煮の灰汁作り | 483 |
| バシャハギ（芭蕉剥ぎ） | 483 |
| バシャ巻き | 483 |
| バシャヤマ | 483 |
| 芭蕉布 | 483 |
| ハジ漁 | 392 |
| はずし取った縦糸 | 483 |
| ハタ（糸車）とその部品 | 483 |
| ハタ織り | 483 |
| ハタ車 | 483 |
| 畑用犂 | 321 |
| ハタの準備 | 484 |
| ハタの整備 | 484 |
| 八十八歳の年祝い | 818 |
| 初供養の手伝いに向かう主婦 | 844 |
| 伐採 | 417 |
| バッチョー笠 | 29 |
| ハナカゴ | 393 |
| はなぐし | 438 |
| 母親が幼児を荷物といっしょにてるに背負っている | 605 |
| ハブが出たときに使う棒 | 235 |
| はまつたー（釜蓋） | 85 |
| ハマテゴ・ノリテゴ | 394 |
| 浜辺での宴 | 114 |
| 浜辺の墓 | 845 |
| バラ | 235 |
| バラと呼ぶ円形の大きな竹ザルを頭上に置いている | 605 |
| 番傘 | 235 |
| ヒ | 484 |
| ヒウチフドー | 236 |
| 日置箕 | 324 |
| 日置箕を編む | 512 |
| ヒカシヤマ | 605 |
| ヒキとハロウジの構成図 | 635 |
| ビク | 395 |
| ヒゴ作り | 512 |
| ビータナシ | 17 |
| ビータナシを織る | 484 |
| 火玉加那志（火の神） | 695 |
| ヒツ | 395 |
| ヒッカケ | 17 |
| ヒッカケ | 484 |
| ヒネブリ（指宿ジョケ） | 85 |
| 干物作り | 107 |
| 平籠 | 237 |
| ヒラカゴ（イサクカゴ） | 86 |
| ヒラカゴの底を編む | 513 |
| ビラグイ | 325 |
| 平鍬 | 325 |
| ヒルバ | 325 |
| 披露宴 | 825 |
| 披露宴での田の神据え | 825 |
| 披露宴の座敷に置かれた田の神 | 825 |
| ビロウ笠 | 30 |
| ビロウのミノ・カサ | 17 |
| V型のアバ | 396 |
| フィチャ（鹿児島県徳之島町） | 117 |
| 深編笠 | 30 |
| 武家屋敷にみられる生垣 | 169 |
| ふご | 606 |

| | | |
|---|---|---|
| フタマタ 326 | 水場 214 | ヨミカタ（代かき） 342 |
| 仏壇 845 | 水運び 608 | 嫁いじめ・聟いじめ 826 |
| フドキ 485 | 味噌竹筒 90 | 寄合い 638 |
| フドキ入れ 485 | ミツマタ（農具） 333 | ヨリカケ 488 |
| フドキをオサにはめ込む 485 | 港 404 | 与論島の墓 850 |
| フドキをはめたオサ 485 | ミノ 19 | 羅針盤 407 |
| フドキとアディワーシ棒を反対の方向に押していく前の準備 485 | 箕 20 | 離島の髪型 46 |
| フドキとアディワーシ棒を反対方向に押して行く 485 | 箕の修理 516 | 離島の台所 205 |
| フドキとオサ 485 | 民家 175 | リヤカーに乗っている子どもたち 803 |
| フドキヨミと目ヅモリ棒のつくり方 485 | 民家の隅柱 204 | 隆起珊瑚礁上の凹みに海水を投げ入れ濃縮する 447 |
| 船大工 524 | 民家の間取り 178 | 隆起珊瑚礁の島の水田は漏水がひどく干割れになる 342 |
| 船霊 695 | 麦打ち台 334 | 漁が終わると鮮やかな手さばきで料理をつくりはじめる 110 |
| 船着場の網干し場 397 | 麦の植えられた棚田と段畑 335 | 漁から帰ってきた漁船 408 |
| 船を待つ人々 550 | 麦干し 336 | 臨終 851 |
| 舟の玩具 792 | ムギやビロウの茎葉で作った笠 31 | 櫓漕ぎ船で浜辺を目指す 408 |
| フノリコシ 485 | ムスビ 454 | ワインキの作業をしている人の位置 488 |
| 海蘿とり 399 | 棟上げ 525 | 若者のつどい 624 |
| フブキ 326 | ムベ 577 | 湧き井戸 215 |
| 麓集落 652 | ムヤ（墓）の内部 849 | ワク 488 |
| 鰤の水揚げ 399 | 村境の藁人形 674 | ワク移しとカシケーイ（かせ掛け） 488 |
| ブリ養殖日本一の生簀群 399 | 村の時計 637 | ワクに巻きとる 488 |
| フルイ 327 | むんじゅる笠 31 | ワクの台 488 |
| 風呂桶 203 | 明治初期の住宅平面図と復原平面図 179 | 渡し船 553 |
| 風呂の流し場を再利用した水槽跡 213 | メークサをおいてマキチャに巻きとる 487 | ワラスグリ 344 |
| プロパンガスを持ち込んで浜遊び 114 | メークサでトラゲをしているところ（取り上げ） 487 | 藁すぐり 519 |
| フンゴミ 327 | メゴミソコシ 90 | 藁たたき 520 |
| ヘトイ瓶 238 | メシビツ 91 | |
| ヘラ 328 | 目ヅモリ棒で墨つけするところ 487 | **沖縄県** |
| 棒を使う 606 | モイドン 769 | |
| 防除用器具（イナゴ捕り機） 328 | モイヤマ 769 | 藍染の宮古上布を織る 464 |
| 防風や燃料用、救荒食等を兼ね土手に列植されたソテツ群 535 | 木材積出し 419 | アオサとり 344 |
| 防風林造成完成記念 636 | 木材搬出 419 | アカガーラヤー（赤瓦屋） 119 |
| 放牧される牛 439 | もみすり 337 | 赤瓦屋根の民家 119 |
| 鉾 401 | 籾摺り 337 | 赤瓦屋根の民家が並ぶ 119 |
| 墓前に捧げるミンブチ（念仏）の舞 846 | モミすり用の木ずり臼 338 | 赤崎御嶽 765 |
| 墓前の供物 846 | もみつき 338 | 赤田町・崎山町の家並み 119 |
| 墓前の花 846 | モミトオシ 338 | 垢取り 345 |
| 墓地 846 | もり突漁 406 | アナヤー（穴屋） 120 |
| 墓地の土地や石碑等の集落への提供 663 | 門構えと目隠しの屏風 180 | 洗い場 206 |
| 骨を収める厨子甕 847 | 屋敷構 181 | 荒焼の壺を運ぶ 489 |
| ボンパチ 793 | 屋敷で飼育する山羊 440 | 安和ウタキ 765 |
| 曲がった集落内の道 172 | 屋敷内に祀られた丸石 699 | 泡盛 49 |
| マキジルシ 329 | ヤシネゴが、家族とヤシネゴオヤに年始に訪れた 638 | 泡盛 447 |
| マキチャを地バタに置いたときの糸の位置 486 | 屋根 182 | 泡盛を注入した三合瓶に、ネジ式の蓋をする 447 |
| マキチャ（巻板） 486 | 屋根に積もった灰降ろし 250 | 泡盛づくり 447 |
| 巻き取った糸をはたにかける 486 | 矢羽根 525 | 泡盛の酒造所 447 |
| 撒水 250 | 山駕籠 608 | アンビン 59 |
| 枕崎の「銀座通」 577 | 山川漬け 58 | イサ 806 |
| 枕崎港 402 | ヤマゾーリ 41 | 石垣 121 |
| 枡 584 | ヤマトウシ 92 | 石垣港 352 |
| 股鍬 330 | 山の方にある畑からサツマイモを背負子で運ぶ 609 | 石垣市街 646 |
| 町の通り 652 | ヤーミシ（婚約）の儀式 826 | 石垣のあるサンゴ砂の道 615 |
| 窓が少ない瓦葺きの民家 173 | 湧水地から運んだ水を溜めて使う壺 184 | 石垣の続く道 615 |
| 間取 173 | 湧水の洗い場で洗濯する母親とその傍らで遊ぶ子どもたち 214 | 石敢當 667 |
| 魔よけの呪い 673 | ユタ 741 | 石墓 828 |
| マルカゴ 89 | ゆたの家 185 | 石墓の内部 828 |
| 丸木舟 402 | ユタの祈願 741 | イスツ御嶽 765 |
| 丸木船 552 | ユタの祈禱 741 | イタダキ 560 |
| 真綿張（まわたはり） 486 | ゆたの夫婦 741 | 市場の一角に店を張って魚を並べ、正座して客を待つ 555 |
| 箕 332 | ゆとり 407 | 市場の魚売り 555 |
| ミガキ 716 | ユメトオシを編むバラツクイドン 517 | 一番座間取り図 243 |
| 水揚げされた鰹 403 | ゆりかご 812 | |
| 水桶を運ぶ 607 | 横杵 93 | |

## 沖縄県　地域別索引

| 項目 | 頁 |
|---|---|
| イディル | 586 |
| 井戸 | 207 |
| 糸満 | 123 |
| 糸満漁人の家 | 123 |
| 糸満の家 | 123 |
| 糸満の漁夫と女 | 354 |
| 糸満の刳舟 | 354 |
| 糸満の魚売り | 560 |
| 猪の胆 | 664 |
| 猪の肝を吊るし干す | 664 |
| 位牌 | 829 |
| 伊波メンサー | 468 |
| イビ | 765 |
| イブヒカスー | 677 |
| イルカ漁の漁具 | 354 |
| 入れ墨 | 676 |
| 拝所へ行く巫女の列 | 730 |
| 拝所で祈る女 | 765 |
| 臼作り | 490 |
| うずみべら | 260 |
| 御嶽 | 765 |
| 御嶽への参道 | 765 |
| 御嶽に手を合わせる | 765 |
| 御嶽の入口 | 765 |
| ウタキ（御嶽）の神 | 765 |
| 御嶽の石門 | 765 |
| 御嶽の中の墓所 | 829 |
| 御嶽の火の神 | 765 |
| 御嶽配置図 | 770 |
| ウチカビ | 829 |
| ウチカビの製造工場 | 829 |
| ウッチャリブーシ | 784 |
| ウニを割る | 96 |
| うねる集落の道 | 538 |
| ウフワタビンジュル | 681 |
| 馬が曳くタイヤ二輪 | 586 |
| 馬とび | 795 |
| 馬に乗る | 538 |
| 海に小舟を出す少年たち | 795 |
| 海に飛びこんで泳ぎ遊ぶ子どもたち | 795 |
| ウムゲー | 434 |
| 絵文字 | 677 |
| エラブ汁 | 50 |
| 追い込み網漁 | 359 |
| 追込み用の石（スルチカー石） | 360 |
| 大型茶筅 | 115 |
| 沖縄海洋博のアクアポリス | 615 |
| 沖縄海洋博の沖縄館 | 615 |
| 沖縄式追込網漁業 | 360 |
| 沖縄そば | 50 |
| 沖縄の揚げカマボコ | 50 |
| 沖縄の新しい墓 | 830 |
| 沖縄の市場 | 556 |
| 沖縄の井戸 | 208 |
| 沖縄の集落 | 128 |
| 沖縄のバスの内部 | 539 |
| 沖縄の畑 | 263 |
| 沖縄の仏壇 | 830 |
| 沖縄民家の配置とアシャギの位置 | 128 |
| 沖縄民家の防風効果 | 128 |
| 囮釣り | 361 |
| 踊りの稽古 | 775 |
| 踊る主婦 | 775 |
| おはるず御嶽 | 766 |
| 織物 | 471 |
| カー | 208 |
| がいずばる | 221 |
| 崖葬 | 830 |
| カイダー字 | 678 |
| カイダーズ | 678 |
| 海洋博に合わせて造られた待合所 | 616 |
| 家具売り | 561 |
| 崖墓 | 831 |
| 籠（頭上運搬用） | 587 |
| カジバタ（風旗） | 668 |
| カジマヤー | 817 |
| かじんかな | 411 |
| ガスボンベを利用した報知器 | 627 |
| かたぱーふじょう | 364 |
| 鰹漁船 | 365 |
| 金ダライによる運搬 | 588 |
| カブヤー | 785 |
| 竈 | 193 |
| 神アサギ | 766 |
| 神アシャゲ | 766 |
| 神さまへの捧げ物を運ぶ司（つかさ） | 589 |
| 亀甲墓 | 832 |
| 亀捕り | 366 |
| 亀の子束子 | 222 |
| 茅で編んだ蓋つきの籠 | 222 |
| 茅葺き屋根と福木 | 134 |
| 唐獅子 | 669 |
| 唐尺 | 669 |
| 狩俣の浜での祈り | 734 |
| 龕 | 832 |
| 龕を4人の男が昇き、墓地に向かう | 832 |
| 観光用の牛車 | 580 |
| ガンシナ | 589 |
| 甘藷を売る | 562 |
| 儀式用下ばきハカマ | 6 |
| 木の叉を利用した運搬具 | 589 |
| 牛耕 | 271 |
| 清い水のはいったツボを頭にのせて家まで運ぶ | 589 |
| 共同井戸 | 209 |
| 共同墓 | 833 |
| 漁獲を受取る糸満の女 | 367 |
| 漁獲物を買いとる糸満の女性 | 556 |
| 漁婦たちが着る仕事着 | 7 |
| 漁網 | 369 |
| 金城石畳道 | 542 |
| クイマ（轆轤） | 499 |
| 草葺の納屋と井戸 | 139 |
| 草屋根の工程 | 216 |
| 城山御嶽 | 766 |
| 葛で編んだ蓋つきの籠 | 224 |
| クーダ | 274 |
| クダ（管） | 274 |
| クバの釣瓶 | 210 |
| クーブイリチー | 52 |
| クミャー | 809 |
| 供物をする司 | 735 |
| クラ | 140 |
| 黒線香 | 724 |
| 鍬 | 275 |
| 結縄 | 678 |
| 公設市場 | 556 |
| 幸地腹門中墓 | 833 |
| 幸地腹門中墓三七日忌 | 833 |
| 幸地腹門中墓の入口 | 833 |
| 交通方法の変更を知らせる看板 | 542 |
| 子を抱いて祭りに加わる | 809 |
| 子を背負う | 809 |
| 国際通のマーケット | 567 |
| 穀倉 | 143 |
| 穀物屋 | 557 |
| コザのメインストリート | 648 |
| 骨甕 | 834 |
| 骨ツボ | 834 |
| 子供呪衣 | 8 |
| 碁盤目状村落 | 143 |
| 小舟 | 372 |
| 米を搗く | 279 |
| 子守り | 810 |
| ゴーヤチャンプルー | 52 |
| 婚礼習俗 | 821 |
| さあぷゆき | 413 |
| 細工師 | 501 |
| 魚入れ | 373 |
| 魚売り | 557 |
| 魚売りの女たち | 557 |
| サギヤイ | 425 |
| 提げ籠 | 787 |
| ササ入れ漁 | 374 |
| サシ（差） | 822 |
| 刺網漁 | 374 |
| サージを結ぶ神女たち | 26 |
| サーターアンダギー | 53 |
| 雑貨店 | 568 |
| 砂糖黍圧搾機が3台ある精糖所 | 534 |
| サトウキビの刈り入れ | 282 |
| サトウキビの収穫作業 | 282 |
| 砂糖車 | 534 |
| サバ | 36 |
| サバニ | 375 |
| サバニが並ぶ浜 | 375 |
| サバニが浜へ戻る | 375 |
| サバニ漁船 | 375 |
| サバニーの模型 | 375 |
| サバネ | 375 |
| サン | 670 |
| 珊瑚礁の岩塊壁をもつ小屋 | 145 |
| 珊瑚石の石垣とヒンプン | 146 |
| サンゴ石灰岩の石垣とフクギの防風林 | 146 |
| サンシン | 777 |
| 三線（平行知念型） | 777 |
| 三板 | 777 |
| 桟橋通り | 649 |
| 塩作り | 446 |
| 自家製の豆腐を街角で売る | 568 |
| 敷地が道路よりも低く、目の高さが屋根になる | 147 |
| 仕事着 | 9 |
| シーサー | 670 |
| シーサー（屋根獅子） | 670 |
| ジシガミー | 835 |
| 紙銭 | 836 |
| 自然石で囲われた茅葺きの牛小屋 | 147 |
| 自然石の腰壁と重厚な瓦屋根の畜舎 | 147 |
| 漆喰左官 | 522 |
| 漆喰で固めた瓦葺き | 147 |
| 死亡と葬式の日取りを書いた黒枠の告知書 | 836 |
| シマ（沖縄相撲） | 781 |
| 島の農村集落 | 148 |
| 島見の祝いの弓矢と鋏 | 814 |
| 島見の弓矢 | 814 |
| 杓子のいろいろ | 72 |
| シャクシメー | 787 |
| 十三祝い | 814 |
| 自由な形で組まれたあいかた積みの石垣 | 148 |
| 出産内祝いの幟を立てた店 | 815 |
| 首里金城 | 149 |
| 首里三箇 | 149 |

## 沖縄県

| 項目 | 頁 |
|---|---|
| 乗馬のノロ | 736 |
| 牆屏 | 150 |
| 植物による象徴的なソーンジャキのある民家 | 150 |
| 女子用白木綿製ハカマ | 10 |
| シラ | 378 |
| 神道 | 768 |
| 神女の祭式 | 736 |
| 水牛と農民 | 288 |
| 水牛による田おこし作業 | 288 |
| 水槽 | 211 |
| 水中眼鏡（ミーカガン） | 379 |
| 厨子甕 | 837 |
| 頭上運搬 | 593 |
| 頭上に仔豚を載せて歩く女 | 594 |
| 頭上の大きな笊に反物などを入れて載せ運ぶ | 594 |
| ススキボウキ | 227 |
| 砂を肩で運ぶ | 594 |
| スンキャーラ | 771 |
| 生活感の変化 | 197 |
| 製糖所 | 535 |
| 生年祝 | 815 |
| 生年祝いの供物と膳 | 815 |
| 背負い運搬 | 594 |
| 背負い籠のティールを編む | 503 |
| 石材採取場 | 527 |
| 石灰の焼亀 | 503 |
| 斎場御嶽 | 768 |
| 洗骨 | 837 |
| 洗骨した骨を納めた壺 | 837 |
| 戦後の那覇市の中央繁華街 | 557 |
| 全速力で群に近づく鰹船 | 380 |
| 千人針帽子 | 27 |
| 占有標 | 631 |
| 葬列に続く婦人たち | 839 |
| ソテツの澱粉 | 54 |
| 祖内の家並み | 153 |
| 祖納の集落 | 153 |
| 素朴な茅葺きの畜舎 | 153 |
| 村落と環境 | 153 |
| 台所 | 197 |
| 台所のかまど | 198 |
| 高倉 | 154 |
| 竹籠 | 76 |
| 竹かごのひもを前頭部にかけて運ぶ | 599 |
| 竹細工店 | 572 |
| 竹自在 | 198 |
| 竹簀の子床 | 199 |
| 竹富島の集落 | 155 |
| タナシ | 13 |
| チチャンコ（花織り） | 13 |
| 茶筅 | 116 |
| 茶盆 | 78 |
| 茶碗 | 116 |
| 茶碗に上薬をつける女 | 507 |
| 貯蔵納屋 | 157 |
| 猪胆 | 665 |
| 衣 | 13 |
| 衣の着付 | 13 |
| 君南風 | 737 |
| ツカサ | 737 |
| 司の参拝 | 737 |
| 壺屋 | 508 |
| 壺屋の窯 | 508 |
| 壺屋の通り | 573 |
| ティルで運ぶ | 600 |
| 手毬 | 790 |
| 天水をためて飲料水とする | 247 |
| 天水溜の甕 | 233 |
| 電柱などに死亡の告知を貼る | 841 |
| テントヤー立面図 | 158 |
| 闘牛 | 782 |
| 洞窟墓型 | 841 |
| 豆腐 | 55 |
| 豆腐売り | 574 |
| 豆腐店 | 574 |
| トーカチ | 818 |
| トーカチ祝い あやかり昆布をいただいたところ | 818 |
| 毒草を入れたザルをサンゴ礁の窪みに数回つける | 388 |
| 床の神 | 694 |
| トートーメー | 841 |
| 渡名喜島の祭司 | 737 |
| トリシメ算 | 678 |
| 流し場 | 201 |
| 中間お嶽の拝所 | 768 |
| ナージキ | 815 |
| 那覇港 | 547 |
| 那覇の市場 | 558 |
| 那覇の提灯屋 | 574 |
| ナビゲー | 82 |
| 鍋取り | 82 |
| 並び分棟型の民家 | 162 |
| 新墓 | 842 |
| 稲積（イネマツン） | 316 |
| 肉屋 | 574 |
| ニンニクとタコの和えもの | 55 |
| ヌキヤー（貫屋） | 163 |
| ヌジファ（抜霊） | 842 |
| 貫木屋 | 163 |
| 貫木屋と民家敷地断面図 | 163 |
| 貫木屋の貫と柱の継手仕口 | 163 |
| 野屋墓 | 842 |
| 農家の簀の子床 | 202 |
| 農家の物置 | 164 |
| 農連市場 | 558 |
| 野墓 | 843 |
| ノロ | 737 |
| ノロ達 | 737 |
| ばあき | 604 |
| 廃校 | 644 |
| 灰皿 | 234 |
| 葉団扇 | 234 |
| 墓 | 844 |
| 墓参り | 844 |
| バーキ | 604 |
| バーキを頭にのせて運ぶ | 604 |
| ハジチ | 677 |
| ハジチ（針突） | 677 |
| 芭蕉糸 | 483 |
| 芭蕉の反物 | 483 |
| 芭蕉布 | 483 |
| 芭蕉布を海にさらす | 483 |
| ハヅキ | 677 |
| バスの座席に座る子ども | 549 |
| 機織り | 483 |
| バタバタ茶の道具 | 117 |
| 波照間島における石垣の門幅決定法 | 672 |
| 波照間島民家の竹簀の子床 | 166 |
| パナリ焼きの壺類 | 84 |
| 破風墓 | 845 |
| ハマンタ | 85 |
| バラサン（藁算） | 678 |
| パーランクー | 779 |
| 張子馬乗 | 791 |
| 張子の闘鶏 | 792 |
| 張水御嶽 | 769 |
| 半月池 | 672 |
| バンドウ | 236 |
| ビガダーの骨組と糸目 | 792 |
| ビジュル石 | 695 |
| ビジュル石かつぎ | 769 |
| ビディリ | 769 |
| ビディリ（神石）の前で祭りをする | 769 |
| ヒヌカン | 695 |
| 火の神 | 695 |
| 平籠 | 237 |
| 蒲葵団扇 | 237 |
| 紅形ののれん | 237 |
| ヒンプン | 168 |
| 風水を診断している風水師 | 672 |
| 風選 | 325 |
| 風葬 | 845 |
| 風葬跡 | 845 |
| 風葬墓 | 845 |
| ブクブク茶（沖縄県那覇市） | 117 |
| ブクブクバーチと茶筅 | 118 |
| 袋網に魚の群れを追い込む | 396 |
| 婦人の入墨 | 677 |
| 豚の肋骨の汁もの | 56 |
| 豚便所（フール） | 249 |
| 二棟造 | 169 |
| 二棟造りの民家の模型 | 169 |
| ふだれ | 238 |
| フータン | 792 |
| 仏壇と位牌 | 845 |
| 普天間・米軍基地 | 662 |
| フトゥキ（仏） | 695 |
| 船霊 | 695 |
| 舟をこいで遊ぶ | 801 |
| 船の見送り | 551 |
| 船の目 | 672 |
| 符札 | 722 |
| ふぼーうたき | 769 |
| 部落共同の井戸 | 213 |
| 古着マチ | 558 |
| 古着市 | 558 |
| 風呂敷作り | 513 |
| 屏位式位牌 | 846 |
| 壁龕墓 | 846 |
| ヘラ（ピラ） | 328 |
| ボウで草やワラを突き差して運ぶ | 606 |
| 外間祝女 | 738 |
| 外間祝女のいれずみ | 677 |
| 穂刈り | 328 |
| 蒲葵釣瓶 | 88 |
| 鉾つき | 401 |
| 墓前の花 | 846 |
| 掘串（アサンガニ） | 329 |
| 掘串（ティブク） | 329 |
| 前挽臼 | 88 |
| 勾玉のついたうちだれ | 739 |
| 真謝お嶽 | 769 |
| 間取り 琉球の民家の間取り | 174 |
| マブイグミ（魂込め） | 773 |
| 魔除け | 673 |
| 馬艦船宝蔵（木製煙草入れ） | 239 |
| 神酒をいただく作法 | 115 |
| ミジハミ | 239 |
| 水浴び | 802 |
| 水瓶などの陶器を日常に使っている沖縄の農村 | 239 |
| 水運び | 608 |
| 耳印 | 440 |
| ミミューチャー | 608 |

## 沖縄県

| 項目 | 頁 |
|---|---|
| 宮古島の鍛冶屋 | 516 |
| 宮古島の祭司（ウヤガン） | 741 |
| 宮古上布 | 487 |
| 宮古上布の仕上げ（せんだく） | 487 |
| 宮古の島尻ウタキの聖地からムトゥに出てきた神女たち | 741 |
| 宮鳥御嶽 | 769 |
| 民家 | 175 |
| ミンサー | 48 |
| 麦すり石 | 334 |
| 麦の穂刈り | 335 |
| ムチンクブサー | 90 |
| 村を護る火伏せの村獅子 | 673 |
| 村の入口 | 637 |
| 村墓（ミーキ墓） | 849 |
| ムンチュウの本家に祀られる神家 | 698 |
| 目隠し塀をもつ出入口 | 179 |
| モズクの酢のもの | 57 |
| 籾の選別 | 338 |
| 門中の先祖以来こうむった水の恩を感謝する行事 | 638 |
| 門中墓 | 849 |
| 八重山凧 | 794 |
| 八重山地方の海で獲れる魚 | 58 |
| 八重山の家 | 180 |
| 八重山の民家 | 180 |
| ヤーキ算 | 679 |
| 山羊汁 | 58 |
| 野菜を売る糸満 | 578 |
| ヤッチノガマ | 850 |
| ヤーハン | 679 |
| やまなじ | 419 |
| 雄瓦と雌瓦を組み合わせた本瓦葺き屋根 | 184 |
| ユタ | 741 |
| ユタの祈願 | 741 |
| ゆったりとカーブした渡名喜集落の道 | 553 |
| ゆーとい | 407 |
| ユードイ | 850 |
| ユナバーキ（米揚げ笊） | 92 |
| ゆりかご | 812 |
| よいさー | 813 |
| 寄棟造り | 186 |
| 与那原の民家 | 186 |
| 与那原の瓦づくり | 517 |
| ヨミタンソンハナウイ（読谷村花織） | 488 |
| 嫁と姑の服装 | 23 |
| 世持お嶽の内部 一隅に祀られている火の神 | 770 |
| 羅盤 | 674 |
| らんびき | 455 |
| 陸に引き揚げられた大小の漁船 | 408 |
| 冷房のない窓を全開にしたバスが、未舗装の道を砂ぼこりをあげて走る | 553 |
| 渡し船 | 553 |
| わらさん | 679 |
| ワラザン | 679 |
| 藁算 | 679 |
| 草鞋 | 42 |
| 藁鳶 | 344 |
| 藁箒 | 242 |

# 名 称 索 引

## 【あ】

藍植鍬〔生産・生業〕 252
藍大市の景観〔交通・交易〕 554
藍を染める〔生産・生業〕 463
あいかご〔生産・生業〕 344
アイカゴ〔生産・生業〕 252
藍神様を祀る棚〔信仰〕 680
あいがめ〔生産・生業〕 463
藍甕を攪拌する〔生産・生業〕 463
あいがめ（染屋焼）〔食〕 58
あいぎょう〔食〕 49
藍切り庖丁〔生産・生業〕 464
相倉集落〔住〕 119
相倉の合掌造り〔住〕 119
藍蔵の町〔交通・交易〕 559
愛国婦人会襷・日の丸扇子〔社会生活〕 654
藍こなし〔生産・生業〕 464
藍粉成し〔生産・生業〕 464
藍こなしの様子〔生産・生業〕 464
藍粉成し用具〔生産・生業〕 464
愛妻会〔社会生活〕 625
藍栽培製造の一幅〔生産・生業〕 464
藍作地方之図〔生産・生業〕 464
藍師、藍問屋の藍蔵〔生産・生業〕 464
愛情道路〔社会生活〕 639
アイスキ〔生産・生業〕 489
アイスキャンディーを食べる〔食〕 110
アイスクリーム・フリーザー〔食〕 58
藍染〔生産・生業〕 464
藍染（反物）〔生産・生業〕 464
藍染め〔生産・生業〕 464
藍染の布を干す〔生産・生業〕 464
藍染の宮古上布を織る〔生産・生業〕 464
藍玉〔生産・生業〕 464
あいだま（藍玉）大きめのもの〔生産・生業〕 464
藍玉をつくる〔生産・生業〕 464
藍搗き〔生産・生業〕 464
藍で染めた糸を干す〔生産・生業〕 464
藍で染めた布を干す〔生産・生業〕 464
藍苗床・藍畑用の用具〔生産・生業〕 464
アイヌ女性の文身〔民俗知識〕 676
アイヌ人のイレズミ〔民俗知識〕 676
アイヌのいろり（アペオイ）〔住〕 189
アイヌの家屋（チセ）〔住〕 119
アイヌの工芸品〔住〕 218
アイヌの酒〔食〕 49
アイヌの住居〔住〕 119
アイヌの住居の平面図〔住〕 119
アイヌの正装で結婚式をあげる二人〔人の一生〕 819
アイヌの前額運搬習俗〔交通・交易〕 585
アイヌの前額運搬の紐と横木〔交通・交易〕 585
アイヌの高倉の一種〔住〕 119
アイヌのチセ（住居）とプ（高倉）〔住〕 119
アイヌのひげべら〔衣〕 44
アイヌのメシ食いの式〔人の一生〕 819
アイヌは高杯で酒をのむ〔食〕 110
アイヌ服飾文様〔衣〕 47
アイノコ〔生産・生業〕 344

藍の栽培〔生産・生業〕 464
藍の種子〔生産・生業〕 464
藍の種畑〔生産・生業〕 252
藍の苗床に間引いて残ったものを本畑に移植している様子〔生産・生業〕 464
藍の葉を手でする〔生産・生業〕 465
藍の華〔生産・生業〕 465
アイの葉モギ〔生産・生業〕 252
藍の水〔生産・生業〕 465
藍場川の洗い場〔住〕 206
藍畑〔生産・生業〕 252
アイヨパッチ〔住〕 218
アイランド（島）・タイプの台所〔住〕 189
アイロン〔住〕 218
アイロン機〔住〕 218
アウトリガーの舟〔生産・生業〕 344
あお〔生産・生業〕 344
青ヶ島の主人の夕食〔食〕 110
青刈りのトウモロコシ〔生産・生業〕 252
アオサ〔食〕 49
アオサを干す〔食〕 94
青豇豆の乾燥〔生産・生業〕 252
アオサとり〔生産・生業〕 344
アオシシの皮のはきもの〔衣〕 32
アオシシメタテ（目立て）順序〔生産・生業〕 420
青島雛〔信仰〕 701
アオソボシ〔生産・生業〕 465
青田祈禱札〔信仰〕 718
青竹の柄杓〔住〕 218
青土瓶〔食〕 58
青菜のつみとり〔生産・生業〕 252
青峯山の守札をつけた漁師〔信仰〕 701
青海苔を網に干す〔食〕 94
青海苔かき〔生産・生業〕 344
アオノリの仕分け〔生産・生業〕 344
青灰やき〔生産・生業〕 533
青葉通りと東五番丁の交差点〔交通・交易〕 537
アオマタギ〔生産・生業〕 420
青物の行商〔交通・交易〕 559
青森リンゴの木箱に詰められた茶碗〔生産・生業〕 489
青柳家の店構え〔住〕 119
青山家の外観〔住〕 119
赤網を下す〔生産・生業〕 344
赤い屋根の町並み〔住〕 119
赤貝をむき身にする〔生産・生業〕 344
赤貝（サルボウ）の水揚げ〔生産・生業〕 344
アカガイの仕分け〔生産・生業〕 345
アカガイの身出し〔食〕 94
アカガーラヤー（赤瓦屋）〔住〕 119
赤瓦の葺き下〔住〕 215
赤瓦屋根の民家〔住〕 119
赤瓦屋根の民家が並ぶ〔住〕 119
赤城型の蚕室農家〔住〕 119
赤城型の農家〔住〕 119
赤城型民家〔住〕 119
赤坂見附（道路）〔交通・交易〕 537
赤坂見附交差点〔交通・交易〕 537
赤崎御嶽〔信仰〕 765
明石港口〔生産・生業〕 345
赤頭巾（米寿祝）〔衣〕 24
アカソ（オロ）〔生産・生業〕 465
赤田町・崎山町の家並み〔住〕 119

赤玉ポートワイン（モニュメント広告）〔交通・交易〕 559
赤ちゃん入れ〔人の一生〕 806
赤ちゃんにお湯をつかわせる〔人の一生〕 806
赤ちゃんのまわりを荷縄で囲っておく〔民俗知識〕 667
赤ちゃんの湯浴をする産婆〔人の一生〕 806
赤塚大根を洗う〔食〕 94
アカトリ〔生産・生業〕 345
垢取り〔生産・生業〕 345
上野焼の作業場〔生産・生業〕 489
赤羽台団地〔住〕 242
赤べこ〔芸能・娯楽〕 783
赤帽〔交通・交易〕 585
アカマエダレ〔衣〕 3
赤間宿の町並み〔交通・交易〕 579
燈りをともしてシラスウナギを箱のような漁具ですくい獲る〔生産・生業〕 345
明り障子の衝立〔住〕 218
明かり取りのある家〔住〕 119
明りとりの窓〔住〕 189
明かるい村〔社会生活〕 625
赤レンガ館の正面〔住〕 120
あかんべ〔芸能・娯楽〕 794
あかんべー〔芸能・娯楽〕 794
秋洗い〔生産・生業〕 447
秋コバキリ〔生産・生業〕 252
秋コバの火入れ〔生産・生業〕 252
秋田〔社会生活〕 658
秋田おばこ〔衣〕 3
秋田の屋根フキ〔住〕 215
秋田焼〔食〕 59
空地にコンクリートの台を設けて祀るカミサマ〔信仰〕 680
商い船〔交通・交易〕 537
秋の稲作〔生産・生業〕 252
秋の稲刈りに水口近くに刈り残された三株の稲〔生産・生業〕 252
秋葉様の火番燈籠〔社会生活〕 625
秋葉神祠〔信仰〕 746
秋葉神祠堂〔信仰〕 746
秋葉原電気街〔社会生活〕 645
秋穂八十八ヵ所札所〔信仰〕 765
秋ミチつくり〔社会生活〕 625
秋ミチつくりに出かける〔社会生活〕 625
空屋となった屋敷地の石垣〔住〕 120
空き家になった旧家〔住〕 120
秋山郷にあった民家の茅壁〔住〕 120
秋山郷の民家の外観〔住〕 120
秋山郷の民家の茅壁内側〔住〕 120
秋山の民家〔住〕 120
アクスイ（悪水）と呼ぶ冷たい泥水を抜く作業をする〔生産・生業〕 252
アク水の作り方〔食〕 94
アクトアテ〔衣〕 32
悪童〔芸能・娯楽〕 794
アクトカケ〔衣〕 32
あくとがらみ〔衣〕 32
アグドシベ〔衣〕 32
アグツヅキのシベ〔衣〕 32
アグドボッチ〔衣〕 32
灰汁煮釜〔生産・生業〕 465
阿久根港〔生産・生業〕 345
揚繰網〔生産・生業〕 345
揚繰船〔生産・生業〕 345
悪霊よけの注連縄〔民俗知識〕 667

上げ下げ窓で飾られた洋風町家の華やかさ〔住〕 …… 120
アゲザル〔生産・生業〕 …… 345
あげ戸〔住〕 …… 120
アゲドコ式苗代〔生産・生業〕 …… 252
アーケード商店街〔交通・交易〕 …… 559
アゲナワシロの苗代作り〔生産・生業〕 …… 252
アケニ〔交通・交易〕 …… 585
揚げ浜塩田〔生産・生業〕 …… 444
揚浜塩田〔生産・生業〕 …… 444
揚げ浜塩田・潮汲み〔生産・生業〕 …… 445
揚浜式・入浜式・流下式塩田の断面図〔生産・生業〕 …… 445
揚浜の製塩作業〔生産・生業〕 …… 445
アケビ〔食〕 …… 49
アケビ料理〔食〕 …… 49
上げ仏壇〔人の一生〕 …… 828
上げ舟〔住〕 …… 242
アゲボトケ〔信仰〕 …… 701
アゲマキ〔食〕 …… 49
アゲマキツリ〔生産・生業〕 …… 345
アゲマキ掘り〔生産・生業〕 …… 345
揚げられた屋号〔社会生活〕 …… 625
揚げ枠〔生産・生業〕 …… 465
アゴアミの渋かけ(共同作業)〔生産・生業〕 …… 345
赤穂塩田風景〔生産・生業〕 …… 445
赤穂港あたり〔生産・生業〕 …… 345
赤穂高校の旧校舎〔社会生活〕 …… 639
赤穂市中心街を流れる加里屋川〔社会生活〕 …… 645
アゴガツオ〔食〕 …… 49
アコーディオンを弾く〔芸能・娯楽〕 …… 774
アゴノシル〔食〕 …… 49
アコヤガイに核を入れる玉入れ作業〔生産・生業〕 …… 345
あさ〔生産・生業〕 …… 489
朝市〔交通・交易〕 …… 554
朝市でいろいろな物を買いこんで,竹細工のおじさんのところで一休みしながらすわり話〔交通・交易〕 …… 585
朝市で客の来ぬ間に朝食をとる女〔交通・交易〕 …… 555
朝市で出会ったおばあさん〔交通・交易〕 …… 585
朝市に来る女たちのかぶり物〔衣〕 …… 24
朝市に並ぶ山菜類〔交通・交易〕 …… 555
麻糸網作り〔生産・生業〕 …… 345
麻糸を紡ぐ〔生産・生業〕 …… 465
麻糸をまく竹籠製のガワ〔生産・生業〕 …… 465
麻打機〔生産・生業〕 …… 465
麻裏(草履)〔衣〕 …… 32
麻桶と麻かきべら〔生産・生業〕 …… 465
麻織りの仕上げ(干し)〔生産・生業〕 …… 465
アサカゴ〔食〕 …… 59
朝霞浄水場〔社会生活〕 …… 658
麻刀〔生産・生業〕 …… 465
麻上下を着用した姿〔衣〕 …… 3
麻皮の乾燥〔生産・生業〕 …… 465
浅草〔社会生活〕 …… 645
浅草の笊被り大張子〔信仰〕 …… 701
浅草海苔〔生産・生業〕 …… 345
浅草六区〔社会生活〕 …… 645
浅草六区の興業街〔社会生活〕 …… 646
朝稽古の帰り〔社会生活〕 …… 625
朝潮運河〔交通・交易〕 …… 537

麻つむき桶と麻糸原料〔生産・生業〕 …… 465
朝のあいさつ〔社会生活〕 …… 625
朝の魚市場に入荷したゴマサバ〔生産・生業〕 …… 345
朝の海岸通り〔交通・交易〕 …… 555
麻の乾燥〔生産・生業〕 …… 465
麻のキモノ〔衣〕 …… 3
朝の湖岸〔住〕 …… 206
麻の収穫〔生産・生業〕 …… 252
アサノジョーリ〔衣〕 …… 32
麻の種とり〔生産・生業〕 …… 252
麻の種播き〔生産・生業〕 …… 252
麻の反物〔生産・生業〕 …… 465
麻の葉打ち〔生産・生業〕 …… 252
麻の葉模様の産着〔衣〕 …… 3
朝の早い魚市場の店番〔交通・交易〕 …… 555
朝のパン食〔食〕 …… 110
朝のホーム〔交通・交易〕 …… 537
朝のラッシュ〔交通・交易〕 …… 537
麻畑のスキ踏み〔生産・生業〕 …… 252
朝早くスケソウダラ漁からもどり,次の漁の準備をする親のそばで遊ぶ子どもたち〔生産・生業〕 …… 345
麻挽き箱,麻挽き台,挽き子〔生産・生業〕 …… 465
麻布〔生産・生業〕 …… 465
麻袋に入れた種もみを棒にかけてため池の流水口にさげる〔生産・生業〕 …… 252
麻布の家〔住〕 …… 120
麻風呂と内桶〔生産・生業〕 …… 465
麻蒸し〔生産・生業〕 …… 465
朝夕に大謀網をしめる妻良の漁労〔生産・生業〕 …… 345
あさり売り〔交通・交易〕 …… 555
アサリをかきあげる浜名湖の漁師〔生産・生業〕 …… 345
アザリガエシ〔生産・生業〕 …… 465
あさりかき〔生産・生業〕 …… 345
アサリ採取〔生産・生業〕 …… 345
あさり取り〔生産・生業〕 …… 345
あさり捕りをする漁師の身ごしらえ〔衣〕 …… 3
アサリとりの帰り〔生産・生業〕 …… 345
アサリ・ハマグリ採り〔生産・生業〕 …… 345
あさり船への積み込み〔生産・生業〕 …… 345
アザリ棒・ハタクサ・シシヅメ・オネゴ竹・ヌノマキ・ヒ・コクリ棒〔生産・生業〕 …… 465
浅蜊掘り〔生産・生業〕 …… 345
アジア婦人親善のつどい〔社会生活〕 …… 658
足洗いの儀礼〔人の一生〕 …… 819
足を入れてくつろぐ踏み込み炉〔住〕 …… 189
足を置く板がまわる炉の内側〔住〕 …… 189
足桶〔衣〕 …… 32
足尾銅山選鉱作業〔生産・生業〕 …… 525
足尾銅山の坑内〔生産・生業〕 …… 525
アジカ〔生産・生業〕 …… 252
足利織物〔生産・生業〕 …… 465
足形〔信仰〕 …… 701
足型・手形の奉納〔信仰〕 …… 701
アシ方の編成〔生産・生業〕 …… 345
アシ方の編成図〔生産・生業〕 …… 345
アシ方の編成例〔生産・生業〕 …… 346

アシ方編成〔生産・生業〕 …… 346
アシ方編成図〔生産・生業〕 …… 346
安治川河口〔社会生活〕 …… 646
芦河内薬師堂〔信仰〕 …… 746
芦河内薬師堂配置図兼平面図〔信仰〕 …… 746
芦峅寺参道の石仏群〔信仰〕 …… 680
足芸〔芸能・娯楽〕 …… 774
足ごしらえの用具〔衣〕 …… 32
アシコとハシカケの略図〔生産・生業〕 …… 420
アジ・サバの夜焚釣の釣方〔生産・生業〕 …… 346
足駄〔衣〕 …… 32
足駄(酒造用)〔生産・生業〕 …… 447
アシタカ〔生産・生業〕 …… 252
芦田川沿いの集落〔住〕 …… 120
足付盥〔住〕 …… 218
脚付丸折敷〔食〕 …… 59
アジ釣の鉤〔生産・生業〕 …… 346
足止め・虫封じ護符〔信仰〕 …… 718
アシナカ〔衣〕 …… 32
足半〔衣〕 …… 32
足半(奉納)〔信仰〕 …… 701
足半(疱瘡神送り)〔民俗知識〕 …… 667
足半草履〔衣〕 …… 32
アシナカゾーリ〔衣〕 …… 32
足半の構造とはき方〔衣〕 …… 32
アシナカの鼻緒の結び方〔衣〕 …… 32
鯵のなめろう〔食〕 …… 49
足の病気が治ったお礼に奉納した足の作りもの〔信仰〕 …… 701
鯵の開き干し〔食〕 …… 94
アジのみりん干し〔食〕 …… 94
足の病い全快の御礼奉納〔信仰〕 …… 701
葦原のなかの水路〔交通・交易〕 …… 614
アシヒキナワ〔生産・生業〕 …… 465
馬酔木のお堂の観音さん〔信仰〕 …… 746
足ふみ〔生産・生業〕 …… 465
足ふみ〔生産・生業〕 …… 465
足踏み米研ぎ〔生産・生業〕 …… 447
足踏式かんぴょう丸むき機〔食〕 …… 94
足踏式水車〔生産・生業〕 …… 252
足踏式水車で田に水をそそぐ〔生産・生業〕 …… 253
足踏式製縄機〔生産・生業〕 …… 489
足踏み水車〔生産・生業〕 …… 253
足踏み水車によるかんがい作業の着衣〔衣〕 …… 3
足踏扇風機〔生産・生業〕 …… 253
足踏脱穀機〔生産・生業〕 …… 253
足踏み脱穀機による作業〔生産・生業〕 …… 253
足踏搗白〔食〕 …… 59
足踏み輪転機〔生産・生業〕 …… 253
足踏み輪転機での麦の脱穀〔生産・生業〕 …… 253
あしふみろくろ〔生産・生業〕 …… 489
足踏みロクロ〔生産・生業〕 …… 489
足踏み轆轤に使用する工具〔生産・生業〕 …… 489
網代垣〔住〕 …… 120
あじろがさ〔衣〕 …… 24
網代笠〔衣〕 …… 24
網代天井〔住〕 …… 189
網代天井で開閉式の煙出し窓のある玄関からみた土間〔住〕 …… 189
明日香鍋〔食〕 …… 49
小豆を庭に干す〔食〕 …… 94
小豆こなし〔生産・生業〕 …… 253
小豆の豆打ち〔生産・生業〕 …… 253

| 名称索引 | | あまの |

| 列1 | 列2 | 列3 |
|---|---|---|
| アズキ畑〔生産・生業〕 253 | アデコ〔衣〕 3 | 油しめ〔食〕 59 |
| 小豆蒔き〔生産・生業〕 253 | アトゥシを織る老婆とアトゥシ〔生産・生業〕 465 | 油障子〔生産・生業〕 254 |
| 小豆飯〔食〕 49 | アトゥシカラペ〔生産・生業〕 465 | 油壺〔食〕 59 |
| あずさゆみ〔信仰〕 770 | アトオシ〔人の一生〕 819 | アブラデンコ〔住〕 218 |
| 吾妻下駄〔衣〕 33 | あとかく〔衣〕 33 | 油デンコ〔住〕 218 |
| アズマダチの民家〔住〕 120 | アトツケ〔生産・生業〕 254 | 油燈台〔住〕 218 |
| 畦〔生産・生業〕 253 | アトツケとえぶり〔生産・生業〕 254 | アブラナ畑〔生産・生業〕 254 |
| アゼ糸つくり〔生産・生業〕 465 | アトツケによる田植〔生産・生業〕 254 | あぶりこ〔食〕 59 |
| 畦肩鎮圧器〔生産・生業〕 253 | あとまる〔衣〕 33 | あぶり餅〔食〕 49 |
| 畦切り〔生産・生業〕 253 | アトミナクチ〔生産・生業〕 254 | 阿部の海女〔生産・生業〕 346 |
| 畦切り鍬〔生産・生業〕 253 | あとみらず〔人の一生〕 828 | 阿部の港〔生産・生業〕 346 |
| 畦立て〔生産・生業〕 253 | 穴あき石〔信仰〕 701 | 網干場〔生産・生業〕 346 |
| 畦立機〔生産・生業〕 253 | 穴明き石〔信仰〕 701 | 網干場から船へ運ぶ〔生産・生業〕 346 |
| 畦立縄・作立縄〔生産・生業〕 253 | 孔あき煉炭製造機〔住〕 218 | アマ〔生産・生業〕 346 |
| 畦ぬり〔生産・生業〕 253 | アナグマ・タヌキワナ〔生産・生業〕 420 | アマ（亜麻）〔生産・生業〕 254 |
| あぜぬりぐわ〔生産・生業〕 253 | アナグラ（穴蔵）〔食〕 94 | アマ（火棚）〔住〕 189 |
| あぜの床じめ〔生産・生業〕 254 | アナゴカゴ〔生産・生業〕 346 | 海士〔生産・生業〕 346 |
| 畦のモグラ等の穴埋め〔生産・生業〕 254 | アナゴの延縄〔生産・生業〕 346 | 海女〔生産・生業〕 347 |
| 畔挽鋸〔生産・生業〕 520 | 窟籠り〔信仰〕 728 | 海女・海士〔生産・生業〕 347 |
| アゼマメ〔生産・生業〕 254 | 穴つき棒〔生産・生業〕 254 | 海人〔生産・生業〕 347 |
| あぜ豆植え機〔生産・生業〕 254 | 三五教（アナナイキョウ）〔信仰〕 770 | 海士・海女の分布図〔生産・生業〕 347 |
| 畦マメ栽培〔生産・生業〕 254 | アナに入った図〔生産・生業〕 254 | 海士・海女の分布図〔生産・生業〕 347 |
| アゼモト〔生産・生業〕 254 | 穴のあいた石が下げられている地蔵さん〔信仰〕 701 | 海女が潜水の時に使用する水着〔衣〕 3 |
| アゼモリ〔生産・生業〕 254 | アナバさま〔信仰〕 680 | アマガツ〔民俗知識〕 667 |
| 阿蘇山噴火口の地蔵〔信仰〕 765 | 穴八幡の当り矢と板獅子〔信仰〕 701 | 天児〔民俗知識〕 667 |
| アソビカケ〔生産・生業〕 465 | 穴掘り〔人の一生〕 828 | 海女が獲ったサザエ〔生産・生業〕 347 |
| 遊び図絵馬〔信仰〕 701 | アナヤー（穴屋）〔住〕 120 | 天草下島・本渡〔社会生活〕 646 |
| 遊びの場〔芸能・娯楽〕 794 | 阿日寺門前の町並み〔社会生活〕 646 | 雨乞い〔信仰〕 701 |
| 遊び場〔芸能・娯楽〕 794 | アネコモッペ〔衣〕 3 | 雨乞い祈禱の御札と水神様〔信仰〕 701 |
| 遊び場にかけていく子供〔社会生活〕 639 | 姉様〔芸能・娯楽〕 783 | 雨乞い地蔵〔信仰〕 680 |
| 遊ぶ子ども〔芸能・娯楽〕 795 | 姉さま人形〔芸能・娯楽〕 783 | 雨乞姿〔信仰〕 701 |
| 阿多タンコの三つ揃い〔住〕 218 | アネサンカブリ〔衣〕 24 | アマサギを移す〔生産・生業〕 347 |
| 頭をたれる〔信仰〕 701 | 姉さん被り〔衣〕 24 | アマサギの照焼き〔食〕 94 |
| 「頭切れ」とその骨組〔芸能・娯楽〕 783 | アネーサン人形〔芸能・娯楽〕 783 | 甘酒〔食〕 49 |
| アタマジョイ〔交通・交易〕 585 | 穴太積の石垣〔住〕 120 | 甘酒器〔食〕 59 |
| 頭の上を走らせる先生のバリカン〔社会生活〕 639 | アノラック姿の商人〔衣〕 3 | アマシ（海士）〔生産・生業〕 347 |
| 新しい着物を着せられ堂に返された甲冑姿の像〔信仰〕 746 | アバ〔生産・生業〕 346, 410 | 海女たちは伝馬船で沖に出て家族らとオキュウトグサなどもとった〔生産・生業〕 347 |
| 新しい護岸〔交通・交易〕 614 | アパート系の文化住宅〔住〕 120 | アマタテ〔生産・生業〕 466 |
| 新しい「ごみのかたち」〔社会生活〕 625 | アバ（網のウキ）〔生産・生業〕 346 | アマチャ〔食〕 49 |
| 新しい橋〔交通・交易〕 537 | アバ網の口〔生産・生業〕 346 | 海女とコンブ舟〔生産・生業〕 348 |
| 新しい焙烙と使い古した竹楊子〔信仰〕 701 | アバ網の張り網〔生産・生業〕 346 | 雨戸の間からのぞかせたセルロイド製のキューピー〔芸能・娯楽〕 795 |
| 新しき若者組〔社会生活〕 639 | アバ方の編成〔生産・生業〕 346 | 海女と舟〔生産・生業〕 348 |
| 新しく来た嫁は手土産など持って近所へあいさつに廻る〔人の一生〕 819 | アバ方編成例〔生産・生業〕 346 | 海女のアワビ漁〔生産・生業〕 348 |
| 当り箱〔交通・交易〕 559 | アバ方編成図〔生産・生業〕 346 | アマの家々〔生産・生業〕 120 |
| 厚鎌〔生産・生業〕 254 | 網走駅前の風景〔交通・交易〕 537 | 海女のいる漁村の献花〔人の一生〕 828 |
| 圧殺罠〔生産・生業〕 420 | 網走天都山から望む防風林〔住〕 120 | 海女のかぶりもの〔衣〕 24 |
| アッシ〔衣〕 3 | アバタナの編成（千鳥かけ）〔生産・生業〕 346 | 海女の漁具〔生産・生業〕 348 |
| アッシを織るオヒョウの樹皮を背負って山を下る〔交通・交易〕 585 | アパート〔住〕 242 | 海女の仕事着〔衣〕 3 |
| アツシを縫う女〔衣〕 47 | アバに投網を打つ〔生産・生業〕 346 | 海女の島渡り〔生産・生業〕 348 |
| アッツシ〔衣〕 3 | 網針〔生産・生業〕 346 | 海女の出漁〔生産・生業〕 348 |
| 厚袋（薬袋）〔民俗知識〕 664 | アバ漁〔生産・生業〕 346 | 海女の少女〔生産・生業〕 348 |
| 渥美魚市場〔交通・交易〕 555 | アバ漁小屋〔生産・生業〕 346 | 海女の姿〔生産・生業〕 348 |
| 集めた漆〔生産・生業〕 489 | アビ漁〔生産・生業〕 346 | 海女の背中〔生産・生業〕 348 |
| 集めた漆はその日のうちに目方を計り、漆桶に移しためておく〔生産・生業〕 489 | 阿武川ダム水没地域・福栄村仮館〔住〕 120 | 海女のセーメー〔民俗知識〕 667 |
| 圧力釜〔食〕 59 | アブノマナコ（虻の眼）〔生産・生業〕 254 | 海女の潜水作業〔生産・生業〕 348 |
| 圧力鍋〔食〕 59 | 虻除け〔生産・生業〕 431 | 海女の潜水道具〔生産・生業〕 348 |
| アテ〔生産・生業〕 346 | あぶらいれ（丹波焼）〔食〕 59 | 海女のテヌグイカブリ〔衣〕 24 |
| アディワーシ棒を通す〔生産・生業〕 465 | 油木の町並み〔住〕 120 | 海女の道具〔生産・生業〕 348 |
| アテギ〔食〕 59 | アブラコ簗〔生産・生業〕 346 | 海女の道具と礒桶〔生産・生業〕 348 |
| | 油さし〔生産・生業〕 254 | 海女の昼どき〔食〕 111 |
| | 油さしと油皿〔住〕 218 | 海女の夫婦〔生産・生業〕 348 |
| | 油差しと燈台〔住〕 218 | 海女の服装〔衣〕 3 |
| | 油皿〔住〕 218 | 海女の船〔生産・生業〕 348 |
| | 油しぼり機〔食〕 59 | 海士の弁当〔食〕 111 |
| | | 海女の労働〔生産・生業〕 348 |

| | | |
|---|---|---|
| アマブタ〔衣〕 … 24 | 網の手入れをする漁夫〔生産・生業〕 … 349 | アラキ〔生産・生業〕 … 489 |
| 海女船〔生産・生業〕 … 348 | 網の手入れの手伝い〔生産・生業〕 … 349 | アラキ跡〔生産・生業〕 … 254 |
| 海女舟を陸に引き上げる〔生産・生業〕 … 348 | 網の点検〔生産・生業〕 … 349 | アラギオコシの様式(模式図)〔生産・生業〕 … 255 |
| 海女船の炉〔生産・生業〕 … 348 | 網の補修風景〔生産・生業〕 … 349 | アラキスキ〔生産・生業〕 … 255 |
| アマボシ〔生産・生業〕 … 254 | 網のほつれなどを直す〔生産・生業〕 … 349 | アラギスキ(荒起鋤)〔生産・生業〕 … 255 |
| アマボシガエシ〔生産・生業〕 … 254 | 網針入れ〔生産・生業〕 … 349 | アラキスキの種類〔生産・生業〕 … 255 |
| アマボシダイ〔生産・生業〕 … 254 | あみ曳網の構造〔生産・生業〕 … 350 | アラキドリ順序〔生産・生業〕 … 489 |
| 海女身支度〔衣〕 … 3 | 網びく〔生産・生業〕 … 350 | 荒木取り道具〔生産・生業〕 … 489 |
| 雨水受けの桶〔住〕 … 206 | 網袋に野菜を入れて〔交通・交易〕 … 585 | アラキ踏み〔生産・生業〕 … 255 |
| 雨水を受ける軒下の水槽〔住〕 … 206 | 網船〔生産・生業〕 … 350 | アラキ用のスキ〔生産・生業〕 … 255 |
| 雨水を流下させ、貯蔵するタンク〔住〕 … 206 | 網船が網を囲んで網を揚げる〔生産・生業〕 … 350 | アラクから常畑となり、戦後に水田となった例〔生産・生業〕 … 255 |
| 雨簑〔衣〕 … 3 | 編帽子〔衣〕 … 24 | アラクの中心地であった判官山〔生産・生業〕 … 255 |
| 雨宿りをする少年たち〔社会生活〕 … 625 | 網干し〔生産・生業〕 … 350 | アラク畑〔生産・生業〕 … 255 |
| あみ〔生産・生業〕 … 348 | 網干しや雑魚干し作業〔生産・生業〕 … 350 | アラジキ〔生産・生業〕 … 255 |
| 網あげを終えて一服する北転船の漁船員〔生産・生業〕 … 348 | 網元と網子が食事をともにしながら網おろしを語り合う〔生産・生業〕 … 350 | アラジョケ〔生産・生業〕 … 431 |
| 編みあげたヒラカゴの編み目やフタの具合を点検〔生産・生業〕 … 489 | 網元の民家〔住〕 … 120 | 荒代〔生産・生業〕 … 255 |
| 網揚げの漁師たち〔生産・生業〕 … 348 | 網元の屋敷〔住〕 … 120 | アラスキされた田〔生産・生業〕 … 255 |
| 糠魚網〔生産・生業〕 … 348 | 網ローラ〔生産・生業〕 … 254 | 洗ったジャガイモを運ぶ〔交通・交易〕 … 585 |
| 網いっぱいのサザエやアワビを運ぶ海士〔生産・生業〕 … 348 | 雨上がり〔社会生活〕 … 625 | 荒縄一本でかついで野良から帰る〔交通・交易〕 … 585 |
| 網糸〔生産・生業〕 … 348 | 飴売り〔交通・交易〕 … 559 | 荒縄一本で樽を運ぶ〔交通・交易〕 … 585 |
| 網入れ繭もり〔生産・生業〕 … 456 | 雨囲いをした土蔵と主屋のウチオロシ・軒天井〔住〕 … 120 | 荒縄で木箱をかつぐ〔交通・交易〕 … 585 |
| 網を操るカコ衆(漁師)〔生産・生業〕 … 348 | 飴細工〔交通・交易〕 … 559 | アラビキ〔生産・生業〕 … 489 |
| アミを獲る〔生産・生業〕 … 348 | アメつくり〔食〕 … 94 | 荒挽き〔生産・生業〕 … 489 |
| 網を沈めるおもり〔生産・生業〕 … 349 | 飴屋〔交通・交易〕 … 560 | 新仏〔人の一生〕 … 828 |
| 網を整理する〔生産・生業〕 … 349 | 飴屋のがらがら〔交通・交易〕 … 560 | 新仏のタマヤ〔人の一生〕 … 828 |
| 網を繕う〔生産・生業〕 … 349 | 綾織〔生産・生業〕 … 466 | 新巻〔食〕 … 49 |
| 網を繕う少年〔生産・生業〕 … 349 | アヤオリ・カケ糸つり〔生産・生業〕 … 466 | 荒溝突鉋〔生産・生業〕 … 520 |
| 網を煮るカマ〔生産・生業〕 … 349 | あやとり〔生産・生業〕 … 466 | 粗むしろに包んだ雪氷を荷車にのせ、注文先に運び届ける〔交通・交易〕 … 560 |
| 網を引き揚げる〔生産・生業〕 … 349 | あやとりをする〔芸能・娯楽〕 … 795 | アラメエツケ〔食〕 … 59 |
| 網おろしの会〔生産・生業〕 … 349 | 鮎生かし〔生産・生業〕 … 350 | アラメを道沿いに設けた干し竿に掛け干す〔生産・生業〕 … 350 |
| あみ笠〔衣〕 … 24 | 鮎籠〔生産・生業〕 … 350 | アラメ採り用具〔生産・生業〕 … 350 |
| アミガサ〔衣〕 … 24 | 鮎釣り〔生産・生業〕 … 350 | あらめの型〔食〕 … 94 |
| 編笠〔衣〕 … 24 | アユの刺し網漁〔生産・生業〕 … 350 | アラメ干し〔食〕 … 94 |
| 網から伊勢エビをはずす〔生産・生業〕 … 349 | 鮎の投網漁〔生産・生業〕 … 350 | 荒物雑貨屋〔交通・交易〕 … 560 |
| 網から魚をはずす女性たち〔生産・生業〕 … 349 | アユのナマナレ〔食〕 … 49 | 荒物屋〔交通・交易〕 … 560 |
| 網かんじき〔生産・生業〕 … 254 | アユ漁に適した刺し網〔生産・生業〕 … 350 | 荒焼の壺を運ぶ〔生産・生業〕 … 489 |
| 網切り鋏〔生産・生業〕 … 349 | 鮎料理〔食〕 … 49 | あられ炒り〔食〕 … 59 |
| 網具〔生産・生業〕 … 349 | あらいおけ〔住〕 … 218 | アラワクをせず馬ですく〔生産・生業〕 … 255 |
| 網小屋〔生産・生業〕 … 349 | 洗い桶〔食〕 … 59 | アリアケアンドン〔住〕 … 218 |
| 網シキ箱〔生産・生業〕 … 349 | 洗い桶・洗棒〔生産・生業〕 … 254 | 有明あんどん〔住〕 … 218 |
| 網修理〔生産・生業〕 … 349 | アライカゴ〔食〕 … 59 | 有明行灯〔住〕 … 218 |
| 網作り(錦鯉用)〔生産・生業〕 … 533 | 洗い観音〔信仰〕 … 680 | 有栖川宮記念公園〔社会生活〕 … 646 |
| 網ぞり〔生産・生業〕 … 349 | 洗いざらし〔人の一生〕 … 828 | 有栖川宮記念公園あたり〔社会生活〕 … 646 |
| あみだい〔生産・生業〕 … 489 | 洗い場〔住〕 … 206 | 有田、清友の八幡様の下の堂(再建)〔信仰〕 … 746 |
| あみ台〔生産・生業〕 … 489 | 洗い場で遊ぶ子ども〔住〕 … 207 | 有田では客が来て自分の店にない物なら、知りあいの店から持ってきてもらう〔交通・交易〕 … 560 |
| アミダイ(編み台)〔生産・生業〕 … 489 | 洗い場でやさいをあらう〔食〕 … 94 | 有田の陶器市〔交通・交易〕 … 555 |
| 阿弥陀像を祀る国清の寮〔信仰〕 … 746 | 洗い場の流し台〔住〕 … 207 | 有田の陶器市に来た外国人〔交通・交易〕 … 555 |
| 阿弥陀堂〔信仰〕 … 746 | 洗張り〔衣〕 … 47 | 有田焼〔生産・生業〕 … 490 |
| 阿弥陀堂の棟札の表面〔信仰〕 … 746 | 洗張板〔住〕 … 218 | 梨の実〔食〕 … 49 |
| 阿弥陀名号仏掛絵〔信仰〕 … 718 | 洗張屋〔交通・交易〕 … 560 | 在原集落の西側〔住〕 … 120 |
| あみくろい〔生産・生業〕 … 349 | あらおこし〔生産・生業〕 … 254 | ありよ〔生産・生業〕 … 350 |
| 網つくろい〔生産・生業〕 … 349 | 荒起こし〔生産・生業〕 … 254 | 歩き遍路〔信仰〕 … 765 |
| 編み手の組方〔生産・生業〕 … 489 | 荒起こし前の株つぶし〔生産・生業〕 … 254 | アルマイト麦湯冷し〔食〕 … 59 |
| 網納屋〔生産・生業〕 … 349 | アラガキ〔生産・生業〕 … 254 | アルミ鋳物伊予釜〔食〕 … 59 |
| 網につける錘〔生産・生業〕 … 349 | 荒掻き馬鍬〔生産・生業〕 … 254 | アルミ鋳物の火消壺〔住〕 … 218 |
| 網の施設〔生産・生業〕 … 349 | あらがく〔生産・生業〕 … 410 | アルミ小鍋〔食〕 … 59 |
| 網の修繕〔生産・生業〕 … 349 | アラガタをつくる〔生産・生業〕 … 489 | 「アルミニューム」鍋〔食〕 … 59 |
| 網の修理をする夫婦〔生産・生業〕 … 349 | 荒型作品〔生産・生業〕 … 489 | |
| 網の繕い〔生産・生業〕 … 349 | 荒型採り〔生産・生業〕 … 489 | |
| 網の繕いをする夫婦〔生産・生業〕 … 349 | 荒川の砂利採取〔生産・生業〕 … 525 | |
| 網の手入れ〔生産・生業〕 … 349 | 粗皮剥し〔生産・生業〕 … 254 | |

| 項目 | 頁 |
|---|---|
| ある民家と縁の変遷〔住〕 | 120 |
| 阿波池田駅〔交通・交易〕 | 537 |
| 安和ウタキ〔信仰〕 | 765 |
| 粟を蒔く〔生産・生業〕 | 255 |
| 粟櫃〔食〕 | 59 |
| 泡消し〔生産・生業〕 | 447 |
| 阿波三盆 下釜の用例〔生産・生業〕 | 533 |
| 淡路フェリー〔交通・交易〕 | 537 |
| 淡島様〔信仰〕 | 680, 701 |
| 安房森林鉄道〔交通・交易〕 | 537 |
| 合定規〔生産・生業〕 | 520 |
| 泡立て器〔食〕 | 59 |
| アワトオシ〔生産・生業〕 | 255 |
| アワの穂の供物〔信仰〕 | 701 |
| 阿波の和傘〔生産・生業〕 | 490 |
| 阿波の和三盆製造道具のうち石車〔生産・生業〕 | 533 |
| 鮑〔生産・生業〕 | 350 |
| アワビを薄く切って調製する〔信仰〕 | 723 |
| 鮑起し〔生産・生業〕 | 350 |
| アワビオコシの実測図〔生産・生業〕 | 350 |
| アワビを短く切って稲藁（いなわら）でしばり加工する〔信仰〕 | 723 |
| アワビ鉤〔生産・生業〕 | 350 |
| あわび籠〔生産・生業〕 | 350 |
| 鮑籠〔生産・生業〕 | 350 |
| 鮑突〔生産・生業〕 | 350 |
| アワビとり〔生産・生業〕 | 350 |
| 鮑獲り具〔生産・生業〕 | 350 |
| 鮑取具〔生産・生業〕 | 350 |
| アワビ取引き〔生産・生業〕 | 350 |
| アワビ取引きに向かう海女たち〔生産・生業〕 | 350 |
| アワビやウニをとる〔生産・生業〕 | 350 |
| アワビ漁にでているサッパ舟〔生産・生業〕 | 351 |
| 鮑漁の口開けの日〔生産・生業〕 | 351 |
| 粟ふみ〔生産・生業〕 | 255 |
| 粟播器〔生産・生業〕 | 255 |
| 粟飯〔食〕 | 49 |
| 泡盛〔食〕 | 49 |
| 泡盛〔生産・生業〕 | 447 |
| 泡盛を注入した三合瓶に、ネジ式の蓋をする〔生産・生業〕 | 447 |
| 泡盛づくり〔生産・生業〕 | 447 |
| 泡盛の酒造所〔生産・生業〕 | 447 |
| 泡盛用の米を蒸す釜〔生産・生業〕 | 447 |
| 澳田〔生産・生業〕 | 255 |
| 澳田乾田化のための排水工事〔生産・生業〕 | 255 |
| 澳竹と苗桶〔生産・生業〕 | 255 |
| 澳田除草の昼飯〔食〕 | 111 |
| 澳田除草の身仕度〔生産・生業〕 | 255 |
| 澳田の稲刈り〔生産・生業〕 | 255 |
| 澳田の除草〔生産・生業〕 | 255 |
| 澳田の代掻き〔生産・生業〕 | 255 |
| 澳田の全景〔生産・生業〕 | 255 |
| 澳田の田植〔生産・生業〕 | 255 |
| 澳にできた小畔〔生産・生業〕 | 255 |
| あわらの田植え〔生産・生業〕 | 255 |
| アワラの田の収穫〔生産・生業〕 | 256 |
| 澳のなかでの肢体のいろいろ〔生産・生業〕 | 256 |
| 澳の排水口〔生産・生業〕 | 256 |
| アンカ〔住〕 | 218 |
| 行火〔住〕 | 218 |
| アンカイシ（行火石）〔住〕 | 219 |
| 行火具のいろいろ〔住〕 | 219 |
| 行脚中の巫子〔信仰〕 | 729 |
| あんきょ作業をする〔生産・生業〕 | 256 |
| 暗渠造り〔生産・生業〕 | 256 |
| 暗渠排水〔生産・生業〕 | 256 |
| 暗渠排水工事〔生産・生業〕 | 256 |
| アンギン〔衣〕 | 3 |
| アンギン編み コモヅチに糸をつける〔生産・生業〕 | 466 |
| アンギン編み タテ糸をケタにさげた断面図〔生産・生業〕 | 466 |
| アンギン編み タテ糸の動き〔生産・生業〕 | 466 |
| アンギン編みの編み方〔生産・生業〕 | 466 |
| アンギン編み ヨコ糸の動き〔生産・生業〕 | 466 |
| アンギンソデナシの編み終りのサシ〔生産・生業〕 | 466 |
| アンギンソデナシの編み終わりのさし方〔生産・生業〕 | 466 |
| アンギンソデナシのえりかたあき〔生産・生業〕 | 466 |
| アンギンソデナシのえりかたあきのつくり方〔生産・生業〕 | 466 |
| アンギンソデナシの脇のとじ方（千鳥がけ）〔生産・生業〕 | 466 |
| アンギンの編み目〔生産・生業〕 | 466 |
| アンギンの編み目組織〔生産・生業〕 | 466 |
| アンギン袋〔住〕 | 219 |
| あんこ〔食〕 | 59 |
| あんこ〔生産・生業〕 | 351 |
| あんこう〔生産・生業〕 | 351 |
| アンコウ網用の木製いかり〔生産・生業〕 | 351 |
| アンゴラ兎の毛刈り〔生産・生業〕 | 431 |
| アンゴラ兎の仔〔生産・生業〕 | 431 |
| アンゴラ兎の小屋〔生産・生業〕 | 431 |
| 安産を願って身にまとう岩田帯とお札〔信仰〕 | 701 |
| 安産祈願〔信仰〕 | 701 |
| 安産のお守り〔信仰〕 | 701 |
| 安産の御守〔信仰〕 | 702 |
| 安産の狛犬〔信仰〕 | 702 |
| 安産の綱〔信仰〕 | 702 |
| 安全炬燵〔住〕 | 219 |
| 安全週間〔社会生活〕 | 526 |
| アントクモ〔生産・生業〕 | 351 |
| アンドン〔住〕 | 219 |
| 行灯〔住〕 | 219 |
| アンドンビシ〔生産・生業〕 | 351 |
| 案内図を売る〔交通・交易〕 | 560 |
| アンビン〔食〕 | 59 |
| アンビン〔食〕 | 49 |
| 安保反対の全学連デモ〔社会生活〕 | 658 |

## 【い】

| 項目 | 頁 |
|---|---|
| 居合抜きの大道芸〔芸能・娯楽〕 | 774 |
| 慰安会〔社会生活〕 | 625 |
| 飯倉1丁目〔交通・交易〕 | 537 |
| 飯蛸壺〔生産・生業〕 | 351 |
| 飯蛸用貝殻〔生産・生業〕 | 351 |
| 飯田線・三河大野駅〔交通・交易〕 | 537 |
| 飯田橋駅付近〔交通・交易〕 | 537 |
| 飯豊山の碑〔人の一生〕 | 817 |
| 医院の建物〔社会生活〕 | 658 |
| 家々での養鶏〔生産・生業〕 | 431 |
| 家々に対する花嫁の挨拶回り〔人の一生〕 | 819 |
| 家々の橋〔住〕 | 120 |
| 家氏神〔信仰〕 | 680 |
| 家をコの字に囲い風を除ける〔住〕 | 120 |
| 家を建てるときまず初めに炉の位置をきめてそこで無事に家が建つことを祈る〔信仰〕 | 702 |
| 家から出かけるエジコ〔信仰〕 | 729 |
| 家から浜へ出るガンギ〔交通・交易〕 | 537 |
| 家路につくイタコ〔信仰〕 | 729 |
| 家印〔社会生活〕 | 625 |
| 家印のある土蔵〔住〕 | 120 |
| 家造り〔生産・生業〕 | 520 |
| イエツギ〔社会生活〕 | 625 |
| 家と耕地と墓〔住〕 | 120 |
| 家と庭木の雪囲い〔住〕 | 120 |
| 家と屋敷〔住〕 | 120 |
| 家の入口の階段〔住〕 | 121 |
| イエの入口の呪符〔民俗知識篇〕 | 667 |
| 家のウジガミサマ〔信仰〕 | 680 |
| 家の解体〔住〕 | 242 |
| 家の角に石を置く〔住〕 | 242 |
| 家の壁にはめ込まれた厨子〔信仰〕 | 680 |
| 家の神様〔信仰〕 | 680 |
| 家の鬼門の方角に祀られた丸石〔信仰〕 | 680 |
| 家の守護神の神体の幣〔信仰〕 | 718 |
| 家の外に積まれた薪〔住〕 | 242 |
| イエの中にまつられる護符〔信仰〕 | 718 |
| 家の前を流れる堰で羽釜を洗う〔住〕 | 207 |
| 家の前で母親に後頭部の毛を剃ってもらっている〔住〕 | 242 |
| 家の屋敷配置と母屋の間取り〔住〕 | 121 |
| 家の雪がこい〔住〕 | 121 |
| 硫黄山と川湯温泉あたりの家並み〔住〕 | 121 |
| イオン交換樹脂膜法〔生産・生業〕 | 445 |
| イカをおろす〔食〕 | 94 |
| イカをとるための小屋〔生産・生業〕 | 351 |
| イカカケ〔生産・生業〕 | 351 |
| イカ籠（バカ籠）〔生産・生業〕 | 351 |
| イカガタ〔生産・生業〕 | 351 |
| 伊香型〔住〕 | 121 |
| 伊香型の前だれ飾り〔住〕 | 121 |
| いかき〔食〕 | 59 |
| イガキ〔人の一生〕 | 828 |
| いかけや〔交通・交易〕 | 560 |
| 鋳掛屋の行商箱〔交通・交易〕 | 560 |
| イカヅノ〔生産・生業〕 | 351 |
| イカダ（型）と火打ち道具〔生産・生業〕 | 420 |
| 筏で海を渡る〔交通・交易〕 | 537 |
| 筏とダルマ船〔交通・交易〕 | 537 |
| 筏流し〔生産・生業〕 | 410 |
| いかだに組まれた材木をいかだ師のさおさばきで材木店に運ぶ〔生産・生業〕 | 410 |
| 筏のドバ〔生産・生業〕 | 410 |
| いかだ舟〔生産・生業〕 | 410 |
| 筏舟〔生産・生業〕 | 410 |
| イカダブネ（筏舟）とサオ（棹）〔生産・生業〕 | 351 |
| イカダ簇〔生産・生業〕 | 456 |
| 伊香地方の民家〔住〕 | 121 |

## 名称索引

いかつり〔生産・生業〕 ……………… 351
いか釣機〔生産・生業〕 ……………… 351
イカ釣りの漁火〔生産・生業〕 ……… 351
いか釣のえぎ〔生産・生業〕 ………… 351
いか釣の鉤〔生産・生業〕 …………… 351
イカ釣りの竿〔生産・生業〕 ………… 351
イカツリバリ（烏賊釣針）〔生産・生業〕 ……………………………………… 351
イカテングリ舟と漁具〔生産・生業〕 ……………………………………… 351
イカとタコをつるし干す〔食〕 ……… 94
イカナゴ網〔生産・生業〕 …………… 351
イカナゴの釘煮〔食〕 ………………… 49
イカナゴの準備〔生産・生業〕 ……… 351
イカナゴ漁〔生産・生業〕 …………… 351
イカニカシンチルを結びつける〔生産・生業〕 ………………………… 466
イカの一夜干し〔食〕 ………………… 94
烏賊の鉤針〔生産・生業〕 …………… 351
イカの加工〔食〕 ……………………… 94
烏賊のカーテン〔食〕 ………………… 95
烏賊の甲の舟〔芸能・娯楽〕 ………… 783
イカの釣り糸を手動式のドラムで巻きあげる〔生産・生業〕 …………… 351
イカの干場〔食〕 ……………………… 95
イカバリ〔生産・生業〕 ……………… 351
イカ干し〔食〕 ………………………… 95
イカ干し（丸ゆでにした）や加工〔食〕 ……………………………………… 95
生間の薬師庵の画像〔信仰〕 ………… 746
いがまんじゅう〔食〕 ………………… 49
いかもち〔食〕 ………………………… 49
いかり（潟舟）〔生産・生業〕 ……… 351
碇〔生産・生業〕 ……………………… 351
錨〔生産・生業〕 ……………………… 351
いかり網〔生産・生業〕 ……………… 351
碇を作る〔生産・生業〕 ……………… 351
井河内薬師堂〔信仰〕 ………………… 746
井川メンパの製作風景〔生産・生業〕 ……………………………………… 490
烏賊割り〔食〕 ………………………… 95
壱岐・印通寺浦の町〔住〕 …………… 121
生き餌の取引〔生産・生業〕 ………… 352
生神様〔信仰〕 ………………………… 770
壱岐郷土のヨウカ日〔交通・交易〕 … 555
息栖御鴨場の設計図〔生産・生業〕 … 420
息栖鴨猟場〔生産・生業〕 …………… 420
五十洲壮年倶楽部〔社会生活〕 ……… 621
行倒れの女の霊を祀った祠〔人の一生〕 ………………………………… 828
生造り〔食〕 …………………………… 49
生きていたチョンマゲ〔衣〕 ………… 44
いきなりだんご〔食〕 ………………… 49
息ぬき竹を立てた墓〔人の一生〕 …… 828
壱岐の朝市〔交通・交易〕 …………… 555
壱岐の海女〔生産・生業〕 …………… 352
壱岐の村落景観〔住〕 ………………… 121
壱岐の農家屋敷図〔住〕 ……………… 121
イクサ（絵馬）〔信仰〕 ……………… 702
藺草刈り〔生産・生業〕 ……………… 256
藺草製の笠〔衣〕 ……………………… 24
イグサの頭刈り〔生産・生業〕 ……… 256
イグサの草取り〔生産・生業〕 ……… 256
イグサの天日干し〔生産・生業〕 …… 490
イグサ干し〔生産・生業〕 …………… 256
育成器からの汲み掛け〔生産・生業〕 ……………………………………… 447
イクパスイ〔信仰〕 …………………… 702
イク・パスイの例〔信仰〕 …………… 702

イクリ網を使い川舟で遡上するサケをとる〔生産・生業〕 …………… 352
鋳鍬〔生産・生業〕 …………………… 256
生垣〔住〕 ……………………………… 121
生垣をめぐらせた家〔住〕 …………… 121
生垣が美しい農家〔住〕 ……………… 121
池川町椿山集落と伐畑〔生産・生業〕 ……………………………………… 256
池ざらえ〔社会生活〕 ………………… 625
生け簀〔生産・生業〕 ………………… 352
イケスカゴ〔生産・生業〕 …………… 352
イケス籠〔生産・生業〕 ……………… 352
生簀籠を積んだ運搬船〔生産・生業〕 ……………………………………… 352
生簀での給餌〔生産・生業〕 ………… 352
イケスに使う大きな丸カゴが路地にならぶ〔生産・生業〕 …………… 352
生簀にも使える大きなビクが路地にならぶ〔生産・生業〕 …………… 352
生簀箱〔生産・生業〕 ………………… 352
イケス舟〔生産・生業〕 ……………… 352
池掃除〔社会生活〕 …………………… 625
池のある旧家の庭〔住〕 ……………… 121
池の上のお堂〔信仰〕 ………………… 746
池の上のお堂内部〔信仰〕 …………… 746
池の浦大師堂〔信仰〕 ………………… 746
生け花〔芸能・娯楽〕 ………………… 804
池袋スケートセンター外観〔社会生活〕 ………………………………… 646
衣桁〔住〕 ……………………………… 219
憩う〔社会生活〕 ……………………… 625
衣桁屏風〔住〕 ………………………… 219
囲碁をならう女性〔芸能・娯楽〕 …… 804
囲碁クラブ〔芸能・娯楽〕 …………… 804
蘭奠座織機〔生産・生業〕 …………… 490
遺骨結婚式をかねた合同告別式〔人の一生〕 ……………………… 828
生駒型（腰折）〔住〕 ………………… 121
イコロ渡し（結納）〔人の一生〕 …… 819
イサ〔人の一生〕 ……………………… 806
いざなぎ流〔信仰〕 …………………… 770
いざなぎ流太夫〔信仰〕 ……………… 770
いざなぎ流の弓祈禱におけるハリの印〔信仰〕 ……………………… 770
いさば屋〔交通・交易〕 ……………… 560
イザラ〔生産・生業〕 ………………… 421
いざり機にかけるために縦糸を「筬」に通す〔生産・生業〕 ……… 466
イサリに用いるカナツキ〔生産・生業〕 ……………………………… 352
イサリノミ〔生産・生業〕 …………… 352
イザリバタ〔生産・生業〕 …………… 466
イザリ機〔生産・生業〕 ……………… 466
イザリバタ実測図〔生産・生業〕 …… 466
イザリバタで織る〔生産・生業〕 …… 466
いざり機で上布を織る〔生産・生業〕 ……………………………………… 466
いざりフレーム〔生産・生業〕 ……… 466
石あげ〔信仰〕 ………………………… 702
石臼〔食〕 ……………………………… 59
石臼〔生産・生業〕 …………………… 256
石臼、杵、台〔生産・生業〕 ………… 256
石臼（茶臼）〔食〕 …………………… 60
石臼で大豆をひく〔食〕 ……………… 95
石臼と呉汁をこす布とザル〔食〕 …… 95
石臼と茶壺〔食〕 ……………………… 60
石臼による籾ずり〔生産・生業〕 …… 256
石臼の引手，石臼の目立鎚〔生産・生業〕 ……………………………… 256
石を置いた柿葺屋根〔住〕 …………… 121
石を置いた杉皮葺屋根〔住〕 ………… 121

石置き屋根〔住〕 ……………………… 121
石置き屋根から平石ふきこみへの移行〔住〕 …………………………… 215
石置屋根道具〔住〕 …………………… 215
石置き屋根の家〔住〕 ………………… 121
石置き屋根の家が並ぶ〔住〕 ………… 121
石置き屋根の温泉宿と掛樋で水を引いた洗い場〔住〕 ……………… 207
石置き屋根の納屋〔住〕 ……………… 121
石置き屋根の農家〔住〕 ……………… 121
石置屋根の民家〔住〕 ………………… 121
石起し〔生産・生業〕 ………………… 256
石を積んで水をため、子どもたちの水遊び場を作る〔社会生活〕 … 625
石をぽんぽんと放り投げ魚を追い込む原始的な漁法〔生産・生業〕 … 352
石を前に放り投げ、その石を両足ではさむように飛んでさらに前へ進む〔芸能・娯楽〕 ……………… 795
石垣〔住〕 ……………………………… 121
石垣〔交通・交易〕 …………………… 614
石垣、生垣、樹木で構成された諏訪木場の通り〔住〕 ………………… 122
石垣苺の畑作業〔生産・生業〕 ……… 256
石垣を高く築いた傾斜地の民家〔住〕 ……………………………………… 122
石垣を積んだ棚田〔生産・生業〕 …… 256
石垣をめぐらした家々〔住〕 ………… 122
石垣が続く奄美大島の集落〔住〕 …… 122
石垣港〔生産・生業〕 ………………… 352
石垣小路〔交通・交易〕 ……………… 615
石垣市街〔社会生活〕 ………………… 646
石垣で護岸した土台に建つ家〔住〕 ……………………………………… 122
石垣と畑〔生産・生業〕 ……………… 256
石垣なしで風垣だけの浜〔交通・交易〕 ………………………………… 615
石垣に沿う道〔交通・交易〕 ………… 537
石垣にまつられた地蔵〔信仰〕 ……… 680
石垣に守られた佐田岬の正野集落〔住〕 …………………………………… 122
石垣のあるサンゴ砂の道〔交通・交易〕 ………………………………… 615
石垣の上に生垣を配した民家〔住〕 ……………………………………… 122
石垣の上に納屋・土蔵・入母茅葺き屋根の曲屋が建つ千葉家〔住〕 ……………………………………… 122
石垣の坂道〔交通・交易〕 …………… 615
石垣の下が佐渡一周道路〔交通・交易〕 ………………………………… 537
石垣の棚田〔生産・生業〕 …………… 256
石垣の段畑〔生産・生業〕 …………… 256
石垣の続く坂道〔交通・交易〕 ……… 615
石垣の続く道〔交通・交易〕 ………… 615
石垣の村〔住〕 ………………………… 122
石垣塀の家〔住〕 ……………………… 122
石かまど〔住〕 ………………………… 189
石神〔信仰〕 …………………………… 680
石神の大家族〔信仰〕 ………………… 242
石神の大家族の家屋〔住〕 …………… 122
石神の鳥居の注連縄〔信仰〕 ………… 723
石狩鍋〔食〕 …………………………… 49
石敢當〔民俗知識〕 …………………… 667
石切場〔生産・生業〕 ………………… 526
石切場で作業する石屋〔生産・生業〕 ……………………………………… 526
石くどこ〔食〕 ………………………… 60
石工の実際〔生産・生業〕 …………… 490
石倉〔住〕 ……………………………… 122

| 石グロの上に網をかぶせる〔生産・生業〕 | 352 |
| 石けり〔芸能・娯楽〕 | 795 |
| いぢこ〔人の一生〕 | 806 |
| イジコ〔交通・交易〕 | 585 |
| イジコ〔人の一生〕 | 806 |
| 石地蔵〔信仰〕 | 680 |
| 石鋤〔生産・生業〕 | 256 |
| 石槌（石工用）〔生産・生業〕 | 490 |
| 石鎚山鎖禅定〔信仰〕 | 728 |
| 石積み〔人の一生〕 | 828 |
| 石積みの護岸が施された水路沿いの家並み〔住〕 | 122 |
| 石積みの種類〔住〕 | 122 |
| 石積みの棚田〔生産・生業〕 | 256 |
| 石積みの墓〔人の一生〕 | 828 |
| 石積の波止堤防と出漁する船〔生産・生業〕 | 352 |
| 石積みの波止とその沖に出来た防潮堤〔交通・交易〕 | 615 |
| 石積の防波堤〔交通・交易〕 | 615 |
| 石積の防波堤で囲まれた漁港〔生産・生業〕 | 352 |
| 石積の防波堤とコンクリートで改装された船の泊〔交通・交易〕 | 615 |
| 石製鍋〔食〕 | 60 |
| 石製の火消壺〔住〕 | 219 |
| 石製火打筥（燧箱）〔住〕 | 219 |
| 石田山光明庵〔信仰〕 | 746 |
| 石田山光明庵祭壇の仏像〔信仰〕 | 746 |
| 石田山光明庵の御拝（拝殿）〔信仰〕 | 746 |
| 石田山光明庵平面図〔信仰〕 | 746 |
| 石畳と石壁〔交通・交易〕 | 615 |
| 石畳の道〔交通・交易〕 | 615 |
| 石畳の路地〔交通・交易〕 | 615 |
| 石田家主屋梁行断面図〔住〕 | 122 |
| 石段〔交通・交易〕 | 615 |
| 石段かごに乗って登る参詣者〔交通・交易〕 | 579 |
| 石段の道〔交通・交易〕 | 615 |
| イジッコ〔交通・交易〕 | 585 |
| イジッコを背負う〔交通・交易〕 | 585 |
| 石で囲った三昧〔人の一生〕 | 828 |
| 意志伝達用具として使われたコシキ（木鋤）〔住〕 | 219 |
| 意志伝達用具としての使用（除雪具）〔住〕 | 219 |
| 石と祠〔信仰〕 | 680 |
| 石に書かれたさまざまな願い〔信仰〕 | 702 |
| 石の市神〔信仰〕 | 680 |
| 石の挽き臼〔食〕 | 60 |
| 石の墓地〔人の一生〕 | 828 |
| 石墓〔人の一生〕 | 828 |
| 石墓の内部〔人の一生〕 | 828 |
| 石橋〔交通・交易〕 | 537 |
| 石橋供養塔〔信仰〕 | 770 |
| 石橋・笹原川の聖橋〔交通・交易〕 | 537 |
| 石橋・山中橋か〔交通・交易〕 | 537 |
| 石場建て〔住〕 | 122 |
| 石鉢〔食〕 | 60 |
| 石原のお大師堂〔信仰〕 | 746 |
| 石原の千体堂〔信仰〕 | 746 |
| 石原の千体堂の千体仏〔信仰〕 | 746 |
| イシヒカセダイ〔交通・交易〕 | 585 |
| イシビキ〔生産・生業〕 | 256 |
| 石日干しといわれる有明海のスクイ〔生産・生業〕 | 352 |
| 石拾い〔生産・生業〕 | 256 |
| 石葺き屋根の例〔住〕 | 122 |
| 石風呂〔民俗知識〕 | 664 |
| 石風呂堂〔信仰〕 | 746 |
| 石風呂の外観と構造〔民俗知識〕 | 664 |
| 石包丁と使用例〔生産・生業〕 | 256 |
| 石棟木の箱棟〔住〕 | 122 |
| 石焼芋〔交通・交易〕 | 560 |
| 石屋根〔住〕 | 122 |
| 石屋根小屋〔住〕 | 122 |
| 石屋根棟部分の美しいおさまり〔住〕 | 122 |
| 石屋根の石倉〔住〕 | 122 |
| 石屋根の妻側立面で石盤の積載状況がわかる〔住〕 | 122 |
| 石屋の鍛冶〔生産・生業〕 | 490 |
| 石山商店街にできた「コーラク」〔交通・交易〕 | 560 |
| 移住者と地元民が開く地蔵講〔信仰〕 | 742 |
| 遺書〔人の一生〕 | 828 |
| 衣裳みせ〔人の一生〕 | 819 |
| 移植型〔生産・生業〕 | 256 |
| イジョケ〔食〕 | 60 |
| 石綿製むし焼器〔食〕 | 60 |
| 石割り〔生産・生業〕 | 256 |
| 石割まご〔生産・生業〕 | 257 |
| イズキ〔生産・生業〕 | 257 |
| いずこ〔食〕 | 60 |
| イスツ御嶽〔信仰〕 | 765 |
| 椅子にすわる〔住〕 | 243 |
| イズミ〔食〕 | 60 |
| イズミ〔人の一生〕 | 806 |
| 泉〔住〕 | 207 |
| 泉と洗場〔住〕 | 207 |
| 泉の洗い場〔住〕 | 207 |
| イズミのなかの子〔人の一生〕 | 806 |
| 泉山観音菩薩大悲堂〔信仰〕 | 746 |
| 和泉山中の炭ガマ〔生産・生業〕 | 528 |
| イズメ〔人の一生〕 | 806 |
| イズメ〔食〕 | 60 |
| イヅメ〔人の一生〕 | 806 |
| イズメ（エヅメ）〔人の一生〕 | 806 |
| イズメコ〔人の一生〕 | 806 |
| イズメに入れられた赤ちゃん〔人の一生〕 | 806 |
| 出雲凧（鶴亀）〔芸能・娯楽〕 | 783 |
| 出雲の祝風呂敷〔人の一生〕 | 819 |
| 出雲の反り棟〔住〕 | 122 |
| 出雲の筒引〔生産・生業〕 | 466 |
| 出雲の八雲爐〔生産・生業〕 | 490 |
| イセエビ漁〔生産・生業〕 | 352 |
| 伊勢型紙 小本〔生産・生業〕 | 466 |
| 伊勢型紙（縞）〔生産・生業〕 | 466 |
| 伊勢型紙の地紙づくり用の柿渋〔生産・生業〕 | 466 |
| 井堰〔生産・生業〕 | 257 |
| 伊勢講ごとの宿帳〔交通・交易〕 | 579 |
| 伊勢神宮大麻と富士浅間神社お守り〔信仰〕 | 718 |
| 伊勢神宮の参詣者〔交通・交易〕 | 579 |
| 伊勢神宮の塩づくり〔生産・生業〕 | 445 |
| 伊勢湾でタコ漁をする神島の漁師〔生産・生業〕 | 352 |
| イソアガリメシ〔食〕 | 111 |
| イソ桶〔生産・生業〕 | 352 |
| イソガネ〔生産・生業〕 | 352 |
| 磯金〔生産・生業〕 | 352 |
| 磯釣り生簀〔生産・生業〕 | 352 |
| 磯釣りの人たち〔生産・生業〕 | 352 |
| 磯タコ漁〔生産・生業〕 | 352 |
| イソドリ〔生産・生業〕 | 352 |
| 磯ネギの道具〔生産・生業〕 | 353 |
| 磯ねぎ漁〔生産・生業〕 | 353 |
| 磯の口明け〔生産・生業〕 | 353 |
| 磯野梨〔生産・生業〕 | 257 |
| いそのみ〔生産・生業〕 | 353 |
| 磯ノリを掻く人〔生産・生業〕 | 353 |
| 磯の漁〔生産・生業〕 | 353 |
| いそばこ〔生産・生業〕 | 353 |
| 磯引綱ロクロ〔生産・生業〕 | 353 |
| イソブネ〔生産・生業〕 | 353 |
| 磯舟〔生産・生業〕 | 353 |
| 磯ホコ〔生産・生業〕 | 353 |
| イソ眼鏡〔生産・生業〕 | 353 |
| 磯漁に使われる櫓漕ぎのタライ舟〔生産・生業〕 | 353 |
| いたあし膳〔食〕 | 60 |
| イタアシゼン〔食〕 | 60 |
| 遺体をおさめた棺を4人の男が肩で舁き、縁側から庭に出る〔人の一生〕 | 828 |
| 板馬〔芸能・娯楽〕 | 783 |
| 板絵馬〔信仰〕 | 702 |
| 板を引く〔生産・生業〕 | 490 |
| イダを焼いて乾燥させたもの〔食〕 | 49 |
| 板垣式すき焼鍋〔食〕 | 60 |
| 板壁〔住〕 | 122 |
| 板壁が続く路地〔交通・交易〕 | 537 |
| 板壁にそって並べられた種々の竹細工〔生産・生業〕 | 490 |
| 板壁に縄を掛け下ろして荒壁の下地を造る〔住〕 | 215 |
| 板壁の邸宅〔住〕 | 122 |
| イダキ〔生産・生業〕 | 353 |
| 板倉〔住〕 | 122 |
| 板倉群〔住〕 | 123 |
| 板鍬〔生産・生業〕 | 257, 353 |
| イタコ〔信仰〕 | 729 |
| イタコの案内看板〔信仰〕 | 730 |
| いたこの家の祭壇〔信仰〕 | 730 |
| いたこの家族〔信仰〕 | 730 |
| いたこの家庭〔信仰〕 | 730 |
| イタコの祈禱〔信仰〕 | 730 |
| イタコの祈禱所〔信仰〕 | 730 |
| イタコの口寄せ〔信仰〕 | 730 |
| イタコの口寄せ（イタコマチ）〔信仰〕 | 730 |
| イタコの祭壇〔信仰〕 | 730 |
| イタコの数珠使い〔信仰〕 | 730 |
| イタコの数珠と師匠から戴いたお守〔信仰〕 | 730 |
| イタコの数珠の使い方〔信仰〕 | 730 |
| いたこの昼食〔食〕 | 111 |
| イタコの入巫式〔信仰〕 | 730 |
| いたこの夫婦〔信仰〕 | 730 |
| イタコの丸筒〔信仰〕 | 730 |
| イタコのヤシロ〔信仰〕 | 730 |
| 板敷のニワ〔住〕 | 189 |
| 板状煉炭〔住〕 | 219 |
| 板角力〔芸能・娯楽〕 | 783 |
| イタゾリ〔交通・交易〕 | 585 |
| イタダキ〔交通・交易〕 | 560 |
| イタダキの女〔交通・交易〕 | 560 |
| 板叩き〔社会生活〕 | 625 |
| いたち捕り〔生産・生業〕 | 421 |
| いたち箱〔生産・生業〕 | 421 |
| 鼬箱〔生産・生業〕 | 421 |
| イタチワナ〔生産・生業〕 | 421 |
| 板附船〔生産・生業〕 | 353 |
| イタツケ〔生産・生業〕 | 353 |
| いたつけの模型〔生産・生業〕 | 353 |

## いたつ　名称索引

イタツケブネ〔生産・生業〕……… 353
板付舟を作る〔生産・生業〕……… 520
板戸を開けたチョンダの入口〔住〕
　………………………………… 123
板床にある炉のゴトク〔住〕……… 189
板床の連なる座敷〔住〕…………… 190
井谷の四ツ堂〔信仰〕……………… 746
井谷の四ツ堂内部〔信仰〕………… 747
板の間に棚を置き、円形の蚕座で
　蚕を飼う〔生産・生業〕………… 456
板の柵の内部にカヤを束ねて補強
　したソガキ〔住〕………………… 123
板の橋〔交通・交易〕……………… 538
板間に畳を入れた居間〔住〕……… 190
板間の居間〔住〕…………………… 190
板橋区舟渡2丁目〔社会生活〕…… 646
板場の隅の道具類〔住〕…………… 466
板張りと畳の床〔住〕……………… 190
板葺き石置き屋根〔住〕…………… 123
板葺石置屋根の土蔵〔住〕………… 123
板葺きの屋根〔住〕………………… 123
板塀〔住〕…………………………… 123
板塀に赤ペンキで描かれた鳥居
　〔社会生活〕……………………… 646
いたへぎぼう〔生産・生業〕……… 410
傷みはじめた屋根の家〔住〕……… 123
いたや籠〔住〕……………………… 219
イタヤカッコベ〔交通・交易〕…… 585
イタヤカッコベの材料加工工程図
　〔生産・生業〕…………………… 490
イタヤで編む〔生産・生業〕……… 490
板屋根〔住〕………………………… 123
板屋根の重石〔住〕………………… 123
板屋根ふきのユイ〔住〕…………… 215
板レーキによる田土の均平作業
　〔生産・生業〕…………………… 257
市〔交通・交易〕…………………… 555
イチイ製弓矢〔生産・生業〕……… 421
市神〔信仰〕………………………… 680
市神社〔信仰〕……………………… 680
市神の祠〔信仰〕…………………… 680
移築された民家〔住〕……………… 123
イチケシ〔芸能・娯楽〕…………… 783
いちこ〔交通・交易〕……………… 585
1号炊事台〔住〕…………………… 190
苺畑〔生産・生業〕………………… 257
イーチコハーチコ〔芸能・娯楽〕… 795
一重一瓶〔食〕……………………… 111
一条用スキ〔生産・生業〕………… 257
一膳飯を墓穴に入れる〔人の一生〕… 828
一膳めし屋〔交通・交易〕………… 560
一族の墓〔人の一生〕……………… 828
一族の古い竿石部分を記念碑のよ
　うにした精霊殿のある芦検共同
　墓地公園〔人の一生〕…………… 828
一代塔〔社会生活〕………………… 625
市で売られる鶏卵〔交通・交易〕… 555
市で売られる餅菓子〔交通・交易〕… 555
市で納豆を売る〔交通・交易〕…… 555
市での語らい〔社会生活〕………… 625
市に来た男〔交通・交易〕………… 555
一日の商売を終えて駅前で語り合
　う行商人〔交通・交易〕………… 560
一の坂川にそう古い家並み〔住〕… 123
市の新嫁〔人の一生〕……………… 819
一の橋交差点に建設中の東京都住
　宅公社アパート〔住〕…………… 243
一宮・町並み〔社会生活〕………… 646
市場の一角に店を張って魚を並べ、
　正座して客を待つ〔交通・交易〕… 555
市場の庚申堂〔信仰〕……………… 747

市場の庚申堂祭壇〔信仰〕………… 747
市場の魚売り〔交通・交易〕……… 555
一番草を取る〔生産・生業〕……… 257
一番座間取り図〔住〕……………… 243
市日〔交通・交易〕………………… 555
一木づくりのクワ台〔生産・生業〕… 257
一枚鉋〔生産・生業〕……………… 520
一枚の布を袋状にして山菜を入れ
　る〔交通・交易〕………………… 585
市松模様の通し屋根〔住〕………… 123
一万度御祓大麻〔信仰〕…………… 718
市女笠〔衣〕………………………… 25
一門氏神〔信仰〕…………………… 680
一夜酒〔食〕………………………… 50
銀杏返し〔衣〕……………………… 44
銀杏歯足駄〔衣〕…………………… 33
一里塚〔交通・交易〕……………… 538
一輪運搬車〔交通・交易〕………… 585
一輪車〔交通・交易〕……………… 585
一列型の間取り〔住〕……………… 123
一列型間取りの変容〔住〕………… 123
一家団欒の食事〔食〕……………… 111
一閑貼ちりとり〔住〕……………… 219
五木の民家〔住〕…………………… 123
五木村の集落〔住〕………………… 123
イッキャと呼ばれる棟押さえをま
　たがらせ、とんがった屋根が並
　ぶ島の集落〔住〕………………… 123
厳島神社〔信仰〕…………………… 747
イッケ氏神〔信仰〕………………… 681
一軒の家の各所に貼られた神符
　〔信仰〕…………………………… 718
一軒の屋敷構え　主屋・釜屋・牛小
　屋・地倉〔住〕…………………… 123
一色港〔生産・生業〕……………… 353
一周忌の法事〔人の一生〕………… 828
一升樽〔食〕………………………… 95
一升徳利〔食〕……………………… 60
一升壜打栓機〔生産・生業〕……… 447
一升枡〔交通・交易〕……………… 583
一斉に船がウニ島に向かう〔生産・
　生業〕……………………………… 353
一挺ガンギ〔芸能・娯楽〕………… 783
イッチョメガネ〔生産・生業〕…… 353
五つ鍬〔生産・生業〕……………… 257
五つべっつい〔住〕………………… 190
五つ又鍬〔生産・生業〕…………… 257
一斗樽〔交通・交易〕……………… 447
一斗樽に入れた百合の花〔住〕…… 219
いっとます〔交通・交易〕………… 583
一斗ます〔交通・交易〕…………… 583
一斗枡〔交通・交易〕……………… 583
一般的なくど造り〔住〕…………… 123
一般的な座の名称〔住〕…………… 243
一般道路と首都高速道路が交差す
　る赤坂見附〔交通・交易〕……… 538
一俵香典〔人の一生〕……………… 829
一服〔食〕…………………………… 111
一方の端をマキチャに通す〔生産・
　生業〕……………………………… 466
一本鍬〔生産・生業〕……………… 257
一本釣りしたメバチマグロ幼魚
　〔生産・生業〕…………………… 353
一本釣りで釣りあげた鱸〔生産・生
　業〕………………………………… 353
一本釣りの漁船〔生産・生業〕…… 353
一本釣りの漁師〔生産・生業〕…… 353
一本釣りの漁師たち〔生産・生業〕… 353
イッポンゾリ〔交通・交易〕……… 585
一本橇〔交通・交易〕……………… 586

一本橇を背負って運ぶ〔交通・交
　易〕………………………………… 586
一本橇を使っているところ〔交通・
　交易〕……………………………… 586
イッポンゾリの扱い方〔交通・交
　易〕………………………………… 586
一本橋〔交通・交易〕……………… 538
一本歯高下駄〔衣〕………………… 33
一本松〔信仰〕……………………… 615
一本ミヨシになる以前の佐渡の磯
　船〔生産・生業〕………………… 353
井出〔生産・生業〕………………… 257
イディル〔交通・交易〕…………… 586
井出家主屋・遠景〔住〕…………… 123
イデさらえ〔生産・生業〕………… 257
移転後のH家〔住〕………………… 123
イ田に水揚げ作業〔生産・生業〕… 257
移転前の集落〔住〕………………… 123
井戸〔住〕…………………………… 207
糸揚げ〔生産・生業〕……………… 466
糸あげ器〔生産・生業〕…………… 467
糸入れをするための木枠〔生産・生
　業〕………………………………… 467
糸入れ用の絹糸〔生産・生業〕…… 467
いどううらぱっく〔生産・生業〕… 353
伊東温泉を流れる松川河畔の旅館
　街〔交通・交易〕………………… 579
移動可能な戸棚〔住〕……………… 219
伊藤家住宅〔住〕…………………… 123
伊藤家住宅外観〔住〕……………… 123
伊藤家住宅内部〔住〕……………… 190
伊藤家住宅平面図〔住〕…………… 123
移動下駄屋〔生産・生業〕………… 490
移動住宅〔住〕……………………… 243
移動製材所〔生産・生業〕………… 410
伊東の温泉街と大川〔交通・交易〕… 579
移動販売車〔交通・交易〕………… 560
糸うみ〔生産・生業〕……………… 467
糸を染める〔生産・生業〕………… 467
糸をちきりと呼ぶ筒状のものに巻
　き取る〔生産・生業〕…………… 467
糸を紡ぐ〔生産・生業〕…………… 467
糸をぬかと塩でもむ〔生産・生業〕… 467
糸を柱にはったところ〔生産・生
　業〕………………………………… 467
糸をへる〔生産・生業〕…………… 467
糸折りかえし機〔生産・生業〕…… 467
井戸神を塩花で浄める老婆〔信仰〕
　………………………………… 681
井戸神様〔信仰〕…………………… 681
糸口さがし〔生産・生業〕………… 467
糸くり〔生産・生業〕……………… 467
糸繰り〔生産・生業〕……………… 467
いとくりき〔生産・生業〕………… 467
糸くり機〔生産・生業〕…………… 467
糸くりばた〔生産・生業〕………… 467
井戸車〔住〕………………………… 207
糸ぐるま〔生産・生業〕…………… 467
糸車〔生産・生業〕………………… 467
糸車によるヨリカケ〔生産・生業〕… 467
糸車の構造とツルベの作り方〔生
　産・生業〕………………………… 467
いとこ煮〔食〕……………………… 50
井戸さぐり〔住〕…………………… 207
糸晒し〔生産・生業〕……………… 467
井戸シモト〔住〕…………………… 207
糸尻なき場合の手の仕舞い方〔生
　産・生業〕………………………… 490
糸尻の編方〔生産・生業〕………… 490
糸績み〔生産・生業〕……………… 467

| | | |
|---|---|---|
| 糸束を藍液に浸し藍で染める〔生産・生業〕 ……… 467 | 稲株アネコ・甘草アネコ〔芸能・娯楽〕 ……… 783 | イネクジリ〔生産・生業〕 ……… 258 |
| イドッカワと呼ばれる街道に沿って流れる生活用水〔住〕 ……… 207 | イナギ切り〔生産・生業〕 ……… 257 | 稲こき〔生産・生業〕 ……… 258 |
| 糸つむぎ〔生産・生業〕 ……… 467 | 稲扱千刃〔生産・生業〕 ……… 257 | 稲扱き〔生産・生業〕 ……… 258 |
| 糸紡ぎ車〔生産・生業〕 ……… 467 | 稲子積〔生産・生業〕 ……… 257 | イネコギハシ〔生産・生業〕 ……… 258 |
| 糸紡ぎの手順〔生産・生業〕 ……… 468 | イナゴ取り〔生産・生業〕 ……… 531 | 稲束〔生産・生業〕 ……… 258 |
| 井戸と洗い場〔住〕 ……… 207 | イナゴやバッタ、キリギリス等の佃煮〔食〕 ……… 50 | 稲苗〔生産・生業〕 ……… 258 |
| 井戸と水神〔住〕 ……… 207 | 稲作業の仕事着〔衣〕 ……… 3 | イネ苗からヒエ類を取り除く〔生産・生業〕 ……… 259 |
| 糸とり〔生産・生業〕 ……… 468 | 稲作のサイクル〔生産・生業〕 ……… 257 | イネ苗の積み込み〔生産・生業〕 ……… 259 |
| 糸取り〔生産・生業〕 ……… 468 | 稲作風景〔生産・生業〕 ……… 257 | イネ苗の根土を落とす〔生産・生業〕 ……… 259 |
| 糸とり器〔生産・生業〕 ……… 468 | 稲積み〔生産・生業〕 ……… 257 | 稲につくウンカを防ぐための消毒〔生産・生業〕 ……… 259 |
| 糸とり機〔生産・生業〕 ……… 468 | 稲田〔生産・生業〕 ……… 257 | 稲抜機〔生産・生業〕 ……… 259 |
| 糸とり機、なべ〔生産・生業〕 ……… 468 | イナ釣道具〔生産・生業〕 ……… 354 | 稲の乾燥〔生産・生業〕 ……… 259 |
| 糸によりをかける〔生産・生業〕 ……… 468 | いなにおと地干しが整然と並ぶ秋の田〔生産・生業〕 ……… 257 | 稲の乾燥法〔生産・生業〕 ……… 259 |
| 糸のかけ方〔生産・生業〕 ……… 468 | 伊那の組合製糸工場天龍社〔生産・生業〕 ……… 468 | 稲の脱穀〔生産・生業〕 ……… 259 |
| 糸鋸〔生産・生業〕 ……… 490 | 稲穂が実る〔住〕 ……… 123 | 稲の脱穀作業中の一服(一休み)〔生産・生業〕 ……… 259 |
| 糸の整理〔生産・生業〕 ……… 468 | イナマキ〔生産・生業〕 ……… 257 | 稲の種まき〔生産・生業〕 ……… 259 |
| 井戸のタイプ〔住〕 ……… 207 | イナムラ〔生産・生業〕 ……… 257 | 稲の地干し〔生産・生業〕 ……… 259 |
| 糸のたま〔生産・生業〕 ……… 468 | 稲荷を祀る屋敷神〔信仰〕 ……… 681 | 稲の苗を田に運ぶ少年〔生産・生業〕 ……… 259 |
| 糸のつなぎ方〔生産・生業〕 ……… 468 | 稲荷様〔信仰〕 ……… 681 | 稲のボッチの作り方〔生産・生業〕 ……… 259 |
| 糸延べ〔生産・生業〕 ……… 468 | 稲荷様と秋葉山〔信仰〕 ……… 681 | 稲の籾干し〔生産・生業〕 ……… 259 |
| 糸延べの用意をする〔生産・生業〕 ……… 468 | イナリ神〔信仰〕 ……… 681 | 伊根ブリの養殖生簀〔生産・生業〕 ……… 354 |
| 井戸端会議〔社会生活〕 ……… 626 | 稲荷のキツネ〔信仰〕 ……… 681 | 稲干し〔生産・生業〕 ……… 259 |
| 糸ひき車〔生産・生業〕 ……… 468 | イナリの神像〔信仰〕 ……… 681 | 稲麦刈取機〔生産・生業〕 ……… 259 |
| いとひきわく〔生産・生業〕 ……… 468 | 稲荷の大師堂〔信仰〕 ……… 747 | 稲モミの芽出し作業〔生産・生業〕 ……… 259 |
| 糸挽き枠〔生産・生業〕 ……… 468 | 稲荷の祠〔信仰〕 ……… 681 | 猪尾〔生産・生業〕 ……… 421 |
| 井戸堀の水きき〔住〕 ……… 207 | 稲藁〔生産・生業〕 ……… 257 | 井ノ頭学校の少年音楽隊員〔社会生活〕 ……… 658 |
| 井戸ポンプ〔住〕 ……… 207 | 稲藁積〔生産・生業〕 ……… 257 | 猪鹿一千碑〔民俗知識〕 ……… 675 |
| 井戸ポンプに濾過機を備える工夫〔住〕 ……… 207 | 稲藁に転がる〔芸能・娯楽〕 ……… 795 | 猪鹿供養碑〔民俗知識〕 ……… 675 |
| 糸まき〔生産・生業〕 ……… 468 | 稲ワラの天日干し〔生産・生業〕 ……… 258 | 猪を解体する〔生産・生業〕 ……… 421 |
| 糸巻〔生産・生業〕 ……… 468 | 乾蔵の景観〔住〕 ……… 123 | 猪を背負う〔生産・生業〕 ……… 421 |
| 糸巻き台と糸枠〔生産・生業〕 ……… 468 | 犬供養 ザグマタ〔民俗知識〕 ……… 675 | 猪を背負って〔生産・生業〕 ……… 421 |
| 糸満〔住〕 ……… 123 | 犬供養の卒塔婆〔民俗知識〕 ……… 675 | 猪を捕える仕掛け〔生産・生業〕 ……… 259 |
| イトマン漁船〔生産・生業〕 ……… 353 | いぬずき〔住〕 ……… 219 | 猪を捕獲する柵わな〔生産・生業〕 ……… 421 |
| 糸満漁人の家〔住〕 ……… 123 | 犬卒塔婆〔信仰〕 ……… 702 | 猪をみつけよく追ってくれた犬に、肉の切れ端を与える〔生産・生業〕 ……… 421 |
| イトマン漁夫〔生産・生業〕 ……… 353 | イヌッパジキ〔人の一生〕 ……… 829 | |
| 糸満漁夫の網染め作業〔生産・生業〕 ……… 354 | 犬猫の墓地〔民俗知識〕 ……… 675 | 猪解体前に毛と一緒にダニを焼く〔生産・生業〕 ……… 421 |
| イトマン漁民〔生産・生業〕 ……… 354 | 犬の毛皮を着た人〔衣〕 ……… 3 | 猪が通るウジにワイヤー罠を仕掛ける〔生産・生業〕 ……… 421 |
| 糸満の家〔住〕 ……… 123 | 犬の墓〔民俗知識〕 ……… 675 | |
| 糸満の漁夫と女〔生産・生業〕 ……… 354 | 犬弾き〔人の一生〕 ……… 829 | 猪から取り出した肝臓(クロフク)を七切に切ってくしにさし、山の神にささげる〔生産・生業〕 ……… 421 |
| 糸満の刳舟〔生産・生業〕 ……… 354 | 犬張子〔芸能・娯楽〕 ……… 783 | |
| 糸満の魚売り〔交通・交易〕 ……… 560 | 犬張子(江都二色)〔芸能・娯楽〕 ……… 783 | イノシシ狩り〔生産・生業〕 ……… 421 |
| イトマン漁〔生産・生業〕 ……… 354 | 犬引きのそりの行列〔交通・交易〕 ……… 586 | 猪肉に舌つづみ〔食〕 ……… 111 |
| 井戸水を汲む〔住〕 ……… 207 | 犬引き日〔交通・交易〕 ……… 586 | 猪に根こそぎ食い荒らされたサツマイモ畑〔生産・生業〕 ……… 259 |
| 井戸水浄化装置〔住〕 ……… 207 | 伊根浦の景観〔生産・生業〕 ……… 354 | 猪の足跡をたどりながら山にはいる〔生産・生業〕 ……… 421 |
| 井戸水による炊事〔住〕 ……… 207 | 伊根浦の捕鯨〔生産・生業〕 ……… 354 | |
| 射止めた大きな月輪熊を雪の上を滑らせて里まで運ぶ〔生産・生業〕 ……… 421 | 稲をいなにおにのくいからはずす〔生産・生業〕 ……… 258 | 猪の胆〔民俗知識〕 ……… 664 |
| | 稲を束ねる〔生産・生業〕 ……… 258 | 猪の落し穴〔生産・生業〕 ……… 421 |
| 射止めた熊〔生産・生業〕 ……… 421 | 稲を積む〔生産・生業〕 ……… 258 | イノシシの解体〔生産・生業〕 ……… 421 |
| 射止めた月輪熊を見せる〔生産・生業〕 ……… 421 | 稲を運ぶ〔生産・生業〕 ……… 258 | 猪の解体〔生産・生業〕 ……… 421 |
| 糸撚り〔生産・生業〕 ……… 468 | 稲かけ〔生産・生業〕 ……… 258 | 猪ノ皮トサワラノ尾〔民俗知識〕 ……… 668 |
| いとわく〔生産・生業〕 ……… 468 | 稲株切り〔生産・生業〕 ……… 258 | 猪の肝を吊るし干す〔民俗知識〕 ……… 664 |
| 糸わく〔生産・生業〕 ……… 468 | 稲鎌〔生産・生業〕 ……… 258 | 猪の子に石を投げつけて獲る〔生産・生業〕 ……… 421 |
| 糸枠とヘグイ〔生産・生業〕 ……… 468 | 稲刈り〔生産・生業〕 ……… 258 | |
| イナイテゴ〔住〕 ……… 219 | 稲刈鎌〔生産・生業〕 ……… 258 | 猪の尻尾〔生産・生業〕 ……… 421 |
| 稲入れ〔生産・生業〕 ……… 257 | 稲刈機〔生産・生業〕 ……… 258 | 猪の巣〔生産・生業〕 ……… 421 |
| イナウ〔信仰〕 ……… 702 | 稲刈り実習〔生産・生業〕 ……… 258 | 猪の骨〔食〕 ……… 50 |
| イナウ・キケ〔信仰〕 ……… 702 | 稲刈りの間、幼児を畔に寝かせていたが、祖母がきておぶってくれるという〔人の一生〕 ……… 806 | 猪除けの古着〔生産・生業〕 ……… 259 |
| イナウケマ〔信仰〕 ……… 702 | | イノメテゴ〔生産・生業〕 ……… 259 |
| イナウつきフイリアザラシ像〔民俗知識〕 ……… 668 | 稲刈りの合間の一服(休憩)に、母親は畔にいた子どものところにおやつを持ってきた〔人の一生〕 ……… 806 | 折り〔信仰〕 ……… 702 |
| イナウとイナウを削る古老〔信仰〕 ……… 702 | | 祈る猟師〔生産・生業〕 ……… 421 |
| イナウ人形〔信仰〕 ……… 702 | 稲刈りのすんだ田を起こして麦畑にする〔生産・生業〕 ……… 258 | 位牌〔人の一生〕 ……… 829 |
| 田舎の男の服装〔衣〕 ……… 3 | 稲刈りの手伝い〔生産・生業〕 ……… 258 | |
| | 稲刈の服装〔衣〕 ……… 4 | |

| 項目 | ページ |
|---|---|
| 位牌を納める万年堂といわれる墓〔人の一生〕 | 829 |
| 位牌分け分布図〔人の一生〕 | 829 |
| 伊波メンサー〔生産・生業〕 | 468 |
| イビ〔信仰〕 | 765 |
| いびりかん〔食〕 | 60 |
| 衣服の改良〔衣〕 | 4 |
| 衣服の行商人がやって来て、土間に面した居間で品物を広げた〔交通・交易〕 | 560 |
| イブシ〔生産・生業〕 | 259 |
| イブヒカスー〔民俗知識〕 | 677 |
| イブリ使用の場面〔生産・生業〕 | 259 |
| イブリ（棒）〔生産・生業〕 | 259 |
| イーヘー〔人の一生〕 | 829 |
| いぼがとれると伝えられる地蔵堂〔信仰〕 | 747 |
| イボッチャ〔信仰〕 | 681 |
| イボッチャ（屋敷神）〔信仰〕 | 681 |
| イボッチャ（ヂジンゴウさま）〔信仰〕 | 681 |
| 居間〔住〕 | 190 |
| 居間への出入口〔住〕 | 190 |
| 今川焼〔交通・交易〕 | 560 |
| 今田茶堂〔信仰〕 | 747 |
| 今田茶堂の木札〔信仰〕 | 747 |
| 今戸焼の土製神輿（玩具）〔芸能・娯楽〕 | 783 |
| 今西家の帳台構え〔住〕 | 124 |
| 今よう良寛さま〔社会生活〕 | 658 |
| 伊万里の窯元〔生産・生業〕 | 490 |
| 伊万里焼の絵付け〔生産・生業〕 | 490 |
| 繭蓑〔衣〕 | 4 |
| イモアナ〔食〕 | 95 |
| イモ洗い〔生産・生業〕 | 259 |
| 芋洗い〔食〕 | 60 |
| 芋洗い桶〔生産・生業〕 | 259 |
| イモアライカゴ〔食〕 | 60 |
| 芋洗い車〔生産・生業〕 | 259 |
| 芋洗いで里芋の皮をむく〔食〕 | 95 |
| 芋洗いでバケツに入れた里芋の皮むきをする〔食〕 | 95 |
| 芋洗い棒〔食〕 | 60 |
| 妹とお使い〔社会生活〕 | 626 |
| 芋桶〔生産・生業〕 | 468 |
| イモを貯える穴倉〔食〕 | 95 |
| 芋おろし（芋すり機）〔食〕 | 60 |
| イモガラとカラトリイモ〔食〕 | 50 |
| イモガラ干し〔食〕 | 95 |
| 芋鉋〔食〕 | 60 |
| 芋鉋（馬鈴薯細断機）〔生産・生業〕 | 259 |
| いも切り〔食〕 | 95 |
| 芋切り鎌〔生産・生業〕 | 431 |
| いも切り機〔食〕 | 95 |
| いも切器〔食〕 | 95 |
| 芋車〔生産・生業〕 | 259 |
| 芋車（いもあらい）〔食〕 | 60 |
| 芋鍬〔生産・生業〕 | 260 |
| ノモ団子〔食〕 | 50 |
| ノモ団子のお汁粉〔食〕 | 50 |
| ノモ団子用小豆餡〔食〕 | 50 |
| ノモツクネ〔食〕 | 50 |
| 芋田楽〔食〕 | 50 |
| 鋳物〔生産・生業〕 | 490 |
| イモのキリボシ〔食〕 | 50 |
| 鋳物師〔生産・生業〕 | 490 |
| 鋳物師の分布〔生産・生業〕 | 490 |
| イモの段畑〔生産・生業〕 | 260 |
| 芋の貯蔵〔食〕 | 95 |
| 鋳物の手燭〔住〕 | 219 |
| イモのムロカ〔生産・生業〕 | 260 |
| 芋畑〔生産・生業〕 | 260 |
| 芋畑のカベ〔生産・生業〕 | 260 |
| イモ干台〔食〕 | 95 |
| いもほり〔生産・生業〕 | 260 |
| イモ掘り〔生産・生業〕 | 260 |
| 芋掘り〔生産・生業〕 | 260 |
| 芋掘具〔生産・生業〕 | 260 |
| 芋掘鍬〔生産・生業〕 | 260 |
| いも掘万能〔生産・生業〕 | 260 |
| イモ類を保存する床下の芋穴〔食〕 | 95 |
| 慰問袋〔社会生活〕 | 654 |
| イヤリングを付けた女性〔衣〕 | 47 |
| 伊予絣〔生産・生業〕 | 468 |
| 伊予釜〔食〕 | 60 |
| イヨゾケ〔生産・生業〕 | 354 |
| イヨテゴ〔生産・生業〕 | 354 |
| 伊予松前のオタタ〔交通・交易〕 | 560 |
| 依頼人の家に着いたエジコ〔信仰〕 | 730 |
| いらくさ各種〔生産・生業〕 | 468 |
| 伊良湖港〔交通・交易〕 | 538 |
| 伊良湖集落の風景〔住〕 | 124 |
| いらたか念珠〔信仰〕 | 730 |
| いられかん〔食〕 | 60 |
| 入会のカヤ場〔生産・生業〕 | 531 |
| 入会の例〔社会生活〕 | 626 |
| 入会牧野における放牧〔生産・生業〕 | 431 |
| 入り江〔生産・生業〕 | 354 |
| 入江〔交通・交易〕 | 615 |
| 入江の泊と瓦屋根の家並み〔住〕 | 124 |
| 入り江の舟〔生産・生業〕 | 354 |
| 入江の船だまりと養殖場〔生産・生業〕 | 354 |
| 入り口に置かれた杵と豆殻〔人の一生〕 | 819 |
| 入口脇に小便所（ツボ）のある農家〔住〕 | 124 |
| イリコ（アラレ）を炒る〔食〕 | 95 |
| イリコを干す〔食〕 | 96 |
| イリコの釜場〔食〕 | 96 |
| イリコの乾燥〔食〕 | 96 |
| イリゴヤ間取り図〔生産・生業〕 | 490 |
| いりなべ〔食〕 | 60 |
| 煎り鍋〔食〕 | 60 |
| 炒り鍋〔食〕 | 60 |
| 西之表港〔生産・生業〕 | 354 |
| 入浜塩田〔生産・生業〕 | 445 |
| 入り浜塩田の跡〔生産・生業〕 | 445 |
| 入浜式塩田〔生産・生業〕 | 354, 445 |
| 入浜式塩田作業の様子〔生産・生業〕 | 445 |
| 入浜式製塩用具のかずかず〔生産・生業〕 | 445 |
| 入母屋〔住〕 | 124 |
| 入母屋型で両角をもった民家の背面〔住〕 | 124 |
| 入母屋角屋造り〔住〕 | 124 |
| 入母屋造り〔住〕 | 124 |
| 入母屋造 茅葺き〔住〕 | 124 |
| 入母屋造り、妻入りの建物が連続する竹鶴家〔住〕 | 124 |
| 入母屋造りの豪壮な山本家〔住〕 | 124 |
| 入母屋造りの民家〔住〕 | 124 |
| 入母屋妻入り〔住〕 | 124 |
| 入母屋の重要文化財・箱木千年家〔住〕 | 124 |
| 入母屋破風〔住〕 | 124 |
| 入谷の鬼子母神の地蔵に祈る若い夫婦〔信仰〕 | 702 |
| 衣料切符〔衣〕 | 47 |
| 衣料店の前で自転車に乗って遊ぶ子供たち〔交通・交易〕 | 560 |
| 入嫁式のマジナイ〔人の一生〕 | 819 |
| イルカ追いこみ漁〔生産・生業〕 | 354 |
| イルカをしとめて船上で一部、解体する〔生産・生業〕 | 354 |
| イルカ供養塔〔民俗知識〕 | 675 |
| イルカ供養碑〔民俗知識〕 | 675 |
| イルカ漁の漁具〔生産・生業〕 | 354 |
| いれぎわ〔住〕 | 410 |
| いれこ〔生産・生業〕 | 354 |
| 入れ子桶〔食〕 | 60 |
| 入れ子曲わっぱ〔食〕 | 60 |
| イレズミ〔民俗知識〕 | 676 |
| 刺青 額彫り〔民俗知識〕 | 676 |
| 入れ墨〔民俗知識〕 | 676 |
| 囲炉〔住〕 | 190 |
| 色板に用いる槌〔生産・生業〕 | 490 |
| いろいろな造りの家〔住〕 | 124 |
| 色絵八角壺〔住〕 | 219 |
| 囲炉隅の消壺〔住〕 | 219 |
| 囲炉と焜炉〔住〕 | 190 |
| 囲炉に羽釜を掛ける巧妙な工夫〔住〕 | 190 |
| 囲炉の鉤〔住〕 | 190 |
| 囲炉の典型〔住〕 | 190 |
| いろり〔住〕 | 190 |
| 囲炉裏〔住〕 | 190 |
| 囲炉裏上における雑魚の燻蒸保存〔食〕 | 96 |
| 囲炉裏を囲む一家〔住〕 | 190 |
| 囲炉裏を囲む時山集落の家族〔住〕 | 190 |
| 囲炉裏をまもる主婦〔住〕 | 190 |
| 囲炉裏・自在鉤〔住〕 | 191 |
| 囲炉裏で川魚を立て焼きする〔食〕 | 96 |
| 囲炉裏で台にもちをのせて焼く〔食〕 | 96 |
| 囲炉裏で竹串に刺した豆腐や餅を焼く〔食〕 | 96 |
| 囲炉裏での煮炊きと食事の準備〔食〕 | 96 |
| 囲炉裏で焼いた川魚のハヤをわら束に刺し、囲炉裏の上につるす〔食〕 | 96 |
| イロリと家族〔住〕 | 191 |
| イロリとカマド〔住〕 | 191 |
| 囲炉裏と竈〔住〕 | 191 |
| イロリと座順〔住〕 | 243 |
| 囲炉裏と自在鉤〔住〕 | 191 |
| 囲炉裏と食事〔住〕 | 191 |
| 囲炉裏と松明台の松明の火〔住〕 | 219 |
| 囲炉裏と流し台〔住〕 | 191 |
| 囲炉裏に下げたカギッツルシ〔住〕 | 191 |
| 囲炉裏のある生活〔住〕 | 191 |
| 囲炉裏の上に「いぶりがっこ」にするたくさんの大根が吊るしてある〔食〕 | 96 |
| 囲炉裏の上のランプ〔住〕 | 191 |
| イロリの客〔住〕 | 243 |
| 囲炉裏の煙でいぶされた屋根の茅〔住〕 | 191 |
| 囲炉裏の煙で雑魚を燻す〔食〕 | 96 |
| イロリの座〔住〕 | 243 |
| 囲炉裏の座順〔住〕 | 243 |
| 囲炉裏の自在かぎにつるしたなべのコンニャクをかきまぜる〔食〕 | 96 |

| | | |
|---|---|---|
| いろりの席順〔生産・生業〕……… 421 | 隠居となる日の祝い〔社会生活〕… 621 | 魚捕り部（口またはハネコミ）の構造〔生産・生業〕……… 355 |
| 囲炉裏のそばに置かれた竈で煮炊きをする〔食〕……… 96 | 隠居の系譜の事例〔社会生活〕……… 621 | 魚見小屋〔生産・生業〕……… 355 |
| 囲炉裏の縁に腹ばいになって、口で吹いて火をおこす〔住〕……… 191 | インキョヤ〔住〕……… 124 | 魚見だる〔生産・生業〕……… 355 |
| 囲炉裏の間〔住〕……… 191 | 隠居屋〔住〕……… 124 | 鵜飼い〔生産・生業〕……… 355 |
| 囲炉裏のまわりに集う〔住〕……… 191 | 隠居家〔住〕……… 124 | 鵜飼い漁業〔生産・生業〕……… 355 |
| 囲炉裏のまわりの家族〔住〕……… 191 | 隠居屋と主屋〔住〕……… 124 | 鵜飼サッパ〔生産・生業〕……… 355 |
| 囲炉裏のまわりの鉄棒で作った枠〔住〕……… 191 | 隠居屋と母屋〔住〕……… 124 | 鵜飼の鵜をウカゴに入れ棒の天秤棒で船まで運ぶ〔生産・生業〕……… 355 |
| 囲炉裏のまわりの鉄棒の枠におしめをかけ干す〔住〕……… 243 | 飲食街〔交通・交易〕……… 560 | 鵜飼の用具〔生産・生業〕……… 355 |
| イロリバタ〔住〕……… 191 | 飲食店の屋台〔交通・交易〕……… 560 | うがい碗〔住〕……… 220 |
| 囲炉裏端〔住〕……… 191 | インターネットを使って市場情報を読み，ツマモノの出荷をする農家の女性〔生産・生業〕……… 260 | 鵜籠〔生産・生業〕……… 355 |
| 囲炉裏端での主婦の着衣〔衣〕……… 4 | インツコ〔人の一生〕……… 806 | 拝所へ行く巫女の列〔信仰〕……… 730 |
| イワ（船の錘）〔生産・生業〕……… 354 | 印伝〔生産・生業〕……… 490 | 拝所で祈る女〔信仰〕……… 765 |
| 祝亀〔信仰〕……… 702 | 引導〔人の一生〕……… 829 | うき〔生産・生業〕……… 355 |
| 祝い酒〔人の一生〕……… 819 | 因島市土生町箱崎・町を見下ろす〔社会生活〕……… 646 | 浮子〔生産・生業〕……… 355 |
| 祝い酒を背に，嫁どりに招かれてゆく〔人の一生〕……… 819 | 伊部焼の狸〔生産・生業〕……… 490 | 浮子（あば）〔生産・生業〕……… 355 |
| 祝鯛〔人の一生〕……… 819 | インボンジリ〔衣〕……… 44 | 浮かし樽〔生産・生業〕……… 355 |
| 祝い凧〔人の一生〕……… 813 | インボンジリマキ〔衣〕……… 44 | 浮刺網〔生産・生業〕……… 355 |
| 祝い樽〔人の一生〕……… 819 | インヤシ〔生産・生業〕……… 260 | 浮桟橋〔交通・交易〕……… 538 |
| 祝樽一対と樽の手を包む雄蝶の表裏〔人の一生〕……… 819 | 陰陽幣の陽幣〔信仰〕……… 770 | うきだる〔生産・生業〕……… 355 |
| イワイデン〔信仰〕……… 681 | 飲料水貯蔵用水甕〔食〕……… 60 | 浮樽ランプ〔生産・生業〕……… 355 |
| 祝いの文字と戒名が一緒になった米寿の贈物〔人の一生〕……… 817 | インロウ〔住〕……… 219 | 浮子と沈子〔生産・生業〕……… 355 |
| 祝いばんどり〔交通・交易〕……… 586 | 印籠〔住〕……… 219 | うぐい〔生産・生業〕……… 356 |
| 祝い餅投げ〔生産・生業〕……… 354 | | ウグイス〔生産・生業〕……… 447 |
| 祝い物〔社会生活〕……… 658 | **【う】** | ウグイスと手打工法による荒壁〔住〕……… 124 |
| 岩を削って作ったもやい綱を結ぶ杭〔交通・交易〕……… 538 | | 鶯笛〔芸能・娯楽〕……… 783 |
| 岩観音堂〔信仰〕……… 747 | ヴァイブレーター〔住〕……… 220 | ウグイス餅〔食〕……… 50 |
| 岩国市黒島〔生産・生業〕……… 354 | ウウェチューイベ（飯食いの式）〔人の一生〕……… 819 | うぐいもじ〔生産・生業〕……… 356 |
| いわさか〔信仰〕……… 681 | ヴウミ〔生産・生業〕……… 468 | 鵜来島の船着場〔交通・交易〕……… 538 |
| 鰯アグリ網漁業〔生産・生業〕……… 354 | ウエ〔生産・生業〕……… 355 | ウケ〔生産・生業〕……… 356 |
| 鰯網〔生産・生業〕……… 354 | 上から見た水車のしくみ〔住〕……… 207 | 筌〔生産・生業〕……… 356 |
| イワシを生け簀からイケブネ（出荷用船）に入れる〔生産・生業〕……… 354 | 植木の垣根〔住〕……… 124 | 筌を作る〔生産・生業〕……… 356 |
| イワシを干す〔食〕……… 96 | 植木鉢作り〔生産・生業〕……… 490 | 筌作り〔生産・生業〕……… 356 |
| 鰯を乾すための棚〔生産・生業〕……… 354 | 植木鉢にした火鉢〔住〕……… 220 | ウケテボ〔生産・生業〕……… 356 |
| イワシ籠〔生産・生業〕……… 354 | 植エシロスキ〔生産・生業〕……… 260 | 筌にはいったアユとワタリガニ〔生産・生業〕……… 356 |
| イワシ籠を作る〔生産・生業〕……… 354 | ウエスタン・カーニバルのロカビリー〔芸能・娯楽〕……… 774 | 筌のいろいろ〔生産・生業〕……… 356 |
| 鰯大謀網〔生産・生業〕……… 354 | 上田市役所〔社会生活〕……… 658 | 保食大神の祈禱札〔信仰〕……… 718 |
| 岩七厘〔食〕……… 60 | 植付け鍬〔生産・生業〕……… 260 | 筌（モンドリ）の仕かけ〔生産・生業〕……… 356 |
| イワシ流網〔生産・生業〕……… 355 | 植付定規〔生産・生業〕……… 260 | 筌漁〔生産・生業〕……… 356 |
| イワシ縫切網〔生産・生業〕……… 355 | 植付用唐鍬〔生産・生業〕……… 260 | 筌漁の竹籠〔生産・生業〕……… 356 |
| イワシの加工場〔食〕……… 96 | 植えてから42年目の杉〔生産・生業〕……… 410 | 羽後飛島蛸穴図〔生産・生業〕……… 356 |
| イワシの地曳網〔生産・生業〕……… 355 | 上に首都高速都心環状線が造られた日本橋〔交通・交易〕……… 538 | 兎起上り〔芸能・娯楽〕……… 783 |
| 鰯の水揚げ〔生産・生業〕……… 355 | 上野駅ホームの人〔交通・交易〕……… 538 | ウサギ狩〔生産・生業〕……… 421 |
| イワシ漁〔生産・生業〕……… 355 | 上野旧城下町で最古級の町家の寺村家〔住〕……… 124 | うさぎだる〔食〕……… 60 |
| 岩瀬家〔住〕……… 124 | 上野公園〔社会生活〕……… 646 | 兎樽〔食〕……… 60 |
| 岩田帯〔人の一生〕……… 806 | 上の茶屋の堂〔信仰〕……… 747 | 兎の首締め罠〔生産・生業〕……… 421 |
| イワナ〔食〕……… 50 | 上野の不忍池で稲を作る〔社会生活〕……… 654 | 兎の骨を叩くための石皿〔食〕……… 60 |
| イワナを薪で焼く〔食〕……… 96 | 上野原町〔住〕……… 124 | 兎の餅搗〔芸能・娯楽〕……… 783 |
| イワナの骨酒〔食〕……… 50 | 上横倉の集落〔住〕……… 124 | 兎の餅つき玩具〔芸能・娯楽〕……… 783 |
| 岩海苔を採る〔生産・生業〕……… 355 | 植えられた苗（直幹法）〔生産・生業〕……… 260 | ウサギワナ〔生産・生業〕……… 421 |
| 岩海苔を採る女性〔生産・生業〕……… 355 | うえん堂〔信仰〕……… 747 | ウサツキ〔生産・生業〕……… 356 |
| 岩海苔摘み〔生産・生業〕……… 355 | 魚集め〔生産・生業〕……… 355 | ウシ〔生産・生業〕……… 260 |
| 岩海苔採り〔生産・生業〕……… 355 | 魚市場〔交通・交易〕……… 555 | 牛〔生産・生業〕……… 431 |
| 岩船地蔵〔信仰〕……… 681 | 魚市場に並べられた魚類〔交通・交易〕……… 555 | 牛市〔交通・交易〕……… 555 |
| 岩船大師堂〔信仰〕……… 747 | うおがた〔生産・生業〕……… 355 | 牛市の日〔生産・生業〕……… 432 |
| 石見地方の芸北型玄北型玄関中門〔住〕……… 124 | 魚座〔生産・生業〕……… 355 | 牛市の日〔交通・交易〕……… 555 |
| 石見陶器〔生産・生業〕……… 490 | ウォータージェット船〔交通・交易〕……… 579 | 牛岩・馬岩〔信仰〕……… 747 |
| 岩村家〔住〕……… 124 | 魚突き〔生産・生業〕……… 355 | 牛・馬の草鞋〔生産・生業〕……… 432 |
| 岩屋大師堂〔信仰〕……… 747 | | 牛を連れた男性〔生産・生業〕……… 432 |
| 印鑑入れ〔住〕……… 219 | | 牛鬼と鹿踊り〔芸能・娯楽〕……… 783 |
| 隠居〔社会生活〕……… 621 | | 牛を引いてきた女の子〔生産・生業〕……… 432 |
| 隠居制の例〔住〕……… 124 | | 牛を水浴びさせる農夫〔生産・生業〕……… 432 |
| | | 牛飼桶〔生産・生業〕……… 432 |
| | | ウジガミ〔信仰〕……… 681 |

牛神〔信仰〕 …………………… 681
牛神塚〔信仰〕 …………………… 681
氏神に命名を奉告〔人の一生〕 …… 813
氏神の杜〔信仰〕 ………………… 723
氏神参り〔人の一生〕 …………… 813
ウシカンジキ〔衣〕 ……………… 33
ウシギンマ（牛木馬）〔交通・交易〕… 586
ウシクビとザグリで糸取りをする
　ようす〔生産・生業〕 ………… 468
牛供養の地蔵一九体を祀る崩岸の
　旧堂跡にある祠〔信仰〕 ……… 747
牛供養の地蔵尊〔民俗知識〕 …… 675
牛鞍〔生産・生業〕 ……………… 432
ウシグワ〔生産・生業〕 ………… 260
牛グワ〔生産・生業〕 …………… 260
氏子入り〔人の一生〕 …………… 813
氏子入りの祓〔人の一生〕 ……… 813
氏子入りの奉告〔人の一生〕 …… 813
牛小屋〔生産・生業〕 …………… 432
牛島灯台〔交通・交易〕 ………… 538
宇治製茶之図〔生産・生業〕 …… 441
牛つなぎ石〔生産・生業〕 ……… 432
牛つなぎ石〔交通・交易〕 ……… 610
牛で代かき〔生産・生業〕 ……… 260
牛で田を鋤返す〔生産・生業〕 … 260
牛と記念撮影〔生産・生業〕 …… 432
牛と鋤で貝を掘る島の人たち〔生
　産・生業〕 ……………………… 356
牛と農夫〔生産・生業〕 ………… 432
牛に乗る〔生産・生業〕 ………… 432
牛に見送られて田植えに行く〔衣〕… 4
牛による下肥の運搬〔交通・交易〕… 586
牛による代掻きを手伝う少女たち
　〔生産・生業〕 ………………… 260
牛による田かき〔生産・生業〕 … 260
牛根海岸の生簀〔生産・生業〕 … 356
牛の運動〔生産・生業〕 ………… 432
牛の絵馬〔信仰〕 ………………… 702
牛の親仔〔生産・生業〕 ………… 432
牛のくつかけ〔信仰〕 …………… 747
牛の口籠〔生産・生業〕 ………… 432
牛の首木〔生産・生業〕 ………… 432
牛の鞍〔生産・生業〕 …………… 432
牛のくらすき〔生産・生業〕 …… 432
牛の毛並みを整える〔生産・生業〕… 432
牛の毛焼〔生産・生業〕 ………… 432
牛の飼育〔生産・生業〕 ………… 432
牛の出産〔生産・生業〕 ………… 432
牛の背で嫁ぎ先に向かう花嫁〔人
　の一生〕 ………………………… 819
牛の背に荷物をのせて運ぶ〔交通・
　交易〕 …………………………… 586
牛の競市〔生産・生業〕 ………… 432
牛の世話〔生産・生業〕 ………… 432
牛の世話をする子供達〔生産・生
　業〕 ……………………………… 432
牛のツナギ石〔交通・交易〕 …… 610
「牛の角突」から派生した模倣玩具
　〔芸能・娯楽〕 ………………… 783
牛のツメキリ〔交通・交易〕 …… 610
牛の爪そぎ〔生産・生業〕 ……… 432
牛の手入れ〔生産・生業〕 ……… 432
牛の戸鉢〔食〕 …………………… 61
牛の背当〔生産・生業〕 ………… 432
牛のハナカントオシ〔交通・交易〕… 610
牛の鼻ぐい〔生産・生業〕 ……… 432
牛の鼻通しに使用するもの〔生産・
　生業〕 …………………………… 432
牛の鼻鐶〔生産・生業〕 ………… 433
牛の鼻輪と鼻抜き棒〔生産・生業〕… 433

牛の万人講の碑〔信仰〕 ………… 747
牛の放牧〔生産・生業〕 ………… 433
牛の耳印〔生産・生業〕 ………… 433
牛の枠〔生産・生業〕 …………… 433
牛の草鞋〔生産・生業〕 ………… 433
牛深市役所〔社会生活〕 ………… 658
牛部屋と蒼前さま〔生産・生業〕… 433
氏仏堂〔信仰〕 …………………… 747
牛マヤ〔住〕 ……………………… 125
牛用の木戸〔生産・生業〕 ……… 433
牛用の爪切り〔交通・交易〕 …… 610
牛用のニグラ〔交通・交易〕 …… 610
鵜匠の服装〔衣〕 ………………… 4
後山十字路の堂と光明真言三百万
　遍の供養塔〔信仰〕 …………… 770
牛若丸（玩具）〔芸能・娯楽〕 … 783
ウス〔食〕 ………………………… 61
臼〔食〕 …………………………… 61
臼〔生産・生業〕 ………………… 260
臼（ニシュウ）〔食〕 …………… 61
臼井戸〔住〕 ……………………… 207
うす・きね〔生産・生業〕 ……… 260
臼刳り〔生産・生業〕 …………… 490
烏瑟沙摩明王への参拝者〔信仰〕… 702
ウスサマ明王のお札〔信仰〕 …… 718
烏瑟沙摩明王のお札〔信仰〕 …… 718
臼作り〔生産・生業〕 …………… 490
うず高く積まれた薪〔生産・生業〕… 410
うずたかく積まれた薪〔住〕 …… 243
臼塚〔信仰〕 ……………………… 770
臼突き〔人の一生〕 ……………… 819
臼造り鉈〔生産・生業〕 ………… 490
臼と杵〔食〕 ……………………… 61
臼と杵〔生産・生業〕 …………… 260
臼と竪杵〔食〕 …………………… 61
臼と手杵〔食〕 …………………… 61
臼と手杵〔生産・生業〕 ………… 260
臼と横杵〔食〕 …………………… 61
ウスヒキ〔生産・生業〕 ………… 260
ウスブタ（臼蓋）〔食〕 ………… 61
巴波川沿いに人足が船を曳くため
　の綱手道が残る〔交通・交易〕… 538
うずみべら〔生産・生業〕 ……… 260
ウズメ墓〔人の一生〕 …………… 829
臼屋〔生産・生業〕 ……………… 490
鵜車〔芸能・娯楽〕 ……………… 783
ウセ桶〔生産・生業〕 …………… 261
ウソグツ〔衣〕 …………………… 33
歌い洗う〔住〕 …………………… 208
御嶽〔信仰〕 ……………………… 765
御嶽への参道〔信仰〕 …………… 765
御嶽に手を合わせる〔信仰〕 …… 765
御嶽の入口〔信仰〕 ……………… 765
ウタキ（御嶽）の神〔信仰〕 …… 765
御嶽の石門〔信仰〕 ……………… 765
御嶽の中の墓所〔人の一生〕 …… 829
御嶽の火の神〔信仰〕 …………… 765
御嶽配置図〔信仰〕 ……………… 770
うたごえ喫茶〔芸能・娯楽〕 …… 774
宇多津塩田〔生産・生業〕 ……… 445
打瀬網漁船〔生産・生業〕 ……… 356
打瀬網の構造〔生産・生業〕 …… 356
打瀬網の操業〔生産・生業〕 …… 356
打瀬網の編成〔生産・生業〕 …… 356
打瀬網漁〔生産・生業〕 ………… 356
打瀬から膨れを待つ〔生産・生業〕… 447
うたせぶね〔生産・生業〕 ……… 356
打瀬船〔生産・生業〕 …………… 356
うたた寝する少女〔住〕 ………… 243
うだちをつけた農家〔住〕 ……… 125

うだちをつけた町家〔住〕 ……… 125
ウダツ〔住〕 ……………………… 125
卯建〔住〕 ………………………… 125
卯建、越屋根、海野格子がみられ
　る海野の町並み〔住〕 ………… 125
ウダツのある二階建長屋〔住〕 … 125
卯建の町家〔住〕 ………………… 125
打桶で海水を霧のように撒き広げ
　る〔生産・生業〕 ……………… 445
ウチオケ（振り釣瓶）〔生産・生業〕… 261
ウチカギ〔生産・生業〕 ………… 356
打チカキ（チャーラギとり）〔生産・
　生業〕 …………………………… 357
ウチカケ〔衣〕 …………………… 33
打菓子道具〔食〕 ………………… 61
打菓子の型〔食〕 ………………… 61
ウチカビ〔人の一生〕 …………… 829
ウチカビの製造工場〔人の一生〕… 829
内神〔信仰〕 ……………………… 681
ウチガミの茅づと造りの仮宮〔信
　仰〕 ……………………………… 681
内からみた押え木のある茅葺の風
　除け〔住〕 ……………………… 125
ウチガンサァ〔信仰〕 …………… 681
うちぐり〔生産・生業〕 ………… 410
うちぐりかま〔生産・生業〕 …… 410
内郷村の農家宅地詳細〔住〕 …… 125
内子町八日市の町並み〔住〕 …… 125
内朱遊山弁当箱〔食〕 …………… 61
内せん〔生産・生業〕 …………… 410
打台箱〔信仰〕 …………………… 730
打鳴し〔芸能・娯楽〕 …………… 774
内暖簾〔住〕 ……………………… 220
内原訓練所での訓練〔社会生活〕… 654
内原訓練所にある弥栄神社に参拝
　してもどる職員〔社会生活〕 … 654
打盤と槌〔信仰〕 ………………… 702
内風呂に入る親子〔住〕 ………… 191
打ち棒〔生産・生業〕 …………… 261
打ち水をする〔住〕 ……………… 243
うちむろせがい〔住〕 …………… 125
内門の農家とナエトコ（苗代）〔住〕
　………………………………… 125
内山堂〔信仰〕 …………………… 747
内山東部、上有田の町並み〔住〕… 125
ウチワ（団扇）〔生産・生業〕 … 261
団扇〔住〕 ………………………… 220
団扇製作の略工程〔生産・生業〕… 490
団扇太鼓〔芸能・娯楽〕 ………… 774
うちわ太鼓と数珠〔信仰〕 ……… 730
ウチワでの風送り〔生産・生業〕… 261
団扇の製作〔生産・生業〕 ……… 491
ヴチンギ〔生産・生業〕 ………… 469
ウツガン〔信仰〕 ………………… 681
ウッガンサマ〔信仰〕 …………… 681
宇津観音堂の賽の河原〔信仰〕 … 765
宇津観音堂の参道〔交通・交易〕… 538
うつすさんびやー〔交通・交易〕… 586
売った牛〔生産・生業〕 ………… 433
ウッチャリブーシ〔芸能・娯楽〕… 784
ウッツリで水を掻い出す〔生産・生
　業〕 ……………………………… 261
打当におけるクマ狩りの領域〔生
　産・生業〕 ……………………… 422
打当のシカリ〔生産・生業〕 …… 422
打当マタギのシカリ〔生産・生業〕… 422
ウッドン〔信仰〕 ………………… 681
ウツボかごを修理する〔生産・生
　業〕 ……………………………… 357
鱓籠作り〔生産・生業〕 ………… 357
ウツボ干し〔食〕 ………………… 96

| | | |
|---|---|---|
| 器を扇で払う〔民俗知識〕……… 668 | うねに大根の種をまいて棒で鎮圧して、じょうろで水をやる〔生産・生業〕……… 261 | 馬と牛の放牧〔生産・生業〕……… 433 |
| 腕木門〔住〕……… 125 | | 馬と男の子〔生産・生業〕……… 433 |
| ウデヌキ〔衣〕……… 43 | ウネヒキ〔生産・生業〕……… 261 | 馬とトラックを積んだ木造フェリー〔交通・交易〕……… 538 |
| 腕用ポンプ〔社会生活〕……… 626 | 畝引〔生産・生業〕……… 261 | |
| 烏頭の末番堂〔信仰〕……… 747 | うねる集落の道〔交通・交易〕……… 538 | 馬とび〔芸能・娯楽〕……… 795 |
| 烏頭の末番堂内部〔信仰〕……… 747 | 烏梅づくり〔食〕……… 96 | 馬に木地椀をつける〔交通・交易〕… 610 |
| 鵜渡川原人形〔芸能・娯楽〕……… 784 | ウバガイ漁〔生産・生業〕……… 357 | 馬に乗る〔交通・交易〕……… 538 |
| 鵜戸の飴〔食〕……… 50 | 姥神〔信仰〕……… 681 | 馬にはかせたかんじき〔交通・交易〕……… 610 |
| ウドバでのソバの脱穀〔生産・生業〕……… 261 | 乳母車〔人の一生〕……… 806 | |
| | 乳母車（買物の運搬）〔交通・交易〕… 586 | 馬による改良オンガを用いた田うない〔生産・生業〕……… 261 |
| うどん揚げ〔食〕……… 61 | うばぐるまで子守〔人の一生〕……… 807 | |
| 餛飩揚げ〔食〕……… 96 | 乳母車の主婦〔人の一生〕……… 807 | 馬による犂耕〔生産・生業〕……… 261 |
| うどんあげ笊〔食〕……… 61 | ウバメガシの木炭、備長炭〔生産・生業〕……… 528 | 馬の運動〔生産・生業〕……… 433 |
| うどんを打つ〔食〕……… 96 | | 馬の運搬具〔交通・交易〕……… 586 |
| うどんこま〔食〕……… 61 | うびく〔生産・生業〕……… 357 | 馬の蚊えぶし〔生産・生業〕……… 433 |
| うどんざる〔食〕……… 61 | 産着〔衣〕……… 4 | 馬の神様〔信仰〕……… 681 |
| ウドンスクイ〔食〕……… 61 | 産小屋〔人の一生〕……… 807 | 馬のかんじき〔生産・生業〕……… 433 |
| うどんづくりの用具〔食〕……… 61 | 産小屋・月経小屋〔人の一生〕……… 807 | 馬のクスリツボ〔交通・交易〕……… 610 |
| ウドンつくり〔食〕……… 96 | 産小屋・月経小屋の構造〔人の一生〕……… 807 | ウマノクツ〔生産・生業〕……… 433 |
| うどんのあっため籠〔食〕……… 61 | | ウマノクツ〔交通・交易〕……… 611 |
| うどんの打ち方〔食〕……… 96 | 産小屋の飲料水〔人の一生〕……… 807 | 馬のくつ〔交通・交易〕……… 611 |
| うどんばし〔食〕……… 61 | 産小屋の設備・備品〔人の一生〕… 807 | 馬のクツカゴ〔交通・交易〕……… 611 |
| 餛飩蒸し籠〔食〕……… 61 | 産小屋の便所〔人の一生〕……… 807 | 馬のクツカゴを作る〔交通・交易〕… 611 |
| ウナイ〔生産・生業〕……… 261 | 産小屋の棟札〔人の一生〕……… 808 | 馬のクツカゴと木型〔交通・交易〕… 611 |
| うなぎ〔食〕……… 50 | 産小屋見舞い〔人の一生〕……… 808 | 馬の口籠〔生産・生業〕……… 433 |
| うなぎあめっく〔生産・生業〕……… 357 | 産綱〔人の一生〕……… 808 | 馬の代掻き〔生産・生業〕……… 261 |
| ウナギイレビク〔生産・生業〕……… 357 | 宇夫階の地蔵堂〔信仰〕……… 747 | 馬の鈴〔生産・生業〕……… 433 |
| うなぎうけ〔生産・生業〕……… 357 | ウブの地蔵〔信仰〕……… 681 | 馬のセリ市〔交通・交易〕……… 555 |
| 鰻筌〔生産・生業〕……… 357 | 産間〔人の一生〕……… 808 | 馬のセリ市での裏取引〔交通・交易〕……… 555 |
| ウナギを捕獲するツヅ（筒）漁〔生産・生業〕……… 357 | 産飯〔人の一生〕……… 808 | |
| | 産屋〔人の一生〕……… 808 | 馬のセリをした場所〔交通・交易〕… 555 |
| ウナギカキ〔生産・生業〕……… 357 | 産屋入口の魔除け鎌〔民俗知識〕… 668 | 馬の装具〔交通・交易〕……… 611 |
| 鰻掻〔生産・生業〕……… 357 | 産屋からでる子〔人の一生〕……… 808 | 馬のツメキリ〔交通・交易〕……… 611 |
| ウナギ掻き具〔生産・生業〕……… 357 | 産屋のみえる集落と産屋の内部〔人の一生〕……… 808 | 馬の爪切り包丁〔交通・交易〕……… 611 |
| うなぎかご〔生産・生業〕……… 357 | | ウマノツラ〔衣〕……… 25 |
| ウナギカゴの生産と修理〔生産・生業〕……… 357 | 産湯〔人の一生〕……… 808 | 馬の蹄鉄をうつ場所〔生産・生業〕… 433 |
| | うぶ湯をつかう〔人の一生〕……… 808 | 馬の手入れ〔生産・生業〕……… 433 |
| 鰻鎌〔生産・生業〕……… 357 | 産湯をつかう産婆とお産に必要な品々〔人の一生〕……… 808 | 馬の夏姿〔交通・交易〕……… 611 |
| ウナギご飯〔食〕……… 50 | | 馬の人形〔信仰〕……… 702 |
| ウナギス〔生産・生業〕……… 357 | ウブユのフネ〔人の一生〕……… 808 | 馬の鼻捻と薬筒と馬のせり札〔交通・交易〕……… 611 |
| 鰻抄いの漁具〔生産・生業〕……… 357 | ウフワタビンジュル〔信仰〕……… 681 | |
| うなぎづつ〔生産・生業〕……… 357 | ウマ〔生産・生業〕……… 528 | 馬の腹かけ〔交通・交易〕……… 611 |
| 鰻筒〔生産・生業〕……… 357 | ウマ（木地工具）〔生産・生業〕……… 491 | 馬の腹掛〔生産・生業〕……… 433 |
| 鰻叩き〔生産・生業〕……… 357 | 馬〔生産・生業〕……… 433 | 馬の舟〔交通・交易〕……… 538 |
| 鰻突き〔生産・生業〕……… 357 | 馬市〔交通・交易〕……… 555 | 馬の冬支度〔交通・交易〕……… 611 |
| 鰻釣竿〔生産・生業〕……… 357 | 馬を洗う〔生産・生業〕……… 433 | 馬の埋葬〔生産・生業〕……… 433 |
| うなぎど〔生産・生業〕……… 357 | 馬追い三態〔衣〕……… 4 | 馬の守り札〔生産・生業〕……… 433 |
| ウナギニギリ〔生産・生業〕……… 357 | 馬追いちょうちん〔交通・交易〕……… 610 | 馬の耳袋〔生産・生業〕……… 433 |
| 鰻のエマ〔信仰〕……… 702 | 馬追いの家〔住〕……… 125 | 馬の湯を沸かすかまど〔住〕……… 191 |
| ウナギの加工〔食〕……… 96 | 馬追いの着た風合羽〔衣〕……… 4 | 馬乗りの遊び〔芸能・娯楽〕……… 795 |
| ウナギの蒲焼き〔食〕……… 50 | 馬押し〔生産・生業〕……… 261 | 馬乗り張りのなまこ壁〔住〕……… 125 |
| 鰻の珠数釣道具〔生産・生業〕……… 357 | 馬を引く娘〔生産・生業〕……… 433 | 馬の草鞋〔生産・生業〕……… 434 |
| ウナギバサミ〔生産・生業〕……… 357 | 馬および牛のエマ〔信仰〕……… 702 | 馬秤〔交通・交易〕……… 583 |
| 鰻はさみ〔生産・生業〕……… 357 | 馬を渡す〔交通・交易〕……… 538 | 馬冷やし〔生産・生業〕……… 434 |
| うなぎ焼き〔食〕……… 61 | ウマガ〔生産・生業〕……… 261 | 馬まわし〔生産・生業〕……… 261 |
| ウナギ料理〔食〕……… 50 | 馬が切る畝に肥料が出て、そこに農具で小豆、大豆、大正金時などを植える〔生産・生業〕……… 261 | 馬見岡神社のシュウシの座〔信仰〕……… 723 |
| ウナギ料理屋〔交通・交易〕……… 560 | | |
| うなり独楽〔芸能・娯楽〕……… 784 | | 厩〔住〕……… 125 |
| 鵜縄網〔生産・生業〕……… 357 | 馬方と中馬〔交通・交易〕……… 610 | 馬屋〔生産・生業〕……… 434 |
| ウニをさばく〔食〕……… 96 | 馬が曳くタイヤ二輪〔交通・交易〕… 586 | 馬屋〔交通・交易〕……… 611 |
| ウニを割る〔食〕……… 96 | 馬が群れをなして遊び悠々と草を食む牧場〔生産・生業〕……… 433 | 厩を主屋に直列に接合した民家〔住〕……… 125 |
| ウニつくり〔食〕……… 96 | | |
| ウニとり〔生産・生業〕……… 357 | 馬鞍〔生産・生業〕……… 433 | 馬宿〔交通・交易〕……… 611 |
| 雲丹採り〔生産・生業〕……… 357 | 馬小屋〔生産・生業〕……… 433 | 馬宿をしていた家〔住〕……… 125 |
| ウニ漁〔生産・生業〕……… 357 | 馬刺しの針〔生産・生業〕……… 433 | うまやと納屋〔住〕……… 125 |
| ウニ漁の解禁日〔生産・生業〕……… 357 | 馬産地の農家〔住〕……… 125 | 馬宿の全景〔交通・交易〕……… 611 |
| ウニ漁の小舟や納屋〔生産・生業〕… 357 | 馬つなぎ輪〔交通・交易〕……… 610 | 馬宿の間取図〔交通・交易〕……… 611 |
| 畝子作業「雁づれ」〔生産・生業〕… 261 | 馬で畑へ行く島の娘〔生産・生業〕… 433 | 厩とミズヤ（台所）を突出させたT字型の民家〔住〕……… 125 |
| 畝子の大カマ〔生産・生業〕……… 261 | 馬で巻く〔生産・生業〕……… 358 | 厩にかぶと造りの茅葺き屋根をもつ曲屋〔住〕……… 125 |

| うまや | 名称索引 | |
|---|---|---|
| 馬屋の肥出し口〔住〕 125 | 裏通りにある窯業廃材を用いたトンバイ塀〔住〕 126 | 漆の木のようすを見て回る漆かき〔生産・生業〕 492 |
| 馬用かんじき〔生産・生業〕 434 | 裏通りの町並み〔住〕 126 | 漆の採取量や漆の状態をノートに記帳する〔生産・生業〕 492 |
| 馬用のカンジキ〔交通・交易〕 611 | 占い〔民俗知識〕 668 | |
| 馬用フグツ〔生産・生業〕 434 | 裏庭で大根洗い〔食〕 97 | 漆刷毛の製作〔生産・生業〕 492 |
| 生まれた子が無事に育つように祈った地蔵と、乳がよく出るように願って布で作った乳房〔信仰〕 703 | 浦の住まい〔住〕 126 | 売る菖蒲と蓬をそろえる〔生産・生業〕 533 |
| | 浦の佇い〔生産・生業〕 358 | ウレツキトウバ〔人の一生〕 830 |
| | 浦浜〔生産・生業〕 358 | ウレツキ塔婆〔人の一生〕 830 |
| 生まれた子豚を見る飼い主〔生産・生業〕 434 | 浦浜と家〔住〕 126 | 鱗状の手斧の刃跡のある柱〔住〕 191 |
| | 浦浜と納屋〔生産・生業〕 358 | 鱗田〔生産・生業〕 261 |
| 生まれたばかりの子牛の体をふいてやる家族〔生産・生業〕 434 | 裏磐梯での炭焼き作業〔生産・生業〕 528 | 上板取の番所に至る登り坂に並んで建つ旧増尾家と旧竹沢家〔住〕 126 |
| 海への自然葬〔人の一生〕 829 | 占見（石井の井尻）の観音堂〔信仰〕 747 | |
| ウミオケ〔生産・生業〕 469 | 占見新田の北向大師〔信仰〕 747 | 上絵付け〔生産・生業〕 492 |
| 海オコゼ〔生産・生業〕 422 | 占見新田の京面堂（観音堂）〔信仰〕 747 | 上掛け水車〔住〕 208 |
| 海が荒れて遭難しそうになるとこの岩が光を発して船を導く〔信仰〕 703 | 裏門蔵、裏座敷、土蔵など〔住〕 126 | 上掛け水車〔生産・生業〕 261 |
| | 裏山に祀られた屋敷神とわら製の祠〔信仰〕 681 | 上皿竿秤〔交通・交易〕 583 |
| 海が迫るわずかな土地にたたずむ外浦の典型的な集落〔住〕 125 | 浦和あたりの車道〔交通・交易〕 538 | ウワシロ（上代）カキ〔生産・生業〕 261 |
| | 瓜切鎌〔生産・生業〕 261 | 上草履〔衣〕 33 |
| 海からの強い冬季の季節風を防ぐためのマガキ〔住〕 125 | 売り出し〔交通・交易〕 560 | ウワッパリ〔衣〕 4 |
| | 瓜の棚〔生産・生業〕 261 | 上塗〔生産・生業〕 492 |
| 海から山へ続く石の道〔交通・交易〕 615 | 売り場の洗濯機を見る主婦〔交通・交易〕 560 | 上塗り〔生産・生業〕 492 |
| 海側から望む倉橋町本浦〔住〕 125 | | ウワヌリバケ（上塗り刷毛）〔生産・生業〕 492 |
| 海沿いに続く町並み〔住〕 126 | ウルイ（ギボウシ）の半栽培〔生産・生業〕 261 | |
| 海沿いの家並み〔住〕 126 | | 運河沿いの町並み〔社会生活〕 646 |
| 海沿いの民家〔住〕 126 | ウルシ〔生産・生業〕 491 | ウンカ防除用器具〔生産・生業〕 261 |
| ウミタケの干物〔食〕 50 | 漆液採取の方法〔生産・生業〕 491 | 雲脚台〔信仰〕 723 |
| 海で死んだものの供養碑〔人の一生〕 829 | 漆を一滴も残さぬようにヘラで漆壺の内側をこそぎとる〔生産・生業〕 491 | 雲州ソロバンの製作所〔生産・生業〕 492 |
| 海に小舟を出す少年たち〔芸能・娯楽〕 795 | | うんすん歌留多〔芸能・娯楽〕 784 |
| | 漆を掻く準備〔生産・生業〕 491 | ウンスンかるた〔芸能・娯楽〕 784 |
| 海に飛び込む少年〔芸能・娯楽〕 795 | うるし桶〔生産・生業〕 491 | 運勢暦〔民俗知識〕 666 |
| 海に飛びこんで泳ぎ遊ぶ子どもたち〔芸能・娯楽〕 795 | 漆桶にたまった漆〔生産・生業〕 491 | 運送会社宇野專吉宅〔住〕 126 |
| | 漆を塗る前の吸物椀に柿渋を用いて下地塗りをする〔生産・生業〕 491 | 運送屋（太鼓胴の元締め）〔住〕 126 |
| 海の男〔生産・生業〕 358 | | 績んだ糸を「つむ」をまわして撚りをかけて巻き取る〔生産・生業〕 469 |
| 海辺から望む外泊の集落〔住〕 126 | 漆を練り、クロメを行なう鉢〔生産・生業〕 491 | |
| 浜辺で遊ぶ子どもたち〔芸能・娯楽〕 795 | うるしかき〔生産・生業〕 491 | 績んだ糸を8字形に巻いてツグリをつくる〔生産・生業〕 469 |
| 海辺に広がる墓地〔人の一生〕 829 | 漆掻き〔生産・生業〕 491 | |
| 海辺の女〔衣〕 4 | 漆掻き 裏目留掻き〔生産・生業〕 491 | 績んだカジの糸を綛に巻き取る〔生産・生業〕 469 |
| 海辺の作業小屋〔生産・生業〕 358 | 漆掻及び漆塗工具〔生産・生業〕 491 | ウンチャン〔衣〕 33 |
| 海辺の集落〔住〕 126 | 漆掻き 掻き疵から滲出する漆の液〔生産・生業〕 491 | 雲梯にのぼった一年生の男の子たち〔社会生活〕 639 |
| 海辺の狭い土地に家が並ぶ〔住〕 126 | | |
| 海辺の鳥居〔信仰〕 723 | 漆搔鎌〔生産・生業〕 491 | 運動会〔社会生活〕 626, 639 |
| 海辺の墓地〔人の一生〕 829 | 漆掻き 殺掻法〔生産・生業〕 491 | 運動会を見物する大日向郷の人々〔社会生活〕 654 |
| 海辺の道〔交通・交易〕 538 | 漆掻き 採漆〔生産・生業〕 491 | |
| 海辺の民家〔住〕 126 | 漆掻き 盛りの漆を掻く〔生産・生業〕 491 | 運動のために走らせる馬に、雪遊びの子どもたちが驚いている〔生産・生業〕 434 |
| ウムゲー〔生産・生業〕 434 | | |
| ウムムッチー〔食〕 50 | 漆掻き 盛り辺掻き〔生産・生業〕 491 | 運動帽〔衣〕 25 |
| 梅漬樽〔食〕 96 | 漆掻き作業〔生産・生業〕 491 | 海野宿〔交通・交易〕 579 |
| 埋め立てが始まった猿猴川の河口〔交通・交易〕 615 | 漆掻き 鼓掻き法〔生産・生業〕 491 | 海野宿・千本格子〔住〕 126 |
| | 漆掻き 留掻き〔生産・生業〕 491 | 海野宿・出張り造りの二階〔住〕 126 |
| 埋立工事〔交通・交易〕 615 | 漆かきの朝〔生産・生業〕 492 | 海野宿・道の中央に水路を引いている〔交通・交易〕 579 |
| 埋立堤防（下田方面を見る）〔交通・交易〕 615 | 漆かきの仕事着〔衣〕 4 | |
| | 漆かきの昼食〔食〕 111 | 運搬車〔交通・交易〕 586 |
| 埋立でできた道路〔交通・交易〕 538 | 漆かきの道具〔生産・生業〕 492 | 運搬する婦人たち〔交通・交易〕 586 |
| うめ墓〔人の一生〕 829 | 漆掻き 目たて〔生産・生業〕 492 | 運搬船にハシケから荷物を積み込む〔交通・交易〕 586 |
| 埋め墓〔人の一生〕 829 | 漆くろめ〔生産・生業〕 492 | |
| 埋墓〔人の一生〕 829 | 漆こし〔生産・生業〕 492 | 運搬（壮蚕用）〔生産・生業〕 456 |
| 埋め墓（捨て墓）〔人の一生〕 830 | 漆採取容器〔生産・生業〕 492 | 運搬用桶〔交通・交易〕 586 |
| 埋め墓と墓〔人の一生〕 830 | 漆樽〔生産・生業〕 492 | 雲龍文柄鏡〔住〕 220 |
| 埋め墓と詣り墓〔人の一生〕 830 | うるしつぼ〔生産・生業〕 492 | |
| 梅干し漬け〔食〕 96 | 漆壺（掻壺）〔生産・生業〕 492 | 【え】 |
| 埋もれないように防波堤を継ぎ足した〔交通・交易〕 615 | 漆塗の仕事場〔信仰〕 492 | |
| | 漆塗りの椀の下地に塗るための柿渋つくり〔生産・生業〕 492 | 映画会のお知らせ〔社会生活〕 626 |
| 浦賀港〔生産・生業〕 358 | | 映画館〔芸能・娯楽〕 774 |
| 裏口〔住〕 126 | ウルシの木〔生産・生業〕 492 | |
| 浦郷港〔生産・生業〕 358 | 漆の木を伐採する〔生産・生業〕 492 | |
| 「浦」といわれた港〔交通・交易〕 538 | | |

| | | |
|---|---|---|
| 映画館へ出る通り〔社会生活〕…… 646 | エジコの指示で供物を上げる〔信仰〕…… 731 | 恵比須〔護符〕〔信仰〕…… 718 |
| 映画館のある通り〔社会生活〕…… 646 | エジメッコ〔人の一生〕…… 808 | エビス様〔信仰〕…… 682 |
| 映画館の切符売り場の前で、窓口が開くのを待っている子どもたち〔芸能・娯楽〕…… 774 | エスカレーターガール〔交通・交易〕…… 561 | えびす様と国府神社神璽〔信仰〕…… 682 |
| | エスカレーターの完成式〔信仰〕… 723 | エビスさまの祠〔信仰〕…… 682 |
| 映画館の前でスチール写真を見る虚無僧〔芸能・娯楽〕…… 774 | 絵双六〔芸能・娯楽〕…… 784 | えびすずら〔信仰〕…… 703 |
| | えすじ〔交通・交易〕…… 586 | エビスサン（恵比須様）〔信仰〕… 682 |
| 映画看板〔芸能・娯楽〕…… 774 | エヅメ〔人の一生〕…… 808 | エビス社〔信仰〕…… 682 |
| 映画興行（初期）〔芸能・娯楽〕… 774 | エヅメに入れられた赤坊をあやす子ども〔人の一生〕…… 809 | エビス神〔信仰〕…… 682 |
| 映画の場面写真を見入る学校帰りの子どもたち〔芸能・娯楽〕…… 774 | | 恵比寿神社に商売繁盛、海難事故除けを祈願する〔信仰〕…… 703 |
| | エヅメの作り方〔人の一生〕…… 809 | |
| 映画のポスターが貼られたコンクリート壁〔社会生活〕…… 646 | エヅメのなかの男の子〔人の一生〕… 809 | 恵比寿・大黒〔信仰〕…… 682 |
| | 枝うち〔生産・生業〕…… 410 | 恵比須棚〔信仰〕…… 682 |
| 永代経の説教〔信仰〕…… 723 | 枝打ちを終えた杉林〔生産・生業〕…… 410 | 恵比須堂〔信仰〕…… 747 |
| 永代経の法要〔信仰〕…… 723 | 枝打ち鎌〔生産・生業〕…… 410 | 恵美須と大黒〔信仰〕…… 682 |
| 永代橋の水上バス発着所〔交通・交易〕…… 538 | 枝打ち鉈〔生産・生業〕…… 410 | エビスの神体〔信仰〕…… 682 |
| | 枝打ちのとき、杉皮も少しけずる〔生産・生業〕…… 410 | エビたつべ〔生産・生業〕…… 358 |
| 栄養指導車〔社会生活〕…… 659 | | 蝦竹瓮作り〔生産・生業〕…… 358 |
| 栄養食〔食〕…… 111 | 枝かき用の搔き鎌〔生産・生業〕… 492 | エビツ〔食〕…… 61 |
| 笑顔〔社会生活〕…… 626 | 枝塔婆〔信仰〕…… 830 | 蝦筒〔生産・生業〕…… 358 |
| 絵かき歌〔芸能・娯楽〕…… 795 | 枝豆を枝からもぎ取っているおばあさん〔食〕…… 97 | エビテゴ・アミテゴ〔生産・生業〕… 358 |
| A型（左側）とB型（右側）の舟屋〔住〕…… 126 | | エビド〔生産・生業〕…… 358 |
| | 越後上布の雪ざらし〔生産・生業〕… 469 | エビド操業の図〔生産・生業〕… 358 |
| 柄鎌〔生産・生業〕…… 410 | 越後縮の奉納幡〔生産・生業〕… 469 | エビド布設図〔生産・生業〕…… 359 |
| エギ〔生産・生業〕…… 358 | 越後地方の川漁〔生産・生業〕… 358 | エビ捕りを楽しむ子供たち〔生産・生業〕…… 359 |
| 餌木〔生産・生業〕…… 358 | 越後のイモヤ〔住〕…… 126 | |
| 易者〔民俗知識〕…… 668 | エチコの祭壇と巫具〔信仰〕…… 731 | 蝦流し網〔生産・生業〕…… 359 |
| 疫神送りの人形〔民俗知識〕…… 668 | 越後のドブネ〔生産・生業〕…… 358 | エビの甘露煮〔食〕…… 50 |
| 疫神社〔信仰〕…… 747 | 越後の売薬女〔交通・交易〕…… 561 | エビの柴漬け漁〔生産・生業〕… 359 |
| 疫神退散〔民俗知識〕…… 668 | 越前鎌〔生産・生業〕…… 261 | 蝦八田網〔生産・生業〕…… 359 |
| 駅で演芸〔芸能・娯楽〕…… 774 | 柄附「スポンヂ」護謨束子〔食〕… 61 | 海老万牙漁〔生産・生業〕…… 359 |
| 駅伝レースを見る少年〔芸能・娯楽〕…… 796 | X型脚唐箕〔生産・生業〕…… 261 | えひら〔生産・生業〕…… 261 |
| | 絵付け〔生産・生業〕…… 492 | エビラ（茶もみザル）〔生産・生業〕… 441 |
| 駅通り露店市〔交通・交易〕…… 556 | 絵つけあそび〔芸能・娯楽〕…… 796 | えひらの製作用具〔生産・生業〕… 493 |
| 駅の売子〔交通・交易〕…… 560 | 絵付けが終わると釉薬をかける〔生産・生業〕…… 492 | 絵符〔交通・交易〕…… 538 |
| 駅の待合室〔交通・交易〕…… 538 | | FRP漁船〔生産・生業〕…… 359 |
| 疫病送り〔民俗知識〕…… 668 | 絵付師〔生産・生業〕…… 492 | FRP製たらい舟〔生産・生業〕… 359 |
| 疫病人形送り〔民俗知識〕…… 668 | 越中富山の置薬〔民俗知識〕…… 664 | えふいた〔生産・生業〕…… 410 |
| 疫病徐けの大草鞋〔民俗知識〕… 668 | えってご〔生産・生業〕…… 358 | エブザル〔生産・生業〕…… 262 |
| 駅前通り〔社会生活〕…… 646 | エツリの取り付け〔住〕…… 215 | 家船〔生産・生業〕…… 359 |
| 江切りの網にかかった大きなスズキを持つ少年〔生産・生業〕…… 358 | 干支絵馬〔信仰〕…… 703 | 家船でくらす家族〔生産・生業〕… 359 |
| | 江戸小紋の反物をみる〔生産・生業〕…… 469 | 家舟で炊事をする〔食〕…… 97 |
| 江切り漁〔生産・生業〕…… 358 | | 家船の食事〔食〕…… 111 |
| エグリ〔生産・生業〕…… 492 | 江戸褄〔衣〕…… 4 | 家船の生活〔生産・生業〕…… 359 |
| エグリブネ〔生産・生業〕…… 358 | エトテップ〔食〕…… 61 | 家船の内部〔生産・生業〕…… 359 |
| A家の間取りの変遷〔住〕…… 126 | 絵土瓶〔食〕…… 61 | 家船のモヤイ〔生産・生業〕…… 359 |
| エゴ〔生産・生業〕…… 261 | 江戸浴衣〔衣〕…… 4 | 家船の夜のひととき〔住〕…… 243 |
| エゴをのぼる漕ぎ船〔生産・生業〕… 358 | 柄長杓子〔食〕…… 61 | エブリ〔生産・生業〕…… 262 |
| | エナ壺〔人の一生〕…… 809 | エブリ（製炭用具）〔生産・生業〕… 528 |
| エゴ草を干す老婆〔食〕…… 97 | 胞衣塚〔人の一生〕…… 809 | 柄振〔生産・生業〕…… 262 |
| エゴスキ〔生産・生業〕…… 358 | エナツボ〔人の一生〕…… 809 | 朳〔生産・生業〕…… 262 |
| えごとり〔生産・生業〕…… 358 | 胞衣の供養碑〔人の一生〕…… 809 | 柄振押し〔生産・生業〕…… 262 |
| エゴ採りを見る〔生産・生業〕… 358 | エナバライに立てる幣〔信仰〕… 731 | エブリ実測図〔生産・生業〕…… 262 |
| エゴにつないだ船〔生産・生業〕… 358 | 可愛川1日入漁券の販売所〔生産・生業〕…… 358 | えぶりとエブリッキ〔生産・生業〕… 262 |
| えごねじり〔生産・生業〕…… 358 | | エブリによるシロカキ〔生産・生業〕…… 262 |
| エゴのミオ木〔生産・生業〕…… 358 | 可愛川の吊橋〔交通・交易〕…… 538 | |
| 絵暦〔民俗知識〕…… 666 | 江の島一丁目（東町）の町並み〔住〕…… 126 | エプロンステージに並ぶ女性百人〔芸能・娯楽〕…… 774 |
| えさを食べる子牛の様子を見る〔生産・生業〕…… 434 | | |
| | 江の島の茶店 東雲亭〔交通・交易〕… 561 | エボリ〔生産・生業〕…… 262 |
| エサガマス〔交通・交易〕…… 611 | 絵葉書店〔交通・交易〕…… 561 | 絵本〔芸能・娯楽〕…… 784 |
| えさ箱〔生産・生業〕…… 422 | エビ網〔生産・生業〕…… 358 | 絵本太功記（浄瑠璃）〔芸能・娯楽〕… 774 |
| 餌箱〔生産・生業〕…… 422 | えびがい（えびじりがい）〔交通・交易〕…… 611 | えま（絵馬）〔信仰〕…… 703 |
| 餌箱と香木〔生産・生業〕…… 422 | | 絵馬〔信仰〕…… 703 |
| 餌用のワラや刈り草の保管小屋〔生産・生業〕…… 434 | えびこぎのいわ〔生産・生業〕… 358 | 絵馬〔魔除け〕〔民俗知識〕…… 668 |
| | えびしりがい〔交通・交易〕…… 611 | 絵馬型〔信仰〕…… 704 |
| 嬰児籠（えじかご）〔人の一生〕… 808 | 恵比寿を祀る祠〔信仰〕…… 681 | 絵馬舎〔信仰〕…… 704 |
| エジコ〔人の一生〕…… 808 | 恵比寿神〔信仰〕…… 682 | 絵馬奉納〔信仰〕…… 704 |
| エジコの赤子〔人の一生〕…… 808 | 恵比寿神と大黒天〔信仰〕…… 682 | エムシアッ〔衣〕…… 47 |
| エジコの語りを聞き入る人たち〔信仰〕…… 731 | えびすくら〔生産・生業〕…… 434 | 絵文字〔民俗知識〕…… 677 |
| | 恵比須講〔信仰〕…… 742 | エモナガシ〔民俗知識〕…… 668 |
| エジコの祭壇〔信仰〕…… 731 | | 獲物入れ〔生産・生業〕…… 422 |

## えもの　　名称索引

獲物をおさえた鷹〔生産・生業〕…… 422
獲物を捕らえるとクマタカは固くしっかり押さえつけて鷹匠がくるのを待っている〔生産・生業〕 422
獲物と猟師〔生産・生業〕……………… 422
獲物の一部を鷹へ餌に与える〔生産・生業〕…………………………… 422
衣紋凧〔芸能・娯楽〕…………………… 784
エラブ汁〔食〕…………………………… 50
江良薬師堂（大師堂）〔信仰〕………… 747
エリ〔生産・生業〕……………………… 359
魞〔生産・生業〕………………………… 359
えり掛け餅〔人の一生〕………………… 813
魞構造図〔生産・生業〕………………… 359
魞師の服装〔衣〕………………………… 4
魞作り〔生産・生業〕…………………… 359
エリツボにはいった魚をさで網ですくいあげるエリカキ〔生産・生業〕……………………………………… 359
魞に入った魚を水揚げする〔生産・生業〕…………………………………… 359
エリミネーター・ラジオ〔住〕……… 220
魞漁〔生産・生業〕……………………… 359
L型家屋配置の景観〔住〕……………… 126
絵蝋燭〔生産・生業〕…………………… 493
盌〔信仰〕………………………………… 723
エンガ〔生産・生業〕…………………… 262
柄鍬〔生産・生業〕……………………… 262
宴会〔食〕………………………………… 111
宴会席次〔社会生活〕…………………… 621
宴会の鉢盛料理〔食〕…………………… 50
エンガを使って畑をうない起す〔生産・生業〕…………………………… 262
煙火玉〔生産・生業〕…………………… 493
エンガフミ〔生産・生業〕……………… 262
エンガフミによる畑の耕起〔生産・生業〕…………………………………… 262
縁側〔住〕…………………………… 126, 191
縁側が付き床の間をしつらえた座敷〔住〕……………………………… 191
縁側で本を読む子どもたち〔芸能・娯楽〕……………………………………… 796
縁側に入る障子戸〔住〕………………… 191
縁側にまわした雪囲い〔住〕…………… 126
沿岸でのタイの一本釣り〔生産・生業〕…………………………………… 359
沿岸でのノリ養殖〔生産・生業〕……… 359
沿岸の集落と船小屋、定期船による人々の運送〔交通・交易〕……… 538
鉛玉入れ・煙硝入れ〔生産・生業〕… 422
鉛玉入れと硝煙入れ〔生産・生業〕… 422
鉛玉を作る鋳皿と鋳型のヤットコ〔生産・生業〕………………………… 422
縁切榎〔信仰〕…………………………… 704
縁切り絵馬〔信仰〕……………………… 704
縁切り祈願〔信仰〕……………………… 705
縁切り願い〔信仰〕……………………… 705
縁切りの願いを書いた白布〔信仰〕… 705
演芸会〔芸能・娯楽〕…………………… 774
円形定規〔生産・生業〕………………… 493
円座〔住〕………………………………… 220
エンシュイレ〔生産・生業〕………… 422
煙硝入れ〔生産・生業〕………………… 422
延焼防止のマジナイ〔民俗知識〕…… 668
エンスイアライカゴ〔食〕……………… 61
塩水選〔生産・生業〕…………………… 262
塩水選にてシイナの除去〔生産・生業〕…………………………………… 262
塩水選用かご〔生産・生業〕…………… 262
塩水選用種籾ふるい〔生産・生業〕… 262

宴席に用いる燭台と蠟燭の芯切り道具〔住〕…………………………… 220
宴席の次の間で手伝う人の服装〔衣〕……………………………………… 4
演説を聞く〔社会生活〕………………… 639
遠足〔社会生活〕………………………… 639
遠足のお弁当〔社会生活〕……………… 639
エンツコ（イズメコ）〔民俗知識〕… 668
円底の編み方工程〔生産・生業〕…… 493
塩田〔生産・生業〕……………………… 445
塩田跡〔生産・生業〕…………………… 445
塩田だったが防波堤が造られた〔交通・交易〕………………………… 615
塩田のかん水用の大桶〔生産・生業〕…………………………………… 445
塩田の作業〔生産・生業〕……………… 445
塩田の枝条架〔生産・生業〕…………… 445
塩田の展望〔生産・生業〕……………… 445
塩田風景〔生産・生業〕………………… 445
塩田用水車〔生産・生業〕……………… 445
豌豆の棚こわし〔生産・生業〕………… 262
エンドウ畑〔生産・生業〕……………… 262
煙突〔生産・生業〕……………………… 447
縁日でケラを売る人〔交通・交易〕… 561
役小角座像〔信仰〕……………………… 682
役行者〔護符〕〔信仰〕………………… 718
縁の綱〔人の一生〕……………………… 830
縁の綱を引く出棺〔人の一生〕……… 830
縁の綱に連なり寺の境内に入ってきた親族の女たち〔人の一生〕… 830
燕麦刈り〔生産・生業〕………………… 262
燕麦蒔き〔生産・生業〕………………… 262
円火鉢〔住〕……………………………… 220
円福寺観音堂〔信仰〕…………………… 747
エンボウ〔交通・交易〕………………… 586
円窓〔住〕………………………………… 191
円満なる家庭〔住〕……………………… 243
縁結び〔信仰〕…………………………… 705
縁むすびの呪〔民俗知識〕……………… 668
延命地蔵〔信仰〕………………………… 747
遠洋鰹漁出漁の別れ〔生産・生業〕… 359
遠洋漁船の船内〔生産・生業〕………… 359
遠洋航海に出港する海王丸〔交通・交易〕……………………………………… 538
エンロ籠〔交通・交易〕………………… 586

## 【お】

オーアシで代こしらえをする〔生産・生業〕…………………………… 262
オーアミ（鮭の曳網）〔生産・生業〕… 359
追網漁業操業の図〔生産・生業〕…… 359
追網の構造〔生産・生業〕……………… 359
追網の構造例〔生産・生業〕…………… 359
追網連結の図〔生産・生業〕…………… 359
オイコ〔交通・交易〕…………………… 586
オイコ（背負梯子）を背負う〔交通・交易〕……………………………… 587
オイコを背負った女性〔交通・交易〕………………………………………… 587
おいこを作る老人〔生産・生業〕…… 493
負子で密柑を負う〔交通・交易〕…… 587
オイコとカマス〔交通・交易〕………… 587
オイコに桶をのせて砂利運び〔交通・交易〕…………………………… 587
追い込み網漁〔生産・生業〕…………… 359
追込網漁〔生産・生業〕………………… 359
追込み用の石（スルチカー石）〔生産・生業〕………………………… 360

追い込み漁〔生産・生業〕……………… 360
追込漁〔生産・生業〕…………………… 360
追いサデ〔生産・生業〕………………… 360
オイサデ漁〔生産・生業〕……………… 360
オイサデ漁の丸子舟〔生産・生業〕… 360
老瀬観音堂〔信仰〕……………………… 747
お伊勢参り〔交通・交易〕……………… 579
お犬さま〔信仰〕…………………… 682, 718
笈の中に祀る神像〔信仰〕……………… 731
オイベスサン〔信仰〕…………………… 705
オイベスサンにあげる藁細工〔信仰〕……………………………………… 705
お祝いの踊りを演じた女性たち〔芸能・娯楽〕………………………… 774
御祝用御鉢〔食〕………………………… 61
奥羽本線・峰吉川駅〔交通・交易〕… 538
奥越五箇の民家〔住〕…………………… 126
応援団〔芸能・娯楽〕…………………… 781
往還道〔交通・交易〕…………………… 539
扇凧〔芸能・娯楽〕……………………… 784
扇ねぶた（ミニチュア）〔芸能・娯楽〕…………………………………… 784
扇骨を作る〔生産・生業〕……………… 493
扇骨材を作る夫婦の仕事場〔生産・生業〕…………………………… 493
扇骨材を広げ干す〔生産・生業〕…… 493
扇骨干し〔生産・生業〕………………… 493
扇盆〔食〕………………………………… 61
オウゲタ〔生産・生業〕………………… 262
朸〔交通・交易〕………………………… 587
朸で麦束を運ぶ〔交通・交易〕………… 587
王子製紙会社略図〔生産・生業〕…… 493
往時の面影を残す大井川から島田に至る町並み〔住〕………………… 126
横荘線の客車〔交通・交易〕…………… 539
応接間〔住〕……………………………… 191
王朝料理〔食〕…………………………… 50
オウツリ〔民俗知識〕…………………… 678
御竈尊〔信仰〕…………………………… 718
オウミ〔生産・生業〕…………………… 469
苧うみ〔生産・生業〕…………………… 469
苧績〔生産・生業〕……………………… 469
麻績み〔生産・生業〕…………………… 469
近江絹糸の女工〔生産・生業〕………… 469
近江堂〔信仰〕…………………………… 747
応用的な屋根形式〔住〕………………… 126
「オエノイルリ」の上に吊された「ヒアマ」〔住〕………………… 191
大字協議費差引帳〔社会生活〕……… 626
大字協議費差引帳の一例〔社会生活〕……………………………………… 626
大字で担う農繁期の季節保育所〔社会生活〕………………………… 626
オオアシ〔生産・生業〕………………… 262
大足〔生産・生業〕……………………… 263
大足半草履〔信仰〕……………………… 705
大足踏み〔生産・生業〕………………… 263
大アバ〔生産・生業〕…………………… 360
大イカを釣る鈎〔生産・生業〕………… 360
大井川を渡る人や荷物を管理していた川会所〔住〕………………… 126
大生簀〔生産・生業〕…………………… 360
大分駅前・路面電車〔交通・交易〕… 539
大入ノミ〔生産・生業〕………………… 521
大岩町字佃の町並み〔住〕……………… 126
大岩に参拝〔信仰〕……………………… 705
大内行燈の標準寸法〔生産・生業〕… 493
大内集落の全景〔住〕…………………… 127
大内宿〔交通・交易〕…………………… 579

990　民俗風俗 図版レファレンス事典（衣食住・生活篇）

| | | |
|---|---|---|
| 大内宿・家並みを一望する〔交通・交易〕 579 | 大口、ニベなどを釣るに用いる二本かけ鉤〔生産・生業〕 360 | おおち〔生産・生業〕 263 |
| 大内宿・茅葺き屋根の家〔住〕 127 | 大口真神の札〔信仰〕 718 | 大津絵〔生産・生業〕 493 |
| 大内宿・茅葺き屋根の家が並ぶ〔住〕 127 | オオクドと二つ口のクド〔住〕 191 | 大槌〔生産・生業〕 447 |
| 大内宿・茅葺き屋根の家と馬に乗って移動する人〔交通・交易〕 579 | 大國魂神社西側の鳥居への通り〔社会生活〕 646 | 大壺〔食〕 62 |
| 大内宿・洗濯物〔住〕 243 | 大國魂神社門前の商店街〔交通・交易〕 561 | 大鉄瓶〔食〕 62 |
| 大内宿・兜造りの藁葺き屋根〔住〕 127 | 大隈伯爵邸の台所〔住〕 192 | おおど〔住〕 220 |
| 大内宿・道路両側の用水路〔住〕 208 | 大蔵省赤穂塩務局庁舎〔生産・生業〕 445 | おおとうが〔生産・生業〕 263 |
| 大内宿の家並み〔住〕 127 | 大鍬〔生産・生業〕 263 | 大戸を閉めて潜り戸からの出入り〔住〕 127 |
| 大内宿の観光客〔交通・交易〕 579 | オオゲ〔生産・生業〕 360 | 大通り〔社会生活〕 646 |
| 大内宿の景観〔交通・交易〕 579 | 緒桶〔生産・生業〕 469 | 大戸口〔住〕 192 |
| 大内宿・ハザ木の壁〔住〕 127 | 大阪駅の屋上から大阪城方面（敗戦後）〔社会生活〕 654 | 大戸口と潜り〔住〕 127 |
| 大内宿・用水路と干場〔住〕 208 | 大阪駅前〔社会生活〕 646 | 大戸口と式台〔住〕 127 |
| 大内の家並〔住〕 127 | 大阪駅前の人出〔社会生活〕 646 | 大戸口（トンボ口）と農作業の出入り口〔住〕 127 |
| 大内彫人形〔芸能・娯楽〕 784 | 大阪側から見た旧遊郭街〔社会生活〕 646 | 大戸口の腰高障子〔住〕 127 |
| 大うちわ〔生産・生業〕 263 | 大阪市役所〔社会生活〕 659 | 大徳利〔食〕 62 |
| 大団扇〔住〕 220 | 大盃〔食〕 62 | 大鳶〔生産・生業〕 411 |
| 大団扇（元黒）〔住〕 220 | 大盃〔人の一生〕 819 | 大とび（とび口）〔生産・生業〕 411 |
| 大浦の海女〔生産・生業〕 360 | 大阪衝立〔住〕 220 | 鷲神社開運之御守〔信仰〕 705 |
| 大おろし〔食〕 62 | 大阪堂島の土蔵〔住〕 127 | 大鳥の民家〔住〕 127 |
| おおが（大鋸）〔生産・生業〕 410 | 大阪の劇場街〔芸能・娯楽〕 775 | 大鍋〔食〕 62 |
| 大櫂〔生産・生業〕 447 | 大阪の橋〔交通・交易〕 539 | 大鳴門橋の橋脚工事〔交通・交易〕 539 |
| 大櫂入れ〔生産・生業〕 447 | 大三郎の大師堂〔信仰〕 748 | オオニンギョウ〔民俗知識〕 668 |
| 大角のお堂〔信仰〕 748 | オオザル〔生産・生業〕 263 | 大人形〔芸能・娯楽〕 784 |
| 大神楽〔人の一生〕 817 | 大沢家〔住〕 127 | 大野家〔住〕 127 |
| 大影の堂〔信仰〕 748 | 大敷網〔生産・生業〕 360 | 大ハサミ，表コサエ，表コサエ〔生産・生業〕 493 |
| 大型船〔交通・交易〕 539 | 大敷網船進水式〔生産・生業〕 360 | 大橋川河口付近〔交通・交易〕 615 |
| 大型茶筅〔食〕 115 | 大敷網でのブリ漁〔生産・生業〕 360 | 大原の堂〔信仰〕 748 |
| 大型定置網の網しめ〔生産・生業〕 360 | 大敷網の身網に入ったブリ船上に引き揚げる〔生産・生業〕 360 | 大原の農家のたたずまい〔住〕 128 |
| 大型の睡蓮鉢の乾燥〔生産・生業〕 493 | 大敷網漁〔生産・生業〕 360 | 大盤〔生産・生業〕 447 |
| 大型のろくろと工具一式〔生産・生業〕 493 | 大島小学校〔社会生活〕 639 | 大引天井〔住〕 192 |
| 大型町家の森田家〔住〕 127 | 大島紬の内機〔生産・生業〕 469 | 大挽鋸〔生産・生業〕 411 |
| 大型木製電柱〔社会生活〕 646 | 大島紬の調整〔生産・生業〕 469 | 大日向郷の家族住宅〔社会生活〕 655 |
| 大壁造りの農家〔住〕 127 | 大島紬の織おり〔生産・生業〕 469 | 大平家主屋のチョウナ梁〔住〕 128 |
| 大壁の土壁〔住〕 127 | 大島のあんこ〔衣〕 4 | 大平集落の民家〔住〕 128 |
| 大釜〔生産・生業〕 447 | 大島の港〔生産・生業〕 360 | 大ふご〔生産・生業〕 263 |
| 大鎌〔生産・生業〕 263, 411 | 大島八十八ヵ所第五十一番札所の神屋寺〔信仰〕 748 | 大鰤を頭上運搬によって水揚げする〔生産・生業〕 360 |
| 大竈〔住〕 191 | 大シメナワ〔信仰〕 723 | 大風呂敷の中に籠〔住〕 220 |
| 大竈上の三宝荒神〔信仰〕 682 | 大数珠〔信仰〕 731 | 大塀造り〔住〕 128 |
| 大釜とこしき〔食〕 62 | 大庄屋の家〔住〕 127 | 大巻きでとったハマグリを河岸の問屋へ上げる〔生産・生業〕 360 |
| 大ガマによる薪柴の切り出し〔生産・生業〕 531 | 大杉皮葺の家〔住〕 127 | 大馬鍬〔生産・生業〕 263 |
| 狼〔護符〕〔信仰〕 718 | 大鈴〔交通・交易〕 611 | 大間崎の破船〔生産・生業〕 360 |
| 狼の頭蓋骨〔信仰〕 770 | 大角家住宅〔住〕 127 | 大岐川河口の木橋〔交通・交易〕 539 |
| 大甕〔生産・生業〕 447 | 大角家住宅 平面図〔住〕 127 | 大間の町並み〔社会生活〕 646 |
| 大甕作り〔生産・生業〕 493 | 大隅地方の婚礼〔人の一生〕 819 | 大丸籠〔交通・交易〕 587 |
| 大きな家〔住〕 127 | 大相撲〔芸能・娯楽〕 781 | 大箕〔生産・生業〕 263 |
| 大きな草葺き屋根の家が多い〔住〕 127 | 大相撲本場所（夏場所）〔芸能・娯楽〕 781 | 大峯山・金毘羅山・石鎚山参拝奉納額〔信仰〕 705 |
| 大きな肥桶を背負てと荷ない縄で運んでいる女性〔交通・交易〕 587 | 大素焼窯〔生産・生業〕 528 | 大峰山の道場〔信仰〕 765 |
| 大きな魚をあげる〔生産・生業〕 360 | 大ぞり〔生産・生業〕 360 | 大麦〔生産・生業〕 263 |
| 大きな竹籠もある雑貨屋〔交通・交易〕 561 | 大太鼓〔芸能・娯楽〕 775 | 大麦干し〔生産・生業〕 263 |
| 大きな炭塊を砕き送炭機で次の作業へ送る〔生産・生業〕 526 | 大田卸売市場のキュウリの競り〔交通・交易〕 556 | 大棟門〔住〕 128 |
| 大きな魚籠が置いてある漁船専用の桟橋〔生産・生業〕 360 | 大田川の橋〔交通・交易〕 539 | 大村式種繭雌雄鑑別器〔生産・生業〕 456 |
| 大きな庇屋根をもつ妻入商家〔住〕 127 | 太田川木橋〔交通・交易〕 539 | 大メガホン〔生産・生業〕 360 |
| 大きな曲り屋〔住〕 127 | 大多喜の六斎市〔交通・交易〕 556 | 大物川の雌トドロ〔住〕 208 |
| 大きな門構えの旧家〔住〕 127 | 太田家住宅と同朝宗亭〔住〕 127 | 大森さま〔信仰〕 765 |
| 大きな屋敷〔住〕 127 | 大凧〔芸能・娯楽〕 784 | 大森の町並み〔住〕 128 |
| 大木札を受けた金毘羅講の人〔信仰〕 742 | 大谷川に架かる栄橋の改築記念〔社会生活〕 659 | 大谷石の蔵〔住〕 128 |
| 大磬〔信仰〕 723 | 大谷の窯場風景〔生産・生業〕 493 | 大やな〔生産・生業〕 360 |
| | 大谷の中之堂〔信仰〕 748 | 大屋根から突き出した天窓〔住〕 128 |
| | 大谷焼〔生産・生業〕 493 | 大山祇神社の奉納のぼりを日除けにしている〔住〕 243 |
| | 大玉掘り〔生産・生業〕 263 | 大山祇神社の門前町〔社会生活〕 646 |
| | | 大山祇神社の門前町の商店〔交通・交易〕 561 |

| 名称 | ページ |
|---|---|
| 大山祇命祠〔信仰〕 | 748 |
| 大山の参道〔信仰〕 | 765 |
| 大雪の町〔社会生活〕 | 646 |
| 大蠟燭作り〔生産・生業〕 | 493 |
| 大草鞋（奉納）〔信仰〕 | 705 |
| 大鋸〔生産・生業〕 | 411 |
| お蚕さま〔生産・生業〕 | 456 |
| おかいこ人形〔芸能・娯楽〕 | 784 |
| 御回在と仏壇〔人の一生〕 | 830 |
| オカ竈〔住〕 | 192 |
| オカキ〔生産・生業〕 | 469 |
| お掛け絵に対しオラショを唱える〔信仰〕 | 770 |
| オカケジサマ〔信仰〕 | 682 |
| お菓子屋の店さき〔交通・交易〕 | 561 |
| 尾形家の店蔵と袖蔵〔住〕 | 128 |
| 岡足袋〔衣〕 | 33 |
| オカッテでの食事の座〔食〕 | 111 |
| オカッパ〔衣〕 | 44 |
| オカブリ〔衣〕 | 25 |
| 陸稲〔生産・生業〕 | 263 |
| 陸稲跡地の犂による馬耕〔生産・生業〕 | 263 |
| オカマサマ〔信仰〕 | 682 |
| オガマサマ〔信仰〕 | 705 |
| オカマサマに苗を供える〔信仰〕 | 705 |
| 御竈殿に祭られたしゃくし〔信仰〕 | 705 |
| 拝み絵馬〔信仰〕 | 705 |
| オガミサマ〔信仰〕 | 731 |
| オガミサマの祭壇〔信仰〕 | 731 |
| オガミサマの祭壇〔信仰〕 | 731 |
| 拝み箪笥〔信仰〕 | 742 |
| 岡見堂〔信仰〕 | 748 |
| 岡御堂〔信仰〕 | 748 |
| 拝み墓〔人の一生〕 | 830 |
| オガミヤ〔信仰〕 | 731 |
| オカミンの道具一式〔信仰〕 | 731 |
| おかめせんべいの型〔食〕 | 62 |
| オカモチ〔食〕 | 62 |
| オカモチ〔交通・交易〕 | 587 |
| 岡持〔交通・交易〕 | 587 |
| 岡谷水別の大師堂〔信仰〕 | 748 |
| 小川家大師堂（お宮さん）〔信仰〕 | 748 |
| 小川で鉄鍋の底を洗う〔住〕 | 208 |
| 小川に足を投げ入れて涼む少女〔社会生活〕 | 626 |
| 小川のほとりで洗濯をする女の人〔住〕 | 208 |
| 小川の水場〔住〕 | 208 |
| オカンジャケ〔芸能・娯楽〕 | 784 |
| 御冠（真砂ろくろ師）〔生産・生業〕 | 493 |
| 沖あがり〔食〕 | 50 |
| 起上りこぼし〔芸能・娯楽〕 | 784 |
| 起上り小法師〔芸能・娯楽〕 | 784 |
| おきあんどん〔住〕 | 220 |
| 置行灯〔住〕 | 220 |
| 置き石屋根の建物〔住〕 | 128 |
| 沖家室に行く渡船〔交通・交易〕 | 539 |
| 沖家室・密度の濃い家並み〔住〕 | 128 |
| オキガメ〔食〕 | 62 |
| 置看板〔交通・交易〕 | 561 |
| 置炬燵〔住〕 | 220 |
| 沖笊〔生産・生業〕 | 360 |
| 男木島の民家〔住〕 | 128 |
| オキタルンペ〔住〕 | 220 |
| オキタルンペ（模様入ゴザ）織機〔生産・生業〕 | 493 |
| 置千木〔住〕 | 128 |
| 奥津の茅葺き民家〔住〕 | 128 |
| オキテヌグイ〔衣〕 | 25 |
| オキテヌグイ（大原女）〔衣〕 | 25 |
| 隠岐（島前）の牧の分布と牧畑面積の推移〔生産・生業〕 | 434 |
| 置鳥と置鯉〔人の一生〕 | 819 |
| 翁人形〔芸能・娯楽〕 | 784 |
| 沖縄海洋博のアクアポリス〔交通・交易〕 | 615 |
| 沖縄海洋博の沖縄館〔交通・交易〕 | 615 |
| 沖縄式追込網漁業〔生産・生業〕 | 360 |
| 沖縄焼酎（泡盛）を仕込む壺〔生産・生業〕 | 447 |
| 沖縄そば〔食〕 | 50 |
| 沖縄の揚げカマボコ〔食〕 | 50 |
| 沖縄の新しい墓〔人の一生〕 | 830 |
| 沖縄の市場〔交通・交易〕 | 556 |
| 沖縄の井戸〔住〕 | 208 |
| 沖縄の音譜（工工四）〔芸能・娯楽〕 | 775 |
| 沖縄の集落〔住〕 | 128 |
| 沖縄の針突の文身〔民俗知識〕 | 677 |
| 沖縄のバスの内部〔交通・交易〕 | 539 |
| 沖縄の畑〔生産・生業〕 | 263 |
| 沖縄の仏壇〔人の一生〕 | 830 |
| 沖縄民家の配置とアシャギの位置〔住〕 | 128 |
| 沖縄民家の防風効果〔住〕 | 128 |
| オキヌサン〔信仰〕 | 682 |
| オキヌサン人形〔信仰〕 | 682 |
| 隠岐の浦郷港に水揚げする日本海でとれた鮫〔生産・生業〕 | 360 |
| 沖永良部島の昔話〔社会生活〕 | 626 |
| 隠岐国賀の放牧場〔生産・生業〕 | 434 |
| 沖島の家〔住〕 | 128 |
| 沖島の集落〔住〕 | 128 |
| 隠岐の牧畑〔生産・生業〕 | 434 |
| 隠岐の牧畑の変化〔生産・生業〕 | 434 |
| 隠岐の客神〔信仰〕 | 682 |
| 小木の港の内湾〔生産・生業〕 | 360 |
| オキ箱〔生産・生業〕 | 360 |
| 沖箱〔生産・生業〕 | 360 |
| オキバチ（燠鉢）〔住〕 | 220 |
| オキバリ〔生産・生業〕 | 360 |
| オキバリ使用図〔生産・生業〕 | 361 |
| 起き姫〔芸能・娯楽〕 | 784 |
| オキベントウ（沖弁当）〔食〕 | 62 |
| 沖ばだ〔衣〕 | 4 |
| おきやす〔生産・生業〕 | 361 |
| 置屋根で中塗り仕上げの農家の土蔵〔住〕 | 128 |
| 置ランプ〔住〕 | 220 |
| オキンジョと称する板人形〔芸能・娯楽〕 | 784 |
| 屋外食事〔食〕 | 111 |
| 屋外での機織りや刺繍〔生産・生業〕 | 469 |
| 屋外に出された流し〔住〕 | 208 |
| 屋外に設けられた流し〔住〕 | 208 |
| 屋外の下流し〔住〕 | 208 |
| 屋外の台所〔住〕 | 208 |
| 屋外の流し〔住〕 | 208 |
| 屋外のむしろの上で食事〔食〕 | 111 |
| 屋外用屑入れ〔社会生活〕 | 646 |
| オグソ取り（オヒキ）〔生産・生業〕 | 263 |
| 屋中（太い横材）と垂木（細い縦材）、太い縦材は叉首〔住〕 | 128 |
| オクド〔住〕 | 192 |
| おくどさんの末路〔住〕 | 243 |
| おくない様〔信仰〕 | 731 |
| 屋内神〔信仰〕 | 682 |
| 小国紙の紙漉き〔生産・生業〕 | 493 |
| オクニワ〔住〕 | 128 |
| 奥の井の阿弥陀堂〔信仰〕 | 748 |
| 奥の院に掲げられた亡くなった家族の写真やムカサリ絵馬〔人の一生〕 | 830 |
| 奥の院に詣でる〔信仰〕 | 765 |
| 奥の居住部分からみた通り土間〔住〕 | 192 |
| 奥能登の平入農家〔住〕 | 128 |
| 奥能登の平入農家の間取り〔住〕 | 128 |
| オクノマ〔住〕 | 192 |
| 奥畑大日如来堂〔信仰〕 | 748 |
| 奥播磨山村の民家〔住〕 | 128 |
| 奥三面の集落〔住〕 | 128 |
| 奥山の罠〔生産・生業〕 | 422 |
| 巨椋池のハス見風景〔交通・交易〕 | 579 |
| 小椋家の納戸（へや）〔住〕 | 128 |
| オクル〔食〕 | 62 |
| オクンチのアンビン餅〔食〕 | 50 |
| オクンチの赤飯と煮しめ〔食〕 | 50 |
| おけ〔住〕 | 220 |
| オケ〔生産・生業〕 | 469 |
| 桶（むしこが）〔生産・生業〕 | 493 |
| 桶洗い〔生産・生業〕 | 447 |
| オケウリ〔交通・交易〕 | 561 |
| 桶をかつぎ出す〔交通・交易〕 | 587 |
| 桶を担ぐ〔交通・交易〕 | 587 |
| 桶を運ぶ少年〔交通・交易〕 | 587 |
| 桶づくり〔生産・生業〕 | 493 |
| 桶漬漁法の用具〔生産・生業〕 | 361 |
| 桶素焼窯〔生産・生業〕 | 528 |
| 桶セット〔食〕 | 62 |
| 小桁〔生産・生業〕 | 361 |
| 桶直し〔生産・生業〕 | 447 |
| おけにつかまって漁をするタライアマ〔生産・生業〕 | 361 |
| 桶のいろいろ〔住〕 | 220 |
| おけまる〔生産・生業〕 | 411 |
| 桶屋〔生産・生業〕 | 493 |
| 桶屋〔交通・交易〕 | 561 |
| 桶屋（節季市）〔交通・交易〕 | 556 |
| おけ屋がおけに「たが」をはめる〔生産・生業〕 | 493 |
| おけ屋が自ら二十日市に立って、旧正月に若水をくみ入れるおけを売る〔交通・交易〕 | 556 |
| 桶屋の店頭〔交通・交易〕 | 561 |
| おこぎばし〔生産・生業〕 | 263 |
| オゴケ〔生産・生業〕 | 469 |
| 苧桶〔生産・生業〕 | 361 |
| オコシ（すき）〔生産・生業〕 | 263 |
| オコシスキ〔生産・生業〕 | 263 |
| 起ノミ〔生産・生業〕 | 361 |
| オコゼ〔生産・生業〕 | 422 |
| オコゼと猪尾〔生産・生業〕 | 422 |
| オコゼの干物〔生産・生業〕 | 422 |
| オコゼの乾魚と猪の尻尾〔生産・生業〕 | 422 |
| オコゼ奉納絵馬〔信仰〕 | 705 |
| 御高祖頭巾〔衣〕 | 25 |
| 御高祖頭巾のいたこ〔信仰〕 | 731 |
| お骨の引越し〔人の一生〕 | 830 |
| オコナイサマ〔信仰〕 | 731 |
| おこのみ焼を作る子ども〔食〕 | 97 |
| おこもり〔社会生活〕 | 621 |
| お籠りする老婆たち〔信仰〕 | 766 |
| オサ〔生産・生業〕 | 469 |
| 御座〔信仰〕 | 770 |
| 梭（おさ）〔生産・生業〕 | 469 |
| 筬〔生産・生業〕 | 469 |
| 筬（筵織）〔生産・生業〕 | 493 |

| 小坂の地蔵堂〔信仰〕 | 748 |
| --- | --- |
| 尾崎池田のお薬師様〔信仰〕 | 748 |
| 尾崎石田の薬師堂〔信仰〕 | 748 |
| 尾崎式改良窓鍬〔生産・生業〕 | 263 |
| 尾崎畑岡のお地蔵様〔信仰〕 | 748 |
| 尾崎東谷の薬師様〔信仰〕 | 748 |
| おさげ髪コンクール風景〔衣〕 | 44 |
| オサザシ〔生産・生業〕 | 469 |
| オサザにおさめたオサ〔生産・生業〕 | 470 |
| オサスリ〔民俗知識〕 | 664 |
| 筬製造機〔生産・生業〕 | 470 |
| オサ通し〔生産・生業〕 | 470 |
| 筬通し〔生産・生業〕 | 470 |
| オサバイサマ〔生産・生業〕 | 263 |
| オサバイサマと病虫害よけの立て札〔生産・生業〕 | 264 |
| オサバイサン〔生産・生業〕 | 264 |
| オサバイサンに供えた椿の枝〔生産・生業〕 | 264 |
| 筬欄間と障子の種類〔住〕 | 192 |
| オサルサン〔信仰〕 | 748 |
| おサル電車〔芸能・娯楽〕 | 796 |
| 押し網〔生産・生業〕 | 361 |
| 押網漁〔生産・生業〕 | 361 |
| おじいさんが孫を相手に、海のものがたりを聞かせている〔社会生活〕 | 626 |
| 押板〔住〕 | 192 |
| 押シ板、押シ桶、板鍬、テボ〔生産・生業〕 | 361 |
| 押板形式の床の間〔住〕 | 192 |
| 押シ板にのってムツゴロウ・ワラスボの生息孔をさがす〔生産・生業〕 | 361 |
| 押し板の上の桶やコンテナに獲物を満載して沖の干潟から戻る〔生産・生業〕 | 361 |
| 押入〔住〕 | 192 |
| 押入れと床の間〔住〕 | 192 |
| 押入内に設けられた階段〔住〕 | 192 |
| 押入れの中に隠された仏間〔信仰〕 | 742 |
| おしえ（押し絵）〔生産・生業〕 | 494 |
| 押絵の製作用具〔生産・生業〕 | 494 |
| 押し絵羽子板〔芸能・娯楽〕 | 784 |
| オシオイ桶〔食〕 | 705 |
| 押シ桶、テボ〔生産・生業〕 | 361 |
| 押方地蔵堂〔信仰〕 | 748 |
| おしき〔食〕 | 62 |
| お辞儀〔民俗知識〕 | 678 |
| 折敷〔信仰〕 | 723 |
| 折敷膳〔食〕 | 62 |
| オシギリ〔生産・生業〕 | 264 |
| オシギリ〔交通・交易〕 | 611 |
| 押し切り〔生産・生業〕 | 470 |
| 押切り〔生産・生業〕 | 434 |
| 御師住宅〔住〕 | 128 |
| 御師住宅の内部〔住〕 | 192 |
| 御師住宅の屋根〔住〕 | 128 |
| 押寿司器〔食〕 | 62 |
| 押鮨道具〔食〕 | 62 |
| 押鮓箱〔食〕 | 62 |
| お地蔵さま〔信仰〕 | 682 |
| お地蔵さまを中心にした石仏群〔信仰〕 | 682 |
| 押台〔住〕 | 220 |
| オシダシ操業の図〔生産・生業〕 | 361 |
| オシダシの構造〔生産・生業〕 | 361 |
| オシタモ（チョナ網）操業の図〔生産・生業〕 | 361 |

| オシタモの構造〔生産・生業〕 | 361 |
| --- | --- |
| お七夜〔人の一生〕 | 813 |
| オシッチャ（御七昼夜）〔信仰〕 | 723 |
| 御師とマネキ〔信仰〕 | 742 |
| 押し抜き〔食〕 | 62 |
| 押抜鮓の道具〔食〕 | 62 |
| オシボリ、管に巻いたもの、績んだもの、裂いたもの、柔らげた皮〔生産・生業〕 | 470 |
| 押麦機〔食〕 | 62 |
| おしめかご〔人の一生〕 | 809 |
| オシメサマ〔信仰〕 | 731 |
| オシメサマの幡〔信仰〕 | 731 |
| 押持立犂〔生産・生業〕 | 264 |
| 小千谷縮を織る〔生産・生業〕 | 470 |
| 小千谷のメインストリート〔社会生活〕 | 647 |
| お数珠頂戴〔信仰〕 | 723 |
| オージョーケ〔食〕 | 62 |
| 押し寄せる開発の波〔住〕 | 128 |
| オシラ〔信仰〕 | 731 |
| オシラ神〔信仰〕 | 731 |
| オシラサマ〔信仰〕 | 732 |
| オシラサマへのお供え〔信仰〕 | 732 |
| オシラサマを納める箱の蓋・蓋裏〔信仰〕 | 733 |
| オシラ様を祀った神棚の祠〔信仰〕 | 733 |
| オシラサマを持つ巫女〔信仰〕 | 733 |
| オシラサマの掛軸〔信仰〕 | 733 |
| おしら様の画像〔信仰〕 | 733 |
| オシラサマの芯木〔信仰〕 | 733 |
| オシラサン〔信仰〕 | 733 |
| オシラの中身〔信仰〕 | 733 |
| オシラボトケ〔信仰〕 | 733 |
| おしら宿での口寄せ巫儀〔信仰〕 | 733 |
| 白粉刷毛〔衣〕 | 44 |
| オシンメイサマ〔信仰〕 | 733 |
| オシンメサマ〔信仰〕 | 733 |
| オシンメサマの祭壇〔信仰〕 | 733 |
| オスグマを捕った時、その場でクマをまつる御幣〔生産・生業〕 | 422 |
| お接待に用いられた茶器〔信仰〕 | 748 |
| お接待の会〔信仰〕 | 766 |
| お接待の菓子を受ける〔信仰〕 | 766 |
| オソ〔衣〕 | 33 |
| おそうぶつ〔人の一生〕 | 830 |
| お祖師様をなでまわす（自分の患部と同じ所）信者たち〔人の一生〕 | 705 |
| 御供餅〔信仰〕 | 705 |
| オソフキ〔衣〕 | 33 |
| オソフキワラジ〔衣〕 | 33 |
| 恐山〔信仰〕 | 766 |
| 恐山地蔵堂と卒塔婆〔信仰〕 | 766 |
| 恐山で喜捨を受けるオシラサマ〔信仰〕 | 733 |
| 恐山のイタコ〔信仰〕 | 733 |
| 恐山のイタコたち〔信仰〕 | 733 |
| 恐山の宇曽利湖畔〔信仰〕 | 766 |
| 恐山の円通寺〔信仰〕 | 766 |
| 恐山のこもり堂〔信仰〕 | 766 |
| 恐山の地蔵〔信仰〕 | 766 |
| 恐山の納骨塔〔信仰〕 | 766 |
| 恐山の納骨塔を拝む〔信仰〕 | 766 |
| オダイジ〔信仰〕 | 733 |
| お大師様〔信仰〕 | 748 |
| 御大師様〔信仰〕 | 748 |
| お大師さんの本尊〔信仰〕 | 748 |
| 御大師堂〔信仰〕 | 748 |

| お大師堂平面図〔信仰〕 | 748 |
| --- | --- |
| お題目講〔信仰〕 | 742 |
| お題目塔〔信仰〕 | 770 |
| 御多賀杓子〔食〕 | 705 |
| オタカモリ〔人の一生〕 | 820 |
| お助け爺さん〔民俗知識〕 | 664 |
| おたたさん〔交通・交易〕 | 561 |
| おだち組〔住〕 | 128 |
| おだち組で組んだ屋根〔住〕 | 129 |
| おだち組と棟札〔住〕 | 129 |
| おだち組の小屋組を見上げる〔住〕 | 129 |
| オタツゴヤ平面図〔生産・生業〕 | 422 |
| 小田邸〔住〕 | 129 |
| オタデジンベ〔衣〕 | 33 |
| オ田ノ神ヲ休マセル〔生産・生業〕 | 264 |
| オ田ノ神ノ田〔生産・生業〕 | 264 |
| 大楽毛馬市〔交通・交易〕 | 556 |
| お煙草盆〔住〕 | 220 |
| オタマ〔食〕 | 62 |
| 小樽の朝市〔交通・交易〕 | 556 |
| 小樽の町並み〔社会生活〕 | 647 |
| おたれがさ〔衣〕 | 25 |
| 小田原ぢょうちん〔住〕 | 220 |
| 小田原提灯〔住〕 | 220 |
| 小田原提燈〔住〕 | 220 |
| 小田原提灯（ローソク入）〔住〕 | 220 |
| 落合家〔住〕 | 129 |
| 落合地蔵堂〔信仰〕 | 748 |
| 落合橋の観音堂〔信仰〕 | 748 |
| 落ちアユを捕獲するヤナ〔生産・生業〕 | 361 |
| 落ヶ谷薬師堂〔信仰〕 | 748 |
| 落葉の堆肥づくり〔生産・生業〕 | 264 |
| 落ち葉掃き〔生産・生業〕 | 531 |
| 落穂ひろい〔生産・生業〕 | 264 |
| オチャヅケ（越中五箇山）〔食〕 | 115 |
| お茶のひととき〔食〕 | 111 |
| お茶挽き臼〔食〕 | 62 |
| お茶やすみ〔食〕 | 111 |
| 雄蝶雌蝶〔人の一生〕 | 820 |
| 雄蝶雌蝶の折方〔人の一生〕 | 820 |
| 雄蝶雌蝶のかけ方〔人の一生〕 | 820 |
| 雄蝶雌蝶の形式〔人の一生〕 | 820 |
| オチョロ船〔生産・生業〕 | 361 |
| オチョロ船〔社会生活〕 | 659 |
| お使い〔社会生活〕 | 626 |
| お使いの女の子ふたり〔社会生活〕 | 626 |
| 乙字型屋根の鍵屋の太田家〔住〕 | 129 |
| おったて〔生産・生業〕 | 470 |
| 織った布を水槽に入れて足で踏む〔生産・生業〕 | 470 |
| オッチケシベ〔人の一生〕 | 830 |
| 夫を炭鉱の事故で亡くし必死に働く女性〔生産・生業〕 | 526 |
| おつとめの後持ち寄った菓子で茶のみをする〔信仰〕 | 742 |
| おつとめの日〔信仰〕 | 742 |
| オッパライの「送り物」〔信仰〕 | 733 |
| オッパライの供物〔信仰〕 | 733 |
| オッペケペー節の一枚刷〔芸能・娯楽〕 | 775 |
| オッペシ〔生産・生業〕 | 361 |
| オッペシの女たち〔生産・生業〕 | 361 |
| オツムギ（苧紡ぎ）〔生産・生業〕 | 470 |
| おつむてんてんをする幼児〔人の一生〕 | 809 |
| お手合せ歌〔芸能・娯楽〕 | 775 |
| お出かけ〔社会生活〕 | 626 |
| お手塩皿〔食〕 | 62 |

おてた　　　　　　　　　　　　　　　名称索引

お手玉〔芸能・娯楽〕･･････････････ 784
お手玉をする〔芸能・娯楽〕･･････ 796
お手伝い〔住〕････････････････････ 243
お鉄牡丹餅屋の商標〔交通・交易〕･･ 561
おでんを食べる〔食〕･･････････････ 111
オテンノウサン〔信仰〕････････････ 748
オトイタカヅツ〔生産・生業〕･･････ 361
お堂〔信仰〕･･････････････････････ 748
お堂で説法を聞く檀家主婦〔信仰〕
　････････････････････････････････ 723
お堂と子どもたち〔信仰〕･･････････ 749
オドウトサマ〔信仰〕･･････････････ 733
おとうのしるつぎ〔食〕････････････ 62
おとぎの犬箱〔芸能・娯楽〕････････ 784
お伽噺の人形劇〔芸能・娯楽〕･･････ 775
男臼の構造〔食〕･･････････････････ 62
男足袋・下駄〔衣〕････････････････ 33
オトコテンビンによる頭上運搬
　〔交通・交易〕･･････････････････ 587
男の子を叱るおばあさん〔社会生
　活〕････････････････････････････ 626
男の子が嫌いで離れて座る女の子
　〔社会生活〕････････････････････ 639
オトコマエカケ〔衣〕･･････････････ 4
男前掛け〔衣〕････････････････････ 4
男物単衣長着〔衣〕････････････････ 4
オート三輪車〔交通・交易〕････････ 539
オドシ〔生産・生業〕･･････････････ 264
落とし板を入れたコミセ〔住〕･･････ 243
落とし板を入れた状態のコミセ
　〔住〕･･････････････････････････ 243
落とし板の上半部が障子になって
　いる造り酒屋とコミセ〔住〕･･････ 243
落し口に立てた田の神〔信仰〕･･････ 682
落し針〔衣〕･･････････････････････ 215
落としぶたのついたタコ壺〔生産・
　生業〕･･････････････････････････ 361
オドシ棒〔生産・生業〕････････････ 361
大人も子供も魚捕りを楽しむ〔生
　産・生業〕･･････････････････････ 361
おとり籠〔生産・生業〕････････････ 422
踊り鯛〔食〕･･････････････････････ 62
踊台回覧板〔社会生活〕････････････ 215
囮釣り〔生産・生業〕･･････････････ 361
踊りの稽古〔芸能・娯楽〕･･････････ 775
おとり笛〔生産・生業〕････････････ 422
オトリモチで行う新築住宅にお
　ける瓦の運び上げ〔住〕･･････････ 215
おどる宗教〔信仰〕････････････････ 770
踊る宗教の大神様の御姿〔信仰〕････ 771
おどる宗教の信徒たち〔信仰〕･･････ 771
踊る主婦〔芸能・娯楽〕････････････ 775
オナゴロジ（ミコ）〔信仰〕････････ 733
オナカマが持っていた守り〔信仰〕
　････････････････････････････････ 733
オナカマ修行図絵馬〔信仰〕････････ 733
オナゴワラジ〔衣〕････････････････ 33
同じ等高線上に主屋と厩が並ぶ十
　根川の民家〔住〕････････････････ 129
鬼遊び（子とろ鬼）〔芸能・娯楽〕 ･･ 796
おにおろし〔食〕･･････････････････ 62
鬼おろし〔食〕････････････････････ 62
鬼櫂〔生産・生業〕････････････････ 448
鬼瓦〔住〕････････････････････････ 129
鬼ぐるま〔生産・生業〕････････････ 264
オニグルミの天日干し〔食〕････････ 97
鬼の額〔信仰〕････････････････････ 705
鬼の的〔民俗知識〕････････････････ 668
鬼の腕割利〔食〕･･････････････････ 62
鬼歯〔生産・生業〕････････････････ 264
鬼婆の石像〔信仰〕････････････････ 682

鬼蓋〔生産・生業〕････････････････ 448
オニユリの咲く屋根〔住〕･･････････ 129
おねき小祠〔信仰〕････････････････ 749
オネクリ〔食〕････････････････････ 50
オネゴダケとヌノマキ〔生産・生
　業〕････････････････････････････ 470
オネゴ竹とヌノマキ〔生産・生業〕 ･･ 470
尾根筋に並ぶ「道松」〔交通・交易〕
　････････････････････････････････ 615
尾根部での薪乾燥〔生産・生業〕････ 411
お念仏〔人の一生〕････････････････ 830
お念仏がすむと接待をする〔人の一
　生〕････････････････････････････ 830
お念仏がすむと葬式の世話をして
　くれた人達に家の者がふるまう
　〔人の一生〕････････････････････ 830
オノ（斧）〔生産・生業〕･･････････ 411
尾上港〔生産・生業〕･･････････････ 361
尾上の堂（阿彌陀堂）〔信仰〕･･････ 749
尾上の堂平面図〔信仰〕････････････ 749
斧とその仲間〔生産・生業〕････････ 411
小野のお堂〔信仰〕････････････････ 749
小野宮惟喬の像〔信仰〕････････････ 682
尾道港界隈の町並み〔社会生活〕････ 647
尾道の家並〔住〕･･････････････････ 129
尾道の坂道〔交通・交易〕･･････････ 539
おばあさんたちが、正座したひざ
　の前に置いた小さなかねをたた
　きながら、お念仏（御詠歌）を唱
　える〔信仰〕････････････････････ 742
おばあさんの服装〔衣〕････････････ 4
鉄漿盥〔衣〕･･････････････････････ 44
お歯黒道具〔衣〕･･････････････････ 44
オハグロドウグ〔衣〕･･････････････ 44
オバケ大会での恐怖の表情〔芸能・
　娯楽〕･･････････････････････････ 775
お化け屋敷の見世物〔芸能・娯楽〕 ･･ 775
おばこ人形〔芸能・娯楽〕･･････････ 784
オバコの髪〔衣〕･･････････････････ 44
御弾き〔芸能・娯楽〕･･････････････ 784
おはじき遊び〔芸能・娯楽〕････････ 796
オハヅケ〔食〕････････････････････ 50
尾鷲メッパ〔食〕･･････････････････ 62
小幡の町並み〔住〕････････････････ 129
オハチ〔食〕･･････････････････････ 63
おはち鍋〔食〕････････････････････ 63
お初地蔵〔信仰〕･･････････････････ 683
おはっすん〔食〕･･････････････････ 50
おばなぼっち〔衣〕････････････････ 25
おはらい人形〔芸能・娯楽〕････････ 784
大原女〔交通・交易〕･･････････････ 561
大原女の嫁入〔人の一生〕･･････････ 820
大原女の労働着〔衣〕･･････････････ 4
おはるず御嶽〔信仰〕･･････････････ 766
おび〔衣〕････････････････････････ 47
帯〔衣〕･･････････････････････････ 47
オービガネ（貝金）〔生産・生業〕 ･･ 361
苧ビキ〔生産・生業〕･･････････････ 470
オヒキイタ〔生産・生業〕･･････････ 470
オヒキノコ〔生産・生業〕･･････････ 470
おひじ〔人の一生〕････････････････ 830
帯地〔衣〕････････････････････････ 47
おビシャをまつる頭屋の屋根〔信
　仰〕････････････････････････････ 683
お櫃〔食〕････････････････････････ 63
折櫃〔信仰〕･･････････････････････ 723
おひつ入れ〔食〕･･････････････････ 63
お櫃入れ〔食〕････････････････････ 63
帯戸〔住〕････････････････････････ 129
オビトキの衣装〔衣〕･･････････････ 4
帯戸の裏側〔住〕･･････････････････ 129

オヒナサマ〔信仰〕･･････････････ 683, 733
オヒナサマを持つオガミサマ〔信
　仰〕････････････････････････････ 734
帯広の朝市〔交通・交易〕･･････････ 556
お日待をする人びと〔社会生活〕････ 626
お百度札〔信仰〕･･････････････････ 705
オヒョウの糸で布を織る〔生産・生
　業〕････････････････････････････ 470
オヒョウの皮で績いだ糸の整経
　〔生産・生業〕･･････････････････ 470
オヒョウの木の皮をはぐ〔生産・生
　業〕････････････････････････････ 470
おびんずる〔信仰〕････････････････ 683
オビンズルサマ〔信仰〕････････････ 683
オフキダイと木製のオフキ〔生産・
　生業〕･･････････････････････････ 470
オフキとオフキダイ〔生産・生業〕 ･･ 470
お札〔信仰〕･･････････････････････ 718
御札〔信仰〕･･････････････････････ 718
おふだに必勝を祈願する家族〔信
　仰〕････････････････････････････ 705
オフナサマ〔信仰〕････････････････ 683
オフナダマ祈禱のお札〔信仰〕･･････ 734
麻舟〔生産・生業〕････････････････ 470
オフンドウサマ〔信仰〕････････････ 683
オヘーナ（便所神）〔信仰〕････････ 683
お遍路〔信仰〕････････････････････ 766
お遍路さん〔信仰〕････････････････ 766
お遍路の金毘羅参拝〔信仰〕････････ 766
お遍路2人〔信仰〕･････････････････ 766
オボケ〔生産・生業〕･･････････････ 470
オボケ（芋桶）〔生産・生業〕･･････ 470
芋桶〔生産・生業〕････････････････ 470
オボケとツム〔生産・生業〕････････ 470
オボコ〔芸能・娯楽〕･･････････････ 784
オホーツク海とニシン漁の網船ホ
　ツ（保津）〔生産・生業〕････････ 361
生保内線（現田沢湖線）車内の石炭
　ストーブ〔交通・交易〕･･････････ 539
お詣りをする人びと〔信仰〕････････ 705
オマエの壁にはられたお札〔信仰〕
　････････････････････････････････ 718
オマツヒキのソリ〔交通・交易〕････ 587
お守り〔信仰〕････････････････････ 734
お守袋〔信仰〕････････････････････ 718
オミカゴ〔生産・生業〕････････････ 470
オミ方〔生産・生業〕･･････････････ 470
御神酒三方〔食〕･･････････････････ 63
オミキスズ〔信仰〕････････････････ 723
御神酒すずのくち〔信仰〕･･････････ 723
おみきつぼ〔信仰〕････････････････ 705
おみきのくち〔信仰〕･･････････････ 723
おみくじ〔信仰〕･･････････････････ 705
オミトジョウ〔信仰〕･･････････････ 706
オミヒメサマ〔信仰〕･･････････････ 683
お土産店の内部意匠〔交通・交易〕 ･･ 561
お宮詣り〔人の一生〕･･････････････ 813
お宮参り〔人の一生〕･･････････････ 813
オミヤマイリノオユワイ〔人の一
　生〕････････････････････････････ 814
オミヨシサン〔信仰〕･･････････････ 683
おむつを替える〔人の一生〕････････ 809
オメエ〔住〕･･････････････････････ 192
おめん〔芸能・娯楽〕･･････････････ 784
お免状と共に記念撮影のカメラに
　おさまる高校卒業生〔社会生活〕 ･･ 639
重い教科書もランドセルなら楽に
　運べる〔社会生活〕･･････････････ 639
おもがい〔交通・交易〕････････････ 611

994　民俗風俗 図版レファレンス事典（衣食住・生活篇）

| 項目 | 頁 |
|---|---|
| 重軽石〔民俗知識〕 | 668 |
| オモキの木取り〔生産・生業〕 | 521 |
| 玩具の雪眼鏡をした子どもたち〔芸能・娯楽〕 | 796 |
| おもてぐち〔住〕 | 220 |
| 表参道交差点〔交通・交易〕 | 539 |
| 表つき黒塗中歯〔衣〕 | 33 |
| 表つきのめり〔衣〕 | 33 |
| オモテとナカエを小棟でつなぐ知覧型二つ家〔住〕 | 129 |
| オモテとナカエの間にテノマを挟んで配置された二つ家〔住〕 | 129 |
| 表に蔵と納屋をもつアズマダチの民家〔住〕 | 129 |
| 表屋造り〔住〕 | 129 |
| 表屋造りの町家と幔幕〔住〕 | 129 |
| オモテヤとトーグラの二棟に分かれた伝統的な民家〔住〕 | 129 |
| 雄物川の川舟〔交通・交易〕 | 539 |
| オモヤ〔住〕 | 129 |
| 母屋〔住〕 | 129 |
| 主屋外周の小便所〔住〕 | 129 |
| 主屋下手の居室の板床〔住〕 | 192 |
| 主屋と隠居屋〔住〕 | 129 |
| 母屋と隠居屋〔住〕 | 129 |
| 主屋と隠居屋・舟屋の位置(模式図)〔住〕 | 129 |
| 主屋(左端)と牛を飼育しているマヤ(中央)にオクラ〔住〕 | 129 |
| 主屋と倉〔住〕 | 129 |
| 主屋とダイドコロが分かれる別棟造り〔住〕 | 129 |
| 主屋とダイドコロの棟が直交する別棟造り〔住〕 | 129 |
| 主屋とダイドコロの棟が平行な別棟造り〔住〕 | 129 |
| 主屋と納屋が一体化した瓦葺きの民家〔住〕 | 129 |
| 主屋と付属屋が調和する屋敷〔住〕 | 129 |
| 主屋と便所〔住〕 | 129 |
| 母屋と棟続きの土壁の納屋〔住〕 | 130 |
| 主屋に接して増設された炊事棟〔住〕 | 130 |
| 主屋の縁の下の貯蔵スペース〔住〕 | 130 |
| 主屋の戸口〔住〕 | 130 |
| 主屋の背面に飛び出た後角〔住〕 | 130 |
| 母屋の間取り〔住〕 | 130 |
| 母屋の間取りと煮炊きの場〔住〕 | 130 |
| 母屋の間取りと名称〔住〕 | 130 |
| 主屋の脇に黒漆喰の土蔵を構える竹田家〔住〕 | 130 |
| 母屋間取り図〔住〕 | 130 |
| 母屋横の物置場〔住〕 | 130 |
| オモリ〔生産・生業〕 | 361 |
| オヤオシラサマ〔信仰〕 | 734 |
| 親方船に乗って漁場に向かう網元〔生産・生業〕 | 361 |
| オヤキ〔食〕 | 50 |
| 尾焼地区のイケン堂〔信仰〕 | 749 |
| 尾焼のイケン堂見取図〔信仰〕 | 749 |
| 親子で食べる文化祭の日の昼の弁当〔社会生活〕 | 639 |
| 親子で農場へ〔生産・生業〕 | 264 |
| オヤツを食べる〔食〕 | 111 |
| おやつのアラレと炒った豆〔食〕 | 50 |
| 親にかわっての古着売〔交通・交易〕 | 561 |
| オヤマガケ姿〔衣〕 | 4 |
| オヤヤ〔人の一生〕 | 830 |
| 泳ぐ少年たち〔芸能・娯楽〕 | 796 |
| オランダ人形〔芸能・娯楽〕 | 784 |
| オランダ埠頭の石段とオランダ塀〔交通・交易〕 | 616 |
| 織り〔生産・生業〕 | 470 |
| 織りあがったしな布〔生産・生業〕 | 471 |
| 織りあがった太布〔生産・生業〕 | 471 |
| 織り上がり 切りとり〔生産・生業〕 | 471 |
| オリアミガサ〔衣〕 | 25 |
| 織編菅笠〔衣〕 | 25 |
| 降り井〔住〕 | 208 |
| 折詰組の柱と梁の接合部〔住〕 | 130 |
| オリカハ〔住〕 | 208 |
| 折り紙の飛行機と屋形船〔芸能・娯楽〕 | 784 |
| 織機にかける〔生産・生業〕 | 471 |
| オリキリ(織り切り)〔生産・生業〕 | 471 |
| 織りゲラの表と裏〔衣〕 | 4 |
| 折詰め弁当〔食〕 | 51 |
| 折りたたみ式すどおし〔住〕 | 220 |
| おりたたみ式の四つ手網をかつぎバケツをさげた子供〔芸能・娯楽〕 | 796 |
| 折りたたみ式日除け眼鏡〔衣〕 | 47 |
| 折りたたみ式老眼鏡〔衣〕 | 47 |
| 折りたたみ枕〔衣〕 | 221 |
| 織布〔生産・生業〕 | 471 |
| 檻の中の仔熊に餌を入れてあたえる道具〔生産・生業〕 | 434 |
| 折箱作り〔生産・生業〕 | 494 |
| 折箱の角の形態〔食〕 | 63 |
| 折曲掩蓋〔生産・生業〕 | 494 |
| 折曲掩蓋の曲げ手の手法〔生産・生業〕 | 494 |
| 織物〔生産・生業〕 | 471 |
| 織物機〔生産・生業〕 | 471 |
| 織るときに座る位置とクシギョ〔生産・生業〕 | 471 |
| お礼参りの方に昼食を出す〔信仰〕 | 734 |
| オロシ〔食〕 | 63 |
| 卸売市場〔交通・交易〕 | 556 |
| おろしがね〔食〕 | 63 |
| おろし金〔食〕 | 63 |
| おろしき〔食〕 | 63 |
| おろし皿〔食〕 | 63 |
| 卸問屋〔交通・交易〕 | 561 |
| オロックウサン〔信仰〕 | 683 |
| オロナミンCの広告〔食〕 | 51 |
| オンガ(大鍬)〔生産・生業〕 | 264 |
| 御鴨猟場〔生産・生業〕 | 422 |
| 音響を発する玩具〔芸能・娯楽〕 | 784 |
| おんぎ〔生産・生業〕 | 471 |
| 恩賜郷倉〔社会生活〕 | 626 |
| 温室〔住〕 | 243 |
| 温室〔生産・生業〕 | 264 |
| 温室を利用した最先端の施設園芸地域〔生産・生業〕 | 264 |
| 温床〔生産・生業〕 | 264 |
| 温床つくり〔生産・生業〕 | 264 |
| 温床苗代〔生産・生業〕 | 264 |
| 温床に種芋を伏せる〔生産・生業〕 | 264 |
| 温水器〔食〕 | 50 |
| 温泉小屋〔民俗知識〕 | 664 |
| 温泉の共同浴場〔民俗知識〕 | 664 |
| 温泉宿〔交通・交易〕 | 579 |
| 温泉療法で治った人が納めて行った物〔信仰〕 | 706 |
| 御大礼奉祝花電車〔社会生活〕 | 659 |
| 御嶽行者の滝修行〔信仰〕 | 728 |
| 御岳教の礼拝〔信仰〕 | 771 |
| 御嶽道者の登山姿〔衣〕 | 4 |
| 鬼凧〔芸能・娯楽〕 | 785 |
| 御田之神〔護符〕〔信仰〕 | 718 |
| 小鹿田の里〔生産・生業〕 | 494 |
| 恩田の中馬道〔交通・交易〕 | 611 |
| 小鹿田焼〔食〕 | 63 |
| 小鹿田焼唐臼〔生産・生業〕 | 494 |
| 小鹿田焼唐臼小屋内部〔生産・生業〕 | 494 |
| オンテグラ〔信仰〕 | 706 |
| オンドヤキの小屋〔社会生活〕 | 621 |
| 女義太夫〔芸能・娯楽〕 | 775 |
| 女祈禱師〔信仰〕 | 771 |
| 女行商人の扱う物資と運搬法〔交通・交易〕 | 561 |
| 女修験者〔信仰〕 | 728 |
| 女だけの農業〔生産・生業〕 | 264 |
| 女たちの服装(野良着・普段着・外出着)〔衣〕 | 4 |
| 女だるま〔芸能・娯楽〕 | 785 |
| 女達磨〔芸能・娯楽〕 | 785 |
| 女の子が話すのを女性が聞いている〔社会生活〕 | 626 |
| 女の魚売り〔交通・交易〕 | 561 |
| 女持黒蛇の目〔衣〕 | 221 |
| 女紋 女性の紋章使用継承図〔社会生活〕 | 626 |
| オンパッコ〔芸能・娯楽〕 | 785 |
| オンボ〔衣〕 | 33 |
| オンマカ風呂〔信仰〕 | 742 |
| オンマサン〔食〕 | 63 |

## 【か】

| 項目 | 頁 |
|---|---|
| カー〔住〕 | 208 |
| カイ〔生産・生業〕 | 362 |
| 貝(魔除け)〔民俗知識〕 | 668 |
| 櫂〔生産・生業〕 | 448 |
| 外衣(毛皮)〔衣〕 | 4 |
| 貝を置いた屋根〔民俗知識〕 | 668 |
| 貝桶〔人の一生〕 | 820 |
| 貝桶台〔人の一生〕 | 820 |
| 貝桶に入れる貝の重ね方〔人の一生〕 | 820 |
| 貝を採る朝〔生産・生業〕 | 362 |
| 貝をとる打瀬船〔生産・生業〕 | 362 |
| 海外通信(ペン・フレンド)〔社会生活〕 | 626 |
| 貝掻き〔生産・生業〕 | 362 |
| 形型〔生産・生業〕 | 448 |
| 貝金〔生産・生業〕 | 362 |
| 崖下の水汲場〔住〕 | 208 |
| 崖下の道〔交通・交易〕 | 539 |
| 貝殻を敷いた墓〔人の一生〕 | 830 |
| 貝殻で埋め立てた堅田漁港の祖父と孫たちのひととき〔生産・生業〕 | 362 |
| 貝殻の錫杖〔芸能・娯楽〕 | 785 |
| 海岸を走る国道7号線〔交通・交易〕 | 539 |
| 海岸集落〔住〕 | 130 |
| 海岸沿いの家並み〔住〕 | 130 |
| 海岸沿いの漁村〔生産・生業〕 | 362 |
| 海岸沿いの集落〔住〕 | 130 |
| 海岸沿いの見事な畑の景観〔生産・生業〕 | 264 |
| 海岸近くの運河〔交通・交易〕 | 539 |
| 海岸近くの民家〔住〕 | 130 |

かいか　　　　　　　　　　　　　名称索引

海岸で収穫物を乾かす〔生産・生業〕……264
海岸で天日により濃縮した海水を煮詰め、塩を生成する〔生産・生業〕……445
海岸にある共同井戸〔住〕……208
海岸に近い家〔住〕……130
海岸の家〔住〕……130
海岸の家並み〔住〕……130
海岸の井戸〔住〕……208
海岸のシャワー施設〔交通・交易〕……579
海岸の集落〔住〕……130
海岸の納屋〔生産・生業〕……362
海岸の道〔交通・交易〕……539
海岸の家並みと丸太を用いた護岸〔住〕……130
開業の日、名古屋駅を出て、東京駅に向かってスピードをあげる東海道新幹線〔交通・交易〕……539
カイケタ〔生産・生業〕……362
貝下駄〔芸能・娯楽〕……785
貝桁網〔生産・生業〕……362
蚕網〔生産・生業〕……456
蚕網編器〔生産・生業〕……456
会合〔社会生活〕……626
開校式〔社会生活〕……639
蚕への桑葉やり〔生産・生業〕……456
カイコを家に運ぶ〔交通・交易〕……587
蚕を蚕座の上に置いたわら製のまぶしの枠に一匹ずつ入れる〔生産・生業〕……456
蚕を拾う〔生産・生業〕……456
カイコカゴ〔生産・生業〕……456
蚕籠〔生産・生業〕……456
蚕祈禱の御札〔信仰〕……718
廻国修行の六十六部〔信仰〕……766
蚕飼育用丸はじ〔生産・生業〕……456
蚕鈴〔芸能・娯楽〕……785
蚕棚〔生産・生業〕……456
蚕棚の組み方〔生産・生業〕……456
蚕棚の最上部に迎えた御幣や蚕神の御札〔信仰〕……718
蚕種を風穴から出す〔生産・生業〕……456
蚕に与える桑を採る〔生産・生業〕……456
蚕の一生〔生産・生業〕……456
蚕の蛾と卵〔生産・生業〕……456
蚕のサナギの油炒め〔食〕……51
カイコの蛹の佃煮、クロスズメバチの幼虫・蛹の佃煮、トビケラの佃煮の盛り合わせ〔食〕……51
カイコの掃き立て枠と羽箒〔生産・生業〕……456
かいこの霊供養塔〔民俗知識〕……675
蚕の露地飼い〔生産・生業〕……456
カイコバラ〔生産・生業〕……456
蚕平飼い〔生産・生業〕……456
カイコヤ造りの農家〔住〕……130
開墾鍬〔生産・生業〕……264
開墾地〔生産・生業〕……264
開墾 焼畑〔生産・生業〕……265
開作〔生産・生業〕……265
貝杓子〔食〕……63
会社供養塔〔人の一生〕……830
会社の寮生活〔住〕……243
廻重〔食〕……63
会所〔社会生活〕……626
海上遭難者の墓地〔人の一生〕……830
階上村の大家族〔住〕……243
階上村の大家族の家屋〔住〕……130
海上に張り出した家々〔住〕……130
海水浴をする子ども〔芸能・娯楽〕……796

海水浴場〔交通・交易〕……580
がいずばる〔住〕……221
会席膳〔食〕……63
皆瀬堂〔信仰〕……749
外せん〔生産・生業〕……411
開戦一周年記念の日、銀座二丁目から一丁目へ行進する兵士〔社会生活〕……655
改善された農家台所〔住〕……192
崖葬〔人の一生〕……830
海藻ヲヒロフ女〔生産・生業〕……362
海藻を干す〔食〕……97
海藻・貝類の採取具〔生産・生業〕……362
海藻採取〔生産・生業〕……362
海藻採集運搬の姿態〔生産・生業〕……362
会葬者への礼〔人の一生〕……830
会葬者に土下座〔人の一生〕……831
会葬者のかぶり物〔衣〕……25
改装で白漆喰をはぎ取って煉瓦をみせる〔住〕……130
回漕店・仲買を営んだ妻入り・袖壁の阿波屋〔住〕……130
海藻とり〔生産・生業〕……362
海藻取り〔生産・生業〕……362
海藻類を港にあげる漁師〔生産・生業〕……362
解村式〔社会生活〕……626
解体されるコイワシクジラ〔生産・生業〕……362
解体される納屋〔住〕……243
解体される民家〔住〕……130
解体して取り出した内臓や肉を銀鏡川で洗う猟師〔生産・生業〕……422
解体中は用のない猟銃を川原の石に立てかける〔生産・生業〕……422
解体場所にあつめられた熊〔生産・生業〕……422
解体前に猪の毛を焼く〔生産・生業〕……423
開拓地の住まい〔住〕……131
開拓地の農家〔住〕……131
開拓農家〔住〕……131
開拓民に与えられた土地〔生産・生業〕……265
カイダー字〔民俗知識〕……678
買出し〔社会生活〕……626
買い出しを駅で調べる〔社会生活〕……655
買い出しに出かけた女性たちの家路〔社会生活〕……627
買い出しの帰り〔社会生活〕……627
カイダーズ〔民俗知識〕……678
階段を登る参詣者〔交通・交易〕……580
階段型のガンギのある船着場〔交通・交易〕……539
改築型の養蚕民家〔住〕……131
改築した家〔住〕……131
改築竣工した両国国技館の夜景〔社会生活〕……647
海中を一気に潜りくだる舳倉島の海士〔生産・生業〕……362
懐中笠〔衣〕……25
害虫駆除〔生産・生業〕……265
海中でアワビを獲る舳倉島の海士〔生産・生業〕……362
カイチュウブツ（懐中仏）〔信仰〕……683
害虫捕虫瓶〔生産・生業〕……265
戒町 地蔵堂〔信仰〕……749
貝突き〔生産・生業〕……362
貝つなぎ〔芸能・娯楽〕……785
カイデ〔生産・生業〕……362

海底に溜ったヘドロの浚渫作業〔生産・生業〕……362
開田作業〔生産・生業〕……265
回転式球根粉衣消毒機〔生産・生業〕……265
回転式脱穀機〔生産・生業〕……265
回転式中耕除草機〔生産・生業〕……265
回転定規〔生産・生業〕……265
廻転する西洋料理用器具〔食〕……63
回転脱穀棒〔生産・生業〕……265
回転まぶし〔生産・生業〕……456
回転蔟〔生産・生業〕……456
回転マブシを使った上蔟〔生産・生業〕……457
回転蔟, 回転蔟収繭器〔生産・生業〕……457
回転蔟から収繭作業〔生産・生業〕……457
回転蔟の営繭状況〔生産・生業〕……457
回転蔟の前で休息〔生産・生業〕……457
回転マブシの繭掻き〔生産・生業〕……457
回転蔟枠〔生産・生業〕……457
街灯〔社会生活〕……647
街頭演説〔社会生活〕……627
街道から浜へ通じる小路〔交通・交易〕……539
街道側がせがい造りとなっている民家〔住〕……131
街道中央に用水のはしる海野の町並み〔社会生活〕……647
街頭テレビ〔社会生活〕……627
街道に沿って流れる前川〔交通・交易〕……539
街道に面した入口〔住〕……131
街道の家並〔交通・交易〕……539
街道の浮浪者〔社会生活〕……627
街道の町並み〔社会生活〕……647
街頭録音風景〔社会生活〕……627
カイト（垣内）に植えられたトウモロコシ〔生産・生業〕……265
貝採り〔生産・生業〕……362
貝鍋〔食〕……63
海難絵馬〔信仰〕……706
買保管所 東京都青果物商業協同組合荏原支所〔交通・交易〕……556
カイニョとよばれる屋敷林〔住〕……131
貝の身出し〔食〕……97
飼馬安全の絵馬額〔信仰〕……706
皆川式氷水製造機〔食〕……63
かいば桶〔交通・交易〕……611
カイバオケ〔生産・生業〕……434
飼葉桶〔生産・生業〕……434
飼葉切り〔生産・生業〕……434
飼葉藁切り〔生産・生業〕……434
カイビキ〔生産・生業〕……362
貝拾いに出た村娘たち〔生産・生業〕……362
蚊いぶし器（牛馬用）〔生産・生業〕……434
櫂棒〔生産・生業〕……448
廻峯行事（羽黒修験）〔信仰〕……728
貝掘り〔生産・生業〕……362
カイボリをするとき沼の魚をとる〔生産・生業〕……265
外米廉売の公告〔交通・交易〕……561
掻巻〔住〕……221
掻巻や布団を干す〔住〕……243
買物〔社会生活〕……627
買物帰り〔社会生活〕……627
カイモノカゴ〔住〕……221
カイモノカゴ（ヤミカゴ）〔住〕……221
買物に行って町から帰ってきたお母さんたち〔社会生活〕……627

996　民俗風俗 図版レファレンス事典（衣食住・生活篇）

## 名称索引 かくま

| 項目 | 頁 |
|---|---|
| 海洋少年団〔社会生活〕 | 659 |
| 海洋博に合わせて造られた待合所〔交通・交易〕 | 616 |
| 回覧板〔社会生活〕 | 627 |
| 改良エンガ〔生産・生業〕 | 265 |
| 改良オンガ〔生産・生業〕 | 265 |
| 改良かまど〔住〕 | 192 |
| 改良竈〔住〕 | 192 |
| 改良竈事例〔住〕 | 192 |
| 改良竈その後〔住〕 | 192 |
| 改良着を着る農協の職員〔衣〕 | 5 |
| 改良着の発表会〔衣〕 | 5 |
| 改良されてゆく農家のかまど〔住〕 | 192 |
| 改良仕事着〔衣〕 | 5 |
| 改良仕事着のコンクール〔衣〕 | 5 |
| 改良すき〔生産・生業〕 | 265 |
| 改良そりで米俵の運搬〔交通・交易〕 | 587 |
| 改良鍋兼変容式蒸煮器〔食〕 | 63 |
| 改良白炭窯底の経始図〔生産・生業〕 | 528 |
| 改良平鍬〔生産・生業〕 | 265 |
| 改良便所〔住〕 | 192 |
| 改良蔟〔生産・生業〕 | 457 |
| 改良マブシの作り方〔生産・生業〕 | 457 |
| 改良わらまぶしの営繭状況〔生産・生業〕 | 457 |
| 貝類採集用具（ガンヅメとハンギー）〔生産・生業〕 | 362 |
| 懐炉と懐炉灰〔住〕 | 221 |
| 返された答案を見る高校生〔社会生活〕 | 639 |
| カエスキ〔生産・生業〕 | 423 |
| 帰りの通勤客をあてこんだ新聞売り〔交通・交易〕 | 561 |
| カエルを手にする少年〔芸能・娯楽〕 | 796 |
| 蛙〔玩具〕〔芸能・娯楽〕 | 785 |
| 蛙塚〔民俗知識〕 | 675 |
| 蛙股の編み方〔生産・生業〕 | 362 |
| 蛙股の結び裏〔生産・生業〕 | 363 |
| 蛙股の結び方〔生産・生業〕 | 363 |
| 家屋〔住〕 | 131 |
| 家屋が密集して建っている妻良の集落〔住〕 | 131 |
| 家屋の構造横断面〔住〕 | 131 |
| 家屋平面図〔住〕 | 131 |
| カガイ〔交通・交易〕 | 587 |
| 瓦解してマリア像だけが焼け残った浦上天主堂をのぞむ場所で、復興の祈りを捧げる修道女〔社会生活〕 | 655 |
| 抱持立犂〔生産・生業〕 | 265 |
| 家格と屋敷〔住〕 | 131 |
| かかし〔民俗知識〕 | 668 |
| カカシ〔生産・生業〕 | 265 |
| 案山子〔生産・生業〕 | 265 |
| 鹿驚〔生産・生業〕 | 266 |
| かかしや古着、カジメなどの猪鹿除け〔生産・生業〕 | 266 |
| カガボシ〔衣〕 | 25 |
| カガミ〔生産・生業〕 | 363 |
| 鏡立〔生産・生業〕 | 471 |
| 鏡樽〔食〕 | 63 |
| カカミノカワの宝船〔信仰〕 | 706 |
| 加賀友仙〔生産・生業〕 | 494 |
| 加賀友禅 着物の図柄を描く〔生産・生業〕 | 494 |
| かがら〔生産・生業〕 | 363 |
| 加唐島〔住〕 | 131 |
| かがり〔交通・交易〕 | 587 |
| 篝〔住〕 | 221 |
| かがり針〔生産・生業〕 | 494 |
| 篝火の台〔生産・生業〕 | 363 |
| 瓦巻の棟〔住〕 | 131 |
| かぎ〔住〕 | 221 |
| かぎ〔生産・生業〕 | 521 |
| カギ〔生産・生業〕 | 363 |
| 花器〔住〕 | 221 |
| カキ打ち〔生産・生業〕 | 363 |
| カキ打ち小屋〔生産・生業〕 | 363 |
| 柿をとる〔生産・生業〕 | 531 |
| 掻き鎌〔生産・生業〕 | 494 |
| カキ皮〔食〕 | 51 |
| カギカン〔生産・生業〕 | 411 |
| かき氷店〔交通・交易〕 | 561 |
| 柿渋を塗って型紙用の地紙をつくる〔生産・生業〕 | 494 |
| 柿渋を保管していた渋甕〔生産・生業〕 | 494 |
| 柿渋が使われなくなって柿の木の下に放置されていた渋甕〔生産・生業〕 | 494 |
| 柿渋紙をはったショウケ〔生産・生業〕 | 494 |
| 柿渋紙をはったマルボテ〔生産・生業〕 | 494 |
| 柿渋絞り器〔生産・生業〕 | 494 |
| 柿渋づくり〔生産・生業〕 | 494 |
| 柿渋づくりや接木の台木に使われるマメ柿〔生産・生業〕 | 534 |
| 柿渋で下地を塗る〔生産・生業〕 | 494 |
| 牡蠣雑煮〔食〕 | 51 |
| ガキ大将のいる仲間へはいる少し前の男の子たちと、右端はその子どもたちを見守るアネッチャ（姉）〔社会生活〕 | 627 |
| 餓鬼棚〔人の一生〕 | 831 |
| カキ棚とカキ筏〔生産・生業〕 | 363 |
| 牡蠣店〔交通・交易〕 | 561 |
| 掻き取った苧麻の繊維（青苧）〔生産・生業〕 | 471 |
| 垣と塀〔住〕 | 131 |
| カキの貝殻で埋まった浜〔生産・生業〕 | 363 |
| 柿の皮むき〔食〕 | 97 |
| 柿の木（禅寺丸）の下で乳牛が遊ぶ〔生産・生業〕 | 434 |
| 柿の木に吊るした三角屋根のついた俵〔食〕 | 97 |
| 柿の木の根元に接木の跡〔生産・生業〕 | 534 |
| 柿の渋抜き〔食〕 | 97 |
| 柿の人工授粉器〔生産・生業〕 | 266 |
| 柿の葉ずし〔食〕 | 51 |
| 柿の葉人形〔芸能・娯楽〕 | 785 |
| 鉤ノミ〔生産・生業〕 | 363 |
| カキの水揚げ〔生産・生業〕 | 363 |
| 柿本神社（人丸神社）〔信仰〕 | 749 |
| カキの養殖〔生産・生業〕 | 363 |
| カキの養殖イカダ〔生産・生業〕 | 363 |
| カキの養殖場〔生産・生業〕 | 363 |
| 蠣挟み〔生産・生業〕 | 363 |
| 鍵広間型の民家〔住〕 | 131 |
| 柿干し〔食〕 | 97 |
| かきむき〔食〕 | 97 |
| カキ剥具〔生産・生業〕 | 363 |
| 柿もぎをする〔生産・生業〕 | 531 |
| カキモチ〔食〕 | 51 |
| カキモチを欠く〔食〕 | 97 |
| カキ餅干〔食〕 | 97 |
| 鉤銛による川猟〔生産・生業〕 | 363 |
| 貨客船の乗客〔交通・交易〕 | 539 |
| 柿屋の回廊風景〔食〕 | 97 |
| 鍵屋の桑原家〔住〕 | 131 |
| 鉤屋の民家〔住〕 | 131 |
| 蛾匡〔生産・生業〕 | 457 |
| 柿羊羹〔食〕 | 51 |
| カキ養殖〔生産・生業〕 | 363 |
| カキ養殖筏〔生産・生業〕 | 363 |
| カキ養殖のためのホタテの貝殻〔生産・生業〕 | 363 |
| カキ漁〔生産・生業〕 | 363 |
| 堅盤谷のお大師様〔信仰〕 | 749 |
| 角あんどん〔住〕 | 221 |
| 角行灯〔住〕 | 221 |
| 家具売り〔交通・交易〕 | 561 |
| カクおよびフクロの構造（ぼら建網）〔生産・生業〕 | 363 |
| カクカゴ〔交通・交易〕 | 587 |
| 角形有明行灯〔住〕 | 221 |
| 角形手提行灯〔住〕 | 221 |
| 角型のシャベルに乗って、坂道を滑りおりる〔芸能・娯楽〕 | 796 |
| 角キサギ・丸キサギ〔生産・生業〕 | 494 |
| 学芸会〔社会生活〕 | 639 |
| カクゴマ〔芸能・娯楽〕 | 785 |
| 家具材の乾燥〔生産・生業〕 | 494 |
| 隠し念仏のお執揚の模式図と組織の概略図〔信仰〕 | 771 |
| 各種漁網略図〔生産・生業〕 | 363 |
| 蚊くすべ〔住〕 | 221 |
| 学生〔社会生活〕 | 640 |
| 学生集会〔社会生活〕 | 659 |
| 学生と大学当局の共闘デモの日〔社会生活〕 | 659 |
| 学生の制服〔衣〕 | 5 |
| 学生村（民宿）の入り口〔交通・交易〕 | 580 |
| かくぜん〔食〕 | 63 |
| 角膳〔食〕 | 63 |
| 楽箏〔芸能・娯楽〕 | 775 |
| 角立て〔生産・生業〕 | 363 |
| 角長醬油店仕込蔵内部〔生産・生業〕 | 448 |
| 角長醬油店配置図〔生産・生業〕 | 448 |
| 学童〔社会生活〕 | 640 |
| 学童の道路美化〔社会生活〕 | 640 |
| 角塔婆〔人の一生〕 | 831 |
| 学童服〔衣〕 | 5 |
| 学童服に雨合羽を着た少年が、放牧する牛を引いて阿蘇山頂へ通じる道を横断している〔生産・生業〕 | 434 |
| 学童服に縞模様の綿入れを重着した少年たち〔衣〕 | 5 |
| 学童寮〔社会生活〕 | 640 |
| 学童寮での食事〔社会生活〕 | 640 |
| カクの口の構造例〔生産・生業〕 | 363 |
| カクの構造（わかさぎ建網）〔生産・生業〕 | 363 |
| カクの正面図〔生産・生業〕 | 363 |
| カクバラ〔交通・交易〕 | 587 |
| 角火鉢〔住〕 | 221 |
| 楽琵琶〔芸能・娯楽〕 | 775 |
| 額部運搬〔交通・交易〕 | 587 |
| カクブネ（角舟）〔生産・生業〕 | 363 |
| 角風呂〔住〕 | 192 |
| 角盆（四花、戒名、枕飯、団子、線香）〔人の一生〕 | 831 |
| 角盆のみがき〔生産・生業〕 | 494 |
| カクマキ〔衣〕 | 5 |

| 見出し | 分類 | ページ |
|---|---|---|
| 角巻 | 〔衣〕 | 5 |
| 角巻に襟巻きの女の人 | 〔衣〕 | 5 |
| 角廻し | 〔生産・生業〕 | 411 |
| 角湯桶 | 〔食〕 | 63 |
| カクラサン | 〔生産・生業〕 | 364 |
| 神楽桟をまわして地曳網を引きあげる | 〔生産・生業〕 | 364 |
| 神楽鈴 | 〔信仰〕 | 724 |
| 神楽鈴の一種 | 〔信仰〕 | 724 |
| かぐら建ての旧岸名家 | 〔住〕 | 131 |
| かぐら建ての民家 | 〔住〕 | 131 |
| かくれんぼ | 〔芸能・娯楽〕 | 796 |
| かけあんどん | 〔住〕 | 221 |
| 掛行灯 | 〔交通・交易〕 | 562 |
| カケイオ | 〔人の一生〕 | 820 |
| カケ糸 | 〔生産・生業〕 | 471 |
| 掛糸かけ | 〔生産・生業〕 | 471 |
| 影絵人形 | 〔芸能・娯楽〕 | 785 |
| 掛け落とし灌漑 | 〔生産・生業〕 | 266 |
| 掛川 | 〔社会生活〕 | 647 |
| カケグリ | 〔信仰〕 | 706 |
| カケゴ | 〔交通・交易〕 | 587 |
| 賭け事の縁切り祈念 | 〔信仰〕 | 706 |
| 掛桟瓦葺き屋根の各部名称 | 〔住〕 | 131 |
| 崖下の焼き場 | 〔人の一生〕 | 831 |
| カゲジ「ヒノウラ」 | 〔生産・生業〕 | 266 |
| かけしょく | 〔住〕 | 221 |
| 掛燭台 | 〔住〕 | 221 |
| かけだすき | 〔衣〕 | 47 |
| カケダマ | 〔生産・生業〕 | 364 |
| かけ茶屋 | 〔交通・交易〕 | 562 |
| 掛提燈 | 〔住〕 | 221 |
| 花月文字入懐中鏡 | 〔住〕 | 221 |
| 掛樋 | 〔住〕 | 208 |
| 掛樋(水道橋) | 〔交通・交易〕 | 616 |
| 掛樋で山から水を引く | 〔住〕 | 208 |
| カケドーロー | 〔住〕 | 221 |
| 蔭之地茶堂 | 〔信仰〕 | 749 |
| 崖墓 | 〔人の一生〕 | 831 |
| 懸盤 | 〔信仰〕 | 724 |
| 筧で山の水を引く | 〔住〕 | 208 |
| 懸樋で湧水を引く | 〔住〕 | 208 |
| 掛蒲団 | 〔住〕 | 221 |
| 掛け干しのハサと収穫後の水田 | 〔生産・生業〕 | 266 |
| 崖道を行く嫁入荷物 | 〔人の一生〕 | 820 |
| 掛漁帆 | 〔生産・生業〕 | 364 |
| かご | 〔食〕 | 63 |
| カーゴ | 〔食〕 | 63 |
| カゴ | 〔交通・交易〕 | 587 |
| カゴ(野菜運搬用) | 〔交通・交易〕 | 587 |
| 篭 | 〔生産・生業〕 | 266 |
| 篭 | 〔交通・交易〕 | 587 |
| 籠(頭上運搬用) | 〔交通・交易〕 | 587 |
| 籠編の基本 | 〔生産・生業〕 | 494 |
| 囲集落 | 〔住〕 | 131 |
| 囲い造り | 〔住〕 | 131 |
| 囲い造りの外観 | 〔住〕 | 131 |
| 河口漁船 | 〔生産・生業〕 | 364 |
| 火口原の水田を見る | 〔生産・生業〕 | 266 |
| 河口でのシジミ採り | 〔生産・生業〕 | 364 |
| 河口に並ぶ漁の納屋 | 〔生産・生業〕 | 364 |
| 河口に設けた漁の仕掛け | 〔生産・生業〕 | 364 |
| 河口の船着場 | 〔交通・交易〕 | 616 |
| 河口の船だまり | 〔交通・交易〕 | 539 |
| 籠を編む男性 | 〔生産・生業〕 | 494 |
| かごを肩にかけた人 | 〔交通・交易〕 | 587 |
| カゴを背負い家路につく | 〔交通・交易〕 | 588 |
| カゴを背負う女の子 | 〔交通・交易〕 | 588 |
| かごを背負って歩く人 | 〔交通・交易〕 | 588 |
| 鹿児島県庁 | 〔社会生活〕 | 659 |
| 鹿児島県立博物館 | 〔社会生活〕 | 647 |
| 鹿児島の二つ家 | 〔住〕 | 131 |
| かごぢょうちん | 〔住〕 | 221 |
| 籠鋤簾 | 〔生産・生業〕 | 266 |
| 籠づくり | 〔生産・生業〕 | 494 |
| 籠提灯 | 〔住〕 | 221 |
| かごどう | 〔生産・生業〕 | 364 |
| かごの中にワラ | 〔生産・生業〕 | 266 |
| 籠の渡し | 〔交通・交易〕 | 540 |
| 籠櫃 | 〔食〕 | 64 |
| 籠櫃(吊り下げ型) | 〔食〕 | 64 |
| 笭伏せ罠 | 〔生産・生業〕 | 423 |
| 籠風呂 | 〔住〕 | 192 |
| カコベ | 〔交通・交易〕 | 588 |
| かごめかごめ | 〔芸能・娯楽〕 | 796 |
| カゴモチ | 〔人の一生〕 | 814 |
| 籠屋 | 〔交通・交易〕 | 556 |
| かごわく | 〔生産・生業〕 | 471 |
| カサ | 〔衣〕 | 25 |
| 笠 | 〔衣〕 | 25 |
| 傘 | 〔住〕 | 221 |
| 笠を売る(農具市) | 〔交通・交易〕 | 556 |
| 笠を雪中にさらす | 〔衣〕 | 25 |
| 傘を干す | 〔住〕 | 243 |
| カザグルマ(海藻採り) | 〔生産・生業〕 | 364 |
| 風車 | 〔生産・生業〕 | 266 |
| 風車 | 〔芸能・娯楽〕 | 785 |
| 風車と鍾馗面 | 〔芸能・娯楽〕 | 785 |
| 風車と担桶 | 〔生産・生業〕 | 266 |
| 風ぐるまと水ぐるま | 〔生産・生業〕 | 266 |
| 笠島浦への入口 | 〔社会生活〕 | 647 |
| 傘酒器 | 〔食〕 | 64 |
| 笠作り | 〔生産・生業〕 | 494 |
| カサスゲの刈り取り | 〔生産・生業〕 | 531 |
| 傘立て | 〔住〕 | 221 |
| 笠着用例 | 〔衣〕 | 25 |
| 傘提灯 | 〔住〕 | 221 |
| 傘徳利 | 〔食〕 | 64 |
| 傘直し | 〔生産・生業〕 | 494 |
| 重ね木盃と銚子 | 〔食〕 | 64 |
| 笠のいろいろ | 〔衣〕 | 25 |
| 笠の下の松明をまたぐ | 〔人の一生〕 | 820 |
| 笠の組織図 | 〔衣〕 | 26 |
| 笠の餅 | 〔人の一生〕 | 831 |
| 笠の餅と四十九餅 | 〔人の一生〕 | 831 |
| 風配のお堂 | 〔信仰〕 | 749 |
| 風配のお堂の本尊 | 〔信仰〕 | 749 |
| 傘張り | 〔生産・生業〕 | 494 |
| 笠間の蓋附壺 | 〔食〕 | 64 |
| 瘡守稲荷 | 〔信仰〕 | 683 |
| かざり(綜統) | 〔生産・生業〕 | 471 |
| 飾馬 | 〔芸能・娯楽〕 | 785 |
| 飾り団子の作製 | 〔人の一生〕 | 831 |
| 飾行器 | 〔食〕 | 64 |
| 飾り巻きずし | 〔食〕 | 51 |
| カシ(かせ) | 〔生産・生業〕 | 471 |
| 貸衣裳屋 | 〔交通・交易〕 | 562 |
| カシ糸をはずす | 〔生産・生業〕 | 471 |
| 貸し牛 | 〔生産・生業〕 | 434 |
| 菓子器 | 〔食〕 | 64 |
| カジウミ | 〔生産・生業〕 | 471 |
| カジ績み | 〔生産・生業〕 | 471 |
| 鰍押し | 〔生産・生業〕 | 364 |
| カジカシベ | 〔衣〕 | 33 |
| 菓子型 | 〔食〕 | 64 |
| 貸しカメラの店 | 〔交通・交易〕 | 562 |
| カジ穀で鬼皮を削る | 〔生産・生業〕 | 471 |
| カジカ漁 | 〔生産・生業〕 | 364 |
| カジ皮を槌で打って柔らげる | 〔生産・生業〕 | 471 |
| カジ皮を踏んで柔らげる | 〔生産・生業〕 | 471 |
| カジ皮の乾燥 | 〔生産・生業〕 | 471 |
| 加治木下駄 | 〔衣〕 | 33 |
| 加持祈禱 | 〔信仰〕 | 728 |
| カジキ曳縄釣の鈎 | 〔生産・生業〕 | 364 |
| カシキフミ | 〔生産・生業〕 | 266 |
| カジキ漁の銛先(鈷頭) | 〔生産・生業〕 | 364 |
| 貸鍬慣行の分布 | 〔生産・生業〕 | 266 |
| カシケーイ(かせ掛け) | 〔生産・生業〕 | 471 |
| 火事装束 | 〔衣〕 | 5 |
| 鍛冶製品 | 〔住〕 | 221 |
| 貸扇風機 | 〔交通・交易〕 | 616 |
| カジ断ち作業 | 〔生産・生業〕 | 471 |
| 果実売り | 〔交通・交易〕 | 562 |
| 果実運搬篭 | 〔生産・生業〕 | 266 |
| 果実袋の塗油機 | 〔生産・生業〕 | 266 |
| 鍛冶道具 | 〔生産・生業〕 | 494 |
| カジの皮を灰汁で煮る | 〔生産・生業〕 | 471 |
| かじのき | 〔生産・生業〕 | 471 |
| かじのきの皮はぎ | 〔生産・生業〕 | 471 |
| かじのきの荒皮を取る | 〔生産・生業〕 | 472 |
| カシの実 | 〔食〕 | 51 |
| カシノミギャーを作る | 〔食〕 | 97 |
| カシの実ゴンニャク | 〔食〕 | 51 |
| 樫の実蒟蒻作り | 〔食〕 | 97 |
| カジバタ(風旗) | 〔民俗知識〕 | 668 |
| 菓子パン | 〔食〕 | 51 |
| 菓子櫃 | 〔食〕 | 64 |
| カジボウ(樌用の梶棒) | 〔交通・交易〕 | 588 |
| カシマサマ | 〔民俗知識〕 | 668 |
| 鹿島人形 | 〔民俗知識〕 | 668 |
| 鹿島の漁 | 〔生産・生業〕 | 364 |
| カジマヤー | 〔人の一生〕 | 817 |
| カジメ | 〔食〕 | 51 |
| カジメ | 〔生産・生業〕 | 266 |
| かじや | 〔生産・生業〕 | 494 |
| カジヤ | 〔生産・生業〕 | 521 |
| 鍛冶屋 | 〔生産・生業〕 | 494 |
| 鍛冶屋　金鍬の修理風景 | 〔生産・生業〕 | 495 |
| 鍛冶屋が打った製品 | 〔住〕 | 221 |
| 鍛冶ヤットコ作り | 〔生産・生業〕 | 495 |
| 鍛冶屋のさまざまな道具 | 〔生産・生業〕 | 495 |
| 鍛冶屋の仕事場と鞴 | 〔生産・生業〕 | 495 |
| 果樹支柱 | 〔生産・生業〕 | 266 |
| 荷杖 | 〔交通・交易〕 | 588 |
| 頭ヶ島教会 | 〔社会生活〕 | 647 |
| カシワの葉の保存 | 〔食〕 | 97 |
| 柏原弘法庵 | 〔信仰〕 | 749 |
| 柏原弘法庵の八十八ヶ所の石仏 | 〔信仰〕 | 749 |
| 菓子椀 | 〔食〕 | 64 |
| かじんかな | 〔生産・生業〕 | 411 |
| 家人専有の後中門をしつらえた民家 | 〔住〕 | 131 |
| カシンチルを結びつけたところ | 〔生産・生業〕 | 472 |
| カシンチルキリ | 〔生産・生業〕 | 472 |
| カズオケ | 〔生産・生業〕 | 495 |

| | | |
|---|---|---|
| カスガイ〔生産・生業〕 … 411 | 火葬を行なったハダカニンソクは骨を炉からスコップで取り出し、トタン板の上に体の順番に並べる〔人の一生〕 … 831 | 型付の糊〔生産・生業〕 … 472 |
| 春日机〔信仰〕 … 724 | | 片鶴嘴〔生産・生業〕 … 266 |
| 瓦斯竈〔食〕 … 64 | | 片手桶〔住〕 … 222 |
| かずき〔衣〕 … 5 | | 肩で担いで運ぶ〔交通・交易〕 … 588 |
| 粕切〔生産・生業〕 … 448 | 火葬を待つお棺〔人の一生〕 … 831 | 片手口酒樽〔食〕 … 64 |
| ガス高速レンジ〔食〕 … 64 | 家相書『万鹽秘訣即覧集』〔民俗知識〕 … 668 | 片手小鍬〔生産・生業〕 … 266 |
| ガスコンロ・石油コンロ〔住〕 … 222 | | 肩で運ぶ〔交通・交易〕 … 588 |
| カズサ〔生産・生業〕 … 266 | 家相図〔民俗知識〕 … 669 | 片流れ屋根型のホシ小屋〔住〕 … 132 |
| 上総唐箕〔生産・生業〕 … 266 | 火葬の白い煙とともに死者は昇天する〔人の一生〕 … 831 | 刀のつか袋〔生産・生業〕 … 495 |
| 上総掘り〔住〕 … 208 | | 肩にかつぐ〔交通・交易〕 … 588 |
| 上総掘りの井戸〔住〕 … 208 | 火葬場〔人の一生〕 … 831 | カタバ〔生産・生業〕 … 364 |
| 上総掘りの用具と名称〔住〕 … 208 | 火葬場跡〔人の一生〕 … 831 | 型はつり道具（椀木地用道具）〔生産・生業〕 … 495 |
| ガス七輪〔食〕 … 64 | 火葬場のカマド〔人の一生〕 … 831 | |
| ガス・自動ストップ炊飯器〔食〕 … 64 | 火葬場の前などに立てる角型の提燈や、棺の上にかざす棺蓋の紙を新しく張り替える〔人の一生〕 … 831 | かたぱーふじょう〔生産・生業〕 … 364 |
| ガス鉄砲〔生産・生業〕 … 266 | | かたばみ文懐中鏡〔住〕 … 222 |
| カステラ鍋〔食〕 … 64 | | 肩曳荷車〔交通・交易〕 … 588 |
| 数取小判〔信仰〕 … 734 | | 片引きの雨戸と障子〔住〕 … 192 |
| ガス火鉢用チューブ〔住〕 … 222 | 火葬場脇の引導を行なう場所に四方門を示す縄を張る〔人の一生〕 … 831 | カタビラ〔衣〕 … 5 |
| かずぶ〔交通・交易〕 … 588 | | 渇舟〔交通・交易〕 … 540 |
| 瓦斯風呂の配管〔住〕 … 192 | 火葬用の薪〔人の一生〕 … 831 | 渇舟 側面図〔生産・生業〕 … 364 |
| ガスボンベ〔住〕 … 222 | 数える〔社会生活〕 … 640 | 渇舟の横断面図〔生産・生業〕 … 364 |
| ガスボンベを利用した報知器〔社会生活〕 … 627 | 過疎化で住人があとに残した廃屋〔住〕 … 132 | 渇舟 平面図〔生産・生業〕 … 364 |
| | | 傾いたビル〔社会生活〕 … 659 |
| ガスボンベの効用〔住〕 … 222 | 家族〔住〕 … 244 | 固めの盃の席〔人の一生〕 … 820 |
| かすみ網とおとりの鳥を入れた鳥かご〔生産・生業〕 … 423 | 家族3代勢ぞろい〔衣〕 … 244 | 片山観音堂〔信仰〕 … 749 |
| | 家族総出の炭焼き〔生産・生業〕 … 528 | ガータロ〔信仰〕 … 683 |
| カスミ網による猟でとったツグミを腰のまわりにぶらさげている〔生産・生業〕 … 423 | 家族で長期間長距離の出漁をする家舟〔生産・生業〕 … 364 | 家畜の餌用にカマで茅を刈る〔生産・生業〕 … 434 |
| | カソリックの洗禮〔信仰〕 … 771 | 家畜もひなたぼっこ〔生産・生業〕 … 434 |
| 霞網猟〔生産・生業〕 … 423 | ガソリンスタンド〔交通・交易〕 … 540 | カチゴマ〔芸能・娯楽〕 … 785 |
| 霞ケ浦の帆曳網漁〔生産・生業〕 … 364 | 型（角物木地用具）〔生産・生業〕 … 495 | カチッピキ（二人曳ふな曳網）の構造〔生産・生業〕 … 364 |
| カスミとオトリの籠〔生産・生業〕 … 423 | 型（木地道具）〔生産・生業〕 … 495 | |
| かずら橋〔交通・交易〕 … 540 | 片足大草鞋〔信仰〕 … 706 | カチッピキ（徒歩引き）の図〔生産・生業〕 … 364 |
| 葛橋〔交通・交易〕 … 540 | カタウチ〔生産・生業〕 … 495 | |
| 蔓橋〔交通・交易〕 … 540 | カタウチョウナ〔生産・生業〕 … 495 | カチド（徒歩）〔生産・生業〕 … 364 |
| かずら橋の架け替え作業〔交通・交易〕 … 540 | 型置きした布を染める〔生産・生業〕 … 472 | 徒人（カチド）〔生産・生業〕 … 365 |
| | | カチドがアワビの寸法を計る〔生産・生業〕 … 365 |
| カスリ〔生産・生業〕 … 266, 448 | 肩掛式半自動噴霧機〔生産・生業〕 … 266 | |
| 絣着物〔衣〕 … 5 | 肩担運搬〔交通・交易〕 … 588 | カチャッコ〔衣〕 … 33 |
| 絣括り〔生産・生業〕 … 472 | 型紙〔生産・生業〕 … 495 | 鰹一本釣〔生産・生業〕 … 365 |
| 絣づくり〔生産・生業〕 … 472 | カタギイテゴ〔生産・生業〕 … 364 | 鰹一本釣り〔生産・生業〕 … 365 |
| 絣の長着〔衣〕 … 5 | カタギイテゴと刺網の鮎漁〔生産・生業〕 … 364 | 鰹一本釣り漁船の出漁式〔生産・生業〕 … 365 |
| 絣の野良着と腰巻姿〔衣〕 … 5 | | |
| 絣のノラジバン〔衣〕 … 5 | カタキリ〔生産・生業〕 … 364 | カツオ木〔住〕 … 132 |
| ガス籠形火鉢〔住〕 … 222 | 肩切り地蔵堂〔信仰〕 … 749 | 鰹漁船〔生産・生業〕 … 365 |
| カセ〔生産・生業〕 … 472 | カタクチ〔食〕 … 64 | かつをづの〔生産・生業〕 … 365 |
| 火性三昧〔信仰〕 … 728 | 片口〔食〕 … 64 | カツオ釣〔生産・生業〕 … 365 |
| カセをナカテに掛けて棒にとる〔生産・生業〕 … 472 | カタクチイワシを女たちが煮干しに加工する〔食〕 … 97 | 鰹釣り漁業の図〔生産・生業〕 … 365 |
| | | カツオの一本釣り〔生産・生業〕 … 365 |
| 風邪をひく〔住〕 … 244 | カタクチイワシの白子〔食〕 … 97 | カツオの餌のイワシを運ぶイケス籠〔生産・生業〕 … 365 |
| 風切鎌〔民俗知識〕 … 668 | カタクチイワシの定置網漁〔生産・生業〕 … 364 | |
| カセグルマ〔生産・生業〕 … 472 | | カツオの加工〔食〕 … 97 |
| 綛車〔生産・生業〕 … 472 | カタクチイワシの煮干しを浜で干す〔食〕 … 97 | カツオの擬餌針〔生産・生業〕 … 365 |
| かせぞろえ〔生産・生業〕 … 472 | | 鰹の釣具〔生産・生業〕 … 365 |
| 風立て〔住〕 … 222 | 片口木鉢〔食〕 … 64 | 鰹のビンタ（頭）の塩漬け〔食〕 … 51 |
| カゼトオシ〔食〕 … 64 | 片栗郡落〔生産・生業〕 … 266 | 鰹のホシ（心臓）〔食〕 … 51 |
| カセトリ〔生産・生業〕 … 472 | 肩車〔人の一生〕 … 809 | カツオの水揚げ〔生産・生業〕 … 365 |
| 風の神〔信仰〕 … 683 | カタゲウマ〔交通・交易〕 … 588 | 鰹の水揚げ〔生産・生業〕 … 365 |
| 風の三郎〔信仰〕 … 683 | 形代〔信仰〕 … 706 | カツオバンチャ〔衣〕 … 5 |
| 風の三郎さま〔信仰〕 … 683 | 渇スキー〔生産・生業〕 … 364 | 鰹節〔人の一生〕 … 820 |
| 風邪の地蔵様〔信仰〕 … 683 | 渇スキーの漁師の着衣〔衣〕 … 5 | 鰹節加工工場〔食〕 … 97 |
| 風邪封じの手型〔民俗知識〕 … 668 | 片添海岸〔交通・交易〕 … 616 | 鰹節飾一連〔人の一生〕 … 820 |
| 風ヨケ垣〔住〕 … 131 | 型田植〔生産・生業〕 … 266 | 鰹節削りの回転道具化〔食〕 … 64 |
| 風除けの垣根〔住〕 … 132 | 堅田漁港を埋める貝殻〔生産・生業〕 … 364 | 鰹節削機〔食〕 … 64 |
| 風除けの樹木と垣根〔住〕 … 132 | | 鰹節つくり〔食〕 … 97 |
| 風除けのノロシ〔住〕 … 132 | 肩叩き〔住〕 … 222, 244 | 鰹節の商標〔交通・交易〕 … 562 |
| 架線による出材〔生産・生業〕 … 411 | かたつけ〔生産・生業〕 … 266 | 鰹節の日乾〔食〕 … 97 |
| 河川の清掃の機械船〔社会生活〕 … 659 | 型付〔生産・生業〕 … 472 | 鰹節干し場〔食〕 … 97 |
| 火葬〔人の一生〕 … 831 | 型付け〔生産・生業〕 … 266 | カツオ漁用の餌イワシを入れる生簀〔生産・生業〕 … 365 |
| | 型付をする染師〔生産・生業〕 … 472 | |
| | 型付したあと豆を引く〔生産・生業〕 … 472 | |

| | | |
|---|---|---|
| カツギ〔衣〕 ………………………… 5 | かっぱこけし〔芸能・娯楽〕 ……… 785 | カナツキ(ヤス)でイタ(ウグイ)を突き獲る〔生産・生業〕 ……… 365 |
| 楽器〔芸能・娯楽〕 ………………… 775 | カッパの手型と称せられるもの〔民俗知識〕 …………………… 678 | カナドウを担ぎ出漁する〔生産・生業〕 ………………………… 365 |
| 被衣〔衣〕 ………………………………… 5 | カップヌードル〔食〕 ………………… 51 | 金床〔生産・生業〕 ………………… 495 |
| カツギを頭からかぶって日光を避ける喪家の女性〔人の一生〕 …… 831 | 割烹着〔衣〕 ……………………………… 5 | 金ブルイ〔生産・生業〕 …………… 267 |
| 担ぎ桶〔交通・交易〕 ……………… 588 | 割烹教室における女子商業学校生徒〔食〕 …………………………… 98 | 金丸座〔芸能・娯楽〕 ……………… 775 |
| カツギゴモ〔交通・交易〕 ………… 588 | 割烹室〔食〕 …………………………… 98 | 要石〔信仰〕 ………………………… 683 |
| 担ぎ平俵〔交通・交易〕 …………… 588 | 勝本浦本浦の町並み〔社会生活〕 … 647 | 金物店で蒸し器を買う夫婦〔交通・交易〕 ………………………… 562 |
| カツギボウ〔交通・交易〕 ………… 588 | 勝本浦正村の町並み〔社会生活〕 … 647 | 金物類などの露天市〔交通・交易〕 … 556 |
| 担又 カタギ〔交通・交易〕 ……… 588 | 勝本港〔生産・生業〕 ……………… 365 | 金森洋物店〔住〕 …………………… 132 |
| カツギモッコ〔交通・交易〕 ……… 588 | 桂川沿いの道〔交通・交易〕 ……… 540 | 金谷から金谷峠に向かう石畳の道〔交通・交易〕 ……………… 540 |
| かつぎ屋〔交通・交易〕 …………… 588 | 桂茶堂〔信仰〕 ……………………… 749 | 金屋子神〔信仰〕 …………………… 683 |
| カックイ遊び〔芸能・娯楽〕 ……… 796 | 桂巻〔衣〕 ……………………………… 26 | 金谷の阿弥陀堂〔信仰〕 …………… 749 |
| カツゲデル〔交通・交易〕 ………… 588 | カツラ屋〔衣〕 ………………………… 44 | 金山臼で造った石垣〔交通・交易〕 … 616 |
| カッコ〔生産・生業〕 ……………… 365 | 家庭訪問〔社会生活〕 ……………… 640 | 鉄輪〔住〕 …………………………… 222 |
| 鞨鼓〔芸能・娯楽〕 ………………… 775 | かてきり〔食〕 ………………………… 64 | カナワを使う炉〔住〕 ……………… 193 |
| 学校〔社会生活〕 …………………… 640 | カテモノ〔食〕 ………………………… 51 | 火難除(護符)〔信仰〕 ……………… 719 |
| 学校医による身体検査とレントゲン検診〔社会生活〕 ………… 640 | カドアカシ〔人の一生〕 …………… 831 | 火難除災の御札〔信仰〕 …………… 719 |
| 学校帰り〔社会生活〕 ……………… 640 | 瓦灯〔住〕 …………………………… 222 | 火難除地蔵堂〔信仰〕 ……………… 749 |
| 学校から帰った男の子が、畑を耕す母のもとにやってきて、何か相談を持ちかけたらしい〔社会生活〕 ………………………… 627 | 稼働を始めた石油コンビナート〔生産・生業〕 ………………… 526 | カニ網あげ〔生産・生業〕 ………… 365 |
| 学校環境浄化運動の署名運動〔社会生活〕 ………………………… 659 | カトウガ(小唐鍬)〔生産・生業〕 … 267 | カニを捕るもん採りなどを作るカゴ屋〔生産・生業〕 …………… 365 |
| 学校始業〔社会生活〕 ……………… 640 | 門口に打ちつけたヘラ(飯杓子)〔民俗知識〕 …………………… 669 | カニを茹でて売る〔交通・交易〕 … 562 |
| 学校少年団〔社会生活〕 …………… 621 | 門口に積んだ薪〔住〕 ……………… 244 | 蟹籠〔生産・生業〕 ………………… 365 |
| 学校生活〔社会生活〕 ……………… 640 | 門口の魚の尾〔住〕 ………………… 669 | カニカゴあげ〔生産・生業〕 ……… 365 |
| 学校生活にも慣れた一年生〔社会生活〕 ……………………………… 640 | 門口の呪物〔民俗知識〕 …………… 669 | カニカゴの修理〔生産・生業〕 …… 365 |
| 学校での田植え訓練〔社会生活〕 … 640 | 門口の呪物 百万遍念仏の大綱〔民俗知識〕 ……………………… 669 | カニクッ〔衣〕 ………………………… 47 |
| 学校の石垣と舗装されたばかりの通学路〔交通・交易〕 ………… 540 | 門口の小便所〔住〕 ………………… 132 | カニ族〔交通・交易〕 ……………… 580 |
| 学校の不思議空間〔社会生活〕 …… 640 | 門口の清掃用ごみ箱〔社会生活〕 … 647 | ガニテボ〔生産・生業〕 …………… 365 |
| 学校の薪ストーブの薪を背負って運ぶ〔社会生活〕 ……………… 640 | 門口の花嫁の水盃〔人の一生〕 …… 820 | カニテボ,テボ,押シ板,押シ桶〔生産・生業〕 …………………… 365 |
| 学校の味噌作り〔生産・生業〕 …… 448 | 門口の藁人形〔民俗知識〕 ………… 669 | カニトリ〔生産・生業〕 …………… 365 |
| 学校の廊下〔社会生活〕 …………… 640 | 鹿渡酒造店〔交通・交易〕 ………… 562 | カニのオヤツ〔食〕 …………………… 51 |
| 学校風景〔社会生活〕 ……………… 640 | 門田稲荷(縁切稲荷)〔信仰〕 ……… 706 | 加ា式〔社会生活〕 ………………… 621 |
| 学校問題〔社会生活〕 ……………… 659 | 角俵と楢炭〔生産・生業〕 ………… 528 | 加า式の図〔社会生活〕 …………… 621 |
| 各戸での豚の解体〔生産・生業〕 … 434 | カドドウシンサン〔信仰〕 ………… 683 | カニヨーでつるのまま家に背負って帰る〔生産・生業〕 ………… 472 |
| 滑車〔生産・生業〕 …………… 267, 411 | カドフダ〔民俗知識〕 ……………… 669 | カヌーと神面〔交通・交易〕 ……… 540 |
| 合唱〔芸能・娯楽〕 ………………… 775 | 角めんつ〔食〕 ………………………… 64 | 鹿沼箒〔住〕 ………………………… 222 |
| 合掌〔住〕 …………………………… 132 | 門守りの護符〔民俗知識〕 ………… 669 | 鉦〔芸能・娯楽〕 …………………… 775 |
| 合掌造り〔住〕 ……………………… 132 | 門守りの呪物〔民俗知識〕 ………… 669 | 鐘〔信仰〕 …………………………… 724 |
| 合掌造り・中野家主屋梁行断面〔住〕 ……………………………… 132 | カトリック教会での葬儀〔人の一生〕 ……………………………… 831 | カネカンジキ〔衣〕 ………………… 33 |
| 合掌造りの外観〔住〕 ……………… 132 | カトリック教会のあるむら〔社会生活〕 ……………………………… 647 | カネカンジキの着装〔衣〕 ………… 33 |
| 合掌造の下の大家族〔住〕 ………… 244 | カトリック教会(幼稚園を併設)〔社会生活〕 …………………… 647 | カネカンジキの着装図〔衣〕 ……… 33 |
| 合掌作りの農家〔住〕 ……………… 132 | カトリック信者の墓〔人の一生〕 … 831 | 金櫛〔生産・生業〕 ………………… 435 |
| 合掌造りの左側妻面〔住〕 ………… 132 | 家内織物〔生産・生業〕 …………… 472 | カネ下駄〔衣〕 ………………………… 33 |
| 合掌造りの葺き替え作業〔住〕 …… 215 | 叶杉〔信仰〕 ………………………… 706 | 鐘崎漁港〔生産・生業〕 …………… 365 |
| 合掌造り民家群〔住〕 ……………… 132 | カナカンジキ〔衣〕 ………………… 33 | かねした〔衣〕 ………………………… 44 |
| 合掌造屋根〔住〕 …………………… 132 | カナギの覗漁〔生産・生業〕 ……… 365 | 曲尺〔生産・生業〕 ………………… 521 |
| かっちき〔衣〕 ………………………… 33 | カナギ漁〔生産・生業〕 …………… 365 | 曲尺〔交通・交易〕 ………………… 583 |
| カッチキ〔生産・生業〕 …………… 267 | 金鍬〔生産・生業〕 ………………… 267 | かね盥とその用具〔衣〕 …………… 45 |
| カッチャ〔生産・生業〕 …………… 267 | 金鍬鑱床部の変化と角度及び柄長との関係〔生産・生業〕 ……… 267 | 金ダライによる運搬〔交通・交易〕 … 588 |
| カッチヤ〔生産・生業〕 …………… 526 | カナコ〔生産・生業〕 ……………… 267 | 鉄漿つけの道具〔衣〕 ……………… 45 |
| かって〔住〕 ………………………… 192 | 金ごき〔生産・生業〕 ……………… 267 | 鉄漿道具入〔衣〕 ……………………… 45 |
| 勝って泣く(相撲)〔芸能・娯楽〕 … 781 | 金扱〔生産・生業〕 ………………… 267 | 金草鞋〔信仰〕 ……………………… 706 |
| かつてのアラキバ〔生産・生業〕 … 267 | カナゴという刃物を使ってからむしの外皮をとる〔生産・生業〕 … 472 | 兼弘の庵〔信仰〕 …………………… 749 |
| かつての井戸〔住〕 ………………… 208 | 金沢駅前のバス待合所〔交通・交易〕 ……………………………… 540 | 鐘淵紡績工場全景〔生産・生業〕 … 472 |
| かつての煙草生産農家〔生産・生業〕 ……………………………… 441 | 金沢野田山の陸軍墓地〔社会生活〕 … 655 | 鐘淵紡績工場内部(精紡機の図)〔生産・生業〕 ………………… 472 |
| カッテの戸棚〔住〕 ………………… 192 | 金椎〔生産・生業〕 ………… 495, 521 | 金ブラシ〔生産・生業〕 …………… 435 |
| かつての牧〔生産・生業〕 ………… 434 | 金武開拓地・農協〔社会生活〕 …… 659 | カネホリモックラ〔衣〕 ……………… 5 |
| 勝手場〔住〕 ………………………… 193 | カナダのクリスマス向けに輸出する小田原ミカン箱〔交通・交易〕 … 616 | かね楊子〔衣〕 ………………………… 45 |
| かっぱえびせん〔食〕 ………………… 51 | かなだらい〔住〕 …………………… 222 | 可燃瓦斯点火器〔住〕 ……………… 222 |
| 河童型の交番〔社会生活〕 ………… 659 | | 叶木集落〔住〕 ……………………… 132 |
| 河童神の祠〔信仰〕 ………………… 683 | | カノノガリ(下刈り)のナタカマ〔生産・生業〕 ……………………… 267 |
| | | 鹿野川ダム下流の集落〔住〕 ……… 132 |

## 名称索引 かみく

カーバイト〔生産・生業〕 365
カーバイトライト集魚灯〔生産・生業〕 366
蒲沓〔衣〕 33
カバタ〔住〕 209
カバタで鯉を飼う〔住〕 209
カバタにヨコ着けされている漁船〔生産・生業〕 366
樺鍋〔食〕 64
かばみ〔交通・交易〕 588
カバヤ食品の車〔交通・交易〕 616
カバラミップ〔衣〕 6
カバラミブ〔衣〕 6
カビ〔生産・生業〕 267
蚊火〔生産・生業〕 267
歌碑に酒をそそいで〔人の一生〕 831
花瓶に絵筆で絵を描く絵付けの作業〔生産・生業〕 495
カブ〔生産・生業〕 267
カフェー〔交通・交易〕 562
株掻除草器〔生産・生業〕 267
歌舞伎人形〔芸能・娯楽〕 785
かぶ切り〔生産・生業〕 435
株切り〔生産・生業〕 267
蕪切り〔生産・生業〕 435
株切り鋸〔生産・生業〕 267
掩せ網(投網)〔生産・生業〕 366
カブセハンデエ〔食〕 64
蕪ツグリ〔芸能・娯楽〕 785
かぶと造〔住〕 132
兜造〔住〕 132
かぶと造り・多層民家〔住〕 132
兜造りの家〔住〕 132
かぶと造りの農家〔住〕 132
かぶと造りの民家〔住〕 132
かぶと造りの屋根〔住〕 132
兜鍋〔食〕 65
蕪菜漬け〔食〕 98
カブの浅漬け〔食〕 51
カブのホシナ(干し菜)〔食〕 98
カブヤー〔芸能・娯楽〕 785
カブやキャベツの採苗用の畑〔生産・生業〕 267
蕪菁切り〔生産・生業〕 435
カベ〔生産・生業〕 267
壁土をこねる〔生産・生業〕 521
壁土の芯にワラを混ぜ強度〔生産・生業〕 521
壁にかけられた道具〔住〕 222
壁に竹細工の道具が並ぶ仕事場〔生産・生業〕 495
壁につるし下げてある「じねんじょ」、なた、わらかご〔住〕 222
壁塗り〔生産・生業〕 521
カベの裕長着〔衣〕 6
壁の保護のためにとりつけられた雪囲い〔住〕 132
かぼけ〔食〕 65
南瓜〔食〕 65
南瓜炭籠〔住〕 222
カボチャビク〔生産・生業〕 267
カボテ〔生産・生業〕 534
かま〔食〕 65
カマ〔生産・生業〕 267, 366
釜〔食〕 65
鎌〔生産・生業〕 267, 411
釜揚げされたジャコ〔食〕 98
釜炒り茶の茶揉み〔生産・生業〕 441
鎌を手にする女の子〔社会生活〕 627
鎌をとぐ〔生産・生業〕 534

鎌を研ぐ少年〔生産・生業〕 534
鎌を研ぐ父親とふたりの子ども〔生産・生業〕 534
鎌を用いて刈る藻刈法〔生産・生業〕 366
鎌型〔生産・生業〕 534
カマガミ〔信仰〕 683
カマ神〔信仰〕 683
釜神〔信仰〕 683
カマガミサマ〔信仰〕 683
釜神様〔信仰〕 683
カマガミサマの面〔信仰〕 683
カマガミサン〔信仰〕 684
窯から絵付屋へは竹籠とリヤカーで運ぶ〔生産・生業〕 495
カマギとオイカワ〔交通・交易〕 588
窯口役石の積み方〔生産・生業〕 528
鎌倉駅〔交通・交易〕 540
かまくら(人形)〔芸能・娯楽〕 785
蒲ゲラを着たオバコ〔衣〕 6
カマコシゴ〔交通・交易〕 588
釜小屋〔住〕 132
ガマ権現のホコラ〔信仰〕 684
かましき〔食〕 65
釜(または鍋)シキ〔食〕 65
釜敷〔食〕 65
カマジン(釜神)〔信仰〕 684
カマス〔交通・交易〕 588
叺編みの杼〔生産・生業〕 495
釜据えと甑の据え付〔生産・生業〕 448
カマスを背負う〔交通・交易〕 588
カマスを背中当で背負う人たち〔交通・交易〕 588
叺に入れた籾種を水に浸す〔生産・生業〕 267
かます(わら製の袋)に入れて30年ほど貯蔵しておいたヒエ穂〔食〕 98
窯出し作業〔生産・生業〕 495
かまど〔生産・生業〕 448
カマド〔住〕 193
竈〔住〕 193
ガマ(洞窟)の拝所で祈るユタと信者〔信仰〕 734
カマド神〔信仰〕 684
竈神〔信仰〕 684
竈神様〔信仰〕 684
竈神の面〔信仰〕 684
鎌研ぎ〔生産・生業〕 268
鎌研ぎ(漆塗り)〔生産・生業〕 495
カマとクワ〔生産・生業〕 268
竈構築技術講習会〔生産・生業〕 521
釜と尻据え〔食〕 65
釜とシャクシ〔生産・生業〕 268
かまど上に神符をさす〔信仰〕 719
竈で炊く〔食〕 98
竈で火吹き竹を使う〔住〕 193
かまどといろり〔住〕 193
かまどと大釜〔住〕 193
カマドとガスレンジ〔住〕 193
かまどと荒神様〔住〕 193
竈と炉〔住〕 193
鎌とニカホ〔生産・生業〕 268
カマドのある台所〔住〕 193
竈の縁起人形〔信仰〕 706
竈の構造〔生産・生業〕 528
竈の進化〔住〕 193
竈の使い方〔住〕 193
かまどの火かげんを見る〔食〕 98
カマド柱〔住〕 193
カマとふた〔食〕 65

窯に詰められた焼く前の器〔生産・生業〕 495
鎌による稲刈り〔生産・生業〕 268
竈塗り〔住〕 193
ガマの油を売るおかみさん〔民俗知識〕 664
カマの柄の長さの計り方〔民俗知識〕 678
ガマのオッケ〔信仰〕 771
鎌の型〔生産・生業〕 268
カマノキ・アメンボ〔信仰〕 684
鎌の行商人に話を聞く宮本常一〔交通・交易〕 562
鎌の産地と銘柄の分布と盛衰〔生産・生業〕 268
窯の仕事場〔生産・生業〕 495
鎌の収納〔生産・生業〕 268
釜の水張り〔生産・生業〕 448
窯の縦断面図〔生産・生業〕 528
釜場〔生産・生業〕 448
窯場〔生産・生業〕 495
鎌八幡〔信仰〕 706
ガマハバキ〔衣〕 33
カマハリ〔生産・生業〕 528
ガマハンバキ〔衣〕 33
ガマハンバキ〔食〕 65
釜蓋かぶせ〔人の一生〕 820
釜仏〔信仰〕 684
釜磨たわし〔食〕 65
窯元〔生産・生業〕 496
窯元が道路を挟み立つ美山(苗代川)の全景〔生産・生業〕 496
竈屋造りの農家〔住〕 133
カマヤ建て〔住〕 133
釜屋建て〔住〕 133
釜屋建ての民家〔住〕 133
釜屋建ての民家と屋敷〔住〕 133
カマヤの内部〔住〕 193
カマ・ヨキの柄の焼印〔生産・生業〕 411
髪あげ〔衣〕 26
神アサギ〔信仰〕 766
神アシャゲ〔信仰〕 766
紙位牌〔人の一生〕 831
カミウケ(髪受・毛受)〔衣〕 45
上宇内阿弥陀堂〔信仰〕 749
紙エマ〔信仰〕 706
紙絵馬〔信仰〕 706
髪を洗う〔住〕 244
上岡観音縁日の絵馬市〔交通・交易〕 556
髪を梳く〔住〕 244
カミオロシ〔信仰〕 734
神オロシ(背に白い布を付ける)〔信仰〕 734
神がおりてくる直前〔信仰〕 734
神がかり〔信仰〕 734
神がかりした神主〔信仰〕 724
髪型 オタフク〔衣〕 45
髪型 キンコ〔衣〕 45
髪形のいろいろ〔衣〕 45
髪型の流行変遷〔衣〕 45
上金倉の辻堂〔信仰〕 749
神々をまつる幣棚〔信仰〕 771
神々をまつる幣棚〔信仰〕 684
紙切り〔生産・生業〕 496
紙切包丁〔生産・生業〕 496
天牛駆除器〔生産・生業〕 268
紙屑の屋形〔社会生活〕 659
上組の地蔵堂〔信仰〕 749

## かみこ　名称索引

紙衣〔衣〕 6
紙子〔衣〕 6
紙子〔生産・生業〕 496
カミサマ〔信仰〕 734
神さまに捧げられる御饌（みけ）はおひつで運ばれ供される〔交通・交易〕 588
カミサマの祈禱所〔信仰〕 734
カミサマの祭祀場所〔信仰〕 771
カミサマの春祈禱〔信仰〕 734
カミサマの春祈禱の神棚〔信仰〕 734
神さまは目上に捧げ持って運ばれる〔交通・交易〕 589
神さまへの捧げ物を運ぶ司（つかさ）〔交通・交易〕 589
カミサンダの田植〔生産・生業〕 268
紙芝居〔芸能・娯楽〕 775, 785
神島の観音講の念仏〔信仰〕 742
神島の葬式〔人の一生〕 831
袴〔衣〕 6
かみしも行李〔住〕 222
紙障子に映える連子窓〔住〕 133
上末国の庵〔信仰〕 749
紙漉き〔生産・生業〕 496
紙漉場〔生産・生業〕 496
紙漉き台〔生産・生業〕 496
紙漉きフネ〔生産・生業〕 496
神ヅケの式場〔信仰〕 734
上諏訪地方の農家の間取り〔住〕 133
紙製姉様〔芸能・娯楽〕 785
紙製鍋〔食〕 65
カミソを干す〔生産・生業〕 496
カミソを蒸す〔生産・生業〕 496
剃刀形鎌〔生産・生業〕 268
上高堂〔信仰〕 749
上竹（高原）の観音堂〔信仰〕 749
紙だし場〔生産・生業〕 496
神棚〔信仰〕 684
神棚・ダルマ・お札の類が見える古札納所〔信仰〕 706
神棚と電気掃除機〔住〕 244
神棚に飾られた群馬から売りにくるダルマ〔信仰〕 706
神棚に苗束を供える〔信仰〕 706
神棚に祀られたお札〔信仰〕 719
神棚に祀られていた稲の束〔信仰〕 706
神棚のある土間と台所〔住〕 193
神棚の上に雲形の木の彫刻を貼る〔信仰〕 706
神棚の切紙〔信仰〕 706
神棚の下に仏壇をしつらえたチャノマと呼ばれる居間〔住〕 193
神棚の例（西日本）〔信仰〕 684
神棚の例（東日本）〔信仰〕 685
神棚前での祈禱〔信仰〕 706
上津具の町並み〔社会生活〕 647
紙つくる村〔生産・生業〕 496
紙つけ刷毛〔生産・生業〕 496
紙テープを飛ばして別れを惜しむ汽車〔交通・交易〕 540
上国国家〔住〕 133
上国国の平家茶屋〔交通・交易〕 562
神に供物る器〔信仰〕 706
神に仕える舞姫〔信仰〕 724
髪にブラシをかける〔住〕 244
神にまつられた石〔信仰〕 685
上二万中村のお地蔵様〔信仰〕 749
上二万花会谷のお地蔵様〔信仰〕 749
紙人形〔芸能・娯楽〕 785
神のオロシのエジコ〔信仰〕 734

紙の着物を着せた山の神に奉納した猪の尻尾〔生産・生業〕 423
髪の毛が伸びるとされる人形〔民俗知識〕 678
神の住まい（素焼きの神殿）〔信仰〕 685
上関海峡からみる集落〔住〕 133
上関の町並み〔社会生活〕 647
神の鉢〔信仰〕 706
紙のヒトガタ〔信仰〕 707
紙幟〔信仰〕 707
上芳我家東面〔住〕 133
上芳我家付近の町並み〔住〕 133
紙旗〔信仰〕 707
神原田十二神楽〔人の一生〕 832
紙風船〔芸能・娯楽〕 785
紙風船と子供〔芸能・娯楽〕 796
紙干し〔生産・生業〕 496
紙巻炭〔住〕 222
上名の阿弥陀堂〔信仰〕 749
上村上町の家並み〔住〕 133
カミヤ〔社会生活〕 621
上屋と下屋〔住〕 133
神山小学校〔社会生活〕 640
上山田の観音堂〔信仰〕 750
髪結〔交通・交易〕 562
カミンニャ〔住〕 133
カムイ凧〔芸能・娯楽〕 785
カムイノミ〔食〕 111
カムイノミ お祈りの様子〔信仰〕 707
カムイノミ（神への祈り）〔人の一生〕 820
カムリカタビラ〔衣〕 6
甕〔食〕 65
甕棺〔人の一生〕 832
カメカンジキ〔衣〕 33
亀鍬〔生産・生業〕 268
亀甲墓〔人の一生〕 832
亀島川につながれたダルマ船〔交通・交易〕 540
亀塚・鯉塚〔民俗知識〕 675
かめ（丹波焼）〔食〕 65
甕作りをした草葺の仕事場〔生産・生業〕 496
亀と子供〔芸能・娯楽〕 796
亀捕り〔生産・生業〕 366
甕に石灰を入れる〔生産・生業〕 472
カメノコザル〔食〕 65
亀の子笊〔食〕 65
亀の子束子〔住〕 222
甕場〔生産・生業〕 472
亀屋外観〔住〕 133
カメラを向けた父親に流し目する少女〔社会生活〕 627
カメラを向けられてあわてて逃げる裸ん坊たち〔芸能・娯楽〕 796
カメラを向ける真似をする少女〔芸能・娯楽〕 796
蒲生家隠居屋現状平面図〔住〕 133
鴨うどん〔食〕 51
カモをおとりで捕獲する〔生産・生業〕 423
鴨をすくうサデ〔生産・生業〕 423
賀茂川の堤〔交通・交易〕 540
鴨川床〔交通・交易〕 562
かも刺網の構造〔生産・生業〕 366
貨物列車〔交通・交易〕 540
カモ肉の部位別の仕分け〔食〕 98
カモの背付外し〔食〕 98
カモの調理〔食〕 98
鴨場〔生産・生業〕 423

かもめ部隊と呼ばれた行商〔交通・交易〕 562
家紋〔社会生活〕 627
蚊屋〔住〕 222
茅（葦）壁〔住〕 133
茅を使用した雪囲い〔住〕 133
茅を叩き揃える〔住〕 215
蚊帳を吊るしたようす〔住〕 222
蚊帳を張った寝室〔住〕 222
茅壁〔住〕 133
萱壁講の萱で作った仮屋〔信仰〕 742
カヤ刈り〔生産・生業〕 531
かや刈場〔生産・生業〕 531
火薬入れ〔生産・生業〕 423
カヤグロ〔住〕 215
茅倉庫〔住〕 133
カヤ簇結束器〔生産・生業〕 457
かやつり草〔芸能・娯楽〕 785
茅で編んだ蓋つきの籠〔住〕 222
茅の上に杉皮を葺き込んでいく〔住〕 215
茅の確保のための茅立て〔住〕 215
茅の刈取り〔生産・生業〕 268
カヤの屋根ふき〔住〕 215
茅場〔住〕 215
萱運び〔住〕 215
茅場での茅刈り〔生産・生業〕 531
カヤ葺き家屋〔住〕 133
カヤ葺き家屋、土蔵、牛舎等〔住〕 133
茅葺き工事〔住〕 215
茅葺き叩き〔住〕 215
茅葺きと越屋根が特徴の主屋の左右に石倉をもつ〔住〕 133
茅葺きにトタンを被せた民家〔住〕 133
茅葺き農家と通し苗代〔生産・生業〕 268
茅葺きの置き屋根〔住〕 133
茅葺きの民家〔住〕 133
茅葺きの民家群〔住〕 133
茅葺きの村〔住〕 133
茅葺き民家〔住〕 133
茅葺き民家が環状に並ぶ荻ノ島の集落〔住〕 133
茅葺き屋根〔住〕 134
茅葺屋根〔住〕 134
茅葺き屋根を鉄板で覆った鞘掛けの屋根〔住〕 134
茅葺き屋根を残したままカラー鉄板で覆った屋根〔住〕 134
茅葺き屋根から木羽葺きに改造した家〔住〕 134
カヤ葺き屋根修理用の備蓄〔住〕 134
茅葺き屋根と福木〔住〕 134
茅葺屋根の家〔住〕 134
茅葺き屋根の主屋と薬医門の表門〔住〕 134
茅葺き屋根の外便所〔住〕 134
茅葺屋根の土蔵〔住〕 134
茅葺屋根の農家〔住〕 134
カヤ葺き屋根の軒下利用〔住〕 134
茅葺き屋根の民家〔住〕 134
茅葺き屋根の民家にある玄関脇の上げ下げ窓〔住〕 134
茅葺屋根の民家も残る新島北部の若郷集落〔住〕 134
萱葺民家〔住〕 134
カヤ普請による屋根の葺き替え作業〔住〕 215
茅干しを兼ねたセイタの風除け〔住〕 134

| | | |
|---|---|---|
| かや屋根〔住〕 134 | がらぬき〔生産・生業〕 472 | カルサン〔衣〕 6 |
| 萱屋根と本瓦葺きの家〔住〕 134 | がらぬき台〔生産・生業〕 472 | ガール・スカウトのキャンピング〔社会生活〕 659 |
| かや屋根のふき替え〔住〕 215 | 唐橋付近〔社会生活〕 647 | かるた〔芸能・娯楽〕 785 |
| かや屋根のふき替え作業〔住〕 215 | 唐破風をつけた風呂屋形〔住〕 134 | カルタ遊び〔芸能・娯楽〕 796 |
| 茅屋根の補修〔住〕 216 | 唐破風の大屋根〔住〕 134 | カルチベータ〔生産・生業〕 269 |
| 茅屋根の屋根柱に結ばれていた天照皇太神宮神符〔信仰〕 719 | からびつ〔信仰〕 707 | カルチベーター〔生産・生業〕 269 |
| 蚊遣〔生産・生業〕 268 | 唐櫃〔住〕 222 | カルトン〔生産・生業〕 457 |
| 通い船〔交通・交易〕 540 | カラマツを植林した焼畑跡地〔生産・生業〕 411 | カレイエマ〔信仰〕 707 |
| 通帳〔交通・交易〕 562 | からむし〔生産・生業〕 472 | カレイ漁船〔生産・生業〕 366 |
| 通い徳利〔食〕 65 | 苧麻〔生産・生業〕 472 | カレイ干し〔食〕 98 |
| がら〔生産・生業〕 472 | 苧麻を績む〔生産・生業〕 472 | カレカゴ〔交通・交易〕 589 |
| ガラ〔生産・生業〕 366 | 苧麻織〔生産・生業〕 472 | 枯木の地蔵堂〔信仰〕 750 |
| カライモ畑の草取り〔生産・生業〕 268 | からむしの刈り取り〔生産・生業〕 472 | 枯れたナシの木を利用したハヤトウリの棚〔生産・生業〕 269 |
| ガライレ〔生産・生業〕 472 | カラムシの皮をはいで繊維を作る〔生産・生業〕 473 | カレンダー〔民俗知識〕 666 |
| カラウス〔食〕 65 | からむしの皮はぎ〔生産・生業〕 473 | 鹿老渡の集落遠景〔住〕 135 |
| カラウス〔生産・生業〕 268 | からむしの繊維を干す〔生産・生業〕 473 | 鹿老渡の町並み〔住〕 135 |
| 碓〔食〕 65 | からむしの畑〔生産・生業〕 473 | カロップ（編纂）〔交通・交易〕 589 |
| 唐臼〔食〕 65 | 苧麻の表皮をはぎ繊維を搔き取る〔生産・生業〕 473 | カワ〔住〕 209 |
| 唐臼〔生産・生業〕 268 | 苧麻畑〔生産・生業〕 473 | カワ〔生産・生業〕 473 |
| カラウスカマギ〔交通・交易〕 589 | 苧畑の野焼き〔生産・生業〕 269 | ガワ〔生産・生業〕 473 |
| カラウス小屋〔生産・生業〕 268 | 苧畑の防風垣〔生産・生業〕 269 | 川遊び〔芸能・娯楽〕 796 |
| 唐臼小屋〔生産・生業〕 268 | 「カラメ凧」とその骨組〔芸能・娯楽〕 785 | ガワ網上縁の構造〔生産・生業〕 366 |
| カラウス小屋内部〔生産・生業〕 268 | ガラン様〔信仰〕 685 | 川石を拾いあげ、小舟に移し入れる〔生産・生業〕 526 |
| 唐うすでカシの実をついて粉にする〔食〕 98 | 刈入れ後の車田〔生産・生業〕 269 | 川石を拾う〔生産・生業〕 526 |
| 唐臼と横杵〔食〕 65 | 狩人〔生産・生業〕 423 | 川石を満載したダンベ船〔生産・生業〕 526 |
| カラカサ〔住〕 222 | 狩人衣装〔衣〕 6 | 川市〔交通・交易〕 556 |
| 唐傘〔住〕 222 | 狩人の談合〔生産・生業〕 423 | 川エビを捕る〔生産・生業〕 366 |
| 唐傘をさす祖母と三人の孫〔社会生活〕 627 | 狩人のボウシ（帽子）〔衣〕 26 | 川エビの味醂煮〔食〕 51 |
| 唐菓子〔食〕 51 | カリカケ〔生産・生業〕 269 | 川をせき止めて造ったプールで遊ぶ〔芸能・娯楽〕 796 |
| ガラガラ〔芸能・娯楽〕 785 | カリカケ〔信仰〕 707 | 皮をむく〔生産・生業〕 473 |
| 唐草織〔生産・生業〕 496 | カリカセザオ〔生産・生業〕 423 | 川を渡る〔交通・交易〕 540 |
| 唐草模様藍染蒲団かわ〔住〕 222 | カリキリ〔生産・生業〕 269 | カワカゴ〔生産・生業〕 366 |
| 唐草模様蒲団かわ〔住〕 222 | 刈り草の結束〔生産・生業〕 269 | 川岸の修理〔交通・交易〕 616 |
| からくり人形〔芸能・娯楽〕 785 | カリコボウズ（妖怪）の止まり木〔信仰〕 771 | 川北のお堂〔信仰〕 750 |
| カラクワ〔生産・生業〕 268 | 刈り込み〔住〕 216 | 川北のお堂の本尊〔信仰〕 750 |
| カラサ〔食〕 51 | カリサオ打ち〔生産・生業〕 473 | 川下り舟〔交通・交易〕 540 |
| から竿〔生産・生業〕 268 | 刈敷〔生産・生業〕 269 | カワグツ〔衣〕 33 |
| カラサオ〔生産・生業〕 268 | 刈敷を田へひろげる〔生産・生業〕 269 | 皮靴の修理をする〔生産・生業〕 496 |
| 唐竿〔生産・生業〕 268 | 刈敷を田土に混ぜ埋め込む作業を手伝う中学生たち〔生産・生業〕 269 | 革靴の張り替え〔生産・生業〕 496 |
| 唐棹〔生産・生業〕 268 | 狩神事〔信仰〕 724 | 川倉地蔵堂〔信仰〕 766 |
| 唐棹使用図〔生産・生業〕 269 | 刈り取ったからむしを水に浸ける〔生産・生業〕 473 | 川倉地蔵堂の地蔵〔信仰〕 766 |
| 唐竿で豆を打つ〔生産・生業〕 269 | 刈り取った早期米を家族総出で海岸の防波堤に干す〔生産・生業〕 269 | 川越芋の砂糖漬〔食〕 51 |
| カラサワで打つ〔生産・生業〕 269 | 刈り取り後の田で作業中〔生産・生業〕 269 | 川越人夫の住まいや待合所、集会場の建物〔住〕 135 |
| 唐獅子〔民俗知識〕 669 | 仮りの住まい〔住〕 134 | 革財布〔住〕 222 |
| からし場風景〔生産・生業〕 448 | 仮泊中の漁船〔生産・生業〕 366 | 川魚への供養碑〔民俗知識〕 675 |
| 唐尺〔民俗知識〕 669 | カリ肥料として保存した木灰〔生産・生業〕 269 | 川魚問屋〔交通・交易〕 562 |
| カラス〔住〕 134 | 刈り干し〔生産・生業〕 269 | 川砂鉄の採取〔生産・生業〕 526 |
| 烏団扇〔信仰〕 707 | 狩俣の浜での祈り〔信仰〕 734 | 革座布団〔住〕 223 |
| カラスオドシが載る茅葺き民家〔住〕 134 | カリヤ〔人の一生〕 832 | 川砂運搬船〔生産・生業〕 526 |
| カラスキ〔生産・生業〕 269 | 刈屋魚市場〔交通・交易〕 556 | 川砂を積んだ船〔生産・生業〕 526 |
| 唐犂〔生産・生業〕 269 | 刈屋漁港〔生産・生業〕 366 | 革ズボン〔衣〕 6 |
| 唐犂（はだあげ）〔生産・生業〕 269 | 刈屋集落〔住〕 134 | 革製巾着〔住〕 223 |
| ガラス細工〔生産・生業〕 496 | カリヤ通りの家々の玄関脇に設けられた洗い場〔住〕 209 | 革製銭袋〔住〕 223 |
| ガラス障子の家〔住〕 134 | カリヤ通りの町並みを構成する民家〔住〕 134 | 革製手提鞄〔住〕 223 |
| 烏凧〔芸能・娯楽〕 785 | カリヤとなっていた部分まで格子を出した民家〔住〕 134 | 皮製の盆〔食〕 65 |
| ガラス提灯〔住〕 222 | カリンを運ぶ少女〔交通・交易〕 589 | 革製紋尽手提鞄〔住〕 223 |
| ガラスはめ込み格子戸の玄関〔住〕 134 | カルイ〔交通・交易〕 589 | 川沿いにある白漆喰、なまこ壁の尾花家〔住〕 135 |
| 烏マアシコ〔芸能・娯楽〕 785 | | 川沿いに広がる隈町の町並み〔住〕 135 |
| からすみ〔食〕 51 | | 川沿いの船だまり〔交通・交易〕 540 |
| からすみの加工品〔食〕 51 | | カワタチ〔生産・生業〕 423 |
| 体が回復して納めたコルセット類〔信仰〕 707 | | 川棚〔住〕 209 |
| 唐津堂〔信仰〕 750 | | 皮足袋〔衣〕 33 |
| 唐津の朝市〔交通・交易〕 556 | | |
| からと〔住〕 222 | | |

| | | |
|---|---|---|
| 河内型〔住〕 ………………………… 135 | 瓦をおろし家を解体する〔住〕 …… 135 | 観劇する主婦〔芸能・娯楽〕 ………… 775 |
| 川で洗い物〔住〕 …………………… 209 | 瓦を焼く窯〔生産・生業〕 …………… 496 | 管弦〔芸能・娯楽〕 …………………… 775 |
| 川で洗う〔生産・生業〕 …………… 473 | カワラケ凧〔芸能・娯楽〕 …………… 785 | かんこ ……………………………… 223 |
| 川で泳ぐ〔芸能・娯楽〕 …………… 796 | 河原に活魚料理のための生簀と洗い場〔交通・交易〕 ……………… 562 | 観光客でにぎわう朝市〔交通・交易〕 ……………………………… 556 |
| 川で魚とりをする少年たち〔芸能・娯楽〕 ……………………………… 797 | 河原に建てられたバラック建築の住居〔住〕 …………………………… 135 | 観光客の参拝〔交通・交易〕 ………… 580 |
| 皮手袋〔衣〕 ……………………………… 43 | 河原に立てられた家〔住〕 …………… 135 | 環濠集落〔住〕 ………………………… 135 |
| 川でよく洗いながらアマ皮をおとす〔生産・生業〕 ………………… 473 | 瓦の型〔生産・生業〕 ………………… 496 | 環濠集落内の狭い道〔交通・交易〕 …… 541 |
| カワドウセイ〔交通・交易〕 ……… 589 | 河原の洗い場〔住〕 …………………… 209 | 環濠集落の入口〔住〕 ………………… 135 |
| ガワとガワマキ〔生産・生業〕 …… 473 | 河原の洗濯場〔住〕 …………………… 209 | 環濠集落の民家の屋敷構え〔住〕 …… 135 |
| 川床に石を積んだ魚の産卵床〔生産・生業〕 ……………………… 366 | 瓦葺入母屋造りの一例〔住〕 ………… 135 | 環濠集落の屋敷〔住〕 ………………… 135 |
| カワナを干す〔食〕 ………………… 98 | 瓦葺きの箱棟を載せ、軒が高く右妻側に下屋が付く民家〔住〕 …… 135 | 官行造林事業所〔生産・生業〕 ……… 411 |
| 河中一統の墓、上村一統の墓〔人の一生〕 …………………………… 832 | 瓦葺き屋根〔住〕 ……………………… 135 | 環濠に姿を映す八棟造りの今西家〔住〕 …………………………… 135 |
| カワナの地干し〔食〕 ……………… 98 | 瓦葺屋根の土蔵〔住〕 ………………… 135 | 観光バスガイド・ガール〔交通・交易〕 ……………………………… 580 |
| 皮なめし〔生産・生業〕 …………… 423 | 瓦干し〔生産・生業〕 ………………… 496 | 観光用の牛車〔交通・交易〕 ………… 580 |
| 川に下りる石段のある家〔住〕 …… 135 | 瓦焼乾燥場〔生産・生業〕 …………… 496 | 韓国市場〔交通・交易〕 ……………… 556 |
| 川に背を向けた家〔住〕 …………… 135 | 瓦焼の亀〔生産・生業〕 ……………… 496 | カンコロ〔生産・生業〕 ……………… 270 |
| 川に突き出た岩の上で甲羅干し〔芸能・娯楽〕 ………………… 797 | カワラ屋根〔住〕 ……………………… 135 | カンコロ（サツマイモの切干し）〔食〕 ………………………………… 98 |
| 川に張り出した町家〔住〕 ………… 135 | 瓦屋根を模して風格をもたせようとした例〔住〕 ……………………… 135 | カンコロ干し〔食〕 …………………… 98 |
| 川に面した積み出し口のある醬油工場〔生産・生業〕 ……………… 448 | 瓦屋根の屋根替え〔住〕 ……………… 216 | かんころ飯〔食〕 ……………………… 51 |
| 川に設けた猪除けの柵〔生産・生業〕 ………………………… 423 | 瓦屋根葺き〔住〕 ……………………… 216 | カンザ〔交通・交易〕 ………………… 589 |
| 川の洗い場〔住〕 …………………… 209 | 川漁〔生産・生業〕 …………………… 366 | 関西地方の農家の構え〔住〕 ………… 135 |
| 川の井戸〔住〕 ……………………… 209 | 川漁の祈り〔生産・生業〕 …………… 366 | 簪〔衣〕 ………………………………… 45 |
| 川の瀬干しによる魚捕り〔生産・生業〕 ………………………… 366 | 河漁用延縄標〔生産・生業〕 ………… 366 | 簪のいろいろ〔衣〕 …………………… 45 |
| 川の水で髪を洗った少女ふたり〔住〕 ……………………………… 209 | カン〔生産・生業〕 …………………… 411 | 鑑札〔信仰〕 …………………………… 734 |
| 川のりを簀に広げて干す〔食〕 …… 98 | 龕〔人の一生〕 ………………………… 832 | 鑑札に押捺した焼き印〔交通・交易〕 ……………………………… 611 |
| 川のりを採る〔生産・生業〕 ……… 366 | 簡易裁判所〔社会生活〕 ……………… 659 | 元三大師のおみくじ〔信仰〕 ………… 707 |
| 川の流路の遊歩道化〔交通・交易〕 … 540 | 簡易製麺機〔食〕 ……………………… 65 | 元三大師御影〔護符〕〔信仰〕 ……… 719 |
| 革羽織〔衣〕 …………………………… 6 | 簡易ハウスによる平飼い〔生産・生業〕 ……………………………… 457 | 橵〔衣〕 ………………………………… 34 |
| 皮はぎ〔生産・生業〕 ……… 411, 496 | 簡易覆土器〔生産・生業〕 …………… 269 | カンジキ〔衣〕 ………………………… 34 |
| 鱏魚釣に使用するもの〔生産・生業〕 ………………………………… 366 | 簡易舗装した村の道〔交通・交易〕 … 540 | カンジキ（田下駄）〔生産・生業〕 … 270 |
| 皮はぎ鎌（曲鎌）〔生産・生業〕 …… 496 | 棺桶〔人の一生〕 ……………………… 832 | カンジキを使用しての稲刈り〔生産・生業〕 ……………………… 270 |
| 皮はぎの順序〔生産・生業〕 ……… 423 | 缶桶で運ぶ〔交通・交易〕 …………… 589 | カンジキをはくところ〔衣〕 ………… 34 |
| カワハギの天日干し〔食〕 ………… 98 | 棺桶の蓋（婚礼用の紙製）〔人の一生〕 …………………………………… 820 | 乾式予察灯〔生産・生業〕 …………… 270 |
| 川反〔社会生活〕 …………………… 647 | 神麻続機殿神社八尋殿〔生産・生業〕 …………………………… 473 | 橵類〔衣〕 ……………………………… 34 |
| 川端の水汲場〔住〕 ………………… 209 | 龕を4人の男が舁き、墓地に向かう〔人の一生〕 ……………………… 832 | ガンジゲラ〔衣〕 ……………………… 6 |
| 革脛巾〔衣〕 …………………………… 34 | 灌漑水路〔生産・生業〕 ……………… 269 | ガンシナ〔交通・交易〕 ……………… 589 |
| 河原町の妻入商家〔住〕 …………… 135 | 灌漑水路が家の前を通る〔生産・生業〕 ……………………………… 269 | 甘蔗畑〔生産・生業〕 ………………… 270 |
| 河原町の妻入商家群〔住〕 ………… 135 | 灌漑水路の分水施設〔生産・生業〕 …… 269 | カンジョウツリ〔民俗知識〕 ………… 669 |
| 革張具〔生産・生業〕 ……………… 496 | 灌漑の水車〔生産・生業〕 …………… 269 | 勧請吊〔民俗知識〕 …………………… 669 |
| 川舟〔交通・交易〕 ………………… 540 | 灌漑用の水上輪〔生産・生業〕 ……… 270 | 勧請吊り〔民俗知識〕 ………………… 669 |
| 川船〔生産・生業〕 ………………… 366 | 灌漑用の溜池〔生産・生業〕 ………… 270 | 勧請吊と神楽太夫〔民俗知識〕 ……… 669 |
| 川船〔交通・交易〕 ………………… 540 | 願掛け〔信仰〕 ………………………… 707 | 勧請吊と勧請板〔民俗知識〕 ………… 669 |
| 川舟 ナガフネ〔生産・生業〕 …… 366 | 願掛け地蔵〔信仰〕 …………………… 685 | 頑丈な構えの猪窓〔住〕 ……………… 135 |
| 川舟に家具類を積んで移転する〔交通・交易〕 ………………… 589 | ガンガリ〔生産・生業〕 ……………… 366 | カンジョウナワ〔民俗知識〕 ………… 669 |
| 川舟の繫留風景〔生産・生業〕 …… 366 | かんかん地蔵〔信仰〕 ………………… 685 | カンジョウ縄〔民俗知識〕 …………… 669 |
| 川船の諸型〔生産・生業〕 ………… 366 | カンカン部隊〔交通・交易〕 ………… 562 | 勧請縄〔民俗知識〕 …………………… 669 |
| 川辺で火を焚き供物を川へ投入する〔信仰〕 ………………………… 707 | カンカン帽〔衣〕 ……………………… 26 | 岩礁のコンブ採集〔生産・生業〕 …… 366 |
| 川縁〔交通・交易〕 ………………… 540 | がんぎ（屋根葺き道具）〔住〕 ……… 216 | 閑定の薬師堂〔信仰〕 ………………… 750 |
| ガワマキ〔生産・生業〕 …………… 473 | ガンギ〔住〕 …………………………… 244 | 鑑賞用中庭〔住〕 ……………………… 135 |
| 川見堂〔信仰〕 ……………………… 750 | ガンギ〔交通・交易〕 ………………… 541 | 甘蔗を売る〔交通・交易〕 …………… 562 |
| かわむき〔生産・生業〕 …………… 411 | ガンギ（穂取り）〔生産・生業〕 …… 270 | 甘蔗切り機〔食〕 ……………………… 65 |
| カワムキ〔食〕 ……………………… 65 | 雁木〔住〕 ……………………………… 244 | かんしょ切断器〔生産・生業〕 ……… 435 |
| 皮むき〔生産・生業〕 ……… 411, 473 | 雁木〔交通・交易〕 …………………… 541 | カンジョー縄〔民俗知識〕 …………… 669 |
| かわむきがま〔生産・生業〕 ……… 411 | 燗器〔食〕 ……………………………… 65 | 甘藷の団子と切干〔食〕 ……………… 98 |
| 川もぐり・ますの鍵ビキの掛け軸〔生産・生業〕 ………………… 366 | 換気扇〔住〕 …………………………… 223 | 甘藷畑〔生産・生業〕 ………………… 270 |
| 川守地蔵尊〔信仰〕 ………………… 685 | ガンギと波除の石垣〔交通・交易〕 … 541 | 甘藷掘り〔生産・生業〕 ……………… 270 |
| 瓦〔住〕 ……………………………… 135 | ガンギのある船着場〔交通・交易〕 … 541 | カンジロウ〔生産・生業〕 …………… 473 |
| 瓦牛〔信仰〕 ………………………… 707 | ガンギの船着場〔交通・交易〕 ……… 541 | 勧進のだらく〔芸能・娯楽〕 ………… 775 |
| | ガンギの船着場と太助灯籠〔交通・交易〕 ……………………… 541 | かんす〔食〕 …………………………… 51 |
| | 観客席の皇族〔芸能・娯楽〕 ………… 781 | ガンヅメ〔生産・生業〕 ……… 270, 366 |
| | 玩具竹鉄砲〔芸能・娯楽〕 …………… 785 | ガン爪〔生産・生業〕 ………………… 270 |
| | | 雁爪〔生産・生業〕 …………………… 270 |
| | | 完成した熊手〔生産・生業〕 ………… 496 |
| | | 完成した地紙〔生産・生業〕 ………… 473 |

観世のお地蔵様〔信仰〕………… 750
観世の吉備四国第六十三番〔信仰〕
………… 750
カンゼボウシ〔衣〕………… 26
カンゼンボウシ（雪帽子）〔衣〕… 26
かんぜんぼっち〔衣〕………… 26
乾燥〔生産・生業〕………… 473
乾燥板〔生産・生業〕………… 423
乾燥芋〔食〕………… 98
乾燥イモ作り〔食〕………… 98
乾燥した皮に水を含ませて胴に張りおいておく〔生産・生業〕… 497
乾燥した牛乳（茶菓子）〔食〕… 51
乾燥保存したヨモギの葉で餅を作る〔食〕………… 98
乾燥するヨモギの葉〔食〕……… 98
乾燥用の包装〔食〕………… 98
簡粗な食卓〔食〕………… 111
ガンタ（滑車）〔生産・生業〕… 366
神田川〔社会生活〕………… 647
神田川と浅草橋〔交通・交易〕… 541
神田橋女子公共職業安定所〔社会生活〕………… 659
かんたろ（松明の台）〔住〕…… 223
かんつけ〔食〕………… 65
かんてき〔食〕………… 65
カンテラ〔住〕………… 223
カンテラ〔生産・生業〕………… 366
寒天作り〔食〕………… 98
寒天つくり 運搬〔食〕………… 98
寒天つくり 原液採取〔食〕…… 98
寒天つくり 棚さらし〔食〕…… 98
乾田の田植え〔生産・生業〕… 270
乾田の種播き〔生産・生業〕… 270
寒天の干場〔食〕………… 98
乾田播きの終了後〔生産・生業〕… 270
ガンドウ〔住〕………… 223
竿灯〔芸能・娯楽〕………… 785
龕灯〔住〕………… 223
関東大震災後に建てられ東京大空襲の火災を免れた民家〔住〕… 135
関東地方における会津茅手の出稼ぎ先〔住〕………… 216
関東地方の農家の構え〔住〕… 135
竿灯人形〔芸能・娯楽〕………… 786
関東平野の農家〔住〕………… 135
燗徳利〔食〕………… 65
燗徳利の型〔食〕………… 65
かんな〔生産・生業〕…… 411, 497
鉋〔生産・生業〕………… 497
金名阿弥陀堂〔信仰〕………… 750
鉋掛けして柱を仕上げる〔生産・生業〕………… 521
かんなぎ〔食〕………… 65
鉋で仕上げた大黒柱〔住〕…… 193
カンナベ〔食〕………… 66
燗鍋〔食〕………… 66
鉋類（臼・太鼓胴作り道具）〔生産・生業〕………… 497
鉋類（角物木用具）〔生産・生業〕… 497
ガンニョカブリ〔衣〕………… 26
ガンニョブカブリ〔衣〕………… 26
寒念仏供養の石塔〔信仰〕…… 771
寒念仏供養碑〔信仰〕………… 771
観音庵〔信仰〕………… 750
観音経供養碑〔信仰〕………… 771
観音講〔信仰〕………… 742
観音様の堂（北向き）〔信仰〕… 750
観音堂〔信仰〕………… 750
観音堂の屋根組み〔信仰〕…… 750

観音前での祈禱〔信仰〕……… 707
カンバ〔生産・生業〕………… 270
願はたしに奉納された穴のあいた石や髪〔信仰〕………… 707
カンバン〔交通・交易〕………… 562
乾板〔生産・生業〕………… 497
看板〔生産・生業〕………… 448
看板〔交通・交易〕………… 562
看板（あみ船屋）〔交通・交易〕… 562
看板（飴屋）〔交通・交易〕… 562
かんばん（石屋）〔交通・交易〕… 562
看板（糸屋）〔交通・交易〕… 562
看板（印章屋）〔交通・交易〕… 562
かんばん（印判屋）〔交通・交易〕… 562
看板（団扇屋）〔交通・交易〕… 562
かんばん（漆屋）〔交通・交易〕… 562
かんばん（絵具屋）〔交通・交易〕… 563
かんばん（絵馬屋）〔交通・交易〕… 563
かんばん（おう屋）〔交通・交易〕… 563
看板（筬）〔交通・交易〕……… 563
かんばん（おちゃや）〔交通・交易〕… 563
かんばん（鏡屋）〔交通・交易〕… 563
かんばん（鍵屋）〔交通・交易〕… 563
かんばん（傘・提灯屋）〔交通・交易〕………… 563
かんばん（かさや）〔交通・交易〕… 563
かんばん（貸衣裳屋）〔交通・交易〕… 563
かんばん（かじや）〔交通・交易〕… 563
看板（菓子屋）〔交通・交易〕… 563
かんばん（かつら屋）〔交通・交易〕… 563
かんばん（金物屋）〔交通・交易〕… 563
かんばん（かまし）〔交通・交易〕… 563
看板（カラスミ）〔交通・交易〕… 563
かんばん（刻煙草屋）〔交通・交易〕… 563
看板（煙管屋）〔交通・交易〕… 563
かんばん（巾着屋）〔交通・交易〕… 563
かんばん（金箔屋）〔交通・交易〕… 563
看板（櫛）〔交通・交易〕……… 563
看板（薬）〔交通・交易〕……… 563
看板（薬屋）〔交通・交易〕… 563
看板（「国産松阪木綿商」）〔交通・交易〕………… 563
かんばん（こま屋）〔交通・交易〕… 563
かんばん（小料理屋）〔交通・交易〕… 563
かんばん（ころも屋（法衣屋））〔交通・交易〕………… 563
看板（砂糖屋）〔交通・交易〕… 563
かんばん（質屋）〔交通・交易〕… 563
かんばん（三味線屋）〔交通・交易〕… 563
かんばん（数珠屋）〔交通・交易〕… 563
かんばん（錠前屋）〔交通・交易〕… 564
かんばん（生薬屋）〔交通・交易〕… 564
看板（醤油製造業者）〔交通・交易〕… 564
かんばん（しょうゆや）〔交通・交易〕………… 564
看板（梳櫛屋）〔交通・交易〕… 564
かんばん（すし屋）〔交通・交易〕… 564
看板（酢屋）〔交通・交易〕… 564
看板（扇子屋）〔交通・交易〕… 564
看板（染物屋）〔交通・交易〕… 564
看板（算盤屋）〔交通・交易〕… 564
かんばん（大工道具屋）〔交通・交易〕………… 564
看板（凧屋）〔交通・交易〕… 564
かんばん（煙草屋）〔交通・交易〕… 564
かんばん（足袋屋）〔交通・交易〕… 564
看板（陀羅尼助）〔交通・交易〕… 564

かんばん（茶湯道具屋）〔交通・交易〕………… 564
看板（提灯屋）〔交通・交易〕… 564
看板（帳面屋）〔交通・交易〕… 564
看板（漬物屋）〔交通・交易〕… 564
看板（唐辛子）〔交通・交易〕… 564
看板（銅器師）〔交通・交易〕… 564
看板（問屋）〔交通・交易〕… 564
かんばん（なんでも一厘もまけなし）〔交通・交易〕………… 564
看板に町民の訴え〔社会生活〕… 627
看板（農具を売る店）〔交通・交易〕… 564
看板（馬具商）〔交通・交易〕… 564
かんばん（葉茶屋）〔交通・交易〕… 564
看板（葉煙草屋）〔交通・交易〕… 564
かんばん（はんこや）〔交通・交易〕… 564
看板（火打鎌屋）〔交通・交易〕… 564
看板（筆墨紙商）〔交通・交易〕… 564
看板（袋物商）〔交通・交易〕… 564
看板（袋物屋）〔交通・交易〕… 564
看板（筆屋）〔交通・交易〕… 565
かんばん（鼈甲細工屋）〔交通・交易〕………… 565
看板（マッチ）〔交通・交易〕… 565
看板（眼鏡屋）〔交通・交易〕… 565
看板（めし屋）〔交通・交易〕… 565
かんばん（めたてや）〔交通・交易〕… 565
看板（矢立屋）〔交通・交易〕… 565
かんばん（宿屋）〔交通・交易〕… 565
看板（両替屋）〔交通・交易〕… 565
看板（蠟燭屋）〔交通・交易〕… 565
看板（ろばた焼店）〔交通・交易〕… 565
看板のいろいろ〔交通・交易〕… 565
雁皮の焚き付け〔住〕………… 223
カンピョ〔生産・生業〕………… 270
カンピョウエ〔生産・生業〕… 270
干瓢皮ひき〔食〕………… 98
かんぴょう皮むき機（輪切り手回し式）〔食〕………… 99
眼病祈願の絵馬〔信仰〕……… 707
干ぴょう作り〔食〕………… 99
眼病に効あるというお茶湯〔民俗知識〕………… 664
眼病平癒祈願〔信仰〕………… 707
干瓢乾し〔食〕………… 99
干瓢むき〔食〕………… 99
干瓢むき機（手回し式かんぴょう丸むき機）〔食〕………… 99
干瓢むき機（輪切り手回し式かんぴょうむき機）〔食〕………… 99
かんぴょうむき手かんな〔食〕… 99
干瓢用包丁〔食〕………… 99
棺蓋〔人の一生〕………… 832
棺蓋を新しく張り替える〔人の一生〕………… 832
棺蓋・藁靴・草鞋・傘〔人の一生〕… 832
灌仏会のお祝い着〔衣〕………… 6
乾物屋〔交通・交易〕………… 565
かんぶり〔生産・生業〕………… 441
ガンブリ瓦を載せた茅葺きの民家〔住〕………… 136
かんぶろ〔食〕………… 66
燗風呂〔食〕………… 66
寒ぼしいも〔食〕………… 99
寒参り〔信仰〕………… 724
ガンマン〔芸能・娯楽〕………… 797
丸薬機械〔民俗知識〕………… 664
丸薬師〔民俗知識〕………… 664
貫や小舞を組んだ下地に壁土を塗り込んでいく〔生産・生業〕… 521
甘藍植え〔生産・生業〕………… 270

## 【き】

管理作業用用具〔生産・生業〕………… 270
官暦（神宮暦）〔民俗知識〕………… 667
カンレキノズキンとチャンチャンコ〔人の一生〕………… 817

枴〔芸能・娯楽〕………… 775
キイカリ〔生産・生業〕………… 366
木錨〔生産・生業〕………… 367
生糸を巻いたザグリの糸枠〔生産・生業〕………… 473
生糸の出荷前の綛の状況〔生産・生業〕………… 473
生糸のよりかけ器〔生産・生業〕………… 473
喜入町の菜油タンクと日石丸〔交通・交易〕………… 616
木負の公会堂〔社会生活〕………… 621
木オロシ〔生産・生業〕………… 270
キオロシザオを渡す〔生産・生業〕………… 271
キオロシザオのカギ〔生産・生業〕………… 271
木オロシ作業に使うツク（竹竿）〔生産・生業〕………… 271
木オロシ竿（ツク）の先端部分〔生産・生業〕………… 271
木おろしと並行して、山の斜面の細い木やつる草、雑草などを刈りとる〔生産・生業〕………… 271
祇園・下河原〔交通・交易〕………… 565
祇園新橋の町並み〔社会生活〕………… 647
祇園・通りのようす〔社会生活〕………… 647
祇園・二階の目隠し〔住〕………… 136
祇園の茶屋〔交通・交易〕………… 565
祇園の店屋〔交通・交易〕………… 565
祇園鉾〔芸能・娯楽〕………… 786
木貝〔芸能・娯楽〕………… 775
機械網〔生産・生業〕………… 367
機械網布設図〔生産・生業〕………… 367
機械化されはじめた頃の搬出作業〔生産・生業〕………… 411
機械化される農業〔生産・生業〕………… 271
機械化の進んだ添作業〔生産・生業〕………… 448
機械壜〔生産・生業〕………… 448
木籠〔交通・交易〕………… 589
木型〔生産・生業〕………… 497
木型〔交通・交易〕………… 612
木が割れないように楔型の受け口を木の中心付近まで切る〔生産・生業〕………… 497
キガワ（枠）〔生産・生業〕………… 473
帰還〔社会生活〕………… 655
聞香〔芸能・娯楽〕………… 804
聞き手の声のかかった方に顔を向けて語る〔信仰〕………… 734
帰郷〔社会生活〕………… 627
企業団地〔住〕………… 244
桔梗文蕎付桶〔食〕………… 66
器石〔芸能・娯楽〕………… 804
キクザル〔食〕………… 66
木具膳〔食〕………… 66
菊燈台〔住〕………… 223
菊盆〔食〕………… 66
木茸の乾燥〔食〕………… 99
木ぐわ〔生産・生業〕………… 271
木鍬〔生産・生業〕………… 271
紀元節復活団体による奉祝〔社会生活〕………… 659

気候風土に適応した民家の景観〔住〕………… 136
帰国したハワイ移民の家〔住〕………… 136
帰国したハワイ移民のモダンな家〔住〕………… 136
キゴザ（着茣蓙）〔衣〕………… 6
着茣〔衣〕………… 6
着茣着用の姿態〔衣〕………… 6
木小屋〔住〕………… 136
木小屋の内部〔住〕………… 193
木こりの青年〔生産・生業〕………… 411
キザネヤキ〔生産・生業〕………… 271
キザミ〔生産・生業〕………… 497
刻み煙草入れ〔住〕………… 223
きざら〔食〕………… 66
擬餌〔生産・生業〕………… 367
木地〔生産・生業〕………… 497
雉子〔食〕………… 51
木地玩具〔芸能・娯楽〕………… 786
キジガンナ〔生産・生業〕………… 497
キジガンナ・ブリキヤリ・ヤリガンナ〔生産・生業〕………… 497
木地木鉢〔食〕………… 66
儀式用下ばきハカマ〔衣〕………… 6
雉子車〔芸能・娯楽〕………… 786
木地工場〔生産・生業〕………… 497
木地小屋の平面図〔生産・生業〕………… 497
木地製作の工具〔生産・生業〕………… 497
木地作業場〔生産・生業〕………… 497
木地師〔生産・生業〕………… 497
木地師の家〔住〕………… 136
木地師の家の玄関〔住〕………… 136
木地師の位牌〔人の一生〕………… 832
木地師の倉〔生産・生業〕………… 497
木地師の工具〔生産・生業〕………… 497
木地師の作業場〔生産・生業〕………… 497
木地師の仕事小屋〔生産・生業〕………… 497
木地師の仕事場〔生産・生業〕………… 497
木地師の住居間取図〔住〕………… 136
木地師の祖神の掛軸〔信仰〕………… 685
木地師の服飾用具〔衣〕………… 6
木地師の墓地〔人の一生〕………… 832
木地製作用具〔生産・生業〕………… 497
木地製品の例〔生産・生業〕………… 498
木地店建物配置見取図〔生産・生業〕………… 498
岸につながれた幅の広い舟〔交通・交易〕………… 541
木地のいろいろ〔生産・生業〕………… 498
木地の工程見本〔生産・生業〕………… 498
木地の仕上げ道具（杓子木地用道具）〔生産・生業〕………… 498
木地の仕上げ用具〔生産・生業〕………… 498
木地の下ごしらえ〔生産・生業〕………… 498
木地の製品〔食〕………… 66
木地鉢〔食〕………… 66
きじ半製品〔生産・生業〕………… 498
木地ひき〔生産・生業〕………… 498
木地ひきの工程〔生産・生業〕………… 498
木地ひきの工程 材料をさがす〔生産・生業〕………… 498
木地ひきの工程 仕上げ〔生産・生業〕………… 498
木地ひきの工程 ぶんまわしをかける〔生産・生業〕………… 498
岸辺の防潮堤〔交通・交易〕………… 616
木地盆と椀〔生産・生業〕………… 498
鬼子母神参りのザクロの絵馬〔信仰〕………… 707
汽車を見送る女性〔交通・交易〕………… 541

生地屋から絵付屋へと室板を積んで車で運ぶ〔生産・生業〕………… 498
木杓子〔食〕………… 66
木地屋三昧〔生産・生業〕………… 498
木地屋敷石積〔生産・生業〕………… 498
木地屋の遺品〔生産・生業〕………… 498
汽車の貨車に身動きできないほど乗った買い出しの人〔社会生活〕………… 655
木地屋のキコリ〔生産・生業〕………… 498
木地屋の神像〔信仰〕………… 685
木地屋の墓〔人の一生〕………… 832
木地屋の分布〔生産・生業〕………… 498
木地屋の墓石〔人の一生〕………… 832
木地屋の木製印鑑と輸送木札〔生産・生業〕………… 498
キジヤの木椀工場〔生産・生業〕………… 498
木地屋のロクロ〔生産・生業〕………… 498
木地屋墓地〔人の一生〕………… 832
木地屋村の氏神〔信仰〕………… 685
木地屋文書 君ヶ畑氏子狩帳〔生産・生業〕………… 498
木地屋文書 蛭谷氏子駈帳〔生産・生業〕………… 498
紀州蜜柑〔生産・生業〕………… 271
きじゅうろう〔食〕………… 66
木印〔生産・生業〕………… 411
木地椀〔食〕………… 66
木地椀を積んだ馬〔交通・交易〕………… 612
木地椀を運ぶ駕者馬〔交通・交易〕………… 612
木地椀作りの再現作業〔生産・生業〕………… 498
木地椀に渋で下地塗りをする〔生産・生業〕………… 498
キズコ漕縄釣の鉤と餌〔生産・生業〕………… 367
キスゴ漕縄釣の漁法〔生産・生業〕………… 367
鱚釣り〔生産・生業〕………… 367
木槌〔生産・生業〕………… 448
傷の鎌先 湯神社への奉納物〔信仰〕………… 707
木摺臼〔生産・生業〕………… 271
木磨臼〔食〕………… 66
キゼナゴ・コエドラ〔交通・交易〕………… 589
煙管〔住〕………… 223
きせる入れ〔生産・生業〕………… 423
煙管筒〔住〕………… 223
煙管と煙草入れ〔住〕………… 223
帰船〔生産・生業〕………… 367
木曽筏の基本形〔生産・生業〕………… 412
競香盤〔芸能・娯楽〕………… 804
基礎石つきと地盤固め〔生産・生業〕………… 521
木曽御嶽山と霊神場〔信仰〕………… 766
木曽谷の家〔住〕………… 136
キゾリ〔交通・交易〕………… 589
木ぞりを曳いて山へ行く〔交通・交易〕………… 589
ギターをつま弾く若者〔芸能・娯楽〕………… 775
北上川を渡る汽車〔交通・交易〕………… 541
北側3間分が畳敷きの二階内部〔住〕………… 194
北川のお堂〔信仰〕………… 750
北川のお堂でのお接待〔信仰〕………… 750
北側の環濠〔住〕………… 136
北集落の俯瞰〔住〕………… 136
北通りの自動車道路〔交通・交易〕………… 541
北の島の中心街〔社会生活〕………… 647
北野神社の絵馬〔信仰〕………… 707
北前船の廻船問屋の旧家と土蔵（角海家）〔住〕………… 136

| | | |
|---|---|---|
| 北前船〔交通・交易〕 541 | 木箱に入れたハタハタをテツナギ（手繋）で持って運ぶ〔生産・生業〕 367 | キャッチボールをする〔芸能・娯楽〕 797 |
| 北前船の係船〔生産・生業〕 367 | 木箱の灯〔住〕 223 | 木屋堂〔信仰〕 751 |
| 北見駅〔交通・交易〕 541 | キバチ〔食〕 66 | 脚絆〔衣〕 34 |
| 北向地蔵〔信仰〕 750 | 木鉢〔食〕 66 | キャベツ栽培〔生産・生業〕 271 |
| 義太夫三味線〔芸能・娯楽〕 775 | 木鉢〔生産・生業〕 457 | キャベツや白菜を新聞紙などに包んで台所の一隅につるして貯蔵する〔食〕 99 |
| 着だら（日よけ）〔衣〕 6 | 黄八丈〔生産・生業〕 474 | |
| 忌中明けのしていない家で祭の日に出入口に縄を張る〔人の一生〕 832 | 木鉢の木どり方〔生産・生業〕 499 | |
| 忌中札〔人の一生〕 832 | 帰帆〔生産・生業〕 367 | キャラメル鍋〔食〕 66 |
| 忌中札とハタ〔人の一生〕 832 | キビガラアネサマ〔芸能・娯楽〕 786 | キャンピング大鍋〔食〕 66 |
| 忌中部屋〔人の一生〕 832 | 亀尾川薬師堂〔信仰〕 750 | 旧網走刑務所正門〔社会生活〕 659 |
| キッカラボッコ〔芸能・娯楽〕 786 | きび切り〔生産・生業〕 534 | 旧石井家（市指定文化財）の移築前のたたずまい〔住〕 136 |
| 喫茶店〔交通・交易〕 565 | キビの脱穀〔生産・生業〕 271 | |
| ぎっしりと立ちならんだ鳥井の行列〔信仰〕 724 | キビの穂を小刀で刈って肩からさげた竹かごに入れる〔生産・生業〕 271 | 旧内村家住宅〔住〕 136 |
| キッチンセット〔住〕 194 | | 旧内村家住宅平面図〔住〕 136 |
| キッチンワゴン〔食〕 66 | | 旧太田家住宅内部〔住〕 194 |
| きっつ〔生産・生業〕 367 | 祈武運長久寄書〔社会生活〕 655 | 旧大山村役場〔社会生活〕 659 |
| きつね〔生産・生業〕 534 | 岐阜県東濃地方の商家の太鼓幕〔住〕 136 | 旧緒方家住宅〔住〕 136 |
| きつねあし〔食〕 66 | | 旧緒方家住宅断面図〔住〕 136 |
| キツネオケ〔生産・生業〕 448 | 木札〔信仰〕 707 | 旧緒方家住宅平面図〔住〕 136 |
| 狐台〔生産・生業〕 448 | 木札お守り〔信仰〕 719 | 旧緒方家住宅立面図〔住〕 136 |
| 狐憑き分布図〔民俗知識〕 678 | 岐阜提灯の上輪及び下輪の構造断面〔生産・生業〕 499 | 久屋寺境内にある金比羅様〔信仰〕 751 |
| 狐の頭の神（アイヌの呪具）〔民俗知識〕 669 | | |
| | 岐阜提灯の各部名称〔生産・生業〕 499 | 牛桶〔生産・生業〕 435 |
| 切符の立ち売り〔交通・交易〕 541 | 岐阜の傘〔生産・生業〕 499 | 旧家〔住〕 136 |
| 木で作った牛で遊ぶ子〔芸能・娯楽〕 797 | キボクリ〔衣〕 34 | 旧海軍兵学校校舎（生徒館）〔社会生活〕 655 |
| | 木彫煙草入〔住〕 223 | |
| 祈禱〔信仰〕 734 | 基本的な屋根形式〔住〕 136 | 旧開智学校〔社会生活〕 640 |
| 祈禱師が護摩をたいて、集落の人々の健康と安全、合わせて豊作であるように祈る〔信仰〕 771 | 木枕〔住〕 223 | 旧街道のおもかげ〔交通・交易〕 541 |
| | 木村家〔住〕 136 | 旧金丸家〔住〕 136 |
| | 木村の吉備四国第六十四番〔信仰〕 750 | 旧家のたたずまい〔住〕 136 |
| 祈禱所〔信仰〕 734 | | 旧家の門構え〔住〕 136 |
| 木流し〔生産・生業〕 412 | 木村の第十九番札所〔信仰〕 750 | 旧家の屋敷〔住〕 137 |
| 黄粉をまぶした団子が朴葉の上に置いてある〔食〕 51 | 木村の第二十一番札所〔信仰〕 750 | 旧勝刈峠を走る蒸気機関車〔交通・交易〕 541 |
| | 木村の第二十番札所〔信仰〕 750 | |
| 鬼無のお堂〔信仰〕 750 | きめ・締め道具（角物木地用具）〔生産・生業〕 499 | 旧川打家住宅〔住〕 137 |
| 鬼無のお堂の本尊〔信仰〕 750 | | 旧川打家住宅平面図〔住〕 137 |
| 気抜きのための越屋根〔住〕 136 | 鬼面〔民俗知識〕 669 | 旧川筋を示す列状の民家群と埋め立て地を示す散在する民家〔住〕 137 |
| きぬた〔生産・生業〕 498 | 鬼面〔信仰〕 734 | |
| 砧〔生産・生業〕 473 | 着物をつつんだ荷をタラで運ぶ付き人〔人の一生〕 820 | |
| 絹の絞りを染める藍の甕場〔生産・生業〕 473 | | 旧神田区万世橋塵芥取扱所（船渠式）〔社会生活〕 659 |
| | 着物姿の少女〔衣〕 6 | |
| キヌバンとキンヅチ〔住〕 223 | 着物姿の女性〔衣〕 6 | 旧菊池家住宅〔住〕 137 |
| きね〔生産・生業〕 271 | キモノに黒足袋をはいている男〔衣〕 6 | 旧北原家住宅復元平面図〔住〕 137 |
| 杵〔食〕 66 | | 旧北原家住宅復元屋根架構図〔住〕 137 |
| 杵〔生産・生業〕 271 | 着物の男〔衣〕 6 | |
| キネゴマ〔芸能・娯楽〕 786 | 着物のジンジンバショリ〔衣〕 6 | 旧北原家住宅平面図〔住〕 137 |
| 甲子と庚申の碑〔人の一生〕 742 | 着物の部分〔衣〕 6 | 旧北原家住宅屋根架構図〔住〕 137 |
| 木の皮でカゴを編む〔生産・生業〕 498 | 着物の丸洗い〔衣〕 47 | 旧木村家のネダイ〔住〕 137 |
| 紀ノ川南岸より橋本の町を望む〔住〕 136 | 鬼門堂〔信仰〕 751 | 旧教徒婦人が使用する木綿のシャツ〔衣〕 7 |
| | 鬼門にあたる北東部の窪み〔住〕 136 | |
| 紀ノ川にテラスを張り出す町並み〔住〕 136 | 木屋〔生産・生業〕 499 | 旧金子家住宅の土間と炉〔住〕 194 |
| | 木焼き〔生産・生業〕 271 | 休憩時に山茶で入れたお茶を飲む〔食〕 111 |
| 木の伐り方をならっている子供たち〔生産・生業〕 412 | 客〔住〕 244 | |
| | 客がいっぱいの年末の美容室〔交通・交易〕 565 | 急傾斜地に中層、テラスハウス、戸建分譲宅地を混合して開発した団地〔住〕 244 |
| 木の匙〔食〕 66 | | |
| 木下駒〔芸能・娯楽〕 786 | 客車内〔交通・交易〕 541 | 急傾斜地に立地している集落〔住〕 137 |
| 木ノ舟〔食〕 66 | 客車のなか〔交通・交易〕 541 | |
| 木の筬〔食〕 66 | 逆修〔人の一生〕 833 | 急傾斜の屋根〔住〕 137 |
| 木の墓地〔人の一生〕 833 | キャクゼン（一般客用）〔食〕 66 | 休憩する〔社会生活〕 627 |
| 木登り〔芸能・娯楽〕 797 | 客土を馬橇で運ぶ〔生産・生業〕 271 | 休憩のひととき〔生産・生業〕 526 |
| 木の叉を利用した運搬具〔交通・交易〕 589 | 客の注文で魚（スケソウダラ）を庖丁でさばく朝市の女店主〔交通・交易〕 556 | 旧月経小屋〔人の一生〕 809 |
| | | 牛耕〔生産・生業〕 271, 435 |
| 木呑〔生産・生業〕 448 | | 牛耕による荒起こし〔生産・生業〕 271 |
| 木の実鎌〔生産・生業〕 271 | 客火鉢〔住〕 223 | 牛耕による代掻き〔生産・生業〕 271 |
| きのめこだし〔生産・生業〕 589 | 客間〔住〕 194 | 牛耕のスキ〔生産・生業〕 271 |
| 木のモッコ〔生産・生業〕 271 | 客待ちをする渡し舟〔交通・交易〕 541 | 牛耕の方法〔生産・生業〕 272 |
| 木場〔生産・生業〕 412 | 客用蒸風呂〔住〕 194 | 急勾配に建つ民家〔住〕 137 |
| 木灰をまぶす〔生産・生業〕 473 | キャシャギデンマ〔生産・生業〕 367 | 急勾配の畑の青々とした作物〔生産・生業〕 272 |
| | 脚立〔住〕 223 | |

| | | |
|---|---|---|
| 牛耕用犂〔生産・生業〕 … 272 | 旧豊野家入口は滑車とロープで上下する吊り上げ式の二重大戸〔住〕 … 137 | 行商人が列車で運ばれる〔交通・交易〕 … 565 |
| 旧米谷家の簀の子屋根下地〔住〕 … 137 | | 行商人の店〔交通・交易〕 … 565 |
| 旧米谷家（J）の勾玉型クド〔住〕 … 137 | 旧中村家住宅のウダツ〔住〕 … 137 | 行商のおばさんたち〔交通・交易〕 … 565 |
| 球根植付定規〔生産・生業〕 … 272 | 牛鍋〔食〕 … 66 | 行商の重い荷をかついで列車を待つ〔交通・交易〕 … 565 |
| 球根植付筋立て器〔生産・生業〕 … 272 | 牛鍋屋での食事〔食〕 … 111 | |
| 球根掘取器〔生産・生業〕 … 272 | 旧西川家の外観〔住〕 … 137 | 行商の女たち〔交通・交易〕 … 565 |
| 球根掘取用フォーク〔生産・生業〕 … 272 | 牛乳置場〔生産・生業〕 … 435 | 行商の車〔交通・交易〕 … 565 |
| 球根水洗機〔生産・生業〕 … 272 | 牛乳罐〔生産・生業〕 … 435 | 行商の男女〔交通・交易〕 … 565 |
| 球根選別機〔生産・生業〕 … 272 | 牛乳のオヤツ〔食〕 … 111 | 行商の人たちと赤帽さん〔交通・交易〕 … 566 |
| 球根数読器〔生産・生業〕 … 272 | 牛乳配達〔交通・交易〕 … 565 | |
| 旧在郷商人 カネヤマコ〔交通・交易〕 … 565 | 牛乳配達をする少年〔社会生活〕 … 628 | 行商の店開き〔交通・交易〕 … 566 |
| | 牛乳運び〔生産・生業〕 … 435 | 行商絆纏〔交通・交易〕 … 566 |
| 旧境家住宅〔住〕 … 137 | 旧・のと鉄道輪島駅跡の道の駅に残されたホームの一部〔交通・交易〕 … 541 | 競進社模範蚕室正面図・二階平面図・一階平面図〔生産・生業〕 … 457 |
| 旧境家住宅内部（谷樋部分）〔住〕 … 194 | | |
| 旧境家住宅平面図〔住〕 … 137 | | 行水〔住〕 … 209 |
| 旧札幌高裁〔社会生活〕 … 659 | 牛馬安全の護符〔信仰〕 … 719 | 京塚の堂〔信仰〕 … 751 |
| 旧山陽道沿いに残る造り酒屋の町家〔住〕 … 137 | 牛馬供養塔〔民俗知識〕 … 675 | 京勤〔生産・生業〕 … 272 |
| | 牛馬供養碑〔民俗知識〕 … 675 | 競漕（ソリコブネ）〔芸能・娯楽〕 … 781 |
| 旧式の兵引枠とその附属器具〔生産・生業〕 … 474 | 牛馬による運搬作業〔交通・交易〕 … 589 | 脇息〔住〕 … 223 |
| | 牛馬のわらじ〔生産・生業〕 … 435 | 鏡台〔住〕 … 223 |
| 休日の漁港〔生産・生業〕 … 367 | 九尾稲荷（荼吉尼天像）〔信仰〕 … 685 | 教卓〔社会生活〕 … 641 |
| 旧嶋屋二階座敷腰掛け縁〔住〕 … 194 | 旧久島家住宅〔住〕 … 138 | 行田足袋の大工場〔生産・生業〕 … 534 |
| 旧清水家〔住〕 … 137 | 旧久島家住宅平面図〔住〕 … 138 | 共同井戸〔住〕 … 209 |
| 旧下倉村東砂古の大師堂〔信仰〕 … 751 | 牛糞堆厩肥の投入〔生産・生業〕 … 272 | 共同井戸と洗い場〔住〕 … 209 |
| 牛舎〔生産・生業〕 … 435 | 牛糞の堆厩肥による水田元肥の施用〔生産・生業〕 … 272 | 共同井戸と水神様〔住〕 … 209 |
| 牛車〔交通・交易〕 … 589 | | 共同飲食用の堂椀〔社会生活〕 … 628 |
| 牛車〔芸能・娯楽〕 … 786 | 牛糞の発酵ずみ堆厩肥〔生産・生業〕 … 272 | 協同作業〔社会生活〕 … 628 |
| 旧社家の台原家〔住〕 … 137 | | 共同作業による炭焼きと薪の搬入〔生産・生業〕 … 528 |
| 牛舎の牛〔生産・生業〕 … 435 | 旧宮地家住宅の正面立面図、平面図、横断面図〔住〕 … 138 | |
| 牛舎の絵馬〔信仰〕 … 707 | | 共同使用の輿を橋の下につるしておく〔人の一生〕 … 833 |
| 急斜面を開いた耕地〔生産・生業〕 … 272 | 旧友を抱擁〔社会生活〕 … 628 | |
| 急斜面に建つ板葺きの家と小屋〔住〕 … 137 | 旧吉原家正面〔住〕 … 138 | 共同水道〔住〕 … 209 |
| | 胡瓜と茄子〔生産・生業〕 … 272 | 共同でイノシシを捕獲・解体し、肉を平等配分する〔生産・生業〕 … 423 |
| 急斜面に建つ小屋〔住〕 … 137 | 胡瓜採り〔生産・生業〕 … 272 | |
| 急斜面に建つ民家〔住〕 … 137 | 弓猟〔生産・生業〕 … 423 | 共同で行う氏神の清掃〔社会生活〕 … 628 |
| 急斜面に建てられた板葺民家の集落〔住〕 … 137 | 休漁（ドンタク）の日〔生産・生業〕 … 367 | 共同での味噌作り〔生産・生業〕 … 448 |
| | | 共同墓〔人の一生〕 … 833 |
| 急斜面に点在する家々〔住〕 … 137 | 給料日の経理事務所前〔生産・生業〕 … 526 | 共同風呂〔民俗知識〕 … 664 |
| 急斜面の畑と石垣の民家〔住〕 … 137 | | 共同募金〔社会生活〕 … 628 |
| 牛車用の鞁鞍〔交通・交易〕 … 589 | 御衣の奉織〔生産・生業〕 … 474 | 共同墓地〔人の一生〕 … 833 |
| 牛首, 糸巻枠, 糸巻〔生産・生業〕 … 474 | 清い水のはいったツボを頭にのせて家まで運ぶ〔交通・交易〕 … 589 | 共同湧水地（カク）での洗濯と野菜洗い〔住〕 … 209 |
| 旧集落（上方）と建設中の新集落〔住〕 … 137 | | |
| | 教科書と硯〔社会生活〕 … 640 | 共同湧水地の掃除〔社会生活〕 … 628 |
| 丘上の墓〔人の一生〕 … 833 | 経木弁当箱〔食〕 … 67 | 共同浴場〔民俗知識〕 … 664 |
| 給食〔社会生活〕 … 640 | 京格子の店構えと床几〔住〕 … 138 | 共同酪農のプラウ〔生産・生業〕 … 435 |
| 給食を運ぶ〔社会生活〕 … 640 | 教室机・椅子〔社会生活〕 … 640 | 京都駅前〔社会生活〕 … 647 |
| 給食当番〔社会生活〕 … 640 | 教室のぞうきんがけをする男の子の背にまたがって、馬に乗った気分の子〔社会生活〕 … 640 | 京都駅夜景〔社会生活〕 … 647 |
| 給水管の保温〔住〕 … 209 | | 京都織物会社〔生産・生業〕 … 474 |
| 給水制限〔住〕 … 209 | | 京都市中で最古級の町家〔住〕 … 138 |
| 給水タンクとして用いている常滑の陶器製の大きな水瓶〔住〕 … 223 | 教室の薪ストーブに手をかざして暖をとる子どもたち〔社会生活〕 … 641 | 京都の町並〔社会生活〕 … 647 |
| | | 京都の町屋〔住〕 … 138 |
| 旧杉山家の外観〔住〕 … 137 | 凶事流し御札〔信仰〕 … 719 | 京人形の製作〔生産・生業〕 … 499 |
| 急須や土瓶類（会津本郷焼）〔食〕 … 66 | 行者堂〔信仰〕 … 751 | 京の家〔住〕 … 138 |
| 救世軍の社会鍋〔社会生活〕 … 659 | 香車の駒を奉納〔信仰〕 … 707 | 経の巻鬼を据えた現代の住宅〔住〕 … 138 |
| 給桑〔生産・生業〕 … 457 | 行者の短い錫杖〔信仰〕 … 728 | |
| 給桑籠〔生産・生業〕 … 457 | 供出米を運ぶ〔生産・生業〕 … 272 | 京の町家平面〔住〕 … 138 |
| 給桑ざる〔生産・生業〕 … 457 | 供出米の検査〔生産・生業〕 … 272 | 『きょうの料理』創刊号〔表紙〕〔食〕 … 99 |
| 給桑〔生産・生業〕 … 457 | 供出米の山〔生産・生業〕 … 272 | |
| 給桑用篩〔生産・生業〕 … 457 | 橋上市場〔交通・交易〕 … 556 | 強風に備え民家の造りは低い〔住〕 … 138 |
| 旧竹沢家の正面〔住〕 … 137 | 狭小をものともしない台所改善の提案〔住〕 … 194 | |
| 旧竹添家のオモテとナカエ〔住〕 … 137 | | 胸部背負いと前頭背負いの例〔交通・交易〕 … 589 |
| 旧武宮家の座敷飾り〔住〕 … 194 | 行商、通勤、通学の人が蒸気機関車の前を横切る朝の津和野駅〔交通・交易〕 … 541 | |
| 宮中服〔衣〕 … 7 | | 京町家の影響を受けている町家〔住〕 … 138 |
| 宮廷の晴れ着〔衣〕 … 7 | | |
| 旧道〔交通・交易〕 … 541 | 狭小なキッチンユニットをはみ出して〔住〕 … 194 | 行屋〔信仰〕 … 771 |
| 牛沓〔生産・生業〕 … 435 | | 京野菜畑〔生産・生業〕 … 272 |
| 旧道（街道の町並み）とバイパス〔交通・交易〕 … 541 | 行商人〔交通・交易〕 … 565 | 共有倉〔社会生活〕 … 628 |
| | 行商人が顔なじみの一家を待ちぶせて路上で商いをする〔交通・交易〕 … 565 | 共有倉に運んできた家ごともみ米の量を確認して帳面に記録〔社会生活〕 … 628 |

| 共有倉の共有の木器〔社会生活〕… 628
| 共有倉の記録〔社会生活〕……… 628
| 京呂組と折置組〔住〕…………… 138
| 京呂組の梁と桁の接合部〔住〕… 138
| 漁家〔住〕………………………… 138
| 魚介出荷用のトロ箱作り〔生産・生業〕……………………………… 367
| 漁獲網の網目から押し出されたスケソウダラの尻尾と頭〔生産・生業〕……………………………… 367
| 漁獲を受取る糸満の女〔生産・生業〕……………………………… 367
| 漁獲物を買いとる糸満の女性〔交通・交易〕……………………… 556
| 漁家の主屋と納屋〔住〕………… 138
| 漁家の間取り（一階）〔住〕…… 138
| 巨岩の祭祀遺跡〔信仰〕………… 707
| 漁期に寝泊まりする人家〔住〕… 138
| 漁期に使う小屋〔生産・生業〕… 367
| 漁業期節〔生産・生業〕………… 367
| 漁業神〔信仰〕…………………… 685
| 漁業青年団々則〔社会生活〕…… 621
| 漁具〔生産・生業〕……………… 367
| 魚鼓〔信仰〕……………………… 724
| 漁具をつくろう若者たち〔生産・生業〕……………………………… 367
| 玉泉寺〔信仰〕…………………… 751
| 漁具と漁法の一例〔生産・生業〕… 367
| 漁具とビク〔生産・生業〕……… 367
| 漁具、モンドリの仕掛け方〔生産・生業〕……………………………… 367
| 漁港〔生産・生業〕……………… 367
| 漁港近くで販売されるコノシロやキビナゴ〔交通・交易〕……… 566
| 漁港での魚の仕分け〔生産・生業〕… 368
| 漁港に水揚げされたサザエ〔生産・生業〕……………………………… 368
| 漁港の市場〔交通・交易〕……… 556
| 鋸歯状の町並み〔住〕…………… 138
| 居住部分との境に暖簾を吊るした通り土間〔住〕………………… 194
| 魚場跡〔生産・生業〕…………… 368
| 魚場跡の番屋〔生産・生業〕…… 368
| 漁場の女〔生産・生業〕………… 368
| 漁場の見える町〔生産・生業〕… 368
| 漁場めざして出港〔生産・生業〕… 368
| 漁船〔生産・生業〕……………… 368
| 漁船（ハエナワ）〔生産・生業〕… 368
| 漁船を砂上から海中に押出す時に使う丸太敷〔生産・生業〕…… 368
| 漁船を引揚げた浜に洗濯物も並ぶ〔生産・生業〕………………… 368
| 漁船を船置場まで引き揚げる〔生産・生業〕……………………… 368
| 漁船を舟屋内に引き上げる場合とそうでない場合がみられる〔生産・生業〕……………………… 368
| 漁船トモブト〔生産・生業〕…… 368
| 漁船の一形式〔生産・生業〕…… 368
| 漁船の形態および部分名称〔生産・生業〕……………………………… 368
| 漁船の諸型〔生産・生業〕……… 368
| 漁船の入港風景〔生産・生業〕… 368
| 漁船の船下し〔生産・生業〕…… 368
| 漁船の船着場〔生産・生業〕…… 368
| 漁船のミヨシ形態図〔生産・生業〕… 368
| 漁船の櫓とその名称〔生産・生業〕… 368
| 漁船の陸揚げ〔生産・生業〕…… 368
| 魚倉がスケソウで満杯となった北転船〔生産・生業〕…………… 369
| 漁村〔生産・生業〕……………… 369

漁村網元の家〔住〕……………… 138
漁村集落〔生産・生業〕………… 369
漁村の井戸〔住〕………………… 210
漁村の引導の場に飾られた花〔人の一生〕……………………………… 833
漁村の乙女たち〔生産・生業〕… 369
漁村の女による磯掃除〔生産・生業〕… 369
漁村の女による行商〔交通・交易〕… 566
漁村の女の舟曳上げ〔生産・生業〕… 369
漁村の休日〔生産・生業〕……… 369
漁村の景観〔生産・生業〕……… 369
漁村の仕事着〔衣〕………………… 7
漁村の生活〔生産・生業〕……… 369
漁村の狭い畑〔生産・生業〕…… 272
漁村の民家〔住〕………………… 138
漁村の麦こなし〔生産・生業〕… 272
漁村の野菜市〔交通・交易〕…… 556
漁村の労働服装〔衣〕……………… 7
漁村の路地〔生産・生業〕……… 369
漁村の若者〔社会生活〕………… 628
居宅にとりこんだ土蔵〔住〕…… 138
魚皮衣〔衣〕………………………… 7
魚皮沓〔衣〕……………………… 34
漁夫〔衣〕…………………………… 7
漁夫〔生産・生業〕……………… 369
漁婦たちが着る仕事着〔衣〕……… 7
漁婦による魚の行商〔交通・交易〕… 566
巨木の洞穴に祀られた祠〔信仰〕… 685
清水坂〔交通・交易〕…………… 541
清水坂・石畳の道〔交通・交易〕… 541
キヨメ御器〔信仰〕……………… 724
清め手桶〔住〕…………………… 223
キヨメ網を引きあげる〔生産・生業〕… 369
漁網〔生産・生業〕……………… 369
魚網〔生産・生業〕……………… 369
魚網の上でうたた寝をする男の子〔生産・生業〕………………… 369
漁網の洗濯〔生産・生業〕……… 369
漁網のつくろい〔生産・生業〕… 369
漁網の繕い〔生産・生業〕……… 369
魚網の繕い〔生産・生業〕……… 369
漁網の手編み〔生産・生業〕…… 369
漁網の手入れ〔生産・生業〕…… 369
魚網の手入れをする〔生産・生業〕… 369
魚網（モジ織）〔生産・生業〕… 369
漁網用麻糸の製造用具〔生産・生業〕……………………………… 474
清元「女車引」（藤間流）〔芸能・娯楽〕……………………………… 776
魚類供養〔民俗知識〕…………… 675
魚類のエマ〔信仰〕……………… 707
キラウシパッチ〔住〕…………… 223
吉良川西丘地区〔住〕…………… 138
吉良川西丘地区の町並み〔住〕… 138
吉良川の民家〔住〕……………… 138
キリアイ〔生産・生業〕………… 474
切り上げの中二階をもつ千葉家の主屋と曲屋〔住〕……………… 138
桐馬〔芸能・娯楽〕……………… 786
切返しを待つ蒸米〔生産・生業〕… 448
キリカエバタケのウネタテ〔生産・生業〕……………………………… 272
切紙（鯛・俵・升・銭）〔信仰〕… 707
キリクワ〔生産・生業〕………… 272
切子灯籠〔住〕…………………… 223
切妻合掌造り集落〔住〕………… 138
切妻造り〔住〕…………………… 138
切妻造り三層の民家〔住〕……… 138
切妻の破風〔住〕………………… 138

切妻屋根型のホシ小屋〔住〕…… 138
切妻屋根型のホシ小屋が並ぶ〔住〕… 138
錐・その他（臼・太鼓胴作り道具）〔生産・生業〕…………… 499
切出〔生産・生業〕……………… 521
錐・叩き道具（角物木地用具）〔生産・生業〕…………………… 499
キリダメ〔住〕…………………… 224
切溜〔食〕………………………… 67
きりだめ（桶）〔住〕…………… 224
きりだんす〔住〕………………… 224
桐簞笥〔住〕……………………… 224
キリタンポ鍋〔食〕……………… 51
切り妻〔住〕……………………… 139
桐の皮切り鎌〔生産・生業〕…… 412
キリハタ〔生産・生業〕………… 272
伐畑を焼く〔生産・生業〕……… 272
伐畑から集落を望む〔生産・生業〕… 272
伐畑に向う〔生産・生業〕……… 273
桐原のわら馬〔芸能・娯楽〕…… 786
切り干しダイコン作り〔食〕…… 99
錐彫をする〔生産・生業〕……… 474
錐彫の道具〔生産・生業〕……… 474
杞柳木型〔生産・生業〕………… 499
杞柳巾ぞろえ〔生産・生業〕…… 499
杞柳剝皮器〔生産・生業〕……… 499
帰漁（魚の水揚げ）〔生産・生業〕… 369
錐類（角物木地用具）〔生産・生業〕… 499
儀礼隊〔社会生活〕……………… 659
義呂池の水路の泥さらい〔生産・生業〕……………………………… 273
義呂池の田植〔生産・生業〕…… 273
義呂池の排水〔生産・生業〕…… 273
記録帳〔社会生活〕……………… 621
際鉋〔生産・生業〕……………… 521
木ワク〔生産・生業〕…………… 474
近海タラ延縄船〔生産・生業〕… 370
近海捕鯨基地ならではの店〔交通・交易〕……………………… 566
金華山・黄金山神社への道〔交通・交易〕……………………… 541
金華山行き乗船券売り場〔交通・交易〕……………………………… 541
近火見舞い〔社会生活〕………… 628
近畿地方の大規模農家・吉村家〔住〕……………………………… 139
近畿地方の民家形式の平面事例〔住〕……………………………… 139
金魚売り〔交通・交易〕………… 566
金魚行商一式〔交通・交易〕…… 566
金魚提灯〔芸能・娯楽〕………… 786
金魚ねぶた（ミニチュア）〔芸能・娯楽〕……………………………… 786
金魚の養殖池と民家〔住〕……… 139
近郊への竹細工の行商〔交通・交易〕……………………………… 566
近郊の農家のばあちゃんのリヤカー行商〔交通・交易〕……… 566
銀座〔社会生活〕………………… 647
金細工屋の箱〔生産・生業〕…… 499
金札行李，文庫〔住〕…………… 224
銀座通〔社会生活〕……………… 647
銀座通り三丁目を行進する開戦一周年記念の戦車隊〔社会生活〕… 655
銀座の闇市〔交通・交易〕……… 556
銀座三越前の晴海通りの停留所で都電を待つ人〔交通・交易〕… 542
禁酒の誓い〔信仰〕……………… 707
金城石畳道〔交通・交易〕……… 542

きんし　　　　　　　　　　　　　名称索引

吟醸酒用米の米洗い作業〔生産・生業〕 …………………………………… 448
近所の奥さんを迎えての接客〔住〕 …………………………………… 139
銀製菊花文マッチ入〔住〕 ………… 224
銀製鶴梅文マッチ入〔住〕 ………… 224
金属製洗米機〔生産・生業〕 ……… 448
近代アパートの集落〔住〕 ………… 244
錦帯橋〔交通・交易〕 ……………… 542
近代（大正時代）の床の間〔住〕 … 194
近代陸上競技〔芸能・娯楽〕 ……… 781
金太郎アメの製造過程〔食〕 ……… 99
錦地惣盆と八十物〔食〕 …………… 67
巾着網〔生産・生業〕 ……………… 370
巾着網を引き揚げる〔生産・生業〕 370
巾着網漁船の出港〔生産・生業〕 … 370
巾着網船団〔生産・生業〕 ………… 370
巾着網の準備をする〔生産・生業〕 370
巾着網船の漁場での操業〔生産・生業〕 …………………………………… 370
きんちゃくぐつ〔衣〕 ……………… 34
巾着舟の集結〔生産・生業〕 ……… 370
金時豆の煮豆〔食〕 ………………… 51
銀杏寺銘経机〔住〕 ………………… 224
金箔打ち〔生産・生業〕 …………… 499
金肥（化学肥料）まき〔生産・生業〕 …………………………………… 273
金ピカボタンの学童服の子もいれば、着物姿の子もいる一年生〔社会生活〕 …………………………………… 641
金平鍬〔生産・生業〕 ……………… 273
きんぺ〔衣〕 ………………………… 34
キンベ（雪下駄）〔衣〕 …………… 34
きんま〔生産・生業〕 ……………… 412
木馬〔生産・生業〕 ………………… 412
木馬から丸太材をおろす〔生産・生業〕 …………………………………… 412
金蒔絵両天髻〔衣〕 ………………… 45
木馬出し〔生産・生業〕 …………… 412
木馬で材木を運ぶ〔生産・生業〕 … 412
キンマとキンマミチ〔生産・生業〕 412
木馬に材木を積み木馬道を引く〔生産・生業〕 ………………………… 412
木馬に材木を積んで木馬道をくだる〔生産・生業〕 ………………… 412
きんまによる運材〔生産・生業〕 … 412
キンマ道〔生産・生業〕 …………… 412
木馬道〔生産・生業〕 ……………… 412
吟味集会の図〔社会生活〕 ………… 621
近隣関係〔社会生活〕 ……………… 628
近隣組　ツボ（坪）と班構成〔社会生活〕 …………………………………… 628
金輪車〔生産・生業〕 ……………… 534
近隣の人たちに祝福され花嫁は馬車に乗って嫁いでいった〔人の一生〕 …………………………………… 820

【く】

クァン〔生産・生業〕 ……………… 412
クイ〔生産・生業〕 ………………… 273
食い初め〔人の一生〕 ……………… 814
食道楽に登場する新式の爐〔食〕 … 67
ぐいのみ〔食〕 ……………………… 67
クイマ（轆轤）〔生産・生業〕 …… 499
食別れ〔人の一生〕 ………………… 833
空気ランプ〔住〕 …………………… 224
空港の滑走路と飛行機の離着陸が見える高速道路〔交通・交易〕 …… 542

空襲後の下町〔社会生活〕 ………… 655
空襲で炎に包まれる銀座四丁目交差点のビル（現三愛）〔社会生活〕 …………………………………… 655
空襲で猛火に包まれる銀座の山野楽器〔社会生活〕 ………………… 655
空襲で燃える銀座〔社会生活〕 …… 655
空襲で焼けた銀座〔社会生活〕 …… 655
空の薬師堂〔信仰〕 ………………… 751
クギを使わぬ門〔住〕 ……………… 139
釘しめ〔生産・生業〕 ……………… 521
釘抜〔生産・生業〕 ………………… 521
釘抜地蔵の本堂板塀に掲げられたヤットコと釘の絵馬〔信仰〕 …… 707
茎の貯蔵〔食〕 ……………………… 99
クギブクリ（釘木履）〔衣〕 ……… 34
クグシ〔食〕 ………………………… 52
くぐり戸をつけた大戸〔住〕 ……… 194
潜り戸が美しい大戸口〔住〕 ……… 139
潜り戸のついた大戸〔住〕 ………… 139
括枕〔住〕 …………………………… 224
くくり罠〔生産・生業〕 …………… 423
ククリワナ〔生産・生業〕 ………… 423
草をいただく子〔交通・交易〕 …… 589
草をはむ牛馬〔生産・生業〕 ……… 435
草が生い茂る屋根〔住〕 …………… 139
クサカキ〔生産・生業〕 …………… 273
クサガキ〔生産・生業〕 …………… 273
草かき〔生産・生業〕 ……………… 273
草掻き〔生産・生業〕 ……………… 273
草刈りをするお婆さん〔生産・生業〕 …………………………………… 273
草刈りカマ〔生産・生業〕 ………… 273
草刈りガマ〔生産・生業〕 ………… 273
草刈鎌〔生産・生業〕 ……………… 273
草刈鎌を見る宮本常一〔生産・生業〕 …………………………………… 273
草刈鎌掛け〔住〕 …………………… 194
草刈鎌使用図〔生産・生業〕 ……… 273
草刈鎌の柄の長さの決め方〔生産・生業〕 …………………………………… 273
草刈りガマ刃先部分（片刃）〔生産・生業〕 …………………………………… 273
草刈り小屋〔生産・生業〕 ………… 273
草刈り姿〔衣〕 ……………………… 7
草刈場〔生産・生業〕 ………… 531, 534
草刈場の境界標〔社会生活〕 ……… 628
草木谷入口のトロッコ橋〔交通・交易〕 …………………………………… 542
草切り〔生産・生業〕 ……………… 435
クサキリテゴ〔生産・生業〕 ……… 273
草けずり〔生産・生業〕 …………… 273
草津温泉〔民俗知識〕 ……………… 664
草津温泉　湯温を下げ、湯の花を採取する湯畑〔民俗知識〕 ………… 664
草取り〔生産・生業〕 ……………… 273
草取鍬を使う女の人〔生産・生業〕 273
草取爪と雁爪〔生産・生業〕 ……… 273
クサトリメケー〔交通・交易〕 …… 589
草に埋もれた墓地〔人の一生〕 …… 833
草の家〔住〕 ………………………… 139
草野本家が残る豆田町の町並み〔住〕 …………………………………… 139
草花の絵が施された襖障子〔住〕 … 224
草払鎌〔生産・生業〕 ……………… 435
草葺き屋根断面図〔住〕 …………… 139
草葺入母屋屋根の一例〔住〕 ……… 139
草葺きの家〔住〕 …………………… 139
草葺きの家が並ぶ〔住〕 …………… 139
草葺きの集落〔住〕 ………………… 139
草葺きの納屋〔住〕 ………………… 139

草葺の納屋と井戸〔住〕 …………… 139
草葺き屋根の骨格〔住〕 …………… 139
草葺き屋根の集落〔住〕 …………… 139
草葺き屋根の軒先〔住〕 …………… 139
草葺き屋根の便所の外観と構造図〔住〕 …………………………………… 139
草葺き屋根の民家〔住〕 …………… 139
草葺き屋根の棟〔住〕 ……………… 139
草葺屋根の棟飾り〔住〕 …………… 139
草葺き屋根の棟仕舞の例〔住〕 …… 139
草箒づくり〔生産・生業〕 ………… 499
草むしり〔生産・生業〕 …………… 274
クサメ〔芸能・娯楽〕 ……………… 786
草野球〔芸能・娯楽〕 ………… 781, 797
くさや作り〔食〕 …………………… 99
草屋根〔住〕 ………………………… 139
草屋根の家〔住〕 …………………… 139
草屋根の工程〔住〕 ………………… 216
草屋根の住まい〔住〕 ……………… 140
草屋根の農家〔住〕 ………………… 140
草屋根の民家〔住〕 ………………… 140
クサヤの天日干し〔食〕 …………… 99
クサヤの干物づくり〔食〕 ………… 99
鎖塚地蔵尊〔信仰〕 ………………… 685
鎖禅定をする講社〔信仰〕 ………… 742
くされ寿司〔食〕 …………………… 52
串（こんにゃくの生玉乾燥器具）〔食〕 …………………………………… 99
櫛〔衣〕 ……………………………… 45
櫛（牛馬の手入れ用）〔生産・生業〕 435
串アネコ〔芸能・娯楽〕 …………… 786
櫛形（下駄）〔衣〕 ………………… 34
櫛・簪〔衣〕 ………………………… 45
櫛・簪・笄〔衣〕 …………………… 45
クシギョ〔生産・生業〕 …………… 474
串コアネサン〔芸能・娯楽〕 ……… 786
櫛差し内黒朱膳〔食〕 ……………… 67
櫛差し黒内朱重箱〔食〕 …………… 67
櫛差し重木地〔生産・生業〕 ……… 499
櫛差し螺鈿重箱〔食〕 ……………… 67
クシとはけ〔交通・交易〕 ………… 612
串にはさんだせんべい〔人の一生〕 833
串の使い方のいろいろ〔食〕 ……… 67
駆除作戦〔社会生活〕 ……………… 628
鯨石〔民俗知識〕 …………………… 675
鯨位牌〔民俗知識〕 ………………… 675
鯨うち〔生産・生業〕 ……………… 370
鯨うちの砲手〔生産・生業〕 ……… 370
鯨尺の露店〔交通・交易〕 ………… 566
鯨商人札〔交通・交易〕 …………… 566
鯨の位牌〔民俗知識〕 ……………… 675
鯨の解体〔生産・生業〕 …………… 370
鯨の下顎骨でつくられた海童神社の鳥居〔信仰〕 ……………………… 724
鯨の水揚げ〔生産・生業〕 ………… 370
鯨の群〔生産・生業〕 ……………… 370
鯨庖丁〔生産・生業〕 ……………… 370
鯨幕〔人の一生〕 …………………… 833
久代足摺堂〔信仰〕 ………………… 751
久代の吉備四国第七十五番〔信仰〕 …………………………………… 751
クズ〔食〕 …………………………… 52
屑入れ〔住〕 ………………………… 224
葛を切る〔生産・生業〕 …………… 474
屑買い〔交通・交易〕 ……………… 566
クズカゴ〔住〕 ……………………… 224
葛カズラを殺す作業〔生産・生業〕 274
城山御嶽〔信仰〕 …………………… 766
クズタナシ〔衣〕 …………………… 7
葛タナシ（生地表面）〔生産・生業〕 474

| | | |
|---|---|---|
| 葛で編んだ蓋つきの籠〔住〕 …… 224 | くちひろ〔食〕 …………………… 67 | 熊をかこんで全員が配置についたところ〔生産・生業〕 …… 423 |
| くずと木綿糸との交織の縦じま〔生産・生業〕 …… 474 | くちもっこ〔生産・生業〕 ……… 435 | 熊谷上の大師堂〔信仰〕 ………… 751 |
| 葛採り〔生産・生業〕 …………… 474 | クチヤ(口楔)〔生産・生業〕 …… 412 | 熊谷上の大師堂の弘法大師座像〔信仰〕 ………………………… 751 |
| クズの皮を川で洗う〔生産・生業〕 …… 474 | 区長交代〔社会生活〕 …………… 628 | |
| 葛の採取〔生産・生業〕 ………… 474 | 口寄せ〔信仰〕 …………………… 735 | 熊谷の市街〔社会生活〕 ………… 648 |
| 葛の繊維をもみほぐす〔生産・生業〕 …………………… 474 | 口寄せをしているイタコ〔信仰〕 … 735 | 熊狩り〔生産・生業〕 …………… 423 |
| 葛のつるの皮をむく〔生産・生業〕 … 474 | 口寄せをする〔信仰〕 …………… 735 | 熊狩用三角槍〔生産・生業〕 …… 423 |
| クズハキ〔生産・生業〕 …… 274, 531 | 口寄せの依頼者から供えられた米に錫杖を立てて口寄せをする〔信仰〕 ………………………… 735 | 球磨川が八代海に注ぐ河口の汽水域では、海の魚、川の魚が混じって獲れた〔生産・生業〕 …… 370 |
| クズハキカゴ〔生産・生業〕 …… 531 | | |
| クズハキカゴに落ち葉を詰めこむ〔生産・生業〕 …………… 531 | | 球磨川下り〔交通・交易〕 ……… 580 |
| クズハキ前の下刈り〔生産・生業〕 … 531 | クツ〔衣〕 ………………………… 34 | 球磨川の源流を標記した石柱、こ こまで来た人の記念の木札と登 りに使った杖〔交通・交易〕 … 616 |
| 葛原家の三階倉の外観〔住〕 …… 140 | クツ(沓)〔衣〕 …………………… 34 | |
| 葛布反物(生地表面)〔生産・生業〕 … 474 | くつ切り鎌〔交通・交易〕 ……… 612 | |
| 屑屋〔交通・交易〕 ……………… 566 | くつ切り鎌と早みち〔交通・交易〕 … 612 | 球磨川の「高曽の瀬」を下る〔交通・交易〕 …………………… 580 |
| クスヤのコシツケ袋〔交通・交易〕 … 589 | 沓切り鎌と矢立〔交通・交易〕 … 612 | |
| 薬売り〔交通・交易〕 …………… 566 | クッキングカード〔食〕 ………… 67 | 熊供養碑〔民俗知識〕 …………… 675 |
| 薬売りが客寄せに使っている猿〔交通・交易〕 ………………… 566 | クツ(毛足袋)〔衣〕 ……………… 34 | 熊猿猪鹿毛者千廻供養〔民俗知識〕 … 675 |
| | くつこ〔生産・生業〕 …………… 612 | 球磨焼酎の製造〔生産・生業〕 … 448 |
| 薬売りが配ったチラシ〔民俗知識〕 … 664 | くつご〔生産・生業〕 …………… 435 | クマタカの一日の働きを背負って帰る〔生産・生業〕 …………… 423 |
| 薬売りの猿〔交通・交易〕 ……… 566 | クツゴメ〔衣〕 …………………… 35 | |
| 薬匙〔民俗知識〕 ………………… 664 | 靴とかんじき〔衣〕 ……………… 35 | クマデ〔生産・生業〕 …… 274, 474 |
| 薬棚〔民俗知識〕 ………………… 665 | 靴直し〔生産・生業〕 …………… 499 | 熊手〔住〕 ………………………… 224 |
| 薬たんす〔民俗知識〕 …………… 665 | 靴磨き〔交通・交易〕 …………… 566 | 熊手〔生産・生業〕 ………… 274, 448 |
| 薬調剤器具〔民俗知識〕 ………… 665 | 靴磨きをする少年たち〔交通・交易〕 ……………………… 566 | 熊手〔信仰〕 ……………………… 707 |
| 薬箱〔民俗知識〕 ………………… 665 | | 熊手作りの仕事場〔生産・生業〕 … 499 |
| クスリブネ(釉薬甕)〔生産・生業〕 … 499 | 沓類〔衣〕 ………………………… 35 | 熊手守〔信仰〕 …………………… 707 |
| 崩れかかった家〔住〕 …………… 140 | クツワ〔交通・交易〕 …………… 612 | クマトリヤリ〔生産・生業〕 …… 424 |
| 崩れそうな木橋〔交通・交易〕 … 542 | クド〔住〕 ………………………… 194 | 熊鍋〔食〕 ………………………… 52 |
| 崩れて木舞が出た土壁〔住〕 …… 140 | くど造り〔住〕 …………………… 140 | 熊肉のかつぎ方〔生産・生業〕 … 424 |
| クーダ〔生産・生業〕 …………… 274 | クドづくり〔住〕 ………………… 140 | クマ肉の分配〔生産・生業〕 …… 424 |
| クダ(管)〔生産・生業〕 ………… 274 | クド造〔住〕 ……………………… 140 | 熊の脂〔民俗知識〕 ……………… 665 |
| 繰出し位牌〔人の一生〕 ………… 833 | くど造りの農家〔住〕 …………… 140 | 熊の胆〔民俗知識〕 ……………… 665 |
| くだたすき〔信仰〕 ……………… 707 | くど造り(両鍵)の民家〔住〕 …… 140 | 熊の胃袋〔民俗知識〕 …………… 665 |
| クダ作り〔生産・生業〕 ………… 474 | くど造りの民家〔住〕 …………… 140 | 熊の絵を的に鉄砲の腕を競い、それを絵馬にして山の神をまつる十二神社に奉納した〔生産・生業〕 ……………………… 424 |
| 管流のための留柵の図〔生産・生業〕 …………………… 412 | くど造り様式を残しながら波板金属板葺きにした例〔住〕 …… 140 | |
| 九谷焼の壺〔住〕 ………………… 224 | クド造りの家〔住〕 ……………… 140 | |
| クダの構造〔生産・生業〕 ……… 274 | クド屋根〔住〕 …………………… 140 | |
| クダマキ〔生産・生業〕 ………… 474 | 国崎の海女〔生産・生業〕 ……… 370 | 熊の絵馬〔信仰〕 ………………… 708 |
| 管巻き〔生産・生業〕 …………… 474 | 国定忠治の墓石をかきとる〔民俗知識〕 ……………………… 669 | 熊の皮〔生産・生業〕 …………… 424 |
| クダマキグルマとツム〔生産・生業〕 …………………… 474 | | 熊の皮を切る順序〔生産・生業〕 … 424 |
| | 国森家〔住〕 ……………………… 140 | 熊の皮張り〔生産・生業〕 ……… 424 |
| 果物籠〔食〕 ……………………… 67 | クヌギの木炭、菊炭〔生産・生業〕 … 528 | 熊の皮張り縄張り〔生産・生業〕 … 424 |
| 果物屋〔交通・交易〕 …………… 566 | クネと呼ばれる生垣と後方の屋敷林〔住〕 ……………………… 140 | 熊の肝をはさむケタとひも〔生産・生業〕 …………………… 424 |
| 下り藤文箱枕〔住〕 ……………… 224 | | |
| 九段会館〔社会生活〕 …………… 647 | 区の事務〔社会生活〕 …………… 628 | 熊の肝を干す箱〔生産・生業〕 … 424 |
| 九段・九段会館〔社会生活〕 …… 648 | 区の選挙〔社会生活〕 …………… 628 | 熊野牛王印起請料紙〔信仰〕 …… 719 |
| 九段・靖国通り・神保町方面を見る〔社会生活〕 …………… 648 | 区の帳簿〔社会生活〕 …………… 628 | 熊野山牛玉宝印〔信仰〕 ………… 719 |
| | 区の山の見まわりに行って帰る〔社会生活〕 ………………… 628 | 熊の飼育〔生産・生業〕 ………… 435 |
| くちぇぼっち〔衣〕 ……………… 26 | | 熊の頭骨〔生産・生業〕 ………… 424 |
| 口を付ける前の半製品の甕が置かれた仕事場の土間〔生産・生業〕 … 499 | 区の山まわり後の一杯〔社会生活〕 … 628 | 熊野の牛王印〔信仰〕 …………… 719 |
| | クバうちわ〔住〕 ………………… 224 | 熊野比丘尼像〔信仰〕 …………… 685 |
| 朽ちかけた木製ごみ箱〔社会生活〕 … 648 | クバの釣瓶〔住〕 ………………… 210 | クマの巻き方図〔生産・生業〕 … 424 |
| クチカゴ〔生産・生業〕 ………… 435 | 首馬〔民俗知識〕 ………………… 669 | 熊の的で鉄砲の腕を競いそれを絵馬にして山の神を祀る十二神社に奉納した〔信仰〕 ……… 708 |
| 口かご〔生産・生業〕 …………… 435 | くびかけ〔交通・交易〕 ………… 612 | |
| 固めの酒一升〔人の一生〕 ……… 820 | 首飾り〔衣〕 ……………………… 47 | |
| クチゾゴ押シ、漁場へ向かう〔生産・生業〕 …………………… 370 | 首木〔生産・生業〕 ……………… 435 | 熊彫〔住〕 ………………………… 224 |
| | 首切れ馬〔信仰〕 ………………… 707 | 熊本市内・正面に熊本城〔社会生活〕 ……………………… 648 |
| 朽ちたショイコ〔交通・交易〕 … 590 | クビナガ(首長)〔生産・生業〕 … 412 | |
| 口付甕(雲助の類)〔食〕 ………… 67 | 首人形〔芸能・娯楽〕 …………… 786 | 熊用のオソ〔生産・生業〕 ……… 424 |
| 口附徳利〔食〕 …………………… 67 | くびぬき〔衣〕 …………………… 7 | 組合〔社会生活〕 ………………… 659 |
| 口縄〔生産・生業〕 ……………… 435 | 区費の事務〔社会生活〕 ………… 628 | 組合運動に活躍する女〔社会生活〕 … 659 |
| 口の巻き込み〔生産・生業〕 …… 499 | 首振り人形(猿)〔芸能・娯楽〕 … 786 | くみ上げポンプの井戸〔住〕 …… 210 |
| 口の字に庭を囲む民家〔住〕 …… 140 | クビリュウ〔食〕 ………………… 67 | 組笠〔衣〕 ………………………… 26 |
| 口ノ島の井戸〔住〕 ……………… 210 | くびれ臼〔食〕 …………………… 67 | 汲み出し〔生産・生業〕 ………… 448 |
| 口ノ島の店〔交通・交易〕 ……… 566 | 頸環〔生産・生業〕 ……………… 435 | 組立道具(角物木地用具)〔生産・生業〕 …………………… 499 |
| 口引〔生産・生業〕 ……………… 521 | クーブイリチー〔食〕 …………… 52 | |
| | クボウス(竪臼)〔食〕 …………… 67 | 汲取り〔住〕 ……………………… 244 |
| | 久保の昆沙門堂〔信仰〕 ………… 751 | 汲み取式の大便所〔住〕 ………… 194 |
| | | 汲取り風景〔社会生活〕 ………… 648 |

| | | |
|---|---|---|
| 汲取用肥料桶〔生産・生業〕……… 274 | 繰出し位牌と位牌〔人の一生〕…… 833 | くれうち・くるち〔生産・生業〕…… 275 |
| 組紐作り〔生産・生業〕……………… 499 | クリドウ（穀入れ）〔食〕…………… 67 | 呉駅〔交通・交易〕………………… 542 |
| クミャー〔人の一生〕………………… 809 | 栗煮〔食〕……………………………… 52 | 呉地家主屋のシンシ梁〔住〕……… 141 |
| 久米本村の薬師堂の前にある「文英」様石仏〔信仰〕…………… 751 | 刳り貫き型の流し〔住〕…………… 194 | 樽葺き石置き屋根の民家〔住〕…… 141 |
| 供物（3升の米と麻糸）〔信仰〕…… 735 | くりぬきちょんの〔生産・生業〕… 412 | クレ葺き屋根〔住〕………………… 141 |
| 供物を売る店〔信仰〕……………… 708 | くりぬきの食器〔食〕………………… 67 | クレ葺き屋根の益田造り〔住〕…… 141 |
| 供物をする司〔信仰〕……………… 735 | くりぬきばち〔食〕…………………… 67 | 黒内八寸膳〔食〕……………………… 67 |
| 供物に埋まった地蔵〔信仰〕……… 685 | 栗野ゲタ〔衣〕………………………… 35 | 黒塗酒樽〔食〕………………………… 67 |
| 供養塔〔信仰〕……………………… 771 | 栗野ゲタ作り〔生産・生業〕……… 499 | 黒漆塗りの御器と猪口〔食〕……… 67 |
| 供養塔群（高野山）〔信仰〕……… 767 | 栗の選別〔生産・生業〕…………… 274 | 黒鉄名号〔護符〕〔信仰〕………… 719 |
| 供養の石小積〔信仰〕……………… 767 | 栗の丸太を手斧ではつった大黒柱〔住〕………………………………… 194 | 黒木の鳥居〔信仰〕………………… 724 |
| 供養碑〔民俗知識〕………………… 676 | 栗挟み〔生産・生業〕……………… 531 | 畔鍬〔生産・生業〕………………… 275 |
| 供養碑〔信仰〕……………………… 771 | くり鉢〔食〕…………………………… 67 | クロケシを窯から出す〔生産・生業〕…………………………………… 528 |
| クラ〔住〕…………………………… 140 | 栗ひろい〔生産・生業〕…………… 531 | 黒毛馬の絵馬〔信仰〕……………… 708 |
| 鞍〔生産・生業〕…………………… 435 | 栗拾い姿〔衣〕………………………… 7 | 黒駒太子像〔信仰〕………………… 685 |
| 鞍〔交通・交易〕…………………… 612 | 栗ひろいの帰り道〔生産・生業〕… 531 | 黒駒に乗った太子像〔信仰〕……… 685 |
| 倉〔住〕……………………………… 140 | クリフネ〔生産・生業〕…………… 370 | 黒砂糖豆〔食〕………………………… 52 |
| 暗い二階を明るくする連子窓〔住〕…………………………………… 140 | クリブネ〔生産・生業〕…………… 370 | 黒沢大師堂〔信仰〕………………… 751 |
| クラオイ〔生産・生業〕…………… 435 | クリ舟〔生産・生業〕……………… 370 | 黒島の井戸〔住〕…………………… 210 |
| くらがえしまんが〔生産・生業〕… 274 | 刳舟〔生産・生業〕………………… 370 | 黒ジョカ〔食〕………………………… 67 |
| 蔵鍵〔住〕…………………………… 224 | 刳船〔生産・生業〕………………… 370 | クロスズメバチの巣〔食〕………… 52 |
| 鞍掛〔住〕…………………………… 224 | くりぶねとはぎぶね〔生産・生業〕… 370 | クロスズメバチ幼虫の佃煮〔食〕… 52 |
| クラゲヤ〔生産・生業〕…………… 424 | くりへい箸〔食〕……………………… 67 | 黒酢の入ったさつま焼の大壺がならぶ〔生産・生業〕……………… 448 |
| 暗河〔住〕…………………………… 210 | 刳物火鉢〔住〕……………………… 224 | 黒線香〔信仰〕……………………… 724 |
| 暗川〔住〕…………………………… 210 | クリモノ屋〔交通・交易〕………… 566 | 黒谷観音堂〔信仰〕………………… 751 |
| 鞍 小荷駄用〔交通・交易〕……… 590 | 刳り物用工具類〔生産・生業〕…… 499 | 黒田の中馬道〔交通・交易〕……… 612 |
| 蔵座敷〔住〕………………………… 194 | 栗焼屋の前に立つ子供〔社会生活〕… 648 | 黒茶〔食〕…………………………… 115 |
| 倉敷川に浮かぶ小舟〔交通・交易〕… 542 | 栗山家〔住〕………………………… 141 | 黒茶の製造〔生産・生業〕………… 441 |
| 倉敷川畔に連続する商家〔住〕…… 140 | グリルペット〔食〕…………………… 67 | 黒茶の製茶をやめた十村の茶畑〔生産・生業〕…………………… 441 |
| 倉敷張子〔生産・生業〕…………… 499 | グループで切り絵をする〔社会生活〕…………………………………… 641 | クロッケ〔生産・生業〕…………… 275 |
| 蔵造り〔住〕………………………… 140 | クルマイド〔住〕…………………… 210 | 黒鳥のお大師堂〔信仰〕…………… 751 |
| 蔵造り〔交通・交易〕……………… 566 | 車井戸〔住〕………………………… 210 | 黒仁田薬師堂〔信仰〕……………… 751 |
| 蔵造りの町家〔住〕………………… 140 | クルマイドの構造〔住〕…………… 210 | 黒布「寒冷紗」の覆下〔生産・生業〕…………………………………… 441 |
| 蔵出しの日〔生産・生業〕………… 448 | 車井戸の釣瓶〔住〕………………… 210 | 黒布で覆った棺〔人の一生〕……… 833 |
| 倉谷宿の屋並み〔住〕……………… 140 | クルマエビ養殖施設〔生産・生業〕… 370 | クロヌリ〔衣〕……………………… 275 |
| 蔵提灯〔住〕………………………… 224 | 車坂町の町並み〔住〕……………… 141 | 黒塗角盥〔衣〕………………………… 45 |
| 蔵提燈〔住〕………………………… 224 | 車田〔生産・生業〕………………… 274 | クロの草刈り〔生産・生業〕……… 275 |
| 蔵通り〔交通・交易〕……………… 566 | 車大工〔生産・生業〕……………… 521 | 黒天鵞絨縫取巾着〔住〕…………… 224 |
| 鞍と引木〔生産・生業〕…………… 435 | 車田植え〔生産・生業〕…………… 274 | 黒船（飾り物細工）〔芸能・娯楽〕… 786 |
| 蔵の入口（室内）〔住〕…………… 194 | 車田に植える苗〔生産・生業〕…… 274 | クロマツの防風林〔交通・交易〕… 616 |
| 蔵（倉）のいろいろ〔住〕………… 140 | 車田のある洞田〔生産・生業〕…… 274 | 黒丸子大看板〔交通・交易〕……… 566 |
| 蔵の鍵〔住〕………………………… 140 | 車田の植え方〔生産・生業〕……… 274 | クワ〔生産・生業〕………………… 275 |
| 蔵の飾り（恵比寿）〔住〕………… 140 | 車田の田植〔生産・生業〕………… 274 | 鍬〔生産・生業〕…………………… 275 |
| クラの天井裏の明りとり〔住〕…… 194 | 車田の田植型諸相〔生産・生業〕… 274 | 慈姑熊手〔生産・生業〕…………… 276 |
| 蔵の中の家具〔住〕………………… 224 | 車田の田植前の筋つけ〔生産・生業〕…………………………………… 274 | クワイレ（鍬入れ）〔生産・生業〕… 276 |
| 蔵之元港〔生産・生業〕…………… 370 | 車箪笥〔住〕………………………… 224 | 桑運搬機〔生産・生業〕…………… 457 |
| 蔵之元港へ〔生産・生業〕………… 370 | クルマナガモチ〔住〕……………… 224 | 加銚子〔食〕…………………………… 67 |
| 鞍橋（居木）〔生産・生業〕……… 435 | 車長持〔住〕………………………… 224 | 桑を枝ごと背負う〔生産・生業〕… 457 |
| くらぼねとしりがい〔交通・交易〕… 612 | 車の泥はねで汚れた民家の腰板〔住〕…………………………………… 141 | 鍬を手にした少年〔生産・生業〕… 276 |
| クラマキの図〔生産・生業〕……… 424 | 車櫃〔人の一生〕…………………… 820 | 桑を運ぶザマカゴ〔生産・生業〕… 457 |
| クラマキの配置図〔生産・生業〕… 424 | 車除けに電柱に鉄板を巻きつけている〔交通・交易〕……………… 542 | 鍬を振って畑を拓く〔生産・生業〕… 276 |
| クラマキ配置図〔生産・生業〕…… 424 | くるみ膳〔食〕………………………… 67 | 桑カケ笊〔生産・生業〕…………… 457 |
| 蔵屋敷〔住〕………………………… 140 | 胡桃膳〔住〕………………………… 224 | クワカゴ〔生産・生業〕…………… 457 |
| 倉吉格子〔住〕……………………… 141 | クルミダテ〔住〕…………………… 141 | 桑籠〔生産・生業〕………………… 457 |
| 倉吉の町並み〔住〕………………… 141 | くるり〔生産・生業〕……………… 275 | 桑株伐り〔生産・生業〕…………… 457 |
| クリ網の手法〔生産・生業〕……… 370 | クルリと呼ぶ棒でたたき、大豆を脱穀する〔生産・生業〕………… 274 | 桑木の古い萌芽枝を切除し柔らかい新芽を萌芽させる桑畑〔生産・生業〕……………………… 457 |
| 栗いが剝機〔生産・生業〕………… 274 | クルリボウ（くるり棒）〔生産・生業〕…………………………………… 275 | 桑切鎌〔生産・生業〕……………… 457 |
| 繰糸機〔生産・生業〕……………… 474 | クルリ棒と鬼歯〔生産・生業〕…… 275 | 桑切鋏〔生産・生業〕……………… 457 |
| くりがい〔交通・交易〕…………… 612 | クルリ棒による棒打ち〔生産・生業〕…………………………………… 275 | 桑切包丁〔生産・生業〕…………… 458 |
| 俱利迦羅竜王剣〔護符〕〔信仰〕… 719 | クルリボウ（フリボウ）〔生産・生業〕…………………………………… 275 | 桑切庖丁とまな板〔生産・生業〕… 458 |
| クリヅナ先端の図〔生産・生業〕… 370 | クレウチ〔生産・生業〕…………… 275 | 桑くれ台〔生産・生業〕…………… 458 |
| 栗須薬師堂〔信仰〕………………… 751 | | 桑こき〔生産・生業〕……………… 458 |
| 栗選果機〔生産・生業〕…………… 274 | | 桑こぎ〔生産・生業〕……………… 458 |
| 栗選果ふるい〔生産・生業〕……… 274 | | 桑扱大箕〔生産・生業〕…………… 458 |
| くりそぎ〔生産・生業〕…………… 412 | | |
| クリダイ〔生産・生業〕…………… 474 | | |
| クリダイを使って綿の種を取るようす〔生産・生業〕……………… 474 | | |

## 名称索引　けもの

桑こき機〔生産・生業〕………… 458
桑扱器〔生産・生業〕…………… 458
桑扱台〔生産・生業〕…………… 458
鍬スベ〔衣〕……………………… 35
鍬台〔生産・生業〕……………… 276
桑田醬油製造所〔生産・生業〕… 448
桑摘み〔生産・生業〕…………… 458
桑摘み（一瀬桑）〔生産・生業〕… 458
桑摘み籠〔生産・生業〕………… 458
桑摘みザルとその使い方〔生産・生業〕………………………… 458
桑摘み爪〔生産・生業〕………… 458
クワとクワ先〔生産・生業〕…… 276
桑苗畑〔生産・生業〕…………… 458
桑苗掘取用犂〔生産・生業〕…… 458
鍬による畑の耕耘〔生産・生業〕 276
桑の木〔生産・生業〕…………… 458
桑の耕転〔生産・生業〕………… 458
桑の仕立て方〔生産・生業〕…… 458
桑の葉〔生産・生業〕…………… 458
桑の葉を入れた竹かごを背負い、桑畑から帰る〔生産・生業〕… 458
桑の葉を摘む〔生産・生業〕…… 458
桑の実を食べる〔食〕…………… 111
桑畑〔生産・生業〕……………… 458
桑畑が続く白い道〔生産・生業〕 458
桑畑の上の藁葺農家〔住〕……… 141
桑畑の手入れ〔生産・生業〕…… 458
桑畑のなかのお堂〔信仰〕……… 751
鍬鑓床部の形状の変化と角度および柄長との関係〔生産・生業〕 276
桑籠〔生産・生業〕……………… 458
鍬柄〔生産・生業〕……………… 276
桑干し機〔生産・生業〕………… 458
桑箕〔生産・生業〕……………… 458
桑もぎ機〔生産・生業〕………… 459
軍艦島〔生産・生業〕…………… 526
郡家の茶堂〔信仰〕……………… 751
軍事教練〔社会生活〕…………… 655
群倉〔住〕………………………… 141
軍隊手帳〔社会生活〕…………… 655
軍隊用パン焼器〔食〕…………… 67
軍に徴発された農耕馬が、連なって村道を行く〔社会生活〕… 655
群馬県内の各地でみられる養蚕農家の形式〔住〕………………… 141
群馬県境町まで〔住〕…………… 141
群馬県境町まで〔社会生活〕…… 648
群馬県境町まで（車道）〔交通・交易〕…………………………… 542

## 【け】

甑〔信仰〕………………………… 724
磬〔芸能・娯楽〕………………… 776
鶏尾のお地蔵様〔信仰〕………… 751
鯨鯢過去帳〔民俗知識〕………… 676
鯨鯨合戦絵巻〔生産・生業〕…… 370
携行道具（椀木地用道具）〔生産・生業〕…………………………… 500
芸妓の手踊りと、それを見る人〔芸能・娯楽〕………………… 776
経済練炭〔住〕…………………… 224
警察署〔社会生活〕……………… 659
掲示板に掲げられた農事日程〔社会生活〕………………………… 628
鶏舎〔生産・生業〕……………… 435
芸者〔芸能・娯楽〕……………… 776
芸者を呼んで宴会〔芸能・娯楽〕 776
傾斜機を織る老婆〔生産・生業〕 474
傾斜地につくられた石垣の集落〔住〕……………………………… 141
傾斜地の石垣〔交通・交易〕…… 616
傾斜地の苗畑〔生産・生業〕…… 412
傾斜地と農家〔生産・生業〕…… 276
磬子（鏧）〔芸能・娯楽〕……… 776
携帯基地局〔交通・交易〕……… 616
鯨体処理場跡〔生産・生業〕…… 370
携帯用日時計〔住〕……………… 224
毛糸の帽子をかぶった老夫婦〔衣〕 26
芸の上達祈願〔信仰〕…………… 708
競馬〔芸能・娯楽〕……………… 781
競馬の観客〔芸能・娯楽〕……… 781
軽便枕〔住〕……………………… 224
京葉線の陸橋工事〔交通・交易〕 542
軽量チェンソー〔生産・生業〕… 412
敬老会〔社会生活〕……………… 628
敬老会の集り〔社会生活〕……… 628
敬老の日に八十二歳の長寿者に贈った鳩杖〔人の一生〕……… 817
毛受〔衣〕………………………… 45
ケエシキ〔生産・生業〕………… 424
怪我をした足をみる〔住〕……… 244
けがれを水で浄める〔人の一生〕 833
毛皮外套（アイヌ男性用）〔衣〕… 7
毛皮の行商人の露店〔交通・交易〕 566
毛皮の仕事着〔衣〕……………… 7
毛皮のハンバキ〔衣〕…………… 35
劇場の入口〔芸能・娯楽〕……… 776
懸魚〔住〕………………………… 141
懸魚のさがる農家〔住〕………… 141
激励大会〔社会生活〕…………… 659
外宮参拝〔信仰〕………………… 708
外宮大麻（木札）〔信仰〕……… 719
けご〔食〕………………………… 67
下校する子どもたち〔社会生活〕 641
ケゴ秤、比重計、秤量器、蚕種枡、斗かき〔生産・生業〕………… 459
けさこ〔人の一生〕……………… 833
消炭と消壺〔住〕………………… 225
けしねびつ〔食〕………………… 67
下宿屋の夕食〔食〕……………… 52
げじょ〔食〕……………………… 67
化粧をほどこしたお地蔵さま〔信仰〕……………………………… 685
化粧された地蔵〔信仰〕………… 685
化粧地蔵〔信仰〕………………… 685
ケショウバケ（化粧刷毛）〔衣〕 45
ゲストハウスウエディングでの乾杯風景〔人の一生〕………… 820
ケズリカケ〔信仰〕……………… 708
削りかけ〔信仰〕………………… 708
削り節〔食〕……………………… 67
気仙大工の仕事〔生産・生業〕… 521
ゲタ〔生産・生業〕……………… 370
下駄〔衣〕………………………… 35
桁網〔生産・生業〕……………… 371
桁網漁〔生産・生業〕…………… 371
ケダイ〔衣〕……………………… 7
下駄打道具〔生産・生業〕……… 500
ゲタ工場〔生産・生業〕………… 500
けだごとり〔生産・生業〕……… 371
ゲタ材〔生産・生業〕…………… 500
下駄材の乾燥〔生産・生業〕…… 500
下駄作り用の製材所〔生産・生業〕 500
下駄スケート〔衣〕……………… 35
下駄スケートをする〔芸能・娯楽〕 781
下駄スケートをする子ども〔芸能・娯楽〕………………………… 797
下駄作り〔生産・生業〕………… 500
下駄取り〔芸能・娯楽〕………… 797
下駄の歯入屋〔交通・交易〕…… 566
下駄箱〔住〕……………………… 194
ケタビ（毛足袋）〔衣〕………… 35
下駄屋〔交通・交易〕…………… 567
下駄屋の店頭〔交通・交易〕…… 567
下駄床大師堂〔信仰〕…………… 751
下段棟部は奥行が浅くニワやマヤに用いる二段棟の民家〔住〕 141
血脈（一式）〔信仰〕…………… 719
頁岩で屋根を葺いた高床式倉庫〔住〕……………………………… 141
月琴〔芸能・娯楽〕……………… 776
月琴を手にして法界節をうたう女〔芸能・娯楽〕………………… 776
結婚を祝ってみんなが歌い踊る〔人の一生〕……………………… 820
結婚式〔人の一生〕……………… 820
結婚式場〔人の一生〕…………… 821
結婚式場のパンフレット〔人の一生〕……………………………… 821
結婚式に向かう花嫁の一行〔人の一生〕…………………………… 821
結婚式のあと〔人の一生〕……… 821
結婚式の記念写真〔人の一生〕… 821
結婚式の席次表〔人の一生〕…… 821
結婚式の田の神〔人の一生〕…… 821
結婚式の指輪交換〔人の一生〕… 821
結婚する娘の腹部につけたラウンクッ（お守り紐）〔人の一生〕… 821
結婚の契り〔人の一生〕………… 821
結婚披露宴〔人の一生〕………… 821
結婚披露宴での膳〔人の一生〕… 821
結婚料理〔食〕…………………… 52
結縄〔民俗知識〕………………… 678
月水蔵根元秘事〔信仰〕………… 719
月水之大事〔信仰〕……………… 719
月水不浄除御守〔信仰〕………… 719
月賦販売店〔交通・交易〕……… 567
ケツンニ構造〔住〕……………… 141
ケデ（蓑）の蔓〔民俗知識〕…… 669
ゲートボール〔社会生活〕……… 628
ケナ・スダレの構造例〔生産・生業〕…………………………… 371
毛羽取機〔生産・生業〕………… 459
毛羽取りのようす〔生産・生業〕 459
毛針〔生産・生業〕……………… 371
けはん〔衣〕……………………… 35
筍飯杓子〔信仰〕………………… 708
外法箱〔信仰〕…………………… 735
外法箱内部〔信仰〕……………… 735
ケボカイ〔生産・生業〕………… 424
ケボカイの儀式〔生産・生業〕… 424
毛ボカヒ〔生産・生業〕………… 424
毛祭り〔生産・生業〕…………… 424
華鬘〔信仰〕……………………… 724
剣舞箏〔芸能・娯楽〕…………… 786
煙出しをもつ石倉〔住〕………… 141
煙出しをもつ曲屋〔住〕………… 141
煙出し口のある屋根〔住〕……… 141
煙出しのある芝棟〔住〕………… 141
煙出しのある屋根〔住〕………… 141
煙出しのいろいろ〔住〕………… 141
煙出しのない芝棟〔住〕………… 141
煙出し窓がみえる炊事場〔住〕… 194
煙出し〔住〕……………………… 141
毛者千廻供養碑〔民俗知識〕…… 676

## けもの　名称索引

獣道〔生産・生業〕……………… 424
欅垣根の背後に設けた板のカザテ〔住〕……………… 142
ケヤキの屋敷林〔住〕……………… 142
ケヤキ林を残す農家と耕地〔住〕… 142
ケヤキやシカラシの屋敷林〔住〕… 142
ケヤク兄弟〔社会生活〕…………… 621
ケラ〔衣〕………………………………… 7
ゲラをつけたオバコ〔衣〕……………… 7
ケラバおよび一文字瓦の用法〔住〕……………………………… 142
ケラミノ〔衣〕…………………………… 7
ケリサパンホラリカムイエカシ〔信仰〕……………………………… 685
蹴轆轤〔生産・生業〕…………… 500
県営鱒の家旧館〔住〕……………… 142
けんか〔社会生活〕………………… 641
けんか〔芸能・娯楽〕……………… 797
けんかをして泣かされた男の子〔社会生活〕……………… 641
ケンカの果ての交番行き〔社会生活〕……………………………… 628
献花用の筒〔人の一生〕…………… 833
玄関〔住〕…………………………… 194
玄関入口のお札〔民俗知識〕……… 669
玄関口の雪がこい〔住〕…………… 142
玄関先の便所小屋〔住〕…………… 142
玄関と扉〔住〕……………………… 142
玄関に貼られた長寿夫婦の手形〔民俗知識〕……………… 669
玄関の鴨居に熊の頭骨を掲げる〔民俗知識〕……………… 669
玄関の客〔住〕……………………… 244
玄関の屋根に鬼瓦〔交通・交易〕… 567
玄関の雪がこい〔住〕……………… 142
玄関の雪囲い〔住〕………………… 142
玄関前の蘇民将来符〔信仰〕……… 719
玄関横に犬矢来のある町家〔住〕… 142
玄関わきの子供部屋〔住〕………… 194
玄関脇の小便所〔住〕……………… 142
巻曲〔生産・生業〕………………… 521
ケンケラ（杓）〔生産・生業〕…… 445
健康鍋〔食〕………………………… 68
源五郎鮒〔生産・生業〕…………… 371
犬魂供養塔〔民俗知識〕…………… 676
元紺屋 斎藤家〔生産・生業〕…… 475
検査〔生産・生業〕………………… 475
剣先祓〔信仰〕……………………… 719
ゲンザンの客に酌をする花聟〔人の一生〕…………………………… 821
ゲンザンの祝宴〔人の一生〕……… 821
ゲンシキ網〔生産・生業〕………… 371
堅式精米機〔生産・生業〕………… 448
源氏香の図〔芸能・娯楽〕………… 804
検尺器〔交通・交易〕……………… 583
献酬〔食〕…………………………… 112
建水〔食〕…………………………… 68
源水の河内社〔信仰〕……………… 751
玄清法流盲僧琵琶〔信仰〕………… 724
建設初期の多摩ニュータウンと茅葺きの民家〔住〕……………… 142
建設中の小河内ダム〔社会生活〕… 660
建設中の国会図書館〔住〕………… 648
現代する仙人〔民俗知識〕………… 678
現代の井戸端〔住〕………………… 210
現代の筧〔住〕……………………… 210
現代の給水配管〔住〕……………… 210
現代の行商〔交通・交易〕………… 567
現代の数寄屋座敷〔住〕…………… 194
剣風〔芸能・娯楽〕………………… 786
けん玉をする〔芸能・娯楽〕……… 797

建築儀礼〔生産・生業〕…………… 521
建築中の近代アパート〔住〕……… 244
県庁あたり〔社会生活〕…………… 648
原土を砕く唐臼〔生産・生業〕…… 500
ケンドン〔生産・生業〕…………… 276
ケンドン（フルイ）〔生産・生業〕… 276
玄能〔生産・生業〕………………… 521
ゲンノウ（玄能），カマチ，ハリマシ〔生産・生業〕……………… 500
原爆乙女〔社会生活〕……………… 655
原爆犠牲者の慰霊碑〔社会生活〕… 655
原爆のキノコ雲〔社会生活〕……… 655
元服式〔人の一生〕………………… 817
元服人名簿〔社会生活〕…………… 621
ケンベー〔衣〕……………………… 35
ゲンベ〔衣〕………………………… 35
ゲンベー〔衣〕……………………… 35
憲法改正発表〔社会生活〕………… 660
玄米をはかり，俵詰めにする〔生産・生業〕………………………… 276
剣猛宗凧〔芸能・娯楽〕…………… 786
兼用釜〔食〕………………………… 68

## 【こ】

鼓（こ）〔信仰〕…………………… 724
梭（ご）〔生産・生業〕…………… 475
コアシナワをつけた鷹〔生産・生業〕………………………………… 424
コ網〔生産・生業〕………………… 371
小網〔生産・生業〕………………… 371
コアミと呼ぶ小型の地曳網を引いてモロコを獲る〔生産・生業〕… 371
鯉筌〔生産・生業〕………………… 371
鯉を売る朝市の店〔交通・交易〕… 556
ゴイオケ〔生産・生業〕…………… 276
鯉を量る〔交通・交易〕…………… 556
こいかきだし〔生産・生業〕……… 276
こいて汚れを落としたフジの中反を米糠に数分間浸して絞る〔生産・生業〕………………………… 475
子井戸〔住〕………………………… 210
鯉の池の泥上げ〔生産・生業〕…… 534
鯉の餌〔生産・生業〕……………… 534
コイの刺身〔食〕…………………… 52
コイの尻尾〔民俗知識〕…………… 670
鯉の滝登り〔芸能・娯楽〕………… 786
コイの捕獲〔生産・生業〕………… 371
鯉幟の寒ざらし〔生産・生業〕…… 475
コイの味噌汁〔食〕………………… 52
恋人同志〔社会生活〕……………… 628
コイやフナを獲るモンドリと呼んでいる筌〔生産・生業〕………… 371
小岩井農場〔生産・生業〕………… 436
「御祝い（ごいわい）」の唄を受ける厄年のふたり〔人の一生〕… 817
古隠居全景〔住〕…………………… 142
香合せ〔芸能・娯楽〕……………… 804
耕運機くる〔生産・生業〕………… 276
耕運機試運転〔生産・生業〕……… 276
耕運機修理〔生産・生業〕………… 276
耕運機での代掻きを依頼〔生産・生業〕………………………………… 276
耕運機に乗った男性と談笑する婦人たち〔社会生活〕…………… 629
耕運機の売りこみ〔生産・生業〕… 276
耕運機の検討〔生産・生業〕……… 276
耕運機の掃除〔生産・生業〕……… 276
耕転用トラクター〔生産・生業〕… 276

公営住宅51C型〔住〕……………… 142
公園でブランコにのっているアベック〔社会生活〕……………… 629
公園のハトと屋台〔社会生活〕…… 648
公園開き〔社会生活〕……………… 629
笄〔衣〕……………………………… 45
郊外住宅の一例〔住〕……………… 142
航海灯〔生産・生業〕……………… 371
コウカケ〔衣〕……………………… 35
コウガケ〔衣〕……………………… 35
甲掛〔衣〕…………………………… 35
コウガケの上にオソフキをはく〔衣〕…………………………… 35
コウガケのはき方〔衣〕…………… 35
抗火石の採石場〔生産・生業〕…… 526
豪華な宴会食〔食〕………………… 112
後架参り（雪隠参り）〔人の一生〕… 814
交換分宿〔社会生活〕……………… 641
交歓列車〔交通・交易〕…………… 580
耕起〔生産・生業〕………………… 276
高級品に見いる婦人〔交通・交易〕… 567
耕起用馬鞍〔生産・生業〕………… 436
工業用石臼〔生産・生業〕………… 534
皇居外苑の内堀通りの車の列〔交通・交易〕………………………… 542
皇居周辺から取り払われた米軍施設〔社会生活〕……………… 660
糠魚流し網〔生産・生業〕………… 371
皇居前（道路）〔交通・交易〕…… 542
皇居脇の占領軍ハウス〔住〕……… 244
郷倉〔社会生活〕…………………… 629
耕鞍〔生産・生業〕………………… 436
向月の地蔵堂〔信仰〕……………… 751
孝行芋をつぶして団子にして並べ，発酵，乾燥させている〔食〕… 99
航行する機帆船〔交通・交易〕…… 542
高校野球〔芸能・娯楽〕…………… 781
広告〔交通・交易〕………………… 616
コウザキ〔信仰〕…………………… 685
コウザキに猪の七切肉を供える〔信仰〕……………………………… 708
耕作風景〔生産・生業〕…………… 276
耕作放棄水田の復田実習〔生産・生業〕………………………………… 276
耕作放棄地〔生産・生業〕………… 276
耕作放棄地整地後の耕耘作業〔生産・生業〕………………………… 276
耕作放棄地の開墾〔生産・生業〕… 276
コウサツ〔社会生活〕……………… 629
高札場，土蔵，土塀，長屋門と続く屋敷の表側〔住〕……………… 142
交差点〔交通・交易〕……………… 542
鉱山用カンテラ〔生産・生業〕…… 526
工事〔社会生活〕…………………… 660
仔牛〔生産・生業〕………………… 436
子牛が親牛の乳を飲むのを見ている子ども〔生産・生業〕………… 436
工事現場〔社会生活〕……………… 660
格子・束・貫などの直線が斬新な主屋〔住〕……………………… 142
麹つくり〔生産・生業〕…………… 448
糀作り〔生産・生業〕……………… 448
工事であらわになった叉首組〔住〕………………………………… 142
格子戸を運ぶ〔交通・交易〕……… 590
格子戸の町家〔住〕………………… 142
仔牛に乳をやる〔生産・生業〕…… 436
郷士の家〔住〕……………………… 142
格子の落し罠〔生産・生業〕……… 424
格子の表構え〔住〕………………… 142
小路の観音堂〔信仰〕……………… 751

| 名称 | 頁 |
|---|---|
| 格子の入ったサマド〔住〕 | 142 |
| 麹蓋〔生産・生業〕 | 449 |
| 麹分司〔生産・生業〕 | 449 |
| 格子窓〔住〕 | 142 |
| 麹室への麹用蒸し米の搬入〔生産・生業〕 | 449 |
| 麹室前の莚の上で蒸米を放冷する〔生産・生業〕 | 449 |
| 講社札〔交通・交易〕 | 580 |
| 耕種〔生産・生業〕 | 276 |
| 江州鋤〔生産・生業〕 | 277 |
| 公衆電話〔交通・交易〕 | 586 |
| 甲州枡〔交通・交易〕 | 583 |
| 甲州枡と京枡〔交通・交易〕 | 583 |
| 公衆浴場の前〔社会生活〕 | 648 |
| 工場地帯の煙〔社会生活〕 | 648 |
| 庚申〔信仰〕 | 742 |
| 荒神〔信仰〕 | 685 |
| 荒神を祀る榎木の大木〔信仰〕 | 685 |
| 庚申供養塔〔信仰〕 | 742 |
| 庚申供養碑〔信仰〕 | 742 |
| 庚申講〔信仰〕 | 742 |
| 庚申講の掛け軸〔信仰〕 | 742 |
| 庚申講の講中にトウヤにあつまってくる村の人〔信仰〕 | 743 |
| 庚申講の猿田彦像〔信仰〕 | 743 |
| 庚申坂(旧中馬道)〔交通・交易〕 | 612 |
| コウジンサマ〔信仰〕 | 685 |
| 荒神様〔信仰〕 | 685, 751 |
| 荒神様に上げる藁蛇〔信仰〕 | 708 |
| 荒神様に供える竈苗を取る〔信仰〕 | 708 |
| 庚申さん〔信仰〕 | 743 |
| 荒神さん〔信仰〕 | 686 |
| 庚申塚〔信仰〕 | 743 |
| 庚申像碑〔信仰〕 | 743 |
| 庚申大菩薩〔信仰〕 | 743 |
| 荒神棚〔信仰〕 | 686 |
| 庚申塔〔信仰〕 | 743 |
| 庚申堂〔信仰〕 | 743, 751 |
| 荒神堂〔信仰〕 | 751 |
| 庚申塔・猿田彦像〔信仰〕 | 743 |
| 庚申塔と広告看板の同居〔信仰〕 | 743 |
| 庚申塔とダルマ〔信仰〕 | 743 |
| 庚申塔と馬頭観音〔信仰〕 | 743 |
| 荒神堂のあと〔信仰〕 | 751 |
| 荒神の注連縄〔信仰〕 | 686 |
| 庚申の扁額〔信仰〕 | 743 |
| 荒神の祠〔信仰〕 | 686 |
| 荒神祓い〔信仰〕 | 735 |
| 荒神琵琶の回檀法要〔信仰〕 | 724 |
| 小臼〔食〕 | 68 |
| 小臼〔民俗知識〕 | 665 |
| 洪水時にそなえた船〔住〕 | 244 |
| 洪水に備えて軒下につるしさげた川舟〔住〕 | 244 |
| 洪水の惨状〔社会生活〕 | 660 |
| 神津島港〔生産・生業〕 | 371 |
| 厚生車〔交通・交易〕 | 542 |
| 鉱石運搬船〔生産・生業〕 | 526 |
| 公設市場〔交通・交易〕 | 556 |
| 降雪期のはきもの〔衣〕 | 35 |
| こうぞ〔生産・生業〕 | 475 |
| 豪壮な町並み〔住〕 | 142 |
| 豪壮な藍師の門とネドコ〔生産・生業〕 | 500 |
| 高層ビル〔社会生活〕 | 648 |
| コウゾをたたいた石〔生産・生業〕 | 500 |
| コウゾをたたいた川辺〔生産・生業〕 | 500 |
| 楮を蒸す〔生産・生業〕 | 500 |
| 楮ヲ蒸スコシキ〔生産・生業〕 | 500 |
| こうぞを蒸すハタソリとコシキ〔生産・生業〕 | 475 |
| 高速道路〔交通・交易〕 | 542 |
| 楮の皮をさらす〔生産・生業〕 | 500 |
| こうぞの皮はぎ〔生産・生業〕 | 475 |
| 楮の皮むき〔生産・生業〕 | 500 |
| こうぞの蒸煮場〔生産・生業〕 | 475 |
| コウゾの繊維を川の流れにさらす〔生産・生業〕 | 475 |
| 楮の繊維から糸を績む〔生産・生業〕 | 475 |
| コウゾ(カジ)の繊維の糸績み〔生産・生業〕 | 475 |
| こうぞの剥皮の干し場〔生産・生業〕 | 475 |
| 楮の雪晒し〔生産・生業〕 | 500 |
| 降帯及服紗二筋〔人の一生〕 | 821 |
| 広大なソバ畑〔生産・生業〕 | 277 |
| 広大な牧場〔生産・生業〕 | 436 |
| 広大な間口を構える岡家〔住〕 | 142 |
| 講談速記本『怪談牡丹燈籠』〔芸能・娯楽〕 | 776 |
| 耕地を耕す人と馬〔生産・生業〕 | 277 |
| 耕地整理のすんだ水田〔生産・生業〕 | 277 |
| 耕地と牛を連れた人〔生産・生業〕 | 277 |
| 幸地腹門中墓〔人の一生〕 | 833 |
| 幸地腹門中墓三七日忌〔人の一生〕 | 833 |
| 幸地腹門中墓の入口〔人の一生〕 | 833 |
| 耕地防風林〔生産・生業〕 | 277 |
| 講中〔信仰〕 | 743 |
| 交通安全祈願のシール〔信仰〕 | 708 |
| 交通信号のない交差点の中央に立って、交通整理をする警察官〔交通・交易〕 | 542 |
| 交通方法の変更を知らせる看板〔交通・交易〕 | 542 |
| 香典帳〔人の一生〕 | 833 |
| 講堂で弁当〔社会生活〕 | 641 |
| コウドケイ〔住〕 | 225 |
| 香時計〔住〕 | 225 |
| 坑内での職場集会〔生産・生業〕 | 526 |
| 坑内で働く労働者〔生産・生業〕 | 526 |
| 坑内帽〔衣〕 | 26 |
| 豪農の門(東北地方)〔住〕 | 142 |
| 古宇の公民館〔社会生活〕 | 621 |
| 郷の堂〔信仰〕 | 751 |
| 講の人〔信仰〕 | 744 |
| 神湊〔生産・生業〕 | 371 |
| 勾配の緩い入母屋型の民家〔住〕 | 142 |
| 郷墓〔人の一生〕 | 833 |
| 紅白の水引をかけた祝儀袋〔民俗知識〕 | 678 |
| こうばさみ〔生産・生業〕 | 436 |
| 坑夫〔生産・生業〕 | 526 |
| 甲府駅〔交通・交易〕 | 542 |
| 甲府周辺の家〔住〕 | 142 |
| 坑夫長屋〔住〕 | 143 |
| 神戸空襲〔社会生活〕 | 655 |
| 弘法大師〔信仰〕 | 686 |
| 弘法大師傘掛け守り納所〔信仰〕 | 708 |
| 弘法大師像に手を合わせる〔信仰〕 | 708 |
| 弘法大師御影〔掛絵〕〔信仰〕 | 719 |
| 高蒔絵茶盆と茶托〔食〕 | 68 |
| 子産石〔信仰〕 | 708 |
| 香水配分計〔生産・生業〕 | 277 |
| 光明帖〔信仰〕 | 719 |
| 公民館〔社会生活〕 | 629 |
| 講名が刻まれた石垣〔信仰〕 | 744 |
| こうもりを持った参詣図絵馬〔信仰〕 | 708 |
| こうもり傘を直す〔生産・生業〕 | 500 |
| こうや(紺屋)〔生産・生業〕 | 475 |
| 高野豆腐絞り器〔食〕 | 99 |
| 高野薬師堂〔信仰〕 | 752 |
| 行楽の高校生〔社会生活〕 | 641 |
| コウリ〔住〕 | 225 |
| 行李〔住〕 | 225 |
| 肴料包みの様式〔人の一生〕 | 821 |
| 合鹿平皿〔食〕 | 68 |
| 合鹿ひら椀〔食〕 | 68 |
| 合鹿椀〔食〕 | 68 |
| 香割道具〔芸能・娯楽〕 | 804 |
| 肥桶〔生産・生業〕 | 277 |
| 肥おけを載せた荷車を曳く人〔交通・交易〕 | 590 |
| 肥桶・肥柄杓〔生産・生業〕 | 277 |
| コエカギ(肥鍵)〔生産・生業〕 | 277 |
| 肥かき〔生産・生業〕 | 277 |
| 肥がき〔生産・生業〕 | 277 |
| コエカゴ〔生産・生業〕 | 277 |
| 肥籠〔生産・生業〕 | 277 |
| コエカゴにサトイモを入れて運ぶ〔交通・交易〕 | 590 |
| コエカゴの一方の負縄を袖からはずし堆肥を落とす〔交通・交易〕 | 590 |
| コエカゴの上に葉をおく〔交通・交易〕 | 590 |
| 肥甕〔生産・生業〕 | 277 |
| 肥しゃく〔生産・生業〕 | 277 |
| コエジョケ〔生産・生業〕 | 277 |
| こえぞり〔生産・生業〕 | 277 |
| 肥樽〔生産・生業〕 | 277 |
| こえたご・こえびしゃく(桶と曲げもの)〔生産・生業〕 | 277 |
| 肥出し〔生産・生業〕 | 277 |
| 肥だし鍬〔生産・生業〕 | 277 |
| 肥溜め〔生産・生業〕 | 277 |
| 肥溜めとキャベツ畑〔生産・生業〕 | 278 |
| 肥タンゴ〔生産・生業〕 | 278 |
| コエツギカゴ〔交通・交易〕 | 590 |
| 肥取り〔生産・生業〕 | 278 |
| コエバラ〔生産・生業〕 | 278 |
| 小エビを干す〔食〕 | 99 |
| 肥引かご〔生産・生業〕 | 278 |
| コエヒキソリ〔生産・生業〕 | 278 |
| コエヒキゾリ〔生産・生業〕 | 278 |
| 小絵馬〔信仰〕 | 708 |
| 小絵馬の額面形体〔信仰〕 | 708 |
| 五右衛門風呂〔住〕 | 194 |
| 牛玉砕り〔信仰〕 | 719 |
| 牛玉宝印〔信仰〕 | 719 |
| 牛玉宝印〔信仰〕 | 719 |
| 東大寺二月堂牛玉宝印〔信仰〕 | 719 |
| 牛玉宝印牛玉杖〔信仰〕 | 724 |
| 牛玉宝印 那智滝宝印〔信仰〕 | 719 |
| 午王丸の薬箱〔民俗知識〕 | 665 |
| 子を負う女〔人の一生〕 | 809 |
| 子をおぶう祖母と子どもたち〔人の一生〕 | 809 |
| 子を抱いて祭りに加わる〔人の一生〕 | 809 |
| 小桶をささぐアンコ〔交通・交易〕 | 590 |
| 子を背負う〔人の一生〕 | 809 |
| ゴをつくる〔生産・生業〕 | 475 |
| 氷かき〔食〕 | 68 |
| 氷で冷やす冷蔵庫〔住〕 | 225 |
| 氷の切出し〔生産・生業〕 | 534 |

こおり　名称索引

氷運び〔交通・交易〕……………… 590
氷はさみ〔生産・生業〕…………… 534
コガイ〔食〕………………………… 68
蚕飼い〔生産・生業〕……………… 459
小貝桁〔生産・生業〕……………… 371
蚕養之大神〔護符〕〔信仰〕……… 719
コーカケ〔衣〕……………………… 35
こかご〔生産・生業〕……………… 278
ゴカゴ〔食〕………………………… 68
小籠をかついで〔交通・交易〕…… 590
コカ・コーラのビン〔食〕………… 52
小型紙漉きフネ〔生産・生業〕…… 500
小型漁船の船だまり〔生産・生業〕… 371
小型桑切機〔生産・生業〕………… 459
小型定置の袖網〔生産・生業〕…… 371
小型動力茶摘機〔生産・生業〕…… 441
小型トラックの行商〔交通・交易〕… 567
小刀〔生産・生業〕………………… 500
小刀・錐類（臼・太鼓胴作り道具）
　〔生産・生業〕…………………… 500
小型の対州馬に乗って山路を行く
　豆酘美人と石屋根の小屋〔交通・
　交易〕……………………………… 542
小型の木造船〔交通・交易〕……… 542
小型捕鯨船〔生産・生業〕………… 371
小型煉炭〔住〕……………………… 225
古賀人形〔芸能・娯楽〕…………… 786
こがねむぶし〔生産・生業〕……… 459
五家荘の家〔住〕…………………… 143
小鎌〔生産・生業〕………………… 278
五箇村の開拓地〔生産・生業〕…… 278
狐鴨居と柱の仕口〔住〕…………… 143
五箇山の民家〔住〕………………… 143
五箇山の民家・羽馬家住宅平面図
　〔住〕……………………………… 143
粉河寺の門前町〔社会生活〕……… 648
粉河寺門前の路地〔交通・交易〕… 542
粉河寺門前の路地・焼き杉の板壁
　〔交通・交易〕…………………… 542
護岸〔交通・交易〕………………… 616
護岸工事〔交通・交易〕…………… 616
護岸の石垣〔交通・交易〕………… 616
こぎ網〔生産・生業〕……………… 371
扱櫛〔生産・生業〕………………… 278
コキ竹〔生産・生業〕……………… 475
コキ竹の使い方〔生産・生業〕…… 475
古稀の祝い〔人の一生〕…………… 817
コキ箸〔食〕………………………… 68
扱き箸〔生産・生業〕……………… 278
コキビをカラ竿で打って実をおと
　す〔生産・生業〕………………… 278
コキビ畑〔生産・生業〕…………… 278
漕ぎ船の上〔生産・生業〕………… 371
ゴキリ〔生産・生業〕……………… 278
コギン〔衣〕………………………… 7
コギンザシの着物〔衣〕…………… 7
こくいん〔生産・生業〕…………… 412
刻印〔生産・生業〕………………… 412
こくいんつぼ〔生産・生業〕……… 412
虚空地蔵堂〔信仰〕………………… 752
虚空地蔵堂内部〔信仰〕…………… 752
穀打台〔生産・生業〕……………… 278
穀打棒〔生産・生業〕……………… 278
国技館〔社会生活〕………………… 648
黒乕〔信仰〕………………………… 436
国語の時間〔社会生活〕…………… 641
国語の本を立って読ませる〔社会生
　活〕………………………………… 641
国際通のマーケット〔交通・交易〕… 567
国際婦人デーの大会〔社会生活〕… 660

国策湯丹保〔社会生活〕…………… 655
黒漆椀と皿類〔食〕………………… 68
穀倉〔住〕…………………………… 143
五具足〔信仰〕……………………… 724
五口竈〔住〕………………………… 195
国道を往く〔交通・交易〕………… 542
国道39号線〔交通・交易〕………… 542
国道39号線のドライブイン〔交通・
　交易〕……………………………… 543
国道10号工事間組事業所〔交通・交
　易〕………………………………… 616
穀箱出入口の仕掛け〔住〕………… 143
黒板絵〔社会生活〕………………… 641
黒板にいたずら〔社会生活〕……… 641
黒板に絵を描いている女の子の尻
　を、ふたりの男の子が棒でつつ
　こうとしている〔社会生活〕…… 641
黒板に平仮名で記した「さくら」
　〔社会生活〕……………………… 641
黒板に虫くだしの薬を飲んだ一年
　生の一学級の人数と、出た蛔虫
　の数が書いてある〔社会生活〕… 641
黒板に用いる槌〔生産・生業〕…… 500
国分たばこの畑〔生産・生業〕…… 441
告別式〔人の一生〕………………… 833
国防婦人会服装〔社会生活〕……… 655
仔熊の玩具を作る〔生産・生業〕… 500
国民服・隣組旗〔社会生活〕……… 655
穀物たたき〔生産・生業〕………… 278
穀物貯蔵セイロウ〔食〕…………… 68
穀物屋〔交通・交易〕……………… 557
穀用1升枡・5合枡〔交通・交易〕… 583
穀用1斗枡〔交通・交易〕………… 583
穀用5升枡〔交通・交易〕………… 583
コクラ〔信仰〕……………………… 686
極楽が浜〔信仰〕…………………… 767
小倉・紫барき河口〔交通・交易〕… 616
ゴクリ〔生産・生業〕……………… 500
国立競技場・オリンピック前年祭
　〔芸能・娯楽〕…………………… 781
小鍬〔生産・生業〕………………… 278
小鍬又は草けずり〔生産・生業〕… 278
ゴケ（碁笥）〔芸能・娯楽〕……… 804
ゴケ神〔信仰〕……………………… 686
コケシ〔芸能・娯楽〕……………… 786
こけしの仕事場〔生産・生業〕…… 500
コケシの胸模様〔芸能・娯楽〕…… 786
コケシ這子の用材切り出しに用い
　る道具〔生産・生業〕…………… 500
コゲツカズ〔食〕…………………… 68
こけら〔生産・生業〕……………… 412
こけら・こけらわく〔生産・生業〕… 412
こけらづち〔生産・生業〕………… 412
コケラとコケラワク〔生産・生業〕… 424
こけらぼうちょう〔生産・生業〕… 412
こけらわく〔生産・生業〕………… 412
五穀を祀る興屋の聖〔信仰〕……… 686
五穀成就の守り札〔信仰〕………… 708
五穀俵〔信仰〕……………………… 708
五穀豊穣祈願〔信仰〕……………… 708
コゴミ（クサソテツ）の半栽培〔生
　産・生業〕………………………… 278
ござ（ござ蓑）〔衣〕……………… 7
ゴザ〔衣〕…………………………… 35
茣蓙〔住〕…………………………… 225
湖西の民家の間取図〔住〕………… 143
ゴザを運ぶ〔交通・交易〕………… 590
小坂大師堂〔信仰〕………………… 752
小魚を干す〔食〕…………………… 99
小作用の大豆〔生産・生業〕……… 278
子授け地蔵〔信仰〕………………… 686

ゴザッポ（ござ帆）〔生産・生業〕… 371
ゴザとワロウダ〔住〕……………… 225
ゴザニゾ〔衣〕……………………… 26
コザのメインストリート〔社会生
　活〕………………………………… 648
ゴザボウシ〔衣〕…………………… 26
茣蓙帽子〔衣〕……………………… 26
ゴザボーシ〔衣〕…………………… 26
ゴザボシ〔衣〕……………………… 26
ゴザミノ〔交通・交易〕…………… 590
茣蓙蓑〔衣〕………………………… 7
小皿〔食〕…………………………… 68
ゴシ〔衣〕…………………………… 35
輿〔人の一生〕……………………… 833
腰あて〔生産・生業〕……………… 412
コシアミ（越網）〔生産・生業〕… 424
コシ網〔生産・生業〕……………… 371
腰板塀〔住〕………………………… 143
輿を棺にかぶせ上に棺蓋をのせる
　〔人の一生〕……………………… 833
腰掛〔住〕…………………………… 225
コシカゴ〔交通・交易〕…………… 590
腰籠をつけて畑へ行く女の人〔生
　産・生業〕………………………… 278
腰籠にはゴミをいれる〔生産・生
　業〕………………………………… 278
腰籠の稲苗を一束ずつ手にして植
　えていく〔生産・生業〕………… 278
コシキ〔食〕………………………… 68
コシキ〔住〕………………………… 225
漉し器〔生産・生業〕……………… 278
甑〔食〕……………………………… 68
甑〔生産・生業〕…………………… 449
甑置〔生産・生業〕………………… 449
甑置き終了〔生産・生業〕………… 449
甑からの切り出し〔生産・生業〕… 449
甑倒し〔生産・生業〕……………… 449
甑倒し後の記念写真〔生産・生業〕… 449
甑倒し終了後の宴席〔生産・生業〕… 449
甑倒し終了後の記念撮影〔生産・生
　業〕………………………………… 449
甑倒しのお膳〔生産・生業〕……… 449
コシキでカジの木を蒸す〔生産・生
　業〕………………………………… 475
甑と潰米〔生産・生業〕…………… 449
甑の蒸気穴にサルが取り付けられ
　る〔生産・生業〕………………… 449
五色幡〔信仰〕……………………… 724
こしきり〔衣〕……………………… 7
コシギリ〔衣〕……………………… 35
腰衣〔衣〕…………………………… 7
腰提運搬〔交通・交易〕…………… 590
腰提胴〔住〕………………………… 225
コシゾリ〔交通・交易〕…………… 590
こしだか〔信仰〕…………………… 724
腰高虎（三春張子）〔芸能・娯楽〕… 787
こし土を施した上にヤキスリヌカ
　をまく〔生産・生業〕…………… 278
コシテボ〔生産・生業〕…………… 371
輿とともに親族は式台のまわりを
　三回まわる〔人の一生〕………… 833
コシナタ〔衣〕……………………… 35
コシナタとサヤ〔生産・生業〕…… 413
コシナタとサヤ（枝払い用）〔生産・
　生業〕……………………………… 413
腰にさげた、猟期が終わってはず
　したワイヤー罠〔生産・生業〕… 424
孤児20名をひきとって自分の子供
　といっしょに起居させ、りっぱ
　な農村青年にそだてている〔社
　会生活〕…………………………… 660

| | | |
|---|---|---|
| 孤児にめぐむ春〔社会生活〕……… 660 | 小台網の小屋〔生産・生業〕……… 371 | 金刀比羅宮に奉納された櫂と艫綱〔信仰〕……………………… 708 |
| 輿による葬儀〔人の一生〕……… 833 | 古代の里に復原されたアイヌ建築〔住〕……………………………… 143 | 金刀比羅宮に奉納された方角を示す干支を描きこんだ羅針盤〔信仰〕……………………… 709 |
| 漉布〔生産・生業〕……………… 449 | 子宝祈願〔信仰〕………………… 708 | |
| コシノコ〔生産・生業〕………… 413 | 小滝薬師堂〔信仰〕……………… 752 | |
| コシノコ〔腰鋸〕〔生産・生業〕… 278 | コダシ〔交通・交易〕…………… 590 | 金刀比羅宮に奉納された和船の舵〔信仰〕……………………… 709 |
| コシバタ〔生産・生業〕………… 475 | こだし(やっかり)〔交通・交易〕… 590 | |
| コシビキで網を引く漁夫〔生産・生業〕…………………………… 371 | コダス〔交通・交易〕…………… 590 | 金刀比羅宮に奉納されている廻船模型〔信仰〕………………… 709 |
| 腰曳縄〔生産・生業〕…………… 371 | 木立の間に丸太を立てる方法〔生産・生業〕……………………… 279 | 金刀比羅宮に和歌を書いて奉納した鯨の鬚〔信仰〕…………… 709 |
| コシビク〔交通・交易〕………… 590 | 炬燵を上げた部屋〔住〕………… 195 | |
| コシピリ〔衣〕……………………… 7 | 炬燵を組む〔住〕………………… 225 | 金刀比羅宮の絵馬堂〔信仰〕…… 709 |
| 腰部に雪除け用の板をめぐらした蔵〔住〕…………………………… 143 | 炬燵にて〔住〕…………………… 195 | 金刀比羅宮の絵馬堂に納められた金毘羅樽〔信仰〕……………… 709 |
| 腰弁当の学童〔社会生活〕……… 641 | 炬燵櫓〔住〕……………………… 225 | |
| コシマイダレ〔衣〕………………… 7 | 炬燵櫓を売る〔交通・交易〕…… 557 | 金刀比羅宮の絵馬堂に収められている錨や金毘羅樽〔信仰〕…… 709 |
| 腰巻籠〔生産・生業〕…………… 371 | コタツ用の炭を焼く女性〔生産・生業〕……………………… 528 | |
| 腰巻漁法〔生産・生業〕………… 371 | コダマ様に上げた苞〔信仰〕…… 708 | 寿煎餅〔食〕………………………… 52 |
| コシマキ(コシヒモ)〔生産・生業〕… 475 | 蚕玉神社(石碑)〔信仰〕……… 686 | 小泊港〔生産・生業〕…………… 372 |
| コシミノ〔衣〕……………………… 7 | コダンス〔住〕…………………… 225 | 子供アットゥシ〔衣〕……………… 8 |
| 腰蓑〔衣〕…………………………… 7 | 五智網漁〔生産・生業〕………… 371 | 子供負い帯〔人の一生〕………… 809 |
| 5勺枡〔交通・交易〕…………… 583 | 五智如来〔護符〕………………… 719 | 子どもをおぶって一輪車でハタハタを運ぶ夫婦〔交通・交易〕… 590 |
| 五社様〔信仰〕…………………… 686 | ゴチャウエ〔生産・生業〕……… 279 | |
| 五社神祠堂〔信仰〕……………… 752 | 小・中型獣用のウッチョウ〔生産・生業〕……………………… 424 | こどもを背中におんぶする〔人の一生〕………………………… 809 |
| 越屋根をもつ町家〔住〕………… 143 | 五丁鎌〔生産・生業〕…………… 279 | 子供が丈夫に育つよう願う地蔵と乳の出を祈る乳房〔信仰〕…… 709 |
| コジュウチ(小地打ち)〔生産・生業〕…………………………… 278 | ゴチョウビツ〔食〕………………… 68 | |
| 五十年忌の供養〔人の一生〕…… 833 | 国会議事堂〔社会生活〕………… 648 | 子供銀行〔社会生活〕…………… 641 |
| 五十年忌の供養を念仏講の人びとが行う〔人の一生〕………… 833 | 国会議事堂、議員会館、東京タワー(建設中)〔社会生活〕…… 648 | 子ども組〔社会生活〕…………… 621 |
| | | 子供呪衣〔衣〕……………………… 8 |
| 50メートル競走のスタートラインに立つ一年生〔社会生活〕…… 641 | 国会議事堂を耕しサツマイモを植える議会職員〔社会生活〕… 655 | こども消防団〔社会生活〕……… 641 |
| | | 子どもたち〔社会生活〕………… 629 |
| 御酒の口を作る〔生産・生業〕… 500 | 骨甕〔人の一生〕………………… 834 | 子どもたちが学校から帰ってくる〔社会生活〕………………… 641 |
| 五種鈴〔信仰〕…………………… 724 | コッキビダンゴ〔食〕……………… 52 | |
| 五條1丁目の町家〔住〕………… 143 | 小鼓〔芸能・娯楽〕……………… 776 | 子どもたちのたまり場〔芸能・娯楽〕……………………………… 797 |
| 後生車〔人の一生〕……………… 833 | 凝ったデザインの西洋風建築〔住〕……………………………… 143 | |
| 湖上の舟〔生産・生業〕………… 371 | | 子供たちの昼寝風景〔住〕……… 244 |
| 五畳半の住まい〔住〕…………… 244 | 骨ツボ〔人の一生〕……………… 834 | 子供デンチ〔衣〕…………………… 8 |
| コショウ味噌〔食〕………………… 52 | こつつみ〔食〕…………………… 708 | 子供と一緒に山菜とりに〔交通・交易〕……………………… 591 |
| 五城目朝市〔交通・交易〕……… 557 | 特牛港〔交通・交易〕…………… 543 | |
| 御所人形〔芸能・娯楽〕………… 787 | ゴットンブルイ概念図〔生産・生業〕……………………………… 279 | 子供の遊ぶ茶堂〔信仰〕………… 752 |
| コージン〔信仰〕………………… 686 | | 子供の車〔交通・交易〕………… 591 |
| 御真影を納めた奉安殿の前で捧げ銃〔社会生活〕………………… 655 | 骨箱をのせた輿を、麻秤で作った門をくぐらせて縁側から出し、いったん臼の上に置いてから墓地に向かう〔人の一生〕……… 834 | 子どもの髪型〔衣〕………………… 45 |
| | | 子供の孤独〔社会生活〕………… 629 |
| 御神火に身をおどらせたアベック、二人のコートをしっかり結んでツバキの枝をそえてあった〔人の一生〕…………………………… 834 | | 子供の調べた食事の座順〔食〕… 112 |
| | | 子供の墓と産婦の墓〔人の一生〕… 834 |
| | 骨箱を墓におさめる〔人の一生〕… 834 | 子供の被布姿〔衣〕………………… 8 |
| | 骨箱を持ってくる〔人の一生〕… 834 | 子供の服装〔衣〕…………………… 8 |
| | 骨箱のおかれた墓〔人の一生〕… 834 | 子供の防寒着〔衣〕………………… 8 |
| 御神体〔信仰〕…………………… 686 | コップ洗器〔食〕…………………… 68 | 子供墓〔人の一生〕……………… 834 |
| 個人墓地〔人の一生〕…………… 834 | コップ清掃器〔食〕………………… 68 | 子どもブランコ〔芸能・娯楽〕… 787 |
| ゴス〔衣〕…………………………… 35 | コッペラ〔生産・生業〕………… 279 | 子供部屋〔住〕…………………… 195 |
| 梢に葉のついた塔婆〔人の一生〕… 834 | コテ〔住〕………………………… 216 | 子供郵便局〔社会生活〕………… 641 |
| 小使当番の札〔社会生活〕……… 621 | 鏝〔住〕…………………………… 225 | 子供用着物〔衣〕…………………… 8 |
| 牛頭観音〔信仰〕………………… 686 | コテイタ〔生産・生業〕………… 279 | 子供用長着〔衣〕…………………… 8 |
| コスキ(木鋤)〔生産・生業〕… 225 | 鏝で布地の皺を伸ばす〔住〕…… 244 | 子供用の橇(模型)〔交通・交易〕… 591 |
| 木鋤で耕作する女〔生産・生業〕… 279 | コテに据わる訓練〔生産・生業〕… 424 | 子供列車に乗る子供たち〔芸能・娯楽〕……………………………… 797 |
| コヅクリ(小作り)〔生産・生業〕… 279 | コテボ〔交通・交易〕…………… 590 | |
| 小槌〔生産・生業〕……………… 279 | 御殿場駅前〔交通・交易〕……… 543 | 小鳥の玩具〔芸能・娯楽〕……… 787 |
| 子捨場(地蔵)〔信仰〕………… 686 | コド〔衣〕…………………………… 35 | 小鳥の首締め罠〔生産・生業〕… 425 |
| コズ焼き風景〔生産・生業〕…… 279 | 琴〔芸能・娯楽〕………………… 776 | 小鳥捕獲のための罠〔生産・生業〕… 425 |
| 瞽女〔芸能・娯楽〕……………… 776 | 湖東の民家の間取図〔住〕……… 143 | 小鳥ワナ〔生産・生業〕………… 425 |
| 瞽女歌〔芸能・娯楽〕…………… 776 | ゴトク〔住〕……………………… 225 | コナエウチ〔生産・生業〕……… 279 |
| 五節句盆〔食〕……………………… 68 | 五徳〔住〕………………………… 225 | コナシ小屋〔生産・生業〕……… 279 |
| ごぜん篭〔交通・交易〕………… 590 | 小戸口お大師堂〔信仰〕………… 752 | コナッパリ(小縄張り)〔生産・生業〕……………………………… 279 |
| 午前5時の陸奥湊駅前の市場〔交通・交易〕……………………… 557 | 五徳と火鉢〔住〕………………… 225 | |
| | 琴電琴平駅と高灯籠〔交通・交易〕… 543 | 粉ひき臼〔生産・生業〕………… 279 |
| 子育馬〔芸能・娯楽〕…………… 787 | 琴南美合の大師堂〔信仰〕……… 752 | 粉袋〔住〕………………………… 279 |
| 子育て観音〔信仰〕……………… 686 | コドノサン〔信仰〕……………… 686 | コナントウ(子卵塔)〔人の一生〕… 834 |
| 子育て祈願の絵馬〔信仰〕……… 708 | 金刀比羅宮参拝〔交通・交易〕… 580 | 小荷物を降ろす〔交通・交易〕… 591 |
| 子育地蔵〔信仰〕………………… 686 | | 五人百姓〔交通・交易〕………… 567 |
| 子育地蔵の小祠〔信仰〕………… 686 | | 五人百姓が売っている飴〔食〕…… 52 |
| 小袖の海女〔生産・生業〕……… 371 | | |

| | | |
|---|---|---|
| 五人百姓といわれる飴屋の傘〔交通・交易〕 …… 567 | コブバチ〔食〕 …… 69 | 込の観音堂〔信仰〕 …… 752 |
| 捏ね手から壁土を受けとる〔生産・生業〕 …… 521 | 小ぶりな農家が斜面に積み重なるように並ぶ中横倉の集落〔住〕 …… 143 | ごみの容器収集〔社会生活〕 …… 648 |
| こね鉢〔食〕 …… 68 | ごへい〔信仰〕 …… 724 | 塵芥箱〔社会生活〕 …… 648 |
| コネバチ〔食〕 …… 68 | 御幣〔信仰〕 …… 724 | ゴミ運び舟〔交通・交易〕 …… 591 |
| 捏ね鉢〔食〕 …… 68 | ごへい（えびす）〔信仰〕 …… 724 | ゴミュニケーション（GK造語）〔社会生活〕 …… 648 |
| コネバチとサハチ〔食〕 …… 68 | ゴヘイとカケグリ〔信仰〕 …… 709 | ごみ容器集積所〔社会生活〕 …… 648 |
| 木ノ葉猿〔芸能・娯楽〕 …… 787 | 御幣と桟俵でつくった細工〔民俗知識〕 …… 670 | ごみ容器収容ピット〔社会生活〕 …… 649 |
| 木花開耶姫〔掛絵〕〔信仰〕 …… 719 | 五平餅〔食〕 …… 52 | 小麦干し〔生産・生業〕 …… 279 |
| 木の葉宿〔生産・生業〕 …… 531 | 五平餅を供える〔信仰〕 …… 709 | 虚無僧〔芸能・娯楽〕 …… 776 |
| コノメ〔生産・生業〕 …… 459 | 五平餅を食べる〔食〕 …… 112 | 虚無僧の古ふうな天蓋すがた〔衣〕 …… 26 |
| 子墓〔人の一生〕 …… 834 | 五平餅を焼く〔食〕 …… 99 | 虚無僧墓〔信仰〕 …… 752 |
| こばがさ〔衣〕 …… 26 | 五平餅の会〔食〕 …… 112 | ゴム飛び〔芸能・娯楽〕 …… 797 |
| コバ笠〔衣〕 …… 26 | ごへい（やくはらい）〔信仰〕 …… 724 | ゴム縄を跳ぶ〔芸能・娯楽〕 …… 797 |
| コバカマ〔衣〕 …… 8 | ごぼう洗い〔生産・生業〕 …… 279 | 小室のお大師さん〔信仰〕 …… 752 |
| コバカマに印されたハノ（十文字にイチ）〔衣〕 …… 8 | ごぼう起こし〔生産・生業〕 …… 279 | コメアゲザル〔食〕 …… 69 |
| コバゾウリ〔衣〕 …… 35 | ごぼう起こし2本刃〔生産・生業〕 …… 279 | 米揚笊〔食〕 …… 69 |
| コバゾーリ〔衣〕 …… 35 | 牛蒡掘り〔生産・生業〕 …… 279 | 米揚げざるに入れた角助沼のアミ〔生産・生業〕 …… 372 |
| コバ大根の間引き〔生産・生業〕 …… 279 | ゴボウ掘万能〔生産・生業〕 …… 279 | 米を搗く〔生産・生業〕 …… 279 |
| コバチ〔食〕 …… 35 | ごぼう掘棒〔生産・生業〕 …… 279 | 米をつくる人〔生産・生業〕 …… 279 |
| 小ハバキ〔衣〕 …… 35 | 胡麻〔食〕 …… 52 | 米を量る〔交通・交易〕 …… 583 |
| 木羽葺き石置きの屋根〔住〕 …… 143 | 護摩〔信仰〕 …… 728 | 米カセ〔生産・生業〕 …… 449 |
| 古浜港のあたり〔生産・生業〕 …… 372 | 独楽〔生産・生業〕 …… 449 | 米唐櫃〔食〕 …… 69 |
| コバヤキ〔生産・生業〕 …… 279 | 独楽〔芸能・娯楽〕 …… 787 | 米喰鼠〔芸能・娯楽〕 …… 787 |
| コバ焼き〔生産・生業〕 …… 279 | コマ遊び〔芸能・娯楽〕 …… 797 | 米蔵〔住〕 …… 143 |
| コバヤの外観〔人の一生〕 …… 809 | 木舞掻き〔生産・生業〕 …… 521 | 米糀作り〔生産・生業〕 …… 449 |
| 小原観音堂〔信仰〕 …… 752 | コマ石〔生産・生業〕 …… 501 | コメザル（タケブチ）〔食〕 …… 69 |
| 子はらみ地蔵〔信仰〕 …… 686 | 狛犬〔信仰〕 …… 724 | 米集積所〔生産・生業〕 …… 279 |
| 小羽割鉈〔生産・生業〕 …… 413 | 胡麻煎り〔食〕 …… 69 | 米作りの相談〔生産・生業〕 …… 279 |
| ごはんを口に運ぶ少女〔食〕 …… 112 | コマイ漁〔生産・生業〕 …… 372 | 米騒動〔社会生活〕 …… 660 |
| 小判桶〔生産・生業〕 …… 449 | 胡麻おにぎり〔食〕 …… 52 | 米俵〔生産・生業〕 …… 280, 449 |
| 碁盤・碁石〔芸能・娯楽〕 …… 804 | 護摩木〔信仰〕 …… 709 | 米俵編み〔生産・生業〕 …… 501 |
| ごはんちぐら〔食〕 …… 69 | 護摩祈禱に向かう山伏〔信仰〕 …… 728 | 米俵を作る〔生産・生業〕 …… 501 |
| 湖畔の畑〔生産・生業〕 …… 279 | 駒下駄〔衣〕 …… 35 | 米搗き〔食〕 …… 69 |
| コハンバキ〔衣〕 …… 35 | コマザラ〔生産・生業〕 …… 279 | 米搗き〔生産・生業〕 …… 449 |
| 碁盤目状村落〔住〕 …… 143 | コマザライ〔生産・生業〕 …… 372 | 米つき臼および杵〔生産・生業〕 …… 280 |
| 珈琲炙り器械〔食〕 …… 69 | コマザライ操業の図〔生産・生業〕 …… 372 | 米搗車〔芸能・娯楽〕 …… 787 |
| こびき〔生産・生業〕 …… 413 | コマザライの構造〔生産・生業〕 …… 372 | 米つき猿（江都二色）〔芸能・娯楽〕 …… 787 |
| 木挽き〔生産・生業〕 …… 501 | こまさらえ〔住〕 …… 225 | 米搗き瓶〔食〕 …… 69 |
| 木挽作業の光景〔生産・生業〕 …… 413 | コマシ〔生産・生業〕 …… 501 | コメトオシ〔生産・生業〕 …… 280 |
| 小引き出し〔住〕 …… 225 | 駒と猿〔護符〕〔信仰〕 …… 720 | 米通し〔生産・生業〕 …… 280 |
| こびきのこ〔生産・生業〕 …… 413 | 高麗笛〔芸能・娯楽〕 …… 776 | 米とぎ〔生産・生業〕 …… 449 |
| 木挽鋸〔生産・生業〕 …… 413 | コマヤ〔住〕 …… 143 | 米磨ぎ桶〔食〕 …… 69 |
| 木挽きの服装〔衣〕 …… 8 | 胡麻屋の大師堂〔信仰〕 …… 752 | 米淅ぎ笊〔食〕 …… 69 |
| コヒキバラ〔生産・生業〕 …… 279 | 駒寄せのある町家〔住〕 …… 143 | コメトーシ〔生産・生業〕 …… 280 |
| コビッ〔人の一生〕 …… 809 | こみ桶〔生産・生業〕 …… 449 | 米に挿した南天の枝〔信仰〕 …… 735 |
| コーヒーメーカー〔食〕 …… 69 | 込桶〔生産・生業〕 …… 449 | 米の供出〔生産・生業〕 …… 280 |
| コビリ〔食〕 …… 112 | ゴミが散乱した階段〔社会生活〕 …… 648 | 米の検査〔生産・生業〕 …… 280 |
| コビルの後始末〔食〕 …… 112 | ごみ空気輸送システム〔住〕 …… 245 | 米の出荷〔生産・生業〕 …… 280 |
| コビルやすみ〔食〕 …… 112 | ゴミ汲み具〔生産・生業〕 …… 279 | 米の調製〔生産・生業〕 …… 280 |
| コーヒー沸シ〔食〕 …… 69 | 塵芥収集〔社会生活〕 …… 648 | 米のついたし〔信仰〕 …… 724 |
| 護符〔信仰〕 …… 720 | 塵芥収集車〔社会生活〕 …… 648 | 米のなる木〔食〕 …… 52 |
| 護符を領布する蘇民講の人々〔信仰〕 …… 720 | ゴミ収集車（ロードパッカー車）〔社会生活〕 …… 648 | 米の保存〔食〕 …… 99 |
| 呉服屋〔越後屋〕〔交通・交易〕 …… 567 | ごみ収集の作業用具〔社会生活〕 …… 648 | 米運び〔生産・生業〕 …… 449 |
| コブクロ（小袋）〔人の一生〕 …… 817 | ごみ収集風景〔社会生活〕 …… 648 | 米畚〔生産・生業〕 …… 280 |
| 小富士〔信仰〕 …… 744 | コミセとよばれる雁木のある町並み〔住〕 …… 143 | 米ビツ〔食〕 …… 69 |
| コプジャク〔食〕 …… 69 | コミセのある町屋〔住〕 …… 143 | 米櫃〔食〕 …… 69 |
| 小札所〔信仰〕 …… 709 | コミセの内部〔住〕 …… 245 | 米磨機〔食〕 …… 69 |
| 首打罠〔生産・生業〕 …… 425 | 込み栓付き醬油樽〔生産・生業〕 …… 449 | 米屋カブリ〔衣〕 …… 26 |
| 古物払下げ〔交通・交易〕 …… 567 | ゴミソ〔信仰〕 …… 735 | 米用けんど〔食〕 …… 69 |
| こぶね〔交通・交易〕 …… 543 | ゴミソの垢離場〔信仰〕 …… 735 | 菰〔住〕 …… 225 |
| 小舟〔生産・生業〕 …… 372 | ゴミソの修業〔信仰〕 …… 735 | コモアシ〔生産・生業〕 …… 501 |
| 小舟坑社宅街〔生産・生業〕 …… 526 | ゴミソの守護神・善宝寺の軸〔信仰〕 …… 735 | こもあみき〔生産・生業〕 …… 529 |
| コブネ（チャンコ）の形態および部分名称〔生産・生業〕 …… 372 | ごみ出しの作法（貼り紙）〔社会生活〕 …… 648 | こも編台〔生産・生業〕 …… 280 |
| 小舟に乗って四つ手網を広げ白魚をとる〔生産・生業〕 …… 372 | 五峯山の御田守〔信仰〕 …… 720 | ゴモジョ宅の祭壇前に待機している依頼者〔信仰〕 …… 735 |
| | | ゴモジョの祭壇飾り〔信仰〕 …… 735 |
| | | コモヅチ〔生産・生業〕 …… 475 |

## 名称索引 こんろ

| 項目 | 頁 |
|---|---|
| コモヅチにタテ糸を巻きケタに下げる〔生産・生業〕 | 475 |
| 子持ち石〔信仰〕 | 709 |
| 小物入れ〔住〕 | 225 |
| コモは便所の入口〔住〕 | 143 |
| コモ巻のある邸宅〔住〕 | 143 |
| 子守〔人の一生〕 | 810 |
| 子守をしながら語り合う少女たち〔人の一生〕 | 810 |
| 子守りをしながらの学校生活〔社会生活〕 | 641 |
| 子守りをする子供〔人の一生〕 | 810 |
| 子守りかぶり〔衣〕 | 26 |
| 小森さま〔信仰〕 | 767 |
| 大火前に建てられた小森商店〔住〕 | 143 |
| 子守達〔人の一生〕 | 810 |
| 子守り（土人形）〔民俗知識〕 | 670 |
| 籠り堂〔社会生活〕 | 621 |
| 子守の手伝いをしながら勉強に励む少女〔人の一生〕 | 810 |
| 子守フゴ〔人の一生〕 | 810 |
| 小屋〔住〕 | 143 |
| 小屋裏〔住〕 | 143 |
| 小屋裏口オオニカイ（広間の三階）に藁を積む〔住〕 | 143 |
| 小屋裏の空間が広く使えるよう工夫された牛梁と登り梁〔住〕 | 144 |
| 小屋裏の構造〔住〕 | 144 |
| 小屋裏の蓄え〔住〕 | 144 |
| 小屋を運ぶ〔交通・交易〕 | 591 |
| 小屋解体〔生産・生業〕 | 521 |
| 小屋掛け〔生産・生業〕 | 280 |
| 小屋組を支える小屋梁〔住〕 | 144 |
| 小屋組構造図〔住〕 | 144 |
| 小屋組（サス組）〔住〕 | 144 |
| 小屋組と貫〔住〕 | 144 |
| コヤシにタテグイを立てる〔生産・生業〕 | 280 |
| コヤシの作物（タイモ）〔生産・生業〕 | 280 |
| コヤシの作物（白菜）〔生産・生業〕 | 280 |
| 小屋新築棟上げ後の共同飲食〔社会生活〕 | 629 |
| 子安神の神像〔信仰〕 | 686 |
| 子安観音〔信仰〕 | 687 |
| 子安観音堂〔信仰〕 | 752 |
| 子安地蔵〔信仰〕 | 752 |
| 子安地蔵前の広場〔信仰〕 | 752 |
| 子安餅〔食〕 | 52 |
| ゴーヤチャンプルー〔食〕 | 52 |
| 小屋と稲ニオ〔生産・生業〕 | 280 |
| 小屋の平面図〔住〕 | 144 |
| 小屋稲架〔生産・生業〕 | 280 |
| 小屋梁にくくりつけたシュロ縄〔住〕 | 144 |
| ゴヨウカゴ〔交通・交易〕 | 591 |
| ゴヨウカゴを背にして帰る〔交通・交易〕 | 591 |
| 御用籠の上縁に竹の当縁をとりつけて固定する〔生産・生業〕 | 501 |
| 御用材の加工〔信仰〕 | 724 |
| 暦を売る〔民俗知識〕 | 667 |
| コヨリ〔生産・生業〕 | 425 |
| 孤立農家〔住〕 | 245 |
| ゴリド網の構造〔生産・生業〕 | 372 |
| ゴリド網布設平面図〔生産・生業〕 | 372 |
| ゴリドフクロ網・タガ（ワ竹）の構成例〔生産・生業〕 | 372 |
| ゴリドフクロ口の構造〔生産・生業〕 | 372 |
| ゴリドフクロじりの構造例〔生産・生業〕 | 372 |
| コリトリ〔信仰〕 | 771 |
| ごり曳網の構造〔生産・生業〕 | 372 |
| ごり曳網の操業図〔生産・生業〕 | 372 |
| ごりひきざる〔生産・生業〕 | 372 |
| こりやなぎの加工用器具〔生産・生業〕 | 501 |
| ゴリョウゼンサマ〔信仰〕 | 687 |
| 小漁のてんま船〔生産・生業〕 | 372 |
| 五厘刈り〔衣〕 | 45 |
| 五輪塔のある墓地〔人の一生〕 | 834 |
| ゴルフ〔芸能・娯楽〕 | 781 |
| ゴルフ遊び〔芸能・娯楽〕 | 797 |
| ゴルフ練習場〔芸能・娯楽〕 | 781 |
| 惟喬親王像〔信仰〕 | 687 |
| 惟喬親王と小椋実秀, 大蔵雅仲〔信仰〕 | 687 |
| 惟喬親王と木地挽きの図〔信仰〕 | 687 |
| 五連家〔住〕 | 144 |
| 五老滝と棚田〔生産・生業〕 | 280 |
| ゴロガイ〔食〕 | 69 |
| コロ柿作りの柿小屋〔食〕 | 99 |
| コロ柿作り〔食〕 | 99 |
| コロガシ〔生産・生業〕 | 280 |
| コロ出し〔交通・交易〕 | 591 |
| コロドウシ〔生産・生業〕 | 475 |
| コロの集積場から大そりをかついで山に登る青年〔交通・交易〕 | 591 |
| コロバシ〔生産・生業〕 | 280 |
| コロビ（アブラギリの実）の加工〔生産・生業〕 | 501 |
| コロビの粗皮剥ぎ〔生産・生業〕 | 534 |
| 衣川の集落〔住〕 | 144 |
| ゴロンゴマワシ〔芸能・娯楽〕 | 797 |
| こわりなた〔生産・生業〕 | 413 |
| コンガリ突き〔生産・生業〕 | 372 |
| コンクリートごみ箱の撤去〔社会生活〕 | 649 |
| コンクリート製塵芥箱〔社会生活〕 | 649 |
| コンクリート塵箱〔社会生活〕 | 649 |
| コンクリート造りの水溜〔住〕 | 210 |
| コンクリートで継ぎ足した防波堤と生活道路〔交通・交易〕 | 616 |
| コンクリートブロック塀〔住〕 | 144 |
| コンクリート舗装の坂道〔交通・交易〕 | 616 |
| 婚家の縁側に並べた嫁入り道具〔人の一生〕 | 821 |
| 権現さんと加持〔信仰〕 | 728 |
| 権現堂〔信仰〕 | 752 |
| コンゴーゾーリ〔民俗知識〕 | 670 |
| コンゴーゾーリとセキフダ〔民俗知識〕 | 670 |
| コンコ用の竹匙〔食〕 | 69 |
| 混雑する縄文杉ルート〔交通・交易〕 | 580 |
| 金神様の祠〔信仰〕 | 687 |
| 金神祠〔信仰〕 | 687 |
| 金勢様〔信仰〕 | 687 |
| 金精様〔信仰〕 | 687 |
| 金生さん〔信仰〕 | 752 |
| 金勢神像〔信仰〕 | 687 |
| 根釧原野で釣をする人たち〔生産・生業〕 | 372 |
| 根釧のパイロットファームの酪農〔生産・生業〕 | 436 |
| ゴンゾワラジ〔衣〕 | 35 |
| コンチ〔衣〕 | 26 |
| こんにゃく荒粉切り機〔食〕 | 100 |
| こんにゃく荒粉こき〔食〕 | 100 |
| コンニャク芋を背負って仮橋を渡る〔交通・交易〕 | 591 |
| コンニャク芋を干す〔食〕 | 100 |
| こんにゃくいもの切干し〔食〕 | 100 |
| 蒟蒻鉋〔食〕 | 100 |
| コンニャク栽培〔生産・生業〕 | 280 |
| 蒟蒻玉を干す〔食〕 | 100 |
| 蒟蒻玉からコンニャクをつくる〔食〕 | 100 |
| 蒟蒻作り〔食〕 | 100 |
| コンニャク作りの様子〔食〕 | 100 |
| コンニャク畑〔生産・生業〕 | 280 |
| コンニャク舟〔生産・生業〕 | 372 |
| コンニャク掘取機〔生産・生業〕 | 280 |
| 紺のヒッカケ〔衣〕 | 8 |
| ゴンパチの湯戻し〔食〕 | 100 |
| 「ごんぱ」という屋号の家〔住〕 | 144 |
| 金毘羅山（石碑）〔信仰〕 | 687 |
| 金比羅小祠・円福寺八十八カ所巡礼山頂〔信仰〕 | 767 |
| 金毘羅大明神石祠〔信仰〕 | 687 |
| 金毘羅参り〔交通・交易〕 | 580 |
| 金毘羅詣にやってきた漁船〔信仰〕 | 709 |
| 昆布〔食〕 | 52 |
| 昆布〔人の一生〕 | 821 |
| コンブを自家の乾燥場に運ぶ〔生産・生業〕 | 372 |
| 昆布を運ぶ籠〔生産・生業〕 | 372 |
| 昆布を運ぶ娘〔交通・交易〕 | 591 |
| コンブを拾う〔生産・生業〕 | 372 |
| コンブ採集舟の彫刻〔生産・生業〕 | 372 |
| コンブ採り〔生産・生業〕 | 372 |
| 昆布採り〔生産・生業〕 | 372 |
| 昆布採り具〔生産・生業〕 | 372 |
| コンブとりの舟〔生産・生業〕 | 372 |
| コンブ干し〔生産・生業〕 | 372 |
| 昆布干し〔生産・生業〕 | 373 |
| コンブ干しの浜辺〔生産・生業〕 | 373 |
| コンブ干し場〔生産・生業〕 | 373 |
| コンブ漁〔生産・生業〕 | 373 |
| コンブ漁が解禁される〔生産・生業〕 | 373 |
| コンブ漁の昼どき〔食〕 | 112 |
| コンベ〔衣〕 | 35 |
| ゴンベ〔衣〕 | 35 |
| ゴンベイ〔衣〕 | 36 |
| コンベギレ〔衣〕 | 26 |
| 紺木綿のハダコにハネッコハラマキ（前掛け）〔衣〕 | 8 |
| 婚礼〔人の一生〕 | 821 |
| 婚礼衣裳〔衣〕 | 8 |
| 婚礼習俗〔人の一生〕 | 821 |
| 婚礼、出産、葬式、雪踏みの決まり〔社会生活〕 | 629 |
| 婚礼とご馳走〔人の一生〕 | 821 |
| 婚礼のあった家へ田の神さまを担ぎこむ〔人の一生〕 | 821 |
| 婚礼の宴に行く〔人の一生〕 | 821 |
| 婚礼の折詰〔食〕 | 52 |
| 婚礼の席へ石の像を持ちこむ〔人の一生〕 | 822 |
| 婚礼の席へかつぎこまれた石像を返しに行く夫婦〔人の一生〕 | 822 |
| 婚礼の引き物〔人の一生〕 | 822 |
| 婚礼の結納〔人の一生〕 | 822 |
| 婚礼風俗〔人の一生〕 | 822 |
| 婚礼用三方・盃〔人の一生〕 | 822 |
| こんろ〔食〕 | 69 |
| 焜炉〔食〕 | 69 |
| 焜炉と竈の中間型〔住〕 | 195 |

## 【さ】

さあぶゆき〔生産・生業〕·············· 413
菜園化した城の掘〔生産・生業〕···· 280
材を組み上げる建前〔生産・生業〕·· 521
災害を免れたかぶと造りの民家
　〔住〕························································ 144
災害用保存飲料水〔食〕···················· 52
ハッキリ〔生産・生業〕················· 373
最近の日本人の簡易な訪問・応接
　の姿〔社会生活〕························· 660
細工師〔生産・生業〕······················ 501
サイクリング〔交通・交易〕········· 580
再現した新潟県朝日村三面の猟師
　の身仕度〔生産・生業〕·············· 425
西郷港の「隠岐丸のりば」付近〔交
　通・交易〕······································ 543
西光寺堂〔信仰〕······························ 752
在郷商人宅〔住〕······························ 144
西郷町中村から西村のあたり〔生
　産・生業〕······································ 373
西郷町の裏町〔社会生活〕·············· 649
西郷町の漁港〔生産・生業〕········· 373
採鉱用の安全燈〔生産・生業〕····· 526
西郷寮〔住〕······································· 144
西国三十三ヵ所〔信仰〕·················· 767
西国三十三所順拝供養塔〔信仰〕·· 767
西国順礼塔〔信仰〕·························· 767
サイジ〔生産・生業〕······················ 373
祭祀対象物の分布（八丈島中之郷）
　〔信仰〕············································ 687
採集区或設定〔生産・生業〕········· 373
採収袋〔生産・生業〕······················ 280
最初に改修された民家〔住〕········· 144
才槌〔信仰〕······································· 709
再生工事後のザシキ〔住〕·············· 144
祭石〔信仰〕······································· 687
賽銭〔信仰〕······································· 724
採草地としての林野〔生産・生業〕·· 531
採草地の火入れ〔生産・生業〕····· 436
採藻圧具〔生産・生業〕·················· 373
才峠ノ堂〔信仰〕······························ 752
祭壇〔信仰〕······································· 735
祭壇〔人の一生〕······························ 834
祭壇への供物を指示するエジコ
　〔信仰〕············································ 735
祭壇を背にした巫女〔信仰〕········· 735
採炭現場へ向かう〔生産・生業〕·· 526
採炭作業を終え、やわらいだ表情
　で坑口に向かう労働者たち〔生
　産・生業〕······································ 526
採炭作業現場〔生産・生業〕········· 526
祭壇に合掌する巫女〔信仰〕········· 735
祭壇に向う覡〔信仰〕······················ 735
祭壇の観音像を拝す巫者〔信仰〕·· 735
祭壇の観音像と供物〔信仰〕········· 735
祭壇の生花〔人の一生〕·················· 834
祭壇の前で祈禱するゴモジョ〔信
　仰〕···················································· 735
祭壇の前に座る巫女〔信仰〕········· 735
祭典のあとの社前に祈る主婦たち
　〔信仰〕············································ 709
砕土〔生産・生業〕·························· 280
斎藤家正面〔住〕······························ 144
柴灯護摩〔信仰〕······························ 728
砕土機〔生産・生業〕······················ 280

サー糸巻き〔生産・生業〕·············· 475
災難よけの判を押す和尚〔民俗知
　識〕···················································· 670
幸神〔信仰〕······································· 687
塞の神〔信仰〕··································· 687
塞神〔信仰〕······································· 687
塞の神の小祠〔信仰〕······················ 687
サイノカワラ〔信仰〕······················ 767
塞の河原〔信仰〕······························ 767
賽の河原〔信仰〕······························ 767
賽の河原地蔵堂〔信仰〕·················· 767
賽の河原で御詠歌を唱える遍路
　〔信仰〕············································ 767
サイノカワラの石積み〔信仰〕····· 767
賽の河原の石積〔信仰〕·················· 767
賽の河原の石積み〔信仰〕·············· 767
賽の河原のお地蔵さま〔信仰〕····· 767
賽の河原のお参り〔信仰〕·············· 767
賽の河原の地蔵堂〔信仰〕·············· 767
賽の河原の地蔵と積石〔信仰〕····· 767
オノ脇の萩堂〔信仰〕······················ 752
オノ脇の萩堂の祭壇〔信仰〕········· 752
採貝する海女〔生産・生業〕········· 373
財布〔住〕············································ 225
裁縫〔住〕············································ 245
裁縫箱〔住〕······································· 225
サイメンパ〔食〕································· 69
材木〔生産・生業〕·························· 413
材木石の載せられた小屋〔住〕····· 144
材木石の載る屋根〔住〕·················· 144
材木や丸石が載せられた民家
　〔住〕················································ 144
材木を牛に曳かせる〔生産・生業〕·· 413
材木を載せた貨物列車〔交通・交
　易〕···················································· 543
ざいもくづる〔生産・生業〕········· 413
柴目堂〔信仰〕··································· 752
材木の加工〔生産・生業〕·············· 413
材木浜〔生産・生業〕······················ 413
材木屋〔生産・生業〕······················ 413
宰領の装束〔衣〕································ 8
宰領の諸道具〔交通・交易〕········· 612
祭礼道具永代記〔社会生活〕········· 621
祭礼に着る婦人の着物〔衣〕············ 8
サイロ〔生産・生業〕······················ 436
サイロに玉蜀黍を詰める〔生産・生
　業〕···················································· 436
サイロのある酪農家〔生産・生業〕·· 436
サエの神〔信仰〕······························ 687
竿入れ〔生産・生業〕······················ 281
サオキビの摺臼〔生産・生業〕····· 281
棹釣瓶〔住〕······································· 210
早乙女〔衣〕············································ 8
早乙女〔生産・生業〕······················ 281
早乙女たち〔生産・生業〕·············· 281
早乙女と苗を運ぶ手車〔生産・生
　業〕···················································· 281
早乙女の服装〔衣〕······························ 8
竿につけた紐で、木製の小さな舟
　を引く春休みの子どもたち〔芸
　能・娯楽〕······································ 797
竿に吊るし干すフカ（鮫）ひれ〔食〕
　············································ 100
サオ（ネジリ）〔生産・生業〕······ 373
さおばかり〔交通・交易〕·············· 583
桿秤〔交通・交易〕·························· 583
棹秤〔交通・交易〕·························· 583
竿縁天井〔住〕··································· 195
境川で洗う〔住〕······························ 210
坂出港付近の商事会社〔交通・交
　易〕···················································· 567

境縄〔生産・生業〕·························· 281
境場のお堂〔信仰〕·························· 752
境場のお堂の本尊〔信仰〕·············· 752
堺紡績所〔生産・生業〕·················· 475
境町仲町商店街〔交通・交易〕····· 567
サカエ重〔食〕····································· 69
栄町小学校〔社会生活〕·················· 641
『酒桶丈量手扣帳』〔生産・生業〕·· 449
サカキの出荷束作り〔交通・交易〕·· 557
佐賀漁港〔生産・生業〕·················· 373
酒蔵〔住〕············································ 144
酒蔵群が連続した迫力ある町並み
　〔住〕················································ 144
酒蔵掃除用の手帚を作るホウキク
　サ〔生産・生業〕·························· 449
酒蔵に保存されている酒造用具··· 449
嵯峨家住宅の屋中門の内部〔住〕·· 195
逆銀杏〔信仰〕··································· 709
坂下の商店街〔交通・交易〕········· 567
佐賀市の家並み〔住〕······················ 144
サカシマダ〔衣〕································· 45
サーカス〔芸能・娯楽〕·················· 776
サカズキ〔食〕····································· 69
盃台〔人の一生〕······························ 822
サーカス小屋の開場を待つお婆さ
　んたち〔芸能・娯楽〕·················· 777
サーカスの象に近寄る子どもたち
　〔芸能・娯楽〕······························ 777
酒津みなと窯〔生産・生業〕········· 501
酒田市海洋少年団〔社会生活〕····· 660
酒田の獅子頭〔芸能・娯楽〕········· 787
佐方（宮原）の大師堂〔信仰〕····· 752
佐方（宗本）の薬師堂〔信仰〕····· 752
酒だる〔食〕········································· 69
酒樽〔食〕············································· 69
酒樽コ〔芸能・娯楽〕······················ 787
酒壺〔信仰〕······································· 724
魚入れ〔生産・生業〕······················ 373
魚売り〔交通・交易〕·········· 557, 567
魚売女〔交通・交易〕······················ 567
魚売りの女たち〔交通・交易〕····· 557
魚売りの行商〔交通・交易〕········· 567
魚桶〔交通・交易〕·························· 567
魚桶（船樽）〔生産・生業〕·········· 373
魚を干すテラス〔食〕······················ 100
魚をまる干しにする〔食〕·············· 100
サカナカゴ〔食〕································· 70
魚串さし〔食〕····································· 70
魚供養塚〔民俗知識〕······················ 676
魚ダシ〔生産・生業〕······················ 373
魚提灯〔芸能・娯楽〕······················ 787
魚貯蔵かご〔食〕································· 70
魚突き〔芸能・娯楽〕······················ 797
魚釣り〔芸能・娯楽〕······················ 797
魚とお札〔民俗知識〕······················ 670
魚とり〔芸能・娯楽〕······················ 797
魚とりの筌〔生産・生業〕·············· 373
魚の加工〔食〕··································· 100
魚の乾燥〔食〕··································· 100
魚の行商〔交通・交易〕·················· 567
魚の行商人〔交通・交易〕·············· 567
魚の塩漬〔食〕····································· 52
魚の尻尾〔民俗知識〕······················ 670
魚の貯蔵〔食〕··································· 100
魚のとりはずし〔生産・生業〕····· 373
魚の荷揚げ〔生産・生業〕·············· 373
魚の量り売り〔交通・交易〕········· 567
魚のひらき干し〔食〕······················ 100
魚の保存加工〔食〕·························· 100

| 項目 | 頁 |
|---|---|
| 魚のまわりを囲み、品定めをしてセリ値を計る女仲買人〔交通・交易〕 | 557 |
| 魚の焼き方〔食〕 | 100 |
| 魚干し〔食〕 | 100 |
| 魚干し網〔食〕 | 100 |
| 魚干し場〔食〕 | 100 |
| 魚干し場風景〔食〕 | 100 |
| 魚屋〔交通・交易〕 | 567 |
| 魚屋の店頭〔交通・交易〕 | 568 |
| 魚屋の庖丁仕事〔食〕 | 70 |
| 魚屋の前で注文の大きさに応じて雪氷を鋸で切りわける〔交通・交易〕 | 568 |
| サカヌリガッパ〔衣〕 | 36 |
| 座金と風鈴〔交通・交易〕 | 612 |
| 佐賀のくど造り〔住〕 | 144 |
| サカバヤシ〔交通・交易〕 | 568 |
| 酒林〔交通・交易〕 | 568 |
| 酒瓶〔食〕 | 70 |
| 酒袋〔生産・生業〕 | 449 |
| 佐賀平野の耕地〔生産・生業〕 | 281 |
| サカボシ〔衣〕 | 26 |
| 酒桝〔生産・生業〕 | 449 |
| 酒饅頭講習会〔食〕 | 100 |
| 坂道に沿った瓦葺きの家並み〔住〕 | 144 |
| 坂道の下の共同井戸〔住〕 | 210 |
| 坂迎え〔民俗知識〕 | 670 |
| 嵯峨面〔芸能・娯楽〕 | 787 |
| 坂本さん〔信仰〕 | 687 |
| 坂本の宿〔交通・交易〕 | 580 |
| 坂本のローハ豪商の西江家〔住〕 | 144 |
| 酒屋〔交通・交易〕 | 568 |
| 酒屋働き出立装束〔衣〕 | 8 |
| 相良氏の御仮屋を明治10年に移築した堤家〔住〕 | 144 |
| 盛の朝市〔交通・交易〕 | 557 |
| 盛り場〔社会生活〕 | 649 |
| 座棺〔人の一生〕 | 834 |
| 座棺をおさめた輿〔人の一生〕 | 834 |
| 座棺を背負って歩く〔人の一生〕 | 834 |
| 座棺を埋葬するとき白紙を解いて墓穴に投げ入れる〔人の一生〕 | 834 |
| 座棺の輿〔人の一生〕 | 834 |
| 座棺の輿の蓋〔人の一生〕 | 835 |
| 座棺の隙間に入れる豆殻、紙で作った鳥、提燈〔人の一生〕 | 835 |
| 左官屋〔生産・生業〕 | 521 |
| サキオリ製作〔生産・生業〕 | 475 |
| サキオリの着物〔衣〕 | 8 |
| 先刈鎌〔生産・生業〕 | 281 |
| サキテガラス〔生産・生業〕 | 475 |
| 鷺舞〔玩具〕〔芸能・娯楽〕 | 787 |
| サギヤイ〔生産・生業〕 | 425 |
| さきやまのこ〔生産・生業〕 | 413 |
| 砂丘に引き上げられた漁船〔生産・生業〕 | 373 |
| 作業小屋〔生産・生業〕 | 281 |
| 作業中に牛に餌を与える〔生産・生業〕 | 436 |
| 作業場と登り窯〔生産・生業〕 | 501 |
| 作業用庭〔住〕 | 144 |
| 砂金掘りの仕事着〔衣〕 | 8 |
| サク切り〔生産・生業〕 | 281 |
| サク切り（中耕）〔生産・生業〕 | 281 |
| 作小屋〔生産・生業〕 | 281 |
| 作小屋の全景〔生産・生業〕 | 281 |
| 搾汁器〔食〕 | 70 |
| 作条機〔生産・生業〕 | 281 |
| 索道〔生産・生業〕 | 413 |
| 索道に作業員が乗る〔生産・生業〕 | 413 |
| 搾乳〔生産・生業〕 | 436 |
| 柵罠〔生産・生業〕 | 425 |
| 柵罠の仕掛け〔生産・生業〕 | 425 |
| 佐久良阿弥陀堂〔信仰〕 | 752 |
| 桜井精塩株式会社〔生産・生業〕 | 445 |
| サクラエビのかき揚げ丼〔食〕 | 52 |
| サクラエビの味噌汁〔食〕 | 52 |
| 桜菓子〔食〕 | 52 |
| 桜島大根を背負って運ぶ〔交通・交易〕 | 591 |
| 桜島大根の出荷〔生産・生業〕 | 281 |
| 桜島と漁船〔生産・生業〕 | 373 |
| 佐倉の町家〔住〕 | 144 |
| 桜もち〔食〕 | 52 |
| 桜餅屋の商標〔交通・交易〕 | 568 |
| ざくり〔生産・生業〕 | 475 |
| ザクリ〔衣〕 | 9 |
| ザグリ〔生産・生業〕 | 475 |
| 座繰り〔生産・生業〕 | 475 |
| ザクリキ〔生産・生業〕 | 476 |
| 座繰り器〔生産・生業〕 | 476 |
| 座繰器と煮繭〔生産・生業〕 | 476 |
| 座繰器と煮繭による糸繰り作業〔生産・生業〕 | 476 |
| サクリグワ〔生産・生業〕 | 281 |
| サクリ板で覆った土蔵〔住〕 | 144 |
| 座繰り一口用〔生産・生業〕 | 476 |
| 座繰り二口用、上げあみ（ざる）、なべ〔生産・生業〕 | 476 |
| 柵わな〔生産・生業〕 | 425 |
| 鮭網漁〔生産・生業〕 | 373 |
| さげあんどん〔住〕 | 225 |
| 提行灯〔住〕 | 226 |
| サケを突く〔生産・生業〕 | 373 |
| サケをヤスにはさんで持ち上げる川漁師〔生産・生業〕 | 373 |
| 提げ籠〔食〕 | 70 |
| 提げ籠〔芸能・娯楽〕 | 787 |
| 酒燗器〔食〕 | 70 |
| 鮭供養塔〔民俗知識〕 | 676 |
| 酒づくり〔生産・生業〕 | 449 |
| 酒造り〔生産・生業〕 | 449 |
| さけ建網〔生産・生業〕 | 373 |
| さけ建網布設場所〔生産・生業〕 | 373 |
| 提煙草盆〔住〕 | 226 |
| サケダル〔食〕 | 70 |
| 酒壺〔食〕 | 70 |
| サケテサゲダル〔食〕 | 70 |
| 提げ灯籠〔住〕 | 226 |
| 酒との縁切り願い〔信仰〕 | 709 |
| 酒の出荷〔生産・生業〕 | 449 |
| 鮭の人工孵化〔生産・生業〕 | 373 |
| 酒司〔生産・生業〕 | 449 |
| サケの吊り干し〔食〕 | 100 |
| サケの定置網漁〔生産・生業〕 | 373 |
| 酒杓〔生産・生業〕 | 450 |
| 酒封じ祈願〔信仰〕 | 709 |
| サゲフネ〔生産・生業〕 | 373 |
| 提げ弁当〔食〕 | 70 |
| 酒升〔食〕 | 70 |
| サケ漁〔生産・生業〕 | 374 |
| 鮭漁〔生産・生業〕 | 374 |
| ざこうでのなべ〔食〕 | 70 |
| 迫地蔵堂〔信仰〕 | 752 |
| 雑魚タッペ〔生産・生業〕 | 374 |
| 雑魚捕り〔生産・生業〕 | 374 |
| ざこ干し〔食〕 | 100 |
| サコンタ〔生産・生業〕 | 281 |
| サコンタ（水車）跡〔生産・生業〕 | 281 |
| 笹飴〔食〕 | 53 |
| ササイタをつくる道具〔住〕 | 145 |
| ササ入れ漁〔生産・生業〕 | 374 |
| サザエ、アワビの漁場〔生産・生業〕 | 374 |
| サザエツキ〔生産・生業〕 | 374 |
| さざえとり〔生産・生業〕 | 374 |
| サザエ採り〔生産・生業〕 | 374 |
| 豇豆収穫〔生産・生業〕 | 281 |
| 豇豆脱穀〔生産・生業〕 | 281 |
| 笹竹〔生産・生業〕 | 281 |
| 笹団子〔食〕 | 53 |
| 笹粽〔食〕 | 53 |
| 笹野一刀彫〔芸能・娯楽〕 | 787 |
| 笹野才蔵〔芸能・娯楽〕 | 787 |
| 笹野才蔵（木版刷のお札）〔民俗知識〕 | 670 |
| 笹野彫〔生産・生業〕 | 501 |
| ササハダイギリ（笹葉状鋸）〔生産・生業〕 | 413 |
| 笹葺きの屋根〔住〕 | 145 |
| 笹葺屋根の家にサンゴ礁の石垣〔住〕 | 145 |
| 笹舟〔芸能・娯楽〕 | 787 |
| ササボウキ〔生産・生業〕 | 281 |
| ササマキ〔食〕 | 53 |
| ささら〔食〕 | 115 |
| ささら〔芸能・娯楽〕 | 777 |
| ササラ〔食〕 | 70 |
| 簓〔食〕 | 70 |
| さし〔住〕 | 216 |
| さし〔生産・生業〕 | 413 |
| サシ〔生産・生業〕 | 281 |
| サシ〔交通・交易〕 | 612 |
| サシ（差）〔人の一生〕 | 822 |
| 刺し網〔生産・生業〕 | 374 |
| 刺網を干す〔生産・生業〕 | 374 |
| 刺網が干してある板壁の家並み〔生産・生業〕 | 374 |
| 刺網つくり〔生産・生業〕 | 374 |
| 刺網で、網に刺さったスケソウダラが次々にあがってくる〔生産・生業〕 | 374 |
| 刺網でカニを獲る〔生産・生業〕 | 374 |
| 刺網で鰊漁〔生産・生業〕 | 374 |
| 刺し網にかかり次々と引き揚げられるキビナゴ〔生産・生業〕 | 374 |
| 刺網のさし方〔生産・生業〕 | 374 |
| 刺網漁〔生産・生業〕 | 374 |
| 刺網漁の水揚げ〔生産・生業〕 | 374 |
| さじ石〔民俗知識〕 | 670 |
| サシオイ（アゲマキのあなあけ）〔生産・生業〕 | 374 |
| サージを結ぶ神女たち〔衣〕 | 26 |
| 差鴨居〔住〕 | 195 |
| 差芽補修〔住〕 | 216 |
| 座敷〔住〕 | 195 |
| ザシキにある仏壇と神棚の下のトコ〔住〕 | 195 |
| 座敷に増築された床の間〔住〕 | 195 |
| 座敷に並ぶクマの毛皮〔生産・生業〕 | 425 |
| 座敷の穴蔵〔住〕 | 195 |
| 座敷の意匠〔住〕 | 195 |
| ザシキの床の間と付書院〔住〕 | 195 |
| サシグシ〔信仰〕 | 728 |
| さし鍬〔生産・生業〕 | 281 |
| サシコ〔衣〕 | 9 |
| サシコソデナシ〔衣〕 | 9 |
| 刺子足袋〔衣〕 | 36 |
| 刺子ヌノ〔衣〕 | 9 |

## さしこ

| | | |
|---|---|---|
| サシコ（刺子）の着物〔衣〕 …………9 | サツマイモの苗の直挿し方法とイモの着き方〔生産・生業〕 …………282 | 里山の薬草・果実酒〔食〕 …………53 |
| 刺子の模様〔生産・生業〕 …………501 | サツマイモの蒸かし籠と台〔食〕 …70 | 里山の罠〔生産・生業〕 …………425 |
| サシコバンテン〔衣〕 …………9 | サツマイモの蒸かし方〔食〕 …………100 | 里山や干潟に田畑を拡張〔生産・生業〕 …………282 |
| 指樽〔食〕 …………70 | サツマイモの葉柄〔食〕 …………53 | さな〔食〕 …………70 |
| さし道具・盤（角物木地用具）〔生産・生業〕 …………501 | サツマイモ畑を食い荒らして柵わなにかかった猪〔生産・生業〕 …425 | 真田山陸軍墓地〔社会生活〕 …………656 |
| 綹と一綹百文〔交通・交易〕 …………568 | サツマイモ畑の風で揺れる古着の猪おどし〔生産・生業〕 …………282 | 讃岐うどん〔食〕 …………53 |
| サシバゲタ（差歯下駄, ゴウケツ）〔衣〕 …………36 | サツマイモ用苗床の断面〔生産・生業〕 …………282 | 讃岐広島の八十八ヶ所をまわる遍路〔信仰〕 …………767 |
| 差歯下駄〔衣〕 …………36 | 薩摩下駄〔衣〕 …………36 | 讃岐坊の朽ちた仏頭〔信仰〕 …………687 |
| 差歯高下駄〔衣〕 …………36 | 薩摩琵琶〔芸能・娯楽〕 …………777 | サネクリ〔生産・生業〕 …………459 |
| サシハナ〔衣〕 …………36 | サツマ掘り〔生産・生業〕 …………282 | サネで反転〔生産・生業〕 …………476 |
| 差歯低下駄〔衣〕 …………36 | さつま焼〔生産・生業〕 …………501 | サノサ節〔芸能・娯楽〕 …………777 |
| さし屋根〔住〕 …………216 | 薩摩焼〔生産・生業〕 …………501 | サの字型民家〔住〕 …………145 |
| さし屋根（さし茅）をする茅手〔住〕 …………216 | サデ〔生産・生業〕 …………374 | サバ〔衣〕 …………36 |
| さし屋根の道具（サシ杭）〔住〕 …216 | サデ網（石アパに使う）〔生産・生業〕 …………374 | 鯖街道に沿った熊川宿下ノ町〔社会生活〕 …………649 |
| 佐條堂〔信仰〕 …………752 | サデ網の構造〔生産・生業〕 …………375 | サバニ〔生産・生業〕 …………375 |
| 刺漁〔生産・生業〕 …………374 | 砂鉄を含んだ土砂をすくう〔生産・生業〕 …………526 | サバニが並ぶ浜〔生産・生業〕 …375 |
| さす〔交通・交易〕 …………591 | サデツキ操業の図〔生産・生業〕 …375 | サバニが浜へ戻る〔生産・生業〕 …375 |
| 指江の港〔生産・生業〕 …………374 | 砂鉄採り道具〔生産・生業〕 …………526 | サバニ漁船〔生産・生業〕 …………375 |
| 叉首を上から見た図〔住〕 …………145 | 砂鉄の採掘場〔生産・生業〕 …………527 | サバニーの模型〔生産・生業〕 …375 |
| 叉首, 屋中, 垂木が交差する屋根下地〔住〕 …………145 | さでみ〔生産・生業〕 …………282 | サバネ〔生産・生業〕 …………375 |
| 叉首組〔住〕 …………145 | 里芋洗い〔生産・生業〕 …………282 | 鯖節製造小屋〔生産・生業〕 …………534 |
| 叉首組の民家〔住〕 …………145 | サトイモを掘り起こす〔生産・生業〕 …………282 | さびしきカマド〔食〕 …………112 |
| サスで柴を運ぶ〔交通・交易〕 …591 | 里芋の植え付け〔生産・生業〕 …282 | さび（下地）へらの種類〔生産・生業〕 …………501 |
| 佐須奈の大浦家〔住〕 …………145 | 茶道〔芸能・娯楽〕 …………804 | 座布団を黒い布袋に入れ替える〔人の一生〕 …………835 |
| 佐世保重工業のドック〔交通・交易〕 …………616 | 砂糖売場〔交通・交易〕 …………568 | 座布団にすわる〔住〕 …………245 |
| サセン〔生産・生業〕 …………374 | 砂糖菓子〔食〕 …………53 | 佐文の岡の庵〔信仰〕 …………753 |
| 坐禅〔信仰〕 …………725 | 砂糖黍圧搾機〔生産・生業〕 …………534 | 座屏〔住〕 …………226 |
| 座禅会〔信仰〕 …………725 | 砂糖黍圧搾機が3台ある精糖所〔生産・生業〕 …………534 | 佐保川にかかる法蓮橋〔交通・交易〕 …………543 |
| 座禅する人たち〔信仰〕 …………725 | さとうきび刈取り鍬〔生産・生業〕 …282 | さまざまなかぶと造り〔住〕 …145 |
| 誘い合わせて河原で洗濯をする女たち〔住〕 …………210 | さとうきび脱葉鎌〔生産・生業〕 …282 | さまざまな暖房具〔住〕 …………226 |
| 誘い合わせて洗濯日和〔住〕 …210 | サトウキビ鍋〔生産・生業〕 …………534 | さまざまな火鉢〔住〕 …………226 |
| 剝桑機〔生産・生業〕 …………459 | サトウキビの刈り入れ〔生産・生業〕 …………282 | さまざまな屋敷〔住〕 …………145 |
| サーターアンダギー〔食〕 …………53 | サトウキビの収穫〔生産・生業〕 …282 | 冷まし〔生産・生業〕 …………450 |
| サタグルマによるサトウキビ搾り〔生産・生業〕 …………281 | サトウキビの収穫作業〔生産・生業〕 …………282 | さましかご〔生産・生業〕 …………441 |
| 佐多岬の漁〔生産・生業〕 …………374 | サトウキビ畑〔生産・生業〕 …………282 | 醒井木彫〔住〕 …………226 |
| 雑貨店〔交通・交易〕 …………568 | さとうきび伐採鎌〔生産・生業〕 …282 | 鮫の皮〔食〕 …………70 |
| 雑貨店とその家族〔交通・交易〕 …568 | 砂糖車〔生産・生業〕 …………534 | 佐目の集落〔住〕 …………145 |
| 雑貨屋の店先〔交通・交易〕 …………568 | 砂糖小屋〔生産・生業〕 …………534 | 鮫莚縄鉢〔生産・生業〕 …………375 |
| 雑穀入〔生産・生業〕 …………281 | 砂糖搾め〔生産・生業〕 …………534 | サヤバシ〔交通・交易〕 …………543 |
| 雑穀を粉食にする〔食〕 …………100 | 茶道 道具飾りの一例〔芸能・娯楽〕 …804 | サヨリを干す〔食〕 …………100 |
| 雑穀栽培〔生産・生業〕 …………281 | 茶道の稽古〔芸能・娯楽〕 …………804 | さより刺網の構造〔生産・生業〕 …375 |
| 雑穀のゴミをふるう〔生産・生業〕 …281 | 里海に連続した集落〔住〕 …………145 | 鱵小網〔生産・生業〕 …………375 |
| サッコリ〔衣〕 …………9 | 里帰り〔人の一生〕 …………822 | 皿〔食〕 …………70 |
| 雑誌を読む少女〔芸能・娯楽〕 …798 | 里川の洗い場〔住〕 …………210 | 皿入れ〔食〕 …………70 |
| 雑誌を読む老婆〔社会生活〕 …………629 | 里川の洗い場と洗濯〔住〕 …………210 | さらえ〔生産・生業〕 …………282 |
| 雑談〔社会生活〕 …………629 | 佐渡汽船フェリー発着所〔交通・交易〕 …………543 | 皿かご〔交通・交易〕 …………591 |
| サッテ（雪べら）〔生産・生業〕 …425 | 佐渡金山の露天掘り跡・道遊の割戸〔生産・生業〕 …………527 | サラゴマ〔芸能・娯楽〕 …………787 |
| 雑嚢〔社会生活〕 …………655 | 里修験がつくる「ウツサマ明王」〔信仰〕 …………720 | 晒し〔生産・生業〕 …………476 |
| サッパと呼ぶ舟も保管するノゴヤと称する農具専用の小屋〔住〕 …145 | サトスメ〔食〕 …………100 | さらしたちぢみをとり入れる〔生産・生業〕 …………476 |
| サッパ舟〔生産・生業〕 …………374 | さどぞうげ〔食〕 …………70 | 皿洗機〔食〕 …………70 |
| サッパ舟〔交通・交易〕 …………543 | 佐土原人形〔芸能・娯楽〕 …………787 | サラニップ〔交通・交易〕 …………591 |
| サッパ船〔交通・交易〕 …………543 | 里山自然農法協会の早乙女による田植え〔生産・生業〕 …………282 | サラビク〔生産・生業〕 …………375 |
| 雑木をかきわけて, 猪のネガマを探す〔生産・生業〕 …………425 | 里山でのすき焼き〔食〕 …………112 | サラブレッドの牧場〔生産・生業〕 …436 |
| サツマイモを背負う〔交通・交易〕 …591 | 里山に牧畑を作り自給畑を拡張〔生産・生業〕 …………282 | 皿山唐臼配置図〔生産・生業〕 …501 |
| サツマイモを掘る〔生産・生業〕 …281 | 里山に連続した集落〔住〕 …………145 | ザリ〔住〕 …………245 |
| サツマイモ蔓挿し作業〔生産・生業〕 …………281 | 里山の樹木で作る雑貨〔住〕 …………226 | ザリガニとり〔芸能・娯楽〕 …………798 |
| サツマイモの育苗温床〔生産・生業〕 …………281 | | ざる〔住〕 …………226 |
| サツマイモの苗を移植する〔生産・生業〕 …………282 | | ザル〔食〕 …………70 |
| サツマイモの苗さし〔生産・生業〕 …282 | | ザル〔生産・生業〕 …………282 |
| | | 笊〔食〕 …………70 |
| | | ざるあみ〔生産・生業〕 …………282 |
| | | サルコ（猿こ）〔食〕 …………70 |
| | | サルコズキン〔衣〕 …………26 |

## 名称索引 さんは

| 項目 | ページ |
|---|---|
| サルコモンペ着用図〔衣〕 | 9 |
| 猿島茶の茶畑と長屋門〔住〕 | 145 |
| 猿田彦大神〔信仰〕〔護符〕 | 720 |
| サルッパカマ〔衣〕 | 9 |
| サルトリイバラの葉であんこ餅を包んで蒸す〔食〕 | 100 |
| 猿のエマ〔信仰〕 | 709 |
| 笊載せ掛場〔生産・生業〕 | 450 |
| サルボウ〔食〕 | 70 |
| サルボコ〔人の一生〕 | 810 |
| 猿まわし〔芸能・娯楽〕 | 777 |
| 猿まわしの興行〔芸能・娯楽〕 | 777 |
| 猿まわしの猿の仕込み〔芸能・娯楽〕 | 777 |
| 猿まわしの練習〔芸能・娯楽〕 | 777 |
| サロンストーブ〔住〕 | 195 |
| 皿鉢料理〔食〕 | 53 |
| 皿鉢料理のタイの活造り〔食〕 | 53 |
| 沢戸集落の景観〔住〕 | 145 |
| 沢水で洗濯〔住〕 | 210 |
| サワラ〔生産・生業〕 | 375 |
| 鰆網〔生産・生業〕 | 375 |
| サワラを干す島の子供〔食〕 | 100 |
| 鰆突き漁の仕事着〔衣〕 | 9 |
| サワラ釣の鈎〔生産・生業〕 | 375 |
| サワラ曳縄釣の鈎〔生産・生業〕 | 375 |
| 佐原目の地蔵堂〔信仰〕 | 753 |
| サン〔民俗知識〕 | 670 |
| 産院〔人の一生〕 | 810 |
| 産院への移動〔人の一生〕 | 810 |
| 山陰放送の社屋〔交通・交易〕 | 616 |
| 3LDK+1LDK（隣居型ペア）〔住〕 | 145 |
| 三階建て〔住〕 | 145 |
| 三階立て文化住宅〔住〕 | 145 |
| 三界万霊〔信仰〕 | 771 |
| 三界万霊供養碑〔信仰〕 | 771 |
| 三界万霊碑〔信仰〕 | 771 |
| 山岳案内者〔交通・交易〕 | 580 |
| 三角定規植え〔生産・生業〕 | 282 |
| 三角ジョウケ〔住〕 | 226 |
| 三角田〔生産・生業〕 | 282 |
| 三角ちまき〔食〕 | 53 |
| さんかくつつ〔生産・生業〕 | 282 |
| 三角ハロー〔生産・生業〕 | 282 |
| 三角ベースの野球をする〔芸能・娯楽〕 | 798 |
| 三角帆をあげた漁船〔生産・生業〕 | 375 |
| 三角枠〔生産・生業〕 | 282 |
| 桟棧瓦の葺き方〔住〕 | 216 |
| 桟瓦葺の町家〔住〕 | 145 |
| 桟瓦葺き屋根〔住〕 | 145 |
| 三寛大荒神堂〔信仰〕 | 753 |
| 山間地の屋敷〔住〕 | 145 |
| 山間に開かれた村〔住〕 | 145 |
| 山間の稲田〔生産・生業〕 | 282 |
| 山間の稲田のたたずまい〔生産・生業〕 | 282 |
| 山間の集落〔住〕 | 145 |
| 山間の集落と水田〔生産・生業〕 | 283 |
| 山間の田〔生産・生業〕 | 283 |
| 山間の茶堂〔住〕 | 145 |
| 山間の民家〔住〕 | 145 |
| 山間部落の一本橋〔交通・交易〕 | 543 |
| 桟木〔生産・生業〕 | 450 |
| 算木・筮竹と笏〔信仰〕 | 735 |
| 算木と巫竹〔信仰〕 | 735 |
| 算木と鉾〔信仰〕 | 735 |
| 散居〔住〕 | 145 |
| ザンギリ頭〔衣〕 | 45 |
| 三九郎太夫の人形〔信仰〕 | 709 |
| 参詣客でにぎわう金比羅宮〔交通・交易〕 | 580 |
| 参詣者（出雲大社）〔交通・交易〕 | 580 |
| 参詣者の祈願旗〔信仰〕 | 709 |
| 参詣図絵馬〔信仰〕 | 709 |
| 蚕繭とり〔生産・生業〕 | 459 |
| 三軒屋の地蔵様（上の地蔵様）〔信仰〕 | 753 |
| 3号タイル張調理台〔住〕 | 195 |
| 珊瑚細工〔生産・生業〕 | 501 |
| 珊瑚礁の岩塊壁をもつ小屋〔住〕 | 145 |
| サンゴーズキ〔生産・生業〕 | 283 |
| 珊瑚石の石垣とヒンプン〔住〕 | 146 |
| サンゴ石灰岩の石垣とフクギの防風林〔住〕 | 146 |
| サンゴの石垣と福木の防風林に囲まれた屋敷〔住〕 | 146 |
| 産後のお礼参り〔人の一生〕 | 810 |
| 山菜売り〔交通・交易〕 | 557 |
| 山菜採取〔生産・生業〕 | 531 |
| 山菜採り〔生産・生業〕 | 531 |
| 山菜取りに行く娘たち〔生産・生業〕 | 531 |
| 山菜のミズの長さをそろえる〔生産・生業〕 | 531 |
| 3歳馬のせり市〔交通・交易〕 | 557 |
| 三三九度〔人の一生〕 | 822 |
| 三々九度に用いる瓦器三ツ重盃と銚子及び提子〔人の一生〕 | 822 |
| 三三九度の盃を交わす結婚式〔人の一生〕 | 822 |
| 産室〔人の一生〕 | 810 |
| 蚕室〔生産・生業〕 | 459 |
| 蚕室造り〔住〕 | 146 |
| 蚕室で昼寝〔生産・生業〕 | 459 |
| 産室の図〔人の一生〕 | 810 |
| 蚕室用の火〔生産・生業〕 | 459 |
| 三社託宣の軸物〔信仰〕 | 687 |
| 三十三回忌〔人の一生〕 | 835 |
| 33回忌塔婆〔人の一生〕 | 835 |
| 三十三回忌のミンブチ（念仏）〔人の一生〕 | 835 |
| 三十三年忌祭〔人の一生〕 | 835 |
| 三十三年塔婆〔人の一生〕 | 835 |
| 蚕種紙〔生産・生業〕 | 459 |
| 蚕種催青器〔生産・生業〕 | 459 |
| 蚕種催青箱〔生産・生業〕 | 459 |
| 蚕種催青用箱〔生産・生業〕 | 459 |
| 蚕種貯蔵箱〔生産・生業〕 | 459 |
| 山上にある小祠〔信仰〕 | 687 |
| 山上の霊水で眼を洗う〔民俗知識〕 | 665 |
| 三条の六角凧〔芸能・娯楽〕 | 787 |
| 3条用作溝機による溝切り作業〔生産・生業〕 | 283 |
| 産褥の断面模式図〔人の一生〕 | 810 |
| サンシン〔芸能・娯楽〕 | 777 |
| 三線〔芸能・娯楽〕 | 777 |
| 三線（平行知念型）〔芸能・娯楽〕 | 777 |
| 蚕神〔信仰〕 | 687 |
| 蚕神像〔信仰〕 | 687 |
| 蚕神の神像〔信仰〕 | 687 |
| 撒水車〔社会生活〕 | 649 |
| 山水土瓶〔食〕 | 70 |
| サンスケ〔信仰〕 | 687 |
| 三世代がともに暮らす家族と食事〔食〕 | 112 |
| 参禅〔信仰〕 | 725 |
| 三層のミカン蔵〔生産・生業〕 | 283 |
| 山村〔住〕 | 146, 245 |
| 散村〔住〕 | 146 |
| 山村一家の服装〔衣〕 | 9 |
| 山村土蔵の雪囲い〔住〕 | 146 |
| 山村の井戸〔住〕 | 210 |
| 山村農家の屋敷構え〔住〕 | 146 |
| 山村の駅頭の薪の山〔生産・生業〕 | 532 |
| 山村の垣根〔住〕 | 146 |
| 山村の旧家〔住〕 | 146 |
| 散村の空間を埋める住宅団地や高層建物〔住〕 | 245 |
| 山村の景観〔住〕 | 146 |
| 散村の景観〔住〕 | 146 |
| 山村の傾斜畑〔生産・生業〕 | 283 |
| 山村の子どもたち〔社会生活〕 | 629 |
| 山村の魚屋に乾物が並ぶ〔交通・交易〕 | 568 |
| 散村の住居〔住〕 | 146 |
| 山村の少年〔社会生活〕 | 629 |
| 山村の出作り小屋〔住〕 | 146 |
| 山村の廃屋〔住〕 | 146 |
| 山村の畑〔生産・生業〕 | 283 |
| 山村の民家〔住〕 | 146 |
| 山村の屋敷がまえ〔住〕 | 146 |
| 山村の屋敷畑〔生産・生業〕 | 283 |
| 山村の夕食〔食〕 | 112 |
| 山村風景〔住〕 | 146 |
| 山村民家の室内〔住〕 | 195 |
| 山村民家の雪囲い〔住〕 | 146 |
| 産泰様〔信仰〕 | 687 |
| サンタクロースが、松下電機の家庭電化製品を買ってくださいと街中を練り歩く〔交通・交易〕 | 616 |
| サンダワラ（編みかけ）〔生産・生業〕 | 501 |
| 桟俵〔生産・生業〕 | 501 |
| 桟俵編み〔生産・生業〕 | 501 |
| さんだわらあみ器〔生産・生業〕 | 501 |
| さんだわら作り〔生産・生業〕 | 501 |
| 産地直送販売〔交通・交易〕 | 557 |
| 山頂でホラ貝を吹く行者〔信仰〕 | 728 |
| 山頂に着くと喪主と親族は棺のまわりを3回まわる〔人の一生〕 | 835 |
| 山頂の神池、御幣は雨乞のもの〔信仰〕 | 709 |
| 三丁櫓のはしけ〔交通・交易〕 | 543 |
| さんどあてとふぐつ〔交通・交易〕 | 612 |
| サンドイッチマン〔交通・交易〕 | 568 |
| 三等車〔交通・交易〕 | 543 |
| 三棟造りに見える納屋が付属したくど造り〔住〕 | 146 |
| さんどかけ〔交通・交易〕 | 612 |
| サンドガサ〔衣〕 | 27 |
| 三度笠〔衣〕 | 27 |
| 山王茶屋〔交通・交易〕 | 612 |
| 三宮駅前にゴロ寝する人〔社会生活〕 | 656 |
| さんぱ〔生産・生業〕 | 375 |
| 三板〔芸能・娯楽〕 | 777 |
| 産婆〔人の一生〕 | 810 |
| サンバイ〔生産・生業〕 | 283 |
| 参拝〔信仰〕 | 709 |
| サンバイ様〔信仰〕 | 687 |
| サンパク〔生産・生業〕 | 459 |
| 蚕箔〔生産・生業〕 | 459 |
| 蚕箔洗い〔生産・生業〕 | 459 |
| 蚕箔繕い〔生産・生業〕 | 459 |
| 産婆さんの往診〔人の一生〕 | 810 |
| 桟橋〔交通・交易〕 | 543 |
| 桟橋代わりにした川舟〔交通・交易〕 | 543 |
| 桟橋通り〔社会生活〕 | 649 |
| 桟橋に水揚げされた鰤〔生産・生業〕 | 375 |

## さんは　名称索引

三番叟(玩具)〔芸能・娯楽〕……… 787
三番叟凧〔芸能・娯楽〕……… 787
三番叟の面のはいった箱の下をくぐると無病息災〔信仰〕……… 709
サンバナエ〔生産・生業〕……… 283
サンバナエと握り飯〔生産・生業〕……… 283
サンバナエと握り飯〔生産・生業〕……… 283
産婆に腹帯を巻いてもらう〔人の一生〕……… 810
産婆の介護で力綱をにぎって出産する〔人の一生〕……… 810
サンバラ(竹籠)作り〔生産・生業〕……… 501
残飯屋のはかり売り〔交通・交易〕……… 568
山腹の家〔住〕……… 146
散粉機〔生産・生業〕……… 283
三平皿〔食〕……… 70
三平蒸籠〔生産・生業〕……… 441
三方〔信仰〕……… 725
三宝荒神護符〔信仰〕……… 720
三宝荒神像〔信仰〕……… 688
三宝荒神のお札〔信仰〕……… 720
三宝港の桟橋〔交通・交易〕……… 543
三方台〔信仰〕……… 725
三方湖の浜〔生産・生業〕……… 375
サンボダケの味噌漬け〔食〕……… 53
サンボングワ〔生産・生業〕……… 283
三本ぐわを打ちこんで田を起こす女たち〔生産・生業〕……… 283
三本鍬による本田の荒起こし〔生産・生業〕……… 283
三本クワ(万能)〔生産・生業〕……… 283
三本爪カナカンジキ〔衣〕……… 36
三本びし〔生産・生業〕……… 375
三本備中〔生産・生業〕……… 283
三本備中鍬〔生産・生業〕……… 283
サンマイ〔人の一生〕……… 835
三枚網の構造例〔生産・生業〕……… 375
サンマを焼く〔食〕……… 100
秋刀魚を焼く〔食〕……… 101
サンマデンマ〔生産・生業〕……… 375
秋刀魚の押しずし〔食〕……… 53
秋刀魚の丸干し〔食〕……… 53
サンマ漁を終えた朝 甲板で晩酌・晩飯〔生産・生業〕……… 375
三面地蔵〔信仰〕……… 688
山門大師堂〔信仰〕……… 753
「山門不幸」の貼紙〔人の一生〕……… 835
山野をかける送電線〔交通・交易〕……… 616
三谷の観音堂〔信仰〕……… 753
三輪自動車〔交通・交易〕……… 543
三輪車遊び〔芸能・娯楽〕……… 798
三輪トラクター〔生産・生業〕……… 283
三連水車〔生産・生業〕……… 283
山麓の集落〔住〕……… 146

## 【し】

仕上げを待つコネバチ〔生産・生業〕……… 501
仕上げ鍬または土入れ鍬〔生産・生業〕……… 283
仕上場(輪島ろくろ師)〔生産・生業〕……… 501
指圧の講習風景〔民俗知識〕……… 665
飼育籠〔生産・生業〕……… 375
飼育空間の増加模式図〔生産・生業〕……… 459
飼育棚〔生産・生業〕……… 459

シイタケを干す〔食〕……… 101
シイタケ栽培〔生産・生業〕……… 283
しいたけたねいれ〔生産・生業〕……… 283
椎茸つくり〔生産・生業〕……… 283
シイタケの原木をたてかけた家〔住〕……… 146
しいたけの栽培〔生産・生業〕……… 283
シイタケの生産〔生産・生業〕……… 283
しいたけの大小の選別〔食〕……… 101
椎茸干籠〔食〕……… 101
しいたけめし〔食〕……… 53
椎葉の民家〔住〕……… 146
椎葉の民家(うまや)〔住〕……… 146
シイラヅケ〔生産・生業〕……… 375
シイラ漬〔生産・生業〕……… 375
仕入れた魚介を竹かごに入れ、天秤棒で売り歩く女たち〔交通・交易〕……… 568
寺院発行の護符(角大師)〔信仰〕……… 720
寺院発行の護符(豆大師)〔信仰〕……… 720
じうさんざくり〔食〕……… 9
地歌三味線〔芸能・娯楽〕……… 777
試運転を行う東海道新幹線〔交通・交易〕……… 543
JR山陰本線の余部鉄橋〔交通・交易〕……… 543
自衛隊員の援農〔社会生活〕……… 660
Jリーグ開幕〔芸能・娯楽〕……… 781
「シェー」をやっている少女〔芸能・娯楽〕……… 798
塩集め〔生産・生業〕……… 445
死をいたむ人々〔人の一生〕……… 835
塩入庵〔信仰〕……… 753
塩入れ容器〔食〕……… 70
潮打瀬船〔生産・生業〕……… 375
シオオケ〔食〕……… 71
塩桶〔食〕……… 71
塩を煮詰める釜屋内部〔生産・生業〕……… 445
汐を見る漁師〔生産・生業〕……… 375
塩かけ〔生産・生業〕……… 446
シオカゴ〔食〕……… 71
塩籠〔食〕……… 71
潮が引いた浜名湖の海苔ひびの間でアサリを獲る〔生産・生業〕……… 375
塩釜港内〔生産・生業〕……… 376
塩竈神社の門前町〔社会生活〕……… 649
塩叺〔生産・生業〕……… 283
塩竈の町並み〔社会生活〕……… 649
シオガメ〔食〕……… 71
潮汲み〔生産・生業〕……… 446
潮汲み〔信仰〕……… 725
シオケ〔食〕……… 71
シオゲ〔食〕……… 71
塩地蔵〔信仰〕……… 688
塩すくい実測図〔交通・交易〕……… 617
しおたつぼ〔食〕……… 71
塩タツボ〔交通・交易〕……… 617
塩俵〔交通・交易〕……… 617
塩俵に押捺した焼印〔交通・交易〕……… 617
塩俵に押した検印〔交通・交易〕……… 617
塩作り〔生産・生業〕……… 446
シオツツボ〔食〕……… 71
塩壺〔食〕……… 115
塩手籠〔食〕……… 71
シオテゴ〔食〕……… 71
塩テゴ〔食〕……… 71
塩とり鍬〔生産・生業〕……… 446
塩取箱〔生産・生業〕……… 446
塩問屋(簑屋)〔交通・交易〕……… 617

塩抜き若布〔食〕……… 101
塩の荷を運んだ歩荷たちのスタイル〔衣〕……… 9
「潮の花」を持って出漁する船を見送る〔民俗知識〕……… 670
塩の道の宿屋〔交通・交易〕……… 580
塩浜〔生産・生業〕……… 446
潮干狩り〔生産・生業〕……… 376
塩引鮭を干す〔食〕……… 101
塩引鮭作り〔食〕……… 101
塩舟の舟着場〔交通・交易〕……… 543
塩ふみ蔵入り口の石垣〔住〕……… 146
塩町駅〔交通・交易〕……… 543
塩水を大釜で煮詰めて結晶にする釜屋の作業〔生産・生業〕……… 446
塩を運ぶ〔生産・生業〕……… 446
塩焼釜〔生産・生業〕……… 446
四花〔人の一生〕……… 835
市街上空を飛ぶ敵機〔社会生活〕……… 656
市街地に並ぶ蔵〔住〕……… 146
シカ皮を敷物に使う〔生産・生業〕……… 425
シカグツ〔衣〕……… 36
四角底の編み方工程〔生産・生業〕……… 501
仕掛弓〔生産・生業〕……… 425
仕掛けわな〔生産・生業〕……… 425
仕掛罠〔生産・生業〕……… 425
仕掛けわなのワサシキにかかった鹿〔生産・生業〕……… 425
シカ刺〔食〕……… 53
自家製造用の味噌づくりセット〔生産・生業〕……… 450
自家製の豆腐を街角で売る〔交通・交易〕……… 568
シカタ〔交通・交易〕……… 591
シカタ・カイナワ〔交通・交易〕……… 591
地下足袋〔衣〕……… 36
鹿角製シッタプ〔生産・生業〕……… 532
シガと呼ばれる魚を売る行商人〔交通・交易〕……… 568
鹿二千供養塚〔民俗知識〕……… 676
シカの解体〔生産・生業〕……… 425
雌蛾の産卵〔生産・生業〕……… 459
鹿の玉〔生産・生業〕……… 425
シガ曳漁〔生産・生業〕……… 376
シガ曳漁の網を積んだ雪橇を引いて漁場に向かう8人の漁夫〔生産・生業〕……… 376
鹿笛〔生産・生業〕……… 425
地神〔信仰〕……… 688
地神様〔信仰〕……… 688
地紙作り〔生産・生業〕……… 476
地紙作りにかかせない柿渋の入った甕〔生産・生業〕……… 476
地神塔〔信仰〕……… 688
地紙の貼り板を運ぶ〔生産・生業〕……… 476
地神の祠〔信仰〕……… 688
地神の祠地〔信仰〕……… 688
自家用車で泳ぎにきた若者〔交通・交易〕……… 580
自家用の一番茶をつむ〔生産・生業〕……… 441
自家用の食用豚〔生産・生業〕……… 436
自家用の茶畑〔生産・生業〕……… 441
自家用の飯米を吊るし保管する屋内のハサギ〔住〕……… 146
自家用味噌づくり具〔生産・生業〕……… 450
ジガラ(地唐)〔生産・生業〕……… 283
ジガラウス(踏臼)〔食〕……… 71
信楽焼〔生産・生業〕……… 501
じがりの巣〔生産・生業〕……… 532
芝靴〔衣〕……… 36

| 項目 | 頁 |
|---|---|
| シカンガケ〔衣〕 | 45 |
| 芝翫下駄〔衣〕 | 36 |
| しきあみ〔生産・生業〕 | 376 |
| 敷網　碇止四艘張網漁業〔生産・生業〕 | 376 |
| 敷網　八艘張網〔生産・生業〕 | 376 |
| 敷皮〔生産・生業〕 | 413 |
| しきし餅〔食〕 | 53 |
| シキズエ〔生産・生業〕 | 376 |
| シキズエの際に御神酒をあげる〔生産・生業〕 | 521 |
| 式台玄関〔住〕 | 146 |
| 式台玄関と内玄関〔住〕 | 147 |
| じき樽〔生産・生業〕 | 283 |
| 敷地奥に並び建つ蚕室〔住〕 | 147 |
| 敷地が道路よりも低く、目の高さが屋根になる〔住〕 | 147 |
| 敷地屋が金毘羅宮へ奉納したものの受納証〔生産・生業〕 | 502 |
| 敷地屋が取引した木地師の名前と取引状況が記された算用帳〔生産・生業〕 | 502 |
| 式服〔衣〕 | 9 |
| 樒を門口に飾る〔人の一生〕 | 835 |
| 敷物〔住〕 | 226 |
| 敷物の莫蓙編み〔生産・生業〕 | 502 |
| 自給する保存食や野菜で作った里山集落の料理〔食〕 | 53 |
| 自給地〔生産・生業〕 | 283 |
| 地胡瓜を入れた冷や汁〔食〕 | 53 |
| 地狂言の舞台〔芸能・娯楽〕 | 777 |
| 餌切り〔生産・生業〕 | 436 |
| 仕切印〔交通・交易〕 | 617 |
| ジク〔生産・生業〕 | 502 |
| ジグザグ式の土かけ作業〔生産・生業〕 | 283 |
| ジクサン〔生産・生業〕 | 502 |
| ジグチアンドン〔住〕 | 226 |
| 四九市とその碑〔交通・交易〕 | 557 |
| 地車による麦束の運搬作業〔生産・生業〕 | 284 |
| ジゲグラ（地下蔵）〔住〕 | 147 |
| 重末の薬師堂〔信仰〕 | 753 |
| 時化で浜に打ち揚げられた鰊の大群〔生産・生業〕 | 376 |
| シゲ（聖地）の中心〔信仰〕 | 767 |
| 四間道〔交通・交易〕 | 543 |
| 士堅家住宅の全景〔住〕 | 147 |
| 慈眼寺〔信仰〕 | 753 |
| 試験室〔生産・生業〕 | 450 |
| 市見十王堂〔信仰〕 | 753 |
| 四軒家地蔵堂〔信仰〕 | 753 |
| しごき〔生産・生業〕 | 476 |
| 四国街道の松並木〔交通・交易〕 | 543 |
| 四国八十八ヶ所詣〔信仰〕 | 767 |
| 四国遍路〔信仰〕 | 767 |
| 死後結婚の絵馬〔人の一生〕 | 835 |
| 仕事を終えて〔生産・生業〕 | 284 |
| 仕事を終えて地上にもどってきたところで煙草の接待〔生産・生業〕 | 527 |
| 仕事着〔衣〕 | 9 |
| 仕事着の着装例〔衣〕 | 9 |
| シコドチ盆〔食〕 | 71 |
| 仕事に専念する海女〔生産・生業〕 | 376 |
| 仕事の合い間に〔生産・生業〕 | 284 |
| 仕事場に着いた海女たち〔生産・生業〕 | 376 |
| 仕事場の中で火を焚いて生地を乾かす〔生産・生業〕 | 502 |
| 仕込道中枕〔交通・交易〕 | 580 |
| シゴモ（着蓙）〔衣〕 | 9 |
| 錣のない「うまのくらづくり」の主屋と長屋〔住〕 | 147 |
| 紫根染〔生産・生業〕 | 476 |
| シーサー〔民俗知識〕 | 670 |
| シーサー（屋根獅子）〔民俗知識〕 | 670 |
| ジザイカギ〔住〕 | 195 |
| 自在カギ〔住〕 | 195 |
| 自在鉤〔住〕 | 195 |
| 自在鉤に鉄瓶を掛けた炉〔住〕 | 196 |
| 自在鉤の種類〔住〕 | 196 |
| 自在鉤の吊るされた炉に薪をくべる〔住〕 | 196 |
| じざいなべ〔食〕 | 71 |
| 自在鍋〔食〕 | 71 |
| 猪追小屋〔生産・生業〕 | 284 |
| 猪威し〔生産・生業〕 | 284 |
| 鹿踊り（郷土玩具）〔芸能・娯楽〕 | 787 |
| 鹿踊供養碑〔信仰〕 | 771 |
| 鹿踊の供養塔〔信仰〕 | 771 |
| シシガキ〔生産・生業〕 | 284 |
| シシ垣〔生産・生業〕 | 284 |
| 猪垣〔生産・生業〕 | 284 |
| 猪垣と陥穴の再現展示〔生産・生業〕 | 284 |
| 猪垣に古着をおいて猪が近よらないようにする〔生産・生業〕 | 284 |
| シシ垣のある田〔生産・生業〕 | 284 |
| 獅子頭〔玩具〕〔芸能・娯楽〕 | 787 |
| ジシガミー〔人の一生〕 | 835 |
| 猪狩り〔生産・生業〕 | 425 |
| シジキ（ヒ）〔生産・生業〕 | 476 |
| シジケリ〔衣〕 | 36 |
| 猪権現〔生産・生業〕 | 425 |
| 猪権現に登る鉄鎖〔生産・生業〕 | 425 |
| 猪権現の案内板〔生産・生業〕 | 425 |
| 猪権現の洞窟に奉納された猪の頭や頭骨、下顎など〔生産・生業〕 | 425 |
| 猪権現の洞窟の山の神像に豊猟と安全を願う狩人〔生産・生業〕 | 425 |
| 猪柵（猪垣）〔生産・生業〕 | 284 |
| 枝漆の採取〔生産・生業〕 | 502 |
| シシ鍋〔食〕 | 53 |
| 猪肉を売る露店〔交通・交易〕 | 568 |
| 蜆を煮る〔食〕 | 101 |
| シジミをふるいで選別〔生産・生業〕 | 376 |
| シジミかきをする〔生産・生業〕 | 376 |
| シジミかきの舟〔生産・生業〕 | 376 |
| 蜆透し〔生産・生業〕 | 376 |
| シジミ採り〔生産・生業〕 | 376 |
| 蜆採〔生産・生業〕 | 376 |
| しじみの俵詰め〔生産・生業〕 | 376 |
| しじみのトシ（通し）〔生産・生業〕 | 376 |
| シジミ漁〔生産・生業〕 | 376 |
| 死者への供物〔人の一生〕 | 835 |
| 死者が三途の川を渡るとき履く草鞋と手にする杖〔人の一生〕 | 835 |
| 磁石付日時計〔住〕 | 226 |
| 死者の旅を案じて奉納した草履〔信仰〕 | 767 |
| 死者の杖〔人の一生〕 | 835 |
| シシ山小屋〔生産・生業〕 | 425 |
| シシャモを天日に干す〔食〕 | 101 |
| 四十九院〔人の一生〕 | 835 |
| 四十九陰〔人の一生〕 | 835 |
| 四十九団子〔人の一生〕 | 835 |
| 四十九忌に用いる杖〔人の一生〕 | 835 |
| 四十九日の間供えられる死者のための膳〔人の一生〕 | 835 |
| 四十九日の杖とわらじ〔人の一生〕 | 835 |
| 49日の餅つくり〔人の一生〕 | 835 |
| 四十九日目までの祭壇〔人の一生〕 | 835 |
| 四十九日餅を食べる〔人の一生〕 | 835 |
| 四十九餅〔人の一生〕 | 835 |
| 自習時間にスーパーマンごっこをやって先生に叱られる〔社会生活〕 | 641 |
| 四十八夜念仏塔婆〔信仰〕 | 744 |
| 四十八夜念仏の板塔婆〔信仰〕 | 744 |
| 四条大宮交差点〔交通・交易〕 | 543 |
| 枝条架がびっしり並んだ流下式塩田の最盛期〔生産・生業〕 | 446 |
| 枝条架製塩〔生産・生業〕 | 446 |
| 枝条架流下式塩田〔生産・生業〕 | 446 |
| 四緒煮繰兼用機による糸繰り作業〔生産・生業〕 | 476 |
| シシロウ〔生産・生業〕 | 426 |
| シシワナ（イノシシワナ）〔生産・生業〕 | 426 |
| ジジンサン〔信仰〕 | 688 |
| 猪鹿三百誌石〔民俗知識〕 | 676 |
| 自身番組掟〔社会生活〕 | 629 |
| 静岡の漬物先生〔食〕 | 101 |
| 雫石あねこ〔衣〕 | 9 |
| しずち〔生産・生業〕 | 450 |
| システムキッチン〔住〕 | 196 |
| システムキッチン志向・量産ユニット〔住〕 | 196 |
| 紙銭〔人の一生〕 | 836 |
| 自然石で囲われた茅葺きの牛小屋〔住〕 | 147 |
| 自然石の腰壁と重厚な瓦屋根の畜舎〔住〕 | 147 |
| 自然上蔟器〔生産・生業〕 | 459 |
| 自然石を用いた墓〔人の一生〕 | 836 |
| 自然茶を摘む〔生産・生業〕 | 441 |
| 自然木の柱〔住〕 | 147 |
| シーソー〔芸能・娯楽〕 | 798 |
| シーソー遊び〔芸能・娯楽〕 | 798 |
| 地蔵〔信仰〕 | 688 |
| 地蔵車〔信仰〕 | 709 |
| 地蔵さま〔信仰〕 | 688 |
| 地蔵尊〔信仰〕 | 688 |
| 地蔵堂〔信仰〕 | 753 |
| 地蔵堂で行われる百万遍〔信仰〕 | 753 |
| 地蔵堂でのお接待〔信仰〕 | 753 |
| 地蔵堂と供養碑〔信仰〕 | 753 |
| 地蔵堂の内部〔信仰〕 | 753 |
| 地蔵堂の人形〔信仰〕 | 709 |
| 地蔵堂平面図〔信仰〕 | 753 |
| 地蔵と丸石を祀った小祠〔信仰〕 | 688 |
| 地蔵に石を積む〔信仰〕 | 768 |
| 地蔵のお堂〔信仰〕 | 753 |
| 地蔵のお堂の本尊〔信仰〕 | 753 |
| 四艘張網〔生産・生業〕 | 376 |
| 士族の家〔住〕 | 147 |
| 下掛け水車〔生産・生業〕 | 376 |
| 下切り水車〔生産・生業〕 | 284 |
| 自宅前の堰で洗い物をする〔住〕 | 210 |
| 字凧〔芸能・娯楽〕 | 787 |
| 羊歯細工の基本編み〔生産・生業〕 | 502 |
| 羊歯細工の用具〔生産・生業〕 | 502 |
| したしい挨拶〔社会生活〕 | 629 |
| 下地つけの作業〔生産・生業〕 | 502 |
| ジダシベ〔衣〕 | 36 |
| 下地窓と腰貼り〔住〕 | 147 |
| シタのオカッテ〔住〕 | 196 |
| 下糊付け〔生産・生業〕 | 476 |
| シタハタ〔生産・生業〕 | 476 |
| シタハタの織り方〔生産・生業〕 | 476 |

| 名称 | ページ |
|---|---|
| したばらいがま〔生産・生業〕 | 413 |
| 下町の妻入りの町並み〔住〕 | 147 |
| 下町の長屋造り〔住〕 | 147 |
| 下町の町並み〔住〕 | 147 |
| 下町モダンの旧川合文化住宅〔住〕 | 147 |
| したみ〔住〕 | 226 |
| シタミ〔交通・交易〕 | 591 |
| シタミを担ぐ女性〔交通・交易〕 | 591 |
| 下ミセとよばれる馬宿〔交通・交易〕 | 612 |
| 下向き小型ガスランプ〔住〕 | 226 |
| 四段掛の水添〔生産・生業〕 | 450 |
| 四段掛用 仕込みの保温作業〔生産・生業〕 | 450 |
| 七絃琴〔芸能・娯楽〕 | 777 |
| 七五三〔人の一生〕 | 814 |
| 七五三の服装〔衣〕 | 9 |
| 自治する兄妹〔社会生活〕 | 629 |
| 七年忌の膳と折詰〔食〕 | 53 |
| 七福神堂(堂はん)〔信仰〕 | 753 |
| 七福神巡り〔信仰〕 | 709 |
| 七本塔婆〔人の一生〕 | 836 |
| 七本塔婆を書く僧侶〔人の一生〕 | 836 |
| 七味屋の店頭〔交通・交易〕 | 568 |
| 七面山参り〔信仰〕 | 744 |
| 志ちや〔交通・交易〕 | 568 |
| 質屋〔交通・交易〕 | 568 |
| 質屋の主〔交通・交易〕 | 568 |
| シチヤ(七夜)の宴席〔人の一生〕 | 814 |
| しちりん〔食〕 | 71 |
| 七厘〔食〕 | 71 |
| 七厘〔住〕 | 226 |
| 七輪〔食〕 | 71 |
| 七厘と焙烙〔食〕 | 71 |
| 地鎮祭〔生産・生業〕 | 521 |
| 地鎮祭の供物〔生産・生業〕 | 522 |
| 地搗き〔生産・生業〕 | 522 |
| 地搗き"エンヤコラ"〔生産・生業〕 | 522 |
| 漆器店の町並〔交通・交易〕 | 568 |
| 地搗きに集まった人たち〔生産・生業〕 | 522 |
| 漆喰壁・なまこ壁の町家〔住〕 | 147 |
| 漆喰壁の民家〔住〕 | 147 |
| 漆喰左官〔生産・生業〕 | 522 |
| 漆喰で描かれた賽の河原〔信仰〕 | 753 |
| 漆喰で固めた瓦葺き〔住〕 | 147 |
| 漆喰の化粧壁にエアコン〔住〕 | 147 |
| 日月ボール〔芸能・娯楽〕 | 787 |
| 湿潤器兼吸入器〔住〕 | 226 |
| 湿田の稲刈り〔生産・生業〕 | 284 |
| 湿田の稲運び〔生産・生業〕 | 284 |
| 湿田の草取り〔生産・生業〕 | 284 |
| 湿田の田植え〔生産・生業〕 | 284 |
| 室内温度自動調節スウィッチ〔住〕 | 226 |
| 室内の収納〔住〕 | 226 |
| 疾病神送りの数珠繰り〔民俗知識〕 | 670 |
| シッペイ組立図(精米用水車)〔生産・生業〕 | 284 |
| ジッポウ〔生産・生業〕 | 502 |
| ジッポウベラ〔生産・生業〕 | 502 |
| 七宝焼の製作〔生産・生業〕 | 502 |
| シッポブクロ〔交通・交易〕 | 612 |
| 失明傷痍軍人の一家〔社会生活〕 | 656 |
| 実月炭〔住〕 | 226 |
| シデ〔住〕 | 245 |
| シデとシデバチ〔住〕 | 226 |
| シデバチ〔住〕 | 226 |
| 市電が走る仙台駅前〔交通・交易〕 | 543 |
| 自転車で走っていて出会った同年生〔社会生活〕 | 629 |
| 自転車でまわってお接待を受ける〔信仰〕 | 768 |
| 自転車でやってきた飴売り〔交通・交易〕 | 568 |
| 自転車で山から町へ炭を運ぶ〔交通・交易〕 | 591 |
| 自転車に自分で作った、コメトウシ(コメアゲザル)、バラ、マルカゴなどをつけて行商〔交通・交易〕 | 568 |
| 自転車に乗れるように練習する母親〔社会生活〕 | 629 |
| 自転車に二人乗りの夫婦〔交通・交易〕 | 543 |
| 自転車に4人乗りする中学生〔交通・交易〕 | 543 |
| 自転車の魚屋〔交通・交易〕 | 568 |
| 自転車は下に置いて石段を上がる〔住〕 | 147 |
| 児田堂〔信仰〕 | 753 |
| 市電と三輪オートが走る仙台市街を並行して走る蒸気機関車〔交通・交易〕 | 543 |
| 自転揚水車〔生産・生業〕 | 284 |
| 自転揚水車と防御柵〔生産・生業〕 | 285 |
| 自転揚水車の収納風景〔生産・生業〕 | 285 |
| 自転揚水車のヒノアシ接合法〔生産・生業〕 | 285 |
| 自転揚水車の輪竹接合法〔生産・生業〕 | 285 |
| 紙床〔生産・生業〕 | 502 |
| 自動化された現在の製茶風景〔生産・生業〕 | 441 |
| 地頭上の棚堂〔信仰〕 | 753 |
| 自動耕耘器〔生産・生業〕 | 285 |
| 自動式電気釜〔食〕 | 71 |
| 自動式の座桑機による桑切り作業〔生産・生業〕 | 459 |
| 自動車整備工場と木造家屋〔社会生活〕 | 649 |
| 自動車と男性〔交通・交易〕 | 544 |
| 自動車内のお守り〔信仰〕 | 709 |
| 襪〔衣〕 | 36 |
| 自動炊飯器〔食〕 | 71 |
| 自動脱穀機〔生産・生業〕 | 285 |
| 地頭の家〔住〕 | 147 |
| 地頭の家 名子の集まる下台所〔社会生活〕 | 629 |
| シトキウシタマサイ〔衣〕 | 47 |
| シトギ搗き〔食〕 | 101 |
| しとぎ鍋〔食〕 | 71 |
| 四斗樽〔生産・生業〕 | 450 |
| シトバンドリ〔交通・交易〕 | 591 |
| 蔀戸〔住〕 | 147 |
| 蔀戸と揚見世〔住〕 | 147 |
| 仕留めたクマを柴ゾリに乗せて村へ運ぶ〔生産・生業〕 | 426 |
| 仕留められたキツネ〔生産・生業〕 | 426 |
| 仕留められたミンク鯨〔生産・生業〕 | 376 |
| しな〔生産・生業〕 | 476 |
| しな積み〔生産・生業〕 | 476 |
| シナオミ〔生産・生業〕 | 476 |
| シナ皮〔生産・生業〕 | 476 |
| 品川漁師町〔住〕 | 147 |
| しなこき〔生産・生業〕 | 476 |
| シナサキ〔生産・生業〕 | 476 |
| しなざし〔生産・生業〕 | 476 |
| 地なしゲラ〔衣〕 | 10 |
| シナ漬け〔生産・生業〕 | 476 |
| しな煮〔生産・生業〕 | 476 |
| シナ煮にかかる〔生産・生業〕 | 476 |
| しな布の搬出〔生産・生業〕 | 476 |
| シナの皮を干す〔生産・生業〕 | 476 |
| 信濃川河口・6月16日の新潟地震で倒壊水没した家〔社会生活〕 | 660 |
| 信濃川の破堤により水没した村〔社会生活〕 | 660 |
| しなの皮剥ぎ〔生産・生業〕 | 477 |
| 信濃川べりの水没した街区〔社会生活〕 | 660 |
| 信濃川べりの被災家屋群〔社会生活〕 | 660 |
| しのき〔生産・生業〕 | 477 |
| しのき伐り〔生産・生業〕 | 477 |
| しなの木の皮〔生産・生業〕 | 477 |
| シナの木の皮を入れて運ぶ〔交通・交易〕 | 591 |
| シナベソ〔生産・生業〕 | 477 |
| シナベソを雪に晒す〔生産・生業〕 | 477 |
| シナボシ〔生産・生業〕 | 477 |
| シナ干シ〔生産・生業〕 | 477 |
| シナミノ〔衣〕 | 10 |
| シナヨイ車〔生産・生業〕 | 477 |
| 地ならし〔生産・生業〕 | 285 |
| 死装束〔人の一生〕 | 836 |
| ジヌシガミ〔信仰〕 | 688 |
| 地主神〔信仰〕 | 688 |
| 地主様〔信仰〕 | 688 |
| 地主と小作人の契約証書と雛形〔社会生活〕 | 629 |
| 地主の田植え〔生産・生業〕 | 285 |
| 自然薯〔食〕 | 53 |
| 地の神の小祠〔信仰〕 | 688 |
| 篠原式電化釜〔食〕 | 71 |
| 篠笛〔芸能・娯楽〕 | 777 |
| シバ(柴)〔生産・生業〕 | 376 |
| 芝居小屋〔芸能・娯楽〕 | 777 |
| 柴置き場〔生産・生業〕 | 532 |
| 柴を運ぶ〔交通・交易〕 | 591 |
| 柴刈りガマ(両刃)〔生産・生業〕 | 285 |
| 柴木を背負った女〔交通・交易〕 | 591 |
| 地場漁業(ニシン漁)が生み出した大規模民家〔住〕 | 147 |
| 柴草を負う女性〔交通・交易〕 | 591 |
| 柴草を背負う〔交通・交易〕 | 591 |
| 柴小屋〔住〕 | 216 |
| 柴さしと人形〔民俗知識〕 | 670 |
| 柴浸漁〔生産・生業〕 | 376 |
| 柴漬け漁〔生産・生業〕 | 376 |
| 柴漬け漁でシバヅケ網に入った鰻〔生産・生業〕 | 376 |
| 柴漬け漁の漁獲〔生産・生業〕 | 376 |
| 地バタ〔生産・生業〕 | 477 |
| 地機〔生産・生業〕 | 477 |
| 新発田市山内宿〔交通・交易〕 | 580 |
| 地バタで織る〔生産・生業〕 | 477 |
| 地機で織る〔生産・生業〕 | 477 |
| ジバタとその織り方〔生産・生業〕 | 477 |
| 地機とその部品〔生産・生業〕 | 477 |
| 地機の開口の仕組み〔生産・生業〕 | 477 |
| 地ばたのサイ〔生産・生業〕 | 477 |
| 地ばたのはた織り〔生産・生業〕 | 477 |
| ジバタの部品〔生産・生業〕 | 477 |
| 地バタの骨組み〔生産・生業〕 | 477 |
| ジバタ用の杼〔生産・生業〕 | 477 |
| 芝棟〔住〕 | 147 |
| 柴鉈〔生産・生業〕 | 413 |

| 名称 | ページ |
|---|---|
| 柴の代用になった桑木の剪定枝「桑棒」〔生産・生業〕 | 534 |
| 柴の束ね作業〔生産・生業〕 | 532 |
| シババカ〔人の一生〕 | 836 |
| 柴橋地蔵堂〔信仰〕 | 753 |
| 芝棟の家〔住〕 | 147 |
| 暫狐〔芸能・娯楽〕 | 787 |
| シバラレ地蔵〔信仰〕 | 688 |
| 縛られ地蔵〔信仰〕 | 688 |
| 縛り地蔵〔信仰〕 | 688 |
| シバレイモの乾燥〔食〕 | 101 |
| ジバン〔衣〕 | 10 |
| Gパン広告〔衣〕 | 10 |
| 市販の土製のかまどに薪をくべる〔住〕 | 196 |
| シビ編み台〔生産・生業〕 | 376 |
| シビ網で鰤の子をとって放流する〔生産・生業〕 | 376 |
| シビ網にかかった大きな魚を手にする若い漁師〔生産・生業〕 | 377 |
| 地曳〔生産・生業〕 | 377 |
| 地引網〔生産・生業〕 | 377 |
| 地曳き網〔生産・生業〕 | 377 |
| 地曳網〔生産・生業〕 | 377 |
| 地曳網がはじまると男も女も総力をあげて仕事にかかる〔生産・生業〕 | 377 |
| 地曳網漁船〔生産・生業〕 | 377 |
| 地曳網作業〔生産・生業〕 | 377 |
| 地曳網であがったばかりのタイ〔生産・生業〕 | 377 |
| 地曳網にはいったマイワシ〔生産・生業〕 | 377 |
| 地曳網船の両船に一つずつ使う錨〔生産・生業〕 | 377 |
| 地曳網漁〔生産・生業〕 | 377 |
| 地曳小屋〔生産・生業〕 | 377 |
| 地曳船〔生産・生業〕 | 377 |
| しびふんづけ〔生産・生業〕 | 285 |
| 耳病の平癒祈願〔信仰〕 | 709 |
| 耳病のマジナイ祈願〔民俗知識〕 | 670 |
| 紙符〔交通・交易〕 | 612 |
| 渋桶〔生産・生業〕 | 502 |
| 紙符を刷る〔信仰〕 | 720 |
| 渋柿皮むきカンナ〔食〕 | 101 |
| 渋柿の皮をむきつるしさげたばかりの柿〔食〕 | 101 |
| 渋柿の幹の途中で接木した富有柿〔生産・生業〕 | 534 |
| シブカラミ〔衣〕 | 36 |
| 渋沢邸の和洋並存〔住〕 | 147 |
| 渋下地をした椀とふた〔生産・生業〕 | 502 |
| 渋下地塗り〔生産・生業〕 | 502 |
| 渋盌〔生産・生業〕 | 502 |
| ジブチ（地打ち）〔生産・生業〕 | 285 |
| 持仏堂〔信仰〕 | 753 |
| 持仏堂の流れを汲む仏壇〔人の一生〕 | 836 |
| 治部田の大師堂〔信仰〕 | 753 |
| 治部煮〔食〕 | 53 |
| 渋抜機〔生産・生業〕 | 285 |
| 渋谷駅前〔社会生活〕 | 649 |
| 自分の家で作った野菜を並べる壱岐の朝市〔交通・交易〕 | 557 |
| 自分の家の角塔婆にシキミや果実などを供えて手を合わせる〔人の一生〕 | 836 |
| 自分の具合のわるいところを墨で塗り祈禱してもらう〔信仰〕 | 709 |
| シベ〔衣〕 | 36 |
| シベブトン〔住〕 | 226 |
| 四方囲い角行灯〔住〕 | 226 |
| 四方固めのときの唱えごと〔生産・生業〕 | 426 |
| 脂肪検査〔生産・生業〕 | 436 |
| 死亡告知書〔社会生活〕 | 656 |
| 死亡と葬式の日取りを書いた黒枠の告知書〔人の一生〕 | 836 |
| 慈母観音〔信仰〕 | 688 |
| 絞られた網の中は魚、魚（イワシ）でいっぱい〔生産・生業〕 | 377 |
| 絞りを染める〔生産・生業〕 | 477 |
| 絞り問屋を営む服部家は卯建を上げた塗籠造り〔住〕 | 148 |
| 四本熊手鍬〔生産・生業〕 | 285 |
| 四本爪カナカンジキ〔衣〕 | 36 |
| シマイトウバ〔人の一生〕 | 836 |
| シマイハギと呼ぶ磯舟に座る子どもたち〔生産・生業〕 | 377 |
| シマウシ〔食〕 | 71 |
| シマウス〔食〕 | 71 |
| シマ（沖縄相撲）〔芸能・娯楽〕 | 781 |
| 島四国の巡礼〔信仰〕 | 768 |
| 島四国遍路〔信仰〕 | 768 |
| 島（伊豆大島）〔衣〕 | 45 |
| 島台〔人の一生〕 | 822 |
| シマダクワ〔生産・生業〕 | 285 |
| シマタナシ〔衣〕 | 10 |
| 島田蓑〔生産・生業〕 | 460 |
| 島田蓑折機〔生産・生業〕 | 460 |
| 縞帳〔生産・生業〕 | 477 |
| 縞彫〔生産・生業〕 | 477 |
| 縞手本（縞帳）〔生産・生業〕 | 477 |
| 島根の農家〔住〕 | 148 |
| 志摩の海女〔生産・生業〕 | 377 |
| 島の医師〔社会生活〕 | 660 |
| 縞の型紙〔生産・生業〕 | 478 |
| 島の集落〔住〕 | 148 |
| 島の消防団〔社会生活〕 | 629 |
| シマの大師堂〔信仰〕 | 753 |
| 島の農村集落〔住〕 | 148 |
| 島の百貨店〔交通・交易〕 | 568 |
| 島の巫女〔信仰〕 | 735 |
| 島の店屋〔交通・交易〕 | 569 |
| 島原の港〔生産・生業〕 | 377 |
| 志摩半島の漁村〔生産・生業〕 | 377 |
| 島見の祝いの弓矢と鋏〔人の一生〕 | 814 |
| 島見の弓矢〔人の一生〕 | 814 |
| 縞木綿のツツボと呼ぶ上衣にモンペ、樫の木枝を背中につける〔衣〕 | 10 |
| 縞模様の通し屋根〔住〕 | 148 |
| 縞屋さん（買継商）〔生産・生業〕 | 478 |
| 縞屋さん（買継商）の店先〔生産・生業〕 | 478 |
| 四万十川の川舟〔交通・交易〕 | 544 |
| 清水家主屋の土台〔住〕 | 148 |
| 清水地蔵菩薩堂〔信仰〕 | 754 |
| 凍大根〔食〕 | 101 |
| 凍大根を作る〔食〕 | 101 |
| 凍豆腐〔食〕 | 101 |
| 凍豆腐をつるす〔食〕 | 101 |
| 凍豆腐作り〔食〕 | 101 |
| 凍餅〔食〕 | 53 |
| 凍餅づくり〔食〕 | 101 |
| 凍餅の乾燥具合を見る〔食〕 | 101 |
| 四眠堂〔信仰〕 | 754 |
| 氏名を記したヤネクシ〔住〕 | 245 |
| しめ板〔住〕 | 216 |
| 注連飾〔信仰〕 | 709 |
| 締木〔生産・生業〕 | 285, 450 |
| しめし籠〔人の一生〕 | 811 |
| しめしばち〔食〕 | 71 |
| 締太鼓〔芸能・娯楽〕 | 777 |
| シメツリのタコ〔民俗知識〕 | 670 |
| 締めどう〔食〕 | 71 |
| しめなわ〔信仰〕 | 725 |
| シメ縄〔生産・生業〕 | 377 |
| 注連縄〔民俗知識〕 | 670 |
| 注連縄〔信仰〕 | 725 |
| 注連縄をなう少年ふたり〔生産・生業〕 | 502 |
| 注連縄作り〔信仰〕 | 725 |
| 注連縄と供物〔信仰〕 | 710 |
| シメバリ〔交通・交易〕 | 612 |
| 下岩成の地蔵堂と石柱〔信仰〕 | 754 |
| 下押方大師堂〔信仰〕 | 754 |
| 下押方大師堂内〔信仰〕 | 754 |
| 下金倉の谷堂〔信仰〕 | 754 |
| 下倉の馬頭観音〔信仰〕 | 754 |
| 下郷の茶堂〔信仰〕 | 754 |
| 下肥〔生産・生業〕 | 285 |
| 下肥おけを背負子で背負い田に行く〔生産・生業〕 | 285 |
| 下肥をやる〔生産・生業〕 | 285 |
| 下越地方の玄関中門〔住〕 | 148 |
| 下肥と桶〔生産・生業〕 | 285 |
| 下座敷のふすま〔住〕 | 196 |
| 下台所〔住〕 | 196 |
| 下田土の大師堂〔信仰〕 | 754 |
| 下田の大師堂〔信仰〕 | 754 |
| 下津井漁港〔生産・生業〕 | 377 |
| 下時国家〔住〕 | 148 |
| 地元民が移住者の子供たちにワラ草履の作り方を教える〔社会生活〕 | 630 |
| 下関駅〔交通・交易〕 | 544 |
| 下関市街〔社会生活〕 | 649 |
| シモバタ（地機）〔生産・生業〕 | 478 |
| 下葺きがオガラ葺きとなっている医王寺唐門〔住〕 | 148 |
| 下吹堂〔信仰〕 | 754 |
| 下村の釈迦堂〔信仰〕 | 754 |
| 下村の釈迦堂内部〔信仰〕 | 754 |
| 下屋の出た茅葺き屋根〔住〕 | 148 |
| 下屋部分、葺き降ろしの垂木を支える軒桁〔住〕 | 148 |
| 下山中薬師堂〔信仰〕 | 754 |
| 謝恩会〔社会生活〕 | 641 |
| ジャガイモの澱粉作り〔食〕 | 101 |
| 蛇籠〔交通・交易〕 | 617 |
| 釈迦堂〔信仰〕 | 754 |
| しゃく〔生産・生業〕 | 285 |
| 杓〔生産・生業〕 | 450 |
| 笏〔芸能・娯楽〕 | 777 |
| 笏を持って祈禱する盲僧〔信仰〕 | 736 |
| シャクシ〔食〕 | 72 |
| シャクシ〔生産・生業〕 | 285 |
| 杓子〔食〕 | 72 |
| 杓子〔生産・生業〕 | 450 |
| 杓子〔信仰〕 | 710 |
| シャクシ（三角のクワ）〔生産・生業〕 | 285 |
| 杓子作り〔生産・生業〕 | 502 |
| 杓子製作用具〔生産・生業〕 | 502 |
| 杓子造りの工具〔生産・生業〕 | 502 |
| 杓子による願かけ〔信仰〕 | 710 |
| 杓子のいろいろ〔食〕 | 72 |
| シャクシの使い方〔生産・生業〕 | 285 |
| シャクシメー〔芸能・娯楽〕 | 787 |

| | | |
|---|---|---|
| 錫杖〔信仰〕 725, 736 | 集会所間取図〔社会生活〕 621 | 住宅営団の直営によるバラック〔住〕 148 |
| 錫杖と当番板〔社会生活〕 630 | 集会所間取図（現在）〔社会生活〕 621 | 住宅街のあふれ出し〔住〕 148 |
| 市役所前に積まれた肥桶〔社会生活〕 660 | 集会所・若者宿分布図〔社会生活〕 622 | 住宅と客応待の方式〔社会生活〕 630 |
| 蛇口〔住〕 196 | 集会の決まりと役回り〔社会生活〕 630 | 住宅の防犯意識〔住〕 148 |
| 尺竹による田植〔生産・生業〕 285 | 収穫〔生産・生業〕 285 | しゅうたぶた〔食〕 72 |
| 蛇口付きの桶〔住〕 226 | 収穫篭〔生産・生業〕 285 | 集団結婚式〔人の一生〕 822 |
| 尺茶盆（木地）〔食〕 72 | 収穫した蒟蒻芋〔生産・生業〕 285 | 集団結婚の花嫁衣装の見物に集まった娘さんやおばさん，おばあさんたち〔人の一生〕 822 |
| 尺時計〔住〕 226 | 収穫したタケノコ〔生産・生業〕 532 | |
| 尺度原器〔交通・交易〕 584 | 収穫した春蚕繭〔生産・生業〕 460 | |
| 尺八〔芸能・娯楽〕 777 | 収穫直前の麻〔生産・生業〕 285 | 集団就職〔社会生活〕 630 |
| 尺棒〔生産・生業〕 285 | 収穫の家族労働〔生産・生業〕 286 | 集団就職の汽車を見送る〔社会生活〕 630 |
| 捨口〔食〕 72 | 修学旅行〔社会生活〕 642 | |
| 斜坑人車で地上にもどる坑夫たち〔生産・生業〕 527 | 集荷場に運ばれてきた各家の繭の量をはかる〔生産・生業〕 460 | 柔道（嘉納師範と三船十段）〔芸能・娯楽〕 781 |
| シャコを獲る〔生産・生業〕 377 | 重鎌〔生産・生業〕 286 | シュウトウシカゴ〔住〕 226 |
| ジャコバラ〔食〕 72 | 祝儀だる〔食〕 72 | 自由な形で組まれたあいかた積みの石垣〔住〕 148 |
| 写真館〔交通・交易〕 569 | 祝儀樽〔食〕 72 | |
| 写真機〔芸能・娯楽〕 804 | 什器の収納棚〔住〕 196 | 十二様の神像〔信仰〕 688 |
| 写生〔社会生活〕 641 | 縦脚〔信仰〕 725 | 十二支絵馬〔信仰〕 710 |
| 鉈鞘〔生産・生業〕 413 | 祝儀用米櫃〔食〕 72 | 十二神堂〔信仰〕 754 |
| 車中の売子嬢〔交通・交易〕 544 | 祝儀用の膳〔食〕 72 | 十二単で舞う巫女〔信仰〕 725 |
| シャツ〔衣〕 10 | 住居式水屋〔住〕 196 | 十二本竹〔芸能・娯楽〕 798 |
| シャッパ（しゃこ）〔食〕 53 | 集魚灯〔生産・生業〕 377 | 10人前組弁当〔食〕 72 |
| 社殿の上に掲げられた絵馬〔信仰〕 710 | 集魚燈（電燈）をともして操業するイカ釣り船〔生産・生業〕 377 | 十能〔住〕 226 |
| | | 収納網〔生産・生業〕 377 |
| 車内で繕いをする頬被り姿の女の人〔交通・交易〕 544 | 住居内での蚕架利用の篭飼い〔生産・生業〕 460 | 十八夜供養塔〔信仰〕 744 |
| 蛇の目傘〔住〕 226 | 住居内での平飼い〔生産・生業〕 460 | 十八夜正観音版木〔信仰〕 744 |
| ジャノメでお迎え〔社会生活〕 642 | 住居に貯えられたモシモノ〔住〕 245 | 十八夜塔〔信仰〕 744 |
| 蛇腹（ジャバラ）〔住〕 148 | 住居のイマワリ〔住〕 148 | 十八夜待供養塔〔信仰〕 744 |
| 蛇腹による揚水〔生産・生業〕 285 | 住居の壁と屋根〔住〕 148 | 修復工事〔社会生活〕 660 |
| 蛇皮線屋の店頭〔交通・交易〕 569 | 住居の付属施設〔住〕 148 | 修復された町家と自動販売機〔住〕 148 |
| シャボン玉をふく少年〔芸能・娯楽〕 798 | 十九夜講〔信仰〕 744 | |
| | 十九夜さま〔信仰〕 744 | 重油窯〔生産・生業〕 502 |
| 三味線〔芸能・娯楽〕 777 | 十九夜塔〔信仰〕 744 | 集落〔住〕 148 |
| 三味線糸を撚る撚り場〔生産・生業〕 478 | 修景された民家〔住〕 148 | 集落と耕地〔住〕 149 |
| | 収繭〔生産・生業〕 460 | 集落と墓地〔住〕 149 |
| 三味線を持って〔芸能・娯楽〕 777 | 収繭作業〔生産・生業〕 460 | 集落内の道路と門長屋〔住〕 149 |
| 三味線各部の名称〔芸能・娯楽〕 777 | 祝言盃〔人の一生〕 822 | 集落の遠景〔住〕 149 |
| 三味線の上調子〔芸能・娯楽〕 777 | 祝言の席次例〔人の一生〕 822 | 集落の外側に集落を囲む形で点在する蔵〔住〕 149 |
| 三味線の調子〔芸能・娯楽〕 777 | 祝言の着席順位〔人の一生〕 822 | |
| 斜面に石垣を築いた集落と畑〔住〕 148 | 集合住宅〔住〕 245 | 集落の背後の墓地〔人の一生〕 836 |
| | 重厚な板戸の大戸口〔住〕 148 | 集落の人々が大師堂に集い勤行する〔信仰〕 744 |
| 斜面に建つ家〔住〕 148 | 十三祝い〔人の一生〕 814 | |
| 斜面に並んだ草葺き屋根〔住〕 148 | 十三港〔生産・生業〕 377 | 集落の道〔住〕 149 |
| しゃもじ〔食〕 72 | 十三湖の民家〔住〕 148 | 集落の道〔交通・交易〕 617 |
| しゃもじ信仰〔信仰〕 710 | 十三塚〔信仰〕 771 | 集落背後の石段道〔交通・交易〕 544 |
| しゃもじ奉納〔信仰〕 710 | 十三塚の金毘羅さん〔信仰〕 754 | 修理〔生産・生業〕 460 |
| 斜文織〔生産・生業〕 478 | 十三塚の分布〔信仰〕 771 | 重連（三連式）水車〔住〕 210 |
| 砂利をとりにきた主婦たちの帰路〔交通・交易〕 592 | 十三日講〔信仰〕 744 | 十六善神へのおつとめ〔信仰〕 744 |
| | 十三日講の掛軸〔信仰〕 744 | 酒宴〔食〕 112 |
| 砂利を運ぶ〔交通・交易〕 592 | 十三佛大師堂（休堂）〔信仰〕 754 | 酒宴〔人の一生〕 822 |
| 車力〔交通・交易〕 592 | 十三仏餅と四十九日餅〔人の一生〕 836 | 酒燗具〔食〕 72 |
| 砂利積み込み中の船〔交通・交易〕 544 | 十三仏と四十九日の餅つくり〔人の一生〕 836 | 酒器〔食〕 72 |
| 砂利舟〔交通・交易〕 544 | | 手臼を曳く〔生産・生業〕 286 |
| 車輪ごま〔芸能・娯楽〕 787 | 十三参り〔人の一生〕 814 | 授業合図太鼓〔社会生活〕 642 |
| しゃれた化粧壁の雑貨屋〔交通・交易〕 569 | 十三詣〔人の一生〕 814 | 授業を終った先生を追いかけて質問する〔社会生活〕 642 |
| | 十字架の礼拝〔信仰〕 771 | |
| シャレヒキ〔生産・生業〕 285 | 十七夜市に自家製の木製品を並べて売る〔交通・交易〕 557 | 授業参観〔社会生活〕 642 |
| ジャンケンで勝った子が，数を書いた紙の上に教材のコマを並べる〔社会生活〕 642 | | 授業参観日の教室〔社会生活〕 642 |
| | 終日学級で勉強する子供たち〔社会生活〕 642 | 授業中の申し出に教室に笑いが起きる〔社会生活〕 642 |
| 朱印〔交通・交易〕 612 | | |
| 十一竈〔住〕 196 | 十条田植機による田植え〔生産・生業〕 286 | 授業のひとつとして教室を開放して「ごっこ遊び」をする〔社会生活〕 642 |
| 週1回の第五粟島丸で町から帰った男の人〔社会生活〕 630 | 就職〔社会生活〕 630 | |
| | 就職試験〔社会生活〕 630 | 熟蚕をひろう〔生産・生業〕 460 |
| 周囲に大根や南蛮を乾し糠釜のあるシンカナに集う家族〔住〕 148 | 集村の甍〔住〕 148 | 「祝新宿線開通」の看板のある新宿線の新宿駅〔交通・交易〕 544 |
| | 集村の代表，環濠集落〔住〕 148 | |
| 銃を撃つ構え〔生産・生業〕 426 | 集村の一つ，街村〔住〕 148 | 呪具「飛んでけ這ってけ逃げてけ」〔民俗知識〕 670 |
| 十王堂〔信仰〕 754 | | 宿場〔交通・交易〕 580 |

| | | |
|---|---|---|
| 宿場の面影の残る上町のたたずまい〔交通・交易〕 | 580 | |
| 宿場の中央を流れる川〔住〕 | 210 | |
| 宿場町〔交通・交易〕 | 580 | |
| 宿場町の面影を残す町並み〔交通・交易〕 | 580 | |
| 宿坊の夕食〔信仰〕 | 768 | |
| 修験者たちの火渡り〔信仰〕 | 728 | |
| 手工業の製紙〔生産・生業〕 | 502 | |
| 酒豪くらべ〔食〕 | 112 | |
| 種子入れ〔生産・生業〕 | 286 | |
| 種子ふり(摘み田)〔生産・生業〕 | 286 | |
| 種子蒔き機〔生産・生業〕 | 286 | |
| 数珠〔信仰〕 | 725, 736 | |
| 取水堰〔生産・生業〕 | 286 | |
| 数珠を繰って神オロシをするエジコ〔信仰〕 | 736 | |
| 数珠を手に祭壇の前に座る巫女〔信仰〕 | 736 | |
| 数珠を持つオガミサマ〔信仰〕 | 736 | |
| 数珠を持って拝む巫女〔信仰〕 | 736 | |
| 数珠を持つ巫女〔信仰〕 | 736 | |
| 繻子織〔生産・生業〕 | 478 | |
| 数珠くり〔信仰〕 | 710 | |
| じゅずと袈裟〔信仰〕 | 736 | |
| 繻子の織方〔生産・生業〕 | 478 | |
| 数珠の飾り〔信仰〕 | 736 | |
| 酒造唄〔生産・生業〕 | 450 | |
| 酒造祈願棟札〔生産・生業〕 | 450 | |
| 酒造業をいとなんでいた旧家〔生産・生業〕 | 450 | |
| 酒造工程で使われる桶〔生産・生業〕 | 450 | |
| 酒造店舗〔交通・交易〕 | 569 | |
| 『酒造秘伝書』〔生産・生業〕 | 450 | |
| 『酒造夫共蓄社連名簿』〔生産・生業〕 | 450 | |
| 「酒造方法綴」表紙〔生産・生業〕 | 450 | |
| 酒造米搬入〔生産・生業〕 | 450 | |
| 酒造メーカーの広告〔交通・交易〕 | 569 | |
| 酒造元〔生産・生業〕 | 450 | |
| 呪詛人形〔民俗知識〕 | 670 | |
| シュータ〔生産・生業〕 | 426 | |
| シュータとカリノ〔交通・交易〕 | 592 | |
| シュツ〔信仰〕 | 710 | |
| 出演前のバレリーナ〔芸能・娯楽〕 | 777 | |
| 出荷された薬草〔生産・生業〕 | 532 | |
| 出荷されるカタクリ〔生産・生業〕 | 286 | |
| 出荷するウナギを選別する〔生産・生業〕 | 377 | |
| 出荷する大根〔生産・生業〕 | 286 | |
| 出荷のための荷作り〔生産・生業〕 | 502 | |
| 出荷前の繭〔生産・生業〕 | 460 | |
| 出棺〔人の一生〕 | 836 | |
| 出棺後の座敷の清め〔人の一生〕 | 836 | |
| 出棺のとき門口に松明をともす〔人の一生〕 | 836 | |
| 出棺のとき庭に松明をともす〔人の一生〕 | 836 | |
| 出棺前の読経〔人の一生〕 | 836 | |
| 出棺前の別れ〔人の一生〕 | 836 | |
| 出勤〔社会生活〕 | 630 | |
| 出港準備〔生産・生業〕 | 377 | |
| 出航する船団〔生産・生業〕 | 378 | |
| 出港する独航船〔生産・生業〕 | 378 | |
| 出港風景〔交通・交易〕 | 544 | |
| 出産内祝いの幟を立てた店〔人の一生〕 | 815 | |
| 出征を祝う〔社会生活〕 | 656 | |
| 出征する人を村境まで送る〔社会生活〕 | 656 | |
| 出征旗〔社会生活〕 | 656 | |
| 出船〔生産・生業〕 | 378 | |
| 出立する支度を終えた孫娘に、祖母は最後までこまごまと注意を与えつづけた〔人の一生〕 | 822 | |
| 出店大師堂〔信仰〕 | 754 | |
| 出発前の船の上〔生産・生業〕 | 378 | |
| 朱坪〔生産・生業〕 | 522 | |
| 出漁〔生産・生業〕 | 378 | |
| 出漁(網の積み込み)〔生産・生業〕 | 378 | |
| 出漁を見合わせていた漁船〔生産・生業〕 | 378 | |
| 出漁することができず海を見つめる漁師たち〔生産・生業〕 | 378 | |
| 出漁にそなえて準備をする〔生産・生業〕 | 378 | |
| 出漁のイカ釣り船〔生産・生業〕 | 378 | |
| 出漁の仕度 刺網〔生産・生業〕 | 378 | |
| 出漁の準備をする〔生産・生業〕 | 378 | |
| 出漁の見送り〔生産・生業〕 | 378 | |
| 出漁前に揚げる旗〔生産・生業〕 | 378 | |
| 出漁前の網の積みこみ作業の漁師たち〔生産・生業〕 | 378 | |
| 出漁前の見送り〔生産・生業〕 | 378 | |
| 手動圧力噴霧機〔生産・生業〕 | 286 | |
| 手動剝桑機〔生産・生業〕 | 460 | |
| 手動式扇風機〔生産・生業〕 | 286 | |
| 手動扇風機〔生産・生業〕 | 286 | |
| 手動ポンプ〔生産・生業〕 | 450 | |
| 手動揚水機〔生産・生業〕 | 286 | |
| じゅにくさで遊ぶ子ども達〔芸能・娯楽〕 | 798 | |
| 授乳〔人の一生〕 | 811 | |
| 朱塗角行灯〔住〕 | 226 | |
| 朱塗漆練り器〔生産・生業〕 | 502 | |
| 酒杯と棒酒箸〔食〕 | 72 | |
| 襦袢〔衣〕 | 10 | |
| 樹皮を剝ぐ〔生産・生業〕 | 478 | |
| 樹皮衣〔衣〕 | 10 | |
| 樹皮荷札と籠〔生産・生業〕 | 478 | |
| 主婦会館〔社会生活〕 | 660 | |
| 主婦たちのシャモジデモ〔社会生活〕 | 660 | |
| 主婦と台所〔住〕 | 196 | |
| 「主婦の店ダイエー」の一号店〔交通・交易〕 | 569 | |
| ジュモク〔社会生活〕 | 630 | |
| 樹木を御神体にした荒神を祀る屋敷神〔信仰〕 | 688 | |
| 樹木葬〔人の一生〕 | 836 | |
| 種雄豚を散歩させる〔生産・生業〕 | 436 | |
| シュラ出し〔生産・生業〕 | 413 | |
| 首里金城〔住〕 | 149 | |
| 首里三箇〔住〕 | 149 | |
| 狩猟犬〔生産・生業〕 | 426 | |
| 狩猟御符〔信仰〕 | 720 | |
| 狩猟装束〔衣〕 | 10 | |
| 狩猟の服装(背面)〔衣〕 | 10 | |
| しゅるがさ〔衣〕 | 27 | |
| 棕櫚束子〔食〕 | 72 | |
| 棕梠の皮をむきに行く支度〔衣〕 | 10 | |
| 棕梠の皮をむきに行く姿〔衣〕 | 10 | |
| シュロの樹皮を編んだカッパ〔衣〕 | 10 | |
| しゅろ帯〔住〕 | 227 | |
| 棕櫚箒〔住〕 | 227 | |
| シュロボウシ(棕櫚帽子)〔衣〕 | 27 | |
| しゅろみの〔衣〕 | 10 | |
| 棕櫚蓑〔衣〕 | 10 | |
| 巡回してきた桶屋〔生産・生業〕 | 502 | |
| 巡回商店〔交通・交易〕 | 569 | |
| シュンカ地蔵〔信仰〕 | 754 | |
| 瞬間湯沸器の普及〔食〕 | 72 | |
| 春慶塗で仕上げられた青山家の下座敷〔住〕 | 196 | |
| 巡航船〔交通・交易〕 | 544 | |
| 蓴菜〔食〕 | 53 | |
| ジュンサイを採る〔生産・生業〕 | 532 | |
| 蓴菜採収用笠〔生産・生業〕 | 532 | |
| ジュンサイ採りの昼どき〔食〕 | 112 | |
| ジュンサイの加工所〔食〕 | 101 | |
| 順勝寺参道沿いの家並み〔住〕 | 149 | |
| 春闘勝利の垂れ幕を掲げる〔社会生活〕 | 660 | |
| 巡礼〔信仰〕 | 768 | |
| 巡礼者〔信仰〕 | 768 | |
| 巡礼に道を教える島の人〔信仰〕 | 768 | |
| ショイカゴ〔交通・交易〕 | 592 | |
| しょいこ(カンバ)〔交通・交易〕 | 592 | |
| しょいこ(背中当て)〔交通・交易〕 | 592 | |
| ショイコ〔交通・交易〕 | 592 | |
| 背負い子〔交通・交易〕 | 592 | |
| 背負子〔交通・交易〕 | 592 | |
| 背負子を運んで遊ぶ少女〔芸能・娯楽〕 | 798 | |
| ショイコを背負う〔交通・交易〕 | 592 | |
| 背負子を背負う小学生たち〔交通・交易〕 | 592 | |
| 背負子を背負ったまま山道で一休みする〔交通・交易〕 | 592 | |
| 背負子を背に山へ行く中学生〔交通・交易〕 | 592 | |
| 背負子を曳いて遊ぶ子ども〔芸能・娯楽〕 | 798 | |
| しょいこだし〔交通・交易〕 | 592 | |
| 背負こだし〔交通・交易〕 | 592 | |
| 背負子でかつぐ〔交通・交易〕 | 592 | |
| 背負子で干草を運ぶ〔交通・交易〕 | 592 | |
| 背負子で薪を運ぶ親子〔交通・交易〕 | 592 | |
| 背負子に一斗桝と羽釜をつけ左手に風呂敷包みを持つ男の人〔交通・交易〕 | 592 | |
| ショイコにのせた背負いカゴ〔交通・交易〕 | 592 | |
| 背負子による薪の担ぎ出し〔交通・交易〕 | 592 | |
| ショイタ〔交通・交易〕 | 592 | |
| ショイタの構造〔交通・交易〕 | 593 | |
| しょいだら(背負俵)〔交通・交易〕 | 593 | |
| ショイダル(醬油樽)〔生産・生業〕 | 450 | |
| ショイのこだし〔食〕 | 72 | |
| ショイバシゴ〔交通・交易〕 | 593 | |
| ショイモッコ〔交通・交易〕 | 593 | |
| ショイモッコの背面〔交通・交易〕 | 593 | |
| ショイワク〔交通・交易〕 | 593 | |
| 書院と床の間〔住〕 | 196 | |
| 錠〔住〕 | 227 | |
| 笙〔芸能・娯楽〕 | 777 | |
| 上衣〔衣〕 | 10 | |
| 上衣・三幅前掛〔衣〕 | 10 | |
| ショーウィンドー〔交通・交易〕 | 569 | |
| 錠絵馬〔信仰〕 | 710 | |
| 商家〔交通・交易〕 | 569 | |
| 場外馬券を買う人々〔芸能・娯楽〕 | 781 | |
| 小学一年生の子どもたちが教室を出て先生に連れられて商店街をまわる〔社会生活〕 | 642 | |
| 城ヶ島大橋〔交通・交易〕 | 544 | |
| 小学校(都市)〔社会生活〕 | 642 | |
| 小学校(離島)〔社会生活〕 | 642 | |
| 小学校5、6年生が自発的に交通整理を行なう〔交通・交易〕 | 544 | |

しよう　名称索引

| 項目 | ページ |
|---|---|
| 小学校で虫くだしの薬を飲む〔社会生活〕 | 642 |
| 小学校に入学する男の子〔社会生活〕 | 642 |
| 小学校の一室に置いたテレビのまわりに子どもたちが集まる〔社会生活〕 | 642 |
| 小学校の教室〔社会生活〕 | 642 |
| 小学校の入学式に向かう〔社会生活〕 | 642 |
| 小学校の入学式の日〔社会生活〕 | 642 |
| 小学校のFTAの会合に集まった母親たち〔社会生活〕 | 642 |
| 消火壺〔住〕 | 227 |
| 正月休み明けの銀行〔社会生活〕 | 630 |
| 正月用白菜の収穫〔食〕 | 53 |
| 松果堂〔信仰〕 | 754 |
| 生姜糖〔食〕 | 53 |
| 商家の卯建〔住〕 | 149 |
| 商家の構え〔住〕 | 149 |
| 商家の構えと平面図〔住〕 | 149 |
| 商家の格子と卯建〔住〕 | 149 |
| 商家のなまこ壁〔住〕 | 149 |
| 商家ののれん〔交通・交易〕 | 569 |
| 商家の暖簾の目印〔交通・交易〕 | 569 |
| 商家の間取り〔交通・交易〕 | 569 |
| 商家の雪がこい〔住〕 | 149 |
| 生姜畑に立てられたお札〔信仰〕 | 720 |
| 商家町〔住〕 | 149 |
| 城下町の古い民家〔住〕 | 149 |
| 小竈〔住〕 | 196 |
| 消火用バケツを吊してある風景〔社会生活〕 | 630 |
| ショウギ〔食〕 | 72 |
| 娼妓〔社会生活〕 | 660 |
| 床几〔住〕 | 227 |
| 鍾馗〔民俗知識〕 | 670 |
| 将棋を指す〔芸能・娯楽〕 | 804 |
| 蒸気機関車〔交通・交易〕 | 544 |
| 蒸気機関車（SL）の運転席〔交通・交易〕 | 544 |
| ショウキサマ〔民俗知識〕 | 671 |
| 蒸気に逼搬用の飯試を当てる〔生産・生業〕 | 450 |
| 定規による田植〔生産・生業〕 | 286 |
| 鍾馗の護符〔信仰〕 | 720 |
| ジョウネバと呼ぶ水路の船乗場〔交通・交易〕 | 544 |
| 小規模な民家〔住〕 | 149 |
| 小規模味噌づくりの終焉〔生産・生業〕 | 450 |
| 焼却炉〔社会生活〕 | 660 |
| 焼却炉型薪竈〔住〕 | 196 |
| 定規枠〔生産・生業〕 | 286 |
| ジョウグチから見た農家〔住〕 | 149 |
| 松月庵観音堂〔信仰〕 | 754 |
| じょうご〔食〕 | 72 |
| 聖護院の葛城灌頂〔信仰〕 | 728 |
| 聖護院の葛城修行〔信仰〕 | 728 |
| 焼香〔人の一生〕 | 836 |
| 定光寺堂〔信仰〕 | 754 |
| じょうさし〔食〕 | 101 |
| 焼山寺大師堂（御籠堂）〔信仰〕 | 754 |
| しょうじ〔住〕 | 227 |
| 小祠〔信仰〕 | 689 |
| 障子〔住〕 | 227 |
| 障子洗い〔住〕 | 245 |
| 正直台〔生産・生業〕 | 450 |
| 障子凧,その表面の糸目〔芸能・娯楽〕 | 787 |
| 障子凧の骨組〔芸能・娯楽〕 | 787 |
| 障子衝立〔住〕 | 227 |
| 障子戸との組み合わせで使われている舞良戸〔住〕 | 150 |
| 障子貼り〔住〕 | 245 |
| 小地引網〔生産・生業〕 | 378 |
| 小地曳網〔生産・生業〕 | 378 |
| 障子・襖の開閉〔民俗知識〕 | 678 |
| 障子まんが〔生産・生業〕 | 286 |
| 小祠や石仏〔信仰〕 | 689 |
| 上州山中の炭ガマ〔生産・生業〕 | 529 |
| 召集令状を伝達するために召集者の確認をする〔社会生活〕 | 656 |
| 召集令状「陸軍々人届資料」〔社会生活〕 | 656 |
| 少女歌劇の前売り開始を待つ若い人たちの行列〔芸能・娯楽〕 | 777 |
| 浄水器各種（50年代）〔食〕 | 72 |
| 浄水器ブームの一環〔食〕 | 72 |
| ショウヅカの姥〔信仰〕 | 689 |
| ショウヅカノバアサン〔信仰〕 | 689 |
| 焼成石灰を作り販売〔生産・生業〕 | 534 |
| 常設化した雪棚のある民家〔住〕 | 150 |
| 消雪作業〔住〕 | 245 |
| 常設の露店〔交通・交易〕 | 569 |
| 消雪パイプ〔住〕 | 245 |
| 条桑刈り〔生産・生業〕 | 460 |
| 上槽後、木製樽に詰められ貯蔵熟成される三年酒〔生産・生業〕 | 450 |
| 上槽の作業〔生産・生業〕 | 450 |
| 上蔟〔生産・生業〕 | 460 |
| 上蔟の作業〔生産・生業〕 | 460 |
| 松竹梅熨斗〔人の一生〕 | 822 |
| 焼酎〔食〕 | 53 |
| 焼酎入〔生産・生業〕 | 450 |
| 焼酎入れの黒物〔生産・生業〕 | 450 |
| 焼酎を入れて売った壺〔生産・生業〕 | 450 |
| 焼酎甕〔生産・生業〕 | 451 |
| 焼酎蒸溜器〔生産・生業〕 | 451 |
| 商店街〔交通・交易〕 | 569 |
| 商店街のアーケード〔交通・交易〕 | 569 |
| 商店街のアーチ〔交通・交易〕 | 569 |
| 商店街の路地〔交通・交易〕 | 569 |
| 商店の軒下に地蔵を祀る〔信仰〕 | 689 |
| 商店の前にいる男女〔社会生活〕 | 630 |
| 上棟供養〔生産・生業〕 | 522 |
| 上棟祭〔生産・生業〕 | 522 |
| 上棟式〔生産・生業〕 | 522 |
| 上棟式での棟梁による槌打ち〔生産・生業〕 | 522 |
| 上棟式での弓引き〔生産・生業〕 | 522 |
| 上棟式に飾られる矢の先端〔生産・生業〕 | 522 |
| 上棟式に飾る女性の化粧道具〔生産・生業〕 | 522 |
| 上棟式の飾り物〔生産・生業〕 | 522 |
| 上棟式の酒宴〔生産・生業〕 | 522 |
| 上棟式の贈呈品〔生産・生業〕 | 522 |
| 上棟式の餅まき〔生産・生業〕 | 522 |
| 上棟式の矢立〔生産・生業〕 | 522 |
| 消毒〔生産・生業〕 | 286 |
| 消毒〔社会生活〕 | 649 |
| 浄土三部供養碑〔信仰〕 | 771 |
| 小豆島のお遍路さん〔信仰〕 | 768 |
| 小豆島の舞台（背面）〔芸能・娯楽〕 | 777 |
| 浄土真宗の仏壇〔人の一生〕 | 836 |
| 小鳥居や絵馬の奉納〔信仰〕 | 710 |
| 庄内箪笥〔住〕 | 227 |
| 庄内の板獅子〔芸能・娯楽〕 | 788 |
| 庄内のむすめ達〔衣〕 | 10 |
| 商人財布〔交通・交易〕 | 569 |
| 商人帳面籠〔交通・交易〕 | 569 |
| 少年〔社会生活〕 | 630 |
| 少年海士〔生産・生業〕 | 378 |
| 少年が仕掛けたわな〔生産・生業〕 | 426 |
| 少年少女〔社会生活〕 | 630 |
| 少年たち〔社会生活〕 | 630 |
| 少年の家〔社会生活〕 | 660 |
| 少年の町〔社会生活〕 | 630 |
| 少年ボッカ〔交通・交易〕 | 593 |
| 城之門筋の町並み〔住〕 | 150 |
| ジョウバイシ〔信仰〕 | 502 |
| 条播器による条播と鎮圧器による種籾の鎮圧〔生産・生業〕 | 286 |
| ジョウバ（砧）〔生産・生業〕 | 478 |
| 常畑〔生産・生業〕 | 286 |
| 常畑のスキ踏み〔生産・生業〕 | 286 |
| 常畑用のスキ〔生産・生業〕 | 286 |
| 条播苗代中耕除草機〔生産・生業〕 | 286 |
| 乗馬のノロ〔信仰〕 | 736 |
| 条播用のハシュキ（播種機）〔生産・生業〕 | 286 |
| 庄原市本町・左端の建物は庄原信用金庫〔社会生活〕 | 649 |
| 条引き〔生産・生業〕 | 286 |
| 条引きの田植〔生産・生業〕 | 286 |
| 菖蒲池観音堂〔信仰〕 | 754 |
| 菖蒲池大師堂〔信仰〕 | 754 |
| 上武大橋で利根川を渡る〔交通・交易〕 | 544 |
| 小風呂〔食〕 | 72 |
| 小文庫〔住〕 | 227 |
| 牆屏〔住〕 | 150 |
| 小便器と風呂場〔住〕 | 196 |
| 小便所〔住〕 | 150, 196 |
| 小便所の位置〔住〕 | 196 |
| 小便つぎ〔生産・生業〕 | 286 |
| 小便枠の中に入れる杉の葉を取り替える〔住〕 | 245 |
| 消防組規則〔社会生活〕 | 630 |
| 浄法寺塗り椀〔食〕 | 72 |
| 正法寺椀〔食〕 | 72 |
| 消防頭巾〔衣〕 | 27 |
| 消防団結団式〔社会生活〕 | 630 |
| 消防団の消防車〔社会生活〕 | 630 |
| 消防団の水防活動〔社会生活〕 | 630 |
| 上房堂〔信仰〕 | 754 |
| 消防林〔生産・生業〕 | 413 |
| 錠前〔住〕 | 227 |
| 照明具〔住〕 | 227 |
| 青面金剛〔信仰〕 | 744 |
| 青面金剛の画像〔信仰〕 | 744 |
| 正面の構え〔住〕 | 150 |
| 正面の蔀戸と出格子〔住〕 | 150 |
| 庄屋を務めた旧家の竈〔住〕 | 196 |
| 庄屋の赤城家の邸〔住〕 | 150 |
| 正山の大堂（下の堂）〔信仰〕 | 754 |
| しょうゆいれ（丹波焼）〔食〕 | 72 |
| 醬油売場〔交通・交易〕 | 569 |
| 醬油桶〔生産・生業〕 | 451 |
| 醬油看板〔交通・交易〕 | 569 |
| 醬油蔵の再生〔住〕 | 150 |
| 醬油漉しかご〔生産・生業〕 | 451 |
| 醬油小出し甕〔生産・生業〕 | 451 |
| 醬油絞り器〔生産・生業〕 | 451 |
| 醬油搾りに用いるフネ〔生産・生業〕 | 451 |
| 醬油搾りの手順〔生産・生業〕 | 451 |
| 醬油絞り袋〔生産・生業〕 | 451 |
| 醬油しぼりふね〔生産・生業〕 | 451 |

| | | |
|---|---|---|
| 醬油醸造〔生産・生業〕 451 | 植林の手入〔生産・生業〕 414 | ジョーロ〔芸能・娯楽〕 788 |
| 醬油醸造の栖原家配置図〔生産・生業〕 451 | 植林の山〔生産・生業〕 414 | 女郎うなぎ〔交通・交易〕 570 |
| 醬油醸造元土蔵造りの店舗〔交通・交易〕 569 | ショーケ〔食〕 73 | ショロミノとタコンガサ姿の女性〔衣〕 10 |
| 醬油醸造元の邸〔住〕 150 | 女系を表わす下紐〔民俗知識〕 678 | ジョーロンゴ〔芸能・娯楽〕 788 |
| 醬油醸造や肥料商を営んでいた3棟の倉をもつ家〔住〕 150 | 女工〔生産・生業〕 478 | シラ〔生産・生業〕 378 |
| 醬油造桶〔生産・生業〕 451 | 女工（エンピツ工場）〔生産・生業〕 534 | 白井宿の井戸屋形と八重桜〔交通・交易〕 581 |
| 醬油づくり具〔生産・生業〕 451 | 女工新史〔社会生活〕 660 | 白井宿の町並みと石灯籠〔交通・交易〕 581 |
| 醬油づくりセット〔生産・生業〕 451 | 女工たちがくつろぐ〔社会生活〕 660 | 白井堰と白壁土蔵造りが連なる町並み〔住〕 150 |
| 醬油樽と踏み臼〔生産・生業〕 451 | 女工の食事〔食〕 112 | 白井堰のほとりに立つ道しるべ〔住〕 150 |
| しょうゆ注ぎ〔食〕 72 | 女工の夕食〔食〕 112 | 白糸巻〔生産・生業〕 522 |
| 醬油つくり〔生産・生業〕 451 | 諸国の凧〔芸能・娯楽〕 788 | しらうおカク網のカクの構造〔生産・生業〕 378 |
| 醬油てんこ（担い桶）〔生産・生業〕 451 | ジョコパン〔交通・交易〕 584 | しらうおカク網布設図〔生産・生業〕 378 |
| 醬油徳利〔生産・生業〕 451 | 書斎〔住〕 196 | しらうお刺網の構造〔生産・生業〕 378 |
| ショウユのス〔生産・生業〕 451 | 除沙（栃木式）〔生産・生業〕 460 | 白魚抄い網〔生産・生業〕 378 |
| 醬油瓶入れ〔食〕 72 | 女子自衛隊員〔社会生活〕 660 | しらうお簀立テ網魚捕りの側面図〔生産・生業〕 378 |
| 醬油豆〔食〕 53 | 女子の社会的進出〔社会生活〕 660 | しらうお簀立テ網魚捕りの平面図〔生産・生業〕 378 |
| しょうゆもち〔食〕 53 | 女子美術学校の料理実習〔食〕 102 | しらうお簀立テ網のモチ網〔生産・生業〕 378 |
| 醬油もろみかくはん棒〔生産・生業〕 451 | 女子用白木綿製ハカマ〔衣〕 10 | |
| 蒸葉かご〔生産・生業〕 441 | ショージョガミ・ヒッチンガミ〔信仰〕 689 | 白魚建網〔生産・生業〕 378 |
| 商用箱〔交通・交易〕 570 | 女子労働着〔衣〕 10 | シラウオの天ぷら〔食〕 54 |
| 条里田〔生産・生業〕 286 | 女子労働の姿態〔衣〕 10 | 白魚四ツ手網〔生産・生業〕 378 |
| 昭和30年代以来の典型的台所風景〔住〕 196 | 女性の囲碁熱〔芸能・娯楽〕 804 | シラウオ漁〔生産・生業〕 379 |
| 昭和一五年の銀座〔社会生活〕 649 | 女性の髪形〔衣〕 45 | シラカシと竹垣〔住〕 150 |
| 昭和10年代の保存庫〔住〕 227 | 女性の髪形の流行〔衣〕 45 | 白髭大明神の石碑にセンマイを捧げる〔信仰〕 710 |
| 昭和初期の町の景観〔住〕 150 | 女性の荷物の持ち方〔交通・交易〕 593 | 白樺の柄杓〔食〕 73 |
| 昭和初期の雁木の町並み〔住〕 150 | 除雪〔住〕 245 | 白樺の水入れ〔住〕 227 |
| 昭和初期の吉良川の浜地区の町並み〔住〕 150 | 除雪を手伝う子供たち〔住〕 245 | 白壁の家並みと路地〔住〕 150 |
| 昭和初期の隈町の町並み〔住〕 150 | 除雪作業〔住〕 245 | 白川郷の合掌造り〔住〕 150 |
| 昭和初めの漁家の小屋〔住〕 150 | 除雪当番板〔社会生活〕 630 | 白川郷の民家・山下家住宅平面図〔住〕 150 |
| 昭和初めの町並み〔住〕 150 | 除雪風景〔住〕 245 | |
| ショガキ〔住〕 150 | 除雪用具をそろえた玄関口〔住〕 245 | 白河だるま〔芸能・娯楽〕 788 |
| 初期のアイロン〔住〕 227 | 諸繊維の藍染汐数調〔生産・生業〕 478 | 白河の花売女の姿態〔交通・交易〕 570 |
| 初期の硝子製醬油壜〔生産・生業〕 451 | 除草〔生産・生業〕 286 | 白川の民家〔住〕 150 |
| 初期の機関車辨慶号〔交通・交易〕 544 | 除草を終えた溧田〔生産・生業〕 286 | 白川の民家の建具〔住〕 196 |
| 初期の主流型2DK・住宅公団と後年の発展型3LDK〔住〕 150 | 除草機〔生産・生業〕 286 | 白川村の合掌造り〔住〕 150 |
| 初期のテレビ〔住〕 227 | 除草機による草とり〔生産・生業〕 287 | 白川村の合掌造り集落〔住〕 150 |
| 初期の木製テーブルタップ〔住〕 227 | 除草具〔生産・生業〕 287 | 白川村の大家族〔住〕 245 |
| 初期の郵便〔交通・交易〕 617 | 除草具（亀の子）〔生産・生業〕 287 | 白川村の大家族の家屋〔住〕 151 |
| 食缶〔食〕 72 | 除草鍬〔生産・生業〕 287 | 白木造り八ッ足〔信仰〕 725 |
| 食事〔食〕 112 | 除草下駄〔生産・生業〕 287 | 白子を干す〔食〕 102 |
| 食事をとる海女〔食〕 112 | 除草まえの溧田〔生産・生業〕 287 | 白栖茶共同〔生産・生業〕 441 |
| 食事の座〔食〕 112 | 除草用熊手〔生産・生業〕 287 | しらす干し〔食〕 102 |
| 食事の座席〔食〕 112 | 除草用網面〔生産・生業〕 287 | シラスやカエリ（鰯の幼名）を氷詰めで出荷する〔生産・生業〕 379 |
| 職住一体の漁船〔生産・生業〕 378 | ショタゴ〔食〕 73 | 白子漁〔生産・生業〕 379 |
| 織成した太布〔生産・生業〕 478 | ジョダン〔生産・生業〕 441 | 白葉枯病にかかった稲〔生産・生業〕 287 |
| ショクダイ〔住〕 227 | 除虫菊を道端で干す〔生産・生業〕 287 | 白浜の海女〔生産・生業〕 379 |
| 燭台〔住〕 227 | 除虫菊の畑〔生産・生業〕 287 | しりあて〔生産・生業〕 414 |
| 食卓〔住〕 196 | 女中さん〔社会生活〕 661 | シリガイ〔交通・交易〕 612 |
| 食卓を背おう〔交通・交易〕 593 | 食器〔食〕 73 | しりかけいた〔生産・生業〕 414 |
| 食堂（再現）〔交通・交易〕 570 | 食器洗い機〔食〕 73 | シリカワ（尻革）〔生産・生業〕 535 |
| 職場の昼食〔食〕 112 | 食器・食具のいろいろ〔食〕 73 | 尻皮〔生産・生業〕 426 |
| 食パン焼〔食〕 73 | 食器セット〔食〕 73 | シリケレケプ〔住〕 227 |
| 笏柏子〔信仰〕 725 | 食器棚（都会）〔食〕 73 | シリコギ〔食〕 73 |
| 植物による象徴的なソーンジャキのある民家〔住〕 150 | 食器戸棚（昭和時代）〔食〕 73 | シリズイ〔生産・生業〕 426 |
| 殖民地と移住民〔社会生活〕 630 | しょっつる鍋〔食〕 54 | シリハショリ〔衣〕 10 |
| 食用菊の花弁をむしる〔食〕 101 | 書道〔芸能・娯楽〕 804 | 飼料槽〔生産・生業〕 436 |
| 食用昆虫分布図〔食〕 53 | ショトメ〔衣〕 10 | 飼料配合〔生産・生業〕 436 |
| 食料品店〔交通・交易〕 570 | ショトメの昼上がり〔生産・生業〕 287 | 飼料用カッター〔生産・生業〕 436 |
| 植林〔生産・生業〕 413 | 諸病に効くという水を汲む〔民俗知識〕 665 | |
| 植林した杉〔生産・生業〕 414 | ショボデコ〔芸能・娯楽〕 788 | |
| 植林に向かう女学生の列〔社会生活〕 656 | 助命壇〔住〕 150 | |
| | 女優部屋〔芸能・娯楽〕 778 | |
| | 諸用記（表紙）〔社会生活〕 622 | |
| | 書類を書く〔社会生活〕 630 | |
| | ジョレン〔生産・生業〕 287, 378 | |
| | 勦簾〔生産・生業〕 287 | |
| | じょれん鍬〔生産・生業〕 287 | |
| | ジョレンの構造〔生産・生業〕 378 | 志輪井地蔵堂〔信仰〕 754 |

## 名称索引

シルシ〔食〕 73
シルシの構造〔食〕 73
印半纏〔衣〕 10
印半天革羽織〔衣〕 11
印半纏の衿の型紙〔生産・生業〕 478
印半纏の衿の部分の型付け〔生産・生業〕 478
汁しゃくしを作る木地師〔生産・生業〕 502
シルジャクシ〔食〕 73
汁杓子の製作順序〔生産・生業〕 502
汁でんこ〔食〕 73
知床のウニ漁〔生産・生業〕 379
持蓮華〔信仰〕 725
ジロ（台所）〔住〕 196
白い海女の着物と黒っぽいテングサの広がる石鏡の浜〔生産・生業〕 379
白い洗い物がまぶしい夏の村〔住〕 245
白い浮子〔生産・生業〕 379
白石紙子〔生産・生業〕 502
白い茶碗〔食〕 73
四郎神〔信仰〕 689
次郎箒〔生産・生業〕 451
シロカキ〔生産・生業〕 287
代かき〔生産・生業〕 287
代掻〔生産・生業〕 287
代掻き〔生産・生業〕 287
代かき板〔生産・生業〕 287
代かき機〔生産・生業〕 288
代かき砕土機〔生産・生業〕 288
代掻きの各種〔生産・生業〕 288
代かき馬鍬〔生産・生業〕 288
代カキマンガ〔生産・生業〕 288
白木屋百貨店（出火している）〔社会生活〕 649
シロケシの取り出し〔生産・生業〕 529
代ごしらえ用具〔生産・生業〕 288
シロシ〔社会生活〕 630
白ちまき〔食〕 54
シロッパ葺きの屋根〔住〕 151
代ならし器〔生産・生業〕 288
白布祭壇〔人の一生〕 836
代の掻き方〔生産・生業〕 288
白引〔生産・生業〕 522
白蛇〔護符〕〔信仰〕 720
銀鏡川で洗濯物のすすぎをする〔住〕 210
銀鏡神社遙拝所の鉾〔信仰〕 725
城山からみた岩村の町並み〔住〕 151
次郎んぼ〔芸能・娯楽〕 788
塵埃焼却場のあたり〔社会生活〕 649
親植え式〔生産・生業〕 288
親桶〔生産・生業〕 451
塵芥集めの車〔社会生活〕 649
新開拓の水田〔生産・生業〕 288
陣笠〔衣〕 27
じんがさ（消防用）〔衣〕 27
神官は別家で迎えのくるのを待つ〔人の一生〕 836
ジンギスカン鍋〔食〕 73
神牛〔護符〕〔信仰〕 720
神鏡〔信仰〕 725
神供 お旅所〔信仰〕 725
神宮皇后の土人形〔芸能・娯楽〕 788
眞空掃除機〔住〕 227
神宮土鈴〔芸能・娯楽〕 788
神宮にアワビを供進する海女〔信仰〕 710
ジングル〔交通・交易〕 593

じんぐるま（地車）〔交通・交易〕 593
新京成常盤平駅付近を赤ちゃんを抱いてあるく夫婦〔社会生活〕 630
新劇〔芸能・娯楽〕 778
信玄袋〔住〕 227
信号機〔交通・交易〕 544
深耕鋤〔生産・生業〕 288
新興宗教の治療〔民俗知識〕 665
新興住宅地〔住〕 151
信号のない街〔社会生活〕 649
人工孵化用バット〔生産・生業〕 460
人狐の図〔民俗知識〕 678
新婚家庭の調度〔住〕 227
新婚夫婦が近くの河原で新婚旅行をかえりみて話す〔人の一生〕 822
『新婚旅行案内』表紙〔交通・交易〕 581
新婚旅行の車で食事〔人の一生〕 822
薪柴の木風出し〔生産・生業〕 532
薪柴の代用になる流木拾い〔生産・生業〕 532
神札〔信仰〕 720
伸子〔住〕 227
神使狐〔護符〕〔信仰〕 720
神式の御霊棚〔信仰〕 725
新四国〔信仰〕 768
寝室〔住〕 196
神璽と護符類〔信仰〕 720
宍道の町〔社会生活〕 649
神社への祈願の供物〔信仰〕 710
神社清掃〔社会生活〕 630
神社でおはらいを受けるおばさん〔信仰〕 725
神社とお堂〔信仰〕 754
神社には子を抱いて参る〔人の一生〕 815
神社に奉納されたしゃくし〔信仰〕 710
神社に盛られたお供えの米粒〔信仰〕 710
神社の縁日の出店の鍛冶製品〔交通・交易〕 570
神社のかがり火〔信仰〕 725
神社の交通安全祓所〔信仰〕 725
神社の巫女〔信仰〕 725
新集落の高床式住宅〔住〕 151
真珠貝の検査〔生産・生業〕 379
新宿駅西口の立体広場〔社会生活〕 649
新宿駅の朝、通勤客を無理やり電車に押しこめる〔交通・交易〕 544
新宿駅東口〔社会生活〕 649
新宿生活館〔社会生活〕 630
新宿通り〔社会生活〕 649
真珠の加工場〔生産・生業〕 535
神酒奉献〔信仰〕 710
真珠養殖イカダ〔生産・生業〕 379
真珠養殖籠〔生産・生業〕 379
真珠養殖場のある真宮島に渡る作業用竹橋〔生産・生業〕 379
真珠養殖のための作業用竹橋〔生産・生業〕 379
真珠養殖場へ渡る女性たち〔生産・生業〕 379
真珠湾攻撃の九軍神の葬列〔人の一生〕 836
新庄駅〔交通・交易〕 544
新生姜と老成生姜〔食〕 54
寝所飾の鶴鴿台〔人の一生〕 823
神職の家〔住〕 151
神職の装い〔衣〕 11
進水する進徳丸〔交通・交易〕 544
神聖視される東側の窓〔住〕 197

人生の語らい〔人の一生〕 823
新世界ルナパーク〔交通・交易〕 581
親戚のつどい〔人の一生〕 817
神饌〔信仰〕 725
新船祝い〔生産・生業〕 522
神前で願をかける参拝者〔信仰〕 710
神葬〔人の一生〕 836
深層施肥器〔生産・生業〕 288
新造船〔生産・生業〕 522
新造船のお祝い〔生産・生業〕 523
神葬の祭式〔人の一生〕 836
神葬の祭壇〔人の一生〕 837
神葬の野辺送りの葬具〔人の一生〕 837
神葬墓〔人の一生〕 837
人造米売り切れの店頭〔交通・交易〕 570
親族の履物に白紙が結んである〔人の一生〕 837
新村発足祝賀会〔社会生活〕 630
シンタ〔人の一生〕 811
深大寺そば〔交通・交易〕 570
深大寺の赤駒〔信仰〕 710
深大寺付近〔住〕 151
深大寺 隣接する神代植物公園とあわせて武蔵野の面影を残している〔社会生活〕 649
身体測定〔社会生活〕 642
神代文字〔護符〕〔信仰〕 720
人凧の骨組〔芸能・娯楽〕 788
新築を地域で祝う餅撒き〔生産・生業〕 523
進駐軍兵舎〔社会生活〕 656
真鍮ニッケル製パイプ乾燥棚〔食〕 73
陣中見舞い〔社会生活〕 661
伸長整形〔生産・生業〕 478
新田開発集落の屋敷〔住〕 151
神殿風公衆便所〔社会生活〕 649
しんどう〔生産・生業〕 288
神道〔信仰〕 768
新東京国際空港（成田空港）〔交通・交易〕 544
シントコ〔食〕 73
陣取り〔芸能・娯楽〕 798
新日本窒素水俣工場〔社会生活〕 661
神女の祭り〔信仰〕 736
新年会議事録〔社会生活〕 631
親王さん〔信仰〕 689
ジンバ〔衣〕 11
シンバ様〔信仰〕 689
シンバ様に捧げる御幣〔信仰〕 710
新橋駅〔交通・交易〕 544
新橋駅西口〔社会生活〕 649
新橋駅東口〔社会生活〕 649
シンバル〔芸能・娯楽〕 778
神符〔信仰〕 720
新夫婦の飯の交換〔人の一生〕 823
新夫婦の餅つき〔人の一生〕 823
神仏の使いを描いた絵馬〔信仰〕 710
神仏分離の際に破壊された仏像〔信仰〕 689
新聞を抱えて朝早くから配達をする少女〔社会生活〕 631
新聞少年〔社会生活〕 631
新聞配達〔交通・交易〕 570
ジンベ〔衣〕 11
シンベイ〔衣〕 36
神幣〔信仰〕 725
甚兵衛（じんべい）〔衣〕 36
ジンベガタ（藁沓をつくる型）〔生産・生業〕 503

心棒凧〔芸能・娯楽〕 ……………… 788
神木〔信仰〕 …………………………… 725
新米を半切桶に移す〔生産・生業〕 … 288
新米の調製〔生産・生業〕 …………… 288
じんましんとの縁切り願い〔信仰〕
　……………………………………… 710
新町の町並み〔住〕 …………………… 151
シンメイサマ〔信仰〕 ……………… 736
新芽が伸びた春のクワバラ〔生産・生業〕 … 460
神馬〔護符〕〔信仰〕 ………………… 720
尋問〔社会生活〕 …………………… 631
人力稲刈機〔生産・生業〕 …………… 288
人力耕起用すき〔生産・生業〕 ……… 288
人力穀粒選別機〔生産・生業〕 ……… 288
人力車夫の溜場〔交通・交易〕 ……… 593
人力除草機〔生産・生業〕 …………… 288
人力しろかき機〔生産・生業〕 ……… 288
人力鋤〔生産・生業〕 ………………… 288
人力中耕機〔生産・生業〕 …………… 288
人力で苗を補植（山間部の田植え）
　〔生産・生業〕 …………………… 288
人力での舟出し〔生産・生業〕 ……… 379
人力による採石〔生産・生業〕 ……… 527
人力による代掻き〔生産・生業〕 …… 288
人力播種機〔生産・生業〕 …………… 288
人力用回転中耕除草機による除草
　〔生産・生業〕 …………………… 288
人力用鋤〔生産・生業〕 ……………… 288
人力用土壌消毒機〔生産・生業〕 …… 288
人力用麦播種機〔生産・生業〕 ……… 288
森林軌道〔生産・生業〕 ……………… 414
森林軌道駅構内の材木〔生産・生業〕 … 414
森林軌道小阿仁線の駅〔生産・生業〕
　……………………………………… 414
森林軌道の駅・国有林から伐り出
　された秋田スギ〔生産・生業〕 … 414
森林軌道の線路傍らの牛〔生産・生業〕 … 436
森林組合〔生産・生業〕 ……………… 414
親類一同〔社会生活〕 ………………… 631
親類縁者は額に三角のヒタイガミ
　をつける〔人の一生〕 …………… 837
親類関係と香典額〔社会生活〕 ……… 631
親類づきあい〔社会生活〕 …………… 631
新郎新婦〔衣〕 ………………………… 11
神狼図〔信仰〕 ………………………… 689
新郎の家で行なう結婚式に向かう
　花嫁〔人の一生〕 ………………… 823

【す】

ズ〔生産・生業〕 ……………………… 379
スアバと笠用のアバ〔生産・生業〕 … 379
スアンバ（簣編場）でエリの簣を編
　む〔生産・生業〕 ………………… 379
水泳〔芸能・娯楽〕 …………………… 781
水泳場造り〔社会生活〕 ……………… 642
水盌〔信仰〕 …………………………… 725
水害義捐の托鉢〔社会生活〕 ………… 631
水害に備え石垣を積んだ井戸〔住〕
　……………………………………… 211
水害防備林〔交通・交易〕 …………… 617
垂下式製塩の棚の行列〔生産・生業〕 … 446
ズイキ（サトイモの茎）の漬け物
　〔食〕 ……………………………… 54
水牛と農民〔生産・生業〕 …………… 288

水牛による田おこし作業〔生産・生業〕 … 288
水銀太陽燈〔住〕 ……………………… 227
水郷で舟をこぐ女性〔交通・交易〕 … 544
水郷の刈入れ〔生産・生業〕 ………… 288
水郷の生活〔住〕 ……………………… 151
水虎様〔信仰〕 ………………………… 689
吸子（スッポン）〔生産・生業〕 …… 288
水産物市場付近の船だまり〔生産・生業〕 … 379
水死人の墓〔人の一生〕 ……………… 837
炊事場〔住〕 …………………………… 197
炊事場の煮炊きに使われた竈〔住〕
　……………………………………… 197
水車〔生産・生業〕 …………………… 289
水車遊び〔芸能・娯楽〕 ……………… 798
水車 アリホゾの図解（ヒノアシ接
　合法）〔生産・生業〕 …………… 289
水車を足で踏みまわす〔生産・生業〕
　……………………………………… 289
水車小屋〔生産・生業〕 ……………… 289
水車小屋あと〔生産・生業〕 ………… 289
水車小屋とクルマイデ〔生産・生業〕
　……………………………………… 289
水車小屋とサブタ〔生産・生業〕 …… 289
水車小屋と水路〔生産・生業〕 ……… 289
水車小屋と大輪〔生産・生業〕 ……… 289
水車小屋内部（製粉機）〔生産・生業〕
　……………………………………… 289
水車小屋内部（精米機）〔生産・生業〕
　……………………………………… 289
水車小屋の臼〔生産・生業〕 ………… 289
水車小屋の精米機〔生産・生業〕 …… 289
水車小屋の精米機（フルイと昇降
　機）〔生産・生業〕 ……………… 289
水車小屋の内部〔生産・生業〕 ……… 289
水車小屋の番帳〔生産・生業〕 ……… 289
水車製材所〔生産・生業〕 …………… 414
水車製材所内部〔生産・生業〕 ……… 414
水車製材所内部（鋸台）〔生産・生業〕
　……………………………………… 414
炊事や暖房用に拾い集めた石炭ガ
　ラを運ぶ炭住街の住民〔生産・生業〕 … 527
水車とかやぶき屋根の水車小屋
　〔生産・生業〕 …………………… 289
水車（二連）〔生産・生業〕 ………… 289
水車のサブタ〔生産・生業〕 ………… 289
水車の精米機〔生産・生業〕 ………… 289
水車の精米小屋〔生産・生業〕 ……… 289
水車踏み〔生産・生業〕 ……………… 289
水車用石臼〔生産・生業〕 …………… 290
水車揚水〔生産・生業〕 ……………… 290
すいしゃろくろ〔生産・生業〕 ……… 503
水車ろくろの軸部〔生産・生業〕 …… 503
水車（路車）の利用〔生産・生業〕 … 290
水晶細工〔生産・生業〕 ……………… 503
水上生活者〔社会生活〕 ……………… 631
水上生活者が水上学園にあずけた
　子にあいにきて帰るところ〔社会生活〕 … 642
水上生活者の子供の保護〔社会生活〕 … 642
水上生活者の船群〔社会生活〕 ……… 631
水神〔信仰〕 …………………………… 689
水神宮（堤防上）〔信仰〕 …………… 689
水深計量り〔生産・生業〕 …………… 379
水神さま〔信仰〕 ……………………… 689
水神様〔信仰〕 ………………………… 689
水神の碑〔信仰〕 ……………………… 689
水神の祠〔信仰〕 ……………………… 689

水神幣〔信仰〕 ………………………… 710
水槽〔住〕 ……………………………… 211
水槽付き流し〔住〕 …………………… 211
すいたヴ〔生産・生業〕 ……………… 478
すいたヴを干す〔生産・生業〕 ……… 478
水中に支柱を立て海に張り出す形
　で建てられた漁家の家〔住〕 …… 151
水中眼鏡〔生産・生業〕 ……………… 379
水中眼鏡（ミーカガン）〔生産・生業〕 … 379
錐彫〔生産・生業〕 …………………… 478
錐彫と道具彫の道具〔生産・生業〕 … 478
錐彫の道具作り〔生産・生業〕 ……… 478
水田〔生産・生業〕 …………………… 290
水田漁撈をしていた地域の図〔生産・生業〕 … 379
水天宮の子宝いぬ〔信仰〕 …………… 710
水田砕土機〔生産・生業〕 …………… 290
水田作業着〔衣〕 ……………………… 11
水田除草機〔生産・生業〕 …………… 290
水田除草の服装〔衣〕 ………………… 11
水田除草用雁爪〔生産・生業〕 ……… 290
水田人力除草機〔生産・生業〕 ……… 290
水田水路〔生産・生業〕 ……………… 290
水田双用除草機〔生産・生業〕 ……… 290
水田地帯にそびえる農協のサイロ
　〔住〕 ……………………………… 436
水田中耕除草機〔生産・生業〕 ……… 290
水田中耕用備中鍬〔生産・生業〕 …… 290
水田中干し溝掘機〔生産・生業〕 …… 290
水田で栽培したセリをつむ〔生産・生業〕 … 290
水田の荒起こし〔生産・生業〕 ……… 290
水田の暗渠排水工事〔生産・生業〕 … 290
水田の形〔生産・生業〕 ……………… 290
水田の耕起〔生産・生業〕 …………… 290
水田のなかの農家〔住〕 ……………… 151
水田の中の藁葺農家〔住〕 …………… 151
水田のひろがるムラ〔生産・生業〕 … 290
水田の厄よけのお札〔信仰〕 ………… 720
水田培土機〔生産・生業〕 …………… 290
水田風景〔生産・生業〕 ……………… 290
水田防除用器具〔生産・生業〕 ……… 290
水田防除用注滴器〔生産・生業〕 …… 290
水田用砕土機〔生産・生業〕 ………… 290
水田養鯉に用いるコイゴ（鯉子）
　〔生産・生業〕 …………………… 535
水道〔住〕 ……………………………… 211
水稲回転除草機〔生産・生業〕 ……… 290
水稲畦間中耕用作業機〔生産・生業〕 … 290
水稲検見〔生産・生業〕 ……………… 290
水道工事〔交通・交易〕 ……………… 617
水稲除草用雁爪〔生産・生業〕 ……… 290
水稲直播器〔生産・生業〕 …………… 291
水道で手を洗うこどもたち〔社会生活〕 … 642
水筒（冷却器）〔食〕 ………………… 73
スイノウ〔食〕 ………………………… 73
水嚢〔生産・生業〕 …………………… 451
スイバの茎を食べる男の子〔食〕 …… 112
水盤育器具一式〔生産・生業〕 ……… 460
炊飯法の変遷〔食〕 …………………… 102
水平排水の流し〔住〕 ………………… 197
水面〔生産・生業〕 …………………… 379
吸物椀〔食〕 …………………………… 73
吸物椀（とろろ用）〔食〕 …………… 73
水門の開扉による引水〔生産・生業〕 … 291
水力によるモミの杵つき精米〔生産・生業〕 … 291

## すいり

水力発電機〔社会生活〕……………661
水力発電所〔社会生活〕……………661
水練場〔社会生活〕…………………661
水路〔交通・交易〕…………………617
水路を使っての材木の運搬〔生産・生業〕……………………………414
水路で洗い物〔住〕…………………211
水路にはショウブが植えられコイが泳ぐ〔社会生活〕………………649
水路に面して土蔵群が建ち並ぶ裏通り〔住〕…………………………151
水路の洗い場〔住〕…………………211
水路のある家並み〔住〕……………151
季国の庵〔信仰〕……………………754
末広台〔人の一生〕…………………823
末広包みの様式〔人の一生〕………823
末広箱包みの様式〔人の一生〕……823
据風呂〔住〕…………………………197
すえらんぷ〔住〕……………………227
周防猿回しの会〔芸能・娯楽〕……778
周防猿回しの会による猿回しの復活〔芸能・娯楽〕…………………778
図画〔社会生活〕……………………642
透し〔生産・生業〕…………………291
透かし帯戸〔住〕……………………151
透し杓子〔生産・生業〕……………291
すかしぼり簪〔衣〕…………………45
清神社内堂〔信仰〕…………………755
スカップ〔食〕………………………73
スカナと塩入れ〔芸能・娯楽〕……798
菅沼集落〔住〕………………………151
スカブ（火株）〔生産・生業〕……291
スガメ〔食〕…………………………73
酢甕〔生産・生業〕…………………451
すかり（海女の道具）〔生産・生業〕…379
スカリ〔衣〕…………………………36
スカリで道ふみ〔住〕………………245
スカリで道ふみをする〔住〕………245
すき（こがら犂）〔生産・生業〕…291
すき〔生産・生業〕…………………291
スキー〔体育〕〔社会生活〕………642
スキー（模型）〔交通・交易〕……593
鋤〔生産・生業〕……………………291
犂〔生産・生業〕……………………291
犂（畦立犂）〔生産・生業〕………291
スキアゲ〔生産・生業〕……………291
スキィ〔生産・生業〕………………379
スキー板〔芸能・娯楽〕……………781
スキー板作り〔生産・生業〕………503
犂市〔交通・交易〕…………………557
スギウレ〔人の一生〕………………837
スキーをかついで上野駅へ急ぐ〔交通・交易〕…………………581
スキーをする子ども〔芸能・娯楽〕…798
すき方〔生産・生業〕………………292
杉皮づくり〔住〕……………………216
杉皮葺き屋根〔住〕…………………151
杉皮葺き屋根の家〔住〕……………151
杉皮葺屋根の渡し船の舳先から飛びこむ少年〔芸能・娯楽〕………798
犂鞍〔生産・生業〕…………………436
スキ・クワ・シャクシ〔生産・生業〕……………………………292
杉材を積んで貯木場まで滑りおろした雪ぞりを山のうえまで背負って運びあげる〔生産・生業〕…414
杉玉〔交通・交易〕…………………570
杉玉を飾る酒屋〔交通・交易〕……570
杉っ葉を運ぶ〔交通・交易〕………593
杉塔婆〔人の一生〕…………………837
スキとカマ〔生産・生業〕…………292

## 名称索引

杉苗を、地ごしらえをした山に植える〔生産・生業〕……………414
杉苗取り〔生産・生業〕……………414
杉苗の植えつけ〔生産・生業〕……414
すき鍋〔食〕…………………………73
杉の皮はぎ〔住〕……………………216
杉のさし木のさし穂作り〔生産・生業〕……………………………414
杉のさしつけ作業〔生産・生業〕…414
杉の造林〔生産・生業〕……………414
杉の大木に受口を入れる〔生産・生業〕……………………………414
杉の種〔生産・生業〕………………414
杉の葉〔住〕…………………………245
杉の葉を集めて丸めた箒〔生産・生業〕……………………………451
杉の葉を背負った親子〔交通・交易〕…593
杉の葉を運ぶ少女〔交通・交易〕…593
杉の葉の上に腹ばいになって滑りおりる〔芸能・娯楽〕…………798
杉の母樹から種を採る〔生産・生業〕……………………………414
杉の葉拾い〔生産・生業〕…………532
杉の薬師堂〔信仰〕…………………755
杉の薬師堂内部〔信仰〕……………755
スギの落葉落枝による焚き付け着火〔生産・生業〕………………414
スギ林になった棚田〔生産・生業〕…414
スギ皮葺き家屋の集落〔住〕………151
スギ皮葺きの家屋の構造〔住〕……151
スキ踏ミによる土の移動〔生産・生業〕……………………………292
剝身〔食〕……………………………102
すき焼鍋〔食〕………………………73
杉焼板と漆喰の壁〔住〕……………151
数寄屋造り〔住〕……………………197
数寄屋造りの客座敷〔住〕…………197
数寄屋橋界隈〔社会生活〕…………649
数寄屋風の廊下〔住〕………………197
スキーリフトに乗る〔芸能・娯楽〕…782
スキワケ〔生産・生業〕……………292
頭巾〔衣〕……………………………27
頭巾姿の娘〔衣〕……………………27
すくい〔生産・生業〕………………379
掬い網〔生産・生業〕………………379
抄網〔生産・生業〕…………………379
抄網によるナマコとり〔生産・生業〕……………………………379
掬い籠〔食〕…………………………73
スクイザル〔食〕……………………73
すくいずし〔食〕……………………54
スクイダマ〔生産・生業〕…………379
すくい（石干見）の石積み〔生産・生業〕……………………………379
すくいのおろぐち（水抜き）に集った魚やエビをすくいとる〔生産・生業〕……………………380
すぐき漬け〔食〕……………………102
すぐき菜漬け〔食〕…………………102
蒅〔生産・生業〕……………………478
すくも〔生産・生業〕………………478
すくも壺〔生産・生業〕……………478
蒅の製造〔生産・生業〕……………478
スクラム組んで労働歌合唱〔社会生活〕……………………………661
すぐり鋏〔生産・生業〕……………292
スゲウマ（菅馬）〔芸能・娯楽〕…788
すげ笠〔衣〕…………………………27
スゲガサ〔衣〕………………………27
菅笠〔衣〕……………………………27

スゲ笠をかぶって雨を除ける〔衣〕…27
菅笠を吊るし干す〔生産・生業〕…503
菅笠を運ぶ〔交通・交易〕…………593
菅笠の下に冠る手拭〔衣〕…………27
菅刈り〔生産・生業〕………………532
助実のお大師様〔信仰〕……………755
助実の荒神様〔信仰〕………………755
菅製の弁当入れ〔衣〕………………74
スケソウ漁船〔生産・生業〕………380
スケソウダラを獲る北転船〔生産・生業〕……………………………380
スケソウダラの刺網をあげるために、流氷に全速力であたりながら前進する漁船〔生産・生業〕……380
スケソウダラのワタ（内臓）を出す〔食〕……………………………102
スケート遊び〔芸能・娯楽〕………798
スケートをする〔芸能・娯楽〕……782
スケート靴〔衣〕……………………36
スケート下駄〔衣〕…………………36
スゲによる俵の蓋作り〔生産・生業〕……………………………503
菅干し〔生産・生業〕………………503
漬米取り〔生産・生業〕……………451
漬米の水切具〔生産・生業〕………451
漬米水切り〔生産・生業〕…………451
スコップ〔生産・生業〕……………527
酢牛蒡〔食〕…………………………54
直屋〔住〕……………………………151
直屋が特徴の篠山城下町〔住〕……151
直屋の茅葺き民家〔住〕……………151
洲崎の延命地蔵〔信仰〕……………755
スザル〔生産・生業〕………………292
ズザンボウ〔衣〕……………………27
厨子〔信仰〕…………………………689
ズジ桶〔生産・生業〕………………380
鮓桶〔食〕……………………………74
厨子甕〔人の一生〕…………………837
条切鍬〔生産・生業〕………………292
須与家の店および土間部分〔住〕…197
筋毛引〔生産・生業〕………………523
スジ付け〔生産・生業〕……………292
筋つけの道具〔生産・生業〕………292
スジ（種もみ）の選別〔生産・生業〕……………………………292
筋引き〔生産・生業〕………………292
筋彫りからボカシへ〔民俗知識〕…677
頭上運搬〔交通・交易〕……………593
頭上運搬に頭にのせるカブス（カブシ）〔交通・交易〕……………594
頭上に頂く〔交通・交易〕…………594
頭上に仔豚を載せて歩く女〔交通・交易〕………………………594
頭上にタンポをいだいた海女〔交通・交易〕………………………594
頭上の大きな網の袋に石花菜の乾燥したものを詰めて運ぶ〔交通・交易〕……………………………594
頭上の大きな笊に反物などを入れて載せ運ぶ〔交通・交易〕………594
鈴〔芸能・娯楽〕……………………778
すすがこびりついた天井裏の柱〔住〕……………………………197
ススキボウキ〔住〕…………………227
すすきみみずく〔芸能・娯楽〕……788
涼しげな装い〔衣〕…………………11
スス竹〔生産・生業〕………………478
鈴と鈴の緒を奉納〔信仰〕…………710
煤掃きの日の夕食〔食〕……………112
涼み台〔社会生活〕…………………631
スズメ追い〔生産・生業〕…………292

| 項目 | ページ |
|---|---|
| 雀おどり（棟飾）〔住〕 | 151 |
| スズメオドリと懸魚〔住〕 | 151 |
| 雀捕り〔生産・生業〕 | 426 |
| 雀のワナ〔生産・生業〕 | 426 |
| 硯〔住〕 | 227 |
| 硯作り〔生産・生業〕 | 503 |
| 硯と水滴〔住〕 | 227 |
| 硯箱〔住〕 | 227 |
| すた〔交通・交易〕 | 594 |
| 簀立テモッパ〔生産・生業〕 | 380 |
| 頭陀袋〔人の一生〕 | 837 |
| 須田丸地蔵堂〔信仰〕 | 755 |
| スダレを作るヨシの採取〔生産・生業〕 | 532 |
| すだれ障子〔住〕 | 228 |
| スッカ〔衣〕 | 11 |
| すっぺ〔衣〕 | 36 |
| スッポン〔生産・生業〕 | 292 |
| スッポンと呼ぶ深箸を編む〔生産・生業〕 | 503 |
| ステバカ〔人の一生〕 | 837 |
| すてられた赤ん坊をあずかる共立育児会〔社会生活〕 | 661 |
| 捨てられた古船〔交通・交易〕 | 617 |
| ストーブ各種〔住〕 | 228 |
| ストーブが入った炉〔住〕 | 197 |
| ストーブ展〔交通・交易〕 | 570 |
| ストーブのある部屋に集まる〔社会生活〕 | 631 |
| すどり〔生産・生業〕 | 292 |
| 砂を肩で運ぶ〔交通・交易〕 | 594 |
| 砂堤に囲まれた漁家〔住〕 | 152 |
| 砂とり〔生産・生業〕 | 527 |
| 砂にうもれた船首を押し上げ出漁の準備〔生産・生業〕 | 380 |
| 砂の採取と出荷、販売〔生産・生業〕 | 527 |
| 砂浜から直接海へ船を出す〔生産・生業〕 | 380 |
| 砂浜の墓地〔人の一生〕 | 837 |
| 砂蒸し温泉〔民俗知識〕 | 665 |
| スナモグリの採取〔生産・生業〕 | 380 |
| 砂湯〔民俗知識〕 | 665 |
| 砂寄せ〔生産・生業〕 | 446 |
| スネアテ〔衣〕 | 36 |
| 脛当〔衣〕 | 37 |
| スネコ・タヅキ〔衣〕 | 11 |
| スネコデタチ〔衣〕 | 11 |
| スノウマ（駒型）〔生産・生業〕 | 426 |
| スノコにほされる切り海苔〔食〕 | 102 |
| 洲の端地蔵堂〔信仰〕 | 755 |
| すのやまの唱えごと〔生産・生業〕 | 426 |
| スパゲッティを売る店〔交通・交易〕 | 570 |
| 巣箱を手作りし野生ニホンミツバチを養蜂〔生産・生業〕 | 436 |
| 巣箱から巣を切り取る〔生産・生業〕 | 436 |
| 巣箱モチーフの街灯〔社会生活〕 | 650 |
| スーパーマーケット〔交通・交易〕 | 570 |
| スーパーマーケットの売り場〔交通・交易〕 | 570 |
| すばり〔生産・生業〕 | 380 |
| 簀引網〔生産・生業〕 | 380 |
| スベ〔衣〕 | 37 |
| スベ箒〔住〕 | 228 |
| すべりがっぱ〔衣〕 | 37 |
| スベリガッパ〔衣〕 | 11 |
| スベリ台〔芸能・娯楽〕 | 798 |
| すべりどめ〔生産・生業〕 | 380 |
| 滑り止め〔衣〕 | 37 |
| スボカキ〔生産・生業〕 | 380 |
| ズボロ〔衣〕 | 37 |
| ズボン型のモンペと改良型の上着〔衣〕 | 11 |
| ズボンの尻当て〔衣〕 | 11 |
| 住まい周辺の傾斜地を利用する民家〔住〕 | 152 |
| すまし桶〔食〕 | 74 |
| 澄まし桶と澄まし袋〔食〕 | 74 |
| スマートボール〔芸能・娯楽〕 | 788 |
| 「す」まんじゅう作り〔食〕 | 102 |
| 炭入れ〔住〕 | 228 |
| 墨絵が施された襖障子〔住〕 | 228 |
| 炭桶〔住〕 | 228 |
| 炭を玉切る〔生産・生業〕 | 529 |
| 炭を運ぶ〔交通・交易〕 | 594 |
| 炭かき出棒〔生産・生業〕 | 529 |
| 炭型焜炉（茶道練習用）〔芸能・娯楽〕 | 804 |
| 炭窯〔生産・生業〕 | 529 |
| 炭窯から取り出した真赤な炭にゴバイをかける〔生産・生業〕 | 529 |
| 炭ガマ（土天ガマ）作り〔生産・生業〕 | 529 |
| 炭窯のなかにはいっている夫が出す炭を、妻が受け取って並べる〔生産・生業〕 | 529 |
| 炭切り〔生産・生業〕 | 529 |
| 角切葵文柄鏡〔住〕 | 228 |
| スミキリギン（染め抜き着）の柄〔生産・生業〕 | 478 |
| 炭切り作業〔生産・生業〕 | 529 |
| スミグワイ〔生産・生業〕 | 292 |
| スミグワのかき方〔生産・生業〕 | 292 |
| 炭材の薪割り〔生産・生業〕 | 529 |
| 墨差〔生産・生業〕 | 523 |
| 隅田川〔社会生活〕 | 650 |
| 隅田川を往き交う荷船〔交通・交易〕 | 544 |
| 隅田公園の仮住まい〔社会生活〕 | 631 |
| 炭出し〔生産・生業〕 | 529 |
| 炭俵〔住〕 | 245 |
| 炭俵〔生産・生業〕 | 529 |
| 炭俵編み〔生産・生業〕 | 529 |
| 炭俵を編む〔生産・生業〕 | 503 |
| 炭俵（角俵）詰め〔生産・生業〕 | 529 |
| 炭俵づめ〔生産・生業〕 | 529 |
| 炭俵作り〔生産・生業〕 | 503 |
| 炭俵に白炭をつめる〔生産・生業〕 | 529 |
| 炭俵の編み機〔生産・生業〕 | 503 |
| 炭俵の角俵と丸俵〔生産・生業〕 | 529 |
| 炭俵用のカヤ刈り〔生産・生業〕 | 532 |
| 炭俵用のカヤの運搬〔生産・生業〕 | 532 |
| 墨作り〔生産・生業〕 | 503 |
| すみつぼ〔生産・生業〕 | 414 |
| スミツボ（手持運搬具）〔交通・交易〕 | 594 |
| 墨坪〔生産・生業〕 | 523 |
| 墨壺〔生産・生業〕 | 415, 503, 523 |
| 墨壺入〔生産・生業〕 | 415 |
| 墨で塗りつぶした教科書〔社会生活〕 | 643 |
| スミトオシ〔生産・生業〕 | 529 |
| すみとり〔交通・交易〕 | 594 |
| スミトリ〔住〕 | 228 |
| 炭とり〔住〕 | 228 |
| 炭とり〔生産・生業〕 | 529 |
| 炭取り〔住〕 | 228 |
| 炭斗〔住〕 | 228 |
| 炭はこび〔交通・交易〕 | 594 |
| 炭運びの女〔生産・生業〕 | 529 |
| 炭火アイロン〔住〕 | 228 |
| 炭ひき〔生産・生業〕 | 529 |
| 炭引き鋸〔生産・生業〕 | 529 |
| 炭火種〔住〕 | 228 |
| 炭火で魚を焼く露店の魚屋〔交通・交易〕 | 570 |
| 炭火の湯沸し兼燗つけ器〔食〕 | 74 |
| 炭焼き〔生産・生業〕 | 529 |
| 炭焼きをするみょうど〔生産・生業〕 | 529 |
| 炭焼きがま〔生産・生業〕 | 529 |
| 炭焼窯（白炭窯）の構造〔生産・生業〕 | 530 |
| 炭焼小屋〔生産・生業〕 | 530 |
| 炭焼小屋の概要図〔生産・生業〕 | 530 |
| 炭焼小屋の昼どき〔食〕 | 112 |
| 炭焼小屋の水場〔住〕 | 211 |
| 炭焼人〔生産・生業〕 | 530 |
| 炭焼き生活〔生産・生業〕 | 530 |
| 炭焼歩荷〔生産・生業〕 | 530 |
| 炭焼用具〔生産・生業〕 | 530 |
| 炭屋の店頭〔交通・交易〕 | 570 |
| 住吉踊りを模した人形〔芸能・娯楽〕 | 788 |
| 相撲をとる〔芸能・娯楽〕 | 798 |
| 相撲を披露する子供たち〔芸能・娯楽〕 | 782 |
| 相撲茶屋〔芸能・娯楽〕 | 782 |
| 相撲の親方〔芸能・娯楽〕 | 782 |
| 相撲の花道〔芸能・娯楽〕 | 782 |
| 相撲の稽古〔芸能・娯楽〕 | 782 |
| 相撲の四股ぶみ〔芸能・娯楽〕 | 782 |
| 相撲の餅〔人の一生〕 | 815 |
| 相撲のやぐら〔芸能・娯楽〕 | 782 |
| 相撲部屋における新弟子〔芸能・娯楽〕 | 782 |
| 素潜り漁〔生産・生業〕 | 380 |
| スモモ市〔交通・交易〕 | 557 |
| 素焼窯〔生産・生業〕 | 503 |
| 素焼干し〔生産・生業〕 | 503 |
| すり臼〔生産・生業〕 | 292 |
| 摺臼〔食〕 | 74 |
| 摺臼〔生産・生業〕 | 292 |
| 摺ヶ峠堂〔信仰〕 | 755 |
| 摺り鉦（当り鉦）〔芸能・娯楽〕 | 778 |
| スリカメ〔食〕 | 74 |
| スリコギ〔食〕 | 74 |
| すりぬか（摺糠）を焼く〔生産・生業〕 | 292 |
| スリバチ〔食〕 | 74 |
| 擂鉢〔食〕 | 74 |
| 擂鉢・油（又は醬油・塩）壺・片口〔食〕 | 74 |
| 擂鉢・擂木〔食〕 | 74 |
| 擂鉢・擂粉木〔食〕 | 74 |
| すりばち（染屋焼）〔食〕 | 74 |
| 駿河湾に入港する連合艦隊〔社会生活〕 | 656 |
| スルゴ〔信仰〕 | 710 |
| するす〔生産・生業〕 | 292 |
| スルス〔食〕 | 74 |
| スルスの使用図〔食〕 | 74 |
| 鯣〔人の一生〕 | 823 |
| スルメ出荷〔交通・交易〕 | 570 |
| 諏訪湖の氷上を自転車で走る〔交通・交易〕 | 544 |
| 諏訪湖のヤッカ〔生産・生業〕 | 380 |
| 諏訪様〔信仰〕 | 689 |
| 座っておしゃべりをするおばあさんたち〔社会生活〕 | 631 |

すわの　　　　　　　　　　名称索引

諏訪瀬島の垣根〔住〕……………… 152
諏訪瀬島の民家〔住〕……………… 152
坐り方〔民俗知識〕………………… 678
坐り流し〔住〕……………………… 197
座り流し〔住〕……………………… 197
スンキャーラ〔信仰〕……………… 771
ずんぐりごま〔芸能・娯楽〕……… 788
スンブイ〔生産・生業〕…………… 530

【せ】

セアテ（背当て）〔交通・交易〕…… 594
背当て〔衣〕………………………… 11
製塩工場〔生産・生業〕…………… 446
製塩所〔生産・生業〕……………… 446
製塩場のポスター〔生産・生業〕… 446
製塩鋤〔生産・生業〕……………… 446
青果市場〔交通・交易〕…………… 557
青果卸売市場で野菜の競り〔交通・交易〕……………………………… 557
生活改善広報車の巡回〔社会生活〕… 661
生活改善の告〔社会生活〕………… 631
生活感の変化〔住〕………………… 197
生活に使う沢水の受水槽〔住〕…… 211
税関の職員などによって海中から引きあげられた洋酒〔交通・交易〕…………………………………… 617
性器崇拝〔信仰〕…………………… 710
聖牛〔交通・交易〕………………… 617
整経〔生産・生業〕………………… 478
整経が終わった糸を地機の筬に通して前揃えする〔生産・生業〕… 479
整経機〔生産・生業〕……………… 479
整経作業〔生産・生業〕…………… 479
整経とその用具〔生産・生業〕…… 479
せいご刺網〔生産・生業〕………… 380
製材所〔生産・生業〕……………… 415
製材所に積まれた大小の材木〔生産・生業〕………………………… 415
製材用水車〔生産・生業〕………… 415
製材用水車大輪〔生産・生業〕…… 415
正装して食べる〔食〕……………… 113
生産農家の写真を貼り出した販売所〔生産・生業〕…………………… 292
製糸工場の昼食〔食〕……………… 113
青春〔社会生活〕…………………… 631
製縄機〔生産・生業〕……………… 503
成人祝い〔人の一生〕……………… 817
成人式〔人の一生〕………………… 817
成人式の日　氏神に参る〔人の一生〕…………………………………… 817
成人の日〔人の一生〕……………… 818
成人の日の集り〔人の一生〕……… 818
生前に自分の葬式をあげ自分の霊に焼香する人〔人の一生〕……… 837
正装した古老（刺繍単衣）〔衣〕… 11
正装したヌル（祝女）〔信仰〕…… 736
盛装せるアイヌ〔衣〕……………… 11
整層積み〔住〕……………………… 152
正装のゴモソ〔信仰〕……………… 736
製蔟器〔生産・生業〕……………… 460
セイタ〔交通・交易〕……………… 594
セイタで麦を運ぶおばあさん〔交通・交易〕………………………… 594
筮竹〔信仰〕………………………… 736
筮竹を持つ覡〔信仰〕……………… 736
筮竹で弓をたてる盲僧〔信仰〕…… 736
製茶小屋〔生産・生業〕…………… 441
製茶用手回し粗揉機〔生産・生業〕… 441

整地用砕土機〔生産・生業〕……… 292
成長した蚕のカゴ分け〔生産・生業〕…………………………………… 460
精糖工場〔生産・生業〕…………… 535
製陶工場〔生産・生業〕…………… 503
製陶工場の煙突〔生産・生業〕…… 503
製糖作業〔生産・生業〕…………… 535
製糖所〔生産・生業〕……………… 535
聖なる過越の3日間「洗足式」〔信仰〕…………………………………… 771
製なわ機〔生産・生業〕…………… 503
生年祝〔人の一生〕………………… 815
生年祝いの供物と膳〔人の一生〕… 815
青年会々則〔社会生活〕…………… 622
青年会館〔社会生活〕……………… 622
青年会規約〔社会生活〕…………… 622
青年会決議録〔社会生活〕………… 622
青年会集会所〔社会生活〕………… 622
青年会所〔社会生活〕……………… 622
青年会の支部会堂〔社会生活〕…… 622
青年会の支部則〔社会生活〕……… 622
青年倶楽部〔社会生活〕…………… 622
青年団〔社会生活〕………………… 622
青年団員心得の一部〔社会生活〕… 622
青年団倶楽部〔社会生活〕………… 622
青年団集会所〔社会生活〕………… 622
青年団主催の仮装大会ポスター〔社会生活〕………………………… 622
青年団則の内容の一部〔社会生活〕… 622
青年団々則〔社会生活〕…………… 622
青年団の支部史〔社会生活〕……… 622
青年団の諸記録〔社会生活〕……… 622
青年団の総会記録〔社会生活〕…… 622
青年団の男女が共同で行った農道作り〔社会生活〕…………………… 622
青年団の旅行〔社会生活〕………… 622
青年詰所〔社会生活〕……………… 622
青年の宿として用いられた木負公会堂〔社会生活〕…………………… 622
青年の宿として用いられた古宇新興生活館〔社会生活〕……………… 622
青年宿〔社会生活〕………………… 622
製板工場〔生産・生業〕…………… 415
整備された山間の道路〔交通・交易〕…………………………………… 544
セイビラッカ（貝下駄）を履いてチセから出てくる子どもたち〔芸能・娯楽〕………………………… 798
聖母マリアの像〔信仰〕…………… 689
瀬居本浦の埠頭〔交通・交易〕…… 544
精米機〔生産・生業〕……………… 292
精米水車小屋〔生産・生業〕……… 292
精米水車小屋周辺〔生産・生業〕… 292
精米水車内部〔生産・生業〕……… 293
精米水車の製粉機〔生産・生業〕… 293
精米水車の大輪〔生産・生業〕…… 293
精米水車の大輪とサブタ〔生産・生業〕…………………………………… 293
精米水車の二階にあるプーリー〔生産・生業〕………………………… 293
精米水車の歯車とプーリー〔生産・生業〕…………………………………… 293
精米用水車の製粉用石臼〔生産・生業〕…………………………………… 293
精米用水車構造図〔生産・生業〕… 293
精米用水車小屋とその周辺〔生産・生業〕…………………………………… 293
精米用水車小屋（平面図・断面図）〔生産・生業〕…………………… 293
精米用のジカラウス〔生産・生業〕… 293

精養軒〔交通・交易〕……………… 570
セイロ〔食〕………………………… 74
蒸籠〔食〕…………………………… 74
蒸籠〔生産・生業〕………………… 441
セイロウ〔食〕……………………… 74
井樓〔食〕…………………………… 74
せいろう倉〔住〕…………………… 152
井籠倉〔住〕………………………… 152
蒸籠竈〔食〕………………………… 74
蒸籠倉〔住〕………………………… 152
セイロヅミ〔生産・生業〕………… 293
蒸籠倉の構造〔住〕………………… 152
セイワク〔交通・交易〕…………… 594
せえで〔交通・交易〕……………… 594
背負い運搬〔交通・交易〕………… 594
背負運搬具〔交通・交易〕………… 594
背負いかご（運搬用）〔交通・交易〕… 594
背負篭〔生産・生業〕……… 293, 441, 460
背負籠〔交通・交易〕……………… 595
背負籠運搬の一例〔交通・交易〕… 595
背負籠をかついで帰る〔交通・交易〕…………………………………… 595
背負籠を背負って山に仕事に行く〔交通・交易〕…………………… 595
背負籠作り〔生産・生業〕………… 503
背負い籠で石炭を運ぶ〔交通・交易〕…………………………………… 595
背負籠で物資を運ぶ〔交通・交易〕… 595
背負いカゴなどによる柴の持ち帰り〔交通・交易〕…………………… 595
背負いカゴに唐傘〔交通・交易〕… 595
背負い籠のティールを編む〔生産・生業〕…………………………………… 503
背負式動力散粉機〔生産・生業〕… 293
背負台〔交通・交易〕……………… 595
背負ダスターによる粉剤散布〔生産・生業〕…………………………… 293
背負箪笥〔交通・交易〕…………… 595
背負縄（オイナワの使用法）〔交通・交易〕…………………………… 595
背負箱〔交通・交易〕……………… 595
背負はしご〔交通・交易〕………… 595
背負梯子〔交通・交易〕…………… 595
背負梯子に背負籠をつけた一例〔交通・交易〕………………………… 596
背負梯子によるツゲ材の搬出〔生産・生業〕………………………… 415
背負梯子による薪の運搬姿態〔交通・交易〕………………………… 596
背負梯子に藁編みの背負袋をとりつけたもの〔交通・交易〕……… 596
背負紐の構造〔交通・交易〕……… 596
背負囊〔交通・交易〕……………… 596
背負袋〔交通・交易〕……………… 596
背負もっこ〔交通・交易〕………… 596
背負もっこで堆肥を本田に運ぶ〔生産・生業〕……………………… 293
背負うカゴ〔交通・交易〕………… 596
背負うタゴ〔交通・交易〕………… 596
背負うふたり〔交通・交易〕……… 596
背負った大きな荷物にもマント〔交通・交易〕………………………… 596
背負って運ぶ〔交通・交易〕……… 596
背負われた徳本座像〔信仰〕……… 689
セガイ造〔住〕……………………… 152
せがい造り〔住〕…………………… 152
せがい造りの農家〔住〕…………… 152
せがい造りの軒先部分〔住〕……… 152
施餓鬼会〔信仰〕…………………… 725
施餓鬼供養〔人の一生〕…………… 837

| 施餓鬼供養をしていたお堂〔人の一生〕 | 837 |
|---|---|
| 施餓鬼壇の図〔人の一生〕 | 837 |
| 背籠や腰籠にいっぱい山菜をいれて山から帰ってきた人達〔交通・交易〕 | 596 |
| セーカンサン〔信仰〕 | 689 |
| 関川の熊狩り〔生産・生業〕 | 426 |
| 石材採取場〔生産・生業〕 | 527 |
| 石材の積み出し〔交通・交易〕 | 596 |
| 石室〔人の一生〕 | 152 |
| 石祠と石仏〔信仰〕 | 690 |
| 石州瓦〔生産・生業〕 | 503 |
| 積槽〔生産・生業〕 | 451 |
| 責槽後、槽から搾袋を取り出し粕をはなす〔生産・生業〕 | 451 |
| 石体六地蔵堂〔信仰〕 | 755 |
| 石炭の煙〔社会生活〕 | 650 |
| 石炭箱〔住〕 | 228 |
| 石炭油行商箱〔交通・交易〕 | 570 |
| 堰止め団扇〔住〕 | 228 |
| せき止め地蔵〔信仰〕 | 690 |
| セキと呼ぶ用水路で魚を獲る〔生産・生業〕 | 380 |
| セキと呼ぶ用水路の洗い場〔住〕 | 211 |
| 咳のおばば〔信仰〕 | 690 |
| せきの地蔵〔信仰〕 | 690 |
| 赤飯を甑で蒸す〔食〕 | 102 |
| 赤飯をたく〔食〕 | 102 |
| 石板・硯箱〔社会生活〕 | 643 |
| セギ番表と鳶口〔社会生活〕 | 631 |
| 石碑・石積み・鳥居〔信仰〕 | 690 |
| 石碑群〔信仰〕 | 690 |
| 堰普請〔社会生活〕 | 631 |
| 石仏〔信仰〕 | 690 |
| 石仏の顔〔信仰〕 | 690 |
| 関守石〔民俗知識〕 | 671 |
| 石油集油所〔社会生活〕 | 661 |
| 石油厨炉〔住〕 | 197 |
| 石油ランプ〔住〕 | 228 |
| 石油ランプの下での夕食〔食〕 | 113 |
| 鶺鴒〔玩具〕〔芸能・娯楽〕 | 788 |
| セゴ〔交通・交易〕 | 596 |
| セコガニの箱詰め作業〔生産・生業〕 | 380 |
| セコ船の形態〔生産・生業〕 | 380 |
| せせり〔生産・生業〕 | 380 |
| せーた〔交通・交易〕 | 596 |
| 背夕〔交通・交易〕 | 597 |
| 背丈を越える大きな荷を背負子につけて背負い、立ちあがろうとしている〔交通・交易〕 | 597 |
| せっかい〔食〕 | 74 |
| 石灰の焼亀〔生産・生業〕 | 503 |
| セッカ打ち〔生産・生業〕 | 380 |
| 石花菜搬出の姿態〔交通・交易〕 | 597 |
| 石膏型に粘土を詰め、ハンドルを押し下げると、植木鉢の形ができる〔生産・生業〕 | 503 |
| 接収した米軍が使っていた赤白に塗られた羽田空港の管制塔〔交通・交易〕 | 545 |
| 雪上の足ごしらえ〔衣〕 | 37 |
| 雪上の履物〔衣〕 | 37 |
| 雪駄〔衣〕 | 37 |
| 雪踏〔衣〕 | 37 |
| 接待所〔信仰〕 | 768 |
| 接待のお茶とお茶うけ〔信仰〕 | 755 |
| 雪踏草履〔衣〕 | 37 |
| 雪中でダイコンをモミ殻に埋めて保存〔食〕 | 102 |
| 雪中に行う老人宅の見守り〔社会生活〕 | 631 |
| 雪中の炭焼小屋〔生産・生業〕 | 530 |
| 折衷播きの総作業終了後ビニールをかける〔生産・生業〕 | 293 |
| 折衷播きの前の短冊形の畝作り〔生産・生業〕 | 293 |
| 折衷播きの籾播き〔生産・生業〕 | 293 |
| 雪隠雛〔信仰〕 | 690 |
| セッチンベーナ〔信仰〕 | 690 |
| 雪隠参り〔人の一生〕 | 815 |
| セッチンヨメゴ〔信仰〕 | 690 |
| セッチンヨメジョ〔信仰〕 | 690 |
| セッツルメント〔社会生活〕 | 661 |
| セツルメント〔社会生活〕 | 661 |
| 背でソリを運ぶ〔交通・交易〕 | 597 |
| 畝堂〔信仰〕 | 755 |
| 瀬戸内の漁村〔生産・生業〕 | 380 |
| 畝堂内部〔信仰〕 | 755 |
| 瀬戸大橋の架橋工事〔交通・交易〕 | 617 |
| 瀬戸内暖気樽〔生産・生業〕 | 451 |
| 瀬戸樽〔生産・生業〕 | 451 |
| セートンゴー・ハシ〔食〕 | 74 |
| セナカアテ〔交通・交易〕 | 597 |
| セナカアデ〔交通・交易〕 | 597 |
| 背中あて〔交通・交易〕 | 597 |
| 背中当て〔交通・交易〕 | 597 |
| 背中あてを肩において〔交通・交易〕 | 597 |
| 背中当てをして荷縄で背負う〔交通・交易〕 | 597 |
| 背中あてをつけて背負籠をかつぐ〔交通・交易〕 | 597 |
| 背中当てを着けて背負った俵の下に杖をあててひと休みする〔交通・交易〕 | 597 |
| セナカアテをつける〔交通・交易〕 | 597 |
| 背中あてのある背負子〔交通・交易〕 | 597 |
| 背中こうじ〔交通・交易〕 | 597 |
| セナカチ〔交通・交易〕 | 597 |
| セナカチとニカワ〔交通・交易〕 | 597 |
| セナカワ〔衣〕 | 11 |
| 銭洗い弁天〔信仰〕 | 711 |
| 銭を入れた花籠、三途の川を渡る杖, 六道の灯明など〔人の一生〕 | 837 |
| 銭籠〔交通・交易〕 | 570 |
| 背に鞍を置いた牛〔交通・交易〕 | 597 |
| 銭さし〔交通・交易〕 | 570 |
| 銭皿〔交通・交易〕 | 570 |
| 銭塚地蔵〔信仰〕 | 690 |
| ゼニバコ〔交通・交易〕 | 570 |
| 銭箱〔交通・交易〕 | 570 |
| 銭袋〔住〕 | 228 |
| 銭負地蔵堂〔信仰〕 | 755 |
| 銭升〔交通・交易〕 | 570 |
| 銭桝〔交通・交易〕 | 570 |
| 銭枡〔交通・交易〕 | 584 |
| 銭もうけの白蛇〔信仰〕 | 711 |
| 妹尾高尾の摩利支天祠堂〔信仰〕 | 755 |
| 施肥〔生産・生業〕 | 293 |
| 斎場御嶽〔信仰〕 | 768 |
| セブンイレブン1号店の開店〔交通・交易〕 | 570 |
| 瀬干しで魚を捕る〔生産・生業〕 | 380 |
| セボシ漁・セバリ漁〔生産・生業〕 | 380 |
| 狭い傾斜地に石垣を築いて敷地を確保する〔住〕 | 152 |
| 狭い敷地いっぱいに建てられた船型の民家〔住〕 | 152 |
| 背まもり〔民俗知識〕 | 671 |
| 背守り〔民俗知識〕 | 671 |
| 蟬ガシラ〔衣〕 | 37 |
| 蟬凧〔芸能・娯楽〕 | 788 |
| 蟬凧(ベカ)〔芸能・娯楽〕 | 788 |
| セミとり〔芸能・娯楽〕 | 798 |
| セミノ〔衣〕 | 11 |
| セメン菓子売り〔交通・交易〕 | 570 |
| セメント工場〔生産・生業〕 | 535 |
| セメント材料の石灰岩を掘りとられた香春岳〔生産・生業〕 | 535 |
| 背守りのついた着物〔衣〕 | 11 |
| 競り〔交通・交易〕 | 557 |
| せり出した溶岩の近くで荒れ果てた畑を耕す〔生産・生業〕 | 293 |
| 競りのために卸売市場に並べられたマグロ〔交通・交易〕 | 557 |
| せん〔生産・生業〕 | 415 |
| ぜん〔食〕 | 74 |
| セン〔生産・生業〕 | 503 |
| 膳〔食〕 | 74 |
| 剪(セン・ツキ)〔食〕 | 102 |
| 全員解雇、閉山となった北炭夕張新炭鉱〔生産・生業〕 | 527 |
| センオロシ〔食〕 | 75 |
| 仙岩峠のお助け小屋〔社会生活〕 | 661 |
| 仙気いなり〔民俗知識〕 | 665 |
| 1930年代の機織り〔生産・生業〕 | 479 |
| 選挙祝いの鏡餅〔社会生活〕 | 661 |
| 選挙運動〔社会生活〕 | 631 |
| 選挙事務所における神棚とダルマ〔信仰〕 | 711 |
| 選挙の応援演説を熱心に聞く人たち〔社会生活〕 | 631 |
| 選挙ポスター〔社会生活〕 | 631 |
| 善光寺のお堂〔信仰〕 | 755 |
| 善光寺の反対側にあるお大師さん〔信仰〕 | 755 |
| 善光寺の本尊〔信仰〕 | 755 |
| 善光寺門前の賑わい〔交通・交易〕 | 581 |
| 全校生徒が体操場に正座して昼の弁当を食べる〔社会生活〕 | 656 |
| 全校生徒によるフォークダンス〔社会生活〕 | 643 |
| 線香水〔生産・生業〕 | 293 |
| 全戸が出役して行う溜池の土手修理〔社会生活〕 | 631 |
| センゴク〔生産・生業〕 | 293 |
| 千石〔生産・生業〕 | 293 |
| 千石とうし〔生産・生業〕 | 293 |
| 千石透し〔生産・生業〕 | 293 |
| センゴクドオシ〔生産・生業〕 | 293 |
| 千石どおし〔生産・生業〕 | 293 |
| 千石船の船箪笥〔交通・交易〕 | 617 |
| 千石簁〔生産・生業〕 | 293 |
| 全国未亡人団体協議会〔社会生活〕 | 661 |
| 全戸出役による三方水害の復旧作業〔社会生活〕 | 631 |
| 洗骨〔人の一生〕 | 837 |
| 洗骨した骨を納めた壺〔人の一生〕 | 837 |
| 全戸で補修する阿弥陀堂の屋根〔社会生活〕 | 631 |
| 戦後の池袋駅〔社会生活〕 | 650 |
| 戦後の那覇市の中央繁華街〔交通・交易〕 | 557 |
| 戦後の流行歌手〔芸能・娯楽〕 | 778 |
| 戦後もハネダシがみられた海岸線〔住〕 | 152 |
| 善根宿〔信仰〕 | 768 |
| セン(サット)〔生産・生業〕 | 503 |
| 戦死者の祭壇〔人の一生〕 | 837 |
| 戦死者の墓〔人の一生〕 | 837 |

| | | |
|---|---|---|
| 戦時中の国民服〔衣〕 …………… 11 | 洗濯物とエゴ草〔住〕 …………… 246 | ゼンマイをゆでて庭に広げもんで天日で干しあげる〔食〕 ………… 102 |
| 全自動脱穀機〔生産・生業〕 …… 293 | 洗濯物の干された奈川渡ダム工事の飯場〔社会生活〕 …………… 661 | ゼンマイをゆでる〔食〕 …………… 102 |
| 千社札〔信仰〕 …………………… 711 | 先達が若者や移住者へ暮らしを伝授する〔社会生活〕 …………… 631 | せんまいおろし〔食〕 ……………… 75 |
| 船首飾り〔生産・生業〕 …………… 380 | センダンギリ〔交通・交易〕 ……… 612 | 銭巻きつきそろばん〔交通・交易〕… 571 |
| 千手観音堂〔信仰〕 ………………… 755 | 全治した人が奉納したギブスやコルセット〔信仰〕 ……………… 711 | 洗米器附台流シ〔食〕 ……………… 75 |
| 船主の民家（清九郎家）のオマエ〔住〕 ……………………………… 152 | 煎茶園〔生産・生業〕 …………… 441 | 洗米機で洗米する〔生産・生業〕… 452 |
| 船上〔交通・交易〕 ………………… 545 | 戦中玩具〔社会生活〕 …………… 656 | 洗米器の宣伝広告〔交通・交易〕… 571 |
| 船上から投網を打つ〔生産・生業〕… 380 | 剪定した黒松〔住〕 ………………… 152 | 千枚漬け用鉋〔食〕 ………………… 75 |
| 戦勝祈願〔信仰〕 …………………… 711 | 宣伝のために町をまわる旅芝居一座〔芸能・娯楽〕 ……………… 778 | 千枚田〔生産・生業〕 …………… 294 |
| 洗滌具〔食〕 ………………………… 75 | 銭刀〔交通・交易〕 ………………… 581 | 千枚田の下の田を耕す〔生産・生業〕 ……………………………… 294 |
| 洗浄作業〔生産・生業〕 …………… 452 | 銭湯へ行く女の子ふたり〔社会生活〕 ……………………………… 631 | ゼンマイ採り〔生産・生業〕 …… 532 |
| 船上でいき綱を引くアマの夫〔生産・生業〕 ……………………… 380 | 船頭外衣〔衣〕 …………………… 11 | ぜんまいの綿取り〔食〕 …………… 102 |
| 船上で食事の準備をする漁師〔食〕… 102 | 先導師の家の神殿で行われる神事〔信仰〕 …………………………… 744 | ぜんまい干し〔食〕 ………………… 102 |
| 戦場で亡くなった霊を靖国神社の正床に合祀した通知書〔社会生活〕 ……………………………… 656 | 銭湯・豊島温泉〔民俗知識〕 …… 665 | 洗米・水漬工程で米の吸水率を調べる杜氏〔生産・生業〕 ……… 452 |
| 船上の子どもたち〔交通・交易〕… 545 | 銭湯の脱衣箱にはいる子どもたち〔芸能・娯楽〕 ………………… 799 | ゼンマイを揉む〔食〕 ……………… 102 |
| 船上の食事（しゃがんだ姿勢でとる）〔食〕 …………………… 113 | 前頭部で運ぶ〔交通・交易〕 …… 597 | 洗面〔住〕 ………………………… 211 |
| 染色〔生産・生業〕 ……………… 479 | 善徳の大師堂〔信仰〕 …………… 755 | 洗面所に誂える湯沸〔住〕 ……… 228 |
| 前進植え〔生産・生業〕 …………… 293 | 宣徳火鉢〔住〕 …………………… 228 | 前面に二階を増設した芝棟の家〔住〕 ……………………………… 152 |
| 扇子〔住〕 ………………………… 228 | 膳と椀〔食〕 ……………………… 75 | 洗面沸〔住〕 ……………………… 228 |
| 潜水靴〔生産・生業〕 …………… 380 | 善男善女〔信仰〕 ………………… 744 | 占有標〔社会生活〕 ……………… 631 |
| 千筋尺鉦〔食〕 …………………… 75 | 千日前〔社会生活〕 ……………… 650 | 占領軍のカマボコハウス〔住〕 … 246 |
| 先生を投手に野球をする〔社会生活〕 ……………………………… 643 | 全日本水泳大会〔芸能・娯楽〕 … 782 | 銑類（白・太鼓胴作り道具）〔生産・生業〕 ……………………… 503 |
| 先生に叱られたと机を離れ泣き出した女の子〔社会生活〕 ……… 643 | 前二輪後一輪の電気自動車〔交通・交易〕 …………………………… 545 | 全令協業養蚕（共同飼育・二段式）〔生産・生業〕 ……………… 460 |
| 先生に叱られて教室の外に正座させられている男の子に「しっかり頑張って」と冷やかす女の子〔社会生活〕 ………………… 643 | 千人針〔社会生活〕 ……………… 656 | 線路（レール）の上のトロッコにスコップで土を入れている〔交通・交易〕 ………………………… 617 |
| 先生も一緒になって雪合戦〔社会生活〕 …………………………… 643 | 千人針〔信仰〕 …………………… 711 | ゼン（膳）・ワン（椀）の収納箱〔食〕 ………………………………… 75 |
| 戦争ごっこ〔芸能・娯楽〕 ……… 798 | 千人針帽子〔衣〕 ………………… 27 | |
| 浅草寺〔信仰〕 …………………… 726 | 前年生まれの生児の額に田の泥で点をつける〔人の一生〕 ……… 815 | 【そ】 |
| 船倉の点検、ビルジの排水をする乗組員〔生産・生業〕 ……… 380 | センノゲタ〔衣〕 ………………… 37 | 箏（生田流）〔芸能・娯楽〕 …… 778 |
| 先祖オガミの位牌掛軸〔信仰〕 … 736 | 善の綱〔人の一生〕 ……………… 838 | 桑園〔生産・生業〕 ……………… 460 |
| 先祖神（ミコ神様）〔信仰〕 …… 690 | センバ〔生産・生業〕 …………… 293 | 桑園草掻き〔生産・生業〕 ……… 460 |
| 全速力で群に近づく鰹船〔生産・生業〕 ……………………………… 380 | 千歯〔生産・生業〕 ……………… 294 | 桑園除草〔生産・生業〕 ………… 460 |
| 先祖様の祠〔信仰〕 ……………… 690 | ゼンバコ〔食〕 …………………… 75 | 搔桶・搔棒〔生産・生業〕 ……… 452 |
| 先祖棚〔人の一生〕 ……………… 838 | センバコキ〔生産・生業〕 ……… 294 | 藻貝とり〔生産・生業〕 ………… 380 |
| 仙台中央市場の商店〔交通・交易〕… 571 | 千歯こき〔生産・生業〕 ………… 294 | 造花売り〔交通・交易〕 ………… 571 |
| 仙台の青葉通りと東五番丁通りの交差点〔交通・交易〕 ……… 545 | 千歯扱き〔生産・生業〕 ………… 294 | 創価学会〔信仰〕 ………………… 771 |
| 仙台の東二番丁と広瀬通りの交差点を、肥桶を積んだ荷馬車が横切る〔交通・交易〕 …………… 545 | 千歯扱き（脱穀）作業の着衣〔衣〕… 11 | 槽掛け〔生産・生業〕 …………… 452 |
| 仙台平〔衣〕 ……………………… 11 | 千歯扱で稲モミを採取する〔生産・生業〕 ……………………… 294 | 造花店〔交通・交易〕 …………… 571 |
| 仙台ムジリ〔衣〕 ………………… 11 | センバコキでの稲扱き〔生産・生業〕 ……………………………… 294 | 喪家の女性たちがフロシキを裏返しにしてかぶる〔人の一生〕 … 838 |
| 洗濯〔住〕 ………………………… 211 | 千歯扱きによる脱穀〔生産・生業〕… 294 | 造花の内職をする〔生産・生業〕… 504 |
| 洗濯板〔住〕 ……………………… 228 | センバコキによる麦扱き（大麦）〔生産・生業〕 ………………… 294 | 荘川の民家〔住〕 ………………… 152 |
| 洗濯板で洗う〔住〕 ……………… 211 | センバコキの使い方〔生産・生業〕… 294 | 葬儀〔人の一生〕 ………………… 838 |
| 洗濯板で洗濯〔住〕 ……………… 211 | 千羽鶴とよだれかけ〔信仰〕 …… 711 | 葬儀場〔人の一生〕 ……………… 838 |
| 洗濯機〔住〕 ……………………… 228 | 千歯の使用例〔生産・生業〕 …… 294 | 葬儀場近くの葬斎会館と石材店の広告看板〔人の一生〕 ………… 838 |
| 洗濯機の上に魔除けの魚の尾〔民俗知識〕 ………………………… 671 | センバン〔食〕 …………………… 75 | 葬儀の受付け〔人の一生〕 ……… 838 |
| 洗濯のすすぎをする〔住〕 ……… 211 | 千疋猿〔芸能・娯楽〕 …………… 788 | 葬儀の読経〔人の一生〕 ………… 838 |
| 洗濯のたらい〔住〕 ……………… 211 | ぜんぶくろ〔生産・生業〕 ……… 426 | 葬儀の前に親族そろって亡き人とともに食事をとる〔人の一生〕… 838 |
| 洗濯場〔住〕 ……………………… 211 | 煎餅を売るささやかな店〔交通・交易〕 ……………………………… 571 | 雑木林で育つ若牛〔生産・生業〕… 437 |
| 洗濯物〔住〕 ……………………… 245 | 煎餅焼き〔食〕 ……………… 75, 102 | 雑木林の土地境界を印した境木〔社会生活〕 …………………… 631 |
| 洗濯物を河原に干す〔住〕 ……… 246 | 煎餅焼器〔食〕 …………………… 75 | 創業当時の日本旅行会の団体参拝〔交通・交易〕 ………………… 581 |
| 洗濯物をすすぐ〔住〕 …………… 211 | 戦没者の墓〔人の一生〕 ………… 838 | 葬儀は隣り近所の人々が手伝う〔人の一生〕 ……………………… 838 |
| 洗濯物をため池ですすぐ〔住〕 … 211 | 千本杵〔信仰〕 …………………… 726 | 葬具を廊下から家に入れる〔人の一生〕 ……………………………… 838 |
| 洗濯物を干す〔住〕 ……………… 246 | センボンと呼ぶ最高位の葬式〔人の一生〕 ……………………… 838 | |
| 洗濯物が干された路地〔住〕 …… 246 | 千本鳥居〔信仰〕 ………………… 726 | |
| | 千本幟〔信仰〕 …………………… 711 | |
| | 千本旗〔信仰〕 …………………… 711 | |
| | 銭巻〔交通・交易〕 ……………… 571 | |
| | ゼンマイを採る〔生産・生業〕 … 532 | |

## そはか

| 項目 | 頁 |
|---|---|
| 葬具の棺蓋・雪靴・三途の川を渡るときの杖と草鞋・僧侶にかざす赤い傘〔人の一生〕 | 838 |
| そうけ〔交通・交易〕 | 597 |
| 葬家の設え〔人の一生〕 | 838 |
| 葬家のしるし〔人の一生〕 | 838 |
| 倉庫（共有）〔社会生活〕 | 631 |
| 綜絖〔生産・生業〕 | 479 |
| 宗光寺門前の家並み〔住〕 | 152 |
| 相互扶助で棺桶やワラ草履を作る〔人の一生〕 | 838 |
| 草根・棕櫚〔食〕 | 75 |
| 造材〔生産・生業〕 | 415 |
| 葬祭業者の祭壇〔人の一生〕 | 838 |
| 壮蚕専用蚕室での平飼い条桑育〔生産・生業〕 | 460 |
| 壮蚕用わら網〔生産・生業〕 | 460 |
| 掃除〔住〕 | 246 |
| 葬式〔人の一生〕 | 838 |
| 葬式後の宴会を賄う隣組の女衆〔人の一生〕 | 838 |
| 葬式後、喪主が催す宴会〔人の一生〕 | 838 |
| 葬式に使ったかまどの火は不浄とされ桟俵に乗せて村はずれに送る〔人の一生〕 | 838 |
| 葬式のある家の玄関の花〔人の一生〕 | 838 |
| 葬式の着物〔衣〕 | 11 |
| 葬式の祭壇〔人の一生〕 | 838 |
| 葬式の準備をする僧侶〔人の一生〕 | 838 |
| 葬式のしるし〔人の一生〕 | 839 |
| 葬式の手伝い〔社会生活〕 | 632 |
| 葬式の本膳〔食〕 | 54 |
| 桑室〔生産・生業〕 | 460 |
| 掃除当番の女の子〔社会生活〕 | 643 |
| 繰糸鍋〔生産・生業〕 | 460 |
| 槍杖〔生産・生業〕 | 426 |
| 増上寺付近〔社会生活〕 | 650 |
| 宗匠頭巾〔衣〕 | 27 |
| 層状の集落景観〔住〕 | 152 |
| 装飾としての組み手〔生産・生業〕 | 504 |
| ソウズ〔生産・生業〕 | 294 |
| 僧都（ししおどし）〔食〕 | 75 |
| 送水管工事〔交通・交易〕 | 617 |
| 添水唐臼〔生産・生業〕 | 294 |
| 添水唐臼の小屋と外に出ている水槽〔生産・生業〕 | 294 |
| ソウズ小屋〔生産・生業〕 | 294 |
| 造船〔生産・生業〕 | 381 |
| 造船儀礼〔生産・生業〕 | 523 |
| 造船小屋が建ち並んでいた本浦の旧道〔交通・交易〕 | 545 |
| 造船所〔生産・生業〕 | 523 |
| 造船所で船体を造る〔生産・生業〕 | 523 |
| 蒼前神社境内の絵馬を売る店と雫石姉御〔信仰〕 | 711 |
| 相続の型の分布〔社会生活〕 | 632 |
| 双体道祖神〔信仰〕 | 690 |
| 造田の辻堂〔信仰〕 | 755 |
| 増築された床の間〔住〕 | 197 |
| 早朝の漁獲を選別する漁婦〔生産・生業〕 | 381 |
| 遭難供養塔〔人の一生〕 | 839 |
| 遭難供養碑〔人の一生〕 | 839 |
| 遭難碑〔人の一生〕 | 839 |
| 遭難や病気で倒れた船乗りたちの墓地〔人の一生〕 | 839 |
| 総二階蚕室型の民家〔住〕 | 152 |
| 槽二個〔生産・生業〕 | 452 |
| 僧の読経と親族の焼香〔人の一生〕 | 839 |
| 総墓〔人の一生〕 | 839 |
| 双盤〔芸能・娯楽〕 | 778 |
| 双盤念仏〔信仰〕 | 726 |
| 惣盆〔食〕 | 75 |
| そうめん掛け〔食〕 | 102 |
| ソウメンシボリ〔衣〕 | 27 |
| そうめんすくい〔食〕 | 75 |
| ソウメンのたいたん〔食〕 | 54 |
| 搔網〔生産・生業〕 | 381 |
| 雑物入れのゼン袋〔生産・生業〕 | 426 |
| 双用一段犂による牛耕〔生産・生業〕 | 294 |
| 双用犂〔生産・生業〕 | 294 |
| 双用二段耕犂〔生産・生業〕 | 295 |
| 双用二段犂による馬耕〔生産・生業〕 | 295 |
| ゾウリ〔衣〕 | 37 |
| 草履〔衣〕 | 37 |
| ぞうり編機〔生産・生業〕 | 504 |
| ゾウリカケ〔生産・生業〕 | 504 |
| 草履下駄〔衣〕 | 37 |
| 草履作り〔生産・生業〕 | 504 |
| 草履作り台〔生産・生業〕 | 504 |
| 草履作りの台〔生産・生業〕 | 504 |
| ゾウリの祈願〔信仰〕 | 711 |
| 草履の芯material をなう〔生産・生業〕 | 504 |
| ぞうり奉納〔信仰〕 | 711 |
| 僧侶の墓〔人の一生〕 | 839 |
| ゾウリワラジ〔衣〕 | 37 |
| ぞうり、わらじ編機〔生産・生業〕 | 504 |
| 草履・草鞋の類（奉納）〔信仰〕 | 711 |
| 造林カマ（大）〔生産・生業〕 | 295 |
| 葬礼の白布〔衣〕 | 27 |
| 葬列〔人の一生〕 | 839 |
| 葬列が家や寺の前で三回まわる〔人の一生〕 | 839 |
| 葬列に続く婦人たち〔人の一生〕 | 839 |
| 葬列の通る道筋に立つ鳥居に注連縄を張る〔人の一生〕 | 839 |
| 宗和膳〔食〕 | 75 |
| 添え仕込み〔生産・生業〕 | 452 |
| 添の準備作業〔生産・生業〕 | 452 |
| そぉねったん〔信仰〕 | 736 |
| そぉねったんの夫〔信仰〕 | 737 |
| そぉねったんの孫娘〔信仰〕 | 737 |
| そぉねったんの屋敷〔住〕 | 152 |
| 曽我谷堂〔信仰〕 | 755 |
| そぎぼうちょう〔生産・生業〕 | 415 |
| 足温器〔住〕 | 228 |
| 足継〔住〕 | 228 |
| 速醸酛の保温作業〔生産・生業〕 | 452 |
| 速醸酛の酛立 水麴の測定〔生産・生業〕 | 452 |
| 即身仏〔信仰〕 | 728 |
| 即席オーブン〔食〕 | 75 |
| 粟光堂〔信仰〕 | 755 |
| 側面から前中門と後中門をみる〔住〕 | 152 |
| ソーケ〔交通・交易〕 | 597 |
| ソケ〔生産・生業〕 | 295 |
| 底入枡建網〔生産・生業〕 | 381 |
| 底刺網〔生産・生業〕 | 381 |
| 底刺網漁業〔生産・生業〕 | 381 |
| 底取鉋〔生産・生業〕 | 523 |
| 底無し柄杓〔信仰〕 | 711 |
| 底に穴をあけたお椀〔信仰〕 | 711 |
| 底ぬけ柄杓と小旗〔信仰〕 | 711 |
| 底抜け柄杓奉納〔信仰〕 | 711 |
| 底曳網を風の力で引く打瀬船（帆打瀬）〔生産・生業〕 | 381 |
| 底曳網の修理〔生産・生業〕 | 381 |
| 底廻し鉋〔生産・生業〕 | 504 |
| 蘇生図〔信仰〕 | 711 |
| 祖先の由緒を示す旗〔社会生活〕 | 632 |
| 注ぎ口〔食〕 | 75 |
| 蘇鉄拵え〔食〕 | 103 |
| 蘇鉄漬〔生産・生業〕 | 381 |
| 蘇鉄立て〔食〕 | 103 |
| 育ったタマナ（キャベツ）を持つ〔社会生活〕 | 656 |
| 卒業式〔社会生活〕 | 643 |
| 卒業の出船〔社会生活〕 | 643 |
| 側溝〔住〕 | 152 |
| ソデ網アシ方の編成〔生産・生業〕 | 381 |
| ソデ網アシ方の編成例〔生産・生業〕 | 381 |
| ソデ網アバ方の編成例〔生産・生業〕 | 381 |
| ソデ網前部の図〔生産・生業〕 | 381 |
| ソデ網辺縁の構造例〔生産・生業〕 | 381 |
| ソデウダツ 防火壁〔住〕 | 152 |
| 袖垣〔住〕 | 152 |
| 袖合羽〔衣〕 | 11 |
| 袖凧〔芸能・娯楽〕 | 788 |
| 袖凧（鬼ヨーズ）〔芸能・娯楽〕 | 788 |
| ソデダル〔食〕 | 75 |
| 袖樽〔食〕 | 75 |
| ソテツの澱粉〔食〕 | 54 |
| ソテツの実を杵で搗く〔食〕 | 103 |
| 蘇鉄の実の地干〔食〕 | 103 |
| ソテツの実割り〔食〕 | 103 |
| ソテツ味噌〔食〕 | 54 |
| ソテツやガジュマルの生垣〔住〕 | 152 |
| ソデナシ〔衣〕 | 11 |
| 袖無〔衣〕 | 12 |
| ソデナシ藍染〔衣〕 | 12 |
| ソデナシテンジン〔衣〕 | 12 |
| 袖なしの着物を着た子ども〔衣〕 | 12 |
| ソデナシバンテン〔衣〕 | 12 |
| ソデナシ紐付き〔衣〕 | 12 |
| 袖の種類〔衣〕 | 12 |
| ソデ（マミ皮）〔衣〕 | 43 |
| 外遊びが中心の子供たち〔芸能・娯楽〕 | 799 |
| 卒塔婆〔人の一生〕 | 839 |
| 卒塔婆の製材〔生産・生業〕 | 504 |
| 卒塔婆用の板材の乾燥〔生産・生業〕 | 504 |
| 外カバタ〔住〕 | 211 |
| 外カバタの内部〔住〕 | 211 |
| ソトカマド〔住〕 | 197 |
| 外蔵〔住〕 | 152 |
| 外泊りの集落景観〔住〕 | 153 |
| 外ノ浦港〔生産・生業〕 | 381 |
| 外のカマド〔住〕 | 246 |
| 卒塔婆と屋形〔人の一生〕 | 839 |
| 卒塔婆・幟・手拭など〔信仰〕 | 711 |
| 外便所〔住〕 | 153 |
| 外便所と便所神の着物〔住〕 | 153 |
| ソトメの服装〔衣〕 | 12 |
| 祖内の家並み〔住〕 | 153 |
| 租納の集落〔住〕 | 153 |
| 蕎麦〔生産・生業〕 | 295 |
| ソバ打ち〔食〕 | 103 |
| ソバを刈っている親子〔生産・生業〕 | 295 |
| そばを天日で乾燥させる〔食〕 | 103 |
| そばがきの桶〔食〕 | 75 |
| ソバ掛け〔生産・生業〕 | 295 |
| そばかご〔食〕 | 75 |

| | | |
|---|---|---|
| 蕎麦切り〔食〕 75 | そり椅子〔芸能・娯楽〕 799 | 大家族制の家〔住〕 153 |
| ソバキリホウチョウ〔食〕 75 | 橇を曳く〔交通・交易〕 598 | 大家族の住む主屋〔住〕 153 |
| 蕎麦切庖丁〔食〕 75 | そりこ〔生産・生業〕 381 | 台ヶ原の町並み〔住〕 153 |
| ソバたたき〔生産・生業〕 295 | ソリコ(前方)とその製作〔生産・生業〕 523 | 大釜瓶〔生産・生業〕 504 |
| ソバタメ〔食〕 75 | そりこの製作工程〔生産・生業〕 523 | ダイガラ(足踏式精米機)で保存食の寒餅をつく嫁と姑〔食〕 103 |
| ソバタメザル(蕎麦ため笊)を編む〔生産・生業〕 504 | ソリコ舟〔生産・生業〕 381 | 大規模な馬屋〔住〕 153 |
| ソバタメづくり〔生産・生業〕 504 | ソリコ船〔生産・生業〕 381 | 大規模な葛布商人の山崎家〔住〕 153 |
| そば店〔交通・交易〕 571 | 反台鉋〔生産・生業〕 523 | 大規模な民家〔住〕 153 |
| そばとうじ〔信仰〕 711 | そりで荷物の運搬〔交通・交易〕 598 | 大規模民家・旧大戸家住宅〔住〕 153 |
| ソバネリ〔食〕 54 | 橇で運ぶ〔交通・交易〕 598 | 大規模民家・那須家住宅正面立面図と平面図〔住〕 153 |
| ソバのオヤキ〔食〕 54 | ソリで木材を運ぶ〔生産・生業〕 415 | 堆厩肥などを運ぶ畚〔生産・生業〕 295 |
| ソバの収穫〔生産・生業〕 295 | ソリテンビン〔交通・交易〕 598 | 堆厩肥の発酵場所〔生産・生業〕 295 |
| そばの食用具〔食〕 75 | ソリ天秤〔交通・交易〕 598 | だいぎりのこ〔生産・生業〕 415 |
| ソバの製粉〔食〕 103 | そりに眠る赤ん坊〔人の一生〕 811 | 大工さん〔生産・生業〕 523 |
| ソバの脱穀〔生産・生業〕 295 | 橇に乗せた棺〔人の一生〕 839 | 大工道具〔生産・生業〕 523 |
| ソバの脱稃〔生産・生業〕 295 | 橇に乗って坂道を滑りおりる〔芸能・娯楽〕 799 | 大工道具のいろいろ〔生産・生業〕 523 |
| 蕎麦の配達〔交通・交易〕 571 | 橇による運搬〔交通・交易〕 598 | 大工による祈禱〔生産・生業〕 523 |
| ソバのワクドー汁〔食〕 54 | 橇のような台に乗せて刈った草を運ぶ〔交通・交易〕 598 | 鯛車〔芸能・娯楽〕 788 |
| ソバフルイ〔生産・生業〕 295 | 橇曳きのしごとぎ〔衣〕 12 | 太鼓〔芸能・娯楽〕 778 |
| そば屋〔生産・生業〕 571 | ソリ道〔交通・交易〕 598 | 太閤出世餅〔食〕 54 |
| 蕎麦屋の麻暖簾〔交通・交易〕 571 | 反り棟になっている置き棟〔住〕 153 | 大幸堂〔信仰〕 755 |
| ソバ屋の出前〔交通・交易〕 571 | 反り棟民家〔住〕 153 | 大閣の日繰り〔民俗知識〕 671 |
| そば屋の道具〔食〕 76 | ゾーリワラジ〔衣〕 37 | 大光明教会の教祖〔信仰〕 772 |
| ソバヤボ〔生産・生業〕 295 | ソーレン団子〔食〕 54 | 大黒〔護符〕 721 |
| ソフトボール選手〔芸能・娯楽〕 782 | ソ連の監視船に拿捕され、刑期を終えて帰ってきた漁船員〔生産・生業〕 381 | 大黒様〔信仰〕 690 |
| 祖母が赤ちゃんの額になべずみをぬる〔人の一生〕 815 | そろばん〔交通・交易〕 571 | 大黒さまと恵比須さま〔信仰〕 690 |
| 素朴な茅葺きの畜舎〔住〕 153 | 算盤〔交通・交易〕 571 | 大黒様の口に収まった小石を財布に入れておく〔信仰〕 711 |
| 素朴な木人形〔芸能・娯楽〕 788 | 算盤作り〔生産・生業〕 504 | 大黒石像〔信仰〕 690 |
| 祖母と孫〔住〕 246 | 算盤製作用具〔生産・生業〕 504 | 大黒尊天神〔信仰〕 690 |
| 祖母の髪結いを手伝う少女〔住〕 246 | 算盤箪笥〔交通・交易〕 571 | 大黒天(社)〔信仰〕 690 |
| 杣小屋〔生産・生業〕 415 | 村童〔社会生活〕 632 | 大黒天の口に小石をのせる〔信仰〕 711 |
| そま小屋のそま夫〔生産・生業〕 415 | 村内安全を祈ってはった不動明王の呪符〔信仰〕 721 | 大黒天の石像〔信仰〕 690 |
| 杣小屋の夜景〔生産・生業〕 415 | 村内一斉休養通知〔社会生活〕 632 | 大黒と恵比須をかざる〔信仰〕 690 |
| 杣職人〔生産・生業〕 415 | 村落と環境〔住〕 153 | 大黒柱〔住〕 197 |
| ソマと道具〔生産・生業〕 415 | 村落領域図〔社会生活〕 632 | 大黒柱と差物〔住〕 197 |
| 杣の用具〔生産・生業〕 415 | | 大黒柱に棚を設けてまつられた土公神〔信仰〕 691 |
| 蘇民将来〔信仰〕 720 | **【た】** | 第五十三番大師堂〔信仰〕 755 |
| 蘇民将来 護符の一種〔信仰〕 720 | | 第五十三番大師堂内部〔信仰〕 755 |
| 蘇民将来の護符〔信仰〕 720 | 田〔生産・生業〕 295 | 太鼓台〔芸能・娯楽〕 788 |
| 蘇民将来の護符をつけた注連飾り〔信仰〕 720 | 田油さし〔生産・生業〕 295 | 太鼓作り〔生産・生業〕 504 |
| 蘇民将来の護符をつけた注連縄〔信仰〕 721 | タイ〔生産・生業〕 295 | 太鼓ドウ〔生産・生業〕 381 |
| 蘇民将来の子孫〔信仰〕 721 | 台〔生産・生業〕 479 | 太鼓胴をつくる〔生産・生業〕 504 |
| 蘇民将来の注連〔信仰〕 721 | 体当たりで墜落させたB29を東京の日比谷公園の広場に展示する〔社会生活〕 656 | 太鼓胴づくり〔生産・生業〕 504 |
| 蘇民将来符〔信仰〕 721 | タイ網〔生産・生業〕 381 | 太鼓のいろいろ〔芸能・娯楽〕 778 |
| 蘇民将来守札〔信仰〕 721 | 台網〔生産・生業〕 381 | 太鼓の大胴の仕上げ〔生産・生業〕 504 |
| 染め上がった糸〔生産・生業〕 479 | タイ網を引き揚げる〔生産・生業〕 381 | 太鼓の胴掘り用に玉切りされたケヤキ材の大木〔生産・生業〕 504 |
| 染型紙〔生産・生業〕 479 | 鯛網のオオダマアバ〔生産・生業〕 381 | タイコ焼き〔食〕 76 |
| 染柄を選ぶ〔交通・交易〕 571 | タイ網漁にむかう〔生産・生業〕 381 | 太鼓櫓〔社会生活〕 632 |
| 染めた祝風呂敷を干す準備〔生産・生業〕 479 | 台網漁風景〔生産・生業〕 381 | 大根を運ぶ〔交通・交易〕 598 |
| 染のあがった反物〔生産・生業〕 479 | 大安族〔生産・生業〕 460 | 大根を葉と分けて干す〔食〕 103 |
| 染鉢〔生産・生業〕 479 | 体育館に正座する新入学児童〔社会生活〕 643 | 大根をリヤカーに積む〔交通・交易〕 598 |
| 染物伸子張り〔生産・生業〕 479 | 体育大学の女子学生〔芸能・娯楽〕 782 | だいこんおろし〔食〕 76 |
| 染物店〔交通・交易〕 571 | 太陰太陽暦(明治6年)巻首〔民俗知識〕 667 | 大根おろし〔食〕 76 |
| 染め物用型紙の地紙にひく柿渋〔生産・生業〕 479 | 大越の堂(大師堂)と海後の観音堂〔信仰〕 755 | 大根おろし(皿)の目をつける〔生産・生業〕 504 |
| 染める前の精錬〔生産・生業〕 479 | ダイカイ〔食〕 76 | 大根が育つ〔生産・生業〕 295 |
| ソーメンつくり〔食〕 103 | 大学いもの露店〔交通・交易〕 571 | 大根切り〔食〕 76 |
| 空鉤〔住〕 197 | 大学構内のタテ看板〔社会生活〕 661 | 大根コバでの間引き〔生産・生業〕 295 |
| 空窓のついた家〔住〕 153 | 大家族〔住〕 246 | 大根コバの大根〔生産・生業〕 295 |
| 空豆の実を取る農婦〔生産・生業〕 295 | | だいこんすり〔食〕 76 |
| ソーリ〔生産・生業〕 295 | | 大根突き器〔食〕 76 |
| ソリ〔交通・交易〕 597 | | ダイコンツグラ〔食〕 103 |
| ゾーリ〔衣〕 37 | | 大根と柿の皮を干す〔食〕 103 |
| 橇〔生産・生業〕 415 | | |
| 橇〔交通・交易〕 598 | | |

| 名称索引 | | たいま |

大根とナスを運んできたリヤカーをそのまま陳列棚にして朝市に店開き〔交通・交易〕……… 557
大根ニュウのつくり方〔食〕……… 103
大根のサキボシ〔食〕……… 103
大根の漬け込み〔食〕……… 103
大根葉を漬ける〔食〕……… 103
大根畑〔生産・生業〕……… 295
大根葉の乾燥〔食〕……… 103
大根引き〔生産・生業〕……… 295
大根干し〔食〕……… 103
大根掘出し〔生産・生業〕……… 295
大根ヤボ〔生産・生業〕……… 295
大根若葉〔生産・生業〕……… 296
間人漁港〔生産・生業〕……… 381
代参講の札〔信仰〕……… 721
太子講の掛け軸〔信仰〕……… 744
大師講の供物〔信仰〕……… 744
大師像〔信仰〕……… 755
太子堂〔信仰〕……… 755
大師堂〔信仰〕……… 755
大師堂全景〔信仰〕……… 756
大師堂全景（正面）〔信仰〕……… 756
大師堂内平面図〔信仰〕……… 756
大師堂の祈禱札類〔信仰〕……… 756
大師堂の内部〔信仰〕……… 756
大師堂の内部と村四国の石像〔信仰〕……… 756
大師堂平面図〔信仰〕……… 756
大師に捧げる御衣〔信仰〕……… 726
大師八十八カ所の石像〔信仰〕……… 756
タイ縛網〔生産・生業〕……… 381
タイ縛網の引き上げ〔生産・生業〕……… 381
タイ縛網漁〔生産・生業〕……… 381
鯛地曳網〔生産・生業〕……… 381
台車〔交通・交易〕……… 598
大社教教師合格証書〔信仰〕……… 737
台十能〔住〕……… 228
大州の民家〔住〕……… 153
大聖院下の石垣〔交通・交易〕……… 617
大正期の進歩的台所セットの一典型〔食〕……… 76
大将軍神祠〔信仰〕……… 756
大将軍堂〔信仰〕……… 756
大正琴〔芸能・娯楽〕……… 778
大正寺観音堂〔信仰〕……… 756
大正時代の再繰（綛取り）〔生産・生業〕……… 479
大正時代の服装〔衣〕……… 12
大正初期の模範的家事教室〔食〕……… 103
大小の梁を直交させ空間を形成した主屋の土間〔住〕……… 197
大小便兼用の汽車式一穴便器〔住〕……… 197
大食堂〔交通・交易〕……… 571
代書屋〔交通・交易〕……… 571
大豆をカラサオにて打つ〔生産・生業〕……… 296
大豆をひょいとかついで〔交通・交易〕……… 598
大豆を踏みつぶす〔食〕……… 103
大豆脱穀〔生産・生業〕……… 296
大豆抜き〔生産・生業〕……… 296
大豆の莢取り〔生産・生業〕……… 296
大豆の収穫〔生産・生業〕……… 296
大豆稲架〔生産・生業〕……… 296
大豆畑〔生産・生業〕……… 296
大豆用千歯〔生産・生業〕……… 296
大仙院縁日〔交通・交易〕……… 557
大泉寺の地蔵〔信仰〕……… 691
ダイセンバ（オキバチ）〔住〕……… 228

体操会〔社会生活〕……… 643
体操着（女子）〔衣〕……… 12
体操選手〔芸能・娯楽〕……… 782
鯛素麺風のランチ〔食〕……… 54
駄板葺きの痕〔住〕……… 153
大壇具一式〔信仰〕……… 726
大胆な改装をしたガソリンスタンド〔交通・交易〕……… 545
台地上の水田〔生産・生業〕……… 296
太一車〔生産・生業〕……… 296
台地上の集落〔住〕……… 153
台地上の畑、石垣でまもられた集落〔住〕……… 153
大長網〔生産・生業〕……… 382
タイ作り〔生産・生業〕……… 296
鯛釣の鈎〔生産・生業〕……… 382
タイ釣りの好漁場〔生産・生業〕……… 382
大道芸〔芸能・娯楽〕……… 778
ダイとコツボなど〔生産・生業〕……… 446
ダイドコロ〔住〕……… 197
台所〔住〕……… 197
台所改善〔住〕……… 198
台所改善例〔住〕……… 198
台所と囲炉裏のある居間〔住〕……… 198
台所に設置した手押しポンプで井戸水を汲みあげる〔住〕……… 198
台所になる青山家の中門部分〔住〕……… 153
台所の改善〔住〕……… 198
台所のかまど〔住〕……… 198
台所のカマ柱〔住〕……… 198
台所の煙出し〔住〕……… 198
台所の再現〔住〕……… 198
台所の鳥居柱〔住〕……… 198
台所の流し〔住〕……… 198
台所の配管配線〔住〕……… 198
台所の美化と合理化〔住〕……… 198
台所の様子〔住〕……… 198
台所付近〔住〕……… 198
台所用具〔食〕……… 76
台所用具と流し〔住〕……… 198
台所用塵芥溜〔食〕……… 76
大都市の駅の朝晩のラッシュアワーの人混み〔交通・交易〕……… 545
タイドプールでの雑魚のすくい捕り〔生産・生業〕……… 382
胎内くぐり〔人の一生〕……… 818
台直鉋〔住〕……… 523
だいなべ〔食〕……… 76
第二次世界大戦直後の最小限住宅の設計では一挙に洋風化した〔住〕……… 153
第二次世界大戦前の地主層の出荷風景〔生産・生業〕……… 296
大日教団の遷座式〔信仰〕……… 772
大日大聖不動明王〔信仰〕……… 711
大日堂〔信仰〕……… 756
大日如来〔護符〕〔信仰〕……… 721
ダイニングキッチン〔住〕……… 198
ダイニングテーブルでの食事〔食〕……… 113
タイノイオ〔人の一生〕……… 823
鯛ノ浦教会・墓地〔人の一生〕……… 839
「大の字」「小の字」と書いた額〔信仰〕……… 711
鯛の地曳〔生産・生業〕……… 382
タイの地曳網を曳きに行く女たち〔生産・生業〕……… 382
タイの大漁でにぎわう木浦浜〔生産・生業〕……… 382
鯛の手釣の釣方〔生産・生業〕……… 382

鯛延縄の目印に立てられたボンデン〔生産・生業〕……… 382
台秤〔交通・交易〕……… 584
大八車〔交通・交易〕……… 598
大八車を曳く〔交通・交易〕……… 598
大八車で刈りイネを運搬〔交通・交易〕……… 598
大八車と駕籠〔交通・交易〕……… 598
大八車に足の不自由なおばあさんを乗せて病院に連れて行く子どもたち〔交通・交易〕……… 598
大八車にケヤキの切株をのせて運ぶ〔交通・交易〕……… 598
大八車による厨芥収集〔社会生活〕……… 650
大般若経転読〔信仰〕……… 726
大般若転読〔信仰〕……… 726
堆肥〔生産・生業〕……… 296
堆肥運搬用橇〔生産・生業〕……… 296
堆肥選び〔生産・生業〕……… 296
堆肥をショイコに積む〔生産・生業〕……… 296
堆肥をすくう道具〔生産・生業〕……… 296
堆肥を橇で田に運んでもどる〔生産・生業〕……… 296
堆肥を積んだそり〔生産・生業〕……… 296
堆肥を運ぶ〔生産・生業〕……… 296
堆肥を運ぶ牛〔生産・生業〕……… 296
堆肥切返し〔生産・生業〕……… 296
堆肥小屋〔住〕……… 153
堆肥作り〔生産・生業〕……… 296
堆肥作りをしている母親のところに、女の子が鼻水が出たといってきたので、紙で拭いてやっている〔人の一生〕……… 811
堆肥俵〔生産・生業〕……… 296
大筆〔信仰〕……… 711
堆肥の運搬〔生産・生業〕……… 296
堆肥の運搬〔交通・交易〕……… 598
堆肥の山〔生産・生業〕……… 296
堆肥万能〔生産・生業〕……… 296
堆肥撒き〔生産・生業〕……… 297
代表的な小屋組〔住〕……… 153
代表的な養蚕農家〔生産・生業〕……… 460
台風を見極めようとする漁師たち〔生産・生業〕……… 382
台風（時化）が接近すると、小さい漁港の漁民たちは漁港に集って漁船の避難をする〔生産・生業〕……… 382
台風にそなえ網を陸揚げする改良大テンマ船〔生産・生業〕……… 382
台風被害を記録に残す記念塔の再建〔社会生活〕……… 661
台風よけの石垣〔住〕……… 153
大福帳〔交通・交易〕……… 571
大便のトイレットペーパーの代用になった海藻、モク〔住〕……… 246
ダイホウ〔生産・生業〕……… 297
大謀網〔生産・生業〕……… 382
大謀網を作る〔生産・生業〕……… 382
大謀網を引き上げる〔生産・生業〕……… 382
大謀網で獲れた大きな魚を持つ男性〔生産・生業〕……… 382
大謀網の完成〔生産・生業〕……… 382
大謀網のタイのなかに混じって、入っていた大きなイシナギ（オヨ）を持ち上げる〔生産・生業〕……… 382
大謀網漁〔生産・生業〕……… 382
大宝漁協〔生産・生業〕……… 382
大巻籠〔生産・生業〕……… 382
大巻漁法〔生産・生業〕……… 382
大麻中耕機〔生産・生業〕……… 297

たいま　　　　　　　　　　　名称索引

| 項目 | ページ |
|---|---|
| たいまつ〔住〕 | 228 |
| 松明〔住〕 | 228 |
| 松明を跨ぐ花嫁〔人の一生〕 | 823 |
| 大麻播種機〔生産・生業〕 | 297 |
| タイモを保存する穴〔生産・生業〕 | 297 |
| タイヤキ器〔食〕 | 76 |
| 題目講〔信仰〕 | 744 |
| 題目講に集う人々〔信仰〕 | 744 |
| タイヤキ器〔食〕 | 76 |
| 代用食　愛知県の食用野草調理説明〔食〕 | 103 |
| 太陽熱を利用した屋根の温水器〔住〕 | 246 |
| 代用品時代に復活した土釜〔食〕 | 76 |
| 代用品時代の火起し〔住〕 | 228 |
| 代用品時代の残影（植木鉢にされた釜）〔住〕 | 228 |
| 代用品時代の陶製おろし〔食〕 | 76 |
| 代用品のコンロ〔食〕 | 76 |
| 太陽暦（明治7年）〔民俗知識〕 | 667 |
| タイラ貝漁〔生産・生業〕 | 382 |
| タイラ貝漁の探り棒〔生産・生業〕 | 382 |
| タイラ貝漁の捕貝棒〔生産・生業〕 | 382 |
| 台ランプ〔住〕 | 229 |
| 大漁〔生産・生業〕 | 382 |
| 大漁祝い〔生産・生業〕 | 382 |
| 大漁祝着〔衣〕 | 12 |
| 大漁着〔衣〕 | 12 |
| 大漁祈願〔生産・生業〕 | 382 |
| 大漁のぼりのイワシ網船〔生産・生業〕 | 383 |
| タイル張りのかまど〔住〕 | 198 |
| タイル貼りの流し〔住〕 | 198 |
| 大六車〔交通・交易〕 | 598 |
| 田植え〔生産・生業〕 | 297 |
| 田植後の田のミナクロ〔生産・生業〕 | 297 |
| 田植衣裳〔衣〕 | 12 |
| 田植糸枠と基準竹〔生産・生業〕 | 297 |
| 田植稲運び〔生産・生業〕 | 297 |
| 田植歌を歌う老女〔生産・生業〕 | 297 |
| 田植歌の歌い方形式分布図〔生産・生業〕 | 298 |
| 田植えの早乙女〔生産・生業〕 | 298 |
| 田植えを終えた女性たち〔生産・生業〕 | 298 |
| 田植えをする女性〔生産・生業〕 | 298 |
| 田植え　オッツケ〔生産・生業〕 | 298 |
| 田植え　カケアガリ〔生産・生業〕 | 298 |
| 田植型枠〔生産・生業〕 | 298 |
| 田植型付器〔生産・生業〕 | 298 |
| 田植框〔生産・生業〕 | 298 |
| 田植え機による苗入れ（山間部の田植え）〔生産・生業〕 | 298 |
| 田植機の実演〔生産・生業〕 | 298 |
| 田植計測綱〔生産・生業〕 | 298 |
| 田植作業衣〔衣〕 | 12 |
| 田植さし〔生産・生業〕 | 298 |
| 田植時の食事と休憩〔食〕 | 113 |
| 田植時の野良帰り〔生産・生業〕 | 298 |
| 田植終了後、えびす・だいこくに苗をそなえる〔信仰〕 | 712 |
| 田植準備〔生産・生業〕 | 298 |
| 田植定規〔生産・生業〕 | 298 |
| 田植（定規植え）〔生産・生業〕 | 298 |
| 田植・代掻き〔生産・生業〕 | 298 |
| 田植姿〔衣〕 | 12 |
| 田植姿〔生産・生業〕 | 298 |
| 田植え綱〔生産・生業〕 | 298 |
| 田植え前後の水位調整〔生産・生業〕 | 298 |
| 田植え・田を牛で鋤く〔生産・生業〕 | 298 |
| 田植え直後の水田〔生産・生業〕 | 298 |
| 田植直前、えぶりをついて泥ならし〔生産・生業〕 | 298 |
| 田植え・苗を取る〔生産・生業〕 | 298 |
| 田植・並木植〔生産・生業〕 | 298 |
| 田植・ならす〔生産・生業〕 | 298 |
| 田植縄〔生産・生業〕 | 299 |
| 田植（縄引き植え）〔生産・生業〕 | 299 |
| 田植縄利用〔生産・生業〕 | 299 |
| 田植に使う力棒〔生産・生業〕 | 299 |
| 田植に出かけるところ〔生産・生業〕 | 299 |
| 田植の合図に使った木笛〔生産・生業〕 | 299 |
| 田植のアトツケ〔生産・生業〕 | 299 |
| 田植えの後の泥落とし〔生産・生業〕 | 299 |
| 田植えの祝い〔生産・生業〕 | 299 |
| 田植の植え方〔生産・生業〕 | 299 |
| 田植のコシヤスミ〔生産・生業〕 | 299 |
| 田植の仕事着〔衣〕 | 12 |
| 田植えの少年〔生産・生業〕 | 299 |
| 田植の昼食〔食〕 | 113 |
| 田植の手伝い〔生産・生業〕 | 299 |
| 田植えの昼どき〔食〕 | 113 |
| 田植えの昼どきの昼寝〔生産・生業〕 | 299 |
| 田植えの昼飯〔食〕 | 113 |
| 田植えの昼飯接待〔食〕 | 113 |
| 田植の服装〔衣〕 | 12 |
| 田植の方向〔生産・生業〕 | 299 |
| 田植えの装い〔衣〕 | 12 |
| 田植え　背後では麦刈り〔生産・生業〕 | 299 |
| 田植え　一休み〔生産・生業〕 | 299 |
| 田植え風景〔生産・生業〕 | 299 |
| 田植え前に肥料を施す〔生産・生業〕 | 299 |
| 田植前の牛による耕耘〔生産・生業〕 | 299 |
| 田植前の馬による耕耘〔生産・生業〕 | 299 |
| 田植前のオオアシヒキ〔生産・生業〕 | 299 |
| 田植前の耕耘〔生産・生業〕 | 299 |
| 田植え前の代掻き〔生産・生業〕 | 299 |
| 田植まくら〔生産・生業〕 | 299 |
| 田植・休み時間〔生産・生業〕 | 299 |
| 田植え用具のマンガにぼたもちとお神酒を供える〔信仰〕 | 712 |
| 田植用横ヨマ〔生産・生業〕 | 300 |
| 田植ワク〔生産・生業〕 | 300 |
| 田植枠〔生産・生業〕 | 300 |
| 田植枠（枠植え）〔生産・生業〕 | 300 |
| 田植枠利用〔生産・生業〕 | 300 |
| 田歌集〔生産・生業〕 | 300 |
| 田打ち〔生産・生業〕 | 300 |
| 田打車〔生産・生業〕 | 300 |
| 田打鍬〔生産・生業〕 | 300 |
| 田打ち、田かきに使用する鍬〔生産・生業〕 | 300 |
| 田打ちの方向〔生産・生業〕 | 300 |
| 田打ちの方法〔生産・生業〕 | 300 |
| 田うない（人力）〔生産・生業〕 | 300 |
| 田うない（畜力）〔生産・生業〕 | 300 |
| タウナイに使われる馬〔生産・生業〕 | 300 |
| 隋円底の編み方工程〔生産・生業〕 | 504 |
| 田起こし〔生産・生業〕 | 300 |
| 田起こしのころ〔生産・生業〕 | 300 |
| 倒された忠魂碑の上で遊ぶ子ども〔芸能・娯楽〕 | 799 |
| 田を耕す〔生産・生業〕 | 300 |
| 手折ったススキの穂を振っている少女たち〔芸能・娯楽〕 | 799 |
| タオルを肩にして銭湯から褌一丁で帰る〔社会生活〕 | 632 |
| 倒れた稲〔生産・生業〕 | 300 |
| 高足膳〔食〕 | 76 |
| タカアシゼン（僧侶用）〔食〕 | 76 |
| 高い石垣の水屋〔住〕 | 153 |
| 高い縁の下〔住〕 | 153 |
| 籠入れ〔生産・生業〕 | 504 |
| タカウソ〔生産・生業〕 | 426 |
| 高畦〔生産・生業〕 | 300 |
| 田返し〔生産・生業〕 | 300 |
| 高尾の棟無堂〔信仰〕 | 756 |
| 高尾の棟無堂の本尊阿弥陀如来〔信仰〕 | 756 |
| 鷹を捕獲する図〔生産・生業〕 | 426 |
| 高尾摩利支天祠堂平面図〔信仰〕 | 756 |
| たかおろし〔食〕 | 76 |
| たかおろし（鬼おろし）〔食〕 | 76 |
| タカガキ〔住〕 | 154 |
| 鷹狩〔生産・生業〕 | 426 |
| 鷹狩へ出立〔生産・生業〕 | 426 |
| 鷹狩中の鷹匠と鷹〔生産・生業〕 | 426 |
| 鷹狩りのための衣服・猟具・装具類〔生産・生業〕 | 426 |
| 鷹狩りの配置図〔生産・生業〕 | 426 |
| 田かき〔生産・生業〕 | 300 |
| 田掻き（牛）〔生産・生業〕 | 300 |
| 田掻車〔生産・生業〕 | 300 |
| 田かき手伝い〔生産・生業〕 | 300 |
| 多角的農家〔住〕 | 154 |
| 高倉〔住〕 | 154 |
| 高倉の構造〔住〕 | 154 |
| 高倉の軒まわり〔住〕 | 154 |
| 高倉の床下〔住〕 | 154 |
| 鷹（削りかけ玩具）〔芸能・娯楽〕 | 788 |
| 高下駄〔衣〕 | 37 |
| タカザル〔生産・生業〕 | 300 |
| 駄菓子〔食〕 | 54 |
| 田かじ鍬〔生産・生業〕 | 300 |
| 高下の観音堂〔信仰〕 | 756 |
| 駄菓子の店〔交通・交易〕 | 571 |
| タカシマダ〔衣〕 | 45 |
| 高島田に挿す鼈甲の櫛・簪・笄〔衣〕 | 46 |
| 高島田のかつらをつける花嫁〔人の一生〕 | 823 |
| 高島屋オリジナル・カウンター・スタイル〔住〕 | 198 |
| 駄菓子屋〔交通・交易〕 | 571 |
| 鷹匠〔生産・生業〕 | 426 |
| 鷹匠宅付近〔生産・生業〕 | 426 |
| 鷹匠の用具〔生産・生業〕 | 426 |
| 高台の邸宅の板谷家〔住〕 | 154 |
| 高田大師堂〔信仰〕 | 756 |
| 高田大師堂内部〔信仰〕 | 756 |
| 高田の辻堂〔信仰〕 | 756 |
| 高千穂の民家〔住〕 | 154 |
| 高津川の木橋〔交通・交易〕 | 545 |
| たかつき〔信仰〕 | 726 |
| 高坏〔信仰〕 | 726 |
| たかつき半製品〔信仰〕 | 726 |
| タカッポ〔生産・生業〕 | 383 |
| タカッポの取り上げ〔生産・生業〕 | 383 |
| 高殿〔生産・生業〕 | 505 |

| 項目 | ページ |
|---|---|
| タガにするマダケを割る〔生産・生業〕 | 505 |
| たがね〔生産・生業〕 | 505 |
| 高野家住宅〔住〕 | 154 |
| 高梁川農業干拓地〔生産・生業〕 | 301 |
| タカハタ〔生産・生業〕 | 479 |
| 高機〔生産・生業〕 | 479 |
| 高機の織り方〔生産・生業〕 | 479 |
| 高はたのサイ〔生産・生業〕 | 479 |
| 高はたのはた織り〔生産・生業〕 | 479 |
| 高機の杼〔生産・生業〕 | 479 |
| 高浜港〔交通・交易〕 | 545 |
| 高火鉢〔住〕 | 229 |
| 高塀造り〔住〕 | 154 |
| たかへ造り〔住〕 | 154 |
| 高ほうき、草ほうき、はたき、てぬぐい〔民俗知識〕 | 671 |
| 高箒で座敷を掃く〔住〕 | 229 |
| 高蒔絵硯箱〔住〕 | 229 |
| たかみ〔生産・生業〕 | 301 |
| 高見山から海岸墓地を見る〔人の一生〕 | 839 |
| 高見山から見た墓地の石垣〔人の一生〕 | 840 |
| 籠屋〔生産・生業〕 | 505 |
| 高山の朝市〔交通・交易〕 | 557 |
| 高山の絵馬市〔交通・交易〕 | 557 |
| 高山のこも豆腐〔食〕 | 54 |
| タガ用に割ったマダケの束〔生産・生業〕 | 505 |
| タガラ〔交通・交易〕 | 598 |
| 宝くじ売場〔芸能・娯楽〕 | 804 |
| 宝島の民家〔住〕 | 154 |
| 宝塚少女歌劇のフラダンス〔芸能・娯楽〕 | 778 |
| タガラの枠づくり〔生産・生業〕 | 505 |
| 宝船〔信仰〕 | 712 |
| 宝船の図〔信仰〕 | 712 |
| 高輪車〔交通・交易〕 | 598 |
| タカワナ〔生産・生業〕 | 427 |
| タカンバッチョ（押さえ笠）〔衣〕 | 27 |
| 滝観音堂〔信仰〕 | 756 |
| タキギ〔生産・生業〕 | 535 |
| タキ木を運搬整理する子供〔交通・交易〕 | 599 |
| 薪を運ぶ〔交通・交易〕 | 599 |
| たきぎ小屋での薪柴の保管〔生産・生業〕 | 532 |
| たきぎとり〔生産・生業〕 | 532 |
| 薪取り〔生産・生業〕 | 532 |
| 焚木採り姿〔衣〕 | 12 |
| タキギニウ〔生産・生業〕 | 535 |
| タキギのニウ〔生産・生業〕 | 535 |
| 炊出し（三陸地方津波）〔社会生活〕 | 661 |
| 焚付瓦斯器〔住〕 | 229 |
| 焚きつけに使う細い木枝などを用意する〔住〕 | 246 |
| 焚き付け用のスギの落葉〔生産・生業〕 | 532 |
| 焚き付け用のマツの落葉〔生産・生業〕 | 532 |
| 焚き付け用のマメやムギ殻〔生産・生業〕 | 532 |
| 滝に打たれる〔信仰〕 | 728 |
| 瀧の川のお地蔵さん〔信仰〕 | 691 |
| 滝の水行〔信仰〕 | 728 |
| タキバ〔住〕 | 198 |
| 焚火にあたるおかっぱ頭の少女たち〔社会生活〕 | 632 |
| 滝部の奉公市〔交通・交易〕 | 557 |
| 滝本家の旧住居〔住〕 | 154 |
| タキモンニカイとも呼ばれている小屋裏〔住〕 | 154 |
| 沢庵漬け〔食〕 | 103 |
| 沢庵用の大根洗い〔食〕 | 104 |
| タクシー〔交通・交易〕 | 545 |
| 卓上七輪〔食〕 | 76 |
| 卓上灯〔住〕 | 229 |
| 卓上ランプ〔住〕 | 229 |
| 託宣 守護神の憑入した霊媒とシャーマン〔信仰〕 | 737 |
| 多口竈〔住〕 | 198 |
| 田口の薬師堂〔信仰〕 | 756 |
| 駄鞍〔交通・交易〕 | 599 |
| ダグラスDC-4に乗る人と見送りの人〔交通・交易〕 | 545 |
| 手繰網（ウタセ）の働き方〔生産・生業〕 | 383 |
| 手繰りの働き方〔生産・生業〕 | 383 |
| 手繰漁の旧法〔生産・生業〕 | 383 |
| たくわん漬にする大根を干す〔食〕 | 104 |
| 竹網口籠〔生産・生業〕 | 437 |
| 竹編みの衣裳入れ〔住〕 | 229 |
| 竹編み枕〔住〕 | 229 |
| 竹馬〔芸能・娯楽〕 | 788 |
| 竹馬（シャガシ）〔芸能・娯楽〕 | 799 |
| 竹馬に乗る〔芸能・娯楽〕 | 799 |
| 竹を編んで立てた風除け〔住〕 | 154 |
| 竹をこまかくあんだ竹垣〔住〕 | 154 |
| 竹を半分に割ったといをつないで山の水を引く〔住〕 | 211 |
| 他家を訪問する婦人の身なり〔衣〕 | 12 |
| 竹を割る道具〔生産・生業〕 | 505 |
| 竹が美しい天井〔住〕 | 198 |
| 竹返し〔芸能・娯楽〕 | 788 |
| 竹花器〔住〕 | 229 |
| 竹かご〔人の一生〕 | 811 |
| 竹カゴ〔住〕 | 229 |
| 竹カゴ〔生産・生業〕 | 301 |
| 竹籠〔食〕 | 76 |
| 竹籠を編んでいる老人〔生産・生業〕 | 505 |
| 竹籠を肩にのせて〔交通・交易〕 | 599 |
| 竹籠を修繕〔生産・生業〕 | 505 |
| 竹カゴをつくる〔生産・生業〕 | 505 |
| 竹籠を両側にかけた真っ直ぐな丸棒を肩に置いている女の子〔交通・交易〕 | 599 |
| 竹籠つくり〔生産・生業〕 | 505 |
| 竹かごに入れたりんごをてんびん棒で運ぶ〔交通・交易〕 | 599 |
| 竹かごに鉄製のマンガを立てかけ、ミに苗、酒徳利、赤飯を入れて供える〔信仰〕 | 712 |
| 竹かごのひもを前頭部にかけて運ぶ〔交通・交易〕 | 599 |
| 竹カゴのヒモを額に当てて背負う〔交通・交易〕 | 599 |
| タケガサ〔衣〕 | 27 |
| 竹かんじき〔衣〕 | 37 |
| 嶽観音に奉納された扁額〔信仰〕 | 712 |
| 嶽観音のお札〔信仰〕 | 721 |
| 竹香〔芸能・娯楽〕 | 788 |
| 丈くらべ〔人の一生〕 | 811 |
| タケゲタ〔衣〕 | 37 |
| 竹下駄〔衣〕 | 37 |
| 竹行李〔住〕 | 229 |
| 竹行李作り〔生産・生業〕 | 505 |
| 竹こぎばし〔生産・生業〕 | 301 |
| 竹独楽〔芸能・娯楽〕 | 788 |
| 竹細工〔生産・生業〕 | 505 |
| 竹細工を売る荒物屋さん〔交通・交易〕 | 571 |
| 竹細工を内職とする女性〔生産・生業〕 | 505 |
| 竹細工工場〔生産・生業〕 | 505 |
| 竹細工店〔交通・交易〕 | 572 |
| 竹細工の編み方〔生産・生業〕 | 505 |
| 竹細工の行商〔交通・交易〕 | 572 |
| 竹細工の仕事場〔生産・生業〕 | 505 |
| 竹細工の実際〔生産・生業〕 | 505 |
| 竹細工の職人〔生産・生業〕 | 505 |
| 竹細工の道具〔生産・生業〕 | 505 |
| 竹細工の店〔交通・交易〕 | 572 |
| 竹細工やかんじきを背負う人〔交通・交易〕 | 599 |
| 竹細工屋の倉庫を埋めたコメザルとマゲエザル〔生産・生業〕 | 506 |
| 竹細工用刀〔生産・生業〕 | 506 |
| 竹材でツツを手作りする〔生産・生業〕 | 383 |
| 竹崎がに〔食〕 | 54 |
| 竹ざるに野菜を入れて運ぶ〔交通・交易〕 | 599 |
| 竹サンダル〔衣〕 | 37 |
| 竹蚕箔〔生産・生業〕 | 460 |
| 竹自在〔住〕 | 198 |
| 竹自在鉤〔住〕 | 198 |
| 竹床几〔住〕 | 229 |
| 竹スキー〔芸能・娯楽〕 | 799 |
| 竹筒に入れた神酒〔信仰〕 | 712 |
| 竹簀に木枝で作ったほうきを置き、その上にイズメをのせる〔人の一生〕 | 811 |
| 竹簀の子天井〔住〕 | 198 |
| 竹簀子天井〔住〕 | 199 |
| 竹簀の子床〔住〕 | 199 |
| 竹すべりと下駄スケート〔芸能・娯楽〕 | 789 |
| 竹炭を作る〔生産・生業〕 | 530 |
| 竹すら〔生産・生業〕 | 527 |
| 竹製重箱〔食〕 | 76 |
| 竹製消防バケツ〔社会生活〕 | 656 |
| 竹製の駒寄せのある家〔住〕 | 154 |
| 竹製品の加工、販売〔生産・生業〕 | 506 |
| 竹千歯〔生産・生業〕 | 301 |
| たけぞうり〔衣〕 | 37 |
| 竹草履〔衣〕 | 37 |
| 竹草履バンバン〔衣〕 | 37 |
| たけぞり〔交通・交易〕 | 599 |
| 竹橇〔交通・交易〕 | 599 |
| タゲタ〔生産・生業〕 | 301 |
| 田下駄〔生産・生業〕 | 301 |
| 田下駄ナンバ〔生産・生業〕 | 301 |
| 田下駄の使用〔生産・生業〕 | 301 |
| 田下駄の着装〔生産・生業〕 | 301 |
| タケチャンボウ〔生産・生業〕 | 427 |
| 竹で背負籠を編む〔生産・生業〕 | 506 |
| 竹で作られた棟〔住〕 | 154 |
| 竹鉄砲〔芸能・娯楽〕 | 789 |
| 竹で編んだ間垣〔住〕 | 154 |
| 竹徳利〔食〕 | 76 |
| 竹とび〔芸能・娯楽〕 | 415 |
| 竹と丸太を組んでカヤを密厚に葺いた屋根〔住〕 | 154 |
| 竹富島の集落〔住〕 | 155 |
| 竹とんぼ〔芸能・娯楽〕 | 789 |
| 竹とんぼで遊ぶ〔芸能・娯楽〕 | 799 |
| 竹の編みかた〔生産・生業〕 | 506 |
| 竹の編み目の基本〔生産・生業〕 | 506 |
| 竹の皮〔食〕 | 76 |

| | | |
|---|---|---|
| タケノコを干す〔食〕 104 | タコツボと滑り台を置いた子供の遊び場〔芸能・娯楽〕 799 | 畳床が框一段分ずつ上がっている、居蔵の館の座敷〔住〕 199 |
| たけのこ笠〔衣〕 27 | 蛸壺による蛸の捕り方〔生産・生業〕 383 | 畳に切られた炉にあるゴトク〔住〕 199 |
| タケノコガサ〔衣〕 27 | 蛸壺の仕かけ〔生産・生業〕 383 | 畳の上に置いた長机の前に座って勉強をする〔社会生活〕 643 |
| 竹の子笠〔衣〕 27 | タコツボの修理をする〔生産・生業〕 383 | 畳の神様〔信仰〕 691 |
| タケノコの調理〔食〕 104 | タコツボの準備〔生産・生業〕 383 | タタミはた〔生産・生業〕 506 |
| タケノコ掘り〔生産・生業〕 532 | タコツボの掃除〔生産・生業〕 383 | 畳屋〔生産・生業〕 506 |
| 筍掘り(道具)〔生産・生業〕 532 | タコ壺の屋号〔生産・生業〕 383 | 畳屋の守護神・聖徳太子〔信仰〕 691 |
| 竹の子餅〔食〕 54 | 蛸壺漁〔生産・生業〕 383 | 畳屋の道具 針と庖丁〔生産・生業〕 479 |
| 竹のさくにかけ干した継ぎ接ぎだらけの布団と子どもの寝巻き〔住〕 246 | たこ釣〔生産・生業〕 383 | タタラの作業場〔生産・生業〕 527 |
| 嶽の堂(嶽観音本堂)〔信仰〕 756 | タコ釣具〔生産・生業〕 383 | たたら吹き〔生産・生業〕 506 |
| 嶽の堂の絵馬〔信仰〕 712 | 蛸釣に用いる釣具〔生産・生業〕 383 | 立会演説会〔社会生活〕 632 |
| 竹の泥をふく〔生産・生業〕 506 | 田ごて〔生産・生業〕 301 | タチアゲ〔衣〕 12 |
| 竹の花籠や盛りかご作り〔生産・生業〕 506 | タコ縄漁〔生産・生業〕 383 | 立居ふるまい〔民俗知識〕 678 |
| 竹の歯の千歯扱き〔生産・生業〕 301 | 凧 錦凧〔芸能・娯楽〕 789 | 太刀魚釣の鉤〔生産・生業〕 384 |
| 竹の蛇〔芸能・娯楽〕 789 | 蛸の一本釣〔生産・生業〕 384 | タチウスとキネ〔食〕 76 |
| 竹の穂を用いた柴垣〔住〕 155 | タコの1本釣り〔生産・生業〕 384 | 立臼と立杵〔食〕 77 |
| 竹ハジ〔生産・生業〕 383 | 凧の飛揚の角度〔芸能・娯楽〕 789 | タチウスと竪杵(手杵)で精麦〔生産・生業〕 302 |
| 竹橋〔交通・交易〕 545 | 鮪延縄の浮標〔生産・生業〕 384 | 立臼と手杵〔食〕 77 |
| 竹火鉢〔住〕 229 | 鮪延縄浮標の使用方法〔生産・生業〕 384 | タチウドの服装〔衣〕 12 |
| 竹葺き屋根〔住〕 155 | 凧 日の出鶴〔芸能・娯楽〕 789 | タチカケという仕事着を着ている老人〔衣〕 12 |
| 竹節の型紙〔生産・生業〕 479 | たこ帽子〔衣〕 28 | 立川食肉(株式会社)の作業場〔生産・生業〕 437 |
| 竹塀〔住〕 155 | 蛸飯〔食〕 54 | 立木を搬送する筏流し〔生産・生業〕 415 |
| 竹箒づくり〔生産・生業〕 506 | タコ漁〔生産・生業〕 384 | 立聞輪〔生産・生業〕 437 |
| タケボウチョウ(竹庖丁)〔生産・生業〕 506 | タコロガシ〔生産・生業〕 301 | 立木に彫った落書き〔芸能・娯楽〕 799 |
| 竹曲げ弁当の蓋(精白した米を臼からす際使用)〔生産・生業〕 301 | タコンガサ〔衣〕 28 | 立鍬〔生産・生業〕 302 |
| 竹蓑〔生産・生業〕 461 | 山車を模した玩具〔芸能・娯楽〕 789 | タチツケ〔衣〕 13 |
| 竹箕〔生産・生業〕 301 | 田仕事の婦人〔衣〕 12 | 立天神〔芸能・娯楽〕 789 |
| 竹村家内部〔住〕 199 | 試載せ掛場〔生産・生業〕 452 | 立ち止まって向かいの店を見るおばあさん〔社会生活〕 632 |
| 竹めんつう〔食〕 76 | 出梁造り〔住〕 155 | 立ち流しと坐式の台所〔住〕 199 |
| 竹や木枝を半円形にして両端を土に差したカジメ〔生産・生業〕 301 | 出梁造りの養蚕農家〔住〕 155 | 立花家の土蔵〔住〕 155 |
| 竹屋敷堂〔信仰〕 756 | 出梁(だしばり)と呼ぶ張り出しを設けた二階家〔住〕 155 | 立ち話し〔社会生活〕 632 |
| 竹槍訓練〔社会生活〕 656 | 但馬堰の水〔交通・交易〕 617 | 立ち振る舞い〔人の一生〕 823 |
| 竹湯沸かし〔食〕 76 | タシロ〔住〕 229 | 立ち振る舞いの膳〔人の一生〕 823 |
| 竹割〔生産・生業〕 506 | タス〔生産・生業〕 427 | 立読みしている子供たち〔芸能・娯楽〕 799 |
| 竹割器〔生産・生業〕 506 | タス〔交通・交易〕 599 | ダツイカゴ〔住〕 229 |
| 竹割鉈〔生産・生業〕 415, 506 | タスキ〔衣〕 47 | 奪衣婆〔信仰〕 691 |
| 凧〔芸能・娯楽〕 789 | 襷〔衣〕 47 | タツガシラ〔人の一生〕 840 |
| タコあげ〔芸能・娯楽〕 799 | 田スリ〔生産・生業〕 302 | 竜頭〔人の一生〕 840 |
| ダゴアゲ(ソバアゲ)〔食〕 76 | 多層民家〔住〕 155 | 龍頭〔人の一生〕 840 |
| 凧糸巻の種々〔芸能・娯楽〕 789 | 湛井の辻堂〔信仰〕 756 | 駄着鞍〔交通・交易〕 599 |
| 凧絵〔芸能・娯楽〕 789 | タタキ〔生産・生業〕 384 | 駄付もつこ〔交通・交易〕 599 |
| タコエマ〔信仰〕 712 | 叩き〔生産・生業〕 506 | 脱穀〔生産・生業〕 302 |
| 鮪延縄鉢〔生産・生業〕 383 | タタキ網漁〔生産・生業〕 384 | 脱穀をする子供〔生産・生業〕 302 |
| 凧 男べらぼう〔芸能・娯楽〕 789 | タタキ網漁の仕掛けに使う刺し網〔生産・生業〕 384 | 脱穀機〔生産・生業〕 302 |
| タコを干す〔食〕 104 | 叩き売り〔交通・交易〕 558 | 脱穀器具〔生産・生業〕 302 |
| タコカギ〔生産・生業〕 383 | 叩き技法の細工人〔生産・生業〕 506 | 脱穀した大豆〔生産・生業〕 302 |
| 凧 花泉凧三竦〔芸能・娯楽〕 789 | 叩き細工の道具類〔生産・生業〕 506 | 脱穀した稲籾をヨソリ(箕)で小さなゴミを飛ばす〔生産・生業〕 302 |
| 凧合戦の大凧〔芸能・娯楽〕 789 | 叩き手法〔生産・生業〕 506 | 脱穀したムギを篩に通し選別〔生産・生業〕 302 |
| タコガメ(蛸瓶)〔生産・生業〕 383 | 叩きの道具〔生産・生業〕 506 | 脱穀したムギのモミをジガラウスで搗く〔生産・生業〕 302 |
| 凧 酒田奴〔芸能・娯楽〕 789 | 叩きノミ〔生産・生業〕 523 | 脱穀の作業をしている婦人の着衣〔衣〕 13 |
| 田ごしらえ〔生産・生業〕 301 | 叩鑿〔生産・生業〕 506 | 脱穀用具〔生産・生業〕 302 |
| 凧 駿河凧〔芸能・娯楽〕 789 | タタキノミ(叩き鑿)の部分名〔生産・生業〕 506 | ダッコチャン〔芸能・娯楽〕 789 |
| タコツキ〔生産・生業〕 523 | たたき棒〔生産・生業〕 302 | ダッコちゃん(潜水服)〔生産・生業〕 384 |
| 凧綱を入れておく籠〔芸能・娯楽〕 789 | たたつぼ〔生産・生業〕 302 | 脱進機〔生産・生業〕 302 |
| 凧綱の番小屋〔芸能・娯楽〕 789 | 畳打ち〔衣〕 37 | 断ったカジの枝の束〔生産・生業〕 479 |
| たこつぼ〔生産・生業〕 383 | 畳を作るときの諸道具〔生産・生業〕 506 | 立ったまま飯をかきこむ〔食〕 113 |
| タコツボ(蛸壺)〔生産・生業〕 383 | 畳を干す〔住〕 246 | |
| 蛸壺〔生産・生業〕 383 | 畳表座織機のコテ〔生産・生業〕 506 | |
| 鮹壺〔生産・生業〕 383 | 畳表用麻糸よりかけ機〔生産・生業〕 506 | |
| タコ壺網のある風景〔生産・生業〕 383 | 畳蔵〔住〕 246 | |
| タコ壺を海に投げこみ産卵前のタコをとる〔生産・生業〕 383 | 畳付きの女もの下駄〔衣〕 37 | |
| タコつぼをタコの漁場へ投げ入れる〔生産・生業〕 383 | | |

立ったまま飯をかきこむ漁師〔食〕……………………………………………… 113
たっつけ〔衣〕 …………………… 13
竜野大師堂〔信仰〕 …………… 756
タッペ〔生産・生業〕 ………… 384
脱ぼう器〔生産・生業〕 ……… 302
タツミ〔生産・生業〕 ………… 302
巽蔵の景観〔住〕 ……………… 155
建網を入れてとったハタハタを、4人で漕ぐ船で浜へ運ぶ〔生産・生業〕 ……………………………… 384
建網の布設図〔生産・生業〕 … 384
建網の干し場〔生産・生業〕 … 384
建網引揚機〔生産・生業〕 …… 384
建網布設中(竹杭を立てる)〔生産・生業〕 ………………………… 384
経糸を綯る〔生産・生業〕 …… 479
タテ糸をへる〔生産・生業〕 … 479
縦糸の準備〔生産・生業〕 …… 480
経糸ほぐし 緯糸ほぐし〔生産・生業〕 ………………………… 480
たてうす〔生産・生業〕 ……… 302
タテウス〔食〕 …………………… 77
たてうす・たてぎね〔生産・生業〕 …………………………… 302
タテウスとテギネ〔食〕 ………… 77
竪臼と手杵〔食〕 ………………… 77
縦畝の田んぼ〔生産・生業〕 … 302
立絵馬〔信仰〕 ………………… 712
タテ(熊槍)をかまえるマタギ〔生産・生業〕 …………………… 427
たてがみすき〔生産・生業〕 … 437
タテカンを運ぶ〔人の一生〕 … 840
タテキドリ〔生産・生業〕 …… 507
タテギネ〔食〕 …………………… 77
竪杵〔食〕 ………………………… 77
竪杵〔生産・生業〕 …………… 302
竪杵で粟の脱穀〔生産・生業〕 … 302
竪杵と木桶〔食〕 ………………… 77
タテグイに干した大豆・小豆〔生産・生業〕 …………………… 302
建具のないニワとダイドコ(広間)の境〔住〕 ……………………… 199
建てぐるみの土蔵〔住〕 ……… 155
ダテケラ(粋な簑)〔衣〕 ……… 13
タテゴ〔交通・交易〕 ………… 612
タテシジ(縦筋)を織るときの縦糸〔生産・生業〕 ……………… 480
立砂〔信仰〕 …………………… 726
立て場〔社会生活〕 …………… 650
タテビキノコ(縦挽き鋸)〔生産・生業〕 ……………………… 415
縦挽鋸〔生産・生業〕 ………… 523
タテボシ網〔生産・生業〕 …… 384
タテボシ網の取り付け(ハンギーの上から)〔生産・生業〕 …… 384
建て前〔生産・生業〕 ………… 523
建前の祭壇〔生産・生業〕 …… 523
伊達巻〔衣〕 ……………………… 47
建物が連なる町並み〔住〕 …… 155
建物と間取りの変遷〔住〕 …… 155
タテヤ(縦楔)〔生産・生業〕 … 415
畳紙〔衣〕 ………………………… 47
タトゥーステッカー〔衣〕 ……… 46
田と用水路〔生産・生業〕 …… 302
炭団〔住〕 ……………………… 229
棚〔住〕 ………………………… 199
タナ網(口網)の編成例〔生産・生業〕 ……………………… 384
店内の暖簾〔住〕 ……………… 229
田中家住宅〔住〕 ……………… 155
田中地蔵堂〔信仰〕 …………… 756

田上手拭〔衣〕 …………………… 28
タナゴ(グミ)の果実を採る〔食〕 … 54
タナシ〔衣〕 ……………………… 13
タナジブ〔生産・生業〕 ……… 384
棚じゅぶ〔生産・生業〕 ……… 384
棚田〔生産・生業〕 …………… 302
棚田と海〔生産・生業〕 ……… 303
棚田と集落〔生産・生業〕 …… 303
棚田と段畑が美しい帝釈峡付近の集落〔生産・生業〕 ………… 303
棚田と段畑の雪景色〔生産・生業〕 … 303
棚田の石垣〔生産・生業〕 …… 303
棚田の石垣と灌漑用横井戸〔生産・生業〕 …………………… 303
棚田の石垣と農家の石垣〔住〕 … 155
棚田の石垣補修〔生産・生業〕 … 303
棚田の石積とスイドウ〔生産・生業〕 …………………………… 303
棚田の稲刈り・稲運び〔生産・生業〕 …………………………… 303
棚田の代かき〔生産・生業〕 … 303
棚田のスイドウ〔生産・生業〕 … 303
棚田のスイドウの横穴〔生産・生業〕 …………………………… 303
棚田の田植え〔生産・生業〕 … 303
棚田の田小屋〔生産・生業〕 … 303
タナワの製作〔生産・生業〕 … 384
谷を渡して張られたワイヤーで材木や畑作物を運ぶ〔交通・交易〕 … 599
谷から掛樋で引いてきた用水〔住〕 … 211
タニシ獲り〔芸能・娯楽〕 …… 799
谷條の日名堂〔信仰〕 ………… 756
田に積まれたダヨゴエ〔生産・生業〕 …………………………… 303
田に立てられた牛玉宝印〔信仰〕 … 721
田に苗を植付ける区画の形をつけるもの〔生産・生業〕 …………… 303
谷の水田〔生産・生業〕 ……… 303
谷の底から見上げる沢戸集落〔住〕 … 155
谷のところどころに民家〔住〕 … 155
谷の村に下りるハシゴ〔住〕 … 246
谷ふかい農家〔住〕 …………… 155
谷間の家〔住〕 ………………… 155
谷間の稲田〔生産・生業〕 …… 303
谷間の集落〔住〕 ……………… 155
タヌキ〔食〕 ……………………… 77
タヌキの毛皮〔生産・生業〕 … 427
種井戸〔住〕 …………………… 211
種芋伏せ〔生産・生業〕 ……… 303
種牛を飼っていた牛舎を洋品店に改造したもの〔交通・交易〕 … 572
種馬碧雲号の石碑〔民俗知識〕 … 676
種子桶〔生産・生業〕 ………… 229
種を振る場所を鍬でなでる〔生産・生業〕 …………………… 303
種籠〔生産・生業〕 …………… 304
種かし〔生産・生業〕 ………… 304
種紙〔生産・生業〕 …………… 461
種紙枠〔生産・生業〕 ………… 461
種浸け〔生産・生業〕 ………… 304
タネダラ〔生産・生業〕 ……… 304
種俵〔生産・生業〕 …………… 304
種俵を干す〔生産・生業〕 …… 304
種つけ〔生産・生業〕 ………… 304
種子浸け〔生産・生業〕 ……… 304
種漬け〔生産・生業〕 ………… 304
タネに雪を入れて融かす〔住〕 … 246
種半切り〔生産・生業〕 ……… 304
種浸し〔生産・生業〕 ………… 304

種振り〔生産・生業〕 ………… 304
種まき〔生産・生業〕 ………… 304
種播きに使用する山鍬〔生産・生業〕 …………………………… 304
種繭円筒籠〔生産・生業〕 …… 461
種もみ〔生産・生業〕 ………… 304
種籾を振るザルの持ち方〔生産・生業〕 …………………………… 304
種もみを保存するモミガラト〔生産・生業〕 …………………………… 304
種子籾囲い〔生産・生業〕 …… 304
種籾囲い〔生産・生業〕 ……… 304
種籾鎮圧機〔生産・生業〕 …… 304
種籾つけ〔生産・生業〕 ……… 304
種もみの交換〔生産・生業〕 … 304
種籾の選別〔生産・生業〕 …… 304
種籾の保存〔生産・生業〕 …… 304
種籾の水浸し〔生産・生業〕 … 305
種屋〔交通・交易〕 …………… 572
種山手永の総庄屋であった平野家〔住〕 …………………………… 155
種用の雑穀は天井に竿を通して吊り下げ保存する〔生産・生業〕 … 305
田の石拾い〔生産・生業〕 …… 305
田の神〔信仰〕 ………………… 691
田の神への供え物〔信仰〕 …… 712
田の神を夫婦でかついでもどす〔人の一生〕 …………………… 823
田の神様〔信仰〕 ……………… 691
田の神称呼分布図〔信仰〕 …… 691
田の神神像〔信仰〕 …………… 691
田の神石像〔信仰〕 …………… 691
田の神石像の型と分布(南九州)〔信仰〕 ……………………… 691
田の神像〔信仰〕 ……………… 691
田の神にささげられたわら苞〔信仰〕 ……………………………… 712
田の神の祠〔信仰〕 …………… 691
田の神の杜〔信仰〕 …………… 691
田の神復原図〔信仰〕 ………… 691
田の神サァ〔信仰〕 …………… 691
田の草とり〔生産・生業〕 …… 305
田の草取り〔生産・生業〕 …… 305
田の草取り用お面〔生産・生業〕 … 305
田の形態〔生産・生業〕 ……… 305
田の字型の間取り〔住〕 ……… 155
田の字型民家〔住〕 …………… 155
田のすみに放置された余り苗〔生産・生業〕 …………………… 305
田のなかに積んだ堆肥に大小便をかける〔生産・生業〕 ………… 305
田の中の小祠〔信仰〕 ………… 692
田の中の墓地〔人の一生〕 …… 840
田野原大師堂内〔信仰〕 ……… 757
田の道で昼食〔食〕 …………… 113
田面船〔芸能・娯楽〕 ………… 789
たばこ(農作業の間の休憩)〔生産・生業〕 …………………… 305
煙草入・灰皿〔住〕 …………… 229
たばこ入れ〔住〕 ……………… 229
たばこ入れ〔生産・生業〕 …… 427
タバコイレ〔住〕 ……………… 229
煙草入〔住〕 …………………… 229
煙草入れ〔交通・交易〕 ……… 613
煙草入と煙管〔住〕 …………… 229
煙草入屋〔交通・交易〕 ……… 572
タバコ植穴あけ〔生産・生業〕 … 441
煙草を吸って一服〔社会生活〕 … 632
タバコ乾燥庫〔住〕 …………… 442
煙草刻み包丁〔生産・生業〕 … 442
煙草切台〔生産・生業〕 ……… 229

## たはこ　　名称索引

煙草切薬研〔生産・生業〕 …………… 442
煙草栽培〔生産・生業〕 ……………… 442
煙草在来種の乾燥室〔生産・生業〕 … 442
タバコシイレカンサツ〔交通・交易〕 ……………………………………… 572
煙草生産農家の平面図〔住〕 ………… 155
たばこ定植用定規〔生産・生業〕 …… 442
煙草店〔交通・交易〕 ………………… 572
煙草の乾燥〔生産・生業〕 …………… 442
タバコの乾燥庫〔生産・生業〕 ……… 442
タバコの乾燥庫と藁葺納屋〔住〕 …… 155
タバコの収穫・乾燥の互助共同作業〔生産・生業〕 …………………… 442
たばこの葉をきざむ小刀とその台〔住〕 ……………………………………… 229
煙草の葉を吊るし干す〔生産・生業〕 ……………………………………… 442
煙草の葉を採る〔生産・生業〕 ……… 442
煙草の葉を広げる〔生産・生業〕 …… 442
煙草の葉をわら縄に連ねて干す〔生産・生業〕 …………………………… 442
タバコの葉の乾燥庫〔生産・生業〕 … 442
煙草パイプ〔住〕 ……………………… 229
タバコ畑〔生産・生業〕 ……………… 442
煙草葉の天日乾燥〔生産・生業〕 …… 442
タバコボン〔住〕 ……………………… 229
煙草盆〔住〕 …………………………… 229
たばこ屋〔交通・交易〕 ……………… 572
煙草屋〔交通・交易〕 ………………… 572
田端駅〔社会生活〕 …………………… 650
田畑の肥料としての海藻ひろい〔生産・生業〕 …………………………… 532
束ねたバシャ〔生産・生業〕 ………… 480
駄馬用鞍〔交通・交易〕 ……………… 599
足袋〔衣〕 ……………………………… 37
田びえを抜く〔生産・生業〕 ………… 305
足袋型〔衣〕 …………………………… 38
足袋型〔生産・生業〕 ………………… 507
旅芸人〔芸能・娯楽〕 ………………… 778
タビシキ〔衣〕 ………………………… 38
タビチョーチン〔住〕 ………………… 229
足袋作り〔生産・生業〕 ……………… 507
足袋作り（家庭）〔衣〕 ……………… 47
旅の支度〔交通・交易〕 ……………… 581
足袋の繕い〔衣〕 ……………………… 47
旅売人箱〔交通・交易〕 ……………… 572
足袋屋〔生産・生業〕 ………………… 507
タブ〔生産・生業〕 …………………… 384
田舟〔生産・生業〕 …………………… 305
田舟〔交通・交易〕 …………………… 545
タブネ（田舟）を使った稲刈り〔生産・生業〕 …………………………… 305
田舟によるイネの搬送〔生産・生業〕 ……………………………………… 305
田舟による刈稲の搬出〔生産・生業〕 ……………………………………… 305
田舟による苗運び〔生産・生業〕 …… 305
田舟の利用〔生産・生業〕 …………… 305
田舟や田下駄を使ってイネを収穫〔生産・生業〕 ……………………… 305
太布の材料となる楮の繊維〔生産・生業〕 …………………………… 480
太布のシャツ〔衣〕 …………………… 13
太布の襦袢〔衣〕 ……………………… 13
太布の上衣〔衣〕 ……………………… 13
太布の畳縁〔住〕 ……………………… 230
食べ初め〔人の一生〕 ………………… 815
タベラボー〔生産・生業〕 …………… 13
田ホドキ〔生産・生業〕 ……………… 305
ダマ〔芸能・娯楽〕 …………………… 799
玉石を積んだ屋敷まわり〔住〕 …… 155

玉石を道路側に積み重ね枝の密集するウコギを植える〔住〕 ……… 155
玉石垣〔住〕 …………………………… 155
玉石で築いた石垣の道〔交通・交易〕 ……………………………………… 545
玉石の代わりに栗材の束を使った民家〔住〕 ……………………………… 155
田マイダレ〔衣〕 ……………………… 13
玉入れ〔芸能・娯楽〕 ………………… 789
玉入れ袋〔生産・生業〕 ……………… 427
玉川上水〔交通・交易〕 ……………… 617
玉川上水沿いの道〔交通・交易〕 …… 545
玉川上水に沿った道〔交通・交易〕 … 545
玉切り〔生産・生業〕 ………………… 415
玉串〔信仰〕 …………………………… 726
玉串奉典〔信仰〕 ……………………… 726
玉串も棺とともに納める〔人の一生〕 ……………………………………… 840
卵を売る〔交通・交易〕 ……………… 572
ダマコ汁〔食〕 ………………………… 54
卵苞〔食〕 ……………………………… 104
卵茹器〔食〕 …………………………… 77
タマサイ〔衣〕 ………………………… 47
魂を呼ぶ宝矢筒（アイヌの呪具）〔民俗知識〕 ………………………… 671
たまじゃくし〔食〕 …………………… 77
タマシャクシ〔食〕 …………………… 77
玉橇〔交通・交易〕 …………………… 599
玉作りの道具〔生産・生業〕 ………… 427
玉貫鰺と身取鰺〔信仰〕 ……………… 726
タマネギの出荷〔生産・生業〕 ……… 305
タマの木の塔婆を立てる〔人の一生〕 ……………………………………… 840
玉味噌〔食〕 …………………………… 104
玉虫色の口紅〔衣〕 …………………… 46
タマヤ〔人の一生〕 …………………… 840
霊屋〔人の一生〕 ……………………… 840
たまり壺〔食〕 ………………………… 77
溜り味噌〔食〕 ………………………… 54
多磨霊園〔人の一生〕 ………………… 840
田水見〔生産・生業〕 ………………… 305
タミノとタケガサ〔衣〕 ……………… 13
田麦俣の民家〔住〕 …………………… 156
ダム建設による集落移転によってつくられた集落〔住〕 ……………… 156
たむろする子どもたち〔芸能・娯楽〕 ……………………………………… 799
ため池〔生産・生業〕 ………………… 305
溜池〔生産・生業〕 …………………… 305
溜池から捕獲したコイ〔生産・生業〕 ……………………………………… 384
溜池工事〔社会生活〕 ………………… 632
溜池での魚介捕り〔生産・生業〕 …… 384
溜池の施工実習〔生産・生業〕 ……… 306
溜池落水後に捕りやすくなるタニシ〔生産・生業〕 ……………………… 384
試桶〔生産・生業〕 …………………… 452
溜桶式の便所での汲み取り〔住〕 …… 246
為朝凧〔芸能・娯楽〕 ………………… 789
タモ〔生産・生業〕 …………………… 384
タモ網〔生産・生業〕 ………………… 384
タモ網と鵜竿〔生産・生業〕 ………… 384
たもっぺ〔衣〕 ………………………… 13
袂袖〔衣〕 ……………………………… 13
他屋〔人の一生〕 ……………………… 811
ダヤゴエ（駄屋肥）運び〔生産・生業〕 …………………………………… 306
タユウの祭壇〔信仰〕 ………………… 737
タラ〔交通・交易〕 …………………… 599
たらいウドンを食べる〔食〕 ………… 113
タライを洗う〔住〕 …………………… 211

タライオケ（盥桶）とオービガネ（貝金）〔生産・生業〕 …………… 384
盥・洗濯板〔住〕 ……………………… 230
タライ・洗濯板・固形石鹸〔住〕 …… 246
タライで洗濯をする〔住〕 …………… 211
たらいでの湯浴を終えて母親に抱かれた妹と様子を見ていた兄と姉〔人の一生〕 ………………………… 811
タライと洗濯板〔住〕 ………………… 230
たらい舟〔生産・生業〕 ……………… 384
たらい船〔生産・生業〕 ……………… 384
タライブネ（盥舟）〔生産・生業〕 … 384
盥舟〔生産・生業〕 …………………… 385
タライ舟に乗って水中メガネを使いサザエやアワビを採る〔生産・生業〕 ………………………………… 385
タライ船に乗り漁をする〔生産・生業〕 ……………………………………… 385
ダラオケとショイコ〔交通・交易〕 … 599
タラシ〔食〕 …………………………… 77
タラで赤ちゃんをおぶう〔人の一生〕 ……………………………………… 811
タラ延縄船〔生産・生業〕 …………… 385
樽入れをする〔人の一生〕 …………… 823
垂木と梁の結び方〔住〕 ……………… 156
タルササギ〔交通・交易〕 …………… 599
樽詰め〔生産・生業〕 ………………… 452
樽包みの様式〔人の一生〕 …………… 823
樽詰漏斗〔生産・生業〕 ……………… 452
樽の竹籠を嵌める〔生産・生業〕 …… 507
タルビラキ〔人の一生〕 ……………… 823
だるま〔芸能・娯楽〕 ………………… 789
達磨〔芸能・娯楽〕 …………………… 789
ダルマウケ〔生産・生業〕 …………… 385
ダルマ売り〔交通・交易〕 …………… 572
だるま落し〔芸能・娯楽〕 …………… 789
ダルマを焼く〔生産・生業〕 ………… 507
達磨凧〔芸能・娯楽〕 ………………… 789
達磨貯金〔社会生活〕 ………………… 632
たる丸〔生産・生業〕 ………………… 415
樽丸づくり〔生産・生業〕 …………… 415
樽まるつくり〔生産・生業〕 ………… 415
たる丸の出荷作業〔生産・生業〕 …… 415
ダルモンジョケ〔住〕 ………………… 230
たろみ〔生産・生業〕 ………………… 306
タワーサイロ〔生産・生業〕 ………… 437
タワーサイロと牛舎〔生産・生業〕 … 437
タワシ〔食〕 …………………………… 77
束子〔食〕 ……………………………… 77
束子〔生産・生業〕 …………………… 523
束子附鍋墨落シ〔食〕 ………………… 77
束子・刷毛〔食〕 ……………………… 77
たわら〔生産・生業〕 ………………… 306
タワラ（小）〔食〕 …………………… 54
俵編〔生産・生業〕 …………………… 507
俵あみ器〔生産・生業〕 ……………… 507
俵編み機〔生産・生業〕 ……………… 507
俵編機〔生産・生業〕 ………………… 507
俵編機で炭俵を編む〔生産・生業〕 … 507
俵編機で筵を編む〔生産・生業〕 …… 507
俵編み機による俵作り〔生産・生業〕 ……………………………………… 507
俵編み・縄綯い〔生産・生業〕 ……… 507
俵をかつぐ〔交通・交易〕 …………… 599
俵を運ぶ男〔交通・交易〕 …………… 599
俵じめ〔生産・生業〕 ………………… 306
俵締機〔生産・生業〕 ………………… 507
俵締め機による米俵作りと秤量〔生産・生業〕 …………………… 507
俵しめ用手鉤（掻・掛）鎌〔生産・生業〕 …………………………… 306

1046　民俗風俗 図版レファレンス事典（衣食住・生活篇）

## 名称索引

| | | |
|---|---|---|
| 俵つくり〔生産・生業〕 507 | ダンダンゴマ〔芸能・娯楽〕 789 | 千木のある屋根〔住〕 156 |
| 俵作りの工程〔生産・生業〕 507 | 段々畑〔生産・生業〕 306 | ちきり〔生産・生業〕 385 |
| 俵詰め〔生産・生業〕 306 | 段々畑を耕す〔生産・生業〕 306 | チギリ〔生産・生業〕 480 |
| 俵原堂〔信仰〕 757 | 段々畑と水田〔生産・生業〕 306 | チキリに巻いた経糸〔生産・生業〕 480 |
| タワラの中身〔食〕 54 | 団地〔住〕 246 | 蓄音機〔住〕 230 |
| 段崖上の墓〔人の一生〕 840 | 探偵遊び〔芸能・娯楽〕 799 | 蓄音機から流れる歌を聞く子どもたち〔芸能・娯楽〕 799 |
| 段崖の上を開いた野菜畑〔生産・生業〕 306 | ダンノー（蚊よけ）〔生産・生業〕 535 | 畜牛繁昌の守り札〔信仰〕 721 |
| ダンカベの袷長着〔衣〕 13 | 段〔生産・生業〕 306 | 竹材店〔生産・生業〕 507 |
| 弾丸入れ〔生産・生業〕 427 | 段畑と農家〔生産・生業〕 306 | 竹材店〔交通・交易〕 572 |
| 暖気樽〔住〕 230 | 段畑の地割〔生産・生業〕 306 | 畜産市の前祝い〔交通・交易〕 558 |
| 暖気樽〔住〕 452 | 丹波布〔生産・生業〕 480 | 畜産共進会に出品された牛〔生産・生業〕 437 |
| 暖気樽抜き〔生産・生業〕 452 | 丹波の集落〔住〕 156 | 畜産センター〔生産・生業〕 437 |
| 暖気抜き仕舞い〔生産・生業〕 452 | 丹波焼の壺〔住〕 230 | 畜産用粉砕機〔生産・生業〕 437 |
| タンク付機械マッチ〔住〕 230 | 丹波屋 長谷川家本宅〔交通・交易〕 572 | 筑前琵琶〔芸能・娯楽〕 778 |
| タンクで粘土や釉薬の調合をする〔生産・生業〕 507 | ダンプカー型のゴミ収集車から、埋立地に運ぶトラックにゴミを移す〔社会生活〕 650 | 地区総出で行われる河川清掃〔社会生活〕 633 |
| タンクレスの便器〔住〕 199 | 段葺き〔住〕 216 | 千国街道の塩倉〔交通・交易〕 617 |
| たんけい〔住〕 230 | 炭袋〔生産・生業〕 530 | 竹皮を売る〔交通・交易〕 572 |
| 短檠〔住〕 230 | ダンブル（魚倉）いっぱいのスケソウダラ〔生産・生業〕 385 | 竹皮笠〔衣〕 28 |
| 男系を表わす家紋〔社会生活〕 632 | ダンベイケス用の船〔生産・生業〕 385 | 竹皮草履〔衣〕 38 |
| タンゴ〔生産・生業〕 306 | ダンベ船に砂利を移す〔生産・生業〕 527 | 竹壁の牛小屋〔生産・生業〕 437 |
| ダンゴウス〔食〕 77 | 煖房器〔住〕 230 | 千曲タクアン〔食〕 54 |
| 炭鉱の島の建物〔生産・生業〕 527 | 暖房具〔住〕 230 | チグラの赤ん坊〔人の一生〕 811 |
| 炭鉱の住宅〔住〕 156 | 暖房具のいろいろ〔住〕 230 | 畜力中耕機〔生産・生業〕 307 |
| 炭鉱風呂〔住〕 527 | 田んぼに下りる道〔交通・交易〕 545 | 畜力による運搬〔交通・交易〕 600 |
| 団子を墓前に供える〔人の一生〕 840 | 田んぼにたたずむ軽トラック〔生産・生業〕 307 | 畜力による整地〔生産・生業〕 307 |
| ダンゴギネ〔食〕 77 | タンポン〔生産・生業〕 385 | 畜力用作畦培土機〔生産・生業〕 307 |
| 団子コロガシ〔食〕 77 | 反物〔住〕 246 | 畜力用犂（いも犂）〔生産・生業〕 307 |
| 団子汁〔食〕 54 | 反物売り〔交通・交易〕 558 | 畜力用ズリ馬鍬〔生産・生業〕 307 |
| 男根〔信仰〕 712 | 反物を広げて〔交通・交易〕 572 | 畜力用中耕除草機〔生産・生業〕 307 |
| 男根を借りてくる〔信仰〕 712 | 反物を巻く〔衣〕 247 | 畜力用中耕除草機による除草〔生産・生業〕 307 |
| 男根を祀った祠の男根を借りて病んでいる部分にあてる〔信仰〕 712 | 反物の糊を洗いおとす水洗い〔生産・生業〕 480 | 畜力用土入機〔生産・生業〕 307 |
| 男根を祀る〔信仰〕 712 | 反物の蒸し〔生産・生業〕 480 | 畜力用麦打ち機〔生産・生業〕 307 |
| 男根や像〔信仰〕 712 | 反物屋〔交通・交易〕 572 | 畜力用輪転土入機による麦の土入れ作業〔生産・生業〕 307 |
| 段差を付けた板床〔住〕 199 | 単用一段鍬〔生産・生業〕 307 | 畜力用レーキ〔生産・生業〕 307 |
| 短冊型の田〔生産・生業〕 306 | 単用犂・両用犂のうない方〔生産・生業〕 307 | 竹輪ブクリ〔生産・生業〕 307 |
| 短冊苗代〔生産・生業〕 306 | 暖炉〔生産・生業〕 461 | ちげ〔信仰〕 712 |
| 丹沢山で射った鹿を山の神に供えて山のサチを感謝する人びと〔生産・生業〕 427 | | 稚蚕協同飼育のための桑園の共同作業〔生産・生業〕 461 |
| 壇子弟の大師堂（十王堂）〔信仰〕 757 | **【ち】** | 稚蚕飼育の棚と壮蚕飼育の縁台を設置する場所〔生産・生業〕 461 |
| 男子の髪型〔衣〕 46 | | 稚蚕飼育箱〔生産・生業〕 461 |
| 炭車〔生産・生業〕 527 | 小さい入り口を持った土蔵〔住〕 156 | 稚蚕飼育用深箱〔生産・生業〕 461 |
| 男爵芋の畑作業〔生産・生業〕 306 | 小さな猪だとひとりで背負って下山する〔生産・生業〕 427 | 稚蚕の飼育〔生産・生業〕 461 |
| 炭住街〔生産・生業〕 527 | 小さな店〔交通・交易〕 572 | 稚蚕の世話〔生産・生業〕 461 |
| 炭住街の朝の体操〔生産・生業〕 527 | チェプケリ〔衣〕 38 | 稚蚕用糸網〔生産・生業〕 461 |
| 炭住街の子どもたち〔生産・生業〕 527 | チェホロ・カケツ〔信仰〕 712 | 稚蚕用貯桑缶〔生産・生業〕 461 |
| 誕生祝いのごちそう〔食〕 113 | チェーンソーによるエゾマツの伐採〔生産・生業〕 416 | 知事形盆〔食〕 77 |
| 短床犂〔生産・生業〕 306 | 血貝とり〔生産・生業〕 385 | チシナオッ（包んだ遺体）〔人の一生〕 840 |
| 短床犂と各部の名称〔生産・生業〕 306 | 地下駅上のペデストリアンデッキと複合ビル群〔社会生活〕 650 | ちぢみを小川ですすぐ〔生産・生業〕 480 |
| 談笑する男たち〔社会生活〕 633 | 地下水を利用した共同の水洗施設〔住〕 211 | 縮織物の経緯〔生産・生業〕 480 |
| 談笑する老人〔社会生活〕 633 | チカッポ・チコメスユプ〔信仰〕 712 | ちぢみの乾燥〔生産・生業〕 480 |
| 短床の有底犂〔生産・生業〕 306 | 地下鉄車内〔交通・交易〕 545 | ちぢみの雪ざらし〔生産・生業〕 480 |
| 男子用便所とトリ小屋〔住〕 246 | 地下鉄の都営大江戸線の終始駅となる光が丘の工事〔交通・交易〕 545 | 縮踏み〔生産・生業〕 480 |
| 誕生餅〔人の一生〕 815 | 力石〔社会生活〕 661 | 地上の提灯・三宝・かがり火台などが収められている祭具箱の上に祀られるカミサマ〔信仰〕 692 |
| 男女背中合わせの絵馬を奉納して縁の切れることを祈る〔信仰〕 712 | 力綱〔人の一生〕 811 | 縮んだ総糸を石の重しをかけて伸ばす〔生産・生業〕 480 |
| 男女別墓地〔人の一生〕 840 | 力餅〔人の一生〕 815 | チセコロシンヌカムイ〔信仰〕 692 |
| 炭塵にまみれて働く人〔生産・生業〕 527 | チカルカルペ〔衣〕 13 | チセ内部〔住〕 199 |
| たんす〔住〕 230 | 千木〔住〕 156 | チセの小屋組〔住〕 156 |
| 簞笥〔住〕 230 | 千木をおく農家〔住〕 156 | チセの内部〔住〕 199 |
| 簞笥の引手のいろいろ〔住〕 230 | | チセの内部構造図〔住〕 199 |
| 簞笥町あたり？〔社会生活〕 650 | | |
| 丹前姿〔衣〕 13 | | |
| 炭層を切りさく鉱夫〔生産・生業〕 527 | | |
| 炭層から砕き取った石炭をスコップで集める〔生産・生業〕 527 | | |

| | | |
|---|---|---|
| チセ（家）の前に古井戸が残っている〔住〕 211 | チャスケビク〔交通・交易〕 600 | 茶の間〔住〕 199 |
| 馳走〔食〕 54 | ちゃづつ〔食〕 78 | 茶の間にて〔住〕 199 |
| 地葬場（埋葬墓）〔人の一生〕 840 | 茶筒〔食〕 78 | 茶の箕〔生産・生業〕 443 |
| 乳銀杏〔信仰〕 712 | チャゼエロ〔生産・生業〕 442 | 茶葉を計量するカケダイ〔生産・生業〕 443 |
| 父親のイハイののぞいているリュックサックによりかかって眠る子ども〔社会生活〕 633 | 茶席畳の名称〔芸能・娯楽〕 805 | 茶羽織〔衣〕 13 |
| | 茶接待を行った「休み堂」〔信仰〕 757 | 茶畑〔生産・生業〕 443 |
| | 茶接待碑〔信仰〕 757 | 茶畑から摘んだ茶を運ぶドウワ〔生産・生業〕 443 |
| チチガタ（乳形）〔信仰〕 712 | 茶せん〔食〕 116 | |
| 乳祈願〔信仰〕 712 | 茶筌〔食〕 116 | 茶畑と苗取り〔生産・生業〕 443 |
| 乳搾り〔生産・生業〕 437 | 茶筅〔食〕 116 | 茶畑の嵐除護符〔信仰〕 721 |
| 父と子〔247〕 | 茶筅〔芸能・娯楽〕 805 | 茶番表〔信仰〕 758 |
| 乳の病の地蔵様〔信仰〕 692 | 茶筅売〔交通・交易〕 572 | 茶柄杓〔食〕 116 |
| 秩父銘仙の織り場〔生産・生業〕 480 | 茶筅を作る〔生産・生業〕 507 | チャビツの種類〔生産・生業〕 443 |
| 秩父霊場11番・常楽寺〔信仰〕 768 | 茶筅供養之宝塔〔信仰〕 772 | 茶瓶〔食〕 78 |
| 乳揉みさんの看板〔民俗知識〕 665 | 茶筅づくり〔食〕 116 | チャブカシ〔生産・生業〕 443 |
| チチャンコ（花織り）〔衣〕 13 | 茶筅づくりの道具〔食〕 116 | ちゃぶ台〔住〕 230 |
| 千歳飴〔人の一生〕 815 | 茶筅と塩皿〔食〕 116 | チャブダイ〔住〕 230 |
| 血取り〔生産・生業〕 437 | 茶托〔食〕 78 | 卓袱台〔住〕 230 |
| チナ漁〔生産・生業〕 385 | チャーター船に乗せてもらった学校帰りの子どもたち〔交通・交易〕 545 | ちゃぶ台（角形）〔住〕 230 |
| チニヌイペ〔住〕 230 | | ちゃぶ台で子どもの食事〔食〕 113 |
| 血の池地獄、御札をうかべて占う〔民俗知識〕 671 | | チャブ台での食事〔食〕 113 |
| | 茶樽〔食〕 78 | 茶ぶね〔食〕 78 |
| 千葉家住宅〔住〕 156 | ちゃつ〔食〕 78 | チャブルイ〔生産・生業〕 443 |
| 千葉家の床の間と違い棚〔住〕 199 | ちゃつ〔信仰〕 726 | 茶篩〔生産・生業〕 443 |
| チバリで畳表を編む〔生産・生業〕 507 | ちゃつぼ〔食〕 78 | チャブルイの使い方〔生産・生業〕 443 |
| チバリの刈り取り〔生産・生業〕 385 | 茶つぼ〔生産・生業〕 442 | チャペル前でフラワーシャワーの祝福を受ける新郎新婦〔人の一生〕 823 |
| 治病祈願の供物〔信仰〕 712 | 茶壺〔食〕 78, 116 | |
| ちぶくろ〔住〕 230 | 茶壺〔生産・生業〕 442 | |
| ちまき〔食〕 54 | 茶摘み〔生産・生業〕 442 | チャベロ〔生産・生業〕 443 |
| チマキ〔民俗知識〕 671 | 茶摘み衣装〔衣〕 13 | 茶焙炉〔生産・生業〕 443 |
| 粽〔信仰〕 712 | 茶摘女〔生産・生業〕 443 | 茶坊主〔生産・生業〕 443 |
| 鉤曲げ器〔生産・生業〕 507 | 茶摘籠〔生産・生業〕 443 | 茶盆〔食〕 78 |
| 茶入〔食〕 77 | チャツミザル〔生産・生業〕 443 | 茶盆棚〔住〕 199 |
| チャウス〔食〕 77 | 茶摘み鋏〔生産・生業〕 443 | チャボンヤス〔食〕 78 |
| 茶臼〔食〕 77 | 茶摘用かご〔生産・生業〕 443 | チャミ〔生産・生業〕 443 |
| 茶臼（抹茶用）〔生産・生業〕 442 | 茶堂〔信仰〕 757 | 茶蒸器〔生産・生業〕 443 |
| 茶園と家〔住〕 156 | 茶堂裏のお供養様〔信仰〕 757 | 茶むし器とむしせいろ〔生産・生業〕 443 |
| 茶園と茶摘女〔生産・生業〕 442 | 茶どうし〔生産・生業〕 443 | |
| 茶を煎る〔生産・生業〕 442 | 茶堂と観音堂〔信仰〕 757 | チャームスクール〔社会生活〕 633 |
| 茶を買う〔交通・交易〕 572 | 茶堂内のいろり〔信仰〕 757 | 茶揉み〔生産・生業〕 443 |
| 茶を切る剪定鋏〔生産・生業〕 442 | 茶堂における接待風景〔信仰〕 757 | 茶揉み作業〔生産・生業〕 443 |
| 茶おけ〔食〕 115 | 茶堂に掲げる念仏定〔信仰〕 757 | 茶揉みの工程〔生産・生業〕 443 |
| 茶桶〔食〕 115 | 茶堂に祀られている弘法大師坐像〔信仰〕 757 | 茶もみバラ〔生産・生業〕 443 |
| チャオケとチャセン〔食〕 116 | | 茶屋〔交通・交易〕 572 |
| 茶桶と茶筅〔食〕 116 | 茶堂に祀られている弘法大師坐像と薬師如来〔信仰〕 757 | 茶屋町お大師堂〔信仰〕 758 |
| 茶を馳走になる瞽女の一行〔食〕 113 | | 茶屋町お大師堂平面図〔信仰〕 758 |
| 茶を飲みながら歓談する〔食〕 113 | 茶堂に祀られている地蔵菩薩坐像と鰐口〔信仰〕 757 | 茶屋「萬歳樂荘」〔交通・交易〕 572 |
| 茶を飲んで一休み〔食〕 113 | | 茶選籠〔生産・生業〕 443 |
| 茶を運ぶ〔交通・交易〕 600 | 茶堂に祀られている千手観音像と弘法大師坐像〔信仰〕 757 | チャルメラ〔芸能・娯楽〕 778 |
| 茶を揉む〔生産・生業〕 442 | | 哨吶〔芸能・娯楽〕 778 |
| 茶を薬罐の口から直接飲もうとしている少年〔食〕 113 | 茶堂の医王薬師堂〔信仰〕 757 | チャルメラ商売〔交通・交易〕 572 |
| | 茶堂の井戸〔信仰〕 757 | 茶碗〔食〕 116 |
| ちゃがま〔食〕 77 | 茶堂の杭にくくりつけられた牛のくつ〔信仰〕 757 | 茶碗売り〔交通・交易〕 558, 572 |
| 茶釜〔食〕 77, 116 | | 茶碗等のふたをあける〔民俗知識〕 678 |
| 茶釜とスエワ〔食〕 77 | 茶堂の弘法大師坐像〔信仰〕 757 | 茶碗と茶筅〔食〕 116 |
| 茶甕〔生産・生業〕 442 | 茶堂の弘法大師坐像と先祖供養牌〔信仰〕 757 | 茶碗に上薬をつける女〔生産・生業〕 507 |
| 茶粥を炊く〔食〕 104 | | |
| 茶刈り鋏〔生産・生業〕 442 | 茶堂の子安地蔵菩薩坐像〔信仰〕 758 | 茶碗・抹茶・塩・茶筅〔食〕 116 |
| 茶器〔食〕 78 | 茶堂の祭壇〔信仰〕 758 | 茶碗メゴ作り〔生産・生業〕 507 |
| 茶櫃〔食〕 78 | 茶堂の十川鎮めの地蔵〔信仰〕 758 | 茶碗屋〔交通・交易〕 572 |
| 茶切鋏〔生産・生業〕 442 | 茶堂の薬師堂〔信仰〕 758 | チャワンヤス〔食〕 78 |
| 着岸した帰り船〔生産・生業〕 385 | 茶どき〔食〕 113 | チャンチャンコ（米寿祝）〔衣〕 13 |
| 着氷した船上のワイヤーロープ〔生産・生業〕 385 | 茶農家の作業小屋〔生産・生業〕 443 | チャンバラ〔芸能・娯楽〕 799 |
| | 茶の運搬に用いる箕〔生産・生業〕 443 | チューインガムをふくらませる女の子〔113〕 |
| 茶小屋〔生産・生業〕 442 | 茶の加工用蒸器の蒸気発生器〔生産・生業〕 443 | |
| 茶杓〔食〕 78 | | 中陰明け〔人の一生〕 840 |
| 茶杓子〔食〕 78 | 茶の木の実〔食〕 54 | 中央公会堂〔社会生活〕 650 |
| 茶津〔食〕 78 | チャノコ〔食〕 54 | 中央商店街〔交通・交易〕 572 |
| 茶津（木地製品）〔食〕 78 | 茶の小売り〔食〕 116 | 厨芥容器〔社会生活〕 650 |
| | 茶の小箕〔生産・生業〕 443 | |

## 名称索引

中学卒業〔社会生活〕 … 643
チュウガタ〔衣〕 … 28
中型ゴリドのソデ網およびフクロ口の展開図〔生産・生業〕 … 385
中学校新築地における地固め〔生産・生業〕 … 523
チュウギ〔住〕 … 230
中牛馬会社の看板〔交通・交易〕 … 613
中牛馬会社の資料〔交通・交易〕 … 613
中鍬〔生産・生業〕 … 307
中耕機〔生産・生業〕 … 307
中耕鍬〔生産・生業〕 … 307
中耕除草機〔生産・生業〕 … 307
中耕培土器〔生産・生業〕 … 307
中耕用鍬〔生産・生業〕 … 307
中国地方の農家の代表的な平面形式〔住〕 … 156
忠魂碑〔社会生活〕 … 656
忠魂碑と戦死者の墓碑〔社会生活〕 … 656
忠七めし〔交通・交易〕 … 572
駐車スペースになった牛小屋〔住〕 … 247
中床犂〔生産・生業〕 … 307
昼食〔食〕 … 114
昼食を背にして野良へ行く〔交通・交易〕 … 600
中心街〔社会生活〕 … 650
鋳造道具一式〔生産・生業〕 … 507
鋳鉄製の火消壺〔住〕 … 230
仲南の山脇庵〔信仰〕 … 758
中年婦人のコート〔衣〕 … 13
中馬追い〔交通・交易〕 … 613
中馬追いをした家〔住〕 … 156
中馬追いをした家の平面図〔住〕 … 156
中馬追いの家〔住〕 … 156
中馬追いの姿〔交通・交易〕 … 613
中馬追いの馬子と荷馬のしたく〔交通・交易〕 … 613
中馬官許の札〔交通・交易〕 … 613
中馬鑑札〔交通・交易〕 … 613
中馬行列〔交通・交易〕 … 613
中馬時代の服装〔衣〕 … 13
中馬の鞍〔交通・交易〕 … 613
中馬のしたく〔交通・交易〕 … 613
中馬の道中(宰領1人で数頭を曳く)〔交通・交易〕 … 613
中馬の装い〔交通・交易〕 … 613
中馬札〔交通・交易〕 … 613
中馬道〔交通・交易〕 … 613
中馬道の道標〔交通・交易〕 … 613
中馬文書〔交通・交易〕 … 613
中馬宿〔交通・交易〕 … 613
中馬宿の現況〔交通・交易〕 … 613
中馬宿の間取図〔交通・交易〕 … 613
中門づくり〔住〕 … 156
中門造〔住〕 … 156
中門造り〔住〕 … 156
中門造り二階建の農家〔住〕 … 156
中門造りの家〔住〕 … 156
中門造りの農家〔住〕 … 156
中門造りの民家〔住〕 … 156
中門造り民家〔住〕 … 156
中門扉〔住〕 … 156
忠霊塔〔社会生活〕 … 656
注連を張った味噌部屋〔住〕 … 199
中老連中の集会〔社会生活〕 … 633
チューダースタイルを模した住宅〔住〕 … 156
チョウアシゼン(蝶足膳)〔食〕 … 78
蝶足膳〔食〕 … 78

鳥海神社にささげられた塩〔信仰〕 … 712
鳥害防止の網がかけられたコッキビ〔生産・生業〕 … 307
蝶形結びの帯〔衣〕 … 47
潮間帯での突き刺し漁〔生産・生業〕 … 385
釣漁〔生産・生業〕 … 385
長距離輸送のトラック〔交通・交易〕 … 545
長谷寺の仏壇〔信仰〕 … 758
鳥坂の地蔵堂〔信仰〕 … 758
長作堂〔信仰〕 … 758
チョウサミ〔生産・生業〕 … 307
チョウシ〔食〕 … 78
弔辞〔人の一生〕 … 840
銚子〔食〕 … 78
銚子から来た漁船〔生産・生業〕 … 385
丁子麩の辛子和え〔食〕 … 55
鳥獣供養塔〔民俗知識〕 … 676
鳥獣供養碑〔民俗知識〕 … 676
長州風呂〔住〕 … 199
長寿の人の手形やその人の署名のある飯杓子〔民俗知識〕 … 671
長床犂〔生産・生業〕 … 307
手水桶〔住〕 … 230
チョウズダライ〔住〕 … 230
調製献上〔信仰〕 … 726
朝鮮型のショイコで肥料を運ぶ〔交通・交易〕 … 600
朝鮮犂〔生産・生業〕 … 307
朝鮮人参を洗う〔民俗知識〕 … 666
蝶凧〔芸能・娯楽〕 … 789
長太郎焼〔生産・生業〕 … 507
ちょうちん(真砂ろくろ師)〔生産・生業〕 … 507
チョウチン(提灯)〔住〕 … 230
提燈〔住〕 … 230
提燈を作る〔生産・生業〕 … 507
提灯型の構造〔生産・生業〕 … 508
提灯製造に用いる諸工具〔生産・生業〕 … 508
提灯の各種形態〔住〕 … 230
提灯箱〔住〕 … 230
提燈屋〔生産・生業〕 … 508
長底犂〔生産・生業〕 … 307
長胴鉄留め大太鼓〔芸能・娯楽〕 … 778
ちょうな〔生産・生業〕 … 416
チョウナ〔生産・生業〕 … 508
町内会掲示板〔社会生活〕 … 633
町内の消毒〔社会生活〕 … 633
町内の人が演じる芝居〔芸能・娯楽〕 … 778
長男出生のときにタコをあげる〔人の一生〕 … 815
長ノミ〔生産・生業〕 … 385
帳場〔交通・交易〕 … 572
帳箱〔住〕 … 231
帳場格子〔住〕 … 231
帳場格子〔交通・交易〕 … 573
帳場机〔交通・交易〕 … 573
帳場道具〔交通・交易〕 … 573
長ハンボ〔食〕 … 78
長福寺観音堂〔信仰〕 … 758
長方形の飯台を囲み夕食をとる家族〔食〕 … 114
調味料〔食〕 … 55
帳面〔交通・交易〕 … 573
帳元の家にある箱〔社会生活〕 … 622
庁屋〔社会生活〕 … 633
調理〔食〕 … 104

調理器具(昭和時代)〔食〕 … 78
調理具セット(明治時代)〔食〕 … 78
調理用鋏〔食〕 … 78
ちよか〔生産・生業〕 … 508
チョカ〔食〕 … 78
直幹法による苗の植え方〔生産・生業〕 … 307
直線の交差する柱と壁に対し屋根の丸石が民家のやさしさを生む〔住〕 … 156
貯水漕〔住〕 … 247
貯水槽のタタキ〔住〕 … 247
猪窓〔住〕 … 156
貯蔵穴〔生産・生業〕 … 535
貯蔵カゴ〔生産・生業〕 … 307
貯蔵納屋〔住〕 … 157
貯蔵用魚の処理〔食〕 … 104
猪胆〔民俗知識〕 … 665
チョーチンビク〔生産・生業〕 … 307
チョットスキ〔生産・生業〕 … 385
チョーナ〔生産・生業〕 … 416
ちょーはんめんつ〔食〕 … 78
ちょぼいち〔芸能・娯楽〕 … 800
貯木場〔生産・生業〕 … 416
チョロ船〔生産・生業〕 … 385
チョンカケ〔芸能・娯楽〕 … 789
チョンダの入口〔住〕 … 157
チョンダの内部〔住〕 … 199
チョンベイ〔芸能・娯楽〕 … 789
塵籠〔住〕 … 231
塵取り〔住〕 … 231
塵箱〔社会生活〕 … 650
治療〔住〕 … 247
チリレンゲで食べる牛鍋〔食〕 … 114
チリン・チリンの風景〔社会生活〕 … 650
衣〔衣〕 … 13
ちんかご〔生産・生業〕 … 385
鎮火祭の御串〔信仰〕 … 726
沈金〔生産・生業〕 … 508
チンゴ〔生産・生業〕 … 480
ちんこ遊び〔芸能・娯楽〕 … 800
チンゴ作り〔生産・生業〕 … 480
ちんこまんこ〔芸能・娯楽〕 … 800
陳上団〔社会生活〕 … 661
鎮西八郎為朝画像(紅絵)のマジナイのお札〔民俗知識〕 … 671
青島港と港に面した家並み〔生産・生業〕 … 385
ちんちよう〔交通・交易〕 … 600
沈殿した砂鉄を集める〔生産・生業〕 … 527
衣の着付〔衣〕 … 13
君南風〔信仰〕 … 737
チンポカゴ〔交通・交易〕 … 600

## 【つ】

衝重(丸三方)〔食〕 … 79
築地塀〔住〕 … 157
築地塀で囲まれた広大な旧家の邸〔住〕 … 157
築地松〔住〕 … 157
築地松を背景に築山や樹木で庭園を構成する南側〔住〕 … 157
築地松と屋敷〔住〕 … 157
築地松に守られた反り棟造りの民家〔住〕 … 157

| 名称 | 分類 | 頁 |
|---|---|---|
| 築地松の北に屋敷神としての荒神を祀り精神的にも強固な守りになっている〔信仰〕 | | 692 |
| 築地松の屏風〔住〕 | | 157 |
| 堆朱盆〔食〕 | | 79 |
| ついたて〔住〕 | | 231 |
| 衝立〔住〕 | | 231 |
| 衝立〔障子〕〔住〕 | | 231 |
| 衝立式の衣桁〔住〕 | | 231 |
| 追肥〔生産・生業〕 | | 307 |
| 通過儀礼の際の穀類の精白・製粉〔人の一生〕 | | 818 |
| 通学〔社会生活〕 | | 643 |
| 通学路〔社会生活〕 | | 643 |
| 通詞島と天草下島を結んでいた渡し舟〔交通・交易〕 | | 545 |
| 通潤橋〔交通・交易〕 | | 545 |
| 通天閣〔社会生活〕 | | 650 |
| 通風筒〔住〕 | | 231 |
| 通槙の弘法堂〔信仰〕 | | 758 |
| 津梅の観音様〔信仰〕 | | 758 |
| 通路と庭〔住〕 | | 157 |
| ツエ（杖）〔住〕 | | 231 |
| 杖をもつ塞神信仰〔信仰〕 | | 692 |
| 杖・幟・花籠〔人の一生〕 | | 840 |
| つかご〔生産・生業〕 | | 385 |
| ツカサ〔信仰〕 | | 737 |
| 司の参拝〔信仰〕 | | 737 |
| 摑み〔生産・生業〕 | | 508 |
| 津軽地方の庭〔住〕 | | 157 |
| 津軽の男〔交通・交易〕 | | 600 |
| 津軽の河童（シッコサマ）〔信仰〕 | | 692 |
| 津軽の漁村〔生産・生業〕 | | 385 |
| 津軽の屋なみ〔住〕 | | 157 |
| 突上げ二階〔住〕 | | 157 |
| 築磯活動〔生産・生業〕 | | 385 |
| 搗き臼〔食〕 | | 79 |
| 搗き臼と杵〔食〕 | | 79 |
| ツキゴミ・ツッコミ〔生産・生業〕 | | 385 |
| 月小屋〔人の一生〕 | | 811 |
| ツキザオ〔生産・生業〕 | | 385 |
| 築地市場でのマグロのセリ〔交通・交易〕 | | 558 |
| ツキトウミ〔生産・生業〕 | | 307 |
| 突ノミ〔生産・生業〕 | | 523 |
| 突撃〔生産・生業〕 | | 508 |
| 月の輪〔生産・生業〕 | | 452 |
| 継接の着物〔住〕 | | 231 |
| ツキフネ〔生産・生業〕 | | 307 |
| ツキボウ〔生産・生業〕 | | 308 |
| ツキ棒〔生産・生業〕 | | 308 |
| 搗物をする女達〔生産・生業〕 | | 308 |
| 憑きものの呼称による分布〔民俗知識〕 | | 678 |
| つきやすり〔生産・生業〕 | | 416 |
| ツキヤ（バッタリ）〔生産・生業〕 | | 308 |
| 突き漁〔生産・生業〕 | | 385 |
| 搗輪〔生産・生業〕 | | 308, 452 |
| 突きん棒船と網船〔生産・生業〕 | | 385 |
| 突きん棒の漁船〔生産・生業〕 | | 385 |
| 突きん棒の船〔生産・生業〕 | | 385 |
| ツキンボ（突き棒）〔生産・生業〕 | | 386 |
| ツク〔生産・生業〕 | | 308 |
| つくし〔生産・生業〕 | | 480 |
| ツクシの佃煮〔交通・交易〕 | | 55 |
| ツクシのハカマ取り〔食〕 | | 104 |
| 佃島の渡船場で渡船を待つ人〔交通・交易〕 | | 546 |
| 佃島の路地〔社会生活〕 | | 650 |
| 佃煮の小松屋〔交通・交易〕 | | 573 |
| 佃煮の職人がアジの開きを天日に干す〔食〕 | | 104 |
| 佃の渡し〔交通・交易〕 | | 546 |
| 作ったクダの太さをはかる〔生産・生業〕 | | 480 |
| 作手凧〔芸能・娯楽〕 | | 789 |
| 筑波山ケーブルカー〔交通・交易〕 | | 546 |
| つくばね〔食〕 | | 55 |
| ツグミ猟を終えて〔生産・生業〕 | | 427 |
| ツクライ場〔生産・生業〕 | | 437 |
| ツクライバリ〔生産・生業〕 | | 437 |
| ツクライバリの持ち方〔生産・生業〕 | | 437 |
| ツグラ（指物）〔人の一生〕 | | 811 |
| ツグラ・立ちツグラ〔人の一生〕 | | 811 |
| ツグラに入った赤ちゃん〔人の一生〕 | | 811 |
| ツグラの男の子〔人の一生〕 | | 811 |
| ツクリコミ〔生産・生業〕 | | 308 |
| 造り酒屋〔交通・交易〕 | | 573 |
| 造り付けの棚〔住〕 | | 199 |
| 繕い〔住〕 | | 247 |
| つくろいもの〔住〕 | | 247 |
| つけがね〔衣〕 | | 46 |
| つけ木〔住〕 | | 231 |
| ツケギ〔住〕 | | 231 |
| 付木〔住〕 | | 231 |
| 附木絵馬〔信仰〕 | | 712 |
| 附木削り鉋台〔住〕 | | 231 |
| 附木さし〔住〕 | | 231 |
| 附木たて〔住〕 | | 231 |
| つげ櫛〔衣〕 | | 46 |
| 漬米かすり〔生産・生業〕 | | 452 |
| ツケシバ〔生産・生業〕 | | 386 |
| 付書院〔住〕 | | 199 |
| 付書院を備えた床の間〔住〕 | | 199 |
| ツケナを洗う〔食〕 | | 104 |
| 漬け菜の作業〔食〕 | | 104 |
| 漬菜干し〔食〕 | | 104 |
| 付紐エンマ像〔信仰〕 | | 692 |
| 漬物桶〔食〕 | | 104 |
| 漬け物桶健在(植木鉢として再利用)〔住〕 | | 231 |
| 漬物小屋〔住〕 | | 157 |
| 漬物づくり〔食〕 | | 104 |
| 漬物樽〔食〕 | | 79 |
| 漬物にする野沢菜洗い〔食〕 | | 104 |
| 漬物の漬かり具合を見る〔食〕 | | 104 |
| 漬物用大根を売る〔交通・交易〕 | | 573 |
| 漬物用の大根を干す〔食〕 | | 104 |
| 突サデ〔生産・生業〕 | | 386 |
| 辻〔交通・交易〕 | | 546 |
| 辻井戸〔住〕 | | 212 |
| 辻占の鳴子〔民俗知識〕 | | 671 |
| 辻占の版木〔民俗知識〕 | | 671 |
| ツジギリ〔民俗知識〕 | | 671 |
| 辻切り〔民俗知識〕 | | 671 |
| ツジギリの大蛇〔民俗知識〕 | | 671 |
| 辻講釈〔芸能・娯楽〕 | | 778 |
| ツジサン〔信仰〕 | | 692 |
| 辻堂〔信仰〕 | | 758 |
| 辻堂付近の地蔵〔信仰〕 | | 692 |
| 辻の供養塔〔信仰〕 | | 772 |
| 辻の地蔵尊〔信仰〕 | | 692 |
| 辻の地蔵と百万遍碑〔信仰〕 | | 692 |
| 辻の堂〔信仰〕 | | 758 |
| 辻の札〔民俗知識〕 | | 671 |
| 辻兵呉服店あたり〔社会生活〕 | | 650 |
| 『對馬沿岸釣漁譚全』の釣鉤図〔生産・生業〕 | | 508 |
| 対馬旧士族の民家〔住〕 | | 157 |
| 対馬市椎根の集落〔住〕 | | 157 |
| 対馬の海女〔人の一生〕 | | 386 |
| 対馬の馬〔交通・交易〕 | | 600 |
| 対馬の"材木船"〔生産・生業〕 | | 386 |
| 対馬の地舟〔交通・交易〕 | | 546 |
| 対馬の仏壇〔人の一生〕 | | 840 |
| 対馬のヨマ（隠居室）〔住〕 | | 199 |
| 対馬藩専用ガンギ〔交通・交易〕 | | 546 |
| ツジメシ〔人の一生〕 | | 840 |
| ツヅ〔生産・生業〕 | | 386 |
| 豆酘港〔生産・生業〕 | | 386 |
| ツヅラ〔住〕 | | 231 |
| 葛籠〔住〕 | | 231 |
| 葛籠堂〔信仰〕 | | 758 |
| つづらめご〔交通・交易〕 | | 600 |
| 葛籠屋〔生産・生業〕 | | 508 |
| 綴り方を書く児童〔社会生活〕 | | 643 |
| つづれ〔衣〕 | | 13 |
| 蔓にさげた紙絵馬〔信仰〕 | | 726 |
| 槌〔生産・生業〕 | | 308, 480 |
| 槌（土砕用）〔生産・生業〕 | | 308 |
| 土入れ〔生産・生業〕 | | 308 |
| 土入機〔生産・生業〕 | | 308 |
| 土臼〔生産・生業〕 | | 308 |
| ツチ打ちの儀〔生産・生業〕 | | 523 |
| 土浦市川口から立田町〔社会生活〕 | | 650 |
| 土を手でほぐす〔生産・生業〕 | | 308 |
| 土を練る〔生産・生業〕 | | 508 |
| 土壁上部の折置組〔住〕 | | 157 |
| 土壁の蔵とトタン屋根を被せた母屋〔住〕 | | 157 |
| 土鍋子〔食〕 | | 79 |
| 土捏ね〔生産・生業〕 | | 523 |
| 土崎港〔生産・生業〕 | | 386 |
| 土摺臼〔食〕 | | 79 |
| 土摺臼と木摺臼〔生産・生業〕 | | 308 |
| 土そり〔交通・交易〕 | | 600 |
| 土橇〔交通・交易〕 | | 600 |
| 土田家〔住〕 | | 157 |
| 土田酒造店〔交通・交易〕 | | 573 |
| 土に埋めて再び祝詞奏上〔人の一生〕 | | 840 |
| 土に埋める前の祝詞奏上〔人の一生〕 | | 840 |
| 土運び〔交通・交易〕 | | 600 |
| ツチハダケ〔生産・生業〕 | | 308 |
| ツチメゴ〔生産・生業〕 | | 508 |
| ツチモチオイコ〔生産・生業〕 | | 308 |
| 土舂〔交通・交易〕 | | 600 |
| つちろく〔生産・生業〕 | | 308 |
| ツチンボー〔生産・生業〕 | | 508 |
| つちんぼう〔生産・生業〕 | | 308 |
| ツツ〔生産・生業〕 | | 508 |
| 筒井神社の神符〔信仰〕 | | 721 |
| 筒描き〔生産・生業〕 | | 480 |
| ツッカケ〔衣〕 | | 38 |
| 筒下駄〔衣〕 | | 38 |
| ツツソデ〔衣〕 | | 13 |
| 筒袖〔衣〕 | | 13 |
| 鼓（つつみ）〔芸能・娯楽〕 | | 778 |
| 堤焼のくどと五徳〔住〕 | | 231 |
| ツツリ〔衣〕 | | 13 |
| つと〔生産・生業〕 | | 446 |
| ツト〔信仰〕 | | 712 |
| ツトッコミョウジン〔信仰〕 | | 692 |
| ツトとダオゾウ〔人の一生〕 | | 823 |
| ツト宮〔人の一生〕 | | 692 |
| 綱植え〔生産・生業〕 | | 308 |
| つな打ち器〔生産・生業〕 | | 508 |

## 名称索引　　てあら

ツナツリ〔民俗知識〕 671
ツナヌキ〔衣〕 38
綱貫〔衣〕 38
ツナビキロクロ（綱挽き轆轤）〔生産・生業〕 508
常政の庵〔信仰〕 758
つのいか〔生産・生業〕 386
ツノ糸巻〔生産・生業〕 480
ツノカクシ〔衣〕 28
角かくし〔衣〕 28
角隠し〔衣〕 28
つのざお〔生産・生業〕 386
つのさかずき〔食〕 79
角大師の護符〔信仰〕 721
角大師の版木〔信仰〕 721
角大師・豆大師御符〔信仰〕 721
角盥〔住〕 46
ツノダル〔食〕 79
角樽〔食〕 79
角樽一対〔人の一生〕 823
つのぬき〔交通・交易〕 600
つの箱〔生産・生業〕 386
ツノムスビ長草履〔衣〕 38
つのや〔住〕 157
角屋造りの民家〔住〕 157
椿油用に実の収穫をする老夫婦〔生産・生業〕 308
椿のトンネル〔交通・交易〕 546
椿の並木〔交通・交易〕 617
ツバキの実を採取する〔生産・生業〕 532
鍔ノミ〔生産・生業〕 523
椿山集落〔住〕 157
津原川の洗い場〔住〕 212
ツブシシマダ〔衣〕 46
ツベルクリンの注射を受ける男の子〔社会生活〕 643
つぼ（さとうきび用）〔生産・生業〕 535
つぼ（すくも入れ）〔生産・生業〕 480
壺〔食〕 79
ツボ網〔生産・生業〕 386
ツボ網（タル網）にはいった魚を網ですくい漁船に移す漁師〔生産・生業〕 386
壺かづき地蔵堂〔信仰〕 758
坪雉〔生産・生業〕 523
壺笊〔交通・交易〕 600
坪杓子〔食〕 79
ツボ杓子の出来るまで〔生産・生業〕 508
つぼ（染屋焼）〔食〕 79
つぼ（丹波焼）〔食〕 79
壺作り〔生産・生業〕 508
壺屋〔生産・生業〕 508
壺屋の窯〔生産・生業〕 508
壺屋の窯風景と上り窯〔生産・生業〕 508
壺屋の通り〔交通・交易〕 573
妻入枕〔住〕 157
妻入商家〔住〕 157
妻入商家と蔵〔住〕 157
妻入りと平入りの町家が混在する中心部の町並み〔住〕 157
妻入りの家〔住〕 157
妻入りの家が並ぶ〔住〕 157
妻入りの建物が並ぶ上ノ町〔住〕 157
妻入りの農家〔住〕 158
妻入りの町家〔住〕 158
妻入りの民家〔住〕 158
妻入民家の並ぶ道〔住〕 158

爪掛〔衣〕 38
妻が漕ぎ夫が魚を突く〔生産・生業〕 386
妻飾〔住〕 158
妻かぶと〔住〕 158
つまご〔生産・生業〕 452
ツマゴ〔衣〕 38
つまご草履〔衣〕 38
つまご草鞋〔衣〕 38
ツマゴワラジ〔衣〕 38
妻床〔住〕 158
ツマミ菜の採取〔生産・生業〕 308
積まれた柴木〔住〕 247
積み上げた薪〔住〕 247
積み上げられたカキ殻〔生産・生業〕 386
積み石工法の石倉〔住〕 158
摘田〔生産・生業〕 308
摘田の稲刈り〔生産・生業〕 308
つみだる〔交通・交易〕 617
つみ取った穂ヒエをトラに入れて家に運ぶ〔生産・生業〕 308
ツム〔生産・生業〕 480
ツム板〔住〕 158
つむぎ〔生産・生業〕 480
紬帯〔衣〕 47
ツムギグルマ〔生産・生業〕 480
紡ぎ車〔生産・生業〕 481
ツムつくり〔生産・生業〕 481
ツムとテシロとツムジダイ〔生産・生業〕 481
ツムノキ・クダ・ツムを入れる竹筒など〔生産・生業〕 481
ツム（紡錘）〔生産・生業〕 481
詰襟の学生服を着た坊主頭の高校生たちが外で椅子に座って話を聞いている〔社会生活〕 643
つめ切り鎌〔生産・生業〕 437
つめ切りなた〔生産・生業〕 437
爪切りほうちょう〔交通・交易〕 613
詰めごも〔生産・生業〕 308
ツメジン〔生産・生業〕 481
ツメで葉を摘む方法〔生産・生業〕 461
つめの掃除具〔生産・生業〕 437
つめ棒〔食〕 79
ツモンゴジョリ〔衣〕 38
通夜〔人の一生〕 840
通夜の準備〔人の一生〕 841
ツユオソイ〔人の一生〕 841
ツーリ〔衣〕 13
吊り上げシトミ戸とはね上げ大戸〔住〕 158
ツリアゼ（用水用）〔生産・生業〕 308
釣衣桁〔住〕 231
釣り糸を垂れる太公望〔芸能・娯楽〕 805
ツリオケ〔住〕 212
釣りをする人〔芸能・娯楽〕 805
釣りをする人を木橋の上から眺める人〔芸能・娯楽〕 805
釣鈎〔生産・生業〕 386
釣鉤〔生産・生業〕 386
つりかばんを肩からさげる小学生〔社会生活〕 643
吊り鞄で通学する小学生〔社会生活〕 643
つりかん〔生産・生業〕 416
吊看板〔交通・交易〕 573
釣り籤〔民俗知識〕 671
釣具店〔交通・交易〕 573
釣具類〔生産・生業〕 386

釣竿〔生産・生業〕 386
釣台〔人の一生〕 823
ツリとハネツルベ〔住〕 212
吊二階〔住〕 199
つり橋〔交通・交易〕 546
吊橋〔交通・交易〕 546
吊橋のヤグラ〔交通・交易〕 546
つりばり〔生産・生業〕 386
ツリバリ（釣針）〔生産・生業〕 386
釣針碑〔信仰〕 772
釣り船の様々な道具〔生産・生業〕 386
つり船の装備〔生産・生業〕 386
釣船の群〔生産・生業〕 386
吊り干しされる甘藷ナマ切干し〔食〕 104
釣屋形式と台所中門〔住〕 158
つりらんぷ〔住〕 231
吊りランプ〔住〕 231
吊ランプの図〔住〕 231
ツル〔生産・生業〕 416
鶴〔信仰〕 712
釣井の阿弥陀堂〔信仰〕 758
弦掛鋸〔生産・生業〕 508
敦賀の民家〔住〕 158
つるがま〔生産・生業〕 416
ツルカンジキ〔衣〕 38
弦越しのタブー〔食〕 114
吊し桶〔社会生活〕 633
吊し柿〔食〕 104
吊し味噌〔食〕 105
つる付きの釜〔食〕 79
ツルの先端の鉄〔生産・生業〕 535
つるはし〔生産・生業〕 308
釣瓶〔住〕 212
釣瓶〔生産・生業〕 452
釣瓶井戸〔住〕 212
つるべ井戸の水をくむ〔住〕 212
釣瓶井戸の水を汲んだ桶を横にして水を飲んでいる少女〔住〕 212
釣瓶桶〔住〕 212
つるべ，滑車〔住〕 212
ツルベ用滑車〔住〕 212
鶴松梅文柄鏡〔住〕 231
鶴村仲間穀貸付帳〔社会生活〕 633
津和野町・旧家が残る中心街〔社会生活〕 650
ツワブキ新茎の佃煮〔食〕 55
摘んだ桑の共同飼育所への運搬〔生産・生業〕 461
摘んだ茶を釜で炒める〔生産・生業〕 443
摘んだ紅花の花弁をついてどろどろにして固め，蓆の上にほす〔生産・生業〕 481
ツンブリ〔生産・生業〕 309
突ン棒〔生産・生業〕 386

## 【て】

テ〔生産・生業〕 444
手足堂〔信仰〕 713
手足の祈願〔信仰〕 713
手畔〔生産・生業〕 309
テアゼ作り〔生産・生業〕 309
テ網辺縁の編成例〔生産・生業〕 386
てあらいおけ〔住〕 231
手洗い米研ぎ〔生産・生業〕 452
手洗い米研ぎ準備〔生産・生業〕 452

| | | |
|---|---|---|
| 手洗水溜桶〔生産・生業〕……… 452 | 手押水田除草機〔生産・生業〕……… 309 | 手さげ桶〔住〕……………………… 232 |
| 手洗水溜桶蓋〔生産・生業〕……… 452 | 手押しの稲刈り機による稲刈り〔生産・生業〕……………………… 309 | 手提籠〔交通・交易〕……………… 600 |
| 手行灯〔住〕………………………… 231 | 手押し噴霧機〔生産・生業〕……… 309 | 手提行李〔交通・交易〕…………… 600 |
| 定期観光バスリーフレット〔交通・交易〕…………………………… 581 | 手押しポンプ〔住〕………………… 212 | 手提柳行李〔交通・交易〕………… 600 |
| 定期券を持った行商のおばさんと晴れ着姿の婦人〔交通・交易〕… 573 | 手押しポンプの井戸〔住〕………… 212 | テサシ〔衣〕………………………… 43 |
| 定期診断の日、姑が孫を連れてきて診断を受けている〔人の一生〕… 811 | 手押しポンプの井戸とコンクリートの流し〔住〕……………… 212 | テサジ〔衣〕………………………… 43 |
| 定期船〔交通・交易〕……………… 546 | 手押しポンプの共同井戸〔住〕…… 212 | テジカラ（渇鍬）〔生産・生業〕… 387 |
| 定期連絡船〔交通・交易〕………… 546 | 手を取り合って別れを惜しむ母と娘〔人の一生〕……………… 823 | デジシトリ配置図〔生産・生業〕… 427 |
| T家の間取り〔住〕………………… 158 | ておの〔生産・生業〕……………… 416 | テシマ〔衣〕………………………… 38 |
| 帝国ホテル〔交通・交易〕………… 581 | 手斧〔生産・生業〕……… 416, 523 | 手島と広島を結ぶ船〔交通・交易〕… 546 |
| D51機関車〔交通・交易〕……… 546 | 手織りの木綿縞で仕立てた着物〔衣〕………………………… 13 | てしょく〔住〕……………………… 232 |
| 貞操帯（アイヌの守り帯）〔民俗知識〕……………………… 678 | 手織機の構造〔生産・生業〕……… 481 | 手燭〔住〕…………………………… 232 |
| 泥染め〔生産・生業〕……………… 481 | 手織木綿〔生産・生業〕…………… 481 | テシロ〔生産・生業〕……………… 387 |
| テイタガミ〔生産・生業〕………… 481 | テカ〔生産・生業〕………………… 427 | 手代木〔生産・生業〕……………… 481 |
| 手板法〔生産・生業〕……………… 481 | 手鍬〔生産・生業〕………………… 309 | テシロとツム台〔生産・生業〕…… 481 |
| 定置網 大謀漁業〔生産・生業〕… 386 | 手鏡〔住〕…………………………… 232 | 手づかみで食うインドふう食事〔食〕………………………… 114 |
| 定置網を引き揚げる〔生産・生業〕… 386 | 手カギ〔交通・交易〕……………… 600 | テスキ〔生産・生業〕……………… 309 |
| 定置網を引きあげる漁師たち〔生産・生業〕……………………… 386 | 出かける準備（人形まわし）〔芸能・娯楽〕………………… 778 | 手すき和紙〔生産・生業〕………… 508 |
| 定置網漁〔生産・生業〕…………… 386 | 手籠〔生産・生業〕………………… 309 | 出作り小屋〔住〕…………………… 158 |
| 定置網漁の番屋〔生産・生業〕…… 387 | 手籠〔交通・交易〕………………… 600 | 出作り小屋での乾燥〔生産・生業〕… 309 |
| 定置漁業（八郎湖）えりやな類 ケナ〔生産・生業〕……………… 387 | 手籠でサザエを運ぶ少女〔交通・交易〕……………………… 600 | 出作り小屋の間取り〔住〕………… 158 |
| 定置漁業（八郎湖）えりやな類 ハッキリ〔生産・生業〕……… 387 | 手籠にヒロッコ（野蒜）を入れて帰る子どもたち〔生産・生業〕… 532 | 出作り先の家〔住〕………………… 158 |
| 定置漁場位置見取り図〔生産・生業〕……………………… 387 | 出稼ぎ〔社会生活〕………………… 633 | 出作り先の家へ行く〔生産・生業〕… 461 |
| 定置モッパ布設例〔生産・生業〕… 387 | 出かせぎから帰る村娘たち〔社会生活〕………………………… 633 | 出作りの家〔住〕…………………… 158 |
| 蹄鉄〔生産・生業〕………………… 437 | 出稼ぎ漁のための長屋〔住〕……… 158 | 出作り農家の夕食〔食〕…………… 114 |
| 蹄鉄工（金靴屋）の仕事場〔生産・生業〕……………………… 437 | 出稼ぎ漁の長屋〔住〕……………… 158 | 手作りの紙の面を並べた店〔交通・交易〕…………………… 573 |
| 蹄鉄の絵馬〔信仰〕………………… 713 | 手形〔信仰〕………………………… 713 | 出作りの地〔生産・生業〕………… 461 |
| 蹄鉄の装鉄用具〔生産・生業〕…… 437 | 手形・足形の奉納〔信仰〕………… 713 | 手作りの帆船模型を川に浮かべる〔芸能・娯楽〕……………… 800 |
| 蹄鉄屋〔生産・生業〕……………… 437 | 手形と子供の名〔民俗知識〕……… 671 | 出作りの村〔生産・生業〕………… 461 |
| 泥肥〔生産・生業〕………………… 309 | 手形庖丁〔生産・生業〕…………… 387 | テヅラ〔生産・生業〕……………… 309 |
| 提瓶〔信仰〕………………………… 726 | 手鎌〔生産・生業〕………………… 309 | 手摺り櫂〔生産・生業〕…………… 452 |
| 出入口に入る障子戸〔住〕………… 199 | 手鎌による土手の草刈り〔生産・生業〕……………………… 535 | テスリツム〔生産・生業〕………… 481 |
| 出入り口に貼られたさまざまな札〔信仰〕………………… 721 | 手紙を書く〔住〕…………………… 247 | 手製キゴロス〔芸能・娯楽〕……… 790 |
| 出入り口の切妻庇と縁庇〔住〕…… 158 | 手紙を書く〔社会生活〕…………… 643 | 手製の帆掛船を持つ子ども達〔芸能・娯楽〕………………… 800 |
| 出入口の屋根に置かれた鍾馗〔民俗知識〕……………………… 671 | 手刈りの稲刈り〔生産・生業〕…… 309 | 手ぞりで山から材木を運び出す〔生産・生業〕……………… 416 |
| 出入り口付近に便所を設けた例〔住〕……………………… 199 | 手がんづめ〔生産・生業〕………… 309 | 出立ち〔人の一生〕………………… 841 |
| 停留所〔交通・交易〕……………… 546 | テキ（真鍮製滑車）〔芸能・娯楽〕… 789 | 出立ちと葬列〔人の一生〕………… 841 |
| ティル〔生産・生業〕……………… 309 | 摘桑篭〔生産・生業〕……………… 461 | デタチとその裁方〔衣〕…………… 13 |
| ティルで運ぶ〔交通・交易〕……… 600 | 手杵〔食〕…………………………… 79 | テツアミ〔住〕……………………… 232 |
| ディールばかり〔交通・交易〕…… 584 | 手杵〔生産・生業〕………………… 309 | 鉄行灯〔住〕………………………… 232 |
| ティーンエージャーのグループ〔社会生活〕…………………… 633 | テキャシ〔衣〕……………………… 43 | 鉄打物提行灯〔住〕………………… 232 |
| テウエ〔衣〕………………………… 43 | テグス製縫合糸〔生産・生業〕…… 481 | 鉄打物の鉤灯籠〔住〕……………… 232 |
| テウエ〔衣〕………………………… 43 | テグスビキ（天蚕糸びき）〔生産・生業〕……………………… 387 | テッカエシ〔衣〕…………………… 43 |
| テオイ〔衣〕………………………… 43 | テグス船〔生産・生業〕…………… 387 | 鉄兜を薬罐にする〔生産・生業〕… 508 |
| ておけ〔食〕………………………… 79 | 手くだ〔生産・生業〕……………… 309 | 鉄甕〔食〕…………………………… 79 |
| 手桶〔住〕…………………………… 231 | 手管の収穫〔生産・生業〕………… 309 | テッカワ〔衣〕……………………… 43 |
| 手桶〔生産・生業〕………………… 309 | テグワ〔生産・生業〕……………… 309 | 手附壺〔食〕………………………… 79 |
| 手桶、溜桶、鎌、たらい（蕈菜採収）〔生産・生業〕……… 532 | テクンペ〔衣〕……………………… 43 | テックリケヤシ〔衣〕……………… 43 |
| 手桶とつけ木〔住〕………………… 232 | テゴ〔生産・生業〕………… 427, 481 | てっけやし〔衣〕…………………… 43 |
| 手押シ網〔生産・生業〕…………… 387 | テゴ〔交通・交易〕………………… 600 | テッコウ〔衣〕……………………… 44 |
| 手押し網漁〔生産・生業〕………… 387 | 出格子〔住〕………………………… 158 | 手甲〔衣〕…………………………… 44 |
| 手押車でセタシジミを売りにきたおばさん〔交通・交易〕…… 573 | 出麹の品質検査〔生産・生業〕…… 452 | 鉄工場の内部 熔鉱炉〔生産・生業〕… 527 |
| 手押除草機〔生産・生業〕………… 309 | 出麹の放冷〔生産・生業〕………… 452 | 鉄索を運ぶ〔交通・交易〕………… 600 |
| 手押除草機を入れた桶を背負って田へ行く〔生産・生業〕…… 309 | 手行李〔交通・交易〕……………… 581 | 涅歯用具〔衣〕……………………… 46 |
| 手押除草機で除草〔生産・生業〕… 309 | 手こぎの舟〔交通・交易〕………… 546 | 鉄製の灯籠〔住〕…………………… 232 |
| | テコ（シャモジ）〔生産・生業〕… 309 | 鉄製風呂形鍬〔生産・生業〕……… 309 |
| | テゴづくり〔生産・生業〕………… 508 | 鉄製丸棒千歯〔生産・生業〕……… 309 |
| | テゴッタワラ〔交通・交易〕……… 600 | 手伝い〔生産・生業〕……………… 309 |
| | デコ屋敷〔生産・生業〕…………… 508 | 手伝いで道直しを担う中学生〔社会生活〕…………………… 633 |
| | 手提行灯〔住〕……………………… 232 | 鉄道開通当時の新橋駅〔交通・交易〕…………………………… 546 |
| | | 鉄なべ〔生産・生業〕……………… 481 |
| | | 鉄鍋〔食〕…………………………… 79 |
| | | 鉄の懸手燭〔住〕…………………… 232 |

## 名称索引 てんち

鉄瓶〔食〕 79, 116
鉄瓶・茶桶その他〔食〕 116
テッポ〔衣〕 13
鉄砲桶と鉄砲釜〔生産・生業〕 310
鉄砲釜〔生産・生業〕 310
鉄砲堰〔生産・生業〕 416
テッポウソデ（鉄砲袖）〔衣〕 14
鉄棒にぶらさがっている少女〔芸能・娯楽〕 800
鉄砲風呂〔住〕 199
鉄砲水で川のようになってしまった田〔生産・生業〕 310
手紡ぎ車〔生産・生業〕 481
てつもんかい〔生産・生業〕 387
鉄龍上人〔信仰〕 729
鉄腕アトムの人形で遊びながら、風呂にはいる子ども〔芸能・娯楽〕 800
鉄腕アトムの面をつけた子ども〔芸能・娯楽〕 800
てどうら〔衣〕 44
テドリ〔生産・生業〕 310
手取り除草〔生産・生業〕 310
テナガエビ素揚げ〔食〕 55
デニール器〔生産・生業〕 535
テヌキ〔衣〕 44
テヌグイ（手拭）を結ぶ男〔衣〕 28
手拭掛け（土間の壁）〔住〕 200
手拭いかぶり〔衣〕 28
テヌグイカブリ（大原女）〔衣〕 28
てぬぐいかぶりの型〔衣〕 28
テヌグイのかぶり方〔衣〕 28
手拭のかぶり方〔衣〕 28
手布姿の農婦〔衣〕 28
テノコ〔生産・生業〕 310
テノコ〔生産・生業〕 310
テノコ（手鋸）とサヤ（鞘）〔生産・生業〕 416
手ノコとナタの着装〔生産・生業〕 310
出羽島の民家〔住〕 158
デパートの食堂〔交通・交易〕 573
デパートの文化流し〔住〕 200
手判と桝形〔民俗知識〕 671
てびきいた〔生産・生業〕 416
手びきろくろ〔生産・生業〕 508
手曳車〔交通・交易〕 600
手びねり徳利〔食〕 80
手火鉢〔住〕 232
手袋〔衣〕 44
手振り付きのザグリ〔生産・生業〕 481
手振馬鍬〔生産・生業〕 310
テーブルを使った食事〔食〕 114
テープレコーダーとダイヤル式黒電話を組み合わせた留守番電話〔住〕 232
デベソゴマ〔芸能・娯楽〕 790
出部屋、共同の産小屋後身たる産院〔人の一生〕 811
手箆と掘植え棒〔生産・生業〕 310
手ぼうき〔食〕 80
手箒〔住〕 232
テボをつけたオイコ〔交通・交易〕 600
出前〔交通・交易〕 573
手馬鍬による人力代かき〔生産・生業〕 310
手間溜〔生産・生業〕 452
手毬〔芸能・娯楽〕 790
手毬（初節句祝い）〔人の一生〕 815
手回し式の座繰り器一式〔生産・生業〕 481
手廻しミキサー〔食〕 80

手回し木製ろくろ〔生産・生業〕 508
手まわし轆轤〔生産・生業〕 509
手廻しろくろの挽き方（アラビキ作業）〔生産・生業〕 509
手マンガン〔生産・生業〕 310
手箕〔生産・生業〕 310
テミヤゲ（手土産）〔社会生活〕 633
手元俵〔生産・生業〕 452
手持運搬〔交通・交易〕 600
手持ちのトランク〔交通・交易〕 601
手持眼鏡〔衣〕 47
手もみ作業〔生産・生業〕 481
手槍〔生産・生業〕 427
手槍の穂先〔生産・生業〕 427
手よき〔生産・生業〕 416
寺あげ〔人の一生〕 841
寺へ行く道〔交通・交易〕 546
寺街道（県道）〔交通・交易〕 546
寺子屋机〔社会生活〕 643
寺下の北方向の町並み〔住〕 158
寺下の下嵯峨屋〔住〕 158
てらしたの枡形の旧道〔住〕 158
寺に集まってくれたお年寄りたち〔社会生活〕 633
寺の境内にはいってきた野辺送りの男たち〔人の一生〕 841
寺谷のお地蔵様〔信仰〕 758
テル〔交通・交易〕 601
テル（手籠）〔交通・交易〕 601
テルをかつぐ少女〔交通・交易〕 601
テルを使って男は肩で運ぶ〔交通・交易〕 601
テル（魚籠）〔生産・生業〕 387
テレビを見に集まる〔社会生活〕 633
テレビを見る〔住〕 247
テレビカー〔交通・交易〕 617
テレビと家族〔住〕 247
テレビのある家庭〔住〕 232
テレビの普及〔社会生活〕 633
テレビ・プロデューサー〔社会生活〕 661
テレビ・レコードを聞くステレオ〔住〕 232
手轆轤〔生産・生業〕 509
出羽三山講〔信仰〕 744
テワラ〔衣〕 44
テンを獲る挟みわな〔生産・生業〕 427
天蓋〔信仰〕 726
電化釜〔食〕 80
田楽豆腐〔食〕 55
電化した共同井戸〔住〕 212
テンが通りやすいようにわなまで道をつける〔生産・生業〕 427
天気占いをする子ども〔芸能・娯楽〕 800
電気温灸器〔住〕 232
電気温湿布〔住〕 232
電気蚊取器（豚舎用）〔生産・生業〕 437
電気釜〔食〕 80
電気竈〔食〕 80
電気炬燵〔住〕 232
電気コンロ〔食〕 80
電気炊飯器〔食〕 80
電気スリッパ〔衣〕 38
電気扇〔住〕 232
電気洗濯機〔住〕 232
電気洗濯機（国産第一号）〔住〕 232
電気洗濯機が届いた農家〔住〕 232
電気タオル（温風による）〔住〕 232

電気店街のあふれ出し〔交通・交易〕 573
電気店の店頭のテレビを見る大勢の人〔社会生活〕 633
電気時計〔住〕 232
電気煮炊器〔食〕 80
電気煮炊釜〔食〕 80
電気飯焚器〔食〕 80
電気パン焼器〔食〕 80
電気蒲団〔住〕 232
電器メーカーの招待旅行〔交通・交易〕 581
点灸〔民俗知識〕 665
電球型電気ストーブ〔住〕 232
電気湯沸し〔食〕 80
田橋農場の牧牛〔生産・生業〕 437
電気冷蔵機〔食〕 80
テングサを頭上で運ぶ〔交通・交易〕 601
テングサを運ぶ海女〔交通・交易〕 601
天草を浜に広げ干す〔食〕 105
テングサを干す区画〔食〕 105
テングサ掻き〔生産・生業〕 387
テングサの口あけ〔生産・生業〕 387
天草干し〔食〕 105
テングサ干しの共同労働〔食〕 105
天狗の面〔信仰〕 713
天狗面〔生産・生業〕 509
天狗面〔信仰〕 692
天狗面とお犬さま〔信仰〕 692
てんご〔交通・交易〕 601
電車を待つ人〔交通・交易〕 546
電車が走る家〔住〕 247
電車ごっこ〔芸能・娯楽〕 800
電磁誘導加熱・専用鍋を使わない方式〔食〕 80
電磁誘導加熱調理器〔食〕 80
天井〔住〕 200
天井から下げ焚火の煙で燻す鮭の燻製〔食〕 105
天井から吊されたタワラ（俵）〔食〕 105
天照皇大神宮教の教徒たち〔信仰〕 772
天井コロラマ照明（反射模様のこと）〔住〕 232
天井で乾燥保存されるトウモロコシ〔食〕 105
天井に収められたさまざまな木札〔信仰〕 721
天井につるした縄束〔生産・生業〕 509
天井にもカゴを吊るした日奈久温泉の土産物店〔交通・交易〕 573
電子レンジ〔食〕 80
テンジン〔衣〕 14
天下堂〔信仰〕 758
天神観音堂〔信仰〕 758
天神堂〔信仰〕 758
天神の観音堂〔信仰〕 758
天水をためて飲料水とする〔住〕 247
天水溜の甕〔住〕 247
伝染病よけの呪い〔民俗知識〕 671
店側に格子が組まれる大阪障子〔住〕 158
天台宗からうけた「いたこ」の免許状〔信仰〕 737
デンチ〔衣〕 14
電柱が傾いている〔社会生活〕 661
電柱などに死亡の告知を貼る〔人の一生〕 841

## てんち　名称索引

電柱に装着した消防や警察の緊急連絡用の電話〔交通・交易〕…… 617
でんでん太鼓〔芸能・娯楽〕………… 790
電灯〔住〕……………………………… 233
電燈あんか〔住〕……………………… 233
電動井戸ポンプ設置状況〔住〕……… 212
電動井戸ポンプによる異変〔住〕…… 212
電燈会社の広告〔社会生活〕………… 661
電燈笠〔住〕…………………………… 233
伝統的な田んぼ作りと暮らしを伝える〔生産・生業〕……………… 310
伝統的な民家〔住〕…………………… 158
店頭の庭〔交通・交易〕……………… 573
天道法印塔〔信仰〕…………………… 692
電燈利用湯沸器〔食〕………………… 80
電動ロクロによる椀の木地引き〔生産・生業〕…………………… 509
テント船が朝日を背に浜に帰ってくる〔生産・生業〕……………… 387
テントヤー立面図〔住〕……………… 158
電熱器兼用天火〔食〕………………… 80
天然の岩を利用した港〔生産・生業〕………………………………… 387
天然マイタケを炭火焼きする〔食〕… 105
天皇を迎える人びと〔社会生活〕…… 661
天皇巡幸〔社会生活〕………………… 661
テンバ〔生産・生業〕………………… 387
点播用のタネフリザル〔生産・生業〕………………………………… 310
天秤〔交通・交易〕…………………… 584
天秤カゴを背負って坂道を下る行商の女たち〔交通・交易〕……… 573
天秤（銭バカリ）〔交通・交易〕…… 584
天秤による頭上運搬の姿態〔交通・交易〕………………………… 601
テンビンバカリ〔交通・交易〕……… 584
天秤秤〔交通・交易〕………………… 584
天びん棒〔交通・交易〕……………… 601
天秤棒〔交通・交易〕………………… 601
天秤棒をおろして商いをする〔交通・交易〕………………………… 573
天秤棒をかついで朝市から帰る〔交通・交易〕……………………… 601
天秤棒を担いで行く人を見送る、大きなリュックサックを背負った宮本常一〔交通・交易〕……… 601
天秤棒を担ぐ女の人〔交通・交易〕… 601
天秤棒を使う人〔交通・交易〕……… 601
天秤棒で運ぶ〔交通・交易〕………… 601
天秤棒で水を担ぐ〔交通・交易〕…… 601
天秤棒を物を運ぶ〔交通・交易〕…… 601
天秤棒で野菜を運ぶ〔交通・交易〕… 601
天秤棒と2つの畚による苗運び〔生産・生業〕…………………… 310
天秤棒の行商〔交通・交易〕………… 573
天秤棒の魚売り〔交通・交易〕……… 573
澱粉製造機〔食〕……………………… 80
テンポ（店舗）〔交通・交易〕……… 573
転法輪寺牛玉宝印〔信仰〕…………… 721
添米の冷却作業〔生産・生業〕……… 452
天間山神〔信仰〕……………………… 692
伝馬船で沖に出る〔生産・生業〕…… 387
天馬船に乗り込み、海岸の高台に鎮座する恵比寿神社に向かう漁民〔交通・交易〕………………… 546
天窓〔住〕……………………………… 200
天窓のある養蚕農家〔住〕…………… 159
てんもくだい〔食〕…………………… 80
天目台〔食〕…………………………… 80
天理教〔信仰〕………………………… 772

天理教の祭典（神前におけるおどり）〔信仰〕………………………… 772
天竜川の護岸〔交通・交易〕………… 617
電話交換局〔交通・交易〕…………… 617
電話交換嬢の日本髪で仕事はじめ〔交通・交易〕……………………… 617
電話ボックスの試作品〔交通・交易〕………………………………… 617

## 【と】

ど〔生産・生業〕……………………… 387
ド（鯉笯）〔生産・生業〕…………… 387
ドアバ〔生産・生業〕………………… 387
投網〔生産・生業〕…………………… 387
投網塚〔生産・生業〕………………… 387
投網で獲ったアユを網からはずす〔生産・生業〕……………………… 387
投網で捕獲されたアユ〔生産・生業〕………………………………… 387
投網漁〔生産・生業〕………………… 387
樋〔生産・生業〕……………………… 310
土居組の地蔵堂〔信仰〕……………… 758
土居谷堂〔信仰〕……………………… 758
砥石〔生産・生業〕…………… 509,524
砥石を入れたブドウ蔓籠の紐に草刈鎌を差す〔交通・交易〕……… 601
砥石を持って〔交通・交易〕………… 602
といしぶくろ〔生産・生業〕………… 416
といほり〔生産・生業〕……………… 509
籐椅子〔住〕…………………………… 233
トウス〔生産・生業〕………………… 310
胴臼〔食〕……………………………… 80
ドウウス（胴臼）と手杵〔生産・生業〕………………………………… 310
東円丸の観音堂〔信仰〕……………… 758
燈〔住〕………………………………… 233
唐灰ちまき〔食〕……………………… 55
東海道〔交通・交易〕………………… 546
東海道新幹線の開通前の試乗会〔交通・交易〕……………………… 546
島外に設けられた宮島の墓所〔人の一生〕……………………………… 841
燈火管制〔社会生活〕………………… 656
灯火具〔住〕…………………………… 233
灯火台〔住〕…………………………… 233
堂河内観音堂〔信仰〕………………… 758
鋤焼鍋〔食〕…………………………… 80
ドウギ（胴着）〔衣〕………………… 14
陶器を乗せて乾かす室板を運ぶ老職人〔生産・生業〕………………… 509
陶器卸売所〔交通・交易〕…………… 573
道喜粽〔食〕…………………………… 55
陶器店の店先〔交通・交易〕………… 573
冬季におけるサツマイモの保存方法の一例〔食〕……………………… 105
陶器の合格品と不合格品〔生産・生業〕………………………………… 509
トウキビの茶、マメ茶、ハブ茶（実）〔食〕…………………………… 55
闘牛〔芸能・娯楽〕…………………… 782
東京駅のホームで寝台列車がはいってくるのを待つ人たち〔交通・交易〕……………………………… 546
東京駅のホームで長距離列車を見送る人たち〔交通・交易〕……… 547
東京駅前のパレードで手を振る王貞治選手〔芸能・娯楽〕………… 782

東京お茶の水橋あたりから見る聖橋〔交通・交易〕………………… 547
東京お茶の水橋から見る御茶ノ水駅あたりの神田川〔社会生活〕… 650
東京オリンピック〔芸能・娯楽〕…… 782
東京オリンピック開催に合わせて工事を急ぐ、江戸橋と代々木初台間の首都高速四号線〔交通・交易〕………………………………… 547
東京からきた人に話を聞きに牛乳をもって遊びにいく子供〔社会生活〕………………………………… 633
東京港の石炭〔生産・生業〕………… 527
東京芝浦製作所 製罐部工場〔生産・生業〕……………………… 535
トウキョウソデ（東京袖）〔衣〕…… 14
東京タワー〔社会生活〕……………… 650
東京電力の火力発電所〔社会生活〕… 662
東京都銀座に残るお稲荷さま〔信仰〕………………………………… 692
東京都住宅公社アパート〔住〕……… 247
東京農業大学三鷹農場〔生産・生業〕………………………………… 310
東京の旧家の間取〔住〕……………… 159
童形の地蔵さま〔信仰〕……………… 692
冬期用の薪置場〔住〕………………… 247
冬期用保存食料（姥百合円盤）〔食〕… 55
東京養育院〔社会生活〕……………… 662
道具をかついで野良に出掛ける〔交通・交易〕……………………… 602
道具つくり（木地師）〔生産・生業〕… 509
洞窟墓型〔人の一生〕………………… 841
道具の使い方を見せてもらう（木工）〔生産・生業〕………………… 509
道具の刃の研ぎ〔生産・生業〕……… 481
道具箱（角物木地用具）〔生産・生業〕………………………………… 509
道具彫〔生産・生業〕………………… 481
道具彫をする〔生産・生業〕………… 481
道具彫の表〔生産・生業〕…………… 481
道具彫の道具（桜の形）〔生産・生業〕………………………………… 481
道具彫の刃〔生産・生業〕…………… 481
道具類を入れる小屋（インケ）〔住〕… 159
唐鍬〔生産・生業〕…………………… 310
闘鶏〔芸能・娯楽〕…………………… 782
陶芸の家と引戸に書かれた土蔵造りの本郷の窯の仕事場〔生産・生業〕………………………………… 509
洞穴葬〔人の一生〕…………………… 841
峠の家〔住〕…………………………… 159
峠の家族〔衣〕………………………… 14
峠の茶屋〔交通・交易〕……………… 573
峠の店〔交通・交易〕………………… 573
闘犬〔芸能・娯楽〕…………………… 782
東光寺参道〔交通・交易〕…………… 547
陶工の家〔住〕………………………… 159
陶工の墓地〔人の一生〕……………… 841
陶工用具〔生産・生業〕……………… 509
道後温泉〔民俗知識〕………………… 665
銅壺型竈〔食〕………………………… 200
銅壺付き電気焜炉〔食〕……………… 80
陶独楽〔芸能・娯楽〕………………… 790
道坐像〔信仰〕………………………… 692
豆札牧場〔生産・生業〕……………… 437
唐桟〔生産・生業〕…………………… 481
とうし〔食〕…………………………… 80
とうし〔生産・生業〕………………… 310
ドウシ〔食〕…………………………… 80
陶磁器の製作工程〔生産・生業〕…… 509

| 名称 | 頁 |
|---|---|
| 陶磁器の荷造り〔生産・生業〕 | 509 |
| 湯治客〔民俗知識〕 | 665 |
| 湯治客の芸〔芸能・娯楽〕 | 778 |
| 湯治客の前で演奏する芸人〔芸能・娯楽〕 | 778 |
| 杜氏(酒のモロミ仕込)〔生産・生業〕 | 452 |
| 東寺の「弘法さん」〔信仰〕 | 726 |
| 当時の姿を残す建物もある現在の旧遊郭街〔社会生活〕 | 650 |
| 杜氏のホソ桶洗い〔生産・生業〕 | 452 |
| 湯治場〔民俗知識〕 | 665 |
| 湯治場の湯船〔民俗知識〕 | 665 |
| 杜氏部屋での食事風景〔食〕 | 114 |
| 堂島〔下駄〕〔衣〕 | 38 |
| 堂島1丁目・奥に毎日新聞社〔社会生活〕 | 650 |
| 堂島川大江橋付近〔交通・交易〕 | 547 |
| 堂島川に架かる渡辺橋南詰めの道路〔交通・交易〕 | 547 |
| 堂島川べりの天満警と天満宮鳥居〔社会生活〕 | 650 |
| 堂島川べりの天満宮の鳥居〔社会生活〕 | 650 |
| 謄写印刷〔社会生活〕 | 662 |
| 湯治宿で過ごす新婚夫婦〔交通・交易〕 | 581 |
| 同潤会青山アパート〔住〕 | 247 |
| 東城の家並み〔社会生活〕 | 650 |
| トウジンガルイ〔交通・交易〕 | 602 |
| 唐人かるい〔交通・交易〕 | 602 |
| 唐人商店街付近〔社会生活〕 | 651 |
| 唐人商店街付近の露店〔交通・交易〕 | 573 |
| 唐人凧〔芸能・娯楽〕 | 790 |
| 唐人凧とその骨組〔芸能・娯楽〕 | 790 |
| 唐人モモヒキ〔衣〕 | 14 |
| トウス〔生産・生業〕 | 310 |
| ドウヅキ〔生産・生業〕 | 524 |
| 胴突きや掛矢などを売る道具屋〔交通・交易〕 | 574 |
| ドウセイ〔交通・交易〕 | 602 |
| 陶製井戸ポンプ〔住〕 | 212 |
| 陶製井戸枠〔住〕 | 212 |
| 銅製片手鍋〔食〕 | 80 |
| 陶製御飯蒸〔食〕 | 80 |
| 銅製酒注〔食〕 | 80 |
| 陶製醤油瓶〔生産・生業〕 | 452 |
| ドウセイとビク〔交通・交易〕 | 602 |
| 陶製ながし〔住〕 | 200 |
| 籐製火鉢〔住〕 | 233 |
| 陶製弁当〔食〕 | 80 |
| 陶製輸出向け醤油瓶〔生産・生業〕 | 453 |
| 塔前坊行者堂〔信仰〕 | 758 |
| 同族氏神〔信仰〕 | 772 |
| 同族氏神とコモリヤ〔信仰〕 | 772 |
| 同族氏神の行屋〔信仰〕 | 772 |
| 同族団(マキ)とそのウェーデン(氏神)の分布〔信仰〕 | 772 |
| どうそじん〔信仰〕 | 692 |
| 道祖神〔信仰〕 | 692 |
| 道祖神関係呼称分布図〔信仰〕 | 693 |
| 道祖神の小祠〔信仰〕 | 693 |
| 道祖神の堂〔信仰〕 | 758 |
| 道祖神の分布(中部地方)〔信仰〕 | 693 |
| とうだい〔住〕 | 233 |
| 灯台〔住〕 | 233 |
| 燈台守の洗濯物〔住〕 | 247 |
| 藤団子〔食〕 | 55 |
| 道中合羽〔衣〕 | 14 |
| 道中小物入れ〔交通・交易〕 | 581 |
| 道中茶道具箱〔食〕 | 80 |
| 道中提灯〔住〕 | 233 |
| 道中枕の仕込品〔交通・交易〕 | 581 |
| 道中守り〔信仰〕 | 713 |
| ドウツキ〔生産・生業〕 | 427 |
| 胴付鋸〔生産・生業〕 | 524 |
| 銅鐵製琺瑯焼蒸炊器〔食〕 | 81 |
| 陶土粉砕用唐臼〔生産・生業〕 | 509 |
| 陶土粉砕用唐臼小屋平面図〔生産・生業〕 | 509 |
| 陶土粉砕用唐臼の臼〔生産・生業〕 | 509 |
| 陶土粉砕用唐臼(もとサコンタ)〔生産・生業〕 | 509 |
| 道頓堀川のボート遊び〔交通・交易〕 | 547 |
| トウナ〔住〕 | 200 |
| 島内に作られた四国八十八ケ所霊場廻り〔信仰〕 | 768 |
| 銅鍋〔食〕 | 81 |
| 東南側よりみたカイニョ〔住〕 | 159 |
| 盗難除け〔民俗知識〕 | 671 |
| 盗難よけのお札〔民俗知識〕 | 671 |
| 銅の採鉱夫〔生産・生業〕 | 527 |
| 銅の精錬所〔生産・生業〕 | 527 |
| ドウ(宿)の内部〔社会生活〕 | 622 |
| とうば〔生産・生業〕 | 310 |
| 銅馬をなでる人々〔信仰〕 | 713 |
| 藤八拳〔芸能・娯楽〕 | 805 |
| 当番板とヒョウシギ(拍子木)〔社会生活〕 | 633 |
| 銅板製ポンプ〔住〕 | 212 |
| 陶火鉢〔住〕 | 233 |
| 銅拍子〔芸能・娯楽〕 | 778 |
| 銅拍子(シンバル)〔芸能・娯楽〕 | 778 |
| 投票所に高齢者を搬送する中学生〔社会生活〕 | 633 |
| 投票日〔社会生活〕 | 633 |
| 豆腐〔食〕 | 55 |
| 豆腐を切る〔食〕 | 105 |
| 豆腐売り〔交通・交易〕 | 574 |
| トウフカゴ〔食〕 | 81 |
| 豆腐絞り箱〔食〕 | 105 |
| 豆腐坂の御師宿〔信仰〕 | 744 |
| 頭部支持背負い運搬〔交通・交易〕 | 602 |
| 豆腐製造〔食〕 | 105 |
| 豆腐作り〔食〕 | 105 |
| 豆腐作り〔社会生活〕 | 657 |
| 豆腐作り臼〔食〕 | 81 |
| 豆腐店〔交通・交易〕 | 574 |
| 豆腐田楽〔食〕 | 55 |
| 豆腐田楽を焼く〔食〕 | 105 |
| 豆腐のカタバコ(型箱)〔食〕 | 81 |
| トウフバコ〔食〕 | 81 |
| 豆腐箱〔食〕 | 81 |
| 豆腐ひき臼〔食〕 | 81 |
| 豆腐挽き道具(石臼・半切り桶・バケツなど)〔食〕 | 81 |
| 豆腐屋〔交通・交易〕 | 574 |
| 豆腐屋の白〔食〕 | 81 |
| 豆腐用具〔食〕 | 105 |
| 豆腐枠〔食〕 | 81 |
| 豆腐枠のふた〔食〕 | 81 |
| 東方を海に面した細長い集落〔住〕 | 159 |
| 東北型の間取の一例〔住〕 | 159 |
| 東北新幹線の高架〔交通・交易〕 | 547 |
| 東北地方の特徴的民家〔住〕 | 159 |
| 東北の火棚〔住〕 | 159 |
| 東北の農村〔住〕 | 247 |
| 陶枕〔住〕 | 233 |
| 籐枕〔住〕 | 233 |
| ドウマル〔生産・生業〕 | 387 |
| ドウマル(生簀籠)を編むカゴ屋〔生産・生業〕 | 509 |
| トウミ〔生産・生業〕 | 310 |
| 唐箕〔生産・生業〕 | 310 |
| 唐箕によって芒や枝梗などの異物を除去〔生産・生業〕 | 311 |
| 唐箕による籾の選別〔生産・生業〕 | 311 |
| 胴糞〔衣〕 | 14 |
| 堂宮祭壇見取図〔信仰〕 | 758 |
| とう苗〔生産・生業〕 | 311 |
| 灯明皿〔住〕 | 233 |
| 道明寺の乾飯つくり〔食〕 | 81 |
| 同棟別棟隠居〔住〕 | 159 |
| ドウメンのお堂〔信仰〕 | 759 |
| ドウメンのお堂の本尊〔信仰〕 | 759 |
| 玉蜀黍刈り〔生産・生業〕 | 311 |
| トウモロコシの皮をむく〔食〕 | 105 |
| トウモロコシの乾燥〔食〕 | 105 |
| トウモロコシの茎の塚〔生産・生業〕 | 311 |
| 灯油壺〔住〕 | 233 |
| 東洋レーヨンの工場から出る煙〔社会生活〕 | 662 |
| とうらく(頭絡)〔生産・生業〕 | 437 |
| どうらん〔生産・生業〕 | 427 |
| トウリ〔住〕 | 200 |
| 筌売り〔交通・交易〕 | 574 |
| 棟梁〔生産・生業〕 | 524 |
| 棟梁送り〔生産・生業〕 | 524 |
| 棟梁の服装〔衣〕 | 14 |
| 動力式かんぴょう丸むき機〔食〕 | 105 |
| 動力式の精米機〔生産・生業〕 | 311 |
| 動力しらうお曳網操業の図〔生産・生業〕 | 388 |
| 動力しらうお曳網の構造〔生産・生業〕 | 388 |
| 動力船〔生産・生業〕 | 388 |
| 動力脱穀〔生産・生業〕 | 311 |
| 動力脱穀機〔生産・生業〕 | 311 |
| 動力脱穀機による脱穀〔生産・生業〕 | 311 |
| 動力脱穀機や唐箕の作業〔生産・生業〕 | 311 |
| 動力二艘曳〔生産・生業〕 | 388 |
| 動力船に曳航されて大謀網漁に向かう漁師たち〔生産・生業〕 | 388 |
| 動力味噌引機〔生産・生業〕 | 311 |
| 動力用粉砕機〔生産・生業〕 | 311 |
| 動力落花生脱粒機〔生産・生業〕 | 311 |
| 東林坊観音坊〔信仰〕 | 759 |
| 燈籠と遺体の隙間に入れる豆殻〔人の一生〕 | 841 |
| 道路拡張工事〔交通・交易〕 | 618 |
| 道路が農作業の作業場と干場に〔生産・生業〕 | 311 |
| 道路から半間下げて犬走りを設けて築地塀を設置している〔住〕 | 159 |
| どうろくさん〔信仰〕 | 693 |
| どうろくじん〔信仰〕 | 693 |
| 道陸神〔信仰〕 | 693 |
| 東籠石窟仏石祠〔信仰〕 | 759 |
| 道路工事〔交通・交易〕 | 618 |
| 道路工事の光景〔交通・交易〕 | 618 |
| 道路工事の砂を運ぶ〔交通・交易〕 | 602 |
| 道路清掃〔社会生活〕 | 651 |
| 道路沿いに並んだ花輪〔人の一生〕 | 841 |
| 道路にあいた穴〔社会生活〕 | 662 |
| 道路に直交して建てられた主屋〔住〕 | 159 |

| | | |
|---|---|---|
| 道路の拡張工事〔社会生活〕……… 662 | 戸口にみられる呪具と神札〔民俗知識〕……………………………… 671 | トシャマおよびトシガミサマ〔信仰〕…………………………………… 694 |
| 道路の曲線が急傾斜を示す下栗集落〔住〕………………………… 159 | 戸口の小便所〔住〕……………… 200 | どじょううけ〔生産・生業〕…… 388 |
| 道路の糞拾い係〔社会生活〕…… 651 | 戸口の棚に祀られた祠とほら貝〔信仰〕…………………………… 694 | 泥鰌筌〔生産・生業〕…………… 388 |
| 道路補修〔交通・交易〕………… 618 | 徳間観音堂〔信仰〕……………… 759 | ドジョウカゴ〔生産・生業〕…… 388 |
| 道路脇の堰で洗い物をする〔住〕 212 | 徳用燃料〔住〕…………………… 233 | 泥鰌籠〔生産・生業〕…………… 388 |
| 東和町和田から乗る人々〔交通・交易〕………………………… 547 | トクリ〔食〕………………………… 81 | ドジョウスクイ〔生産・生業〕… 388 |
| 東和町和田で見送る人々〔交通・交易〕………………………… 547 | 徳利〔食〕…………………………… 81 | 泥鰌鋏〔生産・生業〕…………… 388 |
| 都営住宅〔住〕…………………… 159 | トーグワ〔生産・生業〕………… 311 | どじょう捕り〔芸能・娯楽〕…… 800 |
| 都営辰巳団地と子どもたちの遊び場〔住〕……………………… 247 | トグワ〔生産・生業〕…………… 311 | どじょうとりかご〔生産・生業〕… 388 |
| 兎追い輪〔生産・生業〕………… 427 | ドグワ〔生産・生業〕…………… 311 | どじょう捕りの男の子〔芸能・娯楽〕……………………………… 800 |
| 斗桶〔交通・交易〕……………… 584 | 時計仕掛の蝿取器・ハイトリック〔住〕………………………… 233 | 年寄りの世間話〔社会生活〕…… 633 |
| とおし〔生産・生業〕…………… 311 | 時計の見方の記事〔民俗知識〕… 678 | トジン〔生産・生業〕…………… 388 |
| 通し苗代〔生産・生業〕………… 311 | とげつきの神（アイヌの呪具）〔信仰〕…………………………… 694 | トースター〔食〕…………………… 81 |
| 通し苗代のある風景〔生産・生業〕……………………………… 311 | とげぬき地蔵〔信仰〕…………… 713 | 土磨臼〔食〕………………………… 81 |
| 遠野駅〔交通・交易〕…………… 547 | ドコ〔衣〕…………………………… 38 | 土石流に埋もれる直前の湖側の根場集落〔住〕…………………… 159 |
| 通り土間がない山側に建つ民家〔住〕………………………… 159 | 床入りの式〔人の一生〕………… 823 | 土石流に埋もれる直前の山手側の根場集落〔住〕………………… 159 |
| 通り土間と表二階の階段〔住〕… 200 | 床飾奈良蓬萊〔人の一生〕……… 823 | 土葬〔人の一生〕………………… 841 |
| 通り土間のある浜側に建つ民家〔住〕………………………… 159 | 床飾の熨斗昆布〔人の一生〕…… 823 | 土蔵〔住〕………………………… 159 |
| 通りと結ぶ雪がこいのトンネル〔社会生活〕…………………… 651 | 床飾瓶子〔人の一生〕…………… 823 | 土蔵が主屋に抱えられている建てぐるみ〔住〕………………… 159 |
| 通りに面した町家右側のミセ〔住〕………………………… 159 | トコトンヤレ節を歌うジンタ〔芸能・娯楽〕…………………… 779 | 土蔵建築（旧第三銀行倉吉支店）〔交通・交易〕……………… 574 |
| 通り庭からミセ、吹抜け、明り障子越しの二階、神棚、奥の座敷をみる〔住〕……………… 159 | 常滑の甕作り〔生産・生業〕…… 509 | 土蔵構造図〔住〕………………… 159 |
| 通り庭に設けられた台所〔住〕… 200 | 常滑の陶器問屋の庭先〔生産・生業〕……………………………… 509 | 土蔵式水屋〔住〕………………… 159 |
| 通り抜けの路地〔交通・交易〕… 547 | 常滑の細い路地を植木鉢などの陶器を積んだ車が行きかう〔生産・生業〕…………………… 510 | 土葬した上に五輪を刻んだ角塔婆を立てる〔人の一生〕……… 841 |
| 通りの市〔交通・交易〕………… 558 | 床に神棚を設けた簡素な客座敷〔住〕………………………… 200 | 土葬した墓の前で手を合わせる〔人の一生〕…………………… 841 |
| 通りの両側に水路が設けられていた栃木町大通り〔交通・交易〕 547 | 床の神〔信仰〕…………………… 694 | 土蔵造り〔住〕…………………… 160 |
| 戸が開け放たれたままの家〔住〕 159 | 床の間〔住〕……………………… 200 | 土蔵造りの店蔵が並ぶ村田の町並み〔住〕……………………… 160 |
| 都会のお茶のひととき〔食〕…… 114 | 床の間位置の転換〔住〕………… 200 | 土蔵造りの見世蔵（店蔵）の軸組〔住〕……………………………… 160 |
| 都会の店頭で今も売られている干柿〔食〕…………………… 55 | 床の間および屋根裏〔住〕……… 200 | 土蔵と石垣〔住〕………………… 160 |
| 土塊粉砕器〔生産・生業〕……… 311 | 床の間と大黒、恵比寿〔信仰〕… 694 | 土葬にして間もない墓の裏側〔人の一生〕…………………… 841 |
| 斗掻き〔人の一生〕……………… 818 | 床の間の網代天井〔住〕………… 200 | 土蔵のある民家〔住〕…………… 160 |
| 塗掛筐〔生産・生業〕…………… 509 | 床の間まわりの名称〔住〕……… 200 | 土葬の共同墓地〔人の一生〕…… 841 |
| トーカチ〔人の一生〕…………… 818 | とこもみ〔生産・生業〕………… 453 | 土蔵の構造〔住〕………………… 160 |
| トーカチ祝い あやかり昆布をいただいたところ〔人の一生〕… 818 | 床もみ〔生産・生業〕…………… 453 | 土葬の子どもの墓〔人の一生〕… 841 |
| トガリビュラヘラ〔生産・生業〕 311 | 床揉〔生産・生業〕……………… 453 | 土葬の新墓にたてた北向きの鎌〔人の一生〕…………………… 841 |
| 土管工場〔生産・生業〕………… 535 | 床屋〔交通・交易〕……………… 574 | 土葬の墓〔人の一生〕…………… 841 |
| 土管の窯出し〔生産・生業〕…… 509 | 床屋の子〔交通・交易〕………… 574 | 土蔵の前に洗濯物を干す庭先〔住〕……………………………… 247 |
| 三器盃〔食〕………………………… 81 | 所沢飛白〔生産・生業〕………… 481 | 土葬の盛り土に置いた焙烙〔人の一生〕……………………… 841 |
| トギド〔衣〕………………………… 28 | 所沢飛白のいろいろ〔生産・生業〕 482 | 土葬の盛り土に立てた花籠〔人の一生〕……………………… 841 |
| 研ぎ道具など（角物木地用具）〔生産・生業〕…………………… 509 | 土座造〔住〕……………………… 200 | 土台敷き〔住〕…………………… 160 |
| 時の鐘と蔵造りの建物〔住〕…… 159 | 土座住まいの居間でくつろぐ夫婦〔住〕………………………… 200 | とだな〔住〕……………………… 200 |
| 時の記念日（標準時計に合せる）〔社会生活〕…………………… 662 | 土座床〔住〕……………………… 200 | 戸棚〔住〕………………………… 247 |
| 時山集落〔住〕…………………… 159 | 土佐の生簀籠〔生産・生業〕…… 388 | 戸田橋〔交通・交易〕…………… 547 |
| 常盤津「積恋雪関扉」（東をどりより）〔芸能・娯楽〕………… 778 | 土佐の一本釣り〔生産・生業〕… 388 | 戸田橋で荒川を渡る〔交通・交易〕 547 |
| 常盤平団地の2DK俯瞰図〔住〕… 247 | 土佐の鰹の一本釣り〔生産・生業〕 388 | トタンを被せた藁葺屋根〔住〕… 160 |
| 土偶（男女一対）〔信仰〕……… 694 | 土座の居室と土間との境〔住〕… 200 | トタンで被覆していた民家の屋根を茅葺きに葺き替える〔住〕… 216 |
| 毒消し売り〔交通・交易〕……… 574 | 土座の居室のある民家〔住〕…… 200 | トタン屋根に改装した農家〔住〕 160 |
| 特産の竹を干す〔生産・生業〕… 509 | 土佐屋〔住〕……………………… 159 | 栃・橅を乾かす〔食〕…………… 105 |
| 特産の釣り竿の竹〔生産・生業〕 509 | 土佐屋の内部〔住〕……………… 200 | 栃木河岸〔交通・交易〕………… 547 |
| 徳次郎西根の町並み〔住〕……… 159 | 土佐和紙生産〔生産・生業〕…… 510 | 栃木宿〔社会生活〕……………… 651 |
| 毒草を入れたザルをサンゴ礁の窪みに数回つける〔生産・生業〕 388 | 年祝〔人の一生〕………………… 818 | 栩木の大師堂〔信仰〕…………… 759 |
| トクソバサミ〔生産・生業〕…… 509 | 年祝（中央に白髪餅を供してある）〔人の一生〕………………… 818 | 栩木の大師堂内部〔信仰〕……… 759 |
| ドクダミの乾燥保存〔食〕……… 105 | 年祝いのコブクロ（小袋）〔人の一生〕……………………… 818 | 栃の皮むき〔食〕………………… 105 |
| 戸口上の神符〔信仰〕…………… 721 | 年祝いの白髪餅〔人の一生〕…… 818 | とちの皮むき（とちへし）〔食〕… 81 |
| | 年桶（麻桶）〔住〕……………… 233 | トチノキの実の天日干し〔食〕… 105 |
| | 歳神さま〔信仰〕………………… 694 | |
| | 年行事が持つ提灯〔社会生活〕… 633 | |
| | 歳徳大善神〔掛絵〕〔信仰〕…… 721 | |
| | 年徳大善神〔護符〕〔信仰〕…… 721 | |

| | | |
|---|---|---|
| 土地の人に道順を聞く巡礼〔信仰〕 …… 768 | 土手崩壊し補修〔生産・生業〕 …… 312 | どぶろくがめ〔食〕 …… 81 |
| 栃の実〔食〕 …… 55 | 土手崩壊の田〔生産・生業〕 …… 312 | 土塀〔住〕 …… 160 |
| トチの実をもち米の上にのせ一緒に蒸す〔食〕 …… 105 | 都電廃線の記念式典〔交通・交易〕 …… 547 | 土塀をめぐらす囲い造り〔住〕 …… 160 |
| 橡の実の皮はぎ〔食〕 …… 105 | 都電復興10周年を祝う花電車のパレード〔交通・交易〕 …… 547 | 土塀の家 ガラス格子戸の玄関〔住〕 …… 160 |
| 土地評価委員会〔社会生活〕 …… 633 | トドサマ〔信仰〕 …… 737 | 土塀の続く道〔交通・交易〕 …… 547 |
| 土地評価部落会〔社会生活〕 …… 633 | トドの霊魂送り〔信仰〕 …… 772 | トベーザラ〔食〕 …… 81 |
| トチもちを作る〔食〕 …… 105 | トートーメー〔人の一生〕 …… 841 | トボウ(斗棒)〔人の一生〕 …… 818 |
| 栃餅作り〔食〕 …… 106 | 渡名喜島の祭司〔信仰〕 …… 737 | 土間〔住〕 …… 200 |
| 鴛者馬方の装い〔衣〕 …… 14 | 渡名喜島民家の断面〔住〕 …… 160 | 土間(物置)〔住〕 …… 200 |
| ドチャ馬カンジキ〔交通・交易〕 …… 613 | トナベ〔食〕 …… 81 | 苫〔生産・生業〕 …… 389 |
| ドチャカネ〔交通・交易〕 …… 613 | 土鍋〔食〕 …… 81 | 土間上の天井〔住〕 …… 200 |
| ドチャガマ〔交通・交易〕 …… 613 | 土堝〔食〕 …… 81 | 土間を仕切って設けた馬屋〔住〕 …… 200 |
| ドチャスズ〔交通・交易〕 …… 613 | トナリ関係〔社会生活〕 …… 633 | 土間から居間をみる〔住〕 …… 200 |
| 嫁いで行く娘に、母親は何枚かの着物をきちんとたたんで持たせてやる〔人の一生〕 …… 823 | 隣り近所の男達が葬送に使う藁靴や草鞋をあむ〔人の一生〕 …… 841 | トマ(ござ)にねんねこを敷いて寝かされたアイヌの赤ちゃん〔人の一生〕 …… 811 |
| 嫁いで行く娘は付き人と二人で荷をかつぎ、山を越え川を渡って花婿の待つ村へ行く〔人の一生〕 …… 823 | 隣組が共同する餅つき〔社会生活〕 …… 633 | 土間境の大黒柱〔住〕 …… 201 |
| 十津川の集落〔住〕 …… 160 | 隣組共同で行う人力での耕地整理〔社会生活〕 …… 634 | 斗枡〔交通・交易〕 …… 584 |
| 十津川の民家と土蔵〔住〕 …… 160 | トナリの関係〔社会生活〕 …… 634 | トマスとトカキ〔交通・交易〕 …… 584 |
| 土突き〔住〕 …… 160 | 隣りの麦飯〔食〕 …… 114 | 土間住いの農家〔住〕 …… 201 |
| 嫁ぎ先へ向かう〔人の一生〕 …… 823 | 土のう積みによる水害防止〔社会生活〕 …… 662 | 土間と居間〔住〕 …… 201 |
| 嫁ぎ先での披露宴〔人の一生〕 …… 823 | トノクチ〔食〕 …… 81 | トマトを買う〔交通・交易〕 …… 558 |
| 特急ハト娘〔交通・交易〕 …… 547 | 土庄町の四つ堂〔信仰〕 …… 759 | 土間とかまど〔住〕 …… 201 |
| 嫁ぐ孫〔人の一生〕 …… 823 | トーバ〔生産・生業〕 …… 312 | 土間と台所〔住〕 …… 201 |
| 徳利〔生産・生業〕 …… 453 | ドーハ〔生産・生業〕 …… 312 | 土間と出居〔住〕 …… 201 |
| とっくり(大宝寺焼)〔食〕 …… 81 | 鳥羽絵凧〔芸能・娯楽〕 …… 790 | トマトの収穫後、その茎や未成熟の実を埋める〔生産・生業〕 …… 312 |
| とっくり(丹波焼)〔食〕 …… 81 | 賭博札〔芸能・娯楽〕 …… 805 | トマトのハウス栽培〔生産・生業〕 …… 312 |
| どっこ(和製のスケート)〔衣〕 …… 38 | トバさし〔生産・生業〕 …… 216 | 土間にある囲炉裏〔住〕 …… 201 |
| 独航船の出港を見送る家族〔生産・生業〕 …… 388 | トバシ〔生産・生業〕 …… 416 | 土間にあるカマド〔住〕 …… 201 |
| 獲ったアワビの量を浜ではかる〔生産・生業〕 …… 388 | トバジ(船着場)〔生産・生業〕 …… 388 | 土間に打たれた長押〔住〕 …… 201 |
| 獲った猪を背負って山をおりる〔生産・生業〕 …… 427 | 飛ばし旗〔信仰〕 …… 713 | 土間に設けられた牛小屋〔住〕 …… 201 |
| 獲ったカモをさばくために毛をむしる〔生産・生業〕 …… 427 | トバ付近の略図〔生産・生業〕 …… 427 | 土間の囲炉〔住〕 …… 201 |
| 獲った熊を運ぶ担当のマタギ〔生産・生業〕 …… 427 | トビ〔生産・生業〕 …… 416 | 土間のカマド〔住〕 …… 201 |
| とった魚を下関港に運ぶ運搬船〔生産・生業〕 …… 388 | 飛び石がのびている〔交通・交易〕 …… 547 | 土間の荒神柱〔住〕 …… 201 |
| トツタリ〔生産・生業〕 …… 388 | 飛び石の道〔交通・交易〕 …… 547 | 土間の生活用具〔住〕 …… 233 |
| 突彫〔生産・生業〕 …… 482 | 飛魚〔生産・生業〕 …… 388 | 土間の独立柱〔住〕 …… 201 |
| 突彫の刃と突彫の刃の研ぎ〔生産・生業〕 …… 482 | トビウオを桶や竹ざるに移して運ぶ〔生産・生業〕 …… 388 | 土間の補修〔住〕 …… 201 |
| 突手神様〔信仰〕 …… 694 | 飛魚の絵馬〔信仰〕 …… 713 | 土間の炉〔住〕 …… 201 |
| 採ってきた茸〔生産・生業〕 …… 532 | 飛魚の乾燥〔食〕 …… 106 | 土間の炉と竈〔住〕 …… 201 |
| 獲ってきた渡り鳥のツグミ〔生産・生業〕 …… 427 | トビウオの仕分け〔生産・生業〕 …… 388 | 土間の炉に集う家族〔住〕 …… 201 |
| 鳥取の朝市〔交通・交易〕 …… 558 | 飛魚の陸上げ〔生産・生業〕 …… 388 | 苫屋根の家舟〔生産・生業〕 …… 389 |
| 土手修復〔生産・生業〕 …… 311 | 飛魚干し〔食〕 …… 106 | トマリエガイの装備〔生産・生業〕 …… 389 |
| 土手修復作業〔生産・生業〕 …… 311 | 飛魚桝網〔生産・生業〕 …… 388 | 止り木の鷹〔生産・生業〕 …… 427 |
| 土手修復作業で打込む杭作り〔生産・生業〕 …… 311 | 鳶口〔生産・生業〕 …… 416 | 泊漁港〔生産・生業〕 …… 389 |
| 土手突き〔生産・生業〕 …… 312 | 鳶職の門口〔民俗知識〕 …… 671 | 泊屋〔社会生活〕 …… 622 |
| 土手にコウゾやサンショウを刈り残して半栽培〔生産・生業〕 …… 312 | とびなた〔生産・生業〕 …… 416 | 泊り宿〔社会生活〕 …… 623 |
| 土手に座って弁当を食べる少女たち〔食〕 …… 114 | トビナタ〔生産・生業〕 …… 312 | ドーマル生簀〔生産・生業〕 …… 389 |
| 土手に山菜のミョウガやゼンマイ等を刈り残し育成〔生産・生業〕 …… 312 | 鳶の巣観音堂〔信仰〕 …… 759 | 富江のお堂〔信仰〕 …… 759 |
| 土手に半栽培される救荒食のヒガンバナの開花〔生産・生業〕 …… 312 | トビヤシロ〔信仰〕 …… 694 | 富岡製絲場内〔生産・生業〕 …… 482 |
| 土手の草刈りの際、野生のフキを刈り残して育成〔生産・生業〕 …… 312 | 土俵〔芸能・娯楽〕 …… 782 | 富岡の集落景観〔住〕 …… 160 |
| 土手の作業〔生産・生業〕 …… 312 | 扉に貼られた神札〔信仰〕 …… 721 | 富・西谷の四ッ堂(正面)〔信仰〕 …… 759 |
| トテ馬車〔交通・交易〕 …… 547, 581 | 土瓶〔食〕 …… 81 | ドミノ(胴蓑)〔衣〕 …… 14 |
| トテ馬車の名もある乗合馬車〔交通・交易〕 …… 547 | 土瓶の耳の形〔食〕 …… 81 | トムライブダ(弔札)〔人の一生〕 …… 841 |
| | ドブガイの酒蒸し〔食〕 …… 55 | 止石〔住〕 …… 247 |
| | 戸袋に「いなこおとって下さい。一升八〇円」の貼り紙を掲げている〔社会生活〕 …… 634 | 留木〔生産・生業〕 …… 312 |
| | 戸袋につけた家紋〔社会生活〕 …… 634 | 留添後の權入れ〔生産・生業〕 …… 453 |
| | 胴蓋(鬼蓋)〔生産・生業〕 …… 453 | 土面〔芸能・娯楽〕 …… 790 |
| | ドブッタ〔生産・生業〕 …… 312 | 「巴凧」とその骨組〔芸能・娯楽〕 …… 790 |
| | どぶね〔交通・交易〕 …… 547 | 友子のたてた墓碑〔人の一生〕 …… 841 |
| | ドブネ〔交通・交易〕 …… 388 | ともこも頭巾〔衣〕 …… 28 |
| | ドブネ型の船が行く〔生産・生業〕 …… 389 | トモド〔生産・生業〕 …… 389 |
| | どぶね(断面図)〔交通・交易〕 …… 547 | トモドによるカナギ漁〔生産・生業〕 …… 389 |
| | 胴舟の上で焚火をしながらバンコの仲間のそろうのを待つ〔生産・生業〕 …… 389 | トモドの船尾〔生産・生業〕 …… 389 |
| | | トモド舟〔生産・生業〕 …… 389 |
| | | トモ(船尾)またはミヨシ(船首)から繋留されている漁船〔生産・生業〕 …… 389 |

鳥屋〔生産・生業〕……………… 427
ドヤ街の内部〔社会生活〕……… 651
鳥屋野潟〔生産・生業〕………… 389
富山藩の部分名〔生産・生業〕… 312
富山の薬売り〔交通・交易〕…… 574
土用ジロ売り〔交通・交易〕…… 574
土用干しした麦穂を臼でついて脱
　穀〔生産・生業〕……………… 312
豊国炭鉱の事故犠牲者たちの野の
　位牌〔人の一生〕……………… 841
豊洲（埋立地）石炭埠頭〔社会生活〕
　………………………………… 662
豊浜町豊島の家並み〔住〕……… 160
豊松村の家〔住〕………………… 160
トラ〔生産・生業〕……………… 312
銅鑼〔芸能・娯楽〕……………… 779
ドライブイン〔交通・交易〕…… 547
捕らえたウサギの皮をはぐ〔生産・
　生業〕…………………………… 427
トラゲの前と後の文様〔生産・生
　業〕……………………………… 482
トラ作り〔生産・生業〕………… 510
虎と竹の蒔絵火鉢〔住〕………… 233
虎のエマ〔信仰〕………………… 713
トラの底作り〔生産・生業〕…… 510
虎バサミ〔生産・生業〕………… 428
トラボウをかぶったマタギ〔衣〕…28
ドラム罐で作った炭火鉢で焼いた
　川魚〔食〕……………………… 106
ドラム罐に乗って遊ぶ〔芸能・娯
　楽〕……………………………… 800
ドラム缶の風呂〔住〕…………… 201
ドラム罐の風呂にはいる保育園の
　子どもたち〔社会生活〕……… 643
虎屋〔交通・交易〕……………… 574
ドーラン〔生産・生業〕………… 428
トリアゲジサ〔人の一生〕……… 812
鳥居〔信仰〕……………………… 726
鳥居をくぐって安産あるいは無病
　息災を祈る〔信仰〕…………… 713
鳥居くぐりによる安産祈願〔信仰〕
　………………………………… 713
鳥居に石を投げ上げる〔信仰〕… 713
鳥居の注連〔信仰〕……………… 726
鳥居の様式〔信仰〕……………… 726
とりいれ〔生産・生業〕………… 312
取入れ〔生産・生業〕…………… 312
取り入れ作業の合間に買物に行く
　お母さん〔社会生活〕………… 634
鳥追（棟飾）〔住〕……………… 160
鳥追い〔生産・生業〕…………… 312
鳥追笠〔衣〕………………………… 28
鳥追小屋〔生産・生業〕………… 312
鳥追いの鳴子〔生産・生業〕…… 312
トリオキ〔人の一生〕…………… 842
鳥おどし〔生産・生業〕………… 312
鳥おどしと収穫した小豆〔生産・
　生業〕…………………………… 312
鳥形案山子〔生産・生業〕……… 312
鳥型水指〔食〕……………………… 82
鳥越の庚申〔信仰〕……………… 744
トリシメ算〔民俗知識〕………… 678
トリダシバイ〔生産・生業〕…… 428
鳥の玩具〔芸能・娯楽〕………… 790
鳥の死骸を用いた案山子〔生産・
　生業〕…………………………… 312
鳥笛〔芸能・娯楽〕……………… 790
取鍋〔生産・生業〕……………… 510
トリまたは土縁と呼ばれる屋内の
　通路〔住〕……………………… 160
鞘つき竹〔生産・生業〕………… 428

鳥除けにカラスをつるす〔生産・生
　業〕……………………………… 312
鳥除けの網をかけた粟畑〔生産・生
　業〕……………………………… 312
鳥ワナ〔生産・生業〕…………… 428
鳥罠〔生産・生業〕……………… 428
土鈴〔民俗知識〕………………… 672
土鈴〔芸能・娯楽〕……………… 790
ドロアゲ〔生産・生業〕………… 313
泥揚げ鍬〔生産・生業〕………… 313
泥落とし〔生産・生業〕………… 313
トーロク姿〔衣〕………………… 14
泥さし〔生産・生業〕…………… 416
泥つき〔生産・生業〕…………… 313
トロッコ〔社会生活〕…………… 662
トロッコに土入れ作業をしていた2
　人〔社会生活〕………………… 662
泥土揚げ桶〔生産・生業〕……… 313
泥人形（土人形）〔人の一生〕… 815
ドロノシ〔生産・生業〕………… 313
泥のヘッツイと釜〔住〕………… 201
泥歯臼〔生産・生業〕…………… 313
泥棒除の呪文（貼り紙）〔民俗知識〕
　………………………………… 672
ドロボウロクとカネボウロク〔食〕…82
どろよけ〔交通・交易〕………… 614
泥除鍬〔生産・生業〕…………… 313
トロール漁〔生産・生業〕……… 389
トンガ〔生産・生業〕…………… 313
トンガ（猫の舌ベラ）〔生産・生業〕… 313
「トンガリ凧」とその骨組〔芸能・
　娯楽〕…………………………… 790
ドングリ食の全国分布〔食〕…… 55
ドングリのアク抜き〔食〕……… 106
トンコリ〔芸能・娯楽〕………… 779
トンコリの演奏〔芸能・娯楽〕… 779
どんごろ〔衣〕…………………… 38
ドンザ〔衣〕……………………… 14
トンジ〔生産・生業〕…………… 313
トンジバナ〔衣〕………………… 38
トンダリハネタリ〔芸能・娯楽〕… 790
トンネルを作って遊ぶ〔芸能・娯
　楽〕……………………………… 800
トンネル状のフナヒキバ〔生産・生
　業〕……………………………… 389
トンビ鍬〔生産・生業〕………… 313
鳶凧〔芸能・娯楽〕……………… 790
どんぶり〔食〕…………………… 82
どんぶりめし〔食〕……………… 114
トンベナタとナタカゴ〔生産・生
　業〕……………………………… 313
ドンベンゴマ〔芸能・娯楽〕…… 790
トンボ〔生産・生業〕…………… 482
トンボゴマ〔芸能・娯楽〕……… 790

【な】

菜洗い〔食〕……………………… 106
ナイカゴ〔生産・生業〕………… 313
内宮参拝〔信仰〕………………… 772
内国通運会社波合分社鑑札〔交通・
　交易〕…………………………… 614
内国通運会社分社標札〔交通・交
　易〕……………………………… 614
内耳鍋〔食〕……………………… 82
内職〔生産・生業〕……………… 510
内白〔食〕………………………… 82
ナイハコビ〔交通・交易〕……… 602

内部がヘヤ（隠居部屋）、混納場
　（作業場）、厩、肥立場に区切ら
　れた長屋〔住〕………………… 160
名入り番傘〔住〕………………… 233
苗をいれるアジカ〔生産・生業〕… 313
苗を植える溝をつける〔生産・生
　業〕……………………………… 313
ナエカゴ〔生産・生業〕………… 313
苗かご〔生産・生業〕…………… 313
苗籠〔生産・生業〕……………… 313
苗カゴから水田への苗投げ〔生産・
　生業〕…………………………… 313
苗籠とえぶり〔生産・生業〕…… 313
苗さし〔生産・生業〕…………… 313
苗じるし〔生産・生業〕………… 313
苗じるしを立てる〔生産・生業〕… 313
ナエシロゴテ〔生産・生業〕…… 313
ナエスカリ〔生産・生業〕……… 313
苗背負い樽〔生産・生業〕……… 313
苗船〔生産・生業〕……………… 313
苗塚〔生産・生業〕……………… 313
ナエトコの立て札〔生産・生業〕… 313
苗取り〔生産・生業〕…………… 313
苗取りをする女たち〔生産・生業〕… 314
苗とり腰掛〔生産・生業〕……… 314
苗取り終了後の苗をえびすさまに
　供える〔信仰〕………………… 713
苗とり台〔生産・生業〕………… 314
苗取りの手を休めて笑顔を見せる
　〔生産・生業〕………………… 314
苗取りのノドワラ〔生産・生業〕… 314
苗の植え付け〔生産・生業〕…… 314
苗運び〔生産・生業〕…………… 314
苗運び籠〔生産・生業〕………… 314
苗運びのモッコウ〔生産・生業〕… 314
苗運び畚〔生産・生業〕………… 314
苗畑に杉の種をまき、くわの羽裏
　で押さえる〔生産・生業〕…… 416
苗ばわら〔生産・生業〕………… 314
苗舟〔生産・生業〕……………… 314
ナエモッコ〔生産・生業〕……… 314
菜を洗う婦人〔食〕……………… 106
ナカアワカンジキ〔衣〕………… 38
長い髪を切って願う（奉納）〔信仰〕
　………………………………… 713
長いジョウボと生垣をめぐらせた
　屋敷〔住〕……………………… 160
長板中型の糊落とし〔生産・生業〕… 482
長いツララ（シガ）を払い落とす
　〔住〕…………………………… 247
長い棒で田をならす〔生産・生業〕… 314
長唄〔芸能・娯楽〕……………… 779
長唄「娘道成寺（吾妻徳穂）」〔芸
　能・娯楽〕……………………… 779
長馬〔芸能・娯楽〕……………… 800
長馬とび〔芸能・娯楽〕………… 800
長柄杓子10本一束で出荷〔生産・
　生業〕…………………………… 510
長柄杓子や平杓子など〔生産・生
　業〕……………………………… 510
長柄銚子〔食〕…………………… 82
ナカエとオモテ〔住〕…………… 160
中尾稲荷堂〔信仰〕……………… 759
中尾観音様〔信仰〕……………… 759
長尾鶏〔生産・生業〕…………… 437
中尾ホコリのお堂〔信仰〕……… 759
中尾ホコリのお堂内部〔信仰〕… 759
仲買店〔交通・交易〕…………… 574
ナガカキ〔住〕…………………… 233
那珂川沿いの奇妙な家〔住〕…… 160

| 名称 | 頁 |
|---|---|
| 那珂川に設けたアユ簗〔生産・生業〕 | 389 |
| 那珂川の鮭〔生産・生業〕 | 389 |
| 長着〔衣〕 | 14 |
| ながぎ(さしこ)〔衣〕 | 14 |
| 長着と羽織の名称〔衣〕 | 14 |
| 魚垣の概略図〔生産・生業〕 | 389 |
| なかぎり〔生産・生業〕 | 510 |
| ナカキリ〔生産・生業〕 | 510 |
| ナカキリチョウナ〔生産・生業〕 | 510 |
| 中切りと楓の盆〔生産・生業〕 | 510 |
| 長靴を履いた小学生の男子たち〔社会生活〕 | 634 |
| 中組の藤木堂の祭壇〔信仰〕 | 759 |
| なかくり〔生産・生業〕 | 510 |
| 中グリチョンノと鍵〔生産・生業〕 | 510 |
| 中家〔住〕 | 160 |
| 中郷の堂〔信仰〕 | 759 |
| ナガコンブを浜に広げ干す〔生産・生業〕 | 389 |
| ナガサ(山刀)〔生産・生業〕 | 428 |
| 永坂あたり〔社会生活〕 | 651 |
| 長崎凧の絵模様〔芸能・娯楽〕 | 790 |
| 長崎凧の表面と糸目〔芸能・娯楽〕 | 790 |
| 長崎凧の骨組〔芸能・娯楽〕 | 790 |
| 長崎ちろり〔食〕 | 82 |
| 流し〔住〕 | 201 |
| 流し網〔生産・生業〕 | 389 |
| 流し木〔生産・生業〕 | 416 |
| 中四条原中ノ下の薬師堂〔信仰〕 | 759 |
| 流し台〔住〕 | 201 |
| 流し樽〔信仰〕 | 713 |
| 流しに立つ母と歩行器の子ども〔住〕 | 201 |
| 流しの分類〔住〕 | 201 |
| 流し場〔住〕 | 201 |
| 中島町津和地島の浜辺〔生産・生業〕 | 389 |
| 中島町津和地島の家並み〔住〕 | 160 |
| 中島町野惣那島の浜辺〔生産・生業〕 | 389 |
| 中島の朝市〔交通・交易〕 | 558 |
| 流しまわりの雑具〔食〕 | 82 |
| ナガシロ(苗代)〔生産・生業〕 | 314 |
| 長代の峠堂〔信仰〕 | 759 |
| 中州から天神方面を望む〔社会生活〕 | 651 |
| ナガヅル〔生産・生業〕 | 314 |
| 長瀬堂〔信仰〕 | 759 |
| 長草履〔衣〕 | 38 |
| 長台鉋〔生産・生業〕 | 524 |
| 中たかへ大和棟〔住〕 | 160 |
| 永田観音堂(兼好様)〔信仰〕 | 759 |
| ナガタナ〔衣〕 | 28 |
| 永谷市場の地蔵堂〔信仰〕 | 759 |
| 中町の町並み〔住〕 | 160 |
| 中津の四つ堂〔信仰〕 | 759 |
| 長てぬぐい〔衣〕 | 28 |
| 長手拭〔衣〕 | 28 |
| ナガテヌゲ〔衣〕 | 28 |
| 中寺観音堂〔信仰〕 | 759 |
| 長床〔信仰〕 | 729 |
| ナカニオブウ〔人の一生〕 | 812 |
| 中庭〔住〕 | 160 |
| 中庭を望む玄関のしつらえ〔住〕 | 161 |
| 中貫草履〔衣〕 | 38 |
| 長熨斗奉書半切〔人の一生〕 | 823 |
| 中の島の民家〔住〕 | 161 |
| 中の中の小坊主〔芸能・娯楽〕 | 800 |
| ナカノマ〔住〕 | 201 |
| 長浜駅前〔社会生活〕 | 651 |
| 長浜の常喜塗〔食〕 | 82 |
| 中挽き〔生産・生業〕 | 510 |
| 長火鉢〔住〕 | 233 |
| 長火鉢型煙草盆〔住〕 | 234 |
| 仲間入りの盃〔社会生活〕 | 623 |
| 中間お嶽の拝所〔信仰〕 | 768 |
| 仲間倉〔社会生活〕 | 634 |
| 仲間倉実測図(切妻造り)〔住〕 | 161 |
| ながもち〔住〕 | 234 |
| 長持〔住〕 | 234 |
| 長持〔人の一生〕 | 824 |
| 長屋〔住〕 | 161 |
| 中屋のお大師堂〔信仰〕 | 759 |
| 中山行者堂〔信仰〕 | 759 |
| 中山荒神〔信仰〕 | 759 |
| 中山のお大師様〔信仰〕 | 759 |
| 中山の観音堂〔信仰〕 | 759 |
| 中山の大師堂〔信仰〕 | 759 |
| 長屋門〔住〕 | 161 |
| 長屋門入口〔住〕 | 161 |
| 長屋門が連なる家並み〔住〕 | 161 |
| 長屋門構造図〔住〕 | 161 |
| 長屋門のある農家〔住〕 | 161 |
| 長屋門のある農家の庭先〔住〕 | 161 |
| 長屋門のある武家屋敷の町並み〔住〕 | 161 |
| 長屋門の家〔住〕 | 161 |
| 長屋門の全景〔住〕 | 161 |
| 長屋門の断面〔住〕 | 161 |
| 長屋門、離れ座敷など付属屋をよく残した屋敷構え〔住〕 | 161 |
| 仲好しの兄妹〔社会生活〕 | 634 |
| 長柄杓子用の材割作業〔生産・生業〕 | 510 |
| 流灌頂〔人の一生〕 | 842 |
| 流れかんじん〔人の一生〕 | 842 |
| 流れてきた簀に落ちたアユを子供が手づかみで獲る〔生産・生業〕 | 389 |
| 流れに沿って続く洗い場〔住〕 | 212 |
| 流れ藻をとる藻掻き〔生産・生業〕 | 389 |
| 中廊下をとる間取りの民家〔住〕 | 161 |
| 中廊下型農家の間取り〔住〕 | 161 |
| 中廊下式中流住宅に同化している和洋折衷型〔住〕 | 161 |
| 奈川温泉ホテルの護岸〔交通・交易〕 | 618 |
| 仲和田大師堂〔信仰〕 | 759 |
| 仲和田大師堂の本尊〔信仰〕 | 759 |
| ナギカエシの札〔信仰〕 | 721 |
| 薙鎌〔生産・生業〕 | 416 |
| 泣きじゃくりながら兄にうったえている子〔社会生活〕 | 634 |
| 長刀を披露する女生徒〔社会生活〕 | 644 |
| 鳴輪〔生産・生業〕 | 437 |
| ナグリバイ(豆打ち棒)〔生産・生業〕 | 314 |
| ナゲゴマ〔芸能・娯楽〕 | 790 |
| 投込湯沸器〔食〕 | 82 |
| 長押に並ぶカマゲタ〔生産・生業〕 | 428 |
| 長押の廻る屋敷〔住〕 | 161 |
| 投げ餅〔信仰〕 | 713 |
| 仲人〔人の一生〕 | 824 |
| 仲人の前で花嫁が酒をいただく〔人の一生〕 | 824 |
| 名越薬師堂〔信仰〕 | 760 |
| 名古屋の山車と黒船車〔芸能・娯楽〕 | 790 |
| 情島小学校とあけぼの寮〔社会生活〕 | 644 |
| なさし〔生産・生業〕 | 389 |
| ナザル〔食〕 | 82 |
| ナージキ〔人の一生〕 | 815 |
| ナージチ〔生産・生業〕 | 482 |
| 梨の木地蔵〔信仰〕 | 694 |
| 梨の収穫〔生産・生業〕 | 314 |
| 梨の出荷〔生産・生業〕 | 314 |
| なしぶたと湯筒(材つき)〔食〕 | 82 |
| 茄子を漬ける〔食〕 | 106 |
| 茄子切鎌〔生産・生業〕 | 314 |
| 名付け祝い〔人の一生〕 | 815 |
| 名付け帳(長帳)〔人の一生〕 | 815 |
| 名付け披露と産着〔人の一生〕 | 815 |
| 名付け札〔人の一生〕 | 815 |
| ナス・シルバークィン〔住〕 | 201 |
| ナスに鶏の羽をつけた作り物の鳥を稲の上につるす〔生産・生業〕 | 314 |
| ナス4点セットG型〔住〕 | 201 |
| なた〔住〕 | 234 |
| なた〔生産・生業〕 | 416 |
| 直鉈〔生産・生業〕 | 416 |
| 鉈〔生産・生業〕 | 417 |
| なたうん〔生産・生業〕 | 417 |
| ナタカゴ(鉈籠)〔交通・交易〕 | 602 |
| ナタガマの種類〔生産・生業〕 | 417 |
| ナタギリ〔衣〕 | 28 |
| なたたたき棒〔生産・生業〕 | 437 |
| ナタテゴ〔生産・生業〕 | 417 |
| 菜種植え〔生産・生業〕 | 315 |
| ナタネカブキリ〔生産・生業〕 | 315 |
| 菜種脱穀〔生産・生業〕 | 315 |
| なたねとうし〔生産・生業〕 | 315 |
| 菜種蒔き〔生産・生業〕 | 315 |
| 鉈・鋸類(臼・太鼓胴作り道具)〔生産・生業〕 | 510 |
| 鉈のさや〔生産・生業〕 | 417 |
| なたぶくろ〔生産・生業〕 | 417 |
| 雪崩避けのトンネル〔交通・交易〕 | 547 |
| 那智滝宝印とその畳紙〔信仰〕 | 721 |
| 夏囲い蔵〔生産・生業〕 | 453 |
| 夏囲い用囲い蔵・春〔生産・生業〕 | 453 |
| 納豆を売り歩く中学生〔交通・交易〕 | 574 |
| 納豆作り〔食〕 | 106 |
| 夏の家着のアッパッパ〔衣〕 | 14 |
| 夏の午後〔社会生活〕 | 634 |
| 夏の食事〔食〕 | 114 |
| 夏の服装〔衣〕 | 14 |
| 縄っ張り田植〔生産・生業〕 | 315 |
| 夏マヤ〔住〕 | 161 |
| 夏マヤとハサが並ぶ道〔住〕 | 161 |
| 夏ヤボの木焼き〔生産・生業〕 | 315 |
| なで〔住〕 | 234 |
| なで(あしだかたわし)〔住〕 | 234 |
| 撫牛〔信仰〕 | 713 |
| ナデを用いて神棚を清掃する〔住〕 | 247 |
| ナデグワ〔生産・生業〕 | 315 |
| なで、たわし〔住〕 | 234 |
| 名取型〔住〕 | 161 |
| 七尾〔社会生活〕 | 651 |
| ナナクラオロシの神迎え〔信仰〕 | 737 |
| ナナクラ舟を中心にして別れの盃を交わす〔信仰〕 | 737 |
| ナナクラ舟を流し近親者が見送る〔信仰〕 | 737 |
| ナナクラ舟が見えなくなるまで見送る〔信仰〕 | 737 |
| ナナクラヨセ〔信仰〕 | 737 |
| 7歳と5歳を祝う〔人の一生〕 | 815 |
| 七つくど〔食〕 | 82 |

## 【な】(続き)

七海家屋敷配置図〔住〕……………… 161
ナニクサ〔芸能・娯楽〕……………… 800
七日祝い〔人の一生〕………………… 815
七日祝いの生児〔人の一生〕………… 815
七日ごとに挿し立てる七本塔婆
　〔人の一生〕………………………… 842
ナバ〔生産・生業〕…………………… 315
ナバカゴ〔生産・生業〕……………… 532
那覇港〔交通・交易〕………………… 547
那覇の市場〔交通・交易〕…………… 558
那覇の提灯屋〔交通・交易〕………… 574
那覇の婦人〔交通・交易〕…………… 247
ナバ山〔生産・生業〕………………… 315
ナビゲー〔食〕…………………………… 82
ナベ〔食〕………………………………… 82
鍋〔食〕…………………………………… 82
鍋釜〔食〕………………………………… 82
鍋・釜のふたつべっつい〔住〕……… 201
ナベカリの風俗〔人の一生〕………… 824
ナベシキ〔食〕…………………………… 82
なべすけ〔食〕…………………………… 82
鍋敷〔食〕………………………………… 82
鍋敷き〔食〕……………………………… 82
なべしちー〔食〕………………………… 82
なべすけ〔食〕…………………………… 82
ナベツカミ〔食〕………………………… 82
鍋つかみ〔食〕…………………………… 82
ナベツカミ作り（体験学習）〔生産・
　生業〕………………………………… 510
鍋（灯火用）〔住〕…………………… 234
鍋取り〔食〕……………………………… 82
鍋の墓落とし〔食〕…………………… 247
鍋蓋の工夫（市野式鍋）〔食〕………… 83
鍋物焜炉〔食〕…………………………… 83
生寒天とテンツキ〔食〕………………… 55
生木の塔婆〔人の一生〕……………… 842
生木の墓じるし〔人の一生〕………… 842
ナマグサケ〔民俗知識〕……………… 672
海鼠網〔生産・生業〕………………… 389
ナマコを干す島の子供〔食〕………… 106
ナマコ壁の蔵〔住〕…………………… 161
ナマコ壁の土蔵と藁葺き屋根の母
　屋〔住〕……………………………… 161
なまこ壁の民家〔住〕………………… 161
なまこ壁模様の擬態の自動販売機
　〔交通・交易〕……………………… 574
ナマコ製造〔食〕……………………… 106
ナマコとり目鏡〔生産・生業〕……… 389
ナマコヒキ〔生産・生業〕…………… 389
生子拾い四ツ手〔生産・生業〕……… 315
生ゴミを手車に入れる〔社会生活〕… 651
ナマコ漁〔生産・生業〕……………… 389
生しらす〔食〕…………………………… 55
ナマズの蒲焼き〔食〕…………………… 55
ナマズバリ〔生産・生業〕…………… 390
生葉一時貯留用平かご〔生産・生
　業〕…………………………………… 444
生葉かご〔生産・生業〕……………… 444
なまはげ（人形）〔芸能・娯楽〕…… 790
生ビール自動販売機〔交通・交易〕… 574
生ろう、ろう型〔生産・生業〕……… 510
浪合宿〔交通・交易〕………………… 614
並み木植えころがし枠〔生産・生
　業〕…………………………………… 315
波しぶき除けの漆喰壁と波よけの
　腰板〔住〕…………………………… 162
波除けの石垣〔交通・交易〕………… 618
波除けのため石垣を高く築いた家
　並み〔住〕…………………………… 162
南無七面大天女〔掛絵〕〔信仰〕…… 722
ナメ〔生産・生業〕…………………… 428

磴の堂〔信仰〕………………………… 760
磴の端の堂（集落のはずれ）〔信仰〕
　………………………………………… 760
納屋〔住〕……………………………… 162
納屋〔生産・生業〕…………………… 390
納屋を増築してコの字状にした曲
　屋〔住〕……………………………… 162
納屋集落〔生産・生業〕……………… 390
納屋とコンブ干し〔生産・生業〕…… 390
納屋と祠〔住〕………………………… 162
納屋と墓地〔住〕……………………… 162
楢岡焼の水甕と茶碗〔食〕……………… 83
奈良家住宅〔住〕……………………… 162
奈良格子のある家〔住〕……………… 162
ならし板〔生産・生業〕……………… 315
ならし機具〔生産・生業〕…………… 315
ならし板使用の耕耘〔生産・生業〕… 315
ナラシボウ〔生産・生業〕…………… 315
奈良田の子ども〔社会生活〕………… 634
奈良田の住居とカイト〔住〕………… 162
奈良田の集落〔住〕…………………… 162
奈良堂〔信仰〕………………………… 760
奈良人形〔芸能・娯楽〕……………… 790
並び分棟型の民家〔住〕……………… 162
並んだ地蔵〔信仰〕…………………… 694
成田山災難除御守〔信仰〕…………… 722
鳴子〔生産・生業〕…………………… 315
鳴子式の鳥追の案山子〔生産・生
　業〕…………………………………… 315
鳴子のこけし（絵付け）〔生産・生
　業〕…………………………………… 510
鳴門海峡を展望する観光道路〔交
　通・交易〕…………………………… 547
なれずしを作る〔食〕………………… 106
縄糸紡ぎ〔生産・生業〕……………… 510
縄植え〔生産・生業〕………………… 315
縄をなう藁を槌で打っている少女
　〔生産・生業〕……………………… 510
ナワカゴ〔生産・生業〕……………… 390
名和家の住居式水屋〔住〕…………… 162
名和家の土蔵式水屋〔住〕…………… 162
ナワザル〔住〕………………………… 234
なわしめ〔信仰〕……………………… 772
苗代〔生産・生業〕…………………… 315
苗代を作るために除雪する〔生産・
　生業〕………………………………… 315
苗代かき〔生産・生業〕……………… 315
苗代じめ〔生産・生業〕……………… 315
苗代からあげたばかりの苗を田へ
　運ぶ〔生産・生業〕………………… 315
苗代から本田への天びん棒で苗運
　び〔生産・生業〕…………………… 315
苗代鍬〔生産・生業〕………………… 315
苗代じめ〔生産・生業〕……………… 315
苗代づくり〔生産・生業〕…………… 315
ナワシロスダレを踏む〔生産・生
　業〕…………………………………… 315
苗代整地板〔生産・生業〕…………… 316
苗代田〔生産・生業〕………………… 316
苗代田とオウドウシ〔生産・生業〕… 316
苗代田に植える種もみの消毒〔生
　産・生業〕…………………………… 316
苗代田の除雪〔生産・生業〕………… 316
苗代田の種まき〔生産・生業〕……… 316
苗代作り〔生産・生業〕……………… 316
苗代と稲架〔生産・生業〕…………… 316
苗代ならし板〔生産・生業〕………… 316
苗代に立てられた虫よけ札〔信仰〕
　………………………………………… 722
苗代のエジキ〔生産・生業〕………… 316
苗代の風除け〔生産・生業〕………… 316
苗代の種まき〔生産・生業〕………… 316

苗代の鳥除け〔生産・生業〕………… 316
苗代播種機〔生産・生業〕…………… 316
苗代場にあるイケス〔生産・生業〕… 316
縄束ね機〔生産・生業〕……………… 510
縄釣瓶〔住〕…………………………… 212
縄通し〔生産・生業〕………………… 316
なわとび〔芸能・娯楽〕……………… 800
ナワない〔生産・生業〕……………… 510
縄綯い〔生産・生業〕………………… 510
縄ない器〔生産・生業〕……………… 510
縄ない機〔生産・生業〕……………… 510
縄綯機〔生産・生業〕………………… 510
なわない仕事〔生産・生業〕………… 511
縄のタワシ〔食〕………………………… 83
縄のれん〔住〕………………………… 234
縄のれんのかかる家の中〔住〕……… 202
縄暖簾の飯屋〔交通・交易〕………… 574
ナワバチ〔生産・生業〕……………… 390
ナワバリ〔人の一生〕………………… 824
縄張り植え〔生産・生業〕…………… 316
縄張り植えの植え方〔生産・生業〕… 316
縄張り田植〔生産・生業〕…………… 316
縄船〔生産・生業〕…………………… 390
縄巻〔生産・生業〕…………………… 316
縄巻き機〔生産・生業〕……………… 316
縄まぶし〔生産・生業〕……………… 461
ナワメ（ナラメ）〔生産・生業〕…… 316
縄撚り具〔住〕………………………… 234
ナンカユウェ（七日祝い）〔人の一
　生〕…………………………………… 815
南紀のサンマ干し〔生産・生業〕…… 390
南京猿〔芸能・娯楽〕………………… 790
軟硬束子〔食〕…………………………… 83
軟石製の流し〔住〕…………………… 202
南島の入墨〔民俗知識〕……………… 677
納戸神〔信仰〕………………………… 694
ナンドに設けられた箱床〔住〕……… 162
ナンバ〔生産・生業〕………………… 316
南部釜師〔生産・生業〕……………… 511
南部サシコギン〔衣〕…………………… 15
南部杜氏協会〔生産・生業〕………… 453
南部鍋〔食〕……………………………… 83
南部菱刺法被〔衣〕……………………… 15
南部曲屋〔住〕………………………… 162
南部めくら暦〔民俗知識〕…………… 667
南部盲暦〔民俗知識〕………………… 667

## 【に】

荷揚げ〔交通・交易〕………………… 602
荷揚げ用背負板使用の一例〔交通・
　交易〕………………………………… 602
新潟港・傾き沈下した港湾施設
　〔交通・交易〕……………………… 548
新潟市鳥屋野潟周辺の未舗装の道
　〔交通・交易〕……………………… 548
仁位港〔生産・生業〕………………… 390
新墓〔人の一生〕……………………… 842
新墓へのお供え〔人の一生〕………… 842
新墓の仮屋〔人の一生〕……………… 842
新墓の石吊し〔人の一生〕…………… 842
荷い棒〔交通・交易〕………………… 602
荷馬〔交通・交易〕…………………… 602
稲積〔生産・生業〕…………………… 316
稲積（イネマヅン）〔生産・生業〕… 316
稲積（ホニヨとその景観）〔生産・
　生業〕………………………………… 316
荷負縄〔交通・交易〕………………… 602

| 名称索引 | にゅう |

| 見出し | ページ |
|---|---|
| 仁王会館〔信仰〕 | 760 |
| 仁王堂〔信仰〕 | 760 |
| 荷を担ぐ女性〔交通・交易〕 | 602 |
| 荷を積む牛〔交通・交易〕 | 602 |
| 荷をとりに行く娘〔交通・交易〕 | 602 |
| 荷を運ぶ〔交通・交易〕 | 602 |
| 荷を運ぶ行商人〔交通・交易〕 | 574 |
| 荷を運ぶ牛〔交通・交易〕 | 602 |
| 二階が蚕室になっている旧家〔住〕 | 162 |
| ニカイゾウリ（二階建て草履）〔衣〕 | 38 |
| 二階建ての大型建物の櫓破風〔住〕 | 162 |
| 二階堂家住宅〔住〕 | 162 |
| 二階堂家住宅平面図〔住〕 | 162 |
| 二階に障子と格子を併用している町家〔住〕 | 162 |
| 二階のある農家〔住〕 | 162 |
| 二階の炉〔住〕 | 202 |
| 荷カギ〔交通・交易〕 | 602 |
| 荷鉤〔生産・生業〕 | 316 |
| 二化めい虫被害茎切り鎌〔生産・生業〕 | 316 |
| ニカラクリ〔生産・生業〕 | 390 |
| 二期作の田植え〔生産・生業〕 | 316 |
| 和布採りの用具〔生産・生業〕 | 390 |
| にぎりずし屋〔交通・交易〕 | 574 |
| にぎわう通り〔社会生活〕 | 651 |
| 肉牛の飼育〔生産・生業〕 | 437 |
| 肉汁絞り器〔食〕 | 83 |
| 肉屋〔交通・交易〕 | 574 |
| 肉屋の店頭にさげたカモ〔食〕 | 55 |
| ニグラ〔交通・交易〕 | 614 |
| 荷鞍〔交通・交易〕 | 602 |
| 荷ぐらをつけた馬が、引いてきた学生服姿の子にあまえるように、顔をなでられている〔生産・生業〕 | 437 |
| ニグラハフとよばれる煙出し〔住〕 | 162 |
| 荷車〔交通・交易〕 | 602 |
| 荷車にのせた風呂桶に子どもを入れて家に向かう〔交通・交易〕 | 602 |
| 荷車に野菜を積んで売り歩く〔交通・交易〕 | 574 |
| ニケラ〔交通・交易〕 | 602 |
| 荷ゲラ〔交通・交易〕 | 602 |
| 二合半めんつ〔食〕 | 83 |
| 西岡家〔住〕 | 162 |
| 西尾地蔵堂（辻堂）〔信仰〕 | 760 |
| 西川尻の大師堂〔信仰〕 | 760 |
| 錦鯉市場〔交通・交易〕 | 558 |
| 錦鯉の品評会〔生産・生業〕 | 535 |
| 錦鯉の品評会の成果を酒を飲みながら話し合う〔食〕 | 114 |
| 錦琵琶（水藤錦穣）〔芸能・娯楽〕 | 779 |
| 西公園から大濠公園方面を望む〔社会生活〕 | 651 |
| 西陣織の作業場〔生産・生業〕 | 482 |
| 西陣織の町の地蔵堂〔信仰〕 | 694 |
| 西田橋〔交通・交易〕 | 548 |
| 西長島の寝宿〔社会生活〕 | 623 |
| 西のお堂〔信仰〕 | 760 |
| 西のお堂の本尊〔信仰〕 | 760 |
| 西野川沿いの古い町家〔住〕 | 162 |
| 西の観音堂〔信仰〕 | 760 |
| 西ノ谷中組の阿弥陀様〔信仰〕 | 760 |
| 西ノ谷東組のお地蔵様〔信仰〕 | 760 |
| 西の堂の後に付属する堂〔信仰〕 | 760 |
| 西の堂の後に付属する堂祭壇〔信仰〕 | 760 |
| 西原の阿弥陀堂〔信仰〕 | 760 |
| 西町地蔵堂〔信仰〕 | 760 |
| 西町地蔵堂平面図〔信仰〕 | 760 |
| 煮しめにされるリュウキュウカンザンチクの筍〔食〕 | 106 |
| 二尺玉の花火打揚筒〔生産・生業〕 | 511 |
| 西山西堂〔信仰〕 | 760 |
| 二重刳台〔信仰〕 | 726 |
| 二十三夜講〔信仰〕 | 744 |
| 二十三夜様の掛け軸〔信仰〕 | 744 |
| 二十三夜塔〔信仰〕 | 745 |
| 二十三夜塔など〔信仰〕 | 745 |
| 二十三夜待石塔〔信仰〕 | 745 |
| 二重橋前の広場を、星条旗をたなびかせて行進する米第一騎兵隊団第七連隊〔社会生活〕 | 657 |
| 鰊釜〔生産・生業〕 | 390 |
| ニシン漁家の近江家と上に見えるのは泊村から移築された旧田中家〔住〕 | 162 |
| ニシンジョウの堂〔信仰〕 | 760 |
| ニシン長者の家〔住〕 | 162 |
| 西ノ堂〔信仰〕 | 760 |
| 鰊鉢〔食〕 | 83 |
| ニシン漁〔生産・生業〕 | 390 |
| ニス〔食〕 | 83 |
| ニズレ〔衣〕 | 15 |
| ニゾ〔衣〕 | 28 |
| にぞうに簑をレインコートがわりに着た子ども〔衣〕 | 15 |
| ニソの杜〔信仰〕 | 768 |
| 二段化粧うだつ〔住〕 | 248 |
| 二段耕犂〔生産・生業〕 | 316 |
| 二段そろばん〔交通・交易〕 | 574 |
| 日曜市〔交通・交易〕 | 558 |
| 日曜市（街路市）〔交通・交易〕 | 558 |
| 日曜学校の顔ぶれ〔社会生活〕 | 634 |
| 二挺ガンギ〔芸能・娯楽〕 | 790 |
| 日用品の市〔交通・交易〕 | 558 |
| 日輪兵舎〔社会生活〕 | 657 |
| 日輪兵舎での食事〔社会生活〕 | 657 |
| 日活ホテルと福岡大映〔社会生活〕 | 651 |
| 入棺〔人の一生〕 | 842 |
| ニツケカギ・シッカケ・シリガイ〔交通・交易〕 | 614 |
| 荷付の状況〔交通・交易〕 | 614 |
| 日光街道の旧たて場〔交通・交易〕 | 614 |
| 日光下駄〔衣〕 | 38 |
| 日中国交正常化を記念して中国から送られたジャイアントパンダ〔社会生活〕 | 662 |
| 二挺振り天府櫓時計〔住〕 | 234 |
| 煮て薄切りにしたサツマイモと皮をむいた柿を、石置屋根の上で干す〔食〕 | 106 |
| 二度芋潰し〔食〕 | 83 |
| ニドギリ〔生産・生業〕 | 511 |
| 二斗ざる〔交通・交易〕 | 602 |
| ニナアギとバケツの水汲み〔交通・交易〕 | 603 |
| ニナイ〔交通・交易〕 | 603 |
| 担い歩く〔交通・交易〕 | 574 |
| ニナイオケ〔生産・生業〕 | 316 |
| 荷担桶〔生産・生業〕 | 453 |
| 担い桶〔生産・生業〕 | 317 |
| 担い鉤〔交通・交易〕 | 603 |
| 担い籠〔交通・交易〕 | 603 |
| 担い樽〔生産・生業〕 | 317 |
| 担い俵〔交通・交易〕 | 603 |
| 荷担棒〔生産・生業〕 | 453 |
| ニナイモッコ〔交通・交易〕 | 603 |
| ニナ相撲〔芸能・娯楽〕 | 800 |
| 荷縄を首からはずす少年〔交通・交易〕 | 603 |
| 荷縄で稲を運ぶ少年〔交通・交易〕 | 603 |
| 荷縄の結び方〔交通・交易〕 | 603 |
| 弐之橋〔交通・交易〕 | 548 |
| にのひら〔食〕 | 83 |
| 二宮尊徳生家のザシキ前の縁〔住〕 | 163 |
| 荷馬車〔交通・交易〕 | 603 |
| 荷馬車組合安全祈願祀〔信仰〕 | 760 |
| 荷馬車鞍〔交通・交易〕 | 603 |
| 荷馬車で運ぶ〔交通・交易〕 | 603 |
| 二番うない〔生産・生業〕 | 317 |
| 二番草の除草作業〔生産・生業〕 | 317 |
| 二番耕〔生産・生業〕 | 317 |
| 二番除草〔生産・生業〕 | 317 |
| 二番櫂〔生産・生業〕 | 453 |
| ニベの手釣法〔生産・生業〕 | 390 |
| 荷棒〔交通・交易〕 | 603 |
| ニボシを干す〔食〕 | 106 |
| ニポポ〔芸能・娯楽〕 | 790 |
| 日本髪の女性〔衣〕 | 46 |
| 二本ガンヅメ〔生産・生業〕 | 317 |
| 二本木大明神〔信仰〕 | 760 |
| 二本熊手鍬〔生産・生業〕 | 317 |
| 日本赤十字社救護班（小貝川洪水）〔社会生活〕 | 662 |
| 日本赤十字社の巡回診療〔民俗知識〕 | 665 |
| 日本赤十字社の予防消毒作業〔民俗知識〕 | 665 |
| 日本セメント香春工場〔生産・生業〕 | 535 |
| 日本炭鉱労働組合員〔生産・生業〕 | 527 |
| 日本刀刃文の種類〔生産・生業〕 | 511 |
| 日本刀の鍛錬工程〔生産・生業〕 | 511 |
| 日本脳炎予防ワクチンの注射を学童にする〔民俗知識〕 | 665 |
| 日本の民家の屋根の形式分布と間取り概略図〔住〕 | 163 |
| 日本橋〔交通・交易〕 | 548 |
| 日本橋二丁目の焼け跡に育つトウモロコシ〔社会生活〕 | 657 |
| 日本万国博覧会 太陽の塔〔交通・交易〕 | 618 |
| 二本備中鍬〔生産・生業〕 | 317 |
| 日本舞踊〔芸能・娯楽〕 | 779 |
| 日本兵が米国のルーズベルト大統領と、英国のチャーチル首相を攻める雪像〔社会生活〕 | 657 |
| ニホンマンガ〔生産・生業〕 | 317 |
| ニマ〔食〕 | 83 |
| ニマアシゼン（二枚足膳）〔食〕 | 83 |
| 二枚鉋〔生産・生業〕 | 524 |
| 二毛作の麦を刈る〔生産・生業〕 | 317 |
| 荷物を運ぶ〔交通・交易〕 | 603 |
| 荷物の出し入れに便利な二階への広い階段〔住〕 | 202 |
| 煮物鉢〔食〕 | 83 |
| 入営祝盃〔社会生活〕 | 657 |
| 入家儀礼〔人の一生〕 | 824 |
| 入学式〔社会生活〕 | 644 |
| 入学試験〔社会生活〕 | 644 |
| 入学試験をうけるこども〔社会生活〕 | 644 |
| 入家式〔人の一生〕 | 824 |
| 乳牛〔生産・生業〕 | 438 |
| 乳牛飼育〔生産・生業〕 | 438 |
| 乳牛のホルスタインの品評会〔生産・生業〕 | 438 |

| にゅう | 名称索引 | |
|---|---|---|
| 乳牛牧場〔生産・生業〕 …… 438 | 糠床の柿の皮〔食〕 …… 55 | ネコザ〔交通・交易〕 …… 603 |
| 入港を待つ人々〔交通・交易〕 …… 548 | 糠味噌炊〔食〕 …… 83 | ネコシット〔交通・交易〕 …… 603 |
| 入講式の図〔社会生活〕 …… 623 | ヌキノ〔生産・生業〕 …… 390 | ネコダ〔交通・交易〕 …… 603 |
| 入植農家の復元例〔住〕 …… 163 | ヌキヤー（貫屋）〔住〕 …… 163 | 猫つぐら〔住〕 …… 234 |
| ニュウトビ神様〔信仰〕 …… 694 | ヌサカケ〔信仰〕 …… 772 | 猫ノ絵馬〔信仰〕 …… 713 |
| 入峰の対象となった山岳〔信仰〕 …… 729 | ヌササン（祭壇）〔信仰〕 …… 772 | ネコヒバチ〔住〕 …… 234 |
| ニューヨーク世界博覧会〔交通・交易〕 …… 618 | 塗師の作業〔生産・生業〕 …… 511 | 寝小屋と呼ぶテントに安田興行社の一同がそろい夕食をとる〔芸能・娯楽〕 …… 779 |
| 如意〔信仰〕 …… 726 | ヌジファ（抜霊）〔人の一生〕 …… 842 | ねごろどりうぐい〔生産・生業〕 …… 390 |
| 如意寺観音堂〔信仰〕 …… 760 | 塗師屋〔生産・生業〕 …… 511 | 根来塗広蓋と平蒔絵生盛皿，平蒔絵猪口〔食〕 …… 83 |
| 如意輪観音像（猫供養）〔民俗知識〕 …… 676 | 貫木屋〔住〕 …… 163 | ネザンバ〔芸能・娯楽〕 …… 790 |
| 女躰大明神祠堂〔信仰〕 …… 760 | 貫木屋と民家敷地断面図〔住〕 …… 163 | ねじ〔食〕 …… 55 |
| 女人禁制〔信仰〕 …… 768 | 貫木屋の貫と柱の継手仕口〔住〕 …… 163 | ネジボウ（ウミタケとり）〔生産・生業〕 …… 390 |
| 女人禁制の標柱〔信仰〕 …… 768 | ヌックルミ（ケラソッカ）〔衣〕 …… 39 | ネジボウ（ウミタケとり，大型）〔生産・生業〕 …… 390 |
| 女人念仏講中の供養碑〔信仰〕 …… 745 | ヌックルミの中にいれるワラシベ〔衣〕 …… 39 | ねじや〔生産・生業〕 …… 417 |
| 2, 4-D散布器〔生産・生業〕 …… 317 | 布帯を荷縄にして荷を運ぶ〔交通・交易〕 …… 603 | 寝小便が止むように梯子を奉納する〔信仰〕 …… 713 |
| 韮山笠〔衣〕 …… 28 | 布籠〔住〕 …… 234 | ねじりはちまき〔衣〕 …… 29 |
| 煮る〔生産・生業〕 …… 446, 482 | 布晒業〔生産・生業〕 …… 511 | 鼠小僧次郎吉の墓石をかくおばさん〔民俗知識〕 …… 672 |
| 2令時の給桑作業（1箱に4人の共同作業）〔生産・生業〕 …… 461 | 布地を売るおじさん〔交通・交易〕 …… 558 | ネズミゼン〔食〕 …… 83 |
| 2令の起除沙作業〔生産・生業〕 …… 461 | 布草履（古着リメイク）〔衣〕 …… 39 | ネズミタケ〔食〕 …… 55 |
| 二列型の間取り〔住〕 …… 163 | 布叩き台〔生産・生業〕 …… 511 | ネズミタンケイ（ねずみ短繋）〔住〕 …… 234 |
| 庭木の雪がこい〔住〕 …… 163 | 布縄〔住〕 …… 234 | 鼠燈台〔住〕 …… 234 |
| 庭下駄〔衣〕 …… 39 | 布橋〔信仰〕 …… 768 | 鼠と猫の玩具〔芸能・娯楽〕 …… 790 |
| 庭先で遊ぶニワトリ〔生産・生業〕 …… 438 | 布橋（復原）〔信仰〕 …… 768 | 鼠とり〔住〕 …… 234 |
| 庭先に脱穀機が置かれている〔住〕 …… 163 | 沼田の田植〔生産・生業〕 …… 317 | 鼠の梯子上り〔芸能・娯楽〕 …… 791 |
| 丹羽地域の妻入り町家〔住〕 …… 163 | 沼輪〔生産・生業〕 …… 317 | ネズミ刃錐〔生産・生業〕 …… 524 |
| 庭での乾燥（脱穀後の籾）〔生産・生業〕 …… 317 | 野屋墓〔人の一生〕 …… 842 | 鼠歯錐〔生産・生業〕 …… 511 |
| ニワと馬屋〔住〕 …… 163 | 塗りくど〔住〕 …… 202 | 鼠罠〔生産・生業〕 …… 428 |
| ニワ（土間）の奥に設けた台所〔住〕 …… 202 | 塗籠壁の民家〔住〕 …… 163 | 根太天井〔住〕 …… 202 |
| 鶏〔生産・生業〕 …… 438 | 塗高坏〔信仰〕 …… 726 | 根太天井を用いた町家の店の間〔住〕 …… 202 |
| 鶏（削りかけ玩具）〔芸能・娯楽〕 …… 790 | 塗道具類〔生産・生業〕 …… 511 | 根太天井の広がり〔住〕 …… 202 |
| ニワトリ小屋のある家〔住〕 …… 163 | 塗物仲買面名幷国割名面〔生産・生業〕 …… 511 | ネッキ〔芸能・娯楽〕 …… 791, 800 |
| 鶏と山羊〔生産・生業〕 …… 438 | 塗屋造りの店〔住〕 …… 163 | 根継ぎ〔住〕 …… 163 |
| 鶏のえさを刻む〔生産・生業〕 …… 438 | ヌルメ〔生産・生業〕 …… 317 | 根付のいろいろ〔衣〕 …… 48 |
| 鶏も一緒の台所〔住〕 …… 202 | | ネッパリ木〔信仰〕 …… 772 |
| 鶏用給水器〔生産・生業〕 …… 438 | 【ね】 | 子聖大権現〔信仰〕 …… 722 |
| にわとり霊供養塔〔民俗知識〕 …… 676 | | ネパ（枕）〔生産・生業〕 …… 390 |
| 庭の水撒き〔住〕 …… 248 | ねうちづち〔生産・生業〕 …… 317 | 涅槃堂〔信仰〕 …… 760 |
| 庭廻り風景〔人の一生〕 …… 842 | ねうちつつ〔生産・生業〕 …… 317 | ねぶね〔食〕 …… 83 |
| 人形〔芸能・娯楽〕 …… 790 | ネズヅの棒〔信仰〕 …… 713 | 根曲竹のタケノコ〔食〕 …… 55 |
| 人形遊び〔芸能・娯楽〕 …… 800 | ネオンサイン〔社会生活〕 …… 651 | ねまき〔衣〕 …… 15 |
| 人形魚屋〔芸能・娯楽〕 …… 790 | ネカギ（大黒）〔住〕 …… 202 | ネマに半紙大のはめ殺し窓をもつ民家〔住〕 …… 163 |
| 人形浄瑠璃〔芸能・娯楽〕 …… 779 | 寝棺を縁側から庭に出し，輿におさめて野辺送りの行列を整える〔人の一生〕 …… 842 | 寝間の入口〔住〕 …… 202 |
| 人形店〔交通・交易〕 …… 574 | 葱篭〔生産・生業〕 …… 317 | 寝間のしきり〔住〕 …… 202 |
| 人形の修理〔生産・生業〕 …… 511 | 葱収穫鎌〔生産・生業〕 …… 317 | ネマリバタ〔生産・生業〕 …… 482 |
| 人形の娘役〔芸能・娯楽〕 …… 779 | 葱苗を売る〔生産・生業〕 …… 317 | ネマリ機〔生産・生業〕 …… 482 |
| 人魚のミイラ〔民俗知識〕 …… 678 | 禰宜にホウジョウと呼ぶ虫を祓ってもらう〔生産・生業〕 …… 317 | ネマリバタ（地機）で裂織りを織る〔生産・生業〕 …… 482 |
| 人間ポンプの「金魚釣り」〔芸能・娯楽〕 …… 779 | 葱の種取り〔生産・生業〕 …… 317 | 根室本線の列車〔交通・交易〕 …… 548 |
| ニンジン〔食〕 …… 83 | ネキリ鋸〔生産・生業〕 …… 511 | ネヤ（寝屋）〔社会生活〕 …… 623 |
| 妊娠祈願〔信仰〕 …… 713 | ネクタイ〔衣〕 …… 47 | 寝宿〔社会生活〕 …… 623 |
| 人参小屋〔食〕 …… 106 | ねこ〔交通・交易〕 …… 603 | ネリ権〔交通・交易〕 …… 548 |
| ニンニクとタコの和えもの〔食〕 …… 55 | ネコ（袖無類）〔衣〕 …… 15 | 練り権を操る〔交通・交易〕 …… 548 |
| ニンプ〔衣〕 …… 15 | 猫足膳〔食〕 …… 83 | ねりばち〔食〕 …… 83 |
| にんぼう〔交通・交易〕 …… 603 | 猫足膳と八十椀〔食〕 …… 83 | 練物製〔芸能・娯楽〕 …… 791 |
| | ねこあんかとよばれる行火の一使用例〔住〕 …… 234 | 年忌〔人の一生〕 …… 843 |
| 【ぬ】 | ネコ板〔生産・生業〕 …… 527 | 年忌に墓場へ持ってゆくものを窓や縁先から出す〔人の一生〕 …… 843 |
| 縫いぐるみの負猿と犬ころ〔芸能・娯楽〕 …… 790 | ネコガキ〔交通・交易〕 …… 603 | 撚糸器〔生産・生業〕 …… 482 |
| 縫針入れ〔人の一生〕 …… 824 | ねこかん〔生産・生業〕 …… 417 | 年数を経ると緑樹環境が見事になる典型的な中層住宅団地の棟間空間〔住〕 …… 248 |
| ヌイモノビク（縫い物魚籠）〔生産・生業〕 …… 317 | ネコグルマ〔交通・交易〕 …… 603 | |
| ヌカマド〔住〕 …… 202 | ネコ車〔交通・交易〕 …… 603 | |
| | 猫車〔交通・交易〕 …… 603 | |
| | ネコゲラ〔交通・交易〕 …… 603 | |

年長者が小さい子供たちに水泳を
　教える〔社会生活〕……………… 634
粘土運搬に使ったタンガラ〔生産・
　生業〕…………………………… 511
ネンネコ〔人の一生〕……………… 812
ねんねこ姿で子守り〔人の一生〕… 812
ネンネコ姿の母と子〔人の一生〕… 812
ねんねこにくるんだ初孫を抱いて
　子守をする祖父〔人の一生〕…… 812
ネンネコバンテン〔人の一生〕…… 812
念仏入〔人の一生〕………………… 843
念仏入の支度〔人の一生〕………… 843
念仏供養塔〔信仰〕………………… 772
念仏供養碑〔信仰〕………………… 772
念仏講〔信仰〕……………………… 745
念仏講鉦〔信仰〕…………………… 745
念仏講数珠〔信仰〕………………… 745
念仏講中の年寄が鉦を叩きながら
　葬列に加わる〔人の一生〕……… 843
念仏講の集り〔信仰〕……………… 745
念仏講の幕〔信仰〕………………… 745
念仏諸道具入れの蓋裏〔信仰〕…… 745
念仏堂〔信仰〕……………………… 760
ねんぼ〔交通・交易〕……………… 604
燃料の薪チップ〔住〕……………… 234
年齢階梯制墓地の一例〔人の一生〕… 843
年齢階集団　年齢階梯と年齢組〔社
　会生活〕………………………… 623
年齢別墓地〔人の一生〕…………… 843

【の】

野井川上影茶堂〔信仰〕…………… 760
野井戸とハネ釣瓶〔住〕…………… 212
野稲（陸稲）伝承地〔生産・生業〕… 317
農家〔住〕…………………………… 163
農家ウマヤの窓〔住〕……………… 163
農家生活改善発表会〔社会生活〕… 634
農家とまわりの田畑の図〔生産・生
　業〕……………………………… 317
農家に風よけの囲い〔住〕………… 163
農家に見る悠紀殿風の千木〔住〕… 163
農家の板床〔住〕…………………… 202
農家の一隅（平スッペ、カサ、ミノ、
　セナコウジ、ワラジ、スキ袋、荷
　ナワ）〔住〕……………………… 234
農家の居間〔住〕…………………… 202
農家の入口〔住〕…………………… 164
農家の母屋〔住〕…………………… 164
農家の家相図〔住〕………………… 164
農家の構え〔住〕…………………… 164
農家の蔵〔住〕……………………… 164
農家の玄関先に備えられた農具の
　一式〔生産・生業〕……………… 317
農家のコビル〔食〕………………… 114
農家の主婦が天秤のかごに花の咲
　いた植木鉢をつめこんで売りに
　来た〔交通・交易〕……………… 575
農家の少年が牛をひっぱって農場
　に行く〔生産・生業〕…………… 438
農家の食具〔食〕…………………… 83
農家の食膳〔食〕…………………… 55
農家の簀の子天井〔住〕…………… 202
農家の簀の子床〔住〕……………… 202
農家の坐り流し〔住〕……………… 202
農家の外便所〔住〕………………… 164
農家のたたずまい〔住〕…………… 164
農家の立ち流し〔住〕……………… 202
農家の動線〔住〕…………………… 248

農家の土間と牛小屋〔住〕………… 164
農家の流し場〔住〕………………… 164
農家のナヤ〔住〕…………………… 164
農家の庭先〔住〕…………………… 164
農家の猫〔住〕……………………… 248
農家の上りハナ〔住〕……………… 164
農家の梁と自在鉤〔住〕…………… 202
農家のひさしに挿してあったマム
　シ〔食〕………………………… 106
農家の平面の移り変わり〔住〕…… 164
農家の松の防風林〔住〕…………… 164
農家の間取り〔住〕………………… 164
農家の間取り（秋山の民家）〔住〕… 164
農家のマヤ〔住〕…………………… 164
農家のまわりのカイニョ〔住〕…… 164
農家の水屋〔住〕…………………… 202
農家の物置〔住〕…………………… 164
農家の屋敷〔住〕…………………… 164
農家の屋敷構〔住〕………………… 164
農家の屋敷林が残る東京都雑司ヶ
　谷霊園〔人の一生〕……………… 843
農家の雪がこい〔住〕……………… 164
農家の嫁と姑〔社会生活〕………… 634
農家風外観をもつ町家〔住〕……… 164
農閑期のワラ仕事〔生産・生業〕… 511
農休日の表示〔生産・生業〕……… 317
納経受付所〔信仰〕………………… 768
農業共済組合の台風による被害状
　況の調査〔生産・生業〕………… 317
農業協同組合より配給品〔生産・生
　業〕……………………………… 317
『農業記録』〔生産・生業〕………… 317
農業高校内パン売場の昼休み〔社
　会生活〕………………………… 644
農協総会〔生産・生業〕…………… 317
納経札〔信仰〕……………………… 713
農具〔生産・生業〕………………… 318
農具市〔交通・交易〕……………… 558
農具絵馬〔信仰〕…………………… 713
農具をかつぐ〔生産・生業〕……… 318
農具のいろいろ〔生産・生業〕…… 318
農耕牛を連れた若い女性〔生産・生
　業〕……………………………… 438
農機具の型録を見る〔生産・生業〕… 318
農耕船の船だまり〔交通・交易〕… 548
納骨〔人の一生〕…………………… 843
納骨塚〔人の一生〕………………… 843
納骨仏壇が並んだ寺院〔人の一生〕… 843
農小屋〔生産・生業〕……………… 318
ノウサギの肉〔食〕………………… 55
農作業を助け元肥に使う堆厩肥を
　生産する牛〔生産・生業〕……… 438
農作業時の昼食と子育て〔食〕…… 114
農作業に使う軽トラック〔生産・生
　業〕……………………………… 318
農作業の衣装〔衣〕………………… 15
農作業のかぶりもの〔衣〕………… 29
農作業用上衣〔衣〕………………… 15
納札〔信仰〕………………………… 714
農事相談〔生産・生業〕…………… 318
農事のあいまの語らい〔社会生活〕… 634
能地の町並み〔社会生活〕………… 651
能地の間取りの分類と平面図〔住〕
　………………………………… 164
能衆稗酒〔食〕……………………… 55
農村〔住〕…………………………… 164
農村歌舞伎舞台〔芸能・娯楽〕…… 779
農村地区の人たちが、農作物や藁
　製品などを町に持ちより市が立
　つ〔交通・交易〕………………… 558

農村にみられる老婆の姿〔生産・生
　業〕……………………………… 318
農村の井戸〔住〕…………………… 212
農村の仕事着〔衣〕………………… 15
農村の集落〔住〕…………………… 164
農村の主婦の座〔生産・生業〕…… 318
農村の生活改善（台所）〔住〕……… 202
農村の民家〔住〕…………………… 164
農村の労働服装〔衣〕……………… 15
農村民家の雪囲い〔住〕…………… 164
農村民家間取り事例〔住〕………… 165
ノウダテ田の田植〔生産・生業〕… 318
ノウダテナエ〔生産・生業〕……… 318
農地直送販売〔交通・交易〕……… 575
農道を行く馬〔生産・生業〕……… 438
農人形〔芸能・娯楽〕……………… 791
農人町の町並み〔住〕……………… 165
農繁期の給食〔社会生活〕………… 634
農繁休暇でリヤカーを運搬する小
　学生〔生産・生業〕……………… 318
農夫〔衣〕…………………………… 15
農夫〔生産・生業〕………………… 318
農婦〔衣〕…………………………… 15
能生町筒石の延縄漁の船中の役割
　〔生産・生業〕…………………… 390
農用扇風機〔生産・生業〕………… 318
納涼団扇車〔住〕…………………… 234
農連市場〔交通・交易〕…………… 558
野がえりの清めに用いる米糠と塩
　〔人の一生〕……………………… 843
野鍛冶〔生産・生業〕……………… 511
野鍛冶の絵馬〔信仰〕……………… 714
ノガミ〔信仰〕……………………… 694
野神〔信仰〕………………………… 694
軒を支える見事な持送り〔住〕…… 165
芒落とし〔生産・生業〕…………… 318
軒先納まり名称（一文字掛桟瓦）
　〔住〕……………………………… 165
軒先納まり名称（桟瓦葺き）〔住〕… 165
軒先を整える〔住〕………………… 216
軒先でのツバメ営巣〔住〕………… 248
軒先に厨子を祀る〔信仰〕………… 694
軒先に干されたゴマとキビ〔食〕… 106
軒先に祀られた亥子大神の小祠
　〔信仰〕…………………………… 694
軒先の釣瓶井戸〔住〕……………… 212
軒先の鳥カゴと井戸〔住〕………… 248
軒下から下がる漁具〔生産・生業〕… 390
軒下での農具の保管〔住〕………… 248
軒下に積まれた薪〔住〕…………… 248
軒下につるしたみのと荷縄〔住〕… 248
軒下に番傘〔住〕…………………… 248
軒下にみえる雲の意匠〔住〕……… 165
軒下に「屋根葺技術師」の表札の
　ある白川郷の民宿〔交通・交易〕… 581
軒下の竿にモチキビをかけ干す石
　屋根の倉庫〔住〕………………… 165
軒下の地蔵棚〔信仰〕……………… 694
軒下の利用〔住〕…………………… 248
ノキナシ〔生産・生業〕…………… 318
軒にキビを干す家〔住〕…………… 248
軒の高い漏斗谷造り〔住〕………… 165
野際岳観音の絵馬〔信仰〕………… 714
鋸〔生産・生業〕…………………… 417
ノコ（大鋸）の部分名〔生産・生業〕
　………………………………… 417
ノコギリ〔生産・生業〕…………… 417
鋸を使う〔生産・生業〕…………… 535
ノコギリガマ〔生産・生業〕……… 318
鋸鎌〔生産・生業〕………………… 318

| 鋸鎌の構造と各部名称〔生産・生業〕 | 318 |
| --- | --- |
| 鋸の「目立て」をする〔生産・生業〕 | 511 |
| 鋸挽〔玩具〕〔芸能・娯楽〕 | 791 |
| 鋸類〔角物木地用具〕〔生産・生業〕 | 511 |
| 残った往還松〔交通・交易〕 | 618 |
| 鋸目立用具〔生産・生業〕 | 417 |
| ノサ〔生産・生業〕 | 428 |
| ノサカケ〔生産・生業〕 | 428 |
| 熨斗〔民俗知識〕 | 678 |
| のしあわび〔信仰〕 | 726 |
| 熨斗鮑作り〔信仰〕 | 727 |
| 熨斗鰒づくり（生むき作業）〔信仰〕 | 727 |
| 熨斗を社殿の扉に結びつける〔人の一生〕 | 815 |
| 野宿ガケの時の炉〔生産・生業〕 | 428 |
| 能勢の民家〔住〕 | 165 |
| 覗機関〔芸能・娯楽〕 | 779 |
| のぞき眼鏡〔芸能・娯楽〕 | 779 |
| 野田港〔生産・生業〕 | 390 |
| 野田醬油醸造之図〔生産・生業〕 | 453 |
| 野立て〔芸能・娯楽〕 | 805 |
| 野立てのお点前〔芸能・娯楽〕 | 805 |
| 野田の地蔵〔信仰〕 | 760 |
| ノタリと三本鍬〔生産・生業〕 | 318 |
| ノッザン（後産）を捨てたところ〔人の一生〕 | 812 |
| のっぺい汁〔食〕 | 83 |
| ノデワラで束ねた苗〔生産・生業〕 | 318 |
| 野天風呂〔住〕 | 202 |
| 能登の草屋根〔住〕 | 165 |
| 能登原下組の地蔵堂〔信仰〕 | 760 |
| 野墓〔人の一生〕 | 843 |
| 伸びる稲〔生産・生業〕 | 318 |
| 野伏港〔生産・生業〕 | 390 |
| 野辺送り〔人の一生〕 | 843 |
| 野辺送りから帰ると、逆さにした臼の上に用意した塩をなめ、臼のかたゝらに置いた水を入れた洗面器に足をかざしてから家にはいる〔人の一生〕 | 843 |
| 野辺送りに加わる花籠〔人の一生〕 | 843 |
| 野辺送りに向かう白い着物に頭にも白布を着けた親族の女たち〔人の一生〕 | 843 |
| 野辺送りの行列の先頭に置いた紙製の龍頭を塔婆に結わえてある〔人の一生〕 | 843 |
| 野辺送りのための雪道つけ〔人の一生〕 | 843 |
| 野辺送りの花籠を持つ人〔人の一生〕 | 843 |
| 野辺送り（葬列）の模式図〔人の一生〕 | 844 |
| のべ台〔生産・生業〕 | 482 |
| 幟〔社会生活〕 | 623 |
| 幟〔信仰〕 | 745 |
| 幟入れ箱〔社会生活〕 | 623 |
| 登り窯〔生産・生業〕 | 511 |
| 登り窯から出された薩摩焼の花瓶を見る〔生産・生業〕 | 511 |
| 幟台〔社会生活〕 | 623 |
| 幟立て〔社会生活〕 | 623 |
| ノボリ巻キの略図〔生産・生業〕 | 428 |
| ノミ（鑿）〔生産・生業〕 | 511 |
| 呑口〔生産・生業〕 | 453 |
| ノミと小ノミ〔生産・生業〕 | 390 |
| ノミ（鑿）とセットウ〔生産・生業〕 | 511 |

| ノミ・ヒラノミ・ナカキリチョンナ〔生産・生業〕 | 511 |
| --- | --- |
| 飲み屋〔交通・交易〕 | 575 |
| 鑿類（角物木地用具）〔生産・生業〕 | 511 |
| 野村家の店蔵と袖蔵〔住〕 | 165 |
| 野飯と野団子と四花と戒名〔人の一生〕 | 844 |
| のめり（下駄）〔衣〕 | 39 |
| 野山から採取した刈敷と海や湖から取り上げた藻肥の犂込み〔生産・生業〕 | 318 |
| 野良へ行く娘〔生産・生業〕 | 318 |
| 野良帰り〔生産・生業〕 | 318 |
| 野良から家路につく〔生産・生業〕 | 318 |
| ノラギ〔衣〕 | 15 |
| 野良着〔衣〕 | 15 |
| 野良着の下衣を脱ぐ早乙女〔衣〕 | 15 |
| 野良仕事〔生産・生業〕 | 318 |
| 野良で売る〔交通・交易〕 | 575 |
| 野らでたべる串団子の味覚〔食〕 | 114 |
| 野らの食事〔食〕 | 114 |
| 野良の弁当箱〔食〕 | 83 |
| 野良の見合〔人の一生〕 | 824 |
| 乗り合いの船で漁場に出るカチドの海女〔生産・生業〕 | 390 |
| 乗合馬車〔交通・交易〕 | 548 |
| 乗合船発着場付近〔交通・交易〕 | 548 |
| 海苔を着かせる棚〔食〕 | 106 |
| 糊落とし〔生産・生業〕 | 482 |
| 海苔を海苔簀に海苔付けして干す〔食〕 | 106 |
| 海苔を干す〔食〕 | 106 |
| 海苔鑑札〔生産・生業〕 | 390 |
| ノリ漁場〔生産・生業〕 | 390 |
| 海苔切庖丁〔食〕 | 106 |
| 海苔切庖丁〔生産・生業〕 | 390 |
| ノリゲタ〔生産・生業〕 | 390 |
| 海苔下駄〔生産・生業〕 | 390 |
| 海苔ざる〔食〕 | 83 |
| 海苔絞り機〔食〕 | 83 |
| ノリスキダイ〔生産・生業〕 | 390 |
| 海苔すき台〔食〕 | 83 |
| 海苔すき枠〔食〕 | 83 |
| 海苔付けした海苔簀を簀台に並べて干す〔食〕 | 106 |
| ノリ製造場に海水を送るタンク〔生産・生業〕 | 390 |
| 海苔種付けの日〔生産・生業〕 | 391 |
| 海苔作り〔食〕 | 106 |
| ノリ摘み〔生産・生業〕 | 391 |
| 海苔摘みに行く人々〔生産・生業〕 | 391 |
| 海苔摘みの岩場に向かう〔生産・生業〕 | 391 |
| 祝詞奏上〔信仰〕 | 727 |
| ノリトリ〔生産・生業〕 | 391 |
| 海苔採り〔生産・生業〕 | 391 |
| ノリ採りのおばさん〔生産・生業〕 | 391 |
| 海苔採りの仕事着〔衣〕 | 15 |
| ノリ採り風景〔生産・生業〕 | 391 |
| 糊抜き〔生産・生業〕 | 482 |
| 海苔の乾燥〔食〕 | 106 |
| 海苔の採取からもどった若者〔生産・生業〕 | 391 |
| ノリのジコバ〔生産・生業〕 | 391 |
| 海苔の種付け〔生産・生業〕 | 391 |
| ノリの摘採作業〔生産・生業〕 | 391 |
| 海苔の焙炉かけ〔食〕 | 107 |
| 海苔の養殖〔生産・生業〕 | 391 |
| のりの養殖場〔生産・生業〕 | 391 |
| ノリ培養施設内部〔生産・生業〕 | 391 |

| 海苔ひびを離れて流れた海苔を拾う〔生産・生業〕 | 391 |
| --- | --- |
| ノリひびの干潟〔生産・生業〕 | 391 |
| ノリひび風景〔生産・生業〕 | 391 |
| 海苔拾い〔生産・生業〕 | 391 |
| 海苔干し場〔食〕 | 107 |
| 乗り物ごっこ〔芸能・娯楽〕 | 800 |
| ノリ養殖のヒビ〔生産・生業〕 | 391 |
| ノリワラによる託宣〔信仰〕 | 772 |
| ノルウェー船の「ラブラス」号が運んできた、ユニセフから贈られた脱脂粉乳のドラム缶〔交通・交易〕 | 548 |
| のれん〔住〕 | 234 |
| ノレン（暖簾）〔生産・生業〕 | 318 |
| 暖簾〔交通・交易〕 | 575 |
| ノロ〔信仰〕 | 737 |
| 呪いのかぎ（アイヌの呪具）〔民俗知識〕 | 672 |
| ノロ達〔信仰〕 | 737 |
| ノロとユタ〔信仰〕 | 737 |
| ノロに焼米を献じて安産を祈る〔信仰〕 | 714 |
| ノロの祭具〔信仰〕 | 737 |
| 野呂の二間堂見取図〔信仰〕 | 760 |
| ノンゴといわれる客土を運ぶ運搬具〔交通・交易〕 | 604 |

【 は 】

| 葉藍〔生産・生業〕 | 482 |
| --- | --- |
| ばあき〔交通・交易〕 | 604 |
| ばあさんたち〔社会生活〕 | 634 |
| バイ（棒）〔生産・生業〕 | 428 |
| ハイ（アク）トオシ〔食〕 | 83 |
| バイウチ〔生産・生業〕 | 428 |
| バイウチ（雪中に兎をとる）〔生産・生業〕 | 428 |
| 煤煙〔社会生活〕 | 651 |
| 廃屋〔住〕 | 165 |
| 灰をふりかける〔生産・生業〕 | 482 |
| 灰かき〔住〕 | 234 |
| バイ籠〔生産・生業〕 | 391 |
| 梅花講〔信仰〕 | 745 |
| ハイカーの服装〔衣〕 | 15 |
| ハイカラ〔衣〕 | 46 |
| 廃校〔社会生活〕 | 644 |
| バイゴマ〔芸能・娯楽〕 | 791 |
| 灰小屋〔住〕 | 165 |
| 廃材でつくられた地蔵さまの祠〔信仰〕 | 694 |
| 灰皿〔住〕 | 234 |
| 配蚕〔生産・生業〕 | 461 |
| 排水をコイやクワイ池へと流し浄化する〔住〕 | 165 |
| 排水のわずかな床上流し〔住〕 | 202 |
| 排水用三本鍬〔生産・生業〕 | 319 |
| ハイセン〔食〕 | 83 |
| 盃洗〔食〕 | 83 |
| 廃線を惜しむ沿線の子ども達〔交通・交易〕 | 548 |
| 配膳の例〔食〕 | 83 |
| 稗倉〔住〕 | 165 |
| 稗倉の遺構〔住〕 | 165 |
| はいだウサギの毛皮を板張りにしてなめす〔生産・生業〕 | 428 |
| 灰出し鍬〔生産・生業〕 | 319 |
| 剝いだシナの木の皮を折りたたむ〔生産・生業〕 | 482 |

| 配達樽〔生産・生業〕 | 453 |
| --- | --- |
| 拝殿にびっしりと並らび吊るされた小絵馬や鶴の折紙〔信仰〕 | 714 |
| 培土機〔生産・生業〕 | 319 |
| 培土プラウ〔生産・生業〕 | 319 |
| 灰納屋〔住〕 | 165 |
| 灰均し〔住〕 | 234 |
| 背板〔交通・交易〕 | 604 |
| 廃物毀釈ののちに導入されたブツダン〔人の一生〕 | 844 |
| ハイブルイ(灰篩)〔生産・生業〕 | 319 |
| ハイブルイ(灰篩)による選別〔生産・生業〕 | 319 |
| 背面から俯瞰したかぐら建て〔住〕 | 165 |
| 灰焼き場〔生産・生業〕 | 535 |
| 売薬行商行李〔民俗知識〕 | 665 |
| 売薬行李〔民俗知識〕 | 665 |
| 売薬さんの得意先訪問〔交通・交易〕 | 575 |
| パイレックス第一次日本上陸〔食〕 | 83 |
| 逗子〔芸能・娯楽〕 | 791 |
| はうち〔生産・生業〕 | 319 |
| ハウチ〔生産・生業〕 | 482 |
| ハウチ(葉打ち)〔生産・生業〕 | 482 |
| 葉ウチ〔生産・生業〕 | 482 |
| 葉団扇〔住〕 | 234 |
| バエ(棒)〔生産・生業〕 | 428 |
| 蠅帳〔食〕 | 83 |
| 蠅とり器〔住〕 | 234 |
| 蠅取器〔住〕 | 234 |
| 延縄〔生産・生業〕 | 391 |
| 延縄を繰る〔生産・生業〕 | 391 |
| 延縄を天日に干す準備〔生産・生業〕 | 391 |
| ハエナワカゴ(延縄籠)〔生産・生業〕 | 391 |
| 延縄漁船の装備〔生産・生業〕 | 391 |
| 延縄に使用する沈子〔生産・生業〕 | 391 |
| 延縄の一例〔生産・生業〕 | 391 |
| ハエナワのコシキ〔生産・生業〕 | 391 |
| 延縄の図解〔生産・生業〕 | 391 |
| 延縄の手入れ〔生産・生業〕 | 392 |
| 延縄の手入れをする裸の少年たち〔生産・生業〕 | 392 |
| 延縄の鉢作り〔生産・生業〕 | 392 |
| 延縄の浮標〔生産・生業〕 | 392 |
| 延縄の補強作業〔生産・生業〕 | 392 |
| はえなわばち〔生産・生業〕 | 392 |
| 延縄や筒で捕獲された天然ウナギ〔生産・生業〕 | 392 |
| 延縄用釣鈎〔生産・生業〕 | 392 |
| 延縄漁〔生産・生業〕 | 392 |
| 延縄漁の縄と釣り針〔生産・生業〕 | 392 |
| ばえぶり〔住〕 | 234 |
| 歯を磨く〔住〕 | 248 |
| バオリ〔衣〕 | 29 |
| バオリとフルシキ〔衣〕 | 29 |
| 墓〔人の一生〕 | 844 |
| 墓穴に鎌を吊るす〔人の一生〕 | 844 |
| 墓穴の魔除け〔人の一生〕 | 844 |
| 墓穴掘り〔人の一生〕 | 844 |
| 墓洗い用の水を肩にのせて墓参りに行く〔交通・交易〕 | 604 |
| 墓石〔人の一生〕 | 844 |
| 墓石 現代の墓〔人の一生〕 | 844 |
| 墓じるし〔人の一生〕 | 844 |
| 墓じるし 自然石の墓じるし〔人の一生〕 | 844 |
| ハカセサマ〔信仰〕 | 694 |
| ハカセ ダイサン〔信仰〕 | 694 |
| 博多駅〔交通・交易〕 | 548 |
| 博多織の手織場〔生産・生業〕 | 482 |
| 博多家の下屋庇〔住〕 | 165 |
| 博多港〔交通・交易〕 | 548 |
| 博多付近〔社会生活〕 | 651 |
| 博多包丁〔食〕 | 84 |
| 博多目櫛差し重部分〔食〕 | 84 |
| 博多目盆〔食〕 | 84 |
| ハガツオ手釣の餌のつけ方〔生産・生業〕 | 392 |
| ハガツオ手釣の漁法〔生産・生業〕 | 392 |
| 墓で焙烙で飯を炊き供える〔人の一生〕 | 844 |
| 墓の竹洗い〔人の一生〕 | 844 |
| ハカマ〔衣〕 | 16 |
| ハガマ〔食〕 | 84 |
| 羽釜〔食〕 | 84 |
| 墓参り〔人の一生〕 | 844 |
| 羽釜と尻据え〔食〕 | 84 |
| 羽釜の使用例〔食〕 | 84 |
| 刃鎌(三日月型)の構造と各部名称〔生産・生業〕 | 319 |
| 秤り籠〔交通・交易〕 | 575 |
| 秤さしに入れた秤〔交通・交易〕 | 584 |
| 秤皿〔交通・交易〕 | 584 |
| 秤に載せられた粕〔生産・生業〕 | 453 |
| バーキ〔交通・交易〕 | 604 |
| バーキを頭にのせて運ぶ〔交通・交易〕 | 604 |
| 萩港沖の帆かけ漁船〔生産・生業〕 | 392 |
| 掃き立て〔生産・生業〕 | 461 |
| ハギトウジン〔衣〕 | 16 |
| ハギトージン〔衣〕 | 16 |
| 萩の枝を編みつらね奉納したもの〔信仰〕 | 714 |
| 萩の漁港〔生産・生業〕 | 392 |
| 履物〔衣〕 | 39 |
| ハキモノツクリ〔人の一生〕 | 844 |
| バキューム・カーを使って新作映画「糞尿譚」の宣伝をする〔交通・交易〕 | 618 |
| 白衣に宝印を押す〔信仰〕 | 729 |
| 爆音機〔生産・生業〕 | 319 |
| 麦芽〔食〕 | 55 |
| 爆撃で焼けてしまった自分の家の前で食事をとる〔社会生活〕 | 657 |
| 白菜を新聞紙、カボチャをビニールに包んで竿に下げる〔食〕 | 107 |
| 白菜を干す〔食〕 | 107 |
| 白菜の移植〔生産・生業〕 | 319 |
| 白水に漬ける〔生産・生業〕 | 482 |
| バクダンアラレ屋〔交通・交易〕 | 575 |
| 博奕に鍵をかける〔信仰〕 | 714 |
| 馬具の名所〔生産・生業〕 | 438 |
| 薄氷〔食〕 | 56 |
| 刃車型回転砕土機による畜力代かき〔生産・生業〕 | 319 |
| 伯楽と売手〔生産・生業〕 | 438 |
| 伯楽用鋏〔生産・生業〕 | 438 |
| 羽黒山の宿坊〔信仰〕 | 768 |
| 羽黒山の長い参道で一休み〔信仰〕 | 768 |
| 羽黒修験の散杖作法〔信仰〕 | 729 |
| 刃鍬〔生産・生業〕 | 319 |
| ハケ〔交通・交易〕 | 614 |
| 化穴〔生産・生業〕 | 428 |
| ハケゴ〔交通・交易〕 | 604 |
| バケツ〔住〕 | 234 |
| ハゲ突き〔生産・生業〕 | 392 |
| バケツリレーによる共同湧水地の掃除〔社会生活〕 | 634 |
| 刷毛で釉薬を塗る〔生産・生業〕 | 512 |
| 羽子板〔芸能・娯楽〕 | 791 |
| 羽子板・羽根〔芸能・娯楽〕 | 791 |
| 馬耕〔生産・生業〕 | 319 |
| 馬耕をする農夫の着衣〔衣〕 | 16 |
| 箱植え〔生産・生業〕 | 319 |
| 播溝切り〔生産・生業〕 | 319 |
| 馬耕による田起こし〔生産・生業〕 | 319 |
| 箱階段〔住〕 | 202 |
| 箱階段と戸棚が据えられた居蔵の館〔住〕 | 202 |
| 箱型蛸壺〔生産・生業〕 | 392 |
| 箱ガラス〔生産・生業〕 | 392 |
| はこかんじき〔衣〕 | 39 |
| 箱カンジキ〔生産・生業〕 | 319 |
| 葉こき〔生産・生業〕 | 461 |
| 箱木家主屋梁行断面図〔住〕 | 165 |
| 箱式仏壇〔人の一生〕 | 844 |
| はこぢょうちん〔住〕 | 235 |
| 箱提灯〔住〕 | 235 |
| 箱水車〔生産・生業〕 | 319 |
| 箱ずしを作る〔食〕 | 107 |
| ハコセコ〔衣〕 | 48 |
| はこぜん〔食〕 | 84 |
| 箱膳〔食〕 | 84 |
| 箱膳で食事〔食〕 | 114 |
| 箱膳で夏の夕飯をとる家族〔食〕 | 114 |
| 箱膳の家族〔食〕 | 114 |
| 箱膳の使い方〔食〕 | 84 |
| はこぞり〔交通・交易〕 | 604 |
| 箱ゾリ〔交通・交易〕 | 604 |
| 箱橇〔交通・交易〕 | 604 |
| 箱ゾリで遊ぶ子供〔芸能・娯楽〕 | 800 |
| 箱橇と樒滑りに乗って滑りくだる〔芸能・娯楽〕 | 801 |
| 箱橇に乗った子〔交通・交易〕 | 604 |
| 函館港から函館の町〔社会生活〕 | 651 |
| 函館の朝市〔交通・交易〕 | 558 |
| 箱段〔住〕 | 235 |
| 筥提灯〔住〕 | 235 |
| 箱付き茶臼〔生産・生業〕 | 444 |
| 箱葛籠〔住〕 | 235 |
| 箱灯台〔住〕 | 235 |
| 箱床で寝る主人〔住〕 | 202 |
| 箱根細工〔生産・生業〕 | 512 |
| 箱根の茶屋〔交通・交易〕 | 575 |
| 箱呑(親呑と子呑)〔生産・生業〕 | 453 |
| はこばた〔生産・生業〕 | 482 |
| 箱備中鍬〔生産・生業〕 | 319 |
| 箱火鉢と鉄瓶〔住〕 | 235 |
| はこふぐ〔民俗知識〕 | 678 |
| 箱船〔生産・生業〕 | 392 |
| 箱ふるい〔生産・生業〕 | 319 |
| 箱枕〔住〕 | 235 |
| 箱棟型の大和棟〈銅板被せ〉〔住〕 | 165 |
| ハコメガネ(箱眼鏡)〔生産・生業〕 | 392 |
| 箱メガネ〔生産・生業〕 | 392 |
| 箱メガネを口でくわえ車櫂を足で操りコンブをとる〔生産・生業〕 | 392 |
| 箱眼鏡を口にくわえ、先端に鎌をつけ竿を右手に持ち、左手でカジをとりながらワカメをとる〔生産・生業〕 | 392 |
| 運んできた雪ぞりにのせたまま、木製の掘りごたつ用の櫓を売る〔交通・交易〕 | 575 |
| 運んでくれたチャーター漁船〔交通・交易〕 | 548 |
| ハサ〔生産・生業〕 | 319 |
| ハザ〔生産・生業〕 | 319 |

| | | |
|---|---|---|
| 稲架〔生産・生業〕 319 | 橋と樟〔交通・交易〕 549 | 蓮掘り万能〔生産・生業〕 320 |
| ハザ穴堀機〔生産・生業〕 319 | 箸のいろいろ〔食〕 84 | 破精落防止器〔生産・生業〕 453 |
| 破砕器〔生産・生業〕 438 | 橋の下で生活する人〔社会生活〕 634 | 沙魚壺〔生産・生業〕 392 |
| ハサ掛け〔生産・生業〕 319 | 橋の渡りぞめ〔交通・交易〕 618 | 架木小屋〔生産・生業〕 320 |
| ハサ掛の並木〔生産・生業〕 320 | ハシバゲタ〔衣〕 39 | はぜ刺網〔生産・生業〕 392 |
| ハサ木〔生産・生業〕 320 | ハジハジの田搔き〔生産・生業〕 320 | はぜ搾粕〔生産・生業〕 512 |
| ハサ木〔生産・㐂業〕 320 | 橋場のばんば〔信仰〕 694 | 沙魚雑魚網〔生産・生業〕 392 |
| ハサ木が並ぶ田植えを終えたばかりの水田〔生産・生業〕 320 | 羽島お大師堂〔信仰〕 760 | はぜ壺〔生産・生業〕 392 |
| ハザ木にかけた稲〔生産・生業〕 320 | 羽島焼〔生産・生業〕 512 | ハゼ釣り〔生産・生業〕 392 |
| 稲架杭をしまう〔生産・生業〕 320 | 端丸鋸〔生産・生業〕 524 | ハゼ釣り船〔生産・生業〕 392 |
| 稲架杭作り〔生産・生業〕 320 | 初めて行われた銀座の歩行者天国〔社会生活〕 651 | はぜの干物〔食〕 56 |
| 稲架収納〔生産・生業〕 320 | 馬車〔交通・交易〕 604 | ハゼの実の蠟燭〔住〕 235 |
| 芭蕉衣〔衣〕 16 | バシャを運んで帰る〔生産・生業〕 482 | はぜ実入籠〔生産・生業〕 320 |
| ハザ（稲架）作り〔生産・生業〕 320 | バシャガラ巻キ〔生産・生業〕 482 | はぜ実収穫用大かぎ〔生産・生業〕 320 |
| 稲架にかけて干した稲を家族総出で取りはずしている〔生産・生業〕 320 | バシャガラ巻キのつくり方〔生産・生業〕 482 | 櫨蠟しぼり〔生産・生業〕 438 |
| ハサに掛けられた麦と道端で遊ぶ子供たち〔生産・生業〕 320 | バシャシキ（芭蕉すき）〔生産・生業〕 482 | 破船〔交通・交易〕 549 |
| ハサに洗濯物を干している〔住〕 248 | 馬車で運動会へ〔交通・交易〕 549 | 馬そり〔交通・交易〕 604 |
| 稲架に並ぶおしめ〔人の一生〕 812 | 馬車で牧草を運ぶ〔交通・交易〕 604 | 馬橇〔交通・交易〕 605 |
| 稲架による乾燥〔生産・生業〕 320 | 馬車で薪用材を運ぶ〔交通・交易〕 604 | 馬橇で牛乳を配る〔交通・交易〕 605 |
| 稲架のある風景〔生産・生業〕 320 | バシャトーシ（芭蕉倒し）〔生産・生業〕 482 | 馬そりで材木を運ぶ〔生産・生業〕 417 |
| ハサのための並木を配した村の道〔生産・生業〕 320 | バシャ煮〔生産・生業〕 483 | 馬橇に組んだ櫓に拡声器を取りつけ、村内をまわって選挙運動をする〔社会生活〕 634 |
| 稲架の列〔生産・生業〕 320 | バシャ煮の灰汁作り〔生産・生業〕 483 | 馬橇に飛び乗る子どもたち〔芸能・娯楽〕 801 |
| はさみ〔生産・生業〕 512 | 馬車に乗ってはしゃぐ小学生たち〔交通・交易〕 549 | 馬そりによる運材〔交通・交易〕 605 |
| ハサミ（挾）〔生産・生業〕 428 | 馬車に乗る人たち〔交通・交易〕 549 | 馬そりによる搬出作業〔生産・生業〕 417 |
| ハサミ（鋏）〔生産・生業〕 512 | バシャハギ（芭蕉剥ぎ）〔生産・生業〕 483 | 馬そりのいたこ〔信仰〕 737 |
| 挾〔生産・生業〕 512 | バシャ巻き〔生産・生業〕 483 | 旗〔生産・生業〕 393 |
| ハサミクシ〔食〕 84 | 葉茶屋の店頭〔交通・交易〕 575 | 機〔生産・生業〕 483 |
| ハサミ研ぎ〔生産・生業〕 512 | バシャヤマ〔生産・生業〕 483 | ハタ（糸車）とその部品〔生産・生業〕 483 |
| ハサミにかかった狐〔生産・生業〕 428 | 馬車用ラッパ〔交通・交易〕 549 | 機を織る媼〔生産・生業〕 483 |
| 挟みわなにかかったテン〔生産・生業〕 428 | 播種〔生産・生業〕 320 | 機を織る老人〔生産・生業〕 483 |
| 橋〔交通・交易〕 548 | 播種穴あけ機〔生産・生業〕 320 | はたおり〔生産・生業〕 483 |
| ハジ網〔生産・生業〕 392 | 播種器〔生産・生業〕 320 | ハタ織り〔生産・生業〕 483 |
| ハジ網の設置〔生産・生業〕 392 | 播種機〔生産・生業〕 320 | 機織り〔生産・生業〕 483 |
| 箸入れ〔食〕 84 | ハシュキ（播種機）による麦蒔き〔生産・生業〕 320 | はたおりをする子供〔生産・生業〕 483 |
| 橋を架け直す〔交通・交易〕 618 | 播種台〔生産・生業〕 320 | ハタオリの姿勢〔生産・生業〕 483 |
| 箸置き〔食〕 84 | 播種床鎮圧具〔生産・生業〕 320 | 裸踊〔人の一生〕 824 |
| 橋架け〔交通・交易〕 618 | 芭蕉糸〔生産・生業〕 483 | 裸で働くオッペシ〔生産・生業〕 393 |
| 箸 家族そろってお茶〔食〕 114 | 芭蕉の反物〔生産・生業〕 483 | 機神様参り〔生産・生業〕 483 |
| はじき猿〔芸能・娯楽〕 791 | バショウの布で織った単衣〔衣〕 16 | 裸んぼう〔芸能・娯楽〕 801 |
| ハシケ〔交通・交易〕 548 | 芭蕉布〔生産・生業〕 483 | ハタ車〔生産・生業〕 483 |
| 艀〔交通・交易〕 548 | 芭蕉布を海にさらす〔生産・生業〕 483 | 畑へ〔生産・生業〕 321 |
| 艀の客〔交通・交易〕 549 | 柱時計〔住〕 235 | 畑を耕す〔生産・生業〕 321 |
| はしできた人が波が引く一瞬に跳びおりる〔交通・交易〕 548 | 柱の外側に厚く壁土を塗りつけた構造〔住〕 165 | 畑を耕す老齢の女性〔生産・生業〕 321 |
| ハシケで上陸〔交通・交易〕 548 | ハシリ〔交通・交易〕 604 | 畑から食べる分の野菜を採ってきた帰り〔生産・生業〕 321 |
| ハシケでの乗下船〔交通・交易〕 548 | ハジ漁〔生産・生業〕 392 | 畑着〔衣〕 16 |
| はしけで浜に着く〔交通・交易〕 548 | ばす〔生産・生業〕 453 | 畑耕うん・管理用三本備中鍬〔生産・生業〕 321 |
| はしけで連絡船から上陸する人たち〔交通・交易〕 549 | ハス（蓮）〔人の一生〕 844 | 畑小屋〔生産・生業〕 321 |
| ハシケに積まれた建築資材とクレーン〔交通・交易〕 549 | バス〔交通・交易〕 549 | 畑仕事から帰ってきて一息入れる〔住〕 248 |
| はしけの出し入れ作業〔交通・交易〕 549 | バスを待つ着物姿の女性〔交通・交易〕 549 | 畑仕事着〔衣〕 16 |
| ハシゴ（背負梯子）〔交通・交易〕 604 | バスを待つ登山者たち〔交通・交易〕 549 | ハタケスキ〔生産・生業〕 321 |
| 梯子〔玩具〕〔芸能・娯楽〕 791 | ハヅキ〔民俗知識〕 677 | 畑犂（もぐら犂）〔生産・生業〕 321 |
| 梯子地蔵に奉納された作り物の梯子〔信仰〕 714 | バスケ（パスケ）〔生産・生業〕 444 | 畑に霜除けの笹を立てる〔生産・生業〕 321 |
| はしご状の橋〔交通・交易〕 549 | はずし取った縦糸〔生産・生業〕 483 | 畑にも供え物〔信仰〕 714 |
| 箸づくり〔生産・生業〕 512 | 馬爪製眼鏡〔衣〕 48 | 畑の媼〔交通・交易〕 605 |
| 箸づくりの道具〔生産・生業〕 512 | バス停〔交通・交易〕 549 | 畑のおば〔交通・交易〕 605 |
| 橋銭小屋〔交通・交易〕 549 | バスの家〔住〕 248 | 畑の境木〔社会生活〕 634 |
| 箸立て〔食〕 84 | バスの座席に座る子ども〔交通・交易〕 549 | 畑の仕事を終えて家に帰る〔生産・生業〕 321 |
| ハジチ〔民俗知識〕 677 | 蓮の葉に供物を乗せて海へ流す〔信仰〕 714 | 畑の虫よけまじない〔民俗知識〕 672 |
| 針突〔民俗知識〕 677 | バスの待合所〔交通・交易〕 549 | 畑麦乾燥調整施設〔生産・生業〕 321 |
| ハジテ（針突）〔民俗知識〕 677 | | 畑用鍬（大型），田鍬，三本コ万能〔生産・生業〕 321 |

| 畑用犂〔生産・生業〕 | 321 |
|---|---|
| ハタゴ〔生産・生業〕 | 483 |
| 旅籠川坂屋〔交通・交易〕 | 581 |
| 旅籠形式の町家〔住〕 | 165 |
| ハタゴ(座り機)と部品・紡績用具〔生産・生業〕 | 483 |
| ハタゴマス〔交通・交易〕 | 584 |
| 畑作農家が始めた酪農〔生産・生業〕 | 438 |
| 畑作農具〔生産・生業〕 | 321 |
| 畑作の作業小屋〔生産・生業〕 | 321 |
| 畑作風景〔生産・生業〕 | 321 |
| 畑作物の苗床〔生産・生業〕 | 321 |
| ハタシ〔生産・生業〕 | 484 |
| 畑仕事の後片付けをし耕運機で家路につく〔生産・生業〕 | 321 |
| ハダシタビ〔衣〕 | 39 |
| 裸足で砂地に座る3人の女の子〔社会生活〕 | 634 |
| はたたて〔生産・生業〕 | 484 |
| 機道具を作る〔生産・生業〕 | 484 |
| 畑の姥〔交通・交易〕 | 605 |
| ハタの準備〔生産・生業〕 | 484 |
| ハタの整備〔生産・生業〕 | 484 |
| 秦野代々講中(武州御嶽代参)〔信仰〕 | 745 |
| 秦野の民家〔住〕 | 165 |
| 葉煙草の出荷〔生産・生業〕 | 444 |
| 葉たばこ根切器〔生産・生業〕 | 444 |
| 葉タバコの乾燥〔生産・生業〕 | 444 |
| 葉たばこの調製〔生産・生業〕 | 444 |
| ハタハタを積んで帰ってきた木造船〔生産・生業〕 | 393 |
| バタバタ茶(富山県朝日町蛭谷)〔食〕 | 116 |
| バタバタ茶(富山県入善町吉原)〔食〕 | 117 |
| バタバタ茶(新潟県糸魚川市)〔食〕 | 117 |
| バタバタ茶(新潟県糸魚川市周辺)〔食〕 | 117 |
| バタバタ茶の道具〔食〕 | 117 |
| ハタハタの水揚げ〔生産・生業〕 | 393 |
| ハタハタ漁〔生産・生業〕 | 393 |
| ハタへ〔生産・生業〕 | 484 |
| ハタ巻キ〔生産・生業〕 | 484 |
| 機巻き〔生産・生業〕 | 484 |
| バタヤ〔交通・交易〕 | 575 |
| 機屋さんの内部〔生産・生業〕 | 484 |
| 機屋の住まいの変遷〔生産・生業〕 | 484 |
| 働いている町から帰ってきた男〔社会生活〕 | 634 |
| はたらく女〔社会生活〕 | 662 |
| 働く女性〔生産・生業〕 | 393 |
| バタリ〔生産・生業〕 | 321 |
| はち〔食〕 | 84 |
| 鉢〔食〕 | 84 |
| 鈸〔芸能・娯楽〕 | 779 |
| バチ笠〔衣〕 | 29 |
| バーチカルポンプ〔生産・生業〕 | 321 |
| 八間(または八方)〔住〕 | 235 |
| ハチコ〔生産・生業〕 | 393 |
| 八十八ヵ所石像の第一番〔信仰〕 | 768 |
| 八十八ヵ所石像の第八十八番〔信仰〕 | 769 |
| 八十八か所本尊を描いた木札〔信仰〕 | 760 |
| 八十八歳の年祝い〔人の一生〕 | 818 |
| 80歳の祝いの人〔人の一生〕 | 818 |
| 八丈小島における天水の採水〔住〕 | 248 |
| 八丈島の家〔住〕 | 165 |
| 八丈島の位置と集落分布の変化〔住〕 | 248 |
| 八丈島の一家族の屋敷内の建物〔住〕 | 165 |
| 八丈島の井戸跡と水神〔住〕 | 212 |
| 八丈島の牛相撲〔芸能・娯楽〕 | 782 |
| 八丈島の黄八丈の機織り〔生産・生業〕 | 484 |
| 八丈島の船あげ場〔生産・生業〕 | 393 |
| 八丈島の巫女〔信仰〕 | 737 |
| 八丈島の母屋と隠居屋〔住〕 | 165 |
| 八丈島の屋敷図〔住〕 | 165 |
| 八畳用の紙帳〔住〕 | 235 |
| 鉢、浅鉢の例〔食〕 | 84 |
| 八大竜王石祠〔信仰〕 | 694 |
| ハチ洞〔生産・生業〕 | 438 |
| 蜂洞〔生産・生業〕 | 438 |
| 鉢の木〔食〕 | 56 |
| ハチの子獲り〔生産・生業〕 | 533 |
| ハチの子飯(ヘボ飯)〔食〕 | 56 |
| ハチの巣を遠心分離器に入れてハチミツを分離〔生産・生業〕 | 438 |
| ハチの巣箱から巣(巣板)を取り出す〔生産・生業〕 | 438 |
| バチ備中鍬〔生産・生業〕 | 321 |
| ハチマキ〔衣〕 | 29 |
| ハチマキ〔住〕 | 165 |
| 鉢巻のいろいろ〔衣〕 | 29 |
| 八間取りの主屋〔住〕 | 165 |
| 八幡駒〔芸能・娯楽〕 | 791 |
| 八幡堀の景観〔住〕 | 166 |
| 蜂蜜分離器〔生産・生業〕 | 438 |
| 八郎大権現〔信仰〕 | 694 |
| ぱちんこ〔芸能・娯楽〕 | 801 |
| パチンコ店〔交通・交易〕 | 575 |
| パチンコに挑戦する男たち〔芸能・娯楽〕 | 805 |
| ハッカ〔生産・生業〕 | 393 |
| 八海山神王〔掛絵〕〔信仰〕 | 722 |
| パッカイタラ〔人の一生〕 | 812 |
| 発火具〔住〕 | 235 |
| 八角の大黒柱〔住〕 | 202 |
| ハッカ蒸溜分水器〔生産・生業〕 | 535 |
| 薄荷用ポンプ〔生産・生業〕 | 535 |
| 麦稈を編んで奉納したもの〔信仰〕 | 714 |
| 麦稈真田〔生産・生業〕 | 512 |
| 麦稈真田幅計り〔交通・交易〕 | 584 |
| 葉つき塔婆〔人の一生〕 | 844 |
| ハッキリ網の口〔生産・生業〕 | 393 |
| ハッキリ網のハネコミを設置する〔生産・生業〕 | 393 |
| ハッキリ・ケナ平面図〔生産・生業〕 | 393 |
| 撥熊手〔生産・生業〕 | 321 |
| 初供養の手伝いに向かう主婦〔人の一生〕 | 844 |
| 八間〔住〕 | 235 |
| 醗酵した茶を切り替える備中鍬〔生産・生業〕 | 444 |
| 醗酵の最盛期を経て地玉に移行した醪〔生産・生業〕 | 453 |
| 醗酵の最盛期に傘を付けたタンク〔生産・生業〕 | 453 |
| 抜根機〔生産・生業〕 | 461 |
| 伐採〔生産・生業〕 | 417 |
| 伐採小屋〔生産・生業〕 | 417 |
| 伐採したクヌギを乾燥〔生産・生業〕 | 417 |
| 伐採した雑木の集積場〔生産・生業〕 | 417 |
| 伐採したスギの皮むき〔生産・生業〕 | 417 |
| 伐採道具〔生産・生業〕 | 417 |
| 伐採用の斧〔生産・生業〕 | 417 |
| ハッシャク〔生産・生業〕 | 393 |
| ハッシャク操業の図〔生産・生業〕 | 393 |
| ハッシャクの構造〔生産・生業〕 | 393 |
| 初摘み〔生産・生業〕 | 444 |
| 初節供〔人の一生〕 | 816 |
| 初節句〔人の一生〕 | 816 |
| 初染を供える〔信仰〕 | 714 |
| ばった(ばったり)〔生産・生業〕 | 321 |
| ハツダケ〔食〕 | 56 |
| バッタ小屋〔生産・生業〕 | 321 |
| バッタ内部の杵と臼〔生産・生業〕 | 321 |
| バッタリ〔生産・生業〕 | 321 |
| バッタリ(米つき機)〔生産・生業〕 | 322 |
| バッタン〔生産・生業〕 | 484 |
| バッタンを取り付けた高機〔生産・生業〕 | 484 |
| 八反車による中耕除草〔生産・生業〕 | 322 |
| 初誕生〔人の一生〕 | 816 |
| 初誕生も近い赤ちゃんが、お母さんに頭の毛を剃ってもらっている〔人の一生〕 | 812 |
| 八反ずり〔生産・生業〕 | 322 |
| 八反峠の休み堂〔信仰〕 | 761 |
| ぱっち〔衣〕 | 16 |
| 八丁注連〔民俗知識〕 | 672 |
| 八丁櫓の漁船〔生産・生業〕 | 393 |
| ばっちょ笠〔衣〕 | 29 |
| バッチョー笠〔衣〕 | 29 |
| ばっちょ傘作り〔生産・生業〕 | 512 |
| バッテラ〔生産・生業〕 | 393 |
| 発電水車〔社会生活〕 | 662 |
| 発動機漁船の船首模様〔生産・生業〕 | 393 |
| 発動機船に曳行されて漁場に向かう網船と小型の指揮船〔生産・生業〕 | 393 |
| ハットウ作りと長いめん棒〔食〕 | 107 |
| 発根・発芽した播種前の種モミ〔生産・生業〕 | 322 |
| ハッピ〔衣〕 | 16 |
| 半被〔衣〕 | 16 |
| 八方行灯〔住〕 | 235 |
| 伐木道具〔生産・生業〕 | 417 |
| 伐木の修羅出し〔生産・生業〕 | 417 |
| 初宮参り〔人の一生〕 | 816 |
| 初宮まいりの奉納物〔信仰〕 | 714 |
| 初山御札〔信仰〕 | 722 |
| 初山の祝いに配る団扇〔人の一生〕 | 816 |
| 初山参り〔人の一生〕 | 816 |
| 初山参りの土産品〔人の一生〕 | 816 |
| 初雪の下になった大根を掘り出す〔生産・生業〕 | 322 |
| 初夢〔食〕 | 56 |
| ハツリチョンナ〔生産・生業〕 | 512 |
| はつりよき〔生産・生業〕 | 418 |
| 波照間島における石垣の門幅決定法〔民俗知識〕 | 672 |
| 波照間島民家の竹簀の子床〔住〕 | 166 |
| 波止〔交通・交易〕 | 549 |
| バトウオビ〔衣〕 | 48 |
| バトウオビ〔交通・交易〕 | 605 |
| バトウ帯の編み方〔生産・生業〕 | 484 |
| バトウ帯のオサとヒ〔生産・生業〕 | 484 |
| 馬頭観世音〔信仰〕 | 694 |

## はとう 名称索引

馬頭観音〔信仰〕……694, 761
馬頭観音移設のための供養の式〔信仰〕……727
馬頭観音像〔信仰〕……695
馬頭観音堂〔信仰〕……761
馬頭観音堂の絵馬〔信仰〕……714
馬頭観音のお姿（お札）〔信仰〕……722
馬頭観音のお札〔信仰〕……722
馬頭観音のお守り〔信仰〕……722
馬頭観音の祈禱札〔信仰〕……722
馬頭観音の碑〔信仰〕……695
馬頭尊〔信仰〕……695
鳩〔玩具〕〔芸能・娯楽〕……791
鳩とたわむれる子供達〔芸能・娯楽〕……801
ハドと呼ぶ石べいを積んだ家〔住〕……166
鳩に餌をふるまう子供〔芸能・娯楽〕……801
波止場〔交通・交易〕……549
波止場の物売り〔交通・交易〕……575
鳩笛〔芸能・娯楽〕……791
バドミントンをする中学生〔芸能・娯楽〕……801
ハトワナ〔生産・生業〕……428
花生け〔住〕……235
花いちもんめ〔芸能・娯楽〕……801
花売り〔交通・交易〕……575
花を活ける〔住〕……235
花を抱えている少年〔社会生活〕……634
鼻緒の切れた差歯下駄を右手に下げて、一年生が学校から帰る〔社会生活〕……644
はながお〔衣〕……29
ハナカゴ〔住〕……235
ハナカゴ〔生産・生業〕……393
花籠〔住〕……235
花籠〔人の一生〕……844
ハナガサ〔衣〕……29
ハナカミ柱とヘッツイ〔住〕……166
鼻紙袋〔住〕……235
鼻環〔生産・生業〕……438
はなぎ〔生産・生業〕……438
鼻木〔生産・生業〕……438
はなぐし〔生産・生業〕……438
鼻ぐり塚〔民俗知識〕……676
ハナケウナイ〔生産・生業〕……322
ハナサキガニの塩茹で〔食〕……56
花咲堂〔信仰〕……761
放し飼いの鶏に、少年が米あげざるに入れたえさをやっている〔生産・生業〕……438
花柴を供えたオヨジ（便所）〔住〕……202
ハナゾーリ〔衣〕……39
ハナゾリ〔交通・交易〕……605
花田家番屋〔住〕……166
はなたて〔住〕……235
ハナ付鉈〔生産・生業〕……418
はなでまり〔芸能・娯楽〕……791
鼻取りで道産子馬を引きまわしながら田を起こす〔生産・生業〕……322
鼻にかかったワイヤー罠を一度ははずしたが、また同じワイヤー罠にかかった猪〔生産・生業〕……428
鼻ネジリ〔生産・生業〕……438
ハナネリ（澱粉）〔食〕……56
花の咲く草屋根〔住〕……166
花の咲く屋根〔住〕……166
端の地蔵堂内部〔信仰〕……761
花・幟・燈籠〔人の一生〕……844

花火大会の防波堤のあたり〔交通・交易〕……618
ハナフクベ〔衣〕……29
鼻フクベ〔衣〕……29
花巻人形〔芸能・娯楽〕……791
花見〔交通・交易〕……581
花見宴〔交通・交易〕……581
花見酒樽〔食〕……84
花見酒風景〔交通・交易〕……581
鼻水をたらした子〔社会生活〕……634
洟たれ小僧〔社会生活〕……634
花見の席をにぎやかにする蓄音機〔交通・交易〕……581
花見の席に呼ばれた舞子（若い芸者）〔芸能・娯楽〕……779
花見弁当箱〔食〕……84
花婿が酒をいただく〔人の一生〕……824
花婿の家につくと、運んできた着物を寝室の柱に掛けて披露する〔人の一生〕……824
花婿の衣装〔衣〕……16
花婿の食べた半分を花嫁が食べる〔人の一生〕……824
花筵〔生産・生業〕……512
花むしろ織〔生産・生業〕……484
花揉盤〔生産・生業〕……484
花屋地蔵堂〔信仰〕……761
花屋・城の境の堂〔信仰〕……761
花屋・城の境の堂内部〔信仰〕……761
花屋・城の堂〔信仰〕……761
花屋・城の堂の平面図〔信仰〕……761
ハナヤの中の仏像〔信仰〕……695
花嫁〔人の一生〕……824
花嫁衣装〔衣〕……16
花嫁衣裳をまとってお嫁入り〔人の一生〕……824
花嫁が通る〔人の一生〕……824
花嫁行列用平丸提灯及箱提灯〔人の一生〕……824
花嫁道具・馬衣裳〔人の一生〕……824
花嫁道具を嫁ぎ先に運ぶ大八車〔人の一生〕……824
花嫁と親族が耕耘機に乗って下って行く〔人の一生〕……824
花嫁のお披露目〔人の一生〕……824
花嫁の行列〔人の一生〕……824
花嫁の持参品〔人の一生〕……824
花嫁・花婿人形〔人の一生〕……844
花嫁は家を出る前に育った家の仏壇に手を合わせる〔人の一生〕……825
花嫁は疲れないように小さな荷を運ぶ〔人の一生〕……825
花嫁は必要な荷を背負い、付人とふたりで花婿の待つコタン（集落）へ歩いて行く〔人の一生〕……825
バナリ焼きの器〔食〕……84
花輪を供えた埋葬したばかりの新しい墓〔人の一生〕……844
羽生谷の観音堂〔信仰〕……761
ハネ（羽根）〔芸能・娯楽〕……791
跳ね板〔生産・生業〕……393
羽鏄子〔食〕……84
はねき鍬，にない桶〔生産・生業〕……446
ハネコミの一部〔生産・生業〕……393
ハネコミの構造〔生産・生業〕……393
ハネコミ布設場所〔生産・生業〕……393
ハネコミ部の構造（ハッキリと同じ）〔生産・生業〕……393
ハネコミ 平面図一例〔生産・生業〕……393
跳ね出し縁〔住〕……166
ハネダシの建物〔住〕……166

はねつき〔芸能・娯楽〕……801
羽根付き火鉢の流し版〔住〕……202
羽根付火鉢〔住〕……235
ハネツルベ〔住〕……212
ハネ釣瓶〔住〕……213
桔ねつるべ〔住〕……213
跳ね釣瓶〔住〕……213
撥釣瓶〔住〕……213
跳ね釣瓶井戸〔住〕……213
はね釣瓶式の井戸〔住〕……213
はねつるべで堀井戸の水を汲む〔住〕……213
ハネツルベと新しい二階家〔住〕……213
ハネ釣瓶の共同井戸〔住〕……213
ハネト人形〔芸能・娯楽〕……791
羽根と羽子板〔芸能・娯楽〕……791
羽根（羽子板）〔芸能・娯楽〕……791
ハネバンドリ〔交通・交易〕……605
羽根ばんどり〔交通・交易〕……605
羽根箒〔住〕……235
羽箒〔生産・生業〕……461
羽根虫〔衣〕……39
ハネムシロを編む〔生産・生業〕……512
歯の神様〔信仰〕……695
ババ引キ〔生産・生業〕……322
母親が女の子の髪にバリカンをあてて、おかっぱ頭の髪を切っている〔住〕……248
母親が作ってくれた弁当を食べ、冬の間だけ学校が出してくれる味噌汁をする昼食〔社会生活〕……644
母親が幼児を荷物といっしょにてるに背負っている〔交通・交易〕……605
母親クラブの集い〔社会生活〕……635
母が風船をふくらませるのを見つめる女の子〔社会生活〕……635
ハバキ〔衣〕……39
ハバギ〔衣〕……39
脛巾〔衣〕……39
はばきあみだい〔生産・生業〕……512
はばきをはく〔衣〕……39
母と子〔人の一生〕……812
ハバノリ干し〔食〕……107
ハバヒロ（幅広）〔生産・生業〕……418
幅広の板床が敷き詰められた居室〔住〕……166
ババフキ〔生産・生業〕……322
羽原川河口沿いの町並み〔住〕……166
ハビロ〔生産・生業〕……418
刃広まさかり〔生産・生業〕……418
破風〔住〕……166
破風板を延長した雀おどり〔住〕……166
破風墓〔人の一生〕……845
破風飾りのいろいろ〔住〕……166
ハブが出たときに使う棒〔住〕……235
ハフコ（逗子）〔芸能・娯楽〕……791
羽二重の半幅帯〔衣〕……48
破風の煙出し〔住〕……166
波浮港〔住〕……393
波浮港〔社会生活〕……651
破風面〔民俗知識〕……672
バフンウニ漁〔生産・生業〕……393
馬糞掃除〔社会生活〕……651
浜揚げ〔生産・生業〕……393
浜遊び〔芸能・娯楽〕……801
ハマグサケラ〔衣〕……16
蛤採り〔生産・生業〕……393
羽馬家〔住〕……166
ハマゲタ〔衣〕……39
浜下駄〔衣〕……39

| | | |
|---|---|---|
| 浜下駄（子供用）〔衣〕 ……………… 39 | 早漬タクアン〔食〕 ………………… 107 | 梁先端の叉首穴〔住〕 ……………… 203 |
| 浜小屋〔生産・生業〕 ……………… 393 | 早漬沢庵つくり〔食〕 ……………… 107 | ハリセンボン〔民俗知識〕 ………… 672 |
| 浜小屋の屋内〔生産・生業〕 ……… 394 | ハヤの飯鮨（すし）つけ〔食〕 …… 56 | 針千本〔民俗知識〕 ………………… 672 |
| 浜小屋の窓からハタハタの来遊を見張る〔生産・生業〕 …………… 394 | はやぶさを輸送する箱〔生産・生業〕 …………………………… 428 | 張り出した庭〔住〕 ………………… 167 |
| 浜崎地区の町並み〔住〕 …………… 166 | ハヤブサズリ〔交通・交易〕 ……… 605 | 張り出した軒〔住〕 ………………… 167 |
| 浜砂利を運ぶ女〔交通・交易〕 …… 605 | はやぶさ捕りの用具〔生産・生業〕 … 428 | 張り出しのある納屋〔住〕 ………… 167 |
| 浜田の港〔生産・生業〕 …………… 394 | 早みち〔交通・交易〕 ……………… 614 | 針糸通し売り〔交通・交易〕 ……… 575 |
| ハマチ釣の鈎〔生産・生業〕 ……… 394 | 早道〔住〕 …………………………… 235 | ハリとハリヅツ〔生産・生業〕 …… 394 |
| ハマチ養殖場〔生産・生業〕 ……… 394 | 早みちと杣切り鎌〔交通・交易〕 … 614 | ハリトリの手順〔住〕 ……………… 216 |
| はまつたー（釜蓋）〔食〕 …………… 85 | バラ〔住〕 …………………………… 235 | 梁の上に筵を載せたマコモ天井〔住〕 ……………………………… 203 |
| 浜で遊ぶ少年〔芸能・娯楽〕 ……… 801 | バラ〔生産・生業〕 ………………… 322 | 針箱〔住〕 …………………………… 235 |
| 浜で網をつくろう〔生産・生業〕 … 394 | パーラー〔交通・交易〕 …………… 575 | 針箱と裁縫用具〔住〕 ……………… 235 |
| 浜でウニの食用にする部分を取り出す〔生産・生業〕 …………… 394 | ハラアテ〔衣〕 ……………………… 16 | ハリビシ〔生産・生業〕 …………… 394 |
| ハマテゴ・ノリテゴ〔生産・生業〕 … 394 | ハラアワセ〔人の一生〕 …………… 825 | 張棒〔生産・生業〕 ………………… 453 |
| 浜で仕事をしているときに作ったワッパ汁〔食〕 …………………… 107 | 祓〔信仰〕 …………………………… 727 | 針坊主〔住〕 ………………………… 235 |
| 浜で昼飯の菜を用意する〔食〕 …… 107 | 払川の四つ足堂〔信仰〕 …………… 761 | 張水御嶽〔信仰〕 …………………… 769 |
| 浜でボート遊び〔交通・交易〕 …… 581 | ハライにある茅葺屋根の住まいと網干し場、道具小屋、船揚場〔生産・生業〕 ………………………… 394 | 針目覆い〔住〕 ……………………… 167 |
| 浜通り〔交通・交易〕 ……………… 549 | ハライ棒〔生産・生業〕 …………… 530 | 針目覆いと置千木とが混在する棟〔住〕 ……………………………… 167 |
| 浜と大地をつなぐ世捨小屋〔住〕 … 166 | 腹帯〔生産・生業〕 ………………… 439 | 針目覆いに横材を置いた棟〔住〕 … 167 |
| 浜名湖の定置網にかかった魚〔生産・生業〕 ………………………… 394 | 腹帯〔人の一生〕 …………………… 812 | 春潟網操業図〔生産・生業〕 ……… 394 |
| 浜名湖の海苔養殖〔生産・生業〕 … 394 | ハラガケ〔衣〕 ……………………… 16 | 春潟網の構造〔生産・生業〕 ……… 394 |
| 浜納屋〔生産・生業〕 ……………… 394 | 腹掛〔衣〕 …………………………… 16 | 春木売り〔交通・交易〕 …………… 575 |
| 浜に揚げられた舟〔生産・生業〕 … 394 | 腹掛け〔衣〕 ………………………… 16 | 春清酒店〔交通・交易〕 …………… 575 |
| 浜に放たれた三崎牛と呼ぶ黒和牛〔生産・生業〕 …………………… 439 | バラサン（藁算）〔民俗知識〕 …… 678 | 春田打のすんだ水田〔住〕 ………… 167 |
| 浜に放つ牛〔生産・生業〕 ………… 439 | ばら鮨（祭りずし）〔食〕 …………… 56 | 榛名型民家〔住〕 …………………… 167 |
| パーマネント〔交通・交易〕 ……… 575 | バラ炭〔生産・生業〕 ……………… 530 | 榛名講〔信仰〕 ……………………… 745 |
| 浜の朝〔生産・生業〕 ……………… 394 | バラ炭を焼く〔生産・生業〕 ……… 530 | 榛名高原学校〔社会生活〕 ………… 644 |
| 浜の男 船方〔生産・生業〕 ……… 394 | バラックの並ぶ街〔社会生活〕 …… 651 | 榛名神社の嵐除けのお札〔信仰〕 … 722 |
| 浜の親子〔生産・生業〕 …………… 394 | バラと呼ぶ円形の大きな竹ザルを頭上に置いている〔交通・交易〕 … 605 | 春成酒造店〔交通・交易〕 ………… 575 |
| 浜の女人夫〔交通・交易〕 ………… 605 | バラノコ〔生産・生業〕 …………… 512 | 春にカラギリした桑〔生産・生業〕 … 461 |
| 浜の放牧〔生産・生業〕 …………… 439 | パラムリリ（遺体にかける紐）〔人の一生〕 …………………………… 845 | 春に切り揃えた桑〔生産・生業〕 … 461 |
| 浜火鉢〔住〕 ………………………… 235 | パラムリリ（死体を包む紐）〔人の一生〕 …………………………… 845 | パルプ材を積む木造機帆船〔交通・交易〕 ……………………………… 549 |
| 浜辺で牛に水浴びさせる〔生産・生業〕 …………………………… 439 | バラモン〔芸能・娯楽〕 …………… 791 | パルプ用材の架線集材の土場〔生産・生業〕 ………………………… 418 |
| 浜辺で小石を集めて運ぶ〔交通・交易〕 ……………………………… 605 | バラモン凧〔芸能・娯楽〕 ………… 791 | 春焼きの準備〔生産・生業〕 ……… 322 |
| 浜辺での宴〔食〕 …………………… 114 | バラモンの変形〔芸能・娯楽〕 …… 791 | 春休みの子どもたち〔社会生活〕 … 644 |
| 浜辺と船〔生産・生業〕 …………… 394 | パーランクー〔芸能・娯楽〕 ……… 779 | 馬鈴〔生産・生業〕 ………………… 439 |
| 浜辺に船〔生産・生業〕 …………… 394 | 梁〔住〕 ……………………………… 202 | 馬鈴薯植え〔生産・生業〕 ………… 322 |
| 浜辺の井戸〔住〕 …………………… 213 | ハリイタ（張り板）〔生産・生業〕 … 428 | 馬鈴薯・荏胡麻味噌まぶし〔食〕 … 56 |
| 浜辺の井戸と洗い場〔住〕 ………… 213 | 貼り板に白生地を貼る〔生産・生業〕 ………………………………… 484 | 馬鈴薯を半分に切って切り口に灰をつけ畑の窪みに落とし植え、軽く土をかぶせる〔生産・生業〕 … 322 |
| 浜辺の墓〔人の一生〕 ……………… 845 | 張り板に張った古着の布地〔衣〕 … 48 | 馬鈴薯を掘る〔生産・生業〕 ……… 322 |
| 浜弁当〔食〕 ………………………… 85 | 針いれ〔生産・生業〕 ……………… 394 | 馬鈴薯のカッチリ〔食〕 …………… 56 |
| 浜松市郊外の集落〔住〕 …………… 166 | 針入れ〔住〕 ………………………… 235 | 馬鈴薯の乾燥〔生産・生業〕 ……… 107 |
| 浜松風の骨組〔芸能・娯楽〕 ……… 791 | 針返し〔住〕 …………………… 213, 216 | 馬鈴薯畑作り〔生産・生業〕 ……… 322 |
| 浜野球〔芸能・娯楽〕 ……………… 801 | はり紙防止の貼り紙〔社会生活〕 … 651 | バレエレッスンをする少女たち〔芸能・娯楽〕 ………………………… 779 |
| 浜行き〔生産・生業〕 ……………… 394 | バリカンで頭を刈る〔住〕 ………… 248 | 晴着〔衣〕 …………………………… 16 |
| 破魔弓〔人の一生〕 ………………… 816 | 梁組み〔住〕 ………………………… 202 | 晴れ着の女性たち〔衣〕 …………… 16 |
| ハマンタ〔食〕 ……………………… 85 | 張子 赤牛〔芸能・娯楽〕 ………… 791 | 晴れた日のハシケは洗濯物で満艦飾〔交通・交易〕 ………………… 549 |
| ハミ桶〔生産・生業〕 ……………… 439 | 張子馬乗〔芸能・娯楽〕 …………… 791 | バレリーナ〔芸能・娯楽〕 ………… 779 |
| 歯磨楊子〔住〕 ……………………… 235 | 張子 亀〔芸能・娯楽〕 …………… 791 | バレン〔生産・生業〕 ……………… 512 |
| はみ，口輪，くつわ〔生産・生業〕 … 439 | 張子 鯨の潮吹〔芸能・娯楽〕 …… 791 | ハロー〔生産・生業〕 ……………… 322 |
| ハモ〔生産・生業〕 ………………… 439 | 張子細工の鳩〔芸能・娯楽〕 ……… 791 | ハン〔信仰〕 ………………………… 714 |
| ハモを採る籠〔生産・生業〕 ……… 394 | 張子作り〔生産・生業〕 …………… 512 | バン〔生産・生業〕 ………………… 394 |
| 鱧切り包丁〔食〕 …………………… 85 | 張子 俵牛〔芸能・娯楽〕 ………… 792 | 盤（角物木地用具）〔生産・生業〕 … 512 |
| 刃物を選ぶ〔交通・交易〕 ………… 575 | 張り子虎〔芸能・娯楽〕 …………… 792 | 繁華街の露天商〔交通・交易〕 …… 575 |
| 刃物研ぎ〔生産・生業〕 …………… 512 | 張子の首振り犬〔芸能・娯楽〕 …… 792 | 番傘〔住〕 …………………………… 235 |
| 刃物の修理用具 砥石〔生産・生業〕 … 322 | 張子の首振り虎〔芸能・娯楽〕 …… 792 | 番傘を立て朝市の店を開く〔交通・交易〕 ……………………………… 558 |
| 刃物の修理用具 ハヅチ〔生産・生業〕 …………………………… 322 | 張子の首振り猫〔芸能・娯楽〕 …… 792 | 番傘づくり〔生産・生業〕 ………… 512 |
| 刃物の修理用具 ヤスリ〔生産・生業〕 …………………………… 322 | 張子の闘鶏〔芸能・娯楽〕 ………… 792 | 番傘の頭〔生産・生業〕 …………… 236 |
| 葉や枝のついたままの大豆を運ぶ少年〔交通・交易〕 ……………… 605 | 針仕事〔住〕 ………………………… 248 | バンギ〔生産・生業〕 ……………… 322 |
| 林の荒神堂〔信仰〕 ………………… 761 | ハリじようけ〔生産・生業〕 ……… 444 | バンギ〔社会生活〕 ………………… 635 |
| | ハリヅツ〔生産・生業〕 …………… 394 | バン木〔社会生活〕 ………………… 635 |
| | 鉤磨り〔生産・生業〕 ……………… 394 | |
| | 張り石工法の石倉〔住〕 …………… 167 | |

| | | |
|---|---|---|
| 板木〔社会生活〕 635 | バンモチ石〔社会生活〕 623 | 稗シマの作り方〔生産・生業〕 323 |
| ハンギーと舟〔生産・生業〕 394 | ハンモックに寝かされた赤ちゃん〔人の一生〕 812 | ヒエ島（ヘシマ）〔生産・生業〕 323 |
| 半切〔生産・生業〕 453 | 半股引〔衣〕 17 | 稗田環濠集落の中の大和棟の民家〔住〕 167 |
| 半切・鮓桶・とめ桶・洗い桶〔食〕 85 | ハンヤ〔住〕 167 | ヒエチギリ〔生産・生業〕 323 |
| 半切妻屋根の農家〔住〕 167 | 灰屋〔住〕 167 | ヒエチギリ包丁〔生産・生業〕 323 |
| 半月池〔民俗知識〕 672 | 番屋〔生産・生業〕 395 | 稗つき〔生産・生業〕 323 |
| 飯盒〔食〕 85 | パン焼き器〔食〕 85 | ヒエトオシ〔生産・生業〕 323 |
| 飯盒の原型と改良案〔食〕 85 | パン焼器械〔食〕 85 | 稗抜き〔生産・生業〕 323 |
| ハンコを天秤棒で担ぐ〔交通・交易〕 605 | 番屋建築〔住〕 167 | 稗の刈穂〔生産・生業〕 395 |
| ハンコタナ〔衣〕 29 | 番屋の屋内〔住〕 167 | 稗の収穫〔生産・生業〕 323 |
| ハンコタナの端の刺繍〔衣〕 29 | 番屋の漁師〔生産・生業〕 395 | ヒエの穂を天日で乾燥する〔生産・生業〕 323 |
| ハンコタンナ〔衣〕 29 | 頒暦（天保暦）〔民俗知識〕 667 | 稗の穂刈り〔生産・生業〕 323 |
| 番小屋〔生産・生業〕 322, 394 | | ヒエの籾を釜で煎る〔生産・生業〕 323 |
| 万古焼業で働く女性〔生産・生業〕 512 | 【ひ】 | 稗碾き〔生産・生業〕 323 |
| 萬古焼の作業場〔生産・生業〕 512 | | 稗播き〔生産・生業〕 323 |
| 番小屋につめる娘が鳴子で鳥を追っている〔生産・生業〕 322 | ヒ〔生産・生業〕 484 | 稗播き（ボッタマキ）〔生産・生業〕 323 |
| 番小屋の前に運んだハタハタを、13kgずつ木箱に入れる〔生産・生業〕 394 | 杼〔生産・生業〕 484 | 稗・麦・ソバなどの架木〔生産・生業〕 323 |
| | 梭〔生産・生業〕 484 | 稗ムロ〔生産・生業〕 324 |
| 番小屋の前の炊事場で朝飯後のかたづけをする〔生産・生業〕 394 | ヒアゲ〔食〕 85 | 稗室〔生産・生業〕 324 |
| 半自動脱穀機〔生産・生業〕 322 | ピアス〔衣〕 46 | 稗ムロの焚き口〔生産・生業〕 324 |
| 搬出されたパルプ材〔生産・生業〕 418 | 火あま〔住〕 203 | 稗ムロの内部〔生産・生業〕 324 |
| 半鐘〔社会生活〕 635 | 柊様（柊神社）〔信仰〕 761 | ヒエ飯 三穀飯を炊く〔食〕 107 |
| 半帖台所〔住〕 203 | 火入れ〔生産・生業〕 322, 453 | 稗籾を石臼でひいて籾殻を取る〔生産・生業〕 324 |
| 番匠巻物〔生産・生業〕 524 | 火入れを行いマクリをしたまま放置された焼畑〔生産・生業〕 323 | 稗籾を大きな鉄鍋で炒る〔生産・生業〕 324 |
| 番所側から見る板取の集落〔住〕 167 | 火入蛇管〔生産・生業〕 453 | |
| ハンショゴマ〔芸能・娯楽〕 792 | 火入れの前に神に無事を祈る〔信仰〕 714 | ヒエリアゼと占有標〔生産・生業〕 324 |
| 帆船〔交通・交易〕 549 | 火打ち〔生産・生業〕 428 | PL教団の朝の祈り〔信仰〕 772 |
| はんぞ〔住〕 236 | 火打ち石〔住〕 236 | 日置箕〔生産・生業〕 324 |
| はんぞう〔住〕 236 | 火打ち石〔生産・生業〕 428 | 日置箕を編む〔生産・生業〕 512 |
| はんぞだらい〔住〕 236 | 燧石〔住〕 236 | 火起シ器〔食〕 85 |
| 飯台〔食〕 85 | 火打石で煙草をつける〔住〕 236 | 杼各種〔生産・生業〕 484 |
| 盤台のなかの飴を売る〔交通・交易〕 575 | 火打ち石と火打ち金〔交通・交易〕 614 | 日が暮れて嫁ぎ先に着いた一行〔人の一生〕 825 |
| 半塗塗りの椀〔食〕 85 | 火打器〔住〕 236 | 日陰で船を待つ〔交通・交易〕 549 |
| 半檀家の事例模式図〔信仰〕 727 | 火打ち金〔生産・生業〕 428 | 東安倉の大師堂〔信仰〕 761 |
| はんてん〔衣〕 16 | 火打鎌〔住〕 236 | 東小路の町並み〔住〕 167 |
| 半天〔衣〕 16 | 火打鎌と火打石〔住〕 236 | 東山中型〔住〕 167 |
| 半纏〔衣〕 17 | 火打ち金〔住〕 236 | 東谷のお地蔵様〔信仰〕 761 |
| はんどう〔食〕 85 | 火打具セット〔住〕 236 | 東通村尻屋〔住〕 167 |
| バンドウ〔住〕 236 | ヒウチドウグ〔生産・生業〕 323 | 東のお堂〔信仰〕 761 |
| 半倒壊した信濃川べりの工場〔社会生活〕 662 | ヒウチバコ〔住〕 236 | 東の堂〔信仰〕 761 |
| ハントウミ（半唐箕）〔生産・生業〕 322 | 火打箱〔住〕 236 | 東浜塩田跡〔生産・生業〕 446 |
| 半トウロク〔衣〕 17 | 火打筥〔住〕 236 | ヒカシヤマ〔交通・交易〕 605 |
| バンドをしめてズボンつりをむきだしにしている人〔衣〕 17 | 火打筥（燧箱）〔住〕 236 | 東山手の賃貸住宅〔住〕 167 |
| | ひうちぶくろ〔住〕 236 | 干潟上の漕ぎ船（三枚板）〔生産・生業〕 395 |
| ハンドゴマ〔芸能・娯楽〕 792 | 火打袋〔住〕 236 | |
| ハンドバッグ〔衣〕 48 | 火打嚢図譜〔住〕 236 | 干潟での人力による水田の拡張〔生産・生業〕 324 |
| ハンドバッグ売場〔交通・交易〕 575 | 火打袋の典型〔住〕 236 | |
| ハンドブラザー〔生産・生業〕 322 | ヒウチフドー〔住〕 236 | 干潟に座礁させた貨物船〔交通・交易〕 549 |
| バンドリ〔交通・交易〕 605 | 火打焼〔食〕 56 | |
| バンドリをつけた田人〔交通・交易〕 605 | 火打用具〔住〕 236 | 干潟に座礁させる伝統的な泊りの方法〔交通・交易〕 550 |
| | 雑穀を天井に吊す〔食〕 107 | |
| ハンドル付きの粉篩い器〔食〕 85 | 稗打機〔生産・生業〕 323 | 曳かれ船、延縄船〔生産・生業〕 395 |
| 万能〔生産・生業〕 322 | ひえを足で踏んで脱穀〔生産・生業〕 323 | 氷川丸の見送り〔交通・交易〕 550 |
| 万能鍬〔生産・生業〕 322 | | 引き上げられたスケソウダラで大きくふくらんだ底曳網のコットン（漁獲網）〔生産・生業〕 395 |
| パンの弁当を食べる児童〔社会生活〕 644 | ひえを入れたトーラ〔生産・生業〕 323 | |
| 販売用の薪を作る〔生産・生業〕 533 | ヒエを碾臼でする〔生産・生業〕 323 | |
| ハンバキ（脚半）〔衣〕 39 | ヒエカチボウ〔生産・生業〕 323 | 引き網 地曳き網漁業〔生産・生業〕 395 |
| ハンバキ（はばき）〔衣〕 40 | ヒエ刈り〔生産・生業〕 323 | 地曳網を引く〔生産・生業〕 395 |
| 輓馬競争〔芸能・娯楽〕 782 | 稗刈り〔生産・生業〕 323 | 曳網漁業あみ曳網 操業の図〔生産・生業〕 395 |
| 輓馬競馬〔芸能・娯楽〕 782 | ヒエ作農家〔生産・生業〕 323 | |
| 半分できあがった「ミ」〔生産・生業〕 512 | 稗酒を仕込む〔食〕 107 | 曳網船〔生産・生業〕 395 |
| | 稗シマ〔生産・生業〕 323 | 曳網操業中〔生産・生業〕 395 |
| 半片作り〔食〕 107 | 稗島〔生産・生業〕 323 | 引(曳)網のいろいろ〔生産・生業〕 395 |
| ハンペ〔食〕 85 | 稗シマを作る〔生産・生業〕 323 | |
| | ヒエシマと種播き〔生産・生業〕 323 | ひきうす〔生産・生業〕 324 |

| 名称索引 | | ひにる |

| 項目 | 頁 |
|---|---|
| 碾き臼〔食〕 | 85 |
| 挽き臼，豆腐製造具〔食〕 | 85 |
| 硯臼と半切桶〔生産・生業〕 | 324 |
| 挽臼と篩〔食〕 | 85 |
| 挽臼のセット〔食〕 | 85 |
| ひきうす（八石）〔生産・生業〕 | 324 |
| ヒキギ（曳き木）〔生産・生業〕 | 324 |
| 引木〔生産・生業〕 | 439 |
| 引込み戸を多く用いる農家〔住〕 | 167 |
| 引沙の浜〔生産・生業〕 | 395 |
| 引出しつきそろばん〔交通・交易〕 | 575 |
| 抽出つき莨盆〔住〕 | 236 |
| ピギダーの骨組と糸目〔芸能・娯楽〕 | 792 |
| 引き違い格子戸〔住〕 | 167 |
| 引樋〔生産・生業〕 | 324 |
| ヒキとハロウジの構成図〔社会生活〕 | 635 |
| 曳縄〔生産・生業〕 | 395 |
| ヒキバチ〔食〕 | 85 |
| ひきぼり〔生産・生業〕 | 428 |
| 引き曲げ黒内朱膳〔食〕 | 85 |
| 引き水〔住〕 | 213 |
| 引き水と外流し〔住〕 | 213 |
| ひきり〔住〕 | 236 |
| 火鑽〔住〕 | 236 |
| 火鑽板〔住〕 | 236 |
| 火鑽臼〔信仰〕 | 727 |
| 火キリキネ〔生産・生業〕 | 512 |
| 火鑽杵〔信仰〕 | 727 |
| 火鑽杵〔住〕 | 236 |
| 火鑽具〔住〕 | 236 |
| 日限地蔵〔信仰〕 | 695 |
| 日限地蔵縁日〔交通・交易〕 | 558 |
| 火鑽の使い方〔住〕 | 236 |
| ひきわり桶と米櫃〔食〕 | 85 |
| 挽き割機〔食〕 | 85 |
| ビク〔生産・生業〕 | 324, 395 |
| ビク〔交通・交易〕 | 605 |
| 魚籠〔食〕 | 85 |
| 魚籠〔生産・生業〕 | 395 |
| 魚籠〔交通・交易〕 | 605 |
| 低い二階座敷をもつ町家〔住〕 | 203 |
| ビクを腰に弁当を背に磯に行く〔交通・交易〕 | 605 |
| 樋口家の広間とワウノウチ造り〔住〕 | 167 |
| ピクニック〔交通・交易〕 | 581 |
| ヒグマの霊魂送り〔信仰〕 | 772 |
| 低めの二階・白漆喰・小さな窓の建物〔住〕 | 167 |
| ビクや腰籠を結び岩ノリをとる〔生産・生業〕 | 395 |
| 日繰帳〔信仰〕 | 772 |
| ひけしかご〔住〕 | 203 |
| 火消し壺〔住〕 | 236 |
| 火消壺の発明工夫〔住〕 | 236 |
| 髭剃り〔住〕 | 249 |
| 髭箆（イクパシュイ）〔信仰〕 | 714 |
| ヒゴ（竹細工用）〔生産・生業〕 | 512 |
| ヒコイタの図〔生産・生業〕 | 395 |
| 飛行機馬鍬〔生産・生業〕 | 324 |
| ヒゴを削る道具〔生産・生業〕 | 512 |
| 彦帯に糸で縫いつけた縫い守り〔民俗知識〕 | 672 |
| ヒコーキマンガ〔生産・生業〕 | 324 |
| 肥後鍬〔生産・生業〕 | 324 |
| ヒゴ作り〔生産・生業〕 | 512 |
| ヒザギ〔生産・生業〕 | 395 |
| ヒサゲ〔食〕 | 85 |
| 提子〔食〕 | 85 |
| ヒサゴ〔食〕 | 85 |
| 瓢の芯抜き小刀〔食〕 | 107 |
| 瓢（ひさご）輪切り包丁〔食〕 | 107 |
| 庇髪〔衣〕 | 46 |
| 庇の下に「がんぎ板」のみられる商家〔住〕 | 167 |
| 久々囲〔民俗知識〕 | 672 |
| 備讃瀬戸に臨む下津井の一本釣り漁村〔住〕 | 167 |
| ヒシ〔食〕 | 56 |
| ひしざし〔衣〕 | 17 |
| ヒシザシのミチカ〔衣〕 | 17 |
| ヒシザシマエカケ（菱刺し前掛け）〔衣〕 | 17 |
| ヒシサシマエダレ〔衣〕 | 17 |
| ひし採り〔生産・生業〕 | 533 |
| 菱とり〔生産・生業〕 | 533 |
| ヒシの実〔食〕 | 56 |
| ヒシノミをとりにゆく女たち〔生産・生業〕 | 533 |
| ヒシの実採り〔生産・生業〕 | 533 |
| ビシ・ブリッツリ・タコイシ・タイコナマリ〔生産・生業〕 | 395 |
| ヒシマエダレ〔衣〕 | 17 |
| 菱前垂〔衣〕 | 17 |
| ひしゃく〔生産・生業〕 | 324 |
| ヒシャク〔食〕 | 85 |
| 柄杓〔食〕 | 85, 117 |
| 柄杓〔住〕 | 237 |
| ひしやすり〔生産・生業〕 | 418 |
| 毘沙門天堂〔信仰〕 | 761 |
| 毘沙門堂〔信仰〕 | 761 |
| 毘沙門堂牛玉宝印〔信仰〕 | 722 |
| ビジュル石〔信仰〕 | 695 |
| ビジュル石かつぎ〔信仰〕 | 769 |
| 美粧院〔交通・交易〕 | 575 |
| 非常出勤する村の消防団〔社会生活〕 | 635 |
| 非常用保存飲料水〔食〕 | 56 |
| ヒジロ〔住〕 | 203 |
| ひじろを中心に〔住〕 | 249 |
| ヒジロとオカギ〔生産・生業〕 | 324 |
| ヒジロバタ〔住〕 | 203 |
| 美人パレードに集まる人びと〔芸能・娯楽〕 | 779 |
| ヒズミたかへ形態の大和棟〔住〕 | 167 |
| 美星町八日市〔住〕 | 168 |
| 備前焼の製作〔生産・生業〕 | 512 |
| 備前焼の土管の割れ片〔生産・生業〕 | 513 |
| 備前焼の店〔交通・交易〕 | 575 |
| 飛驒型の低い家屋〔住〕 | 168 |
| 比田勝港〔生産・生業〕 | 395 |
| 日高の昆布とり〔生産・生業〕 | 395 |
| 飛驒白川村遠山家〔住〕 | 168 |
| 飛驒白川村遠山家の家族構成と間取り〔住〕 | 249 |
| ヒタタキ〔生産・生業〕 | 324 |
| 日立第1号電動井戸ポンプ〔住〕 | 213 |
| 比立内マタギのシカリ〔生産・生業〕 | 429 |
| 火棚〔住〕 | 203, 237 |
| 火棚を利用して川魚の燻製〔食〕 | 107 |
| ビータナシ〔衣〕 | 17 |
| ビータナシを織る〔生産・生業〕 | 484 |
| 火棚の下の家人〔住〕 | 168 |
| ビーダマ〔芸能・娯楽〕 | 792 |
| ビー玉〔芸能・娯楽〕 | 792 |
| ビー玉遊び〔芸能・娯楽〕 | 801 |
| 火玉加那志（火の神）〔信仰〕 | 695 |
| 日だまりを楽しむ〔住〕 | 249 |
| 左肩の天秤棒を丸棒で軽く支えて草を運ぶ〔交通・交易〕 | 606 |
| 左勝手の民家〔住〕 | 168 |
| 左側面に突き出た前中門〔住〕 | 168 |
| 左手で長女の手を握り，右手に散歩をする犬の綱を持っている母親〔社会生活〕 | 635 |
| 左にさげる六文銭で，糸延べの回数を数える〔生産・生業〕 | 484 |
| ビチャビチャ〔生産・生業〕 | 324 |
| 篳篥〔芸能・娯楽〕 | 779 |
| ヒツ〔生産・生業〕 | 395 |
| ヒッカケ〔衣〕 | 17 |
| ヒッカケ〔生産・生業〕 | 484 |
| ヒッカケチョボ（道中の博奕）〔芸能・娯楽〕 | 805 |
| 棺〔人の一生〕 | 845 |
| 棺（模型）〔人の一生〕 | 845 |
| 棺を縁側から出す〔人の一生〕 | 845 |
| 棺のわきに立てる幟〔人の一生〕 | 845 |
| ヒッキリとマエビキ〔生産・生業〕 | 324 |
| ビッコキ〔生産・生業〕 | 324 |
| ヒッシュウ〔衣〕 | 29 |
| ヒッシュ・ヒッシュラ〔衣〕 | 29 |
| 備中鍬〔生産・生業〕 | 324 |
| 備中和紙〔生産・生業〕 | 513 |
| ヒッチョイ〔交通・交易〕 | 606 |
| 引っ張り餅〔人の一生〕 | 845 |
| ビディリ〔信仰〕 | 769 |
| ビディリ（神石）の前で祭りをする〔信仰〕 | 769 |
| ヒデバチ〔住〕 | 237 |
| 火出鉢〔住〕 | 237 |
| ヒデ鉢〔住〕 | 237 |
| ヒデリミノの部分名〔衣〕 | 17 |
| 一株の植え付け苗数〔生産・生業〕 | 324 |
| 火所のある煙草乾燥小屋〔生産・生業〕 | 444 |
| 一仕事終えて〔生産・生業〕 | 324 |
| 一ツ鉦〔芸能・娯楽〕 | 779 |
| ヒトツカマドの呼称をもつ大竈〔住〕 | 203 |
| 一つだけ願いを聞いてくれるという小祠〔信仰〕 | 695 |
| 一つのカサによりそうアベック〔社会生活〕 | 635 |
| ヒトドリ〔芸能・娯楽〕 | 801 |
| 人に祟った動物たちの絵馬〔信仰〕 | 714 |
| ヒトベラ〔食〕 | 85 |
| 人丸様〔信仰〕 | 761 |
| 一休み〔生産・生業〕 | 395 |
| 一休み〔社会生活〕 | 635 |
| 日向ぼっこ〔住〕 | 249 |
| 日名堂（谷條）見取図〔信仰〕 | 761 |
| ヒナワ〔生産・生業〕 | 324 |
| ヒナワジュウ（火縄銃）〔生産・生業〕 | 429 |
| 火縄銃〔生産・生業〕 | 429 |
| 火縄銃と短筒〔生産・生業〕 | 429 |
| 火縄銃の付属品〔生産・生業〕 | 429 |
| 火縄銃（部分）〔生産・生業〕 | 429 |
| 火縄の鉢巻〔衣〕 | 29 |
| ビニールを被せた苗代〔生産・生業〕 | 325 |
| ビニールハウス〔生産・生業〕 | 325 |
| ビニール張りの苗床〔生産・生業〕 | 325 |
| ビニール袋で錦鯉を運ぶ〔交通・交易〕 | 606 |

| | | |
|---|---|---|
| ビニロン繊維工場〔生産・生業〕…… 535 | ひめゆりの塔を観光する外国人〔交通・交易〕…… 581 | ひょうたん秤〔交通・交易〕……… 584 |
| ヒヌカン〔信仰〕……………………… 695 | ヒモタビをはく〔衣〕……………… 40 | 瓢箪柄杓〔食〕…………………… 86 |
| ヒネブリ（指宿ジョケ）〔食〕…… 85 | ヒモタビの底（麻糸のサシコ）〔衣〕… 40 | 漂着コンブを拾う人たち〔生産・生業〕…… 396 |
| ヒネリゴマ〔芸能・娯楽〕………… 792 | 紐造り〔生産・生業〕……………… 513 | ヒョウテツ〔交通・交易〕………… 614 |
| ひねりみの〔衣〕…………………… 17 | 紐解き祝い〔人の一生〕…………… 816 | 表皮を除いたフジの皮を川水で洗う〔生産・生業〕…… 484 |
| ひねり餅つくり〔生産・生業〕…… 453 | 干物〔食〕…………………………… 107 | 表皮の除去〔生産・生業〕………… 485 |
| 火の神〔信仰〕……………………… 695 | 干物売り〔交通・交易〕…………… 576 | 屏風の行商〔交通・交易〕………… 576 |
| 樋之上地蔵堂〔信仰〕……………… 761 | 干物作り〔食〕……………………… 107 | 苗圃で働く人たち〔生産・生業〕… 418 |
| 火の神のお札を立て無事を祈願する〔信仰〕…… 714 | 神籬〔信仰〕………………………… 727 | 表面に杉皮もみえる屋根〔住〕…… 168 |
| 火の神の札とともに御神酒を捧げて無事を祈願する〔信仰〕…… 714 | 百色着物〔衣〕……………………… 17 | 氷冷庫〔住〕………………………… 237 |
| ヒノキガサ〔衣〕…………………… 29 | 日役を待つ〔交通・交易〕………… 618 | 日除け〔衣〕…………………… 17, 30 |
| ヒノキ笠〔衣〕……………………… 30 | 百庚申〔信仰〕……………………… 745 | ヒヨケゲラ〔衣〕…………………… 17 |
| 檜笠〔衣〕…………………………… 30 | 百歳の祝い〔人の一生〕…………… 818 | 日除けのカシグネ〔住〕…………… 168 |
| 檜笠を編む〔生産・生業〕………… 513 | 百寿の祝い〔人の一生〕…………… 818 | ヒヨケミノ〔衣〕…………………… 17 |
| 檜笠作り〔生産・生業〕…………… 513 | 百度石〔信仰〕……………………… 714 | ヒョータン〔生産・生業〕………… 325 |
| 火の子返し〔住〕…………………… 203 | 百度石と千度石〔信仰〕…………… 714 | ヒョータンカゴ〔生産・生業〕…… 325 |
| 美の祭典〔芸能・娯楽〕…………… 779 | ヒャクトコテダマ〔衣〕…………… 17 | ひょっとこ〔生産・生業〕………… 325 |
| 火のし〔住〕………………………… 237 | 百度参り〔信仰〕…………………… 714 | ひょっとこ・おかめ〔芸能・娯楽〕… 792 |
| 火熨斗〔住〕………………………… 237 | 百度詣の数取〔信仰〕……………… 714 | 日和下駄〔衣〕……………………… 40 |
| 日の出団扇〔住〕…………………… 237 | 百人一首〔芸能・娯楽〕…………… 792 | 日和山の方位石〔交通・交易〕…… 618 |
| 日出団扇〔住〕……………………… 237 | 百人一首かるた〔芸能・娯楽〕…… 792 | 平足場のしくみ〔住〕……………… 249 |
| 日の出3丁目停留所〔交通・交易〕… 550 | 百人一首取札〔芸能・娯楽〕……… 792 | 開いた蔀戸と床几〔住〕…………… 168 |
| 日の出たわし〔食〕………………… 86 | 百万遍〔信仰〕……………………… 772 | 平入商家〔住〕……………………… 168 |
| 火の番燈籠〔社会生活〕…………… 635 | 百万遍祈禱札〔民俗知識〕………… 672 | 平入りと妻入りの蔵が並ぶ〔住〕… 168 |
| 火の見〔社会生活〕………………… 635 | 百万遍供養塔〔信仰〕……………… 772 | 平入りと妻入りの建物が並ぶ中ノ町〔住〕…… 168 |
| 火呑（親呑と子呑）〔生産・生業〕… 453 | 百万遍の数珠送り〔信仰〕………… 772 | 平入りの建物と土蔵が並ぶ中ノ町〔住〕…… 168 |
| 火呑栓〔生産・生業〕……………… 453 | 百万遍の念仏〔信仰〕……………… 772 | 平入の二階建の家〔住〕…………… 168 |
| 火の見の板木〔社会生活〕………… 635 | 百万遍の碑〔信仰〕………………… 772 | 平入りの農家〔住〕………………… 168 |
| 火の見梯子〔社会生活〕…………… 635 | 百味の御供〔信仰〕………………… 727 | 平入りの町家〔住〕………………… 168 |
| 火の見櫓〔社会生活〕……………… 635 | 百目箪笥〔民俗知識〕……………… 666 | 平入町屋の吉井家〔住〕…………… 168 |
| 火の見櫓をのせた公民館〔社会生活〕…… 635 | 百貨店〔交通・交易〕……………… 576 | 平織〔生産・生業〕………………… 485 |
| 火の見櫓とうず高く積まれた薪〔社会生活〕…… 635 | 百貨店（デパート）〔交通・交易〕… 576 | 平籠〔住〕…………………………… 237 |
| 火の用心と蠟燭入〔住〕…………… 237 | 百貨店の屋上（一銭木馬）〔芸能・娯楽〕…… 801 | ヒラカゴ（イサクカゴ）〔食〕…… 86 |
| 火の用心の当番板〔社会生活〕…… 635 | 百貨店の屋上にて〔芸能・娯楽〕… 801 | ヒラカゴの底を編む〔生産・生業〕… 513 |
| ピパ〔生産・生業〕………………… 325 | 百貨店のお歳暮商品売場〔交通・交易〕…… 576 | 平かぶと〔住〕……………………… 168 |
| 火箸〔住〕…………………………… 237 | 百軒長屋〔住〕……………………… 168 | 平釜（ひらがま）・火釜〔生産・生業〕…… 513 |
| 桧皮包丁〔生産・生業〕…………… 418 | 火屋と火葬〔人の一生〕…………… 845 | 平瓦と丸瓦の使途〔住〕…………… 168 |
| 火鉢〔住〕…………………………… 237 | ビヤホール〔交通・交易〕………… 576 | 開き袖〔衣〕………………………… 17 |
| 火鉢〔生産・生業〕………………… 461 | 桧山の民家群〔住〕………………… 168 | ビラグイ〔生産・生業〕…………… 325 |
| ヒビ〔生産・生業〕………………… 395 | 日向山村の屋根〔住〕……………… 168 | ひらくち〔生産・生業〕…………… 513 |
| 日比谷交差点〔交通・交易〕……… 550 | 日向の町並み〔社会生活〕………… 651 | ヒラグワ〔生産・生業〕…………… 325 |
| 火吹き〔芸能・娯楽〕……………… 779 | 憑依中の男性シャーマン〔信仰〕… 737 | 平鍬〔生産・生業〕………………… 325 |
| ヒフキダケ〔住〕…………………… 237 | 美容院〔交通・交易〕……………… 576 | ヒラゴマ〔芸能・娯楽〕…………… 792 |
| 火吹竹〔住〕………………………… 237 | 鋲打雪駄〔衣〕……………………… 40 | ヒラゴマ別種〔芸能・娯楽〕……… 792 |
| 火吹竹で燃えやすい桑の小枝に火をつける〔住〕…… 249 | 氷下網〔生産・生業〕……………… 395 | 平迫の新堂〔信仰〕………………… 761 |
| 火伏医院主屋〔住〕………………… 168 | 氷下網（魚をとらえたところ）〔生産・生業〕…… 395 | 平すき〔生産・生業〕……………… 325 |
| 火伏せだるま〔民俗知識〕………… 672 | 氷下網（操業中）〔生産・生業〕… 395 | 平スッペ〔衣〕……………………… 40 |
| 火伏せ縄〔民俗知識〕……………… 672 | 氷下漁業パワリ図〔生産・生業〕… 395 | 平膳〔食〕…………………………… 86 |
| 火伏せのお札〔信仰〕……………… 722 | 氷下刺網漁業の一例〔生産・生業〕… 396 | 平袖〔衣〕…………………………… 17 |
| 火防の神〔信仰〕…………………… 722 | 氷下曳網の操業図（場取り）〔生産・生業〕…… 396 | ヒラタケの半栽培〔生産・生業〕… 325 |
| 火伏せの五蓋松〔民俗知識〕……… 672 | 氷下曳網 曳場略図〔生産・生業〕… 396 | 平戸・天主堂のあたり〔社会生活〕… 651 |
| 火伏の地蔵〔信仰〕………………… 695 | 氷下漁〔生産・生業〕……………… 396 | 平野シャンペンサイダー〔食〕…… 56 |
| 日干し魚越しにみる港と明神岬〔生産・生業〕…… 395 | 病気祈願〔信仰〕…………………… 714 | ヒラ（平）の葺き方〔住〕………… 216 |
| ヒマエ小屋〔人の一生〕…………… 812 | 病気の鶏〔生産・生業〕…………… 439 | 平葺き（外観）〔住〕……………… 216 |
| 日待ちの話なども出る婦人たちの集会〔社会生活〕…… 635 | 表札〔住〕…………………………… 249 | 平葺き針刺し〔住〕………………… 216 |
| 日待ちの振舞い〔人の一生〕……… 818 | 美容師〔交通・交易〕……………… 576 | 平舟〔社会生活〕…………………… 635 |
| ヒマヤ（産小屋）〔人の一生〕…… 812 | ヒョウシギ〔社会生活〕…………… 635 | ヒラメ刺し網〔生産・生業〕……… 396 |
| ヒミチを掃くホウキ〔生産・生業〕… 325 | 拍子木〔社会生活〕………………… 635 | 平屋建て木造住宅〔住〕…………… 168 |
| 日みの〔衣〕………………………… 17 | 氷上漁業 ヤマのくみかた一例〔生産・生業〕…… 396 | ヒラヤリ〔生産・生業〕…………… 429 |
| 日蓑〔衣〕…………………………… 17 | 氷上ヨット〔交通・交易〕………… 550 | 肥料〔生産・生業〕………………… 325 |
| 日室嶽遙拝所〔信仰〕……………… 769 | ビョウソ〔人の一生〕……………… 845 | 肥料桶〔生産・生業〕……………… 325 |
| ひめしばのこうもり傘〔芸能・娯楽〕…… 792 | ひょうそく〔住〕…………………… 237 | 肥料小屋と砥石台〔生産・生業〕… 325 |
| | 秉燭〔住〕…………………………… 237 | 肥料散布桶〔生産・生業〕………… 325 |
| | 瓢箪型秤箱〔交通・交易〕………… 584 | 肥料とした養蚕の糞やクワの食べ残しコクソ〔生産・生業〕…… 439 |

## 【ふ】

肥料届く〔生産・生業〕…………… 325
肥料にする鶏糞をソリで運ぶ〔生産・生業〕…………… 325
肥料箱を首からさげた女の人〔生産・生業〕…………… 325
ヒルゲ俵〔食〕…………… 86
ビール工場のビール瓶置き場〔生産・生業〕…………… 535
蛭谷の四十九日法事（バタバタ茶）〔食〕…………… 117
ヒルット（ゴザ弁当入れ）〔食〕…………… 86
ビルディング屋上の鬼門除け像〔民俗知識〕…………… 672
昼どき〔食〕…………… 114
ビールと魚カゴ〔交通・交易〕…………… 618
昼寝〔住〕…………… 249
昼寝をする子〔住〕…………… 249
ビルの稲荷〔信仰〕…………… 695
ヒルバ〔生産・生業〕…………… 325
ひるまぎ〔住〕…………… 237
ヒルマギ〔食〕…………… 86
ヒルメシダーラ〔交通・交易〕…………… 606
昼休みのビルの屋上〔社会生活〕…………… 635
拾い昆布のサオガケ〔食〕…………… 107
広い作業空間の土間〔住〕…………… 203
蒲葵団扇〔住〕…………… 237
披露宴〔人の一生〕…………… 825
披露宴での田の神据え〔人の一生〕…………… 825
披露宴の折箱〔人の一生〕…………… 825
披露宴の座敷に置かれた田の神〔人の一生〕…………… 825
披露宴の新郎新婦〔人の一生〕…………… 825
びろうがさ〔衣〕…………… 30
ビロウ笠〔衣〕…………… 30
蒲葵笠〔衣〕…………… 30
ビロウジュ笠〔衣〕…………… 30
披露の宴〔人の一生〕…………… 825
ビロウのミノ・カサ〔衣〕…………… 17
広島駅〔交通・交易〕…………… 550
広島のお好み焼き〔食〕…………… 56
広島湾の猿猴川河口付近〔交通・交易〕…………… 618
ヒロ備中鍬〔生産・生業〕…………… 325
広間型の変容〔住〕…………… 168
広間型民家〔住〕…………… 168
琵琶〔芸能・娯楽〕…………… 779
琵琶楽〔芸能・娯楽〕…………… 779
琵琶湖疎水〔交通・交易〕…………… 618
琵琶湖のエリ〔生産・生業〕…………… 396
火渡り〔信仰〕…………… 729
瓶〔信仰〕…………… 727
紅型〔生産・生業〕…………… 485
紅型着物〔衣〕…………… 17
紅形ののれん〔住〕…………… 237
瓶細工〔生産・生業〕…………… 513
瓶詰めのしょっつる〔食〕…………… 56
賓頭盧尊と撫で仏〔信仰〕…………… 714
瓶精米〔社会生活〕…………… 657
鬢だらけ〔衣〕…………… 46
備長炭作り〔生産・生業〕…………… 530
ビンの王冠キャップをプレスする女性〔生産・生業〕…………… 535
びんびら（熊手）〔住〕…………… 237
ビンビン鯛〔芸能・娯楽〕…………… 792
ビンプン〔住〕…………… 168
ビンボウカギ（貧乏鉤）〔食〕…………… 86
ピンポンをする〔芸能・娯楽〕…………… 801
貧民窟〔社会生活〕…………… 662
ヒンメシヒャアドラ〔交通・交易〕…………… 606

ファッション・ショー〔衣〕…………… 48
ファッションモデル〔衣〕…………… 48
ファミリーレストラン〔交通・交易〕…………… 576
V型のアバ〔生産・生業〕…………… 396
輻〔生産・生業〕…………… 513
ふいごで田に水をあげる〔生産・生業〕…………… 325
フィチャ（鹿児島県徳之島町）〔食〕…………… 117
ブイブイ〔生産・生業〕…………… 429
風垣〔住〕…………… 169
ふうき爐〔食〕…………… 86
風景を乱すごみ収集箱〔社会生活〕…………… 651
風車利用の揚水〔生産・生業〕…………… 325
風水を診断している風水師〔民俗知識〕…………… 672
風選〔生産・生業〕…………… 325
風葬〔人の一生〕…………… 845
風葬跡〔人の一生〕…………… 845
風葬墓〔人の一生〕…………… 845
風土病を追放する〔社会生活〕…………… 644
夫婦〔社会生活〕…………… 635
夫婦臼〔食〕…………… 86
夫婦の服装〔衣〕…………… 17
風鈴売り〔交通・交易〕…………… 576
風鈴の座金〔交通・交易〕…………… 614
風炉〔食〕…………… 86
笛〔芸能・娯楽〕…………… 779
笛（玩具）〔芸能・娯楽〕…………… 792
笛のいろいろ〔芸能・娯楽〕…………… 780
フェリーと西郷の港町〔交通・交易〕…………… 550
フェリー埠頭〔交通・交易〕…………… 550
フォークダンス〔芸能・娯楽〕…………… 805
フォノラディオ（ラジオ受信機）〔住〕…………… 237
深編笠〔衣〕…………… 30
フカグツ〔衣〕…………… 40
深沓〔衣〕…………… 40
ふかし〔食〕…………… 86
蒸かしかすり〔生産・生業〕…………… 453
蒸しかすり〔生産・生業〕…………… 453
ふかしパン〔食〕…………… 56
フカスッペ〔衣〕…………… 40
ブカ凧〔芸能・娯楽〕…………… 792
深鍋〔食〕…………… 86
葺きあがった草屋根〔住〕…………… 216
葺き替えを待つ藁葺屋根〔住〕…………… 169
葺き替えたばかりの藁葺屋根〔住〕…………… 216
葺き替えるカヤを束ねる組の主婦たち〔住〕…………… 216
蕗俵〔食〕…………… 56
吹抜けとなった上部の太い小屋組〔住〕…………… 169
フキの皮をむきながら、ミョウガタケとフキを売る〔交通・交易〕…………… 558
ふきのとうつみ〔生産・生業〕…………… 533
巫業の看板〔信仰〕…………… 737
フギョウはり〔民俗知識〕…………… 672
福井瓦〔生産・生業〕…………… 513
ふく馬〔信仰〕…………… 714
福浦港〔生産・生業〕…………… 396
福岡県久留米市の商家〔住〕…………… 169
福岡県庁旧庁舎〔社会生活〕…………… 662

復元されたアイヌの住居〔住〕…………… 169
復原された土座住まい〔住〕…………… 169
復原された流下式塩田・枝条架〔生産・生業〕…………… 446
複式隠居形〔住〕…………… 169
福島1丁目・阪大医学部と田蓑橋の右手に大阪中央電報局〔社会生活〕…………… 651
福助〔信仰〕…………… 715
福田会育児院〔社会生活〕…………… 662
河豚凧〔芸能・娯楽〕…………… 792
河豚提灯〔住〕…………… 237
福田寺牛玉宝印〔信仰〕…………… 722
福徳稲荷の祈願の絵馬〔信仰〕…………… 715
福徳丸の模型（北前船）〔生産・生業〕…………… 396
福永（西）の薬師堂〔信仰〕…………… 761
福の神〔信仰〕…………… 695
フグのセリが始まる前〔生産・生業〕…………… 396
ふく鉢〔食〕…………… 86
福原のお地蔵様〔信仰〕…………… 761
ふぐばり〔生産・生業〕…………… 396
ブクブク茶（沖縄県那覇市）〔食〕…………… 117
ブクブクバーチと茶筅〔食〕…………… 118
フクベ〔生産・生業〕…………… 396
フクベ網主要部〔生産・生業〕…………… 396
フクメンタナ〔衣〕…………… 30
吹浦海岸の自然岩に刻まれた尊像〔信仰〕…………… 695
袋〔交通・交易〕…………… 606
フクロ網〔生産・生業〕…………… 396
袋網〔生産・生業〕…………… 396
袋網に魚の群れを追い込む〔生産・生業〕…………… 396
梟笛〔芸能・娯楽〕…………… 792
袋を背負う〔交通・交易〕…………… 606
袋を運ぶ〔交通・交易〕…………… 606
ふくろや〔生産・生業〕…………… 513
福わらいをする〔芸能・娯楽〕…………… 801
巫家〔信仰〕…………… 738
父兄が協力して小学校の裏に道路を造る〔社会生活〕…………… 644
婦警さん〔社会生活〕…………… 662
巫家から出てくる巫女〔信仰〕…………… 738
武家屋敷にみられる生垣〔住〕…………… 169
武家屋敷の築地塀〔住〕…………… 169
武家屋敷の路地〔交通・交易〕…………… 550
ふご〔交通・交易〕…………… 606
フゴ〔生産・生業〕…………… 325
フゴ〔人の一生〕…………… 812
フコケと呼ぶタライ舟で漁をする〔生産・生業〕…………… 396
ふご風呂〔住〕…………… 203
フゴミモッペ〔衣〕…………… 17
フゴミモモヒキ〔衣〕…………… 17
フサオリ〔生産・生業〕…………… 326
ふざけながら男の子を組伏せる女の子〔社会生活〕…………… 644
フジ績み〔生産・生業〕…………… 485
ブシをかぶる〔衣〕…………… 30
フジを水につけて柔らかくした後、表皮を剥ぎ取る〔生産・生業〕…………… 485
ブシ（表・裏）〔衣〕…………… 30
フジカ（山親方）〔生産・生業〕…………… 429
ふじ籠〔交通・交易〕…………… 606
藤籠〔住〕…………… 237
藤籠〔生産・生業〕…………… 396
藤皮の乾燥〔生産・生業〕…………… 485
藤皮の洗浄〔生産・生業〕…………… 485
藤皮の剥皮〔生産・生業〕…………… 485

## ふしき　名称索引

富士急行・富士吉田駅〔交通・交易〕 …… 550
富士講 講社の旗と宿坊〔信仰〕 …… 745
富士講の松〔信仰〕 …… 745
フジコソデナシ〔衣〕 …… 17
藤細工〔生産・生業〕 …… 513
富士山溶岩火鉢〔住〕 …… 237
富士塚の分布図〔信仰〕 …… 745
藤づるの伐採〔生産・生業〕 …… 485
藤田家〔住〕 …… 169
フジ断ち（採集）〔生産・生業〕 …… 485
富士登山をした人達の記念の絵額〔信仰〕 …… 715
富士2号〔食〕 …… 86
節抜き用鎌〔生産・生業〕 …… 513
フシヌケ〔衣〕 …… 17
ふじ布〔生産・生業〕 …… 485
藤布の組織図〔生産・生業〕 …… 485
武士の住いの屋敷構〔住〕 …… 169
附子箱〔住〕 …… 237
藤枕〔住〕 …… 237
伏見人形〔芸能・娯楽〕 …… 792
伏見焼の土製神輿（玩具）〔芸能・娯楽〕 …… 792
ふしゃく〔住〕 …… 237
巫者分布（宮城県下）〔信仰〕 …… 738
武州人形（操り人形芝居）〔芸能・娯楽〕 …… 780
巫術中の巫女〔信仰〕 …… 738
浮上〔生産・生業〕 …… 396
ふし楊子〔衣〕 …… 46
富士吉田の浅間神社参道〔交通・交易〕 …… 550
婦人会〔社会生活〕 …… 636
婦人会総会〔社会生活〕 …… 636
婦人下駄〔衣〕 …… 40
普請後に飲食する男性たち〔社会生活〕 …… 636
普請後に共同飲食する女性〔社会生活〕 …… 636
婦人参政権の清き一票〔社会生活〕 …… 662
婦人週刊東京大会の打合会〔社会生活〕 …… 636
婦人草履〔衣〕 …… 40
婦人の入墨〔民俗知識〕 …… 677
婦人の久闊を叙する挨拶〔社会生活〕 …… 662
婦人の作業姿〔衣〕 …… 18
婦人の下帯〔衣〕 …… 48
婦人病の祈願〔信仰〕 …… 715
婦人用小箱〔住〕 …… 237
文机〔住〕 …… 238
襖〔住〕 …… 203
襖のあけたて〔民俗知識〕 …… 678
襖の裏に貼られた唐紙〔住〕 …… 169
襖の構造〔住〕 …… 238
ふずみ通し器〔生産・生業〕 …… 326
伏鉦と桴〔芸能・娯楽〕 …… 780
フセギの藁蛇〔民俗知識〕 …… 672
布施酒造店〔交通・交易〕 …… 576
伏田〔生産・生業〕 …… 326
蓋〔食〕 …… 86
二江漁港の集落〔住〕 …… 169
二神島漁港〔生産・生業〕 …… 396
二川町字新橋町の町並み〔住〕 …… 169
ブタグツ〔衣〕 …… 40
二子山こどもの村〔社会生活〕 …… 662
札所〔信仰〕 …… 769
札所ではお接待を用意して遍路を迎える〔信仰〕 …… 769
札所の堂内〔信仰〕 …… 769

蓋付御櫃〔食〕 …… 86
蓋付籠〔食〕 …… 86
蓋つき壺〔食〕 …… 86
蓋附壺〔食〕 …… 86
ふたつの「蛇籠」を置き、それを橋脚にして丸太を渡した橋〔交通・交易〕 …… 550
フタドリ〔生産・生業〕 …… 326
ふたのあるテボ〔生産・生業〕 …… 396
ふたのまえだれ〔衣〕 …… 18
豚の肋骨の汁もの〔食〕 …… 56
豚便所（フール）〔住〕 …… 249
豚便所の模型〔住〕 …… 249
フタマタ〔生産・生業〕 …… 326
二股大根の絵馬〔信仰〕 …… 715
二股の木〔信仰〕 …… 772
二棟造〔住〕 …… 169
二棟造り〔住〕 …… 169
二棟造りの民家の模型〔住〕 …… 169
二人で担ぐ〔交通・交易〕 …… 606
二人挽き大鋸〔生産・生業〕 …… 418
二人挽鋸〔生産・生業〕 …… 418
フタリビキノコの使用〔生産・生業〕 …… 418
二人用箱膳〔食〕 …… 86
ふだれ〔住〕 …… 238
ふたわり庖丁〔生産・生業〕 …… 418
フータン〔芸能・娯楽〕 …… 792
フダンギ〔衣〕 …… 18
普段着〔衣〕 …… 18
不断経（絶えず諸経を読誦）〔信仰〕 …… 727
椽付口の工程〔生産・生業〕 …… 513
椽付蓋〔生産・生業〕 …… 513
淵堂〔信仰〕 …… 761
フーチャ〔生産・生業〕 …… 396
普通の便利なお台所〔住〕 …… 203
復旧にあわただしい新潟港からJR新潟駅あたりの被災地〔社会生活〕 …… 662
仏具店〔交通・交易〕 …… 576
ブックルミ〔生産・生業〕 …… 326
復興する広島〔社会生活〕 …… 651
物資を山積みにして風待ちのため碇泊する北前船〔生産・生業〕 …… 396
仏前に供える布〔信仰〕 …… 715
仏壇〔人の一生〕 …… 845
仏壇作り〔生産・生業〕 …… 513
仏壇と位牌〔人の一生〕 …… 845
仏壇に安置された木造の仏さまと位牌〔人の一生〕 …… 846
仏壇に供えるいろいろな物を買いこみ背中も手も荷でいっぱい〔交通・交易〕 …… 606
仏壇横の持仏堂の残像〔信仰〕 …… 695
ブッチメ〔生産・生業〕 …… 429
ブットリ網〔生産・生業〕 …… 429
ブットリ網の用具〔生産・生業〕 …… 429
仏拝と焼香〔信仰〕 …… 727
物々交換〔交通・交易〕 …… 558
仏間〔人の一生〕 …… 846
普天間・米軍基地〔社会生活〕 …… 662
餔飥（団子製）〔信仰〕 …… 715
太い角格子とウマツナギが残る豊田家〔住〕 …… 169
太いヨコダルキとよばれる屋中と細い垂木が交差する〔住〕 …… 169
巫堂〔住〕 …… 738
不動絵馬〔信仰〕 …… 715
ぶどう皮こだし〔交通・交易〕 …… 606
フトウキ（仏）〔信仰〕 …… 695

不動講〔信仰〕 …… 745
ブドウづるで作った籠に酒を入れて〔交通・交易〕 …… 606
不動尊〔信仰〕 …… 695
不動尊堂〔信仰〕 …… 761
ぶどう蔓で作った輪を高く放りあげて、落ちてくるところを先が二股になった棒で受け止めるアイヌの遊び〔芸能・娯楽〕 …… 801
埠頭に祀られた供養塔〔信仰〕 …… 772
葡萄破砕器〔食〕 …… 86
フドキ〔生産・生業〕 …… 485
フドキ入れ〔生産・生業〕 …… 485
フドキをオサにはめ込む〔生産・生業〕 …… 485
フドキをはめたオサ〔生産・生業〕 …… 485
フドキとアディワーシ棒を反対の方向に押していく前の準備〔生産・生業〕 …… 485
フドキとアディワーシ棒を反対方向に押して行く〔生産・生業〕 …… 485
フドキとオサ〔生産・生業〕 …… 485
フドキヨミと目ヅモリ棒のつくり方〔生産・生業〕 …… 485
ふとび〔生産・生業〕 …… 418
ふとまがり〔信仰〕 …… 715
フードミキサー〔食〕 …… 86
太御幣〔信仰〕 …… 727
フトリ〔衣〕 …… 18
フトリジマのいろいろ〔衣〕 …… 18
フトリジマ綿入れ半纏〔衣〕 …… 18
ふとんを運ぶ〔交通・交易〕 …… 606
ふとんかけ〔生産・生業〕 …… 485
蒲団側縫い〔住〕 …… 238
蒲団に腹ばいになって飴を食べる少年〔食〕 …… 114
蒲団の綿入れ〔住〕 …… 249
布団一組を包んだ大風呂敷〔住〕 …… 238
布団干し〔住〕 …… 249
布団・枕・掻巻〔住〕 …… 238
布団山を模した玩具〔芸能・娯楽〕 …… 792
船揚機〔生産・生業〕 …… 396
船揚場をコンクリートで整備した泊〔交通・交易〕 …… 550
船揚場にあるのはすべて櫓舟〔生産・生業〕 …… 396
フナアマと呼ばれる海女たちが、乗って出たサンメイハギと呼ぶ海女船を浜に引き揚げる〔生産・生業〕 …… 396
船板で作った塀〔住〕 …… 169
船板塀の商家〔住〕 …… 169
フナウチ（舟造り）〔生産・生業〕 …… 524
船おろし〔生産・生業〕 …… 524
船下し〔生産・生業〕 …… 524
船下ろしの祝い〔生産・生業〕 …… 524
船おろしの儀式〔生産・生業〕 …… 524
船おろしの新造船〔生産・生業〕 …… 524
舟形木鉢〔住〕 …… 238
船型の交番〔社会生活〕 …… 662
船方の労働 網をたぐる〔生産・生業〕 …… 396
舟型屋敷見取図〔住〕 …… 169
舟釘〔生産・生業〕 …… 524
船釘屋〔生産・生業〕 …… 513
船倉お堂〔信仰〕 …… 761
船倉お堂平面図〔信仰〕 …… 761
船越港〔生産・生業〕 …… 396
船越全景〔社会生活〕 …… 651
船越の人家と海岸からの道路〔社会生活〕 …… 651

# 名称索引　　　　　　　　　　　　　　ふらく

| | | |
|---|---|---|
| 舟小屋〔生産・生業〕 …… 396 | 船縁から海に飛びこもうとしている海女〔生産・生業〕 …… 398 | 船の巻き上げ機〔生産・生業〕 …… 399 |
| 船小屋〔生産・生業〕 …… 397 | フナ豆〔食〕 …… 56 | 船の見送り〔交通・交易〕 …… 551 |
| 舟小屋入口の祈禱札〔信仰〕 …… 722 | 舟屋〔生産・生業〕 …… 398 | 船の目〔民俗知識〕 …… 672 |
| 船小屋と漁船〔生産・生業〕 …… 397 | 舟屋一階部分における4類型の事例〔生産・生業〕 …… 398 | 舟の屋根に苫をかけるのは古い形〔生産・生業〕 …… 399 |
| 舟小屋とテント舟〔生産・生業〕 …… 397 | フナヤキ（大判焼き）器具〔食〕 …… 86 | 船の屋根の上で洗濯物を干す〔交通・交易〕 …… 618 |
| 船小屋と船〔生産・生業〕 …… 397 | 舟屋群〔生産・生業〕 …… 398 | 船の別れ〔交通・交易〕 …… 551 |
| 舟小屋のある農家〔住〕 …… 169 | 船屋群〔生産・生業〕 …… 398 | 布海苔を採る〔生産・生業〕 …… 399 |
| 舟小屋の外観と内部〔生産・生業〕 …… 397 | 舟屋と漁船〔生産・生業〕 …… 398 | フノリコシ〔生産・生業〕 …… 485 |
| ブナ材を手ぞりで運びおろす〔生産・生業〕 …… 418 | 舟屋と「まるこ舟」〔交通・交易〕 …… 550 | ふのり作り〔食〕 …… 107 |
| ふな刺網の構造〔生産・生業〕 …… 397 | 舟屋の建ち並ぶ伊根浦〔生産・生業〕 …… 398 | 海蘿とり〔生産・生業〕 …… 399 |
| フナずし〔食〕 …… 56 | 舟屋の内部からのぞく舟屋群〔生産・生業〕 …… 398 | 文箱〔住〕 …… 238 |
| 鮒ずしの発酵〔食〕 …… 107 | フナやワカサギの甘露煮の販売〔交通・交易〕 …… 576 | 布帆〔生産・生業〕 …… 399 |
| 船住まい〔住〕 …… 249 | 舟漁具〔生産・生業〕 …… 398 | 浮標〔生産・生業〕 …… 399 |
| 船底木枕〔住〕 …… 238 | 補任状〔信仰〕 …… 738 | フブキ〔生産・生業〕 …… 326 |
| 舟底枕〔住〕 …… 238 | 補認状〔信仰〕 …… 738 | 符札〔信仰〕 …… 722 |
| 船大工〔生産・生業〕 …… 524 | ふね〔食〕 …… 86 | ふほうたき〔信仰〕 …… 769 |
| 舟大工の作業〔生産・生業〕 …… 524 | フネ〔交通・交易〕 …… 614 | 父母兄姉とともに地引きかつぎを手伝う〔生産・生業〕 …… 399 |
| 船大工の民家（金子屋）のオマエ〔住〕 …… 169 | 舟〔生産・生業〕 …… 398 | フミウス〔食〕 …… 86 |
| 船出し〔生産・生業〕 …… 397 | 船〔生産・生業〕 …… 398 | 踏み臼〔食〕 …… 86 |
| ふな建網（建網・ジャコ網）〔生産・生業〕 …… 397 | 船〔交通・交易〕 …… 550 | 踏み臼〔生産・生業〕 …… 326 |
| ふな建網の構造〔生産・生業〕 …… 397 | 船揚げ〔生産・生業〕 …… 398 | 踏絵〔信仰〕 …… 772 |
| ふな建網の布設図〔生産・生業〕 …… 397 | 船を遊び場にする子どもたち〔芸能・娯楽〕 …… 801 | 踏切〔生産・生業〕 …… 326 |
| 船玉〔信仰〕 …… 695 | 舟をこいで遊ぶ〔芸能・娯楽〕 …… 801 | 踏切を渡る車〔交通・交易〕 …… 551 |
| 船霊〔信仰〕 …… 695 | 舟を漕ぐ〔生産・生業〕 …… 398 | 踏車〔生産・生業〕 …… 326 |
| フナダマ祝い〔生産・生業〕 …… 524 | 船を止めて氷を落とす〔生産・生業〕 …… 398 | 踏鋤〔生産・生業〕 …… 326 |
| 船霊祝い〔生産・生業〕 …… 524 | 舟をトラックで運ぶ〔交通・交易〕 …… 550 | 踏鋤とその使用例〔生産・生業〕 …… 326 |
| 舟ダマサマ〔信仰〕 …… 696 | 舟ヲノボス人タチ〔生産・生業〕 …… 398 | 踏み台〔住〕 …… 238 |
| 舟霊様〔信仰〕 …… 696 | 船を待つ人々〔交通・交易〕 …… 550 | フミダラ〔衣〕 …… 40 |
| 船玉様〔信仰〕 …… 696 | 舟を寄せ、網をしぼったところ〔生産・生業〕 …… 398 | 踏み簀〔生産・生業〕 …… 326 |
| 船霊様〔信仰〕 …… 696 | 船を陸にひきあげる〔生産・生業〕 …… 398 | 踏みすき〔生産・生業〕 …… 326 |
| 船霊様の御神体〔信仰〕 …… 696 | 船おろし〔生産・生業〕 …… 524 | 踏鋤〔生産・生業〕 …… 326 |
| フナダマサマ（船霊様）へのご馳走〔信仰〕 …… 715 | 船が帰るといっぱいになる港〔生産・生業〕 …… 398 | 踏鋤とその使用例〔生産・生業〕 …… 326 |
| フナダマサン（舟玉様）〔信仰〕 …… 696 | 船が戻るのを浜で待つ家族〔生産・生業〕 …… 398 | 踏み台〔住〕 …… 238 |
| 舟玉社に捧げた大漁祈願の船型〔信仰〕 …… 715 | 舟からウナギを集荷する漁師〔生産・生業〕 …… 398 | 踏み俵〔衣〕 …… 40 |
| 船玉神〔信仰〕 …… 696 | 船から下りてバス停に向かう人たち〔交通・交易〕 …… 550 | 踏俵〔衣〕 …… 40 |
| 船玉神像〔信仰〕 …… 696 | 船からの引き上げロープで深く潜るフナドの海女〔生産・生業〕 …… 398 | フミツマゴ〔衣〕 …… 40 |
| 船霊の御神体〔信仰〕 …… 696 | 船造り〔生産・生業〕 …… 524 | 踏研桶〔生産・生業〕 …… 453 |
| 船玉の祀り方〔信仰〕 …… 696 | 船住まいの人びとの団らん〔食〕 …… 114 | 文箱〔社会生活〕 …… 623 |
| 船箪笥〔交通・交易〕 …… 618 | 舟タデをする〔生産・生業〕 …… 398 | 文箱の中の記録類〔社会生活〕 …… 623 |
| 船箪笥（帳箱）〔交通・交易〕 …… 618 | 船だまり〔生産・生業〕 …… 399 | 文箱の文書〔社会生活〕 …… 623 |
| 船着場〔生産・生業〕 …… 397 | 船だまり〔交通・交易〕 …… 550 | 踏外し罠〔生産・生業〕 …… 429 |
| 船着場〔交通・交易〕 …… 550 | 船だまり 釣漁船の群〔生産・生業〕 …… 399 | 麓集落〔社会生活〕 …… 652 |
| 船着場の網干し場〔生産・生業〕 …… 397 | 船だまりのガンギ〔交通・交易〕 …… 550 | ブヤマソ〔生産・生業〕 …… 485 |
| 舟出浮網〔生産・生業〕 …… 397 | 船だまりのてんま船〔生産・生業〕 …… 399 | 冬には井戸に屋根をつける〔住〕 …… 213 |
| 舟出を送る〔生産・生業〕 …… 397 | 舟つなぎの木〔住〕 …… 249 | 冬の足ごしらえ〔衣〕 …… 40 |
| 舟出を手伝う女達〔生産・生業〕 …… 397 | 船で稲藁を運ぶ〔交通・交易〕 …… 606 | 冬の準備のためにマチに来たムラの人々〔社会生活〕 …… 636 |
| 船徳利〔食〕 …… 86 | 船で恋路島あたり〔交通・交易〕 …… 550 | 冬の竜飛崎〔生産・生業〕 …… 399 |
| フナドは夫婦で呼吸のあった作業をする〔生産・生業〕 …… 397 | 船で通学する小学生たち〔社会生活〕 …… 644 | 冬の停車場〔交通・交易〕 …… 551 |
| 鮒などを捕る漁具〔生産・生業〕 …… 397 | 船と番屋〔生産・生業〕 …… 399 | 冬の陽の下で日なたぼっこをする子どもたち〔社会生活〕 …… 636 |
| 船荷のセメントを運び揚げる沖仲士〔交通・交易〕 …… 606 | 舟と堀〔生産・生業〕 …… 326 | 冬のビヤホール〔交通・交易〕 …… 576 |
| フナ（ネ）ド〔生産・生業〕 …… 398 | 船に馬を乗せて旧馬淵川（八戸工業港）を渡る〔交通・交易〕 …… 550 | 冬の広尾港〔生産・生業〕 …… 399 |
| フナの甘露煮〔食〕 …… 56 | 船に積まれる黒牛〔生産・生業〕 …… 439 | 冬の野菜貯蔵〔食〕 …… 107 |
| 鮒の串ざし〔食〕 …… 56 | 舟の玩具〔芸能・娯楽〕 …… 792 | 冬の藁仕事の準備〔生産・生業〕 …… 513 |
| フナの刺身〔食〕 …… 56 | 船の子ども（下校）〔社会生活〕 …… 644 | 冬は消雪池に変わる主屋裏のタネ〔住〕 …… 169 |
| 鮒の内臓をぬく〔食〕 …… 107 | 船のジロ〔生産・生業〕 …… 399 | 冬は土間に置いて沸かす風呂を、夏は庭に出してはいる〔住〕 …… 203 |
| フナの焼き干し保存「ヤキオ」（焼き魚）〔食〕 …… 107 | 船の泊の石積〔交通・交易〕 …… 551 | 冬晴れの佳き日に娘を見送る人々と民家〔人の一生〕 …… 825 |
| 舟橋〔交通・交易〕 …… 550 | | 舞踊劇のけい古場〔芸能・娯楽〕 …… 780 |
| 船橋〔交通・交易〕 …… 550 | | ブラ〔住〕 …… 238 |
| 船曳網の構造例〔生産・生業〕 …… 398 | | ブラウ〔生産・生業〕 …… 326 |
| 船曳網の操業〔生産・生業〕 …… 398 | | 部落会議〔社会生活〕 …… 636 |
| 船引き場〔生産・生業〕 …… 398 | | 部落共同の井戸〔住〕 …… 213 |
| | | 部落児童会〔社会生活〕 …… 644 |

民俗風俗 図版レファレンス事典（衣食住・生活篇） **1075**

| 名称 | 頁 |
|---|---|
| 部落内の道路〔交通・交易〕 | 551 |
| フラフープをする〔芸能・娯楽〕 | 801 |
| ブランコ〔芸能・娯楽〕 | 801 |
| ブランコを漕ぐ少女たち〔芸能・娯楽〕 | 801 |
| ブランコに乗るおばあさん〔社会生活〕 | 636 |
| ふりうち棒〔生産・生業〕 | 326 |
| 振り馬鍬〔生産・生業〕 | 326 |
| 振り売り（行商）〔交通・交易〕 | 576 |
| 鰤大敷〔生産・生業〕 | 399 |
| ふりかけ〔食〕 | 56 |
| ふりかごのかつぎ方を娘に教え浜から帰ってくる母娘〔交通・交易〕 | 606 |
| ブリキ玩具作り〔生産・生業〕 | 513 |
| ブリキ製水漉器〔食〕 | 86 |
| ブリキの大盥〔住〕 | 238 |
| ブリキの棟飾り〔住〕 | 169 |
| ブリキ鋏〔生産・生業〕 | 513 |
| ブリキ露斗〔生産・生業〕 | 326 |
| フリークを模した見世物〔芸能・娯楽〕 | 780 |
| フリコミジョレン〔生産・生業〕 | 326 |
| フリコミジョレンによる麦畑への土入れ〔生産・生業〕 | 326 |
| 鰤大根〔食〕 | 56 |
| ぶり大謀網〔生産・生業〕 | 399 |
| 振茶（奈良県橿原市中曾司）〔食〕 | 118 |
| フリテボ〔食〕 | 86 |
| ブリなどの定置網漁〔生産・生業〕 | 399 |
| ブリの刺網〔生産・生業〕 | 399 |
| ブリの水揚げ〔生産・生業〕 | 399 |
| 鰤の水揚げ〔生産・生業〕 | 399 |
| ブリの陸揚げ〔生産・生業〕 | 399 |
| 振棒〔生産・生業〕 | 399 |
| ふりまぐわ〔生産・生業〕 | 327 |
| フリーマーケット〔交通・交易〕 | 558 |
| フリマンガ（一人用）〔生産・生業〕 | 327 |
| フリマンガ（二人用）〔生産・生業〕 | 327 |
| フリマンガによる畑の耕耘〔生産・生業〕 | 327 |
| フリマングワ〔生産・生業〕 | 327 |
| ブリ養殖日本一の生簀群〔生産・生業〕 | 399 |
| 不漁の日の浜〔生産・生業〕 | 399 |
| プリントの上絵付け〔生産・生業〕 | 513 |
| フルイ〔生産・生業〕 | 327 |
| 篩〔食〕 | 86 |
| 篩〔生産・生業〕 | 327, 444 |
| 古い家〔住〕 | 169 |
| 古い家並み〔住〕 | 169 |
| 古い型の刺網漁船〔生産・生業〕 | 400 |
| 古いカミソの黒皮を剥ぐ〔食〕 | 108 |
| 古井家主屋梁行断面図〔住〕 | 169 |
| 古井家住宅の立面図、平面図、横断面図〔住〕 | 169 |
| フルイコミ（土入れ）〔生産・生業〕 | 327 |
| 古い住宅街によくみられる和洋折衷型住宅の外観〔住〕 | 170 |
| 古い宿場形態を残している大内集落〔交通・交易〕 | 581 |
| 古い宿場の面影を残す町並み〔交通・交易〕 | 581 |
| 古い宿場の雪景色〔交通・交易〕 | 582 |
| 古い商家〔交通・交易〕 | 576 |
| 古い城下町〔社会生活〕 | 652 |
| 古い商店の家〔交通・交易〕 | 576 |
| 古いタイプのチンカラ網〔生産・生業〕 | 400 |
| フルイでの選別〔生産・生業〕 | 327 |
| フルイでヒエを精製する〔生産・生業〕 | 327 |
| 古いドックの跡〔交通・交易〕 | 551 |
| 古い「泊」〔交通・交易〕 | 551 |
| 古い「泊」の石垣〔交通・交易〕 | 551 |
| フルイにかける〔生産・生業〕 | 327 |
| 古い船着場〔交通・交易〕 | 551 |
| 古い町並み〔住〕 | 170 |
| 古い町並み〔社会生活〕 | 652 |
| 古い町家〔住〕 | 170 |
| 古い店〔交通・交易〕 | 576 |
| 古い港町のたたずまい〔住〕 | 170 |
| 振る柄〔生産・生業〕 | 327 |
| 古川の観音様〔信仰〕 | 761 |
| 古川の荒神様〔信仰〕 | 761 |
| 古川の段荒神〔信仰〕 | 762 |
| 古着売り〔交通・交易〕 | 576 |
| 古着をほぐす〔住〕 | 249 |
| 古着マチ〔交通・交易〕 | 558 |
| 古着市〔交通・交易〕 | 558 |
| 古くからの橘と迎花が一緒に飾られている〔人の一生〕 | 846 |
| 古峰神社信仰の講中により建てられた塔〔信仰〕 | 745 |
| 風呂〔住〕 | 203 |
| 風呂桶〔住〕 | 203 |
| 風呂おけに水を運び入れる〔住〕 | 203 |
| 風呂をわかす〔住〕 | 203 |
| 風呂鍬〔生産・生業〕 | 327 |
| 風呂小屋〔住〕 | 170 |
| フロシキ〔衣〕 | 30 |
| 風呂敷〔住〕 | 238 |
| フロシキカブリ〔衣〕 | 30 |
| 風呂敷作り〔生産・生業〕 | 513 |
| フロシキボッチ〔衣〕 | 30 |
| 風呂の内部図〔住〕 | 203 |
| 風呂の流し場を再利用した水槽跡〔住〕 | 213 |
| 風呂場〔住〕 | 203 |
| 風呂場で洗濯〔住〕 | 249 |
| プロパンガスを持ち込んで浜遊び〔食〕 | 114 |
| プロ野球の前夜祭〔芸能・娯楽〕 | 782 |
| 風呂屋堂〔信仰〕 | 762 |
| フロリハバキ〔衣〕 | 40 |
| プロレス〔芸能・娯楽〕 | 780 |
| プロレスのファン〔芸能・娯楽〕 | 780 |
| プロレスの真似をする〔芸能・娯楽〕 | 801 |
| ふわり（符割）〔生産・生業〕 | 485 |
| 文化竈〔住〕 | 203 |
| 文化焜炉〔食〕 | 86 |
| 文化自動炊飯器〔食〕 | 86 |
| 文化住宅〔住〕 | 170 |
| 文化住宅間取り図〔住〕 | 170 |
| 文化祭〔社会生活〕 | 644 |
| 文化焼物器〔食〕 | 86 |
| 文化湯沸〔食〕 | 87 |
| 文化爐〔食〕 | 87 |
| 分岐した農業水路での野菜洗い〔住〕 | 213 |
| 文具箱〔住〕 | 238 |
| ブングルマ〔芸能・娯楽〕 | 792 |
| 分家・隠居制の分布〔住〕 | 170 |
| 分家への耕地の分け方〔生産・生業〕 | 327 |
| ブンコ〔住〕 | 238 |
| 文庫〔住〕 | 238 |
| 分校の授業〔社会生活〕 | 644 |
| フンゴミ〔衣〕 | 18 |
| フンゴミ〔生産・生業〕 | 327 |
| フンゴミ口〔住〕 | 203 |
| 分散支持型と集中支持型の背負梯子〔交通・交易〕 | 606 |
| 分司〔生産・生業〕 | 453 |
| 噴水〔芸能・娯楽〕 | 792 |
| 噴水「タワシ」〔食〕 | 87 |
| 分析〔生産・生業〕 | 453 |
| 分析用試料採取用水杓〔生産・生業〕 | 453 |
| 文鎮〔住〕 | 238 |
| 分銅〔交通・交易〕 | 584 |
| 分棟型民家〔住〕 | 170 |
| 噴霧機〔生産・生業〕 | 327 |
| 分霊のハワイ進出〔信仰〕 | 727 |

## 【へ】

| 名称 | 頁 |
|---|---|
| 屏位式位牌〔人の一生〕 | 846 |
| 米軍艦ミズーリ号上で降伏文書調印の開始を待つ日本全権〔社会生活〕 | 657 |
| 米軍政府指導により仲座久雄が設計した規格住宅平面図〔住〕 | 170 |
| 米軍のレタス畑での収穫〔生産・生業〕 | 327 |
| 平行二棟造り〔住〕 | 170 |
| 米穀通帳〔社会生活〕 | 636 |
| 閉山後の零細炭鉱のヤマで細々と石炭を運び出す主婦たち〔生産・生業〕 | 527 |
| 瓶子〔食〕 | 87 |
| 瓶子〔信仰〕 | 727 |
| 米寿の祝いに戒名を受ける〔人の一生〕 | 818 |
| 米寿の祝いの戒名の授与式につづいて開く祝宴の料理〔人の一生〕 | 818 |
| 米寿の手形〔民俗知識〕 | 672 |
| 米寿の手判〔民俗知識〕 | 672 |
| 平床〔住〕 | 170 |
| 平専運送会社旧建物配置図〔交通・交易〕 | 618 |
| 米選機〔生産・生業〕 | 327 |
| 幣束〔信仰〕 | 727 |
| 兵隊ごっこ〔芸能・娯楽〕 | 802 |
| 兵隊墓（戦死者の墓）〔社会生活〕 | 657 |
| 平太の渡しの今市の渡し場〔交通・交易〕 | 551 |
| 米麦貯蔵容器〔生産・生業〕 | 327 |
| 米飯のない農家の食卓〔食〕 | 114 |
| 米兵と日本人女性〔社会生活〕 | 657 |
| 柄枡〔交通・交易〕 | 584 |
| 平面絹〔生産・生業〕 | 485 |
| 平面屋根〔住〕 | 170 |
| 平野堂〔信仰〕 | 762 |
| 平野の稲田〔生産・生業〕 | 327 |
| 平和記念公園〔社会生活〕 | 657 |
| 平和記念公園・赤い鳥文学碑〔社会生活〕 | 657 |
| 平和記念公園・原爆死没者慰霊碑〔社会生活〕 | 657 |
| 平和記念公園・原爆ドーム〔社会生活〕 | 657 |
| 平和記念公園・原爆の子の像〔社会生活〕 | 657 |
| 平和記念公園・動員学徒慰霊塔〔社会生活〕 | 657 |
| 平和記念公園・平和祈願の千羽鶴〔社会生活〕 | 657 |

| | | |
|---|---|---|
| ヘエグワ〔生産・生業〕 …… 327 | ヘヤ・アイロン〔住〕 …… 238 | 保育用の箙〔人の一生〕 …… 812 |
| ヘエボとヘラ〔生産・生業〕 …… 485 | ヘヤ・ドライヤー〔住〕 …… 238 | ボーイスカウトの行進〔社会生活〕 …… 662 |
| へをかける〔生産・生業〕 …… 485 | へら〔食〕 …… 87 | ボーイスカウトの行進をする豆旗手たち〔社会生活〕 …… 662 |
| ヘカケ〔生産・生業〕 …… 485 | ヘラ〔生産・生業〕 …… 328, 513 | ボーイスカウトの募金運動〔社会生活〕 …… 662 |
| べか舟〔生産・生業〕 …… 400 | ヘラ(ピラ)〔生産・生業〕 …… 328 | ホイチョウ〔交通・交易〕 …… 614 |
| 壁龕墓〔人の一生〕 …… 846 | ヘリコプターによる農薬撒布実験〔生産・生業〕 …… 328 | 焙炉〔生産・生業〕 …… 444 |
| へぎぜん〔食〕 …… 87 | ベンガラ豪商の中町の長尾家〔住〕 …… 170 | ホイロでの手揉み製茶〔生産・生業〕 …… 444 |
| 僻村の学校〔社会生活〕 …… 644 | ベンガラスス塗りの長押〔住〕 …… 203 | 焙炉と助炭の設置方法〔生産・生業〕 …… 444 |
| ヘギの乾燥〔生産・生業〕 …… 513 | ベンガラ塗りの格子戸〔住〕 …… 170 | 奉安殿〔社会生活〕 …… 657 |
| へぎ庖丁〔生産・生業〕 …… 418 | ベンガラ塗りの民家〔住〕 …… 170 | 奉安殿の前に整列して、木銃で捧げ銃をする小学生〔社会生活〕 …… 657 |
| ヘグイを打つ〔生産・生業〕 …… 485 | 便器〔住〕 …… 204 | 胞衣を埋めるところ(ヨナイケバ)〔人の一生〕 …… 812 |
| 舳倉島灯台 舳倉島分校〔社会生活〕 …… 652 | 勉強する〔社会生活〕 …… 644 | 方位磁石〔交通・交易〕 …… 584 |
| 舳倉島の海女〔生産・生業〕 …… 400 | べんけい〔食〕 …… 108 | 胞衣の捨て場(コスティワ・コナゲイワ)〔人の一生〕 …… 812 |
| 舳倉島の家〔住〕 …… 170 | ヘンコ〔生産・生業〕 …… 328 | 宝印の下に大黒天をとりつけた牛〔信仰〕 …… 715 |
| 舳倉島の家並み〔住〕 …… 170 | 弁甲流し〔生産・生業〕 …… 418 | |
| 舳倉島の漁家〔住〕 …… 170 | ヘンコ(ヒゲコ)〔生産・生業〕 …… 328 | 棒受網〔生産・生業〕 …… 400 |
| 舳倉島の漁家の夏の夕食〔食〕 …… 114 | 弁財船の名残をとどめる機帆船〔交通・交易〕 …… 551 | 棒受網漁業〔生産・生業〕 …… 400 |
| ヘゴ〔生産・生業〕 …… 327 | 弁財天〔信仰〕 …… 696 | 法衣着用許可書〔信仰〕 …… 738 |
| ベーゴマで遊ぶ〔芸能・娯楽〕 …… 802 | 弁財天像〔信仰〕 …… 696 | 棒を使う〔交通・交易〕 …… 606 |
| 弁才船〔交通・交易〕 …… 551 | 便所〔住〕 …… 204 | 報恩講の食事〔信仰〕 …… 745 |
| 弁才船(北前船)〔交通・交易〕 …… 551 | 便所神〔信仰〕 …… 696 | 報恩寺発行の鑑札〔信仰〕 …… 738 |
| ヘソ〔生産・生業〕 …… 485 | 便所神人形〔信仰〕 …… 696 | 法音堂〔信仰〕 …… 762 |
| ヘソカキ〔生産・生業〕 …… 486 | 便所と手水鉢〔住〕 …… 170 | 防火を喚起する神棚の札〔信仰〕 …… 722 |
| ヘソカキの進行〔生産・生業〕 …… 486 | 便所の神様のご神体〔信仰〕 …… 696 | 方角石〔交通・交易〕 …… 618 |
| 臍の緒〔人の一生〕 …… 812 | 便所模式図〔住〕 …… 204 | 防火用水を兼ねた避難用飲料水〔社会生活〕 …… 636 |
| 臍風呂〔住〕 …… 203 | ペンダント〔衣〕 …… 48 | 防火用の石垣〔住〕 …… 170 |
| 経台〔生産・生業〕 …… 486 | ペンダントの各種〔衣〕 …… 48 | 防火用水桶〔社会生活〕 …… 636 |
| ヘダラマキ〔衣〕 …… 40 | 弁天を祀る小祠に奉納されている蛇の置き物と玉子〔信仰〕 …… 715 | 防寒帽のあご紐をしっかり縛ってやる〔生産・生業〕 …… 400 |
| ヘダラマキ〔食〕 …… 56 | 弁天さまの祠〔信仰〕 …… 696 | ホウキ〔生産・生業〕 …… 328 |
| 絲瓜食器洗具〔食〕 …… 87 | 弁天島あたりの水路〔交通・交易〕 …… 618 | 紡器〔生産・生業〕 …… 486 |
| 鼈甲笄〔衣〕 …… 46 | 弁当(ツゲ)〔食〕 …… 87 | 帯〔住〕 …… 238 |
| 鼈甲製マッチ入〔住〕 …… 238 | ベントウイレ〔食〕 …… 87 | 箒〔住〕 …… 238 |
| 鼈甲製眼鏡〔衣〕 …… 48 | 弁当入れ〔食〕 …… 87 | ホウキ(柴製)〔生産・生業〕 …… 328 |
| 鼈甲製老眼鏡〔衣〕 …… 48 | 弁当を食べながら、カメラマンにウインクを送る少女〔食〕 …… 114 | 放棄された棚田を再生〔生産・生業〕 …… 328 |
| 鼈甲中差〔衣〕 …… 46 | 弁当を風呂あがりに食べる日帰りの湯治客〔食〕 …… 114 | 箒作り〔生産・生業〕 …… 513 |
| 別所温泉〔社会生活〕 …… 652 | 弁当かご〔食〕 …… 87 | ホウキ、タワシやゲタなどが並ぶ雑貨屋〔交通・交易〕 …… 576 |
| 別所地蔵堂〔信仰〕 …… 762 | ベントウゴウリ〔食〕 …… 87 | 亡牛供養塔〔民俗知識〕 …… 676 |
| 別所の観音様〔信仰〕 …… 762 | 弁当行李〔食〕 …… 87 | 防空演習〔社会生活〕 …… 657 |
| 別所の虚空地蔵堂内部〔信仰〕 …… 762 | べんとうごおり〔食〕 …… 87 | 防空演習をする学童〔社会生活〕 …… 657 |
| べったら市〔交通・交易〕 …… 558 | べんとうばこ〔食〕 …… 87 | 防空頭巾〔社会生活〕 …… 657 |
| ベッチンコールテン〔生産・生業〕 …… 486 | 弁当箱〔食〕 …… 87 | 防空用防毒面〔社会生活〕 …… 657 |
| へっつい〔住〕 …… 203 | 弁当箱包み〔食〕 …… 87 | 謀計網〔生産・生業〕 …… 400 |
| 別府駅前の食堂〔交通・交易〕 …… 576 | べんとうぶくろ〔食〕 …… 87 | 方形穀用1斗枡〔交通・交易〕 …… 584 |
| 別府八湯〔民俗知識〕 …… 666 | へんば餅〔食〕 …… 56 | 方形盤総漆塗の高坏〔信仰〕 …… 727 |
| 別棟の風呂〔住〕 …… 203 | 「へんば餅」本店〔交通・交易〕 …… 576 | 奉公袋〔社会生活〕 …… 657 |
| 別棟の便所〔住〕 …… 170 | 遍路〔信仰〕 …… 769 | 防災井戸〔住〕 …… 213 |
| 別棟の水仕事場〔住〕 …… 170 | 遍路姿〔信仰〕 …… 769 | 豊作を願って立てたハラミバシとカユカキボウ〔生産・生業〕 …… 328 |
| 別棟別竈隠居〔住〕 …… 170 | 遍路のいでたち〔衣〕 …… 18 | 豊作祈願の土・籾・鍬〔信仰〕 …… 715 |
| ペデストリアンデッキ〔交通・交易〕 …… 551 | 遍路の出立〔信仰〕 …… 769 | 防砂林〔交通・交易〕 …… 619 |
| ヘトイ瓶〔住〕 …… 238 | 遍路墓〔信仰〕 …… 769 | 法事〔人の一生〕 …… 846 |
| ヘドロ〔衣〕 …… 40 | 遍路宿〔信仰〕 …… 769 | 帽子(アイヌ)〔衣〕 …… 30 |
| ベニズワイガニの網漁〔生産・生業〕 …… 400 | | 帽子形丸膳とそば椀〔食〕 …… 87 |
| 紅猪口〔衣〕 …… 46 | **【ほ】** | 褒詞状〔信仰〕 …… 738 |
| 紅花つくり〔生産・生業〕 …… 327 | | 帽子蓑〔衣〕 …… 18 |
| 紅花の花弁を摘む〔生産・生業〕 …… 486 | ホー〔生産・生業〕 …… 328 | 紡車〔生産・生業〕 …… 400 |
| ヘバシ〔生産・生業〕 …… 486 | ボアサキ〔衣〕 …… 30 | 宝珠庵の仏壇〔信仰〕 …… 762 |
| ヘバシに糸を通す〔生産・生業〕 …… 486 | ボイキリ〔生産・生業〕 …… 535 | 房州高瀬船〔生産・生業〕 …… 400 |
| 蛇を原料にしたという傷薬を売る〔交通・交易〕 …… 576 | 保育園〔社会生活〕 …… 644 | 房州茶船〔生産・生業〕 …… 400 |
| 蛇を神体として祀ったもの〔信仰〕 …… 696 | 保育園の帰りに店によって買物をすませた母子を眺める高校生たち〔社会生活〕 …… 636 | 宝照庵〔信仰〕 …… 762 |
| 蛇を手にする少年〔芸能・娯楽〕 …… 802 | 保育所〔人の一生〕 …… 812 | |
| 蛇凧〔芸能・娯楽〕 …… 792 | | |
| 蛇取り婆さんが患者の枕頭で蛇の生血をしぼっているところ〔民俗知識〕 …… 666 | | |
| 蛇料理屋の店頭〔民俗知識〕 …… 666 | | |

# ほうし　　　　名称索引

放生供養碑〔民俗知識〕………… 676
北条市安居島〔生産・生業〕……… 400
放生池〔信仰〕…………………… 727
奉書焼き〔食〕……………………… 56
防除用具（イナゴ捕り機）〔生産・生業〕…………………………… 328
紡針〔生産・生業〕………………… 400
ほうず〔生産・生業〕……………… 486
ボウズ〔住〕……………………… 238
坊主合羽〔衣〕……………………… 18
坊主鍬〔生産・生業〕……………… 328
紡績工場で働く女性〔生産・生業〕 486
紡績婦人部員〔生産・生業〕……… 486
疱瘡送り〔民俗知識〕……………… 672
疱瘡神〔信仰〕…………………… 696
疱瘡神送り〔民俗知識〕…………… 672
防草機〔生産・生業〕……………… 400
防霜扇と筋園〔生産・生業〕……… 444
疱瘡棚〔民俗知識〕………………… 672
房総の二棟造りの屋敷〔住〕……… 170
疱瘡除け〔民俗知識〕……………… 673
疱瘡除けの禁厭〔民俗知識〕……… 673
ホウソウ除けのマジナイ〔民俗知識〕……………………………… 673
坊地地蔵堂〔信仰〕………………… 762
ボウチボー〔生産・生業〕………… 328
包中被害除去農具〔生産・生業〕 328
ほうちょう〔生産・生業〕………… 429
包丁〔食〕…………………………… 87
庖丁（煙草切）〔食〕……………… 87
庖丁掛付両用俎〔食〕……………… 87
防潮堤〔交通・交易〕……………… 619
包丁のいろいろ〔食〕……………… 87
防潮林〔交通・交易〕……………… 619
ホウティカゴ〔交通・交易〕……… 584
ボウで草やワラを突き差して運ぶ〔交通・交易〕………………… 606
棒で荷を擔ぐ子供〔交通・交易〕 606
ホウトウ〔食〕……………………… 56
包頭型のオシラの芯の部分〔信仰〕…………………………… 738
包頭型のオシラの中〔信仰〕……… 738
ホウトウ作り〔食〕………………… 108
豊年馬〔芸能・娯楽〕……………… 792
奉納鏡立〔信仰〕…………………… 738
奉納額〔信仰〕……………………… 715
奉納鏡〔信仰〕……………………… 738
奉納剣〔信仰〕……………………… 738
奉納された穴の開いている石〔信仰〕…………………………… 715
奉納された石の大下駄やブリキのワラジ〔信仰〕………………… 715
奉納された絵馬や扁額〔信仰〕…… 715
奉納されたキツネ像と鳥井の雛型〔信仰〕……………………… 715
奉納された将棋の香車の駒〔信仰〕…………………………… 715
奉納されたタテガラ〔信仰〕……… 715
奉納された鳥居型〔信仰〕………… 715
奉納された火吹竹〔信仰〕………… 715
奉納された招き猫〔信仰〕………… 715
奉納鳥居〔信仰〕…………………… 715
奉納柄杓〔信仰〕…………………… 715
奉納札〔信仰〕……………………… 715
奉納草鞋〔信仰〕…………………… 715
奉納鞋〔信仰〕……………………… 715
ホウの葉に小豆もちを置いた戦前の田植えの昼食〔食〕………… 56
棒ばかり〔交通・交易〕…………… 584
棒秤〔交通・交易〕………………… 584
防波堤〔交通・交易〕……………… 619

防波堤の代わりに置いてあった古い木造船が朽ちて沈んだ残がい〔交通・交易〕………………… 619
朴葉味噌〔食〕……………………… 56
防犯連絡所の看板〔社会生活〕…… 636
防風石〔住〕……………………… 170
防風垣〔住〕……………………… 170
防風や燃料用、救荒食等を兼ね土手に列植されたソテツ群〔生産・生業〕…………………… 535
防風用の卯建〔住〕………………… 171
防風林〔交通・交易〕……………… 619
防風林造成完成記念〔社会生活〕… 636
防風林で囲まれた旧家〔住〕……… 171
防風林で囲まれた旧家の屋敷と麦畑〔住〕…………………………… 171
防府市野島〔生産・生業〕………… 400
方便法身名号〔護符〕〔信仰〕…… 722
放牧〔生産・生業〕………………… 439
放牧された牛〔生産・生業〕……… 439
放牧される牛〔生産・生業〕……… 439
放牧地の短角牛〔生産・生業〕…… 439
訪問指導する生活改良普及員〔社会生活〕……………………… 662
ホウヤ〔生産・生業〕……………… 328
棒屋〔生産・生業〕………………… 513
ホウヤ積みで保存する稲ワラ〔生産・生業〕……………………… 328
放鷹〔生産・生業〕………………… 429
法要〔人の一生〕…………………… 846
放鷹の広告〔生産・生業〕………… 429
ホウライチクの竹垣〔住〕………… 171
豊漁を祈る〔信仰〕………………… 715
豊漁を祈願する神〔信仰〕………… 697
豊漁の船団が帰港し、ごった返す卸市場〔生産・生業〕………… 400
ボウルの一種（イット）〔食〕…… 87
菠薐草蒔き〔生産・生業〕………… 328
琺瑯鍋〔食〕………………………… 87
琺瑯引き手鍋〔食〕………………… 87
琺瑯焼五徳鍋〔食〕………………… 87
ホウロク〔食〕……………………… 87
焙烙〔食〕…………………………… 87
ほうろくによる豆煎り〔食〕……… 108
炮烙蒸し器〔食〕…………………… 88
ホオカブリ〔衣〕…………………… 30
ホオカブリの型〔衣〕……………… 30
頬被り〔衣〕………………………… 30
ホオズキを売る〔交通・交易〕…… 576
酸漿型提灯〔芸能・娯楽〕………… 792
朴の木の皿〔食〕…………………… 57
ホオノハ〔食〕……………………… 108
朴の葉売りの少女〔交通・交易〕 576
朴の葉飯〔食〕……………………… 57
朴歯（下駄）〔衣〕………………… 40
帆を張る漁船〔生産・生業〕……… 400
保温器〔生産・生業〕……………… 461
保温折衷苗代〔生産・生業〕……… 328
保温折衷苗代を考案した荻野豊次〔生産・生業〕………………… 328
保温折衷苗代作り〔生産・生業〕 328
保温折衷苗代の覆い〔生産・生業〕 328
保温のビニールをはった苗代田〔生産・生業〕………………… 328
ホカイ〔食〕………………………… 88
ホカイ〔人の一生〕………………… 825
行器〔信仰〕………………………… 727
捕獲されたキジバトとヤマドリ〔生産・生業〕………………… 429
捕獲されたテン〔生産・生業〕…… 429

捕獲した鯨を五島荒川の捕鯨基地に運ぶ〔生産・生業〕………… 400
捕獲したフカの頭を槌でたたいて殺す〔生産・生業〕…………… 400
捕獲したフカの引き上げ〔生産・生業〕………………………… 400
ホカクド〔人の一生〕……………… 846
穂掛け〔生産・生業〕……………… 328
ホガチウス（穂搗き臼）〔食〕…… 88
ホーカブリ〔衣〕…………………… 30
外間祝女〔信仰〕…………………… 738
外間祝女のいれずみ〔民俗知識〕… 677
穂刈り〔生産・生業〕……………… 328
穂刈り用カマ〔生産・生業〕……… 328
蒲葵釣瓶〔食〕……………………… 88
北越海岸の漁村〔生産・生業〕…… 400
北斜面に展開する中横倉の集落遠景〔住〕………………………… 171
北集落の遠望〔住〕………………… 171
牧場、サイロ〔生産・生業〕……… 439
北西からみる在原〔住〕…………… 171
牧草を刈る〔生産・生業〕………… 439
牧草鎌〔生産・生業〕……………… 328
北炭第2次「合理化」人員整理に反対する女性たちの抗議デモ〔生産・生業〕………………… 527
北炭夕張新鉱で一大ガス突出事故の合同葬儀に向かう遺族たち〔人の一生〕…………………… 846
火口〔住〕………………………… 238
北転船〔生産・生業〕……………… 400
北転船スケソウ漁〔生産・生業〕… 400
木刀〔民俗知識〕…………………… 673
北東の隅に家の神を祀る〔信仰〕… 697
北洋サケ・マス船団の出漁する港で見送る家族との別れを惜しむ〔生産・生業〕………………… 400
北洋に出港の朝、しばしの別れとなる家族とひとときを過ごす〔生産・生業〕………………… 400
ぼくらの文集〔社会生活〕………… 645
ボクリ〔衣〕………………………… 40
捕鯨銃〔生産・生業〕……………… 400
捕鯨船〔生産・生業〕……………… 400
捕鯨の間に捕獲したシャチ〔生産・生業〕………………………… 400
捕鯨の事業場〔生産・生業〕……… 400
捕鯨砲を放つ〔生産・生業〕……… 400
捕鯨母船上の鯨体処理〔生産・生業〕………………………… 400
捕鯨用具のいろいろ〔生産・生業〕 401
法華経信者〔信仰〕………………… 773
ポケット水漉し〔食〕……………… 88
保健所員の活躍〔社会生活〕……… 662
鉾〔生産・生業〕…………………… 401
歩行網〔生産・生業〕……………… 401
歩行者・自転車の分離歩道〔交通・交易〕……………………… 551
ホーコサン〔芸能・娯楽〕………… 792
ホコ締め〔住〕……………………… 216
ホコチイレ〔交通・交易〕………… 614
鉾つき〔生産・生業〕……………… 401
祠〔信仰〕………………………… 697
祠におさめられたヒナ〔信仰〕…… 715
蒲財政を支えた葛布問屋の旧松本家〔住〕………………………… 171
捕殺されたイノシシ〔生産・生業〕 429
ホシ〔衣〕………………………… 40
ボシ〔衣〕………………………… 30
干しアワビ（乾鮑）〔食〕………… 108
ほしアワビを作る〔食〕…………… 108

| | | |
|---|---|---|
| 干芋〔食〕 57 | 保存容器（昭和時代）〔食〕 88 | ボテボテ茶（島根県松江市）〔食〕 118 |
| 干し芋を作る〔食〕 108 | 菩提車〔人の一生〕 846 | ホテル（港付近）〔交通・交易〕 582 |
| 干し終えた身欠ニシンを箱に詰める〔生産・生業〕 401 | 菩提寺の境内で御詠歌を唱える檀家の主婦たち〔信仰〕 727 | ホテルニュージャパン〔交通・交易〕 582 |
| 干柿作り〔食〕 108 | ホタギ〔生産・生業〕 328 | 歩道の役目も果たしている雁木通り〔住〕 171 |
| 乾かれい〔食〕 57 | ほだ木を運ぶ〔交通・交易〕 606 | ホトケオロシ〔信仰〕 738 |
| 干し菊作り〔食〕 108 | ホタギ積み（天然）〔生産・生業〕 328 | 仏降ろしをしているいたこ〔信仰〕 738 |
| 干草〔生産・生業〕 439 | ホタケサマを祀ったダイドコ〔信仰〕 697 | 仏オロシをする〔信仰〕 738 |
| 干し草を肥後赤牛の背で運ぶ〔交通・交易〕 606 | ホタケサマの神体〔信仰〕 697 | 仏オロシをするエジコ〔信仰〕 738 |
| 干草ズンボ〔生産・生業〕 439 | ぼたもちを作る〔食〕 108 | 仏オロシの後、祭壇を背にして食事を振舞われるエジコ〔信仰〕 738 |
| 母子健康手帳〔人の一生〕 812 | 牡丹餅作り〔食〕 109 | 仏オロシの最中〔信仰〕 738 |
| 干大根〔食〕 108 | ボタ山〔生産・生業〕 528 | 仏オロシの神前〔信仰〕 738 |
| 干し蛸〔食〕 108 | ボタ山と炭住〔生産・生業〕 528 | 仏オロシは聞き手に顔を向けて語る〔信仰〕 738 |
| 干したコンブをとり入れる父子〔生産・生業〕 401 | 蛍烏賊の網上げ〔生産・生業〕 401 | 仏に呼び出される人は丼の水を上げる〔信仰〕 738 |
| 干した玉蜀黍をおろす〔食〕 108 | 蛍烏賊のあら出し〔食〕 109 | ボート建築〔交通・交易〕 551 |
| 干した蛇〔民俗知識〕 673 | ボタンツキ（ミハバマエダレ）〔衣〕 18 | 保床山山麓の神田〔生産・生業〕 329 |
| 干し鱈〔食〕 108 | ボチ〔食〕 88 | ホドバライ〔人の一生〕 847 |
| 干していた小豆を取りこんでかごに入れる〔食〕 108 | 墓地〔人の一生〕 846 | ホトリガマ〔生産・生業〕 329 |
| 干し場（麻つくり）〔生産・生業〕 486 | 墓地から集落を一望する〔人の一生〕 847 | ホトリベラ〔生産・生業〕 329 |
| 干場〔食〕 108 | 墓地とハネ〔人の一生〕 847 | 帆に風を受けて小浜港へ入港する北前型弁才船〔生産・生業〕 401 |
| 墓誌銘が海の方を向いた墓〔人の一生〕 846 | 墓地に捨てられたアシナカとナワ〔人の一生〕 847 | 母乳の出を願い奉納した絵馬〔信仰〕 716 |
| 干しもち〔食〕 108 | 墓地のお堂〔信仰〕 762 | ホニョの列〔生産・生業〕 329 |
| 墓所あたりの海岸〔生産・生業〕 401 | 墓地の草刈り〔人の一生〕 847 | 骨あげ〔人の一生〕 847 |
| 墓上装置〔人の一生〕 846 | 墓地の寺墓〔人の一生〕 847 | 骨を収める厨子甕〔人の一生〕 847 |
| 墓上装置 現代の霊屋〔人の一生〕 846 | 墓地の土地や石碑等の集落への提供〔社会生活〕 663 | 骨拾い〔人の一生〕 847 |
| 補助釜・小釜〔生産・生業〕 513 | 墓地の類型〔人の一生〕 847 | 帆柱〔生産・生業〕 401 |
| 墓所の近くにある堂（お地蔵様）（南向き）〔信仰〕 762 | ボッカ〔交通・交易〕 606 | 穂ヒエの保存〔生産・生業〕 329 |
| 母子寮の母と子の夕食〔食〕 115 | 歩荷〔交通・交易〕 606 | 穂ヒエはトラに入れてツツンカシラ（天井）に保存する〔生産・生業〕 329 |
| ボーズゴマ〔芸能・娯楽〕 792 | 北海シマエビ漁〔生産・生業〕 401 | 帆曳船〔生産・生業〕 401 |
| 穂積カゴ〔生産・生業〕 328 | 北海道アイヌ住居の小屋組（ケツニ構造）〔住〕 171 | 墓標〔人の一生〕 847 |
| 墓石をけずる石工〔生産・生業〕 513 | 北海道アイヌ住居の平面図〔住〕 171 | 墓標に霊屋をかぶせた墓〔人の一生〕 847 |
| 保線工夫〔交通・交易〕 551 | 北海道アイヌ住居の骨組〔住〕 171 | 保母さん〔人の一生〕 812 |
| 墓前で籾を燃してにおいをかがせる〔人の一生〕 846 | 北海道アイヌ住居平面図〔住〕 171 | ホームスパン〔生産・生業〕 486 |
| 墓前に捧げるミンブチ（念仏）の舞〔人の一生〕 846 | 北海道開拓使時代の七重牧牛場の様子〔生産・生業〕 439 | ホームで駅員と郵便局員が郵便小包の送り先などを確認している〔交通・交易〕 551 |
| 墓前に供えられた樒〔人の一生〕 846 | ホッカブリのいろいろ〔衣〕 30 | ホームルームの討論会〔社会生活〕 645 |
| 墓前に7日ごとに供物をする〔人の一生〕 846 | ポックリ（下駄）〔衣〕 40 | ホメダレ〔衣〕 18 |
| 墓前に撒いた切餅〔人の一生〕 846 | ぽっくりさんの看板を掲げる阿日寺門前〔社会生活〕 652 | 法螺貝〔民俗知識〕 678 |
| 墓前の供物〔人の一生〕 846 | 法華寺の守犬〔芸能・娯楽〕 792 | 法螺貝〔信仰〕 729 |
| 墓前の祭壇〔人の一生〕 846 | ホッケのツミレ汁〔食〕 57 | 法螺貝を吹く大峯山の修験者〔信仰〕 729 |
| 墓前の花〔人の一生〕 846 | ぼったかき棒〔生産・生業〕 328 | ぼら刺網〔生産・生業〕 401 |
| 墓前の草鞋と下駄〔人の一生〕 846 | ホッタテ小屋〔生産・生業〕 328 | ボラ敷網〔生産・生業〕 401 |
| 細い街路と屋敷〔住〕 171 | 掘立柱と礎板〔住〕 171 | ボラ施刺網〔生産・生業〕 401 |
| 細帯〔衣〕 48 | ボッタマキのタゴ〔生産・生業〕 329 | 鯔塚〔民俗知識〕 676 |
| ホーソ神〔信仰〕 697 | ボッチ〔衣〕 30 | ぼら建網布設図〔生産・生業〕 401 |
| ホーソ神のサンタハラ〔信仰〕 697 | ボッチガサ〔衣〕 30 | 鯔楷漁〔生産・生業〕 401 |
| 柄組みの例〔住〕 171 | ホットケーキの素〔食〕 57 | 鯔釣道具〔生産・生業〕 401 |
| ホソコンブ漁の男たちの休息〔生産・生業〕 401 | ホットンボ〔信仰〕 697 | 鯔の卵巣をとり出すための包丁〔食〕 88 |
| 細袖〔衣〕 18 | ホットンボウ〔信仰〕 769 | ほらほげ地蔵〔信仰〕 697 |
| 細袖仕事着〔衣〕 18 | ホッピング〔芸能・娯楽〕 802 | ボラ待ちやぐら〔生産・生業〕 401 |
| 細高桶と搔板〔生産・生業〕 454 | ホッピング遊び〔芸能・娯楽〕 802 | 掘りあげたムツゴロウ〔生産・生業〕 401 |
| 細長い主屋の山側に設けられる戸棚には土砂災害を防ぐ意図も感じとれる〔住〕 171 | ホップ花乾燥機〔生産・生業〕 329 | 堀内家住宅正面外観〔住〕 171 |
| 細縄専用縄ない機〔生産・生業〕 514 | ホップ花乾燥箱〔生産・生業〕 329 | 堀内家住宅断面図〔住〕 171 |
| 細野の大師堂〔信仰〕 762 | ホップ花乾燥用送風機〔生産・生業〕 329 | 堀内家住宅平面図〔住〕 171 |
| 細ぶち老眼鏡〔衣〕 48 | ホップ花採取機〔生産・生業〕 329 | ほりかぎ〔生産・生業〕 401 |
| ホソメコンブを浜に広げ干す女たち〔生産・生業〕 401 | ホップ花摘式〔生産・生業〕 329 | 堀川〔交通・交易〕 619 |
| ホソメコンブ漁の日、カッコと呼ぶ木造船を押し出す〔生産・生業〕 401 | ホップ花の乾燥用火炉〔生産・生業〕 329 | |
| 保存乾燥の包装〔食〕 108 | ぼて〔生産・生業〕 462 | |
| | ボテ〔住〕 238 | |
| | 布袋〔信仰〕 716 | |
| | ぼてこ〔生産・生業〕 444 | |
| | ボテ茶（愛媛県松山市）〔食〕 118 | |
| | ポテトチップス〔食〕 57 | |

## ほりか　　　名称索引

堀川を挟む明治時代の川端通り〔住〕 … 171
堀川のお地蔵さん〔信仰〕 … 697
「掘川の焼竹輪」つくり〔食〕 … 109
掘串（アサンガニ）〔生産・生業〕 … 329
掘串（ティブク）〔生産・生業〕 … 329
掘り出された甘藷〔生産・生業〕 … 329
掘り出された薬師如来（仲和田大師堂の向かって右の本尊）〔信仰〕 … 762
掘り出した牛蒡〔生産・生業〕 … 329
掘り出されたイモを運ぶ〔交通・交易〕 … 606
ホリと田舟〔生産・生業〕 … 401
堀に添った倉庫と商家〔社会生活〕 … 652
堀内家住宅〔住〕 … 171
ポリ袋と草刈鎌を差しこんだ荷縄を、背中当ての上に置く〔交通・交易〕 … 606
掘舟〔生産・生業〕 … 329
掘棒〔生産・生業〕 … 329
ホリムツの様子〔生産・生業〕 … 401
ポリ容器3タイプ〔社会生活〕 … 652
ボーリング場〔芸能・娯楽〕 … 782
ボール遊び〔芸能・娯楽〕 … 802
ボールト錐〔生産・生業〕 … 524
ボロオビ〔衣〕 … 48
ボロカビ（ぼろ蚊火）〔生産・生業〕 … 329
ほーろくなべ〔食〕 … 88
ぼろ炭を炭箱に移す〔住〕 … 249
ぼろ炭を焼く〔住〕 … 530
ボロッカゴ〔生産・生業〕 … 329
ポロとコタンの復原建築〔住〕 … 171
ぽん〔食〕 … 88
盆〔食〕 … 88
盆（ぼん）〔生産・生業〕 … 444
ポンイサツケキ〔食〕 … 88
本浦の海岸西端に残る造船場跡〔住〕 … 171
本浦の集落〔住〕 … 171
盆があけ、本土に帰っていく孫娘を見送る老婆〔社会生活〕 … 636
盆が終わって益田市に帰る孫娘に高い崖の上から手を振る老婆〔社会生活〕 … 636
ポン菓子をつくる〔食〕 … 109
本窯（登窯）〔生産・生業〕 … 530
ボンカレー〔食〕 … 57
本瓦葺が多い〔住〕 … 171
本瓦葺の農家〔住〕 … 171
本瓦葺の町家〔住〕 … 171
本瓦葺き屋根の町並み〔住〕 … 171
本組地蔵堂〔信仰〕 … 762
本家の長老をかこんで一族のつどい〔住〕 … 249
本家・分家集団の呼称〔住〕 … 249
本家・分家の関係図〔住〕 … 250
本郷館〔住〕 … 171
本郷館の出入口の下駄箱〔住〕 … 171
本郷の塚獻堂〔信仰〕 … 762
本郷の堂〔信仰〕 … 762
ホンゴヤ〔生産・生業〕 … 429
本山寺の茶堂〔信仰〕 … 762
本四国八十八箇所巡礼〔信仰〕 … 769
本仕込み〔生産・生業〕 … 454
本仕込の様子〔生産・生業〕 … 418
本庄の堂〔信仰〕 … 762
本庄の堂内部〔信仰〕 … 762
本薯栽培〔生産・生業〕 … 444
本船と魚の運搬船の間に網が絞られる〔生産・生業〕 … 401
本膳料理〔食〕 … 57

本膳料理三汁七菜の配膳図〔食〕 … 57
本染手織〔生産・生業〕 … 486
本田のエジキ〔生産・生業〕 … 329
本田の大足踏み〔生産・生業〕 … 329
ポンチセの屋根を組む〔住〕 … 172
ポンチセの屋根を四すみの柱にのせる〔住〕 … 172
盆・茶壺・菓子皿・菓子鉢・棗・果物盛ほか〔食〕 … 88
本町通りの町並み〔住〕 … 172
本町2丁目から五條1丁目をみる〔住〕 … 172
本町2丁目の町家〔住〕 … 172
ぼんでん〔芸能・娯楽〕 … 793
ボンテン〔信仰〕 … 727
梵天〔信仰〕 … 716
梵天（ご幣）〔信仰〕 … 716
本棟造り〔住〕 … 172
本棟造りの細部名称〔住〕 … 172
ボンネット型のトラックの運転台に花嫁、荷台に嫁入り道具と嫁方の人たちを乗せてやってきた〔人の一生〕 … 825
本糊付け〔生産・生業〕 … 486
本箱〔住〕 … 238
ポンパチ〔芸能・娯楽〕 … 793
ポンプ〔住〕 … 213
ポンプ〔社会生活〕 … 636
ポンプ井戸と水神さま〔住〕 … 213
ポンプがこわれバケツで吊る共同井戸〔住〕 … 213
ポンプ小屋上の火の見櫓〔社会生活〕 … 636
ポンプの井戸と地蔵堂〔住〕 … 213
ポンプのついた井戸〔住〕 … 213
ポン踏み〔食〕 … 109
ホンボ〔芸能・娯楽〕 … 802
ホンボ〔芸能・娯楽〕 … 802
ホンボ〔芸能・娯楽〕 … 802
ポンポラガケ〔生産・生業〕 … 401
雪洞〔住〕 … 238
雪洞燭台〔住〕 … 238
ほんまち商店街の町並み〔住〕 … 172
本間物産〔交通・交易〕 … 576
ホンムネ〔住〕 … 172
本棟造〔住〕 … 172
ホンムネの裏側〔住〕 … 172
本屋〔住〕 … 172
本焼きをした上に金で上絵を付ける〔生産・生業〕 … 514
本屋の店頭〔交通・交易〕 … 576
本屋街〔社会生活〕 … 652
本来のクネである屋敷前面を囲む低木の垣根〔住〕 … 172

## 【ま】

マアシコ〔芸能・娯楽〕 … 793
真新しいオガラ葺きの屋根〔住〕 … 172
毎朝の勤行〔信仰〕 … 739
舞扇〔芸能・娯楽〕 … 793
マイカ曳縄に用いる海老型擬餌〔生産・生業〕 … 401
舞い錐〔住〕 … 238
舞い錐とモミ台〔住〕 … 238
舞錐による火モミ用具〔住〕 … 238
舞妓〔芸能・娯楽〕 … 780
舞妓と師匠〔芸能・娯楽〕 … 780
埋薪〔生産・生業〕 … 462

舞い錐発火具 木の錐〔住〕 … 239
埋葬〔人の一生〕 … 847
埋葬地点を覆う竹囲い〔人の一生〕 … 847
埋葬地に並ぶ家型の墓上施設〔人の一生〕 … 847
埋葬の上に簑笠を置く〔人の一生〕 … 847
埋葬の後霊牌前での祝詞奏上〔人の一生〕 … 847
埋葬墓と参り墓との合体〔人の一生〕 … 847
埋葬墓地の入口〔人の一生〕 … 847
埋葬墓地のいろいろ〔人の一生〕 … 847
巻いた〔生産・生業〕 … 454
舞田〔生産・生業〕 … 329
まいた種に土をかぶせる〔生産・生業〕 … 329
マイマイズイド〔住〕 … 213
マイマイズ井戸〔住〕 … 213
マイリノホトケ〔信仰〕 … 745
まいり墓〔人の一生〕 … 847
詣り墓〔人の一生〕 … 848
マイワイ〔衣〕 … 18
万祝いの型紙部分〔衣〕 … 18
マイワイの裾模様〔衣〕 … 18
マエアテ〔衣〕 … 18
マエアテをつけて畑に行く〔衣〕 … 18
マエカケ（麻の単衣）〔衣〕 … 18
前かけ〔衣〕 … 18
前掛け〔衣〕 … 18
前かけ別紐付き〔衣〕 … 18
前掛蓑〔衣〕 … 18
前角をもつ角屋造りの民家〔住〕 … 172
前かぶと型養蚕民家〔住〕 … 172
前差櫛〔衣〕 … 46
マエソ，コシミノ〔衣〕 … 18
前田式五連発の捕鯨砲と砲手〔生産・生業〕 … 401
前田と背戸山の畑・山林〔住〕 … 172
前谷のお地蔵様〔信仰〕 … 762
マエダレ〔衣〕 … 19
前垂姿〔衣〕 … 19
前土間形式の町家〔住〕 … 172
前縄〔交通・交易〕 … 607
マエニワ〔住〕 … 172
前庭をもつ屋敷構え〔住〕 … 172
前庭の畑にまいた野菜がいっせいに芽を出した〔生産・生業〕 … 329
マエビキ〔生産・生業〕 … 418
前挽臼〔食〕 … 88
前挽鋸〔生産・生業〕 … 524
前挽鋸実測図〔生産・生業〕 … 524
マエブリ〔衣〕 … 19
前山のお堂〔信仰〕 … 762
前山のお堂の本尊〔信仰〕 … 762
マガ〔生産・生業〕 … 329
馬加〔生産・生業〕 … 329
マカイ〔食〕 … 88
磨崖仏〔信仰〕 … 697
マガキ〔住〕 … 172
マカジキを引きあげる〔生産・生業〕 … 401
勾玉型クド〔住〕 … 204
勾玉のついたうちだれ〔信仰〕 … 739
曲がった集落内の道〔住〕 … 172
マガネの使用〔生産・生業〕 … 329
真壁の構造〔住〕 … 172
マカヨ（フキノトウ）を放りあげて遊んでいる少女〔芸能・娯楽〕 … 802
曲り家〔住〕 … 172
マガリをもつ民家〔住〕 … 172

| | | |
|---|---|---|
| マガリを脇からみる〔住〕 172 | 薪割り〔生産・生業〕 536 | 増田家（内国通運社波合分社）旧建物配置図〔住〕 173 |
| 曲屋〔住〕 172 | まぐさを運ぶオバコ〔交通・交易〕 607 | マス凧〔芸能・娯楽〕 793 |
| 曲家〔住〕 172 | 秣作り〔生産・生業〕 439 | 益田造りが残る町の景観〔住〕 173 |
| 曲家が散在する山間の集落〔住〕 172 | 間口30メートルの家〔住〕 173 | ます取りの手鍵〔生産・生業〕 402 |
| 曲屋造の屋根〔住〕 173 | マクドナルド1号店〔交通・交易〕 576 | マスのイズシ〔食〕 57 |
| 曲屋の原型的民家〔住〕 173 | 枕崎の「銀座通」〔交通・交易〕 577 | マタ〔生産・生業〕 530 |
| 曲家の間取り〔住〕 173 | 枕崎港〔生産・生業〕 402 | マタイブリ〔生産・生業〕 330 |
| 曲屋の屋根修理〔住〕 216 | 枕そろばん〔交通・交易〕 577 | またぎ〔生産・生業〕 429 |
| 旋網漁業〔生産・生業〕 401 | 枕団子〔人の一生〕 848 | マタギ網 背負い袋〔生産・生業〕 429 |
| 旋網漁業におけるカキ網〔生産・生業〕 401 | 枕団子（野団子）〔人の一生〕 848 | マタギ装束図〔衣〕 19 |
| 旋網漁業におけるハッキリ網（タナ網）〔生産・生業〕 402 | 枕直し〔人の一生〕 848 | マタギたちが猟場へ向かう〔生産・生業〕 429 |
| 蒔絵をかく〔生産・生業〕 514 | マクラバコ〔生産・生業〕 402 | 股木で落葉を掻き落す〔生産・生業〕 330 |
| 蒔絵惣盆〔食〕 88 | 枕箱〔生産・生業〕 402 | マタギの狩姿〔生産・生業〕 429 |
| 蒔絵の額〔信仰〕 716 | 枕飯〔人の一生〕 848 | マタギの供物用オコゼ〔生産・生業〕 429 |
| 薪を伐る〔生産・生業〕 536 | 枕飯と花〔人の一生〕 848 | マタギの装束〔衣〕 19 |
| 牧を区画する石垣〔生産・生業〕 439 | マクレ〔衣〕 41 | マタギの新旧〔生産・生業〕 429 |
| 薪を満載したハシケ〔交通・交易〕 551 | マグロ建網〔生産・生業〕 402 | マタギの身じたく〔衣〕 19 |
| 巻き柿〔食〕 109 | マグロ建切網漁撈図絵馬〔生産・生業〕 402 | マタギの持つ神像〔生産・生業〕 429 |
| 巻かごを引いてアサリを獲る〔生産・生業〕 402 | マグロ建切網漁〔生産・生業〕 402 | マタギバカマ〔衣〕 19 |
| 巻き籠を曳きアサリなどを採る〔生産・生業〕 402 | マグロの一本釣り〔生産・生業〕 402 | 股木柱〔住〕 173 |
| 巻き籠の柄をゆすり、籠に入る砂を振るい落としながら曳く〔生産・生業〕 402 | マグロのセリ〔交通・交易〕 558 | マタギ秘巻 山達由来之事（高野派）〔生産・生業〕 429 |
| 巻狩り ヨコマキの略図〔生産・生業〕 429 | マグロの立釣〔生産・生業〕 402 | マタギ秘巻 山達根本之巻（日光派）〔生産・生業〕 430 |
| マキジルシ〔生産・生業〕 329 | マグロ延縄〔生産・生業〕 402 | マタギ村落の分布〔生産・生業〕 430 |
| 薪ストーブ〔住〕 239 | マグロ曳縄釣に用いる鉤につける餌のつけ方〔生産・生業〕 402 | マタグワ〔生産・生業〕 330 |
| マキソデ〔衣〕 19 | マグワ〔生産・生業〕 330 | 股鍬〔生産・生業〕 330 |
| 巻袖〔衣〕 19 | 馬鍬〔生産・生業〕 330 | 又鍬〔生産・生業〕 330 |
| 薪チップによる暖房〔住〕 239 | マクワウリ型メロンパン〔食〕 57 | マダケ（加工用）〔生産・生業〕 514 |
| マキチャを地バタに置いたときの糸の位置〔生産・生業〕 486 | マグワをひく人〔生産・生業〕 446 | マダケをイカダにして沖の船に積み出す〔交通・交易〕 607 |
| マキチャ（巻板）〔生産・生業〕 486 | 馬鍬かけ〔生産・生業〕 330 | マダケを壁の芯に使い、強度を高める〔住〕 173 |
| 薪作り〔生産・生業〕 533 | 馬鍬による代掻き〔生産・生業〕 330 | マダケを使った農具作り〔生産・生業〕 330 |
| 薪作りと枝まるき〔生産・生業〕 533 | マゲ〔交通・交易〕 607 | マダケで編んだウケ〔生産・生業〕 402 |
| 巻きつけ棒〔生産・生業〕 486 | マゲエザル〔食〕 88 | マダケの林を焼いてソバを栽培するタカヤボ〔生産・生業〕 330 |
| 薪で走る観光バス〔交通・交易〕 551 | マゲモノ〔交通・交易〕 607 | マダコ漁〔生産・生業〕 402 |
| 巻胴〔交通・交易〕 551 | 曲物〔食〕 88 | また塔婆〔人の一生〕 848 |
| 巻き取った糸をはたにかける〔生産・生業〕 486 | 曲物漆器の製作工程〔生産・生業〕 514 | マタニティー専門店〔交通・交易〕 577 |
| 薪にする木を鋸で伐る〔生産・生業〕 533 | 曲物作り〔生産・生業〕 514 | まだ布〔生産・生業〕 486 |
| 牧ノ垣〔生産・生業〕 439 | 曲物角盥〔衣〕 46 | マダの皮はぎ〔生産・生業〕 418 |
| 薪の壁と小さな祠〔交通・交易〕 619 | 曲げもののすみとり〔住〕 239 | 「股のぞき」で遊ぶ子どもたち〔芸能・娯楽〕 802 |
| マキノコの目立て〔生産・生業〕 418 | 曲物の製品〔生産・生業〕 514 | マタンブシ（鉢巻）〔衣〕 30 |
| 薪のショイダシ〔生産・生業〕 533 | 曲物弁当箱〔食〕 88 | 待合室〔社会生活〕 636 |
| 薪の背負いだし〔交通・交易〕 607 | マゲモノ用の布〔交通・交易〕 607 | 待合室の売店の酒と土産品と牛乳〔交通・交易〕 577 |
| 薪の切断と割木作り〔生産・生業〕 533 | 曲げ用具〔生産・生業〕 514 | 待合室のベンチで眠る〔交通・交易〕 551 |
| 薪の積出し〔交通・交易〕 607 | 曲ワッパ〔食〕 88 | マチアミ〔生産・生業〕 402 |
| マキの人たちが、野辺送りに親族が履く雪靴を作る〔人の一生〕 848 | 孫をあやす〔人の一生〕 812 | 待ち網（抄網の一例）〔生産・生業〕 402 |
| 薪運びの橇〔交通・交易〕 607 | 孫を負ぶって北洋に出漁する漁船員の息子を見送る〔生産・生業〕 402 | 町井家主屋断面図〔住〕 173 |
| 牧畑〔生産・生業〕 329, 439 | 魔越の堂〔信仰〕 762 | 町から帰る〔社会生活〕 636 |
| 牧畑間の牛の移動・駄追い〔生産・生業〕 439 | 孫太郎虫行商箱〔交通・交易〕 577 | 町工場が並ぶ〔社会生活〕 652 |
| 牧畑の開墾〔生産・生業〕 330 | 馬子の仕事着〔衣〕 19 | 町凧〔芸能・娯楽〕 793 |
| 牧畑の共同開墾〔生産・生業〕 330 | 馬籠の村〔住〕 173 | 町中にたつ共同風呂〔民俗知識〕 666 |
| 牧畑の輪転方式〔生産・生業〕 330 | まさかり〔生産・生業〕 418 | 町並み〔社会生活〕 652 |
| 薪拾い〔生産・生業〕 533 | 鉞〔生産・生業〕 418, 524 | 町並みからみた路地裏〔社会生活〕 652 |
| 撒水〔住〕 250 | マサカリで伐倒方向になる受け口を切り込む〔生産・生業〕 418 | 町並み交流センターとなっている旧大森区裁判所〔社会生活〕 652 |
| 槙桶立後の攪拌〔生産・生業〕 454 | マサカリ（ヨキ）〔生産・生業〕 418 | 町並みの中心 湧出町通り〔社会生活〕 652 |
| マギモン〔交通・交易〕 607 | 真塩俵〔生産・生業〕 446 | 町並み保存修理がなされる前の柳井〔社会生活〕 652 |
| マキ山の部署〔生産・生業〕 429 | 真塩俵、塩叺〔生産・生業〕 446 | 町の朝〔社会生活〕 652 |
| 巻き山の略図〔生産・生業〕 429 | 益子焼の窯場〔生産・生業〕 514 | |
| マキリ〔住〕 239 | マジナイ用唱詞の写し文〔民俗知識〕 673 | |
| マキリ〔人の一生〕 825 | 真謝お嶽〔信仰〕 769 | |
| 巻輪〔交通・交易〕 607 | 麻疹よけの絵〔民俗知識〕 673 | |
| | ます〔交通・交易〕 584 | |
| | 枡〔交通・交易〕 584 | |
| | マスコット（甲子園健闘祈願）〔信仰〕 716 | |
| | 益坂のお堂〔信仰〕 762 | |

| まちの | 名称索引 | |
|---|---|---|
| 町の石垣〔交通・交易〕 ………… 619 | 松脂蠟燭〔住〕 ………………… 239 | マメウエボウ（豆植棒）〔生産・生業〕 ………………………… 330 |
| 町の西端部に残る路地〔社会生活〕 ··· 652 | 松脂蠟燭灯台〔住〕 …………… 239 | 豆植棒　ガーガメ〔生産・生業〕 … 330 |
| 街の傷痍軍人〔社会生活〕 ………… 658 | マツヤニローソクとショクダイ〔住〕 ………………………… 239 | 豆植棒　ホグセボ〔生産・生業〕 … 331 |
| 町の通り〔社会生活〕 ……………… 652 | 松やにローソクとその台〔住〕 … 239 | 豆打ち〔生産・生業〕 …………… 331 |
| マチのにぎわい〔交通・交易〕 …… 559 | 祭り寿司〔食〕 ……………………… 57 | 豆打ち棒〔生産・生業〕 ………… 331 |
| 町場の民家〔住〕 …………………… 173 | 祭に帰って来た家船の群〔生産・生業〕 ………………………… 402 | 豆をタテる〔生産・生業〕 ……… 331 |
| 町屋〔住〕 …………………………… 173 | 祭の日不幸のあった家では門口に縄を張る〔人の一生〕 ……… 848 | 豆を食べる〔食〕 ………………… 115 |
| 町家〔住〕 …………………………… 173 | マデ網の構造〔生産・生業〕 …… 402 | 豆を干す〔食〕 …………………… 109 |
| 町家内部の小屋組〔住〕 …………… 204 | 窓が少ない瓦葺きの民家〔住〕 … 173 | 豆柿絞器〔生産・生業〕 ………… 454 |
| 町家の居間〔住〕 …………………… 204 | マドグワ〔生産・生業〕 ………… 330 | マメカチボウ〔生産・生業〕 …… 331 |
| 町屋の居間と階段〔住〕 …………… 204 | 窓鍬〔生産・生業〕 ……………… 330 | マメカツボウ〔生産・生業〕 …… 331 |
| 町家の裏庭〔住〕 …………………… 173 | マ（馬）とテシロ〔生産・生業〕 … 486 | 豆殻をタテる（風選する）〔生産・生業〕 ………………………… 331 |
| 町屋の縁台〔住〕 …………………… 204 | 窓に「勉強中」〔住〕 …………… 250 | 豆扱き〔生産・生業〕 …………… 331 |
| 町家の奥庭〔住〕 …………………… 173 | マドノコ〔生産・生業〕 …… 418, 514 | 豆コキバシ〔生産・生業〕 ……… 331 |
| 町家の家相図〔住〕 ………………… 173 | 窓鋸〔生産・生業〕 ……………… 418 | 豆大師〔護符〕〔信仰〕 …………… 722 |
| 町の家のカマド〔住〕 ……………… 204 | マドノコで太鼓胴用の材を玉切りする胴掘り職人〔生産・生業〕 … 514 | 豆大師の護符〔信仰〕 …………… 722 |
| 町家の客座敷〔住〕 ………………… 204 | マトリ〔生産・生業〕 …………… 330 | 豆叩き〔生産・生業〕 …………… 331 |
| 町家の蔵〔住〕 ……………………… 173 | マドリ〔生産・生業〕 …………… 330 | 豆玉けずり〔生産・生業〕 ……… 331 |
| 町家の格子〔住〕 …………………… 173 | 間とり〔生産・生業〕 …………… 330 | 豆炭〔住〕 ………………………… 239 |
| 町屋の台所〔住〕 …………………… 204 | 間取〔住〕 ………………………… 173 | マメの脱穀〔食〕 ………………… 109 |
| 町家の台所〔住〕 …………………… 204 | 間取り〔住〕 ……………………… 174 | 間もなく繭を作り始める蚕〔生産・生業〕 ………………………… 462 |
| 町家の台所と神棚〔住〕 …………… 204 | 間取り　広間型三間取り〔住〕 … 174 | 守刀〔信仰〕 ……………………… 716 |
| 町屋の造り〔住〕 …………………… 173 | 間取り　摂丹型〔住〕 …………… 174 | 守札〔信仰〕 ……………………… 722 |
| 町の坪庭〔住〕 ……………………… 173 | 間取り　前座敷三間取り〔住〕 … 174 | 守札と箸〔信仰〕 ………………… 722 |
| 町の通り土間に置かれた銅板張りの台所〔住〕 ………………… 204 | 間取り　北山型〔住〕 …………… 174 | マヤ（牛舎）が接続式作業舎または別棟作業舎に移行した農村民家事例〔住〕 ………………… 174 |
| 町家の土間〔住〕 …………………… 204 | 間取り　北船井型〔住〕 ………… 174 | 繭糸とり〔生産・生業〕 ………… 462 |
| 町家の上りハナ〔住〕 ……………… 204 | 間取り　琉球の民家の間取り〔住〕 ………………………… 174 | 繭を湯でやわらかくしてから真綿台に広げる〔生産・生業〕 … 486 |
| 町家の庇〔住〕 ……………………… 173 | 間取りの変化からみた町家の改変〔住〕 …………………………… 174 | 繭かき〔生産・生業〕 …………… 462 |
| 町の向こうに福禅寺対潮楼〔社会生活〕 …………………………… 653 | マトリマッカ〔生産・生業〕 …… 330 | 繭掻き〔生産・生業〕 …………… 462 |
| 町家の屋敷〔住〕 …………………… 173 | まどり（まといり）〔生産・生業〕 … 330 | マユカキ手伝い〔生産・生業〕 … 462 |
| 松井の大師堂〔信仰〕 ……………… 762 | 間取（右勝手）の型〔住〕 ……… 174 | 繭釜〔生産・生業〕 ……………… 462 |
| マツウラ〔食〕 ………………………… 88 | 間取り例〔住〕 …………………… 174 | マユから糸を引く〔生産・生業〕 … 486 |
| 松江の家並み〔住〕 ………………… 173 | 爼〔食〕 …………………………… 88 | 繭乾燥器〔生産・生業〕 ………… 462 |
| 松尾神〔信仰〕 ……………………… 697 | 爼の脚〔食〕 ……………………… 88 | 繭繰り〔生産・生業〕 …………… 462 |
| 松尾様〔信仰〕 ……………………… 697 | マナタビツ〔交通・交易〕 ……… 607 | 繭杓子・繭桶〔生産・生業〕 …… 462 |
| 松をニドラ負いで運ぶ〔交通・交易〕 ………………………… 607 | 真夏の服装〔衣〕 …………………… 19 | 繭出荷〔生産・生業〕 …………… 462 |
| 松をめぐらせた出作小屋と防風林〔住〕 …………………………… 173 | 招かれざる子ども〔社会生活〕 … 636 | 繭すくい〔生産・生業〕 ………… 462 |
| マッカ〔生産・生業〕 ……………… 402 | マネキ〔信仰〕 …………………… 745 | 繭整形器〔生産・生業〕 ………… 462 |
| マッカ・タヅキ〔衣〕 ………………… 19 | マネキ機〔生産・生業〕 ………… 486 | 繭鍋〔生産・生業〕 ……………… 462 |
| マッサージ師が創案したという新しい民間療法〔民俗知識〕 …… 666 | まねき猫〔信仰〕 ………………… 716 | 繭の買入〔生産・生業〕 ………… 462 |
| マッサージの講習〔社会生活〕 …… 658 | 招き猫〔信仰〕 …………………… 716 | 繭の乾燥小屋〔生産・生業〕 …… 462 |
| 松盛組の宿内部〔社会生活〕 ……… 623 | まねきねこの貯金箱〔住〕 ……… 239 | 繭の出荷日の集荷場前〔生産・生業〕 ………………………… 462 |
| マツダイ〔住〕 ……………………… 239 | マネシキ〔生産・生業〕 ………… 330 | マユの選別〔生産・生業〕 ……… 486 |
| マツダイ石　富士山の溶岩製〔住〕 … 239 | マハゼ唐揚げ〔食〕 ………………… 57 | 繭の選別〔生産・生業〕 ………… 462 |
| マツタケを採取〔生産・生業〕 …… 533 | 真腹切〔食〕 ………………………… 57 | 繭の選別をする子供〔生産・生業〕 … 462 |
| 松茸の吸いもの〔食〕 ………………… 57 | 間引きと草取り（麻づくり）〔生産・生業〕 ………………………… 330 | 繭の標本〔生産・生業〕 ………… 462 |
| マッチ入れ〔住〕 …………………… 239 | マブイグミ（魂込め）〔信仰〕 … 773 | まゆます〔生産・生業〕 ………… 462 |
| マッチで点火するオガライト〔住〕 ………………………… 239 | まぶし〔生産・生業〕 …………… 462 | 繭升〔生産・生業〕 ……………… 462 |
| マッチョ筋東端と背後の中世の城跡の東山〔住〕 ……………… 173 | 蔟〔生産・生業〕 ………………… 462 | 繭用紙枡〔生産・生業〕 ………… 462 |
| マッチョ〔住〕 ……………………… 239 | 蔟織機〔生産・生業〕 …………… 462 | 繭用三斗枡〔生産・生業〕 ……… 462 |
| 松煉炭〔住〕 ………………………… 239 | 蔟鉤〔生産・生業〕 ……………… 462 | 魔除け〔民俗知識〕 ……………… 673 |
| 松燈台〔住〕 ………………………… 239 | 馬渕のお堂〔信仰〕 ……………… 762 | 魔除け猿〔信仰・娯楽〕 ………… 793 |
| 松並木〔交通・交易〕 ……………… 551 | マホウ様〔信仰〕 ………………… 762 | 魔除呪文お札〔民俗知識〕 ……… 673 |
| 松尾申合せ会事務所（松尾農協事務所）〔社会生活〕 ………… 623 | 魔法瓶〔食〕 ………………………… 88 | 魔除けの鎌と弓矢〔人の一生〕 … 848 |
| 松葉ガニの1日漁のセリ場〔生産・生業〕 ………………………… 402 | 魔法湯沸器〔食〕 …………………… 88 | 魔よけの呪い〔民俗知識〕 ……… 673 |
| 松葉左のお堂（小祠）〔信仰〕 …… 762 | ママカリ鮨〔食〕 …………………… 57 | マヨネーザー〔食〕 ………………… 88 |
| 松葉束子〔食〕 ………………………… 88 | ままごと〔芸能・娯楽〕 ………… 802 | 馬艦船宝蔵（木製煙草入れ）〔住〕 … 239 |
| 松梁を生かした民家再生〔住〕 …… 204 | ままごと玩具〔芸能・娯楽〕 …… 793 | マリア観音像〔信仰〕 …………… 697 |
| 松前のオタタ　魚売〔交通・交易〕 … 577 | ままごとセット〔芸能・娯楽〕 … 793 | 摩利支天（石像）〔信仰〕 ………… 697 |
| 松本一統の墓〔人の一生〕 ………… 848 | ままごとの食事〔芸能・娯楽〕 … 802 | まりつきをする〔芸能・娯楽〕 … 802 |
| 松本駅前の広場と旅館〔社会生活〕 … 653 | ままじょうけ〔食〕 ………………… 88 | ボール投げ〔芸能・娯楽〕 ……… 802 |
| 松脂採り〔社会生活〕 ……………… 658 | 馬見原近郊のバス停〔交通・交易〕 … 551 | マリップ〔生産・生業〕 ………… 402 |
| マツヤニ蠟燭〔住〕 ………………… 239 | マムシ（ビン詰め）〔食〕 ………… 57 | マリヤ観音〔信仰〕 ……………… 697 |

| | | |
|---|---|---|
| 丸あんどん〔住〕 239 | 丸々と太った白豚の散歩を見守る、野良仕事から帰った父親と遊んでいた子どもたち〔生産・生業〕 439 | **【み】** |
| 丸行灯〔住〕 239 | | |
| 丸い石を海岸でひろっては風神に捧げる〔信仰〕 716 | 丸屋根型のホシ小屋〔住〕 174 | み〔交通・交易〕 607 |
| 丸石を屋敷神もしくは道祖神としてまつる〔信仰〕 697 | マルワッパ〔食〕 89 | ミ〔生産・生業〕 331 |
| | 廻し〔生産・生業〕 419 | 箕〔生産・生業〕 332, 444 |
| 「丸井」の家具売場〔交通・交易〕 577 | マワシ網〔生産・生業〕 403 | 箕商い〔交通・交易〕 577 |
| 丸帯の蝶結び〔衣〕 48 | 廻し打ち〔生産・生業〕 403 | 三井寺町付近・長等神社あたりの店〔交通・交易〕 577 |
| マルカゴ〔食〕 89 | まわし合羽〔衣〕 19 | |
| マルカゴ〔生産・生業〕 402 | まわし合羽を着た人〔衣〕 19 | 御絲織物株式会社 糸の置き場〔生産・生業〕 486 |
| 円箆〔生産・生業〕 331 | マワシ叩叺〔生産・生業〕 403 | |
| 丸箆〔交通・交易〕 607 | 廻しパカ植え〔生産・生業〕 331 | 御絲織物株式会社 乾燥場〔生産・生業〕 487 |
| 丸型蒸籠〔食〕 89 | 廻挽鋸〔生産・生業〕 525 | |
| 円型煙草盆〔住〕 239 | 真綿糸撚り器〔生産・生業〕 486 | 御絲織物株式会社 織工場 旧型自動織機〔生産・生業〕 487 |
| 円型の掩蓋〔生産・生業〕 514 | 真綿かけ〔生産・生業〕 486 | |
| 丸亀団扇〔住〕 239 | 真綿掛け〔生産・生業〕 486 | 御絲織物株式会社 染色場〔生産・生業〕 487 |
| 丸鉋〔生産・生業〕 514 | 真綿取り〔生産・生業〕 462 | |
| マルキ〔生産・生業〕 402 | 真綿鍋〔生産・生業〕 462 | 御絲織物株式会社 平面図〔生産・生業〕 487 |
| 丸木底の磯舟〔生産・生業〕 402 | 真綿のチョッキ〔衣〕 19 | |
| マルキとチョロ〔生産・生業〕 402 | 真綿の作り方〔生産・生業〕 486 | 三浦半島・浦賀を見下ろす〔社会生活〕 653 |
| まるき舟〔交通・交易〕 551 | 真綿張（まわたはり）〔生産・生業〕 486 | |
| マルキブネ〔生産・生業〕 402 | 馬渡船〔生産・生業〕 403 | ミエ網〔生産・生業〕 403 |
| マルキブネ〔交通・交易〕 551 | まわり地蔵〔信仰〕 697 | 三重県伊賀市上野の商家〔住〕 174 |
| 丸木舟〔生産・生業〕 402 | 廻り地蔵〔信仰〕 697 | 箕を編む〔生産・生業〕 514 |
| 丸木舟〔交通・交易〕 551 | マワリ田植〔生産・生業〕 331 | 見送り〔衣〕 250 |
| 丸木船〔生産・生業〕 403 | 廻リ田植〔生産・生業〕 331 | 見送り〔社会生活〕 636 |
| 丸木船〔交通・交易〕 552 | 廻り田打ち〔生産・生業〕 331 | 見送りの群衆〔生産・生業〕 403 |
| 丸木舟造り〔生産・生業〕 525 | 廻り鼠〔芸能・娯楽〕 793 | 甕〔信仰〕 727 |
| マルキブネつくり〔生産・生業〕 525 | まんいわい〔衣〕 19 | ミガキ〔信仰〕 716 |
| 丸木舟と操舵〔交通・交易〕 552 | マンガ〔生産・生業〕 331 | 身欠鰊の加工〔食〕 109 |
| 丸木舟に乗り櫓漕ぎで磯漁をする〔生産・生業〕 403 | マンガでの田うない〔生産・生業〕 331 | 身欠ニシンのはいったそば〔食〕 57 |
| | 漫画に夢中の少女と少年〔芸能・娯楽〕 802 | 御門米飴〔食〕 57 |
| 丸子舟〔交通・交易〕 552 | | 御髪大明神と八大竜王の石碑〔信仰〕 697 |
| マルゴヤ〔生産・生業〕 430 | マンガン〔生産・生業〕 331 | |
| マルザル〔食〕 89 | 万願地蔵〔信仰〕 697 | 三河島アパート〔住〕 250 |
| 丸笊〔食〕 89 | 萬金丹〔民俗知識〕 666 | 身代り地蔵〔信仰〕 697 |
| マルゼン〔食〕 89 | マングワ（しじみかき）〔生産・生業〕 403 | 身代わり地蔵〔信仰〕 697 |
| 丸膳〔食〕 89 | | 身代り地蔵尊〔信仰〕 697 |
| 丸太を並べた橋〔交通・交易〕 552 | マングワの構造〔生産・生業〕 403 | みかん運搬篭〔生産・生業〕 332 |
| 丸太を並べた木橋〔交通・交易〕 552 | 万華鏡〔芸能・娯楽〕 793 | ミカン採取ハサミ〔生産・生業〕 332 |
| 丸太担ぎの娘さん〔交通・交易〕 607 | 万石〔生産・生業〕 331 | ミカン収穫篭〔生産・生業〕 332 |
| 丸太材の墨に沿って手斧で削り取る〔住〕 174 | 万石とおし〔生産・生業〕 331 | みかん吸い〔芸能・娯楽〕 802 |
| | 万石通し〔生産・生業〕 331 | ミカン農家の屋敷〔住〕 174 |
| 丸太材の積出〔生産・生業〕 418 | 万石による選別〔生産・生業〕 331 | ミカン農家屋敷配置図〔住〕 174 |
| 丸太で雪囲いの準備をする寄棟型茅葺きの民家〔住〕 174 | 万石篦〔生産・生業〕 331 | ミカンの選果場〔生産・生業〕 332 |
| | 万石籠〔生産・生業〕 331 | ミカンの段畑〔生産・生業〕 332 |
| 丸太のはい積み作業〔生産・生業〕 418 | 卍敷きの畳〔住〕 204 | ミカン畑〔生産・生業〕 332 |
| 丸太のままの天秤棒で消毒液を畑に運ぶ〔交通・交易〕 607 | 饅頭籠〔住〕 239 | ミカン畑となったかつての水田〔生産・生業〕 332 |
| | マンジュウガサ〔衣〕 31 | |
| 丸太は虫害を防ぐため二方向側面の皮をはぎとる〔生産・生業〕 418 | マンジュウ笠〔衣〕 31 | ミカン畑に囲まれた石垣と瓦屋根の集落〔住〕 174 |
| | 饅頭笠〔衣〕 31 | |
| まるた船〔生産・生業〕 403 | まんじゅうの餡の包み方〔食〕 109 | ミカン畑のなかの家並み〔住〕 174 |
| 丸太磨き〔生産・生業〕 419 | マンションを背に堂々と存在を主張する民家〔住〕 174 | みかん船〔生産・生業〕 332 |
| 丸俵と白炭〔生産・生業〕 530 | | みかん容器〔生産・生業〕 332 |
| 丸提灯・提灯箱〔住〕 239 | 万関水道〔交通・交易〕 619 | 神酒をいただく作法〔食〕 115 |
| 丸鍔ノミ〔生産・生業〕 525 | まんだけら〔衣〕 19 | 右側にマガリをもつ主屋正面〔住〕 174 |
| 丸刷毛〔生産・生業〕 486 | 満潮時の海床路〔生産・生業〕 403 | |
| まるぶき〔住〕 174 | 万年形（下駄）〔衣〕 41 | 右妻側が深く葺き降ろしになった民家〔住〕 174 |
| 丸葺き〔住〕 174 | 万年床〔住〕 239 | |
| マルブクロ〔信仰〕 716 | 万年流しの広告〔住〕 204 | 御酒の口〔信仰〕 727 |
| マルブネ（木舟）による肥料藻の採取〔生産・生業〕 403 | まんのう〔生産・生業〕 331 | ミキノクチを作る〔生産・生業〕 514 |
| | マンノウグワ〔生産・生業〕 331 | 御食〔信仰〕 727 |
| マルベントウ〔食〕 89 | 万福寺食堂の魚板〔信仰〕 727 | 御食を運ぶ〔信仰〕 727 |
| まるぼうし〔衣〕 31 | 万棒〔生産・生業〕 403 | ミコ 739 |
| マルボーシ〔衣〕 31 | マンボウ鍋〔食〕 57 | 神子〔信仰〕 739 |
| マルボッチ〔生産・生業〕 331 | まんりき〔生産・生業〕 419 | 巫子〔信仰〕 739 |
| マルボンザル〔食〕 89 | マンリキ（万力）〔生産・生業〕 419 | 巫女〔信仰〕 739 |
| マルマゲ〔衣〕 46 | 万霊供養〔信仰〕 773 | 巫女が巫術を行う堂〔信仰〕 739 |
| 丸髷〔衣〕 46 | | 巫子姿〔信仰〕 739 |

| | | |
|---|---|---|
| 巫子宅〔信仰〕 739 | 水揚げ水車〔生産・生業〕 332 | 水漬けから引き上げた米を水切りする〔生産・生業〕 454 |
| 巫女と祭壇〔信仰〕 739 | 水揚げどきに多忙な海の婦人〔生産・生業〕 403 | ミズタカンツ（水筒）〔食〕 89 |
| 巫女と信者一同〔信仰〕 739 | 水揚げの浜〔生産・生業〕 403 | 水たご〔交通・交易〕 608 |
| 巫女とツキガミサマの御札〔信仰〕 739 | 水揚げや運ぶときなどに落ちたハタハタを拾う子どもたち〔生産・生業〕 403 | 水田犂〔生産・生業〕 332 |
| ミコと同女免許状〔信仰〕 739 | 水遊び〔芸能・娯楽〕 802 | 水種もらい〔信仰〕 716 |
| 見事なむくり屋根と軒先に敷瓦、小屋裏換気口に十字の花崗岩〔住〕 174 | 水遊びをかねて貝拾い〔芸能・娯楽〕 802 | ミズダル〔食〕 89 |
| 見事に再生された罹災町家〔住〕 174 | 水浴び〔芸能・娯楽〕 802 | 水樽〔食〕 89 |
| 巫女と弓〔信仰〕 739 | 水浴びをする少年たち〔芸能・娯楽〕 802 | 水樽〔生産・生業〕 403 |
| 巫女に憑いた神（不動明王の掛けもの）〔信仰〕 739 | 水洗い場〔住〕 213 | 水鉄砲〔芸能・娯楽〕 793 |
| 巫女による厄払いの数珠かけ〔信仰〕 739 | 水洗場〔住〕 213 | 水鉄砲を勢いよく放つ夏の子どもたち〔芸能・娯楽〕 802 |
| 巫女の家の仏壇〔信仰〕 739 | ミズイレ〔交通・交易〕 614 | 水菜挿し〔生産・生業〕 333 |
| 巫女の一弦琴〔信仰〕 739 | ミズイレ（水入れ）〔食〕 89 | 水苗代清掃用器〔生産・生業〕 333 |
| 巫女の一弦琴、数珠、数取銭〔信仰〕 739 | 水売り車〔交通・交易〕 577 | 水苗代での育苗〔生産・生業〕 333 |
| 巫女のウツネニ箱〔信仰〕 739 | 水を入れたバケツをてんびん棒で運ぶ女の子〔交通・交易〕 607 | 水苗代でのイネの苗取り〔生産・生業〕 333 |
| 巫女の鉦〔信仰〕 740 | ミズオケ〔食〕 89 | ミズナワシロでの種振り〔生産・生業〕 333 |
| 巫女の神棚〔信仰〕 740 | 水桶〔食〕 89 | 水苗代での苗生育〔生産・生業〕 333 |
| 巫女の神憑ヶ記念〔信仰〕 740 | 水桶〔住〕 239 | 水苗代に追肥〔生産・生業〕 333 |
| 巫女の感謝状と補任状〔信仰〕 740 | 水桶を運ぶ〔交通・交易〕 607 | 水苗代の種まき〔生産・生業〕 333 |
| ミコの祈禱〔信仰〕 740 | 水桶の頭上運搬姿態〔交通・交易〕 607 | 水苗代の平面模式〔生産・生業〕 333 |
| ミコの裁許状〔信仰〕 740 | 水桶の手に天秤棒のかぎをかけようとしている少年〔交通・交易〕 607 | 水につかった森林軌道の線路脇で洗濯〔住〕 250 |
| ミコの祭壇〔信仰〕 740 | 水を使う道具〔食〕 89 | 水につける（籾つけ）〔生産・生業〕 333 |
| 神子の祭壇〔信仰〕 740 | 水落とし〔生産・生業〕 332 | 水に浸したカジの皮を野外にひろげて凍らせる〔生産・生業〕 487 |
| 巫女の祭壇〔信仰〕 740 | 水落しの日〔住〕 214 | 水温め〔生産・生業〕 333 |
| 巫女の祭壇〔信仰〕 740 | 水かけ着物〔人の一生〕 848 | 水ぬくめの溝〔生産・生業〕 333 |
| 巫女の祭壇〔信仰〕 740 | 水掛地蔵〔信仰〕 697 | 水ぬるまし〔生産・生業〕 333 |
| 巫女の呪具〔信仰〕 740 | 水かけ不動〔信仰〕 697 | 水ぬるましの田〔生産・生業〕 333 |
| 巫女の呪具を収める箱〔信仰〕 740 | 水ガメ〔食〕 89 | 水の具は玄関まで〔住〕 214 |
| 神子のじゅず〔信仰〕 740 | 水瓶〔食〕 89 | 水の配水時間を測る線香を焚く木箱〔生産・生業〕 333 |
| 神子の商売道具を白の風呂敷に包む〔信仰〕 740 | 水甕〔食〕 89 | 水飲み〔食〕 115 |
| 巫女の辞令〔信仰〕 740 | 水甕〔住〕 239 | 「水」の文字を描いたグシ端〔民俗知識〕 673 |
| 巫女の道具かご〔信仰〕 740 | 水瓶などの陶器を日常に使っている沖縄の農村〔住〕 239 | 水場〔住〕 214 |
| 巫女の巫家〔信仰〕 740 | 水枯れどき（冬）の橋人足、コーチ（耕地）の人人〔社会生活〕 663 | 水運び〔交通・交易〕 608 |
| 巫女の巫家に隣接した社〔信仰〕 740 | 水切〔食〕 89 | 水運び（馬橇）〔交通・交易〕 608 |
| 巫子の用いる経典〔信仰〕 741 | 水切り笊〔食〕 89 | 水ひき〔生産・生業〕 333 |
| 巫女の山の神と不動明王〔信仰〕 741 | 水切台〔食〕 89 | 水引細工〔生産・生業〕 514 |
| みごはけ〔生産・生業〕 463 | 水汲み〔交通・交易〕 607 | 水引き作り〔生産・生業〕 514 |
| ミゴハバキ〔衣〕 41 | 水くみ桶〔住〕 240 | ミズブネ（水舟）〔生産・生業〕 514 |
| ミゴボウキとケグシ〔交通・交易〕 614 | 水汲桶〔住〕 240 | ミズブネ〔食〕 89 |
| 巫子免許状〔信仰〕 741 | 水汲桶とかねた棒〔住〕 240 | 水舟と下流し〔住〕 214 |
| 未婚のまま他界した女性をまつる〔人の一生〕 848 | 水くみにきた少年〔交通・交易〕 607 | 水辺を楽しむ町家のたたずまい〔住〕 175 |
| 三崎港〔生産・生業〕 403 | 水汲み場〔住〕 214 | 水まき器〔生産・生業〕 333 |
| 岬の家〔住〕 175 | 水汲み場の分布（八丈島大賀郷）〔住〕 214 | 水まわり（江戸末～明治）〔住〕 204 |
| 岬の石垣〔交通・交易〕 619 | 水汲み用〔住〕 240 | 水物膳〔食〕 90 |
| 岬の稲田〔生産・生業〕 332 | 水汲用の竹籠〔住〕 240 | みずや〔住〕 204 |
| 岬の家族〔住〕 250 | ミズクラ〔住〕 175 | ミズヤ〔住〕 204 |
| 実山椒〔食〕 57 | ミズグルマ（水車）〔生産・生業〕 332 | 水屋〔住〕 175, 204 |
| ミジカ〔衣〕 19 | 水ぐるま〔生産・生業〕 332 | 水屋（茶道）〔芸能・娯楽〕 805 |
| みじかはんてん〔衣〕 19 | ミズグルマ（水車）で泥の水をあげる〔生産・生業〕 332 | 水屋をもつ屋敷〔住〕 175 |
| ミジハミ〔住〕 239 | 水芸〔芸能・娯楽〕 780 | 水屋景観〔住〕 175 |
| 見島〔住〕 175 | 水子供養〔人の一生〕 848 | 水屋棚〔住〕 240 |
| ミシン〔住〕 250 | 水子供養の六地蔵〔人の一生〕 848 | 水屋と主屋をつなぐドンド橋〔住〕 175 |
| 水揚げ〔生産・生業〕 332 | 水漉し〔食〕 89 | 水は火を防ぐ〔民俗知識〕 673 |
| 水揚げされた鰹〔生産・生業〕 403 | 水子地蔵〔人の一生〕 848 | 簔製造器〔生産・生業〕 514 |
| 水揚げされたたくさんのスケソウダラ〔生産・生業〕 403 | 水子地蔵にそえた風車〔人の一生〕 848 | 見世蔵〔住〕 175 |
| 水揚げされたマグロ〔生産・生業〕 403 | ミスコンテスト〔芸能・娯楽〕 780 | 店蔵〔住〕 175 |
| 水揚げされる鰯〔生産・生業〕 403 | 水指〔食〕 89 | 店蔵から居住部分をみる〔住〕 175 |
| 水揚げしたアワビの殻はぎ〔生産・生業〕 403 | 水塚〔住〕 175 | 店先〔交通・交易〕 577 |
| 水揚げしたイカを、セリにかけるために発泡スチールの箱に詰める〔生産・生業〕 403 | 水塚の上の家〔住〕 175 | 店先の光景・少年は店番役〔交通・交易〕 577 |
| 水揚げしたタイを買い取る出買船〔生産・生業〕 403 | 水塚の遠景〔住〕 175 | 店先の商品〔交通・交易〕 577 |
| | | ミセの内部〔交通・交易〕 577 |

| | | |
|---|---|---|
| 店部分から座敷、庭を望む〔住〕‥175 | 導引長太郎地蔵〔信仰〕‥‥‥‥‥697 | 満山釣製造所 鍛冶場〔生産・生業〕‥515 |
| 見世物 鬼子のミイラ〔芸能・娯楽〕‥‥‥‥‥‥‥‥‥‥‥‥‥‥780 | 道引長太郎地蔵〔信仰〕‥‥‥‥‥698 | 満山釣製造所 細工場〔生産・生業〕‥515 |
| 見世物小屋の絵看板〔芸能・娯楽〕‥780 | 道普請の女たち〔社会生活〕‥‥‥636 | 満山釣製造所 材料置場〔生産・生業〕‥‥‥‥‥‥‥‥‥‥‥‥‥‥515 |
| 見世物小屋〔芸能・娯楽〕‥‥‥‥780 | 道普請のための砂運び〔社会生活〕‥636 | 満山釣製造所 作業場〔生産・生業〕‥515 |
| 見世物小屋の呼びこみ〔芸能・娯楽〕‥‥‥‥‥‥‥‥‥‥‥‥‥‥780 | 道踏〔衣〕‥‥‥‥‥‥‥‥‥‥‥41 | 満山釣 製品を入れる専用の棚と移動箱〔生産・生業〕‥‥‥‥‥‥515 |
| 箕選〔生産・生業〕‥‥‥‥‥‥333 | 道ふみのスカリ，カンジキや除雪用具をそろえた土間〔住〕‥‥250 | 満山釣 タイ釣用〔生産・生業〕‥404 |
| 味噌売場〔交通・交易〕‥‥‥‥577 | 道行く牛〔生産・生業〕‥‥‥‥440 | 満山釣 注文見本控から輪郭実測〔生産・生業〕‥‥‥‥‥‥‥515 |
| 味噌桶〔生産・生業〕‥‥‥‥‥454 | 三井山野鉱業坑道でのガス爆発死者の葬儀〔生産・生業〕‥‥528 | 満山釣の看板〔生産・生業〕‥‥515 |
| 味噌桶とタマリとり籠〔生産・生業〕‥‥‥‥‥‥‥‥‥‥‥‥‥‥454 | 三井山野鉱山の第一立坑口で入坑を待つ鉱夫たち〔生産・生業〕‥528 | 満山釣の伝統を語る欅の看板〔生産・生業〕‥‥‥‥‥‥‥‥‥515 |
| 味噌を発酵中の樽〔生産・生業〕‥454 | 三日祝いの膳〔人の一生〕‥‥‥812 | 満山釣針製造所 作業場配置図〔生産・生業〕‥‥‥‥‥‥‥‥‥515 |
| 味噌を保存発酵させる味噌蔵〔生産・生業〕‥‥‥‥‥‥‥‥‥454 | 三日苞〔人の一生〕‥‥‥‥‥‥848 | |
| 味噌甕〔食〕‥‥‥‥‥‥‥‥‥‥90 | 蜜蝋〔生産・生業〕‥‥‥‥‥‥536 | 満山釣 ブリ釣用〔生産・生業〕‥404 |
| みそぎ〔信仰〕‥‥‥‥‥‥‥‥729 | 見突漁〔生産・生業〕‥‥‥‥‥403 | 御堂筋〔社会生活〕‥‥‥‥‥‥653 |
| 溝切り播種機〔生産・生業〕‥‥333 | 見突漁に用いる見突銛〔生産・生業〕‥‥‥‥‥‥‥‥‥‥‥‥‥‥404 | 水戸の納豆〔食〕‥‥‥‥‥‥‥109 |
| 味噌倉〔住〕‥‥‥‥‥‥‥‥‥175 | 三つ鍬と平鍬〔生産・生業〕‥‥333 | みとり〔生産・生業〕‥‥‥‥‥333 |
| 味噌蔵の内部〔生産・生業〕‥‥454 | 密集した家並〔住〕‥‥‥‥‥‥175 | 身取鮫〔信仰〕‥‥‥‥‥‥‥‥727 |
| ミソコシ〔食〕‥‥‥‥‥‥‥‥‥90 | 三つ重ねて建てられた石碑〔信仰〕‥‥‥‥‥‥‥‥‥‥‥‥‥‥745 | 水口に立てられた護符〔信仰〕‥722 |
| 味噌こし〔食〕‥‥‥‥‥‥‥‥‥90 | | 水口の田の神〔信仰〕‥‥‥‥‥698 |
| 味噌コシザル〔食〕‥‥‥‥‥‥‥90 | ミツデカゴ〔食〕‥‥‥‥‥‥‥‥90 | ミナダコ〔芸能・娯楽〕‥‥‥‥793 |
| 味噌小屋〔住〕‥‥‥‥‥‥‥‥175 | 三菱造船所〔交通・交易〕‥‥‥619 | 港〔生産・生業〕‥‥‥‥‥‥‥404 |
| 溝浚え〔社会生活〕‥‥‥‥‥‥636 | ミツマタ（農具）〔生産・生業〕‥333 | 港へ搬出〔生産・生業〕‥‥‥‥419 |
| 味噌仕込み〔生産・生業〕‥‥‥454 | ミツマタを蒸す〔生産・生業〕‥514 | 港から厳島神社への通り〔社会生活〕‥‥‥‥‥‥‥‥‥‥‥‥653 |
| 味噌、醤油づくりの釜〔生産・生業〕‥‥‥‥‥‥‥‥‥‥‥‥‥‥454 | 三又切り鎌〔生産・生業〕‥‥‥514 | 港近くの井戸と水神様の祠〔住〕‥214 |
| 味噌・醤油店〔交通・交易〕‥‥561 | みつまたしじり器〔生産・生業〕‥514 | 港近くの共同井戸と洗い場〔住〕‥214 |
| 味噌づくり〔生産・生業〕‥‥‥454 | みつまた収穫用鎌〔生産・生業〕‥333 | 港近くの昔ながらの町並み〔住〕‥175 |
| 味噌作り〔生産・生業〕‥‥‥‥454 | ミツマタつくり〔生産・生業〕‥514 | 港と宮崎山〔生産・生業〕‥‥‥404 |
| 味噌竹筒〔食〕‥‥‥‥‥‥‥‥‥90 | ミツマタの皮を剝ぐ〔生産・生業〕‥514 | 港に引き揚げられた漁船〔生産・生業〕‥‥‥‥‥‥‥‥‥‥‥‥404 |
| 味噌玉〔生産・生業〕‥‥‥‥‥454 | ミツマタの皮を太いさおに掛けて干す〔生産・生業〕‥‥‥‥‥514 | 港に面した町〔社会生活〕‥‥‥653 |
| みそ玉を作る〔食〕‥‥‥‥‥‥109 | ミツマタの皮をむく〔生産・生業〕‥514 | 港の遠望 乗合船が停泊している〔交通・交易〕‥‥‥‥‥‥‥552 |
| 味噌玉を作る〔生産・生業〕‥‥454 | ミツマタの皮つくりとゆで釜〔生産・生業〕‥‥‥‥‥‥‥‥‥515 | 港の中で小さな舟をこいで遊ぶ子ども〔芸能・娯楽〕‥‥‥‥802 |
| 味噌玉の乾燥〔生産・生業〕‥‥454 | 三椏畑〔生産・生業〕‥‥‥‥‥333 | 港の防波堤〔交通・交易〕‥‥‥619 |
| 味噌たまりをとった道具〔食〕‥‥90 | ミツマタ・ヒノキ・小豆・大豆・大根などが同居する焼畑〔生産・生業〕‥‥‥‥‥‥‥‥‥‥333 | 港の松〔交通・交易〕‥‥‥‥‥552 |
| 味噌つき〔生産・生業〕‥‥‥‥454 | | 港町〔住〕‥‥‥‥‥‥‥‥‥‥175 |
| 味噌搗き臼〔食〕‥‥‥‥‥‥‥‥90 | 三峰講〔信仰〕‥‥‥‥‥‥‥‥745 | 港町の海岸沿い〔生産・生業〕‥404 |
| みそつくり〔食〕‥‥‥‥‥‥‥109 | 三峯神社のお札〔信仰〕‥‥‥‥722 | 港町の昔の会所〔社会生活〕‥‥636 |
| 味噌鉢〔食〕‥‥‥‥‥‥‥‥‥‥90 | 三ッ目取替えの時に用いる飾を入れるカマス台〔人の一生〕‥825 | 水俣港〔生産・生業〕‥‥‥‥‥404 |
| 味噌箆〔食〕‥‥‥‥‥‥‥‥‥‥90 | 三ッ目錐〔生産・生業〕‥‥‥‥525 | 南側の環濠〔住〕‥‥‥‥‥‥‥175 |
| 溝掘器〔生産・生業〕‥‥‥‥‥333 | 三ッ山〔芸能・娯楽〕‥‥‥‥‥793 | 南側よりみた100年を超す杉もあるカイニョ〔住〕‥‥‥‥‥‥‥175 |
| 味噌豆を蒸す〔生産・生業〕‥‥454 | 満山釣〔生産・生業〕‥‥‥‥‥404 | 南九州の二つ家の分類〔住〕‥‥175 |
| 味噌屋の構え〔交通・交易〕‥‥577 | 満山釣 アラ釣用〔生産・生業〕‥404 | 南八幡神社参道〔交通・交易〕‥552 |
| 味噌用ダイズの大釜による炊き込み〔生産・生業〕‥‥‥‥‥‥454 | 満山釣 サワラ釣用〔生産・生業〕‥404 | 南正行の地蔵堂〔信仰〕‥‥‥‥762 |
| 味噌用の大豆を煮る 注水〔生産・生業〕‥‥‥‥‥‥‥‥‥‥454 | 満山釣 シイラ釣用〔生産・生業〕‥404 | ミニクッカー〔食〕‥‥‥‥‥‥‥90 |
| ミタニナナシギ屋根模式図〔住〕‥175 | 満山釣実測図（魚種不明の鉤）〔生産・生業〕‥‥‥‥‥‥‥‥‥515 | ミニコッフェル・セット〔食〕‥‥90 |
| 御霊屋〔人の一生〕‥‥‥‥‥‥848 | 満山釣実測図（サワラ鉤・アラ鉤・スズキ鉤）〔生産・生業〕‥515 | ミニスカートで街を歩く〔衣〕‥‥19 |
| みたらし団子〔食〕‥‥‥‥‥‥‥57 | | ミニマム台所〔住〕‥‥‥‥‥‥204 |
| 道網〔生産・生業〕‥‥‥‥‥‥403 | 満山釣実測図（シイラ鉤）〔生産・生業〕‥‥‥‥‥‥‥‥‥‥515 | 箕による籾の選別〔生産・生業〕‥333 |
| 道網作り〔生産・生業〕‥‥‥‥403 | 満山釣実測図（タイ鉤）〔生産・生業〕‥‥‥‥‥‥‥‥‥‥‥515 | 峰入道〔信仰〕‥‥‥‥‥‥‥‥729 |
| ミチキリ〔民俗知識〕‥‥‥‥‥673 | 満山釣実測図（ブリコギ鉤）〔生産・生業〕‥‥‥‥‥‥‥‥‥515 | 峰の松〔交通・交易〕‥‥‥‥‥619 |
| 道切り〔民俗知識〕‥‥‥‥‥‥673 | 満山釣製造工具 金床〔生産・生業〕‥515 | ミノ〔衣〕‥‥‥‥‥‥‥‥‥‥‥19 |
| 道切りの大草鞋〔民俗知識〕‥‥673 | 満山釣製造工具 寸法測り器〔生産・生業〕‥‥‥‥‥‥‥‥‥515 | 蓑〔衣〕‥‥‥‥‥‥‥‥‥‥‥‥20 |
| 道切りの注連縄〔民俗知識〕‥‥673 | 満山釣製造工具 鉤曲げ〔生産・生業〕‥‥‥‥‥‥‥‥‥‥‥515 | 箕の一種（ムイ）〔生産・生業〕‥333 |
| 道切りの注連縄と藁人形〔民俗知識〕‥‥‥‥‥‥‥‥‥‥‥‥673 | | ミノを肩において〔交通・交易〕‥608 |
| ミチシバゾーリ〔衣〕‥‥‥‥‥‥41 | 満山釣製造工具 鉄槌〔生産・生業〕‥515 | 蓑を見定める〔交通・交易〕‥‥559 |
| 道しるべ〔交通・交易〕‥‥‥‥552 | 満山釣製造工具 挟み具〔生産・生業〕‥‥‥‥‥‥‥‥‥‥‥515 | ミノカサ〔衣〕‥‥‥‥‥‥‥‥‥20 |
| 道中央に用水路〔交通・交易〕‥552 | 満山釣製造工具 曲げ型〔生産・生業〕‥‥‥‥‥‥‥‥‥‥‥515 | 蓑笠をつけて学校に通う〔社会生活〕‥‥‥‥‥‥‥‥‥‥‥645 |
| 道端につながれた牛と麦藁屋根の集落〔生産・生業〕‥‥‥‥440 | 満山釣製造工程〔生産・生業〕‥515 | ミノゲボッチ〔衣〕‥‥‥‥‥‥‥31 |
| 道端に干されたマブシ（カイコの巣）〔生産・生業〕‥‥‥‥463 | | ミノゴモ〔衣〕‥‥‥‥‥‥‥‥‥20 |
| 道端のお堂と供養塔〔信仰〕‥‥762 | | ミノゴモ〔交通・交易〕‥‥‥‥608 |
| 道ばたの地蔵堂〔信仰〕‥‥‥‥697 | | 箕の修理〔生産・生業〕‥‥‥‥516 |
| 道端のポンプ井戸〔住〕‥‥‥‥214 | | 蓑作り〔生産・生業〕‥‥‥‥‥516 |
| ミチハリ〔民俗知識〕‥‥‥‥‥673 | | |

# 名称索引

## み

| 項目 | ページ |
|---|---|
| みの、背中あて、荷縄などを雪にさらす〔住〕 | 240 |
| 水内影宮地の大師堂〔信仰〕 | 763 |
| 箕の使い方〔生産・生業〕 | 333 |
| 実ったヒエ〔生産・生業〕 | 333 |
| 箕であおがれ、箒で掃き込まれる花嫁〔人の一生〕 | 825 |
| 箕と笠の着装〔衣〕 | 20 |
| ミノの上に大根と菊を背負って〔交通・交易〕 | 608 |
| 蓑の裏側の編み方〔生産・生業〕 | 516 |
| 蓑の雪晒し〔衣〕 | 20 |
| 身延詣〔信仰〕 | 769 |
| 見延本村の観音堂〔信仰〕 | 763 |
| 見延本村の薬師堂〔信仰〕 | 763 |
| 蓑帽子〔衣〕 | 31 |
| ミノボウシをかぶって〔衣〕 | 31 |
| ミノボウシ姿の子ども〔衣〕 | 31 |
| ミノボーシ〔衣〕 | 31 |
| ミノボッチ〔衣〕 | 31 |
| みのまいだれ〔衣〕 | 20 |
| ミノマエカケ〔衣〕 | 20 |
| ミノマエダレ〔衣〕 | 20 |
| ミノマエカキ〔衣〕 | 20 |
| 美濃山中の炭ガマ〔生産・生業〕 | 530 |
| みの類、笠を着けて〔衣〕 | 20 |
| ミハバノマエカケ〔衣〕 | 20 |
| 三巾前掛〔衣〕 | 20 |
| 三幅前掛〔衣〕 | 20 |
| 三原市街〔社会生活〕 | 653 |
| 三原人形〔芸能・娯楽〕 | 793 |
| 三原山に身を投げた男女の遺留品〔人の一生〕 | 848 |
| 見張り台〔生産・生業〕 | 404 |
| 三春子育馬〔芸能・娯楽〕 | 793 |
| 三春駒〔芸能・娯楽〕 | 793 |
| 三春人形〔芸能・娯楽〕 | 793 |
| 三春人形の絵つけ〔生産・生業〕 | 516 |
| 三春の牛市〔交通・交易〕 | 559 |
| 三春張子人形〔生産・生業〕 | 516 |
| 三春張子人形作り〔生産・生業〕 | 516 |
| 御樋代〔信仰〕 | 727 |
| 未舗装の道路〔交通・交易〕 | 552 |
| 未舗装の道〔交通・交易〕 | 552 |
| 三升マスザル〔食〕 | 90 |
| 耳印〔生産・生業〕 | 440 |
| 木菟〔芸能・娯楽〕 | 793 |
| 木兎笛〔芸能・娯楽〕 | 793 |
| 耳盥〔衣〕 | 46 |
| 耳だれの地蔵様〔信仰〕 | 698 |
| 耳附板鍬〔生産・生業〕 | 333 |
| 耳の神様〔信仰〕 | 698 |
| 耳の祈願〔信仰〕 | 716 |
| 耳鋼式千歯〔生産・生業〕 | 334 |
| 耳袋〔生産・生業〕 | 440 |
| 耳袋〔交通・交易〕 | 614 |
| ミミューチャー〔交通・交易〕 | 608 |
| 身元不明の溺死者供養〔人の一生〕 | 848 |
| 宮城県庁〔社会生活〕 | 663 |
| 宮窪の漁浦〔生産・生業〕 | 404 |
| 土産物屋〔交通・交易〕 | 582 |
| 都形煉炭〔住〕 | 240 |
| 宮古漁場〔生産・生業〕 | 404 |
| 宮古島の鍛冶屋〔生産・生業〕 | 516 |
| 宮古島の祭司（ウヤガン）〔信仰〕 | 741 |
| 宮古上布〔生産・生業〕 | 487 |
| 宮古上布の仕上げ（せんだく）〔生産・生業〕 | 487 |
| 宮古の島尻ウタキの聖地からムトゥに出てきた神女たち〔信仰〕 | 741 |
| 都風流トコトンヤレ節〔芸能・娯楽〕 | 780 |
| 宮座〔社会生活〕 | 636 |
| 宮崎県椎葉の民家の変容〔住〕 | 175 |
| 宮迫の堂〔信仰〕 | 763 |
| 宮座の大老〔社会生活〕 | 636 |
| 宮瀬上の辻堂〔信仰〕 | 763 |
| 宮太鼓の寸法の割合〔生産・生業〕 | 516 |
| 宮地上堂〔信仰〕 | 763 |
| 宮床箕〔交通・交易〕 | 608 |
| 宮島御嶽〔信仰〕 | 769 |
| 宮ノ下から箱根湯本へ歩く〔住〕 | 175 |
| 宮原のお大師様〔信仰〕 | 763 |
| 宮参り衣〔衣〕 | 20 |
| 宮参りの墨つけ〔人の一生〕 | 816 |
| 宮参りの熨斗〔人の一生〕 | 816 |
| 宮村式蒸機〔生産・生業〕 | 444 |
| 妙見星神〔護符〕〔信仰〕 | 722 |
| みょうどの田植えを手伝う人々〔生産・生業〕 | 334 |
| 三次人形〔芸能・娯楽〕 | 793 |
| ミルクセーキ製造器〔食〕 | 90 |
| 弥勒寺千体堂の亡児供養の千体仏〔信仰〕 | 741 |
| 弥勒寺本堂に納められた死者の着物〔信仰〕 | 741 |
| 弥勒尊〔信仰〕 | 745 |
| 三輪神社の神杉〔信仰〕 | 727 |
| 美和町坂上付近〔住〕 | 175 |
| 美和町杉ヶ瀬〔住〕 | 175 |
| 美和町の中心街〔社会生活〕 | 653 |
| 民家〔住〕 | 175 |
| 民家を借りた投票場〔社会生活〕 | 636 |
| 民家各部の名称〔住〕 | 177 |
| 民家が立ち並ぶ〔住〕 | 177 |
| 民家が風景の一部になる〔住〕 | 177 |
| 民家と温室〔住〕 | 177 |
| 民家とカヤノ〔住〕 | 177 |
| 民家と畑〔住〕 | 177 |
| 民家と防風林〔住〕 | 177 |
| 民家におけるヒトの動き〔住〕 | 177 |
| 民家に見る千木〔住〕 | 177 |
| 民家の石垣〔住〕 | 177 |
| 民家の居間の様子〔住〕 | 204 |
| 民家の入口まわり〔住〕 | 177 |
| 民家の大戸口〔住〕 | 178 |
| 民家の押入〔住〕 | 204 |
| 民家の母屋の基本的間取り〔住〕 | 178 |
| 民家の外観〔住〕 | 178 |
| 民家の各部名称〔住〕 | 178 |
| 民家の基本的間取り〔住〕 | 178 |
| 民家の構造と叉首〔住〕 | 178 |
| 民家の軸組〔住〕 | 178 |
| 民家の軸部架構図〔住〕 | 178 |
| 民家の軸部模型〔住〕 | 178 |
| 民家の隅柱〔住〕 | 204 |
| 民家の前面〔住〕 | 178 |
| 民家の台所〔住〕 | 204 |
| 民家の千木〔住〕 | 178 |
| 民家の内部（炉端）〔住〕 | 204 |
| 民家の軒先〔住〕 | 178 |
| 民家の軒下に地蔵を祀る〔信仰〕 | 698 |
| 民家の背面〔住〕 | 178 |
| 民家の復原立面図〔住〕 | 178 |
| 民家の部材の名称〔住〕 | 178 |
| 民家の窓ガラス〔住〕 | 178 |
| 民家の間取り〔住〕 | 178 |
| 民家の屋敷囲い〔住〕 | 178 |
| 民家の屋敷林〔住〕 | 178 |
| 民家の屋根〔住〕 | 178 |
| 民家の欄間〔住〕 | 204 |
| 民家の脇に築かれた石垣と石段〔住〕 | 178 |
| 民家平面図〔住〕 | 178 |
| 民家壁面に貼られた鳥居と札〔信仰〕 | 722 |
| 民間暦「大黒天」〔民俗知識〕 | 667 |
| ミンク鯨を仕留める沿岸小型捕鯨船〔生産・生業〕 | 404 |
| ミンク鯨漁解禁日を前に金華山黄金山神社へ大漁祈願に向かう沿岸小型捕鯨船団〔生産・生業〕 | 404 |
| ミンサー | 48 |
| ミンジャ〔住〕 | 204 |
| 民宿として再生の道を歩む新しい根場集落〔交通・交易〕 | 582 |

## む

| 項目 | ページ |
|---|---|
| 無縁塔〔人の一生〕 | 848 |
| 無縁墓〔人の一生〕 | 848 |
| 無縁仏〔人の一生〕 | 849 |
| 無縁仏供養〔人の一生〕 | 849 |
| 迎え女郎役が嫁をつれてくる〔人の一生〕 | 825 |
| 迎えの車に乗るエジコ〔信仰〕 | 741 |
| 迎え人が嫁入り道具を背負う〔人の一生〕 | 825 |
| ムカゴ取り〔生産・生業〕 | 334 |
| ムカサリ絵馬〔人の一生〕 | 849 |
| 昔からの浜のある能生〔生産・生業〕 | 404 |
| 昔ながらの家並み〔住〕 | 178 |
| 昔ながらの河港の姿〔交通・交易〕 | 552 |
| 昔ながらの端正さを残す集落のたたずまい〔住〕 | 178 |
| 昔ながらの町並み〔社会生活〕 | 653 |
| 昔ながらの町並みが残る通り〔社会生活〕 | 653 |
| 昔の港を残した内港〔生産・生業〕 | 404 |
| ムカワリ〔人の一生〕 | 816 |
| むき〔食〕 | 109 |
| 麦〔生産・生業〕 | 334 |
| 麦上げ〔生産・生業〕 | 334 |
| 麦入れ〔生産・生業〕 | 334 |
| 麦打ち〔生産・生業〕 | 334 |
| ムギウチサナ（麦打ち台）〔生産・生業〕 | 334 |
| 麦打ち台〔生産・生業〕 | 334 |
| 麦打ち台（サナ）によるコムギの脱穀〔生産・生業〕 | 334 |
| 麦を束ねる〔生産・生業〕 | 334 |
| 麦稈の菰で藍玉を巻いた藍俵〔生産・生業〕 | 487 |
| 麦刈り〔生産・生業〕 | 334 |
| 麦刈りを終え脱穀後の藁を焼いて後始末する〔生産・生業〕 | 334 |
| むぎこき〔生産・生業〕 | 334 |
| 麦こき〔生産・生業〕 | 334 |
| 麦こぎ〔生産・生業〕 | 334 |
| 麦こき姿〔衣〕 | 20 |
| 麦こぎにかかる〔生産・生業〕 | 334 |
| ムギコナシ〔生産・生業〕 | 334 |
| 麦種子まき機〔生産・生業〕 | 334 |
| 麦除草〔生産・生業〕 | 334 |
| 麦すり石〔生産・生業〕 | 334 |

| 項目 | 頁 |
|---|---|
| 麦すり器〔生産・生業〕 | 334 |
| ムキタケの干物〔食〕 | 57 |
| むき出しになった土壁〔住〕 | 178 |
| 麦叩き台〔生産・生業〕 | 335 |
| 麦束の運搬〔生産・生業〕 | 335 |
| 麦束の収納〔生産・生業〕 | 335 |
| 麦田溝上げ〔生産・生業〕 | 335 |
| 麦たれまき盤台〔生産・生業〕 | 335 |
| 麦中耕〔生産・生業〕 | 335 |
| 麦つき〔生産・生業〕 | 335 |
| 麦搗き〔生産・生業〕 | 335 |
| 麦土入れ〔生産・生業〕 | 335 |
| 麦土入機〔生産・生業〕 | 335 |
| 麦土かけ〔生産・生業〕 | 335 |
| 麦つぶし〔食〕 | 90 |
| 麦つぶし機〔食〕 | 90 |
| 麦にくわで土入れをする〔生産・生業〕 | 335 |
| 麦の植えられた棚田と段畑〔生産・生業〕 | 335 |
| ムギの刈り取り〔生産・生業〕 | 335 |
| 麦の収穫の作業場〔生産・生業〕 | 335 |
| 麦の除草用具〔生産・生業〕 | 335 |
| 麦の脱穀〔生産・生業〕 | 335 |
| 麦の脱粒作業 ボーチ〔生産・生業〕 | 335 |
| 麦の中耕除草機〔生産・生業〕 | 335 |
| 麦の取り込み〔生産・生業〕 | 335 |
| 麦の穂刈り〔生産・生業〕 | 335 |
| 麦稲架の竹をしまう〔生産・生業〕 | 335 |
| 麦播種機〔生産・生業〕 | 335 |
| 麦畑〔生産・生業〕 | 335 |
| 麦畑を田にもどす〔生産・生業〕 | 335 |
| 麦畑に土入れをする〔生産・生業〕 | 336 |
| 麦播種形付器〔生産・生業〕 | 336 |
| 麦笛を吹く〔芸能・娯楽〕 | 803 |
| 麦ぶち〔生産・生業〕 | 336 |
| ムギブチス〔生産・生業〕 | 336 |
| 麦ふみ〔生産・生業〕 | 336 |
| 麦踏み〔生産・生業〕 | 336 |
| 麦踏ローラ〔生産・生業〕 | 336 |
| 麦踏みローラーによる麦踏み〔生産・生業〕 | 336 |
| むぎ風呂〔住〕 | 204 |
| 麦風呂〔住〕 | 204 |
| ムギ干し〔生産・生業〕 | 336 |
| 麦干し〔生産・生業〕 | 336 |
| 麦蒔き〔生産・生業〕 | 336 |
| 麦播き機〔生産・生業〕 | 336 |
| 麦搗きに用いるジガラウス〔生産・生業〕 | 336 |
| 麦搗きに用いるタチウスと竪杵〔生産・生業〕 | 336 |
| むきみや袖〔衣〕 | 20 |
| 麦焼き〔食〕 | 57 |
| ムギヤキ(麦焼き)〔生産・生業〕 | 336 |
| ムギやビロウの茎葉で作った笠〔衣〕 | 31 |
| 麦藁積み〔生産・生業〕 | 336 |
| 麦わらぶきの屋根の家〔住〕 | 178 |
| 麦藁帽〔衣〕 | 31 |
| 麦藁屋根と石壁の家〔住〕 | 178 |
| 椋梨ダム建設予定地の家〔住〕 | 178 |
| 椋梨ダムに沈む 古老たちの座談会〔社会生活〕 | 637 |
| 椋野の龍権現〔信仰〕 | 763 |
| ムグリ〔生産・生業〕 | 336 |
| むくりのある屋根の民家〔住〕 | 178 |
| むくり破風をつけた式台玄関の例〔住〕 | 178 |
| むくり破風を付した玄関〔住〕 | 179 |
| 聟いじめ〔人の一生〕 | 825 |
| 聟方から嫁方へ赴く聟入り行列〔人の一生〕 | 825 |
| 聟方の仏壇に参る花嫁〔人の一生〕 | 825 |
| 聟方両親との名のりの盃〔人の一生〕 | 825 |
| 婿の家へ向かう瀬戸の花嫁〔人の一生〕 | 825 |
| 聟の両親と花嫁のあいさつ〔人の一生〕 | 825 |
| 武蔵野型水車の構造概念図〔住〕 | 214 |
| 武蔵野の散開型の一例〔住〕 | 179 |
| 武蔵野の防風林〔住〕 | 179 |
| 武蔵野風景〔社会生活〕 | 653 |
| 蒸しあがったカジの枝の皮をはぐ〔生産・生業〕 | 487 |
| 蒸しあがったカジの皮に籾殻をまぶし、木槌で叩いて外皮をはがれやすくする〔生産・生業〕 | 487 |
| 蒸しあがった大豆を食べる少女〔食〕 | 115 |
| 虫歌観音堂〔信仰〕 | 763 |
| 虫送り大会の昼どき〔食〕 | 115 |
| 虫籠〔芸能・娯楽〕 | 793 |
| 虫籠作り〔生産・生業〕 | 516 |
| 虫籠窓〔住〕 | 179 |
| 蒸し釜〔生産・生業〕 | 444 |
| 蒸し窯〔食〕 | 90 |
| 蒸し竈〔住〕 | 205 |
| 蒸し竈各種〔住〕 | 205 |
| 蒸し器〔食〕 | 90 |
| 蒸し器(ごはんむし)〔食〕 | 90 |
| 虫供養塔〔信仰〕 | 773 |
| 虫籠窓、出格子、バンコ、マツラをもつ町家〔住〕 | 179 |
| 蒸している大豆を手でつかみ取ろうとしている少女〔食〕 | 115 |
| 虫取機〔生産・生業〕 | 336 |
| 虫の屋〔住〕 | 240 |
| むしばこ〔食〕 | 90 |
| 虫歯の神様〔信仰〕 | 698 |
| 虫封じ〔民俗知識〕 | 673 |
| 虫封じの行法〔民俗知識〕 | 673 |
| ムシ封じの藁包〔信仰〕 | 741 |
| むし風呂〔民俗知識〕 | 666 |
| 蒸し風呂〔住〕 | 205 |
| 蒸風呂〔民俗知識〕 | 666 |
| むし風呂にはいるところ〔民俗知識〕 | 666 |
| 虫干し〔衣〕 | 48 |
| 蒸米〔生産・生業〕 | 454 |
| 蒸米を麹室前へ運ぶ〔生産・生業〕 | 454 |
| 蒸米取り〔生産・生業〕 | 454 |
| 蒸米の切り出し〔生産・生業〕 | 454 |
| 無邪気な挨拶〔社会生活〕 | 637 |
| 無宗教葬〔人の一生〕 | 849 |
| 無象庵〔住〕 | 179 |
| 無常講小屋〔人の一生〕 | 849 |
| 無床犂〔抱立坐犂〕〔生産・生業〕 | 336 |
| 虫除け〔民俗知識〕 | 673 |
| 虫除砂〔民俗知識〕 | 673 |
| 虫除けの札〔信仰〕 | 722 |
| むしろ〔生産・生業〕 | 336 |
| 莚〔住〕 | 240 |
| ムシロ編み〔生産・生業〕 | 516 |
| 筵編み〔生産・生業〕 | 516 |
| 筵編機〔生産・生業〕 | 516 |
| むしろ織〔生産・生業〕 | 516 |
| 莚織り〔生産・生業〕 | 516 |
| 席織り〔生産・生業〕 | 516 |
| ムシロ織りの娘たち〔生産・生業〕 | 516 |
| 莚縄を支える容器〔生産・生業〕 | 404 |
| 莚縄鉢〔生産・生業〕 | 404 |
| むしろに座り、教科書を広げて勉強をする〔社会生活〕 | 645 |
| むしろに蒲団を延べて寝かした赤ちゃんに、母親が毛布をかけようとしている〔人の一生〕 | 812 |
| 莚の上で放冷〔生産・生業〕 | 454 |
| 筵機〔生産・生業〕 | 516 |
| むしろ針〔生産・生業〕 | 516 |
| 莚針〔生産・生業〕 | 516 |
| 蒸しわっぱ〔食〕 | 90 |
| 無人売店〔交通・交易〕 | 577 |
| ムスビ〔生産・生業〕 | 454 |
| ムスビゾウリ〔衣〕 | 41 |
| 結びつけられたおみくじ〔信仰〕 | 716 |
| 結びつけられたおみくじと絵馬〔信仰〕 | 716 |
| 娘入り〔社会生活〕 | 623 |
| 娘巡礼(奉納額)〔信仰〕 | 716 |
| 娘たち〔社会生活〕 | 637 |
| 娘の服装〔衣〕 | 21 |
| 娘宿〔社会生活〕 | 623 |
| ムダマ〔生産・生業〕 | 525 |
| 霧中号角〔生産・生業〕 | 404 |
| ムチンクブサー〔食〕 | 90 |
| ムツカケ〔生産・生業〕 | 404 |
| ムツ掛け〔生産・生業〕 | 404 |
| ムツカケと呼ぶムツゴロウ漁〔生産・生業〕 | 404 |
| ムックリ〔芸能・娯楽〕 | 780 |
| ムックリを披露する〔芸能・娯楽〕 | 780 |
| ムツゴ〔生産・生業〕 | 336 |
| むつごろ〔食〕 | 57 |
| ムツゴロー(玩具)〔芸能・娯楽〕 | 793 |
| ムツゴロウ〔食〕 | 57 |
| ムツゴロウ釣り〔生産・生業〕 | 404 |
| ムツゴロウとりのタカッポの取り付け〔生産・生業〕 | 404 |
| 鰈五郎捕り膝当〔生産・生業〕 | 404 |
| ムツゴロウ掘り〔生産・生業〕 | 404 |
| ムツゴロウ掘り(板鍬で)〔生産・生業〕 | 404 |
| ムツゴロウ掘りに出かける(テボと板鍬)〔生産・生業〕 | 404 |
| むつ市高梨の家並み〔住〕 | 179 |
| ムツリ〔生産・生業〕 | 404 |
| 霧笛〔生産・生業〕 | 404 |
| ムナアテとセナカワの裏〔生産・生業〕 | 430 |
| 宗岡のお堂〔信仰〕 | 763 |
| 宗岡の薬師堂〔信仰〕 | 763 |
| 宗像神社・拝殿前の参詣者〔信仰〕 | 716 |
| 宗像大社高宮祭場〔信仰〕 | 727 |
| 棟木に吊るされている男根(上棟式の呪物)〔生産・生業〕 | 525 |
| 棟束構造の民家〔住〕 | 179 |
| 棟札〔生産・生業〕 | 525 |
| 棟持柱〔住〕 | 179 |
| 棟上げ〔生産・生業〕 | 525 |
| 棟上祝の撒き餅を拾った子供たち〔生産・生業〕 | 525 |
| 棟上祭〔生産・生業〕 | 525 |
| 棟上げに立てた矢が軒下に〔生産・生業〕 | 525 |
| ムネアテ〔衣〕 | 21 |
| 胸当〔衣〕 | 21 |
| ムネアテ(木オロシ作業用)〔生産・生業〕 | 336 |
| 棟押さえ〔住〕 | 216 |
| 棟を支えるおだち柱〔住〕 | 179 |

## 名称索引

胸掛〔衣〕 …………………………… 21
胸掛け水車〔生産・生業〕 ………… 336
棟飾を破風につけた家〔住〕 ……… 179
棟飾りのいろいろ〔住〕 …………… 179
棟瓦、巴瓦などの使途〔住〕 ……… 179
棟先端部屋根見取図〔住〕 ………… 179
棟の反りに特徴を持つ〔住〕 ……… 179
棟端飾りのいろいろ〔住〕 ………… 179
ムネマエダレ〔衣〕 ………………… 21
棟門〔住〕 …………………………… 179
無排水コンポストトイレ〔住〕 …… 205
ムベ〔交通・交易〕 ………………… 577
無名異焼の作業場〔生産・生業〕 … 516
ムヤ（墓）の内部〔人の一生〕 …… 849
村井弦斎氏邸割烹所〔食〕 ………… 109
ムラを訪れる人々〔社会生活〕 …… 637
村を出ていく人を見送りにきた人達〔社会生活〕 …………………… 637
村を護る火伏せの村獅子〔民俗知識〕 ……………………………… 673
村合併説明会〔社会生活〕 ………… 637
村合併調印式〔社会生活〕 ………… 637
村上家〔住〕 ………………………… 179
村組の組織形態〔社会生活〕 ……… 637
村下〔生産・生業〕 ………………… 516
村下座〔生産・生業〕 ……………… 516
ムラザカイ〔民俗知識〕 …………… 673
ムラ境〔社会生活〕 ………………… 637
村境〔社会生活〕 …………………… 637
ムラザカイを守るセキフダ〔民俗知識〕 ……………………………… 673
ムラザカイに立つ地蔵尊〔信仰〕 … 698
村境に立てられた人形〔民俗知識〕 … 673
ムラザカイの大草鞋〔民俗知識〕 … 673
村境の蒐島様とシメ縄〔民俗知識〕 … 674
村境の鬼面〔民俗知識〕 …………… 674
村境の護符（春祈禱のもの）〔信仰〕 ………………………………… 723
ムラザカイの石塔〔民俗知識〕 …… 674
村境の六地蔵〔信仰〕 ……………… 698
村境の藁人形〔民俗知識〕 ………… 674
むらさき節〔芸能・娯楽〕 ………… 780
村芝居〔芸能・娯楽〕 ……………… 780
村主催の出征者の壮行会〔社会生活〕 ………………………………… 658
村づきあいと月番の順序〔社会生活〕 ………………………………… 637
ムラの洗い場〔住〕 ………………… 214
村の入口〔社会生活〕 ……………… 637
村の入口に吊された大草履〔民俗知識〕 ……………………………… 674
村のお堂〔信仰〕 …………………… 763
村の女の子たち〔社会生活〕 ……… 637
ムラの概念図〔社会生活〕 ………… 637
村の鍛冶屋〔生産・生業〕 ………… 516
村の学校〔社会生活〕 ……………… 645
ムラの規約〔社会生活〕 …………… 637
ムラの協定〔社会生活〕 …………… 637
村の共有の食器〔社会生活〕 ……… 637
ムラの景観〔社会生活〕 …………… 637
ムラの掲示板〔社会生活〕 ………… 637
ムラの公共施設〔社会生活〕 ……… 637
村の子の生命をあずかる人〔人の一生〕 …………………………… 812
村の地蔵さま〔信仰〕 ……………… 698
村の水槽〔住〕 ……………………… 214
村の選挙〔社会生活〕 ……………… 637
ムラの惣門（菅浦の西門）〔社会生活〕 ………………………………… 637
ムラの提灯〔社会生活〕 …………… 637
村の時計〔社会生活〕 ……………… 637

村の床屋〔交通・交易〕 …………… 577
ムラの広場と太鼓櫓〔社会生活〕 … 637
村の防護神として祀る楮幣〔信仰〕 ………………………………… 723
ムラのマチ〔交通・交易〕 ………… 559
村の店〔交通・交易〕 ……………… 577
村の社〔信仰〕 ……………………… 763
村の寄合〔社会生活〕 ……………… 623
ムラの領域の模式図〔社会生活〕 … 637
村墓（ミーキ墓）〔人の一生〕 …… 849
村旗〔社会生活〕 …………………… 637
村ハチブ〔社会生活〕 ……………… 637
村人に見送られて花嫁の出発〔人の一生〕 …………………………… 825
ムラ表記の天井〔社会生活〕 ……… 637
村役場〔社会生活〕 ………………… 663
無料休憩所〔交通・交易〕 ………… 582
ムロアジの追込漁〔生産・生業〕 … 405
室入れ〔生産・生業〕 ……………… 336
室谷地区の旧集落〔住〕 …………… 179
室津漁港〔生産・生業〕 …………… 405
室津の浦〔生産・生業〕 …………… 405
室津の町並み〔住〕 ………………… 179
室津の町並み景観〔住〕 …………… 179
室津湊〔生産・生業〕 ……………… 405
むんじゅる笠〔衣〕 ………………… 31
ムンチュウの本家に祀られる神家〔信仰〕 …………………………… 698
ムンヌイェブ〔住〕 ………………… 240

## 【め】

メアテ〔衣〕 ………………………… 31
名工と呼ばれた鋸鍛冶〔生産・生業〕 ………………………………… 516
冥婚〔人の一生〕 …………………… 849
明治期早期の洋館の外観〔住〕 …… 179
明治期創建の商家の大阪障子〔住〕 … 205
明治期の和館部と洋館部をもつ大邸宅の例〔住〕 ………………… 179
明治期まで絞り問屋を営んでいた小塚家〔住〕 …………………… 179
明治後期から大正初期の建物の屋根伏せ図〔住〕 ………………… 179
明治初期の住宅平面図と復原平面図〔住〕 ………………………… 179
明治神宮・参拝の人たち〔信仰〕 … 716
明治神宮・奉納された全国の特産品〔信仰〕 ……………………… 716
明治中期の平柳河岸〔住〕 ………… 179
明治調の商家〔住〕 ………………… 179
明治調の西洋建築も残る町並み〔社会生活〕 ……………………… 653
明治の里親・里子風俗〔社会生活〕 … 663
名手酒造の酒蔵〔生産・生業〕 …… 454
名手酒造配置図〔生産・生業〕 …… 454
名神高速道路の工事状況〔交通・交易〕 ……………………………… 552
銘仙と織干し場〔生産・生業〕 …… 487
目板〔生産・生業〕 ………………… 405
螟中被害茎切取鎌〔生産・生業〕 … 336
命日の茶会〔食〕 …………………… 118
メイフクを祈る〔人の一生〕 ……… 849
命名祝としてのお七夜〔人の一生〕 … 816
命名書〔人の一生〕 ………………… 817
明倫小学校〔社会生活〕 …………… 645
メインストリート〔交通・交易〕 … 552
メインストリート〔社会生活〕 …… 653

夫婦犂〔生産・生業〕 ……………… 336
夫婦道祖神〔信仰〕 ………………… 698
めかい〔生産・生業〕 ……………… 455
メカイを編む〔生産・生業〕 ……… 516
眼鏡橋〔交通・交易〕 ……………… 552
メカクシ（目隠し）〔衣〕 ………… 48
目隠し塀〔住〕 ……………………… 179
目隠し塀をもつ出入口〔住〕 ……… 179
メカゴ〔住〕 ………………………… 240
メカゴ〔交通・交易〕 ……………… 608
メカジャ〔食〕 ……………………… 57
メガネ〔生産・生業〕 ……………… 405
眼鏡箱〔住〕 ………………………… 240
眼鏡橋・オランダ橋とも称される幸橋〔交通・交易〕 …………… 552
眼鏡橋・東新橋〔交通・交易〕 …… 552
眼鏡橋・袋橋〔交通・交易〕 ……… 552
女木島のオーテ〔住〕 ……………… 179
メークサをおいてマキチャに巻きとる〔生産・生業〕 …………… 487
メークサでトラゲをしているところ（取り上げ）〔生産・生業〕 … 487
めくされえずこ〔民俗知識〕 ……… 674
メクサレエンヅコ〔民俗知識〕 …… 674
めくみ〔生産・生業〕 ……………… 419
めくら暦〔民俗知識〕 ……………… 667
めぐり地蔵〔信仰〕 ………………… 698
メグリ棒〔生産・生業〕 …………… 336
メグリボウで打ってヒエを脱穀する〔生産・生業〕 ……………… 337
めご〔食〕 …………………………… 90
メゴミソコシ〔食〕 ………………… 90
目刺を干す〔食〕 …………………… 109
目刺し作り〔食〕 …………………… 109
メザル〔食〕 ………………………… 90
メシカゴ〔食〕 ……………………… 90
飯釜〔食〕 …………………………… 90
メシ食いの式に使われるメシとそれを口まで運ぶ花ばし〔人の一生〕 ……………………………… 825
飯莫産〔食〕 ………………………… 90
メシジャクシ〔食〕 ………………… 90
めししょうげ〔食〕 ………………… 90
飯炊き〔食〕 ………………………… 109
めし茶碗〔食〕 ……………………… 91
メシツグラ〔食〕 …………………… 91
メシニダラ〔食〕 …………………… 91
メシビツ〔食〕 ……………………… 91
飯びつ〔食〕 ………………………… 91
飯櫃〔食〕 …………………………… 91
飯櫃入れ〔食〕 ……………………… 91
飯櫃台〔食〕 ………………………… 91
メシフゴ〔食〕 ……………………… 91
飯むろ〔食〕 ………………………… 91
飯ゆずみ〔食〕 ……………………… 91
メスダレ〔衣〕 ……………………… 48
目すだれ〔衣〕 ……………………… 48
メス（小さいの二丁）〔生産・生業〕 … 430
目ヅモリ棒で墨つけするところ〔生産・生業〕 …………………… 487
雌蝶・雄蝶と盃〔人の一生〕 ……… 825
雌蝶・雄蝶と三三九度のさかずき〔人の一生〕 …………………… 825
メットロクの田植〔生産・生業〕 … 337
目無し〔芸能・娯楽〕 ……………… 793
目無しだるま〔信仰〕 ……………… 716
目なしダルマに目を入れる〔信仰〕 ………………………………… 716
メヌキダイギリ（目抜きのある鋸）〔生産・生業〕 ………………… 419
目ぬきとおし〔生産・生業〕 ……… 337

1088 民俗風俗 図版レファレンス事典（衣食住・生活篇）

| | | |
|---|---|---|
| 瑪瑙細工〔生産・生業〕 516 | 木製井戸ポンプ〔住〕 214 | もちつき機〔食〕 91 |
| 目の祈願絵馬〔信仰〕 716 | 木製五輪塔〔信仰〕 716 | 餅搗き兎〔芸能・娯楽〕 793 |
| 目張紙〔生産・生業〕 455 | 木製自転揚水車復元図〔生産・生業〕 337 | 餅苞〔食〕 109 |
| めはりずし〔食〕 57 | 木製スコップ〔生産・生業〕 337 | 餅の乾燥〔食〕 109 |
| 米良で初めて米が作られたという田〔生産・生業〕 337 | 木製洗米機〔生産・生業〕 455 | 餅の入った力うどん〔食〕 57 |
| 妻良の子供〔社会生活〕 637 | 木製の手型・足型を奉納〔信仰〕 716 | 餅の冷蔵〔食〕 109 |
| 妻良の集落〔社会生活〕 180 | 木製の手型や足型を奉納する〔信仰〕 716 | 餅箱〔食〕 91 |
| 妻良の年寄り〔社会生活〕 638 | 木製の流し〔住〕 205 | 持ち運びの梯子〔生産・生業〕 517 |
| 妻良の漁師〔生産・生業〕 405 | 木製のバケツと洗桶〔住〕 240 | 餅踏み〔人の一生〕 817 |
| メリー・テーラー（耕運機）のデモンストレーション〔生産・生業〕 337 | 木製品を並べて〔交通・交易〕 559 | 餅焼き鉄器〔食〕 91 |
| めん打ち機〔食〕 91 | 木製ブリキ板張り流し〔住〕 205 | 木橋〔交通・交易〕 552 |
| 免許状〔信仰〕 741 | 木製神輿〔玩具〕〔芸能・娯楽〕 793 | モックラに下駄を履いた女たち〔衣〕 21 |
| メンコ〔芸能・娯楽〕 793 | 木造校舎〔社会生活〕 645 | モックレ（芝棟）に横板張り外壁の民家〔住〕 180 |
| メンコ遊び〔芸能・娯楽〕 803 | 木造三階建ての家屋〔住〕 180 | モッコ〔生産・生業〕 337 |
| メンコとブーメランを持つ男の子〔芸能・娯楽〕 803 | 木造三階建ての薬局と金物店〔交通・交易〕 577 | モッコ〔交通・交易〕 608 |
| めんずき〔生産・生業〕 337 | 木造三階建の料亭〔交通・交易〕 577 | 木工具と当石〔生産・生業〕 517 |
| めんつい〔食〕 91 | 木造船が曳航されて漁場に向かう〔生産・生業〕 405 | 木工所が軒を並べる裏通り〔社会生活〕 653 |
| 面取り〔生産・生業〕 337 | 木造二階建の民家〔住〕 180 | 木工品〔生産・生業〕 517 |
| 面とり刀〔生産・生業〕 337 | 木造の小学校〔社会生活〕 645 | モッコを背負ったまま傾け、なかのニシンを木箱に移し入れる〔生産・生業〕 405 |
| 面取鉋〔生産・生業〕 525 | 木造四階建の町家〔住〕 180 | モッコ、シャチ〔交通・交易〕 608 |
| メンバ〔食〕 91 | モクタリ〔衣〕 21 | 木骨石造商家の旧早川支店〔住〕 180 |
| メンバ〔食〕 91 | 木炭〔生産・生業〕 530 | 木骨煉瓦造商店の旧共成株式会社〔住〕 180 |
| メンバチ〔食〕 91 | 木炭活用の極致〔住〕 240 | モッコバリ〔住〕 240 |
| メンバの弁当を食べる〔食〕 115 | 木炭購入通帳〔家庭用〕〔住〕 240 | もっそう〔食〕 91 |
| 綿羊にえさをやる少年〔生産・生業〕 440 | 木炭の釜出し〔生産・生業〕 530 | モッソーゴマ〔芸能・娯楽〕 793 |
| めん羊の毛を刈る〔生産・生業〕 440 | 木炭の積出し〔生産・生業〕 530 | モッタテ犂〔生産・生業〕 337 |
| 綿羊鋏〔生産・生業〕 440 | 木炭の山〔生産・生業〕 530 | 持っ立て犂〔生産・生業〕 337 |
| | 木炭ふるい〔生産・生業〕 530 | モッパ魚捕り部平面図〔生産・生業〕 405 |
| 【 も 】 | 木炭湯沸器〔食〕 91 | モッパ（簣立テ網）の布設例〔生産・生業〕 405 |
| | 木質アパート〔住〕 250 | |
| モアのある風景〔生産・生業〕 337 | モク採り鈎〔生産・生業〕 337 | モッパのオトシ（マヤともいう）〔生産・生業〕 405 |
| モイドン〔信仰〕 769 | モクトリ作業の図〔生産・生業〕 405 | モッパの簣〔生産・生業〕 405 |
| モイヤマ〔信仰〕 769 | モクトリハサミの図〔生産・生業〕 405 | モッパのタモ網（魚汲み用）〔生産・生業〕 406 |
| 網杓〔生産・生業〕 463 | 木鳩を積んで笠をかける〔住〕 250 | |
| 盲僧〔芸能・娯楽〕 780 | 木馬〔玩具〕〔芸能・娯楽〕 793 | モッパのフクロ網一例〔生産・生業〕 406 |
| 盲僧琵琶〔芸能・娯楽〕 780 | 木板彫刻の用具〔生産・生業〕 516 | モッパの布設例〔生産・生業〕 406 |
| 盲僧琵琶による長崎県対馬の荒神祓え〔信仰〕 727 | 木幣〔信仰〕 716 | モッパの四ツ手網〔生産・生業〕 406 |
| 毛利の観音堂祭壇見取図〔信仰〕 763 | もぐら捕り〔生産・生業〕 430 | 元藍師の家〔生産・生業〕 487 |
| モガイの養殖場〔生産・生業〕 405 | 土竜捕りの管〔生産・生業〕 430 | 基市鉋〔生産・生業〕 525 |
| モガイむき〔食〕 109 | 木蠟燭作り〔生産・生業〕 517 | 酛卸桶〔生産・生業〕 455 |
| モガイゆで〔食〕 109 | 模型飛行機〔芸能・娯楽〕 803 | 酛卸桶に筵をかぶせ縄で縛る〔生産・生業〕 455 |
| もかき〔生産・生業〕 405 | 模型飛行機を飛ばす〔芸能・娯楽〕 803 | 酛卸筒〔生産・生業〕 455 |
| モガキ〔生産・生業〕 405 | 藻桁〔生産・生業〕 405 | 元櫛問屋の中村家〔住〕 180 |
| 藻搔き〔生産・生業〕 405 | モザメの水揚げ〔生産・生業〕 405 | 元地主層の屋敷配置図兼主屋平面図〔住〕 180 |
| モガリ〔生産・生業〕 487 | もじ〔生産・生業〕 405 | |
| 藻刈り〔生産・生業〕 405 | モジ網（あみ取り）〔生産・生業〕 405 | もと杉皮葺きの漁家〔住〕 180 |
| 殯〔人の一生〕 849 | モジ織〔生産・生業〕 487 | 酛摺り〔生産・生業〕 455 |
| 藻刈りマングワ〔生産・生業〕 405 | 門司港駅〔交通・交易〕 552 | 酛摺櫂棒〔生産・生業〕 455 |
| 藻切り鎌〔生産・生業〕 405 | 文字凧ガガリ〔芸能・娯楽〕 793 | 酛摺櫂棒（さてい櫂）〔生産・生業〕 455 |
| 藻切り竹〔生産・生業〕 405 | 文字道祖神〔信仰〕 698 | 酛立の水麴の測定〔生産・生業〕 455 |
| 木魚〔信仰〕 727 | 文字徳利〔食〕 91 | 元地漁港〔生産・生業〕 406 |
| 木魚（木地）〔信仰〕 727 | もじはやたり〔生産・生業〕 405 | 酛突き〔生産・生業〕 455 |
| 目鏡〔生産・生業〕 405 | 喪主〔人の一生〕 849 | モトツ（縄）とゴンボケラ〔生産・生業〕 337 |
| 木材を架線で集める土場〔生産・生業〕 419 | モジリソデ（捩袖）〔衣〕 21 | |
| 木材を保管する納屋〔生産・生業〕 419 | モズクとりのせまき〔生産・生業〕 405 | 酛帯〔生産・生業〕 455 |
| 木材皮むき器〔生産・生業〕 419 | モズクの酢のもの〔食〕 57 | 酛帯で暖気樽に付着した酛を払い落とす〔生産・生業〕 455 |
| 木材積出し〔生産・生業〕 419 | モータランマー〔住〕 240 | 基町の密集集落〔社会生活〕 658 |
| 木材の船積み〔生産・生業〕 419 | モダン台所〔住〕 205 | 基町付近・輜重兵第5聯隊跡の馬碑〔社会生活〕 658 |
| 木材搬出〔生産・生業〕 419 | モダンな台所〔住〕 205 | |
| もくしずめ〔生産・生業〕 337 | 持ち網漁（狙い）〔生産・生業〕 405 | |
| 木祠の荒神〔信仰〕 698 | 持送りのついた塗壁造りの商家〔交通・交易〕 577 | |
| 木鉦〔芸能・娯楽〕 780 | 餅をつく〔人の一生〕 826 | |
| | 望月家の内部〔住〕 205 | |
| | 餅搗き〔食〕 109 | |
| | 餅搗（玩具）〔芸能・娯楽〕 793 | |

| | | |
|---|---|---|
| 基町付近・広島陸軍病院原爆慰霊碑〔社会生活〕 658 | 桃の交配〔生産・生業〕 338 | **【や】** |
| 本村のはたん堂〔信仰〕 763 | モモヒキ〔衣〕 21 | |
| 本村の道・道路中央の白い線は用水路のあと〔交通・交易〕 552 | 股引〔衣〕 21 | や(楔)〔生産・生業〕 419 |
| 元安川に浮かぶ現在のカキ船の料理店〔交通・交易〕 577 | 股引の布使い〔衣〕 21 | ヤ(木地工具)〔生産・生業〕 517 |
| 元安橋〔社会生活〕 658 | モモヒキのはき方〔衣〕 21 | 楔(石工)〔生産・生業〕 517 |
| モトヤマの巻物〔生産・生業〕 430 | 桃割の少女たち〔衣〕 46 | 八田八幡宮の鳥居に掛けられた祈願の潮汲み筒〔信仰〕 716 |
| 元結扱き〔生産・生業〕 517 | モヤイ綱を結ぶ木造のイカ釣船〔生産・生業〕 406 | ヤイカガシと泥棒よけの札〔民俗知識〕 674 |
| ものいい〔芸能・娯楽〕 782 | モヤイ舟〔生産・生業〕 406 | 家裏の舟引き揚げ場〔生産・生業〕 406 |
| 物置〔住〕 180 | 喪屋の標〔人の一生〕 849 | 八重巻車〔生産・生業〕 455 |
| 物置に積まれた枝や落ち葉〔住〕 250 | モリ〔信仰〕 769 | 八重巻車と締木〔生産・生業〕 455 |
| 物置の全景と内部〔住〕 180 | 銛〔生産・生業〕 406 | 八重山上布〔生産・生業〕 487 |
| 物置の軒下に吊るされている揚げ舟〔住〕 180 | 森神〔信仰〕 769 | 八重山上布(着物)〔衣〕 22 |
| 物乞い〔社会生活〕 653 | 森上堂〔信仰〕 763 | 八重山凪〔芸能・娯楽〕 794 |
| 物差〔交通・交易〕 584 | 森から平野にかけての風景〔住〕 180 | 八重山地方の海で獲れる魚〔食〕 58 |
| 物指〔交通・交易〕 584 | 森国四ツ堂(丸木堂)〔信仰〕 763 | 八重山の家〔住〕 180 |
| 物指竹を干す〔生産・生業〕 517 | モリコ〔生産・生業〕 430 | 八重山の民家〔住〕 180 |
| 藻の占有標〔生産・生業〕 406 | 森さま〔信仰〕 769 | 野猿〔交通・交易〕 608 |
| 藻の天日干し〔生産・生業〕 406 | 盛り塩〔民俗知識〕 674 | 八百屋〔交通・交易〕 577 |
| 物干し〔住〕 250 | 盛塩〔民俗知識〕 674 | 八百屋お七の幽霊〔民俗知識〕 679 |
| 物干しざおにおしめを干す〔住〕 250 | 盛りソバを食べる〔食〕 115 | 八百屋の店頭〔交通・交易〕 577 |
| 物干竿に洗濯物〔住〕 250 | もり突漁〔生産・生業〕 406 | 野外クッキング用焜炉〔食〕 92 |
| 物干台〔住〕 240 | もりつけ〔生産・生業〕 455 | 野外民族博物館リトルワールドに復原されたアイヌ建築〔住〕 180 |
| 藻場の藻揚げ道具と使い方〔生産・生業〕 406 | 森永インスタントコーヒーの広告〔食〕 57 | 屋形〔人の一生〕 849 |
| 喪服〔衣〕 21 | 森永チョコレートの広告〔食〕 57 | 矢形端のお地蔵様〔信仰〕 763 |
| 籾あせり〔生産・生業〕 337 | 森永ミルクキャラメル〔食〕 57 | 屋形船〔交通・交易〕 552 |
| 籾打棒〔生産・生業〕 337 | 森になった集落〔住〕 180 | 薬罐〔食〕 92 |
| 籾おさえ機〔生産・生業〕 337 | モリノカミ〔信仰〕 770 | 夜着〔住〕 240 |
| 籾押さえ転がし〔生産・生業〕 337 | 盛盆〔食〕 91 | 焼あみ(陶製)〔食〕 92 |
| 籾かき〔生産・生業〕 337 | 森町睦実あたり〔社会生活〕 653 | 焼いもをリヤカーで売り歩く〔交通・交易〕 577 |
| モミ殻を積み野生のウドを半栽培〔生産・生業〕 337 | モリヤ(出作小屋)〔生産・生業〕 338 | 焼芋釜〔食〕 92 |
| もみ殻を焼く〔生産・生業〕 337 | モロコシまんじゅう〔食〕 57 | 焼芋屋〔交通・交易〕 577 |
| 籾米〔生産・生業〕 337 | モロコの甘露煮〔食〕 57 | 焼芋屋の素焼の壺〔食〕 92 |
| 紅葉傘〔住〕 240 | 諸手船〔信仰〕 728 | 焼き入れ〔生産・生業〕 517 |
| 紅葉傘の頭〔住〕 240 | もろどこせん〔生産・生業〕 419 | 焼印のあるリュウトスイ(龍吐水)〔住〕 180 |
| 籾消毒〔生産・生業〕 337 | モロトの集まり〔社会生活〕 638 | ヤギを連れた子どもたち〔生産・生業〕 440 |
| もみすり〔生産・生業〕 337 | もろみを搾り機で圧搾する〔生産・生業〕 455 | 山羊を引いて子どもたちと田へ行く〔生産・生業〕 440 |
| 籾摺り〔生産・生業〕 337 | 醪仕込みのため予め熱湯で殺菌洗浄が行われる〔生産・生業〕 455 | 焼き串類〔食〕 92 |
| 籾摺歌〔芸能・娯楽〕 780 | もろみの仕込み〔生産・生業〕 455 | 焼米〔食〕 58 |
| 籾摺りをしている婦人の着衣〔衣〕 21 | 門〔住〕 180 | 焼米作り〔食〕 109 |
| もみすり機〔衣〕 337 | 門が併設された町並み〔住〕 180 | 焼米と漬けもの〔食〕 58 |
| 籾摺機〔生産・生業〕 337 | 門構えと目隠しの屏風〔住〕 180 | ヤーキ算〔民俗知識〕 679 |
| モミすり用の木ずり臼〔生産・生業〕 338 | 紋紙〔生産・生業〕 487 | 山羊汁〔食〕 58 |
| 籾たたき棒〔生産・生業〕 338 | モンガリ〔人の一生〕 849 | 焼き台〔食〕 92 |
| もみつき〔生産・生業〕 338 | 門前の宿〔交通・交易〕 582 | 焼玉エンジンの漁船〔生産・生業〕 406 |
| 籾搗き杵〔生産・生業〕 338 | 門前町の町屋の縁台〔住〕 180 | 焼き豆腐を作るところ〔食〕 109 |
| もみとうし〔生産・生業〕 338 | 門中の先祖以来こうむった水の恩を感謝する行事〔社会生活〕 638 | ヤギと軍艦〔生産・生業〕 440 |
| もみどおし〔生産・生業〕 338 | 門中墓〔人の一生〕 849 | やきとり屋〔交通・交易〕 577 |
| モミトオシ〔生産・生業〕 338 | 紋付の仕事着を着た老人〔衣〕 21 | 焼糠散布器、焼糠入れ篭〔生産・生業〕 463 |
| 籾とおし〔生産・生業〕 338 | 紋付夜具〔住〕 240 | ヤキヌカの作り方〔生産・生業〕 463 |
| モミトオシ(マメトオシ)〔生産・生業〕 338 | 揉んで柔らかくなったカジを川の中で外皮がとれるまで洗い、そのまま流れに一晩つける〔生産・生業〕 487 | 山羊の乳を搾る〔生産・生業〕 440 |
| もみならし〔生産・生業〕 338 | 門と玄関〔住〕 180 | ヤキバへの道つけ〔人の一生〕 849 |
| 籾抜出し〔生産・生業〕 338 | 門徒講〔信仰〕 745 | ヤキバへ向かう〔人の一生〕 849 |
| 籾の交換〔生産・生業〕 338 | もん捕り〔生産・生業〕 406 | ヤキ畑(キリハタ)〔生産・生業〕 338 |
| 籾の選別〔生産・生業〕 338 | モンドリ〔生産・生業〕 406 | 焼畑〔生産・生業〕 338 |
| 籾干し〔生産・生業〕 338 | もん捕りで捕獲した川魚〔生産・生業〕 406 | 焼畑跡地と米や雑穀を干すハゼ〔生産・生業〕 338 |
| 籾干し用攪拌器〔生産・生業〕 338 | 門牌〔人の一生〕 849 | 焼畑跡の造林(アカマツ)〔生産・生業〕 338 |
| 籾蒔き〔生産・生業〕 338 | 紋服〔衣〕 21 | 焼畑を埋めつくしたミツマタの花〔生産・生業〕 338 |
| 籾播き終了後、その上にこし土をまく〔生産・生業〕 338 | モンペ〔衣〕 21 | |
| 籾・麦乾燥機〔生産・生業〕 338 | モンペイとその裁方〔衣〕 22 | |
| 木綿衣〔衣〕 21 | モンペに組み合わせるヒョウジュンフク〔衣〕 22 | |
| 木綿打ち砧〔生産・生業〕 487 | | |

| | | |
|---|---|---|
| 焼畑で収穫した温海蕪の選別〔生産・生業〕 338 | 薬研〔食〕 92 | 屋敷配置と移築当時の母屋の間取り〔住〕 181 |
| 焼畑で収穫したひえ〔生産・生業〕 339 | 薬研〔民俗知識〕 666 | 屋敷墓〔人の一生〕 850 |
| 焼畑での農作業〔生産・生業〕 339 | 屋号〔社会生活〕 638 | 屋敷畑〔生産・生業〕 339 |
| 焼畑に火をつける〔生産・生業〕 339 | 屋号で表示された地図〔社会生活〕 638 | 屋敷畑続きにある新田集落の墓地〔人の一生〕 850 |
| 焼畑にまくヒエの種〔生産・生業〕 339 | 屋号表札〔住〕 180 | 屋敷周りの畑〔生産・生業〕 339 |
| 焼畑の跡地〔生産・生業〕 339 | 夜行列車の登山家とナベ〔食〕 92 | 屋敷林〔住〕 181 |
| 焼畑のサイクル〔生産・生業〕 339 | やさい育苗用わら鉢作り機〔生産・生業〕 339 | 屋敷林を背景につくられた庭〔住〕 181 |
| 焼畑の種播き〔生産・生業〕 339 | 野菜売り〔交通・交易〕 559, 578 | 屋敷林(ついじ)〔住〕 181 |
| 焼畑の火入れ〔生産・生業〕 339 | 野菜売りの車〔交通・交易〕 578 | ヤシネゴが、家族とヤシネゴオヤに年始に訪れた〔社会生活〕 638 |
| 焼畑の山の杉林〔生産・生業〕 419 | 野菜を売る〔交通・交易〕 578 | 弥治郎こけし〔芸能・娯楽〕 794 |
| 焼畑用具〔生産・生業〕 339 | 野菜を売る糸満〔交通・交易〕 578 | 弥治郎こけし製造元・新山左内商店〔生産・生業〕 517 |
| 焼畑用具(アラキスキ・クワ・フクベ・カマ)〔生産・生業〕 339 | 野菜を三輪自動車に積み、縄でしばる〔交通・交易〕 608 | 弥治郎こけしのふるさと〔生産・生業〕 517 |
| 焼畑近くの祠〔信仰〕 698 | 野菜鋤〔生産・生業〕 339 | 屋代川河口に並ぶ町屋の裏側〔住〕 182 |
| ヤキバに火がはいり燈籠にも燈がつく〔人の一生〕 849 | 野菜貯蔵の大根だて〔食〕 109 | 弥次郎兵衛〔芸能・娯楽〕 794 |
| ヤキバの入口の雪を掘る〔人の一生〕 849 | 野菜の収穫〔生産・生業〕 339 | 箭〔生産・生業〕 406 |
| ヤキバの煙突から白い煙が立ち昇って昇天する〔人の一生〕 849 | 野菜の水耕栽培(ハイドロポニック)〔交通・交易〕 608 | ヤス〔生産・生業〕 406 |
| ヤキバの側に棺を囲む門を萱でつくる〔人の一生〕 849 | 野菜の納屋〔住〕 180 | ヤス(魚扠)〔生産・生業〕 406 |
| 焼篭〔住〕 240 | 八坂石段下〔社会生活〕 653 | 安来節〔芸能・娯楽〕 780 |
| 焼餅屋〔交通・交易〕 577 | 八坂の塔あたりの町並み〔社会生活〕 653 | 安来節をうたう女流民謡家〔芸能・娯楽〕 780 |
| 焼物盃〔食〕 92 | 弥治川沿いの旧遊郭付近の町並み〔社会生活〕 653 | 野州鍬〔生産・生業〕 339 |
| やぎゅう〔生産・生業〕 339 | 屋敷稲荷〔信仰〕 698 | ヤスツキ(鮎とり)〔生産・生業〕 406 |
| 野球場は田圃〔芸能・娯楽〕 803 | 屋敷イナリの祠〔信仰〕 698 | ヤスツキ(鱒とり)〔生産・生業〕 406 |
| 矢切の渡し〔交通・交易〕 552 | 屋敷ウジカミ〔信仰〕 698 | やすの類〔生産・生業〕 406 |
| 夜具〔住〕 240 | 屋敷氏神〔信仰〕 698 | 安松筵〔住〕 240 |
| 夜具一式〔住〕 240 | 屋敷裏の墓地〔人の一生〕 849 | 休み時間に廊下で遊ぶ〔社会生活〕 645 |
| 薬医門〔住〕 180 | 屋敷への沢水の導水と利用〔住〕 214 | 休み棒〔交通・交易〕 608 |
| 薬医門(本陣表門)〔住〕 180 | 屋敷構〔住〕 181 | 猟(銛)〔生産・生業〕 406 |
| 薬剤散布ポンプ〔生産・生業〕 339 | 屋敷がまえの全景〔住〕 181 | やすり〔生産・生業〕 440, 517 |
| 夜具地〔住〕 240 | 屋敷神〔信仰〕 698 | やすりいれ〔生産・生業〕 419 |
| 薬師院明照寺〔信仰〕 763 | 屋敷神としてまつった道祖神〔信仰〕 699 | ヤスリ入筒〔生産・生業〕 419 |
| 薬師堂〔信仰〕 763 | 屋敷神の類型別分布〔信仰〕 699 | 野生鳥獣慰霊塔〔民俗知識〕 676 |
| 薬師堂と阿弥陀堂〔信仰〕 763 | ヤシキギ(屋敷林)をもつ曲屋〔住〕 181 | 野生のミツバやフキを育成〔生産・生業〕 339 |
| 薬師堂平面図〔信仰〕 763 | 屋敷荒神〔信仰〕 699 | ヤセウマ〔交通・交易〕 608 |
| 薬師如来堂〔信仰〕 763 | 屋敷周囲の雪囲い〔住〕 181 | 八瀬の釜風呂〔民俗知識〕 666 |
| 薬師如来の母乳祈願〔信仰〕 716 | 屋敷沿いの墓地〔人の一生〕 850 | 屋台〔交通・交易〕 578 |
| 役者絵凧〔芸能・娯楽〕 794 | 屋敷傍の墓地〔人の一生〕 850 | やたて〔生産・生業〕 419 |
| 薬酒類の数々〔食〕 58 | 屋敷で飼育する山羊〔生産・生業〕 440 | 矢立〔生産・生業〕 419 |
| 厄神塚〔信仰〕 698 | 屋敷と家の見取図〔住〕 181 | 矢立〔交通・交易〕 582 |
| 矢口家の店蔵と袖蔵〔住〕 180 | 屋敷と石垣〔住〕 181 | 矢立て・銭入れ〔交通・交易〕 582 |
| 厄年棚〔人の一生〕 818 | 屋敷と田圃〔住〕 181 | ヤダマダカ〔生産・生業〕 440 |
| 役に立たなくなった敷石〔住〕 180 | 屋敷と間取り〔住〕 181 | ヤッカリ〔交通・交易〕 608 |
| 役場〔社会生活〕 663 | 屋敷どり〔住〕 181 | ヤッカ漁〔生産・生業〕 406 |
| 役場で事務〔社会生活〕 638 | 屋敷取り〔住〕 181 | ヤッコカガシ〔信仰〕 699 |
| 役場に死亡届を出す〔人の一生〕 849 | 屋敷どりと母屋平面図〔住〕 181 | 奴蛇の目〔住〕 240 |
| 厄祓い〔人の一生〕 818 | 屋敷内に祀られた丸石〔信仰〕 699 | 奴凧〔芸能・娯楽〕 794 |
| 厄払いの御幣〔民俗知識〕 674 | 屋敷内の稲荷大明神〔信仰〕 699 | 八ツ鹿凧〔芸能・娯楽〕 794 |
| 厄払いの辻札〔民俗知識〕 674 | 屋敷内のウチガミ〔信仰〕 699 | 谷津田〔生産・生業〕 339 |
| 役場らしき建物〔社会生活〕 663 | 屋敷内の配置と主屋平面図〔住〕 181 | 八つ凧〔芸能・娯楽〕 794 |
| 薬用ニンジンを洗う〔食〕 109 | 屋敷内の木桑〔生産・生業〕 463 | 谷津田(谷あいの田)の田植え〔生産・生業〕 339 |
| 薬用のためのヨモギの乾燥〔民俗知識〕 666 | 屋敷西側に風を防ぐ築地松を南西隅に墓を設置〔住〕 181 | ヤッチノガマ〔人の一生〕 850 |
| 厄除け〔信仰〕 716 | 屋敷の裏側〔住〕 181 | ヤットコ〔生産・生業〕 517 |
| 厄除け〔人の一生〕 819 | 屋敷の裏手の屋敷林〔住〕 181 | 八ッ目筒〔生産・生業〕 406 |
| 厄除祈禱木〔信仰〕 717 | 屋敷の裏に蔵が並ぶ蔵通り〔住〕 181 | 宿の生活 うたげ〔社会生活〕 623 |
| 厄よけ杓子〔信仰〕 717 | 屋敷の家屋配置図〔住〕 181 | 宿の生活 寄合い〔社会生活〕 623 |
| ヤグラ〔食〕 92 | 屋敷の型〔住〕 181 | 宿の略図〔社会生活〕 623 |
| 櫓時計〔住〕 240 | 屋敷のタイプ〔住〕 181 | 宿札〔交通・交易〕 582 |
| やぐら(木製), 杵, 木臼〔生産・生業〕 339 | 屋敷の谷側にハザを作る〔住〕 181 | 宿船〔生産・生業〕 406 |
| 野久留米辻堂〔信仰〕 763 | 屋敷の出入口に使われる道〔住〕 181 | ヤナ〔生産・生業〕 406 |
| 焼けた骨を体位にしたがってよりわける〔人の一生〕 849 | 屋敷の納屋と井戸小屋〔住〕 181 | 簗〔生産・生業〕 406 |
| 焼けて穂首から落ちた麦の穂〔生産・生業〕 339 | 屋敷の間取りと暮らしの利用法〔住〕 181 | 柳井川のほとりの美しい町家のたたずまい〔住〕 182 |
| ヤゲン〔民俗知識〕 666 | 屋敷配置図〔住〕 181 | |

| | | |
|---|---|---|
| 柳行李〔住〕 240 | 屋根葺きのようす〔住〕 217 | 山口市役所のあたりからザビエル記念聖堂を見上げる〔社会生活〕 653 |
| 柳樽〔食〕 92 | 屋根葺き鋏〔住〕 218 | 山国筏 419 |
| ヤナギバ〔生産・生業〕 339 | 屋の窯の仕事場〔生産・生業〕 517 | ヤマゴエゾリ〔交通・交易〕 609 |
| ヤナバ〔生産・生業〕 406 | 「やの字」の結び方〔衣〕 48 | 山古志村・梶木小学校〔社会生活〕 645 |
| 屋根〔住〕 182 | やばせしちりん〔食〕 92 | 山小屋〔住〕 183 |
| 屋根板はぎ〔住〕 182 | 野畠観音堂〔信仰〕 763 | 山小屋〔生産・生業〕 340 |
| 屋根板はぎの老人〔住〕 217 | 矢羽根〔生産・生業〕 525 | 山小屋造り〔生産・生業〕 340 |
| 屋根上の秋葉神社〔信仰〕 699 | ヤーハン〔民俗知識〕 679 | 山小屋での食事〔食〕 115 |
| 屋根裏と地下の名称〔住〕 182 | ヤビロイ（野拾い）〔生産・生業〕 339 | 山小屋とヤマハタ〔生産・生業〕 340 |
| 屋根裏にある墓地〔人の一生〕 850 | ヤブガミ〔信仰〕 699 | 山小屋に造られた棚〔生産・生業〕 340 |
| 屋根裏の利用〔住〕 182 | ヤブキリガマ（藪切り鎌）〔生産・生業〕 339 | 山小屋のカンジョ〔生産・生業〕 340 |
| 屋根を酒で清める〔生産・生業〕 525 | ヤブギリガマ〔生産・生業〕 419 | 山小屋の組み立て〔生産・生業〕 340 |
| 屋根替え〔住〕 217 | ヤブササン〔信仰〕 699 | 山小屋の昼食〔食〕 115 |
| 屋根が隠れるまで伸ばした生垣の築地松〔住〕 182 | 破れた障子と子ども〔芸能・娯楽〕 803 | 山小屋の内部（模型）〔生産・生業〕 340 |
| 屋根型〔住〕 182 | 野弁当籠〔食〕 92 | 山小屋の配置〔生産・生業〕 340 |
| 屋根型の分類〔住〕 183 | ヤボキリ〔生産・生業〕 339 | 山小屋の骨組とその平面図〔生産・生業〕 430 |
| 屋根神〔信仰〕 699 | ヤボサ社〔信仰〕 699 | 山小屋の水置き場〔生産・生業〕 340 |
| 屋根神の秋葉社〔信仰〕 699 | 山あいの集落〔住〕 183 | 山小屋の屋根材〔生産・生業〕 340 |
| 屋根茅葺きの状況〔住〕 183 | 山衣装（みじか）〔衣〕 22 | 山小屋平面図〔生産・生業〕 340 |
| 屋根刈り込み〔住〕 217 | 山イモ〔食〕 58 | 山崎家別邸 183 |
| 屋根形態別にみた民家型と変遷〔住〕 183 | 山芋掘り〔生産・生業〕 533 | 山崎家別邸の桂写しのある数寄屋造りの和室〔住〕 183 |
| 屋根漆喰〔住〕 217 | 病除けの藁人形〔民俗知識〕 674 | ヤマザクラの樹皮製袋型容器〔住〕 240 |
| 屋根職の屋根ふき〔住〕 217 | 山入りの幣〔民俗知識〕 674 | 山里の風景〔生産・生業〕 340 |
| 屋根つきの田丸橋〔交通・交易〕 552 | ヤマウサギ〔生産・生業〕 430 | 山仕事後に行う共同飲食〔社会生活〕 638 |
| 屋根として使うスギ皮の乾燥〔住〕 217 | 山内神社（権現社）祭壇見取図〔信仰〕 763 | 山仕事の帰り〔生産・生業〕 536 |
| 屋根に石を乗せている〔住〕 250 | 山内町 440 | 山仕事の住まい〔生産・生業〕 183 |
| 屋根に大きな石を敷きつめた粟島の漁家〔住〕 183 | 山へ行く〔生産・生業〕 536 | 山仕事の道具〔生産・生業〕 536 |
| 屋根に積もった灰降ろし〔住〕 250 | 山へまぐさを刈りに行く姿〔衣〕 22 | 山仕事の服装〔衣〕 22 |
| 屋根に使うかやを刈りに来た「かやむじん」の仲間〔住〕 217 | 山へ行く娘たち〔社会生活〕 638 | 山下公園の山下桟橋に係留されている現在の氷川丸〔交通・交易〕 552 |
| 屋根に疱瘡神を祀った家〔信仰〕 699 | 山オコ〔交通・交易〕 608 | 山下浜大師堂〔信仰〕 764 |
| 屋根に物干場を置いている木造家屋 183 | ヤマオビ〔衣〕 48 | 山柴箒〔住〕 241 |
| 屋根に藁を巻いたまじないの輪を置いた民家〔民俗知識〕 674 | 山を焼く〔生産・生業〕 339 | ヤマジバン〔衣〕 22 |
| 屋根のいろいろ〔住〕 183 | 山家〔住〕 183 | 山襦袢〔衣〕 22 |
| 屋根の上の鎮壇さま〔民俗知識〕 674 | 山藤流包丁式（調理師学校入学式）〔食〕 110 | 山すそに並ぶ茅葺きの民家〔住〕 183 |
| 屋根のエビ〔住〕 183 | 山駕籠〔交通・交易〕 608 | 山裾の集落〔住〕 183 |
| 屋根の鬼瓦に付いた鳥食〔住〕 183 | 山籠〔交通・交易〕 609 | 山住神社のお札〔信仰〕 723 |
| 屋根の形〔住〕 183 | 山笠を被りサンパク（山袴）をはいたヤマギ姿〔衣〕 22 | 山積みにされた廃車〔交通・交易〕 619 |
| 屋根の基本形態〔住〕 183 | 山形デタチ〔衣〕 22 | 山沿いの海辺に立地した伊根の集落〔住〕 183 |
| 屋根の形式〔住〕 183 | 山形鉄瓶〔食〕 92 | ヤマソコキ〔生産・生業〕 487 |
| 屋根の構成美〔住〕 183 | 山刀〔生産・生業〕 536 | ヤマソとチョマの交織〔生産・生業〕 487 |
| 屋根の勾配〔住〕 183 | 山刀および山刀鞘〔生産・生業〕 419 | ヤマソのアラギ〔生産・生業〕 487 |
| 屋根のツノ〔住〕 183 | 山刀鞘〔生産・生業〕 419 | ヤマソのアラギ用生地〔生産・生業〕 487 |
| 屋根の破風と破風の飾り〔住〕 183 | 山刀・ワナ〔生産・生業〕 430 | ヤマソのオガセ〔生産・生業〕 487 |
| 屋根の部位名と民家にみられる屋根伏形式名〔住〕 183 | ヤマガタモンペ〔衣〕 22 | ヤマソのカヤ地〔生産・生業〕 487 |
| 屋根の葺きかえ〔住〕 217 | 山角のお堂〔信仰〕 763 | ヤマソの群落〔生産・生業〕 487 |
| 屋根の葺き替え作業〔住〕 217 | 山角のお堂の本尊〔信仰〕 764 | ヤマソのヘソ〔生産・生業〕 487 |
| 屋根の棟上の鎌〔生産・生業〕 525 | ヤマガマ（山鎌）〔生産・生業〕 517 | ヤマゾーリ〔衣〕 41 |
| 屋根の棟上の剣〔生産・生業〕 525 | 山鎌〔生産・生業〕 340 | ヤマゾリ〔交通・交易〕 609 |
| 屋根の雪おろし〔住〕 250 | 山神祠と三本杉〔信仰〕 699 | 山田家主屋の掘立柱〔住〕 183 |
| 屋根鋏〔住〕 217 | 山ガラシ〔生産・生業〕 430 | 山田家の土座 205 |
| ヤネバサミでの刈り込み〔住〕 217 | 山から水を引く〔住〕 214 | 山出し道具〔生産・生業〕 419 |
| 屋根葺き〔住〕 217 | 山から湧き水を引く〔住〕 214 | 山田の祇園社〔信仰〕 764 |
| 屋根葺き祝いで集まった人々〔住〕 217 | 山川〔食〕 58 | 山田の堂〔信仰〕 764 |
| 屋根葺き祝いでの餅撒き〔住〕 217 | 山川漬け〔食〕 58 | 山田の堂平面図〔信仰〕 764 |
| 屋根葺き師匠の碑〔信仰〕 217 | 山着〔衣〕 22 | 山茶茶壺〔生産・生業〕 444 |
| 屋根葺き職人〔住〕 217 | ヤマギリ〔生産・生業〕 340 | 山寺（千菓子）〔食〕 58 |
| 屋根葺き道具〔住〕 217 | 山伐りした跡〔生産・生業〕 340 | ヤマトウシ〔食〕 92 |
| 屋根葺きに用意されたカヤ〔住〕 217 | 山ぎわの畑から青菜をつんできた女性〔生産・生業〕 340 | 大和団扇〔住〕 241 |
| 屋根葺きの工程〔住〕 217 | 山口市下堅小路あたりの家並み〔住〕 183 | 大和宗資格認定状〔信仰〕 741 |
| 屋根葺きの互助共同作業〔住〕 217 | 山口市・天花1丁目あたり〔社会生活〕 653 | 大和宗責任役員として受けた表彰状〔信仰〕 741 |
| 屋根葺きのために用意された杉皮〔住〕 217 | 山口市・本町2丁目あたり〔社会生活〕 653 | |

大和宗設立式典に際しての感謝状
　〔信仰〕 ……………………………… 741
倭建命〔掛絵〕〔信仰〕 ………………… 723
大和の薬売り〔交通・交易〕 …………… 578
大和の集落〔住〕 ………………………… 183
大和の閉鎖型の一例〔住〕 ……………… 183
山土場から営林署の貯木場へ運ばれ、積み上げられる丸太〔生産・生業〕 ……………………………… 419
ヤマトバタラキと呼ぶ体操〔社会生活〕 ……………………………… 658
大和棟〔住〕 ……………………………… 183
大和棟の基本型〔住〕 …………………… 184
大和棟の主要諸形態〔住〕 ……………… 184
大和棟の民家〔住〕 ……………………… 184
山取・中割り道具（杓子木地用道具）〔生産・生業〕 ……………… 517
ヤマドリワナ〔生産・生業〕 …………… 430
やまなじ〔生産・生業〕 ………………… 419
山梨県庁〔社会生活〕 …………………… 663
山ナタ〔生産・生業〕 …………………… 340
山鉈〔生産・生業〕 ……………………… 419
山根観音堂〔信仰〕 ……………………… 764
ヤマノイモの調理〔食〕 ………………… 110
山の上御師住宅の式台付き玄関〔住〕 ……………………………… 184
山の上御師の屋敷構え〔住〕 …………… 184
山の運搬〔交通・交易〕 ………………… 609
山の神〔信仰〕 …………………………… 699
山の神への願かけ〔信仰〕 ……………… 717
山の神への奉納物〔信仰〕 ……………… 717
山の神を祀る十二神社〔信仰〕 ………… 764
山の神さん〔信仰〕 ……………………… 700
山神像〔信仰〕 …………………………… 700
山の神とオコゼ〔信仰〕 ………………… 700
山の神にあげたマタのある枝〔信仰〕 ……………………………… 717
山の神に捧げられた猪の心臓と山の神幣〔信仰〕 ……………………… 717
山の神に捧げる〔信仰〕 ………………… 717
山の神に供えた「たち」〔信仰〕 ……… 717
山の神に供えた「ほこ」〔信仰〕 ……… 717
山の神に供えた弓矢〔信仰〕 …………… 717
山の神に供えた弓矢と的〔信仰〕 ……… 717
山の神に奉納されたヘノコ〔信仰〕 ……………………………… 717
山の神幣〔信仰〕 ………………………… 717
山の神の絵馬〔信仰〕 …………………… 717
山の神の掛け軸〔信仰〕 ………………… 700
山の神の木として切らずに残した松の木〔生産・生業〕 …………… 419
山の神の神体〔信仰〕 …………………… 700
山の神の樽〔信仰〕 ……………………… 717
山の神の碑〔信仰〕 ……………………… 700
山の神の祠と竹筒に入れた神酒〔信仰〕 ……………………………… 700
山の神奉納絵馬〔信仰〕 ………………… 717
山の中の祠〔信仰〕 ……………………… 700
山の急斜面に点在する家〔住〕 ………… 184
山の境界〔生産・生業〕 ………………… 419
山の草刈り〔生産・生業〕 ……………… 536
山鋸〔生産・生業〕 ……………………… 419
山の子らしいたくましさを感じさせる4人〔社会生活〕 …………… 638
山の下刈り〔生産・生業〕 ……………… 536
山の斜面を利用した枝条架式製塩〔生産・生業〕 ………………… 446
山の斜面に開かれた水田〔生産・生業〕 ……………………………… 340
山の斜面に広がる集落〔住〕 …………… 184
山の斜面の茶畑〔生産・生業〕 ………… 444

山の斜面の畑〔生産・生業〕 …………… 340
山の神社に供えた「俎板おろし」の七切肴（猪肉）〔信仰〕 ……… 717
山の田〔生産・生業〕 …………………… 340
山の中腹にある入会草刈地と根場集落〔住〕 ……………………… 184
山の道具を腰に吊した村人〔生産・生業〕 ……………………………… 536
山の畑にコンニャク玉を運びに行く〔交通・交易〕 ………………… 609
山の方にある畑からサツマイモを背負子で運ぶ〔交通・交易〕 …… 609
山の湧水をもちいた地域内簡易水道〔住〕 ……………………… 214
山の湧水の引き方と使い方〔住〕 …… 214
山ばかま〔衣〕 …………………………… 22
山袴〔衣〕 ………………………………… 22
山畑〔生産・生業〕 ……………………… 340
山畑行の姿〔衣〕 ………………………… 22
山畑仕事着〔衣〕 ………………………… 22
山肌にへばりつく民家〔住〕 …………… 184
ヤマハタの境界〔生産・生業〕 ………… 340
山畑の松飾り〔生産・生業〕 …………… 340
ヤマハタの山側・谷側の境界〔生産・生業〕 ……………………… 340
山畑夜守〔生産・生業〕 ………………… 340
山端大師堂〔信仰〕 ……………………… 764
山伏〔信仰〕 ……………………………… 729
山伏十六道具〔信仰〕 …………………… 729
山伏塚　賢慶坊塚〔信仰〕 ……………… 729
山伏姿（羽黒修験）〔衣〕 ……………… 22
山伏の修行〔信仰〕 ……………………… 729
山伏の出立勤行〔信仰〕 ………………… 729
山伏の背負う笈〔信仰〕 ………………… 729
山部鎌〔生産・生業〕 …………………… 340
ヤマメの粟ずしの祖型〔食〕 …………… 58
山本家の整型四間取り〔住〕 …………… 184
山本釣針工場〔生産・生業〕 …………… 517
山本の庚申堂〔信仰〕 …………………… 764
山本屋（元運送店）の客間〔住〕 ……… 205
山本屋（元運送店）の全景〔住〕 ……… 184
山焼き〔生産・生業〕 …………………… 340
山焼きに出る服装〔衣〕 ………………… 22
山行着〔衣〕 ……………………………… 22
山行支度〔衣〕 …………………………… 22
山よき〔生産・生業〕 …………………… 419
闇市〔交通・交易〕 ……………………… 559
ヤーミシ（婚約）の儀式〔人の一生〕 ……………………………… 826
ヤラスウ〔住〕 …………………………… 241
やり〔生産・生業〕 ……………………… 430
ヤリ〔生産・生業〕 ……………………… 340
ヤリ〔交通・交易〕 ……………………… 609
槍〔生産・生業〕 ………………………… 430
ヤリ（槍），タテ，ナガエガマ（長柄鎌）〔生産・生業〕 ………… 430
ヤリという先をとがらせた棒を束の中に差し込み，刈り取った麦を運ぶ〔交通・交易〕 …………… 609
やり枡〔生産・生業〕 …………………… 340
鎗もち勘助の像〔信仰〕 ………………… 700
八幡黒中貫草履〔衣〕 …………………… 41
八幡浜港〔生産・生業〕 ………………… 407
やんぎゅう〔生産・生業〕 ……………… 340

【ゆ】

結い機で炭俵の縄を固く結束する〔生産・生業〕 ………………… 530

遺言ノート各種〔人の一生〕 …………… 850
由比丼〔食〕 ……………………………… 58
唯念碑〔信仰〕 …………………………… 745
結納〔人の一生〕 ………………………… 826
結納入れ〔人の一生〕 …………………… 826
結納飾り〔人の一生〕 …………………… 826
結納台〔人の一生〕 ……………………… 826
結納の半返し〔人の一生〕 ……………… 826
結納の目録〔人の一生〕 ………………… 826
結納品〔人の一生〕 ……………………… 826
湯入れをする鋳物師〔生産・生業〕 …… 517
夕市〔交通・交易〕 ……………………… 559
遊郭小川楼経営者の出兵式〔社会生活〕 ……………………………… 658
誘蛾灯〔生産・生業〕 …………………… 341
雄瓦と雌瓦を組み合わせた本瓦葺き屋根〔住〕 ……………………… 184
結城紬〔生産・生業〕 …………………… 487
遊漁者の群〔生産・生業〕 ……………… 407
ユウグシザシ〔食〕 ……………………… 92
夕暮れ近く〔社会生活〕 ………………… 638
夕暮れどきナブラを追って〔生産・生業〕 ……………………………… 407
夕餉の食膳〔食〕 ………………………… 58
ユウゴフクベ〔生産・生業〕 …………… 341
油宇集落〔生産・生業〕 ………………… 407
有床梨〔生産・生業〕 …………………… 341
夕食〔食〕 ………………………………… 115
夕食後〔住〕 ……………………………… 250
夕食後のひととき〔住〕 ………………… 250
湧水地から運んだ水を溜めて使う壺〔住〕 ……………………… 184
湧水に水汲みに来た少年〔交通・交易〕 ……………………………… 609
湧水の洗い場で洗濯する母親とその傍らで遊ぶ子どもたち〔住〕 … 214
遊星式刈取機〔生産・生業〕 …………… 341
融雪のための小川の流れ〔住〕 ………… 184
友仙〔生産・生業〕 ……………………… 488
友禅流し〔生産・生業〕 ………………… 488
夕張社光地区炭鉱住宅〔住〕 …………… 184
郵便船〔交通・交易〕 …………………… 619
郵便配達〔交通・交易〕 ………………… 619
郵便配達人〔交通・交易〕 ……………… 619
郵便夫とポスト（書状函）・郵袋（最初のもの）〔交通・交易〕 … 619
釉薬かけ〔生産・生業〕 ………………… 517
釉薬かけの仕事〔生産・生業〕 ………… 517
夕焼の下で農作業に精を出す〔生産・生業〕 ……………………… 341
有楽町〔社会生活〕 ……………………… 653
有楽町界隈〔社会生活〕 ………………… 653
有楽町のスラム街で，最後まで退去に抵抗した「だるま鮨」〔交通・交易〕 ……………………… 578
遊覧船にのって弁当を食べる夫婦〔食〕 ……………………………… 115
幽霊子育て幽霊像・伝説上の飴屋の店頭〔民俗知識〕 ……………… 679
湯へ行く〔社会生活〕 …………………… 638
床上と屋外の両方から使える農家の便所〔住〕 …………………… 205
湯がきワカメ〔食〕 ……………………… 58
湯かけ〔生産・生業〕 …………………… 488
床坐式の調理〔食〕 ……………………… 110
床下に作った野菜の室〔住〕 …………… 205
湯かすり〔生産・生業〕 ………………… 455
湯がすり〔生産・生業〕 ………………… 455
ユカタオビ（浴衣帯）〔衣〕 …………… 48
湯釜〔食〕 ………………………………… 92
湯釜（口釜）〔食〕 ……………………… 92

| | | |
|---|---|---|
| 床脇に天袋を設けた床の間〔住〕‥205 | 雪に埋もれた田畑と納屋〔生産・生業〕‥341 | 輸入材の貯木場〔生産・生業〕‥420 |
| 湯川薬師堂〔信仰〕‥764 | 雪に埋もれた用水路と水道のパイプ〔交通・交易〕‥619 | 輸入バナナを消毒する〔交通・交易〕‥619 |
| 湯灌に使う湯を庭に設けた炉で沸かす〔人の一生〕‥850 | 雪の板取の集落〔住〕‥184 | 輸入品手押しポンプ〔住〕‥214 |
| 雪あそび〔芸能・娯楽〕‥803 | 雪の下の春菜〔食〕‥58 | 湯の迫観音堂〔信仰〕‥764 |
| 雪を投げ合う少年たち〔芸能・娯楽〕‥803 | 雪の集落〔住〕‥184 | 温泉津(温泉)の町並み〔住〕‥185 |
| 雪を除いて作る苗代〔生産・生業〕‥341 | 雪の積もった麦畑〔住〕‥185 | 湯の峰温泉・公衆浴場くすり湯〔民俗知識〕‥666 |
| ユキオロシ〔衣〕‥31 | 雪の通り〔住〕‥185 | 湯の峰温泉 つぼ湯〔民俗知識〕‥666 |
| 雪オロシ〔住〕‥250 | 雪の中を踏んばる乳牛〔生産・生業〕‥440 | 湯峰の温泉街〔民俗知識〕‥666 |
| 雪を割って苗代田つくり〔生産・生業〕‥341 | 雪のなかにウサギを見つけて、わらで編んだワラダを飛ばす〔生産・生業〕‥430 | 湯葉作り〔食〕‥110 |
| 往き交う車馬〔交通・交易〕‥553 | 雪の農家とサイロ〔生産・生業〕‥440 | 湯原の釈迦堂〔信仰〕‥764 |
| 往き交う人と車〔交通・交易〕‥553 | 雪の日〔社会生活〕‥638 | 湯原の釈迦堂の厨子〔信仰〕‥764 |
| 雪かき〔住〕‥250 | 雪の日の担ぎ〔交通・交易〕‥578 | ユビアテ(指当て)〔生産・生業〕‥517 |
| 雪かきをする子どもたち〔住〕‥250 | 雪の降る校庭に飛び出す一年生〔社会生活〕‥645 | 指金〔交通・交易〕‥584 |
| 雪かきの服装〔衣〕‥22 | 雪の街〔社会生活〕‥653 | 指人形〔芸能・娯楽〕‥803 |
| 雪がこい〔住〕‥184 | ユキバカマ〔衣〕‥23 | 指輪と眼鏡〔衣〕‥48 |
| 雪囲い〔住〕‥184 | 雪晴れの八海山と麓の集落〔住〕‥185 | 柚餅子を乾燥させる〔食〕‥110 |
| 雪囲いを兼ねた柴の保管〔住〕‥250 | ゆきひら〔食〕‥92 | 柚餅子を広げ干しで乾燥させる〔食〕‥110 |
| 雪囲いをした民家〔住〕‥184 | 行平〔食〕‥92 | 弓〔信仰〕‥741 |
| 雪型(サギの首・山の字形・いかり形)〔生産・生業〕‥341 | 雪ぶね〔交通・交易〕‥609 | 弓を打ちながら口寄せを行う〔信仰〕‥741 |
| 雪形(爺ヶ岳の種子播き爺さん)〔生産・生業〕‥341 | ユキフミ〔衣〕‥41 | 弓を使い口寄せをする〔信仰〕‥741 |
| 雪型(ジサとババ)〔生産・生業〕‥533 | 雪踏みをする〔住〕‥251 | 弓を鳴らす〔信仰〕‥741 |
| 雪型(僧侶の形)〔生産・生業〕‥533 | 雪ベラ〔生産・生業〕‥430 | 弓を鳴らす竹の矢〔信仰〕‥741 |
| 雪型(種まき入道)〔生産・生業〕‥341 | 雪帽子〔衣〕‥31 | 弓を張る〔信仰〕‥741 |
| 雪形(白馬岳の代かき馬)〔生産・生業〕‥341 | ユキボッチ〔衣〕‥31 | 弓の組み立て〔信仰〕‥741 |
| 雪合戦にそなえて雪の球を握る〔芸能・娯楽〕‥803 | 雪ボッチ〔衣〕‥31 | 弓の使用〔信仰〕‥741 |
| ユキグツ〔衣〕‥41 | 雪掘り〔住〕‥251 | 弓の台箱〔信仰〕‥741 |
| 雪ぐつ〔衣〕‥41 | 雪道を下る橇〔交通・交易〕‥609 | 弓浜絣〔生産・生業〕‥488 |
| 雪沓〔衣〕‥41 | 雪室〔住〕‥185, 251 | 弓張り〔住〕‥241 |
| 雪靴〔衣〕‥41 | 雪室から出した雪を運ぶ〔住〕‥185 | ゆみはりぢょうちん〔住〕‥241 |
| 雪靴を棒くいにつるし寒気にさらす〔衣〕‥41 | 雪室づくり〔住〕‥185 | 弓張提灯〔住〕‥241 |
| 雪国の外部に面した障子〔住〕‥205 | ユキメガネ(雪眼鏡)〔衣〕‥48 | ユミハリチョーチン〔住〕‥241 |
| 雪国の雁木〔住〕‥184 | ユキワ〔衣〕‥41 | ユメトオシを編むバラックイドン〔生産・生業〕‥517 |
| 雪国の炭坑村〔住〕‥184 | 雪藁沓〔衣〕‥41 | 夢の島〔社会生活〕‥663 |
| 雪国の春先の光景〔社会生活〕‥638 | ユキワラジ〔衣〕‥41 | ユラ〔生産・生業〕‥407 |
| 雪国の郵便配達夫〔交通・交易〕‥619 | 雪わりをする女性〔住〕‥251 | ゆり板〔生産・生業〕‥528 |
| ユキクワ(雪鍬)〔住〕‥251 | ユキワリと呼ぶ置千木上の横材〔住〕‥185 | ユリオケ(ゆり桶)とユリイタ(ゆり板)〔生産・生業〕‥341 |
| 雪景色〔住〕‥184 | ゆぐり〔交通・交易〕‥609 | ゆりかご〔人の一生〕‥812 |
| 雪景色の集落〔住〕‥184 | 輸出用醤油壺〔生産・生業〕‥455 | ゆり箱〔生産・生業〕‥341 |
| 雪消し作業〔住〕‥251 | ユスリ〔生産・生業〕‥341 | ゆり鉢〔生産・生業〕‥528 |
| ユキゲタ〔衣〕‥41 | ユスリボウ〔人の一生〕‥812 | 緩やかな丘陵に開かれた村〔住〕‥185 |
| 雪下駄〔衣〕‥41 | 輸送箱と帯〔交通・交易〕‥578 | ゆるやかに湾曲した榎津の通り〔住〕‥185 |
| 雪下駄、モンペ、ワラツグとかんじき姿の親子〔衣〕‥41 | ユタ〔信仰〕‥741 | ユルリ〔住〕‥205 |
| 雪ざらし〔生産・生業〕‥488 | 湯田こけし〔芸能・娯楽〕‥794 | ユルワ〔住〕‥241 |
| 雪晒し〔生産・生業〕‥488 | ゆたの家〔住〕‥185 | ゆわ〔生産・生業〕‥407 |
| 雪下に埋もれた墓を掘り出す〔人の一生〕‥850 | ユタの祈願〔信仰〕‥741 | 湯沸〔食〕‥93 |
| 雪下の墓を掘り出して遺骨を納めた〔人の一生〕‥850 | ユタの祈禱〔信仰〕‥741 | 湯沸し〔食〕‥93 |
| 雪印乳業田名部工場〔生産・生業〕‥440 | ゆたの夫婦〔信仰〕‥741 | 湯沸器のセールスプロモーション〔食〕‥93 |
| 雪鋤〔住〕‥241 | 湯たんぽ〔住〕‥241 | |
| 雪ぞり〔交通・交易〕‥609 | 湯茶用バケツ〔食〕‥92 | |
| 雪橇を利用した木材搬出〔生産・生業〕‥420 | ゆったりとカーブした渡名喜集落の道〔交通・交易〕‥553 | 【よ】 |
| 雪ぞりに木材を積んで貯木場まで運ぶ〔生産・生業〕‥420 | 茹でて売られているトコロ〔食〕‥58 | |
| 雪棚をもつ一般的な民家〔住〕‥184 | ゆでまんじゅう作り〔食〕‥110 | 夜明けの浜で暖をとる〔生産・生業〕‥407 |
| 雪棚作り〔住〕‥184 | ユトー〔食〕‥92 | 夜網のびく〔生産・生業〕‥407 |
| 雪棚の骨組〔住〕‥184 | ゆーとい〔生産・生業〕‥407 | よいさー〔人の一生〕‥813 |
| 由岐町阿部の町並み〔住〕‥184 | ユードイ〔人の一生〕‥850 | 夜市の飴引き〔交通・交易〕‥578 |
| 雪解けの黒い土を求めて遊ぶこどもたち〔芸能・娯楽〕‥803 | ゆど〔食〕‥92 | ヨイヤシャ(模した玩具)〔芸能・娯楽〕‥794 |
| 雪に埋もれた集落〔住〕‥184 | 湯桶〔食〕‥92 | 羊羹〔食〕‥58 |
| | ゆとがけの唱えと三妙ししをまつるときの唱え〔生産・生業〕‥430 | 洋館づくりの旧役場〔社会生活〕‥663 |
| | 湯殿山(石塔)〔信仰〕‥700 | 洋館に敷かれた畳〔住〕‥185 |
| | ゆり〔生産・生業〕‥407 | 容器収集風景〔社会生活〕‥654 |
| | ユナバーキ(米揚げ笊)〔食〕‥92 | |

## 名称索引

| 項目 | ページ |
|---|---|
| 幼牛と牛頭観世音の石塔〔生産・生業〕 | 440 |
| 「要求米価60キロ5,721円」のポスター〔社会生活〕 | 663 |
| 養鶏施設〔生産・生業〕 | 440 |
| 養蚕〔生産・生業〕 | 463 |
| 養蚕家屋の例〔住〕 | 185 |
| 養蚕乾燥室〔生産・生業〕 | 463 |
| 養蚕具〔信仰〕 | 717 |
| 養蚕守護のお札〔信仰〕 | 723 |
| 養蚕専用住宅〔住〕 | 185 |
| 養蚕棚〔生産・生業〕 | 463 |
| 養蚕地帯の箱棟〔住〕 | 185 |
| 養蚕に必要な竹製の桑かご、桑つみかごなどを売りにくる〔生産・生業〕 | 463 |
| 養蚕農家〔住〕 | 185 |
| 養蚕農家の入口〔住〕 | 185 |
| 養蚕農家の外観〔住〕 | 185 |
| 養蚕農家の外観形式〔住〕 | 185 |
| 養蚕農家の断面図〔住〕 | 185 |
| 養蚕農家の造り〔生産・生業〕 | 463 |
| 養蚕農家の二階の内部〔住〕 | 205 |
| 養蚕の神〔信仰〕 | 700 |
| 養蚕のため二階建てに改造した家が並ぶ〔住〕 | 185 |
| 養蚕の守猿〔信仰〕 | 717 |
| 養蚕用具の日干し〔生産・生業〕 | 463 |
| 養蚕用火鉢〔生産・生業〕 | 463 |
| 洋式インテリアから和式インテリアへの移行部〔住〕 | 185 |
| 幼児の育成〔社会生活〕 | 645 |
| 幼児の乗った手作りの箱ぞりに近づく牛〔生産・生業〕 | 440 |
| 養殖〔生産・生業〕 | 407 |
| 養殖貝取りの用具〔生産・生業〕 | 407 |
| 養殖かきを取る用具〔生産・生業〕 | 407 |
| 洋食が取り入れられた明治時代の家庭生活〔食〕 | 115 |
| 養殖したコイをたも網ですくいあげ出荷する〔生産・生業〕 | 407 |
| 養殖の種付け用帆立貝〔生産・生業〕 | 407 |
| 養殖場の干潟風景〔生産・生業〕 | 407 |
| 揚水機〔生産・生業〕 | 341 |
| 用水工事〔社会生活〕 | 638 |
| 揚水車〔生産・生業〕 | 341 |
| 揚水水車〔生産・生業〕 | 341 |
| 用水堰〔生産・生業〕 | 341 |
| 用水の分岐〔生産・生業〕 | 341 |
| 用水の便利を考えた住居〔住〕 | 185 |
| 用水普請〔社会生活〕 | 638 |
| 揚水用水車〔生産・生業〕 | 341 |
| 用水路〔交通・交易〕 | 619 |
| 用水路から水車によるかんがい〔生産・生業〕 | 341 |
| 用水路と古い家並み〔交通・交易〕 | 619 |
| 用水路の洗い場〔住〕 | 214 |
| 用水路の堰〔交通・交易〕 | 619 |
| 用水路の掃除〔生産・生業〕 | 341 |
| 用水路分水板〔生産・生業〕 | 341 |
| 陽石〔信仰〕 | 717 |
| 陽石と道祖神〔信仰〕 | 700 |
| 洋装の花嫁衣裳のベール〔衣〕 | 31 |
| 洋装・和装〔衣〕 | 23 |
| 幼稚園〔社会生活〕 | 645 |
| 幼稚園の芋掘り〔社会生活〕 | 645 |
| 幼稚園の入試〔社会生活〕 | 645 |
| 幼稚園のモチツキ〔社会生活〕 | 645 |
| 洋灯の各種〔住〕 | 241 |
| 養豚業者の厨芥払下運搬容器〔社会生活〕 | 654 |
| 洋梨の採入れ〔生産・生業〕 | 341 |
| 遙拝所(伊勢神宮)〔信仰〕 | 728 |
| 洋品店で服選び〔社会生活〕 | 638 |
| 洋風建築〔住〕 | 185 |
| 洋風防火造町家の金森船具店〔住〕 | 185 |
| 洋風町家の典型ともいえる藤野社宅街〔住〕 | 185 |
| 養蜂〔生産・生業〕 | 440 |
| 養蜂の道具 ウッポウ〔生産・生業〕 | 440 |
| 養蜂の道具 円筒型のミツドウ〔生産・生業〕 | 440 |
| 養蜂の道具 箱筒積み重ね型のミツドウ〔生産・生業〕 | 440 |
| 養蜂の道具 ハチトリテボ〔生産・生業〕 | 440 |
| 養蜂の道具 ミツトリの道具〔生産・生業〕 | 440 |
| 羊毛かき〔生産・生業〕 | 440 |
| 羊毛刈鋏〔生産・生業〕 | 440 |
| 洋和折衷竈〔住〕 | 205 |
| 夜川網〔生産・生業〕 | 407 |
| 横川・山王峠を越えた宿場〔交通・交易〕 | 582 |
| 横川宿に昭和30年代まで残っていた旧道路〔交通・交易〕 | 553 |
| 横川宿の問屋〔交通・交易〕 | 619 |
| ヨキ〔生産・生業〕 | 420, 517 |
| 斧(よき)〔生産・生業〕 | 420 |
| 与岐〔生産・生業〕 | 420 |
| よぎり〔食〕 | 93 |
| 慾たかり〔生産・生業〕 | 455 |
| ヨケゴヤ〔生産・生業〕 | 341 |
| 予言者〔民俗知識〕 | 674 |
| 予言におびえる市民たち〔民俗知識〕 | 674 |
| 横川・宿場の景観〔交通・交易〕 | 582 |
| ヨコキドリ〔生産・生業〕 | 517 |
| 横杵〔食〕 | 93 |
| 横杵〔生産・生業〕 | 341 |
| 横ゴザ〔生産・生業〕 | 341 |
| ヨゴザ・キャクザの背面に置いた屏風〔住〕 | 241 |
| 横路の薬師堂〔信仰〕 | 764 |
| 横須賀海軍工廠全景〔住〕 | 185 |
| 横づち〔生産・生業〕 | 341 |
| 横槌〔生産・生業〕 | 342, 488, 517 |
| ヨコ槌を使って脱穀〔生産・生業〕 | 342 |
| 横槌でアズキのさやを脱穀する〔生産・生業〕 | 342 |
| 横綱推挙式〔芸能・娯楽〕 | 782 |
| 横綱土俵入り〔芸能・娯楽〕 | 782 |
| 横たえた臼の図をトボウチ(玄関)に貼り、不幸があったことを告知する〔人の一生〕 | 850 |
| ヨコタ籠〔交通・交易〕 | 609 |
| ヨコタ籠の背負い方〔交通・交易〕 | 609 |
| ヨコタテの田掻き〔生産・生業〕 | 342 |
| 横谷のお堂〔信仰〕 | 764 |
| 横ツチで豆を脱穀する〔生産・生業〕 | 342 |
| 横手駅前〔社会生活〕 | 654 |
| 横テツポ〔衣〕 | 23 |
| 横並びの主屋と付属屋〔住〕 | 185 |
| ヨコバサミ〔住〕 | 218 |
| ヨコハチマキ〔衣〕 | 31 |
| 横浜〔生産・生業〕 | 407 |
| 横浜港・大桟橋〔社会生活〕 | 654 |
| 横浜港・大桟橋から望むマリンタワー、山下公園〔社会生活〕 | 654 |
| 横浜港・大桟橋から船だまり、税関、神奈川県庁〔社会生活〕 | 654 |
| ヨコビキ〔生産・生業〕 | 420 |
| ヨコビキノコ(横挽き鋸)〔生産・生業〕 | 420 |
| 横挽鋸〔生産・生業〕 | 420, 525 |
| 横びつ〔食〕 | 93 |
| ヨコ巻キの略図〔生産・生業〕 | 430 |
| ヨコメンツ〔食〕 | 93 |
| ヨコヤ(横楔)〔生産・生業〕 | 420 |
| 横山家外観〔住〕 | 186 |
| ヨコワ曳縄釣に用いる鉤と餌のつけ方〔生産・生業〕 | 407 |
| よさおけ〔人の一生〕 | 813 |
| よさこい人形〔芸能・娯楽〕 | 794 |
| 吉ヶ迫上薬師堂〔信仰〕 | 764 |
| 吉ヶ迫下薬師堂〔信仰〕 | 764 |
| ヨシ刈り〔生産・生業〕 | 533 |
| 吉木堂〔信仰〕 | 764 |
| 吉島家住宅〔住〕 | 186 |
| 吉田窯の底の構造〔生産・生業〕 | 530 |
| 吉田窯の天井の構造法〔生産・生業〕 | 530 |
| 吉野行者堂内平面図〔信仰〕 | 764 |
| 吉野行者堂東面〔信仰〕 | 764 |
| 吉野葛〔食〕 | 110 |
| 吉野葛を作る〔食〕 | 110 |
| ヨシの茂みが切れたところに投網を打つ〔生産・生業〕 | 407 |
| 吉野杉の製材〔生産・生業〕 | 420 |
| ヨシの簾作り〔生産・生業〕 | 517 |
| 吉浜の西の堂〔信仰〕 | 764 |
| 吉浜の東の堂〔信仰〕 | 764 |
| ヨシ葺きの家〔住〕 | 186 |
| 吉村家住宅〔住〕 | 186 |
| よじろう〔住〕 | 241 |
| 与次郎組〔住〕 | 186 |
| 与次郎組の小屋組〔住〕 | 186 |
| 与次郎人形(江都二色)〔芸能・娯楽〕 | 794 |
| 吉原家〔住〕 | 186 |
| 吉原家の内部〔住〕 | 205 |
| 吉原五徳〔住〕 | 241 |
| 吉原のポン引き〔社会生活〕 | 654 |
| 寄せ打ちの概念図〔生産・生業〕 | 342 |
| ヨセカケ(寄せ掛け)〔生産・生業〕 | 342 |
| 寄木〔生産・生業〕 | 420 |
| 寄せ墓〔人の一生〕 | 850 |
| 寄棟造り〔住〕 | 186 |
| 寄棟造りの民家〔住〕 | 186 |
| 寄棟民家〔住〕 | 186 |
| よそゆき着〔衣〕 | 23 |
| ヨソユキゲタ〔衣〕 | 41 |
| ヨソリでサビリ〔生産・生業〕 | 342 |
| よだれかけ〔人の一生〕 | 813 |
| よだれかけの奉納〔信仰〕 | 717 |
| 四ツ足堂〔信仰〕 | 764 |
| 四足堂〔信仰〕 | 764 |
| 四ツ庵茶堂〔信仰〕 | 764 |
| 四つ竈〔住〕 | 205 |
| 四ツ木橋〔交通・交易〕 | 553 |
| 撚った糸をカセにとる〔生産・生業〕 | 488 |
| 四つ竹〔芸能・娯楽〕 | 780 |
| 四つ建て造りの室内〔住〕 | 186 |
| 四つ建て造りの梁組〔住〕 | 186 |
| 四つ建て民家の外観〔住〕 | 186 |
| ヨツデ〔衣〕 | 23 |

| 名称 | 頁 |
|---|---|
| 四つ手〔生産・生業〕 | 342 |
| 四つ手網〔生産・生業〕 | 342 |
| 四ツ手網〔生産・生業〕 | 407 |
| 四手網〔生産・生業〕 | 407 |
| 四つ手網を沈めて溯上するイサザを待ち受ける〔生産・生業〕 | 407 |
| 四ツ手網を使い、フナなどを獲る〔生産・生業〕 | 407 |
| 四ツ手網漁〔生産・生業〕 | 407 |
| 四ツ橋交差点〔交通・交易〕 | 553 |
| 四巾前掛（ヨウノ）〔衣〕 | 23 |
| ヨツマタ（四ツ又）〔生産・生業〕 | 517 |
| 四ッ又稲架〔生産・生業〕 | 342 |
| 四間取り（田の字型）の例〔住〕 | 186 |
| ヨツメ〔生産・生業〕 | 407 |
| 四ツ目錐〔生産・生業〕 | 525 |
| 四ツ目饅頭〔食〕 | 58 |
| 淀江漁港の背後に雪の大山〔生産・生業〕 | 407 |
| ヨトギ〔人の一生〕 | 850 |
| ヨトギミマイ（弔問）〔人の一生〕 | 850 |
| 淀車〔生産・生業〕 | 342 |
| 淀橋浄水場〔社会生活〕 | 663 |
| 淀橋浄水場跡に建ち始めた超高層ビル〔社会生活〕 | 654 |
| 淀屋橋と北浜のビル街〔交通・交易〕 | 553 |
| 夜泣きを治す鬼〔民俗知識〕 | 674 |
| 夜泣き止〔民俗知識〕 | 674 |
| 夜泣きのハイツト〔信仰〕 | 717 |
| 与那原の民家〔住〕 | 186 |
| 与那原の瓦づくり〔生産・生業〕 | 517 |
| よなべ〔生産・生業〕 | 517 |
| 夜なべ〔生産・生業〕 | 517 |
| 夜なべ仕事のワラグツつくり〔生産・生業〕 | 518 |
| 夜業で日作り〔生産・生業〕 | 342 |
| 夜なべの藁仕事〔生産・生業〕 | 518 |
| 米倉〔住〕 | 186 |
| 米沢おばことにぞう〔衣〕 | 31 |
| 米沢街道沿いの掘割〔交通・交易〕 | 619 |
| ヨバイゾウリ（よばい草履）〔衣〕 | 41 |
| 夜番の太鼓〔社会生活〕 | 638 |
| 呼鈴〔住〕 | 241 |
| 呼子笛〔生産・生業〕 | 430 |
| 夜ぶすま〔住〕 | 241 |
| 予防注射〔民俗知識〕 | 666 |
| ヨマ〔住〕 | 186 |
| 四枚はぎ構造の大型漁船テントの各部名称〔生産・生業〕 | 407 |
| ヨマカゴ〔芸能・娯楽〕 | 794 |
| ヨミカタ（代かき）〔生産・生業〕 | 342 |
| ヨミタンソンハナウイ（読谷村花織）〔生産・生業〕 | 488 |
| 嫁いじめ・聟いじめ〔人の一生〕 | 826 |
| 嫁入り〔人の一生〕 | 826 |
| 嫁入笠〔人の一生〕 | 826 |
| 嫁入行列〔人の一生〕 | 826 |
| 嫁入行列の配列順位〔人の一生〕 | 826 |
| 嫁入輿〔人の一生〕 | 826 |
| 嫁入婚の仲人〔人の一生〕 | 826 |
| ヨメイリゾウリ（嫁入り草履）〔衣〕 | 41 |
| 嫁入り道具〔人の一生〕 | 826 |
| 嫁入り道具を背負ってゆく〔人の一生〕 | 826 |
| 嫁入り道具を運ぶ列〔人の一生〕 | 826 |
| 嫁入り道具の運搬〔人の一生〕 | 826 |
| 嫁入中〔人の一生〕 | 826 |
| 嫁入荷物〔人の一生〕 | 826 |
| 嫁入り荷物の運搬〔人の一生〕 | 827 |
| 嫁入人形〔人の一生〕 | 827 |
| 嫁入りの挨拶〔人の一生〕 | 827 |
| 嫁入りの盃〔人の一生〕 | 827 |
| 嫁入りの道具送り〔人の一生〕 | 827 |
| 嫁入りのトボウ盃〔人の一生〕 | 827 |
| 嫁入りの風景〔人の一生〕 | 827 |
| 嫁を送る〔人の一生〕 | 827 |
| ヨメオクリ〔人の一生〕 | 827 |
| 嫁たたき棒〔人の一生〕 | 827 |
| 嫁と姑の外出〔社会生活〕 | 638 |
| 嫁と姑の服装〔衣〕 | 23 |
| 嫁どりの日の道つくり〔人の一生〕 | 827 |
| 嫁荷のひきつぎ〔人の一生〕 | 827 |
| 嫁の家と聟の家との中間に家を借りて仲宿とする〔人の一生〕 | 827 |
| 嫁の門入〔人の一生〕 | 827 |
| 嫁のシリタタキ棒〔人の一生〕 | 827 |
| 嫁のスネカジリ〔人の一生〕 | 827 |
| 嫁の入家式〔人の一生〕 | 827 |
| 嫁の町まわり〔人の一生〕 | 827 |
| 嫁の飯〔人の一生〕 | 827 |
| 嫁暖簾〔人の一生〕 | 827 |
| 嫁は囲炉裏からかなり離れて縫物をしている〔住〕 | 251 |
| 嫁見〔人の一生〕 | 827 |
| 嫁迎え〔人の一生〕 | 827 |
| 嫁迎えに訪れた聟方のイチゲン客〔人の一生〕 | 827 |
| 嫁迎えに出向く〔人の一生〕 | 827 |
| 嫁迎えの場合の着席順位〔人の一生〕 | 827 |
| ヨモギヲック女〔生産・生業〕 | 342 |
| よもぎ神（アイヌの呪具）〔民俗知識〕 | 674 |
| よもぎの矢〔民俗知識〕 | 674 |
| よもぎの矢を射る〔民俗知識〕 | 674 |
| 世持お嶽の内部 一隅に祀られている火の神〔信仰〕 | 770 |
| 寄合い〔社会生活〕 | 638 |
| 寄合の座順〔社会生活〕 | 638 |
| ヨリウラ〔信仰〕 | 741 |
| より掛け〔生産・生業〕 | 488 |
| ヨリカケ〔生産・生業〕 | 488 |
| ヨリメヒロイ〔生産・生業〕 | 407 |
| よろず屋〔交通・交易〕 | 578 |
| よろず屋で販売される持ち込みのメジナ〔交通・交易〕 | 578 |
| 与論島の墓〔人の一生〕 | 850 |
| ヨンホングツ〔生産・生業〕 | 342 |
| 4輪荷馬車用の輓鞍〔交通・交易〕 | 609 |

【ら】

| 名称 | 頁 |
|---|---|
| ライクルケリ（死者に履かせる靴）〔人の一生〕 | 850 |
| ライクルホシ（死者の脚につける脚絆）〔人の一生〕 | 850 |
| ライクルホシ（死人用脚絆）〔人の一生〕 | 850 |
| 雷神〔信仰〕 | 700 |
| ライスカレー〔食〕 | 58 |
| 雷鳥〔護符〕〔信仰〕 | 723 |
| らいまんげた〔衣〕 | 41 |
| 羅宇屋〔生産・生業〕 | 518 |
| ラオ屋〔生産・生業〕 | 518 |
| 落書き〔芸能・娯楽〕 | 803 |
| 酪農集落〔生産・生業〕 | 440 |
| ラグビー〔芸能・娯楽〕 | 782 |
| 洛北の民家〔住〕 | 186 |
| ラジオを聞く〔住〕 | 251 |
| ラジオで大相撲の実況放送を聞く〔芸能・娯楽〕 | 805 |
| ラシャ製鼻紙袋〔住〕 | 241 |
| 羅針盤〔生産・生業〕 | 407 |
| 螺旋水車〔生産・生業〕 | 342 |
| らちうち〔生産・生業〕 | 342 |
| 落花生を干す〔食〕 | 110 |
| 落花生脱莢機〔生産・生業〕 | 342 |
| 落花生脱粒機〔生産・生業〕 | 342 |
| 落花生万能〔生産・生業〕 | 342 |
| ラッキョウビク〔生産・生業〕 | 407 |
| ラッパ〔芸能・娯楽〕 | 794 |
| 喇叭〔芸能・娯楽〕 | 780 |
| 喇叭〔玩具〕〔芸能・娯楽〕 | 794 |
| ラッパ鉋〔生産・生業〕 | 518 |
| 螺鈿蒔絵菓子鉢〔食〕 | 93 |
| 羅盤〔民俗知識〕 | 674 |
| 藍師の家〔住〕 | 186 |
| 乱積みの石垣の列〔住〕 | 186 |
| ランドセルを背に入学式へ〔社会生活〕 | 645 |
| らんびき〔生産・生業〕 | 455 |
| 蘭引〔住〕 | 205 |
| ランプ〔住〕 | 241 |
| ランプ掃除〔住〕 | 241 |

【り】

| 名称 | 頁 |
|---|---|
| 陸あげされたタコつぼからはい出てきたタコ〔生産・生業〕 | 408 |
| 陸あげした生簀〔生産・生業〕 | 408 |
| 陸揚げした漁船とトタン屋根の漁家〔生産・生業〕 | 408 |
| 陸揚げした舟と納屋〔生産・生業〕 | 408 |
| 陸運会社規則〔交通・交易〕 | 614 |
| 陸運廻漕会社 磯谷猪太郎宅〔住〕 | 186 |
| 陸軍記念日大行進〔社会生活〕 | 658 |
| 陸前北西部の玄関中門〔住〕 | 186 |
| 陸中川尻（現ほっとゆだ）駅前の雪景色〔社会生活〕 | 654 |
| 陸に引き揚げられた大小の漁船〔生産・生業〕 | 408 |
| 陸橋〔交通・交易〕 | 553 |
| 立正佼成会副会長の盛大な葬儀〔信仰〕 | 773 |
| 立体的な駅前広場ができる前の、バス乗り場が広場を占める新宿西口広場〔社会生活〕 | 654 |
| 離島の髪型〔衣〕 | 46 |
| 離島の台所〔住〕 | 205 |
| リヤカー〔交通・交易〕 | 609 |
| リヤカーをひいて野菜を売り歩く八百屋〔交通・交易〕 | 578 |
| リヤカーで魚を行商する〔交通・交易〕 | 578 |
| リヤカーでテレビを運ぶ〔交通・交易〕 | 609 |
| リヤカーで運ぶ〔交通・交易〕 | 609 |
| リヤカーでやってくるおばさんの魚売り〔交通・交易〕 | 578 |
| リヤカーと天秤棒による畑への下肥運び〔交通・交易〕 | 609 |
| リヤカーに大きなかまどをのせて、サツマイモを焼きながら町をまわる焼芋屋〔交通・交易〕 | 578 |
| リヤカーに子どもたちも乗せて野良仕事から帰る〔交通・交易〕 | 609 |

## 名称索引

リヤカーに魚を積んで路地をまわる行商〔交通・交易〕 578
リヤカーに乗せたイズメの子と女の子は、祖父母のほうの畑に行くのだろう〔人の一生〕 813
リヤカーに乗せて墓地に到着した輿〔人の一生〕 850
リヤカーに乗っている子どもたち〔芸能・娯楽〕 803
リヤカーに乗る子ども〔交通・交易〕 609
リヤカーの上に板を置いて雑誌を並べた街角の本屋〔交通・交易〕 578
リヤカーの露店が並ぶ商店街の道なか〔交通・交易〕 578
略暦〔民俗知識〕 667
竜王の吉備四国第七十四番〔信仰〕 764
流下式塩田〔生産・生業〕 446
流下式塩田枝条架〔生産・生業〕 446
流下式塩田の枝条架〔生産・生業〕 446
流下式製塩〔生産・生業〕 447
流下式に転換された木太塩田〔生産・生業〕 447
隆起珊瑚礁上の凹みに海水を投げ入れ濃縮する〔生産・生業〕 447
隆起珊瑚礁の島の水田は漏水がひどく干割れになる〔生産・生業〕 342
琉球畳を使用した茶室〔住〕 186
琉球人形〔芸能・娯楽〕 794
輪鼓〔芸能・娯楽〕 794
流行性感冒の撃退〔民俗知識〕 666
竜骨車〔生産・生業〕 342
龍骨水車〔生産・生業〕 342
りゅうごんさまの祠(竜宮神)〔信仰〕 700
龍神〔信仰〕 700
龍神宮〔信仰〕 764
龍神舟〔信仰〕 717
竜笛〔芸能・娯楽〕 780
龍頭(雨乞い用)〔信仰〕 717
竜吐水〔社会生活〕 638
リュウドスイ・トビグチ〔社会生活〕 638
流木を大鋸で板にひく〔生産・生業〕 420
流木を拾うために川岸に立っている少年〔生産・生業〕 533
流木占有を示す小石〔社会生活〕 638
竜文塗〔生産・生業〕 518
リュック〔社会生活〕 658
猟を終えて反省とつぎの猟の打合せをする〔生産・生業〕 430
両替商の店頭の復原図〔交通・交易〕 578
漁が終わると鮮やかな手さばきで料理をつくりはじめる〔食〕 110
両鍵民家〔住〕 186
両角の民家〔住〕 186
両肩支持背負い運搬〔交通・交易〕 609
漁から帰ってきた漁船〔生産・生業〕 408
両側に鍵屋が突き出たくど造り民家〔住〕 186
猟具〔生産・生業〕 430
漁供養 鮭の千本供養塔〔民俗知識〕 676
両ぐり(下駄)〔衣〕 41
両家の姓が刻まれた墓石〔人の一生〕 850
猟犬〔生産・生業〕 430
漁小屋〔生産・生業〕 408

漁師〔生産・生業〕 408
猟師〔生産・生業〕 430
漁師が舟にご飯のおひつを運ぶ〔生産・生業〕 408
漁師小屋〔生産・生業〕 408
漁師たちの温かな食事〔食〕 115
漁師と子供〔生産・生業〕 408
漁師長屋の共同便所〔住〕 186
漁師の家の裏〔生産・生業〕 408
漁師の子ら〔生産・生業〕 408
漁師の暖取りと情報交換〔生産・生業〕 408
猟師の服装〔衣〕 23
猟師の用いるゴヘイ〔生産・生業〕 430
猟銃〔生産・生業〕 430
猟銃各種〔生産・生業〕 430
両親と一緒に田にきたが、父と母は田植を始めたので、ひとりになって何もすることがなくなった男の子〔社会生活〕 638
リョウタミノ(狩猟用背負袋)〔生産・生業〕 430
両中門〔住〕 186
両中門造り〔住〕 186
両刀鋸〔生産・生業〕 525
漁に使う様々な籠〔生産・生業〕 408
漁の上がりを待つ女衆〔生産・生業〕 408
両刃なた〔生産・生業〕 420
猟場にはいる直前に最終の打合せをする〔生産・生業〕 431
両方の雁木通りを結ぶ雪のトンネル〔交通・交易〕 620
両墓制〔人の一生〕 850
両墓制の三昧〔人の一生〕 851
両墓制の分布図〔人の一生〕 851
両用ランプ〔住〕 241
料理学校〔食〕 110
料理講習会〔食〕 110
料理屋〔交通・交易〕 578
旅館〔交通・交易〕 582
旅館を兼ねた雑貨屋〔交通・交易〕 578
旅館をしていた頃の横山家〔交通・交易〕 583
旅館街〔交通・交易〕 583
旅館に「海軍兵学校御用達」の看板〔交通・交易〕 583
旅館の井戸の滑車ツルベ〔住〕 214
旅館の客引き〔交通・交易〕 583
旅館の窓から見た温泉街〔交通・交易〕 583
緑肥〔生産・生業〕 342
旅行のフィルムを見る〔住〕 251
旅行枕に組合わされた手燭兼行灯〔交通・交易〕 583
料理茶屋佐野屋〔交通・交易〕 578
鈴〔住〕 241
隣家〔社会生活〕 638
林業用種子の貯蔵庫の風穴〔生産・生業〕 420
林業用苗圃〔生産・生業〕 420
リンゴ箱を台にしていろいろな品物を並べた店〔交通・交易〕 578
リンゴ箱にリンゴを詰める〔生産・生業〕 342
りんじゃく〔交通・交易〕 610
林尺〔生産・生業〕 420
輪尺〔生産・生業〕 518
臨時宿〔交通・交易〕 583
臨終〔人の一生〕 851
輪タク〔交通・交易〕 553

輪タクが走る〔交通・交易〕 553
輪転式麦土入機〔生産・生業〕 342
輪転土入機〔生産・生業〕 342
輪読夜業〔社会生活〕 638

### 【る】

ルージュ〔衣〕 46
留守になった地蔵さまの祠か〔信仰〕 700
坩堝〔信仰〕 728
流人の墓〔人の一生〕 851
ルンペンストーブ〔住〕 241

### 【れ】

霊をとむらう人びと〔人の一生〕 851
冷却器〔食〕 93
冷却した添米をタンクに投入〔生産・生業〕 455
冷却法のノウハウ〔食〕 110
レイク膳(仏オロシに供える膳)〔信仰〕 742
霊魂が赴くとされる霊場〔信仰〕 770
冷蔵庫〔食〕 93
冷蔵庫(上に電気釜とミキサーを置く)と六畳間〔住〕 241
礼装衣〔衣〕 23
れいてん(小秤)〔交通・交易〕 584
冷凍用牛刀〔食〕 93
霊牌〔人の一生〕 851
冷房のない窓を全開にしたバスが、未舗装の道を砂ぼこりをあげて走る〔交通・交易〕 553
レーキ〔生産・生業〕 342
レジスター前の足元に置かれた小さなやぐらこたつ〔住〕 241
レタスの植えつけ〔生産・生業〕 342
レールに耳をあてる子供〔芸能・娯楽〕 803
レロハキ〔生産・生業〕 343
連(こんにゃくの生玉乾燥器具)〔食〕 110
煉瓦蔵〔住〕 187
レンガ工場〔生産・生業〕 536
煉瓦造壁体の上を漆喰で仕上げた金森洋物店〔住〕 187
レンガ造りの銅壺が付いた竈〔住〕 205
連クド〔住〕 205
レンゲウス(蓮華臼)〔食〕 93
レンゲ刈り鎌〔生産・生業〕 343
蓮華草刈り〔生産・生業〕 343
蓮華草蒔き〔生産・生業〕 343
蓮根計り〔生産・生業〕 343
レンコン掘り〔生産・生業〕 343
レンヂ〔食〕 93
連子窓〔住〕 187
連子窓,格子戸〔住〕 187
れんじゃく〔交通・交易〕 610
連接した3つの黒い蔵〔住〕 187
煉炭〔住〕 241
練炭〔住〕 241
煉炭焜炉〔食〕 93
煉炭焜炉(養蚕用)〔生産・生業〕 463
煉炭造り器〔住〕 241
練炭燃焼器〔生産・生業〕 463

煉炭挟み〔住〕………………… 241
煉炭火鉢〔住〕………………… 241
練炭火鉢〔生産・生業〕……… 463
煉炭用の火起し〔住中〕……… 241
蓮如様お通り(蓮如道中)〔信仰〕… 728
連歯下駄〔衣〕………………… 42
連絡船〔交通・交易〕………… 553
連絡船が通る〔交通・交易〕… 553
連絡船の桟橋〔交通・交易〕… 553
連絡船の桟橋(箱に入った道具)
〔交通・交易〕……………… 553
連絡船の船内で〔交通・交易〕… 553
連絡船の発着場〔交通・交易〕… 553
連絡船の埠頭〔交通・交易〕… 553

【ろ】

炉〔住〕………………………… 205
蠟釜〔生産・生業〕…………… 518
浪曲レコード〔芸能・娯楽〕… 781
蠟搾り〔生産・生業〕………… 518
蠟搾り機〔生産・生業〕……… 518
蠟搾り袋〔生産・生業〕……… 518
楼車鈴〔芸能・娯楽〕………… 794
老人〔衣〕……………………… 23
老人箱で作ったお土産の藁細工を
朝市で売る〔交通・交易〕… 559
老人クラブ〔社会生活〕……… 638
老人クラブで歌い踊る〔芸能・娯
楽〕………………………… 781
老人たちの時間〔社会生活〕… 639
老人の普段着〔衣〕…………… 23
蠟燭かけ(蚕架用)〔生産・生業〕… 463
蠟燭掛け〔生産・生業〕……… 518
ろうそく型枠 大型〔生産・生業〕… 518
ろうそく型枠 中小型〔生産・生業〕… 518
蠟燭台〔住〕…………………… 241
蠟燭たて〔住〕………………… 242
蠟燭時計〔住〕………………… 242
漏戸〔生産・生業〕…………… 343
漏斗〔食〕……………………… 93
労働争議の懸案が解決し握手をか
わす〔社会生活〕…………… 663
漏斗置〔住〕…………………… 455
漏斗造り〔住〕………………… 187
漏斗谷造りの外観〔住〕……… 187
漏斗谷造り俯瞰〔住〕………… 187
老船大工〔生産・生業〕……… 525
蠟舟〔生産・生業〕…………… 518
蠟鉋〔生産・生業〕…………… 518
牢屋〔生産・生業〕…………… 408
老漁師〔生産・生業〕………… 408
老漁師と孫〔生産・生業〕…… 408
炉を囲む家〔住〕……………… 205
炉を囲んでの家族の団らん〔住〕… 205
艪を漕ぐ少女〔交通・交易〕… 553
濾過圧搾機〔生産・生業〕…… 455
炉から炬燵に代わった居間でのく
つろぎ〔住〕………………… 205
炉からコタツへの変化〔住〕… 205
炉金〔住〕……………………… 242
六算除け〔民俗知識〕………… 674
六地蔵〔信仰〕………………… 700
六地蔵巡り〔信仰〕…………… 770
六地蔵・六道ロウソク〔信仰〕… 700
6尺〔交通・交易〕…………… 584
六尺桶〔生産・生業〕………… 455
六尺ヤモト植え〔生産・生業〕… 343

六十六部供養碑〔信仰〕……… 770
六畳間に置いたプラスチック製の
玩具がいっぱいのベビーサーク
ル〔住〕……………………… 242
六反帆の帆に風を受けて瀬田川を
下る船〔交通・交易〕……… 553
六堂〔信仰〕…………………… 764
六人網〔生産・生業〕………… 408
六部〔信仰〕…………………… 770
鹿鳴館時代の「岩間清水の合奏」
〔芸能・娯楽〕……………… 781
ロクロ〔生産・生業〕………… 408
轆轤をまわす〔生産・生業〕… 518
ロクロ(かじ蒸し器)〔生産・生業〕… 518
轆轤鉋〔生産・生業〕………… 518
轆轤鉋のいろいろ〔生産・生業〕… 518
ろくろ(木地)〔生産・生業〕… 518
ろくろ軸〔生産・生業〕……… 518
ロクロで挽いて木地椀を仕上げる
〔生産・生業〕……………… 518
ろくろとかんな〔生産・生業〕… 518
ろくろの実測図〔生産・生業〕… 518
ろくろ挽き〔生産・生業〕…… 518
轆轤びき道具(椀木地用道具)〔生
産・生業〕…………………… 518
ロクロまき〔生産・生業〕…… 408
轆轤捲〔芸能・娯楽〕………… 794
櫓漕ぎ船で浜辺を目指す〔生産・生
業〕…………………………… 408
耡先鍬〔生産・生業〕………… 343
路地〔社会生活〕……………… 654
路地裏に逼塞するごみ箱〔社会生
活〕…………………………… 654
路地裏の小さな店〔交通・交易〕… 578
路地奥の家〔住〕……………… 187
路地で網を繕う人〔生産・生業〕… 408
路地に沿った家並〔住〕……… 187
路地に残るポンプ井戸〔住〕… 214
路地に密集する漁家〔住〕…… 187
路地によくあった店〔交通・交易〕… 578
路地の茶どき〔社会生活〕…… 639
ロージの庇〔住〕……………… 187
路上市場〔交通・交易〕……… 559
櫓造り〔住〕…………………… 187
櫓造りの代表的形式〔住〕…… 187
ローゼットとコード吊り〔住〕… 242
ローソク〔信仰〕……………… 728
ローソク立〔住〕……………… 242
ローソクの明かりでマンガを読む
〔芸能・娯楽〕……………… 803
六角井戸〔住〕………………… 214
六角形の共同井戸〔住〕……… 214
六角大臼〔食〕………………… 93
ロックウサンを祀る大黒柱〔信仰〕
…………………………… 700
ロッコンショウジョウ(六根清浄)
をとなえながら、無病息災・商売
繁盛を祈願する信者たち〔信仰〕
…………………………… 729
ロッジ〈やどかり〉の最小限台所
〔住〕………………………… 205
ロッポウ〔住〕………………… 242
六方サル〔生産・生業〕……… 455
六本木NET(テレビ朝日の前身)
〔社会生活〕………………… 654
炉で使われる器具〔住〕……… 206
炉で火吹き竹を使う〔住〕…… 206
露店〔交通・交易〕…………… 578
露店の刃物屋。カゴ屋もいる〔交
通・交易〕…………………… 578
露天の野菜市〔交通・交易〕… 559

炉と竈〔住〕…………………… 206
炉と竈の併用〔住〕…………… 206
爐と食事〔住〕………………… 206
炉と流し台〔住〕……………… 206
炉とヒデバチ〔住〕…………… 242
炉なべ〔食〕…………………… 93
絽の織り方〔生産・生業〕…… 488
炉の座〔住〕…………………… 206
炉の周囲に張られた板床〔住〕… 206
炉の底に現れた鉈〔生産・生業〕… 519
櫓の名所〔交通・交易〕……… 553
炉端〔住〕……………………… 206
爐ばた〔住〕…………………… 206
炉端に敷かれた置畳〔住〕…… 206
炉辺にて〔住〕………………… 206
炉辺の火〔住〕………………… 206
櫓破風〔住〕…………………… 187
ローフー〔生産・生業〕……… 408
炉辺談話〔社会生活〕………… 639
露卯下駄〔衣〕………………… 42
路傍に供えたオッパライの供物
〔信仰〕……………………… 742
路傍のアメ屋〔交通・交易〕… 578
路傍の炭焼き〔生産・生業〕… 530
蘆餅〔食〕……………………… 58
ローラースケート〔芸能・娯楽〕… 803
ロールベールの運搬〔生産・生業〕… 441

【わ】

ワ〔交通・交易〕……………… 610
ワー〔交通・交易〕…………… 610
環〔生産・生業〕……………… 420
ワイヤーが鼻にかかったが、運よ
くはずれて一度は命拾いをした
猪〔生産・生業〕…………… 431
ワイヤーの仕掛罠の動き〔生産・生
業〕…………………………… 431
ワイヤー罠にかかった鹿〔生産・生
業〕…………………………… 431
ワイヤー罠にかかって息絶えた猪
〔生産・生業〕……………… 431
ワインキの作業をしている人の位
置〔生産・生業〕…………… 488
若衆の宮詣り〔社会生活〕…… 623
若衆宿〔社会生活〕…………… 623
若い女性の進出した職場〔社会生
活〕…………………………… 663
若い男女の集い〔社会生活〕… 639
わが国最初の総選挙〔社会生活〕… 663
若郷の子どもと茅葺屋根民家〔住〕
…………………………… 187
若狭カレイの干物を生産販売〔交
通・交易〕…………………… 578
ワカサギを釣る〔生産・生業〕… 408
ワカサギを天ぷらにする〔食〕… 110
わかさぎ刺網の構造〔生産・生業〕… 408
わかさぎ建網〔生産・生業〕… 408
わかさぎ建網陥入部立体図〔生産・
生業〕………………………… 408
わかさぎ建網の布設図(一例)〔生
産・生業〕…………………… 409
わかさぎ建網 布設の順序〔生産・
生業〕………………………… 409
わかさぎつり〔生産・生業〕… 409
若狭田烏の川戸〔住〕………… 215
和傘つくり〔生産・生業〕…… 519
和傘の生産、販売〔生産・生業〕… 519
和菓子店〔交通・交易〕……… 578

| | | |
|---|---|---|
| 若衆規約〔社会生活〕 …… 624 | わき水の井戸〔住〕 …… 215 | 綿入れで着ぶくれし，モンペをはいている子ども〔衣〕 …… 23 |
| 若衆（青年道義会）の会則〔社会生活〕 …… 624 | 湧水の共同井戸で洗濯をする〔住〕 …… 215 | 綿入テッカエシ〔衣〕 …… 23 |
| 若衆宿に当てられていた山本文次郎氏の家〔社会生活〕 …… 624 | 湧き水の利用 奈良井宿〔住〕 …… 215 | 綿入れのモジリバンテン〔衣〕 …… 23 |
| 若衆宿の囲炉裏〔社会生活〕 …… 624 | わく〔生産・生業〕 …… 463 | 綿入れ半纏〔衣〕 …… 23 |
| 若勢〔社会生活〕 …… 639 | ワク〔生産・生業〕 …… 343, 488 | 綿籠〔生産・生業〕 …… 343 |
| 若勢市〔交通・交易〕 …… 559 | 枠〔生産・生業〕 …… 409 | 綿菓子売り〔交通・交易〕 …… 579 |
| 若勢の服装〔衣〕 …… 23 | 枠（はかま）〔食〕 …… 93 | 綿菓子を食べる〔食〕 …… 115 |
| 若菜を運ぶおとめ〔交通・交易〕 …… 610 | 枠植え〔生産・生業〕 …… 343 | 綿切り〔生産・生業〕 …… 343 |
| ワガミ（輪髪）〔衣〕 …… 46 | ワクウツシ〔生産・生業〕 …… 488 | ワタククキ〔生産・生業〕 …… 488 |
| ワカ・ミコ打初手形〔信仰〕 …… 742 | ワク移しとカシケーイ（かせ掛け）〔生産・生業〕 …… 488 | わたくり〔生産・生業〕 …… 488 |
| 若水桶〔住〕 …… 242 | 和具大島での昼休み〔生産・生業〕 …… 409 | ワダコ（背当て）〔交通・交易〕 …… 610 |
| 若聲学校〔社会生活〕 …… 639 | 枠、オシノ桶、サシコ（杼）、おさ（筬）〔生産・生業〕 …… 488 | わたし〔住〕 …… 242 |
| 若布を入れた桶を背負って運ぶ〔交通・交易〕 …… 610 | ワクころがし〔生産・生業〕 …… 343 | 渡し〔交通・交易〕 …… 553 |
| ワカメを浜一帯に広げ干す〔生産・生業〕 …… 409 | ワクころがし（丘田）〔生産・生業〕 …… 343 | わたしがね〔衣〕 …… 46 |
| ワカメを干す〔生産・生業〕 …… 463 | 枠田植〔生産・生業〕 …… 343 | 渡場〔交通・交易〕 …… 553 |
| ワカメを真水で洗い、しぼり器で水を切る〔生産・生業〕 …… 409 | わく取り〔生産・生業〕 …… 488 | 渡し舟〔交通・交易〕 …… 553 |
| ワカメを胸に抱えこむようにして運ぶ〔交通・交易〕 …… 610 | ワクに巻きとる〔生産・生業〕 …… 488 | 渡し船〔交通・交易〕 …… 553 |
| わかめとり〔生産・生業〕 …… 409 | 枠の内造りの組み立て〔住〕 …… 206 | 渡船〔生産・生業〕 …… 409 |
| ワカメ採り〔生産・生業〕 …… 409 | 枠の内造りの大黒柱とヒラモン、帯戸〔住〕 …… 206 | 渡船を下りて着替えた老人〔衣〕 …… 23 |
| 若布拾い〔生産・生業〕 …… 409 | 枠の内造りの天井と小壁〔住〕 …… 206 | 渡し船が着いて主婦がおりる〔交通・交易〕 …… 554 |
| ワカメ干し〔生産・生業〕 …… 409 | ワクの台〔生産・生業〕 …… 488 | 渡し船の朝の客〔交通・交易〕 …… 554 |
| ワカメ干しをする海女姿の老女〔生産・生業〕 …… 409 | 湧原川沿いの酒造工場〔生産・生業〕 …… 455 | 渡船場〔交通・交易〕 …… 554 |
| ワカメ干しのハサ木〔生産・生業〕 …… 409 | 湧原川に張り出した町家〔住〕 …… 187 | 綿種子取り器〔生産・生業〕 …… 343 |
| ワカメ干し場〔生産・生業〕 …… 409 | ワケガミ（分け髪）〔衣〕 …… 46 | 和田津海大神〔信仰〕 …… 700 |
| 若者入り〔社会生活〕 …… 624 | 和小屋組〔住〕 …… 187 | 綿摘籠〔生産・生業〕 …… 343 |
| 若者へ申渡書〔社会生活〕 …… 624 | 和琴〔芸能・娯楽〕 …… 781 | 綿摘みと乾燥〔生産・生業〕 …… 343 |
| 若者組〔社会生活〕 …… 624 | ワサシキ〔生産・生業〕 …… 431 | 渡辺家〔住〕 …… 187 |
| 若者組蔵〔社会生活〕 …… 624 | ワサシキの仕掛け部分〔生産・生業〕 …… 431 | 渡邊家住宅前身建物平面図〔住〕 …… 187 |
| 若者組（青年会）加入の式の座席〔社会生活〕 …… 624 | 山葵売り〔交通・交易〕 …… 579 | 綿の種取り機〔生産・生業〕 …… 343 |
| 若者組の制裁〔社会生活〕 …… 624 | ワサビを洗う〔食〕 …… 110 | 綿畑〔生産・生業〕 …… 343 |
| 若者組のハッピ〔衣〕 …… 23 | ワサビを背負う〔交通・交易〕 …… 610 | ワタヒキ〔生産・生業〕 …… 488 |
| 若者組の宿〔社会生活〕 …… 624 | わさび鍬〔生産・生業〕 …… 343 | 綿帽子〔衣〕 …… 31 |
| 若者契約定書〔社会生活〕 …… 624 | 山葵栽培〔生産・生業〕 …… 343 | 和田行きバスが通る遠山川の吊り橋〔交通・交易〕 …… 554 |
| 若者集会場間取図〔社会生活〕 …… 624 | ワサビ園〔生産・生業〕 …… 343 | 綿弓〔生産・生業〕 …… 488 |
| 若者の協同作業〔生産・生業〕 …… 409 | ワサビ田でのワサビの花茎（花軸）摘み〔生産・生業〕 …… 343 | 綿弓と槌〔生産・生業〕 …… 488 |
| 若者のつどい〔社会生活〕 …… 624 | ワサビ田の構造図〔生産・生業〕 …… 343 | ワダラ〔生産・生業〕 …… 431 |
| 若者の役員〔社会生活〕 …… 624 | ワサビ・ドクダミ・ミツバ等の半栽培〔生産・生業〕 …… 343 | 渡小屋〔交通・交易〕 …… 554 |
| 若者宿〔社会生活〕 …… 624 | ワサビの花茎〔食〕 …… 58 | ワチ〔人の一生〕 …… 827 |
| 若者宿（現公民館）間取図〔社会生活〕 …… 624 | ワサビの収穫〔生産・生業〕 …… 343 | わっか〔交通・交易〕 …… 610 |
| 若者宿として使われた建物〔社会生活〕 …… 624 | わしづかみ〔住〕 …… 242 | ワッカケブ〔生産・生業〕 …… 409 |
| 若者宿分布図〔社会生活〕 …… 624 | 和紙作り〔生産・生業〕 …… 519 | 稚内港〔生産・生業〕 …… 409 |
| 若者宿間取図〔社会生活〕 …… 624 | 和室の建築化照明（照明器具埋込方式をいう）〔住〕 …… 242 | ワッパ〔食〕 …… 93 |
| 若者寄合〔社会生活〕 …… 624 | 輪島漁港〔生産・生業〕 …… 409 | ワッパ〔生産・生業〕 …… 343 |
| 若者連中〔社会生活〕 …… 624 | 輪島港〔交通・交易〕 …… 553 | ワッパ汁〔食〕 …… 58 |
| 和歌山県北部農家の間取り発展模式図〔住〕 …… 187 | 輪島塗〔生産・生業〕 …… 519 | わっぱ煮〔食〕 …… 110 |
| ワカレ絵馬〔信仰〕 …… 717 | 輪島塗の工具〔生産・生業〕 …… 519 | ワッパ罠作り〔生産・生業〕 …… 431 |
| 別れの盃（全員に盃を回す）〔信仰〕 …… 742 | 輪島塗の仕上げ工程の順序を書いた木札〔生産・生業〕 …… 519 | ワッフル焼器〔食〕 …… 93 |
| 分かれ道の小祠〔信仰〕 …… 700 | 輪島塗の職人〔生産・生業〕 …… 519 | 輪跳び〔芸能・娯楽〕 …… 803 |
| 若連中名簿〔社会生活〕 …… 624 | 輪島塗の研作業〔生産・生業〕 …… 519 | 輪跳びをする子どもたち〔芸能・娯楽〕 …… 803 |
| 若連名帳〔社会生活〕 …… 624 | 輪島塗の研に使う粉〔生産・生業〕 …… 519 | 罠〔生産・生業〕 …… 431 |
| わかんじき（田下駄）〔生産・生業〕 …… 343 | 輪島の朝市〔交通・交易〕 …… 559 | 輪投げ〔芸能・娯楽〕 …… 803 |
| ワカンジキ〔衣〕 …… 42 | 輪中〔社会生活〕 …… 654 | 罠に使うワイヤーロープとトラップ〔生産・生業〕 …… 431 |
| 輪カンジキ〔衣〕 …… 42 | 輪中の水屋と母屋〔住〕 …… 187 | わな猟師〔生産・生業〕 …… 431 |
| 輪カンジキをかついで売りに行く〔交通・交易〕 …… 610 | 和船〔生産・生業〕 …… 409 | 罠猟と集落の関係の概略図〔生産・生業〕 …… 431 |
| ワカンジキ着装の図〔衣〕 …… 42 | 和船（磯船）の構造と各部名称〔生産・生業〕 …… 409 | 鰐口〔信仰〕 …… 728 |
| 湧き井戸〔住〕 …… 215 | 和船の面影を残す機帆船〔生産・生業〕 …… 409 | ワニ料理〔食〕 …… 58 |
| 脇釜〔生産・生業〕 …… 455 | 和船の基本的構造〔生産・生業〕 …… 409 | ワノー田〔生産・生業〕 …… 344 |
| 脇取鉋〔生産・生業〕 …… 525 | 綿飴〔交通・交易〕 …… 579 | 和風防火造町家の太刀川米穀店〔住〕 …… 187 |
| | | 和風・洋風を特徴づける壁の構法〔住〕 …… 187 |
| | | 輪まぶし〔生産・生業〕 …… 463 |
| | | 輪まわし〔芸能・娯楽〕 …… 803 |
| | | 輪廻しの輪〔芸能・娯楽〕 …… 794 |

## わよう　名称索引

和洋折衷住宅設計案〔住〕 …… 187
和洋折衷の田中仙太郎商店〔住〕… 187
笑い鬼〔信仰〕 …… 717
わらうち〔生産・生業〕 …… 519
藁打ち〔生産・生業〕 …… 519
藁打器〔生産・生業〕 …… 519
ワラウチヅチ（藁打ち槌）〔生産・生業〕 …… 519
藁打台・槌〔生産・生業〕 …… 519
藁打ちの場所〔生産・生業〕 …… 519
藁海老〔信仰〕 …… 717
藁を敷いた箱床とよばれる寝床〔住〕 …… 242
藁を量る〔生産・生業〕 …… 519
藁籠を背負う〔交通・交易〕 …… 610
藁切り〔生産・生業〕 …… 441
わら切機〔生産・生業〕 …… 441
ワラグチ〔衣〕 …… 42
わら靴〔衣〕 …… 42
ワラグツ〔衣〕 …… 42
藁沓〔衣〕 …… 42
わらぐつ型（甚兵衛型）〔衣〕 …… 42
わら靴型（ふかぐつ型）〔衣〕 …… 42
藁沓つくり〔生産・生業〕 …… 519
ワラグツと子供〔衣〕 …… 42
ワラグツ，ハッパキ，ミノ姿の猟師〔衣〕 …… 42
藁沓類〔衣〕 …… 42
藁沓類を乾かす〔衣〕 …… 42
わらぐら〔生産・生業〕 …… 344
ワラケラ〔衣〕 …… 23
わらごえ〔生産・生業〕 …… 344
藁腰掛〔生産・生業〕 …… 344
藁座〔住〕 …… 242
藁細工〔生産・生業〕 …… 519
藁細工に使う藁を準備する老農夫婦〔生産・生業〕 …… 519
藁細工のカタ〔生産・生業〕 …… 519
わら細工の共同作業小屋〔生産・生業〕 …… 519
藁細工の鶴亀〔人の一生〕 …… 827
藁座布団〔住〕 …… 242
わらさん〔民俗知識〕 …… 679
ワラザン〔民俗知識〕 …… 679
藁算〔民俗知識〕 …… 679
ワラジ〔衣〕 …… 42
草鞋〔衣〕 …… 42
草鞋（槽掛け用具）〔生産・生業〕… 455
草鞋編み〔生産・生業〕 …… 519
わらじあみだい〔生産・生業〕 …… 519
草鞋を売っている〔交通・交易〕… 579
ワラジガケ〔衣〕 …… 43
わらしごき〔生産・生業〕 …… 519
藁仕事〔生産・生業〕 …… 519
わらじ（ごんぞわらじ）〔衣〕 …… 43
わらじ（消防用）〔衣〕 …… 43
草鞋台〔生産・生業〕 …… 519
草鞋つくり〔生産・生業〕 …… 519
ワラジツクリダイ〔生産・生業〕… 519
ワラシナコギ〔生産・生業〕 …… 344
わらじの奉納〔信仰〕 …… 717
草鞋の名所とはき方〔衣〕 …… 43
わらじばき〔衣〕 …… 43
草鞋・焙烙〔信仰〕 …… 717
ワラスグリ〔生産・生業〕 … 344, 519
藁すぐり〔生産・生業〕 …… 519
ワラスグリ使用〔生産・生業〕 …… 344
藁苞〔食〕 …… 110
わらづと納豆の仕込み〔食〕 …… 110
ワラスボ掻き〔生産・生業〕 …… 409

ワラスボの干物〔食〕 …… 58
ワラスボミノ〔衣〕 …… 23
わらすりっぱ〔衣〕 …… 43
藁製のスリッパ〔衣〕 …… 43
わら製の波形のマブシ〔生産・生業〕 …… 463
藁草履〔衣〕 …… 43
ワラ草履作り〔生産・生業〕 …… 520
藁草履の作り方〔生産・生業〕 …… 520
わらだ〔食〕 …… 93
ワラダ〔生産・生業〕 …… 431
藁たたき〔生産・生業〕 …… 520
藁叩き〔生産・生業〕 …… 520
わらたたきぼう〔生産・生業〕 …… 520
藁ツト〔人の一生〕 …… 827
藁つとに囲炉裏の火で焼いた串刺しの川魚を刺す〔食〕 …… 110
藁積み〔生産・生業〕 …… 344
藁で作ったミノ〔衣〕 …… 23
藁で作った龍神（雨乞い）〔信仰〕… 718
ワラテッケエシ〔衣〕 …… 44
ワラ鉄砲作り〔生産・生業〕 …… 520
ワラテブクロ〔衣〕 …… 44
藁手袋〔衣〕 …… 44
わらと長木を収納したタカ〔住〕 … 187
わらなえ〔衣〕 …… 23
わら縄〔生産・生業〕 …… 520
わら縄をなう〔生産・生業〕 …… 520
藁縄をまいた糸車〔生産・生業〕 … 488
ワラニオ〔住〕 …… 187
藁鳰〔生産・生業〕 …… 344
藁人形〔民俗知識〕 …… 674
藁人形（工芸品）〔芸能・娯楽〕 …… 794
藁人形のヤメボイ〔民俗知識〕 …… 674
藁の大蛇による道切りの祈願〔民俗知識〕 …… 674
ワラの子守奉であそぶ赤ん坊〔人の一生〕 …… 813
藁の敷物〔住〕 …… 242
ワラの地干し〔生産・生業〕 …… 344
ワラの俵編み〔生産・生業〕 …… 520
藁の縫い方と編み方〔生産・生業〕… 520
藁の竜〔民俗知識〕 …… 674
藁脛巾〔衣〕 …… 43
蕨あたり〔交通・交易〕 …… 579
蕨叩き棒〔生産・生業〕 …… 344
蕨の乾燥〔食〕 …… 110
藁葺にトタンをかぶせた屋根〔住〕…… 187
藁葺きの家〔住〕 …… 188
藁葺きの隠居家〔住〕 …… 188
藁葺の旧家〔住〕 …… 188
藁葺きの納屋〔住〕 …… 188
藁葺きの納屋と母屋〔住〕 …… 188
藁葺きの納屋とハサ〔住〕 …… 188
藁葺の民家〔住〕 …… 188
藁葺屋根と桑畑の雪景色〔住〕 …… 188
藁葺屋根とトタン屋根と〔住〕 …… 188
藁葺き屋根〔住〕 …… 188
藁葺き屋根が残る通り〔住〕 …… 188
藁葺屋根と石垣〔住〕 …… 188
藁葺屋根に瓦葺の下屋を設けた民家〔住〕 …… 188
藁葺き屋根の家〔住〕 …… 188
藁葺き屋根の家と本瓦葺きの家〔住〕 …… 188
藁葺き屋根の家並み〔住〕 …… 188
藁葺き屋根の家屋に加え別棟で瓦葺き二階建てを増築した農家〔住〕 …… 188
藁葺屋根の旧家〔住〕 …… 188

藁葺き屋根の集落〔住〕 …… 188
藁葺屋根の寺と墓地〔住〕 …… 189
藁葺き屋根の農家〔住〕 …… 189
藁葺き屋根の農家と耕地〔住〕 …… 189
藁葺き屋根の民家〔住〕 …… 189
藁布団〔住〕 …… 242
わらべうた〔芸能・娯楽〕 …… 803
童墓〔人の一生〕 …… 851
ワラ蛇〔民俗知識〕 …… 675
藁蛇〔民俗知識〕 …… 675
ワラ蛇の道切り〔民俗知識〕 …… 675
藁箒〔住〕 …… 242
藁帽子〔衣〕 …… 31
ワラホウデン〔信仰〕 …… 700
藁芒皮取り〔生産・生業〕 …… 344
藁枕〔住〕 …… 242
ワラ混じりの牛の糞尿〔生産・生業〕 …… 344
ワラマブシ〔生産・生業〕 …… 463
わらまぶしから収繭と毛羽取器による整繭作業〔生産・生業〕 …… 463
ワラマブシの作り方〔生産・生業〕… 463
わらみの〔衣〕 …… 23
わらみのを編む〔生産・生業〕 …… 520
藁蓑や背中当て、荷縄、腰籠〔衣〕… 23
藁屋根と障子〔住〕 …… 189
藁選り〔生産・生業〕 …… 520
ワリウス〔食〕 …… 93
ワリガタ〔生産・生業〕 …… 520
ワリガノコ〔衣〕 …… 46
割木を山から下ろす〔交通・交易〕… 610
割木出し〔交通・交易〕 …… 610
割り木（ワッツァバ）の木鳩〔生産・生業〕 …… 536
割毛引〔生産・生業〕 …… 525
わりご〔食〕 …… 93
割竹づくり〔生産・生業〕 …… 520
割り竹で火を移す〔生産・生業〕 … 344
ワリバサミ〔生産・生業〕 …… 344
割箸のいろいろ〔食〕 …… 93
和蠟燭〔住〕 …… 242
和蠟燭作り〔生産・生業〕 …… 520
椀〔食〕 …… 93
ワンカゴ〔食〕 …… 94
椀籠〔食〕 …… 94
椀形のいろいろ〔生産・生業〕 …… 520
ワンカップ（明治時代）〔食〕 …… 58
わんこ〔生産・生業〕 …… 420
碗・皿〔食〕 …… 94
ワンタン屋〔交通・交易〕 …… 579
椀と中蓋（薬味入れ），上蓋（つゆ入れ）〔食〕 …… 94
椀と鉢の木地〔生産・生業〕 …… 520
椀の荒取り〔生産・生業〕 …… 520
椀の布きせ〔生産・生業〕 …… 520
腕白とオシャマ〔社会生活〕 …… 645
ワンピースを着せてもらった少女〔衣〕 …… 23
ワンピースの少女〔衣〕 …… 23
ワンボウ（輪棒）〔生産・生業〕 …… 520
ワンワン（凧）〔芸能・娯楽〕 …… 794
ワンワン（凧）の模様〔芸能・娯楽〕 …… 794

## 民俗風俗 図版レファレンス事典
### 衣食住・生活篇

2015年11月25日　第1刷発行
2017年10月25日　第2刷発行

発　行　者／大高利夫
編集・発行／日外アソシエーツ株式会社
　　　　　　〒140-0013 東京都品川区南大井6-16-16 鈴中ビル大森アネックス
　　　　　　電話 (03)3763-5241（代表）　FAX(03)3764-0845
　　　　　　URL　http://www.nichigai.co.jp/
発　売　元／株式会社紀伊國屋書店
　　　　　　〒163-8636 東京都新宿区新宿 3-17-7
　　　　　　電話 (03)3354-0131（代表）
　　　　　　ホールセール部（営業）電話 (03)6910-0519

電算漢字処理／日外アソシエーツ株式会社
印刷・製本／光写真印刷株式会社

不許複製・禁無断転載　　　　　　　《中性紙三菱クリームエレガ使用》
<落丁・乱丁本はお取り替えいたします>
**ISBN978-4-8169-2570-2**　　　Printed in Japan, 2017

---

本書はディジタルデータでご利用いただくことができます。詳細はお問い合わせください。

## 民俗風俗 図版レファレンス事典 古代・中世・近世篇
B5・1,110頁　定価（本体46,250円＋税）　2016.12刊

江戸時代以前の、日本の風俗全般に関する図版が、どの事典や図集などに載っているかを調べることのできる図版索引。風俗事典や生活・文化に関する事典、図集・図説などに掲載された図版3.5万点の情報を収録。図版の掲載頁、図/写真・カラー/白黒の区別、地名、年代、作画者、出典など、図版に関する基本情報を記載。「地域別索引」「名称索引」付き。

## 民俗風俗 図版レファレンス事典 祭礼・年中行事篇
B5・770頁　定価（本体45,000円＋税）　2015.6刊

近代以降の日本各地に伝わる郷土の祭礼、民俗芸能、年中行事に関する写真や図2.6万点が、どの事典や写真集に掲載されているかがわかる図版索引。93種272冊の民俗事典、祭礼・芸能・行事事典、図集・図説・写真集などの掲載情報を収録。「地域別索引」「名称索引」付き。

## 民話・昔話集作品名総覧 2003-2014
A5・1,010頁　定価（本体26,000円＋税）　2015.10刊

2003～2014年に刊行された民話・昔話集922冊の作品名索引。『民話・昔話集作品名総覧』(2004.9刊)の追補版。日本および世界の民話・昔話などの口承文芸作品のべ52,477点が、どの図書に掲載されているかを一覧できる。

## 日本の祭神事典 社寺に祀られた郷土ゆかりの人びと
A5・570頁　定価（本体13,800円＋税）　2014.1刊

全国各地の神社・寺院・小祠・堂などで祭神として祀られた郷土ゆかりの人物を一覧できる。歴史上の有名人をはじめ、地域に貢献した市井の人まで多彩に収録。都道府県ごとに人名のもと、その人物の概略と社寺の由緒や関連行事・史跡等も記述。

## 事典・日本の地域遺産—自然・産業・文化遺産
A5・430頁　定価（本体12,000円＋税）　2013.1刊

官公庁、地方自治体、学会・各種団体、国際機関によって選定・登録された日本の地域遺産を通覧する事典。近代化を支えた土木・建築・技術から自然・文化まで有形・無形の遺産を収録、地域の魅力を再発見できる。地域遺産73種の見出しのもとに4,700件の登録・認定名を記載。

## 日本全国 発祥の地事典
A5・560頁　定価（本体9,500円＋税）　2012.7刊

主に明治期以降におこった産業・文化、歴史の事物起源を示す発祥の地1,247件を収録した事典。製鉄、企業、大学、農産物、医学、鉄道、姓氏、祭礼、芸能など様々な発祥の地を掲載。

---

データベースカンパニー
**日外アソシエーツ**
〒140-0013　東京都品川区南大井6-16-16
TEL.（03）3763-5241　FAX.（03）3764-0845　http://www.nichigai.co.jp/